BARRON'S
FOREIGN LANGUAGE GUIDES

FRENCH–ENGLISH Dictionary

Dictionnaire FRANÇAIS–ANGLAIS

BARRON'S Foreign Language Guides
French-English Dictionary
Dictionnaire Français-Anglais

Editorial management: Majka Dischler, M.A.

Contributors: Richard Alderman, Frédéric Auvrai, Jeremy Berg, Rachel Gachod-Schinko, Katja Hald, Monika Kopyczinski, Anne Leyrat, Béatrice Simon, Ruth Urbom, Caroline Wilcox Reul

Typesetting: Dörr + Schiller, Stuttgart
Data Processing: Andreas Lang, conTEXT AG für Informatik und Kommunikation, Zürich

All inquiries should be addressed to:
Barron's Educational Series, Inc.
250 Wireless Boulevard
Hauppauge, NY 11788
http://www.barronseduc.com

ISBN-10: 0-7641-3330-6
ISBN-13: 978-0-7641-3330-5
Library of Congress Control Number: 2006925697

Printed in China
9 8 7 6 5 4 3 2 1

With the aid of the alphabetical thumb index overleaf (at the edge of the page) you can quickly locate the letter you need to find in the French-English and English-French dictionary. Once you have located the letter you need on the thumb index, simply flip to the correspondingly marked part of the dictionary.

If you are left-handed, you can use the thumb index at the end of this book.

A l'aide de l'index alphabétique en bord de page, vous pouvez rapidement trouver la lettre que vous cherchez dans les parties français-anglais et anglais-français du dictionnaire. Après avoir localisé la lettre dans l'index, il vous suffit de faire basculer les pages jusqu'à la partie du dictionnaire que vous avez repérée.

Si vous êtes gaucher, vous pouvez utiliser l'index qui se trouve à la fin de ce dictionnaire.

How to use the dictionary

atlas ['æt·ləs] <-es> *n* atlas *m*
ATM [ˌeɪ·ti·'em] *n abbr of* **automated teller machine** DAB *m*
atmosphere ['æt·məs·fɪr] *n* atmosphère *f;* …

All **entries** (including words, abbreviations, compounds, variant spellings and cross-references) appear in alphabetical order and are printed in bold type.

Abbreviations are followed by their full form.

build [bɪld] **I.** *n* charpente *f* **II.** <built, built> *vt* **1.** (*construct*) bâtir; (*car, ship*) construire; (*memorial*) édifier …
◆**build in** *vt* (*cupboard*) encastrer; (*security, penalty*) introduire
◆**build on** *vt* **1.** (*add*) ajouter **2.** (*develop from*) partir de

English phrasal verbs come directly after the base verb and are marked with a diamond (◆).

console[1] [kən·'soʊl] *vt* consoler
console[2] ['kan·soʊl] *n* (*switch panel*) console *f*

Superscript, or raised numbers, indicate identically spelled words with different meanings (so-called **homographs**).

deciduous [dɪ·'sɪdʒ·u·əs] *adj* caduc(-uque)

The International Phonetic Alphabet is used for all phonetic transcriptions.

Transcriptions of English are divided into syllables by means of centered dots.

eat [it] **I.** <ate, eaten> *vt* manger; …
empty ['em(p)·ti] **I.** <-ier, -iest> *adj* **1.** …

Irregular plural forms, numbers referring to the French conjugation tables in the appendix and **forms of English irregular verbs and adjectives** are given in angle brackets.

French feminine forms are shown unless they are identical to the masculine form. French nouns are followed by their gender.

gossip ['ga·səp] **I.** *n* **1.** (*rumor*) potins *mpl* **2.** *pej* (*person who gossips*) commère *f* **II.** *vi* cancaner; **to ~ about sb** faire des commérages sur qn

Roman numerals are used for the **parts of speech** of a word, and Arabic numerals for **sense divisions.**

hot [hat] <-ter, -test> *adj* **1.** (*very warm*) chaud(e); **it's ~** il fait chaud **2.** (*spicy*) fort(e) **3.** (*dangerous*) brûlant(e); **to be too ~ to handle** être un sujet brûlant **4.** *inf* … ▶ **to be (just) so much ~ <u>air</u>** n'être que du vent; **to get (all) ~ under the <u>collar</u>** s'échauffer; **to get into ~ <u>water</u>** se fourrer dans le pétrin

The **swung dash** represents the entry word in examples and idioms. The ▶ sign introduces **a block of set expressions, idioms and proverbs**. Key words are <u>underlined</u> as a guide.

impersonator *n* **1.** THEAT imitateur, -trice *m, f* **2.** LAW imposteur *m*
joyless ['dʒɔɪ·ləs] *adj* (*person, face*) sans joie; (*marriage*) malheureux(-euse)
lunch [lʌn(t)ʃ] **I.** *n* déjeuner *m*, dîner *m Belgique, Québec;* …
mishap *n form* incident *m*

Various kinds of **meaning indicators** are used to guide users to the required translation:

- **subject labels (which indicate areas of specialization)**
- **definitions** or **synonyms,** typical **subjects** or **objects** of verbs, typical **nouns** used with adjectives, etc.
- **Regional vocabulary and variants** are shown both as headwords and translations
- **Usage Labels (which indicate restriction to a particular level or style of usage)**

polytechnic [ˌpa·lɪ·'tek·nɪk] *n* ≈ Institut *m* universitaire de technologie

When a word or expression has no direct translation, an explanation or approximate equivalent is given(≈). Where a translation may be ambiguous, it is followed by an explanation in parentheses.

September [sep·'tem·bər] *n* septembre *m; s.a.* **April**

v. a. (voir aussi) or *s. a. (see also)* invites the reader to consult a **model entry** for further information.

Table des matières

Contents

Introduction

This is a new bilingual dictionary designed to meet the needs of people in a time of ever-expanding communication among English and French speakers. It has been written and edited by a large team of native speakers of both languages so that it constitutes an updated, comprehensive, and most useful linguistic tool.

This dictionary provides accurate coverage of current English and French vocabulary, as well as abundant examples of words used in context to illustrate idiomatic usage. To facilitate self-expression, pronunciation is provided in both languages, so that the users may express themselves correctly and idiomatically – both orally and in writing.

A unique characteristic is the possibility of downloading this dictionary into your home computer, laptop, and nearly all PDAs and smartphones. In addition, attention is given to small but meaningful features that include alphabet tabs for ease of use, maps and cultural boxes to enrich the process of language acquisition, and useful explanatory sections.

Introduction

Ce nouveau dictionnaire bilingue est conçu pour répondre aux besoins des lecteurs modernes, à un moment où la communication entre anglophones et francophones est en constante expansion. Rédigé, édité et mis à jour par une grande équipe de spécialistes des deux langues, ce dictionnaire est un outil linguistique très complet et énormément utile.

Ce dictionnaire couvre le vocabulaire anglais et français actuel, avec une précision étonnante, tout en offrant de nombreux exemples contextuels pour illustrer l'usage idiomatique des mots. La prononciation est donnée dans les deux langues afin de faciliter l'expression libre. Les lecteurs pourront ainsi s'exprimer dans un langage correct et idiomatique – qu'il s'agisse de la communication orale ou écrite.

Il est possible de télécharger ce dictionnaire sur votre ordinateur de bureau ou votre ordinateur portable. Il est également possible de le télécharger sur la plupart des ordinateurs de poche et smartphones, ce qui constitue un avantage exceptionnel. De plus, ce dictionnaire est doté de plusieurs caractéristiques pratiques telles que: les onglets alphabétiques, qui rendent l'usage plus facile; les notes explicatives, que les lecteurs trouveront d'une grande utilité; et les cartes géographiques et les notes culturelles, qui enrichissent l'acquisition linguistique.

La transcription phonétique du français – French phonetic symbols

Voyelles/Vowels

[a]	b**a**c
[ɑ]	cl**a**sse
[e]	**é**tat
[ɛ]	c**ai**sse
[ə]	m**e**nace
[i]	dipl**i**ôme
[o]	**auto**
[ɔ]	**o**btenir
[ø]	**Eu**rope
[œ]	c**œu**r
[u]	c**ou**p
[y]	nat**u**re

Nasales/Nasal Vowels

[ɑ̃]	ch**an**son
[ɛ̃]	af**in**
[ɔ̃]	**bon**b**on**
[œ̃]	auc**un**

Semi-consonnes/Semiconsonants

[j]	p**i**èce
[w]	b**o**îte
[ɥ]	h**u**ile

Consonnes/Consonants

[b]	**b**eau
[d]	**d**u
[f]	**f**eu
[g]	**g**ant
[ʒ]	**j**our
[k]	**c**œur
[l]	**l**oup
[m]	**m**arché
[n]	**n**ature
[ɲ]	di**gn**e
[ŋ]	campi**ng**
[p]	**p**age
[ʀ]	**r**ègle
[s]	**s**el
[ʃ]	**ch**ef
[t]	**t**imbre
[v]	**v**apeur
[z]	**z**èbre

Signe/Sign

[´]	**h**éros (h aspiré/aspirate h)

English phonetic symbols –
La transcription phonétique de l’anglais

Vowels/Voyelles

[a]	farm, father, not
[æ]	man, plant, sad
[e]	bed, get, hair
[ə]	actor, ago, better
[ᵊ]	nation, sudden, wonderful
[ɜ]	bird, her
[i]	beat, bee, belief, me
[ɪ]	it, near, wish
[ɔ]	all, law, long
[u]	do, soon, you
[ʊ]	look, push, sure
[ʌ]	but, son
[ɑ̃]	croissant, denouement

Diphthongs/Diphtongues

[aɪ]	buy, by, life
[aʊ]	growl, house
[eɪ]	lame, name
[ɔɪ]	boy, oil
[oʊ]	road, rope, show
[ju]	abuse, pupil

Consonants/Consonnes

[b]	been, blind
[d]	do, had
[ð]	father, this
[dʒ]	jam, object
[f]	father, wolf
[g]	beg, go
[h]	house
[j]	youth
[ʒ]	pleasure
[k]	keep, milk
[l]	ill, lamp, oil
[m]	am, man
[n]	manner, no
[ŋ]	long, prank, string
[p]	happy, paper
[r]	dry, red
[s]	sand, stand, yes
[ʃ]	fish, ship, station
[t]	fat, tell
[t̬]	butter, water
[θ]	death, thank
[tʃ]	catch, church
[v]	live, voice
[w]	water, we, which
[z]	gaze, these, zeal

Signs/Signes

[ˈ]	primary stress
[ˌ]	secondary stress
[·]	syllable division

A

A

A, a [ɑ] *m inv* A, a; **~ comme Anatole** (*au téléphone*) a as in Alpha

a¹ [a] *indic prés de* **avoir**

a² [a] *m* INFORM **a commercial** at sign

à [a] <à + le = au, à la, à + les = aux> *prep* **1.** (*introduit un complément de temps*) at; **à 8 heures/Noël** at 8 o'clock/Christmas; **à quelle heure?** what time?, when?; **le cinq juin au matin** on the morning of June fifth **2.** (*indique une époque*) in; **au printemps** in (the) spring; **aux premiers beaux jours** with the first days of nice weather; **nous te reverrons à Pâques** we will see you again at Easter **3.** (*indique une date ultérieure*) **on se verra aux prochaines vacances** we will see each other next vacation; **à mon retour** when I get back **4.** (*pour prendre rendez-vous*) **à demain!** see you tomorrow! **5.** (*jusque*) until; **je serai absent de lundi à jeudi** I will be away from Monday to Thursday **6.** (*pour indiquer une direction*) to; **aller à l'école/au Japon/aux États-Unis** to go to school/to Japan/to the United States; **s'asseoir à son bureau** to sit down at one's desk **7.** (*indique le lieu où l'on est*) **être à la piscine/poste** to be at the swimming pool/the post office; **habiter à Paris/aux États-Unis** to live in Paris/in the United States; **habiter au troisième étage** to live on the second floor; **être assis à son bureau** to be at one's desk; **au coin de la rue** at the corner of the street; **à cinq minutes/trois kilomètres d'ici** five minutes/three kilometers from here; **à la télévision/la page 36/l'épaule** on television/page 36/the shoulder; **avoir mal à la tête** to have a headache; **avoir les larmes aux yeux** to have tears in one's eyes **8.** (*indique le nombre de personnes*) **nous travaillons à 2/3/12 sur ce projet** there are 2/3/12 of us working on this project; **on peut tenir à 50 dans cette salle** this room can hold 50 people **9.** (*par*) **à l'heure** by the hour; **à la journée** on a daily basis; **7 litres aux 100** (**kilomètres**) 7 liters per 100 (kilometers); **acheter/vendre au poids/à la douzaine** to buy/sell by weight/by the dozen **10.** (*cause*) **à sa démarche, on voit qu'il a mal** you can tell from the way he walks that he is in pain; **à cette nouvelle, j'ai sursauté** I was startled when I heard that news **11.** (*conséquence*) to; **à ma plus grande surprise** to my complete surprise **12.** (*d'après*) **à la demande de qn** at sb's request **13.** (*indique une appartenance*) **c'est à moi/lui** it's mine/his; **un ami à eux** a friend of theirs; **avoir une maison à soi** to have a house of one's own **14.** (*indique le moyen*) **coudre qc à la machine** to sew sth by machine; **cuisiner au beurre** to cook with butter; **à la loupe** through a magnifying glass; **au microscope** under the microscope; **boire à la bouteille** to drink from the bottle **15.** (*introduit un superlatif*) **elle est au plus mal** she is very ill; **venir au plus tôt** to come as soon as possible **16.** (*au point de*) **s'ennuyer à mourir** to be bored to death; **c'est à rendre fou** it's enough to drive you crazy; **c'est à mourir de rire** it's a scream **17.** (*complément indirect*) **donner qc à qn** to give sth to sb, give sb sth; **jouer aux cartes** to play cards; **penser à qn/qc** to think about [*o* of] sth/sb; **parler à qn** to speak to sb; **téléphoner à qn** to (tele)phone sb; **participer à qc** to take part in sth **18.** (*locution verbale*) **elle prend plaisir à cuisiner** she enjoys cooking; **il se met à pleuvoir** it's beginning to rain; **c'est facile à faire** it's easy to do; **rien à faire!** it's no good!; **maison à vendre** house for sale

abaissant(e) [abɛsɑ̃, ɑ̃t] *adj* degrading

abaissement [abɛsmɑ̃] *m* **1.** (*action de faire descendre, action de diminuer: d'une vitre, d'un niveau, des prix, d'un taux*) lowering **2.** (*baisse: des températures*) fall **3.** (*humiliation*) humbling

abaisser [abese] <1> **I.** *vt* **1.** (*faire descendre, diminuer: rideau, température, prix, âge de la retraite*) to lower **2.** (*avilir*) to humble **3.** CULIN **~ qc** to roll sth out **II.** *vpr* **s'~ 1.** (*descendre: vitre, rideau*) to be lowered **2.** (*s'humilier*) to humble oneself

abandon [abɑ̃dɔ̃] *m* **1.** (*désertion, délaissement*) abandonment **2.** (*fait de renoncer à: des études, d'une piste, des recherches*) giving up **3.** (*renonciation: du pouvoir*) giving up; (*de ses biens*) surrender **4.** SPORT withdrawal

abandonné(e) [abɑ̃dɔne] *adj* abandoned; (*chat*) stray

abandonner [abɑ̃dɔne] <1> **I.** *vt* **1.** (*déserter, quitter*) to abandon **2.** (*laisser derrière soi: déchets*) to leave behind **3.** (*renoncer à: hypothèse, méthode*) to discard; (*pouvoir, fonction*) to relinquish; (*piste, biens, fortune, combat, études*) to give up **4.** (*laisser*) **~ qn à son sort** to abandon sb to their fate **II.** *vi* to give up; **j'abandonne!** I give up! **III.** *vpr* **1.** (*se détendre*) **s'~** to let oneself go **2.** (*se relâcher*) **elle s'abandonna dans les bras de sa mère** she fell into her mother's arms **3.** (*se laisser aller à*) **s'~ aux larmes** to start weeping helplessly

abasourdir [abazuʀdiʀ] <8> *vt* **1.** (*stupéfier*) to stun **2.** (*assourdir*) to deafen

abat-jour [abaʒuʀ] *m inv* lampshade

abats [aba] *mpl* (*de porc, mouton*) offal; (*de volaille*) giblets

abattage [abataʒ] *m* **1.** (*d'un mur, d'une maison*) knocking down; (*d'un arbre*) felling **2.** (*d'un animal de boucherie*) slaughtering

abattement [abatmɑ̃] *m* **1.** (*lassitude*) exhaustion **2.** (*découragement*) despondency **3.** (*rabais*) reduction **4.** FIN allowance

abat(t)is [abati] *m Québec* (*terrain déboisé, qui n'est pas encore essouché*) *area of felled* *trees*

abattoir [abatwaʀ] *m* slaughterhouse

abattre [abatʀ] *irr* **I.** *vt* **1.** (*faire tomber*) **~ qc** (*mur, maison, quille*) to knock sth down; (*cloison*) to break sth down; (*arbre*) to fell sth; (*forêt*) to chop sth down; (*avion*) to shoot sth down **2.** (*tuer: animal de boucherie*) to slaughter; **~ un animal blessé** to put down an injured animal; **~ du gibier** to shoot down game **3.** (*assassiner*) to kill **4.** (*affaiblir*) **~ qn** (*fièvre, maladie*) to knock sb out **5.** (*décourager: souci*) to demoralize; (*tâche, travail*) to drain **6.** (*travailler vite et beaucoup*) **~ de la besogne** to get through a lot of work **7.** (*rabattre*) **~ qc** (*vent, tornade*) to blow sth down ►**~ son <u>jeu</u>** to put one's cards on the table **II.** *vpr* **s'~ 1.** (*tomber*) to fall down; **s'~ sur le sol** to collapse on the ground **2.** (*tomber brutalement: pluie*) to come pouring down; (*grêle*) to pelt down **3.** (*fondre sur*) **s'~ sur sa proie** (*aigle*) to swoop down on its prey; **s'~ sur un champ de blé** (*criquets*) to engulf a field of wheat **4.** *fig* **des injures s'abattirent sur lui** insults rained down on him

abattu(e) [abaty] **I.** *part passé de* **abattre II.** *adj* **1.** (*physiquement*) exhausted **2.** (*moralement*) despondent

abbaye [abei] *f* abbey; **l'~ de Westminster** Westminster Abbey

abbé [abe] *m* **1.** (*prêtre*) priest **2.** (*supérieur d'une abbaye*) abbot

abbesse [abɛs] *f* abbess

ABC [ɑbesɛ] *m inv* **1.** (*livre*) ABC book **2.** (*début*) **c'est l'~ du métier** these are the basics of the job

abcès [apsɛ] *m* abscess

abdication [abdikasjɔ̃] *f* abdication

abdiquer [abdike] <1> *vi* **1.** (*démissionner: roi, souverain*) to abdicate **2.** (*renoncer*) to give up

abdomen [abdɔmɛn] *m* abdomen

abdominal(e) [abdɔminal, -o] <-aux> *adj* abdominal

abdominaux [abdɔmino] *mpl* **1.** ANAT abdominal muscles **2.** SPORT **faire des ~** (*en redressant le torse*) to do sit-ups

abeille [abɛj] *f* bee

aberrant(e) [abeʀɑ̃, ɑ̃t] *adj* deviant; (*idée*) preposterous; (*prix*) ridiculous

aberration [abeʀasjɔ̃] *f* aberration

abêtir [abetiʀ] <8> **I.** *vt* (*rendre bête*) **~ qn** to make sb stupid **II.** *vpr* **s'~** to become stupid

abêtissant(e) [abetisɑ̃, ɑ̃t] *adj* stupefying

abîmé(e) [abime] *adj* (*endommagé*) damaged

abîmer [abime] <1> **I.** *vt* (*détériorer*) to ruin **II.** *vpr* **1.** (*se gâter*) **s'~** to spoil; (*fruits, légumes*) to go bad **2.** (*détériorer*) **s'~ les yeux/la santé** to ruin one's eyes/health

abject(e) [abʒɛkt] *adj* contemptible; (*goût*) appalling; **avoir un comportement ~ envers qn** to behave abominably toward sb

abjection [abʒɛksjɔ̃] *f* total humiliation

abjurer [abʒyʀe] <1> *vt, vi* to recant

ablation [ablasjɔ̃] *f* (*d'une tumeur*) removal

aboiement [abwamɑ̃] *m* bark; **les ~s d'un chien** a dog's barking

abois [abwa] *mpl* **être <u>aux</u> ~** to be in dire straits; (*animal*) to be at bay

abolir [abɔliʀ] <8> *vt* (*esclavage, loi*) to abolish

abolition [abɔlisjɔ̃] *f* abolition

abominable [abɔminabl] *adj* **1.** (*horrible*) appalling; (*action*) heinous **2.** (*très mauvais, insupportable*) abominable

abomination [abɔminasjɔ̃] *f* **1.** (*dégoût*) loathing **2.** (*acte particulièrement répugnant*) abomination

abondamment [abɔ̃damɑ̃] *adv* (*servir*) plentifully; (*fleurir*) abundantly

abondance [abɔ̃dɑ̃s] *f* **1.** (*profusion*) abundance; **en ~** in abundance **2.** (*richesse*) wealth

abondant(e) [abɔ̃dɑ̃, ɑ̃t] *adj* (*nourriture*) copious; (*réserves*) plentiful; **des pluies ~es** heavy rainfall

abonder [abɔ̃de] <1> *vi* **1.** (*exister en grande quantité*) to be plentiful **2.** (*avoir en quantité*) **~ en qc** to be full of sth **3.** (*être de même avis*) **~ dans le sens de qn** to agree wholeheartedly with sb

abonné(e) [abɔne] **I.** *adj* (*qui a un abonnement*) **être ~ à un journal** to subscribe to a newspaper; **être ~ au téléphone** to have a telephone **II.** *m(f)* (*théâtre*) season ticket holder; (*d'un journal, service*) subscriber

abonnement [abɔnmɑ̃] *m* (*au bus*) pass; **~ téléphonique** telephone service; **~ hebdomadaire/mensuel** weekly/monthly subscription; **prendre un ~ à un journal** to subscribe to a newspaper

abonner [abɔne] <1> **I.** *vpr* **s'~ à un journal** to subscribe to a newspaper; **s'~ au théâtre** to buy a season ticket for the theater; **s'~ à un club** to join a club **II.** *vt* **~ qn au théâtre** to buy sb a season ticket for the theater; **~ qn à un journal** to buy sb a subscription to a newspaper

abord [abɔʀ] *m* **1.** (*alentours*) **les ~s d'une ville** the area around a town **2.** (*attitude*) **être d'un ~ facile/difficile** to be approachable/unapproachable; **il est d'un ~ chaleureux** he makes you feel welcome ►**au <u>premier</u> ~** (*dès la première rencontre*) initially; (*à première vue*) at first sight; **(tout) <u>d'</u>~** (*temporel*) at first; (*avant tout*) first of all; **<u>d'</u>~** *inf* **d'~ tu n'avais qu'à demander!** for one thing, all you had to do was ask!

abordable [abɔʀdabl] *adj* (*bon marché*) affordable

aborder [abɔʀde] <1> **I.** *vt* **1.** (*accoster, évoquer*) to tackle **2.** (*appréhender, amorcer: vie, auteur, texte, épreuve, virage*) to approach **3.** NAUT **~ un navire** to collide with a ship **II.** *vi* NAUT to land **III.** *vpr* **s'~ 1.** (*se rencontrer: personnes*) to meet up **2.** NAUT to collide

aborigène [abɔʀiʒɛn] *adj* aboriginal

Aborigène [abɔʀiʒɛn] *mf* Aborigine

A

abortif, -ive [abɔʀtif, -iv] *adj* abortive
aboutir [abutiʀ] <8> *vi* **1.** (*réussir*) to succeed *inf;* (*projet*) to be a success; **ne pas ~** not to turn out well **2.** (*conduire à*) **~ à/dans qc** (*rue*) to lead to/into sth **3.** (*se terminer par*) **~ à qc** (*démarche*) to lead to sth
aboutissement [abutismɑ̃] *m* outcome
aboyer [abwaje] <6> *vi* (*chien*) to bark
abracadabrant(e) [abʀakadabʀɑ̃, ɑ̃t] *adj* **1.** (*extravagant*) fantastic **2.** (*invraisemblable*) preposterous
abrasif, -ive [abʀɑzif, -iv] *adj* abrasive; **avoir des propriétés abrasives** to be abrasive
abrégé [abʀeʒe] *m* **1.** (*texte réduit*) summary; **mot en ~** abbreviated form of a word **2.** (*ouvrage*) handbook
abréger [abʀeʒe] <2a, 5> *vt* **~ qc** (*souffrances, rencontre*) to cut sth short; (*mot, texte*) to abbreviate sth
abreuver [abʀœve] <1> **I.** *vt* **1.** (*donner à boire: animal*) to water **2.** (*couvrir de*) **~ qn de compliments** to shower sb with compliments **II.** *vpr* **1.** (*boire*) **s'~** (*animal*) to drink **2.** (*se nourrir*) **s'~ de romans** to devour novels
abreuvoir [abʀœvwaʀ] *m* **1.** (*lieu*) watering place **2.** (*auge dans l'étable, le poulailler*) (drinking) trough **3.** (*dans une cage*) drinking bowl
abréviation [abʀevjasjɔ̃] *f* abbreviation
abri [abʀi] *m* **1.** (*protection naturelle*) shelter; **être à l'~ des gelées/intempéries** to be sheltered from frost/bad weather; **être à l'~ des balles** to be shielded against bullets; **mettre qc à l'~** to put sth under cover **2.** (*souterrain*) (underground) shelter **3.** (*lieu aménagé*) shelter; **~ de jardin** garden shed; **être à l'~** (*personne*) to be under cover ►**être à l'~ du besoin** to be protected from hardship
abribus® [abʀibys] *m* bus shelter
abricot [abʀiko] *adj, m inv* (*couleur*) apricot
abricotier [abʀikɔtje] *m* apricot tree
abrité(e) [abʀite] *adj* sheltered
abriter [abʀite] <1> **I.** *vt* **1.** (*protéger*) to shelter **2.** (*héberger*) to harbor **II.** *vpr* **1.** (*se protéger*) **s'~ de qc** to take shelter from sth; **s'~ des coups de feu** to take cover from the gunfire **2.** (*se protéger des intempéries*) **s'~** to take shelter
abrupt [abʀypt] *m* steep slope
abrupt(e) [abʀypt] *adj* **1.** (*raide: pente*) steep **2.** (*brutal: ton*) abrupt
abruti(e) [abʀyti] **I.** *adj* **1.** *inf* (*idiot*) idiotic **2.** *fig* **être ~ par l'alcool** to be stupefied with drink **II.** *m(f) inf* idiot
abrutir [abʀytiʀ] <8> **I.** *vt* to exhaust; **~ qn de travail** to exhaust sb with work **II.** *vpr* **1.** (*s'étourdir*) **s'~ de qc** to exhaust oneself with sth **2.** (*s'abêtir*) to stupefy oneself
abrutissant(e) [abʀytisɑ̃, ɑ̃t] *adj* (*travail*) mind-numbing; (*musique*) deafening; **ce bruit est ~** this noise drives you nuts
abrutissement [abʀytismɑ̃] *m* **1.** (*extrême fatigue*) exhaustion **2.** (*abêtissement*) mindless state
A.B.S. [ɑbeɛs] *m abr de* **Antilock Braking System** ABS
absence [apsɑ̃s] *f* **1.** (*opp: présence*) absence; **en l'~ de qn** in the absence of sb; **les ~s de cet élève sont rares** this student is rarely absent **2.** (*manque*) lack; **en l'~ de preuves** in the absence of proof **3.** (*inattention*) **elle a des ~s par moments** at times she's absent-minded
absent(e) [apsɑ̃, ɑ̃t] **I.** *adj* **1.** (*opp: présent*) absent; **les élèves ~s** absentees; **être ~ à une réunion/au cours** to be absent from a meeting/class; **être ~ du bureau** to be out of the office **2.** (*qui manque*) **être ~ de qc** to be absent from sth; **il était ~ de la réunion** he was not at the meeting **3.** (*distrait: air, regard*) vacant **II.** *m(f)* absentee
absentéisme [apsɑ̃teism] *m* absenteeism; (*d'un élève*) truancy
absenter [apsɑ̃te] <1> *vpr* **s'~** (*ne pas venir*) not to attend; (*être absent*) to be absent; (*partir*) to leave; **je ne me suis absenté que deux minutes** I was only away for two minutes
absolu [apsɔly] *m* PHILOS **l'~** the Absolute ►**dans l'~** in absolute terms
absolu(e) [apsɔly] *adj* **1.** (*total: silence*) utter; (*confiance*) absolute; (*amour*) perfect **2.** (*sans concession: jugement*) uncompromising **3.** POL, LING absolute
absolument [apsɔlymɑ̃] *adv* **1.** (*à tout prix*) without fail **2.** (*totalement*) entirely; **~ pas/rien** absolutely not/nothing ►**~!** absolutely!; **vous êtes sûr? – ~!** are you sure? positive!; **mais ~!** of course!
absorbant(e) [apsɔʀbɑ̃, ɑ̃t] *adj* **1.** (*hydrophile: tissu*) absorbent **2.** (*prenant: travail*) absorbing
absorber [apsɔʀbe] <1> **I.** *vt* **1.** (*consommer*) to consume; (*médicament*) to take **2.** (*s'imbiber*) to absorb **3.** (*faire disparaître*) **cette voiture a absorbé toutes mes économies** this car's eaten up all my savings **4.** ECON **~ un concurrent** to take over a competitor **5.** (*accaparer: travail*) to occupy; **être absorbé par une lecture** to be engrossed in reading **II.** *vpr* **s'~ dans son travail** to be engrossed in one's work
absorption [apsɔʀpsjɔ̃] *f* **1.** (*action de manger, de boire*) swallowing **2.** (*action d'avaler un médicament*) taking **3.** (*pénétration*) absorption **4.** ECON takeover
abstenir [apstəniʀ] <9> *vpr* **1.** (*éviter*) **s'~ de faire qc** to refrain from doing sth; **s'~ de vin/de tabac** to avoid wine/tobacco **2.** POL (*ne pas voter*) **s'~** to abstain
abstention [apstɑ̃sjɔ̃] *f* abstention
abstentionniste [apstɑ̃sjɔnist] **I.** *adj* (*électorat*) nonvoting **II.** *mf* nonvoter
abstinence [apstinɑ̃s] *f* abstinence
abstraction [apstʀaksjɔ̃] *f* **1.** (*action d'abs-

traire) abstraction; **faire ~ de qc** to disregard sth **2.** (*idée*) abstraction
abstraire [apstʀɛʀ] *vt irr* **1.** (*schématiser*) to abstract **2.** (*isoler par la pensée*) to isolate
abstrait [apstʀɛ] *m* **1.** (*abstraction*) abstract ideas *pl* **2.** ART abstract art **3.** (*peintre*) abstract artist
abstrait(e) [apstʀɛ, ɛt] *adj* abstract
absurde [apsyʀd] **I.** *adj* absurd **II.** *m* PHILOS, LIT **l'~** the absurd
absurdité [apsyʀdite] *f* absurdity
abus [aby] *m* **1.** (*consommation excessive, usage abusif*) abuse; **lutter contre l'~ d'alcool/de tabac** to fight against alcohol/tobacco abuse **2.** (*injustice*) injustice **3.** JUR **~ de biens sociaux** misuse of corporate assets; **~ de pouvoir** abuse of power
abuser [abyze] <1> **I.** *vi* **1.** (*consommer avec excès*) to overindulge; **~ de l'alcool/du tabac** to drink/smoke too much **2.** (*profiter de qn*) to go too far **3.** (*exploiter*) **~ de la crédulité de qn** to take advantage of sb's credulity **II.** *vpr* (*se tromper*) **si je ne m'abuse** if I'm not mistaken
abusif, -ive [abyzif, -iv] *adj* **1.** (*exagéré*) excessive; **consommation abusive d'alcool** alcohol abuse **2.** (*incorrect*) **usage ~ d'un mot** misuse of a word **3.** (*injuste: licenciement*) wrongful
acacia [akasja] *m* acacia
académicien(ne) [akademisjɛ̃, jɛn] *m(f)* **1.** (*membre d'une académie*) academician **2.** (*membre de l'Académie française*) *member of the French Academy*
académie [akademi] *f* **1.** (*société savante*) academy **2.** (*école*) **~ de danse** dance academy **3.** ECOLE, UNIV ≈ regional board of education
Académie [akademi] *f* academy; **l'~ française** the French Academy

> **i** The **Académie française** acts as a formal authority on the French language. The 40 life members debate questions of acceptability and award prizes for work in French literature.

académique [akademik] *adj* **1.** (*d'une société savante, conventionnel*) *a.* ECOLE, UNIV academic **2.** (*de l'Académie française*) of the French Academy **3.** *Belgique, Québec, Suisse* (*universitaire*) **année ~** academic year
Acadie [akadi] *f* **l'~** Acadia
acadien [akadjɛ̃] *m* Acadian; *v.a.* **français**
acadien(ne) [akadjɛ̃, ɛn] *adj* Acadian
Acadien(ne) [akadjɛ̃, ɛn] *m(f)* Acadian
acajou [akaʒu] *m, adj inv* mahogany
acariâtre [akaʀjɑtʀ] *adj* cantankerous
acarien [akaʀjɛ̃] *m* dust mite; ZOOL acarid
accablant(e) [akɑblɑ̃, ɑ̃t] *adj* **1.** (*psychiquement pénible: chaleur*) oppressive; (*douleur*) excruciating; (*travail*) exhausting **2.** (*psychologiquement pénible: nouvelle*) devastating **3.** (*accusateur: témoignage, preuve, reproche*) damning
accabler [akɑble] <1> *vt* **1.** (*abattre: douleur, dettes, travail*) to overwhelm; (*nouvelle*) to devastate **2.** (*imposer*) **~ qn de reproches** to heap reproaches on sb **3.** (*confondre: témoignage*) to damn
accalmie [akalmi] *f* **1.** METEO (*de la pluie, du vent*) lull **2.** *fig* (*dans un combat*) lull; (*dans les affaires, les transactions*) slack period
accaparant(e) [akapaʀɑ̃, ɑ̃t] *adj* demanding
accaparer [akapaʀe] <1> *vt* **1.** (*monopoliser*) to monopolize; (*poste-clé, attention*) to grab **2.** (*occuper complètement*) **~ qn** (*travail*) to leave sb with no time for anything else
accéder [aksede] <5> *vt* **1.** (*parvenir*) **on accède à la cuisine par la salle à manger** you get to the kitchen through the dining room **2.** (*atteindre*) **~ à un poste** to obtain a post; **~ en finale** to get through to the finals **3.** (*consentir: souhait, prière, requête*) to grant
accélérateur [akseleʀatœʀ] *m* accelerator; **donner un coup d'~** to accelerate; **appuyer sur l'~** to step on the accelerator
accélération [akseleʀasjɔ̃] *f* acceleration
accélérer [akseleʀe] <5> **I.** *vt, vi* to accelerate; **vas-y, accélère!** come on, get a move on! *inf* **II.** *vpr* **s'~** (*pouls*) to quicken; **les travaux s'accélèrent** the pace of the work is speeding up
accent [aksɑ̃] *m* **1.** (*signe sur les voyelles*) accent; **e ~ aigu/grave/circonflexe** e acute/grave/circumflex **2.** (*manière de prononcer*) accent **3.** (*accentuation*) stress **4.** (*intonation expressive*) tone ► **~ de <u>sincérité</u>** note of sincerity; **<u>mettre</u> l'~ sur qc** to stress sth
accentuation [aksɑ̃tɥasjɔ̃] *f* **1.** (*augmentation: du chômage*) rise; (*des symptômes*) worsening **2.** LING accentuation **3.** (*insistance*) emphasis
accentué(e) [aksɑ̃tɥe] *adj* **1.** LING (*voyelle*) stressed **2.** (*prononcé: traits*) marked
accentuer [aksɑ̃tɥe] <1> **I.** *vt* **1.** (*tracer un accent*) **~ une lettre** to put an accent on a letter **2.** (*prononcer un accent*) to stress **3.** (*intensifier: effet, action*) to intensify; (*force, ressemblance, risque, efforts*) to increase **II.** *vpr* **s'~** to become more pronounced; **le chômage s'accentue** unemployment is rising
acceptable [aksɛptabl] *adj* acceptable; (*repas*) decent; (*prix*) reasonable
acceptation [aksɛptasjɔ̃] *f* acceptance
accepter [aksɛpte] <1> *vt* **1.** (*prendre, se soumettre à*) to accept **2.** (*être d'accord*) **~ qc** to agree to sth; **~ de** +*infin* to agree to +*infin* **3.** (*tolérer*) **~ qn** to put up with sb **4.** (*relever: défi*) to accept
accès [aksɛ] *m* **1.** (*entrée*) access; **~ interdit** no entrance **2.** (*action d'accéder à une position*) **~ à un club** admission to a club **3.** (*crise: de fièvre*) bout; **~ d'humeur** fit of (bad) tem-

per **4.** INFORM access; **~ à l'Internet** Internet access

accessible [aksesibl] *adj* **1.** (*compréhensible, où l'on peut accéder*) accessible; **une théorie ~ à tous** a theory which can be understood by everybody **2.** (*abordable: prix*) affordable; **une voiture qui n'est pas ~ à tous** a car which not everybody can afford

accession [aksesjɔ̃] *f* accession; **son ~ au poste de directeur** his rise to the position of director; **~ à la propriété** homeownership

accessoire [akseswaʀ] **I.** *adj* incidental **II.** *m* **1.** (*pièce complémentaire*) accessory **2.** PHILOS **l'~** the unessential **3.** THEAT, CINE **les ~s** props

accessoirement [akseswaʀmɑ̃] *adv* secondarily; **il est ~ acteur** he is also an actor

accessoiriste [akseswaʀist] *mf* THEAT, CINE prop man, prop woman *m, f*

accident [aksidɑ̃] *m* accident; **~ du travail** industrial accident; **~ de parcours** mishap

accidenté(e) [aksidɑ̃te] **I.** *adj* **1.** (*inégal: terrain*) uneven; (*région*) undulating **2.** (*qui a eu un accident*) injured; (*voiture*) damaged **II.** *m(f)* casualty; **~ de la circulation** traffic accident victim

accidentel(le) [aksidɑ̃tɛl] *adj* **1.** (*dû à un accident*) accidental **2.** (*dû au hasard*) fortuitous

accidentellement [aksidɑ̃tɛlmɑ̃] *adv* **1.** (*dans un accident*) **mourir ~** to die accidentally **2.** (*par hasard*) by accident

acclamation [aklamasjɔ̃] *f* cheering; **les ~s du public** the cheers of the audience

acclamer [aklame] <1> *vt* to cheer

acclimatation [aklimatasjɔ̃] *f* acclimation

acclimater [aklimate] <1> **I.** *vt* **~ un animal dans un zoo** to acclimate an animal to a zoo **II.** *vpr* **1.** (*s'adapter*) **s'~** to adapt **2.** (*s'habituer*) **s'~ à une maison** to adapt [*o* get used to] to a house

accolade [akɔlad] *f* embrace; **donner l'~ à qn** to embrace sb

accommodant(e) [akɔmɔdɑ̃, ɑ̃t] *adj* (*camarade, patron, directeur*) accommodating

accommodation [akɔmɔdasjɔ̃] *f* **1.** (*adaptation*) adaptation **2.** PHYS focusing

accommoder [akɔmɔde] <1> **I.** *vt* **1.** (*adapter*) to adapt **2.** CULIN to prepare; **~ des restes** to use up leftovers **II.** *vpr* **1.** (*s'arranger*) **s'~ avec qn** to come to an agreement with sb **2.** (*se contenter de*) **s'~ de qc** to make do with sth **3.** (*supporter*) **s'~ de qc** to put up with sth

accompagnateur, -trice [akɔ̃paɲatœʀ, -tʀis] *m, f* **1.** (*guide*) guide **2.** MUS accompanist **3.** ECOLE leader

accompagnement [akɔ̃paɲmɑ̃] *m* *a.* MUS, CULIN accompaniment

accompagner [akɔ̃paɲe] <1> **I.** *vt* **1.** (*aller avec, être joint à*) *a.* MUS to accompany; **du vin accompagne le plat** CULIN the dish is accompanied by wine **2.** (*survenir en même temps*) **~ qc** to go (together) with sth; **la terreur qui accompagne la guerre** the terror which comes with war **II.** *vpr* **1.** MUS **s'~ à la guitare** to accompany oneself on the guitar **2.** (*aller avec*) **s'~ de qc** to come with sth

accompli [akɔ̃pli] *m* LING **l'~** the perfective

accompli(e) [akɔ̃pli] *adj* **1.** (*parfait*) accomplished **2.** (*révolu*) **elle a trente ans ~s** she's in her thirty-first year

accomplir [akɔ̃pliʀ] <8> **I.** *vt* **1.** (*s'acquitter de*) **~ qc** (*travail, tâche, devoir*) to carry sth out; (*promesse*) to fulfill sth **2.** (*exécuter, réaliser: ordre, miracle*) to perform **II.** *vpr* **1.** (*s'épanouir*) **elle s'accomplit dans son travail** she finds fulfillment in her work **2.** (*se produire*) **s'~** (*prophétie, vœux*) to come true; (*miracle*) to take place

accomplissement [akɔ̃plismɑ̃] *m* **1.** (*réalisation: d'un travail, d'une tâche*) accomplishment; (*d'un projet*) completion; (*d'un miracle*) working; (*d'une prédiction, de rêves*) fulfillment **2.** (*épanouissement*) fulfillment

accord [akɔʀ] *m* **1.** (*consentement, convention*) agreement; **donner son ~ à qn** to give one's agreement to sb; **~ à l'amiable** informal agreement **2.** (*bonne intelligence*) harmony **3.** MUS (*association de plusieurs sons*) chord; (*réglage*) tuning **4.** LING **faute d'~** mistake in agreement ▸**être d'~** to agree; **être d'~ avec qn sur qc** to agree with sb about sth; **être en ~ avec soi-même** to be in harmony with oneself; **se mettre** [*o* **tomber**] **d'~ avec qn** to come to an agreement with sb; **(c'est) d'~!** OK! *inf*

accordéon [akɔʀdeɔ̃] *m* accordion

accordéoniste [akɔʀdeɔnist] *mf* accordionist

accorder [akɔʀde] <1> **I.** *vt* **1.** (*donner: crédit, délai, permission, faveur*) to grant; (*confiance*) to give; **voulez-vous m'~ cette danse?** may I have this dance? **2.** (*attribuer*) **~ de la valeur à qc** to value sth; **~ de l'importance à qc** to attach importance to sth **3.** MUS to tune **4.** LING **~ l'adjectif avec le nom** to make the adjective agree with the noun **II.** *vpr* **1.** (*se mettre d'accord*) **s'~ avec qn sur une solution** to agree on a solution with sb **2.** (*s'entendre*) **s'~ avec qn** to get along with sb **3.** (*s'octroyer*) **s'~ une journée de congé** to give oneself a day off **4.** LING **s'~ avec qc** (*verbe, adjectif*) to agree with sth

accoster [akɔste] <1> **I.** *vi* NAUT to dock **II.** *vt* **1.** (*aborder*) to accost **2.** NAUT (*quai*) to come alongside

accotement [akɔtmɑ̃] *m* **1.** (*d'une route*) shoulder; **~s non stabilisés** soft shoulder **2.** CHEMDFER shoulder

accouchement [akuʃmɑ̃] *m* **1.** MED birth **2.** (*élaboration difficile*) gestation

accoucher [akuʃe] <1> **I.** *vi* **1.** MED to give birth; **~ d'une fille** to give birth to [*o* have] a girl **2.** *inf* (*parler*) **allez, accouche!** come on, spit it out! **II.** *vt* (*aider une femme à mettre* (*un enfant*) *au monde*) **c'est cette sage-femme qui l'a accouchée** this is the midwife who delivered her baby

accoucheur, -euse [akuʃœʀ, -øz] *m, f* obstetrician
accouder [akude] <1> *vpr* **s'~ à qc** to lean on sth; **elle était accoudée au comptoir** she had her elbows on the counter
accoudoir [akudwaʀ] *m* armrest
accouplement [akupləmɑ̃] *m* **1.** ZOOL *a. péj* mating **2.** (*fait d'accoupler*) linking; ELEC connecting
accoupler [akuple] <1> **I.** *vpr* **1.** ZOOL **s'~** to couple **2.** *péj* **s'~** (*personnes*) to mate **II.** *vt* **1.** ZOOL to mate **2.** (*mettre par deux: chevaux*) to yoke **3.** TECH (*générateurs, locomotives*) to couple; ELEC to connect (up)
accourir [akuʀiʀ] *vi irr avoir o être* (*personne*) to come running, to rush *fig*
accoutrement [akutʀəmɑ̃] *m* outfit
accoutrer [akutʀe] <1> **I.** *vpr* **s'~** to get oneself all decked out; **s'~ bizarrement/d'une drôle de façon** to have a weird/funny getup **II.** *vt* **~ qn** to deck sb out
accoutumance [akutymɑ̃s] *f* **1.** (*adaptation*) familiarization **2.** (*besoin*) addiction
accoutumé(e) [akutyme] *adj* usual
accoutumer [akutyme] <1> **I.** *vt* (*habituer*) **~ son mari à qc/à faire qc** to get one's husband used to sth/doing sth **II.** *vpr* **s'~ à qc/à faire qc** to get used to sth/doing sth
accréditer [akʀedite] <1> *vt* **1.** (*rendre crédible*) **~ qc** to lend weight to sth **2.** (*ambassadeur, médiateur*) to accredit
accro [akʀo] *abr de* **accroché** **I.** *adj inf* **1.** (*dépendant d'une drogue*) hooked **2.** (*passionné*) **~ de jazz** mad about jazz **II.** *mf inf* **1.** (*drogué*) addict **2.** (*passionné*) fanatic
accroc [akʀo] *m* **1.** (*déchirure*) tear; **faire un ~ à sa chemise** to tear one's shirt **2.** (*incident*) hitch
accrochage [akʀɔʃaʒ] *m* **1.** (*action d'accrocher: d'un tableau*) hanging; (*d'un wagon*) coupling **2.** (*collision*) crash **3.** (*altercation*) quarrel **4.** MIL skirmish
accrocher [akʀɔʃe] <1> **I.** *vt* **1.** (*suspendre*) to hang **2.** (*déchirer*) to snag **3.** (*entrer en collision*) to hit **4.** (*attirer: regards*) to catch **5.** (*aborder*) to grab **6.** (*intéresser*) **~ qn** (*film*) to grab sb's attention *inf* **II.** *vpr* **1.** (*se retenir*) **s'~ à qc** to cling to sth **2.** (*se faire un accroc*) **s'~ à qc** to get caught on sth **3.** (*persévérer*) **s'~** to stick it out **4.** *inf* (*mettre ses espoirs dans*) **s'~ à qc** to cling to sth **5.** *inf* (*se disputer*) **s'~ avec qn** to clash with sb **III.** *vi* **1.** *inf* (*bien établir le contact*) to click **2.** (*plaire*) to catch on
accrocheur, -euse [akʀɔʃœʀ, -øz] *adj* (*slogan*) catchy; (*film*) crowd-pulling
accroissement [akʀwasmɑ̃] *m* (*du chômage*) rise; (*du chiffre d'affaires*) increase; **~ de la population** population growth
accroître [akʀwɑtʀ] *irr* **I.** *vt* to increase; (*patrimoine*) to add to; (*pouvoir, chances*) to increase **II.** *vpr* **s'~** to grow
accroupir [akʀupiʀ] <8> *vpr* **s'~** to squat (down); **en position accroupie** in a squatting position
accru(e) [akʀy] *adj* enhanced
accueil [akœj] *m* **1.** (*fait de recevoir*) welcome; **faire bon/mauvais ~ à qn** to give sb a warm/cold welcome **2.** (*lieu*) reception
accueillant(e) [akœjɑ̃, ɑ̃t] *adj* (*hôte*) hospitable; (*sourire*) warm; (*maison*) welcoming
accueillir [akœjiʀ] *vt irr* **1.** (*recevoir*) to welcome **2.** (*héberger*) **~ qn** (*hôte*) to accommodate sb **3.** (*réagir à: nouvelle*) to greet; (*projet, idée*) to receive
acculer [akyle] <1> *vt* **1.** (*coincer*) to corner **2.** (*contraindre*) **~ qn à la faillite** to drive sb into bankruptcy
accumulateur [akymylatœʀ] *m* **1.** (*pile rechargeable*) storage battery **2.** INFORM accumulator
accumulation [akymylasjɔ̃] *f* accumulation; (*de marchandises*) stockpiling; (*de preuves*) mass; (*d'énergie*) storage
accumuler [akymyle] <1> **I.** *vt* to accumulate; (*énergie*) to store; (*preuves, erreurs*) to amass; (*marchandises*) to stockpile **II.** *vpr* **s'~** to accumulate; (*dettes, vaisselle, déchets*) to pile up
accusateur, -trice [akyzatœʀ, -tʀis] **I.** *adj* (*regard*) accusing; (*document*) incriminating **II.** *m, f* accuser
accusatif [akyzatif] *m* LING accusative
accusation [akyzasjɔ̃] *f* **1.** (*reproche*) accusation **2.** JUR charge; **porter une ~ contre qn** to make an accusation against sb
accusé [akyze] *m* **~ de réception** acknowledgement of receipt
accusé(e) [akyze] **I.** *m(f)* JUR defendant **II.** *adj* (*visage, traits*) pronounced
accuser [akyze] <1> **I.** *vt* **1.** (*déclarer coupable*) to accuse; **~ qn d'un vol** to accuse sb of theft; (*police*) to charge sb with theft **2.** (*souligner*) to highlight **3.** (*montrer*) **il accuse la fatigue des jours passés** he's showing the strain of the last few days **II.** *vpr* **s'~ de qc** **1.** (*se déclarer coupable*) to confess to sth **2.** (*se rendre responsable*) to take the blame for sth
ace [ɛs] *m* SPORT ace
acerbe [asɛʀb] *adj* (*ton, paroles*) acerbic; (*critique, écrits*) cutting
acéré(e) [aseʀe] *adj* sharp
achalandé(e) [aʃalɑ̃de] *adj* **être bien ~** (*magasin*) to be well-stocked
acharné(e) [aʃaʀne] *adj* (*travailleur*) hard; (*joueur*) tenacious; (*combat*) fierce
acharnement [aʃaʀnəmɑ̃] *m* (*d'un combattant*) relentlessness; (*d'un joueur*) tenacity
acharner [aʃaʀne] <1> *vpr* **1.** (*persévérer*) **s'~ sur un projet** to work away at a project **2.** (*ne pas lâcher prise*) **s'~ sur une victime** to hound a victim **3.** (*poursuivre*) **le sort s'acharne contre elle** she is dogged by fate **4.** (*tourmenter*) **les médias s'acharnent sur elle** she's being hounded by the media
achat [aʃa] *m* **1.** (*action*) buying **2.** (*chose*

achetée) purchase; **faire des ~s** to shop
acheminement [aʃ(ə)minmɑ̃] *m* (*des voyageurs, troupes*) transportation; (*du courrier*) delivery; (*des marchandises*) transport
acheminer [aʃ(ə)mine] <1> **I.** *vt* **1.** (*transporter: courrier*) to deliver; (*réfugiés, voyageurs, marchandises*) to transport **2.** (*conduire*) **~ un convoi vers une destination** to route a convoy to a destination **II.** *vpr* **1.** (*aller en direction de*) **s'~ vers le bois** to head for the woods **2.** *fig* **s'~ vers une conclusion** to move toward a conclusion
acheter [aʃ(ə)te] <4> **I.** *vt* to buy; **~ qc à qn** to buy sth from sb **II.** *vpr* **s'~ qc** to buy oneself sth
acheteur, **-euse** [aʃtœʀ, -øz] *m, f* **1.** (*client*) buyer; JUR purchaser **2.** (*de profession*) buyer ▶ être ~ to be in the market
achevé(**e**) [aʃəve] *adj* (*terminé*) finished
achèvement [aʃɛvmɑ̃] *m* (*d'un immeuble, de travaux*) completion; (*d'une discussion*) conclusion
achever [aʃ(ə)ve] <4> **I.** *vt* **1.** (*accomplir: discours*) to end; (*œuvre, bouteille*) to finish; **~ un livre** to reach the end of a book; **~ de faire qc** to finish doing sth **2.** (*tuer*) **~ qn** to finish sb off **3.** (*épuiser*) **cette journée m'a achevé!** today almost finished me off! **II.** *vpr* (*se terminer*) **s'~** (*vie, journée*) to draw to an end
acide [asid] **I.** *adj* **1.** (*aigre: fruit, saveur*) sour; (*remarque*) cutting **2.** CHIM (*solution*) acidic **II.** *m* CHIM acid
acidité [asidite] *f* **1.** (*aigreur: d'un fruit*) sourness; (*d'une critique, remarque*) sharpness **2.** CHIM acidity
acidulé(**e**) [asidyle] *adj* sour
acier [asje] *m* **1.** (*métal*) steel **2.** (*industrie*) **l'~** the steel industry
aciérie [asjeʀi] *f* steelworks
acné [akne] *f* acne
acolyte [akɔlit] *m péj* associate
acompte [akɔ̃t] *m* **1.** (*engagement d'achat*) deposit **2.** (*avance*) advance **3.** *inf* (*avant-goût*) foretaste
acoquiner [akɔkine] <1> *vpr péj* **s'~ avec qn** to get together with sb
Açores [asɔʀ] *fpl* **les ~** the Azores
à-côté [akote] <à-côtés> *m* **1.** (*détail*) side issue **2.** (*gain occasionnel*) extra
à-coup [aku] <à-coups> *m* **1.** (*saccade: d'un moteur*) sputter; **par à-coups** in fits and starts **2.** ECON upheaval
acoustique [akustik] **I.** *adj* acoustic; **isolation ~** soundproofing **II.** *f sans pl* acoustics + *vb sing*
acquéreur [akeʀœʀ] *m* buyer; **se porter ~ de qc** to state one's intention to buy sth
acquérir [akeʀiʀ] *irr* **I.** *vt* **1.** (*devenir propriétaire*) to acquire **2.** (*obtenir: compétence*) to acquire; (*faveur*) to win; (*habileté, expérience, importance*) to gain **II.** *vpr* (*s'obtenir*) **les connaissances s'acquièrent peu à peu** knowledge comes gradually
acquiescer [akjese] <2> *vi* **1.** (*approuver*) to approve **2.** (*consentir*) **~ à une requête** to accede to a request
acquis [aki] *mpl* **1.** (*savoir*) experience **2.** (*avantages sociaux*) **les ~ sociaux** social benefits
acquis(**e**) [aki, iz] **I.** *part passé de* **acquérir** **II.** *adj* **1.** (*obtenu: fortune, habitude, richesse, expérience*) acquired; (*droit, avantages*) established **2.** (*reconnu*) accepted
acquisition [akizisjɔ̃] *f* acquisition; **faire l'~ de qc** to acquire sth
acquittement [akitmɑ̃] *m* **1.** JUR (*d'un accusé*) acquittal **2.** (*règlement: d'une dette*) paying off; (*d'une facture, taxe*) payment **3.** (*exécution: d'une promesse*) fulfillment; (*d'une tâche, mission*) carrying out; (*d'une fonction*) performance
acquitter [akite] <1> **I.** *vt* **1.** (*déclarer non coupable: accusé*) to acquit **2.** (*payer*) to pay; (*dette*) to settle **3.** (*signer: livraison*) to receipt **II.** *vpr* **s'~ d'une dette** to pay off a debt
âcre [ɑkʀ] *adj* **1.** (*irritant: fumée, odeur, saveur*) acrid **2.** *fig* (*remarque*) caustic
âcreté [ɑkʀəte] *f* (*de la fumée*) acridness; (*d'une saveur, odeur*) pungency
acrobate [akʀɔbat] *mf* acrobat
acrobatie [akʀɔbasi] *f* **1.** (*discipline*) acrobatics + *vb sing* **2.** (*tour*) acrobatic feat; **~ aérienne** acrobatics *pl* **3.** *pl, fig* **j'ai fait des ~s pour le finir** I bent over backwards to get it done
acrobatique [akʀɔbatik] *adj* acrobatic
acrylique [akʀilik] CHIM **I.** *adj* acrylic **II.** *m* acrylic
acte [akt] *m* **1.** (*action*) act; **faire ~ de candidature à qc** to apply for sth; **faire ~ de présence** to put in a token appearance; **passer à l'~** to act **2.** JUR (*manifestation de volonté*) act; (*document*) certificate; (*contrat*) deed; **~ d'accusation** indictment; **~ de mariage/naissance/décès** marriage/birth/death certificate; **~ de succession** attestation of inheritance; **~ de vente** bill of sale; **prendre ~ de qc** to note sth; (*écrire*) to take note of sth; (*prendre connaissance de*) to bear sth in mind **3.** THEAT act
acteur, **-trice** [aktœʀ, -tʀis] *m, f* **1.** THEAT, CINE actor, actress *m, f* **2.** (*participant*) **les ~s d'un événement** those involved in an event
actif [aktif] *m* **1.** FIN **l'~** assets **2.** LING active voice
actif, **-ive** [aktif, -iv] **I.** *adj* **1.** (*dynamique, productif*) *a.* ELEC, LING active; **vie active** working life; (*mouvementée*) active life **2.** FIN (*marché*) buoyant **3.** ECON (*population*) working **4.** (*efficace*) active; (*poison*) potent **5.** MIL **l'armée active** the regular army **II.** *m, f* (*travailleur*) working person
action [aksjɔ̃] *f* **1.** (*acte*) action; **faire une bonne ~** to do a good deed **2.** *sans pl* (*fait d'agir, démarche*) action; **passer à l'~** to take action **3.** (*effet*) effect; **l'~ de qc sur qc** the ef-

A

fect of sth on sth; (*intervention: du gouvernement*) action **4.** (*péripéties, intrigue*) action **5.** (*mesure ponctuelle*) ~ **syndicale** labor union action **6.** JUR lawsuit; ~ **juridique** legal action **7.** FIN share

actionnaire [aksjɔnɛʀ] *mf* shareholder

actionnement [aksjɔnmɑ̃] *m* activation

actionner [aksjɔne] <1> *vt* **1.** (*mettre en mouvement: levier*) to move; (*moteur*) to start **2.** JUR (*personne*) to sue

activation [aktivasjɔ̃] *f* **1.** (*accélération: de travaux*) speeding up **2.** PHYS, CHIM activation

activement [aktivmɑ̃] *adv* actively

activer [aktive] <1> **I.** *vt* **1.** (*accélérer: circulation sanguine, processus, travaux*) to speed up; (*feu*) to stoke **2.** CHIM, INFORM to activate **II.** *vi inf* to get a move on **III.** *vpr* **s'~** **1.** (*s'affairer*) to be very busy **2.** *inf* (*se dépêcher*) to hurry up

activiste [aktivist] **I.** *adj* militant **II.** *mf* activist

activité [aktivite] *f* **1.** *sans pl* (*fait d'être actif*) activity; (*d'une personne*) energy; **entrer en ~** (*volcan*) to become active **2.** (*occupation*) activity; **pratiquer une ~ sportive** to take part in a sport **3.** (*profession*) employment; **reprendre ses ~s** (*personne*) to go back to work; (*entreprise*) to start doing business again; **avoir plusieurs ~s** to have several jobs **4.** *sans pl* (*ensemble d'actes*) activity; **relancer l'~ économique** to give a boost to the economy

actrice [aktʀis] *f v.* **acteur**

actualisation [aktɥalizasjɔ̃] *f* **1.** (*processus*) updating **2.** (*résultat*) update

actualiser [aktɥalize] <1> *vt* (*mettre à jour*) to update

actualité [aktɥalite] *f* **1.** *sans pl* (*modernité: d'un sujet*) topicality; **être d'~** to be very topical **2.** *sans pl* (*événements*) current events; **l'~ politique/quotidienne** political/daily events *pl;* **l'~ sportive** the sports news **3.** *pl* TV, RADIO the news + *vb sing;* CINE newsreel + *vb sing*

actuel(**le**) [aktɥɛl] *adj* **1.** (*présent*) current; **le monde ~** the world today **2.** (*d'actualité*) topical

actuellement [aktɥɛlmɑ̃] *adv* at present

acuponcteur, -trice [akypɔ̃ktœʀ, -tʀis] *m, f* acupuncturist

acuponcture [akypɔ̃ktyʀ] *f* acupuncture

acupuncteur, -trice [akypɔ̃ktœʀ, -tʀis] *m, f v.* **acuponcteur, -trice**

acupuncture [akypɔ̃ktyʀ] *f v.* **acuponcture**

adaptateur [adaptatœʀ] *m* TECH adapter

adaptation [adaptasjɔ̃] *f* **1.** *sans pl* (*action de s'adapter*) adaptation **2.** CINE, THEAT adaptation

adapter [adapte] <1> **I.** *vt* **1.** (*poser: embout*) to fix **2.** (*accorder*) *a.* CINE, THEAT to adapt **II.** *vpr* **1.** (*s'habituer à*) **s'~ à qn/qc** to adapt to sb/sth **2.** (*s'ajuster à*) **s'~ à qc** (*clé*) to fit sth

additif [aditif] *m* (*supplément*) additive

addition [adisjɔ̃] *f* **1.** (*somme*) addition; (*de problèmes*) sum **2.** (*facture*) check, bill **3.** (*ajout*) addition

additionner [adisjɔne] <1> **I.** *vt* **1.** (*faire l'addition de*) ~ **qc** to add sth up **2.** (*ajouter*) ~ **qc à qc** to add sth to sth **II.** *vpr* **s'~** (*erreurs, problèmes*) to accumulate; (*chiffres*) to add up

adepte [adɛpt] *mf* (*d'une secte*) follower; (*d'un sport*) fan

adéquat(**e**) [adekwa, at] *adj* appropriate; (*tenue*) suitable

adhérence [adeʀɑ̃s] *f* adhesion; (*d'un pneu, d'une semelle*) grip; **~ des pneus au sol** road handling

adhérent(**e**) [adeʀɑ̃, ɑ̃t] **I.** *adj* adherent **II.** *m(f)* member

adhérer [adeʀe] <5> *vi* **1.** (*coller*) **~ à qc** to stick to sth; **~ à la route** to grip the road **2.** (*approuver*) **~ à un point de vue** to share a view **3.** (*reconnaître*) **~ à un idéal** to subscribe to an ideal **4.** (*devenir membre de*) **~ à un parti** to join a party

adhésif [adezif] *m* (*substance*) adhesive

adhésif, -ive [adezif, -iv] *adj* adhesive; **pansement ~** Band-Aid®

adhésion [adezjɔ̃] *f* **1.** (*approbation*) **~ à qc** support for sth **2.** (*inscription*) **~ à l'OTAN** joining NATO **3.** (*fait d'être membre*) membership

ad hoc [adɔk] *adj inv* (*adéquat*) suitable

adieu [adjø] <x> **I.** *m* (*prise de congé*) farewell *soutenu;* **dire ~ à qn** to say goodbye to sb; **faire ses ~x à qn** to bid farewell to sb **II.** *interj* goodbye; **~, les beaux jours** goodbye, summer

adjacent(**e**) [adʒasɑ̃, ɑ̃t] *adj* (*maison, pays*) adjoining; (*rue*) adjacent; **être ~ à qc** to be adjacent to sth

adjectif [adʒɛktif] *m* adjective; **~ épithète** attributive adjective

adjectival(**e**) [adʒɛktival, -o] <-aux> *adj* adjectival

adjectivé(**e**) [adʒɛktive] *adj* used as an adjective

adjoindre [adʒwɛ̃dʀ] *irr* **I.** *vt* **1.** (*ajouter*) **~ qc à une chose** to attach sth to a thing **2.** (*associer*) **~ une personne à qn** to appoint a person to assist sb **II.** *vpr* **s'~ un collaborateur** to appoint an assistant

adjoint(**e**) [adʒwɛ̃, wɛ̃t] **I.** *adj* assistant **II.** *m(f)* assistant; **~ au maire** deputy mayor

adjudant [adʒydɑ̃] *m* MIL warrant officer

adjudication [adʒydikasjɔ̃] *f* **1.** (*vente aux enchères*) auction sale **2.** (*appel d'offres*) invitation to tender **3.** (*attribution: d'un contrat*) award

adjuger [adʒyʒe] <2a> **I.** *vt* **1.** (*attribuer aux enchères*) to auction; **~ un tableau à qn** to knock a painting down to sb; **une fois, deux fois, trois fois, adjugé!** going once, going twice, three times, gone! **2.** (*décerner*) **~ une prime à qn** to award sb a bonus **II.** *vpr* **1.** (*obtenir*) **s'~ une grosse part du marché** to grab a large market share **2.** (*s'approprier*) **s'~ qc** to take sth for oneself

admettre [admɛtʀ] *vt irr* **1.** (*laisser entrer*) to

admit **2.** (*recevoir*) ~ **qn à sa table** to invite sb to eat with you **3.** (*accueillir, accepter: excuse*) to accept **4.** ECOLE, UNIV (*à un concours*) to pass; **être admis quatrième à un examen** to get the fourth highest grade on an exam **5.** (*reconnaître*) to admit to; ~ **un crime** to admit to a crime; **il est admis que ...** it is an accepted fact that ... **6.** (*supposer*) to assume; **admettons que** +*subj* let's suppose that; **en admettant que** +*subj* supposing **7.** (*permettre*) to allow

administrateur [administʀatœʀ] *m* ~ **de site** webmaster

administrateur, -trice [administʀatœʀ, -tʀis] *m, f* **1.** (*gestionnaire: d'organisme, établissement public, de théâtre*) administrator **2.** (*légal*) ~ **judiciaire** receiver **3.** (*membre d'un conseil d'administration*) director

administratif, -ive [administʀatif, -iv] *adj* **1.** (*bâtiment, autorités*) administrative **2.** (*officiel*) **langue administrative** official language

administration [administʀasjɔ̃] *f* **1.** *sans pl* (*gestion: d'une entreprise*) management; ~ **d'un pays** government of a country **2.** (*secteur du service public*) department; ~ **des Douanes** ≈ Customs Service; ~ **des impôts** ≈ Internal Revenue Service; ~ **pénitentiaire** prison authorities *pl* **3.** *sans pl* (*action de donner: d'un médicament*) administering

Administration [administʀasjɔ̃] *f sans pl* **l'**~ ≈ the Civil Service

administrativement [administʀativmɑ̃] *adv* administratively

administrer [administʀe] <1> *vt* **1.** (*gérer: entreprise, projet*) to manage; (*pays*) to govern **2.** (*donner*) ~ **un remède à qn** to administer a remedy to sb

admirable [admiʀabl] *adj* admirable

admirablement [admiʀabləmɑ̃] *adv* wonderfully; (*travailler*) admirably; (*cuisiné*) superbly

admirateur, -trice [admiʀatœʀ, -tʀis] *m, f* admirer

admiratif, -ive [admiʀatif, -iv] *adj* admiring

admiration [admiʀasjɔ̃] *f sans pl* admiration; **regarder qc avec** ~ to look admiringly at sth; **être en ~ devant qc/qn** to be lost in admiration for sth/sb

admirer [admiʀe] <1> *vt* **1.** (*apprécier*) to admire **2.** *iron, soutenu* (*s'étonner de*) to marvel at

admissible [admisibl] **I.** *adj* **1.** (*tolérable, concevable*) acceptable **2.** (*accepté: à un examen*) eligible (*for the next stage, usually an oral exam*) **II.** *mf* eligible candidate

admission [admisjɔ̃] *f* **1.** *sans pl* (*accès*) ~ **dans un club/à l'Union européenne** admission to a club/the European Union; ~ **dans une discothèque** entry to a (night)club **2.** ECOLE, UNIV admission; ~ **à un examen** eligibility for the next stage of an exam **3.** AUTO induction; (*d'un gaz, de la vapeur*) intake

ADN [adeɛn] *m abr de* **acide désoxyribonucléique** DNA

ado [ado] *mf inf abr de* **adolescent**

adolescence [adɔlesɑ̃s] *f* adolescence

adolescent(e) [adɔlesɑ̃, ɑ̃t] *adj, m(f)* adolescent, teen

adonner [adɔne] <1> *vpr* **s'~ à qc** to devote oneself to sth; **s'~ à un vice/à la boisson/au jeu** to indulge in a vice/in drink/in gambling

adopter [adɔpte] <1> *vt* **1.** (*prendre comme son enfant*) to adopt **2.** (*s'approprier: point de vue*) to take; (*cause*) to take up **3.** POL (*motion, loi*) to pass

adoptif, -ive [adɔptif, -iv] *adj* (*enfant*) adopted; (*parents*) adoptive

adoption [adɔpsjɔ̃] *f* **1.** adoption; **d'~** adopted **2.** (*approbation*) approval; (*d'une loi*) passing

adorable [adɔʀabl] *adj* **1.** (*joli: enfant*) adorable; (*endroit, objet*) beautiful **2.** (*gentil: enfant*) delightful; (*personne*) charming; (*sourire*) lovely

adorateur, -trice [adɔʀatœʀ, -tʀis] *m, f* (*d'une divinité*) worshipper; (*d'une femme*) admirer

adoration [adɔʀasjɔ̃] *f sans pl a.* REL adoration; **être en ~ devant qn** to worship sb

adorer [adɔʀe] <1> *vt* (*aimer*) *a.* REL to adore; ~ **faire qc** to love doing sth

adosser [adose] <1> **I.** *vt* ~ **qc contre un mur** to put sth against a wall; **être adossé au mur** (*meuble*) to be right up against the wall; (*personne*) to be leaning against the wall **II.** *vpr* **s'~ à qc** (*personne*) to lean with one's back against sth; (*bâtiment*) to be built against sth

adoucir [adusiʀ] <8> **I.** *vt* (*linge, eau, peau*) to soften; (*voix*) to moderate; (*contraste*) to tone down; (*chagrin, peine, épreuve*) to ease; (*personne*) to mellow; (*boisson*) to sweeten; ~ **la saveur de qc** to make sth taste milder **II.** *vpr* **s'~** (*personne, saveur*) to mellow; (*voix, couleur, peau*) to soften; (*pente*) to become more gentle; **la température s'est adoucie** the weather has gotten milder

adoucissant [adusisɑ̃] *m* softener; (*pour le linge*) fabric softener

adoucissement [adusismɑ̃] *m* (*d'une saveur, acidité*) sweetening; (*de la peau, voix, de l'eau*) softening; (*des couleurs, d'un contraste*) toning down; (*d'une surface*) smoothing; (*d'une peine*) easing

adoucisseur [adusisœʀ] *m* ~ **(d'eau)** water softener

adrénaline [adʀenalin] *f* adrenaline

adresse[1] [adʀɛs] *f* **1.** (*domicile*) *a.* INFORM address; **changer d'~** to change addresses; ~ **de messagerie**, ~ **électronique** e-mail address **2.** (*discours*) speech

adresse[2] [adʀɛs] *f sans pl* **1.** (*dextérité*) skill **2.** (*tact*) tact

adresser [adʀese] <1> **I.** *vt* **1.** (*envoyer*) to address; (*lettre, colis*) to send **2.** (*émettre*) ~ **un compliment à qn** to pay sb a compliment; ~ **la parole à qn** to speak to sb **3.** (*diriger*) ~ **qn à un spécialiste** to refer sb to a specialist **II.** *vpr* **s'~ à qn** to speak to sb; **adressez vous**

à l'office de tourisme ask at the tourist office
Adriatique [adʀijatik] *f* **l'**~ the Adriatic
adroit(e) [adʀwa, wat] *adj* **1.** (*habile*) dexterous; ~ **de ses mains** good with one's hands **2.** (*subtil*) shrewd
adroitement [adʀwatmɑ̃] *adv* skillfully
ADSL [adeɛsɛl] *m inv abr de* **Asynchronous Digital Subscriber Line** ADSL
adulte [adylt] **I.** *adj* **1.** (*opp: jeune: personne*) adult; (*animal*) full-grown **2.** (*digne d'une personne adulte: attitude*) mature **II.** *mf* adult; **réservé aux** ~**s** for adults only
adultère [adyltɛʀ] **I.** *adj* adulterous; **femme** ~ adulteress **II.** *m* adultery
advenir [advəniʀ] <9> **I.** *vi* to happen **II.** *vi impers* **1.** (*arriver*) **quoi qu'il advienne** come what may **2.** (*devenir, résulter de*) **que va-t-il** ~ **de moi?** what will become of me?
adverbe [advɛʀb] *m* adverb
adverbial(e) [advɛʀbjal, -jo] <-aux> *adj* adverbial
adversaire [advɛʀsɛʀ] *mf* adversary, opponent
adverse [advɛʀs] *adj* **1.** (*forces, équipe*) opposing; (*parti, camp*) opposite **2.** JUR **la partie** ~ the other side
adversité [advɛʀsite] *f soutenu sans pl* (*détresse*) adversity
aération [aeʀasjɔ̃] *f sans pl* **1.** (*action d'aérer: d'une pièce*) airing **2.** (*circulation d'air*) ventilation
aéré(e) [aeʀe] *adj* **1.** (*ventilé: pièce*) well-ventilated **2.** (*clair*) well-spaced
aérer [aeʀe] <5> **I.** *vt* **1.** (*ventiler: pièce, literie*) to air; (*terre*) to aerate **2.** (*alléger*) to lighten **II.** *vpr* **s'**~ to get some fresh air
aérien(ne) [aeʀjɛ̃, jɛn] *adj* **1.** AVIAT **transport** ~ air transportation; **ligne** ~**ne** airline; **compagnie** ~**ne** airline (company) **2.** (*en l'air: câble*) overhead; **métro** ~ *elevated section of the subway*
aérobic [aeʀɔbik] *f* aerobics *+ vb sing*
aéroclub, aéro-club [aeʀoklœb] <aéro--clubs> *m* flying club
aérodrome [aeʀodʀom] *m* aerodrome
aérodynamique [aeʀodinamik] **I.** *adj* (*véhicule, ligne*) aerodynamic, streamlined **II.** *f* aerodynamics *+ vb sing*
aérodynamisme [aeʀodinamism] *m* aerodynamics *pl*
aérogare [aeʀogaʀ] *f* (airport) terminal
aéroglisseur [aeʀoglisœʀ] *m* hovercraft
aéronautique [aeʀonotik] **I.** *adj* aeronautical; **secteur/industrie** ~ aeronautical sector/industry **II.** *f sans pl* aeronautics *+ vb sing*
aéronaval(e) [aeʀonaval] <s> *adj* (*forces, bataille*) air and sea
Aéronavale [aeʀonaval] *f* **l'**~ naval aviation
aéronef [aeʀonɛf] *m* aircraft
aéroplane [aeʀoplan] *m* airplane
aéroport [aeʀopɔʀ] *m* airport
aéroporté(e) [aeʀopɔʀte] *adj* airborne
Aéropostale [aeʀopɔstal] *f* **l'**~ *the* (*French*) *airmail service* (*between 1927 and 1933*)
aérosol [aeʀosɔl] *m* **1.** aerosol **2.** (*pulvérisateur*) **déodorant en** ~ deodorant spray
aérospatial(e) [aeʀospasjal, -jo] <-aux> *adj* aerospace
aérospatiale [aeʀospasjal] *f* (*industrie*) aerospace industry
affable [afabl] *adj* affable
affaiblir [afebliʀ] <8> **I.** *vt* **1.** *a.* POL, MIL to weaken **2.** (*diminuer l'intensité: sentiments*) to dull; (*bruit*) to muffle **II.** *vpr* **s'**~ to weaken; (*personne, sens d'un mot*) to become weaker; (*vent*) to die down; (*autorité, pouvoir, économie*) to be weakened; **l'euro s'est affaibli face au dollar** the euro has weakened against the dollar
affaiblissement [afeblismɑ̃] *m* weakening; (*d'un bruit*) fading; (*de quantité*) reduction
affaire [afɛʀ] *f* **1.** (*préoccupation*) business; **ce n'est pas mon/ton** ~ it's none of your/my business; **faire son** ~ **de qc** to take a matter in hand **2.** *sans pl* (*problème*) matter; **embarquer qn dans une** ~ to get sb mixed up in some business; **se tirer d'**~ to manage **3.** (*scandale*) affair; **sale** ~ nasty business; **l'**~ **des pots-de-vin** the bribery scandal **4.** JUR case; **classer/plaider une** ~ to close/to plead a case **5.** (*transaction*) transaction **6.** *sans pl* (*entreprise*) concern **7.** *pl* (*commerce*) **être dans les** ~**s** to be in business; **parler** ~**s** to talk business; **repas/relations d'**~**s** business meal/relations **8.** *pl* POL affairs; ~ **d'État** affair of state **9.** *pl* (*effets personnels*) **prendre toutes ses** ~**s** to take all one's belongings ▶ **la belle** ~**!** big deal!; **c'est une** ~ **classée!** the matter is closed!; **avoir** ~ **à qn/qc** to be dealing with sb/sth; **hors d'**~ to be in the clear
Affaire [afɛʀ] *f* **les** ~**s étrangères** foreign affairs; (*ministère*) ≈ Department of State
affairer [afeʀe] <1> *vpr* **s'**~ **auprès de qn/à faire qc** to bustle around sb/doing sth
affaissement [afɛsmɑ̃] *m* subsidence
affaisser [afese] <1> *vpr* **s'**~ **1.** (*baisser de niveau*) to subside; (*poutre*) to sag; (*tête*) to droop **2.** (*s'écrouler: personne*) to collapse
affaler [afale] <1> *vpr* **s'**~ **sur le sol** to collapse on the ground; **être affalé dans un fauteuil** to be slumped in an armchair
affamé(e) [afame] *adj* starving
affectation [afɛktasjɔ̃] *f* **1.** *sans pl* (*mise à disposition*) **l'**~ **d'une somme à qc** the allocation of a sum of money to sth **2.** (*nomination*) ADMIN appointment; MIL posting **3.** (*manque de naturel*) affectation
affecté(e) [afɛkte] *adj* **1.** (*feint: sentiment*) feigned **2.** (*maniéré: personne, style, comportement*) affected
affecter [afɛkte] <1> *vt* **1.** (*feindre: sentiment, attitude*) to feign **2.** (*nommer*) ~ **qn à un poste** to appoint sb to a post; ~ **qn dans une région** to post sb to a region **3.** (*émouvoir*) to move **4.** (*concerner: épidémie, événement*) to affect **5.** (*mettre à disposition*) ~ **une somme à qc** to allocate a sum to sth

A

affectif, **-ive** [afɛktif, -iv] *adj* **1.** emotional **2.** PSYCH affective
affection [afɛksjɔ̃] *f* **1.** (*tendresse*) *a.* PSYCH affection; **prendre qn en ~** to become fond of sb **2.** MED ailment
affectionner [afɛksjɔne] <1> *vt* (*préférer*) **~ qc** to be fond of sth
affectivité [afɛktivite] *f sans pl* feelings *pl*
affectueusement [afɛktɥøzmɑ̃] *adv* affectionately; **bien ~** with fond regards
affectueux, **-euse** [afɛktɥø, -øz] *adj* affectionate
affermir [afɛʀmiʀ] <8> **I.** *vt* (*consolider*) to consolidate; (*paix*) to reinforce; (*pouvoir*) to strengthen **II.** *vpr* **s'~** (*santé*) to improve; (*autorité*) to strengthen
affichage [afiʃaʒ] *m* **1.** *sans pl* (*action de poser des affiches*) posting; **~ électoral/publicitaire** sticking up election/advertising posters **2.** INFORM display; **~ à cristaux liquides** liquid crystal display
affiche [afiʃ] *f* **1.** (*feuille imprimée*) *a.* ADMIN notice **2.** (*avis officiel*) public notice **3.** (*poster*) poster; **~ électorale** election poster **4.** *sans pl* (*programme théâtral*) bill; **tenir l'~** to run; **être à l'~** to be on
afficher [afiʃe] <1> **I.** *vt* **1.** (*placarder*) **~ qc** to stick sth up; (*résultat d'un examen*) to post sth **2.** (*montrer publiquement*) *a.* CINE to show **3.** THEAT **~ complet** to be sold out **4.** INFORM, TECH to display; **être affiché sur l'écran** to be displayed on the screen **II.** *vi* **défense d'~** post no bills **III.** *vpr* (*s'exhiber*) **s'~** (*quelque chose*) to be displayed; (*personne*) to flaunt oneself; **il s'affiche avec elle** he parades around with her
affilée [afile] **d'~** (*sans interruption*) at a stretch; (*l'un après l'autre*) one after the other
affiliation [afiljasjɔ̃] *f* affiliation
affilié(**e**) [afilje] **I.** *adj* **être ~ à un syndicat** to belong to a union **II.** *m(f)* member
affilier [afilje] <1a> **I.** *vt* **~ qn à une association** to affiliate sb to an association **II.** *vpr* **s'~ à un club** to join a club; **s'~ à un parti politique** to affiliate with a political party
affiner [afine] <1> **I.** *vt* **1.** (*purifier, rendre plus fin: métal, verre, style*) to refine; (*odorat, ouïe*) to sharpen **2.** (*achever la maturation: fromage*) to mature **II.** *vpr* **s'~** (*style, goût*) to refine; (*odorat, ouïe*) to sharpen
affinité [afinite] *f* affinity
affirmatif [afiʀmatif] *interj inf a.* TEL affirmative
affirmatif, **-ive** [afiʀmatif, -iv] *adj* (*opp: négatif*) *a.* LING affirmative; (*ton*) assertive; **être ~** to be positive
affirmation [afiʀmasjɔ̃] *f* **1.** (*déclaration, opp: négation*) affirmation **2.** *sans pl* (*manifestation*) *a.* LING assertion
affirmative [afiʀmativ] *f sans pl* **répondre par l'~** to reply in the affirmative
affirmativement [afiʀmativmɑ̃] *adv* affirmatively
affirmer [afiʀme] <1> **I.** *vt* **1.** (*soutenir*) to maintain; **~ sur l'honneur que** to give one's word that **2.** (*manifester: originalité, autorité, position*) to assert **3.** *soutenu* (*proclamer*) to affirm **II.** *vpr* **son autorité s'affirme** he/she is establishing his/her authority
affleurer [aflœʀe] <1> *vi* to show; (*récif, roche*) to show on the surface; (*sentiment*) to rise to the surface
affliction [afliksjɔ̃] *f* affliction
affligeant(**e**) [afliʒɑ̃, ʒɑ̃t] *adj* **1.** (*désespérant*) distressing **2.** (*lamentable*) pathetic
affluence [aflyɑ̃s] *f sans pl* affluence; (*de visiteurs*) crowd
affluent [aflyɑ̃] *m* tributary
affluer [aflye] <1> *vi* **1.** (*arriver en grand nombre: foule*) to flock **2.** (*couler en abondance: sang*) to rush **3.** (*apparaître en abondance: argent*) to flow
afflux [afly] *m sans pl* (*arrivée massive: de clients*) influx; (*de fluide*) inrush; **~ de visiteurs** flood; **~ de capitaux** capital influx
affolant(**e**) [afɔlɑ̃, ɑ̃t] *adj* **1.** (*effrayant*) frightening **2.** *inf* (*incroyable*) alarming
affolé(**e**) [afɔle] *adj* (*paniqué: personne, foule, animal*) panic-stricken; **être ~** (*boussole*) wildly fluctuating
affolement [afɔlmɑ̃] *m sans pl* panic; **pas d'~!** nobody panic!
affoler [afɔle] <1> **I.** *vt* **1.** (*effrayer*) **~ qn** (*nouvelle*) to throw sb into turmoil **2.** (*inquiéter*) **~ qn** to throw sb into a panic **II.** *vpr* **s'~** to panic
affranchir [afʀɑ̃ʃiʀ] <8> *vt* **1.** (*avec des timbres*) to stamp; (*machine*) to frank **2.** HIST (*esclave*) to set free
affranchissement [afʀɑ̃ʃismɑ̃] *m* **1.** (*mettre des timbres*) stamping **2.** (*frais de port*) postage; **tarifs d'~** postage rates **3.** (*libération: d'un pays*) liberation; (*d'un esclave*) freeing
affréter [afʀete] <5> *vt* **1.** AVIAT, NAUT to charter **2.** AUTO to rent
affreusement [afʀøzmɑ̃] *adv* **1.** (*horriblement*) horribly; (*en retard*) dreadfully **2.** (*extrêmement*) terribly; (*vexé*) awfully
affreux, **-euse** [afʀø, -øz] *adj* **1.** (*laid*) hideous **2.** (*horrible: cauchemar*) horrible; (*mort*) terrible **3.** (*désagréable*) awful; (*temps*) terrible
affriolant(**e**) [afʀijɔlɑ̃, ɑ̃t] *adj* **1.** (*vêtement*) sexy **2.** *souvent nég* (*attirant*) exciting
affront [afʀɔ̃] *m soutenu* affront
affrontement [afʀɔ̃tmɑ̃] *m* **1.** MIL, POL confrontation **2.** (*conflit*) conflict
affronter [afʀɔ̃te] <1> **I.** *vt* **1.** (*combattre*) *a.* SPORT to face **2.** (*faire face à: situation difficile, hiver*) to confront **II.** *vpr* **s'~** to confront one another
affublé(**e**) [afyble] *adj* (*accoutré*) dressed up ► **être ~ d'un nom ridicule** to be given a stupid name
affût [afy] *m* **être à l'~ de qc** to be on the lookout for sth
affûter [afyte] <1> *vt* to grind; (*crayon*) to sharpen

afghan [afgɑ̃] *m* Afghan; *v.a.* **français**

afghan(e) [afgɑ̃, an] *adj* Afghan

Afghan(e) [afgɑ̃, an] *m(f)* Afghan

Afghanistan [afganistɑ̃] *m* **l'~** Afghanistan

afin [afɛ̃] *prep* (in order) to; **~ de gagner la course** (so as) to win the race; **~ qu'on puisse vous prévenir** so that we can let you know

AFP [ɑɛfpe] *f abr de* **Agence France-Presse** *French press agency*

africain(e) [afʀikɛ̃, ɛn] **I.** *adj* African **II.** *m(f)* African

africanisation [afʀikanizasjɔ̃] *f* Africanization

Afrikan(d)er [afʀikanɛʀ, afʀikɑ̃dɛʀ] *m, f* Afrikaner

afrikans [afʀikɑ̃s] *m* Afrikaans; *v.a.* **français**

Afrique [afʀik] *f* **l'~** Africa; **l'~ australe/du Nord** Southern/North Africa; **l'~ noire** Black Africa; **l'~ du Sud** South Africa

afro-américain(e) [afʀoameʀikɛ̃, ɛn] <afro-américains> *adj* African-American

Afro-Américain(e) [afʀoameʀikɛ̃, ɛn] <Afro-Américains> *m(f)* African-American

agaçant(e) [agasɑ̃, ɑ̃t] *adj* irritating

agacé(e) [agase] *adj* irritated

agacement [agasmɑ̃] *m* irritation

agacer [agase] <2> *vt* **1.** (*énerver*) to irritate **2.** (*taquiner*) to tease

agate [agat] *f* agate

âge [ɑʒ] *m* **1.** (*temps de vie*) age; **arriver à l'~ adulte** to reach adulthood; **avoir l'~ de** +*infin* to be old enough to +*infin;* **faire plus vieux que son ~** to look older than one's age; **prendre de l'~** to get older; **à l'~ de 8 ans** at the age of eight; **quel ~ as-tu/a-t-il?** how old are you/is he? **2.** (*ère*) age ▶**le <u>troisième</u> ~** (*la vieillesse*) old age; (*les personnes*) senior citizens; **~ de la <u>retraite</u>** retirement age

âgé(e) [ɑʒe] *adj* old; **les personnes ~es** the elderly; **être ~ de 10 ans** to be 10 years old; **avoir un fils ~ de 10 ans** to have a 10-year-old son

agence [aʒɑ̃s] *f* **1.** (*bureau*) agency **2.** (*représentation commerciale*) sales office **3.** (*succursale*) branch

Agence [aʒɑ̃s] *f* **l'~ nationale pour l'emploi** *national employment agency*

agencement [aʒɑ̃smɑ̃] *m* (*d'éléments*) organization; (*de faits*) arrangement

agencer [aʒɑ̃se] <2> **I.** *vt* **1.** (*ordonner: éléments*) to arrange **2.** (*structurer, combiner: phrase, mots*) to put together; (*roman*) to structure; (*couleurs*) to harmonize **3.** (*aménager: local*) to lay out; **être bien agencé** to be well-planned **4.** (*équiper: cuisine*) to equip **II.** *vpr* **s'~** (*pièces d'un puzzle*) to fit together

agenda [aʒɛ̃da] *m* **1.** diary; **~ de bureau** desk diary **2.** INFORM **~ électronique** electronic organizer **3.** POL agenda

agenouiller [aʒ(ə)nuje] <1> *vpr* **1.** (*poser les genoux sur*) **s'~** to kneel down; **être agenouillé sur qc** to be kneeling on sth **2.** *fig* **s'~ devant le pouvoir** to bow to authority

agent [aʒɑ̃] *m* **1.** (*policier*) police officer, policeman, policewoman *m, f;* **~ de la circulation** ≈ traffic officer **2.** ECON, POL, CHIM, ART agent; **~ commercial** sales representative; **~ immobilier** real estate agent; **~ technique** technician; **~ artistique** theatrical agent **3.** (*employé*) employee; **~ administratif** official

agent(e) [aʒɑ̃, ɑ̃t] *m(f)* (*espion*) agent

agglomération [aglɔmeʀasjɔ̃] *f* **1.** (*zone urbaine*) urban [*o* metropolitan] area; **l'~ bordelaise** Bordeaux and its suburbs **2.** (*ville et banlieue*) town **3.** (*assemblage: de matériaux*) conglomeration

aggloméré [aglɔmeʀe] *m inf* CONSTR conglomerate; (*bois*) particle board; (*briquette*) briquette

agglomérer [aglɔmeʀe] <5> **I.** *vt* **1.** (*amonceler: neige, sable*) to pile up **2.** TECH (*bois, charbon*) to compress; **bois aggloméré** particle board **II.** *vpr* **1.** (*s'amonceler: neige, terre*) to pile up **2.** TECH to agglomerate

agglutiner [aglytine] <1> **I.** *vt* **1.** (*agglomérer*) to agglutinate; (*matériaux*) to stick together **2.** (*rassembler*) **des gens sont agglutinés dans la rue** people have congregated in the street **II.** *vpr* **1.** (*s'agglomérer*) **s'~** (*globules, molécules*) to agglutinate **2.** (*se rassembler*) **s'~ devant une vitrine** to huddle together in front of a window

aggravant(e) [agʀavɑ̃, ɑ̃t] *adj* aggravating

aggravation [agʀavasjɔ̃] *f* (*d'une crise, d'une situation*) worsening; (*du chômage*) increase

aggraver [agʀave] <1> **I.** *vt* **1.** (*faire empirer: situation, crise*) to aggravate; (*risque, chômage*) to increase **2.** (*renforcer: peine*) to increase; **~ une maladie** to make an illness worse **II.** *vpr* **s'~** (*pollution, chômage*) to increase; (*conditions sociales, difficultés*) to get worse

agile [aʒil] *adj* agile

agilité [aʒilite] *f sans pl* **1.** (*aisance*) agility **2.** *fig* **~ d'esprit** mental agility

agios [aʒjo] *mpl* charges

agir [aʒiʀ] <8> **I.** *vi* **1.** (*faire, être actif*) to act; **~ bien** to do the right thing **2.** (*exercer une influence*) **~ sur qc** to act on sth; **~ sur qn** to bring pressure to bear on sb **3.** (*opérer: médicament, poison*) to take effect **II.** *vpr impers* **1.** (*il est question de*) **il s'agit de qn/qc** it concerns sb/sth; **de quoi s'agit-il?** what is it about? **2.** (*il faut*) **il s'agit de faire qc** sth must be done

agissements [aʒismɑ̃] *mpl péj* **1.** (*machinations*) machinations **2.** (*menées*) intrigues

agitateur, -trice [aʒitatœʀ, -tʀis] *m, f* POL agitator

agitation [aʒitasjɔ̃] *f* **1.** (*animation*) activity **2.** (*excitation*) excitement **3.** (*troubles*) agitation **4.** (*malaise social*) unrest

agité(e) [aʒite] *adj* **1.** (*animé de mouvements: mer*) rough **2.** (*nerveux*) agitated **3.** (*excité*) excited **4.** (*troublé: situation*) hectic; (*époque*) turbulent

agiter [aʒite] <1> **I.** *vt* **1.** (*secouer: bouteille*) to shake; (*drapeau, mouchoir, main*) to wave **2.** (*inquiéter*) to upset **II.** *vpr* **s'~ 1.** (*bouger*) to move around **2.** (*s'exciter*) to fidget **3.** (*s'énerver*) to get worked up **4.** (*s'affairer*) to hurry

agneau, agnelle [aɲo, aɲɛl] <x> *m, f* lamb

agonie [agɔni] *f* death throes *pl*

agonisant(e) [agɔnizɑ̃, ɑ̃t] *adj* **1.** dying **2.** *fig* (*régime*) in its death throes

agoniser [agɔnize] <1> *vi* to be dying

agrafe [agʀaf] *f* **1.** COUT hook **2.** (*pour papiers*) staple **3.** MED clamp

agrafer [agʀafe] <1> *vt* **1.** (*attacher: feuilles*) to staple (together) **2.** (*fermer: jupe*) to fasten

agrafeuse [agʀaføz] *f* stapler

agraire [agʀɛʀ] *adj* (*politique*) agrarian; (*réforme*) land

agrandir [agʀɑ̃diʀ] <8> **I.** *vt* **1.** (*rendre plus grand*) to enlarge **2.** (*rendre plus large*) to widen **3.** (*développer: entreprise*) to expand **4.** PHOT to enlarge **II.** *vpr* **s'~ 1.** (*se creuser, s'élargir*) to get bigger; (*passage*) to get wider; (*écart*) to widen **2.** (*se développer: entreprise, ville*) to expand **3.** (*devenir plus nombreux: famille*) to grow **4.** *inf* (*se loger plus spacieusement*) to get more space for oneself

agrandissement [agʀɑ̃dismɑ̃] *m* **1.** (*extension: d'une maison*) extension; (*d'une entreprise*) expansion **2.** PHOT enlargement

agréable [agʀeabl] **I.** *adj* **1.** (*gentil: personne*) pleasant; **il est ~ à vivre** he is nice to be with **2.** (*qui plaît, agrée*) nice **II.** *m* **l'~ dans ce poste, c'est les longues vacances** the nice thing about this job is there are long vacations

agréablement [agʀeabləmɑ̃] *adv* pleasantly

agréé(e) [agʀee] *adj* JUR (*expert*) registered; **fournisseur ~** authorized dealer

agréer [agʀee] <1> *vt soutenu* (*remerciements*) to accept; **veuillez ~, Madame/Monsieur, mes salutations distinguées** very sincerely yours

agrég [agʀɛg] *f inf,* **agrégation** [agʀegasjɔ̃] *f* UNIV *prestigious competitive examination for teachers in France*

agrégé(e) [agʀeʒe] **I.** *adj* UNIV **être ~** *to be a teacher with the "agrégation"* **II.** *m(f)* (*au lycée*) *person who has passed the "agrégation"*

agrément [agʀemɑ̃] *m* **1.** (*approbation*) approval **2.** (*plaisir*) pleasure; **jardin d'~** ornamental garden

agrémenter [agʀemɑ̃te] <1> *vt* (*pièce*) to decorate

agrès [agʀɛ] *mpl* SPORT apparatus

agresser [agʀese] <1> *vt* **1.** (*attaquer, insulter*) to attack; **se faire ~** to be assaulted **2.** (*irriter*) **agressé par la vie urbaine** stressed by city life **3.** (*menacer*) **elle se sent agressée par son mari** she feels her husband is hostile towards her **4.** (*avoir un effet nocif sur*) to damage

agresseur [agʀɛsœʀ] *m* (*État, pays*) aggressor

agresseur, -euse [agʀɛsœʀ, -øz] *m, f* (*personne*) assailant

agressif, -ive [agʀesif, -iv] *adj* (*personne, comportement*) aggressive; (*pays*) hostile

agression [agʀesjɔ̃] *f* **1.** (*attaque, coups*) attack; **être victime d'une ~** to be attacked; (*être volé*) to be mugged **2.** (*nuisance*) **~ sonore** noise disturbance **3.** MIL **acte d'~** act of aggression

agressivement [agʀesivmɑ̃] *adv* aggressively

agressivité [agʀesivite] *f* aggression

agricole [agʀikɔl] *adj* agricultural; (*produit*) farm; (*peuple*) farming; **ouvrier ~** farm hand

agriculteur, -trice [agʀikyltœʀ, -tʀis] *m, f* farmer

agriculture [agʀikyltyʀ] *f* agriculture, farming

agripper [agʀipe] <1> **I.** *vt* to grab **II.** *vpr* **s'~ à qn/qc** to cling on to sb/sth

agroalimentaire [agʀoalimɑ̃tɛʀ] **I.** *adj* food-processing **II.** *m* **l'~** the food-processing industry

agronome [agʀɔnɔm] *adj* **ingénieur ~** agronomist

agronomie [agʀɔnɔmi] *f* agronomics + *vb sing*

agrotourisme [agʀotuʀism] *m* agrotourism

agrume [agʀym] *m* citrus fruit

aguerrir [ageʀiʀ] <8> *vpr* **s'~ au** [*o* **contre le**] **froid** to harden oneself against the cold

aguets [agɛ] **être aux ~** to be on the lookout

aguichant(e) [agiʃɑ̃, ɑ̃t] *adj* alluring

ah [ˊɑ] **I.** *interj* **1.** (*de joie, sympathie, déception, d'admiration*) **~!** oh! **2.** *iron* **~ ~, tu l'as écrit toi-même?** so you wrote it yourself, did you? **3.** (*rire*) **~! ~!** ha! ha! ► **~ bon** oh well; **~ bon?** really?; **~ non** oh no; **~ non alors!** certainly not!; **~ oui** oh yes; **~ oui, je vois ...** oh, I see... **II.** *m* **1.** (*d'admiration*) gasp **2.** (*de soulagement*) sigh

ahuri(e) [ayʀi] **I.** *adj* **1.** (*stupéfait*) stunned **2.** (*stupide*) stupefied **II.** *m(f) péj, inf* halfwit

ahurissant(e) [ayʀisɑ̃, ɑ̃t] *adj* stupefying; (*personne*) incredible; (*chiffre*) staggering

ai [e] *indic prés de* **avoir**

aide [ɛd] **I.** *f* **1.** (*assistance*) help; **~ médicale** health care; **à l'~!** help!; **appeler qn à l'~** to call on sb's help; **apporter son ~ à qn** to help sb **2.** *fig* **à l'~ d'un couteau** with a knife **3.** (*secours financier*) aid; **~ sociale** ≈ welfare **II.** *mf* (*assistant*) assistant; **~ familiale** helper; **~ de cuisine** kitchen hand

aide-mémoire [ɛdmemwaʀ] *m inv* **1.** ECOLE notes *pl* **2.** (*feuille*) aide-mémoire *form*

aide-ménagère [ɛdmenaʒɛʀ] <aides-ménagères> *f* home helper

aider [ede] <1> **I.** *vt* **1.** (*seconder*) to help **2.** (*donner de l'argent*) to aid **3.** (*prêter assistance*) to assist **II.** *vi* **1.** (*être utile: personne, conseil*) to be useful **2.** (*contribuer*) **~ à qc** to help towards sth; **le temps aidant** with time **III.** *vpr* **1.** (*utiliser*) **s'~ de qc** to use sth **2.** (*s'entraider*) **s'~** to help each other

aide-soignant(e) [ɛdswaɲɑ̃t] <aides-soi-

gnants> *m(f)* nurse's aide

aie [ɛ] *subj prés de* **avoir**

aïe [aj] *interj* **1.** (*douleur*) **~!** ouch! **2.** (*de surprise*) **~, les voilà!** oh no, here they come! **3.** (*d'ennui*) **~ ~ ~, qu'est-ce qu'on va devenir?** oh dear, what's going to happen to us?

aïeul(e) [ajœl] *m(f)* grandfather *m*, grandmother *f*

aigle [ɛgl] **I.** *mf* ZOOL eagle **II.** *f* MIL eagle

aiglon(ne) [ɛglɔ̃, ɔn] *m(f)* eaglet

aigre [ɛgʀ] *adj* **1.** (*acide: odeur, lait*) sour **2.** (*criard et perçant: son*) shrill **3.** (*acerbe: critique, ton*) sharp **4.** (*vif: froid, vent*) bitter

aigre-doux, -douce [ɛgʀədu, -dus] <aigres-doux> *adj* sweet and sour

aigrelet(te) [ɛgʀəlɛ, ɛt] *adj* (*un peu acide*) sourish

aigreur [ɛgʀœʀ] *f* **1.** (*acidité*) sourness **2.** (*saveur aigre*) acidity **3.** (*animosité: d'une remarque*) sharpness **4.** MED **avoir des ~s d'estomac** to have heartburn

aigri(e) [egʀi] *adj* embittered

aigrir [egʀiʀ] <8> **I.** *vt* **~ le caractère de qn** to sour sb's personality **II.** *vpr* **s'~ 1.** (*devenir acide: lait, vin*) to turn sour **2.** (*devenir amer: personne*) to become embittered

aigu(ë) [egy] **I.** *adj* **1.** (*pointu*) sharp; (*pointe*) pointed **2.** (*coupant*) cutting **3.** (*strident: voix, note*) high-pitched **4.** (*vif: intelligence, perception*) keen **5.** (*violent, pénétrant: douleur*) acute; **avoir un sens ~ de qc** to have a keen sense of sth **6.** (*à son paroxysme: crise*) severe **II.** *mpl* **les ~s** the high notes

aiguillage [egɥijaʒ] *m* **1.** CHEMDFER (*dispositif*) switch **2.** CHEMDFER (*manœuvre*) shunting **3.** (*orientation*) **il y a une erreur d'~** there has been some confusion

aiguille [egɥij] *f* **1.** COUT, MED (*d'une seringue, de l'acupuncteur*) needle; **~ à coudre/tricoter** sewing/knitting needle **2.** (*petite tige pointue: d'une montre*) hand; (*d'une balance*) pointer; **~ de pin** pine needle **3.** GEO peak **4.** ARCHIT (*d'une église*) spire **5.** CHEMDFER (*aiguillage*) switch

aiguiller [egɥije] <1> *vt* **1.** CHEMDFER to shunt **2.** (*orienter*) **mal ~ qn** to misguide sb; **~ qn vers/sur qc** to steer sb toward/onto sth

aiguilleur, -euse [egɥijœʀ, -øz] *m, f* **~ du ciel** air traffic controller

aiguiser [egize] <1> *vt* **1.** (*affiler: outil, couteau, intelligence*) to sharpen **2.** (*stimuler: appétit*) to whet; (*curiosité, désir*) to rouse; (*ouïe, toucher*) to stimulate

aïkido [aikido] *m* aikido

ail [aj] *m* garlic

aile [ɛl] *f* **1.** ZOOL, AUTO, AVIAT, ARCHIT wing; (*d'un moulin*) sail **2.** MIL flank ▶**voler de ses propres ~s** to stand on one's own two feet

ailé(e) [ele] *adj* winged

aileron [ɛlʀɔ̃] *m* **1.** ANAT, CULIN, NAUT (*de l'oiseau*) wing tip; (*du requin*) fin **2.** AVIAT (*d'un avion, aéronef*) aileron **3.** AUTO airfoil

ailier [elje] *m* winger; **~ droit** SPORT right winger

aille [aj] *subj prés de* **aller**

ailleurs [ajœʀ] *adv* (*autre part*) elsewhere; **regarder ~** to look somewhere else; **nulle part ~** nowhere else; **partout ~** everywhere else ▶**il est ~!** his head's in the clouds!; **va voir ~ si j'y suis!** *inf* get lost!; **d'~ ...** moreover ...; **par ~** (*sinon*) otherwise; (*en outre*) moreover

ailloli [ajɔli] *m* aioli

aimable [ɛmabl] *adj* **1.** (*attentionné*) kind; **trop ~!** *iron* how very kind of you! **2.** (*agréable, souriant*) pleasant

aimablement [ɛmabləmɑ̃] *adv* **1.** (*avec politesse*) politely **2.** (*avec cordialité*) kindly

aimant [ɛmɑ̃] *m* magnet

aimanté(e) [ɛmɑ̃te] *adj* magnetic

aimanter [ɛmɑ̃te] <1> *vt* to magnetize

aimer [eme] <1> **I.** *vt* **1.** (*éprouver de l'amour*) to love; **je t'aime** I love you **2.** (*éprouver de l'affection*) **~ qc** to be fond of sth **3.** (*apprécier, prendre plaisir à, trouver bon: nourriture, boisson, nature*) to like; **je n'aime pas tellement ce vin** I don't like this wine so much **4.** (*désirer, souhaiter*) **j'aimerais** +*infin* I would like to +*infin* **5.** (*préférer*) **~ mieux le football que le tennis** to prefer soccer to tennis; **j'aimerais mieux du fromage** I'd prefer some cheese; **ah bon! j'aime autant cela!** ah! it's just as well!; **j'aime autant m'en aller** I'd rather leave; **j'aimerais mieux que tu viennes** I'd rather you came **II.** *vpr* **1.** (*d'amour*) **s'~** to love each other **2.** (*d'amitié*) **s'~** to like each other **3.** (*se plaire*) **s'~ dans une robe** to think one looks good in a dress **4.** (*faire l'amour*) **s'~** to make love

aine [ɛn] *f* ANAT groin

aîné(e) [ene] **I.** *adj* **1.** (*plus âgé de deux*) elder **2.** (*plus âgé de plusieurs*) eldest **II.** *m(f)* **1.** (*plus âgé de deux*) **l'~** the elder boy; **l'~e** the elder girl **2.** (*plus âgé parmi plusieurs*) **l'~** the eldest boy; **l'~e** the eldest girl; **elle est mon ~e de 3 ans** she is three years older than I am **III.** *mpl Québec* **les ~s** (*le troisième âge*) senior citizens

ainsi [ɛ̃si] *adv* **1.** (*de cette manière*) this [*o* that] way; **c'est mieux ~** it's better this [*o* that] way; **et ~ de suite** and so on (and so forth); **pour ~ dire** (*presque*) virtually; (*si l'on peut le dire*) so to speak **2.** REL **~ soit-il!** amen; *fig* so be it! **3.** (*par exemple*) for instance ▶**~ donc vous avez perdu votre poste** so you have lost your job

air[1] [ɛʀ] *m* **1.** *sans pl* (*gaz*) air; **~ conditionné** air conditioning; **en plein ~** (*concert*) open-air; (*piscine*) outdoor **2.** *sans pl* (*brise dans une pièce*) air **3.** *pl* (*ciel*) **voler dans les ~s** to fly through the skies **4.** (*haut*) **les mains en l'~!** hands up! **5.** (*atmosphère, ambiance*) **l'~ dans l'entreprise est irrespirable** the atmosphere in the company is unbearable ▶**être libre comme l'~** to be as free as the wind; **des paroles en l'~** idle words

air[2] [ɛʀ] *m* **1.** (*apparence*) air; **avoir l'~ distingué/d'une reine** to look distinguished/like a queen; **avoir l'~ (d'être) triste** to look sad; **le gâteau a l'~ délicieux** the cake looks delicious; **cette proposition m'a l'~ idiote** that suggestion seems stupid to me; **elle m'a l'~ d'être assez intelligente** she strikes me as being fairly intelligent; **il a l'~ de faire froid** it looks cold; **il est très fortuné sans en avoir l'~** he might not look it, but he's very wealthy **2.** (*ressemblance*) **elle a un faux ~ de ma femme** she looks a little like my wife; **un faux ~ de modestie** a false air of modesty **3.** (*expression*) look; **d'un ~ décidé** in a resolute manner ►**prendre de grands ~s** to put on airs; **de quoi aurais-je l'~?** I'd look like a fool!
air[3] [ɛʀ] *m* **1.** (*mélodie*) tune **2.** (*aria*) aria
airbag® [ɛʀbag] *m* air bag
airbus® [ɛʀbys] *m* Airbus®
aire [ɛʀ] *f* **1.** (*emplacement*) *a.* MATH area; **~ de repos** rest area **2.** (*domaine*) **~ d'influence** sphere of influence **3.** (*nid*) aerie
airelle [ɛʀɛl] *f* **1.** (*à baies noires*) blueberry **2.** (*à baies rouges*) cranberry
aisance [ɛzɑ̃s] *f* **1.** (*richesse*) affluence **2.** (*facilité, naturel*) ease
aise [ɛz] *f* **se sentir à l'~** to feel at ease; **se mettre à l'~** (*s'installer confortablement*) to make oneself at home; (*enlever sa veste*) to make oneself comfortable ►**prends tes ~s, surtout!** *iron* make yourself comfortable, why don't you?
aisé(e) [eze] *adj* **1.** *soutenu* (*facile*) easy **2.** (*fortuné*) wealthy **3.** (*naturel: style*) flowing
aisément [ezemɑ̃] *adv* (*sans peine*) easily
aisselle [ɛsɛl] *f* armpit
Aix-la-Chapelle [ɛkslaʃapɛl] Aachen
ajaccien(ne) [aʒaksjɛ̃, ɛn] *adj* from Ajaccio; (*accent, région*) Ajaccio; (*vie, restaurants*) in Ajaccio
Ajaccien(ne) [aʒaksjɛ̃, ɛn] *m(f)* person from Ajaccio; **les ~s** (*à Ajaccio*) people in Ajaccio; (*ailleurs*) people from Ajaccio
ajonc [aʒɔ̃] *m* gorse bush
ajourner [aʒuʀne] <1> *vt* **1.** (*reporter*) to postpone; (*paiement*) to delay; (*débat, procès, séance, réunion*) to adjourn **2.** (*renvoyer: candidat, conscrit*) to refer
ajout [aʒu] *m* addition
ajouter [aʒute] <1> **I.** *vt* (*mettre en plus, additionner, dire en plus*) to add; **~ 3 à 4** to add 3 and 4 (together); **ajoute deux assiettes!** put out two extra plates! **II.** *vpr* **s'~ à qc** to add to sth
ajusté(e) [aʒyste] *adj* (*vêtement*) tailored
ajustement [aʒystəmɑ̃] *m* **1.** (*retouche: d'un texte*) editing + *vb sing;* (*d'une jupe*) adjustment **2.** TECH fit
ajuster [aʒyste] <1> **I.** *vt* **1.** (*régler: vêtement*) to alter; (*ceinture de sécurité*) to adjust **2.** (*adapter*) **~ une soupape à qc** to fit a valve onto sth **3.** (*viser*) **~ un sanglier** to take aim at a wild boar **II.** *vpr* **1.** (*s'emboîter*) **s'~ sur qc** to fit onto sth **2.** (*s'adapter*) **s'~** to be adjustable
alaise *v.* **alèse**
alambic [alɑ̃bik] *m* still
alarmant(e) [alaʀmɑ̃, ɑ̃t] *adj* alarming
alarme [alaʀm] *f* **1.** (*signal, dispositif*) alarm; **donner** [*o* **sonner**] **l'~** to sound the alarm **2.** (*trouble, agitation*) anxiety
alarmer [alaʀme] <1> **I.** *vt* (*personne*) to alarm; (*bruit*) to startle **II.** *vpr* **s'~ de qc** to become alarmed about sth
alarmiste [alaʀmist] *adj* alarmist
albanais [albanɛ] *m* Albanian; *v.a.* **français**
albanais(e) [albanɛ, ɛz] *adj* Albanian
Albanais(e) [albanɛ, ɛz] *m(f)* Albanian
Albanie [albani] *f* **l'~** Albania
albatros [albatʀos] *m* albatross
albinos [albinos] *mf* albino
album [albɔm] *m* album; (*volume illustré*) illustrated book
alchimie [alʃimi] *f* alchemy
alchimiste [alʃimist] *mf* alchemist
alcool [alkɔl] *m* **1.** CHIM alcohol; **~ à 90°** ≈ rubbing alcohol; **~ à brûler** denatured alcohol **2.** (*spiritueux*) spirit; **tenir l'~** to be able to hold one's liquor
alcoolémie [alkɔlemi] *f* **taux d'~** (blood) alcohol level
alcoolique [alkɔlik] *adj, mf* alcoholic
alcoolisé(e) [alkɔlize] *adj* alcoholic
alcoolisme [alkɔlism] *m* alcoholism
Alcootest® [alkɔtɛst] *m* **1.** (*appareil*) Breathalyzer® **2.** (*test*) Breathalyzer® test
alcopop [alkɔpɔp] *m* alcopop
aléas [alea] *mpl* hazard
aléatoire [aleatwaʀ] *adj* **1.** (*incertain*) uncertain; (*événement*) unpredictable; (*entreprise*) risky **2.** MATH, INFORM random **3.** JUR (*contrat*) aleatory
alémanique [alemanik] **I.** *adj* Alemannic; **la Suisse ~** German-speaking Switzerland **II.** *m* Alemannic; *v.a.* **français**
alentours [alɑ̃tuʀ] *mpl* **1.** (*abords*) surroundings; **les ~ de la ville** the area around the town; **dans les ~** in the vicinity **2.** *fig* **aux ~ de minuit** around midnight; **aux ~ de 500 gens** about 500 people
alerte [alɛʀt] **I.** *adj* alert; (*style*) lively; (*démarche*) brisk **II.** *f* **1.** (*alarme*) alert; **~ à la bombe** bomb scare; **donner l'~** to raise the alarm; **être en (état d')~** to be on the alert **2.** (*signes inquiétants*) warning signs *pl*
alerter [alɛʀte] <1> *vt* **1.** (*donner l'alarme*) to alert **2.** (*informer*) to notify **3.** (*prévenir*) to warn
alèse [alɛz] *f* mattress cover
alevin [alvɛ̃] *m* young fish
alexandrin [alɛksɑ̃dʀɛ̃] *m* alexandrine
algèbre [alʒɛbʀ] *f* algebra
algébrique [alʒebʀik] *adj* algebraic
Alger [alʒe] Algiers
Algérie [alʒeʀi] *f* **l'~** Algeria

algérien [alʒeʀjɛ̃] *m* Algerian; *v.a.* **français**
algérien(ne) [alʒeʀjɛ̃, jɛn] *adj* Algerian
Algérien(ne) [alʒeʀjɛ̃, jɛn] *m(f)* Algerian
algue [alg] *f* **les ~s** algae; (*sur la plage*) seaweed + *vb sing*
alias [aljas] *adv* alias
alibi [alibi] *m* **1.** JUR alibi **2.** (*prétexte*) excuse
aliénation [aljenasjɔ̃] *f* **1.** PHILOS alienation **2.** (*perte*) loss **3.** JUR transfer of property **4.** MED **~ mentale** insanity
aliéné(e) [aljene] *m(f)* insane person
aligné(e) [aliɲe] *adj* lined up
alignement [aliɲ(ə)mɑ̃] *m* **1.** (*action d'aligner, rangée, mise en conformité*) alignment **2.** ARCHIT building line
aligner [aliɲe] <1> **I.** *vt* **1.** (*mettre en ligne*) **~ des soldats** to line up soldiers; **~ des chiffres** to align figures **2.** *péj* (*énoncer mécaniquement*) **~ des mots** to string words together **3.** (*rendre conforme*) **~ une politique sur qc** to bring a policy into line with sth **II.** *vpr* **1.** (*se mettre en ligne*) **s'~** to line up; (*soldats*) to fall into line **2.** (*être en ligne*) to be in a line **3.** (*se conformer*) **s'~ sur qn/qc** to fall into line with sb/sth **4.** POL **s'~ sur qn/qc** to align oneself with sb/sth
aliment [alimɑ̃] *m* **1.** (*pour une personne*) food; **des ~s** food + *vb sing* **2.** (*pour un animal d'élevage*) feed
alimentaire [alimɑ̃tɛʀ] *adj* **industrie ~** food industry; **régime ~** diet
alimentation [alimɑ̃tasjɔ̃] *f* **1.** (*action: d'une personne, d'un animal*) feeding **2.** (*produits pour une personne, un animal*) diet **3.** (*commerce*) food retailing; **magasin d'~** grocery store **4.** (*industrie*) food industry; **~ animale** animal nutrition **5.** (*approvisionnement*) **l'~ d'une usine en charbon** the supply of coal to a factory **6.** INFORM **~ papier** paper feed
alimenter [alimɑ̃te] <1> **I.** *vt* **1.** (*nourrir: personne, animal*) to feed **2.** (*approvisionner*) **~ une ville en eau** to supply water to a town; **~ un compte** to deposit money into an account **3.** (*entretenir*) **~ la conversation** (*personne*) to keep the conversation going; (*événement*) to fuel conversation **II.** *vpr* **s'~ 1.** (*bébé*) to feed oneself **2.** (*manger*) to eat
alinéa [alinea] *m* **1.** (*au début d'un paragraphe*) indent **2.** (*paragraphe*) paragraph
aliter [alite] <1> *vt* to confine to bed; **être alité** to be bedridden
allaitement [alɛtmɑ̃] *m* **~ maternel** (*d'un bébé*) breastfeeding; (*d'un animal*) suckling; **~ au biberon** bottle feeding
allaiter [alete] <1> *vt* **1.** (*pour un bébé*) to breastfeed **2.** (*pour un animal*) to suckle
alléchant(e) [aleʃɑ̃, ɑ̃t] *adj* (*odeur, plat*) mouthwatering; (*proposition, promesse*) tempting
allécher [aleʃe] <5> *vt* **1.** (*mettre en appétit*) **~ qn** to give sb an appetite **2.** (*tenter en faisant miroiter qc: personne*) to entice
allée [ale] *f* **1.** (*chemin dans une forêt, un jardin*) path **2.** (*rue*) road **3.** (*passage*) **~ centrale** aisle **4.** *Suisse* (*couloir d'entrée d'un immeuble*) hall ►**~s et venues** comings and goings
allégé(e) [aleʒe] *adj* low-fat; **produits ~s** low-calorie products
allégement, allègement [alɛʒmɑ̃] *m* (*des charges*) reduction; **~ fiscal** tax relief + *vb sing*
alléger [aleʒe] <2a, 5> *vt* **1.** (*rendre moins lourd*) to lighten **2.** (*réduire: impôts, dettes*) to reduce; (*programmes scolaires*) to cut down
allègre [a(l)lɛgʀ] *adj* cheerful; (*musique, démarche*) lively
allégresse [a(l)legʀɛs] *f* joy
Allemagne [almaɲ] *f* **l'~** Germany; **l'~ de l'Est/de l'Ouest** HIST East/West Germany; **la République fédérale d'~** the Federal Republic of Germany; **la réunification des deux ~s** the reunification of Germany
allemand [almɑ̃] *m* German; *v.a.* **français**
allemand(e) [almɑ̃, ɑ̃d] *adj* German
Allemand(e) [almɑ̃, ɑ̃d] *m(f)* German
aller[1] [ale] *irr* **I.** *vi être* **1.** (*se déplacer à pied*) to go; **on a sonné; peux-tu y ~?** there is someone at the door; can you get it?; **y ~ en courant/en nageant** to run/swim there; **~ et venir** (*de long en large*) to pace up and down; (*entre deux destinations*) to come and go; **pour ~ à l'hôtel de ville?** how do I get to city hall? **2.** (*se déplacer à cheval*) to ride; (*se déplacer à vélo*) to cycle **3.** (*pour faire quelque chose*) **~ à la boulangerie** to go to the bakery; **~ se coucher/se promener** to go to bed/for a walk; **~ voir qn** to go and see sb; **je vais voir ce qui se passe** I'm going to see what's going on; **~ chercher les enfants à l'école** to go and pick up the children from school **4.** (*rouler*) to drive **5.** (*voler*) **j'irai en avion** I'll fly **6.** (*être acheminé*) **~ à Paris** to go to Paris **7.** (*mener*) **cette rue va vers la plage** this road leads to the beach **8.** (*s'étendre, atteindre*) **~ de ... à ...** (*étendue*) to stretch from... to...; **~ jusqu'à la mer** to reach the sea; **mon congé maternité va jusqu'à la fin de l'année** my maternity leave runs until the end of the year **9.** (*avoir sa place quelque part*) **~ à la cave** to belong in the cellar **10.** (*être conçu pour*) **ce plat ne va pas au micro-ondes** this dish cannot go in the microwave **11.** (*oser*) **~ jusqu'à** +*infin* to go so far as to +*infin* **12.** (*progresser*) **~ vite** (*personne, chose*) to go fast; (*nouvelles*) to travel fast **13.** (*se porter*) **il va bien/mal/mieux** he's well/not well/better; **comment ça va/vas-tu/allez-vous?** how are you?; **comment va la santé?** *inf* how are you doing?; **ça va pas(, la tête)!** *inf* are you crazy! **14.** (*fonctionner, évoluer*) **ça va les études ?** how are your studies?; **tout va bien/mal** everything's going well/wrong; **quelque chose ne va pas** something's wrong **15.** (*connaître bientôt*) **~ au-devant de difficultés** to be asking for

problems **16.** (*prévenir*) ~ **au-devant des désirs de qn** to anticipate sb's wishes **17.** (*pour donner un âge approximatif*) **il va sur la quarantaine** he's pushing forty **18.** (*convenir à qn*) **ça va** that's fine; **ça ira** (*suffire*) that'll do; (*faire l'affaire*) that'll be fine; **ça peut** ~ it's not too bad; ~ **à qn** to suit sb; **ça (te) va?** is that all right with you?; **ça me va!** that's fine by me! **19.** (*être seyant*) ~ **bien à qn** to suit sb; **cette robe vous va mal** this dress doesn't suit you **20.** (*être coordonné, assorti*) ~ **avec qc** to go with sth; ~ **ensemble** to go together; ~ **bien avec qc** to go well with sth **21.** (*convenir, être adapté à*) **cet outil va en toute circonstance** this tool can be used in any situation **22.** (*se dérouler*) **les choses vont très vite** things are moving very quickly; **plus ça va, plus j'aime le théâtre** I'm loving the theater more and more **23.** (*pour commencer, démarrer*) **on y va?** (*pour initier un départ*) shall we go?; (*pour initier un commencement*) shall we start? **24.** *impers* (*être en jeu*) **il y va de notre vie** our lives are at stake **25.** (*ne rien faire*) **se laisser** ~ (*se négliger*) to let oneself go; (*abandonner, se décontracter*) to let go **26.** (*être*) **il en va de même pour toi** the same goes for you ▶ **cela/il va sans dire que qn a bien fait qc** needless to say sb has done sth; **cela va de soi** it goes without saying; **ça va (comme ça)!** *inf* OK; **où allons-nous?** what's the world coming to! **II.** *aux être* **1.** (*pour exprimer le futur proche*) ~ +*infin* to be going to +*infin* **2.** (*pour exprimer la crainte*) **et s'il allait tout raconter?** what if he told everything?; **ne va pas croire/imaginer que qn a fait qc** don't go believing/thinking that sb has done sth **III.** *vpr être* **s'en** ~ **1.** (*partir à pied*) to go away; (*en voiture, à vélo, en bateau, en avion*) to drive/cycle/sail away/fly away; **s'en** ~ **en vacances/à l'étranger** to go on vacation/abroad **2.** (*disparaître: années*) to pass; (*forces*) to fail; (*cicatrice, tache, fatigue*) to fade (away) **IV.** *interj* **1.** (*invitation à agir*) **vas-y/allons-y/allez-y!** (*en route!*) let's go!; (*au travail!, pour encourager*) come on!; **vas-y/allez-y!, allons!** go on!; **allons debout!** come on, on your feet!; **allez, presse-toi un peu!** come on, hurry up!; **allez, allez, circulez!** come on, move along now!; **allez, au revoir!** okay, bye then!; **allons/allez donc!** *iron, inf* (*c'est évident!*) oh come on!; (*vraiment?*) no, really? **2.** (*voyons!*) **un peu de calme, allons!** come on, let's have some quiet! **3.** (*pour exprimer la résignation, la conciliation*) **je le sais bien, va!** I know!; **allez, allez, ça ne sera rien!** come on, it won't be anything serious!; **va/allez savoir!** who knows! **4.** (*non!?*) **allez!** *inf* you're joking! **5.** (*d'accord!*) **alors, va pour le ciné!** the movies it is then!

aller² [ale] *m* **1.** (*trajet*) outbound journey; **après deux ~s et retours** after two round-trips; **à l'~ on a pris une autoroute à péage** on the way there we took the turnpike **2.** (*billet*) ~ (**simple**) one-way ticket; **un ~ pour Grenoble, s'il vous plaît** a one-way ticket to Grenoble, please; ~ **retour** roundtrip ticket **3.** *inf* (*gifle*) **un ~ et retour** a slap

allergie [alɛʀʒi] *f* allergy

allergique [alɛʀʒik] *adj* MED allergic; **être ~ aux pollens/au travail** to be allergic to pollen/to work

alliage [aljaʒ] *m* alloy

alliance [aljɑ̃s] *f* **1.** (*engagement mutuel*) alliance; REL covenant; **faire** ~ to enter into an alliance **2.** (*union*) ~ **entre deux personnes** marriage between two people; **par** ~ by marriage; **être (des) parents par** ~ to be related by marriage **3.** (*combinaison*) combination **4.** (*anneau*) wedding ring

allié(e) [alje] **I.** *adj* **1.** POL allied **2.** JUR **être ~ à qn** to be related to sb by marriage **II.** *m(f)* **1.** POL ally **2.** (*ami*) supporter

allier [alje] <1> **I.** *vt* **1.** (*associer*) ~ **la grâce à la force** to combine grace and power **2.** CHIM ~ **l'or à l'argent** to alloy gold with silver **3.** (*par un mariage: familles*) to unite **II.** *vpr* **1.** POL **s'~** to become allies **2.** POL (*conclure une alliance avec*) **s'~ à un pays** to form an alliance with a country **3.** (*s'associer*) **la grâce s'allie à la force** grace combines with power

Alliés [alje] *mpl* HIST **les** ~ the Allies

alligator [aligatɔʀ] *m* alligator

allô [alo] *interj* hello

allocation [alɔkasjɔ̃] *f* (*somme*) allowance; ~ **chômage** unemployment compensation; ~ **vieillesse** ≈ social security; **~s familiales** ≈ welfare

allocution [alɔkysjɔ̃] *f* speech

allongement [alɔ̃ʒmɑ̃] *m* (*d'un muscle*) stretching; (*des métaux*) elongation; (*d'une voyelle*) lengthening; (*d'un réseau de transport*) extension

allonger [alɔ̃ʒe] <2a> **I.** *vi* (*devenir plus long*) **les jours allongent à partir du 21 décembre** the days start to get longer on December 21 **II.** *vt* **1.** (*rendre plus long*) to lengthen **2.** (*étendre: bras*) to stretch out; **s'~ le cou** to stretch one's neck **3.** (*coucher: blessé*) to lay down; **être allongé** to be lying down **4.** (*diluer: sauce*) to thin **III.** *vpr* **s'~** **1.** (*devenir plus long: personne*) to grow taller; (*ombres*) to lengthen **2.** (*se prolonger: jours*) to get longer; (*durée moyenne de la vie*) to increase **3.** (*s'éterniser: discours*) to drag on **4.** (*s'étendre: route*) to stretch out **5.** (*se coucher*) to lie down

allouer [alwe] <1> *vt* (*attribuer*) to allocate

allumage [alymaʒ] *m* **1.** lighting **2.** AUTO ignition

allume-cigare [alymsigaʀ] <allume-cigares> *m* cigarette lighter

allume-gaz [alymgaz] *m inv* gas lighter

allumer [alyme] <1> **I.** *vt* **1.** (*faire brûler, mettre en marche, faire de la lumière: feu,* *cigarette, four, poêle*) to light; **être allumé** (*feu, cigarette*) to be lit **2.** (*faire de la lumière: lampe, projecteur*) to switch on; **~ le couloir** to turn the light on in the hallway; **la cuisine est allumée** the light is on in the kitchen **II.** *vpr* **s'~ 1.** (*s'enflammer: bûche, bois, papier*) to catch fire; (*briquet*) to light **2.** (*devenir lumineux*) **sa fenêtre vient de s'~** a light has just come on at her window **3.** (*se mettre en marche automatiquement*) **s'~** (*appareil*) to turn itself on **4.** (*être mis en marche*) **s'~** (*moteur*) to start **5.** (*prendre naissance*) **s'~** (*sentiment*) to be aroused

allumette [alymɛt] *f* match; **gratter une ~** to strike a match

allumeuse [alymøz] *f péj, inf* tease

allure [alyʀ] *f* **1.** *sans pl* (*vitesse*) speed; **à toute ~** at full speed **2.** *sans pl* (*apparence*) look; **avoir une drôle d'~** to look odd **3.** *pl* (*airs*) ways; **avoir des ~ d'enfant** to behave like a child

allusion [a(l)lyzjɔ̃] *f* (*sous-entendu*) allusion; **faire ~ à qn/qc** to allude to sb/sth

alluvions [a(l)lyvjɔ̃] *fpl* alluvial deposits

almanach [almana] *m* almanac

alors [alɔʀ] **I.** *adv* **1.** (*à ce moment-là*) then; **jusqu'~** until then **2.** (*par conséquent*) so; **ma voiture était en panne, ~ j'ai pris l'autobus** my car had broken down, so I took the bus **3.** (*dans ce cas*) so; **~, je comprends!** in that case, I understand!; **~, qu'est-ce qu'on fait?** so what are we going to do? **4.** *inf* (*impatience, indignation*) **~, tu viens?** so are you coming or not? ►**ça ~!** my goodness!; **et ~?** (*suspense*) and then what happened?; (*perplexité*) so what?; **~ là, je ne sais pas!** well, I really don't know about that!; **non, mais ~!** honestly! **II.** *conj* **~ que ...** *+indic* **1.** (*pendant que*) **il s'est mis à pleuvoir ~ que nous étions encore en train de manger** it started to rain while we were still eating **2.** (*tandis que*) **il part en Californie ~ que je reste à Paris** he's going to California while I stay in Paris **3.** (*bien que*) **elle a allumé une cigarette ~ que c'était interdit de fumer** she lit a cigarette even though smoking was forbidden

alouette [alwɛt] *f* lark

alourdir [aluʀdiʀ] <8> **I.** *vt* **1.** (*rendre plus lourd*) **~ qc** to weigh sth down; **alourdi par la pluie** heavy with rain **2.** (*augmenter: impôts, charges*) to increase **II.** *vpr* **s'~** (*paupières*) to droop; (*démarche*) to slow down; (*taille*) to get thicker

alpage [alpaʒ] *m* mountain pasture

Alpes [alp] *fpl* **les ~** the Alps

alphabet [alfabɛ] *m* alphabet

alphabétique [alfabetik] *adj* alphabetical; **par ordre ~** in alphabetical order

alphabétisation [alfabetizasjɔ̃] *f* elimination of illiteracy

alphabétiser [alfabetize] <1> *vt* (*personne*) **~ qn** to teach sb to read and write

alpin(e) [alpɛ̃, in] *adj* **1.** GEO alpine **2.** (*relatif à la montagne: plante*) mountain; (*chalet*) alpine **3.** (*relatif à l'alpinisme: club*) mountaineering

alpinisme [alpinism] *m* mountaineering

alpiniste [alpinist] *mf* mountaineer

Alsace [alzas] *f* **l'~** Alsace

alsacien [alzasjɛ̃] *m* Alsatian; *v.a.* **français**

alsacien(ne) [alzasjɛ̃, jɛn] *adj* Alsatian

Alsacien(ne) [alzasjɛ̃, jɛn] *m(f)* Alsatian

altercation [altɛʀkasjɔ̃] *f* altercation, dispute

altérer [alteʀe] <5> **I.** *vt* **1.** (*détériorer*) to spoil; (*couleur*) to alter; (*qualité*) to lower; (*caractère, métal*) to affect **2.** (*décomposer: visage, traits*) to distort; (*voix*) to strain **3.** (*falsifier*) to distort **II.** *vpr* **s'~ 1.** (*se détériorer: qualité*) to deteriorate; (*aliment*) to go bad; (*vin*) to become spoiled; (*relations*) to break down; (*couleur, matière*) to change; (*sentiment*) to deteriorate; (*caractère*) to change for the worse **2.** (*se décomposer: visage, traits*) to be distorted; (*voix*) to be broken

altermondialiste [altɛʀmɔ̃djalist] *mf* opponent of globalization

alternance [altɛʀnɑ̃s] *f* **1.** (*succession*) alternation; **faire qc en ~ avec qn** to take turns doing sth **2.** POL changeover

alternateur [altɛʀnatœʀ] *m* alternator

alternatif, -ive [altɛʀnatif, -iv] *adj* **1.** TECH **mouvement ~** alternating movement **2.** ELEC **courant ~** alternating current **3.** (*qui offre un choix: solution*) alternative

alternative [altɛʀnativ] *f* alternative

alternativement [altɛʀnativmɑ̃] *adv* alternately

alterner [altɛʀne] <1> **I.** *vi* to alternate **II.** *vt* **1.** to alternate **2.** AGR **~ les cultures** to rotate crops

Altesse [altɛs] *f* **Son ~ Royale** (*prince*) His Royal Highness; (*princesse*) Her Royal Highness; **votre ~** *form* your Highness

altiste [altist] *mf* violist

altitude [altityd] *f* **1.** GEO altitude; **village d'~** mountain village; **l'~ de ce mont est de 400 m** this mountain is 400 m high; **avoir une faible ~** (*ville*) to be low-lying; **en ~** (*en montagne*) high up; METEO at high altitude **2.** AVIAT **vol à basse ~** low-level flight; **voler à basse/haute ~** to fly at low/high altitude; **prendre de l'~** to climb

alto [alto] **I.** *m* **1.** (*instrument*) viola **2.** (*musicien*) violist **II.** *f* (*voix, partie*) alto **III.** *app inv* alto

alu *inf,* **aluminium** [alyminjɔm] *m* aluminum

alunir [alyniʀ] <8> *vi* to land (on the moon)

alunissage [alynisaʒ] *m* moon landing

amabilité [amabilite] *f* **1.** (*gentillesse*) kindness; **ayez l'~ de m'apporter un café** be so kind as to bring me a coffee **2.** *pl* (*politesses*) polite remarks

amadouer [amadwe] <1> *vt* **1.** (*gagner à ses fins*) to coax; **~ qn pour qu'il fasse qc** (*subj*) to coax sb into doing sth **2.** (*apaiser*) to soothe **3.** (*apprivoiser*) to tame

amaigrir [amegʀiʀ] <8> **I.** *vt* ~ **qc** to make sth thinner **II.** *vpr* **s'~** to lose weight
amaigrissant(e) [amegʀisɑ̃, ɑ̃t] *adj* slimming
amaigrissement [amegʀismɑ̃] *m* (*d'une personne*) weight loss; (*du visage*) thinness
amalgame [amalgam] *m* **1.** (*alliage de métaux, matière obturatrice*) *a.* MED amalgam **2.** (*mélange: de matériaux*) mixture; **un ~ d'idées** a hodgepodge of ideas
amande [amɑ̃d] *f* **1.** (*fruit*) almond; **en ~** almond-shaped **2.** (*graine*) kernel
amandier [amɑ̃dje] *m* almond tree
amanite [amanit] *f* Amanita; **~ phalloïde** death cup; **~ tue-mouche(s)** fly agaric
amant [amɑ̃] *m* lover; **les ~s** lovers
amarre [amaʀ] *f* mooring line; **larguez les ~s!** slip the moorings!
amas [amɑ] *m* (*de pierres*) heap; (*de papiers*) pile; (*de souvenirs*) mass
amasser [amɑse] <1> **I.** *vt* (*objets, fortune*) to amass; (*preuves, données*) to gather together **II.** *vi* **1.** (*thésauriser*) to hoard money **2.** (*accumuler*) to accumulate **III.** *vpr* **s'~** (*personnes*) to gather; (*problèmes*) to accumulate
amateur, -trice [amatœʀ, -tʀis] **I.** *m, f* **1.** (*opp: professionnel*) amateur; **en ~** as an amateur **2.** *sans art* (*connaisseur*) **~ d'art** art lover; **être ~ de bons vins** to be a connoisseur of fine wines; **être ~ de films** to be a movie lover **3.** *péj* (*dilettante*) **je ne le fais qu'en ~** I only do it as an amateur **4.** (*acheteur*) **je ne suis pas ~** *inf* I don't really go for that kind of thing **II.** *adj pas de forme féminine* amateur
amateurisme [amatœʀism] *m* **1.** SPORT amateurism **2.** *péj* (*en art, dans le travail*) amateurishness
amazone [amazon] *f* **1.** (*cavalière*) horsewoman; **monter en ~** to ride sidesaddle **2.** (*guerrière*) Amazon
Amazone [amazon] *f* Amazon
ambassade [ɑ̃basad] *f* (*institution, bâtiment*) embassy; **l'~ de France** the French embassy
ambassadeur, -drice [ɑ̃basadœʀ, -dʀis] *m, f* (*diplomate, représentant*) ambassador
ambiance [ɑ̃bjɑ̃s] *f* **1.** (*climat*) atmosphere; **d'~** (*lumière*) subdued; (*musique*) mood **2.** (*gaieté*) **la musique met de l'~** music livens things up
ambiant(e) [ɑ̃bjɑ̃, jɑ̃t] *adj* (*température*) ambient; (*idées, influences*) prevailing
ambigu(ë) [ɑ̃bigy] *adj* ambiguous
ambiguïté [ɑ̃bigɥite] *f* ambiguity; **sans ~** (*comportement*) unambiguous; (*parler*) unambiguously
ambitieux, -euse [ɑ̃bisjø, -jøz] **I.** *adj* ambitious **II.** *m, f* man , woman *m, f* with ambition
ambition [ɑ̃bisjɔ̃] *f* **1.** (*désir de réussite*) ambition **2.** (*prétention*) aspiration
ambitionner [ɑ̃bisjɔne] <1> *vt* **1.** (*convoiter: poste, prix, titre*) to strive for; (*couronne*) to seek **2.** (*souhaiter*) **~ de** +*infin* to have an ambition to +*infin*
ambivalent(e) [ɑ̃bivalɑ̃, ɑ̃t] *adj* ambivalent

ambre [ɑ̃bʀ] *m* **1.** (*résine*) **~ (jaune)** amber **2.** (*substance parfumée*) **~ gris** ambergris
ambré(e) [ɑ̃bʀe] *adj* **1.** (*jaune, doré*) amber **2.** (*parfumé*) amber-scented
ambulance [ɑ̃bylɑ̃s] *f* ambulance
ambulancier, -ière [ɑ̃bylɑ̃sje, -jɛʀ] *m, f* **1.** (*conducteur*) ambulance driver **2.** (*infirmier*) emergency medical technician, paramedic
ambulant(e) [ɑ̃bylɑ̃, ɑ̃t] *adj* (*marchand, cirque*) traveling; (*musicien*) strolling
âme [ɑm] *f* **1.** *a.* REL soul **2.** (*personne*) **il n'y a pas ~ qui vive** there isn't a living soul **3.** (*qualité morale*) soul **4.** PSYCH (*esprit, conscience*) soul; **chercher l'~ sœur** to look for one's soul mate ▶**vendre son ~ au <u>diable</u>** to sell one's soul to the devil; **<u>être</u> violoniste dans l'~** to be a born violinist
amélioration [ameljɔʀasjɔ̃] *f* **1.** *pl* (*travaux*) **apporter des ~s à une maison** to carry out improvements on a house **2.** (*progrès*) improvement; (*de la conjoncture*) upturn **3.** METEO improvement
améliorer [ameljɔʀe] <1> **I.** *vt* (*rendre meilleur: conditions de travail, vie*) to improve; (*qualité, production, budget*) to increase **II.** *vpr* **s'~** to improve; (*temps*) to get better
amen [amɛn] *interj* amen
aménagement [amenaʒmɑ̃] *m* **1.** (*équipement*) equipment **2.** ARCHIT (*modification*) conversion; (*installation*) setting up; (*construction*) construction **3.** (*création: d'un quartier, d'une usine*) construction; (*d'un jardin*) laying out **4.** (*adaptation*) improvement **5.** (*réorganisation*) **~ du temps de travail** (*réforme*) restructuring of working hours; (*gestion*) flexible time management **6.** ADMIN development; **~ du territoire** land development **7.** POL (*d'un texte de loi, décret*) redrafting
aménager [amenaʒe] <2a> *vt* **1.** (*équiper: pièce*) to arrange; (*étagère, placard*) to build **2.** (*modifier par des travaux*) **~ un grenier en atelier** to convert a loft into a studio **3.** (*créer: parc, quartier*) to lay out **4.** (*adapter: finances, horaire*) to arrange **5.** ADMIN (*ville*) to develop **6.** POL (*texte de loi, décret*) to redraft
amende [amɑ̃d] *f* (*p.-v.*) parking ticket; (*à payer*) fine
amendement [amɑ̃dmɑ̃] *m* (*d'une loi*) amendment
amener [am(ə)ne] <4> **I.** *vt* **1.** *inf* (*apporter, mener*) to bring; **~ qn chez qn** to bring sb to sb's house; **qu'est-ce qui t'amène ici?** what brings you here? **2.** (*acheminer: gaz, liquide*) to transport **3.** (*provoquer*) to bring about **4.** (*entraîner*) **son métier l'amène à voyager** his job involves traveling **5.** (*introduire: thème, citation, plaisanterie*) to introduce **6.** (*diriger*) **~ la conversation sur un sujet** to lead the conversation on to a subject **7.** (*convaincre*) **~ qn à** +*infin* to lead sb to +*infin* **8.** (*inciter*) **il m'a amené à démissionner** he talked me into resigning **II.** *vpr inf* (*se rappliquer*) **s'~** to

show up; **amène-toi!** come on!

amenuiser [amənɥize] <1> **I.** *vt* **1.** (*amincir*) to thin down **2.** (*réduire: chances, espoir*) to fade **II.** *vpr* **s'~** (*espoir, forces, valeur*) to dwindle; (*ressources*) to run low; (*temps*) to run out

amer, -ère [amɛʀ] *adj* bitter

amèrement [amɛʀmɑ̃] *adv* bitterly

américain [ameʀikɛ̃] *m* American (English); *v.a.* **français**

américain(e) [ameʀikɛ̃, ɛn] *adj* American

Américain(e) [ameʀikɛ̃, ɛn] *m(f)* American

américanisation [ameʀikanizasjɔ̃] *f* Americanization

américaniser [ameʀikanize] <1> **I.** *vt* to Americanize **II.** *vpr* **s'~** to become Americanized

américanisme [ameʀikanism] *m* **1.** (*emprunt*) Americanism **2.** (*études*) American studies *pl*

amérindien(ne) [ameʀɛ̃djɛ̃, ɛn] *adj* Native American

Amérindien(ne) [ameʀɛ̃djɛ̃, ɛn] *m(f)* Native American

Amérique [ameʀik] *f* **l'~** America; **l'~ centrale/latine/du Nord/du Sud** Central/Latin/North/South America

amerrir [ameʀiʀ] <8> *vi* to land (in the sea)

amerrissage [ameʀisaʒ] *m* sea landing

amertume [amɛʀtym] *f* bitterness

améthyste [ametist] *f, app inv* amethyst

ameublement [amœbləmɑ̃] *m* **1.** (*meubles*) furniture **2.** (*action de meubler*) furnishing

ameuter [amøte] <1> *vt* **1.** (*alerter*) to bring out; **tais-toi, tu vas ~ toute la rue** shut up, you'll bring the whole street out **2.** (*soulever*) **~ la foule contre qn/qc** to stir up the crowd against sb/sth

ami(e) [ami] **I.** *m(f)* **1.** (*opp: ennemi*) friend; **~ des bêtes** animal lover; **mon cher ~** my dear friend; **mes chers ~s!** ladies and gentlemen!; **se faire des ~s** to make friends **2.** (*amant*) boyfriend; **petite ~e** girlfriend **II.** *adj* (*regard, parole*) friendly; **pays ~** friendly country; **être très ~ avec qn** to be very good friends with sb

amiable [amjabl] *adj* (*décision, constat*) amicable; **s'arranger à l'~** to reach an amicable settlement

amiante [amjɑ̃t] *m* asbestos

amical(e) [amikal, -o] <-aux> *adj* a. SPORT friendly

amicale [amikal] *f* (*association*) club

amicalement [amikalmɑ̃] *adv* **1.** in a friendly manner; (*recevoir*) warmly **2.** (*formule de fin de lettre*) **bien ~** best wishes

amidon [amidɔ̃] *m* starch

amiénois(e) [amjenwa, waz] *adj* of Amiens

Amiénois(e) [amjenwa, waz] *m(f)* person from Amiens

amincir [amɛ̃siʀ] <8> **I.** *vt* **~ qn/qc** to make sb/sth look thinner **II.** *vi inf* to lose weight **III.** *vpr* **s'~** (*personne*) to get slimmer; (*tissu, couche*) to get thinner

amiral [amiʀal, -o] <-aux> *m* admiral

amitié [amitje] *f* **1.** *a.* POL friendship; **se lier d'~ avec qn** to strike up a friendship with sb; **avoir de l'~ pour qn** to be fond of sb **2.** *pl* (*formule de fin de lettre*) **~s, Bernadette** kind regards, Bernadette; **faire toutes ses ~s à qn** to send one's best wishes to sb

ammoniac, ammoniaque [amɔnjak] *adj* ammoniac

ammoniaque [amɔnjak] *f* (*liquide*) ammonia

amnésie [amnezi] *f* amnesia

amnésique [amnezik] **I.** *adj* amnesic **II.** *mf* amnesiac

amnistie [amnisti] *f* amnesty

amnistier [amnistje] <1> *vt* to amnesty

amocher [amɔʃe] <1> **I.** *vt inf* **1.** (*abîmer*) to ruin; (*voiture*) to smash up **2.** *inf* (*blesser*) **~ qn** to mess sb up **II.** *vpr inf* (*se blesser*) to get oneself smashed up

amoindrir [amwɛ̃dʀiʀ] <8> **I.** *vt* (*autorité*) to weaken; (*importance*) to dwindle **II.** *vpr* **s'~** (*facultés*) to slip away; (*forces, fortune*) to dwindle

amollir [amɔliʀ] <8> **I.** *vt* (*rendre mou*) to soften **II.** *vpr* **s'~** **1.** (*devenir mou*) to go soft **2.** (*faiblir: personne*) to go soft; (*énergie*) to weaken

amonceler [amɔ̃s(ə)le] <3> **I.** *vt* **1.** (*entasser*) to pile up **2.** (*accumuler: richesses*) to amass; (*documents, preuves*) to accumulate **II.** *vpr* **s'~** (*neige*) to drift; (*courrier*) to pile up; (*nuages*) to bank up; (*preuves, demandes*) to accumulate

amoncellement [amɔ̃sɛlmɑ̃] *m* heap; (*de lettres*) pile

amont [amɔ̃] *m* (*partie supérieure: d'un cours d'eau*) upstream water; **aller vers l'~** to go upstream ►**en ~ de St. Louis** upriver from St. Louis

amoral(e) [amɔʀal, -o] <-aux> *adj* amoral

amorce [amɔʀs] *f* **1.** (*d'une cartouche*) primer; (*d'un obus*) priming; (*d'un pistolet d'enfant*) cap **2.** (*appât*) bait **3.** (*début: d'une route, voie ferrée*) initial section **4.** INFORM bootstrap

amorcer [amɔʀse] <2> **I.** *vt* **1.** (*garnir d'une amorce: explosif*) to arm **2.** (*pour la pêche*) to bait **3.** (*mettre en état de fonctionner: siphon*) to prime **4.** (*commencer à percer: trou*) to start **5.** (*ébaucher un mouvement*) **~ un virage** to take a bend **6.** (*engager: conversation*) to start up; (*réforme*) to initiate **7.** INFORM to boot **II.** *vpr* **s'~** (*dialogue*) to begin; (*projet*) to get under way

amorphe [amɔʀf] *adj* **1.** (*sans énergie*) lifeless **2.** (*sans réaction: personne, foule*) passive

amortir [amɔʀtiʀ] <8> *vt* **1.** (*affaiblir: choc, chute*) to cushion; (*bruit, douleur*) to deaden **2.** (*rembourser*) to redeem; (*dette, emprunt*) to pay off **3.** (*rentabiliser: coût*) to recoup

amortisseur [amɔʀtisœʀ] *m* AUTO shock absorber

amour [amuʀ] **I.** *m* **1.** (*sentiment*) love; **l'~**

maternel motherly love **2.** (*acte*) lovemaking; **pendant l'~** while making love; **faire l'~** to make love **3.** (*personne*) love **4.** (*attachement, altruisme, goût pour*) **~ de la justice/du prochain** love of justice/one's neighbor; **~ de la nature/du sport** love of nature/sports **5.** (*terme d'affection*) **mon ~** my darling; **va me chercher le journal, tu seras un ~** *inf* be a sweetie and go (and) get me the newspaper ▶ **pour l'~ de Dieu!** for heaven's sake!; **vivre d'~ et d'eau fraîche** to live on love alone **II.** *mpl f si poétique* loves; **comment vont tes ~s?** how's your love life? ▶ **à tes/vos ~s!** *iron* cheers!

amouracher [amuʀaʃe] <1> *vpr péj* **s'~ de qn** to become infatuated with sb

amoureusement [amuʀøzmɑ̃] *adv* (*avec amour, soin*) lovingly

amoureux, -euse [amuʀø, -øz] **I.** *adj* (*personne, regard*) loving; **la vie amoureuse de qn** sb's love life; **être/tomber ~ de qn** to be/fall in love with sb **II.** *m, f* **1.** (*soupirant*) sweetheart; (*sentiment plus profond*) lover; **manger en ~** to eat alone together **2.** (*passionné*) **~ de la musique/de la nature** music/nature lover

amour-propre [amuʀpʀɔpʀ] <amours-propres> *m* self-esteem

amovible [amɔvibl] *adj* detachable; (*disque*) removable

ampère [ɑ̃pɛʀ] *m* ampere

amphibie [ɑ̃fibi] **I.** *adj* amphibious **II.** *m* amphibian

amphithéâtre [ɑ̃fiteɑtʀ] *m* **1.** ARCHIT amphitheater **2.** UNIV lecture hall **3.** THEAT (upper) gallery

amphore [ɑ̃fɔʀ] *f* amphora

ample [ɑ̃pl] *adj* **1.** (*large*) loose **2.** (*d'une grande amplitude: mouvement*) sweeping; (*voix*) sonorous **3.** (*abondant: provisions*) plentiful **4.** (*opp: restreint: projet, sujet*) vast; **de plus ~s informations** further information

amplement [ɑ̃pləmɑ̃] *adv* fully; **être ~ suffisant** to be more than enough

ampleur [ɑ̃plœʀ] *f* **1.** (*largeur: d'un vêtement*) looseness; (*d'une voix*) sonorousness **2.** (*étendue: d'un récit*) opulence; (*d'un sujet*) scope; (*d'une catastrophe*) extent; **prendre de l'~** (*épidémie*) to spread; (*manifestation*) to grow considerably

ampli *inf,* **amplificateur** [ɑ̃plifikatœʀ] *m* amplifier

amplifier [ɑ̃plifje] <1> **I.** *vt* **1.** (*augmenter*) to increase; (*image*) to enlarge **2.** (*développer: échanges, coopération, idée*) to develop **3.** (*exagérer*) **~ qc** to build sth up **II.** *vpr* **s'~** (*bruit*) to grow; (*échange, mouvement, tendance*) to increase; (*scandale*) to intensify; (*idée*) to develop

amplitude [ɑ̃plityd] *f* **1.** (*écart de deux valeurs*) range **2.** (*ampleur*) extent

ampoule [ɑ̃pul] *f* **1.** ELEC bulb **2.** (*cloque*) blister

amputation [ɑ̃pytasjɔ̃] *f* **1.** ANAT amputation **2.** (*diminution: d'un texte, du territoire national*) truncation

amputer [ɑ̃pyte] <1> *vt* **1.** ANAT to amputate; **être amputé d'un bras** to have one's arm amputated **2.** *fig* (*texte, budget*) **~ qc** to hack sth down

amulette [amylɛt] *f* amulet

amusant(e) [amyzɑ̃, ɑ̃t] *adj* **1.** (*divertissant: jeu, travail, vacances*) fun **2.** (*drôle, curieux*) funny

amuse-gueule [amyzgœl] <amuse-gueule(s)> *m inf* appetizer; (*petit sandwich*) snack

amusement [amyzmɑ̃] *m* **1.** (*divertissement*) entertainment **2.** (*jeu*) game

amuser [amyze] <1> **I.** *vt* **1.** (*divertir*) to entertain **2.** (*faire rire*) **~ qn** to make sb laugh; **tu m'amuses** you're making me laugh **3.** (*détourner l'attention*) to divert **II.** *vpr* **s'~** **1.** (*jouer*) to play; **l'enfant s'amuse avec ses lacets** the child's fiddling with his laces **2.** (*se divertir*) **bien s'~** to have a very good time; (*à une soirée*) to enjoy oneself; **amuse-toi/amusez-vous bien!** have fun!; **qn s'est amusé à casser la portière** sb went and broke the door **3.** (*batifoler*) to frolic **4.** (*traîner*) to dawdle

amuseur, -euse [amyzœʀ, -øz] *m, f* **1.** entertainer **2.** *péj* clown

amygdale [amidal] *f* tonsil

an [ɑ̃] *m* year; **avoir cinq ~s** to be five (years old); **homme de cinquante ~s** a fifty-year-old (man); **fêter ses vingt ~s** to celebrate one's twentieth birthday; **l'~ dernier/prochain** last/next year; **tous les ~s** every year; **par ~** per year; **en l'~ 200 avant Jésus-Christ** in (the year) 200 BC; **le nouvel ~, le premier de l'~** New Year's Day

anachronique [anakʀɔnik] *adj* anachronistic

anachronisme [anakʀɔnism] *m* anachronism

anaconda [anakɔ̃da] *m* anaconda

anagramme [anagʀam] *f* anagram

anal(e) [anal, -o] <-aux> *adj* anal

analgésique [analʒezik] *adj, m* analgesic

anallergique [analɛʀʒik] *adj* hypoallergenic

analogie [analɔʒi] *f* analogy; **par ~** by analogy

analphabète [analfabɛt] *adj, mf* illiterate

analyse [analiz] *f* **1.** (*opp: synthèse*) *a.* MATH analysis **2.** MED **~ de sang** blood test

analyser [analize] <1> *vt* **1.** LING (*mot*) to parse **2.** MATH, MED, PSYCH to analyze; **se faire ~** to undergo analysis

analyste [analist] *mf* **1.** (*technicien*) analyst **2.** PSYCH (psycho)analyst

analytique [analitik] *adj* analytical

ananas [anana(s)] *m* pineapple

anarchie [anaʀʃi] *f* anarchy

anarchique [anaʀʃik] *adj* anarchic

anarchiste [anaʀʃist] *adj, mf* anarchist

anatomie [anatɔmi] *f a. inf* (*science*) anatomy

anatomique [anatɔmik] *adj* anatomic

ancestral(e) [ɑ̃sɛstʀal, -o] <-aux> *adj* ancestral

ancêtre [ɑ̃sɛtʀ] **I.** *mf* **1.** (*aïeul, à l'origine d'une famille*) ancestor **2.** (*précurseur: d'un genre artistique*) forerunner **3.** *inf* (*vieillard*) oldster **II.** *mpl* HIST forebears

anchois [ɑ̃ʃwa] *m* anchovy

ancien(**ne**) [ɑ̃sjɛ̃, jɛn] **I.** *adj* **1.** (*vieux: bâtiment, coutume*) old; (*objet d'art*) antique; (*livre*) antiquarian **2.** *antéposé* (*ex-*) old **3.** (*antique: culture, peuple*) ancient **4.** (*qui a de l'ancienneté*) **être ~ dans le métier** to have been doing a job for a long time **II.** *m(f)* **1.** (*personne*) **les ~s** the elderly; SOCIOL the elders **2.** (*collaborateur*) **être un ~ dans l'entreprise** to have been in a company a long time

anciennement [ɑ̃sjɛnmɑ̃] *adv* **1.** (*autrefois*) formerly **2.** (*dans les temps anciens*) in ancient times

ancienneté [ɑ̃sjɛnte] *f* **1.** (*dans la fonction publique/une entreprise*) length of service **2.** (*avantages acquis*) seniority

ancre [ɑ̃kʀ] *f* anchor ► **jeter l'~** to drop anchor; *fig* to put down roots

Andorre [ɑ̃dɔʀ] *f* **l'~** Andorra

andouille [ɑ̃duj] *f* **1.** CULIN andouille (sausage) **2.** *inf* (*imbécile*) **une triple ~** a total idiot; **faire l'~** to act [*o* play] the fool

andouillette [ɑ̃dujɛt] *f* andouillette (sausage)

androgyne [ɑ̃dʀɔʒin] **I.** *adj* BIO androgynous **II.** *mf* BIO androgyne

âne [ɑn] *m* **1.** ZOOL donkey; *v.a.* **ânesse** **2.** (*imbécile*) **quel ~!** what a fool! ► **être têtu comme un ~** to be as stubborn as a mule

anéantir [aneɑ̃tiʀ] <8> **I.** *vt* **1.** (*détruire: ennemi*) to annihilate; (*armée, ville, effort*) to wipe out; (*espoir*) to dash **2.** (*déprimer, accabler*) to overwhelm; (*mauvaise nouvelle*) to crush **II.** *vpr* **s'~** to disappear; (*volonté*) to be broken

anéantissement [aneɑ̃tismɑ̃] *m* **1.** (*disparition*) annihilation **2.** (*fatigue*) (state of) exhaustion; (*abattement*) (state of) dejection

anecdote [anɛkdɔt] *f* anecdote

anémie [anemi] *f* **1.** MED anemia **2.** (*crise*) slump

anémier [anemje] <1a> *vt* to weaken

anémique [anemik] *adj* anemic

anémone [anemɔn] *f* anemone

ânerie [ɑnʀi] *f* **1.** (*caractère stupide*) stupidity **2.** (*parole*) silly remark **3.** (*acte*) stupid mistake

ânesse [ɑnɛs] *f* she-ass; *v.a.* **âne**

anesthésie [anɛstezi] *f* **1.** MED (*état*) anesthesia; (*drogue*) anesthetic **2.** (*manque de sensibilité*) insensibility

anesthésier [anɛstezje] <1> *vt* to anesthetize

anesthésiste [anɛstezist] *mf* anesthesiologist

ange [ɑ̃ʒ] *m* angel ► **~ gardien** guardian angel; (*garde du corps*) bodyguard

angine [ɑ̃ʒin] *f* sore throat

anglais [ɑ̃glɛ] *m* English; *v.a.* **français**

anglais(**e**) [ɑ̃glɛ, ɛz] *adj* English ► **filer à l'~e** to take French leave

Anglais(**e**) [ɑ̃glɛ, ɛz] *m(f)* **1.** (*personne d'Angleterre*) Englishman, Englishwoman *m, f;* **les ~** the English **2.** *Québec* (*anglophone*) English speaker

angle [ɑ̃gl] *m* **1.** (*coin*) corner **2.** MATH, PHOT angle; **grand-~** wide-angle; **~ mort** blind spot **3.** (*point de vue*) angle

Angleterre [ɑ̃glətɛʀ] *f* **l'~** England

anglicisme [ɑ̃glisism] *m* (*emprunt*) Anglicism

angliciste [ɑ̃glisist] *mf* English specialist

anglo-américain [ɑ̃gloameʀikɛ̃] *m* American English; *v.a.* **français**

anglo-canadien(**ne**) [ɑ̃glokanadjɛ̃, jɛn] <anglo-canadiens> *adj* English-speaking Canadian

Anglo-Canadien(**ne**) [ɑ̃glokanadjɛ̃, jɛn] <Anglo-Canadiens> *m(f)* English-speaking Canadian

anglo-normand [ɑ̃glonɔʀmɑ̃] *m* Anglo-Norman; *v.a.* **français**

anglo-normand(**e**) [ɑ̃glonɔʀmɑ̃, ɑ̃d] <anglo-normands> *adj* Anglo-Norman; **îles Anglo-Normandes** Channel Islands

anglophile [ɑ̃glɔfil] *adj, mf* anglophile

anglophone [ɑ̃glɔfɔn] **I.** *adj* English-speaking; **être ~** to be an English speaker **II.** *mf* English speaker

anglo-saxon(**ne**) [ɑ̃glosaksɔ̃, ɔn] <anglo-saxons> *adj* Anglo-Saxon

Anglo-Saxon(**ne**) [ɑ̃glosaksɔ̃, ɔn] <Anglo-Saxons> *m(f)* Anglo-Saxon

angoissant(**e**) [ɑ̃gwasɑ̃, ɑ̃t] *adj* agonizing; (*moment, jour*) harrowing

angoisse [ɑ̃gwas] *f* **1.** (*peur, malaise*) anxiety **2.** (*douleur*) agony **3.** PHILOS angst

angoissé(**e**) [ɑ̃gwase] **I.** *adj* anxious **II.** *m(f)* worrier

angoisser [ɑ̃gwase] <1> *vt* (*inquiéter*) to worry; (*situation, nouvelle, silence*) to distress

angora [ɑ̃gɔʀa] **I.** *adj* **laine ~** angora wool **II.** *m* (*chat, lapin, laine*) angora

anguille [ɑ̃gij] *f* eel

anguleux, -euse [ɑ̃gylø, -øz] *adj* (*menton, visage*) angular; (*coude*) bony

animal [animal, -o] <-aux> *m* **1.** (*bête*) animal; **~ domestique/sauvage** domestic/wild animal **2.** (*personne stupide*) imbecile **3.** (*personne brutale*) brute

animal(**e**) [animal, -o] <-aux> *adj* **1.** ZOOL, BIO (*matières, fonctions*) animal **2.** (*rapporté à l'homme: instinct*) animal; (*comportement, confiance*) instinctive **3.** *péj* (*bestial*) brutish

animalier, -ière [animalje, -jɛʀ] **I.** *m, f* **1.** (*peintre*) animal painter **2.** (*sculpteur*) animal sculptor **II.** *adj* animal

animateur, -trice [animatœʀ, -tʀis] *m, f* **1.** (*spécialiste de l'animation: d'un groupe*) leader; (*d'un club de vacances*) camp counselor; (*d'un club de sport*) coach; (*d'une fête*) entertainer **2.** (*présentateur*) RADIO, TV host **3.** (*personne dynamique: d'un projet*) organizer **4.** CINE animator

animation [animasjɔ̃] *f* **1.** (*grande activité:*

d'un bureau) activity; (*d'un quartier*) life **2.** (*vivacité: d'une discussion*) liveliness; **mettre de l'~** to liven things up **3.** (*excitation*) excitement **4.** (*conduite de groupe*) leadership **5.** CINE animation

animé(e) [anime] *adj* (*discussion*) animated; (*rue*) busy; (*personne*) lively; **dessin ~** cartoon; **devenir très ~** to liven up

animer [anime] <1> **I.** *vt* **1.** (*mener: débat, groupe, entreprise*) to lead; (*émission*) to host **2.** (*mouvoir*) to drive **3.** (*égayer*) **~ qc** to liven sth up **4.** (*ressusciter*) to revive **II.** *vpr* **s'~** (*yeux*) to light up; (*conversation, rue*) to liven up; (*statue*) to come to life

animosité [animozite] *f* animosity

anis [anis] *m* **1.** BOT anise **2.** CULIN aniseed

anisette [anizɛt] *f* anisette

ankylosé(e) [ɑ̃kiloze] *adj* (*bras*) numb

annales [anal] *fpl* annals

anneau [ano] <x> *m* **1.** (*cercle, bague*) *a.* ASTR ring **2.** (*maillon*) link **3.** ZOOL (*d'un ver*) segment **4.** *pl* SPORT racetrack

année [ane] *f* **1.** (*durée*) year; **~ civile/bissextile** calendar/leap year; **au cours des dernières ~s** over the last years; **bien des ~s après** many years later; **dans les ~s à venir** in the years to come; **tout au long de l'~** the whole year round; **~ scolaire** school year; **~ universitaire** academic year **2.** (*âge*) year **3.** (*date*) year; **l'~ prochaine/dernière/passée** next/last year; **~ de naissance** year of birth; **en début/en fin d'~** at the beginning/end of the year; **les ~s trente** the (nineteen) thirties; **bonne ~, bonne santé!** health and happiness in the New Year!; **souhaiter la bonne ~ à qn** to wish sb a happy New Year ►**les ~s** <u>**folles**</u> the Roaring Twenties

année-lumière [anelymjɛʀ] <années-lumière> *f* light year

annexe [anɛks] *f* annex; **~ d'un contrat/traité** annex to a contract/treaty; **joindre en ~** to attach

annexer [anɛkse] <1> *vt* (*territoire, pays*) to annex

annexion [anɛksjɔ̃] *f* (*d'un pays, territoire*) annexation

annihiler [aniile] <1> *vt* (*efforts, espoir*) to wreck; (*vie*) to ruin; (*volonté*) to destroy

anniversaire [anivɛʀsɛʀ] **I.** *adj* (*jour, cérémonie*) anniversary; **le jour ~ de leurs 50 ans de mariage** on their 50th (wedding) anniversary **II.** *m* (*d'une personne*) birthday; (*d'un événement*) anniversary; **bon ~!** Happy birthday!; (*à un couple*) Happy anniversary!

annonce [anɔ̃s] *f* **1.** (*avis: d'un événement imminent*) announcement **2.** (*information officielle*) **~ de qc** notice of sth; (*transmise par les médias*) announcement of sth **3.** (*petite annonce*) classified advertisements; **les petites ~s** classified ads; **passer une ~ dans un journal** to place an ad in the paper **4.** (*présage*) sign; (*indice*) indication **5.** JEUX declaration

annoncer [anɔ̃se] <2> **I.** *vt* **1.** (*communiquer: fait, décision*) to announce **2.** (*prédire*) to predict **3.** (*être le signe de: printemps*) to be the harbinger of; (*signal*) to give **4.** JEUX to declare **II.** *vpr* **1.** (*arriver*) **s'~** to approach; (*été*) to be on the way **2.** (*se présenter*) **bien/mal s'~** to seem promising/unpromising; **ça s'annonce bien** things look promising

annonceur, -euse [anɔ̃sœʀ, -øz] *m, f* **1.** (*speaker*) announcer **2.** PRESSE (*a. qui passe une petite annonce*) advertiser **3.** (*bénéficiaire d'une publicité, sponsor*) advertiser

annotation [anɔtasjɔ̃] *f* annotation

annoter [anɔte] <1> *vt* to annotate

annuaire [anɥɛʀ] *m* directory; **~ téléphonique** [*o* **des téléphones**] telephone directory

annuel(le) [anɥɛl] *adj* **1.** (*périodique*) annual **2.** (*qui dure un an*) yearlong

annuellement [anɥɛlmɑ̃] *adv* annually

annulaire [anylɛʀ] **I.** *m* ring finger **II.** *adj* ring-shaped

annulation [anylasjɔ̃] *f* **1.** (*suppression: d'une commande, d'un rendez-vous*) cancellation **2.** JUR (*d'un examen, contrat*) cancellation; (*d'un jugement*) overturning

annuler [anyle] <1> **I.** *vt* **1.** (*supprimer*) *a.* INFORM to cancel **2.** JUR (*jugement*) to overturn; (*mariage*) to annul **II.** *vpr* **s'~** to cancel each other out

anoblir [anɔbliʀ] <8> *vt* to ennoble

anodin(e) [anɔdɛ̃, in] *adj* (*personne*) insignificant; (*critique, détail, propos, remède*) trivial; (*blessure*) superficial

anomalie [anɔmali] *f* **1.** (*caractère inhabituel*) *a.* LING, BIO anomaly **2.** (*singularité*) peculiarity **3.** (*caractère déviant*) irregularity **4.** TECH fault

ânon [ɑnɔ̃] *m* (ass's) foal

anonymat [anɔnima] *m* anonymity; **rester dans l'~** to remain anonymous

anonyme [anɔnim] *adj* anonymous

anorak [anɔʀak] *m* anorak

anorexie [anɔʀɛksi] *f* (*refus de s'alimenter*) anorexia; **~ mentale** anorexia nervosa

anorexique [anɔʀɛksik] *adj, mf* anorexic

anormal(e) [anɔʀmal, -o] <-aux> **I.** *adj* **1.** (*inhabituel*) unusual **2.** (*non conforme à la règle*) abnormal; (*comportement*) perverse **3.** (*injuste*) unfair **II.** *m(f)* **1.** (*déséquilibré*) unbalanced person **2.** (*enfant arriéré*) disabled child

anormalement [anɔʀmalmɑ̃] *adv* abnormally

ANPE [ɑɛnpeø] *f abr de* **Agence nationale pour l'emploi** **1.** (*organisme national*) National Employment Agency (*government agency managing employment legislation and job searches*) **2.** (*agence locale*) employment office

anse [ɑ̃s] *f* **1.** (*d'un panier*) handle **2.** (*petite baie*) cove

antagonisme [ɑ̃tagɔnism] *m* antagonism

antarctique [ɑ̃taʀktik] *adj* Antarctic

Antarctique [ɑ̃taʀktik] *m* **l'~** the Antarctic (Ocean); (*continent*) Antarctica

antécédent [ɑ̃tesedɑ̃] *m* **1.** LING, PHILOS antecedent **2.** *pl* MED (medical) history + *vb sing* **3.** *pl* (*actes du passé: d'une personne*) past record + *vb sing;* (*d'une affaire*) antecedents
antécédent(e) [ɑ̃tesedɑ̃, ɑ̃t] *adj* ~ **à qc** preceding sth
antenne [ɑ̃tɛn] *f* **1.** (*pour capter*) antenna **2.** RADIO, TV **une heure d'**~ an hour of airtime; **à l'**~ on the air; **rendre l'**~ **à qn** to hand back to sb **3.** ZOOL antenna **4.** MIL (*poste avancé*) outpost
antérieur(e) [ɑ̃teʀjœʀ] *adj* **1.** (*précédent*) previous; **être** ~ **à qc** to be prior to sth **2.** ANAT **patte** ~**e** forefoot; **membre** ~ forelimb **3.** LING anterior
antérieurement [ɑ̃teʀjœʀmɑ̃] *adv* earlier; ~ **à qc** prior to sth
antériorité [ɑ̃teʀjɔʀite] *f* **1.** (*dans le temps*) precedence **2.** LING anteriority
anthologie [ɑ̃tɔlɔʒi] *f* anthology
anthropologie [ɑ̃tʀɔpɔlɔʒi] *f* anthropology
anthropologue [ɑ̃tʀɔpɔlɔg] *mf* anthropologist
anthropophage [ɑ̃tʀɔpɔfaʒ] **I.** *adj* cannibal **II.** *mf* cannibal
antialcoolique [ɑ̃tialkɔlik] *adj* **campagne** ~ campaign against alcoholism
antibiotique [ɑ̃tibjɔtik] *adj, m* antibiotic
antibrouillard [ɑ̃tibʀujaʀ] **I.** *adj* fog **II.** *m* fog light
anticipation [ɑ̃tisipasjɔ̃] *f* **1.** (*prévision*) anticipation **2.** LIT, CINE science fiction **3.** FIN **par** ~ in advance
anticipé(e) [ɑ̃tisipe] *adj* early; **retraite** ~**e** early retirement
anticiper [ɑ̃tisipe] <1> **I.** *vi* **1.** (*devancer les faits*) to look too far ahead **2.** (*se représenter à l'avance*) to think ahead; (*prévoir*) to plan **II.** *vt* **1.** (*prévoir: avenir, événement*) to predict **2.** FIN, SPORT to anticipate
anticlérical(e) [ɑ̃tikleʀikal, -o] <-aux> *adj, m(f)* anticlerical
anticonformiste [ɑ̃tikɔ̃fɔʀmist] *adj, mf* nonconformist
anticonstitutionnel(le) [ɑ̃tikɔ̃stitysjɔnɛl] *adj* unconstitutional
anticorps [ɑ̃tikɔʀ] *m* antibody
anticyclone [ɑ̃tisiklon] *m* METEO anticyclone
antidépresseur [ɑ̃tidepʀesœʀ] *adj, m* antidepressant
antidote [ɑ̃tidɔt] *m* MED antidote
antidouleur [ɑ̃tidulœʀ] *adj inv* painkilling
antigel [ɑ̃tiʒɛl] *m* antifreeze
antigouvernemental(e) [ɑ̃tiguvɛʀnəmɑ̃tal, -o] <-aux> *adj* antigovernmental
antihéros [ɑ̃tieʀo] *m* antihero
anti-inflammatoire [ɑ̃tiɛ̃flamatwaʀ] <anti-inflammatoires> *adj* anti-inflammatory
antillais(e) [ɑ̃tijɛ, jɛz] *adj* West Indian
Antillais(e) [ɑ̃tijɛ, ɛz] *m(f)* West Indian
Antilles [ɑ̃tij] *fpl* **les** ~ the West Indies
antilope [ɑ̃tilɔp] *f* antelope
antimilitariste [ɑ̃timilitaʀist] **I.** *adj* antimilitaristic **II.** *mf* antimilitarist
antimite [ɑ̃timit] **I.** *adj* mothproof **II.** *m* moth repellant
antiparasite [ɑ̃tipaʀazit] **I.** *adj* anti-interference **II.** *m* suppressor
antipathie [ɑ̃tipati] *f* antipathy; ~ **pour qn/qc** dislike of sb/sth
antipathique [ɑ̃tipatik] *adj* unpleasant; (*comportement*) antisocial
antipelliculaire [ɑ̃tipelikylɛʀ] *adj* anti-dandruff
antipodes [ɑ̃tipɔd] *mpl* **1.** GEO antipodes **2.** *fig* **être aux** ~ **de qc** to be the total opposite of sth
antipoison [ɑ̃tipwazɔ̃] *adj inv* **centre** ~ poison control center
antiquaire [ɑ̃tikɛʀ] *mf* antique dealer
antique [ɑ̃tik] *adj* antique; (*lieu*) ancient
antiquité [ɑ̃tikite] **I.** *f sans pl* (*période très reculée*) ancient times *pl* **II.** *fpl* **1.** (*œuvres d'art antiques*) antiquities **2.** (*objets, meubles anciens*) antiques
Antiquité [ɑ̃tikite] *f sans pl* HIST **l'**~ antiquity
antiraciste [ɑ̃tiʀasist] *adj* antiracist
antirides [ɑ̃tiʀid] *adj* anti-wrinkle
antirouille [ɑ̃tiʀuj] **I.** *adj inv* rustproof **II.** *m* rustproofer
antisèche [ɑ̃tisɛʃ] *f inf* cheat sheet
antisémite [ɑ̃tisemit] **I.** *adj* anti-Semitic **II.** *mf* anti-Semite
antisémitisme [ɑ̃tisemitism] *m* anti-Semitism
antiseptique [ɑ̃tisɛptik] **I.** *adj* antiseptic **II.** *m* antiseptic
antitabac [ɑ̃titaba] *adj inv* anti-smoking
antiterroriste [ɑ̃ntiteʀɔʀist] *adj* antiterrorist
antitétanique [ɑ̃titetanik] *adj* tetanus
anti-virus [ɑ̃tiviʀys] *inv* **I.** *adj* INFORM antivirus; **utilitaire** ~ antivirus program **II.** *m* INFORM virus scanner
antivol [ɑ̃tivɔl] **I.** *adj inv* anti-theft **II.** *m* (*d'une voiture*) steering wheel lock; (*d'un vélo*) bicycle lock
antonyme [ɑ̃tɔnim] *m* LING antonym
antre [ɑ̃tʀ] *m* (*d'un animal*) lair
anus [anys] *m* anus
Anvers [ɑ̃vɛʀ] Antwerp
anxiété [ɑ̃ksjete] *f* **1.** MED, PSYCH anxiety **2.** (*trait de caractère*) worry
anxieusement [ɑ̃ksjøzmɑ̃] *adv* anxiously
anxieux, -euse [ɑ̃ksjø, -jøz] **I.** *adj* worried; (*attente*) anxious **II.** *m, f* worrier
AOC [aose] *abr de* **appellation d'origine contrôlée** (*regional quality control label for wine, cheese, etc.*)
aorte [aɔʀt] *f* aorta
août [u(t)] *m* **1.** August; ~ **est un mois d'été** August is a summer month **2.** (*pour indiquer la date, un laps de temps*) **en** ~ in August; **début/fin** ~ at the beginning/end of August; **pendant tout le mois d'**~ for the whole of August; **le 15** ~**, c'est l'Assomption** the Assumption is on August 15
aoûtien(ne) [ausjɛ̃, jɛn] *m(f)* August vacationer
apaisant(e) [apɛzɑ̃, ɑ̃t] *adj* **1.** (*qui calme*)

calming **2.** (*qui ramène la paix*) conciliatory

apaiser [apeze] <1> **I.** *vt* to calm; (*douleur*) to soothe; (*faim, désir*) to satisfy; (*soif*) to slake; (*protestations*) to quell; (*colère*) to pacify; (*scrupules, craintes*) to allay; (*dieux*) to appease **II.** *vpr* **s'~** (*personne*) to calm down; (*douleur*) to die down; (*colère, tempête*) to abate

aparté [apaʀte] *m* (*entretien*) private conversation; THEAT aside; **en ~** in an aside

apartheid [apaʀtɛd] *m* apartheid

apathique [apatik] *adj* apathetic

apatride [apatʀid] *mf* stateless person

apercevoir [apɛʀsəvwaʀ] <12> **I.** *vt* **1.** (*entrevoir*) to see **2.** (*remarquer*) to notice **3.** (*distinguer*) to distinguish; (*percevoir*) to perceive **4.** (*prévoir*) to see **II.** *vpr* **1.** (*se voir*) **s'~** to notice each other **2.** (*se rendre compte*) **s'~ d'une erreur/des manigances de qn** to notice an error/sb's scheming; **sans s'en ~** without noticing

aperçu [apɛʀsy] *m* **1.** (*idée générale*) overview **2.** INFORM preview

apéritif [apeʀitif] *m* aperitif

> **i** In France, people are not invited over for coffee, but for an **apéritif**. The adults usually drink pastis, whiskey, Martini or punch and the children have soft drinks such as flavored syrup (mint, strawberry, grenadine etc.) mixed with water. Guests understand that they are not invited to dinner.

apéro [apeʀo] *m inf abr de* **apéritif**

apesanteur [apəzɑ̃tœʀ] *f* weightlessness

à-peu-près [apøpʀɛ] *m inv* (*approximation*) approximation; **c'est de l'~** it's approximate

apeuré(e) [apœʀe] *adj* frightened

aphone [afɔn, afon] *adj* voiceless

aphte [aft] *m* MED canker sore

A.P.I. [ɑpei] *f abr de* **alphabet de l'association phonétique internationale** IPA

à-pic [apik] <à-pics> *m* cliff

apiculteur, -trice [apikyltœʀ, -tʀis] *m, f* beekeeper

apitoiement [apitwamɑ̃] *m* **~ sur soi-même** self-pity

apitoyer [apitwaje] <6> *vpr* **s'~ sur qn/qc** to feel sorry for sb/sth

aplanir [aplaniʀ] <8> **I.** *vt* **1.** (*niveler*) to level **2.** (*faire disparaître: obstacles, difficultés*) to smooth away **II.** *vpr* **s'~** to level out

aplati(e) [aplati] *adj* flat

aplatir [aplatiʀ] <8> **I.** *vt* to flatten; **~ qc** (*voûte*) to flatten sth down; (*pli*) to smooth sth out **II.** *vpr* **1.** (*se plaquer*) **s'~ sur la table** to lie flat on the table; **s'~ contre le mur** to flatten oneself against the wall **2.** (*devenir plat*) **s'~** to become flatter **3.** (*être rendu plat*) **s'~** to be flattened **4.** (*s'écraser*) **s'~ contre qc** to smash into sth

aplomb [aplɔ̃] *m* **1.** (*équilibre*) balance; (*verticalité*) perpendicularity; **à l'~** at the base; **d'~** steady **2.** (*assurance*) composure **3.** (*effronterie*) nerve; **avoir de l'~** to have nerve **4.** (*équilibre physique/moral*) **remettre qn d'~** to put sb back on their feet

apnée [apne] *f* **1.** MED apnea **2.** SPORT diving without oxygen

apocalypse [apɔkalips] *f* (*désastre*) apocalypse

Apocalypse [apɔkalips] *f* REL **l'~** the Apocalypse

apocalyptique [apɔkaliptik] *adj* apocalyptic

apogée [apɔʒe] *m* summit

apolitique [apɔlitik] *adj* apolitical

apollon [apɔlɔ̃] *m* (*bel homme*) adonis

apologie [apɔlɔʒi] *f* (*justification*) apology

a posteriori [a pɔsteʀjɔʀi] *adv, adj* after the event

apostrophe [apɔstʀɔf] *f* **1.** (*signe*) apostrophe **2.** (*interpellation*) insult

apostropher [apɔstʀɔfe] <1> *vt* **~ qn** to shout at sb

apothéose [apɔteoz] *f* **1.** (*consécration*) apotheosis **2.** (*sommet*) summit **3.** (*partie finale*) grand finale

apôtre [apotʀ] *m* **1.** REL, HIST apostle **2.** (*propagateur d'une idée*) advocate

Appalaches [apalaʃ(ə)] *mpl* **les (monts) ~** the Appalachian Mountains

apparaître [apaʀɛtʀ] *vi irr être* **1.** (*se montrer*) to appear **2.** (*surgir: fièvre*) to break out; (*difficulté, idée, vérité*) to arise; (*obstacle*) to loom **3.** (*se révéler*) **~ à qn** (*vérité*) to reveal itself to sb; **laisser qc ~** to let sth reveal itself **4.** (*sembler*) **~ grand à qn** to appear big to sb **5.** (*se présenter*) **~ comme qc à qn** to appear to sb to be sth

appareil [apaʀɛj] *m* **1.** (*machine, instrument*) device; (*radio, télévision*) set; **~ téléphonique** telephone; **à l'~** on the telephone; **qui est à l'~?** who is speaking?; **~ photo(graphique)** camera; **~s ménagers** household appliances **2.** (*prothèse*) appliance; (*dentaire*) brace; (*dentier*) denture; **~ auditif** hearing aid **3.** (*avion*) aircraft **4.** ANAT system **5.** POL machinery **6.** *pl* SPORT apparatus

appareiller [apaʀeje] <1> **I.** *vi* to get under way **II.** *vt* **1.** NAUT to fit out **2.** (*assortir*) to match

apparemment [apaʀamɑ̃] *adv* apparently; (*vraisemblablement*) probably

apparence [apaʀɑ̃s] *f* **1.** (*aspect*) appearance **2.** (*ce qui semble être*) outward appearance ▶ **sauver les ~s** to save face

apparent(e) [apaʀɑ̃, ɑ̃t] *adj* **1.** (*visible*) apparent; **être ~** to be apparent **2.** (*évident, manifeste*) obvious **3.** (*supposé, trompeur*) apparent

apparenté(e) [apaʀɑ̃te] *adj* **1.** (*ressemblant*) **~ à qc** resembling sth **2.** (*parent*) **~ à qn/qc** related to sb/sth

apparenter [apaʀɑ̃te] <1> *vpr* **s'~ à qc** **1.** (*ressembler*) to be similar to sth **2.** (*se lier* *par mariage*) to marry into sth

apparition [apaʀisjɔ̃] *f* **1.** (*action de paraître: d'une personne*) appearance **2.** *sans pl* (*fait de devenir visible*) appearance **3.** (*manifestation: d'un être surnaturel*) apparition **4.** (*fantôme*) apparition

appart *inf,* **appartement** [apaʀtəmɑ̃] *m* **1.** (*habitation*) apartment **2.** (*dans un hôtel*) suite

appartenance [apaʀtənɑ̃s] *f* **1.** (*dépendance*) **mon ~ à un parti** my membership in a party; **mon ~ à une famille** my belonging to a family **2.** MATH **~ à qc** membership of sth

appartenir [apaʀtəniʀ] <9> **I.** *vi* **1.** (*être la propriété de*) **~ à qn** to belong to sb **2.** (*faire partie de*) *a.* MATH **~ à qc** to be a member of sth **II.** *vi impers* **il appartient à qn de** +*infin* it is up to sb to +*infin*

appât [apɑ] *m* bait; **l'~ du gain** the lure of gain

appâter [apɑte] <1> *vt* **1.** (*à la chasse et à la pêche: poisson, oiseau, gibier*) to lure **2.** (*allécher*) to entice

appauvrir [apovʀiʀ] <8> **I.** *vt* (*personne, pays*) to impoverish; (*intelligence*) to dull **II.** *vpr* **s'~** to become impoverished; (*intelligence*) to dim

appauvrissement [apovʀismɑ̃] *m* impoverishment

appel [apɛl] *m* **1.** (*cri, signal*) *a.* INFORM call; **service d'~s** dial-up service **2.** (*demande*) appeal; **faire ~ à qn/qc** to call on sb/sth **3.** (*exhortation*) **~ à qc** call to sth; **lancer un ~ à qn** to make an appeal to sb **4.** (*vérification de présence*) register; MIL roll call; **faire l'~** to take attendance; MIL to do roll call **5.** TEL **~ téléphonique** telephone call **6.** SPORT takeoff ▶ **faire ~** to appeal; **sans ~** without appeal; **~ d'offres** call for bids

appelé(e) [aple] *m(f)* MIL conscript

appeler [aple] **I.** *vt* **1.** (*interpeller, nommer*) to call **2.** (*faire venir*) to summon; **faire ~ qn** to send for sb **3.** (*téléphoner à*) to call **4.** (*réclamer*) **les affaires/le devoir m'appelle(nt)** business/duty calls **5.** (*désigner*) **~ qn à une charge/un poste/une fonction** to appoint sb to a duty/a job/a function **6.** (*se référer à*) **en ~ à qc** to appeal to sth **7.** INFORM **~ qc** to call up sth **II.** *vi* (*héler, téléphoner*) to call **III.** *vpr* **1.** (*porter comme nom*) **s'~** to be called; **comment t'appelles-tu/s'appelle cette plante?** what's your/this plant's name?; **je m'appelle** my name is **2.** (*être équivalent à*) **cela s'appelle faire qc** *inf* that's what you call doing sth

appellation [apelasjɔ̃, apɛllasjɔ̃] *f* appellation; **~ d'origine** label of origin

appendice [apɛ̃dis] *m* appendix

appendicite [apɛ̃disit] *f* MED appendicitis

appentis [apɑ̃ti] *m* lean-to

appétissant(e) [apetisɑ̃, ɑ̃t] *adj* **1.** (*alléchant*) appetizing **2.** *inf* (*attirant*) attractive

appétit [apeti] *m* **1.** (*faim*) appetite; **avoir de l'~** to have an appetite; **donner de/couper l'~ à qn** to give sb an/to ruin sb's appetite; **bon ~!** enjoy your meal! **2.** *fig* **~ de richesses/vengeance** thirst for riches/revenge

applaudir [aplodiʀ] <8> *vt, vi* to applaud

applaudissements [aplodismɑ̃] *mpl* applause + *vb sing*

application [aplikasjɔ̃] *f* **1.** (*pose, utilisation*) *a.* INFORM application; **lancer une ~** to start a program **2.** (*mise en pratique: d'une idée*) putting into practice; (*d'une décision, mesure*) implementation; **mettre qc en ~** to put sth into practice

appliqué(e) [aplike] *adj* **1.** (*attentif et studieux*) conscientious **2.** (*soigné*) careful **3.** (*mis en pratique*) applied **4.** (*assené*) **bien ~** firm

appliquer [aplike] <1> **I.** *vt* **1.** (*poser*) **~ de la peinture sur qc** to paint sth **2.** (*mettre en pratique*) to implement; (*remède*) to administer; (*mode d'emploi, règlement*) to follow **II.** *vpr* **1.** (*se poser*) **s'~ sur qc** to be applied to sth **2.** (*correspondre à*) **s'~ à qn/qc** to apply to sb/sth **3.** (*s'efforcer*) **s'~ à faire qc** to apply oneself to doing sth

appoint [apwɛ̃] *m* (*complément*) extra contribution; (*aide*) extra help; **d'~** extra ▶ **avoir l'~** to have the exact change

appointements [apwɛ̃tmɑ̃] *mpl* salary

appontement [apɔ̃tmɑ̃] *m* landing stage

apport [apɔʀ] *m* **1.** (*contribution*) **l'~ de qn/qc à qc** the contribution of sb/sth to sth **2.** (*source*) **~ de vitamines/chaleur** supply of vitamins/heat **3.** FIN financial contribution

apporter [apɔʀte] <1> *vt* **1.** (*porter*) to bring **2.** (*fournir*) **~ une preuve à qc** to supply proof for sth; **~ sa contribution/son concours à qc** to contribute to/support sth **3.** (*procurer*) to supply; (*consolation, soulagement*) to give; (*ennuis*) to bring **4.** (*produire*) **~ une modification/un changement à qc** to make a modification/change to sth **5.** (*mettre*) **~ du soin/beaucoup de précaution à qc** to exercise care/great caution in doing sth **6.** (*profiter à*) **~ beaucoup à qn/qc** to give a lot to sb/sth

apposer [apoze] <1> *vt* (*appliquer*) **~ une signature sur qc** to append a signature to sth

apposition [apozisjɔ̃] *f* **1.** LING apposition **2.** (*application*) fixing; (*d'un timbre*) sticking; **~ d'une signature sur un document** signing of a document

appréciable [apʀesjabl] *adj* appreciable; (*changement*) noticeable

appréciation [apʀesjasjɔ̃] *f* **1.** *sans pl* (*évaluation: d'une distance*) estimation; (*d'une situation*) appraisal; (*d'un objet de valeur*) valuation **2.** (*commentaire*) evaluation **3.** (*jugement*) assessment

apprécier [apʀesje] <1> **I.** *vt* **1.** (*évaluer: distance, vitesse*) to estimate; (*objet, valeur*) to value; (*importance*) to assess **2.** (*aimer*) to like **II.** *vi inf* **il n'a pas apprécié!** he didn't take kindly to that! **III.** *vpr* **s'~** (*monnaie*) to appreciate

appréhender [apʀeɑ̃de] <1> *vt* **1.** (*redouter*) **~ de faire qc** to dread doing sth **2.** (*arrêter*) to apprehend

appréhension [apʀeɑ̃sjɔ̃] *f* apprehension

apprenant(**e**) [apʀənɑ̃, ɑ̃t] *m(f)* learner

apprendre [apʀɑ̃dʀ] <13> **I.** *vt* **1.** (*être informé de*) **~ qc** to hear sth; (*événement*) to learn of sth **2.** (*annoncer*) **~ une chose à qn** to announce sth to sb **3.** (*étudier: leçon, langue, métier, technique*) to learn **4.** (*devenir capable de*) **~ à** +*infin* to learn to +*infin* **5.** (*enseigner*) **~ qc à qn** to teach sth to sb **II.** *vi* to learn **III.** *vpr* **s'~ facilement** (*langue*) to be easy to learn

apprenti(**e**) [apʀɑ̃ti] *m(f)* **1.** (*élève*) apprentice; **centre de formation des ~s** apprentice training center **2.** (*débutant*) novice

apprentissage [apʀɑ̃tisaʒ] *m* (*formation*) training; **être en ~ chez qn** to be an apprentice to sb; **il fait son ~ de menuisier** he is doing his apprenticeship as a carpenter

apprêter [apʀete] <1> **I.** *vt* TECH to finish **II.** *vpr* **s'~ à** +*infin* (*se préparer*) to get ready to +*infin;* (*être sur le point de*) to be just about to +*infin*

apprivoisé(**e**) [apʀivwaze] *adj* (*animal*) tame

apprivoiser [apʀivwaze] <1> *vt* to tame

approbateur, -trice [apʀɔbatœʀ, -tʀis] *adj* approving

approbation [apʀɔbasjɔ̃] *f* **1.** (*accord*) approval **2.** (*jugement favorable*) approbation; (*du public*) approval

approchant(**e**) [apʀɔʃɑ̃, ɑ̃t] *adj* similar

approche [apʀɔʃ] *f* **1.** (*arrivée, manière d'aborder un sujet*) approach; **à l'~ de la ville** near the town; **mon ~ du problème** my approach to the problem **2.** (*proximité*) **l'~ d'un événement/danger** the approaching event/danger; **à l'~ du printemps** at the onset of spring **3.** *pl* (*parages*) surrounding area + *vb sing*

approcher [apʀɔʃe] <1> **I.** *vi* (*personne*) to approach; (*moment, date, saison, orage, jour*) to draw near; (*nuit*) to close in **II.** *vt* **1.** (*mettre plus près*) **~ une chose de qn/qc** to move a thing closer to sb/sth; **elle approcha son visage du sien** she brought her face close to his **2.** (*venir plus près*) to approach; **ne m'approche pas!** don't come near me! **III.** *vpr* **s'~ de qn/qc** to approach sb/sth

approfondi(**e**) [apʀɔfɔ̃di] *adj* deep; (*connaissance*) thorough

approfondir [apʀɔfɔ̃diʀ] <8> *vt* **1.** (*creuser*) to deepen **2.** (*étudier: connaissances*) to deepen; **~ une question** to go deeper into a question

approprié(**e**) [apʀɔpʀije] *adj* **~ à qc** suitable for sth; (*réponse, style*) appropriate for sth

approprier[1] [apʀɔpʀije] <1> **I.** *vt* **~ qc à qc** to adapt sth to sth **II.** *vpr* **s'~ un bien** to appropriate property; **s'~ un droit** to assume a right

approprier[2] [apʀɔpʀije] <1> *vt Belgique* (*nettoyer*) to clean

approuver [apʀuve] <1> *vt* **1.** (*agréer*) to approve; **~ que qn fasse qc** (*subj*) to approve of sb doing sth **2.** JUR (*contrat*) to ratify; (*projet de loi*) to pass; (*nomination, procès-verbal*) to approve

approvisionnement [apʀɔvizjɔnmɑ̃] *m* **1.** (*ravitaillement*) **~ en qc** supplying of sth **2.** (*réserve*) **~ en qc** supplies of sth

approvisionner [apʀɔvizjɔne] <1> **I.** *vt* **~ une ville en qc** to supply a town with sth; **~ un magasin en qc** to stock a store with sth; **~ un compte en qc** to deposit sth into an account **II.** *vpr* **s'~ en qc** to stock up with sth

approximatif, -ive [apʀɔksimatif, -iv] *adj* approximate; (*valeur*) rough; (*terme*) imprecise

approximation [apʀɔksimasjɔ̃] *f* estimate; MATH approximation

approximativement [apʀɔksimativmɑ̃] *adv* approximately

appui [apɥi] *m* **1.** (*support*) support **2.** (*aide*) help **3.** ARCHIT **~ de fenêtre** windowsill **4.** (*justification*) **à l'~ de qc** in support of sth

appuie-tête [apɥitɛt] <appuie-tête(s)> *m* headrest

appuyer [apɥije] <6> **I.** *vi* **1.** (*presser*) **~ sur qc** to press on sth **2.** (*insister sur*) **~ sur qc** (*prononciation*) to stress sth; (*argumentation*) to emphasize sth **II.** *vt* **1.** (*poser*) **~ qc contre/sur qc** to lean sth against/on sth **2.** (*presser*) **~ sa main/son pied sur qc** to press on sth with one's hand/foot **3.** (*soutenir*) to support **III.** *vpr* **1.** (*prendre appui*) **s'~ contre/sur qn/qc** to lean against/on sb/sth **2.** (*compter sur*) **s'~ sur qn/qc** to rely on sb/sth **3.** (*se fonder sur*) **s'~ sur qc** (*preuves*) to be based on sth

âpre [ɑpʀ] *adj* **1.** (*qui racle la gorge*) rough **2.** (*désagréablement rude: froid*) bitter; (*vent, voix, hiver, ton*) harsh **3.** (*dur: discussion, critique, lutte, concurrence, détermination, résolution*) fierce; (*vie*) hard

après [apʀɛ] **I.** *prep* **1.** (*plus loin/tard que*) after; **bien/peu ~ qc** a long/short time after sth; **~ avoir fait qc** after doing sth **2.** (*derrière*) after; **courir ~ l'autobus** to run after the bus; **~ toi/vous!** after you! **3.** *inf* (*contre*) **être furieux ~ qn** to be furious with sb; **en avoir ~ qn** to have it in for sb **4.** (*chaque*) **semaine ~ semaine, jour ~ jour** week after week, day after day **5.** (*selon*) **d'~ qn/qc** according to sb/sth; **d'~ moi** in my opinion **II.** *adv* **1.** (*plus tard/loin, ensuite/derrière*) later; (*par la suite*) after; **aussitôt ~** straight afterwards; **longtemps/peu ~** a long time/slightly after **2.** (*dans un classement*) behind **3.** (*qui suit*) **d'~** following ► **et ~?** *inf* and then?; **~ tout** after all **III.** *conj* **~ que qn a** [*o* **ait**] **fait qc** after sb did sth

après-demain [apʀɛdmɛ̃] *adv* the day after tomorrow

après-guerre [apʀɛgɛʀ] <après-guerres> *m* **l'~** (*période*) the postwar years *pl;* (*situation*) the postwar situation

après-midi [apʀɛmidi] **I.** *m o f inv* afternoon; **cet(te)** ~ this afternoon; **(dans) l'~** in the afternoon; **4 heures de l'~** 4 o'clock in the afternoon **II.** *adv* **mardi/demain** ~ Tuesday/tomorrow afternoon; **tous les lundis** ~ every Monday afternoon

après-rasage [apʀɛʀɑzaʒ] **I.** *m inv* after-shave **II.** *adj inv* (*lotion*) after-shave

après-11-septembre [apʀɛɔ̃zsɛptɑ̃bʀ] *sans pl m* **l'~** the post-9/11 world

après-ski [apʀɛski] *m inv* après-ski

après-vente [apʀɛvɑ̃t] *adj inv* **service** ~ after sales service

a priori [apʀijɔʀi] **I.** *adv* **1.** (*au premier abord*) at first sight **2.** (*en principe*) in theory **II.** *m inv* preconception **III.** *adj inv* a priori

à-propos [apʀɔpo] *m* **esprit d'~** (*en parlant*) aptness; (*en agissant*) presence of mind

apte [apt] *adj* **1.** (*capable*) able **2.** MIL **être ~ au service** to be fit for duty

aptitude [aptityd] *f* aptitude

aquarelle [akwaʀɛl] *f* watercolor

aquarium [akwaʀjɔm] *m* aquarium

aquatique [akwatik] *adj* aquatic

aqueduc [akdyk] *m* aqueduct

aquitain(e) [akitɛ̃, ɛn] *adj* of Aquitaine

Aquitain(e) [akitɛ̃, ɛn] *m(f)* person from Aquitaine

Aquitaine [akitɛn] *f* **l'~** Aquitaine

arabe [aʀab] **I.** *adj* Arab; **les Émirats ~s (unis)** the (United) Arab Emirates **II.** *m* Arabic; *v.a.* **français**

Arabe [aʀab] *mf* Arab

arabesque [aʀabɛsk] *f* arabesque

Arabie [aʀabi] *f* **l'~ (Saoudite)** (Saudi) Arabia

arable [aʀabl] *adj* (*terre*) arable

arachide [aʀaʃid] *f* **1.** (*plante*) peanut **2.** *Québec* (*cacahouète*) **des ~s salées** salted peanuts

araignée [aʀeɲe] *f* spider

arbalète [aʀbalɛt] *f* crossbow

arbitrage [aʀbitʀaʒ] *m* **1.** (*fonction*) refereeing; (*au tennis, base-ball*) umpiring **2.** (*juridiction, médiation*) arbitration; FIN arbitrage **3.** (*sentence*) arbitrament

arbitraire [aʀbitʀɛʀ] **I.** *adj* arbitrary **II.** *m* arbitrariness

arbitrairement [aʀbitʀɛʀmɑ̃] *adv* arbitrarily

arbitre [aʀbitʀ] *mf* **1.** SPORT referee; (*au tennis, base-ball*) umpire **2.** (*conciliateur*) arbitrator

arbitrer [aʀbitʀe] <1> *vt* **1.** (*servir de conciliateur*) to arbitrate **2.** SPORT to referee; (*tennis, cricket*) to umpire

arboré(e) [aʀbɔʀe] *adj Belgique* (*planté d'arbres*) **jardin** ~ tree garden

arborer [aʀbɔʀe] <1> *vt* **1.** (*hisser: drapeau*) to fly; (*bannière, pancarte*) to bear **2.** (*montrer*) to sport; (*air, sourire*) to wear **3.** PRESSE (*gros titre, manchette*) to carry

arborescence [aʀbɔʀesɑ̃s] *f* INFORM directory structure

arboriculteur, -trice [aʀbɔʀikyltœʀ, -tʀis] *m, f* arboriculturist

arboriculture [aʀbɔʀikyltyʀ] *f* arboriculture

arbre [aʀbʀ] *m* **1.** BOT tree **2.** TECH shaft

arbrisseau [aʀbʀiso] <x> *m* shrub

arbuste [aʀbyst] *m* bush

arc [aʀk] *m* **1.** (*arme*) bow **2.** MATH arc; **~ de cercle** arc of a circle **3.** ARCHIT arch; **~ de triomphe** triumphal arch

arcade [aʀkad] *f* **1.** ARCHIT archway **2.** ANAT **~ sourcilière** arch of the eyebrows

arc-boutant [aʀkbutɑ̃] <arcs-boutants> *m* ARCHIT flying buttress

arc-bouter [aʀkbute] <1> *vpr* **s'~ contre** [*o* **à**] **qc/sur qc** to brace oneself against sth

arc-en-ciel [aʀkɑ̃sjɛl] <arcs-en-ciel> *m* rainbow

archaïque [aʀkaik] *adj* archaic

archaïsme [aʀkaism] *m* archaism

arche [aʀʃ] *f* **1.** (*forme*) arch **2.** REL **~ de Noé** Noah's Ark

archéologie [aʀkeɔlɔʒi] *f* archaeology

archéologique [aʀkeɔlɔʒik] *adj* archaeological

archéologue [aʀkeɔlɔg] *mf* archaeologist

archer, -ère [aʀʃe, -ɛʀ] *m, f* archer

archet [aʀʃɛ] *m* bow

archétype [aʀketip] *m* archetype

archevêque [aʀʃəvɛk] *m* archbishop

archiconnu(e) [aʀʃikɔny] *adj* very well-known

archifaux, -fausse [aʀʃifo, -fos] *adj* completely false

archipel [aʀʃipɛl] *m* archipelago

architecte [aʀʃitɛkt] *mf* architect

architectural(e) [aʀʃitɛktyʀal, -o] <-aux> *adj* architectural

architecture [aʀʃitɛktyʀ] *f* **1.** ARCHIT, INFORM architecture; (*style*) design **2.** (*structure: d'un texte*) structure

archive [aʀʃiv] *f* INFORM archive; **une ~ zip** a zip archive

archiver [aʀʃive] <1> *vt* to archive

archives [aʀʃiv] *fpl* **1.** (*documents publics*) archives **2.** (*documents personnels*) records

arctique [aʀktik] *adj* arctic

Arctique [aʀktik] *m* **l'~** the Arctic

ardemment [aʀdamɑ̃] *adv* ardently

ardennais(e) [aʀenɛ, ɛz] *adj* of the Ardennes

Ardennais(e) [aʀenɛ, ɛz] *m(f)* person from the Ardennes

ardent(e) [aʀdɑ̃, ɑ̃t] *adj* **1.** (*brûlant*) burning **2.** (*violent: désir, passion*) burning; (*amour, lutte, haine*) passionate; (*vœu, imagination*) fervent **3.** (*bouillant: partisan*) ardent; (*nature, jeunesse, tempérament*) passionate; (*amant*) fervent

ardeur [aʀdœʀ] *f* **1.** (*chaleur*) ardor **2.** (*force vive*) keenness; (*de la foi, conviction*) fervor; (*de la jeunesse, d'une passion*) ardor **3.** (*zèle*) zeal; **~ à qc** zeal for sth

ardoise [aʀdwaz] **I.** *f sans pl* slate **II.** *adj inv* (*couleur*) slate gray

ardoisier [aʀdwazje] *m Belgique* (*couvreur*) tiler

ardu(e) [aʀdy] *adj* **1.** (*problème, question*) dif-

ficult; (*épreuve*) arduous; (*travail*) laborious **2.** (*chemin*) steep
are [aʀ] *m* are (*one hundred square meters*)
arène [aʀɛn] *f* **1.** (*piste*) arena **2.** *pl* (*lieu de corrida*) ring; (*amphithéâtre romain*) arena **3.** GEO sand
arête [aʀɛt] *f* **1.** ZOOL (*d'un poisson*) (fish)bone **2.** (*bord saillant*) edge; (*du nez*) bridge
argent [aʀʒɑ̃] **I.** *m* **1.** FIN money; **~ de poche** pocket money; **payer en ~ comptant** to pay cash **2.** (*métal*) silver **II.** *adj inv* (*couleur*) silver
argenté(e) [aʀʒɑ̃te] *adj* **1.** (*ton*) silvery; (*couleur, reflets, cheveux*) silver **2.** (*recouvert d'argent*) silver-plated
argenterie [aʀʒɑ̃tʀi] *f sans pl* **1.** (*vaisselle*) silverware **2.** (*couverts*) silver
argentin(e) [aʀʒɑ̃tɛ̃, in] *adj* Argentinean
Argentin(e) [aʀʒɑ̃tɛ̃, in] *m(f)* Argentinean
Argentine [aʀʒɑ̃tin] *f* **l'~** Argentina
argile [aʀʒil] *f* clay
argileux, -euse [aʀʒilø, -øz] *adj* clayey
argot [aʀgo] *m* **1.** *sans pl* (*langue verte*) slang **2.** (*langage particulier*) jargon
argotique [aʀgɔtik] *adj* slangy
argument [aʀgymɑ̃] *m* (*raisonnement, preuve*) argument
argumentation [aʀgymɑ̃tasjɔ̃] *f* argumentation
argumenter [aʀgymɑ̃te] <1> *vi* **~ contre qn/qc** to argue with sb/sth
Argus [aʀgys] *m* ≈ (Kelley®) Blue Book
aride [aʀid] *adj* dry
aridité [aʀidite] *f sans pl* dryness
aristocrate [aʀistɔkʀat] *mf* aristocrat
aristocratie [aʀistɔkʀasi] *f* aristocracy
aristocratique [aʀistɔkʀatik] *adj* aristocratic
arithmétique [aʀitmetik] **I.** *f* arithmetic **II.** *adj* arithmetical
armada [aʀmada] *f* armada
armagnac [aʀmaɲak] *m* Armagnac
armateur [aʀmatœʀ] *m* ship owner
armature [aʀmatyʀ] *f* (*charpente*) armature; (*d'une tente, d'un abat-jour, parapluie*) frame; (*d'un soutien-gorge*) underwire
arme [aʀm] *f* **1.** (*instrument*) weapon **2.** (*corps de l'armée*) branch (of the armed services)
armé(e) [aʀme] *adj* armed
armée [aʀme] *f* **1.** (*institution, troupes*) **l'~** the armed services *pl;* **~ de terre** the Army; **être à l'~** to be in the army; **~ du Salut** Salvation Army **2.** (*foule*) crowd
armement [aʀməmɑ̃] *m* **1.** *sans pl* (*action: d'un pays, d'une armée, d'un soldat*) arming; (*d'un navire*) fitting out; (*d'un fusil*) cocking; (*d'un appareil photo*) winding **2.** (*armes: d'un soldat, d'une troupe*) weapons *pl;* (*d'un pays, avion, bateau*) arms *pl*
Arménie [aʀmeni] *f* **l'~** Armenia
arménien [aʀmenjɛ̃] *m* Armenian; *v.a.* **français**
arménien(ne) [aʀmenjɛ̃, jɛn] *adj* Armenian
Arménien(ne) [aʀmenjɛ̃, jɛn] *m(f)* Armenian
armer [aʀme] <1> **I.** *vt* **1.** (*munir d'armes: soldat, pays*) to arm **2.** (*équiper: soldat*) to equip; (*bateau*) to fit out **3.** (*aguerrir*) **~ qn contre qc** to arm sb against sth **4.** (*charger: fusil*) to cock; **~ un appareil photo** to wind (the film in a camera) **5.** (*renforcer: béton*) to reinforce **II.** *vpr* **1.** (*se munir d'armes*) **s'~ contre qn/qc** to arm oneself against sb/sth **2.** (*se munir de*) **s'~ de patience** to call upon all one's patience
armistice [aʀmistis] *m* armistice
Armistice [aʀmistis] *m* **l'~** the Armistice

> ℹ The **Armistice** is a national holiday in France on November 11, held in remembrance of the ceasefire at the end of the First World War and the signature of the Treaty of Versailles on that day in 1918. Flowers are laid and candles are lit at memorials. There is a perpetual flame at the grave of the unknown soldier beneath the *Arc de Triomphe* in Paris.

armoire [aʀmwaʀ] *f* cupboard
armoiries [aʀmwaʀi] *fpl* coat of arms + *vb sing*
armure [aʀmyʀ] *f* **1.** MIL armor **2.** *fig* defense
armurerie [aʀmyʀʀi] *f* (*commerce*) gun shop
armurier [aʀmyʀje] *m* **1.** (*marchand, fabricant*) gunsmith **2.** HIST, MIL armorer
arnaque [aʀnak] *f inf* con
arnaquer [aʀnake] <1> *vt inf* (*escroquer*) to con
arnaqueur, -euse [aʀnakœʀ, -øz] *m, f inf* swindler
arobase [aʀɔbaz] *f* INFORM at sign
aromate [aʀɔmat] *m* **les ~s** herbs and spices
aromaticien(ne) [aʀɔmatisjɛ̃, jɛn] *m(f)* flavor chemist
aromatique [aʀɔmatik] *adj* aromatic
aromatisé(e) [aʀɔmatize] *adj* **~ à la fraise** strawberry flavored
aromatiser [aʀɔmatize] <1> *vt* (*aliment*) to flavor; (*savon*) to perfume
arome, arôme [aʀom] *m* **1.** (*odeur: du café*) aroma; (*d'un vin*) nose **2.** (*additif alimentaire*) flavoring
arpent [aʀpɑ̃] *m* **1. se disputer pour quelques ~s de terre** to argue over a few acres of land **2.** *Québec* arpent (*linear measure of 58.47 meters, 191.8 feet, or a surface measure of 34.2 ares, 36,802 square feet, or just under an acre*)
arpenter [aʀpɑ̃te] <1> *vt* **1.** (*parcourir: pièce*) to pace (up and down) **2.** (*mesurer*) to measure
arpenteur [aʀpɑ̃tœʀ] *m* surveyor
arqué(e) [aʀke] *adj* (*sourcils*) arched; (*dos*) curved; **avoir les jambes ~es** to be bowlegged
arrachage [aʀaʃaʒ] *m* lifting; (*des mauvaises*

herbes) weeding; (*d'un arbre*) uprooting; (*des légumes*) picking; (*d'une dent*) pulling

arrache-pied [aʀaʃpje] *adv* **d'~** (*lutter, travailler*) relentlessly

arracher [aʀaʃe] <1> **I.** *vt* **1.** (*extraire: herbes*) to pull up; (*arbre*) to uproot; (*légumes*) to dig up; (*clou, poil, page*) to pull out; (*dent*) to pull **2.** (*déchirer: affiche*) to rip down; **~ un bras à qn** (*personne*) to rip sb's arm off; (*chien*) to bite sb's arm off **3.** (*prendre*) **~ qn à qn** to rescue sb from sb; **~ qn/qc des mains de qn** to grab sb/sth from sb's hands **4.** (*obtenir*) **~ de l'argent à qn** to extract money from sb; **~ une larme à qn** to make sb cry **5.** (*soustraire*) **~ qn à son travail** to drag sb away from their work; **~ qn à la mort** to snatch sb from death **II.** *vi fig, inf* (*voix*) to grab; (*sauce*) to have a kick **III.** *vpr* **1.** (*se déchirer*) **s'~ les cheveux** to tear one's hair out **2.** (*se disputer*) **s'~ qn/qc** to fight over sb/sth **3.** *inf* (*partir*) **s'~** to tear oneself away

arracheur [aʀaʃœʀ] **mentir comme un ~ de dents** to lie through one's teeth

arrangeant(e) [aʀɑ̃ʒɑ̃, ʒɑ̃t] *adj* accommodating; (*dans une négociation*) obliging

arrangement [aʀɑ̃ʒmɑ̃] *m* arrangement; (*d'une coiffure*) fixing

arranger [aʀɑ̃ʒe] <2a> **I.** *vt* **1.** (*disposer*) to arrange; (*coiffure*) to fix; (*vêtement*) to straighten **2.** (*organiser: voyage, réunion, affaires, rencontre*) to arrange **3.** (*régler*) to sort out **4.** (*contenter*) to suit; **si ça vous arrange** if it's convenient for you; **ça l'arrange que qn fasse qc** (*subj*) it suits him for sb to do sth **5.** (*réparer*) to fix **6.** *inf* (*malmener*) to fix **II.** *vpr* **1.** (*se mettre d'accord*) **s'~ avec qn pour** +*infin* to arrange with sb to +*infin* **2.** (*s'améliorer*) **s'~** (*problème*) to be settled; (*situation, état de santé*) to improve **3.** (*se débrouiller*) **s'~ pour que qn fasse qc** (*subj*) to see to it that sb does sth **4.** (*ajuster sa toilette*) **s'~** to clean oneself up

arrestation [aʀɛstasjɔ̃] *f* arrest

arrêt [aʀɛ] *m* **1.** (*interruption: d'une machine, d'un moteur, véhicule, de la production*) stopping; (*d'une centrale, d'un réacteur*) shutdown; (*des négociations, hostilités, essais*) cessation; **~ cardiaque** cardiac arrest; **sans ~** (*sans interruption*) nonstop; (*fréquemment*) continually **2.** (*halte, station: d'un train, automobiliste*) stop; **dix minutes d'~ à Nancy** a ten-minute stop in Nancy; **être à l'~** (*véhicule, chauffeur*) to be stationary; **rester** [*o* **tomber**] **en ~** to stop short; **~ d'autobus** bus stop **3.** JUR (*jugement*) ruling **4.** MIL (*sanction*) **mettre qn aux ~s** to put sb under arrest ► **~ de jeu** stop; **~ de maladie** (*congé*) sick leave; (*certificat*) doctor's certificate; **être en ~ de maladie** to be on sick leave; **~ de travail** (*grève*) stoppage; (*congé*) leave; (*certificat*) doctor's certificate

arrêté [aʀete] *m* order; **~ d'expulsion** (*d'un étranger*) deportation order; (*d'un locataire*) eviction order

arrêté(e) [aʀete] *adj* (*décision*) firm; (*idée*) fixed

arrêter [aʀete] <1> **I.** *vi* **1.** (*stopper*) to stop; **~ de faire qc** to stop doing sth; **arrête, je ne te crois pas!** stop it, I don't believe you! **2.** (*s'interrompre*) **~ de parler** to stop talking **II.** *vt* **1.** (*stopper, interrompre*) to stop; (*télé, machine*) to switch off **2. au voleur, arrêtez-le!** stop thief! **3.** (*terminer*) to end **4.** (*bloquer*) to block **5.** (*abandonner*) to give up **6.** (*faire prisonnier*) to arrest **7.** (*fixer: détails, date*) to fix **III.** *vpr* **1.** (*s'immobiliser, s'interrompre*) **s'~** to stop; **s'~ de faire qc** to stop doing sth **2.** (*séjourner*) to stop off **3.** (*cesser*) **s'~** to cease; (*épidémie*) to end; (*pluie, inflation, travail, hémorragie*) to stop; **s'~ de fumer** to quit smoking

arrêt-maladie [aʀɛmaladi] <arrêts-maladie> *m* (*congé*) sick leave; (*certificat*) doctor's certificate; **être en ~** to be on sick leave

arrhes [aʀ] *fpl* deposit; **verser des ~** to pay a deposit

arrière [aʀjɛʀ] **I.** *m* **1.** *sans pl* (*queue: d'un train*) rear; (*d'un bateau*) stern; (*d'une voiture, avion*) back; **à l'~ de la voiture** in the back of the car **2.** (*pour une indication spatiale, temporelle*) **être en ~ de qn/qc** to be behind sb/sth; **se pencher/aller en ~** to lean/go backwards; **regarder en ~** (*derrière soi*) to look behind one [*o* back]; (*vers le passé*) to look back; **rester en ~** to stay behind **3.** SPORT fullback; **jouer ~ centre/droit** to play center back/right back **4.** MIL **l'~** the rear **II.** *adj inv* **roue/siège ~** back wheel/seat

arriéré(e) [aʀjeʀe] **I.** *adj* **1.** (*demeuré: personne*) backward **2.** (*en retard: région*) underdeveloped **II.** *m(f)* PSYCH backward person

arrière-boutique [aʀjɛʀbutik] <arrière-boutiques> *f* back of the shop

arrière-cour [aʀjɛʀkuʀ] <arrière-cours> *f* backyard

arrière-garde [aʀjɛʀgaʀd] <arrière-gardes> *f* rearguard

arrière-goût [aʀjɛʀgu] <arrière-goûts> *m* aftertaste

arrière-grand-mère [aʀjɛʀgʀɑ̃mɛʀ] <arrière-grands-mères> *f* great-grandmother

arrière-grand-père [aʀjɛʀgʀɑ̃pɛʀ] <arrière-grands-pères> *m* great-grandfather

arrière-grands-parents [aʀjɛʀgʀɑ̃paʀɑ̃] *mpl* great-grandparents

arrière-pays [aʀjɛʀpei] *m inv* hinterland

arrière-pensée [aʀjɛʀpɑ̃se] <arrière-pensées> *f* ulterior motive

arrière-petite-fille [aʀjɛʀpətitfij] <arrière-petites-filles> *f* great-granddaughter

arrière-petit-fils [aʀjɛʀpətifis] <arrière-petits-fils> *m* great-grandson

arrière-petits-enfants [aʀjɛʀpətizɑ̃fɑ̃] *mpl* great-grandchildren

arrière-plan [aʀjɛʀplɑ̃] <arrière-plans> *m a. fig* background; **être à l'~** to be in the background

arrière-saison [aʀjɛʀsɛzɔ̃] <arrière-saisons> *f* late autumn [*o* fall]

arrière-train [aʀjɛʀtʀɛ̃] <arrière-trains> *m* **1.** ZOOL hindquarters **2.** (*fesses*) rump

arrivage [aʀivaʒ] *m* **1.** (*arrivée: de marchandises*) delivery **2.** (*marchandises*) consignment

arrivant(e) [aʀivɑ̃, ɑ̃t] *m(f)* newcomer

arrivée [aʀive] *f* **1.** (*action, halle d'arrivée*) arrival **2.** (*endroit: d'une course*) finish **3.** TECH (*robinet*) inlet

arriver [aʀive] <1> **I.** *vi être* **1.** (*venir*) to arrive; **comment arrive-t-on chez eux?** how do we get to their place? **2.** (*approcher*) to come; (*nuit*) to close in **3.** (*terminer une compétition*) **~ (le) premier** to come in first; **~ avant/après qn, ~ devant/derrière qn** to come in in front of/behind sb **4.** (*aller jusque*) **~ aux mollets** (*robe*) to come down to one's calves; **~ jusqu'à la maison** (*conduite, câble*) to reach the house; **il m'arrive à l'épaule** he comes up to my shoulder; **~ jusqu'aux oreilles de qn** (*bruit, nouvelle*) to reach sb's ears **5.** (*atteindre*) **~ au terme de son existence** to reach the end of one's life **6.** (*réussir*) **~ à** *+infin* to manage to *+infin* **7.** (*réussir socialement*) **être arrivé** to have arrived **8.** (*survenir*) **qu'est-ce qui est arrivé?** what's happened? **9.** (*aboutir*) **en ~ à faire qc** to end up doing sth **II.** *vi impers être* **1.** (*survenir*) **qu'est-ce qu'il t'est arrivé?** what happened to you? **2.** (*se produire de temps en temps*) **il m'arrive de faire qc** sometimes I do sth

arriviste [aʀivist] *mf* arriviste

arrobase *v.* **arobase**

arrogance [aʀɔgɑ̃s] *f* arrogance

arrogant(e) [aʀɔgɑ̃, ɑ̃t] *adj* arrogant

arrondir [aʀɔ̃diʀ] <8> **I.** *vt* **1.** (*rendre rond*) **~ qc** to round sth off **2.** (*accroître: fortune*) to increase **3.** (*simplifier*) **~ qc à qc** (*en augmentant*) to round sth up to sth; (*en diminuant*) to round sth down to sth **II.** *vpr* **s'~ 1.** (*grossir*) to fill out **2.** (*devenir moins anguleux: relief*) to soften; (*paysage*) to become more undulating **3.** (*augmenter: fortune*) to swell

arrondissement [aʀɔ̃dismɑ̃] *m* district (*administrative division of major French cities*)

arrosage [aʀozaʒ] *m* **1.** (*au jet*) spraying **2.** (*à l'arrosoir*) watering

arroser [aʀoze] <1> *vt* **1.** (*à l'arrosoir, couler à travers*) to water **2.** (*au jet, avec un produit*) to spray **3.** (*mouiller: pluie*) to drench **4.** CULIN (*rôti*) to baste; (*gâteau*) to soak **5.** *inf* (*fêter*) to celebrate **6.** (*accompagner d'alcool*) **ça a été un repas bien arrosé** there was plenty of wine with the meal

arroseur [aʀozœʀ] *m* (*appareil*) sprinkler

arrosoir [aʀozwaʀ] *m* watering can

arsenal [aʀsənal, -o] <-aux> *m* arsenal

arsenic [aʀsənik] *m* arsenic

art [aʀ] *m* **1.** ART art; **les ~s décoratifs** decorative arts; **~ de vivre** art of living **2.** *sans pl* (*style*) art; **l'~ nouveau** art nouveau **3.** *sans pl* (*technique, talent*) skill; **avoir l'~ du compromis** to have a knack for compromise **4.** *Québec* (*lettre*) **faculté des ~s** arts faculty ▶ **le septième ~** the cinema

artère [aʀtɛʀ] *f* **1.** ANAT artery **2.** (*voie de communication en ville*) main road **3.** (*voie de communication dans un pays*) main highway

artériel(le) [aʀteʀjɛl] *adj* arterial

arthrose [aʀtʀoz] *f* MED osteoarthritis

artichaut [aʀtiʃo] *m* artichoke

article [aʀtikl] *m* **1.** (*marchandise*) item **2.** (*écrit*) *a.* JUR, LING article; **~ de journal** newspaper article; **~ défini/indéfini/partitif** definite/indefinite/partitive article **3.** INFORM **~ de forum** news item

articulaire [aʀtikylɛʀ] *adj* articular

articulation [aʀtikylasjɔ̃] *f* **1.** ANAT, TECH joint **2.** (*enchaînement*) linking phrase **3.** (*combinaison*) joining **4.** (*prononciation*) articulation

articulé(e) [aʀtikyle] *adj* **1.** (*opp: rigide: poupée*) jointed; (*bus*) articulated **2.** (*opp: inarticulé: langage*) articulate

articuler [aʀtikyle] <1> **I.** *vt* (*prononcer: son*) to articulate; (*mot, phrase*) to pronounce; **bien/mal ~ qc** to pronounce sth correctly/incorrectly **II.** *vpr* **1.** ANAT, TECH **s'~ sur qc** to articulate on sth; **s'~ à qc** (*os*) to articulate with sth **2.** (*s'organiser*) **bien s'~** (*parties d'un texte*) to flow well

artifice [aʀtifis] *m* **1.** (*moyen ingénieux*) device **2.** *souvent pl* (*tromperie*) trick

artificiel(le) [aʀtifisjɛl] *adj* **1.** (*fabriqué*) artificial; (*parfum*) synthetic **2.** (*factice*) forgery; (*sourire, style, raisonnement*) false; (*enthousiasme, gaieté*) forced

artificiellement [aʀtifisjɛlmɑ̃] *adv* artificially

artificier [aʀtifisje] *m* **1.** (*fabricant, organisateur*) pyrotechnist **2.** (*spécialiste du désamorçage*) bomb disposal expert

artillerie [aʀtijʀi] *f* artillery

artisan(e) [aʀtizɑ̃, an] *m(f)* craftsman *m*, craftswoman *f*; **~ boulanger** traditional baker

artisanal(e) [aʀtizanal, -o] <-aux> *adj* traditional; (*produit*) homemade

artisanat [aʀtizana] *m* **1.** (*métier*) craft industry **2.** (*les artisans*) craftspeople

artiste [aʀtist] **I.** *mf* artist; (*personne non-conformiste*) bohemian **II.** *adj* **milieu ~** artistic scene

artistique [aʀtistik] *adj* artistic

arum [aʀɔm] *m* calla lily

aryen(ne) [aʀjɛ̃, jɛn] *adj* Aryan

Aryen(ne) [aʀjɛ̃, jɛn] *m(f)* Aryan

as¹ [a] *indic prés de* **avoir**

as² [ɑs] *m* (*champion*) *a.* JEUX ace; **~ de cœur** ace of hearts; **~ du volant** driving ace

ascendance [asɑ̃dɑ̃s] *f sans pl* **1.** (*origine*) ancestry **2.** ASTR ascent **3.** METEO rising

ascendant [asɑ̃dɑ̃] *m* **1.** *sans pl* ASTR ascendant **2.** *pl* JUR (*parents*) ascendants

ascendant(e) [asɑ̃dɑ̃, ɑ̃t] *adj* (*air chaud*) rising; (*mélodie*) ascending; (*vent*) upward;

mouvement ~ upward movement; (*du soleil*) rising; (*d'un oiseau/avion*) soaring
ascenseur [asɑ̃sœʀ] *m* elevator
ascension [asɑ̃sjɔ̃] *f* ascent; (*d'une monnaie*) rise; **~ sociale** rise in social status; **faire l'~ d'une montagne** to climb a mountain
Ascension [asɑ̃sjɔ̃] *f sans pl* REL **l'~** the Ascension
ascète [asɛt] *mf* ascetic
aseptisé(e) [asɛptize] *adj a. fig* sterilized; (*chambre, plaie*) disinfected
aseptiser [asɛptize] <1> *vt* (*instrument, pansement*) to sterilize; (*chambre, plaie*) to disinfect
asexué(e) [asɛksɥe] *adj* **1.** asexual **2.** *fig* sexless
asiatique [azjatik] *adj* Asian
Asiatique [azjatik] *mf* Asian
Asie [azi] *f* **l'~** Asia; **l'~ centrale** Central Asia; **l'~ Mineure** Asia Minor
asile [azil] *m* **1.** REL, JUR, POL asylum **2.** (*refuge*) refuge
asocial(e) [asɔsjal, -jo] <-aux> **I.** *adj* antisocial **II.** *m(f)* (social) misfit
aspect [aspɛ] *m* **1.** *sans pl* (*apparence*) appearance **2.** (*trait de caractère*) side **3.** (*point de vue*) aspect
asperge [aspɛʀʒ] *f* **1.** (*légume*) asparagus + *vb sing* **2.** *inf* (*personne*) string bean
asperger [aspɛʀʒe] <2a> **I.** *vt* **~ qn/qc d'eau** to spray sb/sth with water **II.** *vpr* **s'~ de parfum/d'eau** to spray oneself with perfume/water
aspérité [aspeʀite] *f* **1.** *gén pl* bumps **2.** (*rugosité*) roughness
asphalte [asfalt] *m* asphalt
asphyxie [asfiksi] *f sans pl* **1.** (*suffocation*) asphyxiation; **mourir par ~** to die of suffocation **2.** *fig* smothering
asphyxier [asfiksje] <1> **I.** *vt* to suffocate; (*gaz*) to asphyxiate **II.** *vpr* (*ne plus pouvoir respirer*) **s'~** to suffocate
aspic [aspik] *m* **1.** CULIN aspic **2.** ZOOL asp
aspirateur [aspiʀatœʀ] *m* vacuum cleaner; **passer l'~** [*o* **un coup d'~**] to vacuum
aspiration [aspiʀasjɔ̃] *f* **1.** *sans pl* (*inspiration*) inhalation **2.** TECH drawing up; (*d'un liquide, de poussières*) sucking up **3.** (*avec la bouche*) sucking up **4.** LING, MED aspiration **5.** *sans pl* (*élan*) ambition; **~ à la liberté** longing for freedom **6.** *pl* (*désirs*) aspirations
aspiré(e) [aspiʀe] *adj* LING aspirated
aspirée [aspiʀe] *f* LING aspirate
aspirer [aspiʀe] <1> **I.** *vt* **1.** (*inspirer*) to breathe in; **~ à pleins poumons** to take a deep breath **2.** (*inhaler: air, gaz, odeur*) to inhale **3.** (*avec la bouche*) to suck in **4.** LING to aspirate **5.** TECH to suck up **II.** *vi* **1.** (*désirer*) **~ à qc** to aspire to sth **2.** (*chercher à obtenir*) **~ à qc** to long for sth
aspirine [aspiʀin] *f* aspirin
assagir [asaʒiʀ] <8> **I.** *vt* (*passions*) to calm; **~ qn** to calm sb down **II.** *vpr* **s'~** (*personne*) to settle down; (*passion*) to calm down
assaillant(e) [asajɑ̃, jɑ̃t] *m(f)* assailant
assaillir [asajiʀ] *vt irr* **1.** (*attaquer*) to attack **2.** (*se ruer sur*) **~ qn de questions** to bombard sb with questions **3.** (*tourmenter*) to torment
assainir [aseniʀ] <8> *vt* ARCHIT, FIN to stabilize
assainissement [asenismɑ̃] *m* cleaning up; (*d'un marécage*) draining; (*de l'eau, de l'air*) decontamination; (*d'une monnaie, situation, du climat social*) stabilization
assaisonnement [asɛzɔnmɑ̃] *m sans pl* (*action, ingrédient*) seasoning; (*d'une salade*) dressing
assaisonner [asɛzɔne] <1> *vt* **1.** (*épicer*) to season; **~ la salade** to dress a salad; **être trop assaisonné** to be over-seasoned **2.** (*relever*) **~ qc** to spice sth up **3.** (*agrémenter*) **~ qc de qc** to embellish sth with sth
assassin [asasɛ̃] *m* murderer; POL assassin
assassin(e) [asasɛ̃, in] *adj* **1.** (*séducteur: regard*) provocative **2.** (*qui tue: main*) deadly; (*regard*) murderous
assassinat [asasina] *m* murder; POL assassination
assassiner [asasine] <1> *vt* to murder; POL to assassinate
assaut [aso] *m* **1.** MIL **~ d'une forteresse** assault on a fortress; **aller à l'~ de qc** to launch an attack on sth **2.** *fig* assault **3.** (*ruée*) stampede
assèchement [asɛʃmɑ̃] *m* emptying; (*d'un canal*) draining
assécher [aseʃe] <5> *vt* **1.** (*mettre à sec*) to dry **2.** (*vider*) to drain
ASSEDIC [asedik] *fpl abr de* **Association pour l'emploi dans l'industrie et le commerce** **1.** (*organisme*) *organization managing unemployment insurance* **2.** (*régime d'assurance*) unemployment insurance system **3.** (*cotisation*) unemployment insurance contribution **4.** (*indemnités*) benefits; **toucher les ~** to receive unemployment compensation
assemblage [asɑ̃blaʒ] *m* **1.** AUTO, CINE (*action*) assembly; COUT sewing together; (*d'une charpente, de pièces de bois*) joining; (*de feuilles*) binding **2.** (*résultat: de couleurs, formes*) collection; (*de charpente*) structure
assemblée [asɑ̃ble] *f* (*réunion*) meeting; POL assembly
Assemblée [asɑ̃ble] *f* POL **l'~ nationale** the (French) National Assembly; **l'~ fédérale** *Suisse* the (Swiss) Federal Assembly

> **i** The **Assemblée nationale** is the lower chamber of the French Parliament, elected normally every five years. It has 577 members. The Belgian lower house is called *la Chambre des Représentants* and is elected every four years.

assembler [asɑ̃ble] <1> **I.** *vt* **1.** (*monter:

pièces) to assemble **2.** (*réunir: couleurs*) to put together; (*vêtement, pièces d'étoffe*) to sew together; (*feuilles volantes*) to gather **3.** (*recueillir: pièces*) to assemble; (*idées, données*) to gather **II.** *vpr* **s'~** to gather

assembleur [asɑ̃blœʀ] *m* INFORM assembler

assener <4> *vt*, **asséner** [asene] <5> *vt* (*coup, gifle*) to deliver; (*vérité*) to point out; (*réplique*) to fling back

assentiment [asɑ̃timɑ̃] *m* assent; **l'~ de qn à qc** sb's consent to sth

asseoir [aswaʀ] *irr* **I.** *vt* to sit; **faire ~ qn** to make sb sit down; **être/rester assis** to remain seated; **assis!** sit! **II.** *vpr* **s'~** to sit; **asseyez-vous!** sit down!

assermenté(e) [asɛʀmɑ̃te] *adj* on oath; **être ~** to be under oath

assertion [asɛʀsjɔ̃] *f* assertion

asservir [asɛʀviʀ] <8> *vt* to overcome; (*peuple, presse*) to enslave

assesseur [asesœʀ] *mf* assessor

assez [ase] *adv* **1.** (*suffisamment*) enough; **il y a ~ de place** there is enough room; **être ~ riche** to be rich enough; **~ parlé!** enough talking! **2.** (*plutôt*) rather; **aimer ~ les films de Bergman** to like Bergman's films quite a bit **3.** (*quantité suffisante*) **c'est ~** it's enough [*o* sufficient] **4.** (*de préférence, dans l'ensemble*) **être ~ content de soi** to be quite pleased with oneself **5.** ECOLE **~ bien** satisfactory **6.** (*exprimant la lassitude*) **~!** enough!; **en avoir plus qu'~ de qn/qc** to have more than enough of sb/sth; **j'en ai ~ de toi/de tes bêtises!** I've had enough of you/your stupidity!

assidu(e) [asidy] *adj* **1.** (*régulier: présence, travail, soins*) regular; (*élève, employé, lecteur*) assiduous **2.** (*empressé: amoureux*) assiduous

assiduité [asidɥite] *f sans pl* (*d'un élève, d'un employé*) regularity; **son ~ dans le travail** his careful work

assidûment [asidymɑ̃] *adv* (*fréquenter*) assiduously, faithfully

assiéger [asjeʒe] <2a, 5> *vt* **1.** MIL (*place, population*) to lay siege to; (*armée*) to besiege **2.** (*prendre d'assaut: guichet*) to besiege; (*personne, hôtel*) to mob

assiette [asjɛt] *f* **1.** CULIN plate; **~ plate** plate; **~ creuse** bowl; **~ à dessert** dessert plate; **~ à soupe** [*o* **profonde** *Belgique*] soup bowl; **~ de crudités** plate of salad vegetables; **~ de soupe** bowl of soup **2.** (*base de calcul*) base for mortgage calculations

assignation [asiɲasjɔ̃] *f* assignation

assigner [asiɲe] <1> *vt* **1.** (*attribuer*) to assign **2.** (*fixer*) to fix; **~ une cause à qc** to give a reason for sth **3.** JUR **~ qn à résidence** to put sb under house arrest; **~ qn en justice** to issue a writ against sb

assimilation [asimilasjɔ̃] *f* **1.** (*comparaison*) **~ à qc** comparison with sth **2.** (*amalgame*) **~ de qc à qc** equating of sth and sth **3.** BIO assimilation; BOT photosynthesis **4.** *fig* (*de connaissances*) assimilation **5.** (*intégration*) **~ à qc** integration into sth

assimiler [asimile] <1> **I.** *vt* **1.** (*confondre*) **~ qn/qc à qn/qc** to equate sb/sth with sb/sth **2.** BIO to assimilate; BOT to photosynthesize **3.** (*apprendre: connaissances*) to take in **4.** (*intégrer*) to integrate **II.** *vi* to assimilate **III.** *vpr* **1.** (*s'identifier*) **s'~ à qn** to identify with sb **2.** (*s'apprendre*) to be taken in **3.** (*s'intégrer*) **s'~ à qc** to integrate into sth

assis(e) [asi, iz] **I.** *part passé de* **asseoir** **II.** *adj* **1.** (*position*) sitting **2.** (*affermi*) **être bien ~** to be well established

assise [asiz] *f* **1.** ARCHIT (*rangée*) course **2.** *souvent pl* (*fondement*) foundation **3.** *pl* GEO strata

assises [asiz] *fpl* **1.** JUR (*cour*) assizes **2.** (*réunion*) meeting; (*d'un parti politique*) convention

assistanat [asistana] *m* UNIV, ECOLE assistantship

assistance [asistɑ̃s] *f* **1.** (*public*) audience **2.** (*secours*) assistance; **demander ~ à qn** to ask sb for help; **prêter ~ à qn** to help sb **3.** (*dons*) **prêter ~ à qn** to give aid to sb; (*mécène*) to sponsor sb **4.** (*aide organisée*) **~ médicale** medical care; **~ technique** technical support

assistant [asistɑ̃] *m* INFORM **~ personnel de communication** personal digital assistant; **~ pages web** web page wizard

assistant(e) [asistɑ̃, ɑ̃t] *m(f)* **1.** (*aide*) assistant; MED medical assistant; **~ social** social worker **2.** (*public*) **les ~s** those present

assisté(e) [asiste] **I.** *adj* **1.** SOCIOL (*enfant*) in care; (*famille*) on welfare **2.** AUTO **direction ~e** power steering **3.** INFORM **dessin/traduction ~(e) par ordinateur** computer-aided design/translation **II.** *m(f)* person on welfare

assister [asiste] <1> **I.** *vi* **1.** (*être présent*) **~ à qc** to be present at sth **2.** (*regarder*) **~ à qc** to watch sth **3.** (*être témoin de*) **~ à qc** to be a witness to sth **4.** (*participer*) **~ à qc** to take part in sth **II.** *vt* **1.** (*aider*) **~ qn dans qc** to help sb with sth **2.** (*en chirurgie*) **~ qn dans qc** to assist sb with sth **3.** (*être aux côtés de*) to comfort **4.** JUR (*curateur*) to aid

associatif, -ive [asɔsjatif, -iv] *adj* **1.** PSYCH, MATH associative **2.** (*relatif à une association*) **vie associative** community life

association [asɔsjasjɔ̃] *f* association; **~ de qc à qc** association of sth with sth

associé(e) [asɔsje] **I.** *m(f)* associate **II.** *adj* (*gérant*) associate

associer [asɔsje] <1> **I.** *vt* **1.** (*faire participer*) **~ qn à sa joie** to share one's joy with sb; **~ qn à un travail** to involve sb in a job **2.** (*unir, lier: choses, personnes*) to associate; (*couleurs*) to combine **II.** *vpr* **1.** (*s'allier*) **s'~ à** [*o* **avec**] **qn** to join with sb **2.** (*s'adjoindre*) **s'~ un collaborateur** to take sb on as a partner **3.** (*s'accorder*) **s'~** (*choses*) to go together **4.** (*parti-*

ciper à) **s'~ à la joie de qn** to share in sb else's happiness; **s'~ au projet de qn** to involve oneself in sb's project
assoiffé(e) [aswafe] *adj* **1.** (*qui a soif*) parched **2.** (*avide*) **~ de vengeance** hungry for revenge
assombri(e) [asɔ̃bʀi] *adj* **1.** (*obscurci*) darkened **2.** (*triste, grave: regard*) sad
assombrir [asɔ̃bʀiʀ] <8> **I.** *vt* **1.** (*obscurcir*) to darken **2.** (*rembrunir, peser sur: personne*) to sadden; (*situation*) to cast a shadow over **II.** *vpr* **s'~** to darken; (*horizon, visage*) to cloud over; (*personne*) to grow sad; (*situation*) to become gloomy
assommer [asɔme] <1> **I.** *vt* **1.** (*étourdir*) to knock out; (*animal*) to stun **2.** (*abasourdir*) **cette nouvelle m'a assommé** that news knocked me out **3.** (*abrutir*) **le soleil m'a assommé** the sun drained me **4.** *inf* (*ennuyer*) **~ qn** to bore sb to death **II.** *vpr* **s'~ 1.** (*se cogner*) to knock oneself out **2.** *inf* (*se battre*) to lay into each other
Assomption [asɔ̃psjɔ̃] *f* **l'~** the Assumption

> i **L'Assomption**, August 15, is both a religious and a national holiday in France. For many people it marks the end of the summer vacation and heavy traffic is common.

assorti(e) [asɔʀti] *adj* (*couleurs, vêtements*) matching; **être ~ aux rideaux** to match the curtains; **des personnes/choses sont bien/mal ~es** people/things are well/badly matched
assortiment [asɔʀtimɑ̃] *m* **1.** (*mélange*) selection; **~ de charcuterie/gâteaux** selection of cold cuts/cakes **2.** (*arrangement*) **~ de couleurs** color arrangement
assortir [asɔʀtiʀ] <8> **I.** *vt* **1.** (*harmoniser: couleurs, fleurs*) to match; **~ les rideaux au tapis** to match the curtains with the carpets **2.** (*réunir: personnes*) to mix **3.** (*accompagner*) **~ son exposé d'anecdotes** to sprinkle one's presentation with anecdotes **II.** *vpr* **s'~** to match
assoupi(e) [asupi] *adj* **1.** (*somnolent*) sleepy **2.** (*affaibli: passion*) calmed; (*douleur*) dulled
assoupir [asupiʀ] <8> **I.** *vt* **1.** (*endormir*) **~ qn** to make sb drowsy **2.** (*affaiblir: sens, sensualité, douleur, haine*) to dull **II.** *vpr* **s'~** to fall asleep
assoupissement [asupismɑ̃] *m* drowsiness
assouplir [asupliʀ] <8> **I.** *vt* **1.** (*rendre plus souple: cheveux, linge*) to soften; **~ le cuir** to make leather supple; **~ les muscles** to exercise the muscles **2.** (*rendre moins rigoureux: règlement*) to relax **II.** *vpr* **s'~ 1.** (*devenir plus souple: chaussures*) to soften; (*cuir*) to become supple; (*personne*) to become more flexible **2.** (*devenir moins rigide*) to relax
assouplissant [asuplisɑ̃] *m* fabric softener
assourdir [asuʀdiʀ] <8> **I.** *vt* **1.** (*abasourdir*) to deafen **2.** (*rendre moins sonore: bruit, pas*) to muffle **II.** *vpr* **s'~** (*bruit*) to be muffled
assourdissant(e) [asuʀdisɑ̃, ɑ̃t] *adj* deafening
assouvir [asuviʀ] <8> **I.** *vt* (*faim, vengeance, passion*) to appease; (*curiosité, gourmandise, instinct, désir*) to satisfy **II.** *vpr* **s'~** (*faim*) to be appeased; (*passion, curiosité*) to be satisfied
assujetti(e) [asyʒeti] **I.** *adj* (*soumis*) **être ~ à l'impôt** to be liable for taxes; **être ~ à qn** to be subjected to sb **II.** *m(f)* ADMIN **1.** (*à l'impôt*) person with tax liability **2.** (*à la sécurité sociale*) person liable (for contributions)
assujettir [asyʒetiʀ] <8> **I.** *vt* **1.** (*astreindre*) **~ qn à l'impôt** to make sb liable for tax **2.** (*fixer: porte, volet*) to secure; (*poutre*) to make fast **II.** *vpr soutenu* **1.** (*se plier*) **s'~ à des règles** to submit to rules **2.** (*conquérir*) **s'~ un peuple** to conquer a nation
assumer [asyme] <1> **I.** *vt* **1.** (*exercer, supporter: risque, responsabilité*) to take on; (*tâche, fonction*) to undertake; (*poste*) to take up; (*douleur*) to accept **2.** (*accepter: condition*) to accept; (*instincts*) to trust **II.** *vpr* **1.** (*s'accepter*) **s'~** to accept oneself **2.** (*se supporter*) **une amputation s'assume difficilement** an amputation is difficult to come to terms with **III.** *vi inf* to accept one's situation
assurance [asyʀɑ̃s] *f* **1.** *sans pl* (*aplomb*) self-confidence; **avec ~** with confidence **2.** (*garantie*) insurance **3.** (*contrat*) insurance policy **4.** (*société*) insurance company **5.** SPORT belaying
assuré(e) [asyʀe] **I.** *adj* **1.** (*opp: hésitant: démarche*) confident; (*regard*) knowing **2.** (*garanti*) guaranteed **II.** *m(f)* insured party
assurément [asyʀemɑ̃] *adv soutenu* certainly
assurer [asyʀe] <1> **I.** *vt* **1.** (*affirmer, garantir, par un contrat d'assurance*) to insure **2.** (*se charger de*) **~ qc** (*protection*) to deal with sth **3.** (*rendre sûr: avenir, fortune*) to insure **4.** (*accorder*) **~ une retraite à qn** to provide a pension for sb **5.** SPORT to belay **II.** *vpr* **1.** (*contracter une assurance*) **s'~ à la compagnie X contre qc** to insure against sth with company X **2.** (*vérifier*) **s'~ de qc** to make sure of sth **3.** (*gagner*) **s'~ l'appui de qn** to win sb's support **III.** *vi inf* to cope
assureur [asyʀœʀ] *m* insurer
astérisque [asteʀisk] *m* asterisk
astéroïde [asteʀɔid] *m* asteroid
asthmatique [asmatik] *adj, mf* asthmatic
asthme [asm] *m* asthma
asticot [astiko] *m inf* (*ver*) maggot
asticoter [astikɔte] <1> *vt inf* **~ qn** to get at sb
astigmate [astigmat] *adj, mf* astigmatic
astiquer [astike] <1> *vt* to polish; (*meubles, pomme*) to shine
astrakan [astʀakɑ̃] *m* astrakhan
astral(e) [astʀal, -o] <-aux> *adj* **signe ~** sign of the zodiac
astre [astʀ] *m* star
astreignant(e) [astʀɛɲɑ̃, ɑ̃t] *adj* exacting;

(*horaire, règle*) demanding

astreindre [astʀɛ̃dʀ] *irr* **I.** *vt* **~ qn à un travail** to oblige sb to do a job; **~ qn à un régime sévère** (*médecin*) to put sb on a strict diet; **~ qn à** *+infin* to oblige sb to *+infin* **II.** *vpr* **s'~ à qc/à** *+infin* to compel oneself to sth/to *+infin*

astreinte [astʀɛ̃t] *f* **1.** (*contrainte*) constraint **2.** JUR penalty

astrologie [astʀɔlɔʒi] *f* astrology

astrologique [astʀɔlɔʒik] *adj* astrological

astrologue [astʀɔlɔg] *mf* astrologer

astronaute [astʀonot] *mf* astronaut

astronautique [astʀonotik] *f* astronautics *+ vb sing*

astronef [astʀonɛf] *m* spaceship

astronome [astʀɔnɔm] *mf* astronomer

astronomie [astʀɔnɔmi] *f* astronomy

astronomique [astʀɔnɔmik] *adj* **1.** ASTR astronomic **2.** (*faramineux: nombre, prix*) astronomical

astuce [astys] *f* **1.** *sans pl* (*qualité*) astuteness **2.** *souvent pl* (*truc*) trick **3.** *gén pl, inf* (*plaisanterie*) joke

astucieux, -euse [astysjø, -jøz] *adj* clever

asymétrie [asimetʀi] *f* asymmetry

asymétrique [asimetʀik] *adj* asymmetrical

atchoum [atʃum] *interj* kerchoo

atelier [atəlje] *m* **1.** (*lieu de travail*) workshop; (*d'un artiste*) studio **2.** ECON (*d'une usine*) factory floor; **~ de montage** assembly shop **3.** (*ensemble des ouvriers*) workshop **4.** (*groupe de réflexion*) workshop

athée [ate] **I.** *adj* atheistic **II.** *mf* atheist

athénée [atene] *m* **1.** *Belgique, Suisse* (*établissement destiné à des lectures, des leçons publiques*) institute **2.** *Belgique* (*collège, lycée*) secondary school

Athènes [atɛn] Athens

athlète [atlɛt] *mf* athlete

athlétique [atletik] *adj* athletic

athlétisme [atletism] *m* track and field

atlantique [atlɑ̃tik] *adj* Atlantic; **côte ~** Atlantic coast

Atlantique [atlɑ̃tik] *m* **l'~** the Atlantic

atlas [atlɑs] *m* GEO, ANAT atlas

atmosphère [atmɔsfɛʀ] *f* atmosphere

atmosphérique [atmɔsfeʀik] *adj* atmospheric

atoll [atɔl] *m* atoll

atome [atom] *m* PHYS atom

atomique [atɔmik] *adj* atomic

atomiseur [atɔmizœʀ] *m* spray

atout [atu] *m* **1.** asset; JEUX trump card **2.** (*qualité*) asset

âtre [ɑtʀ] *m* hearth

atroce [atʀɔs] *adj* **1.** (*horrible: crime, image*) appalling; (*vengeance, peur*) terrible **2.** *inf* (*affreux: musique, film*) appalling; (*temps, repas*) terrible; (*personne*) awful

atrocement [atʀɔsmɑ̃] *adv* **1.** (*horriblement: faire mal, souffrir*) horribly **2.** *inf* (*affreusement*) atrociously

atrocité [atʀɔsite] *f* **1.** (*cruauté*) atrocity **2.** *pl* (*action*) atrocities **3.** (*calomnie*) **dire des ~s** to say wicked things

atrophie [atʀɔfi] *f* MED atrophy

atrophié(e) [atʀɔfje] *adj* atrophied

atrophier [atʀɔfje] <1> **I.** *vpr* (*diminuer*) **s'~** to waste away **II.** *vt* (*faire dépérir: muscle*) to atrophy

attabler [atable] <1> **I.** *vpr* **s'~** to sit down at the table **II.** *vi* **être attablés autour d'une bouteille de vin** to be sitting down at the table drinking wine

attachant(e) [ataʃɑ̃, ɑ̃t] *adj* (*personne, personnalité, film, roman, région*) captivating; (*enfant, animal*) endearing

attache [ataʃ] *f* **1.** (*lien*) link **2.** (*pour attacher des animaux*) leash **3.** (*pour attacher des plantes, des arbres*) tie **4.** (*pour attacher un cadre*) clip **5.** *gén pl* (*relations*) tie **6.** BOT tendril **7.** ANAT joint

attaché(e) [ataʃe] **I.** *adj* **1.** (*lié par l'affection, l'habitude*) **être ~ à qn/qc** to be attached to sb/sth **2.** (*ligoté*) **être ~ à qn/qc** to be tied to sb/sth **3.** (*associé*) **être ~ à qc** (*avantage, rétribution*) to be linked to sth; (*bonheur*) to depend on sth **II.** *m(f)* attaché

attaché-case [ataʃekɛz] <attachés-cases> *m* attaché case

attachement [ataʃmɑ̃] *m* (*affection*) *a.* INFORM attachment

attacher [ataʃe] <1> **I.** *vt* **1.** (*fixer*) **~ qc à qc** to fasten sth to sth **2.** (*fixer avec une corde, ficelle*) **~ qn/qc sur qc** to tie sb/sth to sth **3.** (*fixer avec des clous*) **~ qc sur qc** to nail sth to sth **4.** (*mettre ensemble*) to attach; (*feuilles de papier*) to staple; **~ les mains à qn** to tie sb's hands **5.** (*fermer: lacets, tablier*) to tie; (*montre, collier*) to fasten; **~ sa ceinture de sécurité** to put on one's seat belt **6.** (*faire tenir*) **~ ses cheveux avec un élastique** to tie one's hair back with a rubber band; **~ un paquet avec de la ficelle** to wrap a package with string **7.** (*maintenir*) **des pinces à linge attachent les dessins à la ficelle** the drawings are held on the string with clothespins **8.** (*lier affectivement*) **~ qn à qn/qc** to tie sb to sb/sth **9.** (*enchaîner*) **~ qn à qn/qc** to bind sb to sb/sth **10.** (*attribuer*) **~ de l'importance à qc** to attach importance to sth; **~ de la valeur à qc** to value sth **II.** *vi inf* (*aliment, gâteau*) to stick **III.** *vpr* **1.** (*mettre sa ceinture de sécurité*) **s'~** to belt up **2.** (*être attaché*) **s'~ à qc** to become attached to sth **3.** (*s'encorder*) **s'~ à une corde** to tie oneself on to a rope **4.** (*se fermer*) **s'~ avec/par qc** to fasten with sth **5.** (*se lier d'affection*) **s'~ à qn/qc** to become attached to sb/sth

attaquant(e) [atakɑ̃, ɑ̃t] *m(f)* attacker

attaque [atak] *f* **1.** (*acte de violence*) *a.* MIL, MED, SPORT attack **2.** (*critique acerbe*) **~ contre qn/qc** attack on sb/sth **3.** MUS attack

attaquer [atake] <1> **I.** *vt* **1.** (*assaillir*) *a.* SPORT to attack **2.** (*pour voler: personne*) to mug **3.** (*critiquer*) **~ qn sur qc** to attack sb about sth **4.** JUR (*jugement, testament*) to contest; **~ une loi** to challenge a law; **~ qn en justice** to sue sb **5.** (*ronger: organe, fer*) to attack; (*falaise*) to erode **6.** (*commencer*) to begin; (*sujet*) to launch into; (*travail*) to start **7.** MUS **~ un morceau** to launch into a piece **8.** *inf* (*commencer à manger*) **~ un plat** to dig into a meal **9.** (*chercher à surmonter: difficulté*) to tackle; **~ le mal à sa racine** to tackle evil at the roots **II.** *vpr* **1.** (*affronter*) **s'~ à qn/qc** to attack sb/sth **2.** (*chercher à résoudre*) **s'~ à une difficulté** to tackle a problem **3.** (*commencer*) **s'~ à qc** to launch into sth

attardé(e) [ataʀde] **I.** *adj* **1.** (*en retard*) late **2.** PSYCH retarded **II.** *m(f) péj* retard

attarder [ataʀde] <1> **I.** *vt* to make late **II.** *vpr* **s'~** to linger

atteindre [atɛ̃dʀ] *vt irr* **1.** (*toucher, parvenir à, joindre par téléphone*) to reach **2.** (*rattraper*) **~ qn/qc** to catch up with sb/sth **3.** (*avoir un effet nuisible sur*) **la gelée a atteint les plantes** the frost has got to the plants **4.** (*blesser moralement*) to wound **5.** (*troubler intellectuellement*) to impair **6.** (*émouvoir*) to affect; **ça ne m'atteint pas!** that doesn't affect me!

atteint(e) [atɛ̃, ɛ̃t] *adj* **1.** (*malade*) **être très ~** (*personne*) to be very ill; (*organe*) to be badly affected; **le malade ~ du cancer** the patient suffering from cancer **2.** *inf* (*fou*) nuts

atteinte [atɛ̃t] *f* **1.** (*dommage causé*) **~ à un droit** infringement of a right; **c'est une ~ à ma réputation** it is an attack on my reputation **2.** *pl* (*effet pénible*) **~s de l'âge/du froid** effects of age/of the cold **3.** (*portée*) **se mettre hors d'~** to put oneself out of harm's way

attelage [at(ə)laʒ] *m* **1.** (*dispositif: de chevaux*) harness; (*d'un véhicule de chemin de fer*) coupling **2.** (*action: d'un cheval*) harnessing; (*d'un bœuf*) hitching up; (*d'un wagon*) coupling

atteler [at(ə)le] <3> **I.** *vt* (*attacher: voiture, animal*) to hitch up **II.** *vpr* **s'~ à un travail** to get down to work

attelle [atɛl] *f* hame; MED splint

attendre [atɑ̃dʀ] <14> **I.** *vt* **1.** (*patienter*) **~ qn/qc** to wait for sb/sth **2.** (*ne rien faire avant de*) **~ qn/qc pour faire qc** to wait for sb/sth before doing sth **3.** (*compter sur*) to expect; **n'~ que ça** to expect just that; **en attendant mieux** until something better comes along **4.** (*être préparé*) **~ qn** (*voiture, surprise*) to be waiting for sb; (*sort, déception*) to lay in wait for sb **5.** *inf* (*se montrer impatient avec*) **~ après qn** *inf* to wait for ever for sb **6.** *inf* (*avoir besoin de*) **~ après qc** to be waiting on sth **7.** (*jusqu'à*) **mais en attendant** but in the meantime; **en attendant que qn fasse qc** (*subj*) while waiting for sb to do sth **8.** (*toujours est-il*) **en attendant** all the same **II.** *vi* **1.** (*patienter*) to wait; **faire ~ qn** to make sb wait **2.** (*retarder*) **sans ~ plus longtemps** without waiting any longer **3.** (*interjection*) **attends!** (*pour interrompre, pour réfléchir*) wait!; (*pour menacer*) just you wait! **III.** *vpr* **s'~ à qc** to expect sth; (*en cas de chose désagréable*) to dread sth; **comme il fallait s'y ~** as you might have expected

attendri(e) [atɑ̃dʀi] *adj* tender

attendrir [atɑ̃dʀiʀ] <8> **I.** *vt* **1.** (*émouvoir*) to move **2.** (*apitoyer: cœur*) to melt; **~ qn** to move sb to pity **3.** CULIN to tenderize **II.** *vpr* **1.** (*s'émouvoir*) **se laisser ~** to be moved; (*changer d'avis*) to relent **2.** (*s'apitoyer*) **s'~ sur soi-même** to feel sorry for oneself

attendrissant(e) [atɑ̃dʀisɑ̃, ɑ̃t] *adj* moving

attendrissement [atɑ̃dʀismɑ̃] *m* emotion

attendu(e) [atɑ̃dy] **I.** *part passé de* **attendre** **II.** *adj* (*espéré*) expected

attentat [atɑ̃ta] *m* **~ contre qn** assassination attempt on sb; **~ contre qc** attack on sth

attente [atɑ̃t] *f* **1.** (*expectative*) **l'~ de qn/qc** the wait for sb/sth; **salle d'~** waiting room **2.** (*espoir*) **contre toute ~** against all expectations; **dans l'~ de qc** in the hope of sth

attenter [atɑ̃te] <1> *vi* **~ à ses jours** to attempt suicide; **~ à la vie de qn** to make an attempt on sb's life

attentif, -ive [atɑ̃tif, -iv] *adj* **1.** (*vigilant, prévenant*) attentive **2.** (*veillant soigneusement*) **être ~ aux différences** to pay attention to the differences

attention [atɑ̃sjɔ̃] *f* **1.** (*concentration, intérêt*) attention; **avec ~** attentively; **à l'~ de qn** for sb's attention; **prêter ~ à qn/qc** to pay attention to sb/sth **2.** *souvent pl* (*prévenance*) attention **3.** (*soin*) **faire ~ à qn/qc** to be careful with sb/sth; **fais ~!** be careful! **4.** (*avertissement*) **~!** watch out!; **~ à la marche!** watch your step!; **mais ~! vous en êtes responsable(s)!** but be careful! you're responsible for it!; **alors là, ~ (les yeux)!** *inf* watch out!

attentionné(e) [atɑ̃sjɔne] *adj* **~ envers qn** considerate toward sb

attentivement [atɑ̃tivmɑ̃] *adv* attentively

atténuant(e) [atenɥɑ̃, ɑ̃t] *adj* **circonstance ~e** mitigating circumstance

atténuer [atenɥe] <1> **I.** *vt* (*douleur*) to relieve; (*bruit, amertume*) to lessen; (*passion*) to soothe; (*couleur*) to soften; (*faute*) to mitigate **II.** *vpr* **s'~** to subside; (*bruit, douleur*) to die down; (*amertume*) to ease; (*secousse sismique*) to die away

atterrant(e) [atɛʀɑ̃, ɑ̃t] *adj* appalling

atterré(e) [ateʀe] *adj* appalled

atterrer [ateʀe] <1> *vt* to dismay

atterrir [ateʀiʀ] <8> *vi* **1.** AVIAT, NAUT (*avion*) to land; (*bateau*) to dock **2.** *inf* (*se retrouver*) to end up

atterrissage [ateʀisaʒ] *m* landing; **~ en catastrophe** crash landing

attestation [atɛstasjɔ̃] *f* certificate

attesté(e) [atɛste] *adj* **fait ~** proven fact

attester [atɛste] <1> *vt* **1.** (*certifier*) **~ qc/que qn a fait qc** to attest that sb/sth has done sth

2. (*certifier par écrit*) ~ **qc/que qn a fait qc** to certify that sb/sth has done sth **3.** (*être la preuve*) ~ **qc/que qn a fait qc** to prove that sb/sth has done sth

attifer [atife] <1> *inf* **I.** *vt* ~ **qn** to get sb up **II.** *vpr* **s'~** to get oneself up

attirail [atiʀaj] *m inf* gear

attirance [atiʀɑ̃s] *f* attraction

attirant(e) [atiʀɑ̃, ɑ̃t] *adj* (*personne, physionomie*) attractive; (*proposition, publicité*) appealing

attirer [atiʀe] <1> **I.** *vt* **1.** (*tirer à soi, retenir*) *a.* PHYS ~ **le regard/l'attention** to make people look/pay attention **2.** (*faire venir: personne*) to attract; (*animal*) to lure **3.** (*allécher*) to entice **4.** (*intéresser: projet, pays*) to draw **5.** (*procurer*) ~ **des ennuis à qn** to cause sb problems **6.** (*susciter*) ~ **sur soi la colère de toute la ville** to bring down the anger of the whole town on oneself **II.** *vpr* **1.** (*se plaire*) **s'~** to attract each other; PHYS to attract **2.** (*obtenir, susciter*) **s'~ de nombreux ennemis/amis** to make many enemies/friends

attitré(e) [atitʀe] *adj* (*promoteur*) accredited

attitude [atityd] *f* **1.** (*du corps*) bearing **2.** (*disposition*) attitude **3.** *souvent pl* (*affectation*) façade

attouchement [atuʃmɑ̃] *m* **1.** (*toucher*) touch **2.** (*caresse légère*) stroke **3.** *souvent pl* (*caresse sexuelle*) fondling + *vb sing*

attractif, -ive [atʀaktif, -iv] *adj* (*séduisant*) attractive

attraction [atʀaksjɔ̃] *f* (*séduction, divertissement*) *a.* PHYS, LING attraction

attrait [atʀɛ] *m* appeal

attrape [atʀap] *f* trick

attrape-nigaud [atʀapnigo] <attrape-nigauds> *m* con

attraper [atʀape] <1> **I.** *vt* **1.** (*capturer, saisir*) ~ **qn/un animal par qc** to catch sb/an animal with sth **2.** (*saisir, atteindre, avoir*) to catch; ~ **qn à faire qc** to catch sb doing sth; ~ **le bus/une maladie** to catch the bus/a disease; **attrape!** catch! **3.** (*tromper*) ~ **qn** to catch sb out; **être bien attrapé** to be caught out **4.** (*comprendre: bribes, paroles*) to catch **5.** (*savoir reproduire: comportement, style, accent*) to pick up **6.** (*recevoir: punition, amende*) to get **II.** *vpr* **s'~ 1.** (*se transmettre: maladie contagieuse*) to get caught **2.** (*s'assimiler*) **l'accent américain, ça ne s'attrape qu'aux USA!** you can only pick up the American accent in the USA!

attrayant(e) [atʀɛjɑ̃, jɑ̃t] *adj* (*paysage, personne*) attractive

attribuer [atʀibɥe] <1> **I.** *vt* **1.** (*donner*) ~ **un prix/une bourse d'études à qn** to award a prize/a study grant to sb **2.** (*considérer comme propre à*) ~ **un mérite à qn** to give sb credit; ~ **de l'importance à qc** to attach importance to sth **II.** *vpr* **1.** (*s'approprier*) **s'~ qc** to give oneself sth **2.** (*s'adjuger, revendiquer*) **s'~ qc** to claim sth

attribut [atʀiby] **I.** *m* **1.** (*propriété, symbole*) attribute **2.** LING ~ **du sujet** noun complement **II.** *adj* LING (*adjectif*) predicative

attribution [atʀibysjɔ̃] *f* **1.** (*action*) awarding; (*d'une indemnité*) allocation **2.** *pl* (*compétences*) attributions

attristant(e) [atʀistɑ̃] *adj* **1.** (*désolant, pénible, triste*) saddening **2.** (*déplorable*) deplorable

attrister [atʀiste] <1> **I.** *vt* to sadden **II.** *vpr* **s'~ devant qc** to be saddened by sth

attroupement [atʀupmɑ̃] *m* gathering

attrouper [atʀupe] <1> *vpr* **s'~ sur la place** to gather in the square

au [o] = **à + le** *v.* **à**

aubaine [obɛn] *f* **1.** (*avantage*) godsend; **profiter de l'~** to make the most of an opportunity; **tu parles d'une ~!** *iron* talk about good news! **2.** *Québec* (*solde*) sale

aube [ob] *f* (*point du jour*) dawn; **à l'~** at dawn

aubépine [obepin] *f* hawthorn

auberge [obɛʀʒ] *f* inn; ~ **de jeunesse** youth hostel ▶ **on n'est pas sorti de l'~!** we aren't out of the woods yet!

aubergine [obɛʀʒin] **I.** *f* (*légume*) eggplant **II.** *adj inv* (*couleur*) eggplant

aubergiste [obɛʀʒist] *mf* innkeeper; (*d'une auberge de jeunesse*) manager

aubette [obɛt] *f Belgique* (*kiosque à journaux, abribus®*) shelter

aucun(e) [okœ̃, yn] **I.** *adj antéposé* **1.** (*nul*) **~ ... ne ..., ne ... ~ ...** no; **n'avoir ~e preuve** to have no proof; **en ~e façon** in no way; **sans faire ~ bruit** without making any noise **2.** (*dans une question*) any **II.** *pron* **~ ne ..., ne ... ~** not ... any; **n'aimer ~ de ces romans** to not like any of these books

aucunement [okynmɑ̃] *adv* in no way; **n'avoir ~ envie de partir** to not feel at all like leaving

audace [odas] *f* **1.** (*témérité*) daring; **avoir de l'~** to be daring **2.** (*effronterie*) audacity

audacieux, -euse [odasjø, -jøz] **I.** *adj* **1.** (*hardi*) daring **2.** (*effronté*) audacious **3.** (*risqué, osé: projet*) risky; (*mode*) daring **II.** *m, f* brave person

au-dedans [odədɑ̃] **I.** *adv* inside **II.** *prep* **~ de qc** inside sth

au-dehors [odəɔʀ] **I.** *adv* outside **II.** *prep* **~ de qc** outside sth

au-delà [od(ə)la] **I.** *adv* beyond **II.** *prep* beyond sth **III.** *m* beyond

au-dessous [od(ə)su] **I.** *adv* underneath **II.** *prep* **1.** (*plus bas*) **~ de qn/qc** under sb/sth **2.** (*au sud de, inférieur à*) below

au-dessus [od(ə)sy] **I.** *adv* **1.** (*plus haut*) above **2.** (*mieux*) **il n'y a rien ~** there's nothing better **II.** *prep* **~ de qn/qc** above sb/sth

au-devant [od(ə)vɑ̃] *prep* **aller ~ des désirs de qn** to anticipate sb's wishes

audible [odibl] *adj* (*qu'on peut entendre*) audible

audience [odjɑ̃s] *f* **1.** (*entretien*) audience; **tenir ~** to have an audience **2.** JUR hearing; **tenir ~** to have a hearing **3.** MEDIA (*public*) audience; TV (*audimat*) viewership
audimat [odimat] *m* **l'~** the ratings *pl* (*monitoring device used for television ratings*)
audiovisuel [odjovisɥɛl] *m* (*procédés*) audio-visual methods *pl*
audiovisuel(le) [odjovisɥɛl] *adj* audio-visual
audit [odit] *m* audit
auditeur, -trice [oditœʀ, -tʀis] *m, f* **1.** (*de médias*) listener; (*d'une télévision*) viewer **2.** ECON (*métier*) auditor **3.** UNIV **~ libre** unregistered student, auditor
auditif, -ive [oditif, -iv] *adj* (*mémoire*) auditive; **appareil ~** hearing aid
audition [odisjɔ̃] *f* **1.** (*sens, écoute*) *a.* JUR hearing; **test d'~** hearing test **2.** THEAT, CINE, MUS audition
auditionner [odisjɔne] <1> **I.** *vt* **1.** THEAT, CINE, MUS to audition **2.** JUR (*témoin, suspect*) to hear **II.** *vi* THEAT, CINE, MUS to audition
auditoire [oditwaʀ] *m* **1.** (*assistance*) audience **2.** *Belgique, Suisse* (*amphithéâtre, salle de cours d'une université*) lecture hall
auditorium [oditɔʀjɔm] *m* auditorium
augmentation [ɔgmɑ̃tasjɔ̃] *f* **~ du chômage/de l'inflation** rise in unemployment/inflation; **~ d'une production** growth in production
augmenter [ɔgmɑ̃te] <1> **I.** *vt* **1.** (*accroître*) to increase **2.** (*accroître le salaire*) **~ qn de 1000 dollars** to give sb a 1000-dollar raise **II.** *vi* **1.** (*s'accroître*) to increase; (*salaire*) to go up; (*douleur*) to get worse **2.** (*devenir plus cher: impôts, prix, loyer*) to rise; (*marchandise, vie*) to become more expensive
augure¹ [ogyʀ] *m* **être de bon/mauvais ~** to augur well/badly
augure² [ogyʀ] *m* **1.** HIST augur **2.** (*devin*) soothsayer
aujourd'hui [oʒuʀdɥi] *adv* **1.** (*opp: hier, demain*) today; **quel jour sommes-nous ~?** what day is it today?; **à compter/dater/partir d'~** as of today; **dès ~** from today; **il y a ~ huit mois/un an que qn a fait qc** eight months/a year ago today sb did sth **2.** (*actuellement*) today; **au jour d'~** *inf* as of now ▶ **c'est pour ~ ou pour <u>demain</u>?** *inf* is it going to happen before midnight?
aula [ola] *f Suisse* (*amphithéâtre*) lecture hall; (*grande salle*) hall
aulne [o(l)n] *m* alder
aumône [omon] *f* (*don*) alms *pl*
aumônier [omonje] *m* chaplain; **~ d'un hôpital/d'une prison** hospital/prison chaplain
auparavant [opaʀavɑ̃] *adv* before
auprès de [opʀɛ də] *prep* **1.** (*tout près, à côté de*) **être ~ qn** to be near sb; **viens t'asseoir ~ moi** come and sit down next to me **2.** (*en comparaison de*) **~ qn/qc** compared to sb/sth **3.** (*aux yeux de*) in the opinion of **4.** ADMIN to; **conseiller auprès du Président** adviser to the President
auquel [okɛl] = **à + lequel** *v.* **lequel**
aura [ɔʀa] *f* aura
aurai [ɔʀɛ] *fut de* **avoir**
auréole [ɔʀeɔl] *f* **1.** (*tache*) ring **2.** (*halo: d'un astre*) aureole **3.** (*cercle doré: d'un saint*) halo
auriculaire [ɔʀikylɛʀ] *m* little finger
aurifère [ɔʀifɛʀ] *adj* gold-bearing
aurore [ɔʀɔʀ] *f* **1.** (*aube*) daybreak; (*heure du jour*) dawn **2.** ASTR **~ australe/boréale** southern/northern lights *pl*
auscultation [ɔskyltasjɔ̃] *f* auscultation
ausculter [ɔskylte] <1> *vt* to auscultate
auspices [ɔspis] *mpl* (*augure*) **sous de bons/de mauvais ~** under favorable/unfavorable auspices
aussi [osi] **I.** *adv* **1.** (*élément de comparaison*) **elle est ~ grande que moi** she is as tall as I am; **il est ~ grand qu'il est bête** he is as tall as he is stupid **2.** (*également*) too; **c'est ~ mon avis** that's my opinion too; **bon appétit! – merci, vous ~!** enjoy your meal! – thank you, and you too!; **ça peut tout ~ bien être faux!** that could just as well be false! **3.** (*en plus*) also; **non seulement ..., mais ~** not only ..., but also **4.** *inf* (*non plus*) **moi ~, je ne suis pas d'accord** me too, I don't agree **5.** (*bien que*) **~ riche soit-il** no matter how rich he may be **6.** (*autant* (*que*)) **Paul ~ bien que son frère** Paul as much as his brother **7.** (*d'ailleurs*) **mais ~ ...?** and ...? **II.** *conj* **~** (**bien**) so
aussitôt [osito] **I.** *adv* **1.** (*tout de suite*) right away; **~ après** straight after **2.** (*sitôt*) immediately; **~ dit, ~ fait** no sooner said than done **II.** *conj* **~ que qn a fait qc** as soon as sb has done sth
austère [ostɛʀ] *adj* austere
austérité [osteʀite] *f* austerity
austral(e) [ɔstʀal] <s> *adj* (*hémisphère*) southern; **pôle ~** South Pole
Australie [ostʀali] *f* **l'~** Australia
Australie-Méridionale *f* **l'~** South Australia
australien [ostʀaljɛ̃] *m* Australian; *v.a.* **français**
australien(ne) [ostʀaljɛ̃, jɛn] *adj* Australian
Australien(ne) [ɔstʀaljɛ̃, jɛn] *m(f)* Australian
Australie-Occidentale *f* **l'~** Western Australia
autant [otɑ̃] *adv* **1.** (*tant*) as much; **comment peut-il dormir ~?** how can he sleep that much?; **~ d'argent** as much money **2.** (*relation d'égalité*) **~ que** as much as; **en faire ~** to do as much; **d'~** accordingly; **il n'y a pas ~ de neige que l'année dernière** there is not as much snow as last year **3.** (*cela revient à*) you might as well **4.** (*sans exception*) **ces personnes sont ~ de chômeurs** these people are all unemployed; **tous ~ que vous êtes** each and every one of you **5.** (*pour comparer*) **~ j'aime la mer, ~ je déteste la montagne** I dislike the mountains as much as I like the sea **6.** (*dans la mesure où*) (**pour**) **~ que qn fasse qc** (*subj*) as much as sb does sth **7.** (*encore plus/moins* (*pour la raison que*))

d'~ moins ... que qn a fait qc even less so ... since sb has done sth; **d'~ (plus) que qn a fait qc** even more so, given that sb has done sth; **d'~ mieux/moins/plus** that much better/less/more ▶ **pour** ~ for all that; **il va mieux; il n'est pas remis pour** ~ he is better; however, he's not cured; **~ pour moi!** *inf* sorry, my mistake!

autarcie [otaʀsi] *f* autarky

autel [otɛl] *m* altar

auteur [otœʀ] *m* **1.** (*écrivain, créateur*) author **2.** (*responsable*) author; (*d'un attentat*) perpetrator **3.** (*compositeur*) composer

auteur-compositeur [otœʀkɔ̃pozitœʀ] <auteurs-compositeurs> *m* composer-songwriter

authenticité [otɑ̃tisite] *f* **1.** (*véracité: d'un document, d'une œuvre*) authenticity **2.** (*sincérité: d'une interprétation*) faithfulness

authentifier [otɑ̃tifje] <1> *vt* (*document, signature, tableau*) to authenticate

authentique [otɑ̃tik] *adj* **1.** (*véritable*) authentic **2.** (*sincère: personne*) sincere; (*émotion*) genuine

autiste [otist] **I.** *adj* autistic **II.** *mf* autistic person

auto [oto] *f abr de* **automobile** car; **~ tamponneuse** bumper car

autobiographie [otobjɔgʀafi] *f* autobiography

autobiographique [otobjɔgʀafik] *adj* autobiographical

autobus [otobys] *m* bus; **~ scolaire** *Québec* (*car de ramassage scolaire*) school bus

autocar [otokaʀ] *m* coach

autochenille [otoʃnij] *f* half-track

autochtone [otokton] **I.** *adj* native; (*indigène*) indigenous **II.** *mf* native

autocollant [otokɔlɑ̃] *m* sticker

autocollant(e) [otokɔlɑ̃, ɑ̃t] *adj* self-adhesive

autocrate [otokʀat] *mf* autocrat

autocuiseur [otokɥizœʀ] *m* pressure cooker

autodafé [otodafe] *m* HIST auto-da-fé

autodéfense [otodefɑ̃s] *f* self-defense; (*prévention*) self-protection

autodérision [otodeʀizjɔ̃] *f* self-ridicule

autodétermination [otodetɛʀminasjɔ̃] *f* self-determination

autodétruire [otodetʀɥiʀ] *vpr irr* **s'~** (*machine, cassette, personne*) to self-destruct

autodidacte [otodidakt] **I.** *adj* self-taught **II.** *mf* autodidact

autodiscipline [otodisiplin] *f* self-discipline

autoécole, auto-école [otoekɔl] <auto-écoles> *f* driving school

autofocus [otofɔkys] *adj, m* auto-focus

autogestion [otoʒɛstjɔ̃] *f* self-management

autographe [otogʀaf] *m* autograph

automate [otomat] *m* automaton

automatique [otomatik] **I.** *adj* automatic **II.** *m* **1.** TEL direct dialing **2.** (*pistolet*) automatic **III.** *f* AUTO automatic

automatiquement [otomatikmɑ̃] *adv* automatically

automatisation [otomatizasjɔ̃] *f* automation

automatiser [otomatize] <1> *vt* to automate

automatisme [otomatism] *m* automatism

automitrailleuse [otomitʀɑjøz] *f* armored car

automnal(e) [otɔnal, -o] <-aux> *adj* autumnal

automne [otɔn] *m* fall, autumn; **cet ~** this fall; **en ~** in the fall; **l'~, ...** in (the) fall, ...; **l'~ dernier** last fall

automobile [otomɔbil] **I.** *adj* **1.** TECH **voiture/véhicule ~** motor car/vehicle **2.** (*relatif à la voiture*) car; **sport ~** car [*o* auto] racing **II.** *f* **1.** (*voiture, industrie*) automobile, car **2.** (*sport*) driving

automobiliste [otomɔbilist] *mf* motorist

autonome [otonom] *adj* **1.** (*indépendant*) autonomous; **gestion ~** managerial autonomy; **travailleur ~** *Québec* (*freelance*) freelance **2.** (*responsable: vie*) autonomous; (*personne, existence*) self-sufficient **3.** INFORM offline; **poste ~** standalone terminal

autonomie [otonomi] *f* **1.** autonomy; (*d'une personne*) independence; **~ financière** (*d'une administration*) financial independence; (*d'une entreprise*) self-management; **allocation personnelle d'~** personalized independent living allowance **2.** TECH battery life; **~ en veille/en conversation** TEL standby/talk time

autonomiste [otonomist] *adj, mf* separatist

autoportrait [otopɔʀtʀɛ] *m* self-portrait

autopropulsé(e) [otopʀɔpylse] *adj* self-propelled

autopsie [otɔpsi] *f* MED autopsy

autoradio [otoʀadjo] *m* car stereo

autorail [otoʀaj] *m* railcar

autoreverse [otoʀivœʀs] *adj inv* autoreverse

autorisation [otoʀizasjɔ̃] *f* **1.** (*permission*) permission **2.** JUR authorization **3.** (*permis*) permit; **~ de sortie du territoire** exit permit

autorisé(e) [otoʀize] *adj* authorized; (*tournure*) official

autoriser [otoʀize] <1> *vt* **1.** (*permettre, habiliter*) to authorize; **~ qn à** +*infin* to authorize sb to +*infin* **2.** (*rendre licite: stationnement*) to permit; (*manifestation, sortie*) to authorize **3.** (*donner lieu à: abus, excès*) to permit; (*espoir*) to allow (for)

autoritaire [otoʀitɛʀ] *adj* authoritarian

autorité [otoʀite] *f* **1.** (*pouvoir*) authority; **faire preuve d'~** to show one's authority; **avoir de l'~ sur qn** to have authority over sb **2.** (*capacité de se faire obéir, personne influente, organisme*) authority **3.** (*influence, considération*) influence; **jouir d'une grande ~** to enjoy great influence

autoroute [otoʀut] *f* **1.** AUTO highway; **~ à péage** turnpike, toll road **2.** INFORM **~s de l'information** information (super)highway

autoroutier, -ière [otoʀutje, -jɛʀ] *adj* highway

autostop, auto-stop [otostɔp] *m sans pl* hitchhiking; **faire de l'~** to hitchhike; **prendre qn en ~** to pick up a hitchhiker

autostoppeur, -euse, auto-stoppeur, -euse [otostɔpœʀ, -øz] <auto-stoppeurs> *m, f* hitchhiker

autour [otuʀ] **I.** *adv* around **II.** *prep* **1.** (*entourant, environ*) ~ **de qn/des 1000 dollars** around sb/1000 dollars; ~ **des 15 heures** around 3 p.m. **2.** (*à proximité de*) ~ **de qn/qc** around sb/sth

autre [otʀ] **I.** *adj antéposé* **1.** (*différent*) other; ~ **chose** something else; **d'une ~ manière** in another way **2.** (*supplémentaire*) other; **il nous faut une ~ chaise** we need another chair **3.** (*second des deux*) **l'~ ...** the other ... ►**nous ~s ..., vous ~s ...** US/WE ..., YOU ...; **sans** ~ *Suisse* (*bien entendu*) of course **II.** *pron indéf* **1.** other; **un ~/une ~ (que)** someone other (than); **quelqu'un d'~** someone else; **qui d'~?** who else? **2.** (*chose différente, supplémentaire*) other; **d'~s** others; **quelques ~s** some others; **quelque chose d'~** something else; **rien d'~** nothing else; **quoi d'~?** what else? **3.** (*personne supplémentaire*) another **4.** (*opp: l'un*) **l'un l'~/l'une l'~/les uns les ~s** one another ►**entre ~s** among others; **une ~!** same again!

autrefois [otʀəfwa] *adv* in the past

autrement [otʀəmɑ̃] *adv* **1.** (*différemment*) differently; **tout** ~ altogether differently; **je ne pouvais pas faire** ~ I couldn't do otherwise [*o* anything else] **2.** (*sinon, sans quoi, à part cela*) otherwise ►~ **dit** in other words

Autriche [otʀiʃ] *f* **l'~** Austria

autrichien(**ne**) [otʀiʃjɛ̃, jɛn] *adj* Austrian

Autrichien(**ne**) [otʀiʃjɛ̃, jɛn] *m(f)* Austrian

autruche [otʀyʃ] *f* ostrich

autrui [otʀɥi] *pron inv* someone else; (*les autres*) others; **pour le compte d'~** for a third party

auvent [ovɑ̃] *m* canopy

auvergnat(**e**) [ovɛʀɲa, at] *adj* of Auvergne

Auvergnat(**e**) [ɔvɛʀɲa, at] *m(f)* person from Auvergne

aux [o] = **à + les** *v.* **à**

auxiliaire [ɔksiljɛʀ] **I.** *adj* **1.** (*annexe, troupe, verbe, moteur, armée, service*) auxiliary **2.** (*non titulaire*) auxiliary; **personnel** ~ auxiliary staff; (*temporaire*) temporary staff **II.** *mf* auxiliary **III.** *m* LING auxiliary; ~ **de mode** modal auxiliary

avachi(**e**) [avaʃi] *adj* **1.** (*amorphe: personne*) out of shape; (*attitude, air*) sloppy **2.** (*déformé: chaussures*) misshapen; (*sac, vêtement*) baggy

avachir [avaʃiʀ] <8> *vpr* **1.** (*s'affaisser*) **s'~** (*silhouette, muscles, traits*) to become flabby; (*chaussures*) to get misshapen **2.** *inf* (*devenir amorphe*) to become shapeless

avais [avɛ] *imparf de* **avoir**

aval [aval] *m* **1.** (*partie inférieure: d'un cours d'eau*) downstream water; **en** ~ downstream **2.** (*soutien*) authorization

avalanche [avalɑ̃ʃ] *f* **1.** (*masse de neige*) avalanche **2.** (*accumulation*) ~ **d'injures** shower of insults; ~ **de dossiers** avalanche of files

avaler [avale] <1> *vt* **1.** (*absorber, manger, encaisser*) to swallow **2.** *fig* (*roman, livre*) to devour; (*kilomètre, route*) to eat up; ~ **qn** (*personne*) to eat sb alive **3.** (*croire*) **on peut lui faire ~ n'importe quoi** you can make him believe anything

avance [avɑ̃s] *f* **1.** (*progression*) advance **2.** (*opp: retard*) **être en ~** (*personne, train*) to be early; **être en ~ dans son programme** to be running ahead of schedule **3.** (*précocité*) **être en ~ pour son âge** to be advanced for one's age; **être en ~ sur qn** to be ahead of sb **4.** (*distance*) **avoir de l'~ sur qn/qc** to be ahead of sth/sb **5.** (*somme sur un achat*) advance payment; (*somme sur le salaire*) advance; **faire une ~ sur le loyer** to pay some advance rent **6.** *pl* (*approche amoureuse*) **faire des ~s à qn** to make advances on sb ►**à l'~, d'~** in advance

avancé(**e**) [avɑ̃se] *adj* **1.** (*en avant dans l'espace*) ahead **2.** (*en avance dans le temps*) advanced; (*végétation*) early; (*idées, opinions*) progressive; **être ~ dans son travail** to be ahead in one's work ►**ne pas être plus** ~ to not have gotten any further

avancée [avɑ̃se] *f* **1.** (*saillie*) overhang **2.** (*progrès: de la science*) advance

avancement [avɑ̃smɑ̃] *m* **1.** (*progrès: des travaux, des négociations, des sciences, des technologies*) progress **2.** (*promotion*) promotion; **avoir de l'~** to be promoted

avancer [avɑ̃se] <2> **I.** *vt* **1.** (*opp: retarder*) ~ **qc** (*rendez-vous, départ*) to bring sth forward; (*montre*) to put sth forward; ~ **la date du départ d'un jour** to bring the departure date forward by one day **2.** (*pousser en avant*) ~ **qc** (*chaise, table*) to move sth forward; (*voiture*) to drive sth forward; ~ **de huit cases** JEUX move forward eight squares **3.** (*affirmer*) to suggest; (*idée, thèse*) to put forward **4.** (*faire progresser: travail*) to speed up **5.** (*payer par avance: argent*) to pay in advance **6.** (*prêter: argent*) to lend ►**ça t'avance/nous avance à quoi?** where does that get you/us?; **ça ne t'avance/nous avance à rien!** that doesn't get you/us anywhere! **II.** *vi* **1.** (*approcher: armée*) to advance; (*personne, conducteur, voiture*) to move forward; **avance vers moi!** come toward me! **2.** (*être en avance*) ~ **de 5 minutes** (*montre*) to be 5 minutes fast **3.** (*former une avancée, une saillie: rocher, balcon*) to overhang **4.** (*progresser: personne, travail*) to progress; (*nuit, jour*) to get longer; **à mesure que l'on avance en âge** as one gets older **III.** *vpr* **1. s'~** (*pour sortir d'un rang, en s'approchant*) to move forward; (*pour continuer sa route*) to advance; **s'~ vers qn/qc** to move toward sb/sth **2.** (*prendre de l'avance*) **s'~ dans son travail** to progress in one's work **3.** (*se risquer, anticiper*) **là, tu t'avances trop!** you're going too far there!

avant [avɑ̃] **I.** *prep* **1.** (*temporel*) before; **bien/peu ~ qc** well/shortly before sth; ~ **de faire qc** before doing sth **2.** (*devant*) in front of; **en ~ de qn/qc** in front of sb/sth ►~ **tout**

above all **II.** *adv* **1.** (*devant*) in front; **passer ~** to go in front; **en ~** in front **2.** *après compl* (*plus tôt*) before; **plus/trop ~** earlier/too early; **le jour/l'année d'~** the day/year before ▶**en ~ (marche)**! forward (march)! **III.** *conj* **~ que qn ne fasse qc** (*subj*) before sb does sth **IV.** *m* **1.** (*partie antérieure*) front; **à/vers l'~** at/to the front; **à l'~ du bateau** in the bow of the boat **2.** SPORT (*joueur*) forward ▶**jouer à l'~** SPORT to play as a forward **V.** *adj inv* (*opp: arrière*) front; **traction ~** front-wheel drive; **le clignotant ~ droit** the front right turn signal

avantage [avɑ̃taʒ] *m* **1.** (*intérêt*) advantage; **à son ~** to his advantage; **être à son ~** to be at one's best; **tirer ~ de** to benefit from sth; **qc présente l'~ de faire qc** sth has the advantage of doing sth **2.** *souvent pl* (*gain*) benefit; **~ en nature** fringe benefits **3.** (*supériorité*) *a.* SPORT advantage; **avoir l'~ sur qn** to have the advantage over sb **4.** *soutenu* (*plaisir*) privilege

avantager [avɑ̃taʒe] <2a> *vt* **1.** (*favoriser*) **~ qn par rapport à qn/au détriment de qn** to favor sb over sb/to the detriment of sb **2.** (*mettre en valeur*) to flatter

avantageusement [avɑ̃taʒøzmɑ̃] *adv* favorably; (*vendre*) at a good price; **il remplace ~ qn/qc** he makes a highly satisfactory replacement for sb/sth

avantageux, -euse [avɑ̃taʒø, -ʒøz] *adj* **1.** (*intéressant: investissement*) profitable; (*rendement*) attractive **2.** (*favorable: portrait*) flattering; (*termes*) favorable; (*opinion, idée*) worthwhile

avant-bras [avɑ̃bʀɑ] <avant-bras> *m* forearm

avant-centre [avɑ̃sɑ̃tʀ] <avants-centres> *m* center-forward

avant-coureur [avɑ̃kuʀœʀ] <avant-coureurs> *adj* (*bruit*) precursory

avant-dernier, -ière [avɑ̃dɛʀnje, -jɛʀ] <avant--derniers> *adj, m, f* penultimate

avant-garde [avɑ̃gaʀd] <avant-gardes> *f* ART, LIT avant-garde

avant-goût [avɑ̃gu] <avant-goûts> *m* **~ de qc** foretaste of sth

avant-hier [avɑ̃tjɛʀ] *adv* the day before yesterday

avant-midi [avɑ̃midi] *m o f inv, Québec* (*matinée*) morning

avant-poste [avɑ̃pɔst] <avant-postes> *m* outpost

avant-première [avɑ̃pʀəmjɛʀ] <avant-premières> *f* preview

avant-propos [avɑ̃pʀɔpo] <avant-propos> *m* foreword

avant-veille [avɑ̃vɛj] <avant-veilles> *f* two days before

avare [avaʀ] **I.** *adj* miserly; **être ~ de qc** to be sparing with sth; **être ~ de paroles** to be a person of few words **II.** *mf* miser

avarice [avaʀis] *f* avarice

avarie [avaʀi] *f* damage

avarié(e) [avaʀje] *adj* **1.** (*en panne: bateau*) damaged **2.** (*pourri: nourriture*) rotten

avec [avɛk] **I.** *prep* **1.** (*ainsi que, contre, au moyen de, grâce à, envers*) with; **être gentil/poli ~ qn** to be kind/polite towards sb **2.** (*à cause de*) because of; **~ la pluie, les routes sont glissantes** the roads are slippery because of [*o* from] the rain **3.** (*en ce qui concerne*) **~ moi, vous pouvez avoir confiance** with me, you've got nothing to worry about **4.** (*d'après*) **~ ma sœur, il faudrait ...** according to my sister, we should ... ▶**et ~ ça ...** *inf* on top of that; **~ tout ça** *inf* with all that; **et ~ cela (Madame/Monsieur)**? anything else, (Sir/Ma'am)? **II.** *adv inf* **tu viens ~?** *Belgique* are you coming along? ▶**il faut faire ~** *prov* you've got to make the best of a bad situation *prov*

avenant(e) [av(ə)nɑ̃, ɑ̃t] *adj* pleasant

avènement [avɛnmɑ̃] *m* **1.** (*d'un roi*) accession; (*d'un régime*) advent **2.** (*percée, instauration: d'une politique, idée*) birth; (*d'une époque, ère*) dawn **3.** REL (*du Messie*) Advent

avenir [av(ə)niʀ] *m* future; **à l'~** in the future; **d'~** of the future; **avoir un bel ~ devant soi** to have good prospects

aventure [avɑ̃tyʀ] *f* **1.** (*histoire*) adventure; **il m'est arrivé une ~** something happened to me; **j'ai eu une drôle d'~/une fâcheuse ~** I had a funny/unfortunate experience **2.** (*liaison*) affair ▶**dire la bonne ~ à qn** to tell sb's fortune; **à l'~** aimlessly; **partir à l'~** to go in search of adventure

aventurer [avɑ̃tyʀe] <1> **I.** *vt* (*argent, réputation*) to risk **II.** *vpr* **s'~ sur la route** to venture onto the road; **s'~ dans une affaire risquée** to get involved in a risky business; **s'~ sur un terrain glissant** *fig* to skate on thin ice

aventureusement [avɑ̃tyʀøzmɑ̃] *adv* adventurously

aventureux, -euse [avɑ̃tyʀø, -øz] *adj* **1.** (*audacieux*) adventurous **2.** (*risqué: entreprise, projet*) risky

aventurier, -ière [avɑ̃tyʀje, -jɛʀ] *m, f* adventurer

avenue [av(ə)ny] *f* avenue

avérer [aveʀe] <5> *vpr* **s'~ exact/faux** to turn out to be true/false

averse [avɛʀs] *f a. fig* shower; **~ de grêle** hailstorm

aversion [avɛʀsjɔ̃] *f* aversion

averti(e) [avɛʀti] *adj* well-informed

avertir [avɛʀtiʀ] <8> *vt* **1.** (*informer*) to inform **2.** (*mettre en garde*) to warn

avertissement [avɛʀtismɑ̃] *m* **1.** (*mise en garde, signal*) warning **2.** SPORT (*sanction*) caution

avertisseur [avɛʀtisœʀ] *m* alarm

aveu [avø] <x> *m* confession; **faire l'~ de qc à qn** to confess sth to sb; **arracher des ~x à qn** to bully a confession out of sb; **faire des ~x complets** to make a full confession

aveuglant(e) [avœglɑ̃, ɑ̃t] *adj* **1.** (*éblouissant: lumière, soleil*) dazzling; **être ~** (*lumière*) to be blinding **2.** (*évident*) blindingly obvious

aveugle [avœgl] **I.** *adj* blind; **être ~ d'un œil/des deux yeux** to be blind in one eye/both eyes **II.** *mf* blind person ▶ **en** ~ blind

aveuglement [avœgləmɑ̃] *m* blindness

aveuglément [avœglemɑ̃] *adv* blindly

aveugler [avœgle] <1> *vt* **1.** (*éblouir*) to dazzle **2.** (*priver de discernement*) to blind

aveuglette [avœglɛt] **à l'~** (*à tâtons*) cautiously; (*au hasard*) blindly; **aller à l'~** to grope one's way along

avez [ave] *indic prés de* **avoir**

aviateur, -trice [avjatœʀ, -tʀis] *m, f* aviator

aviation [avjasjɔ̃] *f* **1.** aviation; (*sport*) flying; **compagnie d'~** aviation company; **~ civile/militaire** civil/military aviation **2.** MIL air force

aviculture [avikyltyʀ] *f* **1.** (*élevage de volailles*) poultry farming **2.** (*élevage d'oiseaux*) bird breeding

avide [avid] *adj* (*personne, regard, yeux, curiosité*) avid; (*lèvres*) greedy; **~ d'argent/de pouvoir** greedy for money/power; **~ de connaissances** eager for knowledge; **~ de vengeance** hungry for revenge

avidité [avidite] *f* (*désir physique, cupidité*) greed; (*enthousiasme*) eagerness; **~ de qc** greed for sth; **~ de savoir** [*o* **connaissances**] thirst for knowledge

avilir [aviliʀ] <8> **I.** *vt* to degrade **II.** *vpr* **s'~** to degrade oneself

avion [avjɔ̃] *m* plane, airplane; **~ commercial/militaire** commercial/military plane; **~ à hélice/à réaction** propeller/jet plane; **~ de chasse** fighter plane; **~ de combat/de tourisme** fighter/tourist plane; **~ de ligne** airliner; **aller/voyager en ~** to go/travel by plane; **il est malade en ~** he gets airsick; **par ~** (*sur les lettres*) airmail

avion-cargo [avjɔ̃kaʀgo] <avions-cargos> *m* cargo plane

avionnerie [avjɔnʀi] *f Québec* (*usine de constructions aéronautiques*) aircraft factory

aviron [aviʀɔ̃] *m* **1.** (*rame*) oar **2.** (*sport*) rowing, crew; **course d'~** boat race; **faire de l'~** to row

avis [avi] *m* **1.** (*opinion*) opinion; **dire son ~ sur qc** to give one's opinion on sth; **être d'~ de faire qc** to think that sth should be done; **je suis d'~ qu'il vienne** I think he should come; **être de l'~ de qn** to share sb's opinion; **à mon/son humble ~** in my/his humble opinion **2.** (*notification*) notice; **~ au lecteur** foreword; **~ à la population** (*titre d'une affiche*) notice; (*au haut-parleur*) announcement; **~ de décès/mariage** announcement of death/marriage; **~ de recherche** (*écrit*) wanted notice; (*radiodiffusé/télédiffusé*) missing persons notice ▶ **~ aux amateurs!** any takers?

avisé(e) [avize] *adj* sensible; **être bien/mal ~ de** *+infin* to be well-advised/ill-advised to *+infin*

aviser [avize] <1> **I.** *vt* to advise; **~ qn de qc** to inform sb of sth **II.** *vpr* **s'~ de** *+infin* to dare to *+infin;* **ne t'avise pas de tout dépenser!** don't you dare go spending everything! **III.** *vi* to see; **nous aviserons plus tard** we will see later

avocat [avɔka] *m* avocado

avocat(e) [avɔka, at] *m(f)* (*profession*) lawyer; (*notaire*) attorney; **~ général/de la défense** counsel for the prosecution/for the defense; **~ de la partie civile** counsel for the plaintiff

avoine [avwan] *f* oats *pl*

avoir [avwaʀ] *irr* **I.** *vt* **1.** (*devoir, recevoir, assister à*) *a.* MED to have; **ne pas ~ à** *+infin* to not have to *+infin;* **tu n'as pas à t'occuper de ça** you don't have to take care of that **2.** (*obtenir, attraper: train*) to catch; (*examen*) to pass; (*logement, aide, renseignement*) to get; **pouvez-vous m'~ ce livre?** could you get me this book?; **j'ai eu des vertiges** I felt dizzy **3.** (*porter sur ou avec soi: canne, pipe*) to have; (*chapeau, vêtement*) to wear **4.** (*être doté de*) **quel âge as-tu?** how old are you?; **~ 15 ans** to be 15 years old; **~ 2 mètres de haut/large** to be 2 meters tall/wide **5.** (*éprouver*) **~ faim/soif/peur** to be hungry/thirsty/afraid **6.** *inf* (*rouler*) **vous m'avez bien eu!** you had me there! ▶ **en ~ après qn** *inf* to have it in for sb; **en ~ jusque-là de qc** *inf* to have had it up to there with sth; **j'en ai pour deux minutes** I'll be two minutes; **vous en avez pour 100 dollars** it'll cost around $100; **j'ai!** JEUX, SPORT mine!; **on les aura!** we'll get them!; **qu'est-ce qu'il/elle a?** what's the matter with him/her? **II.** *aux* **il n'a rien dit** he didn't say anything; **il n'a toujours rien dit** he still hasn't said anything; **elle a couru/marché deux heures** (*hier*) she ran/walked for two hours; (*vient de*) she has run/walked for two hours; **l'Italie a été battue par le Brésil** Italy was beaten by Brazil **III.** *vt impers* **1.** (*exister*) **il y a du beurre sur la table** there's butter on the table; **il y a des verres dans le placard** there are glasses in the cupboard; **il y a des jours où ...** there are days when ...; **il y a champagne et champagne** there's champagne and then there's champagne; **il n'y a pas que l'argent dans la vie** there's more to life than money; **qu'y a-t-il?** [*o* **qu'est-ce qu'il y a?**] **– il y a que j'ai faim!** what's the matter? – I'm hungry, that's what!; **il n'y a pas à discuter** there's no two ways about it; **il n'y a qu'à partir plus tôt** we'll just have to leave earlier; **il n'y a que toi pour faire cela!** only you would do that! **2.** (*temporel*) **il y a 3 jours/4 ans** 3 days/4 years ago ▶ **il n'y a plus rien à faire** there's nothing else that can be done; **il n'y en a que pour lui/elle** he/she gets all the attention; **il n'y a pas de quoi!** don't mention it! **IV.** *m* **1.** (*crédit*) credit **2.** (*bon d'achat*) credit note

avoisinant(e) [avwazinɑ̃, ɑ̃t] *adj* neighboring; (*rue*) nearby

avoisiner [avwazine] <1> *vt a. fig* to border

B

avons [avɔ̃] *indic prés de* **avoir**
avortement [avɔʀtəmɑ̃] *m* abortion; (*spontané*) miscarriage
avorter [avɔʀte] <1> **I.** *vi* **1.** (*de façon volontaire*) to abort; (*de façon spontanée*) to miscarry; **se faire ~** to have an abortion **2.** (*échouer*) to fail; **faire ~ qc** to wreck sth **II.** *vt* to fail
avorton [avɔʀtɔ̃] *m péj* freak; **espèce d'~!** little runt!
avouable [avwabl] *adj* respectable
avoué(e) [avwe] *adj* avowed
avouer [avwe] <1> **I.** *vt* to admit; **~ faire qc** to admit to doing sth; **je dois vous ~ que** I have to confess to you that **II.** *vi* **1.** (*confesser*) to confess **2.** (*admettre*) to admit **III.** *vpr* **s'~ vaincu** to admit defeat
avril [avʀil] *m* April ▶ **poisson d'~** April Fool; *v.a.* **août**
axe [aks] *m* **1.** *a.* MATH axis; **dans l'~ de qc** in line with sth **2.** (*tige, pièce: d'une roue, pédale*) axle **3.** (*ligne directrice: d'un discours, d'une politique*) theme **4.** (*voie de circulation*) main road; **~ ferroviaire/routier** main line/road; **grand ~** main highway
axer [akse] <1> *vt* **~ qc sur qc** to center sth around sth else
ayant [ɛjɑ̃] *part prés de* **avoir**
Azerbaïdjan [azɛʀbaidʒɑ̃] *m* **l'~** Azerbaijan
azote [azɔt] *m* nitrogen
aztèque [astɛk] *adj* Aztec
Aztèque [astɛk] *mf* Aztec
azur [azyʀ] *m* **ciel d'~** azure sky

B

B, b [be] *m inv* B, b; **~ comme Berthe** (*au téléphone*) b as in Bravo
B.A. [bea] *f abr de* **bonne action** good deed
babiller [babije] <1> *vi* (*bébé, enfant*) to babble
babines [babin] *fpl* (*d'un animal*) chops
babiole [babjɔl] *f* bauble; *fig* trifle
bâbord [bɑbɔʀ] *m* port
babouin [babwɛ̃] *m* ZOOL baboon
baby-foot® [babifut] *m inv* foosball
Babylone [babilɔn] Babylon
baby-sitter [babisitœʀ] <baby-sitters> *mf* babysitter
baby-sitting [bebisitiŋ, babisitiŋ] *m sans pl* babysitting; **faire du ~** to baby-sit
bac¹ [bak] *m* **1.** (*récipient*) tank; (*cuvette*) basin; (*d'un évier*) sink; (*d'un réfrigérateur*) tray **2.** (*bateau*) ferry
bac² [bak] *m inf abr de* **baccalauréat** baccalaureate
baccalauréat [bakalɔʀea] *m* **1.** (*examen à la fin de la terminale*) baccalaureate (*secondary school examinations*) **2.** *Québec* (*études universitaires de premier cycle, ≈ DEUG en France*) ≈ associate's degree

> **i** The **baccalauréat** is the final exam for secondary school students, and the entrance requirement for university. The state sets the content and timing of this exam for the whole country. In Belgium, there is no such exam. Students receive a diploma called the *CESS (Certificat d'Enseignement Secondaire Supérieur).*

bâche [bɑʃ] *f* tarpaulin, tarp
bachelier, -ière [baʃəlje, -jɛʀ] *m, f: person with the baccalaureate*
bâcher [bɑʃe] <1> *vt* to cover (*with a tarpaulin*)
bachoter [baʃɔte] <1> *vi* to cram
bacille [basil] *m* bacillus
background [bakgʀaund] *m* background
bâcler [bɑkle] <1> *vt inf* (*devoir, travail*) to botch
bactérie [bakteʀi] *f* bacterium
bactériologique [bakteʀjɔlɔʒik] *adj* bacteriological
badaud(e) [bado, -od] *m(f)* onlooker
badge [badʒ] *m* badge
badigeon [badiʒɔ̃] *m* whitewash
badigeonner [badiʒɔne] <1> *vt* **1.** (*mettre du badigeon*) to whitewash **2.** MED to paint
badiner [badine] <1> *vi* to banter
baffe [baf] *f inf* slap; **donner une ~ à qn** to smack sb
baffle [bafl] *m* speaker
bafouer [bafwe] <1> *vt* (*sentiment*) to ridicule; (*règlement*) to defy
bafouiller [bafuje] <1> *vt, vi inf* to stammer
bagage [bagaʒ] *m* **1.** *pl* baggage + *vb sing,* luggage + *vb sing* **2.** (*connaissances*) baggage + *vb sing;* (*pour assumer une tâche*) qualifications
bagarre [bagaʀ] *f* **1.** (*pugilat*) fighting **2.** (*lutte*) fight **3.** (*compétition*) battle
bagarrer [bagaʀe] <1> **I.** *vi inf* to fight **II.** *vpr inf* **1.** (*se battre*) **se ~ avec qn** to fight with sb **2.** (*se quereller*) **se ~ avec qn** to argue with sb **3.** (*s'opposer*) **se ~ contre qn/qc** to struggle against sb/sth
bagarreur, -euse [bagaʀœʀ, -øz] **I.** *adj inf* **être ~** to get into fights; (*combatif*) to be a fighter **II.** *m, f inf* **1.** (*querelleur*) brawler **2.** (*battant*) fighter
bagatelle [bagatɛl] *f* **1.** (*somme*) trifling sum **2.** (*vétille*) trifle
bagnard [baɲaʀ] *m* convict
bagne [baɲ] *m* **quel ~!** it's slavery!
bagnole [baɲɔl] *f inf* car
bagou(t) [bagu] *m* **avoir du ~** to have the gift of the gab
bague [bag] *f a.* TECH ring

baguette [bagɛt] *f* **1.** (*pain*) baguette **2.** (*bâton*) stick; (*d'un tambour*) drumstick; (*d'un chef d'orchestre*) baton **3.** (*couvert chinois*) chopstick **4.** TECH beading
bah [ba] *interj* so what!
Bahamas [baamɑs] *fpl* **les ~** the Bahamas
bahut [bay] *m* **1.** (*buffet*) sideboard **2.** (*coffre*) chest **3.** *inf* (*lycée*) school **4.** *inf* (*camion*) truck
baie [bɛ] *f* **1.** GEO bay **2.** (*fenêtre*) **~ vitrée** bay window **3.** BOT berry
baignade [bɛɲad] *f* **1.** (*action*) swim; (*activité*) swimming **2.** (*lieu*) swimming place
baigner [beɲe] <1> **I.** *vt* to bathe **II.** *vi* **~ dans qc** to be swimming in sth **III.** *vpr* **se ~** to take a bath; (*dans une piscine*) to go swimming
baigneur [bɛɲœʀ] *m* (*poupée*) baby doll
baignoire [bɛɲwaʀ] *f* **1.** (*pour se baigner*) (bath)tub **2.** THEAT orchestra (section)
bail [baj, bo] <-aux> *m* (*contrat: d'un local commercial*) lease
bâillement [bɑjmɑ̃] *m* yawn
bâiller [bɑje] <1> *vi* **1.** (*action: personne*) to yawn **2.** (*être entrouvert: porte*) to be ajar; (*col*) to gape
bâillon [bɑjɔ̃] *m* gag
bâillonner [bɑjɔne] <1> *vt* **1.** (*action*) to gag **2.** *fig* (*opposition, presse*) to stifle
bain [bɛ̃] *m* **1.** (*action*) bath **2.** (*eau*) bath(water) **3.** (*baignoire*) (bath)tub **4.** (*bassin*) **grand/petit ~** big/little pool **5.** (*exposition volontaire au soleil*) **prendre un ~ de soleil** to sunbathe
bain-marie [bɛ̃maʀi] <bains-marie> *m* double boiler, bain-marie
baïonnette [bajɔnɛt] *f* bayonet
baise [bɛz] *f Belgique* (*bise*) kiss
baisemain [bɛzmɛ̃] *m: the action of kissing sb's hand*
baiser[1] [beze] *m* **1.** (*bise*) kiss **2.** (*en formule*) **bons ~s** (with) love
baiser[2] [beze] <1> **I.** [beze] *vt* **1.** *soutenu* to kiss **2.** *inf* (*coucher avec*) to screw **3.** *inf* (*tromper*) to have **II.** *vi inf* to screw
baisse [bɛs] *f* **1.** (*le fait de baisser*) lowering; (*de pouvoir, d'influence*) decline; (*de popularité*) decrease; (*de pression*) drop **2.** FIN fall ►**~ de tension** ELEC drop in voltage; MED drop in pressure
baisser [bese] <1> **I.** *vt* **1.** (*faire descendre: store, rideau*) to lower; (*vitre de voiture*) to wind down; (*col*) to turn down **2.** (*fixer plus bas, réviser à la baisse*) to lower **3.** (*orienter vers le bas: tête*) to bow; (*yeux*) to lower **4.** (*rendre moins fort: son*) to turn down; (*voix*) to lower **II.** *vi* **1.** (*diminuer de niveau, d'intensité: forces, mémoire, vue*) to fail; (*vent, niveau, rivière*) to go down; (*baromètre*) to fall; (*température*) to drop **2.** ECON, FIN to drop; (*prix*) to fall **3.** (*s'affaiblir: personne*) to weaken **III.** *vpr* **se ~** to stoop; (*pour esquiver*) to duck
bal [bal] <s> *m* **1.** (*réunion populaire*) dance; (*réunion d'apparat*) ball **2.** (*lieu*) dance hall
balade [balad] *f inf* **1.** (*promenade à pied*) walk; (*promenade en voiture*) drive **2.** (*excursion*) jaunt
balader [balade] <1> **I.** *vt inf* **~ qn** to take sb for a walk **II.** *vpr* **se ~** *inf* (*se promener à pied*) to go for a walk; (*se promener en voiture*) to go for a drive
baladeur [baladœʀ] *m* Walkman®
balafre [balɑfʀ] *f* **1.** (*blessure*) gash **2.** (*cicatrice*) scar
balai [balɛ] *m* **1.** (*ustensile*) broom **2.** ELEC (*d'une dynamo*) brush **3.** AUTO **~ d'essuie-glace** windshield wiper blade
balai-brosse [balɛbʀɔs] <balais-brosses> *m* scrub brush
balan [balɑ̃] *m Suisse* **je suis sur le ~** (*j'hésite entre diverses solutions*) I can't make up my mind; (*je suis incertain d'un résultat*) I'm on tenterhooks
balance [balɑ̃s] *f* **1.** (*instrument*) scales *pl* **2.** POL, ECON balance
Balance [balɑ̃s] *f* Libra; **être** (**du signe de la**) **~** to be a Libra
balancé(e) [balɑ̃se] *adj* **1.** (*équilibré*) balanced **2.** *inf* (*bien bâti*) **bien ~** to have a great figure
balancelle [balɑ̃sɛl] *f* glider
balancement [balɑ̃smɑ̃] *m* rocking; (*d'un pendule*) swinging; (*des hanches*) swaying
balancer [balɑ̃se] <2> **I.** *vt* **1.** (*ballotter: personne*) to swing; **~ les bras/ses jambes** to swing one's arms/legs **2.** (*tenir en agitant: sac, encensoir, lustre*) to swing; (*branche, bateau*) to rock **3.** *inf* (*envoyer: objet*) to throw **4.** *inf* (*se débarrasser: objet*) to toss; (*employé*) to fire **II.** *vpr* **se ~ 1.** (*bouger: bateau*) to rock; (*branches*) to sway **2.** (*sur une balançoire*) to swing **III.** *vi* **1.** *inf* (*avoir du rythme*) **ça balance!** it's swinging! **2.** *soutenu, a. Suisse* (*être incertain, pencher d'un côté puis de l'autre*) to dither
balancier [balɑ̃sje] *m* (*d'une horloge*) pendulum; (*d'un funambule*) balancing pole
balançoire [balɑ̃swaʀ] *f* swing
balayage [balɛjaʒ] *m* **1.** (*action*) sweeping **2.** INFORM scanning
balayer [baleje] <7> *vt* **1.** (*ramasser*) to sweep up **2.** (*nettoyer*) to sweep **3.** (*passer sur*) **~ qc** (*faisceau lumineux*) to sweep over sth; (*vent*) to sweep across sth **4.** INFORM to scan **5.** (*chasser: doute*) to sweep away; (*obstacle, objection, argument*) to brush aside
balayette [balɛjɛt] *f* brush (*for a dustpan*), whiskbroom
balayeur, **-euse** [balɛjœʀ, -jøz] *m, f* street sweeper
balayeuse [balɛjøz] *f* street sweeping machine
balbutiement [balbysimɑ̃] *m* **1.** (*action*) stammering; (*d'un bébé*) babbling **2.** *pl* (*débuts*) beginnings
balbutier [balbysje] <1> **I.** *vi* (*bredouiller*) to stammer; (*bébé*) to babble **II.** *vt* (*bredouiller: excuses*) to stammer out; **~ des mots** (*bébé*)

to babble words

balcon [balkɔ̃] *m* **1.** (*balustrade*) balcony **2.** THEAT circle

baldaquin [baldakɛ̃] *m* **lit à ~** four-poster (bed)

Bâle [bɑl] Basel

Baléares [baleaʀ] *fpl* **les ~** the Balearic Islands

baleine [balɛn] *f* **1.** ZOOL whale **2.** (*renfort*) **~ de corset** corset stays

baleinier [balenje] *m* whaler

balèze [balɛz] **I.** *adj inf* **1.** (*musclé*) brawny; **être drôlement ~** to be all muscle **2.** (*doué*) terrific **II.** *m inf* hulk

balisage [balizaʒ] *m* **1.** (*action*) marking out; (*d'une piste d'atterrissage*) beaconing **2.** (*signaux: d'une cheminé, piste de ski*) markers *pl;* (*d'une route*) signs *pl* **3.** INFORM tagging

balise [baliz] *f* **1.** AVIAT, NAUT beacon **2.** (*de sentier*) marker **3.** INFORM tag

baliser [balize] <1> *vt* **1.** (*signaliser*) **~ qc** *a.* AVIAT, NAUT to mark sth out; (*sentier*) to mark the way **2.** INFORM (*texte*) to highlight

balistique [balistik] **I.** *adj* ballistic **II.** *f* ballistics + *vb sing*

baliverne [balivɛʀn] *f* nonsense

balkanique [balkanik] *adj* Balkan

Balkans [balkɑ̃] *mpl* **les ~** the Balkans

ballade [balad] *f* ballad

ballant(e) [balɑ̃, ɑ̃t] *adj* (*jambes*) dangling; (*bras*) loose; **rester les bras ~s** *fig* to stand there inanely

ballast [balast] *m* ballast

balle [bal] *f* **1.** JEUX, SPORT ball **2.** (*projectile*) bullet **3.** (*ballot*) bale **4.** *pl, inf* HIST (*francs*) **100 ~s** 100 francs

ballerine [balʀin] *f* **1.** (*danseuse*) ballerina **2.** (*chaussure*) ballet shoe

ballet [balɛ] *m* ballet

ballon [balɔ̃] *m* **1.** JEUX, SPORT ball; **jouer au ~** to play ball **2.** (*baudruche, aérostat*) balloon **3.** GEO round-topped mountain **4.** (*appareil de production d'eau chaude*) **~ d'eau chaude** (hot) water heater **5.** (*test*) **~ d'essai** feeler **6.** MED **~ d'oxygène** oxygen bottle **7.** (*verre*) (balloon) glass; (*contenu*) glass **8.** *Suisse* (*dans un restaurant, verre d'une contenance d'un décilitre*) wineglass (*holding ten centiliters*)

ballonné(e) [balɔne] *adj* **se sentir ~** to feel bloated

ballonnements [balɔnmɑ̃] *mpl* bloated feeling

ballot [balo] *m* **1.** (*paquet*) package; (*de livres*) bundle **2.** *inf* (*imbécile*) idiot

ballottage [balɔtaʒ] *m* **être en ~** to be in a runoff (*after a first round of voting*)

ballotter [balɔte] <1> **I.** *vi* to be tossed around **II.** *vt* **être ballotté par la voiture** to be tossed around in the car

ball-trap [baltʀap] <ball-traps> *m* (*sport*) skeet shooting

balluchon [balyʃɔ̃] *m* bundle

bal musette [balmyzɛt] <bals musettes> *m* dance (*with an accordion band*)

balnéaire [balneɛʀ] *adj* **station ~** seaside resort

balourd [baluʀ] *m* (*maladroit*) clumsy person

balourd(e) [baluʀ, uʀd] *adj* clumsy

balte [balt] *adj* **les États ~s** the Baltic States

Balte [balt] *mf* Balt

Baltique [baltik] *f* **la (mer) ~** the Baltic (Sea)

baluchon [balyʃɔ̃] *m v.* **balluchon**

balustrade [balystʀad] *f* balustrade

bambin(e) [bɑ̃bɛ̃] *m(f)* infant

bambou [bɑ̃bu] *m* bamboo

ban [bɑ̃] *m* **1.** *pl* (*publication: de mariage*) banns **2.** *inf* (*applaudissements*) cheer ▶ **mettre à ~** *Suisse* (*interdire, par décision judiciaire, l'accès de*) to close

banal(e) [banal] <s> *adj* banal; (*idée, affaire*) conventional; (*propos*) commonplace; (*personne, choses*) ordinary

banalement [banalmɑ̃] *adv* in a very ordinary way

banalisation [banalizasjɔ̃] *f* trivialization

banaliser [banalize] <1> *vt* **~ qc** to make sth commonplace

banalité [banalite] *f* **1.** (*platitude*) triteness; (*de la vie*) ordinariness; (*d'un propos*) banality **2.** (*propos*) platitude

banane [banan] *f* **1.** (*fruit*) banana **2.** (*pochette*) fanny pack

bananeraie [bananʀɛ] *f* banana plantation

bananier [bananje] *m* **1.** (*plante*) banana tree **2.** (*bateau*) banana boat

banc [bɑ̃] *m* **1.** (*meuble*) bench **2.** GEO layer **3.** (*colonie: de poissons*) school; **~ d'huîtres** oyster bed **4.** TECH **~ de menuisier** carpenter's workbench **5.** (*amas*) **~ de sable** sandbank **6.** *Québec* **~ de neige** (*congère*) snowdrift **7.** JUR **~ des accusés** dock

bancaire [bɑ̃kɛʀ] *adj* bank

bancal(e) [bɑ̃kal] <s> *adj* **1.** (*instable: meuble*) rickety; (*personne*) lame **2.** *fig* (*raisonnement*) lame

bandage [bɑ̃daʒ] *m* **1.** (*bande*) bandage **2.** (*action*) bandaging

bande[1] [bɑ̃d] *f* **1.** (*long morceau étroit: de métal*) strip; (*d'un magnétophone*) tape; CINE film **2.** MED bandage ▶ **~ dessinée** cartoon

bande[2] [bɑ̃d] *f* **1.** (*groupe: de personnes*) bunch; (*de loups, chiens*) pack; (*d'oiseaux*) flock **2.** (*groupe constitué*) gang; **~ d'amis** band of friends

bande-annonce [bɑ̃danɔ̃s] <bandes-annonces> *f* trailer

bandeau [bɑ̃do] <x> *m* **1.** (*dans les cheveux*) coiled hairstyle **2.** (*serre-tête*) headband **3.** (*sur les yeux*) blindfold

bander [bɑ̃de] <1> **I.** *vt* **1.** (*panser*) to bandage **2.** (*tendre*) to tense **II.** *vi inf* to have a hard-on

banderole [bɑ̃dʀɔl] *f* **1.** (*petite bannière*) streamer **2.** (*bande avec inscription*) banner

bande-son [bɑ̃dsɔ̃] <bandes-son> *f* soundtrack

bande-vidéo [bɑ̃dvideo] <bandes-vidéo> *f* videotape
bandit [bɑ̃di] *m* **1.** (*malfaiteur*) bandit **2.** (*personne malhonnête*) crook
banditisme [bɑ̃ditism] *m* crime
bandoulière [bɑ̃duljɛʀ] *f* shoulder strap
bang [bɑ̃g] **I.** *interj* bang **II.** *m inv* bang
Bangladesh [bɑ̃gladɛʃ] *m* Bangladesh
banjo [bɑ̃dʒo] *m* banjo
banlieue [bɑ̃ljø] *f* (*d'une ville*) suburb; **la ~** the suburbs; **train de ~** commuter train
banlieusard(e) [bɑ̃ljøzaʀ, aʀd] *m(f)* suburbanite
banni(e) [bani] **I.** *adj* (*personne*) exiled **II.** *m(f)* **1.** (*exilé*) exile **2.** (*exclu*) outcast
bannière [banjɛʀ] *f* streamer; REL banner
bannir [baniʀ] <8> *vt* **1.** (*mettre au ban*) **~ qn d'un pays** to banish sb from a country **2.** (*supprimer*) to ban; **~ qc de qc** to ban sth from sth
bannissement [banismɑ̃] *m* banishment
banque [bɑ̃k] *f* FIN, INFORM bank; **la Banque de France** the Bank of France; **~ de données** databank, database
Banque centrale *f* Central Bank; **~ nationale indépendante** Independent National Central Bank; **~ européenne** European Central Bank
Banque mondiale *f* World Bank
banquer [bɑ̃ke] <1> *vi inf* to fork out
banqueroute [bɑ̃kʀut] *f* bankruptcy; **faire ~** to go bankrupt
banquet [bɑ̃kɛ] *m* banquet
banquette [bɑ̃kɛt] *f* **1.** (*siège*) seat; **~ avant/arrière** AUTO front/back seat **2.** ARCHIT window seat **3.** (*chemin*) path; (*d'une voie*) shoulder
banquier, -ière [bɑ̃kje, -jɛʀ] *m, f* FIN, JEUX banker
banquise [bɑ̃kiz] *f* ice floe
baobab [baɔbab] *m* BOT baobab
baptême [batɛm] *m* baptism
baptiser [batize] <1> *vt* (*appeler*) **~ qn Pierre** to christen [*o* baptize] sb Pierre
baptistère [batistɛʀ] *m* baptistery
baquet [bakɛ] *m* tub
bar[1] [baʀ] *m* bar

> **i** **Bars** in France are small, simple cafés, in which coffee or an aperitif can be drunk at the bar or sitting at a table. They open very early to serve a basic breakfast.

bar[2] [baʀ] *m* ZOOL bass
bar[3] [baʀ] *m* PHYS bar
baragouiner [baʀagwine] <1> **I.** *vt inf* (*parler mal*) **~ une langue** to speak a language badly **II.** *vi inf* to gabble
baraque [baʀak] *f* **1.** (*cabane*) hut; (*pour les outils de jardinage*) (tool) shed **2.** *inf* (*maison*) pad; (*maison délabrée*) shack
baraqué(e) [baʀake] *adj inf* hefty
baraquement [baʀakmɑ̃] *m* camp
baratin [baʀatɛ̃] *m inf* smooth talk; (*pour vendre*) (sales) patter
baratiner [baʀatine] <1> **I.** *vt inf* **1.** (*bonimenter*) **~ qn** to give sb a (sales) spiel **2.** (*essayer de persuader*) to sweet-talk **3.** (*draguer*) **~ qn** to hit on sb **II.** *vi inf* to chatter
Barbade [baʀbad(ə)] *f* **la ~** Barbados
barbant(e) [baʀbɑ̃, ɑ̃t] *adj inf* boring
barbaque [baʀbak] *f inf* tough meat
barbare [baʀbaʀ] **I.** *adj* **1.** (*cruel*) barbaric **2.** (*grossier*) barbarous **II.** *m* barbarian
barbarie [baʀbaʀi] *f* **1.** (*opp: civilisation*) barbarism **2.** (*cruauté*) barbarity
barbe [baʀb] *f* **1.** (*poils*) *a.* ZOOL beard; (*d'un chat*) whiskers *pl* **2.** BOT **~ de capucin** wild chicory **3.** CULIN **~ à papa** cotton candy **4.** *pl* TECH jagged edge
barbeau [baʀbo] <x> *m* ZOOL barbel
barbecue [baʀbəkju] *m* barbecue; **faire un ~** to have a cookout
barbelé(e) [baʀbəle] **I.** *adj* **fil de fer ~** barbed wire **II.** *m* barbed wire
barber [baʀbe] <1> **I.** *vt inf* **~ qn** to bore sb stiff **II.** *vpr inf* **se ~** to get bored stiff
barbiche [baʀbiʃ] *f* goatee
barbier [baʀbje] *m Québec* (*coiffeur pour hommes*) barber
barbiturique [baʀbityʀik] *m* BIO barbiturate
barboter [baʀbɔte] <1> **I.** *vi* **~ dans qc** to be mixed up in sth **II.** *vt inf* to pinch
barbouillage [baʀbujaʒ] *m* **1.** (*peinture*) daub **2.** (*écriture*) scrawl
barbouillé(e) [baʀbuje] *adj* **être ~** to have an upset stomach
barbouiller [baʀbuje] <1> **I.** *vt* **1.** (*enduire*) **~ qn/qc de qc** to smear sb/sth with sth **2.** (*peindre*) **~ qc** to daub paint on sth; (*mur*) to daub sth **3.** *péj* (*écrire*) **~ qc** (*papier, page*) to scribble over sth **II.** *vpr* **se ~ le visage de confiture** to smear one's face with jam
barbu [baʀby] *m* bearded man
barbu(e) [baʀby] *adj* bearded
barbue [baʀby] *f* ZOOL brill
barde[1] [baʀd] *f* CULIN bard
barde[2] [baʀd] *m* (*personne*) bard
barder [baʀde] <1> **I.** *vt* **1.** CULIN to bard **2.** (*garnir*) **~ qn de décorations** to cover sb with medals **II.** *vi inf* **ça barde** the sparks are flying
barème [baʀɛm] *m* scale; (*tableau*) table; ECOLE grading scale
baril [baʀil] *m* barrel
barillet [baʀijɛ] *m* (*d'une montre*) barrel; (*d'un revolver*) cylinder
bariolé(e) [baʀjɔle] *adj* multicolored
barioler [baʀjɔle] <1> *vt* to splash with colors
barjo [baʀʒo] *adj inv, inf* crazy
barman [baʀman, -mɛn] <s *o* -men> *m* barman, bartender
baromètre [baʀɔmɛtʀ] *m* barometer
baron(ne) [baʀɔ̃, ɔn] *m(f)* baron, baroness *m, f*
baroque [baʀɔk] **I.** *adj* **1.** ARCHIT, MUS baroque **2.** (*bizarre*) weird **II.** *m* Baroque
baroudeur [baʀudœʀ] *m inf* fighter
barque [baʀk] *f* boat ▶ **bien mener sa ~** to do

well for oneself
barquette [baʀkɛt] *f* **1.** (*tartelette*) tartlet **2.** (*récipient: de fraises*) basket
barrage [baʀaʒ] *m* **1.** (*barrière*) barrier **2.** ELEC dam
barre [baʀ] *f* **1.** (*pièce*) bar; **~ de chocolat** strip of chocolate; (*tablette*) bar of chocolate **2.** JUR (*au tribunal*) **~ des témoins** witness stand **3.** (*trait*) slash **4.** SPORT (*pour la danse*) barre; (*en athlétisme*) bar **5.** MUS **~ de mesure** bar line **6.** NAUT helm **7.** INFORM **~ de défilement** scroll bar; **~ de menu** menu toolbar; **~ d'espacement** space bar; **~ des tâches** task bar; **~ de titre** title bar
barré(e) [baʀe] *adj* (*rue*) blocked; (*porte*) barred
barreau [baʀo] <x> *m* **1.** JUR bar **2.** (*tube, barre: d'une échelle*) rung; (*d'une grille*) bar
barrer [baʀe] <1> **I.** *vt* **1.** (*bloquer: route*) to block; (*porte*) to bar; **~ le chemin** (*personne*) to stand in the way; (*voiture*) to block the road **2.** (*biffer*) **~ qc** to cross sth out **3.** NAUT to steer **4.** *Québec* (*fermer à clé*) to lock **II.** *vi* to steer **III.** *vpr inf* **se ~** to take off
barrette [baʀɛt] *f* **1.** (*pince*) barrette **2.** (*bijou*) brooch **3.** (*décoration*) bar
barreur, -euse [baʀœʀ, -øz] *m, f* helmsman, helmswoman *m, f*
barricade [baʀikad] *f* barricade
barricader [baʀikade] <1> **I.** *vt* (*porte, rue*) to barricade **II.** *vpr* **1.** (*derrière une barricade*) **se ~** to barricade oneself **2.** (*s'enfermer*) **se ~ dans sa chambre** to lock oneself in one's room
barrière [baʀjɛʀ] *f* **1.** (*fermeture*) gate; CHEMDFER (grade crossing) gate **2.** (*clôture*) fence **3.** (*séparation*) *a.* SPORT barrier; **~ de roesti(s)** *Suisse: imaginary border between French- and German-speaking Switzerland*
barrique [baʀik] *f* barrel
barrir [baʀiʀ] <8> *vi* (*éléphant*) to trumpet
barrissement [baʀismɑ̃] *m* trumpeting
bar-tabac [baʀtaba] <bars-tabac> *m: café selling tobacco*
baryton [baʀitɔ̃] *m* baritone
bas[1] [bɑ] *m* (*partie inférieure*) bottom; (*d'une maison*) downstairs
bas[2] [bɑ] *m* stocking
bas(se) [bɑ, bɑs] **I.** *adj* **1.** (*de peu de/à faible hauteur*) low; (*stature*) short **2.** (*peu intense*) mild **3.** (*dans la hiérarchie sociale*) lowly **II.** *adv* **1.** (*à faible hauteur*) low **2.** (*au-dessous*) **loger en ~** to live downstairs **3.** (*ci-dessous*) **voir plus ~** see below **4.** (*au pied de*) **en ~ de la colline** at the bottom of the hill **5.** (*opp: aigu*) low **6.** (*doucement*) softly; **parler ~ tout bas** to speak in a low voice
basalte [bazalt] *m* GEO basalt
basané(e) [bazane] *adj* **1.** (*bronzé*) suntanned **2.** (*de couleur*) swarthy
bas-côté [bɑkote] <bas-côtés> *m* **1.** (*bord: d'une route, autoroute*) shoulder **2.** ARCHIT (*d'une église*) side aisle
bascule [baskyl] *f* **1.** (*balançoire*) seesaw **2.** (*balance*) scale
basculer [baskyle] <1> **I.** *vi* **1.** (*tomber*) to fall over **2.** *fig* **~ dans qc** to topple over into sth **II.** *vt* **1.** (*faire pivoter*) **~ qc** to tip sth over **2.** (*faire tomber*) **~ qc dans qc** to topple sth into sth **3.** ELEC to switch
base [bɑz] *f* **1.** (*pied*) *a.* LING base **2.** (*principe, composant principal*) basis **3.** (*connaissances élémentaires*) **la ~, les ~s** the basics **4.** MIL, MATH, CHIM, INFORM base; **~ de données** database; **~ de registres** system registry
base-ball [bɛzbol] <base-balls> *m* baseball
baser [bɑze] <1> **I.** *vt* **1.** (*fonder*) **~ qc sur qc** to base sth on sth **2.** MIL **être basé à Strasbourg** to be based in Strasbourg **II.** *vpr* **se ~ sur qc** to base oneself on sth
bas-fond [bɑfɔ̃] <bas-fonds> *m* **1.** (*endroit*) shoal **2.** *pl* (*d'une ville*) slums; (*d'une société*) dregs
basilic [bazilik] *m* basil
basilique [bazilik] *f* basilica
basique [bazik] *adj* CHIM basic
basket[1] [baskɛt] *f souvent pl* (*chaussure*) tennis shoe
basket[2] [baskɛt], **basket-ball** [baskɛtbol] <basket-balls> *m* basketball
basketteur, -euse [basketœʀ, -øz] *m, f* basketball player
basque[1] [bask] **I.** *adj* Basque; **Pays ~** Basque Country **II.** *m* Basque; *v.a.* **français**
basque[2] [bask] *f* basque
Basque [bask] *mf* Basque
bas-relief [bɑʀəljɛf] <bas-reliefs> *m* bas-relief
basse [bɑs] *f* bass
basse-cour [bɑskuʀ] <basses-cours> *f* **1.** (*lieu*) farmyard **2.** (*animaux*) poultry
bassement [bɑsmɑ̃] *adv* (*d'une manière indigne*) basely
bassesse [bɑsɛs] *f* servility; (*d'un sentiment*) meanness
bassin [basɛ̃] *m* **1.** (*récipient*) bowl **2.** (*pièce d'eau: d'une fontaine, piscine*) pool; (*d'un jardin*) pond **3.** (*dans un port*) dock **4.** GEO basin **5.** ANAT pelvis
bassine [basin] *f* bowl
bassiner [basine] <1> *vt inf* (*ennuyer*) **~ qn** to bore sb stiff
bassiste [basist] *mf* bass player
basson [basɔ̃] *m* **1.** (*instrument*) bassoon **2.** (*musicien*) bassoonist
baster [baste] <1> *vi Suisse* (*céder, s'incliner*) **~ devant qn** to give way to sb
bastille [bastij] *f* (*château fort*) fortress
Bastille [bastij] *f* **la ~** the Bastille
bastion [bastjɔ̃] *m* **1.** (*fortification*) stronghold **2.** (*haut lieu*) bastion
baston [bastɔ̃] *m o f inf* **il va y avoir du ~** there's going to be trouble
bas-ventre [bɑvɑ̃tʀ] <bas-ventres> *m* stomach
bataille [bataj] *f* **1.** (*pendant une guerre*) battle **2.** (*épreuve de force*) struggle **3.** (*bagarre*)

fight **4.** (*jeu*) strip-Jack-naked

batailler [bataje] <1> *vi* **1.** (*se battre*) ~ **pour qc** to fight for sth **2.** (*argumenter*) to argue **3.** *inf* (*faire des efforts*) to battle

batailleur, -euse [batajœʀ, -jøz] **I.** *adj* **être ~** to be a fighter **II.** *m, f* fighter

bataillon [batajɔ̃] *m* **1.** MIL battalion **2.** (*grand nombre*) army

bâtard(e) [bɑtaʀ, aʀd] **I.** *adj* (*illégitime: enfant*) illegitimate; (*animal*) mongrel **II.** *m(f)* **1.** (*enfant*) bastard **2.** (*chien*) mutt

bateau [bato] <x> **I.** *adj inf* trite **II.** *m* (*embarcation*) boat

bateau-citerne [batositɛʀn] <bateaux-citernes> *m* tanker

bateau-mouche [batomuʃ] <bateaux-mouches> *m: sightseeing boat on the River Seine in Paris*

bateau-pilote [batopilɔt] <bateaux-pilotes> *m* pilot boat

batelier, -ière [batəlje, -jɛʀ] *m, f* boatman *m*, boatwoman *f*

bâti [bɑti] *m* **1.** COUT tacking **2.** TECH frame

bâti(e) [bɑti] *adj* **être bien ~** to be well-built

batifoler [batifɔle] <1> *vi inf* to frolic

bâtiment [bɑtimɑ̃] *m* **1.** (*édifice*) building **2.** ECON building [*o* construction] industry **3.** NAUT ship

bâtir [bɑtiʀ] <8> *vt* **1.** (*construire*) to build **2.** (*fonder*) ~ **une théorie sur qc** to build a theory on sth **3.** COUT to tack

bâtisse [bɑtis] *f* building

bâtisseur, -euse [bɑtisœʀ, -øz] *m, f* builder

bâton [bɑtɔ̃] *m* **1.** (*canne, stick*) stick **2.** (*trait vertical*) vertical line

bâtonnet [bɑtɔnɛ] *m* short stick; (*pour examiner la gorge*) tongue depressor

batracien [batʀasjɛ̃] *m* ZOOL batrachian

battage [bataʒ] *m* (*publicité*) hype

battant [batɑ̃] *m* **1.** (*pièce métallique: d'une cloche*) clapper **2.** (*panneau mobile: d'une fenêtre*) opener; (*d'une porte*) door (*right or left part of a double door*)

battant(e) [batɑ̃, ɑ̃t] **I.** *adj* (*personne*) **être ~** to be a fighter **II.** *m(f)* fighter

battement [batmɑ̃] *m* **1.** (*bruit*) banging; (*de la pluie*) beating **2.** (*mouvement*) ~ **des cils** flutter of one's eyelashes **3.** (*rythme: du pouls, cœur*) beating **4.** (*intervalle de temps*) break

batterie [batʀi] *f* **1.** (*groupe*) *a.* AUTO, MIL battery **2.** MUS percussion **3.** (*ensemble d'ustensiles*) ~ **de cuisine** kitchen utensils *pl*

batteur [batœʀ] *m* **1.** (*mixeur*) whisk **2.** MUS drummer

battre [batʀ] *irr* **I.** *vt* **1.** (*frapper, vaincre*) to hit **2.** (*travailler en tapant: blé*) to thresh; (*fer, tapis, matelas*) to beat **3.** (*mélanger, mixer: blanc d'œuf, œuf entier*) to beat; (*crème*) to whip **4.** (*frapper*) **faire ~ les volets** (*vent, tempête*) to make the shutters bang **5.** (*parcourir en cherchant: campagne, région*) to scour **6.** MUS (*mesure, tambour*) to beat **II.** *vi* **1.** (*cogner*) to bang; (*porte, volet*) to slam **2.** (*frapper*) ~ **contre qc** to knock against sth; (*pluie*) to beat against sth **3.** (*agiter*) ~ **des ailes** to flap one's wings; ~ **des cils** to flutter one's eyelashes **III.** *vpr* **1.** (*se bagarrer*) **se ~ contre qn** to fight sb **2.** (*se disputer*) **se ~ avec qn pour qc** to fight with sb over sth **3.** (*militer*) **se ~ pour qc** to fight for sth **4.** (*avoir des difficultés*) **se ~ avec un problème** to struggle with a problem

battu(e) [baty] **I.** *part passé de* **battre II.** *adj* (*vaincu*) beaten

battue [baty] *f* (*à la chasse*) beat

batture [batyʀ] *f Québec* (*estran*) strand

baud [bo] *m* INFORM baud (rate)

baudruche [bodʀyʃ] *f* **ballon de ~** (toy) balloon

baume [bom] *m* balm

baux [bo] *v.* **bail**

bauxite [boksit] *f* bauxite

bavard(e) [bavaʀ, aʀd] **I.** *adj* **1.** (*loquace*) talkative **2.** (*indiscret*) gossipy **II.** *m(f)* **1.** (*qui parle beaucoup*) chatterbox *inf* **2.** (*indiscret*) gossip

bavardage [bavaʀdaʒ] *m* **1.** (*papotage*) chatting **2.** (*propos vides*) twaddle **3.** (*commérages*) gossip

bavarder [bavaʀde] <1> *vi* **1.** (*papoter*) ~ **avec qn** to chat with sb **2.** (*divulguer un secret*) to blab *inf*

bavarois [bavaʀwa] *m* **1.** (*dialecte*) Bavarian; *v.a.* **français 2.** CULIN ≈ mousse

bavarois(e) [bavaʀwa, waz] *adj* Bavarian

bave [bav] *f* **1.** (*salive*) drool; (*d'un animal enragé*) foam **2.** (*liquide gluant: des gastéropodes*) slime

baver [bave] <1> *vi* **1.** (*saliver*) to drool; (*escargot, limace*) to leave a trail **2.** (*couler: stylo, porte-plume*) to leak **3.** (*médire*) ~ **sur qn/qc** to malign sb/sth **4.** (*être ahuri de*) **en ~ d'envie** to drool over sth

bavette [bavɛt] *f* **1.** (*bavoir: a. d'un vêtement*) bib **2.** (*viande*) *cut of meat taken from just below the sirloin*

baveux, -euse [bavø, -øz] *adj* **1.** (*qui bave: personne*) dribbly; (*animal*) drooling; (*escargot, limace*) slimy **2.** CULIN **omelette baveuse** runny omelet

bavoir [bavwaʀ] *m* bib

bavure [bavyʀ] *f* **1.** (*tache*) smudge **2.** (*erreur*) blunder

bazar [bazaʀ] *m* **1.** (*magasin*) general store **2.** (*souk*) bazaar **3.** *inf* (*désordre*) mess; (*amas d'objets hétéroclites*) junk

bazarder [bazaʀde] <1> *vt inf* ~ **qc** to get rid of sth; (*vendre*) to sell sth off

bazooka [bazuka] *m* bazooka

B.C.B.G. [besebeʒe] *adj abr de* **bon chic bon genre** *well-off French upper-middle class*

B.C.G. [beseʒe] *m abr de* **bacille de Calmette et Guérin** BCG

B.D. [bede] *f abr de* **bande dessinée** comic strip; (*livre*) comic book

béant(e) [beɑ̃, ɑ̃t] *adj* (*yeux*) wide open; (*bles-

sure, gouffre, trou) gaping

béat(e) [bea, at] *adj* **1.** (*heureux*) blissful **2.** (*content de soi*) smug **3.** (*niais*) beatific

béatification [beatifikasjɔ̃] *f* beatification

béatifier [beatifje] <1> *vt* to beatify

béatitude [beatityd] *f* beatitude

beau [bo] <x> *m* **1.** (*beauté*) **le ~** the beautiful **2.** METEO **le temps se met au ~** the weather's getting nice ▶ **être au ~ fixe** (*temps*) to be fair

beau, belle [bo, bɛl] <*devant un nom masculin commençant par une voyelle ou un h muet* bel, x> *adj antéposé* **1.** (*opp: laid*) beautiful; (*homme*) handsome **2.** (*qui plaît à l'esprit*) fine; **c'est du ~ travail** that's nice work **3.** (*agréable*) fine; (*voyage*) lovely; **la mer est belle** the sea is calm **4.** (*intensif*) excellent **5.** (*sacré*) terrible ▶ **il a ~ faire qc** although he does sth; **il fait ~** the weather's good; **de plus belle** even more

beaucoup [boku] *adv* **1.** (*en grande quantité*) **boire ~** to drink a lot **2.** (*intensément*) **ce film m'a ~ plu** I liked this movie a lot **3.** (*fréquemment*) **aller ~ au cinéma** to go to the movies often [*o* a lot] **4.** (*plein de*) **~ de neige** a lot of snow **5.** (*de nombreux*) **~ de voitures** many cars **6.** (*beaucoup de personnes*) **~ pensent la même chose** many (people) think the same (thing) **7.** (*beaucoup de choses*) **il y a encore ~ à faire** there is still much to be done **8.** *avec un comparatif* **~ plus rapide/petit** much [*o* a lot] faster/smaller **9.** *avec un adverbe* **c'est ~ trop** it's way too much

beauf [bof] *m inf* **1.** (*beau-frère*) brother-in-law **2.** *pej* (*pauvre type*) *narrow-minded Frenchman*

beau-fils [bofis] <beaux-fils> *m* **1.** (*gendre*) son-in-law **2.** (*fils du conjoint*) stepson

beau-frère [bofʀɛʀ] <beaux-frères> *m* brother-in-law

beaujolais [boʒɔlɛ] *m* (*vin*) Beaujolais

beau-père [bopɛʀ] <beaux-pères> *m* **1.** (*père du conjoint*) father-in-law **2.** (*conjoint de la mère*) stepfather

beauté [bote] *f* (*a. personne*) beauty

beaux-arts [bozaʀ] *mpl* **les ~** the fine arts

beaux-enfants [bozɑ̃fɑ̃] *mpl* stepchildren

beaux-parents [bopaʀɑ̃] *mpl* in-laws

bébé [bebe] *m* baby

bébé-éprouvette [bebeepʀuvɛt] <bébés-éprouvette> *m* test-tube baby

bec [bɛk] *m* **1.** (*chez un oiseau*) beak **2.** *inf* (*bouche*) mouth **3.** (*extrémité pointue: d'une plume*) nib; (*d'une clarinette, flûte*) mouthpiece **4.** *Belgique, Québec, Suisse, Nord, inf* **donner un ~** (*faire un bisou*) to kiss

bécane [bekan] *f inf* **1.** (*moto*) bike **2.** (*machine, ordinateur*) machine

bécasse [bekas] *f* **1.** (*oiseau*) woodcock **2.** *inf* (*sotte*) ninny

bécasseau [bekaso] <x> *m* (*oiseau*) sandpiper

bécassine [bekasin] *f* (*oiseau*) snipe

béchamel [beʃamɛl] *f* béchamel (sauce)

bêche [bɛʃ] *f* spade

bêcher [beʃe] <1> **I.** *vt* AGR to dig **II.** *vi* **1.** AGR to dig **2.** *inf* (*être fier*) to swagger

bécoter [bekɔte] <1> **I.** *vt inf* to kiss **II.** *vpr inf* **se ~** to smooch

becquée [beke] *f* **donner la ~ à qn** to spoon-feed sb

becquerel [bɛkʀɛl] *m* becquerel

becqueter [bɛkte] <3> *vt* **~ une branche** (*oiseau*) to peck (at) a branch

becter [bɛkte] <1> *vt inf* to eat

bedaine [bədɛn] *f inf* paunch; (*d'un enfant*) tummy

bédé [bede] *f inf* comic strip; (*livre*) comic book

bedeau [bədo] <x> *m* beadle

bedonnant(e) [bədɔnɑ̃, ɑ̃t] *adj inf* portly

bédouin(e) [bedwɛ̃, in] *m(f)* Bedouin

bée [be] *adj v.* **bouche**

beefsteak [biftɛk] *v.* **bifteck**

beffroi [befʀwa] *m* (*a. d'une église*) belfry

bégaiement [begɛmɑ̃] *m* stuttering

bégayer [begeje] <7> **I.** *vi* to stutter **II.** *vt* to stutter (out)

bégonia [begɔnja] *m* begonia

bègue [bɛg] **I.** *adj* stuttering **II.** *mf* stutterer

beige [bɛʒ] *adj, m* beige

beigne[1] [bɛɲ] *f inf* slap; **donner une ~ à qn** to smack sb

beigne[2] [bɛɲ] *m Québec* (*beignet*) **~ au chocolat** chocolate doughnut

beignet [bɛɲɛ] *m* fritter; **pâte à ~s** fritter batter; **~s aux pommes** apple fritters

bel [bɛl] *v.* **beau**

bêler [bele] <1> *vi* to bleat

belette [bəlɛt] *f* ZOOL weasel

belge [bɛlʒ] *adj* Belgian

Belge [bɛlʒ] *mf* Belgian

belgicisme [bɛlʒisism] *m* (*mot*) Belgian-French word

Belgique [bɛlʒik] *f* **la ~** Belgium

Belgrade [bɛlgʀad] Belgrade

bélier [belje] *m* **1.** ZOOL ram **2.** MIL battering ram

Bélier [belje] *m* Aries; *v.a.* **Balance**

Belize [beliz] *m* **le ~** Belize

belle [bɛl] **I.** *adj v.* **beau II.** *f* **1.** SPORT tiebreaker **2.** (*conquête*) beauty; (*petite amie*) girlfriend ▶ **la Belle au bois dormant** Sleeping Beauty

belle-fille [bɛlfij] <belles-filles> *f* **1.** (*bru*) daughter-in-law **2.** (*fille du conjoint*) stepdaughter

belle-mère [bɛlmɛʀ] <belles-mères> *f* **1.** (*mère du conjoint*) mother-in-law **2.** (*conjointe du père*) stepmother

belle-sœur [bɛlsœʀ] <belles-sœurs> *f* sister-in-law

belligérant(e) [beliʒeʀɑ̃, ɑ̃t] **I.** *adj* belligerent **II.** *mpl* belligerents

belliqueux, -euse [belikø, -øz] *adj* **1.** (*guerrier*) warlike; (*discours*) aggressive **2.** (*querelleur*) quarrelsome; (*tempérament*) aggressive; (*personne*) bellicose

belon [bəlɔ̃] *f* Belon oyster
belote [bəlɔt] *f: popular card game*
belvédère [bɛlvedɛʀ] *m* **1.** (*édifice*) belvedere **2.** (*point de vue*) panoramic viewpoint
bémol [bemɔl] *m* MUS flat
bénédictin(**e**) [benediktɛ̃, in] **I.** *adj* Benedictine **II.** *m(f)* Benedictine
bénédiction [benediksjɔ̃] *f* **1.** (*grâce*) grace **2.** (*action: d'un(e) fidèle, d'une cloche, d'un navire*) blessing; ~ **nuptiale** nuptial blessing
bénéfice [benefis] *m* **1.** COM profit **2.** (*avantage*) benefit
bénéficiaire [benefisjɛʀ] **I.** *mf* **1.** beneficiary **2.** *Suisse* (*d'une retraite*) pensioner **II.** *adj* (*entreprise, opération*) profitable
bénéficier [benefisje] <1> *vi* ~ **de qc** (*avoir*) to have sth; (*avoir comme avantage*) to benefit from sth
bénéfique [benefik] *adj* beneficial
Benelux [benelyks] *m* **le** ~ the Benelux countries
benêt [bənɛ] *m* simpleton
bénévolat [benevɔla] *m* volunteering; (*activité*) volunteer work
bénévole [benevɔl] **I.** *adj* **1.** (*volontaire*) voluntary **2.** (*gratuit*) unpaid; (*fonction*) voluntary **II.** *mf* volunteer; (*dans une fonction*) volunteer worker
bénévolement [benevɔlmɑ̃] *adv* voluntarily; (*gratuitement*) free
bengali [bɛ̃gali] *m* (*oiseau*) waxbill
Bengladesh [bɑ̃gladɛʃ] *v.* **Bangladesh**
béni(**e**) [beni] *adj soutenu* blessed
bénin, bénigne [benɛ̃, beniɲ] *adj* harmless; (*tumeur*) benign; (*punition*) mild
Bénin [benɛ̃] *m* **le** ~ Benin
bénir [beniʀ] <8> *vt a.* REL to bless
bénit(**e**) [beni, it] *adj* blessed; (*eau*) holy
bénitier [benitje] *m* font
benjamin(**e**) [bɛ̃ʒamɛ̃, in] *m(f)* youngest child
benne [bɛn] *f* **1.** TECH (*de charbon, minerai*) tub **2.** (*container*) Dumpster®; (*d'un camion*) dump truck bed **3.** (*cabine: d'un téléphérique*) cable car
benzine [bɛ̃zin] *f* benzine
B.E.P. [beøpe] *m abr de* **brevet d'études professionnelles** *vocational school certificate*
B.E.P.C. [beøpese] *m abr de* **brevet d'études du premier cycle** *general exams taken at age 16*
béqueter [bekte] <3> *v.* **becqueter**
béquille [bekij] *f* **1.** (*canne*) crutch **2.** (*support: d'une moto, d'un vélo*) stand
berbère [bɛʀbɛʀ] *adj, m* Berber; *v.a.* **français**
Berbère [bɛʀbɛʀ] *mf* Berber
bercail [bɛʀkaj] *m* **rentrer au** ~ to go back home
berçant(**e**) [bɛʀsɑ̃, ɑ̃t] *adj Québec* **chaise ~e** (*rocking-chair*) rocking chair
berçante [bɛʀsɑ̃t] *f Québec* (*rocking-chair*) rocking chair
berce [bɛʀs] *f Belgique* (*berceau d'enfant*) cradle
berceau [bɛʀso] <x> *m* **1.** (*couffin*) cradle **2.** (*lieu d'origine: d'une idée, technique, personne*) birthplace **3.** ARCHIT barrel vault **4.** BOT bower
bercement [bɛʀsəmɑ̃] *m* rocking
bercer [bɛʀse] <2> **I.** *vt* (*personne, canot, navire*) to rock **II.** *vpr* **se ~ d'illusions sur le compte de qn/qc** to harbor illusions about sb/sth
berceuse [bɛʀsøz] *f* **1.** (*chanson*) lullaby **2.** (*fauteuil*) rocking chair
béret [beʀɛ] *m* ~ **basque** beret
bergamote [bɛʀgamɔt] *f* BOT bergamot
berge [bɛʀʒ] *f* **1.** (*rive*) bank **2.** *plé, inf* (*années*) years; **avoir bien 50 ~s** to be well past 50
berger [bɛʀʒe] *m* (*chien*) sheepdog; ~ **allemand** German shepherd
berger, -ère [bɛʀʒe, -ɛʀ] *m, f* shepherd, shepherdess *m, f*
bergère [bɛʀʒɛʀ] *f* (*fauteuil*) wing chair
bergerie [bɛʀʒəʀi] *f* sheepfold
berk [bɛʀk] *interj* yuck
Berlin [bɛʀlɛ̃] Berlin
berline [bɛʀlin] *f* **1.** AUTO sedan **2.** MIN truck
berlingot [bɛʀlɛ̃go] *m* **1.** (*bonbon*) *hard candy* **2.** (*emballage*) carton
berlue [bɛʀly] *f inf* **dis donc, j'ai la ~** goodness, I must be seeing things
bermuda [bɛʀmyda] *m* (pair of) Bermuda shorts
Bermudes [bɛʀmyd(ə)] *fpl* **les ~** Bermuda
berne [bɛʀn] **être <u>en</u> ~** to be at half-mast
Berne [bɛʀn] Bern
berner [bɛʀne] <1> *vt* to fool
berzingue [bɛʀzɛ̃g] *inf* **à toute ~** flat out
besace [bəzas] *f* beggar's bag
besogne [bəzɔɲ] *f* work
besogneux, -euse [bəzɔɲø, -øz] *adj* **1.** (*nécessiteux*) needy **2.** (*affecté à de petits travaux*) hard-working
besoin [bəzwɛ̃] *m* **1.** (*nécessité*) **le ~ de sommeil de qn** sb's need for sleep **2.** *pl* (*nécessités*) **les ~s financiers de qn** sb's financial requirements **3.** (*nécessité d'uriner*) **~ naturel** call of nature ► **<u>avoir</u> ~ de qc** to need sth; **<u>au</u> ~** if necessary; **<u>dans</u> le ~** in need
bestial(**e**) [bɛstjal, -jo] <-aux> *adj* beastly; (*instinct, avidité*) animal
bestialité [bɛstjalite] *f* bestiality
bestiaux [bɛstjo] *mpl* livestock
bestiole [bɛstjɔl] *f inf* (*insecte*) creature; (*petit animal*) beastie
best-seller [bɛstsɛlœʀ] <best-sellers> *m* bestseller
bêta [beta] *app* INFORM **version ~ d'un programme** beta version of a program
bétail [betaj] *m sans pl* livestock
bétaillère [betajɛʀ] *f* cattle truck
bête [bɛt] **I.** *f* **1.** (*animal*) animal **2.** (*insecte*) bug **3.** (*qui a du talent*) star **II.** *adj* (*personne, histoire, question*) stupid ► **c'est <u>tout</u> ~** it's so simple

bêtement [bɛtmɑ̃] *adv* **1.** stupidly **2.** (*malencontreusement*) foolishly ▶**tout** ~ quite simply
bêtifier [betifje] <1> *vi* ~ **avec qn** to talk baby talk to sb
bêtise [betiz] *f* **1.** (*manque d'intelligence*) stupidity **2.** (*parole*) nonsense **3. faire une** ~ to do something silly
béton [betɔ̃] *m* concrete
bétonner [betɔne] <1> **I.** *vt* to concrete **II.** *vi* SPORT to stonewall
bétonnière [betɔnjɛʀ] *f* **1.** (*machine*) cement mixer **2.** (*camion*) cement truck
bette [bɛt] *f* Chinese cabbage
betterave [bɛtʀav] *f* beet
beuglement [bøgləmɑ̃] *m* **1.** (*meuglement: de la vache, du veau*) moo; (*du taureau, bœuf*) bellow **2.** *fig* (*de la radio, télé*) blare
beugler [bøgle] <1> *vi* **1.** (*meugler: vache, veau*) to moo; (*taureau, bœuf*) to bellow **2.** *fig* (*radio, télé*) to blare (out)
beur(e) [bœʀ] *m(f) inf: person born in France of North African parents*
beurk [bœʀk] *interj v.* **berk**
beurre [bœʀ] *m* butter
beurré(e) [bœʀe] *adj inf* tanked-up
beurrer [bœʀe] <1> *vt* to butter
beurrier [bœʀje] *m* butter dish
beurrier, -ière [bœʀje, -jɛʀ] *adj* butter
beuverie [bœvʀi] *f* (drinking) binge
bévue [bevy] *f* blunder
biais [bjɛ] *m* device; (*échappatoire*) way; **par le** ~ **de** through ▶**de** ~ indirectly
biaiser [bjeze] <1> *vi* to equivocate
bibelot [biblo] *m* trinket
biberon [bibʀɔ̃] *m* (baby) bottle
bible [bibl] *f* bible
biblio [biblijo] *f inf abr de* **bibliothèque**
bibliographie [biblijɔgʀafi] *f* bibliography
bibliographique [biblijɔgʀafik] *adj* bibliographical
bibliophile [biblijɔfil] *mf* book lover
bibliothécaire [biblijɔtekɛʀ] *mf* librarian
bibliothèque [biblijɔtɛk] *f* **1.** (*salle, collection*) library **2.** (*étagère*) bookshelf; (*armoire*) bookcase
biblique [biblik] *adj* biblical
bicarbonate [bikaʀbɔnat] *m* bicarbonate
bicentenaire [bisɑ̃tnɛʀ] *m* bicentenary
biceps [bisɛps] *m* biceps
biche [biʃ] *f* doe
bichonner [biʃɔne] <1> **I.** *vt* ~ **qn** to dress sb up; (*prendre bien soin de*) to pamper sb **II.** *vpr* **se** ~ to dress up
bicolore [bikɔlɔʀ] *adj* bicolored
bicoque [bikɔk] *f péj, inf* (*maison*) shack
bicorne [bikɔʀn] *m* cocked hat
bicross [bikʀɔs] *m* **1.** (*bicyclette*) BMX bike **2.** (*sport*) stunt biking
bicyclette [bisiklɛt] *f* bicycle; **faire de la** ~ to go cycling
bide [bid] *m inf* **1.** (*ventre*) belly **2.** (*échec*) flop
bidet [bidɛ] *m* **1.** (*cuvette*) bidet **2.** *inf* (*cheval*) nag
bidon [bidɔ̃] **I.** *m* **1.** (*récipient*) can; (*de lait*) milk-churn **2.** (*gourde*) flask **3.** MIL water bottle **4.** *inf* (*ventre*) belly **II.** *adj inv, inf* (*attentat, attaque*) phony
bidonner [bidɔne] <1> *vpr inf* **se** ~ to split one's sides (laughing)
bidonville [bidɔ̃vil] *m* slum; (*du tiers-monde*) shantytown
bidule [bidyl] *m inf* contraption
bielle [bjɛl] *f* (*de voiture*) track rod; (*de locomotive*) connecting rod
biélorusse [bjelɔʀys(ə)] **I.** *adj* Belorussian **II.** *m* Belorussian; *v.a.* **français**
Biélorusse [bjelɔʀys(ə)] *mf* Belorussian
Biélorussie [bjelɔʀysi] *f* **la** ~ Belarus
bien [bjɛ̃] **I.** *adv* **1.** (*beaucoup*) ~ **des gens** many people; **il a** ~ **du mal à** +*infin* he finds it very hard to +*infin* **2.** (*très*) very **3.** (*au moins*) at least **4.** (*plus*) **c'est** ~ **mieux** it's much better; ~ **assez** more than enough **5.** (*de manière satisfaisante*) well; **tu ferais** ~ **de me le dire** you should tell me **6.** (*comme il se doit: agir, se conduire, se tenir*) well; (*s'asseoir*) properly **7.** (*vraiment: avoir l'intention*) really; (*rire, boire*) a lot; (*imaginer, voir*) clearly; **aimer** ~ **qn/qc** to really like sb/sth; **je veux** ~ **t'aider** I'm happy to help you; **j'y compte** ~**!** I'm counting on it! **8.** (*à la rigueur*) **il a** ~ **voulu nous recevoir** he was kind enough to see us; **je vous prie de** ~ **vouloir faire qc** I would be grateful if you could do sth; **j'espère** ~**!** I should hope so! **9.** (*pourtant*) however **10.** (*en effet*) **il faut** ~ **s'occuper** you have to keep busy(, don't you?) **11.** (*aussi*) **tu l'as** ~ **fait, toi!** YOU did it, didn't you! **12.** (*effectivement*) really **13.** (*sans le moindre doute*) definitely **14.** (*typiquement*) **c'est** ~ **toi** that's just like you **15.** (*probablement*) probably; (*sûrement*) surely ▶**aller** ~ to be fine; **comment allez-vous? –** ~ **merci** how are you? – fine, thank you; **ou** ~ or; ~ **plus** much more; ~ **que tu sois trop jeune** although you are too young; **tant** ~ **que mal** in one way or another **II.** *adj inv* **1.** (*satisfaisant*) **être** ~ to be good **2.** (*en forme*) **être** ~ to be in shape; **se sentir** ~ to feel good **3.** (*à l'aise*) **être** ~ to be OK; **être** ~ **avec qn** to be comfortable with sb **4.** (*joli*) pretty; (*homme*) good-looking **5.** (*sympathique, qui présente bien*) nice **6.** (*comme il faut*) fine **III.** *m* **1.** (*capital physique ou moral*) good; **le** ~ **général** the general good; **le** ~ **et le mal** good and evil **2.** (*capital matériel*) *a.* JUR possessions; **avoir du** ~ to have property **3.** ECON ~**s de consommation** consumer goods
bien-aimé(e) [bjɛ̃neme] <bien-aimés> *adj* beloved
bien-être [bjɛ̃nɛtʀ] *m sans pl* **1.** well-being **2.** (*confort*) comfort
bienfaisance [bjɛ̃fəzɑ̃s] *f* charity
bienfaisant(e) [bjɛ̃fəzɑ̃, ɑ̃t] *adj* (*personne*) kindly; (*climat, pluie*) beneficial

bienfait [bjɛ̃fɛ] *m* **1.** (*action généreuse*) kindness; (*du ciel, des dieux*) godsend **2.** *pl* (*effet: de la science, d'un traitement, de la paix*) benefits
bienfaiteur, -trice [bjɛ̃fɛtœʀ, -tʀis] *m, f* **1.** (*sauveur*) savior **2.** (*mécène*) benefactor
bienheureux, -euse [bjɛ̃nœʀø, -øz] **I.** *adj* REL (*personne*) blessed **II.** *m, f* blessed one
bienséance [bjɛ̃seɑ̃s] *f* decorum
bientôt [bjɛ̃to] *adv* **1.** (*prochainement*) soon; **à ~!** see you soon! **2.** (*rapidement*) quickly
bienveillance [bjɛ̃vɛjɑ̃s] *f* kindness
bienveillant(e) [bjɛ̃vɛjɑ̃, jɑ̃t] *adj* kindly; (*comportement*) kind; **se montrer ~ envers qn** to be kind to sb
bienvenu(e) [bjɛ̃v(ə)ny] **I.** *adj* welcome **II.** *m(f)* **être le/la ~(e) pour qn/qc** to be very welcome to sb/sth
bienvenue [bjɛ̃v(ə)ny] **I.** *f* **souhaiter la ~ à qn** to welcome sb **II.** *interj Québec, inf* **~!** (*de rien! je vous en prie!*) you're welcome!
bière[1] [bjɛʀ] *f* beer; **~ blonde** lager beer; **~ brune** dark ale; **~ (à la) pression** draft beer
bière[2] [bjɛʀ] *f* coffin, casket
biffer [bife] <1> *vt* **~ qc** to cross sth out
bifteck [biftɛk] *m* steak
bifurcation [bifyʀkasjɔ̃] *f* **1.** (*embranchement*) fork **2.** BOT, ANAT branching
bifurquer [bifyʀke] <1> *vi* **1.** (*se diviser*) to divide **2.** (*changer de direction*) to turn off
bigame [bigam] *adj* bigamous
bigamie [bigami] *f* bigamy
bigarré(e) [bigaʀe] *adj* (*tissu*) multicolored; (*foule*) motley; (*langue*) colorful; (*société*) diverse
bigorneau [bigɔʀno] <x> *m* ZOOL winkle
bigot(e) [bigo, ɔt] **I.** *adj* sanctimonious **II.** *m(f)* religious zealot
bigoudi [bigudi] *m* curler
bihebdomadaire [biɛbdɔmadɛʀ] *adj* **être ~** (*journal, revue*) bi-weekly
bijou [biʒu] <x> *m* **1.** (*joyau*) jewel; **des ~x** jewelry **2.** (*chef-d'œuvre*) gem
bijouterie [biʒutʀi] *f* **1.** (*boutique*) jeweler's shop **2.** (*art*) jewelry making **3.** (*commerce*) jewelry trade **4.** (*objets*) jewelry
bijoutier, -ière [biʒutje, -jɛʀ] *m, f* jeweler
bilan [bilɑ̃] *m* **1.** FIN balance sheet **2.** (*résultat*) final result; (*d'un accident*) final toll; **faire un ~ de qc** to assess sth **3.** MED checkup **4.** COM, ECON **déposer le ~** to file for bankruptcy
bilatéral(e) [bilateʀal, -o] <-aux> *adj* (*des deux côtés*) *a.* MED, JUR, POL bilateral; (*stationnement*) on both sides
bile [bil] *f* **1.** ANAT bile **2.** (*amertume*) bitterness ► **se faire de la ~** to worry
biliaire [biljɛʀ] *adj* biliary
bilingue [bilɛ̃g] **I.** *adj* bilingual **II.** *mf* bilingual person
bilinguisme [bilɛ̃gɥism] *m* bilingualism
billard [bijaʀ] *m* **1.** (*jeu*) pool, billiards + *vb sing* **2.** (*lieu*) pool hall **3.** (*table*) pool table
bille[1] [bij] *f* **1.** (*petite boule*) marble **2.** (*au billard*) pool ball **3.** TECH **stylo à ~** ballpoint pen; **roulement à ~s** ball bearings *pl*
bille[2] [bij] *f inf* face
billet [bijɛ] *m* **1.** (*entrée, titre de transport*) ticket; **~ aller/aller-retour** one-way/round-trip ticket **2.** (*numéro*) ticket **3.** (*argent*) bill **4.** FIN **~ à ordre** promissory note **5.** (*message*) note
billetterie [bijɛtʀi] *f* **1.** (*caisse*) ticket office **2.** (*distributeur de billets*) **~ automatique** ATM, cash machine
bimensuel(le) [bimɑ̃sɥɛl] *adj* (*journal, revue*) semimonthly
bimestriel(le) [bimɛstʀijɛl] *adj* **être ~** (*journal, revue*) bimonthly
bimoteur [bimɔtœʀ] **I.** *adj inv* (*avion, bateau*) twin-engine **II.** *m* (*avion*) twin-engine plane
binaire [binɛʀ] *adj, m* binary
biner [bine] <1> *vt* to hoe
binette [binɛt] *f* hoe
bingo [biŋgo] *m* bingo
biniou [binju] *m* bagpipes *pl*
biocarburant [bjokaʀbyʀɑ̃] *m* biofuel
biochimie [bjoʃimi] *f* biochemistry
biochimiste [bjoʃimist] *mf* biochemist
biodégradable [bjodegʀadabl] *adj* ECOL biodegradable
biodégrader [bjodegʀade] *vpr* ECOL **se ~** to biodegrade
biodiversité [bjodivɛʀsite] *f* biodiversity
bioénergétique [bjoenɛʀʒetik] *f* PHYS bioenergetics + *vb sing*
bioénergie [bjoenɛʀʒi] *f* PSYCH bioenergy
bioéthique [bjoetik] *f* bioethics + *vb sing*
biographie [bjɔgʀafi] *f* biography
biographique [bjɔgʀafik] *adj* biographical
bio-industrie [bjɔɛ̃dystʀi] *f* bio-industry
biologie [bjɔlɔʒi] *f* biology
biologique [bjɔlɔʒik] *adj* (*conditions, agriculture*) biological; **aliments ~s** organic food + *vb sing*
biologiste [bjɔlɔʒist] *mf* biologist
biomasse [bjomas] *f* biomass
biopsie [bjɔpsi] *f* biopsy
biorythme [bjɔʀitm] *m* biorhythm
biosphère [bjosfɛʀ] *f* biosphere
biosynthèse [bjosɛ̃tɛz] *f* biosynthesis
biotechnique [bjotɛknik] *f* biotechnics + *vb sing*
biotechnologie [bjotɛknɔlɔʒi] *f* biotechnology
biotope [bjɔtɔp] *m* biotope
biovigilance [bjoviʒilɑ̃s] *f* biosafety
bip [bip] *m* **1.** (*son*) beep; **~ sonore** tone **2.** *inf* (*appareil*) pager
biparti(e) [bipaʀti] *adj*, **bipartite** [bipaʀtit] *adj* bipartite
bipartition [bipaʀtisjɔ̃] *f* bipartition
bipède [bipɛd] **I.** *adj* biped **II.** *m* biped; *iron* (*homme*) man
biplace [biplas] *adj, m* two-seater
biplan [biplɑ̃] *m* biplane
bique [bik] *f inf* nanny goat ► **vieille ~** *péj* old

hag
biréacteur [biʀeaktœʀ] *m* twin-engine jet
Birmanie [biʀmani] *f* **la** ~ Burma
bis [bis] **I.** *adv* **1. n° 12** ~ n° 12 a **2.** MUS repeat ▶ **~!** encore! **II.** *m* encore
bis(e) [bi, biz] *adj* gray-brown
bisaïeul(e) [bizajœl] *m(f)* great-grandfather, great-grandmother *m, f*
bisannuel(le) [bizanɥɛl] *adj* biennial
biscornu(e) [biskɔʀny] *adj* (*forme*) irregular; (*idée, esprit*) weird
biscoteau [biskɔto] <x> *m inf* biceps
biscotte [biskɔt] *f* melba toast
biscuit [biskɥi] *m* **1.** (*gâteau sec*) cookie **2.** (*pâtisserie*) sponge **3.** (*céramique*) biscuit
bise[1] [biz] *f* (*vent du Nord*) north wind
bise[2] [biz] *f inf* kiss; **se faire la** ~ to kiss each other on the cheek; **grosses ~s!** hugs and kisses!
biseau [bizo] <x> *m* bevel
biseauter [bizote] <1> *vt* **1.** TECH to bevel **2.** JEUX to mark
bisexualité [bisɛksɥalite] *f* bisexuality
bisexuel(le) [bisɛksɥɛl] *adj* bisexual
bison [bizɔ̃] *m* American buffalo; (*d'Europe*) bison
bisontin(e) [bizɔ̃tɛ̃, in] *adj* of Besançon
Bisontin(e) [bizɔ̃tɛ̃, in] *m(f)* person from Besançon
bisou [bizu] *m inf* kiss
bissectrice [bisɛktʀis] *f* MATH bisector
bisser [bise] <1> *vt* (*vers, chanson*) to repeat
bissextile [bisɛkstil] *adj* **année** ~ leap year
bistouri [bistuʀi] *m* lancet
bistro(t) [bistʀo] *m inf* bistro
bit [bit] *m* INFORM *abr de* **BInary digiT, chiffre binaire** bit
bite [bit] *f inf* cock
bitume [bitym] *m* **1.** (*asphalte*) asphalt **2.** *inf* (*trottoir*) sidewalk
bitumer [bityme] <1> *vt* to asphalt
bivouac [bivwak] *m* bivouac
bivouaquer [bivwake] <1> *vi* to bivouac
bizarre [bizaʀ] **I.** *adj* strange **II.** *m* **le ~, c'est que** the strange part of it is that
bizarrement [bizaʀmɑ̃] *adv* strangely
bizarrerie [bizaʀʀi] *f* (*d'une personne*) weird ways *pl;* (*d'une idée, initiative*) strangeness
bizarroïde [bizaʀɔid] *adj inf* weird
bizness [biznɛs] *m* business
blablabla [blablabla] *m inf* blather
blacklister [blakliste] <1> *vt* INFORM (*site, utilisateur*) to blacklist
black-out [blakaut] *m inv, a. fig* blackout
blafard(e) [blafaʀ, aʀd] *adj* pale
blague [blag] *f inf* **1.** (*histoire drôle*) joke **2.** (*farce*) trick **3.** (*tabatière*) tobacco pouch ▶ **sans ~!** you're kidding!
blaguer [blage] <1> *vi* to be kidding
blagueur, -euse [blagœʀ, -øz] **I.** *adj* (*sourire, air*) teasing **II.** *m, f* joker
blaireau [blɛʀo] <x> *m* **1.** ZOOL badger **2.** (*pour la barbe*) shaving brush
blairer [blɛʀe] <1> *vt inf* **je ne peux pas le ~** I can't stand him
blâmable [blɑmabl] *adj* blameworthy
blâme [blɑm] *m* **1.** (*désapprobation*) blame **2.** (*sanction*) reprimand
blâmer [blɑme] <1> *vt* **1.** (*désapprouver*) to disapprove **2.** (*condamner moralement*) to blame **3.** (*sanctionner*) to reprimand
blanc [blɑ̃] **I.** *m* **1.** (*couleur, vin, linge*) white; **se marier en ~** to have a white wedding **2.** TYP, INFORM space **3.** (*espace vide dans une traduction, un devoir*) blank **4.** (*espace vide sur une cassette*) space **5.** (*fard blanc*) white powder **6.** CULIN **~ d'œuf** egg white; **~ de poulet** white meat **7.** BOT (*maladie*) powdery mildew **II.** *adv* **laver plus ~** to wash whiter
blanc(he) [blɑ̃, blɑ̃ʃ] *adj* **1.** (*de couleur blanche*) white **2.** (*non écrit: bulletin de vote, feuille*) blank **3.** (*propre: draps*) clean **4.** (*pâle, non bronzé: personne, peau*) white **5.** (*innocent*) pure **6.** (*fictif: mariage*) unconsummated; (*examen*) practice
Blanc(he) [blɑ̃, blɑ̃ʃ] *m(f)* White
blanchâtre [blɑ̃ʃɑtʀ] *adj* whitish
blanche [blɑ̃ʃ] **I.** *adj v.* **blanc II.** *f* **1.** MUS half note **2.** (*boule de billard*) cue ball
blancheur [blɑ̃ʃœʀ] *f* whiteness; (*du visage, teint*) paleness
blanchiment [blɑ̃ʃimɑ̃] *m* (*d'un mur, d'une façade*) whitewashing; **~ de l'argent** money laundering
blanchir [blɑ̃ʃiʀ] <8> **I.** *vt* **1.** (*rendre blanc*) to whiten; (*mur*) to whitewash; (*linge, draps, cheveux*) to bleach **2.** (*nettoyer: linge*) to launder **3.** (*disculper*) **~ qn** to exonerate sb **4.** (*légaliser: argent*) to launder **5.** CULIN (*légumes*) to blanch **II.** *vi* to turn white; **~ sous l'effet de la lumière/au lavage** to turn white in the light/the wash **III.** *vpr* **se ~** to exonerate oneself
blanchisserie [blɑ̃ʃisʀi] *f* laundry
blanquette [blɑ̃kɛt] *f* **1.** blanquette **2.** (*vin*) **~ de Limoux** *sparkling white wine*
blasé(e) [blɑze] **I.** *adj* blasé **II.** *m(f)* blasé individual
blason [blɑzɔ̃] *m* coat of arms
blasphématoire [blasfematwaʀ] *adj* blasphemous
blasphème [blasfɛm] *m* blasphemy
blasphémer [blasfeme] <5> *vt, vi* to blaspheme
blatte [blat] *f* beetle; (*cafard*) cockroach
blazer [blazɛʀ, blazœʀ] *m* blazer
blé [ble] *m* **1.** (*plante*) wheat **2.** (*grain*) grain **3.** *inf* (*argent*) dough
bled [blɛd] *m péj, inf* (godforsaken) hole
blême [blɛm] *adj* (*visage*) sallow; (*lumière*) pale
blêmir [blemiʀ] <8> *vi* (*personne*) to turn pale; (*horizon*) to grow pale
blennorragie [blenɔʀaʒi] *f* MED gonorrhea
blessant(e) [blesɑ̃, ɑ̃t] *adj* hurtful
blessé(e) [blese] **I.** *adj* **1.** MED injured; (*soldat*)

wounded **2.** (*offensé*) hurt **II.** *m(f) a.* MIL casualty; **les ~s** the injured

blesser [blese] <1> **I.** *vt* **1.** MED to injure; MIL to wound **2.** (*meurtrir*) **~ les pieds** (*chaussures*) to hurt one's feet **3.** (*offenser*) to hurt; (*oreille, vue*) to offend **II.** *vpr* **se ~** to hurt oneself; (*sérieusement*) to injure oneself

blessure [blesyʀ] *f* **1.** (*lésion, plaie*) *a.* MIL wound **2.** *soutenu* (*offense*) offense

blet(te) [blɛ, blɛt] *adj* (*poire, nèfle*) overripe

blette [blɛt] *f* Chinese cabbage

bleu [blø] *m* **1.** (*couleur*) blue; **~ ciel** sky-blue; **~ clair/foncé** light/dark blue **2.** (*marque*) bruise **3.** (*vêtement*) (pair of) overalls **4.** (*fromage*) blue cheese **5.** CHIM **~ de méthylène** methylene blue **6.** *pl* SPORT **les ~s** the blues (*the French national soccer team, which wears blue*)

bleu(e) [blø] *adj* **1.** (*de couleur bleue*) blue **2.** CULIN (*steak*) very rare

bleuâtre [bløɑtʀ] *adj* bluish

bleue [blø] *f* **la grande ~** the open sea

bleuet [bløɛ] *m* **1.** (*fleur*) cornflower **2.** (*fruit*) blueberry

bleuir [bløiʀ] <8> **I.** *vt* **j'ai les mains/les lèvres toutes bleuies par le froid** my hands/lips are blue with the cold **II.** *vi* (*a. visage*) to turn blue

bleuté(e) [bløte] *adj* bluish

blindé [blɛ̃de] *m* armored

blindé(e) [blɛ̃de] *adj* **1.** (*renforcé: porte*) reinforced; (*voiture*) armored **2.** *inf* (*endurci*) **être ~ contre qc** to be immune to sth

blinder [blɛ̃de] <1> *vt* **1.** (*renforcer: porte*) to reinforce; (*véhicule*) armor **2.** *inf* (*endurcir*) **~ qn contre qc** to make sb immune to sth

bloc [blɔk] *m* **1.** (*masse de matière*) block **2.** (*cahier, carnet*) pad **3.** (*ensemble, pâté de maisons, immeuble*) block **4.** (*union*) group; **~ communiste** POL communist bloc ►**en ~** as a whole

blocage [blɔkaʒ] *m* **1.** (*action: des roues, freins*) locking; (*d'une pièce mobile, porte, d'un boulon*) jamming; (*d'un écrou, d'une vis*) over tightening; (*avec une cale*) wedging **2.** ECON (*des prix, salaires, commandes, d'un crédit*) freezing **3.** PSYCH block

bloc-cuisine [blɔkkɥizin] <blocs-cuisines> *m* kitchen cupboard [*o* cabinet]

bloc-moteur [blɔkmɔtœʀ] <blocs-moteurs> *m* TECH, AUTO engine block

bloc-notes [blɔknɔt] <blocs-notes> *m* notepad

blocus [blɔkys] *m* blockade

blond [blɔ̃] *m* (*couleur*) blond; **~ cendré/foncé** ash/dark blond

blond(e) [blɔ̃, blɔ̃d] **I.** *adj* blond; (*tabac, cigarettes*) mild; (*bière*) lager **II.** *m(f)* (*personne*) blond; (*femme*) blonde

blonde [blɔ̃d] *f* **1.** (*bière*) lager beer **2.** (*cigarette*) mild cigarette **3.** *Québec* (*maîtresse, fiancée*) **la ~ d'un homme** a man's girlfriend

blondir [blɔ̃diʀ] <8> *vi* (*cheveux*) to become lighter

bloquer [blɔke] <1> **I.** *vt* **1.** (*immobiliser*) to jam; (*passage, route, porte*) to block; (*vis, écrou*) to over tighten; (*pièce mobile, boulon*) to tighten; **être bloqué dans l'ascenseur** to be trapped in the elevator **2.** ECON (*a. négociations*) to freeze **3.** (*regrouper: jours de congé*) to group together; (*paragraphes*) to combine **4.** SPORT (*balle*) to block **5.** *Belgique, inf* (*bûcher, potasser*) to cram **6.** *Québec* (*coller, échouer*) to fail **II.** *vpr* **se ~** **1.** (*s'immobiliser*) to jam; (*roues, freins*) to lock **2.** PSYCH to freeze **3.** INFORM **se ~** (*programme*) to seize up **III.** *vi* **1.** *inf* PSYCH **~ qc** to block sth (out) **2.** INFORM (*programme*) to block

blottir [blɔtiʀ] <8> *vpr* **se ~ contre qn** to snuggle up against sb; **se ~ dans un coin** to huddle in a corner

blouse [bluz] *f* **1.** (*tablier*) overall **2.** (*corsage*) blouse

blouson [bluzɔ̃] *m* jacket ►**~ noir** Hell's Angel

blues [blus] *m inv* **1.** (*musique*) blues **2.** (*cafard*) **avoir un coup de ~** to have the blues

bluff [blœf] *m* bluff

bluffer [blœfe] <1> *vt, vi* to bluff

boa [bɔa] *m* boa

bob [bɔb] *m* SPORT bobsled

bobard [bɔbaʀ] *m inf* fib

bobine [bɔbin] *f* **1.** (*cylindre*) reel; (*de fil*) bobbin **2.** ELEC **~ d'allumage** coil **3.** *inf* (*mine*) face

bobiner [bɔbine] <1> *vt* **~ qc sur qc** to wind sth on sth

bobo [bobo] *m enfantin, inf* injury; **se faire ~** to get hurt

bobonne [bɔbɔn] *f péj, inf sans dét* (*épouse*) **venir avec ~** to come with one's better half

bobsleigh [bɔbslɛg] *m v.* **bob**

bocage [bɔkaʒ] *m* bocage (*land crossed with trees*)

bocal [bɔkal, -o] <-aux> *m* jar

bock [bɔk] *m* **1.** (*verre d'1/8 litre*) beer glass **2.** (*contenu*) beer

body [bɔdi] *m* bodysuit, leotard

bœuf [bœf, bø] **I.** *m* **1.** ZOOL ox **2.** (*opp: taureau, vache*) bullock **3.** (*viande*) beef **II.** *adj Suisse, inf* (*bête*) **c'est ~** that's silly

bof [bɔf] *interj* pfff (*expressing a lack of interest or enthusiasm*)

bogue [bɔg] *m o f* INFORM bug

bohème [bɔɛm] **I.** *adj* bohemian **II.** *mf* bohemian **III.** *f* Bohemia

Bohême [bɔɛm] *f* **la ~** Bohemia

bohémien(ne) [bɔemjɛ̃, jɛn] *m(f)* Bohemian

boille [bɔj] *f Suisse* (*récipient servant notamment au transport du lait*) milk churn

boire [bwaʀ] *irr* **I.** *vt* **1.** (*avaler un liquide*) to drink; **~ à la bouteille** to drink from the bottle **2.** (*s'imprégner de*) to absorb **II.** *vi* to drink; **~ à la santé de qn** to drink (to) sb's health **III.** *vpr* **se ~ à l'apéritif** to be drunk as an aperitif

bois [bwɑ] **I.** *m* **1.** (*forêt*) woods *pl* **2.** (*matériau*) wood; (*en planches, sur pied*) lumber **3.** (*gravure*) woodcut ▶**toucher du ~** to knock on wood **II.** *mpl* **1.** MUS woodwind **2.** (*cornes: des cervidés*) antlers

boisé(e) [bwɑze] *adj* wooded

boiser [bwɑze] <1> *vt* **~ qc** (*région*) to plant sth with trees

boiserie [bwɑzʀi] *f* woodwork

boisson [bwasɔ̃] *f* **1.** (*liquide buvable*) drink **2.** (*alcoolisme*) drinking

boîte [bwat] *f* **1.** (*récipient*) box; **~ à outils/en plastique** tool/plastic box; **~ à lunch** *Québec* (*gamelle*) lunch box; **~ à** [*o* **aux**] **lettres** mailbox; **~ postale** post office box **2.** (*conserve*) can; **~ de conserves** can (of food); **en ~** canned **3.** *inf* (*discothèque*) club; **~ de nuit** nightclub **4.** *inf* (*entreprise*) company **5.** MED **~ crânienne** cranium **6.** AVIAT **~ noire** black box **7.** AUTO **~ de vitesses** transmission **8.** INFORM **~ aux lettres (électronique)** (electronic) mailbox; **~ de réception** in box

boiter [bwate] <1> *vi* **1.** (*clopiner*) to limp **2.** *fig* (*raisonnement, comparaison*) to fall down

boiteux, -euse [bwatø, -øz] *adj* **1.** (*bancal: meuble*) wobbly; (*personne*) lame **2.** *fig* (*explication, raisonnement*) lame; (*paix*) shaky

boîtier [bwatje] *m* **1.** (*boîte*) box; (*pour des instruments, cassettes*) case **2.** ELEC **~ de télécommande** remote control

boitiller [bwatije] <1> *vi* to hobble

boiton [bwatɔ̃] *m Suisse* (*porcherie*) pigsty

bol [bɔl] *m* **1.** (*récipient*) bowl **2.** *inf* (*chance*) luck; **avoir du ~** to be lucky **3.** *Québec* (*cuvette*) **~ de toilette** toilet bowl ▶**en avoir ras le ~** *inf* to be fed up

boléro [bɔleʀo] *m* (*gilet*) bolero

bolet [bɔlɛ] *m* BOT boletus

bolide [bɔlid] *m* sports car

Bolivie [bɔlivi] *f* **la ~** Bolivia

bolivien(ne) [bɔlivjɛ̃, ɛn] *adj* Bolivian

Bolivien(ne) [bɔlivjɛ̃, ɛn] *m(f)* Bolivian

bombance [bɔ̃bɑ̃s] *f inf* **faire ~** to feast

bombardement [bɔ̃baʀdəmɑ̃] *m* **1.** MIL bombing; **~ aérien** aerial bombardment **2.** PHYS bombardment

bombarder [bɔ̃baʀde] <1> *vt* **1.** MIL to bomb; **~ qn de tomates** to pelt sb with tomatoes **2.** PHYS **~ qc de qc** to bombard sth with sth **3.** *inf* (*nommer à un poste*) **~ qn directeur** to thrust sb into the role of director

bombe [bɔ̃b] *f* **1.** MIL bomb; **~ lacrymogène** teargas grenade **2.** (*atomiseur*) spray **3.** (*casquette*) riding hat **4.** CULIN **~ glacée** (iced) bombe

bombé(e) [bɔ̃be] *adj* bombé

bomber [bɔ̃be] <1> **I.** *vt* **1.** (*gonfler: poitrine, torse*) to stick out **2.** *inf* (*peindre*) **~ qc sur qc** to spray paint sth **3.** (*passer un insecticide*) to spray **II.** *vi* (*bois, planche*) to warp; (*mur*) to camber

bon [bɔ̃] **I.** *m* **1.** (*coupon d'échange*) coupon, voucher; **~ de caisse** cash voucher **2.** FIN **~ du Trésor** Treasury bill **3.** (*ce qui est bon*) good part **4.** (*personne*) good person ▶**avoir du ~** to have one's merits **II.** *adv* **sentir ~** to smell good ▶**il fait ~** the weather's nice

bon(ne) [bɔ̃, bɔn] <meilleur> *adj antéposé* **1.** (*opp: mauvais*) good; **être ~ en latin/maths** to be good at Latin/math **2.** (*adéquat, correct*) right; (*remède, conseil a.*) good; **tous les moyens sont ~s** anything goes **3.** (*valable: billet, ticket*) valid **4.** (*agréable*) good; (*soirée, surprise, moment, vacances, week-end*) nice; (*eau*) good **5.** (*délicieux*) good; (*comestible*) OK **6.** (*intensif de quantité, de qualité*) good **7.** (*être fait pour*) **c'est ~ à savoir** that's worth knowing **8.** (*être destiné à*) **être ~ pour qc** to be in for sth ▶**c'est ~** (*a bon goût, fait du bien*) it's good; (*ça ira comme ça*) that's fine; (*tant pis*) that'll have to do; **à quoi ~?** what's the use?; **pour de ~?** for good?

bonbon [bɔ̃bɔ̃] *m* **1.** (*friandise*) candy; **~ acidulé** sour drop; **~ à la menthe** mint **2.** *Belgique* (*biscuit*) cookie

bonbonne [bɔ̃bɔn] *f* demijohn

bonbonnière [bɔ̃bɔnjɛʀ] *f* candy box

bond [bɔ̃] *m* **1.** (*action: d'une personne, d'un animal*) leap; SPORT jump; (*d'une balle*) bounce **2.** ECON **~ en avant** leap forward **3.** (*rebond*) **faire plusieurs ~s** to bounce several times

bonde [bɔ̃d] *f* **1.** (*ouverture: du tonneau*) bunghole; (*de l'évier, de la baignoire*) plughole **2.** (*bouchon: du tonneau*) stopper; (*de l'évier, de la baignoire*) plug

bondé(e) [bɔ̃de] *adj* jam-packed

bondir [bɔ̃diʀ] <8> *vi* **1.** (*sauter*) to jump; **~ hors du lit** to jump out of bed; **~ à la porte** to leap to the door **2.** (*sursauter*) to jump; **~ de joie** to jump with joy

bonheur [bɔnœʀ] *m* **1.** (*état*) happiness **2.** (*chance*) luck; **le ~ de vivre** the good fortune to be alive; **porter ~ à qn** to bring sb (good) luck ▶**par ~** luckily

bonhomie [bɔnɔmi] *f* good-naturedness

bonhomme [bɔnɔm, bɔ̃zɔm] <bonshommes> *m* **1.** *inf* (*homme*) man; (*plutôt négatif*) guy; **~ de neige** snowman **2.** (*petit garçon*) **petit ~** little fellow **3.** (*dessin*) stick figure

bonification [bɔnifikasjɔ̃] *f* **1.** (*amélioration: d'un vin*) maturation **2.** (*bonus*) bonus **3.** SPORT advantage

bonifier [bɔnifje] <1> **I.** *vt* (*terres*) to improve **II.** *vpr* **se ~** to improve; (*vin*) to mature

boniment [bɔnimɑ̃] *m* **1.** (*baratin: d'un vendeur, camelot*) sales talk **2.** (*mensonges*) tall tale

bonjour [bɔ̃ʒuʀ] **I.** *interj* **1.** (*salutation*) hello; **dire ~ à qn** to say hello to sb **2.** *Québec* (*bonne journée*) have a nice day **II.** *m* **donner bien le ~ à qn de la part de qn** to pass on sb's regards to sb

> **i** **Bonjour** is used for both good morning and good afternoon. In the evening, use *bonsoir.* Use *bonne nuit* at the end of the evening when you say goodbye.

bonne [bɔn] *f* maid; ~ **d'enfants** nanny; *v.a.* **bon**
bonnement [bɔnmɑ̃] *adv* **tout** ~ quite simply
bonnet [bɔnɛ] *m* **1.** (*coiffure*) hat; (*du nourrisson, du bébé*) bonnet; ~ **de bain** shower cap **2.** (*poche: du soutien-gorge*) cup
bonneterie [bɔnɛtʀi, bɔn(ə)tʀi] *f* **1.** (*articles*) hosiery **2.** (*commerce*) hosiery trade **3.** (*magasin*) hosiery store
bonsoir [bɔ̃swaʀ] *interj* (*en arrivant*) good evening; (*en partant*) good night
bonté [bɔ̃te] *f* kindness; **avec** ~ kindly
bonus [bɔnys] *m* bonus
bonze [bɔ̃z] *m* **1.** bonze **2.** *péj, inf* (*personnage en vue*) bigwig
boom [bum] *m* boom
boomerang [bumʀɑ̃g] *m* boomerang
booster [buste] <1> *vt* (*ventes, mémoire*) to beef up; (*équipe*) to boost
booter [bute] <1> *vi* INFORM to boot up
bord [bɔʀ] *m* side; (*d'une table*) edge; (*d'un trottoir*) curb; (*d'un lac, d'une rivière*) bank; (*de la mer*) shore; (*d'un chapeau*) brim; **au** ~ **de** (**la**) **mer** by the sea ▶ **passer par-dessus** ~ to go overboard; **virer de** ~ to tack; **à** ~ on board; **au** ~ **du lac** by the lake
bordeaux [bɔʀdo] **I.** *m* Bordeaux (wine) **II.** *adj inv* burgundy
bordée [bɔʀde] *f* **1.** broadside **2.** *fig, inf* ~ **d'injures** volley of insults
bordel [bɔʀdɛl] **I.** *m* **1.** *vulg* (*maison close*) brothel, whorehouse **2.** *inf* (*désordre*) chaos **II.** *interj inf* goddammit
bordelais(**e**) [bɔʀdəlɛ, ɛz] *adj* of Bordeaux
Bordelais(**e**) [bɔʀdəlɛ, ɛz] *m(f)* person from Bordeaux
bordélique [bɔʀdelik] *adj inf* **c'est** ~ (*mal organisé*) it's chaos; (*mal rangé*) it's a dump
border [bɔʀde] <1> *vt* **1.** (*longer*) **la route est bordée d'arbres** trees run alongside the road; **la place est bordée d'arbres** the square is surrounded by trees **2.** COUT ~ **un mouchoir de dentelle** to edge a handkerchief with lace **3.** (*couvrir*) ~ **qn** to tuck sb in; ~ **un lit** to tuck the covers in **4.** NAUT ~ **une voile** to pull on a sail
bordereau [bɔʀdəʀo] <x> *m* **1.** (*formulaire*) note; ~ **de livraison** delivery slip **2.** (*liste*) list **3.** (*facture*) invoice
bordier [bɔʀdje] *m Suisse* (*riverain*) (local) resident
bordure [bɔʀdyʀ] *f* **1.** (*bord*) side; (*d'un quai*) edge; (*du trottoir*) curb; (*empiècement*) surround **2.** (*rangée*) line
boréal(**e**) [bɔʀeal, -o] <s o -aux> *adj* northern
borgne [bɔʀɲ] *adj* **1.** (*éborgné: personne*) blind in one eye **2.** ARCHIT (*fenêtre*) blind **3.** (*mal famé: hôtel, rue*) sleazy
borne [bɔʀn] *f* **1.** (*pierre*) marker; ~ **kilométrique** kilometer marker **2.** (*protection*) post **3.** *pl* (*limite*) limits; **dépasser les** ~**s** (*personne*) to go too far; (*ignorance, bêtise*) to know no bounds **4.** *inf* (*distance de 1 km*) kilometer **5.** ELEC terminal
borné(**e**) [bɔʀne] *adj* limited; (*personne*) narrow-minded; (*vue*) shortsighted
borner [bɔʀne] <1> **I.** *vt* **1.** (*limiter: terrain*) to mark out **2.** *fig* ~ **son ambition à qc** to limit one's ambitions to sth **II.** *vpr* **se** ~ **à qc** (*se limiter à*) to limit oneself to sth; (*se contenter de*) to content oneself with sth
bosniaque [bɔsnjak(ə)] *adj* Bosnian
Bosniaque [bɔsnjak(ə)] *mf* Bosnian
Bosnie-Herzégovine [bɔsni ɛʀzegɔvin(ə)] *f* **la** ~ Bosnia-Herzegovina
bosnien(**ne**) [bɔsnjɛ̃, ɛn] *adj* Bosnian
Bosnien(**ne**) [bɔsnjɛ̃, ɛn] *m(f)* Bosnian
bosquet [bɔskɛ] *m* copse
bosse [bɔs] *f* **1.** (*déformation*) bump **2.** (*protubérance, difformité*) hump
bosser [bɔse] <1> **I.** *vi inf* to work; (*travailler dur*) to slave; (*bûcher*) to cram **II.** *vt inf* (*matière*) to cram (for)
bosseur, -euse [bɔsœʀ, -øz] *m, f inf* hard worker
bossu(**e**) [bɔsy] **I.** *adj* hunchbacked; (*voûté*) hunched **II.** *m(f)* hunchback
botanique [bɔtanik] **I.** *adj* botanical **II.** *f* botany
botaniste [bɔtanist] *mf* botanist
Botswana [bɔtswana] *m* **le** ~ Botswana
botte [bɔt] *f* **1.** (*chaussure*) boot **2.** (*paquet: de légumes, fleurs*) bunch; (*de foin, paille*) (*en gerbe*) sheaf; (*au carré*) bale **3.** (*en escrime*) thrust
botté(**e**) [bɔte] *adj* **être** ~ to be wearing boots
botter [bɔte] <1> *vt* ~ **le derrière/les fesses à qn** to give sb a kick in the rear
bottillon [bɔtijɔ̃] *m* ankle boot
bottin® [bɔtɛ̃] *m* directory
bottine [bɔtin] *f* bootee
bouc [buk] *m* **1.** ZOOL billy goat **2.** (*barbe*) goatee ▶ ~ **émissaire** scapegoat
boucan [bukɑ̃] *m inf* racket
bouche [buʃ] *f* (*ouverture*) *a.* ANAT, ZOOL, GEO mouth; **parler la** ~ **pleine** to speak with one's mouth full; **les** ~**s du Rhône** the mouth of the River Rhone; ~ **de métro** subway entrance ▶ ~ **bée** open mouthed; **être une fine** ~ to be a gourmet
bouché(**e**) [buʃe] *adj* **1.** METEO (*temps*) cloudy; (*ciel*) overcast **2.** (*sans avenir*) hopeless **3.** *inf* (*idiot: personne*) stupid
bouche-à-bouche [buʃabuʃ] *m sans pl* mouth-to-mouth; **faire du** ~ **à qn** to give sb the kiss of life
bouchée [buʃe] *f* **1.** (*petit morceau*) morsel **2.** (*ce qui est dans la bouche*) mouthful ▶ **pour une** ~ **de pain** for a song
boucher [buʃe] <1> **I.** *vt* (*bouteille*) to cork;

(*trou, toilettes, évier*) to block, to fill in; (*fente*) to fill; **avoir le nez bouché** to have a stuffy nose **II.** *vpr* **se ~** (*évier*) to get blocked; **se ~ le nez** to hold one's nose; **se ~ les oreilles** to plug one's ears

boucher, -ère [buʃe, -ɛʀ] *m, f a. péj* butcher

bouchère [buʃɛʀ] *f* (*femme du boucher*) butcher's wife

boucherie [buʃʀi] *f* **1.** (*magasin*) butcher's (shop) **2.** (*métier*) butchery **3.** (*massacre*) slaughter ►**faire** ~ *Suisse, Québec* (*tuer le cochon*) to slaughter the pig

boucherie charcuterie [buʃʀiʃaʀkytʀi] <boucheries charcuteries> *f* butcher's shop and delicatessen

bouche-trou [buʃtʀu] <bouche-trous> *m* **1.** (*personne*) stopgap **2.** TV filler

bouchon [buʃɔ̃] *m* **1.** (*pour boucher: d'une bouteille*) stopper; (*de liège*) cork; (*d'une carafe, d'un évier*) plug; (*d'un bidon, tube, radiateur, réservoir*) cap; **sentir le ~** (*vin*) to be corked **2.** (*à la pêche*) float **3.** (*embouteillage*) traffic jam

bouchonné(e) [buʃɔne] *adj* **un vin ~** a corked wine

boucle [bukl] *f* **1.** (*objet en forme d'anneau: de soulier, ceinture, d'un harnais*) buckle; **~ d'oreille** earring **2.** (*qui s'enroule*) **~ de cheveux** curl **3.** (*forme géométrique*) *a.* INFORM, AVIAT loop **4.** SPORT (*en voiture, à pied*) lap

bouclé(e) [bukle] *adj* (*cheveux, poils*) curly

boucler [bukle] <1> **I.** *vt* **1.** (*attacher*) to buckle; **~ la ceinture de sécurité** to put on one's seat belt **2.** *inf* (*fermer: magasin, porte, bagages*) to close **3.** (*terminer*) **~ qc** (*affaire, recherches, travail*) to wrap sth up **4.** (*équilibrer: budget*) to balance **5.** POL, MIL (*encercler*) to surround; (*quartier*) to seal off **6.** *inf* (*enfermer*) **~ qn** to shut sb up **7.** (*friser, onduler*) **~ ses cheveux** to curl one's hair **II.** *vi* **1.** (*friser*) **ses cheveux bouclent naturellement** her hair is naturally curly **2.** INFORM to loop **III.** *vpr* **1.** (*se faire des boucles*) **se ~** to curl **2.** (*s'enfermer*) **se ~ dans sa chambre** to shut oneself in one's room

bouclier [buklije] *m* (*protection*) *a.* MIL shield

Bouddha [buda] *m* Buddha

bouddhisme [budism] *m* Buddhism

bouddhiste [budist] *adj, mf* Buddhist

bouder [bude] <1> **I.** *vi* to sulk **II.** *vt* **1.** (*montrer du mécontentement à qn*) to ignore **2.** (*ne plus rechercher qc*) **~ un produit** to keep away from a product

bouderie [budʀi] *f* sulking

boudeur, -euse [budœʀ, -øz] **I.** *adj* sulky **II.** *m, f* sulker

boudin [budɛ̃] *m* **1.** (*charcuterie*) blood sausage; **~ noir** black pudding; **~ blanc** white sausage **2.** *inf* (*fille grosse et disgracieuse*) dumpling **3.** *Belgique, Nord* (*traversin*) bolster

boudiné(e) [budine] *adj* **1.** (*en forme de boudin: doigt*) fat **2.** (*serré dans un vêtement étriqué*) **se sentir ~ dans qc** to feel like sth is too tight

boue [bu] *f* mud

bouée [bwe] *f* **1.** (*balise*) buoy **2.** (*protection gonflable*) float; **~ de sauvetage** life preserver; *fig* lifeline

boueux, -euse [bwø, -øz] *adj* (*chaussures, chemin, eau*) muddy

bouffant(e) [bufɑ̃, ɑ̃t] *adj* **des manches ~es** puffed sleeves; **pantalon ~** baggy pants

bouffe [buf] *f inf* grub

bouffée [bufe] *f* **1.** (*souffle*) **tirer des ~s de sa pipe** to puff on one's pipe; **~ d'air frais/chaud** puff of cold/warm air **2.** (*odeur*) whiff **3.** (*poussée*) **~ de chaleur** hot flash

bouffer [bufe] <1> **I.** *vi* **1.** *inf* (*manger*) to eat **2.** (*se gonfler*) to puff up **II.** *vt inf* **1.** (*manger*) to eat **2.** (*consommer: essence, huile*) to swallow; (*kilomètres*) to eat up

bouffi(e) [bufi] *adj* (*gonflé: visage*) bloated; (*yeux*) puffy; (*mains*) swollen

bouffon(ne) [bufɔ̃, ɔn] **I.** *adj* farcical **II.** *m(f)* clown

bouffonnerie [bufɔnʀi] *f* antics; (*d'une scène, pièce*) drollery

bouge [buʒ] *m* **1.** (*bar mal famé*) dive **2.** (*taudis*) dump

bougeoir [buʒwaʀ] *m* candlestick

bougeotte [buʒɔt] *f inf* **avoir la ~** to have the fidgets

bouger [buʒe] <2a> **I.** *vi* **1.** (*remuer*) to move **2.** POL (*protester*) to kick up a fuss **3.** *inf* (*changer, s'altérer*) to change; (*couleur*) to fade; (*tissu*) to shrink; **ne pas ~** (*prix, taux*) to stay the same **4.** (*se déplacer, voyager*) to move around; **je ne bouge pas d'ici!** I'm staying right here! **II.** *vt* to move **III.** *vpr inf* **se ~** **1.** (*se remuer*) to move **2.** (*faire un effort*) to put oneself out

bougie [buʒi] *f* **1.** (*chandelle*) candle **2.** AUTO spark plug

bougon(ne) [bugɔ̃, ɔn] **I.** *adj* grumpy **II.** *m(f)* grouch

bougonner [bugɔne] <1> *vi* to mutter; **~ contre qn/qc** to grumble about sb/sth

bougre, bougresse [bugʀ, bugʀɛs] *m, f inf* guy

bouillabaisse [bujabɛs] *f* CULIN bouillabaisse (*Provençal soup with fish cooked in water or white wine, seasoned with garlic, saffron and olive oil*)

bouillant(e) [bujɑ̃, jɑ̃t] *adj* **1.** (*qui bout, très chaud*) boiling **2.** (*fougueux*) fiery

bouille [buj] *f inf* face

bouillie [buji] *f* baby food

bouillir [bujiʀ] *irr* **I.** *vi* **1.** (*être en ébullition*) to be boiling **2.** (*porter à ébullition*) to boil **3.** (*laver à l'eau bouillante, stériliser*) to boil, to wash in boiling water **4.** (*s'emporter*) **~ de colère/de rage** to be seething with anger/rage **II.** *vt* (*lait, eau, viande, légumes*) to boil; (*linge*) to boil, to wash in boiling water

bouilloire [bujwaʀ] *f* kettle
bouillon [bujɔ̃] *m* **1.** (*soupe*) stock **2.** (*bouillonnement*) bubble **3.** BIO **~ de culture** culture medium; *fig* breeding ground
bouillon-cube [bujɔ̃kyb] <bouillons-cubes> *m* bouillon cube
bouillonnement [bujɔnmɑ̃] *m a. fig* bubbling; (*des idées*) ferment
bouillonner [bujɔne] <1> *vi* **1.** (*produire des bouillons*) to bubble **2.** (*être énervé*) **~ de rage/colère** to be seething with rage/anger **3.** (*être imaginatif*) **~ d'idées** to be bubbling with ideas
bouillotte [bujɔt] *f* hot-water bottle
boulanger, -ère [bulɑ̃ʒe, -ɛʀ] *m, f* baker
boulangère [bulɑ̃ʒɛʀ] *f* (*femme d'un boulanger*) baker's wife
boulangerie [bulɑ̃ʒʀi] *f* **1.** (*magasin, métier*) bakery **2.** (*usine*) **~ industrielle** industrial bakery
boulangerie-pâtisserie [bulɑ̃ʒʀipɑtisʀi] <boulangeries-pâtisseries> *f* bakery and pastry shop
boulanger-pâtissier [bulɑ̃ʒepɑtisje] <boulangers-pâtissiers> *m* baker-pastry chef
boule [bul] *f* **1.** (*sphère*) ball **2.** (*objet de forme ronde*) **~ de glace** scoop of ice cream; **~ de neige** snowball; **~ de coton** cotton ball; **~ à thé** tea infuser **3.** *plé, inf* (*testicules*) balls **4.** *pl* JEUX **jeu de ~s** game of (lawn) bowls **5.** *inf* (*tête*) **perdre la ~** (*devenir fou*) to go crazy; (*s'affoler*) to lose one's head **6.** INFORM **~ de commande** trackball **7.** *Belgique* (*bonbon*) candy
bouleau [bulo] <x> *m* BOT birch (tree)
bouledogue [buldɔg] *m* ZOOL bulldog
boulet [bulɛ] *m* **1.** (*boule de métal pour charger les canons*) cannonball **2.** (*boule de métal attachée aux pieds des condamnés*) ball **3.** (*fardeau*) ball and chain **4.** (*charbon*) lump
boulette [bulɛt] *f* **1.** (*petite boule*) pellet **2.** CULIN meatball
boulevard [bulvaʀ] *m* boulevard
bouleversant(e) [bulvɛʀsɑ̃, ɑ̃t] *adj* (*spectacle, récit*) distressing; (*acteur, rôle*) moving
bouleversement [bulvɛʀsəmɑ̃] *m* distress; (*dans la vie d'une personne*) upheaval
bouleverser [bulvɛʀse] <1> *vt* **1.** (*causer une émotion violente: personne*) to shake **2.** (*apporter des changements brutaux*) **~ qc** (*carrière, vie*) to turn sth upside down; (*emploi du temps, programme*) to disrupt sth
boulimie [bulimi] *f* MED bulimia
boulimique [bulimik] **I.** *adj* **1.** (*vorace*) bulimic **2.** (*insatiable*) compulsive **II.** *mf* bulimic
bouliste [bulist] *mf* (lawn) bowler
boulodrome [bulodʀom] *m* (lawn) bowling ground
boulon [bulɔ̃] *m* bolt
boulonner [bulɔne] <1> **I.** *vt* to bolt down **II.** *vi inf* (*travailler*) to slave
boulot [bulo] *m inf* **1.** (*travail*) work **2.** (*emploi*) job
boulotter [bulɔte] <1> *vt, vi inf* to eat
boum[1] [bum] **I.** *interj* bang **II.** *m* (*bruit sonore*) boom
boum[2] [bum] *f inf* party
bouquet [bukɛ] *m* **1.** (*botte: de fleurs*) bunch; (*chez le fleuriste*) bouquet; (*de persil, thym*) bunch **2.** (*gerbe finale: d'un feu d'artifice*) grand finale (*of a firework display*) **3.** (*parfum: d'un vin*) bouquet **4.** (*grosse crevette*) prawn
bouquetin [buktɛ̃] *m* ZOOL ibex
bouquin [bukɛ̃] *m inf* book
bouquiner [bukine] <1> *vi inf* to read
bouquiniste [bukinist] *mf* used bookseller (*especially one with a stall on the banks of the Seine in Paris*)
bourbier [buʀbje] *m* mess
bourbon [buʀbɔ̃] *m* bourbon
bourde [buʀd] *f inf* (*bévue*) blunder
bourdon [buʀdɔ̃] *m* **1.** ZOOL bumblebee **2.** MUS drone; (*d'un orgue*) bourdon
bourdonnement [buʀdɔnmɑ̃] *m* (*d'un insecte*) buzzing; (*d'un moteur*) humming; (*des voix*) buzz
bourdonner [buʀdɔne] <1> *vi* (*moteur, hélice*) to hum; (*insecte*) to buzz
bourg [buʀ] *m* village
bourgeois(e) [buʀʒwa, waz] **I.** *adj* **1.** (*relatif à la bourgeoisie*) bourgeois; **classe ~e** middle-class **2.** *péj* (*étroitement conservateur*) bourgeois **II.** *m(f)* **1.** (*qui appartient à la bourgeoisie*) *a. péj* bourgeois **2.** HIST burgess **3.** *Suisse* (*personne possédant la bourgeoisie*) burgess
bourgeoisie [buʀʒwazi] *f* **1.** (*classe sociale*) bourgeoisie, middle-classes *pl* **2.** HIST burgesses *pl* **3.** *Suisse* (*droit de cité que possède toute personne dans sa commune d'origine*) right of residence
bourgeon [buʀʒɔ̃] *m* bud
bourgeonner [buʀʒɔne] <1> *vi* **1.** BOT (*arbre*) to bud **2.** *fig* to break out
bourgmestre [buʀgmɛstʀ] *m Belgique* (*maire*) burgomaster
bourgogne [buʀgɔɲ] *m* Burgundy (*wine*)
Bourgogne [buʀgɔɲ] *f* **la ~** Burgundy
bourguignon(ne) [buʀgiɲɔ̃, ɔn] *adj* **1.** (*de Bourgogne*) Burgundian **2.** CULIN **bœuf ~** beef bourguignon (*beef cooked in red wine*)
Bourguignon(ne) [buʀgiɲɔ̃, ɔn] *m(f)* Burgundian
bourlinguer [buʀlɛ̃ge] <1> *vi fig, inf* to get around
bourrade [buʀad] *f* shove
bourrage [buʀaʒ] *m* **1.** (*l'action de bourrer qc: d'un coussin, matelas*) stuffing; (*d'une pipe*) filling **2.** *fig, inf* **~ de crâne** (*endoctrinement*) brainwashing; (*gavage intellectuel*) cramming **3.** INFORM **~ de papier** paper jam
bourrasque [buʀask] *f* **1.** METEO (*de vent*) gust; (*de neige*) flurry **2.** *fig* (*d'injures, de mots, paroles*) flurry
bourratif, -ive [buʀatif, -iv] *adj inf* (*aliment*) filling

bourre [buʀ] *f* **1.** (*matière de remplissage*) stuffing; (*d'une arme, cartouche*) wadding **2.** (*duvet des bourgeons*) down

bourré(e) [buʀe] *adj* **1.** (*plein à craquer*) jam-packed; (*portefeuille*) full; **être ~ de fautes** to be full of mistakes **2.** *inf* (*ivre*) plastered

bourreau [buʀo] <x> *m* **1.** (*exécuteur*) executioner **2.** (*tortionnaire*) torturer; **~ d'enfants** child abuser; **~ des cœurs** *iron* lady-killer

bourrelet [buʀlɛ] *m* **1.** (*pour isoler*) weather strip **2.** ANAT (*de chair, graisse*) spare tire *inf*

bourrer [buʀe] <1> **I.** *vt* **1.** (*remplir*) to stuff; (*pipe*) to fill **2.** (*gaver*) **~ qn de nourriture** to stuff sb with food **II.** *vpr* **se ~ de qc** to stuff oneself with sth

bourriche [buʀiʃ] *f* **1.** (*panier*) hamper **2.** (*contenu*) **manger une ~ d'huîtres** to eat a hamper of oysters

bourrique [buʀik] *f inf* ass ▶ **faire tourner qn en ~** to drive sb up the wall

bourru(e) [buʀy] *adj* (*peu aimable*) surly

bourse[1] [buʀs] *f* **1.** (*porte-monnaie*) purse **2.** (*allocation*) **~ d'études** scholarship **3.** *pl* ANAT scrotum

bourse[2] [buʀs] *f* FIN **la Bourse** (*lieu*) the stock exchange; (*ensemble des cours*) the stock market; **jouer à la Bourse** to play the stock market

boursier, -ière[1] [buʀsje, -jɛʀ] **I.** *adj* **étudiant ~/étudiante boursière** scholarship student **II.** *m, f* scholarship student

boursier, -ière[2] [buʀsje, -jɛʀ] **I.** *adj* (*relatif à la Bourse*) stock market **II.** *m, f* (*professionnel de la Bourse*) stockbroker

boursouflé(e) [buʀsufle] *adj* **1.** (*gonflé*) swollen **2.** (*emphatique: style, discours*) bombastic

boursoufler [buʀsufle] <1> *vt* to puff up

boursouflure [buʀsuflyʀ] *f* (*de la peau, du visage*) puffiness; (*d'une surface, peinture*) blistering

bouscueil [buskœj] *m Québec* (*mouvement des glaces sous l'action du vent, de la marée ou du courant*) ice movement

bousculade [buskylad] *f* **1.** (*remous de foule*) crush **2.** (*précipitation*) rush

bousculer [buskyle] <1> **I.** *vt* **1.** (*heurter: personne*) to shove; **~ qc** (*livres, chaises*) to knock sth over **2.** (*mettre sens dessus dessous*) **~ qc** to turn sth upside down **3.** (*modifier brutalement*) **~ qc** (*conception, traditions*) to turn sth upside down; (*projet*) to turn sth around **4.** (*exercer une pression sur qn*) to pressure **II.** *vpr* **se ~ 1.** (*se pousser mutuellement*) to jostle each other **2.** (*être en confusion: sentiments*) to be confused

bouse [buz] *f* cow manure

bousiller [buzije] <1> *vt inf* **1.** (*mettre hors d'usage*) to ruin **2.** (*mal faire: travail*) to bungle

boussole [busɔl] *f* compass

bout [bu] *m* **1.** (*extrémité: du doigt, nez*) tip; (*d'un objet*) end; **~ à ~** end to end; **jusqu'au ~** to the end **2.** (*limite*) end; **tout au ~** at the very end **3.** (*morceau*) bit; **~ d'essai** CINE screen test **4.** (*terme*) end; **au ~ d'un moment/d'une année** after a while/year ▶ **à ~ de bras** at arm's length; **à tout ~ de champ** all the time; **être à ~ de forces/nerfs** to be exhausted/at the end of one's tether; **être à ~ de souffle** to be out of breath; **mettre qn à ~** to push sb to the limit; **venir à ~ de qn** to get the better of sb; **venir à ~ de qc** to finish sth off

boutade [butad] *f* wisecrack

boute-en-train [butɑ̃tʀɛ̃] *m inv* party animal; **le ~ de qc** the life of sth

bouteille [butɛj] *f* **~ consignée/non consignée** refundable/non-refundable bottle; **boire à la ~** to drink from the bottle

boutique [butik] *f* **1.** (*magasin*) shop **2.** (*magasin de prêt-à-porter*) boutique **3.** *inf* (*entreprise*) outfit

bouton [butɔ̃] *m* **1.** COUT (*de vêtement*) button **2.** (*commande d'un mécanisme: de la radio, télé, sonnette*) button; (*de porte*) doorknob; (*d'un interrupteur*) switch **3.** MED **~ de fièvre** cold sore; **~ d'acné** pimple **4.** BOT bud **5.** INFORM button; **~ Démarrer** Start button; **~ droit/gauche de la souris** right/left mouse button

bouton-d'or [butɔ̃dɔʀ] <boutons-d'or> *m* BOT buttercup

boutonné(e) [butɔne] *adj* buttoned

boutonner [butɔne] <1> **I.** *vt* to button (up) **II.** *vi* to button **III.** *vpr* **se ~** (*vêtement*) to button (up); (*personne*) to button oneself up

boutonneux, -euse [butɔnø, -øz] *adj* pimply

boutonnière [butɔnjɛʀ] *f* buttonhole

bouton-poussoir [butɔ̃puswaʀ] <boutons-poussoirs> *m* (push) button

bouton-pression [butɔ̃pʀesjɔ̃] <boutons-pression> *m* snap

bouture [butyʀ] *f* cutting

bouvreuil [buvʀœj] *m* bullfinch

bovidés [bɔvide] *mpl* bovines

bovin(e) [bɔvɛ̃, in] **I.** *adj* (*qui concerne le bœuf*) bovine **II.** *mpl* cattle

bowling [buliŋ] *m* **1.** (*jeu*) bowling **2.** (*lieu*) bowling alley

box [bɔks] <es> *m* **1.** (*dans une écurie*) (box) stall; (*dans un garage*) garage **2.** JUR **~ des accusés** dock

boxe [bɔks] *f* boxing

boxer[1] [bɔkse] <1> **I.** *vi* to box; **~ contre qn** to box sb **II.** *vt inf* **~ qn** to punch sb

boxer[2] [bɔksɛʀ] *m* (*short*) boxers *pl*

boxeur, -euse [bɔksœʀ, -øz] *m, f* boxer

box-office [bɔksɔfis] <box-offices> *m* box office

boxon [bɔksɔ̃] *m inf* whorehouse

boyau [bwajo] <x> *m* **1.** *pl* ANAT guts **2.** (*chambre à air*) inner tube **3.** (*corde: d'une raquette, d'un violon*) catgut

boycott [bɔjkɔt] *m*, **boycottage** [bɔjkɔtaʒ] *m* boycott

boycotter [bɔjkɔte] <1> *vt* to boycott

boy-scout [bɔjskut] <boy-scouts> *m* boy scout
B.P. [bepe] *abr de* **boîte postale** post office box
Brabant [bʀabɑ̃] *m* **le** ~ Brabant
bracelet [bʀaslɛ] *m* bracelet; (*rigide*) bangle
bracelet-montre [bʀaslɛmɔ̃tʀ] <bracelets-montres> *m* wristwatch
braconner [bʀakɔne] <1> *vi* (*à la chasse, à la pêche*) to poach
braconnier, -ière [bʀakɔnje, -ijɛʀ] *m, f* (*à la chasse, à la pêche*) poacher
brader [bʀade] <1> *vt* **1.** COM ~ **qc** to sell sth cheaply **2.** (*se débarrasser de*) to sell sth off
braderie [bʀadʀi] *f* flea market
braguette [bʀagɛt] *f* fly
braillard(e) [bʀɑjaʀ, -jaʀd] **I.** *adj inf* (*bébé, enfant*) bawling; (*ivrogne, foule*) screaming **II.** *m(f) inf* bawler
braille [bʀɑj] *m* Braille
braillement [bʀajmɑ̃] *m* screaming
brailler [bʀɑje] <1> **I.** *vi* to bawl **II.** *vt* ~ **qc** to bawl sth out
braire [bʀɛʀ] *vt irr* (*âne*) to bray
braise [bʀɛz] *f* embers *pl*
braisé(e) [bʀeze] *adj* braised
braiser [bʀeze] <1> *vt* to braise
brame [bʀɑm] *m*, **bramement** [bʀɑmmɑ̃] *m* bell
bramer [bʀɑme] <1> *vi* **1.** ZOOL (*cerf, daim*) to bell **2.** (*se plaindre*) to wail
brancard [bʀɑ̃kaʀ] *m* **1.** (*civière*) stretcher **2.** (*bras d'une civière, d'une brouette*) pole **3.** (*pour attacher un cheval*) shaft
brancardier, -ière [bʀɑ̃kaʀdje, -jɛʀ] *m, f* stretcher bearer
branchages [bʀɑ̃ʃaʒ] *mpl* branches
branche [bʀɑ̃ʃ] *f* **1.** (*famille, domaine*) *a.* BOT branch **2.** (*tige: d'une paire de lunettes*) arm; (*d'un chandelier*) branch; (*de ciseaux*) blade; (*d'un compas*) leg
branché(e) [bʀɑ̃ʃe] *adj inf* cool; **être ~ cinéma/moto** (*adorer*) to be a movie/motorcycle fan; (*s'y connaître*) to be a movie/motorcycle buff
branchement [bʀɑ̃ʃmɑ̃] *m* **1.** (*action*) connecting **2.** (*circuit*) connection **3.** INFORM ~ **Internet** Internet access
brancher [bʀɑ̃ʃe] <1> **I.** *vt* (*raccorder*) ~ **le téléphone sur le réseau** to connect the telephone (to the network) **II.** *vpr* **se ~ sur qc** to tune into sth
branchies [bʀɑ̃ʃi] *fpl* gills
brandir [bʀɑ̃diʀ] <8> *vt* (*arme*) to brandish; (*drapeau*) to wave
branlant(e) [bʀɑ̃lɑ̃, ɑ̃t] *adj* shaky
branle-bas [bʀɑ̃lbɑ] *m inv, fig* commotion
branler [bʀɑ̃le] <1> **I.** *vi* to wobble **II.** *vpr vulg* **se** ~ to jerk [*o* whack] off
branleur, -euse [bʀɑ̃lœʀ, -øz] *m, f inf* idiot
braquage [bʀakaʒ] *m* **1.** (*des roues*) lock **2.** *inf* (*attaque*) holdup, stickup
braquer [bʀake] <1> **I.** *vt* **1.** AUTO ~ **le volant à droite** to crank the (steering) wheel to the right **2.** (*diriger*) ~ **le regard sur qn** to look at sb; ~ **une arme sur qn** to aim a weapon at sb **3.** *inf* (*attaquer: banque, magasin*) to rob **4.** (*provoquer l'hostilité*) ~ **un collègue contre le chef/projet** to turn a colleague against the boss/project **II.** *vi* ~ **bien/mal** (*voiture*) to have a good/bad lock **III.** *vpr* **se** ~ to dig one's heels in
braqueur, -euse [bʀakœʀ, -øz] *m, f* armed robber
bras [bʀa] *m* **1.** (*membre*) arm; **se donner le** ~ to lock arms; **~ dessus ~ dessous** arm in arm **2.** (*main-d'œuvre*) worker **3.** TECH (*d'un levier, électrophone*) arm; (*d'un fauteuil*) armrest; (*d'un brancard*) shaft **4.** GEO inlet; **~ de mer** sound ►**baisser les** ~ to throw in the towel
brasier [bʀɑzje] *m a. fig* blaze
bras-le-corps [bʀaləkɔʀ] **prendre un enfant à** ~ to take a child around the waist
brassard [bʀasaʀ] *m* armband
brasse [bʀas] *f* breaststroke; **~ papillon** butterfly
brassée [bʀase] *f* armful
brasser [bʀase] <1> *vt* **1.** (*mélanger*) to mix; (*pâte*) to knead **2.** *fig* **~ de l'argent/des affaires** to be in the money/in big business **3.** (*fabriquer: bière*) to brew
brasserie [bʀasʀi] *f* **1.** (*restaurant*) brasserie **2.** (*industrie*) brewing industry **3.** (*entreprise*) brewery

> **i** A **brasserie** has a large dining room typical of the nineteenth century and serves traditional food, often with beer rather than wine. Many have a good reputation for their food.

brasseur [bʀasœʀ] *m* brewer
brassière [bʀasjɛʀ] *f* **1.** (*sous-vêtement*) undershirt (*for a baby*) **2.** (*chandail*) sweater **3.** *Québec, inf* (*soutien-gorge*) bra **4.** NAUT **~ de sauvetage** life jacket
bravade [bʀavad] *f* bravado; **par** ~ out of bravado
brave [bʀav] *adj* **1.** (*courageux*) brave **2.** *antéposé* (*honnête*) decent **3.** (*naïf*) naive
bravement [bʀavmɑ̃] *adv* **1.** (*avec bravoure*) bravely **2.** (*résolument*) boldly
braver [bʀave] <1> *vt* **1.** (*défier*) **~ un adversaire** to stand up to an opponent; **~ le danger/la mort** to defy danger/death **2.** (*ne pas respecter: convenances, loi*) to flout
bravo [bʀavo] **I.** *interj* bravo! **II.** *m* cheer
bravoure [bʀavuʀ] *f* bravery
break [bʀɛk] *m* **1.** AUTO station wagon **2.** (*pause*) *a.* SPORT break
brebis [bʀəbi] *f* ewe ►**~ galeuse** black sheep
brèche [bʀɛʃ] *f* (*dans une clôture, une haie, un mur*) gap; (*dans une coque*) hole; (*sur une lame*) notch; MIL (*sur le front*) breach

bredouille [bʀəduj] *adj* (*sans rien, sans succès*) empty-handed

bredouiller [bʀəduje] <1> **I.** *vi* to stammer; (*parler confusément*) to mumble **II.** *vt* ~ **qc** to stammer sth out

bref, brève [bʀɛf, bʀɛv] **I.** *adj* brief; (*concis*) short; **soyez ~!** get on with it!; **d'un ton ~** sharply **II.** *adv* **en ~** in short; **enfin ~** in short

breloque [bʀəlɔk] *f* charm

Brésil [bʀezil] *m* **le ~** Brazil

brésilien(ne) [bʀeziljɛ̃, jɛn] *adj* Brazilian

Brésilien(ne) [bʀeziljɛ̃, jɛn] *m(f)* Brazilian

Bretagne [bʀətaɲ] *f* **la ~** Brittany

bretelle [bʀətɛl] *f* **1.** COUT (*de soutien-gorge*) strap; (*de sac*) (shoulder) strap **2.** *pl* (*de pantalon*) suspenders **3.** (*bifurcation d'autoroute*) on/off ramp; **~ d'accès** access road

breton [bʀətɔ̃] *m* Breton; *v.a.* **français**

breton(ne) [bʀətɔ̃, ɔn] *adj* Breton

Breton(ne) [bʀətɔ̃, -ɔn] *m(f)* Breton

bretzel [bʀɛtzɛl] *m* pretzel

breuvage [bʀœvaʒ] *m* **1.** (*boisson d'une composition spéciale*) brew; *péj* potion **2.** *Québec* (*boisson non alcoolisée*) beverage

brève [bʀɛv] *adj v.* **bref**

brevet [bʀəvɛ] *m* **1.** (*diplôme*) diploma **2.** (*certificat*) certificate; **~ d'invention** patent; **~ de pilot** pilot's license

breveté(e) [bʀəv(ə)te] *adj* **1.** (*pourvu d'un brevet: invention*) patented **2.** (*diplômé: ingénieur, interprète*) qualified

breveter [bʀəv(ə)te] <3> *vt* to patent; **faire ~ qc** to get a patent for sth

bréviaire [bʀevjɛʀ] *m* breviary

bribe [bʀib] *f souvent pl, fig* (*de conversation*) fragment; (*d'une langue*) bits; (*d'une fortune, d'un héritage*) remnants

bric-à-brac [bʀikabʀak] *m inv* odds and ends; (*d'un antiquaire*) bric-a-brac

bricelet [bʀislɛ] *m Suisse* (*gaufre très mince et croustillante*) wafer

bricolage [bʀikɔlaʒ] *m* **1.** (*travail d'amateur*) do-it-yourself jobs **2.** (*mauvais travail*) makeshift job

bricole [bʀikɔl] *f* **1.** (*objet de peu de valeur*) trifle; **des ~s** odds and ends **2.** (*petit événement*) hassle

bricoler [bʀikɔle] <1> **I.** *vi* **1.** (*effectuer des petits travaux*) to do odd jobs; **savoir ~** to be a handyman **2.** *péj* (*faire du mauvais travail*) to rig a job **3.** (*ne pas avoir de travail fixe*) to go from one job to the next **II.** *vt* **1.** (*construire, installer*) ~ **qc** to fix sth up **2.** (*réparer tant bien que mal*) to fix

bricoleur, -euse [bʀikɔlœʀ, -øz] **I.** *adj* do-it-yourself **II.** *m, f* handyman, handywoman *m, f*

bride [bʀid] *f* **1.** (*pièce de harnais*) bridle **2.** (*lien: d'un bonnet, d'une cape*) string; TECH strap

bridé(e) [bʀide] *adj* **des yeux ~s** slanted eyes

brider [bʀide] <1> *vt* **1.** (*mettre la bride: cheval*) to bridle **2.** (*réprimer*) to restrain; (*passion, enthousiasme*) to curb; ~ **qn** to hold sb in check **3.** TECH (*tuyau*) to flange

bridge [bʀidʒ] *m* JEUX, MED bridge

brie [bʀi] *m* brie (*large round soft cheese*)

briefer [bʀife] <1> *vt* to brief

briefing [bʀifiŋ] *m* briefing

brièvement [bʀijɛvmɑ̃] *adv* **1.** (*de manière succincte*) concisely **2.** (*pour peu de temps*) briefly

brièveté [bʀijɛvte] *f* **1.** (*courte longueur*) briefness **2.** (*courte durée*) brevity

brigade [bʀigad] *f* **1.** MIL brigade; **~ antidrogue** drug squad **2.** (*équipe d'ouvriers*) **~ de balayeurs** street cleaning brigade **3.** POL **les ~s rouges** the red brigades

brigadier [bʀigadje] *m* (*de gendarmerie*) sergeant; (*d'artillerie, de cavalerie*) corporal

brigand [bʀigɑ̃] *m péj* crook

briguer [bʀige] <1> *vt* (*solliciter: emploi*) to seek

brillamment [bʀijamɑ̃] *adv* brilliantly

brillance [bʀijɑ̃s] *f* brilliance

brillant [bʀijɑ̃] *m* **1.** (*diamant*) brilliant **2.** (*aspect brillant*) **le ~** (*d'un objet*) sparkle; (*d'un propos, du langage*) brilliance

brillant(e) [bʀijɑ̃, jɑ̃t] *adj* **1.** (*étincelant: meubles, yeux, cheveux*) shining; (*couleurs*) brilliant; (*plan d'eau*) sparkling **2.** (*qui a de l'allure*) brilliant; (*victoire*) dazzling

brillantine [bʀijɑ̃tin] *f* brilliantine

briller [bʀije] <1> *vi* **1.** (*rayonner: soleil, étoile, visage, chaussures, cheveux, yeux*) to shine; (*diamant*) to sparkle; (*éclair*) to flash **2.** (*se mettre en valeur*) ~ **par qc** to shine by sth

brimade [bʀimad] *f* bullying

brimer [bʀime] <1> *vt* (*faire subir des vexations*) to bully; (*désavantager*) to frustrate

brin [bʀɛ̃] *m* **1.** (*mince tige*) blade; **~ de paille** wisp of straw; **~ de muguet** sprig of lily of the valley **2.** (*filament*) **~ de laine** scrap of wool

brindille [bʀɛ̃dij] *f* twig

bringue[1] [bʀɛ̃g] *f péj, inf* (*gigue*) **grande ~** string bean

bringue[2] [bʀɛ̃g] *f* **1.** *inf* (*fête*) binge **2.** *Suisse* (*querelle*) brawl

brio [bʀijo] *m* brio

brioche [bʀijɔʃ] *f* brioche

brioché(e) [bʀijɔʃe] *adj* (*pâte, pain*) brioche

brique[1] [bʀik] **I.** *f* **1.** (*matériau*) brick; **maison de ~** brick house **2.** (*matière ayant cette forme*) **~ de savon** bar of soap **3.** *inf* (*francs*) ten thousand old francs; (*euros*) ten thousand euros **II.** *app inv* (*couleur*) brick red

brique®[2] [bʀik] *f* (*emballage*) carton

briquet [bʀikɛ] *m* (cigarette) lighter

briqueterie [bʀik(ə)tʀi, bʀikɛtʀi] *f* brickyard

bris [bʀi] *m* break-in

brisant [bʀizɑ̃] *m* (*rocher*) reef

brise [bʀiz] *f* breeze

brise-glace [bʀizglas] *m inv* icebreaker

brise-lames [bʀizlam] *m inv* breakwater

briser [bʀize] <1> **I.** *vt* **1.** (*casser*) to break

B

2. (*mater: révolte*) to quell; (*grève, blocus*) to break **3.** (*anéantir: espoir, illusions*) to shatter; (*amitié*) to break up; (*forces, volonté, silence*) to break **4.** (*fatiguer: voyage*) to exhaust **5.** (*interrompre: conversation*) to interrupt; (*monotonie, ennui, silence*) to break ▶ **~ le cœur à qn** to break sb's heart; **être brisé** *Québec* (*être en panne*) to be broken **II.** *vpr* **1.** (*se casser*) **se ~** (*vitre, porcelaine*) to break; **mon cœur se brise** my heart is breaking **2.** (*échouer*) **se ~ contre/sur qc** (*résistance, assauts*) to break down against/on sth; (*vagues*) to break against/on sth

brise-tout [bʀiztu] *m inv* butterfingers

briseur, -euse [bʀizœʀ, -øz] *m, f* **~ de grève** strikebreaker

britannique [bʀitanik] *adj* British

Britannique [bʀitanik] **I.** *mf* British person **II.** *adj* **les Îles ~s** the British Isles

broc [bʀo] *m* pitcher

brocante [bʀɔkɑ̃t] *f* **1.** (*boutique*) secondhand store **2.** (*foire*) flea market

brocanteur, -euse [bʀɔkɑ̃tœʀ, -øz] *m, f* secondhand dealer

broche [bʀɔʃ] *f* **1.** (*bijou*) brooch **2.** CULIN skewer **3.** MED pin

brochet [bʀɔʃɛ] *m* pike

brochette [bʀɔʃɛt] *f* **1.** CULIN skewer **2.** *iron* (*groupe de personnes*) bunch

brochure [bʀɔʃyʀ] *f* brochure

brocoli [bʀɔkɔli] *m* broccoli

brodequin [bʀɔd(ə)kɛ̃] *m* laced boot

broder [bʀɔde] <1> **I.** *vt* (*étoffe, motif*) to embroider **II.** *vi* **1.** COUT to embroider **2.** (*affabuler*) to embellish

broderie [bʀɔdʀi] *f* embroidery

brome [bʀom] *m* CHIM bromine

bromure [bʀɔmyʀ] *m* CHIM bromide

broncher [bʀɔ̃ʃe] <1> *vi* to react; **sans ~** without turning a hair

bronches [bʀɔ̃ʃ] *fpl* ANAT bronchial tubes

bronchite [bʀɔ̃ʃit] *f* MED bronchitis

bronzage [bʀɔ̃zaʒ] *m* tan

bronze [bʀɔ̃z] *m* bronze

bronzé(e) [bʀɔ̃ze] *adj* tanned

bronzer [bʀɔ̃ze] <1> **I.** *vt* ART, TECH to bronze **II.** *vi* to tan **III.** *vpr* to sunbathe

bronzette [bʀɔ̃zɛt] *f inf* **faire ~** to sunbathe

brosse [bʀɔs] *f* **1.** (*ustensile, pinceau*) brush; **~ à cheveux** hairbrush; **~ à dents** toothbrush **2.** (*coupe de cheveux*) crewcut

brosser [bʀɔse] <1> **I.** *vt* **1.** (*épousseter*) to brush **2.** (*esquisser: situation, portrait*) to paint **3.** *Belgique, inf* (*sécher*) **~ un cours** to skip a class **II.** *vpr* **se ~** to brush one's clothes; **se ~ les cheveux/les dents** to brush one's hair/teeth

brouette [bʀuɛt] *f* wheelbarrow

brouhaha [bʀuaa] *m* hubbub

brouillage [bʀujaʒ] *m* jamming; **~ sonore/visuel** sound/picture interference

brouillard [bʀujaʀ] *m* **1.** (*épais*) fog **2.** (*léger*) mist **3.** (*créé par la pollution*) smog

brouille [bʀuj] *f* argument, quarrel

brouillé(e) [bʀuje] *adj* **1.** (*fâché*) **être ~ avec qn** to be on bad terms with sb **2.** (*atteint*) **avoir le teint ~** to have a muddy complexion

brouiller [bʀuje] <1> **I.** *vt* **1.** (*rendre trouble*) to muddle **2.** (*embrouiller*) **~ les idées** [*o* **l'esprit**] **à qn** to confuse sb **3.** (*mettre en désordre: dossiers, papiers*) to jumble **4.** (*rendre inintelligible: émission, émetteur, combinaison d'un coffre*) to scramble **5.** (*fâcher*) **des querelles d'héritage ont brouillé les deux frères** arguments over their inheritance have put the two brothers at odds ▶ **~ les cartes** [*o* **les pistes**] to confuse the issue **II.** *vpr* **1.** (*se fâcher*) **se ~ avec qn** to fall out with sb **2.** (*se troubler*) **mes idées se brouillent** I'm getting muddled **3.** (*se couvrir*) **se ~** (*ciel*) to cloud over

brouillon [bʀujɔ̃] *m* rough copy; (*pour une lettre, un discours*) (rough) draft

brouillon(ne) [bʀujɔ̃, jɔn] *adj* **1.** (*désordonné: élève*) careless **2.** (*peu clair*) muddled

broussaille [bʀusɑj] *f* undergrowth

broussailleux, -euse [bʀusɑjø, -jøz] *adj* bushy; (*jardin*) overgrown

brousse [bʀus] *f* **1.** (*contrée tropicale*) brush **2.** *inf* (*région isolée*) **en pleine ~** in the sticks

brouter [bʀute] <1> **I.** *vt* **~ de l'herbe** to graze grass; (*cervidés*) to browse grass **II.** *vi* to graze; (*cervidés*) to browse

broutille [bʀutij] *f fig* trifle

broyer [bʀwaje] <6> *vt* (*écraser, détruire: aliments, ordures*) to crush; (*céréales*) to grind

broyeur [bʀwajœʀ] *m* crusher

broyeur, -euse [bʀwajœʀ, -jøz] *adj* (*insecte, mandibules*) crushing

Bruges [bʀyʒ] Bruges

brugnon [bʀyɲɔ̃] *m* nectarine

bruine [bʀɥin] *f* drizzle

bruiner [bʀɥine] <1> *vi impers* **il bruine** it is drizzling

bruire [bʀɥiʀ] *vi irr, défec* (*vent, feuilles, papier, tissu*) to rustle; (*ruisseau*) to murmur; (*insectes*) to buzz

bruissement [bʀɥismɑ̃] *m* (*des feuilles, du vent, du tissu, papier*) rustling; (*d'un ruisseau*) murmur; (*des insectes*) humming

bruit [bʀɥi] *m* **1.** (*son*) noise; (*de vaisselle*) clatter; (*de ferraille*) rattle **2.** (*vacarme*) racket **3.** (*rumeur*) rumor; **le ~ court que** there's a rumor going around that ▶ **faire du ~** to cause a sensation

bruitage [bʀɥitaʒ] *m* sound effects

brûlant(e) [bʀylɑ̃, ɑ̃t] *adj* **1.** (*très chaud*) burning; (*liquide*) boiling **2.** (*passionné*) passionate; (*regard*) fiery **3.** (*délicat: sujet, question*) burning

brûlé [bʀyle] *m* **1.** (*résultat*) **ça sent le ~** there's a smell of burning **2.** (*blessé*) **grand ~** victim with third-degree burns

brûlé(e) [bʀyle] *adj* (*a. plat*) burnt

brûle-gueule [bʀylgœl] *m inv* short pipe

brûle-pourpoint [bʀylpuʀpwɛ̃] *m* **à ~** point-

-blank
brûler [bʀyle] <1> **I.** *vi* **1.** (*se consumer*) *a.* CULIN to burn **2.** (*être très chaud*) to be burning **3.** (*être irrité: bouche, gorge, yeux*) to burn **4.** (*être dévoré*) ~ **de** +*infin* to be longing to +*infin* **5.** (*être proche du but*) **tu brûles!** you're getting hot! **II.** *vt* **1.** (*détruire par le feu: forêt*) to burn; ~ **une maison** to burn down a house **2.** (*pour chauffer, éclairer: bois, charbon, allumette*) to burn **3.** (*endommager*) ~ **un tissu** (*bougie, cigarette, fer à repasser*) to burn some fabric **4.** (*irriter*) **le sable me brûle les pieds** the sand is burning my feet **5.** (*ne pas respecter: stop, signal*) to run; (*étape*) to skip **6.** (*consommer*) *a.* CULIN to burn **III.** *vpr* **se** ~ to burn oneself; **se** ~ **les doigts** to burn one's fingers
brûleur [bʀylœʀ] *m* burner
brûlot [bʀylo] *m Québec* (*moustique*) gnat
brûlure [bʀylyʀ] *f* **1.** (*blessure, plaie, tache*) burn **2.** (*irritation*) ~**s d'estomac** heartburn
brume [bʀym] *f* (*brouillard*) mist
brumeux, -euse [bʀymø, -øz] *adj* **1.** METEO misty **2.** (*confus*) hazy
brumisateur® [bʀymizatœʀ] *m* spray
brun [bʀœ̃] *m* (*couleur*) brown
brun(e) [bʀœ̃, bʀyn] **I.** *adj* **1.** (*opp: blond: cheveux, peau, tabac*) dark; **bière** ~**e** dark ale; **cheveux** ~ **clair/foncé** light/dark brown hair; **être** ~ to have dark hair **2.** (*bronzé*) tanned **II.** *m(f)* man with dark hair, brunette *f*
brunante [bʀynɑ̃t] *f Québec* (*crépuscule*) dusk
brunâtre [bʀynɑtʀ] *adj* brownish
brune [bʀyn] **I.** *adj v.* **brun II.** *f* **1.** (*cigarette*) *cigarette made from dark tobacco* **2.** (*bière*) dark ale
Brunei [bʀynej] *m* **le** ~ Brunei
brunir [bʀyniʀ] <8> **I.** *vi* to tan; (*cheveux*) to go darker **II.** *vt* to tan; (*boiserie*) to polish
brushing® [bʀœʃiŋ] *m* blow-dry
brusque [bʀysk] *adj* **1.** (*soudain*) abrupt **2.** (*sec: personne, ton, manières*) blunt; (*geste*) abrupt
brusquement [bʀyskəmɑ̃] *adv* abruptly
brusquer [bʀyske] <1> *vt* to rush
brusquerie [bʀyskəʀi] *f* abruptness
brut(e) [bʀyt] **I.** *adj* **1.** (*naturel*) raw, crude; (*champagne*) (extra) dry, brut; (*diamant*) uncut, rough; (*toile*) unbleached **2.** *fig* (*fait*) hard; (*idée*) raw **3.** ECON gross **II.** *adv* ECON gross
brutal(e) [bʀytal, -o] <-aux> *adj* **1.** (*violent*) brutal; (*manières*) rough; (*instinct*) savage **2.** (*qui choque: langage, réponse*) blunt; (*franchise, réalisme, vérité*) stark **3.** (*soudain: choc, mort*) sudden; (*coup, décision*) brutal
brutalement [bʀytalmɑ̃] *adv* **1.** (*violemment*) violently **2.** (*sans ménagement*) brutally **3.** (*soudainement*) suddenly
brutaliser [bʀytalize] <1> *vt* to bully
brutalité [bʀytalite] *f* **1.** *sans pl* (*violence*) violence; (*de paroles, d'un jeu*) brutality **2.** *pl* (*actes violents*) **être victime de** ~**s** to be a victim of brutality **3.** *sans pl* (*soudaineté*) suddenness
brute [bʀyt] *f* **1.** (*violent*) brute **2.** (*rustre*) oaf
Bruxelles [bʀy(k)sɛl] Brussels
bruxellois(e) [bʀysɛlwa, waz] *adj* of Brussels
Bruxellois(e) [bʀysɛlwa, waz] *m(f)* person from Brussels
bruyamment [bʀyjamɑ̃, bʀɥijamɑ̃] *adv* **1.** (*avec bruit*) noisily **2.** (*avec insistance*) strongly
bruyant(e) [bʀyjɑ̃, bʀɥijɑ̃, jɑ̃t] *adj* (*a. réunion, foule*) noisy
bruyère [bʀyjɛʀ, bʀɥijɛʀ] *f* heather
B.T.S. [beteɛs] *m abr de* **brevet de technicien supérieur** *vocational examination taken at age 18*
bu(e) [by] *part passé de* **boire**
buanderie [bɥɑ̃dʀi] *f* **1.** (*dans une maison*) laundry (room) **2.** *Québec* (*blanchisserie*) laundry
buandier, -ière [bɥɑ̃dje, jɛʀ] *m, f Québec* (*blanchisseur*) launderer
Bucarest [bykaʀɛst] Bucharest
buccal(e) [bykal, -o] <-aux> *adj* oral
buccodentaire [bykodɑ̃tɛʀ] *adj* (*hygiène*) oral
bûche [byʃ] *f* **1.** (*bois*) log **2.** CULIN ~ **de Noël** Yule log
bûcher¹ [byʃe] *m* **1.** (*amas de bois*) **le** ~ the stake **2.** (*local*) woodshed
bûcher² [byʃe] <1> *vi inf* to cram
bûcheron(ne) [byʃʀɔ̃, ɔn] *m(f)* lumberjack
bûcheur, -euse [byʃœʀ, -øz] **I.** *adj inf* hard-working **II.** *m, f inf* grind
Buckingham [bykiŋgam] **le palais de** ~ Buckingham Palace
bucolique [bykɔlik] *adj* (*existence*) bucolic; (*paysage*) pastoral
Budapest [bydapɛst] Budapest
budget [bydʒɛ] *m* FIN budget; **le** ~ **de l'Etat** State budget
budgétaire [bydʒetɛʀ] *adj* budgetary
budgétiser [bydʒetize] <1> *vt* ~ **qc** to budget for sth
buée [bɥe] *f* **se couvrir de** ~ to mist up
buffet [byfɛ] *m* **1.** CULIN buffet **2.** (*meuble*) ~ **de cuisine** kitchen cabinet
buffle [byfl] *m* buffalo
bug [bœg] *m* INFORM bug
building [b(y)ildiŋ] *m* building
buis [bɥi] *m* BOT box
buisson [bɥisɔ̃] *m* bush
buissonnière [bɥisɔnjɛʀ] *adj* **faire l'école** ~ to play hooky
bulbe [bylb] *m* **1.** BOT, ANAT bulb; ~ **rachidien** medulla **2.** ARCHIT onion dome
bulgare [bylgaʀ] **I.** *adj* Bulgarian **II.** *m* Bulgarian; *v.a.* **français**
Bulgare [bylgaʀ] *mf* Bulgarian
Bulgarie [bylgaʀi] *f* **la** ~ Bulgaria
bulldozer [byldɔzɛʀ, buldozœʀ] *m* bulldozer
bulle [byl] *f* **1.** PHYS, MED bubble **2.** (*dans une bande dessinée*) speech bubble

B

bulletin [bylt̃ɛ] *m* **1.** (*communiqué, journal, rubrique*) bulletin; ~ **d'information** news bulletin **2.** POL ~ **de vote** ballot **3.** ECOLE ~ **scolaire** report card **4.** (*certificat*) certificate; ~ **de paye** paycheck stub
bulletin-réponse [byltɛ̃ʀepɔ̃s] <bulletins-réponses> *m* entry form
bungalow [bœ̃galo] *m* bungalow
buraliste [byʀalist] *mf* tobacconist
bureau [byʀo] <x> *m* **1.** (*meuble*) desk **2.** (*pièce, lieu de travail*) office **3.** (*service*) center; ~ **de renseignements** information center; ~ **des objets trouvés** lost and found (office) **4.** (*comité*) ~ **exécutif** executive committee **5.** (*établissement réservé au public*) ~ **de change** currency exchange; ~ **de poste** post office; ~ **de tabac** tobacco shop; ~ **de vote** polling place **6.** INFORM **ordinateur de** ~ desktop
bureaucrate [byʀokʀat] *mf* bureaucrat
bureaucratie [byʀokʀasi] *f* bureaucracy
bureaucratique [byʀokʀatik] *adj* bureaucratic
bureautique® [byʀotik] *f* office automation
burette [byʀɛt] *f* **1.** TECH oil can **2.** CHIM burette **3.** REL cruet
burin [byʀɛ̃] *m* **1.** (*outil*) burin, graver **2.** (*gravure*) engraving **3.** (*ciseau*) chisel
buriné(e) [byʀine] *adj* (*visage*) lined; (*traits*) furrowed
burka [buʀka] *f* burka
Burkina Faso [buʀkinafaso] *m* **le** ~ Burkina Faso
burlesque [byʀlɛsk] **I.** *adj* **1.** THEAT, CINE burlesque **2.** (*extravagant*) ludicrous **II.** *m* CINE burlesque
burnous [byʀnu(s)] *m* burnoose
burnout [bœʀnaut] *m inv* burnout
Burundi [buʀundi] *m* **le** ~ Burundi
bus[1] [bys] *m abr de* **autobus** bus
bus[2] [bys] *m* INFORM ~ **de données** data bus
bus[3] [by] *passé simple de* **boire**
busard [byzaʀ] *m* harrier
buse[1] [byz] *f* (*oiseau*) buzzard
buse[2] [byz] *f* TECH duct
busqué(e) [byske] *adj* (*nez*) hooked
buste [byst] *m* **1.** (*torse*) chest **2.** (*poitrine de femme, sculpture*) bust
bustier [bystje] *m* **1.** (*sous-vêtement*) strapless bra **2.** (*vêtement*) bustier
but [by(t)] *m* **1.** (*destination*) *a.* SPORT goal **2.** (*objectif*) aim
butane [bytan] *m* butane
buté(e) [byte] *adj* stubborn
butée [byte] *f* TECH stop
buter [byte] <1> **I.** *vi* ~ **contre qc 1.** (*heurter*) to stumble over sth **2.** (*faire face à une difficulté*) to come up against sth **II.** *vt* ~ **qn 1.** (*énerver*) to tick sb off **2.** *inf* (*tuer*) to knock sb off **III.** *vpr* **se** ~ **sur qc** to come up against sth
buteur [bytœʀ] *m* SPORT striker
butin [bytɛ̃] *m* spoils; (*d'une fouille*) haul
butiner [bytine] <1> *vi* to gather
butoir [bytwaʀ] *m* **1.** CHEMDFER buffer **2.** TECH stop
butte [byt] *f* hill; **la butte Montmartre** *the hill on which Montmartre stands*
buvable [byvabl] *adj* (*potable*) drinkable; **ne pas être** ~ to be undrinkable
buvais [byvɛ] *imparf de* **boire**
buvant [byvɑ̃] *part prés de* **boire**
buvard [byvaʀ] *m* blotter
buvette [byvɛt] *f* **1.** (*local*) café; (*en plein air*) refreshment stand **2.** (*thermale*) *stand where natural spring water is drunk*
buveur, -euse [byvœʀ, -øz] *m, f* **1.** (*alcoolique*) drinker **2.** (*consommateur: d'un restaurant*) customer
buvez [byve], **buvons** [byvɔ̃] *indic prés et impératif de* **boire**
byte [bajt] *m* INFORM byte
byzantin(e) [bizɑ̃tɛ̃, in] *adj* Byzantine

C

C, c [se] *m inv* C, c; **c cédille** c cedilla; ~ **comme Célestin** (*au téléphone*) c as in Charlie
c' <*devant "a" ç'*> *pron dém v.* **ce**
ça [sa] *pron dém* **1.** *inf* (*pour désigner ou renforcer*) that; **qu'est-ce que c'est que ~?** what's that?; **ah ~ non!** definitely not!; ~ **est** *Belgique* (*c'est*) it's; *v.a.* **cela 2.** *inf* (*répétitif*) **les haricots? si, j'aime** ~ beans? yes, I do like them; **le fer, ~ rouille** iron simply rusts **3.** *péj* (*personne*) **et ~ vote!** and people like that vote! ► ~ **par exemple!**, ~ **alors!** (my) goodness!; **c'est** ~ that's right; **c'est comme** ~ that's how it is; ~ **va?** how are things?; **pas de ~!** that's out of the question!; **pour ~ oui** you can say that again; *v.a.* **cela**
çà [sa] ~ **et là** here and there
caban [kabɑ̃] *m* car coat
cabane [kaban] *f* **1.** (*abri*) hut; *péj* shack **2.** *inf* (*prison*) clink **3.** *Québec* (*bâtiment construit à l'intérieur d'une propriété agricole dans une forêt d'érables, destiné à la fabrication du sucre et du sirop d'érable*) maple syrup shed **4.** *Suisse* (*refuge de haute montagne*) (mountain) refuge
cabanon [kabanɔ̃] *m* shed
cabaret [kabaʀɛ] *m* **1.** (*boîte de nuit*) nightclub **2.** *Québec* (*plateau*) tray
cabas [kabɑ] *m* shopping bag
cabestan [kabɛstɑ̃] *m* capstan
cabillaud [kabijo] *m* cod
cabine [kabin] *f* **1.** (*poste de commande: d'un camion*) cab; (*d'un avion, véhicule spatial*) cockpit; ~ **spatiale** space capsule **2.** (*petit local*) cabin; ~ **téléphonique** (tele)phone booth; ~ **d'essayage** fitting room

cabinet [kabinɛ] *m* **1.** *pl* (*toilettes*) toilet **2.** (*bureau: d'un médecin, d'un avocat*) office **3.** POL cabinet **4.** (*endroit isolé*) ~ **de toilette** bathroom; ~ **de travail** study

câble [kɑbl] *m* **1.** (*corde*) cable; ~ **métallique** wire cable; ~ **du téléphone** telephone line **2.** TV cable television

câblé(e) [kɑble] *adj* cabled; **être** ~ *inf* to have cable

câbler [kɑble] <1> *vt* **1.** (*transmettre*) to cable **2.** TV to link up to the cable network

cabossé(e) [kabɔse] *adj* smashed-in

cabosser [kabɔse] <1> *vt* to dent

cabotin(e) [kabɔtɛ̃, in] **I.** *adj inf* theatrical **II.** *m(f) inf* **1.** showoff **2.** THEAT, CINE ham (actor)

cabrer [kabʀe] *vpr* **se** ~ (*cheval*) to rear up

cabri [kabʀi] *m* kid

cabriole [kabʀijɔl] *f* capering; (*d'un danseur*) cabriole; (*d'un cheval*) capriole

cabriolet [kabʀijɔlɛ] *m* AUTO convertible

C.A.C. [kak] *m abr de* **Compagnie des agents de change: l'indice ~ 40** CAC-40 index (*Paris stock exchange index*)

caca [kaka] *m enfantin, inf* **faire** ~ to go number two ▸ ~ **d'oie** greenish-yellow

cacahouète, cacahuète [kakawɛt] *f* peanut

cacao [kakao] *m* cocoa

cacatoès [kakatɔɛs] *m* cockatoo

cachalot [kaʃalo] *m* sperm whale

cache [kaʃ] *m* **1.** PHOT, CINE mask; **mettre un ~ sur qc** to cover sth up **2.** INFORM cache

cache-cache [kaʃkaʃ] *m inv* hide-and-seek

cache-col [kaʃkɔl] *m inv* scarf

cachemire [kaʃmiʀ] **I.** *m* cashmere **II.** *app* **motif** ~ paisley pattern

cache-nez [kaʃne] *m inv* scarf

cache-pot [kaʃpo] <cache-pots> *m* flowerpot holder

cache-prise [kaʃpʀiz] <cache-prise(s)> *m* socket cover

cacher[1] [kaʃe] <1> **I.** *vt* to hide; **~ qc à qn** to hide sth from sb **II.** *vpr* **1.** (*se dissimuler*) **se** ~ to hide **2.** (*être introuvable*) **mais où se cache le directeur?** where's the director hiding? **3.** (*tenir secret*) **ne pas se ~ de qc** to make no secret of sth

cacher[2] [kaʃɛʀ] *adj v.* **casher**

cache-sexe [kaʃsɛks] <cache-sexe(s)> *m* G-string

cachet [kaʃɛ] *m* **1.** MED tablet **2.** (*tampon*) stamp **3.** (*rétribution*) fee ▸ **avoir du** ~ to have style

cacheter [kaʃte] <3> *vt* to seal

cachette [kaʃɛt] *f* hiding place ▸ **en** ~ on the sly; **en ~ de qn** unknown to sb; (*en cas d'action répréhensible*) behind sb's back

cachot [kaʃo] *m* (*cellule*) dungeon

cachotterie [kaʃɔtʀi] *f gén pl* secretiveness

cachottier, -ière [kaʃɔtje, -jɛʀ] **I.** *adj* secretive **II.** *m, f* secretive person

cachou [kaʃu] *m* cachou

cacophonie [kakɔfɔni] *f* cacophony

cactus [kaktys] *m* cactus

c.-à-d. *abr de* **c'est-à-dire** i.e.

cadastre [kadastʀ] *m* **1.** (*registre*) land register **2.** (*service*) land registry

cadavérique [kadaveʀik] *adj* (*teint*) deathly

cadavre [kadɑvʀ] *m* (*d'une personne*) corpse; (*d'un animal*) carcass

caddie [kadi] *m* SPORT caddie

cadeau [kado] <x> *m* present; **faire ~ de qc à qn** to give sth as a present to sb; **en** ~ as a present

cadenas [kadnɑ] *m* padlock

cadenassé(e) [kadnase] *adj* padlocked

cadence [kadɑ̃s] *f* **1.** (*rythme*) rhythm; **en** ~ in time **2.** (*vitesse*) rate

cadencé(e) [kadɑ̃se] *adj* rhythmical

cadet(te) [kadɛ, ɛt] **I.** *adj* **1.** (*le plus jeune*) youngest **2.** (*plus jeune que qn*) younger **II.** *m(f)* **1.** (*dernier-né*) youngest child; **le ~ des garçons** the youngest boy **2.** (*plus jeune que qn*) younger child; **c'est ma ~te** that's my younger sister; **elle est ma ~te de trois mois** she's three months younger than me **3.** SPORT *15-17 year-old athlete* **4.** MIL, HIST cadet ▸ **c'est le ~ de mes soucis** it's the least of my worries

cadrage [kɑdʀaʒ] *m* centering

cadran [kadʀɑ̃] *m* **1.** (*affichage*) dial; (*d'un baromètre*) face; ~ **solaire** sundial **2.** *Québec, inf* (*réveil*) alarm (clock)

cadre [kɑdʀ] **I.** *m* **1.** (*encadrement*) *a.* INFORM frame **2.** (*environnement*) surroundings *pl;* **dans un ~ de verdure** in a rural setting **3.** (*limites*) scope; **dans le ~ de qc** within the context of sth **II.** *mf* executive; ~ **moyen/supérieur** middle/senior manager

cadré(e) [kɑdʀe] *adj* **photo bien/mal ~e** well/badly composed picture

cadrer [kɑdʀe] <1> **I.** *vi* **~ avec qc** to tally with sth **II.** *vt* to center

cadreur [kɑdʀœʀ] *m* cameraman

caduc, caduque [kadyk] *adj* **1.** (*périmé*) obsolete **2.** BOT deciduous

caennais(e) [kanɛ, ɛz] *adj* of Caen

Caennais(e) [kanɛ, ɛz] *m(f)* person from Caen

CAF [kaf] *f abr de* **caisse d'allocations familiales** ≈ welfare office

cafard [kafaʀ] *m* **1.** (*insecte*) cockroach **2.** (*spleen*) depression; **avoir le** ~ to be down in the dumps; **donner le ~ à qn** to get sb down

cafardeux, -euse [kafaʀdø, -øz] *adj* gloomy

café [kafe] *m* **1.** (*boisson*) coffee; ~ **crème** coffee with milk; ~ **serré** strong coffee; ~ **liégeois** coffee ice cream; ~ **au lait** café au lait **2.** (*établissement*) café; ~ **avec terrasse** street café **3.** (*plante*) coffee bush; ~ **en grains** coffee beans **4.** (*moment du repas*) **au** ~ at the end of the meal **5.** *Suisse* (*dîner*) **un ~ complet** dinner

> **i** If you ask for a **café** in France, you will be served an espresso. Adding a little milk will change the espresso into *une noisette.* If you want a large cup of coffee with milk, you

must ask for a *café crème*. Milk is always added to coffee before it is served and is never served separately.

café-concert [kafekɔ̃sɛʀ] <cafés-concerts> *m: cabaret during which drinks are served*
caféine [kafein] *f* caffeine
café-restaurant [kafeʀɛstɔʀɑ̃] <cafés-restaurants> *m: café serving light meals*
café-tabac [kafetaba] <cafés-tabacs> *m: café and tobacco shop in one*
cafétéria [kafeteʀja] *f* cafeteria
café-théâtre [kafeteɑtʀ] <cafés-théâtres> *m: small theater where drinks are served*
cafetière [kaftjɛʀ] *f* coffee pot; ~ **électrique** coffee machine
cafouiller [kafuje] <1> *vi inf* **1.** (*agir avec confusion*) to fumble **2.** (*s'embrouiller: discussion, organisation*) to get into a muddle **3.** (*mal fonctionner: moteur*) to misfire; (*appareil*) to go on the blink
cage [kaʒ] *f* **1.** (*pour enfermer*) cage; ~ **à lapin** (rabbit) hutch; *péj, inf* (*H.L.M.*) apartment in the projects **2.** SPORT goal **3.** ANAT ~ **thoracique** rib cage **4.** TECH ~ **d'ascenseur** elevator shaft; ~ **d'escalier** stairwell
cageot [kaʒo] *m* **1.** (*emballage*) crate **2.** *inf* (*fille*) dog
cagette [kaʒɛt] *f* crate
cagibi [kaʒibi] *m* junk room
cagne [kaɲ] *f v.* **khâgne**
cagnotte [kaɲɔt] *f* **1.** (*caisse*) kitty **2.** *inf* (*économies*) nest egg
cagoule [kagul] *f* **1.** (*couvre-chef*) ski mask **2.** (*masque*) mask **3.** (*capuchon*) hood
cahier [kaje] *m* **1.** ECOLE notebook; ~ **de brouillon** scratch pad; ~ **d'exercices** workbook; ~ **de textes** homework notebook **2.** TYP section **3.** *pl* (*publication*) journal
cahin-caha [kaɛ̃kaa] *adv inf* to hobble along
cahot [kao] *m* jolt
cahoter [kaɔte] <1> *vt, vi* to jolt; **être cahoté de ville en ville** to be shunted around from town to town
caïd [kaid] *m* **1.** *inf* (*meneur*) boss **2.** *inf* (*ponte*) big shot
caille [kaj] *f* (*oiseau*) quail
cailler [kaje] <1> **I.** *vi* **1.** (*coaguler: lait*) to curdle; (*sang*) to coagulate **2.** *inf* (*avoir froid*) to be freezing **II.** *vt* to curdle **III.** *vpr* **se ~ 1.** (*se coaguler: lait*) to curdle; (*sang*) to coagulate **2.** *inf* (*avoir froid: personne*) to be freezing
caillot [kajo] *m* (blood) clot
caillou [kaju] <x> *m* (*pierre*) pebble
caillouteux, -euse [kajutø, -øz] *adj* (*route*) stony; (*plage*) pebbly
caïman [kaimɑ̃] *m* ZOOL caiman
Caïman [kaimɑ̃] *fpl* **les îles ~** the Cayman Islands
Caire [kɛʀ] *m* **le ~** Cairo
caisse [kɛs] *f* **1.** (*boîte*) box **2.** FIN (*dans un magasin*) cashier; (*dans un supermarché*) checkout; (*dans une banque*) teller's window; ~ **enregistreuse** cash register; ~ **noire** slush fund; **faire la** [*o* **sa**] ~ to cash out; **tenir la ~** to be the cashier; **passer à la ~** to go to the cashier; ~ **d'épargne** savings bank **3.** (*organisme de gestion*) fund; ~ **d'assurance maladie** medical insurance company **4.** (*boîtier: d'une horloge*) casing; (*d'un tambour*) sound box; (*d'une voiture*) body; **grosse ~** bass drum **5.** *inf* (*voiture*) car ▸ **avoir une ~** *Suisse* (*être ivre*) to be tanked up; **prendre une ~** *Suisse* (*s'enivrer*) to get tanked up; **à fond la ~** *inf* at full power
caissette [kɛsɛt] *f* (small) box
caissier, -ière [kesje, -jɛʀ] *m, f* cashier
cajoler [kaʒɔle] <1> *vt* (*câliner*) to cuddle
cajolerie [kaʒɔlʀi] *f gén pl* tender words
cajoleur, -euse [kaʒɔlœʀ, -øz] *adj* loving; (*voix*) wheedling
cajou [kaʒu] *m* cashew
cake [kɛk] *m* fruitcake
calaisien(ne) [kalɛzjɛ̃, ɛn] *adj* of Calais
Calaisien(ne) [kalɛzjɛ̃, ɛn] *m(f)* person from Calais
calamar [kalamaʀ] *m v.* **calmar**
calamité [kalamite] *f* calamity
calanque [kalɑ̃k] *f* rocky inlet
calcaire [kalkɛʀ] **I.** *adj* chalky; (*roche, relief*) limestone **II.** *m* GEO limestone
calciné(e) [kalsine] *adj* charred
calcium [kalsjɔm] *m* calcium
calcul[1] [kalkyl] *m* **1.** (*opération*) calculation; **faire le ~ de** to calculate; **faire une erreur de ~** to miscalculate; ~ **mental** mental arithmetic **2.** (*arithmétique*) ~ **algébrique** algebra **3.** *pl* (*estimation*) calculations; **faire rentrer qc dans ses ~s** to take sth into account
calcul[2] [kalkyl] *m* MED stone
calculatrice [kalkylatʀis] *f* calculator
calculer [kalkyle] <1> **I.** *vi* **1.** MATH ~ **mentalement** to calculate in one's head **2.** (*compter ses sous*) to economize; ~ **au plus juste** to calculate down to the last penny **II.** *vt* **1.** (*déterminer par le calcul*) to calculate **2.** (*évaluer, prévoir: risque*) to gauge; (*chances*) to weigh up; **tout bien calculé** all things considered **3.** (*étudier: attitude*) to study; (*geste*) to calculate
calculette [kalkylɛt] *f* pocket calculator
cale[1] [kal] *f* NAUT hold; **être/mettre en ~ sèche** to be in/put into dry dock; ~ **de chargement** slipway
cale[2] [kal] *f* (*coin*) wedge
calé(e) [kale] *adj inf* (*fort*) knowledgeable; **être ~ en qc** to be an ace at sth
calèche [kalɛʃ] *f* barouche
caleçon [kalsɔ̃] *m* **1.** (*pour homme*) boxer shorts *pl*; ~ **de bain** swimming trunks *pl*; **des ~s longs** long johns *pl* **2.** (*pour femme*) leggings *pl*
calédonien(ne) [kaledɔnjɛ̃, ɛn] *adj* Caledonian
Calédonien(ne) [kaledɔnjɛ̃, ɛn] *m(f)* Caledo-

nian
calembour [kalɑ̃buʀ] *m* pun; **faire un** ~ to pun
calendrier [kalɑ̃dʀije] *m* **1.** (*almanach*) calendar **2.** (*programme*) schedule
cale-pied [kalpje] <cale-pieds> *m* toe clip
calepin [kalpɛ̃] *m* **1.** notebook **2.** *Belgique* (*cartable porté à la main*) briefcase; (*sur le dos*) satchel
caler [kale] <1> **I.** *vi* **1.** AUTO to stall **2.** *inf* (*être rassasié*) to be full **II.** *vt* **1.** (*fixer avec une cale*) to wedge; (*roue*) to chock **2.** (*rendre stable*) ~ **un malade** to prop up a patient **3.** AUTO to stall **III.** *vpr* **se** ~ **dans un fauteuil** to settle into an armchair
calfeutrer [kalføtʀe] <1> **I.** *vt* to stop up **II.** *vpr* **se** ~ to shut oneself away; (*rester au chaud*) to make oneself cozy
calibre [kalibʀ] *m a. fig* caliber; (*des fruits, œufs*) grade; **un fusil de gros** ~ a large-bore rifle
calice [kalis] *m* **1.** ANAT, BOT calyx **2.** REL chalice
calife [kalif] *m* caliph
Californie [kalifɔʀni] *f* **la** ~ California
californien(**ne**) [kalifɔʀnjɛ̃, ɛn] *adj* Californian
califourchon [kalifuʀʃɔ̃] **à** ~ astride
câlin [kɑlɛ̃] *m* cuddle; **faire un** ~ **à qn** *inf* to give sb a cuddle
câlin(**e**) [kɑlɛ̃, in] *adj* **1.** (*qui aime les caresses*) cuddly **2.** (*caressant*) tender
câliner [kɑline] <1> *vt* ~ **qn** to cuddle sb
calleux, -euse [kalø, -øz] *adj* (*peau*) calloused
call-girl [kolgœʀl] <call-girls> *f* call girl
calligraphie [ka(l)ligʀafi] *f* calligraphy
calmant(**e**) [kalmɑ̃, ɑ̃t] **I.** *adj* **1.** (*tranquillisant*) tranquilizing **2.** (*antidouleur*) painkilling **II.** *m* **1.** (*tranquillisant*) tranquilizer **2.** (*antidouleur*) painkiller
calmar [kalmaʀ] *m* **1.** ZOOL squid **2.** CULIN calamari *pl*
calme [kalm] **I.** *adj* calm; (*lieu*) quiet **II.** *m* **1.** (*sérénité*) calmness; **rester** ~ to remain calm; **du** ~**!** calm down! **2.** (*tranquillité*) quietness; **du** ~**!** quiet! **3.** METEO calm ► ~ **plat** dead calm; ECON lull; *fig* dead quiet
calmement [kalməmɑ̃] *adv* calmly
calmer [kalme] <1> **I.** *vt* **1.** (*apaiser: personne, esprits*) to calm (down); (*discussion*) to tone down **2.** (*soulager: douleur*) to soothe; (*colère, nerfs*) to calm; (*fièvre*) to bring down; (*impatience*) to curb; ~ **la faim de qn** to take the edge off sb's hunger **II.** *vpr* **se** ~ to calm down; (*discussion*) to quiet down; (*tempête*) to die down; (*crainte*) to subside
calmos [kalmos] *interj inf* cool it!
calomnie [kalɔmni] *f* calumny
calomnier [kalɔmnje] <1a> *vt* to slander
calomnieux, -euse [kalɔmnjø, -jøz] *adj* slanderous
calorie [kalɔʀi] *f* calorie
calorifique [kalɔʀifik] *adj* calorific
calorique [kalɔʀik] *adj* high-calorie
calot [kalo] *m* (*coiffure*) garrison cap
calotte [kalɔt] *f* **1.** *inf* (*gifle*) slap **2.** ANAT ~ **crânienne** top of the skull **3.** GEO ~ **glaciaire** icecap
calque [kalk] *m* **1.** (*copie*) tracing **2.** (*papier*) tracing paper
calumet [kalymɛ] *m* peace pipe; **fumer le** ~ **de la paix avec qn** to make (one's) peace with sb
calva [kalva] *m inf,* **calvados** [kalvados] *m* calvados
calvaire [kalvɛʀ] *m* **1.** (*épreuve*) ordeal **2.** (*croix*) wayside cross **3.** (*peinture*) Calvary
calvinisme [kalvinism] *m* Calvinism
calvitie [kalvisi] *f* **1.** (*tonsure*) bald spot **2.** (*phénomène*) baldness
camaïeu [kamajø] <x> *m* monochrome
camarade [kamaʀad] *mf* **1.** (*collègue*) colleague; ~ **d'études** fellow student **2.** POL comrade
camaraderie [kamaʀadʀi] *f* companionship
Camargue [kamaʀg] *f* **la** ~ the Camargue
Cambodge [kɑ̃bɔdʒ] *m* **le** ~ Cambodia
cambodgien(**ne**) [kɑ̃bɔdʒɛ̃, ɛn] *adj* Cambodian
Cambodgien(**ne**) [kɑ̃bɔdʒɛ̃, ɛn] *m(f)* Cambodian
cambouis [kɑ̃bwi] *m* dirty grease
cambré(**e**) [kɑ̃bʀe] *adj* **être très** ~ (*personne*) to have a swayback
cambriolage [kɑ̃bʀijɔlaʒ] *m* burglary
cambrioler [kɑ̃bʀijɔle] <1> *vt* ~ **qc** to burglarize
cambrioleur, -euse [kɑ̃bʀijɔlœʀ, -øz] *m, f* burglar
cambrousse [kɑ̃bʀus] *f inf* country; **en pleine** ~ in the middle of nowhere
came [kam] *f inf* (*drogue*) dope
camé(**e**) [kame] *m(f) inf* junkie
caméléon [kameleɔ̃] *m* chameleon
camélia [kamelja] *m* camellia
camelot [kamlo] *m* peddler
camelote [kamlɔt] *f inf* junk
camembert [kamɑ̃bɛʀ] *m* **1.** (*fromage*) Camembert **2.** ECON pie chart
camer [kame] <1> *vpr inf* **se** ~ to be on drugs
caméra [kameʀa] *f* camera
caméraman [kameʀaman, -mɛn] <s *o* -men> *m* cameraman
Cameroun [kamʀun] *m* **le** ~ Cameroon
caméscope [kameskɔp] *m* camcorder
camion [kamjɔ̃] *m* truck
camion-citerne [kamjɔ̃sitɛʀn] <camions-citernes> *m* tanker
camionnette [kamjɔnɛt] *f* van, pickup (truck)
camionneur [kamjɔnœʀ] *m* trucker
camomille [kamɔmij] *f* **1.** (*fleur*) chamomile **2.** (*tisane*) chamomile tea
camouflage [kamuflaʒ] *m* MIL **1.** (*résultat*) camouflage **2.** (*action*) camouflaging
camoufler [kamufle] <1> *vt* **1.** MIL to camouflage **2.** (*tenir secret*) to conceal
camp [kɑ̃] *m* **1.** camp; **lever le** ~ to strike camp; *fig* to leave; ~ **de concentration** con-

C

centration camp **2.** *Québec* (*chalet, villa*) ~ (**d'été**) cottage ▶**ficher** [*o* **foutre**] **le** ~ *inf* to take off; **fiche-moi le ~!** *inf* beat it!
campagnard(**e**) [kɑ̃paɲaʀ, aʀd] **I.** *adj* (*vie*) country; (*manières*) rustic **II.** *m(f)* countryman, countrywoman *m, f*
campagne [kɑ̃paɲ] *f* **1.** (*opp: ville*) country; **à la** ~ in the country; **en pleine** ~ in the countryside **2.** (*paysage*) countryside; **en rase** ~ in the open countryside **3.** *a.* MIL campaign
campagnol [kɑ̃paɲɔl] *m* vole
campanule [kɑ̃panyl] *f* campanula
campement [kɑ̃pmɑ̃] *m* **1.** (*résultat*) camp **2.** (*action*) camping
camper [kɑ̃pe] <1> **I.** *vi* to camp **II.** *vpr* **se ~ devant qn/qc** to plant oneself firmly in front of sb/sth
campeur, -euse [kɑ̃pœʀ, -øz] *m, f* camper
camping [kɑ̃piŋ] *m* **1.** (*action de camper*) camping; **faire du** ~ to go camping **2.** (*lieu*) (**terrain de**) ~ campsite, campground
camping-car [kɑ̃piŋkaʀ] <camping-cars> *m* motor home, RV
camping-gaz® [kɑ̃piŋgɑz] *m inv* camping stove
campus [kɑ̃pys] *m* campus
canada [kanada] *f Québec* (*variété de pomme de reinette*) *type of russet*
Canada [kanada] *m* **le** ~ Canada
Canadair® [kanadɛʀ] *m* firefighting aircraft
canadien(**ne**) [kanadjɛ̃, jɛn] *adj* Canadian
Canadien(**ne**) [kanadjɛ̃, jɛn] *m(f)* Canadian
canadienne [kanadjɛn] *f* **1.** (*veste*) *sheepskin-lined jacket* **2.** (*tente*) ridge tent
canaille [kanɑj] **I.** *adj* (*air, manière*) coarse **II.** *f a. iron* rascal
canal [kanal, -o] <-aux> *m* **1.** canal **2.** *Québec* (*chaîne*) ~ **de télévision** television channel
canalisation [kanalizasjɔ̃] *f* **1.** (*réseau*) mains *pl* **2.** (*tuyau*) pipe
canaliser [kanalize] <1> *vt* **1.** (*rendre navigable*) to canalize **2.** (*centraliser: énergie, foule*) to channel
canapé [kanape] *m* **1.** (*meuble*) sofa; ~ **convertible** sofa bed **2.** CULIN canapé
canapé-lit [kanapeli] <canapés-lits> *m* sofa bed
canard [kanaʀ] *m* **1.** (*oiseau*) duck **2.** (*opp: cane*) drake **3.** *inf* (*journal*) rag
canari [kanaʀi] **I.** *adj inv* **jaune** ~ canary yellow **II.** *m* canary
canasson [kanasɔ̃] *m péj* nag
cancan [kɑ̃kɑ̃] *m* **1.** *pl* (*racontars*) gossip **2.** (*danse*) **french** ~ cancan
cancer [kɑ̃sɛʀ] *m* cancer; ~ **généralisé** *cancer which has metastasized;* **avoir un ~ du sang/du sein** to have leukemia/breast cancer
Cancer [kɑ̃sɛʀ] *m* Cancer; *v.a.* **Balance**
cancéreux, -euse [kɑ̃seʀø, -øz] **I.** *adj* cancerous **II.** *m, f: person with cancer*
cancérigène [kɑ̃seʀiʒɛn] *adj*, **cancérogène** [kɑ̃seʀɔʒɛn] *adj* carcinogenic
cancérologue [kɑ̃seʀɔlɔg] *mf* oncologist
cancre [kɑ̃kʀ] *m inf* dunce
candélabre [kɑ̃delɑbʀ] *m* candelabra
candeur [kɑ̃dœʀ] *f* naivety
candi [kɑ̃di] *adj v.* **sucre**
candidat(**e**) [kɑ̃dida, at] *m(f)* **1.** (*à un examen, un jeu, aux élections*) candidate **2.** (*à un poste*) applicant; **être ~ à un poste** to be an applicant for a job
candidature [kɑ̃didatyʀ] *f* **1.** (*aux élections*) candidacy; **poser sa ~ aux élections** to stand in an election **2.** (*à un poste, un jeu*) application; ~ **spontanée** unsolicited application; **poser sa ~ à un poste** to apply for a job
candide [kɑ̃did] *adj* **1.** (*ingénu*) ingenuous **2.** *péj* (*crédule*) gullible
cane [kan] *f* (*opp: mâle*) (female) duck
caneton [kantɔ̃] *m* duckling
canette [kanɛt] *f* **1.** (*bouteille*) small bottle **2.** (*bobine*) spool
canevas [kanvɑ] *m* **1.** (*toile*) canvas **2.** (*esquisse*) framework
caniche [kaniʃ] *m* poodle
caniculaire [kanikylɛʀ] *adj* (*chaleur*) scorching
canicule [kanikyl] *f* **1.** (*période*) dog days **2.** (*chaleur*) scorching heat
canidés [kanide] *mpl* dog family + *vb sing*
canif [kanif] *m* penknife
canin(**e**) [kanɛ̃, in] *adj* **races ~es** dog species
canine [kanin] *f* canine
caniveau [kanivo] <x> *m* gutter
cannabis [kanabis] *m* cannabis
canne [kan] *f* **1.** (*bâton*) (walking) stick **2.** (*tige*) ~ **à sucre** sugar cane **3.** (*gaule*) ~ **à pêche** fishing rod
cannelle [kanɛl] *f* cinnamon
canner [kane] <1> *vt Québec, inf* (*mettre en boîtes de conserve*) to can
cannibale [kanibal] **I.** *adj* cannibal; **toast** ~ *Belgique* (*steak tartare*) steak tartare **II.** *mf* cannibal
canoë [kanɔe] *m* **1.** (*embarcation*) canoe **2.** (*sport*) canoeing
canoë-kayak [kanɔekajak] <canoës-kayaks> *m* canoeing; **faire du** ~ to go canoeing
canon [kanɔ̃] **I.** *adj inv, inf* **super** ~ fantastic **II.** *m* **1.** (*arme*) gun; HIST cannon **2.** (*tube: d'un fusil*) barrel **3.** (*machine*) ~ **à neige** snow cannon
canoniser [kanɔnize] <1> *vt* to canonize
canonnade [kanɔnad] *f* cannonade; (*bruit*) gunfire
canot [kano] *m* **1.** (small) boat; ~ **pneumatique/à moteur/de sauvetage** rubber dinghy/motorboat/lifeboat **2.** *Québec* (*canoë*) canoe
canotage [kanɔtaʒ] *m* boating
canoter [kanɔte] <1> *vi* **1.** to go boating **2.** *Québec* (*faire du canot*) to go canoeing
cantal [kantal] <s> *m* Cantal (*hard full-flavored cheese*)
cantate [kɑ̃tat] *f* cantata
cantatrice [kɑ̃tatʀis] *f* opera singer

cantine [kɑ̃tin] *f* canteen

cantique [kɑ̃tik] *m* hymn

canton [kɑ̃tɔ̃] *m* **1.** (*en France*) ≈ district **2.** (*en Suisse*) canton

cantonade [kɑ̃tɔnad] *f* **crier qc à la ~** to call out (for all to hear)

cantonais(**e**) [kɑ̃tɔnɛ, ɛz] *adj* **riz ~** fried rice

cantonal(**e**) [kɑ̃tɔnal, -o] <-aux> **I.** *adj* **1.** (*en France*) **élections ~es** ≈ district elections **2.** (*en Suisse*) cantonal **II.** *fpl* by-election

cantonner [kɑ̃tɔne] <1> **I.** *vt* (*reléguer*) **~ qn dans qc** to confine sb to sth **II.** *vpr* **1.** (*s'isoler*) **se ~ chez soi** to stay cooped up at home **2.** (*se limiter*) **se ~ dans qc** to confine oneself to sth

cantonnier [kɑ̃tɔnje] *m* road worker

canular [kanylaʀ] *m inf* hoax

canyon [kanjɔn] *m* canyon

C.A.O. [seɑo] *abr de* **conception assistée par ordinateur** CAD

caoutchouc [kautʃu] *m* **1.** (*matière*) rubber **2.** (*élastique*) rubber band **3.** (*plante*) rubber plant

caoutchouteux, -euse [kautʃutø, -øz] *adj* rubbery

cap [kap] *m* **1.** (*pointe de terre*) cape **2.** (*direction*) course; (**main**)**tenir le ~** to stay the course; **mettre le ~ sur qc** to head for sth

Cap [kap] *m* **Le ~** Cape Town; **~ Canaveral** Cape Canaveral

C.A.P. [seape] *m abr de* **certificat d'aptitude professionnelle** *vocational training certificate*

capable [kapabl] *adj* capable

capacité [kapasite] *f* **1.** (*contenance, puissance*) *a.* INFORM capacity **2.** (*faculté*) ability **3.** ECOLE **~ en droit** *basic legal qualification*

cape [kap] *f* (*vêtement*) cape

C.A.P.E.S. [kapɛs] *m abr de* **certificat d'aptitude au professorat de l'enseignement secondaire** *secondary school teaching certificate*

> **i** The **C.A.P.E.S.** is a state exam. Teachers with a C.A.P.E.S. can teach in a secondary school *(collège)*. They are continuously assessed and must teach 18 hours a week. The test is taken following a year spent as a student teacher.

C.A.P.E.T. [kapɛt] *m abr de* **certificat d'aptitude au professorat de l'enseignement technique** *secondary school teaching certificate*

capillaire [kapilɛʀ] **I.** *adj* **1.** (*pour les cheveux*) **lotion ~** hair lotion **2.** ANAT **vaisseau ~** capillary vessel **II.** *m* ANAT capillary

capitaine [kapitɛn] *m* **1.** MIL, NAUT, SPORT captain; **~ des pompiers** fire chief **2.** AVIAT flight captain

capital [kapital, -o] <-aux> *m* **1.** (*somme d'argent*) capital; **société anonyme au ~ de 25 millions d'euros** limited company with a capital of 25 million euros **2.** *pl* FIN capital **3.** (*richesse*) **~ artistique/intellectuel** artistic/intellectual wealth

capital(**e**) [kapital, -o] <-aux> *adj* fundamental

capitale [kapital] *f* **1.** (*ville*) capital (city) **2.** (*lettre*) capital; **en ~s d'imprimerie** in block letters

capitalisme [kapitalism] *m* capitalism

capitaliste [kapitalist] **I.** *adj* capitalistic **II.** *mf* capitalist; **gros ~** major capitalist

capiteux, -euse [kapitø, -øz] *adj* (*parfum, vin*) heady; (*femme, regard*) sensuous

capitonné(**e**) [kapitɔne] *adj* **fauteuil ~** padded armchair

capitulation [kapitylasjɔ̃] *f a.* MIL capitulation

capituler [kapityle] <1> *vi* to capitulate

caporal [kapɔʀal, -o] <-aux> *m* corporal

caporal-chef [kapɔʀalʃɛf] <caporaux-chefs> *m* private first class

capot [kapo] *m* AUTO hood

capote [kapɔt] *f* **1.** AUTO (*d'une voiture*) top **2.** (*manteau*) greatcoat **3.** *inf* (*préservatif*) **~ (anglaise)** rubber

capoter [kapɔte] <1> *vi inf* (*projet, entreprise*) to come to grief; **faire ~ qc** to ruin sth

câpre [kɑpʀ] *f* caper

caprice [kapʀis] *m* **1.** (*fantaisie*) whim **2.** (*amourette*) passing fancy **3.** *pl* (*changement*) vagaries **4.** (*exigence d'un enfant*) **faire un ~** to throw a tantrum

capricieux, -euse [kapʀisjø, -jøz] *adj* **1.** (*instable: personne*) capricious **2.** (*irrégulier: chose*) unreliable; (*temps*) unpredictable

Capricorne [kapʀikɔʀn] *m* Capricorn; *v.a.* **Balance**

capsule [kapsyl] *f* **1.** (*bouchon: d'une bouteille*) cap **2.** (*médicament*) capsule **3.** AVIAT **~ spatiale** space capsule

capter [kapte] <1> *vt* **1.** (*canaliser: source*) to harness; (*énergie*) to capture **2.** (*recevoir: émission, message*) to get **3.** (*chercher à obtenir*) **~ l'attention de qn** to catch sb's attention

capteur [kaptœʀ] *m* sensor

captif, -ive [kaptif, -iv] **I.** *adj* captive **II.** *m, f* captive

captivant(**e**) [kaptivɑ̃, ɑ̃t] *adj* captivating

captiver [kaptive] <1> *vt* to captivate

captivité [kaptivite] *f* captivity

capture [kaptyʀ] *f* **1.** (*action*) capture **2.** (*proie*) catch

capturer [kaptyʀe] <1> *vt* to capture

capuche [kapyʃ] *f* hood

capuchon [kapyʃɔ̃] *m* **1.** (*capuche*) hood **2.** (*bouchon*) cap

capucine [kapysin] *f* **1.** BOT nasturtium **2.** REL Capuchin nun

caquet [kakɛ] *m* gossip ▸ **rabattre le ~ à qn** *inf* to take sb down a peg or two

caqueter [kakte] <3> *vi* (*poule*) to cluck; (*personne*) to gossip

car[1] [kaʀ] *m* bus; **~ de ramassage scolaire**

school bus

car[2] [kaʀ] *conj* because, for

carabine [kaʀabin] *f* rifle

caracoler [kaʀakɔle] <1> *vi* (*être largement en tête*) ~ **en tête de la course** to be way out in front

caractère [kaʀaktɛʀ] *m* **1.** (*tempérament, nature*) nature; **avoir un ~ de cochon** *inf* to have a foul temper; **ce n'est pas dans son ~ de** +*infin* it's not like him/her to +*infin;* **présenter tous les ~s de qc** to show all the signs of sth **2.** (*fermeté, personne, symbole*) character; **avoir beaucoup de ~** to have lots of character; **~s d'imprimerie** block letters; **en ~s gras/italiques** in bold type/italics **3.** (*cachet*) **sans ~** characterless

caractériel(**le**) [kaʀakteʀjɛl] **I.** *adj* (*personne*) emotionally disturbed; **des troubles ~s** emotional problems **II.** *m(f)* disturbed person [*o* child]

caractériser [kaʀakteʀize] <1> **I.** *vt* **1.** (*être typique de qn*) to be characteristic of sb **2.** (*définir*) to characterize **II.** *vpr* **se ~ par qc** to be characterized by sth

caractéristique [kaʀakteʀistik] **I.** *adj* **être ~ de qn/qc** to be characteristic of sb/sth **II.** *f* characteristic; **~s techniques** design features

carafe [kaʀaf] *f* carafe

Caraïbes [kaʀaib] *fpl* **les ~** the Caribbean

carambolage [kaʀɑ̃bɔlaʒ] *m* pileup

caramel [kaʀamɛl] *m* caramel

caramélisé(**e**) [kaʀamelize] *adj* caramelized

caraméliser [kaʀamelize] <1> **I.** *vt* **1.** (*recouvrir*) to coat with caramel **2.** (*cuire: sucre*) to caramelize **II.** *vi, vpr* to caramelize

carapace [kaʀapas] *f* **1.** (*d'un crabe, d'une tortue*) shell **2.** (*couche: de boue*) crust; (*de glace*) sheath **3.** (*protection morale*) shield

caravane [kaʀavan] *f* trailer

caravelle [kaʀavɛl] *f* caravel

carbonate [kaʀbɔnat] *m* carbonate

carbone [kaʀbɔn] *m* **1.** (*substance*) carbon **2.** (*papier*) carbon paper **3.** (*copie*) carbon (copy)

carbonique [kaʀbɔnik] *adj* **gaz ~** carbon dioxide

carbonisé(**e**) [kaʀbɔnize] *adj* charred; **mourir ~** to be burned to death

carburant [kaʀbyʀɑ̃] *m* fuel

carburateur [kaʀbyʀatœʀ] *m* carburetor

carcan [kaʀkɑ̃] *m* **1.** HIST (*collier*) iron collar **2.** (*contrainte*) yoke

carcasse [kaʀkas] *f* **1.** (*squelette*) carcass **2.** *inf* (*corps*) **ma vieille ~** my (poor) old bones **3.** (*charpente: d'un bateau*) skeleton; (*d'un édifice*) frame

carcéral(**e**) [kaʀseʀal, -o] <-aux> *adj* prison

cardiaque [kaʀdjak] **I.** *adj* **malaise ~** heart trouble **II.** *mf: person with a heart condition*

cardigan [kaʀdigɑ̃] *m* cardigan

cardinal [kaʀdinal, -o] <-aux> *m* cardinal

cardinal(**e**) [kaʀdinal, -o] <-aux> *adj* MATH cardinal

cardiologie [kaʀdjɔlɔʒi] *f* cardiology

cardiologue [kaʀdjɔlɔg] *mf* cardiologist

cardiovasculaire [kaʀdjovaskylɛʀ] *adj* cardiovascular

carême [kaʀɛm] *m* **1.** (*jeûne*) fast **2.** (*période*) Lent

carence [kaʀɑ̃s] *f* **1.** MED deficiency; **~ alimentaire** nutritional deficiency **2.** PSYCH **~ affective** emotional deprivation **3.** (*impuissance: du pouvoir*) failing

caressant(**e**) [kaʀesɑ̃, ɑ̃t] *adj* (*personne*) affectionate; (*voix*) tender

caresse [kaʀɛs] *f* caress

caresser [kaʀese] <1> *vt* **1.** (*effleurer*) to caress **2.** *fig* **~ une idée** to toy with an idea

car-ferry [kaʀfeʀi] <car-ferries> *m* car ferry

cargaison [kaʀgɛzɔ̃] *f* (*chargement*) cargo

cargo [kaʀgo] *m* freighter

caribou [kaʀibu] *m* caribou

caricatural(**e**) [kaʀikatyʀal, -o] <-aux> *adj* grotesque; (*exagéré*) caricatured

caricature [kaʀikatyʀ] *f* caricature

caricaturer [kaʀikatyʀe] <1> *vt* to caricature

caricaturiste [kaʀikatyʀist] *mf* caricaturist

carie [kaʀi] *f* MED caries; **avoir une ~** to have a cavity

carié(**e**) [kaʀje] *adj* decayed; **avoir une dent ~e** to have a bad tooth

carillon [kaʀijɔ̃] *m* **1.** (*d'une église*) bells *pl* **2.** (*sonnerie: d'une horloge*) chimes *pl;* (*d'une porte d'entrée*) ring **3.** (*horloge*) chiming clock **4.** (*air*) chimes *pl*

carillonner [kaʀijɔne] <1> *vi* **1.** (*résonner: cloche*) to ring; (*horloge*) to chime **2.** (*sonner*) **~ à la porte** to ring at the door

caritatif, -ive [kaʀitatif, -iv] *adj* charitable

carlingue [kaʀlɛ̃g] *f* AVIAT cabin

carmin [kaʀmɛ̃] **I.** *adj inv* carmine **II.** *m* **1.** (*colorant*) cochineal **2.** (*couleur*) carmine

carnage [kaʀnaʒ] *m a. fig* carnage

carnassier, -ière [kaʀnasje, -jɛʀ] **I.** *adj* carnivorous **II.** *m* carnivore

carnaval [kaʀnaval] <s> *m* carnival

carnet [kaʀnɛ] *m* **1.** (*calepin*) notebook; **~ d'adresses** address book; **~ de notes** report card; **~ d'épargne** *Suisse* (*livret*) savings book; **~ de santé** health chart **2.** (*paquet*) **~ de timbres** book of stamps; **~ de chèques** checkbook

carnivore [kaʀnivɔʀ] **I.** *adj* carnivorous **II.** *m* carnivore

carnotset [kaʀnɔtsɛ] *m Suisse* (*local, souvent aménagé dans une cave, pour manger et boire entre amis*) *basement room for entertaining friends*

Caroline-du-Nord [kaʀɔlin(ə)dynɔʀ] *f* **la ~** North Carolina

Caroline-du-Sud [kaʀɔlin(ə)dysyd] *f* **la ~** South Carolina

carolingien(**ne**) [kaʀɔlɛ̃ʒjɛ̃, jɛn] *adj* Carolingian

carotide [kaʀɔtid] *f* carotid

carotte [kaʀɔt] **I.** *f* carrot; **~ rouge** *Suisse* (*bet-*

terave) beet **II.** *adj inv* **avoir les cheveux ~** to have carrot-colored hair
carotter [kaʀɔte] <1> *vt inf* (*objet, argent*) to pinch
carpe [kaʀp] *f* carp ▶ **muet(te) comme une ~** as silent as a post
carquois [kaʀkwa] *m* quiver
carré(e) [kaʀe] **I.** *adj* **1.** (*rectangulaire*) square **2.** (*robuste*) **~ d'épaules** broad-shouldered **3.** MATH **mètre/kilomètre ~** square meter/kilometer **II.** *m* **1.** MATH square; **élever un nombre au ~** to square a number; **quatre/six au ~** four/six squared **2.** JEUX **un ~ d'as** four aces
carreau [kaʀo] <x> *m* **1.** (*vitre*) window(pane); **faire les ~x** to clean the windows **2.** (*carrelage*) tiled floor **3.** (*motif*) **tissu à grands ~x** large-checked fabric; **papier à petits ~x** small-squared paper **4.** JEUX diamond; **as de ~** ace of diamonds ▶ **se tenir à ~** to watch one's step
carrefour [kaʀfuʀ] *m a. fig* crossroads
carrelage [kaʀlaʒ] *m* **1.** (*action*) tiling **2.** (*revêtement*) tiles *pl*
carrelé(e) [kaʀle] *adj* tiled
carreler [kaʀle] <3> *vt* to tile
carrelet [kaʀlɛ] *m* plaice
carreleur, -euse [kaʀlœʀ, -øz] *m, f* tiler
carrément [kaʀemɑ̃] *adv inf* **1.** (*franchement*) straight out; **y aller ~** to go straight ahead **2.** (*complètement*) completely
carrière[1] [kaʀjɛʀ] *f* career; **faire ~** to make a career
carrière[2] [kaʀjɛʀ] *f* **~ de pierres** stone quarry; **~ de sable** sandpit
carriériste [kaʀjeʀist] *mf péj* careerist
carriole [kaʀjɔl] *f* **1.** (*petite charrette*) cart **2.** *Québec* (*voiture d'hiver hippomobile, montée sur patins*) horse-drawn sleigh
carrosse [kaʀɔs] *m* (horse-drawn) coach
carrosserie [kaʀɔsʀi] *f* **1.** AUTO body **2.** (*métier*) vehicle body building
carrure [kaʀyʀ] *f* **1.** (*largeur du dos*) breadth across the shoulders **2.** (*envergure*) stature
cartable [kaʀtabl] *m* **1.** ECOLE school bag **2.** *Québec* (*classeur à anneaux*) ring binder
carte [kaʀt] *f* **1.** GEO map; **~ au 1/25 000** map on a scale of 1:25,000; **~ routière** road map **2.** JEUX **~ à jouer** playing card; **jouer aux ~s** to play cards; **tirer les ~s à qn** to read sb's cards **3.** (*dans le domaine postal*) **~ postale** postcard **4.** CULIN menu **5.** (*bristol*) **~ de visite** business card **6.** (*moyen de paiement*) **~ à mémoire/à puce** smart card; **~ bancaire/de crédit** bank/credit card; **~ de téléphone** phone card **7.** (*document*) **~ d'électeur** voter registration card; **~ d'étudiant** student (ID) card; **~ (nationale) d'identité** ID card; **~ de sécurité sociale** ≈ social security card; **~ grise** car registration papers **8.** INFORM **~ enfichable/réseau/son/vidéo/d'extension** plug-in/network/sound/video/expansion card; **~ graphique/mère** graphics card/motherboard ▶ **brouiller les ~s** to confuse the issue; **donner** [*o* **laisser**] **~ blanche à qn** to give sb carte blanche
cartésien(ne) [kaʀtezjɛ̃, jɛn] *adj* **1.** PHILOS Cartesian **2.** (*rationnel*) rational
cartilage [kaʀtilaʒ] *m* cartilage; **~ articulaire** joint cartilage
cartilagineux, -euse [kaʀtilaʒinø, -øz] *adj* (*viande*) gristly; (*poisson, tissu*) cartilaginous
cartomancien(ne) [kaʀtɔmɑ̃sjɛ̃, jɛn] *m(f)* fortune teller
carton [kaʀtɔ̃] *m* **1.** (*matière*) cardboard **2.** (*emballage*) (cardboard) box **3.** (*classeur*) **~ à dessin** portfolio ▶ **~ jaune/rouge** yellow/red card; **faire un ~** *inf* (*avoir du succès*) to be a smash (hit)
cartonné(e) [kaʀtɔne] *adj* bound; **livre ~** hardcover
carton-pâte [kaʀtɔ̃pɑt] *m* pasteboard
cartouche [kaʀtuʃ] *f* **1.** (*munition: d'un fusil*) cartridge; **~ à blanc** blank cartridge **2.** (*emballage*) **~ de cigarettes** carton of cigarettes **3.** (*recharge*) **~ d'encre** ink cartridge; **~ de données** data cartridge
cas [kɑ] *m* **1.** *a.* MED, JUR, LING case; **~ d'urgence** emergency; **c'est bien le ~** it is the case; **dans ce ~** in that case; **dans le ~ contraire** otherwise; **dans le ~ présent** in this particular case; **dans tous les ~** in any case; **en aucun ~** on no account **2.** (*hypothèse*) **au ~/dans le ~/pour le ~ où qn ferait qc** in case sb does sth; **en ~ de qc** in case of sth; **en ~ de besoin** if necessary; **en ~ de pluie** in case it rains
casanier, -ière [kazanje, -jɛʀ] *adj* (*personne, vie*) stay-at-home, homebody; **personne casanière** stay-at-home
casaque [kazak] *f* silks *pl*
cascade [kaskad] *f* **1.** (*chute d'eau*) waterfall **2.** CINE stunt
cascadeur, -euse [kaskadœʀ, -øz] *m, f* CINE stuntman, stuntwoman *m, f*
case [kɑz] *f* **1.** (*carré: d'un formulaire*) box; (*d'un damier*) square; **~ départ** start; *fig* square one **2.** (*casier*) compartment **3.** (*hutte*) hut **4.** *Suisse, Québec* (*boîte*) **~ postale** post office box ▶ **il lui manque une ~** *inf* he has a screw loose
caser [kɑze] <1> **I.** *vt* **1.** (*loger*) to put up **2.** (*marier*) to marry off **II.** *vpr* **se ~ 1.** (*se loger*) to find a place to stay **2.** (*se marier*) to get married
caserne [kazɛʀn] *f* barracks *pl*
cash [kaʃ] *adv inf* cash
casher [kaʃɛʀ] *adj inv* kosher
casier [kɑzje] *m* **1.** (*case*) compartment; **~ à bouteilles** bottle rack **2.** JUR **~ judiciaire** police record **3.** (*à la pêche*) pot
casino [kazino] *m* casino
casque [kask] *m* **1.** (*protection*) helmet; (*d'un motocycliste*) crash helmet **2.** (*séchoir*) hair dryer **3.** MUS headphones *pl* ▶ **~ bleu** blue helmet (*member of the U.N. peacekeeping force*)

C

casqué(e) [kaske] *adj* in a helmet
casquer [kaske] <1> *vi inf* to cough up
casquette [kaskɛt] *f* cap
cassant(e) [kɑsɑ̃, ɑ̃t] *adj* **1.** (*fragile: substance*) brittle **2.** (*sec: ton*) curt
cassation [kɑsasjɔ̃] *f* **1.** JUR cassation **2.** MIL reduction to the ranks
casse [kɑs] **I.** *f* **1.** (*dégât*) damage **2.** (*bagarre*) **il va y avoir de la ~** *inf* things are going to get rough **3.** (*commerce du ferrailleur*) junkyard **II.** *m inf* break-in; **faire un ~** to break in
cassé(e) [kɑse] *adj* (*vieillard*) bent; (*voix*) hoarse
casse-cou [kɑsku] *m inv, inf* daredevil
casse-croûte [kɑskʀut] *m inv* **1.** (*collation*) snack **2.** *Québec* (*café, restaurant où l'on sert des repas rapides*) snack bar
casse-gueule [kɑsgœl] *inv adj inf* reckless
casse-noix [kɑsnwɑ] *m inv* nutcracker
casse-pieds [kɑspje] *inv* **I.** *adj inf* **1.** (*importun*) annoying; **ce que tu peux être ~, bon sang!** you can be a real pain in the neck, damn it! **2.** (*ennuyeux*) boring **II.** *mf inf* pain in the neck
casser [kɑse] <1> **I.** *vt* **1.** (*briser: objet*) to break; (*branche*) to snap; (*noix*) to crack **2.** (*troubler: ambiance*) to disturb; **~ le moral à qn** *inf* to break sb's spirit **3.** ECON (*croissance*) to stop; **~ les prix** to slash prices **4.** POL, SOCIOL (*grève*) to break **5.** JUR (*jugement*) to quash; (*mariage*) to annul **6.** MIL to demote ▸ **~ les pieds à qn** *inf* to annoy sb; **à tout ~** *inf* (*au maximum*) at the most; (*extraordinaire*) fantastic **II.** *vi* (*objet*) to break; (*branche, fil*) to snap **III.** *vpr* **1.** (*se rompre*) **se ~** to break; (*branche*) to snap **2.** (*être fragile*) **se ~** to be fragile **3.** (*se briser*) **se ~ un bras** to break one's arm; **se ~ une dent** to break off a tooth **4.** *inf* (*se fatiguer*) **ne pas se ~** not to strain oneself; **se ~ la tête** to rack one's brain **5.** *inf* (*s'en aller*) to split
casserole [kasʀɔl] *f* saucepan
casse-tête [kɑstɛt] *m inv* **1.** (*problème*) headache; **~ chinois** brainteaser **2.** *Québec* (*puzzle*) puzzle
cassette [kasɛt] *f* cassette; **~ vidéo** video (cassette)
cassettothèque [kasɛtɔtɛk] *f* cassette library
casseur, -euse [kɑsœʀ, -øz] *m, f* **1.** (*ferrailleur*) scrap (metal) dealer **2.** (*au cours d'une manifestation*) rioter
cassis [kasis] *m* (*fruit*) blackcurrant
cassoulet [kasulɛ] *m* cassoulet (*meat and bean stew*)
cassure [kɑsyʀ] *f* **1.** (*brisure*) break **2.** (*rupture: d'une amitié*) rupture
castagne [kastaɲ] *f inf* fighting
castagnettes [kastaɲɛt] *fpl* castanets
caste [kast] *f* caste
castor [kastɔʀ] *m* beaver
castrateur, -trice [kastʀatœʀ, -tʀis] *adj* castrating
castration [kastʀasjɔ̃] *f* castration
castrer [kastʀe] <1> *vt* to castrate
cataclysme [kataklism] *m a. fig* cataclysm
catacombes [katakɔ̃b] *fpl* catacombs
catalogne [katalɔɲ] *f Québec* (*étoffe dont la trame est faite de bandes de tissus généralement multicolores*) brightly-colored rug or blanket
catalogue [katalɔg] *m* catalogue
cataloguer [katalɔge] <1> *vt* **1.** (*classer*) to catalog **2.** *péj* to label
catalyser [katalize] <1> *vt a. fig* to catalyze
catamaran [katamaʀɑ̃] *m* catamaran
cataplasme [kataplasm] *m* MED poultice
catapulte [katapylt] *f* catapult
cataracte [kataʀakt] *f* MED cataract
catastrophe [katastʀɔf] *f* catastrophe; **~ ferroviaire** train disaster; **faire qc en ~** to do sth in a mad rush; **atterrir en ~** to make a crash landing
catastrophique [katastʀɔfik] *adj* catastrophic
catch [katʃ] *m* wrestling; **faire du ~** to wrestle
catcheur, -euse [katʃœʀ, -øz] *m, f* wrestler
catéchisme [kateʃism] *m* **1.** (*enseignement, livre*) catechism **2.** (*dogme*) dogma
catégorie [kategɔʀi] *f* **1.** (*groupe*) category; **~ socioprofessionnelle** social and occupational group **2.** SPORT class **3.** (*qualité*) **de 1ère ~** (*produit alimentaire*) premium food product; (*hôtel*) first-class hotel
catégorique [kategɔʀik] *adj* categoric(al); **être ~ sur qc** to be adamant about sth
catégoriquement [kategɔʀikmɑ̃] *adv* categorically
catelle [katɛl] *f Suisse* (*carreau de faïence vernissée*) ceramic tile
cathédrale [katedʀal] *f* cathedral
catholicisme [katɔlisism] *m* Catholicism
catholique [katɔlik] **I.** *adj* **1.** REL (Roman) Catholic **2.** *fig, inf* **ne pas être (très) ~** to be (rather) shady **II.** *mf* (Roman) Catholic
catimini [katimini] **en ~** on the sly
cauchemar [koʃmaʀ] *m a. fig* nightmare; **faire un ~** to have a nightmare
cauchemardesque [koʃmaʀdɛsk] *adj* nightmarish; **vision ~** nightmare
causant(e) [kozɑ̃, ɑ̃t] *adj* talkative
cause [koz] **I.** *f* **1.** (*raison, ensemble d'intérêts*) cause; **fermé pour ~ de maladie** closed because of illness; **pour la bonne ~** for a good cause **2.** JUR lawsuit; **plaider une ~** to plead a case ▸ **en tout état de ~** in any case; **mettre qn en ~** to implicate sb **II.** *prep* **à ~ de** because of
causer[1] [koze] <1> *vt* (*provoquer*) to cause; **~ de la joie à qn** to give pleasure to sb
causer[2] [koze] <1> *vt, vi* (*parler*) to talk; (*sans façon*) to chat; **assez causé!** *inf* enough said!; **je te/vous cause!** *inf* I'm talking to you!; **cause toujours!** *inf* keep talking!
causse [kos] *m* causse (*limestone plateau*)
Causses [kos] *mpl* **les ~** *limestone plateau south of the Massif Central*
caustique [kostik] *adj* caustic

C

caution [kosjɔ̃] *f* **1.** FIN guarantee; **se porter ~ pour qn** to stand as guarantor for sb **2.** JUR bail; **être libéré sous ~** to be released on bail **3.** (*appui*) support; **apporter sa ~ à qn/qc** to back sb/sth
cautionner [kosjɔne] <1> *vt* **1.** JUR to guarantee **2.** (*approuver*) to support
cavalcade [kavalkad] *f* (*course tumultueuse*) stampede
cavaler [kavale] <1> *vi inf* (*courir*) to run
cavalerie [kavalʀi] *f* MIL cavalry
cavaleur, -euse [kavalœʀ, -øz] *m, f inf* **1.** (*homme*) womanizer **2.** (*femme*) man-chaser
cavalier, -ière [kavalje, -jɛʀ] **I.** *adj péj* (*impertinent*) offhand **II.** *m, f* **1.** SPORT horseman, horsewoman *m, f* **2.** (*au bal*) partner **III.** *m* **1.** MIL cavalryman **2.** JEUX knight **3.** (*titre de politesse*) gentleman
cave [kav] *f* **1.** (*local souterrain, provision de vins*) cellar; **~ voûtée** vault **2.** *pl* (*propriété*) **~s viticoles** wine cellars **3.** (*cabaret*) club ▶ **de la ~ au grenier** in every nook and cranny
caveau [kavo] <x> *m* (*tombeau*) vault
caverne [kavɛʀn] *f* cavern
caverneux, -euse [kavɛʀnø, -øz] *adj* cavernous
caviar [kavjaʀ] *m* CULIN caviar
caviste [kavist] *mf* wine merchant
cavité [kavite] *f* cavity
C.B. [sibi] *f abr de* **Citizens' band** CB radio
C.C.P. [sesepe] *m abr de* **compte chèques postal** *post office checking account*
CD [sede] *m abr de* **Compact Disc** CD
C.D.D. [sesede] *m abr de* **contrat à durée déterminée** fixed-term contract
C.D.I. [sedei] *m* **1.** *abr de* **contrat à durée indéterminée** permanent employment contract **2.** *abr de* **centre de documentation et d'information** *learning resources center* **3.** *abr de* **centre des impôts** tax office
C.D.-I. [sedei] *m abr de* **Compact Disc Interactive** CD-I
CD-R [sedeɛʀ] *m inv abr de* **Compact Disc Recordable** CD-R
CD-ROM [sedeʀɔm] *m abr de* **Compact Disc Read Only Memory** CD-ROM
CD-RW *m inv abr de* **Compact Disc Rewritable Unit** CD-RW
CDV [sedeve] *m abr de* **Compact Disc Video** VCD
ce[1] [sə] <*devant "en" et formes de "être" commençant par une voyelle* c', *devant "a"* ç'> *pron dém* **1.** (*pour désigner*) **c'est un beau garçon** he's a handsome boy; **~ sont de bons souvenirs** they're happy memories; **c'est beau, la vie** life is beautiful; **c'est moi/lui/nous** it's me/him/us; **à qui est ce livre? – c'est à lui** whose book is this? – it's his **2.** (*dans une question*) **qui est-ce?, c'est qui?** *inf* (*sur un homme*) who is he?; (*sur une femme*) who is she?; (*sur plusieurs personnes*) who are they?; (*au téléphone*) who is speaking?; **qui est-ce qui/que** who/whom; **qu'est-ce (que c'est)?, c'est quoi?** *inf* what is it?; **qu'est-ce qui/que** what; **c'est qui** [*o* **qui c'est**] **ce Monsieur?** *inf* who is this man?; **est-ce vous?, c'est vous?** *inf* is it you? **3.** (*pour insister*) **c'est plus tard qu'elle y songea** she didn't think about it until later; **c'est maintenant qu'on en a besoin** right now is when we need it; **c'est en tombant que l'objet a explosé** the thing exploded when it fell; **c'est vous qui le dites!** that's what you say!; **c'est un scandale de voir cela** it's scandalous to see that; **c'est à elle de** +*infin* (*c'est à son tour*) it's her turn to +*infin;* (*c'est son rôle*) she has to +*infin;* **c'est à vous de prendre cette décision** you have to make this decision **4.** (*pour expliquer*) **c'est que ...** you see ...; (*dans une réponse*) actually ...; (*pour préciser la raison*) it's because ... **5.** (*devant une relative*) **voilà tout ~ que je sais** that's all I know; **dis-moi ~ dont tu as besoin** tell me what you need; **~ à quoi je ne m'attendais pas** what I wasn't expecting; **~ à quoi j'ai pensé** what I thought; **~ que c'est idiot!** how stupid it is!; **~ que** [*o* **qu'est-ce que**] **ce paysage est beau!** how beautiful this landscape is!; **qu'est-ce qu'on s'amuse!** *inf* what a good time we're having!; **~ qu'il parle bien** *inf* how well he speaks ▶ **et ~** and that; **à ~ qu'on dit, qn a fait qc** it is said that sb has done sth; **sur ~** whereupon; **sur ~, je vous dis au revoir** so now I'll just say goodbye
ce[2] [sə] *adj dém* **1.** (*pour désigner*) this; *v.a.* **cette 2.** (*intensif, péjoratif*) **comment peut-il raconter ~ mensonge!** how can he tell such a lie! **3.** (*avec étonnement*) what (a); **~ toupet!** what nerve! **4.** (*en opposition*) **~ livre-ci ... ~ livre-là** this book ... that book **5.** (*temporel*) **~ jour-là** that day; **~ mois-ci** this month
CE [seø] *f* **1.** HIST *abr de* **Communauté européenne** EC **2.** *abr de* **comité d'entreprise** workers' council
CE1 [seøœ̃] *m abr de* **cours élémentaire première année** *second year of elementary school*
CE2 [seødø] *m abr de* **cours élémentaire deuxième année** *third year of elementary school*
ceci [səsi] *pron dém* this; **~ explique cela** one thing explains another; **il a ~ d'agréable qu'il est gai** what is pleasant about him is that he is cheerful; **à ~ près qu'il ment** except that he's lying; *v.a.* **cela**
cécité [sesite] *f* blindness
céder [sede] <5> **I.** *vt* **1.** (*abandonner au profit de qn*) **~ qc à qn** to let sb have sth; **~ son tour à qn** to let sb go first **2.** (*vendre*) to sell **II.** *vi* **1.** (*renoncer*) to give up **2.** (*capituler*) to give in; (*troupes*) to withdraw **3.** (*succomber*) **~ à qc** to give way to sth; **~ à la tentation** to yield to temptation **4.** (*se rompre*) to give (way)

CEDEX [sedɛks] *m abr de* **courrier d'entreprise à distribution exceptionnelle** *postal code for official use*
cédille [sedij] *f* cedilla
cèdre [sɛdʀ] *m* cedar
CEE [seəə] *f abr de* **Communauté économique européenne** HIST EEC
CEI [seøi] *f abr de* **Communauté des États indépendants** HIST CIS
ceinture [sɛ̃tyʀ] *f* **1.** *a.* AUTO, AVIAT, SPORT belt; **attacher sa ~ de sécurité** to fasten one's seatbelt **2.** (*partie d'un vêtement*) waistband **3.** (*zone environnante*) **~ de barbelés/collines** strip of barbed wire/range of hills **4.** (*route périphérique*) beltway
ceinturer [sɛ̃tyʀe] <1> *vt* **1.** (*prendre à la taille: personne*) to grab around the waist; (*pour l'arrêter*) to tackle at the waist **2.** (*entourer: ville, champ*) to encircle
ceinturon [sɛ̃tyʀɔ̃] *m* MIL belt
cela [s(ə)la] *pron dém* **1.** (*pour désigner*) that; **~ te plaît?** do you like that?; **après ~** after that; **je ne pense qu'à ~** that's all I think about **2.** (*pour renforcer*) **qui/quand/où ~?** who/when/where is/was that?; **comment ~?** what do you mean?; **~ fait dix jours que j'attends** I've been waiting for ten days ▶ **c'est ~ même** exactly; **et avec ~?** anything else?; **sans ~** otherwise; *v.a.* **ça, ceci**
célébration [selebʀasjɔ̃] *f* celebration
célèbre [selɛbʀ] *adj* famous; **~ dans le monde entier** world famous; **se rendre ~ par qc** to become famous for sth
célébrer [selebʀe] <5> *vt* **1.** (*fêter*) to celebrate **2.** (*vanter: exploit*) to praise **3.** REL **~ un service religieux** to hold a church service
célébrité [selebʀite] *f* fame; **qn est une ~** sb is a celebrity
céleri [sɛlʀi] *m* celery
céleri-rave [sɛlʀiʀav] <céleris-raves> *m* celeriac
célérité [seleʀite] *f* speed; **avec ~** swiftly
céleste [selɛst] *adj* **1.** (*relatif au ciel*) celestial **2.** (*divin: béatitude*) celestial; (*colère*) divine **3.** (*merveilleux*) heavenly
célibat [seliba] *m* single status; (*d'un prêtre*) celibacy
célibataire [selibatɛʀ] **I.** *adj* single **II.** *mf* single person
celle, celui [sɛl] <s> *pron dém* **1.** + *prép* **~ de Paul est plus jolie** Paul's is more beautiful **2.** + *pron rel* **~ que tu as achetée est moins chère** the one you bought is cheaper **3.** + *adj, part passé, part prés, infin* (*en opposition*) the one; **cette marchandise est meilleure que ~ que vous vendez** these goods are better than the ones you sell
celle-ci, celui-ci [sɛlsi] <celles-ci> *pron dém* **1.** (*en désignant: chose*) this one; (*personne*) she **2.** (*référence à un antécédent*) the latter; **il écrit à sa sœur – ~ ne répond pas** he writes to his sister but she doesn't answer **3.** (*en opposition*) **~ est moins chère que celle-là** this one is cheaper than that one; (*avec un geste*) this one here; *v.a.* **celle-là**
celle-là, celui-là [sɛlla] <celles-là> *pron dém* **1.** (*en désignant: chose*) that one; (*personne*) she **2.** (*référence à un antécédent*) **ah! je la retiens ~ alors!** *inf* I'll remember her all right!; **elle est bien bonne ~!** that's a good one! **3.** (*en opposition*) *v.* **celle-ci**
celles, ceux [sɛl] *pl pron dém* **1.** + *prép* those; **~ d'entre vous** those of you **2.** + *pron rel* **~ qui ont fini peuvent sortir** those who have finished may leave **3.** + *adj, part passé, part prés, infin* those; *v.a.* **celle**
celles-ci, ceux-ci [sɛlsi] *pl pron dém* **1.** (*pour distinguer*) these (ones) **2.** (*référence à un antécédent*) the latter; *v.a.* **celle-ci 3.** (*en opposition*) **~ sont moins chères que celles-là** these are cheaper than those; (*avec un geste*) these here; *v.a.* **celles-là**
celles-là, ceux-là [sɛlla] *pl pron dém* **1.** (*en désignant*) those (ones) **2.** (*référence à un antécédent*) **ah! je les retiens ~ alors!** *inf* I'll remember them all right! **3.** (*en opposition*) *v.* **celles-ci**
cellier [selje] *m* storeroom (*for food and wine*)
cellophane® [selɔfan] *f* cellophane®
cellulaire [selylɛʀ] **I.** *adj* **1.** BIO **division ~** cell division **2.** (*relatif à la prison*) **fourgon ~** prison van **II.** *m Québec* (*téléphone portable*) cell phone
cellule [selyl] *f* cell
cellulite [selylit] *f* MED cellulite
cellulose [selyloz] *f* cellulose
celte [sɛlt] *adj* Celtic
Celte [sɛlt] *m, f* Celt
celtique [sɛltik] **I.** *adj* Celtic **II.** *m* Celtic; *v.a.* **français**
celui, celle [səlɥi] <ceux> *pron dém* the one; *v.a.* **celle**
celui-ci, celle-ci [səlɥisi] <ceux-ci> *pron dém* (*chose*) this one; (*personne*) he; *v.a.* **celle-ci, celui-là**
celui-là, celle-là [səlɥila] <ceux-là> *pron dém* **1.** (*en désignant: chose*) that one; (*personne*) he **2.** (*avec un geste*) **~ est meilleur** that one is better **3.** (*référence à un antécédent*) *v.* **celle-là 4.** (*en opposition*) *v.* **celui-ci, celle-ci**
cendre [sɑ̃dʀ] *f* ash
cendré(e) [sɑ̃dʀe] *adj* **des cheveux gris ~** ash gray hair
cendrier [sɑ̃dʀije] *m* (*d'un fumeur*) ashtray
Cendrillon [sɑ̃dʀijɔ̃] *f* Cinderella
cenellier [sənelje] *m Québec* (*aubépine*) hawthorn
censé(e) [sɑ̃se] *adj* **1.** (*présumé en train de faire qc*) **être ~** + *infin* to be supposed to + *infin* **2.** (*présumé capable de faire qc*) **je suis ~ connaître la réponse** I'm supposed to know the answer **3.** (*présumé devoir faire qc*) **je te le dis, mais tu n'es pas ~ le savoir** I'm telling you it, but you're not supposed to know it

C

censeur [sɑ̃sœʀ] *mf* **1.** CINE, PRESSE censor **2.** ECOLE *person responsible for discipline in a school*
censure [sɑ̃syʀ] *f* **1.** CINE, PRESSE censorship **2.** POL censure; **déposer une motion de ~** to put forward a censure motion
censurer [sɑ̃syʀe] <1> *vt* CINE, PRESSE to censor
cent[1] [sɑ̃] **I.** *adj* a [*o* one] hundred; **cinq ~s euros** five hundred euros; **~ un** a [*o* one] hundred and one ▶ **avoir ~ fois raison** to be absolutely right; **pour ~** percent; **~ pour ~** a [*o* one] hundred percent **II.** *m inv* hundred; *v.a.* **cinq, cinquante**
cent[2] [sɛnt] *m* FIN cent
centaine [sɑ̃tɛn] *f* **1.** (*environ cent*) **une ~ de personnes** about a hundred people; **des ~s de personnes** hundreds of people; **plusieurs ~s de manifestants** several hundred demonstrators; **par ~s** in hundreds **2.** (*cent unités*) hundred
centaure [sɑ̃tɔʀ] *m* centaur
centenaire [sɑ̃tnɛʀ] **I.** *adj* hundred-year-old; **être ~** to be a hundred years old **II.** *mf* centenarian **III.** *m* centennial
centième [sɑ̃tjɛm] **I.** *adj antéposé* hundredth **II.** *mf* **le/la ~** the hundredth **III.** *m* (*fraction*) fraction **IV.** *f* THEAT hundredth performance; *v.a.* **cinquième**
centigramme [sɑ̃tigʀam] *m* centigram
centilitre [sɑ̃tilitʀ] *m* centiliter
centime [sɑ̃tim] *m* **1.** HIST centime **2. ~ d'euro** cent; **une pièce de 50 ~s** a 50-cent coin ▶ **ne pas avoir un ~ sur soi** not to have a cent
centimètre [sɑ̃timɛtʀ] *m* **1.** (*unité*) centimeter **2.** (*ruban*) tape measure
centrafricain(e) [sɑ̃tʀafʀikɛ̃, ɛn] *adj* Central African; **la République ~e** Central African Republic
Centrafricain(e) [sɑ̃tʀafʀikɛ̃, ɛn] *m(f)* Central African
central [sɑ̃tʀal, -o] <-aux> *m* TEL switchboard
central(e) [sɑ̃tʀal, -o] <-aux> *adj* (*situé au centre, important*) central; **partie ~e** main part
centrale [sɑ̃tʀal] *f* **1.** ELEC power plant **2.** POL **~ syndicale** confederation of labor unions **3.** COM head office **4.** (*prison*) prison
Centrale [sɑ̃tʀal] *f* ECOLE *college for training engineers*
centralisation [sɑ̃tʀalizasjɔ̃] *f* centralization
centraliser [sɑ̃tʀalize] <1> *vt* to centralize
centre [sɑ̃tʀ] *m* **1.** (*milieu, organisme*) center; **~ aéré** youth recreation center; **~ commercial/culturel** shopping/arts center; **~ hospitalier régional** regional hospital complex; **~ universitaire** university; **~ d'achats** *Québec* (*centre commercial*) shopping center; **~ équestre** riding school **2.** SPORT (*terrain*) midfield; (*joueur*) midfielder; (*passe*) center pass
Centre [sɑ̃tʀ] *m* **le ~** Central France
centre-avant [sɑ̃tʀavɑ̃] <centres-avants> *m Belgique* (*avant-centre*) center-forward
centrer [sɑ̃tʀe] <1> *vt* to center
centre(-)ville [sɑ̃tʀəvil] <centres-villes> *m* town center
centrifuge [sɑ̃tʀifyʒ] *adj* centrifugal
centuple [sɑ̃typl] **I.** *adj* a hundred times as large; **mille est un nombre ~ de dix** a thousand is a hundred times ten **II.** *m a. fig* hundredfold; **rendre une dette à qn au ~** to repay a debt a hundred times over
cep [sɛp] *m* vine stock
cépage [sepaʒ] *m* varietal
cèpe [sɛp] *m* cep
cependant [s(ə)pɑ̃dɑ̃] *adv* however
céramique [seʀamik] **I.** *adj* ceramic **II.** *f* **1.** (*objet*) ceramic **2.** (*art*) ceramics *pl* **3.** MED **~ dentaire** dental ceramics *pl*
cerceau [sɛʀso] <x> *m* hoop
cercle [sɛʀkl] *m* **1.** (*forme géométrique, groupe*) circle **2.** (*groupe sportif*) club
cerclé(e) [sɛʀkle] *adj* ringed
cercueil [sɛʀkœj] *m* coffin, casket
céréale [seʀeal] *f: cereal*
cérébral(e) [seʀebʀal, -o] <-aux> **I.** *adj* **1.** ANAT cerebral **2.** (*intellectuel*) intellectual **II.** *m(f)* **être un pur ~** to be a purely cerebral type
cérémonial [seʀemɔnjal] <s> *m* ceremonial
cérémonie [seʀemɔni] *f* ceremony
cérémonieux, -euse [seʀemɔnjø, -jøz] *adj* ceremonious; (*salut, ton*) formal
cerf [sɛʀ] *m* ZOOL stag
cerfeuil [sɛʀfœj] *m* chervil
cerf-volant [sɛʀvɔlɑ̃] <cerfs-volants> *m* **1.** (*jouet*) kite; **faire voler un ~** to fly a kite **2.** ZOOL stag beetle
cerise [s(ə)ʀiz] **I.** *f* cherry **II.** *adj inv* (**rouge**) **~** cherry(-red)
cerisier [s(ə)ʀizje] *m* **1.** (*arbre*) cherry (tree) **2.** (*bois*) cherry (wood)
cerne [sɛʀn] *m* **1.** ANAT ring **2.** BOT (*d'un arbre*) tree ring
cerné(e) [sɛʀne] *adj* **avoir les yeux ~s** to have dark circles under one's eyes
cerneau [sɛʀno] <x> *m* (*noix verte*) unripe walnut
cerner [sɛʀne] <1> *vt* **1.** *a. fig* (*entourer d'un trait*) to outline **2.** (*encercler: ennemi*) to surround **3.** (*évaluer: problème*) to define; (*difficulté*) to assess; **~ qn** *inf* to figure sb out
certain(e) [sɛʀtɛ̃, ɛn] **I.** *adj* certain; **être sûr et ~** to be absolutely certain **II.** *adj indéf* **1.** *pl antéposé* (*quelques*) some **2.** (*bien déterminé*) **un ~ endroit** a certain place **III.** *pron pl* some; **~s d'entre vous** some of you; **aux yeux de ~s** in some people's eyes
certainement [sɛʀtɛnmɑ̃] *adv* **1.** (*selon toute apparence*) most probably **2.** (*sans aucun doute*) certainly
certes [sɛʀt] *adv* (*pour exprimer une réserve*) **c'est le plus doué, ~! mais ...** he's the most talented, admittedly, but ...; **il n'est ~ pas doué** he's certainly not talented
certificat [sɛʀtifika] *m* **1.** (*attestation*) certifi-

cate; ~ **de scolarité** proof of attendance; **délivrer un ~ à qn** to issue a certificate to sb **2.** (*diplôme*) diploma
certifier [sɛʀtifje] <1> *vt* **1.** (*assurer*) to assure **2.** JUR to certify; **cette copie est certifiée conforme à l'original** this is a certified copy of the original
certitude [sɛʀtityd] *f* certainly
cérumen [seʀymɛn] *m* ear wax
cerveau [sɛʀvo] <x> *m* **1.** *a.* ANAT brain **2.** (*esprit*) mind **3.** (*organisateur*) brains *pl*
cervelle [sɛʀvɛl] *f* **1.** *inf* (*esprit*) brain **2.** CULIN brains *pl*
cervical(e) [sɛʀvikal, -o] <-aux> *adj* ANAT **les vertèbres ~es** the cervical vertebrae
cervicales [sɛʀvikal] *fpl* ANAT **les ~** the cervical vertebrae
ces [se] *adj dém pl* **1.** (*pour désigner*) these; *v.a.* **cette 2.** *inf* (*intensif, péjoratif*) **il a de ~ idées!** he has some crazy ideas; **comment peut-il raconter ~ mensonges** how can he tell such lies **3.** (*avec étonnement*) **~ mensonges!** what lies! **4.** (*en opposition*) **~ gens-ci ... ~ gens-là** these people ... those people **5.** (*temporel*) **~ nuits-ci** these last few nights; **dans ~ années-là** during those years
CES [sɛs] *m* (*emploi*) *abr de* **contrat emploi solidarité** *part-time community work contracts for the unemployed*
C.E.S. [seøɛs] *m* ECOLE *abr de* **collège d'enseignement secondaire** junior high school
César [sezaʀ] *m* HIST **Jules ~** Julius Caesar
césarienne [sezaʀjɛn] *f* MED Caesarean (section)
cesse [sɛs] **n'avoir (pas) de ~ que** not to rest until; **sans ~** (*sans interruption*) constantly; (*de manière répétitive*) always
cesser [sese] <1> **I.** *vt* to stop; **cessez ces cris!** stop shouting!; **faire ~ qc** to put an end to sth; **~ de fumer** to stop smoking **II.** *vi* to stop; (*conflit*) to come to an end; (*fièvre*) to pass
cessez-le-feu [sesel(e)fø] *m inv* cease-fire
cession [sesjɔ̃] *f* transfer; (*vente*) sale
c'est-à-dire [sɛtadiʀ] *conj* **1.** (*à savoir*) that is (to say) **2.** (*justification*) **~ que ...** which means that ... **3.** (*rectification*) **~ que ...** well, actually ...
cet [sɛt] *adj dém v.* **ce**
CET [seøte] *m abr de* **collège d'enseignement technique** ≈ technical school
cétacé [setase] *m* ZOOL cetacean
cette [sɛt] *adj dém* **1.** (*pour désigner*) this; **en ~ dernière semaine de l'avent** in this last week in Advent; **alors, ~ grippe, comment ça va?** well then, how's your flu? **2.** (*intensif, péjoratif*) **comment peut-il raconter ~ histoire!** how can he tell such a story! **3.** (*avec étonnement*) what (a); **~ chance!** what luck! **4.** (*en opposition*) **~ version-ci ... ~ version-là** this version ... that version **5.** (*temporel*) **~ nuit** (*la nuit dernière*) last night; (*la nuit qui vient*) tonight; **~ semaine** this week; **~ semaine-là** that week
ceux, celles [sø] *pl pron dém* those; *v.a.* **celles**
ceux-ci, celles-ci [søsi] *pl pron dém* **1.** (*pour distinguer*) these (ones) **2.** (*référence à un antécédent*) the latter; *v.a.* **celle-ci 3.** (*en opposition*) *v.* **ceux-là, celles-ci**
ceux-là, celles-là [søla] *pl pron dém* **1.** (*en désignant*) those **2.** (*référence à un antécédent*) *v.* **celle-là 3.** (*en opposition*) those; *v.a.* **ceux-ci, celles-ci**
Cévennes [sevɛn] *fpl* **les ~** the Cévennes
cf., Cf. [kɔ̃fɛʀ] *abr de* **confer** cf.
C.F.A. [seɛfɑ] *adj abr de* **communauté financière africaine: franc ~** CFA franc
C.F.C. [seɛfse] *m abr de* **chlorofluorocarbone** CFC
CFDT [seɛfdete] *f abr de* **Confédération française démocratique du travail** *French labor union*
CGT [seʒete] *f abr de* **Confédération générale du travail** *French labor union*
Ch [ʃəvo] *abr de* **cheval-vapeur** hp
chacal [ʃakal] <s> *m* ZOOL jackal
chacun(e) [ʃakœ̃, ʃakyn] *pron* **1.** (*chose ou personne dans un ensemble défini*) each (one); **~/~e de nous** each (one) of us; **~ à sa façon** each in his own way; **~ (à) son tour** each in turn **2.** (*de deux personnes*) **~ des deux** both of them **3.** (*toute personne*) everyone ►**~ ses goûts** *prov* to each his own
chagrin [ʃagʀɛ̃] *m* (*peine*) grief
chagriner [ʃagʀine] <1> *vt* **~ qn** (*causer de la peine*) to grieve sb; (*contrarier*) to bother sb
chah [ʃa] *m v.* **schah**
chahut [ʃay] *m* uproar; (*bruit*) racket
chahuter [ʃayte] <1> **I.** *vi* (*élèves*) to create a ruckus; (*enfants*) to romp around; (*faire du bruit*) to make a racket; **ce professeur est toujours chahuté** this teacher always loses control of his class **II.** *vt* **1.** (*bousculer par plaisir*) **~ qn** to jostle sb **2.** (*troubler par du chahut*) **~ un professeur** to rag a teacher
chahuteur, -euse [ʃaytœʀ, -øz] *adj* rowdy
chaîne [ʃɛn] *f* **1.** (*bijou, dispositif métallique, suite d'éléments*) chain; **réaction en ~** chain reaction **2.** *pl* AUTO **~ à neige** snow chains **3.** ECON assembly line **4.** RADIO, TV (*émetteur*) channel; (*programme*) program; **~ câblée** cable channel; **sur la 3ᵉ ~** on channel 3 **5.** (*appareil stéréo*) **~ haute-fidélité** [*o* **hi-fi**] [*o* **stéréo**] stereo system **6.** COM (*groupement*) **~ de magasins** chain of stores
chaînette [ʃɛnɛt] *f* (*petite chaîne*) chain
chaînon [ʃɛnɔ̃] *m* **1.** *a. fig* (*maillon d'une chaîne*) link; **~ du raisonnement** link in the logic **2.** (*chaîne de montagnes secondaires*) secondary chain
chair [ʃɛʀ] **I.** *f* **1.** (*viande, pulpe*) flesh; **~ à pâté** [*o* **saucisse**] ground meat **2.** *a.* REL, LIT (*corps opposé à esprit*) flesh ►**avoir la ~ de poule** to have goose bumps **II.** *adj inv* **couleur ~**

flesh-colored
chaire [ʃɛʀ] *f* **1.** (*tribune*) rostrum; (*du prêtre*) pulpit **2.** UNIV chair
chaise [ʃɛz] *f* chair
chaland [ʃalɑ̃] *m* (*péniche*) barge
châle [ʃɑl] *m* shawl
chalet [ʃalɛ] *m* **1.** (*maison de bois en montagne*) chalet **2.** *Québec* (*maison de campagne située près d'un lac ou d'une rivière*) cabin (*near water*)
chaleur [ʃalœʀ] *f* **1.** (*température élevée*) warmth; (*très élevée*) *a.* PHYS heat; **vague de ~** heat wave **2.** *fig* heat; (*d'un accueil*) warmth
chaleureusement [ʃalœʀøzmɑ̃] *adv* warmly
chaleureux, -euse [ʃalœʀø, -øz] *adj* warm; (*soirée*) pleasant
chalonnais(e) [ʃalɔnɛ, ɛz] *adj* of Chalon-sur-Saône
Chalonnais(e) [ʃalɔnɛ, ɛz] *m(f)* person from Chalon-sur-Saône
chaloupe [ʃalup] *f* **1.** (*canot*) launch **2.** *Québec* (*petit bateau à rames*) small boat
chalumeau [ʃalymo] <x> *m* (*pour souder*) welding torch; (*pour découper*) cutting torch
chalut [ʃaly] *m* (*pour la pêche*) trawl
chalutier [ʃalytje] *m* **1.** (*bateau*) trawler **2.** (*pêcheur*) trawler
chamailler [ʃamaje] <1> *vpr inf* **se ~** to squabble
chambardement [ʃɑ̃baʀdəmɑ̃] *m inf* upheaval; (*des valeurs, des idées*) jettisoning
chambouler [ʃɑ̃bule] <1> *vt inf* (*projets, programme*) to mess up
chambranle [ʃɑ̃bʀɑ̃l] *m* (*d'une porte, fenêtre*) frame
chambre [ʃɑ̃bʀ] *f* **1.** (*pièce où l'on couche*) bedroom; **~ individuelle/double** single/double room; **~ d'amis** guest room **2.** (*pièce spéciale*) **~ forte** strong room; **~ froide** cold (storage) room **3.** POL house **4.** JUR division **5.** COM **~ syndicale** employers' federation; **~ de commerce et d'industrie** chamber of commerce **6.** (*tuyau*) **~ à air** inner tube
chambrer [ʃɑ̃bʀe] <1> *vt* **1.** (*tempérer*) to bring to room temperature **2.** *inf* (*se moquer de*) to tease
chameau [ʃamo] <x> *m* **1.** ZOOL camel **2.** *inf* (*femme*) beast **3.** *inf* (*homme*) heel
chamelier [ʃaməlje] *m* camel driver
chamelle [ʃamɛl] *f* (she-)camel
chamois [ʃamwa] **I.** *m* **1.** ZOOL chamois **2.** (*cuir*) **peau de ~** chamois (leather), chammy **II.** *adj inv* fawn
champ [ʃɑ̃] *m* **1.** *a.* AGR, PHYS, MIL field **2.** *pl* (*campagne*) country(side); **vie des ~s** country life; **couper à travers ~s** to cut across the fields; **fleurs des ~s** wild flowers ▶ **laisser le ~ <u>libre</u> à qn** to give sb a free hand; **<u>sur</u> le ~** at once
champagne [ʃɑ̃paɲ] *m* champagne
Champagne [ʃɑ̃paɲ] *f* **la ~** Champagne
champenois(e) [ʃɑ̃pənwa, waz] *adj* of Champagne
Champenois(e) [ʃɑ̃pənwa, waz] *m(f)* person from Champagne
champêtre [ʃɑ̃pɛtʀ] *adj* **fête ~** village fair
champignon [ʃɑ̃piɲɔ̃] *m* **1.** BOT, CULIN mushroom **2.** *a.* MED fungus **3.** *inf* (*accélérateur*) accelerator
champion(ne) [ʃɑ̃pjɔ̃, -jɔn] **I.** *adj inf* **être ~** to be great **II.** *m(f)* (*vainqueur*) *a. fig* champion; **~ du monde de boxe** boxing champion of the world
championnat [ʃɑ̃pjɔna] *m* championship
chance [ʃɑ̃s] *f* **1.** (*bonne fortune, hasard*) (good) luck; **coup de ~** stroke of luck; **avoir de la ~** to be lucky; **avoir de la ~ de** +*infin* to be lucky enough to +*infin;* **porter ~ à qn** to bring sb (good) luck; **la ~ a tourné** his/her luck has changed; **par ~** luckily; **bonne ~!** good luck!; **pas de ~!** *inf* hard luck!; **quelle ~!** what a stroke of (good) luck! **2.** (*probabilité, possibilité de succès*) chance; **tenter sa ~** to try one's luck; **mettre toutes les ~s de son côté** to take no chances
chancelant(e) [ʃɑ̃slɑ̃, ɑ̃t] *adj* (*objet*) unsteady; (*pas, démarche*) tottering; (*autorité, foi*) wavering; (*paix, économie, santé*) faltering
chanceler [ʃɑ̃s(ə)le] <3> *vi* **1.** (*tituber*) to totter; (*ivrogne*) to stagger; **faire ~ qc** to make sth rock **2.** (*faiblir: décision, autorité, santé*) to falter; (*courage*) to waver
chancelier [ʃɑ̃səlje] *m* HIST chancellor
Chancelier [ʃɑ̃səlje] *m* (*ministre*) Chancellor
chancellerie [ʃɑ̃sɛlʀi] *f* **1.** (*administration*) chancellery **2.** (*ministère de la Justice en France*) French Ministry of Justice
chanceux, -euse [ʃɑ̃sø, -øz] *adj* **être ~** to be lucky
chandail [ʃɑ̃daj] *m* pullover
Chandeleur [ʃɑ̃d(ə)lœʀ] *f* REL **la ~** Candlemas

> **i** February 2nd is the **Chandeleur**, an originally Christian feast day on which crêpes are eaten with family and friends. While cooking the crêpes, a coin is held in one hand and the crêpe is tossed with the other. Those who successfully land the crêpe in the pan will have a prosperous year.

chandelier [ʃɑ̃dəlje] *m* candelabra; (*bougeoir*) candlestick
chandelle [ʃɑ̃dɛl] *f* **1.** (*bougie*) candle; **dîner aux ~s** candlelight dinner **2.** SPORT **faire la ~** to do a shoulder stand **3.** AVIAT **monter en ~** to climb vertically ▶ **devoir une <u>fière</u> ~ à qn** to be greatly indebted to sb; **voir <u>trente-six</u> ~s** to see stars; **<u>tenir</u> la ~ à qn** *iron* to be a third wheel
change [ʃɑ̃ʒ] *m* **1.** (*échange d'une monnaie*) (foreign) exchange; **bureau de ~** currency exchange **2.** (*taux du change*) exchange rate
changeant(e) [ʃɑ̃ʒɑ̃, ɑ̃t] *adj* changeable; (*couleur, reflets, aspect, forme*) changing; **être d'humeur ~e** to have constant mood swings
changement [ʃɑ̃ʒmɑ̃] *m* **1.** (*modification*)

change; ~ **en bien/mal** change for the better/worse; ~ **de temps** change in the weather; **il n'y a aucun** ~ there's been no change 2. CHEMDFER **il n'y a aucun** ~ you don't have to change; **vous avez un ~ à Francfort** you have to change in Frankfurt 3. TECH ~ **de vitesse** (*dispositif*) gears *pl;* (*mouvement*) change of gear(s)

changer [ʃɑ̃ʒe] <2a> **I.** *vt* **1.** (*modifier, remplacer*) to change **2.** (*déplacer*) ~ **qc de place** to move sth to a different spot; ~ **qn de poste** to move sb to a different job **3.** (*échanger*) ~ **pour** [*o* **contre**] **qc** to exchange for sth **4.** FIN (*convertir*) ~ **contre qc** to change for sth **5.** (*divertir*) ~ **qn de qc** to be a change for sb from sth; **cela m'a changé les idées** that took my mind off things ▶ **pour (pas)** ~ *inf* as usual **II.** *vi* **1.** (*se transformer, substituer*) to change; ~ **de forme** to change shape; ~ **de chemise** to change one's shirt; ~ **de voiture** to trade in one's car **2.** (*déménager*) ~ **de ville** to move to another town **3.** AUTO ~ **de vitesse** to change gears **4.** (*faire un échange*) ~ **de place avec qn** to change (places) with sb **5.** CHEMDFER ~ **à Paris** to change in Paris; ~ **de train** to change trains **6.** (*pour exprimer le franchissement*) ~ **de trottoir** to cross over to the other side of the road; ~ **de file** [*o* **voie**] to change lanes **III.** *vpr* **se** ~ to get changed

chanson [ʃɑ̃sɔ̃] *f* **1.** MUS song; ~ **à la mode,** ~ **populaire** pop song **2.** *inf* (*rengaine*) old story ▶ **c'est toujours la même ~!** *inf* it's always the same old story!; **connaître la** ~ *inf* to have heard it all before

chansonnier [ʃɑ̃sɔnje] *m* nightclub satirist

chant [ʃɑ̃] *m* **1.** (*action de chanter, musique vocale*) singing; **apprendre le** ~ to learn how to sing **2.** (*chanson*) song; ~ **populaire** popular song; ~ **de Noël** (Christmas) carol **3.** (*bruits harmonieux: du coq*) crow(ing); (*du grillon*) chirp(ing); (*des oiseaux*) singing

chantage [ʃɑ̃taʒ] *m* blackmail; **faire du ~ à qn** to blackmail sb; **elle lui fait du ~ au suicide** she is blackmailing him by threatening to kill herself

chanter [ʃɑ̃te] <1> **I.** *vi* **1.** (*produire des sons*) to sing; (*coq*) to crow; (*poule*) to cackle; (*insecte*) to chirp **2.** (*menacer*) **faire ~ qn** to blackmail sb ▶ **si ça te/vous chante** *inf* if you feel like it **II.** *vt* **1.** (*interpréter*) to sing **2.** (*raconter*) **qu'est-ce que tu me/nous chantes là?** what are you telling me/us?

chanterelle [ʃɑ̃tʀɛl] *f* (*champignon*) chanterelle

chanteur, -euse [ʃɑ̃tœʀ, -øz] **I.** *adj* **oiseau** ~ songbird **II.** *m, f* singer

chantier [ʃɑ̃tje] *m* **1.** (*lieu*) construction site; (*travaux*) building work; ~ **interdit au public** no entry to the public; **être en** ~ (*immeuble*) to be under construction **2.** *inf* (*désordre*) mess; **quel ~!** what a mess! **3.** *Québec* (*exploitation forestière*) lumber camp ▶ **avoir qc en** ~ to be working on sth; **être en** ~ (*roman*) to be in the process of being written

chantilly [ʃɑ̃tiji] *f* whipped cream

chantonner [ʃɑ̃tɔne] <1> *vt, vi* to hum

chanvre [ʃɑ̃vʀ] *m* hemp

chaos [kao] *m* chaos

chaotique [kaɔtik] *adj* chaotic

chaparder [ʃapaʀde] <1> *vt, vi inf* to pinch

chapeau [ʃapo] <x> *m* (*couvre-chef*) hat; ~ **melon** derby hat; ~ **de sécurité** *Québec* (*casque*) safety helmet ▶ **~!** *inf* well done!; **démarrer sur les ~x de roues** *inf* to shoot off at top speed; *fig* to get off to a good start

chapelet [ʃaplɛ] *m* **1.** REL rosary; **dire** [*o* **égrener**] **son** ~ to say the rosary **2.** (*série: d'injures, de saucisses, d'îles*) string; (*bombes*) stick ▶ **dévider** [*o* **défiler**] **son** ~ to get everything off one's chest

chapelier, -ière [ʃapəlje, -jɛʀ] *m, f* **1.** (*pour hommes*) hatter **2.** (*pour femmes*) milliner

chapelle [ʃapɛl] *f* chapel

chapelure [ʃaplyʀ] *f* bread crumbs *pl*

chapiteau [ʃapito] <x> *m* **1.** (*tente de cirque, le cirque*) big top **2.** (*tente pour une manifestation*) marquee **3.** ARCHIT (*couronnement*) capital

chapitre [ʃapitʀ] *m* chapter

chapon [ʃapɔ̃] *m* capon

chaque [ʃak] *adj inv* **1.** (*qui est pris séparément*) each, every **2.** *inf* (*chacun*) each; **un peu de** ~ a little of everything **3.** (*tous/toutes les*) every

char [ʃaʀ] *m* **1.** MIL tank **2.** (*voiture décorée*) float ▶ **arrête ton ~!** *inf* come off it!

charabia [ʃaʀabja] *m inf* gobbledygook

charade [ʃaʀad] *f* charade

charbon [ʃaʀbɔ̃] *m* **1.** (*combustible*) coal; ~ **de bois** charcoal **2.** MED anthrax **3.** (*fusain*) charcoal ▶ **aller au ~!** *inf* to go to work

charbonnier, -ière [ʃaʀbɔnje, -jɛʀ] **I.** *adj* coal; **industries charbonnières et sidérurgiques** coal and steel industries **II.** *m, f* coal merchant

charcuter [ʃaʀkyte] <1> *vt péj, inf* **1.** (*découper: viande*) to mangle **2.** *fig* (*personne*) to hack up; (*texte*) to carve up

charcuterie [ʃaʀkytʀi] *f* **1.** (*boutique*) pork butcher (shop) **2.** (*spécialité*) cooked pork meats *pl*

charcutier, -ière [ʃaʀkytje, -jɛʀ] *m, f* pork butcher

chardon [ʃaʀdɔ̃] *m* thistle

chardonneret [ʃaʀdɔnʀɛ] *m* goldfinch

charentaise [ʃaʀɑ̃tɛz] *f* slipper

charge [ʃaʀʒ] *f* **1.** (*fardeau*) burden; (*d'un camion*) load; ~ **utile** payload; ~ **maximale** maximum load **2.** (*responsabilité*) responsibility; **avoir la ~ de faire qc** to be responsible for doing sth; **avoir la ~ de qn/qc** to be responsible for sb/sth; **être à (la) ~ de qn** (*personne*) to be dependent on sb; **personnes à ~** dependents; **qn prend un enfant en ~** sb takes charge of a child; **prendre qc en ~** to take care of sth; **à ~ pour qn de** +*infin* it's up to sb to +*infin* **3.** (*fonction*) office; **occuper**

une ~ to hold an office **4.** *souvent pl* (*obligations financières*) expenses *pl* **5.** JUR, MIL charge

chargé(**e**) [ʃaʀʒe] **I.** *adj* **1.** (*qui porte une charge*) ~ **de qc** loaded with sth; **voyageur très** ~ traveler laden down with luggage **2.** (*plein: programme, journée*) full **3.** (*responsable*) ~ **de qn/qc** to be in charge of sb/sth **4.** (*garni: fusil*) loaded; (*batterie*) charged **5.** (*lourd: conscience*) troubled **6.** MED (*estomac*) overloaded; (*langue*) coated **7.** (*rempli*) **le ciel restera** ~ the sky will remain overcast **8.** (*exagéré: style*) intricate **9.** (*riche*) **être** ~ **de qc** to be rich in sth; ~ **de sens** significant **II.** *m(f)* ~ **de cours** instructor

chargement [ʃaʀʒəmɑ̃] *m* **1.** (*action*) *a.* INFORM loading **2.** (*marchandises*) load **3.** (*fret*) freight

charger [ʃaʀʒe] <2a> **I.** *vt* **1.** (*faire porter une charge: marchandise*) to load; ~ **qn/qc de qc** to load sb/sth up with sth; ~ **sur/dans qc** to load onto/into sth **2.** (*attribuer une mission à*) ~ **qn de qc** to make sb responsible for sth; **être chargé de qc** to be in charge of sth; **il m'a chargé de vous saluer** he asked me to give you his regards **3.** (*accuser*) ~ **qn de qc** to charge sb with sth **4.** (*attaquer*) to charge (at) **5.** TECH (*arme, appareil photo*) to load; (*batterie*) to charge **6.** INFORM to load **II.** *vi* (*attaquer*) to charge **III.** *vpr* **1.** (*s'occuper de*) **se** ~ **de qn/qc** to take care of sb/sth; **se** ~ **de** +*infin* to undertake to +*infin* **2.** (*s'alourdir*) **se** ~ to weigh oneself down

chargeur [ʃaʀʒœʀ] *m* **1.** (*docker*) loader **2.** TECH (*d'une arme à feu*) cartridge clip; (*d'une pile, batterie*) charger **3.** PHOT magazine

chariot [ʃaʀjo] *m* **1.** (*plate-forme tractée*) wagon **2.** (*petit engin de transport*) cart; ~ **élévateur** forklift **3.** (*caddy à bagages*) luggage cart **4.** COM shopping cart **5.** CULIN cart

charisme [kaʀism] *m* charisma

charitable [ʃaʀitabl] *adj* charitable

charité [ʃaʀite] *f* **1.** (*amour du prochain, action*) charity **2.** (*bonté*) **avoir la** ~ **de** +*infin* to be kind enough to +*infin*

charivari [ʃaʀivaʀi] *m* hullabaloo

charlatan [ʃaʀlatɑ̃] *m* **1.** (*escroc*) con man **2.** (*mauvais médecin*) quack (doctor)

Charles [ʃaʀlə] *m* ~ **le Téméraire** Charles the Bold

Charles-Quint [ʃaʀləkɛ̃] *m* Charles the Fifth (of Spain)

charlot [ʃaʀlo] *m inf* clown

Charlot [ʃaʀlo] *m* Charlie Chaplin

charlotte [ʃaʀlɔt] *f* **1.** CULIN charlotte **2.** (*bonnet de plastique*) mobcap

charmant(**e**) [ʃaʀmɑ̃, ɑ̃t] *adj a. iron* **1.** (*agréable*) charming **2.** (*ravissant*) delightful

charme [ʃaʀm] *m* **1.** (*attrait: d'une personne, d'un lieu*) charm; **faire du** ~ **à qn** to use one's charms on sb **2.** *souvent pl* (*beauté*) charms *pl* **3.** (*envoûtement*) spell

charmé(**e**) [ʃaʀme] *adj* **être** ~ **de qc** to be delighted by sth

charmer [ʃaʀme] <1> *vt* **1.** (*enchanter*) to charm **2.** (*envoûter*) to enchant

charmeur, **-euse** [ʃaʀmœʀ, -øz] **I.** *adj* (*sourire*) winning; (*air*) charming **II.** *m, f* **1.** (*séducteur*) charmer **2.** (*magicien*) ~ **de serpents** snake charmer

charnel(**le**) [ʃaʀnɛl] *adj* **1.** (*corporel*) physical **2.** (*sexuel*) carnal

charnier [ʃaʀnje] *m* mass grave

charnière [ʃaʀnjɛʀ] **I.** *f* **1.** (*gond*) hinge **2.** (*point de jonction*) **être à la** ~ **de deux époques** to be at the turning point between two eras **II.** *adj* **1.** (*de transition*) transitional **2.** (*décisif*) **rôle** ~ pivotal role

charnu(**e**) [ʃaʀny] *adj* fleshy

charognard [ʃaʀɔɲaʀ] *m* **1.** (*animal*) carrion eater **2.** *a. fig* vulture

charogne [ʃaʀɔɲ] *f* **1.** (*cadavre: d'un animal*) decaying carcass; (*d'une personne*) decaying corpse **2.** *péj, inf* bastard

charpente [ʃaʀpɑ̃t] *f* **1.** (*bâti*) frame(work); ~ **du toit** roof structure **2.** (*carrure: d'une personne*) build

charpentier [ʃaʀpɑ̃tje] *m* carpenter

charpie [ʃaʀpi] *f* **1. faire de la** ~ **avec qc** to tear sth to shreds **2.** (*battre*) **faire de la** ~ **avec qn** to make mincemeat of sb

charretier [ʃaʀtje] *m* carter

charrette[1] [ʃaʀɛt] *f* cart

charrette[2] [ʃaʀɛt] *f Suisse* (*coquin, canaille*) so-and-so

charrier [ʃaʀje] <1> **I.** *vt* **1.** (*transporter*) ~ **qc** to cart sth (along); (*rivière*) to carry sth (along) **2.** *inf* to put on **II.** *vi inf* to go too far; (**il ne**) **faut pas** ~**!** *inf* that's going too far!

charrue [ʃaʀy] *f* plow ▸ **mettre la** ~ **avant** [*o* **devant**] **les <u>bœufs</u>** to put the cart before the horse

charte [ʃaʀt] *f* charter

charter [ʃaʀtɛʀ] **I.** *m* **1.** (*vol*) charter flight **2.** (*avion*) chartered plane **II.** *app inv* charter

chasse[1] [ʃas] *f* **1.** (*action*) hunting; ~ **au trésor** treasure hunt; **la** ~ **est ouverte/fermée** it's open/closed season; **aller à la** ~ to go hunting; **faire la** ~ **aux souris** to chase mice **2.** (*poursuite*) ~ **aux sorcières** witch-hunt; **prendre qn/qc en** ~ to give chase to sb/sth **3.** (*lieu*) hunting ground; ~ **gardée** private hunting ground **4.** AVIAT **pilote de** ~ fighter pilot ▸ **qui va à la** ~ **perd sa <u>place</u>** *prov* if you leave your place you will lose it

chasse[2] [ʃas] *f inf* (*chasse d'eau*) (toilet) flush; **tirer la** ~ to flush the toilet

chassé-croisé [ʃasekʀwaze] <chassés-croisés> *m* comings and goings; (*des estivants*) heavy traffic in both directions

chasse-neige [ʃasnɛʒ] *m inv* **1.** (*véhicule*) snowplow **2.** (*en ski*) **descendre en** ~ to snowplow down

chasser [ʃase] <1> **I.** *vi* **1.** (*aller à la chasse*) to go hunting **2.** (*déraper*) to skid **II.** *vt* **1.** (*aller à la chasse*) to hunt **2.** (*faire partir*) ~ **qn/qc de**

qc to drive sb/sth out [*o* away] from sth **3.** *fig* (*idées noires*) to dispel

chasseur [ʃasœʀ] *m* **1.** MIL chasseur **2.** (*avion*) fighter **3.** (*groom*) bellhop **4.** *fig* **~ de têtes** headhunter

chasseur, -euse [ʃasœʀ, -øz] *m, f* hunter

châssis [ʃɑsi] *m* **1.** TECH, AUTO chassis **2.** (*cadre: d'une fenêtre, une toile*) frame

chaste [ʃast] *adj* chaste

chasteté [ʃastəte] *f* chastity

chat¹ [ʃa] *m* (*animal*) cat; (*mâle*) tomcat; **~ de gouttière** (*espèce banale*) ordinary cat; *v.a.* **chatte** ▶ **avoir un ~ dans la gorge** to have a frog in one's throat; **quand le ~ n'est pas là, les souris dansent** *prov* when the cat's away the mice will play; **il n'y a pas un ~ dans la rue** there's not a soul in the street

chat² [tʃat] *m* INFORM chat

châtaigne [ʃɑtɛɲ] *f* **1.** (*fruit*) (sweet) chestnut **2.** *fig, inf* **je lui ai flanqué une de ces ~s!** I punched him all right!

châtaignier [ʃɑteɲe] *m* **1.** (*arbre*) (sweet) chestnut tree **2.** (*bois*) chestnut

châtain [ʃɑtɛ̃] *adj pas de forme féminine* chestnut brown; **être ~ clair** to have light brown hair

château [ʃɑto] <x> *m* **1.** (*palais*) palace **2.** (*forteresse*) **~ fort** castle **3.** (*belle maison*) manor (house) **4.** (*fig*) **~ d'eau** water tower; **~ de sable** sand castle

châtelain(e) [ʃɑt(ə)lɛ̃, ɛn] *m(f)* **1.** HIST lord **2.** (*seigneur d'un château fortifié*) lord of the manor **3.** (*propriétaire d'un manoir*) owner of the manor

châtier [ʃɑtje] <1> *vt* (*soigner: style, langage*) to refine

châtiment [ʃɑtimɑ̃] *m* punishment

chatoiement [ʃatwamɑ̃] *m* shimmering; (*d'un diamant*) sparkle

chaton [ʃatɔ̃] *m* **1.** (*jeune chat*) kitten **2.** BOT catkin

chatouiller [ʃatuje] <1> *vt* **1.** (*faire des chatouilles*) to tickle; **elle lui chatouille le bras** she is tickling his arm **2.** (*flatter*) to flatter; (*curiosité*) to tickle

chatouilles [ʃatuj] *fpl* tickling; **faire des ~ à qn** to tickle sb

chatouilleux, -euse [ʃatujø, -jøz] *adj* **1.** (*sensible aux chatouilles*) ticklish **2.** (*susceptible*) touchy

chatoyant(e) [ʃatwajɑ̃, ɑ̃t] *adj* shimmering; (*pierre précieuse*) sparkling

chatoyer [ʃatwaje] <6> *vi* to shimmer; (*bijou*) to sparkle

châtrer [ʃɑtʀe] <1> *vt* to castrate

chatte [ʃat] *f* (female) cat; *v.a.* **chat**

chatter [tʃate] <1> *vi* INFORM to chat

chaud [ʃo] **I.** *m* (*chaleur*) warmth; (*chaleur extrême*) heat; **il fait ~** it's warm [*o* hot]; **tenir ~ à qn** to keep sb warm; **crever de ~** *inf* to be sweltering; **garder** [*o* **tenir**] **qc au ~** to keep sth warm [*o* hot]; **il/elle a assez/trop ~** he/she is warm enough/too warm ▶ **ne faire ni ~ ni froid à qn** to make no difference to sb; **il/elle a eu ~** *inf* he/she had a narrow escape **II.** *adv* **faire qc à ~** to do sth immediately

chaud(e) [ʃo, ʃod] *adj* **1.** (*opp: froid*) warm; (*très chaud*) hot; **repas ~** hot meal; **vin ~** mulled wine; **chocolat ~** hot chocolate **2.** *antéposé* (*intense: discussion*) heated; **l'alerte a été ~e** it was a close call **3.** (*chaleureux: couleur, ton*) warm **4.** *inf* (*sensuel*) hot

chaudement [ʃodmɑ̃] *adv* **1.** (*contre le froid*) warmly **2.** (*vivement: féliciter*) warmly; (*recommander*) heartily

chaudière [ʃodjɛʀ] *f* boiler

chaudron [ʃodʀɔ̃] *m* cauldron

chauffage [ʃofaʒ] *m* **1.** (*installation*) heating **2.** (*appareil*) heater

chauffant(e) [ʃofɑ̃, ɑ̃t] *adj* heating; (*brosse*) heated

chauffard [ʃofaʀ] *m* reckless driver

chauffe-eau [ʃofo] *m inv* water heater; (*à accumulation*) hot-water heater

chauffe-plat [ʃofpla] <chauffe-plats> *m* plate warmer

chauffer [ʃofe] <1> **I.** *vi* **1.** (*être sur le feu*) to be warming up; (*très chaud*) to be heating up **2.** (*devenir chaud*) to warm up; (*très chaud*) to heat up **3.** (*devenir trop chaud: moteur*) to overheat ▶ **ça va ~** *inf* there's going to be trouble **II.** *vt* **1.** (*rendre plus chaud: personne*) to warm [*o* to heat] up; (*pièce, maison*) to heat; (*eau*) to heat (up); **faire ~** to warm [*o* to heat] (up) **2.** TECH to heat; **~ à blanc** to make white-hot **3.** (*mettre dans l'ambiance*) to warm up **III.** *vpr* **se ~ au gaz/charbon** to use natural gas/coal for heating

chauffeur [ʃofœʀ] *m* **1.** (*conducteur*) driver; **~ routier** long-distance truck driver; **~ de taxi** taxi driver **2.** (*personnel*) chauffeur ▶ **~ du dimanche** *inf* Sunday driver

chauffeuse [ʃoføz] *f* low fireside chair

chaume [ʃom] *m* **1.** (*partie des tiges*) stubble **2.** (*toiture*) thatch

chaumière [ʃomjɛʀ] *f* (*à toit de chaume*) thatched cottage

chaussée [ʃose] *f* road ▶ **"~ déformée"** "uneven road surface"; **~ glissante** slippery surface

chausse-pied [ʃospje] <chausse-pieds> *m* shoehorn

chausser [ʃose] <1> **I.** *vt* **1.** (*mettre: chaussures*) to put on; (*skis*) to clip on; **être chaussé de bottes** to be wearing boots **2.** (*aller*) **bien/mal ~** (*chaussure*) well/poorly shod **II.** *vi* **~ du 40/44** to wear size 7/10 (*in US sizes*); **du combien chaussez-vous?** what size do you wear? **III.** *vpr* **se ~** to put one's shoes on

chaussette [ʃosɛt] *f* **1.** (*socquette*) sock **2.** (*mi-bas*) knee-highs

chausson [ʃosɔ̃] *m* **1.** (*chaussure*) slipper; **des ~s pour bébés** bootees; **~ de danse** ballet shoe **2.** CULIN **~ aux pommes** apple turnover

chaussure [ʃosyʀ] *f* **1.** (*soulier*) shoe; **~s à talons** high-heeled shoes; **~s à crampons** (*d'athlète*) spikes **2.** (*industrie*) shoe industry **3.** (*commerce*) shoe trade ▶**trouver ~ à son pied** to find a suitable match

chauve [ʃov] **I.** *adj* bald **II.** *m* bald(-headed) man

chauve-souris [ʃovsuʀi] <chauves-souris> *f* bat

chauvin(e) [ʃovɛ̃, in] **I.** *adj* chauvinistic **II.** *m(f)* chauvinist

chauvinisme [ʃovinism] *m* chauvinism

chaux [ʃo] *f* lime, whitewash

chavirer [ʃaviʀe] <1> **I.** *vi* (*se retourner*) to capsize; **faire ~ un bateau** to capsize a boat **II.** *vt* (*renverser*) to capsize

chef [ʃɛf] *m* **1.** (*responsable*) boss; (*d'une tribu*) chief(tain); **ingénieur en ~** chief engineer; **rédacteur/commandant en ~** editor/commander in chief; **~ d'État** head of state; **~ d'entreprise** company head; **~ d'orchestre** conductor **2.** (*meneur*) leader **3.** *inf* (*champion*) ace; **se débrouiller comme un ~** to do magnificently well **4.** MIL (*sergent-chef*) sergeant; **oui ~!** yes, sarge! **5.** (*cuisinier*) chef

chef-d'œuvre [ʃɛdœvʀ] <chefs-d'œuvre> *m* masterpiece

chef-lieu [ʃɛfljø] <chefs-lieux> *m* county seat

cheik [ʃɛk] *m* sheikh

chemin [ʃ(ə)mɛ̃] *m* **1.** way; **demander son ~ à qn** to ask sb the way; **prendre le ~ de la gare** to head for the station; **rebrousser ~** to turn back; **~ faisant, en ~** on the way; **se tromper de ~** to go the wrong way; **faire tout le ~ à pied/bicyclette/en voiture** to walk/ride/drive all the way; **le ~ de la réussite** the road to success; **en prendre/ne pas en prendre le ~** to be going the right/wrong way about it **2.** INFORM path ▶**tous les ~s mènent à <u>Rome</u>** *prov* all roads lead to Rome; **le <u>droit</u> ~** the straight and narrow (way); **ne pas y aller par <u>quatre</u> ~s** not to beat around the bush

chemin de fer [ʃ(ə)mɛ̃dəfɛʀ] <chemins de fer> *m* railroad

cheminée [ʃ(ə)mine] *f* **1.** (*à l'extérieur*) chimney (stack); (*de locomotive*) smokestack **2.** (*dans une pièce*) fireplace **3.** (*encadrement*) mantel **4.** (*conduit*) chimney

cheminer [ʃ(ə)mine] <1> *vi* **1.** (*aller*) to walk (along) **2.** *fig* (*pensée*) to progress

cheminot [ʃ(ə)mino] *m* railroad worker

chemise [ʃ(ə)miz] *f* **1.** (*vêtement*) shirt; **~ de nuit** (*de femme*) nightgown; (*d'homme*) nightshirt **2.** (*dossier*) folder ▶**qn se fiche de qc comme de sa <u>première</u> ~** *inf* sb doesn't give a hoot about sth

chemisette [ʃ(ə)mizɛt] *f* short-sleeved blouse

chemisier [ʃ(ə)mizje] *m* blouse

chenal [ʃənal, -o] <-aux> *m* (*passage*) channel

chenapan [ʃ(ə)napɑ̃] *m* rascal

chêne [ʃɛn] *m* **1.** (*arbre*) oak (tree) **2.** (*bois*) oak

chêne-liège [ʃɛnljɛʒ] <chênes-lièges> *m* cork oak

chenet [ʃ(ə)nɛ] *m* andiron

chenil [ʃ(ə)nil] *m* **1.** (*abri pour les chiens*) kennel **2.** *Suisse* (*désordre, objets sans valeur*) junk

chenille [ʃ(ə)nij] *f* caterpillar

cheptel [ʃɛptɛl] *m* livestock; **~ bovin/ovin/porcin** cattle/sheep/pigs

chèque [ʃɛk] *m* **1.** (*pièce bancaire*) check; **~ sans provision** bad check; **~ bancaire** check; **~ postal** *post office bank account check;* **faire un ~ de 100 dollars à qn** to write sb a check for 100 dollars **2.** (*bon*) voucher

chèque-restaurant [ʃɛkʀɛstɔʀɑ̃] <chèques-restaurant> *m* meal ticket

chèque-vacances [ʃɛkvakɑ̃s] <chèques-vacances> *m: voucher, partly paid for by employers, entitling employees to vacations at reduced prices*

chéquier [ʃekje] *m* checkbook

cher, chère [ʃɛʀ] **I.** *adj* **1.** (*coûteux*) expensive, dear **2.** (*aimé*) dear; **c'est mon plus ~ désir** it's my greatest desire **3.** *antéposé* (*estimé*) dear; **~ Monsieur** dear Sir; **chère Madame** dear Madam; **~s tous** dear all **II.** *m, f appellatif* **mon ~/ma chère** my dear **III.** *adv* **1.** (*opp: bon marché*) a lot (of money); **acheter qc trop ~** to pay too much for sth; **avoir pour pas ~** *inf* to get cheap; **coûter/valoir ~** to cost/to be worth a lot; **revenir ~ à qn** to be expensive for sb **2.** *fig* **coûter ~ à qn** to cost sb dearly; **payer ~ qc** to pay dearly for sth

chercher [ʃɛʀʃe] <1> **I.** *vt* **1.** (*rechercher: personne, objet, compromis*) to look for; **~ qn des yeux** to look around for sb **2.** (*ramener, rapporter*) **aller/venir ~ qn/qc** to go/to come and get sb/sth; **envoyer un enfant ~ qn/qc** to send a child for sb/sth ▶**~ <u>qn</u>** *inf* to be looking for an argument with sb; **tu <u>l</u>'as (bien) cherché!** you asked for it!; **qu'est-ce que tu <u>vas</u> ~ (là)!** what are you thinking of?! **II.** *vi* **1.** (*s'efforcer de*) **~ à** +*infin* to try to +*infin;* **~ à ce que qn fasse qc** (*subj*) to try to make sb do sth **2.** (*fouiller*) **~ dans qc** to look in sth **3.** (*réfléchir*) to think ▶**ça peut aller ~ <u>loin</u>!** *inf* that can cost a lot!

chercheur, -euse [ʃɛʀʃœʀ, -øz] *m, f* **1.** (*savant*) researcher **2.** (*aventurier*) **~ d'or** gold digger

chèrement [ʃɛʀmɑ̃] *adv* (*payer, vendre*) dearly

chéri(e) [ʃeʀi] **I.** *adj* beloved **II.** *m(f)* **1.** (*personne aimée*) darling **2.** *péj* (*favori*) **le ~/la ~e de qn** sb's darling

chérir [ʃeʀiʀ] <8> *vt* (*aimer*) to cherish

chérot [ʃeʀo] *adj inf* **c'est** [*o* **ça fait** (**un peu**)] **~** it's on the pricey side

cherry [ʃeʀi] <s *o* -ries> *m* cherry brandy

chérubin [ʃeʀybɛ̃] *m* cherub

chétif, -ive [ʃetif, -iv] *adj* (*arbre*) stunted; (*per-

sonne) puny
cheval [ʃ(ə)val, -o] <-aux> **I.** *m* **1.** ZOOL horse **2.** SPORT **faire du ~** to go horseback riding; **monter à ~** to ride a horse; **promenade à ~** horseback ride **3.** AUTO, FIN **~ fiscal** *horsepower, used to determine vehicle registration tax* **4.** JEUX knight **5.** (*figure*) **chevaux de bois** merry-go-round; **~ à bascule** rocking horse **II.** *adv* **être à ~ sur les principes** to be a stickler for principles
chevaleresque [ʃ(ə)valʀɛsk] *adj* chivalrous; (*littérature*) of chivalry; (*honneur*) knightly
chevalerie [ʃ(ə)valʀi] *f* chivalry
chevalet [ʃ(ə)valɛ] *m* (*de peintre*) easel; (*d'un violon*) bridge
chevalier [ʃ(ə)valje] *m* knight
chevalière [ʃ(ə)valjɛʀ] *f* signet ring
chevalin(e) [ʃ(ə)valɛ̃, in] *adj* **sourire ~** horsy smile
cheval-vapeur [ʃ(ə)valvapœʀ] <chevaux-vapeur> *m* horsepower
chevauchée [ʃ(ə)voʃe] *f* (*promenade*) ride
chevaucher [ʃ(ə)voʃe] <1> **I.** *vt* **~ qc** to sit astride sth **II.** *vpr* **se ~** to overlap **III.** *vi* to ride
chevelu(e) [ʃəvly] **I.** *adj* hairy **II.** *m(f) péj: person with a bushy head of hair*
chevelure [ʃəvlyʀ] *f* **1.** (*cheveux*) hair **2.** (*traînée lumineuse: d'une comète*) tail
chevet [ʃ(ə)vɛ] *m* headboard; **table de ~** bedside table; **être au ~ de qn** to be at sb's bedside
cheveu [ʃ(ə)vø] <x> *m* hair; **avoir les ~x courts/longs** to have short/long hair; **n'avoir plus un ~ sur la tête** not to have a single hair (left) on one's head ▶**avoir un ~ sur la langue** to have a lisp; **comme un ~ sur la soupe** at a very awkward moment; **c'était à un ~ près, il s'en est fallu d'un ~** it was a (very) close call; **être tiré par les ~x** to be far-fetched
cheville [ʃ(ə)vij] *f* **1.** ANAT ankle **2.** (*tige pour assembler*) peg **3.** (*tige pour boucher*) dowel ▶**ne pas arriver à la ~ de qn** not to be able to hold a candle to sb
chèvre [ʃɛvʀ] **I.** *f* **1.** (*animal*) goat **2.** (*femelle*) nanny goat **II.** *m* (*fromage*) goat cheese
chevreau [ʃəvʀo] <x> *m* kid
chèvrefeuille [ʃɛvʀəfœj] *m* honeysuckle
chevreuil [ʃəvʀœj] *m* **1.** (*animal*) roe deer **2.** (*mâle*) roebuck **3.** CULIN venison **4.** *Québec* (*cerf de Virginie*) deer
chevrier, -ière [ʃəvʀije, -jɛʀ] *m, f* goat herder
chevron [ʃəvʀɔ̃] *m* **1.** (*poutre*) rafter **2.** (*galon, ornement*) *a.* MIL chevron
chevronné(e) [ʃəvʀɔne] *adj* experienced
chevrotine [ʃəvʀɔtin] *f* buckshot
chewing-gum [ʃwiŋgɔm] <chewing-gums> *m* (chewing) gum
chez [ʃe] *prep* **1.** (*au logis de qn*) **~ qn** at sb's place; **~ soi** at home; **je vais/rentre ~ moi** I'm going home; **je viens ~ toi** I'll come to your place; **passer ~ qn** to stop by sb's place; **aller ~ le coiffeur** to go to the hairdresser's; **faites comme ~ vous!** make yourself at home!; **à côté** [*o* **près**] **de ~ moi** near my place **2.** (*dans le pays de qn*) **ils rentrent ~ eux, en Italie** they're going back home to Italy; **une coutume bien de ~ nous** *inf* a good old local custom **3.** (*dans la personne*) **~ les Durand** at the Durand's; **~ Corneille** in Corneille; **c'est une habitude ~ lui** it's a habit with him
chez-moi [ʃemwa] *m inv,* **chez-soi** [ʃeswa] *m inv* (own) home
chialer [ʃjale] <1> *vi inf* to blubber
chiant(e) [ʃjɑ̃, ʃjɑ̃t] *adj inf* damn annoying
chic [ʃik] **I.** *m sans pl* chic ▶**avoir le ~ pour faire qc** to have the knack of doing sth **II.** *adj inv* **1.** (*élégant*) chic; (*allure*) stylish **2.** (*sélect*) smart **3.** *inf* (*gentil*) **~ type** nice guy; **ce n'est pas très ~ de sa part** it's not very nice of him/her ▶**bon ~ bon genre** *iron* chic and conservative; **quartier bon ~ bon genre** upper-class neighborhood **III.** *interj inf* **~ (alors)!** great!
chicane [ʃikan] *f* **1.** (*morceau de route*) chicane **2.** (*querelle*) squabble
chicaner [ʃikane] <1> **I.** *vi* **~ sur qc** to squabble about sth **II.** *vt* **1.** (*chercher querelle à*) **~ qn sur qc** to quibble with sb over sth **2.** *Québec* (*ennuyer, tracasser*) to bother **III.** *vpr inf* **se ~** to squabble
chiche [ʃiʃ] **I.** *adj* **1.** (*avare de*) **être ~ d'explications** to be sparing with explanations **2.** (*pas grand-chose*) **c'est un peu ~** it's pretty meager **3.** (*capable*) **t'es pas ~ de faire ça!** *inf* you couldn't do that! **II.** *interj inf* **~ que je le fais!** (*capable*) I bet you I can do it!; **~!** (*pari accepté*) you're on
chichement [ʃiʃmɑ̃] *adv* **vivre ~** to eke out a living
chichis [ʃiʃi] *mpl inf* **faire des ~** to make a fuss
chicon [ʃikɔ̃] *m Belgique* (*endive*) endive
chicorée [ʃikɔʀe] *f* **1.** (*plante*) chicory **2.** (*café*) chicory coffee
chié(e) [ʃje] *adj inf* **1.** (*super*) bitchin' **2.** (*incroyable*) **être ~** to be damn impossible
chien [ʃjɛ̃] **I.** *m* **1.** (*animal*) dog; **~ bâtard** mutt; **~ de race** purebred dog; **(attention) ~ méchant!** beware of the dog!; *v.a.* **chienne** **2.** (*pièce coudée: d'un fusil*) hammer ▶**s'entendre** [*o* **vivre**] **comme ~ et chat** to fight like cat and dog; **vie de ~** dog's life; **temps de ~** foul weather; **avoir un caractère de ~** to have a foul temper; **il a un mal de ~ pour finir son travail** he has great difficulty finishing his work **II.** *adj inv* (*avare*) mean; **ne pas être ~ avec qn** to be quite generous toward sb
chiendent [ʃjɛ̃dɑ̃] *m* couch grass
chienne [ʃjɛn] *f* bitch; *v.a.* **chien** ▶**~ de vie** dog's life
chier [ʃje] <1a> *vt, vi vulg* to shit ▶**y a pas à ~!** there's no two ways about it!; **faire ~ qn** to piss sb off; **fais pas ~!** piss off!; **se faire ~** to be bored out of one's skull; **ça va ~ (des bulles)!** the shit's gonna hit the fan!

chiffon [ʃifɔ̃] *m* **1.** (*tissu*) rag **2.** (*document sans valeur*) **ce devoir est un vrai ~** this homework is an awful mess **3.** (*vêtement de femme*) **parler** [*o* **causer**] **~s** *inf* to talk (about) clothes
chiffonné(**e**) [ʃifɔne] *adj* (*froissé*) crumpled
chiffonner [ʃifɔne] <1> **I.** *vt* **1.** (*froisser*) to crumple **2.** (*chagriner*) to bother **II.** *vpr* **se ~** to crumple
chiffonnier, -ière [ʃifɔnje, -jɛʀ] *m, f* **se disputer comme des ~s** to quarrel like fishwives
chiffre [ʃifʀ] *m* **1.** (*caractère*) figure; **~ romain** roman numeral; **un numéro à trois ~s** a three-figure number **2.** (*montant*) total; **~ d'affaires** sales **3.** (*nombre: des naissances*) number **4.** (*statistiques*) **les ~s** the figures; **en ~s ronds** in round figures; **les ~s du chômage** the unemployment statistics **5.** (*code: d'un coffre-fort*) combination; (*d'un message*) code
chiffrer [ʃifʀe] <1> **I.** *vt* **1.** (*numéroter*) to number **2.** (*évaluer*) to assess **3.** (*coder*) to encode **II.** *vi inf* **ça chiffre** it all adds up **III.** *vpr* **se ~ à qc** to amount to sth
chignole [ʃiɲɔl] *f* **1.** (*perceuse*) hand drill **2.** *péj, inf* (*voiture*) jalopy
chignon [ʃiɲɔ̃] *m* bun
chiite [ʃiit] *adj* Shiite
Chiite [ʃiit] *mf* Shiite
Chili [ʃili] *m* **le ~** Chile
chilien(**ne**) [ʃiljɛ̃, jɛn] *adj* Chilean
Chilien(**ne**) [ʃiljɛ̃, jɛn] *m(f)* Chilean
chimère [ʃimɛʀ(ə)] *f* (*utopie*) wild dream
chimérique [ʃimeʀik] *adj* (*imagination, projet*) fanciful
chimie [ʃimi] *f* chemistry
chimio [ʃimjo] *f inf,* **chimiothérapie** [ʃimjoteʀapi] *f* chemotherapy
chimique [ʃimik] *adj* chemical
chimiste [ʃimist] *mf* chemist
chimpanzé [ʃɛ̃pɑ̃ze] *m* chimpanzee
chinchilla [ʃɛ̃ʃila] *m* chinchilla
Chine [ʃin] *f* **la ~** China
chiné(**e**) [ʃine] *adj* mottled
Chinetoque [ʃintɔk] *mf péj, inf* Chink
chinois(**e**) [ʃinwa, waz] **I.** *adj* Chinese **II.** *m* **1.** (*langue*) Chinese; *v.a.* **français** **2.** CULIN (conical) strainer ▶ **pour moi c'est du ~** it's all Greek to me
Chinois(**e**) [ʃinwa, waz] *m(f)* Chinese
chinoiser [ʃinwaze] <1> *vi* to split hairs
chinoiserie [ʃinwazʀi] *f* (*bibelot*) **des ~s** chinoiserie
chiot [ʃjo] *m* pup(py)
chiottes [ʃjɔt] *fpl inf* john
chiper [ʃipe] <1> *vt inf* to pinch
chipie [ʃipi] *f* **1.** (*mégère*) dragon; **vieille ~** old battle-ax **2.** (*petite fille*) little minx
chipoter [ʃipɔte] <1> *vi* **1.** (*ergoter*) **~ sur qc** to quibble about sth **2.** (*marchander*) **~ sur le prix** to haggle over the price
chips [ʃips] *f gén pl* chips
chique [ʃik] *f* **1.** (*tabac*) plug **2.** *Belgique* (*bonbon*) candy
chiqué [ʃike] *m inf* **1.** (*affectation*) airs *pl;* **faire du ~** to put on airs **2.** (*bluff*) sham; **c'est du ~** it's a bluff
chiquer [ʃike] <1> *vi* to chew tobacco
chiromancie [kiʀɔmɑ̃si] *f* palmistry
chiropracteur [kiʀɔpʀaktœʀ] *m,* **chiropraticien**(**ne**) [kiʀɔpʀatisjɛ̃, jɛn] *m(f)* chiropractor
chirurgical(**e**) [ʃiʀyʀʒikal, -o] <-aux> *adj* surgical
chirurgie [ʃiʀyʀʒi] *f* surgery; **~ esthétique** cosmetic surgery
chirurgien(**ne**) [ʃiʀyʀʒjɛ̃, jɛn] *m(f)* surgeon; **~ dentiste** oral surgeon
chlinguer [ʃlɛ̃ge] <1> *vi v.* **schlinguer**
chlore [klɔʀ] *m* chlorine
chloroforme [klɔʀɔfɔʀm] *m* chloroform
chlorophylle [klɔʀɔfil] *f* chlorophyll
chlorure [klɔʀyʀ] *m* **~ de sodium** sodium chloride
chnoque [ʃnɔk] *m inf v.* **schnock**
choc [ʃɔk] *m* **1.** (*émotion brutale*) shock **2.** *fig* (*des idées*) clash; **~ culturel** culture shock **3.** (*coup*) shock; **ce matériau ne résiste pas aux ~s** this material is not shock-resistant **4.** (*heurt*) impact **5.** (*collision*) crash ▶ **traitement de ~** shock treatment
chochotte [ʃɔʃɔt] **I.** *adj inf* (*snob*) **être ~** to be affected **II.** *f inf* **faire la** [*o* **sa**] **~** to make a fuss (over nothing)
chocolat [ʃɔkɔla] **I.** *m* chocolate; **barre de ~** chocolate bar; **œuf en ~** chocolate egg; **~ en poudre** hot chocolate mix **II.** *adj inv* (*couleur*) chocolate(-colored)
chocolaté(**e**) [ʃɔkɔlate] *adj* **crème ~e** chocolate cream
chocolatier, -ière [ʃɔkɔlatje, -jɛʀ] **I.** *adj* **industrie chocolatière** chocolate industry **II.** *m, f* **1.** (*producteur*) chocolate maker **2.** (*commerçant*) chocolate seller
chœur [kœʀ] *m* **1.** (*chanteurs*) choir **2.** (*groupe*) chorus
choir [ʃwaʀ] *vi irr, inf* **laisser ~ qn** to let sb down
choisi(**e**) [ʃwazi] *adj* **1.** (*sélectionné: morceau*) selected **2.** (*élégant: langage*) refined
choisir [ʃwaziʀ] <8> **I.** *vi* to choose **II.** *vt* to choose **III.** *vpr* **se ~ qn/qc** to choose sb/sth
choix [ʃwa] *m* **1.** (*action de choisir: d'un ami, cadeau*) choice; **un dessert au ~** a choice of dessert; **laisser le ~ à qn** to let sb decide **2.** (*décision*) **c'est un ~ à faire** it's a choice to be made; **arrêter** [*o* **fixer**] [*o* **porter**] **son ~ sur qc** to decide on sth **3.** (*variété*) selection **4.** (*qualité*) **de ~** choice; **de premier/second ~** top grade/grade two
choléra [kɔleʀa] *m* cholera
cholestérol [kɔlɛsteʀɔl] *m* cholesterol
chômage [ʃomaʒ] *m* unemployment; **être au ~** to be unemployed; **s'inscrire au ~** to apply for unemployment compensation; **toucher le ~** *inf* to get unemployment compensation
chômé(**e**) [ʃome] *adj* **jour ~** public holiday
chômer [ʃome] <1> *vi* **1.** (*être sans travail*) to

be unemployed **2.** (*ne pas travailler*) to be idle

chômeur, -euse [ʃomœʀ, -øz] *m, f* unemployed person

chope [ʃɔp] *f* **1.** (*verre*) beer mug **2.** (*contenu*) pint

choper [ʃɔpe] <1> *vt inf* (*attraper: grippe*) to catch

chopine [ʃɔpin] *f Québec* (*mesure de capacité pour les liquides valant une demi pinte* (*0.568l*)) half pint

choquant(e) [ʃɔkɑ̃, ɑ̃t] *adj* shocking

choquer [ʃɔke] <1> **I.** *vt* **1.** (*scandaliser*) to shock **2.** (*offusquer: pudeur*) to offend (against) **3.** (*commotionner*) **~ qn** to shake sb (up) **II.** *vpr* **se ~ facilement** to be easily shocked

choral [kɔʀal] <s> *m* chorale

choral(e) [kɔʀal] <-aux *o* s> *adj* choral

chorale [kɔʀal] *f* choir

chorégraphe [kɔʀegʀaf] *mf* choreographer

chorégraphie [kɔʀegʀafi] *f* choreography

choriste [kɔʀist] *mf* (*d'église*) choir member; (*d'opéra*) member of the chorus

chose [ʃoz] **I.** *f* **1.** (*objet*) thing; **appeler les ~s par leur nom** to call a spade a spade; **ne pas faire les ~s à moitié** not to do things by halves; **chaque ~ en son temps** everything in its own time; **les meilleures ~s ont une fin** all good things come to an end; **c'est la moindre des ~s** it's the least I could do **2.** (*ensemble d'événements, de circonstances*) **les ~s** things; **comment les ~s se sont-elles passées?** how did it happen?; **les ~s étant ce qu'elles sont** things being as they are; **au point où en sont les ~s** at the point we've got to **3.** (*ce dont il s'agit*) matter; **comment a-t-il pris la ~?** how did he take it?; **encore une ~** something else; **c'est ~ faite** it's done; **mettre les ~s au point** to clear things up; **c'est tout autre ~** that's completely different **4.** (*paroles*) **j'ai deux/plusieurs ~s à vous dire** I have several things to tell you; **vous lui direz bien des ~s de ma part** please give him/her my (best) regards; **parler de ~s et d'autres** to talk about one thing or another; **passer à autre ~** to talk about something else ▸**voilà autre ~!** *inf* that's something else; **faire bien les ~s** to do things right; **pas grand-~** nothing much; **avant toute ~** above all (else); **~ promise, ~ due** *prov* a promise is a promise; **être porté sur la ~** to have a one-track mind; **à peu de ~s près** more or less **II.** *adj inv, inf* **être/se sentir tout ~** to be/feel not quite oneself

chou [ʃu] <x> *m* **1.** (*légume*) cabbage; **~ de Bruxelles** Brussels sprouts **2.** CULIN **~ à la crème** cream puff ▸**rentrer dans le ~ à qn** to beat sb up

chouan [ʃwɑ̃] *m French royalist counter-revolutionary*

chouchou [ʃuʃu] *m* (*élastique*) scrunchie

chouchou(te) [ʃuʃu, ut] *m(f) inf* pet; **~ de qn** sb's darling

chouchouter [ʃuʃute] <1> *vt inf* (*enfant*) to pamper

choucroute [ʃukʀut] *f* sauerkraut

chouette [ʃwɛt] **I.** *adj inf* great **II.** *f* (*oiseau*) owl

chou-fleur [ʃuflœʀ] <choux-fleurs> *m* cauliflower

chou-rave [ʃuʀav] <choux-raves> *m* kohlrabi

choyer [ʃwaje] <6> *vt* **~ qn** to pamper sb

chrétien(ne) [kʀetjɛ̃, jɛn] **I.** *adj* Christian **II.** *m(f)* Christian

chrétienté [kʀetjɛ̃te] *f* Christendom

christ [kʀist] *m* (*crucifix*) crucifix

christianisme [kʀistjanism] *m* Christianity

Christophe [kʀistɔf(ə)] *m* HIST **~ Colomb** Christopher Columbus

chrome [kʀom] *m* (*métal*) chromium

chromé(e) [kʀome] *adj* chrome-plated

chromosome [kʀomozom] *m* chromosome

chronique [kʀɔnik] **I.** *adj* chronic **II.** *f* **1.** LIT chronicle **2.** TV, RADIO program; **~ littéraire** literary feature section ▸**défrayer la ~** to be the talk of the town

chroniqueur, -euse [kʀɔnikœʀ, -øz] *m, f* **1.** LIT chronicler **2.** TV, RADIO, PRESSE **~ littéraire** book reviewer; **~ financier/sportif** financial/sports writer

chrono [kʀɔno] *m inf abr de* **chronomètre** stopwatch

chronologie [kʀɔnɔlɔʒi] *f* chronology

chronologique [kʀɔnɔlɔʒik] *adj* chronological

chronomètre [kʀɔnɔmɛtʀ] *m* SPORT stopwatch

chronométrer [kʀɔnɔmetʀe] <5> *vt* to time

chrysanthème [kʀizɑ̃tɛm] *m* chrysanthemum

ch'timi, chtimi [ʃtimi] *adj inv, inf* northern

chu(e) [ʃy] *part passé de* **choir**

C.H.U. [seaʃy] *m abr de* **centre hospitalier universitaire** ≈ university hospital

chuchotement [ʃyʃɔtmɑ̃] *m* whispering

chuchoter [ʃyʃɔte] <1> *vt, vi* to whisper

chus [ʃy] *passé simple de* **choir**

chut [ʃyt] *interj* sh

chute [ʃyt] *f* **1.** (*action: d'une personne, des feuilles*) fall; **~ des cheveux** hair loss; **faire une ~ de 5 m** to fall 5 m; **en ~ libre** in a free fall **2.** (*effondrement: d'un gouvernement, du dollar*) fall **3.** GEO **~ d'eau** waterfall; **les ~s du Niagara** Niagara Falls **4.** METEO **~ de neige** snowfall **5.** (*baisse rapide*) **~ de pression/température** drop in pressure/temperature **6.** (*déchets: de tissu, papier*) scrap **7.** (*pente*) slope **8.** (*fin: d'une histoire*) punch line

chuter [ʃyte] <1> *vi* **1.** *inf* (*tomber*) to fall **2.** *inf* (*échouer: candidat*) to fail **3.** (*baisser*) to fall

Chypre [ʃipʀ] *f* (**l'île de**) **~** (the island of) Cyprus

chypriote [ʃipʀɔt] *adj* Cypriot

Chypriote [ʃipʀɔt] *mf* Cypriot

ci [si] *adv* **comme ~ comme ça** *inf* so-so; **~ et ça** this and that; **à cette heure-~** (*à une heure précise*) at this time; *v.a.* **ceci, celui**

CIA [seia] *f abr de* **Central Intelligence Agency** CIA

ci-après [siapʀɛ] *adv* below
cibiste [sibist] *mf* CB enthusiast
cible [sibl] **I.** *f* **1.** SPORT target; **atteindre la ~** to hit the target **2.** COM, CINE, TV target group **3.** *fig* **servir de ~ aux quolibets** to be the butt of sb's gibes **II.** *adj* **langue ~** target language
cibler [sible] <1> *vt* to target
ciboulette [sibulɛt] *f* **1.** BOT chive **2.** CULIN chives *pl*
cicatrice [sikatʀis] *f* scar
cicatrisation [sikatʀizasjɔ̃] *f* scarring
cicatriser [sikatʀize] <1> **I.** *vt a. fig* to heal **II.** *vi, vpr* to heal (up)
ci-contre [sikɔ̃tʀ] *adv* opposite
ci-dessous [sid(ə)su] *adv* below
ci-dessus [sid(ə)sy] *adv* above
cidre [sidʀ] *m* cider
Cie *abr de* **compagnie** Co.
ciel [sjɛl, sjø] <cieux *o* s> *m* **1.** <s> (*firmament*) sky **2.** REL heaven; **grâce au ~** thank heavens ▶ **au nom du ~!** for heaven's sake; **remuer ~ et terre** to move heaven and earth; **à ~ ouvert** (*théâtre*) open-air; **tomber du ~ à qn** to be a godsend to sb
cierge [sjɛʀʒ] *m* (*chandelle*) candle ▶ **se tenir droit comme un ~** to stand bolt upright
cieux [sjø] *pl de* **ciel**
cigale [sigal] *f* cicada
cigare [sigaʀ] *m* **1.** cigar **2.** *Belgique* (*remontrance*) rocket ▶ **ne rien avoir dans le ~** *inf* to have sawdust between one's ears
cigarette [sigaʀɛt] *f* cigarette
ci-gît [siʒi] here lies
cigogne [sigɔɲ] *f* stork
ci-inclus [siɛ̃kly] enclosed
ci-joint [siʒwɛ̃] enclosed
cil [sil] *m* eyelash
cime [sim] *f* (*d'un arbre*) top; (*d'une montagne*) summit
ciment [simɑ̃] *m* cement
cimenter [simɑ̃te] <1> *vt a. fig* to cement
cimetière [simtjɛʀ] *m* cemetery
ciné [sine] *m inf abr de* **cinéma**
cinéaste [sineast] *m* film director
ciné-club [sineklœb] <ciné-clubs> *m* film club
cinéma [sinema] *m* (*art, salle*) cinema; **~ muet** silent movies *pl;* **~ parlant** the talkies *pl;* **faire du ~** to be in the movies ▶ **arrête ton ~** *inf* cut out the games; **faire tout un ~** *inf* to imagine things
Cinémascope® [sinemaskɔp] *m* CinemaScope®
cinémathèque [sinematɛk] *f* (*archives*) film archive(s)
cinématographique [sinematɔgʀafik] *adj* film, movie
ciné-parc, cinéparc [sinepaʀk] <ciné-parcs> *m Québec* (*cinéma de plein air*) drive-in (theater)
cinéphile [sinefil] *mf* movie buff
cinglant(e) [sɛ̃glɑ̃, ɑ̃t] *adj* (*réflexion, phrase*) cutting; (*reproche, affrontement*) scathing
cinglé(e) [sɛ̃gle] **I.** *adj inf* crazy **II.** *m(f) inf* **quel ~** what a nut case!
cingler [sɛ̃gle] <1> *vt* **1.** (*frapper: grêle*) **~ le visage à qn** to sting sb's face **2.** (*fouetter*) to lash
cinoche [sinɔʃ] *m inf* movies
cinq [sɛ̃k, *devant une consonne* sɛ̃] **I.** *adj* **1.** five; **en ~ exemplaires** in quintuplicate; **dans ~ jours** in five days; **faire qc un jour sur ~** to do sth once every five days; **un Français/foyer sur ~** one in five Frenchmen/households; **vendre qc par ~** to sell sth in fives; **rentrer ~ par ~** to come in [*o* to go in] five at a time; **ils sont venus à ~** five of them came **2.** (*dans l'indication de l'âge, la durée*) **avoir ~ ans** to be five (years old); **à ~ ans** at the age of five; **période de ~ ans** five-year period **3.** (*dans l'indication de l'heure*) **il est ~ heures** it's five o'clock; **il est dix heures ~/moins ~** it's five past ten/five to ten; **toutes les ~ heures** every five hours **4.** (*dans l'indication de la date*) **le ~ mars** the fifth of March, March fifth; **arriver le ~ mars** to arrive (on) March fifth; **arriver le ~** to arrive on the fifth; **nous sommes** [*o* **on est**] **le ~ mars** it's the fifth of March; **le vendredi ~ mars** (on) Friday, the fifth of March; **Aix, le ~ mars** Aix, March fifth; **tous les ~ du mois** on the fifth of each month **5.** (*dans l'indication de l'ordre*) **arriver ~ ou sixième** to finish fifth or sixth **6.** (*dans les noms de personnages*) **Charles V** Charles V, Charles the Fifth ▶ **c'était moins ~!** *inf* it was a close shave!; **en ~ sec** in no time **II.** *m inv* **1.** five; **deux et trois font ~** two and three make five; **compter de ~ en ~** to count by fives **2.** (*numéro*) five; **habiter (au) 5, rue de l'église** to live at 5 Church Street **3.** (*bus*) **le ~** the (number) five **4.** JEUX **le ~ de cœur** the five of hearts **5.** ECOLE **avoir ~ sur dix** ≈ to get a grade of D ▶ **~ sur ~** perfectly **III.** *f* (*table/chambre/... numéro cinq*) five **IV.** *adv* fifthly
cinquantaine [sɛ̃kɑ̃tɛn] *f* **1.** (*environ cinquante*) **une ~ de personnes/pages** about fifty people/pages **2.** (*âge approximatif*) **avoir la ~** [*o* **une ~ d'années**] to be about fifty (years old); **approcher de la ~** to be pushing fifty; **avoir (largement) dépassé la ~** to be (well) over fifty (years old)
cinquante [sɛ̃kɑ̃t] **I.** *adj* **1.** fifty; **à ~ (à l'heure)** [*o* **(kilomètres à l'heure)**] at fifty kilometers an hour (*around 30 miles an hour*) **2.** (*dans l'indication des époques*) **les années ~** the fifties ▶ **je ne répéterai pas ~ fois la même chose!** I won't repeat the same thing a thousand times! **II.** *m inv* **1.** (*cardinal*) fifty **2.** (*taille de confection*) **faire du ~** (*homme*) to wear a size forty; (*femme*) to wear a size sixteen; *v.a.* **cinq**
cinquantenaire [sɛ̃kɑ̃tnɛʀ] *m* fiftieth anniversary
cinquantième [sɛ̃kɑ̃tjɛm] **I.** *adj antéposé* fiftieth **II.** *mf* **le/la ~** the fiftieth **III.** *m* (*fraction*)

C

fiftieth; *v.a.* **cinquième**

cinquième [sɛ̃kjɛm] **I.** *adj antéposé* fifth; **la ~ page avant la fin** the fifth to last page; **arriver ~/obtenir la ~ place** to finish fifth/to get fifth place; **le ~ centenaire** the fifth anniversary **II.** *mf* **le/la ~** the fifth; **être le/la ~ de la classe** to be fifth in the class **III.** *m* **1.** (*fraction*) fifth; **les trois ~s du gâteau** three fifths of the cake **2.** (*étage*) fifth; **habiter au ~** to live on the fifth floor **3.** (*arrondissement*) **habiter dans le ~** to live in the fifth arrondissement **4.** (*dans une charade*) fifth syllable **IV.** *f* **1.** (*vitesse*) fifth gear; **passer en ~** to shift into fifth gear **2.** ECOLE seventh grade

cinquièmement [sɛ̃kjɛmmɑ̃] *adv* fifthly

cintre [sɛ̃tʀ] *m* **1.** (*portemanteau*) (coat) hanger **2.** ARCHIT curve

cintré(e) [sɛ̃tʀe] *adj* **1.** (*chemise*) waisted **2.** ARCHIT (*porte, fenêtre*) arched; (*galerie*) vaulted

CIO [seio] *m* **1.** *abr de* **Comité international olympique** IOC **2.** *abr de* **centre d'information et d'orientation** information center

cirage [siʀaʒ] *m* **1.** (*produit*) (shoe) polish **2.** (*action*) polishing ▶ **être dans le ~** *inf* (*être inconscient*) to be half-conscious

circoncis(e) [siʀkɔ̃si, iz] *adj* circumcised

circoncision [siʀkɔ̃sizjɔ̃] *f* circumcision

circonférence [siʀkɔ̃feʀɑ̃s] *f* circumference

circonscription [siʀkɔ̃skʀipsjɔ̃] *f* **1.** ADMIN district **2.** POL constituency, district

circonscrire [siʀkɔ̃skʀiʀ] *vt irr* **1.** (*délimiter*) to delimit **2.** (*borner*) **~ les recherches à un secteur** to limit the search to one area **3.** (*empêcher l'extension de: incendie*) to contain **4.** (*cerner: sujet*) to define

circonspect(e) [siʀkɔ̃spɛ(kt), ɛkt] *adj* cautious

circonstance [siʀkɔ̃stɑ̃s] *f* **1.** *souvent pl* (*conditions*) circumstance; **en toutes ~s** in any case; **~s indépendantes de notre volonté** unforeseen circumstances **2.** (*occasion*) occasion; **air de ~** apt expression

circonstancié(e) [siʀkɔ̃stɑ̃sje] *adj* detailed

circonstanciel(le) [siʀkɔ̃stɑ̃sjɛl] *adj* LING **subordonnée ~le** adverbial clause; **complément ~ de temps** adverbial phrase of time

circuit [siʀkɥi] *m* **1.** (*itinéraire touristique*) tour **2.** (*parcours*) roundabout route **3.** SPORT, ELEC circuit **4.** (*jeu*) **~ électrique** electric track **5.** ECON **~ de distribution** distribution network

circulaire [siʀkylɛʀ] **I.** *adj* circular **II.** *f* circular

circulation [siʀkylasjɔ̃] *f* **1.** (*trafic*) traffic; **~ interdite** (*aux piétons*) closed to pedestrians; (*aux voitures*) closed to traffic; **faire la ~** (*policier*) to be on traffic duty; **la ~ est difficile** traffic conditions are bad **2.** ECON, MED circulation; **mettre en ~** to put into circulation; **retirer de la ~** to withdraw from circulation

circulatoire [siʀkylatwaʀ] *adj* **appareil ~** circulation; **assistance ~** assisted circulation

circuler [siʀkyle] <1> *vi* **1.** (*aller et venir*) to get around; **~ en voiture** to travel (around) by car; **circulez!** move along! **2.** (*passer de main en main, couler*) to circulate **3.** (*se renouveler*) **l'air circule dans la pièce** the air circulates in the room **4.** (*se répandre: nouvelle*) to circulate; **faire ~ qc** to circulate sth

cire [siʀ] *f* wax

ciré [siʀe] *m* oilskin

cirer [siʀe] <1> *vt* to polish ▶ **j'en ai rien à ~, moi, de toutes tes histoires!** *inf* I don't give a damn about all that!

cireur, -euse [siʀœʀ, -øz] *m, f* **~ de chaussures** shoeshine boy

cirque [siʀk] *m* circus

cirrhose [siʀoz] *f* cirrhosis

cisaille [sizɑj] *f* **~ de jardinier** gardening shears

cisailler [sizɑje] <1> *vt* **1.** (*couper*) to cut **2.** (*élaguer*) to prune

ciseau [sizo] <x> *m* **1.** *pl* (*instrument*) (pair of) scissors *pl* **2.** (*outil*) chisel

ciselé(e) [sizle] *adj* chiseled

ciseler [sizle] <4> *vt* to chisel

citadelle [sitadɛl] *f* citadel

citadin(e) [sitadɛ̃, in] **I.** *adj* **la vie ~e** city [*o* town] life **II.** *m(f)* city dweller

citation [sitasjɔ̃] *f* **1.** (*extrait*) quotation **2.** JUR **~ d'un accusé** summons *pl + vb sing;* **~ d'un témoin** subpoena **3.** MIL **~ à l'ordre du jour** medal of honor citations

cité [site] *f* **1.** (*ville moyenne*) town **2.** (*grande ville*) *a.* HIST city **3.** (*immeubles*) housing project; **~ universitaire** student residence halls *pl*

cité-dortoir [sitedɔʀtwaʀ] <cités-dortoirs> *f* bedroom community

citer [site] <1> *vt* **1.** (*rapporter*) to quote **2.** (*énumérer*) to name **3.** (*reconnaître les mérites*) to commend; **~ en exemple** to hold up as an example **4.** JUR (*accusé*) to summon; (*témoin*) to subpoena

citerne [sitɛʀn] *f* **1.** (*réservoir*) tank **2.** (*pour l'eau de pluie*) water tank

citoyen(ne) [sitwajɛ̃, jɛn] *m(f)* citizen; **~ d'honneur** freeman

citron [sitʀɔ̃] **I.** *m* **1.** (*fruit*) lemon; **~ pressé** *fresh lemon juice* **2.** *inf* (*tête*) noggin **II.** *adj inv* (**jaune**) **~** lemon yellow

citronnade [sitʀɔnad] *f* lemonade

citronnelle [sitʀɔnɛl] *f* BOT citronella

citronnier [sitʀɔnje] *m* **1.** (*arbre*) lemon tree **2.** (*bois*) lemon wood

citrouille [sitʀuj] *f* BOT pumpkin

civet [sivɛ] *m* stew

civière [sivjɛʀ] *f* stretcher

civil [sivil] *m* **1.** (*personne*) civilian **2.** (*vie civile*) **dans le ~** in civilian life

civil(e) [sivil] *adj* **1.** (*relatif au citoyen*) *a.* JUR civil; **année ~e** calendar year; **guerre ~e** civil war; **responsabilité ~e** personal liability; **se porter partie ~e** to take civil action **2.** (*opp: religieux*) **mariage ~** civil wedding

civilement [sivilmɑ̃] *adv* **1.** JUR in the civil

court(s) **2.** (*opp: religieusement*) before a judge
civilisation [sivilizasjɔ̃] *f* civilization
civilisé(e) [sivilize] *adj* civilized
civiliser [sivilize] <1> **I.** *vt* to civilize **II.** *vpr inf* **se ~** to become civilized
civique [sivik] *adj* civic; **instruction ~** civics *pl + vb sing*
civisme [sivism] *m* public-spiritedness
clac [klak] *interj* (*d'une porte*) slam
clafoutis [klafuti] *m: sweet dish made of cherries baked in pancake batter*
clair [klɛʀ] **I.** *adv* (*distinctement, sans ambiguïté*) clearly; **tu ne vois pas ~** you can't see well; **voir ~ dans qc** *fig* to see through sth, to get to the bottom of sth **II.** *m* (*clarté*) **~ de lune** moonlight ►**le plus ~ de mon/son temps** most of my/his time; **tirer qc au ~** to clarify sth, to clear sth up; **en ~** in clear; (*dire sans ambiguïté*) to put it clearly; **émission en ~** unscrambled program
clair(e) [klɛʀ] *adj* **1.** (*lumineux*) light; (*flamme, pièce*) bright **2.** (*opp: foncé*) light **3.** (*peu consistant*) thin **4.** (*intelligible, transparent, évident*) clear; **avoir les idées ~es** to think clearly ►**ne pas être ~** *inf* (*être saoul*) to be tipsy; (*être suspect*) to be a bit dubious; (*être fou*) to be a bit crazy
claire [klɛʀ] *f* **1.** (*bassin*) oyster bed **2.** (*huître*) *oyster from an oyster bed*
clairement [klɛʀmɑ̃] *adv* clearly
clairière [klɛʀjɛʀ] *f* clearing
clair-obscur [klɛʀɔpskyʀ] <clairs-obscurs> *m* **1.** ART chiaroscuro **2.** (*lumière tamisée*) twilight
clairon [klɛʀɔ̃] *m* **1.** (*instrument*) bugle **2.** (*personne*) bugler
claironner [klɛʀɔne] <1> **I.** *vt iron* to shout from the rooftops **II.** *vi* to play the bugle
clairsemé(e) [klɛʀsəme] *adj* **1.** (*dispersé*) scattered **2.** (*peu dense*) thin
clairvoyance [klɛʀvwajɑ̃s] *f* perceptiveness
clairvoyant(e) [klɛʀvwajɑ̃, jɑ̃t] *adj* clear-sighted; (*esprit*) perceptive
clamer [klɑme] <1> *vt* to shout; (*innocence*) to proclaim
clameur [klɑmœʀ] *f* clamor
clamser [klamse] <1> *vi inf* to kick the bucket
clan [klɑ̃] *m a.* HIST clan
clandestin(e) [klɑ̃dɛstɛ̃, in] **I.** *adj* clandestine; **passager ~** stowaway **II.** *m(f)* (*immigrant*) illegal immigrant
clandestinement [klɑ̃dɛstinmɑ̃] *adv* in secret
clandestinité [klɑ̃dɛstinite] *f* **1.** (*fait de ne pas être déclaré*) secrecy **2.** (*vie cachée*) **entrer dans la ~** to go underground
clapet [klapɛ] *m* **1.** TECH valve **2.** *inf* (*bouche*) trap
clapier [klapje] *m* **1.** (*cage*) rabbit hutch **2.** *péj* (*logement*) hole
clapoter [klapɔte] <1> *vi* to lap
claquage [klakaʒ] *m* MED **1.** (*action*) pulling of a muscle **2.** (*résultat*) pulled muscle
claque¹ [klak] *f* **1.** (*tape sur la joue*) slap **2.** *Québec* (*protection de chaussure, en caoutchouc*) tip ►**j'en ai ma/il en a sa ~** *inf* I'm/he's fed up; **prendre une de ces ~s** *inf* to take a beating
claque² [klak] *m* opera hat
claqué(e) [klake] *adj inf* worn out
claquement [klakmɑ̃] *m* (*d'une porte*) banging; (*du fouet*) crack; (*des talons*) clicking; (*des doigts*) snap; (*des dents*) chatter
claquer [klake] <1> **I.** *vt* **1.** (*jeter violemment*) to slam **2.** *inf* (*dépenser*) to blow **3.** *inf* (*fatiguer*) to wear out **II.** *vi* **1.** (*produire un bruit sec: drapeau*) to flap; (*porte, volet*) to bang; (*fouet*) to crack; **il claque ~ des dents** his teeth are chattering **2.** *inf* (*mourir*) to kick the bucket **3.** *inf* (*se casser: élastique*) to snap; (*verre*) to shatter **III.** *vpr inf* MED **se ~ un muscle** to pull a muscle
claquettes [klakɛt] *fpl* (*danse*) tap dancing; **faire des ~** to tap-dance
clarifier [klaʀifje] <1> **I.** *vt a. fig* to clarify **II.** *vpr* **se ~** (*fait*) to become clarified
clarinette [klaʀinɛt] *f* MUS clarinet
clarté [klaʀte] *f* **1.** (*lumière: d'une bougie*) light; (*d'une étoile, du ciel*) brightness **2.** (*transparence: d'eau*) clearness **3.** (*opp: confusion*) clarity; **s'exprimer avec ~** to express oneself clearly
classe [klɑs] *f* **1.** (*groupe*) class; **~s moyennes** middle classes; **~ ouvrière/dirigeante** working/ruling class; **~ d'âge** age group **2.** (*rang*) **de grande/première ~** first class; **billet de première/deuxième ~** first/second class ticket **3.** *inf* (*élégance*) **être ~** to be classy; **c'est ~!** that's chic! **4.** ECOLE class; (*salle*) classroom; **en ~** in class; **~ de cinquième/seconde** seventh/tenth grade; **~ terminale** twelfth grade; **passer dans la ~ supérieure** to move up a year; **faire (la) ~** to teach; **être en ~, avoir ~** to be teaching; **aller en ~** to go to school; **~ préparatoire** preparatory class (*for entry to the "grandes écoles"*) **5.** (*séjour*) **~ verte** *school (field) trip to the country* **6.** MIL class; **faire ses ~s** to do one's basic training; *fig* to make a start
classé(e) [klɑse] *adj* **1.** (*protégé: bâtiment*) listed (*in the national register of historic places*) **2.** (*réglé: affaire*) closed **3.** (*de valeur*) classified
classement [klɑsmɑ̃] *m* **1.** (*rangement*) filing **2.** (*classification: d'un élève*) grading; (*d'un joueur*) ranking; (*d'un hôtel*) rating **3.** (*place sur une liste*) classification
classer [klɑse] <1> **I.** *vt* **1.** (*ordonner*) to classify **2.** (*répartir*) to class **3.** (*ranger selon la performance*) to rank **4.** (*régler*) to close **5.** (*mettre dans le patrimoine national: monument*) to list **6.** *péj* (*juger définitivement*) to size up **II.** *vpr* (*obtenir un certain rang*) **se ~ premier** to rank first
classeur [klɑsœʀ] *m* **1.** (*dossier*) file **2.** INFORM folder

classicisme [klasisism] *m* ART classicism
classification [klasifikasjɔ̃] *f* classification; ~ **périodique des éléments** periodic table of elements
classifier [klasifje] <1> *vt* to classify
classique [klasik] I. *adj* 1. ART, ECOLE classical; **filière** ~ classical studies track 2. (*habituel*) classic; (*produit*) standard; **c'est (le coup)** ~! *inf* that's typical! II. *m* 1. (*auteur, œuvre*) classic 2. (*musique*) classical music
clause [kloz] *f* clause
claustrophobe [klostʀɔfɔb] I. *adj* claustrophobic II. *mf: person suffering from claustrophobia*
claustrophobie [klostʀɔfɔbi] *f* claustrophobia
clavecin [klavsɛ̃] *m* MUS harpsichord
clavicule [klavikyl] *f* ANAT collarbone
clavier [klavje] *m* keyboard
claviste [klavist] *mf* keyboarder
clé [kle] *f* 1. (*instrument*) key; ~ **de contact** ignition key; **fermer à** ~ to lock 2. (*moyen d'accéder à*) **la** ~ **du succès** the key to success 3. (*outil*) wrench; ~ **anglaise** crescent wrench 4. MUS (*signe*) key; (*pièce*) peg; ~ **de sol** treble clef 5. SPORT lock
clean [klin] *adj inf* 1. (*propre*) bare 2. (*bien*) OK 3. (*opp: speedé*) clean
clébard [klebaʀ] *m*, **clebs** [klɛps] *m inf* mutt
clef [kle] *f v.* **clé**
clémence [klemɑ̃s] *f* clemency
clément(e) [klemɑ̃, ɑ̃t] *adj* clement; (*temps*) mild
clémentine [klemɑ̃tin] *f* clementine
clenche [klɑ̃ʃ] *f Belgique* (*poignée de porte*) (door) handle
Cléopâtre [kleɔpɑtʀ(ə)] *f* Cleopatra
cleptomane [klɛptɔman] *mf* kleptomaniac
clerc [klɛʀ] *m* 1. JUR (*de notaire*) clerk 2. REL cleric
clergé [klɛʀʒe] *m* clergy
clérical(e) [kleʀikal, -o] <-aux> I. *adj* clerical II. *m(f)* clerical
clermontois(e) [klɛʀmɔ̃twa, waz] *adj* of Clermont-Ferrand
Clermontois(e) [klɛʀmɔ̃twa, waz] *m(f)* person from Clermont-Ferrand
clic [klik] I. *interj* click II. *m* click; ~ **sur la souris** mouse click; **à portée de** ~ a click away
cliché [kliʃe] *m* 1. (*banalité*) cliché 2. (*photo*) shot
client(e) [klijɑ̃, jɑ̃t] *m(f)* 1. (*acheteur*) customer 2. (*bénéficiaire d'un service: d'un restaurant*) diner; (*d'un avocat*) client; (*d'un médecin*) patient 3. ECON buyer
clientèle [klijɑ̃tɛl] *f* (*d'un magasin, restaurant*) clientele; (*d'un avocat*) clients *pl;* (*d'un médecin*) patients *pl*
cligner [kliɲe] <1> I. *vt* 1. (*fermer à moitié*) to squint 2. (*ciller*) ~ **des yeux** to blink; ~ **de l'œil** to wink II. *vi* to blink
clignotant [kliɲɔtɑ̃] *m* AUTO turn signal; **mettre le/son** ~ to signal
clignotant(e) [kliɲɔtɑ̃, ɑ̃t] *adj* blinking
clignoter [kliɲɔte] <1> *vi* 1. (*ciller*) **ses yeux clignotaient** he/she was blinking 2. (*éclairer*) to go on and off
clignoteur [kliɲɔtœʀ] *m Belgique* (*clignotant*) turn signal
clim [klim] *f abr de* **climatisation** a/c
climat [klima] *m a.* METEO climate
climatique [klimatik] *adj* 1. (*concernant le climat*) climatic 2. (*d'un climat sain*) **station** ~ spa
climatisation [klimatizasjɔ̃] *f* air conditioning
climatisé(e) [klimatize] *adj* **voiture** ~**e** air-conditioned car; **air** ~ air conditioning
climatiser [klimatize] <1> *vt* to air-condition
climatiseur [klimatizœʀ] *m* air conditioner
clin d'œil [klɛ̃dœj] <clins d'œil *o* clins d'yeux> *m* wink; **faire un** ~ **à qn** to wink at sb ►**en un** ~ in a flash
clinique [klinik] I. *adj* clinical II. *f* clinic
clinquant(e) [klɛ̃kɑ̃, ɑ̃t] *adj* flashy
clip [klip] *m* 1. TV (video) clip 2. (*bijou*) clip
clique [klik] *f péj, inf* clique ►**prendre ses** ~**s et ses claques** *inf* to pack up and go
cliquer [klike] <1> *vi* INFORM to click; ~ **sur un symbole avec la souris** to click on an icon with the mouse; ~ **deux fois de suite sur l'icône** double-click on the icon
cliqueter [klik(ə)te] <3> *vi* (*monnaie, clés*) to jangle; (*verre*) to clink
cliquetis [klik(ə)ti] *m* (*de la monnaie, clés*) jangling; (*de verres*) clinking
clitoris [klitɔʀis] *m* clitoris
clochard(e) [klɔʃaʀ, aʀd] *m(f)* bum
cloche[1] [klɔʃ] *f* bell
cloche[2] [klɔʃ] I. *adj inf* 1. (*maladroit*) clumsy 2. (*stupide*) stupid II. *f inf* 1. (*maladroit*) clumsy thing 2. (*idiot*) dope 3. (*clochards*) bums *pl*
cloche-pied [klɔʃpje] **à** ~ hopping
clocher[1] [klɔʃe] *m* (church) tower
clocher[2] [klɔʃe] <1> *vi inf* to be not right
clochette [klɔʃɛt] *f* little bell
clodo [klodo] *m inf abr de* **clochard**
cloison [klwazɔ̃] *f* partition
cloisonner [klwazɔne] <1> *vt* (*pièce*) to partition; (*tiroir*) to divide; (*activités*) to compartmentalize
cloître [klwatʀ] *m* cloister
cloîtrer [klwatʀe] <1> I. *vt fig* to shut away II. *vpr* **se** ~ **dans sa maison** to shut oneself away at home
clonage [klɔnaʒ] *m* BIO cloning
clone [klon] *m* BIO clone
clope [klɔp] *m o f inf* 1. (*cigarette*) smoke 2. (*mégot*) butt
clopin-clopant [klɔpɛ̃klɔpɑ̃] *adv inf* **aller** ~ to hobble along
cloque [klɔk] *f* blister
cloquer [klɔke] <1> *vi* to blister
clore [klɔʀ] *vt irr* 1. (*terminer*) to conclude; ~ **un discours** (*conclusion, remerciements*) to bring a speech to a close 2. (*entourer: terrain, propriété*) to enclose 3. FIN (*compte*) to

close
clos [klo] *m* (*vignoble*) garden
clos(**e**) [klo, kloz] **I.** *part passé de* **clore II.** *adj* **1.** (*fermé*) close; **trouver porte ~e** to find nobody at home **2.** (*achevé*) closed
clôture [klotyʀ] *f* **1.** (*enceinte*) fence; (*d'arbustes, en ciment*) wall **2.** (*fin: d'un festival*) close; (*d'un débat*) conclusion; (*d'un compte*) closure **3.** INFORM **~ de session** sign off
clôturer [klotyʀe] <1> *vt* **1.** (*entourer*) to enclose **2.** (*finir*) to conclude
clou [klu] *m* **1.** (*pointe*) nail **2.** (*attraction*) highlight **3.** *pl, inf* (*passage*) crossing + *vb sing* **4.** CULIN **~ de girofle** clove ► **ne pas valoir un ~** *inf* to be not worth a thing; **des ~s!** *inf* no way!
cloué(**e**) [klue] *adj* **~ sur place** fixed to the spot
clouer [klue] <1> *vt* **1.** (*fixer*) to nail; (*planches, caisse*) to nail down **2.** *inf* (*immobiliser*) **~ qn au lit** to keep sb stuck in bed
clouté(**e**) [klute] *adj* (*chaussures, pneus*) studded
clown [klun] *m* clown
clownerie [klunʀi] *f* clowning
club [klœb] *m* club
CM1 [seɛmœ̃] *m abr de* **cours moyen première année** ≈ fifth grade
CM2 [seɛmdø] *m abr de* **cours moyen deuxième année** ≈ sixth grade
C.N.R.S. [seɛnɛʀɛs] *m abr de* **Centre national de la recherche scientifique** ≈ NSF (*government institution sponsoring research*)
coaguler [kɔagyle] <1> *vt, vi, vpr* (**se**) **~** to coagulate
coalition [kɔalisjɔ̃] *f* coalition
coassement [kɔasmɑ̃] *m* croaking
coasser [kɔase] <1> *vi* to croak
coauteur [kootœʀ] *m* **1.** LIT co-author **2.** JUR accomplice
cobaye [kɔbaj] *m* guinea pig
cobra [kɔbʀa] *m* cobra
coca(**-cola**)® [kɔka(kɔla)] *m* Coca-Cola®
cocaïne [kɔkain] *f* cocaine
cocarde [kɔkaʀd] *f* rosette
cocasse [kɔkas] *adj inf* comical
coccinelle [kɔksinɛl] *f* **1.** ZOOL ladybug **2.** AUTO Beetle®
coccyx [kɔksis] *m* ANAT coccyx
coche [kɔʃ] *m* **rater le ~** *inf* to miss the boat
cocher[1] [kɔʃe] <1> *vt* to check off
cocher[2] [kɔʃe] *m* coachman
cochère [kɔʃɛʀ] *adj v.* **porte**
cochon [kɔʃɔ̃] *m* **1.** (*animal*) pig **2.** CULIN pork **3.** (*cobaye*) **~ d'Inde** guinea pig
cochon(**ne**) [kɔʃɔ̃, ɔn] **I.** *adj inf* **1.** (*sale*) dirty **2.** (*obscène*) smutty **II.** *m(f) péj, inf* **1.** (*personne sale*) pig **2.** (*vicieux*) swine; **vieux ~** dirty old man
cochonnailles [kɔʃɔnaj] *fpl inf* pork meats
cochonner [kɔʃɔne] <1> *vt inf* **1.** (*bâcler*) to botch **2.** (*salir*) to muck up
cochonnerie [kɔʃɔnʀi] *f inf* **1.** (*nourriture*) slop **2.** (*toc*) junk **3.** *souvent pl, inf* (*obscénités*) smut **4.** *pl* (*saletés*) mess
cochonnet [kɔʃɔnɛ] *m* **1.** ZOOL piglet **2.** (*aux boules*) jack
cocker [kɔkɛʀ] *m* cocker spaniel
cockpit [kɔkpit] *m* cockpit
cocktail [kɔktɛl] *m* **1.** (*boisson, mélange*) cocktail **2.** (*réunion*) cocktail party
coco [koko] *m* **1.** (*terme affectueux*) **mon** (**petit**) **~** little man **2.** *péj* (*type*) dude
cocon [kɔkɔ̃] *m* cocoon
cocorico [kɔkɔʀiko] *m* cock-a-doodle-doo
cocotier [kɔkɔtje] *m* coconut palm
cocotte [kɔkɔt] *f* **1.** (*marmite*) casserole dish **2.** *enfantin* (*poule*) hen; **~ en papier** paper bird **3.** *inf* (*terme affectueux*) **ma ~** darling
cocotte-minute® [kɔkɔtminyt] <cocottes-minute> *f* pressure cooker
cocu(**e**) [kɔky] **I.** *adj inf* deceived; **faire qn ~** to be unfaithful to sb **II.** *m(f) inf* deceived husband, wife *m, f*
code [kɔd] *m* **1.** (*chiffrage*) code; **~ postal** Zip Code **2.** (*permis*) written test **3.** (*feux*) low beams; **se mettre en ~**(**s**) to put on the low beams **4.** JUR civil code; **~ de la route** traffic code
codé(**e**) [kɔde] *adj* **message ~** coded message
code-barre(**s**) [kɔdbaʀ] <codes-barres> *m* bar code
codécision [kodesizjɔ̃] *f* joint decision
coder [kɔde] <1> *vt* to encode
codifier [kɔdifje] <1> *vt* to codify
coédition [koedisjɔ̃] *f* co-edition
coefficient [kɔefisjɑ̃] *m* **1.** MATH, PHYS coefficient **2.** (*facteur*) **~ d'erreur** margin of error
coentreprise [koɑ̃tʀəpʀiz] *f* joint venture
coéquipier, -ière [koekipje, -jɛʀ] *m, f* teammate
cœur [kœʀ] *m* heart; **en plein ~ de l'hiver** in the dead of winter ► **avoir le ~ sur la main** to be openhanded; **avoir un ~ d'or/de pierre** to have a heart of gold/stone; **faire qc de bon ~** to do sth willingly; **avoir le ~ gros** to feel very sad; **avoir mal au ~** to feel sick; **si le ~ lui/vous en dit** *inf* if you feel like it; **fendre le ~** to break one's heart; **prendre qc à ~** to take sth to heart; **tenir à ~** to mean a lot to one; **apprendre/connaître/réciter par ~** to learn/know/recite sth by heart; **sans ~** heartless
coexister [kɔegziste] <1> *vi* to coexist
coffre [kɔfʀ] *m* **1.** (*meuble*) chest; **~ à jouets/outils** toy/tool box **2.** AUTO boot **3.** (*coffre-fort*) safe
coffre-fort [kɔfʀəfɔʀ] <coffres-forts> *m* safe
coffrer [kɔfʀe] <1> *vt inf* to put away
coffret [kɔfʀɛ] *m* case; **~ à bijoux** jewel box
COGEMA [kɔʒema] *f abr de* **Compagnie générale des matières nucléaires** *French nuclear materials company*
cogiter [kɔʒite] <1> *vi iron* to ponder
cognac [kɔɲak] *m* cognac
cogner [kɔɲe] <1> **I.** *vt* (*heurter*) to bang into

II. *vi* **1.** (*taper*) ~ **à/sur/contre qc** to bang at/on/against sth **2.** (*heurter*) ~ **contre qc** (*volet, caillou*) to bang against sth **3.** *inf* (*chauffer: soleil*) to beat down **III.** *vpr* **se ~ la tête contre qc** to bang one's head against sth
cohabitation [koabitasjɔ̃] *f* cohabitation
cohabiter [koabite] <1> *vi* to cohabit
cohérence [koeʀɑ̃s] *f* consistency
cohérent(e) [koeʀɑ̃, ɑ̃t] *adj* (*ensemble*) coherent; (*conduite, texte*) consistent
cohésion [koezjɔ̃] *f* (*solidarité*) cohesion
cohue [kɔy] *f* **1.** (*foule*) crowd **2.** (*bousculade*) crush
coiffe [kwaf] *f* headdress
coiffé(e) [kwafe] *adj* **1.** (*peigné*) **être ~** to have done one's hair **2.** (*chapeauté*) **être ~ de qc** to be crowned with sth
coiffer [kwafe] <1> **I.** *vt* **1.** (*peigner*) **~ qn** to do sb's hair **2.** (*mettre un chapeau*) to put a hat on **3.** (*dépasser*) to nose out **II.** *vpr* **1.** (*se peigner*) **se ~** to do one's hair **2.** (*mettre un chapeau*) **se ~ de qc** to put sth on (one's head)
coiffeur, -euse [kwafœʀ, -øz] *m, f* hairdresser
coiffeuse [kwaføz] *f* dressing table
coiffure [kwafyʀ] *f* **1.** (*façon d'être peigné*) hairstyle **2.** (*chapeau*) hat **3.** (*métier*) hairdressing
coin [kwɛ̃] *m* **1.** (*angle*) corner; **au ~ de la rue** at the corner of the street; **sourire en ~** half-smile **2.** (*petit espace*) spot; **~ cuisine/repas** kitchen/dining area ▶ **aux quatre ~s du monde** all over the world; **ça t'en/vous en bouche un ~!** *inf* that gives you something to think about!
coincé(e) [kwɛ̃se] *adj inf* hung-up
coincer [kwɛ̃se] <2> **I.** *vt* **1.** (*caler*) **~ entre deux chaises** to wedge between two chairs **2.** (*immobiliser*) **~ qc** (*personne*) to jam sth; (*grain de sable, panne*) to jam sth up **3.** (*acculer*) **~ qn contre un mur** to pin sb against a wall **4.** *inf* (*attraper*) to grab **5.** *inf* (*coller*) to catch out **II.** *vi* (*poser problème*) to get sticky **III.** *vpr* **se ~ le doigt** to pinch one's finger
coïncidence [kɔɛ̃sidɑ̃s] *f* coincidence
coïncider [kɔɛ̃side] <1> *vi* **1.** (*être concomitant*) to coincide **2.** (*correspondre*) to match up
coing [kwɛ̃] *m* quince
coin-repas [kwɛ̃ʀəpa] <coins-repas> *m* dining area
coït [kɔit] *m* coitus
col [kɔl] *m* **1.** COUT (*d'un vêtement*) collar; **~ roulé** polo neck **2.** GEO pass **3.** (*goulot*) neck **4.** ANAT (*du fémur*) neck; **~ de l'utérus** cervix
coléoptère [kɔleɔptɛʀ] *m* beetle
colère [kɔlɛʀ] *f* **1.** (*irritation*) anger **2.** (*accès d'irritation*) fit of rage; **être/se mettre en ~ contre qn** to be/get angry with sb; **piquer une ~** *inf* to fly into a rage; **en ~** angry
coléreux, -euse [kɔleʀø, -øz], **colérique** [kɔleʀik] *adj* quick-tempered
colibri [kɔlibʀi] *m* hummingbird
colimaçon [kɔlimasɔ̃] *m* snail
colin [kɔlɛ̃] *m* coalfish
colin-maillard [kɔlɛ̃majaʀ] *m sans pl* **jouer à ~** blind man's buff
colique [kɔlik] *f* **1.** (*diarrhée*) diarrhea **2.** *gén pl* (*douleurs*) stomachache
colis [kɔli] *m* parcel
collabo *inf,* **collaborateur, -trice** [ko(l)labɔʀatœʀ, -tʀis] *m, f* **1.** (*membre du personnel*) staff member **2.** (*intervenant occasionnel*) associate **3.** (*pendant une guerre*) collaborator
collaboration [ko(l)labɔʀasjɔ̃] *f* **1.** (*coopération, pendant une guerre*) collaboration; **en ~ avec** in collaboration with **2.** (*contribution*) contribution
collaborer [ko(l)labɔʀe] <1> *vi* **1.** (*coopérer*) to collaborate; **~ à qc** to work on sth **2.** (*pendant une guerre*) to collaborate
collage [kɔlaʒ] *m* **1.** (*action: d'une étiquette, du bois*) sticking on; (*de papier peint*) pasting; (*d'une affiche*) posting; (*de pièces*) sticking together **2.** ART, MUS collage **3.** (*clarification: du vin*) fining
collant [kɔlɑ̃] *m* **1.** (*bas*) tights *pl* **2.** (*body pour la gymnastique*) body suit **3.** (*body pour la danse, l'acrobatie*) leotard
collant(e) [kɔlɑ̃, ɑ̃t] *adj* **1.** (*moulant*) clinging **2.** (*poisseux*) sticky **3.** *inf* (*importun: enfant*) clingy; **il est vraiment ~** (*visiteur*) he just won't let go of you
collation [kɔlasjɔ̃] *f* light meal
colle [kɔl] *f* **1.** (*matière*) glue; **~ universelle** all-purpose glue **2.** (*masse*) sticky mass **3.** (*punition*) detention
collecte [kɔlɛkt] *f* (*quête*) collection
collecter [kɔlɛkte] <1> *vt* (*dons*) to collect
collectif, -ive [kɔlɛktif, -iv] *adj* **1.** (*commun*) common; (*travail*) collective; **équipements ~s** shared facilities **2.** LING collective
collection [kɔlɛksjɔ̃] *f* collection; **~ de timbres** stamp collection; **faire la ~ de qc** to collect sth
collectionner [kɔlɛksjɔne] <1> *vt* to collect
collectionneur, -euse [kɔlɛksjɔnœʀ, -øz] *m, f* collector
collectivement [kɔlɛktivmɑ̃] *adv* **1.** (*dans la totalité*) **s'adresser ~ au personnel** to speak to the staff as a whole **2.** (*ensemble: protester*) collectively
collectivité [kɔlɛktivite] *f* **1.** (*société*) community **2.** JUR organization; **~s locales** local authorities **3.** (*communauté*) group
collège [kɔlɛʒ] *m* ECOLE school; **aller au ~** to go to school

> i At the end of primary school, students aged 11 to 16 years go to **collège**. It is a comprehensive school in which students go through four classes *(sixième, cinquième, quatrième, troisième)*. They finish school with a *Brevet des collèges*.

Collège [kɔlɛʒ] *m* ~ **de France** Collège de France (*institute in Paris where prominent academics give public lectures*)
collégien(ne) [kɔleʒjɛ̃, jɛn] *m(f)* (*élève*) pupil
collègue [kɔ(l)lɛg] *mf* colleague
coller [kɔle] <1> **I.** *vt* **1.** (*fixer*) to stick; (*enveloppe*) to stick down; (*pièces*) to stick together; (*timbre, étiquette*) to stick on; (*affiche, papier peint*) to stick up **2.** (*presser*) ~ **à qc** to stick sth on sth **3.** *inf* (*donner*) ~ **un devoir à qn** to give sb some homework; ~ **une baffe à qn** to slap sb **4.** *inf* (*embarrasser par une question*) to catch out **5.** *inf* (*suivre*) to tail **6.** *inf* (*planter*) to stick **7.** *inf* (*rester*) **être collé quelque part** to be stuck somewhere **II.** *vi* **1.** (*adhérer*) to stick; **qc qui colle** sth sticky **2.** (*mouler*) to cling **3.** *inf* (*suivre*) ~ **à qc** to hang on to sth **4.** (*s'adapter*) ~ **à la route** to hug the road; ~ **au sujet** to stick (close) to the subject **5.** *inf* (*bien marcher*) **ça colle** things are OK; **entre eux, ça ne colle pas** they're not getting along **III.** *vpr* **1.** (*s'accrocher*) **se** ~ **à qn** to cling to sb **2.** (*se presser*) **se** ~ **à** [*o* **contre**] **qc** to snuggle up to sb
collet [kɔlɛ] *m* **1.** (*piège*) snare **2.** CULIN neck ▶ **prendre** [*o* **saisir**] **au** ~ to grab sb by the neck
colleur, -euse [kɔlœʀ, -øz] *m, f* ~ **d'affiches** bill poster
collier [kɔlje] *m* **1.** (*bijou*) necklace; (*rigide*) chain **2.** (*courroie: d'un chien, cheval*) collar **3.** (*barbe*) beard (*without mustache*)
collimateur [kɔlimatœʀ] *m* **avoir qn dans le** ~ to have one's sights on sb
colline [kɔlin] *f* hill
collision [kɔlizjɔ̃] *f* collision
collocation [kɔlɔkasjɔ̃] *f* *Belgique* (*internement, emprisonnement*) imprisonment
colloque [kɔ(l)lɔk] *m* conference
colmater [kɔlmate] <1> *vt* (*fuite*) to stop; (*fissure*) to fill; (*brèche*) to close
colo [kɔlɔ] *f inf abr de* **colonie de vacances** summer camp
colocataire [kolɔkatɛʀ] *mf* cotenant; (*d'appartement*) roommate
colombage [kɔlɔ̃baʒ] *m* half-timbering; **maison à** ~ half-timbered house
colombe [kɔlɔ̃b] *f* dove
Colombie [kɔlɔ̃bi] *f* **la** ~ Colombia
Colombie-Britannique [kɔlɔ̃bibʀitanik] *f* **la** ~ British Columbia
colombien(ne) [kɔlɔ̃bjɛ̃, ɛn] *adj* Colombian
Colombien(ne) [kɔlɔ̃bjɛ̃, ɛn] *m(f)* Colombian
colon [kɔlɔ̃] *m* **1.** (*opp: indigène*) colonist **2.** (*enfant*) child (*at a summer camp*) **3.** (*pionnier*) settler
colonel [kɔlɔnɛl] *m* colonel
colonial(e) [kɔlɔnjal, -jo] <-aux> *adj* colonial
colonialisme [kɔlɔnjalism] *m* colonialism
colonie [kɔlɔni] *f* **1.** (*territoire, communauté*) colony **2.** (*centre*) ~ **de vacances** summer camp
colonisation [kɔlɔnizasjɔ̃] *f* colonization
coloniser [kɔlɔnize] <1> *vt* to colonize
colonne [kɔlɔn] *f* **1.** ARCHIT, MIL, PRESSE column **2.** ANAT ~ **vertébrale** spinal column
colorant [kɔlɔʀɑ̃] *m* coloring
colorant(e) [kɔlɔʀɑ̃, ɑ̃t] *adj* coloring; **shampooing** ~ hair dye
coloration [kɔlɔʀasjɔ̃] *f* **1.** (*processus*) coloring **2.** (*teinte*) tint; **prendre une** ~ **rouge** to turn red **3.** (*nuance*) color
coloré(e) [kɔlɔʀe] *adj* **1.** (*en couleurs*) colored **2.** *fig* (*style, description*) colorful
colorer [kɔlɔʀe] <1> **I.** *vt* to color **II.** *vpr* **se** ~ (*visage*) to turn red
coloriage [kɔlɔʀjaʒ] *m* **1.** (*action*) coloring; **faire du** ~ (*enfant*) to do some coloring; ART to color **2.** (*résultat*) coloring; ART colored drawing
colorier [kɔlɔʀje] <1> *vt* **1.** (*jeu*) to color (in) **2.** ART to color
coloris [kɔlɔʀi] *m* **1.** (*teinte*) shade **2.** (*couleur*) color
colossal(e) [kɔlɔsal, -o] <-aux> *adj* colossal
colosse [kɔlɔs] *m* **1.** (*géant*) colossus **2.** *fig* giant
colporter [kɔlpɔʀte] <1> *vt* **1.** (*vendre*) to peddle **2.** *péj* (*répandre*) to hawk
colporteur, -euse [kɔlpɔʀtœʀ, -øz] *m, f* peddler
colza [kɔlza] *m* rape
coma [kɔma] *m* coma; **être dans le** ~ to be in a coma
combat [kɔ̃ba] *m* combat
combatif, -ive [kɔ̃batif, -iv] *adj* combative
combattant(e) [kɔ̃batɑ̃, ɑ̃t] *m(f)* combatant; **ancien** ~ veteran
combattre [kɔ̃batʀ] *irr* **I.** *vt, vi* to fight **II.** *vpr* **se** ~ to fight each other
combi [kɔ̃bi] *f inf abr de* **combinaison de ski** ski suit
combien [kɔ̃bjɛ̃] **I.** *adv* **1.** (*concernant la quantité*) how much; ~ **de temps** how long; **depuis** ~ **de temps** for how long; ~ **coûte cela?** how much does that cost?; **ça fait** ~**?** *inf* how much is that?; **je vous dois** ~**?** what do I owe you? **2.** (*concernant le nombre*) how many; ~ **de personnes/kilomètres** how many people/kilometers; ~ **de fois** how often **II.** *m inf* **1.** (*en parlant de la date*) **nous sommes le** ~**?** what's the date today? **2.** (*en parlant d'un intervalle*) **le bus passe tous les** ~**?** how often does the bus come? **III.** *mf* **c'est le/la** ~**?** what number is he/she?
combinaison [kɔ̃binɛzɔ̃] *f* **1.** (*assemblage*) *a.* CHIM combination **2.** (*chiffres*) code **3.** (*mot*) password **4.** (*sous-vêtement*) slip **5.** (*vêtement*) suit **6.** (*stratagème*) scheme; **avoir/trouver une** ~ to have/find a way
combine [kɔ̃bin] *f inf* scheme; **connaître la** ~ to know the way ▶ **être dans la** ~ to be in on the business
combiné [kɔ̃bine] *m* **1.** TEL handset **2.** (*épreuve de ski*) ~ **alpin/nordique** alpine/Nordic combined competition

C

combiner [kɔ̃bine] <1> **I.** *vt* **1.** (*réunir*) *a.* CHIM **~ qc avec qc** to combine sth with sth **2.** (*organiser: plan*) to think up; (*mauvais coup*) to cook up **II.** *vpr* **1.** (*s'assembler*) *a.* CHIM **se ~ avec qc** to combine with sth **2.** (*s'arranger*) **bien/mal se ~** to work out all right/all wrong

comble[1] [kɔ̃bl] *m* **1.** (*summum: de la bêtise*) height; **c'est le** [*o* **un**] **~!** that beats everything! **2.** *souvent pl* (*grenier*) eaves

comble[2] [kɔ̃bl] *adj* packed

comblé(e) [kɔ̃ble] *adj* **je suis ~** I'm so pleased; **être une personne ~e** to be a contented person

combler [kɔ̃ble] <1> *vt* **1.** (*boucher*) to fill in **2.** (*rattraper: déficit*) to make up for; (*lacune*) to fill; **~ un retard** to catch up **3.** (*satisfaire: personne, vœu*) to satisfy **4.** (*couvrir, remplir de*) **~ qn de cadeaux** to shower sb with gifts; **~ qn de joie** to fill sb with joy

combustible [kɔ̃bystibl] **I.** *adj* combustible **II.** *m* fuel

combustion [kɔ̃bystjɔ̃] *f* combustion

comédie [kɔmedi] *f* **1.** (*pièce*) play; **~ musicale** musical (comedy) **2.** (*film*) comedy **3.** (*simulation*) performance

comédien(ne) [kɔmedjɛ̃, jɛn] **I.** *m(f)* **1.** (*acteur*) actor **2.** (*hypocrite*) phony **II.** *adj* **être un peu ~** to put it on

comestible [kɔmɛstibl] *adj* edible

comète [kɔmɛt] *f* comet

comique [kɔmik] **I.** *adj* **1.** (*amusant*) funny **2.** THEAT, CINE, LIT comic **II.** *m* **1.** (*auteur*) comic author **2.** (*interprète*) comic actor **3.** (*genre*) comedy

comité [kɔmite] *m* (*réunion*) committee; **~ directeur** steering committee; **~ d'entreprise** ≈ workers' council (*dealing with welfare and cultural matters*)

Comité des régions *m* regional commission

Comité économique et social *m* Economic and Social Commission (*dealing with regional matters*)

commandant(e) [kɔmɑ̃dɑ̃, ɑ̃t] *m(f)* **1.** MIL (*chef*) commander; (*grade*) major; (*dans l'armée de l'air*) major; **~ en chef** commander-in-chief **2.** AVIAT, NAUT captain

commande [kɔmɑ̃d] *f* **1.** (*achat, marchandise*) order; **passer une ~** to place an order **2.** TECH **~ à distance** remote control **3.** INFORM command; **message d'attente de ~** command prompt ▶**prendre les ~s** to take control; **vendre/pleurer sur ~** to sell/cry to order

commandement [kɔmɑ̃dmɑ̃] *m* **1.** (*direction*) control **2.** (*état-major*) **le haut ~** the High Command **3.** (*ordre*) command **4.** REL commandment

commander [kɔmɑ̃de] <1> **I.** *vt* **1.** (*passer commande*) **~ qc à qn** to order sth from sb **2.** (*exercer son autorité*) to command **3.** (*ordonner*) **~ qc à qn** to command sth from sb **4.** (*diriger*) to direct **5.** (*faire fonctionner*) to control **II.** *vi* **1.** (*passer commande*) to order **2.** (*exercer son autorité*) to command **III.** *vpr* **1.** (*être actionné*) **se ~ de l'extérieur** to be controlled from the outside **2.** (*se contrôler*) **ne pas se ~** (*sentiments*) to be beyond one's control

commando [kɔmɑ̃do] *m* commando

comme [kɔm] **I.** *conj* **1.** (*au moment où, étant donné que*) as **2.** (*de même que*) (just) like; **hier ~ aujourd'hui** yesterday just like today **3.** (*exprimant une comparaison*) **il était ~ mort** it was as if he was dead; **grand/petit ~ ça** this big/small; **~ si** as if **4.** (*en tant que*) as; **apprécier qn ~ collègue** to think of sb as a colleague; **~ plat principal** as the main course **5.** (*tel que*) like; **je n'ai jamais vu un film ~ celui-ci** I've never seen a film like this **6.** (*quel genre de*) in the way of; **qu'est-ce que tu fais ~ sport?** what sports do you play? ▶**... ~ tout** *inf* **il est mignon ~ tout!** he's so sweet!; **rusé/fort ~ pas un** *inf* awfully crafty/strong **II.** *adv* **1.** (*exclamatif*) **~ c'est gentil!** isn't that kind! **2.** (*manière*) how; **savoir ~** to know the way; **~ ça** like that; **c'est ~ ça** that's the way it is; **il n'est pas ~ ça** he's not like that ▶**~ ci ~ ça** so-so; **~ quoi** (*disant que*) to the effect that; (*ce qui prouve*) which goes to show

commémoratif, -ive [kɔmemɔʀatif, -iv] *adj* commemorative

commémoration [kɔmemɔʀasjɔ̃] *f* commemoration; **en ~ de qc** in commemoration of sth

commémorer [kɔmemɔʀe] <1> *vt* to commemorate

commencé(e) [kɔmɑ̃se] *adj* begun

commencement [kɔmɑ̃smɑ̃] *m* beginning ▶**il y a un ~ à tout** you have to begin somewhere

commencer [kɔmɑ̃se] <2> **I.** *vt* to begin **II.** *vi* **1.** (*débuter: événement*) to begin **2.** (*faire en premier*) **~ par qc/par faire qc** to begin with sth/by doing sth ▶**ça commence bien** *iron* that's a good start; **ça commence à bien faire** it's getting to be a little bit too much; **pour ~** to start with

comment [kɔmɑ̃] *adv* **1.** (*de quelle façon*) how; **~ ça va?** how are things?; **et toi, ~ tu t'appelles?** and what's your name?; **~ est-ce que ça s'appelle en français?** what's the word for that in French? **2.** (*invitation à répéter*) **~?** what? ▶**(mais) ~ donc!** of course!; **~ cela?** how come?; **et ~!** and how!

commentaire [kɔmɑ̃tɛʀ] *m* **1.** RADIO, TV commentary **2.** (*explication*) **~ composé** textual commentary **3.** *péj* (*remarque*) comment; **sans ~!** no comment!

commentateur, -trice [kɔmɑ̃tatœʀ, -tʀis] *m, f* commentator

commenter [kɔmɑ̃te] <1> *vt* (*événement*) to comment on; (*texte*) to give an interpretation of

commérage [kɔmeʀaʒ] *m souvent pl* gossip

commerçant(e) [kɔmɛʀsɑ̃, ɑ̃t] **I.** *adj* **1.** (*avec des magasins: rue*) shopping **2.** (*habile*) **être ~** to have business sense **II.** *m(f)* (*personne*) storekeeper; ~ **en gros** wholesaler

commerce [kɔmɛʀs] *m* **1.** (*activité*) business; **faire du** ~ to be in business; **dans le** ~ in business; **chambre de** ~ chamber of commerce; **employé de** ~ shop assistant; ~ **électronique** e-commerce **2.** (*magasin*) shop, store; **tenir un** ~ to have a shop; ~ **de détail** retailing; ~ **en gros** wholesaling

commercial(e) [kɔmɛʀsjal, -jo] <-aux> **I.** *adj* **1.** COM commercial; **centre** ~ shopping center **2.** *péj* (*film*) commercial; (*sourire*) mercenary **II.** *m(f)* sales representative

commercialisation [kɔmɛʀsjalizasjɔ̃] *f* marketing

commercialiser [kɔmɛʀsjalize] <1> *vt* **1.** (*vendre*) to market **2.** (*lancer*) to put on the market

commère [kɔmɛʀ] *f péj* gossip

commettre [kɔmɛtʀ] *vt irr* (*délit, attentat*) to commit; (*faute*) to make

commis [kɔmi] *m* assistant

commissaire [kɔmisɛʀ] *mf* **1.** (*policier*) superintendent; **madame le/la** ~ madam; **monsieur le** ~ sir **2.** (*membre d'une commission*) commissioner

commissaire-priseur, -euse [kɔmisɛʀpʀizœʀ, -øz] <commissaires-priseurs> *m, f* auctioneer

commissariat [kɔmisaʀja] *m* police station

commission [kɔmisjɔ̃] *f* **1.** ADMIN, COM commission; ~ **d'examen** board of examiners **2.** (*message*) message; **faire une** ~ **à qn** to give sb a message **3.** (*mission*) commission **4.** *pl* (*courses*) shopping; **faire les** ~**s** to do the shopping

Commission européenne *f* European Commission

commissures [kɔmisyʀ] *fpl* **les** ~ **des lèvres** the corner of the mouth

commode¹ [kɔmɔd] *adj* **1.** (*pratique*) practical **2.** *souvent négatif* (*facile*) convenient **3.** (*d'un caractère facile*) **ses parents n'ont pas l'air** ~ her parents don't look easy to get along with

commode² [kɔmɔd] *f* commode

commodité [kɔmɔdite] *f* **1.** (*agrément*) comfort **2.** (*simplification*) convenience **3.** *pl* (*éléments de confort*) conveniences

commotion [komosjɔ̃] *f* shock; ~ **cérébrale** concussion

commun [kɔmœ̃] *m* **le** ~ **des <u>mortels</u>** ordinary mortals *pl;* **<u>hors</u> du** ~ out of the ordinary; **<u>en</u>** ~ in common; **faire qc en** ~ to do sth together

commun(e) [kɔmœ̃, yn] *adj* **1.** (*comparable, général, courant, trivial*) common; **n'avoir rien de** ~ **avec qn/qc** to have nothing in common with sb/sth **2.** (*collectif*) communal

communal(e) [kɔmynal, -o] <-aux> *adj* **1.** (*fonds*) communal; (*du village*) village; (*de la ville*) city **2.** *Belgique* **conseil** ~ (*conseil municipal*) city council; **maison** ~**e** (*mairie*) city hall

communautaire [kɔmynotɛʀ] *adj* **1.** (*commun*) common **2.** (*de l'UE*) Community; **la politique/solidarité** ~ Community policy/solidarity

communautarisme [kɔmynotaʀism] *m* POL communitarianism

communauté [kɔmynote] *f* **1.** (*groupe*) *a.* REL community; **la** ~ **juive de France** the Jewish community in France **2.** (*identité*) sharing

Communauté économique européenne *f* European Economic Community

Communauté européenne *f* European Community

commune [kɔmyn] *f* commune

communément [kɔmynemɑ̃] *adv* commonly; **on dit** ~ **que ...** it is often said that ...

communiant(e) [kɔmynjɑ̃, jɑ̃t] *m(f)* communicant

communicant(e) [kɔmynikɑ̃, ɑ̃t] *adj* (*pièces, salles*) adjoining; (*vases*) communicating

communicatif, -ive [kɔmynikatif, -iv] *adj* **1.** (*contagieux*) transmissible **2.** (*expansif*) communicative

communication [kɔmynikasjɔ̃] *f* **1.** (*transmission*) communication **2.** TEL (*jonction*) connection; (*conversation*) call; **être en** ~ **avec qn** to be on the phone with sb; **prendre une** ~ to take a call **3.** (*message*) message **4.** (*relation*) public relations **5.** (*liaison*) **moyen de** ~ means of communication

communier [kɔmynje] <1> *vi* REL to take communion

communion [kɔmynjɔ̃] *f* communion

communiqué [kɔmynike] *m* communiqué; ~ **de presse** press release

communiquer [kɔmynike] <1> **I.** *vt* **1.** (*faire connaître*) ~ **une demande à qn** to convey a request to sb **2.** (*transmettre*) ~ **un dossier à qn** to pass a file on to sb **II.** *vi* ~ **avec qn** to communicate with sb

communisme [kɔmynism] *m* communism

communiste [kɔmynist] **I.** *adj* communist **II.** *mf* communist

Comores [kɔmɔʀ] *fpl* **les** ~ Comoros

compact [kɔ̃pakt] *m* CD

compact(e) [kɔ̃pakt] *adj* **1.** (*dense*) dense **2.** (*petit*) compact

compagne [kɔ̃paɲ] *f* partner

compagnie [kɔ̃paɲi] *f* company ▶ **<u>fausser</u>** ~ **à qn** to give sb the slip; **<u>tenir</u>** ~ **à qn** to keep sb company; **<u>en</u>** ~ **de qn** in sb's company

compagnon [kɔ̃paɲɔ̃] *m* **1.** (*concubin*) partner **2.** (*ouvrier*) journeyman

comparable [kɔ̃paʀabl] *adj* comparable

comparaison [kɔ̃paʀɛzɔ̃] *f* comparison; **en** ~ **de/par** ~ **à** [*o* **avec**] in comparison with; **sans** ~ far and away

comparaître [kɔ̃paʀɛtʀ] *vi irr* ~ **devant qn** to appear before sb

comparatif [kɔ̃paʀatif] *m* comparative

comparatif, -ive [kɔ̃paʀatif, -iv] *adj* comparative

comparativement [kɔ̃paʀativmɑ̃] *adv* com-

C

paratively

comparé(e) [kɔ̃paʀe] *adj* ~ **à** compared with

comparer [kɔ̃paʀe] <1> **I.** *vt, vi* to compare **II.** *vpr* **se ~ à qn** to compare oneself to sb

compartiment [kɔ̃paʀtimɑ̃] *m* compartment

compas [kɔ̃pɑ] *m* compass ▶ **avoir le ~ dans l'œil** to have an eye for measurements

compassion [kɔ̃pasjɔ̃] *f soutenu* compassion

compatibilité [kɔ̃patibilite] *f* compatibility

compatible [kɔ̃patibl] *adj* compatible

compatir [kɔ̃patiʀ] <8> *vi soutenu* to sympathize

compatriote [kɔ̃patʀijɔt] *mf* compatriot

compensation [kɔ̃pɑ̃sasjɔ̃] *f* **1.** (*dédommagement*) compensation **2.** (*équilibre*) balance **3.** FIN (*d'une dette*) offsetting ▶ **en ~** in compensation

compenser [kɔ̃pɑ̃se] <1> **I.** *vt* **1.** (*équilibrer*) **~ qc par qc** to offset sth with sth **2.** (*dédommager*) **pour ~** to compensate **3.** (*remercier*) **pour ~** to make up **II.** *vpr* **se ~** to cancel out

compétence [kɔ̃petɑ̃s] *f* **1.** (*capacité*) competence; **avec ~** competently **2.** (*responsabilité*) domain; **cela ne relève pas de ma ~** that is outside my responsibility

compétent(e) [kɔ̃petɑ̃, ɑ̃t] *adj* competent; **être ~ en qc** to be competent at sth

compétitif, -ive [kɔ̃petitif, -iv] *adj* competitive

compétition [kɔ̃petisjɔ̃] *f* competition

compilateur [kɔ̃pilatœʀ] *m* INFORM compiler

compilation [kɔ̃pilasjɔ̃] *f* compilation

compiler [kɔ̃pile] <1> *vt* INFORM to compile

complainte [kɔ̃plɛ̃t] *f* lament

complaire [kɔ̃plɛʀ] *vpr irr* **se ~ à faire qc** to enjoy doing sth; **se ~ dans son malheur** to wallow in one's misery

complaisance [kɔ̃plɛzɑ̃s] *f* **1.** *soutenu* (*obligeance*) kindness; **par ~** out of politeness **2.** *péj* (*indulgence*) indulgence **3.** (*autosatisfaction*) smugness

complaisant(e) [kɔ̃plɛzɑ̃, ɑ̃t] *adj* **1.** (*obligeant*) obliging; **vous n'êtes pas très ~** you're not very helpful **2.** (*indulgent*) kindly **3.** (*satisfait*) self-satisfied

complément [kɔ̃plemɑ̃] *m* **1.** (*ce qui s'ajoute*) **un ~ d'information** further information **2.** LING complement; **~ du verbe** verb complement; **~ circonstanciel de temps/lieu** adverbial phrase of time/place; **~ d'attribution** indirect object; **~ du nom** noun phrase; **~ d'objet direct** direct object

complémentaire [kɔ̃plemɑ̃tɛʀ] *adj* complementary; (*renseignement*) additional

complet, -ète [kɔ̃plɛ, -ɛt] *adj* **1.** complete; (*pain*) whole-wheat **2.** (*achevé*) utter **3.** (*plein: autobus, hôtel, parking*) full; **afficher ~** to play to full houses ▶ **l'école/les joueurs au (grand) ~** every one in the school/of the players

complètement [kɔ̃plɛtmɑ̃] *adv* completely

compléter [kɔ̃plete] <5> **I.** *vt* to complete **II.** *vpr* **se ~** to complement each other

complexe [kɔ̃plɛks] **I.** *adj* complex **II.** *m* complex; **sans (aucun) ~** without any inhibitions

complexé(e) [kɔ̃plɛkse] *adj inf* **1.** PSYCH neurotic **2.** (*coincé*) uptight

complexer [kɔ̃plɛkse] <1> *vt* **~ qn** to give sb a complex

complexité [kɔ̃plɛksite] *f* complexity

complication [kɔ̃plikasjɔ̃] *f* complication

complice [kɔ̃plis] **I.** *adj* **1.** (*acolyte*) **être ~ d'un vol** to be party to a theft **2.** (*de connivence*) knowing **II.** *mf* accomplice

complicité [kɔ̃plisite] *f* **1.** (*participation*) complicity; **~ de vol** JUR aiding and abetting a theft **2.** (*connivence*) complicity

compliment [kɔ̃plimɑ̃] *m* **1.** (*éloge*) compliment **2.** (*félicitations*) congratulations

complimenter [kɔ̃plimɑ̃te] <1> *vt* **1.** (*congratuler*) **~ qn pour qc** to congratulate sb on sth **2.** (*faire l'éloge*) **~ qn pour [o sur] qc** to compliment sb on sth

compliqué(e) [kɔ̃plike] *adj* complicated; **c'est pas ~** *inf* it's easy enough

compliquer [kɔ̃plike] <1> **I.** *vt* to complicate **II.** *vpr* **1.** (*devenir plus compliqué*) **se ~** (*choses, situation*) to get complicated; **ça se complique** *inf* things are getting complicated **2.** (*rendre plus compliqué*) **se ~ la vie** to make one's life complicated

complot [kɔ̃plo] *m* conspiracy

comploter [kɔ̃plɔte] <1> **I.** *vt* to conspire; **qu'est-ce que vous complotez?** what are you plotting? **II.** *vi* **~ contre qn** to conspire against sb

comportement [kɔ̃pɔʀtəmɑ̃] *m* behavior; **avoir un ~ étrange** to behave strangely

comporter [kɔ̃pɔʀte] <1> **I.** *vt* **1.** (*être constitué de*) to consist of **2.** (*inclure*) to have **II.** *vpr* **se ~ 1.** (*se conduire*) to behave **2.** (*réagir*) to respond

composant [kɔ̃pozɑ̃] *m* **1.** CHIM constituent **2.** ELEC component

composant(e) [kɔ̃pozɑ̃, ɑ̃t] *adj* component

composante [kɔ̃pozɑ̃t] *f* component

composé [kɔ̃poze] *m* compound

composé(e) [kɔ̃poze] *adj* compound

composer [kɔ̃poze] <1> **I.** *vt* **1.** (*constituer*) to form; (*équipe*) to select **2.** (*créer: plat*) to devise; (*musique*) to compose; (*texte*) to write **3.** (*former*) to make up **II.** *vi* MUS to compose **III.** *vpr* **se ~ de qc** to be composed of sth

compositeur, -trice [kɔ̃pozitœʀ, -tʀis] *m, f* composer

composition [kɔ̃pozisjɔ̃] *f* **1.** (*organisation*) make-up **2.** ART, LIT, MUS (*d'une musique*) composition; (*d'un texte*) writing **3.** (*œuvre, structure*) composition; **une œuvre de ma/ta/sa ~** a work composed by me/you/her

composter [kɔ̃pɔste] <1> *vt* to datestamp

> **i** When traveling by train in France, you must **composter** your ticket at a small pillar in front of the platform or in the main station before getting on the train. There is no con-

ductor, so it is up to each individual to ensure he/she has a valid, stamped ticket.

compote [kɔ̃pɔt] *f* compote; ~ **de pommes** applesauce
compréhensible [kɔ̃pʀeɑ̃sibl] *adj* comprehensible
compréhensif, -ive [kɔ̃pʀeɑ̃sif, -iv] *adj* understanding
compréhension [kɔ̃pʀeɑ̃sjɔ̃] *f* **1.** (*clarté*) intelligibility **2.** (*tolérance*) understanding **3.** (*intelligence*) comprehension
comprendre [kɔ̃pʀɑ̃dʀ] <13> **I.** *vt* **1.** (*saisir, concevoir, s'apercevoir de*) to understand; **faire ~ qc à qn** (*expliquer*) to get sb to understand sth; (*dire indirectement*) to drop sb a hint about sth; **ne ~ rien à rien** *inf* to understand absolutely nothing **2.** (*comporter*) to comprise **3.** (*inclure*) to include **II.** *vi* to understand; **il ne faut pas chercher à ~** there's no use trying to understand; **se faire ~** (*par un étranger*) to make oneself understood; (*dire carrément*) to make oneself clear **III.** *vpr* **se ~ 1.** (*être compréhensible*) to be comprehensible **2.** (*communiquer*) to understand each other **3.** (*s'accorder: personnes*) to reach an understanding
compresse [kɔ̃pʀɛs] *f* compress
compressible [kɔ̃pʀesibl] *adj* PHYS compressible
compression [kɔ̃pʀesjɔ̃] *f* **1.** PHYS, INFORM compression **2.** (*réduction*) reduction; ~ **de personnel** layoffs; ~**s budgétaires** budget cuts
comprimé [kɔ̃pʀime] *m* tablet
comprimé(e) [kɔ̃pʀime] *adj* **1.** (*serré*) **je suis ~ dans ce pantalon** these pants are tight on me **2.** PHYS **air ~** compressed air
comprimer [kɔ̃pʀime] <1> *vt* **1.** (*presser*) *a.* INFORM to compress **2.** (*serrer*) **la ceinture lui comprime le ventre** the belt is too tight around his waist **3.** (*réduire*) to cut
compris(e) [kɔ̃pʀi, iz] **I.** *part passé de* **comprendre II.** *adj* **1.** (*inclus*) included; **T.V.A. ~e** including VAT; **(la) T.V.A. non ~e** VAT not included **2.** (*situé*) **être ~ entre cinq et sept pourcent** to be between five and seven percent; **période ~e entre 1920 et 1930** period from 1920 to 1930
compromettant(e) [kɔ̃pʀɔmetɑ̃, ɑ̃t] *adj* compromising
compromettre [kɔ̃pʀɔmɛtʀ] *irr* **I.** *vt* **1.** (*impliquer*) to compromise **2.** (*menacer*) to put at risk **II.** *vpr* **se ~ avec qn/dans qc** to compromise oneself with sb/in sth
compromis [kɔ̃pʀɔmi] *m* compromise
comptabiliser [kɔ̃tabilize] <1> *vt* FIN to list
comptabilité [kɔ̃tabilite] *f* **1.** (*discipline*) accounting **2.** (*comptes, service*) accounts *pl*
comptable [kɔ̃tabl] *mf* accountant
comptant [kɔ̃tɑ̃] **I.** *m sans pl* cash **II.** *adv* (*payer*) (in) cash
compte [kɔ̃t] *m* **1.** *sans pl* (*calcul*) calculation; (*des points*) scoring; ~ **à rebours** countdown **2.** *sans pl* (*résultat*) total; **avez-vous le bon ~ de chaises?** (*suffisamment*) do you have enough chairs?; (*le même nombre*) do you have all the chairs?; **le ~ est bon** (*en payant*) that's right; (*rien ne manque*) everything's there; **le ~ y est** *inf* it's all there; **cela fait un ~ rond** that makes a round figure **3.** (*note*) bill; **faire le ~** to add up **4.** (*écritures comptables*) account; **faire/tenir les ~s** to do/to keep the accounts **5.** (*compte en banque*) bank account; ~ **chèque** checking account; ~ **chèque postal** *post office checking account;* ~ **courant/(d')épargne** checking/savings account ▶**les bons ~s font les bons amis** *prov* pay your debts and keep your friends; **au bout du ~** at the end of the day; **en fin de ~** when all is said and done; **tout ~ fait** all things considered; **son ~ est bon!** *inf* his goose is cooked!; **mettre qc sur le ~ de qn/qc** to put sth down to sb/sth; **rendre ~ de qc à qn** (*pour se justifier*) to justify sth to sb; (*avertir*) to report sth to sb; **se rendre ~ de qc** to realize sth; **tu te rends ~!** (*imagine*) just think!; **tenir ~ de qc** to take account of sth; **demander** [*o* **réclamer**] **des ~s à qn** to call sb to account; **à son ~** (*travailler*) for oneself; **pour le ~ de qn/qc** for sb/sth
compte-gouttes [kɔ̃tgut] *m inv* dropper ▶**au ~** bit by bit
compter [kɔ̃te] <1> **I.** *vt* **1.** (*chiffrer, ajouter*) to count; **dix personnes sans ~ les enfants** ten people, not counting the children **2.** (*totaliser*) to count up **3.** (*facturer*) ~ **100 euros à qn pour le dépannage** to charge sb 100 euros for the repair **4.** (*prévoir*) ~ **200 g/20 euros par personne** to allow 200 grams/20 euros per head **5.** (*prendre en compte*) to allow for **6.** (*ranger parmi*) ~ **qn/qc parmi** [*o* **au nombre de**] **...** to place sb/sth among ... **7.** (*comporter*) to have **8.** (*avoir l'intention de*) ~ *+infin* to intend to *+infin;* (*espérer*) to expect to *+infin* **II.** *vi* **1.** (*énumérer, calculer*) to count **2.** (*être économe*) **dépenser sans ~** to spend without thinking of the cost **3.** (*tenir compte de*) ~ **avec qn/qc** to take sb/sth into account **4.** (*s'appuyer*) ~ **sur qn/qc** to count on sb/sth **5.** (*avoir de l'importance*) to count; ~ **pour qn** to mean a lot to sb; **ce qui compte, c'est d'être en bonne santé** being in good health, that's what counts **III.** *vpr* (*s'inclure*) **se ~** to include oneself
compte rendu [kɔ̃tʀɑ̃dy] *m* account; TV, RADIO report
compteur [kɔ̃tœʀ] *m* **1.** AUTO odometer **2.** (*enregistreur: électricité*) meter **3.** INFORM ~ **de visites** hit counter
comptine [kɔ̃tin] *f* rhyme
comptoir [kɔ̃twaʀ] *m* counter
comte [kɔ̃t] *m* count
comté [kɔ̃te] *m* county
comtesse [kɔ̃tɛs] *f* countess
comtois(e) [kɔ̃twa, waz] *adj* of Franche-

C

-Comté
Comtois(e) [kɔ̃twa, waz] *m(f)* person from Franche-Comté
con(ne) [kɔ̃, kɔn] **I.** *adj parfois inv, inf* stupid **II.** *m(f) inf* fool; **pauvre** [*o* **sale**] *péj* **~!** you stupid prick! *vulg;* **pauvre** [*o* **sale**] *péj* **~ne** stupid bitch!; **faire le ~** to fool around; **oh! le ~/la ~ne!** what a prick/bitch!
conard [kɔnaʀ] *m inf v.* **connard**
conasse [kɔnas] *f inf v.* **connasse**
concasser [kɔ̃kɑse] <1> *vt* (*roche*) to crush; (*épices, grain*) to grind
concave [kɔ̃kav] *adj* concave
concentration [kɔ̃sɑ̃tʀasjɔ̃] *f* concentration
concentré [kɔ̃sɑ̃tʀe] *m* CULIN concentrate; **~ de tomate** tomato purée
concentré(e) [kɔ̃sɑ̃tʀe] *adj* **1.** (*condensé*) concentrated; (*lait*) condensed **2.** (*attentif*) **être ~** to be concentrating
concentrer [kɔ̃sɑ̃tʀe] <1> **I.** *vt* (*rassembler*) to concentrate **II.** *vpr* **se ~ sur qn/qc** to concentrate on sb/sth
concentrique [kɔ̃sɑ̃tʀik] *adj* concentric
concept [kɔ̃sɛpt] *m* concept
conception [kɔ̃sɛpsjɔ̃] *f* **1.** *sans pl* (*idée*) *a.* BIO conception **2.** *sans pl* (*élaboration*) design; **~ assistée par ordinateur** computer-aided design ►**Immaculée Conception** Immaculate Conception
concernant [kɔ̃sɛʀnɑ̃] *prep* (*quant à*) concerning
concerner [kɔ̃sɛʀne] <1> *vt* to concern; **en** [*o* **pour**] **ce qui concerne qn/qc** as far as sb/sth is concerned
concert [kɔ̃sɛʀ] *m* concert ►**~ de sifflets/d'exclamations** chorus of whistles/cheers; **agir de ~ avec qn** to act jointly with sb
concertation [kɔ̃sɛʀtasjɔ̃] *f* consultation
concerter [kɔ̃sɛʀte] <1> *vpr* **se ~ sur qc** to consult about sth
concertiste [kɔ̃sɛʀtist] *mf* concert performer
concerto [kɔ̃sɛʀto] *m* concerto
concession [kɔ̃sesjɔ̃] *f* **1.** (*compromis, terrain*) *a.* ADMIN concession **2.** COM dealership
concessionnaire [kɔ̃sesjɔnɛʀ] *mf* COM dealer
concevable [kɔ̃s(ə)vabl] *adj* conceivable
concevoir [kɔ̃s(ə)vwaʀ] <12> **I.** *vt* **1.** *soutenu* (*engendrer*) to conceive **2.** (*se représenter*) to imagine; (*solution*) to think of; **~ qc comme qc** to think of sth as sth **3.** (*élaborer*) to design **4.** (*comprendre*) **on conçoit sa déception** you can understand his/her disappointment **II.** *vpr* **1.** (*se comprendre*) **cela se conçoit facilement** that is easily understandable **2.** *soutenu* (*être imaginé*) **se ~** to be thought of
concierge [kɔ̃sjɛʀʒ] *mf* concierge
conciergerie [kɔ̃sjɛʀʒəʀi] *f Québec* (*grand immeuble d'habitation généralement en location*) apartment building
concile [kɔ̃sil] *m* council
conciliant(e) [kɔ̃siljɑ̃, jɑ̃t] *adj* conciliatory
conciliation [kɔ̃siljasjɔ̃] *f* **1.** (*médiation*) conciliation **2.** JUR arbitration
concilier [kɔ̃silje] <1> *vt* (*harmoniser*) to reconcile
concis(e) [kɔ̃si, iz] *adj* concise; **soyez ~** be brief
concision [kɔ̃sizjɔ̃] *f sans pl* concision
concitoyen(ne) [kɔ̃sitwajɛ̃, jɛn] *m(f)* fellow citizen
conclave [kɔ̃klav] *m* conclave
concluant(e) [kɔ̃klyɑ̃, ɑ̃t] *adj* conclusive
conclure [kɔ̃klyʀ] *irr* **I.** *vt* **1.** (*signer: marché, pacte*) to sign; (*accord*) to reach **2.** (*terminer: discours*) to conclude; (*repas*) to finish (off) **3.** (*déduire*) **~ qc de qc** to conclude sth from sth **II.** *vi* (*terminer*) **~ par qc** to conclude with sth; **pour ~** in conclusion **III.** *vpr* **se ~ par qc** to end with sth
conclusion [kɔ̃klyzjɔ̃] *f* **1.** (*signature: d'un accord*) signing; (*d'un mariage*) conclusion **2.** (*fin, déduction*) conclusion; **en ~** in conclusion; **~, ...** the upshot is, ...; **(en) arriver à la ~ que ...** to reach the conclusion that ...
concombre [kɔ̃kɔ̃bʀ] *m* cucumber
concordance [kɔ̃kɔʀdɑ̃s] *f* **1.** (*accord*) agreement **2.** LING **~ des temps** sequence of tenses
concorder [kɔ̃kɔʀde] <1> *vi* to agree
concourir [kɔ̃kuʀiʀ] *vi irr* **1.** *soutenu* (*contribuer*) **~ à qc** to work toward sth **2.** (*être en compétition*) **~ à qc** to compete in sth
concours [kɔ̃kuʀ] *m* **1.** (*compétition, jeu*) *a.* SPORT competition **2.** ECOLE, UNIV (*pour une école*) entrance examination; (*pour un prix*) prize competition **3.** (*aide*) support; **prêter son ~ à qc** to lend one's support to sth **4.** (*coïncidence: de circonstances*) combination
concret [kɔ̃kʀɛ] *m sans pl* concrete
concret, -ète [kɔ̃kʀɛ, -ɛt] *adj* concrete
concrètement [kɔ̃kʀɛtmɑ̃] *adv* in concrete terms
concrétisation [kɔ̃kʀetizasjɔ̃] *f* materialization
concrétiser [kɔ̃kʀetize] <1> **I.** *vt* **1.** (*réaliser: rêve, projet*) to realize **2.** (*matérialiser*) to bring to fruition **II.** *vpr* **se ~** to be realized
conçu(e) [kɔ̃sy] *part passé de* **concevoir**
concubin(e) [kɔ̃kybɛ̃, in] *m(f)* partner
concubinage [kɔ̃kybinaʒ] *m* cohabitation
concurrence [kɔ̃kyʀɑ̃s] *f sans pl* **1.** (*compétition*) *a.* COM competition; **défiant toute ~** (*prix*) unbeatable **2.** (*les concurrents*) **la ~** the competition
concurrencer [kɔ̃kyʀɑ̃se] <2> *vt* to be in competition with
concurrent(e) [kɔ̃kyʀɑ̃, ɑ̃t] **I.** *adj* competing **II.** *m(f)* competitor
concurrentiel(le) [kɔ̃kyʀɑ̃sjɛl] *adj* competitive
condamnable [kɔ̃dɑnabl] *adj* reprehensible
condamnation [kɔ̃dɑnasjɔ̃] *f* **1.** *sans pl* JUR (*action*) conviction; (*peine*) sentence; **~ avec sursis** suspended sentence **2.** (*réprobation*) condemnation **3.** (*fermeture*) closing
condamné(e) [kɔ̃dɑne] *m(f)* (convicted) pris-

oner; ~ **à mort** prisoner sentenced to death

condamner [kɔ̃dɑne] <1> *vt* **1.** JUR (*déclarer coupable*) to convict; ~ **qn à 10 ans de prison** to sentence sb to ten years in prison **2.** (*obliger*) ~ **qn à** +*infin* to condemn sb to +*infin* **3.** (*fermer avec des pierres*) to wall up; (*avec du bois*) to board up; (*rue*) to seal off; (*à clé*) to lock

condensation [kɔ̃dɑ̃sasjɔ̃] *f sans pl* condensation

condenser [kɔ̃dɑ̃se] *vt, vpr* (**se**) ~ to condense

condiment [kɔ̃dimɑ̃] *m* condiment; *fig* spice

condition [kɔ̃disjɔ̃] *f* condition; ~ **sine qua non** prerequisite; **les ~s d'admission à qc** the conditions for admission to sth; **à ~ que** +*subj* on condition that; **à ~ de faire qc** provided that sth is done; **sans ~(s)** (*offre*) unconditional; (*se rendre*) unconditionally; **~s de livraison** delivery conditions; **se mettre en ~ pour qc** SPORT, PSYCH to get oneself into condition for sth; **~s de travail/vie** working/living conditions; **dans ces ~s** in that case

conditionné(e) [kɔ̃disjɔne] *adj* (*climatisé*) **air ~** air conditioning

conditionnel [kɔ̃disjɔnɛl] *m* conditional; ~ **présent** present conditional

conditionnel(le) [kɔ̃disjɔnɛl] *adj* conditional

conditionnelle [kɔ̃disjɔnɛl] *f* LING conditional clause

conditionnement [kɔ̃disjɔnmɑ̃] *m* conditioning; (*emballage*) packaging

condoléances [kɔ̃dɔleɑ̃s] *fpl form* condolences; (**toutes**) **mes ~!** my deepest sympathy

condor [kɔ̃dɔʀ] *m* condor

conducteur, -trice [kɔ̃dyktœʀ, -tʀis] **I.** *adj* PHYS conducting **II.** *m, f* driver

conduire [kɔ̃dɥiʀ] *irr* **I.** *vi* **1.** (*piloter*) to drive **2.** (*aboutir*) ~ **à la catastrophe** to lead to disaster **II.** *vt* **1.** (*guider, diriger*) to lead **2.** (*en voiture*) ~ **qn en ville** to take sb into town **3.** (*mener*) ~ **qn à** +*infin* to lead sb to +*infin* **III.** *vpr* **1.** (*se comporter*) **se ~** to behave **2.** AUTO **se ~ facilement** to drive nicely

conduit [kɔ̃dɥi] *m* pipe; ANAT duct

conduite [kɔ̃dɥit] *f* **1.** *sans pl* AUTO ~ **à droite/à gauche** right-/left-hand drive **2.** (*façon de conduire*) driving; **leçon de ~** driving lesson; ~ **accompagnée** driving with an instructor **3.** *sans pl* (*responsabilité*) management **4.** (*comportement*) conduct **5.** (*tuyau*) pipe

cône [kon] *m* cone; **en** (**forme de**) ~ conical

confection [kɔ̃fɛksjɔ̃] *f* **1.** CULIN preparation **2.** *sans pl* (*prêt-à-porter*) ready-to-wear

confectionner [kɔ̃fɛksjɔne] <1> *vt* **1.** CULIN to prepare **2.** (*fabriquer*) to make

confédération [kɔ̃fedeʀasjɔ̃] *f* **1.** POL confederation **2.** (*syndicat, groupement*) union

Confédération [kɔ̃fedeʀasjɔ̃] *f* **la ~ helvétique** the Swiss Confederation

confédéré(e) [kɔ̃fedeʀe] *adj* (*états*) Confederate

Confédéré(e) [kɔ̃fedeʀe] *m(f)* **1.** *Suisse* (*membre de la Confédération helvétique*) *member of the Swiss Confederation* **2.** *pl* (*pendant la guerre de Sécession en Amérique*) **les ~s** the Confederates

conférence [kɔ̃feʀɑ̃s] *f* **1.** (*exposé*) lecture; **tenir une ~ sur qc** to give a lecture on sth **2.** (*réunion*) *a.* POL conference; ~ **au sommet** summit conference; ~ **de presse** press conference

conférencier, -ière [kɔ̃feʀɑ̃sje, -jɛʀ] *m, f* lecturer

confesser [kɔ̃fese] <1> **I.** *vi* to go to confession **II.** *vt* (*péché, erreur*) to confess; ~ **qn** to hear sb's confession **III.** *vpr* **se ~ à qn** to confess to sb; **aller se ~** to go to confession

confesseur [kɔ̃fesœʀ] *m* confessor

confession [kɔ̃fesjɔ̃] *f* **1.** (*sacrement, aveu*) confession **2.** (*religion*) denomination

confessionnal [kɔ̃fesjɔnal, -o] <-aux> *m* confessional

confetti [kɔ̃feti] *m* confetti

confiance [kɔ̃fjɑ̃s] *f sans pl* confidence, trust; **personne de ~** confidant; **perdre/reprendre ~** (**en soi**) to lose/get back one's self-confidence

confiant(e) [kɔ̃fjɑ̃, jɑ̃t] *adj* **1.** (*sans méfiance*) trusting; ~ **en** [*o* **dans**] **qn/qc** trusting in sb/sth **2.** (*sûr de soi*) confident

confidence [kɔ̃fidɑ̃s] *f* confidence; **être dans la ~** to be in on a secret; **mettre qn dans la ~** to let sb in on the secret

confidentiel(le) [kɔ̃fidɑ̃sjɛl] *adj* **1.** (*secret*) confidential **2.** (*restreint: tirage*) limited

confier [kɔ̃fje] <1> **I.** *vt* **1.** (*dévoiler*) to confide **2.** (*remettre*) ~ **une mission à qn** to entrust sb with a mission **II.** *vpr* (*se confesser*) **se ~ à qn** to confide in sb

confiné(e) [kɔ̃fine] *adj* **1.** (*reclus: être, rester*) shut-in **2.** (*lourd: atmosphère*) enclosed; (*air*) stale

confins [kɔ̃fɛ̃] *mpl* **aux ~ de qc et de qc** on the borders of sth and sth

confirmation [kɔ̃fiʀmasjɔ̃] *f* confirmation

confirmé(e) [kɔ̃fiʀme] *adj* confirmed

confirmer [kɔ̃fiʀme] <1> **I.** *vt* to confirm **II.** *vpr* (*être exact*) **se ~** to prove correct

confiserie [kɔ̃fizʀi] *f* (*sucrerie*) sweet

confisquer [kɔ̃fiske] <1> *vt* to confiscate

confit [kɔ̃fi] *m* ~ **d'oie** goose confit

confit(e) [kɔ̃fi, it] *adj* (*fruits*) candied; (*condiments*) pickled

confiture [kɔ̃fityʀ] *f* jam; ~ **de fraises** strawberry jam

conflictuel(le) [kɔ̃fliktɥɛl] *adj* (*pulsions, intérêts*) conflicting; (*rapports*) of conflict

conflit [kɔ̃fli] *m* conflict; **~s sociaux** social conflicts

confluent [kɔ̃flyɑ̃] *m* confluent

confondre [kɔ̃fɔ̃dʀ] <14> **I.** *vi* to make a mistake **II.** *vt* (*mêler*) to confuse; **j'ai dû vous ~ avec une autre** I must have confused you with somebody else **III.** *vpr* **1.** (*se mêler*) **se ~ dans l'esprit de qn** to get mixed up in sb's mind **2.** (*prodiguer*) **se ~ en remerciements**

to be profuse in one's thanks
conforme [kɔ̃fɔʀm] *adj* **1.** (*correspondant*) **être ~ à qc** (*normes*) to comply with sth; **copie certifiée ~** certified copy **2.** (*en accord avec*) **être ~ à qc** to be in accordance with sth **3.** (*conformiste*) conventional
conformément [kɔ̃fɔʀmemɑ̃] *adv* **~ aux termes de votre courrier du ...** *form* as set out in your letter of ...
conformer [kɔ̃fɔʀme] <1> *vpr* **se ~ à qc** to match sth
conformisme [kɔ̃fɔʀmism] *m* conformity
conformiste [kɔ̃fɔʀmist] *adj, mf* conformist
conformité [kɔ̃fɔʀmite] *f* conformity; **être en ~ avec les normes en vigueur** to comply with standards in force
confort [kɔ̃fɔʀ] *m* **1.** *sans pl* (*luxe*) comfort **2.** (*commodité*) **offrir un grand ~ d'utilisation** to be designed for easy use **3.** *sans pl* (*bien-être*) well-being; **aimer son ~** to like to feel at ease
confortable [kɔ̃fɔʀtabl] *adj* comfortable
confortablement [kɔ̃fɔʀtabləmɑ̃] *adv* **1.** (*commodément*) comfortably **2.** (*largement*) **vivre ~** to live in comfort
conforter [kɔ̃fɔʀte] <1> *vt* **~ qn dans son opinion** to back sb's view up
confrère [kɔ̃fʀɛʀ] *m* colleague
confrontation [kɔ̃fʀɔ̃tasjɔ̃] *f* confrontation
confronter [kɔ̃fʀɔ̃te] <1> **I.** *vt* **1.** JUR to confront **2.** (*mettre en face de*) to compare **II.** *vpr* **se ~ à qc** to be confronted with sth
confus(e) [kɔ̃fy, yz] *adj* **1.** (*indistinct*) vague **2.** (*embrouillé*) confused **3.** (*embarrassé*) ashamed; **je suis ~!** (*de reconnaissance*) I'm overwhelmed!
confusion [kɔ̃fyzjɔ̃] *f* **1.** *sans pl* (*embarras*) embarrassment **2.** (*erreur*) confusion; **il y a ~!** there's been a mistake!; **prêter à ~** to lead to confusion **3.** *sans pl* (*agitation*) confusion; (*désordre*) chaos; **jeter** [*o* **mettre**] **la ~** to create confusion
congé [kɔ̃ʒe] *m* **1.** (*vacances*) vacation; **~s payés** paid vacation; **avoir 2 jours de ~** to have two days off; **être en ~ de maladie** to be on sick leave; **~ (de) maternité** maternity leave **2.** (*licenciement*) **donner son ~ à qn** to dismiss sb **3.** (*salutation*) **prendre ~ de qn/qc** to take (one's) leave of sb/sth
congédier [kɔ̃ʒedje] <1> *vt* (*employé*) to dismiss; (*visiteur*) to send away
congélateur [kɔ̃ʒelatœʀ] *m* freezer
congelé(e) [kɔ̃ʒle] *adj* frozen
congeler [kɔ̃ʒ(ə)le] <4> *vt, vpr* **(se) ~** to freeze
congère [kɔ̃ʒɛʀ] *m* snowdrift
congestion [kɔ̃ʒɛstjɔ̃] *f* MED congestion; **~ cérébrale** stroke
congestionné(e) [kɔ̃ʒɛstjɔne] *adj* **visage ~** flushed face
conglomérat [kɔ̃glɔmeʀa] *m* conglomerate
Congo [kɔ̃gɔ] *m* **le ~** the Congo; **République démocratique du ~** Democratic Republic of Congo
congolais(e) [kɔ̃gɔlɛ, ɛz] *adj* Congolese
Congolais(e) [kɔ̃gɔlɛ, ɛz] *m(f)* Congolese
congrès [kɔ̃gʀɛ] *m* congress
congressiste [kɔ̃gʀesist] *mf* conference attendee
conifère [kɔnifɛʀ] *m* conifer
conique [kɔnik] *adj* conical
conjoint(e) [kɔ̃ʒwɛ̃, wɛ̃t] *m(f) form* spouse
conjointement [kɔ̃ʒwɛ̃tmɑ̃] *adv* together
conjonction [kɔ̃ʒɔ̃ksjɔ̃] *f* conjunction; **~ de coordination/subordination** coordinating/subordinating conjunction
conjoncture [kɔ̃ʒɔ̃ktyʀ] *f sans pl* **1.** (*situation*) situation **2.** ECON economic situation
conjoncturel(le) [kɔ̃ʒɔ̃ktyʀɛl] *adj* (*crise, variation*) cyclic(al)
conjugaison [kɔ̃ʒygɛzɔ̃] *f* conjugation
conjugal(e) [kɔ̃ʒygal, -o] <-aux> *adj* conjugal
conjuguer [kɔ̃ʒyge] <1> **I.** *vt* **1.** LING to conjugate **2.** (*unir*) to combine **II.** *vpr* LING **se ~** to conjugate
conjuration [kɔ̃ʒyʀasjɔ̃] *f* **1.** (*complot*) conspiracy **2.** (*exorcisme*) conjuration
conjurer [kɔ̃ʒyʀe] <1> **I.** *vt* **1.** (*éviter: échec, crise, sort*) to ward off **2.** (*supplier*) to plead with; **je vous en conjure!** I beg you! **II.** *vpr* **se ~** to conspire
connaissance [kɔnɛsɑ̃s] *f* **1.** *sans pl* (*fait de connaître*) knowledge; **prendre ~ de qc** to learn of sth; **à ma ~** to my knowledge; **en ~ de cause** knowingly **2.** *pl* (*choses apprises*) knowledge; **avoir une bonne ~ des langues** to have a good command of languages; **approfondir ses ~s** to deepen one's knowledge **3.** (*personne*) acquaintance; **faire la ~ de qn** to make sb's acquaintance; **je suis enchanté de faire votre ~** I'm delighted to make your acquaintance **4.** (*lucidité*) consciousness; **perdre ~** to faint; MED to lose consciousness; **sans ~** unconscious
connaisseur, -euse [kɔnɛsœʀ, -øz] **I.** *adj* knowledgeable **II.** *m, f* ART, CULIN connoisseur
connaître [kɔnɛtʀ] *irr* **I.** *vt* **1.** (*savoir*) know; **on connaît les meurtriers?** do we know the murderers?; **vous connaissez la nouvelle?** have you heard the news?; **comme je te connais, ...** knowing you the way I do, ...; **ça me connaît!** *inf* I know all about that! **2.** (*comprendre*) **~ son métier** to know one's job; **ne rien ~ à qc** to know nothing about sth **3.** (*rencontrer*) to get to know; **faire ~ qn à qn** to introduce sb to sb **4.** (*éprouver*) to have; **~ un succès fou** to be a huge success **II.** *vpr* **1.** (*se fréquenter*) **se ~ depuis longtemps** to have known each other a long time **2.** (*être capable de se juger*) **se ~** to know oneself **3.** (*être spécialiste*) **s'y ~** to be an expert; **s'y ~ en ordinateurs** to know all about computers
connard [kɔnaʀ] *m inf* stupid ass
connasse [kɔnas] *f inf* stupid bitch
connecter [kɔnɛkte] <1> **I.** *vt* to connect; **~ des ordinateurs en réseau** to network

computers; **connecté** online; **non connecté** offline **II.** *vpr* **se ~ au réseau** to get onto the network; **se ~ à Internet** to get on the Internet
connecteur [kɔnɛktœʀ] *m* INFORM connector
connerie [kɔnʀi] *f* **1.** *sans pl, inf* (*stupidité*) stupidity **2.** *inf* (*acte*) idiocy; **tout ça, c'est des ~s!** that's all a load of crap!
connexion [kɔnɛksjɔ̃] *f a.* INFORM connection; **obtenir une ~ à Internet** to connect to the Internet
connivence [kɔnivɑ̃s] *f* connivance; **être de ~ avec qn** to be in connivance with sb
connotation [kɔnɔtasjɔ̃] *f* connotation
connoter [kɔnɔte] <1> *vt* to connote
connu(e) [kɔny] **I.** *part passé de* **connaître** **II.** *adj* known
conquérant(e) [kɔ̃keʀɑ̃, ɑ̃t] **I.** *adj* (*esprit*) dominating; (*air*) swaggering **II.** *m(f)* conqueror
conquérir [kɔ̃keʀiʀ] *vt irr* to conquer; (*cœur, personne*) to win
conquête [kɔ̃kɛt] *f* conquest; **partir à la ~ de qc** to set out to conquer sth
conquis(e) [kɔ̃ki, iz] *part passé de* **conquérir**
consacré(e) [kɔ̃sakʀe] *adj* **1.** REL (*église*) consecrated **2.** (*habituel*) established **3.** (*célèbre*) recognized
consacrer [kɔ̃sakʀe] <1> **I.** *vt* **1.** (*donner*) to devote **2.** REL to consecrate **II.** *vpr* **se ~ à qn/qc** to devote oneself to sth
consciemment [kɔ̃sjamɑ̃] *adj* consciously
conscience [kɔ̃sjɑ̃s] *f* **1.** *sans pl* PSYCH consciousness; **avoir/prendre ~ de qc** to be/become conscious of sth; **perdre/reprendre ~** to lose/regain consciousness **2.** *sans pl* (*connaissance*) **la ~ de qc** the knowledge of sth **3.** *sans pl* (*sens moral*) conscience; **donner bonne ~ à qn** to put sb's conscience at ease; **donner mauvaise ~ à qn** to give sb a guilty conscience
consciencieusement [kɔ̃sjɑ̃sjøzmɑ̃] *adv* conscientiously
consciencieux, -euse [kɔ̃sjɑ̃sjø, -jøz] *adj* conscientious
conscient(e) [kɔ̃sjɑ̃, jɑ̃t] *adj* **1.** (*informé*) aware **2.** (*lucide*) conscious
conscrit [kɔ̃skʀi] *m* conscript
consécration [kɔ̃sekʀasjɔ̃] *f sans pl* (*confirmation*) crowning (point)
consécutif, -ive [kɔ̃sekytif, -iv] *adj* **1.** (*à la file*) consecutive; **être ~ à qc** to follow on from sth **2.** (*résultant de*) **~ à qc** following sth
conseil [kɔ̃sɛj] *m* **1.** (*recommandation*) piece of advice; **donner des ~s à qn** to give sb advice; **demander ~ à qn** to ask sb for advice; **faire qc sur le ~ de qn** to do sth on sb's advice **2.** (*personne*) adviser **3.** (*assemblée*) council; **~ municipal** city council; **~ de classe** staff meeting (*to discuss a particular class*); **~ de discipline** disciplinary board; **passer en ~ de guerre** to be court-martialed; **~ de l'Europe** Council of Europe; **~ européen** European Council
Conseil [kɔ̃sɛj] *m* **1. ~ de sécurité** Security Council; **~ des ministres** Council of Ministers; **~ d'État** Council of State; **~ de l'Union européenne** European Council **2.** *Suisse* **~ exécutif** Executive Council; **~ fédéral** Federal Council; **~ national** National Council
conseiller [kɔ̃seje] <1> **I.** *vt* **1.** (*recommander: vin*) to recommend; **~ la prudence à qn** to advise sb to be careful **2.** (*inciter*) **~ à qn de** +*infin* to advise sb to +*infin* **3.** (*guider*) **~ qn dans qc** to advise sb on sth **II.** *vt impers* **il est conseillé à qn de** +*infin* sb is advised to +*infin*
conseiller, -ère [kɔ̃seje, -ɛʀ] *m, f* **1.** (*qui donne des conseils*) adviser **2.** (*expert*) **~ en entreprise** business consultant **3.** ADMIN, POL councilor; **~ municipal** city councilor; **~ fédéral** *Suisse* federal councilor **4.** ECOLE **~ d'orientation** career counselor
consensus [kɔ̃sɛ̃sys] *m* consensus
consentant(e) [kɔ̃sɑ̃tɑ̃, ɑ̃t] *adj* **être ~** to consent
consentement [kɔ̃sɑ̃tmɑ̃] *m* consent
consentir [kɔ̃sɑ̃tiʀ] <10> **I.** *vi* (*accepter*) **~ à qc** to consent to sth; **~ à ce que qn fasse qc** (*subj*) to consent to sb doing sth **II.** *vt* (*accorder*) to grant
conséquence [kɔ̃sekɑ̃s] *f* consequence; **avoir qc pour** [*o* **comme**] **~** to result in sth; **sans ~** of no consequence; **accident sans ~** an unimportant accident; **en ~** (*donc*) consequently; (*conformément à cela*) accordingly; **en ~ de qc** as a consequence of sth
conséquent(e) [kɔ̃sekɑ̃, ɑ̃t] *adj* **1.** (*cohérent*) consistent; **par ~** in consequence **2.** *inf* (*considérable*) sizeable
conservateur, -trice [kɔ̃sɛʀvatœʀ, -tʀis] **I.** *adj* **1.** POL conservative **2.** CULIN **agent ~** preservative **II.** *m, f* **1.** (*directeur: d'un musée*) curator **2.** POL conservative **III.** *m* preservative
conservation [kɔ̃sɛʀvasjɔ̃] *f* (*action: d'un aliment*) preserving; (*d'un monument*) conservation; (*garde: d'un aliment*) keeping; (*des archives*) conservation
conservatoire [kɔ̃sɛʀvatwaʀ] *m* **1.** MUS conservatory **2.** THEAT academy
conserve [kɔ̃sɛʀv] *f* tin; **des petits pois en ~** canned peas; **mettre qc en ~** (*industriellement*) to can; (*à la maison*) to preserve
conservé(e) [kɔ̃sɛʀve] *adj inf* well-preserved
conserver [kɔ̃sɛʀve] <1> **I.** *vt* **1.** (*garder: papiers, aliments*) to keep; (*monument*) to maintain **2.** CULIN to preserve **3.** (*ne pas perdre*) to keep; **~ son calme** to stay calm **II.** *vi inf* **qc/ça conserve** sth/that keeps you young **III.** *vpr* **se ~** (*aliment*) to keep
considérable [kɔ̃sideʀabl] *adj* considerable; (*travail*) sizable
considérablement [kɔ̃sideʀabləmɑ̃] *adv* considerably
considération [kɔ̃sideʀasjɔ̃] *f* **1.** *pl* (*raisonnement*) consideration **2.** (*estime*) respect

C

3. (*attention*) **en ~ de qc** in consideration of sth; **prendre qn/qc en ~** to take sb/sth into consideration
considérer [kɔ̃sideʀe] <5> **I.** *vt* **1.** (*étudier*) to consider; **tout bien considéré** all things considered; **considérant que** considering (that) **2.** (*estimer*) **être considéré** to be respected **3.** (*contempler*) to stare at **4.** (*penser*) **~ que ...** to think that ... **5.** (*tenir pour*) **~ qn comme un traître** to considerer sb a traitor **II.** *vpr* (*se tenir pour*) **se ~ comme le responsable** to consider oneself responsible
consigne [kɔ̃siɲ] *f* **1.** *sans pl* baggage check **2.** *sans pl* COM deposit **3.** (*instructions*) orders *pl*
consigné(e) [kɔ̃siɲe] *adj* returnable
consigner [kɔ̃siɲe] <1> *vt* **1.** (*mettre à la consigne*) **~ ses bagages** to leave one's bags at the baggage check **2.** (*facturer*) **la bouteille est consignée** there is a deposit on the bottle **3.** (*enregistrer*) to record
consistance [kɔ̃sistɑ̃s] *f* **1.** consistency; **prendre ~** (*pâte*) to form a dough; (*liquide*) to thicken **2.** *fig* **nouvelle sans ~** baseless piece of news
consistant(e) [kɔ̃sistɑ̃, ɑ̃t] *adj* **1.** (*épais*) thick **2.** *inf* (*substantiel*) substantial **3.** (*fondé*) well-founded
consister [kɔ̃siste] <1> *vi* **~ en qc** to consist of sth; **~ à faire qc** to consist in doing sth
consœur [kɔ̃sœʀ] *f* colleague; *v.a.* **confrère**
consolant(e) [kɔ̃sɔlɑ̃, ɑ̃t] *adj* consoling
consolation [kɔ̃sɔlasjɔ̃] *f* consolation
console [kɔ̃sɔl] *f* **1.** (*meuble*) console (table) **2.** TECH console
consoler [kɔ̃sɔle] <1> **I.** *vt* to console **II.** *vpr* **se ~** to console each other
consolider [kɔ̃sɔlide] <1> **I.** *vt* **1.** (*rendre solide*) to strengthen; (*mur, table*) to brace **2.** *fig a.* FIN (*position*) to consolidate **II.** *vpr* **se ~ 1.** (*affermir: position*) to be consolidated **2.** MED to set
consommateur, -trice [kɔ̃sɔmatœʀ, -tʀis] *m, f* consumer
consommation [kɔ̃sɔmasjɔ̃] *f* **1.** *sans pl* (*usage*) *a.* ECON **~ de qc** consumption of sth; **impropre à la ~** unfit for consumption **2.** (*boisson*) drink
consommé [kɔ̃sɔme] *m* consommé
consommer [kɔ̃sɔme] <1> **I.** *vi* **1.** (*boire*) to drink **2.** (*acheter*) to consume **II.** *vt* **1.** CULIN (*plat*) to eat; (*vin*) to drink **2.** (*user*) to consume **III.** *vpr* **se ~ chaud** to be eaten hot; (*boisson*) to be drunk hot; **à ~ avant le ...** use by ...
consonne [kɔ̃sɔn] *f* consonant
conspirateur, -trice [kɔ̃spiʀatœʀ, -tʀis] *m, f* conspirator
conspiration [kɔ̃spiʀasjɔ̃] *f* **~ contre qn/qc** conspiracy against sb/sth
conspirer [kɔ̃spiʀe] <1> *vi* to conspire
constamment [kɔ̃stamɑ̃] *adv* constantly
constance [kɔ̃stɑ̃s] *f* constancy
constant(e) [kɔ̃stɑ̃, ɑ̃t] *adj* constant
constante [kɔ̃stɑ̃t] *f* constant
constat [kɔ̃sta] *m* report; **~ à l'amiable** joint accident report
constatation [kɔ̃statasjɔ̃] *f* observation; **arriver à la ~ que ...** to reach the conclusion that ...
constater [kɔ̃state] <1> *vt* to observe
constellation [kɔ̃stelasjɔ̃] *f* ASTR constellation
consternant(e) [kɔ̃stɛʀnɑ̃, ɑ̃t] *adj* dismaying
consternation [kɔ̃stɛʀnasjɔ̃] *f* consternation
consterné(e) [kɔ̃stɛʀne] *adj* dismayed
consterner [kɔ̃stɛʀne] <1> *vt* to dismay
constipation [kɔ̃stipasjɔ̃] *f* constipation
constipé(e) [kɔ̃stipe] *adj* **1.** MED constipated **2.** *inf* (*guindé*) stiff
constituant(e) [kɔ̃stitɥɑ̃, ɑ̃t] *adj* constituent
constituante [kɔ̃stitɥɑ̃t] *f Québec* (*université ou institut de recherches faisant partie de l'université du Québec*) constituent institution
constitué(e) [kɔ̃stitɥe] *adj* **1.** (*composé*) **être ~ de qc** to be made up of **2.** (*conformé*) **bien ~** well-built
constituer [kɔ̃stitɥe] <1> **I.** *vt* **1.** (*composer*) to make up **2.** (*former: gouvernement*) to form; (*dossier*) to build up; (*société*) to set up **3.** (*représenter*) to constitute **II.** *vpr* **1.** JUR (*s'instituer*) **se ~ témoin** to come forward as a witness **2.** (*accumuler*) **se ~** to build up
constitution [kɔ̃stitysjɔ̃] *f* **1.** POL constitution **2.** *sans pl* (*élaboration: d'un groupe*) formation; (*d'une bibliothèque*) creation; (*d'un dossier*) putting together **3.** *sans pl* (*composition*) make-up
Constitution [kɔ̃stitysjɔ̃] *f* **la ~** the Constitution
constitutionnel(le) [kɔ̃stitysjɔnɛl] *adj* constitutional
constructeur [kɔ̃stʀyktœʀ] *m* builder
constructible [kɔ̃stʀyktibl] *adj* **terrain ~** building land
constructif, -ive [kɔ̃stʀyktif, -iv] *adj* constructive
construction [kɔ̃stʀyksjɔ̃] *f* **1.** *sans pl* (*action*) building **2.** (*secteur*) construction; **être en ~** to be under construction **3.** (*édifice*) building **4.** ECON **~ mécanique** machine manufacturing
construire [kɔ̃stʀɥiʀ] *irr* **I.** *vt* **1.** (*bâtir*) to build **2.** (*fabriquer*) to make **3.** (*élaborer*) to construct **II.** *vpr* LING **se ~ avec l'indicatif** to take the indicative
consul [kɔ̃syl] *m* consul
consulat [kɔ̃syla] *m* consulate
consultant(e) [kɔ̃syltɑ̃, ɑ̃t] **I.** *adj* consultant **II.** *m(f)* consultant
consultation [kɔ̃syltasjɔ̃] *f* **1.** *sans pl* (*examen: d'un ouvrage*) consulting; (*d'un agenda, d'un horaire*) checking **2.** (*séance*) consultation **3.** *Suisse* (*prise de position*) consultation
consulter [kɔ̃sylte] <1> **I.** *vi* to consult **II.** *vt* **1.** (*demander avis*) to consult **2.** (*regarder: montre, agenda, ouvrage*) to check **3.** POL

~ **l'opinion** to poll public opinion **III.** *vpr* **se ~** to confer
consumer [kɔ̃syme] <1> **I.** *vt* (*brûler*) to consume **II.** *vpr* **se ~** to waste away; (*cigarette*) to burn away
contact [kɔ̃takt] *m* **1.** *sans pl* (*toucher*) contact; **au ~ de l'air** in contact with air; **des choses entrent/sont en ~** things come into/are in contact **2.** (*rapport*) contact; **au ~ de qn** through contact with sb; **entrer en** [*o* **prendre**] **~ avec qn/qc** to get in contact with sb/sth; **rester en ~ avec qn/qc** to stay in contact with sb/sth **3.** ELEC, AUTO connection; **faux** [*o* **mauvais**] **~** bad connection; **couper/mettre le ~** to turn the engine off/on
contacter [kɔ̃takte] <1> *vt* to contact
contagieux, -euse [kɔ̃taʒjø, -jøz] *adj* contagious
contagion [kɔ̃taʒjɔ̃] *f* contagion
container [kɔ̃tɛnɛʀ] *m* container
contamination [kɔ̃taminasjɔ̃] *f* contamination
contaminer [kɔ̃tamine] <1> *vt* (*personne, virus*) to infect; (*milieu*) to contaminate
conte [kɔ̃t] *m* tale; **~ des 1001 nuits** tales of the 1001 nights
contemplation [kɔ̃tɑ̃plasjɔ̃] *f sans pl* contemplation
contempler [kɔ̃tɑ̃ple] <1> **I.** *vt* to contemplate **II.** *vpr* **se ~** to gaze at oneself
contemporain(e) [kɔ̃tɑ̃pɔʀɛ̃, ɛn] **I.** *adj* contemporary; **être ~ de qn** to be sb's contemporary; **être ~ de qc** to be contemporary with sth **II.** *m(f)* contemporary
contenance [kɔ̃t(ə)nɑ̃s] *f* **1.** (*capacité*) capacity **2.** (*attitude*) attitude
contenant [kɔ̃t(ə)nɑ̃] *m* container
conteneur [kɔ̃t(ə)nœʀ] *m* container
contenir [kɔ̃t(ə)niʀ] <9> **I.** *vt* **1.** (*renfermer*) to contain **2.** (*maîtriser: foule*) to restrain; **~ un rire** to hold back one's laughter **II.** *vpr* **se ~** to contain oneself
content(e) [kɔ̃tɑ̃, ɑ̃t] *adj* **1.** (*heureux*) **~ de qc** happy about sth; **être ~ pour qn** to be glad for sb; **être ~ que** +*subj* to be glad that **2.** (*satisfait*) **~ de qn/qc** pleased with sb/sth; **être ~ de soi** to be pleased with oneself
contentement [kɔ̃tɑ̃tmɑ̃] *m sans pl* satisfaction
contenter [kɔ̃tɑ̃te] <1> **I.** *vt* (*personne*) to please; (*besoin*) to satisfy **II.** *vpr* **se ~ de qc** to satisfy oneself with sth
contenu [kɔ̃t(ə)ny] *m* content
contenu(e) [kɔ̃t(ə)ny] *adj* restrained
contestable [kɔ̃tɛstabl] *adj* questionable
contestataire [kɔ̃tɛstatɛʀ] **I.** *adj* **être ~** to call things into question; (*mouvement*) to protest **II.** *mf* protester
contestation [kɔ̃tɛstasjɔ̃] *f* protest
contester [kɔ̃tɛste] <1> **I.** *vi* to call things into question **II.** *vt* (*discuter*) to dispute; **je ne conteste pas que** +*subj* I don't dispute that; **être contesté** to be questioned
conteur, -euse [kɔ̃tœʀ, tøz] *m, f* storyteller
contexte [kɔ̃tɛkst] *m* **1.** LING context **2.** (*situation*) background; **dans le ~ actuel** in the present circumstances
contigu(ë) [kɔ̃tigy] *adj* **~ à un territoire/édifice** adjoining a territory/building
continent [kɔ̃tinɑ̃] *m* **1.** GEO continent **2.** (*opp: île*) mainland
continental(e) [kɔ̃tinɑ̃tal, -o] <-aux> *adj* continental
contingent [kɔ̃tɛ̃ʒɑ̃] *m* **1.** MIL contingent **2.** (*part*) share **3.** COM quota
continu [kɔ̃tiny] *m sans pl* **en ~** continuously
continu(e) [kɔ̃tiny] *adj* (*ligne*) unbroken; (*effort, bruit*) continuous
continuation [kɔ̃tinɥasjɔ̃] *f* continuation; **bonne ~!** good luck for the rest of it!
continuel(le) [kɔ̃tinɥɛl] *adj* **1.** (*fréquent*) constant **2.** (*ininterrompu*) continual
continuellement [kɔ̃tinɥɛlmɑ̃] *adv* **1.** (*fréquemment*) constantly **2.** (*sans s'arrêter*) continually
continuer [kɔ̃tinɥe] <1> **I.** *vi* **1.** (*se poursuivre*) to continue; (*bruit, pluie*) to go on; **tout a continué comme avant** everything continued as before **2.** (*poursuivre*) to carry on; (*à pied*) to walk on; (*en voiture*) to drive on; **~ à lire** to carry on reading **3.** (*persister*) **~ à croire que ...** to continue to believe that ...; **~ à faire qc** to continue doing sth; **si tu continues, je vais me fâcher!** if you carry on, I'll get angry! **II.** *vt* **1.** (*poursuivre*) to continue; (*politique*) to pursue **2.** (*prolonger*) to extend
continuité [kɔ̃tinɥite] *f* continuity
contorsion [kɔ̃tɔʀsjɔ̃] *f* contortion
contour [kɔ̃tuʀ] *m* outline; (*appréciation esthétique*) *a.* GEO contour
contourner [kɔ̃tuʀne] <1> *vt* **1.** (*faire le tour*) **~ qc** (*route, voiture*) to bypass sth; (*personne*) to go around sth **2.** (*éluder*) to get around
contraceptif [kɔ̃tʀasɛptif] *m* contraceptive
contraceptif, -ive [kɔ̃tʀasɛptif, -iv] *adj* contraceptive
contraception [kɔ̃tʀasɛpsjɔ̃] *f* contraception
contracté(e) [kɔ̃tʀakte] *adj* **1.** (*tendu*) tense **2.** LING contracted
contracter [kɔ̃tʀakte] <1> **I.** *vt* ANAT **le froid contracte qc** cold makes sth contract **II.** *vpr* **se ~** to contract; (*visage*) to tense
contractuel(le) [kɔ̃tʀaktɥɛl] **I.** *adj* (*obligation*) contractual; (*employé*) contract **II.** *m(f)* **1.** (*agent d'un service public*) contract worker (*in public service*) **2.** (*auxiliaire de police*) traffic policeman
contradiction [kɔ̃tʀadiksjɔ̃] *f sans pl* contradiction; **être en ~ avec qn** to be in disagreement with sb; **être en ~ avec qc** to be inconsistent with sth
contradictoire [kɔ̃tʀadiktwaʀ] *adj* (*incompatible*) contradictory; (*influences*) conflicting
contraignant(e) [kɔ̃tʀɛɲɑ̃, ɑ̃t] *adj* restricting
contraindre [kɔ̃tʀɛ̃dʀ] *irr* **I.** *vt* **~ qn à l'économie/à l'action** to force sb to be economical/to act **II.** *vpr* **se ~ à l'économie/à l'ac-**

tion to force oneself to be economical/to act

contraint(e) [kɔ̃tʀɛ̃, ɛ̃t] *adj* forced

contrainte [kɔ̃tʀɛ̃t] *f* constraint; **être soumis à des ~s** to be subject to certain constraints; **sous la ~** under pressure

contraire [kɔ̃tʀɛʀ] **I.** *adj* **1.** (*opposé*) opposite; (*preuve*) opposing; (*opinions*) conflicting **2.** (*incompatible*) **~ à l'usage** contrary to general practice; **~ aux intérêts de** against the interests of; **~ à la loi** against the law **3.** (*défavorable*) contrary **II.** *m* contrary; **bien** [*o* **tout**] **au ~** on the contrary

contrairement [kɔ̃tʀɛʀmɑ̃] *adv* **~ à qn/qc** contrary to sb/sth; **~ à ce que je croyais** contrary to what I thought

contrariant(e) [kɔ̃tʀaʀjɑ̃, jɑ̃t] *adj* **1.** (*opp: docile*) annoying **2.** (*fâcheux*) upsetting

contrarié(e) [kɔ̃tʀaʀje] *adj* (*ennuyé*) **être ~** to be annoyed

contrarier [kɔ̃tʀaʀje] <1> *vt* **1.** (*fâcher*) to annoy **2.** (*gêner: projets*) to thwart

contrariété [kɔ̃tʀaʀjete] *f sans pl* annoyance

contraste [kɔ̃tʀast] *m* contrast

contraster [kɔ̃tʀaste] <1> *vi* **~ avec qc** to contrast with sth

contrat [kɔ̃tʀa] *m* contract; **~ à durée déterminée/indéterminée** fixed-term/open contract; **~ de location** rental agreement; **~ de travail** work contract

contravention [kɔ̃tʀavɑ̃sjɔ̃] *f* **1.** (*infraction*) **~ à qc** infringement of sth **2.** (*procès-verbal*) parking ticket **3.** (*amende*) fine

contre [kɔ̃tʀ] **I.** *prep* **1.** (*opposition, contact*) against; **venir tout ~ qn** to come right up against sb; **serrés les uns ~ les autres** squashed up against each other; **avoir qc ~ qn/qc** to have sth against sb/sth; **être furieux ~ qn** to be furious with sb; **~ toute attente** contrary to expectation **2.** (*échange*) for; **échanger un sac ~ une montre** to exchange a bag for a watch **3.** (*proportion*) **ils se battaient à dix ~ un** they were fighting ten against one; **le projet de loi a été adopté à 32 voix ~ 24** the bill passed by 32 votes to 24 **II.** *adv* (*opposition*) **être/voter ~** to be/vote against (it); **je n'ai rien ~** I have no objection; **par ~** on the other hand **III.** *m* SPORT counter

contre-allée [kɔ̃tʀale] <contre-allées> *f* side path

contre-attaquer [kɔ̃tʀatake] <1> *vi* to counterattack

contrebalancer [kɔ̃tʀəbalɑ̃se] <2> **I.** *vt* **1.** (*équilibrer*) to counterbalance **2.** (*compenser*) to offset **II.** *vpr inf* **je m'en contrebalance** I couldn't care less

contrebande [kɔ̃tʀəbɑ̃d] *f* **1.** (*activité*) smuggling; **faire de la ~** to smuggle **2.** (*marchandise*) contraband

contrebandier, -ière [kɔ̃tʀəbɑ̃dje, -jɛʀ] *m, f* smuggler

contrebas [kɔ̃tʀəbɑ] *adv* **en ~ de qc** below sth

contrebasse [kɔ̃tʀəbɑs] *f* double bass

contrecarrer [kɔ̃tʀəkaʀe] <1> *vt* to thwart

contrecœur [kɔ̃tʀəkœʀ] *adv* **à ~** reluctantly

contrecoup [kɔ̃tʀəku] *m* repercussion; **par ~** as an aftereffect

contre-courant [kɔ̃tʀəkuʀɑ̃] <contre-courants> *m* countercurrent; **à ~** against the current

contredanse [kɔ̃tʀədɑ̃s] *f inf* **1.** (*procès-verbal*) parking ticket **2.** (*amende*) fine

contredire [kɔ̃tʀədiʀ] *irr* **I.** *vt* to contradict **II.** *vpr* **se ~** to contradict oneself

contrefaçon [kɔ̃tʀəfasɔ̃] *f* **1.** (*action*) forging **2.** (*chose*) forgery

contrefaire [kɔ̃tʀəfɛʀ] *vt irr* **1.** (*imiter*) to forge **2.** (*déguiser*) to imitate

contrefait(e) [kɔ̃tʀəfɛ, ɛt] *adj* **1.** (*imité*) counterfeit **2.** (*difforme*) deformed

contrefort [kɔ̃tʀəfɔʀ] *m* **1.** ARCHIT buttress **2.** GEO spur; (*des Alpes*) foothill

contre-indiqué(e) [kɔ̃tʀɛ̃dike] *adj* **1.** MED **être ~** to be contraindicated **2.** (*déconseillé*) inadvisable

contre-interrogatoire [kɔ̃tʀɛ̃tɛʀɔgatwaʀ] *m* cross-examination

contre-jour [kɔ̃tʀəʒuʀ] *m* back light; **à ~** into the light

contremaître, -maîtresse [kɔ̃tʀəmɛtʀ, -mɛtʀɛs] *m, f* foreman, forewoman *m, f*

contre-offensive [kɔ̃tʀɔfɑ̃siv] *f* counteroffensive

contrepartie [kɔ̃tʀəpaʀti] *f* compensation ►**en ~** in compensation; (*par contre*) on the other hand

contre-performance [kɔ̃tʀəpɛʀfɔʀmɑ̃s] *f* poor performance

contre-pied [kɔ̃tʀəpje] *m sans pl* **1.** (*contraire*) opposite **2.** SPORT **prendre qn à ~** to catch sb off balance

contre-plaqué [kɔ̃tʀəplake] *m sans pl* plywood

contrepoids [kɔ̃tʀəpwa] *m* counterweight; (*d'une horloge*) balance weight; **faire ~** to act as a counterbalance

contrepoison [kɔ̃tʀəpwazɔ̃] *m* antidote

contrer [kɔ̃tʀe] <1> **I.** *vi* JEUX to counter **II.** *vt* to block

contresens [kɔ̃tʀəsɑ̃s] *m* misinterpretation; (*dans une traduction*) mistranslation

contretemps [kɔ̃tʀətɑ̃] *m* mishap; **à ~** at the wrong moment; MUS off the beat

contrevenant(e) [kɔ̃tʀəv(ə)nɑ̃, ɑ̃t] *m(f)* offender

contrevenir [kɔ̃tʀəv(ə)niʀ] <9> *vi* **~ à qc** to contravene sth

contribuable [kɔ̃tʀibɥabl] *mf* taxpayer

contribuer [kɔ̃tʀibɥe] <1> *vi* **~ à qc** to contribute to sth

contribution [kɔ̃tʀibysjɔ̃] *f* **1.** (*participation*) **~ à qc** contribution to sth; **mettre qn à ~ pour qc** to make use of sb for sth **2.** *pl* (*impôts*) local tax **3.** *pl* (*service*) tax office **4.** INFORM news item

contrôle [kɔ̃tʀol] *m* **1.** (*vérification: des passe-*

ports) control; (*douane*) check; **passer un ~** to go through a check; **~ d'identité** identity check; **~ technique** *motor vehicle safety inspection* **2.** *sans pl* (*surveillance*) monitoring; **exercer un ~ sur qc** to monitor sth **3.** ECOLE test; **~ de géographie** geography test; **~ continu** UNIV continuous assessment **4.** (*maîtrise*) **garder/perdre le ~ de qc** to keep/lose control of sth

> i The **contrôle technique** must be done every two years. It is a test to ensure the roadworthiness of every vehicle and to make sure its emissions are safe. When all necessary repairs have been made, a small sticker must be put on the windshield. Vehicles without this sticker must be kept off the road.

contrôler [kɔ̃tʀole] <1> **I.** *vt* **1.** (*vérifier: liste, affirmation*) to check; (*comptes*) to audit **2.** (*surveiller: opération*) to supervise; (*prix*) to monitor **3.** (*maîtriser*) to control; **~ la situation** to be in control of the situation **II.** *vpr* **se ~** to control oneself

contrôleur [kɔ̃tʀolœʀ] *m* INFORM controller

contrôleur, -euse [kɔ̃tʀolœʀ, -øz] *m, f* **1.** (*dans le train*) inspector **2.** FIN auditor

contrordre [kɔ̃tʀɔʀdʀ] *m* counter order

controverse [kɔ̃tʀɔvɛʀs] *f* controversy

controversé(e) [kɔ̃tʀɔvɛʀse] *adj* controversial

contusion [kɔ̃tyzjɔ̃] *f* contusion

convaincant(e) [kɔ̃vɛ̃kɑ̃, ɑ̃t] *adj* convincing

convaincre [kɔ̃vɛ̃kʀ] *irr* **I.** *vt* (*persuader*) **~ qn de qc** (*par des arguments*) to convince sb of sth; **~ qn de +*infin*** to persuade sb to +*infin* **II.** *vpr* **se ~ de qc** to convince sb of sth

convaincu(e) [kɔ̃vɛ̃ky] **I.** *part passé de* **convaincre** **II.** *adj* **être ~ de qc** to be convinced of sth

convalescence [kɔ̃valesɑ̃s] *f* convalescence

convalescent(e) [kɔ̃valesɑ̃, ɑ̃t] **I.** *adj* convalescent **II.** *m(f)* convalescent

convenable [kɔ̃vnabl] *adj* **1.** (*adéquat*) suitable; (*distance*) reasonable **2.** (*correct*) appropriate; **il n'est pas ~ de +*infin*** it is inappropriate to +*infin* **3.** (*acceptable: salaire, vin*) decent

convenablement [kɔ̃vnabləmɑ̃] *adv* **1.** (*de manière adéquate: habillé, être équipé*) suitably **2.** (*décemment: se tenir, s'exprimer, s'habiller*) properly **3.** (*de manière acceptable*) reasonably

convenance [kɔ̃vnɑ̃s] *f* **1.** *pl* (*bon usage*) suitability; **respecter les ~s** to respect the proprieties **2.** (*agrément*) **trouver qc à sa ~** to find sth to one's liking

convenir[1] [kɔ̃vniʀ] <9> **I.** *vi* **1.** (*aller*) **~ à qn** (*climat, nourriture*) to suit sb **2.** (*être approprié*) **~ à qc** to suit sth; **trouver les mots qui conviennent** to find the right words **II.** *vi impers* **il convient de +*infin*** it is advisable to +*infin;* **comme il convient** as is right

convenir[2] [kɔ̃vniʀ] <9> **I.** *vi* **1.** (*s'entendre*) **~ de qc** to agree on sth **2.** (*reconnaître*) **~ de qc** to admit sth **II.** *vt impers* **il est convenu que +*subj*** it is agreed that; **comme convenu** as agreed **III.** *vt* (*reconnaître*) **~ que ...** to agree that ...

convention [kɔ̃vɑ̃sjɔ̃] *f* **1.** (*accord*) agreement **2.** (*règle*) convention; **de ~** conventional; **par ~** as a convention

conventionné(e) [kɔ̃vɑ̃sjɔne] *adj* (*établissement, médecin*) recognized (*by French Social Security*)

conventionnel(le) [kɔ̃vɑ̃sjɔnɛl] *adj* conventional

convenu(e) [kɔ̃vny] **I.** *part passé de* **convenir** **II.** *adj* agreed

convergence [kɔ̃vɛʀʒɑ̃s] *f* convergence

convergent(e) [kɔ̃vɛʀʒɑ̃, ʒɑ̃t] *adj* convergent

converger [kɔ̃vɛʀʒe] <2a> *vi* (*intérêts, efforts*) to converge; **les regards convergent sur/vers qn/qc** all eyes turned to/toward sb/sth

conversation [kɔ̃vɛʀsasjɔ̃] *f* **1.** (*discussion*) conversation; **~ téléphonique** telephone conversation; **faire la ~ à qn** to make conversation with sb; **détourner la** [*o* **changer de**] **~** to change the subject **2.** (*manière de discuter*) **avoir de la ~** *inf* to be a good conversationalist

conversion [kɔ̃vɛʀsjɔ̃] *f* **~ de qc en qc** conversion of sth into sth

converti(e) [kɔ̃vɛʀti] **I.** *adj* converted **II.** *m(f)* convert

convertir [kɔ̃vɛʀtiʀ] <8> **I.** *vt* to convert **II.** *vpr* (*adopter*) **se ~ au catholicisme** to convert to Catholicism

convexe [kɔ̃vɛks] *adj* convex

conviction [kɔ̃viksjɔ̃] *f* conviction; **avoir la ~ de qc** to be convinced of sth

convier [kɔ̃vje] <1> *vt soutenu* **1.** (*inviter*) **~ qn à un repas** to invite sb to a meal **2.** (*inciter*) **~ qn à donner son avis** to call on sb to give their opinion

convive [kɔ̃viv] *mf gén pl* guest

convivial(e) [kɔ̃vivjal, -jo] <-aux> *adj* **1.** (*sociable*) convivial **2.** INFORM user-friendly

convocation [kɔ̃vɔkasjɔ̃] *f* **1.** (*avant une réunion*) convening; (*d'une personne*) invitation **2.** JUR summons **3.** ECOLE notification (*of examinees*) **4.** MIL call-up

convoi [kɔ̃vwa] *m* **1.** (*véhicules*) convoy **2.** (*personnes*) column **3.** CHEMDFER train **4.** (*cortège funèbre*) funeral procession

convoiter [kɔ̃vwate] <1> *vt* to long for; *péj* to covet

convoitise [kɔ̃vwatiz] *f* lust

convoquer [kɔ̃vɔke] <1> *vt* **1.** (*faire venir*) to invite; (*assemblée*) to convene; **être convoqué pour l'examen** to be notified of an examination date **2.** MIL to call up **3.** JUR to summons

convulsif, -ive [kɔ̃vylsif, -iv] *adj* convulsive

C

convulsion [kɔ̃vylsjɔ̃] *f gén pl* MED convulsion
cool [kul] *adj inv, inf* cool; **super ~** really cool
coopérant(e) [kɔɔpeʀɑ̃, ɑ̃t] **I.** *m(f)* aid worker **II.** *adj* (*coopératif*) cooperative
coopératif, -ive [kɔ(ɔ)peʀatif, -iv] *adj* cooperative
coopération [kɔɔpeʀasjɔ̃] *f* **1.** (*collaboration*) **~ de qn à un projet** sb's cooperation on a project **2.** POL overseas development **3.** *sans pl* MIL *community work, often done abroad, as national service*
coopérative [kɔ(ɔ)peʀativ] *f* **1.** (*groupement*) cooperative **2.** (*local*) co-op
coopérer [kɔɔpeʀe] <5> *vi* (*collaborer*) **~ à qc** to cooperate on sth
coordinateur, -trice [kɔɔʀdinatœʀ, -tʀis] *m, f v.* **coordonnateur**
coordination [kɔɔʀdinasjɔ̃] *f sans pl* coordination
coordonnateur, -trice [kɔɔʀdɔnatœʀ, -tʀis] **I.** *adj* coordinating **II.** *m, f* coordinator
coordonné(e) [kɔɔʀdɔne] *adj* coordinated
coordonnées [kɔɔʀdɔne] *fpl* **1.** *inf* (*renseignements*) **les ~ de qn** sb's details **2.** MATH coordinates
coordonner [kɔɔʀdɔne] <1> *vt* (*harmoniser*) to coordinate
coordonnés [kɔɔʀdɔne] *mpl* coordinates
copain, copine [kɔpɛ̃, kɔpin] *m, f inf* friend; **être très ~/copine avec qn** to be very close to sb; **petit ~/petite copine** boyfriend/girlfriend
copeau [kɔpo] <x> *m* chip
Copenhague [kɔpɛnag] Copenhagen
copie [kɔpi] *f* **1.** (*double, produit*) *a.* PRESSE copy **2.** INFORM **~ de sécurité** [*o* **de sauvegarde**] backup (copy) **3.** (*feuille double*) sheet **4.** (*devoir*) paper
copier [kɔpje] <1> **I.** *vt* **1.** (*transcrire*) **~ qc dans un livre** to copy sth from a book; **tu me copieras cent fois: ...** you have to write out a hundred times: ... **2.** (*photocopier*) to (photo)copy **3.** (*imiter, plagier*) to copy **II.** *vi* ECOLE **~ sur qn** to copy off sb
copier-coller [kɔpjekɔle] <copiers-collers> *m* INFORM copy-and-paste
copieur [kɔpjœʀ] *m* (*appareil*) copier
copieur, -euse [kɔpjœʀ, -jøz] *m, f* ECOLE copycat
copieusement [kɔpjøzmɑ̃] *adv* **1.** (*abondamment*) copiously **2.** (*beaucoup*) thoroughly
copieux, -euse [kɔpjø, -jøz] *adj* copious
copilote [kopilɔt] *mf* **1.** AVIAT copilot **2.** AUTO navigator
copine [kɔpin] *f v.* **copain**
copiner [kɔpine] <1> *vi inf* **~ avec qn** to be pals with sb
coproduction [kopʀɔdyksjɔ̃] *f* coproduction
copropriétaire [kopʀɔpʀijetɛʀ] *mf* joint owner
copuler [kɔpyle] <1> *vi* to copulate
copyright [kɔpiʀajt] *m inv* copyright
coq [kɔk] *m* **1.** (*mâle*) cock **2.** CULIN **~ au vin** coq au vin **3.** SPORT **poids ~** bantamweight ▶**passer** [*o* **sauter**] **du ~ à l'âne** to jump from one subject to another
coquard, coquart [kɔkaʀ] *m inf* black eye
coque [kɔk] *f* **1.** TECH (*d'un navire*) hull; (*d'une voiture*) body **2.** ZOOL cockle
coquelicot [kɔkliko] *m* poppy
coqueluche [kɔklyʃ] *f* MED whooping cough
coquet(te) [kɔkɛ, ɛt] *adj* **1.** (*élégant*) **être ~** to be smart **2.** (*charmant*) charming **3.** *inf* (*important*) tidy
coquetier [kɔktje] *m* egg cup
coquetterie [kɔkɛtʀi] *f* **1.** (*souci d'élégance*) smartness **2.** (*désir de plaire*) charm
coquillage [kɔkijaʒ] *m* shell
coquille [kɔkij] *f* **1.** ZOOL shell; **~ Saint-Jacques** scallop shell; CULIN scallop **2.** TYP misprint **3.** CULIN (*récipient*) shell **4.** ART shell motif
coquillettes [kɔkijɛt] *fpl* pasta shells
coquin(e) [kɔkɛ̃, in] **I.** *adj* **1.** (*espiègle*) mischievous **2.** (*grivois*) naughty **II.** *m(f)* rascal
cor¹ [kɔʀ] *m* MUS horn ▶**réclamer qn/qc à ~ et à cri** to clamor for sb/sth
cor² [kɔʀ] *m* MED corn
corail [kɔʀaj, -o] <-aux> **I.** *m* coral **II.** *app inv* coral
corail® [kɔʀaj] *adj inv* CHEMDFER **train ~** ≈ express train
Coran [kɔʀɑ̃] *m* **le ~** the Koran
coranique [kɔʀanik] *adj* Koranic
corbeau [kɔʀbo] <x> *m* **1.** (*oiseau*) crow **2.** *inf* (*dénonciateur*) poison-pen letter writer
corbeille [kɔʀbɛj] *f* (*panier*) basket; **~ à papier/à pain** wastepaper/bread basket
corbillard [kɔʀbijaʀ] *m* hearse
cordage [kɔʀdaʒ] *m* **1.** (*corde*) rope **2.** NAUT rigging **3.** SPORT stringing
corde [kɔʀd] *f* **1.** (*lien, câble*) rope; (*plus fine*) cord; **~ à linge** clothesline; **~ à sauter** jump rope **2.** (*d'un instrument, d'une raquette*) string; **les** (**instruments à**) **cordes** the strings; **grimper** [*o* **monter**] **à la ~** to go up the climbing rope **3.** *sans pl* (*bord de piste*) rail **4.** ANAT **~s vocales** vocal cords ▶**il pleut** [*o* **tombe**] **des ~s** it's raining cats and dogs
cordée [kɔʀde] *f* (*d'alpinistes*) roped party
cordelette [kɔʀdəlɛt] *f* cord
cordial(e) [kɔʀdjal, -jo] <-aux> *adj* cordial
cordialement [kɔʀdjalmɑ̃] *adv* cordially
cordialité [kɔʀdjalite] *f sans pl* cordiality
cordillère [kɔʀdijɛʀ] *f* mountain range; **~ des Andes** the Andes
cordon [kɔʀdɔ̃] *m* **1.** (*petite corde*) cord; (*d'un tablier*) string **2.** (*décoration*) sash **3.** GEO **~ littoral** offshore bar **4.** ANAT **~ ombilical** umbilical cord
cordon-bleu [kɔʀdɔ̃blø] <cordons-bleus> *m inf* cordon bleu cook
cordonnier, -ière [kɔʀdɔnje, -jɛʀ] *m, f* **1.** (*réparateur*) shoe repairer **2.** (*fabricant*) shoemaker
Corée [kɔʀe] *f* **la ~** Korea; **la ~ du Nord/du Sud** North/South Korea

coréen [kɔʀeɛ̃] *m* Korean; *v.a.* **français**
coréen(ne) [kɔʀeɛ̃, ɛn] *adj* Korean
Coréen(ne) [kɔʀeɛ̃, ɛn] *m(f)* Korean
coriace [kɔʀjas] *adj* tough; (*personne*) hard-headed
coriandre [kɔʀjɑ̃dʀ] *f* coriander
cormoran [kɔʀmɔʀɑ̃] *m* cormorant
corne [kɔʀn] *f* **1.** ZOOL horn; **les ~s** (*d'un cerf*) the antlers **2.** (*pli*) dog-ear **3.** *sans pl* (*callosité*) calluses *pl* ▶ **avoir des ~s** *inf* to have an unfaithful wife
cornée [kɔʀne] *f* ANAT cornea
corneille [kɔʀnɛj] *f* crow
cornélien(ne) [kɔʀneljɛ̃, jɛn] *adj* (*dramatique: situation*) where love conflicts with duty; (*personnage*) with a heroic sense of duty
cornemuse [kɔʀnəmyz] *f* MUS bagpipes *pl*
corner[1] [kɔʀne] <1> *vt* **~ une page** to bend down the corner of a page
corner[2] [kɔʀnɛʀ] *m* SPORT corner kick
cornet [kɔʀnɛ] *m* **1.** CULIN cone; **un ~ de glace** an ice cream cone **2.** *Suisse* (*sachet, poche* (*en papier, en plastique*)) bag
corniaud [kɔʀnjo] *m* **1.** (*chien*) mutt **2.** *inf* (*imbécile*) nitwit
corniche [kɔʀniʃ] *f* **1.** ARCHIT cornice **2.** (*escarpement*) ledge **3.** (*route*) corniche
cornichon [kɔʀniʃɔ̃] *m* **1.** CULIN gherkin **2.** *inf* (*personne*) nitwit
Cornouailles [kɔʀnwaj] *f* **la ~** Cornwall
cornu(e) [kɔʀny] *adj* horned
corolle [kɔʀɔl] *f* corolla
coron [kɔʀɔ̃] *m* mining town
coronaire [kɔʀɔnɛʀ] *adj* ANAT coronary
coronavirus [kɔʀɔnaviʀys] *m* MED coronavirus
corporatif, -ive [kɔʀpɔʀatif, -iv] *adj* corporate
corporation [kɔʀpɔʀasjɔ̃] *f* **1.** (*association*) corporate body **2.** HIST guild
corporel(le) [kɔʀpɔʀɛl] *adj* (*physique*) bodily; (*soins*) personal
corps [kɔʀ] *m* **1.** ANAT, CHIM body; **~ et âme** body and soul; **~ à corps** man to man; **jusqu'au milieu du ~** halfway down the body **2.** (*groupe*) **~ diplomatique** diplomatic corps; **~ médical** medical profession; **~ de métier** building trade; (*des artisans*) builders; **~ d'armée** army corps **3.** ASTR **~ céleste** celestial body ▶ **avoir du ~** (*vin*) to have body; **prendre ~** to take shape
corpulence [kɔʀpylɑ̃s] *f* build; **de ~ moyenne** of medium build; **être de forte ~** to be corpulent
corpulent(e) [kɔʀpylɑ̃, ɑ̃t] *adj* corpulent
correct(e) [kɔʀɛkt] *adj* **1.** (*exact*) correct; **c'est ~** *Québec* (*ça va bien*) everything's OK **2.** (*convenable*) decent **3.** *inf* (*acceptable*) OK
correctement [kɔʀɛktəmɑ̃] *adv* correctly; (*se conduire, s'habiller*) properly; **gagner ~ sa vie** to earn a decent living
correcteur [kɔʀɛktœʀ] *m* corrector; **~ orthographique** INFORM spell checker
correcteur, -trice [kɔʀɛktœʀ, -tʀis] **I.** *adj* (*ruban*) correction; (*mesure*) corrective **II.** *m, f* ECOLE examiner; TYP proofreader
correction [kɔʀɛksjɔ̃] *f* **1.** (*action*) correction; ECOLE to grade sth; **faire la ~ de qc** to correct sth **2.** (*châtiment*) beating **3.** (*justesse*) accuracy **4.** (*bienséance*) good manners; **avec ~** to behave correctly
correctionnel(le) [kɔʀɛksjɔnɛl] *adj* correctional; (*tribunal*) criminal
correctionnelle [kɔʀɛksjɔnɛl] *f inf* **passer en ~** to appear in court
corrélation [kɔʀelasjɔ̃] *f* correlation; **être en ~ avec qc** to correlate to sth
corres [kɔʀɛs] *mf inf abr de* **correspondant**
correspondance [kɔʀɛspɔ̃dɑ̃s] *f* **1.** (*échange de lettres*) *a.* COM correspondence **2.** (*en voyage*) connection; **nous avons une ~ à Stuttgart** we have to make a connection at Stuttgart
correspondant(e) [kɔʀɛspɔ̃dɑ̃, ɑ̃t] **I.** *adj* corresponding **II.** *m(f)* **1.** (*contact*) correspondent; (*d'un jeune*) pen pal **2.** (*au téléphone*) **votre ~** the person you are calling **3.** COM associate **4.** CINE, TV correspondent
correspondre [kɔʀɛspɔ̃dʀ] <14> **I.** *vi* **1.** (*être en contact*) **~ avec qn** to write to sb; **~ par fax/courrier électronique** to send messages by fax/e-mail **2.** (*en voyage*) **~ avec qc** to connect with sth **3.** (*aller avec*) **~ à qc** to correspond to sth; **ci-joint un chèque correspondant à la facture** enclosed a check for the amount of the bill **4.** (*s'accorder avec*) **sa version des faits ne correspond pas à la réalité** his version of the facts does not match up with reality **5.** (*être typique*) **~ à qn** to be very like sb **6.** (*être l'équivalent de*) **ce mot correspond exactement au terme anglais** this word corresponds exactly to the English term **II.** *vpr* **se ~** to correspond
corrida [kɔʀida] *f* bullfight
corridor [kɔʀidɔʀ] *m* corridor
corrigé [kɔʀiʒe] *m* ECOLE answer key
corriger [kɔʀiʒe] <2a> *vt* **1.** (*relever les fautes*) to grade **2.** (*supprimer les fautes*) to correct **3.** (*rectifier: théorie*) to correct; (*prévisions*) to adjust; (*mauvaise habitude*) to break **4.** (*punir*) to beat; **se faire ~ par qn** to get a beating from sb
corrompre [kɔʀɔ̃pʀ] *vt irr* (*acheter*) to bribe
corrompu(e) [kɔʀɔ̃py] **I.** *part passé de* **corrompre** **II.** *adj* **1.** (*malhonnête*) corrupt **2.** (*perverti*) depraved
corrosif, -ive [kɔʀozif, -iv] *adj* corrosive
corrosion [kɔʀozjɔ̃] *f* corrosion
corruptible [kɔʀyptibl] *adj* venal
corruption [kɔʀypsjɔ̃] *f* **1.** (*délit*) bribery **2.** *sans pl* (*moral*) corruption
corsage [kɔʀsaʒ] *m* blouse; (*d'une robe*) bodice
corsaire [kɔʀsɛʀ] *m* **1.** (*marin*) pirate **2.** (*navire*) privateer **3.** (*pantalon*) breeches *pl*
corse [kɔʀs] **I.** *adj* Corsican **II.** *m* Corsican; *v.a.* **français**
Corse [kɔʀs] **I.** *f* **la ~** Corsica **II.** *mf* Corsican

corsé(**e**) [kɔʀse] *adj* **1.** (*épicé*) spicy; (*vin*) full-bodied; (*café*) strong-flavored **2.** (*scabreux*) spicy **3.** (*excessif*) steep **4.** (*compliqué*) tough
corser [kɔʀse] <1> **I.** *vt* ~ **qc** (*mets, récit*) to spice sth up; (*situation*) to liven sth up **II.** *vpr* **se** ~ (*situation*) to get lively
corset [kɔʀsɛ] *m* corset
cortège [kɔʀtɛʒ] *m* procession; ~ **funèbre** funeral procession
cortex [kɔʀtɛks] *m* ANAT cortex
cortisone [kɔʀtizɔn] *f* cortisone
corvée [kɔʀve] *f* **1.** (*obligation pénible*) chore; **être de ~ de vaisselle** to be on dishwashing duty; **quelle ~!** what a pain! **2.** MIL fatigue **3.** HIST corvée **4.** *Suisse, Québec* (*travail non payé, fait de plein gré*) *voluntary community work*
cosaque [kɔzak] *m* Cossack
cosigner [kosiɲe] <1> *vt* ~ **qc** to cosign sth
cosinus [kɔsinys] *m* MATH cosine
cosmétique [kɔsmetik] *adj* cosmetic
cosmique [kɔsmik] *adj* cosmic; (*fusée*) space
cosmonaute [kɔsmɔnot] *mf* cosmonaut
cosmopolite [kɔsmɔpɔlit] *adj* cosmopolitan
cosmos [kɔsmos] *m* cosmos
cosse [kɔs] *f* **1.** BOT pod **2.** ELEC cable terminal
cossu(**e**) [kɔsy] *adj* (*personne*) affluent; (*villa, intérieur*) affluent-looking
costard [kɔstaʀ] *m inf* suit
costaud(**e**) [kɔsto, od] **I.** *adj inf* **1.** (*fort*) tough **2.** (*solide*) sturdy **II.** *m* **c'est du ~!** *inf* it's good strong stuff!
costume [kɔstym] *m* **1.** (*complet*) suit; ~ **sur mesure** custom-tailored suit **2.** (*tenue: d'époque, de théâtre, d'un pays*) costume
costumé(**e**) [kɔstyme] *adj* **bal ~** costume ball
costumer [kɔstyme] <1> *vpr* **se ~ en clown** to dress up as a clown
costumier, -ière [kɔstymje, -jɛʀ] *m, f* **1.** (*loueur*) costumier **2.** (*fabricant*) costume maker **3.** THEAT, CINE wardrobe master, mistress *m, f*
cotation [kɔtasjɔ̃] *f* FIN quotation
cote [kɔt] *f* **1.** FIN share price **2.** (*popularité*) popularity; **avoir la ~ avec** [*o* **auprès de**] **qn** *inf* to be popular with sb **3.** SPORT (*d'un cheval*) odds
côte [kot] *f* **1.** (*littoral*) coast **2.** (*pente, colline*) hill; **les ~s du Rhône** the Rhone hills **3.** ANAT rib **4.** CULIN chop; ~ **de bœuf** beef rib ►~ **à** ~ side by side
côté [kote] **I.** *m* **1.** (*partie latérale*) side; **des deux ~s de qc** from both sides of sth; **sauter de l'autre ~ du ruisseau** to jump across the stream; **du ~ de ...** from the ... side **2.** (*aspect*) side; **par certains ~s** in some ways **3.** (*direction*) way; **de quel ~ allez-vous?** which way are you going?; **du ~ de la mer** by the sea; **du ~ opposé** on the opposite side **4.** (*parti*) side; **du ~ de qn** on sb's side; **aux ~s de qn** at sb's side; **de mon ~** for my part; **du ~ paternel** [*o* **du père**] on the father's side ►**d'un ~ ..., de l'autre** (~) [*o* **d'un autre ~**] on the one hand ..., on the other; **de ce ~** *inf* in that respect; **mettre de l'argent de ~** to put some money away; **laisser qn/qc de ~** to leave sb/sth aside **II.** *adv* **1.** (*à proximité*) **chambre à ~** next room **2.** (*en comparaison*) **à ~** in comparison **3.** (*en plus*) **à ~** on the side **4.** (*voisin*) **les gens (d')à ~** the people next door; **nos voisins (d')à ~** our next-door neighbors ►**passer à ~ de qc** to miss sth **III.** *prep* **1.** (*à proximité de*) **à ~ de qn/qc** next to sb/sth; **à ~ de Paris** near Paris; **juste** [*o* **tout**] **à ~ de qc** just by sth **2.** (*en comparaison de*) **à ~ de qn/qc** next to sb/sth **3.** (*hors de*) **répondre à ~ de la question** to miss the point of the question; (*intentionnellement*) to avoid the question
coté(**e**) [kɔte] *adj* reputed
coteau [kɔto] <x> *m* **1.** (*versant*) hill **2.** (*vignoble*) vineyard
Côte d'Azur [kotdazyʀ] *f* **la ~** the Côte d'Azur, the French Riviera
Côte d'Ivoire [kotdivwaʀ] *f* **la ~** Côte d'Ivoire, the Ivory Coast
côtelé(**e**) [kot(ə)le] *adj* ribbed
côtelette [kotlɛt] *f* CULIN cutlet
coter [kɔte] <1> *vt* **1.** FIN to list **2.** (*apprécier*) **être coté** to be listed **3.** SPORT **être coté à 5 contre 1** to have odds of 5 to 1
côtier, -ière [kotje, -jɛʀ] *adj* coastal
cotillons [kɔtijɔ̃] *mpl* petticoat + *vb sing*
cotisant(**e**) [kɔtizɑ̃, ɑ̃t] *m(f)* contributor; (*d'un club*) member
cotisation [kɔtizasjɔ̃] *f* subscription; ~ **ouvrière/patronale** worker/employer contributions
cotiser [kɔtize] <1> **I.** *vi* ~ **à qc** to contribute to sth **II.** *vpr* **se ~ pour** + *infin* to club together to + *infin*
coton [kɔtɔ̃] *m* **1.** (*matière, fil*) cotton **2.** (*ouate*) cotton (wadding)
cotonnade [kɔtɔnad] *f* cotton (fabric)
coton-tige® [kɔtɔ̃tiʒ] <cotons-tiges> *m* Q-Tip®
côtoyer [kotwaje] <6> **I.** *vt soutenu* **1.** (*fréquenter*) to frequent; **être amené à ~ beaucoup de gens** to be called on to mix with many people **2.** (*longer*) to run alongside **II.** *vpr soutenu* **se ~ 1.** (*se fréquenter*) to mix **2.** (*se toucher*) to meet
cotte [kɔt] *f* ~ **de mailles** coat of mail
cou [ku] *m* neck; **je fais ... cm de tour de ~** I wear a ... cm collar
couac [kwak] *m* false note
couchage [kuʃaʒ] *m* bed
couchant [kuʃɑ̃] **I.** *adj* setting; **au soleil ~** at sunset **II.** *m* sunset
couche [kuʃ] *f* **1.** (*épaisseur*) *a.* GEO, METEO layer; **passer deux ~s de peinture sur qc** to put two coats of paint on sth **2.** SOCIOL level **3.** (*lange*) diaper; ~ **jetable** disposable diaper **4.** *pl* MED confinement; **faire une fausse ~** to have a miscarriage
couché(**e**) [kuʃe] *adj* **1.** (*étendu*) lying down

2. (*au lit*) **être déjà ~** to be already in bed

couche-culotte [kuʃkylɔt] <couches-culottes> *f* disposable diaper

coucher [kuʃe] <1> **I.** *vi* **1.** (*dormir*) to sleep; **~ à l'hôtel** to spend the night at a hotel **2.** *inf* (*avoir des relations sexuelles*) **~ avec qn** to sleep with sb **II.** *vt* **1.** (*mettre au lit*) to put to bed **2.** (*étendre*) to lay down; (*bouteille*) to lay on its side; (*blés*) to flatten **III.** *vpr* **1.** (*aller au lit*) **se ~** to go to bed; **envoyer qn se ~** to send sb to bed **2.** (*s'allonger*) **se ~** to lie down **3.** (*se courber sur*) **se ~ sur qc** to lean over sth **4.** (*disparaître*) **le soleil se couche** the sun is setting **IV.** *m* **1.** (*fait d'aller au lit*) going to bed **2.** (*crépuscule*) setting; **au ~ du soleil** at sunset

couchette [kuʃɛt] *f* couchette

couci-couça [kusikusa] *adv inf* so-so

coucou [kuku] **I.** *m* **1.** (*oiseau*) cuckoo **2.** (*pendule*) cuckoo clock **3.** *péj* (*vieil avion*) crate **4.** BOT cowslip **II.** *interj* peekaboo

coude [kud] *m* **1.** ANAT elbow **2.** (*courbure*) bend ► **se serrer les ~s** to stick together; **~ à ~** shoulder to shoulder

cou-de-pied [kudpje] <cous-de-pied> *m* instep

coudre [kudʀ] *irr* **I.** *vi* to sew **II.** *vt* **1.** (*assembler*) to sew together **2.** (*fixer*) **~ un bouton à qc** to sew a button on sth; **~ une pièce sur qc** to patch sth

couenne [kwan] *f a. Suisse* (*croûte du fromage*) rind

couette [kwɛt] *f* **1.** (*édredon*) duvet **2.** *gén pl* (*coiffure*) bunches

couffin [kufɛ̃] *m* basket

couille [kuj] *f* **1.** *gén pl, vulg* (*testicule*) ball **2.** *inf* (*ennui*) ball-up ► **~ molle** *inf* wimp; **casser les ~s à qn** *inf* to get on sb's nerves

couillon(ne) [kujɔ̃, jɔn] *m(f) inf* dumb ass

couillonner [kujɔne] <1> *vt inf* to con

couiner [kwine] <1> *vi* (*lièvre, porc*) to squeal; (*rat*) to squeak; (*personne*) to whine; (*porte*) to creak

coulant(e) [kulɑ̃, ɑ̃t] *adj* **1.** *inf* (*indulgent*) easygoing **2.** (*fluide: pâte, fromage*) runny **3.** (*léger: style*) free-flowing

coulée [kule] *f* **~ de lave** lava flow

couler [kule] <1> **I.** *vi* **1.** (*s'écouler*) to flow; (*faiblement*) to ooze; (*fortement*) to pour **2.** (*préparer*) **faire ~ un bain à qn** to run a bath for sb **3.** (*fuir*) to leak **4.** (*goutter*) to drip; (*œil*) to run **5.** (*sombrer*) to sink **II.** *vt* **1.** (*verser*) **~ du plomb dans un moule** to cast lead in a mold **2.** (*sombrer, faire échouer*) to sink

couleur [kulœʀ] **I.** *f* **1.** (*teinte, peinture*) *a.* POL color; **prendre des ~s** to get one's color back **2.** (*linge*) colored ► **c'est un personnage haut en ~** he's a colorful character **II.** *adj sans pl* **~ rose** rose-colored

couleuvre [kulœvʀ] *f* grass snake

coulis [kuli] *m* CULIN (*de crustacés*) bisque; (*de légumes, fruits*) coulis

coulissant(e) [kulisɑ̃, ɑ̃t] *adj* sliding

coulisse [kulis] *f* **1.** *souvent pl* THEAT wings; **dans les ~s, en ~** (*lieu*) in the wings, behind the scenes; (*direction*) offstage **2.** (*rainure: d'un tiroir*) runner

coulisser [kulise] <1> *vi* **~ sur qc** to slide along sth

couloir [kulwaʀ] *m* **1.** (*corridor*) *a.* CHEMDFER corridor **2.** AVIAT aisle **3.** SPORT lane **4.** GEO gully **5.** **~ aérien** air traffic lane; **~ d'autobus** bus lane

coup [ku] *m* **1.** (*agression*) blow; **donner un ~ à qn** to hit sb; **~ de bâton** blow with a stick; **~ de poing/de pied** punch/kick; **~ de couteau** stab; **d'un ~ de dent** with a bite **2.** (*bruit*) knock; **frapper trois ~s** to knock three times; **~ de sifflet** blast of the whistle **3.** (*heurt*) knock **4.** (*décharge*) **~ de feu** shot **5.** (*choc moral*) blow; **porter un ~ à qn** to deal sb a blow; **c'est un ~ rude pour elle** it's a hard knock for her **6.** (*action rapide*) **d'un ~ de crayon** with the stroke of a pencil; **passer un ~ d'éponge sur qc** to sponge sth down; **se donner un ~ de peigne** to give one's hair a quick comb; **donner un ~ de frein** to brake; **~ de fil** [*o* **téléphone**] phone call **7.** SPORT shot; **le ~ droit** forehand; **~ franc** (*au foot*) free kick; (*au basket*) free throw; **donner le ~ d'envoi à qc** to kick sth off **8.** JEUX go **9.** (*manifestation brusque*) **~ de tonnerre** roll of thunder; **~ de vent** gust of wind; **~ de foudre** lightning flash; (*pour qn*) love at first sight; **~ de soleil** sunstroke **10.** (*accès*) **avoir un ~ de cafard** to be down in the dumps **11.** (*action*) **~ d'État** coup d'état; **~ de maître** masterstroke; **être sur un ~** to be on to sth **12.** (*action désagréable*) **ça c'est un ~ des enfants** the kids were up to something here; **il nous fait le ~ (à) chaque fois** he pulls the same trick on us every time; **faire/mijoter un mauvais ~** to play/plan a dirty trick **13.** (*quantité bue*) drink; **boire un ~** *inf* to have a drink **14.** (*événement*) **~ de chance** [*o* **veine**] bit of luck ► **avoir un ~ dans l'aile** to be a bit tipsy; **avoir un (véritable) ~ de cœur pour qc** to (really) fall for sth; **prendre un ~ de froid** to catch cold; **sur le ~ de trois/quatre heures** on the stroke of three/four; **donner un ~ de main à qn** to give sb a hand; **jeter un ~ d'œil sur le feu** to keep an eye on the fire; **avoir un ~ de pompe** [*o* **barre**] *inf* to suddenly feel tired; **~ de tête** impulse; **prendre un ~ de vieux** *inf* to age suddenly; **tenir le ~** *inf* (*personne*) to cope; (*objet, voiture*) to withstand the strain; **ça vaut le ~ de faire qc** it's worth doing sth; **du même ~** at the same time; **du premier ~** at the first go; **d'un seul ~** in one go; **tout à ~** suddenly; **après ~** afterwards; **du ~** *inf* as a result; **tout d'un ~** suddenly; **sur le ~** (*aussitôt*) instantly; (*au début*) straightaway; **à tous les ~s** every time; (*à tout propos*) all the time

coupable [kupabl] **I.** *adj* **1.** (*fautif*) **plaider**

(**non**) ~ to plead (not) guilty **2.** (*condamnable*) guilty **II.** *mf* **1.** (*responsable*) guilty party **2.** (*malfaiteur*) culprit

coupant(**e**) [kupɑ̃, ɑ̃t] *adj* sharp

coupe [kup] *f* **1.** (*verre*) glass **2.** (*récipient*) dish **3.** SPORT cup; **la ~ du monde de football** the World Cup

coupé [kupe] *m* AUTO coupe

coupé(**e**) [kupe] *adj* **1.** cut; (*bois*) sawn; **~ en tranches** sliced **2.** (*divisé: mot*) divided; **être ~ en deux/trois** to be broken down into two/three **3.** COUT **bien/mal ~** well/badly cut **4.** (*barré: col, route, chemin*) cut off; (*encombré*) blocked **5.** TEL (*communication*) cut off; (*ligne*) down **6.** (*dilué: vin*) diluted

coupe-faim [kupfɛ̃] <coupe-faim(s)> *m* snack

coupe-feu [kupfø] <coupe-feu(x)> **I.** *m* firebreak; (*mur*) fireguard **II.** *app inv* **porte ~** fire door

coupe-gorge [kupgɔʀʒ] <coupe-gorge(s)> *m* death trap

coupe-ongle [kupɔ̃gl] <coupe-ongles> *m* nail clippers

coupe-papier [kuppapje] *m inv* paper cutter

couper [kupe] <1> **I.** *vi* **1.** (*être tranchant*) to cut; **attention, ça coupe!** careful, it's sharp! **2.** (*prendre un raccourci*) to take a short cut **3.** TEL **ne coupez pas!** hold the line! **4.** CINE **coupez!** cut! **5.** JEUX to cut **6.** (*être mordant*) to bite **II.** *vt* **1.** (*trancher*) to cut; (*tête, branche*) to cut off; (*volaille*) to cut up; (*arbre*) to cut down; **~ les cheveux à qn** to cut sb's hair **2.** (*isoler*) to cut off **3.** (*raccourcir: texte*) to cut **4.** (*interrompre: ligne téléphonique*) to cut; (*communication*) to cut off; **~ l'eau à qn** to cut off sb's water **5.** (*mettre un terme: relations*) to end; (*fièvre*) to bring down; **~ les ponts avec qn** to cut oneself off from sb **6.** (*bloquer: route*) to cut off; **~ les vivres à qn** to cut off sb's allowance; **~ la respiration à qn** to wind sb **7.** (*diluer*) to dilute **8.** (*mordre*) **le froid me coupe le visage** my face is stinging from the cold **9.** JEUX to cut **10.** (*scinder: mot, paragraphe*) to break ►**ça me/te la coupe!** *inf* that shuts me/you up! **III.** *vpr* **1.** (*se blesser*) **se ~** to cut oneself; **se ~ la main** to cut one's hand **2.** (*trancher*) **se ~ les ongles** to cut one's nails; **se ~ du pain** to cut (oneself) some bread **3.** (*se contredire*) **se ~** to contradict oneself **4.** (*être coupé*) **bien se ~** to give oneself a nasty cut ►**se ~ en quatre pour qn** to bend over backwards for sb

couperose [kupʀoz] *f* blotches *pl* (*on the face*)

couperosé(**e**) [kupʀoze] *adj* (*visage, nez*) red and blotchy

coupe-vent [kupvɑ̃] <coupe-vent(s)> *m* **1.** (*vêtement*) Windbreaker® **2.** (*abri*) windbreak

couple [kupl] **I.** *m* couple **II.** *f Québec, inf* **une ~ de qc** (*quelques*) a couple of sth

couplet [kuplɛ] *m* couplet

coupole [kupɔl] *f* dome

coupon [kupɔ̃] *m* **1.** COUT roll **2.** (*bon*) voucher **3.** FIN coupon

coupon-réponse [kupɔ̃ʀepɔ̃s] <coupons-réponse> *m* reply form

coupure [kupyʀ] *f* **1.** (*blessure*) cut **2.** PRESSE **~ de journal** [*o* **de presse**] press clipping **3.** LIT, CINE cut **4.** (*interruption*) **~ d'électricité** (*involontaire*) power failure; (*volontaire*) power outage **5.** (*billet*) **petites ~s** small bills

cour [kuʀ] *f* **1.** (*espace clos: d'un bâtiment*) courtyard; **~ de l'école** playground **2.** (*courtisans*) court **3.** (*cercle de personnes: d'un puissant*) courtiers *pl* **4.** JUR **~ d'appel** court of appeals; **~ d'assises** Assize Court; **~ de cassation** court of cassation **5.** *Belgique* (*toilettes*) toilet ►**faire la ~ à qn** to court sb

Cour [kuʀ] *f* **la ~ suprême** the Supreme Court

courage [kuʀaʒ] *m* **1.** (*bravoure*) courage; **perdre ~** to lose heart; (**du**) **~!** courage!; **bon ~!** best of luck! **2.** (*ardeur*) spirit; **avec ~** with determination ►**prendre son ~ à deux mains** to muster all one's courage

courageusement [kuʀaʒøzmɑ̃] *adv* courageously

courageux, -euse [kuʀaʒø, -ʒøz] *adj* **1.** (*opp: lâche*) courageous **2.** (*travailleur*) willing ►**~, mais pas téméraire!** brave, but not stupid!

couramment [kuʀamɑ̃] *adv* **1.** (*aisément: parler*) fluently **2.** (*souvent*) commonly

courant [kuʀɑ̃] *m* **1.** (*cours d'eau, d'air*) a. ELEC current; **descendre/remonter le ~** to go with/against the current; **~ d'air** air current; (*gênant*) draft **2.** (*mouvement*) movement; **un ~ de pensée** a school of thought **3.** (*cours*) **dans le ~ de la journée** during the day ►**être au ~ de qc** to be aware of sth; **mettre qn au ~ de qc** to keep sb up to date on sth

courant(**e**) [kuʀɑ̃, ɑ̃t] *adj* **1.** (*habituel*) usual; (*dépenses, procédé, langue*) everyday **2.** (*standard*) **modèle ~** standard model **3.** (*en cours: année, affaires, prix*) current

courbature [kuʀbatyʀ] *f souvent pl* ache

courbaturé(**e**) [kuʀbatyʀe] *adj* **être ~** to be aching

courbe [kuʀb] **I.** *adj* curved; (*ligne, trajectoire, surface*) curving **II.** *f* GEO, FIN curve; (*d'une route, d'un fleuve*) bend; (*des reins*) line

courbé(**e**) [kuʀbe] *adj* bowed down

courber [kuʀbe] <1> **I.** *vi* **~ sous qc** (*personne, bois*) to bend under sth **II.** *vt* **1.** (*plier*) to bend **2.** (*pencher*) **~ le dos** to stoop; **~ la tête devant qn** to give in to sb **III.** *vpr* **se ~** **1.** (*se baisser*) to bend down; (*à cause de l'âge*) to be bent; (*pour saluer*) to bow **2.** (*ployer*) to bend

courbette [kuʀbɛt] *f* **faire des ~s à** [*o* **devant**] **qn** to kowtow to sb

courbure [kuʀbyʀ] *f* (*des sourcils, du nez*) line; (*d'une ligne, surface*) curve

coureur [kuʀœʀ] *m Québec* **~ des bois** (*chasseur et trappeur*) trapper

coureur, -euse [kuʀœʀ, -øz] *m, f* **1.** SPORT

(*athlète, cheval*) runner; (*voiture, cycliste*) entrants **2.** (*coureur de jupons*) womanizer

courge [kuʀʒ] *f* marrow

courgette [kuʀʒɛt] *f* zucchini

courir [kuʀiʀ] *irr* **I.** *vi* **1.** (*se mouvoir, se dépêcher*) *a.* SPORT to run; (*plus vite*) to dash; **~ partout** to run all over the place; **~ faire qc** to run and do sth; **~ chercher le médecin** to run and get the doctor; **bon, j'y cours** OK, I'm off **2.** (*se répandre*) to go around; **faire ~ le bruit que qn est mort** to spread the rumor that sb is dead **3.** (*se diriger vers*) **~ à la faillite** to be headed for bankruptcy ▶ **laisse ~!** *inf* forget it!; **tu peux toujours ~!** you can always hope **II.** *vt* **1.** (*participer à une course*) to run (in) **2.** (*parcourir: campagne, monde, mers*) to roam; (*magasins*) to do **3.** (*fréquenter*) **~ les bars** to spend one's life in bars; **~ les filles** to chase women

couronne [kuʀɔn] *f* **1.** BOT, MED, FIN, POL crown **2.** (*pain*) ring

couronné [kuʀɔne] *adj* crowned

couronnement [kuʀɔnmɑ̃] *m* coronation

couronner [kuʀɔne] <1> *vt* **1.** (*coiffer d'une couronne, consacrer*) to crown; **couronné de succès** crowned with success **2.** (*récompenser*) to award a prize to

courriel [kuʀjɛl] *m Québec* INFORM e-mail

courrier [kuʀje] *m* **1.** (*lettres*) mail; **faire son ~** to go through one's mail **2.** PRESSE **le ~ du cœur** advice column; **le ~ des lecteurs** letters to the editor **3.** (*personne*) courier **4.** INFORM **~ électronique** electronic mail; **~ "arrivée"/"départ"** incoming/outgoing mail

courroie [kuʀwa] *f* belt

cours [kuʀ] *m* **1.** (*déroulement*) course; **au ~ de qc** in the course of sth; **le mois en ~** the current month **2.** (*leçon*) lesson; UNIV lecture; **~ particuliers** private lessons; **suivre un ~** [*o* **des ~**] to take a course; **~ de maths** *inf* math lessons **3.** (*école*) school **4.** FIN (*d'une monnaie*) rate; (*de produits*) price; **avoir ~** to be legal tender **5.** (*courant*) **~ d'eau** stream; (*rivière*) river; **suivre son ~** to follow its course

course [kuʀs] *f* **1.** (*action de courir*) running; **au pas de ~** at a run; **c'est la ~!** *inf* it's a mad rush! **2.** (*épreuve*) race; **vélo de ~** racing bike; **faire la ~ avec qn** to race (with) sb; **~ contre la montre** *a. fig* race against the clock; **~ à pied** race; **~ de vitesse** speed trial **3.** JEUX **les ~s** the races; **jouer aux ~s** to bet on the races **4.** (*déplacement*) trip; **~ en taxi** taxi ride **5.** (*commission*) **les ~s** the shopping; **faire les** [*o* **ses**] **~s** to do the shopping; **faire une ~** (*régler qc*) to go and do sth; (*faire un achat*) to go and buy sth **6.** (*ruée*) **la ~ aux armements** the arms race **7.** *Suisse* (*excursion, voyage organisé*) excursion

coursier, **-ière** [kuʀsje, -jɛʀ] *m, f* (motorcycle) courier

court [kuʀ] *m* **~ de tennis** tennis court

court(e) [kuʀ, kuʀt] **I.** *adj* (*opp: long*) short **II.** *adv* **1.** (*opp: long*) short; **s'habiller ~** to wear short dresses **2.** (*concis*) **faire ~** to be brief; **tout ~** simply ▶ **être à ~ de qc** to be short of sth

courtage [kuʀtaʒ] *m* (*profession*) brokerage

court-bouillon [kuʀbujɔ̃] <courts-bouillons> *m* stock

court-circuit [kuʀsiʀkɥi] <courts-circuits> *m* short-circuit

courtier, **-ière** [kuʀtje, -jɛʀ] *m, f* broker

courtisan [kuʀtizɑ̃] *m* courtier

courtiser [kuʀtize] <1> *vt* to court

court-métrage [kuʀmetʀaʒ] <courts-métrages> *m* CINE short film

courtois(e) [kuʀtwa, waz] *adj* courteous

courtoisie [kuʀtwazi] *f* courtesy

couru(e) [kuʀy] **I.** *part passé de* **courir** **II.** *adj* **c'est ~ d'avance** it's a foregone conclusion

couscous [kuskus] *m* couscous

couscoussier [kuskusje] *m* couscous steamer

cousin(e) [kuzɛ̃, in] *m(f)* cousin; **~s germains** first cousins

coussin [kusɛ̃] *m* **1.** (*objet moelleux, rembourré*) cushion **2.** *Belgique* (*oreiller*) pillow

cousu(e) [kuzy] **I.** *part passé de* **coudre** **II.** *adj* sewn; **~ main** handsewn

coût [ku] *m* cost

coûtant [kutɑ̃] *adj* **prix ~** cost price

couteau [kuto] <x> *m* **1.** (*ustensile*) knife; **~ de cuisine/suisse** kitchen/Swiss Army knife **2.** (*coquillage*) razor clam ▶ **mettre le ~ sous** [*o* **sur**] **la gorge de qn** to put a knife to sb's throat; **remuer** [*o* **retourner**] **le ~ dans la plaie** to twist the knife in the wound

coutelas [kutla] *m* cook's knife

coutellerie [kutɛlʀi] *f* **1.** (*industrie*) cutlery industry **2.** (*produits*) cutlery

coûter [kute] <1> *vt* to cost; **ça m'a coûté 10 euros** it cost me 10 euros; **ça coûte cher** it's expensive; **ça coûte combien?** how much does it cost? ▶ **ça va me ~ cher de** +*infin* it will be painful for me to +*infin*

coûteux, **-euse** [kutø, -øz] *adj* expensive

coutume [kutym] *f* custom; **avoir ~ de** +*infin* to be accustomed to +*infin*

coutumier, **-ière** [kutymje, -jɛʀ] *adj* **1.** (*habituel*) accustomed; **être ~ à qn** to be sb's custom **2.** JUR **droit ~** customary law

couture [kutyʀ] *f* **1.** (*action, ouvrage*) sewing **2.** (*profession*) dressmaking; **la haute ~** haute couture **3.** (*suite de points*) seam ▶ **examiner qn/qc sous toutes les ~s** to examine sb/sth minutely

couturier [kutyʀje] *m* (**grand**) **~** (fashion) designer

couturière [kutyʀjɛʀ] *f* (*à son compte*) dressmaker

couvée [kuve] *f* **1.** (*œufs*) clutch **2.** (*poussins*) brood

couvent [kuvɑ̃] *m* convent

couver [kuve] <1> **I.** *vi* (*feu*) to smolder; (*émeute*) to be brewing **II.** *vt* **1.** ZOOL to sit on

2. (*materner*) to cocoon **3.** (*porter*) to be coming down with **4.** (*nourrir*) to plot

couvercle [kuvɛʀkl] *m* lid

couvert [kuvɛʀ] *m* **1.** (*ustensiles*) cutlery; **mettre le ~** to set the table **2.** (*place*) place setting; **je mets combien de ~s?** how many places should I set? **3.** (*prétexte*) **sous le ~ de qc** hiding behind sth

couvert(e) [kuvɛʀ, ɛʀt] **I.** *part passé de* **couvrir II.** *adj* **1.** (*habillé*) **être trop ~** to be wearing too much **2.** (*protégé*) **être ~** to be covered **3.** (*assuré*) **être ~ par une assurance** to be covered by insurance **4.** (*opp: en plein air*) indoor **5.** METEO (*ciel, temps*) overcast **6.** (*recouvert*) **~ de feuilles/poussière** covered in leaves/dust **7.** (*plein de*) **être ~ de sang** to be covered in blood

couverture [kuvɛʀtyʀ] *f* **1.** (*tissu: d'un lit*) blanket **2.** (*page*) cover **3.** PRESSE (*d'un événement*) coverage **4.** ADMIN, FIN cover **5.** (*prétexte*) front

couveuse [kuvøz] *f* **1.** (*poule*) sitter **2.** (*incubateur*) **~ artificielle** incubator

couvre-feu [kuvʀəfø] <couvre-feux> *m* curfew

couvre-lit [kuvʀəli] <couvre-lits> *m* bedspread

couvreur, -euse [kuvʀœʀ, -øz] *m, f* roofer

couvrir [kuvʀiʀ] <11> **I.** *vt* **1.** (*mettre sur*) to cover; (*récipient*) to put the lid on; (*livre*) to cover; **~ un toit (de tuiles)** to tile a roof **2.** (*recouvrir*) **~ qc** (*couverture, toile*) to cover sth up; **qc couvre qn** sb is covered in sth; **~ de qc** to cover in sth **3.** (*habiller*) to dress **4.** (*cacher: visage*) to cover up; (*son*) to drown **5.** (*protéger, garantir, parcourir*) to cover **6.** (*combler*) **~ qn de baisers/cadeaux** to shower sb with kisses/gifts **II.** *vpr* **1. se ~** (*s'habiller*) to dress; (*mettre un chapeau*) to put one's hat on; **couvre-toi, il fait froid!** cover up warmly, it's cold! **2.** (*se protéger*) **se ~** to cover oneself **3.** METEO **le ciel se couvre (de nuages)** the sky is becoming overcast **4.** (*se remplir de*) **se ~ de taches** to get stains all over oneself

cover-girl [kɔvœʀgœʀl] <cover-girls> *f* cover girl

covoiturage [kovwatyʀaʒ] *m* carpooling

cow-boy [kobɔj, kaobɔj] <cow-boys> *m* cowboy

coyote [kɔjɔt] *m* coyote

CP [sepe] *m abr de* **cours préparatoire** ≈ first grade

C.Q.F.D. [sekyɛfde] *abr de* **ce qu'il fallait démontrer** QED

crabe [kʀɑb] *m* crab

crac [kʀak] *interj* crack

crachat [kʀaʃa] *m* spit

craché(e) [kʀaʃe] *adj* **c'est lui tout ~** *inf* (*très ressemblant*) he's the spitting image of him; (*typique de qn*) it's him all over

cracher [kʀaʃe] <1> **I.** *vi* **1.** (*expectorer*) to spit **2.** (*baver*) to blot ► **ne pas ~ sur qn/qc** *inf* not to turn one's nose up at sb/sth **II.** *vt* **1.** (*rejeter*) to spit **2.** (*émettre: fumée, lave*) to spit out

cracheur [kʀaʃœʀ] *m* **~ de feu** fire-eater

crachin [kʀaʃɛ̃] *m* drizzle

crade [kʀɑd] *adj inf,* **cradingue** [kʀadɛ̃g] *adj inf,* **crado** [kʀɑdo] *adj inf* filthy

craie [kʀɛ] *f* chalk

craindre [kʀɛ̃dʀ] *irr* **I.** *vt* **1.** (*redouter*) to be afraid of **2.** (*pressentir*) to fear **3.** (*être sensible à*) **~ la chaleur** to dislike the heat **II.** *vi* **~ pour qn/qc** to fear for sb/sth; **il n'y a rien à ~** there's nothing to be afraid of; **ça ne craint rien** *inf* don't sweat it; (*ce n'est pas fragile*) it can take anything ► **ça craint!** *inf* that's dicey!

crainte [kʀɛ̃t] *f* **1.** (*peur*) **~ de qn/qc** fear of sb/sth; **soyez sans ~(s)!** never fear!; **de [*o* dans la] [*o* par] ~ de qc** for fear of sth **2.** (*pressentiment*) worry

craintif, -ive [kʀɛ̃tif, -iv] *adj* timid

cramé [kʀame] *m inf* **sentir le ~** to smell of burning

cramer [kʀame] <1> *vi inf* (*maison, meuble*) to go up in smoke; (*aliment, câble*) to burn

cramoisi(e) [kʀamwazi] *adj* crimson

crampe [kʀɑ̃p] *f* cramp

crampon [kʀɑ̃pɔ̃] *m* SPORT crampons; (*de foot*) spike

cramponner [kʀɑ̃pɔne] <1> **I.** *vt inf* to pester **II.** *vpr* **1.** (*se tenir*) **se ~ à qn/qc** to cling on to sb/sth **2.** *fig* **se ~ à la vie** to cling on to life

cran[1] [kʀɑ̃] *m* **1.** (*entaille: d'une arme*) notch; **hausser/baisser qc d'un ~** to raise/lower sth a notch **2.** (*trou*) hole **3.** (*coiffure*) wave

cran[2] [kʀɑ̃] *m inf* **avoir du ~** to have guts

crâne [kʀɑn] *m* skull ► **ne rien avoir dans le ~** to be a total numskull; **bourrer le ~ à qn** *inf* to brainwash sb

crâner [kʀɑne] <1> *vi inf* to show off

crâneur, -euse [kʀɑnœʀ, -øz] **I.** *adj* **être ~** to be a showoff **II.** *m, f* showoff

crânien(ne) [kʀɑnjɛ̃, jɛn] *adj* cranial

crapaud [kʀapo] *m* toad

crapule [kʀapyl] *f* villain

crapuleux, -euse [kʀapylø, -øz] *adj* villainous; (*vie*) dissolute

craquant(e) [kʀakɑ̃, ɑ̃t] *adj inf* gorgeous

craquelé(e) [kʀakle] *adj* cracked

craqueler [kʀakle] <3> **I.** *vt* to crackle **II.** *vpr* **se ~** to craze

craquelure [kʀaklyʀ] *f* cracks *pl*

craquement [kʀakmɑ̃] *m* (*d'un plancher, de la banquise*) creaking; (*du bois qui brûle*) crackling *pl;* (*de chaussures*) squeaking *pl;* (*des feuilles mortes, de la neige*) crackle *pl*

craquer [kʀake] <1> **I.** *vi* **1.** (*faire un bruit: bonbon*) to be crunchy; (*chaussures, bois, parquet*) to squeak; (*feuilles mortes, neige*) to crunch; (*disque*) to crackle; **faire ~ une allumette** to strike a match; **faire ~ ses doigts** to crack one's knuckles **2.** (*céder: branche*) to snap; (*glace*) to crack; (*se déchirer: vêtement*) to tear; (*aux coutures*) to come apart **3.** (*s'ef-*

fondrer: personne) to crack up; (*nerfs*) to crack **4.** (*s'attendrir*) ~ **pour qc** to go for sth ▸ **plein à** ~ full to bursting **II.** *vt* (*allumette*) to strike

crash [kʀaʃ] <(e)s> *m* crash

crasse [kʀas] *f* (*saleté*) filth

crasseux, -euse [kʀasø, -øz] *adj* filthy

cratère [kʀatɛʀ] *m* crater

cravache [kʀavaʃ] *f* whip

cravacher [kʀavaʃe] <1> **I.** *vt* (*animal*) to use the whip on **II.** *vi* **1.** (*à cheval*) to use the whip **2.** *inf* (*travailler dur*) to get a move on

cravate [kʀavat] *f* tie

crawl [kʀol] *m* crawl

crawler [kʀole] <1> *vi* **dos crawlé** backstroke

crayon [kʀɛjɔ̃] *m* pencil; ~ **feutre** felt-tip; ~ **optique** light pen; ~ **de couleur** colored pencil

crayonner [kʀɛjɔne] <1> *vt* to sketch (in pencil)

créancier, -ière [kʀeɑ̃sje, -jɛʀ] *m, f* FIN creditor

Créateur [kʀeatœʀ] *m* REL **le** ~ the Creator

créateur, -trice [kʀeatœʀ, -tʀis] **I.** *adj* creative **II.** *m, f* ART designer

créatif, -ive [kʀeatif, -iv] *adj* creative

création [kʀeasjɔ̃] *f* creation; ~ **d'emploi** job creation; ~ **d'entreprise** start of a company

Création [kʀeasjɔ̃] *f* REL **la** ~ the Creation

créativité [kʀeativite] *f* creativity

créature [kʀeatyʀ] *f* creature

crécelle [kʀesɛl] *f* rattle

crèche [kʀɛʃ] *f* **1.** REL crib **2.** (*pouponnière*) nursery

crécher [kʀeʃe] <5> *vi inf* to live; **tu peux ~ chez moi cette nuit** you can crash at my place tonight

crédibilité [kʀedibilite] *f* credibility

crédible [kʀedibl] *adj* credible

crédit [kʀedi] *m* **1.** (*paiement échelonné*) credit; **acheter/vendre à ~** to buy/sell on credit **2.** (*prêt*) loan; **accorder un ~ à qn** to give sb a loan **3.** (*banque*) bank **4.** (*opp: débit*) credit; **la somme est portée** [*o* **mise**] **au ~ de votre compte** the amount has been credited to your account **5.** *pl* POL funds **6.** (*confiance*) **jouir d'un grand ~ auprès de qn** to be high in sb's esteem

créditer [kʀedite] <1> *vt* ~ **un compte de 100 euros** to credit 100 euros to an account

créditeur, -trice [kʀeditœʀ, -tʀis] **I.** *adj* **compte ~** account in credit **II.** *m, f* creditor

crédule [kʀedyl] *adj* credulous

crédulité [kʀedylite] *f* credulity

créer [kʀee] <1> **I.** *vt* **1.** (*emploi, œuvre, problèmes*) to create; (*entreprise*) to start **2.** THEAT ~ **une pièce** to put on the first performance of a play **II.** *vi* to create **III.** *vpr* **se ~ des besoins/problèmes** to create needs/problems for oneself

crémaillère [kʀemajɛʀ] *f* **pendre la ~** to have a housewarming (party)

crémation [kʀemasjɔ̃] *f* cremation

crématoire [kʀematwaʀ] *adj* **four ~** crematorium

crématorium, crematorium [kʀematɔʀjɔm] *m* crematorium

crème [kʀɛm] **I.** *adj inv* cream **II.** *f* **1.** (*produit laitier, entremets, de soins*) cream; ~ **chantilly/glacée/à raser** whipped/ice/shaving cream **2.** (*liqueur*) ~ **de cassis** crème de cassis **3.** (*le meilleur*) **la ~ de ...** the best of ... **III.** *m* coffee with milk or cream

crémerie [kʀɛmʀi] *f* dairy ▸ **changer de ~** to look elsewhere

crémeux, -euse [kʀemø, -øz] *adj* creamy

crémier, -ière [kʀemje, -jɛʀ] *m, f* dairyman, dairywoman *m, f*

créneau [kʀeno] <x> *m* **1.** AUTO parking space; **faire un ~** to parallel park **2.** COM opening

créole [kʀeɔl] **I.** *adj* Creole **II.** *m* Creole; *v.a.* **français**

Créole [kʀeɔl] *mf* Creole

crêpe [kʀɛp] *f* CULIN crêpe

crêper [kʀepe] <1> **I.** *vt* (*cheveux*) to comb over **II.** *vpr* **se ~ les cheveux** to comb over one's hair ▸ **se ~ le chignon** to have a go at each other

crêperie [kʀɛpʀi] *f* crêpe restaurant

crépi [kʀepi] *m* roughcast

crêpière [kʀepjɛʀ] *f* **1.** (*plaque*) pancake griddle **2.** (*poêle*) pancake pan

crépir [kʀepiʀ] <8> *vt* to roughcast

crépitement [kʀepitmɑ̃] *m* (*de la pluie*) patter; (*du feu*) crackle

crépiter [kʀepite] <1> *vi* (*feu*) to crackle; (*arme*) to rattle

crépu(e) [kʀepy] *adj* frizzy

crépuscule [kʀepyskyl] *m* twilight

cresson [kʀesɔ̃, kʀəsɔ̃] *m* watercress

crête [kʀɛt] *f* **1.** ZOOL crest; (*de coq*) comb **2.** (*sommet: d'une montagne, d'un toit*) ridge; (*d'une vague*) crest

Crète [kʀɛt] *f* **la ~** Crete

crétin(e) [kʀetɛ̃, in] **I.** *adj inf* cretinous **II.** *m(f) inf* cretin

creuser [kʀøze] <1> **I.** *vt* **1.** (*excaver*) to dig; (*sillon*) to plow **2.** (*évider: tombe*) to dig; (*pomme, falaise*) to hollow out ▸ ~ **l'estomac** to work up an appetite **II.** *vi* to dig **III.** *vpr* **se ~** to grow hollow; (*roche*) to be hollowed out ▸ **se ~ la tête** to rack one's brains

creuset [kʀøzɛ] *m* CHIM crucible

creux [kʀø] *m* **1.** (*cavité*) cavity; (*dans un terrain, de la main*) hollow; (*d'une vague*) trough **2.** ANAT **le ~ des reins** the small of the back **3.** (*manque d'activité*) slack period **4.** *inf* (*faim*) **avoir un ~** to be a bit hungry

creux, -euse [kʀø, -øz] *adj* **1.** (*vide*) hollow; (*ventre, tête*) empty **2.** (*vain: paroles*) empty **3.** (*concave*) hollow **4.** (*rentré: visage*) gaunt **5.** (*sans activité*) slack; **les heures creuses** off-peak hours

crevaison [kʀəvɛzɔ̃] *f* flat

crevant(e) [kʀəvɑ̃, ɑ̃t] *adj inf* exhausting

crevasse [kʀəvas] *f* **1.** (*fissure*) crevice **2.** (*ger-*

çure) crack
crevasser [kʀəvase] <1> *vpr* **se ~** (*peau*) to get chapped
crève [kʀɛv] *f inf* cold
crevé(e) [kʀəve] *adj inf* (*fatigué*) dead
crever [kʀəve] <4> **I.** *vi* **1.** (*éclater: ballon, sac*) to burst **2.** AUTO to have a flat **3.** (*être plein de*) **~ de jalousie** to be dying of jealousy **4.** *inf* (*souffrir*) **~ de froid** to be freezing; **~ de faim** to be starving; **~ d'envie de qc** to be dying for sth; **une chaleur à ~** boiling heat **II.** *vt* **1.** (*percer: abcès, ballon, pneu*) to burst **2.** *inf* (*exténuer*) to kill **III.** *vpr inf* **se ~ à faire qc** to kill oneself doing sth
crevette [kʀəvɛt] *f* prawn
cri [kʀi] *m* **pousser un ~** to cry out
criant(e) [kʀijɑ̃, jɑ̃t] *adj* **1.** (*révoltant: injustice*) screaming **2.** (*manifeste: preuve*) striking
criard(e) [kʀijaʀ, jaʀd] *adj* **1.** (*braillard: personne*) squealing; (*voix*) piercing **2.** (*tapageur*) loud
crible [kʀibl] *m* screen; (*manuel*) riddle
criblé(e) [kʀible] *adj* **1.** (*percé*) **~ de balles** riddled with bullets **2.** (*couvert de*) **~ de dettes** up to one's neck in debt
cribler [kʀible] <1> *vt* (*percer*) **~ qn de balles** to shoot sb full of holes
cric [kʀik] *m* jack
cricket [kʀikɛt] *m* cricket
cri-cri, cricri [kʀikʀi] *m* **1.** (*cri du grillon*) chirp **2.** (*grillon*) cricket
criée [kʀije] *f* **vente à la ~** sale by auction
crier [kʀije] <1> **I.** *vi* **1.** (*hurler*) to cry (out); (*bébé*) to scream; **~ de peur** to scream with fear **2.** *inf* (*se fâcher*) **~ contre/après qn** to yell at sb **3.** (*émettre des sons: mouette*) to cry; (*oiseau*) to call; (*cochon*) to squeal; (*oie*) to honk; (*souris*) to squeak **4.** (*dénoncer*) **~ au scandale** to call the situation a scandal **II.** *vt* **1.** (*à voix forte*) **~ qc à qn** to yell sth to sb **2.** (*proclamer*) **~ son innocence** to proclaim one's innocence ▶ **sans ~ gare** without warning
crime [kʀim] *m* **1.** (*meurtre*) *a.* JUR crime; **heure du ~** time of death **2.** (*faute morale*) **c'est un ~!** it's criminal!
criminalité [kʀiminalite] *f sans pl* criminality
criminel(le) [kʀiminɛl] **I.** *adj* criminal **II.** *m(f)* **1.** (*assassin*) murderer **2.** (*coupable*) criminal
crin [kʀɛ̃] *m* **1.** (*poil*) hair **2.** *sans pl* (*matière*) horsehair
crinière [kʀinjɛʀ] *f* mane
crique [kʀik] *f* creek
criquet [kʀikɛ] *m* grasshopper; (*dévastateur*) locust
crise [kʀiz] *f* **1.** MED attack; **~ cardiaque** heart attack; **~ d'appendicite** appendicitis attack; **faire une ~ de nerfs** to have an attack of nerves **2.** ECON, POL, FIN crisis ▶ **piquer une ~ (de colère)** *inf* to burst into a fit of rage
crispé(e) [kʀispe] *adj* tense; (*poing*) clenched
crisper [kʀispe] <1> **I.** *vt* **1.** (*contracter*) to tense; **la douleur lui crispait le visage** his face was tense with pain **2.** (*agacer*) **~ qn** to get on sb's nerves **II.** *vpr* **se ~** **1.** (*se contracter*) to tense **2.** (*se serrer: main*) to tighten; (*poing*) to clench
crisser [kʀise] <1> *vi* (*pneus, freins*) to squeal; (*gravier, pas*) to crunch
cristal [kʀistal, -o] <-aux> *m* **1.** (*en minéralogie, verre*) crystal **2.** *pl* (*cristallisation*) crystals
cristallin [kʀistalɛ̃] *m* (*de l'œil*) crystalline lens
cristallin(e) [kʀistalɛ̃, in] *adj* **1.** (*voix, son*) crystal; (*eau*) crystal-clear **2.** MIN crystalline
cristallisé [kʀistalize] *adj* crystallized; **du sucre ~** sugar crystals
cristalliser [kʀistalize] <1> *vt, vi, vpr* CHIM **(se) ~** to crystallize
critère [kʀitɛʀ] *m* criterion
critiquable [kʀitikabl] *adj* open to criticism
critique [kʀitik] **I.** *adj* critical **II.** *f* (*reproche*) criticism; (*revue*) review; **faire la ~ d'un livre/film** to review a book/film **III.** *mf* critic
critiquer [kʀitike] <1> *vt* **1.** (*condamner*) to criticize **2.** (*juger*) to review
croassement [kʀɔasmɑ̃] *m* croak
croasser [kʀɔase] <1> *vi* to croak
croate [kʀɔat] **I.** *adj* Croatian **II.** *m* Croatian; *v.a.* **français**
Croate [kʀɔat] *mf* Croat
Croatie [kʀɔasi] *f* **la ~** Croatia
croc [kʀo] *m* fang; **le chien montre les ~s** the dog bares its teeth
croc-en-jambe [kʀɔkɑ̃ʒɑ̃b] <crocs-en--jambe> *m* **faire un ~ à qn** to trip sb up
croche [kʀɔʃ] *f* MUS eighth note; **double ~** sixteenth note
croche-pied [kʀɔʃpje] <croche-pieds> *m* **faire un ~ à qn** to trip sb up
crocher [kʀɔʃe] <1> *vt Suisse* (*attacher solidement*) **~ qc** to do sth up tight
crochet [kʀɔʃɛ] *m* **1.** (*pour accrocher*) *a.* SPORT hook **2.** (*aiguille*) crochet hook **3.** *pl* TYP square brackets **4.** *pl* (*dent*) fangs **5.** (*détour*) **faire un ~** (*route*) to bend; (*personne*) to make a detour ▶ **vivre aux ~s de qn** to sponge off sb
crocheter [kʀɔʃte] <4> *vt* (*ouvrir: serrure*) to pick
crochu(e) [kʀɔʃy] *adj* (*bec, doigts*) claw-like; **avoir le nez ~** to have a hooknose
croco *inf*, **crocodile** [kʀɔkɔdil] *m* (*cuir*) crocodile
crocus [kʀɔkys] *m* crocus
croire [kʀwaʀ] *irr* **I.** *vt* **1.** (*tenir pour vrai*) to believe; **faire ~ qc à qn** to make sb think sth **2.** (*avoir confiance en*) to believe **3.** (*s'imaginer*) to think **4.** (*supposer*) **c'est à ~ qu'il va pleuvoir** you'd think it was going to rain; **il faut ~ que le patron a raison** it seems the boss is right; **il croit que je suis bête?** does he think I'm stupid? **5.** (*estimer*) **~ qn capable** to think sb capable; **on l'a crue morte** we thought she was dead ▶ **il n'en croyait pas ~ ses oreilles/yeux** he couldn't believe his ears/eyes; **tu ne croyais pas ~ si bien dire** you didn't know how right you were **II.** *vi*

~ **en qn/qc** to believe in sb/sth ▶ **je vous prie de ~ à l'expression de ma considération distinguée, veuillez ~ à mes sentiments les meilleurs** *form* ≈ Yours sincerely **III.** *vpr* **se ~ intelligent** to think oneself clever; **se ~ tout permis** to think one can get away with anything; **qu'est-ce qu'il se croit, celui-là?** who does he think he is(, anyway)?

croisade [kʀwazad] *f* HIST crusade

croisé(e) [kʀwaze] *adj* **les bras ~s** with one's arms crossed ▶ **rester les bras ~s** to sit and do nothing; **mots ~s** crossword

croisement [kʀwazmɑ̃] *m* **1.** *sans pl* AUTO **feux de ~** low beams **2.** (*intersection*) crossroads **3.** (*mélange*) cross

croiser [kʀwaze] <1> **I.** *vt* **1.** (*mettre en croix: bras*) to fold; (*jambes, mains*) to cross **2.** (*couper: route, regard*) to cross; (*véhicule*) to pass **3.** (*passer à côté de qn*) ~ **qn** to meet sb; ~ **qc** (*regard*) to fall on sth; **son regard a croisé le mien** our eyes crossed **4.** BIO, ZOOL to cross **II.** *vpr* **se ~ 1.** (*passer l'un à côté de l'autre: personnes, regards*) to meet **2.** (*se couper*) to cross

croiseur [kʀwazœʀ] *m* cruiser

croisière [kʀwazjɛʀ] *f* cruise

croissance [kʀwasɑ̃s] *f sans pl* growth

croissant [kʀwasɑ̃] *m* **1.** CULIN croissant **2.** *sans pl* (*forme*) ~ **de lune** crescent **3.** REL crescent

croissant(e) [kʀwasɑ̃, ɑ̃t] *adj* growing

croissanterie [kʀwasɑ̃tʀi] *f* croissant bakery

croître [kʀwatʀ] *vi irr* **1.** (*grandir*) to grow **2.** (*augmenter: choses, colère*) to increase; (*chômage*) to go up

croix [kʀwa] *f a.* REL cross; **mettre une ~ dans la case qui convient** to put an X in the appropriate box; ~ **de la Légion d'honneur** Cross of the Legion of Honor ▶ **faire une ~ sur qc** *inf* to kiss sth goodbye

Croix-Rouge [kʀwaʀuʒ] *f* **la ~** the Red Cross

croquant(e) [kʀɔkɑ̃, ɑ̃t] *adj* crisp; (*biscuit*) crunchy

croque-madame [kʀɔkmadam] *m inv toasted ham and cheese sandwich with an egg*

croque-monsieur [kʀɔkməsjø] *m inv toasted ham and cheese sandwich*

croque-mort [kʀɔkmɔʀ] <croque-morts> *m inf* mortician

croquer [kʀɔke] <1> **I.** *vt* **1.** (*manger*) to munch **2.** *inf* (*dépenser*) ~ **son argent** to fritter one's money away **3.** (*dessiner*) to sketch ▶ **être à ~** to be gorgeous **II.** *vi* **1.** (*être croustillant: salade*) to be crisp; (*bonbons*) to be crunchy **2.** (*mordre*) ~ **dans une pomme** to bite into an apple

croquet [kʀɔkɛ] *m* SPORT croquet

croquette [kʀɔkɛt] *f* croquette

croquis [kʀɔki] *m* sketch

cross [kʀɔs] *m* **1.** (*course à pied*) cross-country race **2.** (*sport*) cross-country running **3.** (*course de moto*) motocross

crosse [kʀɔs] *f* **1.** (*manche: d'un fusil*) butt; (*d'un revolver*) grip **2.** REL crosier **3.** SPORT stick

crotale [kʀɔtal] *m* rattlesnake

crotte [kʀɔt] *f* **1.** *inf* (*excrément: de chien*) turd *vulg;* (*de cheval, lapin*) droppings *pl;* (*de nez*) booger **2.** CULIN ~ **en chocolat** chocolate drop

crotté(e) [kʀɔte] *adj* covered in mud

crottin [kʀɔtɛ̃] *m* **1.** (*excrément*) droppings *pl* **2.** (*fromage*) *round goat cheese*

crouler [kʀule] <1> *vi* **1.** (*s'écrouler*) to collapse **2.** *fig* ~ **sous le travail** to be going under with work; ~ **sous les applaudissements** to ring with applause **3.** (*s'effondrer*) to fall in

croupe [kʀup] *f* rump

croupier, -ière [kʀupje, -jɛʀ] *m, f* croupier

croupion [kʀupjɔ̃] *m* CULIN pope's nose

croupir [kʀupiʀ] <8> *vi* **1.** (*se corrompre: eau*) to stagnate; (*détritus*) to rot **2.** (*végéter*) ~ **en prison** to rot away in jail

CROUS [kʀus] *m abr de* **Centre régional des œuvres universitaires et scolaires** *student welfare office*

croustillant(e) [kʀustijɑ̃, jɑ̃t] *adj* **1.** (*pain*) crusty; (*biscuit*) crunchy **2.** (*grivois*) tasty

croustille [kʀustij] *f Québec* chips *pl*

croustiller [kʀustije] <1> *vi* (*pain*) to be crusty; (*biscuit*) to be crunchy

croûte [kʀut] *f* **1.** *sans pl* (*couche externe: de pain, fromage*) crust **2.** CULIN pastry **3.** *sans pl* (*couche*) layer; MED scab **4.** (*sédiment*) scale **5.** GEO ~ **terrestre** earth's crust ▶ **casser la ~** *inf* to have something to eat; **gagner sa ~** *inf* to earn a living

croûton [kʀutɔ̃] *m* **1.** (*extrémité*) crust **2.** (*pain frit*) crouton ▶ **vieux ~** *inf* old fogy

croyable [kʀwajabl] *adj* **c'est à peine ~** you can hardly believe it

croyance [kʀwajɑ̃s] *f* **1.** *sans pl* (*le fait de croire*) **la ~ dans/en qc** belief in sth **2.** (*ce que l'on croit*) ~ **religieuse** religious belief

croyant [kʀwajɑ̃] *part prés de* **croire**

croyant(e) [kʀwajɑ̃, jɑ̃t] **I.** *adj* believing **II.** *m(f)* believer

C.R.S. [seɛʀɛs] *m abr de* **compagnie républicaine de sécurité** security police; (*policier*) security policeman; **les ~** the security police

cru [kʀy] *m* **1.** (*terroir*) vineyard **2.** (*vin*) **un grand ~** a great vintage

cru(e) [kʀy] **I.** *part passé de* **croire II.** *adj* **1.** (*opp: cuit: aliments*) raw **2.** (*vif*) harsh **3.** (*direct*) blunt

crû(e) [kʀy] *part passé de* **croître**

cruauté [kʀyote] *f sans pl* cruelty

cruche [kʀyʃ] *f* **1.** (*récipient*) jug **2.** *inf* (*sot*) dumb

crucial(e) [kʀysjal, -jo] <-aux> *adj* crucial

crucifier [kʀysifje] <1> *vt* to crucify

crucifix [kʀysifi] *m* crucifix

crucifixion [kʀysifiksjɔ̃] *f* crucifixion

cruciforme [kʀysifɔʀm] *adj* **1.** ARCHIT cruciform **2.** TECH **tournevis ~** Phillips® screwdriver

cruciverbiste [kʀysivɛʀbist] *mf* crossword puzzler

crudités [kʀydite] *fpl* CULIN raw vegetables; **assiette de ~** plate of crudités
crue [kʀy] *f* **1.** (*montée*) rise in the water level **2.** (*inondation*) flood
cruel(le) [kʀyɛl] *adj* **1.** (*méchant*) cruel **2.** (*douloureux: sort*) cruel; (*épreuve*) harsh
cruellement [kʀyɛlmɑ̃] *adv* (*méchamment*) cruelly
crus [kʀy] *passé simple de* **croire**
crûs [kʀy] *passé simple de* **croître**
crustacé [kʀystase] *m* **1.** crustacean **2.** CULIN **~s** seafood
cryptage [kʀiptaʒ] *m* INFORM (*système*) cipher; (*procédure*) encryption
crypte [kʀipt] *f* crypt
crypter [kʀipte] <1> *vt* to encrypt
CSG [seɛsʒe] *f abr de* **contribution sociale généralisée** *social security contribution benefiting the under-privileged*
Cuba [kyba] **(l'île de) ~** Cuba
cubain(e) [kybɛ̃, ɛn] *adj* Cuban
Cubain(e) [kybɛ̃, ɛn] *m(f)* Cuban
cube [kyb] *m* **1.** (*mesure volumétrique*) **mètre ~** cubic meter **2.** (*jouet*) block
cubique [kybik] *adj* **1.** (*en forme de cube*) cubic **2.** MATH **racine ~** cube root
cubisme [kybism] *m* ART cubism
cucu(l) [kyky] *adj inv, inf* silly
cueillette [kœjɛt] *f sans pl* **1.** (*action*) picking **2.** (*récolte*) harvest
cueillir [kœjiʀ] *vt irr* **1.** (*ramasser*) to pick **2.** *inf* (*arrêter*) to nab **3.** *inf* (*prendre au passage*) to snatch
cui-cui [kɥikɥi] *interj, m inv, inf* tweet-tweet
cuiller, cuillère [kɥijɛʀ] *f* **1.** (*ustensile*) spoon; **~ à café, ~ à thé** *Québec* teaspoon; **~ à soupe, ~ à table** *Québec* tablespoon **2.** (*contenu: d'huile*) spoonful ▶ **ne pas y aller avec le dos de la ~** to not mince one's words
cuillerée, cuillérée [kɥijeʀe] *f* **~ à café** teaspoonful; **~ à soupe** tablespoonful
cuir [kɥiʀ] *m sans pl* leather ▶ **~ chevelu** scalp
cuirasse [kɥiʀas] *f* **1.** MIL armor **2.** HIST breastplate
cuirassé [kɥiʀase] *m* battleship
cuirassé(e) [kɥiʀase] *adj* (*revêtu d'une cuirasse*) wearing a breastplate; (*navire*) armored
cuirassier [kɥiʀasje] *m* MIL **le 1er/2e ~** the 1st/2nd armored cavalry
cuire [kɥiʀ] *irr* **I.** *vt* **1.** CULIN to cook; (*à la vapeur*) to steam; (*à l'étouffée*) to braise; (*au four: viande*) to roast; (*pain, gâteau*) to bake; (*à la poêle*) to fry; **faire ~ qc au four** to cook sth in the oven **2.** TECH to fire ▶ **être dur à ~** to be a hard nut to crack **II.** *vi* **1.** CULIN (*viande, légumes*) to cook; (*pain, gâteau*) to bake **2.** *inf* (*avoir très chaud*) to roast **3.** (*brûler*) to burn
cuisant(e) [kɥizɑ̃, ɑ̃t] *adj* (*déception*) bitter
cuisine [kɥizin] *f* **1.** (*pièce*) kitchen **2.** (*art culinaire*) cuisine; (*nourriture*) cooking; **livre de ~** cookbook; **recette de ~** recipe; **faire la ~** to cook
cuisiné(e) [kɥizine] *adj* **plat ~** ready-made meal
cuisiner [kɥizine] <1> **I.** *vi* (*faire la cuisine*) to cook **II.** *vt* **1.** (*préparer des plats*) to cook **2.** *inf* (*interroger*) to grill
cuisinier, -ière [kɥizinje, -jɛʀ] *m, f* cook
cuisinière [kɥizinjɛʀ] *f* cooker
cuissardes [kɥisaʀd] *fpl* (*de pêcheur*) waders; (*de femme*) thigh boots
cuisse [kɥis] *f* **1.** ANAT thigh **2.** CULIN leg
cuisson [kɥisɔ̃] *m* **1.** *sans pl* CULIN cooking; **et la ~: bien cuit, à point, saignant?** how would you like it cooked? Well done, medium, rare? **2.** (*durée*) cooking time **3.** *sans pl* TECH firing
cuistot [kɥisto] *m inf* cook
cuit(e) [kɥi, kɥit] **I.** *part passé de* **cuire** **II.** *adj* **1.** CULIN cooked; **ne pas être assez ~** to be undercooked; **être trop ~** to be overcooked; **une baguette bien ~e** a well-baked baguette **2.** TECH fired; **terre ~e** terracotta ▶ **c'est ~** *inf* so much for that!; **c'est du tout ~** *inf* it's as good as done; **être ~** *inf* to be done for
cuite [kɥit] *f inf* **prendre une ~** to get plastered
cuiter [kɥite] <1> *vpr inf* **se ~** to get plastered
cuivre [kɥivʀ] *m* **1.** (*métal et ustensiles*) copper **2.** *pl* MUS **les ~s** the brass
cuivré(e) [kɥivʀe] *adj* **1.** (*rougeâtre*) coppery **2.** (*sonore*) sonorous
cul [ky] *m sans pl, inf* ass ▶ **coûter la peau du ~** *inf* to cost an arm and a leg; **boire ~ sec** *inf* to down a drink
culasse [kylas] *f* **1.** AUTO (*d'un moteur*) cylinder head **2.** (*partie du canon: d'un fusil*) breech
culbute [kylbyt] *f* **1.** (*galipette*) **faire une ~** to do a somersault **2.** (*chute*) **faire des ~s dans l'escalier** to topple down the stairs
culbuter [kylbyte] <1> **I.** *vi* (*tomber*) to tumble **II.** *vt* (*faire tomber*) to knock over
cul-de-jatte [kydʒat] <culs-de-jatte> *mf* legless person
cul-de-sac [kydsak] <culs-de-sac> *m* cul-de-sac
culinaire [kylinɛʀ] *adj* **art ~** art of cooking
culminant(e) [kylminɑ̃, ɑ̃t] *adj* **1.** (*point d'une montagne*) highest **2.** *fig* **point ~ de qc** the peak of sth
culot [kylo] *m* **1.** (*fond: d'une ampoule, d'un obus*) base **2.** *inf* (*assurance*) nerve; **avoir du ~** to have nerve; **avoir un sacré ~** to have a lot of nerve; **avoir le ~ de** +*infin* to have the nerve to +*infin*
culotte [kylɔt] *f* **1.** (*slip*) panties *pl* **2.** (*short*) shorts *pl* **3.** SPORT pants; **~(s) de cheval** riding breeches; *fig* big thighs
culotté(e) [kylɔte] *adj inf* **1.** (*effronté*) sassy **2.** (*audacieux*) daring
culpabiliser [kylpabilize] <1> **I.** *vt* to make feel guilty **II.** *vi* to feel guilty **III.** *vpr* **se ~** to make oneself feel guilty
culpabilité [kylpabilite] *f sans pl* guilt
culte [kylt] *m* **1.** *sans pl* (*vénération*) cult

2. *sans pl* (*cérémonie chrétienne*) worship; (*païenne*) cult; (*religion*) religion **3.** (*office protestant*) service **4.** *fig* **vouer un ~ à qn** to worship sb
cul-terreux [kyterø] <culs-terreux> *m péj* hick
cultivable [kyltivabl] *adj* arable
cultivateur, -trice [kyltivatœr, -tris] *m, f* farmer
cultivé(e) [kyltive] *adj* cultivated
cultiver [kyltive] <1> **I.** *vt* **1.** AGR (*terres*) to farm; (*blé, fruits*) to grow; **des terrains cultivés** farmland; **des plantes cultivées** cultivated plants **2.** (*exercer: mémoire*) to exercise; (*don*) to cultivate **3.** (*entretenir: relation*) to cultivate; (*langue*) to keep up **II.** *vpr* **se ~ en faisant qc** to improve oneself doing sth
culture [kyltyr] *f* **1.** *sans pl* (*agriculture*) farming; **~ de la vigne** wine growing **2.** *pl* (*terres cultivées*) fields **3.** BIO culture **4.** *sans pl* (*savoir*) learning; (*connaissances spécialisées*) culture; **~ générale** general knowledge **5.** (*civilisation*) culture **6.** SPORT **~ physique** exercises
Culture [kyltyr] *f* **ministre de la ~** Minister of Culture
culturel(le) [kyltyrel] *adj* cultural
culturisme [kyltyrism] *m sans pl* bodybuilding
cumin [kymɛ̃] *m* cumin
cumul [kymyl] *m sans pl* **~ de mandats** holding of several offices
cumuler [kymyle] <1> *vt* (*accumuler*) to accumulate; **~ des mandats** to hold several offices concurrently
cupidité [kypidite] *f sans pl* greed
curatif, -ive [kyratif, -iv] *adj* curative
cure [kyr] *f* treatment; **~ de désintoxication** detox treatment *inf*; **~ thermale** spa cure
curé [kyre] *m* priest
cure-dent [kyrdɑ̃] <cure-dents> *m* toothpick
curer [kyre] <1> **I.** *vt* to clean out **II.** *vpr* **se ~ les ongles** to clean one's nails
curieusement [kyrjøzmɑ̃] *adv* curiously
curieux [kyrjø] *mpl* (*badauds*) onlookers
curieux, -euse [kyrjø, -jøz] **I.** *adj* **1.** (*indiscret, étrange*) curious; **ce qui est ~, c'est que ..., chose curieuse, ...** the odd thing is, ... **2.** (*intéressé*) **être ~ de qc** to be keen on sth; **être ~ de faire qc** to be keen on doing sth; **être ~ d'apprendre qc** to be keen to learn sth; **être ~ de savoir** to be interested in knowing **II.** *m, f sans pl* (*indiscret*) inquisitive person
curiosité [kyrjozite] *f* curiosity
curiste [kyrist] *mf* patient having spa therapy
curriculum (vitæ) [kyrikylɔm(vite)] *m inv* curriculum vitae, resumé
curry [kyri] *m sans pl* curry
curseur [kyrsœr] *m* cursor
cursus [kyrsys] *m* UNIV (degree) program
cutané(e) [kytane] *adj* **affection/maladie ~e** skin infection/disease
cutter [kœtœr, kytɛr] *m* cutter
cuve [kyv] *f* **1.** (*pour vin*) vat; **~ à vin** wine vat **2.** (*pour pétrole, eau*) tank
cuvée [kyve] *f* vintage
cuver [kyve] <1> **I.** *vi* to ferment **II.** *vt* **~ son vin** *inf* to sleep it off
cuvette [kyvɛt] *f* **1.** (*récipient*) bowl **2.** (*partie creuse: d'un évier*) basin **3.** GEO basin
CV *abr de* **cheval fiscal** hp
C.V. *abr de* **curriculum vitæ**
cyanure [sjanyr] *m* cyanide
cyberboutique [sibɛrbutik] *f* cybershop
cybercafé [sibɛrkafe] *m* cybercafé
cyberespace [sibɛrɛspas] *m* cyberspace
cybernaute [sibɛrnot] *mf* INFORM cybernaut
cybernétique [sibɛrnetik] *f* cybernetics
cybersexe [sibɛrsɛks] *m* INFORM cybersex
cyclable [siklabl] *adj v.* **piste**
cyclamen [siklamɛn] *m* cyclamen
cycle [sikl] *m* **1.** BIO, MED, ASTR, ECON cycle **2.** ECOLE **premier ~** middle school; **deuxième ~** high school **3.** UNIV **premier ~** first two years (*leading to "DEUG" or equivalent*); **deuxième ~** final year (*leading to the "licence"*); **troisième ~** postgraduate study
cyclique [siklik] *adj* cyclic
cyclisme [siklism] *m sans pl* cycling
cycliste [siklist] **I.** *adj* **course ~** cycle race; **coureur ~** racing cyclist **II.** *mf* cyclist **III.** *m* cycling shorts *pl*
cyclocross, cyclo-cross [siklokrɔs] *m inv* cyclocross
cyclomoteur [siklomɔtœr] *m* scooter
cyclomotoriste [siklomɔtɔrist] *mf* scooter rider
cyclone [siklon] *m* **1.** (*tempête*) hurricane **2.** METEO cyclone
cyclope [siklɔp] *m* Cyclops
cyclotourisme [sikloturism] *m sans pl* bicycle touring
cygne [siɲ] *m* swan
cylindre [silɛ̃dr] *m* cylinder
cylindrée [silɛ̃dre] *f* **1.** *sans pl* (*volume*) capacity **2.** (*voiture*) **petite ~** small engine; **une grosse ~** (*moto*) high-powered bike
cylindrique [silɛ̃drik] *adj* cylindrical
cymbale [sɛ̃bal] *f sans pl* MUS cymbal
cynique [sinik] **I.** *adj* **1.** (*brutal*) cynical **2.** PHILOS cynic **II.** *mf a.* PHILOS cynic
cynisme [sinism] *m a.* PHILOS cynicism
cyprès [siprɛ] *m* cypress
cypriote [siprijɔt] *adj* Cypriot
Cypriote [siprijɔt] *mf* Cypriot

D

D, d [de] *m inv* D, d; **~ comme Désiré** (*au téléphone*) d as in Delta
d' *v.* **de**
d'abord [dabɔʀ] *v.* **abord**
d'accord [dakɔʀ] *v.* **accord**
dactylo [daktilo] **I.** *mf* typist **II.** *f abr de* **dactylographie: apprendre la ~** to learn to type
dactylographe [daktilɔgʀaf] *m Québec* (*machine à écrire*) typewriter
dactylographié(**e**) [daktilɔgʀafje] *adj* typewritten
dactylographier [daktilɔgʀafje] <1> *vt* (*lettre, texte*) to type; **un C.V. dactylographié** a typewritten resumé
dada[1] [dada] *m* **1.** *enfantin* (*cheval*) horsy **2.** *inf* (*marotte, manie*) hobbyhorse
dada[2] [dada] *adj inv* ART, LIT Dada; **le mouvement ~** Dadaism
dadais [dadɛ] *m* **grand ~** big oaf
dague [dag] *f* (*poignard*) dagger
dahlia [dalja] *m* dahlia
daigner [deɲe] <1> *vt* **~** *+infin* to deign to *+infin*
daim [dɛ̃] *m* **1.** ZOOL deer; (*mâle*) buck **2.** (*cuir*) suede
Dakota-du-Nord [dakɔtadynɔʀ] *m* **le ~** North Dakota
Dakota-du-Sud [dakɔtadysyd] *m* **le ~** South Dakota
dallage [dalaʒ] *m* paving; **~ de marbre** marble pavement
dalle [dal] *f* (*plaque*) slab ▶ **avoir la ~** *inf* to be ravenous; **que ~!** *inf* absolutely nothing, not a thing, zilch; **je**(**n'**)**y comprenais que ~** *inf* I couldn't understand a damn thing; **on** (**n'**)**y voyait que ~** *inf* we couldn't see a (damn) thing
dallé(**e**) [dale] *adj* paved
Damas [damɑs] Damascus
dame [dam] **I.** *f* **1.** (*femme*) lady; **grande ~** great lady; **la première ~ de France** the First Lady of France **2.** *pl* (*jeu*) checkers **3.** JEUX queen; **~ de trèfle** queen of clubs **II.** *interj inf* **~!** my word!
damer [dame] <1> *vt* **1.** (*tasser: terre*) to ram down; (*neige*) to pack down; **~ une piste de ski** to groom a ski slope **2.** JEUX (*aux échecs*) to queen; (*aux dames*) to crown
damier [damje] *m* **1.** JEUX checkerboard **2.** (*dessin*) check
damnation [dɑnasjɔ̃] *f sans pl* damnation
damné(**e**) [dɑne] **I.** *adj antéposé, inf* damned **II.** *m(f)* damned man, woman *m, f;* **les ~s** the damned
dandiner [dɑ̃dine] <1> *vpr* **se ~** to waddle
Danemark [danmaʀk] *m* **le ~** Denmark
danger [dɑ̃ʒe] *m* danger; **les ~s de la route** road hazards; **pas de ~!** no way!; **attention ~!** danger!; **~ de mort!** risk of death!; **courir un ~** to run a risk; **mettre qc en ~** to put sth in danger ▶ **un** (**vrai**) **~ public** *inf* a public menace
dangereusement [dɑ̃ʒʀøzmɑ̃] *adv* dangerously
dangereux, -euse [dɑ̃ʒʀø, -øz] *adj* dangerous; **zone dangereuse** danger zone
danois [danwa] *m* Danish; *v.a.* **français**
danois(**e**) [danwa, waz] *adj* Danish
Danois(**e**) [danwa, waz] *m(f)* Dane
dans [dɑ̃] *prep* **1.** (*à l'intérieur de*) in; **jouer ~ la cour** to play in the playground **2.** (*à travers*) through; (*dedans*) in; **regarder ~ une longue vue** to look through a telescope; **regarder ~ un miroir** to look in a mirror; **rentrer ~ un arbre** to run into a tree **3.** (*contenant*) **boire ~ un verre** to drink from a glass **4.** (*futur, dans un délai de, état, manière, cause*) in; **~ une heure** in an hour; **~ combien de temps?** when?; **~ les délais** on schedule; **~ ces conditions** in that case; **travailler ~ les ordinateurs** to work in computers **5.** (*dans le courant de*) during **6.** (*environ*) around; **peser ~ les 60 kilos** to weigh around 60 kilograms
dansant(**e**) [dɑ̃sɑ̃, ɑ̃t] *adj* (*mélodie*) skipping; (*rythme, reflet, lueur*) dancing
danse [dɑ̃s] *f* dance ▶ **mener la ~** to run the show
danser [dɑ̃se] <1> *vt, vi* to dance
danseur, -euse [dɑ̃sœʀ, -øz] *m, f* dancer; **~ étoile** principal (dancer), prima ballerina *m, f*
Danube [danyb] *m* **le ~** the Danube
dard [daʀ] *m* (*organe*) sting
dare-dare [daʀdaʀ] *adv inf* on the double
darwinisme [daʀwinism] *m* Darwinism
DASS [das] *f abr de* **Direction d'action sanitaire et sociale** ≈ Social Services (*government body dealing with child welfare*)
date [dat] *f* date; **~ limite d'envoi** deadline for submission; **à quelle ~?** on what date?; **amitié de longue ~** long-standing friendship; **en ~ du 10 mai** dated May 10
dater [date] <1> **I.** *vt* to date; **être daté du ...** to be dated ... **II.** *vi* **1.** (*remonter à*) **~ du XIV**[e] **siècle** (*objet, maison*) to date from the fourteenth century; **~ du mois dernier** (*changement, rencontre*) to date back to last month; **à ~ d'aujourd'hui** from [*o* as of] today; **~ dans la vie de qn** to be a big event is sb's life **2.** (*être démodé*) to date ▶ **ne pas ~ d'hier** to go back a long way
datif [datif] *m* dative
datte [dat] *f* date
dattier [datje] *m* date palm
dauphin [dofɛ̃] *m* ZOOL dolphin
dauphinois(**e**) [dofinwa, waz] *adj* from the Dauphiné
daurade [dɔʀad] *f* ZOOL sea bream
davantage [davɑ̃taʒ] *adv* **1.** (*plus: gagner, travailler, manger*) more; (**bien**) **~ de ...** a lot more of ... **2.** (*plus longtemps*) any longer

D.C.A. [deseɑ] *f abr de* **défense contre avions** anti-aircraft defense

de[1] [də, dy, de] <d', de la, du, des> *prep* **1.**(*point de départ*) from; **~ ... à ...** from ... to ... **2.**(*origine*) from; **venir ~ Paris/d'Angleterre** to be from Paris/England; **le vin d'Italie** Italian wine; **tu es d'où?** where are you from?; **le train ~ Paris** (*provenance*) the train from Paris; (*destination*) the train to Paris **3.**(*appartenance, partie*) of; **la femme d'Antoine** Antoine's wife; **la majorité des Français** the majority of French people **4.**(*matière*) **~ bois/verre** wooden/glass **5.**(*spécificité*) **roue ~ secours** spare tire **6.**(*contenu*) **un sac ~ pommes de terre** a bag of potatoes; **combien ~ kilos?** how many kilograms?; **un billet ~ cent dollars** a hundred-dollar bill; **une jeune fille ~ 20 ans** a twenty-year old girl; **avancer/reculer ~ 3 pas** to move 3 steps forward/back; **gagner 30 euros ~ l'heure** to earn 30 euros an hour **7.**(*qualification*) **cet idiot ~ Durand** that idiot Durand; **chienne ~ vie!** life's a bitch! **8.**(*qualité*) **ce film est d'un ennui/d'un triste!** this film is so boring/so sad **9.**(*particule nobiliaire*) de; **le général ~ Gaulle** General de Gaulle **10.**(*agent, temporel*) by; **~ quoi ...?** by what?; **~ qui?** who by?; **~ nuit** by night; **ne rien faire ~ la journée** to do nothing all day; **~ temps en temps** from time to time; **~ loin en loin** every now and then **11.**(*manière*) **~ mémoire** from memory **12.**(*moyen*) with; **faire signe ~ la main** to wave **13.**(*introduction d'un complément*) **c'est à toi ~ jouer** it's up to you now; **j'évite ~ sortir de la maison** I avoid leaving the house

de[2] [də, dy, de] <d', de la, du, des> *art partitif, parfois non traduit* **du vin/~ la bière/des gâteaux** (some) wine/beer/cakes; **il ne boit pas ~ vin/d'eau** he doesn't drink wine/water

dé[1] [de] *m* **1.**(*jeu*) die; **jeter les ~s** to throw the dice **2.**(*cube*) **couper qc en ~s** to dice sth ▶**les ~s sont jetés** the die is cast

dé[2] [de] *m* **~ à coudre** thimble

D.E.A. [deøɑ] *m abr de* **diplôme d'études approfondies** *diploma obtained before a PhD*

dealer [dilœʀ] *m inf* dealer

dealeur, -euse [dilœʀ, -øz] *m, f v.* **dealer**

déambuler [deɑ̃byle] <1> *vi* to stroll

débâcle [debɑkl] *f* **1.**(*déroute*) debacle **2.**(*fonte des glaces*) the break-up (of the ice)

déballage [debalaʒ] *m* **1.**(*opp: emballage: d'un paquet*) unpacking **2.**(*étalage: de marchandises, d'objets*) display **3.** *inf* (*désordre*) jumble **4.** *péj, inf* (*divulgations*) outpouring

déballer [debale] <1> *vt* **1.**(*sortir*) to unpack **2.** *inf* (*raconter: secrets*) come out with

débandade [debɑ̃dad] *f a.* MIL rout

débander [debɑ̃de] <1> **I.** *vt* **1.** MED **~ le bras à qn** to take the bandage off sb's arm **2.**(*enlever le bandeau*) **~ les yeux à qn** to take the blindfold off sb **II.** *vi inf* to go soft

débarbouiller [debaʀbuje] <1> **I.** *vt* **~ qn** to clean sb up (quickly) **II.** *vpr* **se ~** to clean oneself up (quickly)

débarbouillette [debaʀbujɛt] *f Québec* (*gant de toilette*) washcloth

débarcadère [debaʀkadɛʀ] *m* landing stage

débardeur [debaʀdœʀ] *m* **1.**(*pull sans bras*) sweater vest **2.**(*t-shirt sans bras*) tank top **3.**(*ouvrier*) docker

débarquement [debaʀkəmɑ̃] *m* **1.**(*opp: embarquement: des marchandises*) unloading; (*des voyageurs*) landing **2.**(*descente: des troupes*) landing

débarquer [debaʀke] <1> **I.** *vt* NAUT (*marchandises*) to unload; (*passagers*) to land **II.** *vi* **1.**(*opp: embarquer: passager*) to land; NAUT to disembark; (*troupes*) to land **2.** *inf* (*arriver*) **~ chez qn** to turn up at sb's place **3.** *inf* (*ne pas être au courant*) to have no idea what's going on

débarras [debaʀɑ] *m* junk room ▶**bon ~!** good riddance!

débarrasser [debaʀɑse] <1> **I.** *vt* (*pièce, grenier*) to clear out; (*table*) to clear; **~ qn de son manteau** to take sb's coat **II.** *vpr* **1.**(*ôter*) **se ~ de son manteau** to take off one's coat **2.**(*donner ou vendre*) **se ~ de vieux livres** to get rid of old books **3.**(*liquider*) **se ~ d'une affaire** to finish a matter **4.**(*éloigner*) **se ~ de qn** to get rid of sb

débat [deba] *m* **1.**(*discussion*) discussion **2.**(*discussion entre deux candidats*) debate **3.** JUR proceedings, hearing

débattre [debatʀ] *irr* **I.** *vt* to discuss; (*de façon formelle*) to debate ▶**à ~** negotiable; **prix à ~** price negotiable **II.** *vi* **~ de qc** to discuss sth **III.** *vpr* **se ~** to struggle

débauche [deboʃ] *f* **1.**(*vice*) debauchery **2.**(*abondance, excès*) abundance

débauché(e) [deboʃe] *m(f)* debauchee

débaucher [deboʃe] <1> **I.** *vt* **1.**(*détourner d'un travail*) to lure away **2.**(*licencier*) to lay off **II.** *vpr* **se ~** to take to a life of debauchery

débile [debil] **I.** *adj* **1.** *inf* (*stupide*) crazy **2.**(*atteint de débilité*) feeble-minded **3.**(*frêle: corps*) feeble; (*enfant*) sickly; (*santé*) poor **II.** *mf* **1.** MED person with a weak constitution; **~ mental** feeble-minded person **2.** *péj, inf* (*imbécile*) cretin

débilité [debilite] *f* **1.** MED (*de l'esprit*) feebleness; (*du corps*) weakness **2.** *inf* (*stupidité*) idiocy

débiner [debine] <1> **I.** *vt inf* (*dénigrer*) **~ qn** to run sb down **II.** *vpr inf* **se ~** to clear out

débit [debi] *m* **1.** COM turnover **2.**(*écoulement: d'un tuyau, d'une rivière*) rate of flow **3.**(*élocution*) delivery **4.** FIN debit; **le ~ et le crédit** debit and credit

débiter [debite] <1> *vt* **1.** FIN **~ un compte de 100 euros** to debit 100 euros from an account **2.**(*vendre*) to sell **3.** *péj* (*dire: discours, poème*) to spew out; (*banalités, sottises*) to come out with **4.**(*produire*) to produce **5.**(*écouler*) **le robinet/le tuyau débite une**

grande quantité d'eau the tap/pipe has a high flow (rate) **6.** (*découper: tissu, viande*) to cut up; (*bois*) to saw up

débiteur, -trice [debitœʀ, -tʀis] **I.** *m, f* debtor; **être le ~ de qn** to be in debt to sb **II.** *adj* (*compte*) in debit; **un solde ~** a debit balance

déblais [deblɛ] *mpl* rubble

déblatérer [deblateʀe] <5> *vi inf* **~ contre** [*o* **sur**] **qn/qc** to sound off about sb/sth

déblayer [debleje] <7> *vt* (*débarrasser*) to clear

déblocage [deblɔkaʒ] *m* **1.** TECH (*d'un frein, mécanisme*) releasing **2.** ECON (*du crédit, des prix*) relaxation **3.** (*issue: de la situation, d'une crise*) easing

débloquer [deblɔke] <1> **I.** *vt* **1.** TECH (*frein*) to release; (*écrou, vis*) to loosen; (*serrure, porte*) to unjam **2.** ECON (*crédit, marchandise*) to release **3.** (*trouver une issue à: crise*) to ease **II.** *vi inf* to be crazy **III.** *vpr* TECH **se ~** (*vis*) to loosen; (*serrure, porte*) to unjam

déboguer [debɔge] <1> *vt* INFORM **~ qc** to debug sth

déboires [debwaʀ] *mpl* **1.** (*déceptions*) disappointments **2.** (*épreuves*) trials **3.** (*revers*) setbacks

déboisement [debwazmɑ̃] *m* deforestation

déboiser [debwaze] <1> *vt* to deforest; **région déboisée** deforested area

déboîter [debwate] <1> **I.** *vt* **1.** MED **sa chute lui a déboîté une épaule** he dislocated his shoulder when he fell **2.** (*démonter: porte*) to take off its hinges; (*tuyaux*) to disconnect **II.** *vpr* **se ~ une épaule** to dislocate a shoulder **III.** *vi* AUTO to pull out

débordant(e) [debɔʀdɑ̃, ɑ̃t] *adj* (*activité*) frenzied; (*enthousiasme, imagination, joie*) unbridled

débordé(e) [debɔʀde] *adj* **1.** (*submergé*) overwhelmed **2.** (*détaché du bord: drap*) untucked; (*lit*) unmade

débordement [debɔʀdəmɑ̃] *m* **1.** (*inondation: d'un liquide, d'une rivière*) overflowing **2.** (*flot, explosion*) **~ de paroles** flood of words **3.** *gén pl* (*désordres*) uncontrolled behavior **4.** *pl* (*excès*) excess

déborder [debɔʀde] <1> **I.** *vi* **1.** (*sortir: liquide, récipient*) to overflow; (*lac, rivière*) to burst its banks **2.** (*être plein de*) **~ de joie** to be overflowing with joy **3.** (*dépasser les limites*) **~ sur le terrain voisin** to grow out onto the neighboring land **II.** *vt* **1.** (*dépasser*) **~ les autres** to stand out from the others **2.** (*aller au-delà de*) **il déborda le temps imparti** he overran (his time) **3.** MIL, POL, SPORT **se laisser ~** to be outflanked **4.** (*être dépassé*) **être débordé par qn/qc** to be overwhelmed by sb/sth

débouché [debuʃe] *m* **1.** (*marché*) outlet **2.** *pl* (*perspectives*) prospects **3.** (*issue*) opening; (*d'une rue*) end

déboucher [debuʃe] <1> **I.** *vt* **1.** (*désobstruer: nez, lavabo*) to unclog **2.** (*ouvrir*) to open; (*bouteille*) to uncork; (*tube*) to take the top off **II.** *vpr* **se ~** (*tuyau, lavabo, nez*) to unclog **III.** *vi* **1.** (*sortir: piéton*) to step out; (*véhicule*) to move out **2.** (*sortir à grande vitesse: véhicule*) to hurtle out **3.** (*aboutir*) **~ dans/sur une rue** (*personne, voie*) to come out into/onto a road **4.** (*aboutir à*) **~ sur qc** to lead onto sth

déboucler [debukle] <1> *vt* (*ceinture*) to undo

débouler [debule] <1> *vi fig, inf* (*faire irruption*) **~ chez qn** to burst in on sb

débourser [debuʀse] <1> *vt* to pay (out)

déboussolé(e) [debusɔle] *adj* **être ~** to be totally lost

déboussoler [debusɔle] <1> *vt inf* **~ qn** to disorientate sb

debout [d(ə)bu] *adj, adv inv* **1.** (*en position verticale: personne*) standing (up); **manger/voyager ~** to stand while eating/traveling; **être ~** to be standing up; **se mettre ~** to get up; **poser qc ~** to stand sth up (straight); **il tient ~ tout seul** (*personne*) he can stand up on his own; (*chose*) it stands up by itself **2.** (*levé*) **être/rester ~** to be/stay up **3.** (*opp: malade, fatigué*) **je ne tiens plus ~** I'm ready to drop **4.** (*en bon état*) **tenir encore ~** (*construction, institution*) to be still standing ▶ **dormir ~ elle dort ~** she's dead on her feet; **tenir ~** (*théorie, histoire*) to hold water

déboutonner [debutɔne] <1> **I.** *vt* (*chemise, gilet*) to unbutton; (*bouton*) to undo **II.** *vpr* **se ~** (*personne*) to undo one's buttons; (*vêtement*) to come undone

débraillé(e) [debʀɑje] *adj* (*personne, tenue, allure*) scruffy; (*manières*) slovenly

débrancher [debʀɑ̃ʃe] <1> *vt* to unplug

débrayage [debʀɛjaʒ] *m* **1.** AUTO letting the clutch out **2.** (*grève*) stoppage

débrayer [debʀeje] <7> *vi* **1.** AUTO to release the clutch **2.** (*faire grève*) to stop work

débridé(e) [debʀide] *adj* unbridled

débris [debʀi] *m* **1.** *gén pl* (*fragment*) bits; (*d'une explosion*) debris **2.** *pl* (*restes*) remains

débrouillard(e) [debʀujaʀ, jaʀd] **I.** *adj inf* resourceful; **être ~** to know how to handle things **II.** *m(f) inf* shrewd operator

débrouillardise [debʀujaʀdiz] *f* resourcefulness

débrouiller [debʀuje] <1> **I.** *vt* **1.** (*démêler: écheveau, fil*) to unravel **2.** (*élucider: affaire*) to sort out **3.** *inf* (*former*) **~ qn** to show sb the basics **II.** *vpr inf* **se ~** (*s'en sortir*) to manage; (*réussir*) to sort things out; **se ~ pour** +*infin* to fix it to +*infin*

débroussailler [debʀusɑje] <1> *vt* **1.** (*défricher: terrain*) to clear **2.** (*éclaircir*) **~ une affaire/un texte** to do the groundwork on a deal/a text

débusquer [debyske] <1> *vt* (*animal*) to drive out; (*personne*) to flush out

début [deby] *m* **1.** (*commencement*) beginning; **au ~ de qc** at the beginning of sth; **du ~**

à la fin from beginning to end **2.** *pl* (*tentatives, apparitions*) **les ~s de qn dans/à qc** sb's early days in sth; **il va faire ses ~s dans qc** he is going to make his debut in sth

débutant(e) [debytɑ̃, ɑ̃t] **I.** *adj* (*joueur, footballeur*) novice; **un pianiste ~** a pianist making his debut **II.** *m(f)* **1.** (*élève, ouvrier*) beginner; SPORT novice **2.** (*acteur*) actor making his debut

débuter [debyte] <1> *vt, vi* to start; **elle va ~ au théâtre** she is going to make her debut on stage

deçà [dəsa] **être en ~ de la vérité** to be short of the truth

déca [deka] *m inf abr de* **décaféiné** decaf

décacheter [dekaʃte] <3> *vt* (*lettre*) to open; (*document scellé*) to break open

décade [dekad] *f* **1.** (*dix jours*) ten-day period **2.** (*décennie*) decade

décadence [dekadɑ̃s] *f* **1.** (*état*) decadence **2.** (*déclin*) decline

décadent(e) [dekadɑ̃, ɑ̃t] *adj* (*art, civilisation*) decadent

décaféiné [dekafeine] *m* decaffeinated

décalage [dekalaʒ] *m* **1.** (*action: d'un horaire*) pushing back **2.** (*écart temporel*) time difference; (*entre événements*) time lag; (*après un vol*) jet lag **3.** (*écart spatial*) staggering **4.** (*différence*) discrepancy

décalcification [dekalsifikasjɔ̃] *f* MED decalcification

décalcomanie [dekalkɔmani] *f* transfer

décalé(e) [dekale] *adj* **1.** (*non aligné*) **la maison est ~e** the house is set back/forward **2.** (*bancal*) wobbly **3.** (*inattendu: humour, ton*) off-key **4.** (*déphasé*) **être ~** (*dans le temps*) out of sync; (*dans une société*) out of step

décaler [dekale] <1> **I.** *vt* **1.** (*avancer/retarder*) **~ qc d'un jour** to bring sth forward/push sth back a day **2.** (*déplacer: meuble, appareil*) to move forward/back; (*titre, paragraphe*) to shift **II.** *vpr* **se ~ en arrière/vers la droite** to move back/to the right

décalquer [dekalke] <1> *vt* **1.** (*copier*) **~ qc sur qc** to trace sth on to sth **2.** (*reporter*) **~ qc sur qc** to transfer sth on to sth

décamper [dekɑ̃pe] <1> *vi inf* to clear out

décanter [dekɑ̃te] <1> **I.** *vt* (*liquide, vin*) to allow to settle **II.** *vi* (*liquide, vin*) to settle **III.** *vpr* **se ~** (*liquide*) to settle; (*idées, réflexions*) to get clearer; (*choses, situation*) to settle down

décapant [dekapɑ̃] *m* **1.** (*pour métal*) abrasive **2.** (*pour peinture*) stripper

décapant(e) [dekapɑ̃, ɑ̃t] *adj* **1.** (*abrasif: produit*) stripping; (*pouvoir*) abrasive **2.** (*sans complaisance: article, humour*) caustic

décaper [dekape] <1> *vt* (*métal*) to clean; (*bois, meuble*) to strip

décapiter [dekapite] <1> *vt* **1.** (*étêter: condamné*) to behead; (*fleur*) to take the head off **2.** *fig* (*parti, réseau*) to leave without a leader

décapotable [dekapɔtabl] **I.** *adj* convertible **II.** *f* convertible

décapsuler [dekapsyle] <1> *vt* (*bouteille*) to take the top off

décapsuleur [dekapsylœʀ] *m* bottle opener

décarcasser [dekaʀkase] <1> *vpr inf* **se ~ pour** +*infin* to kill oneself to +*infin*

décathlon [dekatlɔ̃] *m* decathlon

décauser [dekoze] <1> *vt Belgique* (*dire du mal de*) to be nasty about

décédé(e) [desede] *adj* deceased

décéder [desede] <5> *vi être form* to pass away

déceler [des(ə)le] <4> *vt* **1.** (*découvrir*) to detect; (*cause, raison, intrigue*) to discover; (*sentiment, fatigue*) to discern **2.** (*être l'indice de*) to reveal

décembre [desɑ̃bʀ] *m* December; *v.a.* **août**

décemment [desamɑ̃] *adv* **1.** (*se comporter*) properly; (*s'habiller*) decently **2.** (*assez bien*) reasonably

décence [desɑ̃s] *f* decency

décennie [deseni] *f* decade

décent(e) [desɑ̃, ɑ̃t] *adj* decent

décentralisation [desɑ̃tʀalizasjɔ̃] *f* decentralization

décentraliser [desɑ̃tʀalize] <1> **I.** *vt* to decentralize **II.** *vpr* **se ~** to be decentralized

décentrer [desɑ̃tʀe] <1> **I.** *vt* to move off-center **II.** *vpr* **se ~** to shift off-center

déception [desɛpsjɔ̃] *f* disappointment

décerner [desɛʀne] <1> *vt* to award

décès [desɛ] *m form* (*mort*) death

décevant(e) [des(ə)vɑ̃, ɑ̃t] *adj* disappointing

décevoir [des(ə)vwaʀ] <12> *vt* to disappoint; **ça m'a déçu** it was a disappointment to me

déchaîné(e) [deʃene] *adj* (*passions, vent, mer*) raging; (*instincts*) unbridled; (*foule, enfant*) wild; **être ~ contre qn/qc** to be furious with sb/sth

déchaînement [deʃɛnmɑ̃] *m* (*de la tempête, mer*) raging; (*de la haine, violence, des passions*) unleashing; (*attaque*) outburst

déchaîner [deʃene] <1> **I.** *vt* (*passions*) to unleash; (*enthousiasme, conflit, indignation*) to arouse **II.** *vpr* **se ~** to fly into a rage; **se ~ contre qn/qc** to blow up at sb/sth

déchanter [deʃɑ̃te] <1> *vi inf* **il va ~** he will lose his illusions

décharge [deʃaʀʒ] *f* **1.** (*dépôt*) dump **2.** (*salve: de carabine*) shot; (*de plombs*) volley **3.** ELEC, JUR discharge; **recevoir une ~** to get a shock

déchargement [deʃaʀʒəmɑ̃] *m* unloading

décharger [deʃaʀʒe] <2a> **I.** *vt* **1.** (*débarrasser de sa charge: voiture*) to unload **2.** (*enlever, débarquer: passagers*) to land **3.** (*libérer*) **~ qn d'un travail** to relieve sb of a job **4.** (*soulager*) to vent **5.** ELEC, JUR to discharge **II.** *vpr* **1.** (*se libérer*) **se ~ du travail sur qn** to pass work off onto sb **2.** ELEC (*batterie*) **se ~** to go flat **III.** *vi inf* (*éjaculer*) to come

décharné(e) [deʃaʀne] *adj* emaciated

déchausser [deʃose] <1> **I.** *vt* (*skis*) to take off; **~ qn** to take sb's shoes off **II.** *vpr* **se ~**

1. (*enlever ses chaussures*) **se ~** to take one's shoes off **2.** MED (*dent*) to come loose

dèche [dɛʃ] *f inf* utter poverty

déchéance [deʃeɑ̃s] *f* **1.** (*déclin*) degeneration; (*d'une civilisation*) decline **2.** JUR (*d'un souverain*) deposition; **~ de l'autorité paternelle** loss of parental rights

déchet [deʃɛ] *m pl* (*ordures*) waste; (*restes*) scraps; **~s biodégradables/nucléaires** biodegradable/nuclear waste

déchetterie [deʃɛtʀi] *f* waste collection center

déchiffrer [deʃifʀe] <1> **I.** *vt* **1.** (*décrypter: message, code, hiéroglyphes*) to decipher **2.** MUS **~ un morceau** to sight-read a piece **3.** (*déceler: intentions*) to work out; (*sentiments*) to make out **II.** *vi* MUS to sight-read

déchiqueté(e) [deʃikte] *adj* (*feuille*) jagged-edged; (*côte, sommet*) jagged

déchiqueter [deʃikte] <3> *vt* to tear to pieces

déchirant(e) [deʃiʀɑ̃, ɑ̃t] *adj* heart-rending

déchiré(e) [deʃiʀe] *adj* torn

déchirement [deʃiʀmɑ̃] *m* **1.** (*déchirure: d'un muscle, d'un tissu*) tearing **2.** (*souffrance*) heartache **3.** (*divisions*) splits

déchirer [deʃiʀe] <1> **I.** *vt* **1.** (*déchirer*) to tear; **~ qc en morceaux** to tear sth up **2.** (*couper: enveloppe*) to tear (open) **3.** (*troubler: silence*) to tear through **4.** (*faire souffrir*) **~ qn** to tear sb apart **5.** (*diviser: parti, pays*) to split **II.** *vpr* **1.** (*rompre*) **se ~** (*sac*) to tear (open); (*vêtement*) to get torn; (*nuage*) to break up; (*cœur*) to break **2.** MED **se ~ un muscle** to tear a muscle **3.** (*se quereller*) **se ~** to tear each other apart

déchirure [deʃiʀyʀ] *f* **1.** (*accroc: d'un vêtement*) tear **2.** MED **~ ligamentaire/musculaire** torn ligament/muscle **3.** (*trouée: du ciel*) break

déchu(e) [deʃy] *adj* **1.** (*souverain*) dethroned **2.** JUR **être ~ d'un droit** to forfeit a right **3.** REL fallen

déci [desi] *m Suisse* (*décilitre de vin*) deciliter (*of wine*)

décibel [desibɛl] *m* decibel

décidé(e) [deside] *adj* (*air, personne*) decisive; **c'est ~, ...** it's (all) settled; **je suis ~ à partir** my mind's made up - I'm leaving

décidément [desidemɑ̃] *adv* **1.** (*après répétition d'une expérience désagréable*) well! **2.** (*après hésitation ou réflexion*) **oui, ~, c'est bien lui le meilleur!** yes, he's the best, definitely!

décider [deside] <1> **I.** *vt* **1.** (*prendre une décision*) to decide on; **~ de** *+infin* to decide to *+infin* **2.** (*persuader*) **~ qn à** *+infin* to convince sb to *+infin* **II.** *vi* **~ de qc** to determine sth **III.** *vpr* **1.** (*être fixé*) **se ~** (*chose, événement*) to be decided **2.** (*prendre une décision*) **se ~** to decide; **se ~ à** *+infin* to make a decision to *+infin*

décigramme [desigʀam] *m* decigram

décilitre [desilitʀ] *m* deciliter

décimal(e) [desimal, -o] <-aux> *adj* decimal; **le système ~** the decimal system

décimer [desime] <1> *vt* to decimate

décimètre [desimɛtʀ] *m* **1.** (*mesure*) decimeter **2.** (*règle*) **double ~** ruler

décisif, -ive [desizif, -iv] *adj* (*moment, bataille*) critical; (*argument, preuve, ton*) decisive; (*intervention, rôle*) crucial

décision [desizjɔ̃] *f* **1.** (*choix*) decision; **prendre une ~** to make a decision **2.** (*fermeté*) decisiveness; **avoir l'esprit de ~** to be decisive

déclamatoire [deklamatwaʀ] *adj* (*ton, style*) declamatory

déclamer [deklame] <1> *vt* (*poème, vers*) to declaim

déclaration [deklaʀasjɔ̃] *f* **1.** (*discours, témoignage*) statement **2.** (*propos*) declaration; **~ des droits de l'homme et du citoyen** Declaration of the Rights of Man and of the Citizen **3.** (*aveu d'amour*) **~ d'amour** declaration of love **4.** ADMIN (*enregistrement: d'un décès, changement de domicile*) registration **5.** (*formulaire*) **~ d'accident** accident report

déclaré(e) [deklaʀe] *adj* (*socialiste, athée*) avowed; (*ennemi*) sworn

déclarer [deklaʀe] <1> **I.** *vt* **1.** (*annoncer*) **~ que ...** to say that ...; **il va lui ~ son amour** he is going to declare his love to her; **~ qn coupable** to find sb guilty; **~ la guerre** to declare war **2.** (*enregistrer: employé, marchandise*) to declare; (*décès, naissance*) to register; **(vous n'avez) rien à ~?, vous avez quelque chose à ~?** (have you) anything to declare? **II.** *vpr* **1.** (*se manifester*) **se ~** (*incendie, orage*) to break out; (*fièvre, maladie*) to set in **2.** (*se prononcer*) **se ~ pour/contre qn/qc** to declare oneself for/against sb/sth **3.** (*se dire*) **se ~ l'auteur du crime** to admit to having committed the crime **4.** (*faire une déclaration d'amour*) **se ~ à qn** to declare oneself to sb

déclassé(e) [deklase] *adj* **1.** (*pas dans l'ordre*) out of order **2.** (*dans une catégorie plus basse*) downgraded

déclenchement [deklɑ̃ʃmɑ̃] *m* (*d'un mécanisme*) activation; (*d'un conflit*) setting off; (*d'une offensive*) launch

déclencher [deklɑ̃ʃe] <1> **I.** *vt* **1.** TECH (*ressort*) to release; (*mécanisme*) to activate **2.** (*provoquer: conflit, réaction*) to set off; (*offensive*) to launch **II.** *vpr* **se ~** (*mécanisme*) to be set off; (*attaque, grève*) to be launched

déclencheur [deklɑ̃ʃœʀ] *m* release; PHOT shutter release

déclic [deklik] *m* **1.** (*mécanisme*) release mechanism **2.** (*bruit*) click ▶ **c'est/ça a été le ~** something went click (in my mind)

déclin [deklɛ̃] *m* (*des forces physiques et mentales*) decline; (*de la popularité*) falling off; (*du jour*) closing; (*du soleil*) setting

déclinaison [deklinɛzɔ̃] *f* **1.** LING declension **2.** ASTR declination

décliner [dekline] <1> **I.** *vt* **1.** (*refuser*) *a.* LING

to decline **2.** (*dire*) to state **II.** *vi* **1.** (*baisser: jour*) to draw to a close; (*forces, prestige*) to decline **2.** ASTR to set **III.** *vpr* **se ~** LING to decline
décocher [dekɔʃe] <1> *vt* **~ une remarque/une réponse à qn** to fire off a comment/an answer at sb
décoder [dekɔde] <1> *vt* (*message*) to decode
décodeur [dekɔdœʀ] *m* decoder
décoiffer [dekwafe] <1> **I.** *vt* **~ qn** to spoil sb's hair; **elle est toute décoiffée** her hair is in a mess **II.** *vi* **ça décoiffe** *inf* it makes you sit up
décoincer [dekwɛ̃se] <2> *vt* **1.** (*dégager: pied, doigt, tiroir, pièce*) to get loose; (*porte*) to unjam **2.** *inf* (*détendre*) **~ qn** to make sb less uptight
décolérer [dekɔleʀe] <5> *vi* **ne pas ~** to be constantly angry; **il ne décolère pas contre elle** he's still furious with her
décollage [dekɔlaʒ] *m* **1.** (*envol*) *a.* ECON takeoff; **~ économique** economic takeoff **2.** (*décollement: d'un papier peint, timbre-poste*) removal
décoller [dekɔle] <1> **I.** *vt* (*timbre*) to unstick **II.** *vi* **1.** AVIAT, ECON to take off; **nous décollons à 13 h** takeoff is at one o'clock **2.** *inf* (*partir, sortir*) **ne pas ~ du lit** not to move from bed; **ne pas ~ de devant la télé** to be glued to the TV; **ne pas ~ de chez qn** to refuse to leave sb's place **3.** *inf* (*maigrir*) to slim down **III.** *vpr* **se ~** (*timbre*) to peel off; (*carrelage*) to come off; (*rétine*) to become detached
décolleté [dekɔlte] *m* décolleté; **~ plongeant** plunging neckline
décolleté(e) [dekɔlte] *adj* **1.** (*échancré: vêtement*) low-cut **2.** (*dénudé: personne*) décolleté
décolonisation [dekɔlɔnizasjɔ̃] *f a. fig* decolonization
décoloniser [dekɔlɔnize] <1> *vt* (*pays, habitants*) to decolonize
décolorant [dekɔlɔʀɑ̃] *m* bleaching agent
décolorant(e) [dekɔlɔʀɑ̃, ɑ̃t] *adj* (*action, pouvoir*) bleaching; **shampooing ~** peroxide shampoo
décoloration [dekɔlɔʀasjɔ̃] *f* decolorization; (*des cheveux*) bleaching; (*des rideaux, de la tapisserie, d'une matière*) fading
décoloré(e) [dekɔlɔʀe] *adj* (*cheveux, poils*) bleached; (*couleur*) washed-out; (*papier, affiches*) faded; (*lèvres*) pale
décolorer [dekɔlɔʀe] <1> **I.** *vt* **~ des tissus/vêtements avec qc** to take the color out of cloth/clothes with sth; **~ des cheveux avec qc** to bleach hair with sth **II.** *vpr* **1.** (*perdre sa couleur*) **se ~** (*cheveux*) to lose its color; (*étoffe*) to fade **2.** (*enlever la couleur*) **se ~ les cheveux** to bleach one's hair
décombres [dekɔ̃bʀ] *mpl* rubble; *fig* ruins
décommander [dekɔmɑ̃de] <1> **I.** *vt* (*rendez-vous, réunion*) to call off; (*marchandise*) to cancel; **~ qn** to put sb off **II.** *vpr* **se ~** to cancel
décomplexé(e) [dekɔ̃plɛkse] *adj inf* laid-back
décomplexer [dekɔ̃plɛkse] <1> *vt inf* **~ qn** to make sb feel more laid-back
décomposé(e) [dekɔ̃poze] *adj* **1.** (*putréfié: substance organique*) rotting; (*cadavre*) decomposed **2.** (*altéré: visage, traits*) distorted
décomposer [dekɔ̃poze] <1> **I.** *vt* **1.** (*détailler, diviser*) *a.* CHIM, MATH, LING to break down **2.** PHYS to resolve **3.** MATH to factor **4.** LING to parse **5.** (*analyser: idée, problème, savoir*) to analyze **6.** (*altérer: substance*) to rot; (*morale*) to shake; (*visage, trait*) to unsettle **II.** *vpr* **1.** (*se diviser, se détailler*) **se ~ en qc** CHIM to break down into sth; PHYS, MATH to resolve into sth; MATH to factor into sth; LING to be analyzable as **2.** (*pouvoir s'analyser*) **se ~ en qc** (*problème, idée, savoir*) to break down into sth **3.** (*s'altérer*) **se ~** (*substance organique*) to rot; (*cadavre*) to decompose; (*visage, traits*) to collapse; (*société*) to break down
décomposition [dekɔ̃pozisjɔ̃] *f* **1.** (*détail, chute*) *a.* CHIM breakdown **2.** PHYS, MATH resolution **3.** (*analyse: d'un problème, d'une difficulté*) analysis **4.** (*putréfaction: d'une substance organique*) rotting; (*d'un cadavre*) decomposition
décompresser [dekɔ̃pʀese] <1> *vi inf* to relax
décompression [dekɔ̃pʀesjɔ̃] *f* (*dilatation*) *a.* INFORM decompression
décomprimer [dekɔ̃pʀime] <1> *vt* TECH (*air*) to decompress
décompte [dekɔ̃t] *m* **1.** (*compte: des bulletins de vote*) counting; (*des points*) reckoning; **faire le ~ de qc** to reckon sth (up) **2.** (*facture*) statement **3.** (*déduction*) deduction
déconcentration [dekɔ̃sɑ̃tʀasjɔ̃] *f* ADMIN decentralization
déconcentré(e) [dekɔ̃sɑ̃tʀe] *adj* decentralized
déconcentrer [dekɔ̃sɑ̃tʀe] <1> **I.** *vt* **1.** ADMIN, ECON to decentralize **2.** (*dévier l'attention de qn*) **~ qn** to disturb sb's concentration; **cela m'a déconcentré de mon travail** that made my attention wander from my work **II.** *vpr* **se ~** to lose one's concentration
déconcertant(e) [dekɔ̃sɛʀtɑ̃, ɑ̃t] *adj* disconcerting
déconcerter [dekɔ̃sɛʀte] <1> *vt* to disconcert
déconfit(e) [dekɔ̃fi, it] *adj* downcast
déconfiture [dekɔ̃fityʀ] *f* **1.** *inf* (*faillite*) collapse; **être en (pleine) ~** (*entreprise, personne*) to be falling apart **2.** *inf* (*chute: d'un parti politique, de l'État, des valeurs morales*) collapse; (*d'une armée*) rout **3.** JUR bankruptcy
décongeler [dekɔ̃ʒ(ə)le] <4> *vt, vi* to defrost
déconnecter [dekɔnɛkte] <1> **I.** *vt* **1.** ELEC, INFORM to disconnect **2.** (*séparer*) **~ qn/qc du monde environnant** to cut sb/sth off from the world around them/it **II.** *vi inf* to take a break **III.** *vpr* **se ~ de son travail** get away from one's work
déconner [dekɔne] <1> *vi inf* **1.** (*dire des*

D

bêtises) to talk (a load of) bull **2.** (*faire des bêtises*) to fool around **3.** (*être détraqué*) ~ **complètement** to be completely haywire; **déconne pas!** stop fooling around! ▶ **faut pas ~!** come off it!

déconseillé(e) [dekɔ̃seje] *adj* unadvisable

déconseiller [dekɔ̃seje] <1> *vt* ~ **qc à qn** to advise sb against sth; ~ **à un collègue de faire qc** to advise a colleague against doing sth

déconsidérer [dekɔ̃sideʀe] <5> **I.** *vt* to discredit **II.** *vpr* **se ~ auprès de qn** to completely lose sb's respect

décontamination [dekɔ̃taminasjɔ̃] *f* decontamination

décontaminer [dekɔ̃tamine] <1> *vt* (*lieu, personne, rivière*) to decontaminate; INFORM (*disquettes*) to repair

décontenancer [dekɔ̃t(ə)nɑ̃se] <2> **I.** *vt* to disconcert **II.** *vpr* **se ~** to lose one's composure

décontracté(e) [dekɔ̃tʀakte] **I.** *adj* **1.** (*détendu: partie du corps, personne*) relaxed **2.** *inf* (*sûr de soi*) laid-back; *péj* cocksure **3.** *inf* (*non guindé: atmosphère, situation, style, ton*) relaxed; (*tenue*) casual **II.** *adv inf* (*s'habiller*) casually; (*conduire*) in a relaxed way

décontracter [dekɔ̃tʀakte] <1> **I.** *vt* to relax **II.** *vpr* **se ~** to relax

décontraction [dekɔ̃tʀaksjɔ̃] *f* **1.** (*détente: du corps, d'une personne*) relaxation **2.** (*désinvolture*) casualness; *péj* (rather) casual manner

décor [dekɔʀ] *m* **1.** (*agencement, art de la décoration*) decoration **2.** THEAT scenery; CINE set **3.** (*cadre*) scenery; (*arrière-plan*) setting; **un ~ de hautes montagnes** in mountain scenery **4.** (*style*) decor; ~ **Empire/Louis XV** Empire/Louis XV decor ▶ **envoyer qn dans le ~** *inf* to push sb off the road; **planter le ~** to set up the scenery

décorateur, -trice [dekɔʀatœʀ, -tʀis] *m, f* **1.** (*designer*) decorator; ~ **d'intérieurs** interior decorator **2.** CINE, THEAT designer

décoratif, -ive [dekɔʀatif, -iv] *adj* decorative; **motifs ~s** ornamental motifs

décoration [dekɔʀasjɔ̃] *f* **1.** (*fait de décorer, résultat, distinction*) decoration **2.** (*art*) decorative art

décoré(e) [dekɔʀe] *adj* **1.** (*orné: lieu, plat*) decorated; (*vitrines*) dressed **2.** (*médaillé: personne*) decorated; (*sur ses habits*) wearing a decoration

décorer [dekɔʀe] <1> *vt* to decorate; ~ **une vitrine de qc** to dress a window with sth; ~ **qn d'une médaille** to decorate sb with a medal

décortiquer [dekɔʀtike] <1> *vt* **1.** (*enlever l'enveloppe: arbre, tige*) to take the bark off; (*noix, noisettes, graines*) to shell **2.** (*détailler: texte*) to dissect; (*affaire*) to examine from every angle

découcher [dekuʃe] <1> *vi* to spend the entire night out

découdre [dekudʀ] *irr* **I.** *vt* (*boutons*) to take off; (*ourlet, doublure*) to unpick ▶ **être décidé** [*o* **prêt**] **à en ~ avec qn** to be ready to have it out with sb **II.** *vpr* **se ~** to come unstitched

découler [dekule] <1> *vi* ~ **de qc** to ensue from sth; ~ **d'un droit** to follow from a right; **il découle de qc ...** it follows from sth ...; **il en découle qu'il a tort** it follows that he is wrong

découpage [dekupaʒ] *m* **1.** (*fait de trancher avec un couteau: d'un gâteau*) cutting (up); (*d'une viande*) (*par le boucher*) cutting up; (*pour servir*) carving; (*d'une volaille*) jointing **2.** (*fait de couper suivant un contour, tracé*) cutout **3.** ADMIN, POL division **4.** CINE (*d'un film*) division into scenes

découpe [dekup] *f* **1.** COUT inset **2.** TECH cutting up; (*avec une scie*) sawing up

découpé(e) [dekupe] *adj* (*côte, sommet, relief*) jagged; (*feuille*) jagged(-edged)

découper [dekupe] <1> **I.** *vt* **1.** (*trancher: gâteau*) to cut (up); (*volaille*) joint; (*tranche de saucisson*) to slice; ~ **la viande** (*boucher*) to cut the meat; (*serveur*) to carve the meat **2.** (*couper suivant un contour, tracé: tissu, moquette*) to cut out; ~ **un article dans qc** to cut out an article from sth **II.** *vpr* (*se profiler*) **se ~ dans/sur qc** to stand out against sth

découragé(e) [dekuʀaʒe] *adj* discouraged

décourageant(e) [dekuʀaʒɑ̃, ʒɑ̃t] *adj* discouraging; (*nouvelle, résultats, travail*) disheartening

découragement [dekuʀaʒmɑ̃] *m* discouragement

décourager [dekuʀaʒe] <2a> **I.** *vt* to discourage; ~ **qn de la création d'une entreprise** to discourage sb from starting up a business **II.** *vpr* **se ~** to get discouraged

décousu [dekuzy] *m sans pl* disjointed/rambling nature

décousu(e) [dekuzy] *adj* **1.** COUT unstitched **2.** (*dépourvu de logique: conversation, récit, devoir*) disjointed; (*idées*) incoherent; (*style*) rambling

découvert [dekuvɛʀ] *m* **1.** FIN deficit; (*d'un compte*) overdraft **2.** MIL (*terrain*) exposed terrain ▶ **à ~** FIN in deficit; (*compte*) overdrawn; (*ouvertement*) openly; MIL exposed

découvert(e) [dekuvɛʀ, ɛʀt] *adj* **1.** (*nu*) bare **2.** (*dégagé: lieu, zone*) open

découverte [dekuvɛʀt] *f* discovery; **faire la ~ de qc** to discover sth; **partir à la ~** to set out on a journey of discovery

découvrir [dekuvʀiʀ] <11> **I.** *vt* **1.** (*trouver, deviner, percer, déceler*) to discover; ~ **du pétrole** to strike oil; ~ **que qc est vrai** to find out that sth is true **2.** (*enlever la couverture, mettre à jour*) to uncover **3.** (*ouvrir*) ~ **une casserole** to take the lid off a saucepan **4.** (*enlever ce qui couvre*) to take the cover off; (*statue*) to unveil **5.** (*apercevoir: panorama*) to get a view of; (*personne*) to see **6.** (*laisser voir: jambes, épaules, ciel*) to reveal; (*racines, terre*) to uncover **II.** *vpr* **1.** (*enlever sa couver-*

ture) **se ~** (*au lit*) to push back the covers; (*enlever son vêtement*) to remove one's clothing; (*enlever son chapeau*) to take one's hat off **2.** (*s'exposer aux attaques*) **se ~** (*armée*) to expose itself; (*boxeur, escrimeur*) to leave oneself open **3.** (*se confier*) **se ~ à qn** to confide in sb; (*abattre son jeu*) to show one's hand **4.** (*apprendre*) **se ~ des dons/un goût pour qc** to discover a gift/a taste for sth **5.** (*apparaître*) **se ~** (*panorama, paysage*) to come into view; (*secret*) to come into the open; (*vérité*) to become known **6.** (*s'éclaircir*) **le ciel se découvre** the sky is clearing

décrasser [dekʀase] <1> *vt* **1.** (*nettoyer*) to clean; (*plancher, faitout*) to scrub down **2.** (*laver: mains, visage*) to wash; *fig* (*poumons*) to clean out

décret [dekʀɛ] *m* POL decree; **~ sur qc** decree on sth

décréter [dekʀete] <5> **I.** *vt* **1.** POL to decree; (*mesures*) to order; (*état d'urgence*) to declare **2.** *fig* **~ que qc doit se faire** to decree that sth must be done **II.** *vpr* **qc/ça ne se décrète pas** sth/that can't be legislated (for)

décrié(e) [dekʀije] *adj* decried

décrire [dekʀiʀ] *vt irr* to describe

décrocher [dekʀɔʃe] <1> **I.** *vt* **1.** (*dépendre: linge, rideaux, tableau*) to take down; (*wagon*) to uncouple; (*laisse, sangle, volets*) to undo; **~ le téléphone** (*pour répondre*) to pick up the phone; (*pour ne pas être dérangé*) to take the phone off the hook **2.** *inf* (*obtenir: prix*) to win; **~ un poste** to get (oneself) a job **3.** SPORT (*concurrents, peloton*) to pull away from, to leave behind **II.** *vpr* **se ~** (*personne, poisson*) to get off the hook; (*vêtement, tableau*) to come down **III.** *vi* **1.** (*au téléphone*) answer; **tu peux ~?** Can you get it? **2.** *inf* (*décompresser*) to take a break; (*se désintéresser*) to give up; (*arrêter le travail*) to call a halt; (*abandonner une activité, course*) to drop out; **~ de qc** (*politique, cinéma*) to give up on sth; (*temporairement*) to break off from sth **3.** (*ne plus écouter*) to switch off **4.** (*se détacher: armée, troupes*) to pull back **5.** AVIAT (*avion*) to stall **6.** RADIO (*émetteur*) to break off

décroiser [dekʀwaze] <1> *vt* (*jambes*) to uncross; (*bras*) to unfold; (*fils*) to untwist

décroissant(e) [dekʀwasɑ̃, ɑ̃t] *adj* (*intensité, vitesse*) decreasing; (*bruit*) fading; **à vitesse ~e** losing speed

décroître [dekʀwatʀ] *vi irr avoir o être* to decrease; (*jours*) to draw in; (*vitesse*) to go down

décrue [dekʀy] *f* (*des eaux*) fall

déçu(e) [desy] **I.** *part passé de* **décevoir** **II.** *adj* disappointed **III.** *m(f) souvent pl* **les ~s** the disillusioned

déculpabiliser [dekylpabilize] <1> *vt* (*action, situation*) to take the guilt out of; **~ qn** to rid sb of guilt

décupler [dekyple] <1> *vt, vi* **1.** (*prix, quantité*) to increase tenfold **2.** *fig* (*forces, colère*) to increase dramatically; **ses forces ont décuplé** she's grown ten times stronger

dédaigner [dedeɲe] <1> *vt* to despise; **~ de** +*infin* not to deign to +*infin;* **ne pas ~ qc/de faire qc** not to be averse to sth/doing sth

dédaigneux, **-euse** [dedɛɲø, -øz] *adj* contemptuous ▶ **faire le/la ~(-euse)** to turn one's nose up

dédain [dedɛ̃] *m* contempt

dédale [dedal(ə)] *m* **1.** (*de rues, chemins*) maze **2.** *fig* **~ de pensées** tortuous thought process

dedans [d(ə)dɑ̃] **I.** *adv* + *verbe de mouvement* in; + *verbe d'état* inside; **de ~** from inside; **en ~** (on the) inside; *fig* (deep) inside ▶ **mettre qn ~** *inf* to put sb inside; **rentrer (en plein) ~** *inf* (*heurter en voiture*) to crash right into sb; (*heurter à pied*) to bump right into sb; **je vais lui rentrer ~** *inf* I'm going to lay into him **II.** *m sans pl* inside

dédicace [dedikas] *f* **1.** (*sur une photo, un livre*) dedication; (*sur un monument*) inscription **2.** (*consécration: d'une église, d'un temple*) dedication

dédicacer [dedikase] <2> *vt* **~ un roman à qn** to dedicate a novel to sb

dédier [dedje] <1> *vt* **~ une œuvre à qn** to dedicate a work to sb; **~ sa vie à la recherche** to dedicate one's life to research

dédire [dediʀ] *vpr irr* (*renier*) **se ~ de qc** to go back on sth

dédommagement [dedɔmaʒmɑ̃] *m* compensation

dédommager [dedɔmaʒe] <2a> **I.** *vt* **~ une victime de qc** to compensate a victim for sth **II.** *vpr* **se ~ de qc** to make it up to oneself for sth

dédoublement [dedubləmɑ̃] *m* **1.** (*d'une classe, d'un fil*) dividing into two **2.** PSYCH **~ de la personnalité** split personality

dédramatiser [dedʀamatize] <1> *vt* to take some of the drama out of

déductible [dedyktibl] *adj* FIN **être ~ des impôts** to be (tax-)deductible

déductif, **-ive** [dedyktif, -iv] *adj* deductive

déduction [dedyksjɔ̃] *f* deduction; **~ d'impôt** tax deduction

déduire [dedɥiʀ] *irr* **I.** *vt* **1.** (*retrancher: acompte, frais*) to deduct **2.** (*conclure*) to deduce; **~ de qc qu'il a réussi** to conclude from sth that he's succeeded **II.** *vpr* **se ~ de qc** to be deductible from sth

déesse [deɛs] *f* goddess

défaillance [defajɑ̃s] *f* **1.** (*faiblesse: d'une personne*) (*physique*) faint spell; (*morale*) weakness; (*intellectuelle*) lapse of memory **2.** (*dysfonctionnement: d'un moteur, système*) failure; (*d'une loi*) deficiency **3.** JUR (*d'un témoin*) failure to appear; (*d'un contractant*) default ▶ **tomber en ~** to feel faint

défaillant(e) [defajɑ̃, jɑ̃t] *adj* **1.** (*insuffisant: mémoire, volonté*) weak; (*forces, santé*) failing **2.** (*affaibli: personne*) weak; (*voix*) faltering; (*main*) unsteady **3.** (*absent: témoin*) de-

faulting; (*candidat*) failing to appear
défaillir [defajiʀ] *vi irr* (*forces, mémoire*) to fail; (*personne, courage*) to falter; **sans ~** without flinching
défaire [defɛʀ] *irr* **I.** *vt* **1.** (*détacher*) to undo **2.** (*enlever ce qui est fait*) to undo; (*ourlet, rangs d'un tricot*) to unpick; (*construction*) to take down; **~ le lit** (*pour changer de drap*) to strip the bed; (*pour se coucher*) to pull back the covers; (*mettre en désordre*) to mess up the bed **3.** (*mettre en désordre*) to spoil **4.** (*déballer*) to unpack **5.** (*rompre: contrat*) to break; (*plan, projet*) to finish off; (*mariage*) to break up **6.** (*battre: armée*) to defeat **7.** (*débarrasser*) **~ qn d'une habitude** to rid sb of a habit **II.** *vpr* **1.** (*se détacher*) **se ~** (*paquet, ourlet, bouton, lacets*) to come undone; (*coiffure*) to get messed up **2.** *fig* **se ~** (*amitié, relation*) to come to an end **3.** (*se séparer*) **se ~ de qn/qc** to get rid of sb/sth
défait(e) [defɛ, defɛt] **I.** *part passé de* **défaire II.** *adj* (*mine, visage, air*) weary
défaite [defɛt] *f* defeat
défaitiste [defetist] *adj, mf* defeatist
défaut [defo] *m* **1.** (*travers*) fault **2.** (*imperfection physique*) blemish; (*d'une matière*) flaw **3.** (*faiblesse, inconvénient*) problem **4.** (*manque*) **~ de preuves** insufficient evidence ►**y a comme un ~** *inf* there's something wrong here; **faire ~** to be lacking; **mettre qn en ~** to put sb in the wrong; **à ~** failing that; **par ~** by default
défavorable [defavɔʀabl] *adj* **1.** (*difficile: conditions, temps*) unfavorable **2.** (*opp: en faveur de*) **être ~ à un projet** to be against a project **3.** (*qui ne convient pas*) **le climat est ~ à l'agriculture** the climate isn't suitable for agriculture
défavorablement [defavoʀabləmɑ̃] *adv* unfavorably
défavorisé(e) [defavɔʀize] *adj* underprivileged
défavoriser [defavɔʀize] <1> *vt* **~ Jean par rapport à Paul** to favor Paul over Jean
défection [defɛksjɔ̃] *f* (*d'un partisan, ami, membre d'un parti*) defection; (*d'un invité, candidat*) failure to appear
défectueux, -euse [defɛktɥø, -øz] *adj* (*qui présente des défauts: appareil, prononciation*) faulty; (*organisation*) inadequate
défendre[1] [defɑ̃dʀ] <14> **I.** *vt* to defend; **~ un acteur contre qn/qc** to defend an actor against sb/sth; **~ une cause** to stand up for a cause **II.** *vpr* **1.** (*se protéger*) **se ~ contre un agresseur** to defend oneself against an attacker **2.** (*se préserver*) **se ~ de la chaleur** to protect oneself from the heat **3.** (*se débrouiller*) **se ~ en qc** to get by in sth **4.** (*résister aux assauts de l'âge*) **se ~** to do all right **5.** *inf* (*être défendable*) **se ~** (*idée, projet*) to have something to be said for it
défendre[2] [defɑ̃dʀ] <1> **I.** *vt* (*interdire*) to forbid; **~ à qn de** +*infin* to forbid sb to +*infin* **II.** *vpr* (*s'interdire*) **se ~ tout plaisir** to refuse all pleasures
défendu(e) [defɑ̃dy] **I.** *part passé de* **défendre II.** *adj* forbidden
défense[1] [defɑ̃s] *f* **1.** (*fait de défendre*) defense; **légitime ~** self-defense; **prendre la ~ de qn/qc** to defend sb/sth; **sans ~** defenseless **2.** SPORT defense; **être bon en ~** to be strong defensively
défense[2] [defɑ̃s] *f* (*interdiction*) prohibition; **~ de fumer** no smoking; **~ de se pencher au-dehors** do not lean out
défense[3] [defɑ̃s] *f* ZOOL tusk
Défense [defɑ̃s] *f* POL **le ministre de la ~** the Minister of Defense; **la ~ nationale** national defense
défenseur [defɑ̃sœʀ] *mf* defender; JUR defense attorney; **~ des droits de l'Homme/de l'environnement** human rights/environmental activist
défensif, -ive [defɑ̃sif, -iv] *adj* defensive
défensive [defɑ̃siv] *f* **être sur la ~** to be on the defensive
déféquer [defeke] <5> *vi form* to defecate
déferlement [defɛʀləmɑ̃] *m* (*des vagues*) breaking; (*de la mer*) surging
déferler [defɛʀle] <1> *vi* (*vagues*) to break; (*mer*) to surge; **la foule déferle dans la rue** the crowd surges into the street
défi [defi] *m* (*provocation, challenge*) challenge; **~ à la science** challenge to science; **mettre qn au ~ de prouver le contraire** to defy sb to prove the contrary
défiance [defjɑ̃s] *f* mistrust
déficience [defisjɑ̃s] *f* (*faiblesse*) deficiency; **une ~ rénale** kidney failure
déficient(e) [defisjɑ̃, jɑ̃t] **I.** *adj* (*intelligence, forces, personne*) feeble; (*raisonnement*) weak; **un enfant ~** (*intellectuellement*) a mentally disabled child; (*physiquement*) a physically disabled child **II.** *m(f)* **~ mental** mentally disabled person
déficit [defisit] *m* **1.** FIN deficit; **~ de la balance des paiements** balance of payments deficit; **combler le ~** to make up the deficit **2.** (*perte*) *a.* MED **~ de qc** deficiency in sth; **~ hormonal/en fer** hormone/iron deficiency; **~ immunitaire** immunodeficiency
déficitaire [defisitɛʀ] *adj* (*budget, entreprise*) in deficit; (*année, récolte*) poor
défier [defje] <1> **I.** *vt* **1.** (*provoquer*) **~ qn aux échecs** to challenge sb at chess **2.** (*parier, braver*) **je te défie de faire ça** I dare you to do it **3.** (*soutenir l'épreuve de*) **~ la raison/le bon sens** to defy reason/common sense **II.** *vpr* **se ~ de qn/qc** to distrust sb/sth
défigurer [defigyʀe] <1> *vt* **1.** (*abîmer le visage de qn*) to disfigure; (*rendre moins beau*) to spoil **2.** (*enlaidir: monument*) to deface; (*paysage*) to spoil **3.** (*travestir: faits, vérité*) to distort; (*article, texte*) to mar
défilé [defile] *m* **1.** (*cortège de manifestants*) march; (*cortège de fête*) parade; **~ de mode**

fashion show **2.** (*succession*) ~ **d'images** stream of images **3.** (*gorge*) pass

défiler [defile] <1> **I.** *vi* **1.** (*marcher en colonne, file: soldats, armée, manifestants*) to march; (*pour une cérémonie*) to parade; (*cortège*) to file past; (*mannequins*) to parade past **2.** (*se succéder: clients, visiteurs*) to come and go one after the other; (*voitures, rames*) to come by in a constant stream; (*souvenirs, images*) to keep coming in succession; (*jours*) to come and go endlessly **3.** (*passer en continu: bande, film*) to unreel; (*texte*) to scroll; (*paysage*) to pass by **4.** INFORM **faire ~ qc vers le haut/bas** to scroll sth up/down **II.** *vpr inf* (*se dérober*) **se ~** to wriggle out of; (*s'éclipser*) to slip away

défini(e) [defini] *adj* **1.** (*déterminé: chose*) precise; **mot bien/mal ~** well-/ill-defined word; **douleur bien/mal ~e** definite/vague pain **2.** LING (*article*) definite

définir [definiʀ] <8> *vt* to define

définitif [definitif] *m inf* **c'est du ~** this is for good

définitif, -ive [definitif, -iv] *adj* **1.** (*opp: provisoire*) definitive; (*refus, décision, victoire*) final **2.** (*sans appel: argument*) conclusive; (*jugement*) final ►**en définitive** when all is said and done

définition [definisjɔ̃] *f* definition; **par ~** by definition

définitivement [definitivmɑ̃] *adv* definitely; (*s'installer, quitter*) for good

déflagration [deflagʀasjɔ̃] *f* explosion

déflation [deflasjɔ̃] *f* deflation

défoncé(e) [defɔ̃se] *adj* **1.** (*détérioré*) battered; (*canapé, sommier, matelas*) broken-down **2.** (*déformé: route, chaussée*) potholed **3.** *inf* (*sous l'effet de la drogue*) **être ~** to be high

défoncer [defɔ̃se] <2> **I.** *vt* **1.** (*casser en enfonçant: porte, vitre*) to smash in **2.** (*enlever le fond*) to knock the bottom out of **3.** (*détériorer*) **les chars défoncent la route** the tanks are ruining the road surface **4.** *inf* (*droguer*) **~ qn** (*drogue*) to get sb high; *fig* to give sb a high **II.** *vpr* **se ~ 1.** (*se détériorer: sol*) to get broken up **2.** *inf* (*se droguer*) to get high **3.** *inf* (*se donner du mal*) to knock oneself out

déforestation [defɔʀɛstasjɔ̃] *f* deforestation

déformant(e) [defɔʀmɑ̃, ɑ̃t] *adj* **miroir ~** distorting mirror

déformation [defɔʀmasjɔ̃] *f* **1.** (*altération*) putting out of shape; (*qui plie*) bending (out of shape); (*qui tord*) twisting (out of shape); (*qui comprime*) crushing; (*d'un nom*) corruption; (*de pensées, faits*) deformation; (*d'un caractère*) warping **2.** MED malformation ►**~ professionnelle** occupational obsession

déformer [defɔʀme] <1> **I.** *vt* **1.** (*altérer*) to put out of shape; (*en pliant*) to bend (out of shape); (*en tordant*) to twist (out of shape); (*en comprimant*) to crush (out of shape); (*jambes, doigts*) to deform; (*chaussures*) to ruin the shape of; (*bouche*) to twist **2.** (*fausser: faits, pensées, voix*) to distort; (*goût*) to pervert **II.** *vpr* **se ~** (*chaussures, vêtements*) to lose their shape; (*étagère*) to get twisted

défouler [defule] <1> **I.** *vpr* **se ~** to let off steam **II.** *vt* **1.** (*libérer son agressivité*) **~ son ressentiment sur qn/une voiture** to take one's resentment out on sb/a car **2.** (*décontracter*) **la course me défoule** running helps me to relax

défraîchi(e) [defʀeʃi] *adj* (*couleur, tissu, vêtement, charmes, fruits*) faded; (*usé*) worn; (*légumes*) old; (*article*) shopworn

défranchi(e) [defʀɑ̃ʃi] *adj Belgique* (*qui a perdu son assurance, est intimidé*) shaken

défrayer [defʀeje] <7> *vt* **1.** (*rembourser*) **~ qn du trajet** to pay sb's travel expenses **2.** (*être le sujet de conversation*) **~ la chronique** to be the subject of everyone's conversations

défrichage [defʀiʃaʒ] *m*, **défrichement** [defʀiʃmɑ̃] *m* (*d'une forêt, d'un terrain*) clearing

défricher [defʀiʃe] <1> *vt* **1.** (*forêt, terrain*) to clear **2.** (*traiter, préparer*) **~ qc** to do the groundwork on sth; (*domaine scientifique*) to make the first steps toward sth

défriser [defʀize] <1> *vt* **1.** *inf* (*gêner*) to bug **2.** (*enlever la frisure*) **~ qn** to straighten sb's hair

défroisser [defʀwase] <1> *vt* (*vêtement, feuille de papier*) to smooth out

défroqué [defʀɔke] *m* defrocked priest

dégagé(e) [degaʒe] *adj* **1.** (*opp: encombré: ciel, vue, route*) clear; (*sommet*) clearly visible **2.** (*découvert*) **elle avait le front ~** her hair was gathered back from her forehead; **il avait la nuque ~** his hair was cut short in the back **3.** (*décontracté: allure, air, ton, manière*) casual

dégagement [degaʒmɑ̃] *m* **1.** (*fait de déterrer: d'une poterie, d'un objet*) unearthing; (*fait de décoincer: d'un boulon, membre*) loosening; (*d'une personne*) freeing **2.** (*déblaiement: d'une route, rue*) clearing **3.** (*émanation*) **~ de gaz/de chaleur** gas/heat given off **4.** (*passage: d'un appartement, lotissement*) passageway

dégager [degaʒe] <2a> **I.** *vt* **1.** (*libérer: objet enfoui*) to unearth; (*objet couvert*) to uncover; (*objet coincé*) to loosen; **~ des personnes ensevelies de qc** to free people buried under sth **2.** (*désobstruer: bronches, nez, rue, couloir*) to free; **dégagez la piste!** *inf* out of the way! **3.** (*faire apparaître: cou, épaules*) to bare **4.** (*soustraire à une obligation*) **~ sa responsabilité** to deny responsibility **5.** *inf* (*enlever*) **~ des jouets de la table** to clear toys off the table **6.** (*produire: odeur, parfum, gaz, fumée*) to give off **7.** SPORT to clear **8.** ECON, FIN (*crédits*) to free; (*profits, bénéfices*) to produce **9.** (*extraire*) **~ une idée de qc** to bring out an idea from sth **II.** *vpr* **1.** (*se libérer*) **se ~** (*pas-*

D

sage, voie d'accès) to be cleared; (*voie respiratoire*) to clear; **le ciel se dégage** the sky is clearing **2.** *fig* **se ~ de ses obligations** to free oneself from one's obligations; **se ~** *inf* (*trouver du temps libre*) to find some time **3.** (*émaner*) **se ~ de qc** (*fumée, odeur*) to come from sth; (*gaz, vapeur*) to be given off by sth **4.** (*ressortir*) **se ~ de qc** (*idée, vérité*) to emerge from sth; (*impression, mystère*) to be created by sth **III.** *vi inf* **1.** (*sentir mauvais*) to reek **2.** (*déguerpir*) to clear out; (*s'écarter*) to get out of the way; **dégage de là!** out of the way!

dégaine [degɛn] *f péj, inf* **quelle ~!** just look at that!

dégainer [degene] <1> *vt, vi* to draw

dégarni(e) [degaʀni] *adj* **front ~** receding hairline

dégarnir [degaʀniʀ] <8> *vpr* **1.** (*se vider*) **se ~** (*lieu*) to empty **2.** (*perdre ses cheveux*) **il se dégarnit** he's getting thin on top **3.** (*devenir moins touffu*) **se ~** (*bois*) to thin out; (*arbre*) to lose its leaves

dégât [degɑ] *m* damage; **~s matériels** structural damage ▶ **il y a du ~!** *inf* there's been a lot of damage!; **il va y avoir du ~!** there's going to be mayhem!; **faire des ~s** to wreak havoc

dégel [deʒɛl] *m* **1.** (*fonte des glaces*) *a.* POL thaw **2.** ECON revival **3.** FIN unfreezing

dégeler [deʒ(ə)le] <4> **I.** *vt* **1.** (*faire fondre*) to thaw **2.** (*réchauffer détendre*) to thaw out **3.** (*débloquer: crédits, dossier*) to unfreeze **II.** *vi* **1.** (*fondre*) to thaw **2.** *impers* **il dégèle** it's thawing out **III.** *vpr* **1.** (*être moins réservé*) **se ~** to warm up **2.** (*se réchauffer*) **se ~ les pieds/mains** to warm one's feet/hands

dégénéré(e) [deʒeneʀe] **I.** *adj* degenerate **II.** *m(f)* degenerate

dégénérer [deʒeneʀe] <5> *vi* **1.** (*perdre ses qualités, se changer en*) to degenerate; **son refroidissement a dégénéré en bronchite** his cold got worse and turned into bronchitis **2.** (*se dégrader*) to deteriorate; **à chaque fois, ça dégénère!** it gets worse each time!

dégivrer [deʒivʀe] <1> *vt* (*réfrigérateur*) to defrost; (*vitres, avion*) to de-ice

déglingué(e) [deglɛ̃ge] *adj inf* falling to pieces

déglutir [deglytiʀ] <8> *vt, vi* to swallow

dégonflé(e) [degɔ̃fle] **I.** *adj* **1.** (*pneu*) flat; (*ballon*) deflated **2.** *inf* **(ne) pas être ~** not to chicken out **II.** *m(f) inf* chicken

dégonfler [degɔ̃fle] <1> **I.** *vt* **1.** (*décompresser: enflure*) to bring down; (*ballon, pneu*) to let the air out of **2.** (*diminuer: prix, budget*) to slim down **3.** (*minimiser: importance*) to play down **II.** *vpr* **se ~** **1.** (*se décompresser: ballon, pneu*) to deflate; (*enflure*) to go down **2.** *inf* (*avoir peur*) to chicken out; (*reculer*) to back down **III.** *vi* (*enflure*) to go down

dégouliner [deguline] <1> *vi* (*liquide, confiture*) (*goutte à goutte*) to drip; (*en filet*) to trickle

dégourdi(e) [deguʀdi] **I.** *adj* smart **II.** *m(f)* smart kid

dégourdir [deguʀdiʀ] <8> **I.** *vt* (*affranchir*) to wake up **II.** *vpr* (*se donner de l'exercice*) **se ~** to warm up; **se ~ les jambes** to stretch one's legs

dégoût [degu] *m* **1.** (*écœurement*) disgust; **~ du fromage** strong dislike of cheese; **avec ~** with disgust **2.** (*aversion*) **son ~ pour qn/qc** the disgust he felt for sb/sth **3.** (*lassitude*) weariness

dégoûtant(e) [degutɑ̃, ɑ̃t] **I.** *adj* disgusting; **c'est ~ de** *+infin* it is disgusting to *+infin* **II.** *m(f) inf* **1.** (*personne sale*) filthy person **2.** (*vicieux*) revolting person

dégoûté(e) [degute] *adj* (*écœuré: personne, mine*) disgusted; **je suis ~** (*scandalisé*) I'm disgusted; (*lassé*) I'm sick and tired of it all; **être ~ de la vie/de vivre** to be sick of life/of living ▶ **n'être pas ~** not to be put off

dégoûter [degute] <1> **I.** *vt* **1.** (*répugner physiquement*) to disgust **2.** (*ôter l'envie de*) **~ qn** to turn sb off; **~ qn du sport** to turn sb off sports **II.** *vpr* **se ~ de qn/qc** to get sick of sb/sth

dégradant(e) [degʀadɑ̃, ɑ̃t] *adj* degrading

dégradation [degʀadasjɔ̃] *f* **1.** (*dégâts*) damage; (*de l'environnement*) damaging **2.** (*détérioration*) deterioration **3.** (*avilissement*) *a.* MIL degradation

dégradé [degʀade] *m* **1.** (*camaïeu: de couleurs*) gradation **2.** (*coupe de cheveux*) layered cut

dégrader [degʀade] <1> **I.** *vt* **1.** (*détériorer: édifice, route*) to damage; (*situation, climat social*) to worsen; **~ l'environnement** to harm the environment **2.** (*faire un dégradé*) to layer **3.** MIL to degrade **II.** *vpr* **se ~** **1.** (*s'avilir*) to degrade oneself **2.** (*se détériorer: édifice*) to deteriorate; (*situation, climat social, temps*) to worsen

dégrafer [degʀafe] <1> *vt, vpr* **(se) ~** to unfasten

dégraissage [degʀɛsaʒ] *m* **1.** (*d'un bouillon, d'une sauce*) skimming (the fat off); (*d'une viande*) removing the fat; (*de la laine, d'un métal*) degreasing **2.** *inf* ECON downsizing

dégraissant [degʀɛsɑ̃] *m* **1.** (*solvant*) grease remover **2.** (*détachant*) spot remover

dégraissant(e) [degʀɛsɑ̃, ɑ̃t] *adj* grease-removing

dégraisser [degʀese] <1> *vt* **1.** (*nettoyer: métal, laine*) to degrease **2.** (*enlever la graisse: cheveux*) to make less greasy; **~ un bouillon** to skim the grease off **3.** *inf* ECON (*effectifs, entreprise*) to slim down

degré [dəgʀe] *m* **1.** (*intensité*) *a.* MED degree; (*de l'échelle de Richter*) point; **jusqu'à un certain ~** up to a point; **équation du premier ~** equation of the first degree **2.** (*dans la hiérarchie*) level **3.** ECOLE **l'enseignement du premier/second ~** primary/secondary education **4.** MATH, GEO, MUS degree; **20 ~s Celsius**

20 degrees Celsius; **à 5 ~s de latitude nord** at 5 degrees north; **~ en alcool** alcohol content ▶ **par** ~(**s**) by degrees
dégressif, -ive [degʀesif, -iv] *adj* progressively lower; **tarif ~** sliding scale
dégriffé(**e**) [degʀife] *adj* without the designer label
dégringolade [degʀɛ̃gɔlad] *f inf* (*d'une monnaie, des titres*) collapse
dégringoler [degʀɛ̃gɔle] <1> **I.** *vi inf* **1.** (*s'effondrer: actions, monnaie*) collapse; (*notes*) to plummet **2.** (*tomber*) **~ de qc** to tumble down from somewhere **II.** *vt inf* (*escalier*) to hurtle down
dégriser [degʀize] <1> **I.** *vt* **1.** (*désenivrer*) to sober up **2.** (*désillusionner*) to bring back down to earth **II.** *vpr* **se ~** to come back down to earth
dégrossir [degʀosiʀ] <8> *vt* to trim; (*pierre*) to rough-hew; **~ le travail** to do the groundwork ▶ **mal dégrossi**(**e**) churlish
dégueuillé(**e**) [deg(ə)nije] *adj* ragged
déguerpir [degɛʀpiʀ] <8> *vi* to clear out; **faire ~ qn** to drive sb away
dégueu [degœ] *adj inv, inf,* **dégueulasse** [degœlas] *adj inf* **1.** (*sale: pantalon, personne*) filthy **2.** (*dégoûtant: personne, comportement*) sickening **3.** (*mauvais: temps, aliment*) foul
dégueulasser [degœlase] <1> **I.** *vt inf* to make a big mess of **II.** *vpr inf* **se ~** to soil oneself
dégueuler [degœle] <1> *vulg* **I.** *vi* to puke **II.** *vt* to spew
déguisé(**e**) [degize] *adj* **1.** (*pour tromper*) disguised **2.** (*costumé*) dressed up; (*pour le carnaval*) in fancy dress
déguisement [degizmɑ̃] *m* **1.** (*travestissement*) disguise **2.** (*costume*) fancy dress
déguiser [degize] <1> **I.** *vt* **1.** (*costumer*) **~ un enfant en pirate** to dress up a child as a pirate **2.** (*contrefaire: voix, écriture, vérité*) to disguise **II.** *vpr* **se ~ en qc** (*pour tromper*) to disguise oneself as sth; (*pour s'amuser*) to dress up as sth
dégustation [degystasjɔ̃] *f* (*de fruits de mer, fromage*) sampling; (*de vin, café*) tasting
déguster [degyste] <1> **I.** *vt* **1.** (*goûter*) to taste **2.** (*savourer*) to savor **II.** *vi* **1.** (*savourer*) to savor **2.** *inf* (*subir des coups*) to get done over; (*subir des douleurs*) to go through hell; (*subir des réprimandes*) to get bawled out
déhancher [deɑ̃ʃe] <1> *vpr* **se ~** to wriggle one's hips
dehors [dəɔʀ] **I.** *adv* **1.** (*à l'extérieur*) outside; (*en plein air*) outdoors **2.** (*pas chez soi*) out ▶ **ficher qn/qc ~** *inf* to kick sb out; **mettre qn ~** to throw sb out; **au ~** outside; **de ~** from outside; **se pencher en ~** to lean out; **rester en ~** to stay outside; **en ~ de** (*à l'extérieur de*) outside; (*mis à part*) apart from; **~!** out! **II.** *m* **1.** (*extérieur*) **les bruits du ~** the noises from outside **2.** *gén pl* (*apparences: d'une personne*) (outward) appearances
déjà [deʒa] **I.** *adv* **1.** (*dès maintenant*) already; **il était ~ parti** he had already gone **2.** (*auparavant*) before; **à cette époque ~** even at this time; **tu as ~ vu le film?** have you (ever) seen the film?; **j'ai ~ vu le film** I've seen the film (before) **3.** (*intensif*) as it is; **il est ~ assez paresseux!** he's lazy enough as it is!; **c'est ~ quelque chose!** well, that's something! **4.** (*à la fin d'une question*) **comment vous appelez-vous ~?** what's your name again? **II.** *conj inf* **~ qu'elle a fait ça** well, at least she's done that
déjeté(**e**) [deʒ(ə)te] *adj Belgique, inf* (*en désordre*) untidy
déjeuner [deʒœne] <1> **I.** *vi* **1.** (*à midi*) to have lunch **2.** (*le matin*) to have breakfast **II.** *m* (*repas de midi*) lunch; **au ~** at lunch(time)
déjouer [deʒwe] <1> *vt* (*plan*) to foil; **~ la surveillance** to elude surveillance
délabré(**e**) [delabʀe] *adj* (*maison, mur*) dilapidated
délabrement [delabʀəmɑ̃] *m* (*d'une maison, d'un mur*) dilapidated state; (*de la santé*) poor state
délabrer [delabʀe] <1> **I.** *vt* (*santé*) to ruin **II.** *vpr* **1.** (*se dégrader*) **se ~** (*maison, mur*) to become dilapidated; (*santé*) to ruin; (*affaires*) to fall apart **2.** (*se ruiner*) **se ~ qc** to ruin
délacer [delase] <2> *vt* to undo
délai [delɛ] *m* **1.** (*temps accordé*) time limit; (*date butoir*) deadline; **~ de livraison** COM delivery time; **au dernier ~** at the latest; **disposer d'un ~ de sept jours** to have seven days **2.** (*sursis*) more time; (*pour un contrat*) extension ▶ **dans les plus brefs ~s** as soon as possible; **dans les ~s** on time; **dans un ~ de** within; **sans ~** without delay
délaissé(**e**) [delese] *adj* **1.** (*abandonné*) abandoned **2.** (*négligé: aspect*) neglected
délaisser [delese] <1> *vt* **1.** (*négliger*) to neglect **2.** (*abandonner: enfant*) to abandon; (*activité*) to give up
délassant(**e**) [delasɑ̃, ɑ̃t] *adj* refreshing
délassement [delasmɑ̃] *m* relaxation
délasser [delase] <1> *vt, vi, vpr* (**se**) **~** to relax
délateur, -trice [delatœʀ, -tʀis] *m, f* informer
délation [delasjɔ̃] *f* informing
délavé(**e**) [delave] *adj* **1.** (*pâle: couleur*) faded; (*yeux*) watery **2.** (*éclairci par des lavages: couleur, tissu, jeans*) faded **3.** (*détrempé: terre*) waterlogged
délaver [delave] <1> **I.** *vt* **1.** (*diluer: peinture, couleur*) to water down **2.** (*éclaircir: jean*) to fade; (*inscription*) to wash away **II.** *vpr* **se ~** (*peinture*) to fade; (*inscription*) to be washed away
délayer [deleje] <7> *vt* **1.** (*diluer*) **~ la farine dans de l'eau** to mix the flour with water **2.** *fig* to water down
délectation [delɛktasjɔ̃] *f* enjoyment; (*plus*

D

intense) delight

délecter [delɛkte] <1> *vpr* **se ~ à/de qc** to delight in sth

délégation [delegasjɔ̃] *f* **1.** (*groupe, agence d'État*) delegation **2.** (*mandat*) proxy **3.** COM **~ commerciale** (*filiale*) bureau; (*représentants*) trade delegation

délégué(e) [delege] **I.** *adj* delegated; **les membres ~s** the delegates **II.** *m(f)* (*d'une association, d'un parti*) delegate

déléguer [delege] <5> **I.** *vt* **1. ~ qn à un congrès/une négociation** to assign sb to attend a congress/handle negotiations **2.** (*transmettre*) **~ sa responsabilité à qn** to delegate one's responsibility to sb **II.** *vi* to delegate

délestage [delɛstaʒ] *m* **1.** ELEC power cut **2.** AUTO diversion

délester [delɛste] <1> **I.** *vt* **1.** ELEC **~ qc** to cut off power from sth **2.** AUTO **~ une route** to reduce traffic on a road **3.** AVIAT to unballast **4.** *iron* (*voler*) **~ qn de son argent** to relieve sb of their money **II.** *vpr inf* **se ~ de qc** to unburden oneself of sth

délibération [delibeʀasjɔ̃] *f* **1.** (*débat: de l'assemblée*) debate; **les ~s du jury** UNIV the jury deliberations **2.** (*décision*) resolution **3.** (*réflexion*) deliberation

délibéré(e) [delibeʀe] *adj* (*intention, volonté*) deliberate; **de manière ~e** deliberately

délibérément [delibeʀemɑ̃] *adv* deliberately

délibérer [delibeʀe] <5> *vi* **1.** (*débattre*) **~ sur qc** to deliberate on sth **2.** (*décider*) **~ sur** [*o* **de**] **qc** to resolve on sth **3.** (*réfléchir*) **~ sur qc** to consider sth

délicat(e) [delika, at] *adj* **1.** (*fin, fragile*) delicate **2.** (*léger*) **d'un geste ~** delicately **3.** (*difficile*) **c'est une question/situation ~e** it's a delicate matter/situation; **il est ~ de faire ça** doing that is rather awkward **4.** (*raffiné, sensible: personne, esprit, odorat, oreilles*) refined; (*palais*) discerning **5.** (*plein de tact: personne, geste*) thoughtful

délicatement [delikatmɑ̃] *adv* **1.** (*finement, avec tact*) delicately **2.** (*avec douceur*) gently

délicatesse [delikatɛs] *f* **1.** (*finesse, difficulté: d'un objet, travail*) delicacy **2.** (*douceur*) gentleness **3.** (*raffinement*) refinement **4.** (*tact*) consideration; **manque de ~** tactlessness

délice [delis] **I.** *m* (*jouissance*) delight; **ton dessert est un ~** your dessert is delicious **II.** *fpl* delights; **faire les ~s de qn** to be sb's delight

délicieusement [delisjøzmɑ̃] *adv* deliciously

délicieux, -euse [delisjø, -jøz] *adj* **1.** (*exquis: mets*) delicious; (*sensation, sentiment*) delightful **2.** (*charmant: personne*) delightful

délier [delje] <1a> **I.** *vt* **1.** (*détacher*) to untie **2.** (*dégager*) **~ qn d'une promesse** to release sb from a promise **II.** *vpr* **1.** (*se détacher*) **se ~** (*prisonnier*) to untie oneself; (*paquet, corde*) to come undone **2.** (*se désengager*) **se ~ d'une promesse** to release oneself from a promise; **se ~ d'une obligation** to free oneself from an obligation

délimitation [delimitasjɔ̃] *f* delimitation; **~ des frontières** defining of borders

délimiter [delimite] <1> *vt* **1.** (*borner*) **~ qc** to mark sth out **2.** *fig* (*responsabilités, sujet*) to define

délinquance [delɛ̃kɑ̃s] *f* crime, criminality; **grande/petite ~** serious/petty crime; **~ juvénile** juvenile delinquency

délinquant(e) [delɛ̃kɑ̃, ɑ̃t] **I.** *adj* delinquent **II.** *m(f)* delinquent; **~ primaire** first offender

délirant(e) [deliʀɑ̃, ɑ̃t] *adj* (*histoire, idée*) hilarious; (*enthousiasme, joie*) frenzied

délire [deliʀ] *m* **1.** (*divagation*) delirium **2.** (*exaltation*) frenzy; **une foule en ~** a frenzied crowd ►**c'est le ~ total!** *inf* it's complete madness!

délirer [deliʀe] <1> *vi* **1.** MED to be delirious **2.** (*être exalté*) **~ de joie/d'enthousiasme** to be wild with joy/enthusiasm **3.** (*dérailler*) to be out of one's mind **4.** (*dire des bêtises*) to talk nonsense

délit [deli] *m* crime, misdemeanor; **~ informatique** computer crime; **~ mineur** petty offense; **prendre qn en flagrant ~ de qc** to catch sb doing sth red-handed

délivrance [delivʀɑ̃s] *f* **1.** (*soulagement, libération*) relief **2.** ADMIN issue **3.** MED delivery

délivrer [delivʀe] <1> **I.** *vt* **1.** (*libérer*) **~ l'otage de qc** to free the hostage from sth **2.** ADMIN (*certificat, passeport*) to issue **II.** *vpr* **se ~ de ses liens** to free oneself from one's bonds

délocaliser [delɔkalize] <1> *vt* to relocate

déloger [delɔʒe] <2a> **I.** *vt* to get out; (*locataire, habitant*) to evict; (*animal*) to start **II.** *vi Belgique* (*découcher*) to spend the (entire) night out

déloyal(e) [delwajal, -jo] <-aux> *adj* unfair

delta [dɛlta] *m* delta; **le ~ du Nil** the Nile delta

deltaplane® [dɛltaplan] *m* **1.** (*appareil*) hang-glider **2.** (*sport*) hang-gliding

déluge [delyʒ] *m* **1.** (*averse*) downpour **2.** *fig* **recevoir un ~ de protestations** to be inundated with protests

déluré(e) [delyʀe] *adj* **1.** (*enfant, air*) sharp **2.** *péj* (*fille*) brazen

démagnétisé(e) [demaɲetize] *adj* demagnetized

démago [demago] *adj inf abr de* **démagogue**

démagogie [demagɔʒi] *f* demagogy; **faire de la ~** to grandstand

démagogique [demagɔʒik] *adj* crowd-pleasing

démagogue [demagɔg] **I.** *mf* demagogue **II.** *adj* crowd-pleasing; **être ~** to be a crowd pleaser

demain [dəmɛ̃] *adv* tomorrow; **~ soir** tomorrow night; **le temps pour ~** tomorrow's weather; **à ~!** see you tomorrow!

demande [d(ə)mɑ̃d] *f* **1.** (*souhait, prière*) request; **~ en mariage** proposal; **~ de rançon de 500.000 euros** ransom demand for

500,000 euros **2.** ADMIN request; ~ **d'emploi** job application; **faire une** ~ to make a request **3.** PSYCH ~ **de qc** need for sth **4.** ECON ~ **en qc** demand for sth **5.** (*formulaire*) claim form ►**à la** ~ on request; ADMIN on demand; **à la** ~ **de qn** (*souhait*) at sb's request; **sur** (**simple**) ~ by request

demandé(e) [d(ə)mɑ̃de] *adj* **être** ~ to be in demand

demander [d(ə)mɑ̃de] <1> **I.** *vt* **1.** (*solliciter*) ~ **conseil** to ask advice; ~ **un renseignement à qn** to ask sb for information; ~ **pardon à qn** to apologize to sb **2.** (*appeler: médecin, plombier*) to call (for) **3.** (*vouloir parler à*) ~ **un employé/poste** to ask for an employee/sb's extension **4.** (*s'enquérir de*) ~ **à qn** to ask sb; ~ **le chemin/l'heure à qn** to ask sb the way/the time **5.** (*nécessiter: soin, eau, travail*) to require; **ce projet m'a demandé beaucoup d'efforts** I had to put a lot of effort into this project **6.** (*exiger*) ~ **la liberté** to demand freedom; **en** ~ **beaucoup/trop à qn** to ask a lot/too much of sb **7.** (*rechercher*) ~ **du personnel qualifié** to look for qualified staff **8.** (*exiger un prix*) ~ **un prix pour qc** to ask a price for sth ►**ne pas** ~ **mieux que de** +*infin* to be more than happy to +*infin;* **elle ne demande qu'à faire ça** that's all she wants to do **II.** *vi* ~ **à qn si** to ask sb if; ~ **après qn** *inf* to ask about sb ►**il n'y a qu'à** ~ all you have to do is ask; **je demande à voir** that I must see **III.** *vpr* **se** ~ **ce que/comment** to wonder what/how ►**c'est à se** ~ **si** *inf* it makes you wonder if

demandeur, -euse [d(ə)mɑ̃dœʀ, -øz] *m, f* **1.** TEL caller **2.** (*requérant*) claimant; ~ **d'emploi/d'asile** job/asylum seeker; **le nombre de** ~**s d'emploi** the number of those seeking work

démangeaison [demɑ̃ʒɛzɔ̃] *f gén pl* (*irritation*) itch; **il a des** ~**s** he's got an itch

démanger [demɑ̃ʒe] <2a> **I.** *vt* to itch; **ça me démange dans le dos** my back is itching **II.** *vi* (*avoir envie*) **ça me/le démange de le faire** *inf* I'm/he's (just) itching to do it

démanteler [demɑ̃t(ə)le] <4> *vt* to dismantle

démaquillant [demakijɑ̃] *m* makeup remover

démaquillant(e) [demakijɑ̃, jɑ̃t] *adj* cleansing; **lait** ~ cleansing lotion

démaquiller [demakije] <1> **I.** *vt* ~ **qn** to take sb's makeup off **II.** *vpr* **se** ~ **le visage** to take one's makeup off

démarcation [demaʀkasjɔ̃] *f a. fig* demarcation; **ligne de** ~ boundary (line); MIL demarcation line

démarche [demaʀʃ] *f* **1.** (*allure*) walk **2.** (*cheminement: d'une argumentation*) approach; (*d'une personne*) (line of) approach **3.** (*intervention*) step; **faire des** ~**s** to take steps; **faire des** ~**s auprès de qn** to approach sb

démarcher [demaʀʃe] <1> *vt* to canvass; ~ **les gens par téléphone** POL to survey people by phone; (*pour vendre*) to sell by telephone

démarqué(e) [demaʀke] *adj* **1.** (*dégriffé*) without its designer label **2.** (*soldé*) marked down

démarquer [demaʀke] <1> **I.** *vt* **1.** (*dégriffer*) to sell designer brands in a discount store **2.** (*solder*) to mark down **II.** *vpr* **1.** SPORT **se** ~ to get open **2.** (*prendre ses distances*) **se** ~ **de qn/qc** to distinguish oneself from sb/sth

démarrage [demaʀaʒ] *m* **1.** (*mise en marche*) start-up **2.** (*départ*) moving off **3.** SPORT burst of speed **4.** (*lancement*) launch **5.** INFORM ~ **à chaud/à froid** warm/cold boot ►**au** ~ upon starting the engine; *fig* at the start

démarrer [demaʀe] <1> **I.** *vi* **1.** (*mettre en marche*) to start up; **je n'ai pas réussi à** ~ I couldn't get it started **2.** (*se mettre en marche: voiture*) to move off; (*machine*) to start up; **faire** ~ **qc** to start sth up **3.** (*partir*) to leave **4.** (*débuter: campagne, exposition*) to launch; (*conversation*) to start up; (*industrie, économie*) to take off; ~ **bien/mal en maths** to get off to a good/poor start in math **5.** SPORT to pull away **6.** INFORM ~ **un logiciel** [*o* **un programme**] to start a program **II.** *vt* **1.** (*mettre en marche*) to start up **2.** *inf* (*lancer*) to start up; (*mouvement*) to launch; (*processus*) to get under way **3.** *inf* (*commencer*) ~ **le travail/les peintures** to get the work/the painting started **4.** INFORM ~ **un logiciel** to start up software

démarreur [demaʀœʀ] *m* starter

démasquer [demaske] <1> **I.** *vt* (*voleur, traître, espion*) to unmask; (*plan, fraude, trahison*) to expose **II.** *vpr* **se** ~ to drop one's mask

démâter [demɑte] <1> *vi* to be dismasted

démêlé [demele] *m* trouble

démêler [demele] <1> *vt* **1.** (*défaire: fil, cheveux*) to untangle **2.** (*éclaircir: affaire*) to sort out; (*intentions, plans*) to penetrate

démembrer [demɑ̃bʀe] <1> *vt* (*pays, propriété*) to carve up

déménagement [demenaʒmɑ̃] *m* **1.** (*changement de domicile, départ d'un logement*) move **2.** (*fait de quitter le logement, déplacement de meubles*) removal **3.** (*fait de vider une pièce*) emptying

déménager [demenaʒe] <2a> **I.** *vi* **1.** (*changer de domicile, quitter un logement*) to move; ~ **à Paris/rue de ...** to move to Paris/ ... Street **2.** *inf* (*partir*) **faire** ~ **qn** to kick sb out **3.** *inf* (*déraisonner*) **il déménage** he's off his rocker **II.** *vt* **1.** (*transporter ailleurs: meubles*) to move; (*pour débarrasser: meubles, objet*) to clear out **2.** (*vider: maison, pièce*) to clear (out)

déménageur [demenaʒœʀ] *m* **1.** (*débardeur*) mover **2.** (*entrepreneur*) (furniture) mover

démence [demɑ̃s] *f* dementia; ~ **sénile** senile dementia

démener [dem(ə)ne] <4> *vpr* **1.** (*se débattre*) **se** ~ to struggle **2.** (*faire des efforts*) **se** ~ **pour** +*infin* to put in a lot of effort to +*infin*

dément(e) [demɑ̃, ɑ̃t] **I.** *adj* **1.** (*aliéné*) demented 2. *inf* (*insensé, super*) brilliant II. *m(f)* person with dementia

démenti [demɑ̃ti] *m* denial; **opposer un ~ à qc** to deny sth formally

démentir [demɑ̃tiʀ] <10> I. *vt* 1. (*contredire*) **~ qn** to deny sb's claim 2. (*nier*) to deny; **~ faire qc** to deny doing sth 3. (*infirmer*) to contradict II. *vi* to issue a denial III. *vpr* **un succès qui ne se dément pas** an ongoing success

démerdard(e) [demɛʀdaʀ, aʀd] *adj inf* **être ~** to know how to take care of things

démerder [demɛʀde] <1> *vpr inf* **se ~** to manage; **démerdez-vous!** deal with it yourself!

démesure [deməzyʀ] *f* excessiveness

démesuré(e) [deməzyʀe] *adj* enormous; (*importance, proportions*) excessive; (*orgueil*) immoderate; **des bras/pieds ~s** incredibly long arms/big feet

démesurément [deməzyʀemɑ̃] *adv* (*grand, long*) immoderately; (*exagérer*) wildly

démettre [demɛtʀ] *irr* I. *vt* 1. (*luxer: bras, poignet*) to wrench; (*épaule*) to dislocate 2. (*révoquer*) **~ qn de ses fonctions** to relieve sb of their duties II. *vpr* 1. (*se luxer*) **se ~ le bras** to wrench one's arm; **se ~ l'épaule** to dislocate one's shoulder 2. (*renoncer à*) **se ~ de qc** to resign from sth

demeure [d(ə)mœʀ] *f* home ▶ **conduire qn (jusqu')à sa dernière ~** to carry sb to their last resting place

demeuré(e) [dəmœʀe] I. *adj* half-witted II. *m(f)* half-wit

demeurer [dəmœʀe] <1> *vi* 1. *avoir* (*habiter*) to reside; **demeurant à** residing at 2. *avoir* (*subsister*) to remain 3. *être* (*rester*) to remain; **~ ministre/une énigme** to remain a minister/a mystery 4. *impers* **il demeure que c'est arrivé** it still happened

demi [d(ə)mi] *m* 1. (*fraction*) **un ~** a half; **trois ~s** three halves 2. (*bière*) glass of beer

demi(e) [d(ə)mi] I. *m(f)* (*moitié*) half II. *adj* **une heure et ~e** an hour and a half; **avoir quatre ans et ~** to be four and a half; **être à ~ satisfait** to be only half-satisfied; **un verre/une bouteille à ~ plein(e)** a half-full glass/bottle; **être à ~ plein** to be half-full

demiard [dəmjaʀ] *m Québec* (*mesure de capacité pour les liquides, valant la moitié d'une chopine ou le quart d'une pinte* (*soit 0,284 litre*)) quarter-pint

demi-bouteille [d(ə)mibutɛj] <demi-bouteilles> *f* half-bottle

demi-cercle [d(ə)misɛʀkl] <demi-cercles> *m* semi-circle

demi-dieu [d(ə)midjø] <demi-dieux> *m* demigod

demi-douzaine [d(ə)miduzɛn] <demi-douzaines> *f* half a dozen

demie [d(ə)mi] *f* (*heure*) **neuf heures et ~** nine thirty; **partir à la ~** to leave at half past; **il est la ~ (passée)** it's now half past

demi-finale [d(ə)mifinal] <demi-finales> *f* semifinal

demi-finaliste [d(ə)mifinalist] <demi-finalistes> *mf* semifinalist

demi-frère [d(ə)mifʀɛʀ] <demi-frères> *m* half brother

demi-heure [d(ə)mijœʀ] <demi-heures> *f* half-hour

demi-journée [d(ə)miʒuʀne] <demi-journées> *f* half-day

démilitariser [demilitaʀize] <1> *vt* to demilitarize

demi-litre [d(ə)militʀ] <demi-litres> *m* 1. (*contenu*) half a liter 2. (*contenant*) half-liter

demi-mesure [d(ə)mim(ə)zyʀ] <demi-mesures> *f* half-measure

demi-mot [dəmimo] **à ~** without having to say everything

déminer [demine] <1> *vt* **~ qc** to clear sth of mines

demi-pension [d(ə)mipɑ̃sjɔ̃] <demi-pensions> *f* 1. (*hôtel*) *hotel providing one meal for guests;* **en ~** on half board 2. ECOLE half board

demi-pensionnaire [d(ə)mipɑ̃sjɔnɛʀ] <demi-pensionnaires> *mf* day student

démis(e) [demi, iz] I. *part passé de* **démettre** II. *adj* dislocated

demi-saison [d(ə)misɛzɔ̃] <demi-saisons> *f* (*printemps*) spring; (*automne*) autumn; **vêtements de ~** clothes for mild weather

demi-sel [d(ə)misɛl] *adj inv* CULIN slightly salted

demi-siècle [dəmisjɛkl] <demi-siècles> *m* half-century

demi-sœur [d(ə)misœʀ] <demi-sœurs> *f* half sister

démission [demisjɔ̃] *f* 1. (*action*) resignation 2. (*renoncement*) abdication (of responsibility)

démissionner [demisjɔne] <1> *vi* (*se démettre*) **~ de sa fonction** to give up one's duties; **~ de son poste** to resign from one's position

demi-tarif [d(ə)mitaʀif] <demi-tarifs> *m* half-price; **à ~** half-price

demi-ton [d(ə)mitɔ̃] <demi-tons> *m* half step

demi-tour [d(ə)mituʀ] <demi-tours> *m* (*d'une personne*) about-face; (*de manivelle*) half-turn; **faire ~** (*à pied, en voiture*) to make a U-turn; MIL to about face

démobilisation [demɔbilizasjɔ̃] *f* 1. MIL demobilization 2. POL creation of voter apathy

démobiliser [demɔbilize] <1> I. *vt* 1. MIL to demobilize 2. POL **~ qn** to create apathy in sb II. *vpr* **se ~** to demobilize

démocrate [demɔkʀat] I. *adj* democratic II. *mf* democrat

démocratie [demɔkʀasi] *f* democracy

démocratique [demɔkʀatik] *adj* democratic

démocratiquement [demɔkʀatikmɑ̃] *adv* democratically

démocratiser [demɔkʀatize] <1> I. *vt* to make more democratic; (*sport*) to popularize;

~ **un pays** to bring democracy to a country **II.** *vpr* **se** ~ to become more democratic; (*sport*) to be popularized

démodé(e) [demɔde] *adj* old-fashioned; (*procédé, théorie*) outdated

démoder [demɔde] <1> *vpr* **se** ~ to go out of fashion

démographie [demɔgʀafi] *f* **1.** (*science*) demography **2.** (*évolution de la population*) population growth

démographique [demɔgʀafik] *adj* (*données, étude*) demographic; **croissance** ~ population growth

demoiselle [d(ə)mwazɛl] *f* (*jeune fille*) young lady; (*femme non mariée*) single lady; ~ **d'honneur** bridesmaid

démolir [demɔliʀ] <8> **I.** *vt* **1.** (*détruire*) to demolish; (*mur*) to knock down **2.** *inf* (*frapper*) to beat the living daylights out of **3.** *inf* (*critiquer*) to tear to shreds **4.** *inf* (*saper le moral: événement, nouvelle*) to shatter **5.** *inf* (*endommager: santé*) to ruin; (*estomac*) to tear up **II.** *vpr inf* **se** ~ **l'estomac/la santé** to do terrible things to one's stomach/health

démolition [demɔlisjɔ̃] *f* **1.** (*opp: construction: d'une maison, d'un mur*) demolition; **l'immeuble est en** ~ the building's being demolished **2.** *fig* destruction

démon [demɔ̃] *m* demon; (*enfant*) devil

démoniaque [demɔnjak] *adj* diabolical

démonstrateur, -trice [demɔ̃stʀatœʀ, -tʀis] *m, f* demonstrator

démonstratif [demɔ̃stʀatif] *m* demonstrative

démonstratif, -ive [demɔ̃stʀatif, -iv] *adj* **1.** (*grimace, mimique*) expressive; (*personne*) demonstrative **2.** LING (*pronom*) demonstrative

démonstration [demɔ̃stʀasjɔ̃] *f* **1.** (*preuve, argumentation*) *a.* MATH demonstration; **faire la** ~ **d'un produit** to demonstrate a product; **voiture de** ~ demo car **2.** *gén pl* (*manifestation*) ~**s de joie** show of joy

démontable [demɔ̃tabl] *adj* **les meubles sont** ~**s** the furniture can be taken apart

démontage [demɔ̃taʒ] *m* dismantling; (*d'une tente*) taking down

démonté(e) [demɔ̃te] *adj* (*mer*) raging

démonter [demɔ̃te] <1> **I.** *vt* **1.** (*défaire: meuble*) to take apart; (*appareil*) to dismantle; (*auvent, tente*) to take down; (*pneu, porte*) to take off **2.** (*déconcerter*) to take aback **II.** *vpr* **se** ~ **1.** (*être démontable*) **l'appareil se démonte** the machine can be dismantled; **le bureau se démonte facilement** the desk is easy to take apart; (*accidentellement*) the desk keeps falling apart **2.** (*se troubler*) to be taken aback; **sans se** ~ without batting an eyelid

démontrer [demɔ̃tʀe] <1> **I.** *vt* to demonstrate **II.** *vpr* **cela se démontre** that can be demonstrated

démoralisant(e) [demɔʀalizɑ̃, ɑ̃t] *adj* demoralizing

démoraliser [demɔʀalize] <1> **I.** *vt* to demoralize **II.** *vi* to be demoralizing **III.** *vpr* **se** ~ to become demoralized

démordre [demɔʀdʀ] <14> *vi* **ne pas** ~ **de qc** to stick to sth; **il n'en démord pas** he won't budge

démotivant(e) [demɔtivɑ̃, ɑ̃t] *adj* discouraging

démotivation [demɔtivasjɔ̃] *f* loss of motivation

démotiver [demɔtive] <1> *vt* to cause to lose motivation

démouler [demule] <1> *vt* ~ **qc** to turn sth out

démuni(e) [demyni] *adj* **1.** (*pauvre*) destitute **2.** (*impuissant*) ~ **devant qn/qc** powerless in the face of sb/sth **3.** (*privé de*) **être** ~ **de qc** to be without sth; ~ **d'intérêt** devoid of interest; ~ **de protection** unprotected

démunir [demyniʀ] <8> *vpr* (*se défaire*) **se** ~ **de qc** to part with sth; (*se priver*) to give sth up

démystifier [demistifje] <1a> *vt* **1.** (*détromper*) to disabuse **2.** (*démythifier*) to demystify

dénaturé(e) [denatyʀe] *adj* unnatural

dénaturer [denatyʀe] <1> *vt* **1.** (*altérer: goût, saveur*) to spoil **2.** (*déformer: paroles, propos*) to distort; (*faits, vérité*) to misrepresent

déneigement [denɛʒmɑ̃] *m* snow clearing

déneiger [deneʒe] <2a> *vt* ~ **une route** to clear the snow from a road

dénicher [deniʃe] <1> *vt* (*bistrot, objet rare*) to discover; (*personne*) to track down

dénigrement [denigʀəmɑ̃] *m* denigration

dénigrer [denigʀe] <1> *vt* to denigrate

dénivellation [denivelasjɔ̃] *f* **1.** (*inégalité*) dip **2.** (*différence de niveau*) difference in height

dénombrer [denɔ̃bʀe] <1> *vt* to count

dénominateur [denɔminatœʀ] *m* MATH denominator; ~ **commun** *a. fig* common denominator

dénomination [denɔminasjɔ̃] *f* denomination

dénommé(e) [denɔme] *adj antéposé* **un/une** ~ **Durand** a certain Durand; **le/la** ~ **Durand** the (afore)said Durand

dénommer [denɔme] <1> *vt* to call

dénoncer [denɔ̃se] <2> **I.** *vt* **1.** (*trahir: criminel, complice*) to denounce; ~ **qn à la police** to give sb away to the police **2.** (*s'élever contre: abus, injustice*) to denounce **II.** *vpr* **se** ~ **à la police** to turn oneself in to the police

dénonciateur, -trice [denɔ̃sjatœʀ, -tʀis] *m, f* **1.** (*délateur: d'une personne*) informant **2.** (*accusateur: d'une injustice*) denouncer

dénonciation [denɔ̃sjasjɔ̃] *f* **1.** (*délation*) denunciation; (*dans une dictature*) informing; **sur** ~ on the claims of an informant **2.** (*accusation*) denunciation

dénoter [denɔte] <1> *vt a.* LING to denote

dénouement [denumɑ̃] *m* (*d'une intrigue*) dénouement; (*de l'enquête*) outcome

dénouer [denwe] <1> **I.** *vt* (*ficelle, lacets, nœud*) to untie; (*intrigue, affaire*) to clear up **II.** *vpr* **se** ~ to conclude

D

dénoyauter [denwajote] <1> *vt* to pit
denrée [dɑ̃ʀe] *f* commodity; **~s alimentaires** foodstuffs ► **~ rare** rare commodity
dense [dɑ̃s] *adj* **1.** *a.* PHYS dense **2.** (*condensé: œuvre, film*) condensed; (*style*) compact
densité [dɑ̃site] *f* density
dent [dɑ̃] *f* **1.** ANAT (*de l'homme, animal*) tooth; **~ creuse/gâtée** hollow/bad tooth; **~ de devant/de lait** front/baby tooth; **faire ses ~s** to teethe; **se laver les ~s** to brush one's teeth; **brosse à ~s** toothbrush **2.** *fig* (*d'une fourchette*) tine; (*d'un peigne, engrenage*) tooth **3.** (*sommet de montagne*) peak ►**en ~s de scie** serrated; *fig* with ups and downs; **armé(e) jusqu'aux ~s** armed to the teeth; **avoir une ~ contre qn** to hold a grudge against sb; **grincer des ~s** to grind one's teeth; **être sur les ~s** to be on the go
dentaire [dɑ̃tɛʀ] *adj* dental
denté(e) [dɑ̃te] *adj* toothed; **roue ~e** cogwheel
dentelé(e) [dɑ̃t(ə)le] *adj* jagged
dentelle [dɑ̃tɛl] *f* lace
dentier [dɑ̃tje] *m* denture
dentifrice [dɑ̃tifʀis] *m* toothpaste
dentiste [dɑ̃tist] *mf* dentist
dentition [dɑ̃tisjɔ̃] *f* teeth *pl*
dénudé(e) [denyde] *adj* bare
dénuder [denyde] <1> **I.** *vt* **1.** (*dévêtir*) to bare **2.** (*laisser voir: dos, bras*) to show (off) **3.** ELEC (*câble*) to strip **II.** *vpr* **se ~** (*personne*) to take one's clothes off; (*arbre*) to go bare; **son crâne commence à se ~** he is beginning to go bald
dénué(e) [denɥe] *adj* **être ~ d'intérêt** to be devoid of interest
dénuement [denymɑ̃] *m* destitution
déodorant [deɔdɔʀɑ̃] *m* deodorant
déodorant(e) [deɔdɔʀɑ̃, ɑ̃t] *adj* deodorant
dépannage [depanaʒ] *m* **1.** (*réparation: d'une machine, voiture*) fixing; **service de ~** emergency road service **2.** (*solution provisoire*) stopgap
dépanner [depane] <1> *vt* **1.** (*réparer: machine, voiture*) to fix; **~ qn** to help out sb who's broken down; (*remorquer*) to give sb a tow **2.** *inf* (*aider*) **~ qn** to help sb out
dépanneur [depanœʀ] *m Québec* (*épicerie qui reste ouverte au-delà des heures d'ouverture des autres commerces*) convenience store
dépanneur, -euse [depanœʀ, -øz] *m, f* (emergency) mechanic
dépanneuse [depanøz] *f* tow truck
dépaqueter [depakte] <3> *vt* to unwrap
dépareillé(e) [depaʀeje] *adj* (*incomplet: service de verres, collection*) incomplete; (*isolé, pas assorti: gant, tasse, chaise*) odd
déparer [depaʀe] <1> *vi* **ne pas ~ à côté de/avec qc** not to be out of place next to/with sth
départ [depaʀ] *m* **1.** (*action de partir*) departure; **après leur ~** after they left; **mon ~ en vacances n'est pas encore fixé** I haven't made up my mind when to take a vacation; **les grands ~s en vacances** the big wave of vacation departures (*at the beginning of July and August*); **tableau des ~s et des arrivées** departures and arrivals board **2.** SPORT start; **~ en flèche** flying start; **donner le ~** to give the starting signal **3.** (*lieu*) **quai de ~ des grandes lignes** the main line departure platform **4.** (*d'un poste*) leaving; **~ à la retraite** retirement; **après mon ~ du gouvernement** after I left the government **5.** (*début, origine*) start; **mon idée de ~** my original idea; **point de ~** starting point; **au/dès le ~** at/from the outset ►**prendre un bon/mauvais ~** to get off to a good/bad start; **prendre un nouveau ~** (**dans la vie**) to make a fresh start (in life); **car/avion au ~ de Paris** bus/plane leaving from Paris; **être sur le ~** to be on the point of leaving
départager [depaʀtaʒe] <2a> **I.** *vt* **~ les candidats** to decide between candidates; **~ les bons et les mauvais** to sort out the good from the bad **II.** *vpr* **les concurrents peuvent se ~** a decision can be made over the contenders
département [depaʀtəmɑ̃] *m* **1.** ADMIN department (*one of the main administrative divisions of France*); **~ d'outre-mer** overseas department **2.** (*secteur*) *a.* UNIV department **3.** *Suisse* (*subdivision du pouvoir exécutif, fédéral ou cantonal*) department (*administrative division in Switzerland*) **4.** *Québec* **~ d'État** (*ministère des Affaires étrangères*) State Department

> **i** In France a **département** is an administrative district of the state with some authority, e.g. social and medical matters. In Switzerland, a **département** is a unit of state administration which deals with specific areas, e.g. foreign issues, police departments, or financial matters.

départemental(e) [depaʀtəmɑ̃tal, -o] <-aux> *adj* departmental; **route ~e** secondary road
dépassé(e) [depɑse] *adj* **1.** (*démodé*) outdated **2.** (*désorienté*) **je suis ~ par tout ça** I'm out of my depth in all this
dépasser [depɑse] <1> **I.** *vt* **1.** (*doubler*) to pass **2.** (*aller plus loin que*) to go past **3.** (*outrepasser: limite*) to go beyond **4.** (*aller plus loin en quantité: dose*) to exceed; **~ qn de dix centimètres** to be ten centimeters taller than sb; **~ trois heures** (*réunion*) to go on after three o'clock **5.** (*surpasser*) to outdo; **~ l'attente de qn** to exceed sb's expectations ►**ça me/le dépasse!** it's beyond me! **II.** *vi* **1.** (*doubler*) to pass; **défense de ~!** no passing! **2.** (*être trop haut, trop long: bâtiment, tour*) to tower above; (*vêtement*) to show; **~ de qc** (*vêtement*) to show under sth **III.** *vpr* **se ~** to surpass oneself
dépatouiller [depatuje] <1> *vpr inf* **se ~** to get out of a jam

dépaysant(e) [depaizɑ̃, ɑ̃t] *adj* **séjour ~** a trip that takes you away from everything
dépaysé(e) [depeize] *adj* **être ~** to be out of one's natural environment
dépaysement [depeizmɑ̃] *m* **1.** (*désorientation*) disorientation **2.** (*changement*) change of surroundings **3.** (*changement salutaire*) change of scenery
dépayser [depeize] <1> *vt* **1.** (*désorienter*) to disorientate **2.** (*changer les idées*) **~ qn** to give sb a change of scenery
dépecer [depəse] <2> *vt* **1. ~ sa proie/son livre** to tear one's prey/book apart **2.** (*démembrer: territoire*) to dismember
dépêche [depɛʃ] *f* dispatch
dépêcher [depeʃe] <1> **I.** *vpr* **se ~** to hurry (up); **se ~ de faire qc** to hurry up and do sth **II.** *vt form* **~ qn auprès de qn** to dispatch sb to sb
dépeigner [depeɲe] <1> *vt* **~ qn** to ruffle sb's hair
dépeindre [depɛ̃dʀ] *vt irr* to depict
dépendance [depɑ̃dɑ̃s] *f* (*assujettissement*) dependency; (*d'un drogué*) addiction; **~ à l'égard de qn/qc** dependency on sb/sth
dépendant(e) [depɑ̃dɑ̃, ɑ̃t] *adj* dependent; **être ~ de la drogue** to be addicted to drugs
dépendre [depɑ̃dʀ] <14> **I.** *vi* **1.** (*être sous la dépendance de*) **~ de qn/qc** to be dependent on sb/sth **2.** (*faire partie de*) **~ de qc** (*terrain*) to belong to sth **3.** (*relever de*) **~ de qn/qc** to be answerable to sb/sth **4.** (*être conditionné par*) **~ de qc/qn** to depend on sb/sth; **ça dépend** *inf* that depends; **ça dépend d'elle** it's up to her; **ça dépend du temps** it depends on the weather **II.** *vt* (*décrocher*) to take down
dépens [depɑ̃] **aux ~ de qn** at sb's expense
dépense [depɑ̃s] *f* **1.** (*frais*) expense; **c'est une grosse ~** it's a lot of money (to spend); **~s publiques/de l'État** public/state spending; **~ en électricité** electricity spending; **faire face à des ~s** to meet financial commitments; **se lancer dans de grosses ~s** to lay out a lot of money **2.** (*usage*) expenditure; **~ physique** physical exercise ►**ne pas <u>regarder</u> à la ~** to spare no expense
dépenser [depɑ̃se] <1> **I.** *vt* **1.** (*débourser*) to spend **2.** (*consommer: électricité, énergie*) to consume **II.** *vpr* **se ~** to expend energy; (*enfant*) to use up their energy ►**elle se dépense sans <u>compter</u> (pour son travail)** (*s'engager*) she gives her work everything she's got
dépensier, -ière [depɑ̃sje, -jɛʀ] **I.** *adj* extravagant **II.** *m, f* spendthrift
dépérir [depeʀiʀ] <8> *vi* **1.** (*personne, animal*) to fade away; (*plante*) to wither; **la pollution fait ~ les arbres** pollution is withering the trees **2.** (*péricliter*) to decline
dépêtrer [depetʀe] <1> *vpr* **se ~ de qc** to extricate oneself from sth
dépeuplement [depœpləmɑ̃] *m* depopulation
dépeupler [depœple] <1> **I.** *vt* (*pays, région*) to depopulate **II.** *vpr* **se ~** to be depopulated
dépilatoire [depilatwaʀ] *adj* hair remover
dépistage [depistaʒ] *m* (*d'un malfaiteur*) tracking down; (*d'une maladie*) detection; **~ précoce** early detection; **~ du cancer** cancer screening; **test de ~ du Sida** AIDS test
dépister [depiste] <1> *vt* (*rechercher: personne, animal*) to track down; (*maladie*) to detect
dépit [depi] *m* pique; **~ amoureux** heartache; **de** [*o* **par**] **~** out of spite; **éprouver du ~** to feel piqued; **causer du ~ à qn** to greatly upset sb ►**en ~ du bon <u>sens</u>** against all common sense; **<u>en</u> ~ de qc** in spite of sth
dépité(e) [depite] *adj* piqued
déplacé(e) [deplase] *adj* **1.** (*inopportun: intervention, présence*) inappropriate **2.** (*inconvenant: geste, propos*) uncalled for
déplacement [deplasmɑ̃] *m* **1.** (*changement de place: d'un objet*) moving; (*d'un os*) dislocation **2.** (*voyage*) trip; **être en ~** to be on a trip **3.** (*mouvement*) movement **4.** (*mutation*) transfer
déplacer [deplase] <2> **I.** *vt* **1.** (*changer de place: objet, meuble*) to move **2.** MED (*articulation*) to dislocate; **~ une vertèbre à qn** to cause sb to slip a disc **3.** (*muter: fonctionnaire*) to transfer **4.** (*réinstaller*) *a.* TECH to displace **5.** (*éluder*) **~ une question** to change the point of a question **II.** *vpr* **1.** (*être en mouvement, se décaler*) **se ~** to move; **se ~ en chaise roulante** to get around in a wheelchair **2.** (*voyager*) **se ~ en avion/voiture** to travel by plane/car, fly/drive **3.** MED **se ~ une articulation** to dislocate a joint
déplaire [deplɛʀ] *irr* **I.** *vi* (*ne pas plaire*) **~ à qn** to displease sb; (*irriter*) to annoy sb ►**n'<u>en</u> déplaise à qn** *iron* with all due respect to sb **II.** *vpr* **se ~ en ville/dans un emploi** not to be happy in town/with a job
déplaisant(e) [deplɛzɑ̃, ɑ̃t] *adj* unpleasant
dépliant [deplijɑ̃] *m* leaflet; **~ touristique** travel brochure
déplier [deplije] <1> **I.** *vt* (*drap, vêtement, plan, journal*) to unfold; (*sur une table*) to spread out; (*jambes*) to stretch out **II.** *vpr* **se ~** to fold out
déploiement [deplwamɑ̃] *m* **1.** (*action de déployer: d'une aile*) spreading; (*d'un drapeau*) unfurling **2.** (*étalage: de richesses*) display **3.** (*dépense*) **~ d'énergie** exertion
déplorable [deplɔʀabl] *adj* (*effet, fin, oubli*) regrettable; (*comportement, personne, situation, résultats*) appalling; **être dans un état ~** (*enfant*) to be in a terrible state
déplorer [deplɔʀe] <1> *vt* **1.** (*regretter*) to deplore; **~ ne pas pouvoir faire qc** to regret that one cannot do sth **2.** (*enregistrer*) **on déplore des victimes** there have been a number of victims **3.** (*être affligé de: malheur, mort*) to mourn
déployer [deplwaje] <7> **I.** *vt* **1.** (*déplier: ailes, carte*) to spread out; (*voile, drapeau*) to

D

unfurl **2.** (*mettre en œuvre: énergie, ingéniosité, courage*) to display **3.** (*étaler: charmes, richesses*) to show off **II.** *vpr* **1.** (*se déplier*) **se ~** (*ailes, tissu*) to be spread out; (*voile, drapeau*) to be unfurled **2.** (*se disperser: soldats, troupes*) to be deployed; (*cortège*) to spread out

déplumé(**e**) [deplyme] *adj* (*oiseau*) plucked; *inf* (*arbre, crâne*) thin on top

dépoli(**e**) [depɔli] *adj* (*verre*) frosted

dépolluer [depɔlɥe] <1> *vt* (*lieu*) to decontaminate; (*rivière, mer*) to clean up

dépollution [depɔlysjɔ̃] *f* decontamination; (*d'une rivière, de la mer*) cleaning up

dépopulation [depɔpylasjɔ̃] *f* depopulation

déportation [depɔʀtasjɔ̃] *f* HIST deportation; **en ~** in the (concentration) camps

déporté(**e**) [depɔʀte] *m(f)* deportee

déporter [depɔʀte] <1> **I.** *vt* **1.** (*exiler, bannir*) to deport **2.** HIST (*interner*) to send to a concentration camp **3.** (*faire dévier: voiture, vélo*) to push off course **II.** *vpr* AUTO **se ~** to swerve

déposer [depoze] <1> **I.** *vt* **1.** (*poser*) to place **2.** (*se débarrasser*) to put down **3.** (*conduire, livrer: personne*) to drop off; (*ordures*) to dump **4.** (*décanter*) **~ de la boue/du sable** to deposit mud/sand **5.** (*confier: bagages, lettre, carte de visite*) to leave **6.** FIN (*argent, chèque, valeur*) to deposit; **~ 100 euros sur son compte** to put 100 euros into one's account **7.** (*faire enregistrer: brevet, rapport*) to file; (*marque*) to register; (*projet de loi*) to bring up for discussion; (*réclamation, plainte*) to lodge **8.** (*démonter: appareil*) to take down; (*moteur*) to strip down **9.** (*abdiquer: couronne*) to abdicate; **~ le pouvoir** to renounce power **10.** (*destituer*) to depose **II.** *vi* **1.** (*témoigner*) to give evidence **2.** (*laisser un dépôt: vin, eau*) to settle **III.** *vpr* **se ~** (*lie, poussière*) to settle

dépositaire [depozitɛʀ] *m* **1.** (*détenteur*) depository; (*d'un secret*) guardian **2.** (*concessionnaire*) agent

déposition [depozisjɔ̃] *f* **1.** (*témoignage*) statement; **faire/recueillir/signer une ~** to make/take/sign a statement **2.** (*destitution: d'un souverain*) deposition

déposséder [depɔsede] <5> *vt* (*personne*) to dispossess

dépossession [depɔsesjɔ̃] *f* dispossession

dépôt [depo] *m* **1.** (*présentation: d'un projet de loi*) introduction **2.** (*enregistrement: d'une plainte*) lodging; (*d'une marque déposée*) registration; (*d'un brevet*) filing **3.** FIN (*d'un chèque, d'argent, de titres*) depositing; (*somme déposé*) deposit; **~ de bilan** bankruptcy filing **4.** (*fait de confier*) **laisser qc en ~ chez qn** to leave sth with sb for safekeeping **5.** (*fait de poser: d'une gerbe*) laying **6.** (*sédiment*) deposit **7.** (*entrepôt: d'autobus*) depot; **~ d'ordures** dump

dépotoir [depɔtwaʀ] *m* (*dépôt d'ordures*) dump; **c'est un véritable ~** *inf* this place is a real dump

dépouille [depuj] *f* **1.** (*peau: d'un animal à fourrure*) skin; (*d'un serpent*) slough **2.** *form* (*corps*) **~ mortelle** *form* (mortal) remains **3.** *pl* spoils; (*héritage*) personal effects

dépouillé(**e**) [depuje] *adj* **1.** (*sobre: décor*) bare; (*style, texte*) unadorned **2.** (*exempt*) **être ~ de qc** devoid of sth

dépouillement [depujmɑ̃] *m* (*examen*) **~ du scrutin** counting the votes; **~ du courrier** going through the mail

dépouiller [depuje] <1> **I.** *vt* **1.** (*ouvrir*) **~ le scrutin** to count the votes; **~ le courrier** to go through the mail **2.** (*dévaliser*) to rob; **~ qn de ses biens** to strip sb of their possessions **3.** (*déshabiller*) **~ qn de ses vêtements** to strip sb of their clothes **II.** *vpr* **1.** (*se déshabiller*) **se ~ de ses vêtements** to take off one's clothes **2.** (*faire don*) **se ~ de sa fortune** to give up one's fortune

dépourvu(**e**) [depuʀvy] *adj* **1.** (*privé*) **être ~** to have nothing; **être ~ de bon sens** to have no common sense **2.** (*ne pas être équipé*) **être ~ de chauffage** to be without heating ▶ **prendre qn au ~** to take sb unawares

dépoussiérer [depusjeʀe] <5> *vt* **1.** (*nettoyer*) to dust **2.** (*rajeunir*) to blow the dust off

dépravé(**e**) [depʀave] **I.** *adj* depraved **II.** *m(f)* pervert

déprécier [depʀesje] <1a> **I.** *vt* (*monnaie, valeur*) to depreciate **II.** *vpr* **se ~** (*bien, marchandise*) to fall in price; (*monnaie, valeur*) to fall in value

déprédation [depʀedasjɔ̃] *f gén pl* (*dégâts*) damage; (*pillage*) plunder; (*malversation*) misappropriation; **commettre** [*o* **se livrer à**] **des ~s** to embezzle

dépressif, -ive [depʀesif, -iv] **I.** *adj* depressive **II.** *m, f* depressive

dépression [depʀesjɔ̃] *f* **1.** (*découragement*) *a.* PSYCH, METEO depression; **faire une ~ nerveuse** to have a nervous breakdown **2.** ECON slump

déprimant(**e**) [depʀimɑ̃, ɑ̃t] *adj* (*démoralisant*) depressing

déprime [depʀim] *f inf* depression; **être en pleine ~** to be completely down

déprimé(**e**) [depʀime] *adj* (*personne*) depressed

déprimer [depʀime] <1> **I.** *vt* (*démoraliser*) to depress **II.** *vi inf* to be depressed

déprogrammer [depʀɔgʀame] <1> *vt* **1.** CINE, TV (*émission, spectacle*) to take off **2.** INFORM (*robot*) to deprogram

dépuceler [depys(ə)le] <3> *vt inf* to deflower

depuis [dəpɥi] **I.** *prep* **1.** (*à partir d'un moment*) since; (*à partir d'un lieu*) from; **~ quelle date?** since when?; **~ Paris, ...** from Paris; **toutes les tailles ~ le 36** all sizes from 36 up; **~ mon plus jeune âge** since my childhood; **~ le début jusqu'à la fin** from the beginning to the end; **~ que qn a fait qc** ever since sb did sth **2.** (*durée*) for; **~ longtemps/**

plusieurs kilomètres for a long time/a few kilometers; **je la connais ~ peu** I've (only) known her a short while; **~ cela** since then **II.** *adv* since

député(e) [depyte] *m(f)* deputy

der [dɛʀ] *mf inf abr de* **dernier, dernière boire le ~** to drink one last one ▶ **la ~ des ~s** the very last

déraciner [deʀasine] <1> *vt* **1.** (*arracher: arbre, peuple*) to uproot **2.** (*éliminer: préjugé*) to root out

déraillement [deʀɑjmɑ̃] *m* (*d'un train*) derailing

dérailler [deʀɑje] <1> *vi* **1.** (*sortir des rails: train*) to be derailed; **faire ~ un train** to derail a train **2.** *inf* (*déraisonner*) to talk nonsense; **il déraille complètement** he's out of his head **3.** (*mal fonctionner: machine, appareil*) to play up

dérailleur [deʀɑjœʀ] *m* derailleur

déraisonnable [deʀɛzɔnabl] *adj* unreasonably

déraisonner [deʀɛzɔne] <1> *vi* to talk nonsense

dérangé(e) [deʀɑ̃ʒe] *adj* **1.** *inf* (*fou*) off their head **2.** MED **être ~** to have an upset stomach; **avoir l'intestin ~** to have irritable bowels **3.** (*désordonné*) in a mess

dérangement [deʀɑ̃ʒmɑ̃] *m* **1.** (*gêne*) trouble; **~ intestinal** bowel trouble **2.** (*incident technique*) **être en ~** (*ligne, téléphone*) to be out of order

déranger [deʀɑ̃ʒe] <2a> **I.** *vt* **1.** (*gêner*) to disturb; **je peux te ~ pour un service?** can I trouble you for a favor? **2.** (*mettre en désordre*) to untidy; (*objets, affaires, coiffure*) to mess up **3.** (*perturber: projets*) to spoil; **ce repas m'a dérangé l'estomac** that meal upset my stomach **II.** *vi* **1.** (*arriver mal à propos*) to be a nuisance **2.** (*mettre mal à l'aise*) to upset people **III.** *vpr* **1.** (*se déplacer*) **se ~** to go/come out; **je me suis dérangé pour rien** it was a waste of time going **2.** (*interrompre ses occupations*) **se ~ pour qn** to go to trouble for sb; **ne vous dérangez pas pour moi!** don't put yourself out for me!

dérapage [deʀapaʒ] *m* **1.** AUTO skid; **~ contrôlé** controlled skid **2.** (*acte imprévu, impair*) slip; **~ (verbal)** slip of the tongue

déraper [deʀape] <1> *vi* **1.** (*glisser: personne, semelles*) to slip; (*voiture*) to skid **2.** (*dévier: personne, conversation*) to veer off **3.** ECON (*prix, politique économique*) to get out of control

déréglé(e) [deʀegle] *adj* **1.** (*dérangé: estomac*) upset; (*pouls, appétit*) unsettled; **le mécanisme est ~** the mechanism isn't working right; **le temps est ~** the weather's unsettled **2.** (*désordonné: habitudes*) unsettled; (*vie, existence*) disordered; (*mœurs*) dissolute

déréglementer [deʀɛgləmɑ̃te] <1> *vt* to deregulate

dérégler [deʀegle] <5> **I.** *vt* **1.** (*déranger: mécanisme*) to disturb; (*climat, appétit*) to unsettle; **ça a déréglé la machine** it made the machine go wrong; **ça a déréglé mon estomac** it upset my stomach **2.** (*pervertir: mœurs*) to corrupt **II.** *vpr* **1.** (*mal fonctionner*) **se ~** (*machine*) to go wrong; (*climat, estomac*) to become unsettled **2.** (*se pervertir: mœurs*) to be corrupted

dérider [deʀide] <1> **I.** *vt* **~ qn** to cheer sb up **II.** *vpr* **se ~** to cheer up; (*visage*) to brighten up

dérision [deʀizjɔ̃] *f* mockery; **tourner qn/qc en ~** to mock sb/sth; **geste de ~** derisive gesture; **par ~** derisively

dérisoire [deʀizwaʀ] *adj* derisory; **à un prix ~** (*vendre*) at a ridiculous price

dérivatif [deʀivatif] *m* distraction

dérivation [deʀivasjɔ̃] *f* (*d'un cours d'eau, d'une route*) diversion

dérive [deʀiv] *f* **1.** (*déviation: d'un avion, bateau*) drift; **~ des continents** continental drift; **être à la ~** (*bateau*) to be adrift **2.** AVIAT fin; NAUT centerboard **3.** FIN (*d'une monnaie, de l'économie*) slump; **la ~ de leur politique** the way their policy has slipped out of control ▶ **partir à la ~** to drift; (*projets*) to go awry; **à la ~** going downhill

dérivé [deʀive] *m* CHIM, LING derivative; (*produit*) byproduct

dérivé(e) [deʀive] *adj* **être ~ de qc** (*race*) to come from sth; (*style, œuvre d'art/littéraire*) to derive from sth

dériver [deʀive] <1> **I.** *vt* (*détourner*) to divert **II.** *vi* **1.** LING **~ de qc** to derive from sth **2.** (*s'écarter: barque*) to drift

dériveur [deʀivœʀ] *m* **1.** (*voile*) storm sail **2.** (*petit voilier*) sailboat (*with a centerboard*)

dermatologie [dɛʀmatɔlɔʒi] *f* dermatology

dermatologue [dɛʀmatɔlɔg] *mf* dermatologist

dernier [dɛʀnje] *m Belgique* **le ~ de tout** (*la fin de tout*) the last straw

dernier, -ière [dɛʀnje, -jɛʀ] **I.** *adj* **1.** *antéposé* (*ultime*) last; **avant le 15 mai, ~ délai** by May 15 at the latest; **être ~ en classe** to be at the bottom of the class **2.** *antéposé* (*le plus récent: œuvre, mode, nouvelle, édition*) latest; **ces ~s temps** just recently; **ces ~s jours** these last few days; **aux dernières nouvelles, il ...** the last we heard was that he ...; **le ~ cri** the latest thing **3.** *postposé* (*antérieur: an, mois, semaine, siècle*) last; **l'an ~ à cette époque** this time last year **II.** *m, f* **le/la ~(-ière)** the last; **son petit ~** his/her youngest; **habiter au ~** to live on the top floor; **être le ~ des imbéciles** to be a complete idiot; **en ~** lastly ▶ **rira bien qui rira le ~** *prov* he who laughs last laughs longest

dernière [dɛʀnjɛʀ] *f* **1.** (*représentation*) **la ~** the last night **2.** *inf* (*histoire, nouvelle*) **la ~** the latest

dernièrement [dɛʀnjɛʀmɑ̃] *adv* lately

dernier-né, dernière-née [dɛʀnjene, dɛʀnjɛʀne] <derniers-nés> *m, f* last-born

dérober [deʀɔbe] <1> *vt* (*voler*) to steal

dérogation [deʀɔgasjɔ̃] *f* **1.** (*exception*)

exemption; **par ~** by way of exemption **2.** (*violation*) breach; **être une ~ à la loi** to be a breach of the law

déroger [deʀɔʒe] <2a> *vi* **~ à une loi** to go against a law

dérougir [deʀuʒiʀ] <8> *vi Québec* **ça ne dérougit pas!** (*l'activité ne diminue pas*) there's no let-up!

dérouillée [deʀuje] *f inf* belting; **prendre une ~** to get slapped around

dérouiller [deʀuje] <1> **I.** *vt* (*ôter la rouille*) to remove the rust from **II.** *vi inf* (*recevoir une correction*) to catch it; (*souffrir*) to be put through it **III.** *vpr* **se ~ les muscles** to loosen up

déroulement [deʀulmɑ̃] *m* **1.** (*processus: d'une cérémonie*) course; (*suite des faits: d'un crime*) stages **2.** (*fait de dérouler*) unwinding

dérouler [deʀule] <1> **I.** *vt* (*dévider: tuyau, rouleau*) to unroll; (*store*) to wind down **II.** *vpr* **1.** (*s'écouler*) **se ~** (*vie, manifestation, crime, événement, cérémonie, concert*) to take place; **pendant que l'action/le film se déroulait** as the action/film progressed; **tout s'est déroulé comme prévu** everything went off as planned **2.** (*se dévider*) **se ~** (*bobine, cassette*) to unwind

déroutant(e) [deʀutɑ̃, ɑ̃t] *adj* disconcerting

déroute [deʀut] *f* rout; (*effondrement*) collapse

dérouter [deʀute] <1> *vt* **1.** (*écarter de sa route*) to reroute **2.** (*déconcerter*) to take aback

derrick [deʀik] *m* derrick

derrière [dɛʀjɛʀ] **I.** *prep* behind; **être ~ qn** (*dans un classement*) to be behind sb; (*soutenir qn*) to be (right) behind sb; **faire qc ~ qn** *fig* to do sth behind sb's back; **laisser qn/qc ~ soi** to leave sb behind; **par ~** at the back; **par ~ qc** at the back of sth; **passez par ~!** go around the back! **II.** *adv* behind; **de ~** from behind; **là ~** over at the back **III.** *m* **1.** (*partie arrière: d'une maison*) back; **la porte de ~** the back door **2.** *inf* (*postérieur: d'un animal*) rump; (*d'une personne*) bottom ▶ **botter le ~ à qn** to spank sb's bottom

des¹ [de] **I.** *art déf pl contracté* **les pages ~ livres** (*ces livres*) the pages of the books; (*livres en général*) the pages of books; *v.a.* **de II.** *art partitif, parfois non traduit* **je mange ~ épinards** I eat spinach

des² [de, də] <*devant adjectif* de> *art indéf pl, parfois non traduit* **j'ai acheté ~ pommes et de beaux citrons** I bought (some) apples and some nice lemons

dès [dɛ] *prep* (*à partir de*) as from; **~ lors** (*à partir de ce moment-là*) from then on; (*par conséquent*) in which case; **~ maintenant** from now on; **~ qu'elle a fait ça** once she'd done that; **~ le matin ...** as soon as morning comes/came; **~ l'époque romaine ...** from Roman times onward; **~ mon retour je ferai ...** as soon as I get back I will do ...; **~ Valence** after Valence; **~ le premier verre** after the first glass

désabusé(e) [dezabyze] *adj* disenchanted; **~ de qc** disillusioned with sth

désaccord [dezakɔʀ] *m* **1.** (*mésentente*) discord **2.** (*divergence, désapprobation*) disagreement; **~ d'idées** difference of opinion; **être en ~ avec qn/qc sur qc** to be in disagreement with sb/sth over sth **3.** (*contradiction*) discrepancy

désaccordé(e) [dezakɔʀde] *adj* out of tune

désaccorder [dezakɔʀde] <1> **I.** *vt* to put out of tune **II.** *vpr* **se ~** to go out of tune

désaffecté(e) [dezafɛkte] *adj* (*église, école, usine*) disused

désagréable [dezagʀeabl] *adj* unpleasant

désagréger [dezagʀeʒe] <2a, 5> **I.** *vt* **1.** (*désintégrer*) to disintegrate **2.** (*décomposer: groupe, parti*) to break up **II.** *vpr* **se ~** (*corps chimique, roche*) to disintegrate; (*foule*) to break up

désagrément [dezagʀemɑ̃] *m* inconvenience; **causer du ~ à qn** to cause sb trouble

désaltérant(e) [dezalteʀɑ̃, ɑ̃t] *adj* thirst-quenching; **le thé est une boisson ~e** tea quenches your thirst

désaltérer [dezalteʀe] <5> **I.** *vt* **~ qn** to quench the thirst of sb **II.** *vpr* **se ~** to quench one's thirst

désamiantage [dezamjɑ̃taʒ] *m* asbestos removal

désamorcer [dezamɔʀse] <2> **I.** *vt* **1.** (*interrompre le fonctionnement de: bombe*) to defuse; (*pompe, siphon*) to drain **2.** (*neutraliser: situation, crise*) to defuse; (*danger*) to avert **II.** *vpr* **se ~** (*pompe, siphon*) to drain

désappointé(e) [dezapwɛ̃te] *adj* disappointed

désappointement [dezapwɛ̃tmɑ̃] *m* disappointment

désapprobateur, -trice [dezapʀɔbatœʀ, -tʀis] *adj* disapproving

désapprobation [dezapʀɔbasjɔ̃] *f* disapproval

désapprouver [dezapʀuve] <1> **I.** *vt* **~ qn/qc** to disapprove of sb/sth **II.** *vi* to disapprove

désarçonner [dezaʀsɔne] <1> *vt* **1.** (*jeter à bas*) to unseat **2.** (*désemparer: candidat*) to throw

désarmant(e) [dezaʀmɑ̃, ɑ̃t] *adj* disarming

désarmement [dezaʀməmɑ̃] *m* (*d'une personne, population*) disarmament; (*d'un navire*) laying up

désarmer [dezaʀme] <1> **I.** *vt* **1.** (*dépouiller de ses armes*) to disarm **2.** (*déséquiper*) **~ un navire** to lay up a ship **3.** (*décharger: arme*) to unload; (*mettre le cran de sûreté*) to put the safety on **4.** (*désemparer: personne*) to disarm **II.** *vi* **1.** (*gouvernement, pays*) to disarm **2.** (*s'adoucir*) **ne pas ~ contre qn** (*ennemi, haine, vengeance*) to be unrelenting toward sb; (*douleurs*) not to let up on sb **3.** (*ne pas lâcher prise*) **ne pas ~** to not give an inch

désarroi [dezaʀwa] *m* **1.** (*trouble*) confusion **2.** (*désespoir*) helplessness; **être en grand**

[*o* **plein**] ~ to feel utterly helpless

désastre [dezastʀ] *m* disaster

désastreux, -euse [dezastʀø, -øz] *adj* **1.** (*catastrophique*) disastrous **2.** (*nul*) terrible; **c'était ~** it was a disaster

désavantage [dezavɑ̃taʒ] *m* disadvantage; (*physique*) handicap; **à son/leur ~** not to his/their advantage; (*changer*) so as to put him/them at a disadvantage; **c'est à son ~** it's against him; **tourner au ~ de qn** to put sb at a disadvantage

désavantager [dezavɑ̃taʒe] <2a> *vt* **~ qn** to put sb at a disadvantage

désavantageux, -euse [dezavɑ̃taʒø, -jøz] *adj* disadvantageous

désaveu [dezavø] <x> *m* **1.** (*rétractation*) retraction; (*reniement*) disowning **2.** (*condamnation: d'un comportement, d'une personne*) disavowal; (*réprobation*) repudiation

désavouer [dezavwe] <1> *vt* **1.** (*refuser comme sien: ouvrage, collaborateur*) to disown; (*paternité*) to deny; (*signature, paroles, enfant*) to repudiate **2.** (*désapprouver: personne, conduite de qn*) to disown

descendance [desɑ̃dɑ̃s] *f* **1.** (*postérité*) descendants *pl* **2.** (*origine*) descent

descendant(e) [desɑ̃dɑ̃, ɑ̃t] **I.** *adj* (*chemin*) going down; (*gamme*) descending **II.** *m(f)* descendant

descendre [desɑ̃dʀ] <14> **I.** *vi être* **1.** (*aller du haut vers le bas: vu d'en haut/d'en bas: avion*) to go/come down; (*oiseau*) to fly down; (*parachutiste*) to float down; **~ à la cave/par l'escalier** to go down to the basement/by the stairs; **~ par l'ascenseur** to go down in the elevator; **~ en voiture/en avion** to drive/fly down; **~ dans la plaine** (*rivière, route*) to go down into the plain **2.** (*quitter, sortir*) **~ du bateau/du train** to get off the boat/the train; **~ de la voiture** to get out of the car; **~ du cheval** to get off a horse; **fais ~ le chat de la table** get the cat down from the table **3.** (*aller, se rendre*) **~ en ville** to go into town **4.** (*faire irruption*) **~ dans un bar** (*police, voyous*) to burst into a bar **5.** (*loger*) **~ à l'hôtel/chez qn** to stay at a hotel/at a friend's place **6.** (*être issu de*) **~ de qn** to descend from sb; **~ d'une famille pauvre** to be from a poor family **7.** (*aller en pente*) **~ en pente douce** (*route, chemin*) to go down; (*vignoble, terrain*) to slope downwards **8.** (*baisser: marée*) to go out; (*niveau de l'eau, prix, taux*) to go down; (*baromètre, thermomètre*) to fall **9.** (*atteindre*) *a.* MUS **~ à/jusqu'à** (*robe, cheveux, puits*) to go down to/as far as ▶ **~ dans la rue** to take to the streets; **ça fait ~** *inf* that helps it down **II.** *vt avoir* **1.** (*se déplacer à pied: vu d'en haut: escalier, colline*) to go down; (*vu d'en bas*) to come down **2.** (*se déplacer en véhicule: vu d'en haut/d'en bas: rue, route*) to drive down **3.** (*porter en bas: vu d'en haut*) to take down; (*vu d'en bas*) to bring down; **~ qc à la cave** to take sth down to the basement **4.** (*baisser: stores, rideaux*) to lower; (*tableau, étagère*) to take down **5.** *inf* (*déposer*) **~ qn à l'école** to drop sb off at school **6.** *inf* (*abattre: avion*) to shoot down; (*personne*) to do in **7.** *inf* (*critiquer: film, auteur*) to slam **8.** *inf* (*boire, manger*) to down **9.** MUS **~ la gamme** (*chanteur, joueur*) to go down the scale ▶ **~ en flammes** *inf* to shoot down in flames

descente [desɑ̃t] *f* **1.** (*opp: montée: d'une pente*) way down; (*à pied*) walk down; (*en voiture*) drive down; (*en escalade*) climb down; (*à ski*) ski down; (*d'un fleuve*) sail down **2.** AVIAT descent **3.** (*arrivée*) **à la ~ d'avion/de bateau** as the passengers disembarked; **accueillir qn à la ~ de l'avion/du train** to meet sb off the plane/train **4.** (*action de descendre au fond de*) **~ dans qc** descent into sth **5.** (*attaque brusque*) **une ~ de police** a police raid; **faire une ~ dans un bar** *inf* to hit a bar **6.** (*pente*) downward slope; **dans la ~/les ~s** going downhill **7.** (*action de porter en bas, déposer: vu d'en haut*) taking down; (*vu d'en bas*) bringing down; **la ~ des bagages de la voiture** getting the luggage out of the car ▶ **~ aux enfers** descent into Hell; **avoir une bonne ~** *inf* to be a big drinker

descriptif [dɛskʀiptif] *m* specifications *pl*

descriptif, -ive [dɛskʀiptif, -iv] *adj* descriptive; **musique ~** program music

description [dɛskʀipsjɔ̃] *f* description; (*d'un événement*) account

désemparé(e) [dezɑ̃paʀe] *adj* (*personne*) distraught

désemplir [dezɑ̃pliʀ] <8> *vi* **ne pas ~** to be always full

désenchanté(e) [dezɑ̃ʃɑ̃te] *adj* disenchanted

désenfler [dezɑ̃fle] <1> **I.** *vt* **~ qc** to bring down the swelling in sth **II.** *vi, vpr* (**se**) **~** to go down

désengager [dezɑ̃gaʒe] <2a> *vpr* **se ~** to pull out

déséquilibre [dezekilibʀ] *m* **1.** (*instabilité, inégalité: des forces, valeurs*) imbalance; (*d'une construction, personne*) instability; **être en ~** (*personne, objet*) to be off balance **2.** PSYCH **~ mental** mental instability

déséquilibré(e) [dezekilibʀe] **I.** *adj* (*personne*) off balance; PSYCH unstable; (*balance*) badly adjusted; (*quantités*) unbalanced **II.** *m(f)* (*personne*) unbalanced person

déséquilibrer [dezekilibʀe] <1> *vt* (*personne*) to throw off balance; *fig* to unbalance; (*objet*) to make unsteady; (*budget*) to unbalance

désert [dezɛʀ] *m* **1.** GEO desert **2.** (*lieu dépeuplé*) wilderness ▶ **prêcher dans le ~** to cry out in the wilderness

désert(e) [dezɛʀ, ɛʀt] *adj* **1.** (*sans habitant: pays, région, maison*) deserted; (*île*) desert **2.** (*peu fréquenté: plage, rue*) deserted

déserter [dezɛʀte] <1> **I.** *vt* **1.** (*quitter: lieu, son poste*) to abandon **2.** (*abandonner, renier:

cause, syndicat, parti) to desert; (*réunions*) to forsake **II.** *vi* MIL to desert

déserteur [dezɛʀtœʀ] **I.** *m* MIL deserter **II.** *adj* deserting

désertification [dezɛʀtifikasjɔ̃] *f* GEO desertification

désertion [dezɛʀsjɔ̃] *f* **1.** MIL desertion; ~ **devant qn** desertion in the face of sb **2.** (*fait de quitter*) ~ **de qc par qn** the abandonment of sth by sb **3.** (*défection*) ~ **du parti** desertion from the party

désertique [dezɛʀtik] *adj* (*climat, plante, région*) desert

désespérant(e) [dezɛspeʀɑ̃, ɑ̃t] *adj* (*décourageant*) **être** ~ (*notes, comportement*) to be hopeless

désespéré(e) [dezɛspeʀe] **I.** *adj* (*personne*) desperate; (*cas, situation*) (*critique*) desperate; (*sans espoir*) hopeless **II.** *m(f)* person in despair

désespérément [dezɛspeʀemɑ̃] *adv* desperately

désespérer [dezɛspeʀe] <5> **I.** *vi* to despair; ~ **de qc** to despair of sth; **c'est à** ~ it would drive you to despair **II.** *vt* **1.** (*affliger*) ~ **qn** to drive sb to despair **2.** (*décourager*) ~ **qn** to make sb despair **III.** *vpr* **se** ~ to despair

désespoir [dezɛspwaʀ] *m* despair; **faire le** ~ **de qn** to drive sb to despair ►**en** ~ **de cause** in desperation

déshabillé [dezabije] *m* (*vêtement*) revealing

déshabillé(e) [dezabije] *adj* undressed; (*scène, séquence*) (in the) nude

déshabiller [dezabije] <1> **I.** *vt* (*personne*) to undress **II.** *vpr* **se** ~ **1.** (*se dévêtir*) to get undressed **2.** (*se mettre à l'aise*) **je vais me** ~ I'm going to slip into something more comfortable

déshabituer [dezabitɥe] <1> **I.** *vt* ~ **qn de qc** to get sb out of the habit of doing sth **II.** *vpr* **se** ~ **de qc** (*exprès*) to rid oneself of a habit; (*sans essayer*) to lose the habit of doing sth

déshérité(e) [dezeʀite] **I.** *adj* **1.** (*privé d'héritage*) disinherited **2.** (*désavantagé*) underprivileged **II.** *mpl* **les** ~**s** the underprivileged

déshériter [dezeʀite] <1> *vt* **1.** JUR to disinherit **2.** (*priver d'avantages*) to deprive

déshonneur [dezɔnœʀ] *m* dishonor

déshonorant(e) [dezɔnɔʀɑ̃, ɑ̃t] *adj* shameful

déshonorer [dezɔnɔʀe] <1> **I.** *vt* **1.** (*porter atteinte à l'honneur de*) to dishonor **2.** (*défigurer: monument, paysage*) to disfigure **II.** *vpr* **se** ~ to bring shame on oneself

déshydraté(e) [dezidʀate] *adj inf* (*assoiffé*) **être** ~ to be parched

déshydrater [dezidʀate] <1> *vpr* **se** ~ to dehydrate

désignation [deziɲasjɔ̃] *f* **1.** (*appellation*) name **2.** (*nomination*) nomination **3.** (*indication*) naming

designer [dizajnœʀ, dezajnœʀ] *mf* designer

désigner [deziɲe] <1> *vt* **1.** (*montrer, indiquer*) to indicate; ~ **qn/qc du doigt** to point at sb/sth **2.** (*signaler*) ~ **qn à l'attention de qn** to bring sb to sb's attention **3.** (*choisir*) ~ **qn comme qc** to designate sb as sth **4.** (*qualifier*) **être tout désigné pour qc** to be ideal for sth **5.** (*dénommer*) ~ **qn par son nom** to refer to sb by their name

désillusion [dezi(l)lyzjɔ̃] *f* disillusionment

désinence [dezinɑ̃s] *f* inflection

désinfectant [dezɛ̃fɛktɑ̃] *m* disinfectant

désinfectant(e) [dezɛ̃fɛktɑ̃, ɑ̃t] *adj* disinfectant

désinfecter [dezɛ̃fɛkte] <1> *vt* to disinfect

désinfection [dezɛ̃fɛksjɔ̃] *f* disinfection

désinformation [dezɛ̃fɔʀmasjɔ̃] *f* disinformation

désintégration [dezɛ̃tegʀasjɔ̃] *f a.* GEO, PHYS disintegration

désintégrer [dezɛ̃tegʀe] <5> **I.** *vt* **1.** GEO, PHYS to disintegrate **2.** *fig* (*famille, parti*) to split up **II.** *vpr* **se** ~ **1.** (*se désagréger*) to split up **2.** GEO, PHYS to disintegrate

désintéressé(e) [dezɛ̃teʀese] *adj* disinterested

désintéressement [dezɛ̃teʀɛsmɑ̃] *m* **1.** disinterest **2.** (*dédommagement*) buying out

désintéresser [dezɛ̃teʀese] <1> **I.** *vt* (*dédommager: créancier*) to pay off; (*partenaire*) to buy out **II.** *vpr* **se** ~ **de qn/qc** to take no interest in sb/sth; (*perdre intérêt*) to lose interest in sb/sth

désintérêt [dezɛ̃teʀɛ] *m* lack of interest; **son** ~ **pour qc** his lack of interest in sth

désintoxication [dezɛ̃tɔksikasjɔ̃] *f* MED detoxification

désintoxiquer [dezɛ̃tɔksike] <1> **I.** *vt* **1.** MED (*drogué, alcoolique*) to detoxify; **se faire** ~ to get detoxified **2.** (*purifier l'organisme: citadin, fumeur*) to clean out the system of **II.** *vpr* **se** ~ **1.** MED (*alcoolique, toxicomane*) to get detoxified **2.** (*s'oxygéner*) to clean out the system

désinvolte [dezɛ̃vɔlt] *adj* **1.** (*décontracté: mouvement, attitude, style*) casual **2.** (*sans-gêne: air, attitude, réponse*) offhanded

désinvolture [dezɛ̃vɔltyʀ] *f* **1.** (*aisance*) casualness **2.** (*sans-gêne*) offhandedness; **avec** ~ (*répondre*) offhandedly

désir [deziʀ] *m* **1.** (*souhait*) ~ **de qc** wish for sth; **vos** ~**s sont des ordres** *iron* your wish is my command **2.** (*appétit sexuel*) desire

désirable [deziʀabl] *adj* desirable

désirer [deziʀe] <1> *vt* **1.** (*souhaiter*) to want; **je désire/désirerais un café** I want/would like a coffee **2.** (*convoiter*) to desire ►**se faire** ~ to be desirable; **laisser à** ~ to leave a lot to be desired

désireux, -euse [deziʀø, -øz] *adj* **être** ~ **de qc** avid for sth; **être** ~ **de** +*infin* anxious to +*infin*

désister [deziste] <1> *vpr* **se** ~ **en faveur de qn** to stand down in favor of sb

désobéir [dezɔbeiʀ] <8> *vi* ~ **à qn/un ordre** to disobey sb/an order; ~ **à la loi** to break the law

désobéissance [dezɔbeisɑ̃s] *f* disobedience; **~ à qn/un ordre** disobeying sb/an order; **~ à une loi** breaking the law
désobéissant(e) [dezɔbeisɑ̃, ɑ̃t] *adj* disobedient
désodorisant [dezɔdɔʀizɑ̃] *m* deodorizer
désodorisant(e) [dezɔdɔʀizɑ̃, ɑ̃t] *adj* deodorizing
désœuvré(e) [dezœvʀe] *adj* idle
désœuvrement [dezœvʀəmɑ̃] *m* idleness; **faire qc par ~** to do sth for want of better
désolant(e) [dezɔlɑ̃, ɑ̃t] *adj* (*spectacle,*) woeful; (*temps, nouvelle*) appalling; **il est ~ qu'elle le fasse** (*subj*) it's terrible that she would do it
désolation [dezɔlasjɔ̃] *f* distress
désolé(e) [dezɔle] *adj* **1.** (*éploré*) disconsolate **2.** (*navré*) sorry; **je suis vraiment ~** I am really sorry **3.** (*désert et triste: lieu, paysage*) desolate
désoler [dezɔle] <1> **I.** *vt* **1.** (*affliger*) to sadden; **ça me désole de te dire qu'elle l'a fait** I'm so sorry to tell you she did it **2.** (*contrarier*) to upset **II.** *vpr* (*être navré*) **se ~** to be sorry; **se ~ de qc/faire qc** to be sorry for sth/for doing sth
désolidariser [desɔlidaʀize] <1> *vpr* **se ~ de qn** to dissociate oneself from sb
désopilant(e) [dezɔpilɑ̃, ɑ̃t] *adj* hilarious
désordonné(e) [dezɔʀdɔne] *adj* **1.** (*qui manque d'ordre*) untidy **2.** (*qui manque d'organisation: esprit, personne*) disorganized **3.** (*incontrôlé: gestes, mouvements*) uncoordinated; (*élans*) wild; (*fuite, combat*) disorderly
désordre [dezɔʀdʀ] *m* **1.** *sans pl* (*absence d'ordre: d'une personne, d'un lieu*) untidiness **2.** (*confusion: de l'esprit, des idées*) lack of organization **3.** (*absence de discipline*) disorder; **semer le ~** to create disorder **4.** *gén pl* POL riots
désorganisation [dezɔʀganizasjɔ̃] *f* disorganization
désorganiser [dezɔʀganize] <1> *vt* (*service, projets*) to disrupt; **être désorganisé** (*service, administration*) to be disorganized
désorienté(e) [dezɔʀjɑ̃te] *adj* disoriented
désorienter [dezɔʀjɑ̃te] <1> *vt* **1.** (*égarer: personne*) to disorient; (*avion*) to throw off course **2.** (*déconcerter*) to confuse
désormais [dezɔʀmɛ] *adv* **1.** (*au passé*) from then on **2.** (*au présent*) from now on
désosser [dezɔse] <1> *vt* **1.** CULIN (*viande*) to bone; **dinde désossée** boned turkey **2.** (*démonter: véhicule, machine*) to take to pieces
despote [dɛspɔt] *m* **1.** POL despot; **~ éclairé** enlightened despot **2.** (*personne tyrannique*) tyrant
despotique [dɛspɔtik] *adj a.* POL despotic
desquels, desquelles [dekɛl] *pron v.* **lequel**
D.E.S.S. [deøɛsɛs] *m abr de* **diplôme d'études supérieures spécialisées** *postgraduate degree specializing in one subject*

dessaisir [deseziʀ] <8> *vpr* **se ~ d'un objet** to part with an object; **se ~ d'une affaire** JUR to give up a case
dessaler [desale] <1> **I.** *vt* (*poisson*) to soak; **~ qc** to remove the salt from sth **II.** *vpr* **se ~** to wake up **III.** *vi* NAUT to capsize
dessaouler [desule] <1> *vi v.* **dessoûler**
desséché(e) [deseʃe] *adj* **lèvres ~es** dry lips; **légumes ~s** withered vegetables
dessèchement [desɛʃmɑ̃] *m* (*de la peau, du sol*) drying (out)
dessécher [deseʃe] <1> **I.** *vt* **1.** (*rendre sec: terre, peau, bouche*) to dry (out); (*végétation, plantes*) to wither; (*fruits*) to dry up; **mes lèvres sont desséchées** my lips are dry **2.** (*rendre maigre: personne, corps*) to wither **3.** (*rendre insensible: personne*) to harden **II.** *vpr* **se ~ 1.** (*devenir sec: bouche, lèvres*) to get parched; (*terre, peau*) to dry up; (*végétation*) to wither **2.** (*maigrir*) to shrivel **3.** (*devenir insensible*) to grow hardened
desserré(e) [deseʀe] *adj* (*vis, nœud, lacet, ceinture*) loosened; (*frein*) off; (*col*) undone
desserrer [deseʀe] <1> **I.** *vt* **1.** (*dévisser*) to unscrew **2.** (*relâcher: étau, cravate, ceinture*) to loosen; (*frein à main*) to let off **3.** (*écarter: poing*) to unclench **II.** *vpr* **se ~** (*vis, étau, nœud*) to work loose; (*frein à main*) to come off; (*personnes, rangs*) to break up
dessert [desɛʀ] *m* CULIN (*mets, moment*) dessert; **au ~** at the dessert course
desserte [desɛʀt] *f* **1.** (*meuble*) sideboard **2.** ((*transport*) *service*) service
desservir [desɛʀviʀ] *vt irr* **1.** (*débarrasser: table*) to clear **2.** (*nuire à*) to do a disservice to **3.** (*s'arrêter*) **le train dessert cette gare/ce village** the train stops at this station/in this village; **être desservi par bus** to have bus service
dessin [desɛ̃] *m* **1.** (*image*) drawing; **~(s) animé(s)** cartoon **2.** (*activité*) drawing **3.** (*motif*) design **4.** (*ligne: du visage*) line; (*des veines*) pattern ▶ **il faut te/vous faire un ~?** *inf* do I have to spell it all out for you?
dessinateur, -trice [desinatœʀ, -tʀis] *m, f* **1.** ART draftsman **2.** ECON designer
dessiner [desine] <1> **I.** *vi* to draw; **~ au crayon** to draw in pencil **II.** *vt* **1.** ART to draw **2.** TECH (*plan d'une maison*) to draw (up); (*meuble, véhicule,jardin*) to design **3.** (*souligner: contours, formes*) to show off **4.** (*former: courbe, virages*) to form
dessoûler [desule] <1> **I.** *vi* to sober up; **ne pas ~** to never be sober **II.** *vt inf* **~ qn** to sober sb up
dessous [d(ə)su] **I.** *adv* **1.** (*sous: passer, regarder, être* (*placé*)) underneath **2.** *fig* **agir (par) en ~** to act deceitfully **II.** *prep* **1.** (*sous*) **en ~ de qc** under; **le voisin d'en ~** *inf* the neighbor downstairs; **habiter en ~ de chez qn** to live on the floor below sb **2.** (*plus bas que*) **en ~ de qc** under sth; **être en ~ de tout** (*personne*) not to be up to anything; (*travail,*

comportement) to be nowhere near good enough **III.** *m* **1.** (*face inférieure, de ce qui est plus bas: d'une assiette, langue*) underside; (*d'une étoffe*) wrong side; (*des pieds, chaussures*) sole; **l'étage du ~** the next floor down; **le voisin du ~** the downstairs neighbor **2.** *pl* (*sous-vêtements*) underwear **3.** *pl* (*aspects secrets: d'une affaire, de la politique*) underside

dessous-de-bouteille [d(ə)sud(ə)butɛj] *m inv* coaster

dessous-de-plat [d(ə)sud(ə)pla] *m inv* table mat (*to go under hot dishes*)

dessous-de-table [d(ə)sud(ə)tabl] *m inv* bribe

dessus [d(ə)sy] **I.** *adv* (*sur qn/qc*) on top; (*là-haut*) above; (*marcher, appuyer*) on it; (*voler*) over it; **mettre qc ~** to put sth on top; **elle lui a tapé/tiré ~** she hit/shot him **II.** *prep* **enlever qc de ~ qc** to take sth off (the top of) sth **III.** *m* (*partie supérieure, ce qui est au-dessus: de la tête, du pied*) top; (*de la main*) back; **le voisin du ~** the upstairs neighbor; **l'étage du ~** the next floor up ▶ **avoir le ~** to have the upper hand; **il va prendre/reprendre le ~** he's going to get/to get back on top; (*après une maladie*) he's going to get back on his feet

dessus-de-lit [d(ə)syd(ə)li] *m inv* bedspread

déstabilisation [destabilizasjɔ̃] *f* destabilization

déstabiliser [destabilize] <1> *vt* to destabilize

destin [dɛstɛ̃] *m* fate

destinataire [dɛstinatɛʀ] *mf* addressee; (*d'un mandat*) payee

destination [dɛstinasjɔ̃] *f* **1.** (*lieu*) destination; **le train/les voyageurs à ~ de Paris** the train/passengers for Paris **2.** (*utilisation prévue, vocation*) purpose

destinée [dɛstine] *f* **1.** (*fatalité*) fate **2.** (*destin particulier: d'une personne, d'un peuple, d'une œuvre*) destiny

destiner [dɛstine] <1> **I.** *vt* **1.** (*réserver à, attribuer*) **~ un poste à qn** to mean for sb to have a job; **être destiné à qn** (*fortune, emploi, ballon*) to be (meant) for; (*livre, remarque, allusion*) to be aimed at **2.** (*prévoir un usage*) **~ un local à qc** to intend that a place should be used for sth **3.** (*vouer*) **elle le destine à être avocat/son successeur** she plans for him to be a lawyer/her successor **II.** *vpr* **se ~ à la politique** to intend to go into politics

destituer [dɛstitɥe] <1> *vt* (*ministre, fonctionnaire*) to remove from office; (*souverain*) to depose; (*officier*) to break; **~ qn de ses fonctions** to relieve sb of their duties

destitution [dɛstitysjɔ̃] *f* dismissal

destructeur, -trice [dɛstʀyktœʀ, -tʀis] **I.** *adj* destructive **II.** *m, f* (*personne*) destroyer

destructif, -ive [dɛstʀyktif, -iv] *adj* destructive

destruction [dɛstʀyksjɔ̃] *f* **1.** (*action, dégât*) destruction **2.** (*extermination*) extermination **3.** (*altération: des tissus organiques*) destruction

désuet, -ète [dezɥɛ, -ɛt] *adj* (*coutume, vêtement*) old-fashioned; (*expression*) dated; (*mode, aspect*) outdated

désuétude [dezɥetyd] *f* **tomber en ~** (*coutume, expression*) to fall into disuse; (*loi*) to fall into abeyance

désunion [dezynjɔ̃] *f* (*d'un parti, d'une famille*) disunity

désunir [dezyniʀ] <8> *vt* (*couple, famille*) to divide; (*équipe*) to split up

détachable [detaʃabl] *adj* (*amovible: partie, capuche*) removable; (*feuilles*) tear-out

détachant [detaʃɑ̃] *m* stain remover

détaché(e) [detaʃe] *adj* **1.** (*indifférent: air*) detached; **d'un œil ~/d'un ton ~** with detachment; **avoir l'air ~** to look detached **2.** ADMIN (*fonctionnaire*) on temporary assignment

détachement [detaʃmɑ̃] *m* **1.** *a.* MIL detachment **2.** ADMIN **être en ~** to be on temporary assignment

détacher[1] [detaʃe] <1> **I.** *vt* **1.** (*délier, libérer: prisonnier*) to unchain; (*chien*) to let loose; (*en enlevant un lien*) to let off the leash **2.** (*défaire: cheveux, nœud*) to untie; (*lacet, ceinture*) to undo **3.** (*arracher, retirer: timbre*) to tear off; (*feuille, pétale*) to pull off **4.** ADMIN **~ qn à Paris** to send sb to Paris on temporary assignment **5.** (*ne pas lier: lettres, notes*) to keep separate **6.** (*détourner*) **être détaché de qn** to have broken off with sb; **être détaché de qc** to have broken away from sth **II.** *vpr* **1.** (*se libérer*) **se ~** to untie oneself **2.** (*se séparer*) **se ~ de qc** (*bateau, satellite*) to detach itself from sth; (*par accident*) to come away from sth **3.** (*se défaire*) **se ~** (*chaîne*) to come off; (*lacet*) to come undone **4.** (*prendre ses distances*) **se ~ de qn** to break off with sb; **se ~ de qc** to break away from sth

détacher[2] [detaʃe] <1> *vt* **~ qc** to remove a stain from sth

détail [detaj] <s> *m* **1.** (*particularité, élément d'un ensemble*) detail; **dans les moindres ~s** down to the last detail **2.** *sans pl* (*énumération: des dépenses, d'un compte*) breakdown **3.** *sans pl* COM **commerce de ~** retail business; **vente au ~** retail sale **4.** (*accessoire*) detail; **à un ~ près** except for one small detail

détaillant(e) [detajɑ̃, jɑ̃t] *m(f)* retailer

détaillé(e) [detaje] *adj* detailed

détailler [detaje] <1> *vt* **1.** COM (*articles*) to sell separately; (*marchandise*) to (sell) retail **2.** (*couper en morceaux: tissu*) to sell lengths of **3.** (*faire le détail de: plan, raisons*) to set out in detail; (*histoire*) to tell in detail **4.** (*énumérer: défauts, points*) to list

détaler [detale] <1> *vi inf* to clear out; (*fuir*) to make a run for it

détartrer [detaʀtʀe] <1> *vt* (*chaudière, conduit*) to descale; **~ les dents de qn** to clean sb's teeth

détaxer [detakse] <1> *vt* FIN **~ qc** (*exonérer*) to lift the duty from sth; (*réduire*) to lower the duty on sth; **être détaxé** to be duty free

détecter [detɛkte] <1> *vt* to detect
détection [detɛksjɔ̃] *f* detection
détective [detɛktiv] *mf* detective
déteindre [detɛ̃dʀ] *irr* **I.** *vi* **1.** to run; **~ au lavage** to run in the wash; **~ au soleil** to fade in the sun; **~ sur qc** to run into sth **2.** (*influencer*) **~ sur qn/qc** to rub off on sb/sth **II.** *vt* (*soleil*) to fade; **~ qc à qc** to bleach sth with sth
détendre [detɑ̃dʀ] <14> **I.** *vt* (*relâcher: arc, ressort, corde*) to slacken; (*personne, muscle, atmosphère*) to relax; (*situation*) to ease **II.** *vpr* **se ~** (*se relâcher: ressort*) to be released; (*arc*) to unbend; (*corde*) to slacken; (*muscle, personne, atmosphère*) to relax; (*situation*) to ease
détendu(e) [detɑ̃dy] *adj* (*personne*) relaxed; (*relâché: corde*) slack
détenir [det(ə)niʀ] <9> *vt* **1.** (*posséder: objet, pouvoir, preuve, majorité, secret*) to have; (*objets volés, document*) to have (in one's possession); (*poste, position*) to occupy; (*record, titre*) to hold **2.** (*retenir prisonnier*) to detain
détente [detɑ̃t] *f* **1.** (*relâchement: d'un ressort*) release; (*d'une corde*) slackening **2.** (*délassement*) relaxation ▶**être dur à la ~** *inf* to be slow on the uptake
détenteur, -trice [detɑ̃tœʀ, -tʀis] *m, f* (*d'un objet, d'un document*) possessor; (*d'un compte, d'un brevet*) holder; **~ du titre/du record** title/record holder; **le ~ du pouvoir** the one in power
détention [detɑ̃sjɔ̃] *f* **1.** (*possession: d'un document, d'une somme, d'un secret, d'armes*) possession **2.** (*incarcération*) detention; **~ provisoire** temporary custody
détenu(e) [det(ə)ny] *m(f)* prisoner
détergent [detɛʀʒɑ̃] *m* detergent
détergent(e) [detɛʀʒɑ̃, ʒɑ̃t] *adj* detergent
détérioration [deteʀjɔʀasjɔ̃] *f* (*d'un appareil, de marchandises*) deterioration; (*des conditions de vie, des relations*) worsening
détériorer [deteʀjɔʀe] <1> **I.** *vt* **1.** (*endommager: appareil, marchandise*) to damage **2.** (*nuire à: climat social, relations*) to worsen; (*santé*) to deteriorate **II.** *vpr* **se ~ 1.** (*s'abîmer: appareil, marchandise*) to be damaged **2.** (*se dégrader: temps, conditions, santé*) to worsen; (*pouvoir d'achat*) to go down
déterminant(e) [detɛʀminɑ̃, ɑ̃t] *adj* (*action, rôle, événement*) decisive; (*argument, raison*) deciding
détermination [detɛʀminasjɔ̃] *f* **1.** (*fixation: d'une grandeur, de l'heure, du lieu, de la cause*) determining **2.** (*décision*) resolution **3.** (*fermeté*) *a.* PHILOS determination
déterminé(e) [detɛʀmine] *adj* **1.** (*précis: idée, lieu, but*) specific **2.** (*défini: moment, heure, quantité*) precise **3.** (*décidé: personne, air*) determined
déterminer [detɛʀmine] <1> **I.** *vt* **1.** (*définir, préciser: sens, inconnue, distance*) to determine; (*adresse, coupable, cause*) to discover **2.** (*convenir de: date, lieu*) to set; (*détails*) to settle **3.** (*décider*) **~ qn à qc/à faire qc** to decide sb on sth **4.** (*motiver, entraîner: retards, crise, phénomène, révolte*) to bring about **II.** *vpr* (*se décider*) **se ~ à** +*infin* to determine to +*infin*
déterminisme [detɛʀminism] *m* determinism
déterrer [deteʀe] <1> *vt* **1.** (*exhumer: arbre, trésor, personne*) to dig up; (*mine, obus*) to dig out **2.** (*dénicher: vieux manuscrit, loi*) to unearth
détestable [detɛstabl] *adj* (*personne, comportement, procédé, habitude*) loathsome; (*humeur, temps*) foul
détester [detɛste] <1> **I.** *vt* to hate; **~ que qn fasse qc** (*subj*) to hate sb doing sth **II.** *vpr* **se ~** to hate oneself; **elles se détestent** they hate each other
détonateur [detɔnatœʀ] *m* **1.** (*dispositif*) detonator **2.** *fig* trigger
détonation [detɔnasjɔ̃] *f* (*d'une arme à feu*) shot; (*d'une bombe, d'un obus*) explosion; (*d'un canon*) boom
détour [detuʀ] *m* **1.** (*sinuosité*) bend; **au ~ du chemin** at the bend in the path **2.** (*trajet plus long*) detour; **le château vaut le ~** the château is worth going out of your way to see **3.** (*biais*) roundabout phrases; **parler sans ~** to speak plainly ▶**au ~ d'une conversation** in the course of a conversation
détourné(e) [detuʀne] *adj* **1.** (*faisant un détour: sentier*) winding **2.** (*indirect: reproche, allusion*) indirect
détournement [detuʀnəmɑ̃] *m* **1.** (*déviation*) diversion; **~ d'avion** hijacking **2.** (*vol*) misappropriation; (*de fonds*) misappropriation; **~ de mineur** corruption of a minor
détourner [detuʀne] <1> **I.** *vt* **1.** (*changer la direction de: rivière, circulation*) to divert; (*par la contrainte: avion*) to hijack; (*coup*) to ward off; (*tir*) to push away **2.** (*tourner d'un autre côté: tête, visage*) to turn away; **~ son regard** to look away **3.** (*dévier: colère, fléau*) to avert; (*texte*) to twist; **~ qn de sa route** to take sb away from their path **4.** (*distraire*) **~ qn de qc** to take sb's mind off sth **5.** (*dissuader*) **~ qn de qc** to dissuade sb from doing sth **6.** (*soustraire: somme, fonds*) to misappropriate **II.** *vpr* **1.** (*tourner la tête*) **se ~** to look away **2.** (*se détacher*) **se ~ de qn/qc** to turn away from sb/sth **3.** (*s'égarer*) **se ~ de sa route** to wander from one's route; (*prendre une autre route*) to take a detour
détracteur, -trice [detʀaktœʀ, -tʀis] *m, f* detractor
détraqué(e) [detʀake] **I.** *adj* **1.** (*déréglé: appareil, mécanisme*) broken down **2.** (*dérangé: estomac*) upset; **avoir la santé ~** to be in poor health **3.** *inf* (*dérangé*) cracked **II.** *m(f) inf* weirdo
détraquer [detʀake] <1> **I.** *vt* **1.** (*abîmer: appareil*) to upset the workings of **2.** *inf* (*déranger: santé*) to weaken; (*estomac, nerfs*)

D

to upset; (*personne*) to unhinge **II.** *vpr* **se ~ 1.** (*être abîmé: montre*) to go wrong **2.** (*être dérangé: estomac*) to be upset **3.** METEO (*temps*) (*se gâter*) to turn bad; (*se dérégler*) to become unsettled **4.** *inf* (*rendre malade*) **se ~ l'estomac** to do damage to one's stomach

détrempé(e) [detʀɑ̃pe] *adj* (*sol, chemin*) waterlogged

détremper [detʀɑ̃pe] <1> *vt* (*papier peint*) to soak; **~ des couleurs/du mortier** to mix colors/mortar

détresse [detʀɛs] *f* (*sentiment, situation*) distress

détriment [detʀimɑ̃] **au ~ de qn** to the detriment of sb

détritus [detʀity(s)] *mpl* garbage; **tas de ~** pile of garbage

détroit [detʀwa] *m* strait; **~ de Gibraltar** straits of Gibraltar

détromper [detʀɔ̃pe] <1> **I.** *vt* **~ qn** to set sb straight **II.** *vpr* **détrompe-toi/détrompez-vous!** think again!

détrôner [detʀone] <1> *vt* **1.** (*destituer: souverain*) to dethrone **2.** (*supplanter: rival, chanteur*) to oust

détrousser [detʀuse] <1> *vt iron* to rob

détruire [detʀɥiʀ] *irr* **I.** *vt* **1.** (*démolir*) to destroy; (*clôture, mur*) to knock down **2.** (*anéantir: armes, population*) to wipe out; (*déchets, machine*) to destroy **3.** (*ruiner, anéantir: personne, illusions*) to shatter; (*santé, réputation*) to ruin; (*plans, espoirs*) to wreck; (*capitalisme, dictature*) to destroy **II.** *vi* to destroy **III.** *vpr* **se ~** (*effets contraires, mesures*) to cancel each other out; **il pourrait se ~** he could end his own life

dette [dɛt] *f a. fig* debt; **avoir une ~ envers qn** to be indebted to sb

D.E.U.G. [dœg] *m abr de* **diplôme d'études universitaires générales** *degree obtained after the first two years at a university*

deuil [dœj] *m* **1.** (*affliction*) grief **2.** (*décès*) bereavement **3.** (*signes, durée du deuil*) mourning; **porter/quitter le ~** to be in/come out of mourning

deux [dø] **I.** *adj* **1.** two; **tous les ~** both of them; **à ~** together **2.** (*quelques*) **j'habite à ~ pas d'ici** I live just down the road from here; **il ne faut que ~ minutes pour aller à la gare** the station is only two minutes away; **j'ai ~ mots à vous dire!** I've got something to say to you! **II.** *m inv* **1.** (*cardinal*) two **2.** (*aviron à deux rameurs*) **un ~ avec/sans barreur** a coxed/coxless two ▶ **jamais ~ sans trois** *prov* the third time's the charm; (*un malheur n'arrive jamais seul*) it never rains but it pours; (**il n'**) **y en a pas ~ comme lui/elle** *inf* he's/she's one of a kind; **à nous ~!** here we go!; **en moins de ~** *inf* in two secs; **entre les ~** between the two; *v.a.* **cinq**

deuxième [døzjɛm] **I.** *adj antéposé* second; **vingt-~** twenty-second **II.** *mf* **le/la ~** the second **III.** *f* (*vitesse*) second (gear); *v.a.* **cinquième**

deuxièmement [døzjɛmmɑ̃] *adv* secondly

deux-pièces [døpjɛs] *m inv* **1.** (*appartement*) two-room apartment **2.** (*maillot de bain, vêtement féminin*) two-piece

deux-points [døpwɛ̃] *mpl inv* LING colon

deux-roues [døʀu] *m inv* two-wheeled vehicle (*bicycle or motorbike*)

deuzio [døzjo] *adv* secondly

dévaler [devale] <1> **I.** *vi* (*personne, voiture, camion*) to race down from sth; (*rocher*) to hurtle down from sth; (*lave*) to pour down from sth **II.** *vt* **~ qc** (*personne*) to race down sth; (*en glissant*) to slither down sth; (*voiture, avalanche*) to hurtle down sth; (*lave*) to pour down sth

dévaliser [devalize] <1> *vt* **1.** (*voler*) to rob **2.** *inf* (*vider: réfrigérateur, magasin*) to raid

dévalorisant(e) [devalɔʀizɑ̃, ɑ̃t] *adj* humiliating

dévaloriser [devalɔʀize] <1> **I.** *vt* **1.** (*dévaluer*) to devalue; (*pouvoir d'achat*) to fall **2.** (*déprécier: mérite, talent, personne*) to depreciate; **être dévalorisé** (*métier*) to be undervalued **II.** *vpr* **se ~ 1.** (*se déprécier: monnaie, marchandise*) to lose value **2.** (*se dénigrer: personne*) to undervalue oneself

dévaluation [devalɥasjɔ̃] *f* FIN devaluation

dévaluer [devalɥe] <1> **I.** *vt* FIN to devalue **II.** *vpr* **se ~ 1.** FIN to be devalued **2.** (*se dévaloriser*) to undervalue oneself

devancer [d(ə)vɑ̃se] <2> *vt* **1.** (*distancer*) **~ qn de cinq secondes/mètres** to be five seconds/meters ahead of sb **2.** (*être le premier: rival, concurrent*) to lead **3.** (*précéder*) **~ qn** to go on ahead of sb **4.** (*aller au devant de: personne, question*) to anticipate **5.** (*anticiper*) **~ un paiement** to make a payment before the due date

devancier, -ière [d(ə)vɑ̃sje, -jɛʀ] *m, f* predecessor

devant [d(ə)vɑ̃] **I.** *prep* **1.** (*en face de: être, se trouver, rester*) in front of; (*avec mouvement: aller, passer*) past **2.** (*en avant de*) in front of; (*à une certaine distance*) ahead of; **aller droit ~ soi** to go straight ahead **3.** (*face à, en présence de*) **~ qn** (*s'exprimer*) to; (*pleurer*) in front of; **~ le danger** in the face of danger; **~ la gravité de la situation** faced with the gravity of the situation; **mener/l'emporter ~ Nantes 2 à 0** to lead/beat Nantes two to nothing ▶ **avoir du temps ~ soi** to have some time ahead of oneself **II.** *adv* **1.** (*en face*) in front; **mets-toi ~** stand in front; **en passant ~, regarde si le magasin est ouvert!** when you pass by, see if the store's open! **2.** (*en avant*) in front; (*avec mouvement*) forward; **passer qc ~** to pass sth forward; **être loin ~** to be way out in front; **s'asseoir ~** to sit at the front **III.** *m* (*partie avant: d'un vêtement, d'une maison*) front; (*d'un bateau*) prow; (*d'un objet*) front (part) ▶ **être sur le ~ de la scène** to be in the limelight; **prendre les ~s** to take the

initiative
devanture [d(ə)vɑ̃tyʀ] *f* **1.** (*façade*) frontage **2.** (*étalage*) display; **en ~** in the window
dévastateur, -trice [devastatœʀ, -tʀis] *adj* devastating
dévaster [devaste] <1> *vt* **1.** (*détruire: pays, terres, récoltes*) to devastate **2.** *fig* (*âme*) to ravage
déveine [devɛn] *f inf* bad luck
développé(e) [dev(ə)lɔpe] *adj* developed; (*odorat*) acute; (*vue*) keen
développement [devlɔpmɑ̃] *m* **1.** BIO (*croissance*) development; (*multiplication: de bactéries, d'une espèce*) growth **2.** ECON (*de l'industrie, d'une affaire, de la production*) growth; **être en plein ~** to be growing rapidly; **pays en voie de ~** developing country **3.** (*extension: des relations, des connaissances*) growth; (*d'une maladie*) development; (*d'une épidémie, d'une crise*) spread **4.** (*évolution: de l'intelligence*) development; (*d'une civilisation*) growth **5.** *pl* (*conséquences: d'une action, d'un incident*) consequences **6.** (*exposition détaillée*) *a.* ECOLE, MUS development **7.** PHOT developing
développer [dev(ə)lɔpe] <1> **I.** *vt* **1.** (*faire progresser, croître, mette au point*) *a.* MUS, MED to develop **2.** (*exposer en détail: thème, pensée, plan*) to elaborate on; (*chapitre*) to develop **3.** MATH (*fonction*) to develop; (*calcul*) to carry out **4.** PHOT **faire ~ une pellicule** to get film developed **II.** *vpr* **se ~** **1.** *a.* ECON, TECH to develop; (*personnalité*) to evolve; (*plante, tumeur*) to grow **2.** (*s'intensifier: échanges, haine, relations*) to grow **3.** (*se propager*) to develop; (*usage*) to grow up
devenir [dəv(ə)niʀ] <9> **I.** *vi* **être ~ riche/ingénieur** to become rich/an engineer; **qu'est-ce que tu deviens?** *inf* what are you up to?; **qu'est-ce qu'elle est devenue?** what's happened to her?; **il devient une star** he's turning into a star **II.** *m soutenu* **1.** (*évolution*) evolution **2.** (*avenir*) future
dévergondé(e) [devɛʀgɔ̃de] **I.** *adj* (*personne*) brazen; (*vie, allure*) shameless **II.** *m(f)* licentious person
déverser [devɛʀse] <1> **I.** *vt* **1.** (*verser: liquide*) to pour **2.** (*décharger: sable, ordures*) to dump; (*bombes*) to shower **II.** *vpr* **se ~ dans une rivière** to pour into a river
dévêtir [devetiʀ] *vt, vpr irr* (**se**) ~ to undress
dévêtu(e) [devety] **I.** *part passé de* **dévêtir** **II.** *adj soutenu* unclad
déviant(e) [devjɑ̃, jɑ̃t] *adj* deviant
déviation [devjasjɔ̃] *f* **1.** (*action/résultat: de la circulation*) diversion; (*d'un projectile, d'une aiguille aimantée*) deviation; (*d'un rayon lumineux*) deflection **2.** (*chemin*) diversion **3.** (*déformation: de la colonne vertébrale*) curvature **4.** (*attitude différente*) deviation
dévier [devje] <1> **I.** *vi* (*véhicule*) to swerve; (*bateau*) to go off course; (*aiguille magnétique*) to deviate **II.** *vt* (*circulation*) to divert; (*coup, balle, rayon lumineux*) to deflect; (*conversation*) to steer away
devin, devineresse [dəvɛ̃, dəvin(ə)ʀɛs] *m, f* soothsayer
deviner [d(ə)vine] <1> **I.** *vt* **1.** (*trouver: réponse, secret, énigme*) to guess **2.** (*pressentir: sens, pensée*) to guess; (*menace, danger*) to see **3.** (*entrevoir*) to make out **II.** *vpr* **1.** (*se trouver*) **la réponse se devine facilement** the answer is easy to guess **2.** (*transparaître*) **se ~** (*tendance, goût*) to be apparent
devinette [d(ə)vinɛt] *f* riddle
devis [d(ə)vi] *m* estimate
dévisager [devizaʒe] <2a> *vt* to stare at
devise [d(ə)viz] *f* **1.** (*formule, règle de conduite*) motto **2.** (*monnaie*) currency
dévisser [devise] <1> **I.** *vi* SPORT to fall **II.** *vt* (*écrou, couvercle, tube*) to unscrew; (*roue*) to unbolt **III.** *vpr* **se ~** **1.** (*pouvoir être enlevé/ouvert*) to screw off **2.** (*se desserrer*) to come loose
dévoiler [devwale] <1> **I.** *vt* **1.** (*découvrir: statue, plaque*) to unveil; (*charmes, rondeurs*) to reveal **2.** (*révéler*) to reveal; (*scandale, perfidie*) to bring to light **II.** *vpr* **se ~** **1.** (*apparaître: mystère, fourberie*) to be revealed **2.** (*révéler sa vraie nature*) **va-t-il se ~?** is he going to take off his mask?
devoir [d(ə)vwaʀ] *irr* **I.** *vt* (*argent*) to owe; **~ une partie à qn** to owe sb a game **II.** *aux* **1.** (*nécessité*) ~ +*infin* to have to +*infin;* **tu ne dois pas mentir** you mustn't lie **2.** (*obligation exprimée par autrui*) **tu aurais dû rentrer** you should have gone home **3.** (*fatalité*) **cela devait arriver un jour** that was bound to happen one day **4.** (*prévision*) **normalement, il doit arriver ce soir** if all goes well, he should arrive tonight **5.** (*hypothèse*) **il doit se faire tard, non?** it must be getting late, right? **III.** *vpr* **se ~ de** +*infin* to owe it to oneself to +*infin;* **comme il se doit** (*comme c'est l'usage*) as is right and proper; (*comme prévu*) as intended **IV.** *m* **1.** (*obligation morale*) duty; **par ~** out of duty **2.** ECOLE test; (*devoir surveillé*) in-class test; **~ sur table** written test; **faire un ~ de math** to do a math exercise **3.** *pl* (*devoirs à la maison*) homework ▶ **manquer à son ~** to fail in one's duty
dévorer [devɔʀe] <1> **I.** *vi* (*personne*) to have a voracious appetite **II.** *vt* **1.** *a. fig* (*avaler*) to devour **2.** (*regarder*) ~ **des yeux** to look voraciously at **3.** (*tourmenter*) ~ **qn** (*tâche*) to eat up sb's time; (*remords, peur, soif*) to eat away at sb
dévot(e) [devo, ɔt] **I.** *adj* **1.** (*pieux*) devoted **2.** *péj* (*bigot*) sanctimonious **II.** *m(f) péj* pharisee
dévotion [devosjɔ̃] *f* **1.** (*piété*) devoutness **2.** (*culte*) **~ à Saint François/Marie** devotion to Saint Francis/to Mary
dévoué(e) [devwe] *adj* devoted
dévouement [devumɑ̃] *m* devotion
dévouer [devwe] <1> *vpr* **se ~** to make a sacri-

D

fice; **se ~ à qn/qc** to devote oneself to sb/sth

dextérité [dɛksteʀite] *f* **1.** (*adresse*) skill; (*des doigts*) dexterity **2.** (*adresse d'esprit*) wit

dézipper [dezipe] <1> *vt* INFORM to unzip

diabète [djabɛt] *m* diabetes

diabétique [djabetik] **I.** *adj* diabetic **II.** *mf* diabetic

diable [djɑbl] *m* **1.** (*démon, personne*) devil **2.** (*chariot*) cart **3.** (*marmite*) pot ▶ **avoir le ~ au corps** to be the very devil; **tirer le ~ par la queue** to live from hand to mouth; **allez au ~!** get lost!; **au ~ qc!** to hell with sth!; **se faire l'avocat du ~** to play devil's advocate

diablement [djɑbləmɑ̃] *adv inf* devilishly

diablotin [djablɔtɛ̃] *m* imp

diabolique [djabɔlik] *adj* **1.** (*venant du diable*) diabolic **2.** (*très méchant*) diabolical

diabolo [djabɔlo] *m* **1.** (*jouet*) diabolo **2.** (*boisson*) **~ menthe** *mint cordial with lemonade*

diadème [djadɛm] *m* **1.** (*bijou*) tiara **2.** HIST diadem

diagnostic [djagnɔstik] *m* MED *a. fig* diagnosis

diagnostiquer [djagnɔstike] <1> *vt* MED *a. fig* to diagnose

diagonale [djagɔnal] *f* diagonal line

diagramme [djagʀam] *m* diagram

dialecte [djalɛkt] *m* dialect

dialogue [djalɔg] *m* dialogue; (*en tête-à-tête*) conversation

dialoguer [djalɔge] <1> **I.** *vi* **1.** (*converser*) **~ avec qn** to talk with sb **2.** (*négocier*) **~ avec qn** to have a dialogue with sb **3.** INFORM **~ avec qc** to interact with sth **II.** *vt* to turn into dialogue

dialoguiste [djalɔgist] *mf* dialogue writer

diam [djam] *m inf,* **diamant** [djamɑ̃] *m* diamond

diamantaire [djamɑ̃tɛʀ] *mf* **1.** (*tailleur*) diamond cutter **2.** (*commerçant*) diamond dealer

diamétralement [djametʀalmɑ̃] *adv* diametrically

diamètre [djamɛtʀ] *m* diameter

diapason [djapazɔ̃] *m* **1.** (*instrument*) tuning fork **2.** (*sifflet*) pitch pipe **3.** (*note*) standard pitch **4.** (*registre*) range

diaphragme [djafʀagm] *m a.* ANAT diaphragm

diapositive [djapozitiv] *f* slide

diarrhée [djaʀe] *f* diarrhea

diatribe [djatʀib] *f* **~ contre qn/qc** diatribe against sb/sth

dico [diko] *m inf abr de* **dictionnaire** dictionary

dictateur, -trice [diktatœʀ, -tʀis] *m, f* dictator

dictatorial(e) [diktatɔʀjal, -jo] <-aux> *adj* dictatorial

dictature [diktatyʀ] *f* **1.** POL dictatorship **2.** (*autoritarisme*) tyranny

dictée [dikte] *f a.* ECOLE dictation

dicter [dikte] <1> *vt* **1.** (*faire écrire*) to dictate **2.** (*imposer*) **~ ses volontés** (*personne*) to dictate one's will; (*circonstance, événement*) to impose its own terms

diction [diksjɔ̃] *f* diction

dictionnaire [diksjɔnɛʀ] *m* dictionary

dicton [diktɔ̃] *m* saying

didacticiel [didaktisjɛl] *m* INFORM courseware

didactique [didaktik] *adj* didactic

dièse [djɛz] *m* sharp

diesel [djezɛl] *m* diesel

diète [djɛt] *f* diet; **mettre qn/être à la ~** to put sb/to be on a diet

diététicien(ne) [djetetisjɛ̃, jɛn] *m(f)* dietician

diététique [djetetik] **I.** *adj* healthy; **aliments ~s** health foods **II.** *f* dietetics

diététiste [djetetist] *mf Québec* (*diététicien(ne)*) dietician

dieu [djø] <x> *m* (*divinité*) god

Dieu [djø] *m sans pl* **~ le père** God the Father; **le bon ~** *inf* God ▶ **~ merci!** thank God!; **bon ~ de bon ~!** *inf* good Lord!; **~ soit loué!** praise be!; **oh, mon ~!** oh my God!

diffamation [difamasjɔ̃] *f* defamation

diffamatoire [difamatwaʀ] *adj* defamatory

diffamer [difame] <1> *vt* to slander; (*par écrit*) to libel

différé [difeʀe] *m* TV recorded program; **match retransmis en ~** recorded match

différemment [difeʀamɑ̃] *adv* differently

différence [difeʀɑ̃s] *f* difference; **à la ~ de qn/qc** unlike sb/sth; **une ~ de 20 euros** a twenty-euro difference

différencier [difeʀɑ̃sje] <1> **I.** *vt* to differentiate **II.** *vpr* **1.** (*se distinguer*) **se ~ de qn par qc** to be unlike sb in sth **2.** BIO **se ~** to differentiate

différend [difeʀɑ̃] *m* dispute

différent(e) [difeʀɑ̃, ɑ̃t] *adj* different; **~ de** different from

différer [difeʀe] <5> **I.** *vi* **1.** (*être différent*) to differ **2.** (*avoir une opinion différente*) **~ sur qc** to differ over sth **II.** *vt* to postpone; (*échéance, paiement*) to defer

difficile [difisil] *adj* **1.** (*ardu*) difficult; **un morceau ~ d'exécution** a hard piece to play; **il lui est ~ de le faire** it's hard for him/her to do it **2.** (*incommode: sentier, escalade*) hard; **~ d'accès** hard to get to **3.** (*qui donne du souci: moment*) difficult **4.** (*contrariant, exigeant: personne, caractère*) difficult; **~ à vivre** hard to live with ▶ **faire le/la ~** to be difficult; **être ~ sur la nourriture** to be finicky about food

difficilement [difisilmɑ̃] *adv* **1.** (*péniblement*) with difficulty **2.** (*à peine*) barely; **~ analysable** hard to analyze

difficulté [difikylte] *f* difficulty; **être/se retrouver en ~** to be/to find oneself in difficulty; **mettre en ~** to put in a difficult situation; **se heurter à des ~s** to come up against problems

difforme [difɔʀm] *adj* (*membre, bête*) deformed; (*arbre*) twisted

diffus(e) [dify, yz] *adj* **1.** (*disséminé: douleur*) diffuse; (*lumière, chaleur*) diffused **2.** (*sans netteté*) vague; (*sentiments, souvenirs*) dim **3.** (*verbeux: écrivain, style*) nebulous

diffuser [difyze] <1> **I.** *vt* **1.** (*répandre:*

lumière, bruit) to give out; (*idée*) to spread **2.** (*retransmettre*) to broadcast **3.** (*commercialiser*) to distribute **4.** (*distribuer: tract, photo*) to distribute; (*pétition, document*) to circulate **II.** *vpr* **se ~** (*bruit, chaleur, odeur*) to emanate

diffuseur, -euse [difyzœʀ, -øz] *m, f* COM distributor

diffusion [difyzjɔ̃] *f* **1.** (*propagation: de la chaleur, lumière*) diffusion **2.** (*d'un concert, d'une émission*) broadcasting **3.** (*commercialisation, distribution*) distribution **4.** (*action de se diffuser: d'un poison, gaz*) spreading

digérer [diʒeʀe] <5> **I.** *vi* to digest; **bien/mal ~** to digest well/poorly **II.** *vt* **1.** (*assimiler*) *a.* ANAT to digest **2.** *inf* (*accepter: affront*) to stomach **III.** *vpr* **bien/mal se ~** be easy/hard to digest

digeste [diʒɛst] *adj* digestible

digestif [diʒɛstif] *m* (after dinner) liqueur

digestif, -ive [diʒɛstif, -iv] *adj* digestive

digestion [diʒɛstjɔ̃] *f* digestion

digicode [diʒikɔd] *m* coded entry system

digital(e) [diʒital, -o] <-aux> *adj* digital

digitale [diʒital] *f* digitalis

digne [diɲ] *adj* (*qui mérite*) **~ de ce nom** worthy of the name

dignement [diɲ(ə)mɑ̃] *adv* **1.** (*noblement*) with dignity **2.** (*comme il faut*) fittingly

dignitaire [diɲitɛʀ] *mf* dignitary

dignité [diɲite] *f* **1.** (*noblesse, titre*) dignity **2.** (*amour-propre*) (sense of) dignity

digression [digʀesjɔ̃] *f* digression

digue [dig] *f* **1.** dike **2.** (*rempart*) sea wall

dijonnais(e) [diʒɔnɛ, ɛz] *adj* of Dijon

Dijonnais(e) [diʒɔnɛ, ɛz] *m(f)* person from Dijon

dilapider [dilapide] <1> *vt* to waste; (*fortune, patrimoine*) to squander

dilatation [dilatasjɔ̃] *f a.* PHYS dilation

dilater [dilate] <1> **I.** *vt* **1.** (*augmenter le volume de*) to expand **2.** (*agrandir un conduit, orifice*) to dilate; (*narines*) to flare **II.** *vpr* **se ~** (*métal, corps*) to expand; (*pupille, cœur, poumons*) to dilate; (*narines*) to flare

dilemme [dilɛm] *m* dilemma

dilettante [diletɑ̃t] **I.** *adj* dilettantish **II.** *mf a. péj* dilettante

diligence [diliʒɑ̃s] *f* (*voiture*) stagecoach

diluer [dilɥe] <1> **I.** *vt* **1.** (*étendre, délayer*) **~ avec de l'eau/dans de l'eau** to dilute with water/in water **2.** (*affaiblir*) **~ qc** to water sth down **II.** *vpr* **se ~ 1.** (*se délayer*) to be diluted **2.** *fig* (*identité, personnalité*) to be lost

dilution [dilysjɔ̃] *f* (*action, substance: de la peinture*) dilution; (*du sucre*) dissolving

dimanche [dimɑ̃ʃ] *m* **1.** (*veille de lundi*) Sunday; **~ de l'Avent/de Pâques/des Rameaux** Advent/Easter/Palm Sunday; **~, on part en vacances** Sunday we're going on vacation; **le ~** on Sunday(s); **tous les ~s** every Sunday; **ce ~** this Sunday; **ce ~-là, ...** that Sunday, ...; **~ matin** on Sunday morning; **le ~ matin** on Sunday morning(s); **~ dans la nuit** during Sunday night **2.** (*jour férié*) **promenade du ~** Sunday walk; **il faut mettre les habits du ~** you have to put on your Sunday best

dîme [dim] *f* HIST tithe

dimension [dimɑ̃sjɔ̃] *f* **1.** (*taille*) size **2.** *pl* (*mesures*) measurements; (*géométriques*) dimensions; **prendre les ~s de la table** to measure the table **3.** (*importance*) proportions; **prendre la ~ de qn/qc** to get the measure of sb/sth; **à la ~ de qc** corresponding to sth **4.** (*aspect*) dimension

diminué(e) [diminɥe] *adj* **il est très ~ physiquement** he is in very poor shape; **il est très ~ mentalement** his mind is impaired

diminuer [diminɥe] <1> **I.** *vi* to diminish; (*bruit, vent, lumière, niveau de l'eau, fièvre*) to go down; (*nombre, forces*) to dwindle; (*brouillard*) to clear; (*jours*) to shorten; **faire ~** to reduce; **~ de cinq euros** to go down by five euros; **~ de longueur/de largeur/d'épaisseur** to become shorter/narrower/thinner **II.** *vt* **1.** (*réduire*) to reduce; (*impôts, prix*) to lower; (*durée, rideau*) to shorten; (*gaz, chauffage*) to turn down; **~ qn** to cut sb's pay; **faire ~ un nombre de qc** to reduce the number of sth **2.** (*affaiblir: autorité, mérite, joie, souffrance*) to diminish; (*violence*) to reduce; (*forces*) to decrease **3.** (*discréditer*) to depreciate **III.** *vpr* **se ~** (*se rabaisser*) to depreciate oneself

diminutif [diminytif] *m* diminutive

diminutif, -ive [diminytif, -iv] *adj* diminutive

diminution [diminysjɔ̃] *f* **1.** (*baisse, affaiblissement: de l'appétit, de la chaleur*) loss; (*des forces, des chances*) dwindling; (*de la circulation, du nombre*) decrease; (*de l'autorité*) lessening; (*des impôts, prix*) reduction; (*de la température, de la fièvre*) fall; **en ~** (*nombre, température*) falling **2.** (*réduction: de la consommation, des prix, impôts, salaires*) reduction; (*d'une durée*) shortening

dinde [dɛ̃d] *f* turkey

dindon [dɛ̃dɔ̃] *m a.* CULIN turkey (cock) ▶ **être le ~ de la farce** to be the one that gets fooled

dindonneau [dɛ̃dɔno] <x> *m* (turkey) poult

dîner [dine] <1> **I.** *vi* **1.** to have dinner **2.** *Belgique, Québec* (*prendre le repas de midi*) to have lunch **II.** *m* **1.** dinner; **au ~** at dinner **2.** *Belgique, Québec* (*repas de midi, déjeuner*) lunch

> ℹ The French eat mostly hot and fairly rich meals for **dîner**. There is rarely just a main course and often cheese is served afterward. Bread is always served with dinner, but without butter.

dînette [dinɛt] *f* **1.** (*jouet*) tea set **2.** (*petit repas*) bite to eat; **faire la ~** to have a bite to eat

dingue [dɛ̃g] **I.** *adj inf* crazy; **~ de qn/qc**

crazy about sb/sth **II.** *mf inf* **1.** (*fou*) loony **2.** (*fan*) ~ **du foot** soccer fanatic

dinosaure [dinɔzɔʀ] *m a. fig* dinosaur

diocèse [djɔsɛz] *m* diocese

dioxyde [diɔksid, djɔksid] *m* ~ **d'azote** CHIM nitrogen dioxide

dioxygène [diɔksiʒɛn] *m* CHIM dioxygen

diphtérie [difteʀi] *f* diphtheria

diphtongue [diftɔ̃g] *f* diphthong

diplomate [diplɔmat] **I.** *adj* diplomatic **II.** *mf* diplomat

diplomatie [diplɔmasi] *f* **1.** (*relations extérieures, carrière, habileté*) diplomacy **2.** (*personnel*) diplomatic corps

diplomatique [diplɔmatik] *adj* diplomatic

diplôme [diplom] *m* degree, diploma; ~ **de fin d'études** graduation diploma; ~ **d'ingénieur/d'infirmière** engineering/nursing degree; **préparer un ~ d'agronomie/d'agronome** to be getting a degree in agronomics

diplômé(e) [diplome] **I.** *adj* qualified; **très ~** highly qualified **II.** *m(f)* ~ **d'une université** graduate of a university

dire [diʀ] *irr* **I.** *vt* **1.** (*exprimer, prétendre, traduire*) to say; (*peur*) to put into words; **dis voir** hey, ...; **dis donc, ...** listen, ...; ~ **que non/oui** to say yes/no; ~ **du bien/mal de qn/qc** to say nice/bad things about sb/sth; **qu'est-ce que tu dis de ça?** what do you say to that?; **c'est vous qui le dites!** *inf* you said it!; **que ~?** what can you say?; **..., comment ~, ...** ..., how can I put it, ...; **entre nous soit dit, ...** between ourselves, ...; **dis, comment tu t'appelles, toi?** hey, what's your name?; **quoi qu'on (en) dise** whatever they say; **entendre ~ qc** to hear sb say **2.** (*ordonner*) ~ **à qn de venir** to tell sb to come **3.** (*plaire*) **cela me dit** I'd like that; **cela ne me dit rien** I'm not in the mood for that **4.** (*croire, penser*) **je veux ~ qu'elle l'a fait** I mean that she's done it; **on dirait que...** anyone would think ...; **qui aurait dit cela!/qu'elle le ferait** who would have thought that!/that she'd do it **5.** (*reconnaître*) **il faut ~ qu'elle a raison** it must be said that she's right **6.** (*réciter: chapelet, messe, prière*) to say; (*poème*) to recite **7.** (*signifier*) **vouloir ~** to mean; **ce qui veut ~ (que)** which means (that) **8.** (*évoquer*) to tell; **quelque chose me dit qu'elle va le faire** something tells me she's going to do it **9.** JEUX to call ▶ **disons** let's say; **je ne te/vous le fais pas ~!** you're telling me!; **ce qui est dit est dit** what's said can't be unsaid; **eh ben dis/dites donc!** *inf* well then! **II.** *vpr* **1.** (*penser*) **se ~ que qn a fait qc** to think that sb's done sth **2.** (*se prétendre*) **se ~ médecin/malade** to claim to be a doctor/ill **3.** (*l'un(e) à l'autre*) **se ~ qc** to tell each other sth **4.** (*s'employer*) **ça se dit/ne se dit pas en français** you say that/don't say that in French **5.** (*être traduit: nom*) to be called; **ça se dit ... en français** the French for that is ...; **comment se dit ... en français?** how do you say ... in French? **6.** (*se croire*) **on se dirait au paradis** you'd think you were in heaven **III.** *m gén pl* claims; (*d'un témoin*) statement; **au ~/selon les ~s de qn** according to sb

direct [diʀɛkt] *m* **1.** TV **le ~** live TV; **en ~** live **2.** CHEMDFER nonstop train **3.** SPORT jab

direct(e) [diʀɛkt] *adj* direct; **des propos très ~s** some straight talking

directement [diʀɛktəmɑ̃] *adv* **1.** (*tout droit*) straight **2.** (*sans transition ou intermédiaire*) directly

directeur, -trice [diʀɛktœʀ, -tʀis] **I.** *adj* (*idée, ligne*) main; (*principe*) guiding; (*rôle*) leading; (*roue*) front **II.** *m, f* director; (*d'une école primaire*) head

direction [diʀɛksjɔ̃] *f* **1.** (*orientation*) direction; **prendre la ~ de Nancy** to head towards Nancy **2.** (*action*) management; (*d'un groupe, pays*) running; **avoir/prendre la ~ de qc** to be in/take charge of sth **3.** (*fonction, bureau*) management; **changer de ~** to come under new management **4.** AUTO steering

directive [diʀɛktiv] *f gén pl* directives

directorial(e) [diʀɛktɔʀjal, -jo] <-aux> *adj* **bureau ~** director's office

directrice [diʀɛktʀis] *v.* **directeur**

dirigeable [diʀiʒabl] *m* airship, blimp

dirigeant(e) [diʀiʒɑ̃, ʒɑ̃t] **I.** *adj* (*parti*) ruling; (*fonction, pouvoir, rôle*) executive **II.** *m(f)* leader; **les ~s** (*dans une entreprise*) the management; (*dans un parti*) the leadership; (*dans un pays*) the executive

diriger [diʀiʒe] <2a> **I.** *vi* to lead **II.** *vt* **1.** (*gouverner: administration, journal, entreprise*) to run; (*syndicat, personnes*) to lead; (*musicien, orchestre*) to conduct; (*mouvement, manœuvre, instincts*) to direct **2.** (*être le moteur de*) ~ **le cours de la vie de qn** to direct the course of sb's life **3.** (*piloter: voiture*) to drive; (*avion*) to fly; (*bateau*) to steer **4.** (*faire aller*) ~ **qn vers la gare** to direct sb to the station; ~ **un bateau sur Marseille** to steer a boat toward Marseille **5.** (*orienter*) ~ **une arme contre qn/qc** to aim a gun at sb/sth **III.** *vpr* **1.** (*aller*) **se ~ vers qn/qc** to head toward sb/sth; **se ~ vers Marseille** (*avion, bateau*) to head toward Marseille **2.** (*s'orienter*) **se ~ vers le nord** (*aiguille*) to point north **3.** ECOLE, UNIV **se ~ vers la médecine** to head toward a career in medicine

dis [di] *indic prés et passé simple de* **dire**

discernement [disɛʀnəmɑ̃] *m* discernment

discerner [disɛʀne] <1> *vt* **1.** (*percevoir*) to make out **2.** (*saisir*) to perceive; (*mobile*) to see **3.** (*différencier*) ~ **qc de qc** to distinguish sth from sth

disciple [disipl] *m* disciple

disciplinaire [disiplinɛʀ] *adj* disciplinary

discipline [disiplin] *f* discipline

discipliné(e) [disipline] *adj* disciplined; **peu ~** undisciplined

disco [disko] **I.** *m* disco **II.** *adj inv* disco

discontinu(e) [diskɔ̃tiny] *adj* (*ligne*) broken;

(*effort*) intermittent
discordant(e) [diskɔʀdɑ̃, ɑ̃t] *adj* (*incompatible*) discordant; (*opinions, caractères*) conflicting; (*couleurs*) clashing; (*sons*) discordant; (*cri*) harsh
discothèque [diskɔtɛk] *f* **1.** (*boîte de nuit*) discotheque **2.** (*collection*) record library **3.** (*meuble*) disc rack **4.** (*organisme de prêt*) record library
discount [disk(a)unt] *m* discount; **faire du ~** to sell discount merchandise
discourir [diskuʀiʀ] *vi irr* **~ sur** [*o* **de**] **qc** to hold forth on sth
discours [diskuʀ] *m* **1.** (*allocution*) speech; **~ télévisé** televised address **2.** (*propos*) **leur ~ sur l'immigration** the way they talk about immigration **3.** (*bavardage*) talk; **beaux ~** *péj* fine words
discréditer [diskʀedite] <1> **I.** *vt* **~ qn/qc auprès de qn** to discredit sb/sth with sb **II.** *vpr* **se ~ auprès de qn** to lose one's credibility with sb
discret [diskʀɛ, -ɛt] *adj* **1.** (*réservé, sobre*) discreet **2.** (*retiré*) secluded
discrètement [diskʀɛtmɑ̃] *adv* discreetly; (*s'habiller*) quietly; **je lui ai parlé ~** I had a discreet word with him
discrétion [diskʀesjɔ̃] *f* **1.** (*réserve, silence*) discretion; **~ assurée** confidentiality guaranteed **2.** (*sobriété*) discreetness; (*d'une toilette, d'un maquillage*) simplicity; (*des décors*) unobtrusiveness; **s'habiller avec ~** to dress quietly
discrimination [diskʀiminasjɔ̃] *f* (*ségrégation*) discrimination; **sans ~** indiscriminately
discriminatoire [diskʀiminatwaʀ] *adj* discriminatory
disculper [diskylpe] <1> **I.** *vt* **~ qn de qc** to find sb not guilty of sth **II.** *vpr* **se ~** to clear oneself
discussion [diskysjɔ̃] *f* **1.** (*conversation, débat*) discussion; **~ sur qc** discussion about sth; **être en ~** to be under discussion **2.** POL **~ du budget** budget debate **3.** (*querelle*) argument
discutable [diskytabl] *adj* (*théories*) debatable; (*goût*) questionable
discutailler [diskytaje] <1> *vi péj* to argue (over nothing)
discuté(e) [diskyte] *adj* controversial
discuter [diskyte] <1> **I.** *vt* **1.** (*débattre*) to discuss **2.** (*contester: ordre, autorité*) to question; **~ le prix** to argue over the price **II.** *vi* **1.** (*bavarder*) **~ de qc avec qn** to talk to sb about sth; **~ d'un problème** to discuss a problem **2.** (*négocier*) **~ avec qn** to discuss with sb **3.** (*contester*) **on ne discute pas!** no arguments! **III.** *vpr* **se ~** to be a subject for discussion; **ça se discute** that's debatable
disent [diz] *indic et subj prés de* **dire**
disette [dizɛt] *f* famine
disgracieux, -euse [disgʀasjø, -jøz] *adj* (*démarche, proportions*) ungainly; (*gestes*) inelegant
disjoindre [disʒwɛ̃dʀ] *irr vt* **1.** (*disloquer*) **~ qc** to take sth apart **2.** (*isoler*) **~ qc de qc** to separate sth from sth
disjoint(e) [disʒwɛ̃, wɛ̃t] *adj* (*planche*) loose; (*questions, aspects*) discrete
disjoncter [disʒɔ̃kte] <1> **I.** *vi inf* **1.** ELEC **ça a disjoncté!** a fuse has blown! **2.** (*débloquer*) to be off one's head **II.** *vt* ELEC to blow
disjoncteur [disʒɔ̃ktœʀ] *m* circuit breaker
disloquer [dislɔke] <1> **I.** *vt* **1.** (*démolir*) to smash; (*parti, famille, domaine*) to break up; (*empire*) to dismantle **2.** (*disperser: manifestation*) to break up **II.** *vpr* **1.** (*se défaire*) **se ~** (*meuble, voiture, jouet*) to fall to pieces; (*empire*) to dismantle; (*famille, manifestation, assemblage, parti, société*) to break up **2.** MED **se ~ qc** to dislocate sth
disons [dizɔ̃] *indic prés et impératif de* **dire**
disparaître [dispaʀɛtʀ] *vi irr avoir* **1.** (*ne plus être là*) to disappear **2.** (*passer, s'effacer: trace, tache*) to disappear; (*douleur, espoir, crainte, soucis*) to vanish (away); (*colère*) to evaporate; **faire ~ les traces** to cover up the tracks **3.** (*ne plus exister: obstacle*) to disappear; (*s'éteindre: culture, espèce, mode, dialecte, coutume*) to die out; (*mourir: personne*) to pass away; (*dans un naufrage*) to be lost; **faire ~ qn** to make sb disappear
disparate [dispaʀat] *adj* (*couleurs, garde-robe, mobilier*) ill-assorted; (*œuvre, société*) disparate
disparité [dispaʀite] *f* (*d'une œuvre, des opinions*) disparity; (*des couleurs*) mismatch
disparition [dispaʀisjɔ̃] *f* **1.** (*opp: apparition*) disappearance; (*d'une coutume, d'une culture*) passing; (*du soleil*) (*le soir*) setting; (*par mauvais temps*) disappearance **2.** (*mort*) death
disparu(e) [dispaʀy] **I.** *part passé de* **disparaître** **II.** *adj* **être porté ~** to be reported missing **III.** *m(f)* **1.** (*défunt*) deceased **2.** (*porté manquant*) missing person
dispatcher [dispatʃe] <1> *vt* to dispatch
dispensaire [dispɑ̃sɛʀ] *m* health center
dispense [dispɑ̃s] *f* exemption; **~ de qc** exemption from sth
dispenser [dispɑ̃se] <1> **I.** *vt* **1.** (*exempter*) **~ qn de qc** to exempt sb from sth **2.** (*distribuer*) **~ qc à qn** to give sth to sb; **~ des soins à un malade** to care for a sick person **II.** *vpr* **se ~ de qc** (*tâche*) to excuse oneself from sth; (*commentaire*) to refrain from sth
disperser [dispɛʀse] <1> **I.** *vt* **1.** (*éparpiller: papiers, cendres*) to scatter; (*troupes*) to disperse **2.** (*répartir*) to spread out **II.** *vpr* **se ~** **1.** (*partir dans tous les sens*) to scatter **2.** (*se déconcentrer*) **elle se disperse** she bites off more than she can chew
dispersion [dispɛʀsjɔ̃] *f* (*des graines, cendres*) scattering; (*d'un attroupement*) dispersal; (*de l'esprit*) overstretching
disponibilité [dispɔnibilite] *f sans pl* availabil-

D

ity

disponible [dispɔnibl] *adj* available; **je suis ~ demain** I'm free tomorrow

disposé(e) [dispoze] *adj* **être bien/mal ~** to be in a good/bad mood; **être ~ à** +*infin* to be inclined to +*infin*

disposer [dispoze] <1> **I.** *vt* **1.** (*arranger, placer: fleurs*) to arrange; (*objets*) to lay out; (*joueurs, soldats*) to position **2.** (*engager*) **~ qn à** +*infin* to incline sb to +*infin* **II.** *vi* **1.** (*avoir à sa disposition*) **~ de qc** to have sth; **vous disposez d'une voiture** you have a car at your disposal **2.** *soutenu* (*aliéner*) **~ de qc** to dispose of sth **III.** *vpr* **se ~ à** +*infin* to be preparing to +*infin*

dispositif [dispozitif] *m* **1.** (*mécanisme*) device **2.** (*ensemble de mesures*) measures *pl;* **un ~ policier** a police presence

disposition [dispozisjɔ̃] *f* **1.** *sans pl* (*agencement*) arrangement; (*d'un article, texte*) structure **2.** (*clause*) provision ►**il veut avoir une voiture à sa ~** he wants to have a car at his disposal; **prendre des ~s pour qc** to make arrangements for sth

disproportion [dispʀɔpɔʀsjɔ̃] *f* lack of proportion

disproportionné(e) [dispʀɔpɔʀsjɔne] *adj* (*corps*) disproportionate; (*réactions*) exaggerated

dispute [dispyt] *f* quarrel; (*entre adversaires*) dispute

disputer [dispyte] <1> **I.** *vt* **1.** *inf* (*gronder*) **~ qn** to tell sb off **2.** (*contester*) **~ qc à qn** to fight with sb over sth **3.** SPORT (*match*) to fight; **être très disputé** to be a close match **II.** *vpr* **1.** (*se quereller*) **se ~ avec qn** to quarrel with sb **2.** (*lutter pour*) **se ~ qc** to fight for sth **3.** SPORT **se ~** (*match*) to be held

disquaire [diskɛʀ] *m* record dealer

disqualification [diskalifikasjɔ̃] *f* disqualification

disqualifier [diskalifje] <1> **I.** *vt* to disqualify **II.** *vpr* **se ~** to be disqualified

disque [disk] *m* **1.** (*objet rond*) disc **2.** MUS record; **~ compact** compact disc; **mettre un ~** to put a record on **3.** SPORT discus **4.** INFORM **~ dur** hard disk; **~ optique compact** optical compact disc; **~ numérique polyvalent** Digital Versatile Disk ►**change de ~!** *inf* give us a break!

disquette [diskɛt] *f* floppy disk; **~ double face, haute densité** double-sided, high density disk; **une ~ double densité** a double density disk; **une ~ formatée pour lecteurs de 1,44 Mo.** a formatted 1.44MB floppy disk; **~ de démarrage** start-up disk; **~ d'installation** installation disk

dissection [disɛksjɔ̃] *f* dissection

dissemblable [disɑ̃blabl] *adj* dissimilar

disséminer [disemine] <1> **I.** *vt* (*graines*) to scatter; (*idées*) to disseminate **II.** *vpr* **se ~** **1.** (*se disperser*) to be scattered **2.** (*se répandre*) to spread out

dissension [disɑ̃sjɔ̃] *f* disagreement

disséquer [diseke] <5> *vt* to dissect

dissertation [disɛʀtasjɔ̃] *f* ECOLE essay

dissident(e) [disidɑ̃, ɑ̃t] **I.** *adj* dissident **II.** *m(f)* dissident

dissimulation [disimylasjɔ̃] *f* **1.** *sans pl* (*duplicité*) dissimulation **2.** (*action de cacher*) concealment

dissimulé(e) [disimyle] *adj* secretive

dissimuler [disimyle] <1> **I.** *vt* **1.** (*cacher*) *a.* FIN to conceal **2.** (*taire*) **~ qc à qn** to hide sth from sb **II.** *vi* **elle sait ~** she can put on a good act **III.** *vpr* **se ~** to conceal oneself

dissipation [disipasjɔ̃] *f* (*morale*) dissipation; (*du patrimoine*) waste; (*de la brume*) lifting

dissipé(e) [disipe] *adj* undisciplined

dissiper [disipe] <1> **I.** *vt* **1.** (*faire disparaître*) to dissipate **2.** (*lever: soupçons, doutes*) to dissipate; (*illusions*) to scatter; (*malentendu*) to clear up **3.** (*dilapider*) to squander **4.** ECOLE to distract **II.** *vpr* **se ~** (*brume*) to lift; (*doutes, craintes, soupçons, inquiétude*) to vanish; ECOLE to be distracted

dissocier [disɔsje] <1> *vt* (*envisager séparément*) **~ qc de qc** to dissociate sth from sth

dissolution [disɔlysjɔ̃] *f* **1.** (*action*) dissolution **2.** (*liquide*) solution

dissolvant [disɔlvɑ̃] *m* solvent; (*pour les ongles*) nail polish remover

dissolvant(e) [disɔlvɑ̃, ɑ̃t] *adj* solvent

dissoudre [disudʀ] *irr* **I.** *vt* to dissolve **II.** *vpr* **se ~** to be dissolved

dissous, -oute [disu, -ut] **I.** *part passé de* **dissoudre** **II.** *adj* dissolved

dissuader [disɥade] <1> *vt* **~ qn de qc** to dissuade sb from sth

dissuasif, -ive [disɥazif, -iv] *adj* dissuasive

dissuasion [disɥazjɔ̃] *f* dissuasion

distance [distɑ̃s] *f* **1.** (*éloignement*) *a.* MATH, SPORT distance; **à quelle ~ est Aix?** how far (away) is Aix?; **à une ~ de 500 m** 500 meters away **2.** (*écart*) gap ►**prendre ses ~s à l'égard de qn** to distance oneself from sb; **tenir qn à ~** to keep sb at a distance; **à ~** (*dans l'espace: communiquer, juger, voir*) at a distance; (*dans le temps: juger*) in hindsight; **commande/commandé à ~** remote control/-controlled

distancer [distɑ̃se] <2> *vt* **1.** SPORT to outdistance **2.** (*surpasser*) to outdo

distant(e) [distɑ̃, ɑ̃t] *adj* **1.** (*réservé: personne, attitude*) distant **2.** (*éloigné*) separated

distendre [distɑ̃dʀ] <14> **I.** *vt* (*peau*) to stretch; (*liens*) to loosen; **être distendu** (*ressort, élastique*) to be stretched; (*courroie*) to be loose; (*ligament*) to be strained **II.** *vpr* **se ~** (*peau, élastique*) to get stretched; (*ligament*) to be strained; (*liens*) to get loose

distillation [distilasjɔ̃] *f* distillation

distiller [distile] <1> *vt* to distill

distillerie [distilʀi] *f* distillery

distinct(e) [distɛ̃, ɛ̃kt] *adj* distinct

distinctement [distɛ̃ktəmɑ̃] *adv* distinctly

distinctif, **-ive** [distɛ̃ktif, -iv] *adj* distinctive; **signe ~** distinguishing mark
distinction [distɛ̃ksjɔ̃] *f* distinction; **être d'une grande ~** to be highly distinguished
distingué(**e**) [distɛ̃ge] *adj* (*élégant, éminent*) distinguished; **ça fait très ~** that's very elegant
distinguer [distɛ̃ge] <1> **I.** *vt* **1.** (*percevoir, différencier*) to distinguish **2.** (*caractériser*) **sa grande taille le distingue** he is distinguished by his height **3.** (*honorer*) to honor **II.** *vi* (*faire la différence*) **~ entre qn et qn/entre qc et qc** to distinguish sb from sb else/sth from sth else **III.** *vpr* **1.** (*différer*) **se ~ de qn/qc par qc** to be distinguished from sb/sth by sth **2.** (*s'illustrer*) **se ~ par qc** to distinguish oneself by sth
distraction [distʀaksjɔ̃] *f* **1.** *sans pl* (*inattention*) lack of concentration **2.** (*étourderie*) absent-mindedness **3.** *sans pl* (*dérivatif*) distraction **4.** *gén pl* (*passe-temps*) pastime
distraire [distʀɛʀ] *irr* **I.** *vt* **1.** (*délasser*) to amuse **2.** (*déranger*) **~ qn de qc** to distract sb from sth **II.** *vpr* **se ~** to enjoy oneself
distrait(**e**) [distʀɛ, ɛt] **I.** *part passé de* **distraire** **II.** *adj* absent-minded
distraitement [distʀɛtmɑ̃] *adv* absent--mindedly
distrayant(**e**) [distʀɛjɑ̃, jɑ̃t] *adj* entertaining
distribuer [distʀibɥe] <1> *vt* **1.** (*donner*) *a.* FIN, COM to distribute; (*cartes*) to deal; **~ des coups/gifles** to go around hitting/slapping people; **~ le courrier** to deliver the mail; **~ de l'électricité à qn/qc** to supply electricity to sb/sth **2.** (*arranger, répartir: éléments, mots*) to arrange; (*joueurs de foot*) to position
distributeur [distʀibytœʀ] *m* (slot) machine; **~ de billets/boissons** ATM/drink machine
distributeur, **-trice** [distʀibytœʀ, -tʀis] *m, f* **1.** (*personne*) **~ de prospectus** sb who distributes fliers **2.** COM, CINE distributor; (*entreprise*) dealer; (*diffuseur*) distributor
distribution [distʀibysjɔ̃] *f* **1.** (*répartition*) distribution; (*du courrier*) delivery; (*des cartes*) dealing **2.** FIN (*des dividendes*) distribution; (*des actions*) issue; **~ des prix** prize-giving **3.** COM supply; **la ~ d'eau** the supply of water **4.** CINE, THEAT cast **5.** (*arrangement: des éléments, mots*) arrangement; (*des pièces, de l'appartement*) layout; (*des joueurs*) positioning
district [distʀikt] *m* district
dit [di] *indic prés de* **dire**
dit(**e**) [di, dit] **I.** *part passé de* **dire** **II.** *adj* (*touristique, socialiste*) so-called; **~ le Sage/le Bègue** known as the Wise/the Stutterer
dites [dit] *indic prés de* **dire**
diurne [djyʀn] *adj* diurnal
diva [diva] *f* diva
divagation [divagasjɔ̃] *f gén pl* rambling
divaguer [divage] <1> *vi* **1.** (*délirer: malade*) to be delirious **2.** *inf* (*déraisonner*) to talk nonsense
divan [divɑ̃] *m* couch, sofa
divergence [divɛʀʒɑ̃s] *f* divergence
divergent(**e**) [divɛʀʒɑ̃, ʒɑ̃t] *adj* divergent
diverger [divɛʀʒe] <2a> *vi* to diverge
divers(**e**) [divɛʀ, ɛʀs] **I.** *adj* **1.** (*différent, varié*) various **2.** (*inégal, contradictoire: mouvements, intérêts*) diverse **3.** *toujours au pl* (*plusieurs*) various; **à ~es reprises** on several occasions **II.** *mpl* sundries
diversification [divɛʀsifikasjɔ̃] *f* diversification
diversifier [divɛʀsifje] <1> *vt* to diversify
diversion [divɛʀsjɔ̃] *f* MIL diversion
diversité [divɛʀsite] *f* diversity
divertir [divɛʀtiʀ] <8> **I.** *vt* **1.** (*délasser*) to amuse **2.** (*changer les idées de qn*) **~ qn** to take sb's mind off things **II.** *vpr* **se ~** to enjoy oneself
divertissant(**e**) [divɛʀtisɑ̃, ɑ̃t] *adj* entertaining; **il trouve ~ de les regarder** he enjoys watching them
divertissement [divɛʀtismɑ̃] *m* **1.** *sans pl* (*action*) amusement; (*passe-temps*) pastime **2.** MUS divertissement
divin(**e**) [divɛ̃, in] *adj* **1.** REL divine **2.** (*exceptionnel*) heavenly
divination [divinasjɔ̃] *f* divination
divinement [divinmɑ̃] *adv* (*chanter*) divinely; **il fait ~ beau** it's a heavenly day; **elle est ~ belle** she's exquisitely beautiful
divinité [divinite] *f* **1.** *sans pl* (*caractère divin*) divinity **2.** (*dieu*) deity
diviser [divize] <1> **I.** *vt* (*fractionner, désunir*) *a.* MATH **~ qc en qc** to divide sth into sth; **divisé par** divided by ►**~ pour** __**régner**__ *prov* divide and rule **II.** *vpr* **1.** (*se séparer*) **se ~ en qc** (*cellule, route*) to divide into sth; (*parti*) to split into sth **2.** (*être divisible*) **se ~** (*nombre*) to divide; (*ouvrage*) to divide (up)
diviseur [divizœʀ] *m* divisor
divisible [divizibl] *adj* **~ par qc** divisible by sth
division [divizjɔ̃] *f* **1.** division; **~ en qc** division into sth **2.** *Québec* (*service intermédiaire entre la direction et la section d'une entreprise*) division (*of a company*)
divorce [divɔʀs] *m* divorce; **~ avec qn** divorce from sb
divorcé(**e**) [divɔʀse] **I.** *adj* **~ de qn** divorced from sb **II.** *m(f)* divorcee
divorcer [divɔʀse] <2> *vi* **~ de qn** to divorce sb
divulgation [divylgasjɔ̃] *f* disclosure
divulguer [divylge] <1> *vt* to disclose; **~ un secret à qn** to tell sb a secret
dix [dis, *devant une voyelle* diz, *devant une consonne* di] **I.** *adj* ten ►**répéter/recommencer ~** __**fois**__ **la même chose** to say/do the same thing over and over again **II.** *m inv* ten; *v.a.* **cinq**
dix-huit [dizɥit, *devant une consonne* dizɥi] **I.** *adj* eighteen **II.** *m inv* eighteen; *v.a.* **cinq**
dix-huitième [dizɥitjɛm] <dix-huitièmes> **I.** *adj antéposé* eighteenth **II.** *mf* **le/la ~** the

D

eighteenth **III.** *m* (*fraction*) eighteenth; *v.a.* **cinquième**

dixième [dizjɛm] **I.** *adj antéposé* tenth **II.** *mf* **le/la ~** the tenth **III.** *m* (*fraction*) tenth; **les neuf ~s des gens** nine out of ten people; *v.a.* **cinquième**

dix-neuf [diznœf] **I.** *adj* nineteen **II.** *m inv* nineteen; *v.a.* **cinq**

dix-neuvième [diznœvjɛm] <dix-neuvièmes> **I.** *adj antéposé* nineteenth **II.** *mf* **le/la ~** the nineteenth **III.** *m* (*fraction*) nineteenth; *v.a.* **cinquième**

dix-sept [dissɛt] **I.** *adj* seventeen **II.** *m inv* seventeen; *v.a.* **cinq**

dix-septième [dissɛtjɛm] <dix-septièmes> **I.** *adj antéposé* seventeenth **II.** *mf* **le/la ~** the seventeenth **III.** *m* (*fraction*) seventeenth; *v.a.* **cinquième**

dizaine [dizɛn] *f* **1.** (*environ dix*) **une ~ de personnes/pages** ten people/pages or so; **quelques/plusieurs ~s de personnes** a couple/a few dozen people **2.** (*âge approximatif*) **avoir une ~ d'années** to be around ten; **elle approche de la ~** she's nearing ten

D.J. [didʒe] *m abr de* **disc-jockey** DJ

Djibouti [dʒibuti] Djibouti

DM [dœtʃmaʀk] HIST *abr de* **Deutsche Mark** DM

do [do] *m inv* C; **~ dièse/bémol** C sharp/flat

doc [dɔk] *f inf abr de* **documentation**

DOC [dɔk] *m abr de* **disque optique compact** compact laser disk

docile [dɔsil] *adj* docile

docilité [dɔsilite] *f* docility

docker [dɔkɛʀ] *m* docker

docks [dɔks] *mpl* warehouses

docteur [dɔktœʀ] *mf* doctor

> **i** In France, people who have a doctorate are not addressed as doctor. They are simply called *Monsieur* or *Madame x*. The title is only used in correspondence by the sender (e.g. **Monsieur le docteur**).

doctorat [dɔktɔʀa] *m* doctorate; **un ~ en** a doctorate in; **~ d'État** doctorate (*similar to a PhD*)

doctrine [dɔktʀin] *f* doctrine

document [dɔkymɑ̃] *m* **1.** document **2.** (*preuve*) piece of evidence

documentaire [dɔkymɑ̃tɛʀ] **I.** *adj* documentary **II.** *m* documentary

documentaliste [dɔkymɑ̃talist] *mf* ECOLE librarian

documentation [dɔkymɑ̃tasjɔ̃] *f* documentation

documenter [dɔkymɑ̃te] <1> **I.** *vt* **~ qn sur qn/qc** to provide sb with full information on sb/sth **II.** *vpr* **se ~ sur qn/qc** to inform oneself fully on sb/sth

dodo [dodo] *m enfantin, inf* **faire ~** (*s'endormir*) to go night-night; (*dormir*) to be in dreamland

dodu(e) [dɔdy] *adj inf* chubby; (*poule*) plump

dogme [dɔgm] *m* dogma

doigt [dwa] *m* ANAT (*de la main, d'un gant*) finger; **lever le ~** to lift a finger ▶ **il l'a fait les ~s dans le nez** *inf* he did it with his hands behind his back; **je suis à un ~ de le faire** I'm this close to doing it; **filer entre les ~s de qn** to slip between sb's fingers

doigté [dwate] *m* **1.** MUS fingering **2.** (*savoir-faire*) adroitness

dois [dwa] *indic prés de* **devoir**

doit [dwa] **I.** *indic prés de* **devoir** **II.** *m* debit

doivent [dwav] *indic et subj prés de* **devoir**

doléances [dɔleɑ̃s] *fpl* grievances

dollar [dɔlaʀ] *m* dollar; **~ canadien** Canadian dollar

dolmen [dɔlmɛn] *m* dolmen, portal tomb

D.O.M. [dɔm] *m abr de* **département d'outre-mer** French overseas department

> **i** The **D.O.M.** are the French overseas departments. They include French Guiana, Reunion Island, Martinique and Guadeloupe. These colonies are treated today as French economic zones and are responsible, like all departments, for matters specific to their areas.

domaine [dɔmɛn] *m* **1.** (*terre*) estate **2.** (*sphère*) field **3.** INFORM domain

Domaine [dɔmɛn] *m* ADMIN **le ~** public property

domanial(e) [dɔmanjal, -jo] <-aux> *adj* **biens domaniaux** public land

dôme [dom] *m* dome

domestique [dɔmɛstik] **I.** *adj* **1.** (*ménager: vie, affaires, ennuis*) domestic; **animal ~** pet **2.** ECON (*marché*) domestic **II.** *mf* servant

domestiquer [dɔmɛstike] <1> *vt* (*énergie solaire, vent, marées*) to harness

domicile [dɔmisil] *m* **1.** (*demeure*) home **2.** ADMIN residence ▶ **à ~** at home; **recevoir qc à ~** to receive sth at one's home; **travail/visite à ~** home working/visit

domicilié(e) [dɔmisilje] *adj* living

domicilier [dɔmisilje] <1> *vt form* **être domicilié à Paris** to reside in Paris

domien(ne) [dɔmjɛ̃, jɛn] *adj* (*économie, culture, plante*) of/from a DOM (*French overseas department*)

Domien(ne) [dɔmjɛ̃, jɛn] *m(f)* person from a DOM (*French overseas department*)

dominant(e) [dɔminɑ̃, ɑ̃t] *adj* (*position, nation*) dominant; (*opinion, vent*) prevailing

dominante [dɔminɑ̃t] *f* (*caractéristique*) dominant characteristic

dominateur, -trice [dɔminatœʀ, -tʀis] *adj* dominating

domination [dɔminasjɔ̃] *f* (*suprématie*) domination

dominer [dɔmine] <1> **I.** *vt* **1.** (*être le maître* *de*) to dominate **2.** (*contrôler: larmes, chagrin*) to suppress; (*sujet*) to be master of **3.** (*surpasser*) to outclass **4.** (*surplomber*) to look out over **5.** (*être plus fort que*) **~ le tumulte** (*orateur, voix*) to make oneself heard above the commotion; **~ qn** (*passion du jeu*) to have a hold on sb **II.** *vi* **1.** (*prédominer, commander*) *a.* SPORT to dominate **2.** (*commander sur les mers*) to rule **III.** *vpr* **se ~** to take hold of oneself

dominicain(e) [dɔminikɛ̃, ɛn] *adj* Dominican; **la République ~e** Dominican Republic

dominical(e) [dɔminikal, -o] <-aux> *adj* **repos ~** Sunday rest

Dominique *f* GEO Dominica

domino [dɔmino] *m* (*pièce*) domino; *pl* (*jeu*) dominoes

dommage [dɔmaʒ] *m* **1.** (*préjudice*) harm; **~s corporels** physical harm; **~s matériels** material damage; **~ et intérêts** damages **2.** *pl* (*dégâts*) damage ▶ **c'est bien ~!** it's such a shame!; **quel ~!** what a shame!

dompter [dɔ̃(p)te] <1> *vt* (*cheval, fauve*) to tame; (*rebelles, imagination, passions, peur*) to subdue

dompteur, -euse [dɔ̃(p)tœʀ, -øz] *m, f* tamer

D.O.M.-T.O.M. [dɔmtɔm] *mpl abr de* **départements et territoires d'outre-mer** French overseas departments and territories

don [dɔ̃] *m* (*action, cadeau, aptitude*) gift; (*charitable*) donation; **~ d'organe** organ donation; **faire un ~ à qn** to give sb a gift; **avoir le ~ de faire qc** to have the gift for doing sth

donateur, -trice [dɔnatœʀ, -tʀis] *m, f* donor

donation [dɔnasjɔ̃] *f* donation

donc [dɔ̃k] *conj* so; **si ~ je ne suis pas là à 20 heures** so if I'm not here at eight o'clock; **vas-y ~!** get on with it then!

donjon [dɔ̃ʒɔ̃] *m* keep

don Juan [dɔ̃ʒyɑ̃] <dons Juans> *m* Don Juan

donnant [dɔnɑ̃] **avec lui, c'est ~ ~** you have to give to get something back with him

donné(e) [dɔne] *adj* (*déterminé*) given ▶ **étant ~ qc** given that; **c'est ~** *inf* it's practically free

donnée [dɔne] *f gén pl* **1.** (*élément d'appréciation*) given **2.** ECOLE **~s du problème** details of the problem **3.** *pl* INFORM, ADMIN data

donner [dɔne] <1> **I.** *vt* **1.** (*remettre*) **~ qc à qn** to give sth to sb, to give sb sth **2.** (*communiquer*) **~ de ses nouvelles** to say how one is doing; **~ le bonjour à qn** to say hello to sb **3.** (*causer*) **ça donne faim/soif** it makes you hungry/thirsty; **ça lui donne chaud** it makes him hot; **elle/ça lui donne envie de partir** she/it makes him want to leave **4.** (*conférer*) **cette couleur te donne un air sévère** that color makes you look strict **5.** (*attribuer*) **~ de l'importance à qn/qc** to give importance to sb/sth **6.** (*produire*) **~ des fruits** to produce fruit; **~ des résultats** (*recherches*) to give results **7.** (*faire passer pour*) **~ qc pour certain** to say sth is a certainty; **~ qn perdant** to say sb is going to lose **II.** *vi* (*s'ouvrir sur*) **~ sur qc** (*pièce, fenêtre*) to look (out) onto sth; (*porte*) to open out to sth **III.** *vpr* **1.** (*se dévouer*) **se ~ à qn/qc** to devote oneself to sb/sth **2.** (*faire l'amour*) **se ~ à qn** to give oneself to sb

donneur, -euse [dɔnœʀ, -øz] *m, f a.* MED donor; **~ de sang** blood donor

don Quichotte [dɔ̃kiʃɔt] *m inv* **être un ~** to be something of a Don Quixote

dont [dɔ̃] *pron rel* **1.** *compl d'un subst* **cet acteur, ~ le dernier film** that actor, whose latest film **2.** *compl d'un verbe* **la femme ~ vous me parlez** the woman you are telling me about **3.** (*partie d'un tout*) including; **cet accident a fait six victimes, ~ deux enfants** there were six victims in the accident, two of them children

dopage [dɔpaʒ] *m* drug use

dopé(e) [dɔpe] *adj* drugged

doper [dɔpe] <1> **I.** *vt* **1.** (*stimuler*) to stimulate; (*économie*) to boost; (*ventes*) to beef up *inf* **2.** SPORT to give drugs to **II.** *vpr* **se ~** to use drugs

dorade [dɔʀad] *f v.* **daurade**

doré [dɔʀe] *m Québec* (*poisson d'eau douce à chair estimée*) yellow pike

doré(e) [dɔʀe] *adj* **1.** (*avec de l'or*) gilded **2.** (*de couleur ressemblant à de l'or, agréable*) golden; **prison ~e** gilded cage

dorénavant [dɔʀenavɑ̃] *adv* henceforth

dorer [dɔʀe] <1> **I.** *vt* **1.** (*recouvrir d'or, colorer*) to gild **2.** CULIN (*gâteau*) to brown **II.** *vi* CULIN to brown **III.** *vpr* **se faire ~ au soleil** to sunbathe

dorloter [dɔʀlɔte] <1> *vt* to pamper

dormant [dɔʀmɑ̃] *m* (*d'une fenêtre, porte*) frame

dormant(e) [dɔʀmɑ̃, ɑ̃t] *adj* **eau ~e** stagnant water

dormeur, -euse [dɔʀmœʀ, -øz] *m, f* sleeper; **gros ~** heavy sleeper

dormir [dɔʀmiʀ] *vi irr* **1.** (*sommeiller*) to sleep **2.** (*être négligé: capitaux, affaire*) to lie dormant **3.** (*être calme, sans bruit: maison, nature*) to be asleep ▶ **ça ne l'empêche pas de ~** *inf* it doesn't keep him awake at night

dorsal(e) [dɔʀsal, -o] <-aux> *adj* dorsal; **les muscles dorsaux** the back muscles

dortoir [dɔʀtwaʀ] *m* dormitory

dorure [dɔʀyʀ] *f* **1.** (*or*) gilt **2.** (*art, effet*) gilding

doryphore [dɔʀifɔʀ] *m* Colorado potato beetle

dos [do] *m* (*d'une personne, d'un objet*) back ▶ **en avoir plein le ~** *inf* to be fed up; **n'avoir rien à se mettre sur le ~** to have nothing to wear; **être sur le ~ de qn** *inf* to be on sb's back; **faire qc dans le ~ de qn** to do sth behind sb's back

dosage [dozaʒ] *m* MED dosage; *fig* mixture

dose [doz] *f* **1.** BIO dose **2.** CULIN part ▶ **une bonne ~ de courage** a good helping of courage

doser [doze] <1> *vt* **1.** BIO (*médicament*) to measure a dose of; (*ingrédients*) to measure out; (*cocktail*) to mix in the right proportions **2.** (*mesurer*) to use just the right amount of

dossard [dosaʀ] *m* SPORT number

dossier [dosje] *m* **1.** (*appui pour le dos*) back **2.** (*classeur*) *a.* ADMIN file; **~ de candidature** application

dot [dɔt] *f* dowry

doté(e) [dɔte] *adj* **être ~ de qc** (*machine*) to have sth; (*personne*) to be endowed with sth

doter [dɔte] <1> **I.** *vt* **1. ~ une fille** to give a girl a dowry **2.** (*attribuer*) **~ de qc** to provide with sth; (*concours*) to endow with sth **II.** *vpr* **se ~ de qc** (*pays, groupe*) to acquire sth

douane [dwan] *f* **1.** (*administration, poste*) customs *pl* **2.** (*droit*) (customs) duty

douanier, -ière [dwanje, -jɛʀ] **I.** *adj* customs **II.** *m, f* customs officer

doublage [dublaʒ] *m* **1.** CINE (*en langue étrangère*) dubbing; (*pour les cascades*) doubling **2.** COUT lining

double [dubl] **I.** *adj* double; **~ personnalité** split personality **II.** *adv* (*voir*) double; **compter ~** to count the number/amount twice **III.** *m* **1.** (*quantité*) twice the amount; **il a mis le ~ de temps** he took twice as long **2.** (*copie, exemplaire identique*) copy; (*personne*) double; **un ~ de clé** a spare key; **j'ai tout en ~** I've got two of everything **3.** SPORT doubles *pl*

doublé(e) [duble] *adj* **1.** COUT (*vêtement*) lined **2.** CINE (*en langue étrangère*) dubbed

double-cliquer [dublklike] *vi* INFORM **~ sur le bouton gauche de la souris** to double-click on the left mouse button

doublement [dubləmɑ̃] **I.** *adv* doubly **II.** *m* **1.** doubling; (*élargissement: d'une voie, route*) widening **2.** ECOLE repeating a year

doubler [duble] <1> **I.** *vt* **1.** (*multiplier par deux*) to double **2.** (*mettre en double: papier*) to fold (in two); (*fil*) to double **3.** (*garnir intérieurement*) to line **4.** *Belgique* (*redoubler*) **~ une classe** to repeat a year **5.** CINE (*en langue étrangère*) to dub; (*pour les cascades*) to double **6.** THEAT **~ qn** to stand in for **7.** (*dépasser: véhicule*) to pass; **se faire ~** to be passed **8.** *inf* (*tromper*) to take in **II.** *vi* (*être multiplié par deux: nombre, prix*) to double **III.** *vpr* **se ~ de qc** to be coupled with sth

doublure [dublyʀ] *f* **1.** COUT (*d'un vêtement*) lining **2.** CINE stand-in **3.** THEAT understudy

douce [dus] *v.* **doux**

douceâtre [dusɑtʀ] *adj* sickly

doucement [dusmɑ̃] *adv* **1.** (*avec précaution*) carefully **2.** (*sans bruit*) quietly **3.** (*avec délicatesse, graduellement*) gently **4.** (*faiblement*) softly **5.** (*médiocrement*) not so well

doucettement [dusɛtmɑ̃] *adv inf* **tout ~** very, very slowly

douceur [dusœʀ] *f* **1.** (*sensation: d'une étoffe, musique, de la lumière*) softness; (*d'un fruit*) sweetness; (*de la température*) mildness; **se passer en ~** to go smoothly **2.** (*sentiment: d'un caractère, de la vie*) sweetness **3.** *gén pl* (*friandises*) sweets; (*plat sucré*) desserts **4.** *pl* (*amabilités*) sweet words

douche [duʃ] *f* shower

doucher [duʃe] <1> **I.** *vt* **1.** (*tremper*) to shower **2.** (*décevoir: enthousiasme*) to drown **II.** *vpr* **se ~** to have a shower

doudoune [dudun] *f* down coat

doué(e) [dwe] *adj* gifted; **être ~ de ses mains** to be good with one's hands

douille [duj] *f* **1.** TECH casing; (*d'une cartouche*) case **2.** ELEC socket

douillet(te) [dujɛ, jɛt] *adj* **1.** (*sensible*) (over)sensitive **2.** (*pleurnicheur*) susceptible **3.** (*confortable: logis, nid, lit*) cozy

douleur [dulœʀ] *f* **1.** (*physique*) pain; **de ~** of pain **2.** (*moral*) sorrow; **avoir la ~ de** +*infin* to be deeply sorry to +*infin*

douloureuse [duluʀøz] *f inf* bill

douloureux, -euse [duluʀø, -øz] *adj* (*qui fait mal, qui fait de la peine*) painful; **regard ~** pained look

doute [dut] *m* doubt; **ne laisser aucun ~ sur qc** to leave no doubt about sth ▶ **mettre qc en ~** to put sth in doubt; **sans ~** no doubt

douter [dute] <1> **I.** *vi* **1.** (*être incertain*) **~ de qc** to doubt sth; **~ que qn ait fait qc** to doubt that sb did sth **2.** (*se méfier*) **~ de qn/qc** to have doubts about sb/sth ▶ **à n'en pas ~** undoubtedly; **ne ~ de rien** *iron* to have no idea **II.** *vpr* (*pressentir*) **se ~ de qc** to suspect sth; **je m'en doute** I expect so

douteux, -euse [dutø, -øz] *adj* **1.** (*incertain*) doubtful **2.** *péj* (*goût, mœurs*) dubious; (*vêtement*) none too clean

Douvres [duvʀ(ə)] Dover

doux [du] *m* (*temps*) the mild weather

doux, douce [du, dus] *adj* **1.** (*au toucher, à l'oreille, à la vue*) soft **2.** (*au goût: fruit, saveur, vin*) sweet; (*piment, moutarde, tabac*) mild; **les drogues douces** soft drugs **3.** (*à l'odorat: odeur, parfum*) sweet **4.** (*clément: climat, temps*) mild **5.** (*gentil, patient: personne*) kind **6.** (*modéré: peine*) mild; (*croissance*) gradual; (*fiscalité*) moderate; (*gestes, pente*) gentle; **à feu ~** on moderate heat **7.** (*agréable: vie, souvenir, visage*) sweet ▶ **se la couler douce** *inf* to have it easy; **en douce** *inf* on the quiet

douzaine [duzɛn] *f* **1.** (*douze*) dozen; **à la ~** by the dozen **2.** (*environ douze*) **une ~ de personnes/choses** twelve or so people/things

douze [duz] **I.** *adj inv* twelve **II.** *m inv* twelve; *v.a.* **cinq**

douzième [duzjɛm] **I.** *adj antéposé* twelfth **II.** *mf* **le/la ~** the twelfth **III.** *m* twelfth; *v.a.* **cinquième**

downloader [daunlode] *vt* INFORM to download

doyen(ne) [dwajɛ̃, jɛn] *m(f)* **1.** (*aîné*) doyen **2.** UNIV dean

draconien(**ne**) [dʀakɔnjɛ̃, jɛn] *adj* draconian
dragée [dʀaʒe] *f* sugared almond
dragon [dʀagɔ̃] *m* dragon
dragonne [dʀagɔn] *f* (wrist)strap
drag-queen [dʀagkwin] <drag-queens> *f* drag queen
drague [dʀag] *f* **1.** (*filet*) dragnet **2.** (*appareil*) dredger **3.** *inf* (*racolage*) hitting on people
draguer [dʀage] <1> **I.** *vt* **1.** (*pêcher*) to use a dragnet to fish for **2.** (*dégager: chenal, sable*) to dredge; (*mines*) to sweep **3.** *inf* (*racoler*) to hit on sb **II.** *vi inf* (*racoler*) to try to pick people up
dragueur [dʀagœʀ] *m* dredger
drain [dʀɛ̃] *m* MED drain
drainage [dʀɛnaʒ] *m* **1.** MED, AGR drainage **2.** (*de capitaux*) tapping
drainer [dʀene] <1> *vt* **1.** MED, AGR to drain **2.** (*rassembler: capitaux*) to tap
drakkar [dʀakaʀ] *m* longship
dramatique [dʀamatik] *adj* dramatic; **genre ~** drama
dramatiquement [dʀamatikmɑ̃] *adv* dramatically
dramatiser [dʀamatize] <1> **I.** *vt* to dramatize **II.** *vi* to overdramatize
drame [dʀam] *m a. fig* (*pièce*) drama; **tourner au ~** to take a tragic turn
drap [dʀa] *m* **1.** (*linge: de lit*) sheet **2.** *Belgique* (*serviette*) towel; **~ de maison** (*torchon*) dishtowel ▶**être dans de beaux ~s** *inf* to be in a fine mess
drapeau [dʀapo] <x> *m* flag
draper [dʀape] <1> **I.** *vt* (*envelopper, plisser*) **~ qc/qn de qc** to drape sb/sth in sth **II.** *vpr* **se ~ dans une cape** to drape oneself in a cloak
draperie [dʀapʀi] *f* (*tenture*) *a.* COM drapery
drap-housse [dʀa] <draps-housses> *m* fitted sheet
drave [dʀav] *f Québec* (*flottage du bois*) rafting
draver [dʀave] <1> *vi Québec* (*diriger le flottage du bois*) to drive
draveur [dʀavœʀ] *m Québec* (*ouvrier travaillant au flottage du bois*) raftsman
dressage [dʀesaʒ] *m* **1.** (*domptage: d'un animal*) taming; (*pour un concours hippique*) dressage **2.** (*montage*) putting up
dresser [dʀese] <1> **I.** *vt* **1.** (*établir: bilan, liste, carte, procuration*) to draw up; **~ un procès-verbal à qn** to give sb a ticket **2.** (*ériger: barrière, monument*) to raise; (*échafaudage, tente*) to put up **3.** (*lever: buste*) to draw up; (*menton, tête*) to lift up; (*oreilles*) to prick up **4.** (*disposer: plat*) to lay out; (*piège*) to set; (*autel*) to raise **5.** (*dompter: animal*) to tame; (*chien*) to train; *péj* (*enfant, soldat*) to break in **6.** (*mettre en opposition*) **~ qn contre qn/qc** to set sb against sb/sth **II.** *vpr* **1.** (*se mettre droit*) **se ~** to draw oneself up **2.** (*s'élever*) **se ~** (*bâtiment, statue*) to rise **3.** (*s'insurger*) **se ~ contre qn/qc** to rise against sb/sth
dresseur, **-euse** [dʀesœʀ, -øz] *m, f* trainer
drève [dʀɛv] *f Nord, Belgique* (*allée carrossable bordée d'arbres*) (tree-lined) drive
dribbler [dʀible] <1> **I.** *vi* to dribble **II.** *vt* **~ qn** to dribble past sb
dring [dʀiŋ] *interj* (*bruit d'une sonnette*) ding
dringuelle [dʀɛ̃gɛl] *f Belgique* (*pourboire*) tip
drogue [dʀɔg] *f a. fig* drug
drogué(**e**) [dʀɔge] *m(f)* (drug) addict
droguer [dʀɔge] <1> **I.** *vt* to drug **II.** *vpr* **se ~** to take drugs
droguerie [dʀɔgʀi] *f* hardware store
droguiste [dʀɔgist] *mf* hardware merchant
droit [dʀwa] **I.** *adv* straight ▶**aller ~ à la catastrophe** to be going downhill fast; **marcher ~** to toe the line; **tout ~** straight ahead **II.** *m* **1.** (*prérogative*) right; **de quel ~ l'a-t-il fait?** what right had he to do it?; **avoir ~ à qc** to be entitled to sth; **avoir le ~ de** +*infin* to be entitled to +*infin* **2.** JUR (*règles*) law; **faire son ~** to study law; **~ civil/public** civil/public law **3.** *pl* (*taxe*) tax **4.** (*à la boxe*) right
droit(**e**) [dʀwa, dʀwat] *adj* **1.** (*opp: gauche*) right **2.** (*non courbe, non penché: chemin, ligne, nez*) straight; **angle ~** right angle; **être ~** to be straight **3.** (*honnête, loyal: personne*) upright; **le ~ chemin** the straight and narrow
droite [dʀwat] *f* **1.** MATH straight line **2.** (*côté droit*) *a.* POL right; **un parti de ~** a right-wing party; **à ~** on the right; **tourner à ~** to turn right; **de ~** right(-hand); **par la ~** by the right; **serrez à ~!** keep right!
droitier, **-ière** [dʀwatje, -jɛʀ] **I.** *m, f* (*personne*) right-handed person **II.** *adj inf* POL right-wing
droiture [dʀwatyʀ] *f* **1.** (*franchise*) honesty **2.** (*honnêteté*) uprightness
drôle [dʀol] *adj* funny; **ça me fait tout ~** it makes me feel all funny
drôlement [dʀolmɑ̃] *adv* **1.** (*bizarrement*) in a funny way **2.** *inf* (*rudement*) really
drôlerie [dʀolʀi] *f* **1.** (*blague*) funny remark **2.** (*caractère*) funny character
dromadaire [dʀɔmadɛʀ] *m* dromedary
dru(**e**) [dʀy] *adj* (*barbe, herbe*) thick
druide [dʀɥid] *m* druid
du [dy] = **de + le** *v.* **de**
dû [dy] <dus> *m* due; **réclamer son ~** to claim one's due
dû, **due** [dy] <dus> **I.** *part passé de* **devoir** **II.** *adj* **1.** (*que l'on doit*) owed **2.** (*imputable*) **être ~ à qc** to be due to sth **3.** (*mérité*) **être ~ à qn** to be sb's due
dubitatif, **-ive** [dybitatif, -iv] *adj* doubtful
Dublin [dyblɛ̃] Dublin
Dublinois(**e**) [dyblinwa, waz] *m(f)* Dubliner
duc [dyk] *m* duke
ducasse [dykas] *f Nord, Belgique* (*fête patronale ou publique, kermesse*) festival
duché [dyʃe] *m* duchy

D

duchesse [dyʃɛs] *f* duchess
duel [dɥɛl] *m a. fig* duel
duffel-coat [dœfœlkot] <duffel-coats> *m* duffle coat
dulcinée [dylsine] *f iron* ladylove
dûment [dymɑ̃] *adv* duly
dumping [dœmpiŋ] *m* dumping; ~ **social/fiscal** social/fiscal dumping
dune [dyn] *f* dune
duo [dɥo, dyo] *m* MUS duet
dupe [dyp] *adj* **être ~ de qc** to be fooled by sth
duper [dype] <1> *vt* to fool
duperie [dypʀi] *f* deception
duplex [dyplɛks] *m* **1.** ARCHIT **appartement en ~** duplex **2.** CINE, TV linkup
duplicata [dyplikata] *m* duplicate
duplicité [dyplisite] *f* duplicity
duquel, de laquelle [dykɛl] <desquel(le)s> = **de + lequel** *v.* **lequel**
dur(e) [dyʀ] **I.** *adj* **1.** (*ferme*) hard; (*porte, serrure*) stiff; (*viande*) tough; (*sommeil*) heavy **2.** (*difficile, pénible: travail, obligation, vie, climat*) hard; **~, ~!** that's rough! **3.** (*sévère: regard, critique*) harsh **II.** *adv* (*travailler*) hard; **taper ~** (*soleil*) to beat down **III.** *m(f)* **1.** (*personne inflexible*) hard man, woman *m, f* **2.** *inf* (*personne sans peur*) hard case **3.** TECH **maison en ~** traditionally built house ►**un ~ à cuire** *inf* a hard case; **jouer les ~s** *inf* to act tough
durable [dyʀabl] *adj* (*chose, construction*) durable; (*souvenir, effet, influence*) lasting
durablement [dyʀabləmɑ̃] *adv* lastingly
durant [dyʀɑ̃] *prep* **1.** (*au cours de*) during; **~ l'hiver** during the winter **2.** (*tout au long de*) **travailler sa vie ~** to work all one's life
durcir [dyʀsiʀ] <8> **I.** *vt* to harden; (*acier*) to temper **II.** *vi* (*aliment, pâte*) to harden; (*colle, peinture*) to set **III.** *vpr* **se ~** to harden; (*colle*) to set
durcissement [dyʀsismɑ̃] *m* hardening; (*du ciment, de la colle*) setting
durée [dyʀe] *f* **1.** duration; **pendant la ~ des travaux** for the duration of the work; **la ~ de chaque classe** the length of each class; **les chômeurs de longue ~** the long-term unemployed **2.** (*permanence*) durability
durement [dyʀmɑ̃] *adv* **1.** (*rudement*) sorely **2.** (*sans bonté: parler, répondre*) harshly **3.** (*cruellement*) brutally
durer [dyʀe] <1> *vi* **1.** + *compl de temps* (*avoir une certaine durée, se prolonger*) to last **2.** (*se conserver: personne*) to endure; (*matériel, vêtement*) to last ►**ça ne peut plus ~** this can't go on; **pourvu que ça dure!** let's hope it lasts!
dureté [dyʀte] *f* **1.** (*fermeté*) hardness **2.** (*rigueur*) harshness
durillon [dyʀijɔ̃] *m* callus
dus [dy] *passé simple de* **devoir**
D.U.T. [deyte] *m abr de* **diplôme universitaire de technologie** *technical diploma obtained after the "baccalauréat" and before university*
duvet [dyvɛ] *m* **1.** (*plumes, poils*) down **2.** (*sac de couchage*) sleeping bag
duveté(e) [dyvte] *adj* downy
DVD [devede] *m inv* INFORM *abr de* **Digital Versatile Disk** DVD
dynamique [dinamik] **I.** *adj* dynamic **II.** *f* dynamic
dynamiser [dinamize] <1> *vt* to inject dynamism into
dynamisme [dinamism] *m* dynamism
dynamitage [dinamitaʒ] *m* dynamiting
dynamite [dinamit] *f* dynamite
dynamiter [dinamite] <1> *vt* to dynamite
dynamo [dinamo] *f* dynamo
dynastie [dinasti] *f* dynasty
dysenterie [disɑ̃tʀi] *f* MED dysentery
dyslexique [dislɛksik] *adj, mf* dyslexic

E

E, e [ø] *m inv* E, e; **~ comme Eugène** (*au téléphone*) e as in Echo
eau [o] <x> *f* water; **~ minérale/de source** mineral/spring water; **~ du robinet** tap water; **~ de toilette** eau de toilette; **fermer/ouvrir l'~** to turn the water off/on; **au bord de l'~** at the water's edge

> i In France, wine or water is drunk with meals, and a **carafe d'eau**, a jug of water, is often on the table. In restaurants, this is most often tap water.

eau-de-vie [od(ə)vi] <eaux-de-vie> *f* brandy
ébahi(e) [ebai] *adj* astounded
ébahir [ebaiʀ] <8> *vt* to astonish; **être ébahi de qc** to be astonished at sth
ébats [eba] *mpl* (*des animaux, enfants*) frolicking; **prendre ses ~** to frolic ►**~ amoureux** lovemaking
ébattre [ebatʀ] *vpr irr* **s'~** to frolic
ébauche [eboʃ] *f* (*d'une œuvre*) outline; (*d'un tableau*) sketch; (*d'un sourire*) flicker
ébaucher [eboʃe] <1> **I.** *vt* (*œuvre, projet, peinture*) to sketch out; (*statue*) to rough out; **~ un sourire** to smile vaguely; **~ un geste** to start to make a gesture **II.** *vpr* **s'~** (*idée, projet*) to take shape; **une réconciliation s'ébauchait** there were the beginnings of a reconciliation
ébène [ebɛn] *f* ebony; **d'un noir d'~** as black as night
ébéniste [ebenist] *mf* cabinetmaker
ébénisterie [ebenist(ə)ʀi] *f* cabinetmaking
éberlué(e) [ebɛʀlɥe] *adj inf* dumbfounded

éblouir [ebluiʀ] <8> *vt* to dazzle
éblouissant(e) [ebluisɑ̃, ɑ̃t] *adj* **1.** (*aveuglant*) dazzling **2.** (*merveilleux: forme*) stunning
éblouissement [ebluismɑ̃] *m* **1.** (*trouble de la vue*) dazzle **2.** (*émerveillement*) bedazzlement **3.** MED (*étourdissement*) dizzy spell
éborgner [ebɔʀɲe] <1> *vt* **~ qn** to blind sb in one eye
éboueur [ebuœʀ] *m* garbage man
ébouillanter [ebujɑ̃te] <1> *vpr* **s'~ qc** to scald sth
éboulement [ebulmɑ̃] *m* **1.** landslide **2.** (*amas*) fallen rocks
ébouler [ebule] <1> *vpr* **s'~** to collapse
éboulis [ebuli] *m* fallen rocks
ébouriffant(e) [ebuʀifɑ̃, ɑ̃t] *adj inf* (*nouvelle*) staggering
ébouriffé(e) [ebuʀife] *adj* disheveled
ébrancher [ebʀɑ̃ʃe] <1> *vt* **~ un arbre** to lop branches off a tree
ébranler [ebʀɑ̃le] <1> **I.** *vt* to shake **II.** *vpr* **s'~** (*convoi*) to set off; (*train*) to move off
ébréché(e) [ebʀeʃe] *adj* chipped
ébriété [ebʀijete] *f form* drunkenness
ébrouer [ebʀue] <1> *vpr* **s'~** (*cheval*) to snort; (*chien*) to shake itself
ébruiter [ebʀɥite] <1> *vt, vpr* (**s'**)**~** to spread
ébullition [ebylisjɔ̃] *f* (*d'un liquide*) boiling; **porter à ~** to bring to a boil ►**quartier <u>en</u> ~** neighborhood in turmoil; **esprit <u>en</u> ~** mind teeming with ideas
écaille [ekaj] *f* **1.** ZOOL scale **2.** (*petite particule*) **se détacher par ~s** (*peinture*) to flake off **3.** (*matière*) tortoiseshell
écailler [ekaje] <1> **I.** *vt* (*poisson*) to scale; (*huîtres*) to shuck **II.** *vpr* **s'~** to flake off
écarquiller [ekaʀkije] <1> *vt* **~ les yeux devant qc** to stare wide-eyed at sth
écart [ekaʀ] *m* **1.** (*distance*) gap **2.** (*différence: de prix, cours*) difference **3.** (*contradiction*) discrepancy **4.** (*mouvement brusque*) **faire un ~** (*personne*) to move out of the way ►**faire le <u>grand</u> ~** to do the splits; **<u>mettre</u> qn à l'~** to keep sb out of the way; **<u>vivre</u> à l'~** to live in isolation
écarté(e) [ekaʀte] *adj* **1.** (*isolé: lieu*) out of the way **2.** (*distant: bras*) spread out; (*dents*) spaced; (*jambes*) wide apart
écartement [ekaʀtəmɑ̃] *m* spread; (*des rails*) gauge; **l'~ des essieux** the wheelbase
écarter [ekaʀte] <1> **I.** *vt* **1.** (*séparer: objets*) to move apart; (*rideaux*) to pull open; (*bras*) to open; (*doigts, jambes*) to spread out **2.** (*exclure: plan*) to rule out; (*objection*) to overrule; (*idée*) to brush aside; (*danger*) to remove; **~ qn de qc** to exclude sb from sth **3.** (*éloigner*) **~ qn de qc** to move sb away from sth; *fig* to keep sb away from sth **4.** *Québec* (*perdre*) to mislay **II.** *vpr* **1.** (*se séparer*) **s'~** (*foule*) to move aside **2.** (*s'éloigner*) **s'~ de qc** to move out of the way of sth; **s'~ du sujet** to get off the subject; **écarte-toi/écartez-vous** (**de là**)! get out of the way! **3.** *Québec* (*s'égarer*) to get lost
ecchymose [ekimoz] *f* bruise
ecclésiastique [eklezjastik] **I.** *adj* ecclesiastical; (*vie*) religious **II.** *m* clergyman
écervelé(e) [esɛʀvəle] **I.** *adj* scatterbrained **II.** *m(f)* scatterbrain
échafaud [eʃafo] *m* scaffold
échafaudage [eʃafodaʒ] *m* **1.** (*construction*) scaffolding **2.** (*empilement*) pile
échafauder [eʃafode] <1> **I.** *vt* (*projets*) to lay; (*système, théorie, hypothèse*) to construct **II.** *vi* CONSTR to put up scaffolding
échalote [eʃalɔt] *f* shallot
échancré(e) [eʃɑ̃kʀe] *adj* (*robe*) with a low neckline
échancrure [eʃɑ̃kʀyʀ] *f* (*d'une robe*) low neckline
échange [eʃɑ̃ʒ] *m* **1.** (*action d'échanger*) **~ de qc contre qc** exchanging sth for sth; **~ standard** factory replacement; **faire un ~ avec qn** to exchange with sb; **en ~ de qc** in exchange for sth **2.** *gén pl* ECON trade **3.** ECOLE **~s scolaires** (school) exchange programs ►**~ de <u>coups</u>** altercation
échanger [eʃɑ̃ʒe] <2a> *vt* (*adresses, idées, anneaux*) to exchange; (*timbres*) to swap; (*marchandises*) to trade; **~ qc avec qn contre qc** to trade sb sth for sth; **~ des sourires/des regards** to smile/look at each other
échangeur [eʃɑ̃ʒœʀ] *m* interchange
échantillon [eʃɑ̃tijɔ̃] *m* sample
échappatoire [eʃapatwaʀ] *f* **1.** (*subterfuge*) loophole **2.** (*issue*) way out
échappement [eʃapmɑ̃] *m* (*gaz*) exhaust; **~ de gaz** gas escape; **~ libre** (exhaust) cutout
échapper [eʃape] <1> **I.** *vi* **1.** (*s'enfuir*) **~ à qn** to escape from sb; **~ à un danger** to escape danger **2.** (*se soustraire à*) **~ à qc** to avoid sth; **~ à la mort** to escape death **3.** (*être oublié*) **son nom m'échappe** his/her name escapes me **4.** (*ne pas être remarqué*) **~ à** [*o* **à l'attention de**] **qn** to escape sb's attention **5.** (*ne pas être compris*) **le problème lui échappe** he doesn't grasp the problem **6.** (*glisser des mains*) **le plateau lui est échappé** (**des mains**) the tray slipped from his/her hands; **laisser ~ qc** to drop sth **7.** (*dire par inadvertance*) **~ à qn** (*gros mot, paroles*) to slip out; **un cri/soupir lui a échappé** she let out a cry/a sigh **II.** *vpr* **1.** (*s'évader*) **s'~ de qc** to escape from sth **2.** (*s'esquiver*) **s'~ de qc** to get away from sth **3.** (*sortir*) **s'~ de qc** (*fumée, cri*) to come from sth; (*gaz*) to escape from sth; (*flammes*) to rise from sth **III.** *vt Québec* (*laisser tomber involontairement*) to drop
écharde [eʃaʀd] *f* splinter
écharpe [eʃaʀp] *f* **1.** (*vêtement*) scarf **2.** (*étoffe servant d'insigne: du maire*) sash **3.** (*bandage*) sling
échasse [eʃɑs] *f* stilt
échassier [eʃasje] *m* wading bird
échauder [eʃode] <1> *vt* (*ébouillanter: théière*) to warm; (*tomates*) to put in hot wa-

E

ter; (*volaille*) to scald

échauffement [eʃofmɑ̃] *m* **1.** (*fait de devenir chaud: de l'atmosphère, du sol*) warming **2.** SPORT warm-up

échauffer [eʃofe] <1> *vpr* **s'~ 1.** SPORT to warm up **2.** (*s'énerver*) to get heated

échauffourée [eʃofuʀe] *f* **1.** (*bagarre*) clash **2.** MIL skirmish

échéance [eʃeɑ̃s] *f* **1.** (*date limite*) **date d'~** (*pour une dette*) due date; (*d'un bon*) maturity date; (*pour un travail*) deadline; **arriver** [*o* **venir**] **à ~ le 15 du mois** to be due on the fifteenth of the month **2.** (*délai*) time; FIN term **3.** (*règlement*) payment due ▸ **à brève** [*o* **courte**] **~** before very long; FIN short-term

échéant(e) [eʃeɑ̃, ɑ̃t] *adj* (*annuité, traite*) due

échec¹ [eʃɛk] *m* failure ▸ **aller à l'~** to be heading for failure

échec² [eʃɛk] *m pl* (*jeu*) chess + *vb sing;* **jeu d'~s** game of chess; **jouer aux ~s** to play chess ▸ **(être) ~ et mat** to be checkmate

échelle [eʃɛl] *f* **1.** (*escabeau, hiérarchie*) ladder **2.** (*proportion, rapport, graduation*) scale; **à l'~ de 1:100 000** on a scale of 1 to 100,000; **à l'~ de l'enfant** at a child's level; **à l'~ nationale/communale** on a national/local level; **~ des températures** temperature scale ▸ **être en haut/en bas de l'~** to be at the top/bottom of the ladder; **sur une grande ~** on a large scale

échelon [eʃlɔ̃] *m* **1.** (*barreau*) rung **2.** ADMIN (*de la hiérarchie*) grade; **passer par tous les ~s administratifs** to climb all the rungs of the administrative ladder; **être au premier/dernier ~** to be on the bottom/top grade; **descendre d'un ~ dans la hiérarchie** to go down a grade in the hierarchy; **gravir un ~** to go up a grade

échelonner [eʃ(ə)lɔne] <1> **I.** *vt* **1.** (*étaler: paiements*) to spread out **2.** (*graduer: difficultés*) to graduate; **~ les salaires** to set up a salary scale **3.** (*disposer à intervalles réguliers*) to space out **II.** *vpr* **s'~ sur deux ans** to be spread out over two years

échevelé(e) [eʃəv(ə)le] *adj* **1.** (*décoiffé: personne*) disheveled **2.** (*effréné*) frenzied

échevin [eʃ(ə)vɛ̃] *m* **1.** *Belgique* (*Magistrat adjoint au bourgmestre*) deputy mayor **2.** *Québec* (*conseiller municipal*) city councilman [*o* councilwoman]

échevinal(e) [eʃ(ə)vinal, -o] <-aux> *adj Belgique* **collège ~** (*collège communal*) town school

échine [eʃin] *f* **1.** (*colonne vertébrale*) spine; **~ dorsale** spinal column **2.** CULIN chine ▸ **courber l'~ devant qn/qc** to kowtow to sb

échiner [eʃine] <1> *vpr* **s'~ à qc/à faire qc** to kill oneself on sth/doing sth

échiquier [eʃikje] *m* chess board ▸ **sur l'~ européen** on the European stage

écho [eko] *m* **1.** (*réflexion sonore: d'une montagne*) echo; **ça fait (de l') ~** there's an echo **2.** (*rubrique*) gossip column **3.** (*effet*) reaction; (*dans la presse*) coverage; **rester sans ~** to get no response ▸ **avoir eu des ~s de qc** to hear things about sth

échographie [ekɔgʀafi] *f* (ultrasound) scan; **passer une ~** to have a scan

échoir [eʃwaʀ] *vi irr être* **1.** (*être dû: dettes*) to fall due; (*délai*) to expire **2.** (*revenir*) **~ à qn** to fall to sb

échoppe [eʃɔp] *f* shop

échouer [eʃwe] <1> **I.** *vi* to fail; **~ à l'examen** to fail the exam **II.** *vt* **faire ~ qc** to wreck sth; **faire ~ un complot** to foil a conspiracy

éclabousser [eklabuse] <1> *vt* to splash

éclaboussure [eklabusyʀ] *f* **1.** (*giclement*) splash; **recevoir des ~s** to get splashed; **~ de sang/vin** blood/wine stain **2.** (*contrecoup: d'un scandale*) stain

éclair [eklɛʀ] **I.** *m* **1.** METEO lightning flash; **des ~s** lightning; **~ de chaleur** heat lightning **2.** PHOT flash **3.** CULIN éclair **4.** (*bref moment*) **~ de bon sens** flash of genius; **~ de lucidité** lucid moment ▸ **en un ~** in a flash **II.** *app inv* **visite ~** flying visit

éclairage [eklɛʀaʒ] *m* lighting ▸ **sous cet ~** in this light

éclairagiste [eklɛʀaʒist] *mf* CINE, THEAT lighting engineer

éclaircie [eklɛʀsi] *f* METEO sunny spell

éclaircir [eklɛʀsiʀ] <8> **I.** *vt* **1.** (*rendre clair*) to lighten **2.** (*élucider: situation*) to clarify; (*meurtre, énigme*) to solve; (*affaire*) to clear up **II.** *vpr* **1.** (*se dégager*) **s'~** (*temps*) to brighten up **2.** (*rendre plus distinct*) **s'~ la gorge** [*o* **la voix**] to clear one's throat **3.** (*devenir compréhensible*) **s'~** (*idée*) to become clear; (*mystère*) to be cleared up

éclaircissement [eklɛʀsismɑ̃] *m* (*d'une situation, d'un point de vue*) clarification; (*d'un mystère*) explanation; (*d'un malentendu*) clearing up; (*des soupçons*) lifting

éclairé(e) [ekleʀe] *adj* (*averti*) enlightened

éclairer [ekleʀe] <1> **I.** *vt* **1.** (*fournir de la lumière*) to light (up); **~ qn** to light the way for sb **2.** (*laisser passer la lumière*) **~ une pièce** to give light to a room **3.** (*expliquer: texte*) to clarify; **~ une situation** to throw light on a situation **4.** (*instruire*) **~ un collègue sur qn/qc** to enlighten a colleague about sb/sth **II.** *vi* to give light **III.** *vpr* **1.** (*se fournir de la lumière*) **s'~ à l'électricité/au gaz** to have electric/gas lighting **2.** (*devenir lumineux*) **s'~** (*visage*) to light up **3.** (*se clarifier*) **s'~** (*situation*) to become clear

éclaireur, -euse [eklɛʀœʀ, -øz] *app* **avion ~** reconnaissance plane

éclat [ekla] *m* **1.** (*fragment*) splinter **2.** (*bruit*) **~ de joie** joyful outburst; **partir d'un ~ de rire** to burst out laughing **3.** (*scandale*) fuss **4.** (*luminosité: d'un métal*) shine; (*d'un astre*) brightness; (*d'une couleur*) brilliance; (*d'un diamant*) sparkle ▸ **rire aux ~s** to laugh out loud; **voler** [*o* **partir**] **en ~s** to be smashed

éclatant(e) [eklatɑ̃, ɑ̃t] *adj* **1.** (*radieux: beauté,*

santé) radiant **2.** (*remarquable: exemple*) shining; (*succès*) brilliant; (*victoire*) resounding; (*revanche*) spectacular
éclatement [eklatmɑ̃] *m* **1.** (*explosion*) explosion **2.** (*crevaison*) bursting **3.** *fig* (*d'un parti*) splitting
éclater [eklate] <1> **I.** *vi* **1.** (*exploser: bombe*) to explode **2.** (*déborder, crever: tête, pneu*) to burst; **~ de santé** to be glowing with health **3.** (*se fragmenter: structure*) to break up; (*verre*) to shatter **4.** (*commencer: orage*) to break out **5.** (*survenir brusquement: nouvelle*) to break; **le scandale a éclaté** the scandal erupted **6.** (*retentir: cris*) to go up; (*coup de feu, détonation*) to ring out; **~ de rire** to burst out laughing; **des rires ont éclaté** there were roars of laughter **7.** (*se manifester*) **~ en pleurs** to burst out crying; **faire ~ le scandale** to set off the scandal; **laisser ~ sa colère** to explode with anger **8.** (*s'emporter*) to explode; **faire ~ qn** to make sb explode; **~ de colère/rage** to explode with anger/fury **II.** *vpr inf* (*se défouler*) **s'~** to have a great time; **s'~ à faire** [*o* **en faisant**] **qc** to get one's kicks doing sth
éclectique [eklɛktik] *adj* eclectic
éclipse [eklips] *f* eclipse; **~ de lune/soleil** lunar/solar eclipse
éclipser [eklipse] <1> **I.** *vt* **1.** ASTR to eclipse **2.** (*surpasser*) to outshine; **~ qn par qc** to outshine sb in sth **II.** *vpr* **s'~** to slip away
éclopé(**e**) [eklɔpe] *m(f)* (*boiteux*) person with a limp; (*blessé*) injured person; (*à la guerre*) wounded person
éclore [eklɔʀ] *vi irr être* **1.** (*s'ouvrir: bourgeon, fleur*) to open; (*œuf*) to hatch; **les œufs sont éclos** the eggs have hatched **2.** (*naître: poussin*) to hatch (out); (*amour*) to blossom; (*projet, vocation, talent*) to emerge; (*jour*) to break
éclosion [eklozjɔ̃] *f* (*d'une couvée*) hatching; (*d'un bourgeon*) opening; (*d'une fleur*) blooming; (*du jour*) break; (*d'un sentiment*) blossoming; (*d'un talent*) emergence
écluse [eklyz] *f* lock
éclusier, -ière [eklyzje, -jɛʀ] *m, f* lockkeeper
éco [eko] *adj inf abr de* **économique**
écobilan [ekobilɑ̃] *m* environmental assessment, life cycle analysis
éco-citoyen(**ne**) [ekositwajɛ̃, jɛn] ECOL **I.** *adj* (*geste, réflexe*) environmentally-conscious **II.** *m* environmental citizen
écœurant(**e**) [ekœʀɑ̃, ɑ̃t] *adj* **1.** (*trop sucré*) cloying **2.** (*trop gras*) heavy **3.** (*physiquement*) revolting **4.** (*moralement*) disgusting **5.** (*décourageant: facilité, injustice*) sickening ▶ **en** ~ *Québec* (*très, beaucoup*) fantastically
écœurement [ekœʀmɑ̃] *m* **1.** (*nausée*) nausea **2.** (*dégoût*) disgust **3.** (*découragement*) **ressentir un immense ~** to feel thoroughly sick
écœurer [ekœʀe] <1> **I.** *vi* (*dégoûter*) to be sickening **II.** *vt* **1.** (*dégoûter*) **~ qn** to make sb feel sick **2.** (*indigner*) to revolt **3.** (*décourager: injustice, déception*) to sicken
éco-industrie [ekɔɛ̃dystʀi] *f* eco-industry
écolage [ekɔlaʒ] *m Suisse* (*frais de scolarité* (*plutôt dans une école privée*)) school tuition (costs)
école [ekɔl] *f* school; **~ cantonale** *Suisse* local school; **~ laïque** public education (*excluding religious instruction and worship*); **~ pour adultes** adult education college; **~ du soir** night school; **~ de la vie** school of life; **~ primaire** [*o* **élémentaire**]**/secondaire** elementary/secondary school; **~ publique** public school; **aller à l'~** to go to school; **renvoyer qn de l'~** to expel sb from school; **retirer qn de l'~** to take sb out of school; **manquer l'~** to miss school; **sécher l'~** *inf* to ditch school; **entrer à l'~** to start school; **mettre qn à l'~** to send sb to school; **l'~ impressionniste/réaliste** ART, LIT the Impressionist/realist school

> **i** Children in France go to **école primaire** from the age of six and spend five years there. They start in class *CP*, move on to *CE*$_1$ and *CE*$_2$ and finish with *CM*$_1$ and *CM*$_2$. At 11 years old, children go to *collège.*

écolier, -ière [ekɔlje, -jɛʀ] *m, f* schoolboy, schoolgirl *m, f*
écolo [ekɔlo] **I.** *m, f inf abr de* **écologiste** tree-hugger **II.** *adj inf abr de* **écologique**
écologie [ekɔlɔʒi] *f* ecology; **les partisans de l'~** environmentalists
écologique [ekɔlɔʒik] *adj* (*catastrophe, solution*) ecological; (*société*) environmentally friendly
écologiste [ekɔlɔʒist] **I.** *m, f* **1.** (*ami de la nature, spécialiste de l'écologie*) ecologist **2.** POL environmentalist **II.** *adj* (*pratique*) environmentally friendly; (*politique, mouvement, groupe*) environmental; (*parti*) green; **être ~** to be green
écologue [ekɔlɔg] *mf* ecologist
écomusée [ekɔmyse] *m* museum of man and the environment
éconduire [ekɔ̃dɥiʀ] *vt irr* **1.** (*renvoyer*) to dismiss **2.** (*repousser*) to reject
économe [ekɔnɔm] *adj* **être ~** to be thrifty
économie [ekɔnɔmi] *f* **1.** (*vie économique*) economy; **~ de libre entreprise** free enterprise economy; **~ de marché** market economy; **~ de troc** barter economy **2.** (*science*) economics **3.** (*gain*) saving **4.** *pl* (*épargne*) savings ▶ **il n'y a pas de petites ~s** every penny counts
économique [ekɔnɔmik] *adj* **1.** (*bon marché*) economical; **classe ~** economy (class) **2.** (*qui a rapport à l'économie*) economic
économiser [ekɔnɔmize] <1> **I.** *vi* (*mettre de l'argent de côté*) to save; (*dépenser moins*) to economize; **~ sur qc** to cut down on sth **II.** *vt* to save; **~ de l'essence** to save gas
économiseur [ekɔnɔmizœʀ] *m* INFORM **~ d'écran** screen saver

E

économiste [ekɔnɔmist] *mf* economist
écoper [ekɔpe] <1> **I.** *vt* **1.** NAUT **~ l'eau** to bail out water **2.** *inf* (*subir: coup*) to cop; **~ dix ans** to go down for ten years **II.** *vi* **1.** NAUT to bail out **2.** *inf* (*être puni*) to take the rap
écoproduit [ekɔpʀɔdɥi] *m* environmentally-friendly product
écorce [ekɔʀs] *f* **1.** BIO (*d'un arbre*) bark; (*d'un fruit*) rind **2.** GEO **~ terrestre** earth's crust
écorché(e) [ekɔʀʃe] *m(f)* **être un ~ vif** to be hypersensitive
écorcher [ekɔʀʃe] <1> **I.** *vt* **1.** (*égratigner*) **être écorché** (*genou*) to be grazed; (*visage*) to be scratched **2.** (*faire mal*) **~ les oreilles** to grate on one's ears **3.** (*déformer: nom*) to mispronounce; (*vérité*) to distort **II.** *vpr* (*s'égratigner*) **s'~** to get scratched; **s'~ le visage** to get one's face scratched
écorchure [ekɔʀʃyʀ] *f* scratch
écossais [ekɔsɛ] *m* **1.** (*gaélique*) Gaelic **2.** (*du sud*) Scots; *v.a.* **français**
écossais(e) [ekɔsɛ, ɛz] *adj* Scottish; **jupe ~e** kilt; **tissu ~** tartan
Écossais(e) [ekɔsɛ, ɛz] *m(f)* Scot; **un ~** a Scotsman; **une ~e** a Scotswoman
Écosse [ekɔs] *f* **l'~** Scotland
écosser [ekɔse] <1> *vt* to shell
écosystème [ekosistɛm] *m* ecosystem
écotourisme [ekɔtuʀism] *m* ecotourism
écotype [ekɔtip] *m* ecotype
écoulement [ekulmɑ̃] *m* **1.** (*évacuation: d'un liquide*) outflow **2.** (*mouvement: du temps*) passing **3.** COM (*des stocks*) movement; (*des produits*) sale
écouler [ekule] <1> **I.** *vt* **1.** COM (*marchandises*) to sell **2.** (*mettre en circulation: faux billets*) to circulate **II.** *vpr* **s'~** **1.** (*s'épancher: liquide*) to flow; **s'~ dans/de qc** to flow into/out of sth **2.** (*passer: temps*) to pass **3.** (*disparaître: fonds*) to get spent **4.** (*se vendre: marchandises*) to be sold
écourter [ekuʀte] <1> *vt* **1.** (*raccourcir*) to shorten **2.** (*abréger: séjour, attente*) to cut short **3.** (*tronquer*) **être écourté** (*citation*) to be curtailed
écoute [ekut] *f* **1.** RADIO, TV **avoir une grande ~** to have a big audience **2.** (*surveillance*) **~s téléphoniques** phone tapping ►**être à l'~ de qn** to be listening to sb; **rester à l'~** (*à la radio*) to stay tuned; (*au téléphone*) to hold the line
écouter [ekute] <1> **I.** *vt* **1.** (*prêter l'oreille*) **~ qn/qc** to listen to sb/sth; **~ qn chanter** to listen to sb sing; **faire ~ un disque à qn** to play sb a record **2.** (*tenir compte de*) **~ qn/qc** to take notice of sb/sth; **qn/qc est écouté** sb/sth is influential; **se faire ~ de qn** to make oneself heard by sb **3.** (*obéir*) **~ qn** to listen to sb **II.** *vi* to listen ►**écoute/écoutez (voir)!** listen to this! **III.** *vpr* (*s'observer avec complaisance*) **trop s'~** to take a bit too much care of oneself
écouteur [ekutœʀ] *m* **1.** (*récepteur: du téléphone*) handset **2.** *pl* (*casque*) earphones *pl*
écoutille [ekutij] *f* MIL, NAUT hatch
écrabouiller [ekʀabuje] <1> *vt inf* to squash; **se faire ~ par qn** to get run over by sb
écran [ekʀɑ̃] *m* **1.** (*protection*) shield; **~ total** total sunblock **2.** TV, CINE, INFORM screen; **à l'~** TV on TV; CINE on the screen; **sur les ~s** TV on TV; CINE in (movie) theaters; **~ de projection** projector screen; **~ 19 pouces** 19-inch screen; **~ partagé/tactile** split/touch screen; **~ à cristaux liquides** liquid crystal display
écrasant(e) [ekʀɑzɑ̃, ɑ̃t] *adj* (*accablant: poids*) unbearable; (*nombre*) overwhelming; (*défaite*) crushing
écrasé(e) [ekʀɑze] *adj* **au nez ~** pug-nosed
écrasement [ekʀɑzmɑ̃] *m* crushing
écraser [ekʀɑze] <1> **I.** *vt* **1.** (*broyer*) to crush; (*légumes*) to mash; (*cigarette*) to stub out; **être écrasé par la foule** to be crushed by the crowd **2.** (*appuyer fortement sur*) **~ la pédale d'accélérateur** to step hard on the accelerator **3.** (*tuer*) **~ qn/qc** (*conducteur*) to run sb/sth over; (*avalanche*) to crush sb/sth **4.** (*accabler*) **~ qn** (*douleur*) to weigh sb down; (*impôt*) to overburden sb **5.** (*dominer*) **~ qn en math** to outshine sb in math **6.** (*vaincre: rébellion, ennemi, équipe*) to crush **II.** *vi inf* (*ne pas insister*) to shut up **III.** *vpr* **1.** (*heurter de plein fouet*) **s'~ au** [*o* **sur le**] **sol/contre un arbre** to crash into the ground/a tree **2.** (*se crasher*) **s'~** to crash **3.** (*se serrer*) **s'~ dans qc** to be crushed in sth; **s'~ contre le mur/sur le sol** to be crushed up against the wall/on the ground **4.** *inf* (*se taire*) **s'~ devant qn** to shut up in front of sb **5.** (*ne pas protester*) to keep one's mouth shut
écrevisse [ekʀəvis] *f* crayfish
écrier [ekʀije] <1> *vpr* **s'~** to cry out
écrin [ekʀɛ̃] *m* case; (*pour un bijou*) casket; **~ à alliances** ring box
écrire [ekʀiʀ] *irr* **I.** *vt* **1.** (*tracer, inscrire, rédiger*) **~ qc dans/sur qc** to write sth in/on sth; **les devoirs sont écrits au tableau** the homework is written (up) on the board **2.** (*orthographier*) **comment écrit-on ce mot?** how do you spell that word? **II.** *vi* (*tracer, rédiger*) to write; **~ à la main/machine/au stylo** to write by hand/on a typewriter/in pen; **~ à qn** to write to sb ►**il est écrit que cela arrivera** it is fated that that will happen **III.** *vpr* **s'~** to be spelt; **ce mot s'écrit avec y** that word is written with a y
écrit [ekʀi] *m* **1.** (*document*) written document **2.** (*ouvrage*) text **3.** (*épreuve, examen*) written paper; **l'~** the written exam ►**par ~** in writing
écriteau [ekʀito] <x> *m* sign
écriture [ekʀityʀ] *f* **1.** (*façon d'écrire*) handwriting **2.** (*alphabet, style*) writing
Écriture [ekʀityʀ] *f* REL **les Saintes ~s** the Holy Scriptures
écrivain [ekʀivɛ̃] *m* writer
écrou [ekʀu] *m* nut
écrouer [ekʀue] <1> *vt* to imprison

écroulement [ekʀulmɑ̃] *m* collapse

écrouler [ekʀule] <1> *vpr* **s'~** **1.** (*tomber: maison*) to collapse; (*arbre, rocher*) to fall down **2.** (*baisser brutalement: cours de la bourse*) to collapse **3.** (*prendre fin brutalement: empire, projet, gouvernement, théorie*) to collapse; (*fortune*) to vanish **4.** (*s'affaler*) to collapse; **s'~ dans un fauteuil** to collapse in an armchair

ECU [eky] *m* HIST *abr de* **European Currency Unit** ECU

écueil [ekœj] *m* (*difficulté*) pitfall; (*dans la mer*) reef

écuelle [ekɥɛl] *f* bowl

écumer [ekyme] <1> **I.** *vt* **1.** (*enlever l'écume*) to skim **2.** (*piller: région*) to plunder; **~ les côtes/mers** to scour the coast/seas **II.** *vi* **1.** (*se couvrir d'écume*) to foam **2.** (*baver*) to foam at the mouth **3.** (*suer*) to lather **4.** (*être furieux*) **~ de colère** [*o* **rage**] to foam at the mouth

écumoire [ekymwaʀ] *f* skimmer

écureuil [ekyʀœj] *m* squirrel

écurie [ekyʀi] *f* stable

écuyer, -ère [ekɥije, ɛʀ] *m, f* **1.** HIST (*gentilhomme, titre à la cour*) equerry **2.** (*cavalier*) horseman **3.** (*professeur d'équitation*) riding master **4.** (*au cirque*) rider

eczéma [ɛgzema] *m* eczema

édam [edam] *m* (*fromage*) Edam cheese

edelweiss [edɛlvɛs, edɛlvajs] *m* edelweiss

édenté(e) [edɑ̃te] *adj* toothless

EDF [ødeɛf] *f abr de* **Électricité de France** *French electricity company*

édifiant(e) [edifjɑ̃, jɑ̃t] *adj* edifying

édification [edifikasjɔ̃] *f* **1.** (*construction*) building **2.** (*création: d'une théorie*) construction; (*de la paix*) forging **3.** (*instruction*) edification

édifice [edifis] *m* **1.** (*bâtiment*) building **2.** (*ensemble organisé*) edifice; **~ social d'un État** social structure of a state

édifier [edifje] <1> *vt* **1.** (*bâtir: temple, palais*) to build **2.** (*créer: empire*) to build; (*théorie*) to build up; (*paix*) to forge **3.** (*instruire: personne*) to edify

Édimbourg [edɛ̃buʀ] Edinburgh

édit [edi] *m* HIST, POL edict

éditer [edite] <1> *vt* to publish

éditeur [editœʀ] *m* INFORM editor; **~ de textes** text editor

éditeur, -trice [editœʀ, -tʀis] **I.** *adj* **maison éditrice** publishing house; **la maison éditrice Klett** Klett Publishers **II.** *m, f* publisher

édition [edisjɔ̃] *f* **1.** (*publication: d'un disque*) issue; (*d'un livre*) publication **2.** (*livre*) edition; **~ revue et corrigée** completely revised edition **3.** (*métier*) **l'~** publishing **4.** (*établissement*) **les ~s** publishers *pl* **5.** PRESSE (*tirage*) edition **6.** INFORM editing

éditique [editik] *m* INFORM desktop publishing

éditorial [editɔʀjal, -jo] <-aux> *m* editorial

éditorialiste [editɔʀjalist] *mf* editorialist

édredon [edʀədɔ̃] *m* eiderdown

éducateur, -trice [edykatœʀ, -tʀis] **I.** *adj* (*fonction*) educational; **personne éducatrice** educator **II.** *m, f* educator

éducatif, -ive [edykatif, -tiv] *adj* (*jeu, méthode*) educational; (*système*) education

éducation [edykasjɔ̃] *f* **1.** (*pédagogie*) education; **l'Éducation nationale** Department of Education **2.** (*bonnes manières*) (good) manners; **être sans ~** to be ill-mannered ▶ **donner une ~ à qn** to bring sb up

éduquer [edyke] <1> *vt* (*former*) to educate

efface [efas] *f Québec* (*gomme*) eraser

effacé(e) [efase] *adj* **1.** (*estompé: couleur*) faded **2.** (*discret: rôle, personne*) self-effacing; (*manière*) retiring

effacement [efasmɑ̃] *m* **1.** (*l'oubli: d'une inscription*) effacement **2.** (*suppression d'information: d'un support magnétique*) erasure **3.** (*disparition: des craintes*) dispelling; (*d'une faute*) blotting out; (*avec une gomme*) erasing **4.** (*retrait: d'une personne*) **l'~ de qn devant** [*o* **au profit de**] **qn** sb's giving way to sb

effacer [efase] <2> **I.** *vt* **1.** (*faire disparaître: trace*) to erase; (*tache*) to remove; (*avec du correcteur*) to white out; **~ qc avec une gomme** to erase sth **2.** (*supprimer une information: tableau noir*) to clean; (*disquette*) to wipe; (*texte sur écran*) to delete **3.** (*faire oublier*) to erase; (*crainte*) to dispel; (*faute*) to wipe away **II.** *vpr* **s'~** **1.** (*s'estomper: crainte*) to be dispelled **2.** (*se laisser enlever: tache*) to go **3.** (*se faire petit*) to be unobtrusive; **s'~ devant qn** to give way to sb

effaceur [efasœʀ] *m* eraser pen

effarant(e) [efaʀɑ̃, ɑ̃t] *adj* frightening

effaré(e) [efaʀe] *adj* (*personne*) frightened; **être ~ par qc** to be scared by sth

effarement [efaʀmɑ̃] *m* alarm

effaroucher [efaʀuʃe] <1> **I.** *vt* **1.** (*mettre en fuite*) **~ un animal** to scare an animal away **2.** (*faire peur*) to scare **3.** (*choquer*) to upset **II.** *vpr* **1.** (*prendre la fuite*) **s'~** to shy **2.** (*se troubler*) **s'~ de qc** to be upset by sth

effectif [efɛktif] *m* (*d'une armée, d'un parti*) strength; (*d'une entreprise*) staff; **vérifier l'~ de la classe** to check the number of students in the class

effectif, -ive [efɛktif, -iv] *adj* (*aide*) real; (*pouvoir*) effective; (*travail*) actual; **être ~ à partir du 1er janvier** to take effect from January 1

effectivement [efɛktivmɑ̃] *adv* **1.** (*concrètement: aider, travailler*) effectively **2.** (*réellement*) actually; **il est ~ parti** he has indeed left

effectuer [efɛktɥe] <1> **I.** *vt* (*faire: investissement*) to make; (*parcours*) to do; (*réforme*) to carry out **II.** *vpr* **s'~** (*mouvement, paiement*) to be made; (*parcours*) to be done; (*transaction*) to be carried out

efféminé(e) [efemine] *adj* effeminate

effervescence [efɛʀvesɑ̃s] *f* **1.** (*bouillonnement*) effervescence **2.** (*agitation*) agitation

effervescent(e) [efɛʀvesɑ̃, ɑ̃t] *adj* **1.** (*pétillant: liquide, comprimé*) effervescent **2.** (*tumultueux*) turbulent
effet [efɛ] *m* **1.** (*résultat*) effect; ~ **boule de neige** snowball effect; ~ **secondaire** side effect; **être l'~ du hasard** to be pure chance; **avoir** [*o* **faire**] **l'~ d'une bombe** to be a bombshell; **sous l'~ de qc** under the influence of sth; **agir sous l'~ de la colère** to act while in the grip of anger **2.** (*impression*) impression; **faire ~ sur qn** to make an impression on sb **3.** (*phénomène*) effect; **~s spéciaux** special effects; ~ **de serre** greenhouse effect ▶ ~ **bœuf** a hell of an effect; **en** ~ indeed; (*pour justifier ses propos*) as a matter of fact; (*pour confirmer le propos d'un tiers*) that's right
effeuiller [efœje] <1> *vt* ~ **un arbre** to strip (the leaves off) a tree; ~ **une fleur** to pull the petals off a flower
efficace [efikas] *adj* effective; (*personne*) efficient
efficacement [efikasmɑ̃] *adv* effectively
efficacité [efikasite] *f* (*d'une méthode*) effectiveness; (*d'une personne, machine*) efficiency
effigie [efiʒi] *f* effigy ▶ **à l'~ de qn une pièce de monnaie à l'~ de la reine** a coin bearing the effigy of the queen
effilé(e) [efile] *adj* slender
effilocher [efilɔʃe] <1> *vt, vpr* (**s'**)~ to fray
efflanqué(e) [eflɑ̃ke] *adj* rawboned
effleurer [eflœʀe] <1> *vt* **1.** (*toucher*) to brush against; (*aborder: sujet*) to touch on **2.** (*passer par la tête*) ~ **qn** to occur to sb
effluve [eflyv] *m souvent pl* **1.** (*parfum*) fragrance **2.** (*mauvaise odeur*) stink
effondré(e) [efɔ̃dʀe] *adj* (*personne*) prostrate
effondrement [efɔ̃dʀəmɑ̃] *m* **1.** (*écroulement*) collapse **2.** (*fin brutale: d'une civilisation, d'un projet*) collapse; (*des prix*) slump; (*d'une fortune*) melting away
effondrer [efɔ̃dʀe] <1> *vpr* **s'~ 1.** (*s'écrouler: pont*) to collapse; (*plancher, sol*) to cave in **2.** (*être anéanti: empire, civilisation, preuve, argumentation*) to collapse; (*projet*) to fall through; (*fortune*) to melt away **3.** (*baisser brutalement: cours de la bourse*) to slump **4.** (*craquer: personne*) to break down **5.** INFORM (*ordinateur*) to crash
efforcer [efɔʀse] <2> *vpr* **s'~ de** +*infin* to endeavor to +*infin*
effort [efɔʀ] *m* effort; **faire un ~ d'attention** to make an effort to concentrate ▶ **faire un ~ sur soi-même pour** +*infin* to force oneself to +*infin*
effraction [efʀaksjɔ̃] *f* **1.** (*cambriolage*) break-in **2.** (*accusation*) breaking and entering
effraie [efʀɛ] *f* barn owl
effrayant(e) [efʀɛjɑ̃, ɑ̃t] *adj* **1.** (*qui fait peur*) frightening; (*silence*) dreadful **2.** *inf* (*extrême: prix*) terrifying
effrayer [efʀeje] <7> **I.** *vt* (*faire très peur à*) to terrify; **il est effrayé à l'idée de partir** he's terrified at the idea of leaving **II.** *vpr* (*craindre*) **s'~ de qc** to be scared of sth
effréné(e) [efʀene] *adj* wild
effriter [efʀite] <1> **I.** *vt* ~ **qc** to make sth crumble **II.** *vpr* **s'~** (*roche*) to crumble; (*cours de la bourse*) to collapse; (*majorité*) to tumble
effronté(e) [efʀɔ̃te] **I.** *adj* impudent **II.** *m(f)* impudent individual
effrontément [efʀɔ̃temɑ̃] *adv* shamelessly
effronterie [efʀɔ̃tʀi] *f* impudence; **avec ~** impudently
effroyable [efʀwajabl] *adj* **1.** (*épouvantable*) appalling **2.** *inf* (*incroyable*) dreadful
effusion [efyzjɔ̃] *f* outpouring; ~ **de sang** bloodshed
égal(e) [egal, -o] <-aux> **I.** *adj* **1.** (*de même valeur*) equal; **de prix ~** at the same price; **nous sommes tous égaux devant la loi** we are all equal before the law; **la partie est très ~e** it's a fair match **2.** (*sans variation*) **être d'humeur ~e** to be even-tempered ▶ **être/rester ~ à soi-même** to be/stay the same as ever **II.** *m(f)* **la femme est l'~e de l'homme** woman is man's equal; **considérer qn comme son ~** to consider sb as one's equal ▶ **négocier** [*o* **traiter**] **d'~ à ~** to negotiate on equal terms; **sans ~** without equal
également [egalmɑ̃] *adv* **1.** (*pareillement*) equally **2.** (*aussi*) also
égaler [egale] <1> *vt* **1.** MATH **deux plus deux égale(nt) quatre** two plus two is four **2.** (*être pareil*) to equal; ~ **qn/qc en beauté** to be the equal of sb/sth in beauty; ~ **qn en grosseur** to be as fat as sb
égalisation [egalizasjɔ̃] *f* **1.** (*nivellement*) leveling (out) **2.** SPORT tying
égaliser [egalize] <1> **I.** *vt* to equal (out); (*revenus*) to level (out); (*cheveux*) to trim **II.** *vi* to equalize **III.** *vpr* **s'~** to level (out)
égalitaire [egalitɛʀ] *adj* egalitarian
égalitarisme [egalitaʀism] *m* egalitarianism
égalité [egalite] *f* **1.** (*absence de différences*) equality; (*des adversaires*) even match; ~ **des forces/chances/droits** equal strength/opportunities/rights **2.** (*absence de variations*) ~ **d'humeur** even temper **3.** MATH equality ▶ **être à ~** (*match*) to be tied; (*joueurs*) to be level
égard [egaʀ] *m pl* consideration ▶ **à cet ~** in this respect; **à l'~ de qn** towards sb; **par ~ pour qn/qc** out of consideration for sb/sth
égaré(e) [egaʀe] *adj* **1.** (*perdu*) lost **2.** (*troublé*) distraught
égarement [egaʀmɑ̃] *m* **1.** (*trouble mental*) distraction **2.** *pl* (*conduite*) lapses
égarer [egaʀe] <1> **I.** *vt* **1.** (*induire en erreur*) to mislead **2.** (*perdre*) to misplace **3.** (*faire perdre la raison*) ~ **qn** to make sb distraught **II.** *vpr* **1.** (*se perdre*) **s'~** to get lost; **s'~ du droit chemin** to stray from the straight and narrow; **la lettre s'est égarée** the letter went astray **2.** (*divaguer*) **s'~** to wander; **s'~ dans les détails** to get bogged down in details

égayer [egeje] <7> **I.** *vt* ~ **qn/qc** to brighten sb/sth up **II.** *vpr* **s'~** to brighten up

églantine [eglɑ̃tin] *f* dog rose

églefin [egləfɛ̃] *m* haddock

église [egliz] *f* **1.** (*édifice*) church; **se marier à l'~** to get married in church **2.** (*communauté*) **l'Église protestante/catholique** the Protestant/Catholic Church

égocentrique [egosɑ̃tʀik] **I.** *adj* self-centered **II.** *mf* self-centered individual

égoïsme [egɔism] *m* selfishness

égoïste [egɔist] **I.** *adj* selfish **II.** *mf* selfish person

égorger [egɔʀʒe] <2a> **I.** *vt* **1.** (*couper la gorge*) ~ **qn/un animal avec qc** to cut sb's/an animal's throat **2.** *inf* (*ruiner*) to bleed dry **II.** *vpr* **s'~** to cut each other's throats

égosiller [egozije] <1> *vpr* **s'~** **1.** (*crier*) to shout oneself hoarse **2.** (*chanter: personne*) to sing at the top of one's lungs; (*oiseau*) to warble

égout [egu] *m* sewer; **bouche d'~** manhole; **eaux d'~** wastewater

égoutier [egutje] *m* sewer worker

égoutter [egute] <1> **I.** *vt* (**faire**) ~ **qc** to drain sth **II.** *vpr* **s'~** (*feuilles, linge*) to drip; (*vaisselle*) to drain

égouttoir [egutwaʀ] *m* ~ **à vaisselle** dish drainer

égratigner [egʀatiɲe] <1> **I.** *vt* to scratch **II.** *vpr* **s'~ le genou** to scratch one's knee

égratignure [egʀatiɲyʀ] *f* scratch

égrener [egʀəne] <4> **I.** *vt* **1.** (*dégarnir de ses grains: cosse, épi*) to shell; (*coton*) to gin; ~ **une grappe/du raisin** to take the grapes off **2.** (*dévider*) ~ **son chapelet** to say the rosary **3.** (*sonner*) **l'horloge égrenait les heures** the clock chimed the passing hours **II.** *vpr* **s'~** (*perdre ses grains: blé*) to fall from the stalk; (*raisin*) to fall off the bunch

égrillard(**e**) [egʀijaʀ, aʀd] *adj* ribald

Égypte [eʒipt] *f* **l'~** Egypt

égyptien [eʒipsjɛ̃] *m* Egyptian Arabic; **l'~ moderne** modern Egyptian; *v.a.* **français**

égyptien(**ne**) [eʒipsjɛ̃, jɛn] *adj* Egyptian

Égyptien(**ne**) [eʒipsjɛ̃, jɛn] *m(f)* Egyptian

eh [e, ɛ] *interj* hey; ~ **oui!** yes!; ~ **bien ça par exemple!** well now!; ~ **bien!** *inf* well well!; **eh bien, ...** well, ...

éhonté(**e**) [eɔ̃te] *adj* shameless

éjaculation [eʒakylasjɔ̃] *f* ejaculation; ~ **précoce** premature ejaculation

éjaculer [eʒakyle] <1> *vi* to ejaculate

éjectable [eʒɛktabl] *adj* **siège ~** ejector seat

éjecter [eʒɛkte] <1> *vt* **1.** (*rejeter: machine*) to eject **2.** *inf* (*expulser*) to kick out

élaboration [elabɔʀasjɔ̃] *f* (*composition: d'un plan*) working out

élaborer [elabɔʀe] <1> **I.** *vt* (*composer: plan*) to work out **II.** *vpr* **s'~** to develop

élaguer [elage] <1> *vt* **1.** (*couper: arbre*) to prune **2.** (*retrancher*) ~ **un article** to pare down an article

élan [elɑ̃] *m* **1.** (*mouvement*) **prendre son ~** to build up speed; (*en courant*) to take a run up; **prendre de l'~** to gather momentum **2.** (*accès: de tendresse*) surge; (*d'enthousiasme*) burst ► ~ **vital** life force

élancé(**e**) [elɑ̃se] *adj* slender

élancement [elɑ̃smɑ̃] *m* shooting [*o* sharp] pain

élancer[1] [elɑ̃se] <2> *vi* **ma jambe m'élance** I have shooting pains in my leg

élancer[2] [elɑ̃se] <2> *vpr* **1.** (*se précipiter*) **s'~ vers qn/qc** to rush up to sb/sth **2.** (*prendre son élan*) **s'~** to take a run-up

élargir [elaʀʒiʀ] <8> **I.** *vt* **1.** (*rendre plus large*) to widen **2.** COUT (*jupe*) to let out **3.** (*développer: horizon, débat*) to broaden **II.** *vpr* **s'~** (*fleuve*) to widen; (*chaussures*) to give; (*horizon*) to broaden (out) **III.** *vi* (*pull*) to stretch out

élargissement [elaʀʒismɑ̃] *m* **1.** (*action: d'une route, de chaussures*) widening; (*d'une jupe*) letting out; (*d'un débat*) broadening out; (*d'une majorité, de l'Union européenne*) enlargement; (*d'un détenu*) release **2.** (*fait de s'élargir: d'un canal, d'une route*) widening; (*de l'Union européenne*) enlargement

élasthanne [elastan] **I.** *adj* (*coton, fibres*) spandex **II.** *m* spandex; **pantalon en ~** spandex pants

élasticité [elastisite] *f* elasticity

élastique [elastik] **I.** *adj* elastic; (*pas*) springy; (*loi*) flexible **II.** *m* **a.** COUT elastic; (*bracelet*) rubber band

Elbe [elb(ə)] **l'île d'~** Elba

électeur, -trice [elɛktœʀ, -tʀis] *m, f* voter

élection [elɛksjɔ̃] *f* **1.** election; **~s européennes/législatives** European/legislative elections **2.** (*choix*) **patrie/pays d'~** adopted homeland/country

électoral(**e**) [elɛktɔʀal, -o] <-aux> *adj* electoral

électorat [elɛktɔʀa] *m* electorate

électricien(**ne**) [elɛktʀisjɛ̃, jɛn] *m(f)* electrician

électricité [elɛktʀisite] *f* electricity; **se chauffer à l'~** to have electric heating; **allumer/éteindre l'~** *inf* to turn the electricity on/off ► **il y a de l'~ dans l'air** the atmosphere was electric

électrifier [elɛktʀifje] <1a> *vt* to electrify

électrique [elɛktʀik] *adj* (*cuisinière, moteur*) electric; **centrale ~** power plant

électriser [elɛktʀize] <1> *vt* to electrify

électrocardiogramme [elɛktʀokaʀdjɔgʀam] *m* electrocardiogram

électrocuter [elɛktʀɔkyte] <1> **I.** *vt* **être électrocuté** to be electrocuted **II.** *vpr* **s'~ avec qc** to get electrocuted with sth

électrocution [elɛktʀɔkysjɔ̃] *f* electrocution; **condamner qn par ~** to sentence sb to the electric chair

électro-encéphalogramme [elɛktʀoɑ̃sefalɔgʀam] <électro-encéphalogrammes> *m* electroencephalogram

électroménager [elɛktʀomenaʒe] **I.** *adj* **appareil** ~ (household) appliance **II.** *m* **1.** (*appareils*) household appliances *pl* **2.** (*commerce*) household appliances *pl*

électron [elɛktʀɔ̃] *m* electron

électronicien(ne) [elɛktʀɔnisjɛ̃, jɛn] *m(f)* electrical engineer

électronique [elɛktʀɔnik] **I.** *adj* electronic **II.** *f* electronics + *vb sing*

électrophone [elɛktʀɔfɔn] *m* record player

élégamment [elegamɑ̃] *adv* (*s'habiller*) stylishly

élégance [elegɑ̃s] *f sans pl* elegance; **perdre avec ~** to be a good loser

élégant(e) [elegɑ̃, ɑ̃t] *adj* elegant

élégie [eleʒi] *f* elegy

élément [elemɑ̃] *m* **1.** (*composant, donnée, groupe*) *a.* CHIM element; **très bons ~s** very good people **2.** (*mobilier*) unit **3.** *pl* (*rudiments*) **~s de composition** elementary composition ▶**être dans son ~** to be in one's element

élémentaire [elemɑ̃tɛʀ] *adj* elementary ▶**~, mon cher Watson!** *inf* elementary, my dear Watson!

éléphant [elefɑ̃] *m* elephant; **~ mâle/femelle** bull/cow elephant ▶**comme un ~ dans un magasin de porcelaine** *inf* like a bull in a china shop

élevage [el(ə)vaʒ] *m* **1.** (*action*) breeding **2.** (*ensemble d'animaux*) animals *pl* **3.** (*exploitation*) farm

élévateur [elevatœʀ] *m* ANAT, CONSTR elevator

élévation [elevasjɔ̃] *f* **1.** (*accession*) elevation **2.** (*hausse*) rise; **~ de la température** rise in temperature **3.** (*noblesse*) nobility; **~ d'esprit** loftiness of spirit **4.** MATH **~ au carré** squaring **5.** REL elevation

élève [elɛv] *mf* pupil

élevé(e)[1] [el(ə)ve] *adj* **1.** (*haut*) high **2.** (*noble: conversation*) elevated; (*opinion*) high

élevé(e)[2] [el(ə)ve] **I.** *adj* (*éduqué*) **bien/mal ~** well/badly brought up **II.** *m(f)* **mal ~** rude individual

élever[1] [el(ə)ve] <4> **I.** *vt* **1.** (*ériger: monument, mur*) to erect **2.** (*porter vers le haut*) to raise up **3.** (*porter plus haut: niveau, ton, voix*) to raise **4.** (*promouvoir*) **~ qn au rang de ...** to elevate sb to the rank of ... **5.** (*susciter: critique, doute*) to express; (*objection*) to raise **6.** MATH **~ un nombre au carré** to square a number **II.** *vpr* **1.** (*être construit*) **s'~** (*mur, édifice*) to go up **2.** (*se dresser*) **s'~ à 10/100 mètres** (*plateau*) to rise to 10/100 meters **3.** (*se faire entendre*) **s'~** to rise up **4.** (*surgir*) **s'~** (*discussion, doutes*) to arise **5.** (*se chiffrer*) **s'~ à 1000 euros** to come to 1000 euros **6.** (*socialement*) **s'~ par son seul travail** to move up through hard work **7.** (*s'opposer à*) **s'~ contre qc** to protest against sth

élever[2] [el(ə)ve] <4> *vt* **1.** (*prendre soin de: personne*) to bring up, to raise **2.** (*éduquer*) to educate **3.** (*faire l'élevage de: vaches*) to breed; (*volaille*) to farm

éleveur, -euse [el(ə)vœʀ, -øz] *m, f* breeder

elfe [ɛlf] *m* elf

élider [to elide] <1> *vt* (*voyelle*) to elide

éligible [eliʒibl] *adj* eligible

élimé(e) [elime] *adj* **~ à qc** worn at sth

élimination [eliminasjɔ̃] *f* removal; (*d'un adversaire, d'une tache, d'un joueur*) elimination; (*des cafards, d'une espèce*) eradication ▶**procéder par ~** to work by process of elimination

éliminatoire [eliminatwaʀ] **I.** *adj* **1.** ECOLE, UNIV (*note, faute*) failing; **épreuve ~** qualifying exam **2.** SPORT preliminary **II.** *f souvent pl* preliminary (heat)

éliminer [elimine] <1> **I.** *vt* **1.** (*supprimer*) to eliminate; (*tartre*) to remove; (*pièces défectueuses*) to get rid of; **il a été éliminé à l'oral** he was eliminated after the oral (exam) **2.** (*tuer*) to liquidate **3.** SPORT **~ qn de la course** to eliminate sb from the race; (*pour dopage*) to disqualify sb from the race **4.** ECON (*déchets*) to dispose of **II.** *vpr* **s'~ facilement** (*tache*) to be easy to remove

élire [eliʀ] *vt irr* to elect; **il a été élu président** he was elected president

élision [elizjɔ̃] *f* elision

élite [elit] *f* elite

élitiste [elitist] *adj* (*école*) elitist

élixir [eliksiʀ] *m* elixir

elle [ɛl] *pron pers* **1.** (*personne*) she; (*chose*) it; **~ est grande** (*femme*) she's tall; (*objet*) it's big; **lui est là, mais pas ~** he's there, but she isn't **2.** *interrog, non traduit* **Sophie a-t-~ ses clés?** does Sophie have her keys?; *v.a.* **il 3.** (*répétitif*) **regarde la lune comme ~ est ronde** look how big the moon is; **la vache, ~ fait meuh** cows go moo; *v.a.* **il 4.** *inf* (*pour renforcer*) **la mer, ~ aussi, est polluée** the sea, too, is polluted; **~, elle n'a pas ouvert la bouche** SHE didn't open her mouth; **c'est ~ qui l'a dit** she's the one who said so; **il veut l'aider, ~?** he wants to help HER? **5.** *avec une préposition* **avec/sans ~** with/without her; **à ~ seule** on her own; **la maison est à ~** the house is hers; **c'est à ~ de décider** it's up to her to decide; **c'est à ~!** it's hers! **6.** *dans une comparaison* her; **il est comme ~** he is like her; **plus fort qu'~** stronger than her **7.** (*soi*) herself; **elle ne pense qu'à ~** she only thinks about herself; *v.a.* **lui**

elle-même [ɛlmɛm] *pron pers* (*elle en personne*) herself; (*chose*) itself; *v.a.* **lui-même**

elles [ɛl] *pron pers* **1.** (*fém pl*) they; **~ sont grandes** (*personnes*) they're tall; (*choses*) they're big; **eux sont là, mais pas ~** they're here, but they aren't **2.** *interrog, non traduit* **les filles, sont-~ venues?** have the girls come? **3.** (*répétitif*) **regarde les fleurs comme ~ sont belles** look how pretty the flowers are; *v.a.* **il 4.** *inf* (*pour renforcer*) **~, elles n'ont pas ouvert la bouche** THEY didn't open their mouths; **c'est ~ qui l'ont dit** they are the ones who said so; **il veut les aider, ~?** he wants to help THEM? **5.** *avec une préposition* **avec/sans ~** with/without them; **à ~ seules** by themselves **6.** *dans une comparaison* them; **ils sont comme ~** they're like them **7.** (*soi*) themselves; *v.a.* **elle**

elles-mêmes [ɛlmɛm] *pron pers* (*elles en personne*) themselves; *v.a.* **moi-même, nous-même**

ellipse [elips] *f* **1.** LING ellipsis **2.** MATH ellipse

elliptique [eliptik] *adj* elliptical

élocution [elɔkysjɔ̃] *f* diction; **avoir une ~ lente/rapide** to speak slowly/quickly; **avoir une grande facilité d'~** to speak with ease; **défaut d'~** speech impediment

éloge [elɔʒ] *m* (*louange*) praise; **faire l'~ de qn** to praise sb (to the skies)

élogieux, -euse [elɔʒjø, -jøz] *adj* (*paroles*) complimentary

éloigné(e) [elwaɲe] *adj* **1.** (*dans l'espace*) **~ de qc** a long way from sth; **~ de 10 km** ten kilometers away; **se tenir ~ de qc** to keep away from sth **2.** (*isolé*) remote **3.** (*dans le temps, la parenté*) distant **4.** (*différent*) **~ de qc** far (removed) from sth

éloignement [elwaɲmɑ̃] *m* **1.** (*distance*) **l'~** distance **2.** (*séparation d'avec*) **l'~ de qn** removal of sb **3.** (*fait de se tenir à l'écart*) **~ de qc** keeping away from sth

éloigner [elwaɲe] <1> **I.** *vt* **1.** (*mettre à distance: objet*) to move away; (*personne*) to take away **2.** (*détourner*) **~ qn du sujet** to move sb away from the subject **3.** (*dans le temps*) **chaque jour qui passe nous éloigne de notre jeunesse** every passing day takes us further away from our youth **4.** (*écarter: soupçons*) to dispel; (*danger*) to ward off **5.** (*détacher*) **~ qn de qn** to estrange sb from sb **II.** *vpr* **1.** (*devenir de plus en plus lointain*) **s'~** (*nuages*) to go away; (*bruit*) to fade into the distance; (*vent, tempête*) to pass over **2.** (*aller ailleurs*) **s'~** to move away **3.** (*aller plus loin*) **ne t'éloigne pas trop, s'il te plaît!** don't go too far away, please! **4.** (*dans le temps*) **s'~ de qc** to get further away from sth **5.** (*s'estomper*) **s'~** (*souvenir*) to fade; (*danger*) to pass **6.** (*s'écarter de*) **s'~ du sujet** to wander off the subject **7.** (*prendre ses distances par rapport à*) **s'~ de qn/qc** to grow away from sb/sth

éloquence [elɔkɑ̃s] *f* eloquence

éloquent(e) [elɔkɑ̃, ɑ̃t] *adj* eloquent

élu(e) [ely] **I.** *part passé de* **élire II.** *adj* elected **III.** *m(f)* **1.** POL elected representative **2.** REL **les ~s** the elect

élucider [elyside] <1> *vt* to elucidate

éluder [elyde] <1> *vt* to elude

Élysée [elize] *m* **l'~** the Élysée (Palace) (*the official residence of the French President*)

élytre [elitʀ] *m* elytron

émacié(e) [emasje] *adj* emaciated

e-mail [imel] <e-mails> *m* e-mail

émail [emaj, emo] <-aux> *m a.* ANAT enamel; **~ dentaire** dental enamel; **en ~** enameled; **baignoire en ~** enamel bathtub

émaillé(e) [emaje] *adj* (*revêtu d'émail*) enameled

émancipation [emɑ̃sipasjɔ̃] *f* emancipation

émancipé(e) [emɑ̃sipe] *adj* emancipated

émanciper [emɑ̃sipe] <1> *vpr* **s'~** to become emancipated

émaner [emane] <1> *vi* **~ de qn/qc** (*autorité, charme, odeur, lumière, chaleur*) to emanate from sb/sth; (*ordre, demande*) to come from sb/sth

émasculer [emaskyle] <1> *vt* (*animal*) to castrate; (*homme*) to emasculate

emballage [ɑ̃balaʒ] *m* **1.** (*en papier*) wrapping **2.** (*conditionnement*) packaging

emballant(e) [ɑ̃balɑ̃, ɑ̃t] *adj inf* (*enthousiasmant*) exciting

emballer [ɑ̃bale] <1> **I.** *vt* **1.** (*empaqueter avec du papier*) to wrap; (*empaqueter dans un conditionnement rigide*) to package **2.** *inf* (*enthousiasmer*) **être emballé par qc** to be turned on by sth **3.** AUTO (*moteur*) to race **4.** *inf* (*séduire*) to pull **II.** *vpr* **1.** *inf* (*s'enthousiasmer*) **s'~ pour qc** to get turned on by sth **2.** *inf* (*s'emporter*) **s'~** to get worked up **3.** (*partir à une allure excessive*) **s'~** (*animal*) to bolt; (*moteur*) to race

embarcadère [ɑ̃baʀkadɛʀ] *m* pier

embarcation [ɑ̃baʀkasjɔ̃] *f* boat, craft

embardée [ɑ̃baʀde] *f* **1.** AUTO swerve **2.** NAUT yaw

embargo [ɑ̃baʀgo] *m* embargo; **mettre l'~ sur qc** to put an embargo on sth; **lever l'~ sur qc** to lift the embargo on sth

embarquement [ɑ̃baʀkəmɑ̃] *m* **1.** (*chargement: des marchandises*) loading **2.** NAUT embarkation **3.** AVIAT **~ immédiat, porte 5!** immediate boarding, gate 5!

embarquer [ɑ̃baʀke] <1> **I.** *vi* **1. ~ dans l'avion** to board the plane **2.** *Québec* (*monter*) **~ dans l'autobus/dans une voiture** to get on the bus/into a car **II.** *vt* **1.** (*prendre à bord d'un bateau*) to embark; (*marchandises*) to load **2.** (*à bord d'un véhicule: passagers*) to take on board; (*animaux*) to load **3.** (*voler*) to swipe **4.** *inf* (*arrêter: voleur*) to cart off ▶ **elle est mal embarquée** *inf* she's gotten off to a bad start **III.** *vpr* **1.** (*monter à bord d'un bateau*) **s'~** to board **2.** (*s'engager*) **s'~ dans qc** to get involved in sth

embarras [ɑ̃baʀa] *m* **1.** (*gêne*) embarrassment **2.** (*tracas*) trouble ▶ **mettre** [*o* **plonger**] **qn dans l'~** (*le mettre mal à l'aise*) to embarrass sb; (*l'enfermer dans un dilemme*) to put sb in a difficult position

embarrassant(e) [ɑ̃baʀasɑ̃, ɑ̃t] *adj* **1.** (*délicat*) awkward **2.** (*ennuyeux: situation*) uncomfortable **3.** (*encombrant*) cumbersome

embarrassé(e) [ɑ̃baʀase] *adj* **1.** (*gêné: personne*) self-conscious; (*air, sourire*) embarrassed **2.** (*encombré*) **~ de qc** (*personne*) burdened with sth; (*couloir*) cluttered with sth

embarrasser [ɑ̃baʀase] <1> **I.** *vt* **1.** (*déconcerter*) ~ **qn** to put sb in an awkward position **2.** (*tracasser*) to bother **3.** (*gêner dans ses mouvements*) to hamper **4.** (*encombrer: couloir*) to clutter **II.** *vpr* **1.** (*s'encombrer*) **s'~ de qn/qc** to burden oneself with sb/sth **2.** (*se soucier*) **s'~ de qc** to trouble oneself with sth

embauche [ɑ̃boʃ] *f* **1.** (*recrutement*) hiring **2.** (*travail*) vacancy; **offre d'~** job offer

embaucher [ɑ̃boʃe] <1> **I.** *vt* ECON ~ **qn** to hire sb, to take sb on **II.** *vi* to hire workers, to take on workers

embauchoir [ɑ̃boʃwaʀ] *m* shoetree

embaumer [ɑ̃bome] <1> **I.** *vi* (*fleur*) to be scented **II.** *vt* **1.** (*parfumer*) ~ **qc** to fill sth with a nice smell **2.** (*sentir bon*) ~ **le lilas** to smell of lilac **3.** (*cadavre*) to embalm

embellir [ɑ̃beliʀ] <8> **I.** *vi* to grow more attractive **II.** *vt* (*personne*) to make more attractive; (*maison, ville*) to beautify; (*réalité*) to embellish

embêtant [ɑ̃bɛtɑ̃] *m inf* **l'~, c'est qu'il est sourd** the trouble is he's deaf

embêtant(e) [ɑ̃bɛtɑ̃, ɑ̃t] *adj inf* **1.** (*agaçant: personne*) annoying **2.** (*fâcheux*) awkward

embêtement [ɑ̃bɛtmɑ̃] *m inf* problem

embêter [ɑ̃bete] <1> **I.** *vt inf* **1.** (*importuner, contrarier*) to bother; **je suis embêté, je n'ai plus de lait** I've got a problem - I'm out of milk **2.** (*casser les pieds*) to pester **II.** *vpr inf* **1.** (*s'ennuyer*) **s'~** to be bored **2.** (*se démener*) **s'~ à faire qc** to go to the trouble of doing sth ▶**ne pas s'~** (*n'être pas à plaindre*) to be all right; (*en profiter*) to be doing all right

emblée [ɑ̃ble] *adv* **d'~** right away

emblème [ɑ̃blɛm] *m* **1.** (*insigne*) symbol **2.** (*symbole*) emblem

embobiner [ɑ̃bɔbine] <1> *vt inf* ~ **qn** to take sb for a ride

emboîter [ɑ̃bwate] <1> **I.** *vt* to fit together **II.** *vpr* **des choses s'emboîtent les unes dans les autres** things fit into each other

embolie [ɑ̃bɔli] *f* embolism; ~ **pulmonaire** pulmonary embolism

embonpoint [ɑ̃bɔ̃pwɛ̃] *m* stoutness

embouché(e) [ɑ̃buʃe] *adj* **être mal ~** to be foul-mouthed

embouchure [ɑ̃buʃyʀ] *f* **1.** GEO mouth **2.** MUS embouchure **3.** (*mors*) mouthpiece

embourber [ɑ̃buʀbe] <1> **I.** *vt* ~ **qc** to get sth stuck **II.** *vpr* **1.** (*s'enliser*) **s'~** to get stuck **2.** (*s'empêtrer*) **s'~ dans qc** to get bogged down in sth **3.** (*s'enfoncer*) **s'~ dans qc** to sink into sth

embourgeoiser [ɑ̃buʀʒwaze] <1> *vpr* **s'~** to become middle class

embout [ɑ̃bu] *m* **1.** (*d'une chaussure*) toecap; (*d'un parapluie*) tip; (*d'une échelle, d'un trépied*) cap **2.** (*pour la bouche*) mouthpiece **3.** (*embout de gonflage*) air nozzle

embouteillage [ɑ̃butɛjaʒ] *m* AUTO traffic jam

embouteiller [ɑ̃buteje] <1> *vt* jammed; **être embouteillé** (*rue, passage*) blocked

emboutir [ɑ̃butiʀ] <8> *vt* AUTO to bang into

embranchement [ɑ̃bʀɑ̃ʃmɑ̃] *m* **1.** (*point de jonction*) junction **2.** (*ramification*) fork

embrassades [ɑ̃bʀasad] *fpl* hugs and kisses

embrasser [ɑ̃bʀase] <1> **I.** *vt* **1.** (*donner un baiser*) to kiss; **va l'~!** give him a kiss! **2.** (*saluer*) **je t'/vous embrasse** (with) love **3.** (*prendre dans les bras*) to embrace **II.** *vpr* **s'~ 1.** (*donner un baiser*) to kiss (each other) **2.** (*prendre dans ses bras*) to embrace

embrasure [ɑ̃bʀazyʀ] *f* frame

embrayage [ɑ̃bʀɛjaʒ] *m* clutch; **voiture à ~ automatique** car with automatic transmission

embrayer [ɑ̃bʀeje] <7> *vi* **1.** AUTO (*conducteur*) to put into gear **2.** (*commencer à parler*) ~ **sur qn/qc** to get started on sb/sth

embrigader [ɑ̃bʀigade] <1> *vt péj* **1.** (*endoctriner*) to brainwash **2.** (*enrôler*) ~ **qn dans qc** to press-gang sb into sth

embringuer [ɑ̃bʀɛ̃ge] <1> *vt inf* **être embringué dans qc** to be dragged into sth

embrocher [ɑ̃bʀɔʃe] <1> *vt* (*viande*) to spit

embrouille [ɑ̃bʀuj] *f* funny business

embrouillé(e) [ɑ̃bʀuje] *adj* muddled

embrouiller [ɑ̃bʀuje] <1> **I.** *vt* **1.** (*rendre confus: chose*) to tangle **2.** (*faire perdre le fil: personne*) to muddle **II.** *vpr* **s'~** to get muddled; **s'~ dans un récit** to get muddled with a story

embroussaillé(e) [ɑ̃bʀusaje] *adj* (*terrain*) overgrown; (*sourcils*) bushy

embruns [ɑ̃bʀœ̃] *mpl* spray

embryon [ɑ̃bʀijɔ̃] *m* **1.** BIO embryo **2.** (*germe: d'une idée*) beginnings; **à l'état d'~** at an embryonic stage

embûches [ɑ̃byʃ] *fpl* pitfall; **un sujet (d'examen) plein d'~** an exam with lots of trick questions

embuer [ɑ̃bɥe] <1> *vt* ~ **qc** to mist sth up

embuscade [ɑ̃byskad] *f* **tendre une ~ à qn** to set an ambush for sb; **se tenir en ~** to lie in ambush; **placer des personnes en ~** to set an ambush for sb

embusquer [ɑ̃byske] <1> *vpr* **s'~** to lie in ambush

éméché(e) [emeʃe] *adj inf* tipsy

émeraude [emʀod] **I.** *adj inv* emerald (green) **II.** *f* emerald

émergence [emɛʀʒɑ̃s] *f* emergence

émerger [emɛʀʒe] <2a> *vi* **1.** (*sortir*) ~ **de qc** (*plongeur*) to come up from sth; (*soleil*) to come out from sth **2.** (*être apparent*) to stand out **3.** *inf* (*se réveiller*) to emerge **4.** (*sortir du stress*) to get one's head above water

émerveillement [emɛʀvɛjmɑ̃] *m* wonder

émerveiller [emɛʀveje] <1> **I.** *vt* ~ **qn** to make sb marvel **II.** *vpr* **s'~ de** [*o* **devant**] **qc** to marvel at sth

émetteur [emetœʀ] *m* CINE, TV transmitter; LING speaker

émetteur, -trice [emetœʀ, -tʀis] **I.** *adj* **1.** CINE, TV **poste ~** transmitter; **station émettrice** transmitting station **2.** FIN issuing **II.** *m, f* FIN (*d'un chèque*) drawer

émetteur-récepteur [emetœʀʀesɛptœʀ] <émetteurs-récepteurs> *m* transmitter-receiver

émettre [emɛtʀ] *irr* **I.** *vi* CINE, TV to broadcast **II.** *vt* **1.** (*produire: son, lumière*) to give out; (*odeur*) to give off; (*radiations*) to emit **2.** (*formuler: opinion*) to express; (*hypothèse*) to put forward **3.** FIN to issue; (*chèque*) to write

émeute [emøt] *f* riot

émietter [emjete] <1> *vt, vpr* **s'~** to crumble

émigrant(e) [emigʀɑ̃, ɑ̃t] *m(f)* emigrant

émigration [emigʀasjɔ̃] *f* emigration

émigré(e) [emigʀe] *m(f)* emigrant

émigrer [emigʀe] <1> *vi* to emigrate

émincer [emɛ̃se] <2> *vt* to slice thinly

éminence [eminɑ̃s] *f* **1.** GEO (*hauteur*) hill **2.** (*titre*) **Son/Votre Éminence** His/Your Eminence ►**~ grise** éminence grise

éminent(e) [eminɑ̃, ɑ̃t] *adj* eminent

émir [emiʀ] *m* emir

émirat [emiʀa] *m* emirate; **les Émirats arabes unis** the United Arab Emirates

émissaire [emisɛʀ] *m* emissary

émission [emisjɔ̃] *f* **1.** CINE, TV program; **~ radiophonique/télévisée** radio/television program; **~ en différé/direct** recorded/live program **2.** PHYS emission **3.** FIN issuing; (*d'un chèque*) writing **4.** (*à la poste: d'un timbre-poste*) issue

emmagasiner [ɑ̃magazine] <1> *vt* **1.** (*entreposer*) to store **2.** (*accumuler: chaleur*) to store; (*objets*) to accumulate

emmailloter [ɑ̃majɔte] <1> *vt* (*envelopper dans un bandage*) **~ qn/qc dans qc** to bundle sb/sth up in sth; **~ un bébé dans des langes** to swaddle a baby

emmanchure [ɑ̃mɑ̃ʃyʀ] *f* armhole

emmêler [ɑ̃mele] <1> **I.** *vt* (*enchevêtrer*) to tangle **II.** *vpr* **1.** (*s'enchevêtrer*) **s'~** to get tangled **2.** (*s'embrouiller*) **s'~ dans un récit** to muddle up a story; **s'~ dans des explications** to get muddled up explaining

emménagement [ɑ̃menaʒmɑ̃] *m* **après l'~** after moving in

emménager [ɑ̃menaʒe] <2a> *vi* **~ dans un appartement** to move into an apartment

emmener [ɑ̃m(ə)ne] <4> *vt* **1.** (*conduire*) **~ qn au cinéma** to take sb to the movies **2.** *inf* (*prendre avec soi, emporter*) to take **3.** (*comme prisonnier*) to take away **4.** (*comme otage*) to take (away)

emmerdant(e) [ɑ̃mɛʀdɑ̃, ɑ̃t] *adj inf* **être ~** **1.** (*agaçant*) to be a pain in the ass **2.** (*fâcheux*) to be a damned nuisance **3.** (*ennuyeux*) to be a damned bore

emmerde [ɑ̃mɛʀd] *f inf* hassle

emmerdement [ɑ̃mɛʀdəmɑ̃] *m inf* pain; **quel ~, cette voiture!** this car's a pain!

emmerder [ɑ̃mɛʀde] <1> **I.** *vt inf* **1.** (*énerver*) **~ qn** to get on sb's nerves **2.** (*contrarier: problème*) to bug; **être emmerdé par ...** to be in a hell of a mess with ... **3.** (*barber*) **~ qn** to bore sb to death ►(**eh bien, moi**) **je vous/t'emmerde!** screw you! **II.** *vpr inf* **1.** (*s'ennuyer*) **s'~** to be bored to death **2.** (*se démener*) **s'~ à faire qc** to go to all the damn trouble of doing sth ►**il/elle ne s'emmerde pas!** it's all right for him/her!

emmerdeur, -euse [ɑ̃mɛʀdœʀ, -øz] *m, f inf* pain in the ass

emmitoufler [ɑ̃mitufle] <1> **I.** *vt* **être emmitouflé dans qc** to be all wrapped up in sth **II.** *vpr* **s'~ dans qc** to wrap oneself up in sth

emmurer [ɑ̃myʀe] <1> *vt* **1.** (*enfermer*) **~ qc** to wall sth up **2.** (*bloquer*) to imprison

émoticone [emɔtikon] *m* INFORM emoticon

émotif, -ive [emɔtif, -iv] *adj* (*personne*) emotional; **choc ~** psychological shock

émotion [emosjɔ̃] *f* **1.** (*surprise, chagrin*) shock; **causer une vive ~ à qn** to give sb quite a stir; **donner des ~s à qn** *inf* to give sb a scare **2.** (*joie*) joy **3.** (*sentiment*) emotion ►**~s fortes** strong sensations

émotionnel(le) [emosjɔnɛl] *adj* (*choc*) psychological; (*réaction*) emotional

émotivité [emotivite] *f* emotionalism

émousser [emuse] <1> **I.** *vt* **être émoussé** to be blunt **II.** *vpr* **s'~** (*couteau, pointe*) to go blunt; (*sentiment, désir*) to fade

émoustiller [emustije] <1> *vt* to titillate

émouvant(e) [emuvɑ̃, ɑ̃t] *adj* moving

émouvoir [emuvwaʀ] *irr* **I.** *vt* **1.** (*bouleverser*) to move; **~ qn (jusqu')aux larmes** to move sb to tears **2.** (*changer de sentiment*) **se laisser ~ par qn/qc** to be moved by sb/sth **II.** *vpr* **s'~ de qc** to be moved by sth

empaillé(e) [ɑ̃paje] *adj* (*rempli de paille: animal*) stuffed; (*siège*) straw-bottomed

empaqueter [ɑ̃pak(ə)te] <3> *vt* to pack

emparer [ɑ̃paʀe] <1> *vpr* **1.** (*saisir*) **s'~ de qc** (*pour le tenir*) to take hold of sth; (*pour l'emporter*) to grab sth; **s'~ d'une information** to get ahold of some news **2.** (*conquérir*) **s'~ d'un territoire/du pouvoir** to seize a territory/power; **s'~ d'un marché** to take over a market **3.** (*envahir*) **s'~ de qn** to take hold of sb

empattement [ɑ̃patmɑ̃] *m* **1.** AUTO wheelbase **2.** CONSTR footing **3.** TYP serif

empêché(e) [ɑ̃peʃe] *adj* **être ~** (*retenu*) to be detained

empêchement [ɑ̃pɛʃmɑ̃] *m* **j'ai eu un ~** sth came up

empêcher [ɑ̃peʃe] <1> **I.** *vt* (*faire obstacle à, ne pas permettre*) to prevent; **~ que qn fasse qc** (*subj*), **~ qn de faire qc** to prevent sb from doing sth ►**n'empêche** *inf* all the same **II.** *vpr* **je ne peux pas m'~ de le faire** I can't help myself from doing it

empereur [ɑ̃pʀœʀ] *m* emperor; *v.a.* **impératrice**

empester [ɑ̃pɛste] <1> **I.** *vi* to stink **II.** *vt* **1.** (*empuantir*) to stink out **2.** (*répandre une mauvaise odeur de*) **~ qc** to stink of sth

empêtrer [ɑ̃petʀe] <1> *vpr* **s'~ dans qc** to get

tangled up in sth
emphase [ɑ̃fɑz] *f* **1.** (*force expressive*) emphasis **2.** (*grandiloquence*) pomposity
emphatique [ɑ̃fatik] *adj* **1.** (*enflé, grandiloquent*) pompous **2.** LING emphatic
empierrer [ɑ̃pjeʀe] <1> *vt* to metal
empiéter [ɑ̃pjete] <5> *vi* **1.** (*usurper, déborder dans l'espace*) ~ **sur qc** to encroach on sth **2.** (*déborder dans le temps*) to overlap
empiffrer [ɑ̃pifʀe] <1> *vpr inf* **s'~ de qc** to stuff oneself with sth
empiler [ɑ̃pile] <1> *vt, vpr* (**s'**)~ to pile up
empire [ɑ̃piʀ] *m* POL empire; **le premier/second Empire** the First/Second Empire; **Empire britannique** British Empire ►**pas pour un** ~ not for the world
empirer [ɑ̃piʀe] <1> *vi* to worsen
empirique [ɑ̃piʀik] *adj* empirical
emplacement [ɑ̃plasmɑ̃] *m* **1.** (*endroit*) site **2.** (*place*) position; (*d'un tombeau*) site **3.** (*dans un parking*) space **4.** (*sur un camping*) site
emplettes [ɑ̃plɛt] *fpl* **faire des** ~ to do some shopping
emploi [ɑ̃plwa] *m* **1.** (*poste*) job; **un ~ d'informaticienne** a job as a computer expert; **~ à mi-temps/à plein temps** part-time/full-time job **2.** ECON **l'~** employment; **être sans ~** to be unemployed **3.** (*utilisation*) *a.* LING use; **j'en ai l'~** I have a use for it; **être d'un ~ facile/délicat** to be easy/tricky to use; **ce mot a différents ~s** the word is used in different ways ►**~ du temps** schedule; ECOLE timetable; **faire double ~** to be spare
employé(e) [ɑ̃plwaje] *m(f)* employee; **~ de banque/de bureau** bank/office worker; **~ de commerce** sales assistant, sales clerk; **~ de magasin** retail employee; **~ de maison** (domestic) help; **~ des chemins de fer/des postes** railroad/postal worker; **l'~ du gaz** the man from the gas company
employer [ɑ̃plwaje] <6> **I.** *vt* **1.** (*faire travailler*) to employ **2.** (*utiliser*) *a.* LING to use; **~ du temps à qc** to spend time on sth **II.** *vpr* **1.** LING **s'~** to be used **2.** (*se consacrer*) **s'~ à faire qc** to apply oneself to do sth
employeur, -euse [ɑ̃plwajœʀ, -jøz] *m, f* employer
empocher [ɑ̃pɔʃe] <1> *vt* (*argent*) to pocket
empoignade [ɑ̃pwaɲad] *f* (*bagarre*) brawl
empoigner [ɑ̃pwaɲe] <1> **I.** *vt* (*personne*) to grab **II.** *vpr* **s'~** to exchange blows
empoisonnant(e) [ɑ̃pwazɔnɑ̃, ɑ̃t] *adj inf* **1.** (*insupportable*) **être ~** to be a pain **2.** (*assommant*) dreary
empoisonnement [ɑ̃pwazɔnmɑ̃] *m* **1.** (*intoxication*) food poisoning **2.** *sans pl* (*crime*) poisoning **3.** (*meurtre*) poisoning **4.** *gén pl, inf* (*tracas*) nuisance
empoisonner [ɑ̃pwazɔne] <1> **I.** *vt* **1.** (*intoxiquer*) to poison; **être mort empoisonné** to die of poisoning **2.** (*contenir du poison*) **être empoisonné** to be poisoned **3.** (*être venimeux*) **être empoisonné** (*propos*) to be venomous **4.** (*gâter*) **elle m'empoisonne la vie** she makes my life miserable **5.** (*empuantir*) **~ l'air** to make a stench **6.** *inf* (*embêter*) **~ qn avec qc** to drive sb crazy with sth **II.** *vpr* **1.** (*s'intoxiquer*) **s'~ avec qc** to poison oneself with sth **2.** *inf* (*s'ennuyer*) **qu'est-ce qu'on s'empoisonne ici!** what a drag this is! **3.** *inf* (*se démener*) **s'~ à faire qc** to go to the trouble of doing sth
emporté(e) [ɑ̃pɔʀte] *adj* short-tempered
emporter [ɑ̃pɔʀte] <1> **I.** *vt* **1.** (*prendre avec soi*) to take away; **tous les plats à ~** all items available for takeout **2.** (*enlever*) to take away; (*blessé*) to carry away; **une pneumonie l'a emportée** she died of pneumonia **3.** (*transporter*) **~ qn vers qc** to take sb off to sth **4.** (*entraîner, arracher*) **~ qc** (*vent*) to carry sth off; **~ qn** (*enthousiasme, récit, rêve*) to carry sb away ►**l'~ sur qn** to beat sb **II.** *vpr* **s'~ contre qn/qc** to get angry with sb/sth
empoté(e) [ɑ̃pɔte] **I.** *adj inf* **1.** (*maladroit*) clumsy **2.** (*lent*) dopey **II.** *m(f) inf* **1.** clumsy oaf **2.** (*traînard*) dope
empreint(e) [ɑ̃pʀɛ̃, ɛ̃t] *adj* **~ de bonté/amour** full of goodness/love
empreinte [ɑ̃pʀɛ̃t] *f* **1.** (*trace*) prints; **des ~s (de pas)** footprints; (*d'un animal*) tracks; **~s digitales** fingerprints **2.** (*marque durable*) mark; **marquer qn/qc de son ~** to leave one's mark on sb/sth
empressé(e) [ɑ̃pʀese] *adj* attentive
empressement [ɑ̃pʀɛsmɑ̃] *m* attentiveness
empresser [ɑ̃pʀese] <1> *vpr* **1.** (*se hâter de*) **s'~ de** +*infin* to hasten to +*infin* **2.** (*faire preuve de zèle*) **s'~ auprès de qn** to make a fuss over sb
emprise [ɑ̃pʀiz] *f* hold; **avoir de l'~ sur qn** to have a hold on sb; **agir sous l'~ de la colère/jalousie** to act while in the grips of anger/jealousy
emprisonnement [ɑ̃pʀizɔnmɑ̃] *m* imprisonment
emprisonner [ɑ̃pʀizɔne] <1> *vt* **1.** (*incarcérer*) to imprison **2.** (*enfermer*) **~ qn/un animal dans qc** to lock sb/an animal up in sth **3.** (*serrer fermement*) to hold; (*main, bras*) to grip **4.** (*enlever toute liberté*) **~ qn/qc par qc** to trap sb/sth in sth
emprunt [ɑ̃pʀœ̃] *m* **1.** (*somme, objet*) loan; **fiche d'~** borrowing card **2.** (*emprunt public*) borrowing; **souscrire à un ~** to take out a loan
emprunté(e) [ɑ̃pʀœ̃te] *adj* **1.** (*mal à l'aise*) self-conscious **2.** (*faux*) false
emprunter [ɑ̃pʀœ̃te] <1> **I.** *vi* FIN to borrow **II.** *vt* **1.** (*se faire prêter, imiter*) to borrow **2.** (*prendre: passage souterrain, autoroute*) to take
emprunteur, -euse [ɑ̃pʀœ̃tœʀ, -øz] *m, f* borrower
ému(e) [emy] *adj* moved; **~ jusqu'aux larmes** moved to tears
émulation [emylasjɔ̃] *f* *a.* INFORM emulation

émuler [emyle] <1> *vt* INFORM to emulate

émulsion [emylsjɔ̃] *f* emulsion

en [ɑ̃] **I.** *prep* **1.** (*lieu*) in; **~ mer** at sea; **être ~ pleine mer** to be out at sea; **~ bateau** in a boat; **être ~ 5ᵉ** to be in the seventh grade; **elle se disait ~ elle-même que c'était possible** deep down she thought it was possible; **elle aime ~ lui sa gentillesse** what she likes about him is his kindness **2.** (*direction*) to; **aller ~ ville/France** to go to town/France; **passer ~ seconde** ECOLE to move into the tenth grade **3.** (*date, moment*) in; **~ semaine** during the week; **~ ce dimanche de la Pentecôte** on this day of Pentecost; **de jour ~ jour** from day to day; **samedi ~ huit** a week from Saturday **4.** (*manière d'être, de faire*) **être ~ bonne/mauvaise santé** to be in good/bad health; **être/se mettre ~ colère** to be/get angry; **être ~ réunion/déplacement** to be in a meeting/on a trip; **être parti ~ voyage** to be away on a trip; **~ deuil** in mourning; **des cerisiers ~ fleurs** cherry trees in bloom; **une voiture ~ panne** a car that has broken down; **écouter ~ silence** to listen in silence; **peindre qc ~ blanc** to paint sth white **5.** (*transformation: changer, convertir*) into; (*se déguiser*) as **6.** (*en tant que*) as; **il l'a traité ~ ami** he treated him as a friend **7.** *gérondif* (*simultanéité*) **~ sortant** on one's way out **8.** *gérondif* (*condition*) by; **~ travaillant beaucoup, tu réussiras** by working hard you'll succeed **9.** *gérondif* (*concession*) while; **il lui souriait tout ~ la maudissant intérieurement** he smiled at her while inwardly cursing her **10.** *gérondif* (*manière*) **~ chantant/courant** singing/running **11.** (*état, forme*) in; **du café ~ grains/~ poudre** coffee beans/instant coffee; **deux boîtes ~ plus/~ trop** two cans extra/too many **12.** (*fait de*) **c'est ~ laine/bois** it's wool/wood **13.** (*moyen de transport*) by; **~ train/voiture** by train/car **14.** (*partage, division*) in; **je coupe le gâteau ~ six** I'm cutting the cake into six **15.** (*pour indiquer le domaine*) in; **~ économie** in economics **16.** *après certains verbes* **croire ~ qn** to believe in sb; **avoir confiance ~ qn** to have confidence in sb; **espérer ~ des temps meilleurs** to hope for better times to come; **parler ~ son nom** to speak in sb's name ►**s'~ aller** to go away; **~ arrière** behind; **~ plus, ...** moreover, ...; **~ plus** besides; **~ plus de ...** besides ... **II.** *pron* **1.** *non traduit* (*pour des indéfinis, des quantités*) **as-tu un stylo? – oui, j'~ ai un/non, je n'~ ai pas** do you have a pen? – yes, I do/no I don't; **il ~ sait quelque chose** he knows something about it **2.** *tenant lieu de subst* **j'~ connais qui feraient mieux de ...** some people would do well to ... **3.** (*de là*) **j'~ viens** I've just been there **4.** (*de cela*) **on ~ parle** people are talking about it; **j'~ ai besoin** I need it; **je m'~ souviens** I remember that; **j'~ suis fier/sûr** I'm proud/sure of it; **j'~ conclus que ...** I conclude from this that ... **5.** (*à cause de cela*) **elle ~ est malade** it has made her sick; **j'~ suis malheureux** I'm unhappy about it **6.** *annonce ou reprend un subst* **j'~ vends, des livres** Now I sell some books!; **vous ~ avez, de la chance!** you're lucky all right! **7.** *avec valeur de possessif* **ne jette pas cette rose, je voudrais ~ garder les pétales** don't throw that rose away - I want its petals

ENA [ena] *f abr de* **École nationale d'administration** *French college training senior civil servants*

énarque [enaʀk] *mf inf: graduate of the "École nationale d'administration"*

encablure [ɑ̃kablyʀ] *f* cable length (*equal to 720 feet/220 meters in the U.S.*); **à deux/quelques ~s de qc** not far/not too far from sth

encadré [ɑ̃kadʀe] *m* box

encadrement [ɑ̃kadʀəmɑ̃] *m* **1.** (*cadre*) frame **2.** (*prise en charge*) training

encadrer [ɑ̃kadʀe] <1> *vt* **1.** (*mettre dans un cadre*) to frame **2.** (*entourer*) to put a border around; (*annonce, éditorial*) to (put in a) box; (*visage*) to frame; (*cible*) to draw a circle around **3.** (*s'occuper de*) to supervise; (*diriger*) to lead **4.** MIL to straddle **5.** *inf* (*dans un carambolage*) **~ qc** to smash into sth ►**je ne peux pas les ~** *inf* I can't stand them

encaissé(e) [ɑ̃kese] *adj* GEO steep-sided

encaisser [ɑ̃kese] <1> **I.** *vi* **1.** (*toucher de l'argent*) to get one's money **2.** *inf* (*savoir prendre des coups*) to take it **II.** *vt* **1.** (*percevoir*) to receive; (*chèque*) to cash **2.** *inf* (*recevoir, supporter*) to take; **c'est dur à ~** it's hard to take ►**je ne peux pas les ~** *inf* I can't stand them

encanailler [ɑ̃kanaje] <1> *vpr iron* **s'~** to mix with the riffraff

en-cas [ɑ̃ka] *m inv* snack

encastrable [ɑ̃kastʀabl] *adj* built-in

encastrer [ɑ̃kastʀe] <1> **I.** *vt* **~ qc dans/sous qc** to build sth in/under sth **II.** *vpr* **s'~ dans/sous qc** to be fitted in/under sth; (*automobile*) to jam under sth

encaustique [ɑ̃kostik] *f* wax

encaustiquer [ɑ̃kostike] <1> *vt* to wax

encavage [ɑ̃kavaʒ] *m Suisse* (*action de mettre en cave des aliments*) *taking food down to the cellar*

enceinte¹ [ɑ̃sɛ̃t] *adj* **être ~ de qn** to be pregnant by sb; **être ~ de son troisième enfant** to be pregnant with one's third child; **être ~ de trois mois** to be three months pregnant

enceinte² [ɑ̃sɛ̃t] *f* **1.** (*fortification, rempart*) (surrounding) wall **2.** (*espace clos*) enclosure; (*d'une foire, d'un parc naturel*) area; **dans l'~ de la ville/du tribunal** within the town/the courtroom **3.** (*haut-parleur*) speaker; **~s acoustiques** speakers

encens [ɑ̃sɑ̃] *m* incense

encenser [ɑ̃sɑ̃se] <1> *vt* **1.** (*répandre de l'encens*) to incense **2.** (*louer*) to laud

encensoir [ɑ̃sɑ̃swaʀ] *m* thurible

encerclement [ɑ̃sɛʀkləmɑ̃] *m* encirclement
encercler [ɑ̃sɛʀkle] <1> *vt* **1.** (*entourer, être disposé autour de*) to surround; **des curieux encerclaient le blessé** onlookers were standing around the injured man **2.** (*cerner*) to encircle
enchaînement [ɑ̃ʃɛnmɑ̃] *m* **1.** (*succession, structure logique*) sequence **2.** (*transition*) **~ entre qc et qc** progression from one thing to another
enchaîner [ɑ̃ʃene] <1> **I.** *vt* **1.** (*attacher avec une chaîne*) **~ des personnes l'une à l'autre** to chain people to each other **2.** (*mettre bout à bout: idées*) to link up **II.** *vpr* **1.** (*s'attacher avec une chaîne*) **des personnes s'enchaînent à qc/l'une à l'autre** people chain themselves to sth/to each other **2.** (*se succéder*) **s'~** to connect **III.** *vi* (*continuer*) **~ sur qc** to carry on and talk about sth
enchanté(**e**) [ɑ̃ʃɑ̃te] *adj* **1.** (*ravi*) **être ~ de qc** to be delighted with sth; **être ~ que qn ait fait qc** to be delighted that sb has done sth **2.** (*magique*) enchanted; **la Flûte ~e de Mozart** Mozart's Magic Flute ► **~!** delighted!; **~ de faire votre connaissance** delighted to meet you
enchantement [ɑ̃ʃɑ̃tmɑ̃] *m* **1.** (*ravissement*) delight; **être un ~** to be delightful; **être dans l'~** to be transported **2.** (*sortilège*) enchantment; **briser** [*o* **rompre**] **l'~** to break the spell; **par ~** by magic; **comme par ~** as if by magic
enchanter [ɑ̃ʃɑ̃te] <1> *vt* **1.** (*ravir*) to delight **2.** (*ensorceler*) to enchant
enchanteur, -teresse [ɑ̃ʃɑ̃tœʀ, -t(ə)ʀɛs] **I.** *adj* enchanting **II.** *m, f* wizard *m,* enchantress *f*
enchère [ɑ̃ʃɛʀ] *f gén pl* (*offre d'achat*) bid; **les ~s sont ouvertes** the bidding is open; **acheter aux ~s** to buy at auction; **faire monter les ~s** to raise the bidding; *fig* to raise the stakes
enchérir [ɑ̃ʃeʀiʀ] <8> *vi* **~ sur qn/qc** to bid more than sb/sth; **~ de 1000 euros sur l'offre précédente** to offer 1000 euros more than the last bidder
enchevêtré(**e**) [ɑ̃ʃ(ə)vetʀe] *adj* (*fils*) tangled; (*pensées*) muddled; (*phrases, intrigue*) involved
enchevêtrement [ɑ̃ʃ(ə)vɛtʀəmɑ̃] *m* (*de branches, liens*) tangle; (*de pensées, phrases, d'une intrigue*) muddle; (*de ruelles*) maze
enchevêtrer [ɑ̃ʃ(ə)vetʀe] <1> *vpr* **s'~** (*branches*) to grow in a tangle; (*fils*) to get tangled; (*pensées*) to get muddled
enclave [ɑ̃klav] *f* enclave
enclencher [ɑ̃klɑ̃ʃe] <1> **I.** *vt* **1.** TECH (*vitesse*) to engage **2.** (*engager*) to set in motion **II.** *vpr* **s'~** to engage
enclin(**e**) [ɑ̃klɛ̃, in] *adj* **être ~ à qc/faire qc** to be inclined to sth/to do sth
enclos [ɑ̃klo] *m* **1.** (*espace*) enclosure; (*pour le bétail*) pen; (*pour des chevaux*) paddock **2.** (*clôture*) wall
enclume [ɑ̃klym] *f* anvil ► **être entre l'~ et le marteau** to be between the devil and the deep blue sea
encoche [ɑ̃kɔʃ] *f* notch; **~s d'un dictionnaire** thumb index of a dictionary; (*d'une flèche*) nock
encoignure [ɑ̃kwaɲyʀ] *f* **1.** (*angle*) corner **2.** (*meuble*) corner cupboard
encoller [ɑ̃kɔle] <1> *vt* to paste
encolure [ɑ̃kɔlyʀ] *f* **1.** (*cou: d'un animal, d'une personne*) neck; **forte ~** thick neck **2.** (*col: d'une robe*) neck(line) **3.** (*tour de cou*) neck size
encombrant(**e**) [ɑ̃kɔ̃bʀɑ̃, ɑ̃t] *adj* **1.** (*embarrassant*) cumbersome **2.** (*importun*) burdensome **3.** *iron* (*compromettant: personne, passé*) troublesome
encombre [ɑ̃kɔ̃bʀ] **sans ~** without incident
encombré(**e**) [ɑ̃kɔ̃bʀe] *adj* **1.** (*embouteillé: route*) congested **2.** (*trop plein: pièce, table*) cluttered **3.** (*surchargé: lignes téléphoniques*) busy
encombrement [ɑ̃kɔ̃bʀəmɑ̃] *m* **1.** (*sans passage possible: d'une rue*) congestion; (*des lignes téléphoniques*) overloading **2.** (*embouteillage*) traffic jam
encombrer [ɑ̃kɔ̃bʀe] <1> **I.** *vt* **1.** (*bloquer: passage*) to obstruct **2.** (*s'amonceler sur*) to clutter up **3.** (*surcharger*) to overload **II.** *vpr* (*s'embarrasser de*) **ne pas s'~ de qn/qc** not to burden oneself with sb/sth
encontre [ɑ̃kɔ̃tʀ] **aller à l'~ de qc** to run counter to sth
encorder [ɑ̃kɔʀde] <1> *vpr* **s'~** to rope oneself up
encore [ɑ̃kɔʀ] **I.** *adv* **1.** (*continuation*) still; **le chômage augmente ~** unemployment is still rising; **en être ~ à qc** to still be at the stage of sth; **hier/ce matin ~** just yesterday/this morning **2.** (*répétition*) again; **je peux essayer ~ une fois?** can I try again?; **voulez-vous ~ une tasse de thé?** would you like another cup of tea?; **c'est ~ de ma faute** it's my fault again; **c'est ~ moi!** it's me again! **3.** + *nég* **pas ~/~ pas** not yet; **elle n'est ~ jamais partie** she has still never gone away **4.** + *comp* **~ mieux/moins/plus** even better/less/more; **il aime ~ mieux qc** he likes sth even more **5.** (*renforcement*) **non seulement ..., mais ~** not only ..., but besides; **~ et toujours** as always; **mais ~?** and then what? **6.** (*objection*) **~ faut-il le savoir!** you've got to know that though! **7.** (*restriction*) **~ heureux qu'elle l'ait fait** thank goodness she did it; **..., et ~!** ..., and even then!; **si ~ on avait son adresse!** if we only had her address ► **quoi ~?** (*qu'est-ce qu'il y a?*) what now?; (*pour ajouter qc*) what else?; **et puis quoi ~!** whatever next! **II.** *conj* **il acceptera, ~ que, avec lui, on ne sait jamais** *inf* he'll agree, although you never know with him
encornet [ɑ̃kɔʀnɛ] *m* squid
encourageant(**e**) [ɑ̃kuʀaʒɑ̃, ɑ̃t] *adj* encouraging

encouragement [ɑ̃kuʀaʒmɑ̃] *m* **1.** encouragement **2.** ECOLE praise

encourager [ɑ̃kuʀaʒe] <2a> *vt* to encourage; **~ qn d'un regard** to give sb an encouraging look; **~ un joueur en criant** to cheer a player on

encourir [ɑ̃kuʀiʀ] *vt irr* **1. ~ un châtiment/une amende** to incur a punishment/a fine; **~ une peine** to incur a penalty **2.** *soutenu* **~ une punition/des reproches** to bring punishment/reproach on oneself

encouru(e) [ɑ̃kuʀy] *part passé de* **encourir**

encrasser [ɑ̃kʀase] <1> **I.** *vt* to soil; (*suie, fumée*) to soot up; (*calcaire*) to scale up **II.** *vpr* **s'~** to get dirty; (*chaudière*) to get scaled up; (*cheminée*) to clog up with soot

encre [ɑ̃kʀ] *f* (*pour écrire*) ink; **~ sympathique** invisible ink; **à l'~** in ink; **~ de Chine** Indian ink; **~ d'imprimerie** printer's ink; **~ en poudre** toner ►**il a fait couler de l'~** to cause a lot of ink to flow

encrier [ɑ̃kʀije] *m* inkwell

encroûter [ɑ̃kʀute] <1> **I.** *vt* **1.** (*couvrir d'une croûte*) to encrust **2.** (*abêtir*) **~ qn** to get sb into a rut **II.** *vpr* **1.** TECH **s'~** (*chaudière*) to scale **2.** (*s'abêtir*) **s'~** to get into a rut; **s'~ dans ses habitudes** to get set in one's ways

enculé [ɑ̃kyle] *m vulg* stupid bastard

enculer [ɑ̃kyle] <1> *vt vulg* to fuck; **se faire ~** to get fucked

encyclopédie [ɑ̃siklɔpedi] *f* encyclopedia

encyclopédique [ɑ̃siklɔpedik] *adj* encyclopedic

endémique [ɑ̃demik] *adj a.* MED endemic

endetté(e) [ɑ̃dete] *adj* **~ de 2000 euros** 2000 euros in debt

endettement [ɑ̃dɛtmɑ̃] *m* indebtedness; **~ public** national debt

endetter [ɑ̃dete] <1> **I.** *vt* **~ qn** to get sb into debt **II.** *vpr* **s'~** to get into debt; **s'~ de 2000 euros auprès de qn** to borrow 2000 euros from sb

endeuiller [ɑ̃dœje] <1> *vt* (*personne, famille, pays*) to plunge into mourning; (*épreuve sportive, manifestation*) to cast a shadow over

endiablé(e) [ɑ̃djɑble] *adj* (*danse, rythme*) frenzied; (*vitalité*) boisterous

endiguer [ɑ̃dige] <1> *vt* **1.** to dike **2.** *fig* (*violence, inflation, chômage*) to check; (*foule, invasion*) to hold back

endimanché(e) [ɑ̃dimɑ̃ʃe] *adj* in one's Sunday best

endimancher [ɑ̃dimɑ̃ʃe] <1> *vpr* **s'~** to put on one's Sunday best

endive [ɑ̃div] *f* endive, chicory

endoctriner [ɑ̃dɔktʀine] <1> *vt* to indoctrinate

endolori(e) [ɑ̃dɔlɔʀi] *adj* painful; (*personne*) in pain; **j'ai le bras/dos ~** my arm/back is aching

endommager [ɑ̃dɔmaʒe] <2a> *vt* to damage

endormant(e) [ɑ̃dɔʀmɑ̃, ɑ̃t] *adj* dreary

endormi(e) [ɑ̃dɔʀmi] **I.** *adj* **1.** (*opp: éveillé*) asleep; (*passion*) dormant **2.** (*engourdi*) **j'ai la main/jambe ~e** my hand/leg has gone to sleep **3.** *inf* (*apathique: personne, esprit*) sluggish; (*regard*) sleepy **II.** *m(f) inf* sluggard

endormir [ɑ̃dɔʀmiʀ] *irr* **I.** *vt* **1.** (*faire dormir, ennuyer*) **~ qn** to put sb to sleep **2.** (*anesthésier*) **~ qn** to put sb under **3.** (*faire disparaître: douleur*) to deaden; (*soupçons*) to lull; (*vigilance*) to dupe **4.** (*tromper*) **~ qn avec qc** to use sth to make sb drop their guard **II.** *vpr* **s'~ 1.** (*s'assoupir*) to fall asleep **2.** (*devenir très calme: ville*) to go to sleep **3.** (*s'atténuer: sensation*) to die down; (*faculté, sens*) to go to sleep

endossement [ɑ̃dosmɑ̃] *m* endorsement

endosser [ɑ̃dose] <1> *vt* (*responsabilité*) to take on; **~ les conséquences** to take responsibility for the consequences; **faire ~ qc à qn** to pass the responsibility for sth on to sb else

endroit¹ [ɑ̃dʀwa] *m* place; **un bon ~ pour** +*infin* a good place to +*infin;* **à plusieurs ~s** in several places; **par ~s** in places; **un ~ peu sûr** an unsafe place ►**~ sensible** a sensitive spot

endroit² [ɑ̃dʀwa] *m* (*opp: envers, tapis: d'un vêtement*) right side; **être à l'~** (*vêtement*) to be the right way out; (*feuille*) to be the right way up; **tricoter qc à l'~** to knit sth

enduire [ɑ̃dɥiʀ] *irr* **I.** *vt* **~ de qc** to coat with sth; **~ le papier peint de colle** to paste the wallpaper **II.** *vpr* **s'~ de qc** to cover oneself with sth; **s'~ de crème** to smother oneself with cream

enduit [ɑ̃dɥi] *m* coating

endurance [ɑ̃dyʀɑ̃s] *f* endurance

endurant(e) [ɑ̃dyʀɑ̃, ɑ̃t] *adj* tough

endurci(e) [ɑ̃dyʀsi] *adj* **1.** (*insensible: cœur, criminel*) hardened; (*personne*) hard-hearted **2.** (*invétéré: célibataire*) confirmed; (*fumeur*) hardened; (*joueur*) seasoned **3.** (*résistant*) **~ au froid/aux privations** inured to cold/privation

endurcir [ɑ̃dyʀsiʀ] <8> **I.** *vt* **1.** (*physiquement*) **~ qn à qc** to inure sb to sth **2.** (*moralement*) to harden **II.** *vpr* **1.** (*physiquement*) **s'~ à qc** to inure oneself to sth **2.** (*moralement*) **s'~** to harden one's heart; **s'~ contre qn/qc** to harden one's heart against sb/sth

endurer [ɑ̃dyʀe] <1> *vt* (*insulte*) to bear; (*privations*) to endure

énergétique [enɛʀʒetik] *adj* **1.** ECON **les besoins ~s** energy needs **2.** ANAT **valeur ~** energy value; **aliment ~** high-energy food

énergie [enɛʀʒi] *f* energy; (*d'un style*) vigor; **avec ~** vigorously; **plein d'~** vigorous; **forme d'~** energy source

énergique [enɛʀʒik] *adj* energetic

énergiquement [enɛʀʒikmɑ̃] *adv* energetically

énergumène [enɛʀgymɛn] *m inf* freak

énervant(e) [enɛʀvɑ̃, ɑ̃t] *adj* irritating; (*travail, attente*) annoying

énervé(e) [enɛʀve] *adj* **1.** (*agacé*) irritated

E

2. (*excité*) restless 3. (*nerveux*) edgy
énervement [enɛʀvəmɑ̃] *m* 1. (*agacement*) irritation 2. (*surexcitation*) restlessness 3. (*nervosité*) edginess
énerver [enɛʀve] <1> I. *vt* 1. (*agacer*) to irritate 2. (*exciter*) to make restless II. *vpr* **s'~ après qn/qc** to get annoyed at sb/sth; **ne nous énervons pas!** let's stay calm!
enfance [ɑ̃fɑ̃s] *f* 1. (*période*) childhood; **petite ~** infancy; **première ~** early childhood; **dès la petite ~** from his infancy 2. *sans pl* (*les enfants*) children ▶(**re**)**tomber en ~** to fall into one's second childhood
enfant [ɑ̃fɑ̃] *mf* 1. (*garçon, fille*) child; **~ trouvé** foundling; **faire un ~** to have a child; **~ unique** only child 2. *pl* (*descendants*) children 3. (*par rapport à l'origine*) **c'est un ~ de la ville** he's a son of the city ▶**~ de chœur** (*qui chante*) choirboy; (*à la messe*) altar boy; **ne pas être un ~ de chœur** *fig* to be no angel; **~ du premier/deuxième lit** child by one's first/second marriage; **être bon ~** good-natured; (*public*) friendly; **~ gâté/pourri** spoiled child; **~ prodige** (child) prodigy; **l'~ prodigue** the prodigal son; **les ~s s'amusent!** kids will have their fun!; **ne fais/faites pas l'~!** don't be childish!
enfantillage [ɑ̃fɑ̃tijaʒ] *m* childish nonsense
enfantin(e) [ɑ̃fɑ̃tɛ̃, in] *adj* 1. (*relatif à l'enfant: rires*) childish; **chanson ~e** children's song 2. (*simple*) childishly simple
enfer [ɑ̃fɛʀ] *m* 1. (*situation*) *a.* REL hell; **c'est l'~** it's hell on earth 2. *pl* HIST underworld ▶**d'~** excellent; **avoir un look d'~** *inf* to look fabulous; **bruit d'~** hell of a commotion
enfermer [ɑ̃fɛʀme] <1> I. *vt* 1. (*mettre dans un lieu fermé: enfant, prisonnier*) to lock up; (*animal*) to pen up; **~ de l'argent** to lock some money away 2. (*maintenir*) **~ qn/qc dans le rôle de ...** to confine sb/sth in the role of ...; **être enfermé dans ses contradictions** to be trapped in one's own contradictions 3. (*entourer*) to enclose ▶**il est bon à ~** he should be locked up; **être enfermé dehors** *inf* to be locked out; **être/rester enfermé chez soi** to be/stay shut away at home II. *vpr* 1. (*s'isoler*) **s'~ dans qc** to shut oneself away in sth 2. (*se cantonner*) **s'~ dans une attitude/une position** to stick rigidly to an attitude/a position; **s'~ dans le silence** to retreat into silence
enfilade [ɑ̃filad] *f* (*de couloirs, portes*) succession; **~ de pièces** string of rooms; **phrases en ~** a long string of phrases
enfiler [ɑ̃file] <1> I. *vt* 1. (*traverser par un fil: aiguille, perles*) to thread 2. (*passer: pull-over*) to pull on II. *vpr* 1. *inf* (*s'envoyer*) **s'~ une boisson** to knock back a drink 2. *inf* (*se taper*) **s'~ tout le travail** to be stuck with all the work
enfin [ɑ̃fɛ̃] *adv* 1. (*fin d'une attente*) at last 2. (*fin d'une énumération*) finally 3. (*pour corriger ou préciser*) anyway; **elle est jolie, ~, à mon sens** she's nice-looking - I think so, anyway 4. (*marquant la gêne*) well; **tu as fait ce travail? – ben oui ... ~ non** have you done the job? – uh, yes ..., well, no 5. (*bref*) after all 6. (*pour clore la discussion*) **~, ...** anyway, ... 7. (*tout de même*) really; **comment, tu ne sais pas la réponse! ~, c'est facile!** what, you don't know the answer? really, it's easy! 8. (*marque l'irritation*) come on; **~, à quoi tu penses?** come on, what are you thinking about? ▶**~ bref** in short; **~ passons** anyway, let's move on; **~ voilà, je n'en sais pas plus** so there you go. I don't know any more than that; **ce n'est certes pas beaucoup, mais ~, c'est toujours ça** it's not much, but it's something anyway
enflammé(e) [ɑ̃flɑme] *adj* 1. (*passionné: paroles*) impassioned; (*nature*) hot-blooded 2. MED inflamed
enflammer [ɑ̃flɑme] <1> I. *vt* 1. (*mettre le feu à*) to set on fire 2. (*exalter*) to set alight; (*imagination*) to fire II. *vpr* 1. (*prendre feu*) **s'~** to catch fire 2. (*s'animer: personne*) to come alive
enflé(e) [ɑ̃fle] *adj* MED swollen
enfler [ɑ̃fle] <1> I. *vt* (*faire augmenter: rivière*) to swell; (*voix*) to raise; **~ les doigts** to make the fingers swell up II. *vi, vpr* (**s'**)**~** to swell up
enflure [ɑ̃flyʀ] *f* MED swelling
enfoiré [ɑ̃fwaʀe] *m vulg* dirty bastard
enfoncé(e) [ɑ̃fɔ̃se] *adj* (*yeux*) sunken
enfoncement [ɑ̃fɔ̃smɑ̃] *m* (*niche, creux: d'une pièce*) indentation; (*d'une falaise*) recess
enfoncer [ɑ̃fɔ̃se] <2> I. *vt* 1. (*planter: clou*) to knock in; (*punaise*) to press in; (*couteau*) to push in; (*coude*) to dig in 2. (*mettre*) **~ ses mains dans qc** to put one's hands down into sth; **~ son chapeau sur ses yeux** to pull one's hat down over one's eyes 3. (*briser en poussant: porte*) to break down 4. (*aggraver la situation de*) **~ qn dans la dépendance** to push sb further into dependence 5. *inf* (*laisser se perdre*) to crush; (*candidat*) to destroy II. *vi* **~ dans qc** to sink into sth III. *vpr* 1. (*aller vers le fond*) **s'~ dans la neige** to sink into the snow; **s'~ dans un liquide** to sink down in a liquid 2. (*se creuser*) **s'~** (*mur, maison*) to subside; (*sol, matelas*) to sink 3. (*se planter*) **s'~ une aiguille dans le bras** to stick a needle into one's arm 4. (*pénétrer*) **s'~ dans qc** (*vis*) to work its way into sth 5. (*s'engager*) **s'~ dans l'obscurité** to plunge into the darkness 6. (*s'installer au fond*) **s'~ dans un fauteuil** to sink into an armchair 7. *inf* (*se perdre*) **s'~** to get oneself into more trouble
enfoui(e) [ɑ̃fwi] I. *part passé de* **enfouir** II. *adj* 1. (*recouvert*) **~ dans/sous qc** buried in/under sth 2. (*caché: village*) tucked away
enfouir [ɑ̃fwiʀ] <8> I. *vt* (*mettre en terre, cacher*) to bury II. *vpr* 1. (*se blottir*) **s'~ sous ses couvertures** to snuggle down under the

covers **2.** (*se réfugier*) **s'~ dans un trou/terrier** to dive into a hole/burrow
enfourcher [ɑ̃fuʀʃe] <1> *vt* (*cheval, vélo*) to mount; (*chaise*) to sit down astride
enfourner [ɑ̃fuʀne] <1> *vt* **1.** (*mettre au four*) to put in the oven **2.** *inf* (*ingurgiter*) to put away
enfreindre [ɑ̃fʀɛ̃dʀ] *vt irr* to infringe
enfuir [ɑ̃fɥiʀ] *vpr irr* (*fuir*) **s'~** to run away
enfumé(e) [ɑ̃fyme] *adj* smoky
enfumer [ɑ̃fyme] <1> *vt* **1.** (*emplir de fumée: pièce*) to fill with smoke **2.** (*incommoder par la fumée*) **~ qn** to smoke sb out
engagé(e) [ɑ̃gaʒe] **I.** *adj* **~ dans qc** committed to sth **II.** *m(f)* **1.** MIL volunteer **2.** SPORT entrants
engageant(e) [ɑ̃gaʒɑ̃, ɑ̃t] *adj* (*aspect, avenir*) inviting; (*paroles*) winning; (*mine*) appealing; (*sourire*) engaging
engagement [ɑ̃gaʒmɑ̃] *m* **1.** (*promesse, dépense*) *a.* POL commitment **2.** (*embauche*) taking on **3.** (*bataille*) engagement **4.** THEAT, CINE contract **5.** SPORT (*coup d'envoi*) kickoff; (*inscription*) entry ►**sans ~ de votre part** with no obligation
engager [ɑ̃gaʒe] <2a> **I.** *vt* **1.** (*mettre en jeu: parole*) to give; (*honneur, vie*) to put at stake; (*responsabilité*) to accept **2.** (*lier*) to commit **3.** (*embaucher: représentant*) to hire; (*comédien*) to engage **4.** (*commencer: débat*) to open; **~ la bataille** to engage in battle **5.** (*faire prendre une direction à*) **être mal engagé** to be badly positioned **II.** *vpr* **1.** (*promettre*) **s'~ à** +*infin* to undertake to +*infin*; **s'~ vis-à-vis de la Constitution** to make a constitutional commitment; **s'~ sur une question** to take a position on an issue **2.** (*louer ses services*) **être prêt à s'~ comme n'importe quoi** to be ready to take on any job; **s'~** MIL to volunteer; **s'~ dans la marine** to join the navy **3.** (*pénétrer*) **s'~ dans une rue** to enter a street **4.** (*se lancer*) **s'~ dans qc** to get involved in sth **5.** (*prendre position*) **s'~ dans la lutte contre qc** to get involved in the struggle against sth **6.** (*commencer*) **s'~** (*processus, négociation*) to get under way
engelure [ɑ̃ʒlyʀ] *f* chilblain
engendrer [ɑ̃ʒɑ̃dʀe] <1> *vt* **1.** (*donner naissance à*) to father **2.** (*avoir pour effet*) to create; MATH (*sphère, cylindre*) to generate
engin [ɑ̃ʒɛ̃] *m* **1.** *inf* (*machin*) thingamajig **2.** TECH machine **3.** MIL weaponry; (*de guerre*) engine; **~ atomique** atomic device; **~ spatial** spacecraft **4.** *inf* (*objet encombrant*) contraption **5.** (*véhicule*) heavy vehicle
englober [ɑ̃glɔbe] <1> *vt* to encompass
engloutir [ɑ̃glutiʀ] <8> **I.** *vi* to devour **II.** *vt* **1.** (*dévorer*) to wolf down **2.** (*dilapider: personne*) to run through; (*entreprise*) to swallow up; **~ sa fortune dans qc** to sink one's fortune into sth **3.** (*faire disparaître: inondation, vagues, brume*) to swallow up; (*éruption*) to engulf **III.** *vpr* **s'être englouti dans la mer** to be swallowed up by the sea
engorger [ɑ̃gɔʀʒe] <2a> *vt* (*conduit, tuyau*) to block; (*route*) to congest; (*marché*) to glut; MED to engorge
engouement [ɑ̃gumɑ̃] *m* infatuation
engouffrer [ɑ̃gufʀe] <1> **I.** *vt* **1.** (*entraîner: tempête*) to engulf **2.** *inf* (*dévorer*) to wolf down **3.** (*dilapider*) **~ de l'argent dans qc** to sink money into sth **II.** *vpr* **elles s'engouffrèrent dans le couloir** they plunged into the corridor
engourdi(e) [ɑ̃guʀdi] *adj* (*doigts*) numb; (*esprit*) sluggish
engourdir [ɑ̃guʀdiʀ] <8> **I.** *vt* **1.** (*ankyloser: doigts, mains*) to numb **2.** (*affaiblir: personne*) to make drowsy; (*volonté, esprit*) to numb **II.** *vpr* **s'~ 1.** (*s'ankyloser*) to go numb; (*bras*) to go to sleep **2.** (*s'affaiblir: personne*) to become drowsy; (*esprit, facultés, sentiment*) to be numbed
engourdissement [ɑ̃guʀdismɑ̃] *m* **1.** (*ankylose*) numbness **2.** (*torpeur*) drowsiness
engrais [ɑ̃gʀɛ] *m* fertilizer
engraisser [ɑ̃gʀese] <1> **I.** *vt* **1.** (*rendre plus gras*) to fatten **2.** (*fertiliser*) to fertilize **II.** *vi* to fatten up **III.** *vpr* **s'~ de qc** to grow fat on sth
engrenage [ɑ̃gʀənaʒ] *m* gears *pl;* **~ de la violence** the (downward) spiral of violence ►**être pris dans un/l'~** to be caught in a downward spiral
engrosser [ɑ̃gʀose] <1> *vt vulg* **~ qn** to get sb pregnant; **se faire ~ par qn** to get pregnant by sb
engueulade [ɑ̃gœlad] *f inf* (*blâme*) bawling out; (*dispute*) brawl, row; **avoir une ~ avec qn** to have a shouting match with sb
engueuler [ɑ̃gœle] <1> **I.** *vt inf* to bawl out **II.** *vpr inf* **1.** (*se crier dessus*) **s'~** to have a shouting match **2.** (*se disputer*) **s'~ avec qn** to have an argument
enhardir [ɑ̃aʀdiʀ] <8> *vt* **~ qn** to give sb courage; **~ qn à** +*infin* to give sb the courage to +*infin*
énième [ɛnjɛm] *adj* **le/la ~** the umpteenth; **pour la ~ fois** for the umpteenth time
énigmatique [enigmatik] *adj* enigmatic
énigme [enigm] *f* enigma
enivrant(e) [ɑ̃nivʀɑ̃, ɑ̃t] *adj* intoxicating; (*parfum*) heady
enivrer [ɑ̃nivʀe] <1> *vpr* **1.** (*se soûler*) **s'~** to get drunk **2.** *fig* **s'~ de qc** to be intoxicated by sth
enjambée [ɑ̃ʒɑ̃be] *f* stride
enjamber [ɑ̃ʒɑ̃be] <1> *vt* (*franchir: mur*) to straddle; **~ un fossé** to stride over a ditch
enjeu [ɑ̃ʒø] <x> *m* **1.** (*argent*) stake **2.** *fig* **être l'~ de qc** to be at stake in sth
enjôler [ɑ̃ʒole] <1> *vt* **~ qn par** [*o* **avec**] **qc** to cajole sb with sth
enjôleur, -euse [ɑ̃ʒolœʀ, -øz] **I.** *adj* wheedling **II.** *m, f* wheedler
enjoliver [ɑ̃ʒɔlive] <1> *vt* **1.** (*orner*) to adorn **2.** (*broder: texte*) to embroider

E

enjoliveur [ɑ̃ʒɔlivœʀ] *m* hubcap
enjoué(e) [ɑ̃ʒwe] *adj* cheerful; **être d'un caractère ~** to be a cheerful type
enlacer [ɑ̃lase] <2> **I.** *vt* to embrace **II.** *vpr* **1.** (*s'étreindre*) **s'~** to embrace **2.** (*entourer*) **s'~ autour de qc** to twine around sth
enlaidir [ɑ̃lediʀ] <8> **I.** *vi* (*devenir laid*) to become ugly **II.** *vt* (*rendre laid: personne*) to make ugly; (*paysage*) to disfigure
enlèvement [ɑ̃lɛvmɑ̃] *m* abduction
enlever [ɑ̃lve] <4> **I.** *vt* **1.** (*déplacer de pardessus*) to take off; (*débarrasser*) to take away; **~ les draps d'un lit** to take the sheets off a bed; **enlève tes mains de tes poches!** take your hands out of your pockets! **2.** (*faire disparaître: tache*) to remove; (*mot*) to cut out **3.** (*ôter*) **~ l'envie/le goût à qn de faire qc** to discourage sb from doing sth; **~ la garde des enfants à qn** to take sb's children away from them **4.** (*retirer: chapeau, montre, vêtement*) to take off **5.** (*kidnapper*) to abduct **II.** *vpr* **s'~ 1.** (*disparaître: tache*) to go **2.** (*se détacher*) to come off **3.** *inf* (*se pousser*) **enlève-toi de là!** get out of here!
enliser [ɑ̃lize] <1> *vpr* **s'~ 1.** (*s'enfoncer*) to sink **2.** (*stagner*) to get bogged down
enluminure [ɑ̃lyminyʀ] *f* illumination
enneigé(e) [ɑ̃neʒe] *adj* snow-covered; (*village, voiture*) snowed in
enneigement [ɑ̃nɛʒmɑ̃] *m* snowfall
ennemi(e) [en(ə)mi] **I.** *adj* enemy; (*frères*) rival **II.** *m(f)* enemy; **~ public numéro un** public enemy number one; **~ héréditaire/juré** traditional/sworn enemy ▶**passer à l'~** to cross over to the enemy
ennoblir [ɑ̃nɔbliʀ] <8> *vt* to ennoble
ennui [ɑ̃nɥi] *m* **1.** (*désœuvrement*) boredom; **tromper son ~** to stave off boredom **2.** (*lassitude*) ennui **3.** *souvent pl* (*problème*) trouble ▶**l'~, c'est que ...** the problem is that ...
ennuyant(e) [ɑ̃nɥijɑ̃, ɑ̃t] *adj Québec* (*ennuyeux(-euse)*) boring
ennuyé(e) [ɑ̃nɥije] *adj* bothered; **être bien ~** to feel really awkward; (*avoir un problème*) to be in a real mess; **être ~ de qc** to feel very bad about sth; **il est ~ de devoir le faire** it bothers him to have to do it; **je suis ~ qu'elle le fasse** (*subj*) I'm bothered by her doing it
ennuyer [ɑ̃nɥije] <6> **I.** *vt* **1.** (*lasser*) to bore **2.** (*être peu attrayant*) **~ qn** to be a nuisance to sb **3.** (*être gênant*) **ça m'ennuie de devoir le faire** it bothers me to have to do it **4.** (*irriter*) **~ qn avec qc** to trouble sb with sth **5.** (*déplaire*) to annoy **II.** *vpr* **s'~** to be bored
ennuyeux, -euse [ɑ̃nɥijø, -jøz] *adj* **1.** (*lassant*) boring; **~ à mourir** deadly boring **2.** (*contrariant*) bothersome
énoncé [enɔ̃se] *m* **1.** wording; **l'~ du jugement** the reading of the verdict **2.** LING utterance
énoncer [enɔ̃se] <2> **I.** *vt* (*exposer*) to express; (*faits, vérité*) to set out **II.** *vpr* **s'~ clairement** to be clearly expressed
enorgueillir [ɑ̃nɔʀgœjiʀ] <8> *vpr* **s'~ de qc/de faire qc** to be proud of sth/doing sth
énorme [enɔʀm] *adj* **1.** (*très gros*) enormous **2.** (*incroyable*) tremendous
énormément [enɔʀmemɑ̃] *adv* (*difficile, riche*) tremendously; (*aimer, boire*) an awful lot; **~ d'argent/de gens** an awful lot of money/people
énormité [enɔʀmite] *f* **1.** (*propos extravagant*) enormity **2.** (*ineptie*) outrageous comment **3.** (*grosse faute*) blunder
enquête [ɑ̃kɛt] *f* **1.** (*étude*) **~ sur qc** survey on sth **2.** (*sondage d'opinions*) survey **3.** ADMIN, JUR inquiry
enquêter [ɑ̃kete] <1> *vi* **1.** (*s'informer*) *a.* ADMIN, JUR **~ sur qn/qc** to investigate sb/sth **2.** (*faire une enquête, un sondage*) *a.* COM, SOCIOL **~ sur qc** to conduct a survey on sth
enquêteur, -euse [ɑ̃kɛtœʀ, -øz] *m, f* (*policier*) investigator
enquiquinant(e) [ɑ̃kikinɑ̃, ɑ̃t] *adj inf* **être ~** to be a pain
enquiquiner [ɑ̃kikine] <1> **I.** *vt inf* (*importuner*) **~ qn avec qc** to pester sb with sth **II.** *vpr inf* **1.** (*s'ennuyer*) **s'~** to be bored **2.** (*se donner du mal*) **s'~ avec qc/à** +*infin* to put oneself out over sth/to +*infin*
enquiquineur, -euse [ɑ̃kikinœʀ, -øz] *m, f inf* pain
enragé(e) [ɑ̃ʀaʒe] **I.** *adj* **1.** (*atteint de la rage*) rabid **2.** (*passionné: chasseur, joueur*) fanatical **3.** (*furieux*) livid **II.** *m(f)* fanatic; **c'est un ~ du jeu/de la lecture** he's addicted to gambling/reading; **c'est une ~e de la voiture/du football** she's a car/soccer fanatic
enrager [ɑ̃ʀaʒe] <2a> *vi* to be livid
enrayer [ɑ̃ʀeje] <7> **I.** *vt* **1.** (*juguler: chômage, hausse des prix, épidémie, maladie*) to check **2.** (*stopper*) to stop **II.** *vpr* **s'~** to jam
enregistrement [ɑ̃ʀ(ə)ʒistʀəmɑ̃] *m* **1.** CINE, TV recording **2.** INFORM (*action*) logging; (*document*) record **3.** AUTO registration
enregistrer [ɑ̃ʀ(ə)ʒistʀe] <1> **I.** *vt* **1.** CINE, TV to record; **~ sur cassette** to record on a cassette **2.** (*mémoriser*) to register **3.** (*noter par écrit: déclaration*) to register; (*commande*) to take; **~ qc dans qc** to record sth in sth **4.** AUTO to register; **faire ~ ses bagages** to check in one's baggage **5.** (*constater: phénomène*) to show; **~ une évolution rapide** to show rapid growth **6.** INFORM to save; **~ sous ...** to save as ... **II.** *vi* CINE, TV, INFORM to record
enrhumer [ɑ̃ʀyme] <1> **I.** *vt* **être enrhumé** to have a cold **II.** *vpr* **s'~** to catch (a) cold
enrichi(e) [ɑ̃ʀiʃi] *adj* **personne ~e** nouveau riche
enrichir [ɑ̃ʀiʃiʀ] <8> **I.** *vt* to enrich **II.** *vpr* **s'~ de qc 1.** (*devenir riche*) to get rich with sth **2.** (*s'améliorer, augmenter*) to be enriched with sth
enrichissant(e) [ɑ̃ʀiʃisɑ̃, ɑ̃t] *adj* enriching
enrichissement [ɑ̃ʀiʃismɑ̃] *m* enrichment
enrobé(e) [ɑ̃ʀɔbe] *adj inf* plump

enrôler [ɑ̃ʀole] <1> **I.** *vt* **1.** (*recruter*) **~ qn dans qc** to recruit sb into sth **2.** MIL to enlist **II.** *vpr* **s'~ dans qc** to join sth

enroué(e) [ɑ̃ʀwe] *adj* hoarse

enrouler [ɑ̃ʀule] <1> **I.** *vt* (*câble*) to coil **II.** *vpr* **s'~ autour de/sur qc** to wind around/on sth; **s'~ sur soi-même** (*chat*) to curl up

ensabler [ɑ̃sɑble] <1> *vpr* (*s'échouer*) **s'~** to get stuck in the sand

ensanglanté(e) [ɑ̃sɑ̃glɑ̃te] *adj* bloody; (*vêtement*) bloodstained

ensanglanter [ɑ̃sɑ̃glɑ̃te] <1> *vt* to bloody; (*vêtement*) to stain with blood

enseignant(e) [ɑ̃sɛɲɑ̃, ɑ̃t] **I.** *adj* **le corps ~** teachers *pl;* **dans le milieu ~** among teachers **II.** *m(f)* teacher

enseigne [ɑ̃sɛɲ] *f* sign

enseignement [ɑ̃sɛɲ(ə)mɑ̃] *m* **1.** (*activité, profession*) teaching; **l'~ des langues vivantes** modern language teaching **2.** (*institution*) education; **~ laïque** non-religious education; **~ obligatoire** compulsory education; **~ public** public education; **~ secondaire/supérieur/technique/universitaire** secondary/higher/technical/university education **3.** (*leçon*) lesson; **tirer un ~ de qc** to learn a lesson from sth

enseigner [ɑ̃seɲe] <1> *vt* to teach

ensemble [ɑ̃sɑ̃bl] **I.** *adv* together; **tous ~** all together ▶ **aller bien/mal ~** to go well/badly together; **aller ~** to match **II.** *m* **1.** (*totalité*) **l'~ du personnel/des questions** all the staff/questions **2.** (*unité*) whole **3.** (*groupement*) **~ de lois** set of laws; **~ de bâtiments/d'habitations** building/housing complex **4.** MUS ensemble **5.** MATH set **6.** (*vêtement*) outfit **7.** (*groupe d'habitations*) **grand ~** large development ▶ **impression/vue d'~** overall impression/view; **l'électorat dans son ~** the electorate as a whole; **dans l'~** on the whole

ensemencer [ɑ̃s(ə)mɑ̃se] <2> *vt* (*terre*) to sow; (*étang, rivière*) to stock; (*bouillon de culture*) to culture

ensevelir [ɑ̃səvliʀ] <8> *vt* (*recouvrir*) **~ qn/qc sous qc** to bury sb/sth under sth

ensoleillé(e) [ɑ̃sɔleje] *adj* sunny

ensommeillé(e) [ɑ̃sɔmeje] *adj* (*personne*) drowsy; (*paysage, ville*) sleepy

ensorceler [ɑ̃sɔʀsəle] <3> *vt* **1.** (*envoûter*) to enchant **2.** (*fasciner*) to bewitch

ensorcellement [ɑ̃sɔʀsɛlmɑ̃] *m* enchantment

ensuite [ɑ̃sɥit] *adv* **1.** (*par la suite*) afterwards **2.** (*derrière en suivant*) then; **d'accord, mais ~?** OK, but then what? **3.** (*en plus*) what is more

ensuivre [ɑ̃sɥivʀ] *vpr irr, défec* **s'~** to ensue; **la crise qui s'ensuivit** the ensuing crisis

entaille [ɑ̃tɑj] *f* **1.** (*encoche*) notch **2.** (*coupure*) gash

entailler [ɑ̃tɑje] <1> **I.** *vt* **1.** (*faire une entaille*) to notch **2.** (*blesser*) **~ la joue à qn** to gash sb's cheek **II.** *vpr* **s'~ la joue avec qc** to gash one's cheek on sth

entame [ɑ̃tam] *f* **1.** (*de jambon*) first slice; (*de pain*) crust **2.** JEUX **faire une ~ à carreau** to lead with diamonds; **faire une mauvaise ~** to open badly

entamer [ɑ̃tame] <1> *vt* **1.** (*prendre le début de: bouteille*) to open; (*fromage*) to start (on) **2.** (*attaquer*) **~ qc** to cut into sth **3.** (*amorcer*) to start; (*négociations*) to open; (*poursuites*) to institute

entartrer [ɑ̃taʀtʀe] <1> **I.** *vt* to scale up; **~ une chaudière** to scale a boiler; **~ les dents** to cover the teeth in plaque **II.** *vpr* **s'~** (*chaudière, conduite*) to scale up; **lave-toi les dents, sinon elles s'entartreront** brush your teeth or they'll get covered in plaque

entassement [ɑ̃tɑsmɑ̃] *m* **1.** (*action: d'objets*) piling up **2.** (*pile*) pile **3.** (*encombrement*) crowding

entasser [ɑ̃tɑse] <1> **I.** *vt* **1.** (*amonceler*) to pile up; (*argent*) to amass **2.** (*serrer*) to cram **II.** *vpr* **1.** (*s'amonceler*) **s'~** to pile up **2.** (*se serrer*) **s'~ dans une pièce** to cram into a room

entendre [ɑ̃tɑ̃dʀ] <14> **I.** *vi* to hear; **se faire ~** to make oneself heard **II.** *vt* **1.** (*percevoir*) to hear; **~ qn parler/la pluie tomber** to hear sb talking/the rain falling; **je l'ai entendu dire** I've heard it said **2.** (*écouter*) **~ qn/qc** to listen to sb/sth **3.** (*comprendre*) to understand; **ne pas ~ la plaisanterie** not to get the joke; **laisser ~ que ...** (*faire savoir*) to make it known that ...; (*faire croire*) to give the impression that ...; **qu'est-ce que vous entendez par là?** what do you mean by that? **4.** (*vouloir*) **~** +*infin* to intend to +*infin;* **faites comme vous l'entendez!** do as you see fit! ▶ **tu entendras/vous entendrez parler de moi** you're going to hear from me!; **~ parler de qn/qc** to hear of sb/sth; **à qui veut l'~** to anyone who'll listen; **je ne veux rien ~!** I'm not listening!; **à ~ les gens** to hear people talk; **je l'entends d'ici** I can hear him from here; **qu'est-ce que j'entends?** what's this I hear? **III.** *vpr* **1.** (*avoir de bons rapports*) **s'~ avec qn** to get along with sb **2.** (*se mettre d'accord*) **s'~ sur qc** to agree on sth; **s'~ pour** +*infin* to agree to +*infin* **3.** (*s'y connaître*) **s'y ~ en qc** to know about sth **4.** (*être audible*) **le bruit s'entend** the noise can be heard ▶ **on ne s'entend plus parler** you can't hear yourself speak; **entendons-nous bien!** let's get this straight!

entendu(e) [ɑ̃tɑ̃dy] **I.** *part passé de* **entendre** **II.** *adj* **1.** (*convenu*) agreed; **il est (bien) ~ qu'il vient aussi** it's agreed that he's coming too **2.** (*complice: regard*) knowing ▶ **bien ~** of course; **comme de bien ~** as you'd expect

entente [ɑ̃tɑ̃t] *f* **1.** (*amitié*) friendship **2.** (*fait de s'accorder*) understanding **3.** (*accord*) *a.* ECON agreement; **arriver** [*o* **parvenir**] **à une ~** to come to an agreement **4.** POL entente

entériner [ɑ̃teʀine] <1> *vt* **1.** (*approuver*) to adopt **2.** JUR, POL to ratify

enterrement [ɑ̃tɛʀmɑ̃] *m* burial

enterrer [ɑ̃teʀe] <1> **I.** *vt* **1.** to bury; **~ un scandale** to hush up a scandal **2.** (*renoncer à*) to put (sth) behind one ►**il nous enterrera tous** *iron* he'll outlast us all **II.** *vpr* **s'~ à la campagne** to hide oneself away in the country

en-tête [ɑ̃tɛt] <en-têtes> *f* (*d'un journal*) headline; (*d'un papier à lettres*) letterhead

entêté(e) [ɑ̃tete] **I.** *adj* (*personne*) obstinate **II.** *m(f)* stubborn individual

entêtement [ɑ̃tɛtmɑ̃] *m* stubbornness

entêter [ɑ̃tete] <1> *vpr* **s'~ dans qc/à faire qc** to persist in sth/in doing sth

enthousiasmant(e) [ɑ̃tuzjasmɑ̃, ɑ̃t] *adj* (*perspective, idée*) exciting; (*spectacle*) thrilling

enthousiasme [ɑ̃tuzjasm] *m* enthusiasm

enthousiasmer [ɑ̃tuzjasme] <1> **I.** *vt* **~ qn** to fill sb with enthusiasm **II.** *vpr* **s'~ pour qn/qc** to get enthusiastic about sb/sth

enthousiaste [ɑ̃tuzjast] **I.** *adj* enthusiastic **II.** *mf* enthusiast

enticher [ɑ̃tiʃe] <1> *vpr* **s'~ de qn/qc** to become infatuated with sb/sth

entier [ɑ̃tje] *m* whole number ►**le livre/l'orchestre en ~** the whole book/orchestra

entier, -ière [ɑ̃tje, -jɛʀ] *adj* **1.** (*dans sa totalité*) whole; **dans le monde ~** in the whole world **2.** (*absolu*) complete; **ma confiance en lui est entière** I have complete confidence in him **3.** (*intact: personne*) safe and sound; (*objet, collection*) intact **4.** (*non réglé*) **la question reste entière** the question is still unsolved **5.** (*sans concession: personne*) strong-minded; **être ~ dans ses opinions** to have very strong opinions ►**être tout ~ à qc** to be completely wrapped up in sth; **tout ~** entire

entièrement [ɑ̃tjɛʀmɑ̃] *adv* entirely

entièreté [ɑ̃tjɛʀte] *f Belgique* (*totalité, intégralité*) totality

entomologie [ɑ̃tɔmɔlɔʒi] *f* entomology

entonner [ɑ̃tɔne] <1> *vt* to start singing; **~ les louanges** [*o* **l'éloge**] **de qn/qc** to sing sb's/sth's praises

entonnoir [ɑ̃tɔnwaʀ] *m* funnel; **en ~** funnel-shaped

entorse [ɑ̃tɔʀs] *f* sprain ►**faire une ~ à la vérité/au règlement** to stretch the truth/the rules

entortiller [ɑ̃tɔʀtije] <1> **I.** *vt* **1.** (*enrouler*) **~ qc autour de qc** to twine sth around sth **2.** (*enjôler*) to cajole **II.** *vpr* **1.** (*s'enrouler*) **s'~ autour de qc** to twine around sth **2.** (*s'envelopper*) **s'~ dans qc** to wrap oneself up in sth **3.** (*s'embrouiller*) **s'~ dans qc** to get in a muddle over sth

entourage [ɑ̃tuʀaʒ] *m* entourage

entouré(e) [ɑ̃tuʀe] *adj* **1.** (*admiré*) **être ~** to be the center of attention **2.** (*aidé*) **être ~** to have friends rallying around **3.** (*accompagné*) **être bien/mal ~** to keep good/bad company

entourer [ɑ̃tuʀe] <1> **I.** *vt* **1.** (*être autour*) to surround **2.** (*mettre autour*) **~ un mot** to circle a word; **~ un jardin d'une clôture** to fence off a yard **3.** (*soutenir*) **~ qn** to rally around sb; **~ qn de soins** to give sb lots of attention **4.** *fig* **~ qc de mystère** to surround sth in mystery **II.** *vpr* **s'~ de bons amis** to surround oneself with good friends; **s'~ de précautions** to take every precaution; **s'~ de garanties** to insist on guarantees

entourloupe [ɑ̃tuʀlup] *f inf*, **entourloupette** [ɑ̃tuʀlupɛt] *f inf* dirty trick; **faire une ~ à qn** to play a dirty trick on sb

entracte [ɑ̃tʀakt] *m* THEAT, CINE intermission

entraide [ɑ̃tʀɛd] *f* mutual support

entraider [ɑ̃tʀede] <1> *vpr* **s'~** to help each other

entrailles [ɑ̃tʀɑj] *fpl* **1.** (*viscères*) entrails **2.** (*profondeurs: de la terre*) bowels

entrain [ɑ̃tʀɛ̃] *m* spirit

entraînant(e) [ɑ̃tʀɛnɑ̃, ɑ̃t] *adj* lively

entraînement [ɑ̃tʀɛnmɑ̃] *m* **1.** (*pratique*) practice; **c'est une question d'~** it's a matter of practice **2.** SPORT training

entraîner [ɑ̃tʀene] <1> **I.** *vt* **1.** (*emporter*) **~ qc** to carry sth along **2.** (*emmener*) **~ qn** to take sb off; **~ qn vers la sortie** to take sb off toward the exit **3.** (*inciter*) **~ qn à** [*o* **dans**] **qc** to drag sb into sth; **~ qn à faire qc** to push sb into doing sth **4.** (*causer*) **~ qc** to lead to sth **5.** (*stimuler*) **~ qn** (*éloquence, musique*) to carry sb along **6.** SPORT (*exercer: joueur*) to train **II.** *vpr* **s'~ à** [*o* **pour**] **qc/à faire qc** to practice sth/doing sth

entraîneur, -euse [ɑ̃tʀɛnœʀ, -øz] *m, f* SPORT coach

entraîneuse [ɑ̃tʀɛnøz] *f* hostess

entrave [ɑ̃tʀav] *f* **1.** (*obstacle*) hindrance; **~ au commerce/au progrès** obstacle to business/progress **2.** *gén pl* (*lien*) fetters ►**être une ~ à qc** to be a hindrance [*o* an obstacle] to sth; **sans ~s** unfettered

entraver [ɑ̃tʀave] <1> *vt* **1.** (*gêner*) **~ qn/qc dans qc** to hinder [*o* be a hindrance to] sb/sth in sth; **~ la réalisation d'un projet** to hinder the realization of a project **2.** (*mettre des entraves à*) to fetter

entre [ɑ̃tʀ] *prep* **1.** between **2.** (*parmi des personnes*) among; **je le reconnaîtrais ~ tous** I'd recognize him anywhere; **la plupart d'~ eux/elles** the majority of them; **~ autres** among others; **~ nous** between us; **~ hommes** among men **3.** (*à travers*) through; **passer ~ les mailles du filet** to slip through the net **4.** (*dans*) into; **remettre son sort ~ les mains de son médecin** to put one's fate into his doctor's hands **5.** (*indiquant une relation*) **ils se sont disputés ~ eux** they had an argument

entrebâillement [ɑ̃tʀəbɑjmɑ̃] *m* **par l'~ de la porte** through the half-open door

entrebâiller [ɑ̃tʀəbɑje] <1> *vt* to open halfway; **être entrebâillé** to be ajar

entrechoquer [ɑ̃tʀəʃɔke] <1> **I.** *vt* to bang together **II.** *vpr* **s'~** to bang together; (*verres*) to clink; (*dents*) to chatter; (*épées*) to clash

entrecôte [ɑ̃tʀəkot] *f* rib steak
entrecoupé(e) [ɑ̃tʀəkupe] *adj* (*voix*) broken; **~ de qc** interrupted by sth
entrecroiser [ɑ̃tʀəkʀwaze] <1> **I.** *vt* to intertwine **II.** *vpr* **s'~** (*routes*) to intersect
entrée [ɑ̃tʀe] *f* **1.** (*arrivée: d'une personne*) coming in; (*d'un acteur*) entrance; (*d'un train*) arrival; **à l'~ de qn** when sb comes in; **faire une ~ triomphale** to make a triumphant entry **2.** (*accès*) entrance; **à l'~ de qc** at the entrance to sth; **~ de service** service entrance **3.** (*droit d'entrer*) entry; **~ interdite** no entry; **~ interdite à tout véhicule** no vehicle access **4.** (*vestibule: d'un appartement, d'une maison*) hall; (*d'un hôtel, immeuble*) entrance hall **5.** (*billet*) ticket; **~ non payante** free ticket **6.** (*somme perçue*) receipt **7.** (*adhésion*) **son ~ dans le parti** his joining the party **8.** (*admission*) **~ dans un club** admission to a club **9.** (*commencement*) **~ en action** coming into play; **~ en fonction** taking up one's post; **~ en matière** introduction; **~ en vigueur** coming into force **10.** CULIN first course; **en** [*o* **comme**] **~** as a first course **11.** TYP (*d'un dictionnaire*) headword **12.** INFORM input **13.** ECON **l'~ en scène de l'euro** the arrival of the euro
entrefaites [ɑ̃tʀəfɛt] *fpl* **sur ces ~** at that moment
entrefilet [ɑ̃tʀəfilɛ] *m* paragraph
entrelacer [ɑ̃tʀəlase] <2> **I.** *vt* to intertwine **II.** *vpr* **s'~** to intertwine; **s'~ autour de qc** to twine around sth
entremêler [ɑ̃tʀəmele] <1> **I.** *vt fig* **~ qc de qc** to intermingle sth with sth **II.** *vpr* **s'~** (*doigts*) to intertwine; (*lèvres*) to intermingle; **s'~ à** [*o* **avec**] **qc** to mingle with sth
entremets [ɑ̃tʀəmɛ] *m* dessert
entremise [ɑ̃tʀəmiz] *f* intervention; **grâce à l'~ de qn** thanks to sb's intervention; **par l'~ de qn** through sb's intervention
entrepont [ɑ̃tʀəpɔ̃] *m* steerage
entreposer [ɑ̃tʀəpoze] <1> *vt* (*meubles*) to put into storage; **~ qc en douane** to put in a bonded warehouse; **marchandises entreposées** warehoused goods
entrepôt [ɑ̃tʀəpo] *m* warehouse
entreprenant(e) [ɑ̃tʀəpʀənɑ̃, ɑ̃t] *adj* **1.** (*dynamique*) enterprising **2.** (*galant*) forward
entreprendre [ɑ̃tʀəpʀɑ̃dʀ] <13> *vt* (*commencer*) **~ une étude/une carrière** to embark on a study/a career
entrepreneur, -euse [ɑ̃tʀəpʀənœʀ, -øz] *m, f* **1.** (*créateur d'entreprise*) entrepreneur; **petit ~** small businessman, businesswoman *m, f* **2.** TECH contractor
entreprise [ɑ̃tʀəpʀiz] *f* **1.** (*firme*) business; **~ familiale/individuelle** family/one-man business; **petites et moyennes ~s** small and medium-sized businesses; **~ privée/publique** private/state enterprise; **~ de construction/transports** construction/transportation firm **2.** (*opération*) undertaking
entrer [ɑ̃tʀe] <1> **I.** *vi être* **1.** (*pénétrer*) to enter; (*vu de l'intérieur*) to come in; (*vu de l'extérieur*) to go in; **défense d'~!** no entry!; **faire/laisser ~ qn** to show/let sb in; **faire/laisser ~ un animal** to get/let an animal in **2.** (*pénétrer dans un lieu*) **~ dans qc** to enter sth; (*vu de l'intérieur*) to come into sth; (*vu de l'extérieur*) to go into sth; **~ en gare** to enter the station **3.** (*aborder*) **~ dans les détails** to go into detail; **~ dans le vif du sujet** to get to the heart of the matter **4.** *inf* (*heurter*) **~ dans qc** to slam into sth **5.** (*s'engager dans*) **~ dans un club/un parti/la police** to join a club/a party/the police; **~ dans la vie active** to embark on working life **6.** (*être admis*) **~ à l'hôpital** to go into the hospital; **~ à l'école/en sixième** to start school/sixth grade; **~ en apprentissage/à l'université** to start an apprenticeship/university; **faire ~ qn dans un club/une entreprise** to get sb into a club/a business **7.** (*s'enfoncer*) **la clé n'entre pas dans le trou de la serrure** the key won't go into the lock **8.** (*s'associer à*) **~ dans la discussion** to join the discussion **9.** (*faire partie de*) **~ dans la composition d'un produit** to be an ingredient of a product **10.** (*comme verbe-support*) **~ en application** to come into force; **~ en contact avec qn** to make contact with sb; **~ en collision avec qn/qc** to collide with sb/sth; **~ en guerre** to go to war; **~ en scène** to enter; **~ en ligne de compte** to be taken into consideration; **~ en fonction** to take up office ►**je ne fais qu'~ et sortir** I'm just popping in (and out) **II.** *vt avoir* **1.** (*faire pénétrer*) **~ qc dans qc** to bring/take sth into sth; **~ l'armoire par la fenêtre** to get the armoire in through the window **2.** INFORM to enter
entresol [ɑ̃tʀəsɔl] *m* mezzanine
entre-temps [ɑ̃tʀətɑ̃] *adv* meanwhile
entretenir [ɑ̃tʀət(ə)niʀ] <9> **I.** *vt* **1.** (*maintenir en bon état: machine, voiture*) to maintain; (*beauté, vêtement*) to look after **2.** (*faire vivre*) to support; (*maîtresse*) to keep; **se faire ~ par qn** to be kept by sb **3.** (*faire durer: correspondance*) to carry on; (*espoir, illusions*) to foster; (*souvenirs*) to keep alive; **~ des relations** to keep up a relationship; **~ un feu** to keep a fire burning; **~ sa forme** to keep in shape **4.** (*parler à*) **~ qn de qn/qc** to converse with sb about sb/sth **II.** *vpr* **1.** (*converser*) **s'~ avec qn de qn/qc** to speak with sb about sb/sth **2.** (*se conserver en bon état*) **s'~** (*personne*) to keep in shape; **la moquette/le bois s'entretient facilement** the carpet/the wood is easy to maintain
entretenu(e) [ɑ̃tʀət(ə)ny] **I.** *part passé de* **entretenir** **II.** *adj* **1.** (*tenu en bon état*) well maintained; (*maison*) well kept **2.** (*pris en charge*) **c'est une femme ~e/un homme ~** she's/he's a kept woman/man
entretien [ɑ̃tʀətjɛ̃] *m* **1.** (*maintien en bon état: de la peau, d'un vêtement*) care; (*d'une maison*) upkeep; (*d'une machine*) maintenance;

sans ~ maintenance free **2.** (*discussion en privé*) discussion; (*pour un emploi*) interview

entretuer [ɑ̃tʀətɥe] <1> *vpr* **s'~** to kill each other

entrevoir [ɑ̃tʀəvwaʀ] *vt irr* **1.** (*voir indistinctement*) **~ qc** to make sth out; (*voir brièvement*) to catch a glimpse of sth **2.** (*pressentir*) to foresee

entrevue [ɑ̃tʀəvy] *f* interview

entrouvert(e) [ɑ̃tʀuvɛʀ, ɛʀt] *adj* ajar

entrouvrir [ɑ̃tʀuvʀiʀ] <11> *vt, vpr* **(s')~** to open halfway

énumération [enymeʀasjɔ̃] *f* enumeration; **faire une ~ de qc** to list sth

énumérer [enymeʀe] <5> *vt* to list

envahir [ɑ̃vaiʀ] <8> *vt* **1.** MIL (*pays*) to invade **2.** (*se répandre, infester*) **~ les rues** to swarm into the streets; **~ le terrain de football** to invade the playing field; **~ un lieu** (*insectes, mauvaises herbes*) to invade a place; (*eau*) to flood a place; **~ le marché** (*nouveau produit*) to flood the market **3.** (*gagner*) **le doute/la terreur envahit qn** sb is seized by doubt/terror **4.** (*importuner*) to intrude on

envahissant(e) [ɑ̃vaisɑ̃, ɑ̃t] *adj* (*importun: personne*) intrusive

envahissement [ɑ̃vaismɑ̃] *m* MIL *a. fig* invasion

envahisseur, -euse [ɑ̃vaisœʀ, -øz] *m, f* invader

envaser [ɑ̃vaze] <1> *vpr* **s'~** (*baie, port, rivière*) to silt up; (*personne, bateau, voiture*) to get stuck in the mud

enveloppe [ɑ̃vlɔp] *f* **1.** (*pour le courrier*) envelope; **~ autocollante** [*o* **autoadhésive**] self-adhesive envelope; **être/mettre sous ~** to be/put in an envelope **2.** (*protection*) covering **3.** (*budget*) budget; **une ~ de 14 millions** a budget of 14 million; **~ budgétaire** budget allocation

enveloppé(e) [ɑ̃vlɔpe] *adj* tubby

envelopper [ɑ̃vlɔpe] <1> **I.** *vt* (*verre*) to wrap up; **~ un bébé dans une couverture** to wrap a baby up in a blanket **II.** *vpr* **s'~ dans son manteau** to wrap oneself up in one's coat

envenimé(e) [ɑ̃v(ə)nime] *adj* **1.** (*blessure*) infected **2.** *fig* (*propos*) poisonous

envenimer [ɑ̃v(ə)nime] <1> **I.** *vt* (*aggraver*) to inflame **II.** *vpr* (*se détériorer*) **s'~** (*situation, conflit*) to aggravate

envergure [ɑ̃vɛʀgyʀ] *f* **1.** (*dimension: d'un avion, oiseau*) wingspan; (*d'un bateau, d'une voile*) breadth; **4,20 m d'~** 4.2 meters wide **2.** (*valeur, ampleur*) scale; (*d'une personne*) caliber; **de grande ~** high caliber; (*action*) large-scale; **avoir de l'~** (*personne*) to have stature; (*chose*) to be sizeable; **prendre de l'~** (*personne*) to shape up; (*société*) to expand; (*scandale, dispute*) to become more serious; (*grève*) to escalate

envers [ɑ̃vɛʀ] **I.** *prep* **~ qn/qc** towards sb/sth; **avoir une dette ~ qn** (*financière*) to be in debt to sb; (*morale*) to be indebted to sb; **son mépris ~ qn/qc** her contempt for sb/sth **II.** *m* (*d'une feuille de papier*) other side; (*d'une étoffe, d'un vêtement*) wrong side; (*d'une assiette, feuille d'arbre*) underside ►**l'~ du décor** the other side of the coin; **à l'~** (*dans le mauvais sens*) the wrong way; (*à rebours*) the wrong way around; (*de bas en haut*) upside down; (*à reculons*) backwards; (*en désordre*) upside down; **tout marche à l'~** everything's upside down

enviable [ɑ̃vjabl] *adj* enviable

envie [ɑ̃vi] *f* **1.** (*désir, besoin*) desire; **ses ~s de voyage** his/her wish to travel; **avoir ~ de cacahuètes** to feel like some peanuts; **avoir ~ de faire qc** to feel like doing sth; **avoir ~ de faire pipi/d'aller au W.-C.** *inf* to want to go pee/to the bathroom; **brûler d'~ de** *+infin form* to be longing to *+infin;* **mourir d'~ de** *+infin* to be dying to *+infin;* **l'~ lui prend** [*o* **vient**] **d'aller à la piscine** he feels like going to the pool; **ça me donne ~ de partir en vacances** it makes me want to take a vacation; **avec tes histoires tu me donnes ~ de rire** you and your problems make me feel like laughing; **l'~ lui en est passée** [*o* **lui a passé**] he didn't feel like it anymore **2.** (*convoitise, jalousie, péché capital*) envy ►**faire ~ à qn** (*personne, réussite*) to make sb envious; (*nourriture*) to tempt sb; **ça fait ~** it's very tempting; (*met en appétit*) it's very appealing

envier [ɑ̃vje] <1> *vt* **~ qn pour sa richesse/d'être riche** to envy sb for their wealth/for being rich ►**qn/qc n'a rien à ~ à qn/à qc** there's nothing to choose between sb/sth and sb/sth

envieux, -euse [ɑ̃vjø, -jøz] **I.** *adj* **~ de qn/qc** envious of sb/sth **II.** *m, f* envious person; **tu n'es qu'une envieuse** you're just envious

environ [ɑ̃viʀɔ̃] **I.** *adv* around **II.** *mpl* (*d'une ville*) surroundings; **Reims et ses ~s** Reims and the surrounding area; **dans les ~s du château** in the area around the castle; **aux ~s de Pâques** around Easter; **aux ~s de 100 euros** in the neighborhood of 100 euros

environnant(e) [ɑ̃viʀɔnɑ̃, ɑ̃t] *adj* surrounding; **le milieu ~** the background

environnement [ɑ̃viʀɔnmɑ̃] *m* **1.** (*milieu écologique*) environment **2.** (*environs*) surroundings **3.** (*milieu social*) background

environner [ɑ̃viʀɔne] <1> **I.** *vt* to surround **II.** *vpr* **s'~ de qn/qc** to surround oneself with sb/sth

envisageable [ɑ̃vizaʒabl] *adj* conceivable

envisager [ɑ̃vizaʒe] <2a> *vt* **1.** (*considérer: question, situation*) to consider; (*avenir, mort*) to contemplate **2.** (*projeter*) **~ un voyage pour qn** to envisage a journey for sb; **~ de faire qc** to envisage doing sth **3.** (*prévoir: orage, visite*) to foresee; **~ que qn vienne** to foresee sb coming

envoi [ɑ̃vwa] *m* **1.** (*expédition: d'un paquet, d'une lettre*) sending; (*d'une marchandise, commande, de vivres*) dispatch **2.** (*colis*) package; (*courrier*) letter; ~ **contre remboursement** cash on delivery; ~ **recommandé** registered mail

envol [ɑ̃vɔl] *m* (*d'un oiseau*) taking flight; **prendre son** ~ (*oiseau*) to take flight

envolée [ɑ̃vɔle] *f* **1.** (*envol*) *a. fig* flight **2.** (*hausse: de la monnaie, valeur*) sudden rise; **l'~ de la bourse** soaring stock market prices

envoler [ɑ̃vɔle] <1> *vpr* **s'~** **1.** (*quitter le sol*) to fly away; (*avion*) to take off; **s'~ dans le ciel** (*ballon*) to fly off into the sky **2.** (*augmenter: monnaie, prix*) to soar **3.** (*disparaître: peur, paroles*) to vanish; (*temps*) to fly

envoûtant(e) [ɑ̃vutɑ̃, ɑ̃t] *adj* (*beauté, musique*) bewitching; (*atmosphère*) spellbinding

envoûtement [ɑ̃vutmɑ̃] *m* spell

envoûter [ɑ̃vute] <1> *vt* to bewitch

envoyé(e) [ɑ̃vwaje] *m(f)* **1.** PRESSE correspondent; ~ **spécial** special correspondent **2.** POL, REL envoy

envoyer [ɑ̃vwaje] *irr* **I.** *vt* **1.** (*expédier*) to send; (*démission*) to put in **2.** (*lancer: ballon*) to throw; (*avec le pied*) to kick; (*balle de tennis*) to serve; (*coup de pied, gifle, signal*) to give; ~ **un baiser à qn** to blow sb a kiss ▶ ~ **balader qn** *inf* to send sb packing; ~ **tout promener** *inf* to throw everything up **II.** *vpr* (*se transmettre*) **s'~ des vœux** to send each other greetings; **s'~ des baisers** to blow each other kisses

envoyeur, -euse [ɑ̃vwajœʀ, -jøz] *m, f* *v.* **retour**

éolien(ne) [eɔljɛ̃, jɛn] *adj* **énergie ~ne** wind power

éolienne [eɔljɛn] *f* (*machine*) windmill

épagneul(e) [epaɲœl] *m(f)* spaniel

épais(se) [epɛ, ɛs] **I.** *adj* thick; **être ~ de 4 cm** to be 4 centimeters thick **II.** *adv* **il n'y en a pas ~** *inf* there's not much of it

épaisseur [epɛsœʀ] *f* (*dimension*) thickness; (*de la neige*) depth; (*d'une couche, couverture*) layer; **avoir une ~ de 7 cm, avoir 7 cm d'~** to be 7 cm thick

épaissir [epesiʀ] <8> **I.** *vi* (*liquide*) to thicken **II.** *vpr* **s'~** (*devenir plus consistant: liquide, air*) to thicken; (*forêt, brouillard*) to get thicker

épanchement [epɑ̃ʃmɑ̃] *m* outpouring

épandage [epɑ̃daʒ] *m* (*d'un engrais*) spreading

épanoui(e) [epanwi] *adj* **1.** (*ouvert: fleur*) in bloom **2.** (*radieux: sourire, visage*) radiant **3.** (*développé harmonieusement: corps*) glowing with health **4.** (*équilibré: caractère, personne*) fulfilled

épanouir [epanwiʀ] <8> *vpr* **s'~** **1.** (*s'ouvrir: fleur*) to bloom **2.** (*devenir joyeux: visage*) to light up **3.** (*trouver le bonheur, prendre des formes*) to blossom **4.** (*se développer: personne, compétence*) to develop; **s'~ dans un travail** to be fulfilled in a job

épanouissement [epanwismɑ̃] *m* (*d'une fleur*) blooming; *fig* blossoming

épargnant(e) [epaʀɲɑ̃, ɑ̃t] *m(f)* saver

épargne [epaʀɲ] *f* **1.** (*action*) saving **2.** (*sommes*) savings *pl*

épargne-logement [epaʀɲlɔʒmɑ̃] *f sans pl* **plan d'~** home savings plan

épargner [epaʀɲe] <1> **I.** *vt* **1.** (*par économie*) to save **2.** (*compter, ménager: forces*) to conserve; (*peine*) to spare; **ne rien ~ pour** +*infin* to spare nothing to +*infin* **3.** (*éviter*) ~ **un discours à qn** to spare sb a speech; **cela m'a été épargné** I was spared that **4.** (*laisser vivre*) to spare **II.** *vpr* **s'~ qc** to spare oneself sth

éparpillement [epaʀpijmɑ̃] *m* (*dissémination*) scattering

éparpiller [epaʀpije] <1> **I.** *vt* **1.** (*disséminer: personnes*) to disperse; (*miettes*) to scatter **2.** (*disperser inefficacement: forces, talent*) to dissipate; ~ **ses efforts/son attention** to fail to focus one's efforts/one's attention **II.** *vpr* **s'~** **1.** (*se disséminer: foule*) to scatter; (*maisons*) to be scattered **2.** (*se disperser: personne*) to fail to focus oneself

épars(e) [epaʀ, aʀs] *adj* (*maisons, ruines*) scattered; (*en désordre: vêtements, jouets, cheveux*) messy

épatant(e) [epatɑ̃, ɑ̃t] *adj inf* splendid

épaté(e) [epate] *adj inf* staggering

épater [epate] <1> *vt inf* (*stupéfier*) to amaze; **ça t'épate, hein?** amazing, isn't it?

épaule [epol] *f* ANAT shoulder; **hausser les ~s** to shrug one's shoulders

épauler [epole] <1> **I.** *vt* **1.** (*aider*) ~ **qn** to help sb (out) **2.** (*appuyer: arme*) to raise (to one's shoulder) **II.** *vi* to raise one's gun (to one's shoulder) **III.** *vpr* **1.** (*s'entraider*) **s'~** to help each other out **2.** (*s'appuyer*) **s'~ contre qn/qc** to lean against sb/sth

épave [epav] *f* **1.** (*débris*) wreckage **2.** (*véhicule, personne*) wreck

épée [epe] *f* sword

épéiste [epeist] *mf* swordsman *m*, swordswoman *f*

épeler [ep(ə)le] <3> *vt, vi* to spell

épépiner [epepine] <1> *vt* to seed

éperdu(e) [epɛʀdy] *adj* **1.** (*affolé, fou: personne*) distraught; (*gestes, regard*) wild; **être ~ de douleur/reconnaissance** to be overcome with sorrow/gratitude **2.** (*fort: besoin, désir*) intense; (*amour*) passionate **3.** (*très rapide: fuite*) headlong; (*rythme*) frantic

éperdument [epɛʀdymɑ̃] *adv* **1.** *form* (*follement*) wildly; (*chercher*) frantically **2.** (*totalement*) **il s'en moque ~** he couldn't care less

éperlan [epɛʀlɑ̃] *m* smelt

éperon [ep(ə)ʀɔ̃] *m* **1.** *a.* GEO spur; **donner des ~s à un cheval** to spur on a horse **2.** NAUT cutwater

éperonner [ep(ə)ʀɔne] <1> *vt* **1.** ~ **un cheval/un candidat** to spur on a horse/a candidate **2.** NAUT to ram

épervier [epɛʀvje] *m* **1.** ZOOL sparrow hawk

E

2. (*filet de pêche*) cast net
éphèbe [efɛb] *m iron* Adonis
éphémère [efemɛʀ] *adj* (*bonheur*) short-lived; (*beauté*) transient; (*instant, vie*) fleeting
éphéméride [efemeʀid] *f* (*calendrier*) tear-off calendar
épi [epi] *m* **1.** (*de maïs, de blé*) ear **2.** (*mèche*) tuft ▶ **en** ~ at an angle (to the curb); **le stationnement en** ~ angle parking
épice [epis] *f* spice
épicé(e) [epise] *adj* **1.** CULIN spicy **2.** (*grivois: histoire*) juicy
épicéa [episea] *m* spruce
épicentre [episɑ̃tʀ] *m* epicenter
épicer [epise] <2> *vt* **1.** (*assaisonner*) to spice **2.** (*corser*) ~ **une histoire de qc** to spice up a story with sth
épicerie [episʀi] *f* (*magasin*) grocery store; **la petite** ~ **du coin** the corner store; ~ **fine** delicatessen
épicier, -ière [episje, -jɛʀ] *m, f* **1.** (*tenant d'épicerie*) grocer **2.** *péj* shopkeeper
épidémie [epidemi] *f* epidemic
épidémique [epidemik] *adj* (*maladie*) epidemic
épiderme [epidɛʀm] *m* skin ▶ **avoir l'**~ **sensible** [*o* **chatouilleux**] *inf* to be thin-skinned
épier [epje] <1> **I.** *vt* ~ **qn** to spy on sb; ~ **un bruit** to listen out for a sound; **le chat épie la souris** the cat is keeping an eye on the mouse **II.** *vpr* **s'**~ to watch each other closely
épieu [epjø] <x> *m* (*à la chasse*) spear; MIL pike
épilation [epilasjɔ̃] *f* hair removal; (*des sourcils*) plucking; **l'**~ **de la lèvre/des jambes** removal of upper lip/leg hair; (*avec de la cire*) upper lip/leg waxing
épilepsie [epilɛpsi] *f* epilepsy
épileptique [epilɛptik] **I.** *adj* epileptic **II.** *mf* **être** ~ to be (an) epileptic
épiler [epile] <1> **I.** *vt* ~ **les jambes** to remove leg hair; (~ *les sourcils*) to pluck one's eyebrows; ~ **le menton/visage à qn** to remove hair on the chin/face **II.** *vpr* **s'**~ **les jambes** to remove the hair on one's legs; (*avec de la cire*) to wax one's legs
épilogue [epilɔg] *m* **1.** (*conclusion*) ending; **connaître un** ~ **heureux/triste** to have a happy/sad ending **2.** LIT epilogue
épiloguer [epilɔge] <1> *vi* ~ **sur qc** to go on (and on) about sth
épinard [epinaʀ] *m* spinach
épine [epin] *f* thorn ▶ **enlever à qn une belle** ~ **du pied** to get sb out of a jam
épinette [epinɛt] *f Québec* (*épicéa*) spruce
épineux, -euse [epinø, -øz] *adj* **1.** (*piquant: arbuste, buisson*) thorny; (*animal, cactus*) spiny **2.** (*délicat: question, situation*) thorny
épingle [epɛ̃gl] *f* pin; ~ **à cheveux** hairpin; ~ **à nourrice** safety pin ▶ **tirer son** ~ **du jeu** (*s'en sortir*) to get out in time; (*réussir*) to do nicely for oneself
épingler [epɛ̃gle] <1> *vt* **1.** (*accrocher avec des épingles*) ~ **des photos au mur** to pin photos to the wall **2.** *inf* (*attraper*) to nab
épique [epik] *adj* epic
épiscopal(e) [episkɔpal, -o] <-aux> *adj* episcopal
épisode [epizɔd] *m* episode; **roman/film à** ~**s** serial novel/movie ▶ **par** ~**s** episodically
épisodique [epizɔdik] *adj* occasional
épisodiquement [epizɔdikmɑ̃] *adv* occasionally
épistolaire [epistɔlɛʀ] *adj* (*roman, littérature*) epistolary
épitaphe [epitaf] *f* epitaph
épithète [epitɛt] *f* **1.** LING attribute; **adjectif** ~ attributive adjective **2.** (*qualificatif*) epithet **3.** (*sobriquet*) nickname
éploré(e) [eplɔʀe] *adj* tearful
épluchage [eplyʃaʒ] *m* **1.** (*des fruits, légumes, crevettes*) peeling; (*des radis*) cleaning; (*de la salade*) removing of the outer leaves **2.** *fig* (*des comptes, dossiers, textes*) dissection
éplucher [eplyʃe] <1> *vt* **1.** (*nettoyer: fruits, légumes, crevettes*) to peel; ~ **une salade** to remove the outer layer from a head of lettuce **2.** *fig* (*comptes*) to dissect
épluchette [eplyʃɛt] *f Québec* (*réunion*) meeting
épluchure [eplyʃyʀ] *f souvent pl* peelings; **une** ~ a peeling
éponge [epɔ̃ʒ] *f* sponge ▶ **jeter l'**~ to throw in the towel; **passer l'**~ **sur qc** to forget about sth
éponger [epɔ̃ʒe] <2a> **I.** *vt* (*table*) to wipe down; (*sol*) to mop; (*liquide*) to mop up **II.** *vpr* **s'**~ **le front** to wipe one's brow
épopée [epɔpe] *f* **1.** LIT epic **2.** (*aventures*) saga
époque [epɔk] *f* (*moment*) time; (*ère*) age; **l'**~ **glaciaire/moderne** the ice/modern age; **l'**~ **révolutionnaire** the age of revolution; **la Belle Époque** the Belle Époque; **à l'**~ [*o* **à cette** ~] in those days; **à l'**~ **de qn** in sb's day; **à l'**~ **de qc** at the time of sth; **à cette** ~ **de l'année** at this time of year ▶ **vivre avec son** ~ to be of one's time; **d'**~ period
époumoner [epumɔne] <1> *vpr* **s'**~ **à faire qc** (*hurler*) to yell; (*se fatiguer en parlant*) to talk oneself hoarse
épouser [epuze] <1> *vt* **1.** (*se marier avec*) to marry **2.** (*partager: idées, cause*) to espouse; (*intérêts*) to take up **3.** (*s'adapter à*) ~ **les formes du corps** (*robe*) to cling to the body
épousseter [epuste] <3> *vt* to dust
époustouflant(e) [epustuflɑ̃, ɑ̃t] *adj inf* staggering
époustoufler [epustufle] <1> *vt inf* to stagger
épouvantable [epuvɑ̃tabl] *adj* terrible; (*temps*) appalling
épouvantail [epuvɑ̃taj] <s> *m* scarecrow
épouvante [epuvɑ̃t] *f* horror; **film d'**~ horror film
épouvanter [epuvɑ̃te] <1> **I.** *vt* **1.** (*horrifier*) to terrify **2.** (*inquiéter*) to frighten; **il est épou-**

vanté de faire qc he's frightened of doing sth **II.** *vpr* **1.** (*prendre peur*) **s'~** to be terrified **2.** (*redouter*) **il s'épouvante de qc** sth frightens him

époux, -ouse [epu, -uz] *m, f form* spouse; **les ~** the bride and groom; **Mme Dumas, épouse Meyers** Mme. Dumas, married name Meyers

épreuve [epʀœv] *f* **1.** (*test*) test; **mettre qn/qc à l'~/à rude ~** to put sb/sth to the test/to a tough test **2.** ECOLE (*examen*) examination **3.** SPORT event **4.** (*moment difficile, malheur*) trial; **dure ~** severe trial ► **~ de force** showdown; **résister à l'~ du temps** to stand the test of time; **résister à l'~ du vent** to stand up to the wind; **être à l'~ du feu/de l'eau** to be fireproof/waterproof; **à l'~ des balles** bulletproof; **à l'~ des bombes** bombproof; **à toute ~** (*nerfs, santé*) rock-solid; (*courage*) indomitable; (*patience, optimisme*) unfailing; (*énergie*) unflagging

épris(e) [epʀi, iz] *adj* **~ de qn/d'une idée** in love with sb/an idea; **~ de justice/liberté** passionate about justice/freedom; **être ~ de son métier/sa voiture** to have a passion for one's job/one's car

éprouvant(e) [epʀuvɑ̃, ɑ̃t] *adj* trying; (*climat, chaleur*) testing

éprouvé(e) [epʀuve] *adj* **1.** (*ébranlé: personne, région*) stricken; **être très ~e** to be hard-hit **2.** (*confirmé*) tried and tested

éprouver [epʀuve] <1> *vt* **1.** (*ressentir: besoin, sentiment*) to feel **2.** (*subir: malheur, désagréments*) to suffer **3.** (*tester*) to put to the test **4.** (*ébranler physiquement, moralement*) to distress **5.** (*ébranler matériellement*) to strike

éprouvette [epʀuvɛt] *f* test tube

EPS [øpeɛs] *f abr de* **éducation physique et sportive** PE

épuisant(e) [epɥizɑ̃, ɑ̃t] *adj* exhausting

épuisé(e) [epɥize] *adj* **1.** (*éreinté*) tired-out; **être ~ de fatigue** to be exhausted **2.** (*tari: filon, réserves, gisement*) exhausted **3.** (*totalement vendu: édition, livre*) out of print

épuisement [epɥizmɑ̃] *m* **1.** (*fatigue, tarissement*) exhaustion **2.** (*vente totale*) **jusqu'à ~ du stock** while stocks last

épuiser [epɥize] <1> **I.** *vt* **1.** (*fatiguer*) **~ qn** to tire sb out **2.** (*tarir, venir à bout de: économies, réserves, sujet*) to exhaust **3.** (*vendre totalement*) **~ un article** to run out of an article; **les stocks sont épuisés** the stocks have run out **II.** *vpr* **1.** (*se tarir*) **s'~** (*réserves*) to run out; (*sol*) to be worked out; (*source*) to dry up; (*forces*) to be exhausted **2.** (*se fatiguer*) **s'~ à faire qc/sur qc** to tire oneself out doing sth/over sth

épuisette [epɥizɛt] *f* landing net; (*à crevettes*) shrimp net

épuration [epyʀasjɔ̃] *f* **1.** CHIM purification **2.** POL purge

épurer [epyʀe] <1> *vt* **1.** (*purifier*) to purify **2.** (*rendre meilleur: style*) to refine; (*personne*) to reform; (*langue*) to purify **3.** POL to purge

équateur [ekwatœʀ] *m* equator

Équateur [ekwatœʀ] *m* **l'~** Ecuador

équation [ekwasjɔ̃] *f* equation; **~ du premier/second degré** first-/second-degree equation

équatorial(e) [ekwatɔʀjal, -jo] <-aux> *adj* equatorial

équatorien(ne) [ekwatɔʀjɛ̃, ɛn] *adj* Ecuadorian

Équatorien(ne) [ekwatɔʀjɛ̃, ɛn] *m(f)* Ecuadorian

équerre [ekɛʀ] *f* square

équestre [ekɛstʀ] *adj* (*exercice*) riding; (*randonnée*) horseback; (*statue*) equestrian

équidistant(e) [ekɥidistɑ̃, ɑ̃t] *adj* equidistant

équilatéral(e) [ekɥilateʀal, -o] <-aux> *adj* **1.** (*triangle*) equilateral **2.** *inf* **ça m'est ~** I couldn't care less

équilibre [ekilibʀ] *m* **1.** *a.* POL, ECON balance; **en ~** balanced; **être en ~ sur le bord de la table** to be balanced on the edge of the table; **mettre qc en ~** to balance sth **2.** PSYCH equilibrium; **faire preuve d'~** to show balance

équilibré(e) [ekilibʀe] *adj* **1.** (*en équilibre*) balanced **2.** (*stable: personne, esprit*) stable

équilibrer [ekilibʀe] <1> **I.** *vt* **1.** (*mettre en équilibre*) to balance; **bien ~ ses repas** to eat well-balanced meals **2.** (*stabiliser*) to bring into balance **3.** (*contrebalancer*) to counterbalance **II.** *vpr* **s'~** to balance out

équilibriste [ekilibʀist] *mf* acrobat; (*funambule*) tightrope walker; **à force de faire l'~** [*o* **jouer les ~s**], **...** with all these acrobatics ...; **~ de la haute finance** a financial high-wire artist

équinoxe [ekinɔks] *m* equinox

équipage [ekipaʒ] *m* (*d'un avion, bateau*) crew

équipe [ekip] *f a.* SPORT team; **faire ~ avec qn** to team up with sb; **l'~ de jour/nuit/du matin/soir** (*à l'usine*) the day/night/morning/evening shift; **en ~** in a team

équipée [ekipe] *f* **1.** (*aventure*) escapade **2.** (*longue promenade*) hike **3.** (*virée*) jaunt

équipement [ekipmɑ̃] *m* **1.** (*action: d'un hôtel, hôpital*) fitting; **l'~ industriel de la région** the regional industrial plant; **plan d'~ de la région** regional industrial development plan **2.** (*matériel*) equipment; (*d'une voiture*) fittings **3.** *souvent pl* (*installations*) facilities

Équipement [ekipmɑ̃] *m* ADMIN **l'~ (du territoire)** public planning and works department

équiper [ekipe] <1> *vpr* **s'~ en qc** to equip oneself with sth

équipier, -ière [ekipje, -jɛʀ] *m, f* team member; NAUT crew member

équitable [ekitabl] *adj* fair

équitablement [ekitabləmɑ̃] *adv* fairly

équitation [ekitasjɔ̃] *f* horseback riding; **faire de l'~** to go horseback riding

équité [ekite] *f* (*d'un jugement, d'une loi*) fairness; **en toute ~** in all fairness

équivalence [ekivalɑ̃s] *f* **1.** (*valeur égale*) equivalence **2.** UNIV *recognition of a foreign degree;* **elle a obtenu une ~ pour son diplôme** her diploma has been recognized

équivalent [ekivalɑ̃] *m* equivalent; **accepter serait l'~ de céder** agreeing would be tantamount to giving in; **sans ~** without an exact equivalent

équivalent(e) [ekivalɑ̃, ɑ̃t] *adj* equivalent; **elle gagne un salaire ~ au mien** she earns the same salary as I do

équivaloir [ekivalwaʀ] *vi irr* **~ à qc** to be equivalent to sth

équivoque [ekivɔk] **I.** *adj* **1.** (*ambigu: expression, terme*) ambiguous; (*attitude*) equivocal **2.** (*louche: personne, relation, passé*) dubious; (*regard*) questionable **II.** *f* (*ambiguïté*) ambiguity; (*malentendu*) misunderstanding; (*incertitude*) doubt; **sans ~** unambiguous; **rester dans l'~** to remain in a state of uncertainty

érable [eʀabl] *m* maple

érablière [eʀablijɛʀ] *f Québec* (*plantation d'érables à sucre*) maple plantation

éradication [eʀadikasjɔ̃] *f* eradication

éradiquer [eʀadike] <1> *vt* to eradicate

érafler [eʀɑfle] <1> **I.** *vt* to graze **II.** *vpr* **s'~ le genou** to scrape one's knee

éraflure [eʀɑflyʀ] *f* scratch

éraillé(e) [eʀɑje] *adj* (*voix*) hoarse

ère [ɛʀ] *f* **1.** era; **~ industrielle** industrial age; **avant notre ~** B.C. **2.** GEO period; **~ tertiaire/quaternaire** Tertiary/Quaternary (period)

érection [eʀɛksjɔ̃] *f* (*d'un pénis*) erection

éreintant(e) [eʀɛ̃tɑ̃, ɑ̃t] *adj* backbreaking

éreinter [eʀɛ̃te] <1> *vt* (*épuiser*) to exhaust

érémiste [eʀemist] *mf* recipient of the RMI (*welfare payments*)

Erevan [eʀevan] Yerevan

ergot [ɛʀgo] *m* **1.** (*d'un coq*) spur; (*d'un chien*) dewclaw **2.** (*du seigle*) ergot **3.** TECH (*d'un engrenage*) lug

ergoter [ɛʀgɔte] <1> *vi* **~ sur qc** to quibble about sth

ériger [eʀiʒe] <2a> **I.** *vt form* **1.** (*dresser, élever: monument*) to erect **2.** (*élever au rang de*) **~ qn en martyr** to make sb into a martyr; **~ qc en règle générale** to make into a general rule **II.** *vpr form* **s'~ en juge** to set oneself up as a judge

ermitage [ɛʀmitaʒ] *m* hermitage

ermite [ɛʀmit] *m* hermit

érogène [eʀɔʒɛn] *adj* (*zone*) erogenous

érosion [eʀɔzjɔ̃] *f* **1.** GEO erosion **2.** (*affaiblissement*) weakening; **~ du pouvoir d'achat** erosion of purchasing power; **~ monétaire** erosion of the value of money

érotique [eʀɔtik] *adj* erotic

érotisme [eʀɔtism] *m* eroticism

errant(e) [eʀɑ̃, ɑ̃t] *adj* (*personne, regard, vie*) wandering; (*animal*) stray

erratum [eʀatɔm, eʀata] <errata> *m* erratum

errer [eʀe] <1> *vi* to wander

erreur [eʀœʀ] *f* error, mistake; **~ d'ordinateur/de système** computer/system error; **~ de jugement** error of judgment; **raccrochez! c'est une ~ (de numéro)** hang up! it's a wrong number; **~ judiciaire** miscarriage of justice; **~ médicale** medical error; **il y a ~/n'y a pas d'~** there's some mistake/no mistake; **j'ai commis une ~** I've made a mistake; **être dans l'~** to be wrong; **faire ~** to be mistaken; **induire qn en ~** to mislead sb; **par ~** by mistake; **sauf ~ de ma part** unless I'm mistaken ►**~ de <u>jeunesse</u>** error of youth; **l'~ est <u>humaine</u>** *prov* to err is human

erroné(e) [eʀɔne] *adj* wrong

ersatz [ɛʀsats] *m inv* substitute; **~ de café/savon** coffee/soap substitute

érudit(e) [eʀydi, it] **I.** *adj* (*ouvrage, étude*) erudite; (*personne*) learned; **~ en archéologie** learned in archeology **II.** *m(f)* scholar

érudition [eʀydisjɔ̃] *f* erudition; **des ouvrages d'~** erudite works; **~ en histoire** historical learning

éruption [eʀypsjɔ̃] *f* **1.** MED outbreak; **~ dentaire** teething **2.** GEO eruption; **en ~** (*volcan*) erupting

es [ɛ] *indic prés de* **être**

esbroufe [ɛsbʀuf] *f inf* bluff; **faire de l'~** to bluff

escabeau [ɛskabo] <x> *m* **1.** (*échelle*) steps *pl* **2.** (*tabouret*) stool

escadre [ɛskadʀ] *f* squadron

escadrille [ɛskadʀij] *f* (*de bombardement, chasse*) squadron

escadron [ɛskadʀɔ̃] *m* (*de cavalerie*) squadron; (*de chasseurs, gendarmerie, police*) company

escalade [ɛskalad] *f* **1.** (*ascension*) climb; **faire l'~ d'une montagne** to climb a mountain **2.** (*sport*) climbing; **faire de l'~** to go climbing **3.** (*surenchère*) escalation

escalader [ɛskalade] <1> *vt* **1.** (*monter: montagne*) to climb **2.** (*franchir*) **~ un mur** to scale a wall

escalator [ɛskalatɔʀ] *m* escalator

escale [ɛskal] *f* **1.** NAUT port of call **2.** AVIAT (*arrêt*) stop; **~ technique** refueling stop; **le vol s'effectue sans ~** it is a nonstop flight; (*lieu*); **une ~ à Tokyo** a stopover in Tokyo

escalier [ɛskalje] *m sing o pl* stairs *pl;* **~ roulant** escalator; **~ de service** back stairs; **être dans l'~** to be on the stairs; **tomber dans les ~s** to fall down the stairs

escalope [ɛskalɔp] *f* scallop

escamotable [ɛskamɔtabl] *adj* (*antenne, train d'atterrissage*) retractable; (*clavier, meuble, machine à coudre*) folding; **lit ~** foldaway bed

escamoter [ɛskamɔte] <1> **I.** *vt* **1.** (*rentrer: antenne, train d'atterrissage*) to retract **2.** (*faire disparaître*) to vanish **3.** (*dérober*) to pinch **4.** (*éluder: incident, problème*) to slide over; (*mot, note de musique*) to skip; (*une dif-*

ficulté) to evade **II.** *vpr* **s'~** (*train d'atterrissage*) to retract; (*lit*) to fold away
escampette [ɛskɑ̃pɛt] *f v.* **poudre**
escapade [ɛskapad] *f* escapade; **faire une ~** (*faire une fugue*) to run off; (*faire une infidélité*) to have a fling; (*sécher*) to ditch
escargot [ɛskaʀgo] *m* **1.** ZOOL, CULIN snail; **~ de Bourgogne** Burgundy snail **2.** (*personne, véhicule*) slowpoke; **rouler comme un ~** to drive at a snail's pace
escarmouche [ɛskaʀmuʃ] *f a.* MIL skirmish
escarpé(e) [ɛskaʀpe] *adj* steep
escarpin [ɛskaʀpɛ̃] *m* pump
escient [esjɑ̃] *m* **à bon/mauvais ~** advisedly/ill-advisedly; (*au bon/mauvais moment*) appropriately/inappropriately
esclaffer [ɛsklafe] <1> *vpr* **s'~** to burst out laughing
esclandre [ɛsklɑ̃dʀ] *m* scene
esclavage [ɛsklavaʒ] *m a. fig* slavery; **~ moderne** modern slavery; **l'~ de l'alcool/la drogue** enslavement to alcohol/drugs; **la mode est un véritable ~** fashion is a slave master; **tomber en ~** to be enslaved; **réduire qn en ~** to enslave sb
esclavagiste [ɛsklavaʒist] **I.** *adj* (*théorie, personne*) proslavery; **société ~** slave society **II.** *mf* (*trafiquant*) slaver; (*propriétaire*) slave-owner
esclave [ɛsklav] **I.** *adj* enslaved; **~ de qn/qc** enslaved to sb/sth **II.** *mf* slave
escogriffe [ɛskɔgʀif] *m inf* beanpole
escompte [ɛskɔ̃t] *m* COM, FIN discount
escompter [ɛskɔ̃te] <1> *vt* **1.** (*espérer*) **~ qc/que qn va faire qc** to count on sth/on sb doing sth; **ne pas ~ qc/que qn fasse qc** (*subj*) not to count on sth/on sb doing sth; **~** +*infin* to expect to +*infin* **2.** FIN to discount
escorte [ɛskɔʀt] *f* escort
escorter [ɛskɔʀte] <1> *vt* to escort
escouade [ɛskwad] *f* (*groupe*) gang; MIL squad; **par ~s** in gangs
escrime [ɛskʀim] *f* fencing; **faire de l'~** to fence
escrimer [ɛskʀime] <1> *vpr* **s'~ à** +*infin* to struggle to +*infin*
escroc [ɛskʀo] *m* crook
escroquer [ɛskʀɔke] <1> *vt* to con; **~ une signature à qn** to wheedle a signature out of sb; **~ qn de mille euros** to con sb out of a thousand euros; **se faire ~ par qn de 500 euros** to get conned out of 500 euros by sb
escroquerie [ɛskʀɔkʀi] *f* fraud
ésotérique [ezɔteʀik] *adj* esoteric
espace [ɛspas] **I.** *m* space; **avoir assez d'~ pour danser** to have enough room to dance; **~ publicitaire** advertising space; **~ aérien** airspace; **dans l'~ d'un été/moment** in (the space of) a summer/a moment **II.** *f* TYP, INFORM space
espacement [ɛspasmɑ̃] *m* **1.** (*distance*) space; TYP (*des lignes, mots*) spacing; **~ entre ta maison et la mienne** the gap between your house and mine **2.** (*action d'espacer*) **l'~ de mes visites** the time between my visits
espacer [ɛspase] <2> **I.** *vt* (*séparer*) to space out; **il espace ses visites** he's making less frequent visits **II.** *vpr* (*devenir plus rare*) **s'~** to become less frequent
espadon [ɛspadɔ̃] *m* ZOOL swordfish
espadrille [ɛspadʀij] *f* **1.** espadrille **2.** *Québec* (*basket*) sneaker; **~s de tennis** tennis shoes
Espagne [ɛspaɲ] *f* **l'~** Spain
espagnol [ɛspaɲɔl] *m* Spanish; *v.a.* **français**
espagnol(e) [ɛspaɲɔl] *adj* Spanish
Espagnol(e) [ɛspaɲɔl] *m(f)* Spaniard
espagnolette [ɛspaɲɔlɛt] *f* catch (*bar mechanism on windows in France*)
espalier [ɛspalje] *m* **1.** BOT espalier; **être en ~** to be espaliered **2.** SPORT gym ladder
espèce [ɛspɛs] *f* **1.** BIO (*catégorie*) species; **~ animale** species of animal; **~ canine** dog species; **l'~ (humaine)** the human race **2.** (*sorte*) *a. péj* sort; **c'est un(e) ~ de pot de chambre** it's a sort of chamber pot [*o* bedpan]; **~ d'imbécile!** *inf* you damn idiot!; **de ton ~** like you; **de cette/de la pire ~** *inf* of that/the worst sort **3.** *pl* (*argent liquide*) cash; **régler** [*o* **payer**] **en ~s** to pay cash
espérance [ɛspeʀɑ̃s] *f* **1.** (*espoir*) hope; (*attente*) expectation; **donner de grandes ~s** to show great promise; **fonder de grandes ~s sur qn/qc** to have high expectations of sb/sth; **répondre à toutes les ~s** to live up to expectations; **contre toute ~** against all expectations; **dans l'~ de faire qc/que qn fasse qc** (*subj*) in the hope of doing sth/that sb may do sth **2.** (*durée*) **~ de vie** life expectancy
espéranto [ɛspeʀɑ̃to] *m* Esperanto; *v.a.* **français**
espérer [ɛspeʀe] <5> **I.** *vt* **1.** (*souhaiter*) to hope; **je l'espère bien** I hope so; **nous espérons vous revoir bientôt** we hope to see you again soon; **j'espère n'avoir rien oublié** I hope I haven't forgotten anything **2.** (*compter sur*) **~ qc** to hope for sth; **on ne l'espère plus** we've given up hoping he'll come; **espères-tu qu'il te vienne en aide?** are you hoping he'll help you out? **II.** *vi* to hope; **espérons!** let's just hope!; **~ en l'avenir** to have faith in the future
espiègle [ɛspjɛgl] *adj* (*enfant, sourire*) roguish
espièglerie [ɛspjɛgləʀi] *f* mischievousness
espion(ne) [ɛspjɔ̃, jɔn] **I.** *m(f)* spy; **arrête de jouer les ~s!** stop spying on people! **II.** *app* spy
espionnage [ɛspjɔnaʒ] *m* espionage; **les services d'~** the intelligence services; **film/roman d'~** spy film/novel
espionner [ɛspjɔne] <1> *vt* **~ qn** to spy on sb; **~ une conversation** to eavesdrop on a conversation
esplanade [ɛsplanad] *f* esplanade
espoir [ɛspwaʀ] *m* hope; **sans ~** hopeless; **conserver l'~** to keep hoping; **ne pas perdre ~** not to lose hope; **enlever tout ~ à**

qn to take away all hope from sb; **fonder** [*o* **placer**] **de grands ~s sur** [*o* **en**] **qn/qc** to have high hopes for sb/sth; **tu as encore l'~ qu'il réussisse?** do you still have hopes he'll succeed?; **je garde l'~ qu'il viendra** I go on hoping he will come; **dans l'~ de faire qc** in the hope of doing sth; **les ~s de la boxe française** the (bright) hopes of French boxing ▶ **l'~ fait vivre** *prov* one must live in hope

esprit [ɛspʀi] *m* **1.** (*pensée*) mind; **avoir l'~ étroit/large** to be narrow-/broad-minded **2.** (*tête*) **avoir qn/qc à l'~** to have sb/sth on one's mind; **une idée me traverse l'~** an idea has crossed my mind; **une idée/un mot me vient à l'~** an idea/word has come into my head; **dans mon/son ~** (*souvenir*) as I/she remembers it; (*opinion*) in my/her mind; **elle a l'~ libre** her mind is free; **avoir l'~ ailleurs** to be miles away; **faible** [*o* **simple**] **d'~** feeble-minded **3.** (*humour*) wit; **plein d'~** witty; **faire de l'~** to try to be witty **4.** (*personne*) **~ fort** [*o* **libre**] rationalist; **faire** [*o* **jouer**] **l'~ fort** to be clever; **grand/petit ~** great/small mind; **~ retors** devious mind **5.** (*caractère*) **avoir bon/mauvais ~** to be helpful/unhelpful **6.** (*intention, prédisposition, être spirituel*) spirit; **il a l'~ à qc** his mind is on sth; **dans cet ~** in this spirit; **avoir l'~ de compétition/de contradiction** to be competitive/argumentative; **avoir l'~ de famille** to be a family person; **avoir l'~ d'organisation** to be an organizer; **~ de sacrifice** sense of (self-)sacrifice; **avoir l'~ d'entreprise** to be enterprising ▶ **les grands ~s se rencontrent** *inf* great minds think alike; **faire du mauvais ~** to make trouble; **avoir l'~ mal tourné** to have a dirty mind; **reprendre ses ~s** to get a grip on oneself; **rester jeune d'~** to stay young at heart

esquimau¹ [ɛskimo] *m* (*langue*) *a. pej* Eskimo; *v.a.* **français**

esquimau®² [ɛskimo] <x> *m* CULIN Eskimo Pie®

esquimau(de) [ɛskimo, od] <x> *adj a. pej* Eskimo; **le peuple ~** the Eskimo people

Esquimau(de) [ɛskimo, od] *m(f) a. pej* Eskimo

esquinté(e) [ɛskɛ̃te] *adj inf* ruined

esquinter [ɛskɛ̃te] <1> **I.** *vt inf* **1.** (*abîmer: chose*) to wreck; (*voiture*) to smash up; **~ qn** to beat sb up **2.** (*épuiser: santé*) to wreck **II.** *vpr inf* **s'~** (*personne*) to kill oneself; **s'~ les yeux** to ruin one's eyes; **s'~ à faire qc** to kill oneself doing sth

esquisse [ɛskis] *f* **1.** ART, ECON sketch **2.** (*amorce: d'un sourire, regret*) hint **3.** (*présentation rapide*) outline

esquisser [ɛskise] <1> **I.** *vt* **1.** ART to sketch **2.** (*amorcer*) **~ un sourire** to give a hint of a smile; **ne pas ~ un geste pour aider qn** not to lift a hand to help sb **3.** (*présenter rapidement*) to outline **II.** *vpr* **s'~** (*silhouette, solution*) to begin to emerge; **s'~ sur le visage de qn** (*sourire*) to flicker across sb's face

esquiver [ɛskive] <1> **I.** *vt* (*éviter*) to dodge **II.** *vpr* **s'~** to slip away

essai [esɛ] *m* **1.** *gén pl* (*test*) test; (*d'un appareil, médicament*) trial; **faire l'~ de qc** to try sth out; **être à l'~** to undergo testing; **mettre qn à l'~** to put sb to the test **2.** (*tentative*) attempt; **ne pas en être à son premier ~** to have made many previous attempts **3.** SPORT attempt, try; (*en sport automobile*) trial **4.** LIT essay ▶ **marquer/transformer un ~** SPORT to score/convert a try

essaim [esɛ̃] *m* swarm; **un ~ d'abeilles/de moustiques** a swarm of bees/mosquitos; **un ~ d'enfants** a horde of children

essayage [esɛjaʒ] *m* (*sur mesures*) fitting; (*prêt-à-porter*) trying on; **cabine/salon d'~** fitting room

essayer [eseje] <7> **I.** *vt* **1.** (*tester: chaussures, vêtement*) to try on; (*nourriture, médicament, méthode*) to try out; (*boucher, coiffeur*) to try **2.** (*tenter*) to try **II.** *vi* to try; **~ de** +*infin* to try to +*infin;* **ça ne coûte rien d'~** it costs nothing to try **III.** *vpr* **s'~ à une chose/activité** to try one's hand at sth/an activity

essayiste [esejist] *mf* essayist

essence [esɑ̃s] *f* **1.** (*carburant*) gas, gasoline; **prendre de l'~** to get some gas; **tondeuse/tronçonneuse à ~** gas mower/chain saw **2.** (*nature profonde*) essence; **l'~ du livre** the essence of the book; **par ~** essentially

essentiel [esɑ̃sjɛl] *m* **1.** (*le plus important*) **l'~** the main thing; **emporter l'~** to take the bare essentials; **pour l'~** essentially; **tu es en bonne santé? c'est l'~** you're in good health? that's what's most important; **aller à l'~** to get straight to the point **2.** (*la plus grande partie*) **l'~ de qc** the best part of sth; **il passe l'~ du temps à se plaindre** he spends most of his time complaining

essentiel(le) [esɑ̃sjɛl] *adj a.* PHILOS essential; **être ~ à** [*o* **pour**] **qc/pour faire qc** to be essential for sth/for doing sth; **~ à la vie** essential to life

essentiellement [esɑ̃sjɛlmɑ̃] *adv* essentially

essieu [esjø] <x> *m* AUTO, TECH axle; **rupture d'~** broken axle; **~ arrière/avant** rear/front axle

essor [esɔʀ] *m* (*développement*) rise; (*d'un art, d'une civilisation*) high point; **être en plein ~** to be thriving; (*ville*) to be booming; **connaître un nouvel ~** (*cinéma*) to take on a new life ▶ **prendre son ~** (*industrie, secteur, entreprise*) to take off; (*oiseau*) to soar

essorage [esɔʀaʒ] *m* (*à la machine*) spinning; (*à la main*) wringing; **plusieurs ~s successifs** a series of spins

essorer [esɔʀe] <1> *vt, vi* (*à la main*) to wring; (*à la machine*) to spin dry

essoufflement [esufləmɑ̃] *m* breathlessness; (*dégradation: de la bourse, des affaires*) rundown state

essouffler [esufle] <1> **I.** *vt* **~ qn** to leave sb out of breath; **être complètement essoufflé** to be completely out of breath **II.** *vpr* **s'~ à faire qc** to get out of breath doing sth; *fig* to wear oneself out doing sth

essuie-glace [esɥiglas] <essuie-glaces> *m* windshield wiper

essuie-mains [esɥimɛ̃] *m inv* hand towel

essuie-tout [esɥitu] *m inv* paper towel

essuyer [esɥije] <6> **I.** *vt* **1.** (*sécher*) to dry; (*larmes*) to wipe away **2.** (*éponger: surface*) to mop; (*de l'eau par terre*) to mop up **3.** (*nettoyer: meubles*) to clean; (*chaussures*) to wipe **4.** (*subir: échec, perte*) to suffer; **~ des reproches/des coups** to be blamed/beaten; **~ un refus** to meet with a refusal **II.** *vpr* **1.** (*se sécher*) **s'~** to dry oneself **2.** (*se nettoyer*) **s'~ les pieds** to wipe one's feet

est[1] [ɛ] *indic prés de* **être**

est[2] [ɛst] **I.** *m sans pl* east; **l'~/l'Est** the east/East; **l'autoroute de l'Est** the eastern highway; **les régions de l'~** eastern regions; **les gens de l'Est** people from the East; **l'Europe de l'~** Eastern Europe; **les pays de l'Est** the eastern countries; **le bloc de l'Est** the Eastern Bloc; **le conflit entre l'Est et l'Ouest** the East/West conflict; **à l'~** (*vers le point cardinal*) eastward; (*dans/vers la région*) to the east; **à l'~ de qc** east of sth; **dans l'~ de** in the east of; **vers l'~** (*direction*) eastward; (*position*) toward the east; **d'~ en ouest** from east to west **II.** *adj inv* east

est-allemand(e) [ɛstalmɑ̃, ɑ̃d] *adj* HIST East German

estaminet [ɛstaminɛ] *m Nord, Belgique* (*petit café populaire, bistrot*) café

estampe [ɛstɑ̃p] *f* (*image*) engraving; (*sur métal*) etching; (*sur bois*) woodcut; (*sur pierre*) lithograph

est-ce que [ɛskə] *adv ne se traduit pas* **où ~ tu vas?** where are you going?

esthète [ɛstɛt] *mf* aesthete

esthéticien(ne) [ɛstetisjɛ̃, jɛn] *m(f)* aesthetician

esthétique [ɛstetik] **I.** *adj* aesthetic; **n'avoir aucun sens ~** to have no sense of the aesthetic **II.** *f* **1.** (*beauté*) aesthetic **2.** (*théorie*) aesthetics *+ vb sing* ►**~ <u>industrielle</u>** industrial design

estimable [ɛstimabl] *adj* **1.** (*digne d'estime: personne*) estimable; (*travail*) respectable **2.** (*assez bon, honnête: résultats*) respectable **3.** (*évaluable*) calculable

estimatif, -ive [ɛstimatif, -iv] *adj* (*bilan, coûts*) estimated; **devis ~** estimate

estimation [ɛstimasjɔ̃] *f* assessment

estime [ɛstim] *f* esteem; **digne d'~** worthy of esteem; **l'~ de soi-même** self-esteem; **avoir l'~ de qn** to be held in esteem by sb; **avoir de l'~ pour qn** to esteem sb

estimer [ɛstime] <1> **I.** *vt* **1.** (*évaluer*) to estimate **2.** (*considérer*) **~ qc inutile** to consider sth unnecessary; **~ avoir le droit de donner son avis** to consider oneself entitled to express one's opinion **3.** (*respecter*) **~ qn pour ses qualités humaines** to esteem sb for their human qualities; **savoir ~ un service à sa juste valeur** to recognize the true value of a favor **II.** *vpr* **s'~ trahi** to consider oneself betrayed; **s'~ heureux d'avoir été sélectionné** to consider oneself lucky to have been selected

estival(e) [ɛstival, -o] <-aux> *adj* (*mode, période*) summer

estivant(e) [ɛstivɑ̃, ɑ̃t] *m(f)* vacationer

estomac [ɛstɔma] *m* stomach; **avoir mal à l'~** to have a stomachache ►**il a l'~ dans les <u>talons</u>** he is starving; **<u>caler</u> l'~ à qn** to fill sb up; **avoir l'~ <u>noué</u>** to have a knot in one's stomach; **<u>peser</u>** [*o* **<u>rester</u>** *inf*] **sur l'~ à qn** to weigh on sb's stomach

estomper [ɛstɔ̃pe] <1> **I.** *vt* (*contours, dessin, souvenirs*) to blur; (*rides*) to hide; (*affaiblir: chagrin, sentiment*) to dull; **~ les défauts sur une photo** to retouch the defects in a photo **II.** *vpr* **s'~** (*rivages, montagnes, mémoire, souvenirs, image*) to become blurred; (*tristesse, colère*) to fade

Estonie [ɛstɔni] *f* **l'~** Estonia

estonien [ɛstɔnjɛ̃] *m* Estonian; *v.a.* **français**

estonien(ne) [ɛstɔnjɛ̃, jɛn] *adj* Estonian

Estonien(ne) [ɛstɔnjɛ̃, jɛn] *m(f)* Estonian

estrade [ɛstʀad] *f* platform

estragon [ɛstʀagɔ̃] *m* tarragon

estropié(e) [ɛstʀɔpje] **I.** *adj* crippled **II.** *m(f)* cripple

estropier [ɛstʀɔpje] <1a> **I.** *vt* to cripple; (*langue, nom*) to mangle **II.** *vpr* **s'~** to be crippled

estuaire [ɛstɥɛʀ] *m* estuary

esturgeon [ɛstyʀʒɔ̃] *m* sturgeon

et [e] *conj* and; **à quatre heures ~ demie** at four thirty; **~ son mari ~ son amant ...** both her husband and her lover ...; **~ le public d'applaudir** *soutenu* whereupon the audience burst into applause; **~ alors!** so what!

ETA [øtea] *f abr de* **Euzkadi ta Azkatasuna** ETA

étable [etabl] *f* cowshed

établi(e) [etabli] *adj* **1.** (*en place: ordre*) established; (*pouvoir*) ruling **2.** (*sûr: vérité, fait*) established **3.** *Suisse* (*installé*) settled

établir [etabliʀ] <8> **I.** *vt* **1.** (*édifier*) to set up **2.** (*fixer: liste, emploi du temps*) to draw up; (*prix*) to set **3.** (*rédiger: facture, chèque*) to make out; (*constat*) to draw up **4.** (*faire: comparaison*) to draw; (*rapport*) to draw up **5.** (*déterminer: circonstances, identité*) to establish **6.** SPORT (*record*) to set **II.** *vpr* **s'~ 1.** (*s'installer*) to settle **2.** (*professionnellement*) to set up (in business); **s'~ à son compte** to set up (in business) on one's own **3.** (*s'instaurer: usage*) to become customary; (*relations*) to develop; (*régime*) to become established; **le silence s'établit/s'établit de nouveau** silence fell/was restored **4.** (*se rendre indépendant*) to settle (down); **tous mes enfants se sont établis** all my children

E

are settled

établissement [etablismɑ̃] *m* **1.** (*institution*) setting up; **les ~s Dupond** Dupond Ltd.; **~ scolaire** school; **~ d'enseignement secondaire** secondary school **2.** (*hôtel*) establishment

étage [etaʒ] *m* (*d'une maison*) floor; **immeuble à** [*o* **de**] **trois/quatre ~s** three/four-story building; **à l'~** upstairs

étager [etaʒe] <2a> **I.** *vt* (*objets*) to arrange in tiers **II.** *vpr* **s'~** (*objets*) to be arranged in tiers; (*vignes, jardins*) to be tiered; (*maisons*) to stand in tiers

étagère [etaʒɛʀ] *f* **1.** (*tablette*) shelf **2.** (*meuble*) shelves *pl*

étai [etɛ] *m* prop

étain [etɛ̃] *m* pewter

étais [etɛ] *imparf de* **être**

étal [etal] <s> *m* stall; (*d'une boucherie*) block

étalage [etalaʒ] *m* **1.** COM (*action*) window dressing **2.** (*devanture*) display; (*tréteaux*) stall **3.** (*déploiement*) show; **faire ~ de qc** to put on a show [*o* display] of sth

étalagiste [etalaʒist] *mf* window dresser

étalement [etalmɑ̃] *m* **1.** (*action d'étaler: de papiers*) spreading **2.** (*échelonnement: d'une opération, d'un paiement*) spreading; (*des horaires*) staggering

étaler [etale] <1> **I.** *vt* **1.** (*éparpiller*) to strew **2.** (*déployer: carte, journal*) to spread out; (*tapis*) to unroll **3.** (*exposer pour la vente*) to set out **4.** (*étendre: peinture, gravier*) to spread **5.** (*dans le temps*) to spread out **6.** (*exhiber: connaissances*) to parade; (*luxe*) to flaunt **7.** *inf* (*échouer*) **se faire ~ à un examen** to flunk an exam **II.** *vpr* **1.** (*s'étendre*) **bien/mal s'~** (*beurre*) to spread with ease/difficulty; (*peinture*) to go on with ease/difficulty **2.** (*dans l'espace*) **s'~** (*plaine, ville*) to spread out **3.** (*s'afficher*) **s'~** (*inscription, nom*) to be written **4.** (*s'exhiber*) **s'~** (*luxe*) to flaunt itself **5.** (*se vautrer*) **s'~** to sprawl **6.** *inf* (*tomber*) **s'~** to go sprawling **7.** (*dans le temps*) **s'~ dans le temps** to be spread out over time

étalon [etalɔ̃] *m* (*cheval*) stallion

étalon-or [etalɔ̃ɔʀ] *m sans pl* gold standard

étamine [etamin] *f* **1.** BOT stamen **2.** (*tissu*) muslin

étanche [etɑ̃ʃ] *adj* (*montre*) waterproof; (*compartiment*) watertight

étanchéité [etɑ̃ʃeite] *f* **vérifier l'~ de qc** to check that sth is waterproof

étang [etɑ̃] *m* pond

étant [etɑ̃] *part prés de* **être**

étape [etap] *f* **1.** (*trajet, période*) stage; **~ de la vie** stage in life; **d'~ en ~** step by step; **faire qc par ~s** to do sth in steps; **il ne faut pas brûler les ~s!** one mustn't take short cuts! **2.** (*lieu d'arrêt, de repos*) stopping point; **faire ~** to stop off

état [eta] *m* **1.** (*manière d'être*) state; **~ d'urgence** state of emergency; **dans l'~ actuel des choses** as things stand (at the present); **~ mental/physique** physical/mental condition; **être en ~** (*stylo*) to work; (*machine, appareil*) to be in (good) working order; (*appartement, maison*) to be in good condition; **être en ~ de marche** (*voiture, bicyclette*) to be in (good) working condition; (*appareil, machine*) to be in (good) working order; **être en ~ de** +*infin* to be in a good state to +*infin* **2.** (*liste: des recettes, dépenses*) statement ▶ **en tout ~ de cause** in any event; **~ d'esprit** state of mind; **~ civil** civil status; (*service*) ≈ county clerk's office; **ne pas être dans son ~ normal** not to be one's usual self; **être dans un ~ second** (*drogué*) to be high; **avoir des ~s d'âme** to be in the grips of anxiety; **être dans tous ses ~s** to be (all) worked up; **être en ~ de choc** MED to be in a state of shock

État [eta] *m* POL state; **~ de droit** legitimate state; **~s membres de l'UE** member states of the EU

étatiser [etatize] <1> *vt* to bring under state [*o* government] control

état-major [etamaʒɔʀ] <états-majors> *m* **1.** MIL (*personnes*) staff; (*bureaux*) staff headquarters **2.** POL (*d'un ministre*) advisers; (*d'un parti*) leadership; ECON (*d'une entreprise*) management

États-Unis [etazyni] *mpl* **les ~ d'Amérique** the United States of America

étau [eto] <x> *m* vice ▶ **être pris (comme) dans un ~** to have one's head in a noose

étayer [eteje] <7> *vt* **1.** (*soutenir*) to shore up **2.** (*fonder*) **~ son argument/raisonnement sur qc** to support one's argument/reasoning with sth

etc. [ɛtseteʀa] *abr de* **et cætera, et cetera** etc.

été[1] [ete] *m* summer; **l'~ indien** *Québec* (*bref retour du beau temps en octobre*) Indian summer; *v.a.* **automne**

été[2] [ete] *part passé de* **être**

éteindre [etɛ̃dʀ] *irr* **I.** *vt* **1.** (*lumière, radio, chauffage*) to turn off; (*bougie*) to blow out; (*feu, cigarette*) to put out **2.** (*éteindre la lumière de*) **~ la pièce/l'escalier** to turn the light off in the room/on the stairs **II.** *vi* to turn the light out **III.** *vpr* **s'~** (*cesser de brûler*) to go out

éteint(e) [etɛ̃, ɛ̃t] **I.** *part passé de* **éteindre** **II.** *adj* (*bougie, cigarette*) extinguished; (*volcan*) extinct

étendard [etɑ̃daʀ] *m* standard

étendre [etɑ̃dʀ] <14> **I.** *vt* **1.** (*coucher*) to lay out **2.** (*poser à plat: tapis*) to unroll; **~ une couverture sur qn** to pull a blanket over sb **3.** (*faire sécher*) to hang out **4.** (*déployer: bras, jambes*) to stretch; (*ailes*) to spread **5.** *inf* (*faire tomber*) to floor **6.** *inf* (*coller à un examen*) to fail; **se faire ~** to get failed **II.** *vpr* **1.** (*se reposer*) **s'~** to lie down **2.** (*s'allonger*) to stretch oneself out **3.** (*s'appesantir*) **s'~ sur qc** to expand on sth **4.** (*occuper*) **s'~** to stretch

out **5.** (*augmenter*) **s'~** (*épidémie, incendie, tache*) to spread; (*ville, pouvoir, connaissances, cercle*) to grow **6.** (*s'appliquer*) **s'~ à qn/qc** to apply to sb/sth
étendu(e) [etɑ̃dy] **I.** *part passé de* **étendre** **II.** *adj* **1.** (*déployé: corps, jambes*) outstretched; (*ailes*) outspread **2.** (*vaste: plaine, vue*) wide; (*ville*) sprawling **3.** (*considérable: connaissances, vocabulaire*) extensive; (*pouvoir*) wide-ranging; (*signification*) broad
étendue [etɑ̃dy] *f* **1.** (*dimension: d'un pays*) area **2.** (*espace*) expanse **3.** (*ampleur: d'une catastrophe*) scale; **l'~ des connaissances de qn** the extent of sb's knowledge
éternel(le) [etɛʀnɛl] *adj* **1.** (*qui dure longtemps*) eternal; (*regrets*) endless; (*recommencement*) constant **2.** *antéposé* (*inévitable*) inevitable **3.** *antéposé, péj* (*sempiternel*) perpetual
éternellement [etɛʀnɛlmɑ̃] *adv* eternally; (*depuis toujours*) always; (*sans arrêt*) constantly
éterniser [etɛʀnize] <1> **I.** *vt* (*faire traîner*) **~ qc** to drag sth out **II.** *vpr* **s'~ 1.** (*traîner*) to drag on **2.** *inf* (*s'attarder*) to take forever; **s'~ sur un sujet** to dwell endlessly on a subject
éternité [etɛʀnite] *f* eternity
éternuement [etɛʀnymɑ̃] *m gén pl* sneeze; **des ~s** sneezing + *vb sing*
éternuer [etɛʀnɥe] <1> *vi* to sneeze
êtes [ɛt] *indic prés de* **être**
éther [etɛʀ] *m* ether
Éthiopie [etjɔpi] *f* **l'~** Ethiopia
éthiopien [etjɔpjɛ̃] *m* Ethiopian; *v.a.* **français**
éthiopien(ne) [etjɔpjɛ̃, jɛn] *adj* Ethiopian
Éthiopien(ne) [etjɔpjɛ̃, jɛn] *m(f)* Ethiopian
éthique [etik] **I.** *adj* ethical **II.** *f* ethics *pl*
ethnie [ɛtni] *f* ethnic group
ethnique [ɛtnik] *adj* ethnic
ethnologie [ɛtnɔlɔʒi] *f* ethnology
étincelant(e) [etɛ̃s(ə)lɑ̃, ɑ̃t] *adj* **1.** (*scintillant*) sparkling **2.** (*éclatant: couleurs*) brilliant **3.** (*brillant: regard*) shining; (*yeux*) (*de joie*) gleaming; (*de haine*) flashing
étinceler [etɛ̃s(ə)le] <3> *vi* **1.** (*à la lumière: diamant*) to sparkle; (*or, couteau, lame*) to gleam; (*étoile*) to twinkle **2.** (*de propreté: vitre*) to gleam **3.** (*lancer comme des étincelles: yeux*) (*de joie*) to gleam; (*de haine*) to flash
étincelle [etɛ̃sɛl] *f* **1.** (*parcelle incandescente*) spark **2.** (*lueur*) **des ~s s'allument dans ses yeux** fire flashed in her eyes **3.** (*un petit peu de*) **une ~ de génie/d'intelligence** a spark of genius/intelligence ►**cela <u>fera</u> des ~s** *inf* sparks will fly; **<u>faire</u> des ~s** *inf* to shine
étioler [etjɔle] <1> *vpr* **s'~** (*plante*) to wither; (*personne*) to fade away
étiqueter [etikte] <3> *vt* to label
étiquette [etikɛt] *f* **1.** (*marque*) *a.* INFORM label; **~ de réseau** netiquette **2.** (*adhésif*) sticker; (*de prix*) ticket **3.** (*protocole*) **l'~** etiquette
étirer [etiʀe] <1> *vpr* **s'~ 1.** (*s'allonger*) to stretch out **2.** (*se distendre: textile*) to stretch
étoffe [etɔf] *f* material
étoffer [etɔfe] <1> **I.** *vt* LIT (*récit, personnage*) to flesh out; (*devoir*) to fill out **II.** *vpr* **s'~** (*devenir plus fort: adolescent, sportif*) to fill out; (*devenir plus gros*) to broaden out
étoile [etwal] *f* star; **~ filante/du berger** shooting/evening star; **en ~** star-shaped; **restaurant cinq ~s** five-star restaurant ►**coucher** [*o* **dormir**] **à la <u>belle</u> ~** to sleep under the stars; **<u>avoir</u> foi** [*o* **être <u>confiant</u>**] **en son ~** to follow one's star
étoilé(e) [etwale] *adj* (*nuit*) starry
étonnamment [etɔnamɑ̃] *adv antéposé* (*bien, petit*) surprisingly
étonnant [etɔnɑ̃, ɑ̃t] *m* **l'~ est qu'elle reste** the amazing thing is that she's staying
étonnant(e) [etɔnɑ̃, ɑ̃t] *adj* **1.** (*surprenant*) amazing; **c'est ~,...** it's amazing, ...; **ce n'est pas ~** it's no surprise **2.** (*remarquable: personne, ouvrage*) astonishing
étonné(e) [etɔne] *adj* astonished
étonnement [etɔnmɑ̃] *m* astonishment
étonner [etɔne] <1> **I.** *vt* to astonish **II.** *vpr* **s'~ de qc** to be surprised at sth; **s'~ que qn fasse qc** (*subj*) to be surprised at sb doing sth
étouffant(e) [etufɑ̃, ɑ̃t] *adj* stifling
étouffé(e) [etufe] *adj* (*bruit, son*) muffled; (*rires*) stifled
étouffée [etufe] *f* **<u>cuire</u> à l'~** to steam; (*viande*) to braise
étouffement [etufmɑ̃] *m* **1.** *sans pl* (*mort*) suffocation **2.** (*gêne*) **crise d'~** attack of breathlessness; **cette sensation d'~** this feeling of suffocation; **mourir d'~/être mort par ~** to die/have died of suffocation **3.** *sans pl* (*répression: d'une révolte*) stifling; (*d'un scandale*) cover-up
étouffer [etufe] <1> **I.** *vt* **1.** (*priver d'air*) to stifle; (*tuer*) to suffocate; **cette chaleur m'étouffe** I'm stifled by this heat; **la fureur étouffe qn** sb is overcome with anger **2.** (*arrêter: feu*) to smother **3.** (*atténuer: bruit*) to muffle **4.** (*dissimuler: bâillement*) to stifle; (*sanglot*) to strangle; (*scandale*) to hush up **5.** (*faire taire: rumeur, opposition*) to stifle **6.** (*réprimer: révolte*) to put down; **~ un complot dans l'œuf** to nip a plot in the bud ►**<u>ce</u> n'est pas la politesse qui l'étouffe** *inf* he doesn't care much about politeness **II.** *vi* to suffocate; **on étouffe ici!** it's suffocating in here! **III.** *vpr* **s'~** to choke
étourderie [etuʀdəʀi] *f* **1.** *sans pl* (*caractère*) absent-mindedness **2.** (*acte*) careless mistake
étourdi(e) [etuʀdi] **I.** *adj* scatterbrained **II.** *m(f)* scatterbrain
étourdir [etuʀdiʀ] <8> **I.** *vt* **1.** (*assommer*) to stun; **ce choc à la tête l'a étourdi** he was dazed by that blow to the head **2.** (*abrutir*) **~ qn** (*bruit*) to deafen sb; (*mouvement*) to make sb dizzy; (*paroles*) to daze sb **3.** (*enivrer*) **~ qn** (*parfum, vin*) to go to sb's head **II.** *vpr* **s'~** to make oneself numb

E

étourdissant(e) [etuʀdisɑ̃, ɑ̃t] *adj* (*bruit*) deafening; (*succès, personne*) stunning; (*rythme*) dizzying

étourdissement [etuʀdismɑ̃] *m* dizzy spell; **l'odeur lui cause des ~s** the smell makes him feel dizzy

étourneau [etuʀno] <x> *m* starling

étrange [etʀɑ̃ʒ] *adj* strange

étrangement [etʀɑ̃ʒmɑ̃] *adv* **1.** (*de façon étrange*) strangely **2.** (*beaucoup, très*) surprisingly

étranger [etʀɑ̃ʒe] *m* **l'~** foreign countries; **séjourner à l'~** to live abroad

étranger, -ère [etʀɑ̃ʒe, -ɛʀ] **I.** *adj* **1.** (*d'un autre pays*) foreign **2.** (*d'un autre groupe*) outside; **être ~ à la famille** not to belong to the family **3.** (*non familier: usage, notion*) unfamiliar **4.** (*extérieur*) **être ~ au sujet** to be irrelevant to the subject; **être ~ à une affaire/un complot** to have nothing to do with an affair/a plot **II.** *m, f* **1.** (*d'un autre pays*) foreigner **2.** (*d'une autre région*) outsider

étrangeté [etʀɑ̃ʒte] *f sans pl* (*originalité*) strangeness

étranglé(e) [etʀɑ̃gle] *adj* (*voix, son*) strained

étranglement [etʀɑ̃gləmɑ̃] *m* **1.** (*strangulation*) strangling; **la victime est morte par ~** the victim died by strangulation, the victim was strangled **2.** (*resserrement: d'un tuyau*) constriction; (*d'une vallée*) neck; **~ d'une rue** bottleneck **3.** (*de la voix*) strained tone

étrangler [etʀɑ̃gle] <1> **I.** *vt* **1.** (*tuer*) to strangle; **~ un animal** to wring an animal's neck **2.** (*serrer le cou*) **~ qn** (*cravate*) to choke sb **3.** (*empêcher qn de parler*) **l'émotion/la fureur l'étranglait** she was choking with emotion/fury **II.** *vpr* **s'~ avec qc 1.** (*mourir*) to strangle oneself with sth **2.** (*en mangeant*) to choke on sth

étrangleur, -euse [etʀɑ̃glœʀ, -øz] *m, f* strangler

étrave [etʀav] *f* stem

être [ɛtʀ] *irr* **I.** *vi* **1.** (*pour qualifier, indiquer le lieu*) to be; **~ professeur/infirmière** to be a teacher/a nurse; **le stylo est là, sur le bureau** the pen's over there on the desk **2.** (*pour indiquer la date, la période*) **quel jour sommes-nous?** what day is it?; **on est le 2 mai/mercredi** it's May 2/Wednesday **3.** (*appartenir*) **~ à qn** to belong to sb **4.** (*travailler*) **~ dans l'enseignement/le textile** to be in teaching/textiles **5.** (*pour indiquer l'activité en cours*) **~ toujours à faire qc** to be always doing sth **6.** (*pour exprimer une étape d'une évolution*) **où en es-tu de tes maths?** how are you doing in math?; **en ~ à faire qc** to have got as far as doing sth; (*en arriver à*) to have got to the point of doing sth; **j'en suis à me demander si ...** I'm beginning to wonder if ... **7.** (*être absorbé par, attentif à*) **~ tout à son travail** to be completely wrapped up in one's work; **ne pas ~ à ce qu'on fait** not to have one's mind on what one's doing **8.** (*pour exprimer l'obligation*) **qc est à faire** sth must be done; **ce livre est à lire absolument** this book is a must (read) **9.** (*provenir*) **~ de qn** (*enfant*) to be sb's; (*œuvre*) to be by sb; **~ d'une région/famille** to be from a region/family **10.** (*être vêtu/chaussé de*) **~ en costume/pantoufles** to be in a suit/slippers; **~ tout en rouge** to be all in red **11.** *au passé* (*aller*) **avoir été faire/acheter qc** to have gone to do/buy sth **12.** (*exister*) to be; **la voiture la plus économique qui soit** the most economical car around ▶**je suis à toi/vous tout de suite** I'll be with you right away; **je n'y suis pour rien** it has nothing to do with me; **ça y est** (*c'est fini*) that's it; (*je comprends*) I see; (*je te l'avais dit*) there you are; (*pour calmer qn*) there, there; **ça y est, voilà qu'il pleut!** there you are, it's raining; **ça y est?** OK?; **c'est vrai, n'est-ce pas?** it's true, isn't it? **II.** *vi impers* **il est impossible/étonnant que qn ait fait qc** (*subj*) it's impossible/surprising that sb did sth; **il est dix heures/midi/minuit** it's ten o'clock/noon/midnight **III.** *aux* **1.** (*comme auxiliaire du passé actif*) **~ venu** to have come; **s'~ rencontrés** to have met **2.** (*comme auxiliaire du passif*) **le sol est lavé chaque jour** the floor is washed every day **IV.** *m* being

étreindre [etʀɛ̃dʀ] *irr* **I.** *vt* **1.** (*ami*) to embrace; (*adversaire*) to seize **2.** (*s'emparer de*) **~ qn** (*angoisse, douleur*) to take hold of sb **II.** *vpr* **s'~** (*amis*) to embrace; (*lutteurs*) to take hold of each other

étreinte [etʀɛ̃t] *f* (*d'un ami*) embrace; (*d'un adversaire, serpent*) grip; (*d'un bras, d'une main*) clasp; **resserrer son ~ autour de qn/qc** to tighten one's grip on sb/sth

étrenner [etʀene] <1> *vt* (*vêtement*) to wear for the first time; (*appareil*) to try [*o* use] for the first time

étrennes [etʀɛn] *fpl* **1.** first use **2.** (*à un enfant*) present (*at New Year*); **recevoir qc pour ses ~** to get sth for New Year

étrier [etʀije] *m* stirrup; **vider les ~s** (*tomber de cheval*) to fall off

étriller [etʀije] <1> *vt* (*cheval*) to curry

étriqué(e) [etʀike] *adj* **1.** (*vêtement*) tight **2.** (*mentalité*) narrow; (*esprit*) mean

étroit(e) [etʀwa, wat] *adj* **1.** (*opp: large: rue*) narrow; (*chaussures*) tight; **il est à l'~ dans cette veste** that jacket is rather tight on him; **vivre à l'~** to live on a tight budget **2.** (*opp: lâche, relâché: lien, surveillance*) tight

étroitement [etʀwatmɑ̃] *adv* **1.** (*serré*) tight(ly); (*être logé*) in cramped conditions **2.** (*lié, surveiller*) closely; (*uni*) tightly

étroitesse [etʀwatɛs] *f* **1. l'~ de sa jupe la gênait** her tight dress was bothering her; **l'~ du chemin est telle ...** the road is so narrow that ... **2.** *péj* (*des vues, pensées*) narrowness

étude [etyd] **I.** *f* **1.** (*apprentissage*) study **2.** (*recherches, ouvrage: de la nature, d'un dossier, projet*) study; **l'~ d'une question**

studying a question; ~ **de marché** market research; ~ **sur qc** study on sth **3.** (*bureau: d'un notaire*) office **4.** ECOLE (*moment*) prep **II.** *fpl* study; **~s primaires/secondaires/supérieures** primary/secondary/higher education; **faire des ~s** to go to college; **faire des ~s de médecine** to study medicine
étudiant(**e**) [etydjɑ̃, jɑ̃t] **I.** *adj* student **II.** *m(f)* student
étudié(**e**) [etydje] *adj* **1.** (*soigné*) **jeu d'un acteur très ~** very studied acting **2.** (*avantageux*) **conditions très ~es** highly competitive terms; **prix très ~** highly competitive price **3.** (*recherché*) **robe très ~e** skillfully designed dress **4.** (*affecté: gestes, politesse*) studied
étudier [etydje] <1> **I.** *vt, vi* to study **II.** *vpr* **s'~ 1.** (*s'analyser*) to analyze oneself **2.** (*s'observer mutuellement*) to study each other
étui [etɥi] *m* case; **~ à cigarettes/lunettes** cigarette/glasses case; **~ à violon** violin case
étuve [etyv] *f* **1.** (*à désinfection*) sterilizer **2.** (*fournaise*) oven; **quelle ~ ici!** it's boiling in here!
étuvée [etyve] *f v.* **étouffée**
étymologie [etimɔlɔʒi] *f* etymology
étymologique [etimɔlɔʒik] *adj* etymological
eu(**e**) [y] *part passé de* **avoir**
eucalyptus [økaliptys] *m* eucalyptus
eucharistie [økaʀisti] *f* **l'~** the Eucharist
euh [ø] *interj* er
eunuque [ønyk] *m* eunuch
euphémisme [øfemism] *m* euphemism
euphorie [øfɔʀi] *f* euphoria
euphorique [øfɔʀik] *adj* euphoric
EUR *m abr de* **euro** EUR
eurasien(**ne**) [øʀazjɛ̃, jɛn] *adj* Eurasian
Eurasien(**ne**) [øʀazjɛ̃, jɛn] *m(f)* Eurasian
euro [øʀo] *m* (*monnaie*) euro
eurodéputé(**e**) [øʀɔdepyte] *m(f) member of European parliament*
eurodevise [øʀod(ə)viz] *f* Eurocurrency
Europe [øʀɔp] *f* **l'~** Europe; **l'~ centrale/de l'Est/l'Ouest** Central/Eastern/Western Europe; **faire l'~** to build Europe
européanisation [øʀɔpeanizasjɔ̃] *f* Europeanization
européaniser [øʀɔpeanize] <1> **I.** *vt* to Europeanize **II.** *vpr* **s'~** to be Europeanized
européen(**ne**) [øʀɔpeɛ̃, ɛn] **I.** *adj* **1.** GEO **le continent ~** the European continent; **les fleuves ~s** the rivers of Europe **2.** POL, ECON European; **l'Union ~ne** the European Union **II.** *fpl* (*élections*) the European elections
Européen(**ne**) [øʀɔpeɛ̃, ɛn] *m(f)* European
eurosceptique [øʀosɛptik] *adj, mf* eurosceptic
eurosignal [øʀosiɲal] *m* pager
eus [y] *passé simple de* **avoir**
euthanasie [øtanazi] *f* euthanasia
eux [ø] *pron pers, pl masc ou mixte* **1.** *inf* (*pour renforcer*) **~, ils n'ont pas ouvert la bouche** THEY didn't open their mouths; **c'est ~ qui l'ont dit** THEY said it; **il veut les aider, ~?** he wants to help THEM? **2.** *avec une préposition* **avec/sans ~** with/without them; **à ~ seuls** by themselves; **la maison est à ~** the house is theirs; **c'est à ~ de décider** it's up to them to decide; **c'est à ~!** it's theirs! **3.** *dans une comparaison* them; **elles sont comme ~** they're like them; **plus fort qu'~** stronger than them **4.** (*soi*) them; *v.a.* **lui**
eux-mêmes [ømɛm] *pron pers* (*eux en personne*) themselves; *v.a.* **moi-même, nous-mêmes**
évacuation [evakɥasjɔ̃] *f* **1.** (*opération organisée: des habitants, blessés*) evacuation; (*d'une salle de tribunal*) clearing **2.** (*écoulement*) draining; **système d'~** drainage system; **l'~ des eaux usées se fait ...** waste water is drained off ... **3.** *Suisse* (*action de vider*) **~ des ordures** waste disposal
évacuer [evakɥe] <1> *vt* **1.** *a.* MIL (*ville, habitants, blessés*) to evacuate **2.** (*vider: eaux usées*) to drain away
évadé(**e**) [evade] *m(f)* escapee
évader [evade] <1> *vpr* **1.** (*s'échapper*) **s'~ d'une prison** to escape from prison **2.** (*fuir*) **s'~ du réel** to escape reality
évaluateur, -trice [evalɥatœʀ, -tʀis] *m, f Québec* (*personne qui évalue notamment les biens immobiliers*) appraiser
évaluation [evalɥasjɔ̃] *f* **1.** (*estimation approximative: des coûts, risques, chances*) assessment; (*d'une fortune*) valuation **2.** (*par expertise: des dégâts*) appraisal; **~ des connaissances** ECOLE aptitude test
évaluer [evalɥe] <1> *vt* (*poids, distance*) to estimate; (*chances*) to assess
évangéliser [evɑ̃ʒelize] <1> *vt* (*peuple, pays*) to evangelize
évangile [evɑ̃ʒil] *m* (*texte, livre*) gospel
évanoui(**e**) [evanwi] *adj* **1.** (*sans conscience: personne*) unconscious; **tomber ~** to faint **2.** (*disparu: bonheur, rêve*) vanished
évanouir [evanwiʀ] <8> *vpr* **1.** (*perdre connaissance*) **s'~ de qc** to faint with sth **2.** (*disparaître*) **s'~** (*image, fantôme*) to vanish; (*illusions, espoirs*) to fade away
évanouissement [evanwismɑ̃] *m* **1.** (*syncope*) faint; **avoir un ~** to faint **2.** (*disparition*) disappearance; (*d'une illusion, d'un rêve*) vanishing
évaporation [evapɔʀasjɔ̃] *f* evaporation
évaporé(**e**) [evapɔʀe] *adj* scatterbrained
évaporer [evapɔʀe] <1> *vpr* **s'~** (*eau, parfum*) to evaporate
évasé(**e**) [evɑze] *adj* (*jupe, manche*) flared; **être ~ à la base** (*colonne*) splayed at the base
évasif, -ive [evazif, -iv] *adj* evasive
évasion [evazjɔ̃] *f* escape
évasivement [evazivmɑ̃] *adv* evasively
Ève [ɛv(ə)] *f* Eve ► **ne connaître qn ni d'~ ni d'Adam** to not know sb from Adam
évêché [eveʃe] *m* **1.** (*territoire*) diocese **2.** (*palais*) bishop's palace
éveil [evɛj] *m* **1.** (*état éveillé*) **tenir qn en ~** to

E

keep sb on the alert **2.** (*réveil*) **~ des sens/d'un sentiment chez qn** the awakening of the senses/of a feeling in sb

éveillé(e) [eveje] *adj* **1.** (*en état de veille*) awake **2.** (*alerte*) alert; **esprit ~** lively mind

éveiller [eveje] <1> **I.** *vt* **1.** (*faire naître: attention*) to attract; (*désir, soupçons*) to arouse **2.** (*développer: intelligence*) to stimulate **II.** *vpr* **1.** (*naître*) **s'~ chez** [*o* **en**] **qn** (*amour*) to awaken in sb; (*soupçon*) to be aroused in sb's mind **2.** (*éprouver pour la première fois*) **s'~ à l'amour** (*personne*) to awaken to love **3.** (*se mettre à fonctionner*) **s'~** (*esprit*) to come to life

événement, évènement [evɛnmɑ̃] *m* event; **les ~s de mai 1968** the events of May 1968 ▶ **créer l'~** to be the major event; **elle est dépassée par les ~s** she's been overtaken by the events

éventail [evɑ̃taj] <s> *m* **1.** fan; **en ~** fan-shaped; **disposés en ~** fanned out **2.** (*choix*) range

éventé(e) [evɑ̃te] *adj* (*exposé au vent: terrasse*) windy; (*altéré par l'air: parfum*) stale; (*vin*) musty; (*découvert: secret*) open

éventer [evɑ̃te] <1> **I.** *vt* **1. ~ qn** to fan sb **2.** (*découvrir: complot*) to lay bare; (*secret*) to lay open **II.** *vpr* **s'~ 1.** (*personne*) to fan oneself **2.** (*vin*) to go musty; (*parfum*) to go stale

éventrer [evɑ̃tʀe] <1> *vt* **1.** (*tuer*) to disembowel **2.** (*ouvrir: sac, matelas*) to rip open; (*porte*) to smash open

éventualité [evɑ̃tɥalite] *f* **1.** (*caractère*) **dans l'~ d'une guerre** in the event of a war **2.** (*possibilité*) possibility

éventuel(le) [evɑ̃tɥɛl] *adj* possible

éventuellement [evɑ̃tɥɛlmɑ̃] *adv* possibly

évêque [evɛk] *m* bishop

évertuer [evɛʀtɥe] <1> *vpr* **s'~ à** +*infin* to endeavor to +*infin*

évidemment [evidamɑ̃] *adv* **1.** (*en tête de phrase, en réponse*) of course **2.** (*comme on peut le voir*) obviously

évidence [evidɑ̃s] *f* **1.** *sans pl* (*caractère*) obviousness; **de toute** [*o* **à l'**] **~** obviously **2.** (*fait*) obvious fact; **c'est une ~** it's obvious; **se rendre à l'~** to accept the obvious; **refuser de se rendre à l'~** to ignore the obvious **3.** (*vue*) **être bien en ~** (*objet*) to be there for all to see; **se mettre en ~** to push oneself forward

évident(e) [evidɑ̃, ɑ̃t] *adj* obvious; (*signe*) clear; (*bonne volonté*) evident; **il est ~ que qn a fait qc** it's obvious sb did sth ▶ **c'est pas ~!** *inf* it's no simple matter!

évider [evide] <1> *vt* to scoop out

évier [evje] *m* sink

évincer [evɛ̃se] <2> *vt* JUR to evict; (*personne*) to oust

évitable [evitabl] *adj* avoidable

éviter [evite] <1> **I.** *vt* **1.** (*se soustraire à, fuir: erreur, endroit, regard, conflit*) to avoid; **~ de faire qc** to avoid doing sth; **~ que qn (ne) fasse qc** (*subj*) to prevent sb from doing sth; **évite de passer par Lyon** avoid going via Lyon; **il m'évite** he's avoiding me **2.** (*se dérober à: sort, corvée*) to evade; **~ de faire qc** to get out of doing sth; **pour ~ d'aller en prison** to avoid going to prison **3.** (*épargner*) **~ qc à qn** to spare sb sth **II.** *vpr* **1.** (*essayer de ne pas se rencontrer*) **s'~** to avoid each other **2.** (*ne pas avoir*) **s'~ des soucis/tracas** to avoid worries/trouble

évocateur, -trice [evɔkatœʀ, -tʀis] *adj* (*style*) evocative; (*titre d'un roman*) suggestive; **être ~ de qc** to be suggestive of sth

évocation [evɔkasjɔ̃] *f* (*de souvenirs*) evocation; (*de faits, d'un passé*) recalling

évolué(e) [evɔlɥe] *adj* (*pays, société*) advanced; (*idées, personne*) progressive

évoluer [evɔlɥe] <1> *vi* **1.** (*changer: chose, monde*) to change; (*sciences*) to evolve, to advance; (*goûts, situation*) to develop **2.** (*se transformer: personne, maladie*) to develop; **~ vers qc** to develop into sth

évolutif, -ive [evɔlytif, -iv] *adj* (*maladie*) progressive

évolution [evɔlysjɔ̃] *f* **1.** (*développement: d'une personne, maladie, d'un phénomène*) development; (*des goûts, comportements*) change; (*des sciences*) advance; **l'~ des techniques** technical progress **2.** BIO evolution; **théorie de l'~** theory of evolution

évolutionnisme [evɔlysjɔnism] *m* evolutionism

évoquer [evɔke] <1> *vt* **1.** (*rappeler à la mémoire: fait, enfance, souvenirs*) to recall; **~ qn** to call sb to mind **2.** (*décrire*) to conjure up **3.** (*faire allusion à: problème, sujet*) to bring up **4.** (*faire penser à*) **ce mot n'évoque rien pour moi** the word doesn't bring anything to mind

ex[1] [ɛks] *mf inf* ex

ex[2], **ex.** [ɛks] *abr de* **exemple** e.g.

exacerber [ɛgzasɛʀbe] <1> *vt* (*jalousie, passion*) to heighten; (*haine, dépit*) to deepen; (*douleur*) to exacerbate

exact(e) [ɛgzakt] *adj* **1.** (*précis: description, valeur, mots*) exact **2.** (*correct: calculs, réponse*) right; **c'est ~ qu'elle l'a fait** it is true that she did it **3.** (*ponctuel: personne*) punctual

exactement [ɛgzaktəmɑ̃] *adv* exactly; **c'est ~ ce que j'ai dit** that's exactly what I said

exactions [ɛgzaksjɔ̃] *fpl* (*violences*) acts of violence

exactitude [ɛgzaktityd] *f* **1.** (*précision*) accuracy; **avec ~** accurately **2.** (*ponctualité*) punctuality; **arriver avec ~** to arrive right on time; **être d'une parfaite ~** to be absolutely punctual

ex æquo [ɛgzeko] **I.** *adj inv* **être premier ~ en qc** to be tied for first in sth **II.** *adv* (*classer*) equal; **arriver en troisième place ~** to finish tied for third place

exagération [ɛgzaʒeʀasjɔ̃] *f* exaggeration

exagéré(e) [ɛgzaʒeʀe] *adj* exaggerated; (*prix*) inflated; **être un peu ~** (*plaisanterie*) to be a bit much
exagérément [ɛgzaʒeʀemɑ̃] *adv* excessively
exagérer [ɛgzaʒeʀe] <5> **I.** *vt* to exaggerate; **il ne faut rien ~, n'exagérons rien** let's not exaggerate **II.** *vi* **1.** (*amplifier en parlant*) to exaggerate **2.** (*abuser*) to go too far
exaltant(e) [ɛgzaltɑ̃, ɑ̃t] *adj* exciting; **ce n'est pas ~** it's no big thrill; **pour qu'un travail soit ~** for a job to be rewarding
exaltation [ɛgzaltasjɔ̃] *f* **1.** (*excitation*) excitement **2.** (*éloge*) glorification
exalté(e) [ɛgzalte] **I.** *adj* excited; (*personne*) elated; (*imagination*) fevered; **il parlait sur un ton un peu ~** he was speaking rather excitedly **II.** *m(f)* *péj* hothead
exalter [ɛgzalte] <1> **I.** *vt* **1.** *soutenu* (*célébrer*) to glorify **2.** (*faire vibrer: esprit, imagination*) to arouse; (*foule, jeunesse*) to fire **II.** *vpr* **s'~** (*personne*) to get excited; (*imagination*) to be fired
examen [ɛgzamɛ̃] *m* **1.** examination; **~ d'entrée/de passage** entrance/final exam **2.** JUR **mise en ~** charging
examinateur, -trice [ɛgzaminatœʀ, -tʀis] *m, f* examiner
examiner [ɛgzamine] <1> **I.** *vt* to examine; (*maison*) to look over **II.** *vpr* **s'~ dans un miroir** to examine oneself in a mirror
exaspérant(e) [ɛgzaspeʀɑ̃, ɑ̃t] *adj* exasperating; **être d'une lenteur ~e** to be exasperatingly slow; **il est ~ avec sa manie de ...** he's so exasperating the way he ...
exaspération [ɛgzaspeʀasjɔ̃] *f* exasperation; **d'~, elle se mit à sangloter** she began to sob with exasperation
exaspérer [ɛgzaspeʀe] <5> *vt* **~ qn avec qc** to exasperate sb with sth
exaucer [ɛgzose] <2> *vt* **1.** (*écouter: Dieu*) to hear **2.** (*réaliser: désir, souhait*) to grant
excédent [ɛksedɑ̃] *m* surplus; **~ de bagages** excess baggage
excédentaire [ɛksedɑ̃tɛʀ] *adj* surplus; (*balance commerciale*) in surplus; **production ~** surplus production
excéder [ɛksede] <5> *vt* **1.** (*dépasser: poids, durée, moyens, forces*) to exceed; **ne pas ~ 3000 euros** not to exceed 3000 euros **2.** (*exaspérer*) **~ qn avec** [*o* **par**] **qc** to exasperate sb with sth; **être excédé** (*être à bout*) to be worn out; (*être énervé*) to be infuriated
excellence [ɛkselɑ̃s] *f* excellence; **l'~ de son goût** her excellent taste ▶ **par ~** par excellence
excellent(e) [ɛkselɑ̃, ɑ̃t] *adj* excellent
exceller [ɛksele] <1> *vi* **~ en musique/dans son domaine/aux échecs** to excel in music/in one's field/at chess
excentricité [ɛksɑ̃tʀisite] *f sans pl* eccentricity; **l'~ de son comportement/caractère** his eccentric behavior/character
excentrique [ɛksɑ̃tʀik] **I.** *adj* eccentric **II.** *mf* eccentric
excepté [ɛksɛpte] *prep* except; **~ que/si qn fait qc** except that/if sb does sth; **avoir tout prévu, ~ ce cas** to have foreseen everything but this situation
excepter [ɛksɛpte] <1> *vt* **~ qn de qc** to except sb from sth
exception [ɛksɛpsjɔ̃] *f* exception; **régime d'~** special treatment; **faire ~ à la règle** to be an exception to the rule; **à l'~ de qn/qc** with the exception of sb/sth; **sauf ~** allowing for exceptions
exceptionnel(le) [ɛksɛpsjɔnɛl] *adj* **1.** (*extraordinaire: personne*) exceptional; (*occasion*) unique; **cela n'a rien d'~** there's nothing remarkable about that **2.** (*occasionnel: prime, congé, mesure*) special; **à titre ~** exceptionally
exceptionnellement [ɛksɛpsjɔnɛlmɑ̃] *adv* exceptionally
excès [ɛksɛ] *m* **1.** (*surplus*) **~ de vitesse** speeding; **~ de zèle** overzealousness **2.** *pl* (*abus, violences*) excesses ▶ **tomber dans l'~ inverse** to go to the opposite extreme; **pousser qc à l'~** to take sth to extremes; **manger/dépenser avec/sans ~** to eat/spend to excess/in moderation
excessif, -ive [ɛksesif, -iv] *adj* **1.** excessive **2.** (*immodéré: tempérament*) extreme; **être ~ dans son jugement** to go to extremes in one's judgments
excessivement [ɛksesivmɑ̃] *adv* excessively; (*manger*) to excess; **être ~ cher** to be inordinately expensive
excipient [ɛksipjɑ̃] *m* MED excipient
exciser [ɛksize] <1> *vt* to excise
excision [ɛksizjɔ̃] *f* MED excision
excitant(e) [ɛksitɑ̃, ɑ̃t] *adj* **1.** exciting **2.** (*stimulant: café*) stimulating
excitation [ɛksitasjɔ̃] *f* excitement
excité(e) [ɛksite] **I.** *adj* excited **II.** *m(f)* hothead
exciter [ɛksite] <1> **I.** *vt* **1.** (*provoquer: désir, curiosité*) to arouse **2.** (*aviver: imagination*) to excite; (*douleur*) to increase **3.** (*passionner*) **~ qn** (*idée, travail*) to excite sb; (*sensation*) to give sb a thrill **4.** (*mettre en colère*) **~ qn** (*personne*) to irritate sb; (*alcool, chaleur*) to make sb irritable **5.** (*troubler sexuellement*) to arouse **II.** *vpr* **s'~ sur qc 1.** (*s'énerver*) to get worked up about sth **2.** *inf* (*s'acharner*) to go hard at sth
exclamatif, -ive [ɛksklamatif, -iv] *adj* **phrase exclamative** exclamatory phrase
exclamation [ɛksklamasjɔ̃] *f* exclamation; **~ de douleur/de joie** cry of pain/joy; **point d'~** exclamation point
exclamer [ɛksklame] <1> *vpr* **s'~ de joie** to shout for joy; **s'~ de douleur** to scream in pain; **s'~ sur qc** to gasp in admiration
exclu(e) [ɛkskly] **I.** *part passé de* **exclure** **II.** *adj* **1.** (*impossible*) **il n'est pas ~ que** +*subj* it is not impossible that **2.** (*non compris*) **mardi ~** except (for) Tuesday **III.** *m(f)* **les ~s** the excluded
exclure [ɛksklyʀ] *irr* **I.** *vt* **1.** (*sortir*) **~ qn d'un**

E

parti/d'une école to expel sb from a party/a school; ~ **qn d'une équipe** to kick sb off a team; ~ **qn d'une salle** to throw sb out of a room **2.** (*écarter: possibilité, hypothèse*) to rule out; (*élément*) to ignore **II.** *vpr* **s'~** to be mutually exclusive

exclusif, -ive [ɛksklyzif, -iv] *adj* exclusive

exclusion [ɛksklyzjɔ̃] *f* exclusion; (*du lycée*) expulsion

exclusivement [ɛksklyzivmɑ̃] *adv* **1.** (*seulement, uniquement*) exclusively **2.** (*exclu*) exclusive

exclusivité [ɛksklyzivite] *f* exclusive rights *pl;* **une ~ XY** an XY exclusive, a scoop ► **en** ~ exclusively

excommunier [ɛkskɔmynje] <1a> *vt* to excommunicate

excroissance [ɛkskʀwasɑ̃s] *f* excrescence

excursion [ɛkskyʀsjɔ̃] *f* excursion

excusable [ɛkskyzabl] *adj* excusable

excuse [ɛkskyz] *f* **1.** (*raison, prétexte*) excuse; **la belle ~!** that's a fine excuse! **2.** *pl* (*regret*) **faire des ~s** to apologize; **mille ~s!** I'm so sorry!

excuser [ɛkskyze] <1> **I.** *vt* **1.** (*pardonner: faute, retard*) to forgive; **excuse-moi/excusez-moi!** forgive me! **2.** (*défendre: personne, conduite*) to excuse ► **vous êtes tout excusé** don't apologize **II.** *vpr* **s'~ de qc** to apologize for sth ► **je m'excuse de vous déranger** forgive me for bothering you

exécrable [ɛgzekʀabl] *adj* appalling; (*nourriture*) foul; (*film, poème*) ghastly

exécrer [ɛgzekʀe] <1> *vt* to abhor

exécutant(e) [ɛgzekytɑ̃, ɑ̃t] *m(f)* **1.** (*agent*) subordinate; **être un simple ~** to just carry out orders **2.** MUS performer

exécuter [ɛgzekyte] <1> *vt* **1.** (*effectuer: projet*) to carry out; (*travail*) to do; ~ **les dernières volontés de qn** to grant sb's last wishes **2.** INFORM (*fichier*) to run **3.** (*tuer*) to execute

exécutif [ɛgzekytif] *m* executive

exécutif, -ive [ɛgzekytif, -iv] *adj* **comité ~** executive committee; **pouvoir ~** executive power

exécution [ɛgzekysjɔ̃] *f* **1.** (*d'un travail*) doing; (*d'un projet*) carrying out; (*d'un programme*) implementation; (*d'une commande*) fulfillment; **mettre une loi à ~** to enforce a law; **mettre une menace à ~** to carry out a threat **2.** JUR (*d'un jugement*) enforcement **3.** (*mise à mort*) execution

exemplaire [ɛgzɑ̃plɛʀ] **I.** *adj* exemplary **II.** *m* **1.** (*copie: d'un livre*) copy; **en deux ~s** in duplicate **2.** (*spécimen*) specimen

exemple [ɛgzɑ̃pl] *m* (*modèle, illustration*) example; **citer qn/qc en ~** to give sb/sth as an example; **donner l'~** to show an example; **prendre ~ sur qn** to follow sb's example; **par ~** for example ► **(ça/tiens) par ~!** *inf* (*indignation*) well, really!; (*surprise*) well, how about that!

exempt(e) [ɛgzɑ̃(pt), ɑ̃(p)t] *adj* **1.** (*dispensé: personne*) exempt; ~ **de taxes/d'affranchissement** tax/postage free **2.** (*dépourvu*) free; ~ **de danger, défaut** free from danger/defect; ~ **d'erreur** error-free

exempter [ɛgzɑ̃(p)te] <1> *vt* **1.** (*personne*) to exempt; (*décharger*) to discharge; **être exempté d'impôts/de T.V.A.** (*revenu, marchandise*) to be tax-free/VAT-free **2.** (*préserver*) ~ **qn de la paresse** to keep sb from becoming lazy

exercer [ɛgzɛʀse] <2> **I.** *vt* **1.** (*pratiquer: fonction*) to fulfill; ~ **le métier de professeur/d'infirmière** to work as a teacher/nurse **2.** (*mettre en usage: pouvoir, droit*) to exercise; (*talent*) to use; (*pression, autorité*) to exert **3.** (*entraîner: oreille, goût, mémoire*) to train; (*jugement*) to exercise; ~ **les élèves à lire à voix basse** to give pupils lessons in reading quietly **II.** *vi* to practice **III.** *vpr* **1.** (*s'entraîner*) **s'~** to practice; SPORT to train; **s'~ à la trompette** to practice the trumpet **2.** (*se manifester*) **s'~ dans un domaine** (*habileté, influence*) to be put to use in a field

exercice [ɛgzɛʀsis] *m* **1.** ECOLE, MUS, SPORT exercise; ~ **à trous** fill-in-the blank exercise; **faire des ~s au piano** to do piano exercises **2.** *sans pl* (*activité physique*) exercise; **faire** [*o* **prendre**] **de l'~** to exercise **3.** (*pratique: d'un droit, du pouvoir*) exercise; (*de la médecine*) practice; **l'~ d'un métier** doing a job; **dans l'~ de ses fonctions** in the exercise of one's duties ► **en ~** practicing; POL in office

ex-femme [ɛksfam] <ex-femmes> *f* **mon ~** my ex-wife

exhaler [ɛgzale] <1> **I.** *vt* **1.** (*répandre*) ~ **qc** to give off sth **2.** (*laisser échapper: soupir*) to heave **II.** *vpr* **s'~ de qc** (*gémissement*) to come from sth; (*parfum*) to emanate from sth

exhaustif, -ive [ɛgzostif, -iv] *adj* exhaustive

exhiber [ɛgzibe] <1> **I.** *vt* **1.** (*montrer*) to show; (*document, preuve*) to produce; (*animal*) to exhibit **2.** (*étaler*) ~ **qc** to show sth off **II.** *vpr* **s'~** to put oneself on display

exhibition [ɛgzibisjɔ̃] *f* display; (*d'un animal*) exhibiting

exhibitionniste [ɛgzibisjɔnist] **I.** *mf* exhibitionist **II.** *adj* exhibitionistic

exhortation [ɛgzɔʀtasjɔ̃] *f* exhortation

exhumer [ɛgzyme] <1> *vt* (*corps*) to exhume; (*ruines, document*) to dig out

exigeant(e) [ɛgziʒɑ̃, ʒɑ̃t] *adj* demanding; **être ~ à l'égard de qn** to demand a lot of sb

exigence [ɛgziʒɑ̃s] *f* **1.** (*caractère*) demanding attitude **2.** *pl* (*prétentions*) demands **3.** *pl* (*impératifs*) **~s de la mode** (fashion) dictates

exiger [ɛgziʒe] <2a> *vt* **1.** (*réclamer*) to demand; ~ **que** +*subj* to demand that **2.** (*nécessiter: personne, animal, plante*) to require; (*travail, circonstances*) to demand

exigu(ë) [ɛgzigy] *adj* (*logement*) cramped

exil [ɛgzil] *m* exile; **condamner qn à l'~** to exile sb

exilé(e) [ɛgzile] **I.** *adj* exiled **II.** *m(f)* exile

exiler [ɛgzile] <1> **I.** *vt* to exile **II.** *vpr* **s'~** to go into exile; **s'~ de France** to exile oneself from France; **s'~ en France** to go off to France in exile

existant(e) [ɛgzistɑ̃, ɑ̃t] *adj* existing

existence [ɛgzistɑ̃s] *f* existence; **pendant sa courte ~** during his short life

existentiel(le) [ɛgzistɑ̃sjɛl] *adj* existential

exister [ɛgziste] <1> *vi* to exist

ex-mari [ɛksmaʀi] <ex-maris> *m* **mon ~** my ex-husband

exode [ɛgzɔd] *m* exodus; **~ rural** rural exodus

exonération [ɛgzɔneʀasjɔ̃] *f* FIN **~ d'impôts** [*o* **fiscale**] tax exemption

exonérer [ɛgzɔneʀe] <5> *vt* FIN **être exonéré de la T.V.A.** to be exempt from VAT

exorbitant(e) [ɛgzɔʀbitɑ̃, ɑ̃t] *adj* (*prétentions*) inordinate; (*prix*) exorbitant

exorciser [ɛgzɔʀsize] <1> *vt* to exorcise

exotique [ɛgzɔtik] *adj* exotic

exotisme [ɛgzɔtism] *m* exoticism; **l'~ déplace les foules** people will come from miles around for the exotic

expansif, -ive [ɛkspɑ̃sif, -iv] *adj* expansive

expansion [ɛkspɑ̃sjɔ̃] *f* ECON expansion; **~ démographique** population growth; **être en pleine ~** to be booming; **secteur en pleine ~** boom sector

expatrié(e) [ɛkspatʀije] *m(f)* expatriate; (*expulsé*) exile

expatrier [ɛkspatʀije] <1> **I.** *vt* (*personne*) to expatriate **II.** *vpr* **s'~** to leave one's own country

expédient [ɛkspedjɑ̃] *m* expedient; (*échappatoire*) way out

expédier [ɛkspedje] <1> *vt* (*envoyer*) to send; **~ qc par bateau** to send sth by sea

expéditeur, -trice [ɛkspeditœʀ, -tʀis] **I.** *m, f* sender **II.** *adj* **bureau ~** forwarding office

expéditif, -ive [ɛkspeditif, -iv] *adj* **1.** (*rapide: solution, méthode*) expeditious; **justice expéditive** rough justice **2.** (*trop rapide*) hasty

expédition [ɛkspedisjɔ̃] *f* **1.** (*envoi*) dispatching; (*par la poste*) sending **2.** (*mission*) expedition **3.** (*exécution: des affaires courantes*) dispatching

expérience [ɛkspeʀjɑ̃s] *f* **1.** *sans pl* (*pratique*) experience; **par ~** from experience; **avoir l'~ des hommes** to know the ways of men **2.** (*événement*) experience; **~ amoureuse** love affair **3.** (*essai*) experiment; **~s sur les animaux** animal experiments

expérimental(e) [ɛkspeʀimɑ̃tal, -o] <-aux> *adj* experimental; **au stade ~** in the experimental stage; **à titre ~** as an experiment

expérimenté(e) [ɛkspeʀimɑ̃te] *adj* experienced

expérimenter [ɛkspeʀimɑ̃te] <1> *vt* **~ un médicament sur qn/un animal** to test a drug on sb/an animal

expert(e) [ɛkspɛʀ, ɛʀt] **I.** *adj* (*cuisinière*) expert; (*médecin*) specialist; (*technicien*) trained; **être ~ en** [*o* **dans**] **qc** to be an expert in sth **II.** *m(f)* **1.** (*spécialiste*) expert **2.** JUR (*pour évaluer un objet, des dommages*) assessor

expert-comptable, experte-comptable [ɛkspɛʀkɔ̃tabl] <experts-comptables> *m, f* accountant

expertise [ɛkspɛʀtiz] *f* **1.** (*estimation de la valeur*) valuation **2.** (*examen*) appraisal

expertiser [ɛkspɛʀtize] <1> *vt* **1.** (*étudier l'authenticité*) to appraise **2.** (*estimer*) to assess

expier [ɛkspje] <1a> *vt* **~ qc** to atone for sth

expiration [ɛkspiʀasjɔ̃] *f* **1.** ANAT exhalation **2.** (*fin: d'un délai, mandat*) expiry

expirer [ɛkspiʀe] <1> **I.** *vt* to exhale **II.** *vi* (*s'achever: mandat, délai*) to expire

explicable [ɛksplikabl] *adj* explainable

explicatif, -ive [ɛksplikatif, -iv] *adj* explanatory

explication [ɛksplikasjɔ̃] *f* **1.** (*indication, raison*) explanation **2.** (*commentaire, annotation*) commentary; **~ de texte** critical analysis **3.** (*discussion*) discussion **4.** *pl* (*mode d'emploi*) instructions

explicite [ɛksplisit] *adj* explicit

explicitement [ɛksplisitmɑ̃] *adv* explicitly

expliquer [ɛksplike] <1> **I.** *vt* **1.** (*faire connaître*) to explain; **~ à qn pourquoi/comment qn a fait qc** to explain to sb why/how sb did sth; **cela explique son départ** that accounts for his departure **2.** (*faire comprendre: fonctionnement*) to explain; (*texte*) to comment on ▶**je t'explique pas!** *inf* need I explain? **II.** *vpr* **1.** (*se faire comprendre*) **s'~** to explain **2.** (*justifier*) **s'~ sur son choix** to explain one's choice **3.** (*rendre des comptes à*) **s'~ devant le tribunal/la police** to explain to the court/the police; **s'~ devant son père** to explain oneself to one's father **4.** (*avoir une discussion*) **s'~ avec son fils sur qc** to clear the air with one's son about sth **5.** (*comprendre*) **s'~ qc** to explain sth **6.** (*être compréhensible*) **s'~** to become clear; **son départ s'explique par qc** sth accounts for his departure

exploit [ɛksplwa] *m* **1.** (*prouesse*) feat **2.** *iron* exploit

exploitant(e) [ɛksplwatɑ̃, ɑ̃t] *m(f)* **~ agricole** farmer; **petit ~** small farmer

exploitation [ɛksplwatasjɔ̃] *f* **1.** (*action: d'une ferme, mine*) working; (*de ressources naturelles*) exploitation **2.** (*entreprise*) concern; **~ agricole** farm **3.** (*utilisation: d'une situation, idée*) exploitation; (*de données*) utilization **4.** (*abus*) exploitation

exploiter [ɛksplwate] <1> *vt* **1.** (*faire valoir: terre, mine*) to work; (*ressources*) to exploit **2.** (*utiliser: situation*) to exploit; **~ une idée/les résultats** to make use of an idea/the results **3.** (*abuser*) to exploit

exploiteur, -euse [ɛksplwatœʀ, -øz] *m, f* exploiter

explorateur [ɛksplɔʀatœʀ] *m* INFORM browser; **~ de réseau** network explorer

explorateur, -trice [ɛksplɔʀatœʀ, -tʀis] *m, f* explorer

exploration [ɛksplɔʀasjɔ̃] *f a.* INFORM exploration

explorer [ɛksplɔʀe] <1> *vt* to explore

exploser [ɛksploze] <1> *vi* to explode; **laisser sa colère ~** to blow up

explosif [ɛksplozif] *m* explosive

explosif, -ive [ɛksplozif, -iv] *adj* explosive; **obus ~** exploding shell; **consonne explosive** plosive consonant

explosion [ɛksplozjɔ̃] *f* **1.** (*éclatement: d'une bombe*) explosion **2.** (*manifestation soudaine*) **~ de joie/colère** outburst of joy/anger; **~ démographique** population explosion

exportable [ɛkspɔʀtabl] *adj* exportable

exportateur [ɛkspɔʀtatœʀ] *m* (*pays*) exporting

exportateur, -trice [ɛkspɔʀtatœʀ, -tʀis] **I.** *adj* exporting **II.** *m, f* (*personne*) exporter

exportation [ɛkspɔʀtasjɔ̃] *f* **1.** (*action*) export(ation) **2.** *pl* (*biens*) exports **3.** INFORM export

exporter [ɛkspɔʀte] <1> *vt a.* INFORM to export; **~ des fichiers sur qc** to export files to sth

exposé [ɛkspoze] *m* **1.** (*discours*) talk; **faire un ~ sur qc** to give a talk on sth **2.** (*description*) account

exposer [ɛkspoze] <1> **I.** *vt* **1.** (*montrer: tableau*) to exhibit; (*marchandise*) to display **2.** (*décrire*) **~ qc** to set sth out **3.** (*mettre en péril: vie, honneur*) to risk; **~ qn au ridicule** to lay sb open to ridicule **4.** (*disposer*) **~ qc au soleil** to expose sth to the sun; **une pièce bien exposée** a well-lit room **II.** *vpr* **s'~ à qc** to expose oneself to sth

exposition [ɛkspozisjɔ̃] *f* **1.** (*étalage: de marchandise*) display **2.** (*présentation, foire*) *a.* ART exhibition **3.** (*orientation*) **~ au sud** southern exposure **4.** (*action de soumettre à qc*) *a.* PHOT exposure

exprès [ɛkspʀɛ] *adv* **1.** (*intentionnellement*) on purpose **2.** (*spécialement*) (**tout**) **~** specially

express [ɛkspʀɛs] **I.** *adj* **café ~** espresso coffee; **train ~** express train **II.** *m* **1.** (*café*) espresso **2.** (*train*) express train

expressément [ɛkspʀesemɑ̃] *adv* expressly

expressif, -ive [ɛkspʀesif, -iv] *adj* expressive

expression [ɛkspʀesjɔ̃] *f* expression; **mode d'~** means of expression; **~ familière/figée** colloquial/set expression ▶ **veuillez agréer l'~ de mes sentiments distingués** yours truly

expressionnisme [ɛkspʀesjɔnism] *m* expressionism

expressionniste [ɛkspʀesjɔnist] *adj, mf* expressionist

exprimer [ɛkspʀime] <1> **I.** *vt* **1.** (*faire connaître*) to express **2.** (*indiquer*) **~ qc** (*signe*) to indicate sth; **~ qc en mètres/euros** to express sth in meters/euros **II.** *vpr* **1.** (*parler*) to express oneself; **s'~ en français** to speak in French; **ne pas s'~** to say nothing; **s'~ par gestes** to use gestures to express oneself **2.** (*se manifester*) **s'~ dans qc** (*volonté*) to be expressed in sth; **s'~ sur un visage** to show on a face

exproprier [ɛkspʀɔpʀije] <1a> *vt* to expropriate

expulser [ɛkspylse] <1> *vt* (*élève, étranger*) to expel; (*joueur*) to eject; **~ un locataire de son appartement** to evict a tenant from his apartment

expulsion [ɛkspylsjɔ̃] *f* (*d'un élève, étranger*) expulsion; (*d'un locataire*) eviction; (*d'un joueur*) ejection

exquis(e) [ɛkski, iz] *adj* (*goût, manières, plat, parfum*) exquisite; (*personne, journée*) delightful

extase [ɛkstɑz] *f* ecstasy; **être en ~ devant qn/qc** to be in raptures over sb/sth

extasier [ɛkstɑzje] *vpr* **s'~ devant** [*o* **sur**] **qn/qc** to go into raptures over sb/sth

extensible [ɛkstɑ̃sibl] *adj* extending

extension [ɛkstɑ̃sjɔ̃] *f* **1.** (*allongement: d'un ressort*) stretching; (*d'un bras*) extension **2.** (*accroissement: d'une ville*) growth; (*d'un incendie, d'une épidémie*) spreading **3.** INFORM **~ de mémoire** memory expansion ▶ **prendre de l'~** (*incendie, épidémie, grève*) to spread; (*affaires*) to expand; **par ~** by extension

exténuant(e) [ɛkstenɥɑ̃, ɑ̃t] *adj* extenuating

exténuer [ɛkstenɥe] <1> **I.** *vt* to exhaust **II.** *vpr* **s'~ à faire qc** to exhaust oneself doing sth

extérieur [ɛksteʀjœʀ] *m* **1.** (*monde extérieur*) outside world **2.** (*dehors*) outside; **aller à l'~** to go outside; **à l'~ de la ville** outside the town; **de l'~** from outside

extérieur(e) [ɛksteʀjœʀ] *adj* **1.** (*décor*) exterior; (*bruit*) from outside; (*activité*) outside **2.** (*objectif: réalité*) external **3.** (*visible*) outward **4.** POL, COM **politique ~e** foreign policy **5.** *Québec* (*étranger(-ère)*) **ministère des affaires ~es** foreign affairs ministry

extérieurement [ɛksteʀjœʀmɑ̃] *adv* **1.** (*à l'extérieur*) externally **2.** (*en apparence*) outwardly

extérioriser [ɛksteʀjɔʀize] <1> **I.** *vt* (*sentiment*) to express; PSYCH to externalize **II.** *vpr* **s'~** (*personne*) to express oneself; (*colère, joie*) to be (outwardly) expressed

extermination [ɛkstɛʀminasjɔ̃] *f* extermination

exterminer [ɛkstɛʀmine] <1> *vt* exterminate

externat [ɛkstɛʀna] *m* ECOLE day school

externe [ɛkstɛʀn] **I.** *adj* (*surface*) outer **II.** *mf* ECOLE day student

extincteur [ɛkstɛ̃ktœʀ] *m* extinguisher

extinction [ɛkstɛ̃ksjɔ̃] *f* **1.** (*action: d'un incendie*) extinction; (*des lumières*) turning out; **~ des feux à huit heures** lights out at eight o'clock **2.** (*disparition*) extinction **3.** *fig* **~ de**

voix loss of voice
extirper [ɛkstiʀpe] <1> *vt* **1.** (*mauvaises herbes*) to dig out; (*tumeur*) to remove **2.** *fig* (*préjugé*) to eradicate; ~ **qn de son lit** *inf* to drag sb out of bed
extorquer [ɛkstɔʀke] <1> *vt* to extort
extorsion [ɛkstɔʀsjɔ̃] *f* extortion
extra [ɛkstʀa] **I.** *adj inv* **1.** (*qualité*) super **2.** *inf* (*formidable*) great **II.** *m* (*gâterie*) **un** ~ treat
extraction [ɛkstʀaksjɔ̃] *f* **1.** MIN (*du pétrole/charbon*) extraction; (*du marbre*) quarrying **2.** (*d'une dent, d'une balle*) extraction
extradition [ɛkstʀadisjɔ̃] *f* extradition
extrafin(e) [ɛkstʀafɛ̃, fin] *adj* extra fine
extraire [ɛkstʀɛʀ] *vt irr* **1.** (*sortir: charbon, pétrole, dent*) to extract; (*marbre*) to quarry; **passage extrait d'un livre** passage from a book **2.** (*séparer*) to extract
extrait [ɛkstʀɛ] *m* **1.** extract; (*fragment*) excerpt; ~ **de compte** bank statement; ~ **de naissance** birth certificate **2.** (*concentré*) extract; ~ **de lavande** lavender extract
extralucide [ɛkstʀalysid] **I.** *adj* **voyante** ~ clairvoyant **II.** *mf* clairvoyant
extraordinaire [ɛkstʀaɔʀdinɛʀ] *adj* **1.** (*opp: ordinaire: réunion, budget*) extraordinary; (*dépenses*) exceptional **2.** (*insolite: nouvelle, histoire*) extraordinary **3.** (*exceptionnel*) remarkable
extrapoler [ɛkstʀapɔle] <1> *vi a.* MATH extrapolate
extraterrestre [ɛkstʀateʀɛstʀ] *mf* alien
extravagance [ɛkstʀavagɑ̃s] *f* **1.** (*caractère*) eccentricity **2.** (*action*) extravagance **3.** (*idée*) extravagant idea
extravagant(e) [ɛkstʀavagɑ̃, ɑ̃t] **I.** *adj* extravagant **II.** *m(f)* eccentric
extrême [ɛkstʀɛm] **I.** *adj* **1.** (*au bout d'un espace*) farthest; (*au bout d'une durée*) latest; **date** ~ last date **2.** (*excessif*) extreme; **d'~ droite/gauche** far right/left **II.** *m* **1.** (*dernière limite*) extreme **2.** *pl* (*opposé*) *a.* MATH extremes **3.** POL **l'~ gauche/droite** the far right/left ► **pousser qc à l'~** to take sth to extremes
extrêmement [ɛkstʀɛmmɑ̃] *adv* extremely; (*jaloux*) insanely
extrême-onction [ɛkstʀɛmɔ̃ksjɔ̃] <extrêmes-onctions> *f* extreme unction
Extrême-Orient [ɛkstʀɛmɔʀjɑ̃] *m* **l'~** the Far East
extrémiste [ɛkstʀemist] **I.** *adj* POL extremist **II.** *mf* POL extremist
extrémité [ɛkstʀemite] *f* **1.** (*bout*) end; ~ **de la forêt/d'une ville** edge of the forest/town; **à l'~ de la rue** at the (far) end of the street **2.** *pl* (*mains, pieds*) extremities
exubérance [ɛgzybeʀɑ̃s] *f* exuberance
exubérant(e) [ɛgzybeʀɑ̃, ɑ̃t] *adj* exuberant
exulter [ɛgzylte] <1> *vi* to exult
exutoire [ɛgzytwaʀ] *m* ~ **à qc** outlet for sth
eye-liner [ajlajnœʀ] <eye-liners> *m* eyeliner
eye-shadow [ajʃɛdo] <eye-shadows> *m* eye shadow

F

F, f [ɛf] *m inv* F, f; ~ **comme François** (*au téléphone*) f as in Foxtrot
F **1.** HIST *abr de* **franc** F **2.** *abr de* **fluor** F **3.** (*appartement*) **F2/F3** one/two-bedroom apartment
fa [fa] *m inv* **1.** MUS F **2.** (*solfège*) fa; *v.a.* **do**
fable [fɑbl] *f* LIT fable
fabricant(e) [fabʀikɑ̃, ɑ̃t] *m(f)* manufacturer
fabrication [fabʀikasjɔ̃] *f* manufacturing; (*artisanale*) making; **défaut/secret de** ~ manufacturing defect/secret ► **de ma/sa** ~ of my own making
fabrique [fabʀik] *f* factory
fabriquer [fabʀike] <1> **I.** *vt* **1.** (*produire*) to manufacture **2.** *inf* (*faire*) **mais qu'est-ce que tu fabriques?** what on earth are you up to?; (*avec impatience*) what do you think you're doing? **3.** (*inventer*) to fabricate **II.** *vpr* **1.** (*se produire*) to be mass-produced **2.** (*se construire*) **se ~ une table avec qc** to make a table out of sth **3.** (*s'inventer*) **se ~ une histoire** to think up a story
fabulateur, -trice [fabylatœʀ, -tʀis] *m, f* storyteller
fabulation [fabylasjɔ̃] *f* storytelling; PSYCH fantasizing
fabuler [fabyle] <1> *vi* to tell stories; PSYCH to fantasize
fabuleusement [fabyløzmɑ̃] *adv* fabulously
fabuleux, -euse [fabylø, -øz] *adj* **1.** *inf* (*fantastique*) fabulous **2.** *inf* (*incroyable*) incredible **3.** LIT mythical; (*animal*) fabulous; **récit** ~ myth
fac [fak] *f inf abr de* **faculté** university
façade [fasad] *f* **1.** (*devant: d'un édifice*) façade; (*d'un magasin*) front **2.** (*région côtière*) coast **3.** (*apparence trompeuse*) façade
face [fas] *f* **1.** (*visage, côté, aspect*) face; **changer la ~ du monde** to change the face of the earth **2.** (*côté d'une monnaie, disquette, d'un disque*) *a.* MATH, MIN side; **pile ou ~?** heads or tails? **3.** (*indiquant une orientation*) **photographier de** ~ to take a photo of sb from the front; **attaquer de** ~ to attack from the front; **aborder de** ~ to tackle sb on; **être en ~ de qn/qc** to be across from sb/sth; **le voisin d'en** ~ the neighbor across the street ► **être/se trouver ~ à ~ avec qn** to be face to face with sb; **faire** ~ to confront the situation; **regarder la mort en** ~ to stare death in the face; ~ **à cette crise ...** faced with this crisis ...; **il faut voir les choses en** ~ you have to face the facts
face-à-face [fasafas] *m inv* encounter
facétie [fasesi] *f* joke
facétieux, -euse [fasesjø, -jøz] **I.** *adj* facetious **II.** *m, f* joker
facette [fasɛt] *f* facet
fâché(e) [fɑʃe] *adj* **1.** (*en colère*) angry

F

2. (*navré*) **il est ~ de tout ceci** he's sorry about all this **3.** (*en mauvais termes*) **être ~ avec qn** to be at odds with sb; **être ~ avec qc** *inf* to be fed up with sth

fâcher [fɑʃe] <1> **I.** *vt* (*irriter*) to annoy **II.** *vpr* **1.** (*se mettre en colère*) **se ~ contre qn** to get angry with sb **2.** (*se brouiller*) **se ~ avec qn** to fall out with sb

fâcherie [fɑʃʀi] *f* quarreling

fâcheusement [fɑʃøzmɑ̃] *adv* regrettably; **être ~ semblable à qn** to bear an unfortunate resemblance to sb

fâcheux, -euse [fɑʃø, -øz] *adj* **1.** (*regrettable: idée*) regrettable; (*contretemps*) unfortunate **2.** (*déplaisant: nouvelle*) unpleasant

facial(e) [fasjal, -jo] <-aux> *adj* facial

faciès [fasjɛs] *m* (*mine*) features *pl;* **avoir le ~ de quelqu'un qui ...** to have the face of somebody who ...

facile [fasil] **I.** *adj* **1.** (*simple*) easy; **avoir le contact ~** to be easy to get along with; **c'est plus ~ de** *+infin* it's easier to *+infin* **2.** *péj* (*sans recherche: plaisanterie*) facile; **c'est un peu ~!** that's a little bit cheap **3.** (*conciliant*) easygoing **II.** *adv inf* **1.** (*sans difficulté*) easy; **faire qc ~** to do sth no problem **2.** (*au moins*) easily

facilement [fasilmɑ̃] *adv* easily

facilité [fasilite] *f* **1.** (*opp: difficulté*) ease; **~ d'emploi** ease of use; **être d'une grande ~** to be very easy; **pour plus de ~, ...** for greater simplicity ... **2.** (*aptitude*) gift; **~ de caractère** easygoing character; **avoir des ~s** to be gifted; **avoir une grande ~ à s'exprimer** to express oneself with great ease **3.** *sans pl, péj* facility; **céder à la ~** to take the easy way out **4.** *pl* (*occasion*) opportunities **5.** (*possibilité*) chance

faciliter [fasilite] <1> *vt* to facilitate

façon [fasɔ̃] *f* **1.** (*manière*) **~ de faire qc** way of doing sth; **de** [*o* **d'une**] **~ très impolie** very impolitely **2.** *pl* (*comportement*) manners; **faire des ~s** to put on airs; (*faire le difficile*) to make a fuss **3.** (*travail*) tailoring; **travailler à ~** to tailor customers' material **4.** (*forme*) cut **5.** *+ subst* (*imitation*) **un sac ~ croco** an imitation crocodile skin bag ▶ **avoir bonne/mauvaise ~** *Suisse* (*présenter bien ou mal, faire bonne ou mauvaise impression*) to look attractive/unattractive; **en aucune ~** not at all; **d'une ~ générale** in a general way; **de toute ~, ...** anyway, ...; **de toutes les ~s** at any rate; **dire à qn sa ~ de penser** to give sb a piece of one's mind; (**c'est une**) **~ de parler** in a manner of speaking; **à ma ~** in my own way; **faire qc de ~ à ce que** *+subj* to do sth so that ...; **de ma/ta/sa ~** of my/your/his/her own making; (*gâteau*) the way I/you/he/she makes it; **repas sans ~** simple meal; **personne sans ~** an easygoing person; **non merci, sans ~** no thanks, all the same

façonner [fasɔne] <1> **I.** *vt* **1.** (*travailler*) to shape; (*pierre*) to work **2.** (*faire*) to make; (*statuette de bois*) to carve **3.** (*usiner*) to shape; **~ qc dans un bloc de marbre** to sculpt sth out of a block of marble **II.** *vpr* **se ~ 1.** (*se travailler: bois, métal*) to be worked **2.** (*se fabriquer*) to be made

fac-similé [faksimile] <fac-similés> *m* (*reproduction*) facsimile

facteur [faktœʀ] *m* factor; **être un ~ de dépression** to be a cause of depression

facteur, -trice [faktœʀ, -tʀis] *m, f* **1.** (*livreur de courrier*) mailman, postman, -woman *m, f* **2.** (*fabricant*) **~ d'orgues** organ builder

factice [faktis] *adj* **1.** (*faux*) artificial; (*livres, bouteilles*) dummy **2.** (*affecté: voix*) artificial; (*sourire*) feigned; (*gaieté*) sham

faction [faksjɔ̃] *f* **1.** (*groupe*) faction **2.** (*garde*) **être de/en ~** to be on guard **3.** (*surveillance*) **être/rester en ~** to be/stay on watch

factrice [faktʀis] *f v.* **facteur**

factuel(le) [faktɥɛl] *adj* factual

facturation [faktyʀasjɔ̃] *f* **1.** (*action*) invoicing **2.** (*service*) invoice office

facture [faktyʀ] *f* COM bill

facturer [faktyʀe] <1> *vt* **1.** (*établir une facture*) **~ une réparation à qn** to invoice sb for a repair **2.** (*faire payer*) **~ une réparation à qn** to put a repair on sb's bill

facturette [faktyʀɛt] *f* credit card slip

facultatif, -ive [fakyltatif, -iv] *adj* optional

faculté[1] [fakylte] *f* UNIV (*université*) university; (*département*) faculty; **~ de droit** faculty of law

faculté[2] [fakylte] *f* **1.** (*disposition*) faculty **2.** (*possibilité*) **la ~ de faire qc** the facility of doing sth; (*droit*) the right to do sth

fada [fada] **I.** *adj inf* cracked **II.** *m, f inf* nut

fadaise [fadɛz] *f gén pl* **1.** (*balivernes*) nonsense **2.** (*propos*) drivel

fadasse [fadas] *adj inf* bland; (*couleur*) wishy-washy

fade [fad] *adj* **1.** (*sans saveur: plat, goût*) bland; **c'est ~** it's tasteless **2.** (*sans éclat: ton*) dull; **d'un blond ~** dull blond **3.** (*sans intérêt: personne, propos*) dreary; (*traits*) bland **4.** *Belgique* (*lourd*) **il fait ~** it's muggy

fadeur [fadœʀ] *f* **1.** (*manque de saveur*) blandness **2.** (*manque d'éclat*) dullness **3.** *fig* (*d'un roman*) dreariness

fagot [fago] *m* bundle of firewood ▶ **de derrière les ~s** rather special

fagoté(e) [fagɔte] *adj inf* **être mal ~** to be badly dressed

fagoter [fagɔte] <1> *vt péj* to dress up

faiblard(e) [fɛblaʀ, aʀd] *adj péj, inf* (*argument*) pathetic; (*élève*) feeble; (*enfant*) weakly

faible [fɛbl] **I.** *adj* **1.** (*sans force, défense*) weak; **être ~ de constitution/du cœur** to have a weak constitution/heart; **sa vue est ~** he has poor eyesight **2.** (*influençable, sans volonté*) **être ~ de caractère** to have a weak character **3.** (*trop indulgent*) **être ~ avec qn** to be soft on sb **4.** *antéposé* (*restreint: espoir*) faint; (*protestation, résistance*) feeble; **à une ~ majorité** by a narrow majority; **à ~ altitude** at low altitude; **avoir de ~s chances de s'en tirer** to have a slim chance of pulling through; **être de ~ rendement** (*terre*) to give a poor yield **5.** (*peu perceptible*) faint **6.** (*médiocre: élève*) weak; (*devoir*) poor; **le terme est ~** that's putting it mildly **7.** ECON **économiquement ~** with a low income **8.** (*bête*) **~ d'esprit** feeble-minded **II.** *m, f* **1.** weak person **2.** (*personne sans volonté*) weakling **3.** ECON **les économiquement ~s** low-income groups **III.** *m sans pl* (*défaut*) weak point; **avoir un ~ pour qn** to have a soft spot for sb; **avoir un ~ pour qc** to have a fondness for sth

faiblement [fɛbləmɑ̃] *adv* **1.** (*mollement*) weakly **2.** (*légèrement*) slightly; **bière ~ alcoolisée** low-alcohol beer

faiblesse [fɛblɛs] *f* **1.** (*manque de force, grande indulgence, insuffisance*) weakness; **sa ~ de constitution** his/her weak constitution; **~ pour** [*o* **à l'égard de**] **qn/qc** weakness towards sb/sth; **par ~** out of weakness; **la ~ du revenu des agriculteurs** the low income of farmers **2.** (*manque d'intensité*) **la ~ du bruit** the faintness of the noise; **la ~ de sa vue** his/her weak eyesight **3.** (*médiocrité: d'un élève*) weakness; (*d'un devoir*) feebleness; **~ d'esprit** feeble-mindedness **4.** *souvent pl* (*défaillance*) dizzy spell **5.** (*syncope*) fainting fit

faiblir [febliʀ] <8> *vi* (*personne, pouls, résistance*) to weaken; (*cœur, force*) to fail; (*espoir, lumière*) to fade; (*ardeur*) to wane; (*revenu, rendement*) to fall; (*chances, écart*) to lessen; (*vent*) to drop

faïence [fajɑ̃s] *f* earthenware

faïencerie [fajɑ̃sʀi] *f* **1.** (*industrie*) pottery **2.** (*fabrique*) earthenware factory **3.** (*vaisselle*) earthenware

faille[1] [faj] *subj prés de* **falloir**

faille[2] [faj] *f* **1.** GEO fault **2.** (*crevasse*) rift **3.** (*défaut*) flaw; **volonté sans ~** iron will; **détermination sans ~** utter determination

faillible [fajibl] *adj* fallible

faillir [fajiʀ] *vi irr* **1.** (*manquer*) **il a failli acheter ce livre** he almost bought that book **2.** (*manquer à*) **~ à son devoir** to fail in one's duty; **~ à sa parole** to fail to keep one's word **3.** (*faire défaut*) **ma mémoire n'a pas failli** my memory did not fail me

faillite [fajit] *f* **1.** COM, JUR bankruptcy; **faire ~** to go bankrupt **2.** (*échec*) failure; **c'est la ~ de mes espérances** this is the end of my hopes

faim [fɛ̃] *f* **1.** hunger; **avoir ~** to be hungry; **avoir une ~ de loup** to be starving; **donner ~ à qn** to make sb hungry; **ne pas manger à sa ~** to not have enough to eat **2.** (*famine*) famine **3.** (*désir ardent*) **avoir ~ de qc** to hunger for sth ▶**laisser qn sur sa ~** to leave sb wanting more; **rester sur sa ~** (*après un repas*) to still feel hungry; (*ne pas être satisfait*) to be left wanting more

faîne, faine [fɛn] *f* beechnut

fainéant(e) [fɛneɑ̃, ɑ̃t] **I.** *adj* idle **II.** *m(f)* idler

fainéanter [fɛneɑ̃te] <1> *vi* to idle

fainéantise [fɛneɑ̃tiz] *f* idleness

faire [fɛʀ] *irr* **I.** *vt* **1.** (*fabriquer: objet, vêtement, produit, gâteau*) to make; (*maison, nid*) to build; **le bébé fait ses dents** the baby's teething **2.** (*mettre au monde*) **~ un enfant/des petits** to have a child/young **3.** (*évacuer*) **~ ses besoins** to do one's business **4.** (*être l'auteur de: faute, offre, discours, loi, prévisions*) to make; (*livre, chèque*) to write; (*conférence, cadeau*) to give; **~ une visite à qn** to pay sb a visit; **~ une promesse à qn** to make sb a promise; **~ la guerre contre qn** to make war against sb; **~ la paix** to make peace; **~ l'amour à qn** to make love to sb; **~ une farce à qn** to play a trick on sb; **~ la bise à qn** to kiss sb on the cheek; **~ du bruit** to make noise; *fig* to cause a sensation; **~ l'école buissonnière** to play hooky; **~ étape** to stop off; **~ grève** to strike; **~ signe à qn** to motion to sb; (*de s'approcher*) to beckon sb; **~ sa toilette** to wash **5.** (*avoir une activité: travail, métier, service militaire*) to do; **je n'ai rien à ~** I've nothing to do; **qu'est-ce qu'ils peuvent bien ~?** what on earth can they be doing?; **~ une bonne action** to do a good deed; **~ du théâtre** (*acteur de cinéma*) to act in the theater; (*étudiants*) to do some acting; (*comme carrière*) to go on the stage; **~ du violon/du piano/du jazz** to play the violin/the piano/jazz; **~ de la politique** to be involved in politics; **~ du sport** to do sports; **~ de l'escalade/de la voile** to go rock climbing/sailing; **~ du tennis** to play tennis; **~ du vélo/canoë** to go cycling/canoeing; **~ du cheval** to go horseback riding; **~ du patin à roulettes** to roller-skate; **~ du skate/ski** to go skateboarding/skiing; **~ un petit jogging** to go for a little jog; **~ du camping** to go camping; **~ de la couture/du tricot** to sew/knit; **~ des photos** to take pictures; **~ du cinéma** to be in films; **ne ~ que bavarder** to do nothing but talk; **que faites-vous dans la vie?** what do you do in life? **6.** (*étudier*) **~ des études** to go to college; **~ son droit/de la recherche** to do law/research; **~ du français** to do French; **il veut ~ médecin** he wants to be a doctor **7.** (*préparer*) **~ un café à qn** to make sb a coffee; **~ ses bagages** to pack (one's bags); **~ la cuisine** to cook **8.** (*nettoyer, ranger: argenterie, chaussures, chambre*) to clean; (*lit*) to make; **~ la vaisselle** to do the dishes **9.** (*accomplir: mouvement*) to make; **~ une promenade** to go for a walk; **~ un shampoing à qn** to give sb a shampoo; **~ un pansement à qn** to put a bandage on sb; **~ le plein (d'essence)** to fill up; **~ un bon score** to get a high score; **~ un numéro de téléphone** to dial a number; **~ les courses** to do the shopping; **~ la manche** *inf* to beg, to panhandle; **~ le portrait de qn** to do sb's portrait;

F

~ **bon voyage** to have a good trip **10.** *inf* MED ~ **de la fièvre** to have a fever **11.** (*parcourir: distance, trajet, pays, magasins*) to do; ~ **des zigzags/du stop** to zigzag/hitchhike **12.** (*offrir à la vente: produit*) to sell; **ils/elles font combien?** how much are they going for? **13.** (*cultiver*) to grow **14.** (*feindre, agir comme*) ~ **le pitre** [*o* **le clown**] to clown around; ~ **l'enfant** to act childishly; ~ **le Père Noël** to play Santa Claus; **il a fait comme s'il ne me voyait pas** he pretended not to see me **15.** (*donner une qualité, transformer*) **il a fait de lui une star** he made him a star; **je vous fais juge** you be the judge **16.** (*causer*) ~ **plaisir à qn** (*personne*) to please sb; ~ **le bonheur de qn** to make sb happy; ~ **du bien à qn** to do sb good; ~ **du mal à qn** to harm sb; **ça ne fait rien** it doesn't matter; ~ **honte à qn** to shame sb; **l'accident a fait de nombreuses victimes** there were many victims in the accident; **qu'est-ce que ça peut bien te ~?** what's it got to do with you? **17.** (*servir de*) **la cuisine fait salle à manger** the kitchen serves as a dining room; **cet hôtel fait aussi restaurant** the hotel has a restaurant too **18.** (*laisser quelque part*) **qu'ai-je bien pu ~ de mes lunettes?** what can I have done with my glasses? **19.** (*donner comme résultat*) to make; **deux et deux font quatre** two and two make [*o* are] four **20.** (*habituer*) ~ **qn à qc** to get sb used to sth **21.** (*devenir*) **il fera un excellent avocat** he'll make an excellent lawyer; **cette branche fera une belle canne** this branch will do very well as a walking stick **22.** (*dire*) **il a fait "non" en hochant la tête** he shook his head no; ~ **comprendre qc à qn** to explain sth to sb **23.** (*avoir pour conséquence*) ~ **que qn a été sauvé** to mean that sb was saved **24.** (*être la cause de*) ~ **chavirer un bateau** to make a boat capsize; **la pluie fait pousser l'herbe** the rain makes the grass grow **25.** (*aider à*) ~ **faire pipi à un enfant** to help a child go potty **26.** (*inviter à*) ~ **venir un médecin** to call a doctor; **dois-je le ~ monter?** shall I show him up(stairs)?; ~ **entrer/sortir le chien** to let the dog in/put the dog out; ~ **voir qc à qn** to show sb sth **27.** (*charger de*) ~ **réparer/changer qc par qn** to get [*o* have] sth repaired/changed by sb; ~ **faire qc à qn** to get sb to do sth **28.** (*forcer, inciter à*) ~ **ouvrir qc** to have sth opened; ~ **payer qn** to make sb pay **29.** (*pour remplacer un verbe déjà énoncé*) **elle le fait/l'a fait** she is doing so/has done so **II.** *vi* **1.** (*agir*) ~ **vite** to be quick; ~ **attention à qc** to be careful about sth; ~ **de son mieux** to do one's best; **tu peux mieux ~** you can do better; **il a bien fait de ne rien dire** he did the right thing by keeping quiet; **tu fais bien de me le rappeler** it's a good thing you reminded me; **tu ferais mieux/bien de te taire** you should keep quiet; ~ **comme si de rien n'était** as if there was nothing the matter **2.** (*dire*) to say; **"sans doute", fit-il** "no doubt", he said **3.** *inf* (*durer*) **ce manteau me fera encore un hiver** this coat will last me another year **4.** (*paraître, rendre*) ~ **vieux/paysan** to look old/like a peasant; **ce tableau ferait mieux dans l'entrée** this picture would look better in the hall; ~ **bon/mauvais effet** to look good/bad; ~ **désordre** (*pièce*) to look messy **5.** (*mesurer, peser*) ~ **1,2 m de long/de large/de haut** to be 1.2 meters long/wide/high; ~ **trois kilos** to be [*o* weigh] three kilograms; ~ **40 cm de tour de cou** to measure 40 cm around the neck, to have a size 16 collar; ~ **70 litres** to be [*o* contain] 70 liters; ~ **60 W** to be 60 watts; ~ **8 euros** to come to 8 euros; **ça fait peu** that's not much **6.** (*être incontinent*) ~ **dans sa culotte** to wet one's pants ▸**l'homme à tout ~** the handyman; ~ **partie de qc** to be part of sth; ~ **la queue** *inf* to line up; ~ **la une** *inf* to make the front page; ~ **manger qn** to help sb eat; **ne ~ que passer** to be just passing; **il fait bon vivre** life is sweet; **faites comme chez vous!** *iron* make yourself at home!; **ne pas s'en ~** *inf* not to worry; **se ~ mal** to hurt oneself; **je (n')en ai rien à ~** *inf* (*ne m'y intéresse pas*) it's got nothing to do with me; (*m'en fous*) I couldn't care less; **rien n'y fait** it can't be helped; **ça ne se fait pas** you just don't do that; **tant qu'à ~, allons-y** let's go, we might as well **III.** *vi impers* **1.** METEO **il fait chaud/froid/jour/nuit** it's hot/cold/light/dark; **il fait beau/mauvais** the weather's nice/awful; **il fait (du) soleil** the sun's shining; **il fait du brouillard** it's foggy; **il fait dix degrés** it's ten degrees **2.** (*temps écoulé*) **cela fait bien huit ans** it's a good eight years ago now; **cela fait deux ans que nous ne nous sommes pas vus** we haven't seen each other for two years **3.** (*pour indiquer l'âge*) **ça me fait 40 ans** *inf* I'll be 40 **IV.** *vpr* **1. se ~ une robe** to make oneself a dress; **se ~ 6000 euros par mois** *inf* to earn 6000 euros a month; **se ~ une idée exacte de qc** to get a clear idea of sth; **se ~ des illusions** to have illusions; **se ~ une opinion personnelle** to form one's own opinion; **se ~ une raison de qc** to resign oneself to sth; **se ~ des amis** to make friends **2.** (*action réciproque*) **se ~ des caresses** to stroke each other; **se ~ des politesses** to exchange courtesies **3.** *inf* (*se taper*) **il faut se le ~ celui-là!** he's a real pain; **je me le/la suis fait(e)** I've had him/her; **je vais me le ~ celui-là!** I'm going to do him over! **4.** (*se former*) **se ~** (*fromage, vin*) to mature; **se ~ tout seul** (*homme politique*) to make it on one's own **5.** (*devenir*) **se ~ vieux** to get on in years; **se ~ beau** to make oneself up; **se ~ rare** to be a stranger; **se ~ curé** to be a priest **6.** (*s'habituer à*) **se ~ à la discipline** to get used to discipline **7.** (*être à la mode*) **se ~** (*activité, look, vêtement*) to be popular; **ça se fait beaucoup de ~ qc** doing sth is very popular **8.** (*arriver, se produire*)

se ~ to happen; (*film*) to get made; **mais finalement ça ne s'est pas fait** but in the end it never happened **9.** *impers* **comment ça se fait?** how come?; **il se fait tard** it's getting late **10.** (*agir en vue de*) **se ~ maigrir** to get (oneself) slim; **se ~ vomir** to make oneself sick; **je te conseille de te ~ oublier** I'd advise you to make yourself scarce **11.** (*sens passif*) **se ~ opérer** to have an operation; **il s'est fait retirer son permis** he lost his license; **il s'est fait voler son permis** he had his license stolen ▶ **ne pas s'en ~** *inf* (*ne pas s'inquiéter*) not to worry; (*ne pas se gêner*) not to bother oneself; **t'en fais pas!** *inf* never mind

faire-part [fɛʀpaʀ] *m inv* announcement; (*pour inviter*) invitation

fair-play [fɛʀplɛ] *inv* **I.** *m* fair play **II.** *adj* fair

faisabilité [fəzabilite] *f* feasibility

faisable [fəzabl] *adj* (*en principe*) feasible; (*en pratique*) possible; **c'est ~ aujourd'hui?** can it be done today?

faisan(e) [fəzɑ̃, an] *m(f)* pheasant

faisandé(e) [fəzɑ̃de] *adj* gamey

faisceau [fɛso] <x> *m* **1.** (*rayon*) beam **2.** (*fagot*) bundle **3.** (*ensemble*) **~ de faits** set of facts

faiseur, -euse [fəzœʀ, -øz] *m, f péj* **1.** (*auteur*) **~ de belles phrases** phrasemaker; **~ de bons mots** wit **2.** (*vantard*) bragger

faisselle [fɛsɛl] *f* **1.** (*passoire*) cheese strainer **2.** (*fromage blanc*) *soft cheese made in a "faisselle"*

fait [fɛ] *m* **1.** fact **2.** (*événement*) event; (*phénomène*) phenomenon; **les ~s se sont passés à minuit** the incident occurred at midnight **3.** JUR **les ~s** (*action criminelle, délit*) crime; (*éléments constitutifs*) acts amounting to a crime; (*état des choses*) evidence; **~s de guerre** acts of war **4.** (*conséquence*) **être le ~ de qc** to be the result of sth; **c'est le ~ du hasard si** it's pure chance if **5.** RADIO, PRESSE **~ divers** PRESSE news story; (*événement*) incident; **~s divers** (*rubrique*) news in brief ▶ **prendre ~ et cause pour qn** to side with sb; **les ~s et gestes de qn** sb's every action; **être sûr de son ~** to be sure of one's facts; **aller (droit) au ~** to get straight to the point; **être le ~ de qn** to be sb's doing; **mettre qn au ~ de qc** to inform sb about sth; **prendre qn sur le ~** to catch sb red-handed; **en venir au ~** to get to the point; **au ~** by the way; **tout à ~** quite; (*comme réponse*) absolutely; **être de ~ que** to be true [*o* a fact] that; **gouvernement de ~** de facto government; **de ce ~** thereby; **du ~ de qc** by the very fact of sth; **du ~ que qn fait toujours qc** as sb always does sth; **en ~** actually; **en ~ de qc** (*en matière de*) by way of sth; (*en guise de*) in the way of sth

fait(e) [fɛ, fɛt] **I.** *part passé de* **faire** **II.** *adj* **1.** (*propre à*) **être ~ pour qc** to be made for sth; **être ~ pour faire qc** (*être approprié à*) to be designed for doing sth; (*être destiné à*) to be meant for doing sth; **c'est ~ pour** *inf* that's what it's for **2.** (*constitué*) **avoir la jambe bien ~e** to have good legs; **c'est une femme bien ~e** she's a good-looking woman **3.** (*arrangé: ongles*) varnished; (*yeux*) made up **4.** (*mûr: fromage*) ready **5.** *inf* (*pris*) **être ~** to be done for **6.** (*tout prêt*) **expression toute ~e** set expression ▶ **c'est bien ~ pour toi/lui** serves you/him right; **c'est toujours ça de ~** that's one thing done; **vite ~ bien ~** quickly and efficiently; **c'est comme si c'était ~** consider it done

faîte [fɛt] *m* (*de l'arbre*) top; (*d'une montagne*) summit; **~ du toit** rooftop

faitout, fait-tout [fɛtu] *m inv* stewpot

fakir [fakiʀ] *m* fakir

falaise [falɛz] *f* **1.** (*paroi*) cliff face **2.** (*côte, rocher*) cliff

falbalas [falbala] *mpl* **1.** *péj* (*colifichets*) frills **2.** (*grandes toilettes*) finery

falloir [falwaʀ] *irr* **I.** *vi impers* **1.** (*besoin*) **il faut qn/qc pour** +*infin* sb/sth is needed to +*infin;* **il me faudra du temps** I'll need time **2.** (*devoir*) **il faut faire qc** sth must be done; **que faut-il faire?** what must be done?; (*moi/toi/il*) what must I/you/he do?; **il a bien fallu!** it had to be done!; **il faut que** +*subj* sb has (got) to +*infin* **3.** (*être probablement*) **il faut être fou pour parler ainsi** you have to be crazy to talk like that **4.** (*se produire fatalement*) **j'ai fait ce qu'il fallait** I did what I had to [*o* what had to be done]; **il fallait que ça arrive** that (just) had to happen **5.** (*faire absolument*) **il fallait me le dire** you should have told me; **il faut l'avoir vu** you have to have seen it; **il ne faut surtout pas lui en parler** you really must not talk about it to him ▶ **(il) faut se le/la faire** [*o* **farcir**] *inf* he's/she's a real pain; **il le faut** it has to be done; **comme il faut** properly; **une vieille dame très comme il faut** a very proper old lady; **il ne fallait pas!** you shouldn't have! **II.** *vpr impers* **il s'en faut de peu** to come very close (to happening); **nous avons failli nous rencontrer, il s'en est fallu de peu** we almost met - it was very close; **il s'en faut de beaucoup** not by a long shot; **il s'en est fallu d'un cheveu que je me fasse écraser** (*subj*) I was this close to being run over

falot(e) [falo, ɔt] *adj* (*personne*) insipid

falsification [falsifikasjɔ̃] *f* (*d'un document, d'une monnaie, signature*) forgery; (*de la vérité*) altering; (*d'une marchandise*) adulteration

falsifier [falsifje] <1> *vt* (*document, signature*) to falsify; (*monnaie*) to forge; (*vérité, histoire*) to alter

falzar [falzaʀ] *m inf* pants *pl*

famé(e) [fame] *adj* **mal ~** of ill repute

famélique [famelik] *adj* starved-looking

fameusement [famøzmɑ̃] *adv inf* (*très*) really

fameux, -euse [famø, -øz] *adj* **1.** (*excellent: mets, vin*) superb; (*idée, travail*) excellent; **ce n'est pas ~** *inf* it's not too good **2.** *antéposé,* *a. iron* (*énorme: problème, erreur*) terrible; (*raclée*) terrific **3.** (*célèbre*) famous

familial(e) [familjal, -jo] <-aux> *adj* family

familiariser [familjaʀize] <1> **I.** *vt* **~ qn avec qc** to familiarize sb with sth **II.** *vpr* **se ~ avec une méthode** to familiarize oneself with a method; **se ~ avec une ville/une langue** to get to know a town/a language; **se ~ avec qn** to become acquainted with sb

familiarité [familjaʀite] *f* **1.** (*bonhomie, amitié, comportement*) familiarity **2.** (*habitude de*) **~ avec qc** knowledge of sth **3.** *pl, péj* (*paroles*) overfamiliar remarks

familier [familje] *m* regular; **~ de la maison** regular visitor to the house

familier, -ière [familje, -jɛʀ] *adj* **1.** familiar; **~ à qn, cette technique m'est familière** I'm familiar with this technique **2.** (*routinier: comportement, tâche*) usual; **le mensonge lui est devenu ~** lying has become second nature to him **3.** (*simple, bonhomme: conduite, entretien*) informal; (*personne*) casual **4.** (*non recherché: expression, style*) informal **5.** *péj* (*cavalier*) **~ avec qn** offhand with sb **6.** (*domestique*) **des animaux ~s** pets

familièrement [familjɛʀmɑ̃] *adv* **1.** (*en langage courant*) in (ordinary) conversation **2.** (*simplement: s'exprimer*) informally **3.** (*amicalement*) in a familiar way **4.** *péj* (*cavalièrement*) offhandedly

famille [famij] *f* **1.** family; **~ d'accueil** host family; **~ proche** close family; **en ~** with the family; **nous sommes en ~** we're a family here **2.** *Belgique, Suisse* **attendre de la ~** (*être enceinte*) to be in the family way **3.** *Suisse* **grande ~** (*famille nombreuse*) large family

famine [famin] *f* famine ▶ **crier ~** to cry famine; (*estomac*) to complain loudly

fan [fan] *mf* fan

fana [fana] *inf abr de* **fanatique I.** *adj* **être ~ de qn/qc** to be crazy [*o* nuts] about sb/sth **II.** *mf* fanatic; **~ d'ordinateur** computer geek [*o* nerd]

fanal [fanal, -o] <-aux> *m* (*lanterne*) lantern

fanatique [fanatik] **I.** *adj* fanatical **II.** *mf* fanatic; **~ de football** soccer fanatic

fanatiser [fanatize] <1> *vt* to fanaticize

fanatisme [fanatism] *m* fanaticism; **avec ~** fanatically

fané(e) [fane] *adj* (*fleur*) wilted; (*couleur, étoffe, beauté*) faded

faner [fane] <1> **I.** *vpr* **se ~** (*fleur*) to wilt; (*couleur*) to fade **II.** *vt* **1.** (*ternir: couleur, étoffe, beauté*) to fade **2.** (*flétrir*) **~ une plante** to make a plant wilt **3.** (*retourner: foin*) to toss **III.** *vi* to make hay

fanes [fan] *fpl* (*de carottes*) top; (*de radis*) leaves *pl*

fanfare [fɑ̃faʀ] *f* **1.** (*orchestre*) band **2.** (*air*) fanfare ▶ **arriver en ~** to arrive in a blaze of glory

fanfaron(ne) [fɑ̃faʀɔ̃, ɔn] **I.** *adj* (*personne*) boastful; (*air, attitude*) swaggering **II.** *m(f)* braggart; **faire le ~** to crow

fanfaronnade [fɑ̃faʀɔnad] *f* swaggering

fanfaronner [fɑ̃faʀɔne] <1> *vi* to brag

fanfreluche [fɑ̃fʀəlyʃ] *f gén pl, a. péj* frills

fanion [fanjɔ̃] *m* **1.** (*petit drapeau servant d'emblème*) pennant **2.** (*sur un terrain de sport*) flag

fantaisie [fɑ̃tezi] *f* **1.** (*caprice*) whim; **à** [*o* **selon**] **sa ~** as the fancy takes him **2.** (*extravagance*) extravagance **3.** (*délire, idée*) fantasy **4.** (*imagination, originalité*) imagination; **être plein de ~** (*personne*) to have great imagination; (*décoration, histoire*) to show great imagination; **être dépourvu de ~** to lack imagination **5.** (*qui sort de la norme, original*) **bijoux/bouton ~** novelty jewelry/button ▶ **s'offrir** [*o* **se payer**] **une petite ~** to give oneself a treat

fantaisiste [fɑ̃tezist] **I.** *adj* **1.** (*peu sérieux: explication, hypothèse*) fanciful **2.** (*peu fiable*) unreliable **3.** (*anticonformiste*) eccentric **4.** (*bizarre*) odd **II.** *mf* **1.** (*personne peu sérieuse*) joker **2.** (*anticonformiste*) eccentric

fantasmagorique [fɑ̃tasmagɔʀik] *adj* magical

fantasme [fɑ̃tasm] *m* fantasy; **vivre dans ses ~s** to live in a fantasy world

fantasmer [fɑ̃tasme] <1> *vi* to fantasize

fantasque [fɑ̃task] *adj* fanciful; (*bizarre*) odd; (*excentrique*) eccentric

fantassin [fɑ̃tasɛ̃] *m* foot soldier

fantastique [fɑ̃tastik] **I.** *adj* fantastic; (*atmosphère*) uncanny; (*événement, rêve*) from the realms of fantasy **II.** *m* **le ~** the fantastic

fantoche [fɑ̃tɔʃ] *m* puppet

fantôme [fɑ̃tom] **I.** *m* **1.** (*spectre*) ghost **2.** (*illusion, souvenir*) phantom; **les ~s du passé** the ghosts of the past **II.** *app* (*sans réalité: administration, cabinet*) shadow; (*société*) bogus ▶ **train ~** ghost train; **le "Vaisseau ~"** the "Flying Dutchman"

faon [fɑ̃] *m* fawn

FAQ [ɛfaky] *f inv* INFORM *abr de* **foire aux questions** FAQ

far [faʀ] *m* **~ breton** *Breton tart with prunes*

faramineux, -euse [faʀaminø, -øz] *adj inf* amazing

farandole [faʀɑ̃dɔl] *f* (*danse*) farandole

farce¹ [faʀs] *f* **1.** (*tour*) trick **2.** (*plaisanterie*) joke **3.** (*chose peu sérieuse*) *a.* THEAT farce **4.** (*objet*) **~s et attrapes** tricks

farce² [faʀs] *f* CULIN stuffing

farceur, -euse [faʀsœʀ, -øz] **I.** *m, f* practical joker **II.** *adj* **être ~** to be a practical joker

farci(e) [faʀsi] *adj* CULIN stuffed

farcir [faʀsiʀ] <8> **I.** *vt* **1.** CULIN **~ qc de qc** to stuff sth with sth **2.** *péj* (*bourrer*) **~ qc de qc** to stuff sth full of sth **II.** *vpr péj, inf* **1.** (*supporter*) **se ~ qn/qc** to put up with sb/sth; **il faut se le ~!** it's a pain in the neck **2.** (*se payer*) **se ~ la vaisselle** to do the dishes

fard [faʀ] *m* makeup; **~ à joues** blusher; **~ à paupières** eye shadow ▶ **piquer un ~** *inf* to turn red

farde [faʀd] *f Belgique* (*dossier, liasse de copies*) file

fardé(e) [faʀde] *adj* made-up

fardeau [faʀdo] <x> *m* burden; **~ des impôts** tax burden; **plier sous le ~ de qc** to bend under the burden of sth

farder [faʀde] <1> **I.** *vt* to make up **II.** *vpr* **se ~** to make up

fardoches [faʀdɔʃ] *fpl Québec* (*broussailles*) undergrowth

farfelu(e) [faʀfəly] **I.** *adj inf* crazy **II.** *m(f) inf* crank

farfouiller [faʀfuje] <1> *vi inf* **~ dans qc** to rummage around

farine [faʀin] *f* flour

fariner [faʀine] <1> *vt* (*poisson*) to coat with flour; (*plaque de four*) to flour

farineux [faʀinø] *m* floury

farineux, -euse [faʀinø, -øz] *adj* **1.** (*couvert de farine*) floury **2.** (*abîmé, sec: pomme, pomme de terre*) starchy; (*fromage*) chalky

farniente [faʀnjɛnte, faʀnjɑ̃t] *m* lazing around

farouche [faʀuʃ] *adj* **1.** (*timide*) shy **2.** (*peu sociable*) unsociable; (*air*) standoffish; **ne pas être ~** (*animal*) to be quite tame; **elle n'est pas ~** she doesn't fend off the men **3.** (*violent, hostile: air, regard*) fierce **4.** (*opiniâtre: volonté, résistance*) ferocious; (*énergie*) frenzied

farouchement [faʀuʃmɑ̃] *adv* fiercely; **être ~ hostile à qc** to be fiercely hostile to sth

fart [faʀt] *m* wax

farter [faʀte] <1> *vt* to wax

Far West [faʀwɛst] *m* **le ~** the Far West

fascicule [fasikyl] *m* **1.** (*livret*) part; **être publié par ~s** (*roman*) to be published in installments; (*ouvrage de vulgarisation*) to be published in parts **2.** (*fascicule d'information*) information booklet

fascinant(e) [fasinɑ̃, ɑ̃t] *adj* fascinating

fascination [fasinasjɔ̃] *f* fascination

fasciner [fasine] <1> *vt* **1.** (*hypnotiser*) to fascinate **2.** (*séduire*) to beguile

fascisme [faʃism, fasism] *m* fascism

fasciste [faʃist, fasist] **I.** *adj* fascist(ic) **II.** *mf* fascist

fasse [fas] *subj prés de* **faire**

faste[1] [fast] *m* splendor

faste[2] [fast] *adj* **1.** (*favorable*) lucky **2.** (*couronné de succès*) good; **jour ~** lucky day

fast-food [fastfud] <fast-foods> *m* fast food place

fastidieux, -euse [fastidjø, -jøz] *adj* tedious

fastoche [fastɔʃ] *adj inf* really easy

fastueux, -euse [fastɥø, -øz] *adj* (*cadre, décor*) sumptuous; (*fête*) magnificent; (*vie*) luxurious

fatal(e) [fatal] *adj* **1.** (*malheureux, irrésistible*) fatal; **être ~ à qn** to be fatal for sb; **porter un coup ~ à qn/qc** to deal sb/sth a fatal blow **2.** (*inévitable*) inevitable **3.** (*marqué par le destin: moment, jour, air, regard*) fateful

fatalement [fatalmɑ̃] *adv* (*blessé*) fatally

fataliste [fatalist] **I.** *adj* fatalistic **II.** *mf* fatalist

fatalité [fatalite] *f* **1.** (*destin hostile*) fate **2.** (*inévitabilité*) inevitability; **ce n'est pas une ~** it is by no means inevitable

fatidique [fatidik] *adj* fateful

fatigant(e) [fatigɑ̃, ɑ̃t] *adj* **1.** (*épuisant: études, travail*) tiring; **être ~ pour les nerfs** to be a strain on the nerves **2.** (*assommant: personne*) tiresome

fatigue [fatig] *f* **1.** (*diminution des forces: d'une personne*) tiredness; (*des yeux*) strain **2.** (*état d'épuisement*) exhaustion; **se remettre des ~s de la journée** to recover after an exhausting day **3.** (*usure: d'un mécanisme, moteur*) wear

fatigué(e) [fatige] *adj* **1.** (*personne, cœur*) tired; (*foie*) upset **2.** (*usé: chaussures, vêtement*) worn-out **3.** (*excédé*) **être ~ de qn/qc** to be tired of sb/sth

fatiguer [fatige] <1> **I.** *vt* **1.** (*causer de la fatigue*) **~ qn** (*travail, marche*) to tire sb (out); (*personne*) to overwork sb **2.** (*déranger*) **~ le foie/l'organisme** to put a strain on one's liver/body **3.** (*excéder*) **~ qn** to get on sb's nerves **4.** (*ennuyer*) **~ qn** to wear sb out **II.** *vi* **1.** (*peiner: machine, moteur*) to labor; (*cœur*) to get tired **2.** (*s'user: pièce, joint*) to get worn; (*poutre*) to show the strain **3.** *inf* (*en avoir assez*) to be fed up **III.** *vpr* **1.** (*peiner*) **se ~** (*personne, cœur*) to get tired **2.** (*se lasser*) **se ~ de qc** to get tired of sth; **se ~ à faire qc** to get tired of doing sth **3.** (*s'évertuer*) **se ~ à faire qc** to wear oneself out doing sth

fatma [fatma] *f: North African woman*

fatras [fatʀɑ] *m* clutter; (*choses sans valeurs, inutiles*) junk

fatuité [fatɥite] *f* smugness

faubourg [fobuʀ] *m* suburb

fauche [foʃ] *f sans pl, inf* thieving; **il y a beaucoup de ~** a lot of thieving goes on

fauché(e) [foʃe] *adj inf* **être ~** to be broke

faucher [foʃe] <1> *vt* **1.** (*couper*) to reap **2.** (*abattre*) **~ qn** (*véhicule*) to mow sb down; (*mort*) to cut sb down **3.** *inf* (*voler*) **~ qc à qn** to pinch sth off sb

faucheuse [foʃøz] *f* reaper

faucille [fosij] *f* sickle

faucon [fokɔ̃] *m* **1.** (*oiseau*) falcon **2.** POL hawk

faudra [fodʀa] *fut de* **falloir**

faufiler [fofile] <1> *vpr* **se ~ parmi la foule** to slip through the crowd; **se ~ dans une réunion** to sneak into a meeting

faune[1] [fon] *f* ZOOL fauna

faune[2] [fon] *m* HIST faun

faussaire [fosɛʀ] *mf* forger

fausse [fos] *adj v.* **faux**

faussé(e) [fose] *adj* distorted; (*porte*) warped

fausser [fose] <1> *vt* **1.** (*altérer*) to distort; (*intentionnellement*) to falsify **2.** (*déformer: bois*) to warp; (*mécanisme*) to damage

fausseté [foste] *f* **1.** falsity **2.** (*d'un sentiment*) falseness

faut [fo] *indic prés de* **falloir**

faute [fot] *f* **1.** (*erreur*) mistake **2.** (*mauvaise action*) misdeed **3.** (*manquement à des lois, règles*) offense; ~ **de goût** lapse of taste; **commettre une** ~ to do something wrong; **faire un sans** ~ to get everything right; **sans** ~ without fail **4.** (*responsabilité*) **faire retomber** [*o* **rejeter**] **la** ~ **sur qn** to put the blame on sb; **c'est** (**de**) **la** ~ **de qn** it's sb's fault; **c'est** (**de**) **la** ~ **de qc** sth is to blame; **c'est** (**de**) **ma** ~ it's my fault; **alors à qui la** ~**?** so, who's to blame?, who's fault is it? **5.** SPORT fault; (*agression*) foul **6.** JUR ~ **pénale** criminal offense **7.** (*par manque de*) ~ **de temps** for lack of time; ~ **de preuves** through lack of evidence; ~ **de mieux** for lack of anything better ▶ **être en** ~ to be at fault; **prendre qn en** ~ to catch sb out; ~ **de quoi** failing which

fauteuil [fotœj] *m* **1.** (*siège*) armchair; ~ **roulant** wheelchair **2.** (*place dans une assemblée*) seat; ~ **de maire** mayor's seat

fauteur [fotœʀ] *m* ~ **de désordre/troubles** troublemaker

fautif, -ive [fotif, -iv] **I.** *adj* **1.** (*coupable*) at fault; **être** ~ to be in the wrong **2.** (*avec des fautes: texte*) faulty; (*citation, calcul*) inaccurate; (*mémoire*) defective **II.** *m, f* guilty party

fauve [fov] **I.** *adj* **1.** (*couleur*) fawn **2.** (*sauvage*) wild; **odeur** ~ musky **II.** *m* **1.** (*couleur*) fawn **2.** (*animal*) big cat

fauvette [fovɛt] *f* warbler

faux [fo] **I.** *f* (*outil*) scythe **II.** *m* **1.** false; **discerner le vrai du** ~ to tell truth from falsehood **2.** (*falsification, imitation*) forgery **III.** *adv* (*chanter*) out of tune

faux, fausse [fo, fos] *adj* **1.** *antéposé* (*imité: marbre, perle, meuble*) imitation; (*papiers, signature, tableau*) forged; (*monnaie*) counterfeit **2.** *antéposé* (*postiche: barbe, dents, nom*) false **3.** *antéposé* (*simulé: dévotion, humilité*) feigned; (*modestie, pudeur*) false **4.** *antéposé* (*mensonger: promesse, réponse, serment*) false **5.** *antéposé* (*pseudo: col*) detachable; (*fenêtre, porte, plafond*) false **6.** *postposé* (*fourbe: air, caractère, personne*) deceitful; (*attitude*) dishonest **7.** *antéposé* (*imposteur: ami, prophète*) false **8.** (*erroné: raisonnement, résultat, numéro*) wrong; (*affirmation, thermomètre*) inaccurate **9.** *antéposé* (*non fondé: espoir, principe*) false; (*crainte, soupçon*) groundless **10.** *postposé* (*ambigu: atmosphère, situation*) awkward **11.** *antéposé* (*maladroit*) **une fausse manœuvre** a clumsy move; (*au volant*) a steering error; **faire fausse route** to go the wrong way; **faire un** ~ **pas** (*en marchant*) to stumble **12.** MUS (*note*) wrong

faux-filet [fofilɛ] <faux-filets> *m* sirloin

faux-fuyant [fofɥijɑ̃] <faux-fuyants> *m* dodge; (*prétexte*) excuse

faux-monnayeur [fomɔnɛjœʀ] <faux-monnayeurs> *m* counterfeiter

faux-sens [fosɑ̃s] *m inv* mistranslation

faveur [favœʀ] *f* **1.** (*bienveillance, bienfait*) favor **2.** (*considération*) **gagner la** ~ **du public** to win public approval; **voter en** ~ **de qn** to vote for sth; **se déclarer** [*o* **se prononcer**] **en** ~ **de qn/qc** to come out in favor of sth; **en ma/ta** ~ in my/your favor ▶ **de** ~ preferential

favorable [favɔʀabl] *adj* favorable; **donner un avis** ~ to give a positive response; **être** ~ **à qn/qc** to feel favorable to sb/sth; (*circonstances, suffrages, opinion*) to favor sb/sth; **être** ~ **à ce que qn fasse qc** (*subj*) to be in favor of sb doing sth

favorablement [favɔʀabləmɑ̃] *adv* favorably

favori(te) [favɔʀi, it] **I.** *adj* favorite **II.** *m(f) a.* SPORT favorite

favoris [favɔʀi] *mpl* side whiskers

favorisé(e) [favɔʀize] *adj* privileged

favoriser [favɔʀize] <1> *vt* **1.** to favor; **les familles les plus favorisées** the most fortunate families **2.** (*aider*) to further

favorite [favɔʀit] *adj v.* **favori**

favoritisme [favɔʀitism] *m* POL, ECON favoritism

fax [faks] *m abr de* **téléfax** fax

faxer [fakse] <1> *vt* to fax

fayot [fajo] *m inf* (*haricot*) bean

FB *m abr de* **franc belge** *v.* **franc**

FBI [ɛfbiaj] *m abr de* **Federal Bureau of Investigation** FBI

fébrile [febʀil] *adj* feverish

fébrilité [febʀilite] *f* **1.** (*activité débordante*) fevered activity **2.** (*excitation*) fevered state

fécal(e) [fekal, -o] <-aux> *adj* fecal; **matières** ~**es** feces

fécond(e) [fekɔ̃, ɔ̃d] *adj* **1.** (*productif: esprit*) fertile; (*idée, conversation, sujet*) fruitful; (*écrivain, siècle*) prolific **2.** (*prolifique*) rich; ~ **en événements** eventful

fécondation [fekɔ̃dasjɔ̃] *f* fertilization; (*des fleurs*) pollination

féconder [fekɔ̃de] <1> *vt* to fertilize; (*fleur*) to pollinate

fécondité [fekɔ̃dite] *f* fertility

fécule [fekyl] *f* starch; CULIN cornstarch; **être riche en** ~ to be rich in starch

féculent [fekylɑ̃] *m* starchy food

fédéral(e) [fedeʀal, -o] <-aux> *adj* federal

fédéralisme [fedeʀalism] *m* federalism

fédéraliste [fedeʀalist] **I.** *adj* federalist **II.** *mf* federalist

fédérateur, -trice [fedeʀatœʀ, -tʀis] *adj* (*thème*) federative; (*rôle*) unifying

fédération [fedeʀasjɔ̃] *f* federation

fédéré(e) [fedeʀe] *adj* federate; (*au sein d'une association*) member

fédérer [fedeʀe] <5> *vt* to federate

fée [fe] *f* fairy

feeling [filiŋ] *m* feeling

féerie [fe(e)ʀi] *f* **1.** (*ravissement*) enchantment **2.** THEAT, CINE extravaganza

féerique [fe(e)ʀik] *adj* magical; **le monde** [*o* **l'univers**] ~ **de l'enfance** the fairytale [*o* magical] world of childhood

feignant(e) [fɛɲɑ̃, ɑ̃t] *v.* **fainéant**

feindre [fɛ̃dʀ] *vt irr* to feign; **~ d'être malade** to pretend to be ill

feint(e) [fɛ̃, fɛ̃t] **I.** *part passé de* **feindre** **II.** *adj* feigned; (*maladie*) sham

feinte [fɛ̃t] *f* **1.** (*ruse*) pretense **2.** SPORT dummy

feinter [fɛ̃te] <1> *vt* **1.** SPORT to dummy **2.** *inf* (*rouler*) to take in

fêlé(e) [fele] *adj* **1.** (*fendu*) cracked **2.** *inf* (*dérangé*) **tu es complètement ~!** you're off your head!

fêler [fele] <1> **I.** *vt* **son opération à la gorge a fêlé sa voix** his throat operation left him with a cracked voice **II.** *vpr* **se ~** to crack; **se ~ qc** to get a crack in sth

félicitations [felisitasjɔ̃] *fpl* congratulations; **avec les ~ du jury** with the commendation of the examiners; **recevoir les ~ de qn à l'occasion de qc** to be congratulated by sb on sth

féliciter [felisite] <1> **I.** *vt* **~ qn pour qc** to congratulate sb on sth **II.** *vpr* **se ~ de qc** to feel pleased (with oneself) about sth

félin [felɛ̃] *m* cat

félin(e) [felɛ̃, in] *adj* (*race*) of cats; (*démarche, grâce*) feline

fellation [felasjɔ̃, fɛllasjɔ̃] *f* fellatio

fêlure [felyʀ] *f* crack

femelle [fəmɛl] **I.** *adj* (*animal, organe*) female **II.** *f* female

féminin [feminɛ̃] *m* LING feminine

féminin(e) [feminɛ̃, in] *adj* **1.** (*opp: masculin: population, sexe*) female **2.** (*avec un aspect féminin*) *a.* LING feminine **3.** (*de femmes: voix*) woman's; (*vêtements, mode, revendications, football*) women's; (*condition*) female

féminisation [feminizasjɔ̃] *f* **~ de l'enseignement** (*action*) the growing number of women teachers; (*résultat*) the predominance of women in teaching

féminiser [feminize] <1> **I.** *vt* (*homme*) to make effeminate; (*femme*) to make more feminine **II.** *vpr* **se ~** **1.** (*se faire femme*) to become effeminate **2.** (*comporter de plus en plus de femmes: parti politique*) to be taken over by women

féminisme [feminism] *m* feminism

féministe [feminist] **I.** *adj* feminist; **mouvement ~** women's movement **II.** *mf* feminist

féminité [feminite] *f* femininity

femme [fam] *f* **1.** (*opp: homme*) woman; **vêtements de** [*o* **pour**] **~s** women's clothes; **t'as vu la bonne ~ là-bas!** *inf* have you seen that woman over there? **2.** (*épouse*) wife; **ma/ta bonne ~** *péj, inf* my/your old woman **3.** (*adulte*) (grown) woman **4.** (*profession*) **une ~ ingénieur/médecin** a female engineer/doctor; **~ politique** (woman) politician; **~ d'État** stateswoman; **~ au foyer** housewife; **~ de chambre** chambermaid; **~ de ménage** cleaning lady; **~ d'intérieur** housewife

femme-enfant [famɑ̃fɑ̃] <femmes-enfants> *f* woman-child

femmelette [famlɛt] *f péj* **1.** (*homme*) weakling **2.** (*femme*) frail female

fémur [femyʀ] *m* femur, thighbone

FEN [fɛn] *f abr de* **Fédération de l'Éducation nationale** *one of the teaching unions in France*

fenaison [fənɛzɔ̃] *f* haymaking

fendillé(e) [fɑ̃dije] *adj* crazed

fendiller [fɑ̃dije] <1> *vpr* **se ~** to craze

fendre [fɑ̃dʀ] <14> **I.** *vt* **1.** (*couper en deux: bois*) to split **2.** (*fissurer: glace*) to crack open; (*pierre, rochers*) to split **II.** *vpr* **1.** (*se fissurer*) **se ~** to crack **2.** (*se blesser*) **se ~ la lèvre** to cut one's lip open

fendu(e) [fɑ̃dy] *adj* **1.** (*ouvert: crâne*) cracked; (*lèvre*) cut **2.** (*fissuré*) cracked **3.** (*avec une fente d'aisance: jupe, veste*) slashed

fenêtre [f(ə)nɛtʀ] *f* window

fennec [fenɛk] *m* ZOOL fennec

fenouil [fənuj] *m* fennel

fente [fɑ̃t] *f* **1.** (*fissure: d'un mur, rocher*) crack **2.** (*interstice*) slit; (*pour une lame, lettre*) slot; (*dans une veste*) vent

féodal [feɔdal] <-aux> *m* HIST feudal lord

féodal(e) [feɔdal, -o] <-aux> *adj* feudal

féodalité [feɔdalite] *f* HIST feudalism

fer [fɛʀ] *m* **1.** (*métal, sels de fer*) iron; **en** [*o* **de**] **~** iron **2.** (*pièce métallique: d'une lance, flèche*) head; **~ à cheval** horseshoe; **en ~ à cheval** in a horseshoe **3.** (*appareil*) **~ à friser** curling iron; **~ à repasser** iron ▶ **tomber les quatre ~s en l'air** *inf* to fall flat on one's back; **battre le ~ tant qu'il est chaud** to strike while the iron is hot; **santé de ~** robust health

ferai [f(ə)ʀɛ] *fut de* **faire**

fer-blanc [fɛʀblɑ̃] <fers-blancs> *m* tin (plate)

férié(e) [feʀje] *adj* **jour ~** public holiday

fermage [fɛʀmaʒ] *m* tenant farming

ferme[1] [fɛʀm] **I.** *adj* **1.** (*consistant, résolu*) firm **2.** (*assuré: écriture, voix, main*) firm; (*pas*) steady **3.** (*définitif: achat, commande, prix*) firm; (*cours, marché*) steady **II.** *adv* **1.** (*beaucoup: boire, travailler*) hard; **s'ennuyer ~** to be bored out of one's mind **2.** (*avec ardeur: discuter*) passionately; (*pour acheter*) hard **3.** (*définitivement: acheter, vendre*) firm **4.** (*avec opiniâtreté*) **tenir ~** to hold firm

ferme[2] [fɛʀm] *f* **1.** (*bâtiment*) farmhouse **2.** (*exploitation*) farm

ferme[3] [fɛʀm] **la ~!** *inf* shut up!

fermé(e) [fɛʀme] *adj* **1.** (*opp: ouvert: magasin, porte*) closed; (*à clé*) locked; (*vêtement*) fastened up; (*robinet*) turned off; (*mer*) enclosed **2.** (*privé: milieu, monde*) closed; (*club, cercle*) exclusive **3.** (*peu communicatif: personne*) uncommunicative; (*air, visage*) impassive **4.** (*insensible à*) **être ~ à qc** to be untouched by sth

fermement [fɛʀməmɑ̃] *adv* firmly

ferment [fɛʀmɑ̃] *m* BIO ferment

fermentation [fɛʀmɑ̃tasjɔ̃] *f* BIO fermentation

fermenté(e) [fɛʀmɑ̃te] *adj* fermented

fermenter [fɛʀmɑ̃te] <1> *vi* (*jus*) to ferment; (*pâte*) to leaven

fermer [fɛʀme] <1> **I.** *vi* **1.** (*être, rester fermé*) to close **2.** (*pouvoir être fermé*) **bien/mal ~** (*vêtement*) to fasten up/not fastened up properly; (*boîte, porte*) to close/not close properly **II.** *vt* **1.** (*opp: ouvrir: porte, yeux, école, passage, compte*) to close; (*rideau*) to draw; **~ la main/le poing** to close one's hand/fist; **~ une maison à clé** to lock up a house; **fermez la parenthèse!** close the parentheses! **2.** (*boutonner*) to button up **3.** (*cacheter: enveloppe*) to seal **4.** (*arrêter: robinet, appareil*) to turn off **5.** (*rendre inaccessible*) **cette carrière m'est fermée** this career is closed to me **III.** *vpr* **1.** (*se refermer*) **se ~** (*porte, yeux*) to close; (*plaie*) to close up **2.** (*passif*) **se ~** (*boîte, appareil*) to close; **se ~ par devant** (*robe*) to fasten up at the front **3.** (*refuser l'accès à*) **se ~** (*personne*) to close up

fermeté [fɛʀmәte] *f* **1.** (*solidité, autorité*) firmness; **parler/affirmer avec ~** to speak/declare firmly **2.** (*courage*) steadfastness **3.** (*concision: d'un style*) sureness **4.** FIN (*d'un cours, marché, d'une monnaie*) stability

fermette [fɛʀmɛt] *f* small farm

fermeture [fɛʀmәtyʀ] *f* **1.** (*dispositif: d'un sac, vêtement*) fastening; **avec ~ à clé** lockable; **~ automatique** automatic closing **2.** (*action: d'une porte, d'un magasin, guichet*) closing; (*d'une école, frontière, entreprise*) closure; **après la ~ des bureaux/du magasin** after office/store hours

fermier, -ière [fɛʀmje, -jɛʀ] **I.** *adj* (*de ferme: beurre*) dairy; (*poulet, canard*) free-range **II.** *m, f* farmer

fermoir [fɛʀmwaʀ] *m* clasp

féroce [feʀɔs] *adj* **1.** (*sauvage: animal*) ferocious **2.** (*impitoyable: personne*) ferocious; (*critique, satire*) savage; (*air, regard*) fierce **3.** (*irrésistible: appétit*) voracious; (*envie*) raging

férocement [feʀɔsmɑ̃] *adv* fiercely

férocité [feʀɔsite] *f* **1.** (*sauvagerie: d'un animal*) ferocity **2.** (*barbarie: d'un dictateur*) savagery **3.** (*violence: d'un combat*) savagery; (*d'un regard*) fierceness **4.** (*ironie méchante: d'une critique, attaque*) savagery

ferraille [fɛʀɑj] *f* **1.** (*vieux métaux*) scrap (iron); **être bon à mettre à la ~** to be fit for the junkyard **2.** *inf* (*monnaie*) small change

ferrailleur, -euse [fɛʀɑjœʀ, -jøz] *m, f* scrap dealer

ferré(e) [feʀe] *adj* (*cheval*) shod; (*bâton, soulier*) steel-tipped

ferrer [feʀe] <1> *vt* (*cheval*) to shoe; **~ qc** (*souliers, canne*) to put a tip on(to) sth

ferreux, -euse [fɛʀø, -øz] *adj* ferrous

ferronnerie [fɛʀɔnʀi] *f* (*objets*) ironwork; **en ~** iron; **~ d'art** wrought iron work

ferroviaire [fɛʀɔvjɛʀ] *adj* railway

ferrure [feʀyʀ] *f* (*d'un meuble, d'une porte*) hinge; (*fers d'un cheval*) shoes

ferry [feʀi] <ferries> *m abr de* **ferry-boat, car-ferry**

ferry-boat [feʀibot] <ferry-boats> *m* ferry (boat)

fertile [fɛʀtil] *adj* fertile

fertilisant [fɛʀtilizɑ̃] *m* (*engrais*) fertilizer

fertilisant(e) [fɛʀtilizɑ̃, ɑ̃t] *adj* fertilizing

fertilisation [fɛʀtilizasjɔ̃] *f* fertilization

fertiliser [fɛʀtilize] <1> *vt* to fertilize

fertilité [fɛʀtilite] *f* **1.** (*richesse: d'une région, terre*) fertility **2.** (*créativité*) **~ d'esprit/d'imagination** fertile mind/imagination

fervent(e) [fɛʀvɑ̃, ɑ̃t] **I.** *adj* fervent **II.** *m(f)* **~ de football** soccer enthusiast

ferveur [fɛʀvœʀ] *f* fervor; **remercier qn avec ~** to thank sb ardently

fesse [fɛs] *f* buttock; **tes ~s** *inf* your butt ▶**serrer les ~s** *inf* to be scared out of one's wits

fessée [fese] *f* **donner une ~ à qn** to smack sb's bottom

fessier [fesje] **I.** *adj* (*muscle*) gluteal **II.** *m iron, inf* rear end

festin [fɛstɛ̃] *m* feast

festival [fɛstival] <s> *m* festival; **le ~ de Cannes** the Cannes film festival

festivalier, -ière [fɛstivalje, -jɛʀ] *m, f* festival-goer

festivités [fɛstivite] *fpl* festivities

festoyer [fɛstwaje] <6> *vi* to feast

fêtard(e) [fɛtaʀ, aʀd] *m(f) inf* reveler

fête [fɛt] *f* **1.** (*religieuse*) feast; (*civile*) holiday **2.** (*jour férié*) **~ des Mères/Pères** Mother's/Father's Day; **~ du travail** Labor Day **3.** (*jour du prénom*) name day **4.** *pl* (*congé*) holidays **5.** (*kermesse*) **~ foraine** fair; **~ de la bière à Munich** Munich beer festival **6.** (*réception*) party; **un jour de ~** holiday ▶**elle n'est pas à la ~** *inf* she's being put through it; **ambiance/air/atmosphère de ~** (*solennel*) feast day feeling/air/atmosphere; (*gai*) festive feeling/air/atmosphere; **village en ~** village in a party mood; **le collège en ~** the school fete

> i The **fêtes** generally fall between Christmas and New Year's, although the public holidays in this period are December 25 and January 1.

Fête-Dieu [fɛtdjø] <Fêtes-Dieu> *f* **la ~** Corpus Christi

fêter [fete] <1> *vt* **1.** (*célébrer*) to celebrate **2.** (*faire fête à*) **~ qn** to put on a celebration for sb

fétiche [fetiʃ] **I.** *m* **1.** (*amulette*) fetish **2.** (*mascotte*) mascot **II.** *app* (*film*) cult; **objet ~** lucky charm

fétichisme [fetiʃism] *m* fetishism

fétichiste [fetiʃist] **I.** *adj* fetishistic **II.** *mf* fetishist

fétide [fetid] *adj* fetid

fétu [fety] *m* **~ de paille** wisp of straw

feu [fø] <x> *m* **1.** (*source de chaleur, incendie*) fire; **~ de camp** campfire; **mettre le ~ à qc** to set sth on fire **2.** *souvent pl* (*lumière*) **les ~x**

des projecteurs the spotlight; **être sous le ~ des projecteurs** to be in the spotlight **3.** *souvent pl* AVIAT, AUTO, NAUT lights **4.** AUTO **~ tricolore/de signalisation** traffic lights; **passer au ~ rouge** to run a red light; **le ~ est (au) rouge** the light is red **5.** (*brûleur d'un réchaud à gaz*) burner; **à ~ doux/vif** on low/high heat **6.** *soutenu* (*ardeur*) heat; **dans le ~ de l'action** in the heat of the action **7.** (*spectacle*) **~ d'artifice** fireworks *pl* ►**ne pas faire long ~** not to last long; **laisser mijoter qn à petit ~** to prolong the agony for sb; **~ vert** (*permission*) green light; **y'a pas le ~!** *inf,* **y'a pas le ~ au lac!** *Suisse* there's no rush!; **péter le ~** to be full of life; **n'y voir que du ~** to be completely taken in; **tempérament de ~** fiery temperament

feuillage [fœjaʒ] *m* **1.** (*ensemble de feuilles*) foliage **2.** (*rameaux coupés*) greenery

feuille [fœj] *f* **1.** BOT (*d'un arbre, d'une fleur, salade*) leaf **2.** (*plaque mince: d'aluminium, or*) leaf; (*de carton, contreplaqué*) sheet **3.** (*page*) **~ de papier** sheet of paper **4.** (*formulaire*) **~ de maladie/soins** *form issued by doctor for claiming medical expenses;* **~ de paie** pay stub [*o* slip]; **~ d'impôt** (*déclaration d'impôt*) tax return; (*avis d'imposition*) tax notice **5.** INFORM sheet **6.** (*journal*) **~ de chou** *péj* rag ►**trembler comme une ~** to shake like a leaf

feuillet [fœjɛ] *m* page

feuilleté [fœjte] *m* CULIN puff pastry

feuilleté(e) [fœjte] *adj* **1.** (*triplex*) **verre ~** laminated glass **2.** CULIN **pâte ~e** puff pastry

feuilleter [fœjte] <3> *vt* **1.** (*tourner les pages*) **~ un livre** to leaf through a book **2.** (*parcourir*) **~ un livre** to glance through a book

feuilleton [fœjtɔ̃] *m* **1.** PRESSE serial **2.** TV **~ télévisé** soap (opera) **3.** (*événement à rebondissements*) saga

feuillu [fœjy] *m* broad-leaved tree

feuillu(e) [fœjy] *adj* **1.** (*chargé de feuilles*) leafy **2.** (*opp: résineux*) broad-leaved

feutre [føtʀ] *m* **1.** (*étoffe*) felt **2.** (*stylo*) felt-tip (pen) **3.** (*chapeau*) felt hat

feutré(e) [føtʀe] *adj* **1.** (*fait de feutre*) felt **2.** (*discret: bruit, pas*) muffled; **marcher à pas ~s** to pad along

feutrer [føtʀe] <1> *vi, vpr* **(se) ~** to felt

feutrine [føtʀin] *f* felt

fève [fɛv] *f* **1.** broad bean **2.** *Québec* (*haricot*) bean

février [fevʀije] *m* February; *v.a.* **août**

FF [ɛfɛf] **I.** *m* HIST *abr de* **franc français** *v.* **franc II.** *f* SPORT *abr de* **Fédération française** French Federation

FFI [ɛfɛfi] *fpl* HIST *abr de* **Forces françaises de l'intérieur** *French Resistance fighters during the Second World War*

fiabilité [fjabilite] *f* (*d'un appareil de mesure*) accuracy; (*d'un mécanisme, d'une personne*) reliability

fiable [fjabl] *adj* (*appareil de mesure*) accurate; (*mécanisme, personne*) reliable

fiacre [fjakʀ] *m* (hackney) carriage

fiançailles [fjɑ̃sɑj] *fpl* engagement

fiancé(e) [fjɑ̃se] **I.** *adj* engaged **II.** *m(f)* fiancé, fiancée *m, f*

fiancer [fjɑ̃se] <2> **I.** *vt* **~ qn avec** [*o* **à**] **qn** to betroth sb to sb **II.** *vpr* **se ~ avec** [*o* **à**] **qn** to get engaged to sb

fiasco [fjasko] *m* fiasco; **être un ~** to be a fiasco; (*pièce*) to be a flop

fibre [fibʀ] *f* **1.** (*substance filamenteuse: d'un bois, muscle, d'une plante, viande*) fiber **2.** (*sensibilité*) **avoir la ~ sensible** to be a sensitive soul

fibreux, -euse [fibʀø, -øz] *adj* fibrous

fibrome [fibʀom] *m* MED fibroid

ficelé(e) [fis(ə)le] *adj inf* **être mal ~** *inf* (*personne, intrigue, travail*) to be a mess

ficeler [fis(ə)le] <3> *vt* to tie up

ficelle [fisɛl] *f* **1.** (*corde*) string **2.** (*pain*) ficelle (*stick of French bread*) ►**connaître toutes les ~s du métier** to know the tricks of the trade; **tirer les ~s** to pull the strings

fiche [fiʃ] *f* **1.** (*piquet*) pin **2.** (*carte*) card **3.** (*feuille, formulaire*) form; **~ de paie** pay stub [*o* slip]; **~ d'état civil** attestation of civil status; **~ technique** specifications *pl* **4.** *Suisse* (*dossier*) file

fiche-horaire [fiʃɔʀɛʀ] <fiches-horaires> *f* pocket timetable

ficher¹ [fiʃe] <1> **I.** *vt part passé: fichu, inf* **1.** (*faire*) to do; **ne rien ~** to do not a damn thing **2.** (*donner: claque, coup*) to give; **en ~ une à qn** to lay one on sb **3.** (*mettre*) **~ qc par terre** to send sth flying; **~ qn dehors/à la porte** to kick sb out **4.** (*se désintéresser*) **j'en ai rien à fiche!** I couldn't care less! ►**~ un coup à qn** to belt sb **II.** *vpr part passé: fichu, inf* **1.** (*se mettre*) **se ~ par terre** to go sprawling; **fiche-toi ça dans le crâne!** get that into your (thick) head! **2.** (*se flanquer*) **se ~ un coup de marteau** to hit oneself with a hammer **3.** (*se moquer*) **se ~ de qn** to pull sb's leg **4.** (*se désintéresser*) **elle se fiche de toi/tout ça** she couldn't care less about you/all that; **je m'en fiche** I don't care

ficher² [fiʃe] <1> **I.** *vt* (*inscrire*) **~ qn/qc** to put sb/sth on file **II.** *vpr* **se ~ dans qc** (*arête*) to get stuck in sth; (*flèche, pieu, piquet*) to stick in sth

fichier [fiʃje] *m a.* INFORM file

fichier-texte [fiʃjetɛkst] *m* INFORM text file

fichu [fiʃy] *m* (head)scarf

fichu(e) [fiʃy] **I.** *part passé de* **ficher II.** *adj inf* **1.** *antéposé* (*sale: caractère, métier, temps*) lousy **2.** *antéposé* (*sacré: habitude, idée*) damn; **un ~ problème** one hell of a problem **3.** (*en mauvais état*) **être ~** (*vêtement, appareil*) to have had it; **la voiture est ~e** the car's totaled **4.** (*gâché*) **être ~** (*vacances, soirée*) to be completely ruined **5.** (*perdu, condamné*) **être ~** (*personne*) to be done for **6.** (*capable*) **être/n'être pas ~ de faire qc** to be perfectly capable of doing/not up to doing sth ▶**être bien/mal ~** (*bien bâti*) to have a good/lousy body; (*habillé*) to look good/a mess; **il est mal ~** (*malade*) he's in bad shape

fictif, -ive [fiktif, -iv] *adj* **1.** (*imaginaire: personnage, récit*) imaginary **2.** (*faux: adresse, nom*) false; (*concurrence*) artificial; (*vente, contrat*) bogus

fiction [fiksjɔ̃] *f* **1.** (*imagination*) imagination **2.** (*fait imaginé*) invention; **film de ~** film that tells a story **3.** (*œuvre d'imagination*) work of fiction

ficus [fikys] *m* ficus

fidèle [fidɛl] **I.** *adj* **1.** (*constant*) faithful **2.** (*qui ne trahit pas qc*) **être ~ à une habitude** to stick to a habit **3.** (*exact: récit, reproduction, traduction*) faithful; (*souvenir, historien, narrateur*) accurate **4.** (*fiable: mémoire*) reliable; (*montre*) accurate **II.** *mf* (*personne: d'un homme politique*) follower; (*d'un magasin*) regular (customer) **III.** *mpl* REL faithful

fidèlement [fidɛlmɑ̃] *adv* **1.** (*loyalement: servir, obéir*) faithfully **2.** (*régulièrement: suivre une émission*) regularly **3.** (*d'après l'original: reproduire, traduire*) faithfully; (*décrire*) accurately

fidéliser [fidelize] <1> *vt* **~ ses clients** to establish customer loyalty

fidélité [fidelite] *f* **1.** (*dévouement*) **~ à** [*o* **envers**] **qn** faithfulness to sb; (*dans le couple*) fidelity to sb **2.** (*attachement*) **~ à une habitude** adherence to a habit **3.** (*exactitude: d'une copie, traduction, d'un portrait*) fidelity

Fidji [fidʒi] *fpl* **les (îles) ~** Fiji

fidjien(ne) [fidʒiɛ̃, ɛn] *adj* Fijian

Fidjien(ne) [fidʒiɛ̃, ɛn] *m(f)* Fijian

fief [fjɛf] *m* **1.** POL (*d'un parti*) stronghold **2.** HIST fief

fiel [fjɛl] *m* gall

fiente [fjɑ̃t] *f* droppings *pl*

fier [fje] <1> *vpr* **se ~ à qn** to put one's trust in sb

fier, fière [fjɛʀ] **I.** *adj* **~ de qn/qc** proud of sb/sth **II.** *m, f* **faire le ~ avec qn** (*crâner*) to act big in front of sb; (*être méprisant*) to lord it over sb

fièrement [fjɛʀmɑ̃] *adv* proudly

fierté [fjɛʀte] *f* pride; **tirer une ~ de qc** to take pride in sth

fiesta [fjɛsta] *f inf* party

fièvre [fjɛvʀ] *f* **1.** MED fever **2.** (*vive agitation*) excitement **3.** (*désir ardent*) burning desire

fiévreusement [fjevʀøzmɑ̃] *adv* feverishly

fiévreux, -euse [fjevʀø, -øz] *adj* feverish

FIFA [fifa] *f abr de* **Fédération internationale de football association** FIFA

figé(e) [fiʒe] *adj* fixed; (*attitude*) rigid

figer [fiʒe] <2a> **I.** *vt* **1.** (*durcir: graisse, sauce*) to congeal **2.** (*horrifier*) **~ qn** (*surprise, terreur*) to root sb to the spot **II.** *vpr* (*durcir*) **se ~** (*graisse, huile, sauce*) to congeal; (*sang*) to clot; (*visage*) to harden; (*sourire*) to set

fignoler [fiɲɔle] <1> **I.** *vi inf* to polish things up **II.** *vt inf* to polish up

figue [fig] *f* fig

figuier [figje] *m* fig tree

figurant(e) [figyʀɑ̃, ɑ̃t] *m(f)* **1.** CINE extra **2.** THEAT walk-on **3.** (*potiche*) puppet

figuratif, -ive [figyʀatif, -iv] *adj* figurative

figuration [figyʀasjɔ̃] *f* **1.** CINE being an extra **2.** THEAT doing walk-ons **3.** (*représentation*) representation ▶**faire de la ~** CINE to work as an extra; THEAT to do walk-ons; (*en politique*) to be a bit player

figure [figyʀ] *f* **1.** (*visage, mine*) face **2.** (*personnage*) *a.* MATH figure **3.** (*image*) illustration **4.** SPORT figure skating; **~s imposées** compulsory figures; **~s libres** freestyle skating ▶**faire bonne/mauvaise ~** (*se montrer sous un bon/mauvais jour*) to make a good/bad impression; (*s'en sortir bien/mal*) to do all right/badly; **casser la ~ à qn** *inf* to smash sb's face in; **se casser la ~** *inf* to have a bad fall; (*projet*) to fail miserably; **faire ~ de favori** to look like the favorite

figuré(e) [figyʀe] *adj* **1.** (*opp: concret: sens*) figurative **2.** (*riche en figures: langage*) full of imagery

figurer [figyʀe] <1> **I.** *vi* **1.** THEAT to have a walk-on part **2.** CINE to be an extra **3.** SPORT, POL **ne faire que ~** to play a minor role; (*dans un classement*) to be an also-ran **4.** (*être mentionné*) to appear **II.** *vt* (*représenter*) to represent **III.** *vpr* **se ~ qn/qc** to imagine sb/sth; **je l'aime, figure-toi!** I love her, if you can believe that!

figurine [figyʀin] *f* figurine

fil [fil] *m* **1.** (*pour coudre*) thread; (*pour tricoter*) yarn; (*de haricot*) string; **~ de fer** wire; **~ de fer barbelé** barbed wire **2.** (*câble: d'un téléphone, d'une lampe*) wire **3.** (*conducteur électrique*) line **4.** (*corde à linge*) clothesline **5.** *pl* (*ficelles*) **les ~ d'une affaire** the ins and outs of a business **6.** (*enchaînement*) **suivre le ~ de la conversation** to follow the thread of the conversation ▶**de ~ en aiguille** one thing leading to another; **c'est cousu de ~ blanc** it's staring you in the face; **donner du ~ à retordre à qn** to be a headache for sb; **au ~ de l'eau** [*o* **du courant**] with the current; **au ~ des ans** over the years

filament [filamɑ̃] *m* **1.** ELEC filament **2.** (*fil: d'une bave, glu*) thread

filandreux, -euse [filɑ̃dʀø, -øz] *adj* **1.** (*rempli de filandres: viande*) stringy **2.** (*long: discours*) long-winded

filant(e) [filɑ̃, ɑ̃t] *adj v.* **étoile**

filasse [filas] *adj inv, péj* **cheveux d'un blond ~** dull blond hair

filature [filatyʀ] *f* **1.** (*usine*) mill **2.** (*action*) spinning **3.** (*surveillance*) tailing; **prendre qn en ~** to tail sb

file [fil] *f* **1.** (*colonne*) line; (*d'attente*) queue; **se mettre à** [*o* **prendre**] **la ~** to get into line **2.** (*voie de circulation*) lane; **prendre** [*o* **se mettre dans**] **la ~ de droite** to get into the right lane ►**en ~ indienne** in single file [*o* Indian file]

filer [file] <1> **I.** *vi* **1.** (*s'abîmer: maille, collant*) to run **2.** (*s'écouler lentement: essence*) to run; (*sable, sirop*) to trickle **3.** (*aller vite: personne, voiture, temps*) to fly by; (*étoile*) to shoot down; (*argent*) to disappear **4.** *inf* (*partir vite: personne pressée*) to dash (off); (*voleur*) to make off; **~ à l'anglaise** to take French leave; **laisser ~ qn** to let sb get away; **il faut que je file** I've got to run **II.** *vt* **1.** (*tisser*) to spin **2.** (*surveiller*) to tail **3.** *inf* (*donner*) **~ de l'argent à qn** to slip sb some money; **~ une claque à qn** to slap sb

filet [filɛ] *m* **1.** (*réseau de maille*) net **2.** CULIN fillet **3.** (*petite quantité*) **~ d'huile/de sang/d'eau** trickle of oil/blood/water

filial(e) [filjal, -jo] <-aux> *adj* (*amour, piété*) filial

filiale [filjal] *f* subsidiary company

filiation [filjasjɔ̃] *f* **1.** (*descendance*) filiation **2.** (*relation: des idées, mots*) relation

filière [filjɛʀ] *f* **1.** (*suite de formalités*) channel **2.** UNIV course option **3.** (*réseau: de la drogue, du trafic*) network

filiforme [filifɔʀm] *adj* (*jambes, personne*) spindly; (*antennes*) filiform

filigrane [filigʀan] *m* (*d'un billet de banque, timbre*) watermark ►**lire en ~** to read between the lines; **apparaître en ~** to be apparent beneath the surface

fille [fij] *f* **1.** (*opp: garçon*) girl **2.** (*opp: fils*) daughter **3.** (*prostituée*) whore ►**être bien la ~ de son père** to be one's father's daughter

fillette [fijɛt] *f* little girl

filleul(e) [fijœl] *m(f)* godson, goddaughter *m, f*

film [film] *m* **1.** (*pellicule, couche*) film **2.** (*œuvre*) movie; **~ vidéo** video film; **~ d'action** action movie

filmer [filme] <1> *vt, vi* to film

filmographie [filmɔgʀafi] *f* filmography

filon [filɔ̃] *m* **1.** (*en minéralogie*) vein **2.** *inf* (*travail*) cushy job

filou [filu] *m inf* **1.** (*personne malhonnête*) rogue **2.** (*enfant, chien espiègle*) rascal

filouter [filute] <1> *vt inf* (*objet*) to pinch; (*personne*) to swindle

fils [fis] *m* (*opp: fille*) son; **Dupont ~** Dupont junior; **Alexandre Dumas ~** Alexandre Dumas fils [*o* the son] ►**de père en ~** from father to son; **être bien le ~ de son père** to be one's father's son

filtre [filtʀ] *m* filter

filtrer [filtʀe] <1> **I.** *vi* to filter through **II.** *vt* **1.** (*pénétrer: liquide, lumière, son*) to filter **2.** (*contrôler: informations*) to screen

fin [fɛ̃] *f* **1.** (*issue, mort*) end; **~ de série** oddment; **la ~ du monde** the end of the world; **mettre ~ à qc** to put an end to sth; **mettre ~ à ses jours** to end one's own life; **à la ~** at the end; **sans ~** endless **2.** (*but*) **~ en soi** end in itself; **arriver** [*o* **parvenir**] **à ses ~s** to achieve one's ends **3.** *Québec* **~ de semaine** (*week-end*) weekend ►**en ~ de compte** at the end of the day; **arrondir ses ~s de mois** to make a bit extra; **la ~ justifie les moyens** *prov* the end justifies the means; **à toutes ~s utiles** for information

fin(e) [fɛ̃, fin] **I.** *adj* **1.** (*opp: épais*) fine; (*couche, étoffe, tranche*) thin **2.** (*gracieux: traits, visage*) delicate; (*jambes, taille*) slender **3.** (*recherché: mets, vin*) choice **4.** (*de qualité supérieure: mets, vin, lingerie*) fine **5.** (*subtil: personne, remarque*) astute; (*humour, nuance*) witty; (*esprit, observation*) sharp **6.** *antéposé* (*très habile: cuisinier, tireur*) expert; **~ connaisseur** connoisseur; **~ gourmet** gourmet **7.** *Québec* (*aimable, gentil*) kind ►**le ~ du ~** the last word **II.** *adv* **1.** (*complètement: soûl*) blind; (*prêt*) absolutely **2.** (*finement: écrire*) small

final(e) [final, -o] <s *o* -aux> *adj* (*qui vient à la fin: consonne, résultat*) final; (*discours, accord*) closing; **point ~** period

finale¹ [final] *m* MUS finale

finale² [final] *f* SPORT final

finalement [finalmɑ̃] *adv* **1.** (*pour finir*) finally **2.** (*en définitive*) in the end

finaliste [finalist] **I.** *adj* (*joueur*) in the final **II.** *mf* finalist

finalité [finalite] *f* **1.** PHILOS finality **2.** (*but*) end

finance [finɑ̃s] *f* **1.** *pl* (*ressources pécuniaires: d'une personne, d'un pays*) finances **2.** (*ministère*) **les Finances** Ministry of Finance ►**moyennant ~** for a consideration

financement [finɑ̃smɑ̃] *m* financing

financer [finɑ̃se] <2> **I.** *vi iron* to cough up **II.** *vt* to finance

financier [finɑ̃sje] *m* financier

financier, -ière [finɑ̃sje, -jɛʀ] *adj* (*problèmes, crise, politique, soucis*) financial; **établissement ~** finance company

financièrement [finɑ̃sjɛʀmɑ̃] *adv* financially

finasser [finase] <1> *vi* to scheme; **~ avec qn** to try one's tricks on sb

finaud(e) [fino, od] **I.** *adj* crafty **II.** *m(f)* crafty son of a gun

fine [fin] *f* brandy (*distilled from any fruit*)

finement [finmɑ̃] *adv* **1.** (*délicatement: brodé, ciselé*) delicately **2.** (*astucieusement: manœuvrer, agir*) astutely; (*faire remarquer, observer*) shrewdly

finesse [finɛs] *f* **1.** (*minceur: des cheveux, d'une pointe de stylo*) fineness; (*d'une tranche*) thinness **2.** (*délicatesse: d'un visage*) delicacy; (*des mains, de la taille*) slenderness **3.** (*raffinement: d'une broderie, porcelaine*) delicacy; (*d'un aliment*) refinement **4.** (*sensibilité: d'un goût*) keenness; (*d'une ouïe, de l'odorat*) acuteness **5.** (*subtilité: d'une personne*) shrewdness; (*d'une allusion*) subtlety; **sa ~ d'esprit** his shrewd mind **6.** *pl* (*difficultés: d'une langue, d'un art*) subtleties

fini [fini] *m* **1.** (*perfection: d'un produit*) finish **2.** MATH, PHILOS **le ~** the finite

fini(e) [fini] *adj* **1.** (*terminé*) **être ~** to be finished; (*jour, spectacle*) to be over; **tout est ~ entre nous** it's all over between us; **tu es ~!** you're finished! **2.** (*opp: infini*) finite **3.** *péj* (*complet: menteur, voleur*) accomplished **4.** (*cousu*) **bien/mal ~** well/badly finished

finir [finiʀ] <8> **I.** *vi* **1.** (*s'arrêter: rue, propriété*) to end; (*vacances, spectacle, contrat*) to (come to an) end; **tout ça n'en finit pas** all that takes for ever **2.** (*terminer*) to finish; **avoir fini** to have [*o* be] finished; **laissez-moi ~ (de parler)**! let me finish!; **en ~ avec qc** to get sth over with; **en avoir fini avec une affaire** to have settled a matter **3.** SPORT **~ à la quatrième place** to finish fourth **4.** (*en venir à*) **~ par faire qc** (*choix final*) to end up doing sth; (*après des retards*) to finally do sth **5.** (*se retrouver*) **~ en prison** to end up in prison **II.** *vt* **1.** (*arriver au bout de*) *a.* SPORT to finish; **~ de manger/de s'habiller** to finish eating/getting dressed; **~ le mois** to get to the end of the month; **~ une course à la quatrième place** to finish fourth in a race **2.** (*consommer, utiliser jusqu'au bout: plat, assiette, bouteille*) to finish (off); (*vêtement*) to wear out **3.** (*passer la fin de*) **~ ses jours à la campagne** to end one's days in the country **4.** (*cesser: dispute*) to stop; **on n'a pas fini de parler d'elle** we haven't heard the last of her **5.** (*être le dernier élément de*) to complete **6.** (*fignoler*) **~ un ouvrage** to finish off a job

finish [finiʃ] *m inv* SPORT finish; **match au ~** match fought to the finish

finition [finisjɔ̃] *f* **1.** (*action: d'un meuble, d'une œuvre d'art*) finishing **2.** (*résultat*) finish **3.** *gén pl* TECH finishing touches

finlandais(e) [fɛ̃lɑ̃dɛ, ɛz] *adj* Finnish

Finlandais(e) [fɛ̃lɑ̃dɛ, ɛz] *m(f)* Finn

Finlande [fɛ̃lɑ̃d] *f* **la ~** Finland

finnois [finwa] *m* Finnish; *v.a.* **français**

finnois(e) [finwa, waz] *adj* Finnish

Finnois(e) [finwa, waz] *m(f)* Finn

fiole [fjɔl] *f* **1.** phial, vial **2.** *inf* mug

fiord [fjɔʀd] *m* fjord

fioriture [fjɔʀityʀ] *f* flourish; **sans ~s** plain (and unadorned)

fioul [fjul] *m v.* **fuel**

firent [fiʀ] *passé simple de* **faire**

firmament [fiʀmamɑ̃] *m* firmament

firme [fiʀm] *f* firm

fis [fi] *passé simple de* **faire**

fisc [fisk] *m* **le ~** the taxman

fiscal(e) [fiskal, -o] <-aux> *adj* fiscal

fiscalité [fiskalite] *f* tax regime

fission [fisjɔ̃] *f* fission

fissure [fisyʀ] *f* crack

fissurer [fisyʀe] <1> **I.** *vt* (*éclair*) to fork **II.** *vpr* **se ~** to crack

fiston [fistɔ̃] *m inf* kid

fit [fi] *passé simple de* **faire**

fîtes [fit] *passé simple de* **faire**

FIV [fiv] *f abr de* **fécondation in vitro** IVF

fixateur [fiksatœʀ] *m* PHOT fixer

fixation [fiksasjɔ̃] *f* **1.** (*pose*) settling **2.** (*détermination*) fixing **3.** (*obsession*) fixation; **faire une ~ sur qn/qc** to have a fixation on sb/sth **4.** (*dispositif*) fastening; **~ de sécurité** safety fastening

fixe [fiks] **I.** *adj* fixed; **idée ~** idée fixe **II.** *m* basic (salary) **III.** *interj* **~!** attention!

fixé(e) [fikse] *adj* **1.** PSYCH (*personne*) fixated **2.** (*renseigné*) **être ~ sur le compte de qn** to have sb sized up **3.** (*décidé*) **ne pas encore être ~** to have not yet decided

fixement [fiksəmɑ̃] *adv* **regarder qn/qc ~** to give sb/sth a fixed stare

fixer [fikse] <1> **I.** *vt* **1.** (*attacher, conserver, arranger*) *a.* CHIM, PHOT to fix **2.** (*retenir: population*) to settle **3.** (*regarder*) **~ qn/qc** to look hard at sb/sth **4.** (*arrêter*) **~ son attention sur qc** to focus one's attention on sth **5.** (*définir: règle, conditions, limites*) to set **6.** (*renseigner*) **~ un collègue sur une date** to inform a colleague of a date **II.** *vpr* **1.** (*s'accrocher*) **se ~ au mur** to hang on the wall **2.** (*se déposer*) **se ~** to be deposited **3.** (*s'établir*) **se ~ à Paris** to settle in Paris **4.** (*se poser*) **se ~ sur qn/qc** (*attention*) to settle on sb/sth; (*choix*) to fall on sb/sth **5.** (*se définir*) **se ~ un but** to set oneself a target

fixité [fiksite] *f* fixedness

fjord [fjɔʀd] *m v.* **fiord**

flac [flak] *interj* splash

flacon [flakɔ̃] *m* bottle; (*de parfum*) perfume bottle

flagada [flagada] *adj inv, inf* **être ~** to be washed-out

flagellation [flaʒelasjɔ̃, flaʒɛllasjɔ̃] *f* flagellation

flageller [flaʒele] <1> **I.** *vt* to flog **II.** *vpr* **se ~** to scourge oneself

flageoler [flaʒɔle] <1> *vi* to shake; (*jambes*) to tremble

flagrant(e) [flagʀɑ̃, ɑ̃t] *adj* blatant; (*injustice*) flagrant

flair [flɛʀ] *m* (*du chien*) (sense of) smell ► **avoir du ~** (*odorat*) to have a good nose; (*idées*) to have a sixth sense

flairer [fleʀe] <1> *vt* **1.** (*renifler*) to sniff **2.** (*sentir: animal*) to scent **3.** (*pressentir: animal, personne*) to sense

flamand [flamɑ̃] *m* Flemish; *v.a.* **français**

flamand(e) [flamɑ̃, ɑ̃d] *adj* Flemish

Flamand(e) [flamɑ̃, ɑ̃d] *m(f)* Fleming

flamant [flamɑ̃] *m* flamingo

flambé(e) [flɑ̃be] *adj* **1.** CULIN flambé; **tarte ~e** *Alsatian onion tart* **2.** *inf* (*fichu*) **être ~** (*personne*) done for; (*affaire*) down the drain

flambeau [flɑ̃bo] <x> *m* torch

flambée [flɑ̃be] *f* **1.** (*feu*) blaze **2.** (*brusque accès, montée: de violence*) flare-up; (*du dollar*) upward surge; (*de terrorisme*) outbreak

flamber [flɑ̃be] <1> **I.** *vi* to blaze; (*maison*) to burn down **II.** *vt* **1.** (*cheveux, volaille*) to singe **2.** CULIN to flambé

flamboyant(e) [flɑ̃bwajɑ̃, jɑ̃t] *adj* **1.** (*étincelant: feu, soleil*) blazing; (*couleur*) flaming;

(*chrome*) gleaming; (*source de lumière*) flashing **2.** ART flamboyant
flamboyer [flɑ̃bwaje] <6> *vi* (*soleil*) to blaze; (*couleur*) to flame; (*source de lumière*) to flash; (*chrome*) to gleam
flamenco [flamɛnko] **I.** *m* flamenco **II.** *adj* flamenco
flamme [flam] *f* **1.** flame **2.** *pl* (*brasier*) flames; **être en ~s** to be ablaze **3.** (*éclat: des yeux*) fire **4.** (*pavillon*) pennant **5.** (*tampon de la poste*) slogan **6.** (*ampoule*) candle (bulb) ▶ **descendre qn/qc en ~s** to shoot sb/sth down in flames; **ça va péter des ~s** *inf* things are going to turn nasty
flammèche [flamɛʃ] *f* (flying) spark
flan [flɑ̃] *m* flan, custard tart
flanc [flɑ̃] *m* **1.** (*partie latérale: du corps, d'un navire, d'une montagne*) side; (*d'un cheval*) flank **2.** MIL flank ▶ **mettre qn sur le ~** *inf* to take it out of sb; **tirer au ~** *inf* to skive
flancher [flɑ̃ʃe] <1> *vi inf* (*personne*) to waver; (*son cœur/sa mémoire a flanché*) his heart/his memory let him down
Flandre [flɑ̃dʀ] *f* **la ~/les ~s** Flanders
flanelle [flanɛl] *f* flannel
flâner [flɑne] <1> *vi* **1.** (*se promener*) to stroll **2.** (*musarder*) to hang around
flânerie [flɑnʀi] *f* **1.** (*promenade*) stroll **2.** (*musardise*) idling; (*au lit*) lying around
flanquer [flɑ̃ke] <1> **I.** *vt inf* **1.** (*envoyer*) **~ des objets à la figure de qn** to fling things in sb's face **2.** (*mettre*) **~ qn à la porte/dehors** to kick sb out **3.** (*donner*) **~ une gifle à qn** to clout sb; **~ la frousse à qn** to frighten sb **II.** *vpr inf* **1.** (*s'envoyer*) **se ~ des objets à la figure** to fling things at each other **2.** (*se mettre*) **se ~ dans une situation délicate** to get oneself into an awkward situation **3.** (*tomber*) **se ~ par terre** to hit the deck
flapi(e) [flapi] *adj inf* worn out
flaque [flak] *f* puddle; (*de sang*) pool
flash [flaʃ] <es> *m* **1.** PHOT, CINE flash **2.** RADIO, TV **~ info** [*o* **d'information**] newsflash
flash-back [flaʃbak] *m inv* flashback
flasher [flaʃe] <1> **I.** *vt* to flash; **se faire ~** to get flashed (*on a radar camera*) **II.** *vi inf* **~ sur qn/qc** to go wild about sb/sth
flasque [flask] **I.** *adj* flabby **II.** *f* flask **III.** *m* flange; (*de mécanique*) cheek
flatter [flate] <1> **I.** *vt* **1.** (*louer*) **~ qn/la vanité de qn** to flatter sb/sb's vanity; **être flatté de qc** to be flattered about sth **2.** (*caresser: animal*) to stroke **3.** (*être agréable à*) **~ le palais** to appeal to the palate **II.** *vpr* **1.** (*se féliciter*) **se ~ de qc** to pride oneself on sth **2.** (*aimer à croire*) **se ~ de faire qc** to like to think one can do sth
flatterie [flatʀi] *f* flattery
flatteur, -euse [flatœʀ, -øz] **I.** *adj* flattering **II.** *m, f* flatterer
fléau [fleo] <x> *m* **1.** (*calamité*) scourge **2.** (*partie d'une balance*) beam **3.** AGR flail
fléchage [fleʃaʒ] *m* (*résultat*) signposting
flèche¹ [flɛʃ] *f* **1.** (*arme, signe*) arrow **2.** (*sur une église*) spire
flèche² [flɛʃ] *f* **~s de lard** flitch of bacon
fléché(e) [fleʃe] *adj* signposted (with arrows)
flécher [fleʃe] <5> *vt* to signpost
fléchette [fleʃɛt] *f* **1.** (*petite flèche*) dart **2.** *pl* (*jeu*) darts
fléchir [fleʃiʀ] <8> **I.** *vt* **1.** (*plier: bras, genoux*) to bend **2.** (*faire céder: personne*) to sway **II.** *vi* **1.** (*se plier*) to bend **2.** (*diminuer*) to fall; (*exigences, sévérité*) to be tempered; (*volonté*) to weaken; (*prix, cours*) to slip **3.** (*céder*) to yield
fléchissement [fleʃismɑ̃] *m* **1.** (*flexion: du bras, de la jambe*) bending; (*d'une poutre, planche*) sagging **2.** (*diminution: de la production, natalité*) falling off; (*des prix*) fall **3.** (*renoncement: de la volonté*) yielding
flegmatique [flɛgmatik] **I.** *adj* phlegmatic **II.** *mf* phlegmatic person
flegme [flɛgm] *m* composure
flemmard(e) [flemaʀ, aʀd] *inf* **I.** *adj* lazy **II.** *m(f)* slacker
flemme [flɛm] *f inf* laziness; **j'ai la ~ de faire la vaisselle** I can't be bothered doing the dishes
flétri(e) [fletʀi] *adj* (*plante*) withered; (*fleur*) wilted
flétrir [fletʀiʀ] <8> **I.** *vt* **1.** (*faner: fleur*) to wilt **2.** (*rider: visage*) to wither **3.** HIST to brand **II.** *vpr* **se ~ 1.** (*se faner: plante*) to wither; (*fleur*) to wilt **2.** (*se rider: visage*) to wither
flétrissement [fletʀismɑ̃] *m* BOT withering
fleur [flœʀ] *f* **1.** flower; (*d'un cerisier, pommier*) blossom; **en ~(s)** in flower; **chapeau à ~s** flowery hat **2.** (*partie du cuir*) grain side **3.** *gén pl* BIO (*de vin*) flowers **4.** (*compliment*) **jeter des ~s à qn** *inf* to lavish praise on sb **5.** *sans pl, soutenu* (*ce qu'il y a de meilleur*) **la** (**fine**) **~ de la ville** the town's high society ▶ **à** [*o* **dans**] **la ~ de l'âge** in one's prime; **partir la ~ au fusil** to go off whistling on one's way to war; **~ bleue** sentimental; **à ~ d'eau** at the surface of the water; **avoir une sensibilité à ~ de peau** to be highly susceptible; **arriver** [*o* **s'amener**] **comme une ~** *inf* to breeze in; **faire qc comme une ~** *inf* to do sth without breaking a sweat
fleuret [flœʀɛ] *m* foil
fleurette [flœʀɛt] **conter ~ à une femme** *iron* to whisper sweet nothings to a woman
fleuri(e) [flœʀi] *adj* **1.** (*en fleurs*) in bloom **2.** (*couvert, garni de fleurs*) decorated with flowers **3.** (*avec des motifs floraux*) flowered **4.** (*coloré: teint*) florid **5.** (*qui sent les fleurs*) flower-scented **6.** (*orné: style*) flowery
fleurir [flœʀiʀ] <8> **I.** *vi* **1.** (*mettre des fleurs*) to flower **2.** (*s'épanouir: amitié*) to blossom **3.** *iron* (*se couvrir de poils*) to sprout hair **II.** *vt* (*orner, décorer: table, tombe*) to put flowers on
fleuriste [flœʀist] *mf* florist
fleuron [flœʀɔ̃] *m* **1.** ART (*d'une couronne*)

F

floweret **2.** BOT floret ▶**être le** (**plus beau**) ~ **d'une collection** to be the jewel of a collection

fleuve [flœv] *m* **1.** (*rivière*) river **2.** (*flot*) ~ **de lave/de boue** torrent of lava/mud; ~ **de paroles** torrent of words

flexibilité [flɛksibilite] *f* flexibility

flexible [flɛksibl] **I.** *adj* **1.** (*souple: tige en bois*) pliable; (*en plastique, métal*) flexible **2.** (*adaptable*) flexible; *péj* pliable **II.** *m* hose

flexion [flɛksjɔ̃] *f* **1.** (*mouvement corporel*) bending; ~ **du genou** flexing of the knee **2.** LING inflection **3.** PHYS flexion

flibustier [flibystje] *m* freebooter

flic [flik] *m inf* cop

flicaille [flikɑj] *f péj, inf* **la** ~ the law

flic flac (**floc**) [flikflak(flɔk)] splish splash

flingue [flɛ̃g] *m inf* gun

flinguer [flɛ̃ge] <1> **I.** *vt inf* **1.** (*tuer*) to waste **2.** (*critiquer*) to shoot to pieces **II.** *vpr inf* **se** ~ to put a bullet in oneself

flipper[1] [flipœʀ] *m* pinball machine

flipper[2] [flipe] <1> *vi* **1.** *inf* (*être angoissé*) to be on a downer **2.** *inf* (*être excité*) to be high

flirt [flœʀt] *m* **1.** (*amourette*) flirtation **2.** (*petite histoire d'amour*) affair **3.** (*personne*) flirt

flirter [flœʀte] <1> *vi* to flirt

FLN [ɛfɛlɛn] *m abr de* **Front de libération nationale** National Liberation Front

FLNC [ɛfɛlɛnse] *m abr de* **Front de libération nationale de la Corse** Corsican liberation front

floc [flɔk] __faire__ ~ (~) (*caillou qui tombe dans l'eau*) to go plop; (*bottes qui ont pris l'eau*) to squelch

flocon [flɔkɔ̃] *m* **1.** (*petite masse peu dense: de neige*) flake **2.** (*petite touffe: de coton, bourre*) tuft **3.** CULIN flake; **~s de maïs** cornflakes

floconneux, -euse [flɔkɔnø, -øz] *adj* fluffy

flonflons [flɔ̃flɔ̃] *mpl inf* oompahs

flopée [flɔpe] *f inf* **une ~ de gamins/touristes** a crowd of kids/tourists

floraison [flɔʀɛzɔ̃] *f* **1.** (*fait de fleurir*) flowering **2.** (*fleurs*) blooms *pl* **3.** (*époque*) heyday **4.** (*épanouissement*) blossoming; (*de talents*) flowering

floral(**e**) [flɔʀal, -o] <-aux> *adj* floral; **exposition ~e** flower show

floralies [flɔʀali] *f pl* flower show

flore [flɔʀ] *f* flora

Floride [flɔʀid(ə)] *f* **la** ~ Florida

florifère [flɔʀifɛʀ] *adj* flowering

florilège [flɔʀilɛʒ] *m* anthology

florin [flɔʀɛ̃] *m* HIST (*monnaie*) florin

florissait [flɔʀisɛ] *imparf de* **fleurir**

florissant(**e**) [flɔʀisɑ̃, ɑ̃t] *adj* **1.** (*prospère*) flourishing **2.** (*resplendissant: santé, teint*) blooming

flot [flo] *m* **1.** (*vague*) wave **2.** *soutenu* (*quantité importante: d'images, de souvenirs, larmes*) flood; (*de personnes, sang*) stream; (*de paroles*) torrent; **couler à ~s** to flow freely; **entrer à ~s** (*lumière*) to flood in **3.** *sans pl* (*marée montante*) rising tide ▶**être** __à__ ~ (*bateau*) to be afloat; (*personne*) (*avoir suffisamment d'argent*) to be doing all right; (*être à jour dans son travail*) to be keeping one's head above water; **se maintenir/se remettre** __à__ ~ to stay/get back afloat; **mettre qc** __à__ ~ to launch sth; **remettre qc** __à__ ~ to get sth back on an even keel

flottant(**e**) [flɔtɑ̃, ɑ̃t] *adj* **1.** *a.* FIN floating **2.** (*dans l'air: foulard, drapeaux*) streaming; (*crinière, chevelure*) flowing; **brume ~e** drifting mist **3.** (*instable*) irresolute

flotte[1] [flɔt] *f* fleet

flotte[2] [flɔt] *f inf* **1.** (*eau*) water **2.** (*pluie*) rain

flottement [flɔtmɑ̃] *m* **1.** (*ondulation: d'un drapeau*) fluttering **2.** (*hésitation*) undecidedness

flotter [flɔte] <1> **I.** *vi* **1.** (*être porté sur un liquide*) to float **2.** (*être en suspension dans l'air: brouillard*) to drift; (*parfum*) to float **3.** (*onduler*) to flutter **4.** (*être ample*) **sa jupe flotte autour d'elle** her skirt flaps around her **5.** (*hésiter*) to waver **II.** *vi impers, inf* (*pleuvoir*) to pour down **III.** *vt* (*bois*) to float

flotteur [flɔtœʀ] *m* TECH float

flou [flu] **I.** *m* **1.** (*opp: netteté*) vagueness **2.** CINE, PHOT blur; ~ **artistique** soft focus **3.** (*non ajustement: d'une coiffure, d'une mode*) looseness **4.** (*imprécision: d'une pensée*) haziness; (*d'une argumentation*) wooliness **II.** *adv* in a blur

flou(**e**) [flu] *adj* **1.** blurred; (*photo*) out of focus **2.** (*non ajusté: vêtement, coiffure*) loose **3.** (*imprécis: idée, pensée*) hazy; (*relation, rôle*) vague

fluctuation [flyktɥasjɔ̃] *f* fluctuation; (*de l'opinion*) swing

fluctuer [flyktɥe] <1> *vi* to fluctuate

fluet(**te**) [flyɛ, ɛt] *adj* **1.** (*frêle*) slender **2.** (*peu sonore: voix*) reedy

fluide [flyid, flɥid] **I.** *adj* **1.** (*qui s'écoule facilement*) fluid **2.** (*ample: style, vêtement*) flowing **3.** (*difficile à saisir: pensée*) elusive **II.** *m* **1.** CHIM fluid; **mécanique des ~s** fluid mechanics **2.** (*force occulte*) aura

fluidifier [flɥidifje] <1> *vt* to liquefy

fluidité [flɥidite] *f* **1.** (*liquidité: du sang*) fluidity **2.** AUTO ~ **du trafic** free-flowing traffic **3.** ECON (*d'un marché*) flexibility **4.** *fig* (*d'un style*) flow; (*d'une pensée*) elusiveness

fluo [flyɔ] *adj sans pl abr de* **fluorescent**

fluor [flyɔʀ] *m* fluorine

fluoré(**e**) [flyɔʀe] *adj* (*eau*) fluoridated; (*dentifrice*) fluoride

fluorescence [flyɔʀesɑ̃s] *f* fluorescence

fluorescent(**e**) [flyɔʀesɑ̃, ɑ̃t] *adj* fluorescent

flûte [flyt] **I.** *f* **1.** (*instrument*) flute **2.** (*pain*) loaf of French bread **3.** (*verre*) flute (glass) **II.** *interj inf* darn it

flûté(**e**) [flyte] *adj* (*voix*) piping

flûtiste [flytist] *mf* flutist

fluvial(**e**) [flyvjal, -jo] <-aux> *adj* GEO fluvial;

(*port, transport*) river
flux [fly] *m* **1.** (*marée*) ebb [*o* incoming] tide; **le ~ et le reflux** the ebb and flow **2.** MED, PHYS, ECON flow
fluxion [flyksjɔ̃] *f* **~ de poitrine** pneumonia
F.M. [ɛfɛm] *f abr de* **Frequency Modulation** FM
FMI [ɛfɛmi] *m abr de* **Fonds monétaire international** IMF
FN [ɛfɛn] *m abr de* **Front national** National Front (*French political party*)
FO [ɛfo] *f abr de* **Force ouvrière** *French trade union*
focal(e) [fɔkal, -o] <-aux> *adj* (*distance, plan*) focal
focale [fɔkal] *f* focal distance
focaliser [fɔkalize] <1> **I.** *vt* to focus **II.** *vpr* **1.** PHYS **se ~** to be focussed **2.** (*se concentrer*) **se ~ sur qn/qc** to focus on sb/sth
foehn [føn] *m Suisse* (*sèche-cheveux*) hair dryer
fœtal(e) [fetal, -o] <-aux> *adj* fetal
fœtus [fetys] *m* fetus
fofolle [fɔfɔl] *adj v.* **foufou**
foi [fwa] *f* **1.** (*croyance*) **~ en qn** faith in sb; **avoir la ~** to have faith **2.** (*confiance*) **avoir ~ en qn/qc** *soutenu* to have faith [*o* confidence] in sb/sth; **avoir ~ en l'avenir** to have faith in the future ►**sous la ~ du serment** under oath; **être de bonne/mauvaise ~** to be in good/bad faith; **avoir la ~** to believe in oneself; **faire ~** to be valid; **ma ~** well; **ma ~ oui/non** why yes/no; **c'est ma ~ vrai** it's true enough
foie [fwa] *m* **1.** ANAT liver; **avoir mal au ~** to have an upset stomach **2.** CULIN **~ gras** foie gras ►**avoir les ~s** *inf* to be scared stiff
foin [fwɛ̃] *m sans pl* hay ►**être bête à manger du ~** *inf* to be as dumb as a box of rocks
foire [fwaʀ] *f* **1.** (*marchée, exposition, fête*) fair; **~ du Trône** *annual funfair held outside Paris* **2.** *inf* (*endroit bruyant*) madhouse **3.** INFORM **~ aux questions** frequently asked questions (file) ►**faire la ~** *inf* to live it up
foirer [fwaʀe] <1> *vi* **1.** *inf* (*rater*) to come to grief **2.** *inf* (*être défectueux: écrou, vis*) to slip; (*obus, fusée*) to misfire
foireux, -euse [fwaʀø, -øz] **I.** *adj inf* **1.** (*qui a peur*) chicken-hearted **2.** (*mauvais*) lousy **II.** *m, f inf* chicken
fois [fwa] *f* **1.** (*fréquence*) time; **une ~** once; *Belgique* (*donc*) then; **une ~ par an** [*o* **l'an**] once a year; **deux ~** twice; **d'autres/les autres ~** other times; (**à**) **chaque ~** each time; **il était une ~ ...** once upon a time; **pour une ~** for once; **trente-six ~** a hundred times **2.** *dans un comparatif* **deux ~ plus/moins vieux que qn/qc** twice as old/young than sb/sth; **cinq ~ plus élevé que** five times higher than; **cinq ~ plus d'argent/de personnes** five times more money/people **3.** (*comme multiplicateur*) **9 ~ 3 font 27** 9 times 3 is 27; **une ~ et demie plus grand** one and a half times bigger ►**s'y prendre** [*o* **reprendre**] **à deux ~** to have two tries; **plutôt deux ~ qu'une** not just the once; **neuf ~ sur dix** nine times out of ten; **trois ~ rien** absolutely nothing; **pour trois ~ rien** for next to nothing; **un seul enfant/bateau à la ~** just one child/boat at a time; **tout à la ~** at one and the same time; **des ~** *inf* sometimes; **des ~ qu'il viendrait!** *inf* in case he comes!; **non mais des ~!** *inf* really now!; **une ~, deux ~, trois ~** (*dans une vente aux enchères*) going once, going twice, sold; (*pour menacer*) I'm telling you one, two, that's it
foison [fwazɔ̃] **à ~** in plenty
foisonner [fwazɔne] <1> *vi* to abound
fol [fɔl] *adj v.* **fou**
folâtre [fɔlɑtʀ] *adj* playful
folâtrer [fɔlɑtʀe] <1> *vi* to play about
folichon(ne) [fɔliʃɔ̃, ɔn] *adj inf* **ne pas être ~** not to be a lot of fun
folie [fɔli] *f* **1.** (*démence, déraison*) madness **2.** (*passion*) **~ de qc** mad passion for sth; **aimer qn/qc à la ~** to love sb/sth madly **3.** (*conduite/paroles*) foolish deed/word; **faire une ~/des ~s** (*faire une dépense excessive*) to go mad; (*se conduire mal*) to do wild things **4.** HIST folly
folio [fɔljo] *m* TYP folio
folklo [fɔlklo] *adj inv, inf abr de* **folklorique**
folklore [fɔlklɔʀ] *m* **1.** (*traditions populaire*) folklore **2.** *péj* (*cinéma*) nonsense
folklorique [fɔlklɔʀik] *adj* **1.** (*relatif au folklore*) folk **2.** *péj, inf* (*farfelu*) weird
folle [fɔl] **I.** *adj v.* **fou** **II.** *f péj, inf* (*homosexuel*) queen, queer *sl*
follement [fɔlmɑ̃] *adv* wildly; (*amoureux*) madly; (*comique*) uproariously
foncé(e) [fɔ̃se] *adj* dark
foncer [fɔ̃se] <2> **I.** *vt* **1.** (*rendre plus foncé*) to darken **2.** (*creuser*) to dig; (*puits*) to sink **3.** CULIN to line **II.** *vi* **1.** *inf* (*aller très vite en courant*) **~ sur qn/qc** to rush at sb/sth; (*en voiture*) to charge at sb/sth **2.** *inf* (*aller très vite en agissant très vite*) to show drive **3.** (*devenir plus foncé*) to go darker
fonceur, -euse [fɔ̃sœʀ, -øz] *m, f* **1.** *inf* (*personne dynamique*) dynamic individual **2.** (*audacieux*) go-getter
foncier, -ière [fɔ̃sje, -jɛʀ] *adj* **1.** land; (*revenus*) from land **2.** (*fondamental: défaut, erreur, problème*) fundamental; (*qualité, gentillesse*) innate
foncièrement [fɔ̃sjɛʀmɑ̃] *adv* fundamentally
fonction [fɔ̃ksjɔ̃] *f* **1.** *a.* CHIM, LING, MATH, INFORM function; **elle a pour ~ de** + *infin* her function is to + *infin*; **faire ~ de qc** to act as sth **2.** (*activité professionnelle*) post **3.** (*charge*) duty; **logement de ~** (*d'un fonctionnaire*) official accommodation; (*d'un employé*) company accommodation ►**la ~ publique** public service (*state sector employment*); **en ~ de qc** in accordance with sth; **en ~ du temps** depending on the weather

F

fonctionnaire [fɔ̃ksjɔnɛʀ] *mf* state employee; (*dans l'administration*) civil servant
fonctionnalité [fɔ̃ksjɔnalite] *f* **1.** *sans pl* practicality **2.** *gén pl* INFORM functionality
fonctionnariser [fɔ̃ksjɔnaʀize] <1> *vt* **1.** (*assimiler aux fonctionnaires: entreprise, personne*) to bring into the state sector **2.** (*bureaucratiser: service, Etat*) to bureaucratize
fonctionnel(le) [fɔ̃ksjɔnɛl] *adj* functional
fonctionnement [fɔ̃ksjɔnmɑ̃] *m* working
fonctionner [fɔ̃ksjɔne] <1> *vi* to work; (*organe, administration*) to function
fond [fɔ̃] *m* **1.** (*partie inférieure*) bottom; **au ~ du sac** at the bottom of the bag **2.** TECH, ARCHIT base **3.** (*partie la plus éloignée: d'une pièce, d'un couloir*) far end; (*d'une armoire*) back; **au ~ du jardin** at the back of the garden; **au ~ de la cour** at the far end of the playground; **examiner le ~ de la gorge** to examine the back of the throat **4.** (*partie intime*) **avoir un bon ~** to be a good person deep down; **regarder qn au ~ des yeux** to look deep into sb's eyes; **du ~ du cœur** from the bottom of one's heart **5.** (*degré le plus bas*) **être au ~ de l'abîme** to be in the depths of despair **6.** (*ce qui est essentiel: des choses, d'un problème*) heart; **aller au ~ des choses** to get to the heart of the matter **7.** (*opp: forme*) content **8.** (*dans une bouteille, un verre*) **il reste un ~** there's a drop left **9.** (*hauteur d'eau*) depth **10.** (*pièce rapportée*) patch **11.** (*arrière-plan*) background **12.** CULIN base; **~ de tarte** tart base **13.** SPORT (*résistance*) staying power; (*course*) long-distance race; **ski de ~** cross-country skiing **14.** (*base*) **~ de teint** foundation ▶**le ~ de l'air est frais** there's a chill in the air; **connaître qc comme le ~ de sa poche** to know sth like the back of one's hand; **faire** [*o* **vider**] **les ~s de tiroir** *inf* to scrape around; **avoir un ~ de qc** to have a degree of sth; **à ~** thoroughly; (*respirer*) deeply; (*connaître*) in depth; **à ~ la caisse** *inf* at full tilt; **être à ~ de cale** *inf* to be stone broke; **à ~ de train** at full tilt; **au** [*o* **dans le**] **~, ...** *inf* when it comes down to it; **de ~** background; **article de ~** feature article; **de ~ en comble** from top to bottom; **sur le ~** essentially
fondamental(e) [fɔ̃damɑ̃tal, -o] <-aux> *adj* **1.** basic; (*élément, propriété, loi*) fundamental **2.** (*essentiel*) vital **3.** (*en science: recherche*) basic **4.** MUS fundamental **5.** LING **l'anglais ~** basic English
fondamentale [fɔ̃damɑ̃tal] *f* fundamental
fondamentalement [fɔ̃damɑ̃talmɑ̃] *adv* fundamentally
fondamentaliste [fɔ̃damɑ̃talist] **I.** *adj* fundamentalist **II.** *mf* fundamentalist
fondant(e) [fɔ̃dɑ̃, ɑ̃t] *adj* **1.** (*qui fond: glace, neige*) melting **2.** (*mûr: poire*) that melts in the mouth **3.** (*tendre*) tender
fondateur, -trice [fɔ̃datœʀ, -tʀis] *m, f* founder
fondation [fɔ̃dasjɔ̃] *f* **1.** (*fait de fonder, institution*) foundation **2.** (*création par don ou legs*) establishment **3.** *pl* ARCHIT (*d'un bâtiment*) foundations
fondé(e) [fɔ̃de] **I.** *adj* **être bien ~** (*crainte, critique, confiance*) to be fully justified; (*opinion*) to be well-founded; (*pressentiment*) to be well-grounded **II.** *m(f)* **~ de pouvoir** proxy
fondement [fɔ̃dmɑ̃] *m* **1.** *pl* foundations **2.** (*motif, raison*) grounds; **ne reposer sur aucun ~** to have no foundation **3.** PHILOS fundament
fonder [fɔ̃de] <1> **I.** *vt* **1.** to found **2.** (*financer: prix*) to found; (*dispensaire, institution*) to set up **3.** (*faire reposer*) **~ une décision sur qc** to base a decision on sth **II.** *vpr* **se ~ sur qc** (*personne*) to base oneself on; (*attitude, raisonnement*) to be based on
fonderie [fɔ̃dʀi] *f* **1.** (*usine*) foundry **2.** (*fabrication*) founding
fondeur [fɔ̃dœʀ] *m* smelter
fondeur, -euse [fɔ̃dœʀ, -øz] *m, f* (*au ski*) cross-country skier
fondre [fɔ̃dʀ] <14> **I.** *vi* **1.** to melt **2.** (*se dissoudre*) **~ dans un liquide/sous la langue** to dissolve in a liquid/under the tongue **3.** (*s'attendrir*) **~ de pitié** to melt with pity; **~ en larmes** to break into tears **4.** *inf* (*maigrir*) **~ de 10 kilos** to shed 10 kilograms **5.** (*diminuer rapidement: argent, muscles*) to vanish; (*diminuer partiellement*) to dwindle **6.** (*dissiper*) **faire ~ sa colère** to melt away one's anger **7.** (*se précipiter*) **~ sur qn/qc** (*oiseau, ennemi*) to bear down on sb/sth; **~ sur qn** *fig* to descend on sb **II.** *vt* **1.** to melt; (*bijoux, argenterie*) to melt down **2.** (*fabriquer*) to cast **3.** (*fusionner*) **~ qc dans qc** to combine sth into sth **4.** (*incorporer*) **~ qc dans qc** to merge sth with sth **III.** *vpr* **1.** (*former un tout avec*) **se ~ dans qc** to merge into sth **2.** (*disparaître*) **se ~ dans le brouillard** to vanish into the mist; (*appel*) to be lost in the mist
fonds [fɔ̃] *m* **1.** (*commerce*) business **2.** (*terrain*) land **3.** (*organisme, capital*) fund; **~ de grève** strike fund; **~ publics** [*o* **d'État**] public funds; **~ de roulement** working capital; **gérer les ~** to manage the money; **rentrer dans ses ~** *inf* to recoup one's costs **4.** (*ressources*) assets *pl;* (*d'une langue*) resources *pl* **5.** (*œuvres: d'une bibliothèque*) collection **6.** (*qualités physiques ou intellectuelles*) resources
fondu [fɔ̃dy] *m* CINE **~ enchaîné** fade-in fade-out
fondu(e) [fɔ̃dy] **I.** *part passé de* **fondre II.** *adj* (*couleurs, tons*) blending; (*fromage*) melted; **neige ~e** melted snow; (*au sol*) slush
fondue [fɔ̃dy] *f* fondue; **~ savoyarde** fondue savoyarde (*hot cheese sauce into which bread is dipped*)
font [fɔ̃] *indic prés de* **faire**
fontaine [fɔ̃tɛn] *f* **1.** (*construction*) fountain **2.** (*source*) spring **3.** CULIN (*creux dans la*

farine) well

fonte [fɔ̃t] *f* **1.** (*fusion: d'un métal*) smelting **2.** (*fabrication*) founding **3.** (*métal*) cast iron

fonts [fɔ̃] *mpl* **~ baptismaux** baptismal font

foot(**ball**) [fut(bol)] *m sans pl* soccer

footballeur, **-euse** [futbolœʀ, -øz] *m, f* soccer player

footing [futiŋ] *m* jogging; **faire du/son ~** to go/be jogging

forage [fɔʀaʒ] *m* drilling

forain(**e**) [fɔʀɛ̃, ɛn] **I.** *adj* (*attraction, baraque*) fairground; **fête ~e** carnival **II.** *m(f)* carny

forçat [fɔʀsa] *m* **1.** (*condamné aux travaux forcés*) convict **2.** (*condamné aux galères*) galley slave ► **~ du travail** wage slave; **travailler comme un ~** to work like a slave

force [fɔʀs] *f* **1.** ANAT strength **2.** PHYS force **3.** (*courage*) strength; **~ d'âme** fortitude **4.** (*niveau intellectuel*) intellect **5.** (*pouvoir*) force; **~ de dissuasion** deterrent; **employer la ~** to use force; **l'union fait la ~** unity is strength **6.** *gén pl* (*ensemble de personnes*) force; **~ électorale** electoral strength **7.** MIL **~ de frappe** strike force; **~s d'intervention** task force; **~s d'occupation** occupying forces; **~s de l'ordre** police; **~(s) armée(s)/militaire(s)** armed forces **8.** (*autorité: de l'habitude, de la loi*) force; (*d'un argument, préjugé*) power; **avoir** [*o* **faire**]**/prendre ~ de loi** to have/acquire force of law; **par la ~ des choses** in the way of things **9.** (*degré d'intensité: d'un choc, coup, tremblement de terre, du vent*) force; (*d'une carte, passion, d'un désir, sentiment*) strength; (*de l'égoïsme, de la haine*) intensity; **frapper avec ~** to strike with force; **un vent de ~ 7** a force 7 wind **10.** TECH (*d'un câble, mur, d'une barre*) strength **11.** (*puissance, efficacité: d'un moteur*) power; (*d'un médicament, poison*) strength **12.** (*vigueur: d'un style, terme*) strength; **dans toute la ~ du terme** in the strongest sense of the word **13.** *sans pl* (*électricité*) three-phase current ► **être dans la ~ de l'âge** to be in the prime of life; **avoir une ~ de cheval** *inf* to be as strong as a horse; **c'est une ~ de la nature** she's a force of nature; **être de ~ à faire qc** to be up to doing sth; **à ~, tu vas/il va le renverser** you'll/he'll end up knocking it over; **à ~ de pleurer** by dint of crying; **faire qc avec ~** to do sth with force; **faire qc de ~** to do sth by force; **faire qc par ~** to do sth through force

forcé(**e**) [fɔʀse] *adj* **1.** (*imposé: atterrissage, mariage*) forced; (*bain*) unintended; **travaux ~s** forced labor **2.** (*artificiel: attitude*) affected; (*rire, sourire*) forced; (*amabilité, gaieté*) false **3.** *inf* (*inévitable: conséquence, suite*) inevitable **4.** LIT, ART (*style, trait*) unnatural; (*comparaison, effet*) strained ► **c'était ~!** *inf* bound to happen!

forcément [fɔʀsemɑ̃] *adv* inevitably; **pas ~** not necessarily; **~!** of course!

forcené(**e**) [fɔʀsəne] **I.** *adj* **1.** (*très violent*) frenzied **2.** (*démesuré*) wild; (*partisan*) fanatical **II.** *m(f)* maniac; **être un ~ du vélo** *inf* to be a cycling freak; **être un ~ du boulot** *inf* to be a workaholic

forcer [fɔʀse] <2> **I.** *vt* **1.** (*obliger*) **~ qn à** *+infin* to force sb to *+infin* **2.** (*tordre: sens*) to distort **3.** (*enfoncer: porte, serrure*) to force; (*coffre*) to force open; (*barrage*) to force one's way through; **~ l'entrée de qc** to force one's way into sth **4.** (*susciter: admiration, estime, sympathie, confiance*) to compel; (*attention*) to demand; (*respect*) to command **5.** (*vouloir obtenir plus de qc: cheval*) to override; **~ le moteur** to put a strain on the engine **6.** (*vouloir infléchir: conscience, destin, succès*) to force; (*consentement*) to exact **7.** (*intensifier: voix*) to strain; **~ le pas** to force the pace **8.** (*exagérer: dépense, note*) to push up **II.** *vi* **1.** to force **2.** (*agir avec force*) **~ sur qc** to put force on sth **3.** *inf* (*abuser*) **~ sur les pâtisseries** to overdo the pastries **4.** (*supporter un effort excessif: moteur*) to labor **III.** *vpr* **se ~ à** *+infin* to force oneself to *+infin;* **elle ne se force pas pour le faire** doing it comes naturally to her

forcing [fɔʀsiŋ] *m sans pl* **1.** SPORT pressure **2.** *inf* (*déploiement d'énergie*) sprint; **faire le ~ pour obtenir qc** *inf* to pile on pressure to get sth; **faire qc au ~** to do sth under pressure

forcir [fɔʀsiʀ] <8> *vi* **1.** (*devenir plus fort*) to get stronger **2.** (*grossir*) to fill out

forer [fɔʀe] <1> *vt* **1.** (*former en creusant: trou, puits*) to dig **2.** (*faire un trou dans: roche*) to drill through

forestier, **-ière** [fɔʀɛstje, -jɛʀ] **I.** *adj* forest **II.** *m, f* forester

foret [fɔʀɛ] *m* drill

forêt [fɔʀɛ] *f* **1.** (*bois*) forest **2.** (*grande quantité*) mass

forêt-noire [fɔʀɛnwaʀ] <forêts-noires> *f* (*gâteau*) Black Forest cake

Forêt-Noire [fɔʀɛnwaʀ] *f* GEO **la ~** the Black Forest

forfait [fɔʀfɛ] *m* **1.** (*prix fixé*) set price **2.** FIN estimated tax **3.** SPORT **~ de neige** ski pass ► **déclarer ~** to scratch

forfaitaire [fɔʀfɛtɛʀ] *adj* (*indemnité*) lump; (*montant, prix*) all-inclusive

forge [fɔʀʒ] *f* **1.** (*fourneau*) forge **2.** *pl* (*usine*) ironworks

forger [fɔʀʒe] <2a> **I.** *vt* **1.** (*façonner*) to forge **2.** (*inventer: excuse, prétexte*) to think up **II.** *vpr* **1.** (*se fabriquer*) **se ~ une réputation** to forge oneself a reputation; **se ~ un idéal** to create an ideal for oneself **2.** (*s'inventer*) **se ~ un prétexte** to dream up an excuse

forgeron [fɔʀʒəʀɔ̃] *m* blacksmith

for intérieur [fɔʀɛ̃teʀjœʀ] **dans mon/ton ~** deep down inside

formaliser [fɔʀmalize] <1> **I.** *vpr* **se ~ de qc** to take offense at sth **II.** *vt* to formalize

formalisme [fɔʀmalism] *m péj* formality

formalité [fɔʀmalite] *f* formality; **sans autre ~**

without further ado
format [fɔʀma] *m* format
formatage [fɔʀmataʒ] *m* INFORM formatting
formater [fɔʀmate] <1> *vt* INFORM to format
formateur, -trice [fɔʀmatœʀ, -tʀis] **I.** *adj* training; (*expérience, influence*) formative **II.** *m, f* trainer
formation [fɔʀmasjɔ̃] *f* **1.** LING, GEO, BOT formation **2.** MATH (*d'un cercle, cylindre*) describing **3.** (*action de se former: du monde, des dunes, d'une couche*) formation; (*du capitalisme, d'un embryon, os, système nerveux*) development **4.** (*apprentissage professionnel*) training; ~ **professionnelle** vocational training; ~ **continue** [*o* **permanente**] continuing education **5.** (*éducation morale et intellectuelle*) upbringing; (*du caractère, goût*) forming **6.** (*groupe de personnes*) *a.* MIL, SPORT formation; (*dans le domaine politique*) grouping **7.** (*puberté*) puberty
forme [fɔʀm] *f* **1.** (*aspect extérieur: en deux dimensions*) shape; (*en trois dimensions*) form; **en ~ de croix/de cœur** cross-/heart-shaped; **sous la ~ de qn/qc** in the shape of sb/sth; **sous toutes ses ~s** in all its forms **2.** (*silhouette*) shape **3.** *pl* (*galbe du corps*) figure **4.** (*variante, condition physique, intellectuelle*) *a.* ART, LIT, LING, JUR form **5.** *pl* (*bienséance*) conventions ►**sans autre ~ de procès** without further ado; **en bonne** (**et due**) ~ in due form; (**y**) **mettre les ~s** to show tact; **prendre** ~ (*projet*) to take shape; **faire qc dans les ~s** to do sth in the proper manner
formé(**e**) [fɔʀme] *adj* **1.** (*plante*) mature **2.** *inf* (*adulte*) **adolescente ~e** physically adult adolescent
formel(**le**) [fɔʀmɛl] *adj* **1.** (*explicite: déclaration, engagement*) definite; (*refus, ordre*) clear; (*preuve*) positive; **être ~ sur qc** to be categorical about sth **2.** ART, LING, PHILOS formal **3.** (*de pure forme*) outward
formellement [fɔʀmɛlmɑ̃] *adv* **1.** (*expressément*) categorically **2.** (*concernant la forme*) formally
former [fɔʀme] <1> **I.** *vt* **1.** (*façonner, constituer, produire*) to form **2.** (*créer, organiser: association, parti, coalition*) to form; (*complot*) to organize **3.** (*assembler des éléments: équipes, collection*) to build; (*cortège, armée*) to form **4.** (*concevoir: idée, pensée*) to have; ~ **le projet/dessein de** +*infin* to plan/intend to +*infin;* **nous formons des vœux pour votre réussite** we wish you success **5.** (*instruire: personne*) to train; (*caractère*) to form; ~ **qn** (*voyage, épreuve*) to form sb's character **6.** (*prendre l'aspect, la forme de: cercle*) to describe; (*boucle*) to form **II.** *vpr* **1.** (*naître*) **se ~** (*images*) to form **2.** (*se disposer*) **se ~ en colonne** to draw up in a column **3.** (*s'instruire*) **se ~** to educate oneself
formica® [fɔʀmika] *m* Formica®
formidable [fɔʀmidabl] *adj* **1.** *inf* (*très bien: film, type*) terrific **2.** (*hors du commun: volonté*) remarkable; (*dépense, détonation*) tremendous; **c'est ~!** it's incredible!
formidablement [fɔʀmidabləmɑ̃] *adv* incredibly
formol [fɔʀmɔl] *m* formalin
formulaire [fɔʀmylɛʀ] *m* **1.** (*papier*) form **2.** (*recueil de formules*) formulary
formulation [fɔʀmylasjɔ̃] *f* formulation
formule [fɔʀmyl] *f* **1.** (*en science, chimie*) formula **2.** (*paroles rituelles*) phrase; ~ **de politesse** letter ending **3.** (*choix, possibilité*) option; ~ **à 10 euros** 10-euro menu **4.** (*façon de faire*) method **5.** AUTO, SPORT ~ **I** Formula 1
formuler [fɔʀmyle] <1> *vt* **1.** (*exprimer: pensée*) to formulate; (*demande, requête*) to make **2.** (*mettre en formule*) to formulate
fornication [fɔʀnikasjɔ̃] *f* fornication
forniquer [fɔʀnike] <1> *vi* ~ **avec qn** to fornicate with sb
forsythia [fɔʀsisja] *m* forsythia
fort [fɔʀ] **I.** *adv* **1.** (*intensément: frapper*) hard; (*parler, crier*) loudly; (*sentir*) powerfully; **son cœur battait très ~** his heart was beating very fast; **le vent souffle ~** the wind's blowing hard; **respirez ~!** breathe in deeply! **2.** (*beaucoup*) **avoir ~ à faire** to have much to do; **ça me déplaît ~** I am not pleased about this; **j'en doute ~** I very much doubt it **3.** *antéposé* (*très: intéressant, mécontent*) very **4.** *inf* (*bien*) **toi, ça ne va pas ~** you're in a bad way ►**~ bien!** very well!; **se faire ~ de faire qc** to be confident one can do sth; **y aller un peu/trop ~** *inf* you're going a little/way too far **II.** *m* **1.** (*forteresse*) fort **2.** (*spécialité*) **la cuisine, ce n'est pas mon ~** cooking is not my forte **3.** (*milieu, cœur*) **au plus ~ de l'été** at the height of summer; **au plus ~ de la bataille** in the thick of battle
fort(**e**) [fɔʀ, fɔʀt] **I.** *adj* **1.** (*robuste, puissant*) strong; **~ de sa supériorité** having the strength her superiority gave her; **~ de leur appui** with the strength coming from their support **2.** (*de grande intensité: averse, mer*) heavy; (*lumière, rythme, goût*) strong; (*battement*) loud; (*chaleur*) intense **3.** (*pour les sensations/sentiments*) strong; (*colère, dégoût, douleur, émotion*) deep; (*rhume*) heavy; (*désir, ferveur*) intense; (*fièvre*) high **4.** MUS, LING (*temps*) strong **5.** (*important qualitativement: œuvre, phrase, geste politique*) powerful; (*présomption*) strong; **exprimer son opinion en termes très ~s** to express one's opinion forcefully; **dire qc haut et ~** to say sth out loud **6.** (*important quantitativement: somme, baisse, hausse*) large; (*différence*) great; (*mortalité, consommation de gaz*) high; **il y a de ~es chances pour qu'elle le fasse** (*subj*) there's a strong chance she'll do it; **faire payer le prix ~** to pay full price **7.** (*doué*) good; **être très ~ sur un sujet** to be well up in a subject; **ne pas être très ~ en cuisine** not to be good at cooking; **être très ~ pour critiquer** *iron* to be very good at criticizing

8. (*excessif: plaisanterie*) off; (*terme*) strong; **cette histoire est un peu ~e** this business is a little bit too much **9.** (*gros: chevilles, jambes*) thick; (*personne*) stout; (*poitrine*) large; **être un peu ~ des hanches** to be a little big around the hips **10.** *postposé* (*courageux*) brave; (*âme*) brave ►**c'est plus ~ que moi** I can't help it; **le** [*o* **ce qu'il y a de**] **plus ~, c'est que** *iron* the best of it is that; **c'est trop** [*o* **un peu**] **~!** it's a little bit too much!; **elle est ~e, celle-là!** *inf* that's a good one! **II.** *m(f)* (*personne*) strong person ►**~ en thème** *inf* egghead

fortement [fɔʀtəmɑ̃] *adv* **1.** (*vigoureusement*) strongly; (*secouer*) hard; **s'exprimer ~** to express oneself forcefully **2.** (*vivement*) **insister ~ sur qc** to insist strongly on sth; **je suis ~ attiré par cela** I'm strongly attracted by that **3.** (*beaucoup*) very much; **il est ~ question de qc** there is a lot of talk about sth

forteresse [fɔʀtəʀɛs] *f* fortress

fortiche [fɔʀtiʃ] *adj inf* **1.** (*calé*) **être ~ en math** to be a hotshot in math **2.** (*malin*) **c'est pas ~ d'avoir fait cela** that was not a smart thing to do

fortifiant [fɔʀtifjɑ̃] *m* (*remède*) tonic

fortifiant(e) [fɔʀtifjɑ̃, jɑ̃t] *adj* (*remède*) fortifying; **nourriture ~e** nourishing food

fortification [fɔʀtifikasjɔ̃] *f* fortification

fortifier [fɔʀtifje] <1> **I.** *vt* **1.** (*rendre vigoureux*) *a.* MIL to fortify **2.** (*affermir: volonté, amitié*) to strengthen; **~ qn dans sa conviction** to strengthen sb in their conviction **II.** *vi* (*tonifier*) to fortify **III.** *vpr* **se ~** **1.** (*devenir fort: santé, personne*) to grow stronger **2.** (*s'affermir: amitié, croyance*) to be strengthened **3.** MIL to be fortified

fortin [fɔʀtɛ̃] *m* small fort

fortuit(e) [fɔʀtɥi, it] *adj* fortuitous; (*remarque*) chance; **cas ~** fortuitous case

fortuitement [fɔʀtɥitmɑ̃] *adv* fortuitously

fortune [fɔʀtyn] *f* **1.** (*richesse*) wealth; **avoir de la ~** to be rich; **faire ~** to make a fortune **2.** *inf* (*grosse somme*) fortune **3.** (*magnat*) **les grandes ~s** large private fortunes **4.** (*chance*) luck; **la bonne ~** good luck ►**faire contre mauvaise ~ bon cœur** to smile in the face of adversity; **de ~** makeshift

fortuné(e) [fɔʀtyne] *adj* (*riche*) wealthy

forum [fɔʀɔm] *m* **1.** forum **2.** INFORM newsgroup; **~ de discussion sur Internet** chatroom

fosse [fos] *f* **1.** (*cavité*) *a.* MUS pit **2.** GEO trench **3.** (*tombe, charnier*) grave **4.** ANAT **~s nasales** nasal fossae

fossé [fose] *m* **1.** (*tranchée*) ditch **2.** (*écart*) gap; **~ des générations** generation gap; **un ~ culturel sépare ces deux peuples** the two peoples are divided by a culture gap

fossette [fosɛt] *f* dimple

fossile [fosil] **I.** *adj* **1.** GEO fossil(ized) **2.** *péj, inf* (*démodé*) fossilized **II.** *m inf* GEO *a. fig* fossil

fossilisation [fosilizasjɔ̃] *f* fossilization

fossiliser [fosilize] <1> **I.** *vt* GEO (*rendre fossile*) to fossilize **II.** *vpr* **se ~** **1.** GEO (*devenir fossile*) to fossilize **2.** *fig, inf* (*personne*) to become a fossil; (*idée*) to become fossilized

fossoyeur [foswajœʀ] *m* gravedigger

fou, folle [fu, fɔl] <*devant un nom masculin commençant par une voyelle ou un h muet* fol> **I.** *adj* **1.** (*dément*) crazy, mad; **devenir ~ furieux** to go stark raving mad **2.** (*dérangé*) **être ~ à lier** to be raving mad; **ne pas être ~** *inf* not to be crazy; **devenir ~** to go crazy; **c'est à devenir ~, il y a de quoi devenir ~** it would drive you crazy; **il me rendra ~** he'll be the death of me; **ils sont ~s, ces Romains!** *iron* these guys are nuts! **3.** (*idiot*) **il est/serait ~ de faire ça** he's/he'd be crazy to do that; **il faut être ~ pour faire cela** only a madman would do that **4.** (*insensé: idée, projet, tentative*) crazy; (*imagination, jeunesse, désir, rires*) wild; (*joie*) insane; (*regard*) crazed; **folle audace** audacious folly; **c'est l'amour ~** they're head over heels (in love); **faire des dépenses folles** to spend an incredible amount of money; **passer une folle nuit** to have a wild night; **avoir le ~ rire** to have (a fit of) the giggles [*o* laugh attack]; **les rumeurs les plus folles** the wildest rumors **5.** (*éperdu*) **être ~ de chagrin** to be mad with grief; **être ~ de désir** to be wild with desire; **être ~ de colère** to be blazing with anger **6.** (*amoureux*) **être ~ de qn** to be wild about sb; **être ~ de jazz** to be crazy about jazz **7.** (*énorme, incroyable: courage, énergie, mal*) unbelievable; **un argent ~** an unbelievable amount of money; **il y avait un monde ~** the place was packed **8.** (*exubérant*) **être tout ~** to be beside oneself with excitement; **devenir tout ~** to get madly excited **9.** (*en désordre, incontrôlé: cheveux, mèche*) untidy; **un camion/cheval ~** a runaway truck/horse **II.** *m, f* **1.** (*dément*) madman, madwoman *m, f* **2.** (*écervelé*) **jeune ~** young fool; **vieux ~** crazy old fool; **crier/travailler comme un ~** to yell/work like crazy **3.** (*personne exubérante*) **faire le ~** (*faire, dire des bêtises*) to talk like an idiot; (*se défouler*) to act the fool; **arrête de faire le ~!** stop playing the fool! **4.** JEUX bishop **5.** (*bouffon*) jester ►**s'amuser comme un petit ~** *inf* to have a whale of a time

foudre¹ [fudʀ] *f* METEO lightning

foudre² [fudʀ] *m* (*tonneau*) tun

foudroyant(e) [fudʀwajɑ̃, jɑ̃t] *adj* **1.** (*soudain: mort*) instant; (*succès*) overnight; (*vitesse, progrès, attaque*) lightning; (*nouvelle*) devastating **2.** (*mortel: maladie, poison*) devastating **3.** (*réprobateur*) **jeter un regard ~ sur qn** to look daggers at sb

foudroyer [fudʀwaje] <6> *vt* **1.** (*frapper par la foudre*) **être foudroyé** to be struck by lightning **2.** (*électrocuter*) **être foudroyé** to be electrocuted **3.** (*tuer*) to strike down; **la maladie l'a foudroyé** illness struck him down

F

4. (*abattre, rendre stupéfait*) ~ **qn** (*malheur*) to devastate sb; (*surprise*) to knock sb flat
fouet [fwɛ] *m* **1.** (*verge*) whip **2.** CULIN whisk **3.** (*châtiment*) **donner le ~ à qn** to whip sb ▶ **de plein ~** head-on
fouetter [fwete] <1> **I.** *vt* **1.** (*frapper: personne, animal*) to whip; **la pluie fouette les vitres** the rain is lashing the windows; **le vent me fouette au visage** the wind is whipping my face **2.** CULIN (*blanc d'œufs*) to whisk; (*crème*) to whip **3.** (*stimuler: amour-propre, orgueil*) to sting; (*désir*) to whip up; (*imagination*) to stir; **~ le sang** to warm up the blood **II.** *vi* (*frapper*) **la pluie fouette contre les vitres** the rain is lashing the windows
foufou, fofolle [fufu, fɔfɔl] *adj inf* **être un peu ~** (*personne*) to be a bit scatterbrained; (*chien*) to be a bit excited
fougère [fuʒɛʀ] *f* BOT fern
fougue [fug] *f* ardor
fougueux, -euse [fugø, -øz] *adj* (*réponse, intervention, attaque, cheval*) spirited; (*tempérament, personne, orateur, discours*) fiery
fouille [fuj] *f* **1.** (*inspection*) search; **~ corporelle** body search **2.** *pl* (*en archéologie*) dig **3.** (*excavation*) excavation
fouillé(e) [fuje] *adj* (*commentaire, étude*) detailed; (*travail*) painstaking
fouille-merde [fujmɛʀd] <fouille-merdes> *mf inf* muckraker
fouiller [fuje] <1> **I.** *vt* **1.** (*inspecter: lieu, poches*) to search; (*horizon*) to scan; (*dossier*) to examine; **~ un problème** to go into a problem; **~ la vie de qn** to delve into sb's life; **~ l'obscurité des yeux** to peer into the darkness; **il fouilla la pièce des yeux** [*o* **du regard**] his eyes scoured the room **2.** (*creuser*) **~ qc** (*animal*) to dig sth; (*archéologue*) to excavate sth **II.** *vi* **1.** (*inspecter*) **~ dans qc** to look through sth; **~ dans ses souvenirs** to dig among one's memories **2.** (*creuser*) to dig **III.** *vpr* **se ~** to go through one's pockets
fouillis [fuji] *m* muddle; **~ de lianes** a mass of tangled creepers; **le texte fait vraiment ~** the text is a real muddle
fouine [fwin] *f* ZOOL stone marten ▶ **c'est une vraie ~** he's a real busybody
fouiner [fwine] <1> *vi inf* to snoop around; **il est sans cesse à ~ partout** he's always nosing around all over the place
fouineur, -euse [fwinœʀ, -øz] *m, f* busybody
foulard [fulaʀ] *m* **1.** (*fichu*) (head)scarf **2.** (*écharpe*) scarf **3.** (*tissu*) foulard
foule [ful] *f* **1.** (*multitude de personnes*) crowd; **il y a/n'y a pas ~** there are lots of/not a lot of people; **ce n'était pas la grande ~ aux guichets** people weren't thronging the box office **2.** (*grand nombre*) **une ~ de gens/questions** masses of people/questions **3.** (*peuple*) **la ~** the mob
foulée [fule] *f* SPORT stride; **à grandes/petites ~s** taking big/small strides; **allonger la ~** to take bigger strides; **rester dans la ~ de qn** to stay on sb's heels ▶ **dans la ~ de qc** in the wake of sth; **je lui ai téléphoné dans la ~** I called him while I was at it
fouler [fule] <1> **I.** *vt* (*écraser: raisin*) to tread; TECH (*cuir, peau*) to tan **II.** *vpr* **1.** (*se tordre*) **se ~ la cheville** to sprain one's ankle **2.** *iron, inf* (*se fatiguer*) **se ~** to kill oneself
foulure [fulyʀ] *f* MED sprain
four [fuʀ] *m* **1.** CULIN oven; **~ (à) micro-ondes** microwave (oven); **ce plat ne va pas au ~** this dish isn't ovenproof **2.** TECH furnace; (*pour la poterie*) kiln; **~ électrique** electric furnace **3.** *inf* (*échec*) flop ▶ **il fait noir comme dans un ~** it's as dark as night
fourbe [fuʀb] *adj* deceitful; (*gentillesse*) guileful
fourberie [fuʀbəʀi] *f* guile
fourbi [fuʀbi] *m inf* **1.** (*attirail*) kit **2.** (*truc*) whatsit
fourbu(e) [fuʀby] *adj* exhausted
fourche [fuʀʃ] *f* **1.** (*outil, de bicyclette, branchement*) fork **2.** COUT (*d'un pantalon*) crotch **3.** *Belgique* (*temps libre d'une ou deux heures dans un horaire de cours*) break
fourcher [fuʀʃe] <1> *vi* (*cheveux*) to split; **(c'est) ma langue (qui) a fourché** it was a slip of the tongue
fourchette [fuʀʃɛt] *f* **1.** CULIN fork **2.** (*marge*) range; **se situer dans une ~ de 41 à 47%** to lie in the 41 to 47% range ▶ **être une solide ~** to be a good eater
fourchu(e) [fuʀʃy] *adj* (*branche*) forked; **cheveux ~s** split ends
fourgon [fuʀgɔ̃] *m* **1.** CHEMDFER coach; **~ à bagages** baggage car **2.** (*voiture*) van; MIL wagon; **~ de police** police van; **~ blindé** armored car; **~ funéraire** hearse
fourgonnette [fuʀgɔnɛt] *f* van
fourguer [fuʀge] <1> *vt inf* **1.** (*vendre*) **~ qc à qn** to unload sth onto sb **2.** (*refiler*) **~ qc à qn** to palm off sth onto sb
fourme [fuʀm] *f* fourme (*type of soft cheese from central France*)
fourmi [fuʀmi] *f* **1.** ZOOL ant **2.** (*symbole d'activité*) busy bee ▶ **avoir des ~s dans les jambes** to have pins and needles in one's legs
fourmilier [fuʀmilje] *m* ZOOL anteater
fourmilière [fuʀmiljɛʀ] *f* **1.** ZOOL anthill **2.** (*foule grouillante*) hive of activity
fourmillement [fuʀmijmɑ̃] *m* **1.** (*agitation*) swarming **2.** (*foisonnement*) teeming **3.** (*picotement*) tingling; **j'ai des ~s dans les bras** I've got pins and needles in my arms
fourmiller [fuʀmije] <1> *vi* **1.** (*abonder*) **les moustiques/fautes fourmillent** it's swarming with mosquitoes/mistakes; **la forêt fourmille de champignons** the forest is teeming with mushrooms; **elle fourmille de projets** she has dozens of plans on the go **2.** (*picoter*) **j'ai les pieds qui (me) fourmillent** I've got pins and needles in my feet
fournaise [fuʀnɛz] *f* **1.** (*foyer ardent*) blaze **2.** (*lieu surchauffé*) **c'est une ~ ici** it's like an

oven in here **3.** (*lieu de combat*) battleground **4.** *Québec* (*appareil de chauffage central*) boiler

fourneau [fuʀno] <x> *m* **1.** (*cuisinière*) stove; **~ à charbon** coal-burning stove **2.** (*chaufferie*) furnace; **haut ~** blast furnace

fournée [fuʀne] *f* **~ de pains** batch of loaves; **~ de touristes** bunch of tourists; **par ~s** in bunches

fourni(e) [fuʀni] *adj* **1.** (*épais: chevelure, cheveux*) lush; (*barbe, sourcils*) bushy **2.** (*approvisionné*) stocked; **être bien ~** (*magasin*) to be well-stocked; (*table*) to be well-supplied; **sa garde-robe est bien ~e** she has a well-stocked wardrobe

fournil [fuʀni] *m* bakery

fournir [fuʀniʀ] <8> **I.** *vt* **1.** (*approvisionner*) **~ un client/un commerce en qc** to supply a customer/a business with sth **2.** (*procurer*) **~ qc à des réfugiés** to provide refugees with sth; **~ un logement/travail à qn** to find sb a place to live/a job; **~ un prétexte à qn** to give sb an excuse; **~ un renseignement à qn** to provide sb with some information; **~ l'occasion à qn** to provide sb with the opportunity; **~ le vivre et le couvert à qn** to provide money and food for sb; **~ des précisions** to give details **3.** (*présenter: alibi, preuve*) to provide; (*autorisation*) to give; (*pièce d'identité*) to produce **4.** (*produire*) to produce; **la centrale fournit de l'énergie** the power station produces energy; **les abeilles fournissent du miel** bees produce honey; **~ un gros effort** to put in a lot of effort; **ce vignoble fournit un vin renommé** this vineyard produces a famous wine **II.** *vi* (*subvenir à*) **le magasin n'arrivait plus à ~** the store couldn't cope **III.** *vpr* **se ~ en charbon chez qn** to get one's coal from sb

fournisseur [fuʀnisœʀ] *m* INFORM provider; **~ d'accès Internet** Internet service provider

fournisseur, -euse [fuʀnisœʀ, -øz] **I.** *m, f* supplier **II.** *adj* **les pays ~s de l'Espagne** countries supplying Spain

fourniture [fuʀnityʀ] *f* **1.** (*livraison*) supply; **~ de documents** supply of documents **2.** *pl* (*accessoires*) supplies

fourrage [fuʀaʒ] *m* fodder

fourrager, -ère [fuʀaʒe, -ɛʀ] *adj* fodder

fourré [fuʀe] *m* thicket

fourré(e) [fuʀe] *adj* **1.** (*doublé de fourrure: gants, manteau*) fur-lined **2.** CULIN (*bonbons, gâteau*) filled

fourre [fuʀ] *f Suisse* (*taie d'oreiller, édredon*) eiderdown

fourreau [fuʀo] <x> *m* **1.** (*gaine: d'une épée*) sheath; (*d'un parapluie*) cover **2.** (*robe moulante*) sheath

fourrer [fuʀe] <1> **I.** *vt* **1.** *inf* (*mettre*) **~ qc dans qc** to put sth in sth; **qui a bien pu lui ~ cette idée dans la tête?** who could have put that idea in his head? **2.** (*garnir*) **~ qc avec du lapin** to trim sth with rabbit fur **3.** CULIN **~ qc au chocolat** to put a chocolate filling in sth **II.** *vpr inf* (*se mettre*) **se ~ sous les couvertures** to dive under the covers; **se ~ les doigts dans le nez** to pick one's nose; **être tout le temps fourré au café** to be always down at the café; **quelle idée s'est-il fourré dans la tête?** what's this idea he's got into his head? ►**ne plus savoir où se ~** not to know where to put oneself; **s'en ~ jusque-là** to stuff oneself

fourre-tout [fuʀtu] *m inv* **1.** *péj* (*local*) junk room **2.** (*sac*) carryall

fourreur, -euse [fuʀœʀ, -øz] *m, f* furrier

fourrière [fuʀjɛʀ] *f* (*pour voitures, animaux*) pound; **tu vas retrouver ta voiture à la ~!** you're going to find your car's been towed away!

fourrure [fuʀyʀ] *f* fur

fourvoyer [fuʀvwaje] *vpr soutenu* **se ~** to make a (serious) mistake

foutaise [futɛz] *f inf* **1.** (*chose sans valeur*) bit of garbage **2.** (*futilité*) bull; **quelle ~!** what a load of bull!

foutoir [futwaʀ] *m péj, vulg* dump

foutre [futʀ] <14> **I.** *vt inf* **1.** (*faire*) **ne rien ~** to do not a damn thing; **qu'est-ce que tu fous?** what the hell are you doing? **2.** (*donner*) **~ une baffe à qn** to give sb a smack; **fous-moi la paix!** get lost!; **ce temps de cochon me fout le cafard** this lousy weather is getting me down **3.** (*mettre*) **~ qc dans sa poche** to shove sth in one's pocket; **~ qc par terre** (*par accident*) to send sth flying; (*exprès*) to sling sth on the ground; **son arrivée a tout foutu par terre** it loused everything up when he arrived ►**je n'en ai rien à ~!** I couldn't give a damn!; **~ bas** *Suisse* (*jeter* (*avec violence*)) to chuck away; **~ qn dedans** to mix sb up; **ça la fout mal** it doesn't look good; **qu'est-ce que ça peut me/te ~?** what the hell does that have to do with me/you?; **je t'en fous!** no chance!; **je t'en foutrais des ordinateurs!** don't you talk to me about computers! **II.** *vpr inf* **1.** (*se mettre*) **se ~ un coup de marteau sur les doigts** to hit one's fingers with a hammer; **foutez-vous par terre!** hit the deck!; **fous-toi ça dans le crâne!** get that into your thick head! **2.** (*se moquer*) **se ~ de qn** to mock sb; **il se fout de notre gueule!** he's taking us for damn idiots! **3.** (*se désintéresser*) **se ~ de qn/qc** not to give a damn about sb/sth; **ton beau-frère, je m'en fous** I couldn't give a damn about your brother-in-law; **il se fout que tu aies fait ça** he couldn't give a damn about you doing that ►**va te faire ~!** (*va te faire voir*) go screw yourself!; (*rien à faire*) no way!; **se ~ dedans** to screw up; **s'en ~ jusque-là** to stuff oneself

foutrement [futʀəmɑ̃] *adv inf* goddamn

foutu(e) [futy] **I.** *part passé de* **foutre II.** *adj inf* **1.** (*perdu: chose*) bust; **être ~** (*chose*) to be bust; (*personne*) to have had it; (*malade*) to be a goner **2.** *antéposé* (*maudit*) damned

3. (*vêtu*) **comment es-tu encore ~ ce matin?** what on earth are you wearing this morning? 4. (*capable*) **être/ne pas être ~ de faire qc** to be capable of/not up to doing sth ▶ **être bien/mal ~** (*personne*) to have a good/lousy body; (*travail, appareil*) to be a good/lousy job; **être mal ~** to feel lousy; **~ pour ~** the mess things are in

fox-trot [fɔkstʀɔt] *m inv* foxtrot

foyer [fwaje] *m* 1. (*famille*) family; (*maison*) home; **~ paternel** paternal home; **les jeunes ~s** young families; **fonder un ~** to start a family; **retrouver un ~** to find a new home 2. (*résidence*) hostel; **~ d'urgence** emergency hostel 3. (*salle de réunion*) hall 4. THEAT foyer 5. (*âtre*) hearth 6. (*cheminée*) fireplace 7. (*centre: d'une civilisation*) center; **~ lumineux** light source; **le ~ de la crise/de l'épidémie** the epicenter of the crisis/the epidemic; **ce quartier est un ~ de voyous** this district is a magnet for thugs 8. (*incendie*) heart 9. (*chambre de combustion*) firebox 10. (*en optique*) MATH, PHYS focus ▶ **renvoyer un soldat dans ses ~s** to demobilize a soldier

frac [fʀak] *m* tailcoat

fracas [fʀaka] *m* (*bruit de choses qui se heurtent*) crash; (*bruit sourd*) roar; **~ du tonnerre** crash of thunder; **~ de la ville** roar of the city; **à grand ~** making a great stir

fracasser [fʀakase] <1> *vt, vpr* (**se**) **~** to smash

fraction [fʀaksjɔ̃] *f* 1. MATH, REL fraction 2. (*partie d'un tout: d'un groupe, d'une somme*) part; **une ~ de seconde** a fraction of a second

fractionnaire [fʀaksjɔnɛʀ] *adj* fractional

fractionnel(le) [fʀaksjɔnɛl] *adj* divisive

fractionnement [fʀaksjɔnmɑ̃] *m* CHIM fractionation; (*d'un patrimoine, paiement*) division

fractionner [fʀaksjɔne] <1> I. *vt* 1. (*diviser*) to divide up 2. (*partager*) to share out; **~ le/un paiement** to divide up the/a payment 3. CHIM to fractionate II. *vpr* **se ~ en plusieurs groupes** to divide up into (several) groups

fractionniste [fʀaksjɔnist] I. *adj* wrecking II. *mf* wrecker

fracture [fʀaktyʀ] *f* 1. MED fracture; **se faire une ~ du poignet** to fracture one's wrist 2. *fig* **~ sociale** social breakdown

fracturer [fʀaktyʀe] <1> I. *vt* 1. (*briser: porte, voiture*) to break open 2. MED to fracture II. *vpr* MED **se ~ le bras** to fracture one's arm

fragile [fʀaʒil] *adj* 1. (*cassant*) fragile 2. (*délicat, faible: personne, santé, organisme*) delicate; (*estomac, cœur*) weak; **être ~ du cœur/des poumons** to have a weak heart/chest 3. (*précaire: paix, bonheur, gloire*) fragile; (*argument, preuve, hypothèse*) flimsy; (*équilibre, économie*) shaky 4. (*peu solide: bâtiment*) flimsy

fragilisé(e) [fʀaʒilize] *adj* (*santé*) weakened

fragiliser [fʀaʒilize] <1> *vt* to weaken; (*au niveau psychologique*) to destabilize

fragilité [fʀaʒilite] *f* 1. (*facilité à se casser*) fragility 2. (*faiblesse*) weakness; **être d'une grande ~ morale** to be weak psychologically 3. (*précarité: des arguments, d'une hypothèse, d'une preuve*) flimsiness; (*d'un équilibre, d'une économie*) instability; (*de la paix*) fragility

fragment [fʀagmɑ̃] *m* 1. (*débris*) bit 2. (*extrait d'une œuvre*) extract 3. (*œuvre incomplète*) fragment 4. (*partie: d'une vie*) episode

fragmentaire [fʀagmɑ̃tɛʀ] *adj* (*connaissance, exposé*) sketchy; (*effort, travail*) patchy

fragmentation [fʀagmɑ̃tasjɔ̃] *f* BIO, GEO fragmentation; (*d'un pays*) breaking up; (*d'un problème*) breaking down

fragmenter [fʀagmɑ̃te] <1> I. *vt* **~ qc en qc** to split sth up into sth; **~ son travail** to break up one's work II. *vpr* **se ~** to fragment

fraîche [fʀɛʃ] I. *adj v.* **frais** II. *f* **à la ~** (*le matin*) in the cool of the early morning; (*le soir*) in the cool of the evening

fraîchement [fʀɛʃmɑ̃] *adv* (*récemment: cueilli, labouré*) freshly; (*arrivé*) newly

fraîcheur [fʀɛʃœʀ] *f* 1. (*sensation agréable*) coolness; (*sensation désagréable*) chilliness; **chercher la ~** to look for somewhere cool 2. (*froideur: d'un accueil*) coolness 3. (*éclat: d'une fleur, couleur, d'un teint*) freshness; (*d'une robe*) crispness; (*d'un livre*) originality 4. (*bonne forme*) vitality; (*d'une équipe*) freshness 5. (*qualité d'une production récente: d'un produit alimentaire*) freshness 6. (*pureté, vivacité: d'un sentiment*) freshness; (*d'une idée*) originality

fraîchir [fʀeʃiʀ] <8> *vi* (*air, temps*) to turn cool; (*eau*) to cool; (*vent*) to freshen

frais[1] [fʀɛ] *mpl* 1. costs; **~ de scolarité** tuition; **faux ~** overheads; **tous ~ compris** all inclusive 2. COM, ECON **~ d'entretien** upkeep ▶ **arrêter les ~** *inf* to stop messing around; **en être pour ses ~** to be out of pocket; **faire des ~** to spend money

frais[2] [fʀɛ] *m* (*fraîcheur*) cool; **mettre au ~** (*bouteille*) to chill; **à conserver au ~** keep cool; **être au ~** (*chose*) to be on ice

frais, fraîche [fʀɛ, fʀɛʃ] *adj* 1. (*légèrement froid: endroit, eau, vent*) cool; **servir qc très ~** to serve sth chilled 2. (*opp: avarié, sec, en conserve*) fresh; (*œuf*) fresh-laid 3. (*peu cordial*) cool 4. (*agréable: fleur, teint, couleur, parfum*) fresh; (*son, voix*) bright 5. (*en forme: personne*) lively; (*reposé, sain*) refreshed; **être ~ et dispos** to be fresh as a daisy 6. (*récent: peinture*) wet; (*blessure, souvenir*) fresh; **l'encre est encore fraîche** the ink is not yet dry; **une nouvelle toute fraîche** a piece of fresh news; **des nouvelles fraîches** some fresh news 7. *iron, inf* (*dans une sale situation*) **eh bien, nous voilà ~!** well, we're in a fine mess! 8. (*pur: âme, joie*) pure; (*sentiment*) untainted

fraise [fʀɛz] I. *f* 1. (*fruit*) strawberry; **confiture de ~(s)** strawberry jam; **à la ~** strawberry 2. (*collerette*) ruff 3. (*chez le dentiste*) drill 4. *inf* (*figure*) mug; **ramener sa ~** *inf* to horn

in **II.** *adj inv* strawberry
fraisier [fʀezje] *m* strawberry plant
framboise [fʀɑ̃bwaz] *f* **1.** (*fruit*) raspberry **2.** (*eau-de-vie*) raspberry liqueur
framboisier [fʀɑ̃bwazje] *m* raspberry bush
franc [fʀɑ̃] *m* **1.** HIST (*monnaie*) franc; ~ **français/belge** French/Belgian franc **2.** (*monnaie*) ~ **suisse** Swiss franc
franc(he) [fʀɑ̃, ɑ̃ʃ] *adj* **1.** (*loyal, sincère: personne, contact*) straightforward; (*rire, gaieté*) open; (*regard*) candid; **pour être** ~ to be frank; **être ~ avec qn** to be frank with sb **2.** (*net: couleur*) strong; (*hostilité*) open; (*situation*) clear-cut; **un oui ~ et massif** a clear and overwhelming yes; **aimer les situations franches** to like clear situations **3.** *antéposé* (*véritable*) utter; (*succès*) complete **4.** (*libre*) free; **port** ~ free port
franc, franque [fʀɑ̃, fʀɑ̃k] *adj* Frankish; **la langue franque** the Frankish language; **les rois ~s** the Frankish kings
Franc, Franque [fʀɑ̃, fʀɑ̃k] *m, f* Frank
français [fʀɑ̃sɛ] *m* **1. le** ~ French; **le ~ familier/standard** everyday/standard French; **parler (le)** ~ to speak French; **écrire en** ~ to write in French; **traduire en** ~ to translate into French **2.** THEAT **le Français** the Comédie française ► **en bon** ~ *iron* in language anyone could understand; **tu ne comprends pas/vous ne comprenez pas le ~?** *inf* don't you understand plain English?; **je parle (le) ~ pourtant** I'm not speaking Chinese, am I?
français(e) [fʀɑ̃sɛ, ɛz] *adj* French
Français(e) [fʀɑ̃sɛ, ɛz] *m(f)* Frenchman, Frenchwoman *m, f;* **les** ~ the French
française [fʀɑ̃sɛz] *f* **à la** ~ in the French style
France [fʀɑ̃s] *f* **la** ~ France ► **de ~ et de Navarre** *iron* in the whole damn country; **être assez/très vieille** ~ (*dans ses attitudes*) to be very prim and proper; (*dans ses vêtements*) to have an old-fashioned elegance
Franche-Comté [fʀɑ̃ʃkɔ̃te] *f* **la** ~ Franche-Comté
franchement [fʀɑ̃ʃmɑ̃] *adv* **1.** (*sincèrement*) frankly **2.** (*sans hésiter*) **entrer ~ dans le sujet** to get straight to the point **3.** (*clairement*) plainly **4.** (*vraiment*) really ► **~!** really!; (*refus indigné*) come off it!
franchir [fʀɑ̃ʃiʀ] <8> *vt* **1.** (*passer par-dessus*) ~ **un fossé** to step over a ditch; ~ **un obstacle** to clear an obstacle; ~ **un ruisseau** (*personne, animal, pont*) to cross a stream; (*d'un bond*) to jump across a stream; ~ **la voie** to cross the line; ~ **des pas décisifs** to take decisive steps **2.** (*aller au-delà*) to cross; (*barrage*) to get past; (*seuil*) to step across; (*limite*) to go beyond; ~ **la ligne d'arrivée** to cross the finishing line; **ta renommée a franchi les frontières** your fame precedes you **3.** (*surmonter: examen, épreuve*) to get through; (*difficulté*) to get over; **la réforme a franchi le premier obstacle** the reform has cleared the first hurdle **4.** (*parcourir, traverser: col*) to go across; **sa gloire a franchi les siècles** her glory has lasted down the centuries; **une étape importante vient d'être franchie** an important stage has been achieved
franchise [fʀɑ̃ʃiz] *f* **1.** (*sincérité: d'une personne*) frankness; (*d'un regard*) openness; **en toute** ~ in all honesty **2.** (*des assurances*) excess **3.** (*exonération*) allowance; ~ **de bagages** baggage allowance; **en** ~ duty-free **4.** (*montant*) tax allowance **5.** COM franchise
franchissable [fʀɑ̃ʃisabl] *adj* (*obstacle*) clearable; **la limite est** ~ the limit can be exceeded; **la rivière est** ~ the river can be crossed
franchissement [fʀɑ̃ʃismɑ̃] *m* **1.** (*saut: de la barre*) clearing **2.** (*traversée: d'une frontière, rivière*) crossing
francilien(ne) [fʀɑ̃siljɛ̃, ɛn] *adj* of the Île-de-France
Francilien(ne) [fʀɑ̃siljɛ̃, ɛn] *m(f)* person from the Île-de-France
franciscain(e) [fʀɑ̃siskɛ̃, ɛn] **I.** *adj* Franciscan **II.** *m(f)* Franciscan
franciser [fʀɑ̃size] <1> *vt* ~ **un mot** to turn into a French word
franc-maçon(ne) [fʀɑ̃masɔ̃, ɔn] <francs-maçons> *m(f)* Freemason
franc-maçonnerie [fʀɑ̃masɔnʀi] <franc-maçonneries> *f* **1.** (*société secrète*) Freemasonry **2.** (*camaraderie*) freemasonry
franco [fʀɑ̃ko] *adv* **1.** COM postage paid **2.** *inf* (*carrément*) **y aller** ~ to get right on with it
franco-allemand(e) [fʀɑ̃koalmɑ̃, ɑ̃d] <franco-allemands> *adj* Franco-German
francophile [fʀɑ̃kɔfil] **I.** *adj* Francophile **II.** *mf* Francophile
francophobe [fʀɑ̃kɔfɔb] **I.** *adj* Francophobic **II.** *mf* Francophobe
francophone [fʀɑ̃kɔfɔn] **I.** *adj* (*pays, région*) francophone; (*personne*) French-speaking; **être** ~ to be a French speaker **II.** *mf* French-speaker
francophonie [fʀɑ̃kɔfɔni] *f* **la** ~ the French-speaking world

> i **Francophonie** is the whole of the French-speaking world. This includes countries in Africa, America, Asia, and Europe. There are regular summits between these francophone countries, where duties and the spread of the French language are discussed.

franc-parler [fʀɑ̃paʀle] <francs-parlers> *m* forthrightness; **avoir son** ~ to be outspoken
franc-tireur [fʀɑ̃tiʀœʀ] <francs-tireurs> *m* **1.** MIL irregular **2.** *fig* maverick; **en** ~ off one's own bat
frange [fʀɑ̃ʒ] *f* fringe
frangin(e) [fʀɑ̃ʒɛ̃, ʒin] *m(f)* *inf* brother
frangipane [fʀɑ̃ʒipan] *f* frangipane
franglais [fʀɑ̃glɛ] *m* Franglais
franque [fʀɑ̃k] *adj v.* **franc**
franquette [fʀɑ̃kɛt] **à la bonne** ~ *inf* simply

franquisme [fʀɑ̃kism] *m* Francoism

franquiste [fʀɑ̃kist] **I.** *adj* pro-Franco; **l'Espagne** ~ Franco's Spain **II.** *mf* Franco supporter

frappant(e) [fʀapɑ̃, ɑ̃t] *adj* striking

frappe [fʀap] *f* **1.** TECH (*d'une monnaie*) minting **2.** (*façon de frapper: d'une dactylo, pianiste*) touch; (*d'un boxeur*) punch; (*d'un footballeur*) kick **3.** (*exemplaire dactylographié*) typescript; **être à la** ~ to be being typed

frappé(e) [fʀape] *adj* **1.** (*saisi*) ~ **de stupeur** thunderstruck; ~ **de panique** panic-stricken **2.** (*refroidi*) chilled; **café** ~ iced coffee **3.** *inf* (*fou*) screwy

frapper [fʀape] <1> **I.** *vt* **1.** (*heurter, cogner*) ~ **qn au visage** to hit sb in the face; **la pierre l'a frappé à la tête** the stone hit him on the head; **la pluie frappe les vitres** the rain is pounding the windows **2.** (*avec un couteau*) to stab **3.** (*saisir*) ~ **qn d'horreur** to fill sb with horror; ~ **qn de stupeur** to leave sb thunderstruck **4.** (*affliger*) ~ **qn** (*maladie, malheur*) to strike sb; (*mesure, impôt*) to affect sb; (*sanction*) to hit sb; **cette nouvelle tragique l'a beaucoup frappée** this tragic news hit him hard; **être frappé d'amnésie** to be affected by amnesia **5.** (*étonner*) to strike; (*imagination*) to fire; **être frappé de la ressemblance** to be struck by the resemblance **6.** TECH (*médaille*) to strike; (*monnaie*) to mint **7.** (*glacer: champagne*) to chill; (*café*) to ice **II.** *vi* **1.** (*donner des coups*) to knock; ~ **à la porte** to knock on the door **2.** (*taper*) ~ **dans ses mains** to clap one's hands; ~ **du poing sur la table** to hit the table with one's fist **III.** *vpr* (*se donner des coups*) **se** ~ **le front** to slap one's forehead; **se** ~ **la poitrine** to beat one's chest

frasque [fʀask] *f* (*bêtise*) prank; ~**s de jeunesse** youthful mischief

fraternel(le) [fʀatɛʀnɛl] *adj* **1.** (*de frère: amour*) brotherly **2.** (*de sœur: amour*) sisterly **3.** (*affectueux*) fraternal

fraternellement [fʀatɛʀnɛlmɑ̃] *adv iron* fraternally; **s'aimer** ~ to love each other like brothers

fraternisation [fʀatɛʀnizasjɔ̃] *f* fraternization

fraterniser [fʀatɛʀnize] <1> *vi* **1.** to fraternize **2.** (*sympathiser*) to get along

fraternité [fʀatɛʀnite] *f* brotherhood; **la** ~ **humaine** the brotherhood of man; ~ **d'armes** the brotherhood of arms; ~ **d'esprit** kinship of spirit

fratricide [fʀatʀisid] **I.** *adj* fratricidal **II.** *m* (*meurtre*) fratricide **III.** *mf* (*personne*) fratricide

fraude [fʀod] *f* **1.** fraud; ~ **douanière** customs fraud; ~ **fiscale** tax evasion; ~ **sur les vins** adulteration of wine **2.** (*aux examens*) cheating ▶**en** ~ (*illégalement*) fraudulently; (*en secret*) in secret, on the quiet; **fumer en** ~ to smoke in secret; **passer des marchandises à la frontière en** ~ to smuggle in goods

frauder [fʀode] <1> **I.** *vt* (*tromper*) to defraud; ~ **le fisc** [*o* **les impôts**] to cheat the taxman; ~ **la douane** to defraud customs **II.** *vi* (*tricher*) ~ **à un examen** to cheat on an exam; ~ **sur le poids des denrées** to give short weight

fraudeur, -euse [fʀodœʀ, -øz] *m, f* **1.** (*escroc*) crook **2.** (*à la frontière*) smuggler **3.** (*aux examens*) cheat(er)

frauduleusement [fʀodyløzmɑ̃] *adv* fraudulently

frauduleux, -euse [fʀodylø, -øz] *adj* (*concurrence, moyen, dossier, trafic*) fraudulent; (*banquier*) dishonest

frayer [fʀeje] <7> **I.** *vt* (*ouvrir*) ~ **à qn un passage dans la foule** to clear a way through the crowd for sb; ~ **la voie au progrès** to make way for progress **II.** *vi* **1.** ZOOL (*se reproduire*) to spawn **2.** (*fréquenter*) ~ **avec qn** to associate with sb **III.** *vpr* **se** ~ **un passage/une voie/un chemin** to get through; *fig* to make one's way

frayeur [fʀɛjœʀ] *f* fright

freak [fʀik] *m* bum

fredaine [fʀədɛn] *f* prank

fredonner [fʀədɔne] <1> *vt* to hum

free-lance [fʀilɑ̃s] <free-lances> **I.** *mf* freelance(r); **travailler en** ~ to work freelance **II.** *adj inv* (*journaliste, styliste*) freelance

free-party [fʀipaʀti] <free-parties> *f* free party

freesia [fʀezja] *m* freesia

freezer [fʀizœʀ] *m* freezer

frégate [fʀegat] *f* (*bateau*) frigate

frein [fʀɛ̃] *m* **1.** (*dispositif*) brake **2.** (*entrave, limite*) **être/mettre un** ~ **à qc** to be/put a curb on sth; **sans** ~ unchecked ▶**ronger son** ~ to champ at the bit

freinage [fʀɛnaʒ] *m* **1.** (*action*) braking **2.** (*ralentissement: de la hausse des prix*) curbing

freiner [fʀene] <1> **I.** *vi* to brake **II.** *vt* **1.** (*ralentir, entraver*) to slow down **2.** (*modérer: personne, ambitions*) to curb; (*hausse des prix, offre*) to check; (*production*) to slow down; ~ **le succès de qn** to put a damper on sb's success **III.** *vpr inf* (*se modérer*) **se** ~ to restrain oneself

frelaté(e) [fʀəlate] *adj* (*alcool, vin*) adulterated

frelater [fʀəlate] <1> *vt* to adulterate

frêle [fʀɛl] *adj* (*personne, corps, tige*) frail; (*bateau*) fragile; (*silhouette*) slim

frelon [fʀəlɔ̃] *m* ZOOL hornet

freluquet [fʀəlykɛ] *m* whippersnapper

frémir [fʀemiʀ] <8> *vi* **1.** *soutenu* (*frissonner*) ~ **d'impatience/de colère** to seethe with impatience/anger; ~ **d'horreur** to shudder with horror; ~ **tout entier** to shiver all over; **faire** ~ **qn** (*récit, criminel*) to make sb shudder **2.** (*s'agiter légèrement: feuillage*) to tremble; (*ailes*) to quiver **3.** (*être sur le point de bouillir: eau*) to shiver

frémissant(e) [fʀemisɑ̃, ɑ̃t] *adj* (*voix*) trembling; (*eau*) simmering; **être** ~ **de colère/désir** to be seething with anger/desire

frémissement [fʀemismɑ̃] *m* **1.** *soutenu* (*fris-

son d'émotion: des lèvres) tremble; (*du corps, d'une personne*) shiver; **~ d'horreur** shudder; **~ de fièvre** feverish tremble **2.** (*mouvement léger: d'une corde, des ailes*) vibration; (*de l'eau*) ripple; (*du feuillage*) trembling **3.** (*murmure: des feuilles*) rustling **4.** ECON, POL slight upturn

french cancan [fʀɛnʃkɑ̃kɑ̃] <french cancans> *m* cancan

frêne [fʀɛn] *m* BOT ash

frénésie [fʀenezi] *f* frenzy; **~ de consommation** frenzied consumption; **avec ~** wildly

frénétique [fʀenetik] *adj* **1.** (*passionné: sentiment, personne*) frenzied; (*enthousiasme*) wild **2.** (*au rythme déchaîné*) frenetic; (*applaudissements*) wild; (*personne*) frenzied

frénétiquement [fʀenetikmɑ̃] *adv* wildly

fréon® [fʀeɔ̃] *m* Freon®

fréquemment [fʀekamɑ̃] *adv* frequently

fréquence [fʀekɑ̃s] *f* **1.** frequency **2.** INFORM **~ de rafraîchissement d'image** screen refresh rate

fréquent(e) [fʀekɑ̃, ɑ̃t] *adj* frequent

fréquentable [fʀekɑ̃tabl] *adj* (*lieu*) where one can safely go; (*personne*) that you can safely be seen with; **une rue peu ~** not the sort of street to hang around in; **un type peu ~** not a nice sort of guy

fréquentation [fʀekɑ̃tasjɔ̃] *f* **1.** (*action*) **~ d'une personne** seeing a person; **la ~ de l'exposition est satisfaisante** attendance at the exhibition is satisfactory **2.** *gén pl* (*relation*) acquaintance; **avoir de bonnes/mauvaises ~s** to keep good/bad company; **il choisit ses ~s** he's careful about the people he sees

fréquenté(e) [fʀekɑ̃te] *adj* (*établissement, lieu, rue*) busy; (*promenade*) popular; **ce lieu est bien ~** (*qualitatif*) the people who come here are nice; (*quantitatif*) this is a popular place

fréquenter [fʀekɑ̃te] <1> **I.** *vt* **1.** (*aller fréquemment dans: bars, théâtres*) to frequent; **~ l'école** to go to school; **~ la maison de qn** to be a regular visitor to sb's house **2.** (*avoir des relations avec*) to see **II.** *vpr* **1.** (*par amitié*) **se ~** to see each other **2.** (*par amour*) **se ~** to be dating

frère [fʀɛʀ] *m* **1.** (*opp: sœur*) *a.* REL brother; **~ siamois** Siamese twin brother; **partager en ~s** to share like brothers; **ressembler à qn comme un ~** to bear a close resemblance to sb; **se ressembler comme des ~s jumeaux** to be like two peas in a pod; **être élevé chez les ~s** to be educated by the Brothers **2.** *inf* (*objet*) twin

frérot [fʀeʀo] *m inf* kid brother

frésia [fʀezja] *m v.* **freesia**

fresque [fʀɛsk] *f* (*peinture*) fresco

fret [fʀɛ(t)] *m* NAUT, AVIAT **1.** (*prix*) freight charge **2.** (*chargement*) freight

fréteur [fʀetœʀ] *m* (*armateur*) owner

frétillant(e) [fʀetijɑ̃, jɑ̃t] *adj* **1.** (*remuant: poisson*) wriggling; (*queue*) wagging **2.** *fig* **être ~ d'impatience** to quiver with impatience; **être ~ de joie** to be quivering with joy

frétiller [fʀetije] <1> *vi* **1.** (*remuer: poisson*) to wriggle; **le chien frétille de la queue** the dog was wagging its tail **2.** *fig* **~ d'impatience** to quiver with impatience; **~ de joie** to be quivering with joy

fretin [fʀətɛ̃] *m* fry ►**menu** ~ *péj* small fry

freudien(ne) [fʀødjɛ̃, jɛn] **I.** *adj* Freudian **II.** *m(f)* Freudian

friable [fʀijabl] *adj* (*pâte*) crumbly; (*roche, sol*) friable

friand [fʀijɑ̃] *m* **1.** (*pâté*) ≈ meat pie **2.** (*gâteau*) almond cake

friand(e) [fʀijɑ̃, jɑ̃d] *adj* **~ de chocolat/nouveautés** fond of chocolate/novelties

friandise [fʀijɑ̃diz] *f* sweet(s); **donne-moi une ~!** give me a sweet!

fric [fʀik] *m inf* (*argent*) dough

fricassée [fʀikase] *f* fricassee

fric-frac [fʀikfʀak] *m inv, inf* break-in

friche [fʀiʃ] *f* AGR fallow; **être en ~** to lie fallow

fricoter [fʀikɔte] <1> **I.** *vt péj* to cook up **II.** *vi iron, inf* **~ avec qn** to hang around with sb

friction [fʀiksjɔ̃] *f* **1.** (*frottement*) massage; **~ de cheveux** scalp massage; **se faire faire une ~** to have one's scalp massaged **2.** PHYS friction **3.** *gén pl* (*désaccord*) friction

frictionner [fʀiksjɔne] <1> **I.** *vt* to rub down ►**je vais lui ~ les oreilles!** *inf* I'm going to pound him one! **II.** *vpr* **se ~** to rub oneself down

frigidaire® [fʀiʒidɛʀ] *m* fridge

frigide [fʀiʒid] *adj* frigid

frigidité [fʀiʒidite] *f* frigidity

frigo [fʀigo] *m inf abr de* **frigidaire**

frigorifier [fʀigɔʀifje] <1> *vt* **1.** *inf* (*avoir très froid*) **être frigorifié** to be frozen stiff **2.** (*congeler*) to freeze

frigorifique [fʀigɔʀifik] *adj* refrigerated; (*machine*) refrigerating

frileusement [fʀiløzmɑ̃] *adv* **1.** (*en raison du froid*) to keep out the cold **2.** (*craintivement*) timidly

frileux, -euse [fʀilø, -øz] *adj* **1.** (*sensible au froid: personne*) that feels the cold **2.** (*craintif*) timid

frilosité [fʀilozite] *f* **1.** (*sensibilité au froid*) susceptibility to the cold **2.** (*manque d'audace*) **la ~ des marchés** the nervousness of the markets

frime [fʀim] *f inf* **1.** (*bluff*) put-on **2.** (*vantardise*) show; **c'est pour la ~** it's just showing off

frimer [fʀime] <1> *vi inf* **1.** (*fanfaronner*) to show off **2.** (*se vanter*) to make oneself look big

frimeur, -euse [fʀimœʀ, -øz] *m, f inf* show-off

frimousse [fʀimus] *f inf* **1.** (*visage*) sweet little face **2.** INFORM smiley

fringale [fʀɛ̃gal] *f* **1.** *inf* (*faim*) **avoir la ~** to be hungry; **j'ai été pris d'une vraie ~** I suddenly felt ravenous **2.** (*envie*) ~ **de lectures** craving to read; **avoir une ~ de bandes dessinées** to have a craving for comic books

fringant(e) [fʀɛ̃gɑ̃, ɑ̃t] *adj* (*personne*) dashing; (*personne âgée*) spry; (*cheval*) frisky

fringué(e) [fʀɛ̃ge] *adj inf* dressed up; **être bien ~** to be sharply dressed; **c'est un mec ~ comme un ministre** the guy dresses like someone in the government

fringuer [fʀɛ̃ge] <1> *vt, vpr inf* (**se**) ~ to dress (oneself) up

fringues [fʀɛ̃g] *fpl inf* clothes

fripe [fʀip] *f gén pl* **1.** (*vieux vêtements*) old clothes **2.** (*vêtements d'occasion*) secondhand clothes

fripé(e) [fʀipe] *adj* crumpled

friper [fʀipe] <1> **I.** *vt* to crease **II.** *vpr* **se ~** to get creased

friperie [fʀipʀi] *f* **1.** *péj* (*vieux habits*) secondhand clothes **2.** (*commerce, boutique*) secondhand clothes store

fripier, -ière [fʀipje, -jɛʀ] *m, f* secondhand clothes dealer

fripon(ne) [fʀipɔ̃, ɔn] **I.** *adj inf* (*air, visage*) mischievous; **il a le regard ~** [*o* **les yeux ~s**] he's got a twinkle in his eye **II.** *m(f) inf* (*malin*) rogue; **petit ~!** little villain!

fripouille [fʀipuj] *f inf* rascal

friqué(e) [fʀike] *adj inf* loaded

frire [fʀiʀ] *vt, vi irr* to fry

frisbee® [fʀizbi] *m* Frisbee®

frise [fʀiz] *f* ARCHIT frieze

frisé(e) [fʀize] *adj* (*cheveux*) curly; (*fille*) curly-haired; **être ~ comme un mouton** to have frizzy hair

frisée [fʀize] *f* (*salade*) curly endive

friser [fʀize] <1> **I.** *vt* **1.** (*mettre en boucles: cheveux, moustache*) to curl; ~ (**les cheveux à**) **qn** to put curls in sb's hair **2.** (*frôler*) ~ **la mort/l'accident** to narrowly escape death/the accident; ~ **le ridicule** (*situation, remarque*) to border on the ridiculous; **tu frises le ridicule** you're beginning to look ridiculous; ~ **la soixantaine** to be pushing sixty; ~ **les 10%** to be getting on for 10% **II.** *vi* (*cheveux*) to curl; **qn frise** (*naturellement*) sb is curly; (*à l'humidité*) sb goes frizzy **III.** *vpr* (*se faire des boucles*) **se faire ~** to have one's hair curled

frisette [fʀizɛt] *f* **1.** (*bouclette*) curl **2.** (*planche*) panel

frisotter [fʀizɔte] <1> *vi* (*cheveux*) to go curly; **elle frisotte** her hair goes curly

frisquet(te) [fʀiskɛ, ɛt] *adj inf* nippy

frisson [fʀisɔ̃] *m* shiver; ~ **de dégoût** shudder of disgust; **avoir des ~s** to shiver ▶ **le grand ~** a big thrill; **donner le grand ~ à qn** to make the earth move for sb; **j'en ai le ~** it gives me the shivers

frissonnant(e) [fʀisɔnɑ̃, ɑ̃t] *adj* shivering

frissonner [fʀisɔne] <1> *vi* (*avoir des frissons*) ~ **de désir/plaisir** to tremble with desire/pleasure; ~ **de froid/peur** to shiver with cold/fear; **il frissonne d'horreur** he is shuddering with horror

frisure [fʀizyʀ] *f* curls *pl*

frit(e) [fʀi, fʀit] **I.** *part passé de* **frire** **II.** *adj inf* (*fichu*) damn

frite [fʀit] *f* **des ~s** French fries; **cornet de ~s** bag of fries ▶ **avoir la ~** *inf* to be in (top) form

friterie [fʀitʀi] *f* **1.** (*baraque à frites*) French fry stand **2.** (*atelier de friture*) *establishment selling fried foods*

friteuse [fʀitøz] *f* CULIN deep fryer

friture [fʀityʀ] *f* **1.** (*aliments*) fried food **2.** *Belgique* (*baraque à frites*) French fry stand **3.** (*graisse*) fat **4.** (*action*) frying **5.** RADIO, TEL interference

frivole [fʀivɔl] *adj* (*personne, spectacle*) frivolous; (*discours*) shallow; (*occupation, lecture*) trivial

frivolité [fʀivɔlite] *f* (*d'une personne*) frivolousness; (*d'une conversation, d'une occupation*) triviality; (*d'un discours*) shallowness

froc [fʀɔk] *m inf* (*pantalon*) pants *pl* ▶ **baisser son ~ devant qn** *inf* to back down from sb

froid [fʀwa] **I.** *m* **1.** (*température*) cold; **il fait ~** it's cold; **avoir ~** to be cold; **j'ai ~ aux pieds** my feet are cold; **attraper** [*o* **prendre**] (**un coup de**) ~ to catch (a) cold; **mourir de ~** to die of the cold; (*avoir très froid*) to be freezing **2.** (*brouille*) **être en ~ avec qn** to be on bad terms with sb; **jeter un ~** (*personne*) to cast gloom (all around); (*intervention, remarque*) to cause a chill ▶ **il fait un ~ de canard** [*o* **loup**] *inf* it's freezing out; **j'en ai ~ dans le dos** it makes my blood run cold; **ne pas avoir ~ aux yeux** (*être dynamique*) to have drive; (*avoir du courage*) to have spirit **II.** *adv* **à ~** TECH cold; (*sans préparation*) (from) cold; (*sans émotion*) cold-bloodedly; (*avec insensibilité*) coolly; **démarrage à ~** cold start

froid(e) [fʀwa, fʀwad] *adj* cold; **laisser qn ~** to leave sb cold; **prendre un air ~** to look cold; **rester ~ comme le marbre** to remain as cold as ice

froidement [fʀwadmɑ̃] *adv* **1.** (*sans chaleur*) coldly; (*accueillir, recevoir*) coolly **2.** (*avec sang-froid: raisonner*) with a cool head; (*réagir*) coolly **3.** (*avec insensibilité*) coolly

froideur [fʀwadœʀ] *f* (*d'un comportement*) coldness; (*d'un accueil, d'une réaction*) coolness; **accueillir qc avec ~** to give sth a cool reception

froissable [fʀwasabl] *adj* **être ~** to crease easily

froissé(e) [fʀwase] *adj* **1.** (*tissu*) crumpled **2.** (*muscle*) strained

froissement [fʀwasmɑ̃] *m* **1.** (*bruit*) rustle **2.** (*claquage*) ~ **d'un muscle** strain(ing) **3.** (*blessure*) bad feeling

froisser [fʀwase] <1> **I.** *vt* **1.** (*chiffonner: tôles, papier*) to crumple; (*tissu*) to crease **2.** (*blesser: personne, orgueil*) to hurt **II.** *vpr* **1.** (*se chiffonner*) **se ~** (*tissu*) to crease; (*papier*) to get crumpled **2.** (*se claquer*) **se ~ un muscle** to strain a muscle **3.** (*se vexer*)

se ~ to get offended; **être froissé** to be offended

frôlement [fʀolmɑ̃] *m* **1.** (*contact léger*) touch **2.** (*frémissement*) swish

frôler [fʀole] <1> **I.** *vt* **1.** (*effleurer*) to brush against **2.** (*passer très près*) to graze; **~ le ridicule** (*remarque, situation*) to border on the ridiculous; **tu frôles le ridicule** you're beginning to look ridiculous; **le thermomètre frôle les 20°** it's around 20° **3.** (*éviter de justesse*) **~ la mort** to narrowly escape death **II.** *vpr* **se ~** (*avec contact*) to brush against each other; (*sans contact*) to pass by each other

fromage [fʀɔmaʒ] *m* cheese; **~ blanc** quark ►**faire un ~ de qc** *inf* to make a big fuss about sth

fromager, -ère [fʀɔmaʒe, -ɛʀ] **I.** *adj* (*industrie, production*) cheese; **association fromagère** cheesemakers' association **II.** *m, f* (*marchand*) cheese merchant; (*fabricant*) cheesemaker

fromagerie [fʀɔmaʒʀi] *f* **1.** (*industrie*) cheesemaking industry **2.** (*lieu de fabrication*) dairy

froment [fʀɔmɑ̃] *m* wheat

fronce [fʀɔ̃s] *f* gather

froncement [fʀɔ̃smɑ̃] *m* (*du nez*) wrinkling; **~ des sourcils** frown

froncer [fʀɔ̃se] <2> *vt* **1.** COUT to gather **2.** (*plisser: nez*) to wrinkle; **~ les sourcils** to frown

fronces [fʀɔ̃s] *fpl* gathers; **à ~** gathered

frondaison [fʀɔ̃dɛzɔ̃] *f* BOT (*apparition des feuilles*) foliation

fronde[1] [fʀɔ̃d] *f* **1.** (*arme*) sling **2.** (*jouet*) slingshot

fronde[2] [fʀɔ̃d] *f* (*insurrection*) revolt

fronde[3] [fʀɔ̃d] *f* BOT frond

frondeur, -euse [fʀɔ̃dœʀ, -øz] *adj* rebellious

front [fʀɔ̃] *m* **1.** ANAT forehead **2.** (*façade*) façade; (*d'une montagne*) face; **~ de mer** seafront **3.** MIL, METEO, POL front; **Front populaire** Popular Front (*leftwing government coalition elected in 1936*) ►**faire ~ commun/offrir un ~ commun contre qn/qc** to close ranks; **marcher le ~ haut** to walk with one's head held high; **baisser le ~** to bow one's head; **relever le ~** to lift one's head high; **de ~** (*côte à côte*) side by side; **attaquer un problème de ~** to tackle a problem head on; **se heurter de ~** to collide head on

frontal [fʀɔ̃tal, -o] <-aux> *m* MED frontal bone

frontal(e) [fʀɔ̃tal, -o] <-aux> *adj* **1.** MED frontal **2.** (*de face: attaque, collision*) head-on

frontalier, -ière [fʀɔ̃talje, -jɛʀ] **I.** *adj* border **II.** *m, f* border dweller

frontière [fʀɔ̃tjɛʀ] **I.** *f* border; **à la ~ du rêve et de la réalité** on the borders between dream and reality **II.** *app inv* border

fronton [fʀɔ̃tɔ̃] *m* pediment

frotte-manche [fʀɔtmɑ̃ʃ] <frotte-manches> *m Belgique, inf* (*lèche-botte*) bootlicker

frottement [fʀɔtmɑ̃] *m* **1.** (*bruit*) rubbing (noise) **2.** (*contact*) rubbing; **des traces de ~ sur le plancher** signs of wear on the floor; **étoffe usée par les ~s** fabric that has been worn thin **3.** PHYS friction **4.** *pl* (*frictions*) friction

frotter [fʀɔte] <1> **I.** *vi* **~ contre qc** to rub against sth; (*porte*) to scrape against sth **II.** *vt* **1.** (*astiquer: chaussures, meubles*) to polish **2.** (*nettoyer*) to rub; (*avec une brosse*) to scrub; **~ ses semelles sur le paillasson** to wipe one's soles on the doormat **3.** (*cirer: parquet*) to polish **4.** (*frictionner pour laver*) to scrub; (*frictionner pour sécher*) to rub down; (*frictionner pour réchauffer*) to rub **5.** (*gratter: allumette*) to strike; **~ qc contre/sur qc** to rub sth against/on sth; **~ qc à la toile émeri** to polish sth with emery cloth **6.** (*enduire*) **~ qc d'ail** to rub sth with garlic **III.** *vpr* **1.** (*se laver*) **se ~** to give oneself a scrub **2.** (*se sécher*) **se ~** to rub oneself down **3.** (*se nettoyer*) **se ~ les ongles** to scrub one's nails **4.** (*se gratter*) **se ~ les yeux/le nez** to rub one's eyes/nose; **se ~ contre les jambes de qn** to rub against sb's legs; **se ~ contre un arbre** to scratch oneself/itself against a tree **5.** (*entrer en conflit*) **se ~ à qn** to cross sb

frottis [fʀɔti] *m* MED Pap smear

froufrou [fʀufʀu] *m* **1.** (*bruit*) rustling **2.** *pl* (*dentelles*) frills

froussard(e) [fʀusaʀ, aʀd] **I.** *adj inf* chicken **II.** *m(f) inf* chicken

frousse [fʀus] *f inf* fright; **avoir la ~** to be scared out of one's wits

fructifier [fʀyktifje] <1> *vi* **1.** (*produire: arbre, idée*) to bear; (*terre*) to yield; **~ tardivement** to give a late crop **2.** (*rapporter: capital*) to yield a profit; **faire ~ qc** to make sth yield a profit

fructueux, -euse [fʀyktɥø, -øz] *adj* (*collaboration*) fruitful; (*lecture*) rewarding; (*recherches, efforts, essai, travaux*) productive; (*opération financière, commerce*) profitable

frugal(e) [fʀygal, -o] <-aux> *adj* frugal

fruit [fʀɥi] *m* **1.** *pl* fruit; **tu veux un ~?** do you want some fruit?; **jus de ~(s)** fruit juice; **~s rouges/confits** summer/glacé fruit **2.** (*crustacés*) **~s de mer** seafood **3.** (*résultat: de l'expérience, de la réflexion, d'un effort*) fruits; (*d'une union, de l'amour*) fruit; **être le ~ du hasard** to come about by chance; **le ~ d'une imagination délirante** the child of a fevered imagination; **porter ses ~s** to bear fruit ►**~ défendu** forbidden fruit

fruité(e) [fʀɥite] *adj* fruity

fruitier, -ière [fʀɥitje, -jɛʀ] **I.** *adj* (*arbre*) fruit **II.** *m, f* fruit seller

frusques [fʀysk] *fpl inf* stuff

fruste [fʀyst] *adj* (*personne*) rough-mannered; (*manières*) rough

frustrant(e) [fʀystʀɑ̃, ɑ̃t] *adj* frustrating

frustration [fʀystʀasjɔ̃] *f* frustration

frustré(e) [fʀystʀe] **I.** *adj* frustrated **II.** *m(f) inf* frustrated individual

frustrer [fʀystʀe] <1> *vt* **1.** *a.* PSYCH to frustrate

2. (*priver*) ~ **qn de qc** to deprive sb of sth
FS [ɛfɛs] *m abr de* **franc suisse** SF
fuchsia [fyʃja, fyksja] **I.** *m a.* BOT fuchsia **II.** *adj inv* fuchsia
fuel [fjul] *m* **1.** (*combustible*) ~ **domestique** heating oil; **se chauffer au** ~ to have oil heating **2.** (*carburant*) diesel
fugace [fygas] *adj* transient; (*beauté*) fleeting
fugitif, -ive [fyʒitif,-iv] **I.** *adj* **1.** (*en fuite*) runaway **2.** (*éphémère*) fleeting **II.** *m, f* (*de sa famille*) runaway; (*de la justice*) fugitive
fugitivement [fyʒitivmɑ̃] *adv* fleetingly
fugue [fyg] *f* **1.** (*fuite*) **un mineur en** ~ a runaway minor; **faire une ~/des ~s** to run away **2.** MUS fugue
fuguer [fyge] <1> *vi inf* to run away
fugueur, -euse [fygœʀ,-øz] **I.** *m, f* runaway **II.** *adj* **enfant** ~ young runaway
fuir [fɥiʀ] *irr* **I.** *vi* **1.** (*s'enfuir*) ~ **d'un pays** to flee a country **2.** (*détaler*) ~ **devant qn/qc** to run away from sb/sth; **faire** ~ **qn** to make sb run away **3.** (*se dérober*) ~ **devant qc** to run away from sth **4.** (*ne pas être étanche*) to leak **5.** (*s'échapper: liquide*) to leak (out); (*gaz*) to escape **II.** *vt* (*éviter: danger*) to evade; ~ **ses responsabilités** to try to escape one's responsibilities; ~ **la présence de qn** to keep away from sb
fuite [fɥit] *f* **1.** flight; **prendre la** ~ to take flight; (*chauffeur accidenté*) to drive away; **prisonnier en** ~ escaped prisoner; **être en** ~ (*accusé*) to be on the run **2.** (*dérobade*) ~ **devant qc** to run away from sth; **chercher la** ~ **dans qc** to find escape in sth **3.** (*trou*) **avoir une** ~ to have a leak **4.** (*perte*) leak; **il y a une** ~ **d'eau quelque part** water's leaking out somewhere; **il y a une** ~ **de gaz quelque part** there's a gas leak somewhere; **il y a une** ~ there's a leak **5.** (*indiscrétion: d'une information*) leak; **l'auteur de la** ~ the leaker; **en raison de ~s répétées** owing to constant leaks
fulgurant(e) [fylgyʀɑ̃, ɑ̃t] *adj* **1.** (*rapide: vitesse, réplique*) lightning; (*progrès*) staggering **2.** (*violent: douleur*) shooting **3.** (*éblouissant: lueur*) dazzling; (*regard*) blazing
fulminer [fylmine] <1> *vi* ~ **contre qn/qc** to fulminate against sb/sth
fumant(e) [fymɑ̃, ɑ̃t] *adj* **1.** (*qui dégage de la fumée*) smoking **2.** (*qui dégage de la vapeur*) steaming **3.** *inf* (*sensationnel*) dazzling
fumasse [fymas] *adj inf* (*furieux*) livid
fumé(e) [fyme] *adj* smoked; (*verres de lunettes*) smoke-tinted
fume-cigarette [fymsigaʀɛt] <fume-cigarettes> *m* cigarette holder
fumée [fyme] *f* **1.** smoke; (*polluante*) fumes; **~s industrielles/d'échappement** industrial/exhaust fumes; **la** ~ **ne vous gêne pas?** does the smoke bother you?; **avaler la** ~ to inhale (the smoke) **2.** (*vapeur légère*) steam **3.** (*vapeur épaisse*) fumes *pl*
fumer [fyme] <1> **I.** *vi* **1.** (*aspirer de la fumée de tabac, dégager de la fumée*) to smoke **2.** (*dégager de la vapeur*) to steam; (*acide*) to give off fumes **II.** *vt* to smoke
fumet [fymɛ] *m* **1.** (*odeur*) aroma **2.** (*bouquet: d'un vin*) bouquet
fumeur, -euse [fymœʀ, -øz] **I.** *m, f* smoker **II.** *app* **zone** ~ smoking area
fumeux, -euse [fymø, -øz] *adj* (*théorie, explication, idées*) woolly
fumier [fymje] *m* **1.** (*engrais naturel*) manure **2.** *inf* (*salaud*) bastard
fumigation [fymigasjɔ̃] *f a.* MED fumigation; **faire des ~s** to fumigate
fumigène [fymiʒɛn] *adj* **grenade/bombe** ~ smoke grenade/bomb; **engin/appareil** ~ smoke machine
fumiste [fymist] **I.** *adj péj, inf* lazy **II.** *mf* **1.** *péj, inf* joker **2.** (*ouvrier*) chimney sweep
fumisterie [fymistəʀi] *f inf* **1.** (*mystification*) moonshine **2.** (*farce*) joke
fumoir [fymwaʀ] *m* smoking room
fun [fɔn] *m Québec* (*amusement*) entertainment
funambule [fynɑ̃byl] *mf* tightrope walker
funboard [fœnbɔʀd] *m* **1.** (*planche à voile*) sailboard **2.** (*sport*) sailboarding
funèbre [fynɛbʀ] *adj* **1.** (*funéraire*) funeral; **veillée** ~ wake **2.** (*lugubre: silence*) funereal; (*idées, mine*) gloomy
funérailles [fyneʀaj] *fpl* funeral; ~ **nationales** state funeral
funéraire [fyneʀɛʀ] *adj* (*monument*) funerary; **dalle** ~ tombstone; **salon** ~ *Québec* (*entreprise de pompes funèbres*) funeral parlor
funérarium [fyneʀaʀjɔm] *m* funeral parlor
funeste [fynɛst] *adj* **1.** (*fatal: coup*) fatal; (*jour*) fateful; (*suites*) tragic; **être** ~ **à qn/qc** to have dire consequences for sb/sth **2.** (*de mort: pressentiment, vision*) deathly; **de ~s pressentiments** a premonition of death **3.** (*triste: récit*) sad
funiculaire [fynikylɛʀ] *m* funicular
funk [fœnk] *adj inv* funky; **musique** ~ funk(y music)
fur [fyʀ] **au** ~ **et à mesure** as one goes along; **passe-moi les photos au** ~ **et à mesure** pass me the photos as you look at them; **au** ~ **et à mesure qu'on approche/progresse dans notre travail** as we gradually get nearer/our work gradually progresses
furax [fyʀaks] *adj inf* (*furieux*) livid
furet [fyʀɛ] *m* ferret
fureter [fyʀ(ə)te] <4> *vi* to ferret around
fureteur [fyʀ(ə)tœʀ] *m Québec* INFORM browser
fureteur, -euse [fyʀ(ə)tœʀ, -øz] **I.** *m, f* pry **II.** *adj* (*regard*) prying
fureur [fyʀœʀ] *f* **1.** rage; **mettre qn en** ~ to infuriate sb; **être en** ~ **contre qn** to be furious at sb; **des accès de** ~ **incontrôlables** uncontrollable rages; **avec** ~ furiously **2.** (*violence*) fury ▶ **faire** ~ to be (all) the rage; **la** ~ **de vivre** lust for life

furibond(**e**) [fyʀibɔ̃, ɔ̃d] *adj* (*regard, ton*) enraged; (*personne*) livid
furie [fyʀi] *f* **1.** (*violence*) fury; **mer en ~** raging sea; **personne/animal en ~** enraged person/animal; **être en ~** to be in a rage; **mettre qn en ~** to infuriate sb **2.** *péj* (*femme déchaînée*) fury
furieusement [fyʀjøzmɑ̃] *adv* **1.** (*avec violence*) furiously **2.** *iron* (*extrêmement*) wildly
furieux, -euse [fyʀjø, -jøz] *adj* **1.** (*en colère, violent*) furious **2.** *iron* (*extrême: envie*) overwhelming; (*appétit*) furious
furoncle [fyʀɔ̃kl] *m* boil
furtif, -ive [fyʀtif, -iv] *adj* furtive
furtivement [fyʀtivmɑ̃] *adv* furtively
fus [fy] *passé simple de* **être**
fusain [fyzɛ̃] *m* **1.** (*dessin*) charcoal drawing **2.** (*crayon*) charcoal pencil **3.** BOT spindle tree
fuseau [fyzo] <x> *m* **1.** (*instrument*) spindle **2.** (*pantalon*) ski pants *pl* **3.** GEO **~ horaire** time zone
fusée [fyze] *f* rocket
fuselage [fyz(ə)laʒ] *m* fuselage
fuselé(**e**) [fyz(ə)le] *adj* tapering
fuser [fyze] <1> *vi* (*liquide, vapeur*) to spurt out; (*étincelles*) to fly (up); (*lumière*) to shine out; (*rires, cris*) to go up; (*coups de feu*) to ring out; **les questions fusent** questions are coming thick and fast; **le pétrole fuse** the oil is gushing out
fusible [fyzibl] *m* fuse
fusil [fyzi] *m* **1.** (*à chevrotines*) shotgun; (*à balles*) rifle; **~ sous-marin** spear gun **2.** (*aiguisoir*) steel ▶**changer son ~ d'épaule** (*changer de méthode/d'opinion*) to have a change of heart; (*retourner sa veste*) to switch sides; **être un bon ~** to be a good shot
fusillade [fyzijad] *f* **1.** (*coups de feu*) gunfire **2.** (*exécution*) shooting
fusiller [fyzije] <1> *vt* to shoot
fusil-mitrailleur [fyzimitʀajœʀ] <fusils-mitrailleurs> *m* machine gun
fusion [fyzjɔ̃] *f* **1.** (*fonte: des atomes*) fusion; (*d'un métal*) melting; (*de la glace*) thawing; **en ~** molten **2.** ECON, POL merger **3.** (*union: de cœurs, corps, d'esprits*) union **4.** INFORM (*de fichiers*) merging; **obtenir la ~ de deux fichiers** to merge two files
fusionner [fyzjɔne] <1> *vt, vi a.* INFORM to merge
fût [fy] *m* cask
futaie [fytɛ] *f* forest
futal [fytal] *m inf* (*pantalon*) pants
futé(**e**) [fyte] **I.** *adj* smart **II.** *m(f)* **petit ~** clever son of a gun
fute-fute [fytfyt] *adj* **ne pas être très ~** not to have a lot up top
futile [fytil] *adj* **1.** (*inutile, creux: choses, occupation*) pointless; (*conversation, propos*) empty; (*prétexte, raison*) trivial; **il était ~ de faire ça** it was pointless to do that **2.** (*frivole: personne, esprit*) trivial
futilité [fytilite] *f* **1.** *sans pl* (*inutilité, insignifiance: d'une occupation*) pointlessness; (*d'une conversation, d'un propos, d'une vie*) emptiness **2.** *sans pl* (*frivolité: d'une personne, d'un esprit*) triviality; (*d'un raisonnement*) vacuity **3.** *pl* (*bagatelles*) trivialities
futur [fytyʀ] *m* future
futur(**e**) [fytyʀ] **I.** *adj* future; **une ~e maman** a mother-to-be **II.** *m(f) inf* (*fiancé*) fiancé, fiancée *m, f*
futuriste [fytyʀist] *adj* futuristic
futurologie [fytyʀɔlɔʒi] *f* futurology
futurologue [fytyʀɔlɔg] *mf* futurologist
fuyais [fɥijɛ] *imparf de* **fuir**
fuyant [fɥijɑ̃] *part prés de* **fuir**
fuyant(**e**) [fɥijɑ̃, ɑ̃t] *adj* **1.** (*évasif: attitude*) evasive; (*regard*) shifty; **être ~** (*personne*) to be hard to grasp; **prendre un air ~** to look evasive **2.** (*incurvé: menton, front*) receding
fuyard(**e**) [fɥijaʀ, aʀd] *m(f)* **1.** (*fugitif*) runaway **2.** (*déserteur*) deserter
fuyez [fɥije], **fuyons** [fɥijɔ̃] *indic prés et impératif de* **fuir**

G

G, g [ʒe] *m inv* G, g; **~ comme Gaston** (*au téléphone*) g as in Golf
gabarit [gabaʀi] *m* **1.** (*dimension*) size **2.** *inf* (*stature*) build
gabegie [gabʒi] *f* chaos; **c'est la vraie ~ ici** it is a real mess here
Gabon [gabɔ̃] *m* **le ~** Gabon
gabonais(**e**) [gabɔnɛ, ɛz] *adj* Gabonese
Gabonais(**e**) [gabɔnɛ, ɛz] *m(f)* Gabonese
gâché(**e**) [gɑʃe] *adj* **vie ~e** wasted life
gâcher [gɑʃe] <1> *vt* (*plaisir, vacances*) to ruin; (*vie*) to fritter away; (*temps, argent*) to waste
gâchette [gɑʃɛt] *f* (*d'une arme*) trigger; **appuyer sur la ~** to pull the trigger ▶**avoir la ~ facile** to be trigger-happy
gâchis [gɑʃi] *m* **1.** (*gaspillage*) waste **2.** (*mauvais résultat*) mess
gadget [gadʒɛt] *m* **1.** (*bidule*) thingamajig **2.** (*innovation*) gadget
gadoue [gadu] *f* mud
gaffe[1] [gaf] *f inf* blunder; **faire une ~** to put one's foot in it
gaffe[2] [gaf] *f inf* **faire ~** to be careful
gaffer [gafe] <1> *vi inf* to blunder; (*en parole*) to put one's foot in one's mouth
gaffeur, -euse [gafœʀ, -øz] **I.** *adj inf* blundering **II.** *m, f inf* idiot
gag [gag] *m* gag
gaga [gaga] **I.** *adj inf* **1.** (*gâteux*) gaga **2.** (*fou*) **être ~ de qn** to be crazy about sb **II.** *m inf* **vieux ~** old fool
gage [gaʒ] *m* **1.** (*garantie*) guarantee; (*témoi-*

gnage) proof **2.** (*dépôt*) security; **mettre qc en ~** to pawn sth **3.** JEUX forfeit **4.** *pl* (*salaire*) wages

gageure [gaʒyʀ] *f* **réussir la ~** to pull off the challenge

gagnant(e) [gaɲɑ̃, ɑ̃t] **I.** *adj* winning ▶ **partir ~** to start out favorite **II.** *m(f)* winner

gagne-pain [gaɲpɛ̃] *m inv* meal ticket

gagne-petit [gaɲpəti] *mf inv, péj* **être un ~** to eke out a living

gagner [gaɲe] <1> **I.** *vi* **1.** (*vaincre*) **~ à qc** to win at sth; **on a gagné!** we won! **2.** (*trouver un avantage*) **est-ce que j'y gagne?** what do I get out of this? **3.** (*avoir une meilleure position*) **~ à être connu** to improve on acquaintance **II.** *vt* **1.** (*s'assurer: argent, récompense*) to earn; (*prix*) to win **2.** (*remporter: lot, argent*) to win **3.** (*économiser: place, temps*) to save **4.** (*obtenir comme résultat: réputation*) to gain **5.** (*conquérir: ami, confiance*) to win over **6.** (*atteindre: lieu*) to reach **7.** (*avancer*) **~ qc** (*incendie, épidémie*) to overtake sth **8.** (*envahir*) **~ qn** (*maladie*) to spread to sb; (*fatigue, peur*) to overcome sb; **le froid la gagnait** the cold was overcoming her; **l'envie me gagne de tout laisser tomber** I feel like dropping everything; **se laisser ~ par le découragement** to let oneself be discouraged ▶ **c'est toujours ça de gagné** that's always something; **c'est gagné!** *iron* everything will be just fine!

gagneur, -euse [gaɲœʀ, -øz] *m, f* winner

gai(e) [ge, gɛ] *adj* cheerful; (*personne*) happy; (*événement*) cheerful; (*ambiance*) lively; (*vêtement, pièce, couleur*) bright ▶ **c'est ~!** *iron* that's great!; **ça va être ~!** it's going be a load of fun!

gaiement [gemɑ̃, gɛmɑ̃] *adv* cheerfully ▶ **allons-y ~!** *iron* come on, then!

gaieté [gete] *f* gaiety; (*d'une personne*) cheerfulness ▶ **ne pas faire qc de ~ de cœur** to do sth with great reluctance

gaillard [gajaʀ] *m* **1.** (*costaud*) hefty fellow **2.** *inf* (*lascar*) guy; **mon ~!** buddy!

gaillard(e) [gajaʀ, aʀd] *adj* (*personne*) lively

gaîment [gemɑ̃, gɛmɑ̃] *adv v.* **gaiement**

gain [gɛ̃] *m* **1.** (*profit*) profit **2.** (*économie*) saving ▶ **donner ~ de cause à qn** to declare sb (to be) right; JUR to decide in sb's favor; **obtenir ~ de cause** to be proven right; JUR to win one's case; **être âpre au ~** to be greedy

gaine [gɛn] *f* **1.** (*ceinture*) girdle **2.** (*étui*) sheath; (*d'un pistolet*) holster; **~ de câble/d'aération** cable/ventilation shaft

gaîté [gete] *f v.* **gaieté**

gala [gala] *m* gala; **~ de bienfaisance** charity gala

galant(e) [galɑ̃, ɑ̃t] *adj* **1.** (*courtois*) gallant **2.** (*d'amour*) **rendez-vous ~** romantic engagement

galanterie [galɑ̃tʀi] *f* gallantry

galantine [galɑ̃tin] *f* galantine

galaxie [galaksi] *f* galaxy

galbe [galb] *m* curve

galbé(e) [galbe] *adj* (*objet*) curved; (*jambe*) shapely

gale [gal] *f* **1.** (*chez les hommes*) scabies **2.** (*chez les animaux*) mange ▶ **ne pas avoir la ~** to not have the plague

galéjade [galeʒad] *f* tall tale

galère [galɛʀ] *f* **1.** *inf* (*corvée*) mess; **quelle ~!** what a drag! **2.** HIST galley ▶ **et vogue la ~!** and come what may!

galérer [galeʀe] <5> *vi inf* **1.** (*chercher*) to struggle **2.** (*travailler dur*) to slog away

galerie [galʀi] *f* **1.** (*souterrain*) tunnel; (*d'une mine*) level **2. ~ marchande** shopping mall **3.** (*balcon*) circle **4.** ART gallery; **~ de peinture** art gallery **5.** AUTO roof rack ▶ **amuser la ~** to clown around; **épater la ~** to show off

galérien [galeʀjɛ̃] *m* galley slave

galet [galɛ] *m* pebble

galette [galɛt] *f* (*crêpe*) (savory) crepe

galeux, -euse [galø, -øz] *adj* (*mur*) flaking

Galilée [galile] *m* Galileo

galimatias [galimatja] *m* (*écrit*) twaddle; (*propos*) gibberish

galion [galjɔ̃] *m* galleon

galipette [galipɛt] *f inf* somersault

gallicisme [ga(l)lisism] *m* Gallicism

gallois *m* Welsh; *v.a.* **français**

gallois(e) [galwa, az] *adj* Welsh

Gallois(e) [galwa, az] *m(f)* Welshman, Welshwoman *m, f*

gallo-romain(e) [ga(l)loʀɔmɛ̃, ɛn] <gallo-romains> *adj* Gallo-Roman

galoche [galɔʃ] *f* clog

galon [galɔ̃] *m* **1.** *pl* MIL stripes **2.** COUT braid **3.** *Québec* (*ruban gradué en pieds, en pouces et en lignes*) tape measure ▶ **prendre du ~** to get promoted

galop [galo] *m* gallop; **au ~** at a gallop; **partir au ~** to gallop off ▶ **arriver au** (**triple**) **~** to arrive at top speed

galopade [galɔpad] *f* **1.** (*course précipitée*) dash **2.** (*chevauchée*) gallop

galoper [galɔpe] <1> *vi* to gallop

galopin [galɔpɛ̃] *m inf* (*gamin des rues*) urchin

galvaniser [galvanize] <1> *vt* to galvanize

galvaudé(e) [galvode] *adj* trite

gambade [gɑ̃bad] *f souvent pl* leap

gambader [gɑ̃bade] <1> *vi* to leap; (*animal*) to gambol

gambas [gɑ̃bas] *fpl* gambas

gamberger [gɑ̃bɛʀʒe] <2a> *vi inf* to rack one's brains

gambette [gɑ̃bɛt] *f inf* leg

Gambie [gɑ̃bi] *f* **la ~** Gambia

gambien(ne) [gɑ̃bjɛ̃, ɛn] *adj* Gambian

Gambien(ne) [gɑ̃bjɛ̃, ɛn] *m(f)* Gambian

gamelle [gamɛl] *f* (*d'un campeur*) billy; (*d'un soldat*) mess kit; (*d'un ouvrier*) lunch box; (*d'un chien*) bowl ▶ **prendre une ~** *inf* to fall flat on one's face

gamin(e) [gamɛ̃, in] **I.** *adj* childish; (*air*) play-

ful **II.** *m(f) inf* kid
gaminerie [gaminʀi] *f* playfulness
gamme [gam] *f* range; MUS scale
Gand [gɑ̃] Ghent
gang [gɑ̃g] *m* gang
ganglion [gɑ̃glijɔ̃] *m* ganglion
gangrène [gɑ̃gʀɛn] *f* **1.** (*infection de plaie*) gangrene **2.** *fig* corruption
gangster [gɑ̃gstɛʀ] *m* gangster
gangstérisme [gɑ̃gsteʀism] *m* gangsterism; **c'est du ~!** it's daylight robbery!
gant [gɑ̃] *m a.* INFORM glove; **~ de toilette** washcloth; **~ de données** dataglove ▶ **aller à qn comme un ~** (*vêtement*) to fit sb like a glove; **le rôle lui va comme un ~** the role might have been written for him/her; **prendre des ~s avec qn** to handle sb with kid gloves
ganté(e) [gɑ̃te] *adj* (*main*) gloved; (*personne*) wearing gloves
garage [gaʀaʒ] *m* garage; **~ à vélos** bicycle shed
garagiste [gaʀaʒist] *mf* **1.** (*qui tient un garage*) garage owner; **chez le ~** at the garage **2.** (*mécanicien*) mechanic
garant(e) [gaʀɑ̃, ɑ̃t] *m(f)* guarantor; **se porter ~ de qc** to guarantee sth; JUR to be responsible for sth; **ça, je m'en porte ~!** I guarantee that!
garantie [gaʀɑ̃ti] *f* **1.** (*bulletin de garantie*) warranty (card); **qc est encore sous ~** sth is still under warranty **2.** (*gage, caution*) security; (*de paiement*) guarantee **3.** (*sûreté*) **sans ~** without guarantee **4.** (*assurance*) **~ contre les risques** risk insurance **5.** (*certitude*) **pouvez-vous me donner votre ~ que ...** can you assure me that ... **6.** (*précaution*) **prendre des ~s** to take precautions
garantir [gaʀɑ̃tiʀ] <8> *vt* **1.** (*répondre de, par contrat*) **~ qc à qn** to guarantee sth to sb; **être garanti un an** to be guaranteed (for) one year **2.** (*assurer*) to assure **3.** *iron* **je te garantis que ...** I guarantee that ...
garce [gaʀs] *f péj, inf* bitch
garçon [gaʀsɔ̃] *m* **1.** (*enfant*) boy **2.** (*jeune homme*) young man; **être beau ~** to be good-looking; **~ d'honneur** best man **3.** (*fils*) son **4.** (*serveur*) waiter **5.** (*employé subalterne*) **~ coiffeur/boucher** hairdresser's/butcher's assistant ▶ **c'est un véritable ~ manqué** she is a real tomboy; **mauvais ~** bad boy; **vieux ~** bachelor
garçonnet [gaʀsɔnɛ] *m soutenu* little boy
garde[1] [gaʀd] *f* **1.** *sans pl* (*surveillance*) **avoir la ~ de qn** to be in charge of looking after sb; **à la ~ de qn** in sb's care; **confier qn à la ~ de qn** to put sb in sb's care **2.** JUR (*d'enfants*) custody; **~ à vue** police custody **3.** (*veille*) guard duty **4.** (*permanence le week-end*) weekend duty; (*permanence de nuit*) night duty; **infirmière de ~** duty nurse; **être de ~** (*médecin, pharmacie*) to be on duty **5.** (*patrouille*) patrol; **la relève de la ~** the changing of the guard; **~ républicaine** Republican Guard ▶ **la vieille ~** the old guard; **être sur ses ~s** to be on one's guard; **mettre qn en ~ contre qn/qc** to warn sb about sb/sth; **monter la ~** to be on guard; (*soldat*) to mount guard; **prendre ~ à qn/qc** to take care of sb/sth; (*se méfier*) to watch out for sb/sth; **sans y prendre ~** without realizing it; **en ~!** on guard!
garde[2] [gaʀd] *m* **1.** (*surveillant: d'une propriété*) guard; **~ forestier** forest ranger; **~ du corps** bodyguard **2.** (*sentinelle*) guard; (*soldat*) guardsman
garde-à-vous [gaʀdavu] *m inv* **~!** attention!; **être au ~** to be at [*o* standing to] attention
garde-barrière [gaʀd(ə)baʀjɛʀ] <gardes-barrières> *mf* railroad crossing keeper
garde-boue [gaʀdəbu] *m inv* fender
garde-chasse [gaʀdəʃas] <gardes-chasse(s)> *mf* gamekeeper
garde-côte [gaʀdəkot] <garde-côtes> *m* coastguard
garde des Sceaux [gaʀdeso] *mf: French Minister of Justice*
garde-fou [gaʀdəfu] <garde-fous> *m* railing
garde-malade [gaʀd(ə)malad] <gardes-malades> *mf* home nurse
garde-manger [gaʀd(ə)mɑ̃ʒe] *m inv* cooler
garde-meuble [gaʀdəmœbl] <garde-meubles> *m* storage unit (*for furniture*)
garde-pêche [gaʀdəpɛʃ] <gardes-pêche> *mf* fish and game warden
garder [gaʀde] <1> **I.** *vt* **1.** (*surveiller*) to watch; (*maison, enfant, animal*) to look after; (*personne âgée*) to care for; **donner qc à ~ à qn** to give sth to sb to look after **2.** (*stocker*) to keep; (*marchandises*) to stock; **~ sous clé** to lock away **3.** (*ne pas perdre*) to keep; (*espoir, défaut, manie*) to still have **4.** (*réserver*) to reserve; (*place*) to save **5.** (*tenir, ne pas dévoiler*) to keep **6.** (*retenir*) to detain **7.** (*conserver sur soi*) **~ qc** to keep sth on **8.** (*ne pas quitter: lit, chambre*) to stay in **II.** *vpr* **1.** (*se conserver*) **se ~** (*aliment*) to keep; **ça se garde au frais** it must be kept in the fridge **2.** (*s'abstenir*) **se ~ de** +*infin* to be careful not to +*infin*
garderie [gaʀdəʀi] *f* (day) nursery
garde-robe [gaʀdəʀɔb] <garde-robes> *f* wardrobe
gardien(ne) [gaʀdjɛ̃, jɛn] **I.** *m(f)* **1.** (*surveillant*) warden; (*d'un immeuble*) building manager; (*d'un entrepôt*) guard; (*d'un zoo, cimetière*) keeper; **~ de musée** museum attendant; **~ de prison** corrections officer; **~ de nuit** night watchman **2.** (*défenseur*) protector; **~ de la paix** policeman **II.** *adj Belgique* (*maternelle*) **école ~ne** nursery
gardiennage [gaʀdjenaʒ] *m* **1.** (*d'immeuble*) caretaking **2.** (*de locaux*) guarding; **société de ~** security company
gardon [gaʀdɔ̃] *m* **frais comme un ~** fresh as a daisy
gare[1] [gaʀ] *f* station; **~ centrale** central sta-

tion; ~ **routière** bus station; ~ **de marchandises** cargo terminal; **entrer en** ~ to approach the platform

gare² [gaʀ] *interj* ~ **à toi!** watch it! ▶**sans crier** ~ without warning

garenne [gaʀɛn] *f* (*bois*) warren; *v.a.* **lapin**

garer [gaʀe] <1> **I.** *vt* to park; **il est garé à 100 m** he is parked 100 m away **II.** *vpr* **se** ~ **1.** (*parquer*) to park **2.** (*se ranger*) to pull over

gargantuesque [gaʀgɑ̃tɥɛsk] *adj* gigantic

gargariser [gaʀgaʀize] <1> *vpr* **1.** (*se rincer*) **se** ~ to gargle **2.** *péj, inf* (*savourer*) **se** ~ **de qc** to delight in sth

gargarisme [gaʀgaʀizm] *m* gargle

gargote [gaʀgɔt] *f péj* greasy spoon

gargouille [gaʀguj] *f* gargoyle

gargouillement [gaʀgujmɑ̃] *m* gurgling

gargouiller [gaʀguje] <1> *vi* to gurgle; (*estomac*) to growl

garnement [gaʀnəmɑ̃] *m* rascal

garni(e) [gaʀni] *adj* **1.** CULIN garnished **2.** (*rempli*) **portefeuille bien** ~ fat wallet

garnir [gaʀniʀ] <8> *vt* **1.** (*orner*) to garnish **2.** (*équiper*) ~ **qc de qc** to equip sth with sth **3.** (*renforcer*) to reinforce **4.** (*remplir*) **être garni de qc** to be filled with sth

garnison [gaʀnizɔ̃] *f* garrison; **être en** ~ **à Strasbourg** to be garrisoned in Strasbourg

garniture [gaʀnityʀ] *f* **1.** (*ornement*) trimming **2.** CULIN vegetables **3.** (*renfort*) covering **4.** AUTO lining

garrigue [gaʀig] *f* scrubland; (*dans le Midi*) garrigue (*heathland in Provence*)

garrot [gaʀo] *m* **1.** MED tourniquet **2.** (*partie du corps: d'un cheval*) withers

gars [gɑ] *m inf* lad; **salut les** ~**!** hi guys!

gasoil, gas-oil [gazwal] *m* diesel oil

gaspillage [gaspijaʒ] *m* waste

gaspiller [gaspije] <1> *vt* (*fortune*) to squander; (*eau, temps, talent*) to waste

gastéropodes [gasteʀɔpɔd] *mpl* gastropods

gastrique [gastʀik] *adj* **troubles** ~**s** stomach problems

gastroentérite [gastʀoɑ̃teʀit] *f* gastroenteritis

gastronome [gastʀɔnɔm] *mf* gourmet

gastronomie [gastʀɔnɔmi] *f* gastronomy

gastronomique [gastʀɔnɔmik] *adj* (*restaurant*) gourmet; (*guide*) food

gâté(e) [gɑte] *adj* **1.** (*enfant*) spoiled **2.** (*dent*) bad

gâteau [gɑto] <x> **I.** *m* cake; ~ **sec** cookie; ~ **au chocolat/à la crème** chocolate/cream cake; **faire un** ~ to make a cake ▶**c'est pas du** ~**!** *inf* it is not easy! **II.** *app inv, inf* (*maman, papa*) indulgent; **grand-mère** ~ doting grandmother

gâter [gɑte] <1> **I.** *vt* (*combler: personne*) to spoil ▶**nous sommes gâtés** just our luck; **cela ne gâte rien** that's no bad thing **II.** *vpr* **se** ~ (*viande*) to go bad; (*fruits*) to spoil; (*choses, temps*) to turn bad; (*situation, ambiance*) to go sour

gâterie [gɑtʀi] *f* (*friandise*) treat; **faire une** ~ **à qn** to give sb a treat

gâteux, -euse [gɑtø, -øz] **I.** *adj* **1.** *péj* (*sénile*) senile **2.** (*fou de*) besotted **II.** *m, f péj* senile old fool

GATT [gat] *m abr de* **General Agreement on Tariffs and Trade** GATT

gauche [goʃ] **I.** *adj* **1.** (*opp: droit*) left **2.** (*maladroit*) uneasy; (*geste*) jerky **II.** *m* **un crochet du** ~ a left hook **III.** *f* **1.** left; **à** ~ on the left; **à la** ~ **de qn** on sb's left; **sur la** ~ **de qc** on the left of sth; **de** ~ **à droite** from left to right **2.** POL **la** ~ the Left; **idées/partis de** ~ left-wing ideas/parties

gauchement [goʃmɑ̃] *adv* clumsily

gaucher, -ère [goʃe, -ɛʀ] **I.** *adj* left-handed **II.** *m, f* left-hander, southpaw

gaucherie [goʃʀi] *f* awkwardness

gauchiste [goʃist] *mf* leftist

gaufre [gofʀ] *f* waffle

gaufrette [gofʀɛt] *f* wafer

gaufrier [gofʀije] *m* waffle iron

Gaule [gol] *f* **la** ~ Gaul

gaullisme [golism] *m* Gaullism

gaulliste [golist] *mf* Gaullist

gaulois(e) [golwa, waz] *adj* Gallic

Gaulois(e) [golwa, waz] *m(f)* Gaul

gauloiserie [golwazʀi] *f* **1.** (*propos*) ribald remark **2.** (*caractère*) bawdiness

gaver [gave] <1> **I.** *vt* **1.** (*engraisser: oie*) to force-feed **2.** (*bourrer*) ~ **qn de qc** to cram sb with sth **II.** *vpr* **se** ~ **de qc** to gorge oneself on sth

gavroche [gavʀɔʃ] *m* street urchin

gay [gɛ] **I.** *adj inv* gay **II.** *m* gay

gaz [gɑz] *m* **1.** (*vapeur invisible*) gas; ~ **lacrymogène** teargas; ~ **de combat** poison gas; ~ **d'échappement** exhaust fumes *pl* **2.** *pl* (*flatulence*) gas; **avoir des** ~ to have gas

gaze [gɑz] *f* gauze

gazelle [gazɛl] *f* gazelle

gazer [gɑze] <1> *vt* to gas

gazeux, -euse [gɑzø, -øz] *adj* **1.** (*relatif au gaz*) gaseous **2.** (*qui contient du gaz*) sparkling

gazinière [gɑzinjɛʀ] *f* gas stove

gazoduc [gɑzodyk] *m* gas pipeline

gazole [gazɔl] *m* diesel oil

gazon [gɑzɔ̃] *m* lawn

gazouillement [gazujmɑ̃] *m* (*d'un bébé*) gurgling; (*d'un oiseau*) chirping

gazouiller [gazuje] <1> *vi* (*bébé*) to gurgle; (*oiseau*) to chirp

gazouillis [gazuji] *m v.* **gazouillement**

GDF [ʒedeɛf] *abr de* **Gaz de France** *French national gas company*

geai [ʒɛ] *m* jay

géant(e) [ʒeɑ̃, ɑ̃t] **I.** *adj* giant **II.** *m(f)* **a.** COM giant

geignard(e) [ʒɛɲaʀ, aʀd] **I.** *adj péj, inf* whining; (*enfant*) whiny **II.** *m(f) péj, inf* complainer

geindre [ʒɛ̃dʀ] *vi irr* **1.** (*gémir*) to whine **2.** *péj, inf* (*pleurnicher*) to whine

geisha [gɛʃa, gɛjʃa] *f* geisha

gel [ʒɛl] *m* **1.** METEO ice **2.** (*blocage*) freeze;

~ **des salaires** salary freeze **3.** (*crème*) gel
gélatine [ʒelatin] *f* gelatin
gélatineux, -euse [ʒelatinø, -øz] *adj* gelatinous
gelé(e) [ʒ(ə)le] *adj* **1.** (*pris par la glace: rivière, terre*) frozen **2.** (*endommagé par le froid*) frostbitten
gelée [ʒ(ə)le] *f* **1.** METEO frost **2.** CULIN Jell-O®
geler [ʒ(ə)le] <4> **I.** *vt* to freeze; (*bourgeons*) to nip **II.** *vi* **1.** METEO to freeze; (*rivière*) to freeze over; (*fleurs*) to be nipped; **la récolte a gelé** the harvest was ruined by frost **2.** (*avoir froid*) to be cold; **on gèle ici!** we're freezing in here! **3.** *impers* **il gèle** it is freezing
gélule [ʒelyl] *f* capsule
Gémeaux [ʒemo] *mpl* Gemini; *v.a.* **Balance**
gémir [ʒemiʀ] <8> *vi* to moan
gémissant(e) [ʒemisɑ̃, ɑ̃t] *adj* **dire qc d'une voix ~e** to say sth with a moan
gémissement [ʒemismɑ̃] *m* moaning
gênant(e) [ʒɛnɑ̃, ɑ̃t] *adj* irritating; (*question, situation*) embarrassing
gencive [ʒɑ̃siv] *f* gum
gendarme [ʒɑ̃daʀm] *m* **1.** (*policier*) police officer; ~ **mobile** riot police officer **2.** *inf* (*personne autoritaire*) bossy person ▶ **jouer au(x) ~(s) et au(x) voleur(s)** to play cops and robbers
gendarmer [ʒɑ̃daʀme] <1> *vpr* **se ~ contre qn** to get angry with sb
gendarmerie [ʒɑ̃daʀməʀi] *f* **1.** (*corps militaire*) police force **2.** (*bâtiment*) police station

i The **gendarmerie** is a unit of the army with the function of a police force. There is a gendarmerie in every town.

gendre [ʒɑ̃dʀ] *m* son-in-law
gène [ʒɛn] *m* gene
gêne [ʒɛn] *f* **1.** (*malaise*) discomfort **2.** (*ennui*) **devenir une ~ pour qn** to become a problem for sb **3.** (*trouble*) trouble ▶ **être dans la ~** to have problems; **être sans ~** to be thoughtless
généalogie [ʒenealɔʒi] *f* genealogy; (*d'une personne*) ancestry
généalogique [ʒenealɔʒik] *adj* genealogical; **arbre ~** family tree
gène-médicament [ʒɛnmedikamɑ̃] <gènes-médicaments> *m* MED gene drug
gêner [ʒene] <1> **I.** *vt* **1.** (*déranger*) to bother **2.** (*entraver: piétons*) to disrupt; **être gêné dans ses mouvements** to be restricted in one's movements **3.** (*mettre mal à l'aise*) to cause to feel ill at ease; **être gêné** to feel ill at ease; **ça me gêne de vous dire ça** I feel uneasy about telling you that **II.** *vpr* **1. se ~ pour** +*infin* to put oneself out to +*infin;* **ne vous gênez pas pour moi!** don't mind me!; **vas-y! ne te gêne pas!** *iron, inf* go right ahead! **2.** *Suisse* (*être intimidé, avoir honte*) **se ~** to feel awkward
général [ʒeneʀal, -o] <-aux> *m* general; ~ **en chef** general-in-command; **oui mon ~!** yes, sir!
général(e) [ʒeneʀal, -o] <-aux> *adj* **1.** (*commun, collectif*) general; **le conseil ~** departmental council; **en règle ~e** generally (speaking) **2.** (*vague*) vague **3.** (*qui embrasse l'ensemble*) **directeur ~** director general; **quartier ~** headquarters **4.** (*total*) **atteint de paralysie ~e** affected by overall paralysis ▶ **en ~** in general; **d'une façon ~e** generally; (*dans l'ensemble*) as a whole
générale [ʒeneʀal] *f* THEAT dress rehearsal
généralement [ʒeneʀalmɑ̃] *adv* **1.** (*habituellement*) usually **2.** (*opp: en détail*) generally
généralisation [ʒeneʀalizasjɔ̃] *f* (*d'un conflit*) spread; (*d'une mesure*) generalization
généraliser [ʒeneʀalize] <1> **I.** *vt* **1.** (*rendre général*) to make general **2.** (*répandre: méthode, mesure*) to generalize **II.** *vpr* **se ~** (*procédé*) to become widespread; **le cancer s'est généralisé** the cancer has spread
généraliste [ʒeneʀalist] *adj* **médecin ~** general practitioner
généralité [ʒeneʀalite] *f gén pl* (*idées générales*) general points; *péj* generalities
générateur, -trice [ʒeneʀatœʀ, -tʀis] **I.** *adj* ~ **de qc** generative of sth **II.** *m, f* generator
génération [ʒeneʀasjɔ̃] *f* generation
générer [ʒeneʀe] <5> *vt* **1.** (*produire*) to produce **2.** INFORM to generate
généreusement [ʒeneʀøzmɑ̃] *adv* generously
généreux, -euse [ʒeneʀø, -øz] *adj* **1.** (*libéral*) generous **2.** (*riche: terre*) rich; (*vin*) generous **3.** *iron* (*plantureux: formes, poitrine*) ample; (*décolleté*) generous
générique [ʒeneʀik] **I.** *m* credits *pl* **II.** *adj* generic
générosité [ʒeneʀozite] *f* **1.** (*libéralité*) generosity **2.** (*magnanimité*) magnanimity **3.** *pl* (*cadeau*) kindnesses
genèse [ʒənɛz] *f* (*production*) genesis
Genèse [ʒənɛz] *f* REL **la ~** Genesis
genêt [ʒənɛ] *m* broom
généticien(ne) [ʒenetisjɛ̃, jɛn] *m(f)* geneticist
génétique [ʒenetik] **I.** *adj* genetic **II.** *f* genetics
gêneur, -euse [ʒɛnœʀ, -øz] *m, f* intruder
Genève [ʒ(ə)nɛv] Geneva
genevois [ʒənvwa] *m* Genevan; *v.a.* **français**
genevois(e) [ʒən(ə)vwa, -waz] *adj* Genevan
Genevois(e) [ʒən(ə)vwa, -waz] *m(f)* Genevan
génial(e) [ʒenjal, -jo] <-aux> *adj* **1.** (*ingénieux*) inspired **2.** *inf* (*formidable*) great
génialement [ʒenjalmɑ̃] *adv* brilliantly
génie [ʒeni] *m* **1.** (*esprit*) genius; **avoir du ~** to have genius; **de ~** brilliant **2.** (*don*) **avoir le ~ de dire qc** to have the gift for saying sth **3.** HIST genie **4.** MIL Engineers *pl* **5.** (*art*) ~ **civil/génétique** civil/genetic engineering
genièvre [ʒənjɛvʀ] *m* juniper
génique [ʒenik] *adj* gene
génisse [ʒenis] *f* heifer
génital(e) [ʒenital, -o] <-aux> *adj* genital

G

génitif [ʒenitif] *m* genitive

génocide [ʒenɔsid] *m* genocide

génoise [ʒenwaz] *f* (*gâteau*) sponge cake

génothèque [ʒenɔtɛk] *f* (*banque de génotypes*) gene bank

genou [ʒ(ə)nu] <x> *m* knee; **sur les ~x de qn** on sb's knees; **à ~x** kneeling ▶ **être sur les ~x** *inf* to be ready to drop; **faire du ~ à qn** to play footsie with sb

genouillère [ʒənujɛʀ] *f* kneeler; MED knee support

genre [ʒɑ̃ʀ] *m* **1.** (*sorte*) type **2.** (*allure*) appearance **3.** ART genre; **~ dramatique/comique** dramatic/comic style **4.** (*espèce*) **~ humain** mankind **5.** LING gender ▶ **ça fait mauvais ~** that looks bad; **unique en son ~** one of a kind; **se donner un ~** to put on airs; **ce n'est pas mon ~** it is not my style; **ce n'est pas son ~** it is not like him/her; **de ce/du même ~** of this type/of the same type; **des trucs de ce ~** things like this; **en tout ~** [*o* **tous ~s**] of every kind

gens [ʒɑ̃] *mpl, fpl* people; **petites ~** people of modest means; **~ d'armes** men-at-arms; **~ de lettres** writers; **~ de maison** domestic servants; **~ du monde** society people

gent [ʒɑ̃(t)] *f iron* **la ~ féminine** the fairer sex

gentiane [ʒɑ̃sjan] *f* gentian

gentil(le) [ʒɑ̃ti, ij] *adj* **1.** (*aimable*) kind; **~ avec qn** kind to sb **2.** (*joli*) pretty **3.** (*sage*) good **4.** *iron* (*coquet*) **~le somme** tidy sum ▶ **c'est (bien) ~, mais ...** *inf* that's all very well, but ...

gentilhomme [ʒɑ̃tijɔm, ʒɑ̃tizɔm] <gentilshommes> *m* gentleman

gentillesse [ʒɑ̃tijɛs] *f* **1.** (*qualité*) kindness; **avoir la ~ de** *+infin* to be kind enough to *+infin* **2.** (*action, parole*) favor

gentiment [ʒɑ̃timɑ̃] *adv* **1.** (*aimablement*) kindly **2.** (*sagement*) clearly

gentleman [dʒɛntləman, ʒɑ̃tləman, -mɛn] <s *o* -men> *m* gentleman

géo [ʒeo] *f inf abr de* **géographie**

géode [ʒeɔd] *f* geode

géographe [ʒeɔgʀaf] *mf* geographer

géographie [ʒeɔgʀafi] *f* geography

géographique [ʒeɔgʀafik] *adj* geographical

géologie [ʒeɔlɔʒi] *f* geology

géologique [ʒeɔlɔʒik] *adj* geological

géologue [ʒeɔlɔg] *mf* geologist

géomètre [ʒeɔmɛtʀ] *mf* surveyor

géométrie [ʒeɔmetʀi] *f* geometry; **~ dans l'espace** solid geometry

géométrique [ʒeɔmetʀik] *adj* geometric

géophysicien(ne) [ʒeofizisjɛ̃, jɛn] *m(f)* geophysicist

géopolitique [ʒeopɔlitik] *f* geopolitics *+ vb sing*

Géorgie [ʒeɔʀʒi] *f* **la ~ (du Sud)** (South) Georgia

géothermique [ʒeotɛʀmik] *adj* geothermal

gérance [ʒeʀɑ̃s] *f* (*gestion*) management

géranium [ʒeʀanjɔm] *m* geranium

gérant(e) [ʒeʀɑ̃, ɑ̃t] *m(f)* manager

gerbe [ʒɛʀb] *f* (*de blé*) sheaf; (*de fleurs, d'eau, d'écume*) spray; **déposer une ~ sur une tombe** to place a spray of flowers on a grave

gercé(e) [ʒɛʀse] *adj* chapped

gercer [ʒɛʀse] <2> *vi* to crack

gerçure [ʒɛʀsyʀ] *f* **avoir des ~s aux mains** to have chapped hands

gérer [ʒeʀe] <5> *vt* **1.** (*diriger*) to manage **2.** (*coordonner: crise*) to handle; (*temps libre*) to manage

gériatrie [ʒeʀjatʀi] *f* geriatrics *+ vb sing*

Germain(e) [ʒɛʀmɛ̃, ɛn] *m(f)* German

germanique [ʒɛʀmanik] *adj* Germanic

germanisme [ʒɛʀmanism] *m* Germanism

germaniste [ʒɛʀmanist] *mf* German scholar

germanophile [ʒɛʀmanɔfil] *adj* Germanophile

germanophobe [ʒɛʀmanɔfɔb] *adj* Germanophobe

germanophone [ʒɛʀmanɔfɔn] **I.** *adj* German-speaking; **être ~** to be a German speaker **II.** *mf* German speaker

germe [ʒɛʀm] *m* **1.** (*semence*) seed; **en ~** in embryo **2.** MED germ

germer [ʒɛʀme] <1> *vi* to sprout; (*idée, sentiment*) to form

germination [ʒɛʀminasjɔ̃] *f a.* BOT germination

gérondif [ʒeʀɔ̃dif] *m* gerund

gérontologie [ʒeʀɔ̃tɔlɔʒi] *f* gerontology

gésier [ʒezje] *m* gizzard; **salade de ~s** salad with chicken gizzards

gestation [ʒɛstasjɔ̃] *f* **1.** (*grossesse*) gestation **2.** (*genèse*) preparation

geste [ʒɛst] *m* **1.** (*mouvement*) gesture; **~ de la main** wave of the hand **2.** (*action*) act; **~ d'amour** gesture of love ▶ **joindre le ~ à la parole** to match one's actions to one's words; **faire un ~** to make a gesture

gesticuler [ʒɛstikyle] <1> *vi* to gesticulate

gestion [ʒɛstjɔ̃] *f* management; **~ d'entreprise** business management

gestionnaire [ʒɛstjɔnɛʀ] **I.** *mf* management **II.** *m* INFORM **~ de fichiers** file manager

gestuel(le) [ʒɛstɥɛl] *adj* gestural

geyser [ʒɛzɛʀ] *m* (*source*) geyser

Ghana [gana] *m* **le ~** Ghana

ghetto [geto] *m* ghetto

gibet [ʒibɛ] *m* gibbet

gibier [ʒibje] *m* **1.** (*animaux de chasse*) game; **gros ~** large game **2.** *fig* **~ de potence** gallows bird

giboulée [ʒibule] *f* sudden shower

giclée [ʒikle] *f* (*d'encre*) squirt; (*de vapeur*) spurt

gicler [ʒikle] <1> **I.** *vi* (*eau*) to squirt; (*boue*) to spurt **II.** *vt Suisse* (*asperger, éclabousser*) to splash

gicleur [ʒiklœʀ] *m* jet

gifle [ʒifl] *f* slap

gifler [ʒifle] <1> *vt* **1.** (*battre*) to slap **2.** (*fouetter*) **la pluie me giflait la figure** the rain lashed my face

gigantesque [ʒigɑ̃tɛsk] *adj* gigantic

giga-octet [ʒigaɔktɛ] <giga-octets> *m* gigabyte

GIGN [ʒeiʒeɛn] *m abr de* **Groupe d'intervention de la gendarmerie nationale** *special arm of the French police force*

gigolo [ʒigɔlo] *m péj* gigolo

gigot [ʒigo] *m* leg

gigoter [ʒigɔte] <1> *vi inf* to wriggle around

gilet [ʒilɛ] *m* **1.** (*vêtement sans manches*) vest; **~ de sauvetage** life jacket; **~ pare-balles** bulletproof vest **2.** (*lainage*) cardigan

gin [dʒin] *m* gin

gingembre [ʒɛ̃ʒɑ̃bʀ] *m* ginger

gingivite [ʒɛ̃ʒivit] *f* gingivitis

girafe [ʒiʀaf] *f* giraffe

giratoire [ʒiʀatwaʀ] *adj* **sens ~** roundabout

girl [gœʀl] *f* show girl

girofle [ʒiʀɔfl] *m v.* **clou**

giroflée [ʒiʀɔfle] *f* wallflower

girolle [ʒiʀɔl] *f* chanterelle

girouette [ʒiʀwɛt] *f* **1.** (*plaque placée au sommet d'un édifice*) weather vane **2.** *inf* (*personne*) waverer

gisant [ʒizɑ̃] *m* ART recumbent figure (*on a tomb*)

gisement [ʒizmɑ̃] *m* deposit

gitan(e) [ʒitɑ̃, an] *m(f)* gypsy

gîte [ʒit] *m* shelter; **~ rural** cabin; **~ d'étape** lodge

givrant(e) [ʒivʀɑ̃, ɑ̃t] *adj* freezing

givre [ʒivʀ] *m* frost

givré(e) [ʒivʀe] *adj* **1.** (*couvert de givre*) covered in frost; (*fenêtre*) frosted **2.** *inf* (*fou*) **être ~** to be crazy [*o* mad]

glabre [glɑbʀ] *adj* clean-shaven

glace [glas] *f* **1.** (*eau congelée*) ice **2.** CULIN ice cream; **~ à la fraise/au chocolat** strawberry/chocolate ice cream **3.** (*miroir*) mirror **4.** (*vitre*) plate glass ▶ **rompre la ~** to break the ice

glacé(e) [glase] *adj* **1.** (*très froid*) freezing; (*personne*) frozen **2.** CULIN (*fruit, marrons*) glacé; (*gâteau*) iced; **café/chocolat ~** iced coffee/chocolate **3.** (*recouvert d'un apprêt brillant*) **papier ~** gloss paper **4.** (*inamical: accueil, regard*) icy

glacer [glase] <2> **I.** *vt* **1.** (*refroidir*) to ice **2.** (*impressionner*) to chill **II.** *vpr* **se ~** to freeze

glaciaire [glasjɛʀ] *adj* ice

glacial(e) [glasjal, -jo] <s *o* -aux> *adj* **1.** (*très froid*) freezing **2.** (*inamical*) icy

glaciation [glasjasjɔ̃] *f* glaciation

glacier [glasje] *m* **1.** GEO glacier **2.** (*métier*) ice cream maker

glacière [glasjɛʀ] *f* **1.** (*coffre*) cooler, ice chest **2.** *inf* (*lieu*) fridge

glaçon [glasɔ̃] *m* **1.** (*petit cube*) ice cube **2.** *inf* (*personne*) cold fish **3.** *pl* (*pieds, mains*) blocks of ice

gladiateur [gladjatœʀ] *m* gladiator

glaïeul [glajœl] *m* gladiolus

glaise [glɛz] *f* clay

glaive [glɛv] *m* two-edged sword

gland [glɑ̃] *m* acorn

glande [glɑ̃d] *f* gland

glander [glɑ̃de] <1> *vi inf* to mess [*o* screw] around

glandeur, -euse [glɑ̃dœʀ, -øz] *m, f inf* layabout

glaner [glane] <1> *vt* to glean

glapir [glapiʀ] <8> *vi* to yap

glapissement [glapismɑ̃] *m* (*du renard*) bark; (*du chiot*) yap; (*du lapin, d'une personne*) squeal

glas [glɑ] *m* **1.** (*tintement*) toll; **sonner le ~** to toll the bell **2.** *fig* **sonner le ~ de qc** to sound the knell of sth

Glasgow [glasgo] Glasgow; **habitant de ~** Glaswegian

glauque [glok] *adj* **1.** (*verdâtre*) blue-green **2.** (*lugubre*) dreary

glissade [glisad] *f* **1.** (*action de glisser par jeu*) slide **2.** (*dérapage accidentel*) slip

glissant(e) [glisɑ̃, ɑ̃t] *adj* **1.** (*qui glisse*) slippery; **chaussée ~e!** slippery surface! **2.** (*dangereux*) dangerous

glisse [glis] *f* **1.** (*aptitude à glisser*) glide **2.** *Suisse* (*traîneau, luge*) sled

glissement [glismɑ̃] *m* **~ de terrain** landslide

glisser [glise] <1> **I.** *vi* **1.** (*être glissant*) to be slippery **2.** (*se déplacer*) **~ sur l'eau/sur la neige** to glide over the water/snow; **~ dans l'eau** to slip into the water **3.** (*tomber*) **~ (le long) de qc** to slip along sth; **se laisser ~** to slide **4.** (*déraper*) to skid; **~ sur le verglas** to slip on the black ice; (*véhicule*) to skid on the black ice **5.** (*échapper de*) **ça m'a glissé des mains** it slipped out of my hands **6.** (*ne faire qu'une impression faible*) **~ sur qn** (*critique, remarque*) to wash over sb **II.** *vt* to slide; (*regard*) to sneak; **~ qc à qn** to slip sth to sb; (*dire*) to mention sth to sb **III.** *vpr* **1.** (*pénétrer*) **se ~ dans la maison** to slip into the house **2.** (*s'insinuer*) **se ~ dans qc** to creep into sth

glissière [glisjɛʀ] *f* **~ de sécurité** crash barrier

global(e) [glɔbal, -o] <-aux> *adj* global; (*somme*) total

globalement [glɔbalmɑ̃] *adv* globally

globalité [glɔbalite] *f* global nature

globe [glɔb] *m* globe; **~ oculaire** eyeball

globe-trotter [glɔbtʀɔtœʀ, -tʀɔtɛʀ] <globe-trotters> *mf* globetrotter

globule [glɔbyl] *m* globule

globuleux, -euse [glɔbylø, -øz] *adj* (*yeux*) protruding

gloire [glwaʀ] *f* **1.** (*célébrité*) fame **2.** (*mérite*) distinction **3.** (*personne*) celebrity ▶ **à la ~ de qn/qc** in praise of sb/sth; **pour la ~** for the sake of glory

glorieux, -euse [glɔʀjø, -jøz] *adj* glorious

glorification [glɔʀifikasjɔ̃] *f* glorification

glorifier [glɔʀifje] <1> **I.** *vt* to glorify **II.** *vpr* **se ~ de qc** to glory in sth

gloriole [glɔʀjɔl] *f* misplaced vanity

glossaire [glɔsɛʀ] *m* glossary
glotte [glɔt] *f* glottis
glouglou [gluglu] *m inf* **faire ~** to gurgle
gloussement [glusmɑ̃] *m* **1.** (*cri*) cluck **2.** *inf* (*rire*) chuckle
glousser [gluse] <1> *vi* **1.** (*pousser des gloussements: poule*) to cluck **2.** *inf* (*rire: personne*) to chuckle
glouton(ne) [glutɔ̃, ɔn] **I.** *adj* greedy **II.** *m(f)* glutton
gloutonnerie [glutɔnʀi] *f* gluttony
glu [gly] *f* **1.** (*colle*) birdlime **2.** *inf* (*personne*) leech
gluant(e) [glyɑ̃, ɑ̃t] *adj* sticky
glucide [glysid] *m* carbohydrate
glucose [glykoz] *m* glucose
gluten [glytɛn] *m* gluten
glycémie [glisemi] *f* MED glycemia
glycine [glisin] *f* wisteria
G.M.T. [ʒeɛmte] *abr de* **Greenwich Mean Time** GMT
gnangnan [ɲɑ̃ɲɑ̃] *adj inv, inf* **être ~** (*personne*) to be a wimp; (*musique, histoire*) to be soppy
gnôle [ɲol] *f inf* hooch
gnon [ɲɔ̃] *m inf* bash
go [go] **tout de ~** *inf* without hesitating
Go *abr de* **giga-octet** GB
GO [ʒeo] *fpl abr de* **grandes ondes** LW
gobelet [gɔblɛ] *m* beaker
gober [gɔbe] <1> *vt* **1.** (*avaler en aspirant: huître, œuf*) to swallow whole **2.** *inf* (*croire*) to swallow
goberger [gɔbɛʀʒe] <2a> *vpr inf* **se ~** (*faire bonne chère*) to live it up
godasse [gɔdas] *f inf* shoe
godemiché [gɔdmiʃe] *m* dildo
godet [gɔdɛ] *m* **1.** (*gobelet*) beaker **2.** (*pour la peinture*) pot **3.** *inf* (*verre*) jar **4.** TECH (*d'une pelleteuse mécanique*) bucket **5.** COUT gore
godiche [gɔdiʃ] *adj inf* lumpish
godille [gɔdij] *f* scull ► **à la ~** crummy
godiller [gɔdije] <1> *vi* **1.** NAUT to scull **2.** (*au ski*) to wedeln
goéland [gɔelɑ̃] *m* seagull
goélette [gɔelɛt] *f* schooner
gogo [gogo] **à ~** *inf* plenty of
goguenard(e) [gɔg(ə)naʀ, aʀd] *adj* mocking
goinfre [gwɛ̃fʀ] **I.** *adj* piggish **II.** *mf péj* greedy pig
goinfrer [gwɛ̃fʀe] <1> *vpr péj, inf* **se ~ de qc** to pig out on sth
goinfrerie [gwɛ̃fʀəʀi] *f péj* piggery
goitre [gwatʀ] *m* goiter
golf [gɔlf] *m* golf; (*terrain*) golf course
golfe [gɔlf] *m* gulf
Golfe de Gascogne *m* **le ~** Bay of Biscay
Golfe du Lion *m* **le ~** Gulf of Lions
golfeur, -euse [gɔlfœʀ, -øz] *m, f* golfer
gominer [gɔmine] <1> *vpr* **se ~** to put on hair gel
gomme [gɔm] *f* **1.** (*bloc de caoutchouc*) eraser **2.** (*substance*) gum ► **mettre la ~** *inf* to floor it
gommé(e) [gɔme] *adj* gummed
gommer [gɔme] <1> *vt* to rub out; (*de sa mémoire*) to erase
gommette [gɔmɛt] *f* sticker
gond [gɔ̃] *m* hinge ► **sortir de ses ~s** to fly off the handle
gondole [gɔ̃dɔl] *f* gondola
gondoler [gɔ̃dɔle] <1> *vi* to crinkle; (*planche*) to warp
gondolier, -ière [gɔ̃dɔlje, -jɛʀ] *m, f* gondolier
gonflable [gɔ̃flabl] *adj* inflatable
gonflage [gɔ̃flaʒ] *m* (*des pneus*) inflation; (*d'un ballon*) blowing up
gonflé(e) [gɔ̃fle] *adj* **1.** (*rempli*) swollen; (*yeux, visage*) puffy **2.** *inf* (*culotté*) cheeky
gonflement [gɔ̃fləmɑ̃] *m* **1.** (*d'un pneu*) inflation; (*d'un ballon*) blowing up; (*d'une plaie, d'un organe, du visage*) swelling **2.** (*augmentation: des effectifs*) expansion; (*de l'épargne*) buildup **3.** (*surestimation: d'une facture, note de frais*) inflation; (*d'un incident*) exaggeration
gonfler [gɔ̃fle] <1> **I.** *vt* (*pneus*) to inflate; (*ballon*) to blow up; (*voiles*) to fill; **~ les poumons** to fill one's lungs **II.** *vi* to swell; (*pâte*) to rise **III.** *vpr* **se ~** (*poitrine*) to expand; (*voiles*) to fill
gonflette [gɔ̃flɛt] *f péj, inf* iron-pumping
gonfleur [gɔ̃flœʀ] *m* (air) pump
gong [gɔ̃(g)] *m* gong
gonzesse [gɔ̃zɛs] *f péj, inf* chick
goret [gɔʀɛ] *m* **1.** (*porcelet*) piglet **2.** (*enfant sale*) dirty little pig
gorge [gɔʀʒ] *f* **1.** (*partie du cou*) throat **2.** GEO gorge ► **faire des ~s chaudes de qc** *inf* to scorn sth; **à ~ déployée** at the top of one's voice; **avoir la ~ nouée** [*o* **serrée**] to have a lump in one's throat; **rester à qn en travers de la ~** to stick in sb's throat
gorgé(e) [gɔʀʒe] *adj* **fruits ~s de soleil** sun-kissed fruit; **terre ~e d'eau** earth saturated with water
gorgée [gɔʀʒe] *f* mouthful
gorille [gɔʀij] *m* gorilla
gosette [gozɛt] *f Belgique* (*chausson aux fruits*) turnover
gosier [gozje] *m* throat
gosse [gɔs] *mf inf* kid; **sale ~** brat ► **être beau ~** to be good-looking
gothique [gɔtik] **I.** *adj* Gothic **II.** *m* Gothic
gouache [gwaʃ] *f* gouache, poster paint
gouailleur, -euse [gwajœʀ, -øz] *adj inf* cheeky
gouda [guda] *m* gouda
goudron [gudʀɔ̃] *m* tar
goudronné(e) [gudʀɔne] *adj* tarred
goudronner [gudʀɔne] <1> *vt* to tar
gouffre [gufʀ] *m* **1.** (*abîme*) abyss **2.** (*chose ruineuse*) bottomless pit
gouine [gwin] *f péj, inf* dyke
goujat [guʒa] *m* boor
goujon [guʒɔ̃] *m* gudgeon ► **taquiner le ~** *inf* to do some fishing

goulache [gulaʃ] *m o f* goulash
goulafre [gulafʀ] *m Belgique, Nord* (*goinfre, glouton*) guzzler
goulet [gulɛ] *m* **~ d'étranglement** bottleneck
goulot [gulo] *m* **1.** (*col d'une bouteille*) neck; **boire au ~** to drink from the bottle **2.** (*goulet*) **~ d'étranglement** bottleneck
goulu(e) [guly] *adj* greedy
goulûment [gulymɑ̃] *adv* greedily
goupiller [gupije] <1> **I.** *vt inf* to fix **II.** *vpr inf* **bien/mal se ~** to come off/not come off
goupillon [gupijɔ̃] *m* **1.** REL aspergillum **2.** (*brosse*) bottle brush
gourd(e) [guʀ, guʀd] *adj* numb
gourde [guʀd] *f* **1.** (*bouteille*) flask **2.** *inf* (*personne*) clot
gourdin [guʀdɛ̃] *m* club
gourer [guʀe] *vpr inf* **se ~ de qc** to get sth wrong
gourmand(e) [guʀmɑ̃, ɑ̃d] **I.** *adj* **être ~** to be greedy **II.** *m(f)* gourmand; (*de sucreries*) a person with a sweet tooth
gourmandise [guʀmɑ̃diz] *f* fondness for good food; (*défaut*) greediness; **manger par/avec ~** to eat for the pleasure of eating
gourmet [guʀmɛ] *m* gourmet
gourmette [guʀmɛt] *f* chain bracelet
gourou [guʀu] *m* guru
gousse [gus] *f* **~ de vanille** vanilla pod; **~ d'ail** garlic clove
goût [gu] *m* **1.** *sans pl* (*sens, saveur, jugement*) taste; **être sans ~** to be tasteless; **avoir un ~ de qc** to taste of sth; **avoir bon ~** (*plat*) to taste good; (*personne*) to have good taste; **être de mauvais ~** to be in bad taste; **une femme de ~** a woman of taste; **avec ~** tastefully **2.** *sans pl* (*envie*) inclination; **par ~** from inclination; **~ de vivre** enjoyment of life; **prendre ~ à qc** to get a taste for sth; **reprendre ~ à qc** to start to enjoy sth again; **ne plus avoir ~ à rien** to not want to do anything **3.** *sans pl* (*penchant*) **~ pour les maths** gift for math; **~ du risque** liking for risk **4.** *pl* (*préférences*) taste; **avoir des ~s de luxe** to have expensive taste **5.** (*avis*) **à mon ~** in my opinion ▶ **tous les ~s sont dans la nature** *prov* it take all sorts to make a world; **chacun ses ~s** *prov* to each his own
goûter [gute] <1> **I.** *vi* **1.** (*prendre le goûter: enfant*) to have an afternoon snack **2.** (*essayer*) **~ à qc** to try sth **3.** (*toucher*) **~ aux plaisirs de la vie** to sample life's pleasures **4.** *Belgique, Québec* (*plaire par le goût*) to be tasty **II.** *vt* **1.** (*essayer*) to try **2.** (*savourer*) to savor **3.** *Belgique, Québec* (*avoir le goût de*) **~ qc** to taste of sth **III.** *m* afternoon snack

> **i** When primary school children come home at 4:30 p.m., they have a **goûter**, or a small snack. Usually, it consists of fruit juice or hot chocolate and a cake or pastry.

goutte [gut] *f* drop; **~ à ~** drop by drop; **avoir la ~ au nez** *inf* to have a runny nose ▶ **c'est une ~ d'eau dans la mer** it's a drop in the ocean; **se ressembler comme deux ~s d'eau** to be like two peas in a pod; **passer entre les ~s** to come out unscathed
goutte-à-goutte [gutagut] *m inv* drip
gouttelette [gutlɛt] *f* tiny drop
goutter [gute] <1> *vi* to drip; (*canalisation*) to leak
gouttière [gutjɛʀ] *f* gutter
gouvernable [guvɛʀnabl] *adj* governable
gouvernail [guvɛʀnaj] *m* **1.** (*barre*) helm **2.** *fig* **tenir le ~** to be at the helm
gouvernante [guvɛʀnɑ̃t] *f* **1.** (*bonne*) housekeeper **2.** (*préceptrice*) governess
gouvernants [guvɛʀnɑ̃] *mpl* rulers
gouverne [guvɛʀn] *f* **pour ta ~** for your guidance
gouvernement [guvɛʀnəmɑ̃] *m* government; **entrer/être au ~** to join/be in the government
gouvernemental(e) [guvɛʀnəmɑ̃tal, -o] <-aux> *adj* (*journal*) pro-government; (*parti, politique*) governing
gouverner [guvɛʀne] <1> **I.** *vi* to govern **II.** *vt* **1.** (*diriger*) to govern **2.** (*maîtriser*) to control
gouverneur [guvɛʀnœʀ] *m* governor
goyave [gɔjav] *f* guava
G.P.L. [ʒepeɛl] *m abr de* **gaz de pétrole liquéfié** L.P.G.
G.R. [ʒeɛʀ] *m abr de* (**sentier de**) **grande randonnée** *main hiking trail*
grabat [gʀaba] *m* pallet
grabataire [gʀabatɛʀ] **I.** *adj* bedridden **II.** *mf* invalid (*bedridden*)
grabuge [gʀabyʒ] *m inf* **faire du ~** to create havoc; **il y a du ~** there is chaos
grâce [gʀɑs] *f* **1.** *sans pl* (*charme*) grace; **avec ~** gracefully; (*parler*) charmingly **2.** *sans pl* (*faveur*) favor **3.** *sans pl* (*clémence*) mercy; **crier/demander ~** to cry/beg for mercy **4.** JUR pardon ▶ **à la ~ de Dieu** it's in God's hands; **faire qc de bonne/mauvaise ~** to do sth with good/bad grace; **faire ~ à qn de qc** to spare sb sth; **~ à qn/qc** thanks to sb/sth

> **i** Whenever a new President of the Republic is elected, he announces a short period of **grâce** and often shortens the prison sentences of youths or gives an *amnistie* on traffic fines given on a particular day.

gracier [gʀasje] <1> *vt* to pardon
gracieusement [gʀasjøzmɑ̃] *adv* **1.** (*charmant*) charmingly **2.** (*gratuitement*) free of charge
gracieux, -euse [gʀasjø, -jøz] *adj* **1.** (*charmant*) charming **2.** (*aimable*) kindly **3.** (*gratuit*) free of charge
gradation [gʀadasjɔ̃] *f* gradation
grade [gʀad] *m* grade; UNIV status; (*de capi-*

taine) rank; **monter en ~** to be promoted ►**en prendre pour son ~** *inf* to be raked over the coals

gradé(e) [gʀade] *m(f)* officer

gradins [gʀadɛ̃] *mpl* terraces

graduation [gʀadɥasjɔ̃] *f* gradation

gradué(e) [gʀadɥe] *adj* **1.** graduated; **verre ~** measuring cup **2.** (*progressif*) graded

graduel(le) [gʀadɥɛl] *adj* gradual

graduellement [gʀadɥɛlmɑ̃] *adv* gradually

graduer [gʀadɥe] <1> *vt* **1.** (*augmenter graduellement*) to increase in difficulty **2.** (*diviser en degrés*) to graduate

graffiti [gʀafiti] <(s)> *m* graffiti

graillon [gʀɑjɔ̃] *m* **1.** bit of burnt fat; **sentir le ~** to smell of frying **2.** *inf* (*crachat*) gob

grain [gʀɛ̃] *m* **1.** *sing o pl* (*petite chose arrondie*) spot; **~ de beauté** beauty spot **2.** (*graine*) grain; (*d'une grenade*) seed; **~ de café** coffee bean; **~ de poivre** peppercorn; **~ de moutarde** mustard seed; **~ de raisin** grape **3.** (*particule*) speck **4.** (*texture*) texture; (*d'un cuir*) grain **5.** *sans pl* (*petite quantité*) touch **6.** METEO heavy shower ►**~ de sable** grain of sand; **mettre son ~ de sel** *inf* to put in one's two cents worth

graine [gʀɛn] *f* seed ►**c'est de la ~ de voyou** he has the makings of a hooligan; **être de la mauvaise ~** to be a bad lot; **casser la ~** *inf* to have a bite to eat; **en prendre de la ~** *inf* to take a page out of sb's book

grainetier, -ière [gʀɛntje, -jɛʀ] *m, f* seed merchant

graisse [gʀɛs] *f* **1.** (*matière grasse*) fat **2.** (*lubrifiant*) grease

graisser [gʀese] <1> *vt* to grease

graisseux, -euse [gʀɛsø, -øz] *adj* greasy; (*cahier, nappe*) grease-stained

graminées [gʀamine] *fpl* grasses

grammaire [gʀa(m)mɛʀ] *f* grammar

grammatical(e) [gʀamatikal, -o] <-aux> *adj* (*analyse*) grammatical; (*exercice*) grammar

grammaticalement [gʀamatikalmɑ̃] *adv* grammatically

gramme [gʀam] *m* gram ►**ne pas avoir un ~ de bon sens** [*o* **de jugeote**] *inf* not to have an ounce of common sense

grand(e) [gʀɑ̃, ɑ̃d] **I.** *adj* **1.** (*dont la taille dépasse la moyenne*) big; (*arbre*) tall; (*jambe, avenue*) long; (*format, entreprise*) large; **~ magasin** department store **2.** (*extrême, fameux*) great; (*buveur, fumeur*) heavy; (*travailleur*) hard; (*collectionneur*) great; **être un ~ brûlé/blessé** to be badly burned/injured **3.** (*intense*) great; (*bruit, cri*) loud; (*vent*) strong; (*coup*) hard; (*soupir*) heavy **4.** (*respectable: dame, monsieur*) great; **~es écoles** *France's prestigious graduate level schools* **5.** (*généreux: sentiment*) noble **6.** (*exagéré: mots*) big; (*gestes*) sweeping; **prendre de ~s airs** to take on airs **II.** *adv* **ouvrir tout ~ qc** to open sth wide; **voir ~** to see things on a large scale **III.** *m(f)* **1.** (*personne/objet grands*) big person/thing **2.** (*personne importante*) **un ~ du football** a soccer legend

> **i** The **grandes écoles** are prestigious higher education establishments with a tough selection process following a two-year university or preparatory course *(classes préparatoires)*. They include *l'École polytechnique* and *l'École Centrale*, which train engineers, and *l'École des Hautes Études commerciales (HEC)* which teaches management and economics. Graduates usually achieve high positions in business or government.

grand-angle [gʀɑ̃tɑ̃gl] <grands-angles> *m* wide-angle lens

grand-chose [gʀɑ̃ʃoz] **pas ~** not much

grand-duc [gʀɑ̃dyk] <grands-ducs> *m* grand duke

grand-ducal(e) [gʀɑ̃dykal, -o] <-aux> *adj Belgique* (*du grand-duché de Luxembourg, luxembourgeois*) grand-ducal

grand-duché [gʀɑ̃dyʃe] <grands-duchés> *m* grand duchy

Grande-Bretagne [gʀɑ̃dbʀətaɲ] *f* **la ~** Great Britain

grandement [gʀɑ̃dmɑ̃] *adv* greatly; (*avoir raison*) absolutely

grandeur [gʀɑ̃dœʀ] *f* **1.** (*dimension*) size; **être de la ~ de qc** to be the size of sth; **de même ~** of the same size; **~ nature** life-size **2.** (*puissance*) greatness **3.** (*générosité*) generosity; **~ d'âme** big-heartedness

grandiloquence [gʀɑ̃dilɔkɑ̃s] *f* bombast

grandiloquent(e) [gʀɑ̃dilɔkɑ̃, ɑ̃t] *adj* bombastic

grandiose [gʀɑ̃djoz] *adj* imposing

grandir [gʀɑ̃diʀ] <8> **I.** *vi* **1.** (*devenir plus grand*) to grow; **~ de dix centimètres** to grow ten centimeters **2.** (*devenir plus mûr*) to grow up **3.** (*augmenter*) to increase; (*foule*) to get bigger **4.** *fig* **sortir grandi de qc** to come out of sth a better person **II.** *vt* **1.** (*rendre plus grand: personne*) to make taller; (*chose*) to make bigger **2.** (*ennoblir*) **qc grandit qn** sth makes sb a better person **III.** *vpr* **1.** (*se rendre plus grand*) **se ~** to get bigger **2.** (*s'élever*) **se ~ par qc** to grow up through sth

grand-mère [gʀɑ̃mɛʀ] <grands-mères> *f* grandmother

grand-oncle [gʀɑ̃tɔ̃kl] <grands-oncles> *m* great-uncle

grand-peine [gʀɑ̃pɛn] **avoir ~ à faire qc** to have great difficulty in doing sth

grand-père [gʀɑ̃pɛʀ] <grands-pères> *m* grandfather

grand-rue [gʀɑ̃ʀy] <grand-rues> *f* main street

grands-parents [gʀɑ̃paʀɑ̃] *mpl* grandparents

grand-tante [gʀɑ̃tɑ̃t] <grands-tantes> *f* great-aunt
grange [gʀɑ̃ʒ] *f* barn
granit(e) [gʀanit] *m* granite
granitique [gʀanitik] *adj* granite
granulé [gʀanyle] *m* granule
granulé(e) [gʀanyle] *adj* granular
granuleux, -euse [gʀanylø, -øz] *adj* granular; (*cuir*) textured; (*peau, roche*) grainy
graphie [gʀafi] *f* written form
graphique [gʀafik] **I.** *adj* graphic **II.** *m* graph
graphisme [gʀafism] *m* **1.** (*écriture*) handwriting **2.** (*aspect d'une lettre*) script **3.** ART graphics; (*d'un artiste*) drawing style
graphiste [gʀafist] *mf* graphic designer
graphite [gʀafit] *m* graphite
graphologie [gʀafɔlɔʒi] *f sans pl* graphology
graphologue [gʀafɔlɔg] *mf* graphologist
grappe [gʀap] *f* cluster; ~ **de raisin** bunch of grapes
grappiller [gʀapije] <1> *vt* **1.** (*cueillir: fruits, fleurs*) to pick **2.** (*prendre au hasard: nouvelles, idées*) to pick up; (*argent*) to get together
grappin [gʀapɛ̃] *m* **mettre le ~ sur qn** *inf* to grab sb
gras [gʀɑ] **I.** *m* **1.** CULIN fat **2.** (*graisse*) grease **3.** (*partie charnue: de la jambe*) fleshy part **II.** *adv* coarsely
gras(se) [gʀɑ, gʀɑs] *adj* **1.** (*formé de graisse*) fatty; **40% de matières ~ses** 40% fat; **corps ~** glyceride **2.** (*gros*) fat **3.** (*graisseux*) greasy; (*chaussée*) slippery; (*terre, boue*) slimy **4.** (*imprimé*) **en (caractère) ~** in bold **5.** BOT **plante ~se** succulent **6.** (*épais: voix*) deep; (*rire*) throaty; (*toux*) loose
grassement [gʀɑsmɑ̃] *adv* (*payer*) generously
grassouillet(te) [gʀasujɛ, jɛt] *adj inf* plump
gratifiant(e) [gʀatifjɑ̃, jɑ̃t] *adj* (*travail*) rewarding
gratification [gʀatifikasjɔ̃] *f* bonus
gratifier [gʀatifje] <1> *vt* ~ **qn d'une récompense** to give sb a reward; ~ **qn d'un sourire** to reward sb with a smile
gratin [gʀatɛ̃] *m* **1.** CULIN gratin **2.** *sans pl, inf* (*haute société*) upper crust
gratiné(e) [gʀatine] *adj* **1.** CULIN au gratin **2.** *inf* (*extraordinaire: raclée*) harsh; (*aventure*) wild
gratiner [gʀatine] <1> **I.** *vi* to brown **II.** *vt* (**faire**) ~ **qc** to brown sth under the broiler
gratis [gʀatis] *adj, adv inf* free
gratitude [gʀatityd] *f* gratitude
gratte-ciel [gʀatsjɛl] *m inv* skyscraper
grattement [gʀatmɑ̃] *m* scratching
gratte-papier [gʀatpapje] <gratte-papier(s)> *mf péj* pencil pusher
gratter [gʀate] <1> **I.** *vi* **1.** (*racler*) to scratch **2.** (*récurer*) to scrape off **3.** (*démanger*) to itch; **ça me gratte à la jambe** my leg's itching **II.** *vt* (*racler*) to scratch; (*mur, table, carottes, sol*) to scrape; (*allumette*) to strike **III.** *vpr* **se ~ qc** to scratch sth ▶ **tu peux toujours te ~!** *inf* you can whistle for it!
grattoir [gʀatwaʀ] *m* scraper
grat(t)ouiller [gʀatuje] <1> **I.** *vi* to itch **II.** *vt* ~ **qn** to make sb itch
gratuiciel [gʀatɥisjɛl] *m Québec* INFORM freeware
gratuit(e) [gʀatɥi, ɥit] *adj* **1.** (*gratis*) free **2.** (*arbitraire: affirmation, supposition*) unwarranted; (*accusation*) unfounded; (*acte*) unmotivated; (*cruauté*) gratuitous
gratuité [gʀatɥite] *f* **1.** (*caractère gratuit*) free nature **2.** (*caractère arbitraire: d'une affirmation*) unwarranted nature; (*d'un acte*) unmotivated nature
gratuitement [gʀatɥitmɑ̃] *adv* **1.** (*gratis*) free **2.** (*sans motif: affirmer*) wantonly; (*agir*) without motivation; (*commettre un crime*) gratuitously
gravats [gʀavɑ] *mpl* rubble
grave [gʀav] **I.** *adj* **1.** (*sérieux*) serious; (*nouvelles*) bad; **ce n'est pas ~** it doesn't matter **2.** (*digne: assemblée*) solemn **3.** LING **accent ~** grave accent **4.** (*profond*) low; (*voix a.*) deep **II.** *m* **les ~s et les aigus** the low and the high registers
gravement [gʀavmɑ̃] *adv* **1.** (*dignement*) gravely; (*marcher*) solemnly **2.** (*fortement*) seriously
graver [gʀave] <1> **I.** *vt* **1.** (*tracer en creux*) ~ **qc sur/dans qc** to engrave sth on/in sth **2.** (*à l'eau-forte*) ~ **qc sur cuivre/sur bois** to etch sth on copper/wood **3.** (*fixer*) ~ **qc dans sa mémoire** to imprint sth into one's memory **4.** INFORM to burn **II.** *vpr* **se ~ dans la mémoire de qn** to be engraved into sb's memory
graveur [gʀavœʀ] *m* INFORM burner; ~ **de CD-ROM/DVD** CD-ROM/DVD writer
graveur, -euse [gʀavœʀ, -øz] *m, f* ART engraver
gravier [gʀavje] *m* gravel
gravillon [gʀavijɔ̃] *m* bit of gravel
gravir [gʀaviʀ] <8> *vt* to climb
gravitation [gʀavitasjɔ̃] *f* gravitation
gravité [gʀavite] *f* **1.** (*sévérité*) solemnity; **avec ~** seriously; (*regarder*) solemnly **2.** (*importance: d'une situation*) seriousness; (*d'une catastrophe, sanction, d'un problème*) gravity; **un accident sans ~** a minor accident **3.** PHYS gravity
graviter [gʀavite] <1> *vi* ~ **autour de qn/qc** to revolve around sb/sth
gravure [gʀavyʀ] *f* **1.** *sans pl* (*technique*) engraving; (*à l'eau-forte*) etching **2.** (*œuvre*) engraving; (*sur cuivre*) copperplate engraving; (*sur bois*) woodcutting; (*à l'eau-forte*) etching **3.** (*reproduction*) plate
gré [gʀe] **de ~ ou de force** (whether) by choice or by force; **de bon ~** willingly; **bon ~ mal ~** whether you like it or not; **de mauvais ~** grudgingly; **de mon/son plein ~** of my/his own free will; **savoir ~ à qn de qc** *soutenu* to be grateful to sb for sth; **trouver qn/qc à son ~** to find sb/sth to one's taste; **au ~ de sa fantaisie** as her fancy takes her; **au ~ de qn**

(*de l'avis de*) according to sb's opinion; (*selon les désirs de*) according to sb's wishes; **contre le ~ de qn** against sb's wishes

grec [gʀɛk] *m* **le ~ ancien/moderne** ancient/modern Greek; *v.a.* **français**

grec, grecque [gʀɛk] *adj* Greek

Grec, Grecque [gʀɛk] *m, f* Greek

Grèce [gʀɛs] *f* **la ~** Greece

gréco-latin(e) [gʀekolatɛ̃, in] *adj* Greek and Latin

gréco-romain(e) [gʀekoʀɔmɛ̃, ɛn] <gréco-romains> *adj* Greco-Roman

greffe [gʀɛf] *f* **1.** MED transplant **2.** BOT grafting; (*greffon*) graft

greffer [gʀefe] <1> **I.** *vt* **1.** MED **~ qc à qn** to transplant sth into sb **2.** BOT **~ qc sur qc** to graft sth onto sth **II.** *vpr* **se ~ sur qc** to graft onto sth

greffier, -ière [gʀefje, -jɛʀ] *m, f* clerk of the court

grégaire [gʀegɛʀ] *adj* **instinct ~** herd instinct

grège [gʀɛʒ] *adj* beige gray; *v.a.* **bleu**

grégorien(ne) [gʀegɔʀjɛ̃, jɛn] *adj* Gregorian

grêle [gʀɛl] **I.** *adj* spindly; (*apparence*) lanky; (*son, voix*) thin **II.** *f* hail

grêlé(e) [gʀele] *adj* pockmarked

grêler [gʀele] <1> *vi impers* **il grêle** it is hailing

grêlon [gʀɛlɔ̃] *m* hailstone

grelot [gʀəlo] *m* small bell

grelottant(e) [gʀəlɔtɑ̃, ɑ̃t] *adj* shivering

grelotter [gʀəlɔte] <1> *vi* **~ de fièvre** to shiver with fever

grenade [gʀənad] *f* **1.** MIL grenade **2.** BOT pomegranate

Grenade [gʀənad] *f* Grenada

grenadine [gʀənadin] *f* grenadine

grenat [gʀəna] *adj inv* dark red

grenier [gʀənje] *m* (*d'une maison*) attic; (*d'une ferme*) loft

grenouille [gʀənuj] *f* **1.** (*rainette*) frog **2.** *fig, inf* **~ de bénitier** Holy Roller

grenouillère [gʀənujɛʀ] *f* baby sleeper

grenu(e) [gʀəny] *adj* (*peau, roche*) coarse-grained; (*marbre, papier*) grained; (*cuir*) textured

grès [gʀɛ] *m* **1.** (*roche*) sandstone **2.** (*poterie*) stoneware; **cruche en ~** stoneware pitcher

grésil [gʀezil] *m* fine hail

grésillement [gʀezijmɑ̃] *m* crackling; (*de la friture*) sizzling

grésiller [gʀezije] <1> *vi* to sizzle; **la radio/le disque/téléphone grésille** the radio/record/telephone is crackling

greubons [gʀøbɔ̃] *mpl Suisse* (*petits résidus solides qui se forment quand le lard fond*) *residue from melted bacon fat*

grève [gʀɛv] *f* strike; **appel à la ~** strike call; **~ sur le tas/de la faim** sit-down/hunger strike; **~ du zèle** work to rule; **être en ~, faire ~** to be on strike; **se mettre en ~** to go on strike; **ouvrier en ~** striking worker

grever [gʀəve] <4> *vt* **~ un budget de dépenses** to weigh down a budget with expenditures

gréviste [gʀevist] *mf* striker; **~s de la faim** hunger strikers

gribouillage [gʀibujaʒ] *m* scribble; **faire des ~s sur qc** to scribble on sth

gribouiller [gʀibuje] <1> *vt, vi* to scribble

gribouillis [gʀibuji] *m v.* **gribouillage**

grief [gʀijɛf] *m* **avoir des ~s contre qn** to have grievances against sb

grièvement [gʀijɛvmɑ̃] *adv* seriously

griffe [gʀif] *f* **1.** (*ongle pointu*) claw; **faire ses ~s** to sharpen one's claws **2.** (*marque*) stamp **3.** (*signature*) signature **4.** *Belgique* (*égratignure, éraflure*) scratch ►**toutes ~s dehors** ready to pounce; **arracher qn des ~s de qn** to snatch sb from sb's clutches; **être entre les ~s de qn** to be between sb's jaws; **montrer les ~s** to show one's claws; **porter la ~ de qn** to carry the stamp of sb; **reconnaître la ~ de qn** to recognize the stamp of sb; **rentrer ses ~s** to draw in one's claws; **tomber entre les ~s de qn** to fall into sb's clutches

griffé(e) [gʀife] *adj* (*vêtement*) designer

griffer [gʀife] <1> *vt* to scratch

griffonnage [gʀifɔnaʒ] *m* scribble

griffonner [gʀifɔne] <1> *vt, vi* to scribble

griffure [gʀifyʀ] *f* scratch

grignoter [gʀiɲɔte] <1> **I.** *vi* (*personne*) to nibble; (*animal*) to gnaw **II.** *vt* **1.** (*manger du bout des dents*) **~ qc** (*personne*) to nibble sth; (*animal*) to gnaw at sth; (*entièrement*) to eat away at sth **2.** (*restreindre: capital, libertés*) to erode; (*espaces*) to eat away at

grigou [gʀigu] *m inf* skinflint

gril [gʀil] *m* griddle

grillade [gʀijad] *f* grill; **faire des ~s** to grill some meat

grillage [gʀijaʒ] *m* **1.** (*treillis métallique*) wire netting **2.** (*clôture*) wire fencing

grillager [gʀijaʒe] <2a> *vt* **~ une fenêtre** to put a screen on a window; **~ un jardin** to put wire fencing around a garden

grille [gʀij] *f* **1.** (*clôture*) railings **2.** (*porte*) gate **3.** (*treillis*) grille; (*d'un château fort*) portcullis; (*d'un four*) grate **4.** (*tableau*) **~ d'horaires** schedule; **~ des tarifs** price scale; **~ des programmes de télévision** television schedules *pl;* **~ de loto** lottery card; **~ de mots croisés** crossword puzzle

grille-pain [gʀijpɛ̃] *m inv* toaster

griller [gʀije] <1> **I.** *vi* **1.** (*cuire: viande, poisson*) to grill; (*pain*) to toast; **faire ~** to grill; (*café, châtaignes*) to roast; (*pain*) to toast **2.** *inf* (*avoir chaud*) to boil **II.** *vt* **1.** (*faire cuire*) to cook; (*café, châtaignes*) to roast; (*pain*) to toast **2.** (*détruire*) **~ qc** (*soleil, feu*) to burn sth **3.** ELEC **être grillé** to have blown **4.** (*brûler: feu rouge*) to run **5.** *inf* (*fumer*) to smoke ►**être grillé auprès de qn** *inf* to have no chance with sb

grillon [gʀijɔ̃] *m* cricket

grimaçant(**e**) [gʀimasɑ̃, ɑ̃t] *adj* grimacing
grimace [gʀimas] *f* grimace; **faire la ~** to make a face; **faire des ~s** to make funny faces
grimacer [gʀimase] <2> *vi* to grimace; **~ de douleur** to grimace in pain
grimer [gʀime] <1> **I.** *vt* **~ qn** to make sb up **II.** *vpr* **se ~** to make oneself up
grimpant(**e**) [gʀɛ̃pɑ̃, ɑ̃t] *adj* **rosier ~** climbing rose
grimper [gʀɛ̃pe] <1> **I.** *vi* **1.** (*escalader, monter*) **~ sur une paroi** to climb a wall; **~ sur le toit/à** [*o* **dans**] **l'arbre/à l'échelle** to climb on the roof/up the tree/up the ladder; **~ à l'assaut de l'Everest** to launch an attempt on Everest; **~ le long de qc** (*plante*) to climb along sth; **ça grimpe dur!** it's a hard climb! **2.** (*augmenter*) to soar **II.** *vt* (*escalier*) to climb
grimpette [gʀɛ̃pɛt] *f inf* steep little climb
grimpeur, -euse [gʀɛ̃pœʀ, -øz] *m, f* **1.** (*alpiniste*) climber **2.** (*cycliste*) hill specialist
grinçant(**e**) [gʀɛ̃sɑ̃, ɑ̃t] *adj* (*ton*) squeaky; (*humour*) darkly humorous
grincement [gʀɛ̃smɑ̃] *m* (*d'une roue, porte*) squeaking; (*de dents*) grinding
grincer [gʀɛ̃se] <2> *vi* to grate; (*parquet*) to creak; (*craie*) to scrape ▶**~ des dents** (*de colère*) to gnash one's teeth; (*dans son sommeil*) to grind one's teeth
grincheux, -euse [gʀɛ̃ʃø, -øz] **I.** *adj* (*enfants*) whining; (*personne*) grumpy **II.** *m, f* misery
gringalet [gʀɛ̃galɛ] *m péj* runt
gringe [gʀɛ̃ʒ] *adj Suisse* (*grincheux*) grumpy
griotte [gʀijɔt] *f* morello cherry
grippal(**e**) [gʀipal, -o] <-aux> *adj* flu
grippe [gʀip] *f* flu; **~ aviaire** bird flu ▶**prendre qn en ~** to take a dislike to sb
grippé(**e**) [gʀipe] *adj* flu-ridden; **être ~** to have the flu
gripper [gʀipe] <1> *vi, vpr* (**se**) **~** to jam; (*moteur, système*) to seize up
grippe-sou [gʀipsu] <grippe-sous> *m inf* skinflint
gris(**e**) [gʀi, gʀiz] *adj* gray; **~ anthracite** anthracite gray
grisaille [gʀizɑj] *f* **1.** (*monotonie*) dullness; (*de la vie quotidienne*) monotony **2.** (*caractère terne: de l'aube, du paysage*) grayness
grisant(**e**) [gʀizɑ̃, ɑ̃t] *adj* (*succès*) exhilarating; (*parfum, vin*) intoxicating
grisâtre [gʀizɑtʀ] *adj* grayish
gris-bleu [gʀiblø] *adj inv* blue-gray
grisé [gʀize] *m* gray tint
griser [gʀize] <1> **I.** *vt, vi* to intoxicate; (*flatteries, succès, bonheur*) to overwhelm **II.** *vpr* (*s'étourdir*) **se ~ de qc** to get drunk on sth
griserie [gʀizʀi] *f* intoxication
grisonnant(**e**) [gʀizɔnɑ̃, ɑ̃t] *adj* graying
grisonner [gʀizɔne] <1> *vi* to be going gray
Grisons [gʀizɔ̃] *mpl* **les ~** the Graubünden (*Swiss canton*)
grisou [gʀizu] *m* **coup de ~** firedamp explosion
gris-vert [gʀivɛʀ] *adj inv* green-gray
grive [gʀiv] *f* thrush ▶**faute de ~s, on mange des merles** *prov* you must cut your coat according to your cloth
grivois(**e**) [gʀivwa, waz] *adj* saucy
grizzli, grizzly [gʀizli] *m* grizzly bear
Groenland [gʀɔɛnlɑ̃d] *m* **le ~** Greenland
grog [gʀɔg] *m* hot toddy
groggy [gʀɔgi] *adj inv, inf* groggy
grogne [gʀɔɲ] *f* rumbling; **~ sociale** social unrest
grognement [gʀɔɲmɑ̃] *m* (*du cochon*) grunting; (*de l'ours, du chien*) growl; (*d'une personne*) grunt
grogner [gʀɔɲe] <1> *vi* **1.** (*pousser son cri: chien, ours*) to growl; (*cochon*) to grunt **2.** (*ronchonner*) **~ contre** [*o* **après**] **qn** to grumble about sb
grognon(**ne**) [gʀɔɲɔ̃, ɔn] *adj* grumpy; (*enfant*) grouchy
groin [gʀwɛ̃] *m* (*du porc*) snout
grommeler [gʀɔmle] <3> **I.** *vi* to mutter; **~ dans sa barbe** to mumble under one's breath **II.** *vt* **~ des injures contre qn** to mutter insults about sb
grondement [gʀɔ̃dmɑ̃] *m* (*d'un canon, du tonnerre*) rumbling; (*d'un torrent, d'un moteur*) roar; (*d'un chien*) growl
gronder [gʀɔ̃de] <1> **I.** *vi* **1.** (*émettre un son menaçant*) to roar; (*canon*) to rumble; (*chien*) to growl **2.** (*être près d'éclater: révolte*) to brew **II.** *vt* to scold
groom [gʀum] *m* bellboy
gros [gʀo] **I.** *m* **1.** COM bulk; **commerçant en ~** wholesale merchant; **prix de ~** wholesale price **2.** (*la plus grande partie*) **le ~ du travail** the bulk of the work; **le ~ de la troupe** the main body of the army; **le ~ de l'orage est passé** the worst of the storm is over ▶**en ~** COM in bulk; (*à peu près*) more or less; (*dans l'ensemble*) on the whole **II.** *adv* **1.** (*beaucoup*) a lot; (*jouer, parier*) for high stakes; **je donnerais ~ pour savoir ...** I would give anything to know ... **2.** (*grand: écrire*) big ▶**il y a ~ à parier que** it is a safe bet that
gros(**se**) [gʀo, gʀos] **I.** *adj* **1.** (*épais*) thick; (*manteau, couverture*) heavy; (*poitrine, lèvres*) big; (*foie*) enlarged; **~ comme le poing** as big as a fist **2.** (*de taille supérieure*) big; **en ~ caractères** in big letters **3.** (*corpulent*) fat **4.** (*intense: fièvre*) high; (*sécheresse*) serious; (*appétit*) large; (*soupir, averse*) heavy; (*voix*) loud; (*bises*) big **5.** (*important: dépenses, dégâts*) heavy; (*client*) important; (*faute, opération*) big; (*récolte*) large **6.** (*extrême: buveur, mangeur*) big; (*joueur*) heavy; (*fainéant*) great **7.** (*peu raffiné*) crude; **~ rouge** cheap red wine **8.** (*exagéré: histoire*) exaggerated; **c'est un peu ~!** it is a little bit much! **9.** (*pénible: travaux*) difficult; **~ œuvre** big job **10.** (*plein*) **~ de chagrin** full of grief **11.** (*houleux: mer*) rough **12.** (*enceinte: femme*) pregnant **II.** *m(f)* fat person

G

groseille [gʀozɛj] *f* currant; **~ à maquereau** gooseberry

groseillier [gʀozeje] *m* redcurrant bush; **~ à maquereau** gooseberry bush

gros-porteur [gʀopɔʀtœʀ] <gros-porteurs> **I.** *adj* **avion ~** jumbo jet **II.** *m* jumbo (jet)

grossesse [gʀosɛs] *f* pregnancy; **test de ~** pregnancy test

grosseur [gʀosœʀ] *f* **1.** (*dimension*) size; (*d'un fil*) thickness **2.** (*boule*) lump

grossier, -ière [gʀosje, -jɛʀ] *adj* **1.** (*imparfait: instrument*) crude; (*réparation*) superficial; (*imitation*) poor; (*manières, mensonge*) bad; (*personne*) crass; (*ruse, plaisanterie*) unsubtle; (*erreur*) stupid **2.** (*malpoli: personne*) rude; **quel ~ personnage!** what a rude individual! **3.** *postposé* (*vulgaire*) vulgar

grossièrement [gʀosjɛʀmɑ̃] *adv* **1.** (*de façon imparfaite*) crudely; (*emballer, réparer, exécuter, imiter*) clumsily; (*se tromper*) grossly; (*calculer*) roughly **2.** (*de façon impolie*) impolitely; (*répondre*) rudely; (*insulter*) grossly

grossièreté [gʀosjɛʀte] *f* **1.** *sans pl* (*qualité*) coarseness; **répondre avec ~** to reply rudely **2.** (*remarque*) coarse comment

grossir [gʀosiʀ] <8> **I.** *vi* **1.** (*devenir plus gros: personne, animal*) to become fatter; (*point, nuage*) to get bigger; (*fruit*) to swell; (*ganglions, tumeur*) to grow; **le sucre fait ~** sugar is fattening **2.** (*augmenter en nombre: foule, nombre*) to get bigger **3.** (*augmenter en intensité: bruit faible*) to get louder **II.** *vt* **1.** (*rendre plus gros*) to make fatter; **~ un objet** (*loupe, microscope*) to magnify an object **2.** (*augmenter en nombre: foule, nombre de chômeurs*) to swell; (*équipe*) to get bigger **3.** (*exagérer: événement, fait*) to exaggerate

grossissant(e) [gʀosisɑ̃, ɑ̃t] *adj* **1.** (*flot*) swelling; (*foule, nombre*) growing **2.** (*qui fait paraître plus gros: miroir, verre*) enlarging

grossissement [gʀosismɑ̃] *m* **1.** (*d'une personne*) weight gain; (*d'un muscle*) enlargement **2.** (*en optique*) magnification **3.** (*enflure*) swelling; (*d'une tumeur*) growth **4.** (*augmentation de volume: d'un fleuve*) swelling; (*d'une fortune*) enlargement **5.** (*augmentation en nombre*) (big) increase **6.** (*exagération*) exaggeration

grossiste [gʀosist] *mf* wholesaler

grosso modo [gʀosomɔdo] *adv* more or less; (*expliquer, décrire*) in rough terms; (*calculer, estimer*) roughly; **il y avait 200 personnes ~** there were roughly 200 people

grotesque [gʀɔtɛsk] *adj* grotesque

grotte [gʀɔt] *f* cave

grouillant(e) [gʀujɑ̃, jɑ̃t] *adj* **1.** (*foule, masse*) milling; **le marché est ~ de monde/d'activité** the market is teeming with people/activity **2.** (*populeux*) heaving; **le bistrot est ~ de monde** the bistro is swarming with people

grouiller [gʀuje] <1> **I.** *vi* (*foule*) to mill around; **la place grouille de touristes** the square was teeming with tourists **II.** *vpr inf* **se ~** to hurry up

groupe [gʀup] *m* **1.** group; **réduction de ~** group reduction; **travail en ~** group work; **par ~s de quatre** in groups of four; **~ de rock** rock band; **~ de pression** pressure group; **~ sanguin** blood group [*o* type] **2.** (*ensemble de choses*) **~ électrogène** generating set

groupement [gʀupmɑ̃] *m* **~ syndical/professionnel** union/professional organization; **~ de capitaux** capital organization; **~ d'entreprises** company group; **~ d'intérêts** interest group

grouper [gʀupe] <1> **I.** *vt* **1.** (*réunir: personnes, objets, idées*) to group together; (*ressources*) to pool **2.** (*classer*) to categorize **II.** *vpr* **se ~** to gather; (*personnes, partis*) to form a group; **se ~ autour de qn** to gather around sb

groupie [gʀupi] *mf* groupie

groupuscule [gʀupyskyl] *m péj* small group

gruau [gʀyo] *m* groats *pl*

grue [gʀy] *f* crane

gruger [gʀyʒe] <2a> *vt* **1.** (*duper*) to swindle **2.** *Québec* (*grignoter*) to nibble

grumeau [gʀymo] <x> *m* lump; **faire des ~x** to go lumpy

grunge *m* **la mode ~** grunge fashion

grutier, -ière [gʀytje, -jɛʀ] *m, f* crane driver

gruyère [gʀyjɛʀ] *m* Gruyère cheese

Guadeloupe [gwadlup] *f* **la ~** Guadeloupe

gué [ge] *m* ford; **traverser à ~** to ford a river

guenilles [gənij] *fpl* rags

guenon [gənɔ̃] *f* female monkey; *v.a.* **singe**

guépard [gepaʀ] *m* cheetah

guêpe [gɛp] *f* wasp

guêpier [gepje] *m* wasps' nest ▶ **se fourrer dans un ~** to land oneself in trouble

guère [gɛʀ] *adv* **1.** (*pas beaucoup*) **ne ~ manger** to hardly eat anything; **ne plus ~ lire** to hardly read any more; **n'être ~ poli** to be by no means polite; **ne ~ se soucier de qc** to not worry much about sth; **il n'y a ~ de monde** there's hardly anyone; **ça ne va ~ mieux** things are hardly any better; **ce n'est ~ pire** it's not really any worse; **~ plus** not much more **2.** (*pas souvent*) **ne faire plus ~ qc** to not do sth much more; **cela ne se dit ~** that is not often said **3.** (*pas longtemps*) **ça ne dure ~** it doesn't last long **4.** (*seulement*) **je ne peux ~ demander qu'à mes parents** I can only ask my parents

guéri(e) [geʀi] *adj* **être ~** to be better

guéridon [geʀidɔ̃] *m* pedestal table

guérilla [geʀija] *f* guerilla warfare

guérillero, guérilléro [geʀijeʀo] *m* guerilla (fighter)

guérir [geʀiʀ] <8> **I.** *vt* **~ qn de qc** to cure sb of sth **II.** *vi* to get better; (*plaie, blessure*) to heal; (*rhume*) to get better **III.** *vpr* **1.** MED **se ~** to be cured; (*tout seul*) to cure oneself **2.** (*se débarrasser*) **se ~ de qc** to be cured of sth

guérison [geʀizɔ̃] *f* (*processus, résultat*) recovery; (*d'une blessure*) healing; **être en voie**

de ~ to be on the road to recovery

guérisseur, -euse [geʀisœʀ, -øz] *m, f* healer; (*rebouteux*) quack

guérite [geʀit] *f* **1.** MIL sentry box **2.** CONSTR workman's hut

guerre [gɛʀ] *f* **1.** (*lutte armée entre groupes/États*) war; **la Grande ~, la ~ de 14** the First World War, the Great War; **la ~ de l'Indépendance américaine** the Revolutionary War, the American Revolution; **la ~ du Viêtnam** the Vietnam War; **~ sainte** holy war; **~ économique** economic warfare; **~ des étoiles** Star Wars; **ministre de la ~** Minister for War; **déclarer la ~** to declare war; **entrer en ~ contre un pays** to engage in war against a country; **partir pour la ~** to leave for war **2.** *fig* **déclarer la ~ à qn** to declare war on sb; **faire la ~ à qc** to wage war on sth; **partir en ~ contre qc** to declare war on sth ► **de ~ lasse, il a cédé** tired of fighting, he gave in; **à la ~ comme à la ~** you have to make the best of things

Guerre [gɛʀ] *f* **la Première ~ mondiale** the First World War, the Great War; **la Seconde ~ mondiale** the Second World War

guerrier, -ière [gɛʀje, -jɛʀ] **I.** *adj* warlike **II.** *m, f* warrior

guet [gɛ] **faire le ~** to be on watch

guet-apens [gɛtapɑ̃] *m inv* ambush

guêtre [gɛtʀ] *f* gaiter; (*d'un danseur*) legwarmer

guetter [gete] <1> *vt* **1.** (*épier*) to watch **2.** (*attendre: occasion, signal*) to watch for; (*personne*) to wait for **3.** (*menacer*) **~ qn** (*maladie, danger, mort*) to threaten sb

gueulante [gœlɑ̃t] *f* **pousser une ~ contre qn** *inf* to shout one's head off at sb

gueule [gœl] *f* **1.** (*bouche d'un animal*) mouth **2.** *inf* (*figure*) face; **avoir une bonne/sale ~** to look nice/horrible **3.** *inf* (*bouche humaine*) **avoir une grande ~** to have a big mouth; **(ferme) ta ~!** shut it! ► **avoir la ~ de bois** *inf* to have a hangover; **faire une ~ d'enterrement** *inf* to have a gloomy face; **se jeter dans la ~ du loup** to throw oneself into the lion's jaw; **avoir de la ~** *inf* to look great; **casser la ~ à qn** *inf* to smash sb's face in; **se casser la ~** *inf* (*personne*) to fall flat on one's face; **faire la ~ à qn** *inf* to be in a bad mood with sb; **faire une sale ~** *inf* to make a face; **se fendre la ~** *inf* to laugh one's head off; **se foutre de la ~ de qn** *inf* to make fun of sb; **se soûler la ~** *inf* to get blind drunk

gueuler [gœle] <1> **I.** *vi inf* **1.** (*crier*) to yell **2.** (*protester*) to kick up a fuss **II.** *vt inf* to bellow

gueuleton [gœltɔ̃] *m inf* blowout

gui [gi] *m* mistletoe

guibolle [gibɔl] *f inf* pin

guichet [giʃɛ] *m* counter; **~ d'information** information desk; **~ automatique** (**d'une banque**) ATM, cash machine ► **jouer à ~s fermés** to play to packed houses

guide [gid] **I.** *mf* **1.** (*cicérone*) guide; **~ de montagne** mountain guide **2.** (*conseiller*) advisor **II.** *m* guidebook; **~ touristique/gastronomique** tourist/restaurant guide **III.** *fpl* reins

guider [gide] <1> *vt* **1.** (*indiquer le chemin, diriger, accompagner*) to guide; **se laisser ~ par qc** to be guided by sth **2.** (*conseiller*) to advise

guidon [gidɔ̃] *m* handlebars *pl*

guigne [giɲ] *f inf* bad luck

guigner [giɲe] <1> *vt* to eye

guignol [giɲɔl] *m* puppet; **faire le ~** to clown around

guili [gili] *m* **faire des ~s à qn** *inf* to tickle sb

guillemets [gijmɛ] *mpl* quotation marks; **entre ~** in quotation marks

guilleret(te) [gijʀɛ, ɛt] *adj* **1.** (*gai*) perky **2.** (*frétillant*) lively

guillotine [gijɔtin] *f* guillotine

guillotiner [gijɔtine] <1> *vt* to guillotine

guimauve [gimov] *f* **1. pâte de ~** *marshmallow* **2.** BOT marsh mallow **3.** (*mièvrerie*) soppiness ► **être mou comme de la ~** to be soft like jelly; **sa main est molle comme de la ~** his handshake is like a limp dishrag

guimbarde [gɛ̃baʀd] *f* **1.** MUS Jew's harp **2.** *inf* (*voiture*) jalopy

guincher [gɛ̃ʃe] <1> *vi inf* to dance

guindé(e) [gɛ̃de] *adj* starchy

Guinée [gine] *f* **la ~** Guinea

guinéen(ne) [gineɛ̃, ɛn] *adj* Guinean

Guinéen(ne) [gineɛ̃, ɛn] *m(f)* Guinean

guingois [gɛ̃gwa] **de ~** askew

guinguette [gɛ̃gɛt] *f* dance hall

guirlande [giʀlɑ̃d] *f* garland; **~ lumineuse** string of lights

guise [giz] **à ma/sa ~** as I like/he/she/it likes; **à votre ~!** as you like!; **en ~ de** by way of

guitare [gitaʀ] *f* guitar

guitariste [gitaʀist] *mf* guitarist

gus [gys] *m inf* guy

gustatif, -ive [gystatif, -iv] *adj* gustatory; **papilles gustatives** taste buds

guttural(e) [gytyʀal, -o] <-aux> *adj* guttural

Guyana [gɥijana] *m* **le ~** Guyana

guyanais(e) [gɥijanɛ, ɛz] *adj* Guyanese

Guyanais(e) [gɥijanɛ, ɛz] *m(f)* Guyanese

Guyane [gɥijan] *f* **la ~** Guiana

gym [ʒim] *f inf abr de* **gymnastique**

gymnase [ʒimnɑz] *m* **1.** (*halle*) gymnasium **2.** *Suisse* (*école secondaire, lycée*) secondary school

gymnaste [ʒimnast] *mf* gymnast

gymnastique [ʒimnastik] *f* gymnastics *+vb sing*

gynéco [ʒineko] *mf inf abr de* **gynécologue**

gynécologie [ʒinekɔlɔʒi] *f* gynecology

gynécologue [ʒinekɔlɔg] *mf* gynecologist

gypse [ʒips] *m* gypsum

gyrophare [ʒiʀofaʀ] *m* revolving light

H

H, h [aʃ, ´aʃ] *m inv* H, h; **~ aspiré/muet** aspirated/silent h; **~ comme Henri** (*au téléphone*) h as in Hotel
h *abr de* **heure**
ha [´a] *abr de* **hectare** ha
habile [abil] *adj* **1.** (*adroit: personne, mains*) skillful; **être ~ au tricot** to be good at knitting **2.** (*malin*) clever
habileté [abilte] *f* **1.** *sans pl* (*adresse*) skill **2.** (*ruse*) trick
habilitation [abilitasjɔ̃] *f* **1.** JUR capacitation **2.** (*autorisation officielle*) authorization
habilité(e) [abilite] *adj* **être ~ à** +*infin* to be authorized to +*infin*
habiliter [abilite] <1> *vt* JUR to authorize
habillé(e) [abije] *adj* **1.** (*vêtu: personne*) dressed; **être ~ d'un short** to be wearing shorts **2.** (*de fête: vêtement*) smart
habillement [abijmɑ̃] *m* (*ensemble des vêtements*) clothing; **industrie de l'~** clothing industry
habiller [abije] <1> **I.** *vt* **1.** (*vêtir*) to dress **2.** (*déguiser*) **~ qn en qc** to dress sb up as sth **3.** (*fournir en vêtements*) to clothe **4.** (*recouvrir, décorer*) to cover **II.** *vpr* **1.** (*se vêtir*) **s'~** to dress (oneself); (*mettre des vêtements de cérémonie*) to dress up; **s'~ de noir/soie** to dress in black/silk **2.** (*se déguiser*) **s'~ en fée/homme** to dress up as a fairy/a man **3.** (*acheter ses vêtements*) **s'~ de neuf** to buy new clothes
habilleur, -euse [abijœʀ, -jøz] *m, f* THEAT dresser
habit [abi] *m* **1.** *pl* (*vêtements*) clothes *pl* **2.** (*costume de fête*) dress; (*de fée, de soldat*) costume **3.** (*uniforme*) dress
habitable [abitabl] *adj* (in)habitable
habitacle [abitakl] *m* **1.** AUTO (*de voiture*) passenger compartment **2.** (*poste de pilotage: de petit avion, d'avion de chasse*) cockpit; (*d'avion de ligne*) flight deck
habitant(e) [abitɑ̃, ɑ̃t] *m(f)* **1.** (*occupant: d'un pays, d'une ville*) resident, inhabitant; (*d'un immeuble, d'une maison*) occupant **2.** *Québec* (*paysan*) farmer ▶**loger chez l'~** to stay in a private house
habitat [abita] *m* **1.** BOT, ZOOL habitat **2.** GEO settlement **3.** (*conditions de logement*) housing conditions
habitation [abitasjɔ̃] *f* **1.** (*demeure*) home **2.** (*logis*) house; **~ à loyer modéré** public housing unit
habiter [abite] <1> **I.** *vi* to live; **~ à la campagne/en ville/à Bordeaux** to live in the country/in town/in Bordeaux; **~ au numéro 17** to live at number 17; **~ dans un appartement/une maison** to live in an apartment/a house **II.** *vt* **1.** (*occuper*) **~ une maison/caravane** to live in a house/a trailer; GEO (*île, région*) to inhabit; **~ (le) 17, rue Leblanc** to live at (number) 17, rue Leblanc **2.** *fig, soutenu* **~ qn/qc** (*passion, sentiment*) to abide in sb/sth
habitude [abityd] *f* **1.** (*pratique*) habit; **avoir l'~ de qc** to get used to sth; (*s'y connaître*) to be used to sth; **avoir l'~ de faire qc** to be in the habit of doing sth; **d'~** usually; **plus tôt que d'~** earlier than usual **2.** (*coutume*) custom
habitué(e) [abitɥe] *m(f)* (*d'un magasin, restaurant*) regular (customer)
habituel(le) [abitɥɛl] *adj* usual
habituellement [abitɥɛlmɑ̃] *adv* **1.** (*d'habitude*) usually **2.** (*selon la coutume*) normally
habituer [abitɥe] <1> **I.** *vt* **1.** (*accoutumer*) **~ qn/un animal à qc** to get sb/an animal used to sth **2.** (*avoir l'habitude*) **être habitué à qc** to be used to sth **II.** *vpr* **s'~ à qn/qc** to get used to sb/sth
hâbleur, -euse [´ɑblœʀ, -øz] **I.** *adj* bragging **II.** *m, f* braggart
hache [´aʃ] *f* (*à manche long*) ax; (*à manche court*) hatchet ▶**déterrer/enterrer la ~ de guerre** to take up/bury the hatchet; **mettre la ~ dans qc** *Québec* (*détruire qc*) to wreck sth
haché(e) [´aʃe] *adj* **1.** (*coupé menu: fines herbes, légume*) chopped; (*viande*) ground **2.** (*entrecoupé*) jerky
hacher [´aʃe] <1> *vt* **1.** (*couper: fines herbes, légumes*) to chop; (*viande*) to grind **2.** (*entrecouper: phrase, discours*) to interrupt
hachich [´aʃiʃ] *m v.* **haschich**
hachis [´aʃi] *m* **1.** (*chair à saucisse*) hamburger (meat), ground meat **2.** (*plat*) **~ de légumes** chopped vegetables
hachoir [´aʃwaʀ] *m* **1.** (*couteau*) cleaver; (*avec lame courbe*) chopping knife **2.** (*machine*) **~ à viande** meat grinder
hachure [´aʃyʀ] *f* ART hatching
hachurer [´aʃyʀe] <1> *vt* (*diagramme, chaussée*) to hatch
hachures [´aʃyʀ] *fpl* (*d'un diagramme, de la chaussée*) hatching
hacker [´akœʀ] *m* INFORM hacker
haddock [´adɔk] *m* CULIN smoked haddock
hagard(e) [´agaʀ, aʀd] *adj* wild
haie [´ɛ] *f* **1.** (*clôture*) hedge **2.** SPORT hurdle; (*équitation*) fence; **gagner aux 100 mètres ~s** to win the 100 meter hurdles **3.** (*rangée: de personnes*) row
haillon [´ɑjɔ̃] *m gén pl* rag
haine [´ɛn] *f* hatred
haineux, -euse [´ɛnø, -øz] *adj* **1.** (*plein de haine*) full of hatred **2.** (*plein de méchanceté*) malevolent
haïr [´aiʀ] *vt irr* to hate
haïssable [´aisabl] *adj* (*personne, comportement*) loathsome; (*temps*) atrocious
Haïti [aiti] Haiti
haïtien(ne) [aitjɛ̃, ɛn] *adj* Haitian
Haïtien(ne) [aitjɛ̃, ɛn] *m(f)* Haitian
hâle [´ɑl] *m* tan

hâlé(e) [´ɑle] *adj* (sun)tanned

haleine [alɛn] *f sans pl* (*souffle*) breath; **mauvaise ~** bad breath ▶**travail de longue ~** long and demanding job

haler [´ale] <1> *vt* **1.** NAUT (*corde, bouée*) to haul in **2.** (*remorquer: péniche*) to tow **3.** *Québec* (*tirer*) to haul

hâler [´ɑle] <1> *vt* to tan

haletant(e) [´al(ə)tɑ̃, ɑ̃t] *adj* (*personne, animal, respiration*) panting; **être ~** to pant; **être ~ de soif** to be gasping with thirst

halètement [´alɛtmɑ̃] *m* panting

haleter [´al(ə)te] <4> *vt* to pant

hall [´ol] *m* (*d'immeuble*) (entrance) hall; (*d'hôtel*) foyer; (*de gare*) concourse

halle [´al] *f* **1.** (*partie d'un marché*) covered market **2.** HIST **les Halles** *former central food market in Paris* **3.** *Suisse* **~ de gymnastique** (*gymnase*) gym(nasium)

hallebarde [´albaʀd] *f* halberd ▶**il pleut** [*o* **tombe**] **des ~s** *inf* it's pouring (rain)

hallucinant(e) [a(l)lysinɑ̃, ɑ̃t] *adj* staggering, incredible

hallucination [a(l)lysinasjɔ̃] *f* MED hallucination ▶**avoir des ~s** *inf* to be seeing things

halluciné(e) [a(l)lysine] *adj* **1.** (*qui a des hallucinations: drogué, fou*) suffering from hallucinations **2.** (*bizarre*) weird

halluciner [alysine] <1> *vi inf* **j'hallucine!** I'm seeing things!

hallucinogène [a(l)lysinɔʒɛn] **I.** *adj* hallucinogenic **II.** *m* hallucinogen

halo [´alo] *m* **1.** ASTR halo **2.** PHOT halation

halogène [alɔʒɛn] **I.** *m* CHIM halogen **II.** *app* halogen

halte [´alt] **I.** *f* **1.** (*pause*) stop; (*repos*) break; **faire une ~** (*s'arrêter*) to (come to a) stop; (*se reposer*) to take a break **2.** CHEMDFER halt **II.** *interj* **~!** stop!

haltère [altɛʀ] *m* dumbbell

haltérophile [alteʀɔfil] *mf* weightlifter

hamac [´amak] *m* hammock

hamburger [´ɑ̃buʀgœʀ, ´ɑ̃bœʀgœʀ] *m* CULIN hamburger

hameau [´amo] <x> *m* hamlet

hameçon [amsɔ̃] *m* fishhook

hampe [´ɑ̃p] *f* (*ventre: d'un bœuf*) flank

hamster [´amstɛʀ] *m* ZOOL hamster

han [´ɑ̃] **I.** *m* grunt **II.** *interj* **~!** oof!

hanche [´ɑ̃ʃ] *f* ANAT hip; **balancer les ~s** to sway one's hips

handball, hand-ball [´ɑ̃dbal] *m sans pl* SPORT handball

handballeur, -euse [´ɑ̃dbalœʀ, -øz] *m, f* SPORT handball player

handicap [(´)ɑ̃dikap] *m* handicap

handicapant(e) [´ɑ̃dikapɑ̃, ɑ̃t] *adj* disabling

handicapé(e) [´ɑ̃dikape] **I.** *adj* handicapped **II.** *m(f)* MED disabled person; **~ physique** physically disabled person

handicaper [´ɑ̃dikape] <1> *vt* to handicap

hangar [´ɑ̃gaʀ] *m* **1.** AGR, CHEMDFER shed **2.** (*entrepôt*) warehouse **3.** AVIAT **~ à avions** aircraft hangar **4.** NAUT **~ à bateaux** boathouse **5.** *Québec* (*abri de bois pour le chauffage*) wood shed

hanneton [´an(ə)tɔ̃] *m* ZOOL (*en Amérique du Nord*) June beetle [*o* bug]; (*en Europe*) cockchafer

hanté(e) [´ɑ̃te] *adj* haunted

hanter [ɑ̃te] <1> *vt* **1.** (*fréquenter*) to haunt **2.** (*obséder*) **~ qn** (*idée, souvenir*) to haunt sb

hantise [´ɑ̃tiz] *f* dread

happer [´ape] <1> *vt* **1.** (*saisir brusquement*) **~ qn/qc** (*train, voiture*) to hit sb/sth **2.** (*attraper*) **~ qc** (*animal, oiseau*) to snap sth up

happy end [´apiɛnd] <happy ends> *m o f* happy ending

hara-kiri [´aʀakiʀi] <hara-kiris> *m* hara-kiri; (**se**) **faire ~** to commit hara-kiri

harangue [´aʀɑ̃g] *f* harangue

haranguer [´aʀɑ̃ge] <1> *vt* to harangue

haras [´aʀɑ] *m* stud farm

harassant(e) [aʀasɑ̃, ɑ̃t] *adj* exhausting

harassé(e) [´aʀase] *adj* exhausted

harasser [´aʀase] <1> *vt* to exhaust; **être harassé de travail** to be exhausted from working

harcèlement [´aʀsɛlmɑ̃] *m* **1.** MIL **guerre de ~** war of harassment; **tir de ~** harassing fire **2.** (*tracasserie*) harassment

harceler [´aʀsəle] <4> *vt* **1.** *a.* MIL to harass, to harry; (*poursuivre*) to pursue **2.** (*importuner*) to harass, to plague

hardes [´aʀd] *fpl* **1.** *péj* (*guenille*) old clothes **2.** *Québec* (*vêtements*) clothes

hardi(e) [´aʀdi] *adj* **1.** (*audacieux: personne, entreprise*) bold; (*réponse*) daring **2.** (*original: imagination, pensée*) bold

hardiesse [´aʀdjɛs] *f* **1.** (*audace: d'une personne, d'une entreprise*) boldness; (*d'une réponse*) daring **2.** (*originalité: de l'imagination, d'une pensée*) boldness

hardiment [´aʀdimɑ̃] *adv* (*courageusement*) boldly

hard rock [aʀdʀɔk] *m* MUS **le ~** hard rock

hardware [´aʀdwɛʀ] *m* INFORM hardware

harem [´aʀɛm] *m* harem

hareng [´aʀɑ̃] *m* **1.** (*poisson*) herring **2.** CULIN **~ saur** smoked herring

hargne [´aʀɲ] *f* **1.** (*comportement agressif*) aggressiveness **2.** (*méchanceté*) spite

hargneux, -euse [´aʀɲø, -øz] *adj* **1.** (*agressif: personne, caractère, ton*) bad-tempered; (*chien*) vicious **2.** (*méchant*) spiteful

haricot [´aʀiko] *m* (*légume*) bean; **~ vert** green bean ▶**c'est la fin des ~s!** *inf* that's the last straw!

harissa [(´)aʀisa] *f* CULIN harissa (*hot pepper paste*)

harmonica [aʀmɔnika] *m* MUS harmonica

harmonie [aʀmɔni] *f a.* MUS harmony

harmonieux, -euse [aʀmɔnjø, -jøz] *adj* harmonious; (*instrument, voix*) melodious

harmonique [aʀmɔnik] *adj* MUS harmonic

harmonisation [aʀmɔnizasjɔ̃] *f* harmonization
harmoniser [aʀmɔnize] <1> **I.** *vt* to harmonize **II.** *vpr* **s'~** to harmonize
harmonium [aʀmɔnjɔm] *m* MUS harmonium
harnaché(e) [ˊaʀnaʃe] *adj* **être drôlement ~** (*accoutré*) to be wearing a strange outfit
harnachement [ˊaʀnaʃmɑ̃] *m* **1.** (*harnais: d'un animal*) harnessing **2.** *péj* (*accoutrement*) gear, getup *inf*
harnacher [ˊaʀnaʃe] <1> *vt* (*mettre le harnais à: animal*) to harness
harnais [ˊaʀnɛ] *m* **1.** (*équipement: d'un cheval*) harness **2.** (*sangles: d'un pilote*) harness; (*d'un plongeur*) gear
harnois [ˊaʀnwa] *m Québec v.* **harnais**
harpe [ˊaʀp] *f* MUS harp
harpie [ˊaʀpi] *f* **vieille ~** *péj* old witch
harpiste [ˊaʀpist] *mf* MUS harpist
harpon [ˊaʀpɔ̃] *m* harpoon
harponner [ˊaʀpɔne] <1> *vt* **1.** (*à la pêche: poisson*) to harpoon **2.** *inf* (*attraper: malfaiteur*) to collar
hasard [ˊazaʀ] *m* **1.** (*évènement fortuit, fatalité*) chance **2.** *pl* (*aléas, risque*) **les ~s de la guerre** the hazards of war ▶**à tout ~** just in case; **essayer qc à tout ~** to try sth on the off chance; **au ~** at random; **comme par ~** *iron* curiously enough; **par ~** (*se rencontrer*) by chance; (*laisser tomber un verre*) by accident
hasarder [ˊazaʀde] <1> **I.** *vt* (*tenter, avancer: démarche, remarque, question*) to hazard **II.** *vpr* **1.** (*s'aventurer*) **se ~ dans un quartier/la rue** to venture (out) into a district/the street **2.** (*se risquer à*) **se ~ à faire qc** to risk doing sth
hasardeux, -euse [ˊazaʀdø, -øz] *adj* hazardous; (*affirmation*) rash
hasch [ˊaʃ] *m abr de* **haschich** *inf* hash
haschich, haschisch [ˊaʃiʃ] *m* hashish
hâte [ˊɑt] *f* haste; **sans ~** unhurriedly; **avoir ~ de** +*infin* to be in a hurry to +*infin;* **j'ai ~ de te revoir** I can't wait to see you again
hâter [ˊɑte] <1> **I.** *vt* to hasten **II.** *vpr* **se ~** to hurry
hâtif, -ive [ˊɑtif, -iv] *adj* **1.** (*trop rapide: décision, réponse*) hasty; (*travail*) hurried **2.** (*précoce: croissance, développement*) precocious; (*fruit, légume*) early
hauban [ˊobɑ̃] *m* **1.** NAUT (*d'un voilier*) shroud **2.** ARCHIT, TECH (*d'un chapiteau de cirque, d'un pont*) stay
hausse [ˊos] *f* **1.** (*action: des prix, salaires*) increase **2.** (*processus*) rise; **être en nette ~** to be rising sharply **3.** FIN **jouer à la ~** to speculate on a rising market
haussement [ˊosmɑ̃] *m* **~ d'épaules** shrug (of the shoulders)
hausser [ˊose] <1> **I.** *vt* **1.** (*surélever: mur*) to raise **2.** (*amplifier*) **~ le ton** [*o* **la voix**] to raise one's voice **3.** (*augmenter: prix*) to raise **4.** (*soulever: sourcils*) to raise; **~ les épaules** to shrug (one's shoulders) **II.** *vpr* **se ~ sur la pointe des pieds** to stand (up) on tiptoe
haut [ˊo] **I.** *adv* **1.** (*opp: bas: sauter*) high **2.** (*ci-dessus*) **voir plus ~** see above **3.** (*fort, franchement*) out loud **4.** (*à un haut degré*) **un fonctionnaire ~ placé** a high-ranking official; **viser trop ~** to aim too high **5.** MUS **chanter trop ~** to sing sharp ▶**parler ~ et clair** to speak out; (*sans ambiguïté*) to make oneself perfectly clear; **regarder** [*o* **traiter**] **qn de ~** to look down on sb; **d'en ~** from above; **en ~** at the top; (*étage supérieur*) upstairs; **en ~ de** at the top of **II.** *m* **1.** (*hauteur*) height; **avoir un mètre de ~** to be one meter high **2.** (*altitude*) top; **être à un mètre de ~** to be one meter up; **du ~ de ...** from the top of ...; **appeler du ~ de la tribune/du balcon** to call down from the gallery/balcony **3.** (*sommet, opp: bas*) top; **l'étagère du ~** the top shelf; **les voisins du ~** the upstairs neighbors ▶**des ~s et des bas** ups and downs
haut(e) [ˊo, ˊot] *adj* **1.** (*grand*) high; **de ~e taille** tall; **le plus ~ étage** the top floor **2.** (*en position élevée: nuage*) high **3.** GEO (*montagne, plateau*) high; (*région, Rhin*) upper; **marée ~e** high tide; **la mer est ~e** it is high tide; **en ~e mer** on the open sea; **la ville ~e** *the upper part of the town* **4.** (*intense, fort*) *a.* ELEC high; **courant à ~e tension** high-voltage current; **à voix ~e** out loud **5.** (*élevé: prix*) high **6.** (*supérieur: fonctionnaire*) senior; **la ~e société** high society; **au plus ~ niveau** at the highest level; **en ~ lieu** in high places **7.** (*très grand*) great; **être de la plus ~e importance** to be of the highest importance
hautain(e) [ˊotɛ̃, ɛn] *adj* haughty
hautbois [ˊobwɑ] *m* MUS oboe
haut-de-forme [ˊod(ə)fɔʀm] *m inv* top hat
haute [ˊot] *f inf* **la ~** the upper crust
haute-fidélité [ˊotfidelite] <hautes-fidélités> **I.** *adj inv* (*chaîne*) hi-fi **II.** *f* hi-fi
hautement [ˊotmɑ̃] *adv* highly; **pays ~ industrialisé** highly-industrialized country
haute technologie *f* high technology
hauteur [ˊotœʀ] *f* **1.** (*grandeur, altitude*) height; **quelle est la ~ de ce mur?** what is the height of this wall?; **la ~ est de 3 mètres** the height is 3 meters **2.** SPORT **saut en ~** high jump **3.** (*même niveau*) **à la ~ de qc** (*au même niveau que*) (on a) level with sth; (*dans les environs de*) in the area of sth **4.** (*colline*) hill(top); **~s** heights **5.** (*noblesse*) loftiness **6.** (*arrogance*) haughtiness ▶**être à la ~ de qc** to be equal to sth
haut-fond [ˊofɔ̃] <hauts-fonds> *m* shallow
haut-le-cœur [ˊol(ə)kœʀ] *m inv* **avoir un ~** to feel sick
haut-le-corps [ˊol(ə)kɔʀ] *m inv* **avoir un ~** to jump
haut-lieu [ˊoljø] <hauts-lieux> *m* **un ~ touristique** a tourist Mecca
haut-parleur [ˊopaʀlœʀ] <haut-parleurs> *m* loudspeaker
havane [ˊavan] **I.** *adj inv* (*couleur*) tobacco

(brown) **II.** *m* (*cigare*) Havana
Havane [´avan] *f* **la** ~ Havana
havre [´avʀ] *m soutenu* haven
Havre [´avʀ] *m* **Le** ~ Le Havre; **vivre/aller au** ~ to live in/to go to Le Havre; **venir du** ~ to come from Le Havre
Haye [ɛ] *f* **La** ~ The Hague
hayon [´ɛjɔ̃] *m* AUTO tailgate
hé [he, ´e] *interj* (*pour appeler*) hey!
hebdo *m inf v.* **hebdomadaire**
hebdomadaire [ɛbdɔmadɛʀ] **I.** *adj* (*réunion, revue*) weekly; **"fermeture ~ le lundi"** "closed on Mondays" **II.** *m* (*journal, magazine*) weekly
hébergement [ebɛʀʒəmɑ̃] *m* lodging; (*d'un réfugié*) taking in
héberger [ebɛʀʒe] <2a> *vt* **1.** (*loger provisoirement: ami*) to put up **2.** (*accueillir: réfugié*) to take in
hébété(e) [ebete] *adj* dazed
hébétement [ebetmɑ̃] *m* stupor
hébraïque [ebʀaik] *adj* Hebrew
hébreu [ebʀø] <x> **I.** *adj féminin: israélite, juive* Hebrew **II.** *m* Hebrew; *v.a.* **français 2.** *inf* **c'est de l'~** it's all Greek to me
Hébreux [ebʀø] *mpl* **les** ~ the Hebrews
Hébrides [ebʀid(ə)] *fpl* **les (îles)** ~ the Hebrides
HEC [´aʃøse] *f abr de* **(école des) hautes études commerciales** *prestigious French business school*
hécatombe [ekatɔ̃b] *f* slaughter
hectare [ɛktaʀ] *m* hectare (*equal to 100 ares or 2.471 acres*)
hectolitre [ɛktɔlitʀ] *m* hectoliter (*equal to 100 liters*)
hégémonie [eʒemɔni] *f* hegemony
hein [´ɛ̃] *interj inf* **1.** (*comment?*) huh **2.** (*renforcement de l'interrogation*) **que vas-tu faire, ~?** what are you going to do (then), eh? **3.** (*marque l'étonnement*) **~? qu'est-ce qui se passe?** hey, what's going on here? **4.** (*n'est-ce pas?*) **tu en veux bien, ~?** you'd like to, wouldn't you?; **il fait froid, ~?** it's cold, isn't it?
hélas [elɑs] *interj soutenu* alas
héler [´ele] <5> *vt* (*porteur, taxi*) to hail
hélice [elis] *f* **1.** TECH (*d'avion, de bateau*) propeller **2.** MATH helix; **escalier en ~** spiral staircase
hélicoïdal(e) [elikɔidal, -o] <-aux> *adj* (*escalier*) spiral
hélicoptère [elikɔptɛʀ] *m* helicopter
héliomarin(e) [eljomaʀɛ̃, in] *adj* MED (*cure*) sun and sea air
héliport [elipɔʀ] *m* heliport
héliporté(e) [elipɔʀte] *adj* transported by helicopter
hélitreuillé(e) [elitʀœje] *adj* **être ~** to be winched aboard
hélium [eljɔm] *m* CHIM helium
helvétique [ɛlvetik] *adj* Swiss; **la Confédération ~** the Swiss Federal Republic
hem [hɛm, ´ɛm] *interj* **1.** (*hé, holà*) hey! **2.** (*hein*) huh? **3.** (*hum*) hmm
hématome [ematom] *m* MED bruise; (*sérieux*) hematoma
hémicycle [emisikl] *m* **1.** (*demi-cercle*) semicircle; (*d'un théâtre, parlement*) hemicycle; **en ~** in a semicircle **2.** (*salle d'une assemblée nationale*) **l'~** the chamber **3.** (*bancs d'une assemblée nationale*) **l'~** ≈ the House floor
hémiplégie [emipleʒi] *f* MED hemiplegia
hémiplégique [emipleʒik] *adj, mf* MED hemiplegic
hémisphère [emisfɛʀ] *m* GEO, ANAT hemisphere
hémisphérique [emisfeʀik] *adj* hemispheric(al)
hémoglobine [emɔglɔbin] *f* MED hemoglobin
hémophile [emɔfil] MED **I.** *adj* hemophilic **II.** *mf* hemophiliac
hémophilie [emɔfili] *f* MED hemophilia
hémorragie [emɔʀaʒi] *f* **1.** MED hemorrhage **2.** (*perte en hommes*) **~ démographique** hemorrhage of the population
hémorroïde [emɔʀɔid] *f gén pl* MED hemorrhoid
henné [´ene] *m* (*arbuste, colorant*) henna
hennir [´eniʀ] <8> *vi* to neigh, to whinny
hennissement [´enismɑ̃] *m* neigh, whinny
hep [´ɛp, hɛp] *interj* hey!
hépatique [epatik] MED **I.** *adj* hepatic **II.** *mf* person suffering from a liver problem
hépatite [epatit] *f* MED **~ virale** viral hepatitis
héraldique [eʀaldik] *adj* heraldic; **science ~** heraldry
herbacé(e) [ɛʀbase] *adj* herbaceous
herbage [ɛʀbaʒ] *m* (*herbe, pré*) pasture
herbe [ɛʀb] *f* **1.** BOT grass; **mauvaise ~** weed **2.** MED, CULIN herb; **fines ~s** mixed herbs; **les ~s de Provence** Provençal mixed herbs (*parsley, thyme, oregano and bay leaf*) ▶ **couper l'~ sous le(s) pied(s) de qn** to cut the ground from under sb's feet
herbeux, -euse [ɛʀbø, -øz] *adj* grassy
herbicide [ɛʀbisid] **I.** *adj* herbicidal; **produit ~** herbicide **II.** *m* herbicide
herbier [ɛʀbje] *m* (*collection, livre*) herbarium
herbivore [ɛʀbivɔʀ] **I.** *adj* herbivorous **II.** *m* herbivore
herboriser [ɛʀbɔʀize] <1> *vi* to collect plants
herboriste [ɛʀbɔʀist] *mf* herbalist
hercule [ɛʀkyl] *m* **avoir une force d'~** to have the strength of ten men
Hercule [ɛʀkyl(ə)] *m* Hercules ▶ **être fort comme ~** to be a Hercules
herculéen(ne) [ɛʀkyleɛ̃, ɛn] *adj* herculean
hère [´ɛʀ] *m* **pauvre ~** poor devil
héréditaire [eʀeditɛʀ] *adj* hereditary
hérédité [eʀedite] *f* **1.** BIO heredity **2.** JUR right of inheritance
hérésie [eʀezi] *f* heresy
hérétique [eʀetik] **I.** *adj* heretical **II.** *mf* heretic
hérissé(e) [´eʀise] *adj* **1.** (*dressé*) (standing) on end; (*barbe*) bristly; **~ de poils** bristling

H

with hairs **2.** (*piquant: cactus*) prickly

hérisser [´eʀise] <1> **I.** *vt* **1.** (*dresser: poils, piquants*) to bristle; (*plumes*) to ruffle **2.** (*faire dresser*) **la peur lui a hérissé les poils** fear made its fur stand on end **3.** (*remplir*) **~ qc de qc** to spike sth with sth **4.** (*irriter*) **~ qn** to ruffle sb's feathers **II.** *vpr* **se ~ 1.** (*se dresser: cheveux, poils*) to stand on end **2.** (*dresser ses poils, plumes: chat*) to bristle; (*oiseau*) to ruffle its feathers **3.** (*se fâcher*) to bristle

hérisson [´eʀisɔ̃] *m* ZOOL (*en Europe, Afrique, Asie*) hedgehog

héritage [eʀitaʒ] *m* **1.** (*succession, biens*) inheritance; **laisser qc en ~ à qn** to bequeath sth to sb **2.** *fig* (*d'une civilisation, de coutumes*) heritage

hériter [eʀite] <1> *vt, vi* **~ (qc) de qn** to inherit (sth) from sb

héritier, -ière [eʀitje, -jɛʀ] *m, f* **1.** heir *m*, heiress *f* **2.** (*fils*) **son ~** *inf* his son and heir

hermaphrodite [ɛʀmafʀɔdit] *m* BIO hermaphrodite

hermétique [ɛʀmetik] *adj* **1.** (*étanche: fermeture, joint*) hermetic; (*à l'air*) airtight; (*à l'eau*) watertight **2.** (*impénétrable: poésie, secret*) impenetrable; (*écrivain*) obscure

hermétiquement [ɛʀmetikmɑ̃] *adv* hermetically

hermine [ɛʀmin] *f* **1.** ZOOL ermine **2.** (*fourrure*) ermine

hernie [´ɛʀni] *f* MED hernia; **~ discale** slipped disk

Hérode [eʀɔd(ə)] *m* Herod ►**être vieux comme ~** to be (as) old as Methuselah

héroïne¹ [eʀɔin] *f* (*drogue*) heroin

héroïne² [eʀɔin] *f v.* **héros**

héroïnomane [eʀɔinɔman] *mf* heroin addict

héroïque [eʀɔik] *adj* **1.** (*digne d'un héros*) heroic **2.** (*légendaire*) **les temps ~s du cinéma** the great days of cinema

héroïsme [eʀɔism] *m* heroism

héron [´eʀɔ̃] *m* heron

héros, héroïne [´eʀo, eʀɔin] *m, f* hero *m*, heroine *f*

herpès [ɛʀpɛs] *m* MED herpes

herse [´ɛʀs] *f* **1.** AGR harrow **2.** (*grille d'entrée: d'une forteresse*) portcullis

hertz [ɛʀts] *m inv* ELEC hertz

hésitant(e) [ezitɑ̃, ɑ̃t] *adj* (*personne, pas, voix*) hesitant; (*électeur*) wavering

hésitation [ezitasjɔ̃] *f* **1.** (*incertitude*) hesitation **2.** (*arrêt*) **avec ~** (*réciter, répondre*) hesitatingly; **sans ~** without hesitation

hésiter [ezite] <1> *vi* to hesitate

hétéro [eteʀo] *inf* **I.** *adj abr de* **hétérosexuel(le)** straight **II.** *mf abr de* **hétérosexuel(le)** straight

hétéroclite [eteʀɔklit] *adj* (*collection, ensemble*) motley; (*objets*) sundry; (*œuvre, bâtiment*) heterogeneous

hétérogène [eteʀɔʒɛn] *adj* heterogeneous

hétérosexuel(le) [eteʀosɛksɥɛl] *adj, m(f)* heterosexual

hêtre [´ɛtʀ] *m* **1.** (*arbre*) beech (tree) **2.** (*bois*) beech (wood)

heu [´ø] *interj* **1.** (*pour ponctuer à l'oral*) hmm!; **vous êtes Madame, ~ ... – Madame Giroux!** you are Madame, um ... – Madame Giroux! **2.** (*embarras*) uh!; **~ ... comment dirais-je?** uh ... how can I put it?

heure [œʀ] *f* **1.** (*mesure de durée*) hour; **une ~ et demie** an hour and a half; **une demi-~** half an hour; **une ~ de cours** (*pour l'élève*) a class hour; (*pour le professeur*) an hour's teaching; **24 ~s sur 24** 24 hours a day; **pendant deux ~s** for two hours; **des ~s (entières)** for hours (on end); **travailler/être payé à l'~** to work/be paid by the hour; **une ~ de retard** an hour's delay **2.** (*indication chiffrée*) **dix ~s du matin/du soir** ten o'clock in the morning/in the evening; **à trois ~s** at three o'clock; **il est trois ~s/trois ~s et demie** it's three o'clock/three thirty; **6 ~s moins 20** 20 to 6 **3.** (*point précis du jour*) **il est quelle ~?** *inf* what time is it?; **vous avez l'~, s'il vous plaît?** do you have the time, please?; **regarder l'~** to look at the time; **à quelle ~?** (at) what time?; **à la même ~** at the same time **4.** (*distance*) **être à deux ~s de qc** to be two hours (away) from sth **5.** (*moment dans la journée*) **~ de fermeture** closing time; **~ d'affluence** AUTO rush hour; COM busy period; **~s de réception au public** public admission times; **à ~ fixe** at a set time; **à toute ~** at any time (of the day); **à cette ~-ci** at this time; **à l'~** on time; **en première ~** at the first opportunity; **il est l'~ de** *+infin* it's time to *+infin;* **jusqu'à une ~ avancée** till late; **arriver avant l'~** to arrive early **6.** (*moment dans le cours des événements*) **des ~s mémorables** memorable times; **problèmes de l'~** problems of the moment; **l'~ est grave** these are difficult times; **à l'~ actuelle** (*en ce moment précis*) at this moment; (*à l'époque actuelle*) at this moment (in time) ►**l'~ H** zero hour; **de bonne ~** early; **les nouvelles de dernière ~** late-breaking news; **à cette ~** *Belgique* (*maintenant*) at present; **être/ne pas être à l'~** (*personne*) to be/not to be on time; (*montre*) to be right/wrong; **tout à l'~** (*il y a peu de temps*) just now; (*dans peu de temps*) shortly; **à tout à l'~!** (*bientôt*) see you (soon)!; (*plus tard*) see you (later)!; **sur l'~** at once

> **i** In France, there are no official **heures de fermeture** and they can vary between towns and areas. Usually, stores close at 7 p.m. Department stores and supermarkets usually stay open later, until 9 p.m. Stores are open all day on Saturdays and delicatessens and bakeries open on Sunday mornings. Many stores are closed on Mondays.

heureusement [øʀøzmɑ̃] *adv* **1.** (*par bonheur*) fortunately **2.** (*favorablement*) **se terminer ~** to have a happy ending
heureux, -euse [øʀø, -øz] **I.** *adj* **1.** (*rempli de bonheur: personne, vie, souvenir*) happy; **être ~ de qc** to be happy with sth; **être ~ de** +*infin* to be happy to +*infin* **2.** (*chanceux*) fortunate; **être ~ au jeu** to be lucky at cards **3.** (*favorable: issue, coïncidence, résultat*) happy; (*circonstances, réponse*) favorable **4.** (*réussi: effet, formule, mélange*) happy ► **encore ~!** (it's) just as well! **II.** *m, f* **faire un ~** *inf* to make somebody very happy
heurt [ˊœʀ] *m* **1.** (*conflit*) clash **2.** *soutenu* (*impact, coup: d'un portail*) slam
heurter [ˊœʀte] <1> **I.** *vi* **~ à la porte** to knock on the door **II.** *vt* **1.** (*entrer rudement en contact*) **~ qn** (*à pied*) to bump into sb; (*en voiture*) to hit sb **2.** (*choquer: personne, sentiments*) to offend **3.** (*être en opposition avec*) **~ les convenances** to go against convention **III.** *vpr* **1.** (*se cogner contre*) **se ~ à** [*o* **contre**] **qn/qc** (*personne, véhicule*) to bump into sb/sth; **se ~** to bump into each other **2.** (*buter contre*) **se ~ à qc** (*problème, refus*) to come up against sth **3.** (*entrer en conflit*) **se ~ avec qn** (*personne*) to clash with sb; **se ~** (*personnes*) to clash (with each other)
heurtoir [ˊœʀtwaʀ] *m* (*d'une porte*) (door)knocker
hexagonal(e) [ɛgzagɔnal, -o] <-aux> *adj* **1.** hexagonal **2.** (*concerne l'Hexagone français: problème, frontières*) French
hexagone [ɛgzagon, ɛgzagɔn] *m* hexagon
Hexagone [ɛgzagon, ɛgzagɔn] *m* **l'~** ≈ France (*because of its geographical shape*)
hexamètre [ɛgzamɛtʀ] *m* LIT hexameter
hiatus [ˊjatys] *m* LING hiatus
hibernation [ibɛʀnasjɔ̃] *f* hibernation
hiberner [ibɛʀne] <1> *vi* to hibernate
hibou [ˊibu] <x> *m* owl
hic [ˊik] *m inf* snag
hideur [ˊidœʀ] *f* hideousness
hideux, -euse [ˊidø, -øz] *adj* hideous
hier [jɛʀ] *adv* **1.** (*la veille*) yesterday; **la matinée d'~** yesterday morning **2.** (*passé récent*) **vous ne vous connaissez que d'~** you've hardly known each other any time at all
hiérarchie [jeʀaʀʃi] *f* hierarchy
hiérarchique [ˊjeʀaʀʃik] *adj* hierarchic(al); **par la voie ~** through official channels
hiéroglyphe [ˊjeʀɔglif] *m* hieroglyphic
hi-fi [ˊifi] *inv abr de* **High Fidelity I.** *adj* hi-fi; **chaîne ~** stereo (system) **II.** *f* hi-fi
high-tech [ˊajtɛk] *inv* **I.** *adj* hi-tech **II.** *f* hi-tech
hilarant(e) [ilaʀɑ̃, ɑ̃t] *adj* hilarious
hilare [ilaʀ] *adj* (*personne*) jovial; (*visage*) beaming
hilarité [ilaʀite] *f sans pl* hilarity
hindi [ˊindi, indi] *m* Hindi; *v.a.* **français**
hindou(e) [ɛ̃du] *adj* Hindu
hindouisme [ɛ̃duism] *m* Hinduism
hip [ˊip] *interj* **~ ~ ~! hourra!** hip, hip, hooray!
hippie [ˊipi] <hippies> **I.** *adj* hippie **II.** *mf* hippie
hippique [ipik] *adj* equine; **concours ~** horse show
hippisme [ipism] *m* horseback riding
hippocampe [ipɔkɑ̃p] *m* ZOOL seahorse
hippodrome [ipodʀom] *m* racetrack
hippopotame [ipɔpɔtam] *m* ZOOL hippopotamus
hirondelle [iʀɔ̃dɛl] *f* swallow
hirsute [iʀsyt] *adj* (*tête*) tousled; (*barbe*) shaggy
hispanique [ispanik] *adj* Hispanic
hispanisme [ispanism] *m* Hispani(ci)sm
hispano-américain(e) [ispanoameʀikɛ̃, ɛn] <hispano-américains> *adj* Spanish-American
hispanophone [ispanɔfɔn] **I.** *adj* Spanish-speaking; **être ~** to be a Spanish speaker **II.** *mf* Spanish speaker
hisser [ˊise] <1> **I.** *vt* (*drapeau, voile*) to hoist **II.** *vpr* (*grimper*) **se ~ sur le mur** to heave oneself (up) onto the wall
histoire [istwaʀ] *f* **1.** *sans pl* (*science, événements*) history **2.** (*récit, conte, blague, propos mensonger*) story **3.** *inf* (*suite d'événements*) story; (*affaire*) business; **le meilleur de l'~** the best part of the story; **c'est toujours la même ~, avec toi!** it's always the same (old) story with you! **4.** *gén pl, inf* (*complications*) fuss; (*problèmes*) trouble; **faire toute une ~ pour qc** to make a big fuss about sth; **vie sans ~s** uncomplicated life ► **~ de** +*infin inf* just to +*infin*; **cette ~-là** (*dont il est question*) that story
histoire-fiction [istwaʀ fiksjɔ̃] <histoires-fictions> *f* (*futuriste*) futurist novel
historien(ne) [istɔʀjɛ̃, jɛn] *m(f)* historian
historique [istɔʀik] **I.** *adj* (*événement, monument*) historic; (*document, roman*) historical **II.** *m* (*d'un mot, d'une institution*) history; (*d'une affaire*) review
historiquement [istɔʀikmɑ̃] *adv* historically
hitlérien(ne) [itleʀjɛ̃, jɛn] *adj* HIST Hitlerian
hit-parade [ˊitpaʀad] <hit-parades> *m* **1.** (*meilleures chansons*) **le ~** the charts **2.** *fig* top ten
HIV [ˊaʃive] *m* MED *abr de* **Human Immunodeficiency Virus** HIV
hiver [ivɛʀ] *m* winter; **station de sports d'~** winter sports resort; *v.a.* **automne**
hivernage [ivɛʀnaʒ] *m* wintering
hivernal(e) [ivɛʀnal, -o] <-aux> *adj* **1.** (*de l'hiver*) winter **2.** (*comme en hiver*) wintry
hiverner [ivɛʀne] <1> *vi* to winter
H.L.M. [ˊaʃɛlɛm] *m o f inv abr de* **habitation à loyer modéré** ≈ public housing (project); (*appartement*) ≈ public housing unit (*low-rent, government-owned housing*)
hobby [ˊɔbi] <hobbies> *m* hobby
hochement [ˊɔʃmɑ̃] *m* **~ de tête** (*pour approuver*) nod (of the head); (*pour désapprouver*) shake of the head
hocher [ˊɔʃe] <1> *vt* **~ la tête** (*pour

approuver) to nod (one's head); (*pour désapprouver*) to shake one's head
hochet [´ɔʃɛ] *m* (*jouet*) rattle
hockey [´ɔkɛ] *m* hockey
holà [´ɔla] **I.** *interj* **~! pas si vite!** hold on! not so fast! **II.** *m* **mettre le ~ à qc** to put a stop to sth
holding [´ɔldiŋ] *m o f* COM holding company
hold-up [´ɔldœp] *m inv* hold-up
hollandais [´ɔllɑ̃dɛ] *m* Dutch; *v.a.* **français**
hollandais(e) [´ɔllɑ̃dɛ, ɛz] *adj* Dutch
Hollandais(e) [´ɔllɑ̃dɛ, ɛz] *m(f)* Dutchman, Dutchwoman *m, f*
Hollande [´ɔllɑ̃d] *f* **la ~** Holland
holocauste [olokost] *m* (*génocide*) holocaust
homard [´ɔmaʀ] *m* CULIN, ZOOL lobster
home [´om] *m Belgique* (*centre d'accueil, d'hébergement*) hostel
home cinéma [´omsinema] *m* home theater (system)
homéopathe [ɔmeɔpat, omeopat] *mf* homeopath
homéopathie [ɔmeɔpati] *f* homeopathy
homéopathique [ɔmeɔpatik] *adj* homeopathic
home-trainer [´omtʀɛnœʀ] <home-trainers> *m* exercise bike
homicide [ɔmisid] *m* JUR murder, homicide; **~ involontaire** manslaughter; **~ volontaire** (first-degree) murder
hommage [ɔmaʒ] *m* **1.** (*témoignage de respect, œuvre ou manifestation en l'honneur de qn*) tribute **2.** *pl, soutenu* (*compliments*) respects; **mes ~s, Madame!** (*à la rencontre*) ≈ how do you do?; (*au revoir*) ≈ goodbye!
homme [ɔm] *m* man; **vêtements d'~** [*o* **pour ~s**] menswear; **~ politique** politician; **~ de loi** lawyer; **~ de main** hired man; (*dans des besognes criminelles*) henchman; **~ d'État** statesman ▶ **~ à tout faire** handyman; **entre ~s** man to man
homme-grenouille [ɔmgʀənuj] <hommes-grenouilles> *m* frogman
homme-sandwich [ɔmsɑ̃dwitʃ] <hommes-sandwichs> *m* sandwich man
homo [omo] **I.** *adj abr de* **homosexuel(le)** *inf* gay **II.** *mf abr de* **homosexuel(le)** *inf* gay man, woman *m, f*; **~s** gays
homogène [ɔmɔʒɛn] *adj* homogeneous
homogénéiser [ɔmɔʒeneize] <1> *vt* CULIN, CHIM to homogenize
homogénéité [ɔmɔʒeneite] *f* homogeneity
homologue [ɔmɔlɔg] *adj* (*équivalent*) homologous
homologuer [ɔmɔlɔge] <1> *vt* **1.** (*reconnaître officiellement: prix*) to authorize; (*record*) to ratify **2.** (*déclarer conforme aux normes: siège-auto*) to license
homonyme [ɔmɔnim] *m* **1.** LING homonym **2.** (*personne*) namesake
homosexualité [ɔmɔsɛksɥalite] *f* homosexuality
homosexuel(le) [ɔmɔsɛksɥɛl] **I.** *adj* homosexual **II.** *m(f)* homosexual
hongre [´ɔ̃gʀ] *adj* (*cheval*) gelded
Hongrie [´ɔ̃gʀi] *f* **la ~** Hungary
hongrois [´ɔ̃gʀwa] *m* Hungarian; *v.a.* **français**
hongrois(e) [´ɔ̃gʀwa, waz] *adj* Hungarian
Hongrois(e) [´ɔ̃gʀwa, waz] *m(f)* Hungarian
honnête [ɔnɛt] *adj* **1.** (*probe: personne*) honest; (*commerçant, entreprise*) respectable **2.** (*franc: personne*) honest **3.** (*honorable: conduite, intention, propos*) honorable; (*méthode*) fair **4.** (*vertueux*) honest **5.** (*acceptable: prix, repas, résultat*) reasonable
honnêtement [ɔnɛtmɑ̃] *adv* **1.** (*convenablement: payer, gagner sa vie*) honestly **2.** (*loyalement, avec probité: gérer une affaire*) honorably
honnêteté [ɔnɛtte] *f* **1.** (*probité, franchise: d'une personne*) honesty **2.** (*honorabilité: d'une conduite, intention, d'un propos*) decency
honneur [ɔnœʀ] *m* **1.** *sans pl* (*principe moral*) honor **2.** *sans pl* (*réputation*) credit; **être tout à l'~ de qn** to do sb great credit **3.** (*privilège*) honor; **nous avons l'~ de vous faire part de ...** *form* we are pleased to inform you of ...; **j'ai l'~ de solliciter un poste de ...** *form* I wish to apply for the position of ...; **à toi l'~!** after you! **4.** *pl* (*marques de distinctions*) honors; **rendre les derniers ~s à qn** *form* to pay one's final tribute to sb **5.** (*considération*) **faire un grand ~ à qn en faisant qc** to do sb a great honor by doing sth ▶ **faire les ~s de la maison à qn** (*accueillir somptueusement*) to roll out the red carpet for sb; (*faire visiter les lieux*) to show sb around (the house); **être à l'~** to have the place of honor; **faire ~ à un repas** to do justice to a meal; **en quel ~?** *iron* what for?
honorabilité [ɔnɔʀabilite] *f* respectability
honorable [ɔnɔʀabl] *adj* **1.** (*estimable: personne, profession*) honorable **2.** (*respectable, suffisant*) respectable
honoraire [ɔnɔʀɛʀ] **I.** *adj* honorary; **professeur ~** professor emeritus **II.** *mpl* fee(s)
honorer [ɔnɔʀe] <1> **I.** *vt* **1.** (*traiter avec considération, respecter, célébrer*) *a.* COM to honor **2.** (*faire honneur à*) **~ qn** (*sentiments, conduite*) to be a credit to sb **II.** *vpr* **s'~ d'être qc** to pride oneself on being sth
honorifique [ɔnɔʀifik] *adj* honorary
honte [´ɔ̃t] *f* **1.** (*déshonneur*) disgrace; **(c'est) la ~!** *inf* it's a disgrace! **2.** *sans pl* (*sentiment d'humiliation*) shame; **avoir ~ de qn/qc** to be ashamed of sb/sth ▶ **faire ~ à qn** to make sb (feel) ashamed; **mourir de ~** to die of shame
honteux, -euse [´ɔ̃tø, -øz] *adj* (*acte, défaite, sentiment*) shameful; **être ~ de qc** to be ashamed of sth
hop [´ɔp] *interj* **1.** (*pour faire sauter*) come on, jump!; **~ là!** (*quand qn ou qc va tomber*) oops(-a-daisy)! **2.** (*pour marquer une action brusque*) **allez ~!** come on, off you go!

hôpital [ɔpital, -o] <-aux> *m* hospital
hoquet [ˊɔkɛ] *m* hiccup; **avoir le ~** to have (the) hiccups
hoqueter [ˊɔkte] <3> *vi* **1.** (*avoir le hoquet*) to hiccup **2.** (*sangloter*) to gulp
horaire [ɔʀɛʀ] **I.** *adj* hourly **II.** *m* **1.** (*répartition du temps*) timetable; **~ de travail** hours of work; **~ mobile** [*o* **flexible**] flextime **2.** (*tableau: des cours, trains, bus*) timetable; (*des vols*) schedule
horde [ˊɔʀd] *f* horde
horizon [ɔʀizɔ̃] *m* **1.** *sans pl* (*ligne*) horizon **2.** (*étendue*) view; **changer d'~** to have a change of scenery **3.** (*perspective*) horizon
horizontal(e) [ɔʀizɔ̃tal, -o] <-aux> *adj* horizontal
horizontale [ɔʀizɔ̃tal] *f* **1.** MATH horizontal **2.** (*position*) **être à l'~** to be horizontal
horizontalement [ɔʀizɔ̃talmɑ̃] *adv* horizontally
horloge [ɔʀlɔʒ] *f* (*appareil*) clock ►**~ parlante** talking clock
horloger, -ère [ɔʀlɔʒe, -ɛʀ] **I.** *adj* watch-making **II.** *m, f* watchmaker
horlogerie [ɔʀlɔʒʀi] *f* **1.** (*secteur économique*) watchmaking; (*commerce*) watchmaking business **2.** (*magasin*) **~ bijouterie** jewelry store (*specializing in clocks and watches*)
hormonal(e) [ɔʀmɔnal, -o] <-aux> *adj* hormonal
hormone [ɔʀmɔn] *f* hormone
horodateur [ɔʀɔdatœʀ] *m* (*au parking*) ticket machine
horoscope [ɔʀɔskɔp] *m* horoscope
horreur [ɔʀœʀ] *f* **1.** (*sensation d'épouvante, de dégoût*) horror; **faire ~ à qn** to disgust sb; **film d'~** horror film **2.** (*atrocité: d'un crime, supplice*) horror **3.** (*aversion*) **avoir ~ de qn/qc** (*haïr*) to hate sb/sth; **j'ai ~ des souris/ordinateurs** I can't stand mice/computers **4.** *pl* (*grossièretés, actions infâmes*) terrible things
horrible [ɔʀibl] *adj* **1.** (*abominable: spectacle, meuble*) horrible; (*acte, accident, cris*) terrible **2.** (*extrême, très mauvais*) terrible
horriblement [ɔʀibləmɑ̃] *adv* (*triste, cher, chaud, mal*) horribly
horrifiant(e) [ɔʀifjɑ̃, ɑ̃t] *adj* horrifying
horrifier [ɔʀifje] <1> *vt* to horrify
horripilant(e) [ɔʀipilɑ̃, ɑ̃t] *adj* exasperating
horripiler [ɔʀipile] <1> *vt* **~ qn** *inf* to exasperate sb
hors [ˊɔʀ] *prep* **1.** (*à l'extérieur de*) **~ de** outside; **tomber/être projeté ~ de qc** to fall/be thrown out of sth **2.** (*au-delà de*) **~ d'atteinte** [*o* **de portée**] out of reach ►**~ de combat** out of action; **~ de danger** out of danger; **~ de prix** exorbitant; **être ~ de soi** to be beside oneself (with anger)
hors-bord [ˊɔʀbɔʀ] *m inv* **1.** (*moteur*) outboard **2.** (*bateau*) speedboat
hors-d'œuvre [ˊɔʀdœvʀ] *m inv* CULIN starter
hors-jeu [ˊɔʀʒø] *m inv* SPORT offside
hors-la-loi [ˊɔʀlalwa] *m inv* outlaw
hors-piste [ˊɔʀpist] *m inv* **faire du ~** to ski off-piste
hortensia [ɔʀtɑ̃sja] *m* BOT hydrangea
horticole [ɔʀtikɔl] *adj* horticultural
horticulteur, -trice [ɔʀtikyltœʀ, -tʀis] *m, f* horticulturist
horticulture [ɔʀtikyltyʀ] *f* horticulture
hospice [ɔspis] *m* (*hôpital*) home; **~ de vieillards** old people's home
hospitalier, -ière [ɔspitalje, -jɛʀ] *adj* **1.** (*à l'hôpital*) hospital **2.** (*accueillant*) hospitable
hospitalisation [ɔspitalizasjɔ̃] *f* hospitalization
hospitaliser [ɔspitalize] <1> *vt* to hospitalize
hospitalité [ɔspitalite] *f* hospitality
hostie [ɔsti] *f* REL host
hostile [ɔstil] *adj* **être ~ à qn/qc** to be hostile to(ward) sb/sth
hostilité [ɔstilite] *f* hostility
hosto [ɔsto] *m inf abr de* **hôpital**
hot-dog [ˊɔtdɔg] <hot-dogs> *m* hot dog
hôte [ot] **I.** *mf* (*d'une personne, d'un hôtel*) guest **II.** *m* INFORM host (computer)
hôte, hôtesse [ot, otɛs] *m(f)* **1.** *soutenu* (*maître de maison*) host, hostess *m, f* **2.** COM **~sse de caisse** cashier
hôtel [ɔtɛl, otɛl] *m* **1.** (*hôtellerie*) hotel **2.** (*riche demeure*) mansion ►**~ Matignon** *offices of the Prime Minister of the French Republic;* **~ de ville** city [*o* town] hall
hôtelier, -ière [otəlje, ɔtəlje, -jɛʀ] **I.** *adj* hotel; **industrie hôtelière** hotel business **II.** *m, f* hotelier
hôtellerie [otɛlʀi, ɔtɛlʀi] *f* (*profession*) hotel business
hôtesse [otɛs] *f* **1.** *v.* **hôte 2.** (*profession*) **~ d'accueil** (*d'une entreprise, d'un hôtel*) receptionist; (*dans une exposition*) hostess; **~ de l'air** flight attendant, stewardess
hotte [ˊɔt] *f* **1.** (*appareil d'aspiration: d'une cheminée*) hood **2.** (*panier*) basket
hou [ˊu] *interj* **1.** (*pour faire honte*) tut-tut!; (*pour conspuer*) boo! **2.** (*pour faire peur*) boo! ►**~, ~!** hey (there)!
houblon [ˊublɔ̃] *m* **1.** (*plante*) hop **2.** (*ingrédient de la bière*) hops *pl*
houe [ˊu] *f* hoe
houille [ˊuj] *f* coal
houiller, -ère [ˊuje, -ɛʀ] *adj* coal
houle [ul] *f* swell
houlette [ˊulɛt] **sous la ~ de qn** under the guidance of sb
houleux, -euse [ˊulø, -øz] *adj* **1.** (*agité par la houle: mer*) stormy **2.** (*troublé: séance*) stormy; (*assemblée*) tumultuous
houligan [ˊuligan] *m* hooligan
houppe [ˊup] *f* **~ de cheveux** tuft of hair
houppette [ˊupɛt] *f* (powder) puff
hourra [ˊuʀa] **I.** *interj* hurray! **II.** *m* cheer; **pousser des ~s** to cheer
houspiller [ˊuspije] <1> *vt* **~ qn** to tell sb off
housse [ˊus] *f* cover; **~ de siège/couette**

H

seat/duvet cover
houx [ˊu] *m* BOT holly
hovercraft [ˊɔvœʀkʀaft] *m* hovercraft
H.S. [aʃɛs] *abr de* **hors service: être ~** *inf* (*personne*) to be beat, to be out of it
H.T. [aʃte] *adv abr de* **hors taxes** net of tax
hublot [ˊyblo] *m* (*d'un bateau*) porthole; (*d'un avion, appareil ménager*) window
huche [ˊyʃ] *f* chest; **~ à pain** breadbox
hue [ˊy] *interj* **1.** (*avancer*) giddyup! **2.** (*tourner à droite*) gee!
huées [ˊɥe] *fpl* (*cris de réprobation*) boos
huer [ˊɥe] <1> *vt* to boo
huguenot(e) [ˊygno, ɔt] *m(f)* Huguenot
huile [ɥil] *f* oil; **~ d'olive/de tournesol** olive/sunflower oil; **~ solaire** suntan oil; **peint à l'~** painted in oils ►**jeter de l'~ sur le feu** to add fuel to the fire
huilé(e) [ɥile] *adj* oiled
huiler [ɥile] <1> *vt* (*mécanisme*) to oil; (*moule*) to grease
huileux, -euse [ɥilø, -øz] *adj péj* **1.** (*plat, surface*) oily **2.** (*gras: cheveux, peau*) greasy **3.** (*pollué*) **des eaux huileuses** oil-contaminated waters
huis [ɥi] **à ~ clos** behind closed doors; JUR in camera
huissier [ɥisje] *m* **1.** JUR (*officier ministériel*) bailiff **2.** (*appariteur*) usher
huit [ˊɥit, *devant une consonne* ˊɥi] **I.** *adj* eight **II.** *m inv* eight ►**le grand ~** the roller coaster; *v.a.* **cinq**
huitaine [ˊɥitɛn] *f* **1.** (*ensemble d'environ huit éléments*) **une ~ de personnes/pages** about eight people/pages **2.** (*une semaine*) **dans une ~** in a week or so
huitante [ˊɥitɑ̃t] *adj Suisse* (*quatre-vingts*) eighty; *v.a.* **cinq, cinquante**
huitième [ˊɥitjɛm] **I.** *adj antéposé* eighth **II.** *mf* **le/la ~** the eighth **III.** *m* **1.** (*fraction*) eighth **2.** SPORT **~ de finale** round of sixteen; *v.a.* **cinquième**
huitièmement [ˊɥitjɛmmɑ̃] *adv* eighthly
huître [ɥitʀ] *f* oyster
hulotte [ˊylɔt] *f* tawny owl
hululement [ˊylylmɑ̃] *m* hooting
hululer [ˊylyle] <1> *vi* (*oiseau de nuit*) to hoot
hum [ˊœm] *interj* (*pour exprimer le doute, la gêne, une réticence*) hmm! ►**~, ~!** ahem!
humain(e) [ymɛ̃, ɛn] *adj* **1.** (*propre à l'homme: chair, dignité, vie*) human; **les êtres ~s** human beings **2.** (*compatissant, sensible*) humane
humainement [ymɛnmɑ̃] *adv* **1.** (*avec humanité: traiter*) humanely **2.** (*avec les capacités humaines*) **faire tout ce qui est ~ possible** to do all that is humanly possible
humaniser [ymanize] <1> **I.** *vt* (*conditions de vie, travail*) to humanize **II.** *vpr* **s'~** to become more human
humaniste [ymanist] **I.** *adj* humanistic **II.** *mf* humanist
humanitaire [ymanitɛʀ] *adj* (*aide, organisation*) humanitarian
humanité [ymanite] *f* humanity
humanités [ymanite] *fpl Belgique* (*études secondaires* (*classiques, modernes ou techniques*)) secondary education
humanoïde [ymanɔid] *adj, m* humanoid
humble [œbl] *adj* humble
humblement [œbləmɑ̃] *adv* **1.** humbly **2.** (*sans prétention: vivre*) modestly
humecter [ymɛkte] <1> **I.** *vt* (*doigts, timbre, linge*) to moisten **II.** *vpr* **s'~ les lèvres** to moisten one's lips
humer [ˊyme] <1> *vt* (*plat*) to smell; **~ l'air** (*personne*) to breathe in the air; (*animal*) to sniff the air
humérus [ymeʀys] *m* ANAT humerus
humeur [ymœʀ] *f* **1.** (*état d'âme*) mood; **être de bonne/mauvaise ~** to be in a good/bad mood; **être/se sentir d'~ à faire qc** to be/feel in the mood for doing sth **2.** (*tempérament*) temper **3.** (*irritation*) (bad) temper; **répondre avec ~** to reply crossly ►**passer son ~ sur qn** to take out one's bad temper on sb
humide [ymid] *adj* **1.** (*qui a pris l'humidité*) damp **2.** METEO (*climat, temps*) humid; **il fait un froid ~** it's cold and damp
humidifier [ymidifje] <1> *vt* to humidify
humidité [ymidite] *f* humidity
humiliant(e) [ymiljɑ̃, jɑ̃t] *adj* humiliating
humiliation [ymiljasjɔ̃] *f* humiliation
humilier [ymilje] <1> **I.** *vt* to humiliate **II.** *vpr* **s'~ devant qn** to humble oneself before sb
humilité [ymilite] *f* humility
humoriste [ymɔʀist] *mf* humorist
humoristique [ymɔʀistik] *adj* humorous
humour [ymuʀ] *m* humor
humus [ymys] *m* (*matière organique du sol*) humus
huppe [ˊyp] *f* (*d'oiseau*) crest
huppé(e) [ˊype] *adj* **1.** ZOOL crested **2.** *inf* (*de haut rang: personne, restaurant*) classy
hure [ˊyʀ] *f* **1.** (*tête*) head **2.** CULIN headcheese
hurlant(e) [ˊyʀlɑ̃, ɑ̃t] *adj* howling
hurlement [ˊyʀləmɑ̃] *m* (*d'un animal, d'une personne, du vent*) howl(ing); (*de la foule*) roar(ing); (*de freins*) squeal(ing)
hurler [ˊyʀle] <1> **I.** *vi* **1.** (*pousser des hurlements: animal, personne*) to howl; (*foule*) to roar; **~ de douleur/rage** to howl with pain/rage **2.** (*produire un son semblable à un hurlement: vent*) to howl; (*freins*) to squeal **II.** *vt* (*injures*) to yell; (*menaces*) to scream
hurluberlu(e) [yʀlybɛʀly] *m(f) inf* oddball
hurrah [ˊuʀa] *interj v.* **hourra**
hussard [ˊysaʀ] *m* MIL hussar
hussarde [ˊysaʀd] **à la ~** roughly
hutte [ˊyt] *f* hut
hybride [ibʀid] **I.** *adj* hybrid; **solution ~** compromise solution **II.** *m* BIO hybrid
hydrant [idʀɑ̃] *m*, **hydrante** [idʀɑ̃t] *f Suisse* (*borne d'incendie*) fire hydrant
hydratant(e) [idʀatɑ̃, ɑ̃t] *adj* moisturizing

hydratation [idʀatasjɔ̃] *f* moisturizing
hydrate [idʀat] *m* CHIM hydrate
hydrater [idʀate] <1> **I.** *vt* **1.** (*en cosmétique*) to moisturize **2.** CHIM to hydrate **II.** *vpr* CHIM **s'~** to become hydrated
hydraulique [idʀolik] **I.** *adj* hydraulic; **énergie ~** water power **II.** *f sans pl* hydraulics
hydravion [idʀavjɔ̃] *m* seaplane
hydrocarbure [idʀokaʀbyʀ] *m* CHIM hydrocarbon
hydrocution [idʀɔkysjɔ̃] *f* MED immersion syncope
hydroélectrique, hydro-électrique [idʀoelɛktʀik] *adj* hydroelectric; **centrale ~** hydroelectric power station [*o* plant]
hydrogène [idʀɔʒɛn] *m* CHIM hydrogen
hydroglisseur [idʀoglisœʀ] *m* jetfoil
hydrographie [idʀɔgʀafi] *f* hydrography
hydrophile [idʀɔfil] *adj* **coton ~** cotton (wadding)
hyène [jɛn, 'jɛn] *f* ZOOL hyena
hygiène [iʒjɛn] *f sans pl* **1.** (*bonnes conditions sanitaires*) hygiene; **les services d'~** the public health department **2.** (*soin: des cheveux, d'un bébé*) care; **articles d'~** toiletries
hygiénique [iʒjenik] *adj* **1.** (*de propreté*) hygienic; **papier ~** toilet paper **2.** (*sain*) healthy
hygrométrie [igʀɔmetʀi] *f* hygrometry
hymen [imɛn] *m* ANAT hymen
hymne [imn] *m* MUS hymn
hyper [ipɛʀ] *m abr de* **hypermarché**
hyperglycémie [ipɛʀglisemi] *f* MED hyperglycemia
hyperlien [ipɛʀljɛ̃] *m* INFORM hyperlink
hypermarché [ipɛʀmaʀʃe] *m* superstore
hypermétrope [ipɛʀmetʀɔp] **I.** *adj* far-sighted **II.** *mf* far-sighted person
hypersensible [ipɛʀsɑ̃sibl] *adj* hypersensitive
hypertendu(e) [ipɛʀtɑ̃dy] *adj inf* **1.** (*très stressé*) **être ~** (*personne*) to be stressed out **2.** (*difficile: ambiance*) very tense
hypertension [ipɛʀtɑ̃sjɔ̃] *f* MED high blood pressure
hypertexte [ipɛʀtɛkst] *m* INFORM hypertext
hypertrophie [ipɛʀtʀɔfi] *f* MED, BIO hypertrophy
hypertrophié(e) [ipɛʀtʀɔfje] *adj* hypertrophied
hypnose [ipnoz] *f* hypnosis
hypnotiser [ipnɔtize] <1> *vt* to hypnotize
hypocalorique [ipokalɔʀik] *adj* low-calorie
hypocondriaque [ipɔkɔ̃dʀijak] *adj péj* (*personne*) hypochondriac
hypocrisie [ipɔkʀizi] *f* hypocrisy
hypocrite [ipɔkʀit] **I.** *adj* hypocritical **II.** *mf* hypocrite
hypoglycémie [ipoglisemi] *f* MED hypoglycemia
hypophyse [ipɔfiz] *f* ANAT pituitary gland
hypotension [ipotɑ̃sjɔ̃] *f* MED low blood pressure
hypothécaire [ipɔtekɛʀ] *adj* FIN **prêt ~** mortgage (loan)
hypothèque [ipɔtɛk] *f* mortgage
hypothéquer [ipɔteke] <5> *vt* **1.** FIN (*maison*) to mortgage; (*créance*) to secure (by mortgage) **2.** (*engager*) **~ l'avenir** to sign away one's future
hypothermie [ipotɛʀmi] *f* MED hypothermia
hypothèse [ipɔtɛz] *f* **1.** (*supposition*) hypothesis **2.** (*éventualité, cas*) **dans l'~ où ...** on the assumption that ...
hypothétique [ipɔtetik] *adj* hypothetical
hystérie [isteʀi] *f* hysteria
hystérique [isteʀik] **I.** *adj* hysterical **II.** *mf* hysterical person

I

I, i [i] *m inv* I, i; **~ comme Irma** (*au téléphone*) i as in India
ibid. [ibid] *adv abr de* **ibidem** ibid.
ibidem [ibidɛm] *adv* ibidem
ibis [ibis] *m* ibis
iceberg [ajsbɛʀg, isbɛʀg] *m* iceberg
ici [isi] *adv* **1.** (*lieu*) here; **~ et là** here and there; (**à partir**) **d'~** from here; **les gens d'~** the people (from around) here; **par ~ on croit ...** around here people think ...; **d'~ à Paris/au musée** from here to Paris/the museum; **près/loin d'~** near/a long way from here; **sortez d'~!** get out of here!; **viens ~ immédiatement!** come here right now!; **je suis venu jusqu'~** I came (all the way) here; **viens par ~** come over here; (*monter*) come up here; (*descendre*) come down here; **passer par ~** to come this way; **Madame la directrice, ~ présente, va ...** The director, who is here with us, will ... **2.** (*temporel*) **jusqu'~** up till now; **d'~** from now; **d'~ peu** very soon; **d'~ là** between now and then; **d'~ (à) 2010/(à) demain/(à) lundi** between now and 2010/tomorrow/Monday; **d'~ (à) la semaine prochaine** between now and next week; **d'~ une semaine/quelques semaines** a week/a few weeks from now; **d'~ (à ce) qu'il accepte, cela peut durer** as for him agreeing, don't hold your breath; **mais d'~ à ce qu'il abandonne, je n'aurais jamais imaginé!** but I never thought he'd actually give up!
icône [ikon] *f* INFORM icon
iconoclaste [ikɔnɔklast] *mf* iconoclast
id. [id] *abr de* **idem** id
idéal [ideal, -o] <-aux *o* s> *m* **1.** (*modèle*) ideal; **~ de justice/liberté/beauté** ideal of justice/freedom/beauty **2.** *sans pl* (*le mieux*) **l'~ serait qu'elle revienne** the ideal thing would be for her to come back
idéal(e) [ideal, -o] <-aux *o* s> *adj inf* (*rêvé, imaginaire: femme, solution, société, beauté*) ideal; **des vacances ~es** a perfect vacation

idéaliser [idealize] <1> *vt* to idealize
idéalisme [idealism] *m* idealism
idéaliste [idealist] *mf* idealist
idée [ide] *f* **1.** (*projet, inspiration, suggestion, opinion*) idea; **~ lumineuse** brilliant idea; **être plein d'~s** to be full of ideas; **~ de génie** brain wave; **donner l'~ à qn de faire qc** to give sb the idea of doing sth; **quelle drôle d'~!** what a funny idea!; **tu as de ces ~s!** you have some funny ideas!; **avoir les/des ~s larges** to be broad-minded; **avoir une haute ~ de qn/soi-même** to have a high opinion of sb/oneself; **~ fixe** obsession; **~s noires** gloomy thoughts; **si je suis/perds le fil de mes ~s** if I follow/lose my train of thought; **se faire à l'~ que qn est mort** to get used to the idea of sb being dead; **il faut te changer les ~s** you should put everything out of your mind; **se faire une ~ de qc** to have a (particular) idea of sth; **ne pas avoir la moindre ~ de qc** to have absolutely no idea of sth; **aucune ~!** no idea!; **on n'a pas ~!, a-t-on ~!** you have no idea! **2.** (*esprit*) **cela m'est venu à l'~** it occurred to me; **il m'est venu à l'~ de la voir** it occurred to me to see her ▶**se faire des ~s** (*s'imaginer des choses*) to imagine things; (*se faire des illusions*) to have another thing coming
idem [idɛm] *adv* (*de même*) likewise
identifiant [idɑ̃tifjɑ̃] *m* INFORM identifier; **~ d'utilisateur** user identification
identification [idɑ̃tifikasjɔ̃] *f* **~ à qn** identification with sb
identifier [idɑ̃tifje] <1> **I.** *vt* to identify **II.** *vpr* **s'~ à qn/qc** to identify oneself with sb/sth
identique [idɑ̃tik] *adj* identical; **être ~ à qc** to be identical to sth; **il reste toujours ~ à lui-même** he's the same as ever
identité [idɑ̃tite] *f* (*d'une personne*) identity; **sous une fausse ~** under a false identity
idéologie [ideɔlɔʒi] *f* ideology
idéologique [ideɔlɔʒik] *adj* ideological
idiomatique [idjɔmatik] *adj* idiomatic
idiot(e) [idjo, idjɔt] **I.** *adj* idiotic; **être complètement ~** to be a complete idiot ▶**je ne veux pas mourir ~** I don't want everything in life to pass me by **II.** *m(f)* idiot; **tu me prends pour un ~?** do you take me for some kind of idiot?; **~ du village** *inf* village idiot ▶**faire l'~** (*faire mine de ne pas comprendre*) to act stupid; (*vouloir amuser, se conduire stupidement*) to fool around
idiotie [idjɔsi] *f* idiocy; **dire des ~s** to talk nonsense; **faire des ~s** to act like an idiot
idole [idɔl] *f* idol; **faire de qn son ~** to idolize sb
idylle [idil] *f* **1.** idyll **2.** (*amour tendre*) romance; **l'~ d'un été** a summer romance
if [if] *m* yew
igloo, iglou [iglu] *m* igloo
ignare [iɲaʀ] *adj* ignorant
ignifugé(e) [iɲifyʒe] *adj* fireproofed
ignoble [iɲɔbl] *adj* disgraceful; (*taudis*) sordid; **des procédés/propos ~s** shameful things to do/say
ignorance [iɲɔʀɑ̃s] *f* ignorance; **être dans l'~ de qc** to be ignorant of sth
ignorant(e) [iɲɔʀɑ̃, ɑ̃t] **I.** *adj* **1.** (*inculte*) ignorant; **être ~ en qc** to know nothing about sth **2.** (*qui n'est pas au courant*) **être ~ des événements** to know nothing of events **II.** *m(f)* ignoramus; **faire l'~** to feign ignorance
ignorer [iɲɔʀe] <1> **I.** *vt* **1.** (*opp: savoir*) not to know; **ne pas ~ qc** to be aware of sth; **n'~ rien de qc** to know all about sth **2.** (*négliger*) to ignore ▶**nul n'est censé ~ la loi** ignorance of the law is no excuse **II.** *vpr* **s'~ 1.** (*feindre de ne pas se connaître*) to ignore each other **2.** (*devoir être connu*) **qc ne s'ignore pas** sth is well known
iguane [igwan] *m* iguana
il [il] *pron pers* **1.** (*masc, personne*) he **2.** (*masc, objet*) it **3.** *interrog, non traduit* **Louis a-t-~ ses clés?** does Louis have his keys? **4.** (*répétitif*) **~ est beau, ce costume** this suit's nice; **regarde le soleil, ~ se couche** look at the sun - it's setting; **l'oiseau, ~ fait cui-cui** birds go tweet-tweet **5.** *impers* it; **~ est possible qu'elle vienne** it's possible she may come; **~ pleut** it's raining; **~ faut que je parte** I've got to go; **~ y a deux ans** two years ago; **~ paraît qu'elle vit là-bas** apparently she lives there; *v.a.* **avoir**
île [il] *f* island; **les ~s Hawaï** the Hawaiian Islands; **les ~s Britanniques** the British Isles; **l'~ de Pâques** Easter Island; **l'~ du Prince-Édouard** Prince Edward Island
Île-de-France [ildəfʀɑ̃s] *f* **l'~** the Île-de-France (*the area surrounding Paris*)
illégal(e) [i(l)legal, -o] <-aux> *adj* illegal
illégalement [i(l)legalmɑ̃] *adv* illegally
illégalité [i(l)legalite] *f* illegality
illégitime [i(l)leʒitim] *adj* **1.** (*enfant, demande*) illegitimate **2.** (*non justifié*) unwarranted
illettré(e) [i(l)letʀe] *adj, m(f)* illiterate
illettrisme [iletʀism] *m* illiteracy
illicite [i(l)lisit] *adj* illicit; **concurrence ~** unfair competition
illico [i(l)liko] *adv inf* right now ▶**~ presto** this instant
illimité(e) [i(l)limite] *adj* **1.** (*sans bornes: confiance, pouvoirs*) unlimited; (*reconnaissance*) boundless **2.** (*indéterminé: durée, congé*) indefinite
illisible [i(l)lizibl] *adj* **1.** (*indéchiffrable: écriture*) illegible **2.** (*incompréhensible: article, roman*) unreadable
illogique [i(l)lɔʒik] *adj* illogical
illumination [i(l)lyminasjɔ̃] *f* **1.** (*action d'éclairer: d'une rue, d'un quartier*) lighting; (*au moyen de projecteurs*) floodlighting **2.** *pl* (*lumières festives*) illuminations *pl*
illuminé(e) [i(l)lymine] *adj* **1.** (*très éclairé*) lit up; (*au moyen de projecteurs*) floodlit **2.** (*radieux: visage*) illuminated

illuminer [i(l)lymine] <1> **I.** *vt* **1.** (*éclairer*) ~ **un endroit** (*lustre*) to light up a place **2.** (*faire resplendir*) **la fierté/la joie illumina ses traits** pride/joy lit up his face **II.** *vpr* **s'~ 1.** (*s'éclairer vivement: vitrine*) to be lit up; (*monument*) to be floodlit **2.** (*resplendir: personne*) to light up; **ses yeux s'illuminaient de joie/colère** her eyes lit up with joy/anger

illusion [i(l)lyzjɔ̃] *f* (*erreur*) illusion; ~ **d'optique** optical illusion; **se faire des ~s sur qn/qc** to have illusions about sb/sth

illusionniste [i(l)lyzjɔnist] *mf* illusionist

illusoire [i(l)lyzwaʀ] *adj* illusory; (*promesse*) deceptive

illustrateur, -trice [i(l)lystʀatœʀ, -tʀis] *m, f* illustrator

illustration [i(l)lystʀasjɔ̃] *f* illustration

illustre [i(l)lystʀ] *adj* illustrious

illustré [i(l)lystʀe] *m* magazine

illustré(e) [i(l)lystʀe] *adj* illustrated; **journal ~** magazine

illustrer [i(l)lystʀe] <1> **I.** *vt* **1.** (*orner*) ~ **qc de qc** to illustrate sth with sth **2.** (*enrichir*) ~ **qc de qc** to illustrate sth with sth **II.** *vpr* **s'~ 1.** (*se rendre célèbre*) to win acclaim **2.** *péj* (*se faire remarquer*) to distinguish oneself

îlot [ilo] *m* **1.** (*petite île*) islet **2.** (*pâté de maisons*) block **3.** (*groupe isolé*) island

ils [il] *pron pers* **1.** (*pl masc ou mixte*) they **2.** *interrog, non traduit* **les enfants sont-~ là?** are the children here? **3.** (*répétitif*) **regarde les paons comme ~ sont beaux** look how beautiful the peacocks are; *v.a.* **il**

image [imaʒ] *f* **1.** (*dessin*) picture; ~ **de marque** (brand) image **2.** (*reflet*) *a. fig* image; **se faire une ~ de qn/qc** to have an image of sb/sth ▶ **sage comme une ~** as good as gold; **à l'~ de qn/qc** in the image of sb/sth

imagé(e) [imaʒe] *adj* (*langage*) colorful; (*style*) full of imagery

imaginable [imaʒinabl] *adj* imaginable

imaginaire [imaʒinɛʀ] **I.** *adj* imaginary **II.** *m* **l'~** the imagination

imaginatif, -ive [imaʒinatif, -iv] *adj* imaginative

imagination [imaʒinasjɔ̃] *f* imagination; **dépasser l'~** to be beyond the imagination; **vous ne manquez pas d'~!** you've got a good imagination!

imaginer [imaʒine] <1> **I.** *vt* **1.** (*se représenter, supposer*) to imagine; ~ **de faire qc** to imagine doing sth **2.** (*inventer*) to think up **II.** *vpr* **1.** (*se représenter*) **s'~ qn/qc autrement** to imagine sb/sth differently **2.** (*se voir*) **s'~ à la plage/dans vingt ans** to imagine oneself at the beach/in twenty years **3.** (*croire faussement*) **s'~ qc** to imagine sth

imam [imam] *m* imam

imbattable [ɛ̃batabl] *adj* unbeatable

imbécile [ɛ̃besil] **I.** *adj* idiotic **II.** *mf* cretin; **faire l'~** (*vouloir paraître stupide*) to act stupid; (*se conduire stupidement*) to act like a fool ▶ **il n'y a que les ~s qui ne changent pas d'avis** only fools never change their mind

imbécillité [ɛ̃besilite] *f* **1.** (*manque d'intelligence, action stupide*) idiocy **2.** (*chose stupide*) **une ~** a totally stupid thing to do; **il ne dit que des ~s** he talks total nonsense

imberbe [ɛ̃bɛʀb] *adj* beardless

imbibé(e) [ɛ̃bibe] *adj inf* pickled

imbiber [ɛ̃bibe] <1> **I.** *vt* **1.** to soak; **des chaussures imbibées d'eau** soaking wet shoes; **imbibé de sang** blood-soaked **2.** *péj, inf* **être imbibé d'alcool** to be a boozer **II.** *vpr* **1. s'~ de qc** to become soaked with sth **2.** *péj, inf* **s'~ d'alcool** to hit the bottle

imbroglio [ɛ̃bʀɔglijo, ɛ̃bʀɔljo] *m* imbroglio

imbu(e) [ɛ̃by] *adj a. péj* ~ **de soi-même** full of oneself

imbuvable [ɛ̃byvabl] *adj* **1.** (*boisson*) undrinkable **2.** *inf* (*détestable*) appalling; **c'est ~** it stinks

IME [iɛmø] *m abr de* **Institut monétaire européen** EMI

imitateur, -trice [imitatœʀ, -tʀis] *m, f* **1.** (*personne qui imite*) imitator **2.** (*comédien*) impressionist

imitation [imitasjɔ̃] *f* **1.** (*action*) imitation; **à l'~ de qn/qc** in imitation of sb/sth **2.** (*plagiat*) copy **3.** (*contrefaçon: d'une signature*) forgery; **(en) ~** imitation ▶ **pâle ~** pale imitation

imiter [imite] <1> *vt* **1.** (*reproduire*) to imitate; (*pour amuser*) to mimic **2.** (*prendre pour modèle*) to imitate; **un exemple à ~** an example to follow **3.** (*singer, reproduire*) to mimic; (*signature*) to forge **4.** (*avoir l'aspect de*) ~ **qc** to look like sth

immaculé(e) [imakyle] *adj* **1.** immaculate **2.** (*honneur*) unsullied; (*âme, réputation*) spotless

immangeable [ɛ̃mɑ̃ʒabl] *adj* inedible

immanquable [ɛ̃mɑ̃kabl] *adj* (*inévitable*) inescapable

immanquablement [ɛ̃mɑ̃kabləmɑ̃] *adv* unfailingly

immatériel(le) [i(m)mateʀjɛl] *adj* immaterial

immatriculation [imatʀikylasjɔ̃] *f* (*d'un étudiant, d'une voiture*) registration; ~ **d'un commerçant au registre du commerce** trader's entry in the trade register; ~ **à la Sécurité sociale** Social Security registration

immatriculé(e) [imatʀikyle] *adj* registered

immatriculer [imatʀikyle] <1> *vt* to register; **se faire ~ à l'université** to register at university [*o* college]; **faire ~ une voiture** to register a car

immature [imatyʀ] *adj* immature

immédiat [imedja] *m* immediate future

immédiat(e) [imedja, jat] *adj* **1.** (*très proche*) immediate; (*contact*) direct; (*soulagement, effet*) instantaneous; **dans l'avenir ~** in the immediate future **2.** (*sans intermédiaire*) direct **3.** (*qui s'impose: question*) vital; **mesures ~es** immediate steps

immédiatement [imedjatmɑ̃] *adv* **1.** (*tout de*

suite) immediately **2.** (*sans intermédiaire*) directly

immense [i(m)mɑ̃s] *adj* immense

immensément [i(m)mɑ̃semɑ̃] *adv* (*riche*) immensely

immensité [i(m)mɑ̃site] *f* immensity

immergé(e) [imɛʀʒe] *adj* (*rocher, terres*) submerged

immersion [imɛʀsjɔ̃] *f* immersion; (*d'un câble*) laying; (*d'un sous-marin*) diving; (*de déchets radioactifs*) dumping; (*des terres*) submersion

immettable [ɛ̃metabl] *adj* (*vêtement*) unwearable

immeuble [imœbl] *m* building; **~ à usage locatif** building with rental properties; **~ de bureaux** office building

immigrant(e) [imigʀɑ̃, ɑ̃t] **I.** *adj* immigrant **II.** *m(f)* immigrant

immigration [imigʀasjɔ̃] *f* immigration

immigré(e) [imigʀe] **I.** *adj* immigrant **II.** *m(f)* immigrant

immigrer [imigʀe] <1> *vi* to immigrate

imminent(e) [iminɑ̃, ɑ̃t] *adj* imminent; (*conflit, danger*) impending; **être ~** to be imminent

immiscer [imise] <2> *vpr* **s'~ dans qc** to interfere in sth

immobile [i(m)mɔbil] *adj* **1.** (*fixe*) still; (*personne*) motionless; (*partie, pièce*) fixed **2.** (*qui n'évolue pas*) immovable

immobilier [imɔbilje] *m* **l'~** real estate; **travailler dans l'~** to work in real estate

immobilier, -ière [imɔbilje, -jɛʀ] *adj* (*annonce, société, vente, ensemble*) property; (*saisie*) of property; (*crise, placement*) in property; (*revenus*) from property; **agent/agence ~(-ière)** real estate agent/agency; **biens ~s** real estate; **promoteur ~** property developer

immobilisation [imɔbilizasjɔ̃] *f* **1.** (*arrêt: d'un véhicule*) stopping; (*d'une machine*) stoppage; **entraîner l'~ de la circulation** to bring traffic to a complete stop **2.** MED (*d'un membre, d'une fracture*) immobilization

immobiliser [imɔbilize] <1> **I.** *vt* **1.** (*stopper: camions*) to stop; (*circulation*) to bring to a standstill **2.** (*paralyser: personne*) to paralyze; **immobilisé de peur** paralyzed with fear **3.** MED, SPORT to immobilize; **~ qn** (*fracture, grippe*) to keep sb out of action **II.** *vpr* **s'~** (*personne, machine, train*) to come to a halt; **s'~ de peur** to be paralyzed by fear

immobilisme [imɔbilism] *m* resistance to change

immobilité [imɔbilite] *f* **1.** (*inertie*) stillness **2.** (*immuabilité*) immovability

immoler [imɔle] <1> *vt* **~ qn/un animal à qn/qc** to sacrifice sb/an animal to sb/sth

immonde [i(m)mɔ̃d] *adj* **1.** (*d'une saleté extrême*) foul **2.** (*répugnant: crime, action*) sordid; (*personne*) squalid; (*propos*) vile

immondices [i(m)mɔ̃dis] *fpl* refuse

immoral(e) [i(m)mɔʀal, -o] <-aux> *adj* immoral

immoralité [i(m)mɔʀalite] *f* immorality

immortaliser [imɔʀtalize] <1> **I.** *vt* to immortalize **II.** *vpr* **s'~ par qc** to immortalize oneself through sth

immortalité [imɔʀtalite] *f* immortality

immortel(le) [imɔʀtɛl] *adj* **1.** REL immortal **2.** *soutenu* (*impérissable: amour, gloire, monument*) eternal; (*souvenir, principe*) undying; (*personne*) immortal

immuable [imɥabl] *adj* immutable; (*sourire*) unchanging

immuniser [imynize] <1> *vt a. fig* **~ qn contre qc** to immunize sb against sth

immunitaire [imynitɛʀ] *adj* (*système*) immune

immunité [imynite] *f* immunity

impact [ɛ̃pakt] *m* (*heurt, influence*) impact; **~ publicitaire/médiatique** advertising/media impact; **avoir de l'~ sur qn/qc** to have an impact on sb/sth; (*intervention, nouvelle*) to make an impact on sb/sth

impair [ɛ̃pɛʀ] *m* **1.** (*opp: pair*) odd numbers; **miser sur l'~** (*à la roulette*) to bet on the odd numbers **2.** (*gaffe*) blunder; **commettre un ~** to make a blunder

impair(e) [ɛ̃pɛʀ] *adj* odd

imparable [ɛ̃paʀabl] *adj* (*argument, riposte*) unanswerable; (*coup, tir*) unstoppable

impardonnable [ɛ̃paʀdɔnabl] *adj* (*erreur, faute*) inexcusable; **elle est ~ de se tromper encore** it's unforgivable for her to make another mistake

imparfait [ɛ̃paʀfɛ] *m* imperfect; **à l'~** in the imperfect

impartial(e) [ɛ̃paʀsjal, -jo] <-aux> *adj* impartial, unbiased

impartialité [ɛ̃paʀsjalite] *f* impartiality; **avec ~** impartially, without bias ▶ **en toute ~** completely impartial

impasse [ɛ̃pɑs] *f* (*rue*) dead end ▶ **s'engager dans une ~** to get into an impasse; **être dans l'~** to be in an impasse; **faire l'~ sur qc** to give up on sth

impassibilité [ɛ̃pasibilite] *f* impassiveness

impassible [ɛ̃pasibl] *adj* (*personne, visage*) impassive; **rester ~** to show no emotion

impatiemment [ɛ̃pasjamɑ̃] *adv* impatiently

impatience [ɛ̃pasjɑ̃s] *f* impatience; **je brûle d'~ de partir** I can't wait to go

impatient(e) [ɛ̃pasjɑ̃, jɑ̃t] **I.** *adj* impatient; **je suis ~ de te voir** I can't wait to see you **II.** *m(f)* impatient person

impatienter [ɛ̃pasjɑ̃te] <1> **I.** *vt* **~ qn avec qc** to irritate sb with sth; **vous commencez à m'~** you're starting to get on my nerves **II.** *vpr* **s'~ de qc** to get impatient with sth

impec [ɛ̃pɛk] *inf*, **impeccable** [ɛ̃pekabl] *adj* **1.** (*très propre*) spotless **2.** *inf* (*parfait*) **~!** perfect

impénétrable [ɛ̃penetʀabl] *adj* impenetrable

impensable [ɛ̃pɑ̃sabl] *adj* unthinkable

imper [ɛ̃pɛʀ] *m inf abr de* **imperméable**
impératif [ɛ̃peʀatif] *m* **1.** *souvent pl* (*nécessité*) constraint; **les ~s de la mode** the dictates of fashion **2.** LING imperative
impérativement [ɛ̃peʀativmɑ̃] *adv* **1.** (*obligatoirement*) absolutely; **il faut ~ que qn fasse qc** (*subj*) sb absolutely must do sth **2.** (*nécessairement*) of necessity **3.** (*avec autorité*) imperiously
impératrice [ɛ̃peʀatʀis] *f* empress; *v.a.* **empereur**
imperceptible [ɛ̃pɛʀsɛptibl] *adj* **1.** (*indécelable*) imperceptible; **être ~ à l'oreille** to be too faint to hear **2.** (*infime, minime*) minute
imperceptiblement [ɛ̃pɛʀsɛptibləmɑ̃] *adv* imperceptibly
imperfection [ɛ̃pɛʀfɛksjɔ̃] *f* **1.** *sans pl* (*opp: perfection*) imperfection **2.** *souvent pl* (*défaut: d'une matière, d'un roman, plan*) flaw; (*d'un visage, de la peau*) blemish
impérial(e) [ɛ̃peʀjal, -jo] <-aux> *adj* **1.** (*d'empereur: sceptre, pouvoir*) imperial; **dignité ~e** imperial majesty **2.** (*dominateur, altier*) majestic
impérialisme [ɛ̃peʀjalism] *m* imperialism
impérialiste [ɛ̃peʀjalist] **I.** *adj* imperialist(ic) **II.** *mf* imperialist
impérieux, -euse [ɛ̃peʀjø, -jøz] *adj* **1.** (*autoritaire*) imperious **2.** (*pressant*) imperative; (*nécessité, réalité*) compelling
impérissable [ɛ̃peʀisabl] *adj* imperishable
imperméabiliser [ɛ̃pɛʀmeabilize] <1> *vt* to waterproof; **ce produit imperméabilise les chaussures** the product makes shoes waterproof
imperméable [ɛ̃pɛʀmeabl] **I.** *adj* (*sol*) impermeable; (*tissu, toile*) waterproof **II.** *m* raincoat
impersonnel(le) [ɛ̃pɛʀsɔnɛl] *adj* impersonal
impertinence [ɛ̃pɛʀtinɑ̃s] *f* impertinence; **avec ~** impertinently
impertinent(e) [ɛ̃pɛʀtinɑ̃, ɑ̃t] **I.** *adj* impertinent **II.** *m(f)* impertinent person
imperturbable [ɛ̃pɛʀtyʀbabl] *adj* imperturbable
impétueux, -euse [ɛ̃petɥø, -øz] *adj* **1.** (*fougueux*) impetuous **2.** (*qui prend des risques*) rash; (*orateur*) fiery
impie [ɛ̃pi] **I.** *adj soutenu* impious **II.** *mf soutenu* **1.** ungodly person **2.** (*blasphémateur*) blasphemer
impitoyable [ɛ̃pitwajabl] *adj* (*personne*) pitiless; (*critique, jugement*) merciless; (*haine*) unrelenting; (*regard*) without pity
impitoyablement [ɛ̃pitwajabləmɑ̃] *adv* mercilessly
implacable [ɛ̃plakabl] *adj* (*ennemi, juge, destin*) implacable; (*soleil*) merciless; (*film, critique, mal*) relentless
implant [ɛ̃plɑ̃] *m* implant; **~ capillaire** hair implant
implantation [ɛ̃plɑ̃tasjɔ̃] *f* **1.** setting up; (*d'une population*) introduction **2.** MED implanting
implanter [ɛ̃plɑ̃te] <1> **I.** *vt* **1.** (*introduire*) *a.* MED to implant; **être implanté** (*industrie*) to be implanted; (*personne*) to be settled in; (*arbre*) to be established; (*système*) to be running **2.** (*enraciner*) **être implanté dans qc** (*habitudes, préjugés*) to be ingrained **II.** *vpr* **s'~** **1.** (*se fixer*) to be implanted; (*immigrants*) to settle; (*parti politique*) to become established **2.** (*s'installer: idées, préjugés*) to become ingrained; (*usages*) to become established
implémenter [ɛ̃plemɑ̃te] <1> *vt* INFORM to implement
implication [ɛ̃plikasjɔ̃] *f* **1.** *gén pl* (*conséquence*) implications *pl* **2.** (*mise en cause*) **~ de qn dans qc** sb's implication in sth
implicite [ɛ̃plisit] *adj* implicit
implicitement [ɛ̃plisitmɑ̃] *adv* implicitly
impliquer [ɛ̃plike] <1> **I.** *vt* **1.** (*signifier, avoir pour conséquence*) to imply **2.** (*demander*) **~ de la concentration** to involve concentration **3.** (*mêler*) **~ qn dans qc** to involve sb in sth **II.** *vpr* **s'~ dans qc** to get involved in sth
implorer [ɛ̃plɔʀe] <1> *vt* to implore
impoli(e) [ɛ̃pɔli] **I.** *adj* **~ envers qn** impolite to sb **II.** *m(f)* impolite person
impolitesse [ɛ̃pɔlitɛs] *f* impoliteness; **avec ~** impolitely
impondérable [ɛ̃pɔ̃deʀabl] **I.** *adj* (*événement*) imponderable **II.** *m gén pl* imponderable
impopulaire [ɛ̃pɔpylɛʀ] *adj* unpopular; **se rendre ~** to make oneself unpopular
impopularité [ɛ̃pɔpylaʀite] *f* unpopularity
import [ɛ̃pɔʀ] *m abr de* **importation**
importable¹ [ɛ̃pɔʀtabl] *adj* (*qu'on peut importer*) importable
importable² [ɛ̃pɔʀtabl] *adj* (*immettable*) unwearable
importance [ɛ̃pɔʀtɑ̃s] *f* **1.** (*rôle*) importance; **de la dernière ~** of the highest importance; **accorder de l'~ à qc** to grant importance to sth; **se donner de l'~** *péj* to think oneself important; **être d'~** to be of some importance; **prendre de l'~** to take on some importance; **sans ~** of no importance **2.** (*ampleur*) size
important [ɛ̃pɔʀtɑ̃] *m* important thing
important(e) [ɛ̃pɔʀtɑ̃, ɑ̃t] **I.** *adj* **1.** (*considérable*) important; **quelque chose d'~** something important **2.** (*gros*) considerable; (*dégâts*) large-scale; (*somme, quantité*) large **3.** *péj* self-important; **prendre des airs ~s** to put on airs **II.** *m(f)* **faire l'~** *péj* to act important
importateur, -trice [ɛ̃pɔʀtatœʀ, -tʀis] **I.** *adj* **un pays ~ de blé** a wheat-importing country **II.** *m, f* importer
importation [ɛ̃pɔʀtasjɔ̃] *f* **1.** (*commerce*) importing **2.** (*produit*) import; **marchandise d'~** imported product
importer¹ [ɛ̃pɔʀte] <1> *vt* to import
importer² [ɛ̃pɔʀte] <1> *vi* **1.** (*être important*) **la seule chose qui importe, c'est que ...** the only thing that matters is that ...; **cela importe**

I

peu/beaucoup that's very/not very important; **peu importe que** +*subj* it doesn't matter if; **peu importe(nt) les difficultés!** never mind the difficulties; **qu'importe qc** who cares about sth; **qu'importe si qn fait qc** what does it matter if sb does sth **2.** (*intéresser*) **~ fort peu à qn** to be of very little importance to sb; **ce qui m'importe, c'est ...** the important thing for me is ... ►**n'importe comment** no matter how; **n'importe lequel/laquelle** any; (*des deux*) either; **n'importe** (*cela m'est égal*) it doesn't matter; (*néanmoins*) even so; **n'importe où** anywhere; **n'importe quand** any time; **n'importe quel** + *subst* any; **acheter à n'importe quel prix** to buy at any price; **n'importe qui** anybody; **n'importe quoi** anything; **dire n'importe quoi** to talk nonsense

import-export [ɛ̃pɔʀɛkspɔʀ] <imports-exports> *m* import-export (business)

importun(e) [ɛ̃pɔʀtœ̃, yn] **I.** *adj soutenu* (*visite, visiteur*) untimely **II.** *m(f) soutenu* nuisance

importuner [ɛ̃pɔʀtyne] <1> *vt soutenu* to trouble

imposable [ɛ̃pozabl] *adj* taxable; **n'être pas ~** to be non-taxable

imposant(e) [ɛ̃pozɑ̃, ɑ̃t] *adj* **1.** (*majestueux*) imposing **2.** (*considérable*) impressive; (*somme*) hefty

imposé(e) [ɛ̃poze] *adj* (*prix, date*) fixed; **le minimum ~ par la loi** the minimum set by the law

imposer [ɛ̃poze] <1> **I.** *vt* **1.** (*exiger: décision*) to impose; (*repos*) to order; **~ qc à qn** to impose sth on sb **2.** (*prescrire: date*) to set; **~ qc à qn** to impose sth on sb; **~ à qn de** +*infin* to force sb to +*infin* **3.** (*faire accepter de force*) **~ le silence à qn** to impose silence on sb; **~ sa volonté à qn** to impose one's will on sb; **il sait ~ son autorité** he knows how to establish his authority **4.** (*faire reconnaître: produit*) to establish **5.** FIN (*personne, revenu, marchandise*) to tax; **être imposé sur qc** (*personne*) to be taxed on sth **II.** *vpr* **1.** (*devenir indispensable*) **s'~ à qn** (*repos*) to be vital for sb; (*solution*) to force itself on sb; (*prudence*) to be required of sb; **ça s'impose** that's a matter of course; **ça ne s'imposait vraiment pas** that wasn't really necessary **2.** (*être importun*) **s'~** to impose oneself **3.** (*se faire reconnaître*) **s'~** to stand out **4.** (*se donner comme devoir*) **s'~ qc** to impose sth on oneself

imposition [ɛ̃pozisjɔ̃] *f* FIN taxation

impossibilité [ɛ̃pɔsibilite] *f* impossibility; **être dans l'~ de** +*infin* to be unable to +*infin;* **mettre qn dans l'~ de** +*infin* to make it impossible for sb to +*infin*

impossible [ɛ̃pɔsibl] **I.** *adj* **1.** (*irréalisable, insupportable*) impossible; **être ~ à qn** to be impossible for sb; **rendre la vie ~ à qn** to make life impossible for sb **2.** *inf* (*invraisemblable*) ridiculous; **à des heures ~s** at the most ridiculous hours **II.** *m* impossible; **tenter l'~** to try to do the impossible

imposteur [ɛ̃pɔstœʀ] *m* impostor

impôt [ɛ̃po] *m* tax; **~ sur le revenu (des personnes physiques)** income tax; **~ sur les salaires** tax on salaries; **~ foncier** property tax; **~s locaux** local authority tax

> **i** In France, the **impôt** is not deducted on a monthly basis. It is paid at the end of the year in a lump sum.

impotent(e) [ɛ̃pɔtɑ̃, ɑ̃t] **I.** *adj* crippled **II.** *m(f)* cripple

impraticable [ɛ̃pʀatikabl] *adj* **1.** (*route, piste, sentier*) impassible; (*terrain de sport*) unplayable **2.** (*irréalisable*) impracticable; (*méthode*) impractical

imprécis(e) [ɛ̃pʀesi, iz] *adj* imprecise; (*souvenir, contour*) vague; (*limites*) unclear; (*évaluation*) inaccurate

imprécision [ɛ̃pʀesizjɔ̃] *f* vagueness

imprégner [ɛ̃pʀeɲe] <5> **I.** *vt* **1.** (*imbiber: bois*) to impregnate; (*étoffe*) to soak; **~ un tampon de qc** to soak a wad of cloth in sth; **l'odeur imprègne la pièce** the smell pervades the room **2.** (*marquer*) **~ qn** (*atmosphère*) to leave its mark on sb; (*sentiment*) to fill sb; **être imprégné de préjugés** to be imbued with prejudice; **être imprégné d'un souvenir** to be filled with a memory; **une lettre imprégnée d'ironie** a letter suffused with irony **II.** *vpr* **s'~ d'eau** to soak up water; **s'~ d'une odeur** to be filled with a smell

imprenable [ɛ̃pʀənabl] *adj* (*forteresse, château*) impregnable; (*vue*) clear

imprésario [ɛ̃pʀezaʀjo, ɛ̃pʀesaʀjo] <s> *m* impresario

impression [ɛ̃pʀesjɔ̃] *f* (*sentiment*) impression; **avoir l'~ que ...** to have the impression that ..; **faire une forte ~ sur qn** to make a strong impression on sb; **laisser à qn une ~** to leave sb an impression ►**une ~ de déjà-vu** an impression of déjà-vu

impressionnable [ɛ̃pʀesjɔnabl] *adj* impressionable

impressionnant(e) [ɛ̃pʀesjɔnɑ̃, ɑ̃t] *adj* **1.** (*imposant*) impressive **2.** (*considérable*) remarkable

impressionner [ɛ̃pʀesjɔne] <1> *vt* **~ qn** to impress sb; (*films d'horreur*) to upset sb; **se laisser ~ par qn/qc** to feel intimidated by sb/sth

impressionnisme [ɛ̃pʀesjɔnism] *m* Impressionism

impressionniste [ɛ̃pʀesjɔnist] **I.** *adj* impressionistic; (*école, mouvement*) impressionist **II.** *mf* impressionist

imprévisible [ɛ̃pʀevizibl] **I.** *adj* unforeseeable; (*personne*) unpredictable **II.** *m* **l'~** the unforeseeable

imprévoyant(**e**) [ɛ̃pʀevwajɑ̃, jɑ̃t] *adj* lacking in foresight
imprévu [ɛ̃pʀevy] *m* **1.** (*ce à quoi on ne s'attend pas*) **l'~** the unexpected; **j'aime l'~** I like to be surprised; **des vacances pleines d'~s** a vacation with lots of surprises **2.** (*fâcheux*) unexpected incident; **il y a eu un ~** something (unexpected) cropped up; **en cas d'~** in the event of any (unexpected) problem
imprévu(**e**) [ɛ̃pʀevy] *adj* unexpected
imprimante [ɛ̃pʀimɑ̃t] *f* INFORM printer; **~ à jet d'encre/à laser/thermique** ink-jet/laser/thermal printer
imprimé [ɛ̃pʀime] *m* **1.** (*formulaire*) form **2.** (*tissu*) print **3.** (*ouvrage imprimé*) printed matter
imprimé(**e**) [ɛ̃pʀime] *adj* printed
imprimer [ɛ̃pʀime] <1> *vt* to print
imprimerie [ɛ̃pʀimʀi] *f* **1.** (*technique*) printing **2.** (*établissement*) print shop
imprimeur, -euse [ɛ̃pʀimœʀ, -øz] *m, f* printer
improbable [ɛ̃pʀɔbabl] *adj* improbable
improductif, -ive [ɛ̃pʀɔdyktif, -iv] *adj* unproductive; (*efforts*) fruitless
impromptu(**e**) [ɛ̃pʀɔ̃pty] *adj* (*repas*) impromptu; **un discours ~** an off-the-cuff speech; **visite ~e** surprise visit
imprononçable [ɛ̃pʀɔnɔ̃sabl] *adj* unpronounceable
impropre [ɛ̃pʀɔpʀ] *adj* inappropriate
improvisation [ɛ̃pʀɔvizasjɔ̃] *f* improvisation
improvisé(**e**) [ɛ̃pʀɔvize] *adj* improvised; (*excursion*) impromptu
improviser [ɛ̃pʀɔvize] <1> **I.** *vt, vi* to improvise; **~ une excuse** to think up a quick excuse **II.** *vpr* **1.** (*opp: se préparer*) **s'~** to be improvised; **un tel discours ne s'improvise pas** you can't make up a speech like that as you go along **2.** (*devenir subitement*) **s'~ infirmière** to take on the role of nurse
improviste [ɛ̃pʀɔvist] **à l'~** unexpectedly; **prendre qn à l'~** to catch sb unawares; **arriver à l'~** to arrive without warning
imprudemment [ɛ̃pʀydamɑ̃] *adv* unwisely
imprudence [ɛ̃pʀydɑ̃s] *f* carelessness; (*en prenant des risques*) rashness; **par ~** carelessly; **avoir l'~ de** +*infin* to be foolish enough to +*infin*
imprudent(**e**) [ɛ̃pʀydɑ̃, ɑ̃t] **I.** *adj* **1.** (*négligent*) foolish **2.** (*dangereux*) rash **II.** *m(f)* careless fool
impuissance [ɛ̃pɥisɑ̃s] *f* **1.** (*faiblesse*) powerlessness; **être dans l'~ de** +*infin* to be powerless to +*infin*; **être réduit à l'~** to be left powerless **2.** (*sur le plan sexuel*) impotence
impuissant [ɛ̃pɥisɑ̃] *m* impotent man
impuissant(**e**) [ɛ̃pɥisɑ̃, ɑ̃t] *adj* **1.** (*faible*) powerless; (*effort*) hopeless; **être ~ face à qc** to be powerless in the face of sth **2.** (*sexuellement*) impotent
impulsif, -ive [ɛ̃pylsif, -iv] **I.** *adj* impulsive **II.** *m, f* man , woman *m, f* of impulse
impulsion [ɛ̃pylsjɔ̃] *f* **1.** *a.* TECH, ELEC impulse **2.** (*incitation*) impetus ►**sous** **l'~ de qn** spurred on by sb; **sous l'~ d'un sentiment** driven on by a feeling; **agir sous l'~ de la vengeance** to act out an urge for vengeance
impunément [ɛ̃pynemɑ̃] *adv* with impunity
impuni(**e**) [ɛ̃pyni] *adj* unpunished
impunité [ɛ̃pynite] *f* impunity; **en toute ~** with complete impunity
impur(**e**) [ɛ̃pyʀ] *adj* **1.** impure; (*eau, air*) polluted; (*race*) mongrel **2.** REL (*animal*) unclean **3.** *soutenu* (*immoral*) impure
impureté [ɛ̃pyʀte] *f* impurity; **à cause de l'~ de l'air** because of the polluted air
imputer [ɛ̃pyte] <1> *vt* **1.** **~ la faute à qn/qc** to impute a fault to sb/sth **2.** (*porter en compte*) **~ qc à un budget** to charge sth to a budget
imputrescible [ɛ̃pytʀesibl] *adj* rot-proof
in [in] *adj inv, inf* hip
inabordable [inabɔʀdabl] *adj* (*lieu*) unreachable; (*personne*) unapproachable; **des loyers ~s** rents people can't afford
inacceptable [inaksɛptabl] *adj* unacceptable
inaccessible [inaksesibl] *adj* **1.** (*hors d'atteinte: sommet*) inaccessible; **~ à qn/qc** out of reach to sb/sth; **la côte/l'île est ~ aux bateaux** the coast/the island cannot be reached by boat **2.** (*inabordable: personne*) unapproachable **3.** (*insensible*) **être ~ à qc** to be impervious to sth **4.** (*trop cher*) beyond one's means; **les loyers sont ~s** the rents are out of people's reach **5.** (*incompréhensible*) impenetrable
inaccoutumé(**e**) [inakutyme] *adj soutenu* **~ à qc** unaccustomed to sth
inachevé(**e**) [inaʃ(ə)ve] *adj* unfinished; **la symphonie ~e de Schubert** Schubert's Unfinished Symphony
inactif, -ive [inaktif, -iv] **I.** *adj* **1.** (*oisif*) idle; **ne pas rester ~** not to remain idle; (*au repos: personne*) not to keep still; **être ~** (*personne*) to be out of work **2.** (*inefficace*) ineffective **II.** *m, f* **les ~s** the non-working population
inaction [inaksjɔ̃] *f* inaction
inactivité [inaktivite] *f* **1.** (*d'une personne*) inactivity; (*d'un commerce, des affaires*) standstill **2.** ADMIN **en ~** not in active service
inadaptation [inadaptasjɔ̃] *f* **~ à qc** failure to adapt to sth
inadapté(**e**) [inadapte] **I.** *adj* **1.** (*médicament*) inappropriate; **~ à qc** unsuited to sth **2.** PSYCH maladjusted **II.** *m(f)* maladjusted person
inadéquat(**e**) [inadekwa, kwat] *adj soutenu* inappropriate
inadmissible [inadmisibl] *adj* unacceptable
inadvertance [inadvɛʀtɑ̃s] *f soutenu* **1.** (*négligence*) inadvertence **2.** (*erreur d'inattention*) oversight; **par ~** inadvertently
inaliénable [inaljenabl] *adj* inalienable
inaltérable [inalteʀabl] *adj* **1.** **la couleur est ~ au lavage/à la lumière** the color will not fade in the wash/in sunlight; **substance ~ à l'air/à la chaleur** air/heat-resistant sub-

stance **2.** (*immuable: santé*) unfailing; (*conviction*) unshakeable; **rester** ~ (*sentiment*) to stand fast

inamovible [inamɔvibl] *adj* fixed; (*fonctionnaire*) irremovable

inanimé(e) [inanime] *adj* **1.** (*sans vie*) inanimate **2.** (*évanoui*) unconscious

inaperçu(e) [inapɛʀsy] *adj* **passer** ~ to pass unnoticed; **tu ne vas pas passer ~, comme ça!** you're going to make yourself noticed!

inapplicable [inaplikabl] *adj* (*théorie*) inapplicable; (*mesure*) unenforceable; ~ **à qc** not applicable to sth; **cette mesure est ~ à la réalité** this measure cannot be enforced in the real world

inappréciable [inapʀesjabl] *adj* invaluable

inapte [inapt] *adj* **1.** ~ **à qc** unsuitable for sth; ~ **à faire qc** incapable of doing sth; ~ **au travail** unfit for work **2.** MIL unfit

inattaquable [inatakabl] *adj* unassailable

inattendu [inatɑ̃dy] *m* **l'~** the unexpected

inattendu(e) [inatɑ̃dy] *adj* unexpected

inattentif, -ive [inatɑ̃tif, -iv] *adj* **1.** (*distrait*) inattentive **2.** (*insouciant*) ~ **à qc** heedless of sth

inattention [inatɑ̃sjɔ̃] *f* (*distraction*) lack of attention; **une faute d'~** careless mistake; **par ~** carelessly

inaudible [inodibl] *adj* inaudible; *péj* painful to the ears ▶ **cette musique est vraiment ~** this music is not worth listening to

inaugural(e) [inogyʀal, -o] <-aux> *adj* inaugural

inauguration [inogyʀasjɔ̃] *f* (*d'une exposition, d'une usine, route, de locaux*) opening; (*d'une statue, plaque commémorative, d'un monument*) unveiling; (*d'une ligne aérienne*) inauguration

inaugurer [inogyʀe, inɔgyʀe] <1> *vt* **1.** (*ouvrir solennellement: exposition, bâtiment, usine, locaux, école, route*) to open; (*monument, plaque commémorative*) to unveil; (*ligne aérienne*) to inaugurate **2.** (*introduire: période, politique, ère*) to inaugurate; (*méthode*) to launch **3.** (*utiliser pour la première fois: maison, machine, voiture*) to christen

inavouable [inavwabl] *adj* unmentionable; (*mœurs*) shameful; (*motifs*) dishonorable

inavoué(e) [inavwe] *adj* (*sentiment, amour*) unavowed; (*acte, crime*) unconfessed

inca [ɛ̃ka] *adj* **l'Empire** ~ the Inca Empire

incalculable [ɛ̃kalkylabl] *adj* **1.** (*considérable*) incalculable; (*nombre*) countless **2.** (*imprévisible*) incalculable; **les difficultés risquent d'être ~s** there may be too many difficulties to count

incandescence [ɛ̃kɑ̃desɑ̃s] *f* incandescence; **chauffer qc jusqu'à l'~** to heat sth until it is white hot; **lampe à ~** incandescent lamp; **manchon à ~** incandescent mantle; **en ~** incandescent

incandescent(e) [ɛ̃kɑ̃desɑ̃, ɑ̃t] *adj* incandescent

incapable [ɛ̃kapabl] **I.** *adj* incapable; **c'est un homme tout à fait ~** the man is completely hopeless **II.** *mf* incompetent

incapacité [ɛ̃kapasite] *f* **1.** (*inaptitude*) incapacity; ~ **de** +*infin* inability to +*infin;* **être dans l'~ de** +*infin* to be unable to +*infin* **2.** (*convalescence*) disability; **j'ai eu 3 mois d'~** I've had three months' leave; ~ **de travail** work disability; ~ **d'exercice** incapacity

incarcération [ɛ̃kaʀseʀasjɔ̃] *f* incarceration

incarcérer [ɛ̃kaʀseʀe] <5> *vt* to incarcerate

incarner [ɛ̃kaʀne] <1> **I.** *vt* to embody; (*rôle*) to take **II.** *vpr* **1.** REL **s'~ dans** [*o* **en**] **qn/qc** to become incarnate in sb/sth **2.** (*se matérialiser*) **s'~ en qn/dans qc** to be embodied in sb/in sth **3.** (*entrer dans la chair*) **s'~** (*ongle*) to become ingrown

incartade [ɛ̃kaʀtad] *f* escapade

Incas [ɛ̃ka] *mpl* **les ~** the Incas

incassable [ɛ̃kɑsabl] *adj* unbreakable

incendiaire [ɛ̃sɑ̃djɛʀ] **I.** *adj* **1.** incendiary; **projectiles ~s** incendiary bombs **2.** (*virulent: article, discours*) inflammatory **3.** (*aguicheur: œillade, lettre*) passionate; **blonde ~** blonde bombshell **II.** *mf* **1.** arsonist **2.** (*agitateur*) troublemaker

incendie [ɛ̃sɑ̃di] *m* fire ▶ ~ **criminel** arson

incendier [ɛ̃sɑ̃dje] <1> *vt* **1.** (*mettre en feu*) to set on fire **2.** *inf* (*engueuler*) ~ **qn** to give sb hell; **se faire ~ par qn** to catch hell from sb

incertain(e) [ɛ̃sɛʀtɛ̃, ɛn] *adj* **1.** (*opp: assuré, décidé*) uncertain; **être ~ sur la conduite à suivre** to be uncertain about what should be done; **être ~ de pouvoir faire qc** to be uncertain [*o* unsure] about being able to do sth **2.** (*douteux*) doubtful; (*temps*) unsettled; **la date est encore ~e** there is still some doubt about the date

incertitude [ɛ̃sɛʀtityd] *f* uncertainty; **laisser qn dans l'~** to leave sb in a state of uncertainty

incessamment [ɛ̃sesamɑ̃] *adv* shortly

incessant(e) [ɛ̃sesɑ̃, ɑ̃t] *adj* (*bruit, pluie*) incessant; (*réclamations, critiques, coups de fil*) unending; (*efforts*) ceaseless

inceste [ɛ̃sɛst] *m* incest

incident [ɛ̃sidɑ̃] *m* **1.** (*anicroche*) incident; ~ **de parcours** setback; ~ **technique** technical hitch; **sans ~** without incident **2.** (*péripétie*) episode ▶ **l'~ est clos** the matter is closed

incident(e) [ɛ̃sidɑ̃, ɑ̃t] *adj* incidental; **une question/remarque ~e** a question/remark in passing

incinération [ɛ̃sineʀasjɔ̃] *f* incineration; (*d'un cadavre*) cremation

incinérer [ɛ̃sineʀe] <5> *vt* (*cadavre*) to cremate; (*ordures ménagères*) to incinerate

inciser [ɛ̃size] <1> *vt* (*abcès*) to lance; (*écorce, peau*) to incise; (*arbre*) to tap

incision [ɛ̃sizjɔ̃] *f a.* MED incision

incisive [ɛ̃siziv] *f* incisor

incitation [ɛ̃sitasjɔ̃] *f* ~ **à qc** incitement to sth

inciter [ɛ̃site] <1> *vt* ~ **qn à l'action/au tra-**

vail to spur sb on to act/work; **~ qn à l'achat** to push sb to buy; **~ qn à la méfiance** to cause mistrust in sb
incivique [ɛ̃sivik] *mf Belgique* (*collaborateur*) collaborator
inclassable [ɛ̃klɑsabl] *adj* (*hors catégorie*) unclassifiable
inclinable [ɛ̃klinabl] *adj* reclining
inclinaison [ɛ̃klinɛzɔ̃] *f* (*déclivité: d'une pente, route*) incline; (*d'un toit, mur*) slope
incliné(e) [ɛ̃kline] *adj* **1.** (*pentu: pente, terrain*) sloping; (*toit*) pitched **2.** (*penché*) leaning; (*tête*) bending; **~ vers qc** leaning toward sth
incliner [ɛ̃kline] <1> **I.** *vt* (*buste, corps*) to bow; (*bouteille*) to tilt; (*dossier d'une chaise*) to lean; **~ la tête** to bow one's head; (*pour acquiescer*) to nod one's head **II.** *vpr* **1.** (*se courber*) **s'~ devant qn/qc** to bow to sb/sth **2.** (*céder*) **s'~ devant qn/qc** to yield to sb/sth
inclure [ɛ̃klyʀ] *vt irr* **1.** (*joindre, ajouter*) **~ qc dans qc** (*dans une enveloppe*) to enclose sth in sth; (*dans une liste*) to include sth in sth; **~ qc dans un contrat** to insert sth in a contract **2.** (*contenir, comprendre*) to include
inclus(e) [ɛ̃kly, ɛ̃klyz] *adj* included; **jusqu'au dix mars ~** up to and including March 10, through March 10; **le service est ~** service is included
incognito [ɛ̃kɔɲito] **I.** *adv* incognito **II.** *m* anonymity; **garder l'~** to remain anonymous; **dans l'~** anonymously
incohérence [ɛ̃kɔeʀɑ̃s] *f* **1.** (*caractère illogique, contradictoire*) inconsistency **2.** (*inintelligibilité*) incoherence
incohérent(e) [ɛ̃kɔeʀɑ̃, ɑ̃t] *adj* **1.** (*contradictoire*) inconsistent **2.** (*bizarre*) incoherent
incollable [ɛ̃kɔlabl] *adj* **1.** (*qui ne colle pas*) **du riz ~** nonstick rice **2.** *inf* (*imbattable*) unbeatable
incolore [ɛ̃kɔlɔʀ] *adj* colorless
incomber [ɛ̃kɔ̃be] <1> *vi* **~ à qn** (*devoirs, responsabilité, travail*) to be incumbent on sb; (*frais, réparations*) to be sb's responsibility
incommode [ɛ̃kɔmɔd] *adj* (*peu pratique*) inconvenient
incommoder [ɛ̃kɔmɔde] <1> *vt* (*bruit, fumée*) to bother
incomparable [ɛ̃kɔ̃paʀabl] *adj* incomparable
incomparablement [ɛ̃kɔ̃paʀabləmɑ̃] *adv* (*jouer, chanter, mieux*) incomparably
incompatibilité [ɛ̃kɔ̃patibilite] *f* **~ (entre) des choses/personnes** incompatibility of things/people
incompatible [ɛ̃kɔ̃patibl] *adj* incompatible; **~s entre eux** mutually incompatible
incompétence [ɛ̃kɔ̃petɑ̃s] *f* lack of competence; *péj* incompetence; **~ en qc** ignorance where sth is concerned
incompétent(e) [ɛ̃kɔ̃petɑ̃, ɑ̃t] *adj* ignorant; *péj* incompetent; **être ~ en qc** to be incompetent in sth
incomplet, -ète [ɛ̃kɔ̃plɛ, -ɛt] *adj* incomplete; (*œuvre, travail*) unfinished
incompréhensible [ɛ̃kɔ̃pʀeɑ̃sibl] *adj* incomprehensible; (*paroles*) unintelligible; **un mystère ~** a mystery beyond our understanding
incompréhensif, -ive [ɛ̃kɔ̃pʀeɑ̃sif, -iv] *adj* unsympathetic; **se montrer ~ à l'égard de qn** to show sb no understanding
incompréhension [ɛ̃kɔ̃pʀeɑ̃sjɔ̃] *f* lack of understanding; **~ entre deux/plusieurs personnes** misunderstanding between two/among several people
incompris(e) [ɛ̃kɔ̃pʀi, iz] **I.** *adj* misunderstood **II.** *m(f)* misunderstood person
inconcevable [ɛ̃kɔ̃svabl] *adj* **1.** (*inimaginable*) inconceivable **2.** (*incroyable*) incredible; **il est ~ d'imaginer que ce soit vrai** (*subj*) it is impossible to imagine it being true
inconditionnel(le) [ɛ̃kɔ̃disjɔnɛl] **I.** *adj* unconditional; **être ~ de qn/qc** to be a big fan of sb/sth **II.** *m(f)* enthusiast; **un ~ des sports d'hiver** a winter sports fanatic
inconfort [ɛ̃kɔ̃fɔʀ] *m* (*d'un logement*) lack of comfort; (*d'un siège*) uncomfortableness
inconfortable [ɛ̃kɔ̃fɔʀtabl] *adj* **1.** (*sans confort*) uncomfortable **2.** (*déplaisant: situation*) awkward
incongru(e) [ɛ̃kɔ̃gʀy] *adj* (*ton*) unseemly; (*situation*) incongruous
inconnu [ɛ̃kɔny] *m* **l'~** the unknown
inconnu(e) [ɛ̃kɔny] **I.** *adj* **1.** (*ignoré*) unknown **2.** (*nouveau: émotion*) (hitherto) unknown; (*odeur, parfum*) strange **II.** *m(f)* **1.** (*étranger*) stranger **2.** (*qui n'est pas célèbre*) unknown ▶**illustre ~** *iron* famous unknown
inconnue [ɛ̃kɔny] *f* MATH unknown
inconsciemment [ɛ̃kɔ̃sjamɑ̃] *adv* **1.** (*sans s'en rendre compte*) unconsciously **2.** PSYCH subconsciously **3.** (*à la légère*) thoughtlessly
inconscience [ɛ̃kɔ̃sjɑ̃s] *f* **1.** (*légèreté*) thoughtlessness **2.** (*irresponsabilité*) recklessness **3.** (*ignorance*) **l'~ du danger** ignorance of the danger **4.** (*évanouissement*) unconsciousness
inconscient [ɛ̃kɔ̃sjɑ̃] *m* PSYCH unconscious
inconscient(e) [ɛ̃kɔ̃sjɑ̃, jɑ̃t] **I.** *adj* **1.** (*évanoui*) unconscious **2.** (*qui ne se rend pas compte*) **être ~ de qc** to be unaware of sth **3.** (*machinal, irréfléchi*) automatic; (*effort, élan*) unconscious **II.** *m(f)* (*irresponsable*) thoughtless person
inconséquent(e) [ɛ̃kɔ̃sekɑ̃, ɑ̃t] *adj* **1.** inconsistent **2.** (*irréfléchi*) thoughtless
inconsidéré(e) [ɛ̃kɔ̃sideʀe] *adj* thoughtless
inconsistant(e) [ɛ̃kɔ̃sistɑ̃, ɑ̃t] *adj* **1.** (*fragile, léger*) flimsy **2.** (*mou: caractère, personne*) shallow **3.** (*trop liquide*) watery; (*crème*) thin
inconsolable [ɛ̃kɔ̃sɔlabl] *adj* **1.** (*désespéré*) disconsolate; **~ de qc** inconsolable over sth **2.** (*déchirant: chagrin, malheur, peine*) inconsolable
inconstant(e) [ɛ̃kɔ̃stɑ̃, ɑ̃t] *adj* fickle
incontestable [ɛ̃kɔ̃tɛstabl] *adj* indisputable; (*principe, réussite, droit*) unquestionable;

I

(*fait, preuve, qualité*) undeniable; **il est ~ que c'est cher** it's undeniably expensive

incontestablement [ɛ̃kɔ̃tɛstabləmɑ̃] *adv* undeniably

incontesté(e) [ɛ̃kɔ̃tɛste] *adj* undoubted; (*champion, leader*) undisputed; (*personne*) recognized

incontinence [ɛ̃kɔ̃tinɑ̃s] *f* MED incontinence

incontournable [ɛ̃kɔ̃tuʀnabl] *adj* (*fait, exigence*) unavoidable; **ce problème est ~** there is no getting around this problem; **cet homme est ~** the man is inescapable

incontrôlable [ɛ̃kɔ̃tʀolabl] *adj* **1.** (*invérifiable*) unverifiable **2.** (*irrépressible: besoin, envie, mouvement*) uncontrollable; (*passion*) ungovernable; (*attirance*) irresistible **3.** (*ingouvernable*) out of control; **devenir ~** to get out of control

inconvenant(e) [ɛ̃kɔ̃v(ə)nɑ̃, ɑ̃t] *adj* **1.** (*déplacé: conduite, proposition*) improper **2.** (*indécent*) indecent

inconvénient [ɛ̃kɔ̃venjɑ̃] *m* **1.** (*opp: avantage*) disadvantage; (*d'une situation*) drawback **2.** *gén pl* (*conséquence fâcheuse*) consequences **3.** (*obstacle*) **l'~, c'est que c'est cher** the problem is that it's expensive ►**il n'y a pas d'~ à faire qc/à ce que qc soit fait** (*subj*) there is no problem about doing sth/sth being done; **ne pas voir d'~ à qc/à ce que qn fasse qc** (*subj*) to have no objection to sth/to sb doing sth

incorporer [ɛ̃kɔʀpɔʀe] <1> **I.** *vt* **1.** CULIN, TECH (*mélanger*) **~ qc à qc** to blend sth in to sth **2.** (*intégrer*) **~ qn/qc dans** [*o* **à**] **qc** to incorporate sb/sth into sth; **~ qc dans un récit** to bring sth into a story **3.** MIL **~ qn dans qc** to enlist sb in sth **II.** *vpr* **s'~ à qc** (*personne*) to fit into sth; (*liquide, substance*) to blend into sth

incorrect(e) [ɛ̃kɔʀɛkt] *adj* **1.** (*défectueux: expression, style*) inappropriate; (*montage*) incorrect; (*réponse*) wrong **2.** (*inconvenant*) improper; (*langage, ton*) impolite **3.** (*impoli*) impolite; **se montrer ~** to behave impolitely **4.** (*déloyal*) **~ en qc/avec qn** underhand about sth/with sb

incorrection [ɛ̃kɔʀɛksjɔ̃] *f* (*faute, manque de correction*) incorrectness

incorrigible [ɛ̃kɔʀiʒibl] *adj* incorrigible

incorruptible [ɛ̃kɔʀyptibl] **I.** *adj* **1.** incorruptible **2.** (*matériau, substance*) rot-proof **II.** *mf* incorruptible (person)

incrédule [ɛ̃kʀedyl] *adj* incredulous; **rester ~** to remain unconvinced

incrédulité [ɛ̃kʀedylite] *f* incredulity; **avec ~** incredulously

increvable [ɛ̃kʀəvabl] *adj* **1.** *inf* (*infatigable: personne*) tireless; (*appareil, voiture*) everlasting; **être vraiment ~** to go on forever **2.** (*qui ne peut être crevé: pneu, ballon*) puncture-proof

incriminer [ɛ̃kʀimine] <1> *vt* **1.** to incriminate **2.** (*mettre en cause*) to call into question; **~ l'honnêteté de qn** to question sb's honesty; **être incriminée** to be implicated; **la chose incriminée** the thing under attack

incroyable [ɛ̃kʀwajabl] *adj* (*extraordinaire, bizarre*) incredible; **c'est ~ de voir à quel point tout a changé** it's incredible to see how much everything's changed; **si ~ que cela puisse paraître** incredible as it may seem ►**~ mais vrai** incredible but true

incroyant(e) [ɛ̃kʀwajɑ̃, jɑ̃t] **I.** *adj* unbelieving **II.** *m(f)* unbeliever

incrustation [ɛ̃kʀystasjɔ̃] *f* INFORM pop-up window

incrusté(e) [ɛ̃kʀyste] *adj* **être ~ de qc** to be encrusted with sth

incruster [ɛ̃kʀyste] <1> **I.** *vt* ART to inlay; **~ qc de diamants/mosaïques** to inlay diamonds/mosaics in sth **II.** *vpr* **1.** *inf* (*s'installer à demeure*) **s'~ chez qn** to settle in at sb's place **2.** (*adhérer fortement*) **s'~** (*coquillage*) to become embedded; (*odeur*) to hang around **3.** (*se graver*) **ce souvenir s'est incrusté dans mon esprit** the memory has engraved itself in my mind

incubation [ɛ̃kybasjɔ̃] *f a.* MED incubation

inculpé(e) [ɛ̃kylpe] *m(f)* JUR accused

inculper [ɛ̃kylpe] <1> *vt* **~ qn de qc** to accuse sb of sth

inculquer [ɛ̃kylke] <1> *vt* **~ qc à qn** to instill sth into sb

inculte [ɛ̃kylt] *adj* **1.** (*non cultivé*) uncultivated **2.** (*ignare*) ignorant

incurable [ɛ̃kyʀabl] *adj* **1.** MED incurable **2.** (*incorrigible*) incorrigible; (*ignorance*) hopeless; (*paresse*) chronic

incursion [ɛ̃kyʀsjɔ̃] *f* (*intrusion*) incursion

incurvé(e) [ɛ̃kyʀve] *adj* curved

Inde [ɛ̃d] *f* **l'~** India; **de l'~** Indian

indécence [ɛ̃desɑ̃s] *f* **1.** (*d'une personne*) effrontery **2.** (*inconvenance*) indecency **3.** *pl* (*actes*) indecent behavior **4.** *pl* (*propos*) indecent talk

indécent(e) [ɛ̃desɑ̃, ɑ̃t] *adj* **1.** indecent **2.** (*déplacé*) out of place; (*joie*) unseemly; **avoir une chance ~e** to have the luck of the devil

indéchiffrable [ɛ̃deʃifʀabl] *adj* **1.** (*illisible*) indecipherable **2.** (*incompréhensible*) unintelligible; (*monde*) incomprehensible; (*énigme*) unfathomable; (*visage*) impenetrable

indécis(e) [ɛ̃desi, iz] *adj* **1.** (*hésitant*) undecided; **être ~ sur qc** to be undecided about sth; **être ~ entre qc et qc** to be hesitating between sth and sth **2.** (*douteux: question*) undecided; (*résultat, victoire*) uncertain; (*temps*) unsettled

indécision [ɛ̃desizjɔ̃] *f* (*doute*) uncertainty; *péj* indecision; **~ sur qc** uncertainty over sth

indéfendable [ɛ̃defɑ̃dabl] *adj* indefensible

indéfini(e) [ɛ̃defini] *adj* **1.** (*indéterminé*) ill-defined **2.** (*illimité: espace, nombre, progrès, temps*) indefinite

indéfiniment [ɛ̃definimɑ̃] *adv* indefinitely

indéfinissable [ɛ̃definisabl] *adj* indefinable

indélébile [ɛ̃delebil] *adj* (*ineffaçable, perpétuel*) indelible; (*couleur, encre*) permanent
indélicat(e) [ɛ̃delika, at] *adj* (*grossier*) indelicate
indemne [ɛ̃dɛmn] *adj* unscathed
indemnisation [ɛ̃dɛmnizasjɔ̃] *f* indemnification; (*dédommagement versé par l'État*) compensation; **~ des dommages de guerre** compensation for war damages
indemniser [ɛ̃dɛmnize] <1> *vt* **1.** (*rembourser*) to reimburse **2.** (*compenser*) **~ qn pour qc** to compensate sb for sth
indemnité [ɛ̃dɛmnite] *f* **1.** (*réparation*) compensation **2.** (*forfait*) indemnity; **~ de guerre** war reparations **3.** (*prime*) allowance; (*d'un maire, conseiller régional*) salary; **~ de chômage** unemployment benefit; **~ de déplacement/logement** travel/housing allowance
indéniable [ɛ̃denjabl] *adj* undeniable
indéniablement [ɛ̃denjabləmɑ̃] *adv* undeniably
indépendamment [ɛ̃depɑ̃damɑ̃] *adv* (*en dehors de cela*) apart from everything else ▶ **~ de qc** (*outre*) apart from sth; (*abstraction faite de*) disregarding sth; (*sans dépendre de*) independently of sth
indépendance [ɛ̃depɑ̃dɑ̃s] *f* (*liberté, autonomie*) independence; **~ d'idées** independent ideas; **la guerre de l'~ grecque** the Greek War of Independence; **accéder à l'~** to achieve independence; **proclamer son ~** to declare independence
indépendant(e) [ɛ̃depɑ̃dɑ̃, ɑ̃t] *adj* **1.** (*libre, souverain, indocile*) independent **2.** (*à son compte*) self-employed; (*artiste, architecte, photographe, collaborateur, journaliste*) freelance **3.** (*séparé: chambre*) self-contained; (*questions, systèmes*) separate **4.** (*sans liaison avec*) **~ de qn/qc** independent of sb/sth; **pour des raisons ~es de notre volonté** for reasons beyond our control
indépendantiste [ɛ̃depɑ̃dɑ̃tist] *adj* POL separatist
Indes [ɛ̃d] *f* **les ~** the Indies
indescriptible [ɛ̃dɛskʀiptibl] *adj* indescribable
indésirable [ɛ̃deziʀabl] **I.** *adj* undesirable **II.** *mf* undesirable
indestructible [ɛ̃dɛstʀyktibl] *adj* (*personne, construction*) indestructible; (*foi, solidarité*) steadfast; (*liaison, amour*) enduring; (*impression*) indelible
indétermination [ɛ̃detɛʀminasjɔ̃] *f* **1.** (*indécision*) hesitancy **2.** (*permanente*) indecisiveness **3.** (*imprécision*) vagueness
indéterminé(e) [ɛ̃detɛʀmine] *adj* **1.** (*non précisé*) indeterminate; (*date*) unspecified **2.** (*incertain*) uncertain; (*sens, termes*) vague **3.** (*indistinct*) vague **4.** (*indécis*) **être ~ sur qc** to be undecided about sth
index [ɛ̃dɛks] *m* **1.** (*doigt*) index finger **2.** (*table alphabétique*) index
indicateur, -trice [ɛ̃dikatœʀ, -tʀis] **I.** *adj* **panneau ~** information board; **poteau ~** signpost **II.** *m, f* **~ de police** police informer
indicatif [ɛ̃dikatif] *m* **1.** TEL prefix; **~ départemental** area code; **l'~ de la France** the code for France **2.** LING indicative
indicatif, -ive [ɛ̃dikatif, -iv] *adj* **1.** (*qui renseigne*) indicative; (*vote*) straw poll; (*prix*) suggested; **à titre ~** simply for information; **ce chiffre n'est qu'~** this figure is simply an indication **2.** LING **mode ~** indicative (mood)
indication [ɛ̃dikasjɔ̃] *f* **1.** (*information*) information; **une ~ sur qc** (some) information about sth; **sur les ~s de qn** acting on information from sb **2.** (*signalisation: d'une adresse, d'un numéro, prix*) indication; (*d'un virage dangereux*) sign **3.** (*prescription*) direction **4.** (*indice*) **~ de qc** indicator of sth ▶ **sauf ~ contraire** unless otherwise directed
indice [ɛ̃dis] *m* **1.** (*signe*) indication **2.** (*trace*) clue **3.** (*preuve*) evidence; JUR piece of evidence **4.** ECON, FIN index; **~ des prix** price index **5.** TV **~ d'écoute** ratings *pl*
indien(ne) [ɛ̃djɛ̃, jɛn] *adj* Indian
Indien(ne) [ɛ̃djɛ̃, jɛn] *m(f)* Indian
indifféremment [ɛ̃difeʀamɑ̃] *adv* **1.** (*pareillement*) equally well **2.** (*sans juger*) without discrimination
indifférence [ɛ̃difeʀɑ̃s] *f* **1.** (*insensibilité, apathie*) indifference **2.** (*détachement*) disinterest
indifférent(e) [ɛ̃difeʀɑ̃, ɑ̃t] **I.** *adj* **1.** (*insensible: attitude, personne*) indifferent; (*mère*) unfeeling; **regard ~** look of indifference; **être ~ à qc** to be indifferent to sth; **être ~ à une personne** to show indifference to a person; **laisser qn ~** to leave sb unmoved **2.** (*égal*) **être ~ à qn** (*personne*) to be of no importance to sb; (*choix, sort, avis*) not to matter to sb **II.** *m(f)* indifferent person
indigène [ɛ̃diʒɛn] **I.** *adj* **1.** *a.* BOT, ZOOL indigenous **2.** (*opp: blanc*) native **II.** *mf* native
indigénisme [ɛ̃diʒenism] *m* Indigenism (*literary movement in Haiti emphasizing its African heritage*)
indigéniste [ɛ̃diʒenist] *adj* Indigenist (*writer emphasizing Haiti's African heritage*)
indigent(e) [ɛ̃diʒɑ̃, ʒɑ̃t] **I.** *adj* (*personne*) destitute **II.** *m(f)* pauper; **les ~s** the destitute
indigeste [ɛ̃diʒɛst] *adj* (*cuisine, nourriture*) indigestible
indigestion [ɛ̃diʒɛstjɔ̃] *f* indigestion; **avoir une ~ de qc** to have indigestion from eating sth
indignation [ɛ̃diɲasjɔ̃] *f* indignation
indigne [ɛ̃diɲ] *adj* **1.** (*qui ne mérite pas*) **être ~ de qn/qc** to be unworthy of sb/sth; **être ~ de** +*infin* to be unworthy to +*infin* **2.** (*inconvenant*) **être ~ de qn** (*action, attitude, sentiment*) to be unworthy of sb **3.** (*odieux*) disgraceful; (*époux, fils*) unworthy; **c'est une mère ~** she's not fit to be a mother
indigné(e) [ɛ̃diɲe] *adj* **~ de qc** indignant over sth
indigner [ɛ̃diɲe] <1> *vpr* **s'~ contre qn/qc** to

get indignant with sb/over sth

indigo [ɛ̃digo] *m inv* indigo

indiqué(e) [ɛ̃dike] *adj* **1.** (*conseillé*) advisable **2.** (*adéquat*) right; **être tout ~** to be ideal **3.** (*fixé*) appointed; (*date*) agreed

indiquer [ɛ̃dike] <1> *vt* **1.** (*désigner*) **~ qc à qn** to show sb sth; (*écriteau, flèche*) to indicate sth to sb; **~ qn/qc de la main** to point to sb/sth; **qu'indique le panneau?** what does it say on the sign? **2.** (*recommander*) **~ qn/qc à qn** to suggest sb/sth to sb **3.** (*dire*) **~ à qn qc** to tell sb about sth; (*expliquer*) to explain sth to sb; **~ à qn comment y aller/ce que cela représente** to tell sb how to get there/what that represents **4.** (*révéler*) **~ qc/que qn est passé** to show sth/that sb has been here **5.** (*marquer: adresse*) to write down; (*lieu*) to mark ▶ **rien n'indique qu'il est** [*o* **soit**] **parti** there's nothing to indicate that he's gone; **tout indique qu'il n'est plus là** everything points to his having left

indirect(e) [ɛ̃diʀɛkt] *adj* indirect; **par des moyens ~s** by indirect means

indirectement [ɛ̃diʀɛktəmɑ̃] *adv* indirectly

indiscipline [ɛ̃disiplin] *f* indiscipline

indiscipliné(e) [ɛ̃disipline] *adj* undisciplined

indiscret, -ète [ɛ̃diskʀɛ, -ɛt] **I.** *adj* **1.** (*curieux: personne*) inquisitive; (*yeux*) prying **2.** (*bavard*) indiscreet **3.** (*inconvenant*) indiscreet; (*familiarité, démarche*) intrusive; (*présence*) uncalled for **II.** *m, f* (*personne bavarde*) gossip; (*personne curieuse*) inquisitive person

indiscrétion [ɛ̃diskʀesjɔ̃] *f* **1.** (*curiosité, tendance à divulguer*) indiscretion; **sans ~, peut-on savoir si ...** without wishing to pry, could I ask if ... **2.** (*acte*) indiscretion; (*bavardage*) indiscreet word; **j'ai commis beaucoup d'~s** I have committed many indiscretions

indiscutable [ɛ̃diskytabl] *adj* (*fait*) undeniable; (*succès, supériorité, réalité*) undoubted; (*personne, crédibilité*) unquestionable; (*témoignage*) irrefutable; **il est ~ que** it is undeniable that

indiscutablement [ɛ̃diskytabləmɑ̃] *adv* indisputably

indispensable [ɛ̃dispɑ̃sabl] **I.** *adj* indispensable; (*précautions*) vital; (*devoir*) unavoidable; **il est ~ de** *+infin*/**que qc soit fait** (*subj*) it is essential to *+infin*/that sth be done; **il est ~ que nous prenions une assurance** it is vital that we take out insurance; **être ~ à qn/qc** [*o* **pour qc**] to be indispensable to sb/for sth **II.** *m* **l'~** the absolute essentials; **faire l'~** to do the essential things

indisponible [ɛ̃dispɔnibl] *adj* unavailable

indisposer [ɛ̃dispoze] <1> *vt* (*incommoder*) **la chaleur/l'odeur l'indispose** he is upset [*o* indisposed] by the heat/the smell

indisposition [ɛ̃dispozisjɔ̃] *f* **1.** indisposition **2.** (*règles*) period

indissociable [ɛ̃disɔsjabl] *adj* indissociable

indistinct(e) [ɛ̃distɛ̃, ɛ̃kt] *adj* (*murmure, vision, voix*) indistinct; (*couleur*) vague; (*objet*) unclear

individu [ɛ̃dividy] *m* individual; **drôle d'~** *a. péj* strange individual

individualisation [ɛ̃dividɥalizasjɔ̃] *f* personalization

individualiser [ɛ̃dividɥalize] <1> **I.** *vt* **1.** (*personnaliser: appartement, voiture*) to personalize; **~ son style** to develop one's own style **2.** (*particulariser*) to individualize **II.** *vpr* **s'~** **1.** (*se différencier: cellule*) to differentiate; (*forme, manière, style*) to become more individual **2.** (*s'accentuer*) to become more distinctive

individualisme [ɛ̃dividɥalism] *m* individualism

individualiste [ɛ̃dividɥalist] **I.** *adj* **1.** PHILOS individualist **2.** *péj* self-centered **II.** *mf* **1.** (*non conformiste*) individualist **2.** *péj* self-centered person

individualité [ɛ̃dividɥalite] *f* individuality; (*nouveauté*) originality; **avoir un style d'une forte ~** to have a highly individual style

individuel(le) [ɛ̃dividɥɛl] **I.** *adj* individual; (*propriété, responsabilité, initiative*) personal; (*maison*) private **II.** *m(f)* (*sportif*) individual

individuellement [ɛ̃dividɥɛlmɑ̃] *adv* individually

indivisible [ɛ̃divizibl] *adj* indivisible

Indochine [ɛ̃dɔʃin] *f* HIST **l'~** Indochina

indo-européen(ne) [ɛ̃doœʀɔpeɛ̃, ɛn] <indo--européens> *adj* Indo-European

indolence [ɛ̃dɔlɑ̃s] *f* indolence

indolent(e) [ɛ̃dɔlɑ̃, ɑ̃t] **I.** *adj* indolent; (*geste*) lethargic **II.** *m(f)* indolent person

indolore [ɛ̃dɔlɔʀ] *adj* painless

indomptable [ɛ̃dɔ̃tabl] *adj* (*animal*) untamable

Indonésie [ɛ̃donezi] *f* **l'~** Indonesia

indonésien [ɛ̃donezjɛ̃] *m* Indonesian; *v.a.* **français**

indonésien(ne) [ɛ̃donezjɛ̃, ɛn] *adj* Indonesian

Indonésien(ne) [ɛ̃donezjɛ̃, ɛn] *m(f)* Indonesian

indu(e) [ɛ̃dy] *adj* unseemly; **à des heures ~es** at all hours

indubitable [ɛ̃dybitabl] *adj* indubitable

induire [ɛ̃dɥiʀ] *vt irr* **1.** **~ qn/qc à** *+infin* to induce sb/sth to *+infin;* **~ qn/qc à qc** to lead sb/sth into sth; **~ qn en erreur** to mislead sb **2.** (*tirer comme conclusion*) **~ qc de qc** to infer sth from sth; **~ de qc que ...** to infer from sth that ... **3.** (*provoquer*) **~ qc** to lead to sth

indulgence [ɛ̃dylʒɑ̃s] *f* **1.** (*en jugeant*) **~ pour** [*o* **envers**] **qn/pour qc** lenience with sb/over sth **2.** (*bienveillance*) *a.* REL indulgence; **avec ~** indulgently; **sans ~** harshly

indulgent(e) [ɛ̃dylʒɑ̃, ʒɑ̃t] *adj* indulgent; (*en punissant*) lenient; **être ~ envers l'accusé** to be lenient with the accused

industrialisation [ɛ̃dystʀijalizasjɔ̃] *f* industrialization

industrialiser [ɛ̃dystʀijalize] <1> **I.** *vt*

(*région, pays, agriculture*) to industrialize; (*découverte*) to commercialize **II.** *vpr* **s'~** (*pays, région, secteur*) to be industrialized
industrie [ɛ̃dystʀi] *f* industry; **l'~ cinématographique** the film industry; **l'~ du livre** the publishing industry
industriel(le) [ɛ̃dystʀijɛl] **I.** *adj* industrial; (*pain*) factory-produced **II.** *m(f)* industrialist
industriellement [ɛ̃dystʀijɛlmɑ̃] *adv* industrially; **fabriqué ~** mass-produced
inébranlable [inebʀɑ̃labl] *adj* **1.** (*solide: position*) unassailable **2.** (*inflexible*) steadfast; (*résolution*) unwavering; **être ~ dans sa résolution** to be steadfast in one's resolve; **être ~ dans ses convictions** to have unwavering convictions
inédit [inedi] *m* **1.** (*ouvrage*) unpublished work **2.** (*chose nouvelle*) novelty
inédit(e) [inedi, it] *adj* **1.** (*non publié*) unpublished **2.** (*nouveau*) novel
ineffaçable [inefasabl] *adj* **1.** (*indélébile: empreinte, trace*) indelible; (*couleur*) unfading **2.** (*inoubliable*) indelible
inefficace [inefikas] *adj* (*démarche*) ineffective; (*employé, machine*) inefficient
inefficacité [inefikasite] *f* (*d'une démarche, d'un secours*) ineffectiveness; (*d'un pouvoir, service administratif, cadre*) inefficiency
inégal(e) [inegal, -o] <-aux> *adj* **1.** (*différent*) unequal; **de grandeur ~e** of different sizes **2.** (*changeant*) uneven; **être d'une humeur ~** to be moody
inégalable [inegalabl] *adj* (*qualité*) matchless
inégalé(e) [inegale] *adj* unequalled
inégalement [inegalmɑ̃] *adv* unequally; (*sans régularité*) unevenly
inégalitaire [inegalitɛʀ] *adj* **une société ~** *a non-egalitarian society;* **politique fiscale ~** biased tax policy
inégalité [inegalite] *f* **1.** (*différence*) disparity; **l'~ entre l'offre et la demande** the difference between supply and demand **2.** (*disproportion*) unevenness; (*des forces*) imbalance; **~ des chances** inequality of opportunity
inélégant(e) [inelegɑ̃, ɑ̃t] *adj* inelegant
inéluctable [inelyktabl] *adj* unavoidable; (*destin, sort, mort*) inescapable
inéluctablement [inelyktabləmɑ̃] *adv* inescapably
inepte [inɛpt] *adj* inept
ineptie [inɛpsi] *f* ineptitude; **dire des ~s** to talk stupid nonsense
inépuisable [inepɥizabl] *adj* **1.** (*intarissable*) inexhaustible **2.** (*infini: indulgence, patience*) endless; (*curiosité*) boundless
inerte [inɛʀt] *adj* **1.** (*sans vie, expression: corps, membre, visage*) lifeless **2.** PHYS inert
inertie [inɛʀsi] *f a.* PHYS inertia
inespéré(e) [inɛspeʀe] *adj* unexpected
inesthétique [inɛstetik] *adj* unsightly
inestimable [inɛstimabl] *adj* incalculable; (*objet*) priceless
inévitable [inevitabl] **I.** *adj* **1.** (*certain, fatal*) inevitable; (*accident*) unavoidable **2.** (*nécessaire*) inescapable; (*opération*) unavoidable; **il est ~ que cela se produise** it is inevitable that it will happen **3.** *antéposé, iron* (*habituel*) inevitable **II.** *m* **l'~** the inevitable
inévitablement [inevitabləmɑ̃] *adv* inevitably
inexact(e) [inɛgzakt] *adj* **1.** (*erroné: renseignement, résultat*) inaccurate; (*calcul, théorie*) incorrect **2.** (*déformé: traduction, citation, récit*) inaccurate; **non, c'est ~** no, that's wrong; **il est ~ de** +*infin* it is incorrect to +*infin* **3.** (*opp: ponctuel: personne*) unpunctual
inexactitude [inɛgzaktityd] *f* **1.** (*erreur*) inaccuracy **2.** (*manque de ponctualité*) unpunctuality
inexcusable [inɛkskyzabl] *adj* inexcusable; (*personne*) unforgivable; **il est ~ de faire ça** it is unforgivable of him to do that
inexistant(e) [inɛgzistɑ̃, ɑ̃t] *adj* **1.** (*qui n'existe pas, imaginaire*) nonexistent; **la télévision était encore ~e** television did not exist then **2.** *péj* (*nul*) nonexistent; (*résultat*) appalling; (*aide*) not worth speaking of
inexorable [inɛgzɔʀabl] *adj* inexorable; (*volonté*) unbending; (*vieillesse, fuite du temps*) relentless
inexorablement [inɛgzɔʀabləmɑ̃] *adv* inexorably
inexpérience [inɛkspeʀjɑ̃s] *f* lack of experience
inexpérimenté(e) [inɛkspeʀimɑ̃te] *adj* inexperienced
inexplicable [inɛksplikabl] *adj* inexplicable
inexpliqué(e) [inɛksplike] *adj* unexplained
inexploité(e) [inɛksplwate] *adj* (*gisement, richesses*) untapped; (*talent*) unexploited
inexploré(e) [inɛksplɔʀe] *adj* unexplored
inexpressif, -ive [inɛkspʀesif, -iv] *adj* (*regard, visage*) inexpressive
inexprimable [inɛkspʀimabl] *adj* inexpressible
in extremis [inɛkstʀemis] **I.** *adv* at the last moment **II.** *adj inv* (*sauvetage, succès*) last-minute
infaillibilité [ɛ̃fajibilite] *f* infallibility
infaillible [ɛ̃fajibl] *adj* **1.** (*fiable*) infallible; (*instrument*) unerring; (*signe*) sure **2.** (*prévu*) inevitable; (*accident*) unavoidable **3.** (*qui ne peut se tromper*) infallible; (*instinct*) unerring
infaisable [ɛ̃fəzabl] *adj* impracticable
infalsifiable [ɛ̃falsifjabl] *adj* forgery-proof
infâme [ɛ̃fɑm] *adj a. antéposé* **1.** (*honteux, indigène: acte, conduite, trahison*) heinous; (*métier, entremetteur, spéculateur*) ignominious **2.** (*odieux*) loathsome **3.** (*répugnant*) foul; (*logis, hôtel*) appalling
infamie [ɛ̃fami] *f* **1.** (*déshonneur, bassesse*) infamy **2.** (*calomnie*) (vile) slander **3.** (*action*) vile deed
infanterie [ɛ̃fɑ̃tʀi] *f* MIL infantry; **d'~** infantry
infanticide [ɛ̃fɑ̃tisid] **I.** *adj* **mère ~** *mother who kills her child* **II.** *mf* child-killer **III.** *m* in-

I

fanticide

infantile [ɛ̃fɑ̃til] *adj* infantile

infarctus [ɛ̃faʀktys] *m* MED infarction; **~ du myocarde** coronary (thrombosis)

infatigable [ɛ̃fatigabl] *adj* tireless; (*amour, patience*) untiring

infect(e) [ɛ̃fɛkt] *adj* **1.** (*répugnant*) vile; (*nourriture*) foul; (*lieu, logement*) sordid **2.** *inf* (*ignoble*) lousy

infecté(e) [ɛ̃fɛkte] *adj* infected

infecter [ɛ̃fɛkte] <1> *vpr* MED **s'~** to get infected

infectieux, -euse [ɛ̃fɛksjø, -jøz] *adj* infectious

infection [ɛ̃fɛksjɔ̃] *f* infection

inférieur(e) [ɛ̃feʀjœʀ] **I.** *adj* **1.** (*dans l'espace*) lower; **les étages ~s** the lower floors **2.** (*en qualité*) inferior; **être ~ à qn/qc** to be inferior to sb/sth; **se sentir ~** to feel inferior **3.** (*en quantité*) **~ à qn/qc** less than sb/sth; **huit est ~ à dix** eight is less than ten; **~ en nombre** smaller in number **II.** *m(f)* inferior; **être l'~ de qn en qc** to be inferior to sb in sth

infériorité [ɛ̃feʀjɔʀite] *f* **1.** (*en qualité, rang*) inferiority; **en position d'~** in a position of weakness **2.** (*moindre quantité*) smaller number; **~ en poids** lighter weight

infernal(e) [ɛ̃fɛʀnal, -o] <-aux> *adj* **1.** REL infernal; **divinité ~e** god of the underworld **2.** (*diabolique: complot, entreprise*) diabolical; **machine ~e** explosive device **3.** (*insupportable: sort, temps*) foul; **cet enfant est ~** this child is impossible **4.** (*endiablé*) infernal; (*logique, progrès*) relentless; **cycle ~** vicious circle; **un rythme ~** a furious pace

infesté(e) [ɛ̃fɛste] *adj* **être ~ de qc** to be infested with sth

infidèle [ɛ̃fidɛl] **I.** *adj* **1.** (*perfide*) unfaithful; **être ~ à qn** to be unfaithful to sb; **être ~ à sa parole** to be untrue to one's word **2.** (*inexact: récit*) inaccurate; (*narrateur, mémoire*) unreliable; (*traduction*) unfaithful **3.** REL infidel **II.** *mf* REL infidel

infidélité [ɛ̃fidelite] *f* **1.** *sans pl* (*déloyauté*) disloyalty **2.** (*action: d'un conjoint*) infidelity; (*d'un ami*) betrayal; **faire des ~s à qn** to be unfaithful to sb **3.** (*inexactitude*) error; (*d'une description*) inaccuracy

infiltration [ɛ̃filtʀasjɔ̃] *f* **1.** (*d'un liquide, gaz*) infiltration; **pénétrer par ~** to infiltrate **2.** MED injection

infiltrer [ɛ̃filtʀe] <1> **I.** *vt* to infiltrate **II.** *vpr* **1. s'~** to infiltrate; (*lumière*) to filter through; (*vent*) to get in **2.** MED **s'~** to be injected **3.** (*noyauter*) **s'~ dans qc** to infiltrate sth

infime [ɛ̃fim] *adj* **1.** tiny **2.** (*situé au plus bas d'une hiérarchie*) lowly

infini [ɛ̃fini] *m* MATH **tendre vers l'~** to tend toward infinity ►**à l'~** for ever and ever

infini(e) [ɛ̃fini] *adj* **1.** (*qui n'a pas de limite*) *a.* MATH infinite **2.** (*immense: distance, nombre*) vast; (*étendue, durée, longueur*) immense **3.** (*extrême*) infinite; (*reconnaissance*) deepest; (*richesses*) immeasurable **4.** (*interminable: lutte*) never-ending; (*propos, temps*) endless

infiniment [ɛ̃finimɑ̃] *adv* **1.** (*sans borne*) infinitely **2.** (*extrêmement*) immensely; (*regretter*) deeply **3.** (*beaucoup de*) **~ de tendresse/d'attention** the utmost tenderness/attention

infinité [ɛ̃finite] *f* **1.** (*caractère de ce qui est infini*) infinity **2.** (*très grand nombre*) **une ~ de choses** an infinite number of things

infinitif [ɛ̃finitif] *m* infinitive

infinitif, -ive [ɛ̃finitif, -iv] *adj* **proposition infinitive** infinitive clause; **le mode ~** the infinitive

infirme [ɛ̃fiʀm] **I.** *adj* (*à la suite d'un accident*) disabled; (*pour cause de vieillesse*) infirm; **~ de qc** to be crippled with sth **II.** *mf* disabled person; **~ de guerre** war invalid

infirmerie [ɛ̃fiʀməʀi] *f* infirmary; (*d'une école*) sick bay

infirmier, -ière [ɛ̃fiʀmje, -jɛʀ] *m, f* nurse; **école d'infirmières** nursing school

infirmité [ɛ̃fiʀmite] *f* **1.** disability **2.** (*imperfection*) weakness

inflammable [ɛ̃flamabl] *adj* inflammable

inflammation [ɛ̃flamasjɔ̃] *f* inflammation; **~ de la gorge/des bronches** inflamed throat/airways

inflation [ɛ̃flasjɔ̃] *f* inflation

inflexible [ɛ̃flɛksibl] *adj* inflexible

infliger [ɛ̃fliʒe] <2a> *vt* **1.** (*donner*) **~ une amende à qn pour qc** to fine sb for sth; **~ un châtiment à qn** to punish sb **2.** (*faire subir: coups, récit*) to inflict; (*politique*) to impose; **~ sa présence à qn** to inflict one's presence on sb

influençable [ɛ̃flyɑ̃sabl] *adj* easy to influence

influence [ɛ̃flyɑ̃s] *f* (*effet, autorité*) influence; (*des mesures, d'un médicament*) effect; **des luttes d'~** struggles for influence; **sous l'~ de la colère** in the grip of anger; **sous l'~ de la boisson** under the influence of drink; **avoir de l'~** to have influence; **avoir/exercer de l'~ sur qn/qc** to have/exert influence over sb/sth; **subir l'~ de qn** to be influenced by sb; **sous ~** under influence

influencer [ɛ̃flyɑ̃se] <2> *vt* **~ qn** to influence sb; (*mesures*) to have an effect on sb

influent(e) [ɛ̃flyɑ̃, ɑ̃t] *adj* influential

influer [ɛ̃flye] <1> *vi* **~ sur qc** to influence sth

info [ɛ̃fo] *f inf abr de* **information** piece of news; **les ~s** the news

infogroupe [ɛ̃fogʀup] *m* INFORM newsgroup

infonaute [ɛ̃fonot] *mf* INFORM (Net) surfer

informateur, -trice [ɛ̃fɔʀmatœʀ, -tʀis] *m, f* informer

informaticien(ne) [ɛ̃fɔʀmatisjɛ̃, jɛn] *m(f)* computer scientist

informatif, -ive [ɛ̃fɔʀmatif, -iv] *adj* **1.** (*riche en informations*) informative **2.** (*destiné à informer: publicité*) informational; **brochure informative** information brochure; **réunion informative** briefing session

information [ɛ̃fɔʀmasjɔ̃] *f* **1.** (*renseignement*) piece of information; **prendre des ~s sur qn/qc** to obtain information about sb/sth; **une réunion d'~** a briefing session **2.** *souvent pl* (*nouvelles*) news; **les ~s de vingt heures** the eight o'clock news; **~s sportives/routières** sports/travel news; **magazine d'~** news magazine **3.** *sans pl* (*fait d'informer*) information; **assurer l'~ de qn en matière de qc** to keep sb informed about sth; **faire de l'~** to give out information **4.** (*ensemble des médias*) information media **5.** *pl* INFORM, TECH information

informatique [ɛ̃fɔʀmatik] **I.** *adj* **industrie ~** computer industry; **saisie ~** data capture **II.** *f* computer science

informatisation [ɛ̃fɔʀmatizasjɔ̃] *f* (*d'une entreprise*) computerization

informatisé(e) [ɛ̃fɔʀmatize] *adj* (*poste de travail*) computerized; **fichier ~** computer file; **gestion ~** computer assisted management; **communication/système ~(e)** computer-based communication/system

informatiser [ɛ̃fɔʀmatize] <1> **I.** *vt* to computerize **II.** *vpr* **s'~** to be computerized

informe [ɛ̃fɔʀm] *adj* **1.** (*sans forme, laid*) shapeless; (*être*) misshapen **2.** (*ébauché*) rough; (*plan*) ill-defined

informer [ɛ̃fɔʀme] <1> **I.** *vt* to inform; **des personnes/milieux bien informé(e)s** well-informed people/circles **II.** *vi* to inform **III.** *vpr* **s'~ de qc** (*poser des questions*) to inquire about sth; (*se renseigner*) to inform oneself about sth; **s'~ sur qn** (*sa santé*) to ask after sb; (*son caractère*) to find out about sb; **s'~ si qn a fait qc** to find out if sb has done sth

infos *fpl inf* **les ~** the news

infraction [ɛ̃fʀaksjɔ̃] *f* offense; **~ au code de la route** traffic offense; **c'est une ~ à la loi** it's an offense

infranchissable [ɛ̃fʀɑ̃ʃisabl] *adj* impassible

infrarouge [ɛ̃fʀaʀuʒ] **I.** *adj* infrared **II.** *m* infrared radiation; **système à ~s** heat-seeking system

infrastructure [ɛ̃fʀastʀyktyʀ] *f* infrastructure; **~ routière** highway infrastructure

infréquentable [ɛ̃fʀekɑ̃tabl] *adj péj* (*personne*) that one does not associate with; (*pays*) pariah; **il est devenu ~** he has put himself beyond the pale; **se rendre ~** to put oneself beyond the pale

infructueux, -euse [ɛ̃fʀyktɥø, -øz] *adj* fruitless

infuser [ɛ̃fyze] <1> **I.** *vt* **1.** to infuse **2.** (*communiquer: courage*) to instill **II.** *vi* (*tisane, thé*) to brew

infusion [ɛ̃fyzjɔ̃] *f* infusion; **~ de camomille** chamomile tea

ingénier [ɛ̃ʒenje] <1a> *vpr* **s'~ à** *+infin* to endeavor to *+infin*

ingénierie [ɛ̃ʒeniʀi] *f* engineering; **une entreprise d'~** an engineering firm

ingénieur [ɛ̃ʒenjœʀ] *mf* engineer

ingénieux, -euse [ɛ̃ʒenjø, -jøz] *adj* ingenious

ingéniosité [ɛ̃ʒenjozite] *f* ingenuity; **déployer des trésors d'~** to bring all one's ingenuity to bear

ingénu(e) [ɛ̃ʒeny] **I.** *adj* **1.** (*sans malice*) ingenuous **2.** (*naïf*) naive **II.** *m(f)* naive person

ingénue [ɛ̃ʒeny] *f* THEAT ingénue

ingérence [ɛ̃ʒeʀɑ̃s] *f* (*d'un magistrat*) intervention; **~ dans qc** interference in sth

ingérer [ɛ̃ʒeʀe] <5> **I.** *vt* (*médicament*) to ingest; (*aliment*) to absorb **II.** *vpr* **s'~ dans qc** to interfere in sth

ingouvernable [ɛ̃guvɛʀnabl] *adj* (*pays, peuple*) ungovernable; (*parlement*) unruly

ingrat(e) [ɛ̃gʀa, at] **I.** *adj* **1.** (*opp: reconnaissant*) **~ envers qn** ungrateful to sb **2.** (*infructueux: métier, sujet*) thankless; (*vie*) unrewarding **3.** (*dépourvu de charme: visage*) unlovely **II.** *m(f)* ungrateful wretch

ingratitude [ɛ̃gʀatityd] *f* (*d'une personne*) ingratitude; (*d'une tâche*) thanklessness; **faire preuve d'~** to show ingratitude

ingrédient [ɛ̃gʀedjɑ̃] *m* ingredient

inguérissable [ɛ̃geʀisabl] *adj* (*maladie*) incurable

ingurgiter [ɛ̃gyʀʒite] <1> *vt* **1.** (*avaler: nourriture*) to wolf down; (*boisson*) to gulp down; **faire ~ qc à qn** to force sth down sb **2.** (*apprendre: connaissances, science*) to cram into one's head; **faire ~ un poème à qn** to force a poem down sb's throat

inhabitable [inabitabl] *adj* (*région*) uninhabitable; (*maison*) unfit for habitation

inhabité(e) [inabite] *adj* uninhabited; (*appartement*) empty

inhabituel(le) [inabitɥɛl] *adj* unusual

inhalation [inalasjɔ̃] *f a.* MED inhalation; **faire une ~** to use an inhalant

inhaler [inale] <1> *vt* MED to inhale

inhérent(e) [ineʀɑ̃, ɑ̃t] *adj a.* PHILOS **être ~ à qc** to be inherent in sth

inhibition [inibisjɔ̃] *f* inhibition

inhospitalier, -ière [inɔspitalje, -jɛʀ] *adj* (*personne, lieu*) inhospitable; (*chambre*) uninviting

inhumain(e) [inymɛ̃, ɛn] *adj* inhuman

inhumation [inymasjɔ̃] *f* burial

inhumer [inyme] <1> *vt* to bury

inimaginable [inimaʒinabl] *adj* unimaginable

inimitable [inimitabl] *adj* inimitable

inimitié [inimitje] *f* enmity

inintelligible [inɛ̃teliʒibl] *adj* unintelligible

ininterrompu(e) [inɛ̃teʀɔ̃py] *adj* uninterrupted; (*série*) unbroken; (*spectacle*) nonstop

initial(e) [inisjal, -jo] <-aux> *adj* (*cause, choc, lettre*) initial; (*état, position*) original; (*feuillets*) first

initiale [inisjal] *f* initial

initialement [inisjalmɑ̃] *adv* initially

initialisation [inisjalizasjɔ̃] *f* INFORM initialization

initiateur, -trice [inisjatœʀ, -tʀis] *m, f* originator

initiation [inisjasjɔ̃] *f* initiation; **cours d'~** introductory course; **~ à qc** introduction to sth
initiative [inisjativ] *f* (*idée première, dynamisme*) initiative; **avoir l'~ de qc** to have the idea for sth; **de sa/leur propre ~** of his/her/their own initiative; **avoir de l'~** to have initiative
initié(e) [inisje] **I.** *adj* initiated **II.** *m(f)* initiate
initier [inisje] <1a> **I.** *vt* **1. ~ qn à un art** to introduce sb to an art; **~ qn à un secret** to initiate sb into a secret **2.** REL **~ qn à qc** to initiate sb into sth **II.** *vpr* **s'~ à qc** to initiate oneself to sth; **s'~ à un métier** to learn a trade
injecter [ɛ̃ʒɛkte] <1> *vt* to inject
injection [ɛ̃ʒɛksjɔ̃] *f* injection; **moteur à ~** injection engine; **voiture à ~** car with fuel injection
injoignable [ɛ̃ʒwaɲabl] *adj* **elle est ~** she can't be reached
injure [ɛ̃ʒyʀ] *f* insult; **abreuver qn d'~** to shower sb with abuse
injurier [ɛ̃ʒyʀje] <1> **I.** *vt* to insult; **~ la mémoire de qn** to be an insult to sb's memory **II.** *vpr* **s'~** to insult each other
injurieux, -euse [ɛ̃ʒyʀjø, -jøz] *adj* offensive
injuste [ɛ̃ʒyst] *adj* unfair
injustement [ɛ̃ʒystəmɑ̃] *adv* **1.** (*à tort*) unfairly **2.** (*iniquement*) unjustly
injustice [ɛ̃ʒystis] *f* injustice; **avec ~** unjustly
injustifié(e) [ɛ̃ʒystifje] *adj* unjustified
inlassable [ɛ̃lɑsabl] *adj* untiring
inlassablement [ɛ̃lɑsabləmɑ̃] *adv* untiringly
inné(e) [i(n)ne] *adj* innate
innocemment [inɔsamɑ̃] *adv* innocently
innocence [inɔsɑ̃s] *f* **1.** (*naïveté*) innocence; **abuser de l'~ de qn** to take advantage of sb's innocence; **en toute ~** in all innocence **2.** (*caractère inoffensif*) harmlessness
innocent(e) [inɔsɑ̃, ɑ̃t] **I.** *adj* **1.** (*opp: coupable*) innocent; **être ~ de qc** to be not guilty of sth **2.** (*inoffensif*) **l'article n'est pas ~** the article is disingenuous; **ce n'est pas ~ si qn fait qc** it is no accident if sb does sth **II.** *m(f)* innocent; **faire l'~** to play the innocent
innocenter [inɔsɑ̃te] <1> *vt* **~ qn de vol** to clear sb of theft
innombrable [i(n)nɔ̃bʀabl] *adj* innumerable
innommable [i(n)nɔmabl] *adj* unspeakable
innovateur, -trice [inɔvatœʀ, -tʀis] **I.** *adj* (*méthode, politique*) innovative; **action innovatrice** innovation; **être ~** to be innovative **II.** *m, f* innovator
innovation [inɔvasjɔ̃] *f* innovation
innover [inɔve] <1> **I.** *vt* to create **II.** *vi* **~ en (matière de) qc** to innovate in the field of sth
inoccupé(e) [inɔkype] *adj* **1.** (*vide: place, terrain*) vacant; (*maison*) unoccupied **2.** (*oisif*) unoccupied
inoculer [inɔkyle] <1> *vt* MED **~ qc à qn** to inoculate sb with sth
inodore [inɔdɔʀ] *adj* odorless
inoffensif, -ive [inɔfɑ̃sif, -iv] *adj* (*personne*) inoffensive; (*piqûre, remède*) harmless
inondation [inɔ̃dasjɔ̃] *f* **1.** (*débordement d'eaux*) flood; (*d'un fleuve*) flooding **2.** (*afflux massif: de marchandises, produits*) flood
inondé(e) [inɔ̃de] *adj* (*recouvert d'eau*) flooded
inonder [inɔ̃de] <1> **I.** *vt* **1.** (*couvrir d'eaux*) to flood; **être inondé** (*personnes*) to be flooded (out) **2.** (*tremper*) **~ qn/qc de qc** to soak sb/sth with sth; **~ qn/qc** (*chose*) to pour down sb/sth **3.** (*submerger*) **~ qn de qc** to swamp sb with sth; **~ un pays de qc** to flood a country with sth; **~ les rues** to pour into the streets **II.** *vpr* **s'~ de qc** to soak oneself with sth
inopiné(e) [inɔpine] *adj* unexpected
inopportun(e) [inɔpɔʀtœ̃, yn] *adj* inopportune
inoubliable [inublijabl] *adj* unforgettable
inouï(e) [inwi] *adj* **1.** (*inconnu*) unheard of **2.** *inf* (*formidable*) **être ~** (*personne*) to be beyond belief
inox [inɔks] *m inv abr de* **inoxydable** stainless steel
inoxydable [inɔksidabl] *adj* stainless
inqualifiable [ɛ̃kalifjabl] *adj* unspeakable
inquiet, -ète [ɛ̃kjɛ, -ɛt] **I.** *adj* **1.** (*anxieux*) worried; **c'est un caractère ~** he's a worrier; **ne sois pas ~!** don't worry!; **être ~ de qc** to be worried about sth **2.** (*qui dénote l'appréhension: regard, attente*) anxious **II.** *m, f* worrier
inquiétant(e) [ɛ̃kjetɑ̃, ɑ̃t] *adj* **1.** (*alarmant*) worrying; **devenir ~** to cause anxiety **2.** (*patibulaire*) disturbing
inquiéter [ɛ̃kjete] <5> **I.** *vt* to worry **II.** *vpr* **1.** (*s'alarmer*) **s'~** to be disturbed **2.** (*se soucier de*) **s'~ au sujet de la fille/la maison** to worry about the girl/the house; **s'~ de savoir si/qui** to be anxious to know if/who
inquiétude [ɛ̃kjetyd] *f* anxiety; **plonger qn dans l'~** to cast sb into a state of anxiety; **avoir des ~s au sujet de la fille/la maison** to be worried about the girl/the house; **être sans ~ sur qc** to be unconcerned about sth
insaisissable [ɛ̃sezisabl] *adj* unseizable
insalubre [ɛ̃salybʀ] *adj* (*climat*) unhealthy; (*quartier*) insalubrious
insanité [ɛ̃sanite] *f* (*d'une personne*) insanity; (*d'un propos, d'un acte*) absurdity; **dire des ~s** to make absurd remarks
insatiable [ɛ̃sasjabl] *adj* (*personne, curiosité*) insatiable; (*soif*) unquenchable
insatisfaction [ɛ̃satisfaksjɔ̃] *f* **~ devant qc** dissatisfaction over sth
insatisfait(e) [ɛ̃satisfɛ, ɛt] **I.** *adj* **1.** (*mécontent*) **~ de qn/qc** dissatisfied with sb/sth **2.** (*inassouvi*) unsatisfied **II.** *m(f)* **c'est un éternel ~** he's never satisfied
inscription [ɛ̃skʀipsjɔ̃] *f* **1.** (*texte*) inscription; (*d'un poteau indicateur*) words **2.** (*immatriculation*) registration; **les ~s sont closes le 31 mars** the final date for registration is March 31; **~ d'un élève à une école** enrollment of a pupil in a school; **~ de qn à un concours** sb's entry in a competition; **~ de qn à un club** sb's

joining a club
inscrire [ɛ̃skʀiʀ] *irr* **I.** *vt* **1.** (*noter*) ~ **qc dans un carnet/sur une enveloppe** to write sth down in a notebook/on an envelope; ~ **qc à l'ordre du jour** to put sth on the agenda; **être inscrit dans ma mémoire** to be etched in my memory; **être inscrit sur mon visage** to be written on my face **2.** (*immatriculer*) ~ **qn à une école/dans un club** to enroll sb in a school/in a club; ~ **qn sur une liste** to put sb on a list; (*pour prendre rendez-vous*) to put sb on a waiting list; **être inscrit à la faculté** to be in college; **être inscrit dans un club** to be a member of a club **II.** *vpr* **1.** (*s'immatriculer*) **s'~ à une école** to enroll in a school; **s'~ à une faculté** to register at a university, college; **s'~ à un parti/club** to join a party/club; **s'~ sur une liste** to put one's name down on a list; **se faire ~ au tennis** to join the tennis club **2.** (*s'insérer dans*) **s'~ dans le cadre de qc** (*décision, mesure, projet*) to come within the context of sth **3.** (*apparaître*) **s'~ sur l'écran** to appear on the screen
inscrit(e) [ɛ̃skʀi, it] **I.** *part passé de* **inscrire** **II.** *adj* (*candidat, député, électeur*) registered **III.** *m(f)* person (registered); (*à un examen*) (registered) candidate; (*à un parti*) (registered) member; (*sur une liste électorale*) (registered) voter; (*à une faculté*) (registered) student
insecte [ɛ̃sɛkt] *m* insect
insecticide [ɛ̃sɛktisid] **I.** *adj* **poudre ~** insecticidal powder **II.** *m* insecticide
insectivore [ɛ̃sɛktivɔʀ] **I.** *adj* insectivorous **II.** *m* insectivore
insécurité [ɛ̃sekyʀite] *f* insecurity; ~ **sociale** social insecurity
INSEE [inse] *m abr de* **Institut national de la statistique et des études économiques** *French national institute of economic and statistical information*
insémination [ɛ̃seminasjɔ̃] *f* insemination
insensé(e) [ɛ̃sɑ̃se] *adj* insane ▸ **c'est ~!** it's sheer madness!
insensibilisation [ɛ̃sɑ̃sibilizasjɔ̃] *f* anesthesia
insensibiliser [ɛ̃sɑ̃sibilize] <1> *vt* to anesthetize
insensibilité [ɛ̃sɑ̃sibilite] *f* **1.** (*physique*) insensibility **2.** (*morale*) insensitivity
insensible [ɛ̃sɑ̃sibl] *adj* **1.** (*physiquement*) **être ~** (*personne*) to be unconscious; (*lèvres, membre*) to be numb; ~ **à la douleur/chaleur** to be insensitive to pain/heat **2.** (*moralement*) insensitive; ~ **aux compliments** impervious to compliments; **laisser qn ~** to leave sb unmoved
insensiblement [ɛ̃sɑ̃sibləmɑ̃] *adv* (*imperceptiblement*) imperceptibly
inséparable [ɛ̃sepaʀabl] *adj* (*amis, idées*) inseparable; **être ~ de qc** to be inseparable from sth
insérer [ɛ̃seʀe] <5> **I.** *vt* to insert **II.** *vpr* **s'~ dans qc** (*personne*) to integrate with sth
insertion [ɛ̃sɛʀsjɔ̃] *f* ~ **dans qc** integration into sth; **centre (d'hébergement et) d'~** rehabilitation center; **l'~ sociale de qn** sb's social integration
insidieux, -euse [ɛ̃sidjø, -jøz] *adj a.* MED insidious
insigne [ɛ̃siɲ] *m* badge; (*d'un ordre*) emblem
insignifiance [ɛ̃siɲifjɑ̃s] *f* insignificance
insignifiant(e) [ɛ̃siɲifjɑ̃, jɑ̃t] *adj* insignificant; (*paroles*) trivial
insinuation [ɛ̃sinɥasjɔ̃] *f* insinuation
insinuer [ɛ̃sinɥe] <1> **I.** *vt* (*laisser entendre*) insinuate **II.** *vpr* **1.** (*pénétrer*) **s'~ dans qc** to work one's way into sth **2.** (*se glisser*) **s'~ dans qc** (*personne*) to insinuate oneself into sth; (*idée, sentiment*) to creep into sth; **s'~ dans l'esprit de qn** to creep into sb's mind
insipide [ɛ̃sipid] *adj* **1.** tasteless **2.** (*ennuyeux*) insipid
insistance [ɛ̃sistɑ̃s] *f* insistence; ~ **à faire qc** insistence on doing sth; ~ **à ne pas** +*infin* insistent refusal to +*infin;* **avec ~** insistently
insistant(e) [ɛ̃sistɑ̃, ɑ̃t] *adj* (*ton, regard*) insistent; (*rumeur*) persistent; (*curiosité*) stubborn
insister [ɛ̃siste] <1> *vi* **1.** (*pour persuader*) ~ **sur qc** to insist on sth; ~ **à faire qc** to insist on doing sth; **inutile d'~** there's no use insisting; **n'insistez pas!** don't insist; **je n'ai pas insisté** I didn't insist any more **2.** (*persévérer*) to keep on trying **3.** (*mettre l'accent sur*) ~ **sur qc** to stress sth ▸ **sans ~** without making a fuss
insociable [ɛ̃sɔsjabl] *adj* antisocial
insolation [ɛ̃sɔlasjɔ̃] *f* (*coup de chaleur*) sunstroke
insolence [ɛ̃sɔlɑ̃s] *f* **1.** (*impertinence*) insolence; **avec ~** insolently **2.** (*arrogance*) arrogance
insolent(e) [ɛ̃sɔlɑ̃, ɑ̃t] **I.** *adj* **1.** (*impertinent*) insolent **2.** (*arrogant*) arrogant **3.** (*provocant*) unashamed **II.** *m(f)* insolent person; **petit ~** insolent little so-and-so
insolite [ɛ̃sɔlit] *adj* (*inhabituel*) unusual
insoluble [ɛ̃sɔlybl] *adj* insoluble
insolvable [ɛ̃sɔlvabl] *adj* insolvent
insomniaque [ɛ̃sɔmnjak] **I.** *adj* insomniac; **être ~** to have insomnia **II.** *mf* insomniac
insomnie [ɛ̃sɔmni] *f* insomnia; **avoir des ~s** to have insomnia
insondable [ɛ̃sɔ̃dabl] *adj* (*abîme*) bottomless; (*mystère, pensée*) unfathomable; (*douleur*) immeasurable; (*bêtise*) abysmal
insonoriser [ɛ̃sɔnɔʀize] <1> *vt* to soundproof
insouciance [ɛ̃susjɑ̃s] *f* carefree attitude; **vivre dans l'~** to have a carefree existence
insouciant(e) [ɛ̃susjɑ̃, jɑ̃t] **I.** *adj* (*heureux*) carefree; (*imprévoyant*) unconcerned; **être ~ du lendemain** not to think about tomorrow; **être ~ du danger** heedless of (the) danger **II.** *m(f) péj* careless person
insoupçonné(e) [ɛ̃supsɔne] *adj* unsuspected
insoutenable [ɛ̃sutnabl] *adj* (*insupportable*) unbearable
inspecter [ɛ̃spɛkte] <1> *vt* to inspect
inspecteur, -trice [ɛ̃spɛktœʀ, -tʀis] *m, f* in-

I

spector; ~ **de police** police detective; ~ **des finances** state auditor (*auditing public finances*); ~ **des écoles maternelles** nursery school inspector (*for pre-primary institutions*); ~ **des travaux finis** *iron* last-minute helper; ~ **des Ponts et Chaussées** public works inspector (*inspecting French public highway projects*); ~ **du travail** factory inspector; ~ **général** ECOLE schools inspector; ~ **pédagogique régional** ECOLE school district inspector; ~ **d'Académie** ECOLE regional superintendent of education; ~ **primaire** elementary school inspector

inspection [ɛ̃spɛksjɔ̃] *f* **1.** (*contrôle*) inspection **2.** (*corps de fonctionnaires*) board of inspectors; ~ **des Finances** state auditors (*auditing public institutions*); ~ **du Travail** factory inspections board; ~ **académique** ≈ board of education; ~ **générale** ECOLE *school board*; ~ **primaire** ECOLE *elementary school board*; ~ **régionale** ECOLE local school board

inspiration [ɛ̃spiʀasjɔ̃] *f a.* MED inspiration; **avoir la bonne/mauvaise ~ de faire qc** to have the good/bad idea of doing sth; **avoir de l'~/manquer d'~** to have/lack inspiration; **chercher l'~** to seek inspiration; **suivre son ~/l'~ de qn** to act on one's/sb's inspiration; **faire** [*o* **prendre**] **une grande ~** to breathe in deeply ▶ **selon l'~ du moment** as the mood takes one; **d'~ médiévale/orientale** of medieval/oriental inspiration; **sous l'~ de qn/qc** inspired by sb/sth

inspiré(e) [ɛ̃spiʀe] *adj* ~ **de qc** inspired by sth

inspirer [ɛ̃spiʀe] <1> **I.** *vt* **1.** ANAT to breathe in **2.** (*susciter*) ~ **du dégoût** to make one feel disgust; ~ **de l'inquiétude** to be worrying; ~ **de la confiance** (*personne*) to inspire confidence; ~ **le dégoût à qn** to disgust sb; ~ **la prudence à qn** to incline sb to prudence **3.** (*suggérer*) ~ **une idée à qn** to give sb an idea; ~ **un roman à qn** to give sb the idea for a novel; ~ **à qn de faire qc** to give sb the idea of doing sth **4.** (*être à l'origine de: œuvre, personnage de roman*) to inspire; (*décision*) to prompt; **être inspiré par qc** (*chose*) to be inspired by sth; **être inspiré par qn** (*opération, attentat, conjuration*) to be inspired by sb **5.** (*rendre créatif*) ~ **qn** to inspire sb **6.** *inf* (*plaire*) **son idée m'inspirait/ne m'inspirait pas du tout** I went for/didn't go for his/her idea at all **II.** *vpr* **s'~ de qn/qc** to be inspired by sb/sth; **un film qui s'inspire d'un roman** a film inspired by a novel **III.** *vi* to breathe in

instabilité [ɛ̃stabilite] *f* instability; ~ **des prix** price instability; **l'~ du temps/de la situation** the unsettled weather/situation; ~ **ministérielle** instability within the Cabinet

instable [ɛ̃stabl] *adj* unstable; (*temps*) unsettled; (*personne*) restless

installateur, -trice [ɛ̃stalatœʀ, -tʀis] *m, f* installer

installation [ɛ̃stalasjɔ̃] *f* **1.** (*mise en place*) installation; (*d'un meuble*) assembly; (*d'un campement*) setting up; ~ **de l'eau/du gaz** installation of water/gas **2.** *gén pl* (*équipement*) equipment; **~s électriques/sanitaires** (*fils/tuyaux*) wiring/plumbing; (*prises/lavabos*) electrical/bathroom fixtures; ~ **de fortune** makeshift arrangements **3.** (*emménagement*) moving in

installé(e) [ɛ̃stale] *adj* **1.** (*aménagé: appartement*) furnished; (*atelier*) equipped; **être bien ~** to be well equipped **2.** (*qui jouit d'une situation confortable*) well-off; **c'est un homme ~** he's well-off; **être ~** to be set up in life

installer [ɛ̃stale] <1> **I.** *vt* **1.** (*mettre en place sous terre: câbles, tuyaux*) to lay **2.** (*mettre en place chez qn: câbles, tuyaux, téléphone*) to put in; (*eau courante, électricité*) to install; (*meuble*) to assemble; (*barrage*) to build **3.** (*caser, loger*) ~ **qn/qc quelque part** to put sb/sth somewhere; ~ **qn dans un fauteuil** to settle sb in an armchair; ~ **qn dans un lit** to put sb to bed; **être installé en Bretagne** to live in Brittany **4.** (*établir officiellement*) to install **II.** *vpr* **1.** (*s'asseoir*) **s'~** to sit (down); (*commodément*) to settle (oneself) **2.** (*se loger*) **s'~** to settle; **s'~ chez qn** to move in with sb; **s'~ à la campagne** to go and live in the country **3.** (*s'établir*) **s'~** to set up; (*commerçant, patron d'un restaurant*) to open up

instamment [ɛ̃stamɑ̃] *adv* insistently

instant [ɛ̃stɑ̃] *m* moment; **à chaque ~** (*d'ici peu*) at any moment; (*constamment*) all the time; **au même ~** at the same moment; **vivre dans l'~** to live for the moment; **à l'~ (même)** at that (very) moment; (*tout de suite*) right away; **à l'~ où qn a fait qc** at the moment when sb did sth; **dans l'~ (même)** in no time; **dans un ~** in a moment; **dès l'~ que qn a fait qc** from the moment sb did sth; **dès l'~ où qn a fait qc** (*puisque*) once sb does sth; (*dès que*) from the moment sb did sth; **de tous les ~s** constant; **d'un ~ à l'autre** from one minute to the next; **en un ~** in an instant; **par ~s** at moments; **pour l'~** for the moment; **(pendant) un ~** for a moment; **un ~!** one moment!

instantané(e) [ɛ̃stɑ̃tane] *adj* **1.** (*immédiat: réaction, réponse*) instant; (*mort*) instantaneous; **être ~** (*réponse*) to come instantly; (*mort*) to be immediate; **l'effet du médicament est ~** the drug acts instantly **2.** CULIN (*café*) instant; **potage/soupe ~(e)** instant soup

instantanément [ɛ̃stɑ̃tanemɑ̃] *adv* instantly

instauration [ɛ̃stɔʀasjɔ̃] *f* (*d'un gouvernement*) establishment; (*d'un processus*) starting

instaurer [ɛ̃stɔʀe] <1> **I.** *vt* (*gouvernement*) to establish; (*mode*) to start; (*liens*) to create; (*processus*) to set up **II.** *vpr* **s'~** to be established; (*état d'esprit*) to be created; (*doute*) to be raised; **s'~ entre des personnes** (*collaboration*) to be set up; (*débat*) to open up

instigateur, -trice [ɛ̃stigatœʀ, -tʀis] *m, f* instigator; **c'est l'~ du complot** he's behind the plot

instiguer [ɛ̃stige] <1> *vt Belgique* (*pousser, inciter*) to incite

instinct [ɛ̃stɛ̃] *m* (*tendance innée*) instinct; **~ de propriété** instinct to possess; **d'**[*o* **par**] **~** by instinct; **~ des affaires** business instinct

instinctif, -ive [ɛ̃stɛ̃ktif, -iv] *adj* instinctive

instinctivement [ɛ̃stɛ̃ktivmɑ̃] *adv* instinctively

instit [ɛ̃stit] *mf inf abr de* **instituteur** (elementary school) teacher

instituer [ɛ̃stitɥe] <1> **I.** *vt* **1.** (*organisation, ordre*) to establish **2.** (*établir en fonction*) to institute **3.** (*nommer par testament: héritier, légataire*) to appoint **II.** *vpr* **1. s'~** to become established **2.** (*s'ériger en*) **s'~ qn** to set oneself up as sb

institut [ɛ̃stity] *m* institute; **Institut de France** *Institute comprising the five Academies or learned societies, including the "Académie française"*; **~ universitaire de formation des maîtres** *training college for elementary school teachers;* **Institut universitaire de technologie** technical school; **~ de beauté** beauty salon

instituteur, -trice [ɛ̃stitytœʀ, -tʀis] *m, f* (elementary school) teacher; **~ spécialisé** ≈ special education teacher

institution [ɛ̃stitysjɔ̃] *f* **1.** (*établissement d'enseignement*) school **2.** (*création, fondation*) creation; (*d'un régime*) founding; (*d'une mesure, d'un usage*) institution **3.** (*chose instituée*) *a.* POL institution

institutionnaliser [ɛ̃stitysjɔnalize] <1> *vt* to institutionalize

Institut monétaire européen *m* European Monetary Institute

instructif, -ive [ɛ̃stʀyktif, -iv] *adj* instructive

instruction [ɛ̃stʀyksjɔ̃] *f* **1.** (*enseignement*) education; **~ civique** civics **2.** (*prescription*) *a.* MIL, ADMIN instruction **3.** *gén pl* (*mode d'emploi*) instructions

instruire [ɛ̃stʀɥiʀ] *irr vt* **1.** (*enfants*) to teach; (*adultes*) to train **2.** JUR (*affaire*) to investigate

instruit(e) [ɛ̃stʀɥi, it] *adj* educated

instrument [ɛ̃stʀymɑ̃] *m* **1.** (*outil*) instrument; **~ de travail** tool **2.** MUS **~ de musique** musical instrument; **jouer d'un ~** to play an instrument **3.** (*moyen*) tool; **~ de propagande** propaganda tool; **~ de sélection** tool for selection

instrumental(e) [ɛ̃stʀymɑ̃tal, -o] <-aux> *adj* instrumental

instrumentiste [ɛ̃stʀymɑ̃tist] *mf* MUS instrumentalist

insu [ɛ̃sy] **à l'~ de qn** without sb knowing; **à l'~ de tout le monde** unknown to anyone

insubmersible [ɛ̃sybmɛʀsibl] *adj* unsinkable

insubordination [ɛ̃sybɔʀdinasjɔ̃] *f a.* MIL insubordination; **~ ouvrière** revolt by the workers

insuccès [ɛ̃syksɛ] *m* failure

insuffisamment [ɛ̃syfizamɑ̃] *adv* insufficiently; **travailler/dormir ~** not to work/sleep enough

insuffisance [ɛ̃syfizɑ̃s] *f* **1.** inadequacy; **~ de la récolte** inadequate harvest **2.** (*faiblesse*) weakness **3.** MED **~ hépatique/rénale** liver/kidney failure

insuffisant(e) [ɛ̃syfizɑ̃, ɑ̃t] *adj* **1.** (*en quantité*) insufficient; (*moyens, personnel*) inadequate; (*nombre, dimension*) too small; **être en nombre ~** to be insufficient in number; **être ~** to not be enough; (*nombre, dimension*) to be too small **2.** (*en qualité*) inadequate; (*candidat, élève*) weak; (*travail*) poor

insulaire [ɛ̃sylɛʀ] **I.** *adj* insular; **administration ~** island administration **II.** *mf* islander

insuline [ɛ̃sylin] *f* insulin

insultant(e) [ɛ̃syltɑ̃, ɑ̃t] *adj* insulting; **être ~ pour qn/qc** to be insulting to sb/sth

insulte [ɛ̃sylt] *f* **~ à la mémoire de qn/religion** insult to the memory of sb/to religion

insulter [ɛ̃sylte] <1> **I.** *vt* to insult **II.** *vpr* **s'~** (*personnes*) to insult each other

insupportable [ɛ̃sypɔʀtabl] *adj* **1.** (*intolérable*) unbearable **2.** (*désagréable: caractère*) insufferable

insurgé(e) [ɛ̃syʀʒe] *adj, m(f)* insurgent, rebel

insurger [ɛ̃syʀʒe] <2a> *vpr* **1. s'~ contre qn/qc** to rise up against sb/sth **2.** (*protester*) **s'~ contre qc** to challenge sth

insurmontable [ɛ̃syʀmɔ̃tabl] *adj* insurmountable

insurrection [ɛ̃syʀɛksjɔ̃] *f* insurrection

intact(e) [ɛ̃takt] *adj* intact

intarissable [ɛ̃taʀisabl] *adj* (*eau, puits, verve*) inexhaustible; (*pleurs*) endless; (*personne, bavard*) never silent; **il est ~ sur qc** he can go on forever about sth

intégral(e) [ɛ̃tegʀal, -o] <-aux> *adj* (*audition, texte*) full; (*horreur*) utter; **bronzage ~** full-body tan; **nu ~** total nudity

intégralement [ɛ̃tegʀalmɑ̃] *adv* in full

intégralité [ɛ̃tegʀalite] *f* entirety; **le bâtiment/projet dans son ~** the whole [*o* entire] building/project; **en ~** in full

intégration [ɛ̃tegʀasjɔ̃] *f* **1.** (*union: économique, européenne, politique*) integration **2.** (*assimilation*) **~ dans qc** integration into sth **3.** *inf* (*admission*) **~ à qc** admission to sth

intègre [ɛ̃tɛgʀ] *adj* (*vie, juge*) honest; (*personne*) upright

intégrer [ɛ̃tegʀe] <5> *vpr* **s'~ à** [*o* **dans**] **qc** (*personne, chose*) to integrate into sth

intégrisme [ɛ̃tegʀism] *m* fundamentalism

intégriste [ɛ̃tegʀist] **I.** *adj* fundamentalist **II.** *mf* fundamentalist

intégrité [ɛ̃tegʀite] *f* **1.** (*d'une vie, personne*) integrity **2.** (*intégralité: d'une personne, d'un édifice*) soundness; (*d'un honneur, territoire, d'une œuvre*) integrity; **conserver l'~ de ses facultés** to have kept all one's faculties

intellectuel(le) [ɛ̃telɛktɥɛl] **I.** *adj* **1.** (*mental*)

mental **2.** (*sollicitant l'intelligence*) intellectual **II.** *m(f)* intellectual

intellectuellement [ɛ̃telɛktɥɛlmɑ̃] *adv* intellectually

intelligemment [ɛ̃teliʒamɑ̃] *adv* intelligently

intelligence [ɛ̃teliʒɑ̃s] *f* **1.** (*entendement*) *a.* INFORM intelligence; **avec ~** intelligently; **faire preuve de beaucoup d'~** to show great intelligence; **~ artificielle** artificial intelligence **2.** (*compréhension*) **~ d'une personne** understanding of a person **3.** (*personne*) intellect

intelligent(e) [ɛ̃teliʒɑ̃, ʒɑ̃t] *adj* intelligent; **c'est ~!** *iron* that's clever!

intelligible [ɛ̃teliʒibl] *adj* intelligible

intello [ɛ̃telo] *mf péj, inf abr de* **intellectuel** intellectual

intempéries [ɛ̃tɑ̃peʀi] *fpl* bad weather

intempestif, -ive [ɛ̃tɑ̃pɛstif, -iv] *adj* **1.** (*allusion, gaieté*) untimely; (*zèle*) misplaced; (*curiosité, demande*) inopportune **2.** (*accidentel: alarme*) false

intenable [ɛ̃t(ə)nabl] *adj* **1.** (*intolérable*) unbearable **2.** (*indéfendable*) untenable **3.** (*insupportable: adulte, enfant*) unruly; (*classe*) rowdy; **être ~** to be out of control

intendance [ɛ̃tɑ̃dɑ̃s] *f* **1.** supplies division; MIL Supply Corps; **~ universitaire** university finance department **2.** (*bureaux de l'intendant*) bursary **3.** *inf* (*questions matérielles et économiques*) finances; **faire** [*o* **s'occuper**] **de l'~** to handle the finances ▶**l'~ suit** the practical questions will be dealt with in due course

intendant [ɛ̃tɑ̃dɑ̃] *m* **1.** HIST steward **2.** MIL quartermaster

intendant(e) [ɛ̃tɑ̃dɑ̃, ɑ̃t] *m(f)* **1.** bursar **2.** (*régisseur*) steward; (*d'une entreprise*) manager

intense [ɛ̃tɑ̃s] *adj* **1.** (*fort*) intense **2.** (*dense: activité*) intense; (*circulation*) heavy

intensif, -ive [ɛ̃tɑ̃sif, -iv] *adj* intensive; **culture intensive** intensive farming

intensification [ɛ̃tɑ̃sifikasjɔ̃] *f* intensification; (*des efforts, de la production*) stepping up

intensifier [ɛ̃tɑ̃sifje] <1> **I.** *vt* to intensify; (*efforts, production*) to step up; (*chute des cours*) to accelerate **II.** *vpr* **s'~** to intensify; (*production*) to be stepped up; **le froid s'intensifie** the cold is getting more intense

intensité [ɛ̃tɑ̃site] *f* (*d'un regard, sentiment, de la chaleur, lumière*) intensity; **~ lumineuse** brightness; **de faible/d'une grande ~** low-/high-intensity; (*lumière*) faint/brilliant; (*moment*) dull/intense; **un courant de faible/d'une grande ~** low/high voltage current; **~ du courant** current

intenter [ɛ̃tɑ̃te] <1> *vt* JUR **~ un procès à** [*o* **contre**] **qn** to take sb to court

intention [ɛ̃tɑ̃sjɔ̃] *f* **1.** (*volonté*) intention; **une histoire part d'une bonne ~** a story starts with good intentions; **agir dans une bonne ~** to act with good intentions; **avoir de bonnes/mauvaises ~s à l'égard de qn** to be well-intentioned/ill-intentioned toward sb; **c'est l'~ qui compte** it's the thought that counts; **sans ~** unintentionally; **c'était sans ~** no harm was meant **2.** (*but*) **à cette ~** to that end ▶**à l'~ de qn** for sb

intentionné(e) [ɛ̃tɑ̃sjɔne] *adj* **être bien/mal ~ à l'égard de qn** to be well-intentioned/ill-intentioned toward sb; **il a l'air mal ~** he looks as if he's up to no good

intentionnel(le) [ɛ̃tɑ̃sjɔnɛl] *adj* intentional; **être ~** to be deliberate; JUR to be premeditated

intentionnellement [ɛ̃tɑ̃sjɔnɛlmɑ̃] *adv* intentionally; JUR deliberately

interactif, -ive [ɛ̃tɛʀaktif, -iv] *adj* interactive

interaction [ɛ̃tɛʀaksjɔ̃] *f a.* INFORM interaction

intercalaire [ɛ̃tɛʀkalɛʀ] *m* insert

intercaler [ɛ̃tɛʀkale] <1> *vt* (*citation, exemple*) to insert; **~ un rendez-vous dans une semaine/entre deux dates** to fit in an appointment in a week/between two dates

intercepter [ɛ̃tɛʀsɛpte] <1> *vt* to intercept

interception [ɛ̃tɛʀsɛpsjɔ̃] *f* interception

interchangeable [ɛ̃tɛʀʃɑ̃ʒabl] *adj* interchangeable

interclasse [ɛ̃tɛʀklɑs] **I.** *m* ECOLE break **II.** *app* (*match*) intramural

intercommunautaire [ɛ̃tɛʀkɔmynotɛʀ] *adj* **décisions ~s** (European) Community decisions

interdiction [ɛ̃tɛʀdiksjɔ̃] *f* prohibition; **~ de stationnement aux camions** no truck parking; **~ de pénétrer sur le chantier** no entrance to the site; **~ de stationner/de fumer** no parking/smoking; **lever une ~** to lift a ban

interdire [ɛ̃tɛʀdiʀ] *irr* **I.** *vt* **1.** (*défendre*) **~ à qn de** +*infin* to forbid sb to +*infin* **2.** (*empêcher*) to preclude; **~ à qn de faire qc** to stop sb from doing sth; **qc interdit le sport/le travail à qn** sth stops sb from playing sports/working; **rien n'interdit de faire ça** nothing stops you from doing that **3.** (*empêcher l'accès de*) **~ sa porte à qn** to bar sb from one's door **II.** *vpr* **s'~ qc** to deny oneself sth; **s'~ qc/de faire qc** to abstain from doing sth

interdisciplinaire [ɛ̃tɛʀdisiplinɛʀ] *adj* interdisciplinary

interdit [ɛ̃tɛʀdi] *m* taboo

interdit(e) [ɛ̃tɛʀdi, it] *adj* forbidden; (*film*) banned; **chantier ~** no entrance to site; **passage ~ sauf aux riverains** no entry except for residents; **~ aux moins de 16 ans** under 16 not admitted; **~ aux chiens** no dogs allowed; **~ au public** do not enter; **il est ~ à qn de** +*infin* sb is not allowed to +*infin;* **être ~ d'antenne** to be banned from the air; **être ~ de séjour** to be banned from certain premises

intéressant(e) [ɛ̃teʀesɑ̃, ɑ̃t] **I.** *adj* **1.** (*digne d'intérêt*) interesting; **chercher à se rendre ~** to seek attention; **ne pas être/être peu ~** *péj* to be of little/no interest **2.** (*avantageux: prix, affaire*) attractive; **~ pour qn** worth sb's while; **il est ~ pour qn de** +*infin* it's worth sb's while to +*infin;* **être ~ à faire** to be worth doing; **c'est ~ à signaler** it's worth pointing out **II.** *m(f)* **faire l'~** *péj* to show off

intéressé(e) [ɛ̃teʀese] **I.** *adj* **1.** (*captivé*) interested **2.** (*concerné*) concerned **3.** (*égoïste*) self-interested **II.** *m(f)* **1.** (*personne concernée*) person concerned **2.** (*personne qui s'intéresse à qc*) interested person

intéressement [ɛ̃teʀɛsmɑ̃] *m* ECON profit sharing

intéresser [ɛ̃teʀese] <1> **I.** *vt* **1.** (*captiver*) to interest; **~ un enfant à un jeu** to interest a child in a game; **être intéressé à faire qc** to be interested in doing sth; **rien ne l'intéresse** she's not interested in anything; **cause toujours, tu m'intéresses!** *iron, inf* keep talking, I'm fascinated!; **est-ce que ça t'intéresse** [*o* **t'intéresserait**] **de voir ce film?** are you interested in seeing this movie? **2.** (*concerner*) to concern **II.** *vpr* **s'~ à qn/qc** to be interested in sb/sth; **elle s'est intéressée à mon cas** she took an interest in my case

intérêt [ɛ̃teʀɛ] *m* **1.** (*attention, importance, attrait*) **~ pour qn/qc** interest in sb/sth; **avec ~** with interest; **sans ~** without any interest; **porter de l'~ à qn** to show an interest in sb; **prêter ~ à qc** to take an interest in sth; **un film/livre sans** (**aucun**) **~** a film/book of no interest; **gagner de l'~/perdre son ~** to be of greater/less interest; **ne présenter aucun ~** (*proposition*) to be of no interest; **offrir peu d'~** (*travail*) to be of little interest; **ne pas trouver le moindre ~ à qc** to find nothing interesting in sth **2.** (*importance*) significance; **du plus haut ~** of the greatest significance **3.** *souvent pl* (*cause*) interest; **dans l'~ général** in the public interest; **défendre les ~s de qn** to defend sb's interests **4.** (*avantage*) **par ~** out of self-interest; **dans l'~ de qn** in sb's (own) interest; **dans l'~ de qc** in the interests of sth; **tu devrais te taire dans ton propre ~** you should keep quiet for your own good; **ne pas voir l'~ de faire qc** to see no point in doing sth; **quel ~ y a-t-il à faire ça?** what's the point of doing that?; **elle a** (**tout**) **~ à refuser** it's in her own best interest to refuse; **trouver son ~ dans qc** to find sth worth one's while **5.** *souvent pl* (*rendement*) interest; **7 % d'~** 7% interest; **avec/sans ~**(**s**) with/without interest; **avec ~ annuel de 10 %** with a 10% annual percentage rate **6.** *pl* (*part*) **avoir des ~s dans une affaire** to have an interest in a business ▶**il promet de revenir et** (**il**) **y a ~!** *inf* he's promised to come back and he'd better!

interface [ɛ̃tɛʀfas] *f* INFORM interface; **~ graphique** graphic interface; **~ utilisateur** user interface

intérieur [ɛ̃teʀjœʀ] *m* **1.** (*opp: extérieur: d'un bâtiment*) interior; (*d'un objet*) inside; **à l'~** (*dedans*) inside; (*opp: en plein air*) indoors; **à l'~ de** inside; **à l'~ d'une noix** inside a walnut; **à l'~ du magasin** inside the store; **à l'~ de la ville** within the city; **être fermé de l'~** to be locked from inside **2.** (*aménagement: d'une maison, d'un magasin*) interior (design) **3.** (*logement*) home; **femme d'~** house-proud woman **4.** (*espace, pays*) interior; **à l'~ des terres** inland **5.** (*ministère*) **à l'Intérieur** at the Ministry of the Interior

intérieur(e) [ɛ̃teʀjœʀ] *adj* **1.** (*opp: extérieur*) interior **2.** (*concernant un pays*) domestic; **dette ~e** domestic debt **3.** PSYCH inner

intérieurement [ɛ̃teʀjœʀmɑ̃] *adv* **1.** (*au-dedans*) inside **2.** (*dans l'esprit: rire, se révolter*) inwardly

intérim [ɛ̃teʀim] *m* **1.** (*fonction, durée*) interim; **par ~** (*provisoirement*) in the interim; **directeur/ministre par ~** acting director/minister; **assurer** [*o* **faire**] **l'~** to deputize; **faire de l'~** [*o* **des ~s**] to temp **2.** (*organisation*) temping; **travail par ~** temp work; **agence de travail par ~** temp agency

intérimaire [ɛ̃teʀimɛʀ] **I.** *adj* **1.** (*par intérim: directeur, ministre*) acting; (*gouvernement, charge, fonction*) interim **2.** (*temporaire*) **employé/salarié ~** temporary employee/worker; **secrétaire ~** temp **II.** *mf* **1.** (*remplaçant*) temp **2.** (*employé intérimaire*) temporary employee

interjection [ɛ̃tɛʀʒɛksjɔ̃] *f* interjection

interligne [ɛ̃tɛʀliɲ] *m* (line) spacing; MUS space; **double ~** double spacing

interlocuteur, -trice [ɛ̃tɛʀlɔkytœʀ, -tʀis] *m, f* **votre ~** the person you are talking to; POL, COM negotiating partner

interloqué(e) [ɛ̃tɛʀlɔke] *adj* stunned

intermède [ɛ̃tɛʀmɛd] *m a.* MUS, THEAT interlude

intermédiaire [ɛ̃tɛʀmedjɛʀ] **I.** *adj* (*couleur, ton*) intermediate; (*espace, niveau, époque*) intervening; (*solution*) compromise; **position ~** (*d'un fauteuil*) intermediate position; **position ~ entre un parti et l'autre** POL halfway position between two parties **II.** *mf* **1.** (*médiateur*) intermediary **2.** COM middleman **III.** *m* **par l'~ de qn/qc** through; **sans ~** directly

interminable [ɛ̃tɛʀminabl] *adj* interminable

interminablement [ɛ̃tɛʀminabləmɑ̃] *adv* interminably

intermittence [ɛ̃tɛʀmitɑ̃s] *f* intermittence; (*sans la continuité voulue*) irregularity; **par ~** intermittently; *péj* by fits and starts

intermittent(e) [ɛ̃tɛʀmitɑ̃, ɑ̃t] *adj* (*travail*) occasional; (*douleur*) intermittent

internat [ɛ̃tɛʀna] *m* **1.** (*élèves*) boarding students **2.** (*pension*) boarding **3.** (*établissement*) boarding school

international(e) [ɛ̃tɛʀnasjɔnal, -o] <-aux> **I.** *adj* international **II.** *m(f)* SPORT international

internationalement [ɛ̃tɛʀnasjɔnalmɑ̃] *adv* internationally; **connu ~** known all over the world

internaute [ɛ̃tɛʀnot] **I.** *adj* Internet **II.** *mf* Internet surfer; **~ novice** newbie

interne [ɛ̃tɛʀn] **I.** *adj* internal **II.** *mf* **1.** ECOLE

I

boarding student **2.** MED intern
interner [ɛ̃tɛʀne] <1> *vt* MED to commit
Internet [ɛ̃tɛʀnɛt] *m* Internet; **accéder à ~** to access the Internet; **commercer sur ~** to engage in e-commerce
internetais [ɛ̃tɛʀnətɛ] *adj* INFORM Netspeak
interpellation [ɛ̃tɛʀpelasjɔ̃] *f* (*arrestation*) arrest (*for questioning*)**; il y a eu une dizaine d'~s** about ten people were taken in for questioning
interpeller [ɛ̃tɛʀpəle] <1> **I.** *vt* **1.** (*arrêter*) **~ qn** (*police*) to detain sb (for questioning) **2.** (*sommer de s'expliquer*) **~ un témoin sur un accident** to question a witness about an accident **3.** (*apostropher*) **~ qn** to call out to sb; (*avec brusquerie*) to yell at sb **II.** *vpr* **s'~** (*s'apostropher*) to yell at each other
interphone® [ɛ̃tɛʀfɔn] *m* intercom; **parler à qn par l'~** to speak to sb over the intercom
interplanétaire [ɛ̃tɛʀplanetɛʀ] *adj* interplanetary
interposer [ɛ̃tɛʀpoze] <1> **I.** *vt* **~ qc entre le lit et le lavabo** to put sth between the bed and the sink **II.** *vpr* **1. s'~ dans qc** to intervene in sth **2.** (*se placer*) **s'~** to interpose; **s'~ entre deux personnes** to put oneself between two people
interprétariat [ɛ̃tɛʀpʀetaʀja] *m* interpreting
interprétation [ɛ̃tɛʀpʀetasjɔ̃] *f* interpretation
interprète [ɛ̃tɛʀpʀɛt] *mf* **1.** MUS player **2.** CINE, THEAT actor **3.** (*traducteur*) interpreter; **faire l'~, servir d'~** to interpret **4.** (*porte-parole*) spokesman, spokeswoman *m, f*
interpréter [ɛ̃tɛʀpʀete] <5> **I.** *vt* **1.** MUS, CINE, THEAT to play; (*de façon personnelle*) to interpret **2.** (*expliquer, traduire*) to interpret **3.** (*comprendre*) **~ qc en bien/mal** to take sth the right/wrong way **II.** *vpr* **s'~ de plusieurs façons** to have several interpretations
interro *f inf* test
interrogateur, -trice [ɛ̃teʀɔgatœʀ, -tʀis] **I.** *adj* questioning **II.** *m, f* examiner
interrogatif [ɛ̃teʀɔgatif] *m* interrogative
interrogatif, -ive [ɛ̃teʀɔgatif, -iv] *adj* **1.** (*air, regard*) questioning **2.** LING interrogative
interrogation [ɛ̃teʀɔgasjɔ̃] *f* **1.** (*question*) question **2.** ECOLE test **3.** (*action de questionner*) interrogation
interrogative [ɛ̃teʀɔgativ] *f* interrogative clause
interrogatoire [ɛ̃teʀɔgatwaʀ] *m* (*de la police*) questioning; **subir un ~** to be questioned
interrogeable [ɛ̃teʀɔʒabl] *adj* **~ à distance** (*répondeur*) with remote access
interroger [ɛ̃teʀɔʒe] <2a> **I.** *vt* **1.** (*questionner*) **~ qn sur un sujet** to question sb on a subject; (*pour un sondage*) to poll sb on a subject; **~ qn sur son alibi** to question sb about their alibi; **40% des personnes interrogées** 40% of those questioned; **~ qn du regard** to give sb a questioning look **2.** (*consulter: banque de données, répondeur*) to check **3.** (*examiner: conscience*) to examine **II.** *vpr* **s'~ sur qn/qc** to wonder about sb/sth
interrompre [ɛ̃teʀɔ̃pʀ] *irr* **I.** *vt* **1.** (*couper la parole, déranger*) to interrupt; **~ qn dans un discours** to interrupt sb's speech **2.** (*arrêter: activité*) to interrupt; (*grossesse*) to terminate; (*silence*) to break; **être interrompu** (*trafic*) to be disrupted **II.** *vpr* **s'~** (*personne*) to break off; (*discussion, film*) to close; (*conversation*) to stop; **ne vous interrompez pas pour moi!** don't stop talking just for me!
interrupteur [ɛ̃teʀyptœʀ] *m* switch
interruption [ɛ̃teʀypsjɔ̃] *f* **1.** (*arrêt définitif*) end; **~ (volontaire) de grossesse** termination of pregnancy; **décider l'~ du match** to decide to stop the match **2.** (*arrêt provisoire*) interruption; **sans ~** continuously; **un magasin ouvert sans ~** a store open all day; **~ de deux heures/trois mois** two-hour/three-month break
intersection [ɛ̃tɛʀsɛksjɔ̃] *f* **1.** (*de routes*) intersection; (*de voies ferrées*) crossing **2.** MATH intersection
intersidéral(e) [ɛ̃tɛʀsideʀal, -o] <-aux> *adj* interstellar
interstice [ɛ̃tɛʀstis] *m* chink
intervalle [ɛ̃tɛʀval] *m* **1.** (*écart*) gap; (*espace de temps*); **~ de temps** interval; **à ~s réguliers** at regular intervals; **à huit jours d'~** (*après huit jours*) a week later; (*séparés de huit jours*) a week apart; **dans l'~** in the meantime; **par ~s** at intervals **2.** MUS interval
intervenir [ɛ̃tɛʀvəniʀ] <9> *vi* **1.** (*entrer en action: police, pompiers*) to intervene; **~ dans un débat/une affaire** to intervene in a debate/an affair; **~ en faveur d'un collègue auprès de qn** to intervene with sb on behalf of a colleague **2.** (*prendre la parole*) to speak **3.** (*survenir: accord*) to be reached; (*contretemps*) to occur; (*fait*) to happen; **un accord/évènement est intervenu** there has been an agreement/an event
intervention [ɛ̃tɛʀvɑ̃sjɔ̃] *f* **1.** (*action*) intervention **2.** (*prise de parole*) speech **3.** MED operation
intervertir [ɛ̃tɛʀvɛʀtiʀ] <8> *vt* (*lettres, mots*) to invert; (*rôles*) to reverse
interview [ɛ̃tɛʀvju] *f* interview
interviewer [ɛ̃tɛʀvjuve] <1> *vt* to interview
intestin [ɛ̃tɛstɛ̃] *m souvent pl* intestine; **~ grêle** small intestine; **gros ~** large intestine
intestinal(e) [ɛ̃tɛstinal, -o] <-aux> *adj* intestinal; **transit ~** digestion
intime [ɛ̃tim] *adj* **1.** (*secret*) intimate; (*hygiène, toilette*) personal; (*vie, chagrin*) private; **journal ~** personal diary; **la personnalité ~ de X** X's private personality **2.** (*privé: cérémonie, dîner*) quiet **3.** (*confortable: atmosphère, lieu*) intimate; **faire ~** to have an intimate feel **4.** (*étroit, proche: ami, rapports*) close; **être ~ avec qn** to be on close terms with sb
intimement [ɛ̃timmɑ̃] *adv* **1.** (*profondément*) **je suis ~ convaincu que ...** I am firmly con-

vinced that ... **2.** (*étroitement*) ~ **lié** intimately linked
intimer [ɛ̃time] <1> *vt* ~ **à qn (l'ordre) de** *+infin* to instruct sb to *+infin*
intimidant(e) [ɛ̃timidɑ̃, ɑ̃t] *adj* intimidating
intimidé(e) [ɛ̃timide] *adj* overawed
intimider [ɛ̃timide] <1> *vt* to intimidate
intimité [ɛ̃timite] *f* **1.** (*vie privée*) privacy; **dans l'**~ (*se marier*) in a private ceremony; (*déjeuner*) with friends; **dans la plus stricte** ~ in the strictest privacy **2.** (*relation étroite*) intimacy **3.** (*confort: d'un salon*) comfort
intituler [ɛ̃tityle] <1> **I.** *vt* ~ **un livre "Mémoires"** to title a book "Memoirs"; **être intitulé "Mémoires"** to be entitled "Memoirs" **II.** *vpr* **s'**~ **"Mémoires"** to be entitled "Memoirs"
intolérable [ɛ̃tɔleʀabl] *adj* intolerable
intolérance [ɛ̃tɔleʀɑ̃s] *f* (*sectarisme*) intolerance
intolérant(e) [ɛ̃tɔleʀɑ̃, ɑ̃t] *adj* intolerant
intonation [ɛ̃tɔnasjɔ̃] *f souvent pl* tone; **les** ~**s de sa voix** the tone of her voice; **prendre des** ~**s douces en parlant à qn** to speak softly to sb; **trouver les** ~**s justes** to find the right tone of voice
intouchable [ɛ̃tuʃabl] **I.** *adj fig* untouchable; **il se croyait** ~ he thought he was untouchable **II.** *mf* untouchable
intox [ɛ̃tɔks] *f inf abr de* **intoxication** propaganda; (*fausse information*) disinformation; **faire de l'**~ to disinform
intoxication [ɛ̃tɔksikasjɔ̃] *f* **1.** (*empoisonnement*) poisoning; ~ **alimentaire** food poisoning; ~ **au mercure** mercury poisoning **2.** (*influence*) brainwashing
intoxiqué(e) [ɛ̃tɔksike] *adj* **être** ~ **par une substance/un aliment** to be poisoned by a substance/a food; **être** ~ **par une drogue/la télé** to be addicted to a drug/the TV; **être** ~ **par la publicité** to be brainwashed by advertising
intoxiquer [ɛ̃tɔksike] <1> **I.** *vt* **1.** (*empoisonner*) to poison; **être légèrement intoxiqué** (*pompier*) to be suffering from smoke inhalation **2.** (*pervertir*) ~ **la population** (*émission, télévision*) to poison people's minds; (*publicité*) to brainwash people **II.** *vpr* **s'**~ to poison oneself
intracommunautaire [ɛ̃tʀakɔmynotɛʀ] *adj* (*échanges*) within the community
intraduisible [ɛ̃tʀadɥizibl] *adj* (*auteur, expression*) untranslatable; (*réaction, sentiment*) impossible to express
intraitable [ɛ̃tʀɛtabl] *adj* inflexible; ~ **sur le règlement** unbending about the rules
intramusculaire [ɛ̃tʀamyskylɛʀ] *adj* intramuscular
intranet [ɛ̃tʀanɛt] *m* intranet
intransigeance [ɛ̃tʀɑ̃ziʒɑ̃s] *f* intransigence
intransigeant(e) [ɛ̃tʀɑ̃ziʒɑ̃, ʒɑ̃t] *adj* uncompromising
intransitif, -ive [ɛ̃tʀɑ̃zitif, -iv] *adj* intransitive
intransportable [ɛ̃tʀɑ̃spɔʀtabl] *adj* (*chose*) untransportable; (*personne*) unable to travel
intraveineuse [ɛ̃tʀavɛnøz] *f* intravenous injection
intraveineux, -euse [ɛ̃tʀavɛnø, -øz] *adj* intravenous
intrépide [ɛ̃tʀepid] *adj* **1.** (*courageux*) intrepid **2.** (*audacieux*) unashamed
intrépidité [ɛ̃tʀepidite] *f* fearlessness; (*audace*) boldness
intrigant(e) [ɛ̃tʀigɑ̃, ɑ̃t] **I.** *adj* scheming **II.** *m(f)* schemer
intrigue [ɛ̃tʀig] *f* **1.** CINE, LIT, THEAT plot **2.** (*manœuvre*) intrigue **3.** (*liaison*) ~ **amoureuse** love affair
intriguer [ɛ̃tʀige] <1> **I.** *vt* **1.** (*travailler*) to puzzle **2.** (*piquer la curiosité*) to intrigue; **intrigués, les policiers tentaient ...** intrigued, the police were trying ... **II.** *vi* to scheme
introduction [ɛ̃tʀɔdyksjɔ̃] *f* introduction; **chapitre d'**~ introductory chapter; **quelques mots d'**~ a few words of introduction; **en** ~ by way of introduction; **l'**~ **de la peste en Europe** the introduction of the plague to Europe
introduire [ɛ̃tʀɔdɥiʀ] *irr* **I.** *vt* **1.** (*personne*) to show in; (*objet*) to insert; (*liquide, gaz*) to introduce; ~ **qn dans une pièce** to show sb into a room; ~ **qn chez une famille** to introduce sb to a family; ~ **une clé dans qc** to insert a key into sth; ~ **une pièce de monnaie dans qc** to insert a coin in sth; ~ **du tabac en contrebande** to smuggle in tobacco **2.** (*faire adopter: mode*) to introduce **II.** *vpr* **1.** (*se faire admettre*) **s'**~ **dans une famille/un milieu** to gain entry to a family/a circle **2.** (*s'infiltrer*) **s'**~ **dans une maison** to get into a house; **s'**~ **au milieu des invités** to mingle among the guests; **s'**~ **dans qc** (*eau, fumée*) to seep into sth; (*impureté*) to get into sth **3.** (*se mettre*) **s'**~ **qc dans le nez/les oreilles** to put sth in one's nose/ears **4.** (*être adopté*) **s'**~ **dans un pays** (*usage, mode*) to be introduced in a country
introuvable [ɛ̃tʀuvabl] *adj* (*perdu: chose, personne*) nowhere to be found
intrus(e) [ɛ̃tʀy, yz] **I.** *adj* intruding; (*visiteur*) unwelcome **II.** *m(f)* intruder ▶ **cherchez l'**~ find the one that doesn't belong
intrusion [ɛ̃tʀyzjɔ̃] *f* ~ **dans une maison/discussion** intrusion into a house/in a discussion; **faire** ~ **chez qn/dans une maison** to intrude on sb/into sb's home
intuitif, -ive [ɛ̃tɥitif, -iv] **I.** *adj* intuitive **II.** *m, f* person of intuition
intuition [ɛ̃tɥisjɔ̃] *f* intuition; **procéder par** ~ to work on one's intuition
intuitivement [ɛ̃tɥitivmɑ̃] *adv* intuitively
inuit [inɥit] *adj inv* (*culture*) Inuit
Inuit [inɥit] *mf* **les** ~**s** the Inuit(s)
inusable [inyzabl] *adj* durable

inusité(e) [inyzite] *adj* uncommon
inutile [inytil] **I.** *adj* useless; (*effort, mesure*) pointless; **être ~ à qn** to be no use to sb; **se sentir** ~ to feel useless; **si ma présence est ~, ...** if there is no point in my being here, ...; **il est/n'est pas ~ de faire qc/que qn fasse qc** (*subj*) it's pointless/worthwhile doing sth/for sb to do sth; **~ d'espérer de l'aide** it's no good hoping for help; **~ de** (**te/vous**) **dire qu'il l'a fait** I hardly need tell you that he did it; **~ d'insister!** it's no good insisting! **II.** *m* **l'~** the useless **III.** *mf* useless creature
inutilement [inytilmɑ̃] *adv* **1.** (*sans utilité*) uselessly **2.** (*en vain*) pointlessly
inutilisable [inytilizabl] *adj* **1.** (*qui n'offre aucune utilité*) useless **2.** (*dont on ne peut se servir*) unusable; **mon ordinateur est actuellement ~** my computer's out of action at the moment
inutilisé(e) [inytilize] *adj* unused
inutilité [inytilite] *f* pointlessness; **j'ai compris l'~ de ma présence ici** I see there's no point in my being here
invaincu(e) [ɛ̃vɛ̃ky] *adj* (*sportif*) unbeaten; (*sommet*) unconquered
invalide [ɛ̃valid] **I.** *adj* disabled **II.** *mf* disabled person
invalidité [ɛ̃validite] *f* **1.** (*d'une personne*) disability; **pension d'~** disability benefit **2.** JUR invalidity; **frapper qc d'~** to declare sth invalid
invariable [ɛ̃vaʀjabl] *adj* **1.** (*qui ne change pas*) *a.* LING invariable **2.** (*qu'on ne peut changer*) unchangeable
invasion [ɛ̃vɑzjɔ̃] *f* MIL *a. fig* invasion; **~ de touristes** tourist invasion
invectiver [ɛ̃vɛktive] <1> *vt* to insult
invendable [ɛ̃vɑ̃dabl] *adj* nonmarketable; **il est ~** it can't be sold
inventaire [ɛ̃vɑ̃tɛʀ] *m* **1.** JUR (*des biens*) inventory **2.** COM inventory; **faire l'~** to inventory **3.** (*revue*) inventory
inventer [ɛ̃vɑ̃te] <1> *vt* to invent; **ça ne s'invente pas** you couldn't make it up
inventeur, -trice [ɛ̃vɑ̃tœʀ, -tʀis] *m, f* inventor; **ce sont les ~s de ce procédé** they are the ones who invented this process
inventif, -ive [ɛ̃vɑ̃tif, -iv] *adj* inventive
invention [ɛ̃vɑ̃sjɔ̃] *f* **1.** invention; **l'~ de ce procédé date de 1850** the process was invented in 1850; **de mon ~** of my invention **2.** (*imagination*) inventiveness **3.** (*mensonge*) lie; **c'est une ~ de sa part!** she's made it all up!; **ce sont des ~s pures et simples!** it's all a tissue of lies!
invérifiable [ɛ̃veʀifjabl] *adj* unverifiable
inverse [ɛ̃vɛʀs] **I.** *adj* opposite; MATH inverse **II.** *m* opposite; **c'est l'~ qui est vrai** the opposite is true; **à l'~** conversely; **à l'~ de qn/qc** contrary to sb/sth
inversement [ɛ̃vɛʀsəmɑ̃] *adv* conversely; **et/ou ~** and/or vice-versa
inverser [ɛ̃vɛʀse] <1> **I.** *vt* (*mots, phrases*) to turn around; (*évolution, mouvement, rôles*) to reverse; **~ l'ordre des mots** to turn the order of the words around **II.** *vpr* **s'~** (*mouvement, tendance*) to be reversed
inversion [ɛ̃vɛʀsjɔ̃] *f a.* LING inversion
invertébré [ɛ̃vɛʀtebʀe] *m* invertebrate
investigation [ɛ̃vɛstigasjɔ̃] *f* investigation
investir [ɛ̃vɛstiʀ] <8> **I.** *vt* **1.** FIN **~ son argent dans qc** to invest one's money in sth **2.** *fig* **~ du temps/du travail dans qc** to invest time/work in sth **II.** *vi* ECON, FIN to invest; **~ dans de nouvelles machines** to invest in new machines **III.** *vpr* **s'~ dans qc** to involve oneself deeply in sth
investissement [ɛ̃vɛstismɑ̃] *m* **1.** ECON, FIN investment; **les dépenses d'~** investment expenses **2.** (*engagement*) **~ de qn dans une activité** sb's involvement in an activity
investisseur [ɛ̃vɛstisœʀ] *m* investor
invétéré(e) [ɛ̃veteʀe] *adj* inveterate
invincible [ɛ̃vɛ̃sibl] *adj* (*personne, armée*) invincible; (*courage, détermination*) insuperable; (*charme, envie*) irresistible
inviolable [ɛ̃vjɔlabl] *adj* inviolable
invisible [ɛ̃vizibl] *adj* invisible; **~ à l'œil nu** invisible to the naked eye
invitation [ɛ̃vitasjɔ̃] *f* invitation; **~ à une manifestation/au restaurant/à déjeuner** invitation to a demonstration/a meal out/to lunch; **sans ~** uninvited; **~ à la débauche** invitation to debauchery; **à** [*o* **sur**] **l'~ de qn** at sb's invitation
invite [ɛ̃vit] *m* INFORM prompt; **~ de commande** command prompt
invité(e) [ɛ̃vite] *m(f)* guest; **~ d'honneur** guest of honor
inviter [ɛ̃vite] <1> *vt* **1.** (*convier*) **~ qn à** +*infin* to invite sb to +*infin;* **~ qn à danser** to ask sb to dance; **~ qn à un anniversaire** to invite sb to a birthday party; **~ qn chez soi** to invite sb over (to one's place); **vous venez? c'est moi qui invite!** are you coming? it's my treat! **2.** (*prier*) **~ qn à** +*infin* to ask sb to +*infin;* **~ qn à entrer** to ask sb in; **être invité à** +*infin* to be requested to +*infin* **3.** (*inciter à*) **~ qn à une discussion** to invite sb to take part in a discussion; **~ qn à** +*infin* to call on sb to +*infin;* **~ à la réflexion** (*événements*) to call for reflection
in vitro [invitʀo] *adj, adv inv* in vitro
invivable [ɛ̃vivabl] *adj* unbearable
involontaire [ɛ̃vɔlɔ̃tɛʀ] *adj* (*erreur, mouvement, réflexion*) involuntary; (*spectateur, témoin*) unwitting; (*offense*) unintended
involontairement [ɛ̃vɔlɔ̃tɛʀmɑ̃] *adv* (*sursauter*) involuntarily; (*voir*) unwittingly; (*offenser*) unintentionally
invoquer [ɛ̃vɔke] <1> *vt* (*raison, excuse*) to put forward
invraisemblable [ɛ̃vʀɛsɑ̃blabl] *adj* **1.** (*qui ne semble pas vrai: histoire, argument*) improbable **2.** (*incroyable*) incredible
invraisemblance [ɛ̃vʀɛsɑ̃blɑ̃s] *f* improbability
invulnérable [ɛ̃vylneʀabl] *adj* invulnerable;

~ aux attaques invulnerable to attack
iode [jɔd] *m* iodine
IRA [iʀa] *f abr de* **Irish Republican Army** IRA
irai [iʀɛ] *fut de* **aller**
Irak [iʀak] *m* **l'~** Iraq
irakien(**ne**) [iʀakjɛ̃, jɛn] *adj* Iraqi
Irakien(**ne**) [iʀakjɛ̃, jɛn] *m(f)* Iraqi
Iran [iʀɑ̃] *m* **l'~** Iran
iranien(**ne**) [iʀanjɛ̃, jɛn] *adj* Iranian
Iranien(**ne**) [iʀanjɛ̃, jɛn] *m(f)* Iranian
Iraq [iʀak] *m v.* **Irak**
irascible [iʀasibl] *adj* irascible
iris [iʀis] *m* ANAT, BOT iris
irisé(**e**) [iʀize] *adj* iridescent
irlandais [iʀlɑ̃dɛ] *m* Irish; **l'~ gaélique** Irish Gaelic; *v.a.* **français**
irlandais(**e**) [iʀlɑ̃dɛ, ɛz] *adj* Irish
Irlandais(**e**) [iʀlɑ̃dɛ, ɛz] *m(f)* Irishman, Irishwoman *m, f;* **les ~** the Irish
Irlande [iʀlɑ̃d] *f* **l'~** Ireland; **la république** [*o* **l'État libre**] **d'~** Republic of Ireland, Irish Republic; **l'~ du Nord** Northern Ireland
ironie [iʀɔni] *f* irony; **dire qc par ~** to say sth ironically
ironique [iʀɔnik] *adj* ironic
ironiquement [iʀɔnikmɑ̃] *adv* ironically
ironiser [iʀɔnize] <1> *vi* **~ sur qn/qc** to be ironic about sb/sth
irradier [iʀadje] <1a> **I.** *vi* (*douleur, lumière*) to radiate **II.** *vt* to irradiate
irrationnel [iʀasjɔnɛl] *m* **l'~** the irrational
irrationnel(**le**) [iʀasjɔnɛl] *adj* irrational
irrattrapable [iʀatʀapabl] *adj* irretrievable
irréalisable [iʀealizabl] *adj* unrealizable
irréalisme [iʀealism] *m* lack of realism
irréaliste [iʀealist] *adj* unrealistic
irréconciliable [iʀekɔ̃siljabl] *adj* irreconcilable
irrécupérable [iʀekypeʀabl] *adj* (*voiture, ferraille*) irreclaimable; **être ~** (*voiture*) to be totaled; (*réfrigérateur*) to be beyond repair
irrécusable [iʀekyzabl] *adj* (*juge, témoin*) unimpeachable; (*témoignage, preuve*) undeniable
irréductible [iʀedyktibl] *adj* (*ennemi, personne*) invincible; (*obstacle, opposition*) insurmountable; (*volonté*) indomitable
irréel(**le**) [iʀeɛl] *adj* unreal
irréfléchi(**e**) [iʀefleʃi] *adj* thoughtless; (*personne*) unthinking; (*spontané*) impulsive
irréfutable [iʀefytabl] *adj* irrefutable
irrégularité [iʀegylaʀite] *f* **1.** (*inégalité*) irregularity; *pl* (*d'une surface, d'un terrain*) unevenness **2.** (*manque de régularité: d'un élève, d'une équipe*) uneven performance; **l'~ de ses résultats** her uneven results **3.** *gén pl* (*illégalité*) irregularity; (*d'une situation*) illegality
irrégulier, -ère [iʀegylje, -ɛʀ] *adj* **1.** (*inégal*) irregular; (*écriture, terrain*) uneven; **avoir des horaires ~s** to keep irregular hours **2.** (*discontinu: rythme, vitesse*) irregular; (*sommeil*) fitful; (*effort, travail, élève, sportif, résultats*) erratic **3.** (*illégal: absence, opération, procédure*) unauthorized; (*situation*) irregular; **des opérations irrégulières** unauthorized operations **4.** LING (*pluriel, verbe*) irregular
irrégulièrement [iʀegyljɛʀmɑ̃] *adv* **1.** (*inégalement*) unevenly **2.** (*illégalement*) illegally
irrémédiable [iʀemedjabl] **I.** *adj* (*aggravation*) irreversible; (*défaite*) irretrievable; (*erreur, défaut*) irreparable; (*mal*) incurable; (*malheur*) beyond remedy; (*situation*) irremediable **II.** *m* **l'~** the irreparable
irremplaçable [iʀɑ̃plasabl] *adj* irreplaceable; (*instant*) unrepeatable
irréparable [iʀepaʀabl] **I.** *adj* (*objet, machine*) beyond repair; (*dommage, perte*) irreparable; (*erreur*) irretrievable **II.** *m* **l'~** the irreparable
irrépressible [iʀepʀesibl] *adj* irrepressible
irréprochable [iʀepʀɔʃabl] *adj* (*vie, mère*) beyond reproach; (*travail*) faultless; (*linge*) spotless
irrésistible [iʀezistibl] *adj* **1.** (*impérieux*) irresistible; (*logique*) compelling **2.** (*qui fait rire*) uproarious; **il est ~!** (*personne*) he's such a laugh!
irrésistiblement [iʀezistibləmɑ̃] *adv* (*attirer*) irresistibly
irrésolu(**e**) [iʀezɔly] *adj* (*personne, caractère*) irresolute; (*problème, question*) unresolved
irrespirable [iʀɛspiʀabl] *adj* stifling
irresponsabilité [iʀɛspɔ̃sabilite] *f* irresponsibility
irresponsable [iʀɛspɔ̃sabl] **I.** *adj* (*comportement, personne*) irresponsible; JUR incapable **II.** *mf* irresponsible person
irréversible [iʀevɛʀsibl] **I.** *adj* irreversible **II.** *m* **l'~** the irreversible
irrévocable [iʀevɔkabl] *adj* (*jugement, décision*) irrevocable; (*volonté*) unalterable
irrigation [iʀigasjɔ̃] *f* irrigation
irriguer [iʀige] <1> *vt* AGR to irrigate
irritable [iʀitabl] *adj* irritable
irritant(**e**) [iʀitɑ̃, ɑ̃t] *adj a.* MED irritating; **substance ~e** irritant
irritation [iʀitasjɔ̃] *f* **1.** (*énervement*) irritation **2.** MED inflammation; **~ de la gorge** inflammation of the throat
irrité(**e**) [iʀite] *adj* irritated; **être ~ contre qn** to be irritated at sb
irriter [iʀite] <1> **I.** *vt* to irritate; **je ne voulais pas vous ~** I didn't mean to irritate you; **ce produit n'irrite pas la peau** the product does not irritate the skin **II.** *vpr* **1.** (*s'énerver*) **s'~ de qc/contre qn** to get annoyed at sth/with sb **2.** MED **s'~** to become inflamed
irruption [iʀypsjɔ̃] *f* **après son ~ dans la pièce** after she burst into the room; **l'~ de la deuxième guerre mondiale** the breakout of the Second World War; **faire ~** (*personne*) to burst in; (*eau*) to flood in
islam [islam] *m* **l'~** Islam
Islam [islam] *m* **l'~** Islam
islamique [islamik] *adj* Islamic
islamiste [islamist] *adj, mf* Islamist

I

islamophobe [islamɔfɔb] *adj* islamophobic
islamophobie [islamɔfɔbi] *f* islamophobia
islandais [islɑ̃dɛ] *m* Icelandic; *v.a.* **français**
islandais(e) [islɑ̃dɛ, ɛz] *adj* Icelandic
Islandais(e) [islɑ̃dɛ, ɛz] *m(f)* Icelander
Islande [islɑ̃d] *f* **l'**~ Iceland
ISO [izo] *f abr de* **International Standards Organization** ISO
isolant [izɔlɑ̃] *m* insulator
isolant(e) [izɔlɑ̃, ɑ̃t] *adj* CONSTR, ELEC insulating
isolation [izɔlasjɔ̃] *f* insulation
isolationnisme [izɔlasjɔnism] *m* isolationism
isolé(e) [izɔle] *adj* **1.** (*éloigné, unique: endroit, maison*) isolated; **ce cas n'est pas** ~ this is not an isolated case **2.** (*seul: personne, maison*) lonely; (*bâtiment, arbre*) solitary; **vivre très** ~ to live a very solitary life **3.** TECH, ELEC insulated
isolement [izɔlmɑ̃] *m* **1.** (*solitude*) isolation **2.** ELEC, TECH insulation
isolément [izɔlemɑ̃] *adv* in isolation
isoler [izɔle] <1> **I.** *vt* **1.** (*séparer des autres*) *a.* BIO, CHIM to isolate; ~ **un quartier** (*police*) to seal off an area; **être isolé du reste du monde** (*village*) to be cut off from the rest of the world **2.** TECH, ELEC ~ **qc de l'humidité** to insulate sth from dampness **3.** (*considérer à part*) ~ **qc** to take sth on its own **II.** *vi* ~ **de qc** (*matériau*) to insulate from sth **III.** *vpr* **s'**~ **de qn/qc** to isolate oneself from sb/sth; **s'**~ **du monde** to cut oneself off from the world
isoloir [izɔlwaʀ] *m* voting booth
isotherme [izɔtɛʀm] *adj* **1. bouteille/sac** ~ insulated flask/bag; **camion** ~ refrigerated truck **2.** METEO isothermal
Israël [isʀaɛl] *m* **l'**~ Israel
israélien(ne) [isʀaeljɛ̃, jɛn] *adj* Israeli
Israélien(ne) [isʀaeljɛ̃, jɛn] *m(f)* Israeli
israélite [isʀaelit] **I.** *adj* Israelite **II.** *mf* Israelite
issu(e) [isy] *adj* **1.** (*né de*) **être** ~ **d'une famille modeste** to be from a modest family; **être** ~ **de sang royal** to be of royal blood **2.** (*résultant de*) **être** ~ **de qc** to arise from sth
issue [isy] *f* **1.** (*sortie*) exit; ~ **de secours** emergency exit; **chemin/route/voie sans** ~ dead end; (*signalisation*) no through road **2.** (*solution*) outcome; **sans** ~ (*problème*) with no solution; (*situation*) at a standstill; (*avenir*) with no prospects **3.** (*fin*) end; **avoir une** ~ **fatale/heureuse** to end in tragedy/happily; **à l'**~ **de qc** at the end of sth
isthme [ism] *m* isthmus
Italie [itali] *f* **l'**~ Italy
italien [italjɛ̃] *m* Italian; *v.a.* **français**
italien(ne) [italjɛ̃, jɛn] *adj* Italian
Italien(ne) [italjɛ̃, jɛn] *m(f)* Italian
italique [italik] **I.** *m* **en** ~**(s)** in italics **II.** *adj* italic
itinéraire [itineʀɛʀ] *m* **1.** (*parcours*) itinerary **2.** *fig* path; **son** ~ **biographique** the path his life took
itinérant(e) [itineʀɑ̃, ɑ̃t] *adj* itinerant; **théâtre** ~ touring theater
IUFM [iyɛfɛm] *m abr de* **institut universitaire de formation des maîtres** *training college for elementary school teachers*
IUT [iyte] *m abr de* **institut universitaire de technologie** polytechnic
IVG [iveʒe] *f abr de* **interruption volontaire de grossesse** termination of pregnancy
ivoire [ivwaʀ] *m* ivory
ivoirien(ne) [ivwaʀjɛ̃, jɛn] *adj* Ivorian
Ivoirien(ne) [ivwaʀjɛ̃, jɛn] *m(f)* Ivorian
ivre [ivʀ] *adj* drunk; **légèrement** ~ a bit drunk; ~ **mort** blind drunk
ivresse [ivʀɛs] *f* drunkenness; ~ **au volant** drunk driving; **en état d'**~ under the influence of alcohol
ivrogne [ivʀɔɲ] *mf* drunk
ivrognerie [ivʀɔɲʀi] *f* drunkenness
ixième [iksjɛm] *adj* umpteenth

J

J, j [ʒi] *m inv* J, j; ~ **comme Joseph** (*au téléphone*) j as in Juliet
j' [ʒ] *pron v.* **je**
jacasser [ʒakase] <1> *vi* (*pie, personne*) to chatter
jachère [ʒaʃɛʀ] *f* **1.** (*procédé agricole*) practice of fallowing land **2.** (*terre*) fallow land
jacinthe [ʒasɛ̃t] *f* hyacinth
jacter [ʒakte] <1> *vi inf* to blather
jade [ʒad] *m* jade
jadis [ʒadis] *adv* formerly
jaguar [ʒagwaʀ] *m* jaguar
jaillir [ʒajiʀ] <8> *vi* **1.** (*gicler: eau*) to gush out; (*sang*) to spurt out; (*flammes*) to shoot up; (*éclair*) to flash **2.** (*fuser: rires*) to burst out **3.** (*surgir: personne*) to spring up [*o* out] **4.** (*se manifester: vérité, idée*) to emerge
jaillissement [ʒajismɑ̃] *m* (*de pétrole*) gushing out
jais [ʒɛ] *m* (*en minéralurgie*) jet ►**de** ~ jet-black
jalon [ʒalɔ̃] *m* **1.** (*piquet*) marker **2.** *souvent pl* (*repère*) landmark; **poser les** ~**s de qc** to lay the foundations of [*o* for] sth
jalonner [ʒalɔne] <1> *vt* **1.** (*tracer: terrain*) to mark out **2.** (*border*) ~ **un jardin** (*piquets*) to mark off a garden; (*arbustes*) to line a garden **3.** (*marquer*) ~ **une carrière** (*succès*) to punctuate
jalousement [ʒaluzmɑ̃] *adv* **1.** (*avec envie*) enviously **2.** (*avec soin*) jealously
jalouser [ʒaluze] <1> **I.** *vt* ~ **qn** to be jealous of sb **II.** *vpr* **se** ~ to be jealous of each other
jalousie [ʒaluzi] *f* **1.** (*en amour, amitié*) jealousy **2.** (*envie*) envy
jaloux, -ouse [ʒalu, -uz] **I.** *adj* **1.** (*en amour, amitié*) ~ **de qn** jealous of sb **2.** (*envieux*)

~ de qn/qc envious of sb/sth **3.** (*très attaché*) **être ~ de sa réputation** to be jealous of one's reputation **II.** *m, f* **1.** (*en amour, amitié*) jealous person **2.** (*envieux*) envious person; **faire des ~** to make people jealous

jamaïcain(**e**), **jamaïquain**(**e**) [ʒamaikɛ̃, ɛn] *adj* Jamaican

Jamaïquain(**e**) [ʒamaikɛ̃, ɛn] *m(f)* Jamaican

Jamaïque [ʒamaik] *f* **la ~** Jamaica

jamais [ʒamɛ] *adv* **1.** *avec construction négative* (*en aucun cas*) never; **~ plus** [*o* **plus ~**] never again **2.** (*seulement*) only; **ça ne fait ~ que deux heures qu'il est parti** he left just two hours ago **3.** *avec construction positive ou interrogative* (*un jour*) ever; **si ~ elle donne de l'argent** if ever she should give money **4.** (*dans une comparaison*) **pire que ~** worse than ever ▶ **à** (**tout**) **~** *soutenu* forever

jambe [ʒɑ̃b] *f* leg; **les ~s croisées** with one's legs crossed; **se dégourdir les ~s** to stretch one's legs; **traîner la ~** to drag one's feet ▶ **prendre ses ~s à son cou** to take to one's heels; **ça me fait une belle ~!** *iron, inf* a lot of good that does me!; **ne plus avoir de ~s** *inf* to be on one's last legs; **à toutes ~s** in a rush

jambière [ʒɑ̃bjɛʀ] *f* legging

jambon [ʒɑ̃bɔ̃] *m* ham; **~ de Paris** cooked ham; **~ beurre** (*buttered*) *ham sandwich*

jambonneau [ʒɑ̃bɔno] <x> *m* ham knuckle

jante [ʒɑ̃t] *f* rim

janvier [ʒɑ̃vje] *m* January; *v.a.* **août**

Japon [ʒapɔ̃] *m* **le ~** Japan

japonais [ʒapɔnɛ] *m* Japanese; *v.a.* **français**

japonais(**e**) [ʒapɔnɛ, ɛz] *adj* Japanese

Japonais(**e**) [ʒapɔnɛ, ɛz] *m(f)* Japanese

jappement [ʒapmɑ̃] *m* yap; **~s** yapping

japper [ʒape] <1> *vi* to yap

jaquette [ʒakɛt] *f* **1.** (*couverture: d'un livre*) dust jacket **2.** COUT (*d'homme*) morning coat; (*de femme*) jacket

jardin [ʒaʀdɛ̃] *m* garden; **~ potager** vegetable garden; **~ public** (public) park ▶ **~ secret** private domain

jardinage [ʒaʀdinaʒ] *m* gardening

jardiner [ʒaʀdine] *vi* to do some gardening

jardinier, -ière [ʒaʀdinje, -jɛʀ] **I.** *adj* (*plante*) garden **II.** *m, f* gardener

jardinière [ʒaʀdinjɛʀ] *f* **1.** CULIN mixed vegetables **2.** (*bac à plantes*) window box

jargon [ʒaʀgɔ̃] *m péj* **1.** (*charabia*) gibberish **2.** (*langue technique*) jargon

jarre [ʒaʀ] *f* (earthenware) jar

jarret [ʒaʀɛ] *m* (*chez l'homme*) back of the leg; (*chez l'animal*) hock; **~ de veau** shin of veal

jaser [ʒaze] <1> *vi* **~ sur qn/qc** to gossip about sb/sth

jasmin [ʒasmɛ̃] *m* jasmine

jauge [ʒoʒ] *f* **~ d'essence** gas gauge; **~** (**de niveau**) **d'huile** dipstick

jauger [ʒoʒe] <2a> *vt* **1.** TECH to measure **2.** (*apprécier*) to size up

jaunâtre [ʒonɑtʀ] *adj* yellowish

jaune [ʒon] **I.** *adj* yellow; **~ d'or** golden yellow **II.** *m* **1.** (*couleur*) yellow; **~ pâle/foncé** pale/dark yellow; **~ paille** straw colored **2.** (*partie d'un œuf*) (egg) yolk **III.** *adv* **rire ~** to give a forced laugh

jaunir [ʒoniʀ] <8> **I.** *vi* to turn yellow; (*papier*) to yellow **II.** *vt* **~ un tissu** (*lumière*) to turn a material yellow; (*nicotine*) to stain a material yellow

jaunisse [ʒonis] *f* jaundice ▶ **en faire une ~** *inf* to be furious

java [ʒava] *f popular dance* ▶ **faire la ~** *inf* to live it up

javel [ʒavɛl] *f sans pl* bleach

javelliser [ʒavelize] <1> *vt* (*eau*) to chlorinate

javelot [ʒavlo] *m* javelin

jazz [dʒɑz] *m* jazz; **musicien de ~** jazz musician

jazzman [dʒɑzman, -mɛn] <s *o* -men> *m* jazzman

je [ʒə, ʒ] <j'> *pron pers* I; **moi, ~ m'appelle Jean** my name is Jean; **que vois-~?** what do I see there?

jean [dʒin] *m* **1.** (*tissu*) denim **2.** *sing o pl* (*pantalon*) (pair of) jeans

jean-foutre [ʒɑ̃futʀ] *m inv, inf* good-for-nothing

Jeanne [ʒan(ə)] *f* HIST **~ d'Arc** Joan of Arc

jeep® [dʒip] *f* Jeep®

je-m'en-foutiste [ʒ(ə)mɑ̃futist] *inv* **I.** *adj inf* **elle est plutôt ~** she just couldn't give a damn **II.** *mf inf: person with a couldn't-give-a-damn attitude*

jérémiade [ʒeʀemjad] *f souvent pl, inf* moaning

jerrican(**e**), **jerrycan** [(d)ʒeʀikan] *m* jerry can

jersey [ʒɛʀzɛ] *m* jersey; **tricoter en ~** (**endroit**) to knit in stockinette stitch

Jersey [ʒɛʀzɛ] (**l'île de**) **~** (the island of) Jersey

jésuite [ʒezɥit] **I.** *adj* Jesuit **II.** *m* REL Jesuit

Jésus-Christ [ʒezykʀi] *m* Jesus Christ

jet [ʒɛ] *m* **1.** (*giclée: d'un tuyau*) jet; **~ d'eau** fountain **2.** (*action*) throwing; (*d'un filet*) casting **3.** (*résultat*) throw; **recevoir un ~ de gravillons** to be hit by a load of grit **4.** (*distance*) **à un ~ de pierre** a stone's throw away **5.** (*jaillissement*) **~ de vapeur** jet of steam **6.** (*en métallurgie*) casting; **d'un seul ~** in one piece ▶ **à ~ continu** nonstop; **le premier ~** the first draft; **du premier ~** at the first attempt; **traduire d'un** (**seul**) **~** to translate in one go

jetable [ʒ(ə)tabl] *adj* disposable

jeté [ʒ(ə)te] *m* **1.** (*action*) throwing **2.** (*résultat*) throw **3.** (*étoffe*) **~ de lit** bedspread; **~ de table** runner

jetée [ʒ(ə)te] *f* jetty

jeter [ʒ(ə)te] <3> **I.** *vt* **1.** (*lancer*) to throw; **~ un ballon/une pierre à qn** to throw a ball to sb/a stone at sb **2.** (*lâcher: pistolet*) to drop; (*sonde*) to cast; (*bouée*) to throw **3.** (*se débarrasser de*) to throw away; (*liquide*) to pour out; (*lest*) to jettison **4.** *inf* (*vider: importun*) to chuck out; (*employé*) to fire; **~ qn sur le pavé** to throw sb out (onto the street) **5.** (*pousser*)

J

~ qn à terre to throw sb to the ground **6.** (*mettre rapidement*) **~ qc sur ses épaules** to fling sth over one's shoulders **7.** (*mettre en place: passerelle*) to set up; **~ les bases de qc** to lay the foundations of sth **8.** (*émettre: étincelles*) to throw out; **~ mille feux** to sparkle brilliantly; **~ un vif éclat** to shine brightly **9.** (*répandre: trouble*) to stir up; (*désordre*) to spread; **~ le discrédit sur qn** to bring discredit to sb **10.** (*dire: remarque*) to throw in; **~ des cris** to cry out; **~ des insultes à qn** to hurl insults at sb ► **~ un regard/(coup d')œil à qn** to glance at sb; (*pour surveiller*) to keep an eye on sb; **en ~** *inf* to be really something; **n'en jetez plus!** *inf* stop it! **II.** *vpr* **1.** (*s'élancer*) **se ~** to throw oneself; **se ~ en arrière** to jump back; **se ~ à genoux** to throw oneself down on one's knees; **se ~ à plat ventre/sous un train** to throw oneself down/in front of a train; **se ~ au cou de qn** to fling oneself around sb's neck; **se ~ contre un arbre** to crash into a tree; **se ~ à l'eau** to jump into the water; *fig* to take the plunge **2.** (*s'engager*) **se ~ à l'assaut de qc** to launch into sth **3.** (*déboucher*) **se ~ dans qc** to flow into sth **4.** (*être jetable*) **se ~** to be disposable **5.** (*s'envoyer*) **se ~ des injures à la figure** to hurl insults at each other

jeton [ʒ(ə)tɔ̃] *m* **1.** JEUX counter **2.** (*plaque à la roulette*) chip **3.** TEL token ► **faux ~** *inf* phony; **avoir les ~s** *inf* to be scared stiff; **donner** [*o* **ficher**] **les ~s à qn** *inf* to give sb the jitters

jetsetteur, -euse [dʒɛtsɛtœʀ, -øz] *m, f* jet setter

jeu [ʒø] <x> *m* **1.** (*fait de s'amuser*) play, playing; **~ de dés** game of dice; **~ de rôle(s)** role play; **~ d'équipe/radiophonique** team/radio game; **~ de patience** puzzle; **~ de piste** treasure hunt; **jouer le ~** to play the game; **par ~** for fun; **c'est pas du ~!** *inf* that's not fair! **2.** (*boîte, partie*) game; **~ vidéo/de construction** video/building game; **qui mène le ~?** who's winning? **3.** SPORT (*manière de jouer*) game; **~ de jambes** footwork; **avoir un ~ défensif** to play a defensive game **4.** (*lieu du jeu*) **~ de boules** *bowling ground without grass;* **~ de quilles** ninepin bowling alley; **terrain de ~x** playground; SPORT playing field; **le ballon est hors ~** the ball is out of bounds; **remettre le ballon en ~** to put the ball back into play; **mettre qn hors ~** to put sb offside **5.** (*jeu d'argent*) **~ de hasard** game of chance; **faites vos ~x!** place your bets!; **se ruiner au ~** to gamble away all one's money **6.** (*série*) **~ de clés** set of keys; **~ de caractères/puces** character/chip set **7.** (*interaction*) **~ des alliances** interplay of alliances **8.** (*manège: du destin*) game; **~ de l'amour** love-play; **~ de bourse** stock market transactions *pl* **9.** (*habileté*) **jouer double ~** to play a double game; **ce petit ~** this little game **10.** (*action facile*) **c'est un ~ d'enfant** it's child's play; **avoir beau ~** to have it easy ► **les forces (mises) en ~** the forces at work; **jouer franc ~** to play fair; **jouer le grand ~** to pull out all the stops; **se prendre à son propre ~** to be caught at one's own game; **être vieux ~** to be old-fashioned; **entrer dans le ~ de qn** to play sb's game; **faire le ~ de qn** to play into sb's hands; **les ~x sont faits** the die is cast; (*au casino*) no more bets; **mettre sa vie en ~** to risk one's life

jeu-concours [ʒøkɔ̃kuʀ] <jeux-concours> *m* competition

jeudi [ʒødi] *m* Thursday; **~ saint** Maundy Thursday; *v.a.* **dimanche**

jeun [ʒœ̃] **venez à ~** come without having eaten or drunk anything; **à prendre à ~** to be taken on an empty stomach

jeune [ʒœn] **I.** *adj* **1.** (*opp: vieux*) young **2.** *antéposé* (*cadet*) **ma ~ sœur** my younger sister; **le ~ Durandol** Durandol junior **3.** (*inexpérimenté*) inexperienced; **être ~ dans le métier** to be new to the trade **4.** *postposé* (*comme un jeune*) **faire ~** to look young **5.** *antéposé* (*d'enfance*) **dès son plus ~ âge** from his/her earliest years **6.** *postposé* (*nouveau: vin*) young ► **c'est un peu ~!** *inf* that's not much! **II.** *mf* **1.** (*personne*) young man/girl **2.** *pl* (*jeunes gens*) young people

jeûne [ʒøn] *m* REL, MED fast

> **i** The **Jeûne fédéral** is a Swiss thanksgiving day that has taken place every third Sunday in September since 1832. Movie theaters and entertainment centers have shorter opening hours than usual. Plum tart is traditionally eaten on this day.

jeûner [ʒøne] <1> *vi* to fast

jeunesse [ʒœnɛs] *f* **1.** (*état*) youthfulness **2.** (*période*) youth **3.** (*personnes jeunes*) young people; **une ~** *inf* (young) girl **4.** (*nouveauté, fraîcheur*) youthfulness

jeunot(te) [ʒœno, ɔt] **I.** *adj* young **II.** *m(f)* *inf* young lad/girl

JF [ʒiɛf] *abr de* **jeune fille** girl

JH [ʒiaʃ] *abr de* **jeune homme** young man

JO [ʒio] **I.** *mpl abr de* **jeux Olympiques** Olympics **II.** *m abr de* **Journal officiel** *official publication giving announcements and information about laws*

joaillerie [ʒɔajʀi] *f* **1.** (*bijouterie*) jewelry store **2.** (*art, métier*) jewelry making **3.** (*marchandises*) jewelry

joaillier, -ière [ʒɔaje, -jɛʀ] **I.** *m, f* jeweler **II.** *app* **ouvrier-~** goldsmith

job [dʒɔb] *m inf* job

jobard(e) [ʒɔbaʀ, aʀd] **I.** *adj* gullible **II.** *m(f)* sucker

jockey [ʒɔkɛ] *m* jockey

Joconde [ʒɔkɔ̃d(ə)] *f* **la ~** the Mona Lisa

jodler [jɔdle] <1> *vi* to yodel

jogging [(d)ʒɔgiŋ] *m* **1.** (*footing*) jogging; **faire du ~** to go jogging **2.** (*survêtement*) sweatsuit

joie [ʒwa] *f* **1.** (*bonheur*) joy; **cri de ~** cry of joy; **avec ~** with delight; **~ de vivre** joie de vivre; **~ de posséder** pride in possession; **être au comble de la** [*o* **fou de**] **~** to be overjoyed; **je m'en fais une** (**telle**) **~** I'm (really) looking forward to it; **pleurer/sauter de ~** to weep/jump for joy; **être en ~** to be delighted **2.** *pl* (*plaisirs*) pleasures *pl;* **sans ~s** joyless ▶ **c'est pas la ~** *inf* things could be better

joindre [ʒwɛ̃dʀ] *irr* **I.** *vt* **1.** (*faire se toucher*) to join; (*mains*) to clasp; (*talons*) to put together **2.** (*relier*) to link **3.** (*rassembler*) **~ des efforts** to combine efforts **4.** (*ajouter*) **~ qc à un dossier** to add sth to a file; **~ le geste à la parole** to suit the action to the word **5.** (*atteindre: personne*) to reach **II.** *vi* (*fenêtre*) to shut properly; (*lattes*) to fit properly **III.** *vpr* **1.** (*s'associer*) **se ~ à qn/qc** to join sb/sth; **joignez-vous à nous** come (over) and join us **2.** (*participer à*) **se ~ à une conversation** to join in a conversation **3.** (*se toucher*) **se ~** to touch

joint [ʒwɛ̃] *m* **1.** (*espace*) joint **2.** (*garniture: d'un couvercle*) seal; (*d'un robinet*) washer; **~ d'étanchéité** seal ▶ **chercher/trouver le ~** to look for/to find the answer

joint(**e**) [ʒwɛ̃, ɛ̃t] **I.** *part passé de* **joindre** **II.** *adj* **1.** (*adhérent*) **mains ~es** clasped hands; **pieds ~s** feet together **2.** (*commun: efforts, compte*) joint **3.** (*ajouté*) enclosed; **pièce ~e** enclosure **4.** (*sans jeu*) fitting tightly together; **des fenêtres mal ~es** windows which don't close properly **5.** (*bien assemblés: planches*) fitted flush

jointure [ʒwɛ̃tyʀ] *f* joint

jojo [ʒoʒo] **I.** *m* **un affreux ~** a horrible character **II.** *adj inv, inf* (*joli*) **ne pas être ~** to not be very nice

joker [(d)ʒɔkɛʀ] *m* joker

joli(**e**) [ʒɔli] *adj* **1.** (*agréable: voix*) pleasant; (*intérieur, vêtement d'homme*) nice; (*chanson, vêtement de femme*) nice, pretty **2.** (*considérable*) nice; (*position*) good **3.** *iron* **un ~ monsieur** a nasty type; **un ~ gâchis** a fine mess; **c'est du ~!** that's great!

joliment [ʒɔlimɑ̃] *adv* **1.** (*agréablement*) nicely **2.** (*très*) *a. iron* really; **tu as ~ travaillé!** you've done a really good job!

jonc [ʒɔ̃] *m* rush; **canne de ~** cane

joncher [ʒɔ̃ʃe] <1> **I.** *vt* to strew; **~ le chemin de fleurs** to strew the path with flowers **II.** *vpr* **se ~ de qc** to be strewn with sth

jonction [ʒɔ̃ksjɔ̃] *f* **1.** (*liaison*) *a.* TECH, ELEC junction; (*de routes*) (road) junction; (*de fleuves*) confluence; (*de voies ferrées*) points *pl;* **gare de ~** railroad junction **2.** (*action*) linkup

jongler [ʒɔ̃gle] <1> *vi* to juggle; **~ avec les chiffres** to juggle the figures

jonglerie [ʒɔ̃gləʀi] *f péj* (*manœuvre*) juggling

jongleur, -euse [ʒɔ̃glœʀ, -øz] *m, f* juggler; **c'est un habile ~ de mots** he knows how to juggle words around

jonque [ʒɔ̃k] *f* junk

jonquille [ʒɔ̃kij] **I.** *f* daffodil **II.** *adj inv* (bright) yellow

Jordanie [ʒɔʀdani] *f* **la ~** Jordan

jordanien(**ne**) [ʒɔʀdanjɛ̃, jɛn] *adj* Jordanian

Jordanien(**ne**) [ʒɔʀdanjɛ̃, jɛn] *m(f)* Jordanian

jouable [ʒwabl] *adj* **1.** MUS playable **2.** (*faisable*) feasible

joual [ʒwal] <s> *m* joual; *v.a.* **français**

> **i** In Quebec, the French word *cheval* is pronounced **joual**. That is why the French vernacular spoken in Quebec is called **joual**. This dialect is distinguished by its phonetic differences (in **joual**, for example, people say *je boé* for *je bois* or *moé* for *moi*) and its archaisms (people use the term *breuvage* for *boisson*). It also contains many English loanwords: the word *coat* comes from English, and is pronounced like *côte* which means *manteau.* "Ça ne fait rien!" can be expressed by saying "Neveurmagne!" in **joual**, which comes from the English expression "Never mind!". **Joual** is spoken by approximately 80% of the population in Quebec, or 6 million people.

joual(**e**) [ʒwal] <s> *adj* joual

joue [ʒu] *f* **1.** ANAT cheek; **~s rebondies** chubby cheeks; **avoir les ~s creuses** to be hollow-cheeked **2.** *pl* (*parois latérales: d'un fauteuil*) side panels ▶ **se caler les ~s** *inf* to have a good feed; **en ~!** take aim!; **tenir qn/qc en ~** to train one's gun on sb/sth

jouer [ʒwe] <1> **I.** *vi* **1.** (*s'amuser*) *a.* SPORT, MUS to play; **~ au foot** to play soccer; **~ du piano** to play the piano; **faire ~ qn** to organize a game for sb; **à toi/vous de ~!** it's your turn! **2.** *fig* **~ avec les sentiments de qn** to play with sb's feelings; **c'est pour ~** I'm only joking **3.** THEAT, CINE **~ dans qc** to act in sth **4.** (*affecter d'être*) **~ à qn** to play at being sb **5.** FIN **~ à la bourse** to speculate on the stock market **6.** (*miser*) **~ sur qc** to bank on sth **7.** (*risquer*) **~ avec sa santé** to gamble with one's health **8.** (*intervenir: mesure*) to apply; (*relations*) to count; **~ de son influence** to use one's influence; **faire ~ une clause** to apply a clause; **~ du couteau** to use a knife ▶ **ça a joué en ma faveur** that has worked in my favor; **bien joué!** (*au jeu*) well played!; *fig* well done!; **~ serré** to play it tight **II.** *vt* **1.** JEUX, MUS (*carte, revanche*) to play; (*pion*) to move; **je joue atout cœur** hearts are trumps **2.** (*miser*) to back **3.** (*risquer: sa tête*) to risk; (*sa réputation*) to stake **4.** THEAT, CINE (*pièce*) to stage; (*rôle*) to play; **quelle pièce joue-t-on?** what play is on? **5.** (*feindre*) **~ la surprise** to feign surprise; **~ la comédie** to put on an act ▶ **rien n'est encore joué** nothing is settled yet **III.** *vpr* **1.** (*se moquer*) **se ~ de qn** to deceive sb; **se ~ des lois** to scoff at the law

2. (*être joué*) **se ~** (*film*) to be shown; (*spectacle*) to be on **3.** (*se dérouler*) **se ~** (*crime*) to happen **4.** (*se décider*) **se ~** (*avenir*) to be at stake ► **en se jouant** without trying

jouet [ʒwɛ] *m* **1.** (*jeu*) toy; **marchand de ~s** toy store owner **2.** (*proie*) **être le ~ du vent** to be at the mercy of the wind; **être le ~ d'une illusion** to be the victim of an illusion

jouette [ʒwɛt] *adj Belgique* (*qui ne pense qu'à jouer*) playful

joueur, -euse [ʒwœʀ, -øz] **I.** *adj* (*animal, enfant, tempérament*) playful **II.** *m, f* JEUX, SPORT player; **se montrer beau ~** to prove to be a good loser; **être mauvais ~** to be a bad loser; **c'est un ~ malchanceux** he's an unlucky gambler

joufflu(e) [ʒufly] *adj* chubby-cheeked

joug [ʒu] *m* **1.** AGR yoke **2.** (*contrainte: d'une loi*) force; (*du mariage*) yoke; **tomber sous le ~ de qn** to come under sb's yoke

jouir [ʒwiʀ] <8> *vi* **1.** (*apprécier*) **~ de la vie** to enjoy life **2.** (*disposer de*) **~ de privilèges/d'une bonne santé** to enjoy privileges/good health; **~ d'une réputation intacte** to have a good reputation; **~ d'un bien** to own a property; **~ d'une fortune** to be wealthy; **~ d'une grande faveur auprès de qn** to be very popular with sb **3.** (*sexuellement*) to have an orgasm

jouissance [ʒwisɑ̃s] *f* **1.** (*plaisir*) pleasure; **être avide de ~s** to be pleasure-loving **2.** (*usage*) **la ~ d'un immeuble** the use of a building **3.** (*orgasme*) orgasm

jouisseur, -euse [ʒwisœʀ, -øz] **I.** *adj* sensualist **II.** *m, f* sensualist

jouissif, -ive [ʒwisif, -iv] *adj* enjoyable

joujou [ʒuʒu] <x> *m enfantin* toy; **faire ~** to play

jour [ʒuʀ] *m* **1.** (*24 heures*) day; **par ~** daily, a day; **tous les ~s** every day; **star d'un ~** fleeting celebrity **2.** (*opp: nuit*) day; **dormir le ~** to sleep during the day; **être de ~** MIL to be on day duty **3.** (*opp: obscurité*) daylight; **faux ~** deceptive light; **il fait** (**grand**) **~** it's (broad) daylight; **le ~ baisse/se lève** it's getting dark/light; **~ naissant** dawn; **au petit ~** at dawn; **sous un ~ favorable** in a favorable light **4.** (*jour précis*) day; **le ~ J** (on) D-day; **le ~ de Noël** (on) Christmas Day; **~ des Rois** Twelfth Night; **~ du Seigneur** Sabbath; **les ~s de marché/de pluie** (on) market/rainy days; **un ~ qu'il pleuvra** on a rainy day; **plat du ~** today's special; **goût du ~** current tastes *pl;* **œuf du ~** fresh egg; **être dans un bon ~** to be in a good mood; **notre entretien de ce ~** our discussion today; **~ pour ~** to the day; **porter la tenue des grands ~s** to be festively dressed **5.** (*période vague*) **à ce ~** to date; **un de ces ~s** one of these days; **de nos ~s** these days; **l'autre ~** *inf* the other day; **un ~ ou l'autre** someday; **habit de tous les ~s** workaday clothes *pl;* **tous les ~s que** (**le bon**) **Dieu fait** day in day out **6.** *pl, soutenu* (*vie*) **ses ~s sont comptés** his/her days are numbered; **finir ses ~s à l'hospice** to end one's days in a home; **vieux ~s** old age **7.** (*interstice*) gap; **clôture à ~** openwork fence ► **c'est le ~ et la nuit** there's (absolutely) no comparison; **d'un ~ à l'autre** (*soudain*) from one day to the next; (*sous peu*) any day now; **au grand ~** for all to see; **donner ses huit ~s a qn** to give a week's notice to sb; **se montrer sous son vrai ~** to show one's true colors; **donner le ~ à qn** to bring sb into the world; **demain, il fera ~** tomorrow is another day; **mettre qc à ~** to update sth; **se mettre à ~ dans qc** to bring oneself up to date on sth; **mettre au ~** to bring to light; **mettre des antiquités au ~** to unearth antiquities; **percer qn/qc à ~** to see through sb/sth; **voir le ~** (*personne*) to come into the world; (*projet*) to see the light of day; **au ~ le ~** one day at a time; (*précairement*) from hand to mouth

Jourdain [ʒuʀdɛ̃] *m* **le ~** Jordan

journal [ʒuʀnal, -o] <-aux> *m* **1.** PRESSE newspaper; **~ de mode** fashion magazine **2.** (*bureaux*) newspaper office **3.** (*mémoire*) **~ intime** personal diary; **~ de bord** NAUT (ship's) logbook **4.** (*média non imprimé*) **~ filmé** newsreel; **~ télévisé** television news *pl*

journalier, -ière [ʒuʀnalje, -jɛʀ] **I.** *adj* daily **II.** *m, f* AGR day laborer

journalisme [ʒuʀnalism] *m* journalism

journaliste [ʒuʀnalist] *mf* journalist

journalistique [ʒuʀnalistik] *adj* journalistic

journée [ʒuʀne] *f* **1.** (*durée du jour, temps de travail*) day; **pendant la ~** during the day; **~ de grève** day of strike action; **~s d'études** seminar; **~ de 8 heures** 8-hour day; **~ continue** continuous working day **2.** (*salaire*) day's wages *pl* **3.** (*recette*) day's takings *pl;* **faire une ~/des ~s** to work as a day laborer; **travailler/être payé à la ~** to work/to be paid by the day **4.** (*distance*) **à une ~ de marche/voyage** a day's walk/journey away; **c'est à trois ~s de train** it's a three-day trip by train ► **toute la sainte ~** all day long

joute [ʒut] *f* **1.** SPORT **~ nautique** water tournament **2.** (*rivalité*) duel; **~ oratoire** (verbal) sparring match

jouvence [ʒuvɑ̃s] *f* **cure de ~** rejuvenation cure; **eau de ~** waters of youth

jouvenceau, -elle [ʒuvɑ̃so, -ɛl] <x> *m, f iron* **1.** (*jeune homme*) youth **2.** (*jeune fille*) maiden

jovial(e) [ʒɔvjal, -jo] <s *o* -aux> *adj* jovial

jovialement [ʒɔvjalmɑ̃] *adv* jovially

jovialité [ʒɔvjalite] *f* joviality

joyau [ʒwajo] <x> *m a. fig* jewel

joyeusement [ʒwajøzmɑ̃] *adv* happily

joyeux, -euse [ʒwajø, -jøz] *adj* (*chant*) joyful; (*personne*) cheerful; (*compagnie*) merry; **être de joyeuse humeur** to be in a joyful mood; **être tout ~** to be overjoyed; **joyeuse fête!** many happy returns!; **~ anniversaire!** happy birthday!

joystick [ʒɔjstik] *m* joystick

JT [ʒite] *m abr de* **journal télévisé** television news

jubilation [ʒybilasjɔ̃] *f* jubilation

jubilé [ʒybile] *m* jubilee

jubiler [ʒybile] <1> *vi* to be jubilant

jucher [ʒyʃe] <1> **I.** *vt* **~ sur qc** to perch on sth **II.** *vi* (*oiseau*) to perch **III.** *vpr* **se ~ sur qc** to perch on sth

judaïque [ʒydaik] *adj* Jewish; (*loi*) Judaic

judaïsme [ʒydaism] *m* Judaism

judas [ʒyda] *m* ARCHIT peephole

judéo-chrétien(**ne**) [ʒydeokʀetjɛ̃, ɛn] *adj* Judeo-Christian

judiciaire [ʒydisjɛʀ] *adj* judicial; (*casier*) police [*o* criminal] record; **police ~** ≈ Criminal Investigation Department

judicieusement [ʒydisjøzmɑ̃] *adv* judiciously

judicieux, **-euse** [ʒydisjø, -jøz] *adj* judicious

judo [ʒydo] *m* judo

judoka [ʒydoka] *mf* judoka

juge [ʒyʒ] *mf* **1.** (*magistrat*) judge; **aller devant le**(**s**) **~**(**s**) to go to court; **~ des enfants** ≈ juvenile court judge; **~ d'instruction** examining magistrate; **~ d'instance** justice of the peace **2.** (*arbitre*) referee; **je vous laisse** [*o* **en fais**] **~** I'll let you be the judge; **être mauvais ~** to be a bad judge **3.** SPORT **~ d'arrivée** finishing judge; **~ de touche** linesman **4.** JEUX **~ d'un concours** judge ▶ **être** (**à la fois**) **~ et <u>partie</u>** to be both judge and judged

jugé [ʒyʒe] **au ~** by guesswork; **répondre au ~** to guess

juge-arbitre [ʒyʒaʀbitʀ] <juges-arbitres> *m* referee

jugement [ʒyʒmɑ̃] *m* **1.** JUR (*action de juger*) judgment; **faire passer qn en ~** to put sb on trial; **une affaire passe en ~** a case is (being) heard **2.** (*sentence*) sentence; **~ par défaut** judgment **3.** (*discernement, opinion*) judgment; **porter des ~s trop sommaires sur qn/qc** to judge sb/sth too hastily

jugeote [ʒyʒɔt] *f inf* common sense ▶ **ne pas avoir pour deux <u>sous</u> de ~** to have not an ounce of common sense

juger [ʒyʒe] <2a> **I.** *vt* **1.** JUR **~ un litige** to rule in a dispute; **~ qn pour vol** to try sb for theft; **~ qn coupable** to find sb guilty **2.** (*arbitrer*) **~ un différend** to arbitrate in a dispute **3.** (*évaluer: livre, situation*) to judge **4.** (*estimer*) to consider **II.** *vi* **1.** JUR to judge; **le tribunal jugera** the court will decide **2.** (*estimer*) **~ de qc** to assess sth; **autant qu'on puisse en ~** as far as one can judge; **à en ~ par qc** judging by sth **3.** (*s'imaginer*) **~ de qc** to imagine sth **III.** *vpr* (*s'estimer*) **se ~ incapable/perdu** to consider oneself incapable/lost

juguler [ʒygyle] <1> *vt* (*inflation*) to curb; (*révolte*) to suppress

juif, **-ive** [ʒɥif, -iv] *adj* Jewish

Juif, **-ive** [ʒɥif, -iv] *m, f* Jew; **le ~ errant** the Wandering Jew

juillet [ʒɥijɛ] *m* July; *v.a.* **août**

juin [ʒɥɛ̃] *m* June; *v.a.* **août**

juke-box [ʒykbɔks] *m inv* jukebox

jules [ʒyl] *m inf* (*amoureux, mari*) man, guy

Juliette [ʒyljɛt(ə)] *f* **Roméo et ~** Romeo and Juliet

jumeau, **-elle** [ʒymo, -ɛl] <x> **I.** *adj* twin; **des lits ~x** twin beds; **des maisons jumelles** duplex houses **II.** *m, f* **1.** (*besson*) twin; **vrais/faux ~x** identical/fraternal twins **2.** (*frère*) twin brother **3.** (*sœur*) twin sister **4.** (*sosie*) double

jumelage [ʒymlaʒ] *m* pairing

jumelé(**e**) [ʒymle] *adj* (*lié culturellement*) **des villes ~es** sister cities

jumeler [ʒymle] <3> *vt* POL (*deux villes*) to pair up

jumelles [ʒymɛl] *fpl* (*en optique*) binoculars *pl;* **~ de théâtre** opera glasses *pl*

jument [ʒymɑ̃] *f* mare

jumping [dʒœmpiŋ] *m* show jumping

jungle [ʒœ̃gl, ʒɔ̃gl] *f* jungle

junior [ʒynjɔʀ] **I.** *adj* (*catégorie*) junior; **mode ~** junior fashion **II.** *mf* junior; **le championnat des ~s** the junior championship

junte [ʒœ̃t] *f* junta

jupe [ʒyp] *f* skirt; **~ droite/plissée** straight/pleated skirt

jupe-culotte [ʒypkylɔt] <jupes-culottes> *f* culottes *pl*

jupe-portefeuille [ʒyppɔʀtəfœj] *f* wraparound skirt

Jupiter [ʒypitɛʀ] *m* ASTR, HIST Jupiter

jupon [ʒypɔ̃] *m* petticoat ▶ **<u>courir</u> le ~** to womanize

Jura [ʒyʀa] *m* **le ~** the Jura (Mountains)

jurassien(**ne**) [ʒyʀasjɛ̃, jɛn] *adj* of the Jura (Mountains)

jurassique [ʒyʀasik] **I.** *adj* GEO **période ~** Jurassic period **II.** *m* GEO Jurassic

juré(**e**) [ʒyʀe] **I.** *adj a. fig* sworn **II.** *m(f)* JUR juror

jurer [ʒyʀe] <1> **I.** *vt* **1.** (*promettre, affirmer*) **~ à ses parents de** *+infin* to swear to one's parents to *+infin;* **faire ~ à un collègue de** *+infin* to make a colleague swear to *+infin;* **je te** [*o* **vous**] **jure!** *inf* honestly!; **je te** [*o* **vous**] **jure que oui/non!** yes, really/no, not at all! **2.** (*se promettre*) **~ la mort de qn** to vow to kill sb; **~ de se venger** to swear vengeance **3.** (*croire*) **j'aurais juré que c'était toi** I could have sworn that it was you; **ne ~ que par qn/qc** to swear by sb/sth **II.** *vi* **1.** (*pester*) **~ contre** [*o* **après**] **qn/qc** to swear at sb/sth **2.** (*détonner*) **~ avec qc** to clash with sth **3.** (*affirmer*) **~ de qc** to swear to sth; **je n'en jurerais pas** I wouldn't swear to it **4.** (*croire*) **il ne faut ~ de rien** you never can tell **III.** *vpr* **1.** (*se promettre mutuellement*) **se ~ qc** to swear sth to one another **2.** (*décider*) **se ~ de** *+infin* to vow to *+infin*

juridiction [ʒyʀidiksjɔ̃] *f a.* JUR jurisdiction

juridique [ʒyʀidik] *adj* **1.** (*judiciaire*) judicial

2. (*qui a rapport au droit*) legal; **vide ~** gap in the law; **faire des études ~s** to study law
juridiquement [ʒyʀidikmɑ̃] *adv* **1.** (*en justice*) judicially; (*demander*) in court **2.** (*légalement*) legally
jurisconsulte [ʒyʀiskɔ̃sylt] *mf* legal adviser
jurisprudence [ʒyʀispʀydɑ̃s] *f* case law; **faire ~** to set a (legal) precedent
juriste [ʒyʀist] *mf* lawyer
juron [ʒyʀɔ̃] *m* swear word
jury [ʒyʀi] *m* **1.** JUR jury; **président du ~** foreman of the jury **2.** ART, SPORT panel of judges **3.** ECOLE, UNIV board of examiners
jus [ʒy] *m* **1.** (*suc: d'un fruit, d'une viande*) juice; **rendre du ~** to be juicy **2.** *inf* (*café*) coffee **3.** *inf* (*courant*) juice ▶**laisser mijoter qn dans son ~** *inf* to let sb stew in their own juice; **ça vaut le ~!** *inf* it's worth it!; **au ~!** *inf* in you go/he goes!
jusqu'au-boutiste [ʒyskobutist] **I.** *adj* **être ~** to always go to extremes; **politique ~** hard-line policy **II.** *mf* hard-liner
jusque [ʒysk] <jusqu'> **I.** *prep* **1.** (*limite de lieu*) as far as; **grimper jusqu'à 3000 m** to climb up to 3,000 meters; **jusqu'aux genoux** up to one's knees; **viens jusqu'ici!** come up to here!; **jusqu'où?** how far? **2.** (*limite de temps*) until; **jusqu'à midi/au soir** until noon/the evening; **jusqu'ici/en mai** until now/May **3.** (*y compris*) even; **tous jusqu'au dernier** every last one; **~ dans** even in **4.** (*au plus*) **jusqu'à concurrence de 200 dollars** up to 200 dollars; **jusqu'à dix personnes** up to ten people **5.** (*limite*) **jusqu'à un certain point** up to a (certain) point; **jusqu'à quel point** to what extent; **jusqu'où** as far as **6.** (*assez pour*) **manger jusqu'à en être malade** to eat to the point of being sick; **il va jusqu'à prétendre que c'est moi** he goes so far as to claim that it's me **II.** *conj* **jusqu'à ce qu'il vienne** until he comes
jusque-là [ʒuskla] *adv* **1.** (*jusqu'à ce moment-là*) until then **2.** (*jusqu'à cet endroit*) that far; **va ~!** go up to there!
justaucorps [ʒystokɔʀ] *m* SPORT body stocking; **~ de gymnastique** leotard
juste [ʒyst] **I.** *adj* **1.** (*équitable*) just; (*condition*) fair; **ce n'est pas ~** it's not fair **2.** *antéposé* (*fondé*) justified; **avoir de ~s raisons de se réjouir** to have good reason to be delighted **3.** (*trop court: vêtement*) too short **4.** (*trop étroit*) too tight; (*ouverture*) narrow **5.** (*à peine suffisant*) barely enough **6.** (*exact*) correct; (*heure*) right; **c'est ~!** that's (quite) right!; **à 8 heures ~(s)** at 8 o'clock on the dot; **apprécier qc à sa ~ valeur** to appreciate the true worth of sth **7.** (*pertinent*) pertinent **8.** MUS (*note*) true; (*voix, instrument*) in tune; **le piano n'est pas ~** the piano is out of tune **II.** *m* REL just man **III.** *adv* **1.** (*avec exactitude*) accurately; (*penser*) logically; (*raisonner*) soundly; **parler ~** to find the right words; **dire ~** to be right; **deviner ~** to guess right(ly); **le calcul tombe ~** the calculation works out exactly **2.** (*exactement, seulement*) just; **il habite ~ à côté** he lives right next door; **il a plu ~ ce qu'il fallait** it rained just enough **3.** (*à peine: mesurer*) exactly; **au plus ~** just enough; **cela entre ~** that barely fits in; **tout ~** hardly ▶**être un peu ~** *inf* (*avoir peu d'argent*) to be short of cash; **au ~** exactly; **comme de ~** as usual
justement [ʒystəmɑ̃] *adv* **1.** (*à bon droit*) rightly **2.** (*pertinemment: remarquer*) correctly; (*penser*) logically; (*raisonner*) soundly **3.** (*exactement*) exactly **4.** (*précisément*) precisely
justesse [ʒystɛs] *f* **1.** (*précision*) accuracy **2.** (*pertinence*) aptness; (*d'un raisonnement*) soundness; **s'exprimer avec ~** to express oneself appropriately ▶**de ~** only just
justice [ʒystis] *f* **1.** (*principe*) justice; **agir avec ~** to act justly **2.** (*loi*) law; **rendre la ~** to dispense justice; **obtenir ~** to obtain justice **3.** (*juridiction*) jurisdiction; **en ~** in court; **assigner qn en ~** to summon sb to court ▶**être raide comme la ~** *inf* to be (as) stiff as a board; **ce n'est que ~** it's only right and proper; **faire ~ à son mérite** to acknowledge his/her merit; **se faire ~** (*se suicider*) to take one's life; (*se venger*) to take the law into one's own hands; **il faut lui rendre cette ~** to his credit it must be said
justicier, -ière [ʒystisje, -jɛʀ] *m, f* **1.** (*redresseur de torts*) righter of wrongs; **se poser en ~** to set oneself up as judge **2.** (*vengeur*) avenger
justifiable [ʒystifjabl] *adj* justifiable
justificatif [ʒystifikatif] *m* (*preuve*) documentary evidence; **~ d'identité** identity papers *pl*
justificatif, -ive [ʒystifikatif, -iv] *adj* PRESSE (*exemplaire*) specimen
justification [ʒystifikasjɔ̃] *f* **1.** (*explication: d'un acte, d'une conduite*) justification **2.** (*preuve*) proof; (*d'un paiement*) receipt
justifier [ʒystifje] <1> **I.** *vt* **1.** (*donner raison à, expliquer*) *a.* TYP, INFORM to justify; **rien ne justifie tes craintes** your fears are unjustified; **justifié à droite/gauche** to right/left justify **2.** (*disculper*) to vindicate **3.** (*prouver*) **~ une créance** to justify a claim; **pouvez-vous ~ vos affirmations?** can you prove your assertions? **II.** *vi* **~ d'un paiement/de son identité** to give proof of payment/of one's identity **III.** *vpr* **1.** (*se disculper*) **se ~ de qc auprès de qn** to justify oneself to sb about sth **2.** (*s'expliquer*) **se ~ par qc** to be justified by sth
jute [ʒyt] *m* jute
juteux, -euse [ʒytø, -øz] *adj* **1.** (*opp: sec: fruit*) juicy **2.** *inf* (*lucratif*) lucrative
juvénile [ʒyvenil] *adj* youthful
juxtaposer [ʒykstapoze] <1> *vt* to juxtapose
juxtaposition [ʒykstapozisjɔ̃] *f* juxtaposition

K

K, k [kɑ] *m inv* K, k; **~ comme Kléber** (*au téléphone*) k as in Kilo

kabyle [kabil] **I.** *adj* Kabyle **II.** *m* Kabyle; *v.a.* **français**

kaki [kaki] **I.** *adj inv* khaki **II.** *m sans pl* khaki

kaléidoscope [kaleidɔskɔp] *m* kaleidoscope

kangourou [kɑ̃guʀu] *m* kangaroo

karaoké [kaʀaɔke] *m* karaoke

karaté [kaʀate] *m* karate

karatéka [kaʀateka] *mf* **être ~** (*expert*) to be a karate expert; (*apprenant*) to do karate

kart [kaʀt] *m* go-cart

karting [kaʀtiŋ] *m* go-carting; **piste de ~** go-carting track

kascher [kaʃɛʀ] *adj* kosher

kayak [kajak] *m* kayak

kelvin [kɛlvin] *m* kelvin

Kenya [kenja] *m* **le ~** Kenya

kényan(e) [kenjɑ̃, an] *adj* Kenyan

Kényan(e) [kenjɑ̃, an] *mf* Kenyan

képi [kepi] *m* kepi

kermesse [kɛʀmɛs] *f* **1.** (*fête de bienfaisance*) charity carnival **2.** *Belgique, Nord* (*fête patronale*) fair

kérosène [keʀozɛn] *m* kerosene

ketchup [kɛtʃœp] *m* ketchup, catsup

KGB [kaʒebe] *m abr de* **Komitet Gossoudarstvennoï Bezopasnosti** KGB

khâgne [kaɲ] *f inf: preparatory class for entrance to the "École normale supérieure"*

kibboutz [kibuts, kibutsim] <kibboutz(im)> *m* kibbutz

kidnapper [kidnape] <1> *vt* to kidnap

kidnappeur, -euse [kidnapœʀ, -øz] *m, f* kidnapper

kidnapping [kidnapiŋ] *m* kidnapping

kif-kif [kifkif] *m* **c'est ~** (**bourricot**) *inf* it comes down to the same thing

kiki [kiki] *m inf* **c'est parti, mon ~** here we go; **serrer le ~ à qn** to throttle sb

kilo [kilo] *m abr de* **kilogramme** kilo

kilogramme [kilɔgʀam] *m* kilogram

kilohertz [kiloɛʀts] *m* kilohertz

kilométrage [kilɔmetʀaʒ] *m* (*d'une voiture*) mileage

kilomètre [kilɔmɛtʀ] *m* kilometer; **140 ~s à l'heure** [*o* **~s-heure**] 140 kilometers an hour; **~ carré** square kilometer

kilomètre-heure [kilɔmɛtʀœʀ] <kilomètres-heure> *m* kilometer per hour

kilométrique [kilɔmetʀik] *adj* (*mesure, prix de revient*) by kilometer; (*distance*) in kilometers; **borne ~** kilometer marker

kilo-octet [kiloɔktɛ] <kilo-octets> *m* kilobyte

kilotonne [kilotɔn] *f* kiloton

kilowatt [kilowat] *m* kilowatt

kilowattheure [kilowatœʀ] *m* kilowatt-hour

kilt [kilt] *m* kilt; (*pour femme*) *skirt that is pleated at the back only*

kimono [kimɔno] **I.** *m* kimono **II.** *app inv* **manches/robe ~** kimono sleeves/dress

kiné(si) [kine(zi)] *mf inf abr de* **kinésithérapeute**

kinésithérapeute [kineziteʀapøt] *mf* physiotherapist

kiosque [kjɔsk] *m* (*lieu de vente*) kiosk; **~ à friandises/de fleuriste** candy/flower stand; **~ à journaux** newsstand

kir® [kiʀ] *m* kir; **~ royal** kir royal (*champagne with blackcurrant liqueur*)

kirsch [kiʀʃ] *m* kirsch

kit [kit] *m* kit

kitchenette [kitʃənɛt] *f* kitchenette

kit(s)ch [kitʃ] *adj inv* kitsch

kiwi [kiwi] *m* kiwi

klaxon® [klaksɔn] *m* horn; **donner un coup/petit coup de ~** to honk the horn

klaxonner [klaksɔne] <1> *vi* to honk (one's horn)

kleenex® [klinɛks] *m* Kleenex®, tissue

km *abr de* **kilomètre** km

Ko [kao] *m abr de* **kilo-octet** kb

K.-O. [kao] *adj inv, inf abr de* **knock-out** (*assommé*) knocked out; SPORT KO'd; **mettre qn ~** to KO sb

koala [kɔala] *m* koala (bear)

kouglof [kuglɔf] *m* kugelhopf (*ring-shaped fruit loaf*)

Koweït [kɔwɛt] *m* **le ~** Kuwait

koweïtien(ne) [kɔwɛtjɛ̃, jɛn] *adj* Kuwaiti

Koweïtien(ne) [kɔwɛtjɛ̃, jɛn] *m(f)* Kuwaiti

krach [kʀak] *m* FIN crash

kurde [kyʀd] **I.** *adj* Kurdish **II.** *m* Kurdish; *v.a.* **français**

Kurde [kyʀd] *m, f* Kurd

Kurdistan [kyʀdistɑ̃] *m* **le ~** Kurdistan

Kuwait [kɔwɛt] *m v.* **Koweït**

kyrielle [kiʀjɛl] *f inf* **une ~ d'enfants** a crowd of children; **une ~ d'injures** a stream of insults; **une ~ de bêtises** *one mistake after the other;* **ils sont une ~ à postuler pour ce poste** there's a whole crowd of them after this job

kyste [kist] *m* cyst

L

L, l [ɛl] *m inv* L, l; **~ comme Louis** (*au téléphone*) l as in Lima

l *abr de* **litre** liter

l' *art, pron v.* **le, la**

la[1] [la] <*devant voyelle ou h muet* l'> **I.** *art déf* the **II.** *pron pers, fém* **1.** (*personne*) her; **il ~ voit/l'aide** he sees/helps her **2.** (*animal ou objet*) it; **là-bas, il y a une mouche/ma ceinture, ~ vois-tu?** there's a fly/my belt over there, can you see it? **3.** *avec un présentatif*

~ **voici** [*o* **voilà**]**!** here it/she is!
la² [la] *m inv* MUS A, la; **donner le** ~ to set the tone; *v.a.* **do**
là¹ [la] *adv* **1.** (*avec déplacement à distance*) (over) there **2.** (*avec/sans déplacement à proximité/distance*) there; **passer par** ~ to go that way; **de** ~ from there; **quelque part par** ~ (*en montrant du doigt*) somewhere over there; (*dans une région*) somewhere around there **3.** (*ici, avec une personne à qui on parle*) here; **je suis** ~ here I am; **peux-tu être** ~ **à six heures?** can you be here [*o* come] at six o'clock? **4.** (*à ce moment-là*) **à partir de** ~ from then on; ~ **je m'en vais** I'm just going **5.** (*alors*) then ▶ **les choses en sont** ~ that's how things stand
là² [la] *interj* now
LA [ɛle] *abr de* **Los Angeles** LA
là-bas [labɑ] *adv* **1.** (*avec déplacement à distance*) over there **2.** (*avec l'endroit précisé*) over; ~ **à Paris** in Paris
label [labɛl] *m* (*marque de qualité*) brand (name); (*vêtements*) label
labo [labo] *m inf* lab
laboratoire [labɔʀatwaʀ] *m* (*salle*) laboratory; ~ **de langues/d'analyses** language/analytical laboratory
laborieux, -euse [labɔʀjø, -jøz] *adj* **1.** (*pénible*) laborious; (*recherche*) painstaking; **eh bien, c'est** ~**!** *inf* it's tough going! **2.** (*travailleur: classes, masses*) working; (*personne*) industrious; (*vie*) hardworking
labour [labuʀ] *m* **1.** digging **2.** (*avec une charrue*) plowing **3.** *pl* (*terres labourées*) plowed fields
labourer [labuʀe] <1> *vt* **1.** AGR to plow **2.** (*creuser*) to slash into
labyrinthe [labiʀɛ̃t] *m* **1.** (*dédale*) labyrinth **2.** (*complication*) maze
lac [lak] *m* lake; ~ **de Constance** Lake Constance; ~ **Léman** Lake Geneva; ~ **des Quatre-Cantons** Lake Lucerne; ~ **Érié** Lake Erie; ~ **Supérieur** Lake Superior; **les Grands** ~**s** the Great Lakes
lacer [lase] <2> **I.** *vt* to tie (up) **II.** *vpr* **se** ~ **devant** (*chaussures*) to lace up along the front
lacérer [laseʀe] <5> *vt* (*déchirer*) to rip
lacet [lasɛ] *m* **1.** (*cordon*) (shoe)lace; **à** ~**s** with laces **2.** (*virage*) bend; **route en** ~(**s**) winding road
lâche [lɑʃ] **I.** *adj* **1.** (*poltron, méprisable*) cowardly **2.** (*détendu: corde*) slack **II.** *mf* coward
lâchement [lɑʃmɑ̃] *adv* **1.** (*peureusement*) in a cowardly way **2.** (*de façon méprisable*) ~**, il ...** like the coward he is, he ...
lâcher [lɑʃe] <1> **I.** *vt* **1.** (*laisser aller involontairement*) to let go of **2.** (*laisser aller délibérément*) to release; ~ **une bêtise/un mot** to come out with something silly/a word **3.** *inf* (*abandonner*) to abandon; **le moteur lâche qn** the motor let sb down; **ne pas** ~ **qn** (*rhume, idée*) not to let go of sb; **tout** ~ *inf* to drop everything **II.** *vi* to give way; (*corde*) to break
lâcheté [lɑʃte] *f* **1.** (*couardise*) cowardice; **par** ~ out of cowardice **2.** (*bassesse*) lowness
lâcheur, -euse [lɑʃœʀ, -øz] *m, f inf* **être** ~ to let people down
laconique [lakɔnik] *adj* laconic; (*réponse*) concise
lacrymogène [lakʀimɔʒɛn] *adj* **gaz** ~ tear gas
lacté(**e**) [lakte] *adj* **1.** CULIN (*bouillie*) milk **2.** MED **fièvre** ~**e** milk fever
lacune [lakyn] *f* gap
lacustre [lakystʀ] *adj* lacustrine
là-dedans [lad(ə)dɑ̃] *adv* **1.** (*lieu*) inside; **je ne reste pas** ~ I am not staying in there **2.** (*direction*) into **3.** (*en parlant d'une affaire*) **n'avoir rien à voir** ~ to have nothing to do with it; **pourquoi me suis-je embarqué** ~**?** why did I get involved?
là-dessous [lad(ə)su] *adv* **1.** (*dessous*) underneath **2.** *fig* behind; **qu'y a-t-il** ~**?** what's the story?
là-dessus [lad(ə)sy] *adv* **1.** (*direction, ici*) on here **2.** (*direction, là-bas*) on there **3.** (*à ce sujet*) about that; **compte** ~ count on it **4.** (*sur ce*) on that matter
lagon [lagɔ̃] *m* lagoon
lagune [lagyn] *f* lagoon
là-haut [lao] *adv* **1.** (*au-dessus: direction, dans le ciel*) up there **2.** (*au-dessus: lieu*) on top
La Haye [la ´ɛ] The Hague
laïc, laïque [laik] *adj v.* **laïque**
laïciser [laisize] <1> *vt* to laicize, to secularize
laïcité [laisite] *f* secularity; (*de l'enseignement*) secular stance

> **i** In France, the principle of **laïcité** is strictly upheld and the church has been separate from the state since 1905. There is no religious education in schools.

laid(**e**) [lɛ, lɛd] *adj* **1.** (*opp: beau*) ugly; **être** ~ **à faire peur** [*o* **comme un pou**] to be as ugly as sin *inf* **2.** (*moralement: action, défaut*) mean
laideron [lɛdʀɔ̃] *m* ugly duckling
laideur [lɛdœʀ] *f* ugliness
laie [lɛ] *f* forest trail
lainage [lɛnaʒ] *m* **1.** (*étoffe*) wool **2.** (*vêtement*) wool(en); **jupe en/de** ~ wool skirt; **mettre un** ~ to put on a sweater
laine [lɛn] *f* **1.** (*fibre*) wool; **gilet de** ~ wool jacket **2.** (*vêtement*) **une petite** ~ a light cardigan **3.** (*laine minérale*) ~ **de verre** glass wool
laineux, -euse [lɛnø, -øz] *adj* woolly
laïque [laik] *adj* layperson, layman *m,* laywoman *f*
laisse [lɛs] *f* (*lanière*) leash; **tenir un animal en** ~ to keep an animal on a leash
laissé-pour-compte, laissée-pour-compte [lesepuʀkɔ̃t] <laissés-pour-compte> **I.** *adj* (*rejeté: personne*) rejected **II.** *m, f* (*exclu*) reject

laisser [lese] <1> **I.** *vt* **1.** (*faire rester*) to leave; **~ qn perplexe** to puzzle sb; **~ qn tranquille** to leave sb alone; **~ qn à ses illusions** to not disillusion sb **2.** (*accorder: choix*) to give; **~ la vie à qn** to spare sb's life; **~ la parole à qn** to let sb speak **3.** (*ne pas prendre*) to leave **4.** (*réserver: part de tarte*) to reserve; **~ qc à qn** to leave sth for sb **5.** (*quitter*) **je te/vous laisse!** I'm off! **6.** (*déposer: personne*) to drop **7.** (*oublier*) to leave **8.** (*produire: traces, auréoles*) to leave **9.** (*remettre*) to leave; **~ ses enfants à qn** to leave one's children with sb; **laisse-moi le soin de ...** permit me to ... **10.** (*léguer*) **~ qc à qn** to bequeath sth to sb **II.** *aux* (*permettre*) **~ qn/qc** *+infin* to allow sb/sth to *+infin* ► **~ faire** to do nothing; **se ~ faire** (*subir*) not to put up a fight; **laisse-toi faire!** (*pour décider qn*) go on! *inf;* **se ~ boire** (*vin*) to go down well

laisser-aller [leseale] *m inv* carelessness

laisser-faire [lesefɛʀ] *m inv* laissez-faire policy

laissez-passer [lesepɑse] *m inv* pass

lait [lɛ] *m* **1.** (*aliment*) milk; **~ en poudre** powdered milk; **~ de vache** cow's milk; **~ condensé/entier** condensed/whole milk; **~ longue conservation** long-life milk; **petit ~** whey **2.** (*liquide laiteux*) lotion; **~ de toilette** (*pour le corps*) body lotion; (*pour le visage*) beauty lotion ► **boire du petit ~** to lap it up; **se boire comme du petit ~** to be easy to drink

laitage [lɛtaʒ] *m* milk products

laiterie [lɛtʀi] *f* **1.** (*industrie*) dairy industry **2.** (*secteur économique*) dairy farming

laiteux, -euse [lɛtø, -øz] *adj* milky

laitier, -ière [letje, -jɛʀ] *m, f* dairyman, dairywoman *m, f*

laiton [lɛtɔ̃] *m* brass

laitue [lety] *f* lettuce

laïus [lajys] *m inf* great spiel; **faire un ~** *iron* to make a long speech

lama [lama] *m* **1.** (*animal*) llama; **laine de ~** llama wool **2.** (*moine*) lama

lambeau [lɑ̃bo] <x> *m* scrap; **en ~x** in rags

lambin(e) [lɑ̃bɛ̃, in] *adj* dawdler

lambiner [lɑ̃bine] <1> *vi* to dawdle

lambris [lɑ̃bʀi] *m* **1.** (*boiserie*) paneling; **revêtir de ~** to panel; **en ~** paneled **2.** (*en stuc, marbre*) casing

lame [lam] *f* blade; **~ de couteau/scie** knife/saw blade

lamé [lame] *m* lamé

lamé(e) [lame] *adj* lamé; **tissu ~ argent/or** silver/gold lamé fabric

lamelle [lamɛl] *f* **1.** (*petite lame*) strip **2.** (*tranche fine*) slice

lamentable [lamɑ̃tabl] *adj* **1.** (*pitoyable: état, mine, salaire*) pitiful; (*ton, voix*) miserable; (*résultats, travail*) appalling **2.** (*honteux*) shameful

lamentations [lamɑ̃tasjɔ̃] *fpl* lamentations

lamenter [lamɑ̃te] <1> *vpr* **se ~ sur qc** to moan about sth

laminer [lamine] <1> *vt* **1.** TECH to laminate **2.** (*écraser*) to squeeze; (*résistance*) to crush; **être laminé** to be thrashed

laminoir [laminwaʀ] *m* rolling mill

lampadaire [lɑ̃padɛʀ] *m* **1.** (*lampe sur pied*) floor lamp **2.** (*réverbère*) streetlight

lampe [lɑ̃p] *f* **1.** (*appareil*) lamp; **~ de bureau/chevet** desk/bedside lamp; **~ de poche** flashlight; **~ témoin** warning light **2.** (*ampoule*) bulb

lampée [lɑ̃pe] *f inf* swig; **une bonne ~** a big swig; **boire qc à grandes ~s** to chug sth (down)

lampion [lɑ̃pjɔ̃] *m* Chinese lantern

lance [lɑ̃s] *f* **1.** (*arme*) spear **2.** (*tuyau*) hose; **~ à eau/d'incendie** water/fire hose

lancée [lɑ̃se] *f* way; **sur ma/sa ~** in my/his/her/its stride

lance-flammes [lɑ̃sflam] *m inv* flamethrower

lancement [lɑ̃smɑ̃] *m* **1.** (*envoi*) *a.* COM launch; **prix de ~** launch price **2.** INFORM startup

lance-pierre [lɑ̃spjɛʀ] <lance-pierres> *m* slingshot ► **manger avec un ~** *inf* to shovel one's meal in

lancer [lɑ̃se] <2> **I.** *vt* **1.** (*projeter: jambe*) to fling; (*fusée*) to launch; (*coup*) to throw **2.** (*faire connaître: mode, mouvement*) to launch; **~ un acteur** to set an actor on the road to fame **3.** (*donner de l'élan: moteur, voiture*) to start; (*marque, produit, entreprise*) to launch; **~ qn/un animal sur qn** to set sb/an animal on sb; **quand il est lancé, on ne l'arrête plus** once he gets going, you can't stop him **4.** (*inaugurer: programme, campagne, projet*) to launch **5.** (*envoyer: nouvelle*) to send; (*ultimatum*) to give **6.** (*émettre: accusation, menace*) to hurl; **~ un appel à qn** to (launch an) appeal to sb **7.** INFORM to start up **II.** *vpr* **1.** (*se précipiter*) **se ~ sur le lit** to leap onto the bed; **se ~ à la poursuite de qn** to dash after sb; **allez, lance-toi!** go on, go for it! *inf* **2.** (*s'engager*) **se ~ dans qc** to embark on sth; **se ~ dans une discussion** to get involved in a discussion; **se ~ dans le cinéma** to get into the movies **III.** *m* SPORT throw; (*du poids*) shot put; **~ de javelot** throwing the javelin

lanceur [lɑ̃sœʀ] *m* AVIAT launcher

lancinant(e) [lɑ̃sinɑ̃, ɑ̃t] *adj* (*cuisant: douleur*) shooting

landau [lɑ̃do] <s> *m* (*pour enfant*) baby carriage

lande [lɑ̃d] *f* moor

Landes [lɑ̃d] *fpl* **les ~** the Landes (*region in the southwest of France*)

langage [lɑ̃gaʒ] *m* **1.** (*idiome*) *a.* INFORM language; **~ des sourds-muets** sign language; **~ de programmation** programming language **2.** (*jargon*) jargon ► **tenir un double ~ à qn** to tell sb different things at different times

langer [lɑ̃ʒe] <2a> *vt* **~ un bébé** to change a baby's diaper

langoureux, -euse [lɑ̃guʀø, -øz] *adj* languid

langouste [lɑ̃gust] *f* rock lobster, spiny lobster

langoustine [lãgustin] *f* langoustine

langue [lãg] *f* **1.** ANAT tongue; **tirer la ~ à qn** to stick one's tongue out at sb **2.** (*langage*) language; **~ étrangère/maternelle** foreign/native language; **~ verte** slang ▶ **~ de bois** political double talk; **tourner sept fois sa ~ dans sa bouche avant de parler** to think before one speaks; **donner sa ~ au chat** to give up; **ne pas avoir la ~ dans sa poche** to never be at a loss for words; **être mauvaise ~** to be a nasty gossip; **avoir la ~ bien pendue** to have a ready tongue; **tenir sa ~** to hold one's tongue

langue-de-chat [lãgdəʃa] <langues-de-chat> *f flat, thin, finger-shaped cookie*

Languedoc [lãg(ə)dɔk] *m* **le ~** Languedoc

languette [lãgɛt] *f* (*patte: d'une chaussure*) tongue; (*d'une boîte*) strip

languir [lãgiʀ] <8> **I.** *vi* **1.** (*s'enliser: conversation*) to flag **2.** (*patienter*) **faire ~ qn** to make sb wait **II.** *vpr* **se ~ de qn** to pine for sb

languissant(e) [lãgisã, ãt] *adj* (*ton*) listless; (*regard*) languid

lanière [lanjɛʀ] *f* strip

lanterne [lãtɛʀn] *f* lantern ▶ **~ rouge** taillight; **éclairer la ~ de qn** to enlighten sb

lanterner [lãtɛʀne] <1> *vi* **1.** (*traîner*) to dawdle **2.** (*attendre*) **faire ~ qn** to keep sb hanging around

lapalissade [lapalisad] *f* statement of the obvious

laper [lape] <1> *vt* to lap up

lapereau [lapʀo] <x> *m* young rabbit

lapidaire [lapidɛʀ] *adj* succinct

lapider [lapide] <1> *vt* **1.** (*attaquer*) to stone **2.** (*tuer*) to stone (to death)

lapin [lapɛ̃] *m* ZOOL, CULIN rabbit; **~ de garenne** wild rabbit; *v.a.* **lapine** ▶ **le coup du ~** whiplash; **chaud ~** *inf* horny son of a gun; **poser un ~ à qn** *inf* to stand sb up

lapine [lapin] *f* ZOOL rabbit; *v.a.* **lapin**

laps [laps] *m* **~ de temps** time lapse

lapsus [lapsys] *m* slip

laquais [lakɛ] *m* lackey

laque [lak] *f* **1.** (*pour les cheveux*) hair spray **2.** (*peinture*) lacquer

laqué(e) [lake] *adj* **1.** (*peint*) lacquered **2.** CULIN **canard ~** Peking duck

laquelle [lakɛl] *pron v.* **lequel**

laquer [lake] <1> *vt* **~ qc en blanc/noir** to lacquer sth in black/white

larbin [laʀbɛ̃] *m péj, inf* flunky

lard [laʀ] *m* bacon ▶ **ne pas savoir si c'est du ~ ou du cochon** to not know where one stands; **n'être ni ~ ni cochon** to be neither one thing nor the other; **gros ~** fat slob

larder [laʀde] <1> *vt* CULIN to lard

lardon [laʀdɔ̃] *m* CULIN bacon bit

large [laʀʒ] **I.** *adj* **1.** (*opp: étroit*) wide; (*cercle*) large; **être ~ de carrure** to have a large build; **être ~ d'épaules** to have broad shoulders; **~ de 10 mètres** 10 meters wide **2.** (*ample: vêtement*) loose **3.** (*important*) big; (*champ d'action, diffusion*) wide; **un ~ débat** a wide-ranging debate; **de ~s extraits** extensive extracts **4.** (*ouvert: acception, sens*) broad; **avoir les idées ~s** to be open-minded; **~ d'esprit** broad-minded **II.** *adv* (*calculer*) on the generous side; **voir ~** to think big ▶ **ne pas en mener ~** *inf* to have one's heart in one's boots **III.** *m* **1.** (*haute mer*) open sea **2.** (*largeur*) **un champ de 30 mètres de ~** a field 30 meters wide ▶ **prendre le ~** *inf* (*s'enfuir*) to clear off; (*s'esquiver*) to sneak away; **au ~ de la côte** off the coast

largement [laʀʒəmã] *adv* **1.** (*opp: étroitement*) wide **2.** (*amplement*) **vous avez ~ le temps** you have plenty of time; **~ assez** more than enough; **~ trop** far too much **3.** (*généreusement*) generously **4.** (*au minimum*) at least **5.** *inf* (*assez*) **c'est ~ suffisant** it is more than enough

largesse [laʀʒɛs] *f* **1.** *pl* (*dons*) gifts; **faire des ~s** to bestow gifts **2.** *soutenu* (*générosité*) largesse

largeur [laʀʒœʀ] *f* **1.** (*dimension*) width **2.** (*opp: mesquinerie*) **~ d'esprit** generosity of spirit ▶ **dans les grandes ~s** *inf* well and truly

larguer [laʀge] <1> *vt* **1.** NAUT (*ancre*) to slip; (*voile*) to unfurl **2.** AVIAT to release; (*parachutistes, troupes*) to drop **3.** *inf* (*laisser tomber: projets, travail*) to give up; **~ un ami** to dump a friend

larme [laʀm] *f* **1.** (*pleur*) tear; **en ~s** in tears **2.** *inf* (*goutte*) drop ▶ **avoir des ~s dans la voix** to sob; **avoir les ~s aux yeux** to have tears in one's eyes; **avoir la ~ facile** to cry easily; **fondre en ~s** to dissolve into tears

larmoyer [laʀmwaje] <6> *vi* **1.** (*œil*) to weep; (*voix*) to whine; **faire ~ qn** to make sb weep **2.** (*pleurnicher*) **~ sur qc** to weep over sth

larve [laʀv] *f* **1.** ZOOL larva **2.** (*personne déchue*) worm *inf*

larvé(e) [laʀve] *adj a.* MED latent; (*guerre*) waiting to break out

laryngite [laʀɛ̃ʒit] *f* laryngitis

larynx [laʀɛ̃ks] *m* larynx

las(se) [lɑ, lɑs] *adj* (*personne*) tired; (*geste*) weary

lasagne [lazaɲ] <(s)> *f* lasagna

lascif, -ive [lasif, -iv] *adj* lascivious

laser [lazɛʀ] **I.** *m* laser **II.** *app* compact disc; **platine ~** compact disc player

lassant(e) [lɑsã, ãt] *adj* tiresome; **les enfants, vous êtes ~s!** you children are so tiring!

lasser [lɑse] <1> **I.** *vt* to tire **II.** *vpr* **se ~ de qc** to tire of sth; **sans se ~** without tiring oneself

lassitude [lɑsityd] *f* **1.** (*fatigue physique*) fatigue **2.** (*fatigue morale*) weariness; **accepter par ~** to agree out of weariness

lasso [laso] *m* lasso; **prendre au ~** to lasso

latent(e) [latã, ãt] *adj* latent

latéral(e) [lateʀal, -o] <-aux> *adj* (*de côté*) lateral; **porte ~e** side door

latex [latɛks] *m* latex

latin [latɛ̃] *m* Latin; *v.a.* **français** ▶ **j'y perds mon ~** I can't make heads or tails of it

latin(**e**) [latɛ̃, in] *adj* **1.** Latin **2.** (*opp: anglo-saxon, orthodoxe*) Latin
latinisme [latinism] *m* Latinism
latiniste [latinist] *mf* **1.** (*étudiant, élève*) Latin student **2.** (*spécialiste*) Latinist
latino-américain(**e**) [latinoameʀikɛ̃, ɛn] <latino-américains> *adj* Latin-American
Latino-Américain(**e**) [latinoameʀikɛ̃, ɛn] <Latino-Américains> *m(f)* Latin-American
latitude [latityd] *f* **1.** GEO latitude; **être à 45° de ~ nord** to be at latitude 45° north **2.** *pl* (*régions*) **sous nos ~s** in our regions **3.** (*liberté*) **toute ~** complete freedom
latte [lat] *f* (*planche*) slat
laudatif, -ive [lodatif, -iv] *adj* laudatory
lauréat(**e**) [lɔʀea, at] **I.** *adj* award-winning; **les élèves/étudiants ~s** prize-winning students **II.** *m(f)* award-winner; **~ du prix Nobel** Nobel prize winner
laurier [lɔʀje] *m* **1.** BOT bay tree **2.** CULIN bay **3.** *pl* (*gloire*) praise; **s'endormir sur ses ~s** to rest on one's laurels
laurier-rose [lɔʀjeʀoz] <lauriers-roses> *m* oleander
lausannois(**e**) [lɔzanwa, waz] *adj* of Lausanne
Lausannois(**e**) [lɔzanwa, waz] *m(f)* person from Lausanne
lavable [lavabl] *adj* washable; **~ en machine** machine-washable; **~ uniquement à la main** hand wash only
lavabo [lavabo] *m* **1.** (*cuvette*) bathroom sink **2.** *pl* (*toilettes*) toilets
lavage [lavaʒ] *m* washing; **au ~** in the wash ▶ **~ de cerveau** brainwashing; **~ d'estomac** stomach pumping
lavande [lavɑ̃d] *f* lavender
lave [lav] *f* lava
lave-glace [lavglas] <lave-glaces> *m* windshield washer; **donner un coup de ~** to wash the windshield
lave-linge [lavlɛ̃ʒ] *m inv* washing machine
lavement [lavmɑ̃] *m* **1.** MED enema **2.** REL washing
laver [lave] <1> **I.** *vt* **1.** (*nettoyer*) to clean; (*vaisselle, sol*) to wash; (*mur*) to wash (down); **~ qc à la machine** to machine-wash sth; **~ qc à la serpillière** to mop sth; **~ qc à l'éponge** to sponge sth (down); **~ qc à la main** to hand-wash sth; **~ qc au lave-vaisselle** to wash sth in the dishwasher **2.** (*disculper*) **~ qn d'un soupçon** to clear sb of a suspicion **II.** *vpr* **1.** (*se nettoyer*) **se ~** to wash (oneself); **se ~ les dents** to brush one's teeth **2.** (*être lavable*) **se ~** to be washable; **se ~ à 90°** washes at 90°
laverie [lavʀi] *f* laundry; **~ automatique** Laundromat
lavette [lavɛt] *f* **1.** (*chiffon*) dishcloth **2.** *inf* (*personne*) drip **3.** *Suisse* (*gant*) washcloth
laveur, -euse [lavœʀ, -øz] *m, f* **~ de carreaux** window washer; **~ de voitures** car washer
laveuse [lavøz] *f Québec* (*lave-linge*) washing machine
lave-vaisselle [lavvɛsɛl] *m inv* dishwasher
lavoir [lavwaʀ] *m* wash house
laxatif [laksatif] *m* laxative
laxatif, -ive [laksatif, -iv] *adj* laxative; **être ~** to have a laxative effect
laxisme [laksism] *m* laxness
laxiste [laksist] *adj* overindulgent
layette [lɛjɛt] *f* layette
le [lə] <*devant voyelle ou h muet* l'> **I.** *art déf* the **II.** *pron pers, masc* **1.** (*personne*) **elle ~ voit/l'aide** she sees/helps him **2.** (*animal ou objet*) **là-bas, il y a un cochon/sac, ~ vois-tu?** there's a pig/bag over there - can you see it? **3.** (*valeur neutre*) **je ~ comprends** I understand; **je l'espère!** I hope so! **4.** *avec un présentatif* **~ voici/voilà!** here/there he [*o* it] is!
lé [le] *m* (*d'une étoffe, d'un papier peint*) length
leader [lidœʀ] **I.** *m* leader; **être ~ du classement** to be at the top of the rankings **II.** *adj inv* leader
leasing [liziŋ] *m* leasing
lèche [lɛʃ] *f inf* **faire de la ~ à qn** to lick sb's boots
lèche-botte [lɛʃbɔt] <lèche-bottes> *mf inf* bootlicker
lèche-cul [lɛʃky] <lèche-culs> *mf vulg* ass kisser, brownnoser
lécher [leʃe] <5> **I.** *vt* (*assiette, cuillère, bol, plat*) to lick (clean); (*visage, glace*) to lick; (*lait*) to lap up **II.** *vpr* **se ~ les lèvres** to lick one's lips
lèche-vitrines [lɛʃvitʀin] *m sans pl* window shopping; **faire du ~** to go window shopping
leçon [l(ə)sɔ̃] *f* **a.** ECOLE lesson; **servir de ~ à qn** to be a lesson to sb
lecteur [lɛktœʀ] *m* **1.** MEDIA player; **~ de cassettes/CD** tape/CD player; **~ laser vidéo** video disc player **2.** INFORM drive; **~ de CD-ROM/disquettes/DVD** CD-ROM/disk/DVD drive; **~ optique** optical character reader
lecteur, -trice [lɛktœʀ, -tʀis] *m, f* **1.** (*liseur, personne qui fait la lecture*) reader **2.** UNIV, ECOLE teaching assistant
lecture [lɛktyʀ] *f* **1.** (*action de lire*) reading; **aimer la ~** to like reading **2.** (*action de lire à haute voix*) reading out loud; **faire la ~ de qc à qn** to read sth to sb; **donner ~ de qc** to read sth out **3.** (*qc qui se lit*) **a.** CINE, TV, INFORM reading; **il lui a donné de la ~** he gave her something to read; **~ optique** optical character reading
ledit, ladite [lədi, ladit, ledi, ledit] <lesdit(e)s> *adj antéposé* the aforesaid
légal(**e**) [legal, -o] <-aux> *adj* legal; (*fête*) public; (*heure*) standard
légalement [legalmɑ̃] *adv* legally
légaliser [legalize] <1> *vt* **1.** (*autoriser*) to legalize **2.** (*authentifier*) to authenticate
légalité [legalite] *f* (*respect de la loi*) legality; **sortir de la ~** to step beyond the law
légataire [legatɛʀ] *mf* legatee

légendaire [leʒɑ̃dɛʀ] *adj* **1.** (*mythique: animal*) mythical; (*figure, histoire*) legendary **2.** (*célèbre*) famous

légende [leʒɑ̃d] *f* **1.** (*mythe*) legend; **un personnage de ~** a legendary character **2.** (*explication: d'une carte, d'un plan*) key; (*d'une photo*) caption

léger, -ère [leʒe, -ɛʀ] *adj* **1.** (*opp: lourd*) light; (*vêtement*) light(weight); **poids ~** lightweight **2.** (*de faible intensité*) slight; (*peine*) mild; (*doute, soupçon*) faint; (*couche de neige*) thin; **blessures ~s** slight injuries **3.** (*insouciant*) **d'un cœur ~** with a light heart **4.** *péj* (*superficiel*) thoughtless ►**à la légère** thoughtlessly; **tout prendre à la légère** to take nothing seriously

légèrement [leʒɛʀmɑ̃] *adv* **1.** (*un peu, vraiment*) slightly **2.** (*avec des choses légères*) lightly; **s'habiller ~** to wear summer clothes **3.** (*avec grâce, délicatement*) nimbly; **marcher plus ~** to tread more lightly

légèreté [leʒɛʀte] *f* **1.** (*faible poids*) lightness **2.** (*insouciance*) frivolity **3.** (*superficialité*) thoughtlessness

légiférer [leʒifeʀe] <5> *vi* to legislate

Légion [leʒjɔ̃] *f* **1.** MIL **~ étrangère** Foreign Legion **2.** (*décoration*) **~ d'honneur** Legion of Honor

> **i** The **Légion étrangère** was formed in France in 1831, in connection with the colonization of Algeria. This powerful and unrelenting army can be brought in rapidly and without parliamentary consent. Half of the soldiers are French and half non-French. The majority of them are stationed in France, the rest overseas.

légionelle [leʒjɔnɛl] *f* Legionella

légionellose [leʒjɔnɛloz] *f* MED Legionnaires' disease

légionnaire [leʒjɔnɛʀ] **I.** *m* **1.** HIST legionary **2.** MIL legionnaire **II.** *mf* (*membre de la Légion d'Honneur*) member of the Legion of Honor

législateur, -trice [leʒislatœʀ, -tʀis] *m, f* legislator

législatif, -ive [leʒislatif, -iv] *adj* legislative

législation [leʒislasjɔ̃] *f* legislation

législatives [leʒislativ] *fpl* general election + *vb sing*

législature [leʒislatyʀ] *f* legislature

légiste [leʒist] *mf* legist

légitime [leʒitim] *adj a.* JUR legitimate; **femme ~** lawful wife

légitimement [leʒitimmɑ̃] *adv* rightly; JUR legitimately

légitimer [leʒitime] <1> *vt* **1.** (*justifier*) to justify **2.** JUR to legitimate

légitimité [leʒitimite] *f* legitimacy; **en toute ~** completely legitimately

legs [lɛ(g)] *m* JUR bequest; **faire un ~ à un musée** to make a bequest to a museum

léguer [lege] <5> *vt* JUR **~ qc à qn** to bequeath sth to sb

légume [legym] **I.** *m* vegetable; **~s secs** pulses **II.** *f* **une grosse ~** *inf* a big cheese

légumier, -ière [legymje, -jɛʀ] *m, f Belgique* (*marchand*) produce merchant

leitmotiv [lajtmɔtif, lɛtmɔtiv] <(e)> *m* leitmotif [*o* leitmotiv]

lendemain [lɑ̃dmɛ̃] *m* **1.** *sans pl* (*jour suivant*) **le ~** the following day; **le ~ soir** the following evening; **du jour au ~** from one day to the next **2.** (*temps qui suit*) **au ~ du mariage** after the wedding **3.** (*avenir*) future

lent(e) [lɑ̃, lɑ̃t] *adj* slow; (*esprit*) slow-witted

lentement [lɑ̃tmɑ̃] *adv* slowly ►**~, mais sûrement** slowly but surely

lenteur [lɑ̃tœʀ] *f* slowness; **~ d'esprit** slow-wittedness; **se déplacer avec ~** to move slowly

lentille [lɑ̃tij] *f* **1.** BOT, CULIN lentil **2.** (*en optique*) lens; **~s de contact** contact lenses

Léonard [leɔnaʀ] *m* HIST **~ de Vinci** Leonardo da Vinci

léopard [leɔpaʀ] *m* **1.** ZOOL leopard; **~ femelle** leopardess **2.** (*fourrure*) leopard skin

lepénisme [løpenism] *m: right wing political ideology instigated by Jean-Marie Le Pen*

lèpre [lɛpʀ] *f* MED leprosy

lépreux, -euse [lepʀø, -øz] **I.** *adj* **1.** MED leprous **2.** (*rongé*) flaking **II.** *m, f* leper

lequel, laquelle [ləkɛl, lakɛl, lekɛl] <lesquels, lesquelles> **I.** *pron interrog* which; **regarde cette fille! – laquelle?** look at that girl! – which one?; **~/laquelle d'entre vous ...?** which of you ...?; **auxquels de ces messieurs devrai-je m'adresser?** to which of these gentlemen should I speak?; **demandez à l'un de vos élèves, n'importe ~!** ask any of your students, doesn't matter which!; **je ne sais lesquels prendre!** I don't know which ones to take! **II.** *pron rel* **1.** (*se rapportant à une personne*) who(m); **la concierge, laquelle ...** the caretaker, who ...; **la personne à laquelle je fais allusion** the person to whom I am referring; **les grévistes, au nombre desquels il se trouve** the strikers, among whom there is **2.** (*se rapportant à un animal, un objet*) which; **la situation délicate dans laquelle nous nous trouvons** the delicate situation in which we find ourselves; **la liberté, au nom de laquelle ...** freedom, in whose name ...

les [le] **I.** *art déf* the **II.** *pron pers, pl* **1.** (*personnes, animaux, objets*) them **2.** *avec un présentatif* they; **~ voici/voilà !** here/there they are!

lesbien(ne) [lɛzbjɛ̃, jɛn] *adj* lesbian

lesbienne [lɛzbjɛn] *f* lesbian

léser [leze] <5> *vt* **1.** (*désavantager*) to damage; **partie lésée** injured party **2.** (*nuire*) **~ les intérêts de qn** to be against sb's interests

lésiner [lezine] <1> *vi* **~ sur qc** to skimp on

sth

lésion [lezjɔ̃] *f* lesion

lessivable [lesivabl] *adj* washable

lessive [lesiv] *f* **1.** (*détergent*) detergent; **~ en poudre/liquide** powder/liquid laundry detergent **2.** (*lavage, linge à laver*) laundry; **jour de ~** laundry day; **faire la ~** to do the laundry

lessiver [lesive] <1> *vt* **1.** (*nettoyer: pièce, sol*) to wash; (*murs*) to wash (down) **2.** *inf* (*épuiser*) **être lessivé** to be worn out

lest [lɛst] *m* ballast

leste [lɛst] *adj* **1.** (*vif*) sprightly **2.** (*grivois*) crude

lester [lɛste] <1> **I.** *vt* **1.** (*garnir de lest*) to ballast; **être lesté de qc** to be ballasted with sth **2.** *inf* (*remplir*) **~ ses poches** to line one's pockets **II.** *vpr inf* **se ~** to stuff oneself; **se ~ l'estomac** to feed one's face

léthargie [letaʀʒi] *f* lethargy; **sortir qn de sa ~** to shake sb out of their lethargic state

letton [lɛtɔ̃] *m* Latvian; *v.a.* **français**

letton(e) [lɛtɔ̃, ɔn] *adj* Latvian

Letton(e) [lɛtɔ̃, ɔn] *m(f)* Latvian

Lettonie [lɛtɔni] *f* **la ~** Latvia

lettre [lɛtʀ] *f* **1.** (*missive, signe graphique*) letter; **~ d'affaires/d'amour/de menaces** business/love/threatening letter; **~ de candidature** letter of application; **mettre une ~ à la poste** to mail a letter; **par ~** by mail; **c'est en grosses ~s dans les journaux** it has made the headlines **2.** *pl* UNIV (*opp: sciences*) arts; **professeur de ~s** French teacher **3.** *sans pl* (*sens strict*) **à la ~** to the letter; **prendre qc à la ~** to take sth literally ▶ **passer comme une ~ à la poste** *inf* to go off smoothly; (*proposition*) to be accepted easily; **en toutes ~s** (*opp: en chiffres*) in words; (*sans abréviation*) in full; (*écrit noir sur blanc*) in black and white; (*sans doute possible*) definitely

leucémie [løsemi] *f* MED leukemia

leur[1] [lœʀ] *pron pers, inv* **1.** (*personnes, animaux, objets*) them **2.** (*avec un sens possessif*) **le cœur ~ battait fort** their hearts were beating fast; *v.a.* **me**

leur[2] [lœʀ] <leurs> **I.** *dét poss* their; *v.a.* **ma, mon II.** *pron poss* **1. le/la ~** their; **les ~s** theirs; *v.a.* **mien 2.** *pl* (*ceux de leur famille*) **les ~s** their family; (*leurs partisans*) their people; **vous êtes des ~s** you are with them; *v.a.* **mien** ▶ **ils y mettent du ~** they pull their weight

leurre [lœʀ] *m* **1.** (*artifice*) illusion **2.** (*à la pêche, à la chasse*) lure; MIL decoy

leurrer [lœʀe] <1> **I.** *vt* to delude **II.** *vpr* **se ~** to delude oneself

leurs [lœʀ] *v.* **leur**

levage [ləvaʒ] *m* CULIN rising

levain [ləvɛ̃] *m* (*pour pain, pour gâteau*) leaven; **pain au/sans ~** leavened/unleavened bread

levant [ləvɑ̃] *m* (*est*) east

levée [l(ə)ve] *f* collection; **heures de ~** collection times

lever [l(ə)ve] <4> **I.** *vt* **1.** (*soulever*) to lift; (*jambe, tête, visage*) to raise; **~ la main** to raise one's hand; **~ les yeux vers qn** to look up at sb **2.** (*sortir du lit*) **~ un enfant/un malade** to get a child/a sick person out of bed; **faire ~ qn** to make sb get up **3.** (*faire cesser*) **être levé** (*séance*) to come to an end **II.** *vpr* **se ~ 1.** (*se mettre debout, sortir du lit*) to get up; **se ~ de table** to leave the table **2.** (*commencer à paraître: lune, soleil*) to rise; (*jour, aube*) to break **3.** (*se soulever: rideau, main*) to go up **4.** (*commencer à s'agiter: mer*) to rise; (*vent*) to get up **5.** (*devenir meilleur: temps, brouillard*) to clear **III.** *vi* **1.** (*gonfler: pâte*) to rise **2.** (*pousser*) to come up **IV.** *m* **au ~ du soleil** at sunrise; **~ du jour** daybreak

lève-tard [lɛvtaʀ] *mf inv, inf* late riser

lève-tôt [lɛvto] *mf inv, inf* early riser

lève-vitre [lɛvvitʀ] <lève-vitres> *m* window crank (handle)

levier [ləvje] *m* (*tige de commande, pour lever*) lever; **~ de (changement de) vitesse** stick shift, gearshift; **faire ~ sur qc** to lever sth up ▶ **être aux ~s de commande** to be in control

levraut [ləvʀo] *m* leveret

lèvre [lɛvʀ] *f* **1.** ANAT lip; **~ inférieure/supérieure** lower/upper lip **2.** *pl* (*parties de la vulve*) labia ▶ **ne pas desserrer les ~s** not to open one's mouth

lévrier [levʀije] *m* greyhound

levure [l(ə)vyʀ] *f a.* CHIM yeast; **~ de boulanger** baker's yeast; **~ chimique/de bière** dried/brewer's yeast

lexicographie [lɛksikɔgʀafi] *f* lexicography

lexique [lɛksik] *m* **1.** (*dictionnaire bilingue*) lexicon; (*en fin d'ouvrage*) glossary **2.** (*vocabulaire*) lexis

lézard [lezaʀ] *m* lizard

lézarde [lezaʀd] *f* crack

lézardé(e) [lezaʀde] *adj* cracked

lézarder[1] [lezaʀde] <1> *vi inf* to bask in the sun

lézarder[2] [lezaʀde] <1> *vt, vpr* (**se**) **~** to crack

liaison [ljɛzɔ̃] *f* **1.** (*contact*) contact; **~ radio/téléphonique** radio/telephone link; **mettre qn en ~ avec qn** to put sb in contact with sb; **travailler en ~ étroite avec qn** to work in close contact with sb **2.** (*enchaînement*) connection **3.** LING liaison **4.** (*relation amoureuse*) affair

liane [ljan] *f* creeper

liant(e) [ljɑ̃, ljɑ̃t] *adj* sociable

liasse [ljas] *f* (*de documents*) bundle; (*de billets*) wad

Liban [libɑ̃] *m* **le ~** Lebanon

libanais [libanɛ] *m* Lebanese; *v.a.* **français**

libanais(e) [libanɛ, ɛz] *adj* Lebanese

Libanais(e) [libanɛ, ɛz] *m(f)* Lebanese

libeller [libele] <1> *vt* (*remplir, rédiger: chèque*) to make out; (*contrat*) to draw up

libellule [libelyl] *f* dragonfly

libéral(e) [libeʀal, -o] <-aux> **I.** *adj* liberal

II. *m(f)* POL Liberal
libéralisme [libeʀalism] *m* **1.** ECON, POL free market philosophy **2.** (*tolérance*) liberalism
libérateur, -trice [libeʀatœʀ, -tʀis] **I.** *adj* liberating **II.** *m, f* liberator
libération [libeʀasjɔ̃] *f* **1.** (*mise en liberté*) release **2.** (*délivrance*) *a. fig* liberation; **la ~ de la femme** women's liberation
Libération [libeʀasjɔ̃] *f* **la ~** the Liberation (*the liberation of French territory occupied by German troops during the Second World War*)
libéré(e) [libeʀe] *adj* (*émancipé*) liberated
libérer [libeʀe] <5> **I.** *vt* **1.** (*relâcher*) to discharge **2.** (*délivrer*) to free **3.** (*décharger*) **~ qn de sa dette** to relieve sb of his/her debt; **~ qn d'une promesse** to release sb from a promise **4.** (*dégager: voie*) to unblock **5.** (*rendre disponible: chambre*) to free; **cela me libérerait un peu de temps** that will give me some time **II.** *vpr* **1.** (*se délivrer*) **se ~ de ses soucis** to relieve oneself of one's worries **2.** (*se rendre libre*) **se ~** to get away **3.** (*devenir vacant*) **se ~** (*poste, place*) to become free
Libéria [libeʀja] *m* **le ~** Liberia
liberté [libɛʀte] *f* **1.** *sans pl* (*opp: oppression, emprisonnement*) freedom, liberty; **en ~** (*opp: en captivité*) in the wild; (*opp: en prison*) free; **être en ~ provisoire/surveillée** to be on bail/probation; **rendre la ~ à qn** to give someone back his/her freedom **2.** *sans pl* (*loisir*) leisure; **quelques heures/jours de ~** a few hours/days off **3.** (*droit, indépendance, absence de contrainte*) freedom; **laisser toute ~ à qn** to give sb complete freedom; **parler en toute ~** to speak freely ▶ **Liberté, Égalité, Fraternité** Liberty, Equality, Fraternity; **prendre des ~s avec qn** (*être trop familier*) to take liberties with sb; (*sexuellement*) to take advantage of sb
libido [libido] *f* libido
libraire [libʀɛʀ] *mf* bookseller
librairie [libʀeʀi] *f* bookstore; **en ~** in bookstores
librairie-papeterie [libʀɛʀipapɛtʀi] <librairies-papeteries> *f* book and stationery store
libre [libʀ] *adj* **1.** *a.* POL free; **la zone ~** the unoccupied zone (*the parts of French territory unoccupied by German troops during the Second World War*); **elle est ~ de ses choix** she's free to make her own choices; **ne pas être ~** (*personne*) not to be available **2.** (*opp: marié: personne*) single **3.** (*sans contrainte: discussion, esprit*) open; **être ~ de tout préjugé/engagement** to be free of any prejudice/commitment **4.** (*opp: entravé: cheveux*) loose; **laisser le cou ~** (*robe*) to be wide-necked **5.** (*autorisé*) **entrée ~** please come in **6.** ECOLE, UNIV independent **7.** SPORT **exercices/figures ~s** freestyle
librement [libʀəmɑ̃] *adv* freely; **respirer plus ~** to breathe more easily
libre-service [libʀəsɛʀvis] <libres-services> *m* **1.** (*magasin*) self-service shop **2.** (*restaurant*) self-service restaurant **3.** *sans pl* (*système de vente*) self-service
Libye [libi] *f* **la ~** Libya
licence [lisɑ̃s] *f* **1.** UNIV degree; **~ ès sciences** science degree; **faire une ~ d'allemand** to do a German degree **2.** COM, JUR license; **~ de débit de boisson** bar license; **fabriqué sous ~** manufactured under license **3.** SPORT permit; **joueur titulaire d'une ~** authorized player

> **i** The **licence** is an academic qualification, awarded after three years of university study in France, four in Belgium. In Switzerland, it is an academic qualification for humanities, economics, and legal faculties.

licencié(e) [lisɑ̃sje] *adj* **1.** UNIV graduate **2.** (*renvoyé*) fired
licenciement [lisɑ̃simɑ̃] *m* dismissal; **~ collectif** mass layoffs; **~ économique** layoff
licencier [lisɑ̃sje] <1> *vt* to fire
lichen [likɛn] *m* BOT lichen
lichette [liʃɛt] *f Belgique* (*petite attache servant à suspendre un vêtement, un torchon*) tag
licorne [likɔʀn] *f* unicorn
lie [li] *f* (*dépôt*) deposit; **~ de vin** wine sediment
lié(e) [lje] *adj* (*proche*) **être ~ avec qn** to be friendly with sb
Liechtenstein [liʃtɛnʃtajn] *m* **le ~** Liechtenstein
lie-de-vin [lidvɛ̃] *adj inv* wine-colored
liège [ljɛʒ] *m* cork; **bouchon de ~** cork
Liège [ljɛʒ] Liège
liégeois(e) [ljeʒwa, waz] *adj* of Liège
Liégeois(e) [ljeʒwa, waz] *m(f)* person from Liège
lien [ljɛ̃] *m* **1.** (*attache*) tie; (*chaîne*) link **2.** (*rapport*) *a.* INFORM link; **~ entre deux/plusieurs choses** link between two/several things **3.** (*ce qui unit*) **~ de parenté** family ties; **nouer des ~s avec qn** to tighten a bond with sb
lier [lje] <1> **I.** *vt* **1.** (*attacher*) **~ qn/qc à qc** to tie sb/sth to sth **2.** (*assembler*) **~ les mots** to join words up **3.** (*mettre en relation*) **être lié à qc** to be linked to sth **4.** (*unir*) **~ qn/qc à qn/qc** to bind sb/sth to sb/sth **5.** (*astreindre*) **être lié par un serment** to be bound by an oath **II.** *vpr* **se ~ avec qn** to make friends with sb
lierre [ljɛʀ] *m* ivy
liesse [ljɛs] *f soutenu* jubilation; **être en ~** to be jubilant
lieu[1] [ljø] <x> *m* **1.** (*endroit*) place; **~ de séjour** place of residence; **~ de naissance/travail** place of birth/work; **~ de rencontre** meeting place **2.** *pl* (*endroit précis*) **sur les ~x de l'accident** at the scene of the accident **3.** (*endroit particulier*) **haut ~ de la Résistance** shrine of the Resistance; **en**

haut ~ in high places; **en ~ sûr** (*à l'abri*) in a safe place; (*en prison*) in prison **4.** (*dans une succession*) **en premier/second ~** in the first/second place; **en dernier ~** finally **5.** (*place*) **avoir ~** to take place; **tenir ~ de qc à qn** to serve as sth for sb; **au ~ de qc** instead of sth **6.** (*raison*) **il n'y a pas ~ de s'inquiéter** there is no reason to worry; **donner ~ à qc** (*provoquer*) to cause sth; (*fournir l'occasion de*) to give rise to sth

lieu² [ljø] <s> *m* ZOOL **~ jaune** pollack; **~ noir** coalfish

lieu commun [ljøkɔmœ̃] <lieux communs> *m* commonplace

lieudit [ljødi] <s>, **lieu-dit** <lieux-dits> *m* place (*introduces place name*)**; le ~ de la "Pierre du Diable"** the (place called) "Pierre du Diable"

lieue [ljø] *f* (*mesure*) *a.* NAUT league ▶ **à cent ~s à la ronde** for miles around; **être à cent** [*o* **mille**] **~s de faire qc** to have no idea of doing sth; **nous étions à cent** [*o* **mille**] **~s de penser que ...** it never crossed our minds that ...

lieutenant [ljøt(ə)nɑ̃] *m* **1.** MIL lieutenant **2.** (*adjoint*) second in command

lieutenant-colonel [ljøt(ə)nɑ̃kɔlɔnɛl] *m* MIL lieutenant colonel

lièvre [ljɛvʀ] *m* ZOOL hare ▶ **courir deux/plusieurs ~s à la fois** to have more than one/several irons in the fire *inf;* **courir comme un ~** to run like the wind; **lever un ~** to start something off

lifting [liftiŋ] *m* facelift; **se faire faire un ~** to have a facelift

ligament [ligamɑ̃] *m* ANAT ligament

ligne [liɲ] *f* **1.** (*trait, limite réelle, forme*) *a.* CHEMDFER, ELEC, TEL line; **~ de départ/d'arrivée** starting/finish line; **~ de but** goal line; **une ~ de métro** a subway line; **être en ~** TEL to be on the phone; INFORM to be on line; **gardez la ~!** *Québec* (*ne quittez pas*) hold the line! **2.** (*limite imaginaire*) **~ d'horizon** horizon; **~ de tir** line of fire **3.** (*suite de mots*) *a.* INFORM line; **de huit ~s** eight lines long; **à la ~!** new line!; **~ commentaire/de commande** comment/command line; **en/hors ~** online/offline **4.** *sans pl* (*silhouette*) figure; **avoir/garder la ~** to have/keep a slim figure **5.** (*ensemble de produits cosmétiques*) line **6.** (*point*) **les grandes ~s de l'ouvrage** the main outline of the work **7.** (*direction*) **~ droite** straight line; **la dernière ~ droite avant l'arrivée** the home stretch **8.** (*à la pêche*) (fishing) line **9.** (*rangée*) *a.* MIL row; **se mettre en ~** to line up **10.** (*filiation*) **en ~ directe** in a direct line **11.** *Belgique* **la ~ des cheveux** (*la raie*) the part ▶ **entrer en ~ de compte** to have to be taken into account; **prendre qc en ~ de compte** to take sth into account; **hors ~** off-line; **sur toute la ~** from start to finish

lignée [liɲe] *f* (*descendance*) lineage

ligneux, -euse [liɲø, -øz] *adj* woody

ligoter [ligɔte] <1> *vt* **1.** (*attacher*) to tie up **2.** (*priver de liberté*) **être ligoté** to be imprisoned

ligue [lig] *f* league

Ligue [lig] *f* **~ des droits de l'homme** League of Human Rights

liguer [lige] <1> *vpr* **se ~ contre qn** to conspire together against sb

lilas [lilɑ] *adj inv, m* lilac

lilliputien(ne) [li(l)lipysjɛ̃, jɛn] *adj, m(f)* Lilliputian

limace [limas] *f* slug

limande [limɑ̃d] *f* dab

lime [lim] *f* (*outil*) file; **~ à ongles** nail file

limer [lime] <1> **I.** *vt* (*ongles, clé, métal*) to file; (*bois*) to plane **II.** *vpr* **se ~ les ongles** to file one's nails

limier [limje] *m* (*chien de chasse*) bloodhound

limitation [limitasjɔ̃] *f* limitation; **~ des armements** arms limitation; **~ de vitesse** speed limit; **~ des naissances** birth control; **sans ~ de temps** with no time limit

limite [limit] **I.** *app* **1.** (*extrême: âge, poids, prix, vitesse*) maximum; (*cas*) borderline **2.** (*presque impossible*) very difficult; **ce cas me paraît ~** this case seems nearly impossible to me **3.** *inf* (*pas terrible*) **être ~** to be borderline **II.** *f* **1.** (*démarcation*) boundary **2.** (*dans le temps*) deadline; **~ pour les inscriptions** deadline for registration **3.** (*borne*) *a.* MATH limit; **sans ~s** (*ambition, vanité*) boundless; (*pouvoir*) limitless; **être à la ~ du supportable** to be just barely tolerable; **atteindre les ~s du ridicule** to be completely ridiculous; **dépasser les ~s** to overstep the mark; **il y a des ~s** there are limits; **dans les ~s du possible** subject to what is possible ▶ **à la ~** in a pinch; **à la ~, je ferais mieux de ...** in a way, I'd be better off ...; **à la ~, on croirait que ...** one would almost think that ...

limité(e) [limite] *adj* limited

limiter [limite] <1> **I.** *vt* **1.** (*délimiter*) to limit **2.** (*restreindre*) **~ qc à l'essentiel** to restrict sth to what is essential; **~ les dégâts** to limit the damage **II.** *vpr* **se ~ dans qc** (*en mangeant, buvant, dans son comportement*) to be careful when it comes to sth; **je me limiterai à dire ceci** I'll do no more than say this

limitrophe [limitʀɔf] *adj* neighboring; **les pays ~s de la France** countries bordering on France; **les villes ~s de l'Allemagne** the towns on the German border

limoger [limɔʒe] <2a> *vt inf* to sideline

limon [limɔ̃] *m* (*terre*) silt

limonade [limɔnad] *f* lemonade

Limousin [limuzɛ̃] *m* **le ~** the Limousin

limousine [limuzin] *f* limousine

limpide [lɛ̃pid] *adj* **1.** (*pur*) limpid; (*regard*) lucid; (*air*) clear; **des yeux d'un bleu ~** clear blue eyes **2.** (*intelligible*) clear

limpidité [lɛ̃pidite] *f* (*pureté*) limpidity; (*de*

L

l'air) clearness
lin [lɛ̃] *m* **1.** BOT flax **2.** (*fibre textile*) linen
linceul [lɛ̃sœl] *m* shroud
linéaire [lineɛʀ] *adj* **1.** (*droit*) linear **2.** (*simple*) simplistic; **vision trop ~ de la science** a rather blinkered vision of science
linge [lɛ̃ʒ] *m* **1.** *sans pl* (*vêtements*) clothing; **du ~ de rechange/de toilette** clean/bathroom linen; **avoir du ~ à laver** to have clothes to wash **2.** (*morceau de tissu*) cloth ▸**il faut laver son ~ sale en famille** one should not wash one's dirty linen in public; **blanc comme un ~** as white as a sheet
lingerie [lɛ̃ʒʀi] *f* **1.** *sans pl* (*dessous*) **~ féminine** lingerie **2.** (*local*) linen room
lingot [lɛ̃go] *m* **1.** (*lingot d'or*) gold ingot **2.** (*masse de métal*) ingot
linguiste [lɛ̃gɥist] *mf* linguist
linguistique [lɛ̃gɥistik] **I.** *adj* **1.** (*relatif à la science du langage*) linguistic **2.** (*relatif à la langue*) **communauté/famille ~** speech community/family **II.** *f* linguistics + *vb sing*
linoléum [linɔleɔm] *m* linoleum
linotte [linɔt] *f* linnet
linteau [lɛ̃to] <x> *m* ARCHIT lintel
lion [ljɔ̃] *m* lion; *v.a.* **lionne**
Lion [ljɔ̃] *m* Leo; *v.a.* **Balance**
lionceau [ljɔ̃so] <x> *m* lion cub
lionne [ljɔn] *f* lioness; *v.a.* **lion**
lipide [lipid] *m* lipid
liquéfier [likefje] <1> **I.** *vt* to liquefy **II.** *vpr* **se ~** (*gaz*) to condense; (*solide*) to melt
liqueur [likœʀ] *f* liqueur
liquidation [likidasjɔ̃] *f* **1.** (*solde*) sale; **~ totale du stock** going-out-of-business sale **2.** JUR (*d'une succession, d'un compte*) liquidation
liquide [likid] **I.** *adj* **1.** (*fluide*) liquid; **être trop ~** (*sauce*) to be too thin **2.** (*disponible*) **argent ~** cash **II.** *m* **1.** (*fluide*) liquid; **~ vaisselle** dish soap; **~ de frein(s)** brake fluid; **les ~s et les solides** liquids and solids **2.** *sans pl* (*argent*) cash; **en ~** in cash
liquider [likide] <1> *vt* **1.** COM (*marchandise*) to sell off; (*stock*) to liquidate **2.** *inf* (*se débarrasser: adversaire*) to eliminate; (*dossier*) to get rid of; **voilà une affaire (de) liquidée** that's the end of that **3.** *inf* (*tuer*) to eliminate; **se faire ~** to be eliminated **4.** *inf* (*finir: boisson, nourriture*) to clear **5.** JUR (*société*) to liquidate; (*compte*) to settle
liquoreux, -euse [likɔʀø, -øz] *adj* (*vin*) dessert
lire¹ [liʀ] *irr* **I.** *vi* to read; **elle sait ~** she can read; **~ à haute voix** to read aloud; **~ dans les lignes de la main de qn** to read sb's palm; **~ dans les pensées de qn** to read sb's thoughts **II.** *vt* to read; **c'est à ~!** it is a must-read! *inf;* **en espérant vous/te ~ bientôt** hoping to hear from you soon; **à te ~** from what you write **III.** *vpr* **1.** (*se déchiffrer*) **l'hébreu se lit de droite à gauche** Hebrew reads from right to left **2.** (*se comprendre*) **ce texte peut se ~ de deux manières** this text can be interpreted in two ways **3.** (*se deviner*) **la surprise se lisait sur son visage** surprise was written all over his face ▸**qc/ça se laisse ~** sth/it is very easy to read
lire² [liʀ] *f* HIST (*monnaie*) lira
lis¹ [lis] *m* lily
lis² [li] *indic prés de* **lire**
lisais [lizɛ] *imparf de* **lire**
lisant [lizɑ̃] *part prés de* **lire**
Lisbonne [lisbɔn] Lisbon
liseré [liz(ə)ʀe] *m*, **liséré** [lizeʀe] *m* border
liseron [lizʀɔ̃] *m* BOT bindweed
lisez [lize] *indic prés et impératif de* **lire**
lisible [lizibl] *adj* legible; **ne pas être ~** to be illegible
lisiblement [lizibləmɑ̃] *adv* legibly
lisière [lizjɛʀ] *f* **1.** COUT selvage **2.** (*limite*) edge; (*d'un champ*) boundary
lisons [lizɔ̃] *indic prés et impératif de* **lire**
lisse [lis] *adj* smooth
lissé(e) [lise] *adj* (*cheveux*) smoothed down
lisser [lise] <1> **I.** *vt* to smooth; (*papier*) to smooth (out) **II.** *vpr* **se ~ les cheveux/la moustache** to smooth down one's hair/mustache
liste [list] *f* (*nomenclature*) list; **~ électorale** electoral roll; **~ de mariage** wedding list; **faire la ~ de qc** to list sth; **les ~s des inscriptions sont closes** registrations are closed ▸**être sur (la) ~ rouge** to be unlisted
lister [liste] <1> *vt* to list
listing [listiŋ] *m* listing
lit¹ [li] *m* **1.** (*meuble*) bed; **~ d'enfant/de camp** child's/camp bed; **~ pour deux personnes** double bed; **aller au ~** to go to bed; **mettre qn au ~** to put sb to bed; **au ~!** bedtime!; **être cloué au ~** to be bedridden **2.** (*creux: d'une rivière*) bed; **sortir de son ~** to burst its banks ▸**du premier/second ~** from the first/second marriage
lit² [li] *indic prés de* **lire**
litchi [litʃi] *m* litchi
literie [litʀi] *f* **1.** (*sommier et matelas*) bed **2.** (*linge*) bedding; **le rayon ~** the bedding department
litière [litjɛʀ] *f* litter; (*d'un cheval, d'une vache*) bedding; **~ pour chats** kitty litter
litige [litiʒ] *m* **1.** (*contestation*) dispute; **régler un ~** to settle a dispute **2.** JUR lawsuit
litre [litʀ] *m* **1.** (*mesure*) liter **2.** (*bouteille*) liter bottle
littéraire [liteʀɛʀ] **I.** *adj* literary **II.** *mf* **1.** (*opp: scientifique*) literary type **2.** (*étudiant, professeur*) student/teacher of literature
littéral(e) [liteʀal, -o] <-aux> *adj* (*traduction, sens*) literal; (*copie*) exact
littéralement [liteʀalmɑ̃] *adv* literally
littérature [liteʀatyʀ] *f* literature
littoral [litɔʀal, -o] <-aux> *m* coast
littoral(e) [litɔʀal, -o] <-aux> *adj* coastal
Lituanie [litɥani] *f* **la ~** Lithuania
lituanien [litɥanjɛ̃] *m* Lithuanian; *v.a.* **français**
lituanien(ne) [litɥanjɛ̃, jɛn] *adj* Lithuanian
Lituanien(ne) [litɥanjɛ̃, jɛn] *m(f)* Lithuanian
liturgie [lityʀʒi] *f* liturgy

livide [livid] *adj* livid; (*lèvres*) blue-tinged; (*lumière*) pale

living [liviŋ] *m*, **living-room** [liviŋRum] <living-rooms> *m* living room

livrable [livRabl] *adj* which can be delivered

livraison [livRɛzɔ̃] *f* delivery; **~ à domicile** home delivery; **payable à la ~** cash on delivery

livre[1] [livR] *m* **1.** (*ouvrage*) book; **~ d'enfant** [*o* **pour enfants**] children's book; **~ d'images** picture book; **~ de poche** paperback; **~ de cuisine** cookbook; **~ d'histoire/d'anglais** history/English book; **~ scolaire** schoolbook; **~ de lecture** reading book; **~ à succès** bestseller **2.** *sans pl* (*industrie*) **le ~** the book trade; **salon du ~** book fair **3.** (*registre*) **~ de caisse** cashbook; **~ d'or** visitors' book ▶ **à ~ ouvert** at sight

livre[2] [livR] *f* **1.** (*unité monétaire anglaise*) pound; **~ sterling** pound sterling **2.** *Québec* (*unité de masse valant 0,453 kg*) pound

livrer [livRe] <1> **I.** *vt* **1.** (*fournir*) to deliver; **se faire ~ qc** to have sth delivered **2.** (*remettre*) **~ qn à la police** to hand sb over to the police **3.** (*dénoncer*) to give away **4.** (*abandonner*) **~ qn à la mort** to send sb to his death; **être livré à soi-même** to be left alone **5.** (*dévoiler*) to reveal **II.** *vpr* **1.** (*se rendre*) **se ~ à qn** to give oneself up to sb **2.** (*se confier*) **se ~ à qn** to confide in sb **3.** (*se consacrer*) **se ~ à un sport** to practice a sport; **se ~ à une enquête** to take up an investigation; **se ~ à ses occupations habituelles** to immerse oneself in one's usual occupations

livret [livRɛ] *m* (*registre*) booklet; **~ (de caisse) d'épargne** bankbook; **~ de famille** family record book; **~ militaire** military record; **~ scolaire** report card

livreur, -euse [livRœR, -øz] *m, f* delivery person

lobby [lɔbi] <lobbies *o* s> *m* lobby

lobe [lɔb] *m* ANAT, BOT lobe; **~ de l'oreille** earlobe

local [lɔkal, -o] <-aux> *m* **des locaux** (*salles*) premises *pl;* (*bureaux*) offices *pl;* **des locaux à usage commercial** commercial premises

local(e) [lɔkal, -o] <-aux> *adj* local; **1 h 30 heure ~e** 1:30 a.m. local time

localement [lɔkalmɑ̃] *adv* **1.** (*par endroits*) in places **2.** (*à un endroit précis*) locally

localiser [lɔkalize] <1> **I.** *vt* **1.** (*situer*) **~ qc sur la carte** to locate sth on the map **2.** (*circonscrire*) to localize **II.** *vpr* **se ~** (*conflit, épidémie*) to be confined

localité [lɔkalite] *f* town

locataire [lɔkatɛR] *mf* tenant; **être ~** to rent

location [lɔkasjɔ̃] *f* **1.** (*bail: d'une habitation, d'un terrain, d'une voiture*) renting; **voiture de ~** rental car; **prendre/donner un appartement en ~** to rent an apartment **2.** (*maison à louer*) **prendre une ~ pour les vacances** to rent a house during vacation

location-vente [lɔkasjɔ̃vɑ̃t] <locations-ventes> *f* installment plan; **en ~** in installments

lock-out [lɔkaut] *m inv* lockout

locomotion [lɔkɔmosjɔ̃] *f* locomotion

locomotive [lɔkɔmɔtiv] *f* TECH locomotive

locuteur, -trice [lɔkytœR, -tRis] *m, f* speaker; **~ natif** native speaker

locution [lɔkysjɔ̃] *f* phrase

loft [lɔft] *m* loft

loge [lɔʒ] *f* **1.** (*pièce: d'un concierge*) lodge; (*d'un acteur*) dressing room **2.** THEAT box ▶ **être aux premières ~s** to be in the front row

logement [lɔʒmɑ̃] *m* **1.** (*habitation*) accommodation; (*appartement*) apartment; (*maison*) house; MIL quarters *pl;* (*chez un civil*) billet; **~ de deux pièces** one-bedroom apartment; **~ de fonction** *housing provided by one's employer;* **~ provisoire** provisional housing **2.** (*secteur*) **le ~** housing; **crise du ~** housing crisis; **politique en matière de ~** housing policy

loger [lɔʒe] <2a> **I.** *vi* (*séjourner: personne*) to live **II.** *vt* **1.** (*héberger*) **~ qn** to put sb up **2.** (*contenir: hôtel*) to accommodate **3.** (*envoyer avec une arme*) **~ une balle dans la tête de qn** to put a bullet through sb's head **III.** *vpr* **1.** (*trouver un logement*) **se ~ chez un ami** to stay at a friend's house **2.** (*se placer*) **se ~ entre deux vertèbres** (*balle*) to lodge between two vertebrae

logeur, -euse [lɔʒœR, -ʒøz] *m, f* landlord, landlady *m, f*

loggia [lɔdʒja] *f* loggia

logiciel [lɔʒisjɛl] *m* software; **~ libre** [*o* **gratuit**] freeware; **~ anti-virus** anti-virus software; **~ de courrier électronique** e-mail software; **~ de traitement de texte** word processing software; **~ de navigation** browser

logicien(ne) [lɔʒisjɛ̃, jɛn] *m(f)* logician

logique [lɔʒik] **I.** *adj* logical **II.** *f* PHILOS, MATH logic; **manquer de ~** to lack logic; **être dans la ~ des choses** to be in the nature of things; **en toute ~** logically

logiquement [lɔʒikmɑ̃] *adv* **1.** (*normalement*) logically **2.** (*rationnellement*) rationally

logo(type) [lɔgɔ(tip)] *m* logo

loi [lwa] *f* **1.** (*prescription légale*) *a.* PHYS, MATH law; **la ~ du talion** lex talionis; **j'ai la ~ pour moi** I have the law on my side **2.** (*ordre imposé*) rules; (*par Dieu*) law; **dicter sa ~** [*o* **faire la ~**] to lay down the law; **la ~ du moindre effort** the path of least resistance; **c'est la ~ des séries** once things happen, they keep happening

loin [lwɛ̃] *adv* **1.** (*distance*) far; **~ d'ici** a long way from here; **au ~** in the distance; **de ~** from a distance; **aller ~ de sa ville natale** to go far from one's place of birth; **c'est encore assez ~** it is still quite a long way; **plus ~** farther **2.** *fig* far; **il ira ~** he will go far; **j'irais même plus ~** I would go even further; **voir plus ~ page 28** see below page 28; **elle**

L

revient de ~ she had a close call **3.** (*dans le temps*) far; **il n'est pas très ~ de minuit** it's close to midnight; **de ~ en ~** here and there **4.** (*au lieu de*) **~ de faire qc** far from doing sth; **~ de cela** far from that ► **~ s'en faut** not by a long shot; **de ~** by far; **~ de là** far from it

lointain(e) [lwɛ̃tɛ̃, ɛn] *adj* **1.** (*dans l'espace*) faraway **2.** (*dans le temps: avenir*) far off; (*époque, souvenir*) distant **3.** (*indirect*) distant **4.** (*détaché, absent: personne*) remote; (*regard*) faraway

loir [lwaʀ] *m* dormouse ► **dormir comme un ~** to sleep like a log

loisir [lwaziʀ] *m* **1.** *sing o pl* (*temps libre*) leisure; **heures de ~** free time **2.** (*passe-temps*) hobby

lombaire [lɔ̃bɛʀ] **I.** *adj* **région ~** lumbar region **II.** *f* lumbar vertebra *pl*

londonien(ne) [lɔ̃dɔnjɛ̃, jɛn] *adj* Londoner

Londonien(ne) [lɔ̃dɔnjɛ̃, jɛn] *m(f)* Londoner

Londres [lɔ̃dʀ] London; **le Grand ~** Greater London

long [lɔ̃] **I.** *adv* **qc en dit ~ sur qc** sth speaks volumes about sth; **en savoir ~ sur qc** to know a lot about sth **II.** *m* **en ~** lengthways; **de ~ en large** to and fro; **en ~ et en large** in great detail; **tout au ~ du parcours** all along the way; **tout au ~ de sa vie** throughout his life; **avoir 2 km de ~** to be 2 km long; **tomber de tout son ~** to fall headlong; **tout le ~ du mur** all along the wall

long, longue [lɔ̃, lɔ̃g] *adj* long; **~ de 5 km** 5 km long; **une ~ue habitude** a long-standing habit; **ce sera ~** it'll take a long time; **être ~ à faire qc** to be slow in doing sth

longer [lɔ̃ʒe] <2a> *vt* **1.** (*border*) **~ qc** (*mur*) to border sth; (*sentier, rivière*) to run alongside sth **2.** (*se déplacer le long de*) **~ qc** (*bateau, véhicule*) to travel along sth; (*personne*) (*à pied*) to walk along sth; (*en voiture*) to travel along sth

longévité [lɔ̃ʒevite] *f* **1.** (*longue durée de vie*) longevity **2.** (*durée de vie*) life expectancy

longiligne [lɔ̃ʒiliɲ] *adj* (*personne*) rangy

longitude [lɔ̃ʒityd] *f* longitude; **43° de ~ est/ouest** longitude 43° east/west

longtemps [lɔ̃tɑ̃] *adv* (*un temps long*) for a long time; **il y a ~** a long time ago; **j'en ai pour ~** it'll take me a long time; **je n'en ai pas pour ~** I won't be long; **être à Paris pour ~** to be in Paris for a long time; **elle n'est pas là pour ~** she's not here for long; **aussi ~ que ...** as long as ...; **~ avant/après qc** long before/after sth

longue [lɔ̃g] **I.** *adj v.* **long II.** *f* **à la ~** eventually

longuement [lɔ̃gmɑ̃] *adv* at length; (*s'étendre sur un sujet*) in detail; (*étudier*) for a long time

longueur [lɔ̃gœʀ] *f* length; **avoir une ~ de 10 cm, avoir 10 cm de ~** to be 10 cm in length; **plier en ~** to fold lengthwise; **~ d'onde** wavelength ► **avoir une ~ d'avance sur qn** to be way ahead of sb; **être sur la même ~ d'onde** *inf* to be on the same wavelength; **avoir des ~s** to have tiresome moments; **traîner en ~** to drag on; **à ~ d'année/de journée** all year/day

longue-vue [lɔ̃gvy] <longues-vues> *f* telescope

look [luk] *m* (*d'une personne*) appearance ► **avoir un ~ d'enfer** *inf* to look great

looping [lupiŋ] *m* AVIAT loop; **faire un ~** to loop the loop

lopin [lɔpɛ̃] *m* **~ de terre** plot of land

loquace [lɔkas] *adj* talkative

loque [lɔk] *f* **1.** (*vêtement*) rags; **en ~s** in rags **2.** *péj* (*personne*) wreck **3.** *Belgique, Nord* (*reste d'étoffe, morceau d'étoffe usé, déchiré*) scrap **4.** *Belgique* (*peau à la surface du lait bouilli*) skin

loquet [lɔkɛ] *m* latch; **mettre le ~** to latch the door

lorgner [lɔʀɲe] <1> *vt* **1.** (*reluquer*) to eye *inf* **2.** (*convoiter*) **~ qc** to have one's eye on sth

lorgnette [lɔʀɲɛt] *f* spyglass ► **regarder qc par le petit bout de la ~** to have a very narrow view of sth

lorgnon [lɔʀɲɔ̃] *m* (*face-à-main*) lorgnette

loriot [lɔʀjo] *m* oriole

lorrain(e) [lɔʀɛ̃, ɛn] *adj* of Lorraine

Lorrain(e) [lɔʀɛ̃, ɛn] *m(f)* person from Lorraine

Lorraine [lɔʀɛn] *f* **la ~** Lorraine

lors [lɔʀ] *adv* **~ de notre arrivée** at the time of our arrival; **~ d'un congrès** during a conference; **depuis ~** since then; **dès ~** (*à partir de ce moment-là*) from then on; (*de ce fait*) in that case; **dès ~ que qn a fait qc** once sb does sth

lorsque [lɔʀsk(ə)] <lorsqu'> *conj* when

losange [lɔzɑ̃ʒ] *m* lozenge; **en (forme de) ~** diamond-shaped

lot [lo] *m* **1.** (*prix*) prize; **~ de consolation** consolation prize; **gagner le gros ~** to hit the jackpot **2.** (*assortiment*) batch; (*aux enchères*) lot **3.** (*parcelle*) parcel **4.** INFORM **traitement par ~s** batch processing **5.** JUR (*part*) share

loterie [lɔtʀi] *f* **1.** (*jeu*) lottery; **gagner à la ~** to win the lottery **2.** (*hasard*) chance

loti(e) [lɔti] *adj* **être bien/mal ~** to be well/badly off

lotion [losjɔ̃] *f* lotion; **~ capillaire/après-rasage** hair/after-shave lotion

lotir [lɔtiʀ] <8> *vt* **1.** (*diviser en lots*) **~ qc** to divide sth into lots **2.** (*mettre en possession d'un lot*) **~ qn de qc** to endow sb with sth

lotissement [lɔtismɑ̃] *m* (*ensemble immobilier*) housing development

loto [lɔto] *m* (*jeu de société*) lotto

Loto [lɔto] *m* (*loterie*) **le tirage du ~** the lottery results; **jouer au ~** to play the lottery; **jouer au ~ sportif** ≈ to be in sports pools

lotte [lɔt] *f* monkfish

lotus [lɔtys] *m* lotus

louable[1] [lwabl] *adj* (*digne de louange*) praiseworthy

louable[2] [lwabl] *adj* (*pièce, appartement, maison*) rentable

louange [lwɑ̃ʒ] *f gén pl* (*paroles*) praise
loubard(**e**) [lubaʀ, aʀd] *m(f) inf* hooligan
louche[1] [luʃ] *adj* (*douteux, suspect*) dubious; (*passé*) shady; (*affaire, histoire, personne*) suspicious
louche[2] [luʃ] *f* (*ustensile*) ladle
loucher [luʃe] <1> *vi* **1.** MED to squint **2.** *inf* (*lorgner*) ~ **sur qn** to eye sb; ~ **sur l'héritage** to have one's eye on an inheritance
louer[1] [lwe] <1> *vt* to praise
louer[2] [lwe] <1> **I.** *vt* to rent; **à** ~ for rent **II.** *vpr* **se** ~ (*appartement, voiture, chambre*) to be rented (out)
loueur, -euse [lwœʀ, -øz] *m, f* ~ **de chambres** landlord *m,* landlady *f;* ~ **de voitures** car rental agent
Louisiane [lwizjan(ə)] *f* **la** ~ Louisiana
loup [lu] *m* **1.** (*mammifère*) wolf; *v.a.* **louve 2.** (*poisson*) ~ (**de mer**) sea bass **3.** *fig* **jeune** ~ young Turk **4.** (*masque*) eye mask **5.** *inf* (*terme d'affection*) **mon** ~ my love ▶ **quand on parle du ~ on en voit la queue** speak of the devil (and he will appear); **être connu comme le ~ blanc** to be known everywhere
loupe [lup] *f* magnifying glass ▶ **examiner/regarder qc à la ~** to examine/look at sth under a microscope
louper [lupe] <1> **I.** *vt inf* **1.** (*ne pas réussir: examen*) to fail; **être loupé** (*soirée*) to be ruined; (*mayonnaise, gâteau*) to be spoiled **2.** (*manquer*) to miss **II.** *vi inf* (*échouer: projet, tentative*) to fail; **ça n'a pas loupé** it happened all right
lourd(**e**) [luʀ, luʀd] **I.** *adj* **1.** *a. antéposé* (*de grand poids*) heavy **2.** (*pesant: jambes, paupières, tête*) heavy; **avoir l'estomac ~** to feel bloated; **avoir le cœur ~** to have a heavy heart **3.** *a. antéposé* (*oppressant: chaleur*) sultry; **il fait ~** it is sultry **4.** *a. antéposé* (*important: impôts, dettes*) heavy **5.** *a. antéposé* (*pénible: tâche*) serious; **emploi du temps très ~** very busy schedule **6.** (*chargé*) ~ **de menaces/signification** full of threats/meaning **7.** (*gauche*) heavy; (*compliment, plaisanterie*) heavy-handed **8.** (*opp: fin, délicat*) heavy **9.** *a. antéposé* (*grave*) serious **10.** *a. antéposé* (*sévère: défaite, peine*) severe **11.** (*profond: sommeil*) deep **12.** (*dense: terre, liquide*) dense **II.** *adv* **peser ~** to be heavy ▶ **pas ~** *inf* not much
lourdaud(**e**) [luʀdo, od] **I.** *adj* clumsy **II.** *m(f)* dimwit
lourdement [luʀdəmɑ̃] *adv* heavily; (*se tromper*) seriously; (*insister*) strenuously
lourdeur [luʀdœʀ] *f* **1.** (*pesanteur*) **des ~s d'estomac** a bloated feeling **2.** (*caractère massif*) heaviness
loutre [lutʀ] *f* **1.** ZOOL otter **2.** (*fourrure*) otter skin
Louvain [luvɛ̃] Louvain
louve [luv] *f* she-wolf; *v.a.* **loup**
louveteau [luvto] <x> *m* **1.** ZOOL wolf cub **2.** (*jeune scout*) Cub Scout
louvoyer [luvwaje] <6> *vi* **1.** (*tergiverser*) to hedge **2.** NAUT to tack
lover [lɔve] <1> *vpr* **se** ~ to coil up
loyal(**e**) [lwajal, -jo] <-aux> *adj* (*ami*) loyal; (*services*) faithful; (*conduite, procédés*) fair; (*adversaire*) honest
loyalement [lwajalmɑ̃] *adv* (*reconnaître*) in all honesty; (*être dévoué*) loyally; (*régler un différend, se battre*) fairly
loyauté [lwajote] *f* loyalty; (*d'un adversaire, d'un procédé*) honesty
loyer [lwaje] *m* rent
lu(**e**) [ly] *part passé de* **lire**
lubie [lybi] *f* craze; **avoir des ~s** to have one's whims
lubrifiant [lybʀifjɑ̃] *m* lubricant
lubrifier [lybʀifje] <1a> *vt* to lubricate
lubrique [lybʀik] *adj* lustful; (*propos, scène, spectacle*) lewd
lucarne [lykaʀn] *f* (*petite fenêtre*) dormer window; (*d'une entrée, d'un mur, cachot*) small window
lucide [lysid] *adj* **1.** (*clairvoyant: intelligence, jugement*) clear-sighted **2.** (*conscient*) conscious
lucidité [lysidite] *f* (*conscience*) consciousness; **des moments de ~** moments of lucidity
luciole [lysjɔl] *f* firefly
lucratif, -ive [lykʀatif, -iv] *adj* lucrative
ludique [lydik] *adj* **activités ~s** recreational activities
ludothèque [lydɔtɛk] *f* games library
lueur [lɥœʀ] *f* **1.** (*faible clarté, signe passager*) glimmer; (*des braises*) glow; **à la ~ d'une bougie** by candlelight; ~ **d'espoir** glimmer of hope **2.** (*éclat fugitif dans le regard*) ~ **de colère/joie** gleam of anger/joy
luge [lyʒ] *f* sled; **faire de la ~** to sled
lugubre [lygybʀ] *adj* lugubrious; (*personne, pensée*) gloomy; (*paysage*) dismal
lui [lɥi] **I.** *pron pers* **1.** (*personne masc ou fém*) **je ~ ai demandé s'il/si elle venait** I asked him/her if he/she was coming **2.** (*animal, objet masc ou fém*) it **3.** (*avec un sens possessif*) **le cœur ~ battait fort** his/her heart was beating hard; *v.a.* **me II.** *pron pers, masc* **1.** *inf* him; **tu veux l'aider, ~?** do you want to help HIM?; **à ~ seul** him alone **2.** (*soi*) himself; **il ne pense qu'à ~** he only thinks of himself
lui-même [lɥimɛm] *pron pers* himself; ~ **n'en savait rien** he himself did not know anything about it; **il est venu de ~** he came by his own choice; **M. X? – ~!** Mr. X? – himself!
luire [lɥiʀ] *vi irr* **1.** (*briller*) to shine **2.** (*réfléchir la lumière: feuilles*) to glimmer; (*lac, rosée*) to glisten **3.** (*exprimer*) ~ **de désir/colère** (*yeux*) to glow
luisant(**e**) [lɥizɑ̃, ɑ̃t] *adj* shining; (*yeux*) (*de joie*) shining; (*de colère*) gleaming; ~ **de fièvre** bright with fever
lumbago [lœ̃bago] *m* lumbago
lumière [lymjɛʀ] *f* **1.** (*clarté naturelle, éclai-*

rage) light; ~ **du soleil** sunlight; ~ **du jour** daylight; ~ **de la lune** moonlight **2.** *pl* (*connaissances*) knowledge; **j'aurais besoin de vos ~s** I need your advice **3.** (*personne intelligente*) **être une ~** to be a bright spark; **ne pas être une ~** not to be too bright **4.** (*ce qui permet de comprendre*) **faire la ~ sur une affaire** to get to the bottom of a matter; **jeter une ~ nouvelle sur qc** to shed new light on sth

luminaire [lyminɛʀ] *m* (*lampe*) lamp

lumineux, -euse [lyminø, -øz] *adj* **1.** (*qui répand la lumière*) luminous; (*enseigne, rayon*) neon **2.** (*brillant, éclatant: couleur, yeux*) bright; (*regard*) luminous; (*teint*) translucent **3.** (*clair: pièce, appartement*) light

luminosité [lyminozite] *f* **1.** (*éclat lumineux: du ciel, d'une couleur*) luminosity **2.** (*clarté: d'une pièce, d'un appartement*) brightness

lunaire [lynɛʀ] *adj* **1.** ASTR **sol ~** lunar surface **2.** (*qui ressemble à la lune*) **paysage ~** lunar landscape; **visage ~** moonlike face **3.** (*extravagant: projet*) fanciful; (*rêve*) fantastic; **personnage ~** whimsical character

lunatique [lynatik] *adj* (*personne*) lunatic; (*humeur*) quirky

lunch [lœntʃ] <(e)s> *m* buffet

lundi [lœ̃di] *m* Monday; ~ **de Pâques/Pentecôte** Easter/Whitmonday; *v.a.* **dimanche**

lune [lyn] *f* moon; **nouvelle/pleine ~** new/full moon

luné(**e**) [lyne] *adj inf* **être bien/mal ~** to be in a good/bad mood

lunette [lynɛt] *f* **1.** *pl* (*verres*) glasses; **~s noires** dark glasses; **~s de plongée** goggles; **~s de soleil** sunglasses; **mettre ses ~s** to put one's glasses on **2.** (*instrument*) sight **3.** (*petite fenêtre: d'un toit*) skylight; **~ arrière** AUTO rear window **4.** (*anneau: des WC*) toilet seat

lupin [lypɛ̃] *m* lupine

lurette [lyʀɛt] *f* **il y a belle ~ que qn a fait qc** *inf* sb did sth ages ago; **depuis belle ~** *inf* ages ago

luron [lyʀɔ̃, ɔn] *m* **joyeux ~** *inf* fun-loving character

lus [ly] *passé simple de* **lire**

lustre [lystʀ] *m* (*lampe*) ceiling light

lustrer [lystʀe] <1> *vt* (*faire briller: voiture*) to shine; **~ sa fourrure/son poil** (*animal*) to lick one's fur

luth [lyt] *m* lute

luthier [lytje] *m* (stringed-)instrument maker

lutin [lytɛ̃] *m* elf

lutte [lyt] *f* **1.** (*combat*) fight; **~ contre/pour qn/qc** fight against/for sb/sth; **~ antidrogue** war on drugs; **~ des classes** class struggle; **la ~ pour la vie** the fight for life; **être en ~ contre qn** to be in conflict with sb; **entrer en ~** to go into battle **2.** SPORT wrestling; **faire de la ~** to wrestle; **~ suisse** [*o* **à la culotte**] *Suisse* Swiss wrestling

lutter [lyte] <1> *vi* **1.** (*combattre*) to fight; (*se démener*) to struggle; **~ contre la mort** to fight death; **~ contre le sommeil/le vent** to fight against sleep/the wind **2.** (*mener une action*) **~ contre qc** to fight against sth

lutteur, -euse [lytœʀ, -øz] *m, f* **1.** SPORT wrestler **2.** (*battant*) fighter

luxation [lyksasjɔ̃] *f* (*de l'épaule, de la hanche*) dislocation

luxe [lyks] *m* **1.** (*opp: nécessité*) luxury; **c'est du ~!** this is luxury!; **ce n'est pas du ~** *inf* it's a necessity **2.** (*coûteux*) **de ~** luxury; **magasin de ~** shop selling luxury goods

Luxembourg [lyksɑ̃buʀ] *m* **1.** (*ville*) Luxembourg **2.** (*pays*) **le** (**Grand-Duché du**) **~** (the Grand Duchy of) Luxembourg **3.** (*à Paris*) **le** (**palais du**) **~** *the seat of the French Senate in Paris;* **le** (**jardin du**) **~** *the Luxembourg Gardens*

luxembourgeois(**e**) [lyksɑ̃buʀʒwa, waz] *adj* Luxembourg

Luxembourgeois(**e**) [lyksɑ̃buʀʒwa, waz] *m(f)* Luxembourger

luxer [lykse] <1> *vpr* **se ~ l'épaule** to dislocate one's shoulder

luxueux, -euse [lyksɥø, -øz] *adj a. antéposé* luxurious; **hôtel ~** luxury hotel

luxuriant(**e**) [lyksyʀjɑ̃, jɑ̃t] *adj* (*végétation*) lush

luzerne [lyzɛʀn] *f* alfalfa

lycée [lise] *m* **1.** high school; **~ d'enseignement général et technologique** technology school; **~ professionnel** [*o* **technique**] vocational school; **être prof au ~** to be a high school teacher; **aller au ~** to go to high school **2.** *Belgique* (*établissement secondaire pour filles*) girls' school

> **i** At the end of *collège*, students aged 15 or 16 can go to a **lycée**. There are three classes: *seconde, première*, and *terminale*, and at the end, students take the *baccalauréat.*

lycéen(**ne**) [liseɛ̃, ɛn] *m(f)* high school student

lycra® [likʀa] *m* Lycra®

lymphatique [lɛ̃fatik] *adj* **1.** MED **système ~** lymphatic system **2.** (*flegmatique: personne*) apathetic; (*constitution, tempérament*) sluggish

lymphe [lɛ̃f] *f* lymph

lyncher [lɛ̃ʃe] <1> *vt* to lynch

lynx [lɛ̃ks] *m* lynx

Lyon [ljɔ̃] Lyon

lyonnais(**e**) [ljɔnɛ, ɛz] *adj* of Lyon

Lyonnais(**e**) [ljɔnɛ, ɛz] *m(f)* person from Lyon

lyophiliser [ljɔfilize] <1> *vt* to freeze-dry; **café lyophilisé** freeze-dried coffee

lyre [liʀ] *f* lyre

lyrique [liʀik] *adj* MUS, LIT lyric

lys [lis] *m v.* **lis**

M

M, m [ɛm] *m inv* M, m; **~ comme Marcel** (*au téléphone*) m as in Mike

m [ɛm] *abr de* **mètre** m

M. <MM.> *m abr de* **Monsieur** Mr.

m' *pron v.* **me**

ma [ma, me] <mes> *dét poss* my ▶ **~ pauvre!** you poor thing!

mac [mak] *m inf abr de* **maquereau** pimp

Mac [mak] *m* INFORM *abr de* **Macintosh** Mac

macabre [makɑbʀ] *adj* macabre

macadam [makadam] *m* (*revêtement routier*) tarmac

macaron [makaʀɔ̃] *m* CULIN macaroon

macaroni [makaʀɔni] *m* **1.** CULIN macaroni **2.** *péj, inf* (*Italien*) wop

macédoine [masedwan] *f* CULIN **~ de légumes** diced mixed vegetables

Macédoine [masedwan(ə)] *f* **la ~** Macedonia

macédonien [masedɔnjɛ̃] *m* Macedonian

macédonien(ne) [masedɔnjɛ̃, ɛn] *adj* Macedonian

Macédonien(ne) [masedɔnjɛ̃, ɛn] *m(f)* Macedonian

macération [maseʀasjɔ̃] *f* CULIN maceration

macérer [maseʀe] <5> *vt, vi* CULIN to macerate

mâche [mɑʃ] *f* corn salad

mâcher [mɑʃe] <1> *vt* (*mastiquer*) to chew; (*rongeur*) to gnaw

machette [maʃɛt] *f* machete

machiavélique [makjavelik] *adj* Machiavellian

machin [maʃɛ̃] *m inf* (*truc*) whatchamacallit

Machin(e) [maʃɛ̃, in] *m inf* what's-his-name, -her-name *m, f*

machinal(e) [maʃinal, -o] <-aux> *adj* mechanical

machinalement [maʃinalmɑ̃] *adv* mechanically

machination [maʃinasjɔ̃] *f* plot; **de sombres ~s** dark dealings

machine [maʃin] *f* (*appareil*) appliance; **~ à café** coffee machine; **~ à coudre/à sous** sewing/slot machine; **~ à écrire** typewriter; **~ à laver** washing machine, washer; **écrire/taper à la ~** to type

machine-outil [maʃinuti] <machines-outils> *f* machine tool

machinerie [maʃinʀi] *f* **1.** (*équipement*) machinery **2.** (*salle des machines: d'un navire*) engine room

machinisme [maʃinism] *m* mechanization

machiniste [maʃinist] *mf* **1.** THEAT stagehand; MEDIA grip **2.** (*conducteur*) driver

machisme [mat(t)ʃism] *m* machismo

machiste [mat(t)ʃist] **I.** *adj* chauvinist **II.** *m* chauvinist

macho [matʃo] *m inf* macho

mâchoire [mɑʃwaʀ] *f* **1.** ANAT (*d'un mammifère*) jaw; (*d'un insecte*) mandible **2.** *pl* TECH jaws

mâchonner [mɑʃɔne] <1> *vt* (*mâcher, mordiller*) to chew

mâchouiller [mɑʃuje] <1> *vt inf* to chew on

maçon(ne) [masɔ̃, ɔn] *m(f)* (*ouvrier*) bricklayer

maçonnerie [masɔnʀi] *f* **1.** (*ouvrage maçonné*) masonry **2.** (*secteur*) building **3.** (*franc-maçonnerie*) Freemasonry

macroordinateur [makʀoɔʀdinatœʀ] *m* INFORM mainframe

maculé(e) [makyle] *adj* **être ~ de qc** to be stained with sth

Madagascar [madagaskaʀ] *f* Madagascar; **à ~** in Madagascar

madame [madam, medam] <mesdames> *f* **1.** *souvent non traduit* (*femme à qui on s'adresse*) Madam *iron;* **bonjour ~** good morning; **bonjour Madame Larroque** good morning, Mrs. Larroque; **bonjour mesdames** good morning, ladies; **Mesdames, mesdemoiselles, messieurs!** Ladies and Gentlemen! **2.** (*profession*) **Madame la Duchesse/le juge/le professeur/la Présidente** Madam **3.** (*sur une enveloppe*) **Madame Dupont** Mrs. Dupont **4.** (*en-tête*) **(Chère) Madame,** Dear Madam,; **Madame, Monsieur,** Sir, Madam,; **Madame, Mademoiselle, Monsieur,** Mr., Mrs., Miss

madeleine [madlɛn] *f* CULIN madeleine ▶ **pleurer comme une Madeleine** to cry like a baby

mademoiselle [mad(ə)mwazɛl, med(ə)mwazɛl] <mesdemoiselles> *f* **1.** *souvent non traduit* (*jeune femme à qui on s'adresse*) Miss; **bonjour ~** good morning; **bonjour Mademoiselle Larroque** good morning, Miss Larroque; **bonjour mesdemoiselles** good morning, ladies; **Mesdames, mesdemoiselles, messieurs!** Ladies and Gentlemen! **2.** (*sur une enveloppe*) **Mademoiselle Aporé** Miss Aporé **3.** (*en-tête*) **(Chère) Mademoiselle,** Dear Madam,; **Madame, Mademoiselle, Monsieur,** Mr., Mrs., Miss

madère [madɛʀ] *m* Madeira

Madrid [madʀid] Madrid

madrilène [madʀilɛn] *adj* **le climat ~** the Madrid climate

maestria [maɛstʀija] *f* mastery; **avec ~** brilliantly

maf(f)ia [mafja] *f* Mafia

maf(f)ieux, -euse [mafjø, -øz] *adj* Mafia

Maf(f)ieux, -euse [mafjø, -øz] *m, f* Mafioso

magasin [magazɛ̃] *m* **1.** (*boutique*) store, shop; **~ spécialisé** specialty store; **grand ~** department store; **~ d'alimentation/d'usine** food/factory store; **tenir un ~** to run a store **2.** (*entrepôt: d'un port*) warehouse; MIL arsenal; **en ~** in stock **3.** THEAT **~ des accessoires** props department **4.** TECH, PHOT magazine

magasinage [magazinaʒ] *m* **1.** COM storing

M

2. *Québec* (*shopping*) shopping

magasiner [magazine] <1> *vi Québec* (*faire des courses*) to go shopping

magazine [magazin] *m* PRESSE, CINE, TV magazine; ~ **électronique** e-zine

mage [maʒ] **I.** *m* magus **II.** *app* **les Rois ~s** the Three Wise Men

Maghreb [magʀɛb] *m* **le** ~ the Maghreb

> ℹ The **Maghreb** consists of the North African countries of Algeria, Morocco, Tunisia and Libya, the first three of which were once under French control and are today marked by French culture. Because of the colonial history, there are many *Maghrébins* living in France.

maghrébin(e) [magʀebɛ̃, in] *adj* North African

Maghrébin(e) [magʀebɛ̃, in] *m(f)* North African

magicien(ne) [maʒisjɛ̃, jɛn] *m(f)* **1.** (*sorcier*) wizard **2.** (*illusionniste*) magician

magie [maʒi] *f* **1.** (*pratiques occultes*) witchcraft **2.** (*séduction*) magic; **comme par** ~ as if by magic

magique [maʒik] *adj* **1.** (*surnaturel*) **baguette** ~ magic wand **2.** (*merveilleux*) magical

magistral(e) [maʒistʀal, -o] <-aux> *adj* **cours** ~ lecture

magistrat [maʒistʀa] *m* ADMIN, JUR magistrate (*besides presiding judges, French "magistrats" include examining magistrates, mayors, and councilors*)

magma [magma] *m* GEO magma

magnanime [maɲanim] *adj* magnanimous

magnat [maɲa] *m* ~ **du pétrole** oil tycoon

magner [maɲe] <1> *vpr inf* **se** ~ to hurry up

magnésium [maɲezjɔm] *m* magnesium

magnétique [maɲetik] *adj* magnetic

magnétiser [maɲetize] <1> *vt* PHYS to magnetize

magnétisme [maɲetism] *m* **1.** PHYS magnetism **2.** (*fascination*) **subir le ~ de qn** to be under sb's charm

magnéto *inf*, **magnétophone** [maɲetɔfɔn] *m* **1.** (*à cassettes*) cassette recorder **2.** (*à bandes*) tape recorder

magnétoscope [maɲetɔskɔp] *m* video, VCR

magnifique [maɲifik] *adj a. antéposé* **1.** (*très beau*) attractive; (*temps*) magnificent **2.** (*somptueux*) magnificent; (*femme*) gorgeous

magnifiquement [maɲifikmɑ̃] *adv* magnificently

magnolia [maɲɔlja] *m* magnolia

magnum [magnɔm] *m* magnum

magot [mago] *m inf* nest egg; **il a amassé un petit/joli** ~ he's got a little/tidy sum put away

magouillage [magujaʒ] *m inf*, **magouille** [maguj] *f péj* scheming; ~ **électorale** election-fixing

magouiller [maguje] <1> *vi* to fiddle

magrébin(e) [magʀebɛ̃, in] *adj v.* **maghrébin**

Magrébin(e) [magʀebɛ̃, in] *m(f) v.* **Maghrébin**

magret [magʀɛ] *m* ~ **de canard** duck breast

mai [mɛ] *m* May; *v.a.* **août**

maïeur(e) [majœʀ] *m(f) Belgique* (*maire*) mayor

maigre [mɛgʀ] **I.** *adj* **1.** (*opp: gros*) thin **2.** CULIN lean; (*bouillon*) clear **3.** *antéposé* (*faible*) poor; (*chance*) slim; (*profit*) meager **4.** *a. antéposé* (*peu abondant: végétation*) sparse; (*récolte*) poor; (*repas*) light **II.** *mf* thin person

maigreur [mɛgʀœʀ] *f* **1.** (*opp: embonpoint*) thinness; **être d'une ~ effrayante** to be alarmingly thin **2.** (*pauvreté: d'un sol*) poorness **3.** (*opp: abondance: d'un profit, des revenus*) meagerness **4.** (*rareté: de la végétation*) sparseness

maigrir [megʀiʀ] <8> **I.** *vi* to lose weight; **il a maigri de figure** his face has slimmed down; ~ **de cinq kilos** to lose five kilograms **II.** *vt* ~ **qn** to make sb look slimmer

mailing [meliŋ] *m* mailing

maille [mɑj] *f* **1.** COUT stitch; ~ **filée** run **2.** (*maillon: d'une chaîne, armure*) link ▶ **glisser entre les ~s (du filet)** to slip through the net

mailler [mɑje] <1> *vt Suisse* (*tordre*) to warp

maillet [majɛ] *m* mallet

maillon [mɑjɔ̃] *m* (*anneau*) link ▶ **être un ~ de la chaîne** to be a link in the chain

maillot [majo] *m* **1.** (*pour se baigner*) ~ **de bain** (*de femme*) swimsuit; (*d'homme*) swimming trunks; ~ **de bain une pièce/deux pièces** one-/two-piece swimsuit **2.** SPORT soccer shirt **3.** (*sous-vêtement*) ~ **de corps** undershirt

main [mɛ̃] *f* **1.** ANAT, SPORT hand; **battre des ~s** to clap one's hands; **se donner la ~** to hold hands; (*aider*) to help one another out; **passer de ~ en ~** to go from hand to hand; **prendre qn par la ~** to take sb by the hand; **serrer la ~ à qn** to shake sb's hand; **tendre la ~ à qn** to reach out to sb; **être fait (à la) ~** to be handmade; **sac à ~** purse, handbag; **frein à ~** emergency brake, hand brake; **écrire à la ~** to write (by hand); **(la) ~ dans la ~** hand in hand; **de la ~** directly; **de la ~ même de l'auteur** from the author's own hand; **à deux ~s** with both hands; **les ~s en l'air!, haut les ~s!** hands up! **2.** (*style: d'un artiste, maître*) style; **de ~ de maître** with a master's hand **3.** JEUX lead; **avoir la ~** to be in the lead ▶ **donner un coup de ~ à qn** to give sb a hand; **j'en mettrais ma ~ au feu** I would stake my life on it; **mettre la ~ à la pâte** *inf* to lend a hand; **il met la ~ au porte-monnaie** he puts his hand in his pocket; **prendre qn la ~ dans le sac** to catch sb red-handed; **du cousu ~** handstitched; **gagner qc haut la ~** to win sth hands down; **voter à ~ levée** to vote by a show of hands; **avoir les ~s libres** to have a free hand; **à ~s nues** with bare fists; **de première/seconde ~** firsthand/secondhand; **remettre qc à qn en ~s propres** to give sth to sb personally; **avoir qc sous la ~** to have sth on hand; **ils peuvent se donner la ~** *iron* they are two of a kind; **être aux ~s de qn** to be at sb's hands; **il se fait la ~** he's getting the knack of it; **je m'en lave les ~s!** I wash my hands of it!; **passer la ~** (*transmettre ses pouvoirs*) to step down; **il perd la ~** he's losing his touch; **en venir aux ~s** to come to blows; **de la ~ à la ~** directly

main-d'œuvre [mɛ̃dœvʀ] <mains-d'œuvre> *f* workforce

main-forte [mɛ̃fɔʀt] *f* **prêter ~ à qn** to help sb out

maintenance [mɛ̃tnɑ̃s] *f* maintenance

maintenant [mɛ̃t(ə)nɑ̃] *adv* **1.** *a. en tête de phrase* (*en ce moment, cela dit*) now; **dès ~** as of now **2.** (*actuellement*) today **3.** (*désormais*) henceforth

maintenir [mɛ̃t(ə)niʀ] <9> **I.** *vt* **1.** (*conserver: ordre, offre, contrat, politique*) to maintain; (*tradition*) to preserve **2.** (*soutenir*) to keep; **~ sa tête hors de l'eau** to keep one's head out of the water **3.** (*contenir*) to hold; **~ les prix** to hold prices **4.** (*affirmer*) to claim; **~ que qc est vrai** to claim [*o* maintain] that sth is true **II.** *vpr* **se ~** to persist; (*institution*) to live on; (*paix*) to hold; (*santé, prix*) to remain steady; **se ~ en surface** to stay on the surface

maintien [mɛ̃tjɛ̃] *m* **1.** (*conservation*) upholding; (*des libertés, traditions*) preservation; (*d'un contrat*) maintenance **2.** (*attitude*) bearing **3.** (*soutien*) support

maire [mɛʀ] *mf* mayor

mairie [meʀi] *f* **1.** (*hôtel de ville*) city [*o* town] hall **2.** (*administration*) city council **3.** (*fonction de maire*) mayoralty

mais [mɛ] **I.** *conj* but **II.** *adv* **1.** (*pourtant, renforcement, impatience*) but; **tu ne m'aimes pas – ~ si!** you don't love me – of course I do!; **~ encore** but besides **2.** *inf* (*indignation*) **non ~, tu me prends pour ...** for goodness sake, do you take me for ... **III.** *m* but

maïs [mais] *m* AGR corn, maize; CULIN (sweet) corn

maison [mɛzɔ̃] **I.** *f* **1.** (*habitation*) house **2.** (*famille*) family; **être de la ~** to be part of the family **3.** (*entreprise*) company; **~ mère** parent company; **~ de couture** fashion house; **~ de disques** record shop; **~ d'édition** publishing house; **~ de jeux** gambling club; **avoir quinze ans de ~** to have worked in the company for fifteen years **4.** (*bâtiment*) **~ de maître** family mansion; **~ d'arrêt** prison; **~ de repos/retraite** convalescent/retirement home; **~ des jeunes et de la culture** community youth and arts center ▶**~ close** brothel; **c'est gros comme une ~** it's as big as a house **II.** *app inv* **1.** (*particulier à une maison*) in-house; (*esprit, genre*) house **2.** (*opp: industriel: pâté*) homemade

Maison-Blanche [mɛzɔ̃blɑ̃ʃ] *f sans pl* **la ~** the White House

maisonnée [mɛzɔne] *f* household

maisonnette [mɛzɔnɛt] *f* small house; (*pour jeux*) playhouse

maître [mɛtʀ] **I.** *m* ART, LIT master; **coup de ~** master stroke; **~ à penser** intellectual guide **II.** *mf* UNIV **~ de conférences** assistant professor

maître, maîtresse [mɛtʀ, mɛtʀɛs] **I.** *adj* **1.** (*principal*) **œuvre maîtresse** master work **2.** (*qui peut disposer de*) **être ~ de soi** to be in control of oneself **II.** *m, f* **1.** (*chef*) master; **~ des lieux** master of the house; **~ de maison** host; **~ d'hôtel** maître d'hôtel; **régner en ~** to reign supreme **2.** (*patron*) instructor; **~ nageur** swimming instructor **3.** ECOLE (*à l'école primaire*) teacher **4.** (*propriétaire: d'un chien*) master

maître chanteur, -euse [mɛtʀəʃɑ̃tœʀ, -øz] *m, f* blackmailer

maîtresse [mɛtʀɛs] **I.** *adj v.* **maître II.** *f* (*liaison*) mistress

maîtrise [metʀiz] *f* **1.** (*contrôle*) control; **~ d'une langue** mastery of a language **2.** (*habileté*) mastery **3.** (*sang-froid*) **~ de soi** self-control **4.** UNIV master's degree **5.** (*grade*) supervisors *pl*

> **i** The **maîtrise** is awarded after the completion of a *licence* after four years of university study and the submission of a *mémoire*, or dissertation. It is a prerequisite for admission to a *C.A.P.E.S*, an *agrégation*, and a *doctorat*.

maîtriser [metʀize] <1> **I.** *vt* **1.** (*dominer, dompter: situation, difficulté, sujet*) to master; **~ qn/qc** to bring sb/sth under control **2.** (*contenir: émotion, passion*) to suppress; (*réactions*) to control; (*larmes*) to force back **II.** *vpr* **se ~** to control oneself

Majesté [maʒɛste] *f* **Votre ~** Your Majesty

majestueux, -euse [maʒɛstɥø, -øz] *adj* majestic

majeur [maʒœʀ] *m* ANAT middle finger

majeur(e) [maʒœʀ] **I.** *adj* **1.** (*très important: difficulté, intérêt, événement*) major **2.** (*le plus important*) main; **son défaut ~** his main fault **3.** *antéposé* (*la plupart*) **la ~e partie du temps** most of the time **4.** JUR **être ~** to be of age **5.** (*apte à se diriger: peuple*) responsible **6.** MUS major; **do/ré/mi/fa ~** C/D/E/F major ▶**être ~ et vacciné** *inf* to be old enough to take care of oneself **II.** *m(f)* JUR adult

major [maʒɔʀ] *m* MIL adjutant

majoration [maʒɔʀasjɔ̃] *f* (*d'un prix*) increase; **~ de 10%** 10% increase

majorer [maʒɔʀe] <1> *vt* to increase; **~ qc de 3,5%** to add 3.5% to sth

majorette [maʒɔʀɛt] *f* majorette
majoritaire [maʒɔʀitɛʀ] *adj* POL **scrutin** ~ ballot requiring a majority
majoritairement [maʒɔʀitɛʀmɑ̃] *adv* as a majority
majorité [maʒɔʀite] *f* **1.** (*majeure partie*) majority; **la** ~ **de** the majority of; **en** ~ mostly **2.** JUR majority
Majorque [maʒɔʀk(ə)] Majorca
majuscule [maʒyskyl] **I.** *adj* capital **II.** *f* capital; **en** ~**s** (**d'imprimerie**) in capitals
mal[1] [mal] **I.** *adv* **1.** badly; **ça va** ~ **finir!** it will end badly!; **le moment est vraiment** ~ **choisi** this really is not the best moment **2.** (*pas dans le bon ordre, de la bonne façon, de manière immorale*) **il s'y prend** ~ he is going about it the wrong way; **il a** ~ **tourné** he's gone wrong **3.** (*de manière inconvenante*) ~ **répondre** to reply rudely **4.** (*de manière défavorable*) **être** ~ **vu** to be frowned upon ►**ça la fout** ~ *inf* it looks bad; **pas** ~ *avec ou sans nég* (*assez bien*) not bad; (*passablement, assez*) enough; *sans nég, inf* (*opp: très peu*) quite a few; **je m'en fiche pas** ~ I couldn't care less **II.** *adj inv* **1.** (*mauvais, immoral*) **faire quelque chose/ne rien faire de** ~ to do something/nothing bad; **j'ai dit quelque chose de** ~**?** did I say something wrong? **2.** (*malade: se sentir*) ill **3.** (*pas à l'aise*) **être** ~ to be uncomfortable **4.** (*en mauvais termes*) **être** ~ **avec qn** to be on bad terms with sb
mal[2] [mal, mo] <maux> *m* **1.** *a.* REL **le** ~ evil **2.** *sans pl* (*action, parole, pensée mauvaise*) harm; **faire du** ~ **à qn** to harm sb; **sans penser à** ~ without meaning any harm; **dire du** ~ **de qn** to say bad things about sb; **il n'y a pas de** ~ **à qc** there is no harm in sth **3.** *sans pl* (*maladie, malaise*) illness; ~ **de mer** seasickness; ~ **des montagnes** altitude sickness **4.** (*souffrance physique*) ~ **de tête** headache; ~ **de ventre** stomachache; **il a** ~ **à la main** his hand hurts; **avoir** ~ **à la jambe** to have a sore leg; (**se**) **faire** ~ to hurt (oneself); **ces chaussures me font** ~ **aux pieds** these shoes hurt my feet **5.** (*souffrance morale*) **faire** ~ to hurt; ~ **de vivre** depression; ~ **du pays** homesickness; **qn/qc me fait** ~ **au cœur** sb/sth makes me feel sick **6.** (*calamité*) disaster **7.** *sans pl* (*peine*) difficulty; **il a du** ~ **à supporter qc** he has difficulty putting up with sth; **se donner un** ~ **de chien pour** +*infin inf* to bend over backwards to +*infin* **8.** *sans pl* (*dégât*) damage; **le travail ne fait pas de** ~ **à qn** hard work never hurt anyone; **prendre son** ~ **en patience** to grin and bear it **9.** (*manque*) **un peintre en** ~ **d'inspiration** a painter suffering from a lack of inspiration ►**elle ne ferait pas de** ~ **à une mouche** *inf* she wouldn't harm a fly; **le** ~ **est fait** the damage is done
malabar [malabaʀ] *m inf* hulk
malade [malad] **I.** *adj* **1.** (*souffrant*) ill; **tomber** ~ to fall sick; **être** ~ **du sida** to suffer from AIDS; **être** ~ **du cœur** to have a heart condition **2.** (*bouleversé*) ~ **de jalousie/d'inquiétude** to be sick with jealousy/worry **3.** *inf* (*cinglé*) **être** ~ to be crazy **4.** (*en mauvais état: économie, entreprise*) in a bad way **II.** *mf* **1.** (*personne souffrante*) invalid; **grand** ~ seriously ill person; ~ **mental** mentally ill person **2.** (*patient*) patient
maladie [maladi] *f* **1.** (*affection*) illness; ~ **de cœur/peau** heart/skin condition; ~ **infantile/mentale** childhood/mental illness; **être en** ~ to be off work sick **2.** (*manie*) mania ►**faire une** ~ **de qc** *inf* to make a mountain out of sth
maladif, -ive [maladif, -iv] *adj* **1.** (*souffreteux: personne*) sickly; (*air, pâleur*) unhealthy **2.** (*maniaque: besoin, peur*) pathological
maladresse [maladʀɛs] *f* **1.** (*gaucherie: d'un comportement, geste*) clumsiness; (*de caresses, d'un style*) awkwardness **2.** (*bévue, gaffe*) blunder
maladroit(**e**) [maladʀwa, wat] **I.** *adj* **1.** (*opp: habile, leste: geste, personne*) clumsy; (*caresses, style, personne*) awkward **2.** *fig* (*parole, remarque*) tactless **II.** *m(f)* **1.** (*personne malhabile*) butterfingers **2.** (*gaffeur*) blunderer
maladroitement [maladʀwatmɑ̃] *adv* (*gauchement*) clumsily; **s'exprimer** ~ to be tactless
malaise [malɛz] *m* **1.** MED faintness; **avoir un** ~ to feel faint **2.** (*crise*) discontent; ~ **politique/social** political/social unrest
Malaisie [malezi] *f* **la** ~ Malaysia
malaria [malaʀja] *f* malaria
malaxer [malakse] <1> *vt* (*argile, beurre*) to knead
malbouffe [malbuf] *f inf* **1.** (*aliments*) junk food **2.** (*alimentation*) bad eating habits
malchance [malʃɑ̃s] *f* misfortune
malchanceux, -euse [malʃɑ̃sø, -øz] *adj* (*personne*) unlucky
Maldives [maldiv(ə)] *fpl* **les** ~ the Maldives *pl*
mâle [mɑl] *adj, m* male
malédiction [malediksjɔ̃] *f* **1.** (*fatalité, action de maudire*) malediction **2.** (*malheur*) curse
maléfice [malefis] *m soutenu* evil spell
maléfique [malefik] *adj soutenu* evil
malencontreux, -euse [malɑ̃kɔ̃tʀø, -øz] *adj* inopportune
malentendant(**e**) [malɑ̃tɑ̃dɑ̃, ɑ̃t] *m(f)* person with hearing problems; **les** ~**s** the hard of hearing
malentendu [malɑ̃tɑ̃dy] *m* misunderstanding
malfaçon [malfasɔ̃] *f* (*à l'usine*) defect
malfaisant(**e**) [malfəzɑ̃, ɑ̃t] *adj* (*animal, être*) harmful
malfaiteur, -trice [malfɛtœʀ, -tʀis] *m, f* criminal
malformation [malfɔʀmasjɔ̃] *f* malformation; ~ **du cœur** malformed heart
malfrat [malfʀa] *m inf* **un petit** ~ a little crook
malgache [malgaʃ(ə)] **I.** *m* Malagasy; *v.a.* **français II.** *adj* Malagasy
Malgache [malgaʃ(ə)] *mf* Malagasy

malgré [malgʀe] *prep* **1.** (*en dépit de*) despite; **~ tout** despite everything **2.** (*contre le gré de*) **~ moi/elle/lui** against my/her/his will
malhabile [malabil] *adj* awkward
malheur [malœʀ] *m* **1.** (*événement pénible*) misfortune; **si jamais il m'arrivait ~** if ever anything bad happened to me **2.** *sans pl* (*malchance*) bad luck; **par ~** through bad luck **3.** (*tort*) **avoir le ~ de** *+infin* to be foolish enough to *+infin* ►**le ~ des uns fait le bonheur des autres** *prov* one man's joy is another man's sorrow; **un ~ ne vient jamais seul** *prov* when it rains it pours; **faire un ~** *inf* (*faire un scandale*) to make a scene; (*avoir un gros succès*) to be a big hit; **(ne) parle pas de ~!** *inf* don't tempt fate
malheureusement [maløʀøzmɑ̃] *adv* (*hélas*) unfortunately
malheureux, -euse [maløʀø, -øz] **I.** *adj* **1.** (*qui souffre: personne, air*) unhappy **2.** *a. antéposé* (*regrettable, fâcheux*) regrettable; (*incident, suites, initiative, parole*) unfortunate **3.** (*malchanceux: candidat, joueur*) unlucky; **être ~ au jeu/en amour** to be unlucky in sport/love **4.** *antéposé* (*insignifiant*) wretched **5.** *antéposé* (*infortuné: victime*) unfortunate **II.** *m, f* **1.** (*indigent*) needy person **2.** (*infortuné*) poor soul
malhonnête [malɔnɛt] *adj* **1.** (*indélicat, déloyal*) dishonest **2.** *iron* rude
malhonnêtement [malɔnɛtmɑ̃] *adv* dishonestly
malhonnêteté [malɔnɛtte] *f* dishonesty
mali [mali] *m Belgique* (*déficit*) deficit
Mali [mali] *m* **le ~** Mali
malice [malis] *f* **1.** (*espièglerie*) mischief; **avec ~** archly **2.** (*méchanceté*) spite
malicieux, -euse [malisjø, -jøz] *adj* (*espiègle*) mischievous; (*méchant*) malicious
malien(ne) [maljɛ̃, ɛn] *adj* Malian
Malien(ne) [maljɛ̃, ɛn] *m(f)* Malian
malin, maligne [malɛ̃, maliɲ] **I.** *adj* **1.** (*astucieux: personne*) shrewd; (*sourire*) cunning; (*air*) smart **2.** *a. antéposé* (*méchant*) sly; (*influence*) malicious **3.** MED (*tumeur*) malignant **II.** *m, f* (*personne astucieuse*) crafty person; **faire le ~** to show off; **gros ~!** *iron* you're a sharp one!; **petit ~** crafty devil
malingre [malɛ̃gʀ] *adj* puny
malintentionné(e) [malɛ̃tɑ̃sjɔne] *adj* ill-intentioned
malle [mal] *f* trunk ►**se faire la ~** *inf* to make oneself scarce
malléable [maleabl] *adj* **1.** (*souple: personne*) flexible **2.** TECH (*argile*) pliable; (*métal*) malleable
mallette [malɛt] *f* **1.** (*porte-documents*) briefcase **2.** *Belgique* (*cartable d'écolier*) satchel
malmener [malməne] <4> *vt* **1.** (*rudoyer*) to manhandle **2.** (*critiquer*) to criticize **3.** MIL, SPORT (*bousculer*) **~ qn** to give sb a hard time
malnutrition [malnytʀisjɔ̃] *f* malnutrition
malodorant(e) [malɔdɔʀɑ̃, ɑ̃t] *adj* foul-smelling
malotru(e) [malɔtʀy] *m(f)* lout
malpoli(e) [malpɔli] **I.** *adj inf* (*mal élevé*) discourteous; (*enfant*) rude **II.** *m(f) inf* rude person
malpropre [malpʀɔpʀ] **I.** *adj* (*sale*) dirty **II.** *mf inf* **traiter qn comme un ~** to treat sb like dirt
malsain(e) [malsɛ̃, ɛn] *adj* unhealthy
malt [malt] *m* malt
Malte [malt(ə)] *f* Malta
maltraitance [maltʀɛtɑ̃s] *f* abuse
maltraiter [maltʀete] <1> *vt* **1.** (*brutaliser*) to mistreat **2.** (*critiquer*) to slam
malus [malys] *m* claim surcharge
malveillance [malvɛjɑ̃s] *f* (*intention de nuire*) malevolence
malveillant(e) [malvɛjɑ̃, ɑ̃t] *adj* spiteful
malvoyant(e) [malvwajɑ̃, ɑ̃t] *m(f)* person with impaired vision
maman [mamɑ̃] *f* **1.** (*mère*) mother; **future ~** mother-to-be **2.** (*appellation*) mommy
mamelle [mamɛl] *f* ANAT (*de la chèvre, vache*) udder; (*de la chienne, chatte, lapine*) teat
mamelon [mam(ə)lɔ̃] *m* **1.** ANAT nipple **2.** GEO hillock
mamie [mami] *f inf* granny
mammifère [mamifɛʀ] *mf* mammal
mammouth [mamut] *m* mammoth
mamy [mami] *f v.* **mamie**
manager[1] [manadʒɛʀ, manadʒœʀ] *m* ECON, SPORT manager; THEAT agent
manager[2] [mana(d)ʒe] <2a> *vt* to manage
manche[1] [mɑ̃ʃ] *f* **1.** COUT (*d'un vêtement*) sleeve **2.** (*aux courses*) round **3.** (*au ski*) leg **4.** JEUX game ►**faire la ~** to panhandle
manche[2] [mɑ̃ʃ] *m* **1.** (*poignée*) handle **2.** MUS (*d'une guitare, d'un violon*) neck ►**se débrouiller comme un ~ pour qc** *inf* to go about sth like an idiot
Manche [mɑ̃ʃ] *f* **la ~** the English Channel
manchette [mɑ̃ʃɛt] *f* **1.** (*poignet: d'une chemise*) cuff **2.** SPORT forearm blow **3.** COUT false sleeve **4.** TECH headline
manchot [mɑ̃ʃo] *m* (*pingouin*) penguin
manchot(e) [mɑ̃ʃo, ɔt] **I.** *adj* (*amputé d'un bras*) one-armed **II.** *m(f)* (*personne*) person with one arm
mandarine [mɑ̃daʀin] *f* mandarin
mandat [mɑ̃da] *m* **1.** (*mission*) mandate **2.** JUR **~ d'arrêt** arrest warrant **3.** COM, FIN money order
mandater [mɑ̃date] <1> *vt* JUR, POL **~ qn pour** *+infin* to appoint sb to *+infin*
mandibule [mɑ̃dibyl] *f* ZOOL mandible
mandoline [mɑ̃dɔlin] *f* mandolin
manège [manɛʒ] *m* **1.** (*attraction foraine*) merry-go-round **2.** (*agissements*) ruse
manette [manɛt] *f* INFORM **~ de jeu** joystick
mangeable [mɑ̃ʒabl] *adj* edible
mangeaille [mɑ̃ʒaj] *f inf* grub
mangeoire [mɑ̃ʒwaʀ] *f* manger
manger [mɑ̃ʒe] <2a> **I.** *vt* **1.** (*se nourrir de, absorber*) to eat **2.** (*ronger: mites, rouille,*

M

lèpre) to eat away **3.** *iron* (*dévorer*) to devour **4.** (*dilapider: capital, héritage, temps*) to swallow up **5.** (*consommer: essence*) to guzzle **6.** *inf* (*ne pas articuler: mots*) to mumble **II.** *vi* (*personne, animal*) to eat; **inviter qn à ~** to invite sb to dinner; **donner à ~ à un bébé/aux vaches** to feed a baby/the cows **III.** *vpr* **qc se mange chaud/avec les doigts** sth is eaten hot/with one's fingers

mangeur, -euse [mɑ̃ʒœʀ, -ʒøz] *m, f* **gros ~** big eater

mangouste [mɑ̃gust] *f* (*animal*) mongoose

mangue [mɑ̃g] *f* mango

maniabilité [manjabilite] *f* (*d'une voiture*) maneuverability; (*d'un appareil, d'une machine*) ease of use; (*d'un livre, outil*) handiness

maniable [manjabl] *adj* (*voiture, appareil, machine*) easy to handle; (*livre, outil*) handy

maniaque [manjak] **I.** *adj* **1.** (*pointilleux: soin*) fanatical; (*personne*) fussy **2.** MED, PSYCH (*euphorie*) maniacal **II.** *mf* **1.** (*personne trop méticuleuse*) fanatic **2.** MED, PSYCH maniac; **~ sexuel** sex maniac

manichéisme [manikeism] *m* Manichaeism

manie [mani] *f* **1.** (*tic*) habit **2.** *a.* MED, PSYCH (*mania*) **~ de la propreté** mania for cleanliness

maniement [manimɑ̃] *m* **1.** (*manipulation*) handling; (*d'un appareil*) use **2.** (*gestion: des affaires*) management **3.** (*maîtrise: d'une langue*) use

manier [manje] <1> *vt* **1.** (*se servir de, utiliser, maîtriser*) to use; (*appareil*) to handle **2.** (*manipuler, avoir entre les mains*) **~ qn/qc** to manipulate sb/sth **3.** (*gérer*) **~ de grosses sommes d'argent** to manage large sums of money

manière [manjɛʀ] *f* **1.** (*façon*) way; **~ de faire qc** way of doing sth; **avoir la ~** to have the knack; **à la ~ de qn/qc** like sb/sth; **à ma/sa ~** in my/his/her own way; **de ~ brutale/rapide** brutally/quickly; **d'une certaine ~** in a way; **d'une ~ générale** generally; **d'une ~ ou d'une autre** in one way or another; **de toute ~** in any case; **de ~ à** *+infin* so as to *+infin;* **de ~ (à ce) qu'il soit satisfait** (*subj*) so that he's satisfied; **de quelle ~?** how?; **en aucune ~** not at all **2.** *pl* (*comportement*) manners; **faire des ~s** to put on airs; **en voilà des ~s!** what a way to behave! **3.** (*style: d'un artiste, écrivain*) manner **4.** LING **adverbe/complément de ~** adverb/complement of manner ►**la ~ forte** strong measures *pl;* **employer la ~ forte** to be tough

maniéré(e) [manjeʀe] *adj* mannered; (*ton, personne*) affected

manif [manif] *f abr de* **manifestation** *inf* demo

manifestant(e) [manifɛstɑ̃, ɑ̃t] *m(f)* demonstrator

manifestation [manifɛstasjɔ̃] *f* **1.** POL demonstration **2.** (*événement*) event **3.** (*expression: d'un sentiment*) expression; (*d'une humeur*) show; (*de joie, amitié*) demonstration

manifeste [manifɛst] **I.** *adj* obvious; (*vérité*) evident **II.** *m* POL, LIT manifesto

manifestement [manifɛstəmɑ̃] *adv* obviously

manifester [manifɛste] <1> **I.** *vt* to show **II.** *vi* to demonstrate **III.** *vpr* **se ~** **1.** (*se révéler*) to appear; (*crise*) to arise **2.** (*se faire connaître*) to make oneself known; (*candidat*) to put oneself forward **3.** (*s'exprimer*) to express oneself **4.** (*se montrer: personne*) to appear

manigance [manigɑ̃s] *f gén pl* scheme

manigancer [manigɑ̃se] <2> *vt* to scheme

manioc [manjɔk] *m* cassava

manipulation [manipylasjɔ̃] *f* **1.** (*maniement: d'une machine, d'un ordinateur*) use; (*d'un outil, d'un produit, d'une substance*) handling **2.** *pl* (*expériences*) experiments **3.** (*prestidigitation*) sleight of hand **4.** *péj* (*manœuvre: de la foule, l'opinion*) manipulation

manipuler [manipyle] <1> *vt* **1.** (*manier: outil*) to use; (*substance*) to handle **2.** *péj* (*fausser*) to manipulate; (*écritures, résultats*) to fiddle **3.** (*influencer*) to manipulate

manivelle [manivɛl] *f* AUTO starting crank

mannequin [mankɛ̃] *m* **1.** (*pour le tailleur, la vitrine*) dummy **2.** (*pour le peintre, sculpteur, de mode*) model

manœuvre [manœvʀ] **I.** *f* **1.** (*maniement: d'une machine*) operation; (*d'un véhicule*) handling; **fausse ~** error; *fig* wrong move **2.** (*action, exercice*) *a.* MIL maneuver; **~ de diversion** diversion **3.** *péj* (*agissement, machination*) ploy **II.** *m* laborer

manœuvrer [manœvʀe] <1> **I.** *vt* **1.** (*faire fonctionner: machine*) to operate; (*outil*) to use **2.** (*conduire: véhicule*) to drive **3.** *péj* (*manipuler*) to manipulate **II.** *vi* **1.** (*agir habilement*) *a.* MIL to maneuver **2.** AUTO to maneuver the car

manoir [manwaʀ] *m* manor

manomètre [manɔmɛtʀ] *m* manometer

manouche [manuʃ] *mf inf* Gypsy

manquant(e) [mɑ̃kɑ̃, ɑ̃t] *adj* (*pièce, somme, article*) missing; (*personne*) absent

manque [mɑ̃k] *m* **1.** (*carence*) lack; **~ à gagner** loss of earnings; **un enfant en ~ d'affection** a child lacking affection **2.** *pl* (*lacunes*) failings **3.** (*défauts*) faults **4.** (*vide*) gap **5.** MED (*privation*) withdrawal; **être en (état de) ~** to have withdrawal symptoms

manqué(e) [mɑ̃ke] *adj* **1.** (*raté: occasion, rendez-vous*) missed; (*roman*) failed; (*photo*) spoiled **2.** *postposé, iron, inf* failed

manquer [mɑ̃ke] <1> **I.** *vt* **1.** (*rater, laisser passer: but, bus, train, marche*) to miss; **une occasion à ne pas ~** a chance not to be missed **2.** (*se venger*) **ne pas ~ qn** to not let sb get away with it **3.** (*opp: réussir: examen*) to fail **4.** (*opp: assister à: film, réunion*) to miss; (*cours, école*) to skip; **~ la classe** to skip class ►**ne pas en ~ une** *inf* to never miss a chance to put one's foot in one's mouth **II.** *vi* **1.** (*être absent*) to be missing **2.** (*faire défaut, être* *insuffisant, ne pas avoir assez de*) **commencer à ~** to start to run out; **qc te manque pour** +*infin* you don't have sth to +*infin;* **qn manque de qc** sb is lacking sth; **tu ne manques pas de toupet!** you've got some nerve! **3.** (*regretter de ne pas avoir*) **mes enfants/les livres me manquent** I miss my children/books **4.** (*rater: attentat, tentative*) to fail **5.** (*ne pas respecter*) **il manque à sa parole/promesse** he fails to keep his word/promise; **~ à ses devoirs/obligations** to neglect one's duty/obligations **6.** (*faillir*) **~ (de) faire qc** to almost do sth **7.** (*ne pas omettre*) **ne pas ~ de** +*infin* to be sure to +*infin* ►**ça n'a pas manqué!** it was bound to happen!; **il ne manquait plus que ça** that's all we needed **III.** *vpr* **1.** (*rater son suicide*) **se ~** to botch one's suicide bid **2.** (*ne pas se rencontrer*) **se ~ de 5 minutes** to miss each other by 5 minutes

mansarde [mɑ̃saʀd] *f* attic, garret

mansardé(e) [mɑ̃saʀde] *adj* attic; (*chambre*) attic

mante [mɑ̃t] *f* ZOOL **~ (religieuse)** praying mantis

manteau [mɑ̃to] <x> *m* coat

manucure [manykyʀ] *mf* manicurist

manuel [manɥɛl] *m* **1.** (*livre didactique*) handbook; **~ scolaire** textbook **2.** (*manuel d'utilisation*) manual

manuel(le) [manɥɛl] **I.** *adj* manual **II.** *m(f)* **1.** (*personne qui travaille de ses mains*) manual worker **2.** (*personne douée de ses mains*) person good with their hands

manufacture [manyfaktyʀ] *f* factory

manufacturé(e) [manyfaktyʀe] *adj* manufactured

manuscrit [manyskʀi] *m* manuscript

manuscrit(e) [manyskʀi, it] *adj* (*écrit à la main*) handwritten

manutention [manytɑ̃sjɔ̃] *f* **1.** (*manipulation*) handling **2.** (*local*) storehouse

manutentionnaire [manytɑ̃sjɔnɛʀ] *mf* warehouse worker

maous(se) [maus] *adj inf* enormous

mappemonde [mapmɔ̃d] *f* **1.** (*carte*) map of the world **2.** (*globe terrestre*) globe

maquer [make] <1> *vt inf* (*être le souteneur de*) **~ une femme** to be a woman's pimp; **être maquée** to have a man; (*prostituée*) to have a pimp

maquereau[1] [makʀo] <x> *m* ZOOL mackerel

maquereau[2] [makʀo] <x> *m inf* (*souteneur*) pimp

maquette [makɛt] *f* **1.** (*modèle réduit, jouet*) model; **~ d'avion/de bateau** model airplane/boat **2.** TYP paste-up; (*d'une couverture*) art work **3.** (*projet*) mock up **4.** ART sketch

maquillage [makijaʒ] *m* **1.** (*se maquiller, produits de beauté*) makeup **2.** (*falsification: de documents*) forging; (*d'une voiture*) disguising

maquiller [makije] <1> **I.** *vt* **1.** (*farder*) **~ qn** to make sb up **2.** (*falsifier*) to forge; (*vérité*) to doctor; (*voiture*) to disguise **II.** *vpr* (*se farder*) **se ~** to put on one's makeup

maquilleur, -euse [makijœʀ, -jøz] *m, f* makeup artist

maquis [maki] *m* **1.** BOT scrubland **2.** (*groupe de résistance*) underground; HIST Maquis (*Resistance movement in the Second World War*)*;* **prendre le ~** to join the Resistance

maquisard(e) [makizaʀ, aʀd] *m(f)* HIST Resistance fighter (*in the Second World War*)

marabout [maʀabu] *m* **1.** ZOOL marabou **2.** REL marabout

maraîcher, -ère [maʀeʃe, -ɛʀ] **I.** *adj* **région maraîchère** market gardening area; **des produits ~s** market garden produce **II.** *m, f* market gardener

marais [maʀɛ] *m* marsh

marasme [maʀasm] *m* (*stagnation*) slump

marathon [maʀatɔ̃] *m, app a.* SPORT, POL marathon

marâtre [maʀɑtʀ] *f fig* evil stepmother

marbre [maʀbʀ] *m* **1.** (*pierre, objet, statue*) marble **2.** (*plateau: d'une cheminée*) marble mantel; (*d'une commode*) marble top **3.** *fig* **visage de ~** stony face; **être/rester de ~** to be/remain indifferent

marbré(e) [maʀbʀe] *adj* (*veiné*) marbled; **gâteau ~** marble cake

marbrer [maʀbʀe] <1> *vt* (*décorer de veines*) to marble

marbrure [maʀbʀyʀ] *f* **1.** (*d'une boiserie, d'un papier*) marbling **2.** (*marque violacée*) blotch

marc [maʀ] *m* **1.** (*résidu*) marc; **~ de café/thé** coffee/tea dregs **2.** (*eau de vie*) marc

marcassin [maʀkasɛ̃] *m* ZOOL young wild boar

marchand(e) [maʀʃɑ̃, ɑ̃d] **I.** *adj* **1.** (*qui transporte des marchandises: marine, navire*) merchant **2.** (*où se pratique le commerce*) **rue ~e** market street; **galerie ~e** shopping arcade **3.** (*dans le commerce*) **valeur ~e** market value **II.** *m(f)* **1.** (*commerçant*) tradesman; **~ ambulant** traveling salesman **2.** *fig* **~ de rêve** dream merchant; **~ de sable** sandman; **~ de tapis** *péj* tough bargainer

marchandage [maʀʃɑ̃daʒ] *m* **1.** (*discussion*) bargaining **2.** (*tractation*) dealings

marchander [maʀʃɑ̃de] <1> **I.** *vt* **~ le prix/un tapis** to bargain over the price/a carpet **II.** *vi* to bargain

marchandise [maʀʃɑ̃diz] *f* merchandise

marche[1] [maʀʃ] *f* **1.** (*action*) *a.* SPORT walking; **se mettre en ~** (*personnes*) to make a move; (*cortège, caravane*) to set off; **~ à suivre** procedure **2.** (*allure*) gait; (*d'un navire*) sailing **3.** (*trajet*) walk **4.** MIL, POL march; **une ~ pacifique/de protestation** a peace/protest march **5.** (*mouvement continu: d'une étoile*) course; (*d'une caravane, d'un véhicule*) movement; **dans le sens de la ~** facing the engine; **en ~ arrière** in reverse **6.** (*fonctionnement: d'une entreprise, horloge*) working; (*d'une machine*) functioning; **mettre une machine/un appareil en ~** to start up a machine/device **7.** MUS march ▶ **faire ~ arrière** to backpedal; AUTO to reverse

marche[2] [maʀʃ] *f* (*d'un escalier*) stair; (*d'un véhicule, devant une maison*) step

marché [maʀʃe] *m* **1.** (*lieu de vente, opérations financières, l'offre et la demande, clientèle potentielle*) market; **~ aux puces** flea market; **~ des capitaux** money market; **le ~ unique** the single market **2.** (*contrat*) bargain; **conclure un ~ avec qn/qc** to strike a deal with sb/sth; **~ conclu!** it's a deal! ▶ **bon ~** *inv* cheap; **par-dessus le ~** on top of all that

marchepied [maʀʃəpje] *m* **1.** (*marche*) step **2.** (*escabeau*) steps *pl*

marcher [maʀʃe] <1> *vi* **1.** (*se déplacer*) to walk; **~ à reculons** to walk backwards **2.** MIL **~ sur la ville/Paris** to march on the town/Paris **3.** (*poser le pied*) **~ sur/dans qc** to step on/in sth **4.** *fig* **~ sur/dans qc** to tread on/in sth **5.** (*être en activité: métro, bus*) to run **6.** (*fonctionner*) to function; (*montre, télé, machine*) to work **7.** (*réussir: affaire, film*) to be a success; (*études*) to go well; (*procédé*) to work **8.** *inf* (*croire naïvement*) to be taken for a ride; **faire ~ qn** to take sb for a ride **9.** *inf* (*être d'accord*) **je marche** (**avec vous**) OK!; **ça marche!** (*au restaurant*) coming up!

marcheur, -euse [maʀʃœʀ, -øz] *m, f* a. SPORT walker

mardi [maʀdi] *m* Tuesday; *v.a.* **dimanche** ▶ **~ gras** Shrove Tuesday; (*carnaval*) Mardi Gras

mare [maʀ] *f* **1.** (*eau stagnante*) pond **2.** (*après la pluie*) puddle **3.** (*flaque*) **~ de sang/d'huile** pool of blood/oil

marécage [maʀekaʒ] *m* marsh

marécageux, -euse [maʀekaʒø, -ʒøz] *adj* marshy; (*plante*) marsh

maréchal(**e**) [maʀeʃal, -o] <-aux> *m* marshal; **~ des logis** sergeant

maréchal-ferrant [maʀeʃalfeʀɑ̃] <maréchaux-ferrants> *m* blacksmith

marée [maʀe] *f* (*mouvements de la mer*) tide; **à ~ basse/haute** at low/high tide ▶ **~ humaine** surge of people; **~ noire** oil slick

marelle [maʀɛl] *f* ≈ hopscotch

mareyeur, -euse [maʀɛjœʀ, -jøz] *m, f* fish wholesaler

margaille [maʀgɑj] *f Belgique* **1.** *inf* (*bagarre, mêlée bruyante*) scuffle **2.** (*désordre*) mess

margarine [maʀgaʀin] *f* margarine

marge [maʀʒ] *f* **1.** (*espace blanc, délai*) margin; **~ d'erreur** margin of error; **~ bénéficiaire** profit margin **2.** *fig* **vivre en ~ de la société** to live cut off from society

margelle [maʀʒɛl] *f* coping

marginal(**e**) [maʀʒinal, -o] <-aux> **I.** *adj* **1.** (*accessoire*) marginal **2.** (*en marge de la société, peu orthodoxe*) **être ~** to be on the fringes (of society) **II.** *m(f)* **1.** (*asocial*) dropout **2.** (*en marge de la société*) fringe member of society

marguerite [maʀgəʀit] *f* daisy

mari [maʀi] *m* husband

mariage [maʀjaʒ] *m* **1.** (*institution, union*) marriage; **~ blanc** unconsummated marriage; **~ de raison** marriage of convenience; **demander qn en ~** to ask sb's hand in marriage **2.** (*cérémonie*) wedding **3.** (*vie conjugale*) married life; **fêter les 25/10 ans de ~** to celebrate 25/10 years of marriage **4.** (*de plusieurs choses*) marriage **5.** (*combinaison*) combination

Mariannes-du-Nord [maʀjan(ə) dy nɔʀ] *fpl* Northern Mariana Islands

marié(**e**) [maʀje] **I.** *adj* **être ~** to be married **II.** *m(f)* **1.** (*le jour du mariage*) **les ~s** the married couple **2.** (*marié depuis peu*) **jeune ~** newlywed; **les jeunes ~s** the newlyweds

marier [maʀje] <1> **I.** *vt* **1.** (*procéder au mariage de, donner en mariage*) **~ qn avec qn** to marry sb to sb **2.** *Belgique, Nord, Québec* (*épouser*) to marry **3.** (*combiner*) to combine; (*couleurs, goûts, parfums*) to marry **II.** *vpr* **1.** (*contracter mariage*) **se ~ avec qn** to marry sb **2.** (*s'harmoniser*) **se ~** (**ensemble**) to blend; **se ~ avec qc** to marry with sth

marihuana, marijuana [maʀiʀwana] *f* marijuana

marin [maʀɛ̃] *m* sailor

marin(**e**) [maʀɛ̃, in] *adj* **1.** (*relatif à la mer*) sea **2.** (*relatif au marin: costume*) sailor

marinade [maʀinad] *f* marinade

marine [maʀin] **I.** *f* navy **II.** *adj gén inv* navy (blue)

mariner [maʀine] <1> **I.** *vt* CULIN to marinate **II.** *vi* **1.** CULIN (*aliment*) to marinate **2.** *inf* (*attendre*) to wait around

marinier, -ière [maʀinje, -jɛʀ] *m, f* bargeman

marionnette [maʀjɔnɛt] *f* puppet

maritalement [maʀitalmɑ̃] *adv* **vivre ~** to live as husband and wife

maritime [maʀitim] *adj* **1.** (*du bord de mer*) seaside; (*région, ville*) coastal **2.** (*relatif au commerce par mer*) maritime; (*transport, compagnie*) shipping

marjolaine [maʀʒɔlɛn] *f* marjoram

mark [maʀk] *m* HIST (*monnaie*) mark

marketer [maʀkete] <1> *vt* to market

marketing [maʀkɛtiŋ] *m* marketing

marmaille [maʀmɑj] *f inf* kids *pl*

marmelade [maʀməlad] *f* (*de pommes, d'abricots*) jam, jelly; (*d'oranges*) marmalade

marmite [maʀmit] *f* cooking pot

marmonner [maʀmɔne] <1> *vt, vi* to mutter

marmot [maʀmo] *m inf* (*petit garçon*) kid

marmotte [maʀmɔt] *f* marmot

Maroc [maʀɔk] *m* **le ~** Morocco

marocain(**e**) [maʀɔkɛ̃, ɛn] *adj* Moroccan

Marocain(**e**) [maʀɔkɛ̃, ɛn] *m(f)* Moroccan

maroquinerie [maʀɔkinʀi] *f* **1.** (*boutique*) leather store **2.** (*fabrication*) leather working; (*commerce*) leather trade **3.** (*articles en cuir*) leather goods *pl*

marotte [maʀɔt] *f* hobby; **avoir la ~ de** (**faire**) **qc** to have a craze for (doing) sth

marquant(**e**) [maʀkɑ̃, ɑ̃t] *adj* (*important:*

fait, événement) outstanding; (*personnage, œuvre*) striking; (*souvenir*) vivid
marque [maʀk] *f* **1.** (*trace, repère*) *a.* LING mark; (*de coups de fouet*) wound **2.** (*tache*) stain **3.** SPORT marker; **à vos ~s!** on your marks! **4.** (*témoignage*) **~ de confiance** sign of trust; **~ de respect** mark of respect **5.** (*signe distinctif*) sign; (*au fer rouge*) signal; **porter la ~ de l'artiste** to have the artist's stamp **6.** COM brand; **~ déposée** registered trademark; **produit de ~** branded product **7.** (*insigne*) badge **8.** (*score*) score; **ouvrir la ~** open the scoring ▶**il trouve ses ~s** he's getting his bearings; **personnage/invité de ~** distinguished person/visitor
marqué(e) [maʀke] *adj* **1.** (*net: curiosité, traits du visage*) marked; (*préférence, différence*) distinct; (*trait*) pronounced **2.** (*traumatisé*) **être ~** to be marked
marquer [maʀke] <1> **I.** *vt* **1.** (*indiquer, distinguer, laisser une trace sur, représenter*) to mark; (*heure, degré*) to show; **~ qc d'un trait/d'une croix** to mark a line/cross on sth; **il a marqué son époque** (*personne, événement*) he/it left his/its mark **2.** (*souligner: rythme*) to beat; (*paroles*) to stress; **pour ~ cet événement** to mark this event **3.** (*respecter: feu rouge*) to respect; **~ un temps d'arrêt** (*dans un discours, dans un mouvement*) to pause **4.** (*inscrire, noter*) to write; **le prix marqué** the marked price **5.** SPORT to mark; (*but*) to score **II.** *vi* **1.** (*jouer un rôle important*) **~ dans qc** to have an impact on sth **2.** (*laisser une trace: bouteille*) to leave a mark; (*tampon*) to stamp; (*crayon*) to mark
marqueur [maʀkœʀ] *m* **1.** (*crayon*) *a.* INFORM marker **2.** (*marqueur fluorescent*) highlighter
marquis(e) [maʀki, iz] *m(f)* marquis
marquise [maʀkiz] *f* (*auvent*) awning
marraine [maʀɛn] *f* godmother
marrant(e) [maʀɑ̃, ɑ̃t] *adj inf* funny
marre [maʀ] *adv inf* **en avoir ~ de qn/qc** to be fed up with sb/sth
marrer [maʀe] <1> **I.** *vpr* **se ~** *inf* to laugh **II.** *vi* **faire ~ qn** to make sb laugh
marron [maʀɔ̃] **I.** *m* (*fruit*) chestnut; **~s glacés** marrons glacés **II.** *adj inv* brown

> **i** **Marrons** can be bought in cans in France and can be used to make sauces. Chestnut jam is another favorite. In winter, roasted chestnuts can be bought on the streets.

marronnier (d'Inde) [maʀɔnje dɛ̃d] *m* horse chestnut
mars [maʀs] *m* (*mois*) March; *v.a.* **août**
Mars [maʀs] *m* ASTR Mars
marseillais(e) [maʀsɛjɛ, jɛz] *adj* from/of Marseille; (*accent, banlieue*) Marseille; (*restaurants*) in Marseille
Marseillais(e) [maʀsɛjɛ, ɛz] *m(f)* person from Marseille; **les ~** (*à Marseille*) people in Marseille; (*ailleurs*) people from Marseille
Marseillaise [maʀsɛjɛz] *f* **la ~** the Marseillaise (*the French national anthem*)

> **i** The **Marseillaise** has been the French national anthem since 1795. It was composed in 1792 by C.J. Rouget de Lisle as a war song for the Rhine army. It was also sung at the time of the revolution by a freedom group from Marseille as it marched to Paris to take part in an uprising, hence the name.

Marseille [maʀsɛj(ə)] Marseille(s)
marsouin [maʀswɛ̃] *m* ZOOL porpoise
marsupial [maʀsypjal, -jo] <-aux> *m* ZOOL marsupial
marsupial(e) [maʀsypjal, -jo] <-aux> *adj* marsupial; **poche ~e** marsupium
marteau [maʀto] <x> **I.** *m* hammer; **~ piqueur** pneumatic drill **II.** *adj inf* loopy
martèlement [maʀtɛlmɑ̃] *m* (*coups de marteau*) hammering
marteler [maʀtəle] <4> *vt* **1.** (*frapper*) to hammer **2.** (*scander*) to hammer out
martial(e) [maʀsjal, -jo] <-aux> *adj* (*loi, arts*) martial; **cour ~e** court martial
Martien(ne) [maʀsjɛ̃, jɛn] *m(f)* Martian
martinet[1] [maʀtinɛ] *m* (*fouet*) lash
martinet[2] [maʀtinɛ] *m* ZOOL swift
martingale [maʀtɛ̃gal] *f* COUT half belt
Martiniquais(e) [maʀtinikɛ, ɛz] *m(f)* person from Martinique
Martinique [maʀtinik] *f* **la ~** Martinique
martre [maʀtʀ] *f* ZOOL marten
martyr(e) [maʀtiʀ] **I.** *adj* (*enfant*) battered; (*mère*) stricken; (*pays, peuple*) martyred **II.** *m(f)* (*personne sacrifiée*) martyr
martyre [maʀtiʀ] *m* **1.** REL martyr **2.** (*grande douleur*) agony; **souffrir le ~** to suffer in agony
martyriser [maʀtiʀize] <1> *vt* (*faire souffrir*) to bully
marxisme [maʀksism] *m* Marxism
mas [mɑ] *m* cottage (*in southeastern France*)
mascara [maskaʀa] *m* mascara
mascarade [maskaʀad] *f* (*bal masqué*) masked ball
mascotte [maskɔt] *f* mascot
masculin [maskylɛ̃] *m* LING masculine
masculin(e) [maskylɛ̃, in] *adj* male
masculinité [maskylinite] *f* masculinity
maso [mazo] *abr de* **masochiste I.** *adj inv, inf* **être ~** to be a masochist **II.** *mf inv, inf* masochist
masochisme [mazɔʃism] *m* masochism
masochiste [mazɔʃist] **I.** *adj* masochistic **II.** *mf* masochist
masque [mask] *m* **1.** (*objet*) mask; **~ à gaz** gas mask **2.** (*air, face*) front

M

masqué(e) [maske] *adj* **1.** (*recouvert d'un masque*) masked **2.** (*dissimulé: feux*) obscured; (*virage, sortie*) hidden

masquer [maske] <1> **I.** *vt* (*dissimuler, recouvrir d'un masque*) to conceal; MIL to camouflage; (*odeur, visage*) to mask; (*lumière*) to obscure; (*vérité*) to hide **II.** *vpr* **1.** (*mettre un masque*) **se ~** to put on a mask; **se ~ le visage** to hide one's face **2.** (*se dissimuler*) **se ~ derrière/sous qc** to hide behind/under sth

massacrant(e) [masakʀɑ̃, ɑ̃t] *adj* **être d'humeur ~e** to be in a foul mood

massacre [masakʀ] *m* **1.** (*tuerie*) massacre **2.** (*travail mal fait*) mess

massacrer [masakʀe] <1> **I.** *vt* **1.** (*tuer sauvagement: peuple*) to massacre; (*animaux*) to slaughter **2.** *inf* (*démonter, mettre à mal*) **~ qn** to make mincemeat out of sb **3.** *inf* (*détériorer*) **~ qc** to make a mess of sth **II.** *vpr* **se faire ~** to be massacred

massage [masaʒ] *m* massage

masse [mas] *f* **1.** (*volume*) mass; **les ~s populaires** the working classes; **ce genre de films, ça me plaît pas des ~s** *inf* I don't really go for this type of film **2.** ECON **~ salariale** payroll **3.** ART **dans la ~** from the block

masser[1] [mase] <1> **I.** *vt* (*grouper*) to gather together; (*troupes*) to mass **II.** *vpr* (*se grouper*) **se ~** to assemble

masser[2] [mase] <1> *vt* (*faire un massage à*) to massage

masseur, **-euse** [masœʀ, -øz] *m, f* masseur, masseuse *m, f*

massif [masif] *m* **1.** BOT clump **2.** GEO massif

massif, **-ive** [masif, -iv] *adj* **1.** (*lourd: carrure, meuble*) heavy; (*esprit*) strong; (*bâtiment, visage*) huge **2.** (*pur: argent, bois*) solid **3.** (*important*) massive; (*doses*) huge

massivement [masivmɑ̃] *adv* **1.** (*en nombre: démissionner, licencier, partir*) en masse **2.** (*à haute dose*) in huge doses

mass media [masmedja] *mpl* mass media

massue [masy] **I.** *f* mace **II.** *app inv* sledgehammer

mastic [mastik] *m* (*du vitrier*) putty; (*du menuisier*) filler

mastiquer[1] [mastike] <1> *vt, vi* ANAT to chew

mastiquer[2] [mastike] <1> *vt* TECH (*vitre*) to putty; (*trou, fuite*) to stop up

mastoc [mastɔk] *adj inv, inf* (*personne*) hefty; (*meuble, statue*) massive

mastodonte [mastɔdɔ̃t] *m* **1.** (*chose énorme*) mammoth; (*personne énorme*) giant **2.** ZOOL mastodon

masturbation [mastyʀbasjɔ̃] *f* masturbation

masturber [mastyʀbe] <1> *vt, vpr* (**se**) **~** to masturbate

masure [mɑzyʀ] *f* hovel

mat [mat] **I.** *adj inv* JEUX checkmated **II.** *m* JEUX checkmate

mât [mɑ] *m* **1.** NAUT mast **2.** (*poteau*) pole

mat(e) [mat] *adj* **1.** (*sans reflet, sourd: bruit, son*) dull; (*or, argent*) mat **2.** (*opp: pâle: peau, teint*) dark

matador [matadɔʀ] *m* matador

match [matʃ] <(e)s> *m* match; **~ de boxe** boxing match; **~ nul** draw, tie

matelas [matlɑ] *m* **1.** (*pièce de literie*) mattress; **~ pneumatique** air mattress; **~ à ressorts** spring mattress **2.** (*couche épaisse*) layer

matelassé(e) [matlase] *adj* padded

matelot [matlo] *m* sailor

mater[1] [mate] <1> *vt* **1.** (*faire s'assagir*) to subdue **2.** (*réprimer, vaincre*) to bring under control; (*révolte, rébellion*) to quash

mater[2] [mate] <1> *vt inf* (*regarder*) to eye

matérialisation [mateʀjalizasjɔ̃] *f* materialization

matérialiser [mateʀjalize] <1> **I.** *vt* **1.** (*concrétiser*) to realize; **~ une idée** to bring an idea to life **2.** (*signaliser*) to mark **II.** *vpr* **se ~** to materialize

matérialisme [mateʀjalism] *m* materialism

matérialiste [mateʀjalist] **I.** *adj a.* PHILOS materialistic **II.** *mf a.* PHILOS materialist

matériau [mateʀjo] <x> *m* **1.** (*matière*) material; **~x de construction** construction materials **2.** *sans pl, fig* equipment

matériel [mateʀjɛl] *m* **1.** (*équipement, assortiment d'un magasin*) equipment **2.** INFORM hardware

matériel(le) [mateʀjɛl] *adj* **1.** (*concret, qui concerne des objets*) material **2.** (*qui concerne l'argent: ennui, conditions*) financial; (*civilisation*) materialistic **3.** PHILOS materialistic

matériellement [mateʀjɛlmɑ̃] *adv* **1.** (*sur le plan financier*) financially **2.** (*pour des raisons matérielles*) practically

maternel(le) [matɛʀnɛl] *adj* **1.** (*de/pour la mère*) motherly; (*tendresse, instinct*) maternal **2.** (*du côté de la mère: grand-père*) maternal; (*biens*) mother's **3.** ECOLE **école ~le** nursery school

maternelle [matɛʀnɛl] *f* nursery school

> **i** **La maternelle** is a nursery for children aged 2 and up. The children stay there the whole day. They eat there at lunch time and have beds for naps after eating. They are introduced to reading, writing and arithmetic through games, in order to prepare them for elementary school.

maternellement [matɛʀnɛlmɑ̃] *adv* maternally

materner [matɛʀne] <1> *vt péj* to baby

maternité [matɛʀnite] **I.** *f* **1.** (*bâtiment*) maternity hospital **2.** (*faculté d'engendrer*) pregnancy **3.** (*condition de mère*) motherhood **4.** ART (*tableau*) *painting of mother and child;* (*de la vierge*) Madonna and child **II.** *app* maternity

mathématicien(ne) [matematisjɛ̃, jɛn] *m(f)* mathematician

mathématique [matematik] **I.** *adj* mathematical **II.** *fpl* mathematics

matheux, -euse [matø, -øz] *m, f inf* **1.** (*élève/étudiant en maths*) math student **2.** (*personne douée en maths*) mathematical genius
math(s) [mat] *fpl inf abr de* **mathématique**
matière [matjɛʀ] *f* **1.** (*substance*) material; **~ première** raw material **2.** PHILOS, PHYS, ART matter **3.** (*sujet, thème*) *a.* ECOLE subject; (*d'une discussion*) theme; **en ~ de sport/finances/d'impôts** in the matter of sports/finances/tax
matin [matɛ̃] **I.** *m* (*début du jour, matinée*) morning; **le ~** in the morning; **un ~ de juillet** a July morning; **du ~ au soir** from morning until night; **de bon ~** early in the morning; **ce ~** this morning; **chaque ~, tous les ~s** every morning; **au petit ~** early in the morning; **6/11 heures du ~** 6/11 o'clock in the morning; **l'équipe du ~** the morning shift ▶ **un de ces quatre ~s** one of these days; **être du ~** (*être en forme le matin*) to be a morning person; (*être de l'équipe du matin*) to be on the morning shift **II.** *adv* **mardi ~** Tuesday morning; **~ et soir** morning and evening; (*tout le temps*) from morning till night
matinal(e) [matinal, -o] <-aux> *adj* **1.** (*du matin*) morning **2.** (*qui se lève tôt*) **être ~** to be an early bird; (*ponctuellement*) to be up early
matinée [matine] *f* **1.** (*matin*) morning **2.** CINE, THEAT, MUS matinee ▶ **faire la grasse ~** to sleep in
matou [matu] *m* ZOOL tom
matraquage [matʀakaʒ] *m* **1.** (*coups de matraque*) **le ~ des manifestants par la police** the beating up of the demonstrators by the police **2.** MEDIA (*intoxication*) (media) hype; **~ publicitaire** advertising overkill
matraque [matʀak] *f* billy club
matraquer [matʀake] <1> *vt* **1.** (*frapper*) **~ qn** to beat sb with a billy club **2.** MEDIA (*auditeur, téléspectateur*) to browbeat
matrimonial(e) [matʀimɔnjal, -jo] <-aux> *adj* matrimonial; (*agence, régime*) marriage
mature [matyʀ] *adj* mature
maturité [matyʀite] *f* **1.** *a.* BOT, BIO maturity; **venir à ~** to come to maturity **2.** *Suisse* (*examen correspondant au baccalauréat*) baccalaureate (secondary school examinations)
maudire [modiʀ] <8> *vt* to curse
maudit(e) [modi, it] **I.** *adj* **1.** *antéposé* (*fichu*) blasted **2.** *postposé* (*réprouvé: poète, écrivain*) accursed **3.** *postposé* (*funeste*) disastrous; (*lieu*) cursed **II.** *m(f)* (*rejeté*) damned soul
maure [mɔʀ] *adj* HIST Moor
mauresque [mɔʀɛsk] *adj* Moorish
Maurice [mɔʀis(ə)] *f* **(l'île) ~** Mauritius
mauricien(ne) [mɔʀisjɛ̃, ɛn] *adj* Mauritian
Mauricien(ne) [mɔʀisjɛ̃, ɛn] *m(f)* Mauritian
Mauritanie [mɔʀitani] *f* **la ~** Mauritania
mausolée [mozɔle] *m* mausoleum
maussade [mosad] *adj* sullen; (*ciel*) dark; (*humeur*) morose; (*temps, paysage*) gloomy
mauvais [movɛ] **I.** *adv* bad; **il fait ~** the weather is bad **II.** *m* **1.** (*ce qui est mauvais*) bad part **2.** (*personne*) **les bons et les ~** the good and the bad
mauvais(e) [movɛ, ɛz] *adj* **1.** *antéposé* bad; (*action*) wrong; **la balle est ~e** the ball is out; **être ~ en qc** to be bad at sth; **c'est ~ pour la santé** it is bad for your health; **ne pas avoir un ~ fond** to not be bad deep down **2.** (*méchant: intention, regard*) spiteful; (*sujet*) bad; (*sourire*) nasty **3.** (*agité*) **la mer est ~e** the sea is rough
mauve [mov] *adj, m* (*couleur*) mauve
mauviette [movjɛt] *f inf* (*poule mouillée*) wimp
max [maks] *m inf abr de* **maximum**
maxi [maksi] *adj inv* maxi
maximal(e) [maksimal, -o] <-aux> *adj* maximum
maxime [maksim] *f* maxim
maximum [maksimɔm, maksima] <s *o* maxima> **I.** *adj* maximum **II.** *m* maximum; JUR maximum sentence; **il fait le ~** he's doing everything he can; **au grand ~** at the very most; **s'amuser/s'éclater/travailler un ~** *inf* to have great fun/laugh a lot/work incredibly hard
mayen [majɛ̃] *m Suisse* (*pâturage d'altitude moyenne avec bâtiment, où le bétail séjourne au printemps et en automne*) spring and autumn pasture
mayeur(e) *v.* **maïeur**
mayonnaise [majɔnɛz] *f* mayonnaise
Mayotte [majɔt(ə)] Mayotte
mazot [mazo] *m Suisse* (*petit bâtiment rural*) farm building
mazout [mazut] *m* heating oil
me [mə] <*devant voyelle ou h muet* m'> *pron pers* **1.** me; **il m'explique le chemin** he's explaining the way to me **2.** *avec être, devenir, sembler, soutenu* to me; **cela ~ semble bon** that seems fine to me; **son amitié m'est chère** his/her/its friendship is dear to me; **ça m'est bon de rentrer au pays** it does me good to return to my home country; **le café m'est indispensable** I can't do without coffee **3.** *avec les verbes pronominaux* **je ~ nettoie** I'm cleaning myself up; **je ~ nettoie les ongles** I'm cleaning my nails; **je ~ fais couper les cheveux** I'm having my hair cut **4.** (*avec un sens possessif*) **le cœur ~ battait fort** my heart was beating hard **5.** *avec un présentatif* **~ voici** [*o* **voilà**]**!** here I am!
méandre [meɑ̃dʀ] *m* (*d'un cours d'eau, d'un chemin*) twist
mec [mɛk] *m inf* guy
mécanicien(ne) [mekanisjɛ̃, jɛn] *m(f)* mechanic
mécanique [mekanik] **I.** *adj* **1.** (*automatique*) mechanical **2.** *inf* (*technique: difficulté*) technical **II.** *f* mechanics
mécaniquement [mekanikmɑ̃] *adv* mechanically
mécanisation [mekanizasjɔ̃] *f* mechanization

mécaniser [mekanize] <1> *vpr* **se ~** to mechanize

mécanisme [mekanism] *m* mechanism

mécano [mekano] *m inf abr de* **mécanicien** mechanic

mécénat [mesena] *m* sponsorship

mécène [mesɛn] *m* (*protecteur des arts*) patron; (*personne qui soutient*) sponsor

méchamment [meʃamɑ̃] *adv* **1.** (*cruellement*) cruelly **2.** *inf* (*très*) very; (*amoché*) badly

méchanceté [meʃɑ̃ste] *f* **1.** *sans pl* (*cruauté*) cruelty; **regarder qn avec ~** to look at sb nastily **2.** (*acte, parole*) spiteful

méchant(e) [meʃɑ̃, ɑ̃t] **I.** *adj* **1.** (*opp: gentil*) nasty; (*enfant*) naughty; (*animal*) vicious; **être ~ avec qn** to be nasty to sb; (*enfant*) to be disobedient to sb; **attention, chien ~!** beware of the dog! **2.** *antéposé* (*sévère*) harsh; (*soleil, mer*) nasty **3.** *antéposé, inf* (*extraordinaire*) serious **II.** *m(f)* bad person

mèche [mɛʃ] *f* **1.** (*cordon: d'une bougie*) wick **2.** (*touffe*) **~ de cheveux** lock of hair ▶**vendre la ~** to let the cat out of the bag; **être de ~ avec qn** *inf* to be in cahoots with sb

méchoui [meʃwi] *m* **1.** (*mouton*) whole roast sheep **2.** (*repas*) barbecue; **faire un ~** to have a barbecue

méconduire [mekɔ̃dɥiʀ] *vpr* **se ~** *Belgique* (*se conduire mal*) to misbehave

méconnaissable [mekɔnɛsabl] *adj* unrecognizable

méconnu(e) [mekɔny] *adj* unrecognized

mécontent(e) [mekɔ̃tɑ̃, ɑ̃t] **I.** *adj* **~ de qn/qc** dissatisfied with sb/sth **II.** *m(f)* malcontent

mécontentement [mekɔ̃tɑ̃tmɑ̃] *m* discontent

médaille [medaj] *f* badge; (*décoration*) medal; **~ d'or** gold medal

médaillé(e) [medaje] **I.** *adj* decorated **II.** *m(f)* medal holder; SPORT medalist

médaillon [medajɔ̃] *m* CULIN, ART medallion

médecin [medsɛ̃] *m* **1.** doctor; **~ de famille** family doctor; **~ légiste** medical examiner **2.** *Suisse* (*chirurgien*) **~ dentiste** oral surgeon

médecine [medsin] *f* medicine; **exercer la ~** to practice medicine; **~ douce/générale** alternative/general medicine

média [medja] *m* medium; **les ~s** the media

médian(e) [medjɑ̃, jan] *adj* (*ligne*) median

médiateur, -trice [medjatœʀ, -tʀis] **I.** *adj* **1.** (*de conciliation*) mediatory **2.** MATH mediating **II.** *m, f* mediator

médiathèque [medjatɛk] *f* multimedia library

médiation [medjasjɔ̃] *f* (*d'un conflit*) mediation

médiatique [medjatik] *adj* (*image, sport, personne, campagne*) media

médiatisation [medjatizasjɔ̃] *f* mediatization

médiatisé(e) [medjatize] *adj* **un événement ~** a heavily covered media event

médiatiser [medjatize] <1> *vt* to mediatize; (*excessivement*) to hype

médical(e) [medikal, -o] <-aux> *adj* medical

médicament [medikamɑ̃] *m* medicine

médicinal(e) [medisinal, -o] <-aux> *adj* **plantes ~es** medicinal plants

médiéval(e) [medjeval, -o] <-aux> *adj* medieval

médiocre [medjɔkʀ] **I.** *adj* **1.** (*petit: salaire*) meager **2.** (*minable*) mediocre; (*sol*) poor; (*vie*) sad **3.** (*faible: élève*) poor **4.** *péj* (*peu intelligent*) thick; (*mesquin*) mean; **des esprits ~s** small minds **II.** *mf* second-rater **III.** *m* nonentity

médiocrement [medjɔkʀəmɑ̃] *adv* **1.** (*assez peu*) not very well **2.** (*assez mal*) poorly

médiocrité [medjɔkʀite] *f* **1.** (*insuffisance en quantité*) inadequacy **2.** (*insuffisance en qualité*) mediocrity; (*d'une vie*) insignificance

médire [mediʀ] *vi irr* **~ de qn** to speak ill of sb

médisance [medizɑ̃s] *f* gossip

médisant(e) [medizɑ̃, ɑ̃t] *adj* (*commentaires*) slanderous; **être ~** to say bad things about people

méditation [meditasjɔ̃] *f* **1.** (*réflexion*) thought **2.** REL meditation

méditer [medite] <1> **I.** *vi* **1.** (*réfléchir*) **~ sur qc** to think about sth **2.** REL to meditate **II.** *vt* **1.** (*réfléchir sur*) **~ qc** to meditate on sth **2.** (*projeter*) to contemplate

Méditerranée [mediteʀane] *f* **la (mer) ~** the Mediterranean (Sea)

méditerranéen(ne) [mediteʀaneɛ̃, ɛn] **I.** *adj* Mediterranean **II.** *m(f)* sb from the Mediterranean region

médium [medjɔm] *m* medium

méduse [medyz] *f* jellyfish

médusé(e) [medyze] *adj* dumbfounded

meeting [mitiŋ] *m* meeting

méfait [mefɛ] *m* **1.** (*faute*) wrongdoing **2.** *gén pl* (*conséquence néfaste*) **les ~s de l'alcool** the harm caused by alcohol

méfiance [mefjɑ̃s] *f* distrust

méfiant(e) [mefjɑ̃, jɑ̃t] *adj* **être ~ à l'égard de qn** to be suspicious about sb

méfier [mefje] <1> *vpr* **1.** (*être soupçonneux*) **se ~ de qn/qc** to be wary of sb/sth **2.** (*faire attention*) **se ~** to watch out; **méfiez-vous!** be careful!

mégahertz [megaɛʀts] *m inv* megahertz

mégalo [megalo] *adj inf abr de* **mégalomane** power-crazed

mégalomane [megalɔman] *adj, mf* megalomaniac

méga-octet [megaɔktɛ] <méga-octets> *m* INFORM megabyte

mégaphone [megafɔn] *m* megaphone

mégarde [megaʀd] **par ~** accidentally

mégère [meʒɛʀ] *f* shrew

mégot [mego] *m inf* cigarette butt

mégoter [megɔte] <1> *vi inf* **~ sur qc** to skimp on sth

meilleur [mɛjœʀ] **I.** *adv* better; **il fait ~** the weather is better **II.** *m* **le ~** the best ▶**pour le ~ et pour le pire** for better or for worse

meilleur(e) [mɛjœʀ] **I.** *adj* **1.** *comp de* **bon** better; **acheter qc ~ marché** to buy sth cheaper

2. *superl* **le/la ~(e) élève** the best student; **je vous adresse mes ~s vœux** I send you my best wishes **II.** *m(f)* **le/la ~(e) de la classe** the top of the class ▶**j'en passe et des ~es** that's not all - I could go on

Mél. [mel] INFORM *abr de* **messagerie électronique** e-mail

mélancolie [melɑ̃kɔli] *f* melancholy

mélancolique [melɑ̃kɔlik] *adj* melancholy

mélange [melɑ̃ʒ] *m* **1.** (*action*) mixing **2.** (*résultat*) blend

mélangé(e) [melɑ̃ʒe] *adj* mixed; (*couleur*) blended

mélanger [melɑ̃ʒe] <2a> **I.** *vt* **1.** (*mêler*) **~ du café et du lait** to mix coffee and milk **2.** (*mettre en désordre*) to mix up **3.** (*confondre*) to muddle **II.** *vpr* **se ~** to mix

mêlé(e) [mele] *adj* **1.** (*mélangé, composite*) mixed **2.** (*impliqué*) **être ~ à une affaire** to be caught up in an affair

mêlée [mele] *f* **1.** (*corps à corps*) brawl; (*dans un débat d'idées*) fray **2.** (*conflit*) **entrer/se jeter dans la ~** to launch oneself into the fray **3.** (*personnes mêlées*) mixture; (*choses mêlées*) muddle **4.** SPORT scrum

mêler [mele] <1> **I.** *vt* **1.** (*mélanger, allier*) to mix; (*voix*) to mingle; (*ingrédients*) to blend; **~ l'utile à l'agréable** to combine business with pleasure **2.** (*ajouter*) **~ des détails pittoresques à un récit** to add colorful details to a story **3.** (*mettre en désordre*) to muddle; (*fils*) to mix up; (*cartes*) to shuffle **4.** (*impliquer*) **~ qn à qc** to involve sb in sth **II.** *vpr* **1.** (*se mélanger*) **se ~ à qc** to mix with sth **2.** (*joindre*) **se ~ à la foule** to mingle with the crowd **3.** (*participer*) **se ~ à la conversation/au jeu** to join in the conversation/the game **4.** *péj* (*s'occuper*) **se ~ de qc** to meddle with sth

mêle-tout [mɛltu] *m inv, Belgique* (*personne qui se mêle de tout, qui est indiscrète*) snoop

mélèze [melɛz] *m* larch

méli-mélo [melimelo] <mélis-mélos> *m inf* muddle

mélodie [melɔdi] *f* melody

mélodieux, -euse [melɔdjø, -jøz] *adj* melodious

mélodramatique [melɔdʀamatik] *adj* melodramatic

mélodrame [melɔdʀam] *m* melodrama

mélomane [melɔman] *mf* music-lover

melon [m(ə)lɔ̃] *m* melon

membrane [mɑ̃bʀan] *f* membrane

membre [mɑ̃bʀ] **I.** *m* **1.** ANAT, ZOOL limb **2.** (*adhérent*) *a.* MATH member; **~ à part entière** full member ▶**trembler de tous ses ~s** to tremble all over **II.** *app* **État ~/pays ~** member state/country

même [mɛm] **I.** *adj* **1.** (*identique, simultané*) same **2.** (*semblable*) same; **c'est la ~ chose** it's the same thing **3.** (*en personne*) **être la gaieté/la bonne humeur ~** to be happiness/good humor personified **4.** (*pour renforcer*) **c'est cela ~ qui ...** it is that very thing which ... **II.** *pron indéf* **le/la ~** the same **III.** *adv* **1.** (*de plus, jusqu'à*) even; **~ pas** not even **2.** (*précisément*) **ici ~** at this very place; **je le ferai aujourd'hui ~** I will do it this very day **3.** *inf* (*en plus*) **~ que c'est vrai** and what's more, it's true ▶**être à ~ de** +*infin* to be able to +*infin;* **à ~ le sol** on the bare ground; **vous de ~!** *soutenu* and you likewise!; **il en est de ~ pour qn/qc** it is the same for sb/sth; **de ~ que son frère** just like his brother; **tout de ~** all the same

mémé [meme] *f inf* granny; **faire ~** (*personne*) to look old; (*robe*) to look old-fashioned

mémère [memɛʀ] *f inf* **1.** *enfantin* (*grand-mère*) grandma **2.** *péj* (*femme d'un certain âge*) old girl; **faire ~** to look old-fashioned

mémoire¹ [memwaʀ] *f* **1.** (*capacité*) memory; **avoir la ~ des chiffres/dates** to have a good memory for figures/dates; **si j'ai bonne ~** if my memory serves me; **il se remet qc en ~** he reminds himself of sth; **pour ~** for the record; **faire qc à la ~ de qn** to do sth in sb's memory **2.** INFORM memory; **~ cache/centrale** cache/core memory; **~ morte** [*o* **en lecture seule**] read-only memory; **~ RAM** random-access memory; **~ ROM** read-only memory; **~ tampon** buffer; **~ virtuelle** virtual storage; **~ vive** [*o* **à accès direct**] random-access memory

mémoire² [memwaʀ] *m* **1.** *pl* (*journal*) memoir **2.** (*dissertation*) dissertation **3.** (*exposé*) paper

mémorable [memɔʀabl] *adj* **1.** (*qui fait date*) memorable **2.** (*inoubliable*) unforgettable

mémoriser [memɔʀize] <1> *vt* **1.** (*apprendre*) to memorize **2.** INFORM to store

menaçant(e) [mənasɑ̃, ɑ̃t] *adj* menacing; (*décision, ciel, geste*) threatening

menace [mənas] *f* (*parole, geste, danger*) threat; **des ~s de mort** death threats

menacé(e) [mənase] *adj* threatened

menacer [mənase] <2> **I.** *vt* **1.** (*faire peur avec, faire des menaces de*) **~ qn d'une arme/du poing** to threaten sb with a weapon/fist; **~ qn de mort/de faire qc** to threaten sb with death/doing sth **2.** (*constituer une menace pour*) to menace; (*santé*) to threaten **II.** *vi* to threaten

ménage [menaʒ] *m* **1.** (*entretien de la maison*) housework; **faire le ~** (*nettoyer*) to do the housework; *inf* (*réorganiser*) to sort things out; **faire des ~s** to do cleaning **2.** (*vie commune*) **être/se mettre en ~ avec qn** to live with/move in with sb **3.** (*couple*) married couple **4.** (*famille*) family ▶**faire bon/mauvais ~ avec qn/qc** to get along well/badly with sb/sth

ménagement [menaʒmɑ̃] *m* (*réserve*) consideration; **sans ~** brutally

ménager [menaʒe] <2a> **I.** *vt* **1.** (*employer avec mesure: revenus*) to economize; (*forces*) to conserve; **~ ses paroles** to use words sparingly **2.** (*traiter avec égards pour raisons de*

M

santé) ~ **qn** to be gentle with sb **3.** (*traiter avec égards par respect ou intérêt*) ~ **qn** to handle sb with care **II.** *vpr* **1.** (*prendre soin de soi*) **se** ~ to take care of oneself **2.** (*se réserver*) **se ~ du temps** to keep some time for oneself
ménager, -ère [menaʒe, -ɛʀ] *adj* household
ménagère [menaʒɛʀ] *f* **1.** (*femme*) housewife **2.** (*service de couverts*) cutlery set
ménagerie [menaʒʀi] *f* **1.** (*animaux*) menagerie **2.** (*lieu d'exposition*) zoo
mendiant(e) [mɑ̃djɑ̃, jɑ̃t] *m(f)* beggar
mendicité [mɑ̃disite] *f* (*action*) begging
mendier [mɑ̃dje] <1> **I.** *vi* to beg **II.** *vt* ~ **de l'argent/du pain** to beg for money/bread
menée [məne] *f Suisse* (*congère*) snowdrift
mener [məne] <4> **I.** *vt* **1.** (*amener*) to take; **~ un enfant à l'école/chez le médecin** to take a child to school/the doctor **2.** (*conduire, faire agir*) to lead; ~ **une entreprise à la ruine/faillite** to lead a company into ruin/bankruptcy; **seul l'intérêt le mène** he is led solely by interest **3.** (*diriger*) to direct; (*négociations*) to lead **4.** (*administrer*) to manage **II.** *vi* to lead; ~ (**par**) **deux à zéro** to lead two to nothing
meneur, -euse [mənœʀ, -øz] *m, f* leader; *péj* agitator; **~ de jeu** SPORT key player; RADIO, TV game show host; ~ **d'hommes** leader of men
menhir [meniʀ] *m* standing stone, menhir
méninge [menɛ̃ʒ] *f* ANAT brain ►**il se creuse les ~s** *inf* he's racking his brains
méningite [menɛ̃ʒit] *f* MED meningitis
ménopause [menopoz] *f* menopause
menotte [mənɔt] *f pl* handcuffs *pl;* **passer les ~s à qn** to handcuff sb
mensonge [mɑ̃sɔ̃ʒ] *m* **1.** (*opp: vérité*) lie; **raconter un ~ à qn** to (tell a) lie to sb **2.** *sans pl* (*action, habitude*) lying; **vivre dans le** ~ to live a lie
mensonger, -ère [mɑ̃sɔ̃ʒe, -ɛʀ] *adj* (*propos*) untrue; (*promesse*) false
menstruel(le) [mɑ̃stʀyɛl] *adj* menstrual; **cycle** ~ menstrual cycle; **flux** ~ menstrual flow
mensualiser [mɑ̃sɥalize] <1> *vt* ~ **qn/qc** to pay sb/sth monthly
mensualité [mɑ̃sɥalite] *f* monthly payment
mensuel [mɑ̃sɥɛl] *m* monthly publication
mensuel(le) [mɑ̃sɥɛl] *adj* monthly
mensuellement [mɑ̃sɥɛlmɑ̃] *adv* monthly
mensuration [mɑ̃syʀasjɔ̃] *f pl* (*dimensions du corps*) vital statistics
mental [mɑ̃tal] *m sans pl* spirit
mental(e) [mɑ̃tal, -o] <-aux> *adj* (*psychique, intellectuel, de tête*) mental; (*prière*) silent; **calcul** ~ mental arithmetic
mentalement [mɑ̃talmɑ̃] *adv* mentally
mentalité [mɑ̃talite] *f* mentality
menteur, -euse [mɑ̃tœʀ, -øz] **I.** *adj* (*personne*) lying **II.** *m, f* liar
menthe [mɑ̃t] *f* mint; ~ **poivrée** peppermint
mention [mɑ̃sjɔ̃] *f* **1.** (*fait de signaler*) mention; **faire ~ de qn/qc** to mention sb/sth **2.** (*indication*) comment; **rayer les ~s inutiles** delete as appropriate **3.** ECOLE, UNIV grade; **avec** (**la**) ~ **bien** ≈ with a B average
mentionner [mɑ̃sjɔne] <1> *vt* to mention
mentir [mɑ̃tiʀ] <10> *vi* to lie; **~ à qn** to lie to sb ►**il ment comme il respire** he lies through his teeth
menton [mɑ̃tɔ̃] *m* chin
menu [məny] *m* **1.** *a.* INFORM menu; **barre de** ~ menu-bar **2.** (*repas*) meal
menu(e) [məny] *adj postposé* **1.** (*frêle: personne*) slender; (*jambes, bras*) slim; (*taille*) thin **2.** *antéposé* (*qui a peu d'importance: détails, occupations*) minor; (*soucis, dépenses*) petty **3.** *souvent antéposé* (*qui a peu de volume*) fine; (*souliers*) thin; (*bruits*) slight
menuiserie [mənɥizʀi] *f* **1.** *sans pl* (*métier*) carpentry **2.** (*atelier*) carpenter's workshop
menuisier [mənɥizje] *m* carpenter
mépris [mepʀi] *m* **1.** (*opp: estime*) contempt **2.** (*opp: prise en compte*) disregard
méprisable [mepʀizabl] *adj* despicable
méprisant(e) [mepʀizɑ̃, ɑ̃t] *adj* contemptuous
méprise [mepʀiz] *f* mistake
mépriser [mepʀize] <1> *vt* **1.** (*opp: estimer*) to look down on **2.** (*opp: prendre en compte: insultes*) to ignore
mer [mɛʀ] *f* **1.** (*étendue d'eau, littoral*) sea; **en haute** ~ on the high seas; ~ **Égée** Aegean (Sea); **~ du Nord** North Sea; **~ Noire/Rouge** Black/Red Sea; ~ **Caspienne** Caspian Sea; **~ des Caraïbes** Caribbean Sea; **prendre la** ~ to put out to sea; **expédier par** ~ to send by sea; **passer ses vacances à la** ~ to spend one's vacation by the sea **2.** (*eau de mer*) seawater **3.** (*marée*) **quand la ~ est basse/haute** when the tide is low/high **4.** (*grande quantité*) **~ de documents** wave of documents ►**ce n'est pas la ~ à boire!** it's not asking the impossible!
mercantile [mɛʀkɑ̃til] *adj péj* mercenary
mercatique [mɛʀkatik] *f* marketing
mercenaire [mɛʀsənɛʀ] *m, f* mercenary
mercerie [mɛʀsəʀi] *f* **1.** (*magasin*) notions store **2.** (*commerce, marchandises*) notions
merci [mɛʀsi] **I.** *interj* **1.** (*pour remercier*) thank you; **~ bien** thank you very much; **~ à vous pour tout** thank you for everything **2.** (*pour exprimer l'indignation, la déception*) thanks **II.** *m* thank you; **un grand ~ à vous de nous avoir aidés** a big thanks to you for having helped us; **il ne m'a jamais dit un** ~ he did not thank me once **III.** *f* **être à la ~ de qn/qc** to be at the mercy of sb/sth; **sans** ~ without mercy
mercredi [mɛʀkʀədi] *m* Wednesday; ~ **des Cendres** Ash Wednesday; *v.a.* **dimanche**
mercure [mɛʀkyʀ] *m* mercury
Mercure [mɛʀkyʀ] *f* ASTR, HIST Mercury
mercurochrome® [mɛʀkyʀokʀom] *m* Mercurochrome®
merde [mɛʀd] **I.** *f* **1.** *vulg* shit **2.** *inf* (*ennui*)

problem **3.** *inf* (*saleté*) crap **4.** *inf* (*personne, chose sans valeur*) shit; **ne pas se prendre pour une ~** *inf* he thinks the sun shines out of his ass *vulg;* **c'est de la ~, ce stylo** this pen's a piece of shit ▶ **il est dans la ~ jusqu'au cou** *inf* he's in the shit up to his neck; **foutre la ~** *inf* to wreak havoc; **temps/boulot de ~** *inf* crappy weather/job **II.** *interj inf* **~ alors!** shit!
merder [mɛʀde] <1> *vi inf* to screw up
merdeux, -euse [mɛʀdø, -øz] *m, f inf* **petit ~** little shit
merdier [mɛʀdje] *m inf* **1.** (*désordre*) mess **2.** (*situation complexe*) shambles
merdique [mɛʀdik] *adj inf* crappy
mère [mɛʀ] **I.** *f* **1.** (*femme*) mother; **~ poule** mother hen; **~ au foyer** housewife (and mother); **~ porteuse** surrogate mother **2.** REL **~ supérieure** Mother Superior; **ma ~** Mother **II.** *app* **maison ~** parent company; **fille ~** single mother
merguez [mɛʀgɛz] *f: spicy sausage from North Africa*
méridien [meʀidjɛ̃] *m* meridian
méridional(e) [meʀidjɔnal, -o] <-aux> *adj* **1.** (*du Midi de la France*) southern **2.** (*au/du sud*) southern; **côte ~e d'un pays** south coast of a country
meringue [məʀɛ̃g] *f* meringue
mérinos [meʀinos] *m* **1.** (*mouton*) merino sheep **2.** (*laine*) merino wool
merise [məʀiz] *f* wild cherry
merisier [məʀizje] *m* **1.** (*arbre*) wild cherry **2.** (*bois*) cherry; **en** [*o* **de**] **~** cherry **3.** *Québec* (*bouleau à écorce foncé*) *type of birch*
méritant(e) [meʀitɑ̃, ɑ̃t] *adj* deserving
mérite [meʀit] *m* **1.** (*qualité, vertu de qn*) merit; **elle a bien du ~** all credit to her **2.** *sans pl* (*valeur*) worth **3.** (*avantage: d'un appareil, d'une organisation*) advantage
Mérite [meʀit] *m* (*distinction*) **le ~** the Order of Merit
mériter [meʀite] <1> *vt* **1.** (*avoir droit à qc*) to deserve; **~ de réussir/d'être récompensé** to deserve to succeed/to be reimbursed **2.** (*valoir*) to be worth; **cela mérite réflexion** that deserves some thought
méritoire [meʀitwaʀ] *adj* meritorious
merlan [mɛʀlɑ̃] *m* whiting
merle [mɛʀl] *m* blackbird ▶ **~ blanc** impossible creature
mérou [meʀu] *m* grouper
merveille [mɛʀvɛj] *f* wonder; (*d'une création*) marvel; **à ~** beautifully; **faire (des) ~(s)** to work wonders ▶ **la huitième ~ du monde** the eighth wonder of the world
merveilleusement [mɛʀvɛjøzmɑ̃] *adv* marvelously
merveilleux, -euse [mɛʀvɛjø, -jøz] **I.** *adj* **1.** (*exceptionnel*) marvelous; (*très beau*) beautiful **2.** *postposé* (*surnaturel, magique*) **monde ~** magic world **II.** *m* **le ~** the supernatural
mes [me] *dét poss v.* **ma, mon**
mésange [mezɑ̃ʒ] *f* tit
mésaventure [mezavɑ̃tyʀ] *f* misadventure
mesdames [medam] *fpl v.* **madame**
mesdemoiselles [medmwazɛl] *fpl v.* **mademoiselle**
mésentente [mezɑ̃tɑ̃t] *f* dissension
mesquin(e) [mɛskɛ̃, in] *adj* **1.** (*pensée, milieu*) petty **2.** (*avare*) mean, stingy
mesquinerie [mɛskinʀi] *f* **1.** *sans pl* (*avarice*) meanness, stinginess **2.** (*attitude, action*) pettiness
message [mesaʒ] *m* **1.** (*nouvelle*) news; **~ publicitaire** advertisement **2.** (*note écrite, communication solennelle*) *a.* INFORM, TEL message; **~ d'erreur** error message
messager, -ère [mesaʒe, -ɛʀ] *m, f* messenger
messagerie [mesaʒʀi] *f* message service; **~ électronique** INFORM electronic mail; **~ instantanée** INFORM instant messaging
messe [mɛs] *f* mass; **~ de minuit** midnight mass ▶ **dire des ~s basses** to mutter
messie [mesi] *m* messiah
messieurs [mesjø] *mpl v.* **monsieur**
mesure [m(ə)zyʀ] *f* **1.** (*action: d'une surface*) measurement **2.** (*dimension*) measurement; (*de la température*) measure; **~s de qn** sb's measurements; **prendre les ~s d'une pièce** to measure a room **3.** (*unité, récipient, contenu, élément de comparaison, limite, disposition*) measure; **outre ~** beyond measure; **~ disciplinaire** disciplinary measures; **par ~ de sécurité** as a safety precaution; **par ~ d'économie** for the sake of economy; **prendre des ~s** to take steps **4.** (*modération*) **avec ~** in moderation **5.** MUS tempo; **battre la ~** to beat time ▶ **à ~** as; **dans la ~ du possible** as far as possible; **dans une certaine ~** to some extent; **être en ~ de** +*infin* to be able to +*infin;* **costume sur ~(s)** custom-tailored suit
mesuré(e) [məzyʀe] *adj* (*ton*) steady; (*pas*) measured; (*personne*) moderate
mesurer [məzyʀe] <1> **I.** *vi* (*avoir pour mesure*) to measure; **~ 5 m de large/de long** to be 5 meters wide/long; **combien mesures-tu?** how tall are you? **II.** *vt* **1.** (*déterminer les dimensions*) to measure **2.** (*évaluer*) to assess; (*conséquences, risque*) to measure **3.** (*modérer: paroles, propos*) to weigh **III.** *vpr* **1.** (*se comparer à*) **se ~ à qn** to compare oneself with sb **2.** (*être mesurable*) **se ~ en mètres/litres** to be measured in meters/liters
mesurette [məzyʀɛt] *f inf* token measure
métal [metal, -o] <-aux> *m* metal
métallique [metalik] *adj* metallic; **fil ~** metal wire
métallisé(e) [metalize] *adj* metallic
métallurgie [metalyʀʒi] *f sans pl* **1.** (*industrie*) metallurgical industry; **~ lourde** heavy metal industry **2.** (*technique*) metallurgy
métallurgique [metalyʀʒik] *adj* metallurgical; **industrie ~** the metal industry
métallurgiste [metalyʀʒist] *mf* **1.** (*ouvrier*) metal worker **2.** (*industriel*) metallurgist

M

métamorphose [metamɔʀfoz] *f* metamorphosis
métamorphoser [metamɔʀfoze] <1> **I.** *vt* (*changer en bien*) to transform **II.** *vpr* **1.** BIO, ZOOL **se ~** (*insecte, têtard*) to be metamorphosed **2.** (*changer en bien*) **se ~** to be transformed
métaphore [metafɔʀ] *f* metaphor
métaphorique [metafɔʀik] *adj* metaphorical
métaphysique [metafizik] **I.** *adj* **a.** PHILOS metaphysical **II.** *f* PHILOS metaphysics + *vb sing*
météo [meteo] *inv abr de* **météorologique, météorologie**
météore [meteɔʀ] *m* meteor
météorite [meteɔʀit] *m o f* meteorite
météorologie [meteɔʀɔlɔʒi] *f* meteorology
météorologique [meteɔʀɔlɔʒik] *adj* meteorological
méthode [metɔd] *f* **1.** (*technique*) method **2.** (*manuel*) **~ de piano/guitare** piano/guitar manual **3.** *sans pl, inf* (*manière de faire, logique*) way; **chacun sa ~!** to each his own!
méthodique [metɔdik] *adj* methodical
méthodiquement [metɔdikmɑ̃] *adv* methodically
méticuleux, -euse [metikylø, -øz] *adj* meticulous
métier [metje] *m* **1.** (*profession*) occupation; **apprendre/exercer un ~** to learn/practice a profession; **être du ~** to be in the trade; **qu'est-ce que vous faites comme ~?, quel ~ faites-vous?** what is your job? **2.** *pl* (*ensemble de métiers*) **les ~s du bois/de la restauration** the wood/catering trades **3.** *sans pl* (*secteur d'activité: d'une entreprise*) business **4.** *sans pl* (*rôle*) **il fait son ~** he is doing his job **5.** *sans pl* (*technique*) technique; (*habileté*) skill; **avoir du ~** to have practical experience; **connaître son ~** to know what one is doing **6.** TECH **~ à tisser** weaving loom ►**exercer le plus vieux ~ du monde** to be in the oldest profession
métis(se) [metis] **I.** *adj* (*personne*) half-caste **II.** *m(f)* (*personne*) half-caste
métrage [metʀaʒ] *m* CINE **court ~** short (film); **long ~** feature film
mètre [mɛtʀ] *m* **1.** (*unité de mesure*) meter; **~ cube/carré** cubic/square meter; **par 500 ~s de fond** 500 meters down; **à cinquante ~s d'ici** fifty meters from here **2.** (*instrument*) meter ruler **3.** SPORT **piquer un cent ~s** *inf* to sprint
métrique [metʀik] *adj* metric
métro [metʀo] *m* subway; **~ souterrain/aérien** subway system/elevated railway; **~ urbain** urban subway system; **en ~** by subway **2.** (*station*) subway station

> **i** The Parisian **métro** is one of the oldest in Europe (since 1900). All the lines run from around 5:30 a.m. until about half past midnight. Recently, the newest subway line, Meteor, has been opened, featuring driverless trains and fully automatic systems from the arrival on the platform to the closing of the doors.

métronome [metʀɔnɔm] *m* metronome
métropole [metʀɔpɔl] *f* (*grande ville*) big city
Métropole [metʀɔpɔl] *f sans pl* **la ~** (Metropolitan) France
métropolitain [metʀɔpɔlitɛ̃] *m* **1.** *form* (*métro*) subway **2.** REL metropolitan
métropolitain(e) [metʀɔpɔlitɛ̃, ɛn] *adj* **1.** GEO metropolitan; **la France ~e** metropolitan France **2.** REL **l'église ~e** the mother church
mets [mɛ] *m* dish
metteur [metœʀ] *m* TV, THEAT, CINE **~ en scène** director
mettre [mɛtʀ] *irr* **I.** *vt* **1.** (*placer, poser*) to put; (*à plat, couché, horizontalement*) to lay; (*debout, verticalement*) to stand; (*assis*) to sit; (*suspendre*) to hang; **~ les mains en l'air** to put one's hands up **2.** (*déposer, entreposer*) **~ à la fourrière** to impound; **~ qc à l'abri** to leave sth in the shade **3.** (*jeter*) **~ qc à la poubelle/au panier** to throw sth in the trash/basket **4.** (*ajouter, conditionner*) **~ trop de sel dans la soupe** to put too much salt in the soup; **~ du vin en bouteilles** to bottle wine **5.** (*répandre*) **~ du beurre sur une tartine** to butter some bread; **~ de la crème sur ses mains** to put lotion on one's hands **6.** (*ajuster, adapter*) **~ un nouveau moteur** to break in a new motor **7.** (*coudre*) **~ un bouton à une veste** to sew [*o* put] a button on a jacket **8.** (*introduire*) to insert; **~ une lettre dans une enveloppe** to put a letter into an envelope **9.** (*écrire*) write; **~ un nom sur une liste** to put a name on a list **10.** (*nommer, inscrire, classer*) **~ qn au service clients** to put sb in customer service; **~ ses enfants à l'école privée** to put one's children in private school; **~ au-dessus/en-dessous de qn/qc** to put above/below sb/sth **11.** (*revêtir*) **~ qc** (*vêtement, chaussures, chapeau, lunettes, bijou, bague, maquillage*) to put sth on; (*lentilles de contact*) to put sth in; (*broche*) to pin sth on **12.** (*consacrer*) **~ deux heures/une journée à faire un travail** to take two hours/a day to do a job; **tu as mis le temps!** you took your time! **13.** (*investir*) **~ beaucoup d'argent dans un projet** to put a lot of money in a project **14.** (*transformer*) **~ qc au propre** to copy sth out neatly; **~ qc en forme** to get sth into shape **15.** (*faire fonctionner*) **~ qc** to turn sth on; **~ la radio/télé plus fort** to turn up the radio/television **16.** (*régler*) **~ une montre à l'heure** to set a watch to the right time **17.** (*installer: rideaux, papier peint*) to hang; (*moquette*) to lay; (*électricité*) to install **18.** (*faire*) **~ qc à cuire/à chauffer** to cook/heat sth **19.** (*envoyer*) **~ le ballon dans les buts** to put the ball in the goal; **je lui ai mis**

mon poing dans la figure *inf* I punched him in the face **20.** (*admettre*) **mettons/mettez qu'elle l'ait fait** let's assume that she did it **21.** INFORM **~ à jour** to update **22.** *fig* **~ un peu de fantaisie dans sa vie** to bring a bit of fantasy into one's life **II.** *vpr* **1.** (*se placer*) **se ~ debout/assis** to get up/sit down; **se ~ à genoux** to kneel down; **se ~ à la disposition de qn/qc** to put oneself at sb's/sth's disposal **2.** (*placer sur soi*) **il se met les doigts dans le nez** he put his fingers in his nose **3.** (*se ranger*) **se ~ dans l'armoire/à droite** to go in the cupboard/on the right **4.** (*porter*) **se ~ en pantalon/rouge** to put on a pair of pants/red clothes; **se ~ du parfum** to put on some perfume **5.** (*commencer à*) **se ~ au travail** to get down to work; **bon, je m'y mets** OK, I'll get down to it **6.** (*pour exprimer le changement d'état*) **se ~ en colère** to get angry; **se ~ en route** to set off; **se ~ en place** (*réforme, nouvelle politique*) to be put in place **7.** (*se coincer*) **se ~ dans qc** to get caught in sth **8.** *inf* **se ~ avec qn** (*coéquipiers*) to get together with sb **9.** *inf* (*boire trop*) **s'en ~ jusque-là** to drink loads **10.** *fig* **mets-toi bien ça dans le crâne!** get that into your head!

meuble [mœbl] *m* (*mobilier*) piece of furniture; **~s** furniture + *vb sing;* **~s de jardin** garden furniture ► **sauver les ~s** to salvage what one can from the wreckage

meublé [mœble] *m* **1.** (*chambre*) furnished room **2.** (*appartement*) furnished apartment

meublé(e) [mœble] *adj* furnished

meubler [mœble] <1> **I.** *vt* **1.** (*garnir de meubles*) to furnish **2.** (*constituer le mobilier*) **un lit et une chaise meublent la chambre** a bed and a chair furnish the room **3.** (*remplir: silence, conversation*) to fill **II.** *vpr* **se ~** to buy furniture

meuf [mœf] *f vulg* broad

meuglement [møgləmɑ̃] *m* mooing

meugler [møgle] <1> *vi* to moo

meule[1] [møl] *f* **1.** (*d'un moulin*) millstone **2.** (*pour aiguiser*) grindstone **3.** CULIN round; **~ de gruyère** Gruyère round

meule[2] [møl] *f* AGR rick; **~ de foin** haystack

meunier [mønje] *m* *Québec* (*poisson d'eau douce*) bullhead

meunier, -ère [mønje, jɛʀ] *m, f* miller *m,* miller's wife *f*

meure [mœʀ] *subj prés de* **mourir**

meurent [mœʀ], **meurs** [mœʀ], **meurt** [mœʀ] *indic prés de* **mourir**

meurtre [mœʀtʀ] *m* murder

meurtri(e) [mœʀtʀi] *adj* bruised

meurtrier, -ière [mœʀtʀije, -ijɛʀ] **I.** *adj* murderer; (*accident, coup*) fatal; (*carrefour, route*) lethal **II.** *m, f* murderer

meurtrissure [mœʀtʀisyʀ] *f* bruise

meus [mø] *indic prés de* **mouvoir**

Meuse [møz] *f* **la ~** the Meuse (river)

meut [mø] *indic prés de* **mouvoir**

meute [møt] *f a. fig* pack

meuve [møv] *subj prés de* **mouvoir**

meuvent [mœv] *indic prés de* **mouvoir**

mévente [mevɑ̃t] *f* poor sales *pl*

mexicain(e) [mɛksikɛ̃, ɛn] *adj* Mexican

Mexicain(e) [mɛksikɛ̃, ɛn] *m(f)* Mexican

Mexico [mɛksiko] Mexico City

Mexique [mɛksik] *m* **le ~** Mexico

mi [mi] *m inv* E; (*dans la gamme*) mi; *v.a.* **do**

miam-miam [mjammjam] *interj inf* yummy

mi-août [miut] *f sans pl* **à la ~** in mid-August

miaulement [mjolmɑ̃] *m* meowing

miauler [mjole] <1> *vi* to meow

mi-avril [miavʀil] *f sans pl* **à la ~** in mid-April

mi-bas [mibɑ] *m inv* knee-high

mi-carême [mikaʀɛm] <mi-carêmes> *f* mid-Lent Thursday

miche [miʃ] *f* **1.** (*pain*) round loaf **2.** *pl, inf* (*fesses*) butt

Michel-Ange [mikɛlɑ̃ʒ(ə)] *m* Michelangelo

mi-chemin [miʃmɛ̃] **à ~** midway

mi-clos(e) [miklo, kloz] *adj* half-closed

micmac [mikmak] *m inf* **1.** (*manigance*) funny business **2.** *sans pl* (*affaire embrouillée*) mix-up

micro [mikʀo] *abr de* **microphone, micro-ordinateur, micro-informatique**

microbe [mikʀɔb] *m* **1.** BIO germ **2.** *inf* (*avorton*) runt

microbien(ne) [mikʀɔbjɛ̃, jɛn] *adj* microbial

microclimat [mikʀoklima] *m* microclimate

microfibre [mikʀofibʀ] *f* microfiber

microfiche [mikʀofiʃ] *f* microfiche

microfilm [mikʀofilm] *m* microfilm

micro-informatique [mikʀoɛ̃fɔʀmatik] *f sans pl* computer science

micro-onde [mikʀoɔ̃d] <micro-ondes> *f* microwave; **four à ~s** microwave oven

micro-ondes [mikʀoɔ̃d] *m inv* (*four*) microwave

micro-ordinateur [mikʀoɔʀdinatœʀ] <micro-ordinateurs> *m* PC

microphone [mikʀɔfɔn] *m* microphone, mike *inf*

microprocesseur [mikʀɔpʀɔsɛsœʀ] *m* INFORM microprocessor

microscope [mikʀɔskɔp] *m* microscope

microscopique [mikʀɔskɔpik] *adj* microscopic

micro-trottoir [mikʀotʀɔtwaʀ] <micros-trottoirs> *m* public opinion

mi-cuisse [mikɥis] **à ~** up to one's thighs

mi-décembre [midesɑ̃bʀ] *f sans pl* **à la ~** in mid-December

midi [midi] *m* **1.** *inv, sans art ni autre dét* (*heure*) twelve o'clock; (*mi-journée*) noon, midday; **à ~** at noon; **entre ~ et deux** between twelve and two o'clock; **mardi/demain ~** Tuesday/tomorrow at noon **2.** (*moment du déjeuner*) lunchtime; **ce ~** today at lunchtime; **le repas de ~** lunch **3.** (*sud*) south ► **chercher ~ à quatorze heures** to complicate things; **entre l'heure de ~** *Belgique* (*à midi*) at noon

Midi [midi] *m* **le ~** the South of France

mie [mi] *f sans pl* (*de pain*) soft part

miel [mjɛl] *m* honey

mielleux, -euse [mjɛlø, -øz] *adj* honeyed

mien(ne) [mjɛ̃, mjɛn] *pron poss* **1. le/la ~(ne)** mine; **les ~s** mine; **cette maison est la ~ne** this house is mine **2.** *pl* (*ceux de ma famille*) **les ~s** my family; (*mes partisans*) my circle ►**j'y mets du ~** I pull my weight

miette [mjɛt] *f* **1.** (*aliment: de pain, gâteau*) crumb; **ne pas en laisser une ~** not to leave a crumb **2.** (*petit fragment*) **être réduit en ~s** (*verre, porcelaine*) to be smashed to smithereens

mieux [mjø] **I.** *adv comp de* **bien 1.** better; **qn va ~** sb is better; **pour ~ dire** in other words; **on ferait ~ de réfléchir avant de parler** one would do better to think before speaking; **aimer ~** +*infin* to prefer to +*infin;* **plus il s'entraîne, ~ il joue** the more he trains, the better he plays; **qn n'en fait que ~ qc** sb just does sth better **2.** *en loc conjonctive* **d'autant ~ que qn fait qc** all the better that sb does sth **3.** *en loc adverbiale* **de ~ en ~** better and better; **tant ~ pour qn!** so much the better for sb ►**il vaut ~ qu'elle fasse qc** (*subj*) it would be better if she did sth; **~ vaut tard que jamais** *prov* better late than never **II.** *adv superl de* **bien 1.** + *vb* **c'est lui qui travaille le ~** he is the one who works the hardest; **c'est ce qu'on fait de ~** it is what we do best **2.** + *adj* **il est le ~ disposé à nous écouter** he is the most prepared to listen to us; **un exemple des ~ choisis** a perfectly chosen example **3.** *en loc verbale* **le ~ serait de ne rien dire** the best thing would be to say nothing; **elle fait du ~ qu'elle peut** she does her best **4.** *en loc adverbiale* **il travaille de son ~** he is working his hardest **5.** *en loc prépositive* **au ~ de vos intérêts** in your best interests **III.** *adj comp de* **bien 1.** (*en meilleure santé*) **il la trouve ~** he thinks she is better **2.** (*plus agréable d'apparence*) **elle est ~ les cheveux courts** she looks better with short hair **3.** (*plus à l'aise*) **vous serez ~ dans le fauteuil** you would be more comfortable in the armchair **4.** (*préférable*) **c'est ~ ainsi** it is better this way **IV.** *adj superl de* **bien 1.** (*le plus réussi*) **c'est avec les cheveux courts qu'elle est le ~** she looks best with her hair short **2.** *en loc verbale* **il est au ~ avec qn** he's well in with sb **V.** *m* **1.** (*une chose meilleure*) **trouver ~** to find (something) better **2.** (*amélioration*) **un léger ~** a slight improvement

mièvre [mjɛvʀ] *adj* (*sourire*) mawkish; (*paroles, personne*) vapid

mi-février [mifevʀije] *f sans pl* **à la ~** in mid-February

mi-figue, mi-raisin [mifig, miʀɛzɛ̃] (*sourire*) wry

mignon(ne) [miɲɔ̃, ɔn] **I.** *adj* **1.** (*agréable à regarder*) cute **2.** *inf* (*gentil*) kind **II.** *m(f)* **mon/ma ~(ne)** sweetheart

migraine [migʀɛn] *f* MED migraine

migrateur, -trice [migʀatœʀ, -tʀis] *adj* migratory

migration [migʀasjɔ̃] *f* migration

mi-hauteur [mi'otœʀ] **à ~** halfway up

mi-jambe [miʒɑ̃b] **à ~** as far as the knee(s)

mi-janvier [miʒɑ̃vje] *f sans pl* **à la ~** in mid-January

mijoter [miʒɔte] <1> **I.** *vt* **1.** (*faire cuire lentement*) to simmer **2.** *inf* (*manigancer*) **~ qc** to cook sth up; **~ qc contre qn** to cook sth up for sb **II.** *vi* **1.** (*cuire lentement*) to simmer; **faire ~ un ragoût** to simmer a stew **2.** *inf* (*attendre*) **laisser ~ qn** to let sb stew

mi-juillet [miʒɥijɛ] *f sans pl* **à la ~** in mid-July

mi-juin [miʒɥɛ̃] *f sans pl* **à la ~** in mid-June

mil [mil] *adj* thousand; **en (l'an) ~ neuf cent soixante-trois** in nineteen sixty-three

Milan [milɑ̃] Milan

milanais(e) [milanɛ, ɛz] *adj* (*de Milan*) Milanese

mile [majl] *m* mile

milice [milis] *f* **1.** (*police*) militia **2.** *Belgique* (*service militaire*) national [*o* military] service

milicien [milisjɛ̃] *m Belgique* (*soldat qui fait son service militaire*) conscript

milieu [miljø] <x> *m* **1.** *sans pl* (*dans l'espace, dans le temps*) *a.* SPORT middle; **en plein ~ de la rue** right in the middle of the road; **le bouton du ~** the middle button; **au ~ de la nuit/du film** in the middle of the night/movie; **~ de terrain** midfield **2.** *sans pl* (*moyen terme*) medium **3.** (*environnement*) *a.* BIO, SOCIOL environment; **les ~x populaires** the working class **4.** *sans pl* (*criminels*) **le ~** the underworld

militaire [militɛʀ] **I.** *adj* army; (*opération, discipline, service*) military **II.** *mf* (*personne*) serviceman; **~ de carrière** career serviceman

militant(e) [militɑ̃, ɑ̃t] **I.** *adj* militant **II.** *m(f)* militant

militariser [militaʀize] <1> *vpr* **se ~** to militarize

militariste [militaʀist] *mf* militarist

militer [milite] <1> *vi* **1.** (*être militant*) to be a militant **2.** (*lutter*) **~ pour/contre qc** to fight for/against **3.** (*plaider*) **~ en faveur de/contre qn/qc** (*argument, comportement*) to militate for/against sb/sth

millage [milaʒ] *m Québec* (*action de mesurer en milles*) mileage

mille[1] [mil] **I.** *adj* (*chiffre*) thousand; **~ un** a thousand and one **II.** *m inv* **1.** (*cardinal*) one thousand **2.** (*cible*) bull's-eye; **taper (en plein) dans le ~** to hit the bull's-eye ►**des ~ et des cents** *inf* tons of money; *v.a.* **cinq, cinquante**

mille[2] [mil] *m* NAUT **~ marin** nautical mile

millefeuille [milfœj] *m* ≈ napoleon

millénaire [milenɛʀ] **I.** *adj* thousand-year old; (*très vieux*) ancient **II.** *m* millennium

mille-pattes [milpat] *m inv* millipede

millésimé(e) [milezime] *adj* (*vin*) vintage; **une bouteille de Bordeaux ~e** a bottle of

vintage Bordeaux
milliard [miljaʀ] *m* billion; **des ~(s) de personnes/choses** billions of people/things
milliardaire [miljaʀdɛʀ] *mf* billionaire
millième [miljɛm] **I.** *adj antéposé* thousandth **II.** *mf* **le/la ~** the thousandth **III.** *m* (*fraction*) thousandth; *v.a.* **cinquième**
millier [milje] *m* **un/deux ~(s) de personnes/choses** one/two thousand people/things; **des ~s de personnes/choses** thousands of people/things; **des ~s et des ~s** thousands and thousands; **par ~s** by thousands
milligramme [miligʀam] *m* milligram
millilitre [mililitʀ] *m* milliliter
millimètre [milimɛtʀ] *m* millimeter
millimétré(e) [milimetʀe] *adj* **papier ~** ≈ graph paper (*with millimeter squares*)
million [miljɔ̃] *m* **un/deux ~(s) de personnes/choses** one/two million people/things; **des ~s de personnes/choses** millions of people/things; **des ~s de bénéfices** millions in profits; **des ~s et des ~s** millions and millions; *v.a.* **cinq, cinquante**
millionnaire [miljɔnɛʀ] *mf* millionaire
mi-long, -longue [milɔ̃, -lɔ̃g] <mi-longs> *adj* mid-length
mi-mai [mimɛ] *f sans pl* **à la ~** in mid-May
mi-mars [mimaʀs] *f sans pl* **à la ~** in mid-March
mime [mim] **I.** *mf* **1.** (*acteur*) mime **2.** (*imitateur*) mimic **II.** *m sans pl* (*activité*) mime
mimer [mime] <1> *vt* **1.** THEAT to mime **2.** (*imiter*) to mimic
mimique [mimik] *f sans pl* (*jeu de physionomie*) funny face
mimolette [mimɔlɛt] *f: type of mild cheese*
mimosa [mimoza] *m* mimosa
minable [minabl] **I.** *adj* **1.** (*misérable: lieu*) shabby; (*aspect*) run-down **2.** (*médiocre*) pathetic **II.** *mf* loser
mince [mɛ̃s] **I.** *adj* **1.** (*fin*) thin **2.** (*élancé*) slim; **~ comme un fil** as thin as a rake **3.** (*modeste*) slender; (*preuve, résultat*) slim; **ce n'est pas une ~ affaire** it's no easy task **II.** *adv* thinly **III.** *interj inf* (*pour exprimer le mécontentement*) **~ (alors)!** rats!
minceur [mɛ̃sœʀ] **I.** *f sans pl* **1.** (*finesse: d'une feuille, couverture*) thinness **2.** (*sveltesse: d'une personne, de la taille*) slimness **II.** *app inv* **produits ~** slimming products
mincir [mɛ̃siʀ] <8> *vi* to get slimmer
mine[1] [min] *f* **1.** *sans pl* (*aspect du visage*) expression; **avoir bonne ~** to look well; *iron, inf* (*avoir l'air ridicule*) to look stupid; **avoir mauvaise/une petite ~** to look ill/off-color; **ne pas payer de ~** to be not much to look at **2.** *sans pl* (*allure*) appearance ▶ **~ de rien** *inf* (*sans se gêner*) all casually; (*malgré les apparences*) you'd never think it, but
mine[2] [min] *f* **1.** (*gisement*) mine **2.** *a. fig* (*souterraine, lieu aménagé, source*) mine; **~ de renseignements** mine of information
mine[3] [min] *f* (*d'un crayon*) lead
mine[4] [min] *f* MIL mine
miner [mine] <1> *vt* **1.** MIL to mine **2.** (*ronger*) **~ qc** to eat away at sth **3.** (*affaiblir*) to weaken
minerai [minʀɛ] *m* ore; **~ de fer** iron ore
minéral [mineʀal, -o] <-aux> *m* mineral
minéral(e) [mineʀal, -o] <-aux> *adj* mineral
minéralogie [mineʀalɔʒi] *f* mineralogy
minéralogique [mineʀalɔʒik] *adj* AUTO **plaque ~** license plate; **numéro ~** license number
minerval [minɛʀval] *m Belgique* (*frais de scolarité payés par les élèves de certaines écoles*) school fees *pl*
minerve [minɛʀv(ə)] *f* MED neck brace
minet [minɛ] *m péj* pussy
minet(te) [minɛ, ɛt] *m(f)* **1.** *inf* (*chat*) pussy **2.** (*mot tendre*) **mon (gros/petit) ~** my sweetie pie
mineur [minœʀ] *m* miner
mineur(e) [minœʀ] **I.** *adj* (*peu important*) *a.* JUR, MUS minor; **des enfants ~s** minors; **mode ~** minor mode **II.** *m(f)* JUR minor; **interdit aux ~s** under 18 years old not permitted
mini [mini] *adj inv, inf* (*mode*) mini
miniature [minjatyʀ] *f* miniature; **en ~** in miniature
miniaturisation [minjatyʀizasjɔ̃] *f* miniaturization
miniaturiser [minjatyʀize] <1> *vt* to miniaturize
minier, -ière [minje, -jɛʀ] *adj* (*société, région*) mining; (*bassin*) mineral; **exploitation minière** mine
minigolf [minigɔlf] *m* miniature golf; (*terrain*) miniature golf course
minijupe [miniʒyp] *f* miniskirt
minimal(e) [minimal, -o] <-aux> *adj* minimal
minime [minim] *adj* minor; (*dégâts, dépenses*) minimal
minimiser [minimize] <1> *vt* to minimize
minimum [minimɔm, minima] <s o minima> **I.** *adj* minimum **II.** *m* **1.** *sans pl* (*plus petite quantité, somme la plus faible, niveau le plus bas, valeur la plus basse*) minimum; **un ~ de points** a minimum number of points; **un ~ de risques** the fewest possible risks; **avoir un ~ vital** to have barely enough to live on **2.** *sans pl* JUR minimum sentence
ministère [ministɛʀ] *m* **1.** (*bâtiment, portefeuille*) department, ministry; **~ du Travail** ≈ Department of Labor; **~ de la Défense** ≈ Department of Defense; (*en Europe*) Ministry of Defense; **~ des Affaires étrangères** ≈ State Department; (*en Europe*) Ministry of Foreign Affairs **2.** (*cabinet, gouvernement*) government
ministériel(le) [ministeʀjɛl] *adj* **1.** (*d'un ministère, d'un ministre*) ministerial **2.** (*du gouvernement*) government; **remaniement ~** cabinet reshuffle
ministre [ministʀ] *mf* POL secretary; (*en Europe*) minister; **Premier ~** Prime Minister, Premier; **~ des Affaires étrangères** ≈ Secre-

M

tary of State; (*en Europe*) Minister of Foreign Affairs; ~ **d'Etat** Minister without Portfolio; **Madame le** [*o* **la**] ~ Minister

> ℹ The **Premier ministre** in France is the head of the government and is in charge of its activities. He remains in office for five years. He is authorized to enforce guidelines and regulations in areas which are unregulated. He suggests the appointment and dismissal of Ministers to the President and oversees Parliament.

minitel® [minitɛl] *m* minitel® (*viewdata service giving access to a partially free electronic telephone directory as well as numerous pay services*)
minoritaire [minɔʀitɛʀ] **I.** *adj* minority; **être ~s** to be in the minority **II.** *mf* POL **les ~s** the minority (party)
minorité [minɔʀite] *f* minority
minoterie [minɔtʀi] *f* (*moulin*) flour mill; (*meunerie*) flour milling
minou [minu] *m* **1.** *enfantin* (*chat*) pussy **2.** (*terme d'affection*) **mon ~** sweetie
mi-novembre [minɔvɑ̃bʀ] *f sans pl* **à la ~** in mid-November
minuit [minɥi] *m sans pl ni dét* midnight; **à ~ et demi** at half past midnight
minus [minys] *mf inf* washout
minuscule [minyskyl] **I.** *adj* **1.** (*très petit*) minute **2.** (*en écriture*) small; **lettres ~s** small letters **II.** *f* (*lettre*) small letter
minute [minyt] *f* minute; **la ~ de vérité** the moment of truth; **d'une ~ à l'autre** from one moment to another; **information/modification de dernière ~** last-minute information/change; **à la ~** just this very moment; (*tout de suite*) straight away; **je vous demande une ~ d'attention** could I have your attention for one minute?
minuter [minyte] <1> *vt* (*organiser*) to time
minuterie [minytʀi] *f* timer
minuteur [minytœʀ] *m* timer
minutie [minysi] *f sans pl* **1.** (*précision*) detail **2.** (*soin*) meticulousness
minutieux, -euse [minysjø, -jøz] *adj* meticulous; (*personne, examen*) thorough; (*exposé, description*) detailed
mi-octobre [miɔktɔbʀ] *f sans pl* **à la ~** in mid-October
mirabelle [miʀabɛl] *f* **1.** (*fruit*) mirabelle (plum) **2.** (*eau-de-vie*) plum brandy
miracle [miʀɑkl] **I.** *m* miracle; **par ~** miraculously **II.** *app inv* miracle; **solution/recette ~** miracle solution/formula
miraculé(e) [miʀakyle] **I.** *adj* miracle **II.** *m(f)* **c'est un ~** (*d'une maladie*) he's made a miraculous recovery; (*d'un accident*) he had a miraculous escape
miraculeux, -euse [miʀakylø, -øz] *adj* miraculous
mirador [miʀadɔʀ] *m* (*d'une prison*) watch-tower
mirage [miʀaʒ] *m* (*vision*) mirage
miro [miʀo] *adj inf* blind as a bat
mirobolant(e) [miʀɔbɔlɑ̃, ɑ̃t] *adj inf* fantastic
miroir [miʀwaʀ] *m* mirror
miroitant(e) [miʀwatɑ̃, ɑ̃t] *adj soutenu* gleaming
miroiter [miʀwate] <1> *vi* to gleam
mis [mi] *passé simple de* **mettre**
mis(e) [mi, miz] **I.** *part passé de* **mettre II.** *adj* **être bien ~** to be well dressed
misanthrope [mizɑ̃tʀɔp] *mf* misanthrope
mise [miz] *f* **1.** JEUX bet **2.** FIN outlay **3.** *sans pl* (*habillement*) clothing **4.** (*fait de mettre*) **~ à feu** (*d'une fusée*) launch; **~ à jour** updating; **~ à la retraite** retirement; **~ à mort** killing; **~ à prix** upset [*o* reserve] price; **~ en garde** warning; **~ en liberté** release; **~ en marche** switching on; **~ en œuvre** implementation; **~ en pratique** putting into practice; **~ en scène** CINE production; *a.* THEAT staging; (*dans la vie privée*) performance **5.** INFORM **~ à jour** update; **~ en page** page layout **6.** *Suisse* (*vente aux enchères*) auction
mi-septembre [misɛptɑ̃bʀ] *f sans pl* **à la ~** in mid-September
miser [mize] <1> **I.** *vi* **1.** (*parier sur*) **~ sur un animal/sur le rouge** to bet on an animal/the red; **~ 8 contre 1** to place a bet at odds of 8 to 1 **2.** *inf* (*compter sur*) **~ sur qn/qc pour** +*infin* to rely on sb/sth to +*infin* **II.** *vt* **1.** (*jouer*) **~ 100 dollars sur un cheval** to bet 100 dollars on a horse **2.** *Suisse* (*acheter aux enchères*) to buy at auction; (*vendre aux enchères*) to sell at auction
misérable [mizeʀabl] *adj* **1.** (*pauvre: personne, famille*) poverty-stricken; (*logement, aspect*) shabby **2.** (*pitoyable*) pitiful **3.** *antéposé* (*malheureux*) miserable
misérablement [mizeʀabləmɑ̃] *adv* **1.** (*dans la pauvreté*) in misery **2.** (*pitoyablement*) miserably
misère [mizɛʀ] *f* **1.** (*détresse*) misery **2.** *gén pl* (*souffrances*) woes ▶ **salaire/traitement <u>de</u> ~** starvation wage; **~ <u>de</u> ~!** woe is me!
miséreux, -euse [mizeʀø, -øz] *adj* (*mendiant*) destitute; (*quartier*) poverty-stricken
misogyne [mizɔʒin] **I.** *adj* misogynistic **II.** *m* misogynist
missel [misɛl] *m* missal
missile [misil] *m* missile
mission [misjɔ̃] *f* **1.** (*tâche culturelle, dangereuse, officielle*) *a.* MIL mission; **~ de reconnaissance** MIL, AVIAT reconnaissance mission; **en ~** POL on a mission; COM on business **2.** (*délégation*) delegation **3.** (*vocation*) mission
missionnaire [misjɔnɛʀ] *mf* missionary
mistral [mistʀal] <s> *m* mistral
mit [mi] *passé simple de* **mettre**
mitaine [mitɛn] *f Québec* (*moufle*) mitten

mite [mit] *f* moth
mité(e) [mite] *adj* moth-eaten
mi-temps [mitɑ̃] **I.** *f inv* SPORT halftime **II.** *m inv* (*travail*) part-time; **travailler à ~** to work part-time
mîtes [mit] *passé simple de* **mettre**
miteux, -euse [mitø, -øz] **I.** *adj* (*immeuble, lieu*) dingy; (*personne*) seedy; (*habit, meuble*) tatty **II.** *m, f inf* seedy individual
mitigé(e) [mitiʒe] *adj* (*réaction, sentiments*) mixed; (*accueil, zèle, impression*) lukewarm
mitonner [mitɔne] <1> **I.** *vt inf* CULIN to simmer **II.** *vi inf* to simmer
mitoyen(ne) [mitwajɛ̃, jɛn] *adj* (*cloison*) partition; (*maison*) semi-detached; **mur ~** party wall; **être ~ avec** [*o* **de**] **qc** to be next to sth
mitraille [mitʀɑj] *f* **1.** (*projectiles*) grapeshot **2.** (*pluie de balles*) hail of bullets
mitrailler [mitʀɑje] <1> *vt* **1.** (*tirer*) to machine gun **2.** *inf* (*photographier*) **~ qn/qc** to take shot after shot of sb/sth
mitraillette [mitʀɑjɛt] *f* submachine gun
mitre [mitʀ] *f* REL miter
mi-voix [mivwa] **à ~** in an undertone
mixage [miksaʒ] *m* mixing
mixer [mikse] <1> *vt* to mix
mixeur [miksœʀ] *m* mixer
mixte [mikst] *adj* **1.** (*pour les deux sexes: chorale, classe*) mixed **2.** (*formé d'éléments différents: mariage, végétation, salade*) mixed; (*commission*) joint; (*cuisinière*) combination
mixture [mikstyʀ] *f* **1.** CHIM, MED mixture **2.** *péj* (*boisson*) concoction
MJC [ɛmʒise] *f abr de* **maison des jeunes et de la culture** community youth and arts center
Mlle [madmwazɛl] <s> *f abr de* **Mademoiselle** Miss
MM. [mesjø] *mpl abr de* **Messieurs** Messrs.
Mme [madam] <s> *f abr de* **Madame** Mrs.
Mo [ɛmo] *m abr de* **méga-octet** MB
mob [mɔb] *f inf abr de* **mobylette**
mobile [mɔbil] **I.** *adj* **1.** (*opp: fixe*) moving **2.** (*non sédentaire: forces de police, population*) mobile **3.** (*changeant: regard*) changing; (*yeux*) darting **II.** *m* **1.** (*motif*) motive **2.** PHYS moving body **3.** ART mobile
mobilier [mɔbilje] *m* (*ameublement*) furniture
mobilier, -ière [mɔbilje, -jɛʀ] *adj* moveable; (*crédit, saisie*) transferable; (*vente*) personal property
mobilisation [mɔbilizasjɔ̃] *f a.* MIL mobilization
mobiliser [mɔbilize] <1> **I.** *vt* **1.** (*rassembler*) to assemble **2.** MIL to mobilize; (*réservistes*) to call up **II.** *vi* MIL to mobilize **III.** *vpr* **se ~** to take action
mobilité [mɔbilite] *f* (*opp: immobilité*) mobility
mobylette [mɔbilɛt] *f* scooter
mocassin [mɔkasɛ̃] *m* moccasin
moche [mɔʃ] *adj inf* **1.** (*laid*) ugly **2.** (*regrettable*) rotten
mocheté [mɔʃte] *f inf* **1.** (*laideur*) ugliness **2.** (*chose laide*) eyesore **3.** (*personne laide*) fright
modalité [mɔdalite] *f* **1.** *pl* (*procédure*) methods *pl* **2.** MUS modality **3.** JUR clause
mode[1] [mɔd] **I.** *f* **1.** (*goût du jour*) style, fashion; **à la ~** in style; **être passé de ~** to be out of style **2.** (*métier*) fashion industry **3.** CULIN **à la ~ de qc** in the style of sth **II.** *app* fashion
mode[2] [mɔd] *m* **1.** (*méthode*) **~ d'emploi** directions for use; **~ de production** production method; **~ de pensée** way of thinking; **~ de transport/d'expression** mode of transportation/expression; **~ de paiement** method of payment **2.** LING mood **3.** MUS mode **4.** INFORM **~ paysage** (*orientation d'une page*) landscape
modelage [mɔd(ə)laʒ] *m* modeling
modèle [mɔdɛl] **I.** *m* **1.** (*référence, maquette*) *a.* LING, TYP model; **prendre ~ sur qn** to model oneself after sb; **~ réduit** scale model **2.** COUT, ART pattern ►**~ <u>déposé</u>** registered design **II.** *adj* (*exemplaire*) model
modeler [mɔd(ə)le] <4> *vt* **1.** (*pétrir: poterie*) to model; (*pâte*) to mold **2.** (*façonner: caractère, relief*) to shape
modélisme [mɔdelism] *m* modeling
modéliste [mɔdelist] *mf* **1.** COUT designer **2.** (*adepte du modélisme*) model maker
modem [mɔdɛm] *m* INFORM *abr de* **MODulateur DÉModulateur** modem
modération [mɔdeʀasjɔ̃] *f* moderation; **consommer qc avec ~** to consume sth in moderation
modéré(e) [mɔdeʀe] **I.** *adj* **1.** (*raisonnable: vent, froid, opinion*) moderate; (*prix*) reasonable **2.** (*médiocre: désir, résultat*) average; (*enthousiasme, succès*) moderate; (*optimisme*) restrained **II.** *m(f)* POL moderate
modérément [mɔdeʀemɑ̃] *adv* moderately
modérer [mɔdeʀe] <5> **I.** *vt* (*tempérer: personne*) to restrain; (*ambitions, colère, dépenses*) to control; (*passion*) to curb; (*vitesse*) to reduce; (*désirs*) to temper **II.** *vpr* **se ~** to restrain oneself
moderne [mɔdɛʀn] **I.** *adj* up-to-date; (*pays*) progressive; (*idée, histoire*) modern; **les temps ~s** modern times **II.** *m* modern style
modernisation [mɔdɛʀnizasjɔ̃] *f* modernization
moderniser [mɔdɛʀnize] <1> **I.** *vt* to modernize **II.** *vpr* **se ~** (*ville, pays*) to modernize; (*personne*) to bring oneself up to date
modernisme [mɔdɛʀnism] *m* modernism
modernité [mɔdɛʀnite] *f* modernity; (*d'une pensée*) progressiveness
modeste [mɔdɛst] **I.** *adj* modest **II.** *mf* unassuming person
modestie [mɔdɛsti] *f* modesty
modifiable [mɔdifjabl] *adj* modifiable; (*conduite, personne*) changeable
modification [mɔdifikasjɔ̃] *f* modification; **apporter des ~s à qc** to make changes to sth

modifier [mɔdifje] <1> **I.** *vt a.* LING to modify **II.** *vpr* **se ~** to be modified

modique [mɔdik] *adj* modest

modulation [mɔdylasjɔ̃] *f* modulation

module [mɔdyl] *m* INFORM **~ d'extension** plug-in

moduler [mɔdyle] <1> **I.** *vt* RADIO, TEL to modulate **II.** *vi* MUS to modulate

moelle [mwal, mwɛl] *f* ANAT, BOT marrow; **~ épinière** spinal chord

moelleux [mwɛlø] *m* **1.** (*d'un lit, d'un tapis*) softness **2.** (*d'un vin*) mellowness

moelleux, -euse [mwɛlø, -øz] *adj* **1.** (*au toucher*) soft **2.** (*au goût, agréable: vin, son, voix*) mellow

mœurs [mœʀ(s)] *fpl* **1.** (*coutumes: d'une personne, société*) customs; (*d'un animal*) habits; **entrer dans les ~** to become common **2.** (*règles morales*) morals; **une personne de bonnes/mauvaises ~** a person of high/low moral standards **3.** (*façon de vivre*) ways

mohair [mɔɛʀ] *m, app inv* mohair

moi [mwa] **I.** *pron pers* **1.** *inf* (*pour renforcer*) **~, je n'ai pas ouvert la bouche** I never opened my mouth; **c'est ~ qui l'ai dit** I'm the one who said it; **il veut m'aider, ~?** he wants to help ME? **2.** *avec un verbe à l'impératif* **regarde-~** look at me; **donne-~ ça!** give me that! **3.** *avec une préposition* **avec/sans ~** with/without me; **à ~ seul** by myself; **la maison est à ~** the house is mine; **c'est à ~ de décider** it is for me to decide; **c'est à ~!** it's mine! **4.** *dans une comparaison* me; **tu es comme ~** you're like me; **plus fort que ~** stronger than me **5.** (*emphatique*) **c'est ~!** (*me voilà, je suis le responsable*) it's me; **et ~(, alors)?** *inf* and what about me?; **que ferais-tu si tu étais ~?** what would you do if you were me? ►**à ~!** help! **II.** *m* PHILOS, PSYCH ego

moignon [mwaɲɔ̃] *m* stump

moi-même [mwamɛm] *pron pers* myself; **je suis venu de ~** I came of my own accord

moindre [mwɛ̃dʀ] *adj antéposé* **1.** (*inférieur: inconvénient, degré, étendue*) lesser; (*prix, qualité*) lower **2.** (*le plus petit*) **le ~ bruit** the slightest noise; **le ~ mal** the lesser evil; **ce serait la ~ des choses/des politesses** it would be the least you could do/be common courtesy

moine [mwan] *m* monk; **se faire ~** to become a monk

moineau [mwano] <x> *m* sparrow

moins [mwɛ̃] **I.** *adv* **1.** less; **rouler ~ vite** to drive slower; **les enfants de ~ de 13 ans** children under 13; **~ ... ~ ...** the less ... the less ...; **~ ..., plus ...** the less ..., the more ... **2.** *superl* **le ~** the least ►**en ~ de deux** *inf* in a jiffy; **à ~ de faire qc** unless you do sth; **à ~ que qn ne fasse qc** (*subj*) unless sb does sth; **au ~** at least; **(tout) au ~** at the very least; **d'autant ~ que** the less so because; **de ~**, **en ~** (*argent*) less; (*enfants*) fewer; **il a un an de ~ que moi** he is one year younger than me; **de ~ en ~** less and less; **du ~** at least; **~ que rien** (*gagner, payer*) next to nothing **II.** *prep* **1.** (*soustraction*) less **2.** (*heure*) to; **il est midi ~ vingt** it's twenty to twelve **3.** (*température*) minus; **il fait ~ 3** it is minus 3 degrees, it is 3 degrees below (zero) **III.** *m* **1.** (*minimum*) least; **le ~ de matière** the smallest piece of matter **2.** (*signe*) minus

mois [mwa] *m* month; **le ~ de janvier/mars** the month of January/March; **les ~ en r** the months with an r in them; **au ~** monthly; **au ~ de janvier/d'août** in January/August; **elle est dans son deuxième ~** she is in her second month (of pregnancy); **le premier/cinq/dernier du/de ce ~** the first/fifth/last day of the/this month

Moïse [mɔiz(ə)] *m* Moses

moisi [mwazi] *m* mold

moisi(e) [mwazi] *adj* moldy

moisir [mwaziʀ] <8> *vi* **1.** (*se gâter*) to mold **2.** (*être inutilisé: voiture, meuble*) to rot; (*argent, capital*) to stagnate; (*talent*) to go to waste **3.** *inf* (*croupir: personne*) to stagnate

moisissure [mwazisyʀ] *f* mold

moisson [mwasɔ̃] *f* AGR harvest

moissonner [mwasɔne] <1> **I.** *vt* AGR to harvest **II.** *vi* to harvest

moissonneur, -euse [mwasɔnœʀ, -øz] *m, f* harvester

moite [mwat] *adj* sticky

moiteur [mwatœʀ] *f* stickiness; (*humidité*) dampness

moitié [mwatje] *f* **1.** (*partie, milieu*) half; **la ~ du temps/de l'année** half the time/year; **~ moins/plus** half less/more; **à ~ ivre/convaincu** half drunk/convinced; **à ~ prix** half-price; **ne jamais rien faire à ~** to do nothing by halves; **de ~** by half; **pour ~** half to blame **2.** *iron* (*épouse*) other half

moka [mɔka] *m* CULIN **1.** (*café*) mocha **2.** (*gâteau*) mocha cake

mol [mɔl] *adj v.* **mou**

molaire [mɔlɛʀ] *f* ANAT molar

moldave [mɔldav(ə)] *adj* Moldovan

Moldave [mɔldav(ə)] *mf* Moldovan

Moldavie [mɔldavi] *f* **la ~** Moldova

molécule [mɔlekyl] *f* molecule

molester [mɔlɛste] <1> *vt* to harass; (*physiquement*) to manhandle

mollard [mɔlaʀ] *m inf* gob of spit

mollasson(ne) [mɔlasɔ̃, ɔn] **I.** *adj inf* sluggish **II.** *m(f) inf* lazybones

molle [mɔl] *adj v.* **mou**

mollement [mɔlmɑ̃] *adv* **1.** (*confortablement*) languidly **2.** (*protester, réagir*) feebly

mollesse [mɔlɛs] *f* **1.** (*indolence*) lethargy **2.** (*laxisme*) weakness

mollet [mɔlɛ] *m* ANAT calf

molletonné(e) [mɔltɔne] *adj* quilted

mollir [mɔliʀ] <8> *vi* (*fléchir*) to yield; (*courage*) to wane

mollo [mɔlo] *adv inf* **~!** easy now!; **y aller ~** to go easy

mollusque [mɔlysk] *m* ZOOL mollusk
môme [mom] *mf inf* kid
moment [mɔmɑ̃] *m* **1.** (*instant*) moment; **au dernier/même ~** at the last/same moment; **à ce ~-là** at that moment; **à** [*o* **pour**] **un ~** for a moment; **à tout/aucun ~** at any/no time; **attendre qn/qc à tout ~** to be expecting sb/sth at any moment; **au ~ de la chute du mur de Berlin** at the time of the fall of the Berlin Wall; **au ~ de partir, je me suis aperçu ...** as I was about to leave, I noticed ...; **à partir du ~ où qn a fait qc** from the moment sb did sth; **dans un ~** in a moment; **la mode du ~** the fashion of the moment; **du ~ que qn fait qc** the moment sb does sth; **d'un ~ à l'autre** from one moment to another; **en ce ~** at the moment; **pour le ~** for the moment; **par ~s** from time to time; **sur le ~** at the time; **un ~!** one moment!; **au bon ~** at the right time; **le ~ présent** the present time; **passer un bon ~** to have a good time; **il vit ses derniers ~s** his life is slipping away; **ce fut un grand ~** it was a great moment **2.** (*occasion*) opportunity; **le bon/mauvais ~** the right/wrong time; **le ~ venu** when the time comes; **à un ~ donné** at a given moment; **c'est le ~ ou jamais** it's now or never; **c'est le ~ de** +*infin* this is the moment to +*infin;* **ce n'est pas le ~** this is not the right time
momentané(e) [mɔmɑ̃tane] *adj* (*désir, ennui*) short-lived; (*effort*) brief; (*arrêt, espoir, gêne*) momentary
momentanément [mɔmɑ̃tanemɑ̃] *adv* for a moment
momie [mɔmi] *f* mummy
mon [mɔ̃, me] <mes> *dét poss* my; **~ Dieu!** my God!; **~ Père** Father; **~ colonel** Sir; **à ~ avis** in my opinion; **à ~ approche** as I approach(ed) ▶ **~ amour/chéri** my love; **~ œil!** I bet!; **~ pauvre!** you poor thing!
Monaco [mɔnako] Monaco
monarchie [mɔnaʀʃi] *f* monarchy

> **i** Belgium is a **monarchie parlementaire** and the King is the head of the state. He appoints and dismisses the federal Ministers and the State Secretary. He exercises his legislative powers with the Chamber and the Senate.

monarchique [mɔnaʀʃik] *adj* monarchist; (*État*) monarchical
monarchiste [mɔnaʀʃist] *adj, mf* monarchist
monarque [mɔnaʀk] *m* monarch
monastère [mɔnastɛʀ] *m* monastery
monastique [mɔnastik] *adj* monastic
monceau [mɔ̃so] <x> *m* **1.** (*tas*) mound **2.** (*grande quantité*) pile
mondain(e) [mɔ̃dɛ̃, ɛn] **I.** *adj* society; **chronique ~e** gossip column **II.** *m(f)* socialite
mondaine [mɔ̃dɛn] *f inf* (*police*) vice squad
mondanité [mɔ̃danite] *f* **1.** (*goût pour la vie mondaine*) love of society life **2.** *pl* (*la vie mondaine*) society life
monde [mɔ̃d] *m* **1.** (*univers*) world; **~ du rêve** realm of dreams; **le ~ des vivants** the land of the living; **plaisirs du ~** worldly pleasures; **être seul au ~** to be alone in the world; **courir le ~** to roam the world **2.** (*groupe social*) **le ~ rural** the rural community; **~ du travail/des affaires** world of work/business **3.** (*foule*) crowd; **peu/beaucoup de ~** not many/a lot of people; **un ~ fou** crowds of people; **pas grand ~** not many people; **tout ce ~!** all these people! **4.** (*société*) **tout le ~ en parle** everyone is talking about it; **c'est à tout le ~** it belongs to everyone ▶ **il y a du ~ au balcon** *inf* she is stacked!; **l'autre ~** the afterworld; **je vais le mieux du ~** I am perfectly fine; **pas le moins du ~** not in the least; **c'est un ~!** *inf* if that doesn't beat all!; **depuis que le ~ existe** since the dawn of time; **mettre qn au ~** to give birth to sb; **pour rien au ~** not for anything
mondial [mɔ̃djal] *m* SPORT world championship
mondial(e) [mɔ̃djal, -jo] <-aux> *adj* worldwide; (*économie, politique*) world
mondialement [mɔ̃djalmɑ̃] *adv* worldwide
mondialisation [mɔ̃djalizasjɔ̃] *f* globalization
monégasque [mɔnegask] *adj* Monacan
Monégasque [mɔnegask] *mf* Monacan
monétaire [mɔnetɛʀ] *adj* (*marché, politique*) financial; (*union, unité*) monetary
mongol [mɔ̃gɔl] *m* Mongolian; *v.a.* **français**
mongol(e) [mɔ̃gɔl] *adj* Mongolian
Mongol(e) [mɔ̃gɔl] *m(f)* Mongolian
Mongolie [mɔ̃gɔli] *f* **la ~** Mongolia
mongolien(ne) [mɔ̃gɔljɛ̃, jɛn] **I.** *adj* MED Down Syndrome **II.** *m(f)* MED person with Down syndrome
moniteur [mɔnitœʀ] *m* (*écran*) monitor
moniteur, -trice [mɔnitœʀ, -tʀis] *m, f* **~ de colonies** camp counselor; **~ d'auto-école** driving instructor; **~ de sport** coach
monnaie [mɔnɛ] *f* **1.** ECON, FIN money; **fausse ~** counterfeit money; **~ électronique** e-cash **2.** (*devise*) currency; **~ nationale/unique** national/single currency **3.** (*petites pièces*) **menue ~** small change; **la ~ de 100 dollars** change for 100 dollars; **faire la ~ sur qc à qn** to give sb change for sth **4.** (*argent rendu*) change **5.** (*pièce*) coin ▶ **rendre à qn la ~ de sa pièce** to repay sb in kind; **c'est ~ courante** it's common practice
monnayer [mɔneje] <7> *vt* **1.** (*tirer argent de*) to turn into cash **2.** (*tirer profit*) **~ qc** to sell sth
mono [mɔnɔ] *mf inf abr de* **moniteur, monitrice**
monogame [mɔnogam] *adj* monogamous
monolingue [mɔnolɛ̃g] *adj* monolingual
monologue [mɔnɔlɔg] *m* monologue
monologuer [mɔnɔlɔge] <1> *vi* **1.** (*parler pour soi*) to hold forth **2.** (*parler tout seul*) to talk to oneself

monoparental(e) [monopaʀɑ̃tal, -o] <-aux> *adj* (*famille, autorité*) single parent
monopole [mɔnɔpɔl] *m* **1.** ECON monopoly **2.** (*exclusivité*) **avoir le ~ de qc** to have a monopoly on sth
monopoliser [mɔnɔpɔlize] <1> *vt* to monopolize
monoski [mɔnoski] *m* monoski
monospace [mɔnɔspas] *m* minivan
monosyllabe [mɔnosi(l)lab] *m* LING monosyllable
monothéisme [mɔnoteism] *m* monotheism
monotone [mɔnɔtɔn] *adj* monotonous; (*style, vie*) dreary
monotonie [mɔnɔtɔni] *f* (*d'un discours, d'une voix*) monotony; (*de la vie, du style*) dreariness
monsieur [məsjø, mesjø] <messieurs> *m* **1.** *souvent non traduit* (*homme à qui on s'adresse*) Sir; **bonjour ~** good morning; **bonjour Monsieur Larroque** good morning, Mr. Larroque; **bonjour messieurs** good morning, gentlemen; **Mesdames, mesdemoiselles, messieurs!** Ladies and Gentlemen!; **messieurs et chers collègues ...** gentlemen and colleagues ...; **Monsieur le Professeur Dupont/le Président François** Professor Dupont/President François; **Monsieur Untel** Mister So-and-so **2.** (*sur une enveloppe*) **Monsieur Pujol** Mr. Pujol **3.** (*en-tête*) **(Cher) Monsieur,** Dear Sir,; **Madame, Monsieur,** Sir, Madam,; **Madame, Mademoiselle, Monsieur,** Mr., Mrs., Miss; **messieurs dames** Ladies and Gentlemen **4.** (*un homme*) **un ~** a gentleman; **Monsieur Tout-le-monde** the average guy
monstre [mɔ̃stʀ] **I.** *m* **1.** (*animal fantastique*) monster **2.** (*personne laide*) freak **3.** (*personne moralement abjecte*) brute **4.** (*construction laide*) eyesore **5.** BIO, ZOOL freak of nature **II.** *adj inf* gigantic
monstrueux, -euse [mɔ̃stʀyø, -øz] *adj* **1.** (*difforme*) freakish **2.** (*colossal*) massive **3.** (*ignoble*) monstrous
monstruosité [mɔ̃stʀyozite] *f* (*caractère ignoble*) monstrousness
mont [mɔ̃] *m* GEO mount; **le ~ Sinaï/Carmel** Mount Sinai/Carmel; **le ~ Cervin** the Matterhorn; **le ~ Blanc** Mont Blanc ▸**promettre ~s et merveilles** to promise the moon
montage [mɔ̃taʒ] *m* **1.** (*assemblage: d'un appareil, d'une pièce de vêtement*) assembly; (*d'un bijou*) mounting; (*d'une tente*) pitching **2.** CINE, TV, THEAT, TYP editing; (*d'une maquette*) assembly; (*d'une opération*) organization; (*d'une page*) layout; (*d'une pièce de théâtre*) production; (*d'une exposition*) setting up
montagnard(e) [mɔ̃taɲaʀ, aʀd] **I.** *adj* mountain **II.** *m(f)* mountain dweller
montagne [mɔ̃taɲ] *f a. fig* mountain; **en haute ~** high up in the mountains; **habiter la ~** to live in the mountains ▸**gros comme une ~** *inf* as big as a house; **~s russes** roller coaster; **(se) faire une ~ de qc/rien** to make a mountain out of sth/a molehill
montagneux, -euse [mɔ̃taɲø, -øz] *adj* mountainous
montant [mɔ̃tɑ̃] *m* **1.** (*somme*) sum; (*total*) total **2.** (*pièce verticale: d'un lit*) post; (*d'une porte*) jamb; (*d'une échelle*) upright
montant(e) [mɔ̃tɑ̃, ɑ̃t] *adj* (*chemin*) uphill; (*col*) high; (*mouvement*) upward; **colonne ~e** rising main; **marée ~e** rising tide; **la génération ~e** the rising generation
monte [mɔ̃t] *f* **1.** (*manière de monter un cheval*) horsemanship **2.** ZOOL mounting
monté(e) [mɔ̃te] *adj* (*à cheval*) on horseback ▸**être ~ contre qn** to be angry with sb
montée [mɔ̃te] *f* **1.** (*fait de croître: des eaux*) rising; (*de la colère, de l'islam, d'un parti*) rise; (*d'un danger, du mécontentement, de la violence*) increase; **la ~ des prix/de la température** the rise in prices/in temperature **2.** (*poussée: de la sève*) rise **3.** (*côte, pente*) hill **4.** (*action de monter*) climb; (*d'un avion, ballon*) ascent
monter [mɔ̃te] <1> **I.** *vi* **1.** *être* (*grimper*) to go up; (*vu d'en haut*) to come up; (*alpiniste*) to climb up; **~ sur une échelle** to climb a ladder; **~ à une tribune/en chaire** to step up to the rostrum/into the pulpit; **~ dans sa chambre** to go (up) to one's room; **~ jusqu'à qc** (*eau, robe*) to reach sth; **~ à 200 km/h** to go up to 200 km/h **2.** (*chevaucher*) **~ à cheval/bicyclette/moto** to ride a horse/bike/motorcycle **3.** *être* (*prendre place dans*) **~ dans une voiture** to get into a car; **~ dans un train/avion/bus** to get on a train/plane/bus **4.** *être* (*aller vers le nord*) to go up **5.** *être* (*s'élever: avion, flammes, soleil*) to rise; (*route, chemin*) to go up **6.** *avoir o être* (*augmenter de niveau: baromètre, mer, sève*) to rise; (*lait*) to come; (*impatience, bruits*) to increase; **les larmes lui montent aux yeux** tears came to his eyes **7.** *avoir o être* (*augmenter: actions, croissance*) to increase; (*pression*) to grow **8.** *être* (*passer à l'aigu: ton, voix*) to get higher **9.** *avoir o être* (*faire une ascension sociale*) to move up in the world **II.** *vt avoir* **1.** (*gravir: personne*) to go up; (*vu d'en haut*) to come up; (*échelle*) to climb **2.** (*porter en haut, vu d'en bas*) **~ qc** to take sth up; (*porter en haut, vu d'en haut*) to bring sth up **3.** CULIN **~ qc** to whisk sth up **4.** (*chevaucher*) to mount **5.** (*couvrir*) to mount **6.** (*augmenter: prix*) to increase; **~ le son** to turn up the volume **7.** (*organiser: affaire*) to organize; (*association, projet*) to set up; (*opération*) to mount; (*pièce de théâtre*) to stage; (*film*) to make; (*spectacle*) to put together **8.** (*fomenter: coup, complot*) to organize; (*histoire*) to make up **9.** TECH (*assembler, installer: échafaudage*) to erect; (*tente*) to pitch; (*maison*) to set up; (*mur*) to build; (*pneu*) to fit **III.** *vpr* (*atteindre*) **se ~ à 2000 dollars** to come to 2000 dollars
monteur, -euse [mɔ̃tœʀ, -øz] *m, f* **1.** TECH installer **2.** CINE editor

montgolfière [mɔ̃gɔlfjɛʀ] *f* hot air balloon
monticule [mɔ̃tikyl] *m* (*colline*) mound
montre [mɔ̃tʀ] *f* watch; ~ **à quartz** quartz watch ▸ ~ **en main** exactly; **course contre la** ~ race against the clock
Montréal [mɔ̃ʀeal] Montreal
montréalais(e) [mɔ̃ʀealɛ, ɛz] *adj* from Montreal
Montréalais(e) [mɔ̃ʀealɛ, ɛz] *m(f)* personal from Montreal
montre-bracelet [mɔ̃tʀəbʀaslɛ] <montres-bracelets> *f* wristwatch
montrer [mɔ̃tʀe] <1> **I.** *vt* to show; ~ **la sortie à qn** to show sb the way out **II.** *vpr* **1.** (*prouver*) **il se ~ qc** he proves himself to be sth **2.** (*apparaître*) **se** ~ to appear
montreur, -euse [mɔ̃tʀœʀ, -øz] *m, f* ~ **de marionnettes** puppeteer; ~ **d'ours** bear leader
monture [mɔ̃tyʀ] *f* **1.** (*animal*) mount **2.** (*en optique*) frame **3.** (*bijou*) setting
monument [mɔnymɑ̃] *m* **1.** (*mémorial*) memorial; ~ **funéraire** funeral monument; ~ **aux morts** memorial; (*aux soldats morts pendant la guerre*) war memorial **2.** (*édifice*) monument; **être classé ~ historique** to be placed on the register of historic buildings; ~ **public** public building **3.** *fig, inf* **c'est un ~ d'orgueil/de bêtise** he is monumentally proud/stupid
monumental(e) [mɔnymɑ̃tal, -o] <-aux> *adj* **1.** (*imposant*) monumental **2.** *inf* (*énorme: erreur*) colossal; (*orgueil*) monumental; **être d'une bêtise ~e** to be monumentally stupid
moquer [mɔke] <1> *vpr* **1.** (*ridiculiser*) **se ~ de qn/qc** to make fun of sb/sth **2.** (*dédaigner*) **se ~ du qu'en dira-t-on** not to care what people say; **se ~ de faire qc** to not care about doing sth; **je m'en moque pas mal** I really couldn't care less **3.** (*tromper*) **se ~ du monde** to have (some) nerve
moquerie [mɔkʀi] *f* jeer; **les ~s** mockery
moquette [mɔkɛt] *f* (fitted) carpet
moqueur, -euse [mɔkœʀ, -øz] **I.** *adj* (*air*) mocking; **être très ~** to always make fun of people **II.** *m, f* mocker
moral [mɔʀal, -o] <-aux> *m* **1.** (*état psychologique*) morale; **le ~ de l'armée/la population** the army's/population's morale **2.** (*vie psychique*) **au** ~ mentally ▸ **avoir le ~ à zéro** to feel really down; **avoir le** ~ to be in good spirits; **ne pas avoir le** ~ to be in low spirits; **remonter le ~ à qn** to cheer sb up
moral(e) [mɔʀal, -o] <-aux> *adj* moral
morale [mɔʀal] *f* **1.** (*principes*) morality **2.** (*éthique*) ethic ▸ **faire la ~ à qn** to lecture sb
moralement [mɔʀalmɑ̃] *adv* (*relatif, conformément à la morale*) morally
moralisateur, -trice [mɔʀalizatœʀ, -tʀis] **I.** *adj* (*enseignement, influence*) moralizing; (*histoire, récit*) elevating; (*personne, ton*) sanctimonious **II.** *m, f* moralizer
moraliser [mɔʀalize] <1> **I.** *vi* to moralize **II.** *vt* to lecture
moraliste [mɔʀalist] **I.** *adj* moralistic **II.** *mf* moralist
moralité [mɔʀalite] *f* **1.** (*valeur morale*) morality **2.** (*leçon*) moral
morbide [mɔʀbid] *adj* (*malsain: goût, littérature*) morbid; (*imagination*) gruesome
morceau [mɔʀso] <x> *m* **1.** (*fragment*) piece; **sucre en ~x** cube sugar; **mettre un livre en ~x** to pull a book to pieces; ~ **par** ~ bit by bit **2.** (*viande*) cut; **bas ~x** cheap cuts; ~ **de choix** choice cut **3.** ART piece ▸ **lâcher le** ~ *inf* to come clean; **manger un** ~ to have a bite (to eat); **recoller les ~x** to patch things up
morceler [mɔʀsəle] <3> **I.** *vt* ~ **qc** to divide sth up; (*terrain, héritage*) to parcel sth up **II.** *vpr* **se** ~ (*propriété, terrain*) to be split up
morcellement [mɔʀsɛlmɑ̃] *m* (*de terres, d'un terrain*) dividing up
mordant(e) [mɔʀdɑ̃, ɑ̃t] *adj* **1.** (*incisif*) incisive; (*personne, trait d'esprit*) sharp; (*ton, voix*) cutting; (*vent*) biting **2.** (*qui entame: corrosif*) destructive; (*lime*) sharp
mordiller [mɔʀdije] <1> *vt* ~ **qc** to chew on sth
mordre [mɔʀdʀ] <14> **I.** *vi* **1.** (*attaquer*) to bite **2.** (*se laisser prendre*) ~ **à l'appât** to bite; *fig* to take the bait **3.** (*prendre goût*) ~ **à qc** to take to sth **4.** (*enfoncer les dents*) ~ **dans qc** to bite into sth **5.** (*pénétrer*) ~ **dans qc** to eat into sth **6.** (*empiéter*) ~ **sur qc** to go past sth **II.** *vt* **1.** (*serrer avec les dents*) to bite; ~ **qn à l'oreille/la jambe** to bite sb's ear/leg **2.** (*empiéter sur: démarcation*) to go past **III.** *vpr* **se ~ la langue** to bite one's tongue
mordu(e) [mɔʀdy] **I.** *part passé de* **mordre** **II.** *adj* **1.** (*amoureux*) **être ~ de qn** to be in love with sb **2.** *inf* (*passionné*) **être ~ de qc** to be mad about sth **III.** *m(f) inf* ~ **de musique/sport** music/sports fan
morfal(e) [mɔʀfal] <s> **I.** *adj inf* greedy **II.** *m(f) inf* greedy pig
morfondre [mɔʀfɔ̃dʀ] <14> *vpr* **se** ~ **1.** (*s'ennuyer*) to fret **2.** (*languir*) to mope; **être morfondu** to be dejected
morgue [mɔʀg] *f* **1.** (*institut médico-légal*) morgue **2.** (*salle d'hôpital*) mortuary
moribond(e) [mɔʀibɔ̃, ɔ̃d] **I.** *adj* **être ~** to be dying **II.** *m(f)* dying man, woman *m, f*
morille [mɔʀij] *f* morel
morne [mɔʀn] *adj* bleak; (*vie, paysage*) dismal; (*regard*) sullen
morose [mɔʀoz] *adj* (*personne, situation*) morose; (*temps, air*) sullen
morosité [mɔʀozite] *f* moroseness; ~ **économique** depressed economy
morphine [mɔʀfin] *f* morphine
morphinomane [mɔʀfinɔman] **I.** *adj* addicted to morphine **II.** *mf* morphine addict
morphologie [mɔʀfɔlɔʒi] *f* morphology
morpion [mɔʀpjɔ̃] *m inf* (*pou*) flea
mors [mɔʀ] *m* bit ▸ **prendre le ~ aux dents**

M

(*cheval*) to get the bit between its teeth; (*personne*) (*s'emporter*) to fly into a rage

morse[1] [mɔʀs] *m* ZOOL walrus

morse[2] [mɔʀs] **I.** *m* Morse code; **envoyer un message en ~** to send a message in Morse code **II.** *adj* **l'alphabet ~** the Morse alphabet

morsure [mɔʀsyʀ] *f* **1.** (*action de mordre, plaie*) bite **2.** (*d'un insecte*) sting

mort [mɔʀ] *f* (*décès, destruction*) death ▶**faire qc la ~ dans l'âme** to do sth with a heavy heart; **tu vas attraper la ~** *inf* you will catch your death; **être blessé à ~** to be mortally wounded; **se donner la ~** to take one's own life; **frapper qn à ~** to beat sb to death; **à ~! à ~!** die! die!; **~ au tyran!** death to the tyrant!; **en vouloir à ~ à qn** to hate sb (with a vengeance); **s'ennuyer à ~** to be bored to death

mort(e) [mɔʀ, mɔʀt] **I.** *part passé de* **mourir** **II.** *adj* **1.** (*décédé, sans animation, hors d'usage*) dead **2.** *inf* (*épuisé*) **être ~** to be stone tired; **être ~ de fatigue** to be exhausted **3.** (*avec un fort sentiment de*) **être ~ de honte/peur** to be mortified/scared stiff **4.** (*éteint: yeux, regard*) lifeless; (*feu*) out **5.** (*qui n'existe plus: langue*) dead ▶**être ~ et enterré** to be dead and buried; **être laissé pour ~** to be left for dead; **tomber raide ~** to drop stone dead **III.** *m(f)* **1.** (*défunt*) dead person; **les ~s de la guerre** those killed in the war **2.** (*dépouille*) dead body ▶**être un ~ en sursis** to be living on borrowed time; **être un ~ vivant** to be more dead than alive; **faire le ~** (*comme si on était mort*) to play dead; (*ne pas répondre*) to lie low

mortadelle [mɔʀtadɛl] *f* mortadella

mortalité [mɔʀtalite] *f* mortality

mort-aux-rats [mɔʀoʀa] *f inv* rat poison

mortel(le) [mɔʀtɛl] **I.** *adj* **1.** (*sujet à la mort*) mortal **2.** (*causant la mort*) fatal **3.** (*extrême, pénible: frayeur, haine*) mortal; (*froid, chaleur*) deathly; (*pâleur, ennemi, silence*) deadly **4.** *inf* (*ennuyeux*) deadly **II.** *m(f) souvent pl* mortal

mortellement [mɔʀtɛlmɑ̃] *adv* **1.** mortally **2.** (*extrêmement: vexé*) deeply; **~ ennuyeux** dead boring

mortier [mɔʀtje] *m* mortar

mort-né(e) [mɔʀne] <mort-nés> **I.** *adj* (*enfant*) stillborn; (*projet, entreprise*) abortive **II.** *m(f)* stillborn

mortuaire [mɔʀtɥɛʀ] **I.** *adj* funeral; **habits ~** grave clothes **II.** *f Belgique* (*maison du défunt*) house of the deceased

morue [mɔʀy] *f* **1.** ZOOL **~ séchée/fraîche/fumée** dried/fresh/smoked cod; **huile de foie de ~** cod liver oil **2.** *vulg* (*prostituée*) whore

morve [mɔʀv] *f* mucus

morveux, -euse [mɔʀvø, -øz] **I.** *adj* (*nez*) runny; (*enfant*) snotty *inf* **II.** *m, f péj, inf* snotty kid

mosaïque [mɔzaik] *f* **1.** (*image*) mosaic **2.** *fig* **~ de peuples** patchwork of peoples

Moscou [mɔsku] Moscow

moscovite [mɔskɔvit] *adj* Muscovite

Moscovite [mɔskɔvit] *mf* Muscovite

Moselle [mozɛl] *f* **la ~** the Moselle river

mosquée [mɔske] *f* mosque

mot [mo] *m* **1.** (*moyen d'expression*) word; **gros ~** swear word; **~ composé** compound; **les ~s me manquent** I'm speechless; **chercher ses ~s** to look for the right words; **c'est le ~ juste** it is the right word; **à ces ~s** with these words; **~ pour ~** word for word **2.** (*message*) message; **~ d'excuse** excuse note; **~ d'ordre** slogan; **~ de félicitations** letter of congratulations; **laisser un ~ à qn** to leave a message for sb **3.** (*parole mémorable*) saying **4.** *a.* INFORM **~ de passe** password; **~ de passe de messagerie** email password **5.** JEUX **faire des ~s croisés** to do crossword puzzles ▶**le fin ~ de l'affaire** the real story; **avoir un ~ sur le bout de la langue** to have a word on the tip of one's tongue; **dire deux ~s à qn** to give sb a piece of one's mind; **expliquer/raconter qc en deux ~s** to explain/tell sth briefly; **avoir son ~ à dire** to have something to say; **sans ~ dire** without a word; **se donner le ~** to pass the word around; **avoir des ~s avec qn** *inf* to have words with sb; **avoir toujours le ~ pour rire** to be a joker; **je lui en toucherai un ~** I will have a word with her about it; **~ à ~** word for word; **en un ~ (comme en cent)** in a word

motard(e) [mɔtaʀ] *m(f) inf* **1.** (*motocycliste*) motorcyclist, biker **2.** (*policier*) motorcycle cop

mot-clé [mokle] <mots-clés> *m* keyword

motel [mɔtɛl] *m* motel

moteur [mɔtœʀ] **I.** *m* **1.** TECH motor; **~ à explosion** internal combustion engine; **~ à réaction** jet engine; **~ diesel** diesel engine **2.** (*cause*) **être le ~ de qc** (*concurrence*) to be the catalyst for sth; (*personne*) to be the driving force behind sth **3.** INFORM **~ de recherche** search engine **II.** *app* **bloc ~** engine block; **frein ~** engine braking

moteur, -trice [mɔtœʀ, -tʀis] *adj* (*muscle, nerf*) motor; (*force, roue*) driving

motif [mɔtif] *m* **1.** (*raison*) motive **2.** *pl* (*dans un jugement*) grounds **3.** (*ornement*) motif **4.** (*modèle*) pattern

motion [mosjɔ̃] *f* motion; **~ de censure** censure motion

motivant(e) [mɔtivɑ̃, ɑ̃t] *adj* motivating

motivation [mɔtivasjɔ̃] *f* **1.** (*justification*) **~ de qc** motivation for sth **2.** ECON **lettre de ~** application letter

motivé(e) [mɔtive] *adj* **1.** (*justifié*) justified; **absence non ~e** unexplained absence **2.** (*stimulé: personne*) motivated

motiver [mɔtive] <1> *vt* **1.** (*justifier*) to justify **2.** (*causer*) to cause **3.** (*stimuler*) to motivate

moto [moto] *f abr de* **motocyclette** motorbike

motocross, moto-cross [motokʀɔs] *m inv*

motocross
motoculteur [motokyltœʀ] *m* rototiller
motocyclisme [motosiklism] *m* motorcycle racing
motocycliste [motosiklist] **I.** *adj* motorcycling **II.** *mf* motorcyclist
motoneige [motonɛʒ] *f* snowmobile
motorisé(e) [motoʀize] *adj* motorized
motoriser [motoʀize] <1> *vt* to motorize; **~ un portail/des volets** to motorize a gate/shutters
motrice [mɔtʀis] *f* power unit
mots-croisiste [mokʀwazist] *mf* crossword buff
motte [mɔt] *f* (*de beurre*) slab; (*de gazon*) turf; **~ de terre** clod of earth
motus [mɔtys] *interj* not a word!; **~ et bouche cousue!** don't breathe a word!
mou [mu] *m* **1.** *inf* (*personne*) sluggish person **2.** (*qualité*) softness
mou, molle [mu, mɔl] <*devant un nom masculin commençant par une voyelle ou un h muet* mol> **I.** *adj* **1.** (*opp: dur*) soft; **chapeau ~** fedora **2.** (*flasque*) flabby **3.** (*amorphe, faible: personne, geste*) feeble; (*résistance, protestations*) weak **4.** (*sourd: bruit*) muffled **II.** *adv* (*jouer*) tiredly
mouchard(e) [muʃaʀ, aʀd] *m(f)* **1.** (*rapporteur*) informer **2.** *péj* (*indicateur de police*) snitch
moucharder [muʃaʀde] <1> **I.** *vi inf* to snitch **II.** *vt inf* **~ qn** to sneak on sb; (*à la police*) to nark on sb
mouche [muʃ] *f* **1.** (*animal, a. pour la pêche*) fly **2.** (*centre: d'une cible*) bull's-eye **3.** (*en cosmétique*) beauty spot ►**quelle ~ l'a piqué?** what has gotten into him/her?
moucher [muʃe] <1> **I.** *vt* **~ (le nez à) qn** to blow sb's nose **II.** *vpr* **se ~ (le nez)** to blow one's nose
moucheron [muʃʀɔ̃] *m* ZOOL midge
moucheté(e) [muʃte] *adj* (*animal, pelage*) spotted; (*tissu, laine*) flecked
mouchoir [muʃwaʀ] *m* **~ de poche** pocket handkerchief; **~ en papier** tissue, Kleenex®; **~ en tissu** handkerchief
moudre [mudʀ] *vt irr* to grind
moue [mu] *f* pout
mouette [mwɛt] *f* seagull
moufle [mufl] *f* mitten
mouflon [muflɔ̃] *m* mouflon
mouillé(e) [muje] *adj* **1.** (*trempé*) wet **2.** (*plein d'émotion: voix*) emotional **3.** (*plein de larmes: regard, yeux*) tearful **4.** LING palatal
mouiller [muje] <1> **I.** *vt* **1.** (*humecter*) to wet **2.** (*tremper*) to soak; **se faire ~** to get soaked **3.** CULIN **~ un rôti avec du bouillon** to baste a roast with stock **4.** NAUT (*ancre*) to cast; (*mines*) to lay **5.** *inf* (*compromettre*) **~ qn dans qc** to implicate sb in sth **II.** *vi* **1.** (*jeter l'ancre*) to cast anchor **2.** *inf* (*avoir peur*) to be scared to death **III.** *vpr* **1.** (*passer sous l'eau*) **se ~** to get wet; **se ~ les mains** to get one's hands wet **2.** (*se tremper*) **se ~** to get soaked **3.** (*s'humecter: yeux*) to brim with tears **4.** *inf* (*se compromettre*) **se ~ dans qc** to get involved in sth **5.** *inf* (*s'engager*) **se ~ pour qn/pour** +*infin* to put oneself on the line for sb/to +*infin*
mouillette [mujɛt] *f* soldier
moulage [mulaʒ] *m* **1.** (*action de mouler*) molding **2.** (*empreinte, objet*) cast
moulant(e) [mulɑ̃, ɑ̃t] *adj* tight
moule[1] [mul] *m* **1.** (*forme*) *a.* CULIN mold **2.** (*empreinte*) cast **3.** (*modèle*) **être fait sur le même ~** to come from the same mold
moule[2] [mul] *f* mussel
mouler [mule] <1> *vt* **1.** (*fabriquer*) to mold **2.** (*prendre un moulage de*) **~ un buste** to cast a bust **3.** (*coller à*) **des vêtements qui moulent le corps** clothes that hug the body
moulin [mulɛ̃] *m* mill; **~ à café** coffee mill; **~ à vent** windmill ►**être un ~ à paroles** *inf* to be a chatterbox; **on entre ici comme dans un ~** you can just walk in
mouliné(e) [muline] *adj* liquidized
mouliner [muline] <1> *vt* CULIN to grate
moulinet [mulinɛ] *m* (*à la pêche*) reel
moulinette [mulinɛt] *f* vegetable mill
moulu(e) [muly] **I.** *part passé de* **moudre** **II.** *adj* **1.** (*en poudre*) ground **2.** *inf* (*fourbu*) **être ~ (de fatigue)** to be dead tired
moulure [mulyʀ] *f* mold
moumoute [mumut] *f inf* **1.** (*perruque*) wig **2.** (*veste*) fleece (jacket)
mourant(e) [muʀɑ̃, ɑ̃t] **I.** *adj* (*musique, son*) faint; (*personne, feu, lumière*) dying; **être ~** to be dying **II.** *m(f)* dying person
mourir [muʀiʀ] *vi irr être* **1.** (*cesser d'exister: personne, animal, plante*) to die; (*fleuve*) to dry up; **~ de ses blessures** to die of one's wounds; **~ de chagrin/soif** to die of grief/thirst; **~ de faim** to starve to death; **~ de froid** to freeze to death; **~ dans un accident de voiture** to die in a car crash; **il est mort assassiné/empoisonné** he was murdered/poisoned; **elle est morte noyée** she drowned **2.** (*venir de mourir*) **être mort** to have died **3.** (*tuer*) to kill; **tu vas faire ~ ta mère de chagrin** you're going to make your mother die of grief **4.** (*disparaître peu à peu*) to die out; (*voix, bruit, feu*) to die down ►**c'est à ~ de rire** you'd die laughing; **se sentir malade à ~** to feel seriously ill; **s'ennuyer à ~** to be bored to death
mouroir [muʀwaʀ] *m péj* old folks' home
mousquetaire [muskətɛʀ] *m* musketeer
mousqueton [muskətɔ̃] *m* carabiner
moussant(e) [musɑ̃, ɑ̃t] *adj* foaming
mousse[1] [mus] **I.** *f* **1.** (*écume*) froth; **~ à raser** shaving cream **2.** BOT moss **3.** CULIN mousse **4.** (*matière*) foam **II.** *app inv* **vert ~** moss green
mousse[2] [mus] *m* cabin boy
mousseline [muslin] **I.** *f* muslin; **une ~** a muslin cloth **II.** *app inv* CULIN **pommes ~** mashed

M

potatoes; **sauce** ~ mousseline (sauce)

mousser [muse] <1> *vi* **1.** (*produire de la mousse*) to foam; **faire** ~ to lather **2.** *inf* (*vanter*) **faire ~ qn/qc** to sing the praises of sb/sth; **il s'est fait ~ auprès de son chef** he tried to make himself look good in front of his boss

mousseux [musø] *m* sparkling wine

mousson [musɔ̃] *f* monsoon

moustache [mustaʃ] *f* **1.** mustache **2.** (*du chat*) whiskers

moustachu [mustaʃy] *m* man with a mustache

moustachu(e) [mustaʃy] *adj* (*homme*) wearing a mustache; (*lèvre supérieure*) with a mustache

moustiquaire [mustikɛʀ] *f* **1.** (*rideau*) mosquito net **2.** (*à la fenêtre, à la porte*) mosquito screen

moustique [mustik] *m* **1.** ZOOL mosquito **2.** *péj* (*enfant*) little squirt **3.** *péj* (*personne malingre*) scrawny person

moût [mu] *m* (*du vin*) must; (*de la bière*) wort

moutarde [mutaʀd] **I.** *f* mustard **II.** *app inv* mustard

mouton [mutɔ̃] *m* **1.** ZOOL sheep **2.** (*peau*) sheepskin **3.** (*viande*) mutton **4.** (*écume*) whitecap **5.** (*poussière*) bit of fluff **6.** (*nuages*) fluffy cloud **7.** (*personne douce*) lamb ▶**revenons à nos ~s** let's get back to the point

moutonner [mutɔne] <1> *vi* (*mer, vagues*) to be topped with white foam

mouvement [muvmɑ̃] *m* **1.** (*action, partie de l'œuvre*) movement **2.** (*impulsion*) reaction; **~ de colère/d'humeur** burst of anger/bad temper; **~ d'impatience** impatient gesture **3.** (*animation*) activity **4.** ECON (*de marchandises, capitaux, fonds*) movement; **~ des prix** price trend; **~ de baisse** downturn; **~ de hausse** upturn **5.** ADMIN (*changement d'affectation*) move **6.** GEO **~ de terrain** undulation **7.** (*évolution*) trend; **~ d'opinion** movement of public opinion; **~ d'idées** intellectual movement **8.** MUS (*tempo*) movement ▶**il est libre de ses ~s** he is free to come and go as he pleases

mouvementé(e) [muvmɑ̃te] *adj* **1.** (*agité*) stormy; (*vie*) turbulent; (*poursuite, récit*) eventful **2.** (*accidenté*) uneven

mouvoir [muvwaʀ] *irr* **I.** *vt* **faire** ~ to move **II.** *vpr* **se** ~ to move

moyen [mwajɛ̃] *m* **1.** (*procédé, solution*) means; **~ d'action** means of action; **essayer par tous les ~s de** *+infin* to try everything to *+infin;* **par le ~ de** by means of; **au ~ de qc** using sth **2.** (*manière*) way **3.** *pl* (*capacités physiques*) strength **4.** *pl* (*capacités intellectuelles*) faculties; **être en (pleine) possession de ses ~s** to have all one's faculties; **par ses propres ~s** by himself **5.** *pl* (*ressources financières*) means; **vivre au-dessus de ses ~s** to live above one's means; **c'est au-dessus de mes ~s** I cannot afford it; **il/elle a les ~s!** *inf* he/she can afford it! **6.** *souvent pl* (*instruments*) **~s publicitaires** advertising resources; **~ de transport/contrôle** means of transport/control ▶**se débrouiller avec les ~s du bord** to make do; **employer les grands ~s** to resort to drastic measures; **pas ~!** no way!

moyen(ne) [mwajɛ̃, jɛn] *adj* **1.** (*intermédiaire, en proportion*) medium; (*classe*) middle; **à ~ terme** in the medium term; *v.a.* **moyenne 2.** (*ni bon, ni mauvais*) average **3.** (*du type courant*) standard; **le Français ~** the average Frenchman

Moyen Âge, Moyen-Âge [mwajɛnɑʒ] *m* Middle Ages *pl*

moyenâgeux, -euse [mwajɛnɑʒø, -jøz] *adj a. péj* medieval

moyennant [mwajɛnɑ̃] *prep* **~ une récompense/un petit service** in return for a reward/small favor; **~ 2000 dollars** for 2000 dollars ▶**~ quoi** in return for which

moyenne [mwajɛn] *f* **1.** MATH, ECOLE average; **la ~ d'âge** the average age; **en ~** on average; **avoir la ~ en qc** to get a passing grade in sth **2.** (*type le plus courant*) standard

moyennement [mwajɛnmɑ̃] *adv* moderately

Moyen-Orient [mwajɛnɔʀjɑ̃] *m* **le ~** the Middle East

moyeu [mwajø] <x> *m* hub

M.S.T. [ɛmɛste] *f abr de* **maladie sexuellement transmissible** STD

mû, mue [my] *part passé de* **mouvoir**

mucosité [mykozite] *f* mucus

mue [my] *f* **1.** ZOOL (*de l'oiseau*) molting; (*du serpent*) sloughing; (*d'un mammifère*) shedding **2.** ANAT changing

muer [mɥe] <1> *vi* **1.** ZOOL (*oiseau*) to molt; (*serpent*) to slough; (*mammifère*) to shed **2.** (*changer de timbre*) **sa voix mue** his voice is changing

muesli [mysli] *m* muesli

muet(te) [mɥɛ, mɥɛt] **I.** *adj* silent; **~ d'admiration/de surprise** speechless with admiration/surprise; **le cinéma ~** silent films **II.** *m(f)* mute

muezzin [mɥɛdzin] *m* muezzin

muffin [mœfin] *m Québec* (*petit cake rond très léger*) muffin

mufle [myfl] *m* **1.** (*du chien*) muzzle **2.** (*goujat*) lout

mugir [myʒiʀ] <8> *vi* (*bovin*) to moo

mugissement [myʒismɑ̃] *m* (*cri de bovin*) mooing

muguet [mygɛ] *m* lily of the valley

> **i** On May 1, **du muguet** is sold on every street. This is given as a gift to bring good luck and as a sign of affection.

mulâtre, mulâtresse [mylɑtʀ, mylɑtʀɛs] **I.** *adj* mulatto **II.** *m, f* mulatto

mule[1] [myl] *f* ZOOL (she) mule ▶**être têtu**

comme une ~ to be as stubborn as a mule

mule² [myl] *f* (*pantoufle*) mule

mulet [mylɛ] *m* ZOOL (he) mule ▶ **être chargé comme un** ~ *inf* to be loaded like a packhorse

mulot [mylo] *m* field mouse

multicolore [myltikɔlɔʀ] *adj* multicolored

multiculturel(le) [myltikyltyʀɛl] *adj* multicultural

multifenêtrage [myltifənɛtʀaʒ] *m* INFORM **1.** (*fractionnement d'une page web en plusieurs éléments*) frames **2.** (*technique de manier plusieurs fenêtres sur un écran*) multiple window display

multilatéralisme [myltilateʀalism] *m* ECON, POL multilateralism

multilingue [myltilɛ̃g] *adj* multilingual

multimédia [myltimedja] **I.** *adj inv* CINE, TV, INFORM multimedia **II.** *m* **le** ~ multimedia

multinationale [myltinasjɔnal] *f* (*entreprise*) multinational

multiple [myltipl] **I.** *adj* **1.** (*nombreux*) numerous **2.** (*maints, varié: occasions, aspects, raisons, cas*) many; **à de ~s reprises** on many occasions **3.** (*complexe*) *a.* MATH, TECH multiple; **être ~ de qc** to be a multiple of sth **II.** *m* **être le ~ de qc** to be the multiple of sth

multiplexe [myltiplɛks] **I.** *adj* multiplex **II.** *m* multiplex

multipliable [myltiplijabl] *adj* multipliable

multiplication [myltiplikasjɔ̃] *f* BOT, MATH multiplication

multiplicité [myltiplisite] *f* multiplicity

multiplier [myltiplije] <1> **I.** *vt* **1.** MATH, BOT to multiply; ~ **sept par trois** to multiply seven by three **2.** (*augmenter le nombre de: efforts, attaques*) to increase **II.** *vpr* **se** ~ to multiply

multiprogrammation [myltipʀɔgʀamasjɔ̃] *f* INFORM concurrent programming

multiracial(e) [myltiʀasjal, -jo] <-aux> *adj* multiracial

multitude [myltityd] *f* **1.** (*grand nombre*) mass **2.** (*foule*) multitude

muni(e) [myni] *adj* **être ~ de qc** to have sth

municipal(e) [mynisipal, -o] <-aux> *adj* **1.** (*communal*) municipal; (*élections*) local; **conseil** ~ city council **2.** (*de la ville*) town

municipalité [mynisipalite] *f* **1.** (*administration*) city council **2.** (*commune*) municipality

munir [myniʀ] <8> **I.** *vt* ~ **qn/qc de piles** to provide sb/sth with batteries **II.** *vpr* **se ~ de qc** to provide oneself with sth; *fig* to arm oneself with sth

munitions [mynisjɔ̃] *fpl* ammunition

munster [mɛ̃stɛʀ] *m* Muenster (*small, round, strong-flavored cheese*)

muqueuse [mykøz] *f* mucous membrane

mur [myʀ] *m* wall ▶ **franchir le ~ du son** to break the sound barrier; **raser les ~s** to hug the walls; (*se faire tout petit*) to curl up

mûr(e) [myʀ] *adj* (*fruit*) ripe; (*pays*) mature; (*pour qc*) ready

muraille [myʀɑj] *f* wall

mural(e) [myʀal, -o] <-aux> *adj* wall

mûre [myʀ] *f* **1.** (*fruit de la ronce*) blackberry **2.** (*fruit du mûrier*) mulberry

mûrement [myʀmɑ̃] *adv* at length

murer [myʀe] <1> **I.** *vt* **1.** TECH to block up **2.** (*isoler: avalanche*) to block; **être muré dans le silence** to be immured in silence **II.** *vpr* **se ~ chez soi** to shut oneself away at home; **se ~ dans sa douleur** to immure oneself in one's pain

muret [myʀɛ] *m* low wall

mûrir [myʀiʀ] <8> **I.** *vi* to ripen; (*projet, idée*) to develop **II.** *vt* **1.** (*rendre mûr: fruit*) to ripen **2.** (*rendre sage*) to mature **3.** (*méditer*) to nurture

murmure [myʀmyʀ] *m* **1.** (*chuchotement*) murmur **2.** *pl* (*protestation*) murmurings

murmurer [myʀmyʀe] <1> **I.** *vi* (*chuchoter, protester*) to murmur **II.** *vt* ~ **qc à qn** to murmur sth to sb; **on murmure qu'ils sont amants** rumor has it that they're lovers

mus [my] *passé simple de* **mouvoir**

musaraigne [myzaʀɛɲ] *f* shrew

musarder [myzaʀde] <1> *vi* to dawdle

musc [mysk] *m* musk

muscade [myskad] *f* nutmeg

muscadet [myskadɛ] *m* Muscadet

muscat [myska] *m* **1.** (*raisin*) muscat grape **2.** (*vin*) muscatel wine

muscle [myskl] *m* muscle ▶ **avoir des ~s d'acier** to have muscles of steel; **avoir du** ~ (*économie, entreprise*) to be in good shape; *inf* (*personne*) to have plenty of muscle

musclé(e) [myskle] *adj* **1.** (*athlétique*) muscular **2.** *fig, inf* (*gouvernement, discours, politique*) tough **3.** (*vif: style*) vigorous **4.** *inf* (*compliqué*) **le problème était plutôt** ~ it was a tough problem

muscler [myskle] <1> *vt* ~ **qn** to develop sb's muscles; ~ **le dos/les jambes** to develop the back/leg muscles

musculaire [myskylɛʀ] *adj* muscular

musculation [myskylasjɔ̃] *f* body building

musculature [myskylatyʀ] *f* muscle structure

muse [myz] *f* muse

museau [myzo] <x> *m* (*du chien*) muzzle; (*du porc, poisson*) snout

musée [myze] *m* museum

museler [myzle] <3> *vt* **1.** (*mettre une muselière*) to muzzle **2.** (*bâillonner*) to silence

muselière [myzəljɛʀ] *f* muzzle

musette [myzɛt] **I.** *f* **1.** lunch bag **2.** MUS musette **II.** *app* (*orchestre, valse*) led by the accordion; **bal** ~ *popular dance with a band led by the accordion*

muséum [myzeɔm] *m* natural history museum

musical(e) [myzikal, -o] <-aux> *adj* musical; **comédie ~e** musical

music-hall [myzikol] <music-halls> *m* **1.** (*spectacle*) variety show **2.** (*établissement*) music hall

musicien(ne) [myzisjɛ̃, jɛn] **I.** *adj* musical **II.** *m(f)* musician

M

musique [myzik] *f* (*art, harmonie*) music; **mettre qc en** ~ to set sth to music ▶**connaître la** ~ *inf* to know the story; **en avant la** ~**!** *inf* here we go!
musulman(e) [myzylmɑ̃, an] *adj* Muslim
Musulman(e) [myzylmɑ̃, an] *m(f)* Muslim
mutant(e) [mytɑ̃, ɑ̃t] *adj, m(f)* mutant
mutation [mytasjɔ̃] *f* **1.** BIO mutation **2.** ADMIN transfer **3.** (*changement*) change; **société en** ~ changing society
muter [myte] <1> *vt* ADMIN to transfer
mutilation [mytilasjɔ̃] *f* mutilation
mutilé(e) [mytile] *m(f)* disabled person; ~ **de guerre** disabled veteran
mutiler [mytile] <1> **I.** *vt a. fig* to mutilate **II.** *vpr* **se** ~ to mutilate oneself
mutin(e) [mytɛ̃, in] **I.** *adj* mischievous **II.** *m(f)* rebel
mutiner [mytine] <1> *vpr* **se** ~ to mutiny
mutinerie [mytinʀi] *f* mutiny
mutisme [mytism] *m* silence
mutuel(le) [mytɥɛl] *adj* (*réciproque*) mutual
mutuelle [mytɥɛl] *f* supplemental insurance
mutuellement [mytɥɛlmɑ̃] *adv* mutually
mycose [mikoz] *f* MED mycosis; ~ **des orteils** athlete's foot
mygale [migal] *f* tarantula
myope [mjɔp] **I.** *adj* shortsighted **II.** *mf* shortsighted person
myopie [mjɔpi] *f a. fig* shortsightedness
myosotis [mjɔzɔtis] *m* forget-me-not
myriade [miʀjad] *f* myriad
myrtille [miʀtij] *f* blueberry
mystère [mistɛʀ] *m* **1.** (*secret*) secret; **s'entourer de** ~ to shroud oneself in secrecy **2.** (*énigme*) mystery; **être un** ~ **pour qn** to be a mystery to sb ▶~ **et boule de gomme!** *iron* I haven't a clue!
mystérieusement [misteʀjøzmɑ̃] *adv* **1.** (*en secret*) secretively **2.** (*inexplicablement, d'une façon mystérieuse*) mysteriously
mystérieux [misteʀjø] *m* **le** ~ mysterious
mystérieux, -euse [misteʀjø, -jøz] **I.** *adj* mysterious **II.** *m, f* **faire le** ~ to be secretive
mysticisme [mistisism] *m* mysticism
mystifier [mistifje] <1> *vt* to fool
mystique [mistik] *adj* **1.** (*religieux*) mystical **2.** (*exalté, fervent*) mystic
mythe [mit] *m* myth
mythique [mitik] *adj* mythical; (*imaginaire*) imaginary; **récit** ~ myth; **la générosité** ~ **de qn** sb's fabled generosity
mythologie [mitɔlɔʒi] *f* mythology
mythologique [mitɔlɔʒik] *adj* mythological
mythomane [mitɔman] *adj, mf* mythomaniac

N

N, n [ɛn] **I.** *m inv* N, n; ~ **comme Nicolas** (*au téléphone*) n as in November **II.** *f: road equivalent to a state highway*
n' *v.* **ne**
na [na] *interj enfantin* so there
nabot(e) [nabo, ɔt] *m(f)* dwarf
nacelle [nasɛl] *f* gondola; (*coque carénée*) nacelle; (*d'un appareil de levage*) cradle
nacre [nakʀ] *f* mother of pearl
nacré(e) [nakʀe] *adj* pearly
nage [naʒ] *f* swimming; (*façon de nager*) stroke; ~ **libre/sur le dos** freestyle/backstroke ▶**à la** ~ swimming; **traverser qc à la** ~ to swim across sth; **être en** ~ to be in a sweat
nageoire [naʒwaʀ] *f* fin
nager [naʒe] <2a> **I.** *vi* **1.** (*se mouvoir dans l'eau, baigner*) to swim **2.** *fig* ~ **dans le bonheur** to be overjoyed **3.** (*flotter*) ~ **sur qc** to float in sth **4.** *inf* (*être au large*) **elle nage dans le pull** the sweater is way too big for her **5.** *inf* (*ne pas comprendre*) to be lost **II.** *vt* to swim; (*crawl*) to do
nageur, -euse [naʒœʀ, -ʒøz] *m, f* swimmer
naguère [nagɛʀ] *adv soutenu* formerly
naïf, naïve [naif, naiv] *adj* **1.** *péj* (*crédule*) gullible **2.** (*naturel*) naïve
nain(e) [nɛ̃, nɛn] **I.** *adj* (*personne*) dwarf **II.** *m(f)* dwarf
naissance [nɛsɑ̃s] *f* **1.** (*venue au monde, apparition*) birth; **à la** ~ at birth **2.** (*origine*) source ▶**donner** ~ **à un enfant** to give birth to a child; **aveugle/muet/sourd de** ~ blind/ mute/deaf from birth; **Français de** ~ French by birth
naître [nɛtʀ] *vi irr être* **1.** (*venir au monde*) to be born; **être né musicien** to be a born musician **2.** (*apparaître: crainte, désir, soupçon, difficulté*) to arise; (*idée*) to be born **3.** (*être destiné à*) **être né pour qn/qc** to be made for sb/sth
naïvement [naivmɑ̃] *adv* naïvely
naïveté [naivte] *f* innocence; **avoir la** ~ **de** +*infin* to be naïve enough to +*infin*
namurois(e) [namyʀw, waz] *adj* of Namur
Namurois(e) [namyʀwa, waz] *m(f)* person from Namur
nana [nana] *f inf* chick
nanti(e) [nɑ̃ti] **I.** *adj* rich **II.** *m(f)* rich person
naphtaline [naftalin] *f* **boules de** ~ mothballs
napoléon [napɔleɔ̃] *m* FIN napoleon
Napoléon [napɔleɔ̃] *m* Napoleon
napoléonien(ne) [napɔleɔnjɛ̃, jɛn] *adj* Napoleonic
nappe [nap] *f* **1.** (*linge*) tablecloth **2.** (*vaste étendue: d'eau*) sheet; (*de brouillard*) blanket; ~ **de pétrole** oil slick
napper [nape] <1> *vt* CULIN ~ **qc de chocolat** to cover sth in chocolate
napperon [napʀɔ̃] *m* mat

naquis [naki] *passé simple de* **naître**
narcisse [naʀsis] *m* BOT narcissus
narcissique [naʀsisik] *adj* narcissistic
narcissisme [naʀsisism] *m* narcissism
narcodollars [naʀkodɔlaʀ] *mpl* narcodollars
narcose [naʀkoz] *f* narcosis
narcotique [naʀkɔtik] *m* narcotic
narcotrafic [naʀkotʀafik] *m* drug traffic
narguer [naʀge] <1> *vt* to flout; (*agacer*) to laugh at
narine [naʀin] *f* nostril
narquois(e) [naʀkwa, waz] *adj* sardonic
narrateur, -trice [naʀatœʀ, -tʀis] *m, f* narrator
narratif, -ive [naʀatif, -iv] *adj* narrative
narration [naʀasjɔ̃] *f* (*activité*) narration; (*histoire*) narrative
NASA [naza] *f abr de* **National Aeronautics and Space Administration** NASA
nasal(e) [nazal, -o] <-aux> *adj* LING nasal
nasale [nazal] *f* LING nasal
nase [nɑz] *adj inf* **1.** (*cassé: chose*) bust **2.** (*épuisé*) beat, bushed
naseau [nazo] <x> *m* nostril
nasillard(e) [nazijaʀ, jaʀd] *adj* nasal
natal(e) [natal] <s> *adj* (*langue, terre*) native; **maison/ville ~e** house/town where one was born
natalité [natalite] *f* birthrate
natation [natasjɔ̃] *f* swimming
natel [natɛl] *m Suisse* (*téléphone portable*) cell phone
natif, -ive [natif, -iv] **I.** *adj* **être ~ de Toulouse** to be a native of Toulouse **II.** *m, f* native; **les ~s du Cancer** Cancerians
nation [nasjɔ̃] *f* **1.** (*peuple*) nation **2.** (*pays*) country; **la Nation** the Nation; **les Nations unies** the United Nations
national(e) [nasjɔnal, -o] <-aux> *adj* **1.** (*de l'État*) national; **fête ~e** national holiday **2.** (*opp: local, régional: entreprise*) state-owned; **route ~e** *road equivalent to a state highway*

> **i** July 14 is France's **fête nationale** to celebrate the storming of the Bastille in 1789. On this day, towns are decorated with flags and a military parade takes place on the Champs-Élysées. At 10 p.m., fireworks go off all over France. Belgium's national holiday is July 21, the birthdate of Leopold I.

Nationale [nasjɔnal] *f: road equivalent to a state highway*
nationalisation [nasjɔnalizasjɔ̃] *f* nationalization
nationaliser [nasjɔnalize] <1> *vt* to nationalize
nationalisme [nasjɔnalism] *m* nationalism
nationaliste [nasjɔnalist] **I.** *adj* nationalist **II.** *mf* nationalist
nationalité [nasjɔnalite] *f* nationality
national-socialisme [nasjɔnalsɔsjalism] *m sans pl* National Socialism
national-socialiste [nasjɔnalsɔsjalist] <nationaux-socialistes> **I.** *adj* National Socialist **II.** *m, f* National Socialist
Nativité [nativite] *f* **la ~** the Nativity
natte [nat] *f* **1.** (*cheveux*) braid; **se faire une ~** to braid one's hair **2.** (*tapis*) (straw) mat
natter [nate] <1> *vt* (*cheveux, paille*) to braid
naturalisation [natyʀalizasjɔ̃] *f* POL naturalization
naturalisé(e) [natyʀalize] **I.** *adj* naturalized **II.** *m(f)* naturalized citizen
naturaliser [natyʀalize] <1> *vt* **~ qn français** to grant sb French citizenship
naturaliste [natyʀalist] **I.** *adj* **1.** ART, LIT, PHILOS naturalistic **2.** (*scientifique*) **savant ~** naturalist **II.** *mf* naturalist
nature [natyʀ] **I.** *f* **1.** (*environnement, caractère*) nature **2.** ART **~ morte** still life ▶**être dans la ~ des choses** to be in the nature of things; **ne pas être gâté par la ~** *inf* to be no oil painting; **petite ~** *inf* delicate flower; **de** [*o* **par**] **~** naturally; **plus vrai que ~** larger than life **II.** *adj inv* **1.** (*sans assaisonnement: café, thé*) black; (*yaourt*) plain **2.** *inf* (*simple*) simple
naturel [natyʀɛl] *m* **1.** (*caractère*) nature **2.** (*spontanéité*) naturalness ▶**être d'un ~ jaloux/timide** to be naturally jealous/shy
naturel(le) [natyʀɛl] *adj* **1.** (*opp: artificiel, inné*) natural; (*père*) biological; (*produit*) organic **2.** (*simple: manières, personne, style*) simple
naturellement [natyʀɛlmɑ̃] *adv* **1.** (*bien entendu*) of course; **~!** naturally! **2.** (*opp: artificiellement, de façon innée, aisément*) naturally **3.** (*spontanément*) easily **4.** (*automatiquement*) automatically
naturisme [natyʀism] *m* naturism
naturiste [natyʀist] **I.** *adj* naturist **II.** *mf* naturist
naufrage [nofʀaʒ] *m* NAUT wreck ▶**faire ~** (*bateau, projet*) to be wrecked
naufragé(e) [nofʀaʒe] *m(f)* shipwrecked person
nauséabond(e) [nozeabɔ̃, ɔ̃d] *adj* (*odeur*) putrid
nausée [noze] *f* **1.** (*haut-le-cœur*) bout of nausea; **j'ai la ~** [*o* **des ~s**] I feel nauseous **2.** (*dégoût*) disgust ▶**cette personne/cette odeur me donne la ~** this person/smell makes me feel sick
nautique [notik] *adj* **ski ~** waterskiing; **sport ~** watersports *pl*
naval(e) [naval] <s> *adj* naval; **chantier ~** shipyard
navet [navɛ] *m* **1.** BOT turnip **2.** *péj, inf* (*œuvre sans valeur*) piece of garbage; (*mauvais film*) flop; **être un ~** to be a flop
navette [navɛt] *f* shuttle
navetteur, -euse [navøtœʀ, -øz] *m, f Belgique* (*personne qui fait régulièrement la navette par un moyen de transport collectif, entre son

domicile et son lieu de travail) commuter
navigable [navigabl] *adj* navigable
navigant(e) [navigɑ̃, ɑ̃t] **I.** *adj* AVIAT **personnel** ~ flying personnel; NAUT seagoing personnel **II.** *m(f)* **les ~s** AVIAT flying personnel; NAUT seagoing personnel
navigateur [navigatœʀ] *m* INFORM browser; **~ Web** Web browser
navigateur, -trice [navigatœʀ, -tʀis] *m, f* **1.** NAUT sailor **2.** AUTO, AVIAT navigator
navigation [navigasjɔ̃] *f* **1.** NAUT shipping; **~ à (la) voile** sailing **2.** AUTO, AVIAT navigation
naviguer [navige] <1> *vi* **1.** AVIAT to fly **2.** NAUT to sail **3.** INFORM **~ sur le Web** to surf the Web
navire [naviʀ] *m* ship; **~ de commerce** merchantman; **~ pétrolier** oil tanker
navrant(e) [navʀɑ̃, ɑ̃t] *adj* **c'est ~!** it is a shame!
navré(e) [navʀe] *adj* **être ~ de qc** to be (terribly) sorry about sth
navrer [navʀe] <1> *vt* to upset; (*contrarier*) to annoy
naze [nɑz] *adj v.* **nase**
nazi(e) [nazi] *abr de* **national-socialiste I.** *adj* Nazi **II.** *m(f)* Nazi
nazisme [nazism] *m abr de* **national-socialisme** Nazism
N.B. [ɛnbe] *abr de* **nota bene** N.B.
N.B.C. *adj inv abr de* **nucléaire-biologique--chimique** MIL NBC
NDLR [ɛndeɛlɛʀ] *abr de* **note de la rédaction** editor's note
ne [nə] <*devant voyelle ou h muet* n'> *adv* **1.** (*avec autre mot négatif*) **il ~ mange pas le midi** he doesn't eat at lunchtime; **elle n'a guère d'argent** she has hardly any money; **je ~ fume plus** I don't smoke anymore; **je ~ me promène jamais** I never go for walks; **je ~ vois personne** I can't see anyone; **personne ~ vient** nobody comes; **je ~ vois rien** I can't see anything; **rien ~ va plus** no more bets; **il n'a ni frère ni sœur** he has no brothers or sisters; **tu n'as aucune chance** you have no chance **2.** *sans autre mot négatif, soutenu* **je n'ose le dire** I dare not say it **3.** (*seulement*) **je ~ vois que cette solution** this is the only solution I can see; **il n'y a pas que vous qui le dites** you're not the only one to say so
né(e) [ne] **I.** *part passé de* **naître II.** *adj souvent écrit avec un trait d'union* (*de naissance*) née; **Madame X, ~e Y** Mrs. X, née Y
néanmoins [neɑ̃mwɛ̃] *adv* nonetheless
néant [neɑ̃] **I.** *m* nothingness **II.** *pron* (*rien*) **signes particuliers:** ~ distinguishing marks: none
nébuleuse [nebyløz] *f* ASTR nebula
nébuleux, -euse [nebylø, -øz] *adj* **1.** METEO overcast **2.** (*confus, flou*) nebulous
nécessaire [nesesɛʀ] **I.** *adj a.* PHILOS, MATH (*indispensable*) **être ~ à qc** to be necessary for sth **II.** *m* **1.** (*opp: superflu*) **le ~** what is required **2.** (*étui*) **~ à ongles** nail kit
nécessairement [nesesɛʀmɑ̃] *adv* necessarily
nécessité [nesesite] *f* necessity ►**de première ~** absolutely essential; **être dans la ~ de** +*infin* to need to +*infin*
nécessiter [nesesite] <1> *vt* to require
nécessiteux, -euse [nesesitø, -øz] **I.** *adj* needy **II.** *m, f* needy person; **les ~** the needy
nec plus ultra [nɛkplysyltʀa] *m inv* last word
nécrologie [nekʀɔlɔʒi] *f* obituary
nécrologique [nekʀɔlɔʒik] *adj* **rubrique ~** obituary section
nectar [nɛktaʀ] *m* nectar
nectarine [nɛktaʀin] *f* nectarine
néerlandais [neɛʀlɑ̃dɛ] *m* Dutch; *v.a.* **français**
néerlandais(e) [neɛʀlɑ̃dɛ, ɛz] *adj* Dutch
Néerlandais(e) [neɛʀlɑ̃dɛ, ɛz] *m(f)* Dutchman, Dutchwoman *m, f*
nef [nɛf] *f* ARCHIT nave
néfaste [nefast] *adj* harmful; (*régime, décision*) ill-fated; **être ~ à qn/qc** to be a disaster for sb/sth
négatif [negatif] *m* PHOT negative
négatif, -ive [negatif, -iv] *adj* negative
négation [negasjɔ̃] *f* LING negation
négationnisme [negasjɔnism] *m* negationism
négationniste [negasjɔnist] *mf* negationist
négative [negativ] *f* **répondre par la ~** to reply in the negative; (*refuser*) to refuse
négativement [negativmɑ̃] *adv* negatively
négligé(e) [negliʒe] *adj* (*intérieur*) neglected; (*style, travail*) careless; (*tenue*) sloppy
négligeable [negliʒabl] *adj* negligible; (*élément, facteur*) inconsiderable; (*détail, moyens*) insignificant
négligemment [negliʒamɑ̃] *adv* **1.** (*nonchalamment*) casually **2.** (*sans soin*) carelessly
négligence [negliʒɑ̃s] *f* **1.** *sans pl* (*manque d'attention*) negligence; JUR criminal negligence; **par ~** negligently **2.** (*omission*) oversight; (*faute légère*) error
négligent(e) [negliʒɑ̃, ʒɑ̃t] *adj* (*élève*) careless; (*employé*) negligent
négliger [negliʒe] <2a> **I.** *vt* **1.** (*se désintéresser de, délaisser*) to neglect; (*occasion*) to miss; (*conseil, détail, fait*) to disregard **2.** (*omettre de faire*) **~ de** +*infin* to fail to +*infin* **II.** *vpr* **se ~** to neglect oneself
négoce [negɔs] *m soutenu* trade
négociant(e) [negɔsjɑ̃, jɑ̃t] *m(f)* trader; **~ en gros** wholesaler
négociation [negɔsjasjɔ̃] *f gén pl* negotiation
négocier [negɔsje] <1> **I.** *vi* POL **~ avec qn** to negotiate with sb **II.** *vt* **1.** COM, JUR, POL **~ la capitulation avec qn** (*discuter*) to discuss surrender with sb; (*obtenir après discussion*) to negotiate surrender with sb **2.** COM, FIN, AUTO to negotiate
nègre [nɛgʀ] *m péj* Negro ►**travailler comme un ~** to work like a slave
négresse [negʀɛs] *f péj* Negress
négrier, -ière [negʀije, -jɛʀ] *m, f* **1.** HIST slaver **2.** (*exploiteur*) slave driver

négro [negʀo] *m péj, inf* nigger

neige [nɛʒ] *f* **1.** METEO snow **2.** CULIN **battre les blancs (d'œufs) en ~** to beat the egg whites until they become stiff ▶ **être blanc comme ~** to be a white as snow

neiger [neʒe] <2a> *vi impers* **il neige** it's snowing

neigeux, -euse [nɛʒø, -ʒøz] *adj* snowy

nem [nɛm] *m* small spring roll

néné [nene] *m inf* boob

nénuphar [nenyfaʀ] *m* water lily

néologisme [neɔlɔʒism] *m* neologism

néon [neɔ̃] *m* **1.** CHIM neon **2.** (*tube fluorescent*) neon light

néonazi(e) [neonazi] **I.** *adj* neo-Nazi **II.** *m(f)* neo-Nazi

néophyte [neɔfit] *mf* novice; (*nouveau converti*) neophyte

néo-zélandais(e) [neozelɑ̃dɛ, dɛz] *adj* New Zealand

Néo-zélandais(e) [neozelɑ̃dɛ, dɛz] *m(f)* New Zealander

néphrétique [nefʀetik] *adj* **coliques ~s** renal colic

Neptune [nɛptyn] *f* ASTR Neptune

nerf [nɛʀ] *m* **1.** ANAT, MED nerve **2.** *pl* PSYCH nerves; **avoir les ~s fragiles** to be highly strung; **avoir des ~s d'acier** [*o* **les ~s à toute épreuve**] to have nerves of steel; **être sur les ~s** *inf* to be keyed up; **être malade des ~s** to suffer from nerves ▶ **passer ses ~s sur qn/qc** *inf* to take it out on sb; **taper sur les ~s à qn** *inf* to get on sb's nerves; **vivre sur les ~s** *inf* to live on one's nerves; **un peu de ~!, du ~!** *inf* buck up!

nerveusement [nɛʀvøzmɑ̃] *adv* **1.** nervously **2.** (*avec vigueur*) energetically **3.** (*sur le plan nerveux*) **être épuisé ~** to be suffering from nervous exhaustion

nerveux, -euse [nɛʀvø, -øz] **I.** *adj* **1.** ANAT, MED (*spasme, troubles*) nervous **2.** (*irritable*) irritable; (*animal, personne*) touchy **3.** (*émotif*) emotional **4.** (*vigoureux: animal, personne*) energetic; (*style*) vigorous; (*moteur, voiture*) responsive **II.** *m, f* highly-strung person

nervosité [nɛʀvozite] *f* nervousness

nervure [nɛʀvyʀ] *f* **1.** BOT, ZOOL vein **2.** ARCHIT, TECH, TYP rib

n'est-ce-pas [nɛspɑ] *adv* **1.** (*invitation à acquiescer*) **c'est vrai, ~?** it's true, isn't it?; **vous viendrez, ~?** you'll come, won't you? **2.** (*renforcement*) of course

net(te) [nɛt] **I.** *adj* **1.** *postposé* (*propre*) clean; (*copie, intérieur*) neat **2.** *postposé* (*précis*) precise; (*position, réponse*) exact **3.** *a. antéposé* (*évident*) clear; (*amélioration, différence, tendance*) distinct **4.** *postposé* (*distinct: dessin, écriture, souvenir*) clear; (*contours, image*) sharp; (*cassure, coupure*) clean **5.** *inf* (*opp: cinglé*) sharp **6.** *postposé* COM, FIN **salaire ~** net salary; **être ~ d'impôt** to be net of taxes **II.** *adv* **1.** (*brusquement: se casser*) cleanly; (*s'arrêter*) dead **2.** (*franchement: dire, refuser*) straight out **3.** COM net

Net [nɛt] *m* **le ~** the Net

netiquette [netikɛt] *f* INFORM netiquette

nettement [nɛtmɑ̃] *adv* **1.** (*sans ambiguïté*) clearly **2.** (*distinctement*) distinctly; (*se détacher*) sharply; (*se souvenir*) clearly **3.** (*largement*) markedly

netteté [nɛtte] *f* **1.** (*précision*) neatness **2.** (*caractère distinct, franc*) clearness; (*des contours, d'une image*) cleanness

nettoyage [netwajaʒ] *m* **1.** (*lavage*) cleaning; **~ à sec** dry cleaning **2.** MIL, POL cleaning up

nettoyer [netwaje] <6> **I.** *vt* **1.** (*laver*) to clean; **~ la table à l'eau/avec la brosse** to clean the table with water/a brush **2.** *inf* (*ruiner*) **~ qn** to clean sb out **3.** *inf* (*épuiser*) **~ qn** to wear sb out **II.** *vpr* **se ~** (*personne, animal*) to wash oneself

neuchâtelois(e) [nøʃatwa, waz] *adj* of Neuchâtel

Neuchâtelois(e) [nøʃatwa, waz] *m(f)* person from Neuchâtel

neuf¹ [nœf] *adj* nine; *v.a.* **cinq**

neuf² [nœf] *m* new ▶ **il y a du ~** something new has happened

neuf, neuve [nœf, nœv] *adj* new; **flambant ~** brand new ▶ **quelque chose/rien de ~** something/nothing new

neurasthénie [nøʀasteni] *f* neurasthenia; (*pessimisme*) depression

neurasthénique [nøʀastenik] *adj* depressed

neurochirurgie [nøʀoʃiʀyʀʒi] *f* neurosurgery

neurochirurgien(ne) [nøʀoʃiʀyʀʒjɛ̃, jɛn] *m(f)* neurosurgeon

neurologie [nøʀɔlɔʒi] *f* neurology

neurologique [nøʀɔlɔʒik] *adj* neurological

neurologue [nøʀɔlɔg] *mf* neurologist

neurone [nøʀon] *m* **1.** BIO, INFORM neuron **2.** *pl* (*cerveau*) brain

neutraliser [nøtʀalize] <1> **I.** *vt* **1.** (*empêcher d'agir: concurrent, système*) to neutralize **2.** (*mettre hors d'état de nuire: ennemi, gang*) to overpower **II.** *vpr* **se ~** (*influences, produits*) to cancel each other out

neutraliste [nøtʀalist] **I.** *adj* neutralist **II.** *mf* neutralist

neutralité [nøtʀalite] *f* **1.** (*impartialité*) neutrality; (*d'un livre, rapport, enseignement*) impartiality **2.** POL, CHIM, ELEC neutrality

neutre [nøtʀ] **I.** *adj* **1.** (*impartial*) neutral **2.** (*qui ne choque pas*) *a.* POL, CHIM, ELEC neutral **3.** (*asexué*) *a.* LING, ZOOL neuter; **être du genre ~** to be neuter **II.** *m* **1.** *pl* POL neutral nations **2.** LING neuter noun **3.** ELEC neutral

neutron [nøtʀɔ̃] *m* neutron

neuvième [nœvjɛm] *adj antéposé* ninth; *v.a.* **cinquième**

neveu [n(ə)vø] <x> *m* nephew

névralgie [nevʀalʒi] *f* **1.** (*douleur du nerf*) neuralgia **2.** (*mal de tête*) headache

névralgique [nevʀalʒik] *adj* **1.** MED neuralgic; **centre ~** nerve center **2.** (*sensible: point*) sensitive spot

névrite [nevʀit] *f* neuritis
névrose [nevʀoz] *f* neurosis
névrosé(e) [nevʀoze] **I.** *adj* neurotic **II.** *m(f)* neurotic
névrotique [nevʀɔtik] *adj* neurotic
new-look [njuluk] **I.** *adj inv* (*politique, style*) new-look **II.** *m inv* new look
newton [njutɔn] *m* newton
newtonien(ne) [njutɔnjɛ̃, jɛn] *adj* Newtonian
New York [nujɔʀk] New York
new-yorkais(e) [nujɔʀkɛ, kɛz] *adj* New York
New-Yorkais(e) [nujɔʀkɛ, kɛz] *m(f)* New Yorker
nez [ne] *m* nose; **saigner du ~** to have a nosebleed ▶ **se voir comme le ~ au milieu de la figure** *inf* to stick out a mile; **avoir le ~ fin** to have a flair for business; **avoir du ~ pour qc** *inf* to have an instinct for sth; **avoir le ~ dans les livres/mots croisés** *inf* to have one's nose stuck in a book/the crosswords; **se bouffer** [*o* **se manger**] **le ~** *inf* to be at each other's throats; **se casser le ~** *inf* to fall on one's face; **fourrer son ~ dans qc** *inf* to poke one's nose into sth; **pendre au ~ à qn** to loom over sb; **piquer du ~** *inf* (*s'endormir*) to doze off; (*descendre à pic*) to go into a nosedive; **(re)tomber sur le ~ de qn** *inf* to backfire on sb; **~ à ~** face to face; **rire au ~ de qn** to laugh in sb's face; **devant** [*o* **sous**] **le ~ de qn** *inf* under sb's nose
NF [ɛnɛf] *f abr de* **norme française** *official French mark of approval for manufactured goods*
ni [ni] *conj* **1.** *après une autre nég* **il ne sait pas dessiner ~ peindre** he can't draw or paint; **il n'a rien vu ~ personne** he didn't see anything or anybody; **rien de fin ~ de distingué** nothing elegant or distinguished **2.** *entre deux négations* **je ne l'aime ~ ne l'estime** I neither like nor respect him **3.** (*alternative négative*) **~ l'un ~ l'autre** neither one nor the other; **~ plus ~ moins que** neither more nor less than
Niagara [njagaʀa] *m* **les chutes du ~** Niagara Falls
niais(e) [njɛ, njɛz] **I.** *adj* foolish; (*style*) inane **II.** *m(f)* fool
niaisement [njɛzmɑ̃] *adv* inanely
niaiserie [njɛzʀi] *f* **1.** (*simplicité*) inanity **2.** (*chose sotte*) silly nonsense
niaiseux, -euse [njɛzø, -øz] *adj Québec* (*niais, sot*) soft
niche [niʃ] *f* **1.** (*abri*) kennel **2.** (*alcôve*) niche
nichée [niʃe] *f* ZOOL brood
nicher [niʃe] <1> **I.** *vi* **1.** (*nidifier*) to nest **2.** *inf* (*habiter*) to settle **II.** *vpr* **se ~ dans un arbre** to nest in a tree
nichon [niʃɔ̃] *m inf* boob
nickel [nikɛl] **I.** *m* nickel **II.** *adj inv, inf* (*impeccable*) spotless
nicotine [nikɔtin] *f* nicotine
nid [ni] *m* ZOOL nest; **~ d'aigle** aerie
nièce [njɛs] *f* niece
nième [ɛnjɛm] *adj v.* **énième**
nier [nje] <1> **I.** *vt* (*contester, refuser l'idée de*) to deny **II.** *vi* to deny the claim(s)
Niger [niʒɛʀ] *m* **le ~** Niger
Nigeria [niʒeʀja] *m* **le ~** Nigeria
nigérian(e) [niʒeʀjɑ̃, jan] *adj* Nigerian
Nigérian(e) [niʒeʀjɑ̃, jan] *m(f)* Nigerian
nigérien(ne) [niʒeʀjɛ̃, jɛn] *adj* Nigerien
Nigérien(ne) [niʒeʀjɛ̃, jɛn] *m(f)* Nigerien
night-club [najtklœb] <night-clubs> *m* nightclub
nihiliste [niilist] **I.** *adj* nihilistic **II.** *mf* nihilist
Nil [nil] *m* **le ~** the Nile
n'importe [nɛ̃pɔʀt] *v.* **importer**
niôle [ɲol] *f v.* **gnôle**
nippes [nip] *fpl inf* gear
nippon, -o(n)ne [nipɔ̃, -ɔn] *adj* Japanese
Nippon, -o(n)ne [nipɔ̃, -ɔn] *m, f* Japanese
niquer [nike] <1> *vt vulg* to fuck
nirvana [niʀvana] *m* nirvana
nitouche [nituʃ] *f* **sainte ~** goody-goody; **avec son air de sainte ~** with his/her goody-goody ways
nitrate [nitʀat] *m* nitrate
nitroglycérine [nitʀogliseʀin] *f* nitroglycerine
niveau [nivo] <x> *m* **1.** (*hauteur*) *a.* TECH level **2.** (*degré*) level; **~ culturel** [*o* **de culture**] level of culture; **~ de vie** standard of living ▶ **au plus haut ~** at the highest level; **au ~ de qn/qc** (*hauteur*) at the level of sb/sth; (*près de*) by sb/sth; (*valeur*) on the level of sb/sth; **au ~ du congrès** at the congressional level; **au niveau (de la) sécurité** as for security
niveler [nivle] <3> *vt* to even out; (*sol, terrain*) to level
nivellement [nivɛlmɑ̃] *m* **1.** *a.* TECH leveling **2.** (*égalisation*) evening out
noble [nɔbl] **I.** *adj* noble **II.** *mf* nobleman, noblewoman *m, f;* **les ~s** the nobles
noblement [nɔbləmɑ̃] *adv* **1.** nobly **2.** (*dignement*) with dignity
noblesse [nɔblɛs] *f* nobility
noce [nɔs] *f a. pl* wedding ▶ **convoler en justes ~s** *iron* to be wed; **faire la ~** *inf* to live it up
noceur, -euse [nɔsœʀ, -øz] *m, f* reveler
nocif, -ive [nɔsif, -iv] *adj* harmful
nocivité [nɔsivite] *f* harmfulness
noctambule [nɔktɑ̃byl] *mf* night owl
nocturne [nɔktyʀn] **I.** *adj* nocturnal **II.** *f* (*manifestation nocturne*) evening demonstration; **en ~** late-night
Noël [nɔɛl] *m* **1.** REL Christmas; **arbre de ~** Christmas tree; **nuit de ~** Christmas Eve; **joyeux ~** Merry Christmas **2.** (*période de Noël*) Christmas time ▶ **~ au balcon, Pâques au tison** *prov* a mild Christmas means a cold Easter

i For French children, **Noël** is December 25. Presents are opened after breakfast. The adults exchange presents last, and an aperitif is drunk before lunch. The evening before, the 24th, the whole family goes to midnight Mass. December 26 is not a public holiday.

nœud [nø] *m* **1.** (*boucle, vitesse, protubérance*) *a.* NAUT, BOT knot; **~ papillon** bow tie **2.** (*point essentiel: d'une pièce, d'un roman, d'un débat*) crux

noie [nwa] *indic et subj prés de* **noyer**

noierai [nwaʀe] *fut de* **noyer**

noir [nwaʀ] *m* **1.** (*couleur, vêtement*) black; (*de deuil*) mourning **2.** (*obscurité*) dark; **dans le ~** in the dark **3.** *inf* (*café*) espresso **4.** PHOT **~ et blanc** black and white ►**~ sur blanc** in black and white; **broyer du ~** to be all gloom and doom; **peindre tout en ~** to paint a black picture; **au ~** on the black market; **travail au ~** moonlighting

noir(e) [nwaʀ] *adj* **1.** (*opp: blanc; illégal, satanique*) black; (*ciel*) dark **2.** (*foncé: lunettes*) dark; (*raisin*) black; **blé ~** buckwheat; **la rue est ~e de monde** the street is teeming with people **3.** (*propre à la race*) black; **l'Afrique ~e** black Africa **4.** (*obscur*) dark **5.** (*sinistre*) dark; (*humour*) black **6.** LIT, CINE **film ~** film noir; **série ~e** thriller series

Noir(e) [nwaʀ] *m(f)* black (person)

noirâtre [nwaʀɑtʀ] *adj* blackish

noirceur [nwaʀsœʀ] *f* **1.** (*perfidie*) blackness **2.** (*caractère sinistre*) darkness

noircir [nwaʀsiʀ] <8> **I.** *vt* **1.** (*salir*) to dirty **2.** (*colorer: étoffe*) to blacken **3.** (*dénigrer*) **~ la réputation de qn** to blacken sb's reputation **4.** (*couvrir d'écriture: cahier, feuille*) to cover **II.** *vi* (*façade, fruit*) to go black; (*ciel, peau*) to darken; (*bois, couleur*) to discolor **III.** *vpr* **se ~** (*façade*) to turn black; (*ciel*) to darken; (*bois, couleur*) to discolor

noire [nwaʀ] *f* MUS quarter note

noise [nwaz] *f* **chercher ~** [*o* **des ~s**] **à qn** to pick a fight with sb

noisetier [nwaztje] *m* hazel tree

noisette [nwazɛt] **I.** *f* **1.** (*fruit*) hazelnut **2.** CULIN **une ~ de beurre** a pat of butter **II.** *adj inv* hazel

noix [nwa] *f* **1.** (*fruit*) walnut **2.** *péj* (*individu stupide*) idiot **3.** (*viande*) fillet **4.** (*quantité*) **une ~ de beurre** a pat of butter ►**à la ~** (**de coco**) *inf* pathetic

nom [nɔ̃] *m* **1.** (*dénomination*) name; **quel est le ~ de ...?** what's the name of ...?; **je ne le connais que de ~** I only know him by name; **donner son ~ à qn/qc** to give one's name to sb/sth **2.** LING noun; **~ composé** compound noun ►**~ d'un chien!**, **~ d'une pipe!** heavens!; **~ de Dieu** (**de ~ de Dieu**)! my God!; **~ à coucher dehors** *inf* name you wouldn't believe; **porter bien/mal son ~** to suit/not suit one's name; **traiter qn de tous les ~s** to call sb every name in the book; **au ~ du Père, du Fils et du Saint-Esprit** in the name of the Father, the Son, and the Holy Spirit

nomade [nɔmad] **I.** *adj* **1.** (*opp: sédentaire*) nomadic; ZOOL migratory **2.** (*errant*) wandering **II.** *mf* nomad

no man's land [nomanslɑ̃d] *m inv* no man's land

nombre [nɔ̃bʀ] *m* number; **en grand ~** in large numbers

nombreux, -euse [nɔ̃bʀø, -øz] *adj* numerous; (*foule, clientèle, famille*) large; **ils sont ~ à faire qc** many of them do sth

nombril [nɔ̃bʀil] *m* navel

nombrilisme [nɔ̃bʀilism] *m inf* self-centeredness; **faire du ~** to be self-centered

nomenclature [nɔmɑ̃klatyʀ] *f* **1.** (*entrées: d'un dictionnaire*) word list **2.** (*terminologie*) nomenclature

nominal(e) [nɔminal, -o] <-aux> *adj* nominal

nominatif, -ive [nɔminatif, -iv] *m* LING nominative

nomination [nɔminasjɔ̃] *f* (*désignation*) nomination

nominé(e) [nɔmine] *adj* nominated

nommer [nɔme] <1> *vt* **1.** (*appeler: chose*) to call; **une femme nommée Laetitia** a woman named Laetitia **2.** (*citer*) to name; **quelqu'un que je ne nommerai pas** somebody who will remain anonymous **3.** (*désigner*) to designate; (*avocat, expert*) to appoint; **~ qn à un poste/à une fonction** to appoint sb to a job/position

non [nɔ̃] **I.** *adv* **1.** (*réponse*) no; **je pense que ~** I don't think so, I think not; **moi ~, mais** not me, but; **ah ~!** no!; **ça ~!** certainly not!; **mais ~!** (*atténuation*) of course not!; (*insistance*) definitely not!; (**oh**) **que ~!** *inf* definitely not! **2.** (*opposition*) not; **je n'y vais pas – moi ~ plus** I'm not going – nor am I; **il n'en est pas question ~ plus** it's also out of the question; **~ seulement ..., mais** (**encore**) not only ..., but also **3.** *inf* (*sens interrogatif*) **vous venez, ~?** you're coming, aren't you?; **~, pas possible!** no, I don't believe it! **4.** (*sens exclamatif*) **~, par exemple!** for goodness sake!; **~ mais** (**alors**)! *inf* honestly!; **~, mais dis donc!** *inf* really! **5.** (*qui n'est pas*) **~ polluant** non-polluting **II.** *m inv* no; **48% de ~** 48% noes; **répondre par un ~ catégorique** to reply with a categorical no

nonagénaire [nɔnaʒenɛʀ] **I.** *adj* nonagenarian; **être ~** (*avoir 90 ans*) to be ninety; (*être âgé de 91 à 99 ans*) to be in one's nineties **II.** *mf* nonagenarian

non-agression [nɔnagʀesjɔ̃] <non-agressions> *f* **pacte de ~** non-aggression pact

nonante [nɔnɑ̃t] *adj Belgique, Suisse* (*quatre-vingt-dix*) ninety; *v.a.* **cinq, cinquante**

non-assistance [nɔnasistɑ̃s] <non-assistances> *f* **~ à personne en danger** failure to assist a person in danger

nonchalance [nɔ̃ʃalɑ̃s] *f* nonchalance; **avec ~** nonchalantly

nonchalant(e) [nɔ̃ʃalɑ̃, ɑ̃t] *adj* nonchalant

non-conformiste [nɔ̃kɔ̃fɔʀmist] <non-con-

formistes> *adj, mf* nonconformist

non-croyant(e) [nɔ̃kʀwajɑ̃, jɑ̃t] <non--croyants> **I.** *adj* non-believing **II.** *m(f)* non-believer

non-dit [nɔ̃di] <non-dits> *m* **le ~** the unsaid

non-fumeur, -euse [nɔ̃fymœʀ, -øz] <non-fumeurs> **I.** *adj* (*espace*) nonsmoking; **zone ~** no-smoking [*o* smoke-free] area **II.** *m, f* non-smoker

i In principle, smoking is forbidden in France in all public places, e.g. subway stations, train stations, and public buildings. Pubs are obliged to create a **zone non-fumeur**.

noniste [nɔnist] *m, f* POL "No" voter

non-lieu [nɔ̃ljø] <non-lieux> *m* dismissal of charges

nonne [nɔn] *f* nun

non-respect [nɔ̃ʀɛspɛ] <non-respects> *m* disrespect; (*d'un délai*) noncompliance; **~ de la loi** failure to respect the law

non-sens [nɔ̃sɑ̃s] *m inv* **1.** (*absurdité*) non-sense **2.** ECOLE meaningless word

non-stop [nɔnstɔp] **I.** *adj inv* nonstop **II.** *m inv* **1.** CINE, TV nonstop broadcasting **2.** (*vol*) **en ~** nonstop

non-violence [nɔ̃vjɔlɑ̃s] <non-violences> *f* non-violence

non-violent(e) [nɔ̃vjɔlɑ̃, ɑ̃t] <non-violents> **I.** *adj* non-violent **II.** *m(f)* supporter of non-violence

non-voyant(e) [nɔ̃vwajɑ̃, jɑ̃t] <non-voyants> *m(f)* visually impaired person

nord [nɔʀ] **I.** *m* (*point cardinal*) north; **au ~ de qc** to the north of sth; **être exposé au ~** to have northerly exposure; **dans le ~ de** in the north of; **du ~** from the north; **vers le ~** towards the north ▶ **perdre le ~** (*perdre son calme*) to blow one's top; (*perdre la raison*) to go crazy; **elle ne perd pas le ~** she's got her head screwed on right **II.** *adj inv* north; (*banlieue, latitude*) northern

Nord [nɔʀ] **I.** *m* North; **le grand ~** the far North; **l'Europe du ~** Northern Europe; **le ~ canadien** the North of Canada; **dans le ~** (*dans la région*) in the North; (*vers la région*) to the North **II.** *adj inv* **l'hémisphère ~** the Northern hemisphere; **le pôle ~** the North Pole

nord-africain(e) [nɔʀafʀikɛ̃, ɛn] <nord-africains> *adj* North African

Nord-Africain(e) [nɔʀafʀikɛ̃, ɛn] <Nord-Africains> *m(f)* North African

nord-américain(e) [nɔʀameʀikɛ̃, ɛn] <nord--américains> *adj* North American

nord-coréen(ne) [nɔʀkɔʀeɛ̃, ɛn] <nord-coréens> *adj* North Korean

Nord-Coréen(ne) [nɔʀkɔʀeɛ̃, ɛn] <Nord-Coréens> *m(f)* North Korean

nord-est [nɔʀɛst] *m inv* northeast

Nord-Est [nɔʀɛst] *m inv* northeast

nordique [nɔʀdik] *adj* Nordic

Nordique [nɔʀdik] *mf* Nordic

nord-ouest [nɔʀwɛst] *m inv* northwest

Nord-Ouest [nɔʀwɛst] *m inv* northwest

Nord-Pas-de-Calais [nɔʀpɑd(ə)kalɛ] *m* **le ~** the Nord-Pas-de-Calais

Nord-Sud [nɔʀsyd] *adj inv* North-South

nord-vietnamien(ne) [nɔʀvjɛtnamjɛ̃, jɛn] <nord-vietnamiens> *adj* HIST North Vietnamese

Nord-Vietnamien(ne) [nɔʀvjɛtnamjɛ̃, jɛn] <Nord-Vietnamiens> *m(f)* HIST North Vietnamese

normal(e) [nɔʀmal, -o] <-aux> *adj* **1.** (*ordinaire*) normal; **redevenir ~** to return to normal **2.** (*compréhensible*) normal; **il est/n'est pas ~ que** +*subj*/**de** +*infin* it is/is not all right for sb to +*infin* **3.** (*sain*) normal

normale [nɔʀmal] *f* **1.** (*état habituel*) normal situation **2.** (*norme*) norm; **des capacités au--dessus de la ~** above-normal capacities **3.** METEO **~s saisonnières** seasonal norms

normalement [nɔʀmalmɑ̃] *adv* **1.** (*conformément aux normes*) normally **2.** (*selon toute prévision*) all being well

normalien(ne) [nɔʀmaljɛ̃, jɛn] *m(f): student or graduate of the "École normale supérieure"*

normalisation [nɔʀmalizasjɔ̃] *f* (*standardisation*) standardization

normaliser [nɔʀmalize] <1> **I.** *vt* **1.** (*standardiser*) to standardize **2.** (*rendre normal*) to normalize **II.** *vpr* **la situation se normalise** the situation is getting back to normal

normand(e) [nɔʀmɑ̃, ɑ̃d] *adj* Norman

Normand(e) [nɔʀmɑ̃, ɑ̃d] *m(f)* Norman

Normandie [nɔʀmɑ̃di] *f* **la ~** Normandy

norme [nɔʀm] *f* norm

Norvège [nɔʀvɛʒ] *f* **la ~** Norway

norvégien [nɔʀveʒjɛ̃] *m* Norwegian; *v.a.* **français**

norvégien(ne) [nɔʀveʒjɛ̃, jɛn] *adj* Norwegian

Norvégien(ne) [nɔʀveʒjɛ̃, jɛn] *m(f)* Norwegian

nos [no] *dét poss v.* **notre**

nostalgie [nɔstalʒi] *f* nostalgia; **avoir la ~ de qc** to be nostalgic about sth

nostalgique [nɔstalʒik] *adj* nostalgic

notable [nɔtabl] **I.** *adj* notable **II.** *mf* worthy

notablement [nɔtabləmɑ̃] *adv* notably

notaire [nɔtɛʀ] *m* notary

notamment [nɔtamɑ̃] *adv* **1.** (*particulièrement*) notably **2.** *Belgique* (*nommément*) specifically

notation [nɔtasjɔ̃] *f* **1.** notation **2.** ADMIN evaluation; ECOLE grading

note [nɔt] *f* **1.** (*communication, annotation*) *a.* ECOLE, MUS note; **~ de bas de page** footnote **2.** (*facture*) bill; **~ de 100 dollars** bill for 100 dollars ▶ **fausse ~** MUS wrong note; (*maladresse*) sour note; **prendre bonne ~ de qc** to take good note of sth; **prendre qc en ~** (*inscrire*) to take a note of sth; (*prendre conscience*) to take note of sth

i In French schools, work is graded from A to E, or given a **note** out of 10 or 20.

noter [nɔte] <1> *vt* **1.** (*inscrire*) to write down **2.** (*remarquer*) to note; **notez-le bien** note this **3.** ADMIN, ECOLE to grade; (*employé*) to rate; **~ qn/qc 6 sur 10** to grade sb/sth 6 out of 10
notice [nɔtis] *f* **1.** (*mode d'emploi*) **~ (explicative)** instructions **2.** (*préface*) note
notifier [nɔtifje] <1a> *vt* (*jugement*) to notify; **~ qc à qn** to notify sb of sth
notion [nosjɔ̃] *f* **1.** (*idée, conscience*) **la ~ de l'heure** [*o* **du temps**] the notion of time **2.** *pl* (*connaissances*) basic knowledge; **avoir des ~s de qc** to have basic knowledge of sth
notoire [nɔtwaʀ] *adj* (*criminel*) notorious
notoriété [nɔtɔʀjete] *f* **1.** (*renommée: d'une personne, œuvre*) fame **2.** (*caractère connu*) notoriety; **être de ~ publique** to be common knowledge
notre [nɔtʀ, no] <nos> *dét poss* **1.** our; *v.a.* **ma, mon 2.** REL **Notre Père qui êtes aux cieux** Our Father, who art in heaven
nôtre [notʀ] *pron poss* **1. le/la/les ~(s)** our; *v.a.* **mien 2.** *pl* (*ceux de notre famille*) **les ~s** our folks; (*nos partisans*) our people; **il est des ~s** he's one of us; *v.a.* **mien ▶à la (bonne) ~!** *inf* to us!
Notre-Dame [nɔtʀədam] *f inv* **1.** REL Our Lady **2.** (*à Paris*) Notre Dame
nouba [nuba] *f inf* party; **faire la ~ toute la nuit** to party all night
noué(e) [nwe] *adj* **avoir la gorge ~e** to have a lump in one's throat
nouer [nwe] <1> **I.** *vt* **1.** (*faire un nœud avec*) to knot **2.** (*entourer d'un lien*) to do up; (*paquet, bouquet*) to tie up **3.** (*établir: alliance*) to form; (*contact, relation, amitié*) to strike up **4.** (*paralyser*) **l'émotion/les sanglots lui a/ont noué la gorge** emotion/sobs choked him **II.** *vpr* **1.** (*se serrer*) **sa gorge se noua en voyant cela** he felt a lump in his throat when he saw it **2.** (*s'attacher*) **se ~ autour du cou** to be tied around the neck; (*accidentellement*) to get tied around one's neck **3.** LIT, THEAT **l'intrigue se noue** the plot reaches a climax
noueux, -euse [nwø, -øz] *adj* knotty; (*doigt, main*) gnarled
nougat [nuga] *m* nougat
nougatine [nugatin] *f* nougatine
nouille [nuj] **I.** *f* **1.** CULIN noodle **2.** *inf* oaf **II.** *adj* **1.** *inf* (*empoté*) clumsy **2.** *inf* (*tarte*) idiot
nounou [nunu] *f enfantin* **1.** (*nourrice*) nanny **2.** (*garde d'enfant*) babysitter
nounours [nunuʀs] *m enfantin* teddy bear
nourrice [nuʀis] *f* **1.** (*gardienne*) nanny **2.** (*bidon*) jerry can
nourrir [nuʀiʀ] <8> **I.** *vt* **1.** (*donner à manger à: personne, animal*) to feed; **~ qn au biberon/à la cuillère** to bottle-feed/spoon-feed sb; **~ qn au sein** to breastfeed sb; **être bien/mal nourri** to be well-/under-fed **2.** (*faire vivre*) **~ qn** to provide for sb ▶**être nourri et logé** to have room and board **II.** *vi* to be nourishing **III.** *vpr* (*s'alimenter*) **se ~ de qc** to feed on sth; **bien se ~** to eat well
nourrissant(e) [nuʀisɑ̃, ɑ̃t] *adj* nourishing
nourrisson [nuʀisɔ̃] *m* infant
nourriture [nuʀityʀ] *f* (*produits*) food; **~ pour animaux** animal food
nous [nu] **I.** *pron pers* **1.** *sujet* we; **vous avez fini, mais pas ~** you've finished but we haven't; **~ autres** the rest of us **2.** *complément d'objet direct et indirect* us **3.** *avec être, devenir, sembler, soutenu* **cela ~ semble bon** that seems fine to us; *v.a.* **me 4.** *avec les verbes pronominaux* **nous ~ punissons** we're punishing ourselves; **nous ~ voyons souvent** we see each other often; **nous ~ nettoyons les ongles** we're cleaning our nails **5.** *inf* (*pour renforcer*) **~, ~ n'avons pas** [*o* **on n'a pas** *inf*] **ouvert la bouche** we never opened our mouths; **c'est ~ qui l'avons dit** we're the ones who said it; **il veut ~ aider, ~?** he wants to help US? **6.** (*avec un sens possessif*) **le cœur ~ battait fort** our hearts were beating fast **7.** *avec un présentatif* **~ voici** [*o* **voilà**]**!** here we are! **8.** *avec une préposition* **avec/sans ~** with/without us; **à ~ deux** between the two of us; **la maison est à ~** the house is ours; **c'est à ~ de décider** it's for us to decide; **c'est à ~!** it's our turn! **9.** *dans une comparaison* us; **vous êtes comme ~** you're like us; **plus fort que ~** stronger than us **10.** (*je*) **~, Roi de France** We, the King of France **11.** *inf* (*signe d'intérêt*) **comment allons-~?** how are we? **II.** *m* we; **le ~ de majesté** the royal We
nous-même [numɛm] <nous-mêmes> *pron pers* **1.** (*nous en personne*) **~s n'en savions rien** we know nothing; **nous sommes venus de ~s** we came of our own accord **2.** (*j'ai froid – nous aussi*) I'm cold – so are we; *v.a.* **moi-même**
nouveau [nuvo] <x> *m* **du ~** new ▶**à** [*o* **de**] **~** again
nouveau, nouvelle [nuvo, nuvɛl, nuvɛl] <*devant un nom masculin commençant par une voyelle ou un h muet* nouvel, x> **I.** *adj* **1.** (*récent*) new; **rien de ~** nothing new **2.** *antéposé* (*répété*) another; **une nouvelle fois** another time **3.** *antéposé* (*de fraîche date*) **les ~x venus** the newcomers ▶**tout beau, tout ~** *prov* everything's new and lovely; **c'est ~ (ça)!** *inf* that's new! **II.** *m, f* new man, new woman *m, f*
Nouveau-Brunswick [nuvobʀœsvik] *m* **le ~** New Brunswick
Nouveau-Mexique [nuvomɛksik(ə)] *m* **le ~** New Mexico
nouveau-né(e) [nuvone] <nouveau-nés> **I.** *adj* newborn **II.** *m(f)* newborn
nouveauté [nuvote] *f* **1.** (*en librairie*) new

book; (*en salle*) new film; (*voiture, avion*) new model **2.** (*innovation*) novelty

nouvel(le) [nuvɛl] *adj v.* **nouveau**

nouvelle [nuvɛl] *f* **1.** (*événement*) piece of news; (*information*) piece of information; **connaissez-vous la ~?** have you heard the news? **2.** *pl* (*renseignements sur qn*) **avoir des ~s de qn** to have news from sb; **donner de ses ~s** to tell sb one's news **3.** *pl* CINE, TV news + *vb sing* **4.** LIT short story ▶**pas de ~s, bonnes ~s** *prov* no news is good news; **aux dernières ~** the last I heard; **tu m'en diras/vous m'en direz des ~s** tell me what you think of this; **tu auras/il aura de mes ~s!** you'll/he'll be hearing from me!; *v.a.* **nouveau**

Nouvelle-Angleterre [nuvɛlɑ̃glətɛʀ(ə)] *f* **la ~** New England

Nouvelle-Calédonie [nuvɛlkaledɔni] *f* **la ~** New Caledonia

Nouvelle-Écosse [nuvɛlekɔs(ə)] *f* **la ~** Nova Scotia

nouvellement [nuvɛlmɑ̃] *adv* newly

Nouvelle-Orléans [nuvɛlɔʀleɑ̃] *f* **la ~** New Orleans

Nouvelle-Zélande [nuvɛlzelɑ̃d] *f* **la ~** New Zealand

novateur, -trice [nɔvatœʀ, -tʀis] **I.** *adj* innovative **II.** *m, f* innovator

novembre [nɔvɑ̃bʀ] *m* November; *v.a.* **août**

novice [nɔvis] **I.** *adj* **être ~ dans qc** to be a novice at sth **II.** *mf* **1.** (*débutant*) beginner **2.** REL novice

noyade [nwajad] *f* drowning

noyau [nwajo] <x> *m* **1.** BOT pit **2.** PHYS, BIO nucleus; GEO core **3.** (*groupe humain*) nucleus; **~ de manifestants** core of demonstrators

noyé(e) [nwaje] **I.** *adj* drowned **II.** *m(f)* drowned man, woman *m, f*

noyer¹ [nwaje] *m* **1.** (*arbre*) walnut tree **2.** (*bois*) walnut

noyer² [nwaje] <6> **I.** *vt* **1.** (*tuer, oublier*) to drown **2.** (*inonder*) to flood **3.** CULIN to water down **4.** AUTO to flood **II.** *vpr* (*mourir*) **se ~** to drown

NTE [ɛntee] *fpl abr de* **Nouvelles Technologies Éducatives** NLT

NTIC [ɛntik] *fpl abr de* **Nouvelles Technologies de l'Information et de la Communication** NICT

nu [ny] *m* ART nude

nu(e) [ny] *adj* **1.** (*sans vêtement*) naked; **les pieds ~s** barefoot; **se mettre torse ~** to strip to the waist **2.** (*non protégé: fil électrique, lame*) bare ▶**mettre qc à ~** (*à découvert*) to lay sth bare; (*découvrir*) to strip sth; **mettre son cœur à ~** to lay bare one's heart

nuage [nɥaʒ] *m* **1.** (*nébulosité, amas*) cloud **2.** (*très petite quantité*) **un ~ de lait** a drop of milk ▶**être dans les ~s** to be in the clouds; **être** [*o* **marcher**] **sur un ~** to be on cloud nine; **ciel sans ~(s)** cloudless sky; **bonheur/amitié sans ~(s)** untroubled happiness/friendship

nuageux, -euse [nɥaʒø, -ʒøz] *adj* METEO cloudy

nuance [nɥɑ̃s] *f* **1.** (*gradation de couleur*) shade; (*détail de couleur*) nuance **2.** (*légère différence*) nuance; POL shade of opinion; **à quelques ~s près** apart from a few minor differences

nuancé(e) [nɥɑ̃se] *adj* nuanced; (*chant, style*) finely shaded

nuancier [nɥɑ̃sje] *m* color chart

nucléaire [nykleɛʀ] **I.** *adj* nuclear **II.** *m* nuclear technology

nudisme [nydism] *m* nudism; **pratiquer le ~** to be a nudist

nudiste [nydist] **I.** *adj* nudist **II.** *mf* nudist

nudité [nydite] *f* (*absence de vêtement*) nudity

nuée [nɥe] *f* (*grand nombre*) horde

nuire [nɥiʀ] *vi irr* **~ à qn/qc** to damage sb/sth

nuisance [nɥizɑ̃s] *f* environmental nuisance; **~s sonores** noise pollution

nuisible [nɥizibl] *adj* (*influence, habitude*) harmful; (*gaz*) noxious; **animaux/insectes ~s** pests; **être ~ à qc** to be harmful to sth

nuit [nɥi] *f* **1.** (*espace de temps, nuitée*) night; **bonne ~!** good night!; **mardi, dans la ~** in the course of Tuesday night **2.** (*obscurité*) darkness; **la ~ tombe** night is falling; **il fait/commence à faire ~** it is dark/beginning to get dark; **il fait ~ noire** it's pitch black **3.** (*temps d'activité*) **de ~** night; **être de ~** to be on nights; **faire la ~** to be the night watchman ▶**la ~ porte conseil** *prov* it is best to sleep on it; **~ blanche** sleepless night; **~ de noces** wedding night; **les Mille et Une Nuits** the Thousand and One Nights; **faire sa ~** to sleep through (the night)

nul(le) [nyl] **I.** *adj* **1.** (*mauvais: discours, film, devoir*) lousy; **il est ~ en physique** (*médiocre*) he's no good at physics; (*incompétent*) he's hopeless at physics **2.** (*ennuyeux, raté*) **c'était ~, cette fête** that party was awful **3.** *inf* (*crétin*) **c'est ~/t'es ~ d'avoir fait qc** it's/you're stupid to do sth **4.** SPORT nil; (*égalité*) drawn; **match ~** draw **5.** (*minime: risque, différence*) non-existent; **être quasiment ~** to be practically non-existent **6.** MATH zero **7.** JUR, POL (*élection, testament*) null and void **II.** *pron indéf, soutenu* **~ ne** nobody **III.** *m(f)* idiot

nullement [nylmɑ̃] *adv* (*aucunement*) not at all; (*en aucun cas*) in any way

nullité [nylite] *f* **1.** (*manque de valeur, incompétence*) uselessness **2.** (*personne*) nonentity **3.** JUR nullity

numéral [nymeʀal, -o] <-aux> *m* LING numeral

numéral(e) [nymeʀal, -o] <-aux> *adj* **1.** (*symbole, système, lettres*) numeral; (*cartes*) number **2.** LING (*adjectif*) numeral

numération [nymeʀasjɔ̃] *f* MATH (*comptage*) counting; (*système*) notation

numérique [nymeʀik] *adj* **1.** (*exprimé en nombre*) numerical **2.** INFORM, TEL digital; **des données ~s** digital data
numérisé [nymeʀize] *adj* INFORM digitized
numériser [nymeʀize] <1> *vt* INFORM to digitize
numériseur [nymeʀizœʀ] *m* INFORM scanner, digitizer
numéro [nymeʀo] *m* **1.** (*nombre*) number; **le ~ de la rue/de la page** the street/page number; **~ de téléphone** telephone number; **faire** [*o* **composer**] **un ~** to dial a number; **~ vert** toll-free number **2.** PRESSE issue **3.** (*spectacle*) number **4.** *inf* (*personne*) character ▶**faire son ~ à qn** *inf* to put on one's act for sb; **~ un** number one; **souci/problème ~ un** number one worry/problem
numérotation [nymeʀɔtasjɔ̃] *f* numbering; **~ à 10 chiffres** 10-digit phone numbering
numéroter [nymeʀɔte] <1> *vt* to number
numerus clausus [nymeʀysklozys] *m inv* quota
nu-pieds [nypje] **I.** *adj inv* barefoot **II.** *mpl* (*chaussures*) flip-flops
nuptial(e) [nypsjal, -jo] <-aux> *adj* (*messe*) nuptial; (*chambre, lit*) marriage; **bénédiction ~e** nuptial blessing
nuque [nyk] *f* nape of the neck
nurse [nœʀs] *f* nanny
nu-tête [nytɛt] *adj inv* bare-headed
nutritif, -ive [nytʀitif, -iv] *adj* **1.** (*nourricier*) nourishing; (*qualité, valeur, substance*) nutritional **2.** MED **besoins ~s** nutritive requirements
nutrition [nytʀisjɔ̃] *f* nutrition
nylon® [nilɔ̃] *m* nylon®
nymphe [nɛ̃f] *f* nymph
nymphomane [nɛ̃fɔman] **I.** *adj* nymphomaniac **II.** *f* nymphomaniac
nymphomanie [nɛ̃fɔmani] *f* nymphomania

O

O, o [o] *m inv* O, o; **~ comme Oscar** (*au téléphone*) o as in Oscar
O. *abr de* **ouest**
ô [o] *interj* oh
oasis [ɔazis] *f* oasis
obéir [ɔbeiʀ] <8> *vi* **1.** (*se soumettre*) **~ à qn** to obey sb; **~ à une loi/un ordre** to obey a law/an order **2.** (*céder à*) **~ à sa conscience/son instinct** to follow one's conscience/instinct
obéissance [ɔbeisɑ̃s] *f* **~ à qn/qc** obedience to sb/sth
obéissant(e) [ɔbeisɑ̃, ɑ̃t] *adj* obedient
obélisque [ɔbelisk] *m* obelisk
obèse [ɔbɛz] **I.** *adj* obese **II.** *mf* obese person
obésité [ɔbezite] *f* obesity
objecter [ɔbʒɛkte] <1> *vt* to object; **~ qc à qn** to advance sth to sb as an objection
objecteur [ɔbʒɛktœʀ] *m* **~ de conscience** conscientious objector
objectif [ɔbʒɛktif] *m* **1.** (*but*) objective **2.** (*en optique*) *a.* PHYS, PHOT lens
objectif, -ive [ɔbʒɛktif, -iv] *adj* objective
objection [ɔbʒɛksjɔ̃] *f* objection; **faire une ~** to make an objection; **si vous n'y voyez pas d'~** if you have no objection; **~ de conscience** conscientious objection
objectivement [ɔbʒɛktivmɑ̃] *adv* objectively
objectivité [ɔbʒɛktivite] *f* objectivity
objet [ɔbʒɛ] *m* **1.** (*chose*) *a.* LING object; **~ d'art** objet d'art **2.** (*but*) purpose; **avoir qc pour ~** to have the aim of sth ▶**~s trouvés** lost and found
obligation [ɔbligasjɔ̃] *f* **1.** (*nécessité*) *a.* JUR obligation; **~ de** +*infin* obligation to +*infin*; **être dans l'~ de** +*infin* to be obliged to +*infin* **2.** *pl* (*devoirs*) obligations; (*devoirs civiques, scolaires*) duties; **ses ~s de citoyen/de père de famille** his duties as a citizen/father **3.** FIN bond ▶**sans ~ de la part de qn** with no obligation on sb's part; **sans ~ d'achat** with no obligation to buy
obligatoire [ɔbligatwaʀ] *adj* **1.** (*exigé*) compulsory; **présence ~** mandatory attendance **2.** *inf* (*inévitable*) inevitable
obligatoirement [ɔbligatwaʀmɑ̃] *adv* **1.** (*nécessairement*) **devoir ~** +*infin* to be obliged to +*infin*; **il faut ~ qc** sth is a strict requirement **2.** *inf* (*forcément*) inevitably
obligé(e) [ɔbliʒe] *adj* **1.** (*nécessaire*) vital; (*inévitable*) inevitable **2.** (*reconnaissant*) **être ~ à qn de qc** to be obliged to sb for sth
obligeance [ɔbliʒɑ̃s] *f* (*prévenance*) consideration; (*serviabilité*) helpfulness; **avoir l'~ de** +*infin* to be kind enough to +*infin*
obliger [ɔbliʒe] <2a> **I.** *vt* **1.** (*forcer*) to force; **~ qn à** +*infin* to force sb to +*infin*; **on était bien obligés!** we had to! **2.** (*contraindre moralement, rendre service à*) to oblige **II.** *vpr* (*s'engager*) **s'~ à faire qc** to commit oneself to doing sth
oblique [ɔblik] *adj* oblique
obliquer [ɔblike] <1> *vi* to cut across; (*route*) to turn off
oblitérer [ɔbliteʀe] <5> *vt* to obliterate
oblong, -ongue [ɔblɔ̃, -ɔ̃g] *adj* oblong
obnubiler [ɔbnybile] <1> *vt* **1.** (*obscurcir: esprit, pensée*) to cloud; **se laisser ~ par qn/qc** to let sb/sth cloud one's judgment **2.** (*obséder*) to obsess
obole [ɔbɔl] *f* offering; **verser son ~** to make a small contribution
obscène [ɔpsɛn] *adj* obscene
obscénité [ɔpsenite] *f* obscenity
obscur(e) [ɔpskyʀ] *adj* **1.** (*sombre*) dark **2.** (*incompréhensible, inconnu*) obscure
obscurcir [ɔpskyʀsiʀ] <8> **I.** *vt* (*assombrir*) to darken **II.** *vpr* **1.** (*devenir obscur*) **s'~** (*ciel*) to

darken; **le jour s'obscurcit** the day is growing dark **2.** (*se brouiller*) **ma vue s'obscurcit** my sight is growing dim

obscurcissement [ɔpskyʀsismɑ̃] *m* (*du ciel*) darkening; (*de la vue*) dimming

obscurément [ɔpskyʀemɑ̃] *adv* **1.** (*vaguement*) obscurely; (*deviner, sentir*) in an obscure way **2.** (*de façon peu claire*) vaguely

obscurité [ɔpskyʀite] *f* **1.** (*absence de lumière*) darkness **2.** (*manque de clarté: d'une affaire*) obscurity **3.** (*anonymat*) **vivre dans/sortir de l'~** to live in/emerge from obscurity

obsédant(**e**) [ɔpsedɑ̃, ɑ̃t] *adj* (*voix, musique*) haunting; **idée ~e** obsessive idea

obsédé(**e**) [ɔpsede] *m(f)* **1.** (*par le sexe*) sex maniac **2.** (*fanatique*) obsessive

obséder [ɔpsede] <5> *vt* to obsess; (*souci, remords*) to haunt

obsèques [ɔpsɛk] *fpl* funeral; **~ nationales** state funeral

obséquieux, **-euse** [ɔpsekjø, -jøz] *adj* obsequious

observable [ɔpsɛʀvabl] *adj* observable

observateur, **-trice** [ɔpsɛʀvatœʀ, -tʀis] **I.** *adj* (*personne, regard, esprit*) observant **II.** *m, f* observer

observation [ɔpsɛʀvasjɔ̃] *f* observation; **être en ~** to be under observation; **mettre qn en ~** to put sb under observation

observatoire [ɔpsɛʀvatwaʀ] *m* **1.** GEO, ASTR, METEO observatory **2.** MIL observation post **3.** ECON economic research institute

observer [ɔpsɛʀve] <1> **I.** *vt* **1.** (*regarder attentivement*) **~ qn faire qc** to watch sb doing sth **2.** (*surveiller*) to observe **3.** (*remarquer*) to notice; **faire ~ qc à qn** to point sth out to sb **4.** (*respecter: coutume, attitude*) to respect; (*discrétion, règle*) to observe; (*jeûne*) to keep; **~ une minute de silence à la mémoire de qn/qc** to observe a minute's silence in memory of sb/sth **II.** *vi* to observe **III.** *vpr* **s'~** **1.** (*se surveiller*) to watch each other **2.** (*s'épier*) to spy on each other

obsession [ɔpsesjɔ̃] *f* obsession

obsessionnel(**le**) [ɔpsesjɔnɛl] *adj* obsessive

obstacle [ɔpstakl] *m* obstacle; **faire ~ à qn/qc** to hinder sb/sth

obstination [ɔpstinasjɔ̃] *f* **1.** (*entêtement*) obstinacy **2.** (*persévérance*) persistence

obstiné(**e**) [ɔpstine] **I.** *adj* **1.** (*entêté*) obstinate **2.** (*persévérant*) persistent **3.** (*incessant: toux*) stubborn **II.** *m(f)* obstinate individual

obstinément [ɔpstinemɑ̃] *adv* **1.** (*avec entêtement*) obstinately **2.** (*avec persévérance*) doggedly

obstiner [ɔpstine] <1> *vpr* **s'~ dans qc** to persist in sth

obstruer [ɔpstʀye] <1> *vt* to block

obtempérer [ɔptɑ̃peʀe] <5> *vi* to obey

obtenir [ɔptəniʀ] <9> *vt* **1.** (*recevoir*) to get; (*avantage*) to obtain; **~ de qn que** +*subj* to get sb to +*infin* **2.** (*parvenir à*) to obtain; (*examen*) to pass; (*majorité, total*) to achieve

obtention [ɔptɑ̃sjɔ̃] *f* (*d'un résultat*) achieving; (*d'un examen*) passing; (*d'une pièce administrative*) obtaining

obturer [ɔptyʀe] <1> *vt* to seal

obtus(**e**) [ɔpty, yz] *adj a.* MATH obtuse

obus [ɔby] *m* shell

oc [ɔk] *m* **langue d'~** langue d'oc

occasion [ɔkazjɔ̃] *f* **1.** (*circonstance* (*favorable*)) opportunity; **c'est l'~ ou jamais** it's now or never; **à la première ~** at the earliest opportunity **2.** COM (*offre avantageuse*) bargain; **voiture d'~** used car **3.** (*cause*) **être l'~ de qc** to be the cause of sth ▶ **les <u>grandes</u> ~s** special occasions; **<u>à</u> l'~** on occasion; **<u>à</u> l'~ de qc** on the occasion of sth

occasionnel(**le**) [ɔkazjɔnɛl] *adj* occasional; (*travail*) casual

occasionnellement [ɔkazjɔnɛlmɑ̃] *adv* occasionally

occasionner [ɔkazjɔne] <1> *vt* to cause

occident [ɔksidɑ̃] *m* (*opp: orient*) west

Occident [ɔksidɑ̃] *m* POL **l'~** the West

occidental(**e**) [ɔksidɑ̃tal, -o] <-aux> *adj* **1.** GEO, POL Western **2.** (*opp: oriental*) western

Occidental(**e**) [ɔksidɑ̃tal, -o] <-aux> *m(f)* **1.** (*opp: Oriental*) Westerner **2.** POL West; **les Occidentaux** the Western world

occitan [ɔksitɑ̃] *m* Occitan; *v.a.* **français**

occitan(**e**) [ɔksitɑ̃, an] *adj* Occitan

occulte [ɔkylt] *adj* **1.** (*ésotérique*) occult **2.** (*secret*) secret

occupant(**e**) [ɔkypɑ̃, ɑ̃t] **I.** *adj* MIL occupying **II.** *m(f)* **1.** MIL **l'~** the occupier **2.** (*habitant: d'une chambre, d'une voiture*) occupant; (*des lieux*) occupier

occupation [ɔkypasjɔ̃] *f* **1.** (*activité*) occupation **2.** (*métier*) job **3.** MIL, HIST occupation; **l'armée d'~** the occupying army; **l'Occupation** the Occupation

occupé(**e**) [ɔkype] *adj* **1.** (*opp: inoccupé: personne*) busy; (*place, toilettes, ligne téléphonique*) engaged; (*chambre d'hôtel*) occupied; **être ~ à qc** to be busy doing sth **2.** MIL, POL (*pays, usine*) occupied

occuper [ɔkype] <1> **I.** *vt* **1.** (*remplir: place*) to occupy; (*temps*) to spend **2.** (*habiter: appartement*) to occupy **3.** (*exercer: emploi, poste*) to hold; (*fonction*) to occupy **4.** (*employer*) **~ qn à qc** to occupy sb with sth **5.** MIL, POL (*pays, usine*) to occupy **II.** *vpr* **1.** (*s'employer*) **s'~ de littérature/politique** to be involved in literature/politics **2.** (*prendre en charge*) **s'~ de qn/qc** to take care of sb/sth; **occupe-toi de tes affaires!** mind your own business! ▶ **<u>t'occupe</u> (pas)!** *inf* none of your business!

océan [ɔseɑ̃] *m* ocean; **l'~ Atlantique/Indien/Pacifique** the Atlantic/Indian/Pacific Ocean

Océanie [ɔseani] *f* **l'~** Oceania

océanique [ɔseanik] *adj* oceanic

océanographie [ɔseanɔgʀafi] *f* oceanography

océanologie [ɔseanɔlɔʒi] *f* oceanology

océanologue [ɔseanɔlɔg] *mf* oceanologist
ocre [ɔkʀ] **I.** *f* (*colorant*) ocher **II.** *adj inv* ocher
octane [ɔktan] *m* octane
octante [ɔktɑ̃t] *adj Belgique, Suisse* eighty; *v.a.* **cinq, cinquante**
octave [ɔktav] *f* octave
octet [ɔktɛ] *m* byte
octobre [ɔktɔbʀ] *m* October; *v.a.* **août**
octogénaire [ɔktɔʒenɛʀ] *adj, mf* octogenarian
octroi [ɔktʀwa] *m* **l'~ de qc** the granting of sth
octroyer [ɔktʀwaje] <6> **I.** *vt* **~ qc à qn** to grant sb sth; **~ une faveur à qn** to do sb a favor **II.** *vpr* **s'~ qc** to claim sth
oculaire [ɔkylɛʀ] *adj* **1.** ANAT ocular **2.** (*visuel*) **témoin ~** eyewitness
oculiste [ɔkylist] *mf* eye specialist
ode [ɔd] *f* ode
odeur [ɔdœʀ] *f* smell; **sans ~** odorless; **je sens une ~ de brûlé** I can smell (something) burning
odieux, -euse [ɔdjø, -jøz] *adj* **1.** (*ignoble: personne*) obnoxious; (*caractère*) odious **2.** (*insupportable: personne*) unbearable
odorant(e) [ɔdɔʀɑ̃, ɑ̃t] *adj* scented
odorat [ɔdɔʀa] *m* sense of smell
œcuménisme [ekymenism] *m* ecumenism
œdème [ødɛm, edɛm] *m* edema
œil [œj, jø] <yeux> *m* **1.** ANAT eye; **lever/baisser les yeux** to raise/lower one's eyes; **se maquiller les yeux** to put on eye makeup **2.** (*regard*) look; **il la cherche/suit des yeux** his eyes seek her out/follow her **3.** (*regard averti*) eye; **avoir l'~ à tout** to keep an eye on everything **4.** (*regard rapide*) **jeter un coup d'~ au journal/à l'heure** to glance at the newspaper/time; **au premier coup d'~** at first glance **5.** (*vision, vue*) **regarder qn d'un ~ envieux/méchant** to give someone a jealous/malicious look **6.** (*jugement*) **d'un ~ critique** with a critical eye; **ne plus voir les choses du même ~** to no longer see things in the same way **7.** (*judas*) spyhole ▶ **avoir un ~ au beurre noir** to have a black eye; **loin des yeux, loin du cœur** *prov* out of sight, out of mind; **ne pas avoir les yeux dans sa poche** not to miss a thing; **coûter les yeux de la tête** to cost an arm and a leg; **qn a les yeux plus grands que le ventre** *inf* sb has eyes bigger than his stomach; **pour les beaux yeux de qn** *inf* to be nice to sb; **ne pas avoir froid aux yeux** to have a sense of adventure; **à l'~ nu** to the naked eye; **cela crève les yeux** *inf* it's staring you in the face; **ne dormir que d'un ~** to sleep with one eye open; **fermer les yeux sur qc** to turn a blind eye to sth; **ouvrir l'~** to keep one's eyes open; **ouvrir les yeux à qn sur qc** to open sb's eyes about sth; **se rincer l'~** *inf* to get an eyeful; **cela saute aux yeux** it's staring you in the face; **taper dans l'~ de qn** *inf* to catch sb's eye; **avoir qn à l'~** *inf* to have an eye on sb; **aux yeux de qn** in sb's eyes; **sous l'~ de qn** under sb's eye; **mon ~!** *inf* my foot!
œil-de-bœuf [œjdəbœf] <œils-de-bœuf> *m* bull's-eye
œillade [œjad] *f* (*clin d'œil*) wink
œillère [œjɛʀ] *f* eyecup ▶ **avoir des ~s** to have blinders on
œillet[1] [œjɛ] *m* BOT carnation; **~ d'Inde** French marigold
œillet[2] [œjɛ] *m* **1.** (*petit trou: d'une chaussure*) eyelet **2.** (*renfort métallique*) grommet
œsophage [ezɔfaʒ] *m* esophagus
œuf [œf, ø] *m* **1.** ZOOL, CULIN egg; **~s de poisson** spawn; **~s brouillés/à la coque** scrambled/boiled eggs; **~ au plat** fried egg; **~ à la neige** floating island **2.** (*qui a la forme d'un œuf*) **~ de Pâques** Easter egg ▶ **mettre tous ses ~s dans le même panier** to put all one's eggs in one basket; **va te faire cuire un ~!** *inf* go jump off a cliff!; **dans l'~** in the bud; **quel ~!** *inf* what an idiot!
œuvre [œvʀ] **I.** *f* **1.** ART, LIT, TECH work; **~ d'art** work of art; **les ~s complètes d'un auteur** the complete works of an author **2.** (*résultat: de l'érosion, du temps*) work **3.** *pl* (*actes*) deeds **4.** (*organisation caritative*) **~ de bienfaisance** charity; **les bonnes ~s** charities ▶ **être à l'~** to be at work; **mettre en ~** to implement; **se mettre à l'~** to get down to work **II.** *m* **être à pied d'~** to be ready to start working; **le gros ~** the shell
offensant(e) [ɔfɑ̃sɑ̃, ɑ̃t] *adj* offensive
offense [ɔfɑ̃s] *f* (*affront*) offense
offensé(e) [ɔfɑ̃se] **I.** *adj* offended **II.** *m(f)* offended party
offenser [ɔfɑ̃se] <1> **I.** *vt* (*outrager*) to offend **II.** *vpr* (*se vexer*) **s'~ de qc** to take offense at sth
offenseur [ɔfɑ̃sœʀ] *m* offender
offensif, -ive [ɔfɑ̃sif, -iv] *adj* offensive
offensive [ɔfɑ̃siv] *f* offensive; **prendre l'~** to take the offensive; **passer à l'~** to go on the offensive; **lancer une ~ contre qn/qc** to launch an offensive against sb/sth
office [ɔfis] *m* **1.** (*agence, bureau*) office; **~ du tourisme** tourist information office **2.** REL service **3.** (*fonction, charge*) office **4.** (*pièce*) kitchen ▶ **les bons ~s de qn** sb's good offices; **faire ~ de qc** (*personne*) to act as sth; (*chose*) to serve as sth; **d'~** (*par voie d'autorité*) officially; (*en vertu d'un règlement*) automatically; (*sans demander*) without any consultation
officiel(le) [ɔfisjɛl] **I.** *adj* official; **de source ~le** from official sources **II.** *m(f)* official
officiellement [ɔfisjɛlmɑ̃] *adv* officially
officier [ɔfisje] *m* **1.** ADMIN, JUR **~ d'état civil** registrar **2.** MIL officer **3.** (*titulaire d'une distinction*) **~ de la Légion d'honneur** Officer of the Legion of Honor
officieux, -euse [ɔfisjø, -jøz] *adj* unofficial
offrande [ɔfʀɑ̃d] *f* REL offering
offrant [ɔfʀɑ̃] *m* **le plus ~** the highest bidder
offre [ɔfʀ] *f* **1.** (*proposition*) offer; ECON supply; **~ d'emplois** help wanted ads **2.** (*aux enchères*) bid

offrir [ɔfʀiʀ] <11> **I.** *vt* **1.** (*faire un cadeau*) **~ qc à qn** to give sb sth **2.** (*proposer*) **~ le bras à qn** to offer sb one's arm; **~ à qn de faire qc** to offer to do sth for sb; **il nous a offert le déjeuner** he gave us lunch **3.** (*comporter: avantages, inconvénients*) to have; (*difficulté*) to present **II.** *vpr* **1.** (*se présenter*) **s'~ à qn/qc** to reveal oneself to sb/sth **2.** (*se proposer*) **s'~ pour** *+infin* to volunteer to *+infin* **3.** (*s'accorder*) to treat oneself; **s'~ des vacances** to treat oneself to a vacation

offusquer [ɔfyske] <1> **I.** *vt* to offend **II.** *vpr* **s'~ de qc** to take offense at sth

ogive [ɔʒiv] *f* **1.** MIL warhead **2.** ARCHIT diagonal rib

ogre, **ogresse** [ɔgʀ, ɔgʀɛs] *m, f* **1.** (*géant vorace dans les contes de fées*) ogre *m*, ogress *f* **2.** *inf* (*gourmand*) pig ▸ **manger comme un ~** *inf* to eat like a horse

oh [o] *interj* oh

ohé [oe] *interj* hey

oie [wa] *f* **1.** (*oiseau*) goose **2.** *inf* (*personne niaise*) silly goose

oignon [ɔɲɔ̃] *m* **1.** CULIN onion **2.** BOT bulb ▸ **aux petits ~s** *inf* first-rate; **c'est pas mes/tes ~s** *inf* it is none of my/your business; **occupe-toi de tes ~s!** *inf* mind your own business!

oiseau [wazo] <x> *m* **1.** (*en ornithologie*) bird **2.** *péj* (*type*) character ▸ **~ de mauvais augure** [*o* **de malheur**] bird of ill omen; **à vol d'~, Marseille est à 200 kilomètres de Lyon** as the crow flies, Marseille is 200 kilometers from Lyon

oiseux, -euse [wazø, -øz] *adj* pointless

oisif, -ive [wazif, -iv] **I.** *adj* idle **II.** *m, f* idler

oisillon [wazijɔ̃] *m* fledgling

oisiveté [wazivte] *f* idleness

O.K. [ɔke] *abr de* **oll korrect** OK

olé [ɔle] **I.** *interj* olé **II.** *adj inv, inf* **~ ~** naughty

oléagineux [ɔleaʒinø] *m* oil-producing plant

oléagineux, -euse [ɔleaʒinø, -øz] *adj* oil-producing

oléoduc [ɔleɔdyk] *m* oil pipeline

olfactif, -ive [ɔlfaktif, -iv] *adj* olfactory

olive [ɔliv] **I.** *f* olive **II.** *adj inv* olive

olivier [ɔlivje] *m* **1.** (*arbre*) olive tree **2.** (*bois*) olive wood

OLP [oɛlpe] *f abr de* **Organisation de libération de la Palestine** PLO

olympiade [ɔlɛ̃pjad] *f* Olympiad

olympien(ne) [ɔlɛ̃pjɛ̃, jɛn] *adj* Olympian

olympique [ɔlɛ̃pik] *adj* Olympic

ombilical(e) [ɔ̃bilikal, -o] <-aux> *adj* (*cordon*) umbilical

ombrage [ɔ̃bʀaʒ] *m* **1.** (*feuillage*) shade **2.** (*offense*) offense

ombragé(e) [ɔ̃bʀaʒe] *adj* shady

ombrager [ɔ̃bʀaʒe] <2a> *vt* to shade

ombrageux, -euse [ɔ̃bʀaʒø, -ʒøz] *adj* (*susceptible: caractère*) prickly; (*personne*) touchy

ombre [ɔ̃bʀ] *f* **1.** (*opp: soleil*) shade; **à l'~** in the shade; **~s chinoises** shadowgraphs **2.** (*soupçon*) **il n'y a pas l'~ d'un doute/soupçon** there is not a shadow of a doubt/suspicion; **sans l'~ d'une hésitation** without a hint of hesitation ▸ **il y a une ~ au tableau** there is a fly in the ointment; **faire de l'~ à qn** to overshadow sb; **mettre qn à l'~** *inf* to lock sb up; **vivre dans l'~ de qn** to live in sb's shadow

ombrelle [ɔ̃bʀɛl] *f* parasol

omelette [ɔmlɛt] *f* CULIN omelet; **~ aux champignons/au fromage** mushroom/cheese omelet

omettre [ɔmɛtʀ] *vt irr* **1.** (*négliger*) **~ de** *+infin* to omit [*o* fail] to *+infin* **2.** (*oublier*) **~ qn/qc** to leave sb/sth out

omis [ɔmi] *passé simple de* **omettre**

omis(e) [ɔmi, iz] *part passé de* **omettre**

omission [ɔmisjɔ̃] *f* **1.** (*fait d'omettre qc, chose omise: d'un mot, détail*) omission **2.** (*fait d'omettre de faire qc, acte omis*) oversight

omnibus [ɔmnibys] **I.** *m* CHEMDFER local train **II.** *app* (*train*) local

omnipotent(e) [ɔmnipɔtɑ̃, ɑ̃t] *adj* omnipotent

omniprésent(e) [ɔmnipʀezɑ̃, ɑ̃t] *adj* omnipresent

omniscient(e) [ɔmnisjɑ̃, jɑ̃t] *adj* omniscient

omnisports [ɔmnispɔʀ] *adj inv* general purpose; (*club, salle*) sports

omnivore [ɔmnivɔʀ] *adj* omnivorous

omoplate [ɔmɔplat] *f* shoulder blade

on [ɔ̃] *pron pers* **1.** (*tout le monde*) people; (*toute personne*) one, you; **~ dit qu'elle l'a fait** they say that she did it; **en France, ~ boit du vin** in France, people drink wine; **après un moment, on n'y pense plus** after a while you don't think about it anymore; **on peut imaginer une autre solution** another solution can be envisaged **2.** (*quelqu'un*) somebody; **~ vous demande au téléphone** somebody wants to speak to you on the telephone; **j'attends qu'~** [*o* **que l'~**] **apporte le dessert** I'm waiting for the dessert to come **3.** *inf* (*nous*) we; **~ s'en va!** off we go!; **nous, ~ veut bien!** we would love to!; **~ fait ce qu'~** [*o* **que l'~**] **peut** we're doing what we can **4.** *inf* (*tu, vous*) you; **alors Marie, ~ s'en va déjà?** so Marie, are you off already? **5.** *inf* (*il(s)*, *elle(s)*) **qu'~** [*o* **que l'~**] **est jolie aujourd'hui!** aren't they pretty today! **6.** (*je, moi*) **oui, oui, ~ va le faire!** yeah, yeah, I'll do it!

once [ɔ̃s] *f* (*une très petite quantité*) **une ~ de bon sens** an ounce of common sense

oncle [ɔ̃kl] *m* uncle

onctueux, -euse [ɔ̃ktɥø, -øz] *adj* **1.** (*moelleux, lisse: potage, sauce*) smooth **2.** (*doux au toucher*) smooth; (*crème*) creamy

onctuosité [ɔ̃ktɥozite] *f* (*d'un potage, d'une sauce*) smoothness; (*d'une crème*) creaminess

onde [ɔ̃d] *f* **1.** PHYS, RADIO wave; **~s courtes/moyennes** short/medium wave; **petites/**

grandes ~s short/long wave; **passer sur les ~s** to be broadcast on the radio **2.** *pl* (*ondulation: blé, foule*) waves ▶**être sur la même longueur d'~s** *inf* to be on the same wavelength
ondée [ɔ̃de] *f* shower
on-dit [ɔ̃di] *m inv* hearsay
ondulation [ɔ̃dylasjɔ̃] *f* **1.** (*mouvement onduleux, ligne sinueuse: du blé, des vagues*) undulation **2.** (*vagues: des cheveux*) waves *pl*
ondulé(e) [ɔ̃dyle] *adj* (*cheveux*) wavy; (*route, surface*) undulating; (*carton, tôle*) corrugated
onduler [ɔ̃dyle] <1> **I.** *vi* **1.** (*ondoyer: blé, vague*) to undulate; (*serpent*) to slither **2.** (*être sinueux: route*) to snake; (*cheveux*) to wave **II.** *vt* (*cheveux*) to wave
onéreux, -euse [ɔneʀø, -øz] *adj* expensive; (*loyer, marchandise*) costly; **à titre ~** against payment
ongle [ɔ̃gl] *m* ANAT nail; **~s des pieds et des mains** fingernails and toenails; **se faire les ~s** to do one's nails
onglée [ɔ̃gle] *f* **j'ai l'~** the tips of my fingers are frozen numb
onglet [ɔ̃glɛ] *m* **1.** (*encoche*) tab **2.** (*entaille: d'un canif, d'une règle*) groove
onomatopée [ɔnɔmatɔpe] *f* LING onomatopoeia
ont [ɔ̃] *indic prés de* **avoir**
Ontario [ɔ̃taʀjo] *m* **l'~** Ontario
O.N.U. [ony] *f abr de* **Organisation des Nations unies** U.N.
onze [ɔ̃z] **I.** *adj* eleven **II.** *m inv* eleven; *v.a.* **cinq**
onzième [ɔ̃zjɛm] **I.** *adj antéposé* eleventh **II.** *mf* **le/la ~** the eleventh **III.** *m* (*fraction*) eleventh; *v.a.* **cinquième**
opale [ɔpal] *f* opal
opaline [ɔpalin] *f* (*matière, objet*) opaline
opaque [ɔpak] *adj* **1.** (*opp: transparent*) opaque **2.** (*dense: brouillard*) thick; (*obscurité*) impenetrable
opéra [ɔpeʀa] *m* opera
opérable [ɔpeʀabl] *adj* operable
opéra-comique [ɔpeʀakɔmik] <opéras-comiques> *m* comic opera
opérant(e) [ɔpeʀɑ̃, ɑ̃t] *adj* effective
opérateur [ɔpeʀatœʀ] *m* INFORM, MATH operator; **~ du système** system operator; **~ de téléphonie numérique mobile** digital mobile telephone network operator
opérateur, -trice [ɔpeʀatœʀ, -tʀis] *m, f* **1.** TECH, TEL operator; **~ de saisie** keyboard operator **2.** FIN dealer
opération [ɔpeʀasjɔ̃] *f* **1.** MED, MATH, MIL operation; **~ de police/sauvetage** police/rescue operation; **l'~ ville propre** anti-litter campaign **2.** (*transaction*) deal; **~s boursières** stock transactions
opérationnel(le) [ɔpeʀasjɔnɛl] *adj* operational
opératoire [ɔpeʀatwaʀ] *adj* MED (*bloc, technique*) operating; (*choc, dépression*) postoperative

opéré(e) [ɔpeʀe] *m(f)* patient
opérer [ɔpeʀe] <5> **I.** *vt* **1.** MED **~ qn de qc** to operate on sb for sth; **~ qn du rein** to operate on sb's kidney **2.** (*provoquer*) **~ un changement** to bring about a change **3.** (*réaliser: choix*) to make; (*réforme*) to achieve **II.** *vi* **1.** (*produire: charme, médicament*) to work **2.** (*procéder*) to act **III.** *vpr* **s'~ 1.** (*se réaliser*) to happen **2.** MED to be operated on
opérette [ɔpeʀɛt] *f* MUS operetta
ophtalmo *inf,* **ophtalmologiste** [ɔftalmɔlɔʒist] *mf,* **ophtalmologue** [ɔftalmɔlɔg] *mf* ophthalmologist
opinel® [ɔpinɛl] *m* Opinel knife® (*type of penknife*)
opiner [ɔpine] <1> *vi* **~ de la tête** to nod one's assent
opiniâtre [ɔpinjɑtʀ] *adj* **1.** (*obstiné: travail, efforts*) dogged; (*résistance, haine*) unrelenting; (*personne, caractère*) obstinate **2.** (*tenace: fièvre, toux*) stubborn
opiniâtreté [ɔpinjɑtʀəte] *f* **1.** (*persévérance*) persistence **2.** (*entêtement*) stubbornness
opinion [ɔpinjɔ̃] *f* **1.** (*avis*) opinion; **avoir une ~ sur un sujet** to have an opinion on a subject; **se faire une ~** to form an opinion **2.** (*jugement collectif*) **l'~ publique** public opinion **3.** *gén pl* (*convictions*) (**à**) **chacun ses ~s** to each his own; **liberté d'~** freedom of opinion
opiomane [ɔpjɔman] *mf* opium addict
opium [ɔpjɔm] *m* opium
opportun(e) [ɔpɔʀtœ̃, yn] *adj* (*démarche, intervention*) timely; **au moment ~** at the right moment
opportunément [ɔpɔʀtynemɑ̃] *adv* opportunely
opportuniste [ɔpɔʀtynist] **I.** *adj* opportunist **II.** *mf* opportunist
opportunité [ɔpɔʀtynite] *f* **1.** (*bien-fondé*) timeliness **2.** (*occasion*) opportunity
opposant(e) [ɔpozɑ̃, ɑ̃t] **I.** *m(f)* opponent; **les ~s à qn/qc** the opponents to sb/sth **II.** *adj* (*qui s'oppose à*) *a.* JUR opposing
opposé [ɔpoze] *m* opposite ▶**à l'~** (*dans l'autre direction*) the other way; (*au contraire*) directly opposite; **à l'~ de qn/qc** unlike sb/sth
opposé(e) [ɔpoze] *adj* **1.** (*d'en face*) *a.* PHYS opposing; MATH opposite **2.** (*contraire: avis, intérêt*) conflicting; (*caractère, goût*) opposing **3.** (*hostile*) **être ~ à qc** to be opposed to sth
opposer [ɔpoze] <1> **I.** *vt* **1.** (*comparer*) **~ qn/qc et** [*o* **à**] **qn/qc** to compare sb/sth with sb/sth **2.** MIL **le conflit oppose les deux nations** the conflict opposes the two nations **3.** SPORT **ce match oppose l'équipe X à** [*o* **et**] **l'équipe Y** this match pits team X against team Y **4.** (*répondre par*) **~ un refus à qn** to refuse sb **5.** (*objecter*) **~ des arguments/raisons à qn/qc** to submit arguments/reasons against sb/sth **II.** *vpr* **1.** (*faire obstacle*) **s'~ à qn/qc** to oppose sb/sth **2.** (*faire contraste*) **s'~** to

contrast
opposition [ɔpozisjɔ̃] *f* **1.** (*résistance*) **~ à qc** opposition to sth; **faire ~ à qc** to oppose sth **2.** (*différence: des opinions, caractères*) clash; **des ~s d'intérêt** conflict of interest **3.** (*combat*) **~ de deux adversaires** opposition of two adversaries **4.** POL the opposition; **les partis/journaux d'~** the opposition parties/newspapers ►**faire ~ à un paiement** to countermand a payment; **faire ~ à un chèque** to stop payment on a check; **en ~** at odds; **par ~** in contrast; **par ~ à qn/qc** (*contrairement*) in contrast to sb/sth; (*par défi*) as opposed to sb/sth
oppressant(e) [ɔpʀesɑ̃, ɑ̃t] *adj* oppressive
oppressé [ɔpʀese] *adj* unable to breathe
oppresser [ɔpʀese] <1> *vt* **1.** (*angoisser: sentiment, souvenir*) to oppress **2.** (*suffoquer: chaleur, temps*) to stifle
oppresseur, -euse [ɔpʀesœʀ] *m, f* oppressor
oppression [ɔpʀesjɔ̃] *f* **1.** (*tyrannie, angoisse*) oppression **2.** (*suffocation*) stifling feeling
opprimé(e) [ɔpʀime] *m(f)* victim; **les ~s** the oppressed
opprimer [ɔpʀime] <1> *vt* to oppress
opter [ɔpte] <1> *vi* **~ pour qc** to opt for sth
opticien(ne) [ɔptisjɛ̃, jɛn] *m(f)* optician
optimal(e) [ɔptimal, -o] <-aux> *adj* optimum
optimisme [ɔptimism] *m* optimism
optimiste [ɔptimist] **I.** *adj* optimistic **II.** *mf* optimist
option [ɔpsjɔ̃] *f* **1.** (*choix*) choice **2.** ECOLE elective **3.** (*promesse d'achat*) **prendre une ~ sur une maison** to take out an option on a house **4.** AUTO optional extra
optique [ɔptik] **I.** *adj* (*nerf*) optic; (*verre, centre*) optical **II.** *f* **1.** (*science, lentille*) optics + *vb sing* **2.** (*point de vue*) perspective; **dans** [*o* **vu sous**] **cette ~** in this perspective
opulence [ɔpylɑ̃s] *f* **1.** (*richesse*) wealth **2.** (*ampleur: des formes*) fullness
opulent(e) [ɔpylɑ̃, ɑ̃t] *adj* **1.** (*très riche: personne, pays*) rich; (*vie*) opulent **2.** (*plantureux: formes, poitrine*) ample
or[1] [ɔʀ] *m* gold; **d'~/en ~** made of gold ►**pour tout l'~ du monde** for all the tea in China; **rouler sur l'~** to be rolling in money; **affaire en ~** a bargain
or[2] [ɔʀ] *conj* **1.** (*dans un syllogisme*) now **2.** (*transition*) but
oracle [ɔʀakl] *m* oracle
orage [ɔʀaʒ] *m* **1.** METEO storm; **le temps est à l'~** there's a storm coming **2.** (*dispute*) upset ►**il y a de l'~ dans l'air** *inf* there's a storm brewing
orageux, -euse [ɔʀaʒø, -ʒøz] *adj* **1.** METEO stormy; (*pluie*) thundery; (*nuage*) thunder **2.** (*agité, houleux: adolescence, époque*) turbulent; (*discussion*) stormy
oraison [ɔʀɛzɔ̃] *f* REL **1.** (*lecture*) oration **2.** (*méditation*) prayer ►**~ funèbre** funeral oration
oral [ɔʀal, -o] <-aux> *m* oral (exam)
oral(e) [ɔʀal, -o] <-aux> *adj* **1.** (*opp: écrit*) oral **2.** (*buccal: cavité*) oral; **prendre par voie ~e** take by mouth **3.** PSYCH (*stade*) oral
oralement [ɔʀalmɑ̃] *adv* orally
orange [ɔʀɑ̃ʒ] **I.** *f* orange; **~ amère/sanguine** bitter/blood orange; **confiture d'~** orange marmalade **II.** *m* **1.** (*couleur*) orange **2.** AUTO yellow; **le feu passe/est à l'~** the lights are changing to/are on yellow; **passer à l'~** (*voiture*) to go through on yellow **III.** *adj inv* orange
orangé [ɔʀɑ̃ʒe] *m* orangy color
orangé(e) [ɔʀɑ̃ʒe] *adj* orangy
orangeade [ɔʀɑ̃ʒad] *f* orangeade
oranger [ɔʀɑ̃ʒe] *m* orange tree
orangeraie [ɔʀɑ̃ʒʀɛ] *f* orange grove
orangerie [ɔʀɑ̃ʒʀi] *f* orangery
orang-outan(g) [ɔʀɑ̃utɑ̃] <orangs-outan(g)s> *m* orangutan
orateur, -trice [ɔʀatœʀ, -tʀis] *m, f* speaker
orbite [ɔʀbit] *f* **1.** ANAT (eye-)socket **2.** ASTR orbit **3.** (*sphère d'influence*) **être dans l'~ de qn** to be in sb's sphere of influence
orchestral(e) [ɔʀkɛstʀal, -o] <-aux> *adj* orchestral
orchestre [ɔʀkɛstʀ] *m* **1.** MUS orchestra; **~ à cordes** string orchestra; **~ de cuivres** brass band **2.** (*emplacement*) stalls *pl*; **fosse d'~** orchestra pit **3.** THEAT, CINE (*place de devant*) orchestra (section) seat; (*public assis devant*) orchestra section *pl*
orchestrer [ɔʀkɛstʀe] <1> *vt* **1.** MUS to orchestrate **2.** (*organiser: campagne de presse, de publicité*) to orchestrate; (*manifestation*) to organize
orchidée [ɔʀkide] *f* orchid
ordinaire [ɔʀdinɛʀ] **I.** *adj* **1.** (*habituel: événement, fait*) ordinary; (*réaction, geste*) usual **2.** (*courant: produit*) everyday **3.** *péj* (*médiocre*) average **II.** *m* **1.** (*banalité, habitude*) ordinary; **ça change de l'~** that's a change; **comme à l'~** as usual; **d'~** ordinarily **2.** (*menu habituel*) everyday menu
ordinairement [ɔʀdinɛʀmɑ̃] *adv* ordinarily
ordinal(e) [ɔʀdinal, -o] <-aux> *adj* ordinal
ordinateur [ɔʀdinatœʀ] *m* computer; **~ personnel** personal computer; **~ portable** laptop computer; **~ de table** desktop computer; **assisté par ~** computer-assisted; **travailler sur ~** to work on the computer; **éteindre l'~** to shut down the computer
ordination [ɔʀdinasjɔ̃] *f* ordination
ordinogramme [ɔʀdinɔgʀam] *m* flow chart
ordonnance [ɔʀdɔnɑ̃s] *f* **1.** MED prescription; **médicament délivré sur ~** prescription medicine **2.** JUR order **3.** (*disposition: d'une phrase*) structure; (*d'un poème, d'un tableau*) layout; (*d'une cérémonie*) organization; (*d'un appartement, repas*) order
ordonné(e) [ɔʀdɔne] *adj* **1.** (*méthodique: personne*) methodical **2.** (*qui a de l'ordre*) orderly **3.** (*opp: confus: vie*) orderly; (*maison*) tidy
ordonner [ɔʀdɔne] <1> **I.** *vt* **1.** (*arranger*) to

arrange; MATH to arrange in order **2.** (*commander*) **~ qc à qn** to order sth for sb; MED to prescribe sth for sb; **~ que** +*subj* to order sb to +*infin* **3.** REL to ordain **II.** *vpr* (*s'organiser*) **mes idées se sont ordonnées** my ideas are organized

ordre[1] [ɔʀdʀ] *m* **1.** (*caractère ordonné: d'une pièce, personne*) tidiness; **avoir de l'~** to be tidy **2.** (*classement, organisation, stabilité sociale, association honorifique, congrégation*) *a.* BOT, ZOOL, HIST order; **par ~ alphabétique** in alphabetical order; **tiercé dans l'~** trifecta in the right order; **rappeler qn à l'~** to call sb to order; **rentrer dans l'~** to return to normal **3.** (*genre*) nature; **d'~ politique/économique** of a political/economic nature **4.** (*association*) association; REL order ► **c'est dans l'~ des choses** it's in the order of things; **un ~ de grandeur** a rough idea; **dans le même ~ d'idées** while we're on the subject; **dans un autre ~ d'idées** in a different way; **mettre bon ~ à qc** to sort sth out; **de l'~ de** of roughly; **de premier/deuxième ~** first-/second-rate; **en ~** in order

ordre[2] [ɔʀdʀ] *m* **1.** (*commandement*) order; **donner l'~ à qn de** +*infin* to give sb the order to +*infin;* **être sous les ~s de qn** to be under sb's command; **à vos ~s!** yes sir!; **~ de mission** order to travel; **~ de route** marching orders **2.** (*directives*) order; **sur ~ du médecin** on doctor's orders; **~ de grève** strike call **3.** (*commande*) order; **~ d'achat/de vente** purchase/sale order; **par ~** by order ► **~ du jour** agenda; **être à l'~ du jour** to be on the agenda; **jusqu'à nouvel ~** until further instructions; **à l'~ de** payable to

ordure [ɔʀdyʀ] *f* **1.** *pl* (*détritus, objets usés*) garbage; **jeter/mettre qc aux ~s** to throw sth away **2.** *inf* (*personne*) swine **3.** *pl* (*propos obscènes*) filth

ordurier, -ière [ɔʀdyʀje, -jɛʀ] *adj* filthy

oreille [ɔʀɛj] *f* **1.** ANAT ear; **des ~s décollées** protruding ears **2.** (*ouïe*) **avoir l'~ fine** (*entendre bien*) to have a good sense of hearing; (*percevoir les nuances*) to have a sharp ear **3.** (*appuie-tête*) headrest; **un fauteuil à ~s** a wing chair ► **avoir les ~s en feuille de chou** *inf* to have cauliflower ears; **n'être pas tombé dans l'~ d'un sourd** not to fall on deaf ears; (*conseil, proposition*) to be taken notice of; **être dur d'~** to be hard of hearing; **faire la sourde ~** to turn a deaf ear; **casser** [*o* **(é)chauffer**] **les ~s à qn** to deafen sb; **dormir sur ses deux ~s** to sleep soundly; **dresser** [*o* **tendre**] **l'~** to prick up one's ears; **n'écouter que d'une ~** to listen with half an ear; **je ne l'entends pas de cette ~** I'm not having it; **prêter l'~ à qn/qc** to listen to sb/sth; **rebattre les ~s à qn avec qc** to go on about sth to sb; **se faire tirer l'~** to need a lot of persuading; **jusqu'aux ~s** up to one's eyes

oreiller [ɔʀeje] *m* pillow

oreillette [ɔʀɛjɛt] *f* **1.** ANAT auricle **2.** COUT earflap; **à ~s** with earflaps **3.** (*écouteur: d'un baladeur, portable*) earphone

oreillons [ɔʀɛjɔ̃] *mpl* mumps

ores [ɔʀ] **d'~ et déjà** *soutenu* already

orfèvre [ɔʀfɛvʀ] *mf* goldsmith

orfèvrerie [ɔʀfɛvʀəʀi] *f* **1.** (*travail*) gold work **2.** (*art*) goldsmithing **3.** (*objet*) gold plate

organe [ɔʀgan] *m* **1.** ANAT organ; **les ~s de la digestion/respiration** the respiratory/digestive organs **2.** (*porte-parole*) mouthpiece **3.** (*instrument*) instrument **4.** (*voix*) organ **5.** ADMIN **les ~s directeurs** [*o* **dirigeants**] **d'un parti** the leadership of a party

organigramme [ɔʀganigʀam] *m* **1.** ADMIN organizational chart **2.** INFORM flow chart

organique [ɔʀganik] *adj* organic

organisateur [ɔʀganizatœʀ] *m* INFORM organizer

organisateur, -trice [ɔʀganizatœʀ, -tʀis] **I.** *adj* organizing **II.** *m, f* organizer; (*d'une manifestation, d'un voyage*) leader; **tes talents d'~** your organizational skills

organisation [ɔʀganizasjɔ̃] *f* organization; **l'~ des services** the structure of services; **~ syndicale** labor union organization

organisé(e) [ɔʀganize] *adj* **1.** (*structuré, méthodique*) organized; **être ~ dans son travail** to be organized in one's work **2.** *inf* (*manifeste*) **c'est du vol ~!** it's highway robbery!

organiser [ɔʀganize] <1> **I.** *vt* **1.** (*préparer, planifier*) to organize **2.** (*structurer*) to set up **II.** *vpr* **s'~ pour qc** to get organized for sth; **savoir s'~** to know how to organize oneself

organisme [ɔʀganism] *m* **1.** BIO organism **2.** ADMIN organization; **~ de crédit/tourisme** credit/tourist company

organiste [ɔʀganist] *mf* organist

orgasme [ɔʀgasm] *m* orgasm

orge [ɔʀʒ] *f* barley

orgie [ɔʀʒi] *f* **1.** (*débauche*) orgy **2.** *iron* (*profusion, excès: de bonbons, de glaces*) profusion

orgue [ɔʀg] **I.** *m* organ; **~ de Barbarie** barrel organ **II.** *fpl* organ + *vb sing*

orgueil [ɔʀgœj] *m* **1.** (*fierté*) pride **2.** (*prétention*) arrogance

orgueilleux, -euse [ɔʀgøjø, -jøz] **I.** *adj* **1.** (*fier*) proud **2.** (*prétentieux*) arrogant **II.** *m, f* proud person

Orient [ɔʀjɑ̃] *m* **l'~** the Orient

orientable [ɔʀjɑ̃tabl] *adj* swiveling; (*lampe*) adjustable; (*antenne, bras*) movable

oriental(e) [ɔʀjɑ̃tal, -o] <-aux> *adj* **1.** (*situé à l'est d'un lieu*) eastern **2.** (*relatif à l'Orient*) oriental

Oriental(e) [ɔʀjɑ̃tal, -o] <-aux> *m(f)* Oriental

orientation [ɔʀjɑ̃tasjɔ̃] *f* **1.** (*position: d'une maison*) aspect; (*du soleil, d'un phare, de lamelles, d'une antenne, d'un avion, navire*) direction; **changer l'~ d'une lampe** to change the position of a lamp **2.** (*tendance, direction: d'une enquête, d'un établissement*) tendency; (*d'une campagne, d'un parti politique*) trend; **l'~ de sa pensée** the trend of

O

her thought; **les nouvelles ~s de la médecine** the new trends in medicine **3.** PSYCH, ECOLE guidance

orienté(e) [ɔʀjɑ̃te] *adj* oriented

orienter [ɔʀjɑ̃te] <1> **I.** *vt* **1.** (*diriger: carte, plan*) to turn; **~ une antenne/un phare vers** [*o* **sur**] **qc** to position [*o* turn] an antenna/headlight toward sth **2.** (*guider*) **~ une activité/conversation vers qc** to turn an activity/conversation toward sth; **~ un touriste/visiteur vers qc** to direct a tourist/visitor toward sth **3.** PSYCH, ECOLE to guide **4.** MATH (*droite, grandeur*) to orient **II.** *vpr* **1.** (*a. fig*) **s'~** to find one's bearings **2.** (*se tourner vers*) **s'~ vers qc** to turn toward sth; **s'~ au nord** (*vent*) to move around to the north

orienteur, -euse [ɔʀjɑ̃tœʀ, -øz] *m, f* career counselor

orifice [ɔʀifis] *m* orifice; (*d'une canalisation*) opening; (*d'un tuyau*) mouth; **les ~s naturels du corps** the natural orifices of the body

oriflamme [ɔʀiflɑm] *f* standard; HIST oriflamme

origan [ɔʀigɑ̃] *m* oregano

originaire [ɔʀiʒinɛʀ] *adj* **être ~ d'une ville/d'un pays** to originally come from a town/country

originairement [ɔʀiʒinɛʀmɑ̃] *adv* originally

original [ɔʀiʒinal, -o] <-aux> *m* original

original(e) [ɔʀiʒinal, -o] <-aux> **I.** *adj* **1.** (*premier: édition, titre*) first **2.** (*inédit, personnel, authentique: texte, version, gravure, idée*) original **3.** *péj* (*bizarre*) eccentric **II.** *m(f)* eccentric

originalité [ɔʀiʒinalite] *f* **1.** (*nouveauté*) novelty **2.** (*élément original*) originality **3.** *péj* (*bizarrerie: d'une personne*) eccentricity

origine [ɔʀiʒin] *f* **1.** (*commencement*) beginning; **à l'~** in the beginning; **dès l'~** from the beginning **2.** (*cause: d'un échec*) cause; **quelle est l'~ de ...?** what caused this ...? **3.** (*ascendance, provenance*) origin ▶**des ~s à nos jours** from its origins to the present day; **avoir son ~ dans qc, tirer son ~ de qc** to originate from sth; (*coutume*) to have its origins in sth; **être à l'~ de qc** (*personne*) to be behind sth; **être à l'~ d'un mal** (*chose*) to be the cause of an evil; **appellation/certificat d'~** label/certificate of origin; **un mot d'~ grecque/belge** a word of Greek/Belgian origin; **être d'~ française/ouvrière** to have French origins/a working-class background; **d'~ paysanne/noble** from peasant/noble stock

originel(le) [ɔʀiʒinɛl] *adj* original

originellement [ɔʀiʒinɛlmɑ̃] *adv* originally

oripeaux [ɔʀipo] *mpl* rags

O.R.L. [oɛʀɛl] **I.** *mf abr de* **oto-rhino-laryngologiste** E.N.T. specialist **II.** *f abr de* **oto-rhino-laryngologie** E.N.T.

orme [ɔʀm] *m* elm

ornement [ɔʀnəmɑ̃] *m* **1.** (*chose décorative*) ornament; **arbre/plante d'~** ornamental tree/plant **2.** (*décoration*) adornment; ARCHIT, ART embellishment; **sans ~s** plain

ornemental(e) [ɔʀnəmɑ̃tal, -o] <-aux> *adj* (*style, motif*) decorative; (*plante*) ornamental; **ne pas être très ~** not to be very attractive

ornementation [ɔʀnəmɑ̃tasjɔ̃] *f* ornamentation

ornementer [ɔʀnəmɑ̃te] <1> *vt* to ornament

orner [ɔʀne] <1> **I.** *vt* **1.** (*parer*) to adorn; (*style, vérité*) to embellish **2.** (*servir d'ornement*) to decorate; **être orné de qc** (*objet, vêtements*) to be decorated with sth; (*mur, pièce, salle*) to be adorned with sth **II.** *vpr* **s'~ de qc** (*personne*) to adorn oneself with sth; (*chose*) to be decorated with sth

ornière [ɔʀnjɛʀ] *f* rut ▶**sortir de l'~** (*se tirer d'une situation difficile*) to get out of the woods; (*échapper à la routine*) to get out of a rut

ornithologie [ɔʀnitɔlɔʒi] *f* ornithology

ornithologue [ɔʀnitɔlɔg] *mf* ornithologist

ornithorynque [ɔʀnitɔʀɛ̃k] *m* duck-billed platypus

orphelin(e) [ɔʀfəlɛ̃, in] **I.** *adj* orphan; **se trouver ~** to become an orphan; **~ de père** fatherless; **~ de mère** motherless; **être ~ de père et de mère** to be orphaned **II.** *m(f)* orphan

orphelinat [ɔʀfəlina] *m* orphanage

ORSEC [ɔʀsɛk] *abr de* **Organisation des secours** *organization dealing with major emergencies*

orteil [ɔʀtɛj] *m* toe

ORTF [oɛʀteɛf] *m abr de* **Office de radiodiffusion et télévision française** *former French broadcasting service*

orthodontiste [ɔʀtodɔ̃tist] *mf* orthodontist

orthodoxe [ɔʀtɔdɔks] **I.** *adj* **1.** (*conforme à l'opinion générale, au dogme*) orthodox **2.** REL Orthodox; **~ russe** Russian Orthodox ▶**ne pas être/paraître très ~** to be/seem very unorthodox **II.** *mf* REL (*chrétien d'une Église orientale*) Orthodox

orthographe [ɔʀtɔgʀaf] *f* spelling; **quelle est l'~ de votre nom?** how do you spell your name?; **réforme de l'~** spelling reform; **avoir une bonne ~** to be good at spelling; **les fautes d'~** spelling mistakes

orthographier [ɔʀtɔgʀafje] <1> *vt* to spell; **comment ce mot est-il orthographié?** how is this word spelled?

orthographique [ɔʀtɔgʀafik] *adj* (*signe*) orthographical; (*règle, système*) spelling

orthopédique [ɔʀtɔpedik] *adj* orthopedic

orthopédiste [ɔʀtɔpedist] *mf* orthopedist

orthophoniste [ɔʀtɔfɔnist] *mf* speech therapist

ortie [ɔʀti] *f* (stinging) nettle

orvet [ɔʀvɛ] *m* slowworm

os [ɔs, -o] <os> *m* **1.** (*matière*) *a.* ANAT bone; **~ à moelle** marrowbone; **~ de seiche** cuttlebone; **en ~** bone **2.** *pl* (*ossements, restes*) bones ▶**ne pas faire de vieux ~** (*ne pas rester longtemps*) not to stay long; *inf* (*mourir *rapidement*) not to be long for this world; **il y a un ~** *inf* there's a snag; **tomber sur un ~** *inf* to come across a snag

O.S. [oɛs] *mf abr de* **ouvrier**(**-ière**) **spécialisé**(**e**) unskilled worker

oscar [ɔskaʀ] *m* Oscar; (*récompense*) prize; **gagner l'~ de qc** to win the Oscar for sth

oscillation [ɔsilasjɔ̃] *f* **1.** (*fluctuation: d'un navire*) rocking; (*de la température, tension artérielle*) fluctuation **2.** ELEC, PHYS oscillation

osciller [ɔsile] <1> *vi* **1.** (*balancer*) to oscillate; (*personne*) to rock; (*tête*) to shake; (*flamme*) to flicker; (*pendule*) to swing **2.** (*hésiter, varier*) **~ entre qc et qc** (*personne*) to waver between sth and sth; (*chose*) to fluctuate between sth and sth

osé(**e**) [oze] *adj* **1.** (*téméraire*) daring; (*démarche, expédition*) risky **2.** (*choquant*) bold

oseille [ozɛj] *f* **1.** BOT sorrel **2.** *inf* (*argent*) bread, dough

oser [oze] <1> **I.** *vt* **1.** (*risquer*) to dare; **je n'ose penser ce qui serait arrivé si ...** I dare not think what would have happened if ... **2.** (*se permettre de*) **j'ose espérer que ...** I hope that ...; **si j'ose dire** if I may say so **II.** *vi* to dare

osier [ozje] *m* willow; **panier/meubles en ~** wicker basket/furniture

Oslo [ɔslo] Oslo

osselet [ɔslɛ] *m pl* JEUX jacks

ossements [ɔsmɑ̃] *mpl* bones

osseux, -euse [ɔsø, -øz] *adj* **1.** (*relatif aux os*) bone **2.** (*maigre: corps, main*) bony

ossuaire [ɔsɥɛʀ] *m* (*tas d'ossements, catacombes*) ossuary

ostensible [ɔstɑ̃sibl] *adj* (*mépris*) patent; (*geste, signes religieux*) conspicuous

ostensiblement [ɔstɑ̃sibləmɑ̃] *adv* conspicuously; (*manifester*) clearly

ostentation [ɔstɑ̃tasjɔ̃] *f* (*affectation, étalage indiscret*) ostentation; **avec ~** ostentatiously; **faire ~ de qc** to make a show of sth; **mettre de l'~ dans qc** to be ostentatious about sth

ostentatoire [ɔstɑ̃tatwaʀ] *adj soutenu* (*luxe, consommation*) ostentatious

ostéogenèse [ɔsteoʒənɛz] *f* MED osteogenesis; **~ imparfaite** osteogenesis imperfecta

ostéopathe [ɔsteɔpat] *mf* osteopath

ostréiculture [ɔstʀeikyltyʀ] *f* oyster farming

otage [ɔtaʒ] *m* hostage

OTAN [ɔtɑ̃] *f abr de* **Organisation du traité de l'Atlantique Nord** NATO

otarie [ɔtaʀi] *f* sea lion

ôter [ote] <1> **I.** *vt* **1.** (*retirer*) to remove; **~ sa chemise/ses gants** to take one's shirt/gloves off; **~ un vase de la table** to remove a vase from the table; **~ un noyau d'une cerise** to remove a pit from a cherry **2.** (*faire disparaître*) **~ un goût/une odeur** to get rid of a taste/smell; **~ ses scrupules/remords à qn** to rid sb of their scruples/feelings of remorse **3.** (*débarrasser*) **~ qc** (*menottes, pansements*) to take sth off; (*prendre: objet, envie*) to take sth away; (*illusion*) to dispel; **cela n'ôte rien à tes mérites** that does not detract from your merit **4.** (*retrancher*) **~ un nom d'une liste** to take a name off a list; **4 ôté de 9 égale 5** 4 from 9 equals 5 **II.** *vpr* (*s'écarter*) **s'~** to get out of the way ▶**ôte-toi de là que je m'y mette!** *iron, inf* move out of the way!

otite [ɔtit] *f* ear infection

oto-rhino [ɔtɔʀino] <oto-rhinos> *mf abr de* **oto-rhino-laryngologiste**

oto-rhino-laryngologiste [ɔtɔʀinolaʀɛ̃gɔlɔʒist] <oto-rhino-laryngologistes> *mf* ear, nose and throat specialist

ottoman(**e**) [ɔtɔmɑ̃, an] *adj* **l'Empire ~** the Ottoman Empire

ou [u] *conj* **1.** (*alternative, approximation, en d'autres termes*) or; **~** (**bien**) or; **~** (**bien**) ... **~** (**bien**) ... either ... or ...; **c'est l'un ~ l'autre** it's one or the other **2.** (*sinon*) **~** (**alors**) otherwise; **tu m'écoutes, ~ alors tu ...** listen to me, or out you ...

où [u] **I.** *pron* **1.** (*spatial*) where; **là ~** where; **je le suis partout ~ il va** I follow him everywhere he goes; **d'~ il vient** where he comes from; (*duquel*) which it comes from; **jusqu'~** how far; **par ~ il faut aller** the way to go; **le chemin par ~ nous sommes passés** the way we came **2.** (*temporel: jour, matin, soir*) when, on which; (*moment*) when, at which; (*année, siècle*) in which **3.** (*abstrait*) **à l'allure ~ il va** at the speed he's going; **au prix ~ j'ai acheté cet appareil** at the price I paid for this camera; **dans l'état ~ tu es** in the state you're in **II.** *adv interrog* **1.** (*spatial*) where; **~ s'arrêter?** where does one stop?; **~ aller?** where can we go?; **d'~ êtes-vous?** where are you from?; **jusqu'~** *a. fig* how far; **par ~** which way **2.** (*abstrait*) **~ en étais-je?** where was I?; **~ voulez-vous en venir?** what are you leading up to? **III.** *adv indéf* **1.** (*là où*) where; **par ~ que vous passiez** wherever you went; **~ les choses se gâtent, c'est lorsque ...** where things go wrong, it's because ... **2.** (*de là*) **d'~ que vienne le vent** wherever the wind comes from; **d'~ l'on peut conclure que ...** from which one can conclude that ...; **d'~ mon étonnement** hence my surprise

ouah [wa] *interj* **1.** (*cri du chien*) woof! **2.** (*exprime l'admiration ou la joie*) **~!** wow!

ouais [ˈwɛ] *adv inf* **1.** (*oui*) yeah **2.** (*sceptique*) oh yeah? **3.** (*hourra!*) **~!** hooray!

ouananiche [wananiʃ] *f Québec* (*saumon d'eau douce*) salmon trout

ouate [wat] *f* **~** (**hydrophile**) cotton (wadding) ▶**être élevé dans la ~** to be mollycoddled

ouaté(**e**) [wate] *adj* (*bruit, pas*) muffled; (*atmosphère*) cocooned; **les bruits nous arrivent ~s** the sounds we could hear were muffled

ouater [wate] <1> *vt* to quilt

oubli [ubli] *m* **1.** (*perte du souvenir*) forgetful-

O

ness; ~ **de son nom** forgetting her name; **tomber dans l'**~ to be forgotten **2.** (*étourderie*) oversight; **réparer un** ~ to make up for an oversight; **par** ~ due to an oversight **3.** (*lacune*) lapse (of memory) **4.** (*manquement à: du devoir filial, d'une promesse, règle*) neglect; ~ **du devoir** neglect of duty **5.** (*détachement volontaire*) ~ **de soi-même** selflessness

oublier [ublije] <1> **I.** *vt* **1.** (*ne plus se rappeler*) to forget; **être oublié par qn/qc** to be forgotten by sb/sth; **qc ne doit pas faire** ~ **que ...** sth must not let us forget that ... **2.** (*négliger*) to forget; **se sentir oublié** to feel forgotten; **n'oubliez pas le guide** don't forget the guide; **il ne faudrait pas** ~ **que** one must not forget that; **sans** ~ **le patron/les accessoires** without forgetting the boss/the accessories **3.** (*omettre*) to omit; (*mot, virgule*) to leave out; **avoir oublié qn dans son testament** to have left sb out of [*o* forgotten sb in] one's will **4.** (*évacuer de son esprit: injure, querelle*) to forget **5.** (*manquer à*) to neglect; ~ **un devoir/une obligation** to neglect a duty/obligation **6.** (*laisser par inadvertance*) ~ **qc** to leave sth behind ▶ **se faire** ~ to keep out of sight **II.** *vpr* **1.** (*sortir de l'esprit*) **qn/qc s'oublie** sb/sth is forgotten **2.** (*ne pas penser à soi*) **s'**~ not to think of oneself; **ne pas s'**~ to remember number one **3.** (*se laisser aller*) **s'**~ to forget oneself **4.** (*faire ses besoins*) **s'**~ (*personne, animal*) to have an accident

oubliettes [ublijɛt] *fpl* **1.** (*placard*) **aux** ~ in cold storage **2.** (*cachot*) dungeon

ouèbe [wɛb] *m inf* (World Wide) Web

oued [wɛd] *m* wadi

ouest [wɛst] **I.** *m* **l'**~ the west; **à** [*o* **dans**] **l'**~ in the west; **à** [*o* **vers**] **l'**~ to the west; **à l'**~ **de qc** west of sth; **vent d'**~ westerly wind; **les régions de l'**~ the western regions **II.** *adj inv* westerly; (*banlieue, longitude, partie*) western

Ouest [wɛst] *m* West; **les pays de l'**~ the West; **les gens de l'**~ Westerners; **le conflit entre l'Est et l'**~ the conflict between East and West

ouest-allemand(e) [wɛstalmɑ̃, ɑ̃d] <ouest--allemands> *adj* HIST West German

ouest-nord-ouest [wɛstnɔʀwɛst] *m sans pl* west-northwest

ouest-sud-ouest [wɛstsydwɛst] *m sans pl* west-southwest

ouf [ˊuf] *interj* phew; **faire** ~ to catch one's breath

Ouganda [ugɑ̃da] *m* **l'**~ Uganda

ougandais(e) [ugɑ̃dɛ, dɛz] *adj* Ugandan

Ougandais(e) [ugɑ̃dɛ, dɛz] *m(f)* Ugandan

oui [ˊwi] **I.** *adv* **1.** (*opp: non*) yes; ~ **ou non?** yes or no?; **répondre par** ~ **ou par non** to give a yes or no reply **2.** (*intensif*) yes indeed; **ah** [*o* **ça**] ~, (**alors**)! oh yes!; **hé** ~! oh yes!; ~ **ou merde?** *inf* yes or no?; **alors, tu arrives,** ~**?** *inf* so are you coming then?; **que** ~! *inf* I should say so! **3.** (*substitut d'une proposition*) **croire/penser que** ~ to believe/think so; **craindre/dire que** ~ to fear/say so; **je dirais que** ~ I would think so **II.** *m inv* **1.** (*approbation*) yes; ~ **à qn/qc** yes to sb/sth **2.** (*suffrage*) aye ▶ **pour un** ~ (**ou**) **pour un non** at the least thing

ouï-dire [ˊwidiʀ] *m inv* hearsay; **apprendre qc par** ~ to hear sth secondhand

ouïe [wi] *f* (*sens*) hearing; ZOOL gill

ouille [ˊuj] *interj* ouch!

ouistiti [ˊwistiti] *m* **1.** ZOOL marmoset **2.** *inf* (*zigoto*) oddball; **être un drôle de** ~ *inf* to be an oddball

ouragan [uʀagɑ̃] *m* **1.** (*tempête*) hurricane **2.** (*déchaînement*) storm; **un** ~ **de clameurs** a storm of protest **3.** (*personne déchaînée*) whirlwind ▶ **arriver en** [*o* **comme un**] ~ to arrive like a whirlwind

ourlé(e) [uʀle] *adj* hemmed

ourler [uʀle] <1> *vt* to hem

ourlet [uʀlɛ] *m* hem

ours [uʀs] **I.** *m* **1.** ZOOL bear; ~ **blanc** [*o* **polaire**]/**brun** polar/brown bear; *v.a.* **ourse** **2.** (*jouet d'enfant*) **un** ~ **en peluche** a teddy bear **3.** *inf* (*misanthrope*) old bear; **vivre comme un** ~ to be at odds with the world ▶ ~ **mal léché** *inf* grumpy son of a gun **II.** *adj inv, inf* gruff

ourse [uʀs] *f* she-bear; *v.a.* **ours** ▶ **la Grande/Petite Ourse** the Big/Little Dipper

oursin [uʀsɛ̃] *m* sea urchin

ourson [uʀsɔ̃] *m* bear cub

oust(e) [ˊust] *interj inf* (*pour chasser qn*) buzz off!

outil [uti] *m* (*instrument, moyen*) *a.* INFORM tool; ~ **agricole/de recherche** farming/research tool

outillage [utijaʒ] *m* (*d'un artisan, jardinier*) tools *pl;* (*d'un atelier, d'une usine*) equipment

outillé(e) [utije] *adj* **être** ~ **pour qc** to have the (right) tools for sth

outiller [utije] <1> **I.** *vt* to equip; **être outillé pour** +*infin* to be equipped to +*infin;* (*établissement*) to be fitted out to +*infin* **II.** *vpr* **s'**~ **pour qc** to equip oneself for sth

outrage [utʀaʒ] *m* insult; ~ **à agent** insulting a police officer; ~ **à magistrat** contempt of court; ~ **aux bonnes mœurs** affront to public decency; ~ **à la pudeur** indecent exposure

outrager [utʀaʒe] <2a> *vt* to offend; **d'un air outragé** with an outraged look

outrance [utʀɑ̃s] *f* extravagance; **à** ~ to excess; **la guerre à** ~ all-out war; **avec** ~ extravagantly

outrancier, -ière [utʀɑ̃sje, -jɛʀ] *adj* extreme

outre¹ [utʀ] *f* (*sac*) goatskin ▶ **être gonflé** [*o* **plein**] **comme une** ~ to be full to bursting

outre² [utʀ] **I.** *prep* (*en plus de*) as well as; ~ **le fait que cela est connu** besides the fact that it is known **II.** *adv* **en** ~ moreover

outré(e) [utʀe] *adj* **1.** (*indigné*) outraged **2.** (*excessif*) overdone

outre-Atlantique [utʀatlɑ̃tik] *adv* across the

Atlantic
outremer [utʀəmɛʀ] I. *m* 1. (*en minéralogie*) lapis lazuli 2. (*bleu*) ultramarine II. *adj inv* ultramarine
outre-mer [utʀəmɛʀ] *adv* overseas
outrepasser [utʀəpɑse] <1> *vt* (*droits, limites, pouvoir*) to overstep; (*ordre*) to exceed
outrer [utʀe] <1> *vt* (*scandaliser*) to outrage
outre-tombe [utʀətɔ̃b] *adv* beyond the grave
outsider [autsajdœʀ] *m* outsider
ouvert(e) [uvɛʀ, ɛʀt] I. *part passé de* **ouvrir** II. *adj* open; (*robinet*) on; **être grand ~** (*yeux*) to be wide open; **être ~ à qn/qc** to be open to sb/sth
ouvertement [uvɛʀtəmɑ̃] *adv* openly
ouverture [uvɛʀtyʀ] *f* 1. (*action d'ouvrir, fait de rendre accessible au public, inauguration*) opening; (*d'un robinet*) turning on; **l'~ de cette porte est automatique** this door opens automatically; **les jours/heures d'~** opening days/times; **l'~ au public** opening to the public 2. (*commencement*) opening; **la séance d'~** opening session 3. (*orifice*) opening; (*d'un volcan*) mouth 4. (*attitude ouverte*) openness; **~ d'esprit** open-mindedness; **ton ~ sur le monde** your opening on to the world; **l'~ sur l'Europe** opening up to Europe 5. *pl* (*avance, proposition: de négociations, paix*) overtures 6. MUS overture 7. PHOT aperture 8. COM, JUR (*d'un compte, d'une information judiciaire*) reading; (*d'un crédit*) setting up; (*d'une succession*) reading 9. INFORM **~ d'une session** login ►**faire** **l'~** *inf* (*d'un magasin*) to open up; (*de la saison*) to go out on opening day
ouvrable [uvʀabl] *adj* working
ouvrage [uvʀaʒ] I. *m* 1. (*objet fabriqué*) work; **~ de sculpture** sculpture 2. (*livre*) **~ d'histoire** historical work 3. (*travail*) piece of work; COUT work; **table à ~** worktable; **se mettre à l'~** to start work ►**~ d'art** work of art II. *f inf* **de la belle ~** a nice piece of work
ouvragé(e) [uvʀaʒe] *adj* finely worked; (*signature*) elaborate
ouvrant(e) [uvʀɑ̃, ɑ̃t] *adj v.* **toit**
ouvré(e) [uvʀe] *adj* (*jour*) working
ouvre-boîte [uvʀəbwat] <ouvre-boîtes> *m* can opener
ouvre-bouteille [uvʀ(ə)butɛj] <ouvre-bouteilles> *m* bottle opener
ouvreur, -euse [uvʀœʀ, -øz] *m, f* CINE, THEAT usher
ouvrier, -ière [uvʀije, -ijɛʀ] I. *adj* (*classe, mouvement, quartier, syndicat*) working-class; (*conflit, législation, condition*) industrial; (*militant*) labor II. *m, f* (*travailleur manuel*) worker; **~ d'usine/spécialisé** factory/unskilled worker; **~ professionnel** [*o* **qualifié**] skilled worker
ouvrière [uvʀijɛʀ] *f* (*abeille, termite, fourmi*) worker
ouvrir [uvʀiʀ] <11> I. *vt* 1. (*opp: fermer, écarter, déployer, rendre accessible, fonder, créer, inaugurer, commencer, percer*) *a.* SPORT, JUR, FIN to open; (*à clé*) to unlock; **~ grand ses oreilles** to pin back one's ears; **~ le bec** to open one's mouth; **~ un crédit à qn** to set up a loan for sb 2. *inf* (*faire fonctionner: chauffage, télé, robinet, gaz*) to turn on 3. (*débloquer, frayer*) **~ une issue/un passage à qn/qc** to open up a way out/way through for sb/sth; **~ à la navigation** to open to shipping 4. (*être en tête de: marche, procession*) to lead; **~ une liste** to head a list 5. (*provoquer une blessure*) **~ qc** (*jambe, ventre, crâne*) to cut sth open ►**l'~** *inf* to open one's mouth II. *vi* 1. (*donner sur*) **~ sur qc** to open on to sth 2. (*être accessible au public, être rendu accessible au public*) **~ le lundi** to open on Mondays; **~ à 15 h** to open at 3 p.m. 3. (*commencer*) **~ par qc** to begin with sth III. *vpr* 1. (*opp: se fermer*) **s'~** to open; (*vêtement*) to unfasten; (*foule*) to part; **mal s'~** to open wrongly 2. (*devenir accessible à*) **s'~ au commerce** to open up for trade; **s'~ à l'extérieur** [*o* **au monde**] to open up to the outside world 3. (*commencer*) **s'~ par qc** to begin with sth; (*exposition, séance*) to open with sth 4. (*se blesser*) **s'~ les veines** to slash one's wrists; **s'~ la lèvre** to split one's lip; **s'~ la jambe/le crâne** to cut one's leg/one's head open
ovaire [ɔvɛʀ] *m* ANAT, BOT ovary
ovale [ɔval] I. *adj* oval II. *m* oval
ovation [ɔvasjɔ̃] *f* ovation; **faire une ~ à qn** to give sb an ovation
ovationner [ɔvasjɔne] <1> *vt* **~ qn** to give sb an ovation; **se faire ~ par qn** to be given an ovation by sb
overdose [ɔvœʀdoz, ɔvɛʀdoz] *f* overdose
ovin [ɔvɛ̃] *m* sheep
ovin(e) [ɔvɛ̃, in] *adj* (*race*) ovine
OVNI [ɔvni] *m abr de* **objet volant non identifié** UFO
ovulation [ɔvylasjɔ̃] *f* ovulation
ovule [ɔvyl] *m* 1. ovum 2. BOT ovule
oxydation [ɔksidasjɔ̃] *f* oxidation
oxyde [ɔksid] *m* oxide; **~ de carbone** carbon monoxide
oxyder [ɔkside] <1> *vt, vpr* (**s'**)~ to oxidize
oxygène [ɔksiʒɛn] *m* 1. CHIM oxygen 2. (*air pur*) fresh air 3. (*souffle nouveau*) new lease on life
oxygéné(e) [ɔksiʒene] *adj* (*cheveux*) bleached; **eau ~e** hydrogen peroxide
oxygéner [ɔksiʒene] <5> I. *vt* (*cheveux*) to bleach II. *vpr* **s'~** to bleach one's hair
ozone [ozon, ɔzɔn] *f* ozone

O

P

P, p [pe] *m inv* P, p; **~ comme Pierre** (*au téléphone*) p as in Papa

PACA [paka] *f abr de* **(région) Provence-Alpes-Côte d'Azur** Provence-Alpes-Côte d'Azur region

pachyderme [paʃidɛʀm, pakidɛʀm] *m* elephant

pacifier [pasifje] <1a> *vt* to pacify

pacifique [pasifik] *adj* peaceful; (*personne, pays, peuple*) peace-loving

Pacifique [pasifik] *m* **le ~** the Pacific

pacifiste [pasifist] **I.** *adj* pacifist **II.** *mf* pacifist

pack [pak] *m* pack

pacotille [pakɔtij] *f* **1.** (*mauvaise marchandise*) garbage; **de ~** cheap; *fig* worthless **2.** (*bijoux*) cheap jewelry

PACS [paks] *m abr de* **pacte civil de solidarité** *formal civil contract between a non-married heterosexual or homosexual couple*

pacser [pakse] <1> **I.** *vi* to sign a PACS agreement **II.** *vpr* **se ~** to sign a PACS agreement together

pacte [pakt] *m* pact; **~ d'alliance** treaty of alliance; **le ~ de Varsovie** HIST the Warsaw Pact

pactole [paktɔl] *m* gold mine; **~ du loto** lottery jackpot; **c'est le ~** it's a gold mine

paella [pae(l)ja, paela] *f* paella

paf [paf] **I.** *interj* (*bruit*) wham **II.** *adj inv, inf* plastered

pagaïe, pagaille [pagaj] *f inf* mess ▶ **mettre la ~ dans qc** to mess sth up; **en ~** in a mess; (*en quantité*) by the ton

paganisme [paganism] *m* paganism

pagayer [pageje] <7> *vi* to paddle

page [paʒ] *f* **1.** (*feuillet*) page; **la ~ des sports d'un journal** the sports page in a newspaper; **(en) ~ 20** on page 20; **la ~ de publicité** the ads page **2.** RADIO, TV **la ~ de publicité** commercials **3.** (*événement, épisode*) **une ~ glorieuse de l'histoire** a glorious page in history **4.** INFORM **~ d'accueil/personnelle** [*o* **perso**] home page; **~s visitées** pages visited; **~ Web** [*o* **sur la toile**] webpage; **accéder à une ~** to visit a page; **bas de ~** page bottom; **pied/haut de ~** footer/header; **~ de codes** code page ▶ **~ blanche** blank page; **première ~** first page; **tourner la ~** to let bygones be bygones; (*pour recommencer*) to turn over a new leaf

pagination [paʒinasjɔ̃] *f* pagination

pagne [paɲ] *m* loincloth

pagode [pagɔd] *f* pagoda

paie[1] [pɛ] *f* (*d'un ouvrier, salarié*) pay

paie[2] [pɛ] *indic et subj prés de* **payer**

paiement [pɛmɑ̃] *m* payment

païen(ne) [pajɛ̃, jɛn] *adj, m(f)* pagan

paierai [pɛʀe] *fut de* **payer**

paillasse [pajas] *f* **1.** straw mattress **2.** (*plan de travail*) drainboard; (*dans un labo*) work surface

paillasson [pajasɔ̃] *m* doormat

paille [pɑj] *f* **1.** *inv* (*chaume, tiges tressées*) straw **2.** (*pour boire*) (drinking) straw ▶ **tirer à la courte ~** to draw straws

paillé(e) [paje] *adj* (*chaise*) straw-bottomed

pailleté(e) [pajte] *adj* sequined

paillette [pɑjɛt] *f* COUT sequin

paillote [pɑjɔt] *f* straw hut

pain [pɛ̃] *m* **1.** *inv* (*aliment*) bread; **~ de seigle** rye bread **2.** (*miche*) loaf; **~ de seigle** loaf of rye bread; **un ~ d'un kilo** a kilo loaf; **~ au chocolat** *chocolate croissant* **3.** CULIN (*de poisson, légumes*) loaf ▶ **ôter** [*o* **retirer**] **à qn le ~ de la bouche** to take the bread out of sb's mouth; **avoir du ~ sur la planche** *inf* to have a lot on one's plate; **petit ~** roll; **être (mis) au ~ sec** to be put on bread and water; **gagner son ~** to earn one's living; **elle ne mange pas de ce ~-là** she won't have any of that; **ça ne mange pas de ~** *inf* it won't hurt

pair [pɛʀ] *m* **aller de ~ avec qc** to go hand in hand with sth; **une jeune fille au ~** an au pair (girl); **un jeune homme au ~** a male au pair; **hors (de) ~** unrivaled

pair(e) [pɛʀ] *adj* **1.** (*divisible par deux*) even **2.** (*au nombre de deux*) in pairs

paire [pɛʀ] *f* **1.** (*de chaussures, gants, lunettes*) pair; **donner une ~ de claques** [*o* **de gifles**] **à qn** to slap sb's face **2.** (*aux cartes*) pair ▶ **c'est une autre ~ de manches** *inf* that's another story; **les deux font la ~** *inf* they're two of a kind

paisible [pezibl] *adj* peaceful

paisiblement [peziblәmɑ̃] *adv* peacefully

paître [pɛtʀ] *vt, vi irr* to graze; **faire ~ des animaux** to graze animals

paix [pɛ] *f* **1.** (*opp: guerre, entente*) peace; **des manifestations en faveur de la ~** peace demonstrations **2.** (*traité*) peace treaty **3.** (*tranquillité*) **la ~!** *inf* quiet!; **avoir la ~** to have some peace (and quiet); **laisser qn en ~** to leave sb in peace ▶ **faire la ~ avec qn** to make (one's) peace with sb; **qu'il repose en ~!** may he rest in peace!

Pakistan [pakistɑ̃] *m* **le ~** Pakistan

pakistanais(e) [pakistanɛ, ɛz] *adj* Pakistani

Pakistanais(e) [pakistanɛ, ɛz] *m(f)* Pakistani

palabrer [palabʀe] <1> *vi* to go on (and on)

palabres [palabʀ] *fpl* talk

palace [palas] *m* luxury hotel

palais[1] [palɛ] *m* palace; **~ de l'Élysée** Élysée Palace (*residence of the French President*); **~ des sports** sports stadium

palais[2] [palɛ] *m* ANAT palate

Palais [palɛ] *m* **~ fédéral** *Suisse* Federal Houses of Parliament

palan [palɑ̃] *m* hoist

palanquin [palɑ̃kɛ̃] *m* palanquin

pale [pal] *f* (*d'un aviron, d'une hélice*) blade

pâle [pɑl] *adj* pale

palefrenier, -ière [palfʀәnje, -jɛʀ] *m, f* hostler

paléontologie [paleɔ̃tɔlɔʒi] *f* paleontology

Palestine [palɛstin] *f* **la ~** Palestine

palestinien(**ne**) [palɛstinjɛ̃, jɛn] *adj* Palestinian
Palestinien(**ne**) [palɛstinjɛ̃, jɛn] *m(f)* Palestinian
palet [palɛ] *m* SPORT puck
paletot [palto] *m* jacket (*thick knitted*)
palette [palɛt] *f* **1.** (*plateau de chargement*) pallet **2.** (*ensemble de couleurs, ustensile du peintre*) palette **3.** (*gamme*) **~ de produits** range of products **4.** (*raquette*) **~ de ping-pong** *Québec* Ping-Pong® paddle
pâleur [pɑlœʀ] *f* (*d'une personne, du ciel*) paleness; (*d'un malade*) pallor
pâlichon(**ne**) [pɑliʃɔ̃, ɔn] *adj inf* (*personne*) a bit pale; (*soleil*) watery; (*sourire*) wan
palier [palje] *m* (*plateforme d'escalier*) landing; **habiter sur le même ~** to live on the same floor
pâlir [pɑliʀ] <8> *vi* (*devenir pâle*) to turn pale ▶ **~ d'envie** to turn green with envy
palissade [palisad] *f* fence
palissandre [palisɑ̃dʀ] *m* rosewood
palliatif [paljatif] *m* (*mesure provisoire*) stopgap
palliatif, -ive [paljatif, -iv] *adj* palliative
pallier [palje] <1a> *vt* **1.** (*compenser*) **~ qc par qc** to make up for sth with sth **2.** (*atténuer*) **~ les effets de la crise par qc** to alleviate the effects of the crisis with sth
palmarès [palmaʀɛs] *m* **1.** (*liste des lauréats*) list of (prize)winners **2.** (*ensemble des succès: d'un sportif*) record; (*d'un romancier*) list of bestsellers; (*d'un cinéaste, acteur*) list of successes
palme [palm] *f* **1.** BOT palm leaf **2.** SPORT flipper; **~ de plongée** diving flipper **3.** (*symbole de victoire*) palm; **décerner la ~ à qn** to award the prize to sb
Palme [palm] *f* **~ d'or** Palme d'or (*top prize at the Cannes film festival*)
palmé(**e**) [palme] *adj* (*feuille*) palmate; **pied ~/patte ~e** webbed foot
palmeraie [palməʀɛ] *f* palm grove
palmier [palmje] *m* **1.** BOT palm tree **2.** CULIN *heart-shaped pastry*
palmipède [palmipɛd] *m* waterfowl
palombe [palɔ̃b] *f* wood pigeon
pâlot(**te**) [pɑlo, ɔt] *adj* pale-looking
palourde [paluʀd] *f* clam
palper [palpe] <1> *vt* **1.** (*toucher*) to feel **2.** MED **~ l'abdomen à qn** to palpate sb's abdomen
palpitant(**e**) [palpitɑ̃, ɑ̃t] *adj* thrilling
palpiter [palpite] <1> *vi* (*cœur*) to beat; (*de joie*) to race
paluche [palyʃ] *f inf* paws *pl*
paludisme [palydism] *m* malaria
pâmer [pɑme] <1> *vpr* **se ~ de joie** to be overjoyed; **se ~ d'amour pour qn** to swoon with love for sb
pampa [pɑ̃pa] *f* GEO pampa
pamphlet [pɑ̃flɛ] *m* lampoon
pamplemousse [pɑ̃pləmus] *m* CULIN grapefruit
pan [pɑ̃] *m* **1.** (*basque: d'une chemise, d'un manteau*) tail; **se promener/être en ~s de chemise** to walk around with/have just one's shirt on **2.** (*partie: de mur*) side; (*d'un immeuble, d'une affiche*) part
panacée [panase] *f* panacea
panache [panaʃ] *m* **1.** (*bravoure*) panache **2.** (*plumet*) plume
panaché [panaʃe] *m* shandy
Panamá [panama] Panama City
panaris [panaʀi] *m* felon
pancarte [pɑ̃kaʀt] *f* notice; (*d'un manifestant*) placard; **~ électorale/publicitaire** election/publicity poster
pancréas [pɑ̃kʀeɑs] *m* pancreas
panda [pɑ̃da] *m* ZOOL panda
panégyrique [paneʒiʀik] *m* panegyric
panier [panje] *m* **1.** (*corbeille*) basket; **~ à provisions** shopping basket; **~ à salade** salad shaker **2.** (*contenu*) **~ de cerises** basket of cherries **3.** PHOT magazine **4.** (*au basket-ball*) basket ▶ **mettre deux personnes dans le même ~** to lump two people together; **lui, c'est un vrai ~ percé!** he's such a spendthrift!
panière [panjɛʀ] *f* large (two-handled) basket
panier-repas [panjeʀəpɑ] <paniers-repas> *m* packed lunch
panini [panini] *m* panini
panique [panik] **I.** *f* panic; **être pris de ~** to panic; **pas de ~!** don't panic! **II.** *adj* (*peur, terreur*) panic-stricken
paniquer [panike] <1> **I.** *vt inf* **~ qn** to scare the daylights out of sb; **être paniqué de devoir** +*infin* to be panicking about having to +*infin* **II.** *vi inf* to panic **III.** *vpr* **se ~** to panic
panne [pan] *f* **1.** (*arrêt de fonctionnement*) breakdown; **~ de courant** [*o* **d'électricité**] power failure; **~ de moteur** engine failure; **tomber en ~** (*automobiliste, voiture, moteur, machine*) to break down; **être en ~** (*automobiliste, voiture, moteur*) to have broken down; (*machine*) to be out of order **2.** *inf* (*arrêt*) **être** [*o* **rester**] **en ~** (*personne*) to be stuck; (*projet, travail*) to have come to a halt **3.** *inf* (*manque*) **je suis en ~ de café** I am out of coffee
panneau [pano] <x> *m* **1.** AUTO **~ de signalisation** road sign **2.** AVIAT, CHEMDFER **~ horaire** (*des arrivées*) arrivals board; (*des départs*) departures board **3.** (*pancarte*) board; **~ d'affichage** (*pour petites annonces, résultats*) bulletin board; (*pour publicité*) billboard **4.** (*au basketball*) backboard **5.** TECH **~ solaire** solar panel ▶ **tomber/donner dans le ~** to fall/walk right into the trap
panonceau [panɔ̃so] <x> *m* sign
panoplie [panɔpli] *f* (*jouet*) outfit
panorama [panɔʀama] *m* panorama
panoramique [panɔʀamik] *adj* panoramic; (*restaurant*) with a panoramic view; **écran ~** CINE wide screen
panosse [panɔs] *f Suisse* (*serpillière*) mop
panse [pɑ̃s] *f* **1.** (*d'une vache, brebis*) stomach

P

2. *inf* (*ventre*) belly; **s'en mettre plein la ~** *inf* to stuff one's face

pansement [pɑ̃smɑ̃] *m* **1.** (*action*) **faire un ~ à qn** to bandage sb up **2.** (*compresse*) dressing; **~ adhésif** Band-Aid®

panser [pɑ̃se] <1> *vt* **1.** (*soigner*) to bandage **2.** (*cheval*) to groom

pantacourt [pɑ̃takuʀ] *m* capri pants

pantalon [pɑ̃talɔ̃] *m* (pair of) pants

panthère [pɑ̃tɛʀ] *f* ZOOL panther

pantin [pɑ̃tɛ̃] *m* **1.** (*marionnette*) jumping jack **2.** *fig* **gesticuler comme un ~** to wave one's arms about like a madman; **faire de qn un ~** to make sb one's puppet

pantois(e) [pɑ̃twa, waz] *adj* speechless; **laisser qn ~** to leave sb speechless

pantomime [pɑ̃tɔmim] *f* **1.** *sans pl* (*jeu du mime*) mime **2.** (*pièce mimée*) mime (show) **3.** (*comédie*) scene

pantouflard(e) [pɑ̃tuflaʀ, aʀd] *inf* **I.** *adj* stay-at-home **II.** *m(f)* stay-at-home

pantoufle [pɑ̃tufl] *f* slipper

PAO [peɑo] *f abr de* **production** (**ou publication**) **assistée par ordinateur** DTP

paon [pɑ̃] *m* ZOOL peacock ▶ **fier comme un ~** (as) proud as a peacock

papa [papa] *m* dad(dy)

papal(e) [papal, -o] <-aux> *adj* papal

papauté [papote] *f* papacy

papaye [papaj] *m* papaya, papaw

pape [pap] *m* **1.** REL pope **2.** (*d'un mouvement, d'une organisation*) guiding light; (*du jazz*) high priest

papelard [paplaʀ] *m inf* **1.** (*feuille*) (bit of) paper **2.** *pl* (*papiers d'identité*) papers

paperasse [papʀas] *f péj* **1.** (*papiers inutiles à lire*) (useless) papers *pl;* (*papiers à remplir*) forms *pl* **2.** (*grosse quantité de papiers*) stack of paper(s)

paperasserie [papʀasʀi] *f péj* **1.** (*papiers inutiles à lire*) paperwork; (*papiers à remplir*) forms *pl* **2.** ADMIN (*bureaucratie*) red tape

papeterie [papɛtʀi] *f* **1.** (*magasin*) stationery store **2.** (*fabrication*) paper-making (industry) **3.** (*usine*) paper mill

papetier, -ière [pap(ə)tje, -jɛʀ] **I.** *adj* **industrie papetière** paper industry **II.** *m, f* (*vendeur*) stationer

papi [papi] *m enfantin, inf v.* **papy**

papier [papje] *m* **1.** *sans pl* (*matière*) paper; **bout/feuille/morceau de ~** bit/sheet/piece of paper; **~ à en-tête** headed (note)paper; **~ à musique** music paper; **~ hygiénique** toilet paper; **~ peint** wallpaper **2.** *sans pl* (*feuille de métal*) **~ (d')aluminium** aluminum foil **3.** (*feuille*) piece of paper; (*à remplir*) form **4.** (*article*) article **5.** (*document*) paper **6.** *pl* (*papiers d'identité*) papers ▶ **réglé comme du ~ à musique** (as) regular as clockwork; **être dans les petits ~s de qn** to be in sb's good books [*o* good graces]

papier-filtre [papjefiltʀ] <papiers-filtres> *m* filter paper

papier-toilette [papjetwalɛt] <papiers-toilette> *m* toilet paper

papille [papij] *f* taste bud; **être un plaisir pour les ~s** to be a treat for the taste buds

papillon [papijɔ̃] *m* **1.** ZOOL butterfly; **~ de nuit** moth **2.** SPORT (**nage**) **~** butterfly (stroke); **200 m ~** 200 meters butterfly **3.** *inf* (*contravention*) (parking) ticket

papillonner [papijɔne] <1> *vi* to flit around

papillote [papijɔt] *f* **1.** (*pour les bonbons*) candy wrapper **2.** CULIN **en ~** *cooked wrapped in greaseproof paper or foil*

papilloter [papijɔte] <1> *vi* (*paupières*) to flutter; (*yeux*) to blink

papoter [papɔte] <1> *vi* to chatter

Papouasie-Nouvelle-Guinée [papwazinuvɛlgine] *f* Papua New Guinea

papouille [papuj] *f inf* tickling

paprika [papʀika] *m* CULIN paprika

papy [papi] *m enfantin, inf* grandpa

papyrus [papiʀys] *m* papyrus

pâque [pɑk] *f* **la ~** (**juive**) Passover

paquebot [pakbo] *m* NAUT liner

pâquerette [pɑkʀɛt] *f* BOT daisy ▶ **au ras des ~s** *inf* (*humour*) crude

Pâques [pɑk] **I.** *m* Easter; **lundi/œuf/vacances de ~** Easter Monday/egg/vacation ▶ **à ~ ou à la Trinité** *iron* never in a month of Sundays **II.** *fpl* Easter; **joyeuses ~!** Happy Easter!

> i At **Pâques** French children are told that church bells, which have not been rung during the previous days, return from Rome and drop chocolate eggs, bells and other goodies. In France, only Easter Sunday is a public holiday.

paquet [pakɛ] *m* **1.** (*boîte*) packet; (*de café, sucre*) bag; (*de cigarettes*) pack; (*de linge, vêtements*) bundle **2.** (*colis*) parcel **3.** *inf* (*grande quantité: de billets*) wad; (*d'eau*) torrent; (*de neige*) heap **4.** (*au rugby: d'avants*) pack **5.** INFORM packet ▶ **être un ~ de graisse** *inf* to be a fatso; **être un ~ de nerfs** *inf* to be a bundle of nerves; **être un ~ d'os** *inf* to be nothing but skin and bones; **faire ses ~s** to pack one's bags; **mettre le ~** *inf* to pull out all the stops; (*payer beaucoup*) to spare no expense

paquet-cadeau [pakɛkado] <paquets-cadeaux> *m* gift-wrapped package; **vous pouvez me faire un ~?** could you gift-wrap it for me?

paqueté(e) [pak(ə)te] *adj Québec* (*trop plein, rempli à l'excès*) jam-packed full

par [paʀ] *prep* **1.** (*grâce à l'action de, au moyen de*) by; **tout faire ~ soi-même** to do everything by oneself; **~ chèque/carte bancaire** by check/debit card; **~ tous les moyens** using all possible means **2.** (*origine*) **un oncle ~ alliance** an uncle by marriage;

descendre de qn ~ sa mère to descend from sb on one's mother's side **3.** *gén sans art* (*cause, motif*) through; **~ sottise/devoir** out of stupidity/duty **4.** (*à travers, via*) **regarder ~ la fenêtre** to look out the window; **venir ~ le chemin le plus court** to come (by) the shortest way; **est-il passé ~ ici?** did he come this way? **5.** (*localisation*) **habiter ~ ici/là** to live around here/there (somewhere); **~ 5 mètres de fond** at a depth of 5 meters; **être assis ~ terre** to be sitting on the ground; **tomber ~ terre** to fall to the ground **6.** (*distribution, mesure*) by; **un ~ un** one by one; **heure ~ heure** hour by hour; **~ moments** at times; **~ centaines/milliers** in their hundreds/thousands **7.** (*durant, pendant*) **~ temps de brouillard** in fog; **~ temps de pluie** in wet weather; **~ les temps qui courent** these days; **~ le passé** in the past **8.** (*dans des exclamations, serments*) **~ pitié, aidez-moi!** for heaven's sake, help me! ►**~ contre** on the other hand

para [paʀa] *m abr de* **parachutiste**

parabole [paʀabɔl] *f* **1.** REL parable **2.** MATH parabola **3.** (*antenne*) satellite dish

parabolique [paʀabɔlik] *adj* parabolic; **antenne ~** TEL satellite dish

parachever [paʀaʃ(ə)ve] <4> *vt* **~ qc** (*finir*) to finish sth off; (*perfectionner*) to put the finishing touches on sth

parachutage [paʀaʃytaʒ] *m* **~ de vivres/de soldats** airdrop of food/soldiers

parachute [paʀaʃyt] *m* parachute; **sauter en ~** to parachute

parachuter [paʀaʃyte] <1> *vt* **1. ~ qn/qc** to parachute sb/sth in **2.** *inf* (*nommer de manière inattendue*) **~ qn à un poste** to drop sb into a job

parachutisme [paʀaʃytism] *m* parachuting

parachutiste [paʀaʃytist] **I.** *adj* MIL **troupes ~s** paratroops; **unité ~** paratroop unit **II.** *mf* **1.** MIL paratrooper **2.** SPORT parachutist

parade [paʀad] *f* **1.** (*défense*) parry **2.** (*défilé*) parade **3.** *fig* **trouver la ~ à un argument** to counter an argument

paradis [paʀadi] *m* paradise ►**tu ne l'emporteras pas au ~** you won't get away with that

paradisiaque [paʀadizjak] *adj* heavenly

paradoxal(e) [paʀadɔksal, -o] <-aux> *adj* paradoxical

paradoxalement [paʀadɔksalmɑ̃] *adv* paradoxically

paradoxe [paʀadɔks] *m* paradox

paraffine [paʀafin] *f* paraffin (wax)

parages [paʀaʒ] *mpl* **dans les ~** in the area

paragraphe [paʀagʀaf] *m a.* TYP (*alinéa: d'un devoir, texte*) paragraph

paraître [paʀɛtʀ] *irr* **I.** *vi* **1.** (*sembler*) **~ +infin** to appear to +*infin;* **cela me paraît (être) une erreur** it looks like a mistake to me **2.** (*apparaître: personne*) to appear **3.** (*être publié: journal, livre*) to come out; **faire ~ qc** (*maison d'édition*) to bring sth out; (*auteur*) to have sth published **4.** (*être visible: sentiment*) to show **5.** (*se mettre en valeur*) **aimer ~** to like to show off; **désir de ~** to want to be noticed **II.** *vi impers* **il me paraît difficile de** +*infin* it strikes me as difficult to +*infin;* **il lui paraît impossible que** +*subj* it seems impossible to him that ►**il paraît que qn va** +*infin* it seems that sb is going to +*infin;* (*soi-disant*) sb is apparently going to +*infin;* **il paraîtrait que ...** it would seem that ...; **il paraît que oui!** so it seems!; **il n'y paraîtra plus** nobody will notice it; **sans qu'il y paraisse** without it showing

parallèle [paʀalɛl] **I.** *adj* **1.** (*en double*) *a.* MATH parallel **2.** (*non officiel: marché, police*) unofficial **II.** *f* MATH parallel (line) **III.** *m* parallel

parallèlement [paʀalɛlmɑ̃] *adv* **1.** (*dans l'espace*) in parallel **2.** (*dans le temps*) at the same time

parallélépipède [paʀalelepipɛd] *m* MATH parallelepiped

parallélisme [paʀalelism] *m* **1.** AUTO alignment; MATH parallelism **2.** (*correspondance*) **~ entre qc et qc** parallel between sth and sth

parallélogramme [paʀalelɔgʀam] *m* MATH parallelogram

paralysé(e) [paʀalize] **I.** *adj* (*bras, personne*) paralyzed; **il est ~ des jambes** his legs are paralyzed **II.** *m(f)* paralytic

paralyser [paʀalize] <1> *vt* to paralyze; **être paralysé par la peur** to be paralyzed with fear

paralysie [paʀalizi] *f* paralysis

paralytique [paʀalitik] *adj, mf* paralytic

paramètre [paʀamɛtʀ] *m* parameter

parano [paʀano] *inf,* **paranoïaque** [paʀanɔjak] **I.** *adj* paranoid **II.** *mf* **être ~** to be paranoid

parapente [paʀapɑ̃t] *m* **1.** (*parachute rectangulaire*) parachute **2.** (*sport*) paragliding

parapet [paʀapɛ] *m* parapet

parapharmacie [paʀafaʀmasi] *f: health and beauty products sold in pharmacies*

paraphe [paʀaf] *m* initials *pl*

parapluie [paʀaplɥi] *m* umbrella

parasite [paʀazit] **I.** *adj* parasitic(al) **II.** *m* **1.** (*profiteur*) *a.* BIO parasite **2.** *pl* RADIO, TV interference

parasiter [paʀazite] <1> *vt* **1.** BIO **~ qn/qc** (*champignon, insecte, ver*) to be a parasite of sb/sth **2.** (*vivre aux dépens de*) **~ qn/qc** to live off (of) sb/sth **3.** RADIO, TV **~ qc** to interfere with sth

parasol [paʀasɔl] *m* parasol

parastatal(e) [paʀastatal, -o] <-aux> *adj Belgique* (*semi-public(que)*) semipublic

paratonnerre [paʀatɔnɛʀ] *m* lightning rod

paravent [paʀavɑ̃] *m* screen

parc [paʀk] *m* **1.** (*jardin*) park; **~ botanique** botanic(al) garden(s); **~ d'attractions** amusement park **2.** (*région protégée*) **~ naturel** nature reserve; **~ national** national park **3.** (*bassin d'élevage*) **~ à huîtres/moules** oyster/mussel bed **4.** (*pour bébé*) playpen

P

5. (*emplacement*) ~ **des expositions** exhibition hall

parcelle [paʀsɛl] *f* (*terrain*) parcel of land

parce que [paʀskə] *conj* because ►~! because!

parchemin [paʀʃəmɛ̃] *m* **1.** (*peau d'animal, texte*) parchment **2.** *inf* (*diplôme universitaire*) diploma

par-ci [paʀsi] ~**, par-là** here and there

parcimonie [paʀsimɔni] *f* parsimony; **distribuer/donner qc avec** ~ to distribute/give sth parsimoniously

parcmètre [paʀkmɛtʀ] *m* parking meter

parcourir [paʀkuʀiʀ] *vt irr* **1.** (*accomplir: trajet, distance*) to cover **2.** (*traverser, sillonner: ville, rue*) to go through; (*en tous sens: ville*) to go all over; (*rue*) to go up and down; (*région, pays*) to travel through; (*en tous sens: région, pays*) to travel the length and breadth of; ~ **une région** (*navire*) to sail through a region; (*ruisseau*) to run through a region; (*objet volant*) to fly through a region **3.** (*examiner rapidement: journal, lettre*) to glance through; ~ **qc des yeux** [*o* **du regard**] to run one's eye over sth

parcours [paʀkuʀ] *m* **1.** (*trajet: d'un véhicule*) trip; (*d'un fleuve*) course **2.** SPORT (*piste*) course; (*épreuve*) round **3.** *fig* ~ **du combattant** obstacle course

par-delà [paʀdəla] *prep* (*de l'autre côté de*) beyond; ~ **les problèmes** over and above the problems

par-derrière [paʀdɛʀjɛʀ] *adv* **1.** (*opp: par-devant: attaquer, emboutir*) from behind **2.** (*dans le dos de qn*) ~ **qn** behind sb; *fig* (*raconter, critiquer*) behind sb's back

par-dessous [paʀdəsu] *prep, adv* under(neath)

par-dessus [paʀdəsy] **I.** *prep* over (the top of) **II.** *adv* over (the top)

pardessus [paʀdəsy] *m* overcoat

pardi [paʀdi] *interj* ~**!** of course!

pardon [paʀdɔ̃] *m* forgiveness; REL pardon; **demander** ~ **à qn** to apologize to sb ►**mille** ~(**s**)! (I'm) terribly sorry; ~**?** (I beg your) pardon?

pardonnable [paʀdɔnabl] *adj* pardonable; **il est** ~ (*personne*) he can be forgiven

pardonner [paʀdɔne] <1> **I.** *vt* (*absoudre*) ~ **qc à qn** to forgive sb for sth ►**pardonne-moi/pardonnez-moi** excuse [*o* pardon] me **II.** *vi* **1.** (*être fatal*) **ne pas** ~ (*maladie, poison, erreur*) to be very unforgiving **2.** (*absoudre*) to forgive

paré(**e**) [paʀe] *adj* **être** ~ **contre qc** to be prepared for sth

pare-balles [paʀbal] **I.** *adj inv* bulletproof **II.** *m inv* bullet shield

pare-brise [paʀbʀiz] *m inv* AUTO windshield

pare-chocs [paʀʃɔk] *m inv* AUTO ~ **arrière/avant** rear/front bumper

pare-feu [paʀfø] **I.** *adj inv* **porte** ~ fire door **II.** *m inv* (*pare-étincelles*) fireguard

pareil(**le**) [paʀɛj] **I.** *adj* **1.** (*identique*) the same; **être** ~ **à** [*o* **que**] **qn/qc** to be the same as sb/sth **2.** (*tel*) **une voiture/idée/vie** ~**le** a car/an idea/a life like that, such a car/an idea/a life **II.** *m(f) pl, péj* (*semblable*) **vous et vos** ~**s** you and your kind ►**c'est du** ~ **au même** *inf* it makes no difference; **rendre la** ~**le à qn** to pay sb back; **sans** ~ unparalleled **III.** *adv inf* (*s'habiller*) the same

pareillement [paʀɛjmɑ̃] *adv* **1.** (*également*) likewise; **Bonne Année! – à vous** ~**!** Happy New Year! –(and) the same to you! **2.** (*de la même façon*) the same

parent [paʀɑ̃] *m* parent

parent(**e**) [paʀɑ̃, ɑ̃t] *m(f)* (*personne de la famille*) relative

parental(**e**) [paʀɑ̃tal, -o] <-aux> *adj* parental

parenté [paʀɑ̃te] *f* **1.** (*lien familial, analogie*) relationship **2.** (*ensemble des parents*) relatives *pl*

parenthèse [paʀɑ̃tɛz] *f* **1.** TYP, MATH bracket **2.** (*digression*) parenthesis **3.** (*incident*) interlude ►**soit dit entre** ~**s** incidentally; **mettre qc entre** ~**s** to put sth in brackets; (*oublier provisoirement*) to set sth aside

paréo [paʀeo] *m* pareu

parer [paʀe] <1> **I.** *vt* (*attaque, coup*) to ward off; (*argument*) to counter **II.** *vi* ~ **à qc** to ward off sth

pare-soleil [paʀsɔlɛj] *m inv* AUTO sun visor

paresse [paʀɛs] *f* laziness

paresser [paʀese] <1> *vi* ~ **au** [*o* **dans son**] **lit** to laze around in bed

paresseux, -euse [paʀesø, -øz] **I.** *adj* lazy; (*attitude*) casual **II.** *m, f* lazy person

parfait [paʀfɛ] *m* **1.** LING perfect **2.** CULIN parfait; ~ **au café** coffee parfait

parfait(**e**) [paʀfɛ, ɛt] *adj* **1.** (*sans défaut*) perfect; (*beauté*) flawless **2.** (*qui répond exactement à un concept*) perfect; (*discrétion*) absolute; (*ignorance*) complete **3.** *antéposé* (*modèle: gentleman, idiot*) perfect; (*crapule, filou*) utter

parfaitement [paʀfɛtmɑ̃] *adv* **1.** (*de façon parfaite*) perfectly; **parler** ~ **français** to speak perfect French **2.** (*tout à fait: idiot, ridicule*) perfectly **3.** (*oui, bien sûr*) absolutely

parfois [paʀfwa] *adv* sometimes

parfum [paʀfɛ̃] *m* **1.** (*substance*) perfume **2.** (*odeur*) scent **3.** CULIN flavor ►**être au** ~ *inf* to be in the know; **mettre qn au** ~ *inf* to put sb in the picture

parfumé(**e**) [paʀfyme] *adj* **1.** (*qui a une bonne odeur*) scented **2.** (*qui a bon goût*) **très** ~ full of flavor

parfumer [paʀfyme] <1> **I.** *vt* **1.** (*donner une bonne odeur à*) to perfume **2.** CULIN (*glace, crème*) to flavor **II.** *vpr* **se** ~ to put perfume on; (*habituellement*) to use perfume

parfumerie [paʀfymʀi] *f* **1.** (*magasin*) perfume shop **2.** (*usine, fabrication*) perfumery **3.** (*produits*) perfumes *pl*

parfumeur, -euse [paʀfymœʀ, -øz] *m, f*

1. (*fabricant*) perfumer 2. (*propriétaire d'une parfumerie*) perfumery owner
pari [paʀi] *m* bet
paria [paʀja] *m* pariah
parier [paʀje] <1> **I.** *vt* ~ **qc à qn** to bet sb sth; ~ **qc sur qn/qc** to bet sth on sb/sth; **tu paries que j'y arrive!** you bet I'll do it! **II.** *vi* to bet; ~ **sur qn/qc** to bet on sb/sth; ~ **aux courses** to bet on horses
parieur, -euse [paʀjœʀ, -jøz] *m, f* bettor
parigot(e) [paʀigo, ɔt] *adj inf* Parisian
Paris [paʀi] *m* Paris
paris-brest [paʀibʀɛst] <paris-brest(s)> *m* CULIN Paris-Brest (*choux pastry ring filled with cream*)
parisien(ne) [paʀizjɛ̃, jɛn] *adj* (*banlieue, métro, mode*) Paris *avant subst;* (*personne, société, vie*) Parisian
Parisien(ne) [paʀizjɛ̃, jɛn] *m(f)* Parisian
parjure [paʀʒyʀ] **I.** *adj* disloyal **II.** *mf* traitor **III.** *m* betrayal; **commettre un** ~ to commit an act of betrayal
parka [paʀka] *m o f* parka, anorak
parking [paʀkiŋ] *m* AUTO parking lot
parlant(e) [paʀlɑ̃, ɑ̃t] *adj* 1. (*éloquent: geste, regard*) eloquent; (*description, exemple*) vivid; (*preuve*) clear; **ces chiffres sont ~s** these figures speak for themselves 2. **le cinéma** ~ [*o* **les films ~s**] the talkies; **horloge ~e** talking clock
parlement [paʀləmɑ̃] *m* parliament
Parlement [paʀləmɑ̃] *m* ~ **européen** European Parliament
parlementaire [paʀləmɑ̃tɛʀ] **I.** *adj* parliamentary **II.** *mf* 1. (*député*) Member of Parliament; (*aux Etats-Unis*) Congressman, -woman *m, f;* ~ **européen** Member of the European Parliament 2. (*médiateur*) mediator
parlementer [paʀləmɑ̃te] <1> *vi* 1. (*négocier*) ~ **avec qn** to negotiate with sb 2. (*discuter*) to talk (at length)
parler [paʀle] <1> **I.** *vi* 1. (*prendre la parole*) to talk 2. (*exprimer*) to speak; ~ **avec les mains** to use one's hands when talking; ~ **par gestes** to use sign language 3. (*converser, discuter*) ~ **de qn/qc avec qn** to talk about sb/sth with sb 4. (*entretenir*) ~ **de qn/qc à qn** (*dans un but précis*) to talk about sb/sth to sb; (*raconter*) to tell sb about sb/sth 5. (*adresser la parole*) ~ **à qn** to speak to sb 6. (*avoir pour sujet*) ~ **de qn/qc** (*article, film, journal, livre*) to be about sb/sth; (*brièvement*) to mention sb/sth 7. (*en s'exprimant de telle manière*) **généralement/légalement parlant** generally/legally speaking ▶ **faire** ~ **de soi** to get oneself talked about; **sans** ~ **de qn/qc** not to mention sb/sth; **moi qui vous parle** *inf* I myself **II.** *vt* 1. (*être bilingue: langue*) to speak 2. (*aborder un sujet*) ~ **affaires/politique** to talk business/politics **III.** *vpr* 1. (*être employé*) **se** ~ (*langue*) to be spoken 2. (*s'entretenir: personnes*) to talk to each other; **se** ~ **à soi-même** to talk to oneself 3. (*s'adresser la parole*) **ne plus se** ~ to not speak to each other anymore **IV.** *m* 1. (*manière*) speech 2. (*langue régionale*) dialect
parleur, -euse [paʀlœʀ, -øz] *m, f* talker; **beau** ~ *péj* smooth talker
parloir [paʀlwaʀ] *m* (*d'une prison*) visiting room
parlot(t)e [paʀlɔt] *f* **faire la** ~ **avec qn** to chat with sb
parme[1] [paʀm] *adj inv* (*mauve*) violet
parme[2] [paʀm] *m inv* (*jambon de Parme*) Parma ham
parmesan [paʀməzɑ̃] *m* parmesan
parmi [paʀmi] *prep* (*entre*) among(st); ~ **la foule** in the crowd
parodie [paʀɔdi] *f* parody
parodier [paʀɔdje] <1a> *vt* to parody
paroi [paʀwa] *f* 1. (*d'un récipient, d'une baignoire*) side 2. (*cloison*) partition 3. ANAT wall; ~ **abdominale** abdominal lining
paroisse [paʀwas] *f* parish ▶ **prêcher pour sa** ~ *inf* to look after number one
paroissial(e) [paʀwasjal, -jo] <-aux> *adj* **église** ~**e** parish church
paroissien(ne) [paʀwasjɛ̃, jɛn] *m(f)* parishioner
parole [paʀɔl] *f* 1. *souvent pl* (*mot*) word; **une** ~ **célèbre** a famous saying; **la** ~ **de Dieu** the word of God; **assez de ~s!** (that's) enough talking! 2. (*promesse*) ~ **d'honneur** word of honor; **c'est un homme de** ~ he's a man of his word; **tu peux la croire sur** ~ you can take her word for it; **manquer à sa** ~ to go back on one's word 3. *sans pl* (*faculté de parler*) speech; **perdre/retrouver la** ~ to lose/regain one's speech 4. *sans pl* (*fait de parler*) **ne plus adresser la** ~ **à qn** to not speak to sb anymore; **couper la** ~ **à qn** to cut sb short 5. *sans pl* (*droit de parler*) **demander/prendre la** ~ to ask/begin to speak; **avoir la** ~ to be speaking; **donner la** ~ **à qn** to invite sb to speak; **refuser la** ~ **à qn** to refuse sb permission to speak; **retirer la** ~ **à qn** to stop sb speaking; **temps de** ~ speaking time 6. *pl* MUS (*de chanson classique*) words; (*de chanson populaire*) lyrics ▶ **être** ~ **d'évangile pour qn** to be the gospel (truth) to sb; **ce n'est pas** ~ **d'évangile** it's not gospel; **prêcher** [*o* **porter**] **la bonne** ~ *a.* REL to spread the word; **ma** ~**!** (*je le jure!*) cross my heart!; (*exprimant l'étonnement*) my word!
parolier, -ière [paʀɔlje, -jɛʀ] *m, f* (*d'un opéra, d'une œuvre musicale*) librettist; (*d'une chanson*) lyrics writer
paroxysme [paʀɔksism] *m* (*d'un sentiment, d'une crise*) height; **être au** ~ **de la colère** to be beside oneself with anger
parpaing [paʀpɛ̃] *m* CONSTR cinder block
parquer [paʀke] <1> *vt* 1. (*animaux*) to pen 2. *péj* (*entasser*) ~ **des personnes dans qc** to shut people up in sth
parquet [paʀkɛ] *m* 1. parquet (floor) 2. JUR public prosecutor's office

P

parrain [paʀɛ̃] *m* **1.** REL godfather **2.** (*celui qui parraine qn/qc: d'un athlète, festival, théâtre*) sponsor; (*d'un artiste, projet, d'une fondation*) patron; (*d'une entreprise, initiative*) promoter **3.** *fig* (*de la mafia*) godfather

parrainage [paʀɛnaʒ] *m* (*d'un athlète, festival, théâtre*) sponsorship; (*d'un artiste, projet, d'une fondation*) patronage; (*d'une entreprise, initiative*) promotion

parrainer [paʀene] <1> *vt* **1.** (*apporter son soutien à: athlète, festival, théâtre*) to sponsor; (*artiste, projet, fondation*) to support; (*entreprise, initiative*) to promote **2.** (*introduire*) to sponsor

parraineur, -euse [paʀɛnœʀ, -øz] *m, f* sponsor

parricide [paʀisid] **I.** *adj* **fils ~** (*quant au père*) patricide; (*quant à la mère*) matricide; **crime ~** parricide **II.** *m* (*crime*) parricide; (*quant au père*) patricidal; (*quant à la mère*) matricidal **III.** *mf* (*personne*) parricide; (*quant au père*) patricide; (*quant à la mère*) matricide

parsemé(e) [paʀsəme] *adj* **être ~ de qc** to be strewn with sth

parsemer [paʀsəme] <4> *vt* **1.** (*répandre*) **~ un gâteau de qc** to sprinkle a cake with sth; **~ son devoir/son discours de qc** to pepper one's homework/one's speech with sth **2.** (*être répandu sur*) **~ le sol** to be strewn around on the ground

part [paʀ] *f* **1.** (*portion*) share; (*de gâteau*) piece; (*de légumes*) helping, portion **2.** (*partie*) part **3.** (*participation*) **~ dans qc** part in sth; **avoir ~ à qc** to be involved in sth; **prendre ~ à qc** to take part in sth; **prendre ~ aux frais** to make a contribution toward the costs **4.** FIN share ▶**faire la ~ des <u>choses</u>** to take everything into account; **<u>autre</u> ~** *inf* somewhere else; **d'<u>autre</u> ~** moreover; **d'une ~ ..., d'<u>autre</u> ~ ...** on the one hand ..., on the other (hand) ...; **de ~ et d'<u>autre</u> de qn/qc** on both sides of sb/sth; **citoyen à ~ <u>entière</u>** full citizen; **un Français à ~ <u>entière</u>** person with full French citizenship; **<u>nulle</u> ~** nowhere; **de <u>toute</u>(s) ~(s)** from all sides; **<u>faire</u> ~ de qc à qn** to inform sb of sth; **<u>prendre</u> qn à ~** to take sb aside; **cas/place <u>à</u> ~** unique case/place; **classer/ranger qc <u>à</u> ~** to file sth/put sth away separately; **mettre qc <u>à</u> ~** to put sth aside; **<u>à</u> ~ lui/cela** apart from him/that; **<u>à</u> ~ que qn a fait qc** *inf* apart from the fact that sb has done sth; **<u>de</u> ma/sa ~** from me/him; **<u>de</u> la ~ de qn** (*au nom de*) on behalf of sb; **donner à qn le bonjour de la ~ de qn** to give sb sb's regards; **<u>pour</u> ma/sa ~** as far as I'm/he's concerned

partage [paʀtaʒ] *m* **1.** (*division: d'un terrain, gâteau, butin*) dividing up **2.** (*répartition: d'un trésor, d'aliments*) sharing out; (*d'un appartement*) sharing; (*des voix*) distribution; **il y a ~ des responsabilités entre les deux conducteurs** both drivers are jointly responsible ▶**régner <u>sans</u> ~** to rule absolutely; **autorité/pouvoir <u>sans</u> ~** absolute authority/power

partager [paʀtaʒe] <2a> **I.** *vt* **1.** (*diviser: gâteau, pièce, terrain*) to divide (up); **~ qc en qc** to divide sth (up) into sth **2.** (*répartir*) **~ qc entre des personnes/choses/qc et qc** to share sth between people/things/sth and sth **3.** (*avoir en commun: appartement, frais, bénéfices, passions, goûts, responsabilité*) to share **4.** (*s'associer à*) **~ l'avis de qn** to share sb's point of view; **~ la surprise de qn** to be just as surprised as sb; **être partagé** (*frais*) to be shared; (*avis*) to be divided; (*plaisir, amour*) to be mutual **5.** (*donner une part de ce que l'on possède*) **~ qc avec qn** to share sth with sb **6.** (*hésiter*) **être partagé entre qc et qc** to be torn between sth and sth **7.** (*être d'opinion différente*) **ils sont partagés sur qc/en ce qui concerne qc** they are divided on sth/as far as sth is concerned **II.** *vpr* **1.** (*se diviser*) **se ~ en qc** to be divided into sth **2.** (*se répartir*) **se ~ qc** to share sth between themselves; **se ~ entre** (*voix*) to be divided between

partagiciel [paʀtaʒisjɛl] *m Québec* INFORM shareware

partance [paʀtɑ̃s] **être en ~** (*avion*) to be about to take off; (*train*) to be about to depart; (*bateau*) to be about to set sail; **le train en ~ pour Paris** the Paris train

partant(e) [paʀtɑ̃, ɑ̃t] **I.** *adj inf* **être ~ pour qc** to be ready for sth; **je suis ~!** count me in! **II.** *m(f)* **1.** (*opp: arrivant*) person leaving **2.** SPORT starter; **non ~** nonstarter

partenaire [paʀtənɛʀ] *mf* partner

partenariat [paʀtənaʀja] *m* partnership; **en ~** in partnership

parterre [paʀtɛʀ] *m* **1. ~ de fleurs** flower bed **2.** THEAT orchestra

parti [paʀti] *m* **1.** POL party; **~ de droite/gauche** right-wing/left-wing party **2.** (*camp*) **se ranger du ~ de qn** to side with sb **3.** (*personne à marier*) match ▶**~ <u>pris</u>** prejudice; **<u>prendre</u> ~ pour qn** to take sb's side; **<u>prendre</u> ~ contre qn** to side against sb; **<u>prendre</u> son ~** to make up one's mind; **<u>prendre</u> son ~ de qc** to come to terms with sth; **<u>prendre</u> le ~ de** +*infin* to make up one's mind to +*infin;* **<u>tirer</u> ~ de qc** to make the most of sth

parti(e) [paʀti] *part passé de* **partir**

partial(e) [paʀsjal, -jo] <-aux> *adj* (*juge*) biased; (*critique*) prejudiced

partialité [paʀsjalite] *f* partiality; **agir avec ~** to act in a biased way

participant(e) [paʀtisipɑ̃, ɑ̃t] **I.** *adj* **personnes ~es** participants **II.** *m(f)* (*à une débat*) participant; (*à un concours*) entrant

participation [paʀtisipasjɔ̃] *f* **1.** (*présence, contribution*) participation; **~ électorale** voter turnout **2.** (*partage*) **~ aux bénéfices** profit sharing **3.** (*droit de regard*) involvement

participe [paʀtisip] *m* LING participle

participer [paʀtisipe] <1> *vi* **1.** (*prendre part*) **~ à une réunion/à un colloque** to take part in a meeting/in a seminar **2.** (*collaborer*) **~ à**

la conversation to join in the conversation **3.** (*payer*) ~ **aux frais** to contribute to the costs

particulariser [paʀtikylaʀize] <1> *vpr* **se** ~ **en faisant qc** to stand out by doing sth

particularisme [paʀtikylaʀism] *m* particularity

particularité [paʀtikylaʀite] *f* **1.** (*caractère*) particularity **2.** (*caractéristique*) distinctive feature; **qn/qc a la ~ de ...** a distinctive feature of sb/sth is that ...

particule [paʀtikyl] *f* **1.** (*grain*) *a.* LING particle; ~ **élémentaire** elementary particle **2.** (*préposition*) ~ **nobiliaire** nobiliary particle (*de, as in de Beauvoir, de Gaulle*)

particulier [paʀtikylje] *m* **1.** (*personne privée*) individual **2.** ADMIN, COM private individual; **vente aux ~s** private sale

particulier, -ière [paʀtikylje, -jɛʀ] *adj* **1.** (*spécifique: aspect, exemple*) particular; (*trait*) characteristic; **"signes ~s (néant)"** "distinguishing features (none)" **2.** (*spécial*) particular; (*aptitude, cas*) special **3.** (*privé: conversation, leçon, secrétaire*) private **4.** (*étrange*) peculiar; **être d'un genre** ~ to be a little strange ► **en** ~ (*en privé*) in private; (*notamment*) in particular; (*séparément*) separately

particulièrement [paʀtikyljɛʀmɑ̃] *adv* particularly; **je n'y tiens pas** ~ I'm not very particular

partie [paʀti] *f* **1.** (*part*) part; **la majeure ~ du temps** most of the time; **en** ~ partly; **en grande** ~ largely; **faire ~ de qc** to be part of sth **2.** *pl, inf* (*les parties sexuelles masculines*) a man's private parts **3.** JEUX, SPORT game **4.** (*divertissement*) ~ **de chasse/pêche** hunting/fishing trip **5.** (*adversaire*) **~s belligérantes** warring factions ► **faire une ~ de jambes en l'air** *inf* to get it on; **faire ~ des meubles** to be part of the furniture; **ce n'est pas une ~ de plaisir** it's no picnic; **la ~ est jouée** the die is cast; **être ~ prenante** to take part; **être de la** ~ to join in; (*s'y connaître*) to know a thing or two

partiel [paʀsjɛl] *m* UNIV midterm (exam)

partiel(le) [paʀsjɛl] *adj* partial; (*information*) incomplete; **élection ~le** ≈ by-election; **chômage** ~ short-time work; **travail à temps** ~ part-time work; **examen** ~ midterm (exam)

partielle [paʀsjɛl] *f* (*élection*) by-election

partiellement [paʀsjɛlmɑ̃] *adv* partially

partir [paʀtiʀ] <10> *vi être* **1.** (*s'en aller*) to go; (*voiture, train, avion*) to leave; (*lettre*) to go (off); ~ **en courant** to run away; ~ **en ville** to go into town; **être parti pour (ses) affaires** to be away on business; ~ **en vacances** to take a vacation; ~ **en voyage** to go (away) on a trip; ~ **à la recherche de qn/qc** to go (off) looking for sb/sth; ~ **chercher qn** to go and get sb **2.** (*après un séjour*) to leave **3.** (*démarrer: coureur, moteur*) to start; **c'est parti!** *inf* we're off! **4.** (*sauter, exploser: fusée, coup de feu*) to go off **5.** (*se mettre à*) ~ **dans de grandes explications** to launch into long explanations **6.** (*disparaître: douleur*) to go (away); (*odeur*) to go; (*tache*) to come out; **ce veston part en lambeaux** this jacket is falling apart **7.** (*mourir*) to pass away **8.** (*venir de*) **ce train part de Berlin** this train leaves from Berlin; **la deuxième personne en partant de la gauche** the second person from the left **9.** (*dater de*) **l'abonnement part de février** the subscription runs from February **10.** (*commencer une opération*) ~ **d'un principe/d'une idée** to start from a principle/from an idea ► **à ~ de** from

partisan(e) [paʀtizɑ̃, an] **I.** *adj* (*favorable à*) **être ~ de qc** to be in favor of sth **II.** *m(f)* supporter; (*d'une idée*) advocate

partitif, -ive [paʀtitif, -iv] *adj* partitive

partition [paʀtisjɔ̃] *f* **1.** MUS score; **jouer sans** ~ to play without music **2.** (*division*) partition **3.** INFORM (*action de diviser un disque en domaines*) partition; ~ **de mémoire** memory partitioning

partout [paʀtu] *adv* **1.** (*en tous lieux*) everywhere; **un peu** ~ here and there; ~ **où ...** wherever ... **2.** SPORT **on en est à trois** ~ it's three all

parure [paʀyʀ] *f* **1.** (*bijoux*) jewels; ~ **de diamants** set of diamonds **2.** (*ensemble de pièces de linge*) ~ **en soie** set of silk underwear; ~ **de lit** set of bed linen

parution [paʀysjɔ̃] *f* publication

parvenir [paʀvəniʀ] <9> *vi être* **1.** (*atteindre*) ~ **à une maison/au sommet** to reach a house/the summit **2.** (*arriver*) ~ **à qn** (*colis, lettre*) to reach sb; (*bruit*) to reach sb's ears; **faire ~ une lettre à qn** to get a letter to sb **3.** (*réussir à obtenir*) ~ **à la gloire** to attain glory; ~ **à convaincre qn** to manage to persuade sb **4.** (*atteindre naturellement*) ~ **à un âge avancé** to reach an advanced age; **être parvenu au terme de sa vie** to have reached the end of one's life

parvenu(e) [paʀvəny] *adj, m(f)* upstart

parvis [paʀvi] *m* square (*in front of a cathedral or other important building*)

pas[1] [pɑ] *m* **1.** (*enjambée*) step; **au ~ de charge** on the double; **au ~ de course/de gymnastique** at a run/a jog trot; **marcher d'un bon** ~ to walk at a good pace **2.** *pl* (*trace*) footprints; **revenir** [*o* **retourner**] **sur ses** ~ to retrace one's steps **3.** (*allure: d'une personne*) pace; (*d'un cheval*) walk; **marcher au** ~ to march **4.** (*pas de danse*) dance step **5.** (*entrée*) ~ **de la porte** doorstep; **sur le ~ de la porte** on the doorstep ► **avancer à ~ de géant** to progress by leaps and bounds; **à ~ de loup** stealthily; **faire les cent** ~ to pace up and down; **à deux** ~ a stone's throw away; **faux** ~ faux pas; **faire un faux** ~ to make a silly mistake; (*par indiscrétion*) to commit a faux pas; **à ~ feutrés** stealthily; **se sortir** [*o* **se tirer**] **d'un mauvais** ~ to get oneself out of a tight spot; **céder le ~ à qn** to give precedence to sb; **franchir** [*o* **sauter**] **le ~** to take the plunge; **marcher sur les ~ de qn** to follow in sb's footsteps; **marquer le ~** to mark time; **mettre qn au ~** to bring sb into line; **~ à ~** step by step; **de ce ~** right away

pas² [pa] *adv* **1.** (*négation*) **ne ~ croire** not to believe; (**ne**) **~ de ...** no ...; **il ne fait ~ son âge** he doesn't look his age; **j'ai ~ le temps** *inf* I don't have (the) time; (**ne**) **~ beaucoup/assez de ...** not a lot of/enough ... **2.** *sans verbe* **~ de réponse** no reply; **~ bête!** *inf* not a bad idea!; **absolument ~!** absolutely not!; **~ encore** not again; **~ du tout** not at all; **~ que je sache** not as far as I know; **~ toi?** aren't you? **3.** *avec un adj* not; **une histoire ~ ordinaire** an unusual story; **c'est vraiment ~ banal!** that's really something unusual!

pascal [paskal] <s> *m* INFORM Pascal

Pas de Calais [padøkalɛ] *m* **le ~** the Straits of Dover

passable [pasabl] *adj* ECOLE fair; **mention ~** ≈ passing

passablement [pasabləmɑ̃] *adv* (*pas trop mal*) reasonably; **jouer ~ d'un instrument** to play an instrument fairly well

passage [pasaʒ] *m* **1.** (*venue*) **observer le ~ des voitures** to watch the cars go by; **observer le ~ des oiseaux** to watch the birds fly by; **"~ interdit"** "do not enter"; **~ protégé** *priority given to traffic on the main road;* **personne de ~** someone who is passing through; **il y a du ~** *inf* (*personnes*) there are a lot of comings and goings; (*circulation*) there's a lot of traffic **2.** (*court séjour*) **lors de son dernier ~ chez X** when he was last at X's **3.** (*avancement*) **lors du ~ d'un élève en classe supérieure** when a student moves up to the next grade; **~ au grade de capitaine** promotion to captain **4.** (*transformation*) transition; **~ de l'enfance à l'adolescence** passage from childhood to adolescence **5.** (*voie pour piétons*) passage(way); **~ clouté** [*o* **pour piétons**] pedestrian crossing; **les valises encombrent le ~** the suitcases are blocking the way **6.** CHEMDFER **~ à niveau** grade crossing **7.** (*galerie marchande*) (shopping) arcade **8.** (*fragment: d'un roman, morceau musical*) passage ► **céder le ~ à qn/qc** to let sb go first; **au ~** (*en chemin*) on the way past; (*soit dit en passant*) by the way

passager, -ère [pasaʒe, -ɛʀ] **I.** *adj* **1.** (*de courte durée*) fleeting; (*beauté, bonheur*) passing; (*pluies*) occasional **2.** (*très fréquenté: lieu, rue*) busy **II.** *m, f* passenger; **~ avant** front passenger

passant [pasɑ̃] *m* (*d'une ceinture*) (belt) loop

passant(**e**) [pasɑ̃, ɑ̃t] *m(f)* passerby

passe [pas] *f* SPORT pass; **~ mal ajustée** bad pass ► **être dans une bonne ~** to be doing all right; **être dans une mauvaise ~** to be going through a bad patch; **être en ~ de faire qc** to be on one's way to do sth

passé [pase] **I.** *m* **1.** (*temps révolu*) past; **par le ~** in the past; **tout ça c'est du ~** *inf* that's all in the past (now) **2.** LING past tense; **~ simple** simple past; **~ composé** present perfect **II.** *prep* (*après*) **~ minuit** after midnight; **~ la frontière** once past the border

passé(**e**) [pase] *adj* **1.** (*dernier*) last **2.** (*révolu*) past; (*angoisse*) former **3.** (*délavé: couleur*) faded **4.** (*plus de*) **il est midi ~/deux heures ~es** it's past noon/two o'clock

passe-droit [pasdʀwa] <passe-droits> *m* special privilege

passe-montagne [pasmɔ̃taɲ] <passe-montagnes> *m* balaclava

passe-partout [paspaʀtu] *m inv* (*clé*) skeleton key

passe-passe [paspas] *m inv* **tour de ~** sleight of hand

passe-plat [paspla] <passe-plats> *m* (serving) hatch

passeport [paspɔʀ] *m* passport

passer [pase] <1> **I.** *vi avoir o être* **1.** (*se déplacer*) to pass; (*aller*) to go past; (*venir*) to come past; **laisser ~ qn/une voiture** to let sb/a car past **2.** (*desservir: bus, métro, train*) to stop; **le bus va bientôt ~** the bus will be here soon **3.** (*s'arrêter un court instant*) **~ chez qn** to call (in) on sb; **~ à la poste** to go to the post office **4.** (*avoir un certain trajet*) **~ au bord de qc** (*route, train*) to go around the edge of sth; **~ dans une ville** (*automobiliste, voiture*) to go through a town; (*rivière*) to flow through a town; **~ devant qn/qc** to go past sb/sth; **~ entre deux maisons** (*personne*) to pass between two houses; (*route*) to run between two houses; **~ par San Francisco** (*automobiliste, route*) to go through San Francisco; (*avion*) to go via San Francisco; **~ par la porte** to go through the door; **~ sous qc** to go under sth; **~ sur un pont** to go over a bridge; **~ sur l'autre rive** to cross (over) to the other bank **5.** (*traverser en brisant*) **~ à travers le pare-brise** to go through the windshield; **~ à travers la glace** to fall through the ice **6.** (*réussir à franchir: personne, animal, véhicule*) to get through; (*objet, meuble*) to fit through **7.** (*s'infiltrer par, filtrer*) **~ à travers qc** (*eau, lumière*) to go through sth **8.** (*se trouver*) **où est passée ta sœur/la clé?** where's your sister/the key gone? **9.** (*changer*) **~ de la salle à manger au salon** to go from the dining room into the living room; **~ de maison en maison** to go from house to house; **~ en seconde** AUTO to shift into second; **le feu passe au rouge** the light is changing to red; **le feu passe du vert à l'orange** the light is changing from green to yellow **10.** (*aller définitivement*) **~ dans le camp ennemi** to go over to the enemy camp **11.** (*être consacré à*) **60% du budget passent dans les traitements** 60% of the budget goes to salaries **12.** (*faire l'expérience de*) **~ par des moments difficiles** to go through some hard times; **il est passé par la Légion étrangère** he was in the Foreign Legion **13.** (*utiliser comme intermédiaire*) ~ **par qn** to go through sb **14.** (*être plus/moins important*) ~ **avant/après qn/qc** to come before/after sb/sth **15.** (*avoir son tour, être présenté*) to go; **faire ~ qn avant/après les autres** to let sb go before/after the others; **~ à un examen** to go for a test; **~ à la radio/télé** to be on the radio/TV; **le film passe au Rex** the movie is showing at the Rex **16.** (*être accepté*) ECOLE **~ en sixième** to go into the seventh grade; **le candidat est passé à l'examen** the candidate has passed the exam; **la plaisanterie est bien/mal passée** the joke went over/didn't go over well; **la pièce de théâtre n'est pas passée** the play was a flop **17.** (*ne pas tenir compte de, oublier*) **~ sur les détails** to pass over the details; **passons!** let's say no more! **18.** JEUX to pass **19.** (*s'écouler: temps*) to pass; **on ne voyait pas le temps ~** we didn't see the time go by **20.** (*disparaître*) to go; (*colère*) to die down; (*chagrin*) to pass (off); (*mode*) to die out; (*pluie*) to pass over; (*orage*) to blow over; (*couleur*) to fade; **ça te passera** you'll get over it **21.** (*devenir*) **~ capitaine/directeur** to become a captain/director **22. ~ pour qc** (*être pris pour*) to be taken for sth; (*avoir la réputation de*) to be regarded as sth **23.** (*présenter comme*) **faire ~ qn pour qc** to make sb out to be sth ► **~ <u>outre</u> à qc** to disregard sth; **ça passe ou ça <u>casse</u>!** *inf* (it's) all or nothing! **II.** *vt avoir* **1.** (*donner: sel, photo*) to pass; (*consigne, travail, affaire*) to pass on; **~ un message à qn** to give sb a message; **~ la grippe/un virus à qn** to give sb the flu/a virus **2.** (*prêter*) **~ un livre à qn** to lend sb a book **3.** SPORT **~ la balle à qn** to pass sb the ball **4.** (*au téléphone*) **~ qn à qn** to put sb through to sb **5.** ECOLE, UNIV (*examen*) to take; **~ un examen avec succès** to pass an exam **6.** (*vivre, occuper*) **~ ses vacances à Rome** to vacation in Rome; **des nuits passées à boire** nights spent drinking **7.** (*présenter: film, diapositives*) to show; (*disque, cassette*) to put on **8.** (*franchir: rivière, seuil, montagne*) to cross; (*obstacle*) to overcome; (*en sautant: obstacle*) to jump over; (*tunnel, écluse, mur du son*) to go through; (*frontière*) to cross (over); **faire ~ la frontière à qn** to get sb over the border **9.** (*faire mouvoir*) **~ sa tête à travers le grillage/par la portière** to stick one's head through the railings/around the door; **~ le chiffon sur l'étagère** to dust the bookshelf **10.** (*étaler, étendre*) **~ une couche de peinture sur qc** to give sth a coat of paint **11.** (*faire subir une action*) **~ qc sous le robinet** to rinse sth under the faucet **12.** CULIN (*sauce, soupe, thé*) to strain **13.** (*calmer*) **~ sa colère sur qn/qc** to take out one's anger on sb/sth **14.** (*sauter* (*volontairement*): *chapitre, page*) to skip; (*son tour*) to miss **15.** (*oublier*) leave out; **~ les détails** to leave out the details **16.** (*permettre*) **~ tous ses caprices à qn** to indulge sb's every whim **17.** (*enfiler*) **~ un pull** to pull on a sweater **18.** AUTO (*vitesse*) **~ la seconde** to shift into second **19.** COM, JUR (*accord, convention*) to reach; (*contrat*) to sign; **~ un marché** to make a deal **III.** *vpr* **1.** (*s'écouler*) **le temps/le jour se passe** time/the day goes by **2.** (*avoir lieu*) to happen; **que s'est-il passé?** what (has) happened?; **que se passe-t-il?** what's going on? **3.** (*se dérouler*) **se ~** (*action, histoire, manifestation*) to take place; **l'accident s'est passé de nuit** the accident happened at night; **si tout se passe bien** if everything goes well **4.** (*se débrouiller sans*) **se ~ de qn/qc** to do without sb/sth; **voilà qui se passe de commentaires!** that speaks for itself! **5.** (*renoncer à*) **se ~ de faire qc** to go without doing sth **6.** (*se mettre*) **se ~ de la crème sur le visage** to put cream on one's face; **se ~ la main sur le front/dans les cheveux** to wipe one's brow/run one's hand through one's hair ► **ça ne se passera pas <u>comme</u> ça!** *inf* not if I have anything to do with it!

passereau [pasʀo] <x> *m* passerine

passerelle [pasʀɛl] *f* **1.** (*pont*) footbridge **2.** NAUT gangway; (*pont supérieur*) bridge **3.** AVIAT (*passerelle télescopique*) Jetway®; (*amovible*) boarding stairs **4.** INFORM gateway **5.** ECOLE **classe ~** conversion course (*allowing students to move from one course to another*)

passe-temps [pastɑ̃] *m inv* pastime

passeur, -euse [pasœʀ, -øz] *m, f* **1.** (*sur un bac*) ferryman *m*, ferrywoman *f* **2.** (*à la frontière*) smuggler

passible [pasibl] *adj* COM, JUR **être ~ d'une amende/peine** (*personne*) to be liable for a fine/penalty; (*délit*) to be punishable by a fine/penalty

passif [pasif] *m* **1.** LING passive; **au ~** in the passive **2.** FIN liabilities *pl*

passif, -ive [pasif, -iv] *adj* passive

passion [pasjɔ̃] *f* passion; **~ du sport** passion for sports; **~ de la liberté** passionate desire for freedom; **~ du pouvoir** lust for power; **vivre une ~ avec qn** to have a passionate affair with sb

passionnant(e) [pasjɔnɑ̃, ɑ̃t] *adj* fascinating

passionné(e) [pasjɔne] **I.** *adj* passionate; **être ~ de qc** to have a passion for sth **II.** *m(f)* enthusiast; **~ de cinéma** movie buff

passionnel(le) [pasjɔnɛl] *adj* **crime ~** crime of passion

passionnément [pasjɔnemɑ̃] *adv* passionately

passionner [pasjɔne] <1> **I.** *vt* to fascinate **II.** *vpr* **se ~ pour qc** to be fascinated by sth

passivement [pasivmɑ̃] *adv* passively

passivité [pasivite] *f* passivity

passoire [paswaʀ] *f* sieve ► **ma <u>mémoire</u> est une vraie ~!** I have a memory like a sieve!

pastaga [pastaga] *m Midi* pastis

pastel [pastɛl] *m, app inv* (*couleur*) pastel

P

pastèque [pastɛk] *f* watermelon
pasteur [pastœʀ] *mf* **1.** (*prêtre*) pastor **2.** (*berger*) shepherd
pasteuriser [pastœʀize] <1> *vt* to pasteurize
pastiche [pastiʃ] *m* pastiche
pasticher [pastiʃe] <1> *vt* ~ **qc** (*auteur*) to do a pastiche of sth; (*film*) to be a pastiche of sth
pastille [pastij] *f* **1.** MED lozenge; ~ **de menthe** (pepper)mint **2.** (*gommette*) ~ **autocollante** sticker; ~ **verte** *small sticker for vehicles with catalytic converters, allowing them to be driven when pollution leads to traffic restrictions* **3.** INFORM button
pastis [pastis] *m* pastis (*anise-flavored alcoholic aperitif*)
pataquès [patakɛs] *m* **1.** LING incorrect liaison **2.** (*situation confuse*) muddle
patate [patat] *f* **1.** *inf* (*pomme de terre*) spud, potato; ~ **douce** sweet potato **2.** *Québec* (*pomme frite*) ~**s frites** (French) fries **3.** *inf* (*imbécile*) dope ▶ **en avoir gros sur la** ~ *inf* to be very upset
patati [patati] *interj inf* **et** ~**! et patata!** and so on and so forth!
patatras [patatʀa] *interj* ~**!** crash (bang)!
pataud(**e**) [pato, od] **I.** *adj* clumsy **II.** *m(f)* oaf, klutz
pataugeoire [patoʒwaʀ] *f* kiddie pool
patauger [patoʒe] <2a> *vi* **1.** (*marcher*) to squelch around **2.** (*barboter*) to paddle **3.** (*ne pas suivre: élève*) not to follow **4.** *inf* (*s'empêtrer*) to be getting nowhere
patchwork [patʃwœʀk] *m* **1.** COUT patchwork **2.** *fig* **un** ~ **de nationalités** a hodgepodge of nationalities
pâte [pɑt] *f* **1.** CULIN (*à tarte*) pastry; (*à pain*) dough; ~**s alimentaires** pasta; **fromage à** ~ **molle/dure** soft/hard cheese **2.** (*substance molle*) paste; ~ **à modeler** ≈ Playdough®
pâté [pɑte] *m* **1.** CULIN pâté; ~ **de campagne** farmhouse pâté; ~ **en croûte** *pâté baked in pastry and served in slices* **2.** (*tache d'encre*) (ink) blot **3.** (*sable moulé*) ~ **de sable** sand [*o* mud] pie **4.** (*ensemble*) ~ **de maisons** block (of houses) **5.** *Belgique* (*petit gâteau à la crème*) cream cake
pâtée [pɑte] *f* pet food; ~ **pour chat** cat food; ~ **pour chien** dog food
patelin [patlɛ̃] *m inf* (out-of-the-way) village
patente [patɑ̃t] *f Québec* (*objet quelconque*) whatchamacallit, thingamabob
patère [patɛʀ] *f* (*portemanteau*) coat hook
paternalisme [patɛʀnalism] *m* paternalism
paternaliste [patɛʀnalist] *adj* paternalistic
paternel(**le**) [patɛʀnɛl] *adj* paternal
paternité [patɛʀnite] *f* paternity
pâteux, -euse [pɑtø, -øz] *adj* (*sauce*) thickish; (*pain, masse*) stodgy; (*langue*) furry
pathétique [patetik] **I.** *adj* pathetic **II.** *m* pathos
pathologique [patɔlɔʒik] *adj* pathological
patiemment [pasjamɑ̃] *adv* patiently
patience [pasjɑ̃s] *f* patience; **avoir de la** ~ to have patience; **n'avoir aucune patience** to be extremely impatient; **prendre** ~ to be patient; ~**!** don't be so impatient! ▶ **une** ~ **d'ange** the patience of a saint
patient(**e**) [pasjɑ̃, ɑ̃t] **I.** *adj* patient; **c'est un esprit** ~ he/she is a patient man/woman **II.** *m(f)* MED patient
patienter [pasjɑ̃te] <1> *vi* to wait; **faire** ~ **qn** to ask sb to wait; (*au téléphone*) to ask sb to hold (on)
patin [patɛ̃] *m* ~ **à glace** ice skate; ~ **à roulettes** roller skate; ~**s en ligne** inline skates, in-line skates; **faire du** ~ **à glace/à roulettes** to ice-skate/roller-skate ▶ **rouler un** ~ **à qn** *inf* to French-kiss sb
patinage [patinaʒ] *m* ~ **sur glace** ice-skating; ~ **à roulettes** roller-skating
patine [patin] *f* patina
patiner [patine] <1> *vi* **1.** SPORT to skate **2.** (*embrayage*) to slip; (*roue*) to spin; (*véhicule*) to be stuck with the wheels spinning
patinette [patinɛt] *f* scooter (*for a child*)
patineur, -euse [patinœʀ, -øz] *m, f* skater; ~ **à roulettes** roller skater; ~ **en ligne** in-line skater
patinoire [patinwaʀ] *f* **1.** (*piste de patinage*) skating rink **2.** (*endroit glissant*) ice rink
patio [pɑtjo, pasjo] *m* patio
pâtir [pɑtiʀ] <8> *vi* ~ **de qc** to suffer from sth
pâtisserie [pɑtisʀi] *f* **1.** (*magasin*) pastry shop **2.** (*métier*) confectionery **3.** (*gâteaux*) cakes and pastries *pl* **4.** (*préparation de gâteaux*) cake and pastry making
pâtissier, -ère [pɑtisje, -ɛʀ] *m, f* pastry cook
patois [patwa] *m* patois
patraque [patʀak] *adj inf* **être** ~ to feel out of sorts
patriarcat [patʀijaʀka] *m* patriarchate
patriarche [patʀijaʀʃ] *m* patriarch
patrie [patʀi] *f* **1.** (*nation*) homeland; **mourir pour la** ~ to die for one's country **2.** (*lieu de naissance*) birthplace **3.** (*berceau*) **la** ~ **des arts** the cradle of the arts
patrimoine [patʀimwan] *m* **1.** (*biens de famille*) *a.* BIO inheritance; ~ **génétique** [*o* **héréditaire**] genotype **2.** (*bien commun*) heritage
patriote [patʀijɔt] **I.** *adj* patriotic **II.** *mf* patriot
patriotique [patʀijɔtik] *adj* patriotic
patriotisme [patʀijɔtism] *m* patriotism
patron(**ne**) [patʀɔ̃, ɔn] *m(f)* **1.** (*employeur*) employer; **les grands** ~**s de l'industrie** the industry tycoons **2.** (*chef*) boss **3.** (*propriétaire*) owner **4.** (*gérant*) manager **5.** (*artisan*) ~ **boulanger** master baker **6.** (*leader: d'une organisation*) head; **le** ~ **des** ~**s** the head of the employers' federation **7.** REL patron
patronage [patʀɔnaʒ] *m* patronage
patronal(**e**) [patʀɔnal, -o] <-aux> *adj* **1.** (*du patron*) employer's; (*des patrons*) employers' **2.** REL **fête** ~**e** *feast of the saint one is named after, celebrated like a birthday*
patronat [patʀɔna] *m* **le** ~ the employers *pl*
patronner [patʀɔne] <1> *vt* (*initiative*) to sup-

port

patrouille [patʀuj] *f* patrol; ~ **de police** police patrol

patrouiller [patʀuje] <1> *vi* to be on patrol

patte[1] [pat] *f* **1.** *a. inf* leg **2.** (*d'un chien, chat, ours*) paw **3.** *inf* (*main*) hand ▶ **pantalon à ~s d'éléphant** bell bottoms; **~s de mouche** spidery handwriting; **bas les ~s!** *inf* hands off!; **en avoir plein les ~s** *inf* to be fed up; **à quatre ~s** *inf* on all fours

patte[2] [pat] *f Suisse* **1.** (*chiffon*) duster **2.** (*torchon*) dishtowel

patte-d'oie [patdwa] <pattes-d'oie> *f* **1.** *pl* (*rides*) crow's feet *pl* **2.** (*carrefour en Y*) Y-crossing

pâturage [pɑtyʀaʒ] *m* (*herbage*) pasture

paume [pom] *f* **1.** ANAT (*de la main*) palm **2.** SPORT **jeu de ~** real tennis

paumé(e) [pome] *inf* **I.** *adj* **1.** (*perdu: lieu, village*) godforsaken; **il est ~** he hasn't got a clue where he is **2.** (*désorienté*) mixed up **3.** (*socialement inadapté*) **être complètement ~** to be completely screwed up **II.** *m(f)* **c'est un ~** he's completely screwed up

paumer [pome] <1> **I.** *vt inf* to lose **II.** *vpr inf* **se ~** to get lost

paupière [popjɛʀ] *f* ANAT eyelid

paupiette [popjɛt] *f* ~ **de veau** stuffed scallop of veal

pause [poz] *f* **1.** (*interruption*) break **2.** MUS intermission **3.** SPORT halftime

pause-café [pozkafe] <pauses-café> *f inf* coffee break

pauvre [povʀ] **I.** *adj* **1.** (*opp: riche*) poor; (*mobilier, vêtement*) shabby; (*végétation*) sparse; (*style*) weak; **être ~ en graisse/oxygène** to be low in fat/oxygen **2.** *antéposé* (*médiocre: argument, salaire, orateur*) poor **3.** *antéposé* (*digne de pitié*) poor; (*sourire*) weak; **mon ~ ami, si tu savais** if only you knew; **~ France!** poor old France! **4.** *inf* **~ type** (*malheureux*) poor guy; (*minable*) loser; **~ idiot** poor fool **II.** *mf* **1.** (*sans argent*) poor man *m*, poor woman *f* **2.** (*idiot*) **~ d'esprit** half-wit

pauvrement [povʀəmɑ̃] *adv* (*vêtu, meublé*) shabbily

pauvreté [povʀəte] *f* poverty; (*du sol*) poorness; (*d'une habitation, du mobilier*) shabbiness; **la ~ de votre style** your impoverished style

pavage [pavaʒ] *m* paving

pavaner [pavane] <1> *vpr* **se ~** to strut around

pavé [pave] *m* **1.** (*dalle*) paving stone **2.** (*revêtement*) paving **3.** *péj, inf* (*livre*) weighty tome **4.** (*morceau de viande*) **~ de bœuf** thick steak **5.** INFORM **~ numérique** numeric keypad

paver [pave] <1> *vt* to pave

pavillon [pavijɔ̃] *m* **1.** (*maison particulière*) house; **~ de banlieue** house in the suburbs **2.** (*petite maison dans un jardin*) summerhouse; **~ de chasse** hunting lodge **3.** (*bâtiment: d'un hôpital*) block; (*d'un château*) wing; **~ central** central section **4.** NAUT flag

pavoiser [pavwaze] <1> *vi inf* (*se réjouir*) to rejoice

pavot [pavo] *m* poppy

payable [pɛjabl] *adj* payable; **~ fin juillet** (*somme*) payable by the end of July; (*objet*) that must be paid for by the end of July

payant(e) [pɛjɑ̃, ɑ̃t] *adj* **1.** (*opp: gratuit*) where you have to pay; **l'entrée est ~e** you have to pay to go in; **c'est ~** you have to pay **2.** (*rentable: entreprise, coup*) profitable; **c'est une politique ~e** it's a policy that will pay off **3.** (*qui paie: hôte, spectateur*) paying

paye [pɛj] *v.* **paie**

payement [pɛjmɑ̃] *v.* **paiement**

payer [peje] <7> **I.** *vt* **1.** (*acquitter, rétribuer*) to pay; **~ par chèque/en espèces** to pay by check/in cash; **~ qn à l'heure** to pay sb by the hour **2.** (*verser de l'argent pour: maison, service*) to pay for; **faire ~ qc à qn mille euros** to charge sb a thousand euros for sth **3.** (*récompenser*) to reward; **~ qn de sa peine** to pay sb for their trouble; **il était bien/mal payé de cela** he made some money/didn't make much out of it **4.** (*offrir*) **~ qc à qn** to buy sth for sb; **~ un coup à qn** *inf* to treat sb **5.** (*expier*) **~ qc de qc** to pay for sth with sth; **tu me le paieras!** you'll pay for this! ▶ **je suis payé pour le savoir** it's my business to know that **II.** *vi* **1.** (*régler*) to pay **2.** (*être rentable*) to pay; (*politique, tactique*) to pay off; **le crime ne paie pas** crime doesn't pay **3.** (*expier*) **~ pour qn/qc** to pay for what sb did/sth **III.** *vpr* **1.** *inf* (*s'offrir*) **se ~ qc** to buy oneself sth **2.** *inf* (*se prendre*) **se ~ un arbre** to wrap one's car around a tree **3.** (*passif*) **la commande se paie à la livraison** orders are to be paid for on delivery ▶ **se ~ la tête de qn** *inf* (*tourner en ridicule*) to make fun of sb; (*tromper*) to pull sb's leg

payeur, -euse [pɛjœʀ, -øz] *m, f* payer

pays [pei] *m* **1.** (*nation, État*) country; **~ membres de l'UE** member countries of the EU; **~ en voie de développement/d'industrialisation** developing/industrializing country **2.** *sans pl* (*région*) region; **mon ~ natal** the area where I was born; **être du ~** to be local; **les gens du ~** the local people; **saucisson/vin de ~** local sausage/wine **3.** *sans pl* (*patrie*) native country **4.** *sans pl* (*terre d'élection*) **c'est le ~ du vin** it's wine country **5.** (*milieu favorable à*) **~ de légumes** vegetable-growing area; **~ d'élevage** cattle-breeding area **6.** GEO area; **plat ~** flat country(side) **7.** (*village*) village; **un petit ~ perdu** a small isolated town ▶ **être en ~ de connaissance** (*connaître la matière, le lieu*) to be on familiar territory; (*être connu*) to be among friends; **il se conduit comme (si il était) en ~ conquis** he acts as if he owns the place; **voir du ~** to get around

P

paysage [peizaʒ] *m* landscape ▶**cela fait bien dans le ~ de faire qc** *inf* it looks good if you do sth
paysagiste [peizaʒist] **I.** *mf* **1.** (*en horticulture*) landscape architect **2.** ART landscapist **II.** *app* landscape
paysan(ne) [peizɑ̃, an] **I.** *adj* **1.** (*agricole: monde, problème*) farming; (*revendication*) farmers' **2.** (*rural: mœurs, vie*) country **3.** *péj* (*rustre: air, manières*) rustic **II.** *m(f)* **1.** (*agriculteur*) farmer **2.** *péj* **quel ~!** what a hick!
Pays-Bas [peibɑ] *mpl* **les ~** the Netherlands
Pays de Galles [pɛidəgal] *m* Wales
Pays de la Loire [pɛidəlalwaʀ] *m* Loire Valley
P.C. [pese] *m* **1.** *abr de* **personal computer** INFORM PC; **~ de poche** hand-held **2.** *abr de* **poste de commandement** MIL headquarters
PCF [peseɛf] *m abr de* **Parti communiste français** French Communist Party
P.C.V. [peseve] *abr de* **à percevoir: appeler en ~** to make a collect call
P.D.G. [pedeʒe] *m inf abr de* **Président-directeur général** chairman and chief executive officer
péage [peaʒ] *m* **1.** (*lieu*) tollbooth **2.** (*taxe*) toll; **route à ~** toll road, turnpike; **pont à ~** toll bridge

> **i** Many French *autoroutes* are toll roads, with **péage** booths at regular intervals.

peau [po] <x> *f* **1.** (*épiderme: d'une personne*) skin **2.** *pl* (*morceaux desséchés*) **~x autour des ongles** cuticles; **~x mortes** dead skin **3.** (*cuir*) hide **4.** (*enveloppe, pellicule: d'une tomate, du lait*) skin; (*d'une orange, pomme, banane*) peel ▶**attraper qn par la ~ du cou** [*o* **du dos**] *inf* to grab sb by the scruff of their neck; **coûter** [*o* **valoir**] **la ~ des fesses** *inf* to cost an arm and a leg; **n'avoir que la ~ et les os** [*o* **sur les os**] to be nothing but skin and bone(s); **entrer** [*o* **se mettre**] **dans la ~ du personnage** to get (right) into the part; **ne pas donner cher de la ~ de qn** *inf* not to give much for sb's chances; **avoir la ~ dure** *inf* (*personne*) to be thick-skinned; **vieille ~** *péj, inf* old hag; **j'aurai ta/leur ~!** *inf* I'll get you/them!; **avoir qc dans la ~** *inf* to have sth in one's blood; **avoir qn dans la ~** *inf* to be crazy about sb; **défendre sa ~** to fight for one's life; **entrer dans la ~ de qn** to put oneself in sb's shoes; **être bien/mal dans sa ~** to feel good/bad about oneself; **faire la ~ à qn** *inf* to bump sb off; **y laisser sa** [*o* **la**] **~** *inf* to get killed; **risquer sa ~ pour qn/qc** *inf* to risk one's neck for sb/sth; **tenir à sa ~** *inf* to value one's life
Peau-Rouge [poʀuʒ] <Peaux-Rouges> *mf* redskin *pej*
pêche¹ [pɛʃ] *f* peach; **~ Melba** peach Melba ▶**avoir la ~** *inf* to be full of pep
pêche² [pɛʃ] *f sans pl* **1.** (*profession*) fishing; **~ au saumon/au thon** salmon/tuna fishing; **produit de la ~** catch **2.** (*loisir*) fishing; (*à la ligne*) angling, fishing; **~ à la mouche** fly fishing; **aller à la ~** to go fishing **3.** (*prises*) catch
péché [peʃe] *m* sin ▶**c'est son ~ mignon** it's her weakness
pêcher¹ [peʃe] <1> **I.** *vi* to go fishing; (*avec une canne*) to go angling [*o* fishing] **II.** *vt* **1.** (*être pêcheur de*) **~ qc** to fish for sth **2.** (*attraper: poisson, crustacé, grenouille*) to catch **3.** *inf* (*chercher*) **~ qc** (*idée, histoire*) to dig sth up; (*costume, vieux meuble*) to pick sth up; **où a-t-elle pêché (l'idée) que ...** where did she get the idea that ...
pêcher² [peʃe] *m* peach (tree)
pécheur, pécheresse [peʃɛʀ, peʃʀɛs] *m, f* sinner
pêcheur, -euse [pɛʃœʀ, -øz] *m, f* **1.** (*professionnel*) fisherman *m*, fisherwoman *f* **2.** (*à la ligne*) fisher, angler
pécho [peʃo] *adj inv, inf* **se faire ~** to get busted
pectoral(e) [pɛktɔʀal, -o] <-aux> *adj* ANAT, ZOOL **région ~e** pectoral area
pectoraux [pɛktɔʀo] *mpl* ANAT pectoral muscles
pécule [pekyl] *m sans pl* nest egg
pécuniaire [pekynjɛʀ] *adj* financial
pédagogie [pedagɔʒi] *f* **1.** (*science*) education **2.** (*méthode d'enseignement*) educational methods *pl* **3.** *sans pl* (*qualité*) teaching ability
pédagogique [pedagɔʒik] *adj* educational; (*matériel*) teaching; (*exposé, résumé*) well-presented; **avoir un sens ~** to be a natural teacher
pédagogue [pedagɔg] **I.** *mf* **1.** (*enseignant*) teacher **2.** (*spécialiste*) educator **II.** *adj* **être ~** to be a good teacher
pédale [pedal] *f* **1.** (*levier pour le pied: d'une bicyclette, voiture, poubelle*) pedal; **~ de frein** brake pedal **2.** *péj, inf* (*homosexuel*) queer ▶**s'emmêler les ~s** *inf* to get confused; **perdre les ~s** *inf* to lose it
pédaler [pedale] <1> *vi* (*bicyclette*) to pedal
pédalier [pedalje] *m* **1.** (*d'une bicyclette*) pedals *pl* and chain drive **2.** MUS pedal board
pédalo® [pedalo] *m* pedal boat; **faire du ~** to go out in a pedal boat
pédant(e) [pedɑ̃, ɑ̃t] **I.** *adj péj* pedantic **II.** *m(f) péj* pedant
pédé [pede] *m péj, inf abr de* **pédéraste** fag, queer
pédéraste [pedeʀast] *m* **1.** (*homosexuel*) homosexual **2.** (*pédophile*) pederast
pédestre [pedɛstʀ] *adj* **randonnée ~** ramble; **sentier ~** footpath
pédiatre [pedjatʀ] *mf* pediatrician
pédicure [pedikyʀ] *mf* podiatrist
pedigree [pedigʀe] *m* pedigree
pédophile [pedɔfil] *mf* pedophile
P.E.G.C. [peøʒese] *mf abr de* **professeur d'enseignement général des collèges**

schoolteacher

pègre [pɛɡʀ] *f sans pl* underworld

peigne [pɛɲ] *m* comb; **~ fin** fine-tooth comb; **~ à manche/de poche** tail/pocket comb; **se donner un coup de ~** to run a comb through one's hair ▶**passer au ~ fin** (*livre, témoignage*) to go over with a fine-tooth comb; (*région*) to comb

peigner [peɲe] <1> **I.** *vt* (*cheveux, chien*) to comb; **~ qn** to comb sb's hair **II.** *vpr* **se ~** to comb one's hair

peignoir [pɛɲwaʀ] *m* robe

peinard(e) [pɛnaʀ, aʀd] *adj inf* (*personne*) laid-back; (*boulot, vie*) cushy; (*coin*) quiet

peindre [pɛ̃dʀ] *irr* **I.** *vi* (*au pinceau*) to paint **II.** *vt* **~ qc en rouge/jaune** to paint sth red/yellow ▶**être peint** *péj* to have makeup caked on **III.** *vpr* **se ~ sur le visage de qn** (*angoisse, joie*) to be written on sb's face

peine [pɛn] **I.** *f* **1.** (*chagrin, douleur*) sorrow; **des ~s de cœur** heartaches; **avoir de la ~/beaucoup de ~** to be upset/very upset; **faire de la ~ à qn** to upset sb **2.** JUR sentence; **~ de mort** death penalty; **défense d'entrer sous ~ de poursuites** trespassers will be prosecuted **3.** (*effort, difficulté*) trouble; **avoir de la ~/beaucoup de ~ à faire qc** to have trouble/a lot of trouble doing sth; **donnez-vous** [*o* **prenez** (**donc**)] **la ~ d'entrer** *form* (please) do come in; **ne vous donnez pas cette ~** please don't bother; **ne pas épargner sa ~** to go to a great deal of trouble; **avec ~** with difficulty; **sans ~** without (any) difficulty; **pour la/sa ~** (*en récompense*) for one's trouble; (*en punition*) as a punishment ▶**être bien en ~ de** +*infin* to be hard pressed to +*infin;* **être dur à la ~** to be a hard worker; **c'est bien la ~ de faire qc** *iron* what's the point of doing sth; **n'être pas en ~ pour faire qc** to have no difficulty (in) doing sth; **en être pour sa ~** to get nothing for one's trouble; **sous ~ de ...** on pain of ...; **roule doucement sous ~ de glisser** drive slowly or you'll skid **II.** *adv* **1.** (*très peu*) **à ~** hardly **2.** (*tout au plus*) **à ~** only just; **il y a à ~ huit jours** barely a week ago **3.** (*juste*) **avoir à ~ commencé/fini** to have just started/finished **4.** (*aussitôt*) **à ~ ...** no sooner ... ▶**à ~!** *iron* you don't say!

peiner [pene] <1> **I.** *vi* **1.** (*avoir des difficultés*) **~ à/pour faire qc** to have trouble doing sth; **~ sur un problème** to struggle with a problem **2.** (*avoir des problèmes: moteur, voiture*) to labor **II.** *vt* **~ qn** (*nouvelle, refus*) to upset sb; (*décevoir*) to disappoint sb; (*faire de la peine à*) to hurt sb

peint(e) [pɛ̃, ɛ̃t] *adj* painted ▶**papier ~** wallpaper

peintre [pɛ̃tʀ] *m* painter; **~ en bâtiment** painter and decorator

peinture [pɛ̃tyʀ] *f* **1.** (*couleur*) paint; **~ à l'eau** watercolor; **~ à l'huile** oil paint **2.** (*couche, surface peinte*) paintwork; **~ fraîche!** wet paint! **3.** *sans pl* (*action*) painting; **~ au pistolet** spray painting **4.** *sans pl* ART painting; **école de ~** school of painting; **musée de ~** art gallery **5.** (*toile*) painting; **~ murale** mural; **~ à l'huile** oil painting **6.** *sans pl* (*description, évocation*) portrayal; **faire la ~ de qc** to portray sth ▶**je ne peux pas le voir en ~** *inf* I can't stand (the sight of) him

peinturlurer [pɛ̃tyʀlyʀe] <1> **I.** *vt inf* to daub; **être peinturluré de qc** to be daubed with sth **II.** *vpr inf* **se ~ le visage** to cake on makeup

péjoratif, -ive [peʒɔʀatif, -iv] *adj* derogatory

péjorativement [peʒɔʀativmɑ̃] *adv* derogatorily

pékinois [pekinwa] *m* (*chien*) Pekin(g)ese

PEL [peøɛl] *m abr de* **plan d'épargne logement** *savings plan for buying property*

pelage [pəlaʒ] *m* (*d'un animal*) coat

pelé [pəle] *m Belgique* (*partie du gîte à la noix*) *bottom round of beef*

pelé(e) [pəle] **I.** *adj* (*personne*) bald(-headed) **II.** *m(f)* **quatre** [*o* **trois**] **~s et un tondu** *inf* hardly anyone

pêle-mêle [pɛlmɛl] *adv* all jumbled up; **les choses sont ~** everything's all over the place

peler [pəle] <4> **I.** *vi* **1.** (*perdre sa peau*) to peel **2.** *inf* (*avoir froid*) to be freezing (cold) **II.** *vt* to peel **III.** *vpr* **se ~ facilement** to peel easily

pèlerin [pɛlʀɛ̃] *m* REL pilgrim

pèlerinage [pɛlʀinaʒ] *m* **1.** (*voyage*) pilgrimage **2.** (*lieu*) place of pilgrimage

pélican [pelikɑ̃] *m* pelican

pelisse [pəlis] *f* pelisse

pelle [pɛl] *f* shovel; (*d'un jardinier*) spade; **~ mécanique** mechanical shovel; **~ à tarte** cake server ▶**on les ramasse à la ~** *inf* there are piles of them; **(se) ramasser** [*o* **se prendre**] **une ~** *inf* to fall flat on one's face; **rouler une ~ à qn** *inf* to give sb a French kiss

pelletée [pɛlte] *f* **1.** (*contenu d'une pelle*) **une ~ de sable** a shovelful of sand; (*dans le jardin, à la plage*) a spadeful of sand **2.** *inf* (*bordée*) **une ~ d'injures** a shower of abuse

pelleteuse [pɛltøz] *f* power shovel

pellicule [pelikyl] *f* **1.** PHOT, CINE film; **~ couleur** color film; **~ noir et blanc** black-and-white film **2.** (*mince couche: de poussière, givre, crème, pétrole*) film **3.** *souvent pl* (*peau morte*) dandruff

pelote [p(ə)lɔt] *f* **1.** (*boule de fils*) ball **2.** SPORT **~ basque** pelota, jai alai

peloter [p(ə)lɔte] <1> **I.** *vt inf* to paw; **se faire ~ par qn** to be groped by sb **II.** *vpr inf* **se ~** to paw each other

peloton [p(ə)lɔtɔ̃] *m* **1.** SPORT, POL, ECON pack; **être dans le ~ de tête** to be in with the front runners **2.** MIL squad; **~ d'exécution** firing squad

pelotonner [p(ə)lɔtɔne] <1> *vpr* **1.** (*se mettre en boule*) **se ~** to curl up **2.** (*se blottir*) **se ~ contre qn/qc** to snuggle up to sb/sth

pelouse [p(ə)luz] *f* lawn

peluche [p(ə)lyʃ] *f* **1.** (*matière*) plush; **ours**

en ~ teddy (bear) **2.** (*jouet*) soft toy; (*animal en peluche*) stuffed animal **3.** (*poil*) fluff **4.** (*poussière*) piece of fluff **5.** (*d'un pull*) pill

pelucher [p(ə)lyʃe] <1> *vi* (*tissu, vêtement*) to pill

pelucheux, -euse [p(ə)lyʃø, -øz] *adj* fluffy

pelure [p(ə)lyʀ] *f* **1.** (*d'un fruit, légume*) peeling **2.** *inf* (*manteau*) coat; **enlever sa ~** to take one's coat off

pénal(e) [penal, -o] <-aux> *adj* (*code*) penal; **affaire/procédure ~e** criminal matter/proceedings *pl;* **droit ~** criminal law

pénalisation [penalizasjɔ̃] *f* **1.** (*pénalité*) penalty **2.** (*désavantage*) penalization

pénaliser [penalize] <1> *vt* **1.** SPORT to penalize **2.** (*désavantager: classe, religion*) to discriminate against; **~ qn/qc de qc** to penalize sb/sth by sth **3.** (*sanctionner*) to punish **4.** (*sanctionner d'une amende*) to fine

pénalité [penalite] *f a.* SPORT penalty; **coup de pied de ~** penalty kick; **tirer le coup de pied de ~** to take the penalty (kick)

penalty [penalti] <s *o* -ies> *m* (*tir au but*) penalty

penaud(e) [pəno, od] *adj* **1.** (*honteux*) sheepish; **s'en aller tout ~** to go away looking sheepish **2.** (*contrit*) contrite **3.** (*déçu*) crestfallen

penchant [pɑ̃ʃɑ̃] *m* **~ à qc** tendency towards sth; **~ pour qc** liking for sth

penché(e) [pɑ̃ʃe] *adj* (*écriture*) slanting; **être ~** (*mur, tour*) to lean (over); **être ~ sur qn/qc** (*être courbé vers*) to be leaning over sb/sth

pencher [pɑ̃ʃe] <1> **I.** *vi* **1.** (*perdre l'équilibre*) to tip (over); (*arbre*) to tilt; (*bateau*) to list; **le vent fait ~ l'arbre** the tree is bending over in the wind **2.** (*ne pas être droit*) to lean sideways; **~ à droite** to lean to the right **3.** (*se prononcer pour*) **~ pour qc** to be inclined to favor sth **II.** *vt* (*bouteille, carafe*) to tip; (*table, chaise*) to tilt; **~ la tête** (*en avant, sur qc*) to bend one's head (forward); (*de honte*) to hang one's head; (*sur le côté*) to put one's head to one side; **~ la tête en arrière** to tip one's head back **III.** *vpr* **1.** (*baisser*) **se ~** to bend down; **se ~ par la fenêtre** to lean out (of) the window **2.** (*examiner*) **se ~ sur un problème** to look into a problem

pendaison [pɑ̃dɛzɔ̃] *f* hanging

pendant [pɑ̃dɑ̃] **I.** *prep* **1.** (*pour indiquer une durée*) for; **~ trois jours/des kilomètres et des kilomètres** for three days/miles and miles **2.** (*au cours de, simultanément à*) during; **~ ce temps** meanwhile; **~ longtemps** for a long time **II.** *conj* **1.** (*tandis que*) **~ que** while **2.** (*aussi longtemps que*) **~ que** as long as ►**~ que tu y <u>es</u>** *iron* while you're at it; **~ que j'y <u>pense</u>** while I think of it

pendant(e) [pɑ̃dɑ̃, ɑ̃t] *adj* **1.** (*tombant*) hanging; (*langue*) hanging out; **oreilles ~es** floppy ears **2.** (*ballant: jambes*) dangling; **rester les bras ~s** to stand around doing nothing **3.** JUR (*procès, affaire*) pending

pendentif [pɑ̃dɑ̃tif] *m* (*bijou*) pendant

penderie [pɑ̃dʀi] *f* **1.** (*garde-robe*) wardrobe **2.** (*placard mural*) closet **3.** (*armoire*) cupboard

pendouiller [pɑ̃duje] <1> *vi inf* to dangle

pendre [pɑ̃dʀ] <14> **I.** *vi être* **1.** (*être suspendu*) to hang; **~ à qc** to be hanging on sth; **~ de qc** to be hanging from sth **2.** (*tomber: cheveux, guirlande*) to hang down; (*joues*) to sag; **laisser ~ ses jambes** to dangle one's legs **II.** *vt* **1.** (*accrocher*) **~ qc au portemanteau/dans l'armoire** to hang sth (up) on the coat rack/in the wardrobe **2.** (*mettre à mort*) **~ qn à un arbre** to hang sb from a tree; **être pendu** to be hanged ►**je <u>veux</u> (bien) être pendu si ...** I'll be damned if ... **III.** *vpr* **1.** (*s'accrocher*) **se ~ à une branche** to hang from a branch; **se ~ au cou de qn** to throw one's arms around sb's neck; (*par crainte*) to cling to sb **2.** (*se suicider*) **se ~** to hang oneself

pendu [pɑ̃dy] *m* JEUX **jouer au ~** to play hangman

pendu(e) [pɑ̃dy] **I.** *part passé de* **pendre** **II.** *adj inf* (*agrippé*) **être ~ aux lèvres de qn** to hang on sb's every word; **être ~ au téléphone** to always be on the phone **III.** *m(f)* hanged man *m,* hanged woman *f*

pendule [pɑ̃dyl] **I.** *f* clock; **~ murale/de cuisine** wall/kitchen clock ►**remettre les ~s à l'<u>heure</u>** to set the record straight **II.** *m* (*d'un sourcier*) pendulum

pendulette [pɑ̃dylɛt] *f* clock

pénétrant(e) [penetʀɑ̃, ɑ̃t] *adj* **1.** (*qui transperce: froid*) bitter; (*air*) bitterly cold; (*pluie*) penetrating **2.** (*fort: odeur*) strong, penetrating **3.** (*aigu: regard*) penetrating

pénétration [penetʀasjɔ̃] *f* **1.** *sans pl* (*action*) penetration **2.** *sans pl* (*perspicacité*) insight

pénétré(e) [penetʀe] *adj* (*ton, air*) earnest

pénétrer [penetʀe] <5> **I.** *vi* **1.** (*entrer*) **~ dans qc** (*personne, véhicule, armée*) to enter sth; (*par la force, abusivement*) to break into sth; (*balle*) to penetrate sth; **~ sur un marché** to break into a market **2.** (*prendre place*) **~ dans qc** (*idée*) to sink into sth; (*habitude*) to establish itself in sth **3.** (*s'insinuer*) **~ dans qc** (*odeur, liquide, crème, vent*) to get into sth; (*soleil*) to shine into sth; **~ à travers qc** to go through sth **II.** *vt* **1.** (*transpercer*) **~ qc** to penetrate sth; **~ qn** (*froid, humidité*) to go right through sb; (*regard*) to penetrate sb **2.** (*imprégner: mode, habitude*) to become established in **3.** (*découvrir: mystère, secret*) to penetrate; (*intentions, sens*) to fathom

pénible [penibl] *adj* **1.** (*fatigant, difficile*) hard; (*chemin*) rough; (*respiration*) labored; **il est ~ à qn de** +*infin* it's very hard for sb to +*infin* **2.** (*douloureux: heure, moment*) painful; (*circonstance, événement*) distressing; **être ~ à qn** to be painful for sb **3.** (*désagréable: sujet, circonstance*) unpleasant; **il m'est ~ de constater que ...** I am sorry to find that ... **4.** (*agaçant: personne, caractère*) tiresome; **c'est ~!** isn't it awful!; **il est vraiment ~** *inf* he's a real pain (in the neck)

péniblement [penibləmɑ̃] *adv* **1.** (*difficilement*) with difficulty **2.** (*tout juste*) just about

péniche [peniʃ] *f* barge

pénichette [peniʃɛt] *f* riverboat

pénicilline [penisilin] *f* penicillin

péninsule [penɛ̃syl] *f* peninsula; **la ~ balkanique/ibérique** the Balkan/Iberian Peninsula

pénis [penis] *m* penis

pénitence [penitɑ̃s] *f* penitence; (*sacrement*) penance; **faire ~** to do penance

pénitentiaire [penitɑ̃sjɛʀ] *adj* **établissement ~** prison; **personnel ~** prison staff

Pennsylvanie [pɛnsilvani] *f* **la ~** Pennsylvania

pénombre [penɔ̃bʀ] *f* **1.** half-light **2.** ASTR penumbra

pensable [pɑ̃sabl] *adj* **ne pas être ~** to be unthinkable

pensant(e) [pɑ̃sɑ̃, ɑ̃t] *adj* thinking

pense-bête [pɑ̃sbɛt] <pense-bêtes> *m* reminder; (*petite feuille*) note

pensée[1] [pɑ̃se] *f* **1.** (*idée*) thought; **être absorbé dans ses ~s** to be deep in thought **2.** *sans pl* (*opinion*) thinking **3.** *sans pl* PHILOS thought; (*chrétienne, marxiste*) thinking

pensée[2] [pɑ̃se] *f* BOT pansy

penser [pɑ̃se] <1> **I.** *vi* **1.** (*réfléchir*) to think; **faculté de ~** capacity for thought; **~ à qc** to think of sth **2.** (*juger*) **~ différemment sur qc** to think differently about sth **3.** (*songer à*) **~ à qn/qc** to think about sb/sth; **sans ~ à mal** without meaning any harm **4.** (*ne pas oublier*) **~ à qn/qc** to remember sb/sth; **~ à** +*infin* to remember to +*infin;* **faire ~ à qn/qc** to remind one of sb/sth **5.** (*s'intéresser à*) **~ aux autres** to think of others ▶ **je pense bien!** *inf* I sure hope so!; **donner** [*o* **laisser**] **à ~** to make one think; **laisser à ~ que ...** to let it be thought that ...; **mais j'y pense ...** but I was just thinking ...; **tu n'y penses pas!** *inf* you don't mean it!; (**là**) **où je pense** *inf* you know where; **tu penses!** *inf* (*tu plaisantes*) you must be joking!; (*et comment*) you bet! **II.** *vt* **1.** to think; **~ qn intelligent/sincère** to consider sb intelligent/sincere; **c'est bien ce que je pensais** that's exactly what I was thinking; **je pense que oui/que non** I think/don't think so; **vous pensez bien que ...** *inf* you can well imagine that ... **2.** (*avoir l'intention de*) **~ faire qc** to be thinking of doing sth; **que pensez-vous faire à présent?** what are you planning now? ▶ **n'en penser pas moins** to draw one's own conclusions; **cela me fait ~ que ...** that reminds me that ...; **pensez que ...** (*tenez compte*) to think that ...; (*imaginez*) you can well imagine that ...

penseur, -euse [pɑ̃sœʀ, -øz] *m, f* thinker; **libre ~** freethinker

pensif, -ive [pɑ̃sif, -iv] *adj* thoughtful

pension [pɑ̃sjɔ̃] *f* **1.** (*allocation*) pension; **~ alimentaire** (*en cas de divorce*) alimony; (*à un enfant naturel*) child support **2.** ECOLE boarding school; **mettre qn en ~** to send sb to boarding school **3.** (*petit hôtel*) guesthouse, inn **4.** (*hébergement*) room and board; **~ complète** full board; **être en ~ chez qn** to be boarding with sb

pensionnaire [pɑ̃sjɔnɛʀ] *mf* **1.** ECOLE boarder **2.** (*dans un hôtel*) guest **3.** (*dans une famille*) lodger

pensionnat [pɑ̃sjɔna] *m* boarding school

pensionné(e) [pɑ̃sjɔne] *m(f)* pensioner

pente [pɑ̃t] *f* (*d'une route, colline, d'un terrain*) slope; (*d'un toit*) pitch; **monter la ~** to climb (up) the hill; **en ~** sloping; **descendre/monter en ~ douce/raide** to slope gently/steeply downwards/upwards ▶ **être sur une ~ dangereuse** *inf* to be on a slippery slope; **être sur une mauvaise ~** to be going downhill; **remonter la ~** to get back on one's feet again

Pentecôte [pɑ̃tkot] *f* Pentecost; **les vacances de** (**la**) **~** Pentecost break

pénurie [penyʀi] *f* (*pauvreté*) penury; (*manque*) shortage; **~ d'eau/vivres** water/food shortage; **~ d'argent/de capitaux** lack of money/capital; **~ de personnel** staff shortage; **~ de logements** housing shortage; **il y a** (**une**) **~ de qc** there's a shortage of sth

pépé [pepe] *m inf* grandpa

pépée [pepe] *f inf* chick

pépère [pepɛʀ] **I.** *adj inf* (*vie*) cozy **II.** *m enfantin, inf* (*grand-père*) grandpa

pépier [pepje] <1a> *vi* to twitter

pépin [pepɛ̃] *m* **1.** (*graine: d'un raisin, d'une pomme*) pip; **sans ~s** seedless; **fruits à ~** seeded fruit **2.** *inf* (*ennui, difficulté*) hitch; **j'ai eu un gros ~** I've had big trouble **3.** *inf* (*parapluie*) umbrella

pépinière [pepinjɛʀ] *f* nursery

pépite [pepit] *f* **~ d'or** gold nugget

péquenaud(e) [pɛkno, od] *m(f) péj, inf* hick, hillbilly

perçant(e) [pɛʀsɑ̃, ɑ̃t] *adj* (*cri, regard, voix*) piercing; (*froid*) bitter; (*esprit*) penetrating

percée [pɛʀse] *f* **1.** (*dans une forêt*) clearing; (*dans un mur*) opening **2.** SPORT, ECON, MIL breakthrough; **~ technologique** technological breakthrough

perce-neige [pɛʀsənɛʒ] <perce-neige(s)> *m o f* snowdrop

percepteur [pɛʀsɛptœʀ] *m* (*fonctionnaire*) tax collector; (*administration*) taxman

perceptible [pɛʀsɛptibl] *adj* (*détail, mouvement, son, amélioration*) perceptible

perception [pɛʀsɛpsjɔ̃] *f* perception; (*des couleurs, odeurs*) sense

percer [pɛʀse] <2> **I.** *vi* **1.** (*apparaître: dent*) to come through; **le soleil perce à travers les nuages** the sun is breaking through the clouds **2.** (*transparaître*) **~ dans qc** (*sentiment, ironie*) to show in sth **3.** (*devenir populaire: artiste*) to make a name for oneself **II.** *vt* **1.** (*forer: trou*) to make; (*avec une perceuse*) to drill **2.** (*faire des trous dans*) **~ qc d'un trou/de trous** to make a hole/holes in sth; (*avec une perceuse*) to drill a hole/holes in sth **3.** (*perforer: mur, tôle*) to make a hole in; (*coffre-fort*) to break open; (*abcès, ampoule*) to burst; (*avec une lame*) to lance; (*pneu, tympan*) to burst; (*oreille, narine*) to pierce; (*tonneau*) to broach; **être percé** (*chaussette, chaussure, poche*) to have holes in; (*d'un seul trou*) to have a hole in **4.** (*creuser une ouverture dans: mur, rocher*) to make an opening in **5.** (*traverser: ligne, front*) to break through; **~ la foule** to make one's way through the crowd **6.** (*déchirer: nuages*) to break through; (*obscurité, silence*) to pierce; **~ les oreilles** [*o* **les tympans**] **à qn** (*bruit*) to make sb's ears ring **7.** (*découvrir: mystère, secret*) to penetrate

perceuse [pɛʀsøz] *f* drill

percevoir [pɛʀsəvwaʀ] <12> *vt* **1.** (*avec l'oreille*) to hear; (*avec les yeux*) to see **2.** (*concevoir: évolution, problème, gêne, nuance*) to see; (*vérité, intention*) to understand; **être mal perçu par qn** (*mesure, projet, loi, intention*) to meet with sb's disapproval; (*problème*) to be poorly understood by sb; **~ qn comme un perturbateur** to see sb as a troublemaker **3.** (*recevoir, encaisser: indemnité, honoraires, intérêts*) to receive; (*loyer, cotisation*) to collect **4.** (*prélever*) to collect

perche[1] [pɛʀʃ] *f* ZOOL perch

perche[2] [pɛʀʃ] *f* **1.** pole; (*d'un téléski*) rod; MEDIA boom **2.** SPORT **la ~, le saut à la ~** (*épreuve*) pole vault; (*sport*) pole vaulting ▶**grande ~** *inf* beanpole; **saisir la ~ que l'on vous tend** to take the help that's been offered; **tendre la ~ à qn** to throw sb a line

perché(e) [pɛʀʃe] *adj* perched

percher [pɛʀʃe] <1> **I.** *vi* (*oiseau*) to perch **II.** *vt inf* (*mettre*) **~ qc sur qc** to stick sth on sth **III.** *vpr* **se ~** to perch

perchiste [pɛʀʃist] *mf* SPORT pole-vaulter

perchoir [pɛʀʃwaʀ] *m* perch; (*des poules*) roost

perclus(e) [pɛʀkly, yz] *adj* **être ~ de rhumatismes** to be crippled with rheumatism

percolateur [pɛʀkɔlatœʀ] *m* percolator

perçu(e) [pɛʀsy] *part passé de* **percevoir**

percussion [pɛʀkysjɔ̃] *f* percussion; **les instruments à ~** percussion instruments

percussionniste [pɛʀkysjɔnist] *mf* MUS percussionist

percutant(e) [pɛʀkytɑ̃, ɑ̃t] *adj* powerful

percuter [pɛʀkyte] <1> **I.** *vi* **~ contre qc** to crash into sth **II.** *vt* to strike; **~ qn** (*avec la voiture*) to crash into sb

perdant(e) [pɛʀdɑ̃, ɑ̃t] **I.** *adj* (*billet, numéro, cheval*) losing; **être ~** to lose out; **partir ~** to be doomed (to failure) **II.** *m(f)* loser

perdition [pɛʀdisjɔ̃] *f* **navire en ~** ship in distress

perdre [pɛʀdʀ] <14> **I.** *vi* **~ au jeu/au loto/aux élections** to lose at the tables/in the lottery/in the elections ▶**y ~** COM to take a loss **II.** *vt* **1.** to lose; (*date, nom*) to forget **2.** (*cesser d'avoir: réputation, estime, vitesse*) to lose; (*habitude*) to get out of; **~ de son prestige** to lose some of one's prestige; **n'avoir rien à ~ dans qc** to have nothing to lose by sth **3.** (*se voir privé d'une partie de soi*) to lose; **il perd la vue/l'ouïe** his sight/hearing is failing; **~ le goût de qc** to lose one's taste for sth **4.** (*laisser s'échapper: sang*) to lose; **tu perds ton pantalon** your pants are falling down; **elle perdait une de ses chaussures** one of her shoes was coming off **5.** (*gaspiller: du temps, une heure*) to waste; **~ une occasion** to miss an opportunity; **faire ~ une heure à qn** to waste an hour of sb's time **6.** (*rater*) **~ qc en ne faisant pas qc** [*o* **à ne pas faire qc**] to miss sth by not doing sth; **tu n'y perds rien!** you haven't missed anything! **7.** (*ruiner*) **~ qn** to be the ruin of sb ▶**tu ne perds rien pour attendre!** you're not getting off so lightly!; **ne pas en ~ une miette** to let nothing get by **III.** *vpr* **1.** (*s'égarer*) **se ~ dans la/en forêt** to get lost in the/a forest; **se ~ en route** (*colis, lettre*) to get lost in the mail **2.** (*s'attarder à*) **se ~ dans des explications** to get bogged down in explanations **3.** (*se plonger*) **se ~ dans ses pensées** to be lost in thought **4.** (*disparaître*) **se ~** (*sens, bonnes habitudes*) to be lost; (*coutume, tradition, métier*) to be dying out **5.** (*faire naufrage*) **se ~** to sink; **un bateau s'est perdu** a boat has been lost **6.** (*se gâter*) **se ~** (*fruits, légumes*) to go bad; (*récolte*) to be lost **7.** (*rester inutilisé*) **se ~** (*ressources*) to go to waste; (*initiative, occasion*) to be lost ▶**il y a des gifles qui se perdent** *inf* someone needs a good smacking; **je m'y perds** I can't make heads or tails of it

perdreau [pɛʀdʀo] <x> *m* young partridge

perdrix [pɛʀdʀi] *f* partridge; **~ grise** partridge; **~ rouge** red-legged partridge

perdu(e) [pɛʀdy] **I.** *part passé de* **perdre** **II.** *adj* **1.** lost **2.** (*qui a été égaré: objet*) lost; (*chien*) stray; (*sans propriétaire*) abandoned **3.** (*gaspillé, manqué*) **soirée/temps/argent de ~** waste of an evening/of time/of money; **place de ~** wasted space; **occasion de ~** wasted opportunity **4.** (*de loisir*) **à mes heures ~es** [*o* **moments ~s**] in my spare time **5.** (*isolé: pays, coin, endroit*) out-of-the-way **6.** (*non consigné: bouteille*) non-refundable; (*emballage*) disposable **7.** (*mourant*) dying

perdurer [pɛʀdyʀe] *vi Belgique* (*continuer*) to carry on

père [pɛʀ] *m* **1.** (*géniteur*) father; **Durand ~** Durand senior; **de ~ en fils** from father to son **2.** (*créateur, fondateur: d'une idée, théorie, d'un projet*) father; (*d'une institution*) founder **3.** *inf* (*monsieur*) **le ~ Dupont** old (man) Dupont ▶**tel ~, tel fils** like father, like son; **~ Fouettard** bogeyman; **~ Noël** Santa Claus

Père [pɛʀ] *m* REL **Notre ~** Our Father

pérégrinations [peʀegʀinasjɔ̃] *fpl* peregrinations
péremptoire [peʀɑ̃ptwaʀ] *adj* peremptory
pérennité [peʀenite] *f sans pl* endurance
perf [pɛʀf] *f abr de* **perfusion** IV
perfection [pɛʀfɛksjɔ̃] *f sans pl* perfection; **être une ~** to be absolutely perfect; **à la ~** to perfection
perfectionné(e) [pɛʀfɛksjɔne] *adj* (*machine, dispositif*) advanced; **très ~** sophisticated
perfectionnement [pɛʀfɛksjɔnmɑ̃] *m* improvement; (*d'un système, appareil, d'une technique*) development; **apporter des ~s à qc** to improve sth; **stage de ~** advanced training course; **classe de ~** ECOLE advanced class
perfectionner [pɛʀfɛksjɔne] <1> **I.** *vt* to improve; (*système, technique, appareil*) to develop; (*mettre au point*) to perfect **II.** *vpr* **se ~** to improve; (*système, technique, appareil*) to be developed; (*être mis au point*) to be perfected; **se ~ en français** (*personne*) to improve one's French; **se ~ dans/en qc** (*personne*) to increase one's knowledge of/in sth
perfectionnisme [pɛʀfɛksjɔnism] *m* perfectionism
perfectionniste [pɛʀfɛksjɔnist] *mf, adj* perfectionist
perforation [pɛʀfɔʀasjɔ̃] *f a.* MED perforation; **une ~ du tympan** a perforated eardrum
perforatrice [pɛʀfɔʀatʀis] *f* card punch
perforé(e) [pɛʀfɔʀe] *adj* **1.** (*percé*) **avoir le tympan ~** to have a perforated eardrum **2.** (*qui a de petits trous*) punched; **carte ~e** punch card
perforer [pɛʀfɔʀe] <1> *vt* to pierce; (*percer d'un trou*) to punch; (*percer de trous réguliers*) to perforate
perforeuse [pɛʀfɔʀøz] *f* card punch
performance [pɛʀfɔʀmɑ̃s] *f a.* SPORT performance; **~s** (*d'une machine, voiture*) performance + *vb sing*; **réaliser de bonnes ~s** to get good results
performant(e) [pɛʀfɔʀmɑ̃, ɑ̃t] *adj* (*appareil, technique*) high-performance; (*entreprise, industrie, produit*) successful; (*cadre, manager*) effective
perfusion [pɛʀfyzjɔ̃] *f* MED IV; **être sous ~** to be on an IV; **mettre qn sous ~** to put sb on an IV
pergola [pɛʀgɔla] *f* pergola
péricliter [peʀiklite] <1> *vi* (*affaire, commerce*) to be in decline
péridurale [peʀidyʀal] *f* epidural
périf [peʀif] *m inf abr de* **périphérique**
périgourdin(e) [peʀiguʀdɛ̃, in] *adj* from the Perigord
périlleux, -euse [peʀijø, -jøz] *adj* (*dangereux*) perilous
périmé(e) [peʀime] *adj* **1.** (*carte, visa, garantie*) expired; **médicament/yaourt ~** medicine/yogurt past its expiration date **2.** (*démodé, dépassé: conception, institution*) outdated; **être ~** to be outdated [*o* out of date]
périmer [peʀime] <1> *vi* **être périmé** (*carte, passeport, visa, billet*) to have expired; **laisser ~ un billet** to let a ticket run out
période [peʀjɔd] *f* **1.** (*époque*) time; **la ~ classique** the classical period **2.** (*espace de temps*) period; **une ~ d'un an** a period of a year; **~ électorale** election time; **~ de double circulation** (*concernant l'euro*) dual circulation period; **~ de transition** (*concernant l'euro*) transition period; **~ de (la) vie** period of one's life; **~ d'activité** (*durée d'un emploi*) period of employment; **~ d'essai** trial period; **par ~(s)** from time to time
périodicité [peʀjɔdisite] *f* periodicity
périodique [peʀjɔdik] **I.** *adj* **1.** (*cyclique*) *a.* PRESSE periodical **2.** (*hygiénique*) **serviette ~** sanitary napkin, pad **II.** *m* PRESSE periodical
périodiquement [peʀjɔdikmɑ̃] *adv* periodically
péripétie [peʀipesi] *f* event; **vie pleine de ~s** eventful life
périph [peʀif] *m inf abr de* **périphérique**
périphérie [peʀifeʀi] *f* **1.** MATH (*d'un cercle*) circumference **2.** (*banlieue*) outskirts; **habiter à la ~ de la ville** to live on the outskirts of town; **l'immobilier dans la ~** property in the suburbs
périphérique [peʀifeʀik] **I.** *adj* **1.** (*extérieur*) **quartier ~** outlying area **2.** CINE, TV **poste/radio/station ~** private transmitter/radio/station (*transmitting from just outside the French border*) **II.** *m* **1.** (*boulevard*) **le ~ de Paris** the Paris beltway; **~ intérieur/extérieur** inner/outer beltway **2.** INFORM peripheral; **~ son** sound device; **~ d'entrée/de sortie** input/output device
périphrase [peʀifʀɑz] *f* periphrasis
périple [peʀipl] *m* **1.** *soutenu* HIST voyage **2.** (*voyage par voie de terre*) expedition
périr [peʀiʀ] <8> *vi soutenu* to perish
périscope [peʀiskɔp] *m* periscope
périssable [peʀisabl] *adj* (*denrée*) perishable
péristyle [peʀistil] *m* peristyle
péritel [peʀitɛl] *adj inv* **prise ~** Scart connector
péritonite [peʀitɔnit] *f* peritonitis
perle [pɛʀl] *f* **1.** pearl; (*boule*) bead; **~ naturelle** natural pearl **2.** *inf* (*erreur*) howler **3.** (*chose de grande valeur*) jewel ►**c'est une ~ rare** she is a gem
perler [pɛʀle] <1> *vi* (*sueur*) to stand out in beads
perlimpinpin [pɛʀlɛ̃pɛ̃pɛ̃] *m inf* **poudre de ~** quack cure-all
permanence [pɛʀmanɑ̃s] *f* **1.** ADMIN, MED duty; **assurer** [*o* **tenir**] **la ~/être de ~** to be on duty **2.** (*bureau*) duty office; **~ électorale** election headquarters *pl* **3.** ECOLE study room ►**en ~** (*siéger*) permanently; (*surveiller*) continuously
permanent(e) [pɛʀmanɑ̃, ɑ̃t] *adj* **1.** (*constant, continu*) permanent; (*contrôle, collaboration, liaison, formation*) ongoing; (*tension, troubles*) continuous; **cinéma ~** *theater show-*

P

ing the same movie all day; **ici le spectacle est ~** the show here is continuous; **spectacle/cinéma ~ de ... à ...** continuous show/movies from ... to ... **2.** (*opp: spécial, extraordinaire: envoyé, représentant, personnel*) permanent; (*armée, commission*) standing

permanente [pɛʀmanɑ̃t] *f* perm

perme [pɛʀm] *f inf* **1.** MIL *abr de* **permission** leave **2.** ECOLE *abr de* **permanence** study

perméable [pɛʀmeabl] *adj* GEO, PHYS, BIO permeable; **~ à l'eau** water-permeable

permettre [pɛʀmɛtʀ] *irr* **I.** *vt impers* **1.** (*être autorisé*) **il est permis à qn de** *+infin* sb is authorized to *+infin* **2.** (*être possible*) **il est permis à qn de** *+infin* sb is able to *+infin;* **est-il permis d'être aussi bête!** nobody has a right to be that stupid! **II.** *vt* **1.** (*autoriser*) **~ à qn de** *+infin* to authorize sb to *+infin;* (*donner droit à*) to entitle sb to *+infin;* **~ que qn** *+subj* to authorize sb to *+infin;* **c'est permis par la loi** it is permitted by law; **vous permettez?** may I?; **vous permettez que je fasse qc?** (*subj*) may I do sth? **2.** (*rendre possible*) **~ à qn de** *+infin* (*chose*) to allow sb to *+infin;* **si le temps le permet** weather/time permitting ▶ **permettez!/tu permets!** sorry! **III.** *vpr* **1.** (*s'accorder*) **se ~ une fantaisie** to indulge oneself **2.** (*oser*) **se ~ une plaisanterie** to dare to tell a joke; **se ~ bien des choses** to take a lot of liberties

permis [pɛʀmi] *m* **1.** (*document du permis de conduire*) driver's license; (*examen du permis de conduire*) driving test; **~ moto** motorcycle license; **échouer au ~** to fail one's driving test **2.** (*licence*) **~ de chasse/pêche** hunting/fishing permit; **~ de construire** building permit **3.** (*autorisation*) **~ de séjour** residence permit

permis(e) [pɛʀmi, z] *part passé de* **permettre**

permissif, -ive [pɛʀmisif, -iv] *adj* SOCIOL, PSYCH permissive

permission [pɛʀmisjɔ̃] *f* **1.** *sans pl* (*autorisation*) **~ de** *+infin* permission to *+infin;* **~ de minuit** late pass **2.** MIL leave

permutation [pɛʀmytasjɔ̃] *f a.* MATH, CHIM, LING permutation

permuter [pɛʀmyte] <1> **I.** *vi* **~ avec qn** to switch with sb **II.** *vt* to switch around

pernicieux, -euse [pɛʀnisjø, -jøz] *adj* pernicious

péroné [peʀɔne] *m* fibula

pérorer [peʀɔʀe] <1> *vi péj* to hold forth

Pérou [peʀu] *m* **le ~** Peru ▶ **ce n'est pas le ~** it's hardly a fortune

perpendiculaire [pɛʀpɑ̃dikylɛʀ] *adj* **être ~ à qc** to be perpendicular to sth

perpète [pɛʀpɛt] *inf* **1.** (*pour toujours*) **être condamné à ~** to get life; **attendre jusqu'à ~** to wait forever **2.** (*très loin*) **aller à ~** to go miles; **habiter à ~** to live in the middle of nowhere; **jusqu'à ~** to the end of the earth

perpétrer [pɛʀpetʀe] <5> *vt* JUR (*crime*) to perpetrate

perpétuel(le) [pɛʀpetɥɛl] *adj* (*angoisse, difficultés*) perpetual; (*murmure, lamentations*) incessant

perpétuellement [pɛʀpetɥɛlmɑ̃] *adv* perpetually

perpétuer [pɛʀpetɥe] <1> **I.** *vt* (*tradition, souvenir*) to perpetuate; (*nom*) to carry on; **servir à ~ l'espèce** to continue the species **II.** *vpr* **se ~** (*abus, injustices, tradition*) to be perpetuated; (*espèce*) to survive

perpétuité [pɛʀpetɥite] *f* **à ~** in perpetuity; (*condamnation*) for life; **être condamné à ~** to receive a life sentence

perplexe [pɛʀplɛks] *adj* (*personne, mine*) perplexed; **rendre qn ~** to puzzle sb

perplexité [pɛʀplɛksite] *f* perplexity; **plonger qn dans la plus grande ~** to leave sb thoroughly perplexed

perquisition [pɛʀkizisjɔ̃] *f* search (*by police*)

perquisitionner [pɛʀkizisjɔne] <1> **I.** *vi* to conduct a search **II.** *vt* to search

perron [pɛʀɔ̃] *m* steps *pl*

perroquet [pɛʀɔkɛ] *m* **1.** (*oiseau, personne*) parrot; **répéter qc comme un ~** to parrot sth **2.** (*boisson*) *drink made from pastis and mint syrup*

perruche [pɛʀyʃ, peʀyʃ] *f* parakeet

perruque [pɛʀyk, peʀyk] *f* wig

persan [pɛʀsɑ̃] *m* Persian; *v.a.* **français**

persan(e) [pɛʀsɑ̃, an] *adj* Persian

Persan(e) [pɛʀsɑ̃, an] *m(f)* Persian

perse [pɛʀs] **I.** *adj* HIST Persian **II.** *m* HIST Persian; *v.a.* **français**

Perse [pɛʀs] **I.** *m, f* HIST Persian **II.** *f* **la ~** Persia

persécuté(e) [pɛʀsekyte] **I.** *adj* persecuted **II.** *m(f)* persecuted person

persécuter [pɛʀsekyte] <1> *vt* to persecute

persécution [pɛʀsekysjɔ̃] *f* persecution

persévérance [pɛʀseveʀɑ̃s] *f* perseverance

persévérant(e) [pɛʀseveʀɑ̃, ɑ̃t] *adj* persevering

persévérer [pɛʀseveʀe] <5> *vi* to persevere; **~ dans ses efforts** to persevere in one's efforts; **~ dans une recherche** to persevere in a search; **~ à faire qc** to persist in doing sth

persienne [pɛʀsjɛn] *f* shutter

persil [pɛʀsi] *m* parsley

persistance [pɛʀsistɑ̃s] *f* persistence

persistant(e) [pɛʀsistɑ̃, ɑ̃t] *adj* persistent

persister [pɛʀsiste] <1> *vi* (*persévérer*) **~ dans qc** to persist in sth; **~ dans un projet** to persevere in a project; **~ à faire qc** to persist in doing sth ▶ **qn persiste et signe** sb sticks to what they say

perso [pɛʀso] *adj inf abr de* **personnalisé, personnel**

personnage [pɛʀsɔnaʒ] *m* **1.** ART, LIT character; CINE part; **les ~s de Walt Disney** Walt Disney characters; **jouer le ~ d'un voleur** to play the part of a thief **2.** (*rôle*) image; **soigner son ~** to polish one's image **3.** (*individu*) individual; **un grossier ~** an uncouth individual **4.** (*personnalité*) celebrity; **~s politiques** political

figures
personnalisation [pɛʀsɔnalizasjɔ̃] *f* personalization
personnalisé(e) [pɛʀsɔnalize] *adj* personalized
personnaliser [pɛʀsɔnalize] <1> *vt* **1.** (*adapter*) to personalize **2.** (*rendre personnel*) **~ qc** to give a personal touch to sth
personnalité [pɛʀsɔnalite] *f* (*caractère, personne*) personality; **avoir une forte** [*o* **de la**] **~** to have a strong personality
personne[1] [pɛʀsɔn] *f* **1.** (*individu, être humain*) *a.* LING person; **dix ~s** ten people; **~ âgée** elderly person; **les ~s âgées** the elderly; **la ~ qui/les ~s qui** the person/people who; **je respecte sa ~** I respect his/her dignity; **tu ne penses qu'à ta ~** you only think of yourself; **satisfait de sa ~** satisfied with oneself **2.** (*femme*) woman; (*jeune fille*) girl ▶ **~ à charge** dependent; **grande ~** grown-up; **par ~ interposée** through a third party; **tierce ~** third party; **en ~** in person
personne[2] [pɛʀsɔn] *pron indéf* **1.** (*opp: quelqu'un*) nobody, no one; **il n'y a ~** there's nobody there; **~ d'autre** nobody else **2.** (*quelqu'un*) anybody, anyone; **une place sans presque ~** a place with practically no one ▶ **plus rapide que ~** faster than anyone
personnel [pɛʀsɔnɛl] *m* staff; (*d'une entreprise*) personnel; **~ enseignant** faculty
personnel(le) [pɛʀsɔnɛl] *adj* **1.** (*individuel*) personal; **à titre ~** personally **2.** LING (*forme, pronom*) personal; **mode ~** finite mode
personnellement [pɛʀsɔnɛlmɑ̃] *adv* personally
personnifié(e) [pɛʀsɔnifje] *adj* personified
personnifier [pɛʀsɔnifje] <1a> *vt* **1.** to personify **2.** (*incarner*) to embody
perspective [pɛʀspɛktiv] *f* **1.** MATH, ART perspective **2.** (*éventualité, horizon*) **~ insoupçonnée** unexpected prospect; **une ~ réjouissante** a joyful prospect; **~s d'avenir** prospects for the future; **ouvrir des ~s** to widen one's horizons; **à la ~ de qc** at the prospect of sth; **dans cette ~** with this in mind **3.** (*panorama*) view **4.** (*point de vue*) point of view; **changer de ~** to change one's point of view ▶ **en ~** ART in perspective; (*en vue*) in prospect
perspicace [pɛʀspikas] *adj* **1.** (*sagace*) perspicacious **2.** (*très capable d'apercevoir*) clear-sighted; (*observation*) observant; **d'un œil** [*o* **regard**] **~** with a perceptive eye
perspicacité [pɛʀspikasite] *f* (*d'une prévision*) clear-sightedness; (*d'une remarque*) perspicaciousness
persuadé(e) [pɛʀsɥade] *adj* convinced
persuader [pɛʀsɥade] <1> **I.** *vt* **~ qn de qc** to persuade sb of sth; **~ qn de** *+infin* (*intellectuellement*) to convince sb to *+infin;* (*sentimentalement*) to persuade sb to *+infin;* **~ qn que qn a fait qc** to convince sb that sb did sth **II.** *vpr* **se ~ de qc** to convince oneself of sth; **se ~ que qn a fait qc** to convince oneself that sb did sth
persuasif, -ive [pɛʀsɥazif, -iv] *adj* persuasive
persuasion [pɛʀsɥazjɔ̃] *f* **1.** (*action*) persuasion **2.** (*conviction*) belief
perte [pɛʀt] *f* **1.** (*privation*) *a.* COM loss; **en cas de ~** if lost; **~ du sommeil** lack of sleep; **~ de mémoire** memory loss; **~ de temps/d'argent** waste of time/money; **~ d'autorité/de prestige** loss of authority/prestige **2.** (*ruine, financière*) ruin **3.** (*déchet*) waste **4.** *pl* (*morts*) losses ▶ **renvoyer avec ~ et fracas** to throw out; **à ~ de vue** (*très loin*) as far as the eye can see; (*interminablement*) interminably; **en pure ~** fruitlessly; **courir à sa ~** to be on the road to ruin; **à ~** at a loss
pertinemment [pɛʀtinamɑ̃] *adv* pertinently; **savoir ~ qc** to know sth for a fact
pertinence [pɛʀtinɑ̃s] *f* pertinence; (*d'un argument, raisonnement*) relevance; **parler avec ~** to speak pertinently; **conseiller qn avec ~** to advise sb wisely
pertinent(e) [pɛʀtinɑ̃, ɑ̃t] *adj* pertinent
perturbant(e) [pɛʀtyʀbɑ̃, ɑ̃t] *adj* disturbing
perturbateur, -trice [pɛʀtyʀbatœʀ, -tʀis] **I.** *adj* disruptive **II.** *m, f* troublemaker
perturbation [pɛʀtyʀbasjɔ̃] *f* disruption
perturbé(e) [pɛʀtyʀbe] *adj* **1.** (*troublé: personne*) perturbed **2.** (*dérangé: service*) interrupted; (*monde*) upside down; (*trafic*) disrupted
perturber [pɛʀtyʀbe] <1> *vt* (*service*) to disrupt; (*personne*) to disturb
péruvien(ne) [peʀyvjɛ̃, ɛn] *adj* Peruvian
Péruvien(ne) [peʀyvjɛ̃, ɛn] *m(f)* Peruvian
pervenche [pɛʀvɑ̃ʃ] *f* **1.** BOT periwinkle **2.** *inf* (*contractuelle*) meter maid
pervers(e) [pɛʀvɛʀ, ɛʀs] **I.** *adj* perverse **II.** *m(f)* pervert
perversion [pɛʀvɛʀsjɔ̃] *f a.* PSYCH perversion
pervertir [pɛʀvɛʀtiʀ] <8> *vt* (*corrompre*) to pervert
pesamment [pəzamɑ̃] *adv* heavily
pesant [pəzɑ̃] *m* **valoir son ~ d'or** *inf* to be worth one's weight in gold
pesant(e) [pəzɑ̃, ɑ̃t] *adj* heavy
pesanteur [pəzɑ̃tœʀ] *f* PHYS gravity
pesée [pəze] *f* weighing; SPORT weigh-in
pèse-lettre [pɛzlɛtʀ] <pèse-lettre(s)> *m* mail scale
pèse-personne [pɛzpɛʀsɔn] <pèse-personne(s)> *m* scale
peser [pəze] <4> **I.** *vt* (*mesurer le poids, estimer*) to weigh; (*marchandises, ingrédients*) to weigh out ▶ **emballez, c'est pesé** *inf* it's a deal; **tout bien pesé** all things considered **II.** *vi* **1.** (*avoir un certain poids*) to weigh; **ne rien ~** to weigh nothing; **~ lourd** to be heavy; **~ 2 milliards d'euros** *inf* to cost 2 billion euros **2.** (*être lourd*) to be heavy **3.** (*exercer une pression*) **~ sur/contre qc** to lean on sth; **le gâteau lui pèse sur l'estomac** the cake feels heavy in his stomach **4.** (*accabler*) **ce climat me pèse** this climate

P

is weighing me down; **des soupçons pèsent sur lui** worries weigh him down; **des remords pesaient sur elle** remorse weighed her down **5.** (*influencer*) ~ **sur qn/qc** to influence sb/sth **III.** *vpr* **se** ~ to weigh oneself

peseta [pezeta] *f* HIST (*monnaie*) peseta

pessimiste [pesimist] **I.** *adj* pessimistic **II.** *m, f* pessimist

peste [pɛst] *f* **1.** MED plague **2.** (*personne ou chose*) pain ▶**craindre/éviter qn/qc comme la** ~ to fear/avoid sb/sth like the plague; **se méfier de qn/qc comme de la** ~ to be highly suspicious of sb/sth

pester [pɛste] <1> *vi* ~ **contre qn/qc** to curse sb/sth

pesticide [pɛstisid] **I.** *adj* pesticidal **II.** *m* pesticide

pestiféré(e) [pɛstifeʀe] **I.** *adj* plague-stricken **II.** *m(f)* plague victim; *fig* pariah

pestilentiel(le) [pɛstilɑ̃sjɛl] *adj* pestilential; **une odeur ~le** a foul smell

pet [pɛ] *m inf* fart; **lâcher un** ~ to let out a fart ▶(**toujours**) **avoir un ~ de travers** (*être mal luné*) to always have something wrong; (*être malade*) to always be under the weather

pétale [petal] *m* petal

pétanque [petɑ̃k] *f* petanque

pétarade [petaʀad] *f* crackle; (*d'une mobylette*) backfire

pétarader [petaʀade] <1> *vi* to crackle; (*mobylette*) to backfire

pétard [petaʀ] *m* **1.** (*explosif*) firecracker **2.** *inf* (*cigarette de haschich*) joint **3.** *inf* (*postérieur*) ass ▶**être/se mettre en** ~ *inf* to be/get in a rage

pétasse [petas] *f inf* bitch

péter [pete] <5> **I.** *vi inf* **1.** (*faire un pet*) to fart **2.** (*éclater*) to explode; (*verre, assiette*) to smash; (*ampoule*) to blow **II.** *vt inf* to bust; **j'ai pété la couture de mon pantalon** I've split the seam of my pants

pète-sec [pɛtsɛk] **I.** *adj inv, inf* (*air*) high-handed **II.** *m, f inv, inf* tyrant

péteux, -euse [petø, -øz] *m, f inf* chicken-hearted

pétillant(e) [petijɑ̃, jɑ̃t] *adj* (*gazeux, brillant*) sparkling; **des yeux ~s de malice/gaieté** eyes shining with evil/happiness

pétiller [petije] <1> *vi* **1.** (*faire des bulles*) to fizz; (*champagne*) to sparkle; **boisson qui pétille** fizzy drink **2.** (*être bouillant de*) ~ **de gaieté/de malice** sparkling with happiness/evil

petiot(e) [pətjo, jɔt] *m(f) inf* peewee

petit(e) [p(ə)ti, it] **I.** *adj* **1.** (*opp: grand*) small; (*lumière*) faint; **au ~ jour** in the early morning; **à ~e vitesse** slowly **2.** (*de courte durée*) short; **faire un ~ salut/sourire** give a little wave/smile **3.** (*de basse extraction*) **le ~ peuple** the lower classes **4.** (*jeune*) young; ~ **chat** kitten; ~ **Jésus** baby Jesus; **les ~es classes** the lower grades **5.** (*terme affectueux*) little; (*mots*) sweet; ~ **chou** little darling; **ton ~ mari** your darling husband; ~ **copain** [*o* **ami**] boyfriend **6.** (*condescendant*) **jouer au ~ chef** to play the boss **7.** (*mesquin, bas, vil: esprit*) mean; (*intérêts*) petty **8.** (*médiocre: vin, année, cru*) average; (*santé*) poor **9.** (*pour atténuer*) little; **une ~e heure** a bit less than an hour **10.** (*miniature*) **~(e)s soldats/voitures** toy soldiers/cars ▶**se faire tout** ~ to keep out of sight **II.** *m(f)* **1.** (*enfant*) child **2.** ZOOL **les ~s du lion** the lion's young ▶**mon ~/ma ~e** my friend; **~, ~, ~!** kitty, kitty, kitty! **III.** *adv* **voir** ~ to think small ▶~ **à** ~ little by little; **en** ~ in miniature; (*écrire*) in small letters

petit-beurre [p(ə)tibœʀ] <petits-beurre> *m* butter cookie

petit-bourgeois, petite-bourgeoise [p(ə)tibuʀʒwa, p(ə)titbuʀʒwaz] <petits-bourgeois> **I.** *adj péj* lower middle-class **II.** *m, f péj* petit bourgeois

petit-déj *inf,* **petit-déjeuner** [p(ə)tideʒœne] <petits-déjeuners> *m* breakfast

petite-fille [p(ə)titfij] <petites-filles> *f* granddaughter

petitesse [pətitɛs] *f* **1.** smallness; (*des revenus*) modesty **2.** (*mesquinerie*) meanness

petit-fils [p(ə)tifis] <petits-fils> *m* grandson

petit-four [p(ə)tifuʀ] <petits-fours> *m* petit four

petit-gris [pətigʀi] <petits-gris> *m* garden snail

pétition [petisjɔ̃] *f* petition

petit-lait [p(ə)tilɛ] <petits-laits> *m* whey ▶**se boire comme du** ~ to go down well; **boire qc comme du** ~ to knock sth back

petit-pois, petit pois [pətipwa] <petits-pois> *m* pea

petits-enfants [p(ə)tizɑ̃fɑ̃] *mpl* grandchildren

petit-suisse [p(ə)tisɥis] <petits-suisses> *m: quark dish*

pétoche [petɔʃ] *f inf* **avoir la** ~ to be scared stiff

peton [pətɔ̃] *m inf* foot

pétrel [petʀɛl] *m* petrel

pétrifié(e) [petʀifje] *adj* (*changé en pierre, médusé*) petrified; ~ **de terreur** petrified with fear

pétrifier [petʀifje] <1a> **I.** *vt* **1.** (*changer en pierre*) to petrify **2.** (*méduser, figer*) to petrify; ~ **qn de terreur** to scare sb stiff **II.** *vpr* **se** ~ (*se figer*) to be petrified

pétrin [petʀɛ̃] *m inf* (*difficultés*) mess; **être dans le** ~ to be in a mess; **se fourrer dans le** ~ to get into trouble

pétrir [petʀiʀ] <8> *vt* (*malaxer*) to knead

pétrodollars [petʀodɔlaʀ] *mpl* petrodollars

pétrole [petʀɔl] **I.** *m* oil **II.** *app* (*bleu, vert*) dark blue-green

pétrolier [petʀɔlje] *m* (*navire*) oil tanker

pétrolier, -ière [petʀɔlje, -jɛʀ] *adj* oil

pétrolifère [petʀɔlifɛʀ] *adj* oil-bearing

P. et T. [peete] *fpl abr de* **Postes et Télécommunications** *French national postal and tele-*

communications organization

pétulant(e) [petylɑ̃, ɑ̃t] *adj* (*personne*) exuberant; (*joie*) wild

pétunia [petynja] *m* BOT petunia

peu [pø] **I.** *adv* **1.** (*opp: beaucoup, très*) not ... much; *avec un adj ou un adv* not very; **je lis ~** I don't read much; **j'y vais ~** I don't go there often [*o* much]; **être ~ aimable** to be unfriendly; **~ avant/après** shortly before/after; **avant** [*o* **d'ici**] [*o* **sous**] **~** soon; **il est parti depuis ~** he's only recently left; **bien/trop ~** very little/too little; **~ de temps/d'argent** little time/money; **~ de voitures/jours** few cars/days; **en ~ de temps** in a very short time **2.** (*rarement*) **~ souvent** rarely ▶ **c'est ~ dire** that's an understatement; **ce n'est pas ~ dire** that's really saying something; **~ à ~** bit by bit; **à ~ près** more or less; **de ~** just **II.** *pron indéf* (*peu de personnes, peu de choses*) few; **~ importe** it doesn't really matter **III.** *m* **le ~ de temps/d'argent qu'il me reste** the little time/money that I have left; **le ~ de personnes/choses** the few people/things; **le ~ que j'ai vu** the little I've seen; **un ~ de beurre/bonne volonté** a little butter/good will; **un ~ de monde** a few people ▶ **un ~ partout** all over the place; **(et) pas qu'un ~!** not half!; **pour un ~ elle partait** she was almost leaving; **pour si ~** for so little; **pour ~ que** +*subj* so long as; **si ~ qu'on lui donne, ...** however little he is given, ...; **tant soit ~** slightly; **attends un ~ que je t'attrape** *inf* just you wait; **un ~ que j'ai raison!** you bet I'm right!

peuchère [pøʃɛʀ] *interj Midi* oh dear (oh dear)!

peuplade [pœplad] *f* people

peuple [pœpl] *m* people; **le ~ chrétien** the Christian people; **le ~ palestinien** the Palestinian people; **le ~ élu** the chosen people ▶ **ils se moquent du ~** *inf* who do they think they are?

peuplé(e) [pœple] *adj* populated; (*région*) inhabited

peuplement [pœpləmɑ̃] *m* (*action de peupler*) populating

peupler [pœple] <1> **I.** *vt* (*habiter*) **~ un lieu de prisonniers** to populate a place with prisoners; **~ un pays/une région** to populate a country/a region **II.** *vpr* (*se pourvoir*) **se ~ de nouveaux habitants** to acquire a new population

peuplier [pøplije] *m* poplar tree

peur [pœʀ] *f* fear; **la ~ du ridicule** fear of ridicule; **avoir ~ de faire qc** to be afraid of doing sth; **avoir ~ pour qn** to be afraid for sb; **avoir ~ pour sa vie/santé** to fear for one's life/health; **avoir ~ que qn fasse qc** (*subj*) to be afraid that sb might do sth; **faire ~ à qn** to scare sb ▶ **avoir eu plus de ~ que de mal** to have been more scared than anything else; **n'ayons pas ~ des mots** let's not be afraid of talking frankly; **avoir une ~ bleue** to be scared stiff; **j'ai bien ~ que qn ait fait qc** (*subj*) I am really afraid that sb has done sth; **à faire ~** frighteningly; **prendre ~** to get scared; **par ~ du ridicule/des critiques** for fear of ridicule/criticism; **de ~ de faire qc/que qn fasse qc** (*subj*) for fear of doing sth/that sb might do sth

peureux, -euse [pœʀø, -øz] **I.** *adj* fearful **II.** *m, f* fearful person

peut [pø] *indic prés de* **pouvoir**

peut-être [pøtɛtʀ] *adv* **1.** (*éventuellement*) maybe, perhaps; **~ que qn va faire qc** maybe sb will do sth; **~ bien** could be **2.** (*environ*) maybe **3.** (*marque de doute*) perhaps; **ce médicament est ~ efficace, mais ...** this medicine may well be effective, but ...

peuvent [pøv], **peux** [pø] *indic prés de* **pouvoir**

pH [peaʃ] *m inv abr de* **potentiel d'Hydrogène** pH

phacochère [fakɔʃɛʀ] *m* ZOOL warthog

phalange¹ [falɑ̃ʒ] *f* ANAT phalanx

phalange² [falɑ̃ʒ] *f* POL Falange

phallus [falys] *m* phallus

pharaon [faʀaɔ̃] *m* HIST pharaoh

phare [faʀ] *m* **1.** (*projecteur*) headlight; **~ antibrouillard** fog light **2.** (*tour*) lighthouse

pharmaceutique [faʀmasøtik] *adj* pharmaceutical; **préparation ~** pharmaceutical

pharmacie [faʀmasi] *f* **1.** (*boutique*) drugstore; **~ de garde** pharmacy on duty (*open for night or weekend service*) **2.** (*science*) pharmacy **3.** (*armoire*) medicine cabinet

pharmacien(ne) [faʀmasjɛ̃, jɛn] *m(f)* pharmacist

pharyngite [faʀɛ̃ʒit] *f* MED pharyngitis

pharynx [faʀɛ̃ks] *m* ANAT pharynx

phase [fɑz] *f* phase; (*d'une maladie*) stage

phénicien [fenisjɛ̃] *m* Phoenician

phénicien(ne) [fenisjɛ̃, jɛn] *adj* Phoenician

Phénicien(ne) [fenisjɛ̃, jɛn] *m(f)* Phoenician

phénix [feniks] *m* phoenix

phénoménal(e) [fenɔmenal, -o] <-aux> *adj a.* PHILOS phenomenal

phénomène [fenɔmɛn] *m* **1.** (*fait*) phenomenon **2.** *inf* (*individu*) freak

Philadelphie [filadɛlfi] Philadelphia; **habitant de ~** Philadelphian

philanthrope [filɑ̃tʀɔp] *mf* philanthropist

philatélie [filateli] *f* **1.** (*science*) philately **2.** (*hobby*) stamp collecting

philatéliste [filatelist] *mf* philatelist

philippin(ne) [filipɛ̃, in] *adj* Philippine

Philippin(ne) [filipɛ̃, in] *m(f)* Filipino

Philippines [filipin] *fpl* **les ~** the Philippines

philosophe [filɔzɔf] **I.** *mf* philosopher **II.** *adj* philosophical

philosopher [filɔzɔfe] <1> *vi* to philosophize

philosophie [filɔzɔfi] *f* philosophy

philosophique [filɔzɔfik] *adj* philosophical

phobie [fɔbi] *f* **1.** (*aversion*) **avoir la ~ de qc** to loathe sth **2.** PSYCH phobia

phocéen(ne) [fɔseɛ̃, ɛn] *adj* **cité ~ne** Mar-

P

seille; **l'équipe ~ne** the Marseille team

phonétique [fɔnetik] **I.** *f* phonetics + *vb sing* **II.** *adj* phonetic

phoning [fɔniŋ] *m* **1.** *sans pl* (*procédé*) telemarketing **2.** (*action ponctuelle*) telemarketing campaign

phoque [fɔk] *m* seal

phosphate [fɔsfat] *m a.* CHIM phosphate

phosphore [fɔsfɔʀ] *m* CHIM phosphorus

phosphorescent(e) [fɔsfɔʀesɑ̃, ɑ̃t] *adj* PHYS phosphorescent

photo [fɔto] *f abr de* **photographie** **1.** (*cliché*) photo, picture; **~ couleur** color photo; **~ noir et blanc** black and white photo; **~ de famille/d'identité** family/passport photo; **faire une ~** to take a picture; **prendre qn/qc en ~** to take a picture of sb/sth; **en ~** in photos **2.** (*art*) photography; **faire de la ~** to be a photographer ► **tu veux ma ~?** *inf* do you want my autograph?

photocomposition [fɔtokɔ̃pozisjɔ̃] *f* photocomposition

photocopie [fɔtɔkɔpi] *f* photocopy

photocopier [fɔtɔkɔpje] <1> *vt* to photocopy

photocopieur [fɔtɔkɔpjœʀ] *m*, **photocopieuse** [fɔtɔkɔpjøz] *f* photocopier

photocopillage [fɔtɔkɔpijaʒ] *m* unauthorized photocopying

photogénique [fɔtɔʒenik] *adj* photogenic

photographe [fɔtɔgʀaf] *mf* photographer

photographie [fɔtɔgʀafi] *f* **1.** (*activité*) photography **2.** (*image*) photograph

photographier [fɔtɔgʀafje] <1> *vt* **1.** PHOT to photograph **2.** (*mémoriser*) to memorize

photographique [fɔtɔgʀafik] *adj* photographic; **appareil ~** camera

photomaton® [fɔtɔmatɔ̃] *m* photo booth

photomontage [fɔtomɔ̃taʒ] *m* photomontage

photothèque [fɔtɔtɛk] *f* picture library

phrase [fʀɑz] *f* sentence ► **~ toute faite** stock phrase

phrygien [fʀiʒjɛ̃] *adj* **bonnet ~** liberty cap (*used as a symbol of liberty by the French revolutionaries*)

physicien(ne) [fizisjɛ̃, jɛn] *m(f)* physicist

physiologie [fizjɔlɔʒi] *f* physiology

physiologique [fizjɔlɔʒik] *adj* physiological

physionomie [fizjɔnɔmi] *f* **1.** facial expression; **jeux de ~** facial contortions **2.** (*apparence*) **~ d'un pays/d'un objet** appearance of a country/an object

physionomiste [fizjɔnɔmist] **I.** *adj* **être ~** to never forget a face **II.** *mf* physiognomist

physique [fizik] **I.** *adj* physical **II.** *m* **1.** (*aspect extérieur*) physical appearance; **avoir un beau ~** to be good looking **2.** (*constitution*) **grâce à son ~ robuste** thanks to his robust physique ► **il/elle a le ~ de l'emploi** he/she looks the part; **avoir un ~** to have a certain something **III.** *f* physics

physiquement [fizikmɑ̃] *adv* physically; **être très bien ~** to be physically attractive

piaf [pjaf] *m inf* sparrow

piaffer [pjafe] <1> *vi* (*cheval*) to stamp the ground

piaillement [pjɑjmɑ̃] *m* (*d'un oiseau*) to squawk; (*d'un enfant*) to squeal; (*d'une femme*) to screech

piailler [pjɑje] <1> *vi* (*animal*) to chirp; (*enfant*) to whine; (*femme*) to wail

pianiste [pjanist] *mf* pianist

piano [pjano] **I.** *m* MUS piano; **~ à queue** grand piano; **jouer du ~** to play the piano **II.** *adv* softly; **(y) aller ~** *inf* to go easy; **vas-y ~** easy does it

piano-bar [pjanobaʀ] <pianos-bars> *m* piano bar

pianoter [pjanɔte] <1> *vi* **1.** (*jouer sans talent*) **~ sur un piano** to tinkle away at the piano **2.** (*taper comme un débutant*) to tap at the keyboard; **~ sur un ordinateur** to tap away on a computer **3.** (*tapoter du bout des doigts*) **~ sur la table/vitre** to drum one's fingers on the table/window

piastre [pjastʀ] *f Québec, inf* (*dollar*) dollar

piaule [pjol] *f inf* room

P.I.B. [peibe] *m abr de* **produit intérieur brut** GDP

pic [pik] *m* (*sommet*) peak ► **tomber à ~** to happen at just the right moment; (*personne*) to show up at the right moment; **à ~** steeply; **couler à ~** to sink to the bottom

Picardie [pikaʀdi] *f* **la ~** Picardy

pichet [piʃɛ] *m* jug

pickpocket [pikpɔkɛt] *m* pickpocket

picoler [pikɔle] <1> *vi inf* to drink (*too much alcohol*)

picorer [pikɔʀe] <1> **I.** *vi* **1.** (*becqueter: animal*) to peck **2.** (*grignoter: personne*) to nibble; **~ dans son assiette** to pick at one's food **II.** *vt* **1.** (*becqueter: animal*) **~ qc** to peck at sth **2.** (*grignoter*) **~ qc dans l'assiette de qn** to pick at sth on sb else's plate

picotement [pikɔtmɑ̃] *m* **1.** (*dans la gorge*) tickling **2.** (*sur la peau*) smarting **3.** (*dans les yeux*) stinging

picoter [pikɔte] <1> *vt* **la fumée (me) picote les yeux** the smoke is stinging my eyes; **le froid picote la peau** the cold stings your skin; **les orties picotent la peau** the nettles burn your skin; **les herbes picotent les mollets** the grass makes your legs sting; **ça me picote le nez** that tickles my nose

pie [pi] *f* **1.** (*oiseau*) magpie **2.** *inf* (*femme*) chatterbox

pièce [pjɛs] *f* **1.** (*salle*) room **2.** (*monnaie*) **~ de monnaie** coin; **~ d'un euro** one euro coin; **~s (en) euro** euro coins **3.** THEAT **~ de théâtre** play **4.** MUS piece **5.** (*document*) paper; **~ d'identité** proof of identity, identification; **les ~s** documents; **les ~s du procès** the trial documents; **~ justificative** proof; **~ d'archives** archived document; **~ à conviction** exhibit **6.** (*élément constitutif*) part; (*d'une collection, d'un trousseau*) piece; **~ de mobilier** piece of furniture; **~ de musée** museum piece **7.** (*quantité*) **~ de viande** cut of meat **8.** (*pour rapiécer*) patch **9.** (*unité*) **acheter/vendre à la ~** to buy/sell separately ▶ **~ de rechange** [*o* **détachée**] spare part; **~ rapportée** *péj* odd man out; **être tout d'une ~** to be all of a piece; **c'est un homme tout d'une ~** he's a man who speaks his mind; **tout d'une ~** stiffly; **créer qc de toutes ~s** to make sth out of bits and pieces; **construire qc de toutes ~s** to build sth from nothing; **être inventé de toutes ~s** to be a lie from start to finish; **donner la ~ à qn** *inf* to tip sb; **mettre/tailler qn/qc en ~s** to pull/hack sb/sth to pieces; **aux ~s** per piece; **travailler aux ~s** to do piecework; **être payé aux ~s** to be paid piecework

pied [pje] *m* **1.** (*opp: tête*) foot; **~ plat** flat foot; **à ~** on foot; **au ~!** heel! **2.** (*support: d'un lit*) leg; (*microphone*) stand **3.** (*partie inférieure: d'une chaussette, d'un bas*) foot **4.** (*base*) foot; (*d'un champignon*) stalk; **au ~ d'une colline/d'un mur** at the foot of a hill/against a wall; **mettre qc au ~ de qc** to put sth at the foot of sth; **être au ~ de qc** to be at the foot of sth **5.** (*plant*) **~ de salade/poireau** lettuce/leek; **~ de vigne** vine **6.** (*pas*) **marcher d'un ~ léger** to walk with a spring in one's step; **ils s'en vont/marchent du même ~** they are leaving/walking in step ▶ **traiter qn sur un ~ d'égalité** to treat sb as an equal; **prendre qc au ~ de la lettre** to take sth literally; **mettre qn au ~ du mur** to put sb's back to the wall; **avoir bon ~ bon œil** to be as fit as a fiddle; **avoir/rouler le ~ au plancher** to have/drive with a lead foot; **mettre les ~s dans le plat** (*commettre une gaffe*) to goof up; **mettre ~ à terre** to set foot on land; **vouloir être à cent ~s sous terre** to wish the ground would open up and swallow you; **avoir/garder les (deux) ~s sur terre** to have/keep both feet on the ground; **des ~s à la tête** from head to toe; **avoir un ~ dans la tombe** to have one foot in the grave; **partir du bon/mauvais ~** to get off to a good/bad start; **se lever du ~ gauche** [*o* **du mauvais ~**] to get up on the wrong side of the bed; **faire un cours au ~ levé** to make up a lesson as one goes along; **faire un discours au ~ levé** to make an off-the-cuff speech; **remplacer qn au ~ levé** to stand in for sb at the last minute; **~s nus** barefoot; **avoir ~** to have a footing in; **casser les ~s à qn** *inf* to get on sb's nerves; **s'emmêler les ~s** to get one's feet caught; **être sur ~** to be up and about; **ça lui fait les ~s** *inf* that serves him/her right; **lever le ~** (*s'enfuir*) to run away; (*ralentir*) to ease off the accelerator; **marcher sur les ~s de qn** (*faire mal*) to tread on sb's feet; (*embêter*) to tread on sb's toes; **mettre les ~s quelque part** to set foot somewhere; **mettre un projet sur ~** to set up a project; **mettre une entreprise sur ~** to set up a company; **perdre ~** (*se noyer, ne plus comprendre*) to get out of one's depth; **prendre/reprendre ~** to gain/regain footing; **remettre qn/qc sur ~** to stand sb/sth up again; **ne pas savoir sur quel ~ danser** not to know what to do; **sortir de qc les ~s devant** to leave sth feet first; **traîner les ~s** to drag one's feet; **tomber** [*o* **se jeter**] **aux ~s de qn** to fall at sb's feet; **se traîner** [*o* **ramper**] **aux ~s de qn** to grovel at sb's feet; **~ de nez** insult; **faire un ~ de nez à qn** to thumb one's nose at sb

pied-à-terre [pjetatɛʀ] *m inv* pied-à-terre

pied-de-mouton [pjedmutɔ̃] <pieds-de-mouton> *m* wood hedgehog

piédestal [pjedɛstal, -o] <-aux> *m* pedestal ▶ **descendre/tomber de son ~** to come down from/fall off one's pedestal; **mettre qn sur un ~** to put sb on a pedestal

pied-noir [pjenwaʀ] <pieds-noirs> **I.** *mf inf* pied-noir (*person of European descent living in Algeria during French*) *rule* **II.** *adj* pied-noir

piège [pjɛʒ] *m* trap; **~ à souris** mousetrap; **prendre un animal au ~** to catch an animal in a trap; **prendre qn au ~** to trap sb; **tendre un ~** to set a trap; **tendre un ~ à qn** to set a trap for sb; **tomber dans le/un ~** to fall into the/a trap ▶ **qc/c'est un ~ à cons** *inf* it's a con; **se prendre/être pris à son propre ~** to get/be caught in one's own trap

piégé(e) [pjeʒe] *adj* **engin ~** booby trap; **valise/lettre/voiture ~e** suitcase/letter/car bomb

piéger [pjeʒe] <2a, 5> *vt* **1.** (*attraper: animal*) to trap **2.** (*tromper*) **~ qn** to catch sb out; **se faire ~ par qn** to be caught out by sb; **se laisser ~** to get caught out; (*par de bonnes paroles*) to be taken in

pierre [pjɛʀ] *f* **1.** (*caillou*) stone; **~ ponce** pumice stone **2.** (*pierre précieuse*) gem(stone) ▶ **faire d'une ~ deux coups** to kill two birds with one stone; **jour à marquer d'une ~ blanche** red-letter day; **~ tombale** tombstone; **poser la première ~ de qc** to lay the first stone of sth; **jeter la (première) ~ à qn** to throw the first stone at sb; **cœur de ~** heart of stone

pierreries [pjɛʀʀi] *fpl* precious stones

pierreux, -euse [pjeʀø, -øz] *adj* (*couvert de pierres*) stony

pierrot [pjeʀo] *m* Pierrot

piété [pjete] *f* REL piety

piétinement [pjetinmɑ̃] *m* **1.** (*bruit*) stamping; (*mouvement*) stamping around **2.** (*stagnation*) standstill

piétiner [pjetine] <1> **I.** *vi* **1.** (*trépigner*) **~ de colère** [*o* **rage**]**/d'impatience** to stamp one's feet in anger/with impatience **2.** (*avancer péniblement*) to be at a standstill; **~ sur place** to stand around **3.** (*ne pas progresser*) to mark time **II.** *vt* **1.** (*marcher sur: sol, neige*) to tread on; (*pelouse*) to trample; **~ qc de rage** to trample on sth in rage **2.** (*ne pas respecter*) **~ qc** to trample on sth

piéton(ne) [pjetɔ̃, ɔn] **I.** *adj* (*zone, rue*) pedestrian **II.** *m(f)* pedestrian

piétonnier, -ière [pjetɔnje, -jɛʀ] *adj v.* **piéton(ne) I.**

pieu [pjø] <x> *m* **1.** stake **2.** *inf (lit)* bed; **au ~!** bedtime!

pieuter [pjøte] <1> **I.** *vi inf* to crash **II.** *vpr inf* **se ~** to turn in

pieuvre [pjœvʀ] *f* ZOOL octopus

pieux, -euse [pjø, -jøz] *adj* REL pious

pif¹ [pif] *m inf* nozzle ▶ **au ~** at a rough guess; **estimer qc au ~** to make a guesstimate of sth

pif² [pif] *interj* **~! ~** [*o* **paf**]**!** (*bruit d'une gifle*) slap! slap!

pifomètre [pifɔmɛtʀ] *v.* **pif**

pige [piʒ] *f* **1.** *pl, inf (année)* **avoir 40 ~s** to be 40; **à 53 ~s, ...** when you've hit 53, ... **2.** MEDIA **être payé à la ~** to be paid freelance rates; **travailler à la ~** to work freelance

pigeon [piʒɔ̃] *m* **1.** ZOOL pigeon; **~ voyageur** homing pigeon **2.** *inf (dupe)* **être le ~ dans l'affaire** to be the sucker in the whole thing; **cherchez un autre ~!** find another sucker!

pigeonner [piʒɔne] <1> *vt inf* **~ qn** to take sb for a ride; **se faire ~ par qn** to be taken for a ride by sb

pigeonnier [piʒɔnje] *m* pigeon loft

piger [piʒe] <2a> *vt, vi inf* to get it; **ne rien ~** not to get anything

pigiste [piʒist] *mf* freelance

pigment [pigmɑ̃] *m* pigment

pigmentation [pigmɑ̃tasjɔ̃] *f* (*de la peau*) pigmentation

pignon [piɲɔ̃] *m* ARCHIT gable ▶ **avoir ~ sur rue** to be established

pignouf [piɲuf] *m inf* slob

pile¹ [pil] *f* **1.** (*tas*) pile **2.** ELEC battery; **fonctionner à ~s** to be battery-operated **3.** *Midi* (*évier*) sink

pile² [pil] *adv* **1.** (*avec précision: arriver*) on the dot; ((*s'*)*arrêter*) dead **2.** (*brusquement: (s')arrêter*) suddenly **3.** (*au bon moment: arriver*) right on time; **ça tombe ~!** that's perfect timing! **4.** (*exactement*) **à 10 heures ~** at 10 o'clock on the dot ▶ **~ poil** *inf* exactly

pile³ [pil] *f* **le côté ~** tails; **~ ou face?** heads or tails?; **on va jouer ça à ~ ou face!** let's flip for it!

piler [pile] <1> **I.** *vt* to crush **II.** *vi inf* (*voiture*) to slam on the brakes

pileux, -euse [pilø, -øz] *adj* hair

pilier [pilje] *m* **1.** ARCHIT pillar **2.** SPORT prop forward

pillage [pijaʒ] *m* pillage, looting; **livrer une ville au ~** to pillage a town

pillard(e) [pijaʀ, jaʀd] *m(f)* pillager, looter

piller [pije] <1> *vt* **1.** (*mettre à sac*) to loot **2.** (*plagier*) **~ un auteur** to plagiarize an author

pilleur, -euse [pijœʀ, -jøz] *m, f* pillager, looter

pilon [pilɔ̃] *m* **1.** *a.* MED pestle **2.** CULIN drumstick

pilonner [pilɔne] <1> *vt* **1.** MIL to pound **2.** (*ingrédients*) to crush

pilori [pilɔʀi] *m* pillory ▶ **clouer qn/qc au ~** to pillory sb/sth

pilotage [pilɔtaʒ] *m* piloting

pilote [pilɔt] **I.** *adj* **1.** (*qui ouvre la voie: projet, essai*) pilot **2.** (*expérimental*) test **3.** (*exemplaire*) model **4.** NAUT (*bateau, navire*) prototype **II.** *mf* **1.** AVIAT pilot; **~ de ligne** airline pilot **2.** AUTO driver; **~ de course** racecar driver; **~ d'essai** test pilot **III.** *m* **1.** (*dispositif*) **~ automatique** automatic pilot **2.** INFORM driver

piloter [pilɔte] <1> *vt* **1.** AUTO (*avion, navire*) to pilot; (*voiture*) to drive **2.** INFORM to drive

pilotis [pilɔti] *m* pile; **des maisons sur ~** houses on stilts

pilule [pilyl] *f* MED pill; **la ~** the pill ▶ **la ~ est dure à avaler** it's a bitter pill to swallow

pimbêche [pɛ̃bɛʃ] *f* stuck-up woman

piment [pimɑ̃] *m* **1.** CULIN pepper; **~ doux** sweet pepper; **~ en poudre** chili powder **2.** (*piquant*) spice; **donner du ~ à qc** to spice sth up; **trouver du ~ à qc** to find sth pretty spicy

pimenté(e) [pimɑ̃te] *adj* spicy

pimenter [pimɑ̃te] <1> *vt* **1.** CULIN **~ qc** to add chili to sth **2.** *fig* **~ qc** to add spice to sth

pimpant(e) [pɛ̃pɑ̃, ɑ̃t] *adj* dapper

pin [pɛ̃] *m* pine (tree); **~ sylvestre** Scotch pine; **~ parasol** stone pine

pinacle [pinakl] **porter qn au ~** to praise sb to the skies

pinailler [pinɑje] <1> *vi inf* **~ sur qc** to quibble over sth

pince [pɛ̃s] *f* **1.** TECH pair of pliers **2.** ZOOL claw **3.** COUT **pantalon à ~s** front-pleated slacks **4.** (*épingle*) **~ à linge** clothespin **5.** (*instrument d'épilation*) **~ à épiler** tweezers *pl*

pincé(e) [pɛ̃se] *adj* **1.** (*hautain*) starchy; (*sourire, ton*) stiff **2.** (*serré: nez, narines*) thin; (*lèvres*) tight

pinceau [pɛ̃so] <x> *m* brush ▶ **se mélanger** [*o* **s'emmêler**] **les ~x** *inf* to get mixed up

pincée [pɛ̃se] *f* pinch

pincement [pɛ̃smɑ̃] *m* (*des lèvres*) puckering; (*des narines*) tightening ▶ **avec un (petit) ~ au cœur** with a twinge; **avoir un (petit) ~ au cœur** to feel a twinge

pincer [pɛ̃se] <2> **I.** *vt* **1.** (*faire mal: personne*) to pinch; (*crabe, écrevisse*) to nip; **~ la joue/le bras à qn** to pinch sb's cheek/arm; (*crabe, écrevisse*) to nip sb's cheek/arm **2.** (*serrer fortement*) **~ la bouche** to clamp one's mouth shut; **~ les lèvres** to pucker one's lips **3.** *inf* (*arrêter*) to catch; **se faire ~ par qn** to get caught by sb **II.** *vpr* **1.** (*se blesser, se serrer la peau*) **se ~** to pinch oneself; **se ~ le doigt** to get one's finger caught **2.** (*boucher*) **se ~ le nez** to hold one's nose **III.** *vi* **pince-moi, je rêve!** pinch me, I'm dreaming!; **en ~ pour qn** *inf* to be gone on sb

pince-sans-rire [pɛ̃ssɑ̃ʀiʀ] **I.** *mf inv* **c'est un/une ~** he has true deadpan humor **II.** *adj inv* deadpan

pincette [pɛ̃sɛt] *f* pair of tongs ▶ **ne pas être à**

prendre avec des ~s *inf* to be like a bear with a sore head

pinède [pinɛd] *f* pine forest

pingouin [pɛ̃gwɛ̃] *m* penguin; (*oiseau arctique*) auk

ping-pong [piŋpɔ̃g] *m inv* Ping-Pong®, table tennis

pingre [pɛ̃gʀ] **I.** *adj inf* stingy **II.** *mf inf* tightwad, skinflint

pinotte [pinɔt] *f Québec, inf* (*cacahuète*) peanut

pin-pon [pɛ̃pɔ̃] *interj* wah-wah (*imitation of a two-tone siren*)

pin's [pins] *m inv* pin (*worn on clothes*)

pinson [pɛ̃sɔ̃] *m* chaffinch ▶ **gai comme un ~** happy as a lark

pintade [pɛ̃tad] *f* guinea fowl

pintadeau [pɛ̃tado] <x> *m* young guinea fowl

pinte [pɛ̃t] *f* **1.** (*en France*) ≈ quart (*0.93 liter*) **2.** *Québec* (*1,136 l*) quart (*1.136 liters*) **3.** *Suisse* (*café, bistrot*) café

pinté(e) [pɛ̃te] *adj inf* plastered

pin up [pinœp] *f inv* pinup

pioche [pjɔʃ] *f* **1.** (*outil*) pick; **à coups de ~** with a pick **2.** JEUX stock

piocher [pjɔʃe] <1> **I.** *vt* **1.** (*creuser*) to dig **2.** JEUX to take a card/domino **II.** *vi* **1.** (*creuser*) to dig **2.** JEUX to take a card; (*prendre un domino*) to take a domino **3.** *inf* (*puiser*) **~ dans ses économies** to dip into one's savings **4.** (*chercher pour saisir, se servir*) **~ dans le plat de hors-d'œuvre** to dip into the platter of hors-d'œuvres

piolet [pjɔlɛ] *m* ice ax

pion [pjɔ̃] *m* JEUX pawn

pion(ne) [pjɔ̃, pjɔn] *m(f) inf* ECOLE supervisor

pioncer [pjɔ̃se] <2> *vi inf* to take a snooze

pionnier, -ière [pjɔnje, -jɛʀ] *m, f* (*de la médecine, de l'aviation*) pioneer; **être un ~ dans un domaine** to be a pioneer in a field

pipe [pip] *f* pipe

pipeau [pipo] <x> *m* MUS reed pipe

pipeline [pajplajn, piplin] *m* pipeline

piper [pipe] <1> **I.** *vt* (*dés*) to load **II.** *vi* **ne pas ~** not to breathe a word

pipette [pipɛt] *f* pipette

pipi [pipi] *m inf enfantin* pee-pee; **faire ~** to go pee-pee ▶ **c'est du ~ de chat** it's pathetic; (*en parlant d'une boisson*) it's like dishwater

pipi-room [pipiʀum] <pipi-rooms> *m iron, inf* bathroom

piquant [pikɑ̃] *m* **1.** (*épine*) thorn; (*de ronce*) prickle **2.** (*agrément*) **avoir du ~** (*récit, livre*) to be spicy; **le ~ de l'histoire, c'est qu'il l'a cru** the best thing about the story is that he believed it

piquant(e) [pikɑ̃, ɑ̃t] *adj* **1.** (*pointu: joue, plante*) prickly; (*rose*) thorny **2.** CULIN (*moutarde, radis*) hot; (*odeur*) pungent; (*goût, sauce*) spicy **3.** (*mordant: air, bise, froid*) biting

pique [pik] *m* JEUX spade; **valet de ~** jack of spades

piqué [pike] **descendre en ~** to nose-dive

pique-assiette [pikasjɛt] <pique-assiette(s)> *mf inf* scrounger

pique-nique [piknik] <pique-niques> *m* picnic

pique-niquer [piknike] <1> *vi* to picnic

pique-niqueur, -euse [piknikœʀ, -øz] <pique-niqueurs> *m, f* picnicker

piquer [pike] <1> **I.** *vt* **1.** (*faire une piqûre: personne, guêpe, moustique*) to sting; (*serpent, puce*) to bite **2.** (*donner la mort*) **~ un animal** to put an animal to sleep **3.** (*prendre/fixer avec un objet pointu: olive, papillon*) to stick **4.** (*enfoncer par le bout*) **~ une aiguille dans qc** to jab a needle into sth **5.** (*picoter: yeux, visage*) to sting; **~ la peau** to prickle; **~ la langue** to tingle on one's tongue **6.** *inf* (*faire brusquement*) **~ un cent mètres** to do a hundred meter sprint; **~ une colère/une crise** to fly into a rage/have a fit; **~ une crise de larmes** to burst out crying; **~ un fard** to turn red; **~ un roupillon/une tête** to take a nap **7.** *inf* (*voler*) to pinch **8.** *inf* (*arrêter, attraper*) to catch **II.** *vi* **1.** (*faire une piqûre: moustique, aiguille*) to sting; (*serpent, puce*) to bite **2.** (*descendre*) **~ sur qc** to swoop down on sth **3.** (*se diriger*) **~ sur qn/qc** to head for sb/sth **4.** (*irriter un sens: fumée, ortie*) to sting; (*moutarde, radis*) to be hot; (*barbe, pull*) to prickle; (*froid, vent*) to bite; (*eau gazeuse*) to fizz **III.** *vpr* **1.** (*se blesser*) **se ~ avec une aiguille/à un rosier** to prick oneself with a needle/on a rosebush; **se ~ avec des orties** to get stung by (stinging) nettles **2.** (*se faire une injection*) **se ~** to inject oneself; (*drogué*) to shoot up; **se ~ à qc** to inject oneself with sth; (*drogué*) to shoot up with sth

piquet [pikɛ] *m* (*pieu: de parc, jardin*) post; (*de tente*) peg ▶ **raide comme un ~** as stiff as a board; **être/rester planté comme un ~** *inf* to stand around doing nothing; **aller au ~** ECOLE to go into time-out; **~ de grève** picket line

piquette [pikɛt] *f* **1.** *péj* (*mauvais vin*) rotgut **2.** *inf* (*défaite cuisante*) thrashing

piquouse [pikuz] *f inf* jab

piqûre [pikyʀ] *f* **1.** (*blessure: d'épingle*) stab; (*de guêpe*) sting; (*de moustique*) bite **2.** MED shot, injection; **faire une ~ à qn** to give sb a shot

piranha [piʀana] *m* piranha

pirate [piʀat] **I.** *m* **1.** NAUT pirate **2.** AVIAT **~ de l'air** hijacker **3.** AUTO **~ de la route** carjacker **II.** *adj* pirate

pirater [piʀate] <1> *vt* to pirate; **~ un ordinateur** INFORM to hack a computer

pire [piʀ] **I.** *adj* **1.** (*plus mauvais*) worse; **rien de ~ que** nothing worse than; **de ~ en ~** worse and worse **2.** (*le plus mauvais*) **le/la ~ élève** the worst student **II.** *m* **le ~** the worst; **s'attendre au ~** to expect the worst; **au ~** if worst comes to worst

pirogue [piʀɔg] *f* dugout canoe
pirouette [piʀwɛt] *f* **1.** (*culbute: d'un acrobate, danseur, cheval*) pirouette **2.** (*volte-face*) about-face ►**répondre** [*o* **s'en tirer**] **par une** ~ to evade the question
pis [pi] *m* udder
pis-aller [pizale] *m inv* **être un** ~ to be better than nothing
pisciculture [pisikyltyʀ] *f* fish farming
piscine [pisin] *f* swimming pool
pissenlit [pisɑ̃li] *m* dandelion
pisser [pise] <1> *vi inf* to (take a) piss
pisseux, -euse [pisø, -øz] *adj* **1.** *inf* (*imprégné d'urine*) piss-soaked **2.** (*terne*) wishy-washy
pissotière [pisɔtjɛʀ] *f inf* urinal
pistache [pistaʃ] *f, adj inv* pistachio
piste [pist] *f* **1.** (*trace: d'un cambrioleur, suspect*) trail; (*d'un animal*) tracks *pl* **2.** (*indice*) clue **3.** AVIAT runway; ~ **d'atterrissage/de décollage** landing/takeoff runway **4.** AUTO ~ **cyclable** bicycle path; ~ **cavalière** bridle path **5.** (*au ski*) slope; ~ **de ski de fond** cross-country ski track **6.** (*grand ovale à l'hippodrome*) track, course; (*grand ovale au vélodrome/circuit automobile*) track; ~ **d'essai** test track; **cyclisme sur** ~**/épreuve sur** ~ course cycling/course test **7.** (*espace pour le patinage*) rink; (*espace pour la danse*) floor; (*espace au cirque*) ring **8.** (*chemin dans le désert*) track; (*chemin à la montagne*) path **9.** CINE, TV track ►**brouiller les** ~**s** to confuse the issue; **entrer en** ~ to come on to the scene
pisteur, -euse [pistœʀ, -øz] *m, f* ski patroller
pistil [pistil] *m* BOT pistil
pistolet [pistɔlɛ] *m* **1.** (*arme*) pistol, gun; ~ **à eau** water gun; ~ **d'alarme** alarm gun **2.** (*pulvérisateur*) spray **3.** *Belgique* (*petit pain rond*) bread roll
pistolet-mitrailleur [pistɔlɛmitʀajœʀ] <pistolets-mitrailleurs> *m* submachine gun
piston [pistɔ̃] *m inf* (*favoritisme*) string pulling, wirepulling
pistonner [pistɔne] <1> *vt inf* ~ **qn** to pull strings for sb; **se faire** ~ **par qn** to have sb pull strings
pitance [pitɑ̃s] *f soutenu* portion
piteux, -euse [pitø, -øz] *adj* (*air, apparence*) pitiful; (*état*) pathetic; (*résultat*) miserable
pitié [pitje] *f* (*compassion*) pity; (*miséricorde*) mercy; **par** ~ for pity's sake; **agir/combattre sans** ~ to act/fight mercilessly; **être sans** ~ to be merciless; **avoir/prendre** ~ **de qn** to have/take pity on sb; **Seigneur, prends** ~ **de nous!** Lord, have mercy on us!; **faire** ~ **à qn** to make sb feel sorry for oneself; *péj* to be pitiful; **prendre qn/qc en** ~ to take pity on sb/sth
piton [pitɔ̃] *m* **1.** (*crochet*) hook; SPORT piton **2.** GEO peak **3.** *Québec* (*bouton*) button **4.** *Québec* (*touche: d'un ordinateur, téléphone*) key; (*d'une télécommande*) button
pitonnage [pitɔnaʒ] *m Québec, inf* (*zapping*) channel surfing
pitonner [pitɔne] <1> *vi Québec* (*tapoter sur des touches*) to twiddle at the keys
pitoyable [pitwajabl] *adj* **1.** (*qui inspire la pitié: aspect, état, état, personne*) pitiful **2.** (*piteux*) pitiful; (*niveau de vie, résultat*) miserable
pitre [pitʀ] *m* clown; **faire le** ~ to play the clown
pitrerie [pitʀəʀi] *f souvent pl* clowning; **faire des** ~**s** to clown around
pittoresque [pitɔʀɛsk] *adj* picturesque
pive [piv] *f Suisse* (*fruit des conifères*) pine cone
pivert [pivɛʀ] *m* green woodpecker
pivoine [pivwan] *f* peony ►**rouge comme une** ~ beet red
pivot [pivo] *m* **1.** TECH (*pour une dent*) post **2.** (*agent principal: d'une entreprise*) kingpin
pivotant(e) [pivɔtɑ̃, ɑ̃t] *adj* revolving
pivoter [pivɔte] <1> *vi* ~ **sur qc** to revolve around sth; **faire** ~ **qc** to pivot sth
pixel [piksɛl] *m* INFORM pixel
pizza [pidza] *f* pizza; **morceau de** ~ **au fromage** slice of cheese pizza
pizzeria [pidzeʀja] *f* pizzeria
P.J. [peʒi] *f abr de* **Police judiciaire** ≈ CID
placard [plakaʀ] *m* (*armoire*) cupboard; ~ **à balais** broom cupboard ►**mettre qn/qc au** ~ *inf* to lock sb up
placarder [plakaʀde] <1> *vt* ~ **un mur** to plaster a wall with posters
place [plas] *f* **1.** (*lieu public*) square; ~ **de l'église/du marché** church/market square; **sur la** ~ **publique** in public **2.** (*endroit approprié*) place; **à la** ~ **de qc** in place of sth; **sur** ~ on the spot; **être à sa** ~ to be in the right place; **être en** ~ (*installé*) to be installed; (*en fonction*) to be in place; **mettre une machine en** ~ to install a machine; **mettre les meubles en** ~ to set up furniture; **se mettre en** ~ to be set up; **se mettre à la** ~ **de qn** to put oneself in sb else's shoes **3.** (*endroit quelconque*) spot; **être/rester cloué sur** ~ to be/remain rooted to the spot; **prendre la** ~ **de qc** to take the place of sth; **il ne reste pas** [*o* **tient**] **en** ~ he can't keep still **4.** (*espace*) room; **tenir/prendre de la** ~ to take up room; **gagner de la** ~ to gain some space **5.** (*emplacement réservé*) space; ~ **assise** seat; ~ **debout** standing room; ~ **de stationnement** parking space; **y a-t-il encore une** ~ **(de) libre?** is there another seat free? **6.** (*billet*) seat; ~ **de cinéma/concert** cinema/concert ticket; **louer des** ~**s** to book seats **7.** (*emploi*) position **8.** *Belgique, Nord* (*pièce*) room **9.** *Québec* (*endroit, localité*) place ►**avoir/obtenir sa** ~ **au soleil** to have/get one's place in the sun; **les** ~**s sont chères** *inf* there is a lot of competition; **faire** ~ **à qn/qc** to give way to sb/sth; **remettre qn à sa** ~ to put sb in their place; **en** ~**!** ECOLE places!; SPORT get into position!; **être/figurer en bonne** ~ **pour** +*infin* to be/look in a good position to

+*infin;* **laisser qn sur ~** to leave sb behind

placé(e) [plase] *adj* **1.** (*situé*) **être bien/mal ~** (*objet*) to be well/awkwardly placed; (*terrain*) to be well/badly situated; (*spectateurs*) to be well/badly seated; **c'est de la fierté mal ~e!** it's misplaced pride!; **être bien/mal ~ pour répondre** to be in a good/bad position to reply; **tu es mal ~ pour me faire des reproches!** you're in no position to criticize me! **2.** SPORT placed; **être bien/mal ~** to be placed high/low; **jouer ~** to bet a horse to place **3.** (*dans une situation*) **être haut ~** to be high up; **fonctionnaire haut ~** senior official

placement [plasmɑ̃] *m* **1.** investment; **~ à terme** term investment; **faire un ~ obligataire/en actions** to invest in bonds/stocks **2.** MED admission **3.** *Belgique* (*action de placer*) placement

placer [plase] <2> **I.** *vt* **1.** (*mettre*) **~ qc sur l'étagère** to put sth on the shelf **2.** (*installer: sentinelle*) to place; **~ les spectateurs/les invités** to seat the spectators/guests; **~ un enfant dans une famille d'accueil** to place a child with a foster family **3.** (*introduire: anecdote, remarque*) to put in; **~ une idée dans qc** to put an idea in sth; **ne pas pouvoir ~ un mot** [*o* **ne pas arriver à en ~ une**] to not be able to get a word in **4.** (*mettre dans une situation professionnelle*) **~ un ami dans une entreprise comme qc** to get a friend a job in a company as sth **5.** FIN (*argent, capitaux, économies*) to invest **II.** *vpr* **1.** (*s'installer*) **se ~** to take up a position; (*debout*) to stand **2.** (*se situer*) **se ~ dans le cas où ...** to suppose that ... **3.** (*avoir sa place désignée*) **se ~ devant/à côté de qc** (*meuble, objet, obstacle*) to belong in front of/next to sth **4.** (*prendre un certain rang*) **se ~ deuxième** to be placed second

placide [plasid] *adj* calm

plafond [plafɔ̃] *m* **1.** (*opp: plancher*) ceiling **2.** (*limite supérieure*) ceiling; (*d'un crédit*) limit ►**sauter au ~** *inf* to hit the roof

plafonner [plafɔne] <1> **I.** *vi* (*atteindre son maximum*) to peak **II.** *vt* **1.** CONSTR **~ qc** to put a ceiling in sth **2.** FIN to cap

plafonnier [plafɔnje] *m* ceiling light

plage [plaʒ] *f* **1.** (*rivage*) beach; **les ~s de la Seine** the beaches along the Seine; **~ de galets/sable** pebble/sandy beach; **robe de ~** beach dress; **serviette de ~** beach towel; **sur la ~** on the beach; **être/aller à la ~** to be at/go to the beach **2.** (*station balnéaire*) resort **3.** AUTO **~ arrière** back shelf

plagiaire [plaʒjɛʀ] *mf* plagiarist

plagiat [plaʒja] *m* plagiarism

plagier [plaʒje] <1a> *vt* to plagiarize

plagiste [plaʒist] *mf* beach attendant

plaid [plɛd] *m* plaid

plaider [plede] <1> **I.** *vt* **1.** JUR **~ la cause de qn** to plead sb's case **2.** JUR (*faire valoir: irresponsabilité, incompétence*) to plead; **~ coupable/non coupable** to plead guilty/not guilty **II.** *vi* **1.** JUR (*faire une plaidoirie: avocat*) to plead; **~ pour/contre qn** to plead for/against sb **2.** (*appuyer*) **~ contre qn/qc** to speak against sb/sth

plaidoirie [plɛdwaʀi] *f* **1.** JUR argument(s) for the defense **2.** (*défense*) defense; **~ pour** [*o* **en faveur de**] **qn/qc** in defense of sb/sth

plaidoyer [plɛdwaje] *m* defense address

plaie [plɛ] *f* **1.** (*blessure*) wound **2.** (*malheur*) bad luck; **quelle ~!** *inf* what bad luck! **3.** *inf* (*personne*) nuisance

plaignant(e) [plɛɲɑ̃, ɑ̃t] *adj* **partie ~e** plaintiff

plain(e) [plɛ̃, ɛn] *adj* **tapis ~** *Belgique* (*moquette*) (fitted) carpet

plaindre [plɛ̃dʀ] *irr* **I.** *vt* (*s'apitoyer sur*) **~ qn** to pity sb; (*être solidaire de*) to feel sorry for sb; **je te plains vraiment/sincèrement** I really/sincerely feel sorry for you **II.** *vpr* **1.** (*se lamenter*) **se ~ de qc** to moan about sth **2.** (*protester*) **se ~ de qn/qc à l'arbitre** to complain about sb/sth to the referee

plaine [plɛn] *f* plain

plain-pied [plɛ̃pje] *m sans pl* **être de ~** to be on the same level

plainte [plɛ̃t] *f* **1.** (*gémissement*) moan; **des ~s** moaning **2.** (*récrimination*) *a.* JUR complaint; **déposer une ~** [*o* **porter ~**] **contre qn auprès du tribunal pour le vacarme** to press charges against sb for disturbing the peace

plaintif, -ive [plɛ̃tif, -iv] *adj* plaintive

plaire [plɛʀ] *irr* **I.** *vi* **1.** (*être agréable*) **qc plaît à qn** sb likes sth; **~ aux spectateurs** to please the audience **2.** (*charmer*) **il lui plaît** she likes him; **les brunes me plaisent davantage** I like brunettes better **3.** (*convenir*) **~ à qn** (*idée, projet*) to suit sb **4.** (*être bien accueilli: chose*) to be appreciated ►**qn a tout pour ~** *iron* sb who gets on people's nerves **II.** *vi impers* (*être agréable*) **il plaît à l'enfant de faire qc** the child likes doing sth; **vous plairait-il de venir dîner?** would you like to come to dinner?; **comme il te/vous plaira** as you like; **quand ça te/vous plaira** whenever you like ►**s'il te/vous plaît** please; *Belgique* (*voici*) here you are **III.** *vpr* **1.** (*se sentir à l'aise*) **se ~ avec qn** to enjoy sb's company; **se ~ au Canada** to like being in Canada **2.** (*s'apprécier*) **se ~** (*personnes*) to like each another; **se ~ avec qc** to enjoy being with sth **3.** (*prendre plaisir*) **il se plaît à faire qc** he likes doing sth

plaisance [plɛzɑ̃s] *f* NAUT (**navigation de**) **~** boating; (*à voile*) sailing; **port de ~** sailing harbor

plaisancier, -ière [plɛzɑ̃sje, jɛʀ] *m, f* amateur boater

plaisant(e) [plɛzɑ̃, ɑ̃t] *adj* pleasant; **être ~ à l'œil** [*o* **au regard**] to be pleasing to the eye

plaisanter [plɛzɑ̃te] <1> *vi* **1.** (*blaguer*) to joke; **je ne plaisante pas!** I'm not joking!; **~ sur** [*o* **à propos de**] **qc** to joke about sth; **je ne suis pas d'humeur à ~** I'm in no mood for jokes **2.** (*dire par jeu*) **ne pas ~ sur la discipline/avec l'exactitude** to be strict about discipline/punctuality; **tu plaisantes!** you're joking!

plaisanterie [plɛzɑ̃tʀi] *f* (*blague*) joke; **~ de mauvais goût** tasteless joke; **par ~** for fun; **aimer la ~** to like jokes; **dire qc sur le ton de la ~** to say sth laughingly ►**les ~s les plus courtes sont les meilleures** brevity is the soul of wit

plaisantin [plɛzɑ̃tɛ̃] *m* **1.** (*blagueur*) joker; **petit ~** clown **2.** *péj* (*fumiste*) fake

plaisir [pleziʀ] *m* **1.** (*joie, distraction*) pleasure; **~ de faire qc** pleasure of doing sth; **il a ~ à faire qc** he enjoys doing sth; **éprouver** [*o* **prendre**] **un malin ~ à faire qc** to get a kick out of doing sth; **faire ~ à qn** to please sb; (*rendre service à qn*) to do sb a favor; **maintenant fais-moi le ~ de te taire!** now, do me a favor and shut up!; **elle prend (du) ~ à qc** she takes pleasure in sth; **souhaiter à qn bien du ~** *iron* to wish sb joy; **faire ~ à voir** to be a pleasure to see; **par** [*o* **pour le**] **~** for the pleasure of it **2.** (*jouissance sexuelle*) **se donner du ~** to pleasure each other **3.** *pl* (*sentiment agréable*) **menus ~s** entertainment; **les ~s de la table** the pleasures of the table; **courir après les ~s** to be a pleasure-seeker ►**bon ~** wish; **décider qc selon son bon ~** to decide on sth as one sees fit; **faire durer le ~** to make the pleasure last; **au ~!** *inf* see you soon!; **avec grand ~** with great pleasure

plan [plɑ̃] *m* **1.** (*représentation graphique, projet*) plan; **~ de travail** work plan; **~ d'action** plan of action **2.** (*canevas: d'un devoir, livre, d'une dissertation*) plan **3.** CINE, TV shot; (*cadrage*) frame; **~ fixe** static shot; **gros ~, ~ rapproché** close-up; **au premier ~** in the foreground **4.** *inf* (*projet de sortie*) **j'ai un ~ d'enfer!** I have a great idea! **5.** (*niveau*) **sur le ~ national/régional** on a national/regional level; **passer au second ~** to drop into the background; **de premier ~** leading; **de second ~** second-rate; **sur le ~ moral** morally (speaking); **sur le ~ de qc** as regards sth **6.** (*surface*) **~ d'eau** stretch of water; **~ de travail** (*dans une cuisine*) work surface ►**tirer son ~** *Belgique* (*se débrouiller*) to manage; **laisser qn en ~** *inf* to leave sb high and dry; **laisser qc en ~** to drop sth

planche [plɑ̃ʃ] *f* **1.** (*pièce de bois*) plank; **~ à dessin/à repasser** drawing/ironing board **2.** (*scène*) **les ~s** the boards; **brûler les ~s** to give a good performance; **monter sur les ~s** to tread the boards **3.** SPORT **~ à roulettes** skateboard; **~ à voile** (*objet*) sailboard; (*sport*) windsurfing

plancher [plɑ̃ʃe] *m* floor ►**le ~ des vaches** *iron, inf* dry land; **débarrasser le ~** *inf* to beat it

planchiste [plɑ̃ʃist] *mf* windsurfer

plancton [plɑ̃ktɔ̃] *m* plankton

planer [plane] <1> *vi* **1.** (*voler*) *a.* AVIAT to glide **2.** (*peser*) **~ sur qn/qc** (*danger, soupçons*) to hang over sb/sth; **laisser ~ le doute sur qc** to leave lingering doubt about sth **3.** *inf* (*rêver*) to have one's head in the clouds **4.** *inf* (*être sous effet euphorisant*) to be spaced out; (*sous l'effet d'une drogue*) to be high

planétaire [planetɛʀ] *adj* **1.** (*mondial*) global **2.** ASTR planetary

planétarium [planetaʀjɔm] *m* planetarium

planète [planɛt] *f* planet; **la ~ Terre** the planet Earth

planeur [planœʀ] *m* glider

planification [planifikasjɔ̃] *f* planning

planifier [planifje] <1> *vt* to plan

planisphère [planisfɛʀ] *m* planisphere

planning [planiŋ] *m* **1.** (*calendrier*) calendar **2.** (*planification*) planning; **~ familial** family planning

planque [plɑ̃k] *f inf* **1.** (*cachette*) hiding place **2.** (*travail tranquille*) easy job; **c'est la ~!** it's a cushy gig! **3.** (*lieu protégé*) hideout

planqué(e) [plɑ̃ke] *m(f) péj, inf* stashed away

planquer [plɑ̃ke] <1> *vt, vpr inf* (**se**) **~** to hide

plant [plɑ̃] *m* (*jeune plante*) seedling

plantage [plɑ̃taʒ] *m* INFORM crash

plantaire [plɑ̃tɛʀ] *adj* plantar; **voûte ~** arch of the foot

plantation [plɑ̃tasjɔ̃] *f* **1.** (*exploitation agricole*) plantation; **~ de café** coffee plantation **2.** (*action*) planting; **faire des ~s** to plant

plante [plɑ̃t] *f* plant

planté(e) [plɑ̃te] *adj* (*debout et immobile*) **être/rester ~ là** to just stand there; **être** [*o* **rester**] **~ là à attendre** to be standing there waiting

planter [plɑ̃te] <1> **I.** *vt* **1.** (*mettre en terre*) to plant **2.** (*garnir de*) **~ un jardin de/en qc** to plant a garden with sth; **avenue plantée d'arbres** tree-lined avenue **3.** (*enfoncer: pieu, piquet*) to drive in; **~ un clou dans le mur** to hammer a nail into the wall; **~ ses griffes dans le bras à qn** (*chat*) to sink one's claws into sb's arm **4.** (*dresser: tente*) to pitch; (*échelle, drapeau*) to put up **5.** *inf* (*abandonner*) **~ qn là** to drop sb; *fig* to dump sb **II.** *vpr* **1.** *inf* (*se tromper*) **se ~ dans qc** to screw up over sth; **se ~ à un examen** to screw up (on) an exam **2.** (*se mettre*) **se ~ une aiguille dans la main** to stick a needle in one's hand; **se ~ dans le mur** (*couteau, flèche*) to stick in the wall **3.** *inf* (*se poster*) **se ~ dans le jardin** to take up one's position in the garden; **se ~ devant** [*o* **en face de**] **qn** to position oneself in front of sb **4.** *inf* (*avoir un accident*) *a.* INFORM **se ~** to crash

planteur [plɑ̃tœʀ] *m* planter

plantureux, -euse [plɑ̃tyʀø, -øz] *adj* **1.** (*repas*) copious **2.** (*poitrine*) ample

plaque [plak] *f* **1.** (*matériau plat*) sheet **2.** (*présentation*) **~ de beurre** stick of butter; **~ de chocolat** bar of chocolate **3.** (*couche*) **~ de verglas** sheet of ice **4.** MED patch **5.** (*pièce de métal: d'une porte, rue*) plaque; (*d'un po-*

licier) badge; ~ **commémorative** commemorative plaque; ~ **minéralogique** license plate **6.** (*décoration*) plaque **7.** CULIN (*d'une cuisinière*) burner; ~ **chauffante** [*o* **électrique**] hotplate **8.** GEO plate ► ~ **tournante** turntable; *fig* nerve center; **être à côté de la ~** *inf* to have (got) it all wrong; **mettre à côté de la ~** *inf* to be off target

> **i** On French **plaques minéralogiques** the last two numbers indicate where the vehicle is from. So the 78 at the end of plate number 6785 MN 78 shows that a car is registered in the Yvelines (postal code 78...).

plaqué [plake] *m* (*bois*) veneer; (*métal*) plate; **c'est du ~ chêne** it's oak-veneered; **bijoux en ~ or** gold-plated jewelry
plaqué(e) [plake] *adj* ~ **(en) argent/or** silver/gold-plated; ~ **chêne** oak-veneered
plaquer [plake] <1> **I.** *vt* **1.** *inf* (*abandonner: conjoint*) to dump; ~ **un emploi** to ditch a job; **tout ~** to pack it all in; ~ **son petit ami/fiancé** to dump one's boyfriend/fiancé **2.** (*aplatir*) ~ **ses cheveux** to plaster one's hair down **3.** (*coller*) **la pluie plaquait sa robe sur ses jambes** the rain made her dress cling to her legs **4.** (*serrer contre*) ~ **qn contre le mur/au mur** to pin sb up against/to the wall **5.** SPORT to tackle **II.** *vpr* (*se serrer*) **se ~ contre qc** to hold oneself against sth
plaquette [plakɛt] *f* **1.** (*petite plaque*) plaque; ~ **de marbre/métal** marble/metal plaque **2.** CULIN ~ **de chocolat** bar of chocolate **3.** AUTO ~**s de frein** brake pads
plastic [plastik] *m* plastic explosive
plastifier [plastifje] <1a> *vt* to coat with plastic
plastique [plastik] **I.** *m* plastic; **en ~** plastic **II.** *adj inv* plastic
plastiquer [plastike] <1> *vt* to bomb
plat [pla] *m* **1.** (*récipient creux*) dish; (*récipient plat*) plate; ~ **à viande** meat dish **2.** (*contenu*) **un ~ de lentilles** a dish of lentils **3.** (*mets, élément d'un repas*) course; ~ **principal** [*o* **de résistance**] main course; ~ **du jour** daily special; ~ **de poisson/légumes** fish/vegetable dish; **de bons petits ~s** tasty little dishes; ~ **garni** main course with vegetables ► **mettre les petits ~s dans les grands** to put on a grand meal; **faire tout un ~ de qc** *inf* to make a song and dance about sth
plat(e) [pla, plat] *adj* **1.** (*égal, opp: arrondi*) flat; (*mer*) smooth **2.** (*peu profond, peu haut: assiette, chaussure, talon*) flat; **mettre/poser qc à ~** to lay sth down flat **3.** (*fade: conversation*) dull **4.** (*obséquieux*) **faire de ~es excuses** to make an abject apology **5.** (*vidé de son contenu*) **être à ~** (*pneu*) to be flat; (*batterie*) dead; *inf* (*épuisé*) to be run-down ► **mettre une question/un problème à ~** to examine an issue/problem closely
platane [platan] *m* plane tree
plateau [plato] <x> *m* **1.** (*support*) tray; ~ **à fromages** cheeseboard **2.** CULIN ~ **de fruits de mer** seafood platter; ~ **de fromages** cheeseboard **3.** (*partie plate: d'une balance*) pan **4.** GEO plateau; ~ **continental** continental shelf **5.** CINE, TV set; (*invités*) lineup; **sur le ~/hors du ~** on the set/off the set
plateau-repas [platoʀ(ə)pa] <plateaux-repas> *m* (*chez soi*) TV dinner; (*dans les transports*) meal on a tray
platebande, plate-bande [platbɑ̃d] <plates-bandes> *f* (flower) bed ► **marcher sur les plates-bandes de qn** *inf* to tread on sb's toes
plateforme, plate-forme [platfɔʀm] <plates-formes> *f* **1.** AUTO, INFORM, TECH platform **2.** GEO ~ **continentale** [*o* **littorale**] continental shelf
platement [platmɑ̃] *adv* (*écrire, s'exprimer*) dully, bluntly; (*s'excuser*) humbly
platine[1] [platin] **I.** *m* platinum **II.** *app inv* platinum
platine[2] [platin] *f* **1.** platen; (*d'un microscope*) stage; (*d'une serrure*) plate **2.** MEDIA (*d'un électrophone*) turntable; (*d'un lecteur cassettes*) (tape) deck; ~ **laser** CD player
platiné(e) [platine] *adj* platinum
platitude [platityd] *f* **1.** *sans pl* triteness **2.** (*propos*) platitude
platonique [platɔnik] *adj* (*amour*) platonic
plâtre [plɑtʀ] *m* (*matériau*) *a.* MED plaster; **mur en ~** dry wall; **avoir un bras dans le ~** to have one arm in a cast ► **essuyer les ~s** *inf* to put up with all the growing pains
plâtré(e) [plɑtʀe] *adj* in a cast
plâtrer [plɑtʀe] <1> *vt* **1.** (*couvrir de plâtre*) to plaster; (*trou, fissure*) to fill **2.** (*mettre dans le plâtre*) to plaster
plâtrier, -ière [plɑtʀije, -jɛʀ] *m, f* plasterer
plausible [plozibl] *adj* plausible
play-back [plɛbak] *m inv* lip-synching
play-boy [plɛbɔj] <play-boys> *m* playboy
plébiscite [plebisit] *m* plebiscite
plébisciter [plebisite] <1> *vt* **1.** POL to elect by plebiscite **2.** (*approuver*) ~ **qn** to endorse sb massively
plein [plɛ̃] **I.** *adv* **1.** *inf* (*beaucoup*) **avoir ~ d'argent/d'amis** to have loads of money/friends **2.** (*exactement*) **en ~ dans l'œil/sur la table/dans la soupe** right in the eye/on the table/in the soup; **en ~ devant** straight ahead **3.** (*au maximum*) **tourner à ~** to turn fully; **utiliser une machine à ~** to get full use from a machine ► **mignon/gentil tout ~** *inf* just too cute/kind **II.** *prep* **de l'argent ~ les poches** tons of money **III.** *m* (*de carburant*) fill-up; **faire le ~** to fill the tank; **le ~, s'il vous plaît!** fill it up, please ► **battre son ~** to be in full swing
plein(e) [plɛ̃, plɛn] *adj* **1.** (*rempli*) full; (*journée, vie*) busy; **à moitié ~** half-full; **être ~ de bonne volonté/de joie** to be full of goodwill/joy; **être ~ de santé** to be bursting with

P

health; **être ~ à craquer** to be full to bursting **2.** (*rond: joues, visage*) round **3.** (*sans réserve*) **à ~s bras/à ~es mains** in armfuls/handfuls; **mordre à ~es dents dans une pomme** to bite right down into an apple; **respirer à ~s poumons** to breathe deeply **4.** (*au maximum de*) **à ~s bords** full to the brim; **à ~ régime, à ~e vapeur** at full power **5.** (*au plus fort de*) **en ~ été/hiver** in the middle of summer/winter; **en ~ jour** in broad daylight; **en ~e nuit** in the middle of the night; **en ~ soleil** in full sun **6.** (*au milieu de*) **être en ~ travail** to be in the middle of work; **viser en ~ cœur** to aim right for the heart; **en ~e rue** out in the road; **en ~e obscurité** in complete darkness; **en ~e lumière** in full sunlight; **en ~ vol** in full flight; **en ~ essor** booming; **être en ~ boum** to be going full blast **7.** (*sans vide: trait*) continuous; (*bois, porte*) solid **8.** *antéposé* (*total: victoire*) total; (*succès, confiance*) complete; **avoir ~e conscience de qc** to be fully aware of sth **9.** (*entier: jour, mois*) whole **10.** (*gravide*) pregnant

pleinement [plɛnmɑ̃] *adv* fully

plénitude [plenityd] *f* fullness

pléonasme [pleɔnasm] *m* pleonasm

pléthore [pletɔʀ] *f sans pl, soutenu* **~ de qc** plethora of sth; COM glut of sth; **il y a ~ de candidats** there's a slew of candidates

pleurer [plœʀe] <1> **I.** *vi* **1.** (*verser des larmes, crier: personne, bébé*) to cry; (*œil*) to water; **faire ~ qn** to make sb cry; **la poussière me fait ~** the dust makes my eyes water; **~ de rage** to cry with rage; **~ de rire** to laugh so hard one cries **2.** (*se lamenter*) **~ sur qn/qc** to lament over sb/sth; **~ sur son sort** to bemoan one's lot **3.** (*réclamer*) to whine; **aller ~ auprès de qn** to go moaning to sb; **~ après qc** *inf* to go begging for sth **4.** (*extrêmement*) **triste à (faire) ~** so sad you could cry; **maigre à (faire) ~** pitifully thin; **bête à ~** painfully stupid **II.** *vt* **1.** (*regretter*) **~ qn** to mourn for sb; **~ sa jeunesse** to mourn one's youth **2.** (*verser*) **~ des larmes de joie/sang** to cry tears of joy/blood; **~ toutes les larmes de son corps** to cry one's eyes out

pleureuse [plœʀøz] *f* mourner

pleurnichard(e) [plœʀniʃaʀ, aʀd] *adj inf v.* **pleurnicheur**

pleurnicher [plœʀniʃe] <1> *vi inf* **1.** to whimper **2.** (*se lamenter*) to whine

pleurnicheur, -euse [plœʀniʃœʀ, -øz] **I.** *adj inf* **1.** (*qui pleure*) sniveling **2.** (*qui se lamente*) whining **II.** *m, f inf* **1.** (*qui pleure*) crybaby **2.** (*qui se lamente*) whiner

pleurs [plœʀ] *mpl soutenu* tear; **être en ~** to be in tears

pleuvoir [pløvwaʀ] *irr* **I.** *vi impers* **il pleut de grosses gouttes** it's raining heavily ▶ **qu'il pleuve ou qu'il vente** come rain or shine **II.** *vi* **1.** (*s'abattre: coups, reproches*) to rain down **2.** (*arriver en abondance*) **les mauvaises nouvelles pleuvent en ce moment** there's no end to bad news at the moment

Plexiglas® [plɛksiglas] *m* Plexiglas®

pli [pli] *m* **1.** (*pliure*) pleat; (*du papier*) fold; **faire le ~ d'un pantalon** to put a crease in a pair of pants; **jupe à ~s** pleated skirt **2.** (*mauvaise pliure*) (**faux**) **~** crease; **cette veste fait des ~s/un ~** this jacket creases **3.** *sans pl* (*forme*) **avoir un beau ~** to have a nice shape **4.** JEUX **faire un ~** to win a trick **5.** *Belgique* (*raie formée par les cheveux*) part ▶ **prendre un mauvais ~** to get into a bad habit; **ça ne fait pas un ~** *inf* there is no doubt (about it); **prendre le ~ de faire qc** to get into the habit of doing sth

pliable [plijabl] *adj* pliable

pliant(e) [plijɑ̃, jɑ̃t] *adj* folding

plie [pli] *f* plaice

plier [plije] <1> **I.** *vt* **1.** (*replier: papier, tissu*) to fold; (*linge, tente*) to fold up; **un papier plié en quatre** a piece of paper folded into four **2.** (*refermer*) to close; (*journal, carte routière*) to fold up **3.** (*fléchir: bras, jambe*) to flex **4.** (*courber*) to bend; **la neige plie les arbres** the snow is making the trees droop; **être plié par l'âge** to be bent over by age; **être plié par la douleur** to be doubled up in pain **II.** *vi* **1.** (*se courber*) **~ sous le poids de qc** to bend with the weight of sth **2.** (*céder*) to yield; **~ devant l'autorité du chef** to yield to the leader's authority **III.** *vpr* **1.** (*être pliant*) **se ~** to fold **2.** (*se soumettre*) **se ~ à la volonté de qn** to yield to sb's will

plinthe [plɛ̃t] *f* plinth

plissé(e) [plise] *adj* COUT pleated

plissement [plismɑ̃] *m* **1.** (*du front*) creasing; **avoir un ~ d'yeux** to screw up ones eyes; **avoir un ~ de la bouche** to pucker up one's lips **2.** GEO fold

plisser [plise] <1> **I.** *vt* **1.** (*couvrir de faux plis*) to crease **2.** (*froncer: front*) to crease; (*yeux*) to screw up; (*nez*) to wrinkle; (*bouche*) to pucker; **une ride plissa son front** a wrinkle creased his brow **II.** *vi* to wrinkle; (*lin, tissu*) to crease

pliure [plijyʀ] *f* **1.** (*du bras, genou*) bend; (*d'un ourlet, tissu, papier*) fold **2.** (*pliage: d'un papier, tissu*) folding

plomb [plɔ̃] *m* **1.** (*métal*) lead; **lourd comme du ~** as heavy as lead; **sans ~** (*essence*) unleaded **2.** (*fusible*) fuse **3.** (*pour la chasse*) lead shot; **du ~** shot **4.** (*à la pêche*) sinker ▶ **avoir du ~ dans la tête** to have some sense; **ne pas avoir de ~ dans la tête** to be empty-headed; **à ~** straight; **ciel de ~** leaden sky; **sommeil de ~** deep sleep; **j'ai des jambes de ~** my legs feel like a dead weight; **par un soleil de ~** under a blazing sun

plombage [plɔ̃baʒ] *m* (*d'une dent*) filling

plomberie [plɔ̃bʀi] *f sans pl* plumbing

plombier [plɔ̃bje] *m* plumber

plonge [plɔ̃ʒ] *f* **faire la ~** *inf* to wash the dishes

plongé(e) [plɔ̃ʒe] **I.** *part passé de* **plonger**

II. *adj* **1.** (*absorbé*) immersed **2.** (*entouré*) **être ~ dans l'obscurité** to be surrounded by darkness

plongeant(**e**) [plɔ̃ʒɑ̃, ʒɑ̃t] *adj* (*décolleté*) plunging; **une vue ~e sur le parc** a view from above over the park

plongée [plɔ̃ʒe] *f* **1.** (*action de plonger*) diving **2.** SPORT **~ sous-marine** scuba diving; **faire de la ~** to go scuba diving

plongeoir [plɔ̃ʒwaʀ] *m* diving board

plongeon [plɔ̃ʒɔ̃] *m* **1.** SPORT dive **2.** (*chute*) fall; **faire un ~** to take a nose-dive

plonger [plɔ̃ʒe] <2a> **I.** *vi* **1.** (*s'immerger*) to plunge; **~ à la recherche de qc** to plunge into [*o* immerse oneself in] the search for sth **2.** (*faire un plongeon*) **~ dans l'eau** (*personne, oiseau*) to dive into the water; (*voiture*) to plunge into the water; **tu plonges ou tu ne plonges pas?** are you diving or not? **3.** (*sombrer*) **~ dans le désespoir/la dépression** to plunge into despair/depression **II.** *vpr* **se ~ dans ses pensées** to immerse oneself in one's thoughts

plongeur, **-euse** [plɔ̃ʒœʀ, -ʒøz] *m, f* **1.** SPORT diver **2.** (*dans un restaurant*) dishwasher

plouc [pluk] **I.** *mf péj, inf* **être un ~** to be a hick **II.** *adj péj, inf* vulgar, hick

plouf [pluf] *interj, m* splash

ployer [plwaje] <6> *vi soutenu* **~ sous le poids de qc** to bend under the weight of sth

plu[1] [ply] *part passé de* **plaire**

plu[2] [ply] *part passé de* **pleuvoir**

plugiciel [plyʒisjɛl] *m* INFORM plug-in

pluie [plɥi] *f* **1.** METEO rain; **saison des ~s** rainy season; **jours/temps de ~** rainy days/weather; **sous la ~** in the rain; **le temps est à la ~** it's going to rain **2.** *sans pl* (*grande quantité*) shower ▶ **après la ~ le beau temps** *prov* every cloud has a silver lining; **faire la ~ et le beau temps** to call the shots; **ne pas être né** [*o* **tombé**] **de la dernière ~** not to have been born yesterday

plumage [plymaʒ] *m* plumage

plumard [plymaʀ] *m inf* bed

plume [plym] *f* **1.** (*penne*) feather **2.** (*pour écrire*) quill ▶ **laisser** [*o* **perdre**] **des ~s** not to escape unscathed; **voler dans les ~s à** [*o* **de**] **qn** *inf* to go for sb

plumeau [plymo] <x> *m* feather duster

plumer [plyme] <1> *vt* (*animal*) to pluck; (*personne*) to rip off

plumet [plymɛ] *m* plume

plupart [plypaʀ] *f sans pl* **la ~ des élèves/femmes mariées** most students/married women; **la ~ d'entre nous/eux/elles** most of us/them; **la ~ sont venus** most of them came; **dans la ~ des cas** in most cases; **la ~ du temps** most of the time ▶ **pour la ~** for the most part

pluriel [plyʀjɛl] *m* plural

plus[1] [ply] *adv* **1.** (*opp: encore*) **il n'est ~ très jeune** he's no longer very young; **il ne l'a ~ jamais vu** he has never seen him since; **il ne pleut ~ du tout** it's completely stopped raining; **il ne neige presque ~** it has nearly stopped snowing; **il n'y a ~ personne** there's nobody left; **nous n'avons ~ rien à manger** we have nothing left to eat; **il ne dit ~ un mot** he didn't say another word; **elle n'a ~ un sou** she doesn't have a penny left; **ils n'ont ~ d'argent/de beurre** they have no more money/butter; **nous n'avons ~ du tout de pain** we have no bread left at all **2.** (*seulement encore*) **on n'attend ~ que vous** we're only waiting for you now; **il ne manquait ~ que ça** that was all we needed **3.** (*pas plus que*) **non ~** neither

plus[2] [ply(s)] **I.** *adv* **1.** (*davantage*) **être ~ dangereux/bête que lui** to be more dangerous/stupid than him; **deux fois ~ âgé/cher qu'elle** twice as old/expensive as her; **~ tard/tôt/près/lentement qu'hier** later/earlier/nearer/slower than yesterday **2.** (*dans une comparaison*) **je lis ~ que toi** I read more than you; **ce tissu me plaît ~ que l'autre** I like this fabric more than the other one **3.** (*très*) **il est ~ qu'intelligent** he is extremely intelligent; **elle est ~ que contente** she is more than happy ▶ **~ que jamais** more than ever; **~ ou moins** more or less; **le vin est bon, ni ~ ni moins** the wine is good, nothing more nothing less; **c'est une dame on ne peut ~ charmante** she is the most charming lady **II.** *adv emploi superl* **le/la ~ rapide/important**(e) the fastest/most important; **le ~ intelligent des élèves** the most intelligent student; **c'est le ~ intelligent d'eux** he is the most intelligent of all of them; **le ~ vite/souvent** the fastest/most often; **le ~ tard possible** as late as possible; **c'est lui qui lit le ~** he reads the most; **le ~ d'argent/de pages** the most money/pages; **le ~ possible de choses/personnes** as many things/people as possible; **il a pris le ~ de livres/d'argent qu'il pouvait** he took as many books/much money as he could ▶ **au ~ tôt/vite** as soon as possible; **tout au ~** at the very most

plus[3] [plys, ply] *adv* more; **pas ~** no more; **~ d'une heure/de 40 ans** more than one hour/40 years; **les enfants de ~ de 12 ans** children over 12 years old; **il est ~ de minuit** it's after midnight; **tu as de l'argent? – ~ qu'il n'en faut** do you have any money? – more than enough; **~ de la moitié** more than half; **j'ai dépensé ~ d'argent que je ne le pensais** I have spent more money than I thought; **~ le temps passe, ~ l'espoir diminue** as time passes, hope fades ▶ **~ il réfléchit,** (**et**) **moins il a d'idées** the more he thinks, the fewer ideas he has; **moins il l'aimait,** (**et**) **~ il lui disait qu'il l'aimait** the less he loved her, the more he told her that he loved her; **de ~** furthermore; **un jour/une assiette de ~** another day/plate; **une fois de ~** once more; **boire de ~ en ~** to drink more and more; **de ~ en ~ beau** more and more beautiful; **de ~**

P

en ~ vite faster and faster; **en ~** as well; **il est moche, et il est bête en ~** he is ugly, and he is stupid too; **être en ~** (*en supplément*) to be extra; (*de trop*) to be surplus; **en ~ de qc** as well as sth; **sans ~** and no more

plus[4] [plys] **I.** *conj* **1.** (*et*) and; **2 ~ 2 font 4** 2 and 2 make 4; **le loyer ~ les charges** rent plus expenses **2.** (*quantité positive*) **~ quatre degrés** plus four degrees **II.** *m* **1.** MATH plus sign **2.** (*avantage*) plus

plus[5] [ply] *passé simple de* **plaire**

plusieurs [plyzjœʀ] **I.** *adj antéposé, pl* several **II.** *pron pl* people; **~ m'ont raconté cette histoire** several people have told me this story; **~ d'entre nous/de ces journaux** several of us/of these newspapers ▶ **à ~ ils ont pu ...** several of them together were able to ...

plus-que-parfait [plyskəpaʀfɛ] <plus-que-parfaits> *m* pluperfect

plut [ply] *passé simple de* **pleuvoir**

plutonium [plytɔnjɔm] *m* plutonium

plutôt [plyto] *adv* **1.** (*de préférence*) **prendre ~ l'avion que le bateau** to take the plane rather than the boat; **cette maladie affecte ~ les enfants** this disease affects mainly children **2.** (*au lieu de*) **~ que de parler, il vaudrait mieux que vous écoutiez** rather than speaking, it would be better if you listened **3.** (*mieux*) **~ mourir que (de) fuir** better to die than flee **4.** (*et pas vraiment*) **être paresseux ~ que sot** to be more lazy than silly; **elle n'est pas méchante, ~ lunatique** she is not bad, just temperamental **5.** (*assez*) **être ~ gentil** to be quite kind; **c'est ~ bon signe** it is a pretty good sign; **~ mal/lentement** fairly badly/slowly **6.** *inf* (*très*) very **7.** (*plus exactement*) **ou ~** or rather

pluvial(e) [plyvjal, -o] <-aux> *adj* **eaux ~es** rainwater

pluvieux, -euse [plyvjø, -jøz] *adj* rainy; **par temps ~** in wet weather

P.M. [peɛm] *abr de* **post meridiem** p.m.

P.M.A. [peɛma] *mpl* ECON *abr de* **Pays les moins avancés** LDCs

P.M.E. [peɛmø] *f abr de* **petites et moyennes entreprises** SME

P.M.U. [peɛmy] *m abr de* **Pari mutuel urbain** ≈ OTB (*horse betting system*)

P.N.B. [peɛnbe] *m abr de* **produit national brut** GNP

pneu [pnø] *m* tire; **avoir un ~ crevé** to have a flat tire

pneumatique [pnømatik] *adj* inflatable

pneumonie [pnømɔni] *f* pneumonia

pneumopathie [pnømɔpati] *f* pneumopathy

poche[1] [pɔʃ] *f* **1.** (*cavité, sac*) bag; **~ de thé** *Québec* (*sachet de thé*) teabag **2.** (*compartiment*) pocket ▶ **connaître qn/qc comme sa ~** to know sb/sth like the back of one's hand; **payer de sa ~** to pay out of one's own pocket; **se remplir les ~s** to fill one's pockets; **lampe de ~** flashlight

poche[2] [pɔʃ] *m inf* paperback

poche[3] [pɔʃ] *f Suisse* (*cuillère à pot, louche*) ladle

poché(e) [pɔʃe] *adj* **1.** (*gonflé et bleu*) **œil ~** black eye **2.** CULIN **œuf ~** poached egg

poche-revolver [pɔʃʀevɔlvɛʀ] <poches-revolver> *f* pocket revolver

pochette [pɔʃɛt] *f* **1.** (*étui: de disque*) sleeve **2.** (*mouchoir de veste*) pocket handkerchief **3.** (*petit sac*) clutch bag

pochette-surprise [pɔʃɛtsyʀpʀiz] <pochettes-surprises> *f* grab bag

pochoir [pɔʃwaʀ] *m* stencil

podium [pɔdjɔm] *m a.* SPORT podium; **monter sur le ~** to step up to the podium

poêle[1] [pwal] *f* CULIN frying pan

poêle[2] [pwal] *m* stove; **~ à mazout/à bois** oil/wood-burning stove

poème [pɔɛm] *m* poem

poésie [pɔezi] *f* poetry

poète [pɔɛt] *m* **1.** (*écrivain*) poet **2.** (*rêveur*) dreamer

poétique [pɔetik] *adj* poetic

pognon [pɔɲɔ̃] *m sans pl, inf* dough

poids [pwɑ] *m* **1.** (*mesure, objet, charge, responsabilité*) weight; **quel ~ faites-vous?** how much do you weigh?; **acheter/vendre au ~** to buy/sell by weight; **perdre/prendre du ~** to lose/gain weight; **surveiller son ~** to watch one's weight; **être un grand ~ pour qn** to be a heavy weight for sb; **se sentir délivré d'un grand ~** to feel relieved of a great burden **2.** *sans pl* (*importance*) force; **un argument de ~** a forceful argument; **le ~ économique d'un pays** the economic force of a country; **donner du ~ à qc** to give weight to sth; **être de peu de ~** to be lightweight **3.** *sans pl* (*influence*) influence; **un homme de ~** a man of influence **4.** AUTO **~ lourd** freight vehicle ▶ **avoir** [*o* **se sentir**] **un ~ sur l'estomac** to have a weight on one's stomach; **faire le ~** COM to make up the weight; **faire le ~ devant qn/qc** to be a match for sb/sth

poignant(e) [pwaɲɑ̃, ɑ̃t] *adj* (*scène*) poignant; (*douleur*) heartbreaking

poignard [pwaɲaʀ] *m* dagger

poignarder [pwaɲaʀde] <1> *vt* to stab

poigne [pwaɲ] *f* grip ▶ **avoir de la ~** to have a strong grip; *fig* to have an iron fist; **homme/femme à ~** strong man/woman; **~ de fer** (*force, autorité*) iron fist; **régner avec une ~ de fer** to rule with an iron fist

poignée [pwaɲe] *f* **1.** (*manche*) *a.* INFORM handle; (*d'une épée*) hilt; (*dans le bus, la baignoire*) grab-handle **2.** (*quantité*) handful; **une ~ de riz/de jeunes gens** a handful of rice/young people ▶ **à** [*o* **par**] **(pleines) ~s** in handfuls; **~ de main** handshake

poignet [pwaɲɛ] *m* wrist

poil [pwal] *m* **1.** ANAT hair; **les ~s de la barbe** the bristles [*o* hairs] of a beard; **il n'a pas de ~s** he doesn't have any hair on his chest **2.** ZOOL coat; **à ~ ras/long** smooth-/long-haired; **manteau en ~ de lapin/renard** rabbit skin/fox fur coat; **le chat perd ses ~s** the cat's shedding **3.** (*filament*) bristle; (*d'un tapis, d'une moquette*) pile **4.** *inf* (*un petit peu*) **un ~ de gentillesse** an ounce of kindness; **ne pas avoir un ~ de bon sens** to not have an drop of common sense ►**reprendre du ~ de la bête** (*se rétablir*) to perk up again; (*se ressaisir*) to get one's strength back; **être de bon/mauvais ~** *inf* to be in a good/bad mood; **de tout ~, de tous ~s** *inf* of all sorts; **~ à gratter** itching powder; **à ~** *inf* stark naked; **se mettre à ~** to strip off; **au ~!** *inf* great!

poiler [pwale] <1> *vpr inf* **se ~** to die laughing

poilu(e) [pwaly] *adj* hairy

poinçon [pwɛ̃sɔ̃] *m* **1.** awl; (*d'un graveur*) stylus **2.** (*estampille: d'un orfèvre*) hallmark

poinçonner [pwɛ̃sɔne] <1> *vt* to stamp; (*orfèvre*) to hallmark; (*faire un trou*) to punch

poindre [pwɛ̃dʀ] *vi irr, soutenu* (*jour, aube*) to break

poing [pwɛ̃] *m* fist ►**envoyer** [*o* **mettre**] **son ~ dans la figure à qn** *inf* to punch sb in the face; **taper du ~ sur la table, donner un coup de ~ sur la table** to bang one's fist on the table; **dormir à ~s fermés** to sleep like a log

point [pwɛ̃] *m* **1.** (*ponctuation*) period; **~s de suspension** suspension points; **~ d'exclamation/d'interrogation** exclamation point/question mark; **c'est le grand ~ d'interrogation** that's the big question **2.** (*lieu*) **~ de départ** point of departure; **~ de repère** landmark; *fig* reference; **~ de vente** sales point **3.** MATH point; **~ d'intersection** point of intersection **4.** (*dans une notation*) point **5.** (*partie: d'ordre du jour*) point; **~ de détail** point of detail; **être d'accord sur tous les ~s** to agree on all points; **~ par ~** point by point **6.** GEO **les quatre ~s cardinaux** the four points of the compass; **~ culminant** peak **7.** POL **~ chaud** trouble spot ►**qn se fait un ~ d'honneur de** +*infin*, **qn met un/son ~ d'honneur à** +*infin* sb makes it a point (of honor) to +*infin;* **mettre les ~s sur les i à qn** to dot the i's and cross the t's; **~ de vue** viewpoint; (*opinion*) point of view; **à mon ~ de vue** in my opinion; **d'un certain ~ de vue** from a certain point of view; **au** [*o* **du**] **~ de vue de qc** from the point of view of sth; **au ~ de vue scientifique** from a scientific perspective; **c'est un bon/mauvais ~ pour qn/qc** it is a plus/minus for sb/sth; **jusqu'à un certain ~** (*relativement*) to a certain extent; **avoir raison jusqu'à un certain ~** to be right up to a point; **ça va jusqu'à un certain ~** *inf* it's OK up to a certain point; **~ commun** something in common; **n'avoir aucun ~ commun avec qn** to have nothing in common with sb; **~ faible/fort** weak/strong point; **au plus haut ~** extremely; **être mal en ~** to be unwell; **être toujours au même ~** to still be in the same situation; **~ noir** (*comédon*) blackhead; (*grave difficulté*) problem; (*lieu d'accidents*) (traffic) trouble spot; **à** (**un**) **tel ~** [*o* **à un ~ tel**] **que qn fait qc** to such an extent that sb did sth; **être au ~** (*procédé*) to be perfected; (*voiture*) to be tuned; **être sur le ~ de** +*infin* to be just about to +*infin;* **faire le ~ de la situation** (*journal*) to give an update on the situation; **mettre au ~** (*régler*) to tune; (*préparer dans les détails*) to develop; **mettre une technique au ~** to perfect a technique; **mettre qc au ~ avec qn** (*s'entendre avec qn sur qc*) to settle sth with sb; (*éclaircir*) to clear sth up with sb; **partir à ~** to leave at the right moment; **tomber à ~** to happen just at the right moment; **je voudrais ma viande à ~** I would like my meat cooked medium; **légumes/pâtes à ~** vegetables/pasta al dente; **fruit/fromage à ~** ripe fruit/cheese; **arriver** [*o* **venir**] **à ~** to arrive at the right time; **comment a-t-il pu en arriver à ce ~(-là)?** how could he have gotten to this state?; **au ~ qu'on a dû faire qc/que qn fait** [*o* **fasse** (*subj*)] **qc** to the point where we had to do sth/that sb does sth; **le ~ sur qn/qc** (*dans un journal télévisé*) the update on sb/sth

pointage [pwɛ̃taʒ] *m* check; (*d'une liste*) checking off; **faire le ~ des bulletins de vote** to count the ballots

pointe [pwɛ̃t] *f* **1.** (*extrémité*) point; **la ~ de l'île** the point of the island **2.** (*objet pointu*) spike **3.** (*clou*) tack **4.** (*de danse*) pointe; **faire des ~s** to dance on pointes **5.** (*petite quantité de*) **une ~ de cannelle** a pinch of cinnamon; **une ~ de méchanceté** a touch of evil; **une ~ d'ironie** a hint of irony; **une ~ d'accent** a hint of an accent ►**faire des ~s** (**de vitesse**) **de** [*o* **à**] **200/230 km/heure** to hit 200/230 km/hr; **être à la ~ de qc** to be at the forefront of sth; **vitesse de ~** top speed; **heures de ~** rush hour; **de** [*o* **en**] **~** leading; **technologie/équipe de ~** leading-edge technology/team; **notre société est en ~/reste une entreprise de ~** our company is/remains at the cutting edge; **marcher sur la ~ des pieds** to tiptoe; **se mettre sur la ~ des pieds** to stand on one's tiptoes

pointer [pwɛ̃te] <1> **I.** *vi* **1.** ECON (**aller**) **~** (*ouvrier, employé*) to clock in; (*chômeur*) to sign on **2.** (*au jeu de boules*) to aim for the jack **3.** INFORM **~ sur une icône** to point on a icon **II.** *vt* **1.** (*diriger vers*) **~ qc sur/vers qn/qc** to aim sth at sb/sth; **~ son/le doigt sur qn** to point one's finger at sb **2.** (*au jeu de boules*) **~ une boule** to throw a bowl **III.** *vpr inf* **se ~** to show up

pointeur [pwɛ̃tœʀ] *m* INFORM **~ de la souris** mouse pointer

pointillé [pwɛ̃tije] *m* dotted line; **être en ~(s)** to appear in outline

pointilleux, -euse [pwɛ̃tijø, -jøz] *adj* **être ~ sur qc** [*o* **en matière de qc**] to be particular about sth

pointu(e) [pwɛ̃ty] **I.** *adj* **1.** (*acéré*) razor sharp **2.** (*grêle et aigu*) shrill **3.** (*très poussé:*

formation) intensive; (*analyse*) in-depth; (*sujet*) specialized **II.** *adv* **parler ~** to have a northern French accent
pointure [pwɛ̃tyʀ] *f* (shoe) size; **quelle est votre ~?** what size are you?
point-virgule [pwɛ̃viʀgyl] <points-virgules> *m* semicolon
poire [pwaʀ] *f* pear
poireau [pwaʀo] <x> *m* leek
poireauter [pwaʀote] <1> *vi inf* **faire ~ les gens** to keep people kicking their heels
poirier [pwaʀje] *m* pear tree ▸ **faire le ~** to do a headstand
pois [pwɑ] *m* pea; **~ cassés** split peas; **~ chiche** chick pea; **petit ~** peas ▸ **à ~** spotted; **à gros ~s** with large spots
poison [pwazɔ̃] **I.** *m* poison **II.** *mf inf* **1.** (*personne*) nuisance **2.** (*enfant insupportable*) horror
poisse [pwas] *f* bad luck; **porter la ~ à qn** *inf* to be a jinx on sb; **quelle ~!** what bad luck!
poisseux, -euse [pwasø, -øz] *adj* sticky
poisson [pwasɔ̃] *m* ZOOL fish; **~ rouge** goldfish ▸ **être comme un ~ dans l'eau** to be in one's element; **engueuler qn comme du ~ pourri** *inf* to call sb every name in the book; **~ d'avril** April Fool's Day; **~ d'avril!** April fool!; **faire un ~ d'avril à qn** to play an April fool's joke on sb

> **i** On the first of April, people play practical jokes and the traditional children's **poisson d'avril** is to cut out paper fish and try to stick them on people's backs without being noticed.

poissonnerie [pwasɔnʀi] *f* (*boutique*) fish shop
poissonneux, -euse [pwasɔnø, -øz] *adj* full of fish
poissonnier, -ière [pwasɔnje, -jɛʀ] *m, f* fish merchant
Poissons [pwasɔ̃] *m* Pisces; *v.a.* **Balance**
Poitou [pwatu] *m* **le ~** Poitou
poitrail [pwatʀaj] *m* (*d'un cheval, d'un chien*) breast
poitrine [pwatʀin] *f* **1.** (*d'un homme*) chest; (*d'une femme*) breast; **le tour de ~** (*d'un homme*) chest measurement; (*d'une femme*) bust measurement **2.** CULIN breast
poivre [pwavʀ] *m sans pl* pepper; **~ de Cayenne** Cayenne pepper
poivré(e) [pwavʀe] *adj* **1.** (*épicé*) spicy **2.** (*évoquant l'odeur, le goût du poivre: parfum, menthe*) peppery
poivrer [pwavʀe] <1> **I.** *vt* **~ qc** to add pepper to sth **II.** *vi* to add pepper
poivrière [pwavʀijɛʀ] *f* pepper pot; (*moulin*) pepper mill
poivron [pwavʀɔ̃] *m* bell pepper
poix [pwɑ] *f* pitch
poker [pɔkɛʀ] *m* (*jeu, partie*) poker
polaire [pɔlɛʀ] *adj* GEO polar
polar [pɔlaʀ] *m inf* detective story
polariser [pɔlaʀize] <1> **I.** *vt* **1. ~ l'attention** to focus attention **2.** (*concentrer*) **~ son attention sur un problème** to focus one's attention on a problem **II.** *vpr* **se ~ sur qn/qc** to focus on sb/sth
polaroïd® [pɔlaʀɔid] *m* **1.** (*appareil*) Polaroid® (camera) **2.** (*photo*) Polaroid® (picture)
polder [pɔldɛʀ] *m* polder
pôle [pol] *m* GEO pole; **~ Nord/Sud** North/South Pole
polémique [pɔlemik] **I.** *adj* polemical **II.** *f* polemic
polémiquer [pɔlemike] <1> *vi* **~ contre qn/qc** to polemicize against sb/sth
poli(e) [pɔli] *adj* polite
police[1] [pɔlis] *f sans pl* police; **~ judiciaire** ≈ Criminal Investigations Department; **~ municipale/nationale** local/national police force; **~ privée** private police force; **~ secrète** secret police; **~ de l'air et des frontières** border patrol; **~ de la route** traffic police; **~ des mœurs** vice squad; **~ secours** ≈ emergency services ▸ **faire la ~** to keep order
police[2] [pɔlis] *f* **1.** (*contrat*) **~ d'assurance** insurance policy **2.** INFORM **~ de caractères** font
policier, -ière [pɔlisje, -jɛʀ] **I.** *adj* **chien/état ~** police dog/state; **roman/film ~** detective novel/movie; **femme ~** policewoman **II.** *m, f* police officer
poliment [pɔlimɑ̃] *adv* politely
polio [pɔljo] *inf*, **poliomyélite** [pɔljɔmjelit] *f* polio, poliomyelitis
polir [pɔliʀ] <8> *vt* to polish
polisson(ne) [pɔlisɔ̃, ɔn] **I.** *adj* **1.** mischievous; (*chanson*) saucy; (*regard*) cheeky **2.** (*espiègle*) roguish; **elle est ~ne** she's a scoundrel **II.** *m(f)* rascal
politesse [pɔlitɛs] *f* **1.** *sans pl* (*courtoisie*) politeness; **manquer de ~** to be impolite; **faire qc par ~** to do sth out of politeness **2.** *pl* (*propos*) polite remarks; (*comportements*) gestures of politeness; **se faire des ~s** to exchange polite remarks
politicien(ne) [pɔlitisjɛ̃, jɛn] *m(f)* politician
politique [pɔlitik] **I.** *adj* political **II.** *f* **1.** POL politics + *vb sing;* **~ économique/extérieure/intérieure/sociale** economic/foreign/domestic/social politics; **~ de droite/gauche** right-/left-wing politics; **faire de la ~** to be involved in politics **2.** (*ligne de conduite*) policy; **pratiquer la ~ de l'autruche** to stick one's head in the sand; **pratiquer la ~ du moindre effort** to take the easy way out **III.** *mf* **1.** (*gouvernant*) politician **2.** (*prisonnier politique*) political prisoner **3.** (*domaine politique*) politics
politiquement [pɔlitikmɑ̃] *adv* politically
pollen [pɔlɛn] *m* pollen
polluant [pɔlyɑ̃] *m* pollutant
polluant(e) [pɔlyɑ̃, ɑ̃t] *adj* polluting; **non ~** non-polluting

polluer [pɔlɥe] <1> *vt, vi* to pollute

pollueur, -euse [pɔlɥœʀ, -øz] *m, f* polluter

pollution [pɔlysjɔ̃] *f* pollution; **~ atmosphérique** [*o* **de l'air**] air pollution; **~ des eaux** water pollution

polo [pɔlo] *m* **1.** (*chemise*) polo shirt **2.** SPORT polo

Pologne [pɔlɔɲ] *f* **la ~** Poland

polonais [pɔlɔnɛ] *m* Polish; *v.a.* **français**

polonais(e) [pɔlɔnɛ, ɛz] *adj* Polish

Polonais(e) [pɔlɔnɛ, ɛz] *m(f)* Pole

polonaise [pɔlɔnɛz] *f* MUS polonaise

poltron(ne) [pɔltʀɔ̃, ɔn] **I.** *adj* faint-hearted **II.** *m(f)* coward

polyculture [pɔlikyltyʀ] *f* mixed farming

polyester [pɔliɛstɛʀ] *m, app inv* polyester

polygame [pɔligam] **I.** *adj* polygamous **II.** *m* polygamist

polyglotte [pɔliglɔt] *adj, mf* polyglot

polygone [pɔligɔn] *m* polygon

Polynésie française [pɔlinezifʀɑ̃sɛz] *f* **la ~** French Polynesia

polysémique [pɔlisemik] *adj* polysemous

polytechnicien(ne) [pɔlitɛknisjɛ̃, jɛn] *m(f): student or graduate of the "École polytechnique"*

polytechnique [pɔlitɛknik] *f* (**École**) **~** *engineering college, officially a military academy*

polythéiste [pɔliteist] **I.** *adj* polytheistic **II.** *mf* polytheist

polyvalent(e) [pɔlivalɑ̃, ɑ̃t] *adj* **1.** multipurpose; **salle ~e** all-purpose hall **2.** CHIM polyvalent **3.** *Québec* **école ~e** (*école secondaire dispensant l'enseignement général et l'enseignement professionnel*) *secondary school providing general and vocational education*

polyvalente [pɔlivalɑ̃t] *f Québec* (*école secondaire dispensant l'enseignement général et l'enseignement professionnel*) *secondary school providing general and vocational education*

pomélo [pɔmelo] *m* pink grapefruit

pommade [pɔmad] *f* ointment ► **passer de la ~ à qn** to butter sb up

pomme [pɔm] *f* **1.** (*fruit*) apple **2.** (*pomme de terre*) **~s dauphines** pommes [*o* potatoes] dauphine **3.** ANAT **~ d'Adam** Adam's apple **4.** BOT **~ de pin** pinecone ► **être grand** [*o* **haut**] **comme trois ~s** to be knee-high to a grasshopper; **être/tomber dans les ~s** to have fainted/faint; **pour ma ~** *inf* down to yours truly; **la vaisselle, ça va encore être pour ma ~!** yours truly is going to get stuck with the dishes again!

pomme de terre [pɔmdətɛʀ] <pommes de terre> *f* potato

pommette [pɔmɛt] *f souvent pl* cheekbone

pommier [pɔmje] *m* apple tree

pompe [pɔ̃p] *f* **1.** (*machine*) pump; **~ à essence** gas pump; **~ à incendie** fire engine **2.** *inf* (*chaussure*) shoe **3.** *inf* SPORT pushups; **faire des ~s** to do pushups ► **avoir un coup de ~** *inf* to feel suddenly exhausted; **être** [*o* **marcher**] **à côté de ses ~s** *inf* to be out of it

pomper [pɔ̃pe] <1> *vi* **1.** (*puiser*) to pump **2.** *inf* ECOLE **~ sur qn** to copy from sb

pompeux, -euse [pɔ̃pø, -øz] *adj* pompous

pompier [pɔ̃pje] *m* fireman ► **fumer comme un ~** to smoke like a chimney

pompiste [pɔ̃pist] *mf* gas station attendant

pompon [pɔ̃pɔ̃] *m* pompom ► **décrocher le ~** *inf* to take the cake

pomponner [pɔ̃pɔne] <1> **I.** *vt* **~ qn** to doll sb up **II.** *vpr* **se ~** to doll oneself up

ponce [pɔ̃s] *f* pumice

poncer [pɔ̃se] <2> *vt* to sand down

ponceuse [pɔ̃søz] *f* sander; **~ à détail** detail sander

poncho [pɔ̃(t)ʃo] *m* poncho

poncif [pɔ̃sif] *m* cliché

ponctualité [pɔ̃ktɥalite] *f* punctuality

ponctuation [pɔ̃ktɥasjɔ̃] *f* punctuation; **signes de ~** punctuation marks

ponctuel(le) [pɔ̃ktɥɛl] *adj* **1.** (*exact*) punctual **2.** (*momentané*) occasional; (*unique*) one-time

ponctuellement [pɔ̃ktɥɛlmɑ̃] *adv* **1.** punctually **2.** (*momentanément*) now and again

ponctuer [pɔ̃ktɥe] <1> *vt* **1.** LING, MUS to punctuate; **ce texte est bien/mal ponctué** this text is well/poorly punctuated **2.** (*souligner*) **~ qc de qc** to punctuate sth with sth

pondération [pɔ̃deʀasjɔ̃] *f* **1.** level-headedness **2.** ECON weighting **3.** POL balance

pondéré(e) [pɔ̃deʀe] *adj* **1.** level-headed; **esprit ~** a steady mind **2.** (*en statistique*) weighted

pondeuse [pɔ̃døz] *f* **1.** (*poule*) layer **2.** (*femme*) fast breeder

pondre [pɔ̃dʀ] <14> *vt, vi* to lay

poney [pɔnɛ] *m* pony

pongiste [pɔ̃ʒist] *mf* table tennis [*o* Ping-Pong] player

pont [pɔ̃] *m* **1.** ARCHIT, NAUT bridge; **~ basculant/suspendu/routier** bascule/suspension/road bridge **2.** (*vacances*) **faire le ~** to make it a long weekend (*by taking extra days off before or after a public holiday*) ► **couper les ~s avec qn/qc** to burn one's bridges with sb/sth; **jeter un ~ entre qc et qc** to build a bridge between sth and sth

ponte[1] [pɔ̃t] *f* **1.** laying **2.** (*œufs*) clutch

ponte[2] [pɔ̃t] *m inf* bigwig; **~ de la finance** big name in finance

pontife [pɔ̃tif] *m* **1.** *inf, a. péj* bigwig; **~ de la critique/littérature** critical/literary pundit; **~s de la Faculté** big names in medicine **2.** REL pontiff; **souverain ~** supreme pontiff

pontifical(e) [pɔ̃tifikal, -o] <-aux> *adj* pontifical

pontificat [pɔ̃tifika] *m* REL pontificate

pont-levis [pɔ̃l(ə)vi] <ponts-levis> *m* drawbridge

ponton [pɔ̃tɔ̃] *m* **1.** (*appontement*) landing platform **2.** (*plate-forme flottante*) pontoon

pop [pɔp] *adj inv* pop

pop-corn [pɔpkɔʀn] *m inv* popcorn
pope [pɔp] *m* Orthodox priest
popote [pɔpɔt] *f inf* cooking; **faire la ~** to do the cooking
populace [pɔpylas] *f péj* rabble
populaire [pɔpylɛʀ] *adj* **1.** (*du peuple*) **république ~** people's republic **2.** (*destiné à la masse*) popular; **bal ~** local dance **3.** (*plébéien: goût*) common; **quartier ~** working-class area; **classes ~s** working classes; **être d'origine ~** to have a working-class background **4.** (*qui plaît*) well-liked; (*personne*) popular
popularité [pɔpylaʀite] *f* popularity
population [pɔpylasjɔ̃] *f* population; **~ du globe** world population
populeux, -euse [pɔpylø, -øz] *adj* (*rue*) crowded
porc [pɔʀ] *m* **1.** ZOOL pig **2.** (*chair*) pork; **pur ~** pure pork **3.** *péj, inf* (*personne*) swine
porcelaine [pɔʀsəlɛn] *f* **1.** (*matière*) porcelain **2.** (*vaisselle*) china; **~ de Saxe** Dresden china
porcelet [pɔʀsəlɛ] *m* piglet
porc-épic [pɔʀkepik] <porcs-épics> *m* porcupine
porche [pɔʀʃ] *m* porch
porcherie [pɔʀʃəʀi] *f* pigsty
porcin(e) [pɔʀsɛ̃, in] **I.** *adj* **1. élevage ~** pig farm **2.** *fig* (*sourire, visage*) pig-like; **yeux ~s** piggy eyes **II.** *mpl* pigs
pore [pɔʀ] *m* pore ►**suer la vanité/l'arrogance par tous les ~s** to ooze vanity/arrogance (out of every pore)
poreux, -euse [pɔʀø, -øz] *adj* porous
porno [pɔʀno] *inf abr de* **pornographie, pornographique**
pornographie [pɔʀnɔgʀafi] *f* pornography
pornographique [pɔʀnɔgʀafik] *adj* pornographic
port¹ [pɔʀ] *m* NAUT, INFORM port; **~ fluvial/maritime** river/sea port; **~ de pêche** fishing port; **~ jeu/parallèle/série/imprimante** game/parallel/serial/printer port ►**arriver à bon ~** to arrive safe and sound; **~ d'attache** port of registry; *fig* home base
port² [pɔʀ] *m* **1.** (*fait de porter: d'un vêtement, casque, objet*) wearing; **~ obligatoire de la ceinture de sécurité** seatbelts must be worn **2.** COM shipping; (*d'une lettre*) postage; **~ dû/payé** postage due/paid; **franco de ~ et d'emballage** shipping and handling included **3.** (*allure: d'une personne*) bearing; **~ de tête** the way one holds one's head
portable [pɔʀtabl] **I.** *adj* portable **II.** *m* **1.** TEL cell phone **2.** INFORM laptop [*o* notebook] (computer)
portage [pɔʀtaʒ] *m Québec* (*action de porter une embarcation d'un cours d'eau à l'autre*) portage
portail [pɔʀtaj] <s> *m* **1.** (*porte*) gate **2.** INFORM portal
portant(e) [pɔʀtɑ̃, ɑ̃t] *adj* **être bien/mal ~** to be in good/poor health
portatif, -ive [pɔʀtatif, -iv] *adj* portable
porte [pɔʀt] *f* **1.** (*ouverture, panneau mobile*) door; (*plus grand*) gate; **~ de garage** garage door; **~ du four/de la maison** oven/front door; **~ de devant/derrière** front/back door; **voiture à deux ~s** two-door car; **~ de secours** emergency exit; **~ de service** service entrance; **~ d'embarquement** departure gate; **~ cochère** porte-cochère, carriage entrance; **à la ~** at the door; *Belgique* (*dehors, à l'extérieur*) outside; **de ~ en ~** from door to door; **forcer la ~** to force the door open; **claquer** [*o* **fermer**] **la ~ au nez de qn** to slam the door in sb's face **2.** (*entrée: d'un château, d'une ville*) gate; **~ de Clignancourt** Porte de Clignancourt; **~ de Bourgogne** gateway to Burgundy ►**trouver ~ close** to find nobody at home; **être aimable** [*o* **souriant**]**/poli comme une ~ de prison** to be like a bear with a sore head; **entrer par la grande/petite ~** to start at the top/bottom; **enfoncer une ~ ouverte** [*o* **des ~s ouvertes**] to state the obvious; **laisser la ~ ouverte à qc** to leave the door open to sth; **toutes les ~s lui sont ouvertes** every door is open to him; **(journée) ~s ouvertes** open house (day); **écouter aux ~s** to eavesdrop; **fermer** [*o* **refuser**]**/ouvrir sa ~ à qn** to close/open the door to sb; **forcer la ~ de qn** to force one's way into sb's home; **frapper à la ~ de qn** to knock at sb's door; **frapper à la bonne ~** to come to the right person; **frapper à la mauvaise ~** to come to the wrong person; **mettre** [*o* **foutre** *inf*] **qn à la ~** to kick sb out; **prendre la ~** to leave; **à la ~!** get out!; **à** [*o* **devant**] **ma ~** nearby; **ce n'est pas la ~ à côté!** it's a way's away!; **entre deux ~s** briefly
porte-à-faux [pɔʀtafo] **en ~** (*mur*) out of plumb; (*roche*) overhanging; *fig* (*personne*) in an awkward position
porte-à-porte [pɔʀtapɔʀt] *m inv* door-to-door; **faire du ~** (*quêteur*) to go around knocking on doors; (*marchand ambulant*) to sell door-to-door
porte-avions [pɔʀtavjɔ̃] *m inv* aircraft carrier
porte-bagages [pɔʀtbagaʒ] *m inv* **1.** (*sur un deux-roues*) rack **2.** (*dans un train*) luggage rack
porte-bonheur [pɔʀtbɔnœʀ] *m inv* good-luck charm
porte-cartes [pɔʀtəkaʀt] *m inv* **1.** (*pour les cartes routières*) map wallet **2.** (*pour les documents personnels*) card holder
porte-clés [pɔʀtəkle] *m inv* key chain
porte-couteau [pɔʀtkuto] <porte-couteau(x)> *m* knife rest
porte-documents [pɔʀtdɔkymɑ̃] *m inv* briefcase
portée [pɔʀte] *f* **1.** (*distance*) range; **à ~ de vue** within sight; **à ~ de voix/de la main** within earshot/reach; **à la ~ de qn** within sb's reach; **hors de la ~ de qn** out of sb's reach **2.** (*effet: d'un acte, événement*) consequences

pl; (*d'un argument, de paroles*) impact **3.** MUS staff **4.** ZOOL litter **5.** (*aptitude, niveau*) **c'est au-dessus** [*o* **hors**] **de ma ~** it is beyond me; **être à la ~ de qn** (*livre, discours*) to be suitable for sb; **cet examen est à votre ~** this exam is within your abilities; **être hors de** (**la**) **~ de qn** (*livre*) to be beyond sb's understanding; (*examen, travail*) to be beyond sb's abilities; **mettre qc à la ~ de qn** to make sth accessible to sb **6.** (*accessibilité*) **être à la ~ de qn** to be available to everyone; **à la ~ de toutes les bourses** suitable for all budgets

porte-fenêtre [pɔʀtfənɛtʀ] <portes-fenêtres> *f* French door

portefeuille [pɔʀtəfœj] *m* wallet

porte-jarretelles [pɔʀtʒaʀtɛl] *m inv* suspender belt

portemanteau [pɔʀtmɑ̃to] <x> *m* coat tree; (*mobile*) hat stand; (*crochets au mur*) coat rack

porte-monnaie [pɔʀtmɔnɛ] *m inv* purse; **avoir le ~ bien garni** *fig* to be well-off

porte-parapluies [pɔʀtpaʀaplɥi] *m inv* umbrella stand

porte-parole [pɔʀtpaʀɔl] *m inv* **1.** (*personne*) spokesperson **2.** (*journal*) mouthpiece

porter [pɔʀte] <1> **I.** *vt* **1.** (*tenir*) to carry **2.** (*endosser: responsabilité, faute*) to shoulder; **faire ~ qc à qn** to make sb shoulder sth **3.** *a. fig* (*apporter: en allant*) to take; (*en venant*) to bring; (*lettre, colis*) to deliver; (*attention*) to attract; (*assistance, secours*) to give; **la nuit porte conseil** it's best to sleep on it **4.** (*diriger*) **~ son regard/ses yeux sur qn/qc** to turn towards/one's eyes towards sb/sth; **~ son choix sur qc** to choose sth; **~ ses pas vers la porte** to turn one's feet towards the door; **~ le verre à ses lèvres** to bring the glass to one's lips; **~ la main au chapeau** to touch one's hat with one's hand; **~ la main à sa poche** to put one's hand in one's pocket; **~ qn quelque part** to take sb somewhere **5.** (*avoir sur soi: vêtement, lunettes*) to wear; (*nom, titre*) to carry; **~ la barbe/les cheveux longs** to have a beard/long hair **6.** (*révéler: traces*) to reveal; (*marque de fabrique*) to carry **7.** (*ressentir*) **~ de l'amitié/de l'amour à qn/qc** to show friendship/love for sb/sth; **~ de l'intérêt à qn/qc** to show an interest in sb/sth; **~ de la haine à qn/qc** to hate sb/sth; **~ de la reconnaissance à qn** to be grateful to sb **8.** (*inscrire*) **être porté malade** to be called in sick; **être porté disparu** to be reported missing; **se faire ~ absent** to go missing **9.** (*avoir en soi*) **~ de la haine en soi** to feel hatred inside **II.** *vi* **1.** (*avoir pour objet*) **~ sur qc** (*action, effort*) to be concerned with sth; (*discours*) to be about sth; (*revendications, divergences, étude*) to concern sth; (*question, critique*) to revolve around sth **2.** (*avoir telle étendue*) **~ sur qc** to concern sth; (*préjudice*) to extend to sth **3.** (*faire effet: coup, critique*) to hit home; (*conseil*) to have its effect **4.** (*avoir une certaine portée: voix*) to carry; **cette arme à feu porte à ...** this firearm has a range of ... **5.** (*reposer sur*) **~ sur qc** (*édifice, poids*) to be supported by sth; (*accent*) to fall on sth **6.** (*heurter*) **c'est son front qui a porté** his forehead took the blow; **sa tête a porté sur un tabouret** his head hit a stool **III.** *vpr* **1.** (*aller*) **se ~ bien/mal** to be well/not well; **se ~ comme un charme** to be fit as a fiddle **2.** (*se présenter comme*) **se ~ acquéreur de qc** to offer to buy sth; **se ~ candidat** to come forward as a candidate; **se ~ volontaire** to volunteer **3.** (*se diriger*) **se ~ sur qn/qc** (*regard, choix, soupçon*) to fall on sb/sth; **se ~ vers qc** (*personne*) to go toward sb/sth **4.** (*être porté*) **se ~ en été/hiver** (*vêtements*) to be worn in summer/winter; **se ~ beaucoup en ce moment** to be fashionable at the moment

porte-savon [pɔʀtsavɔ̃] <porte-savon(s)> *m* soap dish

porte-serviettes [pɔʀtsɛʀvjɛt] *m inv* towel rack

porteur, -euse [pɔʀtœʀ, -øz] *m, f* messenger

porte-voix [pɔʀtəvwa] *m inv* megaphone; *fig* loudmouth

portier, -ière [pɔʀtje, -jɛʀ] *m, f* porter

portière [pɔʀtjɛʀ] *f* CHEMDFER, AUTO door

portillon [pɔʀtijɔ̃] *m* (*de passage à niveau*) gate; (*du métro parisien*) turnstile ► **ça se bouscule au ~** *inf* people are lining up!

portion [pɔʀsjɔ̃] *f* CULIN portion, helping

portique [pɔʀtik] *m* ARCHIT portico

porto [pɔʀto] *m* port

portoricain(ne) [pɔʀtɔʀikɛ̃, -ɛn] *adj* Puerto Rican

Portoricain(ne) [pɔʀtɔʀikɛ̃, -ɛn] *m(f)* Puerto Rican

Porto Rico [pɔʀtoʀiko] Puerto Rico

portrait [pɔʀtʀɛ] *m* **1.** ART, PHOT portrait; **~ fidèle** good likeness; **faire le ~ de qn** (*peindre*) to paint a portrait of sb; (*faire une photo*) to take a portrait of sb; **se faire tirer le ~** *inf* to have one's picture taken **2.** (*description: d'une personne*) profile; (*d'une société*) portrait; **faire le ~ de qn** to paint a picture of sb ► **se faire esquinter le ~** *inf* to get one's face smashed in; **être tout le ~ de qn** to be the spitting image of sb

portrait-robot [pɔʀtʀɛʀɔbo] <portraits-robots> *m* **1.** police sketch **2.** (*caractéristiques*) profile

portuaire [pɔʀtɥɛʀ] *adj* **installations ~s** harbor facilities

portugais [pɔʀtygɛ] *m* Portuguese; *v.a.* **français**

portugais(e) [pɔʀtygɛ, ɛz] *adj* Portuguese

Portugais(e) [pɔʀtygɛ, ɛz] *m(f)* Portuguese

portugaise [pɔʀtygɛz] *f* CULIN Pacific [*o* Portuguese] oyster ► **avoir les ~s ensablées** *inf* to be as deaf as a doorknob

Portugal [pɔʀtygal] *m* **le ~** Portugal

pose [poz] *f* **1.** (*attitude*) posture; ART, PHOT

pose **2.** PHOT (*exposition*) exposure; (*photo*) photo; **temps de ~** exposure time

posé(e) [poze] *adj* calm

posément [pozemɑ̃] *adv* calmly

poser [poze] <1> **I.** *vt* **1.** (*mettre: livre, main, bagages*) to put down; (*échelle*) to lean; (*pieds*) to place; **~ qc par terre** to put sth down on the ground **2.** MATH (*opération*) to write; (*équation*) to set down **3.** (*installer: moquette*) to lay; (*rideau, tapisserie*) to hang; (*serrure*) to install **4.** (*énoncer: définition, principe*) to set out; (*devinette*) to set; (*question*) to ask; (*condition*) to lay down **5.** (*soulever: problème, question*) to put **6.** *Belgique, Québec* (*commettre, accomplir un acte*) **~ un acte** to carry out an act **II.** *vi* **~ pour qn/qc** to pose for sb/sth **III.** *vpr* **1.** (*exister*) **se ~** (*question, difficulté, problème*) to arise; **se ~ des problèmes** to think about problems; **il se pose la question si ...** he's wondering if ... **2.** (*cesser de voler*) **se ~ dans/sur qc** (*insecte, oiseau, avion*) to land in/on sth **3.** (*se fixer*) **se ~ sur qc** (*regard, yeux*) to turn towards sth; (*main*) to touch sth **4.** (*s'appliquer*) **se ~ facilement** (*moquette*) to be easy to install; (*papier peint, rideau*) to be easy to hang

poseur, -euse [pozœʀ, -øz] *m, f* **~ de carrelages** tiler; **~ de parquet** floor layer; **~ d'affiches** billposter

positif, -ive [pozitif, -iv] *adj* positive

position [pozisjɔ̃] *f* (*emplacement, posture, en danse, situation*) position; (*dans une course*) place; **arriver en première/dernière ~** (*coureur, candidat*) to come in first/last place; **la ~ debout** standing; **en ~ allongée** [*o* **couchée**] lying down; **se mettre en ~ allongée/assise** to lie/sit down ► **être en ~ de force** to be in a position of strength; **être dans une ~ intéressante** *Belgique* (*être enceinte*) to be in a certain condition

positionner [pozisjɔne] <1> **I.** *vt* **1.** TECH, COM to position **2.** (*situer*) to place **II.** *vpr* **se ~** (*personne*) to position oneself; (*produit*) to be placed

positivement [pozitivmɑ̃] *adv* positively

posologie [pozɔlɔʒi] *f* dosage

posséder [pɔsede] <5> *vt* **1.** (*avoir*) to possess **2.** (*disposer de: expérience, talent, mémoire, réflexes*) to have; **~ la vérité** to know the truth **3.** *inf* (*rouler*) to take in

possesseur [pɔsesœʀ] *mf* owner; (*d'une action, d'un diplôme, d'un secret*) holder

possessif [pɔsesif] *m* possessive

possessif, -ive [pɔsesif, -iv] *adj* possessive

possession [pɔsesjɔ̃] *f* possession; **avoir qc en sa ~** to have sth in one's possession; **entrer en ~ de qc** to take possession of sth

possibilité [pɔsibilite] *f* **1.** (*éventualité*) possibility **2.** *pl* (*moyens matériels*) means; (*moyens intellectuels*) abilities

possible [pɔsibl] **I.** *adj* **1.** (*faisable, éventuel, indiquant une limite: cas, mesures*) possible; (*projet*) feasible; **il est ~ qu'il vienne** he may come; **les tomates les plus grosses ~s** the largest possible tomatoes; **autant que ~** as much as possible **2.** *inf* (*supportable*) **ne pas être ~** (*personne*) to be impossible ► **~ et imaginable** possible; **(c'est) pas ~!** *inf* I don't believe it! **II.** *m* **faire (tout) son ~ pour faire qc/pour que qn** +*subj* to do everything one can to make sth happen/for sb to +*infin;* **être gentil/doué au ~** to be as kind/gifted as can be

possiblement [pɔsibləmɑ̃] *adv Québec* (*d'une manière possible*) possibly

postal(e) [pɔstal, -o] <-aux> *adj* **carte ~e** postcard; **code ~** zip code

postcommunisme [pɔstkɔmynism] *m* post-communism

postcommuniste [pɔstkɔmynist] *mf* post-communist

poste¹ [pɔst] *f* (*bâtiment, administration*) post office; **mettre à la ~** to mail; **par la ~** by mail ► **~ aérienne** airmail; **~ restante** general delivery

poste² [pɔst] *m* **1.** (*emploi*) job; **~ de diplomate/de directeur** diplomatic/managerial post; **~ de professeur** teaching job; **être en ~ à New York/au ministère** to have a position in New York/at the ministry **2.** (*lieu de travail*) workplace **3.** (*appareil*) set; **~ de radio/de télévision** radio/television set **4.** (*lieu*) **~ de douane/de contrôle** customs/control post; **~ de police** police station; **~ frontière/de secours** border/first-aid post **5.** MIL post; **~ de commandement** command post; **~ d'observation** observation post; **~ d'écoute** listening station **6.** INFORM **~ de travail** work station

posté(e) [pɔste] *adj* **travail ~** shift work

poste-clé [pɔstəkle] <postes-clés> *m* key job

poste-frontière [pɔstəfʀɔ̃tjɛʀ] <postes-frontières> *m* border post

poster¹ [pɔste] <1> *vt* to post

poster² [pɔstɛʀ] *m* poster

postérieur [pɔsteʀjœʀ] *m inf* posterior

postérieurement [pɔsteʀjœʀmɑ̃] *adv* subsequently; **~ à qc** after sth

postérité [pɔsteʀite] *f* **1.** descendents; (*d'un artiste, d'une œuvre*) followers **2.** (*futur*) posterity; **passer à la ~** to go down to posterity

posthume [pɔstym] *adj* (*enfant, œuvre*) posthumous

postier, -ière [pɔstje, -jɛʀ] *m, f* postal worker; **grève des ~s** postal workers' strike

postillon [pɔstijɔ̃] *m* spit; **envoyer des ~s à qn** to splutter at sb

postposer [pɔstpoze] <1> *vt Belgique* (*remettre qc à plus tard*) to postpone

post-scriptum [pɔstskʀiptɔm] *m inv* postscript

postuler [pɔstyle] <1> **I.** *vt* **~ un emploi** to apply for a job **II.** *vi* **~ à qc** to apply for sth

posture [pɔstyʀ] *f* posture ► **être en bonne/mauvaise ~** to be in a good/awkward position

pot [po] *m* **1.** (*en terre, en plastique*) pot; (*en *verre*) jar; (*en métal*) can; **~ à eau/à lait** water/milk jug; **~ de confiture/miel** jar of jam/honey; **petit ~ pour bébé** jar of baby food; **mettre des plantes en ~** to pot plants **2.** *inf* (*chance*) **c'est pas de ~!** tough luck!; **avoir du ~/ne pas avoir de ~** to be lucky/unlucky **3.** *inf* (*consommation*) drink; (*réception*) cocktail party; (*d'adieu*) farewell party; **payer un ~ à qn** to buy sb a drink; **prendre un ~** to have a drink **4.** (*pot de chambre*) chamber pot; (*pour enfant*) potty ▶ **~ de colle** *inf* leech; **découvrir/dévoiler le ~ aux roses** to find out what's been happening; **payer les ~s cassés** to pick up the tab; **~ catalytique** catalytic converter; **~ d'échappement** exhaust pipe; **être sourd comme un ~** to be as deaf as a doorknob; **tourner autour du ~** to beat around the bush

potable [pɔtabl] *adj* potable; (*eau*) drinking

potache [pɔtaʃ] *m inf* schoolboy

potage [pɔtaʒ] *m* soup

potager [pɔtaʒe] *m* vegetable garden

potager, -ère [pɔtaʒe, -ɛʀ] *adj* vegetable

potasse [pɔtas] *f* potassium hydroxide

potasser [pɔtase] <1> *vt inf* **~ un examen** to cram for a test; **~ un livre** to work through a book

pot-au-feu [pɔtofø] *m inv* CULIN beef stew

pot-de-vin [podvɛ̃] <pots-de-vin> *m* bribe

pote [pɔt] *m inf* buddy

poteau [pɔto] <x> *m* post; **~ d'arrivée/départ** finishing/starting post; **~ électrique/télégraphique** electricity/telephone pole; **~ indicateur** signpost

potelé(e) [pɔtle] *adj* chubby; (*bras*) plump

potence [pɔtɑ̃s] *f* **1.** gallows *pl* **2.** (*support*) bracket

potentiel [pɔtɑ̃sjɛl] *m* potential

potentiel(le) [pɔtɑ̃sjɛl] *adj* potential

poterie [pɔtʀi] *f* pottery

potiche [pɔtiʃ] *f* **1.** (potbellied) vase **2.** (*figurant*) puppet

potier, -ière [pɔtje, -jɛʀ] *m, f* potter

potin [pɔtɛ̃] *m* **1.** *souvent pl* gossip **2.** *inf* (*bruit*) racket

potion [posjɔ̃] *f* potion

potiquet [pɔtikɛ] *m Belgique* (*petit pot, récipient*) pot

potiron [pɔtiʀɔ̃] *m* pumpkin

pou [pu] <x> *m* louse ▶ **chercher des ~x à qn** to be out to make trouble for sb; **fier** [*o* **orgueilleux**] **comme un ~** *inf* as proud as a peacock; **laid comme un ~** *inf* as ugly as sin

pouah [pwa] *interj* yuck!

poubelle [pubɛl] *f* **1.** (*dans la cuisine*) trash (can) **2.** (*devant la porte*) garbage can

pouce [pus] **I.** *m* **1.** (*doigt: de la main*) thumb; (*du pied*) big toe **2.** (*mesure*) inch **3.** *Québec* (*auto-stop*) **faire du ~** to hitchhike ▶ **donner un coup de ~ à qc** to give sth a boost; **ne pas céder d'un ~** to not give an inch; **se tourner les ~s** *inf* to twiddle one's thumbs; **ne pas avancer d'un ~** to make no progress; **ne pas reculer d'un ~** to not back down an inch; **manger sur le ~** *inf* to eat on the run **II.** *interj enfantin* truce!

poudre [pudʀ] *f* **1.** (*fines particules*) powder; **sucre en ~** caster sugar; **~ à laver** laundry powder **2.** (*produit cosmétique*) face powder ▶ **prendre la ~ d'escampette** to hightail it; **jeter de la ~ aux yeux à qn** to try to impress sb; **il n'a pas inventé la ~** *inf* he's no rocket scientist; **ça sent la ~** things could turn nasty; **~ de perlimpinpin** *inf* magical cure-all

poudrer [pudʀe] <1> **I.** *vt* to powder **II.** *vpr* **se ~** to put powder on; **se ~ le nez** to powder one's nose

poudrerie [pudʀəʀi] *f Québec* (*tourbillons de neige*) blizzard

poudreuse [pudʀøz] *f* powder snow

poudreux, -euse [pudʀø, -øz] *adj* dusty

poudrier [pudʀije] *m* powder compact

poudrière [pudʀijɛʀ] *f fig* powder keg

pouf¹ [puf] **I.** *m* pouf **II.** *interj* thud

pouf² [puf] *m Belgique* (*dette*) debt ▶ **acheter à ~** (*à crédit*) to buy on credit; **taper à ~** (*deviner*) to guess

pouffer [pufe] <1> *vi* **~ (de rire)** to burst out laughing

pouilleux, -euse [pujø, -jøz] *adj* **1.** lousy **2.** (*sordide: endroit, quartier*) seedy

poulailler [pulɑje] *m* henhouse

poulain [pulɛ̃] *m* foal

poularde [pulaʀd] *f* poulard, fattened hen

poule [pul] *f* **1.** (*femelle du coq*) hen **2.** (*poulet*) chicken ▶ **quand les ~s auront des dents** when pigs fly; **~ mouillée** wimp; **se coucher avec les ~s** to go to bed early; **se lever avec les ~s** to be an early riser; **ma ~** *inf* my dear

poulet [pulɛ] *m* chicken

poulette [pulɛt] *f inf* chick

pouliche [puliʃ] *f* filly

poulie [puli] *f* NAUT, TECH pulley

poulpe [pulp] *m* octopus

pouls [pu] *m* pulse; **prendre le ~ de qn** to take sb's pulse ▶ **prendre le ~ de qn/qc** to take the pulse of sb/sth

poumon [pumɔ̃] *m* lung; **à pleins ~s** at the top of one's voice; (*respirer*) deeply ▶ **cracher ses ~s** *inf* to cough up one's lungs

poupe [pup] *f* stern

poupée [pupe] *f* doll; **jouer à la ~** to play dolls

poupon [pupɔ̃] *m* baby

pouponner [pupɔne] <1> *vi inf* to play mommy

pouponnière [pupɔnjɛʀ] *f* nursery

pour [puʀ] **I.** *prep* **1.** for; **j'en ai ~ une heure!** I'll be an hour!; **être grand ~ son âge** to be tall for one's age **2.** (*en direction de*) for; **partir ~ Paris/l'étranger** to leave for Paris/to go abroad; **~ où?** where to? **3.** (*en faveur de*) **~ qn/qc** for sb/sth; **être ~ faire qc** to be for doing sth **4.** (*quant à*) as for; **~ moi** as for me **5.** (*à cause de*) for; **merci ~ votre cadeau!** thank you for your gift; **remercier qn ~ avoir**

P

fait qc to thank sb for having done sth **6.** (*à la place de*) for **7.** (*comme*) as; **prendre ~ femme** to take as sb's wife; **j'ai ~ principe de faire** it's a principle with me to do; **avoir ~ effet** to have as an effect **8.** (*pour ce qui est de*) **~ être furieux, je le suis!** I am so furious!; **~ autant que je sache** as far as I know **9.** (*dans le but de*) **~** +*infin* (in order) to +*infin*; **ce n'est pas ~ me déplaire** it's something I'm very pleased about; **~ que tu comprennes** so that you understand; **il est trop jeune ~** +*infin* he's too young to +*infin* ▶ **œil ~ œil, dent ~ dent** an eye for an eye, a tooth for a tooth **II.** *m* **le ~ et le contre** the pros and cons

pourboire [puʀbwaʀ] *m* tip

pourcentage [puʀsɑ̃] *m* **1.** *a.* COM **~ sur qc** markup on sth; **~ de bénéfices** cut of the profits; **travailler/être payé au ~** to work/be paid on commission **2.** (*proportion pour cent*) percentage

pourchasser [puʀʃase] <1> *vt* to pursue

pourlécher [puʀleʃe] <5> *vpr* to lick one's chops

pourparlers [puʀpaʀle] *mpl* negotiations; **engager des ~ avec qn** to start negotiations with sb; **être en ~ avec qn** to be in negotiations with sb

pourpre [puʀpʀ] *adj* purple

pourquoi [puʀkwa] **I.** *conj* (*pour quelle raison, à quoi bon*) why; **~ continuer/chercher?** why go on/look? ▶ **c'est ~** that's why; **c'est ~?** *inf* why's that? **II.** *adv* why; **je me demande bien ~** I wonder why; **voilà ~** that's why; **~ pas?** [*o* **non?**] why not? **III.** *m inv* **1.** (*raison*) **le ~ de qc** the reason for sth; **chercher le ~ et le comment** to look for the how and why **2.** (*question*) question why

pourri [puʀi] *m* **1.** (*pourriture*) **ça sent le ~ dans cette pièce!** there's a rotten smell in this room! **2.** *péj* (*homme corrompu*) crook

pourri(e) [puʀi] *adj* **1.** (*putréfié: fruit, œuf, arbre, planche*) rotten; (*poisson, viande*) bad; (*cadavre*) rotting **2.** (*infect*) rotten; **quel temps ~!** what rotten weather! **3.** (*corrompu: personne, société*) corrupt **4.** (*gâté: enfant*) spoiled

pourrir [puʀiʀ] <8> **I.** *vi* **1.** (*se putréfier: œuf, arbre, planche, fruit*) to rot; (*poisson*) to go bad; (*cadavre*) to decompose **2.** *inf* (*croupir*) **~ en prison/dans la misère** to rot in prison/in (one's) misery; **il pourrit dans cet emploi/ce village** he is wasting away in this job/town **II.** *vt* (*aliment*) to go bad; (*bois, végétaux, fruit*) to rot; (*enfant*) to become spoiled (rotten)

pourriture [puʀityʀ] *f* **1.** rot; (*processus*) rotting; **odeur de ~** rotting smell **2.** (*dans une cave*) **odeur de ~** smell of rot **3.** *péj* (*homme corrompu*) pig **4.** *péj* (*femme corrompue*) bitch

poursuite [puʀsɥit] *f* **1.** pursuit; **être à la ~ de qn** to be in pursuit of sb; **se lancer à la ~ de qn** to set off in pursuit of sb **2.** (*recherche*) **la ~ de la gloire/du bonheur** the pursuit of glory/happiness; **la ~ de la vérité** the search for truth **3.** *gén pl* JUR **~s judiciaires** legal proceedings; **engager des ~s contre qn** to start proceedings against sb **4.** (*continuation*) continuation; **décider la ~ de la guerre** to decide to carry on the war **5.** SPORT pursuit

poursuivant(e) [puʀsɥivɑ̃, ɑ̃t] **I.** *adj* JUR **partie ~e** plaintiff **II.** *m(f)* **1.** pursuer **2.** JUR plaintiff

poursuivre [puʀsɥivʀ] *irr* **I.** *vt* **1.** (*courir après*) to pursue **2.** (*harceler*) **~ qn** (*personne*) to harass sb; (*souvenir, images, remords*) to hound sb **3.** (*rechercher: bonheur, gloire, idéal*) to seek; (*but*) to aim for; (*vérité*) to pursue; **~ l'argent** to chase after money **4.** (*continuer*) to continue; (*combat, enquête*) to pursue **II.** *vi* **1.** (*continuer*) to continue a story; **~ sur un sujet** to continue on a subject **2.** (*persévérer*) to persevere **III.** *vpr* **se ~** to continue; (*enquête, grève*) to carry on

pourtant [puʀtɑ̃] *adv* **1.** (*marque l'opposition, le regret*) however **2.** (*marque l'étonnement*) all the same; **c'est ~ facile!** it's easy though!

pourtour [puʀtuʀ] *m* **1.** perimeter; **un ~ de 50 mètres** a 50-meter perimeter **2.** (*bords*) edge

pourvoi [puʀvwa] *m* **~ (en appel)** appeal; **~ en cassation** appeal (*to the court of cassation*)

pourvoir [puʀvwaʀ] *irr* **I.** *vt* **~ de** [*o* **en**] **provisions/marchandises** to supply with food/goods; **~ qn d'une recommandation** to provide sb with a recommendation; **~ un poste** to fill a position **II.** *vi* **~ à qc** to provide for sth; **~ à l'entretien de la famille** to provide support for the family **III.** *vpr* **1. se ~ de provisions/vêtements** to provide oneself with food/clothing **2.** JUR **se ~ devant qc** to appeal to sth; **se ~ en appel/cassation** to lodge an appeal/an appeal with the court of cassation; **se ~ en révision** to request a review

pourvu [puʀvy] *conj* **1.** (*souhait*) just so long as; **~ que nous ne manquions pas le train!** let's hope we don't miss the train! **2.** (*condition*) **~ que cela vous convienne** provided that it suits you

pousse [pus] *f* **1.** *a.* BOT shoot; **~s de bambou** bamboo shoots **2.** (*développement*) growth; (*d'une dent*) emergence; **la ~ des cheveux** hair growth

poussé(e) [puse] *adj* (*étude, technique*) advanced; (*discussion, enquête*) extensive; (*travail*) intensive; (*précision*) exhaustive

pousser [puse] <1> **I.** *vt* **1.** (*déplacer*) to push; (*troupeau*) to drive **2.** (*pour ouvrir*) **~ la porte/la fenêtre** to push the door/window open; (*pour fermer*); **~ la porte/la fenêtre** to shut the door/window **3.** (*ouvrir en claquant*) **~ la porte/la fenêtre** to fling the door/window open; (*fermer en claquant*); **~ la porte/**

la fenêtre to slam the door/window shut **4.** (*bousculer*) ~ **qn/qc du coude/pied** to nudge sb/sth with one's elbow/foot **5.** (*entraîner: courant, vent*) to push **6.** (*stimuler: candidat, élève, cheval*) to urge on; ~ **un moteur/une machine** to work an engine/a machine hard; **l'intérêt/l'ambition le pousse** he's driven by self-interest/ambition **7.** (*inciter à*) ~ **qn à** +*infin* to push sb to +*infin;* (*envie, intérêt, ambition*) to drive sb to +*infin;* ~ **qn à la consommation** to encourage sb to consume; ~ **qn au crime** to drive sb to crime **8.** (*diriger*) ~ **qn vers qc/qn** to push sb towards sth/sb **9.** (*émettre: cri, soupir*) to let out; ~ **des cris de joie** to shout with joy; ~ **des gémissements** to whimper; **en** ~ **une** *inf* to sing a song **10.** (*exagérer*) ~ **qc à l'extrême/trop loin** to push sth to extremes/too far; ~ **la jalousie/la gentillesse jusqu'à faire qc** to carry jealousy/kindness to the point of doing sth **11.** (*approfondir*) ~ **plus loin les études/recherches** to further study/research **12.** (*poursuivre: enquête, recherches*) to pursue **13.** (*cultiver*) **faire** ~ **des salades/légumes** to grow lettuce/vegetables; **faire** ~ **des fleurs** to grow flowers **14.** (*grandir*) **se laisser** ~ **les cheveux/la barbe** to let one's hair/beard grow **II.** *vi* **1.** (*croître*) to grow; **sa première dent a poussé** his/her first tooth has grown **2.** (*faire un effort pour accoucher, pour aller à la selle*) to push **3.** (*aller*) ~ **jusqu'à Toulon** to press on as far as Toulon **4.** *inf* (*exagérer*) to overdo it **III.** *vpr* **se** ~ **1.** (*s'écarter*) to shift; **pousse-toi un peu!** (*sur un banc*) move up a bit!; (*pour laisser un passage*) out of the way! **2.** (*se bousculer*) to jostle each other

poussette [pusɛt] *f* (*voiture d'enfant*) stroller

poussière [pusjɛʀ] *f* dust; **faire la** ~ to do the dusting; **avoir une** ~ **dans l'œil** to have something in one's eye ▶ **réduire qn/qc en** ~ to reduce sb/sth to dust; **tomber en** ~ to crumble into dust; **2000 dollars et des** ~**s** *inf* 2,000 dollars and change

poussiéreux, -euse [pusjeʀø, -øz] *adj* dusty

poussif, -ive [pusif, -iv] *adj* (*personne, moteur*) wheezy; (*cheval*) broken-winded

poussin [pusɛ̃] *m* chick

poussoir [puswaʀ] *m* (*d'une montre, sonnette*) button

poutre [putʀ] *f* **1.** ARCHIT (*de bois*) beam; ~**s apparentes** exposed beams **2.** ARCHIT (*de métal*) girder **3.** SPORT beam

poutrelle [putʀɛl] *f* **1.** (*de bois*) beam **2.** (*de métal*) girder

poutser [putse] <1> *vt Suisse* (*nettoyer*) to clean

pouvoir[1] [puvwaʀ] *irr* **I.** *aux* **1.** (*être autorisé*) can, may; **tu peux aller jouer** you may go and play; **il ne peut pas venir** he can't come; **puis-je fermer la fenêtre?** may I close the window? **2.** (*être capable de*) can, to be able to; **j'ai fait ce que j'ai pu** I did what I could; **je ne peux pas m'empêcher de tousser** I can't stop coughing **3.** (*éventualité*) **quel âge peut-il bien avoir?** how old can he be? **4.** (*suggestion*) **tu peux me prêter ton vélo?** could you please lend me your bike?; **tu aurais pu nous le dire plus tôt!** you could have told us sooner! **II.** *aux impers* **il peut/pourrait pleuvoir** it could/might rain; **il aurait pu y avoir un accident** there could have been an accident; **cela peut arriver** that may happen; **il peut se faire que** +*subj* it could happen that **III.** *vt* (*être capable de*) ~ **quelque chose pour qn** to be able to do something for sb; **ne rien** ~ **faire pour qn** not to be able to do anything for sb ▶ **on ne peut mieux** it's the best there is; **chanter on ne peut mieux** to sing incomparably; **n'en plus** ~ **de qc** not to be able to take any more of sth; **je n'y peux rien** (*ne peux y porter remède*) I can't do anything about it; (*ne suis pas responsable*) it's got nothing to do with me; **on peut dire que qn a bien fait qc** sb certainly did sth well; **le moins qu'on puisse dire** the least that can be said; **qu'est-ce que cela peut te faire?** what's that got to do with you?; **ne rien** ~ (**y**) **faire** not to be able to do anything about it **IV.** *vpr impers* **cela se peut/pourrait** that is/could be possible; **non, ça ne se peut pas** no, that's impossible; **il se pourrait qu'elle vienne** she might come

pouvoir[2] [puvwaʀ] *m* **1.** POL power; **le parti au** ~ the party in power; **arriver au** ~ to come to power; **prendre le** ~ to seize power **2.** (*autorité, influence*) ~ **sur qn** power over sb **3.** ECON ~ **d'achat** purchasing power

praire [pʀɛʀ] *f* clam

prairie [pʀeʀi] *f* meadow

praline [pʀalin] *f* **1.** ~ **grillée** caramelized peanut **2.** *Belgique* (*bonbon au chocolat*) chocolate

praliné [pʀaline] *m* praline

praliné(e) [pʀaline] *adj* (*amande, noisette*) sugared; (*crème, glace*) praline

praticable [pʀatikabl] *adj* (*chemin, gué*) passable; (*terrain de sport*) playable

praticien(ne) [pʀatisjɛ̃, jɛn] *m(f)* *a.* MED practitioner

pratiquant(e) [pʀatikɑ̃, ɑ̃t] **I.** *adj* practicing; **être très** ~ to go to church regularly; **être peu** ~ not to go to church very often **II.** *m(f)* practicing member; **cette religion compte 20 millions de** ~**s** 20 million people practice this religion

pratique [pʀatik] **I.** *adj* **1.** (*commode*) handy; (*solution*) practical; (*emploi du temps*) convenient **2.** (*réaliste*) practical; **n'avoir aucun sens** ~ to be not at all practical; **être un esprit** ~ to have a practical mind; **dans la vie** ~ in real life **3.** (*opp: théorique*) practical; **travaux** ~**s** lab work **II.** *f* **1.** (*opp: théorie, procédé*) practice; **dans la** [*o* **en**] ~ in practice; **mettre en** ~ to put into practice; **c'était une** ~ **courante** it was common practice

P

2. (*expérience*) practical experience; **avoir la ~ du métier** to be experienced in a profession; **~ de la conduite** driving experience **3.** (*coutume*) practice

pratiquement [pʀatikmɑ̃] *adv* **1.** (*en réalité*) in practice **2.** (*presque*) practically

pratiquer [pʀatike] <1> **I.** *vt* **1.** (*exercer, mettre en pratique*) to practice; **~ le tennis/golf** to play tennis/golf; **~ le yoga** to do yoga; **les prix qu'ils pratiquent** their prices **2.** (*faire: trou*) to make; (*opération*) to carry out **II.** *vi* MED, REL to practice

pré [pʀe] *m* field

préado [pʀeado] *m, f inf abr de* **préadolescent**

préadolescence [pʀeadɔlesɑ̃s] *f* preadolescence

préadolescent(e) [pʀeadɔlesɑ̃, ɑ̃t] *m(f)* preadolescent, tween

préalable [pʀealabl] **I.** *adj* (*entretien, question*) preliminary; **je voudrais votre accord/avis ~** I'd like your prior agreement/opinion **II.** *m* preliminary; **sans (aucun) ~** without any preliminaries ►**au ~** previously

préalablement [pʀealabləmɑ̃] *adv* previously

préambule [pʀeɑ̃byl] *m a.* JUR preamble ►**sans ~** without any preliminaries

préau [pʀeo] <x> *m* courtyard; (*d'une école*) playground shelter

préavis [pʀeavi] *m a.* JUR notice; **délai de ~** period of notice; **~ de licenciement** notice of termination; **être licencié sans ~** to be laid off without notice; **donner son ~** to give one's notice; **~ de grève** strike notice; **sans ~** without notice

précaire [pʀekɛʀ] *adj* (*position, situation*) precarious; (*emploi*) with no security

précarité [pʀekaʀite] *f a.* JUR precariousness; (*d'un emploi*) lack of security

précaution [pʀekosjɔ̃] *f* **1.** (*disposition*) precaution **2.** (*prudence*) caution; **par ~** as a precaution; **s'entourer de ~s** to take every possible precaution

précédemment [pʀesedamɑ̃] *adv* previously

précédent(e) [pʀesedɑ̃, ɑ̃t] *adj* previous; **le jour ~** the day before

précéder [pʀesede] <5> **I.** *vt* **1.** (*dans le temps, dans l'espace*) to precede; **le jour qui précédait leur départ** the day preceding their departure; **l'article précède le nom** the article precedes the noun **2.** (*devancer*) **~ qn** to go in front of sb **3.** (*devancer en voiture*) **~ qn** to be in front of sb; **je vais vous ~ pour ...** I am going to drive on ahead of you to ...; **elle m'a précédé de quelques minutes** she was ahead of me by a few minutes **II.** *vi* to precede; **les jours qui précédaient** the preceding days

précepte [pʀesɛpt] *m a.* REL precept

précepteur, -trice [pʀesɛptœʀ, -tʀis] *m, f* tutor

préchauffer [pʀeʃofe] <1> *vt* (*four*) to preheat; (*diesel*) to warm

prêcher [pʀeʃe] <1> **I.** *vt* (*l'Évangile, croisade*) to preach; (*fraternité, haine*) to advocate; **tu peux toujours ~ la bonne parole, ...** *iron* you can preach to people as much as you like, ... **II.** *vi* REL to preach

prêchi-prêcha [pʀeʃipʀeʃa] *m inv, péj* sermonizing

précieusement [pʀesjøzmɑ̃] *adv* carefully

précieux, -euse [pʀesjø, -jøz] *adj* precious

préciosité [pʀesjozite] *f* affectation

précipice [pʀesipis] *m* precipice

précipitamment [pʀesipitamɑ̃] *adv* hurriedly; (*partir, s'enfuir*) in a rush

précipitation [pʀesipitasjɔ̃] *f* **1.** (*hâte*) haste; (*d'un départ, d'une décision*) hurry; **sans ~** unhurriedly; **avec ~** in haste; **partir avec ~** to rush off **2.** *pl* METEO rainfall

précipité(e) [pʀesipite] *adj* **1.** (*hâtif: fuite, départ*) hurried; (*décision*) rushed **2.** (*accéléré: pas, rythme, respiration*) rapid

précipiter [pʀesipite] <1> **I.** *vt* **1.** (*jeter*) **~ qn de l'escalier** to throw sb down the stairs; **~ la voiture contre un arbre** to smash the car into a tree **2.** (*plonger*) **~ qn dans le malheur** to plunge sb into misery; **~ qn dans les bras de qn** to throw sb into sb's arms **3.** (*accélérer: pas, démarche*) to quicken **4.** (*brusquer: départ, décision*) to hasten; **il ne faut rien ~** we must not be hasty **5.** CHIM to precipitate **II.** *vi* CHIM to precipitate **III.** *vpr* **1.** (*s'élancer*) **se ~ de qc** to jump from sth; **se ~ dans le vide** to throw oneself into the void **2.** (*se jeter*) **se ~ à la porte/dans la rue** to dash to the door/into the street; **se ~ sur qn/dans les bras de qn** to rush up to sb/into sb's arms; **il s'est précipité à mon secours** he raced to my rescue **3.** (*s'accélérer*) **se ~** to speed up; **les événements se précipitent** the pace of events quickened **4.** (*se dépêcher*) **se ~** to hurry; **ne nous précipitons pas!** let's not be in too much of a hurry!

précis(e) [pʀesi, iz] *adj* **1.** (*juste*) precise; **à 10 heures ~es** at exactly [*o* precisely] 10 o'clock **2.** (*net*) particular

précisément [pʀesizemɑ̃] *adv* precisely

préciser [pʀesize] <1> **I.** *vt* **1.** (*donner des précisions: point, fait*) to state; (*intention, idée*) to make clear; (*date, lieu*) to specify; **précisez!** be specific! **2.** (*souligner*) to point out **II.** *vpr* **se ~** to take shape; (*menace, idée, situation*) to become clear

précision [pʀesizjɔ̃] *f* **1.** (*justesse*) preciseness; (*d'un geste, d'un instrument*) precision; **être/ne pas être d'une grande ~** to be/not be very precise **2.** (*netteté: des contours, d'un trait*) distinctness **3.** *souvent pl* (*détail*) detail

précoce [pʀekɔs] *adj* **1.** (*plante, variété, gelée*) early **2.** (*prématuré*) premature **3.** (*enfant, sentiment*) precocious

précocité [pʀekɔsite] *f* (*d'un fruit*) earliness; (*d'une gelée, de l'hiver*) early arrival; (*d'un enfant*) precociousness

préconçu(e) [pʀekɔ̃sy] *adj péj* (*idée*) preconceived

préconiser [prekɔnize] <1> *vt* to advocate
précuit(e) [prekɥi, kɥit] *adj* precooked
précurseur [prekyrsœr] **I.** *adj seulement m* **événement ~ de qc** event that bodes sth; **signe ~ de qc** warning sign of sth **II.** *mf* precursor
prédateur, -trice [predatœr, -tris] **I.** *adj* **animal ~** predatory animal **II.** *m, f* predator
prédécesseur [predesesœr] *mf* predecessor
prédestiné(e) [predɛstine] *adj* **être ~ à qc** to be predestined for sth
prédicateur, -trice [predikatœr, -tris] *m, f* preacher
prédiction [prediksjɔ̃] *f* prediction
prédilection [predilɛksjɔ̃] *f* predilection; **avoir une ~ pour qn/qc** to have a fondness for sb/sth; **auteur/sport de ~** favorite author/sport
prédire [predir] *vt irr* to predict
prédisposer [predispoze] <1> *vt a.* MED **~ qn à qc** to predispose sb to sth; **être prédisposé à qc/à faire qc** to be prone to sth/to doing sth
prédit(e) [predi, it] *part passé de* **prédire**
prédominer [predɔmine] <1> *vi* (*avis, préoccupation, sport*) to be prevalent; (*couleur, impression*) to predominate
préexister [preɛgziste] <1> *vi* to pre-exist
préfabriqué [prefabrike] *m* (*bâtiment*) prefab
préfabriqué(e) [prefabrike] *adj* **1.** TECH prefabricated; **maison ~e** prefab **2.** *péj* (*faux: accusation*) concocted; (*sourire*) artificial
préface [prefas] *f* preface
préfacer [prefase] <2> *vt* to preface
préfectoral(e) [prefɛktɔral, -o] <-aux> *adj* **arrêté ~** prefect's decree; **par mesure ~e** by order (of the prefect)
préfecture [prefɛktyr] *f* prefecture; **~ de police** police headquarters
préférable [preferabl] *adj* **être ~ à qc** to be preferable; **il est ~ de se taire** it is better to say nothing; **il est ~ que je m'en aille** I had better go
préféré(e) [prefere] **I.** *adj* (*ami*) best; (*chanteur*) favorite **II.** *m(f)* favorite
préférence [preferɑ̃s] *f* preference; **avoir une ~** [*o* **des ~s**] **pour qn/qc** to have a preference for sb/sth; **avoir la ~ sur qn** to be preferred over sb ▶ **de ~** preferably; **de ~ à qc** in preference to sth
préférer [prefere] <5> *vt* **~ qn/qc à qn/qc** to prefer sth/sb to sth/sb else; **je préfère que tu le fasses** (*subj*) I would prefer you do it
préfet [prefɛ] *m* **1.** prefect; **~ de police** chief of police **2.** *Belgique* (*directeur d'athénée, de lycée*) principal

> **i** A **préfet** represents the government and state authorities in a *département*. He is supported by the police and has mayoral duties and is responsible for the decisions made in the districts. Prefects were first introduced by Napoleon I.

préfète [prefɛt] *f* **1.** prefect (*woman*) **2.** *Belgique* (*directrice d'athénée, de lycée*) principal
préfigurer [prefigyre] <1> *vt* to prefigure
préfixe [prefiks] *m* prefix
préhistoire [preistwar] *f* prehistory
préhistorique [preistɔrik] *adj* HIST prehistoric
préjudice [preʒydis] *m* harm; **causer un ~ à qn** to harm sb; **subir un ~** to be harmed ▶ **au ~ de qn/qc** to the detriment of sb/sth
préjudiciable [preʒydisjabl] *adj* **~ à qn/qc** prejudicial to sb/sth
préjugé [preʒyʒe] *m* prejudice; **avoir un ~ contre qn** to be prejudiced against sb ▶ **bénéficier d'un ~ favorable** to be favorably considered
prélasser [prelɑse] <1> *vpr* **se ~** to lounge around
prélat [prela] *m* prelate
prélèvement [prelɛvmɑ̃] *m* **1.** (*d'eau*) drawing; (*de sang*) taking; (*d'organe*) removal; **faire un ~ de sang** to take a blood sample **2.** FIN deduction; **~ automatique** standing order; (*pour une facture*) direct debit; **~ fiscal** tax levy **3.** (*somme retenue*) deduction **4.** (*retrait, somme retirée*) withdrawal
prélever [prel(ə)ve] <4> *vt* (*somme, pourcentage*) to take off; (*taxe*) to deduct; (*organe, tissu*) to remove; (*sang*) to take; **~ de l'argent sur le compte** to withdraw money from the account
préliminaire [preliminɛr] **I.** *adj* preliminary; (*discours*) introductory **II.** *mpl* preliminaries
prélude [prelyd] *m* **1.** MUS prelude **2.** (*début*) **~ de qc** prelude to sth
prématuré(e) [prematyre] **I.** *adj* premature; **enfant ~** premature baby; **il est/serait ~ de** +*infin* it is/would be premature to +*infin* **II.** *m(f)* premature baby
prématurément [prematyremɑ̃] *adv* prematurely
préméditation [premeditasjɔ̃] *f* **1.** forethought **2.** JUR premeditation; **avec ~** (*agir*) with intent; (*meurtre*) premeditated
prémédité(e) [premedite] *adj* (*crime*) premeditated
premier [prəmje] *m* first ▶ **les ~s seront les derniers** the last shall be first; **jeune ~** romantic male lead; **en ~** (*avant les autres*) first; (*pour commencer*) firstly
premier, -ière [prəmje, -jɛr] *adj* **1.** *antéposé* (*opp: dernier*) first; (*page*) front; **le ~ venu** the first to arrive; (*n'importe qui*) anybody; **en ~ lieu** in the first place; **dans les ~s temps** in the beginning; *v.a.* **cinquième** **2.** (*principal: besoins, rudiments*) basic; (*objectif, rôle*) main; (*qualité*) primary; **au ~ plan** in the foreground; **être aux premières loges** to have a grandstand view; **marchandises de ~ choix** [*o* **première qualité**] top quality products
première [prəmjɛr] *f* **1.** (*vitesse*) first gear **2.** ECOLE eleventh grade **3.** (*manifestation sans*

P

précédent) first; ~ **mondiale** world first **4.** THEAT, CINE première; **grande** ~ grand première **5.** AUTO first class; **billet de** ~ first class ticket ▶ **être de** ~ to be first class; **être de** ~ **pour qc** *inf* (*personne*) to be brilliant at sth

premièrement [pʀəmjɛʀmɑ̃] *adv* **1.** (*en premier lieu*) in the first place **2.** (*et d'abord*) firstly

prémonition [pʀemɔnisjɔ̃] *f* premonition

prémonitoire [pʀemɔnitwaʀ] *adj* **1.** MED (*symptômes, signe*) premonitory **2.** (*qui constitue une prémonition*) **faire un rêve** ~ to have a premonitory dream

prémunir [pʀemyniʀ] <8> *vpr* **se** ~ **contre qc** to guard against sth

prenant(e) [pʀənɑ̃, ɑ̃t] *adj* **1.** (*captivant: film, livre*) absorbing **2.** (*absorbant: travail, activité*) time-consuming

prénatal(e) [pʀenatal, -o] <s o -aux> *adj* prenatal; **congé** ~ maternity leave

prendre [pʀɑ̃dʀ] <13> **I.** *vt avoir* **1.** to take; ~ **qc dans qc** to take sth from sth; ~ **qn par le bras** to take sb by the arm **2.** (*absorber: boisson, café, sandwich*) to have; (*médicament*) to take; **vous prendrez quelque chose?** would you like something? **3.** (*aller chercher*) ~ **qn chez lui/à la gare** to pick sb up at their house/the station **4.** (*emporter: manteau, parapluie*) to take **5.** AUTO (*train, métro, ascenseur, avion*) to take; ~ **le volant** to drive **6.** (*capturer: gibier*) to shoot; (*poisson, mouches*) to catch; (*forteresse, ville*) to take; **se faire** ~ to be captured; **être pris dans qc** to be caught in sth **7.** (*se laisser séduire*) **se laisser** ~ **par qn/à qc** to be taken in by sb/sth **8.** (*surprendre*) to catch; ~ **qn sur le fait** to catch sb red-handed; **on ne m'y prendra plus!** next time I won't get caught! **9.** (*acheter*) to buy; (*chambre, couchette*) to take; ~ **de l'essence** to get gas **10.** (*accepter*) ~ **qn comme locataire** to take sb as a tenant; ~ **qn comme cuisinier** to take on sb as a chef **11.** (*noter, enregistrer: empreintes, notes*) to take; (*adresse, nom*) to take down; (*renseignements*) to take in; ~ **un rendez-vous** to make an appointment; ~ **des nouvelles de qn** to ask about sb; ~ **sa température** to take one's temperature **12.** (*adopter: décision*) to make; (*précautions, mesure*) to take; (*air innocent*) to put on; (*ton menaçant*) to adopt; ~ **l'apparence/la forme de qc** to take on the appearance/form of sth **13.** (*acquérir: couleur, goût de rance*) to acquire; (*nouveau sens*) to take on; ~ **du courage** to take courage; ~ **du poids** to gain weight; ~ **du ventre** to get a gut **14.** MED ~ **froid** to catch cold; **être pris d'un malaise** to feel faint **15.** (*s'accorder: plaisir, repos*) to have; (*des congés, vacances*) to take; ~ **sa retraite** to retire **16.** (*coûter*) **ce travail me prend tout mon temps** this work takes up all my time **17.** (*prélever, faire payer: argent, pourcentage*) to take; (*commission, cotisation*) to charge; **être pris sur le salaire** to be deducted from one's salary **18.** *inf* (*recevoir, subir*) ~ **une averse** to get caught in a downpour; ~ **des coups/des reproches** to be on the wrong end of a beating/criticism; ~ **la balle/porte en pleine figure** to get hit right in the face by the ball/by the door **19.** (*traiter: personne*) to handle; (*problème*) to deal with; ~ **qn par la douceur** to use the gentle approach on sb; ~ **qn par les sentiments** to appeal to sb's feelings **20.** (*considérer comme*) ~ **qc pour prétexte** to use sth as an excuse; **pour qui me prends-tu?** who do you take me for? **21.** (*assaillir: doute, faim, panique*) to strike; (*colère, envie*) to come over; **être pris par le doute/la panique** to be seized by doubt/panic **22.** LING (*s'écrire*) **ce mot prend deux l/une cédille** there are two l's/a cedilla in this word ▶ **tel est pris qui croyait** ~ *prov* what goes around comes around; **c'est à** ~ **ou à laisser** take it or leave it; **à tout** ~ on the whole; ~ **qc sur soi** to take sth upon oneself; ~ **sur soi de** +*infin* to take it upon oneself to +*infin;* **qu'est-ce qui te/lui prend?** what's gotten into you/him? **II.** *vi* **1.** (*réussir*) **avec moi, ça ne prend pas!** *inf* it won't wash with me! **2.** *avoir* (*s'enflammer: feu*) to start **3.** *avoir o être* (*durcir: ciment, mayonnaise*) to set **4.** *avoir* (*se diriger*) ~ **à gauche/droite** (*personne*) to go left/right; (*chemin*) to turn left/right **5.** *avoir* (*faire payer*) ~ **beaucoup/peu** to charge a lot/little; ~ **cher/bon marché** to be expensive/cheap; ~ **cher de l'heure** to be expensive by the hour **III.** *vpr* **1.** (*s'accrocher*) **se** ~ **le doigt dans la porte** to catch one's finger in the door **2.** (*se considérer*) **se** ~ **trop au sérieux** to take oneself too seriously **3.** (*procéder*) **s'y** ~ **bien/mal avec qn** to deal with sb the right/wrong way; **s'y** ~ **bien/mal avec qc** to handle sth well/badly; **s'y** ~ **à trois reprises** to have three tries at sth **4.** (*en vouloir*) **s'en** ~ **à qn/qc** to blame sb/sth **5.** (*s'attaquer*) **s'en** ~ **à qn/qc** to lay into sb/sth **6.** (*être pris*) **se** ~ (*médicament*) to be taken; **se** ~ **au filet/à la ligne** (*poisson*) to be caught in a net/on a line **7.** (*se tenir*) **se** ~ **par le bras** to take each other's arm

preneur, **-euse** [pʀənœʀ, -øz] *m, f* buyer; **trouver** ~ **pour qc** to find a buyer for sth

prénom [pʀenɔ̃] *m* first name

prénommer [pʀenɔme] <1> **I.** *vt* ~ **qn Julien** to name sb Julien **II.** *vpr* **se** ~ **Julia** to be called Julia

préoccupant(e) [pʀeɔkypɑ̃, ɑ̃t] *adj* worrying

préoccupation [pʀeɔkypasjɔ̃] *f* **1.** (*souci*) worry **2.** (*occupation*) preoccupation

préoccupé(e) [pʀeɔkype] *adj* preoccupied; **avoir l'air** ~ to look worried; **être** ~ **de faire qc** to be worried about doing sth

préoccuper [pʀeɔkype] <1> **I.** *vt* **1.** (*inquiéter*) to worry; **l'avenir/la situation me préoccupe** I'm concerned about the future/the situation **2.** (*absorber: problème, affaire*) to preoccupy **II.** *vpr* **se ~ de qn/qc** to worry about sb/sth; **se ~ de faire qc** to worry about doing sth

prépa [pʀepa] *f abr de* **classe préparatoire** *class preparing the entrance exams for the "grandes écoles"*

préparatifs [pʀepaʀatif] *mpl* preparations; **~ de la fête** party preparations

préparation [pʀepaʀasjɔ̃] *f* **1.** (*mise au point*) *a.* CHIM, MED preparation; (*d'un discours, plan*) drafting; (*d'un complot*) hatching; **avoir qc en ~** to have sth in the pipeline **2.** (*entraînement*) **~ au Tour de France** training for the Tour de France **3.** ECOLE **classe de ~** preparation class; **la ~ à l'examen** preparation for the exam

préparatoire [pʀepaʀatwaʀ] *adj* **1.** (*qui prépare*) preparatory **2.** ECOLE **cours ~** *first year in elementary school;* **classe ~** *class preparing students for the entrance exams to the "grandes écoles"*

préparer [pʀepaʀe] <1> **I.** *vt* **1.** (*confectionner*) to prepare; **plat préparé** ready-made meal **2.** (*apprêter: affaires, bagages, terre*) to prepare; (*chambre, voiture*) to get ready; (*gibier, poisson, volaille*) to dress **3.** (*mettre au point: fête, plan, voyage*) to plan; **~ un piège à qn** to lay a trap for sb **4.** (*travailler à: cours, discours, leçon*) to prepare; (*nouvelle édition, roman, thèse*) to work on; (*bac, concours*) to prepare for **5.** (*réserver*) **~ un rhume/une grippe** to be coming down with a cold/the flu; **~ une déception/des ennuis à qn** *iron* to have a disappointment/trouble in store for sb; **que nous prépare-t-il?** what has he got in store for us? **6.** (*entraîner*) **j'y étais préparé** I was prepared [*o* ready] for it **II.** *vpr* **1.** (*se laver, se coiffer, s'habiller*) **se ~** to get ready **2.** (*faire en sorte d'être prêt*) **se ~ à un examen/une compétition** to prepare for an exam/a competition **3.** *soutenu* (*être sur le point de*) **se ~ à** +*infin* to be getting ready to +*infin* **4.** (*approcher*) **se ~** (*événement*) to near; (*orage*) to brew; (*grandes choses, tragédie*) to approach

prépondérance [pʀepɔ̃deʀɑ̃s] *f* (*suprématie*) predominance

prépondérant(e) [pʀepɔ̃deʀɑ̃, ɑ̃t] *adj* (*part, rôle*) predominant; **occuper une place ~e** to play a dominant role

préposé(e) [pʀepoze] *m(f)* **1.** (*facteur*) mailman *m,* mailwoman *f* **2.** ADMIN **~ des douanes** customs officer; **~ des postes** post office worker **3.** (*responsable de*) **~e aux vestiaires** coatroom attendant; **~ à la circulation** traffic policeman

préposition [pʀepozisjɔ̃] *f* preposition

prépuce [pʀepys] *m* foreskin

préretraite [pʀeʀ(ə)tʀɛt] *f* early retirement; **départ en ~** early retirement; **être en ~** to have taken an early retirement; **être mis en ~** to be put on early retirement

prérogative [pʀeʀɔgativ] *f* prerogative

près [pʀɛ] **I.** *adv* (*à une petite distance, dans peu de temps*) near ►**de ~ ou de loin** either way you look at it; **ni de ~ ni de loin** in no way, shape, or form; **qn n'en est pas/plus à qc ~** it's not going to make any difference to sb now/at this stage; **ne pas y regarder de trop ~** *inf* to not look too closely; **à cela ~ que qn a fait qc** if it wasn't for the fact that sb did sth; **à la minute ~** to the minute; **à peu (de choses) ~** approximately; (*ressembler*) nearly; **l'hôtel était à peu ~ vide/calme** the hotel was nearly empty/fairly quiet; **rater le bus à quelques secondes ~** to miss the bus by a few seconds; **à une exception/quelques détails ~** apart from one exception/some details; **au centimètre ~** to the centimeter; **regarder de ~** to watch closely; **voir qc de ~** to see sth close up; **frôler qc de (tout/très) ~** to come within an inch of sth; **(se) suivre de ~** (*événements*) to happen close together **II.** *prep* **1.** (*à côté de*) **~ d'une personne/d'un lieu** near a person/place; **habiter ~ de chez qn** to live near sb; **~ du bord** near the edge **2.** (*à peu de temps de*) **être ~ du but** to be near one's goal; **être ~ de la retraite** to be close to retirement **3.** (*presque*) **~ de** nearly ►**ne pas être ~ de faire qc** to have no intention of doing sth

présage [pʀezaʒ] *m* (*signe annonciateur*) omen; **heureux/mauvais ~** good/bad omen

présager [pʀezaʒe] <2a> *vt* **~ qc** to be a sign of

presbyte [pʀɛsbit] **I.** *adj* farsighted **II.** *mf* farsighted person

presbytère [pʀɛsbitɛʀ] *m* presbytery

prescription [pʀɛskʀipsjɔ̃] *f* **1.** (*ordre formel*) instruction **2.** MED (*traitement prescrit*) prescription; **~ médicale** doctor's prescription; **médicament délivré sur ~ médicale** prescription-only drug **3.** JUR prescription

prescrire [pʀɛskʀiʀ] *irr vt* **1.** (*ordonner*) to order; (*comportement, démarche*) to lay down; (*mesures*) to dictate; **~ à qn de** +*infin* to instruct sb to +*infin;* **jour/délai prescrit** the prescribed day/period of notice **2.** MED **~ qc à qn contre qc** to prescribe sb sth for sth; **ne pas dépasser la dose prescrite** do not exceed the prescribed dose **3.** JUR (*abolir*) **être prescrit** (*dette, peine*) to lapse

présence [pʀezɑ̃s] *f* (*opp: absence, personnalité*) presence; **avoir de la ~** to have presence ►**~ d'esprit** presence of mind

présent [pʀezɑ̃] *m* present; **pour le ~** for the present ►**à ~** at present; **à ~ qu'il est parti** now that he's gone; **dès à ~** here and now; **jusqu'à ~** until now

présent(e) [pʀezɑ̃, ɑ̃t] **I.** *adj* **1.** (*opp: absent: personne*) present; **les personnes ~es** those present **2.** (*qui existe*) **avoir qc ~ à l'esprit/à la mémoire** to have sth in one's mind/memory **3.** (*actuel: circonstances, état, temps*) current; **à la minute/l'heure ~e** at the present moment/time **II.** *m(f)* (*personne*) person present

présentable [pʀezɑ̃tabl] *adj* presentable
présentateur, -trice [pʀezɑ̃tatœʀ, -tʀis] *m, f* (*des informations, du journal télévisé*) newscaster; (*d'un programme*) presenter; (*d'une émission, discussion*) host
présentation [pʀezɑ̃tasjɔ̃] *f* **1.** presentation; (*d'un programme*) presentation **2.** (*fait d'introduire qn*) **les ~s** the introductions
présenter [pʀezɑ̃te] <1> **I.** *vt* **1.** (*faire connaître*) to introduce; (*cheval, troupe*) to present; **~ qn à un juge** to present sb to a judge **2.** RADIO, TV (*émission*) to present; (*programme*) to introduce; **~ le journal télévisé** to present the news **3.** (*décrire*) **~ qn/qc comme qn/qc** to portray sb/sth as sb/sth **4.** (*montrer: billet, carte d'identité, document*) to present; **~ le dos** to have one's back turned **5.** (*soumettre: problème, théorie, travail*) to submit; (*exprimer: critique, objection, condoléances, félicitations*) to offer; **~ ses excuses à qn** to offer one's excuses to sb **6.** (*donner une apparence*) to present; **c'est bien présenté** it is well presented **7.** (*avoir*) to have; **~ un danger/des dangers** to present a danger/dangers; **~ un aspect rugueux/humide** to look rough/damp **8.** (*offrir*) to offer; (*plat, rafraîchissement, fleurs, bouquet*) to present **9.** (*proposer: devis, dossier, projet de loi*) to present; (*addition, facture*) to submit; (*motion, demande*) to propose **II.** *vi* **~ bien/mal** *inf* to look good/awful **III.** *vpr* **1.** (*décliner son identité*) **se ~ à qn** to introduce oneself to sb **2.** (*se rendre, aller, venir*) **se ~ chez qn** to go to sb's house; **se ~ chez un employeur** to go to see an employer **3.** (*être candidat*) **se ~ à un examen** to take an exam; **se ~ pour un emploi** to apply for a job **4.** (*apparaître, exister, surgir*) **se ~** (*problème, difficulté, obstacle*) to arise; **se ~ à l'esprit de qn** to come to sb's mind **5.** (*paraître, avoir un certain aspect*) **se ~ sous forme de cachets** to be in tablet form; **ça se présente bien!** that bodes well!
présentoir [pʀezɑ̃twaʀ] *m* display
préservatif [pʀezɛʀvatif] *m* condom
préservation [pʀezɛʀvasjɔ̃] *f* (*des biens, récoltes, de la santé*) protection; (*d'une espèce, de monuments, de l'environnement*) conservation
préserver [pʀezɛʀve] <1> **I.** *vt* (*protéger*) **~ qn de qc** to protect sb from sth **II.** *vpr* **se ~ de qc** to guard against sth
présidence [pʀezidɑ̃s] *f* presidency
président(e) [pʀezidɑ̃, ɑ̃t] *m(f)* **1.** (*personne qui dirige: d'une association, commission, d'un comité, jury, congrès*) chair; (*d'une université*) president; (*d'un tribunal*) presiding judge; (*d'une entreprise*) president; (*d'une assemblée*) speaker **2.** (*chef de l'État*) **le Président** the President; **le ~ de la République française** the President of the French Republic **3.** *Suisse* (*maire dans les cantons de Valais et de Neuchâtel*) mayor

> **i** The **président de la République** is the French head of state and is elected directly by the people to a five-year term *(le quinquennat)*. The President and the government do not have to be from the same political party.

président-directeur général, présidente-directrice générale [pʀezidɑ̃diʀɛktœʀʒeneʀal] <présidents-directeurs généraux> *m, f* chief executive officer
présidentiel(le) [pʀezidɑ̃sjɛl] *adj* presidential
présidentielle [pʀezidɑ̃sjɛl] *f gén pl* presidential elections
présider [pʀezide] <1> *vt* **1.** (*mission*) to lead **2.** (*diriger*) **~ une assemblée/séance** to chair a meeting/session
présomption [pʀezɔ̃psjɔ̃] *f* **1.** (*supposition*) presumption **2.** JUR **~ d'innocence** presumption of innocence
présomptueux, -euse [pʀezɔ̃ptɥø, -øz] *adj* presumptuous
presque [pʀɛsk] *adv* nearly; **tout le monde ou ~** everyone or almost everyone; **je ne l'ai ~ pas entendu** I could hardly hear him; **je ne connais ~ personne** I know hardly anyone; **il pleurait ~** he was nearly crying
presqu'île [pʀɛskil] *f* peninsula
pressant(e) [pʀɛsɑ̃, ɑ̃t] *adj* **1.** (*urgent*) urgent **2.** (*insistant*) insistent
presse [pʀɛs] *f* (*journaux*) press; **~ écrite** press; **~ à grand tirage** popular press; **~ féminine** women's magazines; **~ sportive** sports press; **~ nationale/régionale** national/regional press; **~ mensuelle** monthly magazines; **~ quotidienne** daily newspapers ▶ **avoir bonne/mauvaise ~** to have good/bad press
pressé(e)[1] [pʀese] *adj* (*qui se hâte*) **d'un pas ~** in a hurry; **être ~ d'arriver** to be in a hurry to arrive
pressé(e)[2] [pʀese] *adj* (*citron, orange*) freshly-squeezed
presse-bouton [pʀɛsbutɔ̃] *adj inv* (*usine, cuisine*) push-button
presse-citron [pʀɛssitʀɔ̃] <presse-citrons> *m* lemon squeezer [*o* press]
pressentiment [pʀesɑ̃timɑ̃] *m* presentiment; **avoir le ~ de qc** to have a premonition of sth; **avoir le ~ qu'il va pleuvoir** to have a feeling that it will rain
pressentir [pʀesɑ̃tiʀ] <10> *vt* to sense
presse-papiers [pʀɛspapje] *m inv* paperweight; INFORM clipboard
presser[1] [pʀese] <1> **I.** *vt* (*cadence, pas*) to speed up **II.** *vi* (*affaire*) to be urgent; **le temps presse** time is short ▶ **ça presse!** *inf* it's urgent! **III.** *vpr* **se ~** to hurry
presser[2] [pʀese] <1> **I.** *vt* (*fruit, éponge*) to squeeze; (*raisin*) to press **II.** *vpr* **1.** (*se serrer*) **se ~ contre qn/qc** to squash up against sb/

sth **2.** (*se bousculer*) **se ~ vers la sortie** to rush for the exit
pressing [pʀesiŋ] *m* (*teinturerie*) dry cleaner's
pression [pʀɛsjɔ̃] *f* **1.** (*contrainte*) *a.* MED, METEO, PHYS pressure; **zone de haute/basse ~** high/low pressure zone; **subir des ~s** to be under pressure **2.** (*bouton*) snap fastener **3.** (*bière*) **bière (à la) ~** draft beer ▶ **être sous ~** to be under pressure
pressoir [pʀeswaʀ] *m* (*machine*) press; (*pour le raisin*) wine press
pressurisé(e) [pʀesyʀize] *adj* pressurized
prestance [pʀɛstɑ̃s] *f* (*d'une personne*) presence; **avoir de la ~** to have a good presence
prestation [pʀɛstasjɔ̃] *f* **1.** THEAT, SPORT performance; **faire une excellente ~** to give an excellent performance **2.** *gén pl* (*services fournis*) services *pl* **3.** *pl* (*sommes versées*) benefits
preste [pʀɛst] *adj soutenu* (*geste, main*) deft
prestidigitateur, -trice [pʀɛstidiʒitatœʀ, -tʀis] *m, f* conjurer, magician
prestidigitation [pʀɛstidiʒitasjɔ̃] *f* magic; **tour de ~** magic trick
prestige [pʀɛstiʒ] *m* prestige
prestigieux, -euse [pʀɛstiʒjø, -jøz] *adj* (*lieu, événement, carrière, métier, école*) prestigious; (*objet, produits, artiste, scientifique*) renowned
présumé(e) [pʀezyme] *adj* (*auteur*) presumed
présumer [pʀezyme] <1> **I.** *vt* to assume; **je présume que tu es d'accord** I assume you agree **II.** *vi* **trop ~ de ses forces** to overtax oneself
prêt [pʀɛ] *m* **1.** (*action de prêter*) lending **2.** (*crédit, chose prêtée*) loan; **~ à intérêt** interest-bearing loan
prêt(e) [pʀɛ, pʀɛt] *adj* **1.** (*préparé*) **~ à cuire** ready to cook; **~ à rôtir** oven-ready; **fin ~** *inf* all set; **à vos marques; ~s? partez!** on your mark, get set, go! **2.** (*disposé*) **~ à** +*infin* ready to +*infin*
prêt-à-porter [pʀɛtapɔʀte] *m sans pl* ready-to-wear
prétendant(e) [pʀetɑ̃dɑ̃, ɑ̃t] *m(f)* (*candidat*) **~ au trône** pretender to the throne
prétendre [pʀetɑ̃dʀ] <14> *vt* **1.** (*affirmer*) to claim; **à ce qu'on prétend, il est ...** according to what people say, he is ... **2.** (*avoir la prétention de*) to seek; **je ne prétends pas vous convaincre** I do not seek to convince you
prétendu(e) [pʀetɑ̃dy] *adj antéposé* supposed
prête-nom [pʀɛtnɔ̃] <prête-noms> *m* figurehead
prétentieusement [pʀetɑ̃sjøzmɑ̃] *adv* pretentiously
prétentieux, -euse [pʀetɑ̃sjø, -jøz] **I.** *adj* (*personne, ton*) pretentious **II.** *m, f* pretentious individual
prétention [pʀetɑ̃sjɔ̃] *f* **1.** *sans pl* (*vanité*) pretentiousness; **maison sans ~** unpretentious house; **repas sans ~** simple meal; **avoir/ne pas avoir la ~ de** +*infin* to claim/not claim to +*infin;* **ce diplôme n'a pas la ~ de remplacer ...** this certificate does not seek to replace ... **2.** *gén pl* (*ce à quoi on prétend*) expectation; **avoir des ~s** to have expectations
prêter [pʀete] <1> **I.** *vt* **1.** (*avancer pour un temps: livre, voiture, parapluie*) to lend **2.** (*attribuer*) **~ une intention à qn** to claim sb has an intention **II.** *vi* **1.** (*donner matière à*) **~ à équivoque** to be ambiguous; **~ à rire** to be laughable **2.** (*consentir un prêt*) **~ à 8%** to lend at 8% **III.** *vpr* **1.** (*consentir*) **se ~ à un jeu** to get involved in a game **2.** (*être adapté à*) **se ~ à qc** to lend itself to sth
prêteur, -euse [pʀɛtœʀ, -øz] **I.** *adj* **être ~** to lend things easily **II.** *m, f* lender; **~ sur gages** pawnbroker
prétexte [pʀetɛkst] *m* (*raison apparente*) pretext; (*excuse*) excuse; **mauvais ~** lame excuse; **sous aucun ~** on no account; **sous ~ de manque de temps, elle est ...** using lack of time as an excuse, she is ...
prétexter [pʀetɛkste] <1> *vt* to give as an excuse; **elle prétexte qu'elle n'a pas le temps** she says that she hasn't got the time
prêtre [pʀɛtʀ] *m* REL priest
preuve [pʀœv] *f* (*indice probant, démonstration*) **~ de qc** proof of sth; **~ en main** concrete proof; **jusqu'à ~ du contraire** until there is proof to the contrary ▶ **faire ~ de bonne volonté/courage** to show good will/courage; **faire ~ d'entêtement** to be stubborn; **faire ses ~s** (*élève*) to prove oneself; (*méthode*) to prove itself
prévaloir [pʀevalwaʀ] *irr vi soutenu* (*argument, opinion*) to prevail; **~ sur** [*o* **contre**] **qc** (*argument, opinion*) to prevail over sth; **faire ~ ses droits** to successfully assert one's rights
prévenance [pʀev(ə)nɑ̃s] *f* consideration
prévenant(e) [pʀev(ə)nɑ̃, ɑ̃t] *adj* (*personne, manières*) considerate
prévenir [pʀev(ə)niʀ] <9> **I.** *vt* **1.** (*aviser*) to tell; (*médecin, police*) to inform; **~ qn de qc** to inform sb of sth **2.** (*avertir*) to warn; **tu es prévenu!** you have been warned! **II.** *vi* to warn; **arriver sans ~** (*événement*) to happen without warning
préventif, -ive [pʀevɑ̃tif, -iv] *adj* preventative
prévention [pʀevɑ̃sjɔ̃] *f* **1.** (*mesures préventives*) prevention **2.** (*idée préconçue*) prejudice; **avoir des ~s contre qn/qc** to be prejudiced against sb/sth
Prévention [pʀevɑ̃sjɔ̃] *f* (*organisme*) **la ~ routière** *traffic safety organization*
prévenu(e) [pʀev(ə)ny] **I.** *adj* **1.** JUR **être ~** to be charged; **être ~ d'un délit** to be charged with a crime **2.** (*qui a des préventions*) **être ~ contre qn/qc** to be biased against sb/sth; **être ~ en faveur de qn/qc** to be biased in favor of sb **II.** *m(f)* JUR accused
prévisible [pʀevizibl] *adj* predictable; **difficilement ~** difficult to foresee
prévision [pʀevizjɔ̃] *f* (*d'un comportement,*

P

événement, phénomène) prediction; (*des dépenses, recettes*) forecast; **les ~s météorologiques** the weather forecast; **au-delà de toute ~** beyond all expectations; **en ~ du départ** in anticipation of one's departure

prévisionnel(le) [pʀevizjɔnɛl] *adj* (*mesures, étude, analyse*) forward-looking; (*coûts*) projected

prévoir [pʀevwaʀ] *vt irr* **1.** (*envisager ce qui va se passer*) to foresee; **il faut ~ les conséquences de ses actes** one must consider the consequences of one's actions; **laisser ~ un malheur** to warn of an impending misfortune; **plus beau/moins cher que prévu** more beautiful/cheaper than expected **2.** (*projeter*) to plan; **leur arrivée est prévue pour 3 heures** they are expected to arrive at 3 o'clock **3.** (*envisager*) to arrange for; (*casse-croûte, couvertures*) to provide; **c'est prévu** it is planned; **tout est prévu pour ton arrivée** everything is set up for your arrival

prévoyance [pʀevwajɑ̃s] *f* (*aptitude à prévoir*) foresight

prévoyant(e) [pʀevwajɑ̃, jɑ̃t] *adj* (*qui prend des précautions*) prudent; (*qui est apte à anticiper*) foresighted

prie-Dieu [pʀidjø] *m inv* prie-dieu

prier [pʀije] <1> **I.** *vt* **1.** REL to pray **2.** (*inviter, solliciter*) **~ qn de** +*infin* to ask sb to +*infin;* **se faire ~** to have people beg; **sans se faire ~** without waiting to be asked twice **3.** (*ordonner*) **~ qn de** +*infin* to order sb to +*infin* ▶ **je vous prie d'agréer mes sincères salutations/sentiments les meilleurs** yours sincerely; **je t'en/vous en prie** (*fais/faites donc*) go ahead; (*s'il te/vous plaît*) please; (*il n'y a pas de quoi, après un remerciement*) you're welcome; (*il n'y a pas de quoi, après une excuse*) it's nothing; **je te/vous prie!** please! **II.** *vi* REL **~ pour qn/qc** to pray for sb/sth

prière [pʀijɛʀ] *f* **1.** REL prayer; **faire sa ~** to say one's prayers **2.** (*demande*) plea; **à la ~ de qn** at sb's request; **j'ai une ~ à vous faire!** I have a request to make!; **~ d'essuyer ses pieds!** please wipe your feet! ▶ **tu peux faire ta ~!** *iron* say your prayers!

primaire [pʀimɛʀ] **I.** *adj* primary; **inspecteur ~** elementary school inspector **II.** *m* ECOLE elementary school; **être en ~** to be in elementary school

primate [pʀimat] *m pl* ZOOL primate

primauté [pʀimote] *f* (*supériorité*) **~ de qc sur qc** primacy of sth over sth

prime [pʀim] *f* **1.** (*allocation, en complément du salaire*) bonus; (*subvention payée par l'État*) subsidy; **~ de fin d'année** Christmas bonus; **~ de risque** hazard pay; **~ de transport** transportation allowance **2.** (*somme à payer*) **~ d'assurance** insurance premium ▶ **en ~** on top

primer [pʀime] <1> *vt* to award a prize; **film/livre primé** award-winning film/book

primesautier, -ière [pʀimsotje, -jɛʀ] *adj soutenu* impulsive

primeurs [pʀimœʀ] *fpl* early fruit and vegetables

primevère [pʀimvɛʀ] *f* primrose

primitif, -ive [pʀimitif, -iv] *adj* **1.** (*originel*) original **2.** SOCIOL primitive

primo [pʀimo] *adv* firstly

primordial(e) [pʀimɔʀdjal, -jo] <-aux> *adj* (*essentiel*) primordial; **être ~ pour qn/qc** to be paramount for sb/sth

prince, princesse [pʀɛ̃s, pʀɛ̃sɛs] *m, f* prince, princess *m, f;* **~ charmant** prince charming; **~ héritier** crown prince ▶ **être bon ~** to be generous; **vivre comme un ~** to live like a king

princesse [pʀɛ̃sɛs] *f v.* **prince**

princier, -ière [pʀɛ̃sje, -jɛʀ] *adj* princely

principal [pʀɛ̃sipal, -o] <-aux> *m* (*l'important*) **le ~** the main thing

principal(e) [pʀɛ̃sipal, -o] <-aux> **I.** *adj* **1.** (*le plus important*) principal **2.** (*premier dans une hiérarchie*) **les principaux intéressés dans cette histoire** the ones most directly involved in this business; **les raisons ~es** the main reasons; **rôle ~ d'un film** leading role in a film **3.** LING **proposition ~e** main clause **II.** *m(f)* ECOLE principal

principale [pʀɛ̃sipal] *f* LING main clause

principalement [pʀɛ̃sipalmɑ̃] *adv* mainly

principauté [pʀɛ̃sipote] *f* principality

principe [pʀɛ̃sip] *m* **1.** (*règle de conduite*) *a.* PHYS, MATH principle; **~ fondamental** fundamental principle; **avoir des ~s** to have scruples; **qn a pour ~ de** +*infin* it's a principle with sb to +*infin* **2.** (*hypothèse*) assumption; **poser des ~s** to make working assumptions ▶ **en ~** in principle [*o* theory]; **par ~** on principle; **pour le ~** on principle

printanier, -ière [pʀɛ̃tanje, -jɛʀ] *adj* (*atmosphère, tenue*) spring; **robe printanière** summer dress

printemps [pʀɛ̃tɑ̃] *m* spring

prioritaire [pʀijɔʀitɛʀ] **I.** *adj* **1.** (*qui passe en premier*) priority; **être ~** to have priority **2.** AUTO **être ~** (*automobiliste, route*) to have the right of way **II.** *mf* (*personne*) person with priority; AUTO person who has the right of way

priorité [pʀijɔʀite] *f* priority; **~ sur qn/qc** priority over sb/sth; **en ~** as a priority; **avoir la ~** to have priority; AUTO to have the right of way; **il y a ~ à droite** vehicles coming from the right have the right of way

pris [pʀi] *passé simple de* **prendre**

pris(e) [pʀi, pʀiz] **I.** *part passé de* **prendre** **II.** *adj* **1.** (*occupé*) **être ~** (*place*) to be taken; **avoir les mains ~es** to have one's hands full **2.** (*emploi du temps complet: personne*) busy **3.** (*en proie à*) **être ~ de peur/de panique** to be stricken with fear/panic; **être ~ d'envie de** +*infin* to get an urge to +*infin*

prise [pʀiz] *f* **1.** (*action de prendre avec les mains*) hold; **maintiens bien la ~!** hold tight!

2. (*poignée, objet que l'on peut empoigner*) grip; **lâcher ~** to let go; *fig* to loosen one's grip **3.** (*animal capturé*) catch **4.** ELEC **~ de courant** electrical socket; **~ multiple** adaptor **5.** CINE shooting **6.** (*pincée: de tabac*) pinch; (*de drogue*) snort **7.** MED **~ de sang** blood sample; **se faire faire une ~ de sang** to have a blood sample taken **8.** (*action d'assumer*) **~ en charge** ADMIN *reimbursement of medical costs by insurance* **9.** *fig* **~ de conscience** realization

prisé(e) [pʀize] *adj soutenu* appreciated

prisme [pʀism] *m* prism

prison [pʀizɔ̃] *f* prison

prisonnier, -ière [pʀizɔnje, -jɛʀ] **I.** *adj* (*en détention*) **être ~** to be held prisoner; (*soldat*) to be held captive **II.** *m, f* prisoner; **~ de guerre** prisoner of war; **faire qn ~** to take sb prisoner

privation [pʀivasjɔ̃] *f* **1.** *soutenu* (*suppression*) deprivation; (*de la liberté, des droits civiques*) loss **2.** *pl* (*sacrifice*) privation; **vie de ~s** life of hardship

privatiser [pʀivatize] <1> *vt* to privatize

privé [pʀive] *m* **1.** (*vie privée*) private life; **dans le ~** in private; **déclarations/conversation en ~** private declarations/conversation; **confier qc à qn en ~** to confide sth to sb in private **2.** ECON private sector

privé(e) [pʀive] **I.** *adj* (*opp: public*) private; **il est ici à titre ~** he is here in a private capacity **II.** *m(f) inf* (*détective*) private detective

priver [pʀive] <1> **I.** *vt* **1.** (*refuser à*) **~ qn de liberté** to deprive sb of their freedom **2.** (*faire perdre à*) **~ qn de tous ses moyens** to leave sb completely helpless; **être privé d'électricité** to be without electricity **3.** (*frustrer*) **~ qn de qc** to deprive sb of sth; **je ne veux pas vous ~** I don't want to deprive you **II.** *vpr* **1.** (*se restreindre*) **se ~ pour qn** to make sacrifices for sb **2.** (*renoncer*) **se ~ de cigarettes/dessert** to deny oneself cigarettes/dessert; **se ~ de fumer** to go without smoking ▶ **ne pas se ~ de faire qc** to make sure one does sth

privilège [pʀivilɛʒ] *m* privilege

privilégié(e) [pʀivileʒje] **I.** *adj* (*avantagé*) privileged **II.** *m(f)* privileged person

privilégier [pʀivileʒje] <1> *vt* **1.** (*avantager*) to favor **2.** (*donner la priorité*) **~ qc** to lay great stress on sth

prix [pʀi] *m* **1.** (*coût, contrepartie*) price; **~ d'ami** special price; **~ coûtant** cost price; **dernier ~** final offer; **~ d'achat/de détail** purchase/retail price; **~ de gros** wholesale price; **à ~ d'or** for a small fortune; **à bas ~** cheaply; **à moitié ~** half-price; **à ~ salé** at a steep price; **hors de ~** outrageously expensive; **vendre au ~ fort** to charge the full price; **le ~ de la gloire/du succès** the price of glory/success; **à tout/aucun ~** at any/not at any price **2.** (*valeur*) **de ~** valuable; **ne pas avoir de ~** to be priceless **3.** (*distinction, lauréat*) *a.* SPORT prize; **~ d'interprétation** prize for best actor; **~ Nobel** Nobel Prize; **être un ~ Nobel de littérature/médecine** to be a Nobel prizewinner for literature/medicine ▶ **c'est le même ~** *inf* it comes down to the same thing; **payer le ~ fort** to pay the full price; **mettre la tête de qn à ~** to put a price on sb's head; **y mettre le ~** to pay what it costs

Prix [pʀi] *m* **Grand ~** (**automobile**) Grand Prix

prix-choc [pʀiʃɔk] <prix-chocs> *m* drastic reductions

pro [pʀo] *mf inf abr de* **professionnel** pro

proactif, -ive [pʀoaktif, -iv] *adj* (*mesure, démarche*) proactive

probabilité [pʀɔbabilite] *f* probability; **calcul des ~s** probability theory; **selon toute ~** in all probability

probable [pʀɔbabl] *adj* probable

probablement [pʀɔbabləmɑ̃] *adv* probably; **~ qu'il dira oui** he will probably say yes

probant(e) [pʀɔbɑ̃, ɑ̃t] *adj* (*argument, raison*) convincing

probatoire [pʀɔbatwaʀ] *adj* **période/stage ~** probationary/training period

probité [pʀɔbite] *f* (*d'un employé, fonctionnaire*) honesty

problématique [pʀɔblematik] **I.** *adj* (*qui pose problème*) problematic **II.** *f* issues *pl*

problème [pʀɔblɛm] *m* problem; **enfant/peau à ~s** *inf* problem child/skin; **ça me pose un ~** [*o* **des ~s**] that's a bit of a problem for me; **(y a) pas de ~!** *inf* no problem!; **faux ~** non-problem; **les ~s de circulation/stationnement** traffic/parking problems; **~ du logement/chômage** housing/unemployment problems; **~ de géométrie/de physique** geometry/physics problem

procédé [pʀɔsede] *m* **1.** (*méthode*) process; **~ de fabrication** manufacturing process **2.** *souvent pl* (*façon d'agir*) behavior; **user de bons/mauvais ~s à l'égard de qn** to behave well/badly towards sb

procéder [pʀɔsede] <5> *vi* (*agir*) to proceed; **~ par ordre** to do things in order

procédure [pʀɔsedyʀ] *f* **1.** (*marche à suivre*) procedure **2.** JUR (*action en justice*) proceedings *pl;* **code de ~ pénale** penal code

procès [pʀɔsɛ] *m* JUR (*civil*) lawsuit; (*criminel*) trial; **être en ~ avec qn** to be involved in a lawsuit with sb ▶ **faire le ~ de qn/qc** to put sb/sth on trial

processeur [pʀɔsesœʀ] *m* INFORM processor

procession [pʀɔsesjɔ̃] *f a.* REL procession

processus [pʀɔsesys] *m* **1.** (*évolution*) *a.* MED progress; (*biologique, physiologique*) process **2.** TECH (*ensemble d'opérations*) process; **~ de fabrication** manufacturing process

procès-verbal [pʀɔsɛvɛʀbal, -o] <procès-verbaux> *m* **1.** (*contravention*) parking ticket; **dresser un ~ à qn** to give sb a parking ticket **2.** (*compte rendu*) minutes *pl*

prochain [pʀɔʃɛ̃] *m* (*être humain*) neighbor

prochain(**e**) [pʀɔʃɛ̃, ɛn] **I.** *adj* **1.** (*suivant*) next; **en août ~** next August **2.** *postposé* (*proche: arrivée, départ*) impending; (*mort*) imminent; (*avenir*) near **II.** *m(f)* (*personne ou chose suivante*) next one
prochaine [pʀɔʃɛn] *f inf* **1.** (*station*) next station **2.** (*fois*) **à la ~!** see you soon!
prochainement [pʀɔʃɛnmɑ̃] *adv* soon
proche [pʀɔʃ] **I.** *adj* **1.** (*à proximité: lieu*) near; **être ~ de qc** to be near sth; **un restaurant tout ~** a nearby restaurant; **la ville la plus ~** the nearest town; **~s l'un de l'autre** near to one another **2.** *antéposé* (*d'à côté: voisin*) next-door **3.** (*imminent*) imminent **4.** (*récent: événement, souvenir*) recent **5.** *antéposé* (*de parenté étroite: cousin, parent*) close; **être ~ de qn** (*par la pensée*) to be close to sb **6.** (*voisin*) **être ~ de qc** (*langue*) to be closely related to sth; (*prévision, attitude*) to be not far removed from sth ►**de ~ en ~** step by step **II.** *mf* **1.** (*ami intime*) close friend **2.** *mpl* (*parents*) **les ~s de qn** sb's close relatives [*o* family]
Proche-Orient [pʀɔʃɔʀjɑ̃] *m* **le ~** the Near East
proclamation [pʀɔklamasjɔ̃] *f* (*de la république*) proclamation
proclamer [pʀɔklame] <1> **I.** *vt* **1.** (*affirmer, désigner comme: conviction, vérité*) to proclaim; (*innocence*) to declare; **~ qn empereur/roi** to proclaim sb emperor/king **2.** (*annoncer publiquement*) to announce; (*état de siège, république*) to declare **II.** *vpr* (*se déclarer*) **se ~ indépendant** to declare one's independence; **se ~ république autonome** to proclaim autonomy as a republic
procuration [pʀɔkyʀasjɔ̃] *f* proxy; COM power of attorney; **donner ~ à qn pour** +*infin* to give sb power of attorney to +*infin*
procurer [pʀɔkyʀe] <1> **I.** *vt* **1.** (*faire obtenir*) **~ qc à qn** to obtain sth for sb **2.** (*apporter: joie, ennuis*) to bring **II.** *vpr* (*obtenir*) **se ~ un travail** to get (oneself) a job
procureur [pʀɔkyʀœʀ] *mf* JUR prosecutor
Procureur [pʀɔkyʀœʀ] *mf* JUR **~ de la République** state prosecutor
prodigalité [pʀɔdigalite] *f* **1.** (*caractère dépensier*) extravagance **2.** *pl* (*dépenses excessives*) extravagance(s)
prodige [pʀɔdiʒ] *m* **1.** (*miracle*) miracle **2.** (*merveille*) marvel; **faire des ~s** to work wonders **3.** (*personne très douée*) prodigy ►**tenir du ~** to be amazing
prodigieusement [pʀɔdiʒjøzmɑ̃] *adv* (*beau, difficile*) fantastically; (*doué, intéressant*) incredibly; (*agacer, s'ennuyer*) beyond belief
prodigieux, -euse [pʀɔdiʒjø, -jøz] *adj* (*effort, force*) prodigious
prodigue [pʀɔdig] *adj* **1.** (*dépensier*) extravagant **2.** (*généreux*) **être ~ de compliments** to be lavish with one's compliments; **il n'est pas ~ de paroles** to be a man of few words **3.** *postposé* (*qui a quitté sa famille: fils, père*) prodigal
prodiguer [pʀɔdige] <1> *vt* (*distribuer généreusement: biens*) to lavish; **~ des conseils à qn** to lavish advice on sb
producteur, -trice [pʀɔdyktœʀ, -tʀis] **I.** *adj* COM producing; **~ de blé** wheat-growing; **pays ~ de gaz naturel/charbon** natural gas-/coal-producing country; **les pays ~s de pétrole** the oil-producing countries **II.** *m, f* **1.** AGR grower **2.** (*fabricant*) manufacturer **3.** CINE, RADIO, TV producer
productif, -ive [pʀɔdyktif, -iv] *adj* productive
production [pʀɔdyksjɔ̃] *f* **1.** (*fait de produire*) production **2.** (*fabrication: de produits manufacturés*) production; **~ de voitures** automobile production; **~ d'électricité/énergie** electricity/energy generation **3.** (*exploitation*) **~ de blé/fruits** wheat-/fruit-growing; **~ de viande** meat production **4.** (*quantité produite*) production; (*d'énergie*) generation; AGR yield **5.** CINE, RADIO, TV production
productivité [pʀɔdyktivite] *f* **1.** (*rendement: d'une usine, d'un employé, ouvrier*) productivity **2.** (*rentabilité: d'un service, impôt*) profitability
produire [pʀɔdɥiʀ] *irr* **I.** *vt* **1.** ECON (*matières premières, produits manufacturés*) to produce; (*électricité*) to generate **2.** AGR, GEO (*cultivateur, arbre*) to grow; (*pays, région, terre*) to yield **II.** *vi* FIN to return **III.** *vpr* **se ~ 1.** (*survenir*) to happen; (*changement*) to take place; **le silence s'est produit** there was silence **2.** (*se montrer en public*) to appear in public **3.** (*se montrer sur la scène*) to appear on stage
produit [pʀɔdɥi] *m* **1.** ECON, CHIM, BIO, MATH product; **~ alimentaire** foodstuff; **~s de beauté** cosmetics; **~ de première nécessité** vital commodities **2.** (*rapport, bénéfice*) **~ brut/net** gross/net profit; **~ intérieur brut** gross domestic product; **~ national brut** gross national product
proéminent(**e**) [pʀɔeminɑ̃, ɑ̃t] *adj* (*front, menton, nez*) prominent
pro-européen(**ne**) [pʀɔøʀɔpeɛ̃, ɛn] *m(f)* pro-European
prof *inf v.* **professeur**
profanation [pʀɔfanasjɔ̃] *f* profanation
profane [pʀɔfan] **I.** *adj* **1.** (*ignorant*) lay; **je suis ~ en la matière** I'm a layman in the subject **2.** (*opp: religieux: musique*) profane **II.** *mf* (*non initié*) layman *m*, laywoman *f*; **les ~s** the uninitiated **III.** *m* REL **le ~** the profane
profaner [pʀɔfane] <1> *vt* to profane
proférer [pʀɔfeʀe] <5> *vt* (*paroles, menaces*) to utter
professeur [pʀɔfesœʀ] *mf* **1.** ECOLE teacher; **~ de lycée** schoolteacher; **~ des écoles** elementary school teacher; **~ de français/de piano** French/piano teacher **2.** UNIV (*avec chaire*) professor; (*sans chaire*) lecturer
profession [pʀɔfesjɔ̃] *f* profession; **exercer la ~ de qc** to practice the profession of sth
professionnalisme [pʀɔfesjɔnalism] *m* pro-

fessionalism

professionnel(le) [pʀɔfesjɔnɛl] **I.** *adj* **1.** (*relatif à un métier: conscience, qualification, vie*) professional; (*cours, enseignement*) vocational; **lycée** ~ vocational school **2.** (*opp: amateur: écrivain, journaliste*) professional **3.** (*compétent*) adept **II.** *m(f)* **1.** (*homme de métier, personne compétente*) professional; ~ **du tourisme/de l'enseignement** tourism/education professional **2.** SPORT **passer** ~ *inf* to turn professional

professionnelle [pʀɔfesjɔnɛl] *f inf* (*prostituée*) prostitute

professorat [pʀɔfesɔʀa] *m* teaching; ~ **de mathématiques** mathematics teaching

profil [pʀɔfil] *m* **1.** (*relief*) outline; **de** ~ in outline **2.** (*silhouette, aptitudes*) *a.* INFORM profile; ~ **utilisateur** user profile ▶**montrer son meilleur** ~ to show one's best side

profilage [pʀɔfilaʒ] *m* profiling

profiler [pʀɔfile] <1> **I.** *vt* TECH to shape **II.** *vpr* **se** ~ **1.** (*édifice, silhouette*) to stand out **2.** (*ennuis, obstacles*) to loom on the horizon

profit [pʀɔfi] *m* **1.** COM, FIN profit **2.** (*avantage*) advantage; **mettre à ~ une situation pour** +*infin* to take advantage of a situation to +*infin;* **au ~ de qn/qc** (*concert*) in aid of sb/sth; (*activités*) for sb/sth

profitable [pʀɔfitabl] *adj* **1.** (*avantageux*) beneficial **2.** (*rentable*) profitable

profiter [pʀɔfite] <1> *vi* **1.** (*tirer avantage de*) ~ **d'une situation/d'une occasion** to take advantage of a situation/an opportunity **2.** (*être utile à*) ~ **à qn** to benefit sb; (*repos, vacances*) to do sb good **3.** *inf* (*se fortifier*) to thrive; (*enfant*) to grow **4.** (*tirer un profit*) ~ **dans un marché** to make a profit from a market

profiteur, -euse [pʀɔfitœʀ, -øz] *m, f péj* profiteer

profond(e) [pʀɔfɔ̃, ɔ̃d] **I.** *adj* **1.** (*qui s'enfonce loin*) deep; ~ **de 50 m** 50 meters deep **2.** (*très grand*) great; (*révérence, sommeil, nuit*) deep; (*sentiment*) profound; **dans la nuit ~e** in the dark of night **3.** *postposé* (*caché: cause*) underlying; (*signification*) deep; (*tendance*) deep-rooted; **la France ~e** rural France **4.** (*opp: superficiel, léger: esprit, penseur, regard*) profound; (*pensée, réflexion, soupir, voix*) deep **5.** *postposé* MED (*arriéré, débile*) seriously; **handicapé** ~ severely handicapped **II.** *adv* (*creuser, planter*) deep

profondément [pʀɔfɔ̃demɑ̃] *adv* **1.** (*d'une manière profonde: s'incliner*) deeply; (*creuser, pénétrer*) deep **2.** (*beaucoup: respirer, aimer, réfléchir*) deeply; (*dormir*) soundly; (*influencer, ressentir*) profoundly; (*souhaiter*) sincerely; **se tromper** ~ to be profoundly mistaken **3.** *antéposé* (*très, tout à fait: choqué, ému, touché, vexé*) deeply, greatly; (*convaincu, différent*) profoundly

profondeur [pʀɔfɔ̃dœʀ] *f* **1.** (*distance*) depth; **50 m de** ~ a depth of 50 meters **2.** (*intensité: d'une voix*) deepness; (*d'un regard*) depth ▶**en** ~ (*connaissance*) in-depth

profusion [pʀɔfyzjɔ̃] *f* (*abondance*) profusion ▶**à** ~ in profusion

progéniture [pʀɔʒenityʀ] *f iron* (*enfants*) offspring

programmable [pʀɔgʀamabl] *adj* INFORM, TECH programmable

programmation [pʀɔgʀamasjɔ̃] *f* CINE, RADIO, TV, INFORM programming; **langage de** ~ programming language

programme [pʀɔgʀam] *m* **1.** (*objectif planifié*) plan; (*étapes*) program; ~ **d'action** plan of action; ~ **de recherches** research program **2.** (*livret*) program; CINE, TV guide; **être au** ~ to be on **3.** ECOLE syllabus **4.** UNIV course ▶**vaste ~!** *iron* that will take some doing!; **être au** ~ to be on the program; CINE, TV to be on; **être hors** ~ not to be on the program; ECOLE not to be on the syllabus; **c'est tout un** ~ that's quite a business

programmer [pʀɔgʀame] <1> *vt* **1.** CINE, TV to schedule **2.** THEAT to show **3.** (*établir à l'avance: journée, réjouissances, vacances*) to plan; **être programmé à dix heures** to be planned for ten o'clock **4.** TECH (*calculatrice*) to program; ~ **une machine à laver sur qc** to set a washing machine to sth

programmeur, -euse [pʀɔgʀamœʀ, -øz] *m, f* programmer

progrès [pʀɔgʀɛ] *m a.* ECOLE progress; **faire des ~ en qc** to make progress in sth ▶**il y a du** ~ *inf* there's progress; **on n'arrête pas le** ~ *inf* progress never stops

progresser [pʀɔgʀese] <1> *vi* **1.** (*s'améliorer*) to progress; (*conditions de vie*) to improve **2.** (*augmenter: difficultés*) to increase; (*prix, salaires*) to rise **3.** (*s'étendre: épidémie, incendie, inondation, idées*) to spread **4.** (*avancer: armée, explorateur, sauveteur, véhicule*) to advance

progressif, -ive [pʀɔgʀesif, -iv] *adj* (*amélioration, évolution, transformation*) gradual; (*développement, difficulté, amnésie, paralysie*) progressive

progression [pʀɔgʀɛsjɔ̃] *f* **1.** (*amélioration*) progress; (*des conditions de vie, du bien-être*) improvement **2.** (*augmentation: du chômage, de l'alcoolisme*) increase; (*des prix, salaires*) rise **3.** (*extension, développement*) spread **4.** (*marche en avant: d'un explorateur, sauveteur, véhicule, d'une armée*) progress **5.** MATH progression

progressiste [pʀɔgʀesist] *adj, mf* progressive

progressivement [pʀɔgʀesivmɑ̃] *adv* progressively; (*procéder*) gradually

prohibé(e) [pʀɔibe] *adj* forbidden

prohibitif, -ive [pʀɔibitif, -iv] *adj* **tarif** ~ prohibitive rate

proie [pʀwɑ] *f* (*opp: prédateur, victime*) prey ▶**être en ~ à qc** to be plagued by sth

projecteur [pʀɔʒɛktœʀ] *m* **1.** (*de cinéma, diapositives*) projector **2.** (*d'un stade*) floodlight

P

projectile [pʀɔʒɛktil] *m* projectile

projection [pʀɔʒɛksjɔ̃] *f* CINE projection; (*de diapositives, d'un film*) showing

projectionniste [pʀɔʒɛksjɔnist] *mf* projectionist

projet [pʀɔʒɛ] *m* **1.** (*intention*) plan; (*programme*) project; ~ **de vacances** vacation plans; ~ **de film** plan for a film; ~ **de construction** building project **2.** (*ébauche, esquisse*) draft; ~ **de contrat** draft contract; ~ **de loi** bill

projeter [pʀɔʒ(ə)te] <3> **I.** *vt* **1.** (*faire un projet*) to plan **2.** (*éjecter*) to throw; (*fumée*) to give off; (*étincelles*) to throw off **II.** *vpr* (*se refléter*) **se ~** (*ombre, silhouette*) to be outlined

prolétaire [pʀɔletɛʀ] **I.** *adj* working-class, proletarian *form* **II.** *mf* proletarian

prolétariat [pʀɔletaʀja] *m* proletariat

prolifération [pʀɔlifeʀasjɔ̃] *f* proliferation

proliférer [pʀɔlifeʀe] <5> *vi* to proliferate

prolifique [pʀɔlifik] *adj* prolific

prolixe [pʀɔliks] *adj* verbose

prolo [pʀolo] *mf péj, inf abr de* **prolétaire** prole

prologue [pʀɔlɔg] *m* **1.** (*introduction*) prologue **2.** *fig* ~ **à un événement** prelude to an event

prolongation [pʀɔlɔ̃gasjɔ̃] *f* **1.** (*allongement: d'un congé, délai, d'une trêve*) extension **2.** SPORT overtime ▶ **jouer les ~s** SPORT to play in overtime; *iron* to hang around

prolongé(e) [pʀɔlɔ̃ʒe] *adj* (*de longue durée: arrêt, séjour*) lengthy; (*cri, rire*) long-drawn-out; (*débat, exposition au soleil*) prolonged; (*effort*) sustained

prolongement [pʀɔlɔ̃ʒmɑ̃] *m* (*continuation*) continuation; (*d'une route*) extension

prolonger [pʀɔlɔ̃ʒe] <2a> **I.** *vt* **1.** (*faire durer davantage*) to prolong **2.** (*rendre plus long*) to extend; (*rue*) to continue **II.** *vpr* **se ~ 1.** (*durer: débat, séance*) to go on; (*trêve*) to hold out; (*effet, séjour*) to last; (*maladie*) to continue **2.** (*s'étendre en longueur: chemin, rue*) to continue

promenade [pʀɔm(ə)nad] *f* **1.** (*balade à pied*) walk; (*balade en bateau*) sail; (*balade à cheval*) ride; ~ **en voiture** drive; ~ **à/en vélo** bike ride; **faire faire une ~ à qn** to take sb for a walk **2.** (*lieu où l'on se promène en ville*) promenade **3.** (*lieu où l'on se promène à la campagne*) walk

promener [pʀɔm(ə)ne] <4> **I.** *vt* **1.** (*accompagner*) ~ **qn/un animal** to take sb/an animal for a walk **2.** (*laisser errer*) ~ **ses doigts sur le clavier** to run one's fingers over the keyboard; ~ **son regard sur la plaine** to cast one's eyes over the plain ▶ **ça me/le promènera** *inf* it will get me/him out for a while **II.** *vpr* **1.** (*faire une promenade*) (**aller**) **se ~** (*animal, personne*) to go for a walk; (*à cheval*) to go for a ride; (*en bateau*) to go for a sail; **se ~ en voiture** to go for a drive; **se ~ à vélo** [*o* **en**] to go for a bike ride **2.** *fig* **se ~** (*rivière*) to run; (*chaussettes, livres, outils*) to lie around; (*imagination, regards*) to wander

promeneur, -euse [pʀɔm(ə)nœʀ, -øz] *m, f* walker

promesse [pʀɔmɛs] *f* (*engagement*) promise ▶ **~ en l'air** [*o* **de Gascon**] empty promise

prometteur, -euse [pʀɔmɛtœʀ, -øz] *adj* promising

promettre [pʀɔmɛtʀ] *irr* **I.** *vt* (*s'engager à, laisser présager*) to promise; ~ **une visite à qn** to promise to visit sb; ~ **le secret à qn** to promise to keep sb's secret; **ça je te le promets!** that I can promise you! ▶ **c'est promis juré** *inf* it's a promise **II.** *vi* **1.** (*faire une promesse*) to promise **2.** (*être prometteur*) to be promising ▶ **ça promet!** *iron* that's promising! **III.** *vpr* (*prendre la résolution de*) **se ~ de** +*infin* to promise oneself to +*infin*

promis(e) [pʀɔmi, iz] *adj* **être ~ à qn/qc** to be destined for sb/sth

promiscuité [pʀɔmiskɥite] *f* **~ d'un taudis** the lack of privacy in a slum

promo [pʀomo] *f inf abr de* **promotion** class

promontoire [pʀɔmɔ̃twaʀ] *m* promontory

promoteur, -trice [pʀɔmɔtœʀ, -tʀis] *m, f* CONSTR ~ (**immobilier**) developer

promotion [pʀɔmosjɔ̃] *f* **1.** (*avancement*) promotion **2.** (*progression*) ~ **sociale** social advancement **3.** ECOLE class **4.** (*produit en réclame*) special offer

promotionnel(le) [pʀɔmosjɔnɛl] *adj* **1.** (*produit*) on sale; **vente ~le** promotional sale **2.** (*argument*) promotional; **matériel ~** promotional material

promouvoir [pʀɔmuvwaʀ] *vt irr* **1.** (*élever en grade*) ~ **un mécanicien** (**à la fonction de**) **contremaître** to promote a mechanic foreman **2.** (*soutenir*) to further **3.** COM (*produit*) to promote

prompt(e) [pʀɔ̃(pt), pʀɔ̃(p)t] *adj* **1.** *antéposé* (*rétablissement*) rapid **2.** *postposé* (*geste*) quick

promptitude [pʀɔ̃(p)tityd] *f soutenu* **1.** (*rapidité*) quickness; **la ~ des secours** the speed with which help arrived **2.** (*vivacité: d'une personne*) quick-wittedness; (*d'un esprit*) readiness; **la ~ de ses réparties** his lightning wit

promulguer [pʀɔmylge] <1> *vt* (*loi, décret, édit*) to promulgate

prôner [pʀone] <1> *vt* to advocate

pronom [pʀɔnɔ̃] *m* pronoun

pronominal [pʀɔnɔminal, -o] <-aux> *m* reflexive verb

pronominal(e) [pʀɔnɔminal, -o] <-aux> *adj* pronominal; (*verbe*) reflexive

prononcé [pʀɔnɔ̃se] *m* JUR (*d'un arrêt, d'une sentence*) pronouncement

prononcé(e) [pʀɔnɔ̃se] *adj* (*trait, accent, goût pour qc*) pronounced; (*parfum*) strong

prononcer [pʀɔnɔ̃se] <2> **I.** *vt* **1.** (*articuler*) to pronounce **2.** (*dire, exprimer: parole*) to say; (*souhait*) to express; (*discours, plaidoyer*) to give **II.** *vpr* **1.** (*être articulé*) **se ~** (*lettre, mot, nom*) to be pronounced **2.** (*prendre position*) **se ~ pour/contre qn/qc** to pronounce oneself for/against sb/sth **3.** (*formuler son point de vue, diagnostic*) **se ~ sur qc** to give an opinion on sth

prononciation [pʀɔnɔ̃sjasjɔ̃] *f* LING pronunciation

pronostic [pʀɔnɔstik] *m* forecast

propagande [pʀɔpagɑ̃d] *f* propaganda ▶ **faire de la ~ à/pour qn/qc** to push sb/sth; POL to campaign for sb/sth

propagateur, -trice [pʀɔpagatœʀ, -tʀis] *m, f* propagator

propagation [pʀɔpagasjɔ̃] *f* **1.** (*extension*) propagation **2.** (*diffusion: d'une idée, nouvelle*) spreading

propager [pʀɔpaʒe] <2a> **I.** *vt* (*diffuser: idée, nouvelle*) to spread **II.** *vpr* **se ~** to spread

propane [pʀɔpan] *m* propane (gas)

Prophète [pʀɔfɛt] *m* **le ~** the Prophet (*Muhammad*)

prophète, prophétesse [pʀɔfɛt, pʀɔfetɛs] *m, f* prophet

prophétie [pʀɔfesi] *f a.* REL prophesy

prophétique [pʀɔfetik] *adj* prophetic

propice [pʀɔpis] *adj* favorable

proportion [pʀɔpɔʀsjɔ̃] *f* **1.** (*rapport*) proportion; **en ~ de qc** in proportion to sth **2.** *pl* (*taille, volume: d'une personne, d'un texte, édifice*) proportions; (*d'une recette*) quantities; **dans des ~s inattendues** in unexpected proportions ▶ **toutes ~s gardées** relatively speaking

proportionné(e) [pʀɔpɔʀsjɔne] *adj* proportionate; **être ~ à qc** to be in proportion [*o* proportionate] to sth

proportionnel(le) [pʀɔpɔʀsjɔnɛl] *adj* proportional; **être ~ à qc** to be proportional to sth

proportionnelle [pʀɔpɔʀsjɔnɛl] *f* POL **la ~** proportional representation

proportionnellement [pʀɔpɔʀsjɔnɛlmɑ̃] *adv* proportionally

propos [pʀɔpo] *m gén pl* (*paroles*) words; **tenir des ~ inacceptables** to say unacceptable things ▶ **bien/mal à ~** at the right/wrong time; **à tout ~** constantly; **à ~ de tout et de rien** for no reason; **juger à ~ de** +*infin* to think it appropriate to +*infin;* **à ce ~** in this connection; **hors de ~** irrelevant; **à quel ~?** on what subject?; **à ~** well-timed; **à ~ de qc** about sth

proposer [pʀɔpoze] <1> **I.** *vt* **1.** (*soumettre: plan, projet*) to propose, to suggest; (*devoir, question, sujet*) to set; (*idée*) to suggest; (*décret, loi*) to put forward; **~ une nouvelle loi** (*gouvernement*) to propose a new law **2.** (*offrir: marchandise, paix, récompense, activité*) to offer; (*spectacle*) to propose **3.** (*présenter*) **~ qn pour un poste/comme collaborateur** to suggest sb for a job/as a partner **II.** *vpr* **1.** (*avoir pour objectif*) **se ~ un but** to set oneself a goal **2.** (*offrir ses services*) **se ~ à qn comme chauffeur** to offer sb one's services as a driver

proposition [pʀɔpozisjɔ̃] *f* **1.** (*offre*) offer; **~ d'emploi** job offer; **~ de loi** private bill **2.** *pl* (*avances*) **des ~s** propositions **3.** MATH proposition **4.** LING clause

propre[1] [pʀɔpʀ] **I.** *adj* **1.** (*opp: sale*) clean **2.** (*soigné: travail, intérieur, personne, tenue*) neat **3.** (*opp: incontinent: enfant*) potty-trained; (*animal*) housebroken **4.** (*honnête: affaire, argent*) honest **5.** (*non polluant*) environmentally-friendly ▶ **me/le voilà ~!** *inf* I'm/he's in a real mess! **II.** *m* **c'est du ~!** *inf* what a mess!; **mettre qc au ~** to copy sth neatly

propre[2] [pʀɔpʀ] **I.** *adj* **1.** *antéposé* (*à soi*) own **2.** *postposé* (*exact: mot, terme*) proper; (*sens*) literal; **le sens ~ d'un mot** the literal sense of a word **3.** (*particulier: biens, capitaux*) separate **II.** *m* **1.** (*particularité*) particularity **2.** LING **au ~ et au figuré** literally and figuratively **3.** (*propriété*) **en ~** as personal property

proprement [pʀɔpʀəmɑ̃] *adv* **1.** (*avec soin*) cleanly; (*manger*) properly **2.** (*avec honnêteté*) honestly

propreté [pʀɔpʀəte] *f* **1.** (*opp: saleté*) cleanliness **2.** (*caractère non polluant*) cleanness

propriétaire [pʀɔpʀijetɛʀ] *mf* **1.** (*possesseur*) owner; (*d'un animal*) master **2.** (*opp: locataire*) landlord **3.** (*bailleur*) lessor

propriété [pʀɔpʀijete] *f* **1.** (*domaine, immeuble*) ownership **2.** (*chose possédée*) property

propulser [pʀɔpylse] <1> *vt* **1.** (*projeter*) to propel **2.** *fig, inf* **~ qn à un poste** to throw sb into a job

propulsion [pʀɔpylsjɔ̃] *f* propulsion

prorogation [pʀɔʀɔgasjɔ̃] *f* **1.** (*prolongation*) extension **2.** (*report*) deferment

prosaïque [pʀozaik] *adj* prosaic

proscrire [pʀɔskʀiʀ] *vt irr* (*interdire*) to ban

proscrit(e) [pʀɔskʀi, it] **I.** *adj* banished **II.** *m(f)* exile

prose [pʀoz] *f a.* LIT prose; **~ administrative** *péj* officialese

prosélytisme [pʀɔzelitism] *m* proselytism

prospecter [pʀɔspɛkte] <1> *vt* **1.** (*explorer*) to explore **2.** COM to canvass **3.** MIN to prospect

prospection [pʀɔspɛksjɔ̃] *f* **1.** COM canvassing; **faire de la ~** to go canvassing **2.** MIN prospecting

prospectus [pʀɔspɛktys] *m* prospectus

prospère [pʀɔspɛʀ] *adj* (*affaires, commerce, entreprise*) flourishing; (*mine, personne, santé*) prosperous

prospérer [pʀɔspeʀe] <5> *vi* (*affaires, commerce, entreprise*) to flourish

prospérité [pʀɔspeʀite] *f* **1.** (*richesse*) prosperity **2.** *soutenu* (*santé*) good health

prostate [pʀɔstat] *f* prostate

prosterner [pʀɔstɛʀne] <1> *vpr* **se ~ devant qn/qc** (*s'incliner profondément*) to bow low before sb/sth

prostitué(e) [pʀɔstitɥe] *m(f)* prostitute
prostituer [pʀɔstitɥe] <1> *vpr* **se ~** *a. fig* to prostitute oneself
prostitution [pʀɔstitysjɔ̃] *f* prostitution
prostré(e) [pʀɔstʀe] *adj* prostrate
protagoniste [pʀɔtagɔnist] *mf* protagonist
protecteur, -trice [pʀɔtɛktœʀ, -tʀis] **I.** *adj* **1.** (*défenseur*) protective; ECON, POL protectionist **2.** (*condescendant: air, ton*) patronizing **II.** *m, f* **1.** (*défenseur*) guardian **2.** (*mécène*) patron
protection [pʀɔtɛksjɔ̃] *f* **1.** (*défense*) **~ contre qc** protection against sth; **~ de l'enfance** child welfare; **~ de l'environnement** environmental protection **2.** (*appui*) **avoir de hautes ~s** to have friends in high places **3.** (*élément protecteur*) safety device ▶**~ sociale** social welfare; **mesures de ~** protective measure
protégé(e) [pʀɔteʒe] **I.** *adj* (*site, territoire*) protected; (*passage*) priority **II.** *m(f)* (*favori*) protégé
protège-cahier [pʀɔtɛʒkaje] <protège-cahiers> *m* notebook cover
protéger [pʀɔteʒe] <2a, 5> **I.** *vt* **1.** (*défendre*) **~ qn/qc de/contre qn/qc** to protect sb/sth from sb/sth **2.** (*patronner: arts, carrière, sport*) to patronize; (*carrière, sport*) to sponsor **II.** *vpr* (*se défendre*) **se ~ contre qn/qc** to protect oneself from sb/sth
protège-slip [pʀɔtɛʒslip] <protège-slips> *m* panty liner
protège-tibia [pʀɔtɛʒtibja] <protège-tibias> *m* shin guard
protéine [pʀɔtein] *f* protein
protestant(e) [pʀɔtɛstɑ̃, ɑ̃t] *adj, m(f)* Protestant
protestantisme [pʀɔtɛstɑ̃tism] *m* Protestantism
protestation [pʀɔtɛstasjɔ̃] *f* (*plainte*) protest; **~ écrite** written complaint
protester [pʀɔtɛste] <1> *vi* (*s'opposer à*) to protest
prothèse [pʀɔtɛz] *f* (*organe artificiel*) prosthesis; **~ dentaire** denture
prothésiste [pʀɔtezist] *mf* prosthetic technician; **~ dentaire** dental technician
protocolaire [pʀɔtɔkɔlɛʀ] *adj* (*cérémonie, invitation, visite*) formal; **être/ne pas être ~** to pay/not pay attention to etiquette
protocole [pʀɔtɔkɔl] *m* protocol
proton [pʀɔtɔ̃] *m* proton
protonotaire [pʀɔtonɔtɛʀ] *m Québec* (*fonctionnaire chargé de l'enregistrement des actes dans un bureau régional*) ≈ registrar
prototype [pʀɔtɔtip] *m* prototype
protubérance [pʀɔtybeʀɑ̃s] *f* **1.** (*saillie*) bulge **2.** ANAT protuberance **3.** ASTR prominence
proue [pʀu] *f* prow
prouesse [pʀuɛs] *f* (*exploit*) exploit ▶**faire des ~s** to do great work; *iron* to hit the heights
prout [pʀut] *m inf* pfft; **faire (un) ~** to fart
prouver [pʀuve] <1> **I.** *vt* **1.** (*démontrer*) to prove; **il est prouvé que c'est vrai** it's been proven to be true; **il n'est pas prouvé que ce soit vrai** (*subj*) it hasn't been proven to be true **2.** (*montrer: amour*) to prove; (*reconnaissance*) to demonstrate; (*réponse, conduite*) to show **II.** *vpr* **se ~ 1.** (*se convaincre: personne*) to prove oneself **2.** (*être démontrable: chose*) to be demonstrated
provenance [pʀɔv(ə)nɑ̃s] *f* (*origine*) origin ▶**être en ~ de ...** to be from; **de même ~** (*marchandises*) from the same source; **de toute ~** from everywhere
provençal [pʀɔvɑ̃sal] *m* Provençal; *v.a.* **français**
provençal(e) [pʀɔvɑ̃sal, -o] <-aux> *adj* Provençal
Provençal(e) [pʀɔvɑ̃sal, -o] <-aux> *m(f)* Provençal
provençale [pʀɔvɑ̃sal] *f* CULIN **à la ~** Provençale
Provence [pʀɔvɑ̃s] *f* **la ~** Provence
provenir [pʀɔv(ə)niʀ] <9> *vi* **1.** (*venir de*) **~ de qn/qc** to come from sb/sth **2.** (*être la conséquence de*) **~ de qc** to result from; (*sentiment*) to arise from
proverbe [pʀɔvɛʀb] *m* proverb; **comme dit le ~** according to the proverb
proverbial(e) [pʀɔvɛʀbjal, -jo] <-aux> *adj* proverbial
providence [pʀɔvidɑ̃s] *f* **1.** (*chance*) piece of luck **2.** REL providence
province [pʀɔvɛ̃s] *f* province ▶**la Belle Province** Quebec; **faire très ~** *inf* to be very provincial

> **i** In Belgium, there are seven **provinces**, which are similar to the French *départements*. They have some autonomy but are overseen by the Federal government, communities, and regions.

provincial(e) [pʀɔvɛ̃sjal, -jo] <-aux> **I.** *adj* **1.** (*opp: parisien: air, manières, rythme, vie*) provincial **2.** *Québec* (*opp: fédéral: mesures, décision*) Provincial **II.** *m(f)* Provincial
proviseur [pʀɔvizœʀ] *mf* **1.** principal **2.** *Belgique* (*adjoint du préfet* (*directeur de lycée*)) vice principal
provision [pʀɔvizjɔ̃] *f* **1.** *pl* (*vivres*) provisions **2.** (*réserve*) **~ d'eau** water reserves; **faire ~ de qc** to stock up on sth
provisoire [pʀɔvizwaʀ] **I.** *adj* **1.** (*opp: définitif*) *a.* JUR provisional; (*solution, mesure, installation*) temporary; (*bonheur, liaison*) fleeting **2.** (*intérimaire: gouvernement*) interim **II.** *m* **c'est du ~** it's temporary
provisoirement [pʀɔvizwaʀmɑ̃] *adv* temporarily; **asseyez-vous là ~** sit there for now
provoc [pʀɔvɔk] *f inf abr de* **provocation**
provocant(e) [pʀɔvɔkɑ̃, ɑ̃t] *adj* provocative
provocateur, -trice [pʀɔvɔkatœʀ, -tʀis] **I.** *adj* provocative; **agent ~** agent provocateur **II.** *m, f* agitator

provocation [pʀɔvɔkasjɔ̃] *f* (*défi*) provocation; **faire de la ~** to be provocative
provoquer [pʀɔvɔke] <1> **I.** *vt* **1.** (*causer*) to prompt; (*changement*) to bring about; (*colère, gaieté*) to provoke; (*mort, accident, explosion, révolte, désordre*) to cause **2.** (*énerver, aguicher*) to provoke **II.** *vpr* **se ~** to provoke each other
proxénète [pʀɔksenɛt] *m* procurer
proximité [pʀɔksimite] *f* proximity; **à ~ de qc** near sth ► **les magasins de ~** local shops
pruche [pʀyʃ] *f Québec* (*conifère apparenté au sapin*) hemlock spruce
prudemment [pʀydamɑ̃] *adv* **1.** (*avec précaution*) carefully **2.** (*par précaution*) wisely
prudence [pʀydɑ̃s] *f* caution; **avoir la ~ de** *+infin* to have the good sense to *+infin*
prudent(e) [pʀydɑ̃, ɑ̃t] *adj* (*personne*) careful; (*précaution*) prudent; (*pas*) cautious
prud'homme [pʀydɔm] *m: member of the labor relations board*
prune [pʀyn] *f* (*fruit*) plum ► **pour des ~s** *inf* for nothing
pruneau [pʀyno] <x> *m* **1.** CULIN prune **2.** *Suisse* (*quetsche*) plum
prunelle [pʀynɛl] *f* **1.** BOT blackthorn **2.** ANAT pupil ► **tenir à qc comme à la ~ de ses yeux** to treat sth as one's greatest treasure
prunier [pʀynje] *m* plum tree ► **secouer qn comme un ~** *inf* to shake sb hard
prunus [pʀynys] *m* flowering cherry
prurit [pʀyʀit] *m* pruritus
PS [peɛs] *m abr de* **Parti socialiste** *French socialist party*
P.-S. [peɛs] *m abr de* **post-scriptum** PS
psaume [psom] *m* psalm
pseudonyme [psødɔnim] *m* pseudonym
pseudo-savant [psødosaɑ̃] *m* pseudo-scientist
psy [psi] *mf inf abr de* **psychanalyste, psychiatre, psychologue** shrink
psychanalyse [psikanaliz] *f* psychoanalysis
psychanalyser [psikanalize] <1> *vt* to psychoanalyze; **se faire ~** to undergo psychoanalysis
psychanalyste [psikanalist] *mf* psychoanalyst
psychiatre [psikjatʀ] *mf* psychiatrist
psychiatrie [psikjatʀi] *f* psychiatry
psychiatrique [psikjatʀik] *adj* psychiatric
psychique [psiʃik] *adj* psychic
psycho [psikɔ] *f inf,* **psychologie** [psikɔlɔʒi] *f* psychology
psychologique [psikɔlɔʒik] *adj* psychological
psychologiquement [psikɔlɔʒikmɑ̃] *adv* psychologically
psychologue [psikɔlɔg] **I.** *adj* perceptive **II.** *mf* psychologist
psychose [psikoz] *f* MED psychosis; (*psychose collective*) general hysteria
psychosomatique [psikosɔmatik] *adj* psychosomatic
psychothérapie [psikoteʀapi] *f* psychotherapy
psychotique [psikɔtik] *adj, mf* psychotic
PTT [petete] *mpl abr de* **Postes, Télégraphes, Téléphones** *French national postal and telecommunications company*
pu [py] *part passé de* **pouvoir**
puant(e) [pɥɑ̃, ɑ̃t] *adj* (*lieu*) stinking
puanteur [pɥɑ̃tœʀ] *f* stink
pub[1] [pyb] *f inf abr de* **publicité**
pub[2] [pœb] *m* (*bar*) pub
puberté [pybɛʀte] *f* puberty
pubis [pybis] *m* pubis
public [pyblik] *m* **1.** (*assistance*) audience; (*spectateurs*) public; (*lecteurs*) readership; (*auditeurs*) listeners; **être bon ~** to be easy to please; **le grand ~** the general public **2.** (*tous*) public; **en ~** (*en présence de personnes*) in public
public, publique [pyblik] *adj* (*commun, de l'État*) public; (*école*) state; **la rumeur publique veut que ce soit vrai** (*subj*) rumor has it that it's true
publication [pyblikasjɔ̃] *f* publication
publiciste [pyblisist] *mf* publicist
publicitaire [pyblisitɛʀ] *adj* **pancarte ~** billboard; **vente ~** promotional sale
publicité [pyblisite] *f* **1.** CINE, TV (*dans la presse*) advertising; (*à la radio, télé*) commercial; **une page de ~** (*dans la presse*) a page of advertisements; (*à la radio, télé*) a commercial break **2.** (*réclame*) advertisement **3.** *sans pl* (*métier*) advertising **4.** *sans pl* (*action de rendre public*) publicity
publier [pyblije] <1> *vt* **1.** (*faire paraître: auteur, éditeur*) to publish **2.** (*rendre public*) to publicize; (*nouvelle*) to publish; (*communiqué*) to release
publiquement [pyblikmɑ̃] *adv* publicly
puce [pys] *f* **1.** ZOOL flea; **le marché aux ~s** the flea market **2.** INFORM chip; **ordinateur à ~ unique** single chip computer **3.** (*terme d'affection*) **viens, ma ~!** come here, dear! ► **mettre la ~ à l'oreille de qn** to get sb thinking; **secouer les ~s à qn** *inf* (*réprimander*) to tell sb off; (*dégourdir*) to wake sb up; **se secouer les ~s** to wake up
puceau, pucelle [pyso, pysɛl] <x> *m, f inf* virgin
Pucelle [pysɛl] *f* **la ~ d'Orléans** the Maid of Orleans
puceron [pys(ə)ʀɔ̃] *m* greenfly
pudeur [pydœʀ] *f* **1.** (*décence*) modesty **2.** (*délicatesse*) decency; **ayez la ~ de vous taire!** have the decency to shut up!
pudique [pydik] *adj* **1.** (*chaste: comportement, personne, geste*) modest **2.** (*plein de réserve: personne*) discreet
pudiquement [pydikmɑ̃] *adv* **1.** (*par euphémisme*) discreetly **2.** (*chastement*) modestly
puer [pɥe] <1> **I.** *vi péj* to stink; **il pue des pieds** his feet stink **II.** *vt* **1.** *péj* (*empester*) **~ le renfermé** to smell musty **2.** *péj, inf* (*porter l'empreinte de*) **~ le fric** to stink of money
puériculteur, -trice [pɥeʀikyltœʀ, -tʀis] *m, f*

P

daycare provider
puéril(e) [pɥeʀil] *adj* puerile
puérilité [pɥeʀilite] *f sans pl* (*caractère puéril*) puerility
pugilat [pyʒila] *m* fistfight
puis[1] [pɥi] *adv* then; **et ~ après** [*o* **quoi**]**?** *inf* so what?; **et ~ quoi encore!?** *inf* and what now?; **et ~** (*en outre*) and anyway
puis[2] [pɥi] *indic prés de* **pouvoir**
puiser [pɥize] <1> **I.** *vt* **~ de l'eau dans qc** to draw water from sth **II.** *vi* **~ dans ses réserves** to draw on one's reserves
puisque [pɥisk(ə)] <puisqu'> *conj* since; **mais puisqu'elle est malade!** but she's sick, for heaven's sake!; **puisqu'il le faut!** if we have to!
puissamment [pɥisamɑ̃] *adv* **1.** (*avec des moyens efficaces*) greatly **2.** (*à un haut degré*) powerfully
puissance [pɥisɑ̃s] *f* power; (*des éléments, du vent*) strength; **volonté de ~** lust for power; **grande ~** major power; **dix ~ deux** ten to the power of two
puissant(e) [pɥisɑ̃, ɑ̃t] **I.** *adj* **1.** (*d'une grande force*) strong **2.** (*qui a du pouvoir, qui a un grand potentiel économique ou militaire*) powerful **3.** (*très efficace*) potent **II.** *mpl* **les ~s** the powers
puisse [pɥis] *subj prés de* **pouvoir**
puits [pɥi] *m* **1.** (*pour l'eau*) well **2.** (*pour l'exploitation d'un gisement: d'une mine*) shaft; **~ de pétrole** oil well
pull [pyl] *m inf,* **pull-over** [pylɔvɛʀ, pylɔvœʀ] <pull-overs> *m* sweater
pulluler [pylyle] <1> *vi* **1.** (*être en grand nombre*) **le gibier pullule ici** there's lots of game around here **2.** (*être plein de*) **l'article pullulait d'inexactitudes** the article was chock-full of inaccuracies
pulmonaire [pylmɔnɛʀ] *adj* **tuberculose ~** pulmonary tuberculosis
pulpe [pylp] *f* (*chair*) pulp; **~ dentaire** dental pulp
pulpeux, -euse [pylpø, -øz] *adj* (*lèvres*) full; (*femme*) curvaceous
pulsation [pylsasjɔ̃] *f* (*du cœur*) beat; **son pouls bat à 80 ~s à la minute** his pulse is 80 beats per minute
pulsion [pylsjɔ̃] *f* impulse; **~ sexuelle** sexual urge [*o* impulse]
pulvérisateur [pylveʀizatœʀ] *m* spray
pulvérisation [pylveʀizasjɔ̃] *f* spraying
pulvériser [pylveʀize] <1> *vt* **1.** (*vaporiser*) spray **2.** (*réduire à néant*) to demolish **3.** *inf* (*adversaire*) to pulverize; (*armée*) to crush; (*record*) to smash
puma [pyma] *m* puma
punaise [pynɛz] *f* **1.** ZOOL bug **2.** (*petit clou*) thumbtack
punch [pœnʃ] *m inv* (*dynamisme*) drive; **avoir du ~** *inf* to have drive
punir [pyniʀ] <8> *vt* **1.** (*châtier*) **~ qn d'une peine d'emprisonnement** to punish sb with a prison sentence **2.** (*sévir*) **être puni de mort** to be punishable by death **3.** (*opp: récompenser*) **te voilà bien puni!** serves you right!
punitif, -ive [pynitif, -iv] *adj* (*expédition*) punitive
punition [pynisjɔ̃] *f* punishment
punk [pœ̃k, pœnk] *adj inv, mf* (*personne*) punk
pupille[1] [pypij, pypil] *f* ANAT pupil
pupille[2] [pypij, pypil] *mf* ward; **~ de la Nation** war orphan; **~ de l'État** ward of the state
pupitre [pypitʀ] *m* **1.** INFORM console **2.** MUS (*d'un musicien, choriste*) music stand; (*d'un chef d'orchestre*) rostrum; (*d'un piano*) music rest **3.** (*meuble à plan incliné*) desk
pur(e) [pyʀ] *adj* **1.** (*non altéré: air, eau*) pure **2.** (*non mélangé*) neat **3.** (*authentique: vérité*) plain; (*hasard, méchanceté*) sheer; **mais c'est de la folie ~e!** but it's sheer madness! **4.** (*opp: appliqué: recherche, science, mathématiques*) pure **5.** (*innocent: cœur, amour*) innocent; (*regard*) clear; (*jeune fille*) pure; (*intentions*) honorable **6.** (*harmonieux: ligne, son*) flowing; (*profil*) flawless; (*langue, style*) pure ▶ **~ et simple** pure and simple; **un "non" ~ et simple** a flat out "no"
purée [pyʀe] *f* purée; **~ de pommes de terre** mashed potatoes
purement [pyʀmɑ̃] *adv* purely; **~ et simplement** purely and simply
pureté [pyʀte] *f* **1.** (*opp: souillure*) purity **2.** (*perfection*) flawlessness **3.** (*innocence: des intentions*) honorableness; (*d'un regard, de l'enfance*) innocence
purgatif [pyʀgatif] *m* purgative
purgatif, -ive [pyʀgatif, -iv] *adj* **être ~** to be a purgative
purgatoire [pyʀgatwaʀ] *m* purgatory
purge [pyʀʒ] *f* (*d'un radiateur*) bleeding; (*d'une tuyauterie, chaudière*) draining
purger [pyʀʒe] <2a> **I.** *vt* **1.** (*vidanger: conduite, tuyauterie, chaudière, huile*) to drain; (*radiateur*) to bleed; **~ qc d'eau** to drain the water from sth **2.** JUR (*peine*) to serve **3.** MED **~ qn** to purge; **être purgé** to take a purge **4.** POL **~ un parti de ses éléments subversifs** to purge the subversive elements in a party **II.** *vpr* **se ~** to take a purge; (*animal*) to purge itself
purifier [pyʀifje] <1> **I.** *vt* to purify **II.** *vpr* **se ~ de qc** to cleanse oneself of sth
purin [pyʀɛ̃] *m* slurry
purisme [pyʀism] *m* purism
puriste [pyʀist] **I.** *adj* puristic **II.** *mf* purist
puritain(e) [pyʀitɛ̃, ɛn] *adj, m(f)* **1.** puritan **2.** HIST Puritan
pur-sang [pyʀsɑ̃] <pur(s)-sang(s)> *m* thoroughbred
purulent(e) [pyʀylɑ̃, ɑ̃t] *adj* MED (*infection*) purulent; (*plaie*) suppurating
pus[1] [py] *m* pus
pus[2] [py] *passé simple de* **pouvoir**
pustule [pystyl] *f* pustule
putain [pytɛ̃] **I.** *f* **1.** *péj, vulg* whore **2.** *péj, inf*

~ **de voiture** damn car **II.** *interj* **1.** *inf* (*exprime la colère*) dammit; (*exprime l'étonnement, l'incrédulité*) son of a bitch **2.** *Midi, inf* (*forme d'insistance*) **~!** god! ►~ (**de bordel**) **de merde** *inf* goddamn (son of a bitch)
pute [pyt] *f péj, vulg* whore
putois [pytwa] *m* skunk
putréfaction [pytʀefaksjɔ̃] *f* (*d'un corps*) putrefaction; **cadavre en ~** putrefying body
putride [pytʀid] *adj* putrid
putsch [putʃ] *m* putsch
puzzle [pœzl, pœzœl] *m* jigsaw puzzle
P.-V. [peve] *m abr de* **procès-verbal** report
pygmée [pigme] *adj* (*langue, littérature*) pygmy; **populations ~s** pygmy peoples
pyjama [piʒama] *m* pajama; **en ~(s)** in pajamas
pylône [pilon] *m* TECH, ARCHIT pylon; **~ électrique** electricity pylon
pyramide [piʀamid] *f* pyramid; **~ des âges** population pyramid
Pyrénées [piʀene] *fpl* **les ~** the Pyrenees
pyrex® [piʀɛks] *m* Pyrex®
pyromane [piʀɔman] **I.** *adj* pyromaniac **II.** *mf* arsonist; PSYCH pyromaniac
python [pitɔ̃] *m* python

Q

Q, q [ky] *m inv* Q, q; **~ comme Quintal** (*au téléphone*) q as in Quebec
QCM [kyseɛm] *m abr de* **questionnaire à choix multiple** multiple choice questionnaire
Q.G. [kyʒe] *m abr de* **quartier général** HQ
Q.I. [kyi] *m abr de* **quotient intellectuel** *inv* IQ
qu' [k] *v.* **que**
quadrature [k(w)adʀatyʀ] *f* squaring
quadrilatère [k(w)adʀilatɛʀ] *m* quadrilateral
quadrillage [kadʀijaʒ] *m* **1.** (*encadrement, action d'implanter un réseau*) covering; **~ électoral** electoral districting **2.** (*opération militaire, policière*) **~ de qc** setting up controls throughout sth
quadrillé(e) [kadʀije] *adj* squared
quadriller [kadʀije] <1> *vt* **1.** (*procéder à une opération militaire, policière*) **~ qc** to set up controls over sth **2.** (*tracer des lignes*) **~ qc** to square sth off
quadrupède [k(w)adʀypɛd] **I.** *adj* four-footed **II.** *m* quadruped
quadruple [k(w)adʀypl] **I.** *adj* quadruple **II.** *m* **le ~ du prix** four times the price
quadrupler [k(w)adʀyple] <1> **I.** *vi* (*se multiplier par quatre*) to increase fourfold **II.** *vt* (*multiplier par quatre*) **~ qc** to increase sth fourfold
quadruplés, quadruplées [k(w)adʀyple] *mpl, fpl* quadruplets
quai [ke] *m* **1.** (*d'une gare, station de métro*) platform **2.** (*pour accoster*) quay **3.** (*voie publique*) embankment; **les ~s de la Seine** the banks of the Seine
qualificatif [kalifikatif] *m* (*expression*) qualifier
qualificatif, -ive [kalifikatif, -iv] **I.** *adj* LING **adjectif ~** qualifying adjective **II.** *m* (*expression*) qualifier
qualification [kalifikasjɔ̃] *f* **1.** SPORT qualification; **match de ~** qualifier **2.** (*expérience*) **~ professionnelle** professional qualification
qualifié(e) [kalifje] *adj* **1.** (*compétent: personne*) qualified **2.** (*formé*) skilled
qualifier [kalifje] <1> *vpr* SPORT **se ~ pour qc** to qualify for sth
qualitatif, -ive [kalitatif, -iv] *adj* (*analyse*) qualitative; **différence qualitative** qualitative difference
qualité [kalite] *f* quality; **de première ~** top quality; **~s morales** moral qualities
quand [kɑ̃] **I.** *adv* when; **depuis/jusqu'à ~?** since/till when?; **de ~ date ce livre?** when did this book come out? **II.** *conj* **1.** when; **quand elle arrivera** when she arrives **2.** *inf* (*le moment où, le fait que*) when **3.** (*exclamatif*) **~ je pense que ...!** when I think that ...! ►**~ même** (*malgré cela*) still; *inf* (*tout de même*) all the same; **tu aurais ~ même pu avertir** you could still have let us know
quant [kɑ̃t] *prep* (*pour ce qui concerne*) **~ à qn/qc** as for sb/sth; **~ à moi** as for me
quant-à-soi [kɑ̃taswa] *m inv* **rester sur son ~** to remain aloof
quantitatif, -ive [kɑ̃titatif, -iv] *adj* quantitative
quantité [kɑ̃tite] *f* **1.** (*nombre*) quantity; (*au sujet d'objets dénombrables, de personnes*) number; **être ~ négligeable** to be of no importance **2.** (*grand nombre*) (**une**) **~ de personnes/choses** a large number of people/things; (**des**) **~s de personnes/de choses** a great many people/things; (**des**) **~s** a great many; **en ~** in large numbers
quarantaine [kaʀɑ̃tɛn] *f* **1.** (*environ quarante*) **une ~ de personnes/pages** about forty people/pages **2.** (*âge approximatif*) **avoir la ~** [*o* **une ~ d'années**] to be around forty; **approcher de la ~** to be pushing forty; **avoir largement dépassé la ~** to be well over forty **3.** MED quarantine; *v.a.* **cinquantaine**
quarante [kaʀɑ̃t] **I.** *adj* forty; **~ et un** forty-one; **semaine de ~ heures** forty-hour week **II.** *m inv* **1.** (*cardinal*) forty **2.** (*taille de confection*) **faire du ~** to wear a size forty ►**les Quarante** *the forty members of the "Académie française"*; *v.a.* **cinq, cinquante**
quarantième [kaʀɑ̃tjɛm] **I.** *adj antéposé* fortieth **II.** *mf* **le/la ~** the fortieth **III.** *m* (*fraction*) fortieth; *v.a.* **cinquième**
quart [kaʀ] *m* **1.** (*quatrième partie d'un tout*) quarter; **trois ~s** three quarters; **~ de finale** quarterfinal; **~ de siècle** quarter of a century

Q

2. CULIN (*25 cl*) quarter liter **3.** (*15 minutes*) quarter; **un ~ d'heure** quarter of an hour; (*dans le décompte des heures*) quarter; **il est 3 heures et/un ~** it's a quarter past three; **il est 4 heures moins le ~** it's a quarter to four **4.** (*partie appréciable*) quarter; **je n'ai pas fait le ~ de ce que je voulais faire** I haven't done half of what I wanted to; **les trois ~s de qc** the best part of sth; **les trois ~s du temps** most of the time ▶**au ~ de poil** *inf* perfectly; **au ~ de tour** straight off; **passer un mauvais** [*o* **sale**] **~ d'heure** to have a miserable time

quartier [kaʀtje] *m* **1.** (*partie de ville*) district; **~ résidentiel** residential area; **le Quartier latin** the Latin Quarter **2.** (*lieu où l'on habite, habitants*) neighborhood; **les gens du ~** the people living here **3.** *Suisse* (*banlieue*) **~ périphérique** suburb ▶**avoir ~ libre** (*être autorisé à sortir*) to have time to oneself; **ne pas faire de ~** to give no quarter

quart-monde [kaʀmɔ̃d] <quarts-mondes> *m* **1.** (*pauvreté*) **le ~** poverty; (*personnes défavorisées*) the poor **2.** (*pays les plus pauvres*) the Fourth World

quarto [kwaʀto] *adv soutenu* fourthly

quartz [kwaʀts] *m* quartz; **montre à ~** quartz watch

quasi [kazi] *adv* nearly; **~ mort** as good as dead

quasi-certitude [kazisɛʀtityd] *f* practical certainty

quasiment [kazimɑ̃] *adv inf* practically

quasi-totalité [kazitɔtalite] <quasi-totalités> *f* **la ~ des enfants** virtually all the children

quaternaire [kwatɛʀnɛʀ] **I.** *adj* **ère ~** Quaternary era **II.** *m* Quaternary

quatorze [katɔʀz] **I.** *adj* (*cardinal*) fourteen ▶**c'est reparti comme en ~** here we go again **II.** *m inv* fourteen; *v.a.* **cinq**

quatorzième [katɔʀzjɛm] **I.** *adj antéposé* fourteenth **II.** *mf* **le/la ~** the fourteenth **III.** *m* (*fraction*) fourteenth; *v.a.* **cinquième**

quatre [katʀ(ə)] **I.** *adj* (*cardinal*) four ▶**monter l'escalier ~ à ~** to bound up the stairs four at a time; **descendre l'escalier ~ à ~** to dash down the stairs four at a time; **manger comme ~** to eat like a wolf; **boire comme ~** to drink like a fish; **un de ces ~ (matins)** *inf* one of these days **II.** *m inv* four; *v.a.* **cinq**

quatre-heures [katʀœʀ] *m inv, inf* snack

quatre-quarts [kat(ʀə)kaʀ] *m inv: large sponge cake*

quatre-quatre [katkatʀə] *m o f inv* AUTO four-wheel drive

quatre-vingt [katʀəvɛ̃] <quatre-vingts> **I.** *adj* **~s** eighty; **~ mille** eighty thousand **II.** *m* **~s** eighty; *v.a.* **cinq, cinquante**

quatre-vingt-dix [katʀəvɛ̃dis] **I.** *adj* ninety **II.** *m inv* ninety; *v.a.* **cinq, cinquante**

quatre-vingt-dixième [katʀəvɛ̃dizjɛm] <quatre-vingt-dixièmes> **I.** *adj antéposé* ninetieth **II.** *mf* **le/la ~** the ninetieth **III.** *m* (*fraction*) ninetieth; *v.a.* **cinquième**

quatre-vingtième [katʀəvɛ̃tjɛm] <quatre-vingtièmes> **I.** *adj antéposé* eightieth **II.** *mf* **le/la ~** the eightieth **III.** *m* (*fraction*) eightieth; *v.a.* **cinquième**

quatre-vingt-onze [katʀəvɛ̃ɔ̃z] **I.** *adj* ninety-one **II.** *m inv* ninety-one; *v.a.* **cinq, cinquante**

quatre-vingt-un, -une [katʀəvɛ̃œ̃, -yn] *adj, m inv* eighty-one; *v.a.* **cinq, cinquante**

quatre-vingt-unième [katʀəvɛ̃ynjɛm] **I.** *adj antéposé* eighty-first **II.** *mf* **le/la ~** the eighty-first **III.** *m* (*fraction*) eighty-first; *v.a.* **cinquième**

quatrième [katʀijɛm] **I.** *adj antéposé* fourth **II.** *mf* **le/la ~** the fourth **III.** *f* ECOLE eighth grade; *v.a.* **cinquième**

quatrièmement [katʀijɛmmɑ̃] *adv* fourthly

quatuor [kwatɥɔʀ] *m* (*œuvre, musiciens*) quartet; **~ à cordes** string quartet

que [kə] <qu'> **I.** *conj* **1.** (*introduit une complétive*) that; **je ne crois pas qu'il vienne** I don't think (that) he'll come **2.** (*dans des formules de présentation*) **peut-être ~** perhaps **3.** (*dans des questions*) **qu'est-ce ~ c'est?** what is it?; **qu'est-ce que c'est ~ ça?** *inf* what's that?; **quand/où est-ce ~ tu pars?** when/where are you going? **4.** (*reprend une conjonction de subordination*) **si tu as le temps et qu'il fait beau** if you've got the time and the weather's nice **5.** (*introduit une proposition de temps*) **ça fait trois jours qu'il est là** he's been here for four days now **6.** (*introduit une proposition de but*) so (that); **taisez-vous qu'on entende l'orateur!** keep quiet so we can hear the speaker! **7.** (*pour comparer*) **plus/moins/autre ... ~** more/less/other than; **(tout) aussi ... ~** as ... as; **autant de ... ~** as many [*o* much] ... as; **tel ~** such as **8.** (*seulement*) only; **il ne fait ~ travailler** all he does is work; **il n'est arrivé qu'hier** he only arrived yesterday; **la vérité, rien ~ la vérité** the truth and nothing but the truth **II.** *adv* (*comme*) **(qu'est-ce) ~ c'est beau!** how lovely it is! **III.** *pron rel* **1.** (*complément direct se rapportant à un substantif*) which, that; **ce ~** what; **chose ~** which; **quoi ~ tu dises** whatever you (may) say **2.** (*après une indication de temps*) **un jour qu'il faisait beau** one day when it was fine; **toutes les fois qu'il vient** every time he comes; **le temps ~ la police arrive, ...** by the time the police arrive, ... **IV.** *pron interrog* **1.** (*quelle chose?*) what?; **qu'est-ce ~ ...?** what ...?; **ce ~** what **2.** (*attribut du sujet*) what; **~ deviens-tu?** what are you up to?; **qu'est-ce ~ ...?** what ...?; **ce ~** what **3.** (*quoi*) what ▶**qu'est-ce qui vous prend?** what's the matter with you?

Québec [kebɛk] *m* **1.** (*ville*) Quebec **2.** (*région*) **le ~** Quebec

québécisme [kebesism] *m* French-Canadianism

québécois(e) [kebekwa, waz] *adj* Quebec

Québécois(e) [kebekwa, waz] *m(f)* Quebecker

quel(le) [kɛl] **I.** *adj* **1.** (*dans une question*) what; (*lequel*) which; **~ temps fait-il?** what's the weather like?; **~le heure est-il?** what time is it?; **~ est le plus grand des deux?** which (one) is bigger?; **je me demande ~le a pu être sa réaction** I wonder what his reaction was; **~ que soit son choix** (*subj*) whatever he chooses; **~les que soient les conséquences, ...** whatever the consequences (may be), ... **2.** (*exclamation*) what; **~ dommage!** what a shame!; **~ talent!** what talent! **II.** *pron* which; **de nous deux, ~ est le plus grand?** which of us is taller?

quelconque [kɛlkɔ̃k] *adj* **1.** (*n'importe quel*) **un ... ~** any **2.** (*ordinaire*) run-of-the-mill; (*médiocre*) indifferent

quelque [kɛlk] **I.** *adj indéf, antéposé* **1.** *pl* (*plusieurs*) some, a few; **à ~s pas d'ici** not far from here **2.** *pl* (*petit nombre*) **les ~s fois où ...** the few times that ... **II.** *adv* **~ peu** somewhat; **et ~(s)** *inf,* **10 kg et ~s** just over ten kilograms; **cinq heures et ~(s)** just after five o'clock

quelque chose [kɛlkəʃoz] *pron* something; **~ de beau** something beautiful; **c'est déjà ~!** that's something ▶ **apporter un petit ~ à qn** *inf* to bring sb a little something; **prendre un petit ~** *inf* (*une collation*) to have a bite (to eat); (*un petit verre*) to have a quick drink; **il a dû y avoir ~ entre qn et qn** there must have been something going on between sb and sb; **c'est ~ (tout de même)**! *inf* really!; **être pour ~ dans qc** to have something to do with sth; **~ comme** something like

quelquefois [kɛlkəfwa] *adv* sometimes

quelque part [kɛlkpaʀ] *adv* somewhere

quelques-uns, -unes [kɛlkəzœ̃, -yn] *pron indéf* **1.** (*un petit nombre de personnes*) a few **2.** (*certaines personnes*) some people **3.** (*certains*) **quelques-unes des personnes/choses** some of the people/things; **j'en ai mangé ~/quelques-unes** I ate some

quelqu'un [kɛlkœ̃] *pron indéf* (*une personne*) somebody, someone; **~ d'autre** somebody else

quémander [kemɑ̃de] <1> *vt* **~ qc** to beg for sth

qu'en-dira-t-on [kɑ̃diʀatɔ̃] *m inv* **se moquer du ~** not to care about gossip [*o* what people say]

quenelle [kənɛl] *f* CULIN quenelle (*poached meat or fish dumpling in sauce*); **~s de veau/brochet** veal/pike quenelles

quenotte [kənɔt] *f enfantin, inf* tooth

quéquette [kekɛt] *f enfantin, inf* wiener

querelle [kəʀɛl] *f* argument; **provoquer une ~** to lead to an argument; **~ d'amoureux** lovers' quarrel [*o* tiff] ▶ **~s de clocher** petty quarrels [*o* arguments]

quereller [kəʀele] <1> *vpr* **se ~ avec qn à propos de qc** to argue [*o* fight] with sb over sth

qu'est-ce que [kɛskə] *pron interrog* what

qu'est-ce qui [kɛski] *pron interrog* who

question [kɛstjɔ̃] *f* **1.** (*demande*) **a.** INFORM question; **la ~ est: ...** the question is, ...; **poser une ~ à qn** to ask sb a question; **sans poser de ~s** without asking questions; **(re)mettre qc en ~** to call sth into question; **~s courantes** frequently asked questions **2.** (*problème*) **c'est une ~ de temps** it's a question [*o* matter] of time; **c'est (toute) la ~** that's the big question; **ce n'est pas la ~** that's not the question [*o* issue] **3.** (*domaine*) **c'est une ~ d'habitude** it's a question of habit **4.** (*ensemble de problèmes soulevés*) question; **la ~ du chômage/pétrole** the unemployment/oil question [*o* issue]; **la ~ du trou d'ozone** the issue of the ozone layer ▶ **il est ~ de qn/qc** (*il s'agit de*) it's a matter of sb/sth; (*on parle de*) people are talking about sb/sth; **il n'est pas ~ de qc** there's no question of sth; **hors de ~** out of the question; **pas ~!** *inf* no way!; **~ qc, ...** *inf* as for sth, ...

questionnaire [kɛstjɔnɛʀ] *m* questionnaire; **~ à choix multiple** multiple choice questionnaire

questionner [kɛstjɔne] <1> *vt* (*interroger*) **~ qn sur qc** to question sb about sth

question-piège [kɛstjɔ̃pjɛʒ] <questions--pièges> *f* trick question

quête [kɛt] *f* (*collecte d'argent*) collection; **faire la ~** (*dans la rue: association*) to take a collection; (*chanteur des rues*) to pass the hat around

quêter [kete] <1> *vi* **~ pour qn/qc** to take a collection for sb/sth

quetsche [kwɛtʃ] *f* **1.** (*fruit*) plum **2.** (*eau-de--vie*) plum brandy

queue [kø] *f* **1.** ZOOL tail **2.** BOT stalk **3.** (*manche: d'une casserole, poêle*) handle; **~ de billard** pool cue **4.** AUTO (*d'un train, métro*) rear **5.** *inf* (*pénis*) cock **6.** (*file de personnes*) line; **faire la ~** to line up; **se mettre à la ~** to get in line ▶ **être rond comme une ~ de pelle** *inf* to be blind drunk; **faire une ~ de poisson à qn** to cut sb up; **n'avoir ni ~ ni tête** to make no sense; **à la ~ basse** *inf* with one's tail between one's legs

qui [ki] **I.** *pron rel* **1.** (*comme sujet se rapportant à une chose*) which, that; (*comme sujet se rapportant à une personne*) who, that; **toi ~ sais tout** you who think you know it all; **le voilà ~ arrive** here he comes; **j'en connais ~ ...** I know someone who ...; **c'est lui/elle ~ a fait cette bêtise** he/she was the one who did this stupid thing; **ce ~ ...** (*servant de sujet*) what; (*se rapportant à une phrase principale*) which; **ce ~ se passe est grave** what's going on is serious; **chose ~ ...** something which ... **2.** (*comme complément, remplace une personne*) **la dame à côté de ~ tu es assis/tu t'assois** the lady you're sitting/you sit next to; **l'ami dans la maison de ~ ...** the friend in whose house ...; **la dame à ~ c'est arrivé** the lady it happened to **3.** (*celui*

Q

qui) whoever; ~ **fait qc ...** (*introduisant un proverbe, dicton*) he who does sth ... ▶ **c'est à ~ criera le plus fort** everyone was trying to shout louder than the others; ~ **que tu sois** (*subj*) whoever you are; **je ne veux être dérangé par ~ que ce soit** (*subj*) I don't want to be disturbed by anybody **II.** *pron interrog* **1.** (*qu'est-ce que*) ~ **...?** who ...?; ~ **ça?** who's that ...?; ~ **c'est qui est là?** who's there? **2.** (*question portant sur la personne complément direct*) ~ **...?** who, whom *form;* ~ **as-tu vu?** who did you see?; ~ **croyez-vous?** who do you believe? **3.** (*question portant sur la personne complément indirect*) **à/avec ~ as-tu parlé?** who did you speak to/with?; **pour ~ as-tu voté?** who did you vote for?; **chez ~ est la réunion?** whose house is the meeting at? **4.** (*marque du sujet, personne ou chose*) **qui est-ce ~ ...?** who ...?; **qu'est-ce ~ ...?** what ...?

quiche [kiʃ] *f* ~ **(lorraine)** quiche (Lorraine)

quiconque [kikɔ̃k] **I.** *pron rel* (*celui qui*) ~ **veut venir** anyone who wants to come **II.** *pron indéf* (*personne*) **hors de question que ~ sorte** there's no question of anyone leaving; **elle ne veut recevoir d'ordres de ~** she won't take orders from anyone

qui est-ce que [kiɛskə] *pron interrog* (*question portant sur une personne en position complément*) ~ **...?** who, whom *form;* **avec/pour ~ tu l'as fait?** who did you do it with/for?

qui est-ce qui [kiɛski] *pron interrog* (*question portant sur une personne en position sujet*) ~ **...?** who ...?

quignon [kiɲɔ̃] *m* ~ **(de pain)** chunk of bread

quille [kij] *f* **1.** JEUX ninepin; **jouer aux ~s** to play ninepins **2.** *inf* (*fin du service militaire*) end of military service; (*sortie de prison*) release

quilleur, -euse [kijœʀ, -øz] *m, f Québec* (*personne qui joue aux quilles*) ninepins player

quincaillerie [kɛ̃kajʀi] *f* hardware store

quinconce [kɛ̃kɔ̃s] *m* **en ~** in a quincunx

quinine [kinin] *f* (*médicament*) quinine; **comprimés de ~** quinine tablets

quinquagénaire [kɛ̃kaʒenɛʀ, kɥɛ̃kwaʒenɛʀ] **I.** *adj* **homme/femme ~** fifty-year-old man/woman; **être ~** to be fifty **II.** *mf* (*personne*) fifty-year-old

quinquennal(e) [kɛ̃kenal, -o] <-aux> *adj* (*qui a lieu tous les cinq ans*) quinquennial

quinquennat [kɛ̃kena] *m* five-year term

quintal [kɛ̃tal, -o] <-aux> *m* quintal

quinte [kɛ̃t] *f* MED ~ **de toux** coughing fit

quinté [kɛ̃te] *m: bet on five horses*

quintette [k(ɥ)ɛ̃tɛt] *m* quintet

quintupler [kɛ̃typle] <1> **I.** *vi* (*se multiplier par cinq*) to increase fivefold **II.** *vt* (*multiplier par cinq*) ~ **qc** to increase sth fivefold

quintuplés, -ées [kɛ̃typle] *mpl, fpl* quintuplets

quinzaine [kɛ̃zɛn] *f* **1.** (*environ quinze*) **une ~ de personnes/pages** around fifteen people/pages **2.** (*deux semaines*) **revenir dans une ~ (de jours)** to come back in two weeks; **la première ~ de janvier** the first half [*o* two weeks] of January

quinze [kɛ̃z] **I.** *adj* fifteen; **tous les ~ jours** every two weeks **II.** *m inv* **1.** (*cardinal*) fifteen **2.** SPORT **le ~ d'Irlande** Ireland's team; *v.a.* **cinq**

quinzième [kɛ̃zjɛm] **I.** *adj antéposé* fifteenth **II.** *mf* **le/la ~** the fifteenth **III.** *m* (*fraction*) fifteenth; *v.a.* **cinquième**

quiproquo [kipʀɔko] *m* mistake

quittance [kitɑ̃s] *f* receipt

quitte [kit] *adj* **1.** (*sans dettes*) **être ~ de qc** to be clear of sth **2.** (*au risque de*) ~ **à faire qc** even if it means doing sth

quitter [kite] <1> *vt* **1.** (*prendre congé de, rompre avec, sortir de, partir de*) to leave; **ne quittez pas** TEL hold the line; ~ **l'école** to leave school; **ils ont quitté Paris** they've left Paris **2.** (*ne plus rester sur*) **la voiture a quitté la route** the car went off the road **3.** INFORM ~ **un logiciel** [*o* **un programme**] to exit a program

qui-vive [kiviv] *m inv* **être/rester sur le ~** to be/stay on the alert

quoi [kwa] **I.** *pron rel* **1.** (*annexe d'une phrase principale complète*) **..., ce à ~ il ne s'attendait pas** ..., which he didn't expect; **ce en ~ elle se trompait** ..., but she was mistaken there **2.** (*dans une question indirecte*) **elle ne comprend pas ce à ~ on fait allusion** she doesn't understand what they're alluding to; **ce sur ~ je veux que nous discutions** what I want us to discuss **3.** (*comme pronom relatif*) **à/de ~ ...** to/about which ...; **voilà de ~ je voulais te parler** that's what I wanted to talk to you about; **voilà à ~ je pensais** that's what I was thinking about **4.** (*cela*) **..., après ~ ...** ..., after which ... **5.** (*ce qui est nécessaire pour*) **de ~ faire qc** things needed to do sth; **as-tu de ~ écrire?** do you have something to write with?; **elle n'a pas de ~ vivre** she has nothing to live on; **il y a de ~ s'énerver, non?** it's enough to drive you crazy, isn't it?; **il est très fâché – il y a de ~!** he's really angry – he has every reason to be!; **il n'y a pas de ~ rire** it's nothing to laugh about ▶ **il n'y a pas de ~!** you're welcome; **avoir de ~** *inf* to have means; ~ **que ce soit** (*subj*) anything; **si tu as besoin de ~ que ce soit, ...** (*subj*) if there's anything you need, ...; **elle n'a jamais dit ~ que ce soit** (*subj*) she never said anything (at all); ~ **qu'il en soit** (*subj*) be that as it may; **comme ~** *inf* (*pour dire*) saying; **comme ~ on peut se tromper!** which just goes to show you can make mistakes!; ~ **que** whatever **II.** *pron interrog* **1.** + *prép* **à ~ penses-tu** [*o* **est-ce que tu penses**]**?** what are you thinking about?; **dites-nous à ~ cela sert** tell us what it's for; **de ~ n'est-elle pas capable/a-t-elle besoin?** is there anything she's not capable of/she needs?; **cette chaise est en ~?**

inf what's this chair made of?; **par ~ commençons-nous?** where do we begin? **2.** *inf* (*qu'est-ce que*) what?; **c'est ~, ce truc?** what is this thing?; **tu sais ~?** you know what?; **~ encore?** what's that?; **tu es idiot, ou ~?** *inf* are you stupid or what? **3.** (*qu'est-ce qu'il y a de ...?*) **~ de neuf?** what's new?; **~ de plus facile/beau que ...?** is there anything easier/more beautiful than ...? **4.** *inf* (*comment?*) what? ▶**de** ~(, **de** ~)? *inf* what's all this? **III.** *interj* **1.** (*marque la surprise: comment!*) **~!** what! **2.** *inf* (*en somme*) **..., ~!** ..., eh!; **il n'est pas bête, il manque un peu d'intelligence, ~!** he's not stupid, he's just not very bright, you know!

quoique [kwak(ə)] *conj* although

quolibet [kɔlibɛ] *m* taunt

quota [k(w)ɔta] *m* quota

quote-part [kɔtpaʀ] <quotes-parts> *f* share

quotidien [kɔtidjɛ̃] *m* **1.** (*journal*) daily (paper); **un ~ du matin/soir** a morning/evening daily **2.** (*vie quotidienne*) daily life; (*train-train*) everyday life

quotidien(ne) [kɔtidjɛ̃, jɛn] *adj* **1.** (*journalier*) daily; **vie ~ne** daily life; (*train-train*) everyday life **2.** (*banal: tâches*) everyday

quotidiennement [kɔtidjɛnmɑ̃] *adv* daily

quotient [kɔsjɑ̃] *m* quotient

R

R, r [ɛʀ] *m inv* R, r; **rouler les ~** to roll one's R's; **~ comme Raoul** (*au téléphone*) **r** as in Romeo

rab [ʀab] *m inf* **il y a du ~** there's some left over; **faire du ~** to work overtime

rabâchage [ʀabɑʃaʒ] *m* **1.** (*d'une leçon*) constantly going over things **2.** (*radotage*) rambling on

rabâcher [ʀabɑʃe] <1> *vt* (*ressasser*) **~ la même chose à qn** to keep coming out with the same old thing (to sb)

rabais [ʀabɛ] *m* discount; **faire 20% de ~** to take 20% off; **vente au ~** reduced-price sale

rabaisser [ʀabese] <1> *vt* (*dénigrer*) to belittle; **~ ses exigences** to lower one's expectations

rabat [ʀaba] *m* (*d'une poche, enveloppe*) flap

rabat-joie [ʀabaʒwa] *mf inv* killjoy

rabatteur [ʀabatœʀ] *m* (*d'une moissonneuse*) reel

rabattre [ʀabatʀ] *irr* **I.** *vt* **1.** (*refermer*) **~ qc** to put sth down; **~ le capot de la voiture** to close the hood **2.** (*faire retomber*) **le vent rabattait la pluie sur le toit** the wind was driving the rain against the roof **3.** (*à la chasse*) **~ le gibier** to drive game ▶**~ le caquet à qn** to shut sb up **II.** *vpr* **se ~ 1.** (*changer de direction*) to cut in front of **2.** (*accepter faute de mieux*) **se ~ sur qn/qc** to fall back on sb/sth

rabbin [ʀabɛ̃] *m* REL rabbi

rabibocher [ʀabibɔʃe] <1> **I.** *vt inf* (*réconcilier*) **~ un couple** to get a couple back together **II.** *vpr inf* **se ~** to get back together (again)

râble [ʀɑbl] *m* ANAT back ▶**tomber sur le ~ à qn** *inf* to lay into sb

râblé(e) [ʀɑble] *adj* (*personne*) stocky; (*animal*) broad-backed

rabot [ʀabo] *m* plane

raboter [ʀabɔte] <1> *vt* TECH (*planche*) to plane (down)

rabougri(e) [ʀabugʀi] *adj* (*personne*) stunted; (*plante*) shriveled

rabrouer [ʀabʀue] <1> *vt* to snub

racaille [ʀakɑj] *f* scum

raccard [ʀakaʀ] *m Suisse* (*grange à blé*) wheat barn

raccommodage [ʀakɔmɔdaʒ] *m* (*réparation*) mending; **faire du ~** to do some mending

raccommoder [ʀakɔmɔde] <1> **I.** *vt* (*réparer: linge*) to mend; (*chaussettes*) to darn **II.** *vpr inf* **se ~** to get back together

raccompagner [ʀakɔ̃paɲe] <1> *vt* **~ qn à la maison** (*à pied*) to walk sb home; (*en voiture*) to drive sb home

raccord [ʀakɔʀ] *m* **1.** (*jonction*) join **2.** (*retouche*) touch up

raccordement [ʀakɔʀdəmɑ̃] *m* linking; ELEC connecting

raccorder [ʀakɔʀde] <1> *vt* (*joindre: tuyaux, routes*) to connect; **~ une ville à la ligne de TGV** to link a town to the TGV high-speed train line; **~ qn au réseau** TEL to connect sb's phone

raccourci [ʀakuʀsi] *m a.* INFORM shortcut; **~ clavier** keyboard shortcut

raccourcir [ʀakuʀsiʀ] <8> **I.** *vt* (*rendre plus court: texte, vêtement*) to shorten **II.** *vi* **1.** (*devenir plus court*) to get shorter **2.** (*au lavage: vêtement*) to shrink

raccrocher [ʀakʀɔʃe] <1> **I.** *vi* **1.** TEL to hang up **2.** *inf* SPORT (*renoncer: professionnel*) to retire **II.** *vpr* (*se cramponner*) **se ~ à qn/qc** to grab ahold of sb/sth

race [ʀas] *f* **1.** (*groupe ethnique*) race; **quelle sale ~!** *péj* what a bunch of scum! **2.** (*espèce zoologique, sorte*) breed; **être de la même ~** to be of the same breed; **je suis de la ~ des gens qui sont toujours optimistes** I'm one of those people who is always optimistic; **cheval de ~** thoroughbred horse; **chien/chat de ~** purebred dog/cat **3.** *fig* **ça déchire sa race!** *inf* it's way cool!

racé(e) [ʀase] *adj* **1.** (*cheval*) thoroughbred; (*chien, chat*) pedigree **2.** (*personnes*) well-bred

rachat [ʀaʃa] *m* **1.** JUR, FIN buying back **2.** (*pardon: d'une faute*) reparation **3.** (*d'une entreprise*) buyout

racheter [ʀaʃte] <4> **I.** *vt* **1.** (*acheter en plus*) **~ du vin** to buy some more wine **2.** (*acheter* *d'autrui*) ~ **une table à qn** to buy a table from sb **3.** (*se libérer de*) ~ **une dette** to redeem a debt **II.** *vpr* **se ~ d'un crime** to make amends for a crime

rachitique [Raʃitik] *adj* **1.** MED suffering from rickets **2.** (*chétif: personne*) puny

racial(e) [Rasjal, -jo] <-aux> *adj* **haine ~e** racial hatred

racine [Rasin] *f* (*origine*) *a.* BOT root; **la ~ du mal** the root of the problem ▶**prendre** ~ to take root

racisme [Rasism] *m* (*théorie des races, hostilité*) racism; ~ **anti-jeunes** prejudice against young people

raciste [Rasist] *adj, mf* racist

racket [Rakɛt] *m* racket

racketter [Rakete] <1> *vt* to run a protection racket; ~ **qn** to extort money from sb

racketteur, -euse [RakɛtœR, -øz] *m, f* racketeer

raclée [Rɑkle] *f inf* **1.** (*volée de coups*) hiding **2.** (*défaite*) thrashing

racler [Rɑkle] <1> **I.** *vt* **1.** (*nettoyer, frotter*) to scrape; **le garde-boue racle le pneu** the fender is scraping against the tire; (*casserole*) to scrape; (*boue, croûte*) to scrape off **2.** (*ratisser: sable*) to rake **II.** *vpr* **se ~ la gorge** to clear one's throat

raclette [Rɑklɛt] *f* **1.** CULIN (*spécialité, fromage*) raclette (*cheese melted and served on potatoes*) **2.** (*grattoir*) scraper

racolage [Rakɔlaʒ] *m* **1.** (*recrutement*) touting; **faire du ~** to tout **2.** (*action d'une prostituée*) soliciting

racoler [Rakɔle] <1> *vt* (*électeurs, adeptes*) to canvass; ~ **des clients** to tout for [*o* solicit] customers; (*prostituée*) to solicit

racontar [Rakɔ̃taR] *m gén pl, inf* piece of gossip; **~s** gossip

raconter [Rakɔ̃te] <1> *vt* **1.** (*narrer*) ~ **une histoire à qn** to tell sb a story; ~ **un voyage** to relate a journey **2.** (*dire à la légère*) ~ **des histoires** to talk nonsense; **c'est du moins ce qu'elle raconte** at least, that's what she says ▶ ~ **sa vie à qn** *inf* to tell sb one's life story; **j'au perdu mon portefeuille, je te/vous raconte pas!** *inf* I lost my wallet, I'll spare you the details!

radar [RadaR] **I.** *m* radar **II.** *app* **contrôle-~** speed trap

rade [Rad] *f* harbor ▶**être/rester en ~** *inf* to be/have been left stranded

radeau [Rado] <x> *m* raft

radiateur [RadjatœR] *m* (*de chauffage central*) *a.* AUTO radiator

radiation [Radjasjɔ̃] *f* **1.** PHYS radiation **2.** (*action de rayer*) removal

radical [Radikal, -o] <-aux> *m* LING root

radical(e) [Radikal, -o] <-aux> *adj* **1.** (*total*) drastic; (*refus*) total **2.** (*énergique*) radical **3.** (*foncier*) fundamental; **instinct ~** basic instinct; **principe ~** radical principle; **islam ~** radical Islam

radicalement [Radikalmɑ̃] *adv* **1.** (*entièrement*) completely **2.** (*absolument*) **des opinions ~ opposées** radically opposed views

radicaliser [Radikalize] <1> **I.** *vt* (*conflit*) to intensify; (*position*) to harden; ~ **une opinion/théorie** to make an opinion/theory more radical **II.** *vpr* **se ~** (*parti, régime, théorie*) to become more radical; (*conflit*) to intensify; (*position*) to harden

radier [Radje] <1> *vt* (*candidat, nom*) to remove; ~ **un avocat du barreau** to disbar a lawyer; ~ **un médecin** to revoke a doctor's license

radieux, -euse [Radjø, -jøz] *adj* radiant

radin(e) [Radɛ̃, in] **I.** *adj inf* (*avare*) tightfisted **II.** *m(f) inf* tightwad

radiner [Radine] <1> *vpr inf* **allez, radine-toi!** come on, get a move on!

radinerie [RadinRi] *f inf* stinginess

radio [Radjo] *f* **1.** (*poste*) radio; **allumer/éteindre la ~** to turn the radio on/off **2.** (*radiodiffusion*) radio (broadcasting); **passer à la ~** (*personne*) to be on the radio; (*chanson*) to get played on the radio **3.** (*station*) radio station; ~ **locale libre** independent local radio (station) **4.** MED X-ray; **passer une ~** to have an X-ray

radioactif, -ive [Radjoaktif, -iv] *adj* radioactive

radioactivité [Radjoaktivite] *f* radioactivity

radioamateur, -trice [RadjoamatœR, -tRis] *m, f* ham radio operator

radiodiffusé(e) [Radjodifyze] *adj* radiobroadcast

radiographie [RadjɔgRafi] *f* MED **1.** (*procédé*) radiography **2.** (*cliché*) X-ray

radiographier [RadjɔgRafje] <1a> *vt* MED (*malade, organe*) to X-ray

radiologue [Radjɔlɔg] *mf* radiologist

radiophonique [Radjɔfɔnik] *adj* **pièce ~** radio play

radio-réveil [RadjoRevɛj] <radios-réveils> *m* clock radio

radio-taxi [Radjotaksi] <radio-taxis> *m* radio cab

radiotélévisé(e) [Radjotelevize] *adj* **message ~ du chef de l'État** *message from the Head of State broadcast simultaneously on radio and television*

radis [Radi] *m* radish; ~ **noir** black radish **2. ça ne vaut pas un ~** *inf* it's not worth a penny [*o* red cent]

radium [Radjɔm] *m* radium

radotage [Radɔtaʒ] *m* **1.** (*rabâchage*) rambling **2.** *inf* (*papotage*) babbling

radoter [Radɔte] <1> *vi* **1.** (*rabâcher*) to keep harping on **2.** (*déraisonner*) to ramble on

radoucir [RadusiR] <8> *vpr* **se ~ 1.** (*se calmer: personne*) to soften **2.** METEO (*température, temps*) to get milder

radoucissement [Radusismɑ̃] *m* (*de la température*) rise; (*du temps*) warming

RAF [ɛRɑɛf] *f abr de* **Royal Air Force** RAF

rafale [ʀafal] *f* METEO gust; ~ **de neige** snow flurry; ~ **de vent/pluie** gust of wind/rain; **le vent souffle en ~s** it's blustery
raffermir [ʀafɛʀmiʀ] <8> *vpr* **se ~** (*devenir ferme: voix*) to steady; (*peau, muscles*) to tone up; (*chair*) to firm up
raffinage [ʀafinaʒ] *m* refining
raffiné(e) [ʀafine] *adj* (*délicat*) subtle; (*goût, cuisine, personne*) refined; (*esprit*) discriminating
raffinement [ʀafinmɑ̃] *m* **1.** (*délicatesse*) refinement **2.** *pl* (*recherche*) niceties
raffiner [ʀafine] <1> *vt* **1.** ECON (*pétrole, sucre, métaux, papier*) to refine **2.** (*affiner: goût, langage*) to polish
raffinerie [ʀafinʀi] *f* **~ de pétrole/sucre** oil/sugar refinery
raffoler [ʀafɔle] <1> *vi* **~ de qn/qc** to be wild about sb/sth
raffut [ʀafy] *m inf* racket ▶ **faire du ~** (*faire un scandale*) to kick up a stink
rafiot [ʀafjo] *m inf* tub; **un vieux ~** an old tub
rafistoler [ʀafistɔle] <1> *vt inf* (*chaussures, meuble*) to patch up
rafle [ʀafl] *f* (*arrestation*) raid; **être pris dans une ~** to be caught in a raid
rafler [ʀafle] <1> *vt inf* **1.** (*voler: bijoux*) to run off with **2.** (*remporter: prix*) to walk off with
rafraîchir [ʀafʀeʃiʀ] <8> *vpr* **se ~ 1.** (*devenir plus frais: air, temps, température*) to get colder **2.** (*boire*) to have a cool drink **3.** (*se laver, arranger sa toilette, son maquillage*) to freshen up
rafraîchissant(e) [ʀafʀeʃisɑ̃, ɑ̃t] *adj* **1.** (*boisson, averse, brise*) refreshing **2.** (*tonifiant*) invigorating
rafraîchissement [ʀafʀeʃismɑ̃] *m* **1.** (*boisson*) cold drink **2.** INFORM **vitesse de ~ de la mémoire** memory refresh rate
rafting [ʀaftiŋ] *m* **faire du ~** to go white-water rafting
ragaillardir [ʀagajaʀdiʀ] <8> *vt* (*boisson, repos*) to perk up; (*nouvelle*) to pep up
rage [ʀaʒ] *f* **1.** (*colère*) rage; **être fou de ~** to be absolutely furious **2.** (*passion*) passion; **la ~ de vivre** an insatiable lust for life **3.** MED **la ~** rabies
rageant(e) [ʀaʒɑ̃, ɑ̃t] *adj* **c'est ~** *inf* it's infuriating
rager [ʀaʒe] <2a> *vi inf* to be furious
rageur, -euse [ʀaʒœʀ, -ʒøz] *adj* bad-tempered
rageusement [ʀaʒøzmɑ̃] *adv* furiously
ragot [ʀago] *m inf* piece of gossip; **des ragots** gossip
ragoût [ʀagu] *m* stew; **~ de mouton/veau** lamb/veal stew
ragoûtant(e) [ʀagutɑ̃, ɑ̃t] *adj* **être peu ~** (*repas, plat*) to be unappetizing
raï [ʀaj] *m* rai (*popular style of youth music from Algeria*)
raid [ʀɛd] *m* MIL raid; **~ aérien** air raid
raide [ʀɛd] **I.** *adj* **1.** (*rigide: personne, corps, membre*) stiff; (*cheveux*) straight **2.** (*escarpé: chemin, escalier, pente*) steep **3.** *inf* (*fort: alcool*) rough; (*café*) strong **4.** *inf* (*ivre*) plastered **II.** *adv* **1.** (*en pente*) steeply **2.** (*brusquement*) **étendre qn ~** to lay sb out cold; **tomber ~ mort** to drop stone dead; **tuer qn ~** to kill sb outright
raideur [ʀɛdœʀ] *f* **1.** (*rigidité*) stiffness; **saluer qn avec ~** to greet sb stiffly **2.** (*des principes*) rigidness
raidillon [ʀedijɔ̃] *m* steep path
raidir [ʀediʀ] <8> **I.** *vt* (*tendre, durcir*) to stiffen; (*muscles*) to tense **II.** *vpr* **se ~ 1.** (*se tendre*) to go stiff; (*muscles*) to tense **2.** (*résister*) to brace oneself
raie[1] [ʀɛ] *f* (*ligne*) line
raie[2] [ʀɛ] *indic et subj prés de* **rayer**
raierai [ʀɛʀɛ] *fut de* **rayer**
raifort [ʀɛfɔʀ] *m* horseradish
rail [ʀɑj] *m* CHEMDFER, TECH rail; **sortir des ~s** to come off the rails
raillerie [ʀɑjʀi] *f* **1.** (*fait de plaisanter*) mockery **2.** *pl* (*propos moqueurs*) mockery
rainette [ʀɛnɛt] *f* tree frog
rainure [ʀenyʀ] *f* groove
raisin [ʀɛzɛ̃] *m* grape; **~s secs** raisins
raison [ʀɛzɔ̃] *f* **1.** (*motif, sagesse*) reason; **~ d'être** raison d'être; **~ de vivre** reason for living; **avoir de bonnes/mauvaises ~s** to have good/bad reasons; **avoir de fortes ~s de penser que** to have good reason to think that; **ce n'est pas une ~ pour faire qc** that's no excuse for doing sth; **avoir ses ~s** to have one's reasons; **ramener qn à la ~** to bring sb back to their senses **2.** (*facultés intellectuelles*) mind; **avoir toute sa ~** to be in one's right mind; **perdre la ~** to lose one's mind ▶ **la ~ du plus fort est toujours la meilleure** *prov* might is right; **pour la bonne ~ que je le veux** simply because I want it; **à plus forte ~, je ne le ferai pas** all the more reason why I won't do it; **à tort ou à ~** rightly or wrongly; **avoir ~** to be right; **donner ~ à qn** to agree that sb is right; **entendre ~** to listen to reason; **se faire une ~** to resign oneself; **pour quelle ~?** why?; **pour une ~ ou pour une autre** for one reason or another
raisonnable [ʀɛzɔnabl] *adj* (*sage*) reasonable
raisonnement [ʀɛzɔnmɑ̃] *m* (*façon de penser, argumentation*) reasoning; **~ analogique/déductif** analogical/deductive reasoning
raisonner [ʀɛzɔne] <1> *vi* **1.** (*penser*) to think **2.** (*enchaîner des arguments*) to reason **3.** (*discuter*) **~ sur qc** to argue about sth
rajeunir [ʀaʒœniʀ] <8> **I.** *vt* **1.** (*rendre plus jeune*) to rejuvenate **2.** (*attribuer un âge plus moins avancé à*) **vous me rajeunissez de dix ans!** you're making me out to be ten years younger than I really am!; **ça ne nous rajeunit pas!** *iron* doesn't make us any younger, does it! **II.** *vi* **1.** (*se sentir plus jeune*) to feel younger **2.** (*sembler plus jeune*) to seem younger
rajeunissant(e) [ʀaʒœnisɑ̃, ɑ̃t] *adj* **traite-**

ment ~ rejuvenating treatment

rajeunissement [ʀaʒœnismɑ̃] *m* rejuvenation; **cure de** ~ course of rejuvenating treatment

rajouter [ʀaʒute] <1> *vt* ~ **une phrase à qc** to add a sentence to sth; **il faut ~ du sel/sucre** it needs salt/sugar ▶ **en** ~ *inf* to lay it on a bit thick

rajuster [ʀaʒyste] <1> *vt* (*remettre en place: vêtement, lunettes*) to adjust

râlant [ʀɑlɑ̃] *adj* **c'est** ~ *inf* it's enough to tick you off!

râle[1] [ʀɑl] *m* (*du mourant*) rattle; (*du poumon*) rale

râle[2] [ʀɑl] *m* ZOOL rail

ralenti [ʀalɑ̃ti] *m* **1.** CINE, TV **au** ~ in slow motion; **l'entreprise fonctionne au** ~ the company is running under capacity **2.** AUTO idling speed; **tourner au** ~ (*moteur*) to idle

ralentir [ʀalɑ̃tiʀ] <8> **I.** *vt* to slow down; (*zèle, activité*) to slacken **II.** *vi* (*marcheur, véhicule, progrès, croissance*) to slow down **III.** *vpr* **se** ~ **1.** (*devenir plus lent: allure, mouvement*) to slow down **2.** (*diminuer: ardeur, effort, zèle*) to flag; (*production, croissance*) to slacken off

ralentissement [ʀalɑ̃tismɑ̃] *m* **1.** (*perte de vitesse: de l'allure, de la marche, circulation*) reduction in speed **2.** (*diminution*) reduction

râler [ʀɑle] <1> *vi* (*grogner*) ~ **contre qn/qc** to moan about sb/sth; **faire** ~ **qn** to make sb angry

râleur, **-euse** [ʀɑlœʀ, -øz] **I.** *adj inf* grouchy **II.** *m, f inf* moaner

ralliement [ʀalimɑ̃] *m* **1.** MIL rallying; **signe/point de** ~ rallying sign/point **2.** (*adhésion*) ~ **à une cause** espousal of a cause; ~ **à un mouvement/parti** joining a movement/party

rallier [ʀalje] <1a> **I.** *vt* **1.** (*adeptes, groupe, sympathisants*) ~ **qn** to win sb over **2.** (*unir des personnes pour une cause commune*) to rally; ~ **des personnes autour de qn/qc** to rally people around sb/sth **II.** *vpr* **se** ~ **à l'avis de qn** to be won over to sb's view

rallonge [ʀalɔ̃ʒ] *f* **1.** (*d'une table*) leaf **2.** ELEC extension cord

rallonger [ʀalɔ̃ʒe] <2a> *vt* to lengthen

rallumer [ʀalyme] <1> *vt* (*allumer: feu, cigarette*) to relight; (*lampe, lumière*) to switch on again; (*électricité*) to turn on again

rallye [ʀali] *m* rally

RAM [ʀam] *f abr de* **Random Access Memory** RAM

ramadan [ʀamadɑ̃] *m* Ramadan

ramassage [ʀamɑsaʒ] *m* **1.** (*collecte*) collecting **2.** ECOLE ~ **scolaire** school bus service

ramasse-miettes [ʀamɑsmjɛt] *m inv* silent butler

ramasse-poussière [ʀamɑspusjɛʀ] <ramasse-poussière(s)> *m Belgique, Nord* (*pelle à poussière*) dustpan

ramasser [ʀamɑse] <1> **I.** *vt* **1.** (*collecter: bois mort, coquillages*) to gather; (*champignons*) to pick; (*ordures, copies*) to collect; ~ **pas mal d'argent** to make quite a bit of money **2.** *inf* (*embarquer*) **se faire** ~ **par la police** to get nabbed by the police **3.** (*relever une personne qui est tombée*) ~ **qn qui est ivre mort** to pick up sb who's dead drunk **4.** (*prendre ce qui est tombé par terre*) to pick up ▶ ~ **qn dans le ruisseau** *péj* to pick sb up out of the gutter **II.** *vpr* **se** ~ *inf* (*tomber*) to fall flat on one's face

ramassis [ʀamɑsi] *m péj* (*amas*) jumble; (*bande*) bunch

rambarde [ʀɑ̃baʀd] *f* rail

ramdam [ʀamdam] *m inf* racket

rame[1] [ʀam] *f* (*en horticulture*) stake

rame[2] [ʀam] *f* (*aviron*) oar; **rejoindre la côte à la** ~ to row back to the coast

rame[3] [ʀam] *f* CHEMDFER train

rameau [ʀamo] <x> *m* **1.** BOT *a. fig* branch **2.** REL **le Dimanche des Rameaux/les Rameaux** Palm Sunday

ramener [ʀamne] <4> **I.** *vt* **1.** (*reconduire*) ~ **qn chez soi** to take sb back home **2.** (*faire revenir, amener avec soi: beau temps*) to bring back; ~ **qn à la vie** to bring sb back to life; ~ **qn à de meilleurs sentiments** to bring sb around to feeling better; ~ **qn à la raison** to bring sb back to their senses; ~ **qn/qc de Paris** to bring sb/sth back from Paris **3.** (*rétablir*) ~ **la paix** to restore peace ▶ **la** ~ *inf* (*être prétentieux*) to show off; (*vouloir s'imposer*) to butt in; ~ **tout à soi** (*être égocentrique*) to see everything in relation to oneself **II.** *vpr inf* (*arriver*) **se** ~ to show up

ramer[1] [ʀame] <1> *vi* **1.** NAUT to row **2.** *inf* (*peiner*) to sweat

ramer[2] [ʀame] <1> *vt* (*en horticulture*) to stake

rameur [ʀamœʀ] *m* rower

rami [ʀami] *m* rummy

ramier [ʀamje] *m* wood pigeon

ramification [ʀamifikasjɔ̃] *f* ramification

ramifier [ʀamifje] <1a> *vpr* **se** ~ **en qc** to branch out into sth

ramollir [ʀamɔliʀ] <8> **I.** *vt* (*rendre mou: cuir, beurre*) to soften **II.** *vpr* **se** ~ **1.** (*asphalte, beurre, biscuit*) to turn soft **2.** (*s'affaiblir: ardeur, courage, volonté*) to weaken

ramollo [ʀamɔlo] *adj inf* (*mou*) **être/se sentir** ~ to be/feel all washed-out

ramonage [ʀamɔnaʒ] *m* cleaning; (*de la cheminée*) sweeping

ramoner [ʀamɔne] <1> *vt* (*pipe*) to clean; (*cheminée*) to sweep

ramoneur, **-euse** [ʀamɔnœʀ, -øz] *m, f* chimney sweep

rampe [ʀɑ̃p] *f* **1.** (*rambarde: d'un escalier*) banister **2.** (*plan incliné*) ramp **3.** (*lumières*) lights; THEAT footlights; ~ **de projecteurs** row of spotlights **4.** ~ **de lancement** launch pad

ramper [ʀɑ̃pe] <1> *vi* **1.** (*animal, enfant*) to crawl **2.** (*lierre, vigne*) to creep **3.** (*s'abaisser*) ~ **devant qn** to crawl to sb

rancard [rɑ̃kaʀ] *m inf* (*rendez-vous*) meeting
rancarder [rɑ̃kaʀde] <1> *inf* **I.** *vt* (*renseigner*) ~ **qn** to tip sb off **II.** *vpr* **se** ~ (*se renseigner*) to get the lowdown *sl*
rancart [rɑ̃kaʀ] *m inf* **mettre qc au** ~ to chuck sth out; **mettre qn au** ~ to throw sb on the scrapheap
rance [rɑ̃s] **I.** *adj* rancid **II.** *m* **sentir le ~/avoir un goût de** ~ to smell/taste rancid
ranch [rɑ̃tʃ] <(e)s> *m* ranch
rancir [rɑ̃siʀ] <8> *vi* to go rancid
rancœur [rɑ̃kœʀ] *f soutenu* rancor
rançon [rɑ̃sɔ̃] *f* **1.** (*rachat*) ransom **2.** (*prix*) **la ~ de la gloire/du succès/progrès** the price of fame/success/progress
rançonner [rɑ̃sɔne] <1> *vt* (*racketter*) to swindle, to cheat
rancune [rɑ̃kyn] *f* **garder ~ à qn de qc** to hold a grudge against sb for sth ►**sans ~!** no hard feelings!
rancunier, -ière [rɑ̃kynje, -jɛʀ] *adj* vindictive; **être** ~ to bear grudges
randonnée [rɑ̃dɔne] *f* **faire une ~ à pied/skis/bicyclette** to go for a hike/cross-country skiing/for a bicycle ride
randonneur, -euse [rɑ̃dɔnœʀ, -øz] *m, f* hiker
rang [rɑ̃] *m* **1.** (*suite de personnes ou de choses*) line; **en ~ par deux** in rows of two; **mettez-vous en ~!** line up! **2.** (*rangée de sièges*) row; **se placer au premier** ~ to sit in the front row **3.** (*position dans un ordre ou une hiérarchie*) rank **4.** (*condition*) station; **le ~ social** social standing; **garder/tenir son** ~ to maintain one's position in society
rangé(e) [rɑ̃ʒe] *adj* neat (and tidy)
rangée [rɑ̃ʒe] *f* row
rangement [rɑ̃ʒmɑ̃] *m* **1.** (*fait de ranger: d'une pièce*) straightening up; (*du linge, d'objets*) putting away; **faire du** ~ to straighten [*o* clean] up **2.** (*possibilités de ranger*) storage space
ranger [rɑ̃ʒe] <2a> **I.** *vt* **1.** (*mettre en ordre: maison, tiroir*) to straighten up **2.** (*mettre à sa place: objet, vêtements*) to put away **3.** (*classer: dossiers, fiches*) to file (away) **II.** *vi* **il passe son temps à** ~ he spends his time neatening up **III.** *vpr* **se** ~ **1.** (*s'écarter: piéton*) to stand aside; (*véhicule*) to pull over **2.** (*se mettre en rang*) to line up **3.** (*devenir plus sérieux: personnes*) to settle down
ranimer [ranime] <1> *vt* **1.** (*ramener à la vie: noyé, personne évanouie*) to revive **2.** (*revigorer: amour, feu*) to rekindle; (*espoir, forces*) to renew
rap [rap] *m* rap
rapace [rapas] **I.** *adj* **1.** (*avide*) rapacious; **oiseau** ~ bird of prey **2.** (*cupide: homme d'affaires, usurier*) money-grubbing **II.** *m* (*oiseau*) bird of prey
rapatrié(e) [rapatʀije] *m(f)* repatriate
rapatriement [rapatʀimɑ̃] *m* (*transfert de personnes*) repatriation
rapatrier [rapatʀije] <1> *vt* (*ramener: personne*) to repatriate; (*objet*) to send home
râpe [ʀɑp] *f* **1.** CULIN grater; **~ à fromage** cheese grater **2.** TECH rasp
râpé(e) [ʀɑpe] *adj* (*carotte, fromage*) grated ►**c'est** ~ *inf* so much for that!
râper [ʀɑpe] <1> *vt* (*fromage, betteraves, carottes*) to grate
rapetisser [ʀap(ə)tise] <1> **I.** *vt* **1.** (*rendre plus petit*) ~ **qc** to make sth smaller **2.** (*dévaloriser*) to belittle **II.** *vi* to grow smaller **III.** *vpr* **se** ~ **1.** (*devenir plus petit*) to grow smaller **2.** (*se dévaloriser*) to belittle oneself
râpeux, -euse [ʀɑpø, -øz] *adj* rough
raphia [ʀafja] *m* raffia
rapiat(e) [ʀapja, jat] **I.** *adj inf* stingy **II.** *m(f) inf* tightwad
rapide [ʀapid] **I.** *adj* **1.** (*d'une grande vitesse*) fast; (*manière, progrès, réponse*) rapid; (*geste, intelligence, personne*) quick; **une réaction** ~ a speedy reaction **2.** (*expéditif: décision, démarche*) hasty; (*visite*) hurried **II.** *m* **1.** (*train*) express train **2.** (*cours d'eau*) rapid
rapidement [ʀapidmɑ̃] *adv* quickly; **parcourir le journal** ~ to have a quick glance at the newspaper
rapidité [ʀapidite] *f* (*vitesse*) speed; **agir avec la ~ de l'éclair** to act with lightning speed
rapidos [ʀapidɔs] *adv abr de* **rapidement** pronto
rapiécer [ʀapjese] <2, 5> *vt* to patch up
raplapla [ʀaplapla] *adj inv, inf* (*fatigué*) washed-out
rappel [ʀapɛl] *m* **1.** (*remise en mémoire, panneau de signalisation*) reminder **2.** (*admonestation*) **~ à l'ordre** call to order; POL naming; **~ à la raison** call to reason **3.** FIN (*d'une facture, cotisation*) reminder; **~ de salaire** back pay **4.** THEAT curtain call; **il y a eu trois ~s** there were three curtain calls **5.** MED booster
rappeler [ʀap(ə)le] <3> **I.** *vt* **1.** (*remémorer, évoquer: souvenir*) to remind; **~ une date à qn** to remind sb of a date; **~ à qn que c'est lundi** to remind sb that it is Monday; **~ un enfant/tableau à qn** to remind sb of a child/painting **2.** (*appeler pour faire revenir*) to call back; **les acteurs ont été rappelés plusieurs fois** the actors had several curtain calls **3.** TEL **~ qn** to call sb back **II.** *vi* TEL to call back **III.** *vpr* **se ~ qn/qc** to remember sb/sth; **elle se rappelle que nous étions venus** she remembers that we had come
rappliquer [ʀaplike] <1> *vi inf* to show up again
rapport [ʀapɔʀ] *m* **1.** (*lien*) link; **~ entre deux ou plusieurs choses** connection between two or several things; **~ de cause à effet** cause and effect relation; **~ qualité-prix** value for money **2.** (*relations*) relationship; **~s d'amitié/de bon voisinage** friendly/neighborly relations; **les ~s franco-allemands** Franco-German relations **3.** *pl* (*relations sexuelles*) (sexual) relations; **avoir des ~s avec qn** to have sex with sb **4.** (*compte*

R

rendu) report; **rédiger un ~ sur qn/qc** to draw up a report on sb/sth; **~ de police** police report; **~ de recherche** research paper ▶ **avoir ~ à qc** to be about sth; **sous tous les ~s** in every respect; **en ~ avec** (*qui correspond à*) in keeping with; **mettre qc en ~ avec** (*en relation avec*) to relate sth to; **par ~ à qn/qc** (*en ce qui concerne*) regarding sb/sth; (*proportionnellement*) compared to sb/sth

rapporté(e) [RapɔRte] *adj* (*poche*) sewn-on; (*élément*) added; **une pièce ~e** *fig, inf* an odd man out

rapporter [RapɔRte] <1> **I.** *vt* **1.** (*ramener, rendre*) **~ un livre à qn** to bring a book back to sb; **~ un livre à la bibliothèque** to return a book to the library **2.** (*être profitable*) **~ qc** (*action, activité*) to yield sth; (*métier*) to bring in sth **3.** *péj* (*répéter pour dénoncer*) to report **II.** *vpr* (*être relatif à*) **se ~ à qc** to relate to sth

rapporteur [RapɔRtœR] *m* protractor

rapporteur, -euse [RapɔRtœR, -øz] *m, f* **1.** (*qui répète*) taleteller **2.** (*qui fait un rapport*) rapporteur

rapproché(e) [RapRɔʃe] *adj* **1.** close; **à une date aussi ~e** so close in the future **2.** (*répété*) frequent; (*intervalles*) short

rapprochement [RapRɔʃmɑ̃] *m* **1.** coming closer **2.** (*réconciliation*) coming together; (*d'idées, de points de vue*) rapprochement **3.** (*analogie*) connection; **faire le ~ entre deux événements** to draw a parallel between two events

rapprocher [RapRɔʃe] <1> **I.** *vt* **1.** (*avancer: objets, chaises*) to bring closer; **rapproche ta chaise de la table/de moi!** move your chair closer to the table/me! **2.** (*réconcilier: ennemis, familles brouillées*) to reconcile; **ce drame nous a beaucoup rapprochés** this tragedy brought us closer together **3.** (*mettre en parallèle: idées, thèses*) to compare **II.** *vpr* **1.** (*approcher*) **se ~ de qn/qc** to approach sb/sth; **rapproche-toi de moi!** come closer!; **l'orage/le bruit se rapproche de nous** the storm/noise is getting closer (to us) **2.** (*sympathiser*) **se ~** to be reconciled

rapproprier [RapRɔpRije] <1> *vpr Belgique, Nord* (*mettre des vêtements propres*) **se ~** to put sth clean on

rapt [Rapt] *m* abduction; **~ d'enfant** child abduction

raquer [Rake] <1> *vi inf* to foot the bill

raquette [Rakɛt] *f* **1.** SPORT paddle; **~ de tennis** tennis racket **2.** (*semelle pour la neige*) snowshoe

rare [RɑR] *adj* **1.** (*opp: fréquent: animal, édition, variété, objet, mot*) rare; **il est ~ qu'elle fasse des erreurs** (*subj*) she rarely makes mistakes **2.** (*exceptionnel*) unusual **3.** (*peu nombreux*) few; **ses rares amis** her few friends ▶ **se faire ~** to become scarce

raréfier [RaRefje] <1a> **I.** *vt* PHYS to rarefy **II.** *vpr* **se ~** (*touristes, gibier, argent, marchandise*) to get scarcer

rarement [RɑRmɑ̃] *adv* rarely

rareté [RɑRte] *f* **1.** scarcity; **être d'une extrême ~** to be extremely scarce **2.** (*chose précieuse*) rarity

rarissime [RaRisim] *adj* extremely rare

ras [Rɑ] *m* **au ~ des pâquerettes** uncouth; **à ~** cut short; **au ~ de qc** passing just next to sth

R.A.S. [ɛRaɛs] *abr de* **rien à signaler** (*sur un certificat médical*) nothing to report

ras(e) [Rɑ, Rɑz] **I.** *adj* (*barbe, cheveux, herbe*) short; (*étoffe*) short pile; **à poil ~** short-hair; **avoir les cheveux ~** to have a buzzcut **II.** *adv* (*coupé, taillé, tondu*) short; **la haie est taillée ~** the hedge is clipped short

rasade [Rɑzad] *f* glassful; **se verser une ~ de vin** to pour oneself a glass of wine

rasant(e) [Rɑzɑ̃, ɑ̃t] *adj inf* (*ennuyeux*) boring

rascasse [Raskas] *f* scorpion fish

rase-mottes [Rɑzmɔt] *inv* **faire du ~** to hedgehop

raser [Rɑze] <1> **I.** *vt* **1.** (*tondre*) to shave; (*cheveux*) to shave off; **être rasé de près/de frais** to be close-shaved/freshly shaved **2.** (*effleurer*) **~ les murs** to hug the walls; **~ le sol** (*oiseaux, projectiles*) to skim the ground **3.** (*détruire: bâtiment, quartier*) to raze **4.** *inf* (*ennuyer*) to bore **II.** *vpr* **1.** (*se couper ras*) **se ~** to shave; **se ~ la barbe/la tête** to shave one's beard/hair off; **se ~ les jambes** to shave one's legs **2.** *inf* (*s'ennuyer*) **se ~** to be bored

raseur, -euse [RɑzœR, -øz] *m, f inf* bore; (*casse-pieds*) pain in the neck

ras-le-bol [Rɑl(ə)bɔl] *m inv, inf* **en avoir ~ de qc** to be sick and tired of sth; **~!** I've had it up to here!

rasoir [RɑzwaR] **I.** *m* razor **II.** *adj inf* **qu'il est ~!** what a bore he is!

rassasié(e) [Rasazje] *adj* **être ~** to have had one's fill

rassemblement [Rasɑ̃bləmɑ̃] *m* **1.** (*de documents, d'objets épars*) collection **2.** (*regroupement*) union; POL alliance; MIL parade; **~!** fall in!

rassembler [Rasɑ̃ble] <1> **I.** *vt* **1.** (*réunir: documents, objets épars*) to collect; (*troupeau*) to gather; **deux cents pièces sont rassemblées au musée ...** the museum has a collection of two hundred items ... **2.** (*regrouper: troupes, soldats*) to rally; **~ des personnes** (*personne*) to gather together; **ce parti rassemble les mécontents** this party draws all the malcontents **3.** (*faire appel à: forces, idées*) to gather; (*courage*) to summon; **j'ai du mal à ~ mes idées** [*o* **esprits**] I just can't collect my thoughts **4.** (*remonter: charpente, mécanisme*) to reassemble **II.** *vpr* **se ~** (*badauds, foule, participants*) to gather; (*écoliers, soldats*) to assemble

rasseoir [RaswaR] *vpr irr* **se ~** to sit down again; **va te ~!** go back to your seat!

rasséréner [RaseRene] <5> **I.** *vt* **~ qn** to restore sb's serenity **II.** *vpr* **se ~** (*personne*) to have one's serenity restored

rassis, rassie [Rasi] *adj* **1.** (*qui n'est plus frais: pain, pâtisserie*) stale **2.** (*pondéré: personne*) calm
rassurant(e) [RasyRɑ̃, ɑ̃t] *adj* (*nouvelle*) reassuring; (*visage*) comforting; **se montrer ~** to be reassuring; **c'est ~!** *iron* that's very reassuring!
rassurer [RasyRe] <1> **I.** *vt* to reassure; **ne pas être rassuré** to feel worried; **je ne me sens pas rassuré dans sa voiture** I don't feel very safe in his car **II.** *vpr* **se ~** to reassure oneself; **rassurez-vous!** don't worry!; **que l'on se rassure** set your minds at ease
rasta [Rasta] **I.** *adj inv, inf* Rasta **II.** *mf inf* Rasta
rat [Ra] *m* ZOOL rat ▶ **~ de bibliothèque** bookworm; **s'ennuyer comme un ~ mort** to be bored stiff
ratage [Rataʒ] *m* flop
ratatiné(e) [Ratatine] *adj* **1.** (*rapetissé*) shriveled **2.** *inf* (*fichu*) totaled
ratatiner [Ratatine] <1> *vt* (*rabougrir: fruit*) to shrivel; (*visage*) to wizen
ratatouille [Ratatuj] *f* ratatouille
rate [Rat] *f* ANAT spleen
raté(e) [Rate] *m(f)* failure
râteau [Rɑto] <x> *m* rake
râtelier [Rɑtəlje] *m* **1.** AGR rack **2.** *inf* (*dentier*) false teeth *pl* ▶ **manger à tous les ~s** to take advantage of everyone and everything
rater [Rate] <1> **I.** *vt* **1.** (*manquer: cible, occasion, train*) to miss **2.** (*ne pas réussir*) **~ sa vie** to make a mess of one's life; **tu vas tout faire ~!** you're going to spoil everything!; **j'ai raté la mayonnaise** I messed up the mayonnaise; **~ son examen** to flunk one's test; **être raté** to be ruined; (*photos*) to be spoiled **3. il n'en rate pas une!** he's always making a fool of himself!; **ne pas ~ qn** to fix sb **II.** *vi* (*affaire, coup, projet*) to fail **III.** *vpr* **1.** *inf* (*mal se suicider*) **il s'est raté** he bungled his suicide attempt **2.** (*ne pas se voir*) **se ~** to miss one another
ratification [Ratifikasjɔ̃] *f* ratification
ratifier [Ratifje] <1> *vt* (*loi, traité*) to ratify
rating [Ratiŋ, Retiŋ] *m* ECON rating
ration [Rasjɔ̃] *f* ration; **vous avez tous eu la même ~** you've all had the same; **~ de pain/viande** bread/meat ration; **~ alimentaire** food intake; **arrête, il a eu sa ~!** stop, he's had his share!
rationaliser [Rasjɔnalize] <1> *vt* to rationalize
rationalité [Rasjɔnalite] *f* rationality; **dépourvu de toute ~** devoid of meaning
rationnel(le) [Rasjɔnɛl] *adj a.* MATH rational; **c'est un esprit ~** she's got a rational mind
rationnellement [Rasjɔnɛlmɑ̃] *adv* rationally
rationnement [Rasjɔnmɑ̃] *m* rationing
rationner [Rasjɔne] <1> *vt* to ration; **~ qn** to put sb on rations
ratisser [Ratise] <1> **I.** *vt* **1.** (*allée, platebande*) to rake over; (*herbe, feuilles mortes*) to rake up **2.** MIL to comb **II.** *vi* to rake
raton [Ratɔ̃] *m* **1.** ZOOL **~ laveur** raccoon **2.** *Québec* (*chat sauvage*) wildcat
R.A.T.P. [ɛRɑtepe] *f abr de* **Régie autonome des transports parisiens** *Paris public transportation system*
rattachement [Rataʃmɑ̃] *m* ADMIN, POL **~ de l'Alsace-Lorraine à la France** incorporation of Alsace-Lorraine into France; **~ à une commune** incorporation into a commune
rattacher [Rataʃe] <1> *vt* **1.** (*renouer: lacet*) to retie; (*ceinture, jupe*) to do up again **2.** (*annexer*) **~ un territoire à un pays** to bring a territory under a country's jurisdiction
ratte [Rat] *f type of potato*
rattrapage [RatRapaʒ] *m* **1.** ECOLE (*remise à niveau*) remedial work; **cours de ~** remedial classes *pl* **2.** ECOLE, UNIV (*repêchage*) passing, letting through; **oral de ~** oral exam retake; **avoir son bac au ~** to get one's high school diploma after retaking the exam **3.** COM **~ des heures perdues/du retard** making up for lost hours/the delay
rattraper [RatRape] <1> **I.** *vt* **1.** (*rejoindre*) **~ qn** to catch up to sb **2.** (*regagner: temps perdu, retard*) to make up for; (*sommeil*) to catch up on; (*pertes*) to recover **3.** (*retenir*) to catch hold of; **~ qn par le bras/le manteau** to grab ahold of sb's arm/coat **II.** *vpr* **1.** (*se raccrocher*) **se ~ à une branche** to grab ahold of a branch **2.** (*compenser, réparer, corriger une erreur*) **se ~** to make up
rature [RatyR] *f* crossing out
raturé(e) [RatyRe] *adj* full of deletions; **une lettre ~e** a deleted letter
raturer [RatyRe] <1> *vt* to cross out; (*corriger*) to make a modification
rauque [Rok] *adj* (*son, toux*) throaty; (*cri, voix*) hoarse
ravagé(e) [Ravaʒe] *adj inf* nuts
ravager [Ravaʒe] <2a> *vt* (*pays, ville*) to lay waste; (*cultures*) to devastate
ravages [Ravaʒ] *mpl* **1.** (*dégâts*) devastation + *vb sing;* **~ de la grêle/de l'orage** devastation caused by hail/the storm **2.** (*effets néfastes: de l'alcool, de la drogue*) ravages *pl;* **la drogue fait des ~ dans ce quartier** drug abuse is rife in this district ▶ **faire des ~** to wreak havoc; **il fait des ~!** he's a real heartbreaker!
ravalement [Ravalmɑ̃] *m* cleaning
ravaler [Ravale] <1> *vt* **1.** (*retenir: larmes, émotion*) to hold back **2.** (*nettoyer: façade*) to restore
rave [Rɛv] *f* rave
ravi(e) [Ravi] *adj* delighted; **avoir l'air ~** to look pleased; **être ~ de** + *infin* to be delighted to + *infin*
ravier [Ravje] *m* hors d'œuvres dish
ravigoter [Ravigɔte] <1> *vt inf* **~ qn** (*nouvelle, alcool, douche, repas*) to pick [*o* pep] sb up; **se sentir ravigoté par une sieste** to feel refreshed from a nap
ravin [Ravɛ̃] *m* ravine
raviner [Ravine] <1> *vt* GEO to gully

R

raviole [ʀavjɔl] *f* **des ~s** ravioli + *vb sing*
ravioli [ʀavjɔli] *m* ravioli
ravir [ʀaviʀ] <8> *vt* **1.** to delight; **ta visite me ravit** I'm delighted by your visit; **ces vacances me ravissent** this vacation is delightful **2.** *soutenu* (*enlever*) **~ qc à qn** (*honneur, trésor*) to rob sb of sth; **la mort nous a ravi notre enfant** death has stolen away our child ►**à ~** ravishingly
raviser [ʀavize] <1> *vpr* **se ~** to change one's mind
ravissant(e) [ʀavisɑ̃, ɑ̃t] *adj* beautiful; (*femme*) ravishingly beautiful
ravissement [ʀavismɑ̃] *m a.* REL rapture
ravisseur, -euse [ʀavisœʀ, -øz] *m, f* kidnapper
ravitaillement [ʀavitajmɑ̃] *m* **1.** (*approvisionnement: de la population, des troupes*) supplying; **assurer le ~ de qn en charbon** to supply sb with coal; **aller au ~** to go for fresh supplies **2.** (*denrées alimentaires*) food supplies **3.** MED **~ d'urgence** emergency feeding **4.** AVIAT **~ en vol** in-flight refueling
ravitailler [ʀavitaje] <1> **I.** *vt* **~ qn en essence** to supply sb with gas; **~ les avions en vol** to refuel planes in flight **II.** *vpr* **se ~ en qc** to get (fresh) supplies of sth
raviver [ʀavive] <1> **I.** *vt* (*espoir, souvenir*) to reawaken; (*couleur, vieilles blessures*) to revive; (*feu*) to rekindle **II.** *vpr* **se ~** (*douleur*) to revive
ravoir [ʀavwaʀ] *vt irr, défec, toujours à l'infin* **1.** (*récupérer*) to get back **2.** *inf* (*détacher*) **~ qc** (*casserole, cuivres, vêtements*) to get sth clean
rayé(e) [ʀeje] *adj* **1.** (*zébré*) striped; (*papier*) lined **2.** (*éraflé: disque, vitre*) scratched
rayer [ʀeje] <7> *vt* **1.** (*érafler: disque, vitre*) to scratch **2.** (*biffer: mot, nom*) to cross out **3.** (*supprimer*) **~ qn/qc de la liste** to strike sb's name/sth off the list; **~ qn des cadres** to dismiss sb; **~ un souvenir de sa mémoire** to blot out a memory
rayon [ʀɛjɔ̃] *m* **1.** (*faisceau*) ray; **~ laser** laser beam; **~ de lumière** ray of light **2.** *pl* (*radiations*) radiation; **~s X** X-rays; **~s ultraviolets/infrarouges** ultraviolet/infrared rays **3.** (*étagère: d'une armoire*) shelf; **ranger ses livres dans les ~s d'une bibliothèque** to put away one's books on the shelves of the bookcase **4.** COM department; **~ d'alimentation** grocery department; **c'est tout ce qu'il me reste en ~** that's all we have left in stock **5.** (*distance*) **dans un ~ de plus de 20 km** within a radius of more than 20 km **6.** (*d'une roue*) spoke ►**~ de soleil** ray of sunshine; **en connaître un ~ en politique** he really knows a thing or two about politics; **c'est mon ~** that's my department
rayonnage [ʀɛjɔnaʒ] *m* shelving
rayonnant(e) [ʀɛjɔnɑ̃, ɑ̃t] *adj* radiant; **par un soleil ~** in glorious sunshine; **~ de joie** beaming with joy; **~ de santé/joie** glowing with health
rayonnement [ʀɛjɔnmɑ̃] *m* **1.** (*d'une civilisation, d'un pays*) influence **2.** (*aura*) radiance **3.** (*lumière*) radiance; **le ~ solaire** the radiance of the sun **4.** PHYS radiation
rayonner [ʀɛjɔne] <1> *vi* (*irradier*) **~ de joie** to be radiant with joy; **~ de santé** to be glowing with health
rayure [ʀejyʀ] *f* stripe; **à ~s** striped
raz-de-marée [ʀɑdəmaʀe] *m inv* GEO tidal wave; **~ électoral** *fig* landslide victory
razzia [ʀa(d)zja] *f* raid; **faire une ~ sur qc** to raid sth
R.D.A. [ɛʀdeɑ] *f* HIST *abr de* **République démocratique allemande** GDR
ré [ʀe] *m inv* MUS (*note*) D; (*en solfiant*) re; *v.a.* **do**
réacteur [ʀeaktœʀ] *m* **1.** AVIAT jet engine **2.** PHYS, CHIM reactor; **~ nucléaire** nuclear reactor
réaction [ʀeaksjɔ̃] *f* **1.** reaction; **~ à une catastrophe/un spectacle** reaction to a disaster/show; **~ en chaîne** chain reaction; **en ~ contre qn/qc** as a reaction against sb/sth; **avoir des ~s rapides/un peu lentes** to have good/bad reflexes **2.** (*transformation chimique ou physique*) CHIM, PHYS, AVIAT **propulsion par ~** jet propulsion
réactionnaire [ʀeaksjɔnɛʀ] *adj, mf* reactionary
réactiver [ʀeaktive] <1> *vt* (*alliance, idéologie, amitié*) to revive; (*feu*) to rekindle; MED (*maladie, sérum*) to reactivate
réactualiser [ʀeaktɥalize] <1> *vt* to update; (*débat*) to relaunch
réadaptation [ʀeadaptasjɔ̃] *f* reeducation; (*d'un handicapé*) rehabilitation; **~ à la vie civile/au travail** readjustment to civilian life/work
réadapter [ʀeadapte] <1> *vt* **1.** (*réaccoutumer*) **~ qn à la vie professionnelle** to help sb readjust to working life **2.** MED (*articulation, muscle*) to reeducate
réafficher [ʀeafiʃe] <1> *vt* INFORM **~ les copies des pages visitées** to display copies of pages visited
réaffirmer [ʀeafiʀme] <1> *vt* (*intention, volonté*) to reassert; **je réaffirme que les choses se sont passées ainsi** I reaffirm that that's how things happened
réagir [ʀeaʒiʀ] <8> *vi* **1.** (*répondre spontanément*) **~ à qc** to react to sth; **~ mal aux antibiotiques** to react badly to antibiotics **2.** *a.* MED (*s'opposer à*) **~ contre une idée** to react against an idea; **~ contre une menace** to react against a threat; **~ contre une infection** (*organisme*) to react against an infection
réajuster [ʀeaʒyste] <1> *vt v.* **rajuster**
réalisable [ʀealizabl] *adj* feasible; (*rêve*) attainable
réalisateur, -trice [ʀealizatœʀ, -tʀis] *m, f* CINE, TV director
réalisation [ʀealizasjɔ̃] *f* **1.** (*exécution*) carrying out **2.** CINE, RADIO, TV directing

réaliser [Realize] <1> **I.** *vt* **1.** (*accomplir: ambition*) to achieve; (*projet, intention, menace, travail, réforme*) to carry out; (*rêve, désir*) fulfill; (*effort*) to make; (*exploit*) to perform **2.** (*effectuer: plan, maquette, achat, vente, progrès*) to make; ~ **des économies** to make savings; ~ **des bénéfices** to make a profit **3.** (*se rendre compte de*) ~ **l'ampleur de son erreur** to realize the extent of one's mistake **4.** CINE, RADIO, TV (*faire*) to direct **II.** *vi* to realize; **est-ce que tu réalises vraiment?** do you really understand?; **j'ai du mal à** ~ it's hard for me to realize **III.** *vpr* **se** ~ (*projet*) to be carried out; (*rêve, vœu*) to come true; (*ambition*) to be achieved

réalisme [Realism] *m* realism; **le roman manque de** ~ the book is not very realistic

réaliste [Realist] **I.** *adj* realistic; ART, LIT realist **II.** *m, f* realist

réalité [Realite] *f* (*réel, chose réelle*) reality; **devenir** ~ to become reality; (*rêve, souhait*) to come true; **la** ~ **dépasse la fiction** truth is stranger than fiction ▶ **en** ~ in fact

réaménagement [Reamenaʒmɑ̃] *m* (*d'un site*) redevelopment

réaménager [Reamenaʒe] <2a> *vt* (*site*) to redevelop; ~ **les rues en zone piétonne** to pedestrianize the streets

réanimation [Reanimasjɔ̃] *f* **1.** (*technique*) resuscitation **2.** (*service*) **service de** ~ intensive care unit; **être en** ~ to be in intensive care

réanimer [Reanime] <1> *vt* to resuscitate

réapparaître [ReapaRɛtR] *vi irr avoir o être* to reappear

réapparition [ReapaRisjɔ̃] *f* reappearance

réapprendre [ReapRɑ̃dR] <13> *vt* (*leçon, poésie*) to relearn; ~ **à marcher** to learn how to walk again

réapprovisionner [ReapRɔvizjɔne] <1> **I.** *vt* to restock **II.** *vpr* **se** ~ **en chocolat** to stock up on chocolate

réarmer [ReaRme] <1> **I.** *vi* to rearm **II.** *vt* (*fusil, pistolet*) to cock; (*appareil photo*) to wind on

rebaptiser [R(ə)batize] <1> *vt* to rename

rébarbatif, -ive [RebaRbatif, -iv] *adj* (*air, mine*) forbidding; (*style*) off-putting; (*sujet, tâche*) daunting

rebattre [Rəbatʀ] *vt irr* ~ **les oreilles à qn de qc** to keep harping on to sb about sth

rebattu(e) [Rəbaty] *adj* (*citation, sujet*) hackneyed

rebelle [Rəbɛl] **I.** *adj* **1.** (*insurgé*) rebel; ~ **à la patrie/à un souverain** rebellious against the homeland/a sovereign **2.** (*enfant*) rebellious; (*cheveux, mèche*) unruly; **avoir l'esprit** ~ to have a rebellious spirit **II.** *mf* rebel

rebeller [R(ə)bele] <1> *vpr* **se** ~ **contre qc** to rebel against sth

rébellion [Rebeljɔ̃] *f* **1.** ~ **contre qn/qc** rebellion against sb/sth **2.** (*rebelles*) rebels

rebiffer [R(ə)bife] <1> *vpr inf* **se** ~ **contre qn/qc** to rebel against sb/sth

rebiquer [R(ə)bike] <1> *vi inf* to stick up

reblochon [Rəblɔʃɔ̃] *m: full-flavored camembert-type cheese*

reboisement [R(ə)bwɑzmɑ̃] *m* reforestation

reboiser [R(ə)bwɑze] <1> *vt, vi* to reforest

rebond [R(ə)bɔ̃] *m* rebound; **faux** ~ bad bounce

rebondi(e) [R(ə)bɔ̃di] *adj* (*fesses, formes*) well-rounded; (*porte-monnaie*) fat; (*ventre*) ample; **un bébé aux joues** ~**es** a baby with chubby cheeks

rebondir [R(ə)bɔ̃diR] <8> *vi* ~ **contre qc** (*balle, ballon*) to bounce off sth

rebondissement [R(ə)bɔ̃dismɑ̃] *m* **nouveau** ~ **dans l'affaire X!** new development in the X case!; **le** ~ **de l'architecture gothique** the sudden revival of Gothic architecture

rebord [R(ə)bɔR] *m* rim; (*d'une cheminée, fenêtre*) ledge

reboucher [R(ə)buʃe] <1> *vt* (*bouteille, récipient*) to recork; (*tranchée*) to fill in again

rebours [R(ə)buR] **1.** (*à rebrousse-poil*) **caresser un chien à** ~ to pet a dog the wrong way; **compter à** ~ to count backwards **2.** MIL **compte à** ~ countdown **3.** *fig* **comprendre à** ~ to get it wrong; **prendre qn à** ~ to rub sb the wrong way; **faire qc à** ~ to do sth the wrong way

reboutonner [R(ə)butɔne] <1> **I.** *vt* to button back up **II.** *vpr* **se** ~ to button oneself back up

rebrousse-poil [R(ə)bRuspwal] **à** ~ (*caresser, lisser*) the wrong way; **prendre qn à** ~ *inf* to rub sb the wrong way

rebrousser [R(ə)bRuse] <1> *vt* (*cheveux, poils*) to ruffle

rebuffade [R(ə)byfad] *f* rebuff

rébus [Rebys] *m* rebus; (*casse-tête*) puzzle

rebut [Rəby] *m* **1.** scrap; (*objets*) junk **2.** *péj* (*racaille*) **le(s)** ~**(s) de la société** the dregs of society ▶ **de** ~ **marchandise de** ~ rejects

rebutant(e) [R(ə)bytɑ̃, ɑ̃t] *adj* repulsive

rebuter [R(ə)byte] <1> *vt* **1.** (*repousser*) to disgust **2.** (*décourager: démarche, travail*) to dishearten; **rien ne le rebute** nothing gets him down

récalcitrant(e) [Rekalsitʀɑ̃, ɑ̃t] *adj* (*enfant*) rebellious; (*animal*) stubborn; **se montrer** [*o* **être**] ~ **à qc** to be stubbornly opposed to sth

recaler [R(ə)kale] <1> *vt inf* ECOLE to fail; **se faire** ~ **en math** to flunk math

récapitulation [Rekapitylasjɔ̃] *f* recapitulation; **faire la** ~ **de qc** to recapitulate sth

récapituler [Rekapityle] <1> *vt* to recapitulate; ~ **sa journée** to sum up one's day

recauser [R(ə)koze] <1> *vi inf* ~ **d'une idée à qn** to talk to sb about an idea again; **elle ne m'en a jamais recausé** she never spoke to me about it again

recel [Rəsɛl] *m* receiving stolen property; ~ **de malfaiteur** harboring a criminal

receler [Rəs(ə)le, R(ə)səle], **recéler** [R(ə)sele] <4> *vt* **1.** JUR to receive **2.** (*renfermer: fond marin, sous-sol*) to hold; **ce**

R

texte recèle des erreurs this text contains errors
receleur, -euse [ʀəs(ə)lœʀ, -øz, ʀ(ə)səlœʀ, -øz] *m, f*, **recéleur, -euse** [ʀ(ə)selœʀ, -øz] *m, f* receiver of stolen property
récemment [ʀesamɑ̃] *adv* recently
recensement [ʀ(ə)sɑ̃smɑ̃] *m* **1.** (*dénombrement détaillé d'habitants*) ADMIN **faire le ~ de la population** to take a census of the population **2.** (*inventaire*) inventory
recenser [ʀ(ə)sɑ̃se] <1> *vt* **1.** (*population*) to take a census of **2.** (*dénombrer*) to inventory
récent(e) [ʀesɑ̃, ɑ̃t] *adj* (*événement, période, passé*) recent; **leur divorce est tout ~** they just recently got divorced
recentrer [ʀ(ə)sɑ̃tʀe] <1> **I.** *vt* POL to revise; TECH to realign **II.** *vi* SPORT to center
récépissé [ʀesepise] *m* receipt
réceptacle [ʀesɛptakl] *m* **1.** (*des eaux*) catchment basin **2.** BOT receptacle
récepteur [ʀesɛptœʀ] *m* **1.** RADIO receiver; **~ de radio** radio receiver **2.** TEL **~ (téléphonique)** receiver **3.** BIO (*auditif, olfactif*) receptor; LING receiver **4.** (*transformateur*) transformer
réception [ʀesɛpsjɔ̃] *f* **1.** *a.* TV, RADIO (*fête*) reception; **donner une ~** to hold a reception **2.** (*accueil*) welcome; **faire bonne/mauvaise ~ à qn** to give sb a warm/cold welcome **3.** (*guichet d'accueil*) reception; (*hall d'accueil*) reception area **4.** SPORT (*de ballon*) catching; (*d'un sauteur*) landing
réceptionner [ʀesɛpsjɔne] <1> *vt* **1.** to receive; **~ des marchandises** to receive goods **2.** SPORT (*ballon*) to catch
réceptionniste [ʀesɛpsjɔnist] *mf* receptionist
récession [ʀesesjɔ̃] *f* recession
recette [ʀ(ə)sɛt] *f* **1.** CULIN *a. fig* recipe **2.** *sans pl* COM proceeds *pl* **3.** *pl* COM (*opp: dépenses*) receipts; **~s budgétaires** budgetary revenue
receveur, -euse [ʀəs(ə)vœʀ, -øz, ʀ(ə)səvœʀ, -øz] *m, f* **1.** **~ des impôts** tax collector **2.** MED recipient; **~ universel** universal recipient
recevoir [ʀəs(ə)vwaʀ, ʀ(ə)səvwaʀ] <12> **I.** *vt* **1.** (*obtenir en récompense, bénéficier de, accepter*) to receive; **être bien/mal reçu** to be well/badly received; **je n'ai pas de conseil/leçon à ~ de vous** I don't need advice/lessons from you; **recevez, cher Monsieur/chère Madame, l'expression de mes sentiments distingués/mes sincères salutations** *form* yours truly **2.** (*obtenir en cadeau*) to get, be given; **~ une décoration** to receive a decoration; **~ une poupée en cadeau** to be given a doll as a present **3.** (*percevoir*) to be paid; **~ un bon salaire** to get a good salary **4.** (*accueillir*) to welcome; **~ qn à dîner** to have sb over for dinner; **j'ai reçu la visite de ma sœur** I received a visit from my sister; **être reçu à l'Élysée** to be invited to the Élysée Palace **5.** (*subir: coup, projectile*) to get; **j'ai reçu la pluie** I got caught in the rain; **c'est moi qui ai tout reçu** (*coups*) I got the worst of it; **~ une correction** to get a beating; **elle a reçu le ballon sur la tête** she got hit on the head by the ball **6.** (*admettre*) **~ qn dans un club/une école** to admit sb into a club/school; **être reçu à un examen** to pass a test; **les candidats reçus** the successful candidates **7.** (*contenir*) **pouvoir ~ des personnes** (*salle*) to hold people; **cet hôtel peut ~ 80 personnes** this hotel can accommodate 80 people; **cette tente peut ~ 3 personnes** this tent can sleep 3 people ▶ **se faire (bien/drôlement) ~** *inf* to get told off **II.** *vi* **1.** (*donner une réception*) to entertain **2.** SPORT (*jouer sur son terrain*) **Lyon reçoit Montpellier** Lyon is playing Montpellier at home
rechange [ʀ(ə)ʃɑ̃ʒ] *m* **prendre un ~** to take a change of clothes ▶ **pièce de ~** spare part; **roue de ~** spare tire; **solution de ~** alternative; **chaussures de ~** extra pair of shoes
réchapper [ʀeʃape] <1> *vi* **~ de l'incendie** to escape the fire
recharge [ʀ(ə)ʃaʀʒ] *f* **1.** ELEC (*processus*) recharging **2.** (*cartouche: d'arme*) reload; (*d'un stylo à bille*) refill
rechargeable [ʀ(ə)ʃaʀʒabl] *adj* (*briquet, stylo*) refillable; **briquet/rasoir non ~** disposable lighter/razor
recharger [ʀ(ə)ʃaʀʒe] <2a> **I.** *vt* (*arme*) to reload; (*briquet, stylo*) to refill; (*accumulateurs, batterie*) to recharge **II.** *vpr* ELEC **se ~** to recharge
réchaud [ʀeʃo] *m* stove; **~ à gaz** cook stove
réchauffé [ʀeʃofe] *m* CULIN reheated food; **ça doit être du ~** it must have been reheated **2.** *fig* **ça sent le ~!** there's nothing new about it!
réchauffé(e) [ʀeʃofe] *adj* hackneyed
réchauffement [ʀeʃofmɑ̃] *m* warming up; (*des relations, d'une amitié*) improvement; **annoncer un ~ des températures** to forecast a rise in temperatures; **~ de la planète** global warming
réchauffer [ʀeʃofe] <1> **I.** *vt* **1.** CULIN (**faire**) **~ qc** to heat sth up (again) **2.** (*donner de la chaleur à: corps, membres*) to warm up; **ce bouillon m'a bien réchauffé** this broth has warmed me up; **cela m'a réchauffé le cœur** *fig* it warmed my heart **II.** *vpr* **1.** (*devenir plus chaud*) **se ~** (*temps, température, eau, planète*) to get warmer; **les océans se sont réchauffés** ocean temperatures have risen **2.** (*retrouver sa chaleur*) **se ~** (*pieds, mains*) to warm up; **se ~ les doigts/pieds** to warm up one's fingers/feet
rêche [ʀɛʃ] *adj* (*vin, texture*) rough; (*fruit*) bitter
recherche [ʀ(ə)ʃɛʀʃ] *f* **1.** (*quête*) *a.* INFORM search; **la ~ d'un livre** the search for a book; **être à la ~ d'un appartement/de qn** to be looking for an apartment/sb; **la ~ du bonheur** the pursuit of happiness; **~ documentaire en ligne** online information retrieval **2.** *gén pl*

(*enquête*) investigation; **abandonner les ~s** to give up the search; **faire des ~s sur qc** to carry out an investigation into sth; **la ~ d'un criminel** the hunt for a criminal **3.** *sans pl* MED, ECOLE, UNIV research; **faire de la ~ scientifique/fondamentale** to do scientific/basic research

recherché(e) [ʀ(ə)ʃɛʀʃe] *adj* **1.** (*demandé: acteur, produit*) in great demand; (*livre*) highly sought-after **2.** (*raffiné: style*) mannered; (*expression*) studied; (*plaisir*) exquisite

rechercher [ʀ(ə)ʃɛʀʃe] <1> *vt* **1.** (*chercher à trouver*) **~ un nom/une amie** to look for a name/a friend; **~ un terroriste** to hunt for a terrorist; **~ l'albumine dans les urines** to look for the presence of albumin in the urine; **~ où/quand/comment/si c'est arrivé** to try to determine where/when/how/if it happened; **être recherché pour meurtre/vol** to be wanted for murder/theft **2.** (*reprendre*) **aller ~ qn/qc** to go and get sb/sth

rechigner [ʀ(ə)ʃiɲe] <1> *vi* **~ à faire un travail** to be reluctant to do a task; **travailler en rechignant** to work with a grimace

rechute [ʀ(ə)ʃyt] *f* MED relapse; **avoir une ~** to (have a) relapse

rechuter [ʀ(ə)ʃyte] <1> *vi a.* MED to have a relapse

récidive [ʀesidiv] *f a.* MED relapse

récidiver [ʀesidive] <1> *vi* MED to relapse

récidiviste [ʀesidivist] **I.** *adj* recidivist; **être ~** to be a repeat offender **II.** *mf* JUR (*au second délit*) second offender; (*après plusieurs délits*) habitual repeat offender

récif [ʀesif] *m* reef; **~ corallien** coral reef

récipient [ʀesipjɑ̃] *m* container

réciprocité [ʀesipʀɔsite] *f* reciprocity

réciproque [ʀesipʀɔk] **I.** *adj* mutual; (*accord, aide*) reciprocal **II.** *f* **1.** reverse; **s'attendre à la ~** to expect the same (treatment); **la ~ n'est pas toujours vraie** the converse is not always true **2.** MATH reciprocal

réciproquement [ʀesipʀɔkmɑ̃] *adv* **1.** (*mutuellement*) **ils s'admirent ~** they admire each other **2.** (*inversement*) **et ~** and vice versa

réciproquer [ʀesipʀɔke] <1> *vt* *Belgique* (*adresser en retour*) **~ des vœux** to return good wishes

récit [ʀesi] *m* story; (*narration*) account; **~ d'aventures** adventure story; **faire un ~ circonstancié de qc** to give a detailed account of sth

récital [ʀesital] <s> *m* recital; **~ poétique/de piano/de violon/de chanson/de danse** poetry/piano/violin/song/dance recital

récitation [ʀesitasjɔ̃] *f* ECOLE recitation; **leçon de ~** work to be recited by heart

réciter [ʀesite] <1> *vt* (*leçon, poème*) to recite

réclamation [ʀeklɑmasjɔ̃] *f* **1.** (*plainte*) complaint; **déposer une ~** to lodge a complaint **2.** (*demande*) claim **3.** (*service*) **les ~s** complaints department **4.** TEL **téléphoner aux ~s** to call the repairs department

réclame [ʀeklɑm] *f* (*publicité*) advertising; **faire de la ~ pour qn/qc** to advertise for sb/sth ▶ **en ~** on special offer

réclamer [ʀeklɑme] <1> **I.** *vt* **1.** (*solliciter: argent*) to ask for; (*aide, silence*) to call for **2.** (*demander avec insistance*) to demand; **je réclame la parole!** I ask to speak! **3.** (*revendiquer*) to demand; **~ une augmentation à qn** to ask sb for a raise **4.** (*nécessiter: patience, soin, temps*) to require **II.** *vi* to complain

reclasser [ʀ(ə)klɑse] <1> *vt* **1.** (*réaffecter: employé, ouvrier*) to redeploy; (*chômeur*) to place **2.** (*réajuster: fonctionnaire*) to regrade **3.** (*remettre en ordre*) to reorder; (*dossiers*) to reclassify

réclusion [ʀeklyzjɔ̃] *f* JUR imprisonment; **~ criminelle** imprisonment; **être condamné à la ~ criminelle à perpétuité** to be sentenced to life in prison

recoiffer [ʀ(ə)kwafe] <1> *vpr* **se ~** to redo one's hair

recoin [ʀəkwɛ̃] *m* corner; **fouiller jusque dans les moindres ~s** to search every nook and cranny

recoller [ʀ(ə)kɔle] <1> *vt* **1.** (*coller à nouveau: enveloppe*) to stick back down; (*étiquette, timbre*) to stick back on **2.** (*raccommoder: morceaux, vase cassé*) to stick back together **3.** *inf* (*remettre*) **~ qn en prison** to stick sb back in prison **4.** *inf* (*redonner*) **on m'a recollé une amende** I've had another fine slapped on me

récoltant(e) [ʀekɔltɑ̃, ɑ̃t] **I.** *adj* **viticulteur ~** winegrower; **propriétaire ~** grower **II.** *m(f)* grower

récolte [ʀekɔlt] *f* **1.** (*activité*) harvest **2.** (*produits récoltés*) **~ des abricots/pommes de terre** apricot/potato crop

récolter [ʀekɔlte] <1> *vt* **1.** AGR to harvest **2.** (*recueillir: argent*) to collect; (*contraventions, coups, ennuis*) to get; (*points, voix*) to pick up ▶ **~ ce qu'on a semé** to reap what one has sown

recommandable [ʀ(ə)kɔmɑ̃dabl] *adj* commendable; **un type très peu ~** a rather disreputable character

recommandation [ʀ(ə)kɔmɑ̃dasjɔ̃] *f* **1.** (*appui*) recommendation; **lettre de ~** letter of recommendation; **sur la ~ de qn** on sb's recommendation **2.** (*conseil*) advice; **faire des ~s à qn** to give sb some advice

recommandé [ʀ(ə)kɔmɑ̃de] *m* (*lettre, paquet*) ≈ registered; **en ~** ≈ by registered mail

recommander [ʀ(ə)kɔmɑ̃de] <1> *vt* **1.** (*conseiller*) to advise; **~ à qn de** +*infin* to advise sb to +*infin;* **être recommandé** to be advisable; **je recommande ce film** I recommend this film; **il est recommandé de** +*infin* it is advisable to +*infin;* **ce vin est à ~ aux amateurs de blanc** this wine is recommended for people who like white wine **2.** (*appuyer: candidat*) to recommend

R

recommencement [R(ə)kɔmɑ̃smɑ̃] *m* renewal; **la vie est un éternel ~** life is a series of new beginnings

recommencer [R(ə)kɔmɑ̃se] <2> **I.** *vt* **1.** (*reprendre*) to start again; (*combat, lutte*) to resume; **~ un récit depuis le début** to begin a story (all over) again at the beginning **2.** (*refaire*) **~ sa vie** to make a fresh start; **tout est à ~** everything has to be done over again; **si c'était à ~, ...** if I could do it all over again... **3.** (*répéter: erreur*) to make again; (*expérience*) to have again; **ne recommence jamais ça!** don't ever do that again! **II.** *vi* (*reprendre, se remettre à*) to start again; **les cours ont recommencé** a new semester has started; **la pluie recommence (à tomber)** it's starting to rain again; **~ à espérer/marcher** to begin to hope/walk again; **il recommence à neiger** it's starting to snow again ► **(et voilà que) ça recommence!** here we go again!

récompense [Rekɔ̃pɑ̃s] *f* **1.** (*matérielle*) reward **2.** ECOLE, SPORT (*prix*) award; **obtenir la ~ de qc** to win the award for sth; **mériter une ~** to deserve an award; **en ~ de qc** in return for sth

récompenser [Rekɔ̃pɑ̃se] <1> *vt* (*personne*) to reward; **~ qn d'un effort/loyauté** to reward sb for their efforts/loyalty

recomposer [R(ə)kɔ̃poze] <1> **I.** *vt* to reconstruct; (*numéro de téléphone*) to redial **II.** *vpr* **se ~** POL to re-form

recomposition [R(ə)kɔ̃pozisjɔ̃] *f* **1.** (*reconstitution*) reconstruction; (*d'une chanson*) recomposition **2.** POL re-forming

recompter [R(ə)kɔ̃te] <1> **I.** *vi* to recount **II.** *vt* **~ une addition** to add up a bill again; (*opération*) to recheck

réconciliation [Rekɔ̃siljasjɔ̃] *f* reconciliation

réconcilier [Rekɔ̃silje] <1> **I.** *vt* (*personnes, choses*) to reconcile; **~ qn avec le père/une idée** to reconcile sb with their father/an idea **II.** *vpr* **se ~** (*personnes*) to make up; (*pays*) to be reconciled; **se ~ avec qn/qc** to be reconciled with sb/sth; **se ~ avec soi-même** to learn to live with oneself

reconduire [R(ə)kɔ̃dɥiR] *vt irr* **~ qn chez lui** to see someone (back) home; **~ à la frontière** to escort sb back to the border; **~ qn en voiture à la gare** to drive sb back to the station

réconfort [Rekɔ̃fɔR] *m* comfort; **avoir besoin de ~** to need comforting

réconfortant(e) [Rekɔ̃fɔRtɑ̃, ɑ̃t] *adj* **1.** (*rassurant*) reassuring; (*consolant*) comforting; (*stimulant*) invigorating; **être pour qn une personne ~e** to be a source of comfort for sb **2.** (*fortifiant*) fortifying

réconforter [Rekɔ̃fɔRte] <1> *vt* **1.** (*consoler*) to comfort; (*rassurer*) to reassure; (*stimuler*) to cheer up; **~ qn par une lettre** to comfort sb with a letter; **cela m'a bien réconforté** it made me feel much better **2.** (*fortifier*) to fortify

reconnaissable [R(ə)kɔnɛsabl] *adj* recognizable

reconnaissance [R(ə)kɔnɛsɑ̃s] *f* **1.** *a.* POL (*gratitude*) gratitude; (*fait d'admettre les mérites de qn*) recognition; **un geste de ~** a gesture of gratitude; **en ~ de qc** (*pour remercier*) in appreciation of; (*pour honorer*) in recognition of **2.** JUR, ADMIN **~ de dette** acknowledgement of a debt; **~ d'enfant** (*par le père*) legal recognition of a child **3.** (*exploration, prospection: d'un pays, terrain, de la situation de l'ennemi*) reconnaissance; **faire une ~** to go on reconnaissance; **avion/patrouille de ~** reconnaissance aircraft/patrol; **partir en ~** to go off on reconnaissance **4.** INFORM **~ optique de caractères/vocale** optical character/voice recognition

reconnaissant(e) [R(ə)kɔnɛsɑ̃, ɑ̃t] *adj* grateful

reconnaître [R(ə)kɔnɛtR] *irr* **I.** *vt* **1.** (*identifier*) to recognize; **je reconnais bien là ta paresse** that's just typical of you, you're so lazy; **~ qn à son style** to recognize sb by their style; **savoir ~ un faucon d'un aigle** to be able to tell a falcon from an eagle **2.** (*admettre: innocence, qualité*) to recognize; (*erreur, faute*) to admit; **~ la difficulté de la tâche** to acknowledge the difficulty of the task; **il faut ~ que nous sommes allés trop loin** we have to admit that we have gone too far **3.** (*admettre comme légitime: droit*) to recognize; **~ qn comme chef** to recognize sb as a leader **4.** JUR **~ qn innocent** to recognize sb's innocence **5.** (*être reconnaissant de: service, bienfait*) to recognize; **il faut lui ~ ses qualités** we must recognize his qualities **II.** *vpr* **1.** (*se retrouver*) **se ~ dans sa ville** to know one's way around one's town; **je me reconnais dans le comportement de mon fils** I can see myself in the way my son behaves **2.** (*être reconnaissable*) **se ~ à qc** to be recognizable by sth **3.** (*s'avouer*) **se ~ coupable/vaincu** to admit one's guilt/defeat

reconnu(e) [Rəkɔny] **I.** *part passé de* **reconnaître II.** *adj* **1.** (*admis: chef*) acknowledged; (*fait*) accepted; **il est ~ que ce médicament est très efficace** this medication is known to be very effective **2.** (*de renom*) **~ pour qc** well-known for sth

reconquérir [R(ə)kɔ̃keRiR] *vt irr* (*pays*) to reconquer; (*amour*) to win back

reconquête [R(ə)kɔ̃kɛt] *f* (*d'un pays*) reconquest; (*de l'amour*) winning back

reconsidérer [R(ə)kɔ̃sideRe] <5> *vt* to reconsider

reconstituer [R(ə)kɔ̃stitɥe] <1> **I.** *vt* **1.** (*remettre dans l'ordre: texte*) to restore; (*faits*) to reconstruct; (*puzzle*) to piece together; (*scène, bataille*) to recreate **2.** (*reformer, réorganiser: organisation*) to re-form; **~ une fortune** to rebuild a fortune **3.** (*restaurer*) to reconstruct; (*vieux quartier, édifice*) to restore **4.** BIO to regenerate; **~ ses forces en mangeant** to build up one's strength again by eating **II.** *vpr* **se ~** (*armée, parti*) to re-form; (*organe*) to regenerate

reconstitution [R(ə)kɔ̃stitysjɔ̃] *f* (*d'un texte*) rewriting; (*d'une association*) re-forming; (*d'un puzzle*) piecing together; (*des faits*) reconstruction; **~ de carrière** career record; **~ historique** reconstruction of history

reconstruction [R(ə)kɔ̃stRyksjɔ̃] *f* reconstruction

reconstruire [R(ə)kɔ̃stRɥiR] *vt irr* (*ville, édifice*) to reconstruct; **~ une fortune** to rebuild a fortune; **~ sa vie** to rebuild one's life

reconversion [R(ə)kɔ̃vɛRsjɔ̃] *f* **1.** (*recyclage*) **suivre un stage de ~ en informatique** to do an IT-retraining course **2.** ECON **~ industrielle** industrial redevelopment; **~ économique d'une entreprise** economic turnaround of a company

reconvertir [R(ə)kɔ̃vɛRtiR] <8> **I.** *vt* **1.** (*adapter*) **~ un entrepôt en usine** to convert a warehouse into a factory; **être reconverti en qc** to be converted into sth **2.** (*recycler*) **~ le personnel à l'informatique** to retrain the staff in IT **II.** *vpr* **se ~** (*personne*) to retrain; (*usine*) to be put to a new use; **se ~ dans la médecine** to retrain as a doctor

recopier [R(ə)kɔpje] <1> *vt* **1.** (*transcrire*) to copy out **2.** (*mettre au propre*) to write up **3.** INFORM **~ un fichier sur une disquette à qn** to copy a file onto a floppy disk for sb

record [R(ə)kɔR] **I.** *m* **a.** SPORT (*performance*) record; **~ d'affluence/de production** record attendance/production; **battre tous les ~s** to beat all records; **établir un ~** to set a record **II.** *app inv* **vitesse ~** record speed; **en un temps ~** in record time

recordman [R(ə)kɔRdman] <s> *m* (men's) record holder

recordwoman [R(ə)kɔRdwuman] <s> *f* (women's) record holder

recoucher [R(ə)kuʃe] <1> **I.** *vt* (*personne*) to put back to bed; (*objet*) to lay down again **II.** *vpr* **se ~** to go back to bed

recoudre [R(ə)kudR] *vt irr* **1.** COUT to sew up (again); **~ un bouton** to sew a button back on **2.** MED to restitch; (*opéré*) to stitch up again; **~ qc à un blessé** to stitch sth back onto an injured person

recoupement [R(ə)kupmɑ̃] *m* crosscheck; **faire un ~/des ~s** to crosscheck

recouper [R(ə)kupe] <1> **I.** *vt* **1.** (*couper de nouveau: vêtement*) to recut; **~ un morceau à qn** to cut another piece for sb **2.** (*confirmer*) **~ qc** (*témoignage, renseignement*) to confirm sth **II.** *vpr* **se ~** (*coïncider: chiffres*) to add up; (*faits*) to tie

recourbé(e) [R(ə)kuRbe] *adj* (*bec*) curved; **cils ~s** curling eyelashes; **nez ~** hooknose

recourir[1] [R(ə)kuRiR] *vi irr* (*coureur*) to run again; (*cycliste, coureur automobile*) to race again

recourir[2] [R(ə)kuRiR] *vi irr* **~ à qn/qc** to have recourse to sb/sth; **~ à la violence** to resort to violence

recours [R(ə)kuR] *m* **1.** (*utilisation*) **~ à qc** recourse to sth; **avoir ~ à qn** to turn to sb; **avoir ~ à la violence** to resort to violence; **avoir ~ à des mesures conservatoires** to have recourse to protective measures **2.** (*ressource, personne*) resort; **c'est sans ~** there's nothing we can do about it; **il n'y a aucun ~ contre cette décision** there's no way of changing this decision; **en dernier ~** as a last resort

recouvrement [R(ə)kuvRəmɑ̃] *m* **1.** FIN (*de l'impôt, des impayés*) collection **2.** CONSTR lap

recouvrer [R(ə)kuvRe] <1> *vt* FIN (*impôt, cotisation*) to collect; (*effet de commerce, créance*) to recover

recouvrir [R(ə)kuvRiR] <11> *vt* **1.** (*couvrir entièrement*) to cover; **~ un mur de papier peint** to put up wallpaper on a wall; **être recouvert de buée/crépi/neige/givre** to be covered in condensation/roughcast/snow/frost **2.** (*couvrir à nouveau*) **~ un fauteuil** to reupholster an armchair; **~ le toit de tuiles** to re-tile the roof; **~ un enfant** to cover up a child again **3.** (*inclure*) **une étude qui recouvre partiellement des domaines très divers** a study which touches on a wide range of fields

recracher [R(ə)kRaʃe] <1> **I.** *vi* to spit again **II.** *vt* **1.** (*expulser*) **~ qc** to spit sth back out **2.** *inf* (*répéter: leçon*) to regurgitate

récré [RekRe] *f inf*, **récréation** [RekReasjɔ̃] *f* **1.** ECOLE recess; **aller en ~** to go out for recess; **les enfants sont en ~** the children are on recess **2.** (*délassement*) recreation; (*pause*) break

récrimination [RekRiminasjɔ̃] *f souvent pl* recrimination

récriminer [RekRimine] <1> *vi* **~ contre qn/qc** to complain loudly about sb/sth

récrire [RekRiR] *vt irr* **1.** (*rewriter*) to rewrite **2.** (*répondre*) **~ une lettre à qn** to write another letter to sb

recroqueviller [R(ə)kRɔk(ə)vije] <1> *vpr* **1.** (*se rétracter*) **se ~** to hunch up; (*fleur*) to curl up **2.** (*se tasser*) **se ~** to shrink; (*avec l'âge*) to shrivel up; **se ~ dans les bras de qn** to snuggle up in sb's arms; **se ~ sur un objet** to hunch over an object; **se ~ sur son passé** to take refuge in one's past

recrudescence [R(ə)kRydesɑ̃s] *f* (*épidémie*) further outbreak; (*fièvre*) new bout; **une ~ de la criminalité** a new crime wave

recrutement [R(ə)kRytmɑ̃] *m* recruitment; **cabinet de ~** recruitment agency

recruter [R(ə)kRyte] <1> **I.** *vt* **a.** MIL, POL to recruit; **~ qn comme technicien** to hire sb as a technician **II.** *vi* **a.** MIL to recruit; **on recrute dans la police** the police are recruiting **III.** *vpr* (*provenir de*) **les interprètes se recrutent généralement dans les milieux multilingues** interpreters generally come from multilingual backgrounds

recta [rɛkta] *adv* **payer** ~ to pay on the spot
rectangle [rɛktɑ̃gl] **I.** *m* rectangle **II.** *adj* (*triangle, trapèze*) right-angled
rectangulaire [rɛktɑ̃gylɛr] *adj* rectangular
recteur [rɛktœr] *m* **1.** ECOLE rector (*chief education officer in an "académie"*) **2.** REL rector
recteur, -trice [rɛktœr, -tris] *m, f Québec* (*chef d'une université*) rector (*head of a university*)
rectificatif [rɛktifikatif] *m* correction; **~ à une loi** amendment to a law
rectificatif, -ive [rɛktifikatif, -iv] *adj* **note rectificative** correction
rectification [rɛktifikasjɔ̃] *f* (*d'un texte, d'une déclaration*) correction; (*d'une erreur*) rectification; (*d'une route*) straightening
rectifier [rɛktifje] <1> *vt* **1.** (*corriger*) to correct; **~ les défauts d'un produit** to iron out the flaws in a product **2.** (*redresser: route, tracé*) to straighten; (*position*) to correct **3.** (*rendre conforme: cravate*) to adjust; **~ la position** to correct one's stance
rectiligne [rɛktiliɲ] *adj* rectilinear; **parfaitement ~** perfectly straight
recto [rɛkto] *m* front; **voir au ~** see other side; **~ verso** on both sides (of the page)
rectorat [rɛktɔra] *m* **1.** (*fonction*) rectorate **2.** (*bureaux*) ≈ education offices
rectum [rɛktɔm] *m* rectum
reçu [r(ə)sy] *m* (*quittance*) receipt
reçu(e) [r(ə)sy] **I.** *part passé de* **recevoir** **II.** *adj* **1.** (*couramment admis*) accepted; **idée ~e** commonplace idea **2.** ECOLE **14 candidats sont ~s sur les 131 qui se sont présentés** of the 131 candidates who took the exam, 14 passed **III.** *m(f)* **~ à un examen** successful candidate in an exam
recueil [rəkœj] *m* (*ensemble*) collection; **~ de poèmes** anthology of poems; **~ de documents** collection of documents
recueillement [r(ə)kœjmɑ̃] *m* contemplation; (*religieux*) meditation; **avec ~** with reverence
recueillir [r(ə)kœjir] *irr* **I.** *vt* **1.** (*réunir: documents*) to collect **2.** (*obtenir: signatures*) to obtain; **~ des applaudissements** to win applause; **~ tous les suffrages** to win everybody's approval; **il n'a recueilli aucun bénéfice de ses vacances** he didn't benefit at all from his vacation **3.** (*accueillir*) to welcome; **~ des réfugiés** to take in refugees **4.** (*enregistrer: déposition*) to take down; (*opinion*) to record **II.** *vpr* **se ~** to gather one's thoughts; **se ~ sur la tombe d'un ami** to spend a moment in silence at a friend's grave
recuire [r(ə)kɥir] *vt irr* to recook; (*cuire plus*) to cook longer
recul [r(ə)kyl] *m* **1.** (*éloignement dans le temps, l'espace*) distance; (*d'une voiture*) reversing; **le siège n'a pas assez de ~** you can't push the seat back far enough **2.** (*réflexion*) **avec le ~** with the benefit of hindsight; **prendre du ~** to step back **3.** FIN fall; **~ du dollar** the fall of the dollar
reculer [r(ə)kyle] <1> **I.** *vi* **1.** (*opp: avancer: véhicule*) to back up, to reverse; (*personne*) to step back; (*involontairement*) to draw back; **~ devant le danger** to retreat in the face of danger; **faire ~ qn** to force sb back; **faire ~ un animal** to move an animal back; **~ de deux pas** to take two steps back **2.** (*renoncer*) to shrink back; **~ devant une obligation** to back away from an obligation; **faire ~ qn** to make sb back down; **rien ne me fera ~** nothing will stop me; **ne ~ devant rien** not to flinch at anything; **il ne recule devant rien** he'll stop at nothing **3.** (*diminuer: chômage*) to come down; (*influence*) to be on the decline; **faire ~ le chômage** to bring unemployment down ▶ **~ pour mieux <u>sauter</u>** to put off the inevitable **II.** *vt* (*meuble*) to move back; (*mur*) to push back; (*frontière*) to extend; (*véhicule*) to back up, to reverse; (*rendez-vous*) to postpone; (*décision, échéance*) to put off **III.** *vpr* **se ~** to take a step back; **recule-toi!** get back!
reculons [r(ə)kylɔ̃] **à ~** backwards; **sortir à ~ d'une salle** to back out of a room; **aller à l'école à ~** to plod unwillingly to school; **avancer à ~** to be getting nowhere
récupérable [rekyperabl] *adj* **1.** (*réutilisable*) reusable; (*objets*) salvageable; (*heure, congé*) recoverable; **des vêtements ~s** clothes that are still wearable; **ces heures sup sont ~s sous forme de congé** extra vacation days will be given for this overtime **2.** (*amendable*) **ce délinquant est ~** this delinquent can be rehabilitated; **ne plus être ~** to be beyond redemption
récupération [rekyperasjɔ̃] *f* **1.** (*reprise de possession: des biens, des forces*) recovery **2.** (*réutilisation: de la ferraille*) salvage; (*des chiffons*) reprocessing; (*du verre*) recycling; **~ des vieux papiers** paper recycling **3.** (*recouvrement: des heures de cours, d'une journée de travail*) making up **4.** POL (*d'un mouvement politique, d'idées*) hijacking
récupérer [rekypere] <5> **I.** *vi* to recuperate **II.** *vt* **1.** (*reprendre: argent, biens*) to recover **2.** *inf* (*retrouver: stylo prêté*) to get back **3.** *inf* (*aller chercher*) to pick up **4.** (*recouvrer: journée de travail*) to make up for; (*sous forme de congés*) to get back **5.** POL (*mouvement, idée*) to hijack
récurer [rekyre] <1> *vt* to scour
recyclable [r(ə)siklabl] *adj* ECOL recyclable
recyclage [r(ə)siklaʒ] *m* **1.** ECOL (*d'une entreprise*) reorientation; (*d'une personne*) retraining **2.** (*nouveau traitement: de l'air, l'eau*) recycling
recyclé(e) [rəsikle] *adj* recycled
recycler [r(ə)sikle] <1> **I.** *vt* **1.** ECOL (*déchets, verre, eau*) to recycle **2.** (*reconvertir*) to retrain; (*mettre à jour*) to send on a refresher course; (*élève*) to reorient **II.** *vpr* (*se reconvertir*) **se ~** to retrain; (*entreprise*) to readapt itself; **se ~ dans l'enseignement** to retrain as a teacher

rédacteur, -trice [ʀedaktœʀ, -tʀis] *m, f* writer; ~ **en chef** editor; ~ **publicitaire** copywriter
rédaction [ʀedaksjɔ̃] *f* **1.** (*écriture: d'un article*) writing; (*d'une encyclopédie*) compilation **2.** PRESSE (*lieu*) editorial office; (*équipe*) editorial staff **3.** ECOLE composition
reddition [ʀedisjɔ̃] *f* surrender
redécouvrir [ʀ(ə)dekuvʀiʀ] <11> *vt* to rediscover
redéfinir [ʀ(ə)definiʀ] <8> *vt* to redefine
redemander [ʀ(ə)dəmɑ̃de, ʀəd(ə)mɑ̃de] <1> *vt* ~ **un livre** (*le même*) to ask for a book again; (*le sien*) to ask for a book back; (*un autre*) to ask for another book; ~ **de la sauce** to ask for more sauce; ~ **toujours du chocolat** to keep asking for more chocolate; ~ **une bouteille de vin** to ask for another bottle of wine; **si tu veux encore du poulet, tu n'as qu'à en** ~ If you want more chicken, all you have to do is ask; **en** ~ to beg for more; *iron* to ask for more
redémarrer [ʀ(ə)demaʀe] <1> *vi* **1.** (*repartir*) to start again **2.** *fig* (*entreprise*) to relaunch; (*production, machines*) to start up again; **faire** ~ **l'économie** to restart the economy; **faire** ~ **un chantier** to restart work on a building site
redéployer [ʀ(ə)deplwaje] <6> **I.** *vt* (*industrie, économie*) to restructure; (*personnel, forces*) to redeploy **II.** *vpr* **se** ~ (*secteur économique*) to reorganize
redescendre [ʀ(ə)desɑ̃dʀ] <14> **I.** *vt avoir* **1.** (*vu d'en haut*) to go down; (*échelle*) to climb down; (*en courant: escalier*) to run down; (*en escaladant: escalier, échelle*) to climb down; (*voiture*) to drive down; (*vu d'en bas*) to come down **2.** (*porter vers le bas*) ~ **qn/qc au marché** to take sb/sth down to the market; ~ **qn/qc d'un arbre** to get sb/sth back down from a tree **II.** *vi être* (*baromètre, fièvre*) to fall again; (*marée*) to go out again; (*rue*) to go back down
redevable [ʀ(ə)dəvabl, ʀəd(ə)vabl] **I.** *adj* (*tenu à reconnaissance*) **être** ~ **à qn d'un service** to be indebted to sb for a favor **II.** *mf* taxpayer
redevance [ʀ(ə)dəvɑ̃s, ʀəd(ə)vɑ̃s] *f* **1.** TEL rental fee; TV; ~ **télé** *annual tax paid for the use of public television* **2.** (*taxe*) tax
redevenir [ʀ(ə)dəv(ə)niʀ] <9> *vi* to become again; **être redevenu soi-même** to be back to one's old self again
rediffuser [ʀ(ə)difyze] <1> *vt* ~ **une série** to rebroadcast a series
rediffusion [ʀ(ə)difyzjɔ̃] *f* rebroadcast
rédiger [ʀediʒe] <2a> *vt* (*contrat, procès-verbal*) to draft; (*revue*) to write
redingote [ʀ(ə)dɛ̃gɔt] *f* tailored coat; HIST frock coat
redire [ʀ(ə)diʀ] *vt irr* (*répéter: histoire*) to tell again; (*rapporter*) to repeat ► <u>**avoir**</u>/<u>**trouver à**</u> ~ **à qc** to find fault with sth
rediscuter [ʀ(ə)diskyte] <1> *vt* to discuss again; **nous en rediscuterons** we'll talk about it again
redistribuer [ʀ(ə)distʀibɥe] <1> *vt* (*répartir*) to redistribute; (*cartes*) to deal again
redite [ʀ(ə)dit] *f* repetition
redondant(e) [ʀ(ə)dɔ̃dɑ̃, ɑ̃t] *adj* superfluous
redonner [ʀ(ə)dɔne] <1> *vt* **1.** (*rendre*) to give back; ~ **de l'espoir/des forces/courage** to restore hope/strength/courage; **ça te redonnera du tonus** that will build your strength back up **2.** (*donner à nouveau: cours*) to give again; ~ **du travail à qn** to give sb more work; **ça m'a redonné soif** it made me thirsty again; **ça m'a redonné envie de jouer du piano** it made me want to play the piano again **3.** (*resservir*) ~ **des légumes à qn** to give sb another helping of vegetables; ~ **à boire à qn** to give sb more to drink **4.** (*refaire*) ~ **forme à une chose** to give sth back its shape; ~ **une couche** (**de peinture**) **à qc** to give sth another coat of paint
redormir [ʀ(ə)dɔʀmiʀ] *vi irr* (*plus longtemps*) to go back to sleep; **je ne pourrai pas** ~ **de la nuit** I'll never be able to get back to sleep
redoubler [ʀ(ə)duble] <1> **I.** *vt* **1.** ECOLE ~ **une année** to repeat a grade **2.** (*accroître*) ~ **d'efforts** to step up one's efforts; (*douleur*) to intensify **II.** *vi* to increase
redoutable [ʀ(ə)dutabl] *adj* (*arme, maladie, adversaire*) fearsome; (*phénomène*) formidable; **avoir l'air** ~ to look formidable
redouter [ʀədute] <1> *vt* ~ **qn/qc** to dread sb/sth
redoux [ʀədu] *m* (*après l'hiver*) thaw
redressement [ʀ(ə)dʀɛsmɑ̃] *m* (*relèvement: d'une économie, d'une entreprise, des finances*) recovery; (*d'une situation*) straightening out ► ~ <u>**fiscal**</u> tax adjustment
redresser [ʀ(ə)dʀese] <1> **I.** *vt* **1.** (*remettre droit: buste, corps*) to straighten; (*tête*) to lift up; ~ **qn sur son oreiller** to prop sb up against their pillow **2.** (*rétablir*) to put right; ~ **l'euro** to achieve the recovery of the euro; ~ **le pays/l'économie** to get the country/the economy back on its feet again; ~ **une entreprise déficitaire** to turn a company around **3.** (*rediriger: voiture*) to straighten up **II.** *vpr* **se** ~ **1.** (*se mettre droit*) to stand up straight; (*se mettre assis*) to sit up straight; **redresse-toi!** (*personne assise*) sit up straight!; (*personne debout*) stand up straight! **2.** (*se relever: pays, ville, économie*) to recover; (*situation*) to correct itself; (*avion*) to flatten out
redresseur [ʀ(ə)dʀesœʀ] *m* ELEC rectifier
réduction [ʀedyksjɔ̃] *f* **1.** (*diminution*) reduction; **du personnel** layoff; ~ **de peine** reduction of sentence; ~ **d'impôts** tax cut **2.** (*rabais*) ~ **de 5% sur un manteau** 5% off a coat; ~**s étudiants** student concessions; ~ **de prix** price cut; **faire une** ~ **à qn** to give sb a reduction
réduire [ʀedɥiʀ] *irr* **I.** *vt* **1.** (*diminuer*) *a.* CULIN

R

to reduce; (*salaire, texte, personnel*) to cut; (*temps de travail, peine*) to shorten; (*risques*) to lessen; (*chômage*) to bring down **2.** (*transformer*) **~ qc en bouillie** to reduce sth to a pulp **II.** *vpr* **se ~ à qc** to boil down to; (*montant*) to amount to sth

réduit(e) [ʀedɥi, it] *adj* **1.** (*miniaturisé: échelle, modèle*) small-scale **2.** (*diminué: prix*) cut; (*tarif*) reduced; (*vitesse*) low

réécrire [ʀeekʀiʀ] *vt irr v.* **récrire**

réécriture [ʀeekʀityʀ] *f* rewriting

rééducation [ʀeedykasjɔ̃] *f* **1.** (*d'un malade*) physical therapy; (*d'un membre*) rehabilitation **2.** (*d'un délinquant*) rehabilitation; (*d'un mineur*) reeducation

réel [ʀeɛl] *m* **le ~** reality

réel(le) [ʀeɛl] *adj* **1.** (*véritable*) real; (*danger*) genuine; **c'est un fait ~** it's a fact **2.** FIN (*salaire*) actual

réélire [ʀeeliʀ] *vt irr* **~ qn à la présidence** to re-elect sb president

réellement [ʀeɛlmɑ̃] *adv* really

rééquilibrer [ʀeekilibʀe] <1> *vt* to restabilize

réessayer [ʀeeseje] <7> *vt* to try again; (*vêtement*) to try on again

réexpédier [ʀeɛkspedje] <1a> *vt* **~ un colis à qn à Rouen** (*au destinataire*) to forward a package to sb in Rouen; (*à l'expéditeur*) to send a package back to sb in Rouen

refaire [ʀ(ə)fɛʀ] *vt irr* **1.** (*faire de nouveau*) to do again; (*plat, lit*) to make again; (*article*) to rewrite; (*addition*) to add up again; (*nœud*) to retie; **~ du bruit** to make more noise **2.** (*recommencer: travail, dessin*) to redo; **~ la même faute** to repeat the same mistake; **~ un petit tour du parc** to go for another quick walk around the park; **~ du sport** to play sports again; **c'est à ~** it should be done again; **si c'était à ~, je ne ferais pas médecine** if I could start all over again, I wouldn't do medicine **3.** (*remettre en état: meuble*) to restore; (*toit*) to redo; (*chambre*) to redecorate; **~ la peinture de qc** to repaint sth; **se faire ~ le nez** to have one's nose redone

réfection [ʀefɛksjɔ̃] *f* repairing; (*d'une statue*) restoration; **travaux de ~** repair work

réfectoire [ʀefɛktwaʀ] *m* (*d'une école*) dining hall; (*d'une caserne, usine, d'un hôpital*) canteen

référence [ʀefeʀɑ̃s] *f* **1.** (*renvoi*) reference; (*en bas de page*) footnote; ADMIN, COM reference number; **faire ~ à qn/qc** to refer to sb/sth; **faire ~ à qn dans un livre** to make a reference [*o* refer] to sb in a book; **en ~ à qc** in reference to sth **2.** (*modèle*) **faire figure de ~ pour qn** to be seen as a model for sb; **être une ~** to be a recommendation; **il n'est pas une ~** *iron* he's nothing to go by; **ouvrage de ~** reference book; **lettre de ~** testimonial

référencé(e) [ʀefeʀɑ̃se] *adj* referenced

référendum [ʀefeʀɑ̃dɔm] *m* referendum

référer [ʀefeʀe] <5> **I.** *vi* **en ~ à qn** to refer back to sb **II.** *vpr* **1.** (*faire référence à*) **se ~ à qn/qc** to refer to sb/sth **2.** (*s'en remettre à*) **s'en ~ à qn/qc** to refer the matter to sb/sth

refermer [ʀ(ə)fɛʀme] <1> **I.** *vt* **1.** (*opp: ouvrir*) to close; (*porte*) to shut **2.** (*verrouiller*) **~ qc à clé** to lock sth **II.** *vpr* **se ~** to close; (*plaie*) to heal up; **se ~ sur qn** (*porte*) to close on sb

refiler [ʀ(ə)file] <1> *vt inf* **~ un objet sans valeur à qn** to palm off a worthless object on sb; **il m'a refilé la grippe** he gave me the flu

réfléchi(e) [ʀefleʃi] *adj* **1.** (*raisonnable: action*) well thought-out; (*jugement*) well-considered **2.** LING reflexive

réfléchir [ʀefleʃiʀ] <8> *vi* **1.** (*penser*) to think; **donner à ~** (*chose*) to give food for thought; **demander à ~** (*personne*) to need time to think things over **2.** (*cogiter*) **~ à qc** to think about sth; **réfléchissez à ce que vous faites** think about what you're doing ▶ **tout bien réfléchi** after careful consideration; **c'est tout réfléchi** my mind is made up

reflet [ʀ(ə)flɛ] *m* **1.** (*représentation, image réfléchie*) reflection; **être le ~ de qc** to be the reflection of sth; **être le ~ de qn** to be the image of sb; **n'être qu'un pâle ~ de qc** to be the pale reflection of sth **2.** (*éclat: d'une étoffe*) shimmer; (*du soleil*) reflection

refléter [ʀ(ə)flete] <5> **I.** *vt* to reflect; **~ le bonheur** to glow with happiness **II.** *vpr* **1.** (*se réfléchir*) **se ~ dans l'eau** to be reflected in the water **2.** (*transparaître*) **se ~ dans un objet** to be mirrored in an object

réflexe [ʀeflɛks] *m* **1.** ANAT reflex **2.** (*réaction rapide*) reaction; **avoir de bons ~s** to have good reflexes; **~ de professeur** a typical teacher's reaction; **manquer de ~** to be slow to react; **il a eu le ~ de courir** instinctively he ran

réflexion [ʀeflɛksjɔ̃] *f* **1.** (*analyse*) thought; **après mûre ~** after careful consideration; **son idée demande ~** his idea deserves thought **2.** (*remarque*) remark; **faire des ~s à qn sur un sujet** to make comments to sb about a subject; **je te dispense de tes ~s** I can do without your comments; **ma mère me fait toujours des ~s sur mon comportement** my mother's always complaining about my behavior ▶ **~ faite** (*en fin de compte*) on reflection; (*changement d'avis*) on second thought

reflux [ʀəfly] *m* ebb

reforestation [ʀəfɔʀɛstasjɔ̃] *f* reforestation

réformateur, -trice [ʀefɔʀmatœʀ, -tʀis] **I.** *m, f* **1.** reformer **2.** HIST, REL Reformer **II.** *adj* reforming

réforme [ʀefɔʀm] *f* **1.** ADMIN, POL reform; **~s sociales** social reforms; **~ de l'orthographe** spelling reform **2.** MIL discharge **3.** HIST **la Réforme** the Reformation

réformé(e) [ʀefɔʀme] **I.** *adj* **1.** MIL (*soldat*) declared unfit for service **2.** REL reformed **II.** *m(f)* **1.** MIL discharged soldier **2.** REL Protestant

réformer [ʀefɔʀme] <1> *vt* **1.** (*modifier*) to reform **2.** MIL to discharge; (*appelé*) to declare unfit for service

refoulé(e) [R(ə)fule] **I.** *adj* repressed **II.** *m(f) inf* repressed person

refouler [R(ə)fule] <1> *vt* **1.** (*repousser: attaque, envahisseur*) to push back; (*foule*) to drive back; (*intrus*) to turn back; (*demande*) to reject **2.** (*réprimer*) to hold back; **~ sa colère** to keep one's anger in check; (*pulsion*) to repress; (*souvenir*) to suppress; (*larmes*) to choke back

réfractaire [RefRaktɛR] **I.** *adj* (*rebelle: conscrit*) rebellious; (*maladie*) stubborn **II.** *m* HIST *Frenchman during the Second World War refusing to work in Germany*

refrain [R(ə)fRɛ̃] *m* **1.** MUS chorus **2.** (*rengaine*) song; **c'est toujours le même ~** it's always the same old story; **change de ~!** give it a rest!

refréner, réfréner [RefRene] <5> **I.** *vt* (*envies*) to curb **II.** *vpr* **se ~** to check oneself

réfrigérant(e) [RefRiʒeRɑ̃, ɑ̃t] *adj* **appareil ~** refrigerator

réfrigérateur [RefRiʒeRatœR] *m* refrigerator; **~-congélateur combiné** refrigerator-freezer

refroidir [R(ə)fRwadiR] <8> **I.** *vt* **1.** (*faire baisser la température de*) to cool down **2.** (*décourager*) **~ qn** to dampen sb's spirits **II.** *vi* (*devenir plus froid: moteur, aliment*) to cool down; (*devenir trop froid*) to get cold; **mettre qc à ~** to leave sth to cool down **III.** *vpr* **se ~** (*devenir plus froid: chose*) to cool off; (*devenir trop froid*) to get cold; **le temps s'est refroidi** it's getting colder

refroidissement [R(ə)fRwadismɑ̃] *m* AUTO, TECH cooling

refuge [R(ə)fyʒ] *m* **1.** (*abri, échappatoire*) refuge; **chercher/trouver ~ quelque part** to seek/find shelter somewhere; **chercher/trouver (un) ~ dans la drogue** to seek/find refuge in drugs **2.** (*pour animaux*) sanctuary **3.** (*dans une rue*) traffic island

réfugié(e) [Refyʒje] *m(f)* refugee

réfugier [Refyʒje] <1> *vpr* **se ~ chez qn** to take refuge with sb

refus [R(ə)fy] *m* (*résistance*) refusal; **~ d'obéissance** insubordination; **~ de priorité** refusal to give way; **ce n'est pas de ~** *inf* I wouldn't say no

refuser [R(ə)fyze] <1> **I.** *vt* **1.** (*opp: accepter*) to refuse; (*invitation*) to decline; (*cadeau*) to refuse; (*manuscrit*) to reject; **~ qc en bloc/tout net** to refuse sth outright/flatly **2.** (*opp: accorder: objet, permission, entrée*) to refuse; (*compétence*) to deny; **elle m'a refusé la priorité** she didn't give way to me; **je lui refuse toute intelligence** I can't believe that he has any intelligence **II.** *vi* to resist **III.** *vpr* **1.** (*se priver de*) **se ~ un plaisir** to deny oneself a pleasure; **elle ne se ~ rien!** *iron* she certainly does herself well! **2.** (*être décliné*) **se ~** (*une offre qui ne se refuse pas*) an offer you can't refuse; **ça ne se refuse pas** you can't say no to that

réfuter [Refyte] <1> *vt* to refute

regagner [R(ə)gaɲe] <1> *vt* **1.** MIL (*terrain*) to recover; **~ le terrain perdu** to make up lost ground **2.** (*aller de nouveau*) **~ sa place** to return to one's seat **3.** (*rentrer*) **~ sa maison** to return home

regain [Rəgɛ̃] *m* (*renouveau: d'optimisme*) renewal; (*de santé*) return

régal [Regal] *m* delight; **mon grand ~, c'est la tarte aux pommes** I absolutely love apple pie; **c'est un ~ pour les yeux** it's a sight for sore eyes

régaler [Regale] <1> *vpr* **1.** (*savourer*) **se ~** to have a delicious meal; **on va se ~** we'll really enjoy this **2.** (*éprouver un grand plaisir*) **se ~ en faisant qc** to have a great time doing sth

regard [R(ə)gaR] *m* look; **~ d'envie** envious look; **avec un ~ de convoitise** with a greedy stare; **adresser un ~ à qn** to look at sb; **attirer les ~s de qn sur qc** to draw sb's attention to sth; **dévorer qn/qc du ~** to look hungrily at sb; **fusiller qn du ~** to give sb an angry glare; **lancer un ~/des ~s à qn** to look at sb

regardant(e) [R(ə)gaRdɑ̃, ɑ̃t] *adj* **être ~ sur qc** to be careful with sth

regarder [R(ə)gaRde] <1> **I.** *vt* **1.** (*contempler*) to look at; (*observer, suivre des yeux avec attention*) to watch; **~ la mer pendant des heures** to look at the ocean for hours; **~ tomber la pluie** to watch the rain falling; **il la regarde faire** he's watching her do it; **~ la télévision** [*o* **la télé** *inf*] to watch television [*o* TV]; **as-tu regardé le match?** did you watch the game? **2.** (*consulter rapidement*) to look over; (*courrier*) to look through; (*numéro, mot*) to look up; **~ sa montre** to check one's watch **3.** (*vérifier: mécanisme*) to check **4.** (*envisager, considérer: situation, être*) to consider; **~ qn comme un ami** to regard sb as a friend **5.** (*concerner*) **ça ne te regarde pas!** *iron* that's none of your business!; (*être l'affaire de qn*) this doesn't concern you!; **je fais ce qui me regarde** that is my business ▶ **regarde-moi cet <u>imbécile</u>!** *inf* what an idiot!; **tu ne m'<u>as</u> pas (bien) regardé!** *inf* you must be joking!; **regardez-moi ça!** *inf* just look at that! **II.** *vi* (*s'appliquer à voir*) to look; **tu n'as pas bien regardé** you didn't look closely enough; **~ dans un livre** to look up in a book **III.** *vpr* **1.** (*se contempler*) **se ~ dans qc** to look at oneself in sth **2.** (*se mesurer du regard*) **se ~** (*personnes*) to look at each other ▶ **tu (ne) t'<u>es</u> (pas) regardé!** *inf* you should take a good look at yourself!

régate [Regat] *f* regatta

régence [Reʒɑ̃s] *f* regency

régent(e) [Reʒɑ̃, ʒɑ̃t] **I.** *adj* regent; **prince ~** Prince Regent **II.** *m(f)* **1.** (*gouvernant d'une monarchie*) regent **2.** *Belgique* (*enseignant des trois années du secondaire inférieur*) teacher (*in the first three years of secondary school*)

régenter [Reʒɑ̃te] <1> **I.** *vi* to rule **II.** *vt* **~ qn/qc** to rule over sb/sth; **vouloir tout ~** to want

R

to run the show

reggae [rege] *m* reggae

régicide [reʒisid] **I.** *adj* regicidal **II.** *mf* regicide

régie [reʒi] *f* **1.** CINE, THEAT, TV production team **2.** TV, RADIO (*local*) control room **3.** ADMIN **en ~** under state control

régime [reʒim] *m* **1.** (*système*) system of government; **~ capitaliste/militaire** capitalist/military regime; **opposants au ~** opponents of the regime; **l'Ancien Régime** HIST the ancien régime **2.** MED diet; **~ végétarien/diététique** vegetarian/health food diet; **il est au ~ sec** he's on an alcohol-free diet; **être au ~** to be dieting; **mettre qn au ~** to put sb on a diet; **se mettre au ~** to go on a diet

régiment [reʒimɑ̃] *m* **1.** MIL regiment **2.** (*quantité*) mass; **avoir un ~ de cousins** to have a whole army of cousins; **il y en a pour tout un ~** *inf* there's enough for a whole army

région [reʒjɔ̃] *f a.* ADMIN (*contrée*) region; **~ agricole/équatoriale/polaire** agricultural/equatorial/polar region; **~ frontalière** border zone; **la ~ parisienne** the area around Paris, Greater Paris

régional(e) [reʒjɔnal, -o] <-aux> *adj* (*relatif à une région*) regional

régionalisme [reʒjɔnalism] *m* regionalism

régisseur, -euse [reʒisœr, -øz] *m, f* CINE, TV assistant director; THEAT stage manager

registre [rəʒistr] *m* **1.** *a.* LING (*livre*) register; **~ d'état civil** ≈ register of births, marriages and deaths; **~ de notes** grade book; **~s de comptabilité** ledger **2.** MUS range; **un ~ aigu/grave** a high/low pitch **3.** INFORM **base de ~s** system registry

réglable [reglabl] *adj* adjustable

réglage [reglaʒ] *m* (*mise au point: d'un moteur*) tuning; **système de ~** control system

règle [rɛgl] *f* **1.** (*loi*) rule; **les ~ du jeu** the rules of the game; **échapper à la ~** to be an exception to the rule; **être en ~** to be in order; **se faire une ~ de** *+infin* to make it a rule to *+infin;* **en ~ générale** as a rule; **dans les ~s de l'art** according to the rule book; **faire partie des ~s du métier** to be one of the rules of the trade; **~ d'or** golden rule **2.** (*instrument*) ruler

règlement [rɛgləmɑ̃] *m* **1.** (*discipline*) regulations *pl;* **~ intérieur** (*d'une entreprise*) company procedure; (*d'une organisation, assemblée*) house rules; (*d'une école*) school rules; **~ de police** police regulation **2.** (*différend*) **~ de compte(s)** settling of scores; (*meurtre*) gangland slaying; **nous avons eu un ~ de comptes** we settled some scores between us **3.** (*paiement*) payment; **faire un ~ par chèque** to pay by check; **faire un ~ en espèces** to pay in cash

réglementaire [rɛgləmɑ̃tɛr] *adj* (*taille, tenue, uniforme*) regulation; **ce n'est pas très ~** it's against the rules

réglementation [rɛgləmɑ̃tasjɔ̃] *f* **1.** (*du commerce, travail*) regulation **2.** (*des loyers, salaires*) control; **~ des prix** price control(s)

réglementer [rɛgləmɑ̃te] <1> *vt* to regulate

régler [regle] <5> **I.** *vt* **1.** (*résoudre*) to settle; (*problème*) to sort out; (*conflit, différend*) to resolve; **c'est une affaire réglée** it's all settled now **2.** (*payer: facture*) to pay **3.** (*réguler*) to regulate; (*circulation*) to control; (*montre*) to set **4.** (*fixer: modalités, programme*) to decide on; **son sort est déjà réglé** his fate is already sealed **II.** *vi* to pay **III.** *vpr* **1.** (*se résoudre*) **l'affaire se règle** it's sorting itself out **2.** (*être mis au point*) **se ~** to be adjusted

règles [rɛgl] *fpl* period; **avoir ses ~** to have one's period

réglisse [reglis] **I.** *f* (*plante*) licorice **II.** *m o f* (*bonbon*) licorice; (*bâton*) stick of licorice

réglo [reglo] *adj inf* straight; **c'est ~!** that's OK!; **c'est un type ~!** he's an OK guy!

règne [rɛɲ] *m* **1.** (*d'un roi, souverain*) reign; **que ton ~ vienne!** Thy kingdom come! **2.** (*influence prédominante*) rule; **c'est le ~ de qc** sth rules

régner [reɲe] <5> *vi* **~ sur qc** (*prince, roi*) to reign over sth

regonfler [r(ə)gɔ̃fle] <1> *vt* **1.** (*gonfler à nouveau: ballon, chambre à air*) to reinflate; (*avec la bouche: ballon*) to blow up again; **~ un pneu** to pump a tire back up **2.** *inf* (*tonifier*) **~ qn** to strengthen sb's spirits; **~ le moral de qn** to boost sb's morale; **être regonflé (à bloc)** to be back in top form

regorger [r(ə)gɔrʒe] <2a> *vi* (*abonder*) **~ de choses** (*pièce*) to be packed with things

régresser [regrese] <1> *vi* to regress

régression [regresjɔ̃] *f* (*diminution*) decline; (*d'une production, des ventes*) fall; **être en ~** to be in decline

regret [r(ə)grɛ] *m* **1.** (*nostalgie*) **le(s) ~(s) de qc** missing sth; **se complaire dans le ~ du passé** to wallow in nostalgia; **~s éternels** sorely missed **2.** (*contrariété*) **avoir le ~ de faire qc** to regret to (have to) do sth; **ne pas avoir de ~s** to have no regrets; **je suis au ~ de faire qc** I regret to (have to) do sth; **au grand ~ de qn** to sb's deep regret; **tous mes ~s** you have my sympathy **3.** (*remords*) **~ de qc** regret over sth; **ne manifester aucun ~** to show no regrets ▶ **à ~** (*partir*) regretfully; (*accepter*) reluctantly; **allez, sans ~!** come on now, no looking back!

regrettable [r(ə)gretabl] *adj* regrettable

regretter [r(ə)grete] <1> **I.** *vt* **1.** (*se repentir de, déplorer*) to regret; **je regrette de ne pas être venu avec vous** I'm sorry that I didn't come with you **2.** (*déplorer l'absence de*) **~ sa jeunesse** to be nostalgic for one's youth **II.** *vi* **je regrette** I'm sorry

regroupement [r(ə)grupmɑ̃] *m* grouping (together); (*de forces, personnes*) rallying

regrouper [r(ə)grupe] <1> **I.** *vt* (*mettre ensemble*) to bring together; (*personnes*) to gather together **II.** *vpr* **se ~ autour de qn** to

group together around sb; (*se regrouper dans un but commun*) to join forces with a common objective; **regroupez-vous pour la photo** gather together for the photo
régulariser [ʀegylaʀize] <1> *vt* **1.** (*mettre en ordre*) to sort out; (*acte administratif*) to put in order; (*situation* (*de couple*)) to regularize **2.** (*ajuster*) to regulate
régularité [ʀegylaʀite] *f* **1.** (*harmonie: d'une façade*) evenness **2.** (*ponctualité*) regularity **3.** (*conformité aux règles, légalité*) lawfulness
régulier, -ière [ʀegylje, -jɛʀ] *adj* **1.** *a.* LIT, LING (*équilibré: vie, habitudes*) regular **2.** (*constant: effort*) steady; (*résultats, vitesse*) consistent **3.** (*à périodicité fixe: avion, train, ligne*) scheduled; **manger à des heures régulières** to eat at regular times **4.** (*légal: gouvernement*) legitimate; (*tribunal*) official; **être en situation régulière** to have one's papers in order
régulièrement [ʀegyljɛʀmɑ̃] *adv* (*périodiquement*) regularly
réhabilitation [ʀeabilitasjɔ̃] *f* rehabilitation
réhabiliter [ʀeabilite] <1> **I.** *vt* **1.** JUR to clear; **~ qn dans ses fonctions** to reinstate sb **2.** (*réinsérer*) to rehabilitate **3.** (*remettre à l'honneur*) **~ qc** to bring sth back into favor; **~ la mémoire de qn** to clear sb's name **II.** *vpr* **se ~** to clear one's name
réhabituer [ʀeabitɥe] <1> **I.** *vt* **~ un enfant à qn/qc** (*personne*) to get a child used to sb/sth again; **~ un élève à faire qc** to get a student used to doing sth again **II.** *vpr* **se ~ à qn/qc** to get used to sb/sth again; **se ~ à faire qc** to get used to doing sth again
rehausser [ʀəose] <1> *vt* **1.** (*surélever*) to raise; **~ un édifice** to increase the height of a building **2.** (*majorer*) to raise **3.** (*mettre en valeur*) to enhance; **~ un avocat aux yeux de qn** to enhance a lawyer's reputation with sb
rein [ʀɛ̃] *m* **1.** (*organe*) kidney **2.** *pl* (*bas du dos*) (lower) back; **j'ai mal aux ~s** my lower back hurts
réincarnation [ʀeɛ̃kaʀnasjɔ̃] *f* reincarnation; **la ~ de sa mère** (*portrait*) the image of his mother; (*personnification*) his mother come back to life
réincarner [ʀeɛ̃kaʀne] <1> *vpr* REL **se ~ dans qc** (*âme*) to be reincarnated in sth
reine [ʀɛn] *f a.* JEUX queen
reine-claude [ʀɛnklod] <reines-claudes> *f* greengage (plum)
reinette [ʀɛnɛt] *f type of apple, the preferred variety for making "tarte Tatin"*
réinfecter [ʀeɛ̃fɛkte] <1> *vpr* **se ~** (*blessure, plaie*) to reinfect
réinitialiser [ʀeinisjalize] <1> *vt* INFORM to reset
réinscription [ʀeɛ̃skʀipsjɔ̃] *f* re-enrollment
réinscrire [ʀeɛ̃skʀiʀ] *irr* **I.** *vt* (*mettre à nouveau sur une liste*) **(faire) ~ qn/qc sur une liste** to put sb/sth back on a list; **(faire) ~ qn dans une nouvelle école** to put sb in a new school **II.** *vpr* **se (faire) ~ sur une liste** to put oneself back on a list; **se (faire) ~ à l'université** ADMIN to re-enroll in college; (*reprendre ses études*) to go back to college
réinsertion [ʀeɛ̃sɛʀsjɔ̃] *f* (*d'un délinquant*) rehabilitation
réintégrer [ʀeɛ̃tegʀe] <5> *vt* **1.** (*revenir dans*) **~ une place** to return to a seat; **~ sa cellule/maison** to return to one's cell/house **2.** (*rétablir*) **~ qn dans un groupe** to bring sb back into a group; **~ qn dans la société** to reintegrate sb into society
réinventer [ʀeɛ̃vɑ̃te] <1> *vt* (*appareil*) to reinvent; (*monde*) to remake; (*solidarité, partage, relations*) to rediscover
réitérer [ʀeiteʀe] <5> *vt* to reiterate
rejet [ʀ(ə)ʒɛ] *m a.* MED rejection; **réaction de ~** rejection response
rejeter [ʀəʒ(ə)te] <3> **I.** *vt* **1.** (*refuser*) to reject; (*circonstances atténuantes*) to disregard; **être rejeté** to be rejected; (*exclu d'une communauté*) to be cast out **2.** (*évacuer*) **~ qc** (*déchets*) to throw sth out; (*épaves*) to cast sth up; (*nourriture*) to vomit sth **3.** (*se décharger de*) **~ une responsabilité sur qn/qc** to push a responsibility off on sb; **~ une faute sur qn/qc** to put the blame on sb/sth **4.** (*repousser*) **~ la tête** to throw one's head back; **~ les épaules** to pull one's shoulders back; **~ la terre** to throw earth back up **II.** *vpr* **1.** (*faire un mouvement du corps*) **se ~ en arrière** to jump back **2.** (*s'accuser*) **se ~ la faute (l'un l'autre)** to blame each other
rejeton [ʀəʒ(ə)tɔ̃, ʀ(ə)ʒətɔ̃] *m inf* (*descendant*) kid
rejoindre [ʀ(ə)ʒwɛ̃dʀ] *irr* **I.** *vt* **1.** (*regagner: personne*) to meet again; **~ son domicile/un lieu** to return to one's home/a place **2.** (*déboucher*) **~ une route** (*route*) to rejoin a road; (*automobiliste*) to get back onto a road **3.** (*rattraper*) **~ qn** to catch up with sb; **vas-y, je te rejoins** go on, I'll catch up with you **II.** *vpr* **se ~ 1.** (*être d'accord: idées, points de vue*) to be very close; (*personnes*) to be in agreement **2.** (*se réunir: personnes*) to meet up; (*choses*) to meet
réjoui(e) [ʀeʒwi] *adj* cheerful
réjouir [ʀeʒwiʀ] <8> *vpr* **se ~ de faire qc** to be delighted to do sth; (*à l'avance*) to look forward to doing sth; **se ~ à l'idée de ...** to be thrilled at the idea of ...
réjouissance [ʀeʒwisɑ̃s] *f* **1.** (*joie*) rejoicing **2.** *pl* (*festivités*) festivities
réjouissant(e) [ʀeʒwisɑ̃, ɑ̃t] *adj* cheerful; (*histoire, spectacle*) entertaining; **c'est ~!** *iron* that's just fine!
relâche [ʀəlɑʃ] *f* (*répit*) **un moment de ~** a moment's rest; **poursuivre/combattre sans ~** to pursue/fight sth relentlessly; **travailler/harceler sans ~** to work/harass relentlessly
relâchement [ʀ(ə)lɑʃmɑ̃] *m* laxity
relâcher [ʀ(ə)lɑʃe] <1> *vt* **1.** (*desserrer*) to

R

loosen; (*muscles*) to relax **2.** (*libérer*) to free **3.** (*cesser de tenir*) ~ **qc** to let go of sth

relais [ʀ(ə)lɛ] *m* SPORT relay; **le ~ quatre fois cent mètres** the four by one hundred meter relay ►**prendre le ~ de qn/qc** to take over from sb/sth

relance [ʀ(ə)lɑ̃s] *f* (*nouvel essor*) revival; (*de la consommation*) boost; **~ économique** boosting of the economy

relancer [ʀ(ə)lɑ̃se] <2> *vt* **1.** (*donner un nouvel essor à: mouvement, idée*) to revive; (*économie, production, investissement, immobilier*) to boost **2.** *inf* (*harceler*) to badger; (*client, débiteur*) to chase after

relater [ʀ(ə)late] <1> *vt* (*événement, fait*) to relate

relatif [ʀ(ə)latif] *m* LING relative pronoun

relatif, -ive [ʀ(ə)latif, -iv] *adj* **1.** (*opp: absolu*) relative **2.** (*partiel*) relative; **être d'une relative discrétion** to be not entirely discreet **3.** (*en liaison avec*) **être ~ à qn/qc** to relate to sb/sth; **~ à qn/qc** concerning sb/sth **4.** *postposé* LING relative

relation [ʀ(ə)lasjɔ̃] *f* **1.** (*rapport*) relation **2.** *pl* (*rapport entre personnes*) relationship; **des ~s amicales/tendues** a friendly/tense relationship; **~s d'affaires** business relationship; **avoir une ~ amoureuse/des ~s amoureuses avec qn** to be romantically involved with sb; **avoir de bonnes/mauvaises ~s avec qn** to have a good/bad relationship with sb; **par ~s** through connections **3.** (*lien logique*) relation; **~ de cause à effet** relation of cause and effect **4.** (*personne de connaissance*) contact ►**~s publiques** public relations; **en ~** in contact

relative [ʀ(ə)lativ] *f* LING relative clause

relativement [ʀ(ə)lativmɑ̃] *adv* (*dans une certaine mesure: facile, honnête, rare*) relatively

relativiser [ʀ(ə)lativize] <1> *vt* **~ qc** to put sth into perspective

relativité [ʀ(ə)lativite] *f* PHILOS, PHYS relativity; **théorie de la ~** theory of relativity

relaver [ʀ(ə)lave] <1> *vt* **1.** (*laver de nouveau*) **~ qc** to wash sth again **2.** *Suisse* (*laver*) to wash

relax [ʀəlaks] *adj inv, inf* laid-back

relaxant(e) [ʀ(ə)laksɑ̃, ɑ̃t] *adj* relaxing

relaxation [ʀ(ə)laksasjɔ̃] *f* relaxation; **exercice de ~** relaxation exercise

relaxer [ʀ(ə)lakse] <1> **I.** *vt* **1.** (*décontracter*) to relax **2.** JUR to free **II.** *vpr* **se ~** to relax

relayer [ʀ(ə)leje] <7> **I.** *vt* (*remplacer*) **~ qn** to take over from sb; **se faire ~ par qn** (*personne*) to hand over to sb **II.** *vpr* **se ~ pour faire qc** to do sth in turns

relecture [ʀ(ə)lɛktyʀ] *f* rereading; TYP checking

reléguer [ʀ(ə)lege] <5> *vt* (*mettre à l'écart*) to relegate; **~ qn au second plan** to push sb into the background

relent [ʀ(ə)lɑ̃] *m* **1.** (*mauvaise odeur*) stink; **dégager des ~s d'alcool** to stink of alcohol **2.** *soutenu* (*trace*) **un ~/des ~s de qc** a strong smell of sth

relève [ʀ(ə)lɛv] *f* relief; **assurer** [*o* **prendre**] **la ~** (*assurer la succession*) to take over; **la ~ est assurée** (*succession*) there will be someone to take over; (*génération montante*) there will be others to take over

relevé [ʀəl(ə)ve, ʀ(ə)ləve] *m* **1.** FIN **~ de compte** (bank) account statement; **~ d'identité bancaire** *slip giving bank account details* **2.** (*liste, facture détaillée*) statement; **~ de notes** ECOLE report card

relevé(e) [ʀəl(ə)ve, ʀ(ə)ləve] *adj* CULIN spicy

relever [ʀəl(ə)ve] <4> **I.** *vt* **1.** (*redresser: chaise, objet tombé*) to pick up; (*blessé*) to lift; **~ qn** to help sb back up **2.** (*remonter*) **~ qc** (*col, siège, strapontin, cheveux*) to put sth up; (*store, chaussettes*) to pull sth up; **~ sa voile** to lift one's veil **3.** (*noter: adresse, renseignement, observation*) to note; (*compteur*) to read; **~ l'électricité/le gaz** to read the electricity/gas meter **II.** *vi* **1.** (*se remettre*) **~ de maladie** to recover after being sick **2.** (*dépendre de*) **~ de la compétence de qn** to fall in sb's sphere (of competence); **~ du miracle** to be miraculous **III.** *vpr* **se ~** (*se remettre debout*) to get up

relief [ʀəljɛf] *m* **1.** GEO, ART, ARCHIT relief **2.** (*saillie*) **sans ~** flat; **carte/impression en ~** relief map/printing; **motif/caractères en ~** raised design/characters ►**mettre qc en ~** to accentuate sth

relier [ʀəlje] <1> *vt* **1.** (*réunir: personnes, choses*) to connect; **~ un appareil à un autre** to connect one piece of equipment to another **2.** LING (*préposition*) to link; **~ une subordonnée à qc** to link a subordinate clause to sth **3.** TECH (*livre*) to bind; **une édition reliée (en) cuir** a leather-bound edition

relieur, -euse [ʀəljœʀ, -jøz] *m, f* binder

religieuse [ʀ(ə)liʒjøz] **I.** *adj v.* **religieux II.** *f* **1.** REL nun **2.** CULIN cream puff

religieusement [ʀ(ə)liʒjøzmɑ̃] *adv* religiously

religieux [ʀ(ə)liʒjø] *m* religious; (*moine*) monk

religieux, -euse [ʀ(ə)liʒjø, -jøz] *adj* REL (*personne, habit, opinions, vie, tradition, art, ordre*) religious; (*cérémonie, mariage, musique, chant*) church

religion [ʀ(ə)liʒjɔ̃] *f* religion; **appartenir à la ~ protestante** to be a Protestant

reliquat [ʀəlika] *m* FIN, JUR remainder

relique [ʀəlik] *f* REL, BIO relic

relire [ʀ(ə)liʀ] *irr* **I.** *vt* (*lettre, roman*) to reread; (*pour vérifier une référence: passage*) to check **II.** *vpr* **se ~** to read over one's work

reliure [ʀəljyʀ] *f* binding; **~ pleine peau** full leather binding

reloger [ʀ(ə)lɔʒe] <2a> **I.** *vt* to rehouse **II.** *vpr* (**trouver à**) **se ~** to find a new place to live

reluire [ʀ(ə)lɥiʀ] *vi irr* to gleam; **faire ~ qc** to make sth gleam

reluisant(e) [ʀ(ə)lɥizɑ̃, ɑ̃t] *adj* (*brillant*) shining; **être ~ de propreté** to gleam

reluquer [ʀ(ə)lyke] <1> *vt inf* (*personne, poste*) to eye
remâcher [ʀ(ə)mɑʃe] <1> *vt* **1.** (*ressasser*) **~ qc** to brood over sth **2.** ZOOL to ruminate
remake [ʀimɛk] *m* remake
remanier [ʀ(ə)manje] <1a> *vt* **1.** (*modifier*) to reorganize; (*manuscrit, pièce*) to revise **2.** POL (*cabinet, ministère*) to reshuffle
remaquiller [ʀ(ə)makije] <1> **I.** *vt* **~ qn** to do sb's makeup again **II.** *vpr* **se ~** to do one's makeup again
remarcher [ʀ(ə)maʀʃe] <1> *vi* to work again
remarier [ʀ(ə)maʀje] <1> *vpr* **se ~ avec qn** to get remarried to sb
remarquable [ʀ(ə)maʀkabl] *adj* remarkable; **être ~ par sa taille/intelligence** to be remarkably tall/intelligent
remarquablement [ʀ(ə)maʀkabləmɑ̃] *adv* (*beau, intelligent*) remarkably; (*jouer, se porter, réussir*) brilliantly
remarque [ʀ(ə)maʀk] *f* remark; **faire une ~ à qn sur qc** to remark on sth to sb; **en faire la ~ à qn** to remark on it to sb
remarquer [ʀ(ə)maʀke] <1> **I.** *vt* **1.** (*apercevoir*) to notice **2.** (*distinguer*) **~ qn/qc par qc** to notice sb/sth because of sth **3.** (*noter*) to notice; **faire ~ qc à qn** to draw sb's attention to sb; **se faire ~** *péj* to draw attention to oneself; **sans se faire ~** without being noticed; **remarque, je m'en fiche!** listen, I couldn't care less!; **remarque, il a essayé** he did try, though **II.** *vpr* **se ~** to be noticeable
remballer [ʀɑ̃bale] <1> **I.** *vt* **1.** (*opp: déballer*) to pack up **2.** *inf* (*garder pour soi*) to save; **remballe tes commentaires!** keep your comments to yourself! **II.** *vi* to pack up
rembarrer [ʀɑ̃bɑʀe] <1> *vt inf* **~ qn** to tell sb where to get off; **se faire ~** to get told where to go
remblai [ʀɑ̃blɛ] *m* embankment; (*matériau en terre*) ballast; (*en caillou*) fill
rembobiner [ʀɑ̃bɔbine] <1> *vt, vi* to rewind
rembourrer [ʀɑ̃buʀe] <1> *vt* **1.** (*matelasser*) **~ un siège avec qc** to stuff a seat with sth; **faire ~ des fauteuils** to have armchairs reupholstered; **~ les épaules de qn** to pad sb's shoulders **2.** *fig* **être bien rembourré** to be well-padded
remboursement [ʀɑ̃buʀsəmɑ̃] *m* (*d'un emprunt, d'une dette*) repayment; (*des frais*) reimbursement; **contre ~** cash with order
rembourser [ʀɑ̃buʀse] <1> *vt* to repay; **~ une dette/un emprunt à qn** to repay a debt/a loan to sb; **ce médicament n'est pas remboursé** insurance will not reimburse this medication; **ça rembourse à peine les frais de fonctionnement** it barely covers operating costs; **je te rembourserai demain!** I'll pay you back tomorrow!; **remboursez! remboursez!** *iron* we want our money back!
rembrunir [ʀɑ̃bʀyniʀ] <8> *vpr* **se ~** (*traits, visage, ciel*) to darken
remède [ʀ(ə)mɛd] *m* (*moyen de lutte*) remedy; (*d'un problème*) cure; **~ miracle** miracle cure; **~ contre l'inflation** cure for inflation ▶ **~ de cheval** drastic remedy; **le ~ est pire que le mal** the cure is worse than the disease
remédier [ʀ(ə)medje] <1> *vi* **~ à une maladie** to find a cure for an disease; **~ à un problème** to remedy a problem
remémorer [ʀ(ə)memɔʀe] <1> *vpr* **se ~ qc** to recall sth
remerciement [ʀ(ə)mɛʀsimɑ̃] *m* (*activité*) thanking; **des ~s** thanks *pl;* **adresser ses ~s à qn** to express one's thanks to sb; **avec tous mes/nos ~s** with all my/our thanks; **lettre de ~** letter of thanks; (*pour un cadeau*) thank-you letter
remercier [ʀ(ə)mɛʀsje] <1> *vt* (*dire merci à*) **~ qn/qc de qc** to thank sb/sth for sth; **~ qn/qc de faire qc** to thank sb/sth for doing sth
remettre [ʀ(ə)mɛtʀ] *irr* **I.** *vt* **1.** (*replacer*) **~ qc** to put sth back; **~ un bouton** to sew a button back on; **~ qc debout** to stand sth up again; **~ à cuire** to leave sth to cook some more; **~ qn sur la bonne voie** to put sb back on the right track **2.** (*rétablir*) **~ qn/faire ~ qn en liberté** to free sb; **~ une machine/un moteur en marche** to restart a machine/an engine; **~ qc en ordre** to sort sth out; **~ qc à neuf** to restore sth; **~ sa montre à l'heure** to reset one's watch **3.** (*donner*) **~ qc** (*récompense, prix*) to give sth; (*démission, devoir*) to hand sth in; **~ un paquet à qn** to give a package to sb **4.** (*rajouter: ingrédient*) to add (more); **~ de l'huile dans le moteur** to add oil to the engine; **~ du sel dans les légumes** to put more salt on the vegetables; **~ du rouge à lèvres** to put more lipstick on **5.** (*ajourner*) **~ une décision à la semaine prochaine** to leave [*o* postpone] a decision until the following week; **~ un jugement à l'année prochaine** to defer a judgment until the following year **6.** (*porter de nouveau*) **~ qc** to put sth back on **7.** (*confier*) **~ un enfant à qn** to entrust a child to sb **8.** *Belgique* (*rendre la monnaie*) to give change; **~ sur 100 euros** to give change for 100 euros **9.** *Belgique* (*vendre, céder*) to sell; **maison à ~** house for sale ▶ **~ ça** *inf* to do it all over again; **en ~** *inf* to overdo it **II.** *vpr* **1.** (*recouvrer la santé*) **se ~ de qc** to get over sth; **remettez-vous maintenant!** get a grip on yourself now! **2.** (*recommencer*) **se ~ au travail** to get back to work; **se ~ en mouvement** to start again; **se ~ à faire qc** to start doing sth again **3.** METEO **le temps se remet au beau/à la pluie** it's turning nice/rainy again; **il se remet à pleuvoir** the rain's starting again **4.** (*se replacer*) **se ~ en tête du groupe** to return to the top of the group; **se ~ debout/sur ses jambes** to get back on one's feet again; **se ~ à table** to return to the table **5.** (*se réconcilier*) **se ~ avec qn** *inf* to get back together with sb; **ils se sont remis ensemble** they got back together again
réminiscence [ʀeminisɑ̃s] *f* reminiscence

remise [ʀ(ə)miz] *f* **1.** (*dépôt, attribution: d'une clé, d'une rançon*) handing over; (*d'une décoration, d'un cadeau*) presentation; (*d'une lettre, d'un paquet*) delivery; (*en mains propres*) handing over **2.** (*dispense, grâce*) reduction; ~ **de peine** reduction of sentence **3.** (*rabais*) discount; **faire une ~ de 5% à qn** to give sb a 5% discount **4.** (*local*) shed ▶ ~ **en état** restoration; ~ **en forme** getting back in shape; **centre de ~ en forme** health resort; ~ **à jour** updating; ~ **à jour des connaissances** updating of one's knowledge; ~ **en marche** restarting; ~ **en marche de l'économie** kick-starting the economy

rémission [ʀemisjɔ̃] *f* remission

remmener [ʀɑ̃m(ə)ne] <4> *vt* ~ **qn** (*en venant*) to bring sb back; (*en allant*) to take sb back

remontant [ʀ(ə)mɔ̃tɑ̃] *m* tonic

remontant(e) [ʀ(ə)mɔ̃tɑ̃, ɑ̃t] *adj* (*fortifiant*) invigorating

remontée [ʀ(ə)mɔ̃te] *f* **1.** (*d'un mineur, plongeur*) return to the surface; SPORT recovery **2.** (*hausse*) rise **3.** (*machine*) ~ **mécanique** ski lift

remonte-pente [ʀ(ə)mɔ̃tpɑ̃t] <remonte-pentes> *m* ski lift

remonter [ʀ(ə)mɔ̃te] <1> **I.** *vi* **1.** *être* (*monter à nouveau*) ~ **dans une chambre/de la cuisine** to go back up to a bedroom/from the kitchen; ~ **à Paris** to go back to Paris; ~ **en bateau/à la nage** to sail/swim back up; ~ **sur l'échelle** to get back on the ladder; ~ **sur scène** to return to the stage; ~ +*infin* (*vu d'en bas*) to go back up to +*infin;* (*vu d'en haut*) to come back up to +*infin* **2.** *être* (*reprendre place*) ~ **à bicyclette** to get back on one's bicycle; ~ **en voiture** to get back in the car; ~ **à bord** to go back on board **3.** *avoir* (*s'élever de nouveau*) to go back up **4.** *avoir* (*s'améliorer*) ~ **dans l'estime de qn** to rise in sb's esteem **5.** *être* (*glisser vers le haut: jupe, vêtement*) to ride up; (*col*) to stand up **6.** *avoir* (*dater de*) ~ **au mois dernier/à l'année dernière** (*événement, fait*) to have occurred last month/last year; **cela remonte au siècle dernier** that goes back to the last century; **cet incident remonte à quelques jours** this incident happened a few days ago **II.** *vt avoir* **1.** ~ **qc** (*parcourir à pieds*) to go up sth; (*parcourir dans un véhicule*) to drive up sth; (*à la nage: fleuve, rivière*) to swim up sth **2.** (*relever*) ~ **qc** (*col*) to turn sth up; (*chaussettes, pantalon, manches*) to pull sth up; (*bas du pantalon*) to hitch sth up; (*étagère, tableau, mur*) to raise sth; ~ **une note** ECOLE to increase a grade **3.** (*rapporter du bas*) ~ **une bouteille de la cave à son père** to bring a bottle up from the cellar to one's father **4.** (*porter vers le haut*) ~ **la valise au grenier** to take the suitcase up to the attic **5.** (*faire marcher*) ~ **qc** (*mécanisme, montre*) to wind sth up; **être remonté** *iron* (*excité*) to be full of beans; **être remonté contre qn** (*fâché*) to be mad with sb **6.** (*opp: démonter*) ~ **qc** (*appareil*) to put sth back together; (*roue, robinet*) to put sth back on **7.** (*remettre en état: affaires*) to boost; (*mur*) to rebuild; ~ **qn** (*physiquement*) to make sb feel better; (*moralement*) to give sb a boost; ~ **le moral de qn** to cheer sb up

remontoir [ʀ(ə)mɔ̃twaʀ] *m* winder; **montre à ~** wind-up watch

remontrance [ʀ(ə)mɔ̃tʀɑ̃s] *f* reproof; **faire des ~s à qn** to reprove sb

remords [ʀ(ə)mɔʀ] *m* remorse; **des ~s** remorse; **avoir des ~** to feel remorse; **pas de ~?** no regrets?

remorque [ʀ(ə)mɔʀk] *f* (*d'un véhicule*) trailer

remorquer [ʀ(ə)mɔʀke] <1> *vt* (*voiture*) to tow; **se faire ~** to get a tow

remorqueur [ʀ(ə)mɔʀkœʀ] *m* tugboat

rémoulade [ʀemulad] *f* rémoulade

remous [ʀ(ə)mu] *m* **1.** (*de l'eau*) eddy; (*d'un bateau*) wash **2.** (*agitation*) stir; **provoquer des ~** to cause a stir

rempailler [ʀɑ̃paje] <1> *vt* to reseat (*with straw*)

rempart [ʀɑ̃paʀ] *m* MIL rampart; (*d'une ville*) wall

rempiler [ʀɑ̃pile] <1> **I.** *vt* ~ **qc** to pile sth up again **II.** *vi inf* to re-enlist; ~ **pour trois ans** to re-enlist for three years

remplaçant(e) [ʀɑ̃plasɑ̃, ɑ̃t] *m(f)* MED locum tenens; ECOLE substitute teacher; SPORT substitute

remplacement [ʀɑ̃plasmɑ̃] *m* (*intérim*) temping; **faire des ~s** to temp

remplacer [ʀɑ̃plase] <2> **I.** *vt* **1.** (*changer, tenir lieu de*) to replace **2.** (*prendre la place de*) ~ **qn** to take over from sb **II.** *vpr* **se ~** to be replaced

rempli(e) [ʀɑ̃pli] *adj* **1.** (*plein*) full; ~ **de personnes** full of people; **tasse ~e de thé** cup full of tea **2.** (*rond*) plump **3.** (*occupé: journée, vie*) full; (*emploi du temps*) busy

remplir [ʀɑ̃pliʀ] <8> **I.** *vt* **1.** (*rendre plein*) ~ **un carton de choses** to fill a box with things; ~ **une valise de vêtements** to pack a suitcase full of clothes **2.** (*occuper*) to fill **3.** (*compléter*) ~ **un formulaire** to fill out a form; ~ **un chèque** to write out a check **4.** (*réaliser, répondre à: mission, contrat, conditions*) to fulfill **II.** *vpr* **se ~ de personnes/liquide** to fill with people/liquid

remplissage [ʀɑ̃plisaʒ] *m* **1.** (*fait de remplir*) filling **2.** *péj* (*développement inutile*) padding

remplumer [ʀɑ̃plyme] <1> *vpr inf* **se ~** **1.** (*grossir*) to fill out again **2.** (*financièrement*) to improve one's finances

remporter [ʀɑ̃pɔʀte] <1> *vt* **1.** (*reprendre*) ~ **qc** to take sth back; **faire ~ une livraison** to send a delivery back **2.** (*gagner*) to win

remuant(e) [ʀəmyɑ̃, ɑ̃t] *adj* (*turbulent*) restless

remue-ménage [ʀ(ə)mymenaʒ] *m inv* **faire du ~** to cause a commotion

remuer [ʀəmɥe] <1> **I.** *vi* (*bouger*) to move (around) **II.** *vt* **1.** (*bouger*) to move; (*hanches*) to sway; ~ **les oreilles** (*chien*) to wiggle one's ears; ~ **la queue** to wag its tail **2.** (*mélanger: mayonnaise, sauce, café*) to stir; (*salade*) to toss **3.** (*émouvoir*) to move **III.** *vpr* **se** ~ **1.** (*bouger*) to move **2.** (*faire des efforts*) to go to a lot of trouble

rémunérateur, -trice [ʀemyneʀatœʀ, -tʀis] *adj* remunerative

rémunération [ʀemyneʀasjɔ̃] *f* remuneration

rémunérer [ʀemyneʀe] <5> *vt* to pay, remunerate *form*

renâcler [ʀ(ə)nɑkle] <1> *vi* ~ **à faire qc** to grumble about doing sth

renaissance [ʀ(ə)nɛsɑ̃s] *f* **1.** (*vie nouvelle*) rebirth **2.** HIST, ART **la Renaissance** the Renaissance

renaître [ʀ(ə)nɛtʀ] *vi irr, défec* **1.** (*espoir*) to revive; (*désir, doute*) to return; **faire** ~ **l'espoir chez qn** to give sb new hope **2.** REL to be born again

rénal(e) [ʀenal, -o] <-aux> *adj* **la fonction** ~**e** kidney function

renard [ʀ(ə)naʀ] *m* (*animal, fourrure*) fox ▶ **fin** ~ shrewd customer; **vieux** ~ sly old devil

renardière [ʀ(ə)naʀdjɛʀ] *f Québec* (*élevage de renards*) fox farm

renchérir [ʀɑ̃ʃeʀiʀ] <8> **I.** *vi* **1.** (*faire de la surenchère*) to make a higher bid **2.** (*faire une enchère supérieure*) ~ **sur qn** to go one better than sb **II.** *vt* ~ **qc** to make sth dearer

rencontre [ʀɑ̃kɔ̃tʀ] *f* **1.** (*fait de se rencontrer*) meeting; ~ **secrète** secret meeting **2.** (*entrevue*) meeting; ~ **au sommet** summit meeting **3.** SPORT fixture; ~ **de football/boxe** soccer/boxing match; ~ **d'athlétisme** track and field meet ▶ **faire une mauvaise** ~ to have an unpleasant encounter; **aller/venir à la** ~ **de qn** to go/come to meet sb; **faire la** ~ **de qn** to meet sb

rencontrer [ʀɑ̃kɔ̃tʀe] <1> **I.** *vt* **1.** (*croiser, avoir une entrevue, faire la connaissance de*) *a.* SPORT to meet **2.** (*être confronté à*) to encounter **II.** *vpr* **se** ~ to meet; **il les a fait se** ~ they met through him

rendement [ʀɑ̃dmɑ̃] *m a.* FIN yield; (*d'une machine*) output; **des terres d'un bon** ~ land that crops well; **des placements à fort/faible** ~ high-/low-yield investments

rendez-vous [ʀɑ̃devu] *m inv* **1.** (*rencontre officielle*) appointment; **avoir** ~ **avec qn** to have an appointment with sb; **donner un** ~ **à qn** to give sb an appointment; **prendre** ~ **avec qn** to make an appointment with sb; **prendre** ~ **chez qn** to make an appointment with sb; **sur** ~ by appointment **2.** (*rencontre avec un ami*) meeting; **avoir** ~ **avec qn** to be meeting sb; **se donner** ~ to arrange to meet; **donner un** ~ **à qn** to arrange to meet sb; ~ **à 8 heures/à la gare** see you at 8 o'clock/at the station **3.** (*rencontre entre amoureux*) date **4.** (*lieu de rencontre*) meeting place ▶ **être au** ~ (*soleil*) to shine; (*élément prévu*) to turn up on cue

rendormir [ʀɑ̃dɔʀmiʀ] *irr vpr* **se** ~ to go back to sleep

rendre [ʀɑ̃dʀ] <14> **I.** *vt* **1.** (*restituer*) ~ **qc** to give sth back **2.** (*donner en retour*) to return; ~ **la monnaie sur 100 euros** to give the change from 100 euros **3.** (*rapporter*) ~ **qc** (*article défectueux*) to take sth back **4.** (*donner*) ~ **son devoir** to hand [*o* turn] in one's homework **5.** (*redonner*) ~ **la liberté/la vue à qn** to give sb back their freedom/their sight; ~ **l'espoir/le courage à qn** to give sb new hope/courage **6.** (*faire devenir*) ~ **qc plus facile** to make sth easier; ~ **qn triste/joyeux** to make sb sad/happy; ~ **qc public** to make sth public; ~ **qc moins compliqué** to make sth less complicated; **c'est à vous** ~ **fou!** it'd drive you crazy! **7.** JUR (*jugement, verdict, arrêt*) to give **8.** (*vomir*) ~ **qc** to throw sth back up **II.** *vi* (*vomir*) to vomit **III.** *vpr* **1.** (*capituler*) **se** ~ to surrender; **se** ~ **à l'évidence** *fig* to accept the obvious **2.** (*aller*) **se** ~ **chez qn/à son travail** to go to see sb/to work

rendu(e) [ʀɑ̃dy] *part passé de* **rendre**

rêne [ʀɛn] *f* rein ▶ **lâcher les** ~**s** to loosen the reins; **prendre les** ~**s de qc** to take control of sth

renégocier [ʀənegɔsje] <1> *vt, vi* to renegotiate

renfermé [ʀɑ̃fɛʀme] *m* **sentir le** ~ to smell musty

renfermé(e) [ʀɑ̃fɛʀme] *adj* withdrawn

renfermer [ʀɑ̃fɛʀme] <1> **I.** *vt* to hold **II.** *vpr* **se** ~ **sur soi-même** to withdraw into oneself

renflé(e) [ʀɑ̃fle] *adj* bulging

renflouer [ʀɑ̃flue] <1> *vt* **1.** NAUT to refloat **2.** (*fournir des fonds*) ~ **qn/qc** to bail sb/sth out

renfoncement [ʀɑ̃fɔ̃smɑ̃] *m* recess

renforcé(e) [ʀɑ̃fɔʀse] *adj* reinforced

renforcement [ʀɑ̃fɔʀsəmɑ̃] *m* reinforcement; (*d'une couleur, de l'amour, de la haine*) strengthening

renforcer [ʀɑ̃fɔʀse] <2> **I.** *vt* **1.** (*consolider*) to reinforce **2.** (*intensifier*) to strengthen; (*couleur*) to enliven; ~ **le son** to turn up the sound; ~ **ses efforts** to redouble one's efforts **3.** (*affermir: paix*) to consolidate; (*position, sentiment, soupçon*) to strengthen **4.** (*confirmer*) ~ **qn dans son opinion** to reinforce sb's opinion **II.** *vpr* **1.** (*devenir plus efficace*) **se** ~ **de qn** (*groupe*) to be joined by sb **2.** (*s'affermir*) **se** ~ to be reinforced; (*popularité*) to increase

renfort [ʀɑ̃fɔʀ] *m* **1.** *souvent pl* (*personnes*) helpers *pl* **2.** (*supplément*) ~**s en nourriture/matériel** supplies of food/material **3.** COUT lining **4.** ARCHIT reinforcement; **mettre un** ~ **contre qc** to add reinforcement against sth **5.** AUTO ~ **latéral** (**de sécurité**) side impact bar ▶ **à grand** ~ **de gestes/statistiques** with the help of a good many gestures/statistics

renfrogné(e) [ʀɑ̃fʀɔɲe] *adj* sullen
rengaine [ʀɑ̃gɛn] *f inf* **1.** (*chanson*) tune **2.** (*propos*) line; **c'est toujours la même ~** it's always the same old song (and dance)
rengorger [ʀɑ̃gɔʀʒe] <2a> *vpr* **se ~ de son succès** to be full of oneself after one's success; **se ~ de faire qc** to gloat over doing sth
reniement [ʀənimɑ̃] *m* (*de la foi*) renunciation
renier [ʀənje] <1> **I.** *vt* (*promesse*) to break; (*idée, passé*) to disown; **~ sa foi** to renounce one's faith **II.** *vpr* **se ~** to withdraw
renifler [ʀ(ə)nifle] <1> **I.** *vi* to sniff **II.** *vt* **1.** (*sentir, aspirer*) to sniff **2.** *inf* (*pressentir*) to smell
renne [ʀɛn] *m* reindeer
renom [ʀ(ə)nɔ̃] *m* renown; **de grand ~** renowned
renommé(e) [ʀ(ə)nɔme] *adj* renowned; **~ pour** renowned for
renommée [ʀ(ə)nɔme] *f* **1.** *sans pl* (*célébrité*) renown **2.** (*réputation*) fame; **de ~ mondiale** world-famous
renon [ʀənɔ̃] *m Belgique* (*résiliation d'un bail*) notice
renoncement [ʀ(ə)nɔ̃smɑ̃] *m* **1. ~ à qc** renouncement of sth **2.** (*sacrifice*) renunciation; **esprit de ~** spirit of self-sacrifice
renoncer [ʀ(ə)nɔ̃se] <2> **I.** *vi* **1.** (*abandonner*) **~ à qc** to give sth up; **~ au monde/aux plaisirs** to renounce the world/pleasure; **~ à sa foi** to renounce one's faith; **~ à fumer/boire** to give up smoking/drinking **2.** (*refuser un droit*) **~ à qc** to renounce sth **II.** *vt Belgique* **1.** (*résilier: bail*) to end **2.** (*donner congé à*) **~ un locataire** to give a tenant notice (to vacate)
renoncule [ʀənɔ̃kyl] *f* buttercup
renouer [ʀənwe] <1> *vi* **~ avec qn** to renew one's friendship with sb; **~ avec qc** (*habitude*) to take up sth again; (*tradition*) to revive sth
renouveau [ʀ(ə)nuvo] *m* renew; **qc connaît un ~ d'intérêt** there is renewed interest in sth
renouvelable [ʀ(ə)nuv(ə)labl] *adj* **1.** (*prolongeable*) renewable **2.** (*énergie*) renewable
renouveler [ʀ(ə)nuv(ə)le] <3> **I.** *vt* **1.** (*remplacer*) to renew; **~ des députés/un parlement** to elect new representatives/a new parliament; **~ sa garde-robe** to buy new clothes **2.** (*répéter*) **~ une offre/une promesse à qn** to renew an offer/a promise to sb; **~ une question à qn** to ask sb a question again; **~ sa candidature** (*à un emploi*) to reapply; POL to run again **3.** (*prolonger: bail, passeport*) to renew **4.** (*rénover*) to renovate; **~ l'aspect de qc** to give sth a new look; **version renouvelée** new version **II.** *vpr* **se ~** **1.** (*être remplacé*) BIO to be renewed; POL to be re-elected **2.** (*se reproduire*) to happen again **3.** (*innover: artiste, style*) to renew oneself
renouvellement [ʀ(ə)nuvɛlmɑ̃] *m* **1.** (*remplacement, rénovation*) renewal; **~ de l'air** change of air **2.** (*prolongation*) extension
rénovateur, -trice [ʀenɔvatœʀ, -tʀis] **I.** *adj* reformist **II.** *m, f* reformer
rénovation [ʀenɔvasjɔ̃] *f* **1.** (*remise à neuf*) renovation **2.** (*modernisation*) updating
rénover [ʀenɔve] <1> *vt* **1.** (*remettre à neuf*) to renovate; (*meuble*) to restore **2.** (*moderniser*) **~ qc** to bring sth up to date
renseignement [ʀɑ̃sɛɲmɑ̃] *m* **1.** (*information*) **un ~** some [*o* a piece of] information; **à titre de ~** for your information; **de plus amples ~s** further information [*o* details] **2.** TEL **les ~s** information **3.** MIL intelligence; **les ~s généraux** national security division
renseigner [ʀɑ̃seɲe] <1> **I.** *vt* to inform; **~ qn sur un élève** (*document*) to tell sb about a student **II.** *vpr* **se ~ sur qn/qc** to find out about sb/sth
rentabiliser [ʀɑ̃tabilize] <1> *vt* **~ qc** to make sth profitable
rentabilité [ʀɑ̃tabilite] *f* ECON profitability
rentable [ʀɑ̃tabl] *adj* profitable
rente [ʀɑ̃t] *f* **1.** (*revenu*) private income; **vivre de ses ~s** to live off one's private income **2.** (*emprunt d'État*) bond
rentier, -ière [ʀɑ̃tje, -jɛʀ] *m, f* person with private means
rentrée [ʀɑ̃tʀe] *f* **1.** ECOLE new year; **le jour de la ~** the day the schools go back; **aujourd'hui, c'est la ~ (des classes)** school starts today **2.** UNIV start of the new academic year **3.** (*après les vacances d'été*) **à la ~** after summer vacation; **la ~ politique** the return of congress; **la ~ théâtrale** *the start of the new theater season;* **faire sa ~** POL to start the new congressional session **4.** (*come-back*) comeback; **faire sa ~** to make one's comeback **5.** (*fait de rentrer*) return; **~ dans l'atmosphère** re-entry into the atmosphere **6.** (*somme d'argent*) money coming in; **~s** income **7.** (*mise à l'abri*) bringing in

> **i** **La rentrée** is the period after the two-month-long summer vacation when the new school and university years begin and political and cultural activities resume.

rentrer [ʀɑ̃tʀe] <1> **I.** *vi être* **1.** (*retourner chez soi*) to go back, return; **comment rentres-tu?** how are you getting back?; **~ au pays natal** to return to one's native country **2.** (*repartir chez soi*) to go home; (*revenir chez soi*) to come home; **~ de l'école** to come home from school; **à peine rentré, il ...** the moment he got back home, he ...; **elle est déjà rentrée?** is she back already? **3.** (*entrer à nouveau, vu de l'intérieur*) to come back in; (*vu de l'extérieur*) to go back in **4.** (*reprendre son travail: professeurs, députés, écoliers*) to go back; (*parlement*) to reconvene **5.** (*entrer*) **faire ~ qn** (*vu de l'intérieur*) to bring sb in; (*vu de l'extérieur*) to take sb in; **~ dans un café** to go into a café; **~ sans frapper** to enter without knocking; **~ par la fenêtre** to get in through the window; **l'eau/le voleur rentre dans la maison** water/the thief is getting into the house **6.** (*s'insérer*) ~ **dans une valise/un tiroir** to fit in a suitcase/a drawer; ~ **les uns dans les autres** (*tubes*) to fit inside each other **7.** (*être inclus dans*) ~ **dans qc** to go in sth; **faire ~ qc dans une catégorie** to put sth in a category **8.** (*devenir membre*) ~ **dans la police/une entreprise** to join the police/a business; ~ **dans les ordres/au couvent** to take orders/the veil; **faire ~ qn dans une entreprise** to take sb into a business **9.** (*commencer à étudier*) ~ **en fac** to start college **10.** (*percuter*) ~ **dans qc** to hit sth; (*conducteur*) to run into sth **11.** COM, FIN (*article, créances*) to come in; **faire ~ des commandes/des impôts** to bring in orders/taxes **12.** (*recouvrer*) ~ **dans ses droits** to recover one's rights; ~ **dans ses frais** to cover one's costs ▶ **elle lui est rentré dedans** *inf* she laid into him **II.** *vt avoir* **1.** (*ramener à l'intérieur: table, foin*) to bring in; (*tête, ventre*) to pull back; ~ **son chemisier dans la jupe** to tuck one's blouse into one's skirt; ~ **la voiture au garage** to put the car in the garage; ~ **son cou dans les épaules** to hunch one's shoulders **2.** (*enfoncer*) ~ **la clé dans la serrure** to put the key in the lock **3.** (*refouler: larmes, rage*) to hold in; (*déception*) to hide **III.** *vpr* **se ~ dedans** to lay into each other

renversant(e) [ʀɑ̃vɛʀsɑ̃, ɑ̃t] *adj inf* astonishing

renverse [ʀɑ̃vɛʀs] *f* **tomber à la ~** (*en arrière*) to fall backwards; (*de surprise*) to be staggered

renversé(e) [ʀɑ̃vɛʀse] *adj* **1.** (*stupéfait*) staggered **2.** (*à l'envers*) upside down **3.** (*penché vers la gauche: écriture*) slanting to the left

renversement [ʀɑ̃vɛʀsəmɑ̃] *m* **1.** (*changement complet*) reversal; (*de tendance*) swing **2.** POL defeat; (*par un coup d'État*) overthrow **3.** (*mise à l'envers*) inversion

renverser [ʀɑ̃vɛʀse] <1> **I.** *vt* **1.** (*faire tomber*) ~ **un vase** to knock over a vase; ~ **un piéton** to run over a pedestrian; ~ **des arbres** (*tempête*) to blow down trees **2.** (*répandre*) to spill **3.** (*réduire à néant: obstacles*) to scatter **4.** POL to defeat; (*ordre établi*) to overthrow **5.** (*pencher en arrière*) ~ **le corps** to lean back; ~ **la tête** to throw back one's head **6.** (*retourner*) ~ **qc** to turn sth upside down **7.** (*inverser: ordre des mots, fraction*) to invert; (*situation, image*) to reverse **8.** *inf* (*étonner*) **ça me renverse** that bowled me over **II.** *vpr* **1.** (*se pencher en arrière*) **se ~** to lean back; **se ~ sur le dos** to lie down on one's back **2.** (*se retourner*) **se ~** to spill; (*bateau*) to capsize

renvoi [ʀɑ̃vwa] *m* **1.** (*réexpédition*) return **2.** SPORT return **3.** (*licenciement*) dismissal **4.** ECOLE, UNIV expulsion **5.** (*indication*) ~ **à qc** reference to sth **6.** JUR, POL ~ **devant qc/en qc** sending before/to sth **7.** (*ajournement*) ~ **à qc** postponement until sth **8.** (*rot*) belch; **avoir des ~s** to belch

renvoyer [ʀɑ̃vwaje] <6> *vt* **1.** (*envoyer à nouveau*) ~ **une lettre à un client** to send a new letter to a customer **2.** SPORT to return **3.** (*retourner: compliment*) to return; ~ **l'ascenseur** to send the elevator back **4.** (*réexpédier*) to return **5.** (*licencier*) to dismiss **6.** ECOLE, UNIV ~ **un élève/étudiant** to expel a pupil/student **7.** (*éconduire*) ~ **qn** to send sb away **8.** (*adresser*) ~ **à qn** to send back to sb **9.** JUR, POL ~ **qn devant la cour d'assises** to send sb for trial at the court of assizes; ~ **qc en cour de cassation** to refer sth to the court of appeals **10.** (*ajourner*) ~ **qc à plus tard/à une date ultérieure** to leave sth until later/until a later date

réoccuper [ʀeɔkype] <1> *vt* to reoccupy

réorganisation [ʀeɔʀganizasjɔ̃] *f* reorganization

réorganiser [ʀeɔʀganize] <1> *vt, vpr* (**se**) ~ to reorganize

réorientation [ʀeɔʀjɑ̃tasjɔ̃] *f* reorientation

réorienter [ʀeɔʀjɑ̃te] <1> **I.** *vt* **1.** (*changer d'orientation*) to reorient **2.** ECOLE ~ **les élèves vers la littérature** to redirect students toward literature **II.** *vpr* **se ~ vers une branche** to turn to a new field

réouverture [ʀeuvɛʀtyʀ] *f* reopening

repaire [ʀ(ə)pɛʀ] *m* den ▶ **c'est un ~ de brigands** *iron, inf* it's a den of thieves

repaître [ʀəpɛtʀ] *vpr irr* **se ~ de qc** to feed on sth

répandre [ʀepɑ̃dʀ] <14> **I.** *vt* **1.** (*laisser tomber*) ~ **qc par terre/sur la table** to spread sth on the ground/the table; (*du liquide*) to pour sth on the ground/the table; (*par mégarde*) to spill sth on the ground/the table **2.** (*être source de*) ~ **qc** to give out sth **3.** (*épandre*) ~ **qc** (*gaz*) to give off sth **4.** (*faire connaître, susciter, verser: nouvelle, peur, eaux*) to spread **II.** *vpr* **1.** (*s'écouler*) **se ~** to spread; (*par accident*) to spill **2.** (*se disperser*) **se ~** to spread out **3.** (*se dégager*) **se ~** (*chaleur, fumée, odeur*) to spread; (*son*) to carry **4.** (*se propager*) **se ~** (*épidémie*) to spread **5.** (*se manifester*) **se ~ sur qc** to spread over sth **6.** (*envahir*) **se ~** to spread **7.** (*proférer*) **se ~ en louanges sur l'écrivain** to sing the praises of the writer

répandu(e) [ʀepɑ̃dy] **I.** *part passé de* **répandre II.** *adj* **1.** (*épars*) ~ **sur qc** strewn over sth **2.** (*courant*) widespread

réparable [ʀepaʀabl] *adj* (*panne, objet*) repairable; **la faute/perte est ~** you can make up for the mistake/loss

reparaître [ʀ(ə)paʀɛtʀ] *vi irr* **1.** *avoir* (*se montrer de nouveau*) to reappear **2.** *avoir o être* PRESSE (*journal, livre*) to reappear

réparateur, -trice [ʀepaʀatœʀ, -tʀis] **I.** *adj* (*sommeil*) refreshing **II.** *m, f* repairer; (*d'appareils*) repairman

réparation [ʀepaʀasjɔ̃] *f* **1.** *sans pl* (*remise en état*) repair; (*d'un accroc*) mending; (*d'une*

R

fuite) stopping; **atelier de ~** repair shop; **frais de ~** repair costs; **être en ~** to be under repair **2.** (*endroit réparé*) repair **3.** *pl* ARCHIT repair work **4.** *sans pl* (*correction*) correction **5.** *sans pl* (*compensation*) reparation **6.** *sans pl* MED (*des forces*) restoration; (*des tissus*) repair **7.** (*dédommagement*) compensation; **demander ~ à un État de qc** to seek compensation from a state for sth; **obtenir ~ de qc** to obtain compensation for sth **8.** *pl* POL reparations ►**obtenir ~ de qc** to obtain redress for sth; **surface/coup de pied de ~** SPORT penalty area/kick

réparer [RepaRe] <1> *vt* **1.** (*remettre en état: maison, route, dégât*) to repair; (*accroc, fuite*) to fix **2.** (*rattraper*) **~ qc** to make up for sth **3.** (*régénérer: forces*) to recoup; (*santé*) to restore

reparler [R(ə)paRle] <1> **I.** *vi* **~ de qn/qc** to speak about sth again; **on reparlera bientôt de lui** you're going to hear more of him; **~ à qn** to speak to sb again ►**on en reparlera** *inf* we'll talk about it another time **II.** *vpr* **se ~** to talk to each other again

repartie, **répartie** [RepaRti] *f* **avoir de la ~** to have a sense of repartee

repartir [R(ə)paRtiR] <10> *vi être* **1.** (*se remettre à avancer*) to set off again **2.** (*s'en retourner*) to leave; **vous voulez déjà ~?** you're leaving already? **3.** (*fonctionner à nouveau: moteur, chauffage, machine*) to start again; (*discussion, dispute, affaire*) to start up again ►**et c'est reparti (pour un tour)!** *inf* here we go again!

répartir [RepaRtiR] <10> **I.** *vt* **1.** (*partager*) **~ un butin/bénéfice/une somme** to divide up booty/profit/money; **~ les touristes entre les deux bus** to divide the tourists between two buses **2.** (*diviser*) **~ en groupes** to divide into groups **3.** (*disposer*) **~ des troupes aux endroits stratégiques** to place troops at strategic positions; **~ des choses sur les étagères** to spread things over the shelves **4.** (*étaler*) **~ qc sur le corps/sur toute la semaine** to spread sth over the body/the whole week; **les travaux sont répartis sur deux ans** the work is spread out over two years **II.** *vpr* **1.** (*se partager*) **ils se répartissent les élèves/la responsabilité** they divide the students/the responsibility among themselves **2.** (*être partagé*) **se ~** to be distributed; **le travail se répartit comme suit** the work will be allocated as follows **3.** (*se diviser*) **se ~ en groupes** to be divided into groups

répartition [RepaRtisjɔ̃] *f* **1.** (*partage*) distribution; **la ~ des revenus en France** income distribution in France; **~ des frais/rôles entre trois personnes** allocation of costs/roles among three people; **la ~ des élèves entre les classes est la suivante** the students are divided up between the classes as follows **2.** (*division*) **la ~ des touristes en groupes** the division of tourists into groups **3.** (*disposition: des troupes*) positioning **4.** (*étalement: d'une crème, lotion*) spreading; (*d'un programme*) scheduling **5.** (*localisation: de pièces, salles*) allocation

reparution [R(ə)paRysjɔ̃] *f* reappearance

repas [R(ə)pɑ] *m* (*nourriture, ensemble de plats, fait de manger*) meal; **faire un ~ sommaire** to have a quick meal; **faire un bon ~** to have a good meal; **aimer les bons ~** to like to eat well; **partager le ~ de qn** to share sb's meal; **cinq ~ par jour** five meals a day; **prendre ses ~ au restaurant** to eat (one's meals) at a restaurant; **donner un grand ~** to give a big dinner; **c'est l'heure du ~** it's time to eat

repassage [R(ə)pɑsaʒ] *m* ironing; **faire du ~** to do some ironing

repasser¹ [R(ə)pɑse] <1> **I.** *vi avoir* to iron **II.** *vt* **1.** (*défriper*) to iron **2.** (*aiguiser*) to sharpen **III.** *vpr* **se ~** to iron; **bien/mal se ~** to be easy/hard to iron; **ne pas se ~** to be wash and wear

repasser² [R(ə)pɑse] <1> **I.** *vi être* **1.** (*revenir*) to come by again; **ne pas ~ par la même route** not to go by the same way **2.** (*passer à nouveau: plat*) to be passed around again; (*film*) to be showing again; **~ devant les yeux de qn** (*souvenirs*) to pass again before sb's eyes **3.** (*revoir le travail de*) **~ derrière qn** to check sb's work **4.** (*retracer*) **~ sur qc** to go over sth again ►**il peut toujours ~!** *inf* in his dreams! **II.** *vt avoir* **1.** (*franchir de nouveau*) **~ qc** to cross sth again **2.** (*refaire: examen*) to retake **3.** (*remettre*) **~ une couche de peinture sur qc** to give sth another coat of paint; **~ le plat au four** to put the dish back in the oven **4.** (*redonner*) **~ qc** (*plat, outil*) to hand sth back; **~ le standard à qn** to return sb to the switchboard; **je te repasse papa** I'll give you back to Dad **5.** (*rejouer*) **~ qc** to put sth on again **6.** (*passer à nouveau*) **~ qc dans sa tête** [*o* **son esprit**] to go back over sth in one's mind **7.** (*réviser*) **~ qc** to go through sth again **8.** *inf* (*donner*) **~ un travail à qn** to hand a job to sb; **~ une maladie à qn** to give sb a disease

repasseuse [R(ə)pɑsøz] *f* **1.** (*femme*) ironing lady **2.** (*machine*) ironing machine

repayer [R(ə)peje] <7> *vt* to repay

repêchage [R(ə)pɛʃaʒ] *m* **1.** (*fait de retirer de l'eau*) fishing out **2.** ECOLE, UNIV passing (*borderline candidates*); (*examen*) test retake **3.** SPORT repechage

repêcher [R(ə)peʃe] <1> *vt* **1.** (*retirer de l'eau*) **~ qc** to fish sth out **2.** *inf* ECOLE, UNIV **~ qn** to push sb through (*in borderline cases*); (*par examen complémentaire*) to give sb a second chance **3.** SPORT to let through by repechage

repeindre [R(ə)pɛ̃dR] *vt irr* to repaint

repenser [R(ə)pɑ̃se] <1> **I.** *vi* **~ à qc** to think of sb again; **je vais y ~** I'll give it some more thought **II.** *vt* to rethink

repenti(e) [R(ə)pɑ̃ti] *adj* (*buveur, fumeur*) re-

formed; (*malfaiteur, terroriste*) repentant
repentir [R(ə)pɑ̃tiR] **I.** *m* repentance **II.** <10> *vpr* **se ~ de qc/d'avoir fait qc** to repent sth/ doing sth
repérage [R(ə)peRaʒ] *m* **1.** (*localisation*) location **2.** CINE location scouting; **faire des ~s** to scout for locations
répercussion [RepɛRkysjɔ̃] *f* **1.** (*effet*) *a.* PHYS repercussion; **avoir des ~s négatives** to have negative repercussions; **avoir peu de ~s sur qc** to have little repercussion on sth **2.** ECON, FIN **~ de qc** passing on of sth
répercuter [RepɛRkyte] <1> **I.** *vt* **1.** (*réfléchir*) to reflect; (*son*) to send back **2.** ECON, FIN **~ qc sur les consommateurs** to pass sth along to consumers; **~ qc sur les prix des marchandises** to tack sth on to the cost of merchandise **3.** (*transmettre*) **~ qc** to pass sth on **II.** *vpr* **1.** (*être réfléchi*) **se ~** to be reflected **2.** (*se transmettre à*) **se ~ sur qc** to be passed on to sth
repère [R(ə)pɛR] **I.** *m* **1.** (*signe*) marker; **tracer des ~s sur qc** to put markers on sth **2.** (*trait*) mark **II.** *app* **borne ~** landmark; **des dates ~** landmark dates
repérer [R(ə)peRe] <5> **I.** *vt* **1.** *inf* (*découvrir*) to spot; **se faire ~** to be spotted; **se faire ~ par qn** to be spotted by sb **2.** CINE (*lieux*) to scout for **3.** MIL (*localiser*) to locate **II.** *vpr inf* **1.** (*se retrouver, s'orienter*) **se ~ dans qc** to find one's way around **2.** (*se remarquer*) **se ~** to stand out
répertoire [RepɛRtwaR] *m* **1.** index **2.** (*carnet*) address book **3.** THEAT repertoire **4.** INFORM directory; **~ principal** main directory **5.** *inf* (*grand nombre*) repertoire
répertorier [RepɛRtɔRje] <1> *vt* **1.** (*inscrire dans un répertoire*) to list **2.** (*classer*) **~ des personnes/choses** to classify people/things
répéter [Repete] <5> **I.** *vt* **1.** (*redire*) to repeat; **répète après moi: ...** repeat after me: ...; **ne pas se faire ~ les choses deux fois** not to need telling twice; **~ à son fils de** +*infin* to keep telling one's son to +*infin;* **je vous l'ai répété cent fois déjà** I've told you a hundred times already; **combien de fois vous ai-je répété que...?** how many times have I told you that...? **2.** (*rapporter*) to tell; (*propos*) to repeat; **ne va pas le ~!** don't tell a soul! **3.** (*refaire*) **~ qc** to do sth again **4.** (*mémoriser*) to learn **5.** THEAT, MUS to rehearse **6.** (*plagier*) to copy **II.** *vi* **1.** (*redire*) **répète un peu!** say that again! **2.** THEAT to rehearse **III.** *vpr* **1.** (*redire les mêmes choses*) **se ~** to repeat oneself **2.** (*se raconter*) **se ~** (*histoire*) to be told; **se ~ qc** to tell oneself sth **3.** (*se redire la même chose*) **se ~ qc/que** to keep telling oneself sth/that **4.** (*être reproduit, se reproduire*) **se ~** to happen again
répétitif, -ive [Repetitif, -iv] *adj* repetitive; **faire des gestes ~s** to make repetitive movements
répétition [Repetisjɔ̃] *f* **1.** (*redite*) repetition **2.** (*mémorisation: d'un rôle, morceau*) learning **3.** THEAT, MUS rehearsal; **~ générale** dress rehearsal; **être en ~** to be in rehearsal **4.** (*renouvellement, reproduction: d'un accident*) recurrence; (*d'un exploit*) repeating ▶ **faire des otites à ~** *inf* to have one ear infection after the other
repeupler [R(ə)pœple] <1> **I.** *vt* **1.** (*peupler à nouveau*) to repopulate **2.** (*regarnir: forêt*) to replant; **~ qc d'animaux** to restock sth with animals **II.** *vpr* **se ~** to be repopulated
repiquage [R(ə)pikaʒ] *m* **1.** BOT **~ de qc** transplanting sth **2.** CINE, TV copying; **faire un ~ de cassettes** to copy cassettes **3.** PHOT touching up
repiquer [R(ə)pike] <1> *vt* **1.** BOT **~ qc** to transplant sth **2.** CINE, TV to copy **3.** PHOT **~ qc** to touch sth up **4.** *inf* (*attraper de nouveau*) **~ qn** to catch sb again; **il a été repiqué à voler** he was caught stealing again
répit [Repi] *m* **1.** (*pause*) rest; **sans ~** nonstop **2.** (*délai supplémentaire*) breathing room
replacement [R(ə)plasmɑ̃] *m* repositioning
replacer [R(ə)plase] <2> **I.** *vt* **1.** (*remettre à sa place*) to replace **2.** (*situer*) **~ un événement dans son époque** to put an event into its historical context **II.** *vpr* **se ~ dans qc** to take up one's position again in sth
replanter [R(ə)plɑ̃te] <1> *vt* to replant
replat [Rəpla] *m* projecting ledge
replâtrer [R(ə)plɑtRe] <1> *vt* **1.** (*plâtrer de nouveau*) to replaster **2.** *inf* (*raccommoder*) **~ qc** to patch sth up
replet, -ète [Rəplɛ, -ɛt] *adj* plump; (*visage*) chubby
repleuvoir [Rəplœvwar] *vi irr, impers* **il repleut** it's raining again
repli [Rəpli] *m* **1.** *pl* (*ondulations: d'un drapeau, de la peau*) fold; (*d'une rivière, d'un intestin*) bend; **~ de terrain** fold in the terrain **2.** (*retraite*) withdrawal **3.** FIN, ECON fall **4.** (*isolement: d'un pays*) withdrawal; **~ sur soi-même** withdrawal into oneself **5.** COUT fold
repliable [R(ə)plijabl] *adj* folding
replier [R(ə)plije] <1> **I.** *vt* **1.** (*plier à nouveau*) to refold **2.** (*plier sur soi-même*) **~ qc** (*bas de pantalon, manche, feuille*) to roll sth up; (*coin d'une page*) to fold sth down; (*mètre rigide*) to fold sth up **3.** (*rabattre*) **~ qc** (*jambes, pattes*) to fold sth; (*ailes, couteau, lame*) to fold sth away; (*couverture, drap*) to fold sth down; **les jambes repliées** with one's legs folded **4.** MIL to withdraw **II.** *vpr* **1.** (*faire retraite*) **se ~** to fall back **2.** (*se protéger*) **se ~ sur qc** to fall back on sth **3.** (*se plier*) **se ~** to fold **4.** (*se ramasser*) **se ~** (*animal*) to curl up **5.** (*se renfermer*) **se ~** (*pays*) to withdraw; **se ~ sur soi-même** to withdraw into oneself
réplique [Replik] *f* **1.** (*réponse*) reply; **avoir la ~ facile** to have an answer to everything **2.** (*objection, réaction*) **~ à qc** answer to sth **3.** THEAT cue **4.** ART replica ▶ **donner la ~ à qn**

R

THEAT to give sb their cue; (*répondre*) to answer sb back; **être la vivante ~ de qn** to be the spitting image of sb; **sans ~** unanswerable; (*obéir*) with no arguments

répliquer [ʀeplike] <1> **I.** *vi* **1.** (*répondre*) to reply **2.** (*protester, répondre avec impertinence*) to retort **II.** *vt* **~ la même chose à sa mère** to answer the same thing back to one's mother; **~ qc à un argument** to reply sth to an argument

replonger [ʀ(ə)plɔ̃ʒe] <2a> **I.** *vi* **1.** (*faire un plongeon*) **~ dans la piscine** to dive back into the swimming pool **2.** (*aller au fond de l'eau*) **~ dans le bassin** to dive into the pool **II.** *vt* **1.** (*plonger à nouveau*) **~ les rames dans l'eau** to dip the oars back in the water; **~ la main dans sa poche** to put one's hand back in one's pocket **2.** (*précipiter à nouveau*) **~ les gens/la région dans la misère** to plunge people/the region back into misery **III.** *vpr* **se ~ dans qc** to immerse oneself in sth again

répondant [ʀepɔ̃dɑ̃] *m* **avoir du ~** to have money; (*de la répartie*) to always have a ready reply

répondant(e) [ʀepɔ̃dɑ̃, ɑ̃t] *m(f)* (*garant*) guarantor

répondeur [ʀepɔ̃dœʀ] *m* answering machine; **~ interrogeable à distance** remote access answering machine

répondeur, -euse [ʀepɔ̃dœʀ, -øz] *adj* (*impertinent*) **un enfant ~** a child that talks back

répondeur-enregistreur [ʀepɔ̃dœʀɑ̃ʀəʒistʀœʀ] <répondeurs-enregistreurs> *m* answering machine

répondre [ʀepɔ̃dʀ] <14> **I.** *vi* **1.** (*donner une réponse*) to answer, to reply; **~ par qc** to answer with sth; **~ à une lettre** to reply to a letter; **~ à une question** to reply to [*o* answer] a question; **ne pas ~ à des injures** not to reply to insults; **~ par monosyllabes** to give a monosyllabic reply; **~ en souriant/en haussant les épaules** to answer with a smile/a shrug of one's shoulders **2.** (*réagir*) **ne pas ~ au téléphone** not to answer the telephone **3.** (*être impertinent*) **~ à qn** to answer [*o* talk] sb back **II.** *vt* **~ qc à qn** to reply sth to sb; **~ oui** to answer yes; **réponds-moi!** answer me!; **que dois-je ~ à ça?** what am I supposed to say to that?; **avoir quelque chose/n'avoir rien à ~** to have something/nothing to say in reply; **~ à qn de** +*infin* to reply by telling sb to +*infin*

réponse [ʀepɔ̃s] *f* **~ à qc** reply [*o* answer] to sth; **avoir ~ à tout** to have an answer to everything; **rester sans ~** to remain unanswered

report [ʀəpɔʀ] *m a.* MIL postponement; **~ à une date ultérieure** postponement until a later date

reportage [ʀ(ə)pɔʀtaʒ] *m* report; **~ télévisé** television report, documentary

reporter¹ [ʀ(ə)pɔʀtɛʀ, ʀ(ə)pɔʀtœʀ] *m* reporter

reporter² [ʀ(ə)pɔʀte] <1> **I.** *vt* (*différer*) to postpone; **~ qc à une date ultérieure** to postpone sth until a later date **II.** *vpr* (*se référer*) **se ~ à qc** to refer to sth; **se ~ à la page 13** see page 13

reporteur, -trice [ʀ(ə)pɔʀtœʀ, -tʀis] *m, f* *v.* **reporter¹**

repos [ʀ(ə)po] *m* **1.** (*détente*) rest; **prendre un peu de ~** to have a little rest **2.** (*congé*) **une journée de ~** a day off; **il a pris une matinée/3 jours de ~** he took a morning/three days off ►**ce n'est pas de tout ~** (*fatigant*) it's not like it's restful

reposant(e) [ʀ(ə)pozɑ̃, ɑ̃t] *adj* relaxing; (*lieu*) restful

reposé(e) [ʀ(ə)poze] *adj* rested

reposer¹ [ʀ(ə)poze] <1> **I.** *vt* **1.** (*poser à nouveau*) **~ qc** to put sth back **2.** (*répéter*) **~ la question** to ask the question again **II.** *vi* (*être fondé sur*) **~ sur une hypothèse/des observations** to be based on a hypothesis/observations **III.** *vpr* **se ~** (*problème, question*) to come up again

reposer² [ʀ(ə)poze] <1> **I.** *vt* (*délasser*) to relax **II.** *vpr* (*se délasser*) **se ~** to rest

repose-tête [ʀ(ə)poztɛt] <repose-tête(s)> *m* headrest

repositionner [ʀ(ə)pozisjɔne] <1> **I.** *vt* (*satellite, produit*) to reposition **II.** *vpr* **se ~** to reposition oneself

repoussant(e) [ʀ(ə)pusɑ̃, ɑ̃t] *adj* revolting

repousser¹ [ʀ(ə)puse] <1> *vt* **1.** (*attaque, ennemi*) to repel; **~ des coups/un agresseur** to ward off blows/an attacker; **~ la foule** to drive the crowd back **2.** (*écarter avec véhémence: des papiers*) to push away; **~ qn sur le côté** to push sb aside **3.** (*refuser*) to ignore; (*demande*) to refuse **4.** (*remettre à sa place*) **~ qc** to push sth back **5.** (*différer*) to postpone

repousser² [ʀ(ə)puse] *vi* (*croître de nouveau*) to grow back; **laisser ~ sa barbe/ses cheveux** to let one's beard/hair grow

répréhensible [ʀepʀeɑ̃sibl] *adj* (*acte*) reprehensible

reprendre [ʀ(ə)pʀɑ̃dʀ] <13> **I.** *vt* **1.** (*récupérer*) **~ qc** (*objet prêté, parole, emballage, territoire, ville*) to take sth back; (*place*) to go back to sth; (*objet déposé*) to pick sth up; **~ un employé** to rehire a worker; **~ ses enfants à l'école** to pick up one's children after school; **~ sa voiture et rentrer chez soi** to pick up one's car and go back home; **~ la voiture/le volant après un accident** to get back in the car/go back to driving after an accident **2.** (*retrouver*) **~ contact** to get back in touch; **~ ses habitudes** to get back into one's old habits; **~ son nom de jeune fille** to start using one's maiden name again; **~ confiance/espoir/courage** to get new confidence/hope/courage; **~ conscience** to regain consciousness; **~ des couleurs** to get some color back into one's cheeks; **~ des forces** to get one's strength back **3.** COM, ECON **~ qc** (*fonds de commerce, entreprise*) to take sth over;

(*marchandise usagée*) to take sth back **4.** (*continuer après une interruption: promenade*) to continue; **~ sa fonction** to return to one's job; **~ un travail** to go back to some work; **~ sa parole** to take back one's word; **~ sa lecture** to go back to one's reading; **~ un récit** to go back to a story; **~ la route** to get back on the road; **~ (le chemin de) l'école** to set off for school; **~ son cours** (*conversation*) to pick up again; (*vie*) to go back to normal **5.** (*recommencer*) **~ la lecture/le récit de qc** to begin reading/telling sth again; **tout ~ à zéro** to start all over again from scratch **6.** (*corriger: article, chapitre*) to rework; **~ un élève** to correct a student; **~ une faute** to point out a mistake; **~ un travail** to go back over some work **7.** COUT to alter; **~ qc** (*rétrécir*) to take sth in; (*raccourcir*) to take sth up; (*agrandir*) to let sth out; (*rallonger*) to let sth down **8.** (*se resservir de*) **~ de la viande/du gâteau** to have some more meat/cake **9.** (*s'approprier*) **~ une idée/suggestion** to take up an idea/suggestion ▶ **ça me/le reprend** *iron* I'm/he's at it again; **que je ne t'y reprenne pas!** don't let me catch you doing that again!; **on ne m'y reprendra plus** I won't be caught out again **II.** *vi* **1.** (*se revivifier: affaires, convalescent*) to pick up; (*vie*) to return to normal **2.** (*recommencer: douleurs, musique, pluie, conversation*) to start up again; (*classe, cours*) to start again **3.** (*enchaîner*) to go on **4.** (*répéter*) **je reprends: ...** to go back to what I was saying: ... **III.** *vpr* **1.** (*se corriger*) **se ~** to correct oneself **2.** (*s'interrompre*) **se ~** to stop **3.** *soutenu* (*recommencer*) **se ~ à faire qc** to start doing sth again; **s'y ~ à deux fois pour** +*infin* to have to try twice before one manages to +*infin* **4.** (*se ressaisir*) **se ~** to pull oneself together

représailles [R(ə)pRezaj] *fpl* reprisals; **en ~ à qc** in retaliation for sth

représentant(e) [R(ə)pRezɑ̃tɑ̃, ɑ̃t] *m(f)* representative; **~ en papier/livres** paper/book salesperson; **~ de commerce** sales representative; **la Chambre des ~s** *Belgique* the House of Representatives (*the lower house of the Belgian Parliament*)

représentatif, -ive [R(ə)pRezɑ̃tatif, -iv] *adj* **a.** POL **~ de qn/qc** representative of sb/sth

représentation [R(ə)pRezɑ̃tasjɔ̃] *f* **1.** (*description*) representation **2.** THEAT performance

représenter [R(ə)pRezɑ̃te] <1> **I.** *vt* **1.** (*décrire*) to represent; **~ qn comme qc** to make sb out to be sth **2.** (*correspondre à: progrès, révolution, travail, autorité*) to represent **3.** JUR, POL, COM to represent **II.** *vpr* **1.** (*s'imaginer*) **se ~ qn/qc** to imagine sb/sth **2.** (*survenir à nouveau*) **se ~** (*occasion, possibilité, problème*) to come up again **3.** POL **se ~ à qc** to run for sth again

répressif, -ive [RepResif, -iv] *adj* repressive

répression [RepResjɔ̃] *f* **1.** JUR suppression **2.** POL, PSYCH repression

réprimande [RepRimɑ̃d] *f* reprimand

réprimander [RepRimɑ̃de] <1> *vt* to reprimand

réprimer [RepRime] <1> *vt* **1.** (*retenir*) to suppress; (*larmes*) to hold back **2.** JUR, POL to suppress

repris de justice [R(ə)pRid(ə)ʒystis] *m inv* ex-convict

reprise [R(ə)pRiz] *f* **1.** (*recommencement*) resumption; (*d'une chanson*) cover; (*d'un film*) new showing **2.** SPORT start of the second half **3.** MUS reprise **4.** COM (*essor*) upturn **5.** COM (*rachat: d'un appareil, d'une voiture*) trade-in; (*d'un fonds de commerce, d'une usine*) takeover; **pas de ~!** no exchanges! **6.** COM (*retour: d'une marchandise, de bouteilles*) return **7.** (*réutilisation: d'une idée, suggestion*) reexamination **8.** AUTO acceleration ▶ **à deux/trois ~s** twice/three times; **à plusieurs ~s** several times

réprobateur, -trice [RepRɔbatœR, -tRis] *adj* reproachful

réprobation [RepRɔbasjɔ̃] *f* **1.** disapproval **2.** REL reprobation

reproche [R(ə)pRɔʃ] *m* reproach; **faire un ~ à qn** to reproach sb

reprocher [R(ə)pRɔʃe] <1> **I.** *vt* (*faire grief de*) **~ qc à qn** to reproach sb with sth; **~ à qn de faire qc** to reproach sb with doing sth; **avoir qc à ~ à qn** to have sth to reproach sb with **II.** *vpr* **se ~ qc/de faire qc** to blame oneself for sth/for doing sth; **avoir qc à se ~** to have done sth to feel guilty about

reproducteur, -trice [R(ə)pRɔdyktœR, -tRis] *adj* **organe ~** reproductive organ; **taureau ~** stud bull

reproduction [R(ə)pRɔdyksjɔ̃] *f* (*copie*) reproduction

reproduire [R(ə)pRɔdɥiR] *vpr irr* **se ~** (*se répéter*) to happen again

réprouver [RepRuve] <1> *vt* to condemn

reptile [Rɛptil] *m* reptile; **les ~s** the reptiles

repu(e) [Rəpy] *adj* (*rassasié*) sated

républicain(e) [Repyblikɛ̃, ɛn] *adj, m(f)* republican

république [Repyblik] *f* republic; **République fédérale d'Allemagne** Federal Republic of Germany; **République française** French Republic; **République populaire de Chine** People's Republic of China; **République centrafricaine** Central African Republic ▶ **on est en ~** it's a free country

> **i** The figure of Marianne, a woman with a red cap, symbolizes the **République**, as opposed to the monarchy.

répudier [Repydje] <1a> *vt* (*idées, conjoint*) to repudiate

répugnance [Repyɲɑ̃s] *f* (*aversion*) repugnance; **éprouver de la ~ à faire qc** to find

R

doing sth repugnant

répugnant(e) [ʀepyɲɑ̃, ɑ̃t] *adj* repulsive; **d'une laideur ~e** repulsively ugly

répugner [ʀepyɲe] <1> *vi* **1.** (*dégoûter*) **~ à qn** (*nourriture, personne*) to repel sb; (*action, malhonnêteté*) to revolt sb **2.** (*n'avoir pas envie*) **~ à qc** to be reluctant about sth; **ça me répugne de le faire** I'm reluctant to do it

répulsion [ʀepylsjɔ̃] *f* (*aversion*) repugnance; **avoir de la ~ pour qn** to find sb repulsive

réputation [ʀepytasjɔ̃] *f* **1.** (*honneur*) repute **2.** (*renommée*) reputation; **~ mondiale** worldwide reputation; **avoir bonne/mauvaise ~** to have a good/bad reputation; **la ~ de qn n'est plus à faire** *a. iron* sb's reputation is only too well known; **se faire une ~** to earn a reputation (for oneself)

réputé(e) [ʀepyte] *adj* (*connu*) reputed; **ce professeur est ~ pour être sévère** that teacher has a reputation for being strict

requérir [ʀəkeʀiʀ] *irr* **I.** *vt* **1.** (*nécessiter*) to require **2.** (*solliciter*) **~ l'aide de qn** to seek sb's help **3.** (*exiger: explication, justification*) to demand; (*avion spécial, protection*) to request **4.** JUR **~ une peine** to call for a sentence **II.** *vi* to make one's closing arguments

requête [ʀəkɛt] *f* INFORM search

requin [ʀəkɛ̃] *m* ZOOL shark

requinquer [ʀ(ə)kɛ̃ke] <1> **I.** *vt inf* **~ qn** to cheer sb up; **être requinqué** to feel a lot better **II.** *vpr inf* **se ~** to pep oneself up

requis(e) [ʀəki, iz] **I.** *part passé de* **requérir** **II.** *adj* required

réquisitionner [ʀekizisjɔne] <1> *vt* (*requérir: biens, hommes*) to requisition ▶ **être réquisitionné pour faire la vaisselle** *inf* to be volunteered to do the dishes

réquisitoire [ʀekizitwaʀ] *m* **1.** JUR (*réquisition*) instruction **2.** JUR (*discours*) closing arguments (*by the prosecution*)

R.E.R. [ɛʀøɛʀ] *m abr de* **réseau express régional** *express train service for the Paris region*

resaler [ʀəsale] <1> *vt* **~ qc** to put more salt in sth

rescapé(e) [ʀɛskape] **I.** *adj* **personne ~e** survivor **II.** *m(f)* survivor

rescousse [ʀɛskus] *f* **venir à la ~ de qn** to come to sb's rescue

réseau [ʀezo] <x> *m* (*structure, organisation*) *a.* INFORM network; **~ ferroviaire/routier** rail/road network; **~ téléphonique/radiophonique** telephone/radio network; **~ d'espionnage/de la mafia** espionage/mafia network; **le ~ Internet** the Internet; **~ local** local network

réservation [ʀezɛʀvasjɔ̃] *f* reservation

réserve [ʀezɛʀv] *f* **1.** (*provision*) reserve; **faire des ~s pour l'hiver** to build up reserves for the winter **2.** (*lieu protégé*) reserve; **~ indienne** Indian reservation; **~ naturelle/botanique** nature/botanical reserve; **~ ornithologique** bird sanctuary; **~ de chasse** hunting preserve ▶ **avoir des ~s** *iron* to have reserves of fat to fall back on

réservé(e) [ʀezɛʀve] *adj* **1.** (*discret*) reserved **2.** (*limité à certains*) **~ aux handicapés/autobus** reserved for the disabled/buses

réserver [ʀezɛʀve] <1> **I.** *vt* **1.** (*garder: place*) to keep; **~ le meilleur pour la fin** to keep the best for the last **2.** (*retenir*) to reserve; (*voyage*) to book; **~ un billet d'avion** to book a plane ticket **II.** *vpr* (*se ménager*) **se ~ pour le dessert** to leave room for dessert; **se ~ pour une meilleure occasion** to hold back for a better opportunity; **se ~ pour plus tard** to save oneself for later

réservoir [ʀezɛʀvwaʀ] *m* **1.** (*cuve*) tank; **~ d'eau** water tank **2.** (*lac, barrage*) reservoir

résidant(e) [ʀezidɑ̃, ɑ̃t] *m(f)* (*d'un immeuble, pays*) resident

résidence [ʀezidɑ̃s] *f* **1.** (*domicile*) residence; **lieu de ~** place of residence; **~ principale** main residence **2.** (*appartement pour les vacances*) vacation apartment **3.** (*maison pour les vacances*) vacation home **4.** (*immeuble*) **~ universitaire** dormitory, residence hall; **~ pour personnes âgées** home for the elderly; **~ pour handicapés** home for the disabled

résident(e) [ʀezidɑ̃, ɑ̃t] *m(f)* (*étranger*) resident; **les ~s allemands en France** Germans residing in France

résidentiel(le) [ʀezidɑ̃sjɛl] *adj* (*d'habitation*) **zone ~le** residential area

résider [ʀezide] <1> *vi* (*habiter*) to reside; **les étrangers qui résident en France** foreigners residing in France

résidu [ʀezidy] *m* CHIM residue; **~s de combustion** combustion residue

résignation [ʀeziɲasjɔ̃] *f* resignation

résigné(e) [ʀeziɲe] *adj* resigned; **~ à son sort** resigned to one's fate

résigner [ʀeziɲe] <1> *vpr* **se ~** to resign oneself; **se ~ à faire qc** to resign oneself to doing sth

résilier [ʀezilje] <1> *vt* to cancel

résine [ʀezin] *f* resin; **~ synthétique** [*o* **artificielle**] synthetic resin

résineux [ʀezinø] *m* resiniferous tree; **les ~** conifers

résineux, -euse [ʀezinø, -øz] *adj* resinous; **bois ~** resinous wood

résistance [ʀezistɑ̃s] *f* (*opposition*) resistance; **la Résistance** HIST the French Resistance

résistant(e) [ʀezistɑ̃, ɑ̃t] **I.** *adj* (*robuste: matériau*) resistant; (*étoffe*) heavy duty; (*personne, plante, animal*) tough; **l'acier est plus ~ que le fer** steel is stronger than iron **II.** *m(f)* HIST member of the French Resistance

résister [ʀeziste] <1> *vi* **1.** (*s'opposer*) **~ à qn** to resist sb; **~ à un désir/une passion/tentation** to resist a desire/passion/temptation **2.** (*supporter*) **résister à qc** to withstand sth; **~ au feu** to be fireproof; **~ au lavage** to be washable

resituer [ʀəsitɥe] <1> *vt* to resituate

résolu(e) [ʀezɔly] **I.** *part passé de* **résoudre** **II.** *adj* (*air, personne*) determined; (*ton*) resolute; **être ~ à qc** to be determined on sth; **être ~ à** +*infin* to be determined to +*infin*

résolument [ʀezɔlymɑ̃] *adv* resolutely

résolution [ʀezɔlysjɔ̃] *f* **1.** (*décision*) decision; **prendre une ~** to make a decision; **prendre de bonnes ~s** to make good resolutions; **prendre la ~ de** +*infin* to resolve to +*infin* **2.** INFORM resolution

résonance [ʀezɔnɑ̃s] *f* **1.** (*répercussion*) echo; **avoir une grande ~ dans l'opinion** to strike a chord in public opinion **2.** (*connotation*) overtones *pl*

résonner [ʀezɔne] <1> *vi* (*salle*) to resonate; **~ de qc** to resound with sth

résorber [ʀezɔʀbe] <1> **I.** *vt* (*inflation, chômage, surplus*) to bring down; (*déficit*) to reduce; (*tumeur, abcès*) to resorb **II.** *vpr* **se ~** (*chômage, inflation, surplus*) to come down; (*déficit*) to be reduced; (*abcès, tumeur*) to be resorbed

résoudre [ʀezudʀ] *irr* **I.** *vt* **1.** (*trouver une solution: conflit, problème*) to resolve; (*mystère*) to solve **2.** (*décider*) **~ de** +*infin* to decide to +*infin*; **~ qn à** +*infin* to persuade sb to +*infin* **II.** *vpr* (*se décider*) **se ~ à faire qc** to make up one's mind to do sth

respect [ʀɛspɛ] *m* (*égards*) respect; **~ de qn/qc** respect for sb/sth; **devoir le ~ à qn** to owe sb respect; **manquer de ~ à qn** to fail to show sb respect; **par ~ pour qn/qc** out of respect for sb/sth

respectable [ʀɛspɛktabl] *adj* (*digne de respect*) respectable

respecter [ʀɛspɛkte] <1> *vt* **1.** (*avoir des égards pour*) to respect; **être respecté** to be respected; **se faire ~ par qn** to get sb's respect **2.** (*observer: forme, tradition, normes*) to respect; **~ un engagement** to stand by a commitment

respectif, -ive [ʀɛspɛktif, -iv] *adj* respective

respectivement [ʀɛspɛktivmɑ̃] *adv* respectively

respectueusement [ʀɛspɛktɥøzmɑ̃] *adv* respectfully

respectueux, -euse [ʀɛspɛktɥø, -øz] *adj* respectful; **être ~ de qc** to respect sth; **être ~ envers qn** to show sb respect

respiration [ʀɛspiʀasjɔ̃] *f* breathing; **~ artificielle** artificial respiration; **couper la ~ à qn** to stop sb from breathing; **retenir sa ~** to hold one's breath

respiratoire [ʀɛspiʀatwaʀ] *adj* **voies ~s** airways; **organes/maladies/troubles ~s** respiratory organs/illnesses

respirer [ʀɛspiʀe] <1> *vi* **1.** (*inspirer*) to breathe; **respirez fort!** take a deep breath! **2.** (*se détendre*) to rest **3.** (*être rassuré*) to breathe easy

resplendir [ʀɛsplɑ̃diʀ] <8> *vi soutenu* **1.** (*rayonner*) to shine **2.** (*briller*) **~ de propreté** to gleam

resplendissant(e) [ʀɛsplɑ̃disɑ̃, ɑ̃t] *adj* **1.** (*brillant*) shining; **d'un blanc ~** shining white **2.** (*éclatant: beauté*) radiant; **avoir une mine ~e** to look splendid

responsabiliser [ʀɛspɔ̃sabilize] <1> **I.** *vt* **~ qn** to give sb a sense of responsibility **II.** *vpr* **se ~** to become more responsible

responsabilité [ʀɛspɔ̃sabilite] *f* **1.** (*culpabilité*) responsibility; **avoir une ~ dans qc** to bear partial responsibility for sth **2.** JUR responsibility; **~ collective** collective responsibility; **~ civile** civil liability; (*assurance*) civil liability insurance **3.** (*charge de responsable*) **~ de qc** responsibility for sth; **avoir/prendre des ~s** to have/take on responsibilities; **avoir de grosses ~s** to have major responsibilities; **avoir la ~ de qn/qc** to be responsible for sb/sth; **décliner/rejeter toute ~** to accept no responsibility; **sous la ~ de qn** under sb; **il a plusieurs employés sous sa ~** he is responsible for several employees under him **4.** (*conscience*) sense of responsibility

responsable [ʀɛspɔ̃sabl] **I.** *adj* **1.** (*coupable*) **être ~ de qc** to be responsible for sth **2.** JUR (*civilement, pénalement*) responsible; **être ~ de qn/qc devant qn** to be answerable for sb/sth to sb; **être ~ de ses actes** to be responsible for one's actions **3.** (*chargé de*) **~ de qc** responsible for sth **4.** (*conscient: attitude, acte, personne*) responsible **II.** *mf* **1.** (*auteur*) person responsible; **les ~s** those responsible **2.** (*personne compétente*) person in charge; (*d'une organisation, entreprise*) leader; **~ d'un parti/syndicat** party/union leader; **~ politique** politician; **~ technique** technician

resquille [ʀɛskij] *f inf* **1.** wangling; **faire de la ~** to finagle one's way in **2.** (*voyager sans payer*) **faire de la ~** to ride without paying **3.** (*dans une file d'attente*) **faire de la ~** to cut in line

resquiller [ʀɛskije] <1> *vt* **~ qc** *inf* to finagle sth

resquilleur, -euse [ʀɛskijœʀ, -jøz] *m, f inf* **1.** finagler **2.** (*voyageur sans ticket*) fare evader **3.** (*dans une file d'attente*) person who cuts in line

ressac [ʀəsak] *m* backwash

ressaisir [ʀ(ə)seziʀ] <8> *vpr* (*se maîtriser*) **se ~** to get ahold of oneself

ressasser [ʀ(ə)sase] <1> *vt* **~ des pensées moroses** to dwell on morbid thoughts

ressemblance [ʀ(ə)sɑ̃blɑ̃s] *f* resemblance; **avoir une ~ avec qc** to bear a resemblance to sth; **il y a une très grande ~ entre X et Y** there's a strong resemblance between X and Y

ressemblant(e) [ʀ(ə)sɑ̃blɑ̃, ɑ̃t] *adj* lifelike

ressembler [ʀ(ə)sɑ̃ble] <1> **I.** *vi* **1.** (*être semblable*) **~ à qn** to resemble sb **2.** (*être semblable physiquement*) **~ à qn/qc** to look like [*o* resemble] sb/sth **3.** *inf* (*être digne de*) **~ à qn** to be typical of [*o* just like] sb; **ça te ressemble de faire ça** it's just like you to do that

R

▶ **à quoi ça ressemble!** *inf* (*c'est nul*) what's this supposed to be?; **à quoi ça ressemble de faire ça?** *inf* (*qu'est-ce que ça veut dire*) what's the idea of doing that?; **à quoi il ressemble, ton nouveau copain?** so what's your new boyfriend like?; **regarde un peu à quoi tu ressembles!** *inf* take a look at yourself! **II.** *vpr* **1.** (*être semblables*) **se ~** to be alike **2.** (*être semblables physiquement*) **se ~** to resemble each other ▶ **qui se ressemble s'assemble** *prov* birds of a feather flock together *prov*

ressemeler [ʀ(ə)səm(ə)le] <3> *vt* to (re)sole

ressentiment [ʀ(ə)sɑ̃timɑ̃] *m* resentment; **ne garder aucun ~ à qn** to bear sb no ill will

ressentir [ʀ(ə)sɑ̃tiʀ] <10> *vt* to feel; **se faire ~ sur qc** to have an effect on sth

resserrer [ʀ(ə)seʀe] <1> **I.** *vt* **1.** (*serrer plus fort: boulon, vis, ceinture*) to tighten **2.** (*fortifier: amitié, relations*) to strengthen **II.** *vpr* **se ~ 1.** (*devenir plus étroit*) to narrow; (*personnes*) to close in; (*cercle d'amis, groupe*) to draw in **2.** (*se fortifier: amitié, relations*) to grow stronger

resservir [ʀ(ə)sɛʀviʀ] *irr* **I.** *vt* **1. ~ qc** (*plat de la veille*) to serve leftovers; (*plat réussi*) to make sth again; **~ qn** to serve sb again **2.** *péj* (*radoter*) **~ qc** to dish sth up again **II.** *vi* (*revenir en usage*) to be used again; **ces emballages me resserviront** I can reuse the boxes later **III.** *vpr* **1.** (*reprendre*) **se ~ en/de qc** to have more of sth **2.** (*réutiliser*) **se ~ de qc** to reuse sth

ressort[1] [ʀ(ə)sɔʀ] *m* (*pièce métallique*) spring

ressort[2] [ʀ(ə)sɔʀ] *m* ADMIN, JUR jurisdiction; **en premier/dernier ~** on first/final appeal; **ce n'est pas de mon ~** it's outside my responsibility

ressortir [ʀ(ə)sɔʀtiʀ] <10> **I.** *vi être* **1.** (*sortir à nouveau: personne*) (*vu de l'intérieur*) to go out again; (*vu de l'extérieur*) to come out again **2.** (*contraster*) **~ sur qc** (*couleur, qualité*) to stand out against sth; **faire ~ qc** (*mettre en relief*) to bring sth out **3.** *inf* (*renouer*) **~ avec qn** to go out with sb again **II.** *vt avoir* **1.** (*remettre d'actualité*) **~ un projet** to revive a project; **~ un modèle** to bring back a model **2.** (*remettre dehors*) **~ qc** (*meubles de jardin*) to get sth back out; **peux-tu ~ l'agenda?** can you get the diary back out?

ressortissant(e) [ʀ(ə)sɔʀtisɑ̃, ɑ̃t] *m(f)* national; **les ~s étrangers résidant en France** foreign nationals residing in France

ressource [ʀ(ə)suʀs] *f* **1.** *pl* (*moyens*) means; (*de l'État*) funds; **~s naturelles** natural resources; **~s personnelles** private income; **sans ~s** with no means of support **2.** *sans pl* (*recours*) **tu es ma seule ~** you are the only one I can turn to; **en dernière ~** as a last resort; **sans ~** with nowhere to turn ▶ **avoir de la ~** to have strength in reserve

ressuscité(e) [ʀesysite] *m(f)* **1.** REL **le Ressuscité** the risen Christ **2.** *fig* **vous êtes un vrai ~!** you look like death warmed over!

ressusciter [ʀesysite] <1> **I.** *vi* **1.** *être* REL **être ressuscité** to be risen **2.** *avoir* (*renaître: malade, nature*) to come back to life; (*pays, entreprise*) to revive; (*idéologie, projet*) to be revived **II.** *vt avoir* **1.** REL to raise **2.** (*régénérer, faire revivre*) **~ qc** (*entreprise, pays, nature*) to bring sth back to life; (*idéologie, mode*) to revive sth; **~ un malade** to bring a sick person back to life; **être ressuscité** (*malade, entreprise, pays*) to come back to life; (*idéologie*) to be revived

restant [ʀɛstɑ̃] *m* rest; **le ~ de la journée** the rest of the day; **~ de poulet/tissu** leftover chicken/cloth

restaurant [ʀɛstɔʀɑ̃] *m* restaurant; **aller au ~** to eat out; **~ universitaire** university cafeteria; **~ du cœur** *soup kitchen run by volunteers for poor and homeless people during the winter*

restaurateur, -trice [ʀɛstɔʀatœʀ, -tʀis] *m, f* **1.** (*aubergiste*) restaurant owner **2.** (*personne qui remet en état*) restorer; **~ de tableaux** picture restorer

restauration [ʀɛstɔʀasjɔ̃] *f* **1.** ARCHIT, ART (*remise en état*) restoration **2.** (*hôtellerie*) catering; (*commerce*) restaurant business; **~ rapide** fast food **3.** INFORM restoration

restaurer [ʀɛstɔʀe] <1> **I.** *vt* **1.** (*remettre en état, rétablir*) **~/faire ~ qc** to restore sth **2.** POL (*droits, ordre, paix, monarchie, régime*) to restore; (*coutume, habitude*) to revive **3.** MED (*fonction*) to restore; (*organisme*) to repair; **~ ses forces/sa santé** to get one's strength/health back **4.** (*nourrir*) to feed; **j'ai de quoi vous ~** I've got enough to feed you **II.** *vpr* **se ~** to have something to eat

reste [ʀɛst] *m* **1.** (*reliquat*) **le ~ de la journée/du temps/de ma vie** the rest of the day/the time/my life; **tout le ~** all the rest; **un ~ de tissu** a scrap of cloth; **un ~ d'amour/de pitié** a scrap of love/pity **2.** MATH remainder **3.** *pl* (*reliefs: d'un repas*) leftovers; **ne pas laisser beaucoup de ~s** not to leave much ▶ **avoir de beaux ~s** *iron* to still be a fine figure of a woman; **partir sans demander son ~** to take off without making a fuss; **faire le ~** to do the rest; **du ~** besides; **pour le ~** as for the rest

rester [ʀɛste] <1> **I.** *vi être* **1.** (*demeurer, ne pas s'en aller*) to stay; **~ au lit** to stay in bed; **~ chez soi** to stay at home; **~ (à) dîner** to stay for dinner; **~ sans parler/manger/bouger** to stay silent/hungry/still **2.** (*continuer à être*) to stay; **~ debout/assis toute la journée** to be standing/sitting all day; **~ immobile** to keep still **3.** (*subsister*) to remain; **ça m'est resté** (*dans ma mémoire*) I've never forgotten it; (*dans mes habitudes*) it has stuck with me; **beaucoup de choses restent à faire** much remains to be done **4.** (*ne pas se libérer de*) **~ sur un échec** to never get over a failure ▶ **en ~ là** to stop there; **y ~** to meet one's end

II. *vi impers être* **1.** (*être toujours là*) **il reste du vin** there's some wine left; **il n'est rien resté** there was nothing left; **il ne me reste (plus) que toi/cinquante euros** all I've got left is you/fifty euros **2.** (*ne pas être encore fait*) **je sais ce qu'il me reste à faire** I know what's left for me to do; **reste à savoir si ...** it remains to be seen if ...

restituer [ʀɛstitɥe] <1> *vt* **1.** (*rendre*) **~ un livre à un ami** to give a book back to a friend **2.** (*reconstituer*) to restore

resto [ʀɛsto] *m inf abr de* **restaurant**

restoroute® [ʀɛstoʀut] *f* roadside restaurant; (*de l'autoroute*) truck stop

restreindre [ʀɛstʀɛ̃dʀ] *irr* **I.** *vt* to restrict; (*champ d'action, crédit*) to limit; (*dépenses*) to cut **II.** *vpr* **se ~** (*s'imposer des restrictions*) to limit oneself; **se ~ dans ses dépenses** to cut down on one's spending; **se ~ sur la nourriture** to cut down on food

restreint(e) [ʀɛstʀɛ̃, ɛ̃t] **I.** *part passé de* **restreindre II.** *adj* limited; **~ à un petit cercle/certaines personnes** restricted to a small circle/certain people

restriction [ʀɛstʀiksjɔ̃] *f* **1.** (*limitation: des libertés*) curtailment; (*des dépenses, de la consommation, production*) limiting; **~ des importations/exportations** import/export limits *pl;* **mesures de ~** restrictions **2.** *pl* (*rationnement*) restrictions; **les ~s** rationing; **~s d'électricité/d'eau** electricity/water rationing; **~s budgétaires** budget restrictions **3.** (*réserve*) reservation; **apporter des ~s à qc** to express some qualifications about sth; **faire** [*o* **émettre**] **des ~s** to express reservations; **sans faire de ~s** unreservedly; **avec des ~s** with certain reservations; **sans ~** without reservation

restructuration [ʀəstʀyktyʀasjɔ̃] *f* restructuring

restructurer [ʀəstʀyktyʀe] <1> *vt* to restructure

résultat [ʀezylta] *m* **1.** MATH, SPORT, ECON, POL result; (*d'un problème*) solution; (*d'une intervention*) outcome; **les ~s des élections** the election results **2.** (*conséquence, chose obtenue*) result; **avoir de bons/mauvais ~s** to have good/bad results; **avoir pour ~ une augmentation des prix** to result in price increases; **c'est déjà un ~** something at least has been achieved; **n'obtenir aucun ~** to achieve nothing; **obtenir quelques ~s** to get some results ▶ **sans** ~ to no effect

résulter [ʀezylte] <1> **I.** *vi* **~ de qc** to arise from sth **II.** *vi impers* **il résulte de ce renseignement que qn a fait qc** this information tells us that sb did sth; **qu'en résultera-t-il?** what will be the outcome?

résumé [ʀezyme] *m* summary ▶ **en** ~ in short; **en ~: ...** to put things briefly: ...

résumer [ʀezyme] <1> *vt* (*récapituler*) to summarize; **~ qc en une page** to summarize sth in one page

résurrection [ʀezyʀɛksjɔ̃] *f* resurrection; **la Résurrection** the Resurrection

rétablir [ʀetabliʀ] <8> **I.** *vt* **1.** (*remettre en fonction: communication, courant*) to restore; (*contact, liaison*) to reestablish; **être rétabli** (*communication, contact*) to be reestablished; (*trafic*) to be moving again **2.** (*restaurer: confiance, équilibre, ordre*) to restore; (*monarchie, faits*) to reestablish; **~ la vérité** to get back down to the truth **3.** MED **~ qn** to bring sb back to health; **être rétabli** to be better **II.** *vpr* **se ~ 1.** (*guérir: personne, pays*) to recover; **en voie de se ~** on one's way to recovery **2.** (*revenir: calme, silence*) to return; (*trafic*) to return to normal

rétablissement [ʀetablismɑ̃] *m* (*d'un malade*) recovery; **bon ~!** get well soon!; **souhaiter un bon ~ à qn** to wish sb a complete recovery

rétamé(e) [ʀetame] *adj inf* (*fatigué*) worn out

retaper [ʀ(ə)tape] <1> **I.** *vt* **1.** (*remettre en état*) **~ qc** (*maison, voiture*) to fix sth up; (*lit*) to straighten sth **2.** *inf* (*rétablir*) **~ un malade** to perk a sick person back up **II.** *vpr inf* **se ~ à la mer/la montagne** to retire to the sea/the mountains

retard [ʀ(ə)taʀ] *m* **1.** (*arrivée tardive*) late arrival; **un ~ d'une heure** being an hour late; **avec une heure/dix minutes de ~** an hour/ten minutes late; **arriver en ~** to arrive late; **avoir du ~/deux minutes de ~** to be late/two minutes late; **avoir du ~ sur son planning** to be behind schedule; **être en ~ de dix minutes** to be ten minutes late **2.** (*réalisation tardive*) **avoir du ~ dans un travail/paiement** to be behind on a job/with a payment; **être en ~ d'un mois pour (payer) le loyer** to be a month behind on the rent **3.** (*développement plus lent*) slow(er) progress; ECOLE lack of progress; **malgré leur retard** despite their being behind; **présenter un ~ de langage/de croissance** to be late developing in terms of language/growth; **être en ~ sur son temps** to be behind the times

retardataire [ʀ(ə)taʀdatɛʀ] **I.** *adj* (*invité*) late; **élève ~** latecomer (*in school*) **II.** *mf* latecomer

retardement [ʀ(ə)taʀdəmɑ̃] *m* **bombe à ~** time bomb; **à ~** (*rire, se fâcher*) a bit late

retarder [ʀ(ə)taʀde] <1> **I.** *vt* **1.** (*mettre en retard: personne, véhicule*) to delay; **~ l'arrivée de qn** to delay sb's arrival; **~ le départ du train** to hold up the departure of the train **2.** (*ralentir, empêcher*) **~ qn** to delay sb; **~ qn dans son travail/ses préparatifs** to hold up sb's work/preparations **II.** *vi* (*être en retard*) **~ d'une heure** (*montre, horloge*) to be an hour slow

retenir [ʀ(ə)təniʀ, ʀət(ə)niʀ] <9> **I.** *vt* **1.** (*maintenir en place*) **~ qn/qc** (*objet, bras, personne qui glisse*) to hold on to sb/sth; (*foule, personne*) to hold sb/sth back; **~ qn par la manche** to hold on to sb's sleeve

R

2. (*empêcher d'agir*) ~ **qn** to hold sb back; **retiens/retenez-moi, ou je fais un malheur** hold on to me or I'll do something I shouldn't; **je ne sais pas ce qui me retient de le gifler** I don't know what's stopping me from slapping him **3.** (*empêcher de tomber*) to hold **4.** (*garder*) to keep; **je ne te retiens pas plus longtemps** I won't keep you any longer; ~ **qn prisonnier/en otage** to keep sb prisoner/hostage; **j'ai été retenu** I was held up **5.** (*requérir*) ~ **l'attention** to draw one's attention **6.** (*réserver: chambre, place*) to reserve; (*table*) to book **7.** (*se souvenir de*) to remember; **retenez bien la date** don't forget that date **8.** (*réprimer: colère, cri, geste*) to restrain; (*larmes, sourire*) to hold back; (*souffle*) to hold **9.** (*accepter, choisir: candidature*) to accept; ~ **une proposition** to accept a suggestion **10.** (*prélever*) ~ **un montant sur le salaire** to withhold some money from wages; ~ **les impôts sur le salaire** to deduct tax from wages ►**je te/le/la retiens!** *inf* I won't forget you/him/her anytime soon! **II.** *vpr* **1.** (*s'accrocher*) **se** ~ **à qn/qc pour** +*infin* to hold on to sb/sth to +*infin* **2.** (*s'empêcher*) **se** ~ to restrain oneself; **se** ~ **pour ne pas rire** to keep oneself from laughing **3.** (*contenir ses besoins naturels*) **se** ~ to hold on

retentir [ʀ(ə)tɑ̃tiʀ] <8> *vi* (*résonner*) to ring out; ~ **d'applaudissements** to ring with applause

retentissant(e) [ʀ(ə)tɑ̃tisɑ̃, ɑ̃t] *adj* **1.** (*fort, sonore: cri, voix*) ringing; (*bruit, claque*) resounding **2.** (*fracassant: déclaration, succès*) resounding; (*scandale, discours*) sensational

retentissement [ʀ(ə)tɑ̃tismɑ̃] *m* **1.** (*répercussion: d'un discours, de mesures politiques, d'une affaire*) repercussions *pl* **2.** (*éclat: d'un film, d'une œuvre*) impact; **avoir un grand** ~ to have a great impact

retenue [ʀ(ə)təny, ʀət(ə)ny] *f* **1.** (*prélèvement*) ~ **sur les salaires/les revenus** deduction from salaries/incomes **2.** (*modération*) restraint; **avoir de la** ~ to have self-control; **n'avoir aucune** ~ to have no self-control; **avec** ~ with restraint; **sans** ~ without any restraint **3.** MATH number to carry (over) **4.** ECOLE detention; **avoir trois heures de** ~ to have three hours' detention **5.** (*bouchon*) traffic jam

réticence [ʀetisɑ̃s] *f* reluctance; **avec** ~ reluctantly

réticent(e) [ʀetisɑ̃, ɑ̃t] *adj* reluctant

rétif, -ive [ʀetif, -iv] *adj* stubborn

rétine [ʀetin] *f* retina

retiré(e) [ʀ(ə)tiʀe] *adj* (*solitaire: lieu*) secluded; **mener une vie** ~**e** to live a secluded life; **vivre complètement** ~ **du monde** to live far away from the rest of the world

retirer [ʀ(ə)tiʀe] <1> **I.** *vt* **1.** (*enlever*) ~ **qc** (*vêtement, montre*) to take sth off; ~ **ses lunettes** to take one's glasses off; ~ **qc du commerce** to discontinue the sale of sth; ~ **qc du catalogue/programme** to remove sth from the catalog/the program; ~ **son jouet à qn** to take sb's toy away from them; ~ **sa confiance à qn** to no longer have confidence in sb; ~ **le permis à qn** to take away sb's license **2.** (*faire sortir*) ~ **qc** to take sth out; ~ **un gâteau du moule** to take a cake out of a pan; ~ **la clé de la serrure** to take the key out of the lock; ~ **qn de l'école** to take sb out of school; ~ **qn des décombres** to pull sb out from under the rubble **3.** (*prendre possession de: argent*) to withdraw; (*billet*) to collect; ~ **de l'argent à la banque/d'un compte** to withdraw money from the bank/an account; ~ **ses bagages de la consigne** to get one's bags out of the baggage check **4.** (*ramener en arrière*) ~ **qc** (*main, tête*) to move sth away; ~ **des troupes** to withdraw troops **5.** (*annuler: déclaration, paroles, candidature, offre*) to withdraw **6.** (*obtenir*) ~ **des avantages de qc** to get benefits from sth; ~ **un bénéfice de qc** to make a profit out of sth; ~ **qc d'une expérience** to get sth out of an experience **7.** (*extraire*) ~ **de l'huile d'une substance** to extract oil from a substance; ~ **du minerai/du charbon** to extract ore/coal **8.** (*tirer de nouveau*) ~ **un coup de feu** to fire another shot **9.** (*faire un second tirage*) **faire** ~ **une photo** (*meilleur tirage*) to have a photo printed again; (*double*) to get a reprint of a photo **II.** *vi* to fire again **III.** *vpr* **1.** (*partir*) **se** ~ to withdraw; **se** ~ **dans sa chambre** to withdraw to one's room; **se** ~ **à la campagne** to go off to live in the country **2.** (*annuler sa candidature*) **se** ~ to withdraw **3.** (*prendre sa retraite*) **se** ~ to retire **4.** (*reculer*) **se** ~ (*armée, ennemi*) to withdraw; (*eau, mer*) to go out; **retire-toi d'ici!** get out of here! **5.** (*quitter*) **se** ~ **de la vie publique/des affaires** to leave public life/business; **se** ~ **du jeu** to leave the game

retombée [ʀ(ə)tɔ̃be] *f* **1.** *pl* (*répercussions*) fallout + *vb sing;* **les** ~**s médiatiques/publicitaires de qc** the media/advertising fallout from sth **2.** (*impact*) impact

retomber [ʀ(ə)tɔ̃be] <1> *vi être* **1.** (*tomber à nouveau*) to fall back; ~ **dans l'oubli/la misère** to fall back into oblivion/misery; ~ **dans la délinquance/la drogue** to relapse into delinquency/drugs; ~ **sur le même sujet** to come back to the same subject **2.** (*tomber après s'être élevé*) to fall down again; (*ballon*) to come back down; (*capot*) to fall back down; (*fusée*) to fall back to earth; **se laisser** ~ to drop back **3.** (*baisser: curiosité, enthousiasme*) to dwindle; (*fièvre, cote de popularité*) to fall; ~ **au niveau d'il y a trois ans** (*consommation*) to fall back to the level of three years ago **4.** (*redevenir*) ~ **amoureux** to fall in love again; ~ **malade/enceinte** to get ill/pregnant again **5.** METEO (*brouillard*) to come down again; **la pluie/la neige retombe** it's raining/snowing again **6.** (*échoir à*) ~ **sur qn** to fall on sb; **cela va me** ~ **dessus**

it's all going to land on me; **faire ~ la faute sur qn** to give sb the blame for sth; **faire ~ la responsabilité sur qn/qc** to make sb/sth out to be responsible **7.** (*revenir, rencontrer*) **~ au même endroit** to come back to the same place; **~ sur qn** to come across sb again

rétorquer [RetɔRke] <1> *vt* to retort; **il n'a rien rétorqué** he gave no answer

retors(e) [Rətɔʀ, ɔʀs] *adj* crafty

rétorsion [Retɔʀsjɔ̃] *f* **des mesures de ~** retaliation + *vb sing*

retouche [R(ə)tuʃ] *f* **1.** (*d'un vêtement*) alteration; **faire une ~ à une jupe** to alter a skirt **2.** INFORM **~ d'image** image retouching

retoucher [R(ə)tuʃe] <1> **I.** *vt* **1.** (*corriger: vêtement*) to alter **2.** (*être remboursé*) **~ mille dollars** to get a thousand dollars back **II.** *vi* **1.** (*toucher de nouveau*) **~ à qc** to touch sth again **2.** (*regoûter à*) **~ à l'alcool** to start drinking again

retour [R(ə)tuR] **I.** *m* **1.** (*opp: départ*) return; (*chemin*) way back; (*à la maison*) way home; (*voyage*) return journey; (*à la maison*) journey home; **prendre le chemin du ~** to start the way back; **au ~** on the way back; (*en avion*) on the flight back; (*à l'arrivée*) when one gets back; **au ~ du service militaire** coming back from military service; **de ~ à la maison** back home; **être de ~** to be back **2.** (*à un état antérieur*) **~ à la nature** return to nature; (*slogan*) back to nature; **~ à l'Antiquité** return to Antiquity; **~ à la politique/terre** return to politics/the land; **~ au calme** return to a state of calm; **~ en arrière** flashback **3.** (*réapparition*) **~ de la grippe** new outbreak of the flu; **un ~ du froid** a new cold spell; **la mode des années 60 est de ~** sixties fashions are back; **~ en force** return in strength **4.** (*billet*) return (ticket); **un aller et ~ pour Paris** a roundtrip ticket for Paris **5.** CINE, TV rewind; **touche de ~ rapide** fast rewind button ▶ **c'est un juste ~ des choses** it's only fair; **par ~ du courrier** by return mail; **~ à l'expéditeur!** return to sender!; *inf* (*rendre la pareille*) same to you!; **~ éternel** eternal recurrence **II.** *app* **match ~** return match

retournement [R(ə)tuRnəmɑ̃] *m* turnaround; **~ de la conjoncture** economic turnaround; **~ de l'opinion/de la situation** turnaround in public opinion/in the situation

retourner [R(ə)tuRne] <1> **I.** *vt avoir* **1.** (*mettre dans l'autre sens*) **~ qc** (*matelas, omelette, viande, cartes*) to turn sth over; (*caisse, tableau, verre*) to turn sth upside down **2.** (*mettre à l'envers*) **~ qc** (*vêtement*) to turn sth inside out; (*manche, bas de pantalon*) to roll sth up; **être retourné** (*vêtement*) to be inside out; (*col*) to be turned up **3.** (*orienter en sens opposé*) **~ une critique à qn** to turn sb's criticism back against them; **~ un compliment à qn** to return the compliment to sb; **~ la situation en faveur de qn** to turn the situation back into sb's favor; **~ l'opinion en sa faveur** to bring public opinion around **4.** (*faire changer d'opinion*) **~ qn** to bring sb around; **~ qn contre un projet** to turn sb against a project; **~ qn en faveur d'une amie** to win sb over to a friend **5.** (*renvoyer*) **~ une lettre à l'expéditeur** to return a letter to the sender; **~ des marchandises** to send goods back **6.** *inf* (*bouleverser: maison, pièce*) to turn upside down; (*personne*) to shake; **le film m'a retourné** I was shaken by the movie; **j'en suis tout retourné** I'm all shaken (up) **II.** *vi être* **1.** (*revenir*) to return; (*en partant*) to go back; (*en revenant*) to come back; (*en avion*) to fly back; **~ sur ses pas** to retrace one's steps; **~ chez soi** to go back home **2.** (*aller de nouveau*) **~ à la montagne/chez qn** to go back to the mountains/to sb's house **3.** (*se remettre à*) **~ à son travail** to get back to work; (*après une maladie, des vacances*) to go back [*o* return] to work **III.** *vpr être* **1.** (*se tourner dans un autre sens*) **se ~** (*personne*) to turn over; (*voiture, bateau*) to overturn; **se ~ sans cesse dans son lit** to toss and turn in one's bed **2.** (*tourner la tête*) **se ~** to look back; **tout le monde se retournait sur leur passage** all heads turned as they went by; **se ~ vers qn/qc** to look back at sb/sth **3.** (*prendre parti*) **se ~ en faveur de/contre qn** to side with/turn against sb; **se ~ contre qn** JUR to take action against sb **4.** (*prendre un nouveau cours*) **se ~ contre qn** (*acte, action*) to backfire on sb **5.** (*se tordre*) **se ~ l'épaule** to dislocate one's shoulder; **se ~ le doigt/bras** to twist one's finger/arm **6.** (*repartir*) **s'en ~ dans son pays natal/en France** to go back to one's native country/to France ▶ **s'en retourner comme on est venu** to leave just as one came

retracer [R(ə)tRase] <2> *vt* **1.** (*raconter*) to relate; (*histoire*) to retrace **2.** (*tracer à nouveau*) to redraw

rétracter [RetRakte] <1> **I.** *vt* (*rentrer*) to retract **II.** *vpr* **se ~** ANAT, TECH, JUR to retract

rétraction [RetRaksjɔ̃] *m* retraction; **délai de ~** COM return date

retrait [R(ə)tRɛ] *m* **1.** (*action de retirer: d'argent, d'un projet de loi, d'une candidature*) withdrawal; (*des bagages, d'un billet*) collection **2.** (*suppression: d'une autorisation*) withdrawal; **~ du permis (de conduire)** revocation of driver's license

retraite [R(ə)tRɛt] *f* **1.** (*cessation du travail*) retirement; **l'âge de la ~** retirement age; **~ anticipée** early retirement; **être à la ~** to be retired; **mettre qn à la ~** to retire sb; **partir à la ~, prendre sa ~** to retire **2.** (*pension*) pension; **~ complémentaire** (*assurance*) pension (plan)

retraité(e) [R(ə)tRete] **I.** *adj* (*à la retraite*) retired **II.** *m(f)* retiree

retraitement [R(ə)tRɛtmɑ̃] *m* (*des combustibles nucléaires*) reprocessing; (*des déchets*) recycling; **centre/usine de ~ des déchets**

R

nucléaires nuclear reprocessing plant; ~ **des vieux papiers** recycling of used paper
retranchement [R(ə)tRɑ̃ʃmɑ̃] *m* retrenchment ▶ **pousser qn (jusque) dans ses derniers ~s** to get sb's back against the wall
retrancher [R(ə)tRɑ̃ʃe] <1> **I.** *vt* **1.** (*retirer*) ~ **qc de qc** to deduct sth from sth **2.** (*séparer des autres*) **vivre retranché** to live cut off from others **II.** *vpr* **1.** MIL **se ~** to entrench oneself **2.** (*se protéger*) **se ~ derrière la loi** to hide behind the law
retransmettre [R(ə)tRɑ̃smɛtR] *vt irr* to broadcast; (*émission*) to show; ~ **qc en direct** to broadcast sth live; ~ **qc en différé** to show a recording of sth
retransmission [R(ə)tRɑ̃smisjɔ̃] *f* broadcast; ~ **en direct** live broadcast; ~ **en différé** broadcast recording; **la ~ du match aura lieu en direct/en différé** there will be live/recorded coverage of the match
retravailler [R(ə)tRavaje] <1> **I.** *vi* (*reprendre le travail*) to go back to work **II.** *vt* (*discours, texte*) to rework; (*matière, minerai*) to reprocess; ~ **une question** to think some more about a question
rétrécir [RetResiR] <8> **I.** *vt* (*rendre plus étroit*) to narrow; ~ **une jupe** to take in a skirt; ~ **une bague** to size a ring down **II.** *vi, vpr* (*laine, tissu*) to shrink; **le pull a rétréci au lavage** the sweater shrank in the wash
rétrécissement [RetResismɑ̃] *m* (*de la laine, d'un tissu*) shrinking; (*de la pupille*) contraction
rétribuer [RetRibɥe] <1> *vt* (*personne*) to pay; (*travail, service*) to pay for
rétribution [RetRibysjɔ̃] *f* payment; (*d'un service, travail*) remuneration
rétro [RetRo] *abr de* **rétrograde I.** *adj inv* (*démodé*) old-fashioned; (*mode*) retro **II.** *adv* (*s'habiller*) in retro clothing
rétroactes [RetRoakt] *mpl Belgique* (*antécédents*) background + *vb sing*
rétroactif, -ive [RetRoaktif, -iv] *adj* retroactive; **avoir un effet ~** to be retroactive; (*loi*) to be retrospective
rétrofusée [RetRofyze] *f* retrorocket
rétrograder [RetRogRade] <1> *vi* AUTO ~ **de troisième en seconde** to shift down to second
rétroprojecteur [RetRopRɔʒɛktœR] *m* overhead projector
rétrospectif, -ive [RetRɔspɛktif, -iv] *adj* (*tourné vers le passé: examen, étude*) retrospective; **jeter un regard ~ sur qc** to take a backward glance at sth
rétrospective [RetRɔspɛktiv] *f* **1.** ART retrospective **2.** CINE season **3.** *Québec* (*retour en arrière dans un film*) flashback
rétrospectivement [RetRɔspɛktivmɑ̃] *adv* retrospectively
retroussé(e) [R(ə)tRuse] *adj* (*nez*) turned-up; (*lèvres*) curled
retrousser [R(ə)tRuse] <1> *vt* ~ **qc** (*manche, bas de pantalon*) to roll sth up; (*moustache*) to curl sth; ~ **les lèvres** to curl one's lips; ~ **les babines** to bare one's teeth
retrouvailles [R(ə)tRuvɑj] *fpl* reunion + *vb sing*
retrouver [R(ə)tRuve] <1> **I.** *vt* **1.** (*récupérer*) to find; ~ **sa fonction/place** to return to one's post/seat; ~ **son utilité** to become useful again; **j'ai retrouvé mon portefeuille** I've found my wallet **2.** (*rejoindre*) ~ **qn** to meet (up with) sb; **attendez-moi, je vous retrouve dans un quart d'heure** wait for me, I'll be back in fifteen minutes **3.** (*recouvrer*) ~ **l'équilibre** to get one's balance back; ~ **la foi/ses forces** to regain one's faith/strength; ~ **son calme** to calm down again; ~ **la santé** to return to health; **elle a retrouvé le sourire/le sommeil/l'espoir** she has been able to smile/sleep/hope again **4.** (*redécouvrir: situation, travail, marchandise*) to find; **tu auras du mal à ~ une occasion aussi favorable** you won't find another opportunity as good as this one **5.** (*reconnaître*) **je te retrouve tel que je t'ai toujours connu** you're just the same as you always were; **je retrouve bien là mon mari!** that's my husband all right! **II.** *vpr* **1.** (*se réunir*) **se ~** (*personnes*) to meet; **se ~ au bistro** to meet at the bistro; **j'espère qu'on se retrouvera bientôt** I hope we'll see each other again soon **2.** (*se présenter de nouveau*) **se ~** (*occasion, circonstance*) to turn up again **3.** (*être de nouveau*) **se ~ dans la même situation** to find oneself back in the same situation; **se ~ devant les mêmes difficultés** to be confronted with the same difficulties; **se ~ seul/désemparé** to find oneself alone/at a loss **4.** (*finir*) **se ~ en prison/dans le fossé** to end up in prison/in the ditch; **se ~ sur le pavé** to end up on the streets **5.** (*retrouver son chemin*) **se ~ dans une ville inconnue** to find one's way around a city one doesn't know; **j'arrive toujours à me ~** I always manage to find my way around **6.** (*voir clair*) **s'y ~** to make sense of it; **je n'arrive pas à m'y ~** I can't make any sense of all this; **s'y ~ dans ses calculs** to get one's math straight; **s'y ~ dans des explications** to make some sense of explanations ▶ **comme on se retrouve!** it's a small world!; **on se retrouvera!** *inf* (*menace*) we'll meet again!
rétroviseur [RetRɔvizœR] *m* rear view mirror; ~ **extérieur/intérieur** side-view/interior mirror
réunification [Reynifikasjɔ̃] *f* (*de nations, d'États*) reunification; **la ~ de l'Allemagne** German reunification
réunifier [Reynifje] <1> *vt* to reunify; **l'Allemagne réunifiée** reunited Germany
réunion [Reynjɔ̃] *f* **1.** (*séance*) meeting; (*après une longue période*) reunion; (*rassemblement politique/public*) union; ~ **de famille** family gathering; ~ **de parents d'élèves** PTA meeting; ~ **d'information** briefing session; **être**

en ~ to be in a meeting **2.** (*ensemble, rapprochement*) merging; (*d'États*) union; (*cercle: d'amis*) gathering; (*convocation*) getting together; **la ~ des membres de la famille** family reunion

Réunion [ʀeynjɔ̃] *f* (**l'île de**) **la ~** Reunion (Island)

réunir [ʀeyniʀ] <8> **I.** *vt* **1.** (*mettre ensemble: objets, papiers*) to gather; (*faits, preuves, arguments*) to collect; **les conditions sont réunies pour que la tension baisse** conditions are right for the tension to lessen **2.** (*cumuler*) **~ un maximum d'avantages** to combine as many advantages as possible; **~ toutes les conditions exigées** to meet all the requirements **3.** (*rassembler*) **~ des personnes** (*personne*) to bring people together; **~ des documents dans un classeur** to collect documents in a file **II.** *vpr* **se ~** (*se rassembler: personnes*) to gather

réussi(**e**) [ʀeysi] *adj* **1.** (*couronné de succès*) successful; (*examen*) with good results; **être vraiment ~** to be a real success **2.** (*bien exécuté*) successful; **ne pas être très réussi** to be somewhat of a flop ▸ **c'est ~!** *iron* well done!, good job!

réussir [ʀeysiʀ] <8> **I.** *vi* **1.** (*aboutir à un résultat: chose*) to be a success; **~ bien/mal** to be/not be a success **2.** (*parvenir au succès*) **~ dans la vie/dans les affaires** to succeed in life/business; **~ à l'/un examen** to pass the/a test; **tout lui réussit** he makes a success of everything **3.** (*être capable de*) **il réussit à** *+infin a. iron* he manages to *+infin;* **j'ai réussi à la convaincre** I managed to persuade him **II.** *vt* **1.** (*bien exécuter*) to manage; **~ son effet** to achieve the desired effect **2.** (*réaliser avec succès: épreuve, examen*) to pass; **~ sa vie** to make a success of one's life

réussite [ʀeysit] *f* (*bon résultat, succès*) success; **~ sociale** social success; **~ d'une tentative** the success of an attempt

revaloir [ʀ(ə)valwaʀ] *vt irr* **je te/vous/lui revaudrai ça, je te/vous le revaudrai/je le lui revaudrai** (*en bien*) I'll make it up to you/him; (*en mal*) I'll get even with you/him

revaloriser [ʀ(ə)valɔʀize] <1> *vt* **1.** (*opp: déprécier*) **~ qc** to raise the standing of sth **2.** FIN (*monnaie*) to revalue; (*rente, traitement, salaire*) to raise

revanche [ʀ(ə)vɑ̃ʃ] *f* (*vengeance*) revenge; JEUX, SPORT (*match*) return match; **j'ai gagné! tu veux qu'on fasse la ~?** (*subj*) I've won! do you want to even the score?; **prendre sa ~** to get one's revenge; SPORT to play a return match ▸ **en ~** (*par contre*) on the other hand; (*en contrepartie*) in exchange

rêvasser [ʀɛvase] <1> *vi péj* to daydream

rêve [ʀɛv] *m* dream; **beau/mauvais ~** nice/bad dream; **faire un ~** to have a dream; **fais de beaux ~s!** sweet dreams!; **une voiture de ~** a dream car; **la femme/la maison/le métier de mes ~s** the woman/house/job of my dreams ▸ **prendre ses ~s pour des réalités** to confuse dream and reality; **c'est le ~** *inf* it's just perfect

rêvé(**e**) [ʀeve] *adj* perfect; (*solution*) ideal; **la femme/l'homme ~**(**e**) the woman/man of one's dreams

revêche [ʀəvɛʃ] *adj* (*caractère*) sour; (*personne*) sour-tempered

réveil [ʀevɛj] *m* **1.** (*réveille-matin*) alarm clock; **mettre le ~ à 6 heures** to set the alarm for six o'clock **2.** (*retour à la réalité*) awakening; **un ~ douloureux** a rude awakening

réveiller [ʀeveje] <1> **I.** *vt* **1.** (*sortir du sommeil, ramener à la réalité*) **~ qn** to wake sb up; **être réveillé** to be awake; **être bien réveillé** to be wide awake; **je suis mal réveillé** I haven't woken up properly; **être à moitié réveillé** to still be half asleep **2.** (*raviver: curiosité, jalousie, cupidité*) to awaken; (*appétit*) to excite; (*rancune*) to reawaken **II.** *vpr* **se ~ 1.** (*sortir du sommeil*) to wake up **2.** (*se raviver*) to reawaken; (*appétit*) to return; **dès que la douleur se réveillera** when the pain comes back **3.** (*se ranimer: souvenir*) to reawaken; (*volcan*) to awake

réveillon [ʀevɛjɔ̃] *m: Christmas or New Year's Eve, or the meal or party to celebrate them;* **fêter le ~ de Noël/du nouvel an** to celebrate Christmas Eve/New Year's Eve

réveillonner [ʀevɛjɔne] <1> *vi* (*fêter Noël/le nouvel an*) to celebrate Christmas Eve/New Year's Eve

révélateur [ʀevelatœʀ] *m* **1.** (*chose qui dévoile*) **être le ~ de qc** to reveal sth **2.** PHOT developer

révélation [ʀevelasjɔ̃] *f* **1.** (*dévoilement*) revelation; **faire la ~ d'un projet** to reveal a project; **faire une ~** (*révéler un fait/projet*) to make a revelation **2.** (*d'un artiste, talent*) discovery; (*d'une tendance*) revelation; **être la ~ du ski** to be skiing's new discovery **3.** (*aveu*) disclosure **4.** REL **la Révélation** Revelation; **c'est la ~** *iron* what a revelation!

révéler [ʀevele] <5> *vt* (*divulguer*) to reveal; **~ ses intentions/opinions/projets à qn** to reveal one's intentions/opinions/plans to sb; **~ de nouveaux faits/le scandale** (*enquête, journal*) to bring new facts/the scandal to light

revenant [ʀəv(ə)nɑ̃] *m* ghost; **des histoires de ~s** ghost stories

revenant(**e**) [ʀəv(ə)nɑ̃, ɑ̃t] *m(f) inf* stranger; **tiens,** (**voilà**) **un ~!** *iron* hello stranger!

revendeur, -euse [ʀ(ə)vɑ̃dœʀ, -øz] *m, f* dealer; **~ de drogue** drug dealer

revendication [ʀ(ə)vɑ̃dikasjɔ̃] *f* demand; JUR, POL claim; **des ~s salariales** pay demands; **journée de ~** day of action

revendiquer [ʀ(ə)vɑ̃dike] <1> *vt* **1.** (*réclamer: droit, augmentation de salaire*) to demand **2.** (*assumer: responsabilité*) to claim; **l'attentat a été revendiqué par la Maffia/n'a pas été revendiqué** the Mafia/nobody has claimed responsibility for the at-

R

tack

revendre [R(ə)vɑ̃dR] <14> *vt* **1.** (*vendre d'occasion*) ~ **un piano à un collègue** to sell a piano to a colleague **2.** *fig* **avoir de l'énergie à ~** to have loads of energy

revenir [R(ə)vəniR, Rəvnir] <9> *vi être* **1.** (*venir de nouveau: personne, lettre*) to come back; (*printemps*) to return; ~ +*infin* to come back to +*infin* **2.** (*rentrer*) to return; ~ **en avion/en voiture/à pied** to fly/drive/walk back; **je reviens dans un instant** I'll be back in a moment **3.** (*recommencer*) ~ **à un projet/sujet** to come back to a plan/subject; ~ **à de meilleurs sentiments** to return to a better frame of mind **4.** (*réexaminer*) ~ **sur un sujet/le passé** to go back over a subject/the past; ~ **sur une affaire/un scandale** *péj* to rake over an affair/a scandal again; **ne revenons pas là-dessus!** let's not go over that again! **5.** (*se dédire de*) ~ **sur une opinion** to change one's opinion; ~ **sur une décision** to change a decision **6.** (*se présenter à nouveau à l'esprit*) ~ **à qn** to come back to sb **7.** (*être déçu par*) ~ **de ses illusions** to lose one's illusions **8.** (*équivaloir à*) **cela revient au même** it boils down to the same thing; **cela revient à dire que qn a fait qc** it's like saying sb did sth **9.** (*coûter au total*) ~ **à 100 euros** to come to a 100 euros; ~ **à 100 euros à qn** to cost sb a 100 euros; ~ **cher/meilleur marché** to work out to be expensive/cheaper **10.** CULIN **faire ~ le lard** to brown the bacon; **faire ~ les oignons/les légumes** to brown the onions/vegetables ►**je n'en reviens pas de son attitude** *inf* I can't get over his/her attitude; **elle revient de loin** it was a close call (for her)

revenu [R(ə)vəny, Rəvny] *m* income; ~ **minimum d'insertion** *basic welfare benefit paid to the jobless*

rêver [Reve, Rɛve] <1> *vi* **1.** (*avoir un rêve*) ~ **de qn/qc** to dream about sb/sth **2.** (*désirer*) ~ **de qc/de faire qc** to dream of sth/of doing sth **3.** (*divaguer*) **te prêter de l'argent? tu rêves!** lend you money? in your dreams!

réverbération [RevɛRbeRasjɔ̃] *f* (*de la chaleur, lumière*) reflection; (*du son*) reverberation

réverbère [RevɛRbɛR] *m* (*éclairage*) streetlight

réverbérer [RevɛRbeRe] <5> **I.** *vt* (*chaleur, lumière*) to reflect; (*son*) to send back **II.** *vpr* **se ~** (*son*) to reverberate; (*chaleur, lumière*) to be reflected

reverdir [R(ə)vɛRdiR] <8> **I.** *vi* to grow green again **II.** *vt* to soak

révérence [RevеRɑ̃s] *f* (*d'un homme*) bow; (*d'une femme*) curtsy ►**tirer sa ~** *iron* to walk off; **il a tiré sa ~** (*mourir*) he's bowed out

révérer [RevеRe] <5> *vt soutenu* to revere

rêverie [Rɛvri] *f* (*méditation*) reverie

revers [R(ə)vɛR] *m* **1.** (*dos*) back; (*d'une étoffe*) wrong side; (*de la main*) back; **balayer qc d'un ~ de main** to clear sth away with the back of one's hand **2.** (*échec*) setback **3.** (*au tennis*) backhand **4.** (*d'un pantalon, d'une manche*) cuff; (*d'un col*) lapel ►**c'est le ~ de la médaille** that's the other side of the coin

reverser [R(ə)vɛRse] <1> *vt* **1.** (*verser davantage*) ~ **une boisson à qn** to pour sb another drink **2.** FIN to pay back

réversible [RevɛRsibl] *adj* **1.** reversible **2.** FIN, JUR revertible

revêtement [R(ə)vɛtmɑ̃] *m* (*couche protectrice*) covering; (*d'une route, d'un chemin*) surface

revêtir [R(ə)vetiR] *irr vt* **1.** (*endosser*) to don **2.** (*poser un revêtement*) ~ **qc de liège/bois** to cover sth with cork/wood **3.** (*apparence, caractère*) to take on; ~ **une importance particulière** to take on particular importance

rêveur, -euse [Rɛvœr, -øz] **I.** *adj* **1.** (*songeur*) dreamy; **avoir l'esprit ~** to be a dreamer **2.** (*perplexe*) **ça me laisse ~!** *inf* it makes me wonder! **II.** *m, f* dreamer

revigorer [R(ə)vigɔRe] <1> **I.** *vt* **1.** (*ragaillardir: air frais, repas, boisson*) to revive; (*discours, promesse*) to hearten **2.** (*ranimer: idée, doctrine*) to revitalize; ~ **une entreprise** to inject new life into a business **II.** *vi* to invigorate

revirement [R(ə)viRmɑ̃] *m* (*d'une tendance, d'une situation*) reversal

réviser [Revize] <1> *vt, vi* ECOLE to revise

révision [Revizjɔ̃] *f* **1.** (*modification: d'une opinion, d'un jugement*) revision **2.** *pl* ECOLE revision; **faire ses ~s** to revise

révisionniste [Revizjɔnist] *adj, mf* revisionist

revivre [R(ə)vivR] *irr* **I.** *vi* (*être revigoré*) to come back to life **II.** *vt* (*vivre à nouveau*) to relive

révocation [Revɔkasjɔ̃] *f* (*d'un fonctionnaire*) dismissal; (*d'un contrat*) revocation; ~ **de l'Édit de Nantes** the revocation of the Edict of Nantes

revoici [R(ə)vwasi] *prep inf* **me/le ~** here I am/he is again

revoilà [R(ə)vwala] *prep inf* **me/le ~** I'm/he's back; ~ **Nadine!** Nadine's back!

revoir [R(ə)vwaR] *irr* **I.** *vt* **1.** (*voir à nouveau*) ~ **qn/qc** to see sb/sth again; **au ~** goodbye **2.** (*regarder de nouveau*) ~ **qn/qc** to look at sb/sth again **3.** (*se souvenir*) **je la revois** I can see her now **II.** *vpr* **se ~** **1.** (*se retrouver*) to meet up **2.** (*se souvenir de soi*) **se ~ jeune** (*vieillard*) to see oneself as young man (again)

révoltant(e) [Revɔltɑ̃, ɑ̃t] *adj* revolting

révolte [Revɔlt] *f* (*émeute*) revolt

révolté(e) [Revɔlte] **I.** *adj* in revolt **II.** *m(f)* rebel

révolter [Revɔlte] <1> **I.** *vt* (*individu*) to disgust; (*crime, injustice*) to revolt **II.** *vpr* **se ~ contre qn/qc** **1.** (*s'insurger*) to rebel against sb/sth **2.** (*s'indigner*) to be revolted by sb/sth

révolu(e) [Revɔly] *adj* **1.** (*époque, temps*) gone by **2.** ADMIN (*achevé*) **à dix-huit ans ~s** at over eighteen; **au bout de deux ans ~s** after a full two years

révolution [Revɔlysjɔ̃] *f* (*changement*) revolu-

tion; ~ **culturelle** cultural revolution
Révolution [ʀevɔlysjɔ̃] *f* HIST **la** ~ the Revolution
révolutionnaire [ʀevɔlysjɔnɛʀ] *adj, mf* revolutionary
révolutionner [ʀevɔlysjɔne] <1> *vt* (*transformer radicalement*) to revolutionize
revolver [ʀevɔlvɛʀ] *m* revolver
révoquer [ʀevɔke] <1> *vt* **1.** ADMIN (*destituer*) (**faire**) ~ **qn pour une faute** to dismiss sb for an offense **2.** JUR (*annuler*) to revoke
revouloir [ʀ(ə)vulwaʀ] *vt irr, inf* ~ **qc** to want sth again
revoyure [ʀ(ə)vwajyʀ] **à la ~!** *inf* bye for now!
revue [ʀ(ə)vy] *f* (*magazine*) review; ~ **spécialisée** specialist review; ~ **illustrée** illustrated magazine; ~ **de presse** press review
révulser [ʀevylse] <1> **I.** *vt* to revolt **II.** *vpr* (*visage*) to contort; (*yeux*) to roll
rewriting [ʀiʀajtiŋ, ʀəʀajtiŋ] *m* rewriting
rez-de-chaussée [ʀed(ə)ʃose] *m inv* (*niveau inférieur*) first floor; **habiter au** ~ to live on the first floor
rez-de-jardin [ʀed(ə)ʒaʀdɛ̃] *m inv* garden apartment
RF [ɛʀɛf] *f abr de* **République française** French Republic
RFA [ɛʀɛfa] *f abr de* **République fédérale d'Allemagne: la** ~ Germany; (*avant 1989*) West Germany
rhabiller [ʀabije] <1> *vpr* **se** ~ (*remettre ses vêtements*) to get dressed (again) ▶ **tu peux aller te** ~ *inf* forget it!
rhésus [ʀezys] *m* MED rhesus; (**facteur**) ~ **positif/négatif** rhesus positive/negative
rhétorique [ʀetɔʀik] **I.** *adj* rhetorical **II.** *f* **1.** (*art de bien parler*) rhetoric **2.** *Belgique* (*terminale*) final year (*of high school*)
Rhin [ʀɛ̃] *m* **le** ~ the Rhine
rhinocéros [ʀinɔseʀɔs] *m* rhinoceros
rhinopharyngite [ʀinofaʀɛ̃ʒit] *f* MED rhinopharyngitis
rhizome [ʀizom] *m* rhizome
Rhodes [ʀɔd] (**l'île de**) ~ (the island of) Rhodes
rhododendron [ʀɔdɔdɛ̃dʀɔ̃] *m* rhododendron
Rhône [ʀon] *m* **le** ~ the Rhone
Rhône-Alpes [ʀonalp] *m* **la région** ~ the Rhone-Alpes region
rhubarbe [ʀybaʀb] *f* rhubarb
rhum [ʀɔm] *m* rum
rhumatismal(e) [ʀymatismal, -o] <-aux> *adj* rheumatic
rhumatisme [ʀymatism] *m* rheumatism
rhume [ʀym] *m* **1.** (*coup de froid*) cold; **attraper un** ~ to catch a cold **2.** ~ **des foins** hay fever
ri [ʀi] *part passé de* **rire**
riais [ʀ(i)jɛ] *imparf de* **rire**
riant(e) [ʀ(i)jɑ̃, jɑ̃t] *part prés de* **rire**
R.I.B. [ʀib] *m abr de* **relevé d'identité bancaire** *bank account statement*
ribambelle [ʀibɑ̃bɛl] *f inf* ~ **d'enfants** swarm of children
ricanement [ʀikanmɑ̃] *m* **1.** (*rire sarcastique*) snicker **2.** (*rire stupide*) cackle
ricaner [ʀikane] <1> *vi* **1.** (*avec mépris*) to snicker **2.** (*bêtement*) to giggle
riche [ʀiʃ] **I.** *adj* **1.** (*opp: pauvre*) rich **2.** (*nourrissant: aliment, nourriture*) rich; ~ **en calories/vitamines** rich [*o* high] in calories/vitamins **II.** *mf* rich person; **nouveau** ~ nouveau riche
richement [ʀiʃmɑ̃] *adv* (*décoré, vêtu, meublé*) richly; (*vivre*) in style
richesse [ʀiʃɛs] *f* **1.** (*fortune*) wealth **2.** *pl* (*ressources*) wealth; (*d'un musée*) treasures **3.** (*bien*) blessing
richissime [ʀiʃisim] *adj inf* fabulously rich
ricocher [ʀikɔʃe] <1> *vi* ~ **sur qc** to ricochet off sth; **faire ~ une pierre sur l'eau** to skim a stone on the water
ric-rac [ʀikʀak] *adv inf* (*avec une exactitude rigoureuse*) **payer** ~ to pay (cash) on the barrelhead
rictus [ʀiktys] *m* grimace; ~ **de colère** angry grimace
ride [ʀid] *f* (*pli*) wrinkle
ridé(e) [ʀide] *adj* wrinkled
rideau [ʀido] <x> *m* **1.** (*voile*) curtain **2.** THEAT curtain **3.** HIST **le ~ de fer** the Iron Curtain
rider [ʀide] <1> **I.** *vt* **1.** (*peau, front*) to line **2.** NAUT (*cordage*) to tighten **II.** *vpr* **se** ~ (*front, peau, pomme*) to wrinkle
ridicule [ʀidikyl] **I.** *adj* (*personne, vêtement, conduite*) ridiculous **II.** *m* (*moqueries*) ridicule; (*absurdité*) ridiculousness; **le ~ de cette situation** the ridiculousness of this situation; **avoir peur du** ~ to be afraid of ridicule; **couvrir qn/se couvrir de** ~ to cover sb/oneself in ridicule; **tourner qc en** ~ to ridicule sth
ridiculiser [ʀidikylize] <1> **I.** *vt* to ridicule **II.** *vpr* **se** ~ to make oneself ridiculous
ridule [ʀidyl] *f* small wrinkle
rie [ʀi] *subj prés de* **rire**
rien [ʀjɛ̃] **I.** *pron indéf* **1.** (*aucune chose*) nothing; **c'est ça ou** ~ it's that or nothing; **ça ne vaut** ~ it's worthless; ~ **d'autre** nothing else; ~ **de nouveau/mieux** nothing new/better; **il n'y a plus** ~ there's nothing left **2.** (*seulement*) ~ **que la chambre coûte 400 euros** the room alone costs 400 euros; ~ **que d'y penser** just thinking about it **3.** (*quelque chose*) anything; **être incapable de ~ dire** to be unable to say anything; **rester sans ~ faire** to do nothing ▶ **j'en ai ~ à cirer** *inf* I couldn't care less; **ce n'est** ~ it's nothing; **comme si de ~ n'était** as if there was nothing the matter; **elle n'est pour ~ dans ce problème** this problem has nothing to do with her; **de ~!** my pleasure!; **blessure de ~ du tout** just a tiny scratch; ~ **du tout** nothing at all; ~ **que ça!** *iron* (*pas plus*) just that!; (*c'est abuser*) is that all? **II.** *m* **1.** (*très peu de chose*) trifle **2.** (*un petit peu*) tiny bit; **un ~ de cognac** a drop of brandy; **un ~ trop large/moins fort** *inf* a tiny bit too wide/less loud ▶ **en un ~ de temps** in no time; **comme un** ~ *inf* as if it was nothing

rient [ʀi] *indic prés de* **rire**
riesling [ʀisliŋ] *m* Riesling
rieur, -euse [ʀ(i)jœʀ, ʀ(i)jøz] **I.** *adj* laughing **II.** *m, f* laugher
riez [ʀ(i)je] *indic prés et impératif de* **rire**
rigide [ʀiʒid] *adj* **1.**(*opp: flexible*) rigid; (*carton*) stiff **2.**(*sévère*) strict
rigidité [ʀiʒidite] *f* **1.**(*opp: flexibilité*) rigidity; (*d'un carton*) stiffness **2.** ANAT (*d'un cadavre, muscle*) stiffness; (*du pénis*) hardness **3.**(*rigueur*) rigidity
rigolade [ʀigɔlad] *f inf* fun ▶**c'est de la ~** (*c'est facile*) it's child's play; (*c'est pour rire*) it's just a bit of fun; (*ça ne vaut rien*) it's worthless; **prendre qc à la ~** to make a joke of sth; **prendre un examen à la ~** to treat a test like it was a joke
rigole [ʀigɔl] *f* channel
rigoler [ʀigɔle] <1> *vi inf* **1.**(*rire*) to laugh; **faire ~ qn** to make sb laugh **2.**(*s'amuser*) to have fun **3.**(*plaisanter*) **~ avec qn/qc** to have a laugh with sb/sth; **pour ~** for a laugh; **je (ne) rigole pas!** it's no joke! ▶**tu me fais ~!** *iron* don't make me laugh!
rigolo(te) [ʀigɔlo, ɔt] **I.** *adj inf* (*amusant*) funny **II.** *m(f) inf* (*homme amusant*) funny guy
rigoureusement [ʀiguʀøzmɑ̃] *adv* **1.**(*sévèrement*) severely **2.**(*précisément*) rigorously **3.**(*absolument: exact*) absolutely; (*interdit, authentique*) completely; **~ vrai** totally true
rigoureux, -euse [ʀiguʀø, -øz] *adj* **1.**(*sévère*) strict **2.**(*exact, précis*) rigorous **3.** *antéposé* (*absolu: exactitude*) absolute; (*interdiction, authenticité*) total **4.**(*dur: climat, froid, hiver*) rigorous
rigueur [ʀigœʀ] *f* **1.**(*sévérité*) strictness; (*d'une punition*) harshness; **appliquer la loi avec ~** to apply the law strictly **2.**(*austérité*) austerity; **~ économique** economic rigor; **~ salariale** strict wage control **3.**(*précision*) rigor **4.**(*épreuve: d'un climat*) rigor; (*d'une captivité*) harshness ▶**tenir ~ à qn de qc** to hold sth against sb; **à la ~** (*tout au plus*) at most; (*si besoin est*) in a pinch; **une tenue correcte est de ~** proper dress is essential
rillettes [ʀijɛt] *fpl: potted meat*
rime [ʀim] *f* rhyme
rimer [ʀime] <1> *vi* **~ avec qc** to rhyme with sth ▶**à quoi riment ces excentricités?** what's all this nonsense supposed to mean?; **ne ~ à rien** to make no sense
rimmel [ʀimɛl] *m* mascara
rinçage [ʀɛ̃saʒ] *m* rinsing
rince-doigts [ʀɛ̃sdwa] *m inv* **1.**(*bol*) finger bowl **2.**(*papier*) wipe
rincer [ʀɛ̃se] <2> **I.** *vt* **1.**(*laver*) to rinse **2.** *inf* (*doucher*) **se faire ~** to take a shower **II.** *vpr* **se ~ la bouche** to rinse one's mouth
ring [ʀiŋ] *m* SPORT ring
ringard(e) [ʀɛ̃gaʀ, aʀd] *inf* **I.** *adj* uncool **II.** *m(f)* has-been
rions [ʀ(i)jɔ̃] *indic prés et impératif de* **rire**
riposte [ʀipɔst] *f* **1.** riposte; **être prompt à la ~** to have a ready repartee **2.** SPORT riposte **3.** MIL counter-attack
riposter [ʀipɔste] <1> **I.** *vi* **1.**(*répondre*) *a.* SPORT to riposte; **~ à une attaque verbale** to come back against a verbal attack **2.** MIL to counter-attack **II.** *vt* (*rétorquer*) **~ qc** to answer back sth
ripou [ʀipu] <s *o* x> **I.** *adj inf* rotten **II.** *m inf* dirty cop
riquiqui [ʀikiki] *adj inv, inf* (*pièce*) tiny; (*portion*) stingy; **faire ~** to look dinky
rire [ʀiʀ] *irr* **I.** *vi* **1.**(*opp: pleurer*) to laugh; **faire ~ qn** to make sb laugh; **laisse(z)-moi ~!** *iron* don't make me laugh! **2.**(*se moquer*) **~ de qn/qc** to laugh at sb/sth **3.**(*s'amuser*) to have a laugh **4.**(*plaisanter*) to joke; **tu veux ~!** you're joking! ▶**~ dans sa barbe** to laugh to oneself; **sans ~?** no kidding? **II.** *m* **1.**(*action de rire*) laugh; **des ~s** laughter **2.**(*hilarité*) laughter; **fou ~** giggling
ris¹ [ʀi] *indic prés et passé simple de* **rire**
ris² [ʀi] *m* CULIN **~ de veau** calf sweetbread
ris³ [ʀi] *m* NAUT reef
risée [ʀize] *f* **être la ~ des voisins/du quartier** to be the laughing stock of the neighbors/the neighborhood
risible [ʀizibl] *adj* (*ridicule*) laughable
risque [ʀisk] *m* **1.**(*péril*) risk; **au ~ de déplaire** at the risk of upsetting you; **courir un ~/des ~s** to run a risk/risks **2.** *pl* (*préjudice possible*) risk; **les ~s du métier** *inf* the risks of the job ▶**à mes/tes ~s et périls** at my/your own risk
risqué(e) [ʀiske] *adj* (*hasardeux*) risky
risquer [ʀiske] <1> *vt* **1.**(*mettre en danger*) to risk **2.**(*s'exposer à*) **~ le renvoi/la prison** to risk being fired/going to prison; **~ la mort** to risk death; **il ne risque rien** there's no risk **3.**(*tenter, hasarder*) to chance; **~ le coup** to chance it; **~ un coup d'œil** to risk a glance ▶**ça (ne) risque pas!** *inf* not likely; **ça ne risque pas de m'arriver** no fear of that happening to me
risque-tout [ʀiskətu] *mf inv* daredevil
rissoler [ʀisɔle] <1> **I.** *vt* (*beignets*) to brown; (*pommes de terre*) to sauté; **pommes rissolées** sautéed potatoes **II.** *vi* (*pommes de terre, beignets*) to brown
ristourne [ʀistuʀn] *f* (*sur achat*) reduction
rit [ʀi] *indic prés de* **rire**
rital(e) [ʀital] <s> *m péj, inf* wop
rite [ʀit] *m* **1.**(*coutume*) ritual **2.** REL, SOCIOL (*cérémonial*) rite
ritournelle [ʀituʀnɛl] *f* ritornello
rituel [ʀitɥɛl] *m* REL, SOCIOL ritual
rituel(le) [ʀitɥɛl] *adj a.* REL, SOCIOL ritual
rivage [ʀivaʒ] *m* shore
rival(e) [ʀival, -o] <-aux> *adj, m(f)* rival
rivaliser [ʀivalize] <1> *vi* **1.**(*soutenir la comparaison*) **~ avec qn** to vie with sb; **~ avec qc** to compare with sth **2.**(*se disputer la palme*) **~ d'élégance** to try to outdo each other in elegance

rivalité [rivalite] *f* rivalry
rive [riv] *f* bank; ~ **droite/gauche** right/left bank
river [rive] <1> *vt* **1.** TECH (*clou, pointe*) to clinch; ~ **qc à un support** to rivet sth onto a support **2.** (*clouer*) ~ **qn** (*travail, maladie*) not to let sb go; **être rivé devant la télé** to be glued to the TV
riverain(e) [riv(ə)rɛ̃, ɛn] *m(f)* (*voisin*) resident
rivet [rivɛ] *m* rivet
Riviera [rivjɛra] *f* **la** ~ the Riviera
rivière [rivjɛr] *f* (*cours d'eau*) river
rixe [riks] *f* scuffle
riz [ri] *m* rice; ~ **au curry** curried rice; ~ **au lait** ≈ rice pudding; ~ **complet** brown rice; ~ **long** long-grain rice
rizière [rizjɛr] *f* paddy field
R.M.I. [ɛrɛmi] *m abr de* **revenu minimum d'insertion** *basic welfare benefit paid to the jobless*
RMIste, RMiste [ɛrɛmist] *v.* **érémiste**
R.N. [ɛrɛn] *f abr de* **route nationale** ≈ state route
R.N.I.S. [ɛrɛniɛs] *m abr de* **réseau de numérique à intégration de service** ISDN
roast-beef [rostbif] *m v.* **rosbif**
robe [rɔb] *f* (*vêtement féminin*) dress; ~ **de plage/du soir** beach/evening dress; **se mettre en** ~ to put on a dress
robe de chambre [rɔb də ʃɑ̃br] *f* dressing gown
robinet [rɔbinɛ] *m* tap; ~ **d'eau/du gaz** water/gas tap
robot [rɔbo] *m* **1.** (*machine automatique*) robot **2.** (*appareil ménager*) food processor
robotique [rɔbɔtik] *f* robotics + *vb sing*
robotisé(e) [rɔbɔtize] *adj* automated
robotiser [rɔbɔtize] <1> *vt* to automate; ~ **qn** to turn sb into a robot
robuste [rɔbyst] *adj* (*personne, plante*) hardy; (*appétit*) hearty; (*foi*) robust
robustesse [rɔbystɛs] *f* robustness; (*d'une personne, plante*) sturdiness
roc [rɔk] *m* (*pierre, personne*) rock ▶ **des convictions dures comme un** ~ rock-solid views; **solide comme un** ~ solid as a rock
rocade [rɔkad] *f* communications line
rocaille [rɔkaj] *f* (*cailloux*) loose rock
rocailleux, -euse [rɔkajø, -jøz] *adj* **1.** (*pierreux*) rocky **2.** (*rauque*) growly
rocambolesque [rɔkɑ̃bɔlɛsk] *adj* fantastic
roche [rɔʃ] *f* GEO rock
rocher [rɔʃe] *m* rock
Rocheuses [rɔʃøz] *fpl* **les** ~ the Rockies
rocheux, -euse [rɔʃø, -øz] *adj* rocky
rock [rɔk] *adj* **concert de** ~ rock concert
rock(-and-roll) [rɔkɛnrɔl] *m inv* rock('n' roll)
rocker [rɔkœr] *m*, **rockeur, -euse** [rɔkœr, -øz] *m, f* **1.** MUS (*musicien*) rock musician **2.** (*admirateur*) rocker **3.** *inf* (*jeune*) youngster
rocking-chair [rɔkiŋ(t)ʃɛr] <rocking-chairs> *m* rocking chair

rococo [rɔkɔko] **I.** *adj* **1.** ART **style** ~ rococo style **2.** *péj* outdated **II.** *m* rococo
rodage [rɔdaʒ] *m* **1.** (*adaptation*) acclimatization; (*d'un employé*) breaking in **2.** AUTO (*d'un moteur*) breaking in ▶ **être en** ~ (*voiture*) be breaking in; (*organisation, entreprise*) to be at the breaking-in stage
rodéo [rɔdeo] *m* **1.** (*des cow-boys*) rodeo **2.** *inf* (*avec moto, voiture*) joy ride
roder [rɔde] <1> *vt* **1.** AUTO, TECH ~ **qc** (*moteur, voiture, engrenages*) to break sth in; (*cames, soupapes*) to grind **2.** (*mettre au point*) ~ **un spectacle** to get a show on its feet; ~ **des méthodes** to get the methods to work smoothly; **l'actrice est (bien) rodée** the actress knows her stuff
rôder [rode] <1> *vi* ~ **dans les parages** to wander around
rôdeur, -euse [rodœr, -øz] *m, f* prowler
rogne [rɔɲ] *f inf* anger ▶ **se foutre en** ~ **contre qn** *inf* to get pissed off at sb
rogner [rɔɲe] <1> **I.** *vt* **1.** (*couper: ongles*) to cut; (*griffes, ailes*) to clip; (*page, pièce, plaque*) to trim **2.** (*mordre sur*) ~ **les salaires/les revenus** to gnaw at wages/income **II.** *vi* ~ **sur qc** to cut down on sth
rognon [rɔɲɔ̃] *m* CULIN kidney
roi [rwa] *m* **1.** (*souverain, a. dans les jeux*) king **2.** (*premier*) ~ **du pétrole** oil tycoon; **le** ~ **des imbéciles** the dumbest of the dumb ▶ **galette** [*o* **gâteau** *Midi*] **des Rois** Twelfth Night cake; **heureux comme un** ~ happy as a king; **être plus royaliste que le** ~ to be more Roman than the Pope; **tirer les** ~**s** to eat the Twelfth Night cake

> **i** The **galette des Rois** is a flat cake full of marzipan. In the South of France the **gâteau des Rois** is a sweet cake with candied fruit. In both types, a small figurine, the *fève*, is baked inside. The person who finds it in their slice becomes the 'king'.

Roi-Soleil [sɔlɛj] *m inv* **le** ~ the Sun King
roitelet [rwat(ə)lɛ] *m* **1.** ZOOL wren **2.** (*roi*) kinglet
rôle [rol] *m* **1.** THEAT, CINE role; **le premier** ~ the main role; ~ **de composition/de figurant** character/extra part **2.** (*fonction*) role ▶ **avoir le beau** ~ to have it easy
roller [rɔlœr] *m* Rollerblade®; **paire de** ~**s** pair of rollerblades; **faire du** ~ to blade
roller, -euse [rɔlœr, -øz] *m, f* (*patineur*) rollerblader
ROM [rɔm] *f inv abr de* **Read Only Memory** ROM
romain(e) [rɔmɛ̃, ɛn] *adj* Roman
Romain(e) [rɔmɛ̃, ɛn] *m(f)* Roman
roman [rɔmɑ̃] *m* **1.** LIT novel; ~ **épistolaire/policier** epistolary/detective novel **2.** ARCHIT, ART Romanesque
roman(e) [rɔmɑ̃, an] *adj* ARCHIT, ART Roman-

R

esque

romance [ʀɔmɑ̃s] *f* **1.** MUS romance **2.** (*chanson sentimentale*) ballad

romanche [ʀɔmɑ̃ʃ] **I.** *adj* **langue** ~ Romansh **II.** *m* Romansh; *v.a.* **français**

romancier, -ière [ʀɔmɑ̃sje, -jɛʀ] *m, f* novelist

romand(e) [ʀɔmɑ̃, ɑ̃d] *adj* **la Suisse ~e** French-speaking Switzerland

Romand(e) [ʀɔmɑ̃, ɑ̃d] *m(f)* French-speaking Swiss

romanesque [ʀɔmanɛsk] **I.** *adj* **1.** (*digne du roman: histoire*) fantastic; (*aventures, amours*) storybook **2.** (*sentimental*) romantic **3.** *postposé* (*propre au roman: technique*) novelistic **II.** *m* **le** ~ fiction; **se réfugier dans le** ~ to take refuge in fiction

roman-feuilleton [ʀɔmɑ̃fœjtɔ̃] <romans-feuilletons> *m* **1.** LIT serial novel **2.** (*histoire à rebondissements*) saga

romanichel(le) [ʀɔmaniʃɛl] *m(f) péj* Gypsy

roman-photo [ʀɔmɑ̃fɔto] <romans-photos> *m* photo novel

romantique [ʀɔmɑ̃tik] *adj, mf* romantic

romantisme [ʀɔmɑ̃tism] *m* LIT Romanticism

romarin [ʀɔmaʀɛ̃] *m* rosemary

rombière [ʀɔ̃bjɛʀ] *f inf* old hag

Rome [ʀɔm] Rome

rompre [ʀɔ̃pʀ] *irr* **I.** *vt* (*interrompre*) ~ **qc** (*fiançailles, pourparlers, relations*) to break sth off **II.** *vi* (*se séparer*) ~ **avec qn** to break it off with sb; ~ **avec une tradition** to break with a tradition

rompu(e) [ʀɔ̃py] **I.** *part passé de* **rompre** **II.** *adj* (*très fatigué*) worn out ▶ **parler à bâtons ~s** to have a good chat

romsteak, romsteck [ʀɔmstɛk] *m* rump steak

ronce [ʀɔ̃s] *f pl* (*épineux*) brambles

rond [ʀɔ̃] **I.** *m* **1.** (*cercle*) ring **2.** (*trace ronde*) ring; **~s de fumée** smoke ring; **~ de serviette** napkin ring **3.** *inf* (*argent*) **n'avoir pas un** ~ not to have a cent **II.** *adv* **avaler qc tout** ~ to swallow sth whole; **ne pas tourner** ~ *inf* (*personne*) to have sth the matter

rond(e) [ʀɔ̃, ʀɔ̃d] *adj* **1.** (*circulaire*) round **2.** (*rebondi*) round; (*personne*) plump **3.** (*net: chiffre, compte*) round **4.** *inf* (*ivre*) smashed

ronde [ʀɔ̃d] *f* **1.** (*tour de surveillance*) round; ~ **de police** police patrol **2.** (*danse*) round (dance); **faire la** ~ to dance in a circle **3.** (*danseurs*) ring ▶ **à la** ~ (*aux alentours*) around

rondelet(te) [ʀɔ̃dlɛ, ɛt] *adj* **1.** (*rondouillard*) tubby **2.** (*coquet: somme, salaire*) tidy

rondelle [ʀɔ̃dɛl] *f* CULIN slice; ~ **de carottes/pommes de terre** carrot/potato slice; **concombre coupé en ~s** sliced cucumber

rondement [ʀɔ̃dmɑ̃] *adv* **1.** (*tambour battant*) briskly **2.** (*franchement*) bluntly

rondeur [ʀɔ̃dœʀ] *f* (*forme ronde*) plumpness; **~s** curves; **~s de l'enfance** baby fat

rondin [ʀɔ̃dɛ̃] *m* log

rond-point [ʀɔ̃pwɛ̃] <ronds-points> *m* traffic circle

ronflement [ʀɔ̃fləmɑ̃] *m* **1.** (*respiration*) snore **2.** (*d'un avion, poêle*) roar

ronfler [ʀɔ̃fle] <1> *vi* **1.** (*respirer: personne*) to snore **2.** *inf* (*dormir*) to snore away

ronger [ʀɔ̃ʒe] <2a> **I.** *vt* **1.** (*grignoter*) to gnaw **2.** (*miner*) to sap; **être rongé par la maladie** to be ravaged by illness; **être rongé de remords** to suffer the pangs of remorse **II.** *vpr* **1.** (*se grignoter*) **se ~ les ongles** to bite one's nails **2.** (*se tourmenter*) **se ~ d'inquiétude** to worry oneself sick

rongeur, -euse [ʀɔ̃ʒœʀ, -øz] *m* rodent

ronron [ʀɔ̃ʀɔ̃] *m* **1.** (*ronronnement: du chat*) purr(ing) **2.** *inf* (*d'une machine, d'un moteur*) drone **3.** *inf* (*monotonie*) **le ~ de la vie quotidienne** the daily grind

ronronnement [ʀɔ̃ʀɔnmɑ̃] *m* purring, purr

ronronner [ʀɔ̃ʀɔne] <1> *vi* (*chat*) to purr; **ronronner de satisfaction** to purr with satisfaction

roquefort [ʀɔkfɔʀ] *m* Roquefort

rosace [ʀozas] *f* rose window

rosbif [ʀɔzbif] *m* CULIN roast beef

rose[1] [ʀoz] *f* BOT rose ▶ **frais comme une ~** fresh as a daisy; **envoyer qn sur les ~s** *inf* to send sb packing

rose[2] [ʀoz] **I.** *adj* **1.** (*rouge pâle*) pink **2.** (*érotique: messagerie*) sex; **téléphone ~** sex chat line **II.** *m* pink; **~ saumon** salmon pink; **~ bonbon** candy pink ▶ **voir la vie/tout en ~** to see life/things through rose-tinted glasses

rosé [ʀoze] *m* (*vin*) rosé (wine)

rosé(e) [ʀoze] *adj* rosé

roseau [ʀozo] <x> *m* reed; **être souple comme un ~** to bend like a reed

rosée [ʀoze] *f* dew

roseraie [ʀozʀɛ] *f* rose garden

rosette [ʀozɛt] *f* **1.** (*ornement, décoration*) bow **2.** CULIN *type of sausage*

rosier [ʀozje] *m* rosebush

rosse [ʀɔs] **I.** *adj* (*méchant: personne*) nasty **II.** *f inf* (*personne*) **quelle vieille ~!** what a nasty old son of a gun!

rosser [ʀɔse] <1> *vt* **~ qn** to thrash; **se faire ~ par qn** to get a thrashing from sb

rossignol [ʀɔsiɲɔl] *m* **1.** (*oiseau*) nightingale **2.** *inf* COM piece of junk **3.** (*passe-partout*) skeleton key

rot [ʀo] *m* (*renvoi*) belch, burp; **faire/lâcher un ~** to belch; (*bébé*) to burp

rotation [ʀɔtasjɔ̃] *f* **1.** (*mouvement*) rotation **2.** AVIAT, NAUT roundtrip **3.** (*série périodique d'opérations*) **~ des stocks** stock rotation; **~ du personnel/du capital** staff/capital turnover

rotative [ʀɔtativ] *f* press

roter [ʀɔte] <1> *vi inf* to burp

rôti [ʀoti] *m* roast; **~ de bœuf/porc/veau** roast beef/pork/veal

rotin [ʀɔtɛ̃] *m* cane; **des meubles en ~** cane furniture

rôtir [ʀotiʀ, ʀɔtiʀ] <8> **I.** *vt a. inf* CULIN (*brûler*) to roast **II.** *vi* **1.** CULIN to roast; **faire ~ qc** to roast sth **2.** *inf* (*être exposé au soleil*) to fry in the sun **III.** *vpr inf* **se** (**faire**) ~ to fry in the sun

rôtisserie [ʀɔtisʀi] *f* **1.** (*magasin*) rotisserie **2.** (*restaurant*) steak house

rôtissoire [ʀɔtiswaʀ] *f* rotisserie

rotonde [ʀɔtɔ̃d] *f* rotunda

rotule [ʀɔtyl] *f* ANAT kneecap ▶ **je suis sur les ~s** *inf* I'm on my last legs

roturier, -ière [ʀɔtyʀje, -jɛʀ] **I.** *adj* HIST common **II.** *m, f* HIST commoner

rouage [ʀwaʒ] *m* **1.** (*élément constituant*) **les ~s** the workings **2.** TECH cog

roublard(**e**) [ʀublaʀ, aʀd] **I.** *adj inf* wily **II.** *m(f) inf* wily devil

roublardise [ʀublaʀdiz] *f* wiliness

rouble [ʀubl] *m* ruble

roucoulades [ʀukulad] *fpl*, **roucoulement** [ʀukulmɑ̃] *m* **1.** (*du pigeon, de la tourterelle*) cooing **2.** *pl, fig, inf* (*propos tendres*) sweet nothings

roucouler [ʀukule] <1> **I.** *vi* **1.** ZOOL to coo **2.** *iron* (*tenir des propos tendres*) to bill and coo **II.** *vt iron* to murmur

roue [ʀu] *f* **1.** (*partie d'un véhicule*) wheel; **~ arrière/avant** rear/front wheel; **~ de secours** AUTO spare tire **2.** TECH wheel; **la ~ du moulin** the mill wheel **3.** (*supplice*) **la ~** the wheel ▶ **être la cinquième ~ du carrosse** to be a fifth wheel

roué(**e**) [ʀwe] *adj* (*rusé*) sly

rouer [ʀwe] <1> *vt* (*rosser*) **~ qn de coups** to thrash sb

rouet [ʀwɛ] *m* spinning wheel

rouge [ʀuʒ] **I.** *adj* **1.** (*de couleur rouge*) red; **poisson ~** goldfish **2.** (*congestionné*) red; **~ de colère** red with anger; **~ comme une écrevisse** red as a lobster **3.** (*incandescent*) red (hot); **la braise est encore ~** the coals are still glowing red **4.** POL red **5.** (*délicat*) **journée classée ~ pour le trafic routier** peak traffic day **II.** *m* **1.** (*couleur*) red; **le feu est au ~** the light has turned red **2.** *inf* (*vin*) red (wine); **un verre de ~** a glass of red; **gros ~** *inf* cheap red wine **3.** (*fard*) rouge; **~ à lèvres** lipstick; **se mettre du ~** to put some rouge on **III.** *adv* **se fâcher tout ~** to get hot under the collar; **voir ~** to see red

rougeâtre [ʀuʒɑtʀ] *adj* reddish; **brun ~** reddish brown

rougeaud(**e**) [ʀuʒo, od] **I.** *adj* ruddy **II.** *m(f)* **un gros ~** a big red-faced individual

rouge-gorge [ʀuʒgɔʀʒ] <rouges-gorges> *m* robin

rougeole [ʀuʒɔl] *f* measles

rougeoyant(**e**) [ʀuʒwajɑ̃, jɑ̃t] *adj* (*cendres*) glowing; (*reflet*) gleaming red

rougeoyer [ʀuʒwaje] <6> *vi* blazing

rouget [ʀuʒɛ] *m* (*poisson*) mullet

rougeur [ʀuʒœʀ] *f* **1.** (*carnation rouge*) red face; **la ~ de son nez** his red nose **2.** (*tache*) red blotch; **~s** rash + *vb sing*

rougi(**e**) [ʀuʒi] *adj* red

rougir [ʀuʒiʀ] <8> *vi* **1.** (*exprimer une émotion: personne*) to blush; **~ de confusion/plaisir** to blush with embarrassment/pleasure; **~ de colère** to get red with anger **2.** (*avoir honte*) **~ de qn** to be ashamed of sb; **faire ~ qn** to make sb ashamed **3.** (*devenir rouge*) to go red

rouille [ʀuj] *f* rust

rouillé(**e**) [ʀuje] *adj* **1.** (*couvert de rouille*) rusty **2.** (*sclérosé*) rusty; (*muscles*) stiff

rouiller [ʀuje] <1> *vi* (*se couvrir de rouille*) to rust

roulant(**e**) [ʀulɑ̃, ɑ̃t] *adj* **1.** (*sur roues*) **fauteuil ~** wheelchair **2.** CHEMDFER **personnel ~** train crews *pl* **3.** (*mobile*) moving; **escalier ~** escalator; **tapis ~** (*pour passagers*) moving walkway; (*dans une usine*) conveyor belt

roulé(**e**) [ʀule] *adj* **col ~** polo neck ▶ **bien ~** *inf* with a good figure

rouleau [ʀulo] <x> *m* **1.** (*bigoudi*) roller **2.** (*bande enroulée*) roll; **un ~ de pièces** a roll of coins **3.** TECH **~ de peintre** paint roller **4.** (*vague*) roller

roulement [ʀulmɑ̃] *m* **1.** (*du tonnerre*) roll; **~ de tambour** drum roll **2.** (*des yeux*) rolling **3.** (*alternance*) rotation **4.** (*des capitaux, fonds*) turnover **5.** TECH bearing; **~ à billes** ball bearing

rouler [ʀule] <1> **I.** *vt* **1.** (*faire avancer*) to roll; (*brouette, poussette*) to push **2.** (*enrouler*) to roll; **~ un parapluie/une crêpe** to roll up an umbrella/a pancake **3.** (*enrouler, enrober*) **~ qc dans la farine** to roll sth in flour **4.** *inf* (*tromper*) to trick; **se faire ~ par qn** to get conned by sb **5.** (*faire tourner une partie du corps: épaules*) to sway; (*hanches*) to swing **II.** *vi* **1.** (*se déplacer sur roues: objet*) to roll; (*voiture*) to go; (*conducteur*) to drive; **on roulait vite** we were going fast; **~ en Mercedes** to drive a Mercedes **2.** (*tourner sur soi*) to roll; **~ sous la table** (*personne*) to fall under the table ▶ **ça roule** *inf* everything's fine!; **allez roulez!** *inf* here we go! **III.** *vpr* (*se vautrer*) **se ~ par terre/dans l'herbe** to roll on the ground/in the grass; **c'est vraiment à se ~ par terre** it will make you fall over laughing

roulette [ʀulɛt] *f* **1.** (*petite roue*) wheel; **patins à ~s** roller skates **2.** (*jeu*) roulette; **~ russe** Russian roulette ▶ **marcher comme sur des ~s** *inf* to go off without a hitch

roulis [ʀuli] *m* rolling

roulotte [ʀulɔt] *f* trailer

roumain [ʀumɛ̃] *m* Romanian; *v.a.* **français**

roumain(**e**) [ʀumɛ̃, ɛn] *adj* Romanian

Roumain(**e**) [ʀumɛ̃, ɛn] *m(f)* Romanian

Roumanie [ʀumani] *f* **la ~** Romania

round [ʀaund, ʀund] *m* SPORT *a. fig* round

roupettes [ʀupɛt] *fpl inf* balls

roupie [ʀupi] *f* FIN rupee

roupiller [ʀupije] <1> *vi inf* to snooze

roupillon [ʀupijɔ̃] *m inf* nap; **piquer un ~** to have a nap [*o* a snooze]

rouquin(**e**) [ʀukɛ̃, in] **I.** *adj* (*personne*) redheaded; (*cheveux*) red **II.** *m(f)* redhead

rouspéter [ʀuspete] <4> *vi inf* **~ contre qn/**

qc to grumble about sb/sth; **se faire ~** to get bawled out
rousseur [ʀusœʀ] *f* reddishness
roussi [ʀusi] *m* **ça sent le ~** (*sentir le brûlé*) there's a smell of burning; (*être suspect*) it smells fishy
routard(e) [ʀutaʀ, aʀd] *m(f)* backpacker
route [ʀut] *f* **1.** (*voie*) road; **la ~ de Paris** the Paris road; **~ nationale/départementale** main/secondary highway; **~ secondaire** secondary route **2.** (*voyage*) travel; **trois heures de ~** (*en voiture*) three hours' driving; (*à pied*) three hours' walk; **être en ~ pour Paris** to be on the way to Paris; **bonne ~!** drive safely! **3.** (*itinéraire, chemin*) way; NAUT, AVIAT path; **demander sa ~** to ask one's way; **être sur la bonne ~** to be going the right way; **feuille de ~** POL road map ▶ **faire fausse ~** to go the wrong way; (*se tromper*) to be on the wrong track; **faire de la ~** to be out on the road a lot; **mettre qc en ~** to get sth started; **en ~!** off we go!
routier, -ière [ʀutje, -jɛʀ] **I.** *adj* (*relatif à la route*) road; **prévention routière** traffic safety **II.** *m, f* (*camionneur*) trucker
routine [ʀutin] *f a.* INFORM routine; **contrôle/visite de ~** routine check/visit
rouvrir [ʀuvʀiʀ] <11> **I.** *vt, vi* to reopen **II.** *vpr* **se ~** (*porte*) to open again; (*blessure, plaie, débat*) to be reopened
roux [ʀu] *m* **1.** (*couleur*) reddish brown **2.** CULIN roux
roux, rousse [ʀu, ʀus] **I.** *adj* (*personne*) redheaded; (*cheveux*) red; (*barbe, feuillage*) reddish; (*pelage, robe de cheval*) chestnut **II.** *m, f* (*personne*) redhead
royal(e) [ʀwajal, -o] <-aux> *adj* **1.** (*propre à un roi*) royal; **prince ~/princesse ~e** prince/princess royal **2.** (*digne d'un roi*) regal **3.** (*indifférence*) utter; (*paix*) perfect
royalement [ʀwajalmɑ̃] *adv* **1.** (*magnifiquement: vivre*) like a king **2.** *inf* (*complètement*) **je m'en moque ~** I couldn't give a damn
royaume [ʀwajom] *m* (*monarchie*) kingdom
Royaume-Uni [ʀwajomyni] *m* **le ~** the United Kingdom
royauté [ʀwajote] *f* **1.** (*régime*) monarchy **2.** (*fonction*) royalty
RPR [ɛʀpeɛʀ] *m abr de* **Rassemblement pour la république** *French political party of the right*
RSVP [ɛʀɛsvepe] *abr de* **répondez s'il vous plaît** RSVP
RTT [ɛʀtete] *f abr de* **réduction du temps de travail** reduction of working hours; **être en ~** to be on a shortened work week
ruade [ʀɥad] *f* kick
ruban [ʀybɑ̃] *m* **1.** (*bande de tissu*) ribbon **2.** (*insigne de décoration*) **~ de la Légion d'honneur** ribbon [*o* riband] of the Legion of Honor **3.** (*autres matériaux*) tape; **~ magnétique** *a.* INFORM magnetic tape; **~ adhésif** adhesive tape
rubéole [ʀybeɔl] *f* rubella
rubis [ʀybi] *m* (*pierre précieuse*) ruby
rubrique [ʀybʀik] *f* **1.** PRESSE (*section*) page(s); (*article*) column; **~ littéraire/sportive** the book/sports page; **~ des spectacles** the entertainment section **2.** (*titre, catégorie*) heading
ruche [ʀyʃ] *f* hive
rude [ʀyd] *adj* **1.** (*pénible: climat, montée*) hard **2.** (*rugueux: peau, surface, étoffe*) rough **3.** (*fruste: personne*) rough; (*manières*) rough and ready; (*traits*) rugged **4.** *antéposé* (*redoutable: gaillard*) hearty **5.** *antéposé, inf* (*sacré: appétit*) hearty
rudement [ʀydmɑ̃] *adv inf* (*sacrément*) awfully; **avoir ~ peur** to have the scare of one's life
rudesse [ʀydɛs] *f* **1.** (*d'une personne*) roughness; **la ~ de son langage/ses manières** his rough language/manners **2.** (*des conditions de vie*) harshness; **la ~ du climat/de l'hiver** the harsh climate/winter
rudimentaire [ʀydimɑ̃tɛʀ] *adj* (*sommaire: connaissances, installation*) basic
rudiments [ʀydimɑ̃] *mpl* basics; **avoir des ~ de français** to have basic French
rudoyer [ʀydwaje] <6> *vt* **~ qn** to treat sb harshly
rue [ʀy] *f* **1.** (*artère*) street; **~ commerçante/à sens unique** shopping/one-way street; **~ piétonne** pedestrians only street; **en pleine ~** in the middle of the street; **dans la ~** in the street; **traîner dans les ~s** to hang around in the streets **2.** (*ensemble des habitants*) **toute la ~ la connaît** the whole street knows her ▶ **courir les ~s** (*personne*) to wander through the streets; (*chose*) to be perfectly ordinary; **ça ne court pas les ~s** you don't find a lot of them around
ruée [ʀɥe] *f* rush; **~ vers l'or** gold rush
ruelle [ʀɥɛl] *f* lane
ruer [ʀɥe] <1> **I.** *vi* (*cheval, âne*) to kick **II.** *vpr* **se ~ sur qn/qc** to rush at sb/sth
rugby [ʀygbi] *m* rugby
rugbyman [ʀygbiman, -mɛn] <s *o* -men> *m* rugby player
rugir [ʀyʒiʀ] <8> **I.** *vi* **1.** to bellow; **~ de colère** to roar with anger **2.** (*mugir, gronder*) to roar; **faire ~ son moteur** to rev one's engine **II.** *vt* (*insultes, menaces*) to bellow
rugissement [ʀyʒismɑ̃] *m* (*d'un fauve*) roar
rugueux, -euse [ʀygø, -øz] *adj* rough
ruine [ʀɥin] *f* **1.** *pl* (*décombres*) ruins **2.** (*édifice délabré*) ruin **3.** (*personne*) wreck **4.** (*destruction*) **en ~(s)** in ruins; **tomber en ~(s)** to go to ruin; **menacer de tomber en ~(s)** to be in danger of falling down **5.** (*perte de biens*) ruin; **courir à la ~** to be headed for ruin
ruiner [ʀɥine] <1> **I.** *vt* **1.** (*dépouiller de sa richesse*) to ruin **2.** (*détruire*) to ruin; **~ tous les espoirs de qn** to dash all sb's hopes **3.** (*coûter cher*) **ça (ne) va pas te ~** *inf* it won't ruin you **II.** *vpr* **se ~ pour qn** to bankrupt oneself for sb
ruineux, -euse [ʀɥinø, -øz] *adj* (*voiture,*

voyage) ruinously expensive; (*dépense*) ruinous; **ce n'est pas ~** it won't break the bank
ruisseau [ʀɥiso] <x> *m* stream
ruisselant(**e**) [ʀɥis(ə)lɑ̃, ɑ̃t] *adj* **1.** (*coulant*) streaming **2.** (*couvert*) **~ de sueur/de sang** dripping with sweat/blood
ruisseler [ʀɥis(ə)le] <3> *vi* **1.** (*couler*) to stream **2.** (*être couvert de*) **~ de sueur** to be dripping with sweat
ruissellement [ʀɥisɛlmɑ̃] *m* stream
rumeur [ʀymœʀ] *f* (*bruit qui court*) rumor; **la ~ publique** rumor; **faire courir une ~** to spread a rumor
ruminant [ʀyminɑ̃] *m* ruminant
ruminer [ʀymine] <1> **I.** *vt* **1.** (*ressasser*) to ponder; **~ son chagrin** to brood over one's sorrows **2.** ZOOL to ruminate **II.** *vi* to chew the cud
rumsteck *m v.* **romsteak**
rupestre [ʀypɛstʀ] *adj* rock
rupin(**e**) [ʀypɛ̃, in] **I.** *adj inf* (*personne, appartement*) swank **II.** *m(f) inf* filthy rich guy
rupture [ʀyptyʀ] *f* **1.** (*cassure*) break **2.** (*déchirure: d'une corde*) breaking; (*d'un tendon, d'une veine*) tearing **3.** (*annulation: de fiançailles*) breaking off; **~ de contrat/traité** breach of contract/a treaty **4.** (*séparation*) breakup
rural(**e**) [ʀyʀal, -o] <-aux> **I.** *adj* (*vie, région*) country; (*exploitation, économie*) rural; **pays ~** country area **II.** *m(f)* country person
ruse [ʀyz] *f* (*subterfuge*) ruse
rusé(**e**) [ʀyze] **I.** *adj* crafty **II.** *m(f)* crafty individual
ruser [ʀyze] <1> *vi* to use trickery
russe [ʀys] *adj, m* Russian; *v.a.* **français**
Russe [ʀys] *mf* Russian; **~ blanc** White Russian
Russie [ʀysi] *f* **la ~** Russia
rustine [ʀystin] *f* tire patch
rustique [ʀystik] *adj* (*mobilier, objets, outils*) rustic; (*personne, vie, coutumes*) country; (*arbre, plante*) hardy
rustre [ʀystʀ] **I.** *adj* boorish **II.** *m* lout
rut [ʀyt] *m* rut; **en ~** in rut
rutilant(**e**) [ʀytilɑ̃, ɑ̃t] *adj* sparkling
R.-V. [ɛʀve] *m abr de* **rendez-vous** meeting
rythme [ʀitm] *m* **1.** MUS rhythm **2.** (*allure, cadence*) rate; **ne pas pouvoir suivre le ~** not to be able to keep up; **au ~ de qc** at the rate of sth **3.** (*mouvement régulier*) **~ cardiaque/respiratoire** cardiac/respiratory rate
rythmé [ʀitme] *adj* rhythmical
rythmer [ʀitme] <1> *vt* (*cadencer*) **~ qc** to mark the rhythm of sth
rythmique [ʀitmik] **I.** *adj* rhythmical; **guitare ~** rhythm guitar **II.** *f* (*danse*) rhythmics + *vb sing*

S

S, s [ɛs] *m inv* S, s; **~ comme Suzanne** (*au téléphone*) s as in Sierra ▶ **virage en S** zigzag turn
s *f inv abr de* **seconde** s
S *abr de* **sud**
s' *v.* **se, si**
sa [sa, se] <ses> *dét poss* (*d'un homme*) his; (*d'une femme*) her; (*d'une chose, d'un animal*) its; *v.a.* **ma**
SA [ɛsɑ] *f abr de* **société anonyme** limited company
sabbat [saba] *m* REL Sabbath; **jour du ~** Sabbath day
sabbatique [sabatik] *adj* sabbatical
sablage [sɑblaʒ] *m* sanding
sable [sɑbl] **I.** *m* sand; **~s mouvants** quicksand **II.** *adj inv* sandy
sablé [sɑble] *m* CULIN ≈ shortbread cookie
sablé(**e**) [sɑble] *adj* CULIN **gâteau ~** ≈ shortbread cookie; **pâte ~e** sugar dough
sabler [sɑble] <1> *vt* **1.** (*couvrir de sable*) to sand **2.** *fig* **~ le champagne** to crack open a bottle of champagne
sableuse [sɑbløz] *f* (*appareil pour couvrir de sable*) sander
sableux, -euse [sɑblø, -øz] *adj* sandy
sablonneux, -euse [sɑblɔnø, -øz] *adj* sandy
sabord [sabɔʀ] *m* scuttle
saborder [sabɔʀde] <1> *vt* **1.** (*projet*) to scupper **2.** NAUT (*bateau, flotte*) to scuttle
sabot [sabo] *m* **1.** (*chaussure*) clog **2.** ZOOL hoof **3.** (*pour les véhicules*) **~ de Denver** Denver boot
sabotage [sabɔtaʒ] *m* sabotage
saboter [sabɔte] <1> *vt* **1.** (*détruire volontairement*) *a. fig* to sabotage **2.** (*bâcler*) to botch
saboteur, -euse [sabɔtœʀ, -øz] *m, f* saboteur
sabre [sɑbʀ] *m* (*arme*) SPORT saber
sabrer [sɑbʀe] <1> *vt* **1.** (*biffer*) to cross out **2.** (*raccourcir*) to hack at **3.** (*ouvrir*) **~ le champagne** to open the champagne, (traditionally by removing the cork with a blow from a saber) **4.** *inf* (*bâcler*) **~ qc** to make a hash of sth
sac[1] [sak] **I.** *m* **1.** bag; **~ à pommes de terre** potato sack; **~ congélation** freezer bag; **~ de couchage** sleeping bag; **~ à main** purse; **~ à provisions** shopping bag; **~ d'écolier** school bag; **~ de marin** kit bag; **~ de plage/sport/voyage** beach/sport/travel bag; **~ à dos** backpack **2.** *inf* HIST (*dix francs ou mille anciens francs*) ten francs ▶ **~ d'embrouilles** [*o* **de nœuds**] *inf* can of worms; **l'affaire est/c'est dans le ~** *inf* the thing's/it's in the bag; **vider son ~** *inf* to get everything off one's chest **II.** *app inv* (*robe*) dress
sac[2] [sak] *m* (*pillage*) sack; **mettre à ~** to sack
saccade [sakad] *f* jolt; **par ~s** jerkily

S

saccadé(**e**) [sakade] *adj* (*respiration, rire*) halting; (*bruit*) staccato

saccage [sakaʒ] *m* **1.** (*pillage*) ransacking **2.** (*dévastation*) havoc

saccager [sakaʒe] <2a> *vt* (*dévaster*) to wreck; (*récolte*) to destroy

SACEM [sasɛm] *f abr de* **Société des auteurs, compositeurs et éditeurs de musique** *French association responsible for managing royalties*

sacerdoce [sasɛʀdɔs] *m* **1.** REL priesthood **2.** (*vocation*) vocation

sachant [saʃɑ̃] *part prés de* **savoir**

sache [saʃ] *subj prés de* **savoir**

sachet [saʃɛ] *m* bag; (*petit emballage fermé*) sachet; **~ de bonbons** bag of candy

sacoche [sakɔʃ] *f* **1.** (*sac*) bag; **~ de cycliste** saddlebag **2.** *Belgique* (*sac à main* (*de femme*)) purse

sac-poubelle [sakpubɛl] <sacs-poubelles> *m* garbage bag

sacquer [sake] <1> *vt inf* **1.** (*renvoyer*) to fire; **se faire ~** to get fired **2.** (*noter sévèrement*) **~ qn** to give sb a lousy grade; **se faire ~** to get a lousy grade **3.** (*détester*) **je ne peux pas la ~** I can't stand (the sight of) her

sacraliser [sakʀalize] <1> *vt* **~ qc** to look on sth as sacred

sacre [sakʀ] *m* **1.** (*cérémonie religieuse: d'un souverain, évêque*) consecration **2.** (*consécration: du printemps*) rite **3.** *Québec* (*jurement, formule de juron*) swearword

sacré [sakʀe] *m* sacred

sacré(**e**) [sakʀe] *adj* **1.** REL sacred; (*édifice*) holy **2.** *fig* (*horreur, terreur*) holy **3.** (*inviolable: droits, lois*) sacred **4.** *antéposé, inf* (*maudit*) **~ nom d'un chien!** hell! **5.** *antéposé, inf* (*satané*) damned; (*farceur, gaillard, talent*) real; **avoir un ~ toupet** to have one hell of a nerve; **cette ~e Lina a encore gagné!** Lina has gone and won again!

sacrebleu [sakʀəblø] *interj* my goodness!

Sacré-Cœur [sakʀekœʀ] *m sans pl* Sacred Heart

sacrement [sakʀəmɑ̃] *m* sacrament; **derniers ~s** last rites

sacrément [sakʀemɑ̃] *adv inf* damned

sacrer [sakʀe] <1> *vt* **1.** (*introniser*) to consecrate **2.** (*déclarer*) **être sacré le meilleur roman de l'année** to be declared the best novel of the year

sacrifice [sakʀifis] *m* sacrifice; **faire le ~ de qc pour qc** to sacrifice sth for sth

sacrifié(**e**) [sakʀifje] *m(f)* sacrificed; (*prix*) giveaway

sacrifier [sakʀifje] <1> **I.** *vt* **1.** (*renoncer à*) **~ qc pour** [*o* **à**] **qc** to sacrifice sth for sth **2.** (*négliger: personnage, rôle*) to neglect **3.** COM (*marchandises*) to give away; (*prix*) to slash **4.** REL to sacrifice **II.** *vpr* **se ~ pour ses enfants** to sacrifice oneself for one's children

sacrilège [sakʀilɛʒ] **I.** *adj a.* REL sacrilegious **II.** *m a.* REL (*profanation*) sacrilege

sacristain, sacristine [sakʀistɛ̃, sakʀistin] *m, f* sacristan

sacristie [sakʀisti] *f* sacristy

sacro-saint(**e**) [sakʀosɛ̃, sɛ̃t] <sacro-saints> *adj iron* sacrosanct

sadique [sadik] **I.** *adj* sadistic **II.** *mf* sadist

sadisme [sadism] *m* sadism

sadomaso [sadomazo] *inv, inf,* **sadomasochiste** [sadomazɔʃist] **I.** *adj* sadomasochistic **II.** *mf* sadomasochist

safari [safaʀi] *m* safari

safari-photo [safaʀifɔto] <safaris-photos> *m* photo safari

safran [safʀɑ̃] **I.** *m* **1.** CULIN, BOT saffron **2.** (*couleur*) saffron (yellow) **II.** *adj inv* saffron (yellow)

sagace [sagas] *adj* sagacious

sagacité [sagasite] *f* sagacity

sagaie [sagɛ] *f* assegai

sage [saʒ] **I.** *adj* **1.** (*avisé: conseil, personne*) wise **2.** (*docile: écolier, enfant*) well-behaved **3.** (*chaste: jeune fille*) good **4.** (*décent, modéré: goût, vêtement*) restrained **II.** *m* wise man; **conseil des ~s** advisory committee

sage-femme [saʒfam] <sages-femmes> *f* midwife

sagement [saʒmɑ̃] *adv* **1.** (*raisonnablement*) wisely **2.** (*modérément: user*) wisely **3.** (*docilement*) quietly **4.** (*chastement*) modestly

sagesse [saʒɛs] *f* wisdom; **agir avec ~** to act wisely; **avoir la ~ de** +*infin* to have the good sense to +*infin* ►**~ des <u>nations</u>** traditional wisdom

Sagittaire [saʒitɛʀ] *m* Sagittarius; *v.a.* **Balance**

sagouin(**e**) [sagwɛ̃, in] *m(f) inf* (*personne malpropre*) slob

Sahara [saaʀa] *m* **le ~** the Sahara

saharien(**ne**) [saaʀjɛ̃, jɛn] *adj* Saharan

saharienne [saaʀjɛn] *f* safari jacket

Sahel [saɛl] *m* **le ~** the Sahel

saignant(**e**) [sɛɲɑ̃, ɑ̃t] *adj* (*rouge: bifteck, viande*) rare

saignement [sɛɲmɑ̃] *m* (*perte de sang, fait de saigner*) bleeding; **les ~s de nez** nosebleeds

saigner [seɲe] <1> **I.** *vi* to bleed; **~ du nez** to have a nosebleed ►**ça <u>va</u> ~!** the fur will fly! **II.** *vt* **1.** MED to bleed **2.** (*tuer: animal*) to kill; (*personne*) to bleed **3.** (*exploiter*) **~ qn** to bleed sb dry **III.** *vpr* **se ~ pour qn** to bleed oneself dry for sb

saillant [sajɑ̃] *m* (*d'un bastion*) salient; (*d'une frontière*) projection

saillant(**e**) [sajɑ̃, jɑ̃t] *adj* **1.** (*protubérant: corniche*) projecting; (*pommettes*) high; (*veine, yeux, muscle*) protruding; (*front, menton*) protuberant; (*angle*) salient **2.** (*important: événement*) salient; (*trait*) notable

saillir [sajiʀ] <8> *vt* to cover

sain(**e**) [sɛ̃, sɛn] *adj* **1.** (*affaire, gestion*) healthy; (*constitution, politique, lectures*) sound **2.** (*non abîmé*) sound ►**~ et <u>sauf</u>** safe and sound

saindoux [sɛ̃du] *m* lard
saint(e) [sɛ̃, sɛ̃t] **I.** *adj* **1.** REL holy; **~es huiles** holy oils; **jeudi ~** Maundy Thursday; **vendredi ~** Good Friday; **samedi ~** Easter Saturday **2.** *antéposé* (*inspiré par la piété*) **une ~e colère** an almighty rage **II.** *m(f)* REL saint; **~ patron** patron saint; **le ~ des saints** the Holy of Holies ▶**ne pas savoir à quel ~ se vouer** not to know which way to turn
Saint(e) [sɛ̃, sɛ̃t] *adj* **la ~e Vierge** the Blessed Virgin
Saint-Barthélemy [sɛ̃baʀtelemi] *f sans pl* **la ~** the Saint Bartholomew's Day massacre
saint-bernard [sɛ̃bɛʀnaʀ] <saint-bernard(s)> *m* **1.** (*chien*) St. Bernard **2.** (*âme secourable*) good samaritan
saint-cyrien(ne) [sɛ̃siʀjɛ̃, jɛn] <saint-cyriens> *m(f): military cadet from the St. Cyr academy*
Saint-Domingue [sɛ̃dɔmɛ̃g(ə)] Santo Domingo
Sainte-Catherine [sɛ̃tkatʀin] *f sans pl* **elle coiffe ~** she's 25 and unmarried
Sainte-Hélène [sɛ̃telɛn(ə)] GEO Saint Helena
Sainte-Lucie [sɛ̃tlysi] *f* Saint Lucia
sainte-nitouche [sɛ̃tnituʃ] <saintes-nitouches> *f* goody-goody
Saint-Esprit [sɛ̃tɛspʀi] *m sans pl* **le ~** the Holy Spirit
sainteté [sɛ̃tte] *f* holiness
Sainteté [sɛ̃tte] *f* **Sa/Votre ~** His/Your Holiness
saint-frusquin [sɛ̃fʀyskɛ̃] *m inv, inf* gear
saint-gallois, saint-galloise [sɛ̃galwa, waz] *adj* of Sankt Gallen
Saint-Gallois, Saint-Galloise [sɛ̃galwa, waz] *m, f* person from Sankt Gallen
saint-glinglin [sɛ̃glɛ̃glɛ̃] *f sans pl, inf* **à la ~** one fine day
saint-honoré [sɛ̃tɔnɔʀe] *m inv pastry topped with cream and meringue*
Saint-Jean [sɛ̃ʒɑ̃] *f sans pl* **la ~** Midsummer Day
Saint-Jean-Baptiste [sɛ̃ʒɑ̃batist] *m* St. John the Baptist

> **i** **La Saint-Jean-Baptiste** on July 24 is the national holiday for French Canada (more important for French Canadians than the Canadian national holiday, Canada Day on July 1). During the celebration people dance around high piles of logs.

Saint-Laurent [sɛ̃lɔʀɑ̃] *m* **le ~** the St. Lawrence
saint-lucien(ne) [sɛ̃lysjɛ̃, ɛn] *adj* Saint Lucian
Saint-Lucien(ne) [sɛ̃lysjɛ̃, ɛn] *m(f)* Saint Lucian
Saint-Marin [sɛ̃maʀɛ̃] *m* San Marino
Saint-Nicolas [sɛ̃nikɔla] *f sans pl* **la ~** St. Nicholas Day
Saint-Père [sɛ̃pɛʀ] <Saints-Pères> *m* Holy Father
Saint-Pierre [sɛ̃pjɛʀ] *m sans pl* Saint Peter's (Basilica)
Saint-Pierre-et-Miquelon [sɛ̃pjɛʀemikəlɔ̃] *m* Saint Pierre and Miquelon
Saint-Siège [sɛ̃sjɛʒ] *m* the Holy See
Saint-Sylvestre [sɛ̃silvɛstʀ] *f sans pl* New Year's Eve
sais [sɛ] *indic prés de* **savoir**
saisie [sezi] *f* **1.** JUR seizure; **~ immobilière** seizure of property; **~ mobilière** distress **2.** (*confiscation*) seizure **3.** INFORM data entry; (*chez l'imprimeur*) keyboarding; **~ de données** data input; **~ de l'écran** screen shot
saisir [seziʀ] <8> **I.** *vt* **1.** (*prendre*) **~ qn par les épaules** to grab sb by the shoulders; **~ qn à bras le corps** to seize sb bodily **2.** (*attraper: ballon, corde*) to catch **3.** (*mettre à profit: chance*) to grab; (*occasion*) to seize **4.** (*comprendre*) to catch **5.** (*impressionner*) **~ qn** (*beauté, ressemblance, changement*) to strike sb **6.** CULIN (*viande*) to sear **7.** (*confisquer*) to seize **8.** JUR (*commission*) to submit a case to; **~ un tribunal d'une affaire** to refer a case to a court **9.** INFORM to input **II.** *vpr* **se ~ de qc** to seize sth
saisissant(e) [sezisɑ̃, ɑ̃t] *adj* (*qui surprend: beauté, changement, différence*) striking; (*froid*) biting
saisissement [sezismɑ̃] *m* **1.** (*frisson*) chill **2.** (*émotion*) astonishment
saison [sɛzɔ̃] *f* season; **belle/mauvaise ~** summer/winter; **en toute(s) ~(s)** at any time of year; **fruits de ~** fruit in season; **~ des amours** mating season; **~ des foins** haymaking season; **en/hors ~** in/out of season
saisonnier, -ière [sɛzɔnje, -jɛʀ] **I.** *adj* (*propre à la saison, limité à la saison*) seasonal **II.** *m, f* seasonal worker
sait [sɛ] *indic prés de* **savoir**
salade [salad] *f* **1.** BOT lettuce; CULIN salad; **~ de tomates/fruits** tomato/fruit salad **2.** *inf* (*confusion*) muddle **3.** *pl, inf* (*mensonges*) fairy tales ▶**vendre sa ~ à qn** *inf* to give sb a sales pitch
saladier [saladje] *m* salad bowl
salage [salaʒ] *m* (*contre le verglas: des routes*) salting
salaire [salɛʀ] *m* **1.** (*rémunération*) salary; (*d'un ouvrier*) pay; **~ minimum interprofessionnel de croissance** minimum wage; **~ de misère** starvation wage **2.** (*récompense*) reward
salamandre [salamɑ̃dʀ] *f* salamander
salami [salami] *m* salami
salant [salɑ̃] *adj v.* **marais**
salarial(e) [salaʀjal, -jo] <-aux> *adj* **politique ~e** wage policy
salarié(e) [salaʀje] **I.** *adj* (*travail*) paid; (*personne*) salaried **II.** *m(f)* salaried worker
salaud [salo] **I.** *adj inf* **être ~** to be a bastard **II.** *m inf* bastard
sale [sal] **I.** *adj* **1.** (*opp: propre*) dirty **2.** *anté-*

posé, inf (*vilain, louche*) low; (*type, temps*) lousy; (*coup*) dirty; **il a une ~ gueule** (*il est malade*) he looks awful; (*il est méchant*) he looks nasty **II.** *m inf* **être au ~** to be in the wash

salé [sale] **I.** *m* **petit ~** salt pork **II.** *adv* **manger ~** to eat salty food

salé(e) [sale] *adj* **1.** (*contenant du sel: beurre, cacahuètes*) salted; (*eau*) salt; **être trop ~** (*soupe*) to be too salty **2.** (*opp: sucré*) savory **3.** *inf* (*corsé: histoire*) juicy

salement [salmɑ̃] *adv* **1.** (*opp: proprement*) **manger ~** to be a sloppy eater; **travailler ~** to make a mess working; **gagner ~** to win by cheating **2.** *inf* (*très*) damned

saler [sale] <1> **I.** *vi* **1.** CULIN to add salt **2.** TECH to salt the roads **II.** *vt* **1.** CULIN to salt **2.** TECH (*route*) to salt **3.** *inf* (*corser*) **~ l'addition** to bump up the bill

saleté [salte] *f* **1.** (*malpropreté*) dirtiness **2.** (*chose sale*) dirt; **faire des ~s partout** to make a mess everywhere **3.** *sans pl* (*crasse*) filth **4.** *inf* (*objet sans valeur*) piece of junk **5.** *inf* (*maladie*) nasty bug; **ramasser une ~** to catch sth **6.** *inf* (*friandise*) junk **7.** (*obscénité*) filthy name ▶ **faire des ~s** (*animal*) to mess; **~ d'ordinateur/de Maurice!** *inf* damn computer/Maurice!

salière [saljɛʀ] *f* saltshaker

saligaud [saligo] *m péj, inf* swine

salir [saliʀ] <8> **I.** *vt* **~ qc** to make sth dirty **II.** *vpr* **se ~** (*se souiller, devenir sale*) to get dirty; **se ~ les mains** to get one's hands dirty

salissant(e) [salisɑ̃, ɑ̃t] *adj* **1.** dirty **2.** (*qui se salit*) **être ~** to show the dirt

salive [saliv] *f* saliva ▶ **avaler sa ~** to keep one's mouth shut

saliver [salive] <1> *vi* **1.** (*baver*) to salivate **2.** (*convoiter*) **~ d'impatience** to seethe with impatience; **faire ~ qn** to make sb drool

salle [sal] *f* **1.** (*pièce*) room; **~ à manger/de séjour** dining/living room; **~ d'attente/de jeux** waiting/game room; **~ d'audience** courtroom; **~ de bains** bathroom; **~ de cinéma** movie theater; **~ de classe** classroom; **~ des fêtes** community center; **~ d'opération** operating room; **~ polyvalente** multipurpose room; **faire du sport en ~** to play indoor sports **2.** (*cinéma*) movie theater; **~s obscures** movie theaters **3.** (*spectateurs*) audience ▶ **faire ~ comble** to have a full house

salmonelle [salmɔnɛl] *f* salmonella

salmonellose [salmɔneloz] *f* salmonellosis

Salomon [salɔmɔ̃] *fpl* **les îles ~** Solomon Islands

salon [salɔ̃] *m* **1.** (*salle de séjour*) living room **2.** (*mobilier*) living-room suite; **~ de jardin** set of garden furniture **3.** (*salle d'hôtel pour les clients*) lounge **4.** (*salle d'hôtel pour des conférences*) function room **5.** (*commerce*) **~ de coiffure** hairdresser's; **~ de thé** tearoom

Salon [salɔ̃] *m* **~ du jouet** toy exhibition; **~ de l'Auto(mobile)** car show

salopard [salɔpaʀ] *m inf* bastard

salope [salɔp] *f* **1.** *vulg* (*débauchée*) slut **2.** *inf* (*garce*) bitch

saloper [salɔpe] <1> *vt inf* **1.** (*bâcler*) to botch **2.** (*salir*) to mess up

saloperie [salɔpʀi] *f inf* **1.** (*objet sans valeur*) piece of crap **2.** *gén pl* (*saletés*) dirt **3.** (*mauvaise nourriture*) garbage **4.** (*maladie*) nasty bug **5.** (*méchanceté*) dirty trick; **faire une ~ à qn** to play a dirty trick on sb **6.** (*obscénité*) filthy remark ▶ **c'est de la ~** it's garbage; **~ d'ordinateur/de bagnole** crappy computer/car

salopette [salɔpɛt] *f* (pair of) overalls

salsa [salsa] *f* salsa

salsifis [salsifi] *m* CULIN salsify

saltimbanque [saltɛ̃bɑ̃k] *mf* acrobat; (*dans une foire*) fairground performer

salubre [salybʀ] *adj* healthy

salubrité [salybʀite] *f* **1.** (*caractère sain: du climat*) healthiness; (*de l'air*) clearness; (*d'un logement*) cleanliness **2.** (*hygiène*) hygiene

saluer [salɥe] <1> **I.** *vt* **1.** (*dire bonjour*) **~ qn** to say hello to sb; **~ qn de la main** to wave hello to sb **2.** (*dire au revoir*) **~ qn** to say goodbye to sb **3.** (*rendre hommage*) to salute **4.** (*accueillir*) to welcome; **~ qn par des sifflets** to greet sb with whistles **5.** MIL **~ un supérieur/le drapeau** to salute a superior/the flag **II.** *vi* **1.** THEAT to bow **2.** MIL to salute

salut[1] [saly] **I.** *m* **1.** (*salutation*) greeting; **faire un ~ de la main** to wave a greeting; **sans un ~** without a wave [*o* word] **2.** MIL **~ au drapeau** salute to one's flag **II.** *interj* **1.** *inf* (*bonjour*) **~!** hi! **2.** *inf* (*au revoir*) **~!** ciao!

salut[2] [saly] *m* **1.** (*sauvegarde*) safety **2.** REL salvation **3.** POL **~ public** national security

salutaire [salytɛʀ] *adj* salutary; (*décision*) helpful; **ce séjour m'a été ~** this stay has done me good; **~ à qn/qc** (*avantageux*) beneficial to sb/sth; (*secourable*) helpful to sb/sth

salutations [salytasjɔ̃] *fpl form* salutations; **je vous prie/nous vous prions d'agréer, Madame/Monsieur, mes/nos ~s distinguées** sincerely yours; **veuillez agréer, Madame la Présidente, mes respectueuses ~s** yours truly

salve [salv] *f* volley

samba [sɑ̃mba] *f* samba

samedi [samdi] *m* Saturday; *v.a.* **dimanche**

samoan(ne) [samɔɑ̃, an] *adj* Samoan

Samoan(ne) [samɔɑ̃, an] *m(f)* Samoan

samouraï [samuʀaj] *m* samurai

SAMU [samy] *m abr de* **Service d'aide médicale d'urgence** ambulance service; (*médecin*) emergency doctor; **appeler le ~** to call an ambulance

sanatorium [sanatɔʀjɔm] *m* sanatorium

sanction [sɑ̃ksjɔ̃] *f* **1.** (*punition*) penalty; ECOLE punishment **2.** ECON, POL sanction

sanctionner [sɑ̃ksjɔne] <1> **I.** *vt* (*punir*) to punish; ECON to levy sanctions on **II.** *vi* to punish

sanctuaire [sɑ̃ktɥɛʀ] *m a.* REL sanctuary
sandale [sɑ̃dal] *f* sandal
sandalette [sɑ̃dalɛt] *f* sandal
sandwich [sɑ̃dwitʃ] <(e)s> *m* CULIN sandwich; **~ au jambon** ham sandwich
Sandwich [sɑ̃dwitʃ] *fpl* **les îles ~ du Sud** South Sandwich Islands
sandwicherie [sɑ̃dwi(t)ʃʀi] *f* sandwich shop
sang [sɑ̃] *m* **1.** ANAT blood; **donner son ~** to give blood; **être en ~** to be covered in blood; **se gratter jusqu'au ~** to scratch oneself raw **2.** (*race*) blood **3.** (*vie*) life; **payer qc de son ~** to pay for sth with one's life ►**avoir du ~ sur les mains** to have blood on one's hands; **avoir le ~ chaud** to be hot-blooded; **du ~ frais** fresh blood; **se faire du mauvais ~** to fret
sang-froid [sɑ̃fʀwa] *m sans pl* **1.** (*maîtrise de soi*) sang-froid; **garder/perdre son ~** to keep/to lose one's cool **2.** (*froideur*) cool; **agir avec ~** to act coolly; **de ~** in cold blood
sanglant(e) [sɑ̃glɑ̃, ɑ̃t] *adj* **1.** (*saignant*) bleeding **2.** (*violent*) cruel; (*rencontre, match*) bloody
sangle [sɑ̃gl] *f* strap; **~ d'une selle** girth of a saddle
sanglier [sɑ̃glije] *m* wild boar
sanglot [sɑ̃glo] *m* sob; **avec des ~s dans la voix** sobbing; **éclater en ~s** to burst out sobbing; **être en ~s** to be sobbing
sangloter [sɑ̃glɔte] <1> *vi* to sob
sangria [sɑ̃gʀija] *f* sangria
sangsue [sɑ̃sy] *f* leech
sanguin(e) [sɑ̃gɛ̃, in] *adj* **1.** ANAT **plasma ~** blood plasma **2.** (*coloré*) red; **orange ~e** blood orange **3.** (*impulsif*) impulsive; (*type*) fiery
sanguinaire [sɑ̃ginɛʀ] *adj* bloodthirsty
sanguine [sɑ̃gin] *f* (*orange*) blood orange
sanguinolent(e) [sɑ̃ginɔlɑ̃, ɑ̃t] *adj* (*plaie*) covered in blood
sanisette® [sanizɛt] *f coin operated toilet*
sanitaire [sanitɛʀ] **I.** *adj* health; (*mesure*) sanitary; **installations ~s** bathroom plumbing; **les services ~s** public health services **II.** *m gén pl* bathroom installations
sans [sɑ̃] **I.** *prep* without; **~ arrêt** continually; **~ but** aimless; **partir ~ fermer la porte/ ~ que tu le saches** to leave without closing the door/without you knowing; **vous n'êtes pas ~ savoir que** you must know that ►**~ plus** and that's all; **~ quoi** otherwise **II.** *adv inf* without; **il va falloir faire ~** we'll have to manage without
sans-abri [sɑ̃zabʀi] *m inv* homeless person
sans-culotte [sɑ̃kylɔt] <sans-culottes> *m* sans-culotte
sans-emploi [sɑ̃zɑ̃plwa] *m inv* unemployed person
sans-faute [sɑ̃fot] *m inv* clear round; SPORT faultless performance
sans-fil [sɑ̃fil] *m inv* cordless phone
sans-gêne [sɑ̃ʒɛn] **I.** *adj inv* inconsiderate **II.** *m sans pl* (*désinvolture*) lack of consideration **III.** *mf inv* (*personne désinvolte*) inconsiderate person
sans-le-sou [sɑ̃lsu] *mf inv, inf* penniless person
sans-logis [sɑ̃lɔʒi] *mf inv, soutenu* homeless person
sansonnet [sɑ̃sɔnɛ] *m* ZOOL starling
sans-papiers [sɑ̃papje] *mf inv: illegal immigrant*
santé [sɑ̃te] *f* **1.** (*opp: malade*) health; **être bon pour la ~** to be healthy; **être en bonne/ mauvaise ~** to be in good/poor health; **comment va la ~?** how are you? **2.** ADMIN **la ~ publique** public health; **les services de ~** the health services; **profession de la ~** health care profession ►**se refaire une ~** *inf* to get one's health back; **à la ~ de qn** to sb's good health; **à ta ~!** to good health!
Santé [sɑ̃te] *f* **le ministre de la ~** ≈ Secretary of Health and Human Services
santiag [sɑ̃tjag] *f inf* cowboy boot
santon [sɑ̃tɔ̃] *m* nativity scene figurine
saoudien(ne) [saudjɛ̃, jɛn] *adj* Saudi Arabian
Saoudien(ne) [saudjɛ̃, jɛn] *m(f)* Saudi Arabian
saoul(e) [su, sul] *adj v.* **soûl**
saouler [sule] <1> *vt v.* **soûler**
saper [sape] <1> *vpr inf* **se ~** to get dressed up
sapeur-pompier [sapœʀpɔ̃pje] <sapeurs-pompiers> *m* firefighter; **femme ~** firewoman; **les sapeurs-pompiers** the fire department
saphir [safiʀ] *adj inv* sapphire
sapin [sapɛ̃] **I.** *m* fir tree; **~ de Noël** Christmas tree **II.** *app inv* deal
saquer [sake] <1> *vt v.* **sacquer**
sarabande [saʀabɑ̃d] *f* **1.** *inf* (*chahut*) racket **2.** MUS saraband
sarbacane [saʀbakan] *f* peashooter
sarcasme [saʀkasm] *m* sarcasm; (*remarque*) sarcastic remark
sarcastique [saʀkastik] *adj* sarcastic
sarcler [saʀkle] <1> *vt* to weed
sarcophage [saʀkɔfaʒ] *m* sarcophagus
Sardaigne [saʀdɛɲə] *f* **la ~** Sardinia
sardine [saʀdin] *f* sardine ►**serrés comme des ~s en boîte** *inf* squashed together like sardines
sari [saʀi] *m* sari
S.A.R.L. [ɛsaɛʀɛl] *f abr de* **société à responsabilité limitée** limited liability company
sarment [saʀmɑ̃] *m* climbing stem
sarrasin [saʀazɛ̃] *m* buckwheat
sas [sɑs] *m* **1.** (*dans une écluse*) lock **2.** (*pièce intermédiaire*) double door (*for security*)
satané(e) [satane] *adj antéposé* **1.** (*maudit*) damned, blasted **2.** (*sacré*) **~ farceur!** you old joker!
satanique [satanik] *adj a.* REL satanic; (*ruse*) wicked
satellite [satelit] **I.** *m* satellite **II.** *adj* **ville ~** satellite town
satiété [sasjete] *f* satiety; (*dégoût*) surfeit; **à ~** until one has had one's fill; (*jusqu'au dégoût*) ad nauseam

S

satin [satɛ̃] *m* satin; **peau de ~** silky-smooth skin
satiné [satine] *m* **1.** (*aspect luisant*) sheen **2.** (*douceur: de la peau*) silky-smoothness
satiné(e) [satine] *adj* satin-like
satire [satiʀ] *f* satire; **faire la ~ de qn/qc** (*pièce, texte*) to satirize sb/sth
satirique [satiʀik] *adj* satirical
satisfaction [satisfaksjɔ̃] *f* satisfaction; **à la ~ générale** to everybody's satisfaction ▶ **donner ~ à qn** to give sb satisfaction; **obtenir ~** to get satisfaction
satisfaire [satisfɛʀ] *irr* **I.** *vt* **1.** (*contenter: personne*) to satisfy **2.** (*assouvir: soif*) to slake; (*faim*) to satisfy **3.** (*donner droit à*) **~ une réclamation** to uphold a complaint **II.** *vi* **~ à une obligation** to fulfill an obligation **III.** *vpr* **1.** (*se contenter*) **se ~ de qc** to be satisfied with sth **2.** (*uriner*) **se ~** to relieve oneself **3.** (*prendre son plaisir*) **se ~** to have one's pleasure; (*par la masturbation*) to pleasure oneself
satisfaisant(e) [satisfəzɑ̃, ɑ̃t] *adj* satisfactory
satisfait(e) [satisfɛ, ɛt] *adj* **être ~ de qn/qc** to be satisfied with sb/sth
saturation [satyʀasjɔ̃] *f* **1.** *a.* CHIM, PHYS saturation **2.** (*surcharge: d'une rue*) jamming; (*d'un standard téléphonique*) overload
saturé(e) [satyʀe] *adj* **1.** (*plein: route*) congested **2.** (*surcharger*) **être ~** (*standard*) to be overloaded; (*marché*) to be saturated
saturer [satyʀe] <1> *vt* **1.** (*soûler*) to swamp **2.** (*surcharger*) to overload
Saturne [satyʀn] *f* Saturn
satyre [satiʀ] *m* **1.** lecher **2.** REL satyr
sauce [sos] *f* CULIN sauce; **~ béchamel/tomate** white/tomato sauce; **~ vinaigrette** salad dressing; **~ au vin** wine sauce; **viande en ~** meat in a sauce ▶ **mettre qc à toutes les ~s** *inf* to serve sth up to suit any occasion
saucée [sose] *f inf* downpour
saucer [sose] <2> *vt* **1.** (*essuyer*) **~ qc** to mop up the sauce from sth **2.** *inf* (*tremper*) **être saucé/se faire ~** to be/get soaked
saucière [sosjɛʀ] *f* sauceboat
sauciflard [sosiflaʀ] *m inf* sausage
saucisse [sosis] *f* CULIN sausage
saucisson [sosisɔ̃] *m* CULIN sausage
sauf [sof] *prep* **1.** (*à l'exception de*) except; **~ que tu es trop jeune** except that you're too young **2.** (*à moins de*) **~ erreur de ma part** unless I am mistaken; **~ imprévu** unless something unforeseen happens; **~ avis contraire** unless advised otherwise
saugrenu(e) [sogʀəny] *adj* peculiar
saule [sol] *m* willow; **~ pleureur** weeping willow
saumon [somɔ̃] **I.** *m* salmon **II.** *adj inv* salmon **III.** *app* **rose ~** salmon pink
saumoné(e) [somɔne] *adj* **truite ~e** salmon trout
saumure [somyʀ] *f* brine
sauna [sona] *m* sauna
saupoudrer [sopudʀe] <1> *vt* CULIN **~ qc de sucre/sel** to sprinkle sth with sugar/salt; **~ qc de farine** to dust sth with flour
saurai [sɔʀɛ] *fut de* **savoir**
saut [so] *m* **1.** (*bond*) jump; **~ de la mort** leap of death; **~ de l'ange** swan dive **2.** SPORT **~ à la perche** pole vaulting; **~ à la corde** jump roping; **~ en longueur** long jump; **~ en parachute** parachute jump; **~ de haies** hurdling; **~ d'obstacles** obstacle race; **~ périlleux** somersault **3.** INFORM break ▶ **au ~ du lit** on getting up; **faire un ~ chez qn** *inf* to drop [*o* pop] around to see sb
saute [sot] *f* **~ de température** jump in temperature; **~ d'humeur** mood swing; **~ d'image** flicker
sauté [sote] *m* **~ de veau** sauté of veal
saute-mouton [sotmutɔ̃] *m inv* leapfrog; **jouer à ~** to play leapfrog
sauter [sote] <1> **I.** *vi* **1.** (*bondir*) to jump; (*sautiller*) to hop; (*sauter vers le haut*) to jump up; **~ du lit** to leap out of bed; **~ par la fenêtre/d'un train** to jump out of the window/a train **2.** SPORT to jump; **~ en parachute** to do a parachute jump; **~ à la corde** to jump rope **3.** (*se précipiter*) **~ sur l'occasion** to jump at the opportunity; **~ sur le prétexte** to grab the excuse **4.** (*passer brusquement*) **~ d'un sujet à l'autre** to leap from one subject to another; **un élève qui saute du CP en CE2** a student who jumps from first to third grade **5.** (*jaillir: bouchon*) to pop (out); (*bouton*) to fly off; (*chaîne*) to snap **6.** (*exploser: bâtiment, pont, bombe*) to blow up; **faire ~ qn/qc** to blow sb/sth up **7.** ELEC (*fusibles, plombs*) to blow **8.** *inf* (*ne pas avoir lieu: classe, cours*) to cancel **9.** CULIN **faire ~ qc** to sauté sth; **des pommes de terre sautées** sautéed potatoes **10.** (*clignoter: image*) to flicker **11.** (*annuler*) **faire ~ une contravention** to cancel a fine **II.** *vt* **1.** (*franchir*) **~ un fossé/mur** to leap over a ditch/wall **2.** (*omettre: étape, page, classe, repas*) to skip; (*mot*) to leave out **3.** *inf* (*avoir des relations sexuelles*) to screw
sauterelle [sotʀɛl] *f* grasshopper
sauteur, -euse [sotœʀ, -øz] *m, f* SPORT jumper
sauteuse [sotøz] *f* CULIN sauté pan
sautiller [sotije] <1> *vi* to hop
sautoir [sotwaʀ] *m* **1.** SPORT jumping pit **2.** (*collier*) chain
sauvage [sovaʒ] **I.** *adj* **1.** (*hors norme: camping, vente*) unofficial; (*grève*) wildcat; (*concurrence*) unfair **2.** (*opp: domestique*) wild **3.** (*à l'état de nature: côte, lieu, pays*) wild **4.** (*violent*) violent; (*haine, horde*) savage; (*cris*) wild **II.** *mf* **1.** (*solitaire*) recluse **2.** (*brute, indigène*) savage ▶ **comme un ~** *Québec* (*impoliment*) like a little savage
sauvagement [sovaʒmɑ̃] *adv* savagely; (*frapper, traiter*) brutally
sauvagerie [sovaʒʀi] *f* **1.** savagery **2.** (*insociabilité*) unsociableness

sauvegarde [sovgaʀd] *f* **1.** (*protection*) protection; **~ de l'emploi** employment protection **2.** INFORM backup; **faire la ~ d'un fichier** to save a file

sauvegarder [sovgaʀde] <1> *vt* **1.** (*protéger*) to protect; (*relations, image de marque*) to maintain **2.** INFORM to save

sauve-qui-peut [sovkipø] *m inv* panic

sauver [sove] <1> **I.** *vt* (*porter secours, sauvegarder*) *a.* INFORM to save; **~ qn/qc de qc** to save sb/sth from sth; **~ la vie à qn** to save sb's life ► **~ les __meubles__** to salvage what one can from the wreckage **II.** *vi* to save ► **sauve qui __peut__!** run for your life! **III.** *vpr* **1.** (*échapper à*) **se ~ d'un mauvais pas** to get out of a tight spot **2.** (*s'enfuir*) **se ~** to escape **3.** *inf* (*s'en aller*) **se ~** to dash **4.** (*déborder*) **se ~** to boil over

sauvetage [sov(ə)taʒ] *m* rescue

sauveteur, -euse [sov(ə)tœʀ, -øz] *m, f* rescuer

sauvette [sovɛt] *f* **à la ~** *inf* hastily; (*secrètement*) on the sly

sauveur, -euse [sovœʀ, -øz] **I.** *adj* saving **II.** *m, f a.* REL savior

savamment [savamɑ̃] *adv* **1.** skillfully **2.** (*avec érudition*) learnedly

savane [savan] *f* **1.** (*prairie*) savannah **2.** *Québec* (*terrain marécageux*) swamp

savant(e) [savɑ̃, ɑ̃t] **I.** *adj* **1.** (*érudit*) learned; **être ~ en histoire** to be a learned historian **2.** *antéposé, péj* (*discussion*) highbrow; (*calcul*) complex **3.** (*habile*) skillful; **c'est un ~ dosage** it's a careful balance **4.** (*dressé*) performing **II.** *m(f)* **1.** (*lettré*) scholar **2.** (*scientifique*) scientist

savate [savat] *f* worn-out; (*chaussure*) old shoes ► **__traîner__ la ~** *inf* to bum around; (*vivoter*) to be down at the heels

saveur [savœʀ] *f* **1.** (*goût*) flavor; **sans ~** tasteless **2.** (*attrait: d'une nouveauté, d'un interdit*) lure

Savoie [savwa] *f* **la ~** Savoy

savoir [savwaʀ] *irr* **I.** *vt* **1.** (*être au courant, connaître, être conscient: leçon, rôle, détails*) to know; **~ qc de** [*o* **sur**] **qn/qc** to know sth about sb/sth; **~ la nouvelle par les journaux** to get the news through the papers; **faire ~ à qn que tout va bien** to let sb know that everything is fine; **tâcher d'en ~ davantage** to try to find out more about it **2.** (*être capable de*) **~ attendre/dire non** to be able to wait/say no; **je ne saurais vous renseigner** I cannot help you **3.** *Belgique, Nord* (*pouvoir*) **ne pas ~ venir à l'heure** not to be able to arrive on time ► **~ y __faire__** *inf* to know how to handle things; **elle ne sait plus où se __mettre__** *inf* she doesn't know where to put herself; **je ne __veux__ rien ~** I just don't want to know; **__à__ ~** that is; **on ne sait __jamais__** you never know; **en ~ __quelque__ chose** to know sth about the matter; **n'en __rien__ ~** to know nothing **II.** *vi* to know ► **__pas__ que je sache** not that I know; **pour autant __que__ je sache!** for all I know **III.** *vpr* **1.** (*être connu*) **se ~** to be known **2.** (*avoir conscience*) **se ~ en danger/malade** to know that one is in danger/ill **IV.** *m* knowledge

savoir-faire [savwaʀfɛʀ] *m inv* savoir-faire

savoir-vivre [savwaʀvivʀ] *m inv* manners *pl*

savon [savɔ̃] *m* **1.** (*savonnette*) soap; **~ de Marseille** household soap **2.** *inf* (*réprimande*) **passer un ~ à qn** to rake sb over the coals

savonner [savɔne] <1> *vt, vpr* (**se**) **~** to lather (oneself)

savonnette [savɔnɛt] *f* bar of soap

savonneux, -euse [savɔnø, -øz] *adj* soapy

savourer [savuʀe] <1> *vt, vi* to savor

savoureux, -euse [savuʀø, -øz] *adj* delicious

saxe [saks] *m* Dresden china

Saxe [saks] *f* **la ~** Saxony

saxo [sakso] **I.** *m* sax **II.** *mf* sax player

saxon [saksɔ̃] *m* Saxon; *v.a.* **français**

saxon(ne) [saksɔ̃, ɔn] *adj* Saxon

Saxon(ne) [saksɔ̃, ɔn] *m(f)* Saxon

saxophone [saksɔfɔn] *m* saxophone

saxophoniste [saksɔfɔnist] *mf* saxophonist

saynète [sɛnɛt] *f* playlet

sbire [sbiʀ] *m* henchman

scabreux, -euse [skabʀø, -øz] *adj* **1.** (*osé: conversation, histoire, allusion*) unsavory **2.** *soutenu* (*risqué: question, thème*) risky

scalp [skalp] *m* scalp

scalpel [skalpɛl] *m* scalpel

scalper [skalpe] <1> *vt* to scalp

scandale [skɑ̃dal] *m* **1.** (*éclat*) scandal; **presse à ~** tabloids **2.** (*indignation*) outrage **3.** (*tapage*) disturbance; **~ sur la voie publique** disturbing the peace ► **__faire__ ~** to cause a scandal

scandaleusement [skɑ̃daløzmɑ̃] *adv* **1.** (*honteusement*) scandalously **2.** (*outrageusement*) outrageously; (*exagéré, sous-estimé*) grossly

scandaleux, -euse [skɑ̃dalø, -øz] *adj* **1.** (*honteux*) scandalous; (*prix, propos*) outrageous **2.** (*qui exploite le scandale*) **la chronique scandaleuse** the scandal pages

scandaliser [skɑ̃dalize] <1> **I.** *vt* to shock **II.** *vpr* **se ~ de qc** to be shocked at sth; **se ~ que j'aie dit la vérité** to be shocked that I told the truth

scander [skɑ̃de] <1> *vt* (*slogans*) to chant

scandinave [skɑ̃dinav] *adj* Scandinavian

Scandinave [skɑ̃dinav] *mf* Scandinavian

Scandinavie [skɑ̃dinavi] *f* **la ~** Scandinavia

scannage [skanaʒ] *m* INFORM **faire un ~** to scan

scanner[1] [skane] <1> *vt* to scan

scanner[2] [skanɛʀ] *m*, **scanneur** [skanœʀ] *m* scanner; **~ à main/à plat** hand-held/flatbed scanner

scaphandre [skafɑ̃dʀ] *m* (*pour scaphandrier*) diving suit; (*pour astronaute*) spacesuit

scaphandrier, -ière [skafɑ̃dʀije, -jɛʀ] *m, f* diver

scarabée [skaʀabe] *m* beetle

scarlatine [skaʀlatin] *f* scarlet fever
scarole [skaʀɔl] *f* escarole
sceau [so] <x> *m* seal ▶**sous le ~ du secret** under the seal of secrecy
scélérat(e) [seleʀa, at] *m(f) soutenu* villain
sceller [sele] <1> *vt* **1.** TECH (*crochet, couronne dentaire*) to fix; (*pierre, barreaux, dalle*) to embed **2.** (*confirmer solennellement, fermer hermétiquement*) to seal; (*engagement*) to confirm **3.** (*authentifier par un sceau*) to seal
scellés [sele] *mpl* seals; **mettre les ~** to fix seals; **lever les ~** to remove the seals; **sous ~** under seal
scénario [senaʀjo, senaʀi] <s *o* scénarii> *m* **1.** (*script: d'un film*) screenplay; (*d'une pièce de théâtre*) script; (*d'un roman*) scenario **2.** (*déroulement prévu*) scenario
scénariste [senaʀist] *mf* scriptwriter
scène [sɛn] *f* **1.** (*spectacle*) scene; **~ d'amour** love scene **2.** (*querelle*) scene; **~ de jalousie** fit of jealousy; **~ de ménage** domestic fight; **faire une ~** to make a scene; **faire une ~ à qn** to have a big fight with sb **3.** (*estrade*) stage; **entrer en ~** to come on stage; **mettre une histoire en ~** to stage a story; **mettre une pièce de théâtre en ~** to direct a play; **en ~!** on stage! **4.** (*décor, cadre: d'un crime, drame*) scene
scénique [senik] *adj* (*gestuelle, traitement*) dramatic; **indications ~s** stage directions
scepticisme [sɛptisism] *m a.* PHILOS skepticism
sceptique [sɛptik] **I.** *adj* skeptical **II.** *mf* skeptic
sceptre [sɛptʀ] *m* scepter
schah [ʃa] *m* shah
schéma [ʃema] *m* **1.** (*abrégé*) outline **2.** (*dessin*) diagram; **~ de montage** assembly diagram
schématique [ʃematik] *adj* **1.** *péj* (*sommaire*) oversimplified **2.** (*simplifié: représentation*) schematic
schématiquement [ʃematikmɑ̃] *adv* schematically
schématiser [ʃematize] <1> *vt* to schematize
schilling [ʃiliŋ] *m* HIST (*monnaie*) schilling
schisme [ʃism] *m* schism
schiste [ʃist] *m* schist
schizophrène [skizɔfʀɛn] *adj, mf* schizophrenic
schizophrénie [skizɔfʀeni] *f* schizophrenia
schlinguer [ʃlɛ̃ge] <1> *vi inf* to stink
schmolitz [ʃmɔlits] *m Suisse* **faire ~** to call each other "tu"
schnaps [ʃnaps] *m* schnapps
schnock, schnoque [ʃnɔk] *m inf* **vieux ~** old fart
schuss [ʃus] *m* schuss; **descendre tout ~** *inf* to schuss down
sciatique [sjatik] **I.** *adj* **nerf ~** sciatic nerve **II.** *f* sciatica
scie [si] *f* saw; **~ circulaire/à bois** circular/wood saw; **~ à découper** fret saw
sciemment [sjamɑ̃] *adv* knowingly
science [sjɑ̃s] *f* **1.** (*domaine scientifique*) science **2.** (*disciplines scolaires*) **les ~s** the sciences; **faculté des ~s** college of science **3.** (*savoir faire*) expertise **4.** (*érudition*) knowledge ▶**avoir la ~ infuse** *inf* to know without being told
science-fiction [sjɑ̃sfiksjɔ̃] *f inv* science fiction; **roman/film de ~** science fiction novel/film
scientifique [sjɑ̃tifik] **I.** *adj* scientific **II.** *mf* **1.** (*savant*) scientist **2.** (*élève*) science student
scientifiquement [sjɑ̃tifikmɑ̃] *adv* scientifically
scientologie [sjɑ̃tɔlɔʒi] *f* scientology; **Église de ~** Church of Scientology
scier [sje] <1> *vt* **1.** (*couper*) to saw; (*arbres*) to saw down **2.** *inf* (*estomaquer*) to bore; **être scié** to be bored stiff
scierie [siʀi] *f* sawmill
scinder [sɛ̃de] <1> **I.** *vt* (*parti*) to split; (*question, problème*) to divide; **scindé en deux** split in two **II.** *vpr* **se ~ en qc** to split up into sth
scintillant(e) [sɛ̃tijɑ̃, jɑ̃t] *adj* sparkling
scintillement [sɛ̃tijmɑ̃] *m* sparkle; (*d'une image télévisée*) flicker
scintiller [sɛ̃tije] <1> *vi* to sparkle
scission [sisjɔ̃] *f* split; **faire ~** to split away
sciure [sjyʀ] *f* sawdust
sclérose [skleʀoz] *f* **1.** (*encroûtement*) ossification **2.** MED sclerosis; **~ en plaques** multiple sclerosis
scléroser [skleʀoze] <1> **I.** *vt* (*personne*) to ossify; (*initiatives*) to paralyze **II.** *vpr* **1.** (*se figer*) **se ~** (*société*) to become ossified **2.** MED **se ~** to become sclerotic
scolaire [skɔlɛʀ] *adj* **1.** (*relatif à l'école: succès, année*) school; **échec ~** failure at school **2.** *péj* (*livresque*) starchy; **parler un allemand ~** to speak book German
scolarisation [skɔlaʀizasjɔ̃] *f* **1.** schooling **2.** (*équipement en écoles*) availability of schooling
scolariser [skɔlaʀize] <1> *vt* **1.** (*admettre dans une école*) to school **2.** (*doter d'écoles*) **~ un pays/une région** to build schools in a country/region
scolarité [skɔlaʀite] *f* schooling; (*période*) time at school
scoliose [skɔljoz] *f* scoliosis
scolopendre [skɔlɔpɑ̃dʀ] *f* **1.** ZOOL centipede **2.** BOT hart's-tongue
scoop [skup] *m* scoop
scooter [skutœʀ, skutɛʀ] *m* scooter; **~ des mers/des neiges** jet ski/snowmobile
scorbut [skɔʀbyt] *m* scurvy
score [skɔʀ] *m* score; **mener au ~** to be ahead
scorpion [skɔʀpjɔ̃] *m* ZOOL scorpion
Scorpion [skɔʀpjɔ̃] *m* Scorpio; *v.a.* **Balance**
scotch® [skɔtʃ] *m sans pl* (*adhésif*) Scotch tape®
scotcher [skɔtʃe] <1> *vt* to scotch tape; (*pour*

fermer) to tape down

scout(**e**) [skut] **I.** *adj* scout **II.** *m(f)* boy scout, girl scout *m, f*

scoutisme [skutism] *m* scouting; **faire du ~** (*enfant*) to be a scout; (*adulte*) to be a scout leader

scribe [skʀib] *m* scribe

script [skʀipt] *m* **1.** CINE, THEAT script **2.** (*écriture*) printing; **en ~** printed

scripte [skʀipt] *f* script

scrupule [skʀypyl] *m souvent pl* (*hésitation*) scruple; **avoir des ~s à faire qc** to have scruples about doing sth

scrupuleusement [skʀypyløzmɑ̃] *adv* scrupulously

scrupuleux, **-euse** [skʀypylø, -øz] *adj* scrupulous; **peu ~** unscrupulous

scruter [skʀyte] <1> *vt* (*horizon*) to scan; (*pénombre*) to peer into; (*conscience*) to examine

scrutin [skʀytɛ̃] *m* ballot; **~ majoritaire** election on majority basis

sculpter [skylte] <1> **I.** *vt* to sculpt; (*bois*) to carve; **~ qc dans du marbre** to sculpt sth in marble **II.** *vi* to sculpt

sculpteur, **-euse** [skyltœʀ, -øz] *m, f* sculptor; **~ sur bois** woodcarver

sculpture [skyltyʀ] *f* **la ~** sculpture; **la ~ sur pierre** stone sculpture; **la ~ sur bois** woodcarving

S.D.F. [ɛsdeɛf] *m, f abr de* **sans domicile fixe** homeless person

SDN [ɛsdeɛn] *f abr de* **Société des Nations** League of Nations

se [sə] <*devant voyelle ou h muet* s'> *pron pers* **1.** himself/herself; **il/elle ~ regarde dans le miroir** he/she looks at himself/herself in the mirror; **il/elle ~ demande s'il/si elle a raison** he/she asks if he's/she's right **2.** (*l'un l'autre*) each other; **ils/elles ~ suivent/font confiance** they follow/trust each other **3.** *avec les verbes pronominaux* **ils/elles ~ nettoient** they clean themselves up; **il/elle ~ nettoie les ongles** he/she cleans his/her nails

séance [seɑ̃s] *f* **1.** CINE, THEAT showing **2.** (*période*) session; **~ de pose** sitting; **~ de spiritisme** séance **3.** (*réunion*) meeting; **en ~** in session; **lever la ~** to end the meeting; (*interrompre*) to suspend the meeting **4.** *inf* (*scène*) scene ▶ **~ tenante** without further ado

séant [seɑ̃] *adj v.* **seyant II.**

seau [so] <x> *m* bucket, pail ▶ **il pleut à ~x** *inf* it's pouring down

SEBC [ɛsøbese] *m abr de* **Système européen de banques centrales** ECBS

sec [sɛk] **I.** *adv* **1.** (*fort: démarrer*) sharply; (*frapper*) hard **2.** (*abondamment: boire*) heavily ▶ **aussi ~** *inf* (*répondre*) straight off **II.** *m* **étang à ~** dried-up pond; **mettre qc à ~** to drain sth; **mettre qc au ~** to put sth in a dry place ▶ **être à ~** to be flat broke

sec, **sèche** [sɛk, sɛʃ] *adj* **1.** (*opp: humide*) dry **2.** (*déshydraté: figue*) dried; **légumes ~s** pulses; **raisins ~s** raisins **3.** (*opp: gras: bras*) lean; (*peau, cheveu, toux*) dry **4.** (*brusque: rire*) dry; **d'un coup ~** with a snap **5.** (*opp: aimable: refus*) curt; (*réponse, lettre, merci*) terse; (*ton, cœur, personne*) cold **6.** (*sobre: style*) dry **7.** SPORT (*jeu, placage*) straight **8.** (*pur: whisky, gin*) neat **9.** (*opp: doux: champagne, vin*) dry **10.** JEUX (*atout, valet*) singleton

sécateur [sekatœʀ] *m* pair of pruning shears; (*grand*) pair of shears

sécession [sesesjɔ̃] *f* POL, HIST secession; **faire ~** to secede

séchage [seʃaʒ] *m* drying

sèche-cheveux [sɛʃʃəvø] *m inv* hair dryer

sèche-linge [sɛʃlɛ̃ʒ] *m inv* clothes dryer

sèche-mains [sɛʃmɛ̃] *m inv* hand dryer

sèchement [sɛʃmɑ̃] *adv* (*démarrer*) briskly; (*frapper, tirer*) sharply; (*refuser, répondre*) curtly

sécher [seʃe] <5> **I.** *vt* **1.** (*rendre sec*) to dry **2.** *inf* (*ne pas assister à*) to skip **II.** *vi* **1.** (*devenir sec*) to dry; **mettre le linge à ~** to put the clothes out to dry **2.** (*se déshydrater: bois, plante, terre*) to dry out; (*fleur, fruits*) to dry up **3.** *inf* (*ne pas savoir*) to be stumped; **~ en histoire** to be stumped in history **III.** *vpr* **se ~** to dry oneself; **se ~ les mains/les cheveux** to dry one's hands/one's hair

sécheresse [sɛʃʀɛs] *f* dryness; METEO drought

sécheuse [seʃøz] *f Québec* (*sèche-linge*) clothes dryer

séchoir [seʃwaʀ] *m* dryer

second [s(ə)gɔ̃] *m* (*dans une charade*) second

second(**e**) [s(ə)gɔ̃, ɔ̃d] *adj antéposé* **1.** (*deuxième*) second; **en ~ lieu** in second place **2.** (*qui n'a pas la primauté*) second; **au ~ plan** in the background; **de ~ ordre** second-rate **3.** (*nouveau: jeunesse, nature, vie*) second; *v.a.* **cinquième**

secondaire [s(ə)gɔ̃dɛʀ] **I.** *adj* secondary **II.** *m* ECOLE **le ~** secondary education

seconde [s(ə)gɔ̃d] **I.** *adj v.* **second II.** *f* **1.** (*unité de temps*) *a.* MATH, MUS, AUTO second **2.** ECOLE tenth grade **3.** AUTO second class; **billet de ~** second-class ticket

seconder [s(ə)gɔ̃de] <1> *vt* **~ qn dans son travail** to aid sb in his/her work; **être secondé par qn** to be helped by sb

secouer [s(ə)kwe] <1> **I.** *vt* **1.** (*agiter*) to shake **2.** (*ballotter: explosion, bombardement*) to rock; (*autobus, avion, personne*) to shake **3.** (*traumatiser: émotion*) to shake ▶ **il n'en a rien à ~ de qc** *inf* he couldn't care less about sth **II.** *vpr inf* **se ~** **1.** (*s'ébrouer*) to shake oneself **2.** (*réagir*) to get going

secourir [s(ə)kuʀiʀ] *vt irr* to help

secourisme [s(ə)kuʀism] *m* first aid; **faire du ~** to give first aid

secouriste [s(ə)kuʀist] *mf* first aid worker

secours [s(ə)kuʀ] *m* **1.** (*sauvetage*) help; (*organisme*) aid organization; (*en montagne*) rescue service; **les ~** the rescue services;

S

donner les premiers ~ aux accidentés to give first aid to accident victims **2.** (*aide*) help; **appeler qn à son ~** to call sb for help; **porter** [*o* **prêter**] **~ à qn** to help sb; **aller** [*o* **courir**]/**voler au ~ de qn/qc** to fly to sb's/sth's aid; **sortie de ~** emergency exit; **au ~!** help! **3.** (*subvention*) grant

secousse [s(ə)kus] *f* **1.** (*choc*) jolt; **par ~s** bumpily **2.** POL upheaval

secret [səkʀɛ] *m* **1.** (*cachotterie, mystère*) secret; **~ d'alcôve** intimate secret; **~ de Polichinelle** *inf* open secret; **garder un ~** to keep a secret; **ne pas avoir de ~ pour qn** to keep no secrets from sb **2.** *sans pl* (*confidentialité*) confidentiality; **~ de la confession** seal of the confessional; **garder le ~ sur qc** [*o* **de qc**] to maintain silence over sth ▶**l'astrologie n'a plus de ~ pour elle** astrology holds no secrets for her; **mettre qn dans le ~** to let sb in on the secret; **en grand ~** in great secrecy

secret, -ète [səkʀɛ, -ɛt] *adj* **1.** (*caché*) secret; **garder qc ~** to keep sth secret **2.** *soutenu* (*renfermé*) confidential

secrétaire [s(ə)kʀetɛʀ] **I.** *mf* secretary; **~ de direction** personal assistant; **~ de mairie** chief executive; **~ d'État aux Affaires étrangères** Secretary of State **II.** *m* secretary

secrétariat [s(ə)kʀetaʀja] *m* **1.** (*service administratif*) secretariat; **~ général des Nations Unies** general secretariat of the United Nations; **~ d'État** office of the Secretary of State **2.** (*fonction officielle*) post of secretary **3.** (*emploi de secrétaire*) secretarial work **4.** (*bureau*) secretary's office

secrètement [səkʀɛtmɑ̃] *adv* secretly

sécréter [sekʀete] <5> *vt* **1.** ANAT to secrete **2.** (*engendrer*) to exude

sécrétion [sekʀesjɔ̃] *f* secretion

sectaire [sɛktɛʀ] *adj, mf* sectarian

secte [sɛkt] *f* **1.** (*groupe organisé*) sect **2.** *péj* (*clan*) clan

secteur [sɛktœʀ] *m* **1.** (*domaine*) *a.* ECON sector; **~ d'économie** economic sector **2.** (*coin*) *a.* ADMIN, POL, ELEC area; **panne de ~** area power outage

section [sɛksjɔ̃] *f* **1.** ADMIN, POL department; (*d'une voie ferrée*) section; (*d'un parcours*) stretch **2.** (*branche*) JUR branch; ECOLE course **3.** (*groupe*) **~ d'un syndicat** union group; MIL section; **~s spéciales** special sections **4.** MED amputation

sectionnement [sɛksjɔnmɑ̃] *m* severing

sectionner [sɛksjɔne] <1> **I.** *vt* **1.** (*couper: artère, fil*) to sever **2.** (*subdiviser: circonscription, groupe*) to divide up **II.** *vpr* **se ~** (*câble, fil*) to be severed

sécu [seky] *f abr de* **Sécurité sociale** social security

séculaire [sekylɛʀ] *adj* age-old

sécularisation [sekylaʀizasjɔ̃] *f* secularization

séculier, -ière [sekylje, -jɛʀ] *adj* secular

secundo [səgɔ̃do] *adv* secondly

sécurisant(e) [sekyʀizɑ̃, ɑ̃t] *adj* (*atmosphère, climat*) reassuring

sécurisation [sekyʀizasjɔ̃] *f* securement; **compagnie de ~** security company

sécuriser [sekyʀize] <1> *vt* **~ qn** to give sb a feeling of security; **ne pas se sentir très sécurisé** not to feel very secure

sécurité [sekyʀite] *f* **1.** (*opp: danger*) safety; (*au moyen de mesures organisées*) security; **règles/conseils de ~** safety rules/advice; **être en ~** to be safe **2.** (*sentiment*) security; **se sentir en ~** to feel secure **3.** POL, ECON **~ de l'emploi** job security; **~ civile** civil defense; **~ publique** law and order; **~ routière** road safety ▶**jouer la ~** to put safety at risk; **en toute ~** in complete safety

Sécurité [sekyʀite] *f* **~ sociale** ≈ social security

sédatif [sedatif] *m* sedative; (*qui calme la douleur*) painkiller

sédentaire [sedɑ̃tɛʀ] *adj* sedentary

sédiment [sedimɑ̃] *m* GEO sediment

séducteur, -trice [sedyktœʀ, -tʀis] **I.** *adj* seductive **II.** *m, f* seducer, seductress *m, f*

séduction [sedyksjɔ̃] *f* **1.** (*pouvoir de séduire*) seduction; (*par le talent*) charm **2.** (*attrait*) appeal

séduire [sedɥiʀ] *irr* **I.** *vt* **1.** (*tenter*) to charm **2.** (*plaire à: personne*) to appeal to; **être séduit par une idée** to be won over by an idea **II.** *vi* to charm

séduisant(e) [sedɥizɑ̃, ɑ̃t] *adj* seductive; (*personne*) charming; (*projet, proposition*) attractive; (*style*) appealing

segment [sɛgmɑ̃] *m* MATH segment

segmenter [sɛgmɑ̃te] <1> *vt* (*sujet, surface*) to segment; **~ en plusieurs parties** to split into several parts

ségrégation [segʀegasjɔ̃] *f* segregation

ségrégationniste [segʀegasjɔnist] **I.** *adj* (*idée, article, journal*) segregationist; (*politique, problème*) of segregation; (*troubles*) due to segregation **II.** *mf* segregationist

seiche [sɛʃ] *f* ZOOL cuttlefish

seigle [sɛgl] *m* rye

seigneur [sɛɲœʀ] *m* HIST lord ▶**grand ~** fine gentleman

Seigneur [sɛɲœʀ] *m* REL **le ~** the Lord

sein [sɛ̃] *m* ANAT breast; **donner le ~ à un enfant** to breastfeed a child

Seine [sɛn] *f* **la ~** the Seine

seing [sɛ̃] *m* **acte sous ~ privé** private agreement

séisme [seism] *m a. fig* earthquake

seize [sɛz] *adj* sixteen; *v.a.* **cinq**

seizième [sɛzjɛm] **I.** *adj antéposé* sixteenth **II.** *m* **1.** (*fraction*) sixteenth **2.** SPORT **~ de finale** *fourth round before the final of a competition; v.a.* **cinquième**

séjour [seʒuʀ] *m* **1.** (*fait de séjourner*) stay; (*vacances*) vacation; **faire un ~ en Italie** to go to Italy; **mes ~s en Italie** my time in [*o* visits to] Italy **2.** (*salon*) living room

séjourner [seʒuʀne] <1> *vi* to stay

sel [sɛl] *m* **1.** CULIN, CHIM salt; ~ **de cuisine/table** cooking/table salt; **gros** ~ rock salt; ~**s de bain** bath salts; **les** ~**s** smelling salts **2.** (*piquant*) spice; (*d'une histoire*) wit ▶ **ne pas manquer de** ~ to have a certain wit
sélectif, -ive [selɛktif, -iv] *adj* selective
sélection [selɛksjɔ̃] *f* **1.** SPORT, ZOOL, BIO (*fait de choisir, choix*) selection; **faire une** ~ to choose **2.** (*choix avec règles et critères*) selection; **match de** ~ selection match; **test de** ~ trial
sélectionné(e) [selɛksjɔne] *m(f)* SPORT selected player
sélectionner [selɛksjɔne] <1> *vt* (*choisir*) *a.* INFORM to select
sélectionneur, -euse [selɛksjɔnœʀ, -øz] *m, f* selector
self [sɛlf] *m inf* self-service restaurant
self-service [sɛlfsɛʀvis] <self-services> *m* **1.** (*magasin*) self-service store **2.** (*restaurant*) self-service restaurant
selle [sɛl] *f* **1.** (*siège*) *a.* CULIN saddle **2.** *pl* (*matières fécales*) stool
seller [sele] <1> *vt* to saddle
sellette [sɛlɛt] *f* **mettre qn sur la** ~ to put sb in the hot seat
sellier, -ière [selje, -jɛʀ] *m, f* saddler
selon [s(ə)lɔ̃] *prep* **1.** (*conformément à*) ~ **votre volonté** in accordance with your wishes **2.** (*en fonction de, d'après*) ~ **l'humeur/mes moyens** according to one's mood/my means; **c'est** ~ *inf* it depends; ~ **moi** in my opinion
semailles [s(ə)mɑj] *fpl* sowing + *vb sing;* (*graines*) seeds
semaine [s(ə)mɛn] *f* (*sept jours*) week; **la** ~ **de trente-cinq heures** the thirty-five hour week; **à la** ~ weekly; **en** ~ during the week
sémantique [semɑ̃tik] **I.** *adj* semantic **II.** *f* semantics + *vb sing*
sémaphore [semafɔʀ] *m* NAUT semaphore
semblable [sɑ̃blabl] **I.** *adj* **1.** (*pareil*) similar; **rien de** ~ nothing like it **2.** *antéposé* (*tel*) such; **une** ~ **désinvolture** such casualness **3.** (*ressemblant*) like; ~ **à qn/qc** like sb/sth **II.** *mf* **1.** (*prochain*) fellow being **2.** (*congénère*) **lui et ses** ~**s** him and his kind
semblant [sɑ̃blɑ̃] *m* **un** ~ **de jardin** a garden of sorts; **un** ~ **de bonheur/vérité** a semblance of happiness/truth; **retrouver un** ~ **de calme** to find some sort of calm ▶ **faire** ~ **de dormir** to pretend to be asleep; **elle ne pleure pas: elle fait juste** ~**!** she's not crying: she's just pretending!
sembler [sɑ̃ble] <1> **I.** *vi* ~ **préoccupé** to seem preoccupied; **tu me sembles nerveux** you seem nervous (to me) **II.** *vi impers* **1.** (*paraître*) **il semble que ...** it seems that ...; **il semblerait que ...** it would appear that ... **2.** (*avoir l'impression de*) **il me semble bien vous avoir déjà rencontré** I have the feeling I've already met you **3.** (*paraître*) **il me semble, à ce qu'il me semble** it seems to me; **semble-t-il** so it seems
semelle [s(ə)mɛl] *f* sole; ~ **de cuir** leather sole; ~ **intérieure** insole ▶ **être de la** (**vraie**) ~ (*bifteck, escalope*) to be as tough as leather; **ne pas lâcher qn d'une** ~ to stick to sb like a leech
semence [s(ə)mɑ̃s] *f* **1.** AGR seeds *pl;* ~ **de blé** wheat seed **2.** (*sperme*) seed
semer [s(ə)me] <4> **I.** *vi* to sow **II.** *vt* **1.** AGR to sow; **cette plate-bande est semée de pensées** this flower bed is sown with pansies **2.** (*joncher: confettis, fleurs*) to strew; **être semé de pétales de roses** to be strewn with rose petals **3.** (*propager: discorde, zizanie*) to sow; (*terreur, panique*) to bring **4.** (*truffer*) ~ **un texte de citations** to sprinkle a text with quotations; **être semé de difficultés** to be strewn with difficulties **5.** (*se débarrasser de*) to get rid of **6.** *inf* (*égarer*) to lose
semestre [s(ə)mɛstʀ] *m* six-month period; UNIV semester; **par** ~ semiannually
semestriel(le) [s(ə)mɛstʀijɛl] *adj* semiannual
semi-consonne [səmikɔ̃sɔn] *f* semivowel
sémillant(e) [semijɑ̃, jɑ̃t] *adj iron, soutenu* spirited
séminaire [seminɛʀ] *m* seminary
séminariste [seminaʀist] *m* seminarian
semi-remorque [səmiʀ(ə)mɔʀk] <semi-remorques> **I.** *m* tractor-trailer **II.** *f* (*remorque*) semitrailer
semis [s(ə)mi] *m* **1.** *pl* sowing + *vb sing;* (*plants*) seedlings **2.** (*motif décoratif*) pattern
sémite [semit] *adj* Semitic
semonce [səmɔ̃s] *f* rebuke; **coup de** ~ warning shot
semoule [s(ə)mul] **I.** *f* CULIN semolina ▶ **pédaler dans la** ~ *inf* to flounder; (*police, enquêteurs*) to be at a dead end **II.** *app* (*sucre*) caster
sempiternel(le) [sɑ̃pitɛʀnɛl] *adj antéposé* eternal; (*chapeau, costume*) timeless
sénat [sena] *m* POL, HIST senate
Sénat [sena] *m* **le** ~ the Senate

> **i** The **Sénat** is the upper house of the French Parliament and sits in the *Palais de Luxembourg*. There are 341 senators, each elected to a six-year term. New laws can only come into being with the agreement of both houses.

sénateur, -trice [senatœʀ, -tʀis] *m, f* senator
sénatoriales [senatɔʀjal] *fpl* senate elections
Sénégal [senegal] *m* **le** ~ Senegal
sénégalais(e) [senegalɛ, ɛz] *adj* Senegalese
Sénégalais(e) [senegalɛ, ɛz] *m(f)* Senegalese
sénescence [senesɑ̃s] *f* senescence
sénile [senil] *adj* senile
sénilité [senilite] *f* senility
senior [senjɔʀ] **I.** *adj* (*équipe*) senior **II.** *mf* **1.** (*sportif plus âgé*) senior **2.** (*vieillard*) **les** ~**s** senior citizens
sens[1] [sɑ̃s] *m* (*signification*) meaning; **un mot**

à double ~ a word with a double meaning; **au ~ large/figuré** in a broad/figurative sense; **n'avoir aucun** ~ to have no meaning

sens[2] [sɑ̃s] *m* **1.** (*direction*) direction; **dans le ~ de la longueur** lengthwise; **dans le ~ des aiguilles d'une montre** clockwise; **dans tous les** ~ all over the place; **en ~ inverse** the other way; **aller/rouler en ~ inverse** to go/drive in the other direction; **revenir en ~ inverse** to come back the other way around **2.** (*idée*) sense; **dans le ~ de qn/qc** along the same lines as sb/sth; **aller dans le même** ~ to go the same way; **aller dans le bon** ~ (*personne*) to be heading in the right direction; **donner des ordres dans ce** ~ to give orders along these lines **3.** AUTO ~ **giratoire** traffic circle; ~ **unique** one-way street; ~ **interdit** one-way street; (*panneau*) no entry; **rouler en ~ interdit** to drive the wrong way down a one-way street ▶ **~ dessus dessous** upside down; **raisonnements à ~ unique** one-sided arguments; **en ce ~ que ...** in the sense that ...; **en un (certain)** ~ in a way

sens[3] [sɑ̃s] *m* sense; **avoir le ~ du rythme** to have a sense of rhythm; ~ **de la répartie** gift of repartee ▶ **tomber sous le** ~ to stand to reason; **à mon** ~ to my mind

sensas(s) [sɑ̃sɑs] *adj inv, inf abr de* **sensationnel**

sensation [sɑ̃sasjɔ̃] *f* sensation; (*émotion*) feeling; ~ **de brûlure** burning sensation; **avoir une ~ de malaise** to feel weak ▶ **~s fortes** thrills; **faire** ~ to create a sensation; **presse à** ~ tabloid press

sensationnel [sɑ̃sasjɔnɛl] *m* sensational

sensationnel(le) [sɑ̃sasjɔnɛl] *adj* sensational

sensé(e) [sɑ̃se] *adj* sensible

sensibilisation [sɑ̃sibilizasjɔ̃] *f* ~ **à qc** awareness of sth

sensibiliser [sɑ̃sibilize] <1> *vt* ~ **qn à** [*o* **sur**] **qc** to make sb aware of sth

sensibilité [sɑ̃sibilite] *f* **1.** PSYCH (*d'une personne*) sensitiveness; **être d'une grande** ~ to be very sensitive **2.** ANAT sensitivity; ~ **au froid** sensitive to cold

sensible [sɑ̃sibl] *adj* **1.** (*émotif, fragile, opp: indifférent, délicat*) sensitive; **être ~ aux attentions** to notice kindnesses; **être très ~ de la gorge** to have a very delicate throat **2.** (*perceptible*) noticeable **3.** (*fin: odorat, ouïe*) sensitive **4.** PHILOS sensory; (*univers, monde*) physical

sensiblement [sɑ̃sibləmɑ̃] *adv* noticeably

sensiblerie [sɑ̃sibləʀi] *f* sentimentality

sensoriel(le) [sɑ̃sɔʀjɛl] *adj* (*vie, organe, nerf*) sense; (*éducation, information*) sensory

sensualité [sɑ̃sɥalite] *f* sensuality

sensuel(le) [sɑ̃sɥɛl] *adj* sensual

sentence [sɑ̃tɑ̃s] *f* **1.** JUR sentence **2.** (*adage*) maxim

sentencieux, -euse [sɑ̃tɑ̃sjø, -jøz] *adj* sententious

senteur [sɑ̃tœʀ] *f soutenu* scent

senti(e) [sɑ̃ti] *adj* **un discours bien** ~ a very direct speech

sentier [sɑ̃tje] *m* path; ~ **de grande randonnée** long-distance footpath ▶ **sortir des ~s battus** to go off the beaten path

sentiment [sɑ̃timɑ̃] *m* **1.** (*émotion*) feeling **2.** (*sensibilité*) emotion **3.** (*conscience*) ~ **de sa valeur** awareness of one's worth **4.** (*impression*) feeling; **le ~ d'être un raté** the feeling of being a loser **5.** *pl* (*formule de politesse*) **mes meilleurs ~s** my best wishes **6.** *pl* (*tendance*) disposition ▶ **partir d'un bon** ~ to have good intentions; **prendre qn par les ~s** to appeal to sb's feelings

sentimental(e) [sɑ̃timɑ̃tal, -o] <-aux> **I.** *adj* **1.** (*sensible: nature, personne*) romantic **2.** (*amoureux: problème, vie*) love **3.** (*opp: rationnel: attachement, réaction, valeur*) sentimental **4.** *péj* (*avec sensibilité*) sentimental; (*film*) soppy **II.** *m(f)* sentimentalist

sentinelle [sɑ̃tinɛl] *f* sentry ▶ **en** ~ on sentry duty

sentir [sɑ̃tiʀ] <10> **I.** *vt* **1.** (*humer*) to smell **2.** (*goûter*) to taste **3.** (*ressentir*) to feel; **je sens la fatigue me gagner** I feel tiredness coming over me **4.** (*avoir une odeur*) ~ **la fumée** to smell of smoke; **ça sent le brûlé** there's a smell of burning; **cette pièce sent le renfermé** this room smells musty **5.** (*avoir un goût*) ~ **l'ail/la vanille** to taste of garlic/vanilla **6.** (*annoncer*) **ça sent la neige** there's snow in the air **7.** (*pressentir*) to feel; ~ **qu'il va pleuvoir** to feel that it's going to rain **8.** (*rendre sensible*) **faire ~ son autorité à qn** to make sb feel one's authority ▶ **je ne peux pas la** ~ I can't stand her **II.** *vi* **1.** (*avoir une odeur*) to smell; ~ **bon** to smell good **2.** (*puer*) to stink; **il sent des pieds** his feet stink **III.** *vpr* **1.** (*se trouver*) **se ~ fatigué** to feel tired **2.** (*être perceptible*) **qc se sent** (*amélioration, changement, effet*) sth can be felt; **se faire** ~ (*conséquences, effet*) to start to be felt ▶ **ne pas se ~ bien** *inf* not to feel well; **se ~ mal** to feel ill; **ils ne peuvent pas se** ~ they can't stand each other

seoir [swaʀ] *irr, soutenu* **I.** *vi* ~ **à qn** to become sb **II.** *vi impers* **il lui sied de faire qc** it becomes him to do sth

séparation [sepaʀasjɔ̃] *f* **1.** (*action de séparer*) separation; (*de convives*) parting; (*de manifestants*) dispersion **2.** JUR (*de biens*) separate ownership (*of property by married couples*); ~ **de corps** legal separation **3.** POL separation **4.** (*distinction*) dividing line **5.** (*cloison*) (**mur de**) ~ dividing wall

séparatiste [sepaʀatist] *adj, mf* separatist

séparé(e) [sepaʀe] *adj* separate

séparément [sepaʀemɑ̃] *adv* (*examiner*) separately; (*vivre*) apart

séparer [sepaʀe] <1> **I.** *vt* **1.** (*désunir, détacher, diviser*) to separate; ~ **qc en deux groupes** to divide sth into two groups; ~ **un enfant de ses parents** to take a child away from his parents **2.** (*être interposé entre*) to separate **3.** (*différencier: idées, théories, problèmes*) to distinguish between; **~ la théorie de la pratique** to differentiate between theory and practice **II.** *vpr* **1.** (*se défaire de*) **se ~ de qc** to part with sth; **se ~ de qn** to let sb go **2.** (*se diviser*) **se ~ de qc** (*route*) to leave sth; **se ~ en qc** (*rivière, route*) to split into sth; **nos routes se séparent** we're going our separate ways **3.** (*se détacher*) **se ~** to break up; **se ~ de qc** to break off from sth **4.** (*se disperser*) **se ~** to disperse

sept [sɛt] *adj* seven; *v.a.* **cinq**

septante [sɛptɑ̃t] *adj Belgique, Suisse* (*soixante-dix*) seventy; *v.a.* **cinq, cinquante**

septantième [sɛ̃ptɑ̃tjɛm] *adj antéposé, Belgique, Suisse* (*soixante-dixième*) seventieth; *v.a.* **cinquième**

septembre [sɛptɑ̃bʀ] *m* September; *v.a.* **août**

septennat [sɛptena] *m* seven-year period; POL seven-year (presidential) term

septentrional(e) [sɛptɑ̃tʀijɔnal, -o] <-aux> *adj* northern

septicémie [sɛptisemi] *f* MED septicemia

septième [sɛtjɛm] *adj antéposé* seventh; *v.a.* **cinquième**

septièmement [sɛtjɛmmɑ̃] *adv* seventhly

septique [sɛptik] *adj* MED septic

septuagénaire [sɛptɥaʒenɛʀ] *adj, mf* septuagenarian

sépulture [sepyltyʀ] *f* **1.** (*acte*) burial **2.** (*tombeau*) tomb

séquelle [sekɛl] *f* (*d'un accident, d'une maladie*) aftereffect

séquence [sekɑ̃s] *f* **1.** CINE, TV, LING sequence **2.** INFORM string

séquentiel(le) [sekɑ̃sjɛl] *adj* INFORM sequential

séquestration [sekɛstʀasjɔ̃] *f* (*de biens*) impoundment; **~ de personne** illegal confinement; **~ d'enfant** child kidnapping

séquestrer [sekɛstʀe] <1> *vt* **1.** JUR (*biens*) to impound **2.** (*enfermer: personne*) to imprison; (*otage*) to hold

sera [səʀa], **serai** [səʀɛ] *fut de* **être**

seras [səʀa] *fut de* **être**

serbe [sɛʀb] **I.** *adj* Serbian **II.** *m* Serbian; *v.a.* **français**

Serbe [sɛʀb] *mf* Serb(ian)

Serbie [sɛʀbi] *f* **la ~** Serbia

serein(e) [səʀɛ̃, ɛn] *adj* serene; (*objectif*) dispassionate

sereinement [səʀɛnmɑ̃] *adv* serenely; (*agir, juger*) dispassionately

sérénade [seʀenad] *f* MUS serenade

sérénité [seʀenite] *f* serenity; **en toute ~** quite calmly

serez [səʀe] *fut de* **être**

serf, serve [sɛʀ(f), sɛʀv] *m, f* serf

sergent [sɛʀʒɑ̃] *m* sergeant

série [seʀi] *f* **1.** (*ensemble: de casseroles, volumes*) set **2.** (*succession*) string **3.** CINE, TV series **4.** COM **véhicule de ~** mass-produced vehicle ►**~ noire** (*roman*) crime thriller; (*succession de malheurs*) string of disasters; **fabriquer qc en ~** to mass-produce sth; **tueur en ~** serial killer; **hors ~** (*extraordinaire*) outstanding; ECON custom-built

sérieusement [seʀjøzmɑ̃] *adv* **1.** (*vraiment: croire, penser*) seriously **2.** (*avec sérieux: agir, travailler*) conscientiously; **vous parlez ~?** are you serious? **3.** (*gravement*) seriously

sérieux [seʀjø] *m* **1.** (*fiabilité, conscience*) reliability; (*d'une entreprise, d'un projet*) seriousness; (*d'un employé*) conscientiousness **2.** (*air grave, gravité: d'une situation, d'un état*) seriousness; **garder son ~** to keep a straight face ►**prendre qc au ~** to take sth seriously; **se prendre au ~** to take oneself seriously

sérieux, -euse [seʀjø, -jøz] *adj* **1.** (*opp: inconséquent*) serious; **pas ~, s'abstenir** serious inquiries only **2.** (*grave, opp: plaisantin*) serious **3.** (*digne de confiance*) reliable; (*promesse*) genuine **4.** (*consciencieux: élève, apprenti*) conscientious **5.** (*digne d'intérêt: problème*) genuine; (*renseignement*) reliable **6.** (*approfondi: études, recherches, travail*) worthwhile **7.** *a. antéposé* (*fort: différence, somme*) considerable; (*raison*) good **8.** (*sage*) earnest

serin [s(ə)ʀɛ̃] *m* canary

seriner [s(ə)ʀine] <1> *vt inf* (*rabâcher*) **~ qc à un enfant** to drum sth into a child

seringue [s(ə)ʀɛ̃g] *f* MED syringe

serment [sɛʀmɑ̃] *m* (*engagement solennel*) oath; **~ sur l'honneur** solemn oath; **~ d'Hippocrate** MED Hippocratic oath; **prêter ~** to take an oath; **sous ~** under oath

sermon [sɛʀmɔ̃] *m* **1.** REL sermon **2.** *péj* (*discours moralisateur*) lecture; **faire un ~ à qn** to lecture sb

sermonner [sɛʀmɔne] <1> *vt* (*réprimander*) **~ qn** to lecture sb; **se faire ~** to get a lecture

séronégatif, -ive [seʀonegatif, -iv] *adj* HIV-negative

séropositif, -ive [seʀopozitif, -iv] **I.** *adj* seropositive; (*en parlant du sida*) HIV-positive **II.** *m, f* person who is seropositive; (*atteint du sida*) person who is HIV positive

séropositivité [seʀopozitivite] *f* **constater la ~ de qn** to confirm sb as seropositive; (*due au virus du sida*) to confirm sb as HIV positive

serpe [sɛʀp] *f* AGR billhook

serpent [sɛʀpɑ̃] *m* **1.** (*reptile*) snake; **~ à lunettes** Indian cobra; **~ à sonnettes** rattlesnake **2.** ECON **~ monétaire européen** European currency snake

serpenter [sɛʀpɑ̃te] <1> *vi* (*chemin, vallée*) to meander

serpentin [sɛʀpɑ̃tɛ̃] *m* (*ruban*) streamer

serpette [sɛʀpɛt] *f* pruning knife

serpillière [sɛʀpijɛʀ] *f* floorcloth; **passer la ~** to clean up the floor

serpolet [sɛʀpɔlɛ] *m* wild thyme

serrage [seʀaʒ] *m* tightening

serre [sɛʀ] *f* AGR greenhouse; (*serre chauffée*)

hothouse

serré [sere] *adv* **1.** (*avec prudence*) **jouer ~** to play a tight game; *fig* to play it tight **2.** (*avec peu de moyens: vivre*) on a tight budget **3.** (*brièvement: écrire*) in a cramped hand

serré(e) [sere] *adj* **1.** (*fort: café, alcool*) strong **2.** (*petit: budget, délai*) tight **3.** (*dense: forêt, foule*) dense; **en rangs ~s** in serried ranks; **des mailles ~es** close stitches **4.** (*rigoureux: débat, discussion*) closely-argued; (*combat, course*) close; (*style*) taut **5.** (*fauché: train de vie*) impoverished; **être ~** to be pressed for cash

serrer [sere] <1> **I.** *vt* **1.** (*tenir en exerçant une pression*) to squeeze; **~ qn/qc dans ses bras/contre soi** to hold sb/sth in one's arms/against oneself; **~ qn à la gorge** to strangle sb **2.** (*contracter: dents, mâchoires, poings*) to clench; (*lèvres*) to tighten; **avoir la gorge serrée** to have a lump in one's throat; **il a le cœur serré devant qc** sth brings a lump to his throat; **~ les fesses** *fig, inf* to be scared stiff **3.** (*rendre très étroit: ceinture, nœud*) to tighten **4.** (*se tenir près de*) **~ qn/qc** to keep close behind sb/sth; **~ une femme** *fig* to come on to a woman; **~ qn/qc contre un mur** to wedge sb/sth against a wall; **serre bien ta droite!** keep to the right! **5.** (*rapprocher: invités*) to squeeze up; **~ les lignes/les mots** to pack the lines/words closer together; **~ les rangs** to close ranks; **être serrés** (*personnes, objets*) to be squashed together **6.** (*restreindre: budget*) to cut back; (*dépenses*) to cut back on; **~ les délais** to bring the deadlines forward **II.** *vi* **~ à droite/à gauche** to keep to the right/left **III.** *vpr* **se ~ 1.** (*se rapprocher: personnes*) to squeeze up; **se ~ contre qn** to squeeze up against sb **2.** (*se contracter*) **sa gorge se serre** his throat tightened ►**se ~ la ceinture** *inf* to tighten one's belt

serre-tête [sɛrtɛt] *m inv* **1.** (*bandeau*) headband **2.** SPORT skullcap

serrure [seryr] *f* lock; **~ de sûreté** security lock

serrurerie [seryrri] *f* **1.** (*objet*) ironwork **2.** (*métier*) locksmithing

serrurier, -ière [seryrje, -jɛr] *m, f* locksmith

sertir [sɛrtir] <8> *vt* **1.** (*enchâsser: diamant, pierre précieuse*) to set **2.** TECH to crimp

sérum [serɔm] *m* MED serum

servante [sɛrvɑ̃t] *f* maid

serveur [sɛrvœr] *m* INFORM server; **~ de courrier** mail server

serveur, -euse [sɛrvœr, -øz] *m, f* (*employé*) waiter

serviable [sɛrvjabl] *adj* helpful

service [sɛrvis] *m* **1.** (*au restaurant, bar, à l'hôtel, dans un magasin*) service; **manger au premier/second ~** to eat at the first/second sitting; **le ~ est assuré jusqu'à ...** (*au restaurant*) meals are served until ... **2.** (*pourboire*) service charge; **(le) ~ (est) compris** (the) service charge (is) included **3.** *pl* (*aide*) services; **se passer des ~s de qn** *form* to dispense with sb's services **4.** (*organisme officiel*) **~ administratif** (*d'État*) administrative department; (*d'une commune*) administrative service; **~s de l'immigration** immigration department; **~ du feu** *Suisse* fire department; **~ d'ordre** marshals *pl;* **le ~ public** the public services *pl;* **entreprise du ~ public** national utility company; **~ de santé** health service; **les ~s sociaux** social services; **~s spéciaux/secrets** special/secret services **5.** (*département*) department; **~ (des) achats** purchasing department; **~ après-vente** after-sales service; **~ administratif/~s administratifs** (*d'une entreprise*) administration department/departments; **~ du personnel** personnel department **6.** MED department; **~ de cardiologie** cardiology department; **~ de réanimation** intensive care unit; **~ des urgences** emergency room **7.** MIL national service; **~ civil** non-military national service; **faire son ~ (militaire)** to do one's national [*o* military] service **8.** (*activité professionnelle*) duty; **pendant le ~** while on duty; **heures de ~** hours on duty; **être de ~** to be on duty **9.** ECON (*prestations*) service **10.** (*action de servir*) service; **~ de l'État** service of the State; **escalier de ~** service staircase **11.** (*faveur*) favor; **demander un ~ à qn** to ask sb a favor; **rendre ~ à qn** to do sb a favor; **qu'y a-t-il pour votre ~?** how can I help you? **12.** (*assortiment pour la table*) set; **~ à fondue/raclette** fondue/raclette set; **~ à thé** tea set **13.** (*engagement au tennis, au volley-ball*) service **14.** REL **~ (religieux)** (religious) service; **~ funèbre** funeral service ►**à ton/votre ~!** at your service!; **~ en ligne** online service; **entrer en ~** (*unité de production*) to come into service; **mettre qc en ~** to put sth into operation; **hors ~** out of order

serviette [sɛrvjɛt] *f* **1.** (*pour la toilette*) towel; **~ de plage /de bain** beach/bath towel; **~ hygiénique** sanitary napkin **2.** (*serviette de table*) napkin; **~ en papier** paper napkin **3.** (*attaché-case*) briefcase

servile [sɛrvil] *adj* (*obséquieux, trop fidèle*) servile

servir [sɛrvir] *irr* **I.** *vt* to serve; **on lui sert le petit-déjeuner au lit** they serve him breakfast in bed; **c'est servi!** *inf* ready!; **on vous sert, Madame/Monsieur?** are you being served Madam/Sir?; **qu'est-ce que je vous sers?** what would you like? ►**on n'est jamais si bien servi que par soi-même** *prov* if you want a job done properly, do it yourself **II.** *vi* **1.** (*être utile: voiture, outil, conseil, explication*) to be useful; **ça me sert à la réparation/à faire la cuisine** (*machine, outil*) I use it for doing repairs/for cooking; **à quoi cet outil peut-il bien ~?** what can this tool be used for?; **rien ne sert de t'énerver** it's no use getting annoyed **2.** (*tenir lieu de*) **~ de guide à qn** to be a guide for sb; **ça te servira**

de leçon! that'll teach you a lesson!; **cela lui sert de prétexte** he uses that as an excuse **3.** (*être utilisable*) to be usable; **ce vélo peut encore/ne peut plus ~** this bike can still/no longer be used **4.** SPORT (*au tennis, au volley-ball*) to serve ▶ **rien ne sert de courir, il faut partir à point** *prov* more haste, less speed **III.** *vpr* **1.** (*utiliser*) **se ~ d'un copain/article pour** +*infin* to use a friend/article to +*infin;* **se ~ de ses relations** to use one's acquaintances **2.** (*prendre soi-même qc*) **se ~ des légumes** to help oneself to vegetables **3.** (*être servi*) **ce vin se sert frais** this wine should be served chilled

serviteur [sɛʀvitœʀ] *m* (*domestique*) servant

servitude [sɛʀvityd] *f* **1.** *pl* (*contraintes*) constraints **2.** (*esclavage*) slavery; **réduire qn à la ~** to enslave sb

ses [se] *dét poss v.* **sa, son**

sésame [sezam] *m* **1.** BOT sesame **2.** (*passe-partout*) key ▶ **Sésame, ouvre-toi** open Sesame

session [sesjɔ̃] *f* **1.** (*séance*) sitting; **~ d'examens** exam session **2.** INFORM session; **ouvrir/clore une ~** to log on/off

set [sɛt] *m* **1.** SPORT set; **~ gagnant** winning set **2.** (*nécessaire*) **~ de rasage** shaving kit

setter [setɛʀ] *m* **~ irlandais** Irish setter

seuil [sœj] **I.** *m* **1.** (*pas de la porte*) doorstep; **franchir le ~** to step through the door **2.** (*limite*) threshold; **~ de pauvreté** poverty line; **~ de rentabilité** break-even point **II.** *app inv* **valeur/salaire ~** threshold value/salary

seul(e) [sœl] **I.** *adj* **1.** (*sans compagnie*) alone; **tout ~** all alone; **être ~ à ~** to be alone with each other; **parler à qn ~ à ~** to speak to sb privately; **parler tout ~** to speak to oneself; **eh vous, vous n'êtes pas ~!** there are other people here, you know!; **ça descend tout ~** *inf* it goes down a treat **2.** (*célibataire*) single **3.** *antéposé* (*unique*) single; **~ et unique** one and only; **une ~e fois** once; **être ~ de son espèce** to be unique; **déclarer d'une ~e voix** to unanimously declare; **pour la ~e raison que ...** for the single reason that ... **4.** (*uniquement*) only; **il est ~ capable de le faire** he alone is able to do it; **~s les invités sont admis** only guests are admitted; **~ le résultat importe** only the result is important **II.** *m(f)* **le/la ~(e)** the only one; **vous n'êtes pas le ~ à ...** you're not the only one to ...; **un/une ~(e)** only one

seulement [sœlmɑ̃] *adv* just ▶ **non ~ ..., mais (encore)** not only ..., but; **pas ~** *soutenu* not just; **si ~** if only

sève [sɛv] *f* BOT sap

sévère [sevɛʀ] *adj* **1.** (*rigoureux: climat*) harsh; (*critique, jugement*) severe; (*concurrence*) strong; (*lutte*) hard; (*sélection*) rigorous **2.** (*grave: crise, pertes*) severe; (*échec*) terrible

sévèrement [sevɛʀmɑ̃] *adv* **1.** (*durement: punir, critiquer*) severely; (*éduquer, juger*) harshly; (*battu*) heavily **2.** (*gravement*) seriously

sévérité [seveʀite] *f* severity; (*d'une critique, d'un verdict*) harshness; **être d'une grande ~** to be very severe

sévices [sevis] *mpl* physical abuse

sévir [seviʀ] <8> *vi* **1.** (*punir*) **~ contre qn/qc** to take strong measures against sb/sth **2.** (*exercer ses ravages: malfaiteur, professeur*) to be on the loose; (*fléau*) to be unleashed; (*grippe*) to rage

sevrage [səvʀaʒ] *m* weaning

sevrer [səvʀe] <1> *vt* (*cesser d'allaiter*) to wean

sèvres [sɛvʀ] *m* Sèvres porcelain; (*objet*) *object made out of Sèvres porcelain*

sexagénaire [sɛksaʒenɛʀ] **I.** *adj* **un homme/une femme ~** a sixty-year-old man/woman; **être ~** to be sixty years old **II.** *mf* sixty-year-old

sex-appeal [sɛksapil] <sex-appeals> *m* sex appeal

sexe [sɛks] *m* **1.** (*catégorie, sexualité*) sex **2.** (*organe*) sex organs

sexisme [sɛksism] *m* sexism

sexiste [sɛksist] *adj, mf* sexist

sexologue [sɛksɔlɔg] *mf* sexologist

sex-shop [sɛksʃɔp] <sex-shops> *m* sex shop

sex-symbol [sɛkssɛ̃bɔl] <sex-symbols> *m* sex symbol

sextant [sɛkstɑ̃] *m* sextant

sexualité [sɛksɥalite] *f* sexuality

sexuel(le) [sɛksɥɛl] *adj* **1.** (*relatif à la sexualité*) sexual; (*éducation*) sex **2.** (*relatif au sexe*) sex

sexuellement [sɛksɥɛlmɑ̃] *adv* sexually

sexy [sɛksi] *adj inv, inf* sexy

seyant(e) [sɛjɑ̃, jɑ̃t] **I.** *part prés de* **seoir II.** *adj* becoming

Seychelles [sɛʃɛl(ə)] *fpl* **les ~** the Seychelles

shah [ʃa] *m* shah

shampooiner *v.* **shampouiner**

shampo(o)ing [ʃɑ̃pwɛ̃] *m* shampoo; **~ colorant** wash-in hair dye; **faire un ~ à qn** to shampoo sb's hair

shampouiner [ʃɑ̃pwine] <1> *vt* to shampoo

shérif [ʃeʀif] *m* sheriff

Shetland [ʃɛtlɑ̃d] *fpl* **les Îles ~** the Shetland Islands; **les Îles ~ du Sud** the South Shetland Islands

shoot [ʃut] *m* shot

shooter [ʃute] <1> **I.** *vi* SPORT to shoot **II.** *vt* SPORT (*penalty, corner*) to take **III.** *vpr inf* **1.** (*se droguer*) **se ~ à qc** to shoot up with sth **2.** *iron* **se ~ au champagne** to drink champagne

shop(p)ing [ʃɔpiŋ] *m* **faire du ~** to do some shopping

short [ʃɔʀt] *m* shorts *pl;* **~ de foot** soccer shorts

show [ʃo] *m* show

showbiz [ʃobiz], **show-business** [ʃobiznɛs] *m inf sans pl* show business

si[1] [si] <*devant voyelle ou h muet* s'> **I.** *conj* **1.** (*condition, hypothèse*) if; **~ je ne suis pas**

là, partez sans moi if I'm not there, leave without me; ~ **j'étais riche, ...** if I were rich, ...; ~ **j'avais su!** if I'd only known! **2.** (*opposition*) if; ~ **toi tu es mécontent, moi, je ne le suis pas!** even if you're unhappy, I'm not! **3.** (*éventualité*) if; ~ **nous profitions du beau temps?** how about taking advantage of the good weather? **4.** (*désir, regret*) if only; **ah ~ je les tenais!** if only I'd got them!; ~ **seulement tu étais venu hier!** if only you'd come yesterday! ▶ ~ **ce n'est ...** if not ...; ~ **ce n'est qn/qc** apart from sb/sth; ~ **c'est ça** *inf* if that's how it is **II.** *m inv* (*hypothèse*) if; **avec des ~, on mettrait Paris en bouteille** if ifs and ands were pots and pans there'd be no need for tinkers

si[2] [si] *adv* **1.** (*dénégation*) yes; **il ne vient pas – mais ~!** he's not coming – yes he is!; **tu ne peux pas venir – mais ~!** you can't come – yes I can! **2.** (*tellement*) so; **ne parle pas ~ bas!** don't speak so quietly; **une ~ belle fille** such a pretty girl; **elle était ~ impatiente qu'elle ne tenait plus en place** she was so impatient that she couldn't sit still **3.** (*aussi*) ~ **... que** as ... as; **il n'est pas ~ intelligent qu'il le paraît** he's not as intelligent as he seems ▶ ~ **bien que** so much so that; **j'en avais assez, ~ bien que je suis partie** I'd had enough, so much so that I left; **il viendra pas – oh que ~!** he won't come – oh yes he will!

si[3] [si] *adv* (*interrogation indirecte*) if

si[4] [si] *m inv* MUS ti; *v.a.* **do**

siamois [sjamwa] *m* (*chat*) Siamese

siamois, siamoises [sjamwa, waz] *mpl, fpl* (*jumeaux*) **des ~(es)** Siamese [*o* conjoined] twins

Sibérie [sibeʀi] *f* **la ~** Siberia

sibérien(ne) [sibeʀjɛ̃, jɛn] *adj* Siberian

Sibérien(ne) [sibeʀjɛ̃, jɛn] *m(f)* Siberian

sibyllin(e) [sibilɛ̃, in] *adj* enigmatic

SICAV [sikav] *f abr de* **société d'investissement à capital variable** (*société*) ≈ mutual fund

Sicile [sisil] *f* **la ~** Sicily

sicilien [sisiljɛ̃] *m* Sicilian; *v.a.* **français**

sicilien(ne) [sisiljɛ̃, jɛn] *adj* Sicilian

Sicilien(ne) [sisiljɛ̃, jɛn] *m(f)* Sicilian

SIDA [sida] *m abr de* **syndrome d'immunodéficience acquise** AIDS

side-car [sidkaʀ] <side-cars> *m* (*motocyclette plus side-car*) motorcycle and sidecar

sidérer [sideʀe] <5> *vt inf* to stagger

sidérurgie [sideʀyʀʒi] *f* steel industry

sidérurgique [sideʀyʀʒik] *adj* steel-manufacturing; (*usine, produit*) steel; **bassin/groupe ~** steel-producing region/group

sidologie [sidɔlɔʒi] *f sans pl* MED AIDS science; (*soins, traitement*) AIDS treatment and care

siècle [sjɛkl] *m* **1.** (*période de cent ans*) century; **de ~ en ~** from century to century; **au III**[e] **~ avant J.C.** in the 3rd century B.C. **2.** (*période remarquable*) **le ~ de Louis XIV** the age of Louis XIV **3.** (*période très longue*) age; **depuis des ~s** for ages; **il y a des ~s que je ne t'ai vu** *inf* I haven't seen you for ages; **mais ça fait un ~ de ça!** but that was ages ago! ▶ **du ~** *inf* (*combat, marché, inondation*) of the century

Siècle [sjɛkl] *m* **le ~ des Lumières** the Enlightenment

siège [sjɛʒ] *m* **1.** (*meuble, au Parlement*) *a.* POL seat; **~ avant/arrière** AUTO front/back seat; **~ pour enfant** child seat; **~ pliant** folding chair **2.** (*résidence: d'une organisation*) headquarters; **~ social** head office

siéger [sjeʒe] <2a, 5> *vi* **1.** (*avoir un siège: députés, procureur*) to sit **2.** (*tenir séance*) to be in session

sien(ne) [sjɛ̃, sjɛn] *pron poss* **1. le ~/la ~ne/les ~s** (*d'une femme*) hers; (*d'un homme*) his; *v.a.* **mien 2.** *pl* (*ceux de sa famille*) **les ~s** his/her family; (*ses partisans*) his/her kind ▶ **faire des ~nes** *inf* to act up; **à la (bonne) ~ne!** *iron, inf* cheers!; **y mettre du ~** to pull one's weight

sieste [sjɛst] *f* siesta

sifflement [sifləmɑ̃] *m* whistling; (*du serpent, de la vapeur*) hissing; **~ d'oreilles** ringing in the ears

siffler [sifle] <1> **I.** *vi* to whistle; (*gaz, vapeur, serpent*) to hiss; **elle a les oreilles qui sifflent** there's a ringing in her ears **II.** *vt* **1.** (*appeler*) **~ son copain/chien** to whistle for one's friend/dog; **~ une fille** to whistle at a girl **2.** (*signaler en sifflant*) to blow the whistle; **~ la fin du match** to blow the final whistle **3.** (*huer*) to boo; **se faire ~** to bet booed **4.** (*moduler: chanson, mélodie*) to whistle **5.** *inf* (*boire: verre*) to knock back

sifflet [siflɛ] *m* **1.** (*instrument*) whistle; **coup de ~** blast of the whistle **2.** *pl* (*huées*) booing ▶ **couper le ~ à qn** *inf* (*couper la parole*) to shut sb up

siffleux [siflø] *m Québec* (*marmotte*) marmot

siffloter [siflɔte] <1> *vt, vi* to whistle a tune

sigle [sigl] *m* abbreviation

signal [siɲal, -o] <-aux> *m a.* INFORM signal; **donner le ~ du départ** to give the signal for departure; **~ sonore** sound signal; **~ d'alarme** alarm; **déclencher le ~ d'alarme** to set off the alarm; **~ de détresse** distress signal

signalement [siɲalmɑ̃] *m* description

signaler [siɲale] <1> *vt* **1.** (*attirer l'attention sur*) to point out; ADMIN (*fait nouveau, perte, vol*) to report; **~ une erreur à qn** to point out a mistake to sb **2.** (*marquer par un signal*) **~ la direction à qn** (*carte, écriteau, balise*) to signpost the way for sb **3.** (*indiquer*) **~ l'existence de qc** to show the existence of sth ▶ **rien à ~** nothing to report

signalisation [siɲalizasjɔ̃] *f* (*d'un aéroport, port*) (*par lumière*) beaconing; (*d'une route*) (*par panneaux*) road signs *pl;* (*au sol*) markings *pl;* **feux de ~** traffic lights

signataire [siɲatɛʀ] *adj, mf* signatory

signature [siɲatyʀ] *f* **1.** (*action*) signing **2.** (*marque d'authenticité*) signature

signe [siɲ] *m* **1.** (*geste, indice*) sign; **~ de (la) croix** sign of the cross; **faire le ~ de la croix** to make the sign of the cross; **~ de la main** a gesture; (*pour saluer*) wave; **~ de tête** (*pour dire oui*) nod; (*pour dire non*) shake of the head; **faire ~ à qn** (*pour signaler qc*) to give sb a sign; (*pour contacter qn*) to get in touch with sb; **faire un ~ de la tête à son partenaire** to nod to one's partner; **faire ~ à son fils de** +*infin* to gesture to one's son to +*infin;* **faire ~ que oui/non** (*de la tête*) to nod/shake one's head; (*d'un geste*) to say yes/no with one's hand; **~ avant-coureur** *a.* MED early warning sign **2.** (*trait distinctif*) mark; **~s particuliers: néant** distinguishing marks: none; **~s extérieurs de richesse** signs of conspicuous wealth **3.** LING, MATH **~ de ponctuation** punctuation mark; **~ négatif/positif** negative/positive sign; **~ d'égalité/de multiplication** equals/multiplication sign **4.** (*en astrologie*) sign; **~ du zodiaque** sign of the zodiac ▶ **c'est bon/mauvais ~** it's a good/bad sign

signer [siɲe] <1> *vt* **1.** (*apposer sa signature*) to sign; **~ qc de son nom/de sa main** to sign one's name on sth/sth with one's own hand **2.** (*produire sous son nom: œuvre, pièce*) to produce; (*tableau*) to sign ▶ **c'est signé qn** *inf* it's got sb's fingerprints all over it

signet [siɲɛ] *m* INFORM bookmark

significatif, -ive [siɲifikatif, -iv] *adj* (*date, décision, fait*) significant; (*geste, silence, sourire*) meaningful; **être ~ de qc** to reflect sth

signification [siɲifikasjɔ̃] *f* (*sens*) meaning

signifier [siɲifje] <1> *vt* **1.** (*avoir pour sens*) to mean; **qu'est-ce que cela signifie?** what does that mean? **2.** (*faire connaître*) **~ une intention à qn** to make an intention known to sb; **~ une décision à qn** JUR to notify sb of a decision ▶ **qu'est-ce que ça signifie?** what's that supposed to mean?

silence [silɑ̃s] *m sans pl* (*absence de bruit, de paroles, d'information*) silence; (*calme*) stillness; **~ de mort** deathly hush; **le ~ se fait dans la salle** a hush falls over the room; **quel ~!** how quiet it is!; **~! on tourne!** quiet! action!; **~ glacial** icy hush; **garder le ~ sur qc** to keep quiet about sth; **passer qc sous ~** not to mention sth; **réduire qn au ~** to reduce sb to silence; **rompre le ~** to break the silence

silencieusement [silɑ̃sjøzmɑ̃] *adv* **1.** (*sans bruit*) silently **2.** (*en secret*) secretly

silencieux [silɑ̃sjø] *m* muffler

silencieux, -euse [silɑ̃sjø, -jøz] *adj* **1.** (*opp: bruyant*) silent **2.** (*où règne le silence*) silent **3.** (*peu communicatif: personne*) quiet; (*majorité*) silent; **rester ~** to remain silent

silex [silɛks] *m* GEO flint

silhouette [silwɛt] *f* **1.** (*allure, figure indistincte*) figure **2.** (*contour*) outline **3.** (*dessin*) silhouette

silicone [silikon] *m* silicone

silicose [silikoz] *f* silicosis

sillage [sijaʒ] *m* NAUT wake; (*d'un avion*) slipstream; **~ de l'eau** wash ▶ **rester dans le ~ de qn** to remain in sb's shadow; **entraîner qn/qc dans son ~** to pull sb/sth along in one's wake

sillon [sijɔ̃] *m* **1.** AGR furrow **2.** (*trace longitudinale*) trace; (*ride*) furrow **3.** (*d'un disque*) groove

sillonner [sijɔne] <1> *vt* (*traverser*) **~ une ville** (*personnes, touristes*) to go to and fro across a town; (*canaux, routes*) to crisscross a town; **~ le ciel** (*avions, éclairs*) to go back and forth across the sky

silo [silo] *m* silo

simagrées [simagʀe] *fpl* playacting

simiesque [simjɛsk] *adj* simian

similaire [similɛʀ] *adj* similar

simili [simili] *m* imitation

similitude [similityd] *f* (*analogie*) similarity

simoun [simun] *m* simoom

simple [sɛ̃pl] **I.** *adj* **1.** (*facile*) simple; **rien de plus ~ à réaliser!** nothing simpler!; **le plus ~, c'est ...** the simplest thing is to ... **2.** (*modeste*) unaffected; (*personne, revenus, famille*) modest **3.** (*non multiple: feuille, nœud*) single; **un aller ~ pour Paris, s'il vous plaît** a one-way ticket to Paris please **4.** *postposé* LING, CHIM simple **5.** *antéposé* (*rien d'autre que: formalité, remarque*) simple; **un simple regard/coup de téléphone** just a look/phone call; **"sur ~ appel"** "just call" **6.** (*naïf*) simple ▶ **c'est (bien) ~** *inf* it's perfectly simple; **c'est bien ~, il ne m'écoute jamais!** he never listens to me, that's all there is to it!; **tu penses que tu vas t'en tirer comme ça, mais ce serait trop ~!** you think you'll get away with it, but that'd be too easy! **II.** *m* **1.** SPORT singles; **un ~ dames/messieurs** a ladies'/men's singles match **2.** (*personne naïve*) **~ d'esprit** simple soul ▶ **passer du ~ au double** to double

simplement [sɛ̃pləmɑ̃] *adv* **1.** (*sans affectation: s'exprimer, se vêtir*) simply; (*recevoir, se comporter*) unpretentiously **2.** (*seulement*) simply; **tout ~** (*sans plus*) just; (*absolument*) quite simply

simplet(te) [sɛ̃plɛ, ɛt] *adj* **1.** (*niais*) simple **2.** (*simpliste*) simplistic; (*intrigue, raisonnement*) naive; (*roman*) unsophisticated

simplicité [sɛ̃plisite] *f* **1.** (*opp: complexité*) simplicity; **être d'une extrême ~** to be very simple; **être d'une ~ enfantine** to be child's play **2.** (*naturel*) plainness; **être resté d'une grande ~** to have stayed very simple; **parler avec ~** to speak plainly; **recevoir qn en toute ~** to give sb a simple welcome **3.** (*naïveté*) simpleness; **avoir la ~ de croire qc** to be simple enough to believe sth

simplificateur, -trice [sɛ̃plifikatœʀ, -tʀis] *adj* simplifying

simplification [sɛ̃plifikasjɔ̃] *f* simplification

simplifier [sɛ̃plifje] <1> **I.** *vt* to simplify **II.** *vpr*

S

se ~ **la vie** to simplify life (for oneself)
simpliste [sɛ̃plist] *adj* simplistic
simulacre [simylakʀ] *m* (*action simulée*) pretense; **un ~ de combat** a mock fight
simulateur, -trice [simylatœʀ, -tʀis] *m, f* **1.** (*trompeur*) shammer **2.** (*qui simule une maladie*) malingerer
simulation [simylasjɔ̃] *f* **1.** (*reconstitution*) simulation; **jeu de ~** simulation game **2.** (*action de simuler un sentiment*) pretense **3.** (*action de simuler une maladie*) malingering
simulé(e) [simyle] *adj* feigned
simuler [simyle] <1> *vt* **1.** (*feindre*) to feign **2.** (*reconstituer*) to simulate
simultané(e) [simyltane] *adj* simultaneous
simultanéité [simyltaneite] *f* simultaneity
simultanément [simyltanemɑ̃] *adv* simultaneously
sincère [sɛ̃sɛʀ] *adj* **1.** (*franc, loyal: aveu*) sincere; (*ami, repentir, réponse*) honest **2.** (*véritable: condoléances*) sincere; **croyez à mes plus ~s regrets** my sincerest regrets; **veuillez agréer mes plus ~s salutations** sincerely yours
sincèrement [sɛ̃sɛʀmɑ̃] *adv* **1.** (*franchement: avouer, dire*) honestly; (*regretter*) sincerely; **il est ~ désolé de qc** he is deeply sorry about sth; **~, tu ne veux pas y aller?** do you honestly not want to go? **2.** (*à franchement parler*) honestly
sincérité [sɛ̃seʀite] *f* (*franchise: des aveux, d'une personne, d'un sentiment*) sincerity; (*d'une explication, réponse*) frankness; **en toute ~** quite sincerely
sinécure [sinekyʀ] *f* sinecure ►**ce n'est pas une ~** it's no walk in the park
sine qua non [sinekwanɔn] *adj v.* **condition**
Singapour [sɛ̃gapuʀ] Singapore
singapourien(ne) [sɛ̃gapuʀjɛ̃, ɛn] *adj* Singaporean
Singapourien(ne) [sɛ̃gapuʀjɛ̃, ɛn] *m(f)* Singaporean
singe [sɛ̃ʒ] *m* **1.** ZOOL monkey; **grand ~** great ape; **l'homme descend du ~** humankind is descended from the apes; *v.a.* **guenon 2.** *inf* (*personne laide*) horror **3.** *inf* (*personne qui imite*) mimic; **faire le ~** *inf* to monkey around [*o* around] ►**être poilu comme un ~** *inf* to be as hairy as an ape
singer [sɛ̃ʒe] <2a> *vt* (*imiter*) **~ qn/qc** to take sb/sth off
singerie [sɛ̃ʒʀi] *f pl, inf* (*grimaces, pitreries*) antics; **faire des ~s** to play the fool
singulariser [sɛ̃gylaʀize] <1> *vpr* **se ~ par qc** to distinguish oneself by sth
singularité [sɛ̃gylaʀite] *f* **1.** *sans pl* (*caractère original*) singularity; **présenter une ~** to have a distinct feature **2.** *pl* (*excentricité*) peculiarity
singulier [sɛ̃gylje] *m* singular
singulier, -ière [sɛ̃gylje, -jɛʀ] *adj* **1.** (*bizarre*) strange **2.** (*étonnant*) singular **3.** LING singular
singulièrement [sɛ̃gyljɛʀmɑ̃] *adv* **1.** (*étrangement*) strangely **2.** (*fortement*) singularly
sinistre [sinistʀ] **I.** *adj* **1.** (*lugubre*) gloomy; **avoir l'air ~** to look gloomy **2.** (*inquiétant: projet*) sinister **3.** (*terrible: nouvelle, spectacle*) gruesome **II.** *m* (*catastrophe*) disaster; (*réclamation*) claim; **maîtriser un ~** to bring a disaster under control
sinistré(e) [sinistʀe] **I.** *adj* (*bâtiment*) disaster-stricken; (*zone, région*) disaster; **personnes ~es à la suite des inondations** flood disaster victims **II.** *m(f)* victim
sinistrose [sinistʀoz] *f* pessimism
sinon [sinɔ̃] *conj* **1.** (*dans le cas contraire*) otherwise **2.** (*si ce n'est*) **que faire ~ attendre?** what shall we do but wait?; **à quoi sert la clé ~ à faire qc** what use is a key apart from doing sth; **aucun roman ~ "Madame Bovary"** no novel except "Madame Bovary"; **il ne s'intéresse à rien ~ à la musique** he's not interested in anything apart from music; **~ ... du** [*o* **au**] **moins** (*en tout cas*) if not ... at least
sinueux, -euse [sinɥø, -øz] *adj* (*ondoyant*) winding
sinuosité [sinɥozite] *f* (*formes sinueuses*) curves
sinus¹ [sinys] *m* ANAT sinus
sinus² [sinys] *m* MATH sine
sinusite [sinyzit] *f* sinusitis; **avoir de la ~** to have a sinus infection
siphon [sifɔ̃] *m* **1.** (*tube courbé*) siphon; (*d'un évier, des W.-C.*) U-bend **2.** GEO sump **3.** (*bouteille*) siphon
siphonné(e) [sifɔne] *adj inf* **être ~** to be cracked
Sire [siʀ] *m* Sire
sirène [siʀɛn] *f* **1.** (*signal*) siren; **les ~s sonnent** the sirens are going off **2.** (*femme poisson*) mermaid **3.** *iron* (*symbole de séduction*) **chant des ~s** siren song
sirocco [siʀɔko] *m* sirocco
sirop [siʀo] *m* **1.** (*liquide sucré*) *a.* MED syrup; **~ de citron/fraise** lemon/strawberry syrup; **pêches au ~** peaches in syrup; **~ contre la toux** cough syrup **2.** (*boisson diluée*) cordial
siroter [siʀɔte] <1> *vt inf* to sip
sirupeux, -euse [siʀypø, -øz] *adj* (*boisson*) syrupy
sismique [sismik] *adj* **secousse ~** earth tremor
sismographe [sismɔgʀaf] *m* seismograph
site [sit] *m* **1.** (*paysage*) place; (*région*) area; **~ classé** conservation area; **~ touristique** place of interest; **~ historique/naturel** historical/natural site; **~ sauvage** wild place **2.** (*lieu d'activité*) **~ archéologique/olympique** archeological/Olympic site **3.** INFORM site; **~ (sur) Internet, ~ Web** website; **s'offrir un ~ sur Internet** to get oneself a website ►**~ propre** bus lane
sitôt [sito] **I.** *adv* **pas de ~** not for a while; **elle ne recommencera pas de ~** *iron* she won't

do that again in a hurry **II.** *conj* ~ **entré/arrivé** as soon as he came in/arrived ►~ **dit,** ~ **fait** no sooner said than done

situation [sitɥasjɔ̃] *f* **1.** (*état: d'une personne*) position; ~ **de famille** marital status; **la** ~ **sociale de qn** sb's social standing; **dans ma** ~ in my situation; **remettre qc en** ~ to put sth back in context **2.** (*état conjoncturel*) *a.* ECON, FIN situation **3.** (*emploi*) post; **avoir une belle** ~ to have a good job

situé(e) [sitɥe] *adj* situated

situer [sitɥe] <1> **I.** *vt* **1.** (*localiser dans l'espace par la pensée*) ~ **son film à Paris** to set one's film in Paris; **je ne situe pas très bien ce lieu** I can't quite place this place; **pouvez-vous** ~ **l'endroit précis où ...?** can you locate the exact place where ...? **2.** (*localiser dans le temps*) ~ **qc en l'an ...** to place sth in the year ... **3.** *inf* (*définir: personne*) ~ **qn** to work sb out **II.** *vpr* **se** ~ **1.** (*se localiser dans l'espace*) to be situated **2.** (*se localiser dans le temps*) **se** ~ **en l'an ...** to take place in the year ... **3.** (*se localiser à un certain niveau*) **se** ~ **entre 25 et 35%** to fall between 25 and 35%; **se** ~ **à un niveau inférieur** to be at a lower level **4.** (*se définir*) **se** ~ to be placed; **se** ~ **par rapport à qc** to be in relation to sth

six [sis, *devant une voyelle* siz, *devant une consonne* si] *adj* six; *v.a.* **cinq**

sixième [sizjɛm] **I.** *adj antéposé* sixth **II.** *f* ECOLE sixth grade; *v.a.* **cinquième**

skaï [skaj] *m* pleather

skate [skɛt] *inf,* **skate-board** [skɛtbɔrd] <skate-boards> *m* skateboard; **faire du** ~ to go skateboarding

sketch [skɛtʃ] <(e)s> *m* sketch

ski [ski] *m* **1.** (*objet*) ski; **aller quelque part à** ~**s** to ski somewhere **2.** (*sport*) skiing; ~ **de fond** cross-country skiing; ~ **de randonnée** ski touring; ~ **alpin** Alpine skiing; ~ **nautique** water-skiing; **faire du** ~ to go skiing; **des chaussures de** ~ ski boots; **station de** ~ ski resort

skiable [skjabl] *adj* (*neige, piste*) skiable; (*domaine, saison*) skiing

skier [skje] <1> *vi* to ski

skieur, -euse [skjœʀ, -jøz] *m, f* skier; ~ **de fond/hors piste** cross-country/off-piste skier

skin(head) [skin(ɛd)] *m* skinhead

skipper [skipœʀ] *m* skipper

slalom [slalɔm] *m* **1.** (*épreuve de ski*) slalom; ~ **spécial/(super-)géant** special/giant slalom **2.** (*en canoë-kayak*) ~ **nautique** slalom canoeing **3.** (*parcours sinueux*) slalom; **faire du** ~ to weave in and out; **en** ~ dodging in and out

slalomer [slalɔme] <1> *vi* **1.** SPORT to slalom **2.** (*zigzaguer*) to weave in and out

slash [slaʃ] *m* slash

slave [slav] *adj* Slavic

Slave [slav] *mf* Slav

slip [slip] *m* briefs *pl;* ~ **(de bain)** swimming trunks

slogan [slɔgɑ̃] *m* slogan

slovaque [slɔvak] **I.** *adj* Slovak **II.** *m* Slovak; *v.a.* **français**

Slovaque [slɔvak] *mf* Slovak

Slovaquie [slɔvaki] *f* **la** ~ Slovakia

slovène [slɔvɛn] **I.** *adj* Slovene **II.** *m* Slovene; *v.a.* **français**

Slovène [slɔvɛn] *mf* Slovene

Slovénie [slɔveni] *f* **la** ~ Slovenia

slow [slo] *m* slow dance

smala [smala] *f iron, inf* tribe

smash [sma(t)ʃ] *m* smash

SME [ɛsɛmø] *m abr de* **Système monétaire européen** EMS

S.M.I.C. [smik] *m abr de* **salaire minimum interprofessionnel de croissance** minimum wage

> **i** The **S.M.I.C.** came into force in 1970 to protect the purchasing power of the lowest-paid workers. There is a minimum gross hourly wage for full-time workers, which rises each year and takes into account economic factors such as inflation.

smicard(e) [smikaʀ, aʀd] *m(f) inf* minimum wage earner

smoking [smɔkiŋ] *m* tuxedo

snack [snak] *m,* **snack-bar** [snakbaʀ] <snack-bars> *m* snack bar

SNCF [ɛsɛnseɛf] *f abr de* **Société nationale des chemins de fer français** SNCF (*French national railway company*)

snob [snɔb] **I.** *adj* snobbish **II.** *mf* snob

snober [snɔbe] <1> *vt* (*personne*) to snub; (*invitation, repas*) to turn one's nose up at sth

snobisme [snɔbism] *m* snobbery

sobre [sɔbʀ] *adj* sober

sobrement [sɔbʀəmɑ̃] *adv* soberly

sobriété [sɔbʀijete] *f* **1.** (*tempérance: d'une personne*) soberness; (*d'un animal*) modest needs *pl* **2.** (*discrétion: d'un style*) sobriety

sobriquet [sɔbʀikɛ] *m* nickname

sociable [sɔsjabl] *adj* **1.** (*aimable*) sociable **2.** SOCIOL social

social [sɔsjal, -jo] <-aux> *m* **1.** (*questions sociales*) social issues **2.** (*politique*) social policy

social(e) [sɔsjal, -jo] <-aux> *adj* social; **aide** ~**e** ≈ welfare; **les logements sociaux** public housing; **avantage** ~ welfare benefit

social-démocrate, sociale-démocrate [sɔsjaldemɔkʀat, sɔsjodemɔkʀat] <sociaux-démocrates> *adj, mf* Social Democrat

social-démocratie [sɔsjaldemɔkʀasi] <social-démocraties> *f* social democracy

socialement [sɔsjalmɑ̃] *adv* socially

socialisation [sɔsjalizasjɔ̃] *f* **1.** POL collectivization **2.** PSYCH socialization

socialiser [sɔsjalize] <1> *vt* POL to collectivize; PSYCH to socialize

socialisme [sɔsjalism] *m* socialism; ~ **d'État** state socialism

socialiste [sɔsjalist] *adj, mf* socialist
socialo [sɔsjalo] *mf inf abr de* **socialiste**
socialo-communiste [sɔsjalokɔmynist] <socialo-communistes> *adj* social communist
sociétaire [sɔsjetɛʀ] *mf* member
société [sɔsjete] *f* **1.** (*communauté*) society; ~ **de consommation** consumer society; **problème de ~** social problem **2.** ECON company; ~ **à responsabilité limitée** limited liability company; ~ **anonyme** public limited company; ~ **civile** non-commercial company **3.** (*ensemble de personnes*) society; **la haute ~** high society
Société [sɔsjete] *f* POL ~ **des Nations** League of Nations
socioculturel(le) [sɔsjokyltyʀɛl] *adj* sociocultural
socio-économique [sɔsjoekɔnɔmik] <socio-économiques> *adj* socioeconomic
socio-éducatif, -ive [sɔsjoedykatif, -iv] <socio-éducatifs> *adj* socio-educational
sociolinguistique [sɔsjolɛ̃gɥistik] **I.** *f* sociolinguistics **II.** *adj* sociolinguistic
sociologie [sɔsjɔlɔʒi] *f* sociology
sociologique [sɔsjɔlɔʒik] *adj* sociological
sociologiquement [sɔsjɔlɔʒikmɑ̃] *adv* sociologically
sociologue [sɔsjɔlɔg] *mf* sociologist
sociopolitique [sɔsjopɔlitik] *adj* sociopolitical
socioprofessionnel(le) [sɔsjopʀɔfesjɔnɛl] **I.** *adj* socio-professional **II.** *m(f)* (*responsable*) socio-professional
socle [sɔkl] *m* **1.** (*d'une lampe, d'un vase*) base; (*d'une statue, colonne*) plinth **2.** GEO platform
socquette [sɔkɛt] *f* ankle sock
soda [sɔda] *m* (*boisson aromatisée*) soft drink
sodomie [sɔdɔmi] *f* sodomy
sodomiser [sɔdɔmize] <1> *vt* to sodomize
sœur [sœʀ] **I.** *f* **1.** (*opp: frère, objet semblable*) sister; ~ **de lait** foster sister; ~ **d'infortune** *soutenu* fellow sufferer **2.** REL nun; **ma ~** Sister; **bonne ~** *inf* nun; **se faire (bonne) ~** to become a nun ▶**et <u>ta</u> ~(, elle bat le beurre)**? *inf* get lost! **II.** *adj* **1.** (*semblable: civilisation, âme*) sister **2.** (*apparentés*) **être ~s** (*choses*) to be sisters
sœurette [sœʀɛt] *f* little sister
sofa [sɔfa] *m* sofa
SOFRES [sɔfʀɛs] *f abr de* **Société française d'enquêtes par sondages** *French public opinion poll company*
software [sɔftwɛʀ, sɔftwaʀ] *m* software
soi [swa] **I.** *pron pers avec une préposition* oneself; **chez ~** at home; **malgré ~** despite oneself ▶**<u>en</u> ~** in itself; **un genre en ~** a separate genre **II.** *m* self; **la conscience du ~** self-awareness
soi-disant [swadizɑ̃] **I.** *adj inv, antéposé* so-called **II.** *adv* supposedly
soie [swa] *f* **1.** (*tissu*) silk; ~ **grège/sauvage** raw/wild silk; **peinture sur ~** silk painting **2.** (*poils*) bristle; **en ~s de sanglier** boar-bristle
soierie [swaʀi] *f* **1.** silk **2.** (*industrie*) silk production **3.** (*usine*) silk mill
soif [swaf] *f* **1.** (*besoin de boire*) thirst; **avoir ~** to be thirsty; (*plante*) to need watering; **donner ~ à qn** to make sb thirsty; **boire à sa ~** to drink one's fill **2.** (*désir*) ~ **de vengeance** thirst for vengeance; ~ **de vivre** zest for life ▶**<u>mourir</u> de ~** to be dying of thirst; **<u>rester</u> sur sa ~** (*avoir encore soif*) to be still thirsty; (*rester insatisfait*) to be unsatisfied; **boire <u>jusqu'à</u> plus ~** *inf* to drink one's fill
soignant(e) [swaɲɑ̃, ɑ̃t] *adj* **personnel ~** nursing staff
soigné(e) [swaɲe] *adj* (*impeccable: personne*) neat; (*travail*) careful
soigner [swaɲe] <1> **I.** *vt* **1.** (*traiter: médecin*) to treat; (*infirmier*) to look after; **se faire ~** to get treatment **2.** (*avoir soin de: animal, plante, personne*) to look after; (*mains, chevelure, plante*) to take care of; (*travail, repas, style, tenue*) to take care over **3.** *iron, inf* (*forcer l'addition: client*) to swindle **4.** (*maltraiter*) ~ **qn** to let sb have it ▶**va te <u>faire</u> ~!** *inf* you must be crazy **II.** *vpr* **1.** (*essayer de se guérir*) **se ~** to treat oneself; **se ~ tout seul** to look after oneself **2.** *iron* (*avoir soin de soi*) **se ~** to take good care of oneself **3.** (*pouvoir être soigné*) **se ~ par** [*o* **avec**] **une thérapie** to be treatable by a therapy ▶**<u>ça</u> se soigne!** *inf* there's a cure for that!; **la paresse, ça se soigne** laziness can be fixed
soigneur, -euse [swaɲœʀ, -øz] *m, f* SPORT trainer
soigneusement [swaɲøzmɑ̃] *adv* (*travailler, installer, éviter*) carefully; (*ranger*) neatly
soigneux, -euse [swaɲø, -øz] *adj* **1.** (*appliqué*) meticulous; (*ordonné*) neat **2.** (*soucieux*) **être ~ de sa personne** to take care over one's appearance **3.** *soutenu* (*minutieux: recherches*) careful
soi-même [swamɛm] *pron pers* oneself; **le respect de ~** self-respect
soin [swɛ̃] *m* **1.** *sans pl* (*application*) care; (*ordre et propreté*) tidiness; **avec beaucoup de ~** with great care **2.** *pl* (*traitement médical*) treatment; **~s à domicile** home treatment; **les premiers ~s** first aid; **donner des ~s à qn** to treat sb; **donner les premiers ~s** to give first aid **3.** *pl* (*hygiène*) **~s du visage/corps** facial/body care + *vb sing* **4.** *sans pl* (*responsabilité*) **confier à un voisin le ~ de la maison** to get a neighbor to look after the house; **laisser à sa mère le ~ de** +*infin* to leave one's mother to +*infin* **5.** *pl* (*attention*) attention ▶**aux <u>bons</u> ~s de qn** care of sb; **être aux <u>petits</u> ~s pour qn** to wait on sb hand and foot
soir [swaʀ] **I.** *m* evening; **le ~ tombe** evening is falling; **au ~** in the evening; **hier au ~** yesterday evening; **pour le repas de ce ~** for this evening's meal; **8 heures du ~** 8 o'clock in

the evening; **le ~** in the evening; **un beau ~** one fine evening; **l'autre ~** the other evening ▶ **du matin au ~** from morning till night; **le Grand Soir** the Big Night; **être du ~** *inf* (*être en forme le soir*) to be a night owl; (*être de l'équipe du soir*) to be on the night shift **II.** *adv* evening; **hier ~** yesterday evening; **mardi ~** Tuesday evening

soirée [swaʀe] *f* **1.** (*fin du jour*) evening; **en ~** in the evening; **demain en ~** tomorrow evening; **en fin de ~** at the end of the evening; **toute la ~** all evening; **dans la ~** in the evening; **lundi dans la ~, dans la ~ de lundi** on Monday evening **2.** (*fête*) party; **~ dansante/costumée** dance/fancy dress ball; **tenue de ~** evening dress **3.** THEAT, CINE evening performance; **en ~** in the evening

sois [swa] *subj prés de* **être**

soit **I.** [swat] *adv* (*d'accord*) very well; **eh bien ~!** very well then! **II.** [swa] *conj* **1.** (*alternative*) **~ ..., ~ ...** either ..., or ...; **~ qu'il soit malade, ~ qu'il n'ait pas envie** (*subj*) either he's ill, or he doesn't want to **2.** (*c'est-à-dire*) that is

soixantaine [swasɑ̃tɛn] *f* **1.** (*environ soixante*) **une ~ de personnes/pages** about sixty people/pages **2.** (*âge approximatif*) **avoir la ~** [*o* **une ~ d'années**] about sixty years old; **approcher de la ~** to approach sixty; **avoir largement dépassé la ~** to be well past sixty

soixante [swasɑ̃t] *adj* sixty; **~ et un** sixty-one; **~ et onze** seventy-one; *v.a.* **cinq, cinquante**

soixante-dix [swasɑ̃tdis] *adj* seventy; *v.a.* **cinq, cinquante**

soixante-dixième [swasɑ̃tdizjɛm] <soixante-dixièmes> *adj antéposé* seventieth; *v.a.* **cinquième**

soixante-huitard(**e**) [swasɑ̃tɥitaʀ, -aʀd] <soixante-huitards> *m(f): person who took part in the events of May 1968*

soixantième [swasɑ̃tjɛm] *adj antéposé* sixtieth; *v.a.* **cinquième**

soja [sɔʒa] *m* soya

sol[1] [sɔl] *m* **1.** (*terre*) soil **2.** (*croûte terrestre*) ground; **personnel au ~** AVIAT ground crew **3.** (*plancher: d'une pièce, maison*) floor; **exercices au ~** SPORT floor exercises **4.** (*territoire*) soil

sol[2] [sɔl] *m inv* MUS so; *v.a.* **do**

solaire [sɔlɛʀ] *adj* **1.** (*utilisant la force du soleil*) *a.* ASTR solar; **cadran ~** sundial **2.** (*protégeant du soleil*) **huile ~** suntan oil

soldat [sɔlda] *m* soldier; **~ de plomb** tin soldier

Soldat [sɔlda] *m* **le ~ inconnu** the Unknown Soldier

soldate [sɔldat] *f inf* woman soldier

solde[1] [sɔld] *m* **1.** *pl* (*marchandises*) sale items; **dans les ~s de lainage** in the woolen sales **2.** (*braderie*) sale; **~s d'été/d'hiver** summer/winter sales; **en ~** on sale **3.** (*balance*) balance; **~ débiteur/créditeur** debit/credit balance

solde[2] [sɔld] *f* (*d'un soldat, matelot*) pay ▶ **être à la ~ de qn** to be in sb's pay

soldé(**e**) [sɔlde] *adj* marked down

solder [sɔlde] <1> **I.** *vt* **1.** COM to sell at sale price; **~ tout son stock** to mark down prices on one's entire stock **2.** FIN (*dette*) to settle; (*fermer: compte*) to close **II.** *vpr* **se ~ par un échec/succès** (*conférence, tentative*) to end in success/failure

solderie [sɔldəʀi] *f* discount store

sole [sɔl] *f* (*poisson*) sole

soleil [sɔlɛj] *m* **1.** ASTR sun; **~ de minuit** midnight sun; **~ couchant/levant** setting/rising sun; **au ~ levant** at sunrise **2.** (*rayonnement*) sunshine; (*temps ensoleillé*) sunny; **se mettre au ~** to go into the sunshine; **déteindre au ~** to fade in the sun; **il fait ~** it's sunny; **prendre le ~** to sunbathe **3.** (*fleur*) (**grand**) **~** sunflower **4.** (*acrobatie*) somersault; **grand ~** grand circle; **faire un ~** (*personne*) to somersault; (*voiture*) to flip over

solennel(**le**) [sɔlanɛl] *adj* (*officiel, grave: cérémonie, occasion, obsèques*) solemn; **rendre des honneurs ~s à qn** to pay homage to sb

solennellement [sɔlanɛlmɑ̃] *adv* (*jurer, s'exprimer*) solemnly; (*promettre*) formally

solennité [sɔlanite] *f* solemnity; **avec ~** solemnly

Soleure [sɔlœʀ] Solothurn; **le canton de ~** the Canton of Soleure

soleurois(**e**) [sɔləʀwa, waz] *adj* of Soleure

Soleurois(**e**) [sɔləʀwa, waz] *m(f)* person from Soleure

solfège [sɔlfɛʒ] *m* **1.** (*théorie*) musical theory **2.** (*livre*) music primer

solidaire [sɔlidɛʀ] *adj* **1.** (*lié*) **être ~(s)** to stand together; **se montrer ~(s)** to show solidarity; **être ~ de** [*o* **avec**] **qn/de qc** to be behind sb/sth **2.** (*interdépendant*) **être ~s** (*questions, phénomènes*) interdependent; (*mécanismes, matériaux*) linked; **être ~ de qc** to be linked to sth **3.** JUR (*cautionnement, obligation*) joint and several; (*contrat*) joint; **être ~ des actes de qn** to be liable for sb's acts

solidariser [sɔlidaʀize] <1> *vpr* **se ~** to show solidarity

solidarité [sɔlidaʀite] *f* solidarity

solide [sɔlid] **I.** *adj* **1.** (*opp: liquide*) solid **2.** (*résistant: construction, outil*) sturdy; (*matériau*) strong; (*personne, santé*) robust **3.** (*sûr: connaissances, bon sens*) sound; (*amitié, base*) firm; (*source*) reliable; (*position*) strong **4.** (*robuste, vigoureux*) sturdy **5.** *antéposé, inf* (*substantiel: fortune, repas, coup de poing*) hefty; (*appétit*) hearty **II.** *m* **1.** MATH, PHYS solid **2.** (*aliments*) **du ~** solids **3.** *inf* (*chose sûre, résistante*) **c'est du ~!** it's good solid stuff!

solidement [sɔlidmɑ̃] *adv* **1.** (*fermement: fixer*) firmly; (*construire*) solidly; **tenir ~ le bout d'une corde** to hold the end of the rope tightly **2.** (*durablement: s'établir, s'installer,*

S

attaché) firmly; (*structurer*) solidly

solidifier [sɔlidifje] <1a> **I.** *vt* (*liquide, corps gazeux*) to solidify **II.** *vpr* **se ~** (*lave*) to solidify; (*cire, ciment*) to harden

solidité [sɔlidite] *f* **1.** (*robustesse: d'une machine, d'un meuble*) sturdiness; (*d'un tissu, vêtement*) strength; (*d'une personne*) robustness; (*d'un nœud*) tightness; **être d'une grande ~** (*ouvrage*) to be very sound **2.** (*stabilité*) soundness **3.** (*sérieux: d'un argument, raisonnement*) soundness

soliste [sɔlist] *mf* soloist

solitaire [sɔlitɛʀ] **I.** *adj* **1.** (*seul: vie*) solitary; (*vieillard*) lonely; (*caractère*) solitary **2.** (*isolé: maison*) isolated **3.** (*désert: parc, chemin*) deserted; (*demeure*) lonely **II.** *mf* solitary person; (*ermite*) recluse ►**en** ~ alone; **un tour du monde en ~** a solo around-the-world trip **III.** *m* (*diamant, jeu*) solitaire

solitude [sɔlityd] *f* **1.** (*isolement*) loneliness **2.** (*tranquillité, lieu solitaire*) solitude

solliciter [sɔlisite] <1> *vt form* (*demander: audience, explication, emploi*) to seek; **~ une autorisation de qn** to ask sb for authorization

solliciteur, -euse [sɔlisitœʀ, -øz] *m, f* supplicant

sollicitude [sɔlisityd] *f* solicitude; **avec ~** solicitously

solo [sɔlo, sɔli] <s *o* soli> **I.** *m* solo; **en ~** (*chanter, jouer*) solo; (*escalader*) alone **II.** *adj inv* **violon ~** solo violin

solstice [sɔlstis] *m* solstice

soluble [sɔlybl] *adj* **1.** (*pouvant être dissout: substance*) soluble; **~ dans l'eau** water soluble **2.** (*pouvant être résolu*) **être ~** (*problème*) to be solvable

solution [sɔlysjɔ̃] *f* **1.** (*issue*) *a.* CHIM, MED solution; **~ à un** [*o* **d'un**] **problème** solution to a problem; **~ de facilité** easy way out; **~ miracle** miracle solution **2.** (*résultat*) solution; **trouver la ~ d'une équation** to find the solution to an equation **3.** (*réponse: d'une énigme, d'un rébus*) answer ►**~ finale** HIST, POL Final Solution

solvable [sɔlvabl] *adj* (*client, pays, demande, marché*) solvent; **client/pays non ~** insolvent customer/country; **débiteur non ~** insolvent debtor

solvant [sɔlvɑ̃] *m* solvent

somatique [sɔmatik] *adj* somatic

sombre [sɔ̃bʀ] *adj* **1.** (*obscur: lieu, nuit*) dark; **il fait ~** it's dark **2.** (*foncé*) **un bleu/rouge ~** dark blue/red; **gris ~** dark gray **3.** (*sinistre: heure, année*) dark; (*avenir, réalité, tableau*) dismal; (*pensée*) gloomy **4.** (*triste: roman, visage*) grim; (*caractère, personne*) somber **5.** *antéposé, inf* (*lamentable: histoire*) dark

sombrer [sɔ̃bʀe] <1> *vi* **1.** (*faire naufrage*) to sink; **~ au fond de la mer** to sink to the bottom of the sea **2.** (*personne*) **~ dans la folie** to sink into madness

sommaire [sɔmɛʀ] **I.** *adj* **1.** (*court: analyse, réponse, exposé*) brief **2.** (*élémentaire, rapide: examen*) cursory; (*réparation, repas*) quick **3.** (*expéditif: exécution, justice, procédure*) summary **II.** *m* **1.** (*table des matières*) table of contents **2.** (*résumé*) summary

sommairement [sɔmɛʀmɑ̃] *adv* **1.** (*brièvement*) briefly **2.** (*simplement*) quickly **3.** (*de façon expéditive: juger qn*) summarily

sommation [sɔmasjɔ̃] *f* **1.** *a.* JUR summons; (*de satisfaire à une obligation*) demand **2.** MIL warning

somme[1] [sɔm] *f* **1.** (*quantité d'argent*) sum **2.** (*total*) total; (*des angles*) sum; **faire la ~ de qc** to total sth **3.** (*ensemble*) amount; **la ~ des dégâts/des besoins** the total damage/requirements ►**en** ~, **~ toute** all in all

somme[2] [sɔm] *m* (*sieste*) nap; **piquer un ~** *inf* to take a nap

sommeil [sɔmɛj] *m* **1.** (*fait de dormir*) sleep; (*envie de dormir*) sleepiness; **avoir ~** to be sleepy; **tomber de ~** to be asleep on one's feet **2.** (*inactivité*) sleep; **être en ~** to be asleep; **laisser qc en ~** to leave sth in abeyance

sommeiller [sɔmeje] <1> *vi* (*somnoler*) to doze

sommelier, -ière [sɔməlje, -jɛʀ] *m, f* sommelier, wine waiter

sommelière [sɔməljɛʀ] *f Suisse* (*serveuse de café ou de restaurant*) waitress

sommer [sɔme] <1> *vt* JUR **~ qn de** [*o* **à**] **comparaître** to summon sb to appear

sommes [sɔm] *indic prés de* **être**

sommet [sɔmɛ] *m* **1.** (*faîte: d'une montagne*) summit; (*d'une tour, hiérarchie, d'un arbre, toit*) top; (*d'une pente, vague*) crest; (*d'un crâne*) crown **2.** (*apogée*) height; **être au ~ de la gloire** to be at the height of one's fame **3.** POL summit; **~ européen** European summit

sommier [sɔmje] *m* base

sommité [sɔ(m)mite] *f* expert; **~ de la médecine** leading doctor

somnambule [sɔmnɑ̃byl] **I.** *adj* sleepwalking **II.** *mf* sleepwalker

somnifère [sɔmnifɛʀ] *m* soporific; (*cachet, pilule*) sleeping pill

somnolence [sɔmnɔlɑ̃s] *f* (*demi-sommeil*) drowsiness

somnolent(e) [sɔmnɔlɑ̃, ɑ̃t] *adj* **1.** (*à moitie endormi*) drowsy; (*ville*) sleepy **2.** (*amorphe: conscience, esprit*) lethargic

somnoler [sɔmnɔle] <1> *vi* (*dormir à moitié*) to doze

somptueusement [sɔ̃ptɥøzmɑ̃] *adv* sumptuously

somptueux, -euse [sɔ̃ptɥø, -øz] *adj* (*résidence, vêtement*) magnificent; (*repas*) sumptuous; (*cadeau*) lavish

son[1] [sɔ̃] **I.** *m* sound; **au ~ de l'accordéon** to the accordion; **baisser le ~** to turn the volume down **II.** *app* (**spectacle**) **~ et lumière** sound-and-light (show)

son[2] [sɔ̃, se] <ses> *dét poss* **1.** (*d'une femme*) her; (*d'un homme*) his; (*d'un objet, animal*) its; *v.a.* **mon** **2.** *après un indéfini* one's, your;

c'est chacun ~ tour everyone takes a turn
sonate [sɔnat] *f* sonata
sondage [sɔ̃daʒ] *m* **1.** (*enquête*) poll; **~ d'opinion** opinion poll **2.** (*contrôle rapide*) survey; **faire quelques ~s dans qc** to sound people out on sth
sonde [sɔ̃d] *f* MED probe; (*cathéter*) catheter
sonder [sɔ̃de] <1> *vt* **1.** ADMIN (*personnes, intentions*) to poll; **~ l'opinion** to poll public opinion **2.** (*interroger insidieusement: personne*) to sound out **3.** (*pénétrer: conscience, cœur, sentiments*) to probe
songer [sɔ̃ʒe] <2a> **I.** *vi* (*penser*) **~ à qn/qc** to think of sb/sth; (*réfléchir*) to think about sb/sth; **~ à faire qc** to think about doing sth **II.** *vt* **tout cela est bien étrange, songeait-il** that is all very strange, he thought to himself
songerie [sɔ̃ʒʀi] *f soutenu* dreaming
songeur, -euse [sɔ̃ʒœʀ, -ʒøz] *adj* **1.** (*perdu dans ses pensées*) pensive **2.** (*perplexe*) **être ~** to be puzzled; **laisser qn ~** to leave sb wondering
sonnant(e) [sɔnɑ̃, ɑ̃t] *adj* **à minuit ~/à 4 heures ~es** at the stroke of midnight/4 o'clock
sonné(e) [sɔne] *adj* **1.** *inf* (*cinglé*) crazy, mad **2.** *inf* (*groggy*) punch-drunk **3.** (*annoncé par la cloche*) **il est minuit ~/4 heures ~es** it is midnight/4 o'clock exactly ►**avoir cinquante ans bien ~s** *inf* to be on the wrong side of fifty
sonner [sɔne] <1> **I.** *vt* **1.** (*tirer des sons de: cloche*) to ring; (*clairon*) to blow; **~ trois coups** to ring three times **2.** (*annoncer*) **~ l'alarme** (*personne, sirène*) to sound the alarm **3.** (*appeler*) **~ qn** to ring for sb **4.** *inf* (*étourdir, secouer*) to shake; (*coup, maladie, nouvelle*) to knock out; **être sonné** to be groggy ►**on (ne) t'a pas sonné** *inf* nobody asked you **II.** *vi* **1.** (*produire un son: cloche, réveil, téléphone*) to ring; (*angélus, trompette*) to sound **2.** (*produire un effet*) **~ bien** (*proposition*) to sound good; **~ juste** to sound in tune; (*film*) to ring true; **~ faux** (*aveux*) to sound false **3.** (*être annoncé: heure*) to strike; (*fin*) to come; **midi/minuit sonne** noon/midnight strikes; **la récréation sonne** the recess bell rings; **quand sonne l'heure de qc** when it is time for sth **4.** (*s'annoncer*) to ring **5.** (*tinter: monnaie, clés*) to jingle; (*marteau*) to ring; **faire ~ qc** to make sth ring
sonnerie [sɔnʀi] *f* **1.** (*appel sonore*) ring **2.** (*mécanisme: d'un réveil*) ring; **~ électrique** electric alarm
sonnet [sɔnɛ] *m* sonnet
sonnette [sɔnɛt] *f* (*d'une porte d'entrée*) doorbell; **~ d'alarme** alarm bell ►**tirer la ~ d'alarme** to sound the alarm bell
sonore [sɔnɔʀ] *adj* **1.** (*retentissant: voix, rire*) ringing; (*gifle, baiser*) loud **2.** (*relatif au son*) **onde ~** sound wave; **bande/piste ~** soundtrack; **ambiance/fond ~** background noise; **nuisances ~s** noise pollution **3.** (*qui résonne: lieu, voûte*) echoing **4.** LING (*consonne*) voiced
sonorisation [sɔnɔʀizasjɔ̃] *f* (*d'un film*) adding the soundtrack; (*d'une salle*) fitting a sound system; (*équipement*) sound system
sonoriser [sɔnɔʀize] <1> *vt* **~ un film** to add the soundtrack to a movie; **~ une salle** to put a sound system in a hall
sonorité [sɔnɔʀite] *f* **1.** (*qualité sonore: d'un instrument, d'une voix*) tone; (*d'un transistor*) sound; (*d'une salle*) acoustics *pl* **2.** (*résonance*) sonority **3.** LING voicing
sont [sɔ̃] *indic prés de* **être**
sophistiqué(e) [sɔfistike] *adj* sophisticated
sophistiquer [sɔfistike] <1> *vt* (*perfectionner*) **~ qc** to make sth more sophisticated
soporifique [sɔpɔʀifik] *adj* **1.** sleep-inducing **2.** (*endormant, ennuyeux*) soporific
soprane [sɔpʀan] *mf* soprano
soprano[1] [sɔpʀano, sɔpʀani] <s *o* soprani> *m* (*voix*) soprano
soprano[2] [sɔpʀano] *mf* soprano
sorbet [sɔʀbɛ] *m* sorbet; **~ (au) citron** lemon sorbet
sorbetière [sɔʀbətjɛʀ] *f* ice cream maker
sorcellerie [sɔʀsɛlʀi] *f* sorcery
sorcier, -ière [sɔʀsje, -jɛʀ] **I.** *m, f* sorcerer *m*, witch *f* **II.** *adj* **ce n'est pas bien ~** it is not really difficult
sordide [sɔʀdid] *adj* **1.** (*répugnant: quartier, ruelle*) squalid **2.** (*ignoble*) sordid
sort [sɔʀ] *m* **1.** (*condition*) lot; (*situation*) situation **2.** (*destinée, hasard*) fate; **quel a été le ~ de ton ami?** what became of your friend?; **connaître le même ~ que** to suffer the same fate as; **le ~ a tourné** fate has turned; **tirer le vainqueur/les numéros gagnants au ~** to draw straws for the winner/the winning numbers ►**le ~ en est jeté** the die is cast
sortable [sɔʀtabl] *adj inf* presentable
sortant(e) [sɔʀtɑ̃, ɑ̃t] **I.** *adj* **1.** (*en fin de mandat: coalition, député, ministre*) outgoing **2.** (*tiré au sort*) **les numéros ~s** the numbers which come up **II.** *m(f)* (*député*) incumbent; (*ministre*) outgoing minister; **les entrants et les ~s** those coming in and those leaving
sorte [sɔʀt] *f* type, sort; **plusieurs ~s de pommes** several types of apples; **toutes ~s de personnes/choses** all sorts of people/things; **des disques de toutes ~s** all sorts of records; **ne plus avoir de marchandises d'aucune ~** to have no goods left at all ►**en quelque ~** in some way; **faire en ~ que tout se passe bien** to ensure that all goes well; **de la ~** of the sort
sortie [sɔʀti] *f* **1.** (*action de sortir: d'une personne*) exit; (*action de quitter: d'une personne*) departure; **~ de prison/d'hôpital** getting out of prison/hospital; **la ~ de piste** AUTO coming off the track **2.** (*promenade*) walk; (*en voiture, à bicyclette*) ride; (*excursion*) outing; **être de ~** (*personne*) to have a day off; **tu es de ~ aujourd'hui?** is it your day off today? **3.** (*lieu par où l'on sort: d'un bâtiment, d'une autoroute, d'un garage*) exit; **~ de secours**

emergency exit; ~ **de l'usine** factory exit; ~ **des artistes** stage door **4.** (*fin: d'un spectacle, d'une saison*) end; ~ **de l'école/des bureaux** end of the school/working day; **à la ~ de l'usine** at the end of the factory day **5.** (*parution: d'une publication*) publication; (*d'un disque, d'un film*) release; (*d'un nouveau modèle, véhicule*) launch **6.** SPORT (*d'un ballon*) going out of bounds; (*d'un gardien*) leaving the goal; ~ (**de but**) going out of bounds behind the goal **7.** (*exportation: de capitaux, devises*) export **8.** INFORM (*output*) output; (*édition*); ~ (**sur imprimante**) printing ▶ **fausse** ~ THEAT false exit; **attendre qn à la** ~ *inf* to wait for sb outside

sortilège [sɔʀtilɛʒ] *m* spell; (*moyen*) charm

sortir [sɔʀtiʀ] <10> **I.** *vi être* **1.** (*partir*) to go out; (*venir*) to come out; ~ **par la fenêtre** to leave through the window; **faire ~ qn** to make sb leave; **faire ~ un animal** to get an animal out; **laisser ~ qn** to let sb out **2.** (*quitter*) ~ **du magasin** to leave the store; (*venir*) to come out of the store; ~ **du lit** to get out of bed; **d'où sors-tu?** where did you come from?; ~ **de chez ses amis** to come out of one's friends' house; **à quelle heure sors-tu du bureau?** what time do you leave the office?; ~ **de prison** to get out of prison; **en sortant du théâtre** after the theater; ~ **du garage** (*voiture*) to leave the garage; ~ **de la piste/route** to leave the track/road; **la faim fait ~ le loup du bois** hunger will drive him out **3.** (*quitter son domicile*) to go out; ~ **de chez soi** to leave one's home; ~ **faire les courses** to go out shopping; **faire ~ un enfant/un animal** to put an animal/a child out; **laisser ~ un enfant/un animal** to let an animal/child out **4.** (*se divertir*) to go out; ~ **en boîte/en ville** to go to a nightclub/into town **5.** *inf* (*avoir une relation amoureuse avec*) ~ **avec qn** to go out with sb **6.** (*en terminer avec*) ~ **d'une période difficile** to come through a difficult period; **ne pas être encore sorti d'embarras** not to be out of the woods yet **7.** (*être tel après un événement*) ~ **indemne d'un accident** to come out of an accident unscathed; ~ **vainqueur/vaincu d'un concours** to emerge as the winner/loser in a competition **8.** (*faire saillie*) ~ **de qc** to stick out of sth; **les yeux lui sortaient de la tête** *fig* his eyes were popping out of their sockets **9.** COM (*capitaux, devises*) to leave **10.** (*s'écarter*) ~ **du sujet/de la question** to get off the subject/question; **ça m'était complètement sorti de l'esprit** it had gone completely out of my head **11.** SPORT ~ **en touche** to go out of bounds; **être sorti en touche** to have gone out of bounds **12.** (*être issu de*) ~ **de qc** to come from sth; ~ **de l'école de musique** to have studied at the music school **13.** (*apparaître: bourgeons, plante*) to come up; (*dent*) to come through; ~ **de terre** to come up out of the ground **14.** (*paraître: livre*) to be published; (*film, disque*) to be released; (*nouveau modèle, voiture*) to be launched; **vient de** ~ just released; ~ **sur les écrans** to be released in the theaters **15.** JEUX (*numéro*) to come up ▶ (**mais**) **d'où tu sors?** *inf* where've you been?; **ne pas en** ~ *inf* not to be able to cope **II.** *vt avoir* **1.** (*mener dehors*) to put out; (*porter dehors*) to take out; **ça vous sortira** it'll get you out **2.** (*expulser*) to get rid of **3.** (*libérer*) ~ **qn d'une situation difficile** to get sb out of a difficult situation; ~ **qn de l'ordinaire** (*chose*) to get sb out of the everyday routine **4.** (*retirer d'un lieu*) to get out; ~ **ses disques/les robes légères** to get out one's records/summer dresses; ~ **qc d'un sac/d'un tiroir** to get sth out of a bag/drawer; ~ **la voiture du garage** to get the car out of the garage; ~ **les mains de ses poches** to take one's hands out of one's pockets **5.** COM ~ **des marchandises** to take goods out; (*en fraude*) to smuggle goods out **6.** (*lancer sur le marché: nouveau modèle, film, livre, disque*) to launch **7.** *inf* (*débiter*) ~ **des âneries à qn** to come out with idiotic things in front of sb **8.** *inf* (*éliminer*) to knock out; **se faire ~ par qn** to get knocked out by sb **9.** *inf* (*tirer: numéro, carte*) to take **III.** *vpr être* **1.** (*se tirer*) **se ~ d'une situation/d'un piège** to get oneself out of a situation/trap **2.** (*réussir*) **s'en** ~ to manage; (*échapper à un danger, un ennui*) to get by; (*survivre*) to pull through; **je ne m'en sors plus** (*fam*) I can't cope any more **IV.** *m* **au ~ du lit** when one gets out of bed; **au ~ d'une réunion** at the end of a meeting

SOS [ɛsoɛs] *m* **1.** (*appel*) S.O.S. **2.** (*organisation*) ~ **dépannage** emergency repair service; ~ **médecins** emergency doctors on call; ~ **Racisme/femmes battues** *organization for victims of racism/for battered women* ▶ **lancer un** ~ to put out an S.O.S.

sosie [sɔzi] *m* double

sot(te) [so, sɔt] *adj* stupid

sottise [sɔtiz] *f* **1.** (*acte sot*) **faire une** ~ to do something stupid **2.** *sans pl* (*caractère sot*) stupidity; **avoir la ~ de** +*infin* to be stupid enough to +*infin* **3.** (*paroles niaises*) **dire une ~/des ~s** to say something stupid/talk nonsense

sou [su] *m pl, inf* money; **ça en fait des ~s!** *inf* that's a lot of money! ▶ **ne pas avoir un ~ en poche** *inf* to be flat broke; **de quatre ~s** cheap; **L'Opéra de quat' ~s** The Threepenny Opera; **ne pas avoir le** ~ *inf* to be penniless; **compter ses ~s** *inf* to count one's pennies; (*être avare*) to count the pennies; **être près de ses ~s** *inf* to be tightfisted

soubassement [subɑsmɑ̃] *m* CONSTR foundation; GEO bedrock

soubresaut [subʀəso] *m* **1.** (*cahot: d'un véhicule*) jolt; (*d'un cheval*) start **2.** (*tressaillement*) shudder **3.** POL, ECON jolt

souche [suʃ] *f* **1.** BOT stock **2.** (*famille*) descent; **français de** ~ native French **3.** LING root **4.** BIO colony **5.** (*talon*) stub **6.** (*partie de cheminée*) stack

souci [susi] *m* **1.** *souvent pl* (*inquiétude*) worry; **se faire du ~ pour qn/qc** to worry about sb/sth; **sans ~** free of worry **2.** (*préoccupation*) concern **3.** (*respect*) **le ~ de la perfection** concern for perfection; **par ~ de vérité** for truth's sake; **par ~ d'égalité** for equality's sake

soucier [susje] <1> *vpr* **se ~ de qn/de la nourriture** to worry about sb/food; **se ~ de l'heure** to be worried about the time; **ne pas se ~ de la vérité** to have no regard for the truth

soucieux, -euse [susjø, -jøz] *adj* **1.** (*inquiet: personne, air, ton*) worried **2.** (*préoccupé*) **être ~ de qn/de l'avenir** to be concerned about sb/the future; **être ~ de la vérité** to have respect for the truth

soucoupe [sukup] *f* saucer ▶**~ volante** flying saucer

soudain(e) [sudɛ̃, ɛn] **I.** *adj* (*événement, geste*) sudden; (*sentiment*) unexpected **II.** *adv* suddenly

soudainement [sudɛnmɑ̃] *adv* suddenly

soudaineté [sudɛnte] *f* suddenness; **la ~ de sa mort** his sudden death

Soudan [sudɑ̃] *m* **le ~** Sudan

soudanais(e) [sudanɛ, nɛz] *adj* Sudanese

Soudanais(e) [sudanɛ, nɛz] *m(f)* Sudanese

souder [sude] <1> **I.** *vt* **1.** TECH to weld; (*braser: pièces*) to solder **2.** (*réunir: gens, amis*) to bond **3.** (*attacher*) **être soudé** to be attached **4.** MED, ANAT, BOT **être soudé** to be joined **II.** *vpr* **se ~** to unite

soudoyer [sudwaje] <6> *vt* to bribe

soudure [sudyʀ] *f* **1.** (*action*) welding; (*brasure*) soldering; (*substance*) solder **2.** (*résultat*) weld; (*brasure*) joint **3.** BIO (*d'os*) suture

souffle [sufl] *m* **1.** (*respiration*) breathing; (*action, capacité pulmonaire*) breath; **le dernier ~** the last breath; **~ au cœur** heart murmur; **avoir le ~ court** to be short of breath; **il faut du ~** you have a lot of breath; **manquer de ~** to be short of breath; **perdre le ~** to get out of breath **2.** (*déplacement d'air: d'une explosion, d'un ventilateur*) blast **3.** (*vent*) puff; (*d'air*) breath **4.** (*vitalité*) energy; (*persévérance*) perseverance; **il faut du ~** you need energy; **second ~** second wind **5.** (*mouvement créateur: d'un écrivain, poète, d'une œuvre*) inspiration ▶**avoir du ~** to have a lot of breath; **couper le ~ à qn** to take sb's breath away; **être à couper le ~** to be breathtaking; **reprendre son ~** (*respirer*) to get one's breath back; (*se calmer*) to calm down; **dans un ~** in a breath; **d'un ~** by a hair

soufflé [sufle] *m* CULIN soufflé

soufflé(e) [sufle] *adj inf* (*stupéfait*) (**en**) **être ~** to be amazed

souffler [sufle] <1> **I.** *vi* **1.** METEO (*vent*) to blow; **ça souffle** it's blowing hard **2.** (*insuffler de l'air*) **~ sur/dans qc** to blow on/into sth **3.** (*haleter*) to gasp **4.** (*se reposer*) to get one's breath back **5.** (*prendre du recul*) **laisser ~ qn** to give sb a rest **II.** *vt* **1.** (*éteindre*) to blow out **2.** (*déplacer en soufflant*) to blow away; **~ la poussière dans les yeux** to blow dust into one's eyes **3.** *inf* (*enlever*) **~ une affaire à qn** to steal a deal from sb; **~ un pion** JEUX to jump a checker **4.** (*détruire*) to blast **5.** (*dire discrètement*) **~ un secret à qn** to whisper a secret to sb **6.** THEAT to prompt **7.** *inf* (*stupéfier*) to stagger **8.** TECH **~ le verre** to blow glass

soufflerie [sufləʀi] *f* **1.** fan **2.** AVIAT, AUTO wind tunnel

soufflet [suflɛ] *m* **1.** (*instrument*) bellows + *vb sing* **2.** (*partie pliante*) bellows + *vb sing*

souffleur, -euse [suflœʀ, -øz] *m, f* THEAT prompter

souffleuse [sufløz] *f Québec* (*chasse-neige qui projette la neige à distance*) snowblower

souffrance [sufʀɑ̃s] *f* suffering

souffrant(e) [sufʀɑ̃, ɑ̃t] *adj* (*indisposé*) **être ~** to be unwell

souffre-douleur [sufʀədulœʀ] *mf inv* punching bag

souffreteux, -euse [sufʀətø, -øz] *adj* sickly

souffrir [sufʀiʀ] <11> **I.** *vi* **1.** (*avoir mal, être malheureux*) to suffer; **faire ~ qn** to make sb suffer; **~ de la tête/de l'estomac/des reins** to have a headache/stomach problems/kidney problems; **~ du froid/de la faim** to suffer from the cold/hunger; **~ d'être seul** to feel very lonely; **ses dents le font ~** his teeth give him a lot of trouble **2.** (*être endommagé à cause de*) **~ du gel** (*cultures*) to suffer from frost-damage; **~ d'une grave crise** (*pays*) to suffer from a serious crisis **3.** *inf* (*avoir des difficultés*) **il a souffert pour avoir l'examen** he had a hard time passing the exam **II.** *vt* **1.** (*endurer*) to bear **2.** (*admettre*) to allow

soufre [sufʀ] **I.** *adj inv* **jaune ~** sulfur yellow **II.** *m* sulfur ▶**sentir le ~** to smack of heresy

souhait [swɛ] *m* **1.** (*désir*) wish; **exprimer le ~ de** +*infin* to express a desire to +*infin* **2.** (*très, très bien*) **joli à ~** extremely pretty; **paisible à ~** very peaceful; **marcher à ~** (*entreprise, affaire*) to work perfectly ▶**à tes/vos ~s!** bless you!

souhaitable [swɛtabl] *adj* desirable

souhaiter [swete] <1> *vt* **1.** (*désirer*) **~ qc** to wish for sth; **~ que tout se passe bien** to hope that everything goes well; **nous souhaitons manger** we would like to eat; **je souhaiterais t'aider davantage** I would like to help you more **2.** (*espérer pour quelqu'un*) **~ bonne nuit à qn** to bid sb goodnight; **~ beaucoup de bonheur à qn** to wish sb lots of happiness; **~ un joyeux anniversaire à qn** to wish sb a happy birthday

souillon [sujɔ̃] *f* (*personne malpropre*) slut

souk [suk] *m* **1.** (*bazar*) souk **2.** *inf* (*désordre*) shambles + *vb sing*

soûl [su] *m* **tout mon/ton ~** as much as I/you can

S

soûl(e) [su, sul] *adj inf* (*ivre*) drunk
soulagement [sulaʒmɑ̃] *m* relief
soulager [sulaʒe] <2a> **I.** *vt* to relieve **II.** *vpr* **1.** (*se défouler*) **se ~ en faisant qc** to find relief by doing sth **2.** *inf* (*satisfaire un besoin naturel*) **se ~** to relieve oneself
soûler [sule] <1> **I.** *vt* **1.** (*enivrer*) **~ qn à la bière/au whisky** to get sb drunk on beer/whiskey; **ça soûle!** that's strong stuff! **2.** (*tourner la tête*) **~ qn** to make sb's head spin **II.** *vpr* **1.** (*s'enivrer*) **se ~ à la bière/au whisky** to get drunk on beer/whiskey **2.** (*se griser*) **se ~ de musique** to get intoxicated by music
soulèvement [sulɛvmɑ̃] *m* **1.** (*révolte*) uprising **2.** GEO upheaval
soulever [sul(ə)ve] <4> *vt* **1.** (*lever: poids*) to lift **2.** (*relever légèrement*) to lift up **3.** (*susciter: problème, question*) to raise
soulier [sulje] *m* **1.** (*chaussure à semelle résistante*) shoe **2.** *Québec* (*chaussure*) shoe ► **être dans ses petits ~s** to be uneasy
souligner [suliɲe] <1> *vt* **1.** (*tirer un trait sous*) to underline; **souligné en rouge** underlined in red **2.** (*accentuer, marquer*) to emphasize
soumettre [sumɛtʀ] *irr* **I.** *vt* **1.** (*asservir*) **~ un joueur à qn/qc** to subject a player to sb/sth **2.** (*faire subir*) **~ qn à des tests/analyses** to subject sb to tests/analyses **3.** (*présenter*) **~ une idée/un projet à qn** to submit an idea/project to sb **II.** *vpr* **1.** (*obéir*) **se ~ à la loi/à une décision** to submit to the law/a decision **2.** (*se plier à, suivre*) **se ~ à un entraînement spécial** to put oneself through special training
soumis(e) [sumi,-z] **I.** *part passé de* **soumettre II.** *adj* **1.** (*docile*) dutiful **2.** (*assujetti*) **~ à l'impôt** liable to tax; **non ~ à l'impôt** tax-free
soumission [sumisjɔ̃] *f* **1.** (*obéissance*) submissiveness **2.** (*reddition: des rebelles, d'un pays*) surrender
soupape [supap] *f* valve
soupçon [supsɔ̃] *m* **1.** (*suspicion*) suspicion; **être au-dessus de tout ~** to be above all suspicion; **éveiller les ~s de qn** to arouse sb's suspicions **2.** (*très petite quantité: de sel, poivre*) pinch; (*d'ironie*) sprinkling
soupçonner [supsɔne] <1> *vt* (*suspecter*) **~ qn de vol** to suspect sb of theft
soupçonneux, -euse [supsɔnø, -øz] *adj* suspicious
soupe [sup] *f* **1.** (*potage*) soup; **assiette/cuillère à ~** soup dish/spoon; **~ à l'oignon/de légumes** onion/vegetable soup; **à la ~!** *inf* come and get it! **2.** (*neige fondue*) slush **3.** (*organisme charitable*) **~ populaire** soup kitchen ► **être trempé comme une ~** *inf* soaked to the skin; **cracher dans la ~** *inf* to bite the hand that feeds you
souper¹ [supe] *m* **1.** (*repas tard dans la nuit*) supper **2.** *Belgique, Québec, Suisse* (*dîner*) dinner
souper² [supe] <1> *vi* **1.** (*prendre un souper*) to have supper **2.** *Belgique, Québec, Suisse* (*dîner*) to have dinner; **vous restez à ~?** will you stay for dinner?
soupeser [supəze] <4> *vt* **1.** (*peser*) to feel the weight of **2.** (*évaluer*) **~ qc** to weigh sth up
soupière [supjɛʀ] *f* tureen
soupir [supiʀ] *m* (*signe d'émotion*) sigh
soupirail [supiʀaj, -o] <-aux> *m* basement window
soupirant [supiʀɑ̃] *m iron* suitor
soupirer [supiʀe] <1> *vi* to sigh
souple [supl] *adj* **1.** (*opp: rigide*) supple; (*tissu*) soft **2.** (*agile: bras, jambes, personne*) supple **3.** (*adaptable*) flexible
souplesse [suplɛs] *f* (*adaptabilité*) flexibility; (*d'une personne*) suppleness
source [suʀs] **I.** *f* **1.** (*point d'eau*) spring; **~ thermale/d'eau minérale** thermal/mineral water spring; **eau de ~** spring water **2.** (*naissance d'un cours d'eau*) source; **prendre sa ~ en Suisse** to rise in Switzerland **3.** PHYS **~ lumineuse/d'énergie** light/energy source **4.** (*origine de l'information*) **de ~ sûre/bien informée** from a reliable/well-informed source ► **couler de ~** to come naturally **II.** *app* INFORM **langage/programme ~** source language/program
sourcil [suʀsi] *m* eyebrow ► **froncer les ~s** to knit one's brow
sourcilier, -ière [suʀsilje, -jɛʀ] *adj v.* **arcade**
sourciller [suʀsije] <1> *vi* **sans ~** without batting an eyelid
sourd(e) [suʀ, suʀd] **I.** *adj* **1.** (*qui n'entend pas*) deaf; **~ d'une oreille** deaf in one ear **2.** (*étouffé: bruit*) muffled **II.** *m(f)* deaf person
sourdine [suʀdin] *f* MUS (*dispositif*) mute; **en ~** softly
sourdingue [suʀdɛ̃g] *adj péj, inf* deaf-eared
sourd-muet, sourde-muette [suʀmɥɛ, suʀd(ə)mɥɛt] <sourds-muets> *m, f* deaf-mute
souriant(e) [suʀjɑ̃, jɑ̃t] *adj* smiling
souricière [suʀisjɛʀ] *f* **1.** (*piège à souris*) mousetrap **2.** (*traquenard*) trap
sourire [suʀiʀ] **I.** *m* smile; **faire un ~** to give a smile; **faire un ~ à qn** to give sb a smile; **avoir le ~** *inf* to have a smile on one's face; **garder le ~** to keep smiling **II.** *vi irr* **1.** (*avoir un sourire*) to smile **2.** (*adresser un sourire*) **~ à qn** to smile at sb
souris [suʀi] *f* a. INFORM mouse
sournois(e) [suʀnwa, waz] **I.** *adj* **1.** (*hypocrite*) sly **2.** (*insidieux*) underhand **II.** *m(f)* sly character
sournoisement [suʀnwazmɑ̃] *adv* **1.** (*pas franchement: observer*) on the sly **2.** (*insidieusement*) underhandedly
sous [su] *prep* **1.** (*spatial, manière, dépendance, causal*) under **2.** (*temporel, pour exprimer un délai*) **~ huitaine** within a week; **~ peu** shortly **3.** METEO in **4.** MED on; **être ~ perfusion** to be on an IV

sous-alimenté(e) [suzalimɑ̃te] *adj* undernourished
sous-bois [subwɑ] *m inv* undergrowth
souscription [suskʀipsjɔ̃] *f* **1.** subscription **2.** FIN (*d'actions, obligations*) application
souscrire [suskʀiʀ] *irr* **I.** *vi* **1.** (*participer financièrement*) to subscribe **2.** (*s'engager à acheter*) ~ **à un emprunt** to take out a loan **II.** *vt* **1.** (*signer et s'engager à payer*) to sign; (*police d'assurance, abonnement*) to take out **2.** FIN (*actions, obligations*) ~ **qc** to apply for sth
sous-développé(e) [sudev(ə)lɔpe] <sous-développés> *adj* underdeveloped
sous-développement [sudev(ə)lɔpmɑ̃] <sous-développements> *m* underdevelopment
sous-directeur, -trice [sudiʀɛktœʀ, -tʀis] <sous-directeurs> *m, f* deputy manager
sous-entendre [suzɑ̃tɑ̃dʀ] <14> *vt* (*dire implicitement*) to imply
sous-entendu(e) [suzɑ̃tɑ̃dy] <sous-entendus> *m* insinuation; **parler par sous-entendus** to insinuate
sous-estimer [suzɛstime] <1> *vt* to underestimate
sous-évaluer [suzevalɥe] <1> *vt* to undervalue
sous-louer [sulwe] <1> *vt* to sublet
sous-marin [sumaʀɛ̃] <sous-marins> *m* submarine
sous-officier [suzɔfisje] <sous-officiers> *m* non-commissioned officer
sous-payer [supeje] <7> *vt* to underpay
sous-préfecture [supʀefɛktyʀ] <sous-préfectures> *f* sub-prefecture
sous-préfet, -préfète [supʀefɛ, -pʀefɛt] <sous-préfets> *m, f* sub-prefect
soussigné(e) [susiɲe] *adj, m(f)* JUR undersigned
sous-sol [susɔl] <sous-sols> *m* basement
sous-tasse [sutɑs] *f Belgique, Suisse* (*soucoupe*) saucer
sous-titre [sutitʀ] <sous-titres> *m* subtitle
sous-titré(e) [sutitʀe] *adj* subtitled; **version originale ~e** original language version with subtitles
sous-titrer [sutitʀe] <1> *vt* to subtitle
soustraction [sustʀaksjɔ̃] *f* **1.** JUR removal **2.** MATH subtraction
soustraire [sustʀɛʀ] *irr* **I.** *vi* to subtract **II.** *vpr* **se ~ à une obligation** to shirk an obligation
sous-traitant [sutʀɛtɑ̃] <sous-traitants> *m* subcontractor
sous-verre [suvɛʀ] *m inv* glass mount
sous-vêtement [suvɛtmɑ̃] <sous-vêtements> *m* **des sous-vêtements** underwear
soutane [sutan] *f* cassock
soute [sut] *f* (*d'un avion, bateau*) hold
soutenance [sut(ə)nɑ̃s] *f* UNIV defense (*for a thesis*)
souteneur [sut(ə)nœʀ] *m* pimp
soutenir [sut(ə)niʀ] <9> *vt* **1.** (*porter, aider, prendre parti pour*) to support **2.** (*maintenir debout, en bonne position*) to hold up **3.** ECON (*monnaie*) to prop up **4.** (*affirmer*) ~ **que c'est la vérité** to maintain that it is the truth
soutenu(e) [sut(ə)ny] **I.** *part passé de* **soutenir** **II.** *adj* **1.** (*régulier: attention, effort*) sustained **2.** (*avec des effets de style: style, langue*) formal
souterrain [sutɛʀɛ̃] *m* underpass
souterrain(e) [sutɛʀɛ̃, ɛn] *adj* (*sous terre*) underground; **passage ~** underpass
soutien [sutjɛ̃] *m* **1.** (*aide, appui*) support; **~ de famille** breadwinner; **apporter son ~ à qn** to support sb **2.** ECOLE **cours de ~** remedial lessons *pl*
soutien-gorge [sutjɛ̃gɔʀʒ] <soutiens-gorge(s)> *m* bra
soutif [sutif] *m inf* bra
soutirer [sutiʀe] <1> *vt* (*escroquer*) **~ de l'argent à qn** to get money out of sb
souvenir[1] [suv(ə)niʀ] <9> *vpr* **1.** (*se rappeler, se remémorer*) **se ~ de qn/qc** to remember sb/sth; **il se souvient à qui il a parlé** he remembers who he spoke to **2.** (*se venger*) **je m'en souviendrai!** I'll remember this!
souvenir[2] [suv(ə)niʀ] **I.** *m* **1.** (*image dans la mémoire, ce qui rappelle qn/qc*) memory; **si mes ~s sont exacts, ...** if my memory is right, ...; **garder un bon/mauvais ~ de qn/qc** to have good/bad memories of sb/sth; **en ~ de qc/qn** in memory of sth/sb **2.** (*objet touristique*) souvenir **II.** *app* **photo-~** souvenir photo
souvent [suvɑ̃] *adv* often; **le plus ~** most often
souverain(e) [suv(ə)ʀɛ̃, ɛn] **I.** *adj* **1.** (*État, puissance, peuple*) sovereign **2.** (*suprême: bien, bonheur, mépris*) supreme **II.** *m(f)* sovereign
souverainement [suv(ə)ʀɛnmɑ̃] *adv* **1.** (*extrêmement*) supremely **2.** (*en toute indépendance*) with supreme authority
souveraineté [suv(ə)ʀɛnte] *f* (*d'un État, peuple*) sovereignty
soviétique [sɔvjetik] *adj* Soviet; **l'Union ~** the Soviet Union
Soviétique [sɔvjetik] *mf* Soviet; **les ~s** the Soviets
soyeux, -euse [swajø, -jøz] *adj* **1.** (*doux*) silky **2.** (*brillant*) shiny
SPA [ɛspeɑ] *f abr de* **Société protectrice des animaux** ≈ ASPCA
spacieux, -euse [spasjø, -jøz] *adj* spacious
spaghettis [spageti] *mpl* spaghetti + *vb sing*
spam [spam] *m* INFORM spam
sparadrap [spaʀadʀa] *m* Band-Aid®
spasme [spasm] *m* spasm
spasmodique [spasmɔdik] *adj* spasmodic
spatial(e) [spasjal, -jo] <-aux> *adj* space
spationaute [spasjonot] *mf* astronaut
spatiotemporel(le) [spasjotɑ̃pɔʀɛl] *adj* spatiotemporal
spatule [spatyl] *f* **1.** (*ustensile*) spatula **2.** (*bout d'un ski*) tip

spécial(e) [spesjal, -jo] <-aux> *adj* **1.** (*opp: général*) special; **équipement ~** specialist equipment; **rien de ~** nothing special **2.** (*bizarre*) strange

spécialement [spesjalmɑ̃] *adv* **1.** (*en particulier*) especially **2.** (*tout exprès*) specially **3.** *inf* (*pas vraiment*) **tu as faim? – non, pas ~** are you hungry? – no, not particularly

spécialisation [spesjalizasjɔ̃] *f* specialization

spécialisé(e) [spesjalize] *adj* **être ~ dans qc** to be specialized in sth

spécialiser [spesjalize] <1> **I.** *vt* **~ qn dans un domaine précis** to train sb as a specialist in a particular field **II.** *vpr* **se ~ dans** [*o* **en**] **qc** to specialize in sth

spécialiste [spesjalist] *mf* **1.** (*expert*) expert; **~ de l'art moderne** modern art expert **2.** (*technicien*) *a.* MED specialist

spécialité [spesjalite] *f* specialty

spécification [spesifikasjɔ̃] *f* specification

spécificité [spesifisite] *f* specificity

spécifier [spesifje] <1> *vt* to specify; (*loi*) to stipulate; **~ que ...** to specify that ...

spécifique [spesifik] *adj* specific

spécifiquement [spesifikmɑ̃] *adv* specifically

spécimen [spesimɛn] *m* **1.** (*exemplaire*) specimen **2.** (*exemplaire publicitaire*) specimen copy

spectacle [spɛktakl] *m* **1.** (*ce qui s'offre au regard*) spectacle **2.** THEAT, CINE, TV show; **aller au ~** to go to a show **3.** (*show-business*) **le monde du ~** the entertainment world **4.** (*avec de gros moyens*) **à grand ~** spectacular

spectaculaire [spɛktakylɛʀ] *adj* spectacular

spectateur, -trice [spɛktatœʀ, -tʀis] *m, f* **1.** THEAT, SPORT spectator **2.** (*observateur*) onlooker

spectre [spɛktʀ] *m* **1.** spectrum **2.** *a. fig* (*fantôme*) specter

spéculateur, -trice [spekylatœʀ, -tʀis] *m, f* speculator

spéculatif, -ive [spekylatif, -iv] *adj* speculative

spéculation [spekylasjɔ̃] *f* speculation; **faire des ~s sur qc** to speculate about sth

spéculer [spekyle] <1> *vi* **1.** FIN, COM **~ sur qc** to speculate about sth **2.** (*compter sur*) **~ sur qc** to bank on sth

speech [spitʃ] *m* speech

speed [spid] *adj*, **speedé(e)** [spide] *adj* **1.** *inf* (*agité*) hyper **2.** (*par des amphétamines*) on speed

spéléologie [speleɔlɔʒi] *f* **1.** (*science*) speleology **2.** (*loisirs*) spelunking

spéléologue [speleɔlɔg] *mf* spelunker

spermatozoïde [spɛʀmatɔzɔid] *m* sperm

sperme [spɛʀm] *m* sperm

spermicide [spɛʀmisid] *adj* spermicidal

sphère [sfɛʀ] *f* **1.** (*en science*) sphere **2.** (*domaine*) field; (*d'influence*) sphere

sphérique [sfeʀik] *adj* spherical

sphinx [sfɛ̃ks] *m* **1.** sphinx **2.** ZOOL (*papillon*) hawkmoth

spirale [spiʀal] *f* spiral; **cahier à ~** spiral-bound notebook

spiritisme [spiʀitism] *m* spiritualism

spiritualité [spiʀitɥalite] *f* REL, PHILOS spirituality

spirituel(le) [spiʀitɥɛl] *adj* **1.** (*plein d'esprit*) witty **2.** (*qui se rapporte à l'esprit*) *a.* REL spiritual

spirituellement [spiʀitɥɛlmɑ̃] *adv* (*avec esprit*) wittily

spiritueux [spiʀitɥø] *m* spirituous

spleen [splin] *m* spleen

splendeur [splɑ̃dœʀ] *f a. iron* splendor; **être une ~** to be magnificent

splendide [splɑ̃did] *adj* splendid

spoiler [spɔjlɛʀ] *m* spoiler

spolier [spɔlje] <1a> *vt* **~ qn de qc** to despoil sb of sth

spongieux, -euse [spɔ̃ʒjø, -jøz] *adj a.* ANAT spongy; (*sol*) sponge-like

sponsor [spɔ̃sɔʀ, spɔnsɔʀ] *m* sponsor

sponsoring [spɔ̃sɔʀiŋ] *m*, **sponsorisation** [spɔ̃sɔʀizasjɔ̃] *f* sponsoring

sponsoriser [spɔ̃sɔʀize] <1> *vt* to sponsor

spontané(e) [spɔ̃tane] *adj* spontaneous

spontanéité [spɔ̃taneite] *f* spontaneity

spontanément [spɔ̃tanemɑ̃] *adv* spontaneously

sporadique [spɔʀadik] *adj* sporadic

sport [spɔʀ] **I.** *adj inv* (*coupe*) casual; **s'habiller ~** to dress casually **II.** *m* sport; **~ de combat/de compétition** combat/competitive sport; **~ professionnel** professional-level sport; **faire du ~** to play sports; **chaussures de ~** sports shoes; **~s nautiques** water sports; **~ d'hiver** winter sports ▶ **ça, c'<u>est</u> du ~** that's no fun

sportif, -ive [spɔʀtif, -iv] **I.** *adj* **1.** (*de sport*) **pages sportives d'un journal** sports pages of a newspaper **2.** (*de compétition*) **danse/natation sportive** competitive dancing/swimming **3.** (*qui fait du sport*) athletic **4.** (*typique de qui fait du sport: allure, démarche*) sporty **II.** *m, f* sportsman, sportswoman *m, f*

spot [spɔt] *m* **1.** (*lampe, projecteur*) light spot **2.** (*message publicitaire*) **~ publicitaire** commercial

spray [spʀɛ] *m* **1.** (*pulvérisation*) spray **2.** (*atomiseur*) aerosol

sprint [spʀint] *m* **1.** (*course sur petite distance*) sprint **2.** (*fin de course*) **~ final** final sprint

sprinter[1] [spʀintɛʀ] *m v.* **sprinteur**

sprinter[2] [spʀinte] <1> *vi* to sprint

sprinteur, -euse [spʀintœʀ, -øz] *m, f* sprinter

squale [skwal] *m* shark

square [skwaʀ] *m* square

squash [skwaʃ] *m* squash

squatter[1] [skwatœʀ] *m* squatter

squatter[2] [skwate] <1> *vt* to squat

squatteur, -euse [skwatœʀ, -øz] *m, f v.* **squatter**[1]

squelette [skəlɛt] *m* ANAT, ARCHIT *a. fig* skeleton

squelettique [skəletik] *adj* **être ~** (*très*

maigre) to be skin and bone
SRAS [sʀas] *m abr de* **Syndrome Respiratoire Aigu Sévère** MED SARS
Sri Lanka [sʀilɑ̃ka] *m* **le** ~ Sri Lanka
stabiliser [stabilize] <1> **I.** *vt* **1.** (*consolider, équilibrer*) to consolidate **2.** (*rendre stable, éviter toute fluctuation*) to stabilize **II.** *vpr* (*devenir stable*) **se** ~ to stabilize
stabilité [stabilite] *f* ECON, POL ~ **des prix** price stability
stable [stabl] *adj* **1.** (*ferme, équilibré*) stable; (*terrain*) consolidated **2.** (*durable, qui ne varie pas*) stable
stade [stad] *m* **1.** SPORT stadium; ~ **olympique** Olympic stadium **2.** (*phase*) stage
stage [staʒ] *m* **1.** (*en entreprise*) **faire un** ~ to do an internship; ~**s** (*sur un CV*) work experience **2.** (*séminaire*) course; ~ **de perfectionnement** advanced training course; ~ **d'initiation à qc** introductory course in sth **3.** (*période avant la titularisation*) probation
stagiaire [staʒjɛʀ] **I.** *adj* intern **II.** *mf* (*en entreprise*) intern
stagnant(e) [stagnɑ̃, ɑ̃t] *adj a.* ECON (*dormant*) stagnant
stagnation [stagnasjɔ̃] *f* stagnation
stagner [stagne] <1> *vi* to stagnate
stalactite [stalaktit] *f* stalactite
stalagmite [stalagmit] *f* stalagmite
stalinien(ne) [stalinjɛ̃, jɛn] *adj, mf* Stalinist
stalinisme [stalinism] *m* Stalinism
stalle [stal] *f a.* REL stall
stand [stɑ̃d] *m* **1.** (*dans une exposition*) stand **2.** (*dans une fête*) stall; ~ **de tir** shooting range **3.** SPORT ~ **de ravitaillement** pit
standard¹ [stɑ̃daʀ] *m* TEL switchboard
standard² [stɑ̃daʀ] **I.** *adj inv* standard **II.** *m* standard; ~ **de vie** standard of living
standardisation [stɑ̃daʀdizasjɔ̃] *f* standardization
standardiser [stɑ̃daʀdize] <1> *vt* to standardize
standardiste [stɑ̃daʀdist] *mf* switchboard operator
standing [stɑ̃diŋ] *m* **1.** (*niveau de vie*) standing **2.** (*confort*) **hôtel de (grand)** ~ luxury hotel
staphylocoque [stafilɔkɔk] *m* staphylococcus
star [staʀ] *f* star; ~ **de cinéma** movie star
starter [staʀtɛʀ] *m* **1.** AUTO choke **2.** SPORT starter
station [stasjɔ̃] *f* **1.** AUTO service station; ~ **de taxis** taxi rank **2.** CINE, TV station **3.** TECH, REL station; ~ **d'épuration** water-treatment plant; ~ **(d')essence** gas station; ~ **orbitale/spatiale** orbiting/space station; ~ **radar** radar tracking station **4.** (*pour le tourisme*) ~ **balnéaire/de sports d'hiver** sea/winter sports resort; ~ **thermale** thermal spa
stationnaire [stasjɔnɛʀ] *adj* (*qui n'évolue pas*) stationary
stationnement [stasjɔnmɑ̃] *m* **1.** (*fait de stationner*) parking; **voitures en** ~ parked cars; **ticket/disque de** ~ parking ticket/permit; ~ **payant** pay parking; ~ **interdit** no parking; **panneau de** ~ **interdit** no parking sign **2.** *Québec* (*parc de stationnement*) parking lot
stationner [stasjɔne] <1> *vi* (*être garé*) to be parked; **interdiction de** ~ no parking
station-service [stasjɔ̃sɛʀvis] <stations-service(s)> *f* service station
statistique [statistik] **I.** *adj* statistical **II.** *f* (*science*) statistics + *vb sing*
statue [staty] *f* statue; **la** ~ **de la Liberté** the Statue of Liberty
statuer [statɥe] <1> *vi* ~ **sur qc** to rule on sth
statuette [statɥɛt] *f* statuette
statu quo [statykwo] *m inv* status quo
stature [statyʀ] *f* **1.** (*taille*) height; **de haute** ~ tall **2.** (*envergure*) stature
statut [staty] *m* **1.** *a.* ADMIN status; ~ **de fonctionnaire** civil servant status; ~ **social** social status **2.** *pl* JUR (*d'une association, société*) statutes
steak [stɛk] *m* steak
stèle [stɛl] *f* stele
sténo [steno] *abr de* **sténodactylo, sténographie**
sténodactylo [stenodaktilo] *mf* shorthand typist
sténographie [stenɔgʀafi] *f* shorthand
steppe [stɛp] *f* steppe
stéréo [steʀeo] **I.** *adj inv abr de* **stéréophonique: chaîne** ~ stereo **II.** *f abr de* **stéréophonie** stereo
stéréophonie [steʀeɔfɔni] *f* stereophony
stéréophonique [steʀeɔfɔnik] *adj* stereophonic
stéréotype [steʀeɔtip] *m* stereotype
stéréotypé(e) [steʀeɔtipe] *adj* stereotyped
stérile [steʀil] *adj* sterile
stérilet [steʀilɛ] *m* IUD
stérilisateur [steʀilizatœʀ] *m* sterilizer
stérilisation [steʀilizasjɔ̃] *f* sterilization
stériliser [steʀilize] <1> *vt* to sterilize
stérilité [steʀilite] *f* **1.** AGR barrenness; BIO sterility **2.** (*absence de microbes*) sterility **3.** ART, LIT *a. fig* sterility
sternum [stɛʀnɔm] *m* sternum, breastbone
stéthoscope [stetɔskɔp] *m* stethoscope
steward [stiwaʀt] *m* steward
stick [stik] *m* stick; ~ **à lèvres** lipstick
stimulant [stimylɑ̃] *m* **1.** (*médicament*) stimulant **2.** (*incitation*) stimulus
stimulant(e) [stimylɑ̃, ɑ̃t] *adj* stimulating
stimulateur [stimylatœʀ] *m* ~ **cardiaque** pacemaker
stimuler [stimyle] <1> *vt* **1.** (*activer, augmenter*) to stimulate **2.** (*encourager*) to encourage
stipuler [stipyle] <1> *vt* **1.** JUR to stipulate **2.** (*préciser: personne*) to specify
stock [stɔk] *m* **1.** COM stock; **avoir qc en** ~ to have sth in stock **2.** (*réserve*) supply; ~ **de sucre** supply of sugar
stocker [stɔke] <1> *vt* **1.** (*mettre en réserve*)

to stock **2.** INFORM ~ **les données sur une disquette** to store data on a disk
Stockholm [stɔkˈɔlm] Stockholm
stoïque [stɔik] *adj* stoic
stomacal(e) [stɔmakal, -o] <-aux> *adj* **douleurs ~es** stomach pains
stomatologie [stɔmatɔlɔʒi] *mf* stomatology
stop [stɔp] **I.** *interj* (*halte, dans un télégramme*) stop; ~ **à l'inflation** end inflation **II.** *m* **1.** (*panneau*) stop sign; (*feu*) red light **2.** AUTO (*feu arrière*) brake light **3.** *inf* (*autostop*) **faire du** ~ to hitchhike; **en** ~ hitchhiking **III.** *app* **panneau** ~ stop sign
stopper [stɔpe] <1> *vt, vi* to stop
store [stɔʀ] *m* **1.** (*rideau à enrouler, à lamelles*) blind **2.** (*rideau de magasin*) awning
strabisme [stʀabism] *m* squinting; **avoir un** ~ to have a squint
strangulation [stʀɑ̃gylasjɔ̃] *f* strangulation
strapontin [stʀapɔ̃tɛ̃] *m* **1.** (*siège*) flap seat **2.** (*place secondaire*) minor position
Strasbourg [stʀasbuʀ] Strasbourg
strasbourgeois(e) [stʀasbuʀʒwa, waz] *adj* of Strasbourg
Strasbourgeois(e) [stʀasbuʀʒwa, waz] *m(f)* person from Strasbourg
stratagème [stʀataʒɛm] *m* stratagem
strate [stʀat] *f* stratum
stratégie [stʀateʒi] *f* strategy; **jeu de** ~ strategy game
stratégique [stʀateʒik] *adj* strategic
stratifié [stʀatifje] *m* stratified
stratosphère [stʀatɔsfɛʀ] *f* stratosphere
stress [stʀɛs] *m* stress
stressant(e) [stʀesɑ̃, ɑ̃t] *adj* stressful
stressé(e) [stʀese] *adj* stressed
stresser [stʀese] <1> **I.** *vt* to put under stress **II.** *vi* (*personne*) to stress
stretch [stʀɛtʃ] *m* stretch fabric
strict(e) [stʀikt] *adj* **1.** (*sévère*) strict; **être très ~ sur le règlement** to be very strict about the rules **2.** (*rigoureux: principe, observation, respect*) strict **3.** *antéposé* (*exact*) **c'est la ~e vérité** it's the exact truth **4.** *antéposé* (*absolu*) minimum; **le ~ nécessaire** the bare minimum; **dans la plus ~e intimité** in the strictest privacy **5.** (*littéral*) **au sens** ~ in the strict sense (of the term) **6.** (*sobre: vêtement, tenue*) sober
strictement [stʀiktəmɑ̃] *adv* (*pour renforcer, littéralement, au sens restreint*) strictly; **c'est ~ pareil** it's exactly the same
strident(e) [stʀidɑ̃, ɑ̃t] *adj* strident
string [stʀiŋ] *m* G-string
strip-tease [stʀiptiz] <strip-teases> *m* striptease
strip-teaseur, -euse [stʀiptizœʀ, -øz] <strip-teaseurs> *m, f* stripper
strophe [stʀɔf] *f* verse
structure [stʀyktyʀ] *f* **1.** (*organisation*) structure **2.** (*lieu, service social*) ~ **d'accueil** welcome facilities
structurel(le) [stʀyktyʀɛl] *adj* structural
structurer [stʀyktyʀe] <1> **I.** *vt* to structure **II.** *vpr* **se** ~ to be structured
stuc [styk] *m* stucco
studieux, -euse [stydjø, -jøz] *adj* **1.** (*appliqué*) studious **2.** (*consacré au travail, aux études: vacances, soirée*) study
studio [stydjo] *m* (*logement*) *a.* CINE, TV studio; ~ **de télévision/cinéma** television/film studio; **à vous, les ~s** now back to the studio
stup [styp] *m inf abr de* **stupéfiant** drug
stupéfaction [stypefaksjɔ̃] *f* (*étonnement*) amazement
stupéfait(e) [stypefɛ, ɛt] *adj* (*étonné*) amazed
stupéfiant [stypefjɑ̃] *m* drug
stupéfiant(e) [stypefjɑ̃, jɑ̃t] *adj* amazing
stupéfié(e) [stypefje] *adj* (*très étonné*) amazed
stupéfier [stypefje] <1> *vt* (*étonner*) to amaze
stupeur [stypœʀ] *f* (*étonnement*) amazement; **être frappé de** ~ to be stunned
stupide [stypid] *adj* stupid
stupidement [stypidmɑ̃] *adv* stupidly
stupidité [stypidite] *f* stupidity
style [stil] *m* **1.** (*écriture*) *a.* ART, LIT, LING style **2.** (*genre*) type; (*d'un vêtement*) style; **des meubles de** ~ period furniture **3.** (*manière personnelle*) style; ~ **de vie** lifestyle; **avoir du** ~ to have style; **arriver en retard, c'est bien dans son ~!** arriving late, that's him all over!
stylé(e) [stile] <1> *adj* well-trained
stylet [stilɛ] *m* stylet
stylisé(e) [stilize] *adj* stylized
styliste [stilist] *mf* stylist
stylistique [stilistik] **I.** *adj* stylistic **II.** *f* stylistics + *vb sing*
stylo [stilo] *m* pen; ~ **(à) plume** fountain pen; ~ **(à) bille** ballpoint pen
stylo-feutre [stiloføtʀ] <stylos-feutres> *m* felt-tipped pen
su [sy] *part passé de* **savoir**
suave [sɥav] *adj* suave; (*couleur, ton*) mellow; (*sourire*) sweet; (*voix, forme*) smooth
subalterne [sybaltɛʀn] **I.** *adj* **1.** (*inférieur*) junior **2.** (*secondaire*) subordinate **II.** *mf* subordinate
subconscient [sybkɔ̃sjɑ̃] *m* subconscious
subdiviser [sybdivize] <1> *vt* to subdivide
subdivision [sybdivizjɔ̃] *f* subdivision
subir [sybiʀ] <8> *vt* **1.** (*être victime de*) to suffer **2.** (*endurer*) to undergo; (*événements*) to go through; (*conséquences*) to suffer **3.** (*être soumis à*) ~ **le charme/l'influence** to be under the spell/influence; ~ **une opération/un interrogatoire** to undergo an operation/an interrogation **4.** (*être l'objet de*) ~ **des modifications** to be modified **5.** *inf* (*devoir supporter: personne*) to put up with
subit(e) [sybi, it] *adj* sudden
subitement [sybitmɑ̃] *adv* suddenly
subjectif, -ive [sybʒɛktif, -iv] *adj* subjective
subjectivité [sybʒɛktivite] *f* subjectivity
subjonctif [sybʒɔ̃ktif] *m* subjunctive

subjuguer [sybʒyge] <1> *vt* (*fasciner*) to enthrall
sublime [syblim] **I.** *adj* **1.** (*admirable*) wonderful **2.** (*d'une haute vertu*) sublime **II.** *m* sublime
submerger [sybmɛʀʒe] <2a> *vt* **1.** (*inonder: digue, rives*) to submerge; (*plaine, terres*) to flood **2.** (*envahir*) ~ **qn de qc** to swamp sb with sth
submersible [sybmɛʀsibl] *adj* (*navire, sous-marin*) submersible; **terre** ~ land prone to flooding
subordination [sybɔʀdinasjɔ̃] *f* subordination
subordonné(e) [sybɔʀdɔne] **I.** *m(f)* subordinate **II.** *adj* (*proposition*) subordinate
subordonnée [sybɔʀdɔne] *f* subordinate clause
subordonner [sybɔʀdɔne] <1> *vt* ~ **une décision à qc** to subordinate a decision to sth; **être subordonné à qn/qc** to be subordinate to sb/sth
subsidiaire [sybzidjɛʀ, sypsidjɛʀ] *adj* subsidiary
subsistance [sybzistɑ̃s] *f* subsistence
subsister [sybziste] <1> *vi* **1.** (*subvenir à ses besoins*) to subsist **2.** (*demeurer: doute, erreur*) to remain; ~ **de qc** to live on sth
substance [sypstɑ̃s] *f* **1.** (*matière*) matter **2.** (*essentiel: d'un article, livre*) substance; **en** ~ in substance
substantiel(le) [sypstɑ̃sjɛl] *adj* **1.** (*nourrissant*) filling **2.** (*important*) substantial
substantif [sypstɑ̃tif] *m* noun
substituer [sypstitɥe] <1> **I.** *vt* ~ **un collègue/un mot à un autre** to substitute a colleague/one word for another **II.** *vpr* **se** ~ **à qn** to take sb's place
substitut [sypstity] *m* **1.** (*remplacement*) **être le** ~ **de qn/qc** to be the substitute for sb/sth **2.** JUR ~ **du procureur** deputy prosecutor
substitution [sypstitysjɔ̃] *f* substitution
subterfuge [syptɛʀfyʒ] *m* subterfuge
subtil(e) [syptil] *adj* (*personne*) discerning; (*distinction, nuance, parfum*) subtle
subtilement [syptilmɑ̃] *adv* subtly
subtiliser [syptilize] <1> *vt* ~ **un livre à qn** to steal a book away from sb
subtilité [syptilite] *f soutenu* subtlety
subvenir [sybvəniʀ] <9> *vi* ~ **à qc** to provide for sth
subvention [sybvɑ̃sjɔ̃] *f* grant
subventionné(e) [sybvɑ̃sjɔne] *adj* subsidized
subventionner [sybvɑ̃sjɔne] <1> *vt* to subsidize
subversif, -ive [sybvɛʀsif, -iv] *adj* subversive
suc [syk] *m* juice
succédané [syksedane] *m* substitute
succéder [syksede] <5> **I.** *vi* **1.** (*venir après*) ~ **à qc** to follow sth **2.** (*assurer la succession*) ~ **à qn** to succeed sb **3.** (*hériter*) to succeed to **II.** *vpr* **se** ~ to follow one another
succès [syksɛ] *m* **1.** (*opp: échec*) ~ **en qc** success in sth; **avoir un** ~ **fou** *inf* to be a big hit; **avoir du** ~ **auprès de qn** to have success with sb; **être couronné de** ~ to be crowned with success; **remporter un** ~ to have a success; **à** ~ hit **2.** (*conquête amoureuse*) conquest **3.** SPORT, MIL victory
successeur [syksesœʀ] *mf* successor
successif, -ive [syksesif, -iv] *adj* successive
succession [syksesjɔ̃] *f* succession; **prendre la** ~ **de qn/qc** to succeed sb/sth; **droits de** ~ inheritance tax
successivement [syksesivmɑ̃] *adv* successively
succinct(e) [syksɛ̃, ɛ̃t] *adj* **1.** succinct; **soyez** ~**!** be brief! **2.** (*peu abondant*) **un repas** ~ a frugal meal
succion [sy(k)sjɔ̃] *f* suction; (*d'une plaie, blessure*) sucking
succomber [sykɔ̃be] <1> *vi* **1.** (*mourir*) ~ **à qc** to die of sth **2.** (*être vaincu*) ~ **sous qc** to be overcome by sth; ~ **sous le poids de qc** to give way under the weight of sth **3.** (*céder à*) ~ **à la tentation/au charme de qn/qc** to give in to the temptation/charm of sb/sth
succulent(e) [sykylɑ̃, ɑ̃t] *adj* succulent
succursale [sykyʀsal] *f* branch
sucer [syse] <2> **I.** *vt* to suck **II.** *vpr* **se** ~ to be sucked
sucette [sysɛt] *f* (*bonbon*) lollipop
suçon [sysɔ̃] *m Québec* (*sucette*) lollipop
sucre [sykʀ] *m* sugar; (*morceau*) sugar lump; ~ **candi** sugar candy; ~ **cristallisé** granulated sugar; ~ **glace** powdered sugar; ~ **en morceaux/en poudre** lump/caster sugar; ~ **de canne** cane sugar ► **casser du** ~ **sur le dos de qn** *inf* to gossip about sb
sucré(e) [sykʀe] *adj* sweet; (*par addition de sucre*) sugared
sucrer [sykʀe] <1> **I.** *vt* **1.** (*mettre du sucre*) to sugar; (*thé, café*) to put sugar in **2.** *inf* (*supprimer*) ~ **l'argent de poche à un enfant** to stop a child's allowance **II.** *vi* (*rendre sucré*) to sweeten **III.** *vpr inf* **se** ~ to line one's pockets
sucrerie [sykʀəʀi] *f* **1.** (*friandise*) sweet **2.** *Québec* (*fabrique de sucre d'érable*) maple sugar factory
sucrette® [sykʀɛt] *f* sweetener
sucrier [sykʀije] *m* sugar bowl
sucrier, -ière [sykʀije, -ijɛʀ] *adj* sugar; (*région*) sugar-producing
sud [syd] **I.** *m* south; **au** ~ (*dans/vers la région*) in the south; (*vers le point cardinal*) to the south; **au** ~ **de qc** south of sth; **dans le** ~ **de** in the south of; **du** ~ southern; **vers le** ~ towards the south **II.** *adj inv* south; (*banlieue, latitude*) southern
Sud [syd] **I.** *m* South; **l'Europe du** ~ Southern Europe; **dans le** ~ (*dans la région*) in the South; (*vers la région*) to the South; **les gens du** ~ the Southerners **II.** *adj inv* **l'hémisphère** ~ the Southern hemisphere; **le pôle** ~ the South Pole
sud-africain(e) [sydafʀikɛ̃, ɛn] <sud-africains> *adj* South African

S

Sud-Africain(e) [sydafʀikɛ̃, ɛn] <Sud-Africains> *m(f)* South African
sud-américain(e) [sydameʀikɛ̃, ɛn] <sud-américains> *adj* South American
Sud-Américain(e) [sydameʀikɛ̃, ɛn] <Sud-Américains> *m(f)* South American
sud-coréen(ne) [sydkɔʀeɛ̃, ɛn] <sud-coréens> *adj* South Korean
Sud-Coréen(ne) [sydkɔʀeɛ̃, ɛn] <Sud-Coréens> *m(f)* South Korean
sud-est [sydɛst] *inv* **I.** *m* southeast **II.** *adj* southeast; **vent ~** southeaster
sud-ouest [sydwɛst] *inv* **I.** *m* southwest **II.** *adj* southwest; **vent ~** southwester
sud-vietnamien(ne) [sydvjɛtnamjɛ̃, jɛn] <sud-vietnamiens> *adj* HIST South Vietnamese
Sud-Vietnamien(ne) [sydvjɛtnamjɛ̃, jɛn] <Sud-Vietnamiens> *m(f)* HIST South Vietnamese
Suède [sɥɛd] *f* **la ~** Sweden
suédois [sɥedwa] *m* Swedish; *v.a.* **français**
suédois(e) [sɥedwa, waz] *adj* Swedish
Suédois(e) [sɥedwa, waz] *m(f)* Swede
suée [sɥe] *f inf* sweat; **attraper une (bonne) ~** to work up a good sweat
suer [sɥe] <1> *vi* **1.** (*transpirer*) **~ de qc** to sweat with sth **2.** (*se donner beaucoup de mal*) **~ sur qc/pour faire qc** to sweat over/doing sth
sueur [sɥœʀ] *f* sweat; **avoir des ~s** to be in a sweat; **être en ~** to be bathed in sweat ▶ **avoir des ~s froides** to be in a cold sweat
suffire [syfiʀ] *irr* **I.** *vi* **1.** (*être assez*) to be enough **2.** (*satisfaire*) **~ aux besoins de qn** to meet sb's needs; **~ aux obligations** to meet the requirements **II.** *vi impers* **il suffit d'une fois** once is enough; **il suffit que vous soyez là pour qu'il se calme** you just have to be there for him to calm down; **ça suffit (comme ça)!** *inf* that's enough! **III.** *vpr* **se ~ à soi-même** to be self-sufficient
suffisamment [syfizamɑ̃] *adv* **~ grand** big enough; **~ affranchie** with enough stamps; **~ de temps/livres** enough time/books; **~ à boire** enough to drink
suffisant(e) [syfizɑ̃, ɑ̃t] *adj* (*nombre, techniques*) sufficient, enough; (*résultat, somme*) satisfactory; **une place ~e** enough room; **ne pas être ~** not to be enough; **~ pour** +*infin* sufficient to +*infin*
suffixe [syfiks] *m* suffix
suffocant(e) [syfɔkɑ̃, ɑ̃t] *adj* (*fumée, odeur*) suffocating; (*chaleur*) stifling
suffoquer [syfɔke] <1> **I.** *vt* **1.** (*étouffer*) to suffocate **2.** (*stupéfier*) to stun **II.** *vi* **1.** (*perdre le souffle*) to gasp for breath **2.** (*ressentir une vive émotion*) **~ de colère** to choke with anger
suffrage [syfʀaʒ] *m* **1.** (*voix*) vote; **~ universel** universal suffrage; **les ~s exprimés** valid votes **2.** *pl* (*approbation*) approval; **remporter tous les ~s** to meet with universal approval
suggérer [sygʒeʀe] <5> *vt* to suggest
suggestif, -ive [sygʒɛstif, -iv] *adj* **1.** (*érotique*) suggestive **2.** (*évocateur*) evocative
suggestion [sygʒɛstjɔ̃] *f* suggestion
suicidaire [sɥisidɛʀ] *adj* suicidal
suicide [sɥisid] **I.** *m* **1.** (*mort volontaire*) suicide **2.** (*entreprise suicidaire*) suicide mission; **c'est du ~** it's suicide **II.** *app* (*opération, commando, avion*) suicide
suicider [sɥiside] <1> *vpr* **se ~** to commit suicide
suie [sɥi] *f* soot
suinter [sɥɛ̃te] <1> *vi* **~ de qc** (*eaux*) to ooze with sth; (*mur*) to run with sth; (*plaie*) to weep sth
suis [sɥi] *indic prés de* **être**
suisse [sɥis] **I.** *adj* Swiss; **~ romand** Swiss French **II.** *m* **1.** (*gardien d'église*) beadle **2.** *Québec* (*écureuil rayé (sur la longueur)*) chipmunk ▶ **petit ~** CULIN quark dish
Suisse [sɥis] **I.** *f* **la ~** Switzerland **II.** *mf* Swiss; **c'est un ~ allemand/romand** he's a German-/French-speaking Swiss
Suissesse [sɥisɛs] *f* Swiss woman; **~ romande** Swiss-French woman
suite [sɥit] *f* **1.** (*ce qui vient après: d'une lettre, d'un roman*) rest; **raconter la ~ de l'affaire** to tell what happened next; **attendre la ~** to wait for what is to follow **2.** (*succession: d'événements, de nombres*) sequence; (*d'objets, de personnes*) series **3.** (*conséquence*) consequence; **sans ~** with no repercussions **4.** (*nouvel épisode*) next episode; **la ~ au prochain numéro** to be continued in the next issue **5.** (*cohérence*) coherence **6.** (*appartement*) suite **7.** INFORM **~ bureautique** office suite ▶ **tout de ~** straightaway; **tout de ~ avant/après** immediately before/after; **donner ~ à qc** to follow up sth; **faire ~ à qc** to follow up on sth; **prendre la ~ de qn/qc** to succeed sb/sth; **~ à qc** further to sth; **à la ~ de qc** following sth; **et ainsi de ~** and so on; **de ~** in a row; **par la ~** afterwards; **par ~ de qc** as a result of sth
suivant [sɥivɑ̃] *prep* **1.** (*conformément à, en fonction de*) according to **2.** (*le long de*) along
suivant(e) [sɥivɑ̃, ɑ̃t] **I.** *adj* **1.** (*qui vient ensuite*) next **2.** (*ci-après*) following **II.** *m(f)* next one; **au ~!** next please!
suivi [sɥivi] *m* (*d'une affaire*) follow-up; (*d'un produit*) monitoring; **~ médical** aftercare
suivi(e) [sɥivi] *adj* **1.** (*continu*) steady; (*effort*) sustained **2.** (*cohérent: conversation, raisonnement*) coherent; (*politique*) consistent
suivre [sɥivʀ] *irr* **I.** *vt* **1.** (*aller derrière, se conformer à*) to follow; **~ la mode** to follow fashion; **faire ~ qn** to have sb followed **2.** (*venir ensuite*) **~ qn sur une liste** to come after sb on a list; **l'hiver suit l'automne** winter follows fall **3.** (*hanter*) to shadow **4.** ECOLE (*classe, cours*) to attend **5.** (*observer: actualité, affaire, compétition*) to follow; **~ un élève/malade**

to follow the progress of a pupil/patient **6.** COM (*article, produit*) to keep in stock **7.** (*comprendre*) to follow ▶ **être à ~** (*personne*) to be worth watching; (*exemple*) to be followed **II.** *vi* **1.** (*venir après*) to follow **2.** (*réexpédier*) **faire ~ qc** to forward sth **3.** (*être attentif*) to follow **4.** (*assimiler*) to copy **III.** *vi impers* **comme suit** as follows **IV.** *vpr* **se ~ 1.** (*se succéder*) to follow each other **2.** (*être cohérent*) to be in the right order

sujet [syʒɛ] *m* **1.** (*thème*) *a.* LING, PHILOS subject; (*d'un examen*) question **2.** (*cause*) cause; **sans ~** without reason **3.** (*individu*) subject; **brillant ~** brilliant student; **mauvais ~** bad boy ▶ **c'est à quel ~?** *inf* what is it about?; **à ce ~** on this subject; **au ~ de qn/qc** about sb/sth

sujet(te) [syʒɛ, ʒɛt] *adj* **être ~ à qc/à** +*infin* to be prone to sth/to +*infin*

sultan [syltɑ̃] *m* sultan

summum [sɔ(m)mɔm] *m* **1.** (*apogée: d'une civilisation, de la gloire*) height **2.** *iron* (*comble*) limit; **le ~ de qc** the height of sth

super[1] [sypɛʀ] *m abr de* **supercarburant** premium; **~ sans plomb/plombé** super unleaded/leaded gas

super[2] [sypɛʀ] *adj inv, inf* super

superbe [sypɛʀb] *adj* (*repas, vin, temps, résultat*) superb; (*corps, enfant*) magnificent

superbement [sypɛʀbəmɑ̃] *adv* superbly

supercarburant [sypɛʀkaʀbyʀɑ̃] *m* high-octane gas

supercherie [sypɛʀʃəʀi] *f* trick

supérette [sypeʀɛt] *f* mini-market

superficie [sypɛʀfisi] *f* (*d'un terrain, pays*) area; (*d'un appartement*) surface area

superficiel(le) [sypɛʀfisjɛl] *adj* superficial

superficiellement [sypɛʀfisjɛlmɑ̃] *adv* superficially

superflu [sypɛʀfly] *m* excess; (*luxe*) luxuries *pl*

superflu(e) [sypɛʀfly] *adj* superfluous

superforme [sypɛʀfɔʀm] *f inf* top shape

supérieur [sypeʀjœʀ] *m* higher education

supérieur(e) [sypeʀjœʀ] **I.** *adj* **1.** (*plus haut dans l'espace: lèvre, mâchoire*) upper **2.** (*plus élevé dans la hiérarchie*) superior; (*animal, plante*) greater; (*cadre*) senior; **enseignement ~** higher education; **d'ordre ~** higher **3.** (*de grande qualité*) superior **4.** (*qui dépasse*) **être ~ à qn en vitesse** to be faster than sb; **~ en nombre** greater in number; **~ par la qualité** better quality; **être ~ à la moyenne** to be above average **5.** (*prétentieux: air, regard, ton*) superior **II.** *m(f)* *a.* REL superior

supériorité [sypeʀjɔʀite] *f* **~ sur qn/qc** superiority over sb/sth; **complexe de ~** superiority complex

superlatif [sypɛʀlatif] *m* superlative

supermarché [sypɛʀmaʀʃe] *m* supermarket

superposé(e) [sypɛʀpoze] *adj* (*livres, pierres*) superimposed; **lits ~s** bunk beds

superposer [sypɛʀpoze] <1> **I.** *vt* **1.** (*faire chevaucher*) to superimpose **2.** (*empiler*) to stack **II.** *vpr* **1.** (*se recouvrir*) **se ~** (*figures géométriques, images*) to be superimposed **2.** (*s'ajouter*) **se ~ à qc** (*couche*) to be superimposed on sth

superposition [sypɛʀpozisjɔ̃] *f* (*action de superposer*) superimposing

superproduction [sypɛʀpʀɔdyksjɔ̃] *f* spectacular

supersonique [sypɛʀsɔnik] **I.** *adj* supersonic **II.** *m* supersonic aircraft

superstitieux, -euse [sypɛʀstisjø, -jøz] *adj* superstitious

superstition [sypɛʀstisjɔ̃] *f* superstition

superviser [sypɛʀvize] <1> *vt* to supervise; (*travail*) to oversee

superviseur [sypɛʀvizœʀ] *m* INFORM supervisor

supervision [sypɛʀvizjɔ̃] *f* supervision

supplanter [syplɑ̃te] <1> *vt* to supplant

suppléant(e) [sypleɑ̃, ɑ̃t] **I.** *adj* (*député, juge*) deputy; (*instituteur*) substitute **II.** *m(f)* replacement; MED locum tenens

suppléer [syplee] <1> *vt* (*personne*) to replace

supplément [syplemɑ̃] *m* **1.** (*surplus*) extra; **~ de salaire** bonus; **en ~** extra **2.** (*publication: d'un journal, d'une revue*) supplement **3.** (*somme d'argent à payer*) surcharge; CHEMDFER upgrade charge; **un ~ de 100 euros** 100 euros extra

supplémentaire [syplemɑ̃tɛʀ] *adj* extra; **heures ~s** overtime + *vb sing*

supplication [syplikasjɔ̃] *f* supplication

supplice [syplis] *m* torture ▶ **être au ~** to be in agony

supplier [syplije] <1> *vt* **~ qn de** +*infin* to beg sb to +*infin*

support [sypɔʀ] *m* **1.** (*soutien*) support; (*d'un meuble, d'une statue*) stand **2.** INFORM **~ d'information** data medium

supportable [sypɔʀtabl] *adj* bearable

supporter[1] [sypɔʀte] <1> **I.** *vt* **1.** (*psychiquement*) to bear; **~ de** +*infin* to bear to +*infin*; **il ne supporte pas qu'elle fasse qc** (*subj*) he can't bear her doing sth **2.** (*physiquement: alcool, chaleur*) to tolerate; (*douleur, opération*) to stand; **elle ne supporte pas l'avion** she can't stand planes **3.** (*subir: affront, avanies, échec*) to suffer; **~ les conséquences de qc** to suffer [*o* endure] the consequences of sth **4.** (*soutenir: pilier*) to support **5.** SPORT **~ qn/qc** (*donner son appui*) to support sb/sth **II.** *vpr* **se ~** to stand each other

supporter[2] [sypɔʀtɛʀ] *m*, **supporteur, -trice** [sypɔʀtœʀ, -tʀis] *m, f* supporter

supposé(e) [sypoze] *adj* supposed

supposer [sypoze] <1> *vt* **1.** (*imaginer*) to suppose; **je suppose qu'il va revenir** I suppose he'll come back; **supposons qu'elle dise non** +*subj* let's suppose she says no **2.** (*présumer*) to assume **3.** (*impliquer*) to pre-

S

suppose
supposition [sypozisjɔ̃] *f* assumption
suppositoire [sypozitwaʀ] *m* suppository
suppression [sypʀesjɔ̃] *f* **1.** (*d'une subvention, d'un objet*) removal; (*d'une phrase*) deletion; (*de personnel, d'emplois*) cutting; (*d'une administration, usine*) closing **2.** (*abrogation*) abolition
supprimer [sypʀime] <1> **I.** *vt* **1.** (*enlever*) ~ **un avantage/emploi à qn** to take away sb's benefit/job; ~ **le permis à qn** to revoke sb's license **2.** (*abolir: libertés, peine de mort*) to abolish **3.** (*faire disparaître*) to get rid of **4.** (*tuer*) to eliminate **II.** *vpr* **se** ~ to kill oneself
suppurer [sypyʀe] <1> *vi* to suppurate
suprématie [sypʀemasi] *f* supremacy
suprême [sypʀɛm] **I.** *adj* (*bonheur, cour, instance, pouvoir*) supreme; (*degré*) highest **II.** *m* CULIN ~ **de volaille/poissons** chicken/fish supreme
sur [syʀ] *prep* **1.** (*position*) on; (*au-dessus de*) over; **marcher ~ la capitale** to march on the capital **2.** (*temporel*) ~ **le soir** towards the evening; ~ **ses vieux jours** in his later years; ~ **le coup** (*immédiatement*) immediately; (*au début*) at first; ~ **ce je vous quitte** and now I must leave you **3.** (*successif*) **coup ~ coup** shot after shot **4.** (*causal*) ~ **sa recommandation** on his/her recommendation; ~ **présentation d'une pièce d'identité** on presentation of a form of identification **5.** (*modal*) **ne me parle pas ~ ce ton!** don't speak to me like that!; ~ **mesure** custom-made; ~ **le mode mineur** in a minor key; ~ **l'air de ...** to the tune of ... **6.** (*au sujet de*) about **7.** (*proportionnalité, notation, dimension*) **neuf fois ~ dix** nine times out of ten; **un enfant ~ deux** one child in two; **faire 5 mètres ~ 4** to measure 5 by four meters
sûr(**e**) [syʀ] *adj* **1.** (*convaincu, certain*) ~ **de qn/qc** sure of sb/sth; **être ~ de faire qc/que ...** to be sure of doing sth/that ... **2.** (*sans danger*) safe; **en lieu ~** in a safe place **3.** (*digne de confiance*) trustworthy; (*temps*) reliable **4.** (*solide: arme*) sturdy; (*base, main*) steady; (*raisonnement, instinct*) sound ▶ **bien** ~ of course; **bien ~ que oui** *inf* of course; **bien ~ que non** *inf* of course not; **être ~ et certain** to be absolutely sure; **rien n'est moins ~** it's by no means certain; **c'est ~** *inf* definitely; **pas** (**si**) **~!** *inf* it's not so sure!
surabondance [syʀabɔ̃dɑ̃s] *f* superabundance
surabondant(**e**) [syʀabɔ̃dɑ̃, ɑ̃t] *adj* superabundant
suralimentation [syʀalimɑ̃tasjɔ̃] *f* overeating
surbooking [syʀbukiŋ] *m* overbooking
surcharge [syʀʃaʀʒ] *f* **1.** (*excès de charge*) overloading **2.** (*excédent de poids*) excess load; ~ **de bagages** excess luggage **3.** (*surcroît*) ~ **des programmes scolaires** curriculum overload
surchargé(**e**) [syʀʃaʀʒe] *adj* **1.** (*trop chargé*) overloaded **2.** *fig* **être ~ de travail** to be overworked
surcharger [syʀʃaʀʒe] <2a> *vt* to overload
surchauffer [syʀʃofe] <1> *vt* to overheat
surclasser [syʀklɑse] <1> *vt* to outclass; **être surclassé** to be outclassed
surconsommation [syʀkɔ̃sɔmasjɔ̃] *f* overconsumption
surcroît [syʀkʀwɑ] *m* **un ~ de travail** extra work ▶ **de** ~ moreover
surdité [syʀdite] *f* deafness
surdose [syʀdoz] *f* overdose
surdoué(**e**) [syʀdwe] **I.** *adj* (highly) gifted **II.** *m(f)* prodigy
sureau [syʀo] *m* elder
sureffectif [syʀefɛktif] *m* overstaffing; **entreprise en ~** overstaffed company
surélever [syʀelve] <4> *vt* to raise
sûrement [syʀmɑ̃] *adv* certainly
surenchère [syʀɑ̃ʃɛʀ] *f* **1.** (*exagération*) overstatement; **faire de la ~** to try to outdo the others **2.** COM overbidding
surenchérir [syʀɑ̃ʃeʀiʀ] <8> *vi* to bid higher; (*en rajouter*) to raise one's bid; ~ **sur qn/qc** to top sb/sth
surendetté(**e**) [syʀɑ̃dete] *adj* deeply in debt
surendettement [syʀɑ̃dɛtmɑ̃] *m* excessive debt
surestimer [syʀɛstime] <1> *vt* (*immeuble*) to overvalue; (*force, personne, valeur*) to overestimate
sûreté [syʀte] *f* **1.** (*précision*) sureness **2.** (*sécurité*) safety; **épingle/serrure de ~** safety pin/lock; **mettre qn/qc en ~** to put sb/sth in a safe place; **pour plus de ~** for greater security
surévaluer [syʀevalɥe] <1> *vt* (*personne*) to overestimate; (*immeuble, nombre, prix*) to overvalue
surexcitation [syʀɛksitasjɔ̃] *f* overexcitement
surexcité(**e**) [syʀɛksite] *adj* overexcited
surf [sœʀf] *m* **1.** (*sport*) surfing; (*sur la neige*) snowboarding; **faire du ~** to go surfing; (*sur la neige*) to go snowboarding **2.** (*planche pour l'eau*) surfboard; (*planche pour la neige*) snowboard **3.** INFORM surfing
surface [syʀfas] *f* **1.** (*aire*) area; (*d'un appartement, d'une pièce*) surface area; ~ **de réparation** SPORT penalty area **2.** (*couche superficielle*) surface; **à la ~** on the surface **3.** INFORM ~ **de travail** user surface ▶ **grande ~** superstore; **faire ~** to surface; **refaire ~** to resurface; **en ~** on the surface
surfait(**e**) [syʀfɛ, ɛt] *adj* (*auteur, œuvre*) overrated; **une réputation ~e** an exaggerated reputation
surfer [sœʀfe] <1> *vi* (*sur l'eau*) *a.* INFORM to surf; ~ **sur le Web** to surf the Web
surfeur, -euse [sœʀfœʀ, -øz] *m, f* **1.** (*sur l'eau*) *a.* INFORM surfer **2.** (*sur la neige*) snowboarder
surfing [sœʀfiŋ] *m* INFORM surfing
surgelé(**e**) [syʀʒəle] *adj* frozen

surgeler [syʀʒəle] <4> *vt* to freeze
surgelés [syʀʒəle] *mpl* frozen foods
surgir [syʀʒiʀ] <8> *vi* to appear; (*arbres*) to rise up; (*difficulté*) to crop up
surhomme [syʀɔm] *m* superman
surhumain(**e**) [syʀymɛ̃, ɛn] *adj* superhuman
surimi [syʀimi] *m* crabstick
sur-le-champ [syʀləʃɑ̃] *adv* on the spot
surlendemain [syʀlɑ̃dmɛ̃] *m* two days later
surligner [syʀliɲe] <1> *vt a.* INFORM to mark
surmenage [syʀmənaʒ] *m* (*intellectuel, scolaire*) overwork; (*physique*) overexertion
surmené(**e**) [syʀməne] *adj* overworked
surmener [syʀməne] <4> **I.** *vt* to overwork **II.** *vpr* **se** ~ to be overworked
surmonter [syʀmɔ̃te] <1> **I.** *vt* to surmount **II.** *vpr* **se** ~ **1.** (*se maîtriser*) to control oneself **2.** (*être maîtrisé: timidité*) to be overcome
surnager [syʀnaʒe] <2a> *vi* **1.** to float on the surface **2.** *fig* to linger on
surnaturel(**le**) [syʀnatyʀɛl] *adj a.* REL supernatural
surnom [syʀnɔ̃] *m* **1.** (*sobriquet*) nickname **2.** (*qualificatif*) name
surnombre [syʀnɔ̃bʀ] *m* surplus
surnommer [syʀnɔme] <1> *vt* ~ **qn Junior** to nickname sb Junior
suroffre [syʀɔfʀ] *f* COM higher bid
surpasser [syʀpɑse] <1> *vpr* **se** ~ to excel oneself
surpayer [syʀpeje] <1> *vt* (*personne*) to overpay; ~ **qc** to pay too much for sth
surpeuplé(**e**) [syʀpœple] *adj* (*pays*) over-populated; (*salle*) overcrowded
surpeuplement [syʀpœpləmɑ̃] *m* (*d'un pays*) overpopulation; (*d'une salle*) overcrowding
surplace [syʀplas] *m* (*d'une économie*) stagnation; (*d'un gouvernement*) standstill; **faire du** ~ to be marking time
surplomb [syʀplɔ̃] *m* overhang
surplomber [syʀplɔ̃be] <1> *vt* ~ **qc** (*étage, lumière*) to overhang sth
surplus [syʀply] *m* (*d'une somme, récolte*) surplus; ~ **d'un stock** surplus stock ▶ **au** ~ moreover
surpopulation [syʀpɔpylasjɔ̃] *f* overpopulation
surprenant(**e**) [syʀpʀənɑ̃, ɑ̃t] *adj* surprising
surprendre [syʀpʀɑ̃dʀ] <13> **I.** *vt* **1.** (*étonner*) to surprise; **être surpris de qc/que** *+subj* to be surprised about sth/that **2.** (*prendre sur le fait*) ~ **qn à faire qc** to catch sb doing sth **3.** (*découvrir: complot, secret*) to discover; (*conversation*) to overhear **4.** (*prendre au dépourvu*) ~ **qn dans son bureau** to surprise sb in their office **5.** (*prendre à l'improviste*) **la pluie nous a surpris** the rain caught us by surprise **II.** *vpr* **se** ~ **à faire qc** to catch oneself doing sth
surpris(**e**) [syʀpʀi, iz] *part passé de* **surprendre**
surprise [syʀpʀiz] *f* (*étonnement, chose inattendue*) surprise; **faire la** ~ **à qn** to surprise sb; **à la grande** ~ **de qn** to everyone's great surprise; **avec/par** ~ with/in surprise
surproduction [syʀpʀɔdyksjɔ̃] *f* overproduction
surréaliste [syʀʀealist] **I.** *adj* **1.** ART, LIT surrealist **2.** *inf* (*extravagant*) surreal **II.** *mf* surrealist
sursaut [syʀso] *m* **1.** (*haut-le-corps*) jump, start; **se réveiller en** ~ to wake up with a start **2.** (*élan: de colère*) blaze; (*d'énergie*) burst
sursauter [syʀsote] <1> *vi* to jump; **faire** ~ **qn** (*personne, nouvelle, bruit*) to startle sb
sursis [syʀsi] *m* **1.** (*délai*) extension; (*pour payer*) postponement **2.** JUR reprieve
surtaxe [syʀtaks] *f* surcharge
surtaxer [syʀtakse] <1> *vt* to surcharge
surtout [syʀtu] *adv* **1.** (*avant tout*) above all **2.** *inf* (*d'autant plus*) **j'ai peur de lui,** ~ **qu'il est si fort** I'm scared of him, with him being so strong ▶ ~ **pas** definitely not
surveillance [syʀvɛjɑ̃s] *f* (*contrôle: de la police*) surveillance; (*des travaux, études*) supervision; **être sous étroite/haute** ~ to be under tight/close surveillance; **service de** ~ security
surveillant(**e**) [syʀvɛjɑ̃, jɑ̃t] *m(f)* supervisor; (*de prison*) prison guard; (*de magasin*) security guard; ~**e de salle** MED head nurse
surveillé(**e**) [syʀveje] *adj* **1.** ECOLE (*étude*) supervised **2.** JUR **liberté** ~ probation
surveiller [syʀveje] <1> *vt* **1.** (*prendre soin de*) ~ **un enfant** to watch over a child; ~ **un malade** to care for a patient **2.** (*suivre l'évolution*) to watch; (*éducation des enfants*) to oversee **3.** (*garder*) to watch **4.** (*assurer la protection de*) to keep watch over **5.** CULIN to watch **6.** ECOLE (*élèves*) to supervise; (*examen*) to proctor
survenir [syʀvəniʀ] <9> *vi être* (*événement, incident, changement*) to occur; (*complications*) to arise
survêt *m inf,* **survêtement** [syʀvɛtmɑ̃] *m* overgarment; SPORT sweatsuit
survie [syʀvi] *f* **1.** (*maintien en vie*) survival **2.** REL afterlife
survivant(**e**) [syʀvivɑ̃, ɑ̃t] **I.** *adj* surviving **II.** *m(f)* (*rescapé*) survivor
survivre [syʀvivʀ] *vi irr* **1.** (*demeurer en vie*) ~ **à qc** to survive sth **2.** (*vivre plus longtemps que*) ~ **à qn/qc** to survive sb/sth
survol [syʀvɔl] *m* **1.** (*fait de voler*) overflying **2.** *fig* **rapide** ~ **d'un problème** quick overview of a problem
survoler [syʀvɔle] <1> *vt* **1.** AVIAT to fly over **2.** (*examiner: article*) to skim through; (*question*) to skim over
survolté(**e**) [syʀvɔlte] *adj* overexcited
susceptibilité [sysɛptibilite] *f* touchiness
susceptible [sysɛptibl] *adj* **1.** (*ombrageux*) touchy **2.** (*en mesure de*) **il est** ~ **de faire qc** he could do sth
susciter [sysite] <1> *vt* **1.** (*faire naître*) to arouse; (*querelle*) to provoke **2.** (*provoquer: obstacle*) to create; (*troubles*) to cause

S

suspect(**e**) [syspɛ, ɛkt] **I.** *adj* **1.** (*louche*) **être ~ à qn** to be suspicious to sb **2.** (*soupçonné*) **être ~ de qc** to be suspected of sth **3.** (*douteux*) suspect **II.** *m(f)* suspect

suspecter [syspɛkte] <1> *vt* (*soupçonner*) to suspect

suspendre [syspɑ̃dʀ] <14> *vt* **1.** (*accrocher*) **~ qc au portemanteau/au mur** to hang sth on the coat rack/on the wall **2.** (*rester collé à*) **être suspendu à la radio** to be glued to the radio; **être suspendu aux lèvres de qn** to hang on sb's every word **3.** (*interrompre: séance, réunion, paiement*) to suspend **4.** (*remettre: décision*) to put off; (*jugement*) to defer **5.** (*destituer: fonctionnaire, joueur*) to suspend

suspens [syspɑ̃] **procès/dossier en ~** trial/file that is pending; **le projet est en ~** the project is in abeyance

suspense [syspɛns] *m* suspense; **roman à ~** suspense novel

suspension [syspɑ̃sjɔ̃] *f* **1.** suspension; (*d'une réunion*) adjournment **2.** ADMIN, AUTO suspension

suspicieux, -euse [syspisjø, -jøz] *adj* suspicious

suspicion [syspisjɔ̃] *f* suspicion

susurrer [sysyʀe] <1> **I.** *vt* **~ des mots à qn/à l'oreille de qn** to whisper words to sb/in sb's ear **II.** *vi* (*personne*) to whisper; (*source*) to babble; (*vent*) to murmur

suture [sytyʀ] *f* MED, ANAT suture

svelte [svɛlt] *adj* svelte

S.V.P. [ɛsvepe] *abr de* **s'il vous plaît** please

swasi(**e**) [swazi] *adj* Swazi

Swasi(**e**) [swazi] *m(f)* Swazi

Swaziland [swazilɑ̃d] *m* **le ~** Swaziland

sweat-shirt [switʃœʀt] <sweat-shirts> *m* sweatshirt

syllabe [sil(l)ab] *f* syllable

sylviculture [silvikyltyʀ] *f* forestry

symbiose [sɛ̃bjoz] *f* symbiosis

symbole [sɛ̃bɔl] *m* **1.** (*image*) *a.* CHIM, MATH symbol **2.** REL creed

symbolique [sɛ̃bɔlik] **I.** *adj* **1.** (*emblématique*) symbolic **2.** (*très modique*) nominal **II.** *f* symbology

symboliser [sɛ̃bɔlize] <1> *vt* to symbolize

symétrie [simetʀi] *f a.* MATH symmetry

symétrique [simetʀik] *adj a.* MATH symmetrical

sympa [sɛ̃pa] *adj inf abr de* **sympathique**

sympathie [sɛ̃pati] *f* **1.** (*inclination*) **~ pour qn/qc** liking sb/sth; **inspirer la ~** to be likeable **2.** (*lors d'un deuil*) sympathy

sympathique [sɛ̃patik] *adj* **1.** (*aimable: personne, animal*) friendly **2.** *inf* (*personne, plat*) nice; (*accueil*) warm; (*ambiance*) pleasant

sympathisant(**e**) [sɛ̃patizɑ̃, ɑ̃t] **I.** *adj* sympathetic **II.** *m(f)* sympathizer

sympathiser [sɛ̃patize] <1> *vi* **~ avec qn** to get along well with sb

symphonie [sɛ̃fɔni] *f* symphony

symphonique [sɛ̃fɔnik] *adj* (*orchestre*) symphonic

symptôme [sɛ̃ptom] *m* **1.** (*indice*) sign **2.** MED symptom

synagogue [sinagɔg] *f* (*édifice*) synagogue

synchronisation [sɛ̃kʀɔnizasjɔ̃] *f* synchronization

synchroniser [sɛ̃kʀɔnize] <1> *vt* to synchronize; **ne pas être synchronisé** to be out of sync

syncope [sɛ̃kɔp] *f* blackout; **avoir une** [*o* **tomber en**] **~** to faint

syncopé(**e**) [sɛ̃kɔpe] *adj* LING, MUS syncopated

syndical(**e**) [sɛ̃dikal, -o] <-aux> *adj* labor union

syndicaliste [sɛ̃dikalist] **I.** *adj* union **II.** *mf* labor union member

syndicat [sɛ̃dika] *m* **1.** (*syndicat de salariés*) labor union **2.** (*pour les touristes*) **~ d'initiative** tourist office

syndiquer [sɛ̃dike] <1> *vpr* **se ~** to join a union

synergie [sinɛʀʒi] *f* synergy, synergism

synonyme [sinɔnim] **I.** *adj* **être ~ de qc** to be synonymous with sth **II.** *m* synonym

syntagme [sɛ̃tagm] *m* phrase

syntaxe [sɛ̃taks] *f* **1.** LING syntax **2.** *Belgique* (*première année du secondaire supérieur*) *second-to-last year of secondary school*

synthèse [sɛ̃tɛz] *f* synthesis; (*exposé d'ensemble*) summary; **faire la ~ de qc** to summarize sth ►**résine/produit de ~** synthetic resin/product

synthétique [sɛ̃tetik] **I.** *adj* (*matériau*) artificial; (*fibres, caoutchouc*) synthetic **II.** *m* synthetic

synthétiser [sɛ̃tetize] <1> *vt a.* BIO, CHIM to synthesize

synthétiseur [sɛ̃tetizœʀ] *m* MUS synthesizer

syphilis [sifilis] *f* syphilis

Syrie [siʀi] *f* **la ~** Syria

systématique [sistematik] **I.** *adj* systematic **II.** *f* systematics + *vb sing*

systématiquement [sistematikmɑ̃] *adv* systematically

système [sistɛm] *m* **1.** (*structure*) system; **~ de vie** way of life **2.** *inf* (*combine*) way; **connaître le ~** *inf* to know the system; **~ D** *inf* resourcefulness **3.** (*institution*) system **4.** INFORM **~ informatique/d'exploitation** computing/operating system; **~ de gestion de base de données** database management system; **~ expert** expert system **5.** AUTO **~ de guidage** guidance system; **~ de signalisation** (*feux*) traffic lights *pl;* (*signaux de route*) road signs *pl;* (*marques*) road markings *pl* ►**taper sur le ~ à qn** *inf* to get on sb's nerves

Système européen de banques centrales *m* European Central Banking System

Système monétaire européen *m* European Monetary System

systémique [sistemik] *adj* MED (*médicament, traitement*) systemic

T

T, t [te] *m inv* T, t; **en t** T-shaped; **~ comme Thérèse** (*au téléphone*) t as in Tango
t *f abr de* **tonne** t.
t' *pron v.* **te, tu**
ta [ta, te] <tes> *dét poss* your; *v.a.* **ma**
tabac [taba] **I.** *m* **1.** (*plante, produit*) tobacco; **~ à priser** snuff **2.** *inf* (*magasin*) tobacco shop ▶ **faire un ~** *inf* to be a great success; **passer qn à ~** *inf* to beat sb up **II.** *adj inv* buff

> i In France, cigarettes are available only from licensed distributors in a **tabac**, either a small shop or a counter in a café. They also sell stamps, automobile tax stickers, money orders, bus and subway tickets, etc.

tabagie [tabaʒi] *f* **1.** (*endroit enfumé*) smoke-filled room **2.** *Québec* (*bureau de tabac*) tobacco shop
tabagisme [tabaʒism] *m* nicotine addiction; **~ passif** passive smoking
tabasser [tabase] <1> *vt inf* **~ qn** to beat sb up
tabernacle [tabɛʀnakl] *m* REL tabernacle
tablar(d) [tablaʀ] *m Suisse* (*étagère*) shelf
table [tabl] *f* **1.** (*meuble, tablée, tableau*) table; (*d'autel*) altar stone; **dresser** [*o* **mettre**] **la ~** to set the table; **être à ~** to be having a meal; **à ~!** come and eat!; **~ d'hôte** buffet meal; **je suis sur ~ d'écoute** my phone is tapped; **service de ~** table linen; **~ des matières** table of contents **2.** (*nourriture*) food ▶ **~ ronde** round table; **se mettre à ~** (*aller manger*) to sit down to eat; *inf* (*avouer sa faute*) to own up
tableau [tablo] <x> *m* **1.** (*cadre*) picture; (*peinture*) painting **2.** (*scène, paysage*) scene **3.** ECOLE board; **~ noir** blackboard **4.** (*panneau*) **a.** INFORM table; **~ de service** duty roster; **~ de bord** (*d'une voiture*) dashboard; (*d'un bateau, avion*) instrument panel **5.** (*présentation graphique*) chart ▶ **miser sur les deux ~x** to hedge one's bets; **~ d'honneur** ECOLE honor roll
tablée [table] *f* table (*people*)
tabler [table] <1> *vi* **~ sur qc** to count on sth
tablette [tablɛt] *f* **1.** (*plaquette*) block **2.** (*planchette: d'un lavabo, d'une armoire*) shelf; HIST tablet; **~ de chocolat** bar of chocolate **3.** *Québec* (*bloc de papier à lettres*) writing pad
tableur [tablœʀ] *m* INFORM spreadsheet
tablier [tablije] *m* **1.** (*vêtement*) apron; (*d'un écolier*) overall **2.** (*plaque protectrice: d'une cheminée*) shutter **3.** AUTO bulkhead
tabou [tabu] *m* taboo
tabou(e) [tabu] *adj* **1.** (*interdit*) taboo **2.** (*intouchable*) untouchable
taboulé [tabule] *m* tabbouleh
tabouret [tabuʀɛ] *m* **1.** (*petit siège*) stool **2.** (*support pour les pieds*) footstool
tac [tak] *m* **répondre du ~ au ~** to answer back smartly
tache [taʃ] *f* **1.** (*salissure*) stain; **~ de rousseur** freckle; **~ de vin** (*sur la peau*) strawberry birthmark **2.** (*flétrissure*) blot **3.** (*impression visuelle*) patch; (*de couleur, peinture*) spot ▶ **faire ~** to stick out like a sore thumb
tâche [tɑʃ] *f* **1.** (*besogne*) work **2.** (*mission*) task ▶ **être dur à la ~** to be a hard worker; **à la ~** (*au travail*) on the job; (*selon le travail rendu*) on a piecework basis
taché(e) [taʃe] *adj* stained
tacher [taʃe] <1> **I.** *vi* to stain **II.** *vt* **1.** (*faire des taches sur*) to stain **2.** (*moucheter*) **~ la peau de qc** to mark the skin of sth **3.** (*souiller*) to sully **III.** *vpr* **se ~** (*tissu*) to get stained; (*personne*) to get dirty
tâcher [tɑʃe] <1> *vi* **1.** (*s'efforcer*) **~ de** +*infin* to endeavor to +*infin* **2.** (*faire en sorte*) **~ que qc (ne) se produise (pas)** to ensure that sth (does not) happen
tacheté(e) [taʃte] *adj* spotted
tacheter [taʃte] <3> *vt* to speckle
tachymètre [takimɛtʀ] *m* tachometer
tacite [tasit] *adj* tacit
tacitement [tasitmɑ̃] *adv* tacitly
taciturne [tasityʀn] *adj* taciturn
tacle [takl] *m* tackle
tacon [takɔ̃] *m Suisse* (*pièce servant à raccommoder les vêtements*) patch
tacot [tako] *m inf* AUTO jalopy
tact [takt] *m* tact
tacticien(ne) [taktisjɛ̃, jɛn] *m(f)* tactician
tactile [taktil] *adj* tactile; (*écran*) touch-sensitive
tactique [taktik] **I.** *adj* tactical **II.** *f* tactic
taffetas [tafta] *m* taffeta
tag [tag] *m* tag
taguer [tage] <1> *vi* to tag
tagueur, -euse [tagœʀ, -øz] *m, f* tagger
taie [tɛ] *f* (*d'un oreiller*) pillow case
taillader [tɑjade] <1> **I.** *vt* (*sièges*) to slash; (*rôti*) to hack at **II.** *vpr* **se ~ le doigt** to slash one's finger
taille¹ [tɑj] *f* **1.** (*hauteur: d'une personne*) height **2.** (*dimension, importance, pointure*) size; **de ~** *inf* considerable; **la ~ en dessous** the next size down; **quelle ~ faites-vous?** what size are you? **3.** (*partie du corps, d'un vêtement*) waist ▶ **ne pas être à sa ~** (*vêtement*) to be the wrong size; (*personne*) to be no match for her
taille² [tɑj] *f* **1.** (*sculpture: d'un diamant, d'une pierre*) cut; (*du bois*) carving **2.** BOT coppice
taillé(e) [tɑje] *adj* **1.** (*bâti*) **~ en qc** built like sth **2.** (*destiné*) **~ pour qc** to be made for sth
taille-crayon [tɑjkʀɛjɔ̃] <taille-crayon(s)> *m*

pencil sharpener

tailler [taje] <1> **I.** *vt* **1.** (*couper: arbre*) to prune; (*crayon*) to sharpen; (*ongles*) to trim; (*pierre*) to hew; (*diamant*) to cut; (*pièce de bois*) to carve **2.** (*découper: robe*) to cut out **3.** (*creuser*) **~ un trou dans qc** to make a hole in sth **II.** *vpr* **1.** (*conquérir*) **se ~ une place au soleil** to earn oneself a place in the sun **2.** (*se couper*) **se ~ la barbe** to trim one's beard

tailleur [tajœʀ] *m* **1.** (*couturier*) tailor **2.** (*tenue*) suit ▸ **être assis en ~** to be sitting cross-legged

tailleur, -euse [tajœʀ, -jøz] *m, f* (*ouvrier*) cutter; **~ de pierre** stone cutter

tailleur-pantalon [tajœʀpɑ̃talɔ̃] <tailleurs-pantalons> *m* pantsuit

taillis [taji] *m* copse

tain [tɛ̃] *m* silvering; **glace sans ~** two-way mirror

taire [tɛʀ] *irr* **I.** *vpr* **1.** (*être silencieux, faire silence*) **se ~** to be silent **2.** (*s'abstenir de parler*) **se ~ sur qc** to keep quiet about sth **II.** *vt* **1.** (*celer*) to hush up **2.** (*refuser de dire: vérité*) to conceal **III.** *vi* **faire ~ qn** to shut sb up

Taiwan [tajwan] Taiwan

talc [talk] *m* talc

talent [talɑ̃] *m* talent; **avoir du ~** to be talented

talentueux, -euse [talɑ̃tɥø, -øz] *adj* talented

talisman [talismɑ̃] *m* talisman

talkie-walkie [tokiwolki] <talkies-walkies> *m* walkie-talkie

taloche [talɔʃ] *f* **1.** *inf* smack; **donner une ~ à qn** to smack sb **2.** TECH float

talon [talɔ̃] *m* **1.** (*pièce de chaussure, chaussette*) *a.* ANAT heel; **~ aiguille** stiletto heel **2.** (*bout*) crust; (*d'un jambon, fromage*) heel **3.** (*d'un chèque*) stub **4.** TECH (*d'un ski*) tail **5.** JEUX talon ▸ **être sur les ~s de qn** to be (hot) on sb's heels

talonnade [talɔnad] *f* SPORT back heel

talonner [talɔne] <1> *vt* **1.** (*suivre de près*) to pursue **2.** (*harceler: personne*) to hound **3.** (*frapper du talon au rugby/football*) to heel (the ball)

talquer [talke] <1> *vt* **~ qc** to put talcum powder on sth

talus [taly] *m* embankment

TAM [teaɛm] *f abr de* **toile d'araignée mondiale** WWW

tambouille [tɑ̃buj] *f inf* grub

tambour [tɑ̃buʀ] *m* **1.** MUS, TECH, ARCHIT (*d'un frein, treuil, lave-linge*) drum; (*d'une montre*) barrel **2.** (*musicien*) drummer **3.** (*tourniquet*) revolving door ▸ **~ battant** briskly

tambourin [tɑ̃buʀɛ̃] *m* tambourine

tambouriner [tɑ̃buʀine] <1> *vi* **~ à/sur qc** to drum on sth

tamis [tami] *m* **1.** (*crible*) sieve **2.** SPORT strings *pl*

Tamise [tamiz] *f* **la ~** the Thames

tamisé(e) [tamize] *adj* **1.** (*passé au tamis*) sieved **2.** *fig* **lumière ~e** soft light

tamiser [tamize] <1> *vt* **1.** (*passer au tamis*) to sieve **2.** (*filtrer: lumière*) to filter

tampon [tɑ̃pɔ̃] **I.** *m* **1.** (*en coton*) wad **2.** (*périodique*) tampon **3.** (*à récurer*) scouring pad **4.** (*pansement*) pad **5.** (*cachet*) stamp **6.** (*bouchon*) plug **7.** CHEMDFER buffer ▸ **~ buvard** blotter **II.** *app inv* buffer

tamponner [tɑ̃pɔne] <1> **I.** *vt* **1.** (*essuyer*) to mop up **2.** (*nettoyer: plaie*) to dab **3.** (*heurter*) **~ qc** (*voiture*) to crash into sth **4.** (*timbrer*) to stamp **II.** *vpr* (*se heurter*) **se ~** (*voitures*) to smash into each other

tamponneur, -euse [tɑ̃pɔnœʀ, -øz] *adj* (*véhicule*) bumper

tam-tam [tamtam] <tam-tams> *m* **1.** MUS tom-tom **2.** (*tapage*) fuss

tandem [tɑ̃dɛm] *m* **1.** (*cycle*) tandem **2.** (*duo*) pair

tandis que [tɑ̃dikə] *conj* + *indic* while

tangage [tɑ̃gaʒ] *m* NAUT pitching

tangent(e) [tɑ̃ʒɑ̃, ʒɑ̃t] *adj* **1.** (*très juste*) close; (*élève*) borderline **2.** MATH tangent

tangente [tɑ̃ʒɑ̃t] *f* MATH tangent ▸ **prendre la ~** to make oneself scarce

tangentiel(le) [tɑ̃ʒɑ̃sjɛl] *adj* tangential

Tanger [tɑ̃ʒe] Tangier

tangible [tɑ̃ʒibl] *adj* tangible

tango [tɑ̃go] **I.** *m* tango **II.** *adj inv* tangerine

tanguer [tɑ̃ge] <1> *vi* **1.** NAUT to pitch **2.** *inf* (*tituber*) to stagger **3.** *inf* (*vaciller*) **~ autour de qn** (*objets*) to spin around sb

tanière [tanjɛʀ] *f* **1.** (*repère: d'un animal*) den; (*d'un malfaiteur*) lair **2.** (*lieu retiré*) retreat

tanin [tanɛ̃] *m* tannin

tank [tɑ̃k] *m* tank

tannage [tanaʒ] *m* tanning

tanner [tane] <1> *vt* **1.** (*préparer des peaux*) to tan **2.** *inf* (*harceler: personne*) to hassle **3.** (*hâler: visage*) to weather

tannerie [tanʀi] *f* **1.** (*opérations*) tanning **2.** (*établissement*) tannery

tanneur, -euse [tanœʀ, -øz] *m, f* tanner

tannin [tanɛ̃] *m v.* **tanin**

tant [tɑ̃] **I.** *adv* **1.** (*tellement*) so much **2.** (*une telle quantité*) **~ de choses/fois** so many things/times; **une voiture comme il y en a ~** a perfectly ordinary car **3.** (*autant*) **~ qu'il peut** as much as he can; **ne pas en demander ~** to not ask so much **4.** (*aussi longtemps que*) **~ que tu seras là** as long as you're there; **~ que j'y suis** while I'm here **5.** (*dans la mesure où*) **~ qu'à faire la vaisselle, tu peux aussi ...** since you're doing the dishes, you might as well... ▸ **~ qu'à faire** *inf* might as well; **en ~ que** as; **~ pis!** *inf* tough luck! **II.** *m* (*date*) **le ~** such a date

tante [tɑ̃t] *f* **1.** (*parente*) aunt **2.** *vulg* (*homosexuel*) queer

tantième [tɑ̃tjɛm] **I.** *adj* **le ~ jour du mois** on such a date in the month **II.** *m* percentage

tantinet [tɑ̃tinɛ] **un ~** a tiny bit

tantôt [tɑ̃to] *adv* **1.** (*en alternance*) **~ à pied ~ à vélo** sometimes on foot, sometimes by bike

2. *Belgique* (*tout à l'heure*) later
Tanzanie [tɑ̃zani] *f* **la ~** Tanzania
tanzanien(ne) [tɑ̃zanjɛ̃, ɛn] *adj* Tanzanian
Tanzanien(ne) [tɑ̃zanjɛ̃, ɛn] *m(f)* Tanzanian
taon [tɑ̃] *m* ZOOL horsefly
tapage [tapaʒ] *m* **1.** (*vacarme*) racket **2.** (*publicité*) talk
tapageur, -euse [tapaʒœʀ, -ʒøz] *adj* (*liaison, vie*) raucous; (*enfant*) rowdy; (*publicité*) blazing; (*toilette*) loud
tapant(e) [tapɑ̃, ɑ̃t] *adj* sharp
tape [tap] *f* slap
tape-à-l'œil [tapalœj] *inv* **I.** *adj* (*toilette*) flashy **II.** *m* show
taper [tape] <1> **I.** *vi* **1.** (*donner des coups*) to beat; **~ à la porte** to knock at the door; **~ sur qn** to beat sb **2.** (*frapper*) **~ de la main sur la table** to bang one's hand on the table; **~ dans le ballon** to kick the ball; **~ des mains** to clap **3.** (*dactylographier*) to type **4.** *inf* (*dire du mal de*) **~ sur qn** to run sb down **5.** *inf* (*cogner: soleil*) to beat down **II.** *vt* **1.** (*battre: tapis*) to beat; (*personne, animal*) to hit; (*amicalement*) to tap **2.** (*cogner*) **~ le pied contre qc** to stub one's foot on sth **3.** (*frapper de*) **~ la table du poing** to bang one's fist on the table **4.** (*produire en tapant*) **~ trois coups à la porte** to knock three times at the door **5.** (*dactylographier*) to type **6.** INFORM (*texte, code, 3615*) to enter **III.** *vpr* (*se frapper*) **c'est à se ~ la tête contre les murs!** it'd drive you up the wall! ▶ **je m'en tape** *inf* I couldn't care less; **je m'en tape de tes histoires!** *inf* I don't give a damn about your business!
tapette [tapɛt] *f* **1.** (*petite tape*) tap **2.** (*ustensile pour les tapis*) carpet beater **3.** (*ustensile pour les mouches*) fly swatter **4.** (*piège*) trap
tapin [tapɛ̃] **faire le ~** *vulg* to hustle
tapioca [tapjɔka] *m* tapioca
tapir[1] [tapiʀ] *m* tapir
tapir[2] [tapiʀ] <8> *vpr* **se ~ sous qc** (*animal, personne*) to hide away under sth
tapis [tapi] *m* **1.** (*textile protecteur*) rug **2.** JEUX baize **3.** (*vaste étendue*) carpet **4.** INFORM **~ (pour) souris** mouse pad ▶ **~ roulant** conveyor belt; (*pour bagages*) carousel; **envoyer qn au ~** SPORT to floor sb; **mettre qc sur le ~** to bring sth up for discussion
tapis-brosse [tapibʀɔs] <tapis-brosses> *m* doormat
tapisser [tapise] <1> *vt* **1.** (*revêtir: mur, pièce*) to wallpaper; (*fauteuil*) to upholster **2.** (*recouvrir: lierre, mousse*) to carpet
tapisserie [tapisʀi] *f* **1.** (*revêtement*) wallpaper **2.** (*pose du papier peint*) wallpapering **3.** ART (*activité*) tapestry-making; (*tapis*) tapestry ▶ **faire ~** to be a wallflower
tapissier, -ière [tapisje, -jɛʀ] *m, f* **1.** paper-hanger **2.** (*pour fauteuils*) upholsterer **3.** ART tapestry maker
tapoter [tapɔte] <1> *vt* (*taper à petits coups répétés: joues*) to pat
taquin(e) [takɛ̃, in] **I.** *adj* (*caractère, personne*) teasing **II.** *m(f)* tease
taquiner [takine] <1> **I.** *vt* **1.** (*s'amuser à agacer*) to tease **2.** (*faire légèrement souffrir: choses*) to bother **II.** *vpr* **se ~** to tease each other
taquinerie [takinʀi] *f* teasing
tarabiscoté(e) [taʀabiskɔte] *adj* ornate; (*histoire*) convoluted
tarabuster [taʀabyste] <1> *vt* **1.** (*importuner*) to bother **2.** (*causer de l'inquiétude*) **~ qn** (*choses*) to worry sb
taratata [taʀatata] *interj inf* nonsense
tard [taʀ] **I.** *adv* (*tardivement*) late; **le plus ~ possible** as late as possible; **au plus ~** at the latest; **pas plus ~ que ...** no later than ... ▶ **mieux vaut ~ que jamais** *prov* better late than never **II.** *m* **sur le ~** late in the day
tarder [taʀde] <1> *vi* **1.** (*traîner*) to be late; **sans ~** without delay; **~ à faire qc** to delay doing sth **2.** (*se faire attendre*) to take a long time; **tu ne vas pas ~ à t'endormir** you'll soon be asleep
tardif, -ive [taʀdif, -iv] *adj* **1.** (*qui vient, qui se fait tard*) belated **2.** AGR (*fruits, fleurs*) late
tardivement [taʀdivmɑ̃] *adv* late
tare [taʀ] *f* **1.** (*défaut: d'une personne, société*) flaw **2.** MED defect
taré(e) [taʀe] **I.** *adj* **1.** *inf* (*idiot*) sick in the head **2.** MED degenerate **II.** *m(f)* **1.** *inf* (*idiot*) sicko **2.** MED degenerate
tarentule [taʀɑ̃tyl] *f* tarantula
targette [taʀʒɛt] *f* bolt
tari(e) [taʀi] *adj* dried up
tarif [taʀif] *m* (*barème*) rate; (*d'une réparation*) cost
tarifer [taʀife] <1> *vt* **~ la marchandise** to set the price for the merchandise
tarification [taʀifikasjɔ̃] *f* COM pricing
tarir [taʀiʀ] <8> **I.** *vi* (*cesser de couler*) to dry up **II.** *vt* (*assécher*) **~ qc** to dry sth up **III.** *vpr* **se ~** (*s'assécher*) to dry up
tarot [taʀo] *m* **1.** (*jeu*) tarot; (*carte*) tarot card **2.** (*en cartomancie*) tarot
tartare [taʀtaʀ] *adj* **1.** HIST **les populations ~s** the Tartars **2.** CULIN **steak ~** steak tartare
Tartare [taʀtaʀ] *mf* HIST Tartar
tarte [taʀt] **I.** *f* **1.** CULIN tart; **~ aux cerises/prunes** cherry/plum tart **2.** *inf* (*gifle*) slap **II.** *adj inf* stupid
tartelette [taʀtəlɛt] *f* tartlet
tartine [taʀtin] *f* **1.** CULIN **~ beurrée** piece of bread and butter; **~ grillée** piece of toast **2.** *péj, inf* (*long développement*) **écrire des ~s** to write reams
tartiner [taʀtine] <1> *vt* CULIN to spread
tartre [taʀtʀ] *m* fur; (*des dents*) tartar
tartuf(f)e [taʀtyf] **I.** *m* hypocrite **II.** *adj* hypocritical
tas [tɑ] *m* **1.** (*amas*) heap **2.** *inf* (*beaucoup de*) **un ~ de choses/personnes** loads *pl* of things/people
Tasmanie [tasmani] *f* **la ~** Tasmania
tasmanien(ne) [tasmanjɛ̃, ɛn] *adj* Tasmanian

Tasmanien(**ne**) [tasmanjɛ̃, ɛn] *m(f)* Tasmanian
tasse [tɑs] *f* **1.** (*contenu*) cup; ~ **de thé** cup of tea **2.** (*récipient*) ~ **à thé** teacup ►**ce n'est pas ma ~ de thé** *inf* it's not my cup of tea
tassé(**e**) [tɑse] *adj* **un café/pastis bien ~** a good strong coffee/pastis
tassement [tɑsmɑ̃] *m* **1.** (*affaissement: des neiges*) drifting; (*des sédiments, de terrain*) subsidence **2.** (*affermissement: du sol*) packing **3.** MED (*des vertèbres*) compression **4.** (*diminution*) drop
tasser [tɑse] <1> **I.** *vt* **1.** (*comprimer*) to compress; (*paille, foin*) to pack **2.** (*en tapant: neige, sable, terre*) to pack down **II.** *vpr* **se ~** **1.** (*s'affaisser*) to settle **2.** *inf* (*s'arranger: difficulté, chose*) to sort itself out; (*ennui, querelle*) to settle down
tatami [tatami] *m* tatami
tatane [tatan] *f inf* shoe
tâter [tɑte] <1> **I.** *vt* to feel ►~ **le terrain** to find out the lay of the land **II.** *vi* (*faire l'expérience*) ~ **de qc** to have a taste of sth **III.** *vpr* **se ~** *inf* (*hésiter*) to be of two minds
tatie [tati] *f inf* auntie
tatillon(**ne**) [tatijɔ̃, jɔn] **I.** *adj* finicky **II.** *m(f)* nit-picker
tâtonnement [tɑtɔnmɑ̃] *m* **1.** (*essai hésitant*) tentative step **2.** (*marche incertaine*) groping along
tâtonner [tɑtɔne] <1> *vi* **1.** (*chercher en hésitant*) to grope around **2.** (*se déplacer sans voir*) to grope one's way along
tâtons [tɑtɔ̃] *mpl* **chercher qc à ~** to grope around for sth
tatou [tatu] *m* armadillo
tatouage [tatwaʒ] *m* **1.** (*action*) tattooing **2.** (*dessin sur la peau*) tattoo
tatoué(**e**) [tatwe] *adj* tattooed
tatouer [tatwe] <1> *vt* to tattoo
tatoueur, -euse [tatwœʀ, -øz] *m, f* tattoo artist
taudis [todi] *m* (*logement misérable*) slum
taulard(**e**) [tolaʀ, aʀd] *m(f) vulg* con
taule [tol] *f vulg* (*prison*) pen; **faire de la ~** [*o* **être en ~**] to do [*o* be doing] time
taupe [top] *f* ZOOL mole
taupinière [topinjɛʀ] *f* molehill
taureau [tɔʀo] <x> *m* ZOOL bull
Taureau [tɔʀo] <x> *m* Taurus; *v.a.* **Balance**
tauromachie [tɔʀɔmaʃi] *f* bullfighting
taux [to] *m* **1.** (*pourcentage administrativement fixé*) rate **2.** (*mesure statistique*) *a.* MED level; (*en évolution*) rate; ~ **d'activité/de chômage** employment/unemployment rate; ~ **de change/d'intérêt** exchange/interest rate; ~ **de natalité/de mortalité** birth/mortality rate; ~ **de cholestérol/sucre** cholesterol/sugar level **3.** TECH ~ **de compression** compression ratio
taverne [tavɛʀn] *f* **1.** (*gargote*) inn **2.** HIST tavern **3.** *Québec* (*débit de boissons réservé aux hommes*) tavern (*for men only*)
tavernier, -ière [tavɛʀnje, -jɛʀ] *m, f* innkeeper
taxable [taksabl] *adj* **1.** (*imposable*) taxable **2.** (*à la douane*) dutiable
taxation [taksasjɔ̃] *f* FIN (*des marchandises, produits, prix*) taxation
taxe [taks] *f* (*impôt*) tax; ~ **professionnelle** local business tax; ~ **à la valeur ajoutée** value added tax; **toutes ~s comprises** tax included; **hors ~s** duty free; (*sans T.V.A.*) VAT free
taxer [takse] <1> *vt* **1.** (*imposer*) to tax **2.** (*fixer le prix: marchandise, produit*) to fix the price of
taxi [taksi] *m* **1.** (*véhicule*) taxi **2.** *inf* (*chauffeur*) cabby
Tchad [tʃad] *m* **le ~** Chad
tchadien(**ne**) [tʃadjɛ̃, ɛn] *adj* Chadian
Tchadien(**ne**) [tʃadjɛ̃, ɛn] *m(f)* Chadian
tchador [tʃadɔʀ] *m* (*vêtement long*) chador
tchao [tʃao] *interj inf* bye
tchat [tʃat] *m* INFORM chat
tchatcher [tʃatʃe] <1> *vi inf* to chatter
tchécoslovaque [tʃekɔslɔvak] *adj* HIST Czechoslovakian
Tchécoslovaque [tʃekɔslɔvak] *mf* HIST Czechoslovak
Tchécoslovaquie [tʃekɔslɔvaki] *f* HIST Czechoslovakia
tchèque [tʃɛk] **I.** *adj* Czech; **la République ~** the Czech Republic **II.** *m* Czech; *v.a.* **français**
Tchèque [tʃɛk] *mf* Czech
TD [tede] *mpl abr de* **travaux dirigés** tutorial class
te [tə] <*devant voyelle ou h muet* t'> *pron pers* you; *v.a.* **me**
té [te] *m* **1.** (*règle*) T-square **2.** TECH (*ferrure*) T-bracket
technicien(**ne**) [tɛknisjɛ̃, jɛn] *m(f)* (*professionnel qualifié, expert*) technician
technicité [tɛknisite] *f* technical nature
technico-commercial(**e**) [tɛknikokɔmɛʀsjal, -jo] <technico-commerciaux> **I.** *adj* technical sales **II.** *m(f)* COM technical sales advisor
technique [tɛknik] **I.** *adj* (*ouvrage, revue, terme*) technical; **lycée ~** vocational-technical school **II.** *m* ECOLE vocational education **III.** *f* technique
techniquement [tɛknikmɑ̃] *adv* technically
techno [tɛknɔ] **I.** *adj* **musique ~** techno music **II.** *f* techno
technocrate [tɛknɔkʀat] *mf péj* technocrat
technologie [tɛknɔlɔʒi] *f* technology; ~ **de pointe** cutting-edge technology
technologique [tɛknɔlɔʒik] *adj* technological
technopôle [tɛknɔpol] *m* research park
teck [tɛk] *m* teak
teckel [tekɛl] *m* dachshund
teenager [tinɛdʒœʀ] *mf* teenager
tee-shirt [tiʃœʀt] <tee-shirts> *m* T-shirt
Téfal® [tefal] *adj inv* Tefal®
téflon® [teflɔ̃] *m* Teflon®
teigne [tɛɲ] *f* **1.** ZOOL tineid **2.** MED ringworm **3.** *inf* (*personne méchante*) louse
teigneux, -euse [tɛɲø, -øz] **I.** *adj inf* scabby

II. *m, f* 1. *inf* (*hargneux*) pain 2. MED ringworm sufferer

teindre [tɛ̃dʀ] *irr* I. *vt* to dye; (*bois*) to stain; **~ qc en rouge/noir** to dye sth red/black II. *vpr* (*se colorer les cheveux*) **se ~ en brun** to dye one's hair brown

teint [tɛ̃] *m* (*couleur de la peau*) complexion

teint(e) [tɛ̃, ɛ̃t] I. *part passé de* **teindre** II. *adj* dyed

teinte [tɛ̃t] *f* (*couleur*) shade

teinté(e) [tɛ̃te] *adj* (*coloré*) tinted

teinter [tɛ̃te] <1> I. *vt* (*colorer*) to dye II. *vpr* 1. (*se colorer*) **se ~ de roux** to take on a reddish tinge 2. (*se nuancer*) **son discours se teintait d'ironie** his/her speech was tinged with irony

teinture [tɛ̃tyʀ] *f* 1. (*colorant*) dye 2. MED **~ d'arnica** tincture of arnica 3. (*fait de teindre*) dyeing

teinturerie [tɛ̃tyʀʀi] *f* 1. (*magasin*) dry cleaner's 2. (*industrie*) dry cleaning

teinturier, -ère [tɛ̃tyʀje, -ɛʀ] *m, f* 1. (*commerçant*) **porter qc chez le ~** to take sth to the dry cleaner's 2. (*artisan*) dyer

tel(le) [tɛl] I. *adj indéf* 1. (*semblable, si fort/grand*) **un ~/une ~le ...** such a ...; **de ~(s) ...** such ... 2. (*ainsi*) **~le n'est pas mon intention** that is not my intention; **~ père, ~ fils** like father, like son 3. (*comme*) **~ que qn/qc** such as [*o* like] sb/sth; **un homme ~ que lui** a man like him 4. (*un certain*) **~ jour et à ~le heure** on such a day at such a time ▶ **passer pour ~** to be thought of as such; **en tant que ~** as such; **rendre qc ~ quel** *inf* to return sth as it is; **il n'y a rien de ~** there's nothing like it II. *pron indéf* **si ~ ou ~ te dit ...** if anybody tells you ...

tél. *m abr de* **téléphone** tel.

télé [tele] *f inf abr de* **télévision** TV; **à la ~** on TV

téléachat [teleaʃa] *m* teleshopping

télébenne [telebɛn] *f*, **télécabine** [telekabin] *f* cable car

télécarte [telekaʀt] *f* phone card

téléchargement [teleʃaʀʒmɑ̃] *m* INFORM download

télécharger [teleʃaʀʒe] *vt* **~ qc** (*vers l'aval*) to download sth; (*vers l'amont*) to upload sth

Télécom [telekɔm] **France ~** France Telecom (*French national telecommunications company*)

télécommande [telekɔmɑ̃d] *f* (*boîtier, procédé: d'une télé, d'un magnétoscope*) remote control

télécommandé(e) [telekɔmɑ̃de] *adj* (*jouet*) remote-control; **être ~** to be remote-controlled

télécommander [telekɔmɑ̃de] <1> *vt* **~ qc** 1. TECH to operate sth by remote control 2. (*organiser à distance*) to mastermind sth (from a distance)

télécommunication [telekɔmynikasjɔ̃] *f gén pl* (*administration, technique*) telecommunication

télécoms [telekɔm] *fpl inf abr de* **télécommunications** telecommunications

téléconférence [telekɔ̃feʀɑ̃s] *f* videoconference

télécopie [telekɔpi] *f* fax

télécopieur [telekɔpjœʀ] *m* fax machine

télédiffuser [teledifyze] <1> *vt* to broadcast (on television)

télédiffusion [teledifyzjɔ̃] *f* television broadcasting

téléenquêteur, -trice [teleɑ̃kɛtœʀ, -tʀis] *m, f* telephone interviewer

téléenseignement [teleɑ̃sɛɲəmɑ̃] *m* distance learning

téléfax [telefaks] *m* fax

téléférique [telefeʀik] *m v.* **téléphérique**

téléfilm [telefilm] *m* TV movie

télégénique [teleʒenik] *adj* telegenic

télégramme [telegʀam] *m* telegram

télégraphe [telegʀaf] *m* telegraph

télégraphie [telegʀafi] *f* telegraphy

télégraphier [telegʀafje] <1> *vt* 1. (*envoyer un message en morse*) to wire 2. NAUT to telegraph

télégraphique [telegʀafik] *adj* 1. TEL telegraph 2. (*abrégé: style*) telegraphic

télégraphiste [telegʀafist] *mf* telegraphist

téléguidage [telegidaʒ] *m* remote control

téléguidé(e) [telegide] *adj* (*guidé à distance*) remote-controlled

téléguider [telegide] <1> *vt* **~ qc** 1. (*diriger à distance*) to operate sth by radio control 2. *inf* (*influencer à distance*) to mastermind sth (from a distance)

téléinformatique [teleɛ̃fɔʀmatik] *f* remote access computing

télématique [telematik] I. *adj* telematic II. *f* telematics

téléobjectif [teleɔbʒɛktif] *m* telephoto lens

télépaiement [telepɛmɑ̃] *m* electronic payment

télépathe [telepat] *mf* telepath

télépathie [telepati] *f* telepathy

télépathique [telepatik] *adj* telepathic

télépendulaire [telepɑ̃dylɛʀ] *m* telecommuter

téléphérique [telefeʀik] *m* cable car

téléphone [telefɔn] *m* telephone; **~ à touches** pushbutton phone; **~ sans fil** cordless phone; **~ portable** cell phone; **~ à cartes** *phone card operated pay phone;* **~ arabe** *iron* grapevine; **appeler/avoir qn au ~** to call sb on the phone; **être au ~** to be on the phone

téléphoner [telefɔne] <1> I. *vt* (*transmettre par téléphone*) **~ une nouvelle à une amie** to tell a friend news over the phone II. *vi* (*parler au téléphone*) to telephone; **~ à qn** to (tele)phone sb III. *vpr* **se ~** to (tele)phone each other

téléphonie [telefɔni] *f* telephony; **~ mobile** mobile telephony

téléphonique [telefɔnik] *adj* telephonic; **cabine ~** telephone booth

T

téléphoniste [telefɔnist] *mf* telephonist
téléport [telepɔʀ] *m* teleport
téléréalité [teleʀealite] *f* reality TV
téléreportage [teleʀ(ə)pɔʀtaʒ] *m* (*activité*) television reporting; (*rapport*) (television) news report
télescopage [teleskɔpaʒ] *m* piling up
télescope [teleskɔp] *m* telescope
télescoper [telɛskɔpe] <1> **I.** *vt* (*heurter violemment*) to crush **II.** *vpr* (*se percuter*) **se ~** to collide (into each other)
télescopique [telɛskɔpik] *adj* ASTR, TECH telescopic
téléscripteur [teleskʀiptœʀ] *m* teletypewriter
télésexe [telesɛks] *m* INFORM cybersex
télésiège [telesjɛʒ] *m* chairlift; **prendre le ~** to take the chairlift
téléski [teleski] *m* ski lift
téléspectateur, **-trice** [telespɛktatœʀ, -tʀis] *m, f* (television) viewer
télésurveillance [telesyʀvɛjɑ̃s] *f* remote surveillance
Télétel® [teletɛl] *m: electronic telephone directory*
Télétex® [teletɛks] *m* teletex
télétexte [teletɛkst] *m* teletext
téléthon [teletɔ̃] *m* telethon
télétraitement [teletʀɛtmɑ̃] *m* INFORM teleprocessing
télétransmission [teletʀɑ̃smisjɔ̃] *f* remote transmission
télétravail [teletʀavaj] *m* telecommuting
télévendeur, **-euse** [televɑ̃dœʀ, -øz] *m, f* telemarketer
télévente [televɑ̃t] *f* telemarketing
télévisé(**e**) [televize] *adj* televised; **journal ~** television news
téléviser [televize] <1> *vt* to televise
téléviseur [televizœʀ] *m* television (set)
télévision [televizjɔ̃] *f* **1.** (*organisme, technique, programmes*) television; **regarder la ~** to watch television; **à la ~** on television; **~ par câble/satellite** cable/satellite television **2.** (*chaîne*) **chaîne de ~** television channel **3.** (*récepteur*) television (set) **4.** *Québec* **~ communautaire** (*temps de télévision et moyens de réalisation mis à la disposition de collectivités, de groupes, pour la présentation de certaines émissions*) public access television
télévisuel(**le**) [televizɥɛl] *adj* television
télex [telɛks] *m inv* telex
tellement [tɛlmɑ̃] *adv* **1.** (*si*) so; **ce serait ~ mieux** it'd be so much better **2.** (*tant*) so much **3.** (*beaucoup*) **pas/plus ~** *inf* (*venir, aimer*) not much/much now; (*boire, manger, travailler*) not that much/much any more **4.** *inf* (*tant de*) **avoir ~ d'amis/de courage** to have so many friends/so much courage **5.** (*parce que*) because; **on le comprend à peine ~ il parle vite** you can hardly understand him, he speaks so fast
téméraire [temeʀɛʀ] *adj* **1.** (*audacieux*) daring **2.** (*imprudent: entreprise, jugement*) foolhardy
témérité [temeʀite] *f* temerity
témoignage [temwaɲaʒ] *m* **1.** (*déposition*) testimony; **faire un faux ~** to lie under oath **2.** (*récit*) account; **selon divers ~s, ...** according to a number of witnesses, ... **3.** (*manifestation*) expression; **~ d'affection** sign of affection
témoigner [temwaɲe] <1> **I.** *vi* **1.** (*déposer*) **~ en faveur de/contre qn** to testify in favor of/against sb **2.** (*faire un récit*) to give an account **II.** *vt* **1.** (*attester, jurer*) **~ avoir vu l'accusé** to testify that one saw the accused **2.** (*exprimer*) to express; **~ son attachement à qn** to show one's fondness for sb
témoin [temwɛ̃] **I.** *m* **1.** witness; **~ oculaire** eyewitness; **~ à charge/décharge** prosecution/defense witness; **faux ~** perjurer **2.** (*preuve*) **être** (**un**) **~ de qc** to be proof of sth **3.** SPORT baton **4.** (*voyant lumineux*) warning light **II.** *app* **lampe ~** warning light; **appartement ~** model apartment
tempe [tɑ̃p] *f* temple
tempérament [tɑ̃peʀamɑ̃] *m* (*caractère*) temperament
tempérance [tɑ̃peʀɑ̃s] *f* temperance
température [tɑ̃peʀatyʀ] *f* ANAT, METEO, PHYS temperature; **~ ambiante** room temperature; **~ d'ébullition/de fusion** boiling/melting point ▶ **avoir de la ~** to have a temperature; **prendre la ~ de qn** to take sb's temperature
tempéré(**e**) [tɑ̃peʀe] *adj* **1.** (*modéré*) *a.* METEO temperate **2.** MUS tempered
tempérer [tɑ̃peʀe] <5> **I.** *vt* **1.** METEO to moderate **2.** (*modérer: enthousiasme*) to temper; (*ardeur*) to calm; (*douleur, peine*) to soothe **II.** *vpr soutenu* **se ~** to be tempered
tempête [tɑ̃pɛt] *f a. fig* storm; **~ de neige** snowstorm
tempêter [tɑ̃pete] <1> *vi* **~ contre qn/qc** to rant and rave against sb/sth
temple [tɑ̃pl] *m* temple; (*protestant*) church
tempo [tɛmpo] *m a.* MUS tempo
temporaire [tɑ̃pɔʀɛʀ] *adj* temporary; **à titre ~** for the time being
temporairement [tɑ̃pɔʀɛʀmɑ̃] *adv* temporarily
temporel(**le**) [tɑ̃pɔʀɛl] *adj a.* LING, REL temporal
temporellement [tɑ̃pɔʀɛlmɑ̃] *adv* temporally
temporisateur [tɑ̃pɔʀizatœʀ] *m* TECH timer
temporisation [tɑ̃pɔʀizasjɔ̃] *f* delaying
temporiser [tɑ̃pɔʀize] <1> *vi* to delay
temps[1] [tɑ̃] *m* **1.** (*durée, déroulement du temps, moment, période*) time; **passer tout son ~ à faire qc** to spend all one's time doing sth; **avoir tout son ~** to have plenty of time; **~ libre** free time; **à plein ~** full time; **emploi à ~ complet/partiel** full-time/part-time job; **le bon vieux ~** the good old days **2.** *pl* (*époque*) times **3.** (*saison*) **le ~ des cerises/moissons** the cherry/harvest season **4.** LING tense **5.** TECH stroke; **moteur à deux ~** two-

-stroke engine **6.** MUS beat ▶ **le ~ c'est de l'argent** *prov* time is money; **en ~ et lieu** in due course; **la plupart** [*o* **les trois quarts**] **du ~** most of the time; **ces derniers ~** lately; **trouver le ~ long** (*s'impatienter*) to find it hard to wait; (*s'ennuyer*) to find that time weighs heavily; **~ mort** lull; SPORT time-out; **dans un premier ~** initially; **dans un second ~** subsequently; **tout le ~** all the time; **n'avoir qu'un ~** not to last; **il est (grand) ~ de** +*infin*/**qu'il parte** it is high time to +*infin*/ that he left; **il était ~!** about time!; **mettre du ~ à faire qc** to take a (terribly) long time doing sth; **à ~** in time; **ces ~-ci** these days; **dans le ~** in the old days; **de ~ en ~** from time to time; **depuis le ~** it's been a such long time; **depuis le ~ que ...** considering how long ...; **depuis ce ~-là** since then; **en même ~** at the same time; **en ~ de crise/guerre** in times of crisis/ war; **en ~ de paix** in peacetime; **en ~ normal** [*o* **ordinaire**] under normal circumstances; **en peu de ~** in a short time

temps² [tɑ̃] *m* METEO weather; **il fait beau/ mauvais ~** the weather is nice/bad; **quel ~ fait-il?** what's the weather like? ▶ **un ~ à ne pas mettre un chien** [*o* **le nez**] **dehors** *inf* lousy weather; **par tous les ~** in all weather

tenable [t(ə)nabl] *adj* **ne pas être ~** to be unbearable; (*position, point de vue*) to be untenable

tenace [tənas] *adj* **1.** (*persistant*) persistent; (*haine*) deep-seated; (*croyance*) deep-rooted **2.** (*obstiné: personne, résistance*) tenacious

ténacité [tenasite] *f* **1.** (*obstination*) stubbornness **2.** (*persévérance*) tenacity **3.** (*persistance*) tenacity; (*d'un préjugé*) doggedness

tenailler [tənɑje] <1> *vt* **~ qn** (*faim*) to gnaw at sb

tenailles [t(ə)nɑj] *fpl* pliers

tenancier, -ère [tənɑ̃sje, -ɛʀ] *m, f* manager

tenant(e) [tənɑ̃, ɑ̃t] *m(f)* SPORT **le ~ du titre** the reigning champion ▶ **les ~s et les aboutissants** the ins and outs; **d'un seul ~** in one piece

tendance [tɑ̃dɑ̃s] *f* **1.** (*propension*) tendency; **~ à la rêverie** tendency to daydream **2.** (*opinion*) leaning **3.** (*orientation*) trend ▶ **avoir ~ à** +*infin* to tend to +*infin*

tendancieux, -euse [tɑ̃dɑ̃sjø, -øz] *adj* tendentious

tendeur [tɑ̃dœʀ] *m* (*câble pour fixer*) bungee cord

tendineux, -euse [tɑ̃dinø, -øz] *adj* **1.** (*coriace*) stringy **2.** ANAT tendinous

tendinite [tɑ̃dinit] *f* tendinitis

tendon [tɑ̃dɔ̃] *m* tendon; **le ~ d'Achille** Achilles tendon

tendre¹ [tɑ̃dʀ] <14> **I.** *vt* **1.** (*raidir*) to tighten **2.** (*installer: tapisserie*) to hang **3.** (*présenter: bras*) to stretch out; (*cou*) to crane; (*joue*) to offer ▶ **~ la main à qn** to give sb a hand **II.** *vpr* (*se raidir*) **se ~** to tighten; (*relations*) to become strained **III.** *vi* **1.** (*aboutir à*) **~ à** +*infin* to tend to +*infin*; **~ vers zéro/l'infini** to tend towards zero/infinity **2.** (*viser à*) **~ à qc** to aim for sth

tendre² [tɑ̃dʀ] **I.** *adj* **1.** (*opp: dur*) soft; (*peau, viande*) tender **2.** (*affectueux*) fond; (*ami*) loving **3.** (*jeune, délicat*) tender **4.** (*léger: couleur*) soft **II.** *mf* **c'est un ~** he's tenderhearted

tendrement [tɑ̃dʀəmɑ̃] *adv* gently; (*aimer*) tenderly

tendresse [tɑ̃dʀɛs] *f* **1.** *sans pl* (*affection*) affection; **avoir de la ~ pour qn** to feel affection for sb **2.** *sans pl* (*douceur*) tenderness; **regarder qn avec ~** to look tenderly at sb **3.** *pl* (*marques d'affection*) affection

tendreté [tɑ̃dʀəte] *f* tenderness

tendu(e) [tɑ̃dy] **I.** *part passé de* **tendre II.** *adj* **1.** (*nerveux*) tense **2.** (*difficile: relations*) strained

ténèbres [tenɛbʀ] *fpl* REL Tenebrae

ténébreux [tenebʀø] *m* **un beau ~** *iron* a tall, dark, handsome man

ténébreux, -euse [tenebʀø, -øz] *adj soutenu* (*malaisé à comprendre*) dark

Tenerife, Ténériffe [teneʀif] Tenerife

teneur [tənœʀ] *f* **1.** (*contenu exact*) contents **2.** (*proportion*) content

tenir [t(ə)niʀ] <9> **I.** *vt* **1.** (*avoir à la main, dans les bras ...*) to hold **2.** (*maintenir dans la même position*) to keep **3.** (*rester dans un lieu*) **~ la chambre/le lit** to stay in one's bedroom/in bed **4.** (*avoir: article, marchandise*) to have (in stock) **5.** MUS (*note*) to hold **6.** (*avoir sous son contrôle*) **~ son cheval** to control one's horse **7.** (*s'occuper de: hôtel, magasin, maison*) to run; (*comptes*) to keep **8.** (*assumer: conférence, meeting*) to hold; (*rôle*) to have **9.** (*avoir reçu*) **~ une information de qn** to have information from sb **10.** (*occuper: largeur, place*) to take up **11.** (*résister à*) **~ l'eau** to be watertight **12.** (*habiter*) **~ qn** (*jalousie, colère, envie*) to have sb in its grip **13.** (*être contraint*) **être tenu à qc** to be held to sth; **être tenu de** +*infin* to be obliged to +*infin* **14.** (*respecter: parole, promesse*) to keep; (*pari*) to honor **15.** (*énoncer*) **~ des propos racistes** to make racist comments ▶ **~ lieu de qc** to act as sth **II.** *vi* **1.** (*être attaché*) **~ à qn** to care about sb **2.** (*vouloir absolument*) **~ à faire qc/à ce que tout soit en ordre** (*subj*) to insist on doing sth/that everything be in order **3.** (*être fixé*) to stay up **4.** (*être cohérent: raisonnement, théorie, argument*) to stand up; (*histoire*) to hold water **5.** (*être contenu dans*) **~ dans une voiture** to fit in a car **6.** (*se résumer*) **~ en un mot** to come down to one word **7.** (*durer*) to last **8.** (*ressembler à*) **~ de qn** to take after sb; **~ de qc** to be reminiscent of sth ▶ **~ bon** to hold out; **tiens/tenez!** well!; **tiens! il pleut** hey! it's raining **III.** *vpr* **1.** (*se prendre*) **se ~ par la main** to hold hands **2.** (*s'accrocher*) **se ~ à qc** to hold on to sth **3.** (*rester, demeurer*) **se ~ debout/assis/couché** to be

T

standing/sitting/in bed **4.** (*se comporter*) **se ~** to behave **5.** (*avoir lieu*) **se ~ dans une ville/le mois prochain** (*réunion, conférence*) to be held in a town/the following month **6.** (*être cohérent*) **se ~** (*événements, faits*) to hold together **7.** (*se limiter à*) **s'en ~ à qc** to confine oneself to sth **8.** (*respecter*) **se ~ à qc** to respect sth **9.** (*se considérer comme*) **se ~ pour qc** to consider oneself (as) sth ▶**se le ~ pour dit** to be warned **IV.** *vi impers* (*dépendre de*) **ça tient à qn/qc** it depends on sb/sth

tennis [tenis] **I.** *m* **1.** SPORT tennis; **jouer au ~** to play tennis; **~ de table** table tennis **2.** (*court*) tennis court **II.** *mpl* (*chaussures*) tennis shoes

tennis-elbow [tenisɛlbo] <tennis-elbows> *m* tennis elbow

tennisman [tenisman, -mɛn] <s *o* -men> *m* tennis player

ténor [tenɔʀ] *m* **1.** (*soliste*) tenor **2.** (*grande figure*) leading figure; **un ~ du barreau** a big name at the bar

tension [tɑ̃sjɔ̃] *f* **1.** (*état tendu*) *a.* TECH, PHYS tension **2.** ELEC voltage; **ligne à haute ~** high-voltage line **3.** MED pressure; **avoir de la ~** to have high blood pressure

tentaculaire [tɑ̃takylɛʀ] *adj* **1.** ZOOL tentacular **2.** *fig* (*ville*) sprawling

tentacule [tɑ̃takyl] *m* ZOOL tentacle

tentant(e) [tɑ̃tɑ̃, ɑ̃t] *adj* tempting

tentateur, -trice [tɑ̃tatœʀ, -tʀis] **I.** *adj* (*séducteur*) tempting **II.** *m, f* (*personne*) seducer

tentation [tɑ̃tasjɔ̃] *f a.* REL temptation

tentative [tɑ̃tativ] *f* attempt; **~ de meurtre/viol/vol** JUR attempted murder/rape/robbery

tente [tɑ̃t] *f* tent; **monter une ~** to put up a tent

tenter [tɑ̃te] <1> *vt* **1.** (*allécher*) to tempt **2.** (*essayer*) to try; **~ de** +*infin* to try to +*infin*

tenture [tɑ̃tyʀ] *f* **1.** (*tapisserie*) hanging **2.** (*rideau*) curtain

tenu(e) [t(ə)ny] **I.** *part passé de* **tenir II.** *adj* **1.** (*obligé*) **être ~ au secret professionnel** to be bound by professional secrecy; **être ~ de** +*infin* to be obliged to +*infin* **2.** (*propre*) **être bien/mal ~** (*maison*) to be well/badly kept

ténu(e) [teny] *adj* **1.** (*peu perceptible: son, bruit*) faint; (*nuance, distinction*) fine **2.** (*fin: fil*) thin

tenue [t(ə)ny] *f* **1.** (*comportement*) behavior; **avoir de la ~/manquer de ~** to have good/no manners; **un peu de ~!** manners, please! **2.** (*vêtements*) outfit; **~ de soirée** evening dress **3.** MIL uniform; **~ de combat** combat dress **4.** (*gestion: d'une maison, restaurant*) running; **la ~ des livres de comptes** the bookkeeping **5.** (*réunion: d'un congrès, d'une assemblée*) holding **6.** AUTO **~ de route** road-handling

tequila [tekila] *f* tequila

ter [tɛʀ] *adv* **habiter au 12 ~** to live at number 12b

tercet [tɛʀsɛ] *m* LING tercet

térébenthine [teʀebɑ̃tin] *f* turpentine

tergal® [tɛʀgal] *m* ≈ Dacron®

tergiversation [tɛʀʒivɛʀsasjɔ̃] *f gén pl* **1.** (*hésitation*) vacillation **2.** *pl* (*faux-fuyants*) prevarication + *vb sing*

tergiverser [tɛʀʒivɛʀse] <1> *vi* **1.** (*user de faux-fuyants*) to prevaricate **2.** (*hésiter*) to vacillate

terme¹ [tɛʀm] *m* **1.** (*fin: d'un stage, voyage, travail*) end; **toucher à son ~** (*stage, soirée*) to come to an end **2.** (*date limite*) term; **à court/moyen/long ~** in the short/medium/long term; **naissance avant ~** premature birth **3.** ECON **marché à ~** futures market; **vente à ~** forward sale **4.** (*échéance*) due date **5.** (*loyer*) rental period ▶**mener qc à son ~** to bring sth to completion; **mettre un ~ à qc** to put an end to sth

terme² [tɛʀm] *m* **1.** (*mot*) term **2.** *pl* (*formule: d'un contrat, d'une loi*) terms ▶**être en bons/mauvais ~s avec qn** to be on good/bad terms with sb; **en d'autres ~s** in other terms

terminaison [tɛʀminɛzɔ̃] *f* ending

terminal [tɛʀminal, -o] <-aux> *m* terminal

terminal(e) [tɛʀminal, -o] <-aux> *adj* (*phase*) final

terminale [tɛʀminal] *f* ECOLE senior year; **être en ~** to be in one's final year (of school)

terminer [tɛʀmine] <1> **I.** *vt* **1.** (*finir*) to finish **2.** (*passer la fin de, être le dernier élément de: soirée, vacances*) to end **II.** *vi* **~ de lire le journal** to finish reading the newspaper; **en ~ avec une tâche** to finish with a task; **pour ~, ...** to end with, ... **III.** *vpr* **se ~** (*année, vacances, stage*) to end

terminologie [tɛʀminɔlɔʒi] *f* terminology

terminus [tɛʀminys] *m* terminus

termite [tɛʀmit] *m* termite

termitière [tɛʀmitjɛʀ] *f* termite mound

ternaire [tɛʀnɛʀ] *adj* ternary

terne [tɛʀn] *adj* **1.** (*sans éclat: œil, cheveux, regard*) lifeless; (*teint, visage*) pale; (*couleur*) drab; (*miroir, glace*) dull; (*métal*) tarnished **2.** (*monotone: personne, conversation, journée*) dull; (*vie, style*) drab

terni(e) [tɛʀni] *adj* (*couleur, coloris*) dull; (*métal, chandelier*) tarnished

ternir [tɛʀniʀ] <8> **I.** *vt* **1.** (*défraîchir: rideau, tissu, couleur*) to fade; (*métal*) to tarnish **2.** (*nuire à: honneur*) to blemish **II.** *vpr* **se ~** (*rideau, tissu, couleur*) to go dull; (*métal, chandelier*) to become tarnished

terrain [teʀɛ̃] *m* **1.** (*parcelle*) ground, piece of ground **2.** AGR land, piece of land; (*un terrain à bâtir*) a building site **3.** (*espace réservé*) **~ de camping** camping site; **~ de jeu** playground **4.** (*sol*) **un ~ plat/accidenté** (some) flat/undulating land; **un ~ vague** some wasteland; **véhicule tout ~** all-terrain vehicle **5.** *gén pl* GEO formation **6.** (*domaine*) field **7.** MIL terrain ▶**trouver ~ d'entente avec qn** to find common ground with sb; **aller sur le ~** to go into

the field; **connaître le** ~ to know the terrain; **homme/femme de** ~ man/woman with direct experience
terrasse [teʀas] *f* **1.** (*plateforme en plein air*) *a.* GEO terrace **2.** (*toit plat*) (**toit en**) ~ flat roof
terrassement [teʀasmɑ̃] *m* **1.** (*travaux*) excavation works **2.** (*matériaux déplacés*) earthworks
terrasser [teʀase] <1> *vt* **1.** (*vaincre*) to bring down **2.** (*accabler, tuer*) ~ **qn** (*mauvaise nouvelle*) to overwhelm sb; (*émotion, fatigue*) to strike sb down
terrassier [teʀasje] *m* laborer
terre [tɛʀ] *f* **1.** *sans pl* (*le monde*) **la** ~ the earth **2.** *sans pl* (*croûte terrestre*) **la** ~ the ground; **sous** ~ underground **3.** (*matière*) soil **4.** (*terre cultivable*) land; ~ **battue** packed earth **5.** *gén pl* (*propriété*) estate **6.** (*contrée, pays*) country **7.** (*continent*) ~ **ferme** terra firma **8.** *sans pl* (*vie à la campagne*) **la** ~ the land **9.** *sans pl* (*argile*) clay; ~ **cuite** (*matière*) terracotta **10.** *sans pl* ELEC ground **11.** (*opp: ciel*) earth; **être sur** ~ to be on earth ▶**par** ~ on the ground; **être par** ~ (*projet, plan*) to be in ruins
Terre [tɛʀ] *f sans pl* (*planète*) **la** ~ (the) Earth
terre à terre [tɛʀatɛʀ] *adj inv* (*personne*) down-to-earth; (*préoccupations*) day-to-day
terreau [teʀo] *m sans pl* compost
terre-neuve [tɛʀ(ə)nœv(ə)] *m* Newfoundland (dog)
Terre-neuve [tɛʀ(ə)nœv(ə)] Newfoundland
terre-plein [tɛʀplɛ̃] <terre-pleins> *m* earth platform
terrer [teʀe] <1> **I.** *vt* (*pommes de terre, asperges*) to earth up; (*pelouse*) to earth over **II.** *vpr* **se** ~ **1.** (*se cacher: animal*) to crouch down; (*fuyard, criminel*) to lay low; (*soldat*) to lie flat **2.** (*vivre reclus*) to hide oneself away
terrestre [teʀɛstʀ] *adj* **1.** (*de la Terre*) **la croûte/surface** ~ the earth's crust/surface **2.** (*sur la terre: espèce*) terrestrial; (*vie*) on earth **3.** (*opp: aquatique, marin*) **animal** ~ land animal **4.** (*opp: aérien, maritime*) ground **5.** (*de ce bas monde: plaisirs, séjour*) earthly
terreur [teʀœʀ] *f* **1.** (*peur violente, terrorisme*) terror **2.** (*personne terrifiante*) **être une** ~ *inf* (*personne*) to be a bully; (*enfant*) to be a terror
terreux, -euse [teʀø, -øz] *adj* **1.** (*de la terre: goût, odeur*) earthy **2.** (*sali de terre: mains, chaussures, salade*) muddy; (*route*) dirt **3.** (*pâle: façade*) muddy; (*visage*) ashen
terrible [teʀibl] **I.** *adj* **1.** (*qui inspire de la terreur: crime*) terrible; (*catastrophe*) dreadful; (*jugement, année*) awful; (*personnage, arme*) fearsome **2.** (*très intense*) tremendous **3.** (*turbulent*) dreadful **4.** *inf* (*super*) terrific **II.** *adv inf* fantastically
terriblement [teʀibləmɑ̃] *adv* dreadfully; (*dangereux, sévère*) terribly
terrien(ne) [teʀjɛ̃, ɛn] **I.** *adj* **1.** (*qui possède des terres*) **il est propriétaire** ~ he's a landowner **2.** (*opp: citadin*) **mes racines** ~**nes** my roots in the country **II.** *m(f)* (*habitant de la Terre*) earthling
terrier [tɛʀje] *m* (*de renard*) den; (*de lapin*) burrow; (*de blaireau*) set
terrier, -ère [tɛʀje, -ɛʀ] *m, f* (*chien*) terrier
terrifiant(e) [teʀifjɑ̃, ɑ̃t] *adj* incredible; (*nouvelle*) terrifying
terrifier [teʀifje] <1> *vt* to terrify
terril [teʀi(l)] *m* slag heap
terrine [teʀin] *f* terrine
territoire [teʀitwaʀ] *m* (*d'un animal, pays, d'une nation*) territory; (*d'une ville*) area; (*d'un juge, évêque*) jurisdiction; ~ **d'outre-mer** overseas territory
Territoire antarctique australien *m* Australian Antarctic Territory
Territoire de la Capitale Australienne *m* Australian Capital Territory
Territoire-du-Nord *m* Northern Territory
Territoire du Yukon *m* Yukon Territory
Territoires du Nord-Ouest *m* Northwest Territories
territorial(e) [teʀitɔʀjal, -jo] <-aux> *adj* territorial
territorialité [teʀitɔʀjalite] *f* territoriality
terroir [tɛʀwaʀ] *m* soil; **vin/accent du** ~ country wine/accent; **écrivain du** ~ rural author
terrorisant(e) [teʀɔʀizɑ̃, ɑ̃t] *adj* terrifying
terroriser [teʀɔʀize] <1> *vt* (*faire très peur*) to terrorize
terrorisme [teʀɔʀism] *m* terrorism
terroriste [teʀɔʀist] *adj, mf* terrorist
tertiaire [tɛʀsjɛʀ] **I.** *adj* (*emploi, activité*) service **II.** *m* **le** ~ the service industry
tertiarisation [tɛʀsjaʀizasjɔ̃] *f* ECON development of the service industry
tertio [tɛʀsjo] *adv* thirdly
tertre [tɛʀtʀ] *m* (*butte*) mound
tes [te] *dét poss v.* **ta, ton**
Tessin [tesɛ̃] *m* **le** ~ Ticino
tesson [tesɔ̃] *m* ~**s de bouteille** broken glass + *vb sing*
test [tɛst] *m* test; ~ **de dépistage du sida** [*o* **de séropositivité**] AIDS test; ~ **de grossesse** pregnancy test
testable [tɛstabl] *adj* testable
testament [tɛstamɑ̃] *m* JUR will
Testament [tɛstamɑ̃] *m* **l'Ancien/le Nouveau** ~ the Old/New Testament
testamentaire [tɛstamɑ̃tɛʀ] *adj* **l'héritier** ~ the heir specified in the will
tester [tɛste] <1> *vt* (*mettre à l'épreuve*) to test
testeur [tɛstœʀ] *m* (*appareil*) tester
testeur, -euse [tɛstœʀ, -øz] *m, f* tester
testicule [tɛstikyl] *m* testicle
testostérone [tɛstosteʀɔn] *f* testosterone
tétanie [tetani] *f* tetany
tétaniser [tetanize] <1> *vpr* **se** ~ (*muscle, membre*) to paralyze
tétanos [tetanos] *m* **1.** (*maladie*) tetanus **2.** (*contraction du muscle*) lockjaw
têtard [tɛtaʀ] *m* ZOOL tadpole

T

tête [tɛt] *f* **1.** ANAT, BOT head; **baisser/courber la ~** to lower/bend one's head **2.** (*mémoire, raison*) **ne pas avoir de ~** *inf* to be empty-headed; **perdre la ~** (*devenir fou*) to lose one's mind; (*perdre son sang-froid*) to lose one's head **3.** (*mine, figure*) **avoir une bonne ~** *inf* to have a friendly face; **avoir une sale ~** *inf* (*avoir mauvaise mine*) to look awful; (*être antipathique*) to look unpleasant **4.** (*longueur*) **avoir** [*o* **faire**] **une ~ de moins/plus que qn** to be a head shorter/taller than sb **5.** (*vie*) **risquer sa ~** to risk one's neck **6.** (*personne*) **~ couronnée** crowned head; **~ de mule** [*o* **cochon**] *inf* pain; **~ de Turc** whipping boy **7.** (*chef*) **être la ~ de qc** *inf* to be the head of sth **8.** (*première place*) head; (*les premiers*) top; **wagon de ~** front car; **prendre la ~ d'un gouvernement** to take over at the head of a government; **à la ~ de qc** at the top of sth **9.** (*début: d'un chapitre, d'une liste*) beginning **10.** (*extrémité: d'un clou, d'une épingle*) head; (*d'un champignon*) top **11.** TECH **~ chercheuse d'une fusée** homing device on a rocket; **~ de lecture** (*d'un magnétophone*) playback head **12.** INFORM **~ de lecture-écriture** read-write head **13.** SPORT header **14.** *Belgique* CULIN **~ pressée** (*fromage de tête*) head cheese ►**être à la ~ du client** *inf* to depend on who's paying; **avoir la ~ de l'emploi** *inf* (*acteur*) to look the part; **se jeter dans qc ~ baissée** to rush headlong into sth; **avoir la ~ dure** to be a blockhead; **garder la ~ froide** to keep a cool head; **avoir la grosse ~** *inf* to be bigheaded; **faire qc à ~ reposée** to do sth with a clear head; **avoir toute sa ~** to have all one's wits about one; **en avoir par-dessus la ~** *inf* to have had it up to here; **ne pas se casser la ~** not to go to much trouble; **j'en suis sûr, ma ~ à couper** I'm sure of that, I'd swear to it; **enfoncer qc dans la ~ de qn** to get sth into sb's thick head; **faire la ~ à qn** *inf* to sulk at sb; **n'en faire qu'à sa ~** to just suit oneself; **se mettre en ~ de** +*infin* to take it into one's head to +*infin;* **se mettre dans la ~ que ...** to get it into one's head that ...; **se monter la ~** *inf* to get worked up; **monter à la ~ de qn** (*vin, succès*) to go to sb's head; **se payer la ~ de qn** *inf* to make fun of sb; **relever la ~** to lift up one's head up high; **il a une ~ qui ne me revient pas** *inf* I don't like the look of him; **ne pas savoir où donner de la ~** *inf* not to know where to turn

tête-à-queue [tɛtakø] *m inv* **faire un ~** (*voiture*) to spin around

tête-à-tête [tɛtatɛt] *m inv* (*entretien*) tête-à-tête

tête-de-nègre [tɛtdənɛgʀ] **I.** *adj inv* chocolate brown **II.** *f* chocolate-covered meringue

tétée [tete] *f* **1.** (*action de téter*) sucking **2.** (*repas*) feed; **donner la ~ à un bébé** to feed a baby

téter [tete] <5> **I.** *vt* **~ le sein** to feed (at the breast); **~ le biberon** to feed from the bottle; **~ sa mère** (*bébé*) to feed (at the breast); (*chaton*) to suckle **II.** *vi* to feed

tétine [tetin] *f* **1.** (*biberon*) nipple **2.** (*sucette pour calmer*) pacifier

téton [tetɔ̃] *m inf a.* TECH (*sein*) nipple

tétraplégie [tetʀapleʒi] *f* quadriplegia

tétraplégique [tetʀapleʒik] *adj, mf* quadriplegic

têtu(e) [tety] **I.** *adj* stubborn ►**être ~ comme une mule** to be as stubborn as a mule **II.** *m(f)* stubborn person

texan(ne) [tɛksɑ̃, an] *adj* Texan

Texan(ne) [tɛksɑ̃, an] *m(f)* Texan

texte [tɛkst] *m* text ►**cahier de ~s** homework notebook

textile [tɛkstil] **I.** *adj* textile **II.** *m* **1.** (*matière*) textile **2.** *sans pl* (*industrie*) textiles

texto [tɛksto] *adv inf* word for word

textuel(le) [tɛkstɥɛl] *adj* (*copie, réponse, contenu*) exact; (*traduction*) literal

textuellement [tɛkstɥɛlmɑ̃] *adv* literally; (*répéter*) word for word; (*reproduire*) verbatim

texture [tɛkstyʀ] *f* texture

TF1 [teɛfœ̃] *f abr de* **Télévision Française 1ère chaîne** *private French television channel*

T.G.V. [teʒeve] *m inv abr de* **train à grande vitesse** high speed train

thaï [taj] *m* Thai; *v.a.* **français**

thaï(e) [taj] *adj* **langues ~es** Thai languages

Thaï(e) [taj] *m(f)* Thai

thaïlandais(e) [tajlɑ̃dɛ, ɛz] *adj* Thai

Thaïlandais(e) [tajlɑ̃dɛ, ɛz] *m(f)* Thai

Thaïlande [tajlɑ̃d] *f* **la ~** Thailand

thalasso [talaso] *f inf,* **thalassothérapie** [talasoteʀapi] *f* thalassotherapy

thé [te] *m* tea ►**prendre le ~ avec qn** to have tea with sb

théâtral(e) [teɑtʀal, -o] <-aux> *adj* (*effet, geste*) theatrical

théâtralement [teɑtʀalmɑ̃] *adv fig* theatrically

théâtre [teɑtʀ] *m* **1.** (*édifice, spectacle*) theater **2.** (*art dramatique, genre littéraire*) drama; **école de ~** drama school **3.** (*œuvres*) plays **4.** (*lieu: des combats, d'une dispute*) scene

théière [tejɛʀ] *f* teapot

théine [tein] *f caffeine contained in tea leaves*

thématique [tematik] **I.** *adj* thematic; (*soirée*) theme **II.** *f* themes *pl*

thème [tɛm] *m* **1.** (*sujet: d'une discussion*) theme; (*d'une peinture*) subject **2.** ECOLE prose (*translation out of French*) **3.** MUS theme **4.** (*en astrologie*) **~ astral** birth chart

théologie [teɔlɔʒi] *f* theology

théologien(ne) [teɔlɔʒjɛ̃, ɛn] *m(f)* theologian

théologique [teɔlɔʒik] *adj* theological

théorème [teɔʀɛm] *m* theorem

théoricien(ne) [teɔʀisjɛ̃, ɛn] *m(f)* theorist

théorie [teɔʀi] *f* theory

théorique [teɔʀik] *adj* theoretical

théoriquement [teɔʀikmɑ̃] *adv* **1.** (*logiquement*) in theory **2.** (*par une théorie: fondé,*

justifié) theoretically
théoriser [teɔʀize] <1> **I.** *vt* to theorize **II.** *vi* ~ **sur qn/qc** to theorize about sb/sth
thérapeute [teʀapøt] *mf* therapist
thérapeutique [teʀapøtik] **I.** *adj* therapeutic **II.** *f* **1.** (*science*) therapeutics + *vb sing* **2.** (*traitement*) therapy
thérapie [teʀapi] *f* therapy
thermal(**e**) [tɛʀmal, -o] <-aux> *adj* **source ~e** hot spring; **station ~e** spa
thermes [tɛʀm] *mpl* **1.** (*dans une station thermale*) thermal baths **2.** HIST thermae
thermique [tɛʀmik] **I.** *adj* thermal **II.** *f* heat sciences
thermodynamique [tɛʀmodinamik] **I.** *adj* thermodynamic **II.** *f* thermodynamics + *vb sing*
thermoélectrique [tɛʀmoelɛktʀik] *adj* thermoelectric
thermomètre [tɛʀmɔmɛtʀ] *m* **1.** (*instrument*) thermometer **2.** *fig* (*de l'opinion, la conjoncture*) gauge
thermonucléaire [tɛʀmonykleɛʀ] *adj* thermonuclear
thermos® [tɛʀmos] *m o f* Thermos®
thermostat [tɛʀmɔsta] *m* thermostat
thésard(**e**) [tezaʀ, aʀd] *m(f) inf* PhD student
thésaurisation [tezɔʀizasjɔ̃] *f* hoarding
thésauriser [tezɔʀize] <1> *vt, vi* to hoard
thésaurus, thesaurus [tezɔʀys] *m* thesaurus
thèse [tɛz] *f* **1.** (*point de vue défendu*) argument **2.** UNIV (*recherches, ouvrage*) thesis; (*soutenance*) defense
thon [tɔ̃] *m* tuna
thonier [tɔnje] *m* tuna boat
Thora [tɔʀa] *f* (*Pentateuque*) Torah
thoracique [tɔʀasik] *adj* thoracic; **cage ~** ribcage
thorax [tɔʀaks] *m* thorax
thriller [sʀilœʀ] *m* thriller
thrombose [tʀɔ̃boz] *f* thrombosis
thune [tyn] *f inf* **avoir de la ~** to have dough; **n'avoir pas/plus une ~** not to have a penny/a penny left
Thurgovie [tyʀgɔvi] *f* **la ~** Thurgau
thuya [tyja] *m* thuja, arborvitae
thym [tɛ̃] *m* thyme
thyroïde [tiʀɔid] **I.** *adj* **glande ~** thyroid gland **II.** *f* thyroid
thyroïdien(**ne**) [tiʀɔidjɛ̃, ɛn] *adj* thyroid
Tibet [tibe] *m* **le ~** Tibet
tibétain [tibetɛ̃] *m* Tibetan; *v.a.* **français**
tibétain(**e**) [tibetɛ̃, ɛn] *adj* Tibetan
Tibétain(**e**) [tibetɛ̃, ɛn] *m(f)* Tibetan
tibia [tibja] *m* shin
tic [tik] *m* **1.** (*contraction nerveuse*) **~ nerveux** nervous tic **2.** (*manie*) habit
ticket [tikɛ] *m* ticket; **~ de caisse** (register) receipt; **~ de cinéma/quai** movie/step-up ticket ▶ **avoir un ~ avec qn** *inf* to make a hit with sb
ticket-repas [tikɛ-ʀəpa] <tickets-repas> *m*, **ticket-restaurant®** [tikɛ-ʀɛstɔʀɑ̃] *m* meal ticket
tic-tac [tiktak] *m inv* ticking
tie-break [tajbʀɛk] <tie-breaks> *m* tiebreaker
tiédasse [tjedas] *adj péj* lukewarm
tiède [tjɛd] *adj* **1.** (*entre le chaud et le froid: gâteau, lit*) warm; (*eau, café, repas*) lukewarm **2.** (*de peu d'ardeur: engagement, accueil, soutien*) halfhearted; (*sentiment, foi*) lukewarm
tièdement [tjɛdmɑ̃] *adv* halfheartedly
tiédeur [tjedœʀ] *f* **1.** (*chaleur modérée: de la température, d'un hiver*) mildness; (*de l'eau*) warmth **2.** (*manque d'ardeur: d'un sentiment, accord*) halfheartedness
tiédir [tjediʀ] <8> **I.** *vi* **1.** (*refroidir*) to cool down **2.** (*se réchauffer*) to warm up **II.** *vt* **1.** (*réchauffer*) to heat up; (*mains*) to warm up **2.** (*refroidir*) to cool down
tien(**ne**) [tjɛ̃, ɛn] *pron poss* **1.** (*ce que l'on possède*) **le ~/la ~ne/les ~s** yours; *v.a.* **mien** **2.** *pl* (*ceux de ta famille*) **les ~s** your family; (*tes partisans*) your friends ▶ **à la ~ne(, Étienne)!** *inf* cheers!; **tu pourrais y mettre du ~!** you could put some effort into it!
tiendrai [tjɛ̃dʀɛ] *fut de* **tenir**
tienne [tjɛn] *subj prés de* **tenir**
tiennent [tjɛn] *indic et subj prés de* **tenir**
tiens, tient [tjɛ̃] *indic prés de* **tenir**
tierce [tjɛʀs] *f* **1.** JEUX, SPORT tierce **2.** MUS third
tiercé [tjɛʀse] *m* **1.** SPORT trifecta **2.** (*série de trois éléments arrivant en tête*) **le ~ gagnant de qc** the top three in sth
tiers [tjɛʀ] *m* **1.** (*fraction*) third **2.** (*tierce personne*) **un ~** a third person; **assurance au ~** third party insurance ▶ **~ payant** *direct payment by insurers for medical treatment;* **~ provisionnel** estimated tax payment
tiers, tierce [tjɛʀ, tjɛʀs] *adj* third
tiers-monde [tjɛʀmɔ̃d] *m sans pl* **le ~** the Third World
tiers-mondisme [tjɛʀmɔ̃dism] *m* support for the Third World
tiers-mondiste [tjɛʀmɔ̃dist] <tiers-mondistes> **I.** *adj* (*actions*) Third World **II.** *mf* Third World supporter
tif [tif] *m inf souvent pl* hair + *vb sing*
TIG [teiʒe] *m abr de* **travaux d'intérêt général** community service
tige [tiʒ] *f* **1.** (*pédoncule: d'une fleur, feuille*) stem; (*d'une céréale, graminée*) stalk **2.** (*partie mince et allongée*) rod; (*d'une clé*) shank; (*d'une botte*) leg
tignasse [tiɲas] *f inf* hair
tigre [tigʀ] *m* tiger; *v.a.* **tigresse**
tigré(**e**) [tigʀe] *adj* (*pelage*) striped; (*chat*) tabby; (*cheval*) pinto
tigresse [tigʀɛs] *f* tigress; *v.a.* **tigre**
tilde [tild(e)] *m* tilde
tilleul [tijœl] *m* **1.** BOT linden tree **2.** (*infusion*) lime-blossom tea
tilt [tilt] *m* (*d'un flipper*) tilt ▶ **ça a fait ~ dans ma tête** the penny dropped
timbale [tɛ̃bal] *f* **1.** (*gobelet*) tumbler **2.** (*contenu*) cup **3.** MUS kettledrum ▶ **décrocher la ~**

T

inf to hit the jackpot

timbre[1] [tɛ̃bʀ] *m* **1.** (*vignette, cachet*) stamp; ~ **fiscal** tax stamp **2.** MED research stamp

timbre[2] [tɛ̃bʀ] *m* (*qualité du son*) timbre; (*d'une flûte, voix*) tone

timbré(e)[1] [tɛ̃bʀe] *adj* stamped

timbré(e)[2] [tɛ̃bʀe] *adj inf* (*un peu fou*) cracked

timbre-amende [tɛ̃bʀamɑ̃d] <timbres-amendes> *m: stamp bought to pay a parking fine*

timbre-poste [tɛ̃bʀəpɔst] <timbres-poste> *m* postage stamp

timbrer [tɛ̃bʀe] <1> *vt* to stamp

timide [timid] **I.** *adj* **1.** (*timoré, de peu d'audace*) shy **2.** (*craintif: sourire, voix*) timid; (*manières, air*) bashful **II.** *mf* timid person

timidement [timidmɑ̃] *adv* **1.** (*modestement*) shyly **2.** (*craintivement*) timidly

timidité [timidite] *f* (*d'une personne*) shyness; (*d'une démarche, avancée*) timidity

timing [tajmiŋ] *m* timing

timonerie [timɔnʀi] *f* NAUT **1.** (*lieu*) pilothouse **2.** (*matelots*) pilothouse crew **3.** (*service*) steering and braking system

timonier [timɔnje] *m* NAUT helmsman

timoré(e) [timɔʀe] *péj* **I.** *adj* fearful **II.** *m(f)* fearful person

tintamarre [tɛ̃tamaʀ] *m* racket; **faire du ~** to make a racket

tintement [tɛ̃tmɑ̃] *m* (*d'une cloche, d'un grelot*) ringing; (*de verres, de bouteilles*) clinking

tinter [tɛ̃te] <1> *vi* (*cloche*) to ring; (*grelot, clochette*) to tinkle; (*verres, bouteilles*) to clink

tintin [tɛ̃tɛ̃] *m* **~!** tough!

tintouin [tɛ̃twɛ̃] *m inf* **1.** (*vacarme*) din **2.** (*souci, tracas*) worry

TIP [tip] *m abr de* **titre interbancaire de paiement** payment slip

tipi [tipi] *m* tepee

tique [tik] *f* tick

tiquer [tike] <1> *vi inf* to raise an eyebrow

tir [tiʀ] *m* **1.** MIL fire; (*prolongé*) firing; **~ à blanc** firing blank rounds **2.** SPORT shot; **~ au but** goal shot; (*penalty*) penalty kick; **~ à l'arc** archery **3.** (*projectile tiré*) shot **4.** (*stand*) **stand de ~** rifle range **5.** (*forain*) **stand de ~** shooting gallery

TIR [tiʀ] *mpl abr de* **transports internationaux routiers** TIR

tirade [tiʀad] *f* **1.** (*paroles*) *a. péj* tirade **2.** THEAT monologue

tirage [tiʀaʒ] *m* **1.** (*action de tirer au sort*) **~ au sort** draw **2.** FIN (*d'un chèque*) drawing **3.** TYP, ART, PHOT printing; (*ensemble des exemplaires*) impression **4.** (*transvasement: d'un vin, d'une liqueur*) decanting **5.** (*arrivée d'air: d'une cheminée, d'un poêle*) draft

tiraillement [tiʀajmɑ̃] *m* **1.** *gén pl* (*sensation douloureuse*) gnawing pain **2.** (*conflit chez une personne*) agonizing **3.** (*conflit entre plusieurs personnes*) friction

tirailler [tiʀaje] <1> **I.** *vt* **1.** (*tirer à petits coups*) to tug; (*pli*) to pull at **2.** (*harceler*) **être tiraillé entre deux choses** to be torn between two things **II.** *vi* to shoot at random

tirailleur [tiʀajœʀ] *m* skirmisher

tirant [tiʀɑ̃] *m* **1.** (*cordon*) string **2.** (*partie latérale: d'une chaussure*) bootstrap **3.** NAUT **~ d'eau** draft

tire[1] [tiʀ] **vol à la ~** pickpocketing

tire[2] [tiʀ] *f Québec* (*sirop d'érable très épaissi, ayant la consistance du miel*) maple taffy

tiré(e) [tiʀe] *adj* (*fatigué*) drawn; **avoir les traits ~s** to look drawn

tire-au-flanc [tiʀoflɑ̃] *mf inv* loafer

tirebouchon, **tire-bouchon** [tiʀbuʃɔ̃] <tire-bouchons> *m* corkscrew ▶ **queue en ~** curly tail

tirebouchonner, **tire-bouchonner** [tiʀbuʃɔne] <1> *vi* (*chaussettes*) to crumple down around one's ankles

tire-d'aile [tiʀdɛl] *adv* **à ~** swiftly

tire-fesses [tiʀfɛs] *m inv, inf* ski tow

tire-lait [tiʀlɛ] *m inv* breast pump

tire-larigot [tiʀlaʀigo] *adv* **à ~** *inf* to one's heart's content

tirelire [tiʀliʀ] *f* donation can; **casser sa ~ pour acheter qc** *inf* to break open the piggy bank to buy sth

tirer [tiʀe] <1> **I.** *vt* **1.** (*exercer une force de traction: signal d'alarme, chasse d'eau*) to pull; (*vers le bas: jupe, manche*) to pull down; (*vers le haut: chaussettes, collant*) to pull up; (*pour lisser: drap, collant*) to smooth; (*pour tendre/maintenir tendu: corde, toile*) to tighten; **~ la sonnette** to ring the bell **2.** (*tracter: chariot, véhicule, charge*) to draw **3.** (*éloigner*) to draw away **4.** (*fermer: rideau*) to pull; (*ouvrir: tiroir, porte coulissante*) to pull open; **~ la porte** to pull the door to; **~ le verrou de qc** (*pour fermer*) to bolt sth; (*pour ouvrir*) to unbolt sth **5.** (*aspirer*) **~ une longue bouffée** to take a deep breath **6.** (*lancer un projectile: balle, coup de fusil*) to fire **7.** (*toucher, tuer: perdrix, lièvre*) to shoot **8.** (*tracer, prendre au hasard: trait, carte, numéro, lettre*) to draw **9.** (*faire sortir*) **~ qn du lit** to get sb out of bed; **~ qn de son sommeil** to rouse sb from sleep; **~ une citation d'un roman** to take a quote from a novel **10.** (*emprunter à*) **~ son origine de qc** (*coutume*) to have its origins in sth **11.** (*déduire*) **~ une conclusion/leçon de qc** to draw a conclusion/learn a lesson from sth **12.** FIN (*chèque*) to draw **13.** PHOT, ART, TYP (*film, négatif, photo, lithographie*) to print **14.** (*transvaser: vin*) to decant ▶ **on ne peut rien ~ de qn** you can get nothing out of sb **II.** *vi* **1.** (*exercer une traction*) **~ sur les rênes de son cheval** to pull on the reins of one's horse **2.** (*aspirer*) **~ sur sa cigarette** to puff on one's cigarette **3.** (*gêner: peau, cicatrice*) to pull **4.** (*à la chasse*) *a.* MIL to shoot **5.** (*au football*) to shoot **6.** (*avoir une certaine ressemblance avec*) **~ sur qc** (*couleur*) to verge on sth;

~ **sur qn** *Belgique, Nord* to resemble sb **7.** TYP ~ **à 2000 exemplaires** to have a circulation of 2000 **8.** (*avoir du tirage*) **bien/mal** ~ (*cheminée, poêle*) to draw well/badly **III.** *vpr* **1.** *inf* (*s'en aller*) **se** ~ to push off **2.** (*se sortir*) **se** ~ **d'une situation** to get out of a situation **3.** (*se blesser*) **se** ~ **une balle dans la tête** to put a bullet in one's head ▶ **il s'en tire bien** *inf* (*à la suite d'une maladie*) he's pulling through; (*à la suite d'un accident*) he's all right; (*à la suite d'un ennui*) he's out of the woods; (*réussir*) he's managing pretty well

tiret [tiʀɛ] *m* **1.** (*dans un dialogue, au milieu d'une phrase*) dash **2.** (*à la fin, au milieu d'un mot*) hyphen

tirette [tiʀɛt] *f Belgique* (*fermeture à glissière*) zipper

tireur, -euse [tiʀœʀ, -øz] *m, f* **1.** MIL, SPORT (*avec une arme*) marksman *m*, markswoman *f*; ~ **d'élite** trained marksman **2.** SPORT (*au football*) striker; (*au basket*) shooter; ~ **à l'arc** archer

tiroir [tiʀwaʀ] *m* drawer

tiroir-caisse [tiʀwaʀkɛs] <tiroirs-caisses> *m* cash register

tisane [tizan] *f* herbal tea; ~ **de verveine** verbena tea

tisanière [tizanjɛʀ] *f* teapot (*for herbal tea*)

tison [tizɔ̃] *m* brand

tisonner [tizɔne] <1> *vt* to poke

tisonnier [tizɔnje] *m* poker

tissage [tisaʒ] *m* **1.** (*activité manuelle, industrie*) weaving **2.** (*usine*) mill

tisser [tise] <1> *vt* **1.** (*fabriquer par tissage, transformer en tissu: tapis, laine*) to weave **2.** (*constituer*) ~ **sa toile** (*araignée*) to spin a web **3.** (*ourdir: intrigue*) to build

tisserand(e) [tisʀɑ̃, ɑ̃d] *m(f)* weaver

tissu [tisy] *m* **1.** (*textile*) fabric; ~ **éponge** toweling **2.** (*enchevêtrement: de contradictions, d'intrigues*) tissue; (*d'inepties*) catalog **3.** BIO tissue **4.** SOCIOL ~ **social** social fabric

titan [titɑ̃] *m* titan; **travail de** ~ Herculean task

titane [titan] *m* CHIM titanium

titanesque [titanɛsk] *adj* (*travail*) titanic; (*entreprise, œuvre*) massive

titi [titi] *m inf* ~ **parisien** Paris street kid

titiller [titije] <1> *vt* **1.** (*chatouiller*) to tickle **2.** *inf* (*asticoter*) **l'envie de tout raconter la titille** she's taken by the idea of telling all

titrage [titʀaʒ] *m* (*action de titrer*) titling

titre [titʀ] *m* **1.** (*intitulé, qualité, trophée*) title; (*d'un chapitre*) heading; (*article de journal*) headline **2.** (*pièce justificative*) certificate; ~ **de transport** ticket **3.** (*valeur, action*) security ▶ **à juste** ~ rightly; **à ce** ~ as such; **à** ~ **de qc** as sth

titré(e) [titʀe] *adj* (*personne*) titled

titrer [titʀe] <1> *vt* (*donner un titre à*) ~ **qc sur cinq colonnes** (*journal*) to splash sth as a headline across five columns

titubant(e) [titybɑ̃, ɑ̃t] *adj* (*démarche*) unsteady; (*ivrogne*) staggering

tituber [titybe] <1> *vi* ~ **d'ivresse** to stagger drunkenly

titulaire [titylɛʀ] **I.** *adj* **1.** (*en titre: professeur, instituteur*) with tenure **2.** (*détenteur*) **être** ~ **d'un poste/diplôme** to be the holder of a position/diploma **II.** *mf* **1.** ECOLE, UNIV, ADMIN incumbent **2.** (*détenteur*) ~ **de la carte/du poste** cardholder/post holder

titularisation [titylaʀizasjɔ̃] *f* tenure

titulariser [titylaʀize] <1> *vt* (*fonctionnaire*) to appoint permanently; ~ **un professeur** to give a professor tenure

T.N.T.[1] [teɛnte] *m abr de* **trinitrotoluène** TNT

T.N.T.[2] [teɛnte] *f inv abr de* **Télévision Numérique Terrestre** DTTV

toast [tost] *m* piece of toast

toasteur [tostœʀ] *m* toaster

toboggan [tɔbɔgɑ̃] *m* **1.** TECH chute **2.** (*piste glissante*) slide **3.** *Québec* (*traîneau sans patins, fait de planches minces recourbées à l'avant*) toboggan

toc [tɔk] *m inf* (*imitation*) **du** ~ junk; **en** ~ fake

tocade [tɔkad] *f* fad

tocard(e) [tɔkaʀ, aʀd] *adj inf* tacky

tocsin [tɔksɛ̃] *m* alarm

toge [tɔʒ] *f* gown; HIST toga

Togo [tɔgo] *m* **le** ~ Togo

togolais(e) [tɔgolɛ, ɛz] *adj* Togolese

Togolais(e) [tɔgolɛ, ɛz] *m(f)* Togolese

tohu-bohu [tɔybɔy] *m inv, inf* confusion

toi [twa] *pron pers* **1.** *inf* (*pour renforcer*) you; ~, **tu n'as pas ouvert la bouche** YOU haven't opened your mouth; **c'est** ~ **qui l'as dit** you're the one who said it; **il veut t'aider,** ~**?** he wants to help YOU? **2.** *avec un verbe à l'impératif* **regarde-**~ look at yourself; **imagine-**~ **en Italie** imagine yourself in Italy; **lave-**~ **les mains** wash your hands **3.** *avec une préposition* **avec/sans** ~ with/without you; **à** ~ **seul** (*parler*) just to you **4.** *dans une comparaison* you; **je suis comme** ~ I'm like you; **plus fort que** ~ stronger than you **5.** (*emphatique*) **c'est** ~**?** is that you?; **si j'étais** ~ if I were you; *v.a.* **moi**

toile [twal] *f* **1.** (*tissu*) cloth **2.** (*pièce de tissu*) piece of cloth **3.** *fig* ~ **de fond** backdrop **4.** ART, NAUT canvas **5.** INFORM ~ **(d'araignée) mondiale** World Wide Web ▶ ~ **d'araignée** spider web; (*poussière*) cobweb; **tisser sa** ~ to spin its web

Toile [twal] *f* Web

toilettage [twaletaʒ] *m* **1.** (*d'un chat, chien*) grooming; **salon de** ~ grooming parlor **2.** *inf* (*retouche*) tidying up

toilette [twalɛt] *f* **1.** (*soins corporels*) washing; **faire sa** ~ (*personne*) to have a wash; (*animal*) to groom itself **2.** (*nettoyage: d'un édifice, monument*) cleaning **3.** (*vêtements*) outfit **4.** *pl* (*W.-C.*) toilet; **aller aux** ~**s** to go to the toilet

toiletter [twalete] <1> *vt* (*chat, chien*) to groom

toi-même [twamɛm] *pron pers* (*toi en per-*

T

sonne) yourself; *v.a.* **moi-même**

toiser [twaze] <1> **I.** *vt* ~ **qn** to look sb up and down **II.** *vpr* **se** ~ to look each other up and down

toison [twazɔ̃] *f* **1.** (*pelage*) coat **2.** (*chevelure*) mop **3.** (*poils*) growth ▸ **la** **Toison** **d'or** HIST the Golden Fleece

toit [twa] *m* roof

toiture [twatyʀ] *f* roof

Tokyo [tɔkjo] Tokyo

tôle [tol] *f* **1.** (*en métallurgie*) sheet metal **2.** AUTO bodywork

tolérable [tɔleʀabl] *adj* tolerable; (*douleur*) bearable

tolérance [tɔleʀɑ̃s] *f* tolerance; ~ **à qc** tolerance of sth

tolérant(e) [tɔleʀɑ̃, ɑ̃t] *adj* tolerant

tolérer [tɔleʀe] <5> **I.** *vt* **1.** (*autoriser: infraction, pratique*) to tolerate **2.** (*supporter*) *a.* MED to tolerate; (*douleur*) to bear **II.** *vpr* (*se supporter*) **se** ~ to tolerate each other

tollé [tɔle] *m* outcry

T.O.M. [tɔm] *mpl abr de* **territoire d'outre-mer** *French overseas territory*

> **i** A **T.O.M.** is one of four corporate areas of the French Republic, which were established in 1946. They include Wallis and Futuna, French Polynesia, New Caledonia and the Southern and Antarctic lands.

tomate [tɔmat] *f* tomato

tombal(e) [tɔ̃bal, -o] <s *o* -aux> *adj* funerary

tombant(e) [tɔ̃bɑ̃, ɑ̃t] *adj* hanging; (*épaules*) sloping

tombe [tɔ̃b] *f* grave

tombeau [tɔ̃bo] <x> *m* tomb

tombée [tɔ̃be] *f* ~ **de la nuit** [*o* **du jour**] nightfall

tomber [tɔ̃be] <1> *vi être* **1.** (*chuter, s'abattre*) to fall; ~ **en arrière/en avant** to fall backwards/forwards; ~ **dans les bras de qn** to fall into sb's arms; ~ **(par terre)** to fall; (*échafaudage*) to collapse **2.** (*être affaibli*) **je tombe de fatigue/sommeil** I'm ready to drop I'm so tired/sleepy **3.** (*se détacher: cheveux, dent*) to fall out; (*feuille, masque*) to fall **4.** (*arriver: nouvelle, télex*) to arrive; **qc tombe un lundi** sth falls on a Monday **5.** (*descendre: nuit, soir, neige, pluie, averse*) to fall; (*foudre*) to strike **6.** THEAT (*rideau*) to fall **7.** (*être vaincu*) to fall; (*dictateur, gouvernement*) to be brought down; (*record*) to be smashed **8.** MIL (*mourir*) to fall **9.** (*baisser: vent*) to drop; (*colère, enthousiasme, exaltation*) to fade **10.** (*disparaître, échouer: obstacle*) to disappear; (*plan, projet*) to fall through **11.** (*pendre*) to hang; **bien/mal** ~ (*vêtement*) to hang well/badly **12.** *inf* (*se retrouver*) ~ **enceinte** to become pregnant; ~ **d'accord** to agree **13.** (*être pris*) ~ **dans un piège** to fall into a trap **14.** (*être entraîné*) ~ **dans l'oubli** to sink into oblivion **15.** (*concerner par hasard*) ~ **sur qn** to happen to sb; (*sort*) to choose sb **16.** (*rencontrer, arriver par hasard*) ~ **sur un article** to come across an article; ~ **sur qn** to bump into sb **17.** (*abandonner*) **laisser** ~ **un projet/une activité** to drop a project/an activity **18.** (*se poser*) ~ **sur qn/qc** (*conversation*) to come around to sb/sth; (*regard*) to light upon sb/sth **19.** *inf* (*attaquer*) ~ **sur qn** to lay into sb ▸ **bien/mal** ~ to be a bit of good/bad luck; **ça tombe bien/mal** that's handy/a nuisance

tombola [tɔ̃bɔla] *f* raffle

tome [tɔm] *m* volume

tom(m)e [tɔm] *f hard cheese*

ton[1] [tɔ̃] *m* **1.** (*manière de s'exprimer, couleur*) *a.* MUS tone; **d'un** ~ **convaincu** with conviction **2.** (*timbre: d'une voix*) tone; **baisser/hausser le** ~ to lower/raise one's voice ▸ **il est de bon** ~ **de** +*infin* it is polite to +*infin*

ton[2] [tɔ̃, te] <tes> *dét poss* (*à toi*) your; *v.a.* **mon** ▸ **ne fais pas** ~ **malin!** don't get smart!

tonalité [tɔnalite] *f* **1.** TEL dial tone **2.** (*timbre, impression d'ensemble*) *a.* LING tone

tondeuse [tɔ̃døz] *f* **1.** (*pour les cheveux, la barbe*) clippers *pl* **2.** (*pour le jardin*) ~ **(à gazon)** lawnmower

tondre [tɔ̃dʀ] <14> *vt* to shear; (*gazon*) to mow; (*haie*) to cut

tondu(e) [tɔ̃dy] **I.** *part passé de* **tondre** **II.** *adj* (*personne, tête, cheveux*) buzzed; (*pelouse, pré*) mown; (*haie*) clipped

tong [tɔ̃g] *f* thong

tonifier [tɔnifje] <1> **I.** *vt* (*cheveux, peau*) to condition; (*organisme, personne, muscles*) to tone up; (*esprit, personne*) to stimulate **II.** *vi* to tone up

tonique [tɔnik] **I.** *adj* **1.** (*revigorant: froid*) fortifying; (*boisson*) tonic **2.** (*stimulant: idée, lecture*) stimulating **3.** LING (*syllabe, voyelle*) accented **II.** *m* MED tonic

tonitruant(e) [tɔnitʀyɑ̃, ɑ̃t] *adj* thundering; (*voix*) booming

tonnage [tɔnaʒ] *m* tonnage

tonne [tɔn] *f* **1.** (*unité*) ton **2.** *inf* (*énorme quantité*) loads *pl* ▸ **en faire des** ~**s** *inf* to overdo it

tonneau [tɔno] <x> *m* **1.** (*récipient*) barrel **2.** (*accident de voiture*) somersault **3.** (*acrobatie aérienne*) barrel roll

tonnelet [tɔnlɛ] *m* keg

tonnelier, -ière [tɔnəlje, -jɛʀ] *m, f* cooper

tonnelle [tɔnɛl] *f* bower

tonner [tɔne] <1> **I.** *vi* **1.** (*retentir: artillerie, canons*) to thunder **2.** (*parler*) ~ **contre qc** to thunder against sth **II.** *vi impers* **il tonne** it's thundering

tonnerre [tɔnɛʀ] *m* **1.** METEO thunder **2.** (*manifestation bruyante*) ~ **de protestations** thunder of protests; ~ **d'applaudissements** thunderous applause ▸ **fille/type/voiture du** ~ *inf* awesome girl/guy/car

tonsure [tɔ̃syʀ] *f* **1.** REL tonsure **2.** *inf* (*calvitie*) bald spot

tonte [tɔ̃t] *f* **1.** (*action*) shearing; (*d'un gazon*) mowing; (*d'une haie*) clipping **2.** (*époque*) shearing season
tonton [tɔ̃tɔ̃] *m enfantin* uncle
tonus [tɔnys] *m* (*dynamisme*) energy
top [tɔp] **I.** *adj inv, antéposé* ~ **model** supermodel **II.** *m* **1.** RADIO beep **2.** (*signal de départ*) ~ (**de départ**) starting signal **3.** SPORT get set **4.** *inf* (*niveau maximum*) **le** ~ the best
topique [tɔpik] *adj* (*médicament, traitement*) topical
topo [tɔpo] *m inf* **1.** (*exposé oral, écrit*) piece **2.** *péj* (*répétition ennuyeuse*) spiel
topologie [tɔpɔlɔʒi] *f* topology
topométrie [tɔpɔmetʀi] *f* topometry
toponyme [tɔpɔnim] *m* place name
toponymie [tɔpɔnimi] *f* toponymy
toque [tɔk] *f* (*coiffure: d'un juge, magistrat*) cap; (*d'un cuisinier*) chef's hat
toqué(e) [tɔke] **I.** *adj inf* (*cinglé*) cracked **II.** *m(f) inf* nutcase
Torah [tɔʀa] *f* Torah
torche [tɔʀʃ] *f* **1.** (*flambeau*) (flaming) torch **2.** (*lampe électrique*) flashlight
torché(e) [tɔʀʃe] *adj inf* (*bâclé*) botched
torcher [tɔʀʃe] <1> **I.** *vt* **1.** *inf* (*essuyer*) to wipe **2.** *inf* (*bâcler*) to botch **II.** *vpr inf* **se** ~ (**le derrière**) to wipe one's butt
torchis [tɔʀʃi] *m* cob
torchon [tɔʀʃɔ̃] *m* **1.** (*tissu*) cloth; **donner un coup de ~ sur/à qc** to dry/dust sth **2.** *inf* (*mauvais journal*) rag **3.** (*sale travail*) mess
tordant(e) [tɔʀdɑ̃, ɑ̃t] *adj inf* (*drôle*) hilarious
tord-boyaux [tɔʀbwajo] *m inv, inf* rotgut
tordre [tɔʀdʀ] <14> **I.** *vt* **1.** (*serrer en tournant: linge*) to wring; (*brins, fils*) to twist **2.** (*plier*) to bend; **être tordu** (*jambe, nez, règle*) to be twisted **II.** *vpr* **1.** (*faire des contorsions*) **se ~ de douleur/rire** to double up in pain/laughter **2.** (*se luxer*) **se ~ un membre** to dislocate a limb
tordu(e) [tɔʀdy] **I.** *part passé de* **tordre** **II.** *adj inf* (*esprit, personne, idée*) twisted **III.** *m(f) inf* weirdo
toréador [tɔʀeadɔʀ] *m* toreador
toréer [tɔʀee] <1> *vi* to fight a bull
torero [tɔʀeʀo] *m* bullfighter
tornade [tɔʀnad] *f* tornado
torpédo [tɔʀpedo] *f* AUTO, HIST open touring car
torpeur [tɔʀpœʀ] *f* torpor
torpille [tɔʀpij] *f* MIL torpedo
torpiller [tɔʀpije] <1> *vt* (*faire échouer*) *a.* MIL to torpedo
torpilleur [tɔʀpijœʀ] *m* torpedo boat
torréfier [tɔʀefje] <1> *vt* to roast
torrent [tɔʀɑ̃] *m* (*cours d'eau, flot abondant*) torrent; ~ **de larmes** flood of tears ▶ **il pleut à ~s** it's pouring down
torrentiel(le) [tɔʀɑ̃sjɛl] *adj* (*pluies*) torrential
torride [tɔʀid] *adj* **1.** (*brûlant*) burning; (*chaleur*) scorching **2.** (*passionné*) torrid
torsade [tɔʀsad] *f* twist
torsader [tɔʀsade] <1> *vt* (*brins, cheveux*) to twist
torse [tɔʀs] *m* **1.** (*poitrine*) chest **2.** ANAT, ART torso
torsion [tɔʀsjɔ̃] *f* (*déformation: de la bouche, des traits*) twisting
tort [tɔʀ] *m* **1.** (*erreur*) error; **avoir ~** to be wrong; **avoir grand ~ de** +*infin* to be very wrong to +*infin* **2.** (*préjudice*) wrong; (*moral*) harm; **faire du ~ à qn/qc** to harm sb/sth ▶ **à ~ ou à raison** rightly or wrongly; **parler à ~ et à travers** to talk complete nonsense
torticolis [tɔʀtikɔli] *m* stiff neck
tortillard [tɔʀtijaʀ] *m inf* local train
tortiller [tɔʀtije] <1> **I.** *vt* (*cheveux*) to twiddle; (*cravate, mouchoir*) to twiddle with **II.** *vi* ~ **des hanches/fesses** to wiggle one's hips/butt ▶ **y a pas à ~** *inf* there's no two ways about it **III.** *vpr* **se ~** (*personne*) to fidget; (*animal*) to squirm
tortionnaire [tɔʀsjɔnɛʀ] *mf* torturer
tortue [tɔʀty] *f* **1.** ZOOL tortoise; (*de mer*) turtle **2.** *inf* (*personne très lente*) slowpoke
tortueux, -euse [tɔʀtɥø, -øz] *adj* **1.** (*sinueux: chemin*) winding; (*escalier, ruelle*) twisting **2.** (*retors: conduite*) tortuous; (*manœuvres*) devious
torture [tɔʀtyʀ] *f* **1.** (*supplice*) torture **2.** (*souffrance*) torment
torturer [tɔʀtyʀe] <1> **I.** *vt* **1.** (*supplicier*) to torture **2.** (*faire souffrir: douleur, doute, faim, remords*) to torment **3.** (*déformer*) **être torturé par qc** (*traits, visage*) to be twisted with sth **II.** *vpr* **se ~** to torment oneself
tôt [to] *adv* **1.** (*de bonne heure*) early **2.** (*à une date ou une heure avancée, vite*) soon; **plus ~** sooner; **le plus ~ possible** as soon as possible ▶ **~ ou tard** sooner or later; **pas plus ~ ... que** no sooner ... than
total [tɔtal, -o] <-aux> *m* (*somme*) total ▶ **faire le ~ de qc** to add sth up; **au ~** (*en tout*) all in all; (*somme toute*) in total
total(e) [tɔtal, -o] <-aux> *adj* **1.** (*absolu: maîtrise, désespoir*) complete; (*obscurité, ruine*) total **2.** FIN, MATH (*hauteur, somme*) total
totalement [tɔtalmɑ̃] *adv* totally; (*détruit, ruiné*) completely
totaliser [tɔtalize] <1> *vt* ~ **qc** **1.** (*additionner*) to add sth up **2.** (*atteindre: nombre, voix, habitants*) to total sth up
totalitaire [tɔtalitɛʀ] *adj* totalitarian
totalité [tɔtalite] *f* whole
totem [tɔtɛm] *m* totem
toucan [tukɑ̃] *m* toucan
touchant(e) [tuʃɑ̃, ɑ̃t] *adj* (*émouvant*) moving; (*situation, histoire*) touching
touche [tuʃ] *f* **1.** INFORM, MUS (*d'un accordéon, piano*) key; ~ **"alternative"** Alt key; ~ **"contrôle"** CTRL; ~ **"échappement"** ESC; ~ **"effacement"** BACKSPACE; ~ **"entrée"** ENTER; ~ **"espace"** SPACE; ~ (**de**) **"fonction"** FUNCTION; ~ **"insertion"** INS; ~ **"majuscule"** SHIFT; ~ **"page précédente/**

suivante" PgUp/PgDn key; ~ **"retour arrière"** BACKSPACE; ~ **"retour"** RETURN; ~ **"suppression"** DEL; ~ **"tabulation"** TAB; ~ **"verrouillage majuscule"** CAPS LOCK; **presser la ~ F1** to press F1 **2.** (*coup de pinceau*) stroke **3.** (*à la pêche*) bite **4.** (*en escrime*) hit; (*au football, rugby: ligne*) touchline; (*au football: sortie du ballon*) throw-in; (*au rugby: sortie du ballon*) line-out ►**faire une ~** *inf* to be a hit; **sur la ~** (*au bord du terrain*) on the bench; *inf* (*à l'écart*) on the sidelines

touche-à-tout [tuʃatu] *mf inv, inf* **c'est un ~ 1.** (*enfant*) he can't keep his hands off anything **2.** (*personne aux activités multiples*) he's a jack-of-all-trades

toucher [tuʃe] <1> **I.** *vt* **1.** (*ballon, fond, plafond*) to touch **2.** (*être contigu à*) to adjoin **3.** (*frapper: balle, coup, explosion*) to hit; (*mesure, politique*) to affect **4.** (*concerner*) to concern; (*histoire, affaire*) to involve **5.** (*émouvoir: critique, reproche*) to affect; (*drame, deuil, scène*) to move **6.** (*recevoir: argent, ration, commission, pension*) to receive; (*à la banque: chèque*) to cash **7.** (*contacter, atteindre: personne, port, côte*) to reach **II.** *vi* **1.** (*porter la main sur*) ~ **à qc** to touch sth **2.** (*se servir de*) ~ **à ses économies** to use one's savings **3.** (*tripoter*) ~ **à qn** to lay a finger on sb **4.** (*modifier*) ~ **au règlement** to change the rules **5.** (*concerner*) ~ **à un domaine** to be connected with a field **6.** (*aborder*) ~ **à un problème/sujet** to broach a problem/subject **7.** (*être proche de*) ~ **à sa fin** to near its end **III.** *vpr* **se ~** (*personnes*) to touch; (*immeubles, localités, propriétés*) to be next to each other **IV.** *m* **1.** MUS, SPORT touch **2.** (*impression*) feel ►**au ~** by touch

touffe [tuf] *f* tuft

touffu(e) [tufy] *adj* (*épais*) thick; (*sourcils*) bushy; (*végétation*) dense

toujours [tuʒuʀ] *adv* **1.** (*constamment*) always **2.** (*encore*) still **3.** (*en toutes occasions*) always **4.** (*malgré tout*) still ►**qn peut ~ faire qc** sb can always do sth; **depuis ~** always

toulousain(e) [tuluzɛ̃, ɛn] *adj* of Toulouse

Toulousain(e) [tuluzɛ̃, ɛn] *m(f)* person from Toulouse

toupet [tupɛ] *m* **1.** (*touffe*) tuft of hair **2.** *inf* (*culot*) nerve

toupie [tupi] *f* **1.** (*jouet*) spinning top **2.** TECH spindle molder

tour[1] [tuʀ] *f* **1.** (*monument*) *a.* MIL tower; ~ **de contrôle** control tower; ~ **de forage** drilling rig; **la ~ Eiffel** the Eiffel tower **2.** (*immeuble*) tower block **3.** JEUX castle, rook

tour[2] [tuʀ] *m* **1.** (*circonférence*) outline; ~ **des yeux** eyeline; ~ **de hanches/poitrine** hip/chest measurement **2.** (*brève excursion*) trip; **faire un ~** (*à pied*) to go for a walk; (*en voiture*) to go for a drive; (*à vélo*) to go for a ride; ~ **d'horizon** survey **3.** (*succession alternée*) ~ **de garde** turn on duty; **c'est au ~ de qn de** +*infin* it's sb's turn to +*infin* **4.** (*rotation*) revolution **5.** (*duperie*) trick **6.** (*tournure*) expression **7.** (*exercice habile*) stunt; ~ **de force** feat of strength; (*exploit moral*) achievement; ~ **de prestidigitation** [*o* **de magie**] magic trick **8.** (*séance*) performance; ~ **de chant** song recital **9.** POL round; ~ **de scrutin** round of voting ►**en un ~ de main** in no time at all; **à ~ de rôle** in turn; **jouer un ~ à qn** to play a trick on sb

tourbe [tuʀb] *f* AGR peat

tourbière [tuʀbjɛʀ] *f* peat bog

tourbillon [tuʀbijɔ̃] *m* **1.** (*vent*) whirlwind; ~ **de neige** swirl of snow **2.** (*masse d'eau*) whirlpool **3.** (*colonne tournoyante*) ~ **de sable** eddy of sand **4.** (*agitation*) ~ **de la vie** hustle and bustle of life

tourbillonnement [tuʀbijɔnmɑ̃] *m* (*tournoiement: de feuilles, fumée*) swirl

tourbillonner [tuʀbijɔne] <1> *vi* (*eaux, feuilles*) to eddy; (*fumée, neige, poussière*) to swirl

Tour de Londres *f* **la ~** the Tower of London

tourelle [tuʀɛl] *f* **1.** turret **2.** MIL, NAUT gun turret

tourisme [tuʀism] *m* tourism; ~ **vert** ecotourism; **agence de ~** travel agency; **office de ~** tourist office

touriste [tuʀist] *mf* tourist

touristique [tuʀistik] *adj* tourist

tourmente [tuʀmɑ̃t] *f soutenu* (*tempête*) storm

tourmenté(e) [tuʀmɑ̃te] *adj* **1.** (*angoissé*) tormented **2.** (*compliqué: côte, formes, paysages*) rugged; (*style*) tortured **3.** (*agité: mer*) rough; (*vie*) turbulent

tourmenter [tuʀmɑ̃te] <1> **I.** *vt* **1.** (*tracasser: ambition, envie, jalousie*) to torment; (*doute, remords, scrupules*) to plague **2.** (*importuner*) ~ **qn de qc** to harass sb with sth **II.** *vpr* **se ~** to worry oneself sick

tournage [tuʀnaʒ] *m* **1.** CINE shooting **2.** TECH turning

tournant [tuʀnɑ̃] *m* **1.** (*virage*) bend **2.** (*changement*) turning point

tournant(e) [tuʀnɑ̃, ɑ̃t] *adj* (*qui peut tourner: plaque, pont, scène*) revolving; (*présidence*) rotating

tourné(e) [tuʀne] *adj* (*aigri*) off; (*sauce, vin*) sour ►**lettre bien/mal ~** well/badly-written letter

tourne-disque [tuʀnədisk] <tourne-disques> *m* record player

tournedos [tuʀnədo] *m* CULIN tournedos steak

tournée [tuʀne] *f* **1.** (*circuit: d'un artiste, conférencier*) tour; **être en ~** to be on tour **2.** *inf* (*au café*) round

tournemain [tuʀnəmɛ̃] *m* **en un ~** in next to no time

tourner [tuʀne] <1> **I.** *vt* **1.** (*mouvoir en rond, orienter, détourner*) to turn; ~ **la lampe vers la gauche/le haut** to turn the lamp to the left/upwards; ~ **le dos à qn/qc** to turn one's back on sb/sth **2.** (*retourner: page*) to turn;

(*disque, feuille*) to turn over **3.** (*contourner, en voiture, à vélo*) to round **4.** (*formuler*) to phrase **5.** (*transformer*) **~ qn/qc en ridicule** to make a laughing stock of sb/sth; **~ qc à son avantage** to turn sth to one's advantage **6.** CINE to shoot **7.** TECH to throw; (*bois*) to turn **II.** *vi* **1.** (*pivoter sur son axe*) to turn **2.** (*avoir un déplacement circulaire: personne, animal*) to turn; **la terre tourne autour du soleil** the earth revolves around the sun **3.** (*fonctionner*) to run; **~ à vide** (*machine*) to be on but not working; (*moteur*) to idle; **~ à plein rendement** [*o* **régime**] to be working at full capacity; **faire ~ un moteur** to run an engine **4.** (*avoir trait à*) **la conversation tourne autour de qn/qc** the conversation centered on sb/sth **5.** (*bifurquer*) to turn off **6.** (*s'inverser*) to turn around; (*vent*) to change; **ma chance a tourné** my luck has changed [*o* turned] **7.** (*évoluer*) **~ à/en qc** to change to/into sth; (*événement*) to turn into sth **8.** (*devenir aigre: crème, lait*) to turn **9.** CINE to shoot **10.** (*approcher*) **~ autour de qc** (*prix, nombre*) to be around sth ► **~ bien/mal** (*personne, chose*) to turn out well/badly **III.** *vpr* **1.** (*s'adresser à, s'orienter*) **se ~ vers qn/qc** to turn to sb/sth **2.** (*changer de position*) **se ~ vers qn/de l'autre côté** to turn towards sb/to the other side

tournesol [tuʀnəsɔl] *m* sunflower

tournevis [tuʀnəvis] *m* screwdriver

tournicoter [tuʀnikɔte] <1> *vi inf*, **tourniquer** [tuʀnike] <1> *vi inf* to hover around

tourniquet [tuʀnikɛ] *m* **1.** (*barrière*) turnstile **2.** (*porte*) revolving door **3.** (*pour arroser*) sprinkler **4.** (*présentoir*) revolving stand

tournis [tuʀni] *m inf* dizziness

tournoi [tuʀnwa] *m* tournament

tournoiement [tuʀnwamɑ̃] *m* whirling; (*des feuilles*) swirling

tournoyer [tuʀnwaje] <6> *vi* to whirl; (*plus vite*) to spin

tournure [tuʀnyʀ] *f* **1.** (*évolution*) development; **prendre bonne ~** to take a turn for the better **2.** LING form; (*idiomatique*) expression **3.** (*apparence*) bearing ► **~ d'esprit** turn of mind; **prendre ~** to take shape

tour-opérateur [tuʀɔperatœʀ] <tour-opérateurs> *m* tour operator

tourteau[1] [tuʀto] <x> *m* ZOOL crab

tourteau[2] [tuʀto] <x> *m* AGR oil cake

tourtereau [tuʀtəʀo] <x> *m* **1.** *pl, iron* (*amoureux*) lovebird **2.** (*oiseau*) young turtledove

tourterelle [tuʀtəʀɛl] *f* turtledove

tourtière [tuʀtjɛʀ] *f Québec* (*tourte à base de porc*) *type of pork pie*

tous [tu, tus] *v.* **tout**

Toussaint [tusɛ̃] *f* **la ~** All Saints' Day

> **i** In France **la Toussaint** is a public holiday. People visit cemeteries and lay flowers, usually chrysanthemums, on family graves.

tousser [tuse] <1> *vi* **1.** (*avoir un accès de toux*) to cough **2.** (*avoir des ratés: moteur*) to splutter

toussoter [tusɔte] <1> *vi* **1.** (*tousser légèrement*) to have a slight cough **2.** (*pour avertir, de gêne*) to clear one's throat

tout [tu] **I.** *adv* **1.** (*totalement*) **~ simple/bête** quite simple/easy; **le ~ premier/dernier** the very first/last; **c'est ~ autre chose** it's not the same thing at all **2.** (*très, vraiment*) very; **~ près de** very near to; **~ autour (de)** all around **3.** (*aussi*) **~e maligne qu'elle soit, ...** (*subj*) as crafty as she may be ... **4.** *inv* (*en même temps*) **~ en faisant qc** while doing sth **5.** (*en totalité*) completely; **tissu ~ laine/soie** pure wool/silk material ► **~ d'un coup** (*en une seule fois*) in one go; (*soudain*) suddenly; **~ à fait** exactly; **c'est ~ à fait possible** it is perfectly possible; **~ de suite** straight away; **c'est ~ comme** *inf* it's the same thing; **~ de même** all the same **II.** *m* **1.** (*totalité*) whole **2.** (*ensemble*) **le ~** everything ► **(pas) du ~!** not at all!; **elle n'avait pas du ~ de pain** she had no bread at all

tout(e) [tu, tut, *pl:* tu(s), tut] <tous, toutes> **I.** *adj indéf* **1.** *sans pl* (*entier*) **~ le temps/l'argent** all the time/money; **~ le monde** everybody; **~e la journée** all day; **~ ce bruit** all this noise **2.** *sans pl* (*tout à fait*) **c'est ~ le contraire** it's exactly the opposite **3.** *sans pl* (*seul, unique*) **c'est ~ l'effet que ça te fait?** is that all it does to you? **4.** *sans pl* (*complet*) **j'ai lu ~ Balzac** I have read all Balzac's works; **~ Londres** the whole of London; **à ~ prix** at any price; **à ~e vitesse** at top speed **5.** *sans pl* (*quel qu'il soit*) **~ homme** all men *pl;* **de ~e manière** in any case **6.** *pl* (*l'ensemble des*) **~es les places** all the seats; **tous les jours** every day; **dans tous les cas** in any case **7.** *pl* (*chaque*) **tous les quinze jours/deux jours** every two weeks/two days **8.** *pl* (*ensemble*) **nous avons fait tous les cinq ce voyage** all five of us made the trip **9.** *pl* (*la totalité des*) **à tous égards** in all respects; **de tous côtés** (*arriver*) from everywhere; (*regarder*) from all around; **de ~es sortes** of all kinds **II.** *pron indéf* **1.** *sans pl* (*opp: rien*) everything **2.** *pl* (*opp: personne/aucun*) everybody/everything; **un film pour tous** a film for everyone; **nous tous** all of us; **tous/~es ensemble** all together **3.** *sans pl* (*l'ensemble des choses*) **~ ce qui bouge** anything that moves ► **et c(e n)'est pas ~!** and that's not all!; **être ~ pour qn** to be everything to sb; **c(e n)'est pas ~ (que) de** *+infin* it's not enough just to *+infin;* **~ est bien qui finit bien** *prov* all's well that ends well; **~ ou rien** all or nothing; **en ~** (*au total*) in all; (*dans toute chose*) in every respect; **en ~ et pour ~** all in all

tout-à-l'égout [tutalegu] *m sans pl* main sewer

toutefois [tutfwa] *adv* however

tout-en-un [tutɑ̃ɛ̃] *adj inv* (*ordinateur*) all-in-

T

-one

toutou [tutu] *m enfantin* (*chien*) doggy

tout-petit [tup(ə)ti] <tout-petits> *m* small child

Tout-Puissant [tupɥisɑ̃] *m* REL **le ~** the Almighty

tout-puissant, toute-puissante [tupɥisɑ̃, tutpɥisɑ̃t] <tout-puissants> **I.** *adj* omnipotent **II.** *m, f* (*souverain absolu*) all-powerful figure

tout-terrain [tutɛʀɛ̃] <tout-terrains> **I.** *adj* all-terrain, four-wheel drive; **vélo ~** mountain bike **II.** *m* (*véhicule*) all-terrain [*o* four-wheel drive] vehicle

tout-venant [tuv(ə)nɑ̃] *m inv* **le ~ 1.** (*gens banals*) anybody **2.** (*choses courantes*) ordinary stuff

toux [tu] *f* cough

toxicité [tɔksisite] *f* toxicity

toxico [tɔksikɔ] *mf abr de* **toxicomane**

toxicologique [tɔksikɔlɔʒik] *adj* toxicological

toxicologue [tɔksikɔlɔg] *mf* toxicologist

toxicomane [tɔksikɔman] **I.** *adj* addicted to drugs **II.** *mf* drug addict

toxicomanie [tɔksikɔmani] *f* drug addiction

toxique [tɔksik] *adj* toxic; (*gaz*) poisonous

trac [tʀak] *m inf* fear; **avoir le ~** to have stage fright

tracas [tʀaka] *m* worry; **se faire du ~** to worry

tracasser [tʀakase] <1> **I.** *vt* to worry; (*administration*) to harass **II.** *vpr* **se ~ pour qn/qc** to worry about sb/sth

tracasserie [tʀakasʀi] *f gén pl* bother

trace [tʀas] *f* **1.** (*empreinte*) tracks *pl* **2.** (*marque laissée, quantité minime*) trace; (*cicatrice*) mark; (*de fatigue*) sign **3.** (*voie tracée*) path; (*au ski*) track ▶ **suivre qn à la ~** to follow sb's trail

tracé [tʀase] *m* **1.** (*parcours*) route **2.** (*plan, dessin*) layout **3.** (*graphisme*) line

tracer [tʀase] <2> *vt* **1.** (*dessiner*) to draw; (*chiffre, mot*) to write **2.** (*frayer: piste, route*) to open up **3.** (*décrire: portrait, tableau*) to paint

traceur [tʀasœʀ] *m* **1.** CHIM, MED, RADIO tracer **2.** INFORM plotter

trachée(-artère) [tʀaʃe(aʀtɛʀ)] <trachées (-artères)> *f* windpipe

trachéite [tʀakeit] *f* tracheitis

trachéotomie [tʀakeɔtɔmi] *f* tracheotomy

tract [tʀakt] *m* handout; **~ publicitaire** flier

tractable [tʀaktabl] *adj* towable

tracté(e) [tʀakte] *adj* tractor-drawn

tracter [tʀakte] <1> *vt* to tow

tracteur [tʀaktœʀ] *m* tractor

traction [tʀaksjɔ̃] *f* **1.** TECH traction **2.** AUTO drive; **~ avant/arrière** front-/rear-wheel drive **3.** SPORT (*à la barre, aux anneaux*) chin-up **4.** CHEMDFER engine service

tradition [tʀadisjɔ̃] *f* **1.** (*coutume*) tradition **2.** *sans pl a.* REL (*coutumes transmises*) tradition **3.** JUR transfer ▶ **dans la grande ~ de qn/qc** in the great tradition of sb/sth

traditionnel(le) [tʀadisjɔnɛl] *adj* **1.** (*conforme à la tradition*) traditional **2.** (*habituel*) usual

traditionnellement [tʀadisjɔnɛlmɑ̃] *adv* **1.** (*selon la tradition*) traditionally **2.** (*habituellement*) usually **3.** (*comme toujours*) as always

traducteur [tʀadyktœʀ] *m* INFORM translator

traducteur, -trice [tʀadyktœʀ, -tʀis] *m, f* (*interprète*) translator

traduction [tʀadyksjɔ̃] *f* **1.** (*dans une autre langue*) translation; **~ en anglais** translation into English **2.** (*expression: d'un sentiment*) expression

traduire [tʀadɥiʀ] *irr* **I.** *vt* **1.** (*dans une autre langue*) **~ de l'anglais en français** to translate from English into French **2.** (*exprimer*) **~ une pensée/un sentiment** (*chose*) to convey a thought/feeling; (*personne*) to express a thought/feeling **3.** JUR **~ en justice** to bring sb up before the courts **II.** *vpr* **1.** (*être traduisible*) **se ~ en qc** to translate into sth **2.** (*s'exprimer*) **se ~ par qc** (*sentiment*) to be conveyed by sth

traduisible [tʀadɥizibl] *adj* translatable

trafic [tʀafik] *m* **1.** (*circulation*) traffic **2.** *péj* (*commerce*) trade; **~ de drogues** drug trafficking **3.** *inf* (*activité suspecte*) funny business

traficoter [tʀafikɔte] <1> *vt inf* **1.** (*falsifier*) to fake; (*produit*) to doctor **2.** (*bricoler*) **~ un appareil** to fix an appliance **3.** (*manigancer*) to plot

trafiquant(e) [tʀafikɑ̃, ɑ̃t] *m(f)* trafficker

trafiquer [tʀafike] <1> *vt inf* **1.** (*falsifier: comptes*) to fiddle; **~ un moteur/produit** to tamper with a product/engine **2.** (*bricoler*) to fix **3.** (*manigancer*) to plot

tragédie [tʀaʒedi] *f* tragedy

tragédien(ne) [tʀaʒedjɛ̃, jɛn] *m(f)* tragic actor, actress *m, f*

tragique [tʀaʒik] **I.** *adj* (*auteur, accident*) tragic **II.** *m sans pl* (*genre littéraire, gravité*) tragedy

tragiquement [tʀaʒikmɑ̃] *adv* tragically

trahir [tʀaiʀ] <8> **I.** *vt* **1.** (*tromper*) to betray; (*femme*) to be unfaithful to **2.** (*révéler*) to give away **3.** (*dénaturer: auteur, pièce*) to be unfaithful to **4.** (*lâcher: sens*) to misrepresent **II.** *vi* to be a traitor **III.** *vpr* **se ~ par une action** to give oneself away with an action

trahison [tʀaizɔ̃] *f* **1.** (*traîtrise*) treachery; (*d'une femme*) betrayal **2.** (*falsification: d'une œuvre*) misrepresentation

train [tʀɛ̃] *m* **1.** CHEMDFER train; **~ express/omnibus/rapide** express/slow/fast train; **~ à grande vitesse** high speed train; **~ électrique/à vapeur** electric/steam train; **le ~ en direction/venant de Lyon** the train to/from Lyon; **prendre le ~** to take the train **2.** (*allure*) pace; **à ce ~** at this rate; **~ de vie** lifestyle **3.** (*jeu*) train; **~ de roues/pneus** set of wheels/tires; **~ d'atterrissage** landing gear **4.** (*série: de textes, négociations*) batch **5.** AUTO **~ avant/arrière** front/rear axle unit ▶ **mener grand ~** to live in style; **être en ~**

de faire qc to be doing sth; **en** ~ in shape; **mettre qc en** ~ to get sth under way

traînant(e) [tʀɛnɑ̃, ɑ̃t] *adj* **1.** (*lent*) slow; (*démarche*) shuffling **2.** (*qui traîne à terre: ailes*) trailing

traînard(e) [tʀɛnaʀ, aʀd] *m(f) inf* (*lambin*) straggler

traîne [tʀɛn] *f* COUT train ▶ **à la** ~ lagging behind

traîneau [tʀɛno] <x> *m* sleigh

traînée [tʀene] *f* (*trace*) tracks; (*d'une étoile filante*) tail

traînement [tʀɛnmɑ̃] *m* trailing; (*de pieds*) dragging

traîner [tʀene] <1> **I.** *vt* **1.** (*tirer*) to pull; (*jambe*) to drag **2.** (*emmener de force*) to drag **3.** (*être encombré de: personne*) to be unable to shake off; ~ **qc avec soi** to carry sth around with one **4.** (*ne pas se séparer de*) ~ **une idée** to be stuck with an idea **II.** *vi* **1.** (*lambiner: personne*) to lag behind; (*discussion, maladie, procès*) to drag on **2.** (*vadrouiller: personne*) to hang around **3.** (*être en désordre*) to lie around **4.** (*pendre à terre*) to drag **5.** (*être lent*) **elle a l'accent qui traîne** she has a drawl **III.** *vpr* **1.** (*se déplacer difficilement*) **se** ~ to drag oneself around **2.** (*se forcer*) **se** ~ **pour** +*infin* to have to force oneself to +*infin*

training [tʀeniŋ] *m* (*entraînement*) training

train-train [tʀɛ̃tʀɛ̃] *m sans pl, inf* boring routine

traire [tʀɛʀ] *vt irr, défec* to milk

trait [tʀɛ] *m* **1.** (*ligne*) line **2.** (*caractéristique*) trait; (*distinctif, dominant*) characteristic; (*d'une époque, d'un individu*) feature **3.** *gén pl* (*lignes du visage*) feature **4.** (*preuve*) act **5.** MUS run **6.** LING feature; ~ **d'union** LING hyphen; (*lien*) link ▶ ~ **de génie** brain wave; **avoir** ~ **à qc** to relate to sth; (*film, livre*) to deal with sth; **tirer un** ~ **sur qc** (*renoncer*) to draw a line under sth; **d'un** ~ in one go; ~ **pour** ~ exactly

traitant(e) [tʀɛtɑ̃, ɑ̃t] *adj* (*shampoing, lotion*) medicated; **votre médecin** ~ the doctor treating you

traite [tʀɛt] *f* **1.** (*achat à crédit*) ~ **de qc** installment for sth **2.** AGR (*des vaches*) milking **3.** (*trafic*) trade; **la** ~ **des noirs/blanches** the slave/white slave trade ▶ **(tout) d'une (seule)** ~ all in one go

traité [tʀete] *m* **1.** POL treaty; ~ **de Versailles** Treaty of Versailles **2.** (*ouvrage*) treatise

traitement [tʀɛtmɑ̃] *m* **1.** MED, TECH treatment **2.** (*façon de traiter: du chômage, d'un problème*) handling **3.** (*comportement*) treatment; ~ **de faveur** preferential treatment **4.** (*de l'eau, de déchets radioactifs*) processing **5.** INFORM ~ **multitâche** multitasking; ~ **de l'information** [*o* **des données**] data processing; ~ **de texte** word processing **6.** (*rémunération*) salary

traiter [tʀete] <1> **I.** *vt* **1.** (*se comporter envers, analyser*) *a.* MED to treat; **se faire** ~ **pour qc** to get treatment for sth **2.** (*qualifier*) ~ **qn de fou/menteur** to call sb crazy/a liar **3.** (*régler: dossier*) to process; ~ **une affaire/question** to deal with some business/an issue **4.** TECH (*déchets*) to process; (*eaux*) to treat; (*pétrole*) to refine; **oranges non traitées** unwaxed oranges **5.** INFORM (*données, texte*) to process **II.** *vi* **1.** (*avoir pour sujet*) ~ **de qc** to deal with sth; (*film*) to be about sth **2.** (*négocier*) ~ **avec qn** to negotiate with sb **III.** *vpr* (*être réglé*) **se** ~ to be dealt with

traiteur [tʀɛtœʀ] *m* delicatessen; (*à domicile*) caterer

traître, traîtresse [tʀɛtʀ, tʀɛtʀɛs] **I.** *adj* **1.** (*qui trahit*) treacherous **2.** (*sournois*) underhand; (*escalier, virage*) treacherous; (*paroles*) threatening **II.** *m, f* (*traitor*) ~ **à qn/qc** traitor to sb/sth ▶ **en** ~ underhandedly

traîtrise [tʀɛtʀiz] *f* **1.** (*déloyauté*) treachery **2.** (*acte perfide*) act of treachery **3.** (*danger caché*) treacherousness

trajectoire [tʀaʒɛktwaʀ] *f* **1.** (*parcours: d'un véhicule*) path; (*d'un projectile*) trajectory; (*d'une planète*) orbit **2.** (*carrière*) career path

trajet [tʀaʒɛ] *m* journey; (*d'une artère, d'un nerf*) course

tram [tʀam] *m inf abr de* **tramway**

trame [tʀam] *f* **1.** (*ensemble de fils*) weft **2.** (*base: d'un récit, film, livre*) framework

tramer [tʀame] <1> **I.** *vt* **1.** (*ourdir: coup*) to plot; (*complot*) to hatch **2.** (*tisser*) to weave **II.** *vpr* **se** ~ **contre qn/qc** (*intrigue*) to be plotted against sb/sth; (*complot*) to be hatched against sb/sth

tramontane [tʀamɔ̃tan] *f* tramontane

trampoline [tʀɑ̃pɔlin] *m* trampoline

tramway [tʀamwɛ] *m* tram

tranchant [tʀɑ̃ʃɑ̃] *m* **1.** (*côté coupant*) cutting edge **2.** (*mordant: d'un argument*) impact; (*d'un reproche*) force ▶ **être à double** ~ to be double-edged

tranchant(e) [tʀɑ̃ʃɑ̃, ɑ̃t] *adj* **1.** (*coupant*) sharp **2.** (*péremptoire: reproche*) sharp; (*personne*) curt **3.** (*trop vif*) cutting

tranche [tʀɑ̃ʃ] *f* **1.** (*portion*) slice **2.** (*subdivision: de travaux*) section; (*de remboursement*) installment; ~ **d'âge** age group; ~ **de revenus** salary bracket; ~ **de vie** slice of life **3.** (*bord: d'une pièce de monnaie, d'une planche*) edge **4.** (*viande*) piece ▶ **s'en payer une** ~ *inf* to have a great time

tranché(e) [tʀɑ̃ʃe] *adj* sliced

tranchée [tʀɑ̃ʃe] *f* (*fossé*) *a.* MIL trench

trancher [tʀɑ̃ʃe] <1> **I.** *vt* **1.** (*couper au couteau*) to cut; (*mettre en tranches*) to slice; (*enlever*) to cut off; (*couper à l'épée*) to slash **2.** (*résoudre: différend, débat*) to settle **II.** *vi* (*décider*) ~ **en faveur de qn/qc** to decide in favor of sb/sth

tranchoir [tʀɑ̃ʃwaʀ] *m* **1.** (*planche*) cutting board **2.** (*couteau*) chopper

tranquille [tʀɑ̃kil] **I.** *adj* **1.** (*calme, paisible*) quiet **2.** (*en paix*) **être** ~ (*personne*) to have peace; **laisser qn ~** to leave sb alone **3.** (*rassuré*) at ease **4.** (*assuré: conviction, courage*) quiet **5.** *iron, inf* (*certain*) **là, je suis ~** I'm sure of that ▶**pouvoir <u>dormir</u> ~** to be able to sleep easy; **se <u>tenir</u> ~** to keep quiet **II.** *adv inf* **1.** (*facilement*) easily **2.** (*sans crainte*) with no worries

tranquillement [tʀɑ̃kilmɑ̃] *adv* **1.** (*paisiblement, avec maîtrise de soi*) peacefully; (*vivre*) quietly **2.** (*sans risque*) safely **3.** (*sans se presser*) calmly

tranquillisant [tʀɑ̃kilizɑ̃] *m* tranquilizer

tranquillisant(e) [tʀɑ̃kilizɑ̃, ɑ̃t] *adj* tranquilizing

tranquilliser [tʀɑ̃kilize] <1> **I.** *vt* to reassure **II.** *vpr* **se ~** to put one's mind at ease

tranquillité [tʀɑ̃kilite] *f* **1.** (*calme*) tranquility; (*d'un lieu, de la mer, rue*) calmness **2.** (*sérénité*) peace; (*matérielle*) security ▶**<u>en</u> toute ~** with complete peace of mind

tranquillos [tʀɑ̃kilos] *adv inf* calmly

transaction [tʀɑ̃zaksjɔ̃] *f* COM transaction; **~ boursière** stock exchange dealing

transactionnel(le) [tʀɑ̃zaksjɔnɛl] *adj* JUR compromise

transalpin(e) [tʀɑ̃zalpɛ̃, in] *adj* transalpine

transat[1] [tʀɑ̃zat] *m abr de* **transatlantique II.**

transat[2] [tʀɑ̃zat] *f abr de* **transatlantique** transatlantic race

transatlantique [tʀɑ̃zatlɑ̃tik] **I.** *adj* transatlantic **II.** *m* **1.** (*paquebot*) (transatlantic) liner **2.** (*chaise*) deck chair

transbahuter [tʀɑ̃sbayte] <1> **I.** *vt inf* to shift **II.** *vpr inf* **se ~ à la maison** to drag oneself home

transbordement [tʀɑ̃sbɔʀdəmɑ̃] *m a.* NAUT (*d'une cargaison*) shipment; (*de passagers*) transfer

transborder [tʀɑ̃sbɔʀde] <1> *vt* (*marchandises*) to ship; (*personnes*) to transfer; NAUT (*personnes*) to transfer by sea

transbordeur [tʀɑ̃sbɔʀdœʀ] **I.** *adj* **navire ~** transporter ship **II.** *m* (*car-ferry*) ferry

transcendance [tʀɑ̃sɑ̃dɑ̃s] *f* transcendency

transcendantal(e) [tʀɑ̃sɑ̃dɑ̃tal, -o] <-aux> *adj* transcendental

transcender [tʀɑ̃sɑ̃de] <1> **I.** *vt* (*dépasser*) to transcend **II.** *vpr* **se ~** to transcend oneself

transcription [tʀɑ̃skʀipsjɔ̃] *f* **1.** (*copie*) transcript **2.** LING, MUS, BIO transcription

transcrire [tʀɑ̃skʀiʀ] *vt irr* **1.** (*copier: manuscrit, texte*) to copy out; (*message oral*) to write down **2.** ADMIN, LING, BIO, MUS to transcribe

transculturel(le) [tʀɑ̃skyltyʀɛl] *adj* intercultural

transe [tʀɑ̃s] *f* **1.** *pl* (*affres*) agony + *vb sing* **2.** (*état second*) trance

transept [tʀɑ̃sɛpt] *m* transept

transférable [tʀɑ̃sfeʀabl] *adj* transferable

transférer [tʀɑ̃sfeʀe] <5> *vt* **1.** (*déplacer*) *a.* FIN to transfer; (*cendres, dépouille*) to translate; **nos bureaux ont été transférés** we have moved offices **2.** JUR to convey

transfert [tʀɑ̃sfɛʀ] *m* (*déplacement*) transfer

transfiguration [tʀɑ̃sfigyʀasjɔ̃] *f* (*transformation*) transfiguration

Transfiguration [tʀɑ̃sfigyʀasjɔ̃] *f* REL **la ~** the Transfiguration

transfiguré(e) [tʀɑ̃sfigyʀe] *adj* transformed

transfigurer [tʀɑ̃sfigyʀe] <1> *vt* to transfigure; (*visage, réalité*) to transform

transfo [tʀɑ̃sfo] *m inf abr de* **transformateur**

transformable [tʀɑ̃sfɔʀmabl] *adj* **être ~ en qc** to be convertible into sth; (*aspect*) to be transformable into sth

transformateur [tʀɑ̃sfɔʀmatœʀ] *m* ELEC transformer

transformation [tʀɑ̃sfɔʀmasjɔ̃] *f* **1.** (*changement*) change; (*d'une maison, pièce*) transformation; (*de matières premières*) conversion **2.** (*métamorphose*) **~ en qc** change into sth **3.** SPORT conversion

transformer [tʀɑ̃sfɔʀme] <1> **I.** *vt* **1.** (*modifier*) to change; (*entreprise*) to transform; (*vêtement*) to alter; (*matière première*) to convert **2.** (*opérer une métamorphose*) **~ une pièce en bureau** to convert a room into an office **3.** SPORT (*essai, penalty*) to convert **4.** MATH to transform **II.** *vpr* **1.** (*changer*) **se ~** to change **2.** (*changer de nature*) **se ~ en jeune homme sérieux** to turn into a serious young man **3.** CHIM, PHYS **l'eau se transforme en glace** water is transformed into ice

transfuge [tʀɑ̃sfyʒ] *mf* renegade

transfusé(e) [tʀɑ̃sfyze] *m(f)* transfused

transfuser [tʀɑ̃sfyze] <1> *vt* (*sang*) to transfuse; **~ qn** to give sb a blood transfusion

transfusion [tʀɑ̃sfyzjɔ̃] *f* transfusion

transgresser [tʀɑ̃sgʀese] <1> *vt* (*loi*) to break

transgression [tʀɑ̃sgʀesjɔ̃] *f* **~ d'une interdiction** breaking of a ban

transhumer [tʀɑ̃zyme] <1> *vi* (*animal*) to move to summer grazing

transi(e) [tʀɑ̃zi] *adj* **1.** (*paralysé*) **~ de froid/peur** rigid with cold/fear **2.** *fig* **amoureux ~** lovelorn youth

transiger [tʀɑ̃ziʒe] <2a> *vi* (*faire un compromis*) **~ avec qn/qc** to compromise with sb/sth

transistor [tʀɑ̃zistɔʀ] *m* RADIO, ELEC transistor

transit [tʀɑ̃zit] *m* COM, ANAT transit ▶**<u>en</u> ~** in transit

transitaire [tʀɑ̃zitɛʀ] *adj* transit

transiter [tʀɑ̃zite] <1> *vi* **~ par qc** to pass through sth in transit; (*en avion*) to fly through sth

transitif, -ive [tʀɑ̃zitif, -iv] *adj* transitive

transition [tʀɑ̃zisjɔ̃] *f* MUS, CINE, PHYS (*passage*) **~ de l'enfance à qc** transition from childhood to sth; **sans ~** suddenly ▶**<u>de</u> ~** transitional

transitoire [tʀɑ̃zitwaʀ] *adj* transitory; (*période*) provisional

translation [tʀɑ̃slasjɔ̃] *f* MATH translation

translucide [tʀɑ̃slysid] *adj* translucent

translucidité [tʀɑ̃slysidite] *f* transparency
transmanche [tʀɑ̃smɑ̃ʃ] *adj* **trafic ~** cross-Channel traffic
transmetteur [tʀɑ̃smetœʀ] *m* transmitter
transmettre [tʀɑ̃smɛtʀ] *irr* **I.** *vt* **1.** (*léguer*) to hand down **2.** (*faire parvenir: message*) to transmit; (*renseignement, ordre*) to pass on **3.** (*en science*) *a.* RADIO, TEL, TV to transmit **4.** BIO, MED **~ une maladie à qn** to pass on a disease to sb **II.** *vpr* **1.** (*se passer*) **se ~ une maladie/des nouvelles** to pass a disease/some news on to each other **2.** (*se communiquer*) **se ~** (*secret, maladie*) to be passed on; (*métier*) to be taught
transmissible [tʀɑ̃smisibl] *adj* **1.** MED transmittable **2.** JUR transmissible
transmission [tʀɑ̃smisjɔ̃] *f* **1.** (*passation*) handing on; **~ de l'autorité à qn** conferment of authority on sb **2.** (*diffusion*) *a.* INFORM **~ d'une information à qn** passing on of information to sb; **~ d'une lettre à qn** forwarding of a letter to sb; **~ de données** data transmission **3.** RADIO, TEL, TV broadcasting **4.** SPORT (*d'un ballon*) passing **5.** BIO, MED, TECH, AUTO transmission
transmutation [tʀɑ̃smytasjɔ̃] *f* PHYS, CHIM transmutation
transparaître [tʀɑ̃spaʀɛtʀ] *vi irr* (*forme, jour, idées, sentiment*) to show through
transparence [tʀɑ̃spaʀɑ̃s] *f* **1.** (*opp: opacité: du cristal, verre*) transparency; (*de l'air, de l'eau*) clearness **2.** (*absence de secret*) openness; (*d'une allusion*) transparency
transparent [tʀɑ̃spaʀɑ̃] *m* transparency; (*pour rétroprojecteur*) overhead
transparent(e) [tʀɑ̃spaʀɑ̃, ɑ̃t] *adj* **1.** (*opp: opaque*) transparent; (*air, eau*) clear; **papier ~** see-through paper **2.** (*sans secret*) open; (*affaire, négociation*) transparent **3.** (*limpide: regard, yeux*) limpid; (*personne*) open **4.** (*évident*) obvious; (*allusion*) transparent
transpercer [tʀɑ̃spɛʀse] <2> *vt* (*percer, passer au travers: regard, balle*) to pierce; **~ qc** (*pluie*) to soak through sth; (*froid*) to go through sth
transpiration [tʀɑ̃spiʀasjɔ̃] *f* **1.** (*processus*) perspiring **2.** (*sueur*) perspiration; (*soudaine*) sweat
transpirer [tʀɑ̃spiʀe] <1> *vi* (*suer*) to perspire
transplant [tʀɑ̃splɑ̃] *m* BIO, MED transplant
transplantable [tʀɑ̃splɑ̃tabl] *adj* MED, AGR transplantable
transplantation [tʀɑ̃splɑ̃tasjɔ̃] *f* **1.** BIO, MED (*d'un organe*) transplant **2.** AGR transplantation **3.** (*déplacement: d'une population*) transplanting
transplanté(e) [tʀɑ̃splɑ̃te] *m(f)* MED transplant patient
transplanter [tʀɑ̃splɑ̃te] <1> **I.** *vt* **1.** BIO, MED, AGR to transplant **2.** (*déplacer: population*) to resettle **II.** *vpr* **se ~** to resettle
transport [tʀɑ̃spɔʀ] *m* **1.** (*acheminement*) transport; (*d'énergie*) carrying **2.** *pl* **les ~s** transportation; **~s aériens/routiers** air/road transportation ▶**entreprise de ~** trucking company; **moyens de ~** means of transportation; **~s en commun** public transportation
transportable [tʀɑ̃spɔʀtabl] *adj* (*marchandise*) transportable; (*blessé, malade*) fit to be moved
transporter [tʀɑ̃spɔʀte] <1> *vt* **1.** (*acheminer: voyageur, blessé, prisonnier*) to transport **2.** TECH (*énergie, son*) to carry **3.** (*transférer*) to bring; (*scène, action*) to shift
transporteur [tʀɑ̃spɔʀtœʀ] *m* **1.** TECH conveyor **2.** (*entreprise*) trucking company
transposable [tʀɑ̃spozabl] *adj* **1.** (*qui peut être transposé*) adaptable **2.** MUS transposable
transposer [tʀɑ̃spoze] <1> *vt* **1.** (*transférer*) to adapt **2.** MUS (*morceau*) to transpose
transposition [tʀɑ̃spozisjɔ̃] *f* **1.** (*transfert, dans une autre époque*) adaptation **2.** MUS transposition
transsexuel(le) [tʀɑ̃(s)sɛksɥɛl] *adj, m(f)* transsexual
transvaser [tʀɑ̃svɑze] <1> *vt* to decant
transversal(e) [tʀɑ̃svɛʀsal, -o] <-aux> *adj* transversal; **rue ~e** road running across
transversale [tʀɑ̃svɛʀsal] *f* **1.** (*itinéraire*) cross-country route **2.** (*route*) side street
transversalement [tʀɑ̃svɛʀsalmɑ̃] *adv* across
trapèze [tʀapɛz] *m* **1.** MATH trapezoid **2.** SPORT trapeze **3.** ANAT trapezius
trapéziste [tʀapezist] *mf* trapeze artist
trapézoïdal(e) [tʀapezɔidal, -o] <-aux> *adj* trapezoid
trappe [tʀap] *f* **1.** (*ouverture*) hatch; (*dans le plancher*) *a.* THEAT trap door; **~ d'évacuation** exit door **2.** (*piège*) trap
trappeur [tʀapœʀ] *m* trapper
trapu(e) [tʀapy] *adj* squat
traque [tʀak] *f* (*du gibier*) tracking; (*d'un malfaiteur*) tracking down; (*d'une vedette*) hounding
traquenard [tʀaknaʀ] *m* trap
traquer [tʀake] <1> *vt* (*abus, injustices*) to hunt down; (*voleur*) to track down; (*vedette*) to hound
traumatique [tʀomatik] *adj* traumatic
traumatisant(e) [tʀomatizɑ̃, ɑ̃t] *adj* traumatic
traumatiser [tʀomatize] <1> *vt* **1.** (*choquer*) to traumatize **2.** MED **~ qn** to cause sb trauma
traumatisme [tʀomatism] *m* trauma
traumatologie [tʀomatɔlɔʒi] *f* **1.** (*science*) traumatology **2.** (*service*) trauma unit
traumatologiste [tʀomatɔlɔʒist] *mf* trauma specialist; (*chirurgien*) emergency service specialist
travail [tʀavaj, -o] <-aux> *m* **1.** (*activité*) work; **travaux dirigés** [*o* **pratiques**] ECOLE tutorial class; **un ~ d'amateur** piece of amateur workmanship; **~ d'équipe** teamwork **2.** (*tâche*) task **3.** (*activité professionnelle*) job; **~ (au) noir** illegal work; **se mettre au ~** to get down to work; **~ à la chaîne** assembly-line work; **~ à plein temps/à temps par-**

T

tiel full-time/part-time work **4.** *pl* (*ensemble de tâches*) **les travaux domestiques/ménagers** housework; **travaux d'urbanisme** urban planning **5.** ECON labor **6.** (*façonnage*) working; ~ **de la pâte** working the dough **7.** (*fonctionnement*) working **8.** (*effet*) work; ~ **de l'érosion** process of erosion **9.** PHYS work **10.** ADMIN **travaux publics** civil engineering; **ingénieur des travaux publics** civil engineer; **travaux!** work in progress! **11.** HIST **travaux forcés** hard labor ▶ **mâcher le ~ à qn** to do all the hard work for sb; **se tuer au ~** to work oneself to death

travailler [tʀavaje] <1> **I.** *vi* **1.** (*accomplir sa tâche*) to work **2.** (*exercer un métier*) to work; ~ **à son compte** to work for oneself **3.** (*s'exercer*) to practice; (*sportif*) to train **4.** (*viser un but*) ~ **à un reportage/sur un projet** to work on a report/project; ~ **à satisfaire les clients** to work to satisfy the customers **5.** (*fonctionner: esprit, muscle*) to work; **faire ~ sa tête** (*l'utiliser*) to use one's head; (*réfléchir beaucoup*) to use one's mind **6.** (*subir des modifications*) to work; (*cidre, vin*) to ferment **II.** *vt* **1.** to work; (*phrase, style*) to work on; ~ **la terre** to work the earth; **travaillé à la main** handmade **2.** (*s'entraîner à*) to train; (*morceau de musique*) to practice **3.** (*tourmenter*) ~ **qn** to worry sb; (*douleur, fièvre*) to torment sb; (*problème, question*) to preoccupy sb **4.** (*opp: chômer*) **les jours travaillés** working days; **les jours non travaillés** holidays

travailleur, -euse [tʀavajœʀ, -jøz] **I.** *adj* hard-working **II.** *m, f* **1.** (*salarié*) worker; ~ **indépendant** self-employed worker **2.** (*personne laborieuse*) hard worker

travailliste [tʀavajist] **I.** *adj* POL **parti ~** Labor Party **II.** *mf* **les ~s** Labor + *vb sing*

travée [tʀave] *f* **1.** (*d'une église, d'un théâtre*) row **2.** ARCHIT bay

travelling [tʀavliŋ] *m* CINE dolly

travelo [tʀavlo] *m inf* drag queen

travers [tʀavɛʀ] *m* (*petit défaut*) failing ▶ **à ~ champs** across fields; **prendre qc de ~** to take sth the wrong way; **regarder qn de ~** (*avec suspicion*) to look askance at sb; (*avec animosité*) to give sb a dirty look; **à ~ qc, au ~ de qc** (*en traversant*) across sth; (*par l'intermédiaire de*) through sth; **à ~ les siècles** down the centuries; **à ~ le monde** across the world; **de ~** (*en biais*) crooked; (*mal*) wrong; **en ~** across

traversable [tʀavɛʀsabl] *adj* traversable

traverse [tʀavɛʀs] *f* **1.** CHEMDFER (railroad) tie **2.** TECH crosspiece; (*d'une fenêtre*) transom

traversée [tʀavɛʀse] *f* (*franchissement*) **la ~ d'une rue/d'un pont** crossing a road/bridge; **la ~ d'une région en voiture** driving through a region ▶ ~ **du désert** wilderness years *pl*

traverser [tʀavɛʀse] <1> *vt* **1.** (*franchir*) to cross; ~ **qc à pied** to walk across sth; ~ **qc en voiture** to drive across sth; ~ **qc à vélo** to ride across sth; ~ **qc à la nage** to swim across sth; **faire ~ qn** to help sb across **2.** (*se situer en travers de: route, fleuve, pont*) to cross **3.** (*transpercer*) to pierce; (*clou*) to go through **4.** (*subir*) to go through **5.** (*se manifester dans*) **cette idée lui traverse l'esprit** the idea crosses her mind **6.** (*fendre*) to slice through

traversier [tʀavɛʀsje] *m Québec* (*bac*) ferry

traversier, -ière [tʀavɛʀsje, -jɛʀ] *adj* running across; **flûte traversière** transverse flute

traversin [tʀavɛʀsɛ̃] *m* bolster

travesti [tʀavɛsti] *m* **1.** (*homosexuel*) transvestite **2.** (*rôle pour un homme*) drag role; (*rôle pour une femme*) breeches role; (*artiste*) drag artist

travesti(e) [tʀavɛsti] *adj* fancy dress

travestir [tʀavɛstiʀ] <8> *vt* **1.** (*falsifier*) to misrepresent; (*voix*) to disguise **2.** (*déguiser*) ~ **qn en fée** to dress sb up as a fairy

travestissement [tʀavɛstismɑ̃] *m* **1.** (*déformation*) misrepresentation; (*de la vérité, réalité*) travesty; (*de la voix*) disguising **2.** (*déguisement*) dressing up

traviole [tʀavjɔl] *inf* **mettre qc de ~** to put sth askew; **comprendre/faire qc de ~** to get/do sth all wrong

trayeuse [tʀɛjøz] *f* (*machine*) milking machine

trébuchant(e) [tʀebyʃɑ̃, ɑ̃t] *adj* **1.** (*chancelant*) tottering; (*ivrogne*) staggering **2.** (*hésitant: voix*) faltering; (*diction*) halting

trébucher [tʀebyʃe] <1> *vi* **1.** (*buter*) ~ **sur une pierre** to stumble over a stone **2.** (*être arrêté par*) **faire ~ qn** to trip sb up

trèfle [tʀɛfl] *m* **1.** BOT clover **2.** JEUX clubs *pl* **3.** (*figure*) shamrock **4.** ARCHIT trefoil

treille [tʀɛj] *f* **1.** (*tonnelle*) vine arbor **2.** (*vigne*) climbing vine

treillis[1] [tʀɛji] *m* **1.** CONSTR lattice work **2.** (*grillage*) wire mesh

treillis[2] [tʀɛji] *m* MIL fatigues *pl*

treize [tʀɛz] **I.** *adj* thirteen **II.** *m inv* thirteen; *v.a.* **cinq**

treizième [tʀɛzjɛm] **I.** *adj antéposé* thirteenth **II.** *mf* **le/la ~** the thirteenth **III.** *m* (*fraction*) thirteenth; *v.a.* **cinquième**

tréma [tʀema] **I.** *m* dieresis **II.** *app* **e/i/u ~** e/i/u dieresis; **a/o/u ~** (*en allemand*) a/o/u umlaut

tremblant(e) [tʀɑ̃blɑ̃, ɑ̃t] *adj* trembling; (*lueur*) flickering

tremblement [tʀɑ̃bləmɑ̃] *m* **1.** (*frissonnement*) shiver; (*des jambes*) shaking; (*d'une lumière, flamme*) flickering; **~s de fièvre** feverish shivering + *vb sing;* ~ **de terre** earthquake **2.** (*vibration*) shaking; (*des feuilles*) trembling

trembler [tʀɑ̃ble] <1> *vi* **1.** (*frissonner*) to shiver; (*flamme, lumière*) to flicker; ~ **de colère** to shake with rage **2.** (*vibrer*) to tremble; (*voix*) to quaver **3.** (*avoir peur*) to tremble; **faire ~ qn** to make sb tremble

tremblote [tʀɑ̃blɔt] *f* shivering; **avoir la ~** *inf* (*de peur, froid*) to have the shivers; (*de vieillesse*) to have the shakes
trembloter [tʀɑ̃blɔte] <1> *vi* (*de peur, froid*) to shiver a bit; (*de vieillesse*) to shake a bit
trémousser [tʀemuse] <1> *vpr* **se ~** (*danseur*) to wiggle; (*enfant*) to wriggle
trempe [tʀɑ̃p] *f* **1.** (*fermeté*) stature **2.** *inf* (*correction*) hiding **3.** TECH (*de l'acier, du verre*) quenching
trempé(e) [tʀɑ̃pe] *adj* **1.** (*mouillé*) soaked; **~ de sueur** dripping with sweat **2.** TECH (*acier, verre*) tempered ▶ **bien** ~ sturdy
tremper [tʀɑ̃pe] <1> **I.** *vt* **1.** (*mouiller*) to soak; (*sol*) to wet **2.** (*humecter: grains, semence*) to soak **3.** (*plonger*) **~ sa plume dans l'encre** to dip one's pen in the ink; **~ son croissant dans son café au lait** to dunk one's croissant in one's coffee **4.** TECH (*acier*) to temper **II.** *vi* **1.** (*rester immergé*) **laisser ~ des légumes secs** to soak pulses **2.** (*participer à*) **~ dans qc** to be involved in sth
trempette [tʀɑ̃pɛt] *f inf* dip; **faire ~ dans le lac** to have a dip in the lake
tremplin [tʀɑ̃plɛ̃] *m* **1.** SPORT diving board; (*au ski*) ski jump **2.** (*aide, soutien*) springboard
trentaine [tʀɑ̃tɛn] *f* **1.** (*environ trente*) **une ~ de personnes/pages** about thirty people/pages **2.** (*âge approximatif*) **avoir la ~** to be about thirty years old; **approcher de la ~** to be nearly thirty years old
trente [tʀɑ̃t] **I.** *adj* thirty **II.** *m inv* thirty; *v.a.* **cinq, cinquante**
trentenaire [tʀɑ̃tnɛʀ] *adj* thirty-year-old; **prescription ~** thirty-year statute of limitations
trente-six [tʀɑ̃tsis] **I.** *adj* **1.** (*chiffre*) thirty-six; *v.a.* **cinq 2.** *inf* (*une grande quantité*) loads ▶ **voir ~ chandelles** to see stars **II.** *m inf* **tous les ~ du mois** once in a blue moon
trentième [tʀɑ̃tjɛm] **I.** *adj antéposé* thirtieth **II.** *mf* **le/la ~** the thirtieth **III.** *m* (*fraction*) thirtieth; *v.a.* **cinquième**
trépidant(e) [tʀepidɑ̃, ɑ̃t] *adj* **1.** (*saccadé*) frenetic **2.** (*fébrile*) throbbing
trépidation [tʀepidasjɔ̃] *f* **1.** (*mouvement*) vibration **2.** (*fébrilité*) bustle
trépider [tʀepide] <1> *vi* to vibrate
trépied [tʀepje] *m* **1.** (*siège*) (three-legged) stool **2.** (*support*) trivet; (*d'un appareil photo*) tripod
trépignement [tʀepiɲmɑ̃] *m* stamping of feet
trépigner [tʀepiɲe] <1> *vi* **~ d'impatience** to stamp one's feet with impatience
très [tʀɛ] *adv* very; (*nécessaire*) extremely; **avoir ~ faim/peur** to be very hungry/frightened; **faire ~ attention** to be very careful
trésor [tʀezɔʀ] *m* **1.** (*richesse enfouie*) treasure **2.** *pl* (*richesses*) treasures **3.** (*source précieuse*) **dépenser des ~s d'ingéniosité** to expend boundless ingenuity **4.** ADMIN, FIN **Trésor (public)** (*moyens financiers*) Treasury; (*bureau*) Treasury Department
trésorerie [tʀezɔʀʀi] *f* **1.** (*budget*) finances **2.** (*gestion: d'une entreprise*) accounts; (*budget*) budget **3.** ADMIN, FIN accounts; (*bureau*) accounts department; (*gestion du budget de l'État*) department of public revenue
trésorier, -ière [tʀezɔʀje, -jɛʀ] *m, f* treasurer
tressaillir [tʀesajiʀ] *vi irr* to quiver; (*maison*) to shake; (*cœur*) to flutter
tressauter [tʀesote] <1> *vi* **1.** (*être secoué: personne*) to be jolted; (*dans un véhicule*) to be tossed around **2.** (*sursauter*) to jump; (*dans son sommeil, ses pensées*) to start
tresse [tʀɛs] *f* braid
tresser [tʀese] <1> *vt* to braid
tréteau [tʀeto] <x> *m* **1.** (*support*) trestle **2.** THEAT **les ~x** the boards
treuil [tʀœj] *m* winch
trêve [tʀɛv] *f* **1.** (*répit*) respite **2.** (*arrêt des hostilités*) truce ▶ **mettre une ~ à qc** to call a halt to sth; **~ de plaisanteries!** seriously now!
tri [tʀi] *m* **1.** (*choix*) sorting; **~ des déchets** garbage sorting; **faire le ~ de qc** to sort sth **2.** (*à la poste*) sorting **3.** INFORM **effectuer un ~ croissant/décroissant** to sort by increasing/decreasing order
triade [tʀijad] *f* triad
triage [tʀijaʒ] *m* CHEMDFER **gare de ~** switchyard
trial [tʀijal] *m* **1.** (*moto*) dirt bike **2.** (*course*) motocross
triangle [tʀijɑ̃gl] *m* **1.** MATH, MUS triangle **2.** AUTO **~ de présignalisation** warning triangle
triangulaire [tʀijɑ̃gylɛʀ] **I.** *adj* **1.** (*à trois côtés*) triangular **2.** (*à trois: accord, débat*) three-sided **II.** *f* POL three-way contest
triathlonien(ne) [tʀi(j)atlɔnjɛ̃, jɛn] *m(f)* triathlete
tribal(e) [tʀibal, -o] <-aux> *adj* tribal
tribord [tʀibɔʀ] *m* starboard
tribu [tʀiby] *f* **1.** SOCIOL tribe **2.** *iron* (*grande famille*) clan
tribulations [tʀibylasjɔ̃] *fpl* tribulations
tribunal [tʀibynal, -o] <-aux> *m* **1.** (*juridiction*) court; **~ administratif** *court dealing with internal affairs in the French civil service;* **~ correctionnel** criminal court; **~ de commerce** commercial court; **~ fédéral** *Suisse* (*cour suprême de la Suisse*) supreme court; **~ de grande instance** ≈ superior court; **~ de police** police court; **~ pour enfants** juvenile court **2.** (*bâtiment*) courthouse **3.** REL **~ suprême** judgment of God
tribune [tʀibyn] *f* **1.** (*estrade*) platform; POL rostrum **2.** (*galerie surélevée*) gallery; SPORT (*d'un champ de courses, stade*) grandstand **3.** (*lieu d'expression*) forum; (*dans un journal*) opinion page ▶ **monter à la ~** to stand up to speak
tribut [tʀiby] *m* **1.** HIST tribute **2.** (*sacrifice*) price
tributaire [tʀibytɛʀ] *adj* tributary

T

tricentenaire [tʀisɑ̃tnɛʀ] **I.** *adj* tricentennial **II.** *m* (*d'une personne, d'un événement*) tricentennial
triche [tʀiʃ] *f inf* cheating
tricher [tʀiʃe] <1> *vi* **1.** (*frauder*) to cheat; ~ **aux cartes/à l'examen** to cheat at cards/on a test **2.** (*tromper*) ~ **sur le prix** to overcharge
tricherie [tʀiʃʀi] *f* cheating
tricheur, -euse [tʀiʃœʀ, -øz] **I.** *adj* **être** ~ to be a cheat **II.** *m, f* swindler; (*au jeu, à l'examen*) cheat; (*aux cartes*) cardsharp
tricolore [tʀikɔlɔʀ] **I.** *adj* **1.** (*bleu, blanc, rouge*) red, white and blue **2.** (*français: succès*) French **3.** (*de trois couleurs*) tricolored **II.** *mpl* SPORT **les** ~**s** the French team
tricot [tʀiko] *m* **1.** (*vêtement*) sweater; (*gilet tricoté*) cardigan; ~ **de corps** undershirt **2.** TECH (*étoffe*) knitwear **3.** (*action*) knitting
tricoter [tʀikɔte] <1> **I.** *vt* to knit; **tricoté à la main/à la machine** hand-/machine-knitted **II.** *vi* (*faire du tricot*) to knit; **aiguille à** ~ knitting needle
tricycle [tʀisikl] *m* tricycle
trident [tʀidɑ̃] *m* **1.** (*à la pêche*) fish-spear **2.** AGR three-pronged fork **3.** HIST trident
triennal(e) [tʀijenal, -o] <-aux> *adj* triennial
trier [tʀije] <1> *vt* to sort; (*choisir*) to select
trieur, -euse [tʀijœʀ, -jøz] *m* **1.** MIN grader **2.** AGR sorter
trigo *inf*, **trigonométrie** [tʀigɔnɔmetʀi] *f* trigonometry
trigonométrique [tʀigɔnɔmetʀik] *adj* trigonometric(al)
trilatéral(e) [tʀilateʀal, -o] <-aux> *adj* ECON, POL trilateral
trilingue [tʀilɛ̃g] **I.** *adj* trilingual **II.** *mf* trilingual person
trimaran [tʀimaʀɑ̃] *m* trimaran
trimbal(l)er [tʀɛ̃bale] <1> *vt inf* ~ **qc** to lug sth around
trimer [tʀime] <1> *vi* to slave away
trimestre [tʀimɛstʀ] *m* **1.** (*période de trois mois*) quarter; ECOLE term **2.** (*somme*) quarter
trimestriel(le) [tʀimɛstʀijɛl] *adj* (*paiement, publication*) quarterly
trimestriellement [tʀimɛstʀijɛlmɑ̃] *adv* on a quarterly basis
tringle [tʀɛ̃gl] *f* rod
Trinité [tʀinite] *f* **1.** REL Trinity; **la Sainte** ~ the Holy Trinity **2.** GEO (**l'île de**) **la** ~ Trinidad
trinquer [tʀɛ̃ke] <1> *vi* ~ **à la santé de qn** to drink to sb's health
trio [tʀijo] *m a.* MUS trio
triomphal(e) [tʀijɔ̃fal, -o] <-aux> *adj* triumphal; (*accueil*) triumphant
triomphalement [tʀijɔ̃falmɑ̃] *adv* triumphantly
triomphalisme [tʀijɔ̃falism] *m* triumphalism; (*après un succès*) overconfidence
triomphant(e) [tʀijɔ̃fɑ̃, ɑ̃t] *adj* triumphant
triomphateur, -trice [tʀijɔ̃fatœʀ, -tʀis] **I.** *adj* (*air, nation, parti*) triumphant **II.** *m, f* triumphant victor
triomphe [tʀijɔ̃f] *m* triumph
triompher [tʀijɔ̃fe] <1> *vi* **1.** (*personne, vérité, mode*) to triumph **2.** (*crier victoire*) to rejoice
tripartite [tʀipaʀtit] *adj* tripartite; **gouvernement** ~ three-party government
tripatouillage [tʀipatujaʒ] *m inf* messing around; (*économique, électorale*) rigging
tripe [tʀip] *f* **1.** *pl* CULIN tripe **2.** *pl, inf* (*boyau, ventre de l'homme*) guts ▸**faire qc <u>avec</u> ses** ~**s** *inf* (*avec enthousiasme*) to put everything one's got into sth; (*intuitivement*) to do sth from the heart
triphasé [tʀifɑze] *m* three-phase current
triphasé(e) [tʀifɑze] *adj* three-phase
triple [tʀipl] **I.** *adj* triple **II.** *m* **le** ~ **du prix** three times the price; **le** ~ **de temps** three times as long
triplé [tʀiple] *m* SPORT pick three; (*trois victoires de suite*) triple success
triplement [tʀipləmɑ̃] **I.** *adv* **1.** (*trois fois*) three times over **2.** (*tout à fait*) trebly; (*vrai*) in three ways **II.** *m* **1.** (*multiplication*) tripling **2.** (*agrandissement*) threefold increase; (*d'une autoroute, voie*) trebling
tripler [tʀiple] <1> **I.** *vt* **1.** (*multiplier par trois*) to triple **2.** (*agrandir de trois éléments: autoroute*) to treble **II.** *vi* to triple
triplés, triplées [tʀiple] *mpl, fpl* triplets
triporteur [tʀipɔʀtœʀ] *m* delivery tricycle
tripoter [tʀipɔte] <1> **I.** *vt* **1.** (*triturer: fruits*) to finger; ~ **des crayons/des pièces** to fiddle with pencils/coins; ~ **une radio** to play with a radio **2.** (*toucher avec insistance*) ~ **qc** to fiddle with sth **II.** *vi* **1.** (*fouiller*) ~ **dans un tiroir** to rummage around in a drawer **2.** (*trafiquer*) to be involved in funny business **III.** *vpr* **1.** (*se caresser*) **se** ~ to play with oneself **2.** (*triturer*) **se** ~ **la barbe en parlant** to fiddle with one's beard while speaking
trique [tʀik] *f* (*gourdin*) cudgel
trisomie [tʀizɔmi] *f* Down syndrome
triste [tʀist] *adj* **1.** *a. antéposé* (*affligé, affligeant*) sad; **avoir l'air** ~ to look sad; **avoir** ~ **mine** to be a sorry sight **2.** *a. antéposé* gloomy **3.** *antéposé, péj* (*déplorable: époque, mémoire*) dreadful; (*affaire*) sorry; (*résultats*) awful ▸**ne <u>pas</u> être** ~ *inf* (*personne*) to be a laugh a minute; (*soirée, voyage*) to be eventful
tristement [tʀistəmɑ̃] *adv* **1.** (*d'un air triste: regarder*) sorrowfully; (*parler, raconter*) sadly **2.** (*de façon lugubre*) gloomily **3.** (*cruellement*) cruelly
tristesse [tʀistɛs] *f* **1.** (*état de mélancolie*) sadness **2.** (*chagrin*) sorrow
tristounet(te) [tʀistunɛ, ɛt] *adj inf* sad; (*temps*) dreary
trithérapie [tʀiteʀapi] *f* MED triple therapy
triton [tʀitɔ̃] *m* ZOOL newt
trituration [tʀityʀasjɔ̃] *f* **1.** (*mastication*) grinding up **2.** TECH (*broyage*) crushing; (*pilage*) pounding; (*malaxage*) kneading

triturer [tRityRe] <1> *vt* **1.** (*broyer*) to crush; (*aliments, médicament, sel*) to grind (up) **2.** (*tripoter: mouchoir*) to twist; ~ **son crayon/sa veste** to fiddle with one's pencil/jacket
trivial(e) [tRivjal, -jo] <-aux> *adj* **1.** (*vulgaire*) crude **2.** (*ordinaire*) mundane **3.** (*évident*) trite
trivialement [tRivjalmɑ̃] *adv* crudely
trivialité [tRivjalite] *f* **1.** (*vulgarité*) crudeness **2.** (*banalité*) mundaneness
troc [tRɔk] *m* **1.** (*échange*) swap **2.** (*système économique*) **le** ~ barter
troglodyte [tRɔglɔdit] **I.** *adj v.* **troglodytique** **II.** *m* **1.** (*habitant d'une grotte*) cave dweller, troglodyte **2.** (*oiseau*) wren
troglodytique [tRɔglɔditik] *adj* **habitations** ~**s** cave dwellings
trogne [tRɔɲ] *f inf* mug
trognon [tRɔɲɔ̃] *m* core; (*de chou*) stalk
trois [tRwɑ] **I.** *adj* three ► **en** ~ **mots** in a word **II.** *m inv* three; *v.a.* **cinq**
trois-étoiles [tRwɑzetwal] **I.** *adj inv* three-star **II.** *m inv* **1.** (*hôtel*) three-star hotel **2.** (*restaurant*) three-star restaurant
trois-huit [tRwɑɥit] *mpl inv* **faire les** ~ to operate three eight-hour shifts
troisième [tRwɑzjɛm] **I.** *adj antéposé* third; **le** ~ **âge** (*période de vie*) retirement years *pl;* (*personnes âgées*) senior citizens *pl;* **le** ~ **cycle** graduate school **II.** *mf* **le/la** ~ the third **III.** *f* ECOLE eighth grade; *v.a.* **cinquième**
troisièmement [tRwɑzjɛmmɑ̃] *adv* thirdly
trois-mâts [tRwɑmɑ] *m inv* three-master
trois-pièces [tRwɑpjɛs] *m inv* **1.** (*appartement*) three-room apartment **2.** COUT **costume** ~ three-piece suit
trolleybus [tRɔlɛbys] *m* trolley bus
trombe [tRɔ̃b] *f* **1.** (*forte averse*) cloudburst **2.** METEO whirlwind ► **en** ~ *inf* at top speed; **passer en** ~ to race by
trombone [tRɔ̃bɔn] **I.** *m* **1.** MUS trombone **2.** (*attache*) paper clip **II.** *mf* trombonist
trompe [tRɔ̃p] *f* **1.** MUS trumpet **2.** AUTO horn **3.** ARCHIT squinch **4.** ZOOL snout; (*d'un insecte*) proboscis **5.** *souvent pl* ANAT tube
trompe-l'œil [tRɔ̃plœj] *m inv* ART trompe l'œil
tromper [tRɔ̃pe] <1> **I.** *vt* **1.** (*duper*) to trick; ~ **qn sur le prix** to overcharge sb **2.** (*être infidèle à*) ~ **qn avec qn** to cheat on sb with sb **3.** (*déjouer*) ~ **qc** to escape from sth **4.** (*décevoir*) ~ **l'attente/l'espoir de qn** to fall short of sb's expectations/hopes **5.** (*faire oublier*) ~ **qc** to keep sth at bay; (*faim, soif*) to stave off sth **II.** *vi* to deceive **III.** *vpr* **1.** (*faire erreur*) **se** ~ to make a mistake; **se** ~ **dans son calcul** to get one's calculations wrong **2.** (*confondre*) **se** ~ **de direction** to take the wrong direction; **se** ~ **de numéro** to get the wrong number ► **c'est à s'y** ~ you'd hardly know the difference
tromperie [tRɔ̃pRi] *f* deception
trompette [tRɔ̃pɛt] **I.** *f* MUS trumpet ► **nez en** ~ turned-up nose **II.** *m* **1.** MUS trumpet player **2.** MIL bugler
trompettiste [tRɔ̃petist] *mf* trumpet player
trompeur, -euse [tRɔ̃pœR, -øz] *adj* (*promesse*) empty; (*distance, résultats*) deceptive; (*ressemblance*) illusory; (*personne*) deceitful; (*discours*) misleading
trompeusement [tRɔ̃pøzmɑ̃] *adv* deceitfully
tronc [tRɔ̃] *m* **1.** BOT, ANAT trunk **2.** ARCHIT (*d'une colonne*) shaft **3.** ECOLE ~ **commun** core curriculum
tronche [tRɔ̃ʃ] *f inf* head; (*visage*) face; **avoir une sale** ~ to have an ugly mug
tronçon [tRɔ̃sɔ̃] *m* **1.** (*partie*) section; (*d'une voie ferrée, autoroute*) stretch **2.** (*morceau coupé*) segment; (*d'une colonne*) section
tronçonner [tRɔ̃sɔne] <1> *vt* **1.** (*diviser en tronçons*) to divide up **2.** (*découper*) to cut up **3.** (*scier*) to saw up
tronçonneuse [tRɔ̃sɔnøz] *f* chain saw
trône [tRon] *m* throne
trôner [tRone] <1> *vi* to sit enthroned; (*tableau*) to have pride of place
tronquer [tRɔ̃ke] <1> *vt* (*détail*) to cut out; (*conclusion*) to shorten; (*texte, citation*) to abridge; (*données*) to cut down
trop [tRo] *adv* **1.** (*de façon excessive*) too; (*manger, faire*) too much **2.** (*en quantité excessive*) ~ **de temps/travail** too much time/work **3.** (*pas tellement*) **ne pas** ~ **aimer qc** not to like sth much; **ne pas** ~ **savoir** not to be too sure; **je n'ai pas** ~ **envie** I don't really feel like it ► **c'est** ~**!** it's too much
trophée [tRɔfe] *m* trophy
tropical(e) [tRɔpikal, -o] <-aux> *adj* tropical
tropique [tRɔpik] *m* **1.** GEO tropic **2.** (*région tropicale*) **les** ~**s** the tropics
Tropique [tRɔpik] *m* ~ **du Cancer/du Capricorne** Tropic of Cancer/of Capricorn
trop-perçu [tRopɛRsy] <trop-perçus> *m* **1.** ADMIN overpayment **2.** COM excess payment
trop-plein [tRoplɛ̃] <trop-pleins> *m* **1.** TECH (*tuyau d'évacuation*) overflow **2.** (*surplus*) surplus **3.** (*excès*) **un** ~ **d'amour/d'énergie** overflowing love/boundless energy
troquer [tRɔke] <1> *vt* to swap
trot [tRo] *m* **1.** (*allure*) trot **2.** (*discipline*) **course de** ~ **attelé** trotting race
trotte [tRɔt] *f inf* quite a way
trotter [tRɔte] <1> *vi* **1.** *inf* (*aller à petits pas: animal*) to scamper; (*personne*) to scurry **2.** (*aller au trot: cheval*) to trot
trotteur, -euse [tRɔtœR, -øz] *m, f* (*cheval*) trotter
trotteuse [tRɔtøz] *f* second hand
trottiner [tRɔtine] <1> *vi* to jog along; (*enfant*) to toddle around
trottinette [tRɔtinɛt] *f* toy scooter
trottoir [tRɔtwaR] *m* sidewalk
trou [tRu] *m* **1.** (*cavité*) hole; (*d'une aiguille*) eye; ~ **de la serrure** keyhole **2.** (*moment de libre*) gap **3.** (*déficit*) gap; ~ (**dans la couche**) **d'ozone** hole in the ozone layer **4.** (*vide: d'un*

T

témoignage, d'une œuvre) gap; **~ de mémoire** memory lapse

troubadour [tʀubaduʀ] *m* troubadour

troublant(e) [tʀublɑ̃, ɑ̃t] *adj* **1.** (*déconcertant*) disconcerting; (*élément*) troubling **2.** (*inquiétant: événement, fait*) disturbing **3.** (*étrange: événement, mystère*) unsettling **4.** (*qui inspire le désir*) arousing

trouble[1] [tʀubl] **I.** *adj* **1.** (*opp: limpide: image, vue*) blurred; (*liquide*) cloudy; (*lumière*) dull **2.** (*équivoque: période*) dismal **II.** *adv* **voir ~** to have blurred vision

trouble[2] [tʀubl] *m* **1.** *pl* MED disorder; (*psychiques, mentaux*) distress **2.** *pl* (*désordre: politiques, sociaux*) unrest **3.** (*désarroi*) confusion **4.** (*agitation*) turmoil

trouble-fête [tʀubləfɛt] <trouble-fêtes> *mf* spoilsport

troubler [tʀuble] <1> **I.** *vt* **1.** (*gêner fortement*) to disrupt **2.** (*perturber*) to bother **3.** (*déranger*) to disturb **4.** (*émouvoir*) to unsettle; (*sexuellement*) to arouse **5.** MED (*digestion, facultés mentales*) to disturb **6.** (*altérer la clarté: atmosphère, ciel*) to cloud; **~ l'eau** to make the water cloudy **II.** *vpr* **se ~** (*devenir trouble*) to become cloudy; (*mémoire*) to become blurred

troué(e) [tʀue] *adj* **chaussettes ~es** socks with holes in them

trouée [tʀue] *f* (*ouverture*) gap; (*d'une forêt*) clearing

trouer [tʀue] <1> *vt* **~ qc 1.** (*faire un trou*) to make a hole in sth **2.** (*faire plusieurs trous*) to make holes in sth **3.** (*traverser: rayon de lumière*) to break through sth

troufion [tʀufjɔ̃] *m inf* soldier

trouillard(e) [tʀujaʀ, jaʀd] **I.** *adj inf* yellow **II.** *m(f) inf* coward

trouille [tʀuj] *f inf* **ficher** [*o* **flanquer**] **la ~ à qn** to scare the hell out of sb

troupe [tʀup] *f* **1.** MIL troop **2.** THEAT troupe

troupeau [tʀupo] <x> *m* herd

trousse [tʀus] *f* (*étui à compartiments*) case; **~ à outils** tool bag; **~ d'écolier** pencil case; **~ de toilette** [*o* **voyage**] toilet bag ▶ **avoir qn à ses ~s** to have sb hot on one's heels

trousseau [tʀuso] <x> *m* **1.** (*clés*) bunch of keys **2.** (*vêtements*) clothes *pl;* (*d'une mariée*) trousseau

trouvaille [tʀuvɑj] *f* find

trouvé(e) [tʀuve] *adj* **objets ~s** lost and found; **excuse toute ~e** ready-made excuse

trouver [tʀuve] <1> **I.** *vt* **1.** (*découvrir, avoir le sentiment*) to find; **~ étrange qu'elle ait fait qc** (*subj*) to find it strange that she did sth **2.** (*voir*) **~ du plaisir à faire qc** to take pleasure in doing sth; **aller/venir ~ qn** to go/come and find sb **II.** *vpr* **1.** (*être situé*) **se ~** to be **2.** (*être*) **se ~ bloqué/coincé** to find oneself stuck; **se ~ dans l'obligation de partir** to be compelled to leave **3.** (*se sentir*) **se ~ bien/mal** to feel good/uncomfortable **4.** (*exprime la coïncidence*) **ils se trouvent être nés le même jour** they turned out to have been born on the same day **5.** (*se rencontrer*) **un bon job se trouve toujours** one can always find a good job **III.** *vpr impers* **1.** (*par hasard*) **il se trouve que je suis libre** it so happens I'm free **2.** (*on trouve, il y a*) **il se trouve toujours un pour faire qc** there's always someone who'll do sth ▶ **si ça se trouve, il va pleuvoir** *inf* it may well rain

truand [tʀyɑ̃] *m* crook

truander [tʀyɑ̃de] <1> *vt inf* to swindle

truc [tʀyk] *m* **1.** *inf* (*chose*) thingamajig **2.** *inf* (*personne*) what's-his-name, what's-her-name *m, f;* **c'est Truc, tu sais** it's you know, what's-his-name/what's-her-name **3.** *inf* (*combine*) trick **4.** (*tour*) trick ▶ **c'est mon ~** *inf* it's my thing

trucage [tʀykaʒ] *m* **1.** (*falsification: de statistiques, de la réalité*) doctoring; (*des élections*) fixing **2.** CINE, PHOT effect

trucider [tʀyside] <1> *vt inf* **~ qn** to knock sb off

truculence [tʀykylɑ̃s] *f* raciness

truculent(e) [tʀykylɑ̃, ɑ̃t] *adj* racy

truelle [tʀyɛl] *f* trowel

truffe [tʀyf] *f* **1.** BOT, CULIN truffle **2.** (*museau*) nose

truffé(e) [tʀyfe] *adj* **1.** (*garni de truffes*) truffled **2.** *fig* **être ~ de qc** to be loaded with sth

truffer [tʀyfe] <1> *vt* **1.** CULIN **~ qc** to garnish sth with truffles **2.** *fig* **~ un texte de citations** to pepper a text with quotations

truie [tʀɥi] *f* sow

truite [tʀɥit] *f* trout

truquage [tʀykaʒ] *m v.* **trucage**

truquer [tʀyke] <1> *vt* to fix; (*comptes*) to fiddle

trust [tʀœst] *m* ECON trust

tsar [tsaʀ] *m* czar, tsar

tsarine [tsaʀin] *f* czarina, tsarina

tsariste [tsaʀist] *adj* czarist, tsarist

tsé-tsé [tsetse] *adj inv* (**mouche**) **~** tsetse fly

t-shirt [tiʃœʀt] *m abr de* **tee-shirt**

tsigane [tsigan] **I.** *adj* **musique ~** Hungarian gypsy music **II.** *mf* Hungarian gypsy

tsvp *abr de* **tournez s'il vous plaît** PTO

T.T.C. [tetese] *abr de* **toutes taxes comprises** tax included

tu [ty] <*inf, devant voyelle ou h muet* t'> **I.** *pron pers* you **II.** *m* **dire ~ à qn** to use "tu" with sb

tu(e) [ty] *part passé de* **taire**

tuba [tyba] *m* **1.** MUS tuba **2.** SPORT snorkel

tube[1] [tyb] *m* **1.** (*tuyau, emballage à presser*) *a.* ELEC tube; **~ à essai** test tube **2.** ANAT **~ digestif** digestive tract

tube[2] [tyb] *m inf* (*chanson*) hit

tubercule [tybɛʀkyl] *m* BOT tubercle

tuberculeux, -euse [tybɛʀkylø, -øz] **I.** *adj* (*personne*) tuberculous **II.** *m, f* MED tuberculosis patient

tuberculose [tybɛʀkyloz] *f* tuberculosis

tubéreux, -euse [tybeʀø, -øz] *adj* BOT tuber-

ous
tubulaire [tybylɛʀ] *adj* (*lampe*) tubular
tubulure [tybylyʀ] *f* **1.** (*ensemble de tubes*) piping **2.** (*conduit*) pipe
TUC [tyk] *m abr de* **travail d'utilité collective** paid community work
tué(e) [tɥe] *m(f)* **il y a eu deux blessés et un ~** there were two people injured and one person killed
tue-mouche(s) [tymuʃ] **I.** *adj inv* **papier ~** fly-paper **II.** *m* fly agaric
tuer [tɥe] <1> **I.** *vt* **1.** (*donner la mort à*) to kill; (*gibier*) to shoot; **se faire ~** to get killed **2.** (*nuire à: espoir, environnement*) to ruin; (*initiative*) to kill off **II.** *vi* to kill **III.** *vpr* **1.** (*être victime d'un accident*) **se ~** to get killed **2.** (*se donner la mort*) **se ~** to kill oneself **3.** (*se fatiguer*) **se ~ à faire qc** to wear oneself out doing sth
tuerie [tyʀi] *f* slaughter
tue-tête [tytɛt] *adv* **à ~** at the top of one's voice
tueur, -euse [tɥœʀ, -øz] *m, f* killer
tuf [tyf] *m* tuff
tuile [tɥil] *f* **1.** (*petite plaque: d'un toit*) tile **2.** *inf* (*événement fâcheux*) stroke of bad luck **3.** CULIN *thin cookie*
tuilerie [tɥilʀi] *f* tilery
tulipe [tylip] *f* tulip
tulle [tyl] *m* tulle
tuméfié(e) [tymefje] *adj* swollen
tumeur [tymœʀ] *f* tumor
tumulte [tymylt] *m* (*d'une foule*) commotion; (*des flots, d'un orage*) tumult; (*des passions*) turmoil; (*de la rue, de la ville*) (*agitation*) hustle and bustle; (*bruit*) hubbub
tumultueux, -euse [tymyltɥø, -øz] *adj* **1.** (*agité: passion*) tumultuous; (*période, vie*) stormy; (*discussion*) agitated; (*flots*) turbulent **2.** (*bruyant*) loud
tuner [tynœʀ] *m* tuner
tunique [tynik] *f* **1.** (*vêtement ample*) smock **2.** MIL tunic
Tunisie [tynizi] *f* **la ~** Tunisia
tunisien(ne) [tynizjɛ̃, jɛn] *adj* Tunisian
Tunisien(ne) [tynizjɛ̃, jɛn] *m(f)* Tunisian
tunnel [tynɛl] *m* **1.** (*galerie*) tunnel **2.** (*période difficile*) **le bout du ~** the end of the tunnel
tuque [tyk] *f Québec* (*bonnet de laine à bords roulés en forme de cône surmonté d'un gland ou d'un pompon*) tuque (*woolen hat*)
turban [tyʀbɑ̃] *m* turban
turbine [tyʀbin] *f* turbine
turbo[1] [tyʀbo] *adj inv* turbo
turbo[2], **turbocompresseur** [tyʀbokɔ̃pʀesœʀ] *m* turbocharger
turboréacteur [tyʀboʀeaktœʀ] *m* turbojet
turbot [tyʀbo] *m* turbot
turbulence [tyʀbylɑ̃s] *f* **1.** (*agitation*) *a.* PHYS, METEO turbulence **2.** (*caractère*) boisterousness
turbulent(e) [tyʀbylɑ̃, ɑ̃t] *adj* **1.** (*agité*) turbulent **2.** (*rebelle*) rebellious
turc [tyʀk] *m* Turkish; *v.a.* **français**
turc, turque [tyʀk] *adj* Turkish
Turc, Turque [tyʀk] *m(f)* Turk
turf [tœʀf, tyʀf] *m* racetrack
turfiste [tœʀfist, tyʀfist] *mf* racing fan
turlupiner [tyʀlypine] <1> *vt inf* to bother
turpitude [tyʀpityd] *f gén pl* depravity
turque [tyʀk] **W.-C. à la ~** stand-up toilet; *v.a.* **turc**
Turquie [tyʀki] *f* **la ~** Turkey
turquoise [tyʀkwaz] **I.** *f* (*pierre*) turquoise **II.** *m* (*couleur*) turquoise **III.** *adj inv* turquoise
tus [ty] *passé simple de* **taire**
tutélaire [tytelɛʀ] *adj* JUR tutelary
tutelle [tytɛl] *f* **1.** (*protection abusive*) tutelage **2.** JUR (*d'un mineur, aliéné*) guardianship **3.** ADMIN, POL protection; **en** [*o* **sous**] **~** under protection ▶ **prendre qn sous sa ~** JUR to become the guardian of sb; (*protéger*) to take sb under one's wing
tuteur [tytœʀ] *m* (*support*) stake
tuteur, -trice [tytœʀ, -tʀis] *m, f* **1.** JUR (*d'un mineur*) guardian **2.** ECOLE, UNIV tutor
tutoiement [tytwamɑ̃] *m* use of "tu"
tutorat [tytɔʀa] *m* tutorial system
tutoyer [tytwaje] <6> **I.** *vt* **~ qn** to use "tu" with sb **II.** *vpr* **se ~** to call each other "tu"
tutu [tyty] *m* tutu
tuyau [tɥijo] <x> *m* **1.** (*tube rigide*) pipe; (*tube souple*) tube; (*d'une cheminée*) flue; **~ d'alimentation** supply pipe; **~ d'arrosage** garden hose **2.** *inf* (*conseil*) tip
tuyauter [tɥijote] <1> *vt inf* **~ qn** to tip sb off
tuyauterie [tɥijotʀi] *f* (*d'une installation, chaudière*) piping
TV [teve] *f abr de* **télévision** TV
T.V.A. [tevea] *f abr de* **taxe à la valeur ajoutée** VAT
tweed [twid] *m* tweed; **une jupe en** [*o* **de**] **~** a tweed skirt
tympan [tɛ̃pɑ̃] *m* **1.** ANAT eardrum **2.** ARCHIT tympanum
type [tip] **I.** *m* **1.** (*archétype, modèle*) type **2.** (*genre*) sort; **avoir le ~ chinois** to look Chinese **3.** (*individu quelconque*) guy ▶ **du troisième ~** of the third kind **II.** *app inv* typical
typé(e) [tipe] *adj* **un allemand très ~** a very typical-looking German
typhoïde [tifɔid] *adj, f* typhoid
typhon [tifɔ̃] *m* typhoon
typhus [tifys] *m* typhus fever
typique [tipik] *adj* typical
typiquement [tipikmɑ̃] *adv* typically
typographe [tipɔgʀaf] *mf* typographer
typographie [tipɔgʀafi] *f* typography
typographique [tipɔgʀafik] *adj* typographical
tyran [tiʀɑ̃] *m* tyrant
tyrannie [tiʀani] *f* (*despotisme, influence excessive*) tyranny
tyrannique [tiʀanik] *adj* tyrannical
tyranniser [tiʀanize] <1> *vt* to bully
tyrolienne [tiʀɔljɛn] *f* MUS yodel
tzar [tsaʀ] *m v.* **tsar**
tzarine [tsaʀin] *f v.* **tsarine**
tzigane [tsigan] *adj v.* **tsigane**

U

U, u [y] *m inv* U, u; ~ **comme Ursule** (*au téléphone*) u as in Uniform ▶ **en u** U-shaped

ubiquité [ybikɥite] *f* ubiquity ▶ **avoir le don d'~** to be everywhere at once

UCT [ysete] *f abr de* **Unité Centrale de Traitement** CPU

UDF [ydeɛf] *f abr de* **Union pour la démocratie française** *center-right French political party*

UEFA [yefa] *f abr de* **Union of European Football Associations** UEFA

UEM [yøɛm] *f abr de* **Union économique et monétaire** EMU

U.H.T. [yaʃte] *abr de* **ultra-haute température** UHT

Ukraine [ykʀɛn] *f* **l'~** Ukraine

ukrainien [ykʀɛnjɛ̃] *m* Ukrainian; *v.a.* **français**

ukrainien(ne) [ykʀɛnjɛ̃, jɛn] *adj* Ukrainian

Ukrainien(ne) [ykʀɛnjɛ̃, jɛn] *m(f)* Ukrainian

ulcère [ylsɛʀ] *m* ulcer

ulcérer [ylseʀe] <5> *vt* to sicken

U.L.M. [yɛlɛm] *m abr de* **ultra-léger motorisé** ultralight

ultérieur(e) [ylteʀjœʀ] *adj* later

ultérieurement [ylteʀjœʀmɑ̃] *adv* later; (*regretter*) subsequently

ultimatum [yltimatɔm] *m* ultimatum

ultime [yltim] *adj a. antéposé* ultimate; (*ironie*) final

ultra [yltʀa] *mf* (*extrémiste de droite/gauche*) right-wing/left-wing extremist

ultrachic [yltʀaʃik] *adj inf* hyper chic

ultraconfidentiel(le) [yltʀakɔ̃fidɑ̃sjɛl] *adj inf* top secret

ultraconservateur, -trice [yltʀakɔ̃sɛʀvatœʀ, -tʀis] *adj inf* ultraconservative

ultraléger, -ère [yltʀaleʒe, -ɛʀ] *adj* ultralight

ultramoderne [yltʀamɔdɛʀn] *adj* ultra-modern

ultrarapide [yltʀaʀapid] *adj inf* high-speed

ultrasensible [yltʀasɑ̃sibl] *adj inf* highly sensitive

ultrason [yltʀasɔ̃] *m* ultrasound

ultraviolet [yltʀavjɔlɛ] *m* ultraviolet; **les ~s** ultraviolet rays

ultraviolet(te) [yltʀavjɔlɛ, ɛt] *adj* ultraviolet

UME [yɛmø] *f abr de* **Union monétaire européenne** EMU

un [œ̃] **I.** *adj* one ▶ **c'est tout ~** it's all the same; **ne faire qu'~** to be as one; **elle n'a fait ni ~e ni deux, elle a refusé** she refused right off the bat **II.** *m inv* one **III.** *adv* firstly; **~, je suis fatigué, deux, j'ai faim** for one thing I'm tired, for another I'm hungry; *v.a.* **cinq**

un(e) [œ̃, yn] **I.** *art indéf* **1.** (*un certain*) a, an; **avec ~ grand courage** with great courage **2.** (*intensif*) **il y a ~ (de ces) bruit** it's so noisy; **ce type est d'~ culot!** this guy's got some nerve! **II.** *pron* **1.** (*chose/personne parmi d'autres*) one; **en connaître ~ qui ...** to know somebody who ...; **être l'~ de ceux qui ...** to be one of those who ... **2.** (*chose/personne opposée à une autre*) **les ~s ... et les autres ...** some people ... and others ...; **ils sont assis en face l'~ de l'autre** they're sitting opposite each other; **ils sont aussi menteurs l'~ que l'autre** one's as big a liar as the other; **s'injurier l'~ l'autre** to insult each other ▶ **l'~ dans l'autre** by and large; **l'~ ou l'autre** one or the other; **comme pas ~** extremely; **et d'~!** *inf* and that's that!; **~ par ~** one after the other

unanime [ynanim] *adj* unanimous

unanimement [ynanimmɑ̃] *adv* unanimously

unanimité [ynanimite] *f* unanimity ▶ **à l'~** unanimously

une [yn] **I.** *art v.* **un II.** *f* **1.** (*première page du journal*) front page **2.** (*premier sujet*) main news ▶ **c'était moins ~!** *inf* it was a close call!

UNEF [ynɛf] *f abr de* **Union nationale des étudiants de France** *French students' union*

UNESCO [ynɛsko] *f abr de* **United Nations Educational, Scientific and Cultural Organization** UNESCO

uni(e) [yni] *adj* **1.** (*sans motifs*) plain; (*unicolore*) self-colored **2.** (*en union*) **~s par qc** united by sth **3.** (*lisse: surface*) smooth; (*chemin*) even

UNICEF [ynisɛf] *m abr de* **United Nations Children's Fund** UNICEF

unicolore [ynikɔlɔʀ] *adj* self-colored

unième [ynjɛm] *adj* **vingt et ~** twenty first

unificateur, -trice [ynifikatœʀ, -tʀis] *adj* unifying

unification [ynifikasjɔ̃] *f* unification; (*des tarifs*) standardization; (*de l'Allemagne*) reunification

unifier [ynifje] <1> **I.** *vt* **1.** (*unir*) to unify; (*partis*) to unite **2.** (*uniformiser: programmes*) to standardize **II.** *vpr* **s'~** to unite

uniforme [ynifɔʀm] **I.** *adj* **1.** (*pareil*) uniform **2.** (*standardisé*) standardized **3.** (*invariable: vitesse*) steady; (*vie*) monotonous; (*mouvement, paysage*) uniform **II.** *m* uniform

uniformément [ynifɔʀmemɑ̃] *adv* **1.** (*de façon monotone*) uniformly **2.** (*sans incident*) uneventfully

uniformisation [ynifɔʀmizasjɔ̃] *f* standardization

uniformiser [ynifɔʀmize] <1> *vt* to standardize

uniformité [ynifɔʀmite] *f* **1.** (*similitude: des mœurs, produits*) uniformity **2.** (*monotonie*) monotony

unijambiste [yniʒɑ̃bist] **I.** *adj* one-legged **II.** *mf* one-legged man *m*, one-legged woman *f*

unilatéral(e) [ynilateʀal, -o] <-aux> *adj* unilateral; **stationnement ~** parking on one side only

unilatéralement [ynilateʀalmɑ̃] *adv a.* POL unilaterally

unilatéralisme [ynilateʀalism] *m* POL unilateralism

unilingue [ynilɛ̃g] *adj* monolingual

union [ynjɔ̃] *f* **1.** (*alliance*) union; **en ~ avec qn** in union with sb **2.** (*vie commune*) union; **~ conjugale** marital union **3.** (*juxtaposition: des éléments*) combination **4.** (*association*) association; **~ syndicale** federation of labor unions

Union économique [ynjɔ̃ ekɔnɔmik] *f* economic union

Union européenne [ynjɔ̃ øʀɔpeɛn] *f* European Union

unioniste [ynjɔnist] *m Québec* (*membre du parti de l'Union nationale*) unionist (*member of the National Union Party*)

Union monétaire [ynjɔ̃ mɔnetɛʀ] *f* monetary union

Union Soviétique [ynjɔ̃ sɔvjetik] *f* HIST Soviet Union

unique [ynik] *adj* **1.** (*seul*) only; (*monnaie*) single; **un prix ~** one price; **enfant ~** only child; **à voie ~** single-lane; **rue à sens ~** one-way street **2.** (*exceptionnel*) unique

uniquement [ynikmɑ̃] *adv* **1.** (*exclusivement*) exclusively **2.** (*seulement*) only

unir [yniʀ] <8> **I.** *vt* **1.** (*associer*) to unite **2.** (*marier*) **~ deux personnes** to join two people in matrimony **3.** (*combiner*) to combine **4.** (*relier*) **~ les gens** (*chemin de fer, langage*) to link people **II.** *vpr* **1.** (*s'associer*) **s'~** to unite **2.** (*se marier*) **s'~** to marry **3.** (*se combiner*) **s'~ à qc** to join with sth

unisexe [ynisɛks] *adj* unisex

unisson [ynisɔ̃] *m a.* MUS unison; **être à l'~ de qc** to be in accord with sth

unitaire [ynitɛʀ] *adj* **1.** (*simple*) *a.* MATH, PHYS unitary **2.** POL (*revendications*) common; (*mouvement*) unified **3.** COM (*production*) unit

unité [ynite] *f* **1.** (*cohésion: d'une famille, classe*) unity; (*d'un texte*) cohesion; **~ d'action** unity of action; **~ de vues** unanimous view **2.** MATH, MIL unit; **~ de réanimation** intensive care unit **3.** INFORM, TECH **~ centrale** central processing unit; **~ de bande magnétique** tape streamer; **~ de disque** disk drive; **~ de sortie** output device **4.** COM **prix à l'~** unit price

univers [univɛʀ] *m* **1.** ASTR universe **2.** (*milieu*) world

universaliser [ynivɛʀsalize] <1> **I.** *vt* to universalize **II.** *vpr* **s'~** to become universal

universalité [ynivɛʀsalite] *f* universality

universel(le) [ynivɛʀsɛl] *adj* **1.** (*opp: particulier*) universal **2.** (*mondial*) world **3.** (*tous usages: remède*) all-purpose; **clé ~le** adjustable wrench

universellement [ynivɛʀsɛlmɑ̃] *adv* **1.** universally **2.** (*mondialement*) all over the world; **~ connu** known everywhere (in the world)

universitaire [ynivɛʀsitɛʀ] **I.** *adj* university; (*titre*) academic; **résidence ~** residence hall; **diplôme ~** degree; **restaurant ~** university cafeteria **II.** *mf* academic

université [ynivɛʀsite] *f* university; **~ d'été** summer school

Untel, Unetelle [ɛ̃tɛl, yntɛl] *m, f* so-and-so

uploader [œplode] *vt* INFORM to upload

uranium [yʀanjɔm] *m* uranium

Uranus [yʀanys] *f* Uranus

urbain(e) [yʀbɛ̃, ɛn] *adj* urban

urbanisation [yʀbanizasjɔ̃] *f* urbanization

urbaniser [yʀbanize] <1> **I.** *vt* (*région, zone*) to urbanize **II.** *vpr* **s'~** to be urbanized

urbanisme [yʀbanism] *m* urban planning

urbaniste [yʀbanist] *mf* urban planner

urée [yʀe] *f* urea

urgence [yʀʒɑ̃s] *f* **1.** (*caractère urgent*) urgency; **il y a ~** it's urgent; **d'~** immediately **2.** (*cas urgent*) matter of urgency; MED emergency; **les ~s** the emergency room

urgent(e) [yʀʒɑ̃, ʒɑ̃t] *adj* urgent; **~!** it's urgent!

urger [yʀʒe] <2a> *vi* **ça urge!** *inf* it's urgent!

urinaire [yʀinɛʀ] *adj* urinary

urine [yʀin] *f* urine

uriner [yʀine] <1> *vi* to urinate

urinoir [yʀinwaʀ] *m* urinal

urne [yʀn] *f* **1.** (*boîte*) ballot box; **les ~s** the ballot box **2.** (*vase funéraire*) (funeral) urn

urologie [yʀɔlɔʒi] *f* urology

U.R.S.S. [yɛʀɛsɛs] *f* HIST *abr de* **Union des républiques socialistes soviétiques** USSR

urticaire [yʀtikɛʀ] *f* hives ▶ **donner de l'~ à qn** *inf* to drive sb crazy

US [yɛs] *f abr de* **Union sportive** sports association

us [ys] *mpl* **~ et coutumes** habits and customs

USA [yɛsa] *mpl abr de* **United States of America** USA

usage [yzaʒ] *m* **1.** (*utilisation*) use; **à l'~ de qn/qc** for sb/sth; **hors d'~** unusable; **méthode en ~** method in use; **être d'~ courant** to be in common use **2.** (*façon de se servir, consommation*) *a.* JUR use; **~ de faux** use of forged documents **3.** (*faculté*) **retrouver l'~ de la vue** to recover one's sight; **perdre l'~ de la parole** to lose the power of speech **4.** (*coutume*) custom; **c'est contraire aux ~s** it's against common practice; **c'est l'~ de** +*infin* it's customary to +*infin* ▶ **à l'~** with use

usagé(e) [yzaʒe] *adj* worn; (*pile*) used

usager, -ère [yzaʒe, -ɛʀ] *m, f* user; **~ de la route** road user

usant(e) [yzɑ̃, ɑ̃t] *adj* wearing

usé(e) [yze] *adj* (*détérioré*) worn; (*semelles*) worn-down

user [yze] <1> **I.** *vt* **1.** (*détériorer*) **~ qc** to wear sth out; (*roche*) to wear sth away **2.** (*épuiser*) **~ qn** to wear sb out **3.** (*consommer*) to use **II.** *vi* **~ d'un droit** to exercise a right; **~ de termes de métier** to use terms of art ▶ **~ et abuser de qc** to use and abuse sth **III.** *vpr* **s'~** to wear out; **s'~ à qc** to wear oneself out with sth; **s'~ les yeux** to ruin one's eyesight

usine [yzin] *f* factory; **~ d'automobiles** car factory

usité(e) [yzite] *adj* common(ly used)
ustensile [ystɑ̃sil] *m* (*de cuisine*) utensil; (*de jardinage*) tool
usuel(le) [yzɥɛl] *adj* usual; (*emploi*) normal; (*mot*) common; (*objet*) everyday
usuellement [yzɥɛlmɑ̃] *adv soutenu* commonly
usufruit [yzyfʀɥi] *m* usufruct
usure [yzyʀ] *f* **1.** (*détérioration*) wear and tear **2.** (*état*) wear **3.** (*érosion*) wearing away **4.** (*affaiblissement*) wearing out ► **avoir qn à l'~** *inf* to wear sb down
usurier, -ière [yzyʀje, -jɛʀ] *m, f* usurer
usurpateur, -trice [yzyʀpatœʀ, -tʀis] *m, f* usurper
usurpation [yzyʀpasjɔ̃] *f* **1.** (*appropriation*) usurpation **2.** POL usurping
usurper [yzyʀpe] <1> *vt* ~ **le pouvoir/un titre** to usurp power/a title
ut [yt] *m inv* MUS C
utérus [yteʀys] *m* womb
utile [ytil] **I.** *adj* (*profitable*) useful **II.** *m* **joindre l'~ à l'agréable** to combine business with pleasure
utilement [ytilmɑ̃] *adv* usefully; **conseiller ~ qn** to give sb some useful advice
utilisable [ytilizabl] *adj* usable; **ce n'est plus ~** it's no longer usable
utilisateur, -trice [ytilizatœʀ, -tʀis] *m, f a.* INFORM user
utilisation [ytilizasjɔ̃] *f* use
utiliser [ytilize] <1> *vt* **1.** (*se servir de*) to use **2.** (*recourir à: avantage*) to make use of; (*moyen, mot*) to use **3.** (*exploiter: personne*) to use; (*restes*) to use up
utilitaire [ytilitɛʀ] **I.** *adj* **1.** (*susceptible d'être utilisé*) utilitarian; (*objet*) functional; (*véhicule*) commercial **2.** (*intéressé: calculs*) useful **II.** *m* **1.** INFORM utility **2.** AUTO commercial vehicle
utilité [ytilite] *f* **1.** (*aide*) use **2.** (*caractère utile*) usefulness; **association reconnue d'~ publique** ≈ not-for-profit organization; **je n'en ai pas l'~** I don't have any use for it
utopie [ytɔpi] *f* utopia
utopique [ytɔpik] *adj* utopian
U.V. [yve] **I.** *mpl abr de* **ultraviolets** UV rays **II.** *f abr de* **unité de valeur** UNIV credit

V

V, v [ve] *m inv* V, v; ~ **comme Victor** (*au téléphone*) v as in Victor ► **décolleté en V** V-neck
va [va] *indic prés de* **aller**
vacance [vakɑ̃s] *f* **1.** *pl* (*période*) vacation; ~**s scolaires** school vacation; **être/partir en ~s** to be/go on vacation; **bonnes ~s!** have a nice vacation! **2.** (*poste*) vacancy

> ℹ In France the **vacances scolaires** are staggered by one week according to geographic region. The country is divided into three zones (A, B and C) running from north to south.

vacancier, -ière [vakɑ̃sje, -jɛʀ] *m, f* vacationer
vacant(e) [vakɑ̃, ɑ̃t] *adj* vacant
vacarme [vakaʀm] *m* racket
vacation [vakasjɔ̃] *f* (*rémunération*) fee
vaccin [vaksɛ̃] *m* vaccine; ~ **contre le tétanos** tetanus vaccine
vaccination [vaksinasjɔ̃] *f* vaccination
vacciner [vaksine] <1> *vt* MED to vaccinate
vache [vaʃ] **I.** *f* **1.** ZOOL cow **2.** (*cuir*) cowhide ► **la ~!** *inf* damn! **II.** *adj inf* (*méchant*) mean
vachement [vaʃmɑ̃] *adv inf* damned
vacher, -ère [vaʃe, -ɛʀ] *m, f* cowboy, cowgirl *m, f*
vacherie [vaʃʀi] *f inf* nastiness; **des ~s** dirty tricks
vacherin [vaʃʀɛ̃] *m* **1.** (*fromage*) vacherin cheese **2.** (*dessert*) *meringue shell filled with ice cream and whipped cream*
vacillant(e) [vasijɑ̃, jɑ̃t] *adj* shaky; (*lumière*) flickering
vaciller [vasije] <1> *vi* (*personne*) to stagger; (*poteau*) to sway; (*lumière*) to flicker
vacuité [vakɥite] *f* emptiness
vadrouille¹ [vadʀuj] *f* **être en ~** *inf* to be roaming around
vadrouille² [vadʀuj] *f Québec* (*balai à franges*) *long-handled dust mop*
va-et-vient [vaevjɛ̃] *m inv* **1.** (*mouvement alternatif*) comings and goings *pl* **2.** ELEC two-way switch
vagabond(e) [vagabɔ̃, ɔ̃d] **I.** *adj* **1.** (*errant*) roving **2.** (*sans règles*) roaming **II.** *m(f)* (*sans domicile fixe*) vagrant
vagabonder [vagabɔ̃de] <1> *vi* (*errer*) to roam
vagin [vaʒɛ̃] *m* vagina
vaginal(e) [vaʒinal, -o] <-aux> *adj* vaginal
vagissement [vaʒismɑ̃] *m* wail
vague¹ [vag] **I.** *adj* **1.** *a. antéposé* (*indistinct*) vague **2.** *antéposé* (*lointain*) faraway **3.** (*ample: manteau*) loose **II.** *m* (*imprécision*) vagueness; **rester dans le ~** to be terribly vague
vague² [vag] *f* GEO, METEO (*a. afflux*) wave
vaguement [vagmɑ̃] *adv* **1.** (*opp: précisément*) vaguely **2.** (*un peu*) **avoir l'air ~ surpris** to seem slightly surprised
vahiné [vaine] *f* Tahitian (woman)
vaillance [vajɑ̃s] *f* courage
vaillant(e) [vajɑ̃, ʒɑ̃t] *adj* brave
vaille [vaj] *subj prés de* **valoir**
vain(e) [vɛ̃, vɛn] *adj* (*inutile*) vain ► **en ~** in vain
vaincre [vɛ̃kʀ] *irr* **I.** *vi soutenu* to prevail **II.** *vt soutenu* **1.** MIL (*pays*) to conquer **2.** MIL, SPORT

(*adversaire*) to defeat **3.** (*surmonter*) to overcome

vaincu(e) [vɛ̃ky] **I.** *part passé de* **vaincre** **II.** *adj* defeated; **s'avouer ~** to admit defeat **III.** *m(f)* (*perdant*) **les ~s** the defeated; SPORT the losers

vainement [vɛnmɑ̃] *adv* vainly

vainqueur [vɛ̃kœʀ] **I.** *adj* (*victorieux*) victorious **II.** *mf* **1.** MIL, POL victor **2.** SPORT winner

vairon [vɛʀɔ̃] *adj* **yeux ~s** walleyes

vais [vɛ] *indic prés de* **aller**

vaisseau[1] [vɛso] <x> *m* ANAT vessel

vaisseau[2] [vɛso] <x> *m* **1.** NAUT vessel **2.** AVIAT **~ spatial** spacecraft **3.** ARCHIT nave

vaisselier [vɛsəlje] *m* dresser

vaisselle [vɛsɛl] *f* **1.** (*service de table*) dishware, dishes *pl* **2.** (*objets à nettoyer*) dishes *pl;* **faire** [*o* **laver**] **la ~** to do the dishes

val [val, vo] <vaux> *m* valley

valable [valabl] *adj a.* JUR, COM valid

valablement [valabləmɑ̃] *adv* **1.** (*légitimement*) validly **2.** (*convenablement*) reasonably **3.** (*d'une manière efficace*) effectively

Valais [valɛ] *m* **le ~** the Valais

valaisan(e) [valɛzɛ̃, ɛn] *adj* of the Valais

Valaisan(e) [valɛzɛ̃, ɛn] *m(f)* person from the Valais

valdinguer [valdɛ̃ge] <1> *vi inf* **~ contre qc** to smash into sth

valence [valɑ̃s] *f* CHIM valence

valériane [valeʀjan] *f* valerian

valet [valɛ] *m* **1.** (*domestique*) valet **2.** JEUX jack

Valette [valɛt(ə)] *f* **La ~** Valletta

valeur [valœʀ] *f* **1.** (*prix*) *a.* MATH, MUS, JEUX value; **~ marchande** market value; **de ~** of value **2.** (*pour le courrier*) **envoyer qc en ~ déclarée** to send sth with declared value **3.** FIN (*cours*) value; (*titre*) security **4.** ECON value; **~ ajoutée** value added; **~ d'échange** exchange value **5.** (*importance*) value; **accorder** [*o* **attacher**] **de la ~ à qc** to value sth; **mettre qn en ~** to show sb to advantage; **mettre qc en ~** to show sth off **6.** (*équivalent*) **la ~ d'un litre** a liter's worth

valeureux, -euse [valœʀø, -øz] *adj* valiant

validation [validasjɔ̃] *f* (*certification*) *a.* INFORM validation

valide [valid] *adj* **1.** (*bien portant: personne*) able-bodied **2.** (*valable: papier*) valid

valider [valide] <1> *vt* (*certifier*) *a.* INFORM to validate

validité [validite] *f* validity

valise [valiz] *f* suitcase; **faire sa ~** to pack one's bag

vallée [vale] *f* valley

vallon [valɔ̃] *m* small valley

vallonné(e) [valɔne] *adj* undulating

valoche [valɔʃ] *f inf* case

valoir [valwaʀ] *irr* **I.** *vi* **1.** (*coûter*) to be worth; **combien ça vaut?** how much is it worth? **2.** (*mettre en avant*) **faire ~ un argument** to press an argument **II.** *vt* **1.** (*avoir de la valeur*) to be worth; **~ qc** to be worth sth; **ne pas ~ grand-chose** not to be worth much **2.** (*être valable*) to apply; **autant vaut** [*o* **vaudrait**] **faire qc** you might as well do sth **3.** (*être équivalent à*) *a.* JEUX to be worth; **rien ne vaut un bon lit quand on est fatigué** there's nothing like a good bed when you're tired **4.** (*mériter*) to deserve; **cette ville vaut le détour** this town is worth going out of your way to see **5.** (*avoir pour conséquence*) **~ qc à qn** to earn sb sth; **qu'est-ce qui nous vaut cet honneur?** to what do we owe this honor? **III.** *vpr* **se ~** **1.** COM to be worth the same; **ces deux vases se valent** there's not much difference between these two vases **2.** (*être comparable: personnes, choses*) to be the same

valorisant(e) [valɔʀizɑ̃, ɑ̃t] *adj* enriching

valorisation [valɔʀizasjɔ̃] *f* (*d'une région*) development; (*des déchets*) recovery

valoriser [valɔʀize] <1> *vt* ECON (*région*) to develop; (*déchets*) to recover

valse [vals] *f* waltz

valser [valse] <1> *vi* to waltz

valseur, -euse [valsœʀ, -øz] *m, f* waltzer

valve [valv] *f* TECH, ZOOL valve

valvule [valvyl] *f* valve

vamp [vɑ̃p] *f* vamp

vamper [vɑ̃pe] <1> *vt* (*fam*) to vamp

vampire [vɑ̃piʀ] *m* vampire

vampiriser [vɑ̃piʀize] *vt inf* **~ qn** to suck the blood out of sb

van [vɑ̃] *m* horse trailer

vandale [vɑ̃dal] *mf* (*destructeur*) vandal

vandalisme [vɑ̃dalism] *m* vandalism

vanille [vanij] *f* CULIN, BOT vanilla

vanité [vanite] *f* vanity; **être d'une immense ~** to be incredibly vain

vaniteux, -euse [vanitø, -øz] *adj* vain

vanne [van] *f* **1.** NAUT (*d'une écluse*) sluice **2.** *inf* (*plaisanterie*) **lancer des ~s à qn** to gibe at sb

vanné(e) [vane] *adj inf* (*personne*) deadbeat

vannerie [vanʀi] *f* **1.** (*fabrication*) basketry **2.** (*objets*) wickerwork

vannier [vanje] *m* basket maker

vantail [vɑ̃taj, -o] <-aux> *m* leaf

vantard(e) [vɑ̃taʀ, aʀd] **I.** *adj* boastful **II.** *m(f)* boaster

vantardise [vɑ̃taʀdiz] *f* boasting

vanter [vɑ̃te] <1> **I.** *vt* to praise; **~ la marchandise** to talk up the merchandise **II.** *vpr* **se ~ de qc** to boast of sth

Vanuatu [vanwatu] *m* Vanuatu

vanuatuan(ne) [vanwatuɑ̃, an] *adj* Vanuatuan

Vanuatuan(ne) [vanwatuɑ̃, an] *m(f)* Vanuatuan

va-nu-pieds [vanypje] *mf inv* tramp

vapes [vap] *fpl* **être dans les ~** *inf* to be in a daze

vapeur [vapœʀ] **I.** *f* **1.** (*buée*) **~ d'eau** steam **2.** (*énergie*) **bateau à ~** steamboat; **machine à ~** steam-driven machine **3.** *pl* (*émanation*) fumes *pl;* **~s d'essence** gas(oline) fumes

▶ renverser la ~ to backpedal; à toute ~ full steam ahead **II.** *m* steamer
vaporeux, -euse [vapɔʀø, -øz] *adj* (*tissu, cheveux*) gossamer
vaporisateur [vapɔʀizatœʀ] *m* spray
vaporisation [vapɔʀizasjɔ̃] *f* (*d'un parfum, d'une plante*) spraying
vaporiser [vapɔʀize] <1> **I.** *vt* (*pulvériser, imprégner*) to spray; ~ **les cheveux avec de la laque** to put on some hair spray **II.** *vpr* **se ~ qc sur le visage** to spray sth on one's face
vaquer [vake] <1> *vi* ~ **à ses occupations** to go about one's business
varappe [vaʀap] *f* rock climbing; **faire de la ~** to go rock climbing
varech [vaʀɛk] *m* kelp
vareuse [vaʀøz] *f* (*blouse*) pea coat
variable [vaʀjabl] **I.** *adj* **1.** (*opp: constant*) variable **2.** METEO unsettled; **vent ~** variable wind **II.** *f* variable
variante [vaʀjɑ̃t] *f* (*forme différente*) variant
variateur [vaʀjatœʀ] *m* ~ **de lumière** dimmer; ~ **de vitesse** speed variator
variation [vaʀjasjɔ̃] *f* **1.** (*changement*) change **2.** (*écart*) *a.* MATH, BIO, MUS variation
varice [vaʀis] *f souvent pl* varicose vein
varicelle [vaʀisɛl] *f* chickenpox
varié(e) [vaʀje] *adj* **1.** (*divers*) varied **2.** (*très différent: arguments*) various
varier [vaʀje] <1> **I.** *vi* **1.** (*évoluer*) to change **2.** (*être différent*) to vary **II.** *vt* (*diversifier, changer*) to vary
variété [vaʀjete] *f* **1.** (*diversité, changement*) *a.* ZOOL, BOT variety **2.** *pl* THEAT variety **3.** *pl* CINE, TV variety program
variole [vaʀjɔl] *f* smallpox
variolique [vaʀjɔlik] *adj* smallpox
Varsovie [vaʀsɔvi] Warsaw
vas [va] *indic prés de* **aller**
vasculaire [vaskylɛʀ] *adj* ANAT, MED vascular
vase[1] [vɑz] *m* (*récipient*) vase
vase[2] [vɑz] *f* mud
vaseline [vazlin] *f* Vaseline®
vaseux, -euse [vɑzø, -øz] *adj* **1.** (*boueux*) muddy **2.** *inf* (*confus*) muddled
vasistas [vazistɑs] *m* ARCHIT transom
vasouiller [vazuje] <1> *vi inf* to flounder
vasque [vask] *f* basin
vassal(e) [vasal, -o] <-aux> *m(f)* HIST vassal
vaste [vast] *adj antéposé* **1.** (*immense*) immense; (*spacieux: appartement*) vast **2.** (*ample: vêtement*) huge **3.** (*puissant: organisation*) vast
va-t-en-guerre [vatɑ̃gɛʀ] *m inv* warmonger
Vatican [vatikɑ̃] *m* **le ~** the Vatican
vaudeville [vodvil] *m* vaudeville
vaudois(e) [vodwa, waz] *adj* of the Vaud
Vaudois(e) [vodwa, waz] *m(f)* person from the Vaud
vaudou [vodu] *m inv* voodoo
vaudrai [vodʀɛ] *fut de* **valoir**
vau-l'eau [volo] *adv* **aller à ~** to be going downhill fast
vaurien(ne) [voʀjɛ̃, jɛn] *m(f)* good-for-nothing
vaut [vo] *indic prés de* **valoir**
vautour [votuʀ] *m* vulture
vautrer [votʀe] <1> *vpr* (*s'étendre*) **se ~** to sprawl
vaux [vo] *indic prés de* **valoir**
va-vite [vavit] *adv inf* **à la ~** in a rush
veau [vo] <x> *m* **1.** ZOOL calf; ~ **marin** seal **2.** CULIN veal
vecteur [vɛktœʀ] *m* **1.** MATH vector **2.** (*support*) ~ **de culture** vehicle for culture
vectoriel(le) [vɛktɔʀjɛl] *adj* MATH, INFORM vector
vécu [veky] *m* **le ~** real life; **son ~** her experience of life
vécu(e) [veky] **I.** *part passé de* **vivre** **II.** *adj* **1.** (*réel*) real-life **2.** (*éprouvé*) **bien ~** happy; **mal ~** traumatic
vécus [veky] *passé simple de* **vivre**
vedette [vədɛt] **I.** *f* **1.** (*rôle principal*) star; **avoir** [*o* **tenir**] **la ~** to play the starring role **2.** (*personnage connu*) star **3.** (*centre de l'actualité*) **avoir** [*o* **tenir**] **la ~** to be in the limelight **II.** *app* **1. mannequin ~** supermodel **2.** CINE, TV **émission ~** flagship program
végétal [veʒetal, -o] <-aux> *m* vegetable
végétal(e) [veʒetal, -o] <-aux> *adj* vegetable
végétarien(ne) [veʒetaʀjɛ̃, jɛn] **I.** *adj* vegetarian **II.** *m(f)* vegetarian
végétatif, -ive [veʒetatif, -iv] *adj* ANAT vegetative
végétation [veʒetasjɔ̃] *f* **1.** BOT vegetation **2.** *pl* MED adenoids
végéter [veʒete] <5> *vi* (*plante*) to grow; (*personne*) to vegetate
véhémence [veemɑ̃s] *f* (*d'une discussion*) vehemence
véhément(e) [veemɑ̃, ɑ̃t] *adj* vehement
véhicule [veikyl] *m* **1.** (*support*) *a.* AUTO vehicle **2.** (*agent de transmission: d'une maladie*) vector; (*d'une information*) medium
véhiculer [veikyle] <1> *vt* **1.** AUTO to transport **2.** (*transmettre: maladie, savoir*) to transmit; (*émotions*) to convey
veille [vɛj] *f* **1.** day before; **la ~ au soir** the evening of the day before; **la ~ de Noël** Christmas Eve **2.** (*fait de ne pas dormir*) wakefulness **3.** (*garde de nuit*) night watch ▶ **à la ~ de qc** on the eve of sth; **en ~** in standby mode
veillée [veje] *f* **1.** (*soirée*) evening **2.** (*dans la nuit*) vigil
veiller [veje] <1> **I.** *vi* **1.** (*faire attention à*) ~ **à qc** to attend to sth; ~ **à** +*infin* to be sure to +*infin* **2.** (*surveiller*) to be on watch; ~ **sur qn/qc** to watch over sb/sth **3.** (*ne pas dormir*) to stay awake **II.** *vt* ~ **qn** to watch over sb
veilleur [vɛjœʀ] *m* ~ **de nuit** night watchman
veilleuse [vɛjøz] *f* **1.** (*petite lampe*) night-light **2.** *pl* (*feu de position*) sidelights **3.** (*flamme: d'un réchaud*) pilot light; **mettre la flamme en ~** to turn the heat right down ▶ **se mettre en ~** to put one's sidelights on
veinard(e) [vɛnaʀ, aʀd] *m(f) inf* lucky dog
veine [vɛn] *f* **1.** ANAT vein **2.** (*inspiration*) vein

3. *inf* (*chance*) luck 4. (*veinure*) veining
veiné(e) [vene] *adj* (*peau, marbre*) veined; (*bois*) grained
veineux, -euse [vɛnø, -øz] *adj* veined
velcro® [vɛlkʀo] *m* Velcro®
véliplanchiste [veliplɑ̃ʃist] *mf* windsurfer
velléitaire [veleitɛʀ] *adj* indecisive
velléité [veleite] *f soutenu* vague desire
vélo [velo] *m* 1. (*bicyclette*) bicycle; **à** [*o* **en** *inf*] ~ by bike 2. (*activité*) cycling
vélocité [velɔsite] *f* velocity
vélodrome [velodʀom] *m* velodrome
vélomoteur [velomɔtœʀ] *m* moped
véloski [veloski] *m* skibob
velours [v(ə)luʀ] *m* 1. (*tissu*) velvet; **~ côtelé** corduroy 2. (*douceur: d'une pêche*) bloom
velouté [vəlute] *m* (*douceur: d'une peau*) velvet; (*d'un vin*) smoothness; (*d'un potage*) creaminess; (*de la voix*) silkiness
velouté(e) [vəlute] *adj* 1. (*doux au toucher*) velvet-soft 2. CULIN smooth 3. (*d'aspect doux: teint*) velvety
velu(e) [vəly] *adj* hairy
venaison [vənɛzɔ̃] *f* venison
vénal(e) [venal, -o] <-aux> *adj* venal; *péj* (*personne*) mercenary
venant [vənɑ̃] *m* **à tout ~** to everybody
vendable [vɑ̃dabl] *adj* saleable
vendange [vɑ̃dɑ̃ʒ] *f souvent pl* (*récolte*) grape harvest + *vb sing*
vendanger [vɑ̃dɑ̃ʒe] <2a> I. *vi* to pick grapes II. *vt* (*raisin*) to pick
vendangeur, -euse [vɑ̃dɑ̃ʒœʀ, -ʒøz] *m, f* grape-picker
Vendée [vɑ̃de] *f* **la ~** the Vendée
vendetta [vɑ̃deta, vɑ̃dɛtta] *f* vendetta
vendeur, -euse [vɑ̃dœʀ, -øz] I. *m, f* 1. (*opp: acheteur*) seller 2. (*marchand dans un magasin*) sales assistant; **~ de légumes** vegetable merchant II. *adj* 1. (*qui fait vendre*) **un argument ~** an argument that sells 2. (*qui vend*) **les pays ~s de pétrole** oil-selling countries
vendre [vɑ̃dʀ] <14> I. *vi* COM to sell; **faire ~** to boost sales; **être à ~** to be for sale II. *vt* to sell; **~ qc aux enchères** to auction sth III. *vpr* 1. COM **se ~** to be sold; **se ~ bien/mal** to sell well/badly 2. *fig* **se ~** (*candidat*) to sell oneself
vendredi [vɑ̃dʀədi] *m* Friday; **~ saint** Good Friday; *v.a.* **dimanche**
vendu(e) [vɑ̃dy] I. *part passé de* **vendre** II. *adj* (*corrompu*) traitor
vénéneux, -euse [venenø, -øz] *adj* poisonous
vénérable [veneʀabl] *adj* venerable
vénération [veneʀasjɔ̃] *f* veneration
vénérer [veneʀe] <5> *vt* to revere
vénérien(ne) [veneʀjɛ̃, jɛn] *adj* venereal
vénézolan(e) [venezolɑ̃, an] *adj* Venezuelan
Vénézolan(e) [venezolɑ̃, an] *m(f)* Venezuelan
Venezuela [venezɥɛla] *m* **le ~** Venezuela
vengeance [vɑ̃ʒɑ̃s] *f* vengeance
venger [vɑ̃ʒe] <2a> I. *vt* to avenge II. *vpr* **se ~ de qn/qc** to take revenge on sb/for sth
vengeur, -geresse [vɑ̃ʒœʀ, -ʒ(ə)ʀɛs] *adj* vengeful
venimeux, -euse [vənimø, -øz] *adj* poisonous
venin [vənɛ̃] *m* venom
venir [v(ə)niʀ] <9> I. *vi être* 1. (*arriver, se situer dans un ordre*) to come; **viens avec moi!** come with me!; **faire ~ le médecin** to call for the doctor; **faire ~ les touristes** to bring in the tourists; **à ~** to come 2. (*se présenter à l'esprit*) **l'idée m'est venue de chercher dans ce livre** I had the idea of looking in this book 3. (*parvenir, étendre ses limites*) **~ jusqu'à qn/qc** to reach sb/sth 4. (*arriver*) to arrive; (*nuit*) to fall; **laisser ~ qn/qc** to let sb/sth come; **alors, ça vient?** *inf* ready yet? 5. (*se développer: plante*) to grow 6. (*provenir*) **~ d'Angleterre** to come from England; **ce mobilier lui vient de sa mère** this furniture came to him from his mother 7. (*découler, être la conséquence*) **~ de qc** to come from sth 8. (*aboutir à*) **où veut-il en ~?** what is he getting at? II. *aux être* 1. (*se déplacer pour*) **je viens manger** I'm coming for dinner 2. (*avoir juste fini*) **je viens juste de finir** I've just finished 3. (*être conduit à*) **s'il venait à passer par là** if he should go that way; **elle en vint à penser qu'il (le) faisait exprès** she got to the stage of thinking he was doing it on purpose III. *vi impers être* 1. **il viendra un temps où** there will come a time when 2. (*provenir*) **de là vient que qn a fait qc** the result of this is that sb did sth; **d'où vient que qn a fait qc?** how come sb did sth?
Venise [v(ə)niz] Venice
vénitien [venisjɛ̃] *m* Venetian; *v.a.* **français**
vénitien(ne) [venisjɛ̃, jɛn] *adj* Venetian; **blond ~** strawberry blond
Vénitien(ne) [venisjɛ̃, jɛn] *m(f)* Venetian
vent [vɑ̃] *m* 1. (*courant d'air*) *a.* METEO, NAUT wind; **~ du nord** north wind; **il y a du ~** it's windy; **à tous les ~s** to the four winds; **instrument à ~** wind instrument 2. (*tendance*) **dans le ~** fashionable ▶ **quel bon ~ vous/t'amène?** *iron* what brings you here?; **avoir eu ~ de qc** to have got wind of sth
vente [vɑ̃t] *f* 1. (*action*) sale; **~ par correspondance** mail order; **~ au détail** retail; **~ à distance** distance sales; **mettre qc en ~** to put sth on sale 2. (*service*) sales 3. *pl* (*chiffre d'affaires*) sales 4. (*réunion où l'on vend*) **~ aux enchères** auction; (*action*) auctioning
venté(e) [vɑ̃te] *adj* windswept
venter [vɑ̃te] <1> *vi impers* **il vente** it's windy
venteux, -euse [vɑ̃tø, -øz] *adj* windy
ventilateur [vɑ̃tilatœʀ] *m* fan
ventilation [vɑ̃tilasjɔ̃] *f* 1. (*aération*) ventilation 2. (*répartition: du courrier*) sorting
ventiler [vɑ̃tile] <1> *vt* (*aérer: pièce*) to ventilate
ventilo [vɑ̃tilo] *m inf abr de* **ventilateur** fan
ventouse [vɑ̃tuz] *f* 1. (*dispositif*) suction cup; **faire ~** to adhere 2. ZOOL, BOT sucker 3. MED cupping glass
ventral(e) [vɑ̃tʀal, -o] <-aux> *adj* dou-

V

leurs ~es stomach pains
ventre [vɑ̃tʀ] *m* stomach; **avoir mal au ~** to have a stomach ache; **prendre du ~** to get a gut ▶ **avoir quelque chose dans le ~** to have guts
ventrée [vɑ̃tʀe] *f inf* **s'en mettre une ~** to pig out
ventricule [vɑ̃tʀikyl] *m* ventricle
ventriloque [vɑ̃tʀilɔk] **I.** *adj* **être ~** to be a ventriloquist **II.** *mf* ventriloquist
ventru(e) [vɑ̃tʀy] *adj* potbellied
venu(e) [v(ə)ny] **I.** *part passé de* **venir II.** *adj* **bien ~** (*conseil*) timely; **mal ~** unwelcome **III.** *m(f)* **nouveau ~** newcomer
venue [v(ə)ny] *f* arrival
vêpres [vɛpʀ] *fpl* REL vespers
ver [vɛʀ] *m* worm; **~ blanc** grub; **~ de terre** earthworm; **~ luisant** glow-worm; **~ solitaire** tapeworm; **~ à soie** silkworm; **être mangé** [*o* **piqué**] **aux ~s** (*bois, fruit*) to be worm-eaten ▶ **tirer les ~s du nez à qn** to worm information out of sb; **nu comme un ~** *inf* as naked as the day one was born
véracité [veʀasite] *f* truth
véranda [veʀɑ̃da] *f* veranda
verbal(e) [vɛʀbal, -o] <-aux> *adj* verbal
verbalement [vɛʀbalmɑ̃] *adv* verbally
verbaliser [vɛʀbalize] <1> **I.** *vi* **~ contre qn** to report sb **II.** *vt* (*mettre une contravention*) to ticket
verbe [vɛʀb] *m* LING verb
verdâtre [vɛʀdɑtʀ] *adj* greenish
verdeur [vɛʀdœʀ] *f* (*acidité*) tartness; (*d'un vin*) acidity
verdict [vɛʀdikt] *m* verdict; **~ d'acquittement** not guilty verdict
verdir [vɛʀdiʀ] <8> **I.** *vi* (*nature*) to turn green **II.** *vt* **~ qc** to turn sth green
verdoyant(e) [vɛʀdwajɑ̃, jɑ̃t] *adj* green
verdure [vɛʀdyʀ] *f* **1.** (*végétation*) greenery; **un tapis de ~** a green carpet **2.** (*légumes*) greens *pl*
véreux, -euse [veʀø, -øz] *adj* **1.** (*gâté par les vers: fruit*) worm-eaten **2.** (*douteux: personne*) corrupt
verge [vɛʀʒ] *f* **1.** ANAT penis **2.** (*baguette*) stick
verger [vɛʀʒe] *m* orchard
verglacé(e) [vɛʀglase] *adj* icy
verglas [vɛʀglɑ] *m* black ice
vergogne [vɛʀgɔɲ] *f* **sans ~** shameless
véridique [veʀidik] *adj* (*information*) genuine; (*histoire*) true
vérifiable [veʀifjabl] *adj* verifiable
vérificateur [veʀifikatœʀ] *m* INFORM **~ orthographique** spell checker
vérificateur, -trice [veʀifikatœʀ, -tʀis] *m, f* controller
vérification [veʀifikasjɔ̃] *f* **1.** (*contrôle*) verification **2.** (*confirmation*) confirmation
vérifier [veʀifje] <1> **I.** *vt* **1.** (*contrôler*) to verify **2.** (*confirmer*) to confirm **II.** *vpr* **se ~** (*soupçon*) to be confirmed
vérin [veʀɛ̃] *m* TECH jack
véritable [veʀitabl] *adj* **1.** *a. postposé* (*réel, authentique: cuir, perles*) real **2.** *antéposé* (*vrai*) true
véritablement [veʀitabləmɑ̃] *adv* **1.** (*réellement*) genuinely **2.** (*à proprement parler*) truly
vérité [veʀite] *f* **1.** (*opp: mensonge, connaissance du vrai*) truth **2.** *sans pl* (*réalisme*) realism **3.** *sans pl* (*sincérité*) truthfulness ▶ **il n'y a que la ~ qui blesse** *prov* the truth hurts; **à la ~** to tell the truth; **en ~** in fact
verlan [vɛʀlɑ̃] *m* back slang
vermeil [vɛʀmɛj] *m* vermilion
vermeil(le) [vɛʀmɛj] *adj* (*teint*) rosy
vermicelle [vɛʀmisɛl] *m* vermicelli
vermifuge [vɛʀmifyʒ] *adj* **remède ~** anthelmintic
vermillon [vɛʀmijɔ̃] *adj inv, m* vermilion
vermine [vɛʀmin] *f sans pl* (*parasites, racaille*) vermin
vermoulu(e) [vɛʀmuly] *adj* worm-eaten
vermout(h) [vɛʀmut] *m* vermouth
verni(e) [vɛʀni] *adj* **1.** (*ongles, bois*) varnished; (*peinture*) glossy; **chaussures ~es** patent leather shoes **2.** *inf* (*chanceux*) **on peut dire qu'il est ~** he's a lucky dog
vernir [vɛʀniʀ] <8> **I.** *vt* (*bois, peinture*) to varnish **II.** *vpr* **se ~ les ongles** to put on nail polish
vernis [vɛʀni] *m* **1.** (*laque*) varnish; **~ à ongles** nail polish **2.** (*aspect brillant*) shine **3.** (*façade*) veneer
vernissage [vɛʀnisaʒ] *m* **1.** (*action*) varnishing **2.** (*inauguration*) preview
vernisser [vɛʀnise] <1> *vt* to glaze
vérole [veʀɔl] *f inf* pox; **petite ~** smallpox
vérolé(e) [veʀɔle] *adj* INFORM infected by a virus
véronique [veʀɔnik] *f* speedwell
verrai [veʀɛ] *fut de* **voir**
verrat [veʀa] *m* boar
verre [vɛʀ] *m* **1.** (*matière, récipient, contenu*) glass; **~ à vitre** window glass; **~ à pied** stemmed glass; **deux ~s de vin** two glasses of wine; **prendre un ~** to have a drink **2.** (*objet: d'une montre*) glass; (*en optique*) lens; **~ de contact** contact lens
verrée [veʀe] *f Suisse* (*moment d'une réunion où l'on offre à boire*) drinks *pl*
verrerie [vɛʀʀi] *f* **1.** (*fabrication*) glassmaking **2.** (*objets*) glassware **3.** (*fabrique*) glassworks + *vb sing*
verrier [vɛʀje] *m* glass blower
verrière [vɛʀjɛʀ] *f* **1.** (*toit*) glass roof **2.** (*paroi*) glass wall
verroterie [vɛʀɔtʀi] *f* glass jewelry
verrou [veʀu] *m* **1.** (*loquet*) bolt **2.** (*serrure*) lock
verrouillage [veʀujaʒ] *m* **1.** (*fermeture*) *a.* INFORM locking; **~ centralisé** central locking **2.** (*blocage*) blocking
verrouiller [veʀuje] <1> *vt* **1.** (*fermer*) *a.* INFORM to lock **2.** POL, SPORT (*bloquer*) to block

verrue [vɛʀy] *f* MED wart

vers[1] [vɛʀ] *prep* **1.** (*en direction de*) ~ **qn/qc** toward sb/sth **2.** (*aux environs de: lieu*) around **3.** (*aux environs de: temps*) about

vers[2] [vɛʀ] *m* verse; **faire des ~** to write verse; **en ~** in verse

versant [vɛʀsɑ̃] *m* (*pente*) slope; (*d'un toit*) side

versatile [vɛʀsatil] *adj* (*personne, caractère*) fickle; (*humeur*) changeable

versatilité [vɛʀsatilite] *f* fickleness

verse [vɛʀs] *f* **il pleut à ~** it's pouring

Verseau [vɛʀso] <x> *m* Aquarius; *v.a.* **Balance**

versement [vɛʀsəmɑ̃] *m* payment; (*sur un compte*) deposit

verser [vɛʀse] <1> **I.** *vt* **1.** (*faire couler*) **~ de l'eau à qn** to pour sb some water **2.** (*payer*) **~ une somme à qn** to pay a sum to sb; **~ qc sur un compte** to deposit sth in an account **3.** (*ajouter*) **~ qc au dossier** to add sth to a file **II.** *vi* **1.** (*basculer*) to overturn **2.** (*faire couler*) **cette cafetière verse bien** this coffeepot pours well

verset [vɛʀsɛ] *m* REL (*de la Bible, du Coran*) verse

verseur, -euse [vɛʀsœʀ, -øz] *adj* **bec ~** pouring spout

verseuse [vɛʀsøz] *f* coffeepot

versificateur, -trice [vɛʀsifikatœʀ, -tʀis] *m, f* **1.** (*poète*) poet **2.** *péj* rhymester

versification [vɛʀsifikasjɔ̃] *f* versification

versifier [vɛʀsifje] <1> **I.** *vi* to write verse **II.** *vt* to put into verse

version [vɛʀsjɔ̃] *f* **1.** (*interprétation*) *a.* MUS, THEAT, CINE version; **en ~ originale sous-titrée** in the original language with subtitles **2.** (*modèle*) model; **la ~ 5 portes d'une voiture** the 5-door model of a car **3.** ECOLE unseen (*translation into French*)

verso [vɛʀso] *m* back

vert [vɛʀ] *m* green; **~ foncé/pâle/tendre** dark/pale/soft green; **passer au ~** (*voiture*) to go on a green light

vert(e) [vɛʀ, vɛʀt] **I.** *adj* **1.** (*de couleur verte, écologiste*) green **2.** (*blême*) **~ de peur** white with fear; **~ de jalousie** green with envy **3.** (*de végétation*) **espaces ~s** green spaces **4.** (*à la campagne*) **classe ~e** school camp **5.** (*opp: mûr: fruit*) unripe; (*vin*) young **6.** (*opp: sec: bois, légumes*) green **7.** (*vaillant: vieillard*) sprightly **8.** (*agricole*) **l'Europe ~e** green Europe **II.** *m(f)* (*écologiste*) green

vertébral(e) [vɛʀtebʀal, -o] <-aux> *adj* **colonne ~e** spinal column

vertèbre [vɛʀtɛbʀ] *f* vertebra

vertébré [vɛʀtebʀe] *adj, m* vertebrate

vertement [vɛʀtəmɑ̃] *adv* sharply

vertical(e) [vɛʀtikal, -o] <-aux> *adj* vertical

verticale [vɛʀtikal] *f* vertical line

verticalement [vɛʀtikalmɑ̃] *adv* vertically

vertige [vɛʀtiʒ] *m* **1.** *sans pl* (*peur du vide*) vertigo; **être sujet au ~** to suffer from vertigo **2.** (*malaise*) dizzy spell; **il a le ~** he's having a dizzy spell; **donner le ~ à qn** (*personne, situation*) to make sb's head spin; (*hauteur*) to make sb dizzy **3.** (*égarement*) fever

vertigineux, -euse [vɛʀtiʒinø, -øz] *adj* breathtaking

vertu [vɛʀty] *f* **1.** (*qualité*) virtue **2.** *sans pl* (*moralité*) virtue **3.** (*pouvoir*) power ►**en ~ de** by virtue of; **en ~ de la loi** in accordance with the law

vertueux, -euse [vɛʀtɥø, -øz] *adj* virtuous

verve [vɛʀv] *f* eloquence; **être en ~** (*personne*) to be in top form; **avec beaucoup de ~** with verve

verveine [vɛʀvɛn] *f* verbena

vésicule [vezikyl] *f* **1.** ANAT vesicle; **~ biliaire** gallbladder **2.** MED blister

vespasienne [vɛspazjɛn] *f* urinal

vessie [vesi] *f* bladder

veste [vɛst] *f* **1.** (*vêtement court, veston*) jacket **2.** (*gilet*) cardigan

vestiaire [vɛstjɛʀ] *m* coat check

vestibule [vɛstibyl] *m* (*d'une maison*) hall; (*d'un hôtel*) lobby

vestige [vɛstiʒ] *m souvent pl* trace

vestimentaire [vɛstimɑ̃tɛʀ] *adj* **dépenses ~s** spending on clothes

veston [vɛstɔ̃] *m* jacket

vêtement [vɛtmɑ̃] *m* garment; **des ~s** clothes

vétéran(e) [veteʀɑ̃, an] *m(f)* **1.** MIL veteran **2.** (*personne expérimentée*) old hand **3.** *pl* SPORT veterans

vétérinaire [veteʀinɛʀ] **I.** *adj* veterinary **II.** *mf* veterinarian

vétille [vetij] *f* trifle

vêtir [vetiʀ] *vpr irr, soutenu* **se ~** to dress oneself; **se ~ de qc** to dress in sth

veto [veto] *m inv* veto; **droit de ~** right of veto

vét(t)étiste [vetetist] *mf* mountain biker

vêtu(e) [vety] **I.** *part passé de* **vêtir** **II.** *adj* dressed; **~ de qc** wearing sth

veuf, veuve [vœf, vœv] **I.** *adj* widowed **II.** *m, f* widower, widow *m, f*

veuille [vœj] *subj prés de* **vouloir**

veulent [vœl] *indic prés de* **vouloir**

veut [vø] *indic prés de* **vouloir**

veuvage [vœvaʒ] *m* (*d'un veuf*) widowerhood; (*d'une veuve*) widowhood

veuve [vœv] *v.* **veuf**

veux [vø] *indic prés de* **vouloir**

vexant(e) [vɛksɑ̃, ɑ̃t] *adj* **1.** (*blessant*) hurtful **2.** (*rageant*) annoying

vexation [vɛksasjɔ̃] *f* humiliation

vexer [vɛkse] <1> **I.** *vt* to offend **II.** *vpr* **se ~ de qc** to be offended by sth

VF [veɛf] *f abr de* **version française** French version

VHS [veaʃɛs] *abr de* **Video Home System** VHS

via [vja] *prep* via

viabilisé(e) [vjabilize] *adj* with utility hookups

viabiliser [vjabilize] <1> *vt* (*terrain*) to develop

viabilité [vjabilite] *f* **1.** (*état d'une route:*

d'une route) practicability **2.** (*aménagement: d'un terrain*) availability of services **3.** (*aptitude à vivre*) viability
viable [vjabl] *adj* viable
viaduc [vjadyk] *m* viaduct
viager [vjaʒe] *m* life annuity
viager, -ère [vjaʒe, -ɛʀ] *adj* life
viande [vjɑ̃d] *f* meat
viander [vjɑ̃de] <1> *vpr inf* **se ~** to get smashed up
viatique [vjatik] *m* **1.** (*équipement de voyage*) provisions (for a journey) *pl* **2.** REL viaticum
vibrant(e) [vibʀɑ̃, ɑ̃t] *adj* vibrating; **~ de colère** shaking with anger
vibraphone [vibʀafɔn] *m* vibraphone
vibration [vibʀasjɔ̃] *f* (*d'une voix, corde*) resonance; (*d'un moteur*) vibration
vibrato [vibʀato] *m* vibrato
vibratoire [vibʀatwaʀ] *adj* vibratory
vibrer [vibʀe] <1> **I.** *vi* **1.** (*trembler: voix, corde*) to resonate; (*mur, moteur*) to vibrate **2.** (*trahir une émotion*) **~ de colère** to shake with anger **II.** *vt* (*béton*) to vibrate
vibreur [vibʀœʀ] *m* TEL vibrator
vibromasseur [vibʀomasœʀ] *m* **1.** MED massager **2.** (*objet érotique*) vibrator
vicaire [vikɛʀ] *m* curate; **~ général** vicar general
vice [vis] *m* (*anomalie*) defect; **~ de construction** building fault
vice-consul [viskɔ̃syl] <vice-consuls> *m* vice-consul
vicelard(e) [vislaʀ, aʀd] *inf* **I.** *adj* **1.** (*malin: personne*) devious **2.** (*vicieux: histoire*) sleazy; (*personne, air*) sly **II.** *m(f)* dirty old son of a gun
vice-président(e) [vispʀezidɑ̃, ɑ̃t] <vice--présidents> *m(f)* vice president
vice-roi, vice-reine [visʀwa, visʀɛn] <vice--rois> *m* viceroy, vicereine *m, f*
vice versa [vis(e)vɛʀsa] *adv* **et ~** and vice versa
vicier [visje] <1> *vt* (*goût, relations*) to spoil; **air vicié** polluted air
vicieux, -euse [visjø, -jøz] **I.** *adj* **1.** (*obsédé sexuel: personne, air*) lecherous **2.** *inf* (*vache, tordu: coup, personne*) devious **3.** (*rétif: cheval*) vicious **4.** SPORT (*balle, tir*) nasty **II.** *m, f* **1.** (*cochon*) pervert **2.** *inf* (*homme tordu*) double-dealer
vicinal [visinal, -o] <-aux> *adj* **chemin ~** byway
vicomte, -esse [vikɔ̃t, -ɛs] *m, f* viscount *m*, viscountess *f*
victime [viktim] *f* **1.** (*blessé, mort*) casualty **2.** (*personne/chose qui subit*) victim
victoire [viktwaʀ] *f* **~ sur qn/qc** victory over sb/sth
victorieux, -euse [viktɔʀjø, -jøz] *adj* victorious
victuailles [viktɥaj] *fpl* food + *vb sing*
vidange [vidɑ̃ʒ] *f* **1.** (*action: d'un circuit*) emptying; AUTO oil change **2.** (*dispositif: d'un évier*) waste outlet **3.** *pl* (*effluents*) sewage + *vb sing* **4.** *Belgique* (*verre consigné*) returns *pl* **5.** *pl, Belgique* (*bouteilles vides* (*consignées ou non*)) empties
vidanger [vidɑ̃ʒe] <2a> *vt* **1.** AUTO **faire ~ une voiture** to change the oil in a car **2.** (*vider*) to drain
vide [vid] **I.** *adj* **1.** (*opp: plein*) empty **2.** (*opp: riche: discussion*) empty; **~ de qc** devoid of sth **3.** (*opp: occupé*) vacant **II.** *m* **1.** *sans pl* (*abîme*) void **2.** PHYS vacuum; **emballé sous ~** vacuum-packed **3.** (*espace vide*) gap **4.** (*néant*) void ►**faire le ~** (*débarrasser*) to clear everything away; (*évacuer ses soucis*) to clear one's mind
vidéo [video] **I.** *f* (*technique, film, émission*) video **II.** *adj inv* video
vidéocassette [videokasɛt] *f* videocassette
vidéoclip [videoklip] *m* video
vidéoconférence [videokɔ̃feʀɑ̃s] *f* videoconference
vidéodisque [videodisk] *m* videodisc
vidéophone [videofɔn] *m* videophone
vide-ordures [vidɔʀdyʀ] *m inv* waste disposal
vidéosurveillance [videosyʀvɛjɑ̃s] *f* video surveillance
vidéotex® [videotɛks] *m* videotex
vidéothèque [videotɛk] *f* video (rental) store
vidéotransmission [videotʀɑ̃smisjɔ̃] *f* video transmission
vide-poches [vidpɔʃ] <vide-poches> *m* AUTO glove compartment; (*latéral*) side pocket; (*au dos du siège*) seat pocket
vider [vide] <1> **I.** *vt* **1.** (*retirer, voler le contenu de*) to empty; **~ un bassin de son eau** to empty the water out of a bowl **2.** (*verser: bouteille, boîte*) to empty **3.** (*faire s'écouler: substance liquide*) to drain; (*substance solide*) to empty **4.** (*consommer*) **~ son verre** to drain one's glass **5.** *inf* (*expulser*) to throw out **6.** *inf* (*fatiguer*) **être vidé** to be exhausted **7.** CULIN (*poisson*) to clean **II.** *vpr* **1.** (*perdre son contenu*) **se ~** (*bouteille*) to be emptied; (*ville*) to empty **2.** (*s'écouler*) **se ~ dans le caniveau** (*eaux usées*) to drain into the gutter
videur, -euse [vidœʀ, -øz] *m, f* bouncer
vie [vi] *f* **1.** (*existence, biographie*) life; **revenir à la ~** (*reprendre conscience*) to come back to life; (*reprendre goût à la vie*) to start living again; **être en ~** to be alive; **être sans ~** to be lifeless **2.** (*façon de vivre*) life; **la ~ active** work; **c'est la ~!** that's life! ►**à la ~, à la mort** to the end; **gagner sa ~** to earn a living; **refaire sa ~ avec qn** to make a new life with sb; **à ~** for life
vieil [vjɛj] *adj v.* **vieux**
vieillard [vjɛjaʀ] *m* old man
vieille [vjɛj] *v.* **vieux**
vieillerie [vjɛjʀi] *f* **~s** old-fashioned things; (*vêtements*) vintage clothing
vieillesse [vjɛjɛs] *f* **1.** (*opp: jeunesse*) old age **2.** *sans pl* (*personnes âgées*) **la ~** the elderly *pl*
vieilli(e) [vjeji] *adj* aged

vieillir [vjejiʀ] <8> **I.** *vi* **1.** (*prendre de l'âge: personne*) to grow old; (*chose*) to age; (*fromage, vin*) to mature **2.** *péj* (*diminuer: personne*) to age **3.** (*se démoder*) to become old-fashioned; **être vieilli** to be old-fashioned **II.** *vt* (*faire paraître plus vieux: coiffure, vêtements*) to date **III.** *vpr* **se ~** (*se faire paraître plus vieux*) to make oneself look older
vieillissant(e) [vjejisɑ̃, ɑ̃t] *adj* aging
vieillissement [vjejismɑ̃] *m* (*d'une personne, population*) aging; (*d'une idéologie*) dating
vieillot(te) [vjɛjo, jɔt] *adj* quaint
viendrai [vjɛ̃dʀɛ] *fut de* **venir**
vienne [vjɛn] *subj prés de* **venir**
Vienne [vjɛn] Vienna
viennent [vjɛn] *indic prés de* **venir**
viennois(e) [vjɛnwa, waz] *adj* Viennese
Viennois(e) [vjɛnwa, waz] *m(f)* Viennese
viennoiserie [vjɛnwazʀi] *f: leavened dough pastries such as a croissants or brioche*
viens, vient [vjɛ̃] *indic prés de* **venir**
vierge [vjɛʀʒ] *adj* **1.** (*non défloré: fille, garçon*) virgin **2.** (*intact: disquette, page*) blank; (*film*) unexposed **3.** (*inexploré: espace*) unexplored; **la forêt ~** virgin forest **4.** (*pur: laine*) new **5.** GEO **les Îles ~s** Virgin Islands
Vierge [vjɛʀʒ] *f* **1.** REL **la ~ Marie** the Virgin Mary; **la Sainte ~** the Blessed Virgin **2.** ASTR Virgo; *v.a.* **Balance**
Vietnam, Viêt-nam [vjɛtnam] *m* Vietnam; **le ~ du Nord/Sud** North/South Vietnam
vietnamien [vjɛtnamjɛ̃] *m* Vietnamese; *v.a.* **français**
vietnamien(ne) [vjɛtnamjɛ̃, jɛn] *adj* Vietnamese
Vietnamien(ne) [vjɛtnamjɛ̃, jɛn] *m(f)* Vietnamese
vieux [vjø] **I.** *adv* (*faire, s'habiller*) old; **faire ~** (*coiffure, habits*) to look old **II.** *m* (*choses anciennes*) old stuff
vieux, vieille [vjø, vjɛj] <*devant un nom masculin commençant par une voyelle ou un h muet* vieil> **I.** *adj* **1.** *antéposé* old **2.** *antéposé, inf* (*sale: con, schnock*) old ►**se faire ~** to make oneself look old; **vivre ~** to live to a ripe old age **II.** *m, f* **1.** (*vieille personne*) old person; **un petit ~/une petite vieille** *inf* a little old man/woman **2.** *inf* (*mère/père*) old man *m*, old girl *f*; **mes ~** my folks ►**mon (petit) ~!** *inf* my friend!
vif [vif] *m* **le ~ du sujet** the heart of the matter; **au ~** to the quick; **sur le ~** from real life
vif, vive [vif, viv] *adj* **1.** (*plein de vie: personne*) lively **2.** (*rapide*) fast; **avoir l'esprit ~** to be quick-witted **3.** (*intense: douleur*) sharp; (*soleil*) brilliant; (*froid*) biting; (*couleur*) vivid; (*lumière*) bright **4.** *antéposé* (*profond: regret, intérêt*) deep; (*souvenir*) vivid; (*plaisir, chagrin*) intense; (*impression*) lasting **5.** (*vivant*) alive; **eau vive** running water **6.** (*coupant, nu: angle*) acute; **plaie à ~** open wound
vigie [viʒi] *f* **1.** (*en marine*) lookout **2.** (*surveillance*) watch
vigilance [viʒilɑ̃s] *f* vigilance
vigilant(e) [viʒilɑ̃, ɑ̃t] *adj* (*personne*) vigilant; **d'un œil ~** with a watchful eye
vigile [viʒil] *mf* security guard
vigne [viɲ] *f* **1.** BOT vine; **pied de ~** vine **2.** (*vignoble*) vineyard **3.** *sans pl* (*activité viticole*) winegrowing
vigneron(ne) [viɲ(ə)ʀɔ̃, ɔn] **I.** *adj* **activité ~ne** winegrowing **II.** *m(f)* winegrower
vignette [viɲɛt] *f* **1.** (*attestant un paiement*) label **2.** HIST (*image*) illustration **3.** (*petite illustration*) vignette **4.** (*d'une automobile*) car registration sticker
vignoble [viɲɔbl] *m* **1.** (*terrain*) vineyard **2.** *sans pl* (*ensemble de vignobles*) vineyards *pl*
vigoureusement [viguʀøzmɑ̃] *adv* vigorously
vigoureux, -euse [viguʀø, -øz] *adj* **1.** (*fort*) strong **2.** (*ferme, énergique: coup, mesure*) vigorous
vigueur [vigœʀ] *f* **1.** (*énergie: d'une personne*) strength; **sans ~** feeble **2.** (*véhémence: d'un argument*) force; (*d'une réaction*) strength; **avec ~** vigorously ►**en ~** in force
Viking [vikiŋ] *m* Viking
vilain [vilɛ̃] *m* (*grabuge*) **il va y avoir du ~** things are going to get nasty
vilain(e) [vilɛ̃, ɛn] *adj* **1.** (*laid*) ugly **2.** *antéposé* (*sale, inquiétant: mot, coup*) nasty; **jouer un ~ tour à qn** to play a nasty trick on sb **3.** *antéposé, enfantin* (*personne, animal*) naughty **4.** *antéposé* (*désagréable: temps*) lousy
vilebrequin [vilbʀəkɛ̃] *m* AUTO crankshaft
villa [villa] *f* villa
village [vilaʒ] *m* village
villageois(e) [vilaʒwa, waz] *m(f)* villager
village-vacances [vilaʒvakɑ̃s] *m* vacation village
ville [vil] *f* **1.** (*agglomération*) town; **~ jumelée** sister city **2.** (*quartier*) area; **vieille ~** old town **3.** (*opp: la campagne*) **la ~** the city **4.** (*municipalité*) town; (*plus grande*) city ►**en ~** in town
ville-dortoir [vildɔʀtwaʀ] <villes-dortoirs> *f* bedroom community
villégiature [vi(l)leʒjatyʀ] *f* (*vacances*) vacation
ville-satellite [vilsatelit] <villes-satellites> *f* satellite town
vin [vɛ̃] *m* wine; **~ blanc/rosé/rouge** white/rosé/red wine; **~ de pays** local wine ►**cuver son ~** *inf* to sleep it off
vinaigre [vinɛgʀ] *m* vinegar ►**tourner au ~** to turn sour
vinaigrer [vinegʀe] <1> *vt* **~ qc** to add vinegar to sth
vinaigrette [vinɛgʀɛt] *f* vinaigrette
vinasse [vinas] *f inf* cheap wine
vindicatif, -ive [vɛ̃dikatif, -iv] *adj* vindictive
vineux, -euse [vinø, -øz] *adj* (*couleur*) of wine
vingt [vɛ̃] **I.** *adj* **1.** (*cardinal*) twenty; **~ et un**

V

twenty-one **2.** (*dans l'indication des époques*) **les années** ~ the twenties **II.** *m inv* twenty; *v.a.* **cinq**

vingtaine [vɛ̃tɛn] *f* **1.** (*environ vingt*) **une ~ de personnes/pages** about twenty people/pages **2.** (*âge approximatif*) **avoir une ~ d'années** to be about twenty

vingt-et-un [vɛ̃teœ̃] *inv m* JEUX blackjack

vingtième [vɛ̃tjɛm] **I.** *adj antéposé* twentieth **II.** *mf* **le/la** ~ the twentieth **III.** *m* (*fraction, siècle*) twentieth; *v.a.* **cinquième**

vinicole [vinikɔl] *adj* **région** ~ wine-producing region

vinification [vinifikasjɔ̃] *f* vinification

vinifier [vinifje] <1> *vt, vi* to vinify

vînmes [vɛ̃m], **vinrent** [vɛ̃ʀ], **vins** [vɛ̃], **vint** [vɛ̃], **vîntes** [vɛ̃t] *passé simple de* **venir**

vioc [vjɔk] *v.* **vioque**

viol [vjɔl] *m* rape

violacé(e) [vjɔlase] **I.** *adj* purplish; (*main*) blue with cold **II.** *fpl* violaceae

violateur, -trice [vjɔlatœʀ, -tʀis] *m, f* (*d'un secret, domicile*) violator; (*d'un lieu sacré*) desecrator; **~ des lois** lawbreaker

violation [vjɔlasjɔ̃] *f* **1.** (*trahison: d'un secret, serment*) violation **2.** (*effraction*) **~ de domicile** forced entry **3.** (*profanation: d'un lieu sacré*) desecration

viole [vjɔl] *f* viol

violemment [vjɔlamɑ̃] *adv* violently

violence [vjɔlɑ̃s] *f* **1.** (*brutalité*) violence; **par la ~** violently **2.** (*acte*) act of violence; **se faire ~** to force oneself **3.** (*virulence: du comportement, d'une tempête*) violence

violent(e) [vjɔlɑ̃, ɑ̃t] *adj* violent

violenter [vjɔlɑ̃te] <1> *vt* **~ qn** to sexually assault sb

violer [vjɔle] <1> *vt* **1.** (*abuser de*) to rape; **se faire ~ par qn** to be raped by sb **2.** (*transgresser: droit, traité*) to violate; (*promesse*) to break; (*secret*) to betray **3.** (*profaner: frontière*) to violate; (*lieu sacré*) to desecrate

violet [vjɔlɛ] *m* purple

violet(te) [vjɔlɛ, ɛt] *adj* purple

violette [vjɔlɛt] *f* BOT violet

violeur, -euse [vjɔlœʀ, -øz] *m, f* rapist

violon [vjɔlɔ̃] *m* violin

violoncelle [vjɔlɔ̃sɛl] *m* cello

violoncelliste [vjɔlɔ̃selist] *mf* cellist

violoniste [vjɔlɔnist] *mf* violinist

vioque [vjɔk] **I.** *adj inf* old **II.** *mf inf* old man, old girl *m, f*

V.I.P. [veipe, viajpi] *m inv abr de* **Very Important Person** *inf* VIP

vipère [vipɛʀ] *f* viper

virage [viʀaʒ] *m* **1.** (*tournant*) turn **2.** (*changement: d'une politique*) U-turn ▶**faire un ~** (*route*) to bend

viral(e) [viʀal, -o] <-aux> *adj* viral; **avoir une origine ~e** to be caused by a virus

virée [viʀe] *f inf* spin

virement [viʀmɑ̃] *m* FIN transfer (of money)

virer [viʀe] <1> **I.** *vi* (*véhicule*) to turn; (*temps, visage, couleur*) to change; (*personne*) to turn around **II.** *vt* **1.** FIN **~ une somme à qn/ sur le compte de qn** to transfer a sum to sb/sb's account **2.** *inf* (*renvoyer*) to fire **3.** *inf* (*se débarrasser de*) to get rid of

virevolter [viʀvɔlte] <1> *vi* to twirl

virginal(e) [viʀʒinal, -o] <-aux> *adj soutenu* virginal

Virginie [viʀʒini] *f* **la** ~ Virginia

Virginie-Occidentale *f* **la** ~ West Virginia

virginité [viʀʒinite] *f* virginity

virgule [viʀgyl] *f* comma

viril(e) [viʀil] *adj* (*mâle*) virile; (*attitude*) manly

viriliser [viʀilize] <1> *vt* (*opp: féminiser*) **~ qn/qc** to make sb/sth more manly

virilité [viʀilite] *f* **1.** ANAT masculinity **2.** (*caractère viril*) virility

virologiste [viʀɔlɔʒist] *mf*, **virologue** [viʀɔlɔg] *mf* virologist

virtuel(le) [viʀtɥɛl] *adj* **1.** (*possible*) possible; (*réussite*) potential **2.** INFORM virtual

virtuellement [viʀtɥɛlmɑ̃] *adv* (*pratiquement*) virtually

virtuose [viʀtɥoz] *mf* MUS virtuoso

virtuosité [viʀtɥozite] *f* (*d'un pianiste*) virtuosity

virulence [viʀylɑ̃s] *f* **1.** (*véhémence: d'une critique*) viciousness **2.** MED (*d'un microbe*) virulence

virulent(e) [viʀylɑ̃, ɑ̃t] *adj* **1.** (*véhément*) vicious **2.** MED (*microbe*) virulent; (*poison*) potent

virus [viʀys] *m* MED, INFORM virus

vis[1] [vis] *f* screw; **~ platinée** AUTO point

vis[2] [vi] *indic prés de* **vivre**

vis[3] [vi] *passé simple de* **voir**

visa [viza] *m* **1.** (*autorisation de résider*) visa; **~ d'entrée/de sortie** entry/exit visa **2.** (*signature*) initials *pl*

visage [vizaʒ] *m* face; **à ~ humain** with a human face; **Visage pâle** *pej* paleface *sl*

visagiste® [vizaʒist] *mf* stylist

vis-à-vis [vizavi] **I.** *prep* **1.** (*en face de*) **~ de l'église** opposite the church **2.** (*envers*) **~ de qn/qc** towards sb/sth **3.** (*comparé à*) **~ de qn/qc** next to sb/sth **II.** *adv* **être/se trouver ~** to be/find themselves face to face **III.** *m inv* (*personne*) person opposite; (*immeuble*) building opposite

viscéral(e) [viseʀal, -o] <-aux> *adj* **1.** (*profond: peur*) deep-rooted **2.** ANAT visceral

viscère [visɛʀ] *f* organ; **les ~s** the intestines

viscosité [viskozite] *f* **1.** (*moiteur: de la peau*) stickiness **2.** PHYS (*d'un liquide*) viscosity

visée [vize] *f* **1.** (*action: d'une arme*) taking aim; (*d'un appareil*) aim **2.** *pl* (*dessein*) **~s sur qc** designs on sth

viser[1] [vize] <1> **I.** *vi* **1.** (*avec une arme*) to take aim **2.** (*avoir pour but*) **~ au succès** to aim for success; **~ haut** to aim high **II.** *vt* **1.** (*mirer: tireur*) to aim **2.** (*ambitionner: carrière*) to aim at **3.** (*concerner*) **~ qn/qc** (*remarque*) to be directed at sb/sth; (*mesure*)

to be aimed at sb/sth **4.** (*chercher à atteindre*) to set one's sights on
viser[2] [vize] <1> *vt* (*mettre un visa sur: document*) to initial; **~ un passeport** to put a visa in a passport
viseur [vizœʀ] *m* sight
visibilité [vizibilite] *f* visibility
visible [vizibl] *adj* **1.** (*qui peut être vu*) visible; **~ à l'œil nu** visible to the naked eye; **être ~** (*personne*) to be available **2.** (*évident*) obvious
visiblement [viziblәmɑ̃] *adv* evidently
visière [vizjɛʀ] *f* eyeshade; (*d'une casquette*) peak
visioconférence [vizjɔkɔ̃feʀɑ̃s] *f* INFORM videoconference
vision [vizjɔ̃] *f* **1.** (*faculté, action de voir qc*) sight **2.** (*conception, perception avec appareil*) view **3.** (*apparition*) *a.* REL vision
visionnaire [vizjɔnɛʀ] **I.** *adj* (*intuitif, halluciné*) visionary **II.** *mf* (*intuitif*) *a.* REL visionary
visionner [vizjɔne] <1> *vt* (*film, diapositives*) to view
visionneuse [vizjɔnøz] *f* (*appareil*) *a.* INFORM viewer
visiophone [vizjɔfon] *m* INFORM video phone
visite [vizit] *f* **1.** (*action de visiter*) visit; (*d'un musée*) tour; **~ guidée** guided tour; **rendre ~ à qn** to visit sb; **en ~** on a visit **2.** (*inspection: des bagages*) inspection **3.** MED (*d'un médecin*) consultation; **~ médicale** medical checkup
visiter [vizite] <1> **I.** *vt* **1.** (*explorer*) *a.* COM, REL to visit **2.** MED (*malades*) to call on **II.** *vi* to visit **III.** *vpr* **se ~** to visit each other
visiteur, -euse [vizitœʀ, -øz] *m, f* **1.** (*personne qui visite*) visitor **2.** (*métier*) **~ des douanes** customs inspector
vison [vizɔ̃] *m* mink
visonnière [vizɔnjɛʀ] *f Québec* (*élevage de visons*) mink farm
visqueux, -euse [viskø, -øz] *adj* (*liquide*) viscous; (*peau*) sticky
visser [vise] <1> **I.** *vt, vi* to screw on **II.** *vpr* **se ~** to be screwed on
visu [vizy] **de ~** with one's own eyes
visualisation [vizɥalizasjɔ̃] *f* visualization; INFORM display; **~ de la page** page preview
visualiser [vizɥalize] <1> *vt* to visualize; (*écran*) to display
visuel [vizɥɛl] *m* INFORM visual display unit
visuel(le) [vizɥɛl] *adj* (*mémoire, panneau*) visual
visuellement [vizɥɛlmɑ̃] *adv* (*quant à la vue, de visu*) visually
vit[1] [vi] *indic prés de* **vivre**
vit[2] [vi] *passé simple de* **voir**
vital(e) [vital, -o] <-aux> *adj* vital
vitalité [vitalite] *f* vitality
vitamine [vitamin] *f* vitamin
vitaminé(e) [vitamine] *adj* vitamin-enriched
vite [vit] *adv* fast; **ce sera ~ fait** it'll soon be done; **faire ~** to hurry; **au plus ~** as quickly as possible
vîtes [vit] *passé simple de* **voir**
vitesse [vitɛs] *f* **1.** (*rapidité*) speed; **à la ~ de 100 km/h** at a speed of 100 km/h; **~ maximale** AUTO speed limit; **en grande ~** (*pour le courrier*) *a.* CHEMDFER express **2.** (*promptitude*) quickness **3.** AUTO gear; (*d'un vélo*) speed; **changer de ~** to change gears ▶ **à la ~ grand V** *inf* at top speed; **prendre qn de ~** to beat sb; **à toute ~** as fast as possible; **en** (**quatrième**) **~** *inf* at top speed

> i On French freeways, the **vitesse maximale** is 130 kilometers per hour (≈80 mph). In villages and towns it is 50 (≈30 mph), on two-lane highways 110 (≈68 mph), and on country roads 90 (≈55 mph).

viticole [vitikɔl] *adj* **production ~** wine production
viticulteur, -trice [vitikyltœʀ, -tʀis] *m, f* winegrower
viticulture [vitikyltyʀ] *f* winegrowing
vitrage [vitʀaʒ] *m* windows *pl*
vitrail [vitʀaj, -o] <-aux> *m* stained-glass window
vitre [vitʀ] *f* **1.** (*carreau*) pane of glass **2.** (*fenêtre*) window
vitré(e) [vitʀe] *adj* glass
vitrer [vitʀe] <1> *vt* to glaze
vitrerie [vitʀәʀi] *f* **1.** (*activité*) glazing **2.** (*marchandise*) glass
vitreux, -euse [vitʀø, -øz] *adj* (*yeux*) glassy
vitrier [vitʀije] *m* glazier
vitrifier [vitʀifje] <1> *vt* **1.** (*action: substance*) to glaze **2.** (*recouvrir: parquet*) to varnish
vitrine [vitʀin] *f* **1.** (*étalage*) (store) window **2.** (*armoire vitrée*) display cabinet
vitriol [vitʀijɔl] *m fig* **critique au ~** vitriolic criticism
vitrioler [vitʀijɔle] <1> *vt* **~ qn** to throw vitriol at sb
vitrocéramique [vitʀoseʀamik] *f* vitreous ceramic
vitupérer [vitypeʀe] <5> *vi* **~ contre qn** to inveigh against sb
vivable [vivabl] *adj* (*personne*) that one can live with; (*monde*) fit to live in
vivace [vivas] *adj* **1.** BOT (*plante*) hardy **2.** (*tenace: foi*) steadfast; (*haine*) undying
vivacité [vivasite] *f* **1.** (*promptitude*) vivacity; **~ d'esprit** quick-wittedness **2.** (*brusquerie: d'un langage*) sharpness **3.** (*intensité: d'une couleur*) vividness; (*d'une émotion*) intensity
vivant [vivɑ̃] *m* **1.** (*personne en vie*) living person; **bon ~** bon vivant **2.** REL **les ~s** the living ▶ **du ~ de qn** when sb was alive; (*d'un mort*) in sb's lifetime
vivant(e) [vivɑ̃, ɑ̃t] *adj* **1.** (*en vie: personne, animal*) living; **être encore ~** to still be alive **2.** (*animé: souvenir*) clear; (*rue*) lively **3.** (*expressif*) lifelike
vivarium [vivaʀjɔm] *m* vivarium

vivat [viva] *m gén pl* cheer

vive [viv] **I.** *adj v.* **vif** **II.** *interj* **~ la mariée/la liberté!** long live the bride/freedom!

vivement [vivmɑ̃] **I.** *adv* **1.** (*intensément: intéresser*) keenly; (*regretter*) deeply **2.** (*brusquement: parler*) sharply **3.** (*avec éclat: briller*) brightly **II.** *interj* (*souhait*) **~ les vacances!** I can't wait until vacation!

vivier [vivje] *m* **1.** (*étang*) fishpond **2.** (*bac*) fish tank

vivifiant(e) [vivifjɑ̃, jɑ̃t] *adj* invigorating

vivifier [vivifje] <1> *vt* **1.** (*stimuler*) to enliven; (*personne, plante*) to invigorate **2.** (*animer: région, ville*) to bring new life to

vivipare [vivipaʀ] *adj* ZOOL viviparous

vivisection [vivisɛksjɔ̃] *f* vivisection

vivoir [vivwaʀ] *m Québec* (*salon, pièce commune dans un appartement*) living room

vivoter [vivɔte] <1> *vi inf* to struggle along; (*avec des petits moyens*) to live from hand to mouth

vivre [vivʀ] *irr* **I.** *vi* **1.** (*exister*) to live; **elle vit encore** she's still alive **2.** (*habiter, mener sa vie*) to live; **~ bien/pauvrement** to live well/in poverty **3.** (*subsister*) **~ de son salaire/ses rentes** to live on one's salary/private income; **faire ~ qn** to support sb **4.** (*persister: coutume*) to live on **5.** (*être plein de vie: portrait*) to be alive; (*rue*) to be lively ▶**il faut bien ~** you have to live; **qui vivra verra** *prov* what will be will be **II.** *vt* **1.** (*passer: moment*) to spend; (*vie*) to live **2.** (*être mêlé à: événement*) to live through **3.** (*éprouver intensément: époque*) to live in **III.** *mpl* supplies ▶**couper les ~s à qn** to cut off sb's allowance

vizir [viziʀ] *m* vizier

vlan [vlɑ̃] *interj inf* bang!

V.O. [veo] *f abr de* **version originale** original language version

vocabulaire [vɔkabylɛʀ] *m* vocabulary

vocal(e) [vɔkal, -o] <-aux> *adj* vocal

vocalique [vɔkalik] *adj* vowel

vocalisation [vɔkalizasjɔ̃] *f* vocalization

vocalise [vɔkaliz] *f* singing exercise

vocaliser [vɔkalize] <1> **I.** *vi* to practice singing **II.** *vt* (*consonne*) to vocalize **III.** *vpr* **se ~** (*consonne*) to be vocalized

vocatif [vɔkatif] *m* vocative

vocation [vɔkasjɔ̃] *f* **1.** (*disposition*) calling; **il faut avoir la ~!** *inf* you have to have the calling! **2.** (*destination: d'une personne, d'un peuple*) destiny **3.** REL vocation; **avoir la ~** to have a vocation

vocifération [vɔsifeʀasjɔ̃] *f souvent pl* cry of anger

vociférer [vɔsifeʀe] <5> **I.** *vi* to give a cry of anger; **~ contre qn** to scream at sb **II.** *vt* (*ordre*) to scream

vocodeur [vɔkɔdœʀ] *m* INFORM vocoder

vodka [vɔdka] *f* vodka

vœu [vø] <x> *m* **1.** (*désir*) wish **2.** *pl* (*souhaits*) wishes **3.** REL vow

vogue [vɔg] *f* vogue; **en ~** fashionable

voici [vwasi] **I.** *adv* here is/are; **~ mon père et voilà ma mère** here are my father and mother **II.** *prep soutenu* **1.** (*il y a*) **~ quinze ans que son fils a fait qc** it's fifteen years (now) since his son did sth **2.** (*depuis*) **~ bien des jours que j'attends** I've been waiting for several days now **III.** *interj soutenu* **1.** (*réponse*) here you are **2.** (*présentation*) here's, here are

voie [vwa] *f* **1.** (*passage*) way; **~ d'accès** access road; **~ de garage** siding; **~ sans issue** dead end **2.** (*file: d'une route*) lane; **~ d'eau** NAUT (*brèche*) leak **3.** CHEMDFER **~ ferrée** railroad track **4.** (*moyen de transport*) **par ~ aérienne** by air; **par ~ postale** by mail; **la ~ des ondes** the airwaves *pl* **5.** (*filière*) means; **la ~ de la réussite** the road to success **6.** (*ligne de conduite*) path; **~ de fait** (*violence*) assault; **~ de recours** JUR course of appeal **7.** ANAT (*conduit*) tract; **~s respiratoires** airways **8.** ASTR **~ lactée** Milky Way ▶**par ~ de conséquence** as a result; **être en bonne ~** (*affaire*) to be well under way

voilà [vwala] **I.** *adv* **1.** (*opp: voici*) there; **voici ma maison, et ~ le jardin** here's my house and there's the garden **2.** (*pour désigner*) **~ mes amis** there are my friends; **~ pour toi** that's for you; **~ pourquoi/où ...** that's why/where ...; **et ~ tout** and that's all; **la jeune femme que ~** the young woman over there; **en ~ une histoire!** what a story!; **me ~/te ~** here I am/you are **3.** *explétif* **~ que la pluie se met à tomber** and then it starts to rain; **et le ~ qui recommence** there he goes again; **en ~ assez!** that's enough! ▶**~ ce que c'est de faire une bêtise** *inf* that's what happens when you do something stupid; **nous y ~** here we are **II.** *prep* **1.** (*il y a*) **~ quinze ans que son enfant a fait qc** it's been fifteen years since his/her child did sth **2.** (*depuis*) **~ bien une heure que j'attends** I've been waiting for over an hour now **III.** *interj* **1.** (*réponse*) there you are **2.** (*présentation*) this is **3.** (*naturellement*) **et ~!** so there!

voilage [vwalaʒ] *m* net curtain

voile[1] [vwal] *m* **1.** (*foulard, léger écran*) *a. fig* veil **2.** (*tissu fin, pour cacher*) net **3.** PHOT fog **4.** MED shadow

voile[2] [vwal] *f* **1.** NAUT sail; **bateau à ~s** sailboat **2.** SPORT **la ~** sailing; **faire de la ~** to go sailing

voilé(e)[1] [vwale] *adj* (*couvert d'un voile, dissimulé: femme, statue, allusion*) veiled

voilé(e)[2] [vwale] *adj* (*déformé: planche*) warped; **être ~** (*roue*) to be buckled

voilement [vwalmɑ̃] *m* (*d'une planche*) warping; (*d'une roue*) buckling

voiler[1] [vwale] <1> **I.** *vpr* **se ~** **1.** (*se dissimuler*) to hide one's face; (*avec un voile*) to wear a veil **2.** (*perdre sa clarté: ciel, horizon*) to grow cloudy; (*regard*) to mist over; (*voix*) to become husky **II.** *vt* (*cacher: visage*) to veil

voiler[2] [vwale] <1> **I.** *vpr* (*se fausser*) **se ~** (*roue*) to buckle **II.** *vt* (*fausser: roue, étagère*) to buckle

voilette [vwalɛt] *f* (hat) veil

voilier [vwalje] *m* **1.** NAUT sailboat **2.** (*fabricant*) sail maker

voilure [vwalyʀ] *f* **1.** NAUT sails *pl* **2.** AVIAT canopy

voir [vwaʀ] *irr* **I.** *vt* **1.** to see; **je l'ai vu comme je vous vois** I saw him as (clearly as) I can see you; **~ qn/qc faire qc** to see sb/sth do sth; **en ~** (**de dures**) *inf* to have some hard times; **faire ~ à qn qu'il se trompe** (*personne*) to show sb that he is mistaken; **~ venir la catastrophe** to see disaster coming **2.** (*montrer*) **fais-moi donc ~ ce que tu fais!** show me what you're doing! **3.** (*rencontrer, rendre visite à: personne*) to see; **aller/venir ~ qn** to go/come and see sb **4.** (*examiner: dossier, leçon*) to look at; **~ page 6** see page 6 **5.** (*se représenter*) **~ qc/qn sous un autre jour** to see sb/sth in a different light; **je vois ça** (**d'ici**)! *inf* I can just imagine! **6.** (*trouver*) **~ une solution à qc** to see a solution to sth **7.** (*apparaître*) **faire/laisser ~ sa déception à qn** to show sb/let sb see one's disappointment ►**je voudrais bien t'y/vous y ~** *inf* I'd like to see you in the same position; **on aura tout vu!** *inf* we've seen it all!; **avoir quelque chose/n'avoir rien à ~ avec cette histoire** to be involved in/have nothing to do with this business; **~ qc venir** to see sth coming **II.** *vi* **1.** (*percevoir par la vue*) **tu** (**y** *inf*) **vois sans tes lunettes?** can you see without your glasses? **2.** (*prévoir*) **~ grand/petit** to think big/small **3.** (*constater*) to see; **on verra bien** we'll see **4.** (*veiller*) **il faut ~ à ce que** +*subj* we have to see that **5.** *inf* (*donc*) **essaie/regarde ~!** just try/look! ►**à toi de ~** it's up to you; **pour ~** to see (what happens); **vois-tu** you see **III.** *vpr* **1.** (*être visible*) **se ~ bien la nuit** (*couleur*) to stand out at night **2.** (*se rencontrer*) **se ~** to see each other **3.** (*se produire*) **se ~** (*phénomène*) to happen; **ça ne s'est jamais vu** it's unheard of **4.** (*se trouver*) **se ~ contraint de** +*infin* to find oneself obliged to +*infin* **5.** (*constater*) **se ~ mourir** to realize one is dying; **il s'est vu refuser l'entrée** he was turned away **6.** (*s'imaginer*) **se ~ faire qc** to see oneself doing sth

voire [vwaʀ] *adv* **~** (**même**) not to say

voirie [vwaʀi] *f* **1.** (*routes*) roads *pl* **2.** (*entretien des routes*) road maintenance; (*service administratif*) highway department **3.** (*enlèvement des ordures*) garbage collection **4.** (*dépotoir*) garbage dump

voisin(e) [vwazɛ̃, in] **I.** *adj* **1.** (*proche: maison*) neighboring; (*rue*) next; (*pièce*) adjoining; **région ~e de la frontière** border region; **être ~ de qc** to be next to sth **2.** (*analogue: sens*) similar; (*espèce animale*) related; **être ~ de qc** to be akin to sth **II.** *m(f)* (*dans une rue, un immeuble*) neighbor

voisinage [vwazinaʒ] *m* **1.** (*voisins*) neighborhood; **des relations de bon ~** neighborly terms **2.** (*proximité*) nearness **3.** (*environs*) vicinity

voisiner [vwazine] <1> *vi* **~ avec qn/qc** to be next to sb/sth

voiture [vwatyʀ] *f* **1.** AUTO car; **~ particulière** private car; **~ de course** racecar; **~ de location/d'occasion** rental/used car; **~ d'enfant** baby carriage **2.** CHEMDFER (railroad) car **3.** (*véhicule attelé*) cart; **~ à cheval** horse-drawn carriage **4.** (*véhicule utilitaire*) **~ de livraison/de dépannage** delivery/tow truck ►**en ~!** all aboard!

voiture-balai [vwatyʀbalɛ] <voitures-balais> *f* SPORT support car

voiture-bar [vwatyʀbaʀ] <voitures-bars> *f* CHEMDFER buffet car

voiture-lit [vwatyʀli] <voiture(s)-lits> *f* sleeping car

voiture-restaurant [vwatyʀʀɛstɔʀɑ̃] <voitures-restaurants> *f* restaurant car

voix [vwɑ] *f* **1.** (*organe de la parole, du chant*) *a.* MUS voice; **d'une ~ forte** in a loud voice; **à ~ basse** in a low voice; **~ de ténor** tenor voice; **à une/deux ~** in one/two parts **2.** (*son: d'un animal*) voice; (*d'un instrument, du vent*) sound **3.** POL (*suffrage*) vote; **d'une seule ~** as one **4.** (*opinion: du peuple, de la conscience*) voice; **faire entendre la ~ de qn** to make sb's voice heard **5.** LING voice; **~ passive/active** passive/active voice ►**de vive ~** personally; **élever la ~** to raise one's voice

vol[1] [vɔl] *m* **1.** ZOOL, AVIAT flight; (*formation*) flock; **~ de nuit** night flight; **~ libre** hang-gliding **2.** SPORT **~ à voile** gliding ►**à ~ d'oiseau** as the crow flies; **en ~ plané** gliding; **prendre son ~** (*oiseau, adolescent*) to leave the nest; **rattraper qc au ~** to catch sth in midair

vol[2] [vɔl] *m* (*larcin*) theft; (*avec violence*) robbery; **~ à main armée** armed robbery; **~ avec effraction** burglary

volage [vɔlaʒ] *adj* (*personne, humeur*) fickle; (*époux*) faithless

volaille [vɔlɑj] *f* poultry

volailler, -ère [vɔlɑje, -ɛʀ] *m, f* poultry farmer

volant [vɔlɑ̃] *m* **1.** AUTO steering wheel; **être au ~** to be behind the wheel; **se mettre au/prendre le ~** to get behind/take the wheel **2.** TECH flywheel **3.** (*garniture: d'un rideau*) flounce **4.** SPORT shuttlecock **5.** *pl* AVIAT (*personnel volant*) flight crew

volant(e) [vɔlɑ̃, ɑ̃t] *adj* flying

volatil(e) [vɔlatil] *adj* **1.** CHIM volatile **2.** *soutenu* (*qui disparaît: bien*) transient

volatile [vɔlatil] *m* fowl

volatilisation [vɔlatilizasjɔ̃] *f* **1.** CHIM volatilization **2.** (*disparition*) disappearance

volatiliser [vɔlatilize] <1> **I.** *vt* to volatilize **II.** *vpr* **se ~ 1.** CHIM to volatilize **2.** (*disparaître*) to vanish

volatilité [vɔlatilite] *f* volatility

vol-au-vent [vɔlovɑ̃] *m inv* vol-au-vent

volcan [vɔlkɑ̃] *m* volcano

volcanique [vɔlkanik] *adj* volcanic

volcanologue [vɔlkanɔlɔg] *mf* vulcanologist
volée [vɔle] *f* **1.** (*groupe*) **une ~ de moineaux** a flock of sparrows **2.** (*décharge, raclée*) **une ~ de coups** a volley of blows **3.** SPORT volley; **monter à la ~** to come up to the net **4.** *Suisse* (*élèves d'une même promotion*) year ▶ **~ de bois vert** savage attack; **prendre sa ~** to spread one's wings; **à la ~** (*au passage*) in mid-air; **à toute ~** with all one's strength
voler[1] [vɔle] <1> *vi* **1.** (*se mouvoir dans l'air, être projeté*) to fly; **~ au vent** (*feuilles*) to fly around in the wind; **faire ~ des feuilles** to blow leaves around **2.** (*courir*) to fly along
voler[2] [vɔle] <1> **I.** *vt* **1.** (*dérober*) to steal **2.** (*tromper*) **~ qn sur la quantité** to cheat sb on the quantity ▶ **il ne l'a pas volé** *inf* he was asking for that **II.** *vi* to steal
volet [vɔlɛ] *m* **1.** (*persienne*) shutter; **~ roulant** roller shutter **2.** (*feuillet: d'une pièce administrative*) section **3.** (*panneau: d'un triptyque*) wing **4.** AVIAT, TECH, AUTO flap **5.** (*partie: d'un plan*) point ▶ **trier des personnes/choses sur le ~** to handpick people/things
voleter [vɔlte] <4> *vi* (*voltiger*) to flutter
voleur, -euse [vɔlœʀ, -øz] **I.** *adj* (*qui dérobe*) light-fingered **II.** *m, f* thief; **~ à la tire** pickpocket; **~ de grand chemin** highwayman ▶ **au ~!** stop thief!; **partir comme un ~** to sneak away
volière [vɔljɛʀ] *f* aviary
volley(**-ball**) [vɔlɛ(bol), vɔlɛ(bal)] *m sans pl* volleyball
volleyer [vɔleje] <1> *vi* to volley
volleyeur, -euse [vɔlɛjœʀ, -jøz] *m, f* **1.** (*joueur de volley*) volleyball player **2.** SPORT volleyer
volontaire [vɔlɔ̃tɛʀ] **I.** *adj* **1.** (*voulu*) deliberate; **incendie ~** arson **2.** (*non contraint*) voluntary; **engagé ~** volunteer **3.** (*décidé*) determined; *péj* (*personne*) willful **II.** *mf* **1.** *a.* MIL volunteer **2.** *péj* (*personne têtue*) willful person
volontairement [vɔlɔ̃tɛʀmɑ̃] *adv* **1.** (*exprès*) *a.* JUR deliberately **2.** (*de son plein gré*) voluntarily
volontariat [vɔlɔ̃taʀja] *m* **1.** (*bénévolat*) voluntary service **2.** MIL volunteering
volontarisme [vɔlɔ̃taʀism] *m* voluntarism
volonté [vɔlɔ̃te] *f* **1.** (*détermination*) will **2.** (*désir*) wish **3.** (*énergie*) willpower ▶ **à ~** as desired
volontiers [vɔlɔ̃tje] *adv* **1.** (*avec plaisir*) willingly; (*réponse*) with pleasure **2.** (*souvent*) readily
volt [vɔlt] *m* volt
voltage [vɔltaʒ] *m* ELEC voltage
volte-face [vɔltəfas] *f inv* about-face
voltige [vɔltiʒ] *f* **1.** (*au cirque*) **numéro de haute ~** acrobatics routine **2.** AVIAT aerobatics **3.** (*équitation*) stunt riding
voltiger [vɔltiʒe] <2a> *vi* **1.** (*voler çà et là*) to flit about **2.** (*flotter légèrement*) **faire ~ qc** to make sth flutter
voltigeur, -euse [vɔltiʒœʀ, -ʒøz] *m, f* **1.** (*acrobate au trapèze*) trapeze artist **2.** (*acrobate sur un cheval*) stunt rider
voltmètre [vɔltmɛtʀ] *m* voltmeter
volubile [vɔlybil] *adj* voluble
volubilité [vɔlybilite] *f* volubility
volume [vɔlym] *m* volume
volumétrique [vɔlymetʀik] *adj* volumetric
volumineux, -euse [vɔlyminø, -øz] *adj* (*dossier*) voluminous; (*paquet*) bulky
volumique [vɔlymik] *adj* **masse ~** density
volupté [vɔlypte] *f* **1.** (*plaisir sensuel*) sensual pleasure **2.** (*plaisir sexuel*) sexual pleasure **3.** (*plaisir intellectuel*) delight
voluptueusement [vɔlyptɥøzmɑ̃] *adv* voluptuously
voluptueux, -euse [vɔlyptɥø, -øz] **I.** *adj* voluptuous **II.** *m, f* voluptuous person
volute [vɔlyt] *f* **1.** (*spirale*) curl **2.** ARCHIT scroll
vomi [vɔmi] *m inf* vomit
vomir [vɔmiʀ] <8> *vt, vi* to vomit
vomissement [vɔmismɑ̃] *m* **1.** (*action*) vomiting **2.** (*vomissure*) vomit
vomissure [vɔmisyʀ] *f souvent pl* vomit
vomitif [vɔmitif] *m* MED emetic
vomitif, -ive [vɔmitif, -iv] *adj* MED emetic
vont [vɔ̃] *indic prés de* **aller**
vorace [vɔʀas] *adj* (*animal, personne*) voracious
voracement [vɔʀasmɑ̃] *adv* voraciously
voracité [vɔʀasite] *f* voracity
vos [vo] *dét poss v.* **votre**
Vosges [voʒ] *fpl* **les ~** the Vosges
votant(e) [vɔtɑ̃, ɑ̃t] *m(f)* (*participant au vote, électeur*) voter
votation [vɔtasjɔ̃] *f Suisse* (*vote*) vote
vote [vɔt] *m* **1.** (*adoption: des crédits*) voting; (*d'un projet de loi*) passing **2.** (*suffrage*) *a.* POL vote; **~ de confiance** vote of confidence; **~ par correspondance** absentee ballot
voter [vɔte] <1> **I.** *vi* **~ contre/pour qn/qc** to vote against/for sb/sth; **~ sur qc** to vote on sth; **~ à main levée** to vote by a show of hands **II.** *vt* (*crédits*) to vote; (*loi*) to pass
vote-sanction [vɔtsɑ̃ksjɔ̃] <votes-sanctions> *m* POL punishment vote
votre [vɔtʀ] <vos> *dét poss* (*à une/plusieurs personne(s) vouvoyée(s), à plusieurs personnes tutoyées*) your; **à ~ avis** in your opinion; *v.a.* **ma, mon**
vôtre [votʀ] *pron poss* **1. le/la ~** yours; *v.a.* **mien 2.** *pl* (*ceux de votre famille*) **les ~s** your family; (*vos partisans*) your friends; **il est des ~s?** is he one of yours?; *v.a.* **mien** ▶ **à la (bonne) ~!** *inf* here's to you!
vouer [vwe] <1> **I.** *vt* **1.** (*condamner*) to doom; **~ qn/qc à l'échec** to doom sb/sth to fail **2.** (*consacrer*) *a.* REL to devote **3.** (*ressentir*) **~ de la haine à qn** to vow hatred toward sb **II.** *vpr* **se ~ à qn/qc** to dedicate oneself to sb/sth
vouloir [vulwaʀ] *irr* **I.** *vt* **1.** (*exiger*) to want; **que lui voulez-vous?** what do you want from him? **2.** (*souhaiter*) **il veut/voudrait ce**

gâteau he wants/would like this cake; **il voudrait être médecin** he would like to be a doctor **3.** (*consentir à*) **veux-tu/voulez-vous** [*o* **veuillez**] [*o* **voudriez-vous**] **prendre place** (*poli*) would you like to take a seat; (*impératif*) please take a seat **4.** (*attendre: décision, réponse*) to expect; **que veux-tu/voulez--vous que je te/vous dise?** what am I supposed to say? **5.** (*nécessiter: soins*) to require **6.** (*faire en sorte*) **le hasard a voulu qu'il parte ce jour-là** as fate would have it he left that day **7.** (*prétendre*) to claim; **la loi veut que tout délit soit puni** (*subj*) the law expects every crime to be punished ►**bien ~ que qn** *+subj* to be quite happy for sb to *+infin;* **il l'a voulu!** he asked for it! **II.** *vi* **1.** (*être disposé*) to be willing **2.** (*souhaiter*) to wish **3.** (*accepter*) **ne plus ~ de qn** not to want anything more to do with sb; **ne plus ~ de qc** not to want sth anymore **4.** (*avoir des griefs envers*) **en ~ à un collègue de qc** to hold sth against a colleague **5.** (*avoir des visées sur*) **en ~ à qc/qn** to have designs on sth/sb ►**(moi,) je veux bien** (*volontiers*) I'd love to; (*concession douteuse*) I don't mind; **en ~** *inf* to play to win; **de l'argent en veux-tu, en voilà!** money galore! **III.** *vpr* **se ~ honnête** to like to think of oneself as honest ►**s'en ~ de qc** to feel bad about sth

voulu(e) [vuly] **I.** *part passé de* **vouloir II.** *adj* **1.** (*requis: effet*) desired; (*moment*) required; **en temps ~** in due course **2.** (*délibéré*) deliberate; **c'est ~** *inf* it's all on purpose

vous [vu] **I.** *pron pers, 2. pers. pl, pers, forme de politesse* **1.** *sujet, complément d'objet direct et indirect* you **2.** *avec être, devenir, sembler, soutenu* **si cela ~ semble bon** if you approve; *v.a.* **me 3.** *avec les verbes pronominaux* **vous ~ nettoyez (les ongles)** you clean your nails; **vous vous voyez dans le miroir** you see yourself in the mirror **4.** *inf* (*pour renforcer*) **~, vous n'avez pas ouvert la bouche** YOU haven't opened your mouth; **c'est ~ qui l'avez dit** you're the one who said it; **il veut ~ aider, ~?** he wants to help YOU? **5.** (*avec un sens possessif*) **le cœur ~ battait fort** your heart was beating fast **6.** *avec un présentatif* you; **~ voici** [*o* **voilà**]! here you are! **7.** *avec une préposition* **avec/sans ~** with/without you; **à ~ deux** (*parler, donner*) to both of you; (*faire qc*) between the two of you; **la maison est à ~?** is the house yours?; **c'est à ~ de décider** it's for you to decide; **c'est à ~!** it's your turn! **8.** *dans une comparaison* you; **nous sommes comme ~** we're like you; **plus fort que ~** stronger than you **II.** *pron* **1.** (*on*) you; **~ ne pouvez même pas dormir** you can't even sleep **2.** ((*à*) *quelqu'un*) **des choses qui ~ gâchent la vie** things which ruin your life **III.** *m* **dire ~ à qn** to call sb "vous"

vous-même [vumɛm] <vous-mêmes> *pron pers, 2. pers. pl, pers, forme de politesse* **1.** (*toi et toi en personne*) **~ n'en saviez rien** YOU know nothing about it; **vous êtes venus de vous-mêmes** you came of your own free will **2.** (*toi et toi aussi*) yourself; **vous-mêmes** yourselves; *v.a.* **nous-même**

voussure [vusyʀ] *f* arching; **~ de la fenêtre** arch of the window

voûte [vut] *f* **1.** ARCHIT vault **2.** ANAT **~ crânienne** dome of the skull **3.** (*ciel*) **~ étoilée** starry sky

voûté(e) [vute] *adj* **1.** (*en forme de voûte: salle*) vaulted **2.** (*courbé*) round-shouldered

voûter [vute] <1> **I.** *vt* **1.** ARCHIT to arch; **être voûté** to be vaulted **2.** (*courber*) to curve; **l'âge avait voûté son dos** age had bent his back **II.** *vpr* **se ~** to become round-shouldered

vouvoiement [vuvwamɑ̃] *m* calling sb "vous"

vouvoyer [vuvwaje] <6> **I.** *vt* **~ qn** to call sb "vous" **II.** *vpr* **se ~** to call each other "vous"

voyage [vwajaʒ] *m* **1.** (*le fait de voyager*) travel; **~ en avion/train** air/train travel **2.** (*trajet*) journey; **~ aller/retour** one-way/roundtrip journey **3.** *inf* (*trip*) trip

voyager [vwajaʒe] <2a> *vi* **1.** (*aller en voyage*) to travel **2.** COM **~ pour une entreprise** to travel for a company **3.** (*être transporté: marchandises*) to travel

voyageur, -euse [vwajaʒœʀ, -ʒøz] **I.** *adj* **être d'humeur voyageuse** to have a wayfaring nature **II.** *m, f* **1.** (*personne qui voyage*) traveler **2.** (*dans un avion/sur un bateau*) passenger **3.** COM **~ de commerce** business traveler

voyagiste [vwajaʒist] *m* tour operator

voyais [vwajɛ] *imparf de* **voir**

voyance [vwajɑ̃s] *f* (*occultisme*) clairvoyance

voyant [vwajɑ̃] *m* indicator light

voyant(e) [vwajɑ̃, jɑ̃t] **I.** *part prés de* **voir II.** *adj* (*qui se remarque*) garish **III.** *m(f)* **1.** (*devin*) visionary **2.** (*opp: aveugle*) sighted person

voyelle [vwajɛl] *f* vowel

voyeur, -euse [vwajœʀ, -jøz] *m, f* (*amateur de scènes lubriques*) voyeur

voyeurisme [vwajœʀism] *m* **1.** (*perversion du voyeur*) voyeurism **2.** (*curiosité*) curiosity

voyez [vwaje], **voyons** [vwajɔ̃] *indic prés et impératif de* **voir**

voyou [vwaju] **I.** *adj* **il/elle est un peu ~** he/she is a bit of a lout **II.** *m* **1.** (*délinquant*) lout **2.** (*garnement*) brat

vrac [vʀak] *m* **en ~** (*en grande quantité*) in bulk; (*non emballé*) loose; **des idées en ~** some ideas off the top of my head

vrai [vʀɛ] **I.** *m* **le ~** the truth; **être dans le ~** to be right; **il y a du ~** there's some truth ►**à dire ~** [*o* **à ~ dire**] in fact; **pour de ~** *inf* for real **II.** *adv* **dire** [*o* **parler**] **~** to speak the truth; **faire ~** to look real

vrai(e) [vʀɛ] *adj* **1.** (*véridique*) true; (*événement*) real **2.** *postposé* (*conforme à la réalité: personnage, tableau*) true to life **3.** *antéposé* (*authentique*) real; (*cause*) true **4.** *antéposé* (*digne de ce nom*) true **5.** *antéposé* (*conve-*

V

nable: méthode, moyen) proper ►**il n'en est pas moins ~ qu'il est trop jeune** it's nevertheless true that he's too young; **pas ~?** *inf* right?; **~ de ~** *inf* the real thing; **~!** true!; **~?** is that true?
vraiment [vʀɛmɑ̃] *adv* really
vraisemblable [vʀɛsɑ̃blabl] *adj* **1.** (*plausible*) convincing **2.** (*probable*) likely
vraisemblablement [vʀɛsɑ̃blabləmɑ̃] *adv* most likely
vraisemblance [vʀɛsɑ̃blɑ̃s] *f* **1.** (*crédibilité*) plausibility **2.** (*probabilité*) likelihood
vrille [vʀij] *f* **1.** TECH gimlet **2.** AVIAT spin **3.** BOT tendril ►**en ~** in a spin
vrillé(e) [vʀije] *adj* **1.** BOT tendrilled **2.** (*tordu*) twisted
vriller [vʀije] <1> **I.** *vi* (*avion*) to spiral; (*cordon, fil*) to twist **II.** *vt* to bore into
vrombir [vʀɔ̃biʀ] <8> *vi* to throb
vroom, vroum [vʀum] *interj* vroom!
V.R.P. [veɛʀpe] *mf abr de* **voyageurs, représentants** *inv* rep
vs *prep abr de* **versus** vs.
VTT [vetete] *m abr de* **vélo tout-terrain** **1.** (*vélo*) mountain bike **2.** (*sport*) mountain biking
vu [vy] **I.** *prep* in view of **II.** *conj* **~ qu'il est malade ...** since he's sick ... **III.** *m* **au ~ et au su de tous** publicly; **c'est du déjà ~** we've seen it all before; **c'est du jamais ~** it's unheard of **IV.** *adv* **ni ~ ni connu** with no one any the wiser
vu(e) [vy] **I.** *part passé de* **voir** **II.** *adj* **1.** *pas de forme féminine* (*compris*) all right; **(c'est) ~?** *inf* (is it) OK? **2.** (*d'accord*) OK **3.** *form* (*lu*) read **4.** (*observé*) **la remarque est bien/mal ~e** it's a judicious/careless remark **5.** (*apprécié*) **être bien/mal ~ de qn** to be well-thought-of/disapproved of by sb ►**c'est tout ~!** *inf* it's a foregone conclusion
vue [vy] *f* **1.** (*sens*) eyesight; **sa ~ d'aigle** her eagle eyes *pl* **2.** (*regard, spectacle: d'une personne, du sang*) sight; **perdre qn/qc de ~** to lose sight of sb/sth **3.** (*panorama, photo, peinture, conception*) view; **~ d'ensemble** *fig* overview; **les ~s de qn** sb's views **4.** (*visées*) **avoir qn/qc en ~** to have sb/sth in one's sights ►**à ~ de nez** *inf* roughly; **à ~ d'œil** before one's eyes; **dessiner à ~** to draw from sight; **à la ~ de qn** (*sous le regard de qn*) with sb looking on; **en ~** (*visible*) in view; (*tout proche*) in sight; (*célèbre*) prominent; **en ~ de (faire) qc** with a view to (doing) sth
vulcanisation [vylkanizasjɔ̃] *f* vulcanization
vulcaniser [vylkanize] <1> *vt* to vulcanize
vulgaire [vylgɛʀ] **I.** *adj* **1.** (*grossier*) vulgar **2.** *antéposé* (*quelconque*) common **3.** *postposé* (*populaire*) popular **II.** *m* **le ~** the common people; **tomber dans le ~** to lapse into vulgarity
vulgairement [vylgɛʀmɑ̃] *adv* **1.** (*grossièrement*) vulgarly **2.** (*couramment: dire, se nommer*) commonly
vulgarisation [vylgaʀizasjɔ̃] *f* popularization; **revue de ~** magazine for a broader public
vulgariser [vylgaʀize] <1> **I.** *vt* to popularize **II.** *vpr* **se ~** to become popularized
vulgarité [vylgaʀite] *f* (*grossièreté, parole vulgaire: d'un langage*) vulgarity; (*d'une personne*) coarseness
vulnérabilité [vylneʀabilite] *f* vulnerability; **la ~ de ma situation** the precarity of my situation
vulnérable [vylneʀabl] *adj* vulnerable; (*situation*) precarious
vulve [vylv] *f* **la ~** the vulva

W

W, w [dubləve] *m inv* W, w; **~ comme William** (*au téléphone*) w as in Whisky
wagon [vagɔ̃] *m* CHEMDFER car
wagon-citerne [vagɔ̃sitɛʀn] <wagons-citernes> *m* tanker
wagon-lit [vagɔ̃li] <wagons-lits> *m* sleeping car
wagon-restaurant [vagɔ̃ʀɛstɔʀɑ̃] <wagons-restaurants> *m* restaurant car
walkie-talkie [wokitoki, wɔlkitɔlki] *m v.* **talkie-walkie**
walkman® [wɔkman] *m* Walkman®
wallon(ne) [walɔ̃] **I.** *adj* Walloon **II.** *m* **le ~** Walloon; *v.a.* **français**
Wallon(ne) [walɔ̃] *m(f)* Walloon
Wallonie [walɔni] *f* **la ~** Wallonia
WAP [wap] *m* INFORM *abr de* **Wireless Application Protocol** WAP
warning [waʀniŋ] *m* warning
Washington [waʃiŋtɔn] *m* **1.** (*État*) **le ~** Washington **2.** (*ville*) Washington DC
water-polo [watɛʀpɔlo] <water-polos> *m* water polo
watt [wat] *m* watt
wattheure [watœʀ] *m* watt-hour
W.-C. [vese] *mpl abr de* **water-closet(s)** WC
Web, WEB [wɛb] *m* INFORM **le ~** the Web
web-acheteur, -euse [wɛbaʃtœʀ, -øz] <web-acheteurs> *m(f)* INFORM web buyer
webcam [wɛbkam] *f* webcam
webdesign [wɛbdezajn] *m* web design
webmane [wɛbman] *mf* web maniac
webmaster [wɛbmastɛʀ], **webmestre** [wɛbmɛstʀ] *m* webmaster
webnaute [wɛbnot] *mf* (web) surfer
week-end [wikɛnd] <week-ends> *m* weekend
welsch(e) [vɛlʃ] *adj Suisse, iron* French-speaking (*from Switzerland*)
Welsch(e) [vɛlʃ] *m(f) Suisse, iron* French-speaker (*from Switzerland*)
western [wɛstɛʀn] *m* western

white-spirit [wajtspiʀit] *m inv* white spirit
wifi, wi-fi [wifi] *inv* INFORM *abr de* **Wireless Fidelity I.** *m* Wi-Fi **II.** *app* **réseau ~** Wi-Fi network
World Wide Web *m* INFORM World Wide Web

X

X, x [iks] *m inv* **1.** (*lettre*) X, x; **~ comme Xavier** (*au téléphone*) x as in X-ray **2.** *inf* (*plusieurs*) **x fois** Heaven knows how many times **3.** (*Untel*) X; **contre X** against persons unknown **4.** CINE **film classé X** X-rated movie
xénophobe [gzenɔfɔb] **I.** *adj* xenophobic **II.** *mf* xenophobe
xylophone [ksilɔfɔn] *m* xylophone

Y

Y, y [igʀɛk] *m inv* Y, y; **~ comme Yvonne** (*au téléphone*) y as in Yankee
y [i] **I.** *adv* there **II.** *pron pers* (*à/sur cela*) **s'y entendre** to manage; **ne pas y tenir** not to be very keen
yacht [jɔt] *m* yacht
yaourt [jauʀt] *m* yogurt
Yémen [jemɛn] *m* **le ~** Yemen
yen [jɛn] *m* yen
yeux [jø] *pl de* **œil**
yiddish [jidiʃ] **I.** *adj inv* Yiddish **II.** *m* **le ~** Yiddish; *v.a.* **français**
yog(h)ourt [jɔguʀt] *m v.* **yaourt**
yougoslave [jugɔslav] *adj* Yugoslav
Yougoslave [jugɔslav] *mf* Yugoslav
Yougoslavie [jugɔslavi] *f* **la ~** Yugoslavia; **République fédérale de ~** Federal Republic of Yugoslavia
youpi, youppie [jupi] *interj* yippee

Z

Z, z [zɛd] *m inv* Z, z; **~ comme Zoé** (*au téléphone*) z as in Zulu
Zaïre [zaiʀ] *m* HIST **le ~** Zaire
zaïrois(e) [zaiʀwa] *adj* HIST Zairean
Zaïrois(e) [zaiʀwa] *m(f)* HIST Zairean
Zambie [zɑ̃bi] *f* **la ~** Zambia
zambien(ne) [zɑ̃bjɛ̃] *adj* Zambian
Zambien(ne) [zɑ̃bjɛ̃] *m(f)* Zambian
zapper [zape] <1> *vi* to zap
zapping [zapiŋ] *m* channel-surfing
zèbre [zɛbʀ] *m* ZOOL zebra
zébré(e) [zebʀe] *adj* **1.** (*rayé*) striped **2.** (*marqué*) streaked
zèle [zɛl] *m* zeal; **faire du ~** *péj* to go over the top
zélé(e) [zele] *adj* zealous
zen [zɛn] *adj inv* Zen; **être ~** *inf* to be chilled out
zénith [zenit] *m a. fig* zenith
ZEP [zɛp] *f abr de* **zone d'éducation prioritaire** *area with special educational needs*
zéro [zeʀo] **I.** *num* **1.** *antéposé* (*aucun*) no **2.** *inf* (*nul*) useless **II.** *m* **1.** *inv* (*nombre*) naught **2.** *fig a.* METEO, PHYS zero **3.** ECOLE **avoir ~ sur dix/sur vingt** to have zero out of ten/twenty **4.** (*rien*) nothing **5.** (*personne incapable*) dead loss
zeste [zɛst] *m a. fig* zest
zézayer [zezeje] <7> *vi* to lisp
zieuter [zjøte] <1> *vt inf* to eye
zigouiller [ziguje] <1> *vt inf* (*tuer*) to waste
zigzag [zigzag] *m* zigzag
zigzaguer [zigzage] <1> *vi* to zigzag
Zimbabwe [zimbabwe] *m* **le ~** Zimbabwe
zinc [zɛ̃g] *m* **1.** zinc **2.** *inf* (*comptoir*) counter **3.** *inf* (*avion*) plane
zingueur [zɛ̃gœʀ] *m* zinc worker
zinzin [zɛ̃zɛ̃] *adj inf* loopy
zip® [zip] *m* zipper
zizi [zizi] *m enfantin, inf* peter
zodiaque [zɔdjak] *m* zodiac
zonard(e) [zonaʀ] **I.** *adj inf* inner-city **II.** *m(f) péj, inf* (*marginal*) dropout
zone [zon] *f* **1.** *a.* GEO zone; **~ d'influence** sphere of influence **2.** (*monétaire*) area; **~ euro** eurozone **3.** INFORM **~ de dialogue** dialogue zone
zoo [z(o)o] *m* zoo
zoologique [zɔɔlɔʒik] *adj* zoological; **parc ~** zoo
zozoter [zɔzɔte] <1> *vi inf* to lisp
zut [zyt] *interj inf* damn

France

ROYAUME-UNI
UNITED KINGDOM
Mer du Nord
North Sea
PAYS-BAS
NETHERLANDS
ALLEMAGNE
GERMANY
Tamise
Thames
Maas
Meuse
Manche
English Channel
BELGIQUE
BELGIUM
Lille
Nord-Pas-de-Calais
Rhin
Rhine
Moselle
Mosel
LUXEMBOURG
Amiens
Picardie
Picardy
Haute-Normandie
Rouen
Seine
Caen
Basse-Normandie
Paris
Île-de-France
Châlons-en-Champagne
Champagne-Ardenne
Meuse
Lorraine
Metz
Strasbourg
Alsace
Bretagne
Brittany
Rennes
Orléans
Loire
Centre
Central France
Pays-de-la-Loire
Loire region
Nantes
Dijon
Bourgogne
Burgundy
Franche-Comté
Besançon
SUISSE
SWITZERLAND
Rhône
Poitiers
Poitou-Charentes
OCÉAN ATLANTIQUE
ATLANTIC OCEAN
Limoges
Limousin
Clermont-Ferrand
Auvergne
Lyon
Lyons
Saône
Région Rhône-Alpes
Rhone-Alpes region
ITALIE
ITALY
Bordeaux
Garonne
Aquitaine
Midi-Pyrénées
Toulouse
Languedoc-Roussillon
Montpellier
Région Provence-Alpes-Côte d´Azur
Provence-Alpes-Cote d´Azur region
MONACO
Marseille
Marseilles
Mer Méditerranée
Mediterranean Sea
Ebro
ESPAGNE
SPAIN
ANDORRE
ANDORRA
Corse
Corsica
Ajaccio
1 : 6 300 000
0 50 100 150 200 km
0 50 100 150 miles

La francophonie dans le monde
The French-speaking world

1 : 91 500 000

0 1000 2000 3000 km

1000 2000 miles

Pays où le français est langue officielle et maternelle

Countries where French is official language and mother tongue

Pays où le français est langue officielle ou administrative

Countries where French is official or administrative language

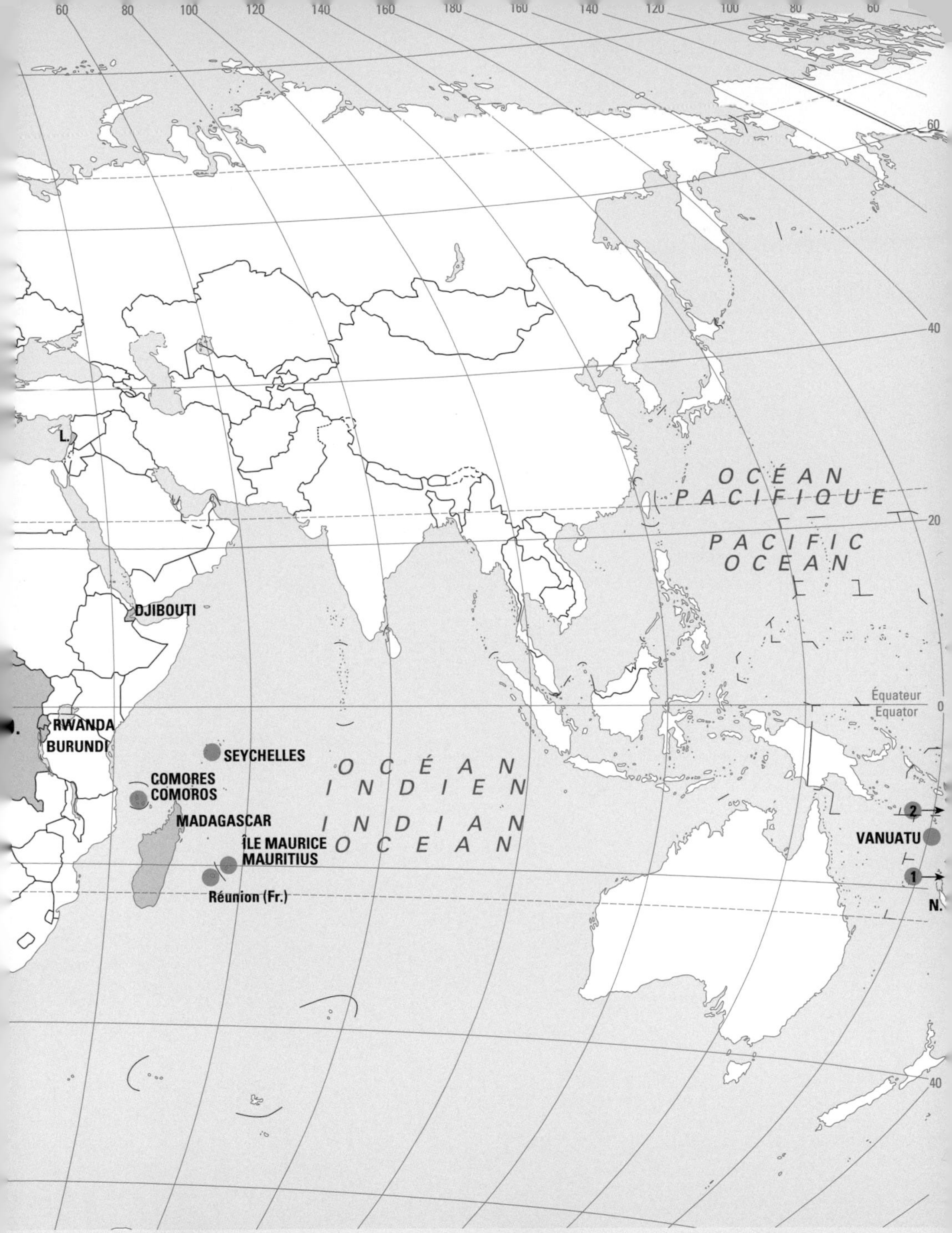

B. BELGIQUE
BELGIUM
B. F. BURKINA FASO
C. CAMEROUN
CAMEROON
C. D'I. CÔTE D'IVOIRE
IVORY COAST
CE. RÉPUBLIQUE CENTRAFICAINE
CENTRAL AFRICAN REPUBLIC
CO. RÉPUBLIQUE DÉMOCRATIQUE DU CONGO
DEMOCRATIC REPUBLIC OF CONGO

L. LIBAN
LEBANON
LU. LUXEMBOURG
M. MONACO
N. Nouvelle-Calédonie (fr.)
New Caledonia (fr.)
S. SÉNÉGAL
SENEGAL
SU. SUISSE
SWITZERLAND
T. TOGO

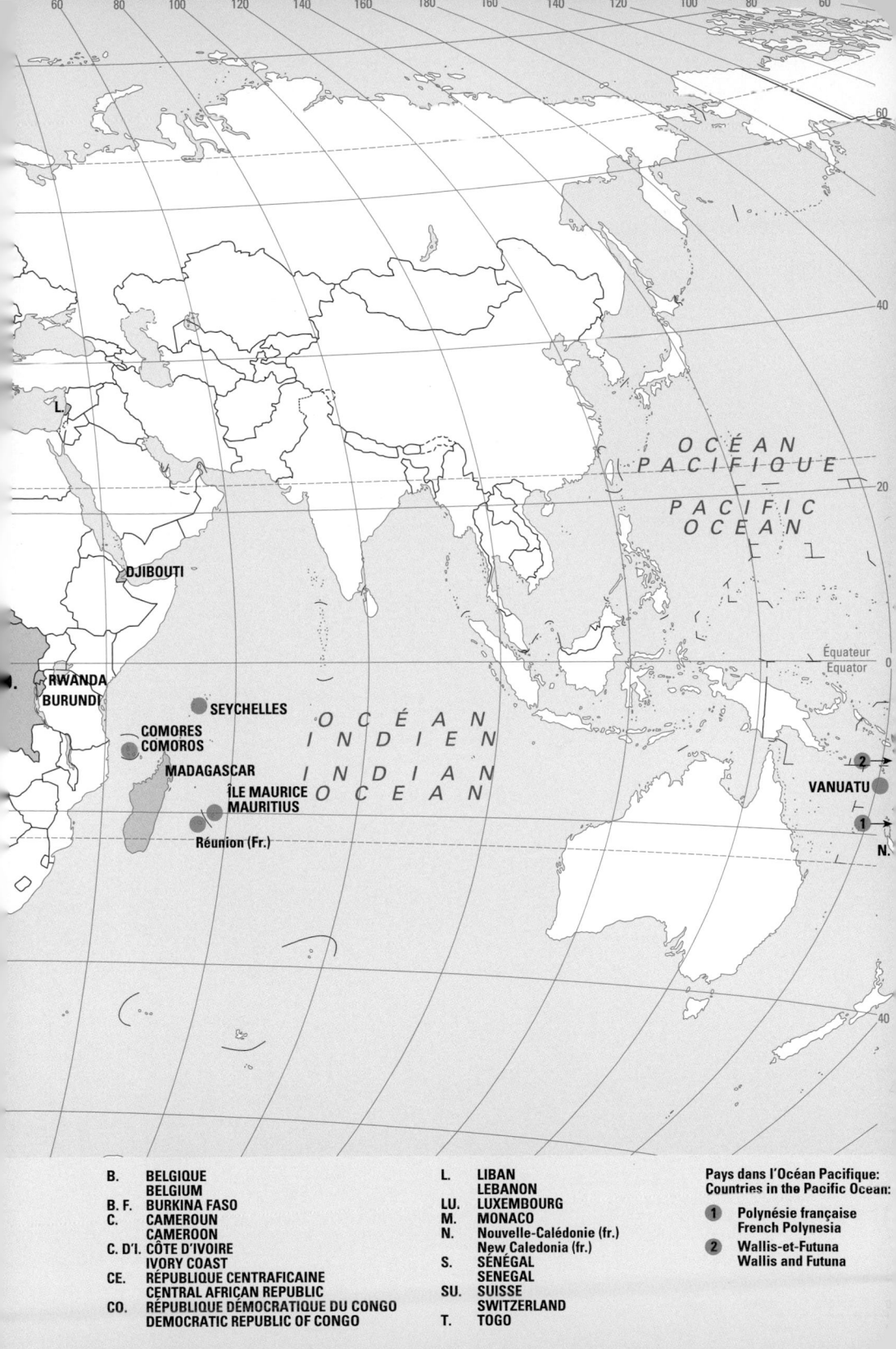

Pays dans l'Océan Pacifique:
Countries in the Pacific Ocean:

1. Polynésie française
French Polynesia
2. Wallis-et-Futuna
Wallis and Futuna

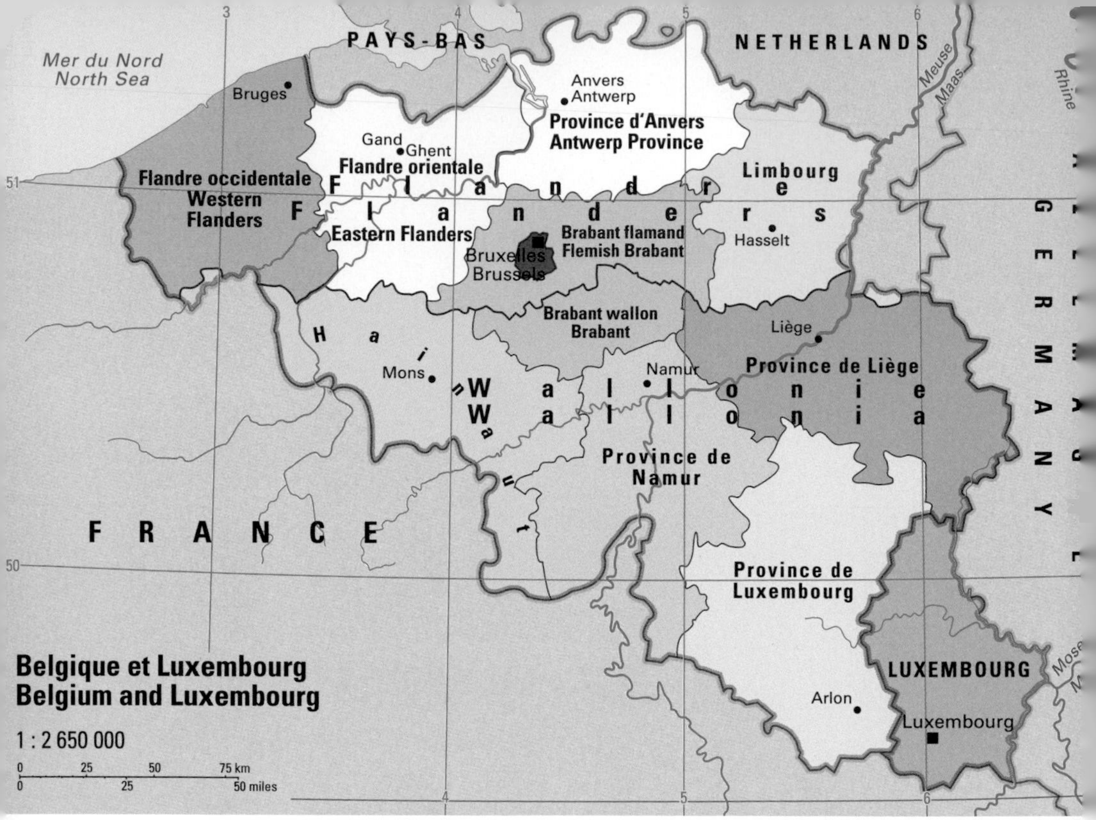
Mer du Nord
North Sea
PAYS-BAS
NETHERLANDS
Bruges
Anvers
Antwerp
Province d'Anvers
Antwerp Province
Gand
Ghent
Flandre orientale
Eastern Flanders
Flandre occidentale
Western Flanders
Limbourg
Hasselt
Flandre
Flanders
Brabant flamand
Flemish Brabant
Bruxelles
Brussels
Brabant wallon
Brabant
Hainaut
Mons
Namur
Liège
Province de Liège
Wallonie
Wallonia
Province de Namur
Province de Luxembourg
Arlon
LUXEMBOURG
Luxembourg
FRANCE
GERMANY
Meuse
Maas
Rhine
Mose
Belgique et Luxembourg
Belgium and Luxembourg
1 : 2 650 000
0 25 50 75 km
0 25 50 miles

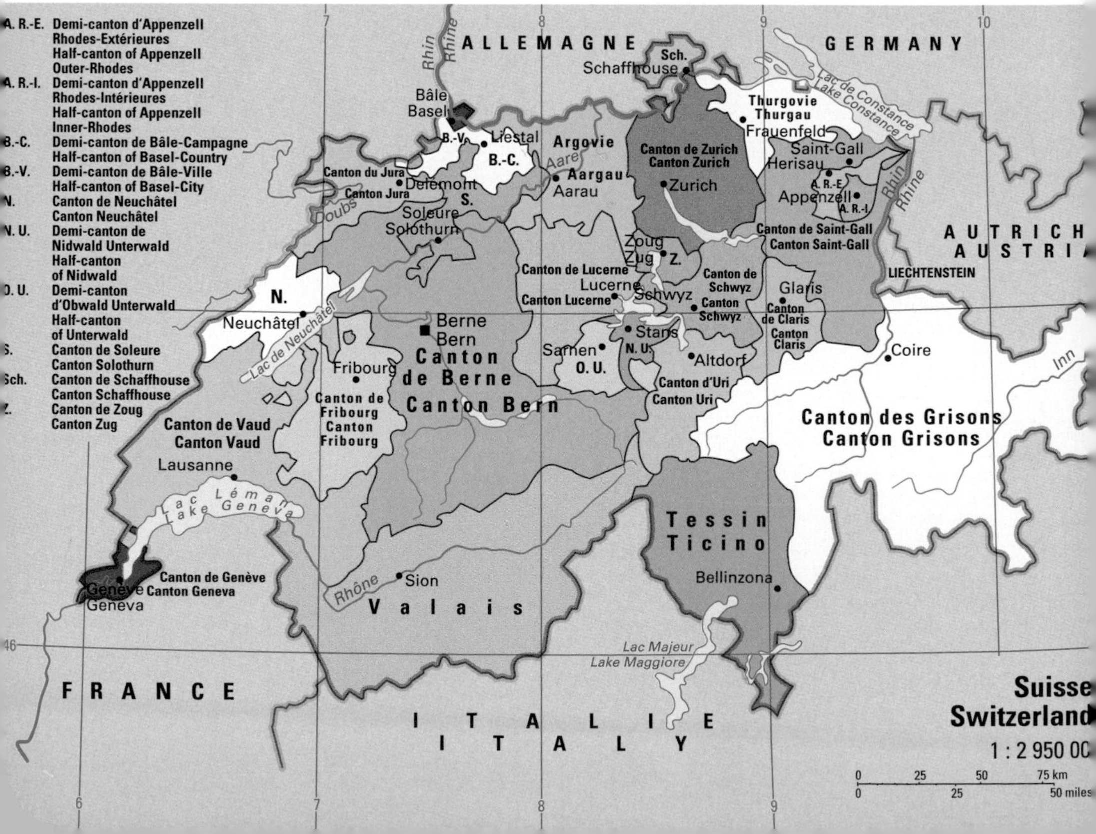
A. R.-E. Demi-canton d'Appenzell Rhodes-Extérieures
Half-canton of Appenzell Outer-Rhodes
A. R.-I. Demi-canton d'Appenzell Rhodes-Intérieures
Half-canton of Appenzell Inner-Rhodes
B.-C. Demi-canton de Bâle-Campagne
Half-canton of Basel-Country
B.-V. Demi-canton de Bâle-Ville
Half-canton of Basel-City
N. Canton de Neuchâtel
Canton Neuchâtel
N. U. Demi-canton de Nidwald Unterwald
Half-canton of Nidwald
O. U. Demi-canton d'Obwald Unterwald
Half-canton of Unterwald
S. Canton de Soleure
Canton Solothurn
Sch. Canton de Schaffhouse
Canton Schaffhouse
Z. Canton de Zoug
Canton Zug
ALLEMAGNE
GERMANY
Rhin
Rhine
Sch.
Schaffhouse
Lac de Constance
Lake Constance
Thurgovie
Thurgau
Frauenfeld
Bâle
Basel
B.-V.
Liestal
B.-C.
Argovie
Aargau
Aarau
Aare
Canton de Zurich
Canton Zurich
Zurich
Saint-Gall
Herisau
A. R.-E.
Appenzell
A. R.-I.
Canton de Saint-Gall
Canton Saint-Gall
Canton du Jura
Canton Jura
Delémont
S.
Soleure
Solothurn
Doubs
AUTRICHE
AUSTRIA
LIECHTENSTEIN
Zoug
Zug
Z.
Canton de Lucerne
Canton Lucerne
Lucerne
Schwyz
Canton de Schwyz
Canton Schwyz
Glaris
Canton de Glaris
Canton Claris
N.
Neuchâtel
Lac de Neuchâtel
Berne
Bern
Canton de Berne
Canton Bern
Sarnen
O. U.
Stans
N. U.
Altdorf
Canton d'Uri
Canton Uri
Coire
Inn
Fribourg
Canton de Fribourg
Canton Fribourg
Canton de Vaud
Canton Vaud
Canton des Grisons
Canton Grisons
Lausanne
Lac Léman
Lake Geneva
Tessin
Ticino
Canton de Genève
Canton Geneva
Genève
Geneva
Rhône
Sion
Valais
Bellinzona
Lac Majeur
Lake Maggiore
FRANCE
ITALIE
ITALY
Suisse
Switzerland
1 : 2 950 000
0 25 50 75 km
0 25 50 miles

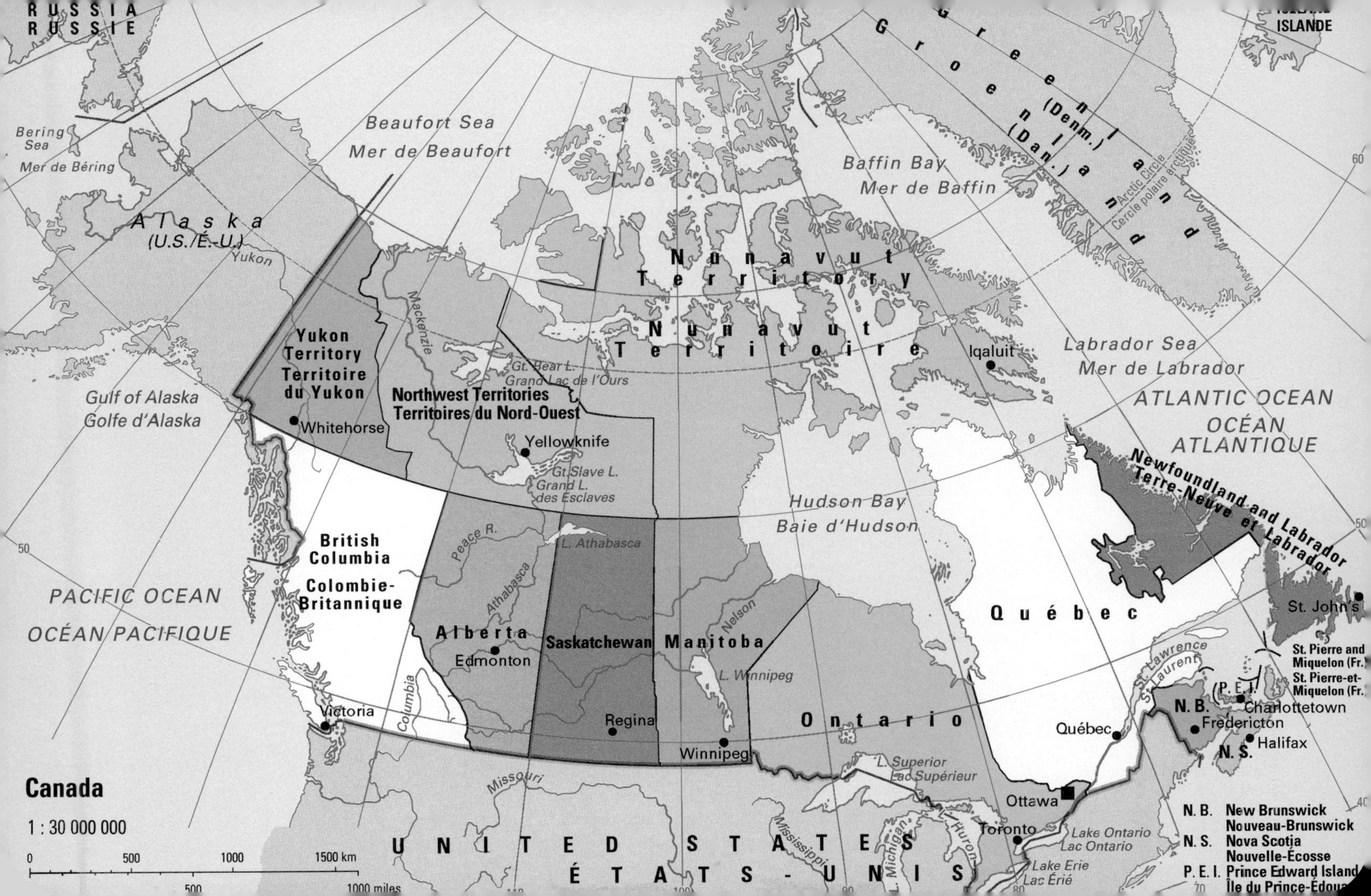

Canada
1 : 30 000 000
0
500
1000
1500 km
500
1000 miles
RUSSIA
RUSSIE
ISLANDE
Bering Sea
Mer de Béring
Beaufort Sea
Mer de Beaufort
Alaska
(U.S./É.-U.)
Yukon
Gulf of Alaska
Golfe d'Alaska
PACIFIC OCEAN
OCÉAN PACIFIQUE
Greenland
(Denm.)
Groenland
(Dan.)
Arctic Circle
Cercle polaire arctique
Baffin Bay
Mer de Baffin
Labrador Sea
Mer de Labrador
ATLANTIC OCEAN
OCÉAN ATLANTIQUE
Nunavut Territory
Nunavut Territoire
Iqaluit
Yukon Territory
Territoire du Yukon
Whitehorse
Northwest Territories
Territoires du Nord-Ouest
Mackenzie
Gt. Bear L.
Grand Lac de l'Ours
Yellowknife
Gt. Slave L.
Grand L. des Esclaves
Hudson Bay
Baie d'Hudson
British Columbia
Colombie-Britannique
Victoria
Columbia
Peace R.
Athabasca
L. Athabasca
Alberta
Edmonton
Saskatchewan
Regina
Manitoba
Nelson
L. Winnipeg
Winnipeg
Ontario
L. Superior
Lac Supérieur
Huron
Michigan
Ottawa
Toronto
Lake Ontario
Lac Ontario
Lake Erie
Lac Érié
Missouri
Mississippi
Québec
Québec
St. Lawrence
St. Laurent
Newfoundland and Labrador
Terre-Neuve et Labrador
St. John's
St. Pierre and Miquelon (Fr.)
St. Pierre-et-Miquelon (Fr.)
P. E. I.
Charlottetown
N. B.
Fredericton
N. S.
Halifax
UNITED STATES
ÉTATS-UNIS
N. B. New Brunswick
Nouveau-Brunswick
N. S. Nova Scotia
Nouvelle-Écosse
P. E. I. Prince Edward Island
Île du Prince-Édouard

The English-speaking world
Le monde anglophone

1 : 91 500 000

1000 2000 3000 km

1000 2000 miles

Countries where English is official language and mother tongue

Pays où l'anglais est langue officielle et langue maternelle

Countries where English is one of the official languages

Pays où l'anglais est une des langues officielles

B. BOTSWANA
C. CAMEROON
CAMEROUN
G. GAMBIA
GAMBIE
Gi. Gibraltar (U. K./R.-U.)
Gu. Guam (U.S./É.-U.)
N. Northern Mariana Is. (U. S.)
Îles Marianes-du-Nord (É.-U.)

P. PAPUA NEW GUINEA
PAPOUASIE-NOUVELLE-GUINÉE
P. R. Puerto Rico (U. S./É.-U.)
S. SINGAPORE
SINGAPOUR
S. A. SOUTH AFRICA
AFRIQUE DU SUD
S. I. SOLOMON ISLANDS
ÎLES SALOMON

S. L. SIERRA LEONE
U. UGANDA
OUGANDA
Z. ZAMBIA
ZAMBIE
ZI. ZIMBABWE

Countries in the Pacific Ocean:
Pays dans l'Océan Pacifique:

1. Midway (U. S./É.-U.)
2. MARSHALL ISLANDS / ÎLES MARSHALL
3. NAURU
4. KIRIBATI
5. TUVALU
6. Western Samoa / Samoa-Occidentales
7. American Samoa / Samoa-Américaines
8. FIJI / FIDJI
9. TONGA
10. Cook Islands / Îles Cook

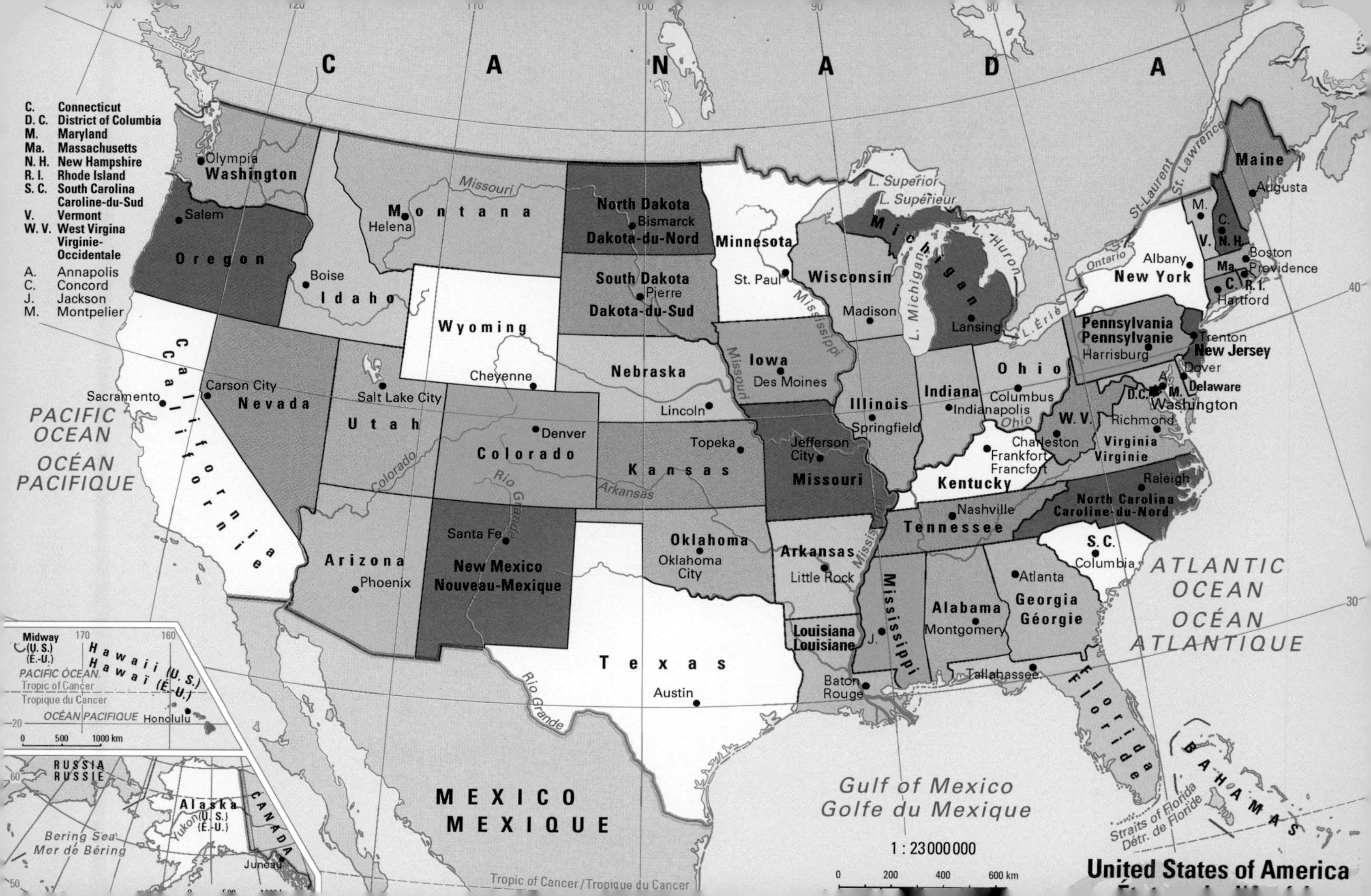

C. Connecticut
D. C. District of Columbia
M. Maryland
Ma. Massachusetts
N. H. New Hampshire
R. I. Rhode Island
S. C. South Carolina / Caroline-du-Sud
V. Vermont
W. V. West Virgina / Virginie-Occidentale
A. Annapolis
C. Concord
J. Jackson
M. Montpelier
CANADA
PACIFIC OCEAN
OCÉAN PACIFIQUE
ATLANTIC OCEAN
OCÉAN ATLANTIQUE
Gulf of Mexico
Golfe du Mexique
MEXICO
MEXIQUE
BAHAMAS
Straits of Florida
Détr. de Floride
Washington
Olympia
Oregon
Salem
California
Californie
Sacramento
Nevada
Carson City
Idaho
Boise
Montana
Helena
Wyoming
Cheyenne
Utah
Salt Lake City
Colorado
Denver
Arizona
Phoenix
New Mexico
Nouveau-Mexique
Santa Fe
North Dakota
Dakota-du-Nord
Bismarck
South Dakota
Dakota-du-Sud
Pierre
Nebraska
Lincoln
Kansas
Topeka
Oklahoma
Oklahoma City
Texas
Austin
Minnesota
St. Paul
Iowa
Des Moines
Missouri
Jefferson City
Arkansas
Little Rock
Louisiana
Louisiane
Baton Rouge
Wisconsin
Madison
Illinois
Springfield
Michigan
Lansing
Indiana
Indianapolis
Ohio
Columbus
Kentucky
Frankfort
Francfort
Tennessee
Nashville
Mississippi
Alabama
Montgomery
Georgia
Géorgie
Atlanta
Florida
Floride
Tallahassee
S. C.
Columbia
North Carolina
Caroline-du-Nord
Raleigh
Virginia
Virginie
Richmond
W. V.
Charleston
D.C.
Washington
Delaware
Dover
New Jersey
Trenton
Pennsylvania
Pennsylvanie
Harrisburg
New York
Albany
Maine
Augusta
Boston
Providence
Hartford
L. Superior
L. Supérieur
L. Michigan
L. Huron
L. Érié
Ontario
St. Lawrence
St-Laurent
Missouri
Mississippi
Ohio
Arkansas
Colorado
Rio Grande
Midway (U. S.) (É.-U.)
Hawaii (U. S.)
Hawaï (É.-U.)
PACIFIC OCEAN
Tropic of Cancer
Tropique du Cancer
OCÉAN PACIFIQUE
Honolulu
0 500 1000 km
RUSSIA
RUSSIE
Alaska (U. S.) (É.-U.)
Yukon
Bering Sea
Mer de Béring
Juneau
Tropic of Cancer / Tropique du Cancer
1 : 23 000 000
0 200 400 600 km
United States of America

A

A, a [eɪ] <-'s *o* -s> *n* **1.** (*letter*) A *m*, a *m*; **~ as in Alpha** (*on telephone*) a comme Anatole **2.** MUS la *m* **3.** SCHOOL (*grade*) (très) bonne note *f* (*de 15 à 20 sur 20*); **~ student** élève *m* brillant **4.** (*place, position*) **to go from A to B** aller d'un point à un autre; **from A to Z** de A à Z

a [ə] *indef art* (+ *consonant*) (*single, not specified*) un(e); **I'm a photographer/beginner** je suis photographe/débutant; **a Ron Tyler phoned** un certain Ron Tyler a téléphoné

A *n* ELEC *abbr of* **ampere** A *m*

AAA *n abbr of* **American Automobile Association** *organisme américain d'assistance pour les automobilistes*

aback [ə·'bæk] *adv* **to be taken ~** être décontenancé

abandon [ə·'bæn·dən] **I.** *vt* **1.** laisser; **to ~ equipment** abandonner du matériel; **to ~ ship** quitter le navire **2.** (*give up*) abandonner; **to ~ a plan** renoncer à un projet; **to ~ a game** abandonner une partie **3.** (*desert*) déserter; **to ~ sb to his/her fate** abandonner qn à son sort **4.** (*lose self-control*) **to ~ oneself to sth** s'abandonner à qc **II.** *n* abandon *m*

abandoned *adj* **1.** (*left*) abandonné(e) **2.** *pej* (*wicked*) dévergondé(e)

abashed [ə·'bæʃt] *adj* embarrassé(e); **to be ~ at sth** être confus de qc

abate [ə·'beɪt] **I.** *vi form* se calmer **II.** *vt form* (*lessen*) atténuer

abbess ['æb·es] *n* REL abbesse *f*

abbey ['æb·i] *n* abbaye *f*

abbot ['æb·ət] *n* REL abbé *m*

abbreviate [ə·'bri·vi·eɪt] *vt* abréger

abbreviation [ə·ˌbri·vi·'eɪ·ʃᵊn] *n* abréviation *f*

ABC[1] [ˌeɪ·bi·'si] *n* **1.** (*alphabet*) ABC *m*; **to learn your/his/her ~s** apprendre ton/son alphabet **2.** *pl* (*rudiments*) b.a.-ba *m*; **the ~s of Mexican cooking** les rudiments *mpl* de la cuisine mexicaine ▶ **as <u>easy</u> as ~** simple comme bonjour

ABC[2] [ˌeɪ·bi·'si] *n* TV *abbr of* **American Broadcasting Corporation** *chaîne de télévision américaine*

abdicate ['æb·dɪ·keɪt] **I.** *vi* abdiquer **II.** *vt* (*give up*) renoncer à; **to ~ the throne/a right** renoncer au trône/à un droit; **to ~ a responsibility** refuser une responsabilité

abdication [ˌæb·dɪ·'keɪ·ʃᵊn] *n* **1.** (*giving up throne*) abdication *f* **2.** (*renunciation*) renonciation *f*; **~ of a right** renonciation à un droit

abdomen ['æb·də·mən] *n* abdomen *m*

abdominal [æb·'dam·ə·nᵊl] *adj* abdominal(e)

abduct [æb·'dʌkt] *vt* enlever

abduction [æb·'dʌk·ʃᵊn] *n* (*kidnap*) enlèvement *m*

aberration [ˌæb·ə·'reɪ·ʃᵊn] *n* aberration *f*

abet [ə·'bet] <-tt-> *vt* inciter; **to ~ a crime** être complice d'un crime

abeyance [ə·'beɪ·ən(t)s] *n* **to be in ~** être en suspens

abhor [æb·'hɔr] <-rr-> *vt* abhorrer

abhorrence [æb·'hɔr·ᵊn(t)s] *n* aversion *f*; **to regard sth with ~** avoir qc en horreur

abide [ə·'baɪd] **I.** *vt* supporter **II.** <-d *o* abode, -d *o* abode> *vi* (*respect*) **to ~ by a rule/an agreement** respecter un règlement/un accord

ability [ə·'bɪl·ə·t̬i] <-ies> *n* **1.** (*capability*) capacité *f*; **to the best of one's ~** de son mieux **2.** (*talent*) talent *m* **3.** *pl* (*skills*) compétences *fpl*

abject ['æb·dʒekt] *adj* **1.** (*humble*) servile; **an ~ apology** de plates excuses **2.** (*extreme*) abject(e); **~ coward** misérable lâche *m*; **~ misery** misère *f* noire

ablaze [ə·'bleɪz] *adj* **1.** en feu; **to be ~** flamber **2.** *fig* enflammé(e)

able ['eɪ·bl] *adj* **1.** <more *o* better ~, most *o* best ~> (*having the ability*) capable; **to be ~ to** +*infin* pouvoir +*infin*, savoir +*infin Belgique*; **to be ~ to swim/drive** savoir nager/conduire **2.** <more ~, most ~ *o* abler, ablest> (*clever*) apte

able-bodied *adj* robuste

ABM *n abbr of* **anti-ballistic missile** missile *m* antimissile

abnormal [æb·'nɔr·ml] *adj* anormal(e)

abnormality [ˌæb·nɔr·'mæl·ə·t̬ɪ] <-ies> *n* **1.** (*feature*) anomalie *f* **2.** (*unusualness*) caractère *m* exceptionnel

aboard [ə·'bɔrd] **I.** *adv* à bord; **all ~!** RAIL en voiture! **II.** *prep* à bord de; **the passengers ~ the train/ship** les passagers dans le train/à bord du navire; **to come** [*o* **go**] **~ a boat/airplane** embarquer [*o* monter] sur un bateau/dans un avion; **to welcome sb ~ sth** accueillir qn à bord de qc

abode [ə·'boʊd] **I.** *pt, pp of* **abide II.** *n iron, form* demeure *f*; **of no fixed ~** sans domicile fixe

abolish [ə·'bal·ɪʃ] *vt* abolir; (*tax*) supprimer

abolition [əb·əl·'ɪʃ·ᵊn] *n* abolition *f*

abominable [ə·'ba·mɪ·nə·bl] *adj* abominable

abominate [ə·'ba·mɪ·neɪt] *vt form* abominer, abhorrer

abomination [ə·'ba·mɪ·'neɪ·ʃᵊn] *n* **1.** *form* (*detestation*) horreur *f* **2.** (*thing*) abomination *f*

aboriginal [ˌæb·ə·'rɪdʒ·ᵊn·ᵊl] *adj* aborigène

Aborigine [ˌæb·ə·'rɪdʒ·ᵊn·i] *n* Aborigène *mf*

abort [ə·'bɔrt] **I.** *vt* **1.** MED **to ~ a baby** avorter d'un bébé; **to ~ a pregnancy** interrompre une grossesse **2.** (*call off*) annuler; **to ~ a flight/mission** interrompre un vol/une mission **II.** *vi* MED avorter; (*miscarry*) faire une fausse couche

abortion [ə·'bɔr·ʃᵊn] *n* MED avortement *m*; **to have an ~** se faire avorter

abortive [ə·'bɔr·t̬ɪv] *adj* (*attempt, coup*) manqué(e)

abound [ə·'baʊnd] *vi* abonder; **to ~ with sth** abonder de qc

about [ə·ˈbaʊt] **I.** *prep* **1.** (*on subject of*) à propos de; **book ~ sth** livre *m* sur qc; **to talk ~ cinema** parler de cinéma; **to talk ~ it** en parler; **I'm calling ~ the job** j'appelle au sujet du travail; **it's all ~ winning** ce qu'il faut, c'est gagner **2.** (*characteristic of*) **what I like ~ him** ce que j'aime en lui **3.** (*through, over*) **scattered ~ the house** éparpillé dans la maison; **to go ~ a place** parcourir un lieu en tous sens ►**how** [*o* **what**] **~ him?** et lui?; **how** [*o* **what**] **~ doing sth?** et si on faisait qc?; **what ~ sth?** et qc?; **what ~ the taxes?** et les impôts? **II.** *adv* **1.** (*approximately*) **at ~ 3:00** vers 3 h; **~ 5 years ago** il y a environ 5 ans; **~ twenty** une vingtaine; **~ my size** à peu près ma taille; **round ~ 5 km** environ 5 km; **~ here** quelque part par ici; **to be somewhere ~** être dans les parages; **just ~ enough of sth** à peine assez de qc; **I've had ~ enough!** j'en ai assez!; **that's ~ it** [*o* **all**] **for today** ça suffira pour aujourd'hui **2.** (*almost*) presque; **to be** (**just**) **~ ready to** +*infin* être presque prêt à +*infin* **3.** (*around*) **all ~** tout autour; **to leave things lying ~ somewhere** laisser traîner des affaires quelque part **4.** (*willing to*) **not to be ~ to** +*infin* ne pas être prêt à +*infin*; *s.a.* **out, up**

about-face [ə·ˈbaʊt·feɪs] *n* **1.** demi-tour *m* **2.** *fig* revirement *m*

above [ə·ˈbʌv] **I.** *prep* **1.** (*over*) au-dessus de; **the hills ~ the town** les collines au-dessus de la ville; **~ suspicion** au-dessus de tout soupçon **2.** (*greater than, superior to*) **those ~ the age of 70** ceux de plus de 70 ans; **~ average** supérieur à la moyenne; **~** (**and beyond**) **sth** (très) au-delà de qc; **over and ~ that** en plus de cela **3.** (*more important than*) **~ all** par-dessus tout; **she's ~ such arguments** elle est au-dessus de ce genre de disputes; **he is not ~ begging** il irait jusqu'à mendier **4.** (*louder than*) **to shout ~ the noise** crier par-dessus le bruit **5.** GEO (*upstream*) en amont de; (*north of*) au nord de ►**to be ~ sb** [*o* **sb's head**] dépasser qn **II.** *adv* (*on top of*) **up ~** ci-dessus; **the skies up ~ were cloudless** le ciel était clair; **from ~** *a.* REL d'en haut **III.** *adj* (*previously mentioned*) précité(e); **the words ~** les mots *mpl* ci-dessus **IV.** *n* **the ~** le(la) susdit(e)

aboveboard *adj* honnête

above-mentioned *adj form* mentionné(e) ci-dessus

abrasion [ə·ˈbreɪ·ʒən] *n* **1.** MED égratignure *f* **2.** TECH frottement *m*

abrasive [ə·ˈbreɪ·sɪv] **I.** *adj* **1.** (*scratching*) abrasif(-ive) **2.** (*not polite*) caustique **II.** *n* abrasif *m*

abreast [ə·ˈbrest] *adv* **1.** (*side by side*) côte à côte; **three ~** en ligne de trois; **~ of sb/sth** à la hauteur de qn/qc **2.** (*up to date*) **to keep ~ of sth** se tenir au courant de qc

abridge [ə·ˈbrɪdʒ] *vt* TYP raccourcir; **to ~ a book/script** abréger un livre/scénario

abroad [ə·ˈbrɔd] *adv* **1.** à l'étranger **2.** *fig, form* **there is a rumor ~ that ...** le bruit court que ...

abrupt [ə·ˈbrʌpt] *adj* **1.** (*sudden*) soudain(e); **~ end** fin *f* abrupte **2.** (*brusque*) brutal(e); **~ reply** réponse *f* brusque **3.** (*steep*) escarpé(e); **~ slope** pente *f* escarpée

ABS [ˌeɪ·bi·ˈes] *n abbr of* **antilock braking system** A.B.S. *m*

abscess [ˈæb·ses] *n* MED abcès *m*

abscond [əb·ˈskand] *vi* prendre la fuite; **to ~ with sb/sth** s'enfuir avec qn/qc

absence [ˈæb·sənts] *n* **1.** (*not being there*) absence *f*; **~ from school** absence de l'école **2.** (*period away*) absence *f*; **in sb's ~** en l'absence de qn **3.** (*lack*) manque *m*; **in the ~ of sth** faute de qc ►**~ makes the heart grow fonder** *prov* la distance renforce l'affection

absent[1] [ˈæb·sənt] *adj* (*not there*) absent(e); **~ stare** regard *m* absent; **humor is** (**sadly**) **~** l'humour brille par son absence

absent[2] [æb·ˈsent] *vt form* **to ~ oneself from sth** s'absenter de qc

absentee [ˌæb·sən·ˈti] *n* absent(e) *m(f)*

absentee ballot *n* vote *m* par correspondance

absenteeism *n* absentéisme *m*

absentee landlord *n* propriétaire *m* absent

absent-minded [ˌæb·sənt·ˈmaɪn·dɪd] *adj* distrait(e)

absolute [ˌæb·sə·ˈlut] **I.** *adj a.* POL, MATH absolu(e) **II.** *n* PHILOS absolu *m*

absolutely *adv* absolument

absolution [ˌæb·sə·ˈlu·ʃən] *n form* REL absolution *f*; **to give sb ~** donner l'absolution à qn

absolve [əb·ˈzɔlv] *vt form* **to ~ sb of sth** absoudre qn de qc

absorb [əb·ˈsɔrb] *vt* **1.** (*take into itself*) absorber **2.** (*understand*) assimiler **3.** (*engross*) absorber

absorbed *adj* absorbé(e)

absorbent [əb·ˈsɔr·bənt] *adj* absorbant(e)

absorbing *adj* absorbant(e); **~ book** livre *m* captivant; **~ activity** activité *f* prenante

absorption [əb·ˈsɔrp·ʃən] *n* **1.** (*absorbing*) absorption *f* **2.** (*deep thought*) concentration *f*

abstain [əb·ˈsteɪn] *vi* s'abstenir

abstemious [əb·ˈsti·mɪ·əs] *adj* frugal(e)

abstention [əb·ˈstent·ʃən] *n* abstention *f*

abstinence [ˈæb·stɪ·nənts] *n* abstinence *f*; **~ from sth** abstention *f* de qc

abstract[1] [ˈæb·strækt] **I.** *adj a.* ART abstrait(e) **II.** *n* **1.** PHILOS **the ~** l'abstrait *m* **2.** (*summary*) résumé *m* **3.** ART œuvre *f* abstraite

abstract[2] [əb·ˈstrækt] *vt* (*summarize: book*) résumer

abstracted *adj* distrait(e)

abstraction [əb·ˈstræk·ʃən] *n* abstraction *f*

absurd [əb·ˈsɜrd] *adj* absurde

absurdity [əb·ˈsɜr·də·ti] <-ies> *n* absurdité *f*

abundance [ə·ˈbʌn·dən(t)s] *n* abondance *f*; **in ~** à profusion

abundant [ə·ˈbʌn·dənt] *adj* abondant(e); **~ evidence/detail** abondance *f* de preuves/détails

abuse [ə·ˈbjus, *vb:* ə·ˈbjuz] **I.** *n* **1.** SOCIOL comportement *m* abusif; **child ~** sévices *mpl* sur les enfants; **sexual/mental ~** sévices sexuels/mentaux **2.** (*insolent language*) injure *f;* **stream of ~** torrent *m* d'injures; **term of ~** injure **3.** (*misuse*) abus *m;* **substance/alcohol ~** abus d'alcool/de substances toxiques **4.** (*infringement*) violation *f* **II.** *vt* **1.** (*misuse*) abuser de; **to ~ one's authority** abuser de son autorité; **to ~ sb's trust** abuser de la confiance de qn **2.** (*infringe*) violer **3.** (*mistreat*) maltraiter; (*child*) exercer des sévices sur **4.** (*verbally*) injurier
abusive [ə·ˈbju·sɪv] *adj* injurieux(-euse); **~ to sb** grossier envers qn
abysmal [ə·ˈbɪz·məl] *adj* épouvantable
abyss [ə·ˈbɪs] *n* **1.** abîme *m* **2.** *fig* catastrophe *f;* **on the edge of an ~** au bord d'un gouffre
AC [ˌeɪ·ˈsi] *n* ELEC *abbr of* **alternating current** CA *m*
a/c *n* **1.** *abbr of* **account** compte *m* **2.** *abbr of* **air conditioning** climatisation *f*
academic [ˌæk·ə·ˈdem·ɪk] **I.** *adj* **1.** SCHOOL scolaire **2.** UNIV universitaire; (*person*) studieux(-euse); **~ year** année *f* universitaire, année académique *Belgique, Québec, Suisse* **3.** (*theoretical*) théorique **4.** (*irrelevant*) hors de propos **II.** *n* UNIV universitaire *mf*
academy [ə·ˈkæd·ə·mi] <-ies> *n* **1.** (*institution*) école *f* **2.** (*school*) collège *m*
Acadia [ə·ˈkeɪ·di·ə] *n* HIST l'Acadie *f*
Acadian **I.** *adj* acadien(ne) **II.** *n* **1.** (*person*) Acadien(ne) *m(f)* **2.** LING acadien *m; s.a.* **English**
accede [æk·ˈsid] *vi* **1.** *form* (*agree*) consentir; **to ~ to a demand** accéder à une demande **2.** *form* (*take up: to ~ a the throne*) accéder au trône
accelerate [ək·ˈsel·ə·reɪt] **I.** *vi* **1.** AUTO accélérer **2.** *fig* s'accélérer **II.** *vt* accélérer
acceleration [ək·ˌsel·ə·ˈreɪ·ʃən] *n a.* PHYS accélération *f*
accelerator [ək·ˈsel·əreɪ·t̬ər] *n a.* PHYS accélérateur *m*
accent [ˈæk·sent, *vb:* æk·ˈsent] **I.** *n* **1.** (*pronunciation*) accent *m;* **to have a thick** [*o* **strong**] **~** avoir un accent prononcé **2.** (*mark*) accent *m* **3.** LIT, MUS accentuation *f* **II.** *vt* **1.** LIT, MUS accentuer **2.** *fig* souligner; **to ~ an aspect** mettre l'accent sur un aspect
accentuate [ək·ˈsen·tʃʊ·eɪt] *vt* accentuer
accept [ək·ˈsept] **I.** *vt* **1.** (*take*) accepter; **to ~ a gift/an offer** accepter un cadeau/une offre **2.** (*believe*) admettre **3.** (*resign oneself to*) se résigner; **to ~ one's fate** se soumettre à son destin **4.** (*welcome*) accepter; **to ~ sb as sth** accepter qn en tant que qc **II.** *vi* (*say yes*) accepter
acceptable *adj* **1.** (*agreeable*) acceptable; **not ~ to sb** inadmissible pour qn **2.** (*welcome*) bienvenu(e) **3.** (*satisfactory*) satisfaisant(e)
acceptance [ək·ˈsep·(t)əns] *n* acceptation *f;* **~ speech** discours *m* de remerciement
access [ˈæk·ses] **I.** *n* **1.** (*way into*) accès *m;* **to deny sb ~ to sth** refuser à qn l'accès à qc **2.** COMPUT accès *m* **3.** LAW droit *m* de visite **II.** *vt* COMPUT accéder à; **to ~ a file** accéder à un dossier
accessibility [æk·ˌses·ə·ˈbɪl·ə·t̬ɪ] *n a. fig* accessibilité *f*
accessible [ək·ˈses·ə·bl] *adj* **1.** (*easy to get to*) accessible **2.** (*approachable*) abordable
accession [æk·ˈseʃ·ən] *n form* accession *f;* **~ to the throne** accession au trône
accessory [ək·ˈses·ər·i] <-ies> *n* **1.** (*for outfit, toy*) accessoire *m* **2.** *fig* fioriture *f* **3.** LAW complice *mf;* **~ to sth before/after the fact** complice de qc par instigation/assistance
access provider *n* fournisseur *m* d'accès
access road *n* voie *f* d'accès
access time *n* COMPUT temps *m* d'accès
accident [ˈæk·sɪ·dənt] *n* accident *m;* **car ~** accident *m* de voiture; **~ insurance** assurance *f* accidents; **by ~** (*accidentally*) accidentellement; (*by chance*) par hasard; **it was no ~ that ...** ce n'était pas un hasard si ... ►**~s will happen** ce sont des choses qui arrivent; **it was an ~ waiting to happen** cela devait forcément arriver
accidental [ˌæk·sɪˈden·t̬əl] **I.** *adj* accidentel(le); **~ discovery** découverte *f* fortuite **II.** *n* MUS accident *m*
accidentally *adv* accidentellement; (*by chance*) par hasard
acclaim [ə·ˈkleɪm] **I.** *vt* acclamer; **~ed as sth** acclamé en tant que qc; **a highly ~ed performance** une interprétation très acclamée **II.** *n* acclamations *fpl;* **to great ~** avec grand succès
acclimate [ˈæk·lə·meɪt] **I.** *vt* **to ~ sb** acclimater qn; **to get ~d to (doing) sth** s'habituer à (faire) qc **II.** *vi* s'acclimater; **to ~ to sth** s'habituer à qc
acclimation [ˌæk·lɪ·ˈmeɪ·ʃən], **acclimatization** [ə·ˌklaɪ·mə·t̬ə·ˈzeɪ·ʃən] *n* acclimatation *f;* **~ to a new environment** acclimatation à un nouveau milieu
acclimatize [ə·ˈklaɪ·mə·taɪz] *vt, vi s.* **acclimate**
accommodate [ə·ˈkam·ə·deɪt] *vt form* **1.** (*store*) contenir **2.** (*help*) aider **3.** (*supply*) **to ~ sb with sth** pourvoir qn de qc **4.** (*give place to stay*) héberger **5.** (*adapt*) **to ~ oneself to sth** s'accommoder de qc
accommodating *adj* accommodant(e)
accommodation [ə·ˌka·mə·ˈdeɪ·ʃən] *n* **1.** *pl* (*lodgings*) logement *m* **2.** *form* (*compromise*) compromis *m*
accompaniment *n* accompagnement *m;* **piano/violin ~** accompagnement au piano/au violon; **to the ~ of sth** au son de qc; **to the ~ of boos/cheers** au son des huées/des cris de joie
accompanist *n* MUS accompagnateur, -trice *m, f*

accompany [ə·ˈkʌm·pə·ni] <-ie-> *vt* **1.** (*go with*) accompagner **2.** MUS **to ~ sb on the violin** accompagner qn au violon
accomplice [ə·ˈkam·plɪs] *n* complice *mf*
accomplish [ə·ˈkam·plɪʃ] *vt* accomplir
accomplished *adj* accompli(e); **highly ~ pianist/performance** pianiste *m*/interprétation *f* remarquable
accomplishment *n* **1.** (*completion*) accomplissement *m;* **~ of an aim** réalisation *f* d'un but **2.** (*skill*) talent *m* **3.** (*achievement*) **what an ~!** c'est une réussite!
accord [ə·ˈkɔrd] **I.** *n* **1.** (*treaty*) accord *m* **2.** (*agreement*) accord *m;* **with one ~** d'un commun accord ▶**of one's own ~** de son plein gré **II.** *vt form* **to ~ sb sth** accorder qc à qn **III.** *vi* **to ~ with sth** s'accorder avec qc
accordance [ə·ˈkɔr·dᵊn(t)s] *prep* **in ~ with** en accord avec
accordingly [ə·ˈkɔr·dɪŋ·li] *adv* **1.** (*appropriately*) de manière adéquate **2.** (*therefore*) donc
according to *prep* **1.** (*as told by*) **~ her/what I read** d'après elle/ce que j'ai lu; **sth goes ~ plan** qc se passe comme prévu; **~ all appearances** selon toute apparence **2.** (*as basis*) **~ the law** conformément à la loi **3.** (*as instructed by*) **~ the recipe** suivant la recette **4.** (*depending on*) en fonction de; **to classify ~ size** classer par taille
accordion [ə·ˈkɔr·dɪ·ən] *n* accordéon *m*
accost [ə·ˈkast] *vt form* accoster
account [ə·ˈkaʊnt] **I.** *n* **1.** FIN compte *m;* **checking ~** compte courant; **savings ~** compte épargne; **to deposit sth in an ~** déposer qc sur un compte; **to withdraw money from an ~** débiter un compte **2.** (*credit service*) **to put sth on one's ~** mettre qc sur son compte **3.** (*bill*) **to settle an ~** régler une facture **4.** *pl* (*financial records*) comptabilité *f;* **to keep ~s** tenir les livres de comptes **5.** (*customer*) compte client; **we lost the BT ~** nous avons perdu le budget BT **6.** (*description*) compte-rendu *m;* **the police ~ of events** le compte-rendu des événements par la police; **to give an ~ of sth** faire le récit de qc; **by all ~s** au dire de tout le monde **7.** (*cause*) **on ~ of sth** en raison de qc; **on sb's ~** à cause de qn; **on that ~** pour cette raison; **on no ~** en aucun cas **8.** (*consideration*) **to take sth into ~** prendre qc en considération; **to take no ~ of sth** ne pas tenir compte de qc **9.** *form* (*importance*) **of little/no ~** sans grande/aucune importance **10.** (*responsibility*) **on one's own ~** de son propre chef ▶**to be called to ~** devoir se justifier **II.** *vt form* (*consider*) **to ~ sb sth** considérer qn comme qc
◆**account for** *vt* **1.** (*explain: situation, difference*) expliquer; (*spending, conduct*) justifier; (*missing things or people*) retrouver **2.** (*constitute*) représenter
accountability [ə·ˌkaʊn·t̬ə·ˈbɪl·ə·t̬i] *n* **~ to sb** responsabilité *f* envers qn
accountable *adj* **to be ~ to sb for sth** être responsable de qc envers qn
accountancy [ə·ˈkaʊn·t̬n(t)·si] *n* comptabilité *f*
accountant [ə·ˈkaʊn·tənt] *n* comptable *mf;* **certified public ~** expert(e) comptable *m*
account book *n* livre *m* de comptes
account holder *n* titulaire *m* d'un compte
accounting *n* comptabilité *f*
accredit [ə·ˈkred·ɪt] *vt* accréditer; **~ed members of the press** journalistes accrédités
accrue [ə·ˈkru] *vi* **1.** *form* FIN s'accumuler **2.** *form* (*be received by*) **to ~ to sb** revenir à qn
accumulate [ə·ˈkju·mjʊ·leɪt] **I.** *vt* accumuler **II.** *vi* s'accumuler
accumulation [ə·ˌkjum·jʊ·ˈleɪ·ʃᵊn] *n* **1.** (*collecting*) accumulation *f* **2.** (*growth*) accroissement *m* **3.** (*quantity: of evidence*) accumulation *f; pej* amas *m*
accuracy [ˈæk·jər·ə·si] *n* **1.** (*correct aim*) précision *f* **2.** (*correctness: of report*) justesse *f;* (*of data*) exactitude *f*
accurate [ˈæk·jər·ət] *adj* **1.** (*on target*) précis(e) **2.** (*correct*) exact(e)
accusation [ˌæk·ju·ˈzeɪ·ʃᵊn] *n* accusation *f;* **to bring an ~ against sb** porter plainte contre qn
accusative [ə·ˈkju·zə·t̬ɪv] *n* LING accusatif *m;* **in the ~** à l'accusatif
accuse [ə·ˈkjuz] *vt* accuser; **to be ~d of sth/doing sth** être accusé de qc/de faire qc
accused *n* LAW prévenu(e) *m(f)*
accustom [ə·ˈkʌs·təm] *vt* **to ~ sb to sth** habituer qn à qc
accustomed *adj* **1.** (*used*) habitué(e); **to be ~ to sth/doing sth** être habitué à qc/à faire qc; **to become ~ to sth** s'accoutumer à qc **2.** (*usual*) coutumier
ace [eɪs] **I.** *adj inf* (*very good*) fort(e); **~ driver** as *m* du volant; **~ pilot** pilote *m* d'élite **II.** *n* **1.** (*card*) as *m;* **~ of hearts/clubs/spades/diamonds** as de cœur/trèfle/pique/carreau **2.** (*expert*) as *m* **3.** (*in tennis*) service *m* gagnant **III.** *vt* **1.** SPORTS **to ~ sb** écraser qn **2.** *sl* **to ~ a test** (*to get an excellent grade*) cartonner à un examen
acetate [ˈæs·ɪ·teɪt] *n* acétate *m*
acetic [ə·ˈsi·t̬ɪk] *adj* acétique
acetylene [ə·ˈset̬·ə·lin] *n* acétylène *m*
ache [eɪk] **I.** *n* douleur *f; fig* peine *f;* **~s and pains** douleurs *fpl* **II.** *vi* **1.** (*have pain: patient*) souffrir; (*part of body*) faire mal **2.** *fig* **to be aching for sth/to** *+infin* mourir d'envie de qc/de *+infin*
achieve [ə·ˈtʃiv] *vt* (*aim*) atteindre; (*promotion, independence*) obtenir; (*ambition*) réaliser; **to ~ nothing** n'arriver à rien; **to ~ fame** se faire un nom; **to ~ success** réussir
achievement *n* **1.** (*feat*) exploit *m* **2.** (*achieving: of aim*) atteinte *f;* (*of promotion, independence*) obtention *f;* (*of ambition*) réalisation *f*
achiever *n* (*person*) gagneur, -euse *m, f*
acid [ˈæs·ɪd] **I.** *adj* **1.** CHEM acide; **~ rain** pluies

fpl acides; ~ **stomach** acidité *f* gastrique **2.** (*sour-tasting*) acide **3.** (*sarcastic*) caustique; (*remark*) acerbe; (*voice*) aigre **II.** *n* **1.** CHEM acide *m* **2.** *inf* (*LSD*) acide *m*
acidic [ə·ˈsɪd·ɪk] *adj* acide
acidify [ə·ˈsɪd·ɪ·faɪ] <-ie-> *vt* acidifier
acknowledge [ək·ˈnal·ɪdʒ] *vt* **1.** (*admit*) admettre; (*mistake*) avouer; **to ~ that ...** reconnaître que ... **2.** (*show recognition of: admirers*) saluer; **to ~ the applause** remercier pour les applaudissements **3.** (*thank for*) être reconnaissant(e) de; **to ~ one's sources** citer ses sources **4.** (*reply to*) répondre à; **to ~ receipt of sth** accuser réception de qc
acknowledg(e)ment *n* **1.** (*admission, recognition*) reconnaissance *f;* (*of guilt*) aveu *m* **2.** (*reply*) accusé *m* de réception **3.** (*greeting*) signe *m* **4.** *pl* (*in book*) remerciements *mpl*
acne [ˈæk·nɪ] *n* acné *f*
acorn [ˈeɪ·kɔrn] *n* gland (de chêne) *m*
acoustic [ə·ˈku·stɪk] **I.** *adj* acoustique **II.** *npl* acoustique *f*
acoustic guitar *n* guitare *f* acoustique
acoustic nerve *n* nerf *m* auditif
acquaint [ə·ˈkweɪnt] *vt* **to ~ sb with sth** mettre qn au courant de qc; **to become ~ed with the facts** prendre connaissance des faits; **to get ~ed with sb** faire la connaissance de qn
acquaintance [ə·ˈkweɪn·tᵊn(t)s] *n* **1.** (*person*) connaissance *f* **2.** (*relationship*) relations *fpl;* **to make sb's ~** faire la connaissance de qn **3.** *form* (*knowledge*) **his ~ with the city** sa connaissance de la ville
acquiesce [ˌæk·wi·ˈes] *vi form* acquiescer; **to ~ in** [*o* **to**] **sth** donner son accord sur qc
acquiescence [ˌæk·wi·ˈsᵊn(t)s] *n form* acquiescement *m;* ~ **to sth** consentement *m* à qc
acquiescent [ˌæk·wi·ˈesᵊnt] *adj form* consentant(e)
acquire [ə·ˈkwaɪər] *vt* acquérir; **~d characteristic** caractère *m* acquis; **it's an ~d taste** c'est qc qu'on apprend à aimer
acquired immunity *n* MED immunité *f* acquise
acquisition [ˌæk·wɪ·ˈzɪʃ·ᵊn] *n* acquisition *f;* **recent ~s** acquisitions récentes
acquisitive [ə·ˈkwɪz·ə·t̬ɪv] *adj pej* avide
acquit [ə·ˈkwɪt] <-tt-> *vt* **1.** LAW acquitter; **to ~ sb of a charge** décharger qn d'une accusation **2.** (*perform*) **to ~ oneself well/badly** bien/mal s'en tirer **3.** FIN s'acquitter de
acquittal [ə·ˈkwɪt̬·ᵊl] *n* LAW acquittement *m*
acre [ˈeɪ·kər] *n* **1.** (*unit*) acre *f* **2.** *pl, + sing vb, inf* (*a large amount*) des hectares *mpl*
acreage [ˈei·kᵊr·ədʒ] *n* superficie *f*
acrid [ˈæk·rɪd] *adj* **1.** âcre **2.** *fig* (*tone*) acerbe
acrimonious [ˌæk·rɪ·ˈmoʊ·nɪ·əs] *adj* acrimonieux(-euse)
acrimony [ˈæk·rɪ·moʊ·ni] *n form* **1.** (*feeling*) acrimonie *f* **2.** (*attitude*) aigreur *f*
acrobat [ˈæk·rə·bæt] *n* acrobate *mf*
acrobatic [ˌæk·rə·ˈbæt̬·ɪk] *adj* acrobatique
across [ə·ˈkras] **I.** *prep* **1.** (*on other side of*) **~ sth** de l'autre côté de qc; **just ~ the street** juste en face; **~ from sb/sth** en face de qn/qc **2.** (*from one side to other*) **to walk ~ the bridge** traverser le pont; **to swim/drive/crawl ~ sth** traverser qc à la nage/en voiture/en rampant; **to write sth ~ sth** écrire qc en travers de qc; **to go ~ the ocean to Europe** aller en Europe en traversant l'océan; **a road ~ the desert** une route à travers le désert; **~ country** à travers champs; **voters ~ America** les électeurs à travers l'Amérique **3.** (*on*) **surprise flashed ~ her face** la surprise passa sur son visage **4.** (*find unexpectedly*) **to come** [*o* **run**] **~ sb/sth** tomber sur qn/qc ►**~ the board** (*increase taxes*) pour tous; **he excels ~ the board** il excelle dans tout **II.** *adv* **1.** (*one side to other*) **to run/swim ~** traverser en courant/à la nage; **to be 2m ~** avoir 2 mètres de large **2.** (*from one to another*) **to get sth ~ to sb** faire comprendre qc à qn
act [ækt] **I.** *n* **1.** (*action*) acte *m;* **~ of God** catastrophe *f* naturelle; **sexual ~** acte sexuel **2.** (*performance*) numéro *m* **3.** *fig* **it's all an ~** c'est du cinéma **4.** THEAT acte *m* **5.** LAW, POL loi *f* ►**he's a hard ~ to follow** on ne peut pas l'égaler; **to catch sb in the ~** prendre qn sur le fait; **to do a disappearing ~** *inf* s'éclipser; **to get in on the ~** *inf* s'en mêler; **get one's ~ together** *inf* se secouer **II.** *vi* **1.** (*take action*) agir; **to ~ as sth** servir de qc; **to ~ for sb** agir au nom de qn **2.** *inf* (*behave*) se comporter; **to ~ like sth** se conduire en qc; **he ~s as if he knows everybody** il fait comme si il connaît tout le monde **3.** THEAT jouer **4.** (*pretend*) jouer la comédie **III.** *vt* **1.** THEAT tenir le rôle de; **to ~ the king** incarner le roi **2.** (*pretend*) **to ~ a part** jouer un rôle
◆**act on** *vt* (*advice, instructions*) agir selon; (*information*) agir à partir de
◆**act out** *vt* **to ~ a dream** vivre un rêve
◆**act up** *vi* (*child*) mal se conduire; (*car, machine*) mal fonctionner, faire des siennes *inf;* **my knee is acting up on me** mon genou me joue des tours
acting **I.** *adj* (*director*) suppléant **II.** *n* (*performance, pretence*) jeu *m;* (*interpretation*) interprétation *f;* **he has done some ~ for two years** il a fait du théâtre pendant deux ans
action [ˈæk·ʃᵊn] *n* **1.** (*activeness*) action *f;* **plan of ~** plan *m* d'action; **man of ~** homme *m* d'action; **to get into ~** entrer en action; **to put a plan into ~** mettre un projet à exécution; **out of ~** hors service; **the government needs to take strong ~** le gouvernement doit prendre des mesures fermes **2.** (*act*) action *f;* (*movement*) gestes *mpl* **3.** LIT, CINE action *f* **4.** MIL combat *m;* **to be in ~** être engagé; **to go into ~** engager le combat; **to be killed/missing in ~** être tué/avoir disparu au combat; **to see ~** combattre **5.** (*battle*) combat *m* **6.** (*way of working*) effet *m* **7.** (*mechanism*) mécanisme *m* **8.** LAW procès *m;* **to bring legal ~**

against sb** intenter un procès à qn **9.** *inf* (*exciting events*) activité *f;* **there is a lot of ~ here** ça bouge beaucoup ici ▶**to want a piece of the ~** *inf* vouloir une part du gâteau; **~s speak louder than words** *prov* les actes en disent plus longs que les paroles *prov*

action-packed *adj* plein d'action

activate ['æk·tɪ·veɪt] *vt* **1.** (*set going: system, machine*) actionner; **to ~ an alarm** déclencher une alarme **2.** CHEM activer

active ['æk·tɪv] *adj* actif(-ive); (*volcano*) en activité; **in the ~ voice** LING à la voix active; **to be ~ in sth** être actif au sein de qc; **to see ~ service** combattre; **to give ~ consideration to sth** examiner sérieusement qc

activist *n* POL activiste *mf*

activity [æk·'tɪv·ə·t̬i] <-ies> *n* **1.** (*opp: passivity*) activité *f* **2.** *pl* (*pursuit*) occupation *f;* **activities for children** des activités pour enfants

actor ['æk·tər] *n* acteur, actrice *m, f*

actress ['æk·trɪs] *n* actrice *f*

actual ['æk·tʃʊ·əl] *adj* réel; **in ~ fact** en fait; **~ details** détails *mpl* exacts; **it's the ~ car he bought** c'est précisément la voiture qu'il a achetée; **I do little ~ teaching** je fais peu d'enseignement à proprement parler

actually ['æk·tʃʊl·i] *adv* en fait, vraiment; **I wasn't ~ there** en fait, je n'étais pas là; **he ~ lied/fell asleep** il est allé jusqu'à mentir/s'endormir; **~ I wonder if ...** je me demande bien si ...

actuary ['æk·tʃu·ə·ri] *n* actuaire *mf*

acumen ['æk·ju·mən] *n* sagacité *f*

acupuncture ['æk·jʊ·pʌŋ(k)·tʃər] *n* acupuncture *f*

acute [ə·'kjut] **I.** *adj* **1.** (*serious: illness, pain*) aigu(ë); (*difficulties*) grave; (*nervousness, anxiety*) vif(vive); **~ sense of embarrassment/injustice** profond sentiment *m* de gêne/d'injustice; **~ shortage of sth** sévère pénurie *f* de qc **2.** (*sharp: sense*) fin(e); (*observation*) perspicace **3.** (*intelligent*) avisé(e) **4.** MATH, LING (*angle, accent*) aigu(ë) **II.** *n* LING accent *m* aigu

ad [æd] *n inf s.* **advertisement, advertising** pub *f;* (*in newspaper*) (petite) annonce *f*

AD [ˌeɪ·'di] *adj abbr of* **anno Domini** apr. J.-C.

adagio [ə·'da·(d)ʒoʊ] **I.** *adv* adagio **II.** *adj* adagio **III.** *n* adagio *m*

Adam ['æ·dəm] *n no art* Adam *m* ▶**not to know sb from ~** ne connaître qn ni d'Ève ni d'Adam

adamant ['æd·ə·mənt] *adj* inflexible; **~ about** (*fact*) catégorique sur; (*rule*) intransigeant sur; **~ refusal** refus ferme

Adam's apple *n* ANAT pomme *f* d'Adam

adapt [ə·'dæpt] **I.** *vt* adapter; **to ~ sth for sth** adapter qc à qc **II.** *vi* s'adapter

adaptable *adj* adaptable

adaptation [ˌæd·æp·'teɪ·ʃᵊn] *n* adaptation *f*

adapter, adaptor [ə·'dæp·tər] *n* **1.** LIT auteur *m* d'une adaptation **2.** ELEC adaptateur *m*

add [æd] **I.** *vt* ajouter; **with ~ed calcium** avec calcium ajouté **II.** *vi* faire des additions

◆**add up** **I.** *vt* additionner **II.** *vi* **1.** MATH faire des additions; **to ~ to** s'élever à; **it all adds up** le compte est bon **2.** *fig* **it all adds up to a delicate situation/a fantastic result** tout ça fait une situation délicate/un résultat fantastique; **it all adds up** tout s'explique; (*in the first person*) je comprends tout

adder ['æd·ər] *n* vipère *f*

addict ['æd·ɪkt] *n* intoxiqué(e) *m(f);* **drug ~** toxicomane *mf; fig* fana *mf;* **fitness/TV ~** accro *mf* de la forme/de la télé

addicted *adj* adonné(e); **to be ~ to sth** s'adonner à qc; *fig* ne pas pouvoir se passer de qc

addiction [ə·'dɪk·ʃᵊn] *n* **1.** dépendance *f;* **drug ~** toxicomanie *f* **2.** *fig* **~ to sth** passion *f* de qc

addictive [ə·'dɪk·tɪv] *adj* qui crée une dépendance ▶**it's highly ~** c'est comme une drogue

adding machine ['æd·ɪŋ·mə·'ʃin] *n* machine *f* à calculer

addition [ə·'dɪʃ·ᵊn] *n* **1.** *a.* MATH addition *f* **2.** (*added thing*) ajout *m;* **there's an ~ to the family** la famille s'agrandit ▶**in ~** de plus; **in ~ to sth** en plus de qc

additional [ə·'dɪʃ·ᵊn·ᵊl] *adj* additionnel(le)

additionally [ə·'dɪʃ·ᵊn·ᵊl·i] *adv* en outre

additive ['æd·ə·t̬ɪv] *n* additif *m*

address ['æd·res, *vb:* ə·'dres] **I.** *n* **1.** (*place of residence*) *a.* COMPUT adresse *f;* **home ~** adresse personnelle **2.** (*speech*) discours *m* **3.** (*title*) **form of ~** titre *m* **II.** *vt* **1.** (*write address on*) adresser; **to ~ sth to sb** adresser qc à qn **2.** (*speak to*) **to ~ sb** adresser la parole à qn; **she ~ed the remark to Paul** sa remarque était destinée à Paul **3.** (*use title*) **to ~ sb as 'Your Highness'** appeler qn 'Votre Altesse' **4.** (*give attention to: problem*) aborder **5.** (*in golf*) **to ~ the ball** viser la balle

address book *n* carnet *m* d'adresses

adenoids ['æd·ᵊn·ɔɪdz] *npl* ANAT végétations *fpl*

adept [ə·'dept] *adj* habile

adequate ['æd·ɪ·kwət] *adj* **1.** (*supply*) suffisant(e); (*room*) convenable **2.** (*person*) compétent(e)

adhere [əd·'hɪr] *vi* adhérer; **to ~ to** (*surface, religion*) adhérer à; (*rules*) observer

adherence [əd·'hɪr·ᵊn(t)s] *n* adhésion *f*

adherent [əd·'hɪə·rᵊnt] *n form* adhérent(e) *m(f)*

adhesive [əd·'hi·sɪv] **I.** *adj* adhésif(-ive); **~ tape** sparadrap *m* **II.** *n* (*glue*) colle *f*

adjacent [ə·'dʒeɪ·sᵊnt] *adj* **1.** (*next to each other*) attenant(e) **2.** *a.* MATH adjacent(e)

adjective ['ædʒ·ɪk·tɪv] *n* adjectif *m*

adjoin [ə·'dʒɔɪn] **I.** *vt* avoisiner **II.** *vi form* être contigu

adjoining *adj* contigu(ë)

adjourn [ə·'dʒɜrn] **I.** *vt* ajourner **II.** *vi* s'arrêter; (*court, parliament*) lever la séance

A

adjust [ə·'dʒʌst] **I.** *vt* **1.** TECH régler; (*salaries*) réajuster; (*size*) ajuster; (*language, rules*) adapter **2.** (*rearrange: clothes*) réajuster **3.** (*adapt*) **to ~ sth to sth** adapter qc en fonction de qc **II.** *vi* **to ~ to sth** (*person*) s'adapter à qc; (*machine*) se régler sur qc
adjustable *adj* réglable
adjustment *n* **1.** (*mental*) adaptation *f* **2.** (*mechanical*) réglage *m*
adjutant ['ædʒ·ʊ·tᵊnt] *n* aide *mf* de camp
ad-lib [ˌæd·'lɪb] **I.** <-bb-> *vt, vi* improviser **II.** *n* improvisation *f*
administer [əd·'mɪn·ɪ·stər] *vt* **1.** POL (*city*) administrer; (*affairs, business*) gérer **2.** (*dispense*) donner; (*law*) appliquer; (*medicine, sacrament*) administrer; (*first aid*) apporter
administrate [əd·'mɪn·ɪ·streɪt] *vt* gérer
administration [əd·ˌmɪn·ɪ·'streɪ·ʃᵊn] *n* **1.** (*organization*) administration *f*; **time spent on ~** temps *m* consacré aux tâches administratives **2.** (*management*) gestion *f*; **the ~** la direction **3.** (*term of office*) mandat *m* **4.** (*president and cabinet*) gouvernement *m*
administrative [əd·'mɪn·ɪ·strə·tɪv] *adj* administratif(-ive)
administrator [əd·'mɪn·ɪ·streɪ·t̬ər] *n* administrateur, -trice *m, f*
admirable ['æd·mᵊr·ə·bl] *adj* admirable
admiral ['æd·mᵊr·əl] *n* amiral *m*
admiration [ˌæd·mə·'reɪ·ʃᵊn] *n* admiration *f*
admire [əd·'maɪər] *vt* admirer
admirer [əd'maɪər·ər] *n* admirateur, -trice *m, f*
admissible [əd·'mɪs·ə·bl] *adj form* recevable
admission [əd·'mɪʃ·ᵊn] *n* **1.** (*act of entering, entrance, entrance fee*) entrée *f*; (*into school, college*) inscription *f*; (*into a hospital*) admission *f* **2.** (*acknowledgment*) aveu *m*
admit [əd·'mɪt] <-tt-> *vt* **1.** (*acknowledge*) avouer; (*defeat, error*) reconnaître; **to ~ one's guilt** s'avouer coupable; **to ~ having done sth** avouer avoir fait qc; **I ~ he's young, he's young, I ~** il est jeune, je l'admets **2.** (*allow to enter: person*) admettre; (*air, water*) laisser passer; **she was ~ted to the hospital** elle a été hospitalisée
admittance [əd·'mɪt·ᵊn(t)s] *n* accès *m*
admittedly [əd·'mɪt̬·ɪd·li] *adv* **~ it's not easy** il faut reconnaître que ce n'est pas facile
admonish [əd·'man·ɪʃ] *vt form* admonester; **to ~ sb for doing sth** reprocher à qn de faire qc
admonishment, admonition [ˌæd·mə·'nɪʃ·ᵊn] *n form* avertissement *m*
ado [ə·'du] *n* **without further** [*o* **more**] **~** sans plus de cérémonie ► **much ~ about nothing** beaucoup de bruit pour rien
adolescence [ˌæd·ə·'les·ən(t)s] *n* adolescence *f*
adolescent [ˌæd·ə·'les·ᵊnt] **I.** *adj* **1.** (*teenage: boys, girls*) adolescent(e); (*behavior, fantasy*) d'adolescent **2.** *pej* puéril(e) **II.** *n* adolescent(e) *m(f)*
adopt [ə·'dapt] *vt* adopter; (*accent*) prendre; (*suggestion*) accepter
adoption [ə·'dap·ʃən] *n* LAW adoption *f*
adorable [ə·'dɔr·ə·bl] *adj* adorable
adoration [ˌæd·ə·'reɪ·ʃᵊn] *n a.* REL adoration *f*
adore [ə·'dɔr] *vt a.* REL adorer
adoring *adj* plein(e) d'adoration
adrenaline [ə·'dren·ə·lɪn] *n* adrénaline *f*
adrift [ə·'drɪft] *adj, adv* **to be ~** (*boat, sailor*) être à la dérive; *fig* (*student, tourist*) perdu ► **to cast** [*o* **turn**] **sb/sth ~** abandonner qn/qc à son sort
adroit [ə·'drɔɪt] *adj* habile; **to be ~ at doing sth** faire qc avec habileté
adulation [ˌæd·jə·'leɪ·ʃᵊn] *n* adoration *f*
adult [ə·'dʌlt] **I.** *n* adulte *mf* **II.** *adj* adulte; (*film*) pour adultes
adult education *n* formation *f* pour adultes
adulterate [ə·'dʌl·t̬ə·reɪt] *vt* falsifier; **to ~ wine** frelater du vin
adulterous [ə'dʌl·trəs] *adj* adultère
adultery [ə·'dʌl·t̬əri] *n* adultère *m*
advance [əd·'væn(t)s] **I.** *adj* préalable; **without ~ warning** sans avertissement préalable **II.** *n* **1.** (*progress, forward movement*) progrès *m* **2.** FIN avance *f* **3.** *pl* (*sexual flirtation*) avances *fpl* ► **to do sth in ~** faire qc à l'avance **III.** *vt* **1.** (*develop: cause, interest*) faire avancer; (*video, tape*) avancer; **to ~ one's career** faire avancer sa carrière **2.** (*pay in advance*) avancer; **to ~ sb sth** avancer qc à qn **3.** (*put forward: idea, suggestion*) avancer **IV.** *vi* avancer
advanced *adj* avancé(e); **~ search** recherche *f* avancée
advancement *n* **1.** (*improvement*) progrès *m* **2.** (*promotion*) avancement *m*
advantage [əd·'væn·t̬ɪdʒ] *n a.* SPORTS avantage *m*; **what's the ~ of doing that?** quel intérêt y a-t-il à faire ça?; **to give sb an ~ over sb** avantager qn par rapport à qn; **to take ~ of sb/sth** *a. pej* profiter de qn/qc; **to one's own ~** à son avantage
advantageous [ˌæd·væn·'teɪ·dʒəs] *adj* avantageux(-euse)
advent ['æd·vənt] *n* (*coming*) arrivée *f*
Advent ['æd·vent] *n* REL l'avent *m*
adventure [əd·'ven·tʃər] *n* aventure *f*
adventurer *n a. pej* aventurier, -ère *m, f*
adventurous [əd·'ven·tʃᵊr·əs] *adj* aventureux(-euse)
adverb ['æd·vɜrb] *n* adverbe *m*
adversary ['æd·vər·ser·i] <-ies> *n* adversaire *mf*
adverse ['æd·vɜrs] *adj* défavorable
adversity [əd·'vɜr·sə·t̬i] <-ies> *n* adversité *f*
advertise ['æd·vər·taɪz] **I.** *vt* **1.** (*publicize: product, event*) faire de la publicité pour; (*reduction, changes*) annoncer; (*in classified ads*) passer une annonce pour **2.** (*announce*) annoncer **II.** *vi* mettre une annonce; **to ~ for a secretary** mettre une annonce pour trouver une secrétaire
advertisement [ˌæd·vər·'taɪz·mənt] *n* publi-

cité *f;* (*in newspaper*) (petite) annonce *f;* **it's not a good ~ for the school** *fig* ce n'est pas une bonne publicité pour l'école

advertiser ['æd·vər·taɪz·ər] *n* **1.** (*one who advertises*) annonceur, -euse *m, f* **2.** (*agency*) agence *f* de publicité

advertising *n* publicité *f*

advertising agency <-ies> *n* agence *f* de publicité

advertising campaign *n* campagne *f* publicitaire

advertising space *n* espace *m* publicitaire

advice [əd·'vaɪs] *n* **1.** (*suggestion, opinion*) conseil *m;* **some** [*o* **a piece of**] **~** un conseil; **to ask for ~ on sth** demander conseil au sujet de qc; **to give** [*o* **offer**] **sb ~** donner un conseil à qn; **to get professional ~** demander l'avis d'un professionnel **2.** ECON notification *f*

advisable *adj* conseillé(e); **it's ~** c'est recommandé

advise [əd·'vaɪz] **I.** *vt* **1.** (*give advice to*) **to ~ sb to** +*infin* conseiller à qn de +*infin;* **to ~ sb against sth** déconseiller qc à qn; **to ~ sb on sth** conseiller qn sur qc **2.** (*inform*) **to ~ sb of sth** aviser qn de qc; **to ~ sb that ...** informer qn que ... **3.** (*suggest: prudence, firmness*) recommander **II.** *vi* donner (un) conseil; **to ~ against sth** déconseiller qc

adviser, advisor [əd·'vaɪ·zər] *n* conseiller, -ère *m, f*

advisory [əd·'vaɪ·zᵊr·i] **I.** *adj* consultatif(-ive); **in an ~ capacity** en tant que conseiller **II.** *n* (*warning*) alerte *f*

advocate ['æd·və·kət, *vb:* 'æd·və·keɪt] **I.** *n* **1.** POL partisan(e) *m(f);* **~ of women's rights** défenseur *mf* des droits de la femme **2.** LAW avocat(e) *m(f)* **II.** *vt* préconiser

AEC *n abbr of* **Atomic Energy Commission** CEA *m*

Aegean [i·'dʒi·ən] *n* **the ~** (**Sea**) la mer Égée

aegis ['i·dʒɪs] *n* **under the ~ of sb/sth** sous l'égide *f* de qn/qc

aeon ['i·an] *n s.* **eon**

aerate [er·'eɪt] *vt* **1.** (*expose to air*) aérer **2.** CULIN gazéifier

aerial ['er·i·əl] **I.** *adj* aérien(ne) **II.** *n* antenne *f*

aerie ['er·i] *n* aire *m*

aerobics [er·'oʊ·bɪks] *n + sing vb* aérobic *f*

aerodynamic [ˌer·oʊ·daɪ·'næm·ɪk] *adj* aérodynamique

aerodynamics *n + sing vb* aérodynamique *f*

aeronautic [ˌer·ə·'nɔ·t̬ɪk] *adj* aéronautique; **~ engineering** aéronautique *f*

aeronautics *n + sing vb* aéronautique *f*

aerosol ['er·ə·sal] *n* aérosol *m*

aesthetic [es·'θet̬·ɪk] *adj* esthétique

afar [ə·'far] *adv* loin; **from ~** de loin

affability [ˌæf·ə·'bɪl·ə·t̬i] *n* affabilité *f*

affable ['æf·ə·bl] *adj* affable

affair [ə·'fer] *n* **1.** (*matter, business*) affaire *f;* **it's sb's own ~** cela ne regarde que qn; **~s of state** affaires *fpl* d'état; **to meddle in sb's ~s** se mêler des affaires de qn; **it's an odd/sad state of ~s** c'est bizarre/lamentable; **the Dreyfus ~** l'affaire Dreyfus; **the whole ~ was a disaster** ça a été un désastre **2.** (*sexual relationship*) liaison *f* **3.** (*event, occasion*) **it was a quiet/grand ~** ça a été discret/grandiose

affect [ə·'fekt] *vt* **1.** (*change*) affecter; (*concern*) toucher; **to be ~ed by sth** être touché par qc **2.** (*move*) affecter; **to be very ~ed** être très affecté **3.** *pej, form* (*simulate*) feindre; (*accent*) prendre

affectation [ˌæf·ek·'teɪ·ʃᵊn] *n pej* affectation *f*

affected *adj pej* (*smile, manner*) affecté

affection [ə·'fek·ʃᵊn] *n* affection *f*

affectionate [ə·'fek·ʃᵊn·ət] *adj* affectueux(-euse)

affidavit [ˌæf·ɪ·'deɪ·vɪt] *n* déclaration *f* écrite sous serment

affiliate [ə·'fɪl·i·eɪt] **I.** *vt* ECON affilier; **~d with sth** affilié à qc **II.** *vi* s'affilier **III.** *n* ECON filiale *f*

affiliation [ə·ˌfɪl·i·'eɪ·ʃᵊn] *n* **1.** affiliation *f* **2.** *fig* attaches *fpl*

affinity [ə·'fɪn·ə·t̬i] <-ies> *n a.* CHEM, MATH affinité *f;* **to feel an ~ for sth** se sentir attiré par qc

affirm [ə·'fɜrm] *vt* affirmer

affirmation [ˌæf·ər'meɪ·ʃᵊn] *n* **1.** (*assertion*) affirmation *f* **2.** LAW déclaration *f* sur l'honneur

affirmative [ə·'fɜr·mə·t̬ɪv] **I.** *adj* affirmatif(-ive) **II.** *n* approbation *f;* **to answer** [*o* **reply**] **in the ~** répondre par l'affirmative

affix ['æf·ɪks] **I.** *vt* **1.** (*attach*) attacher **2.** (*stick on*) coller **3.** (*clip on*) agrafer **4.** (*add: signature*) apposer **II.** <-es> *n* LING affixe *m*

afflict [ə·'flɪkt] *vt* affliger; (*disease*) faire souffrir; **to be ~ed with sth** souffrir de qc

affliction [ə·'flɪk·ʃᵊn] *n* **1.** (*misfortune*) calamité *f;* **in ~** dans la détresse **2.** (*illness*) affliction *f*

affluence ['æf·lu·ən(t)s] *n* abondance *f;* (*wealth*) richesse *f*

affluent ['æf·lu·ənt] *adj* aisé(e); **~ society** société *f* de consommation

afford [ə·'fɔrd] *vt* **1.** (*have money or time for*) **to be able to ~ (to do) sth** pouvoir se permettre (de faire) qc; **I can't ~ it** je n'en ai pas les moyens; **he can't ~ to miss this opportunity** il ne peut pas se permettre de rater cette occasion **2.** (*provide*) donner; **to ~ protection** offrir sa protection

affordable *adj* abordable

affront [ə·'frʌnt] **I.** *n* offense *f* **II.** *vt* offenser

Afghan ['æf·gæn], **Afghani** [æf·'gæn·i] **I.** *adj* afghan(e) **II.** *n* **1.** (*person*) Afghan(e) *m(f)* **2.** LING afghan *m; s.a.* **English**

Afghanistan [æf·'gæn·ə·stæn] *n* l'Afghanistan *m*

afield [ə·'fild] *adv* **far ~** très loin

afloat [ə·'floʊt] **I.** *adj* **to be ~** être à flot **II.** *adv* **to keep ~** flotter; *fig* maintenir la tête hors de l'eau

afoot [ə·'fʊt] *adj* **there's mischief/something ~** il se trame/prépare quelque chose

aforementioned [ə·ˌfɔr·'men(t)·ʃᵊnd],

A

aforesaid [ə·ˌfɔr·sed] *form* **I.** *adj* (*in text*) mentionné(e) plus haut; (*in conversation*) déjà mentionné(e) **II.** <-> *n* **the** ~ le(la) susnommé(e); (*of person mentioned in conversation*) personne *f* déjà mentionnée
afraid [ə·ˈfreɪd] *adj* **1.** (*scared, frightened*) effrayé(e); **to feel** [*o* **to be**] ~ avoir peur; **to be ~ of doing** [*o* **to do**] **sth** avoir peur de faire qc; **to be ~ of sb/sth** avoir peur de qn/qc; **to be ~ that** craindre que +*subj* **2.** (*sorry*) **I'm ~ so/not** je crains que oui/que non; **I'm ~ she's out** je suis désolé mais elle est sortie
afresh [ə·ˈfreʃ] *adv* de [*o* à] nouveau; **to start ~** repartir à zéro
Africa [ˈæf·rɪ·kə] *n* l'Afrique *f*
African [ˈæf·rɪ·kən] **I.** *adj* africain(e) **II.** *n* Africain(e) *m(f)*
African American [ˈæf·rɪ·kən·ə·ˈmer·ɪ·kən] *n* Afro-Américain(e) *m(f)*
African-American [ˈæf·rɪ·kən·ə·ˈmer·ɪ·kən] **I.** *adj* afro-américain(e) **II.** *n s.* **African American**
Afrikaans [ˌæf·rɪ·ˈkan(t)s] *n* LING afrika(a)ns *m; s.a.* **English**
Afrikaner [ˌæf·rɪ·ˈka·nər] *n* Afrikan(d)er *mf*
Afro-American *adj, n s.* **African-American**
after [ˈæf·tər] **I.** *prep* **1.** après; **~ two days** deux jours plus tard; **~ meals** après manger; (a) **quarter ~ six** six heures et quart; **the day ~ tomorrow** après-demain; **~ May 6** (*since then*) depuis le 6 mai; (*as of then*) à partir du 6 mai **2.** (*behind*) **to run ~ sb** courir après qn; **to go ~ one's goal** poursuivre son but **3.** (*following*) **D comes ~ C** le D suit le C; **to have fight ~ fight** avoir dispute sur dispute; **hour ~ hour** pendant des heures **4.** (*trying to get*) **to be ~ sb/sth** chercher qn/qc; **the police are ~ him** la police le recherche; **what are you ~?** qu'est-ce que vous voulez? **5.** (*despite*) **~ all** après tout; **~ all this work** après tout ce travail **6.** (*similar to*) **drawing ~ Picasso** dessin *m* d'après Picasso; **to name sth/sb ~ sb** donner à qc/qn le nom de qn **II.** *adv* après; **soon ~** peu après; **the day ~** le lendemain **III.** *conj* après (que); **he spoke ~ she went out** il parla après qu'elle fut sortie; **I'll call him ~ I've taken a shower** je l'appellerai quand j'aurai pris une douche
aftereffect [ˈæf·tər·ɪ·ˌfekt] *n* répercussion *f*
afterlife [ˈæf·tər·laɪf] *n* vie *f* après la mort
aftermath [ˈæf·tər·mæθ] *n* conséquences *fpl;* **in the ~ of sth** à la suite de qc
afternoon [ˌæf·tər·ˈnun] *n* après-midi *m o f inv;* **this ~** cet(te) après-midi; **in the ~** (dans) l'après-midi; **4 o'clock in the ~** 4 heures de l'après-midi; **good ~!** bonjour!; **Monday ~s** tous les lundis après-midi
aftershave [ˈæf·tər·ʃeɪv] *n* lotion *f* après-rasage
aftertaste [ˈæf·tər·teɪst] *n* arrière-goût *m*
afterthought [ˈæf·tər·θɔt] *n sing* pensée *f* après coup ▶**as an** ~ après coup
afterward(s) [ˈæf·tər·wərd(z)] *adv* **1.** (*later*) après **2.** (*after something*) ensuite; **shortly ~** peu après
again [ə·ˈgen] *adv* **1.** (*as a repetition*) encore; (*one more time*) de nouveau; **never ~** plus jamais; **once ~** une fois de plus; **yet ~** encore une fois; **not ~!** encore!; **he's doing it ~** il recommence; **~ and ~** plusieurs fois **2.** (*anew*) **to start ~** recommencer à zéro ▶**then ~** d'un autre côté
against [ə·ˈgentst] **I.** *prep* **1.** (*in opposition to*) contre; **~ all comers** envers et contre tous; **~ one's will** malgré soi; **to protect oneself ~ rain** se protéger de la pluie; **the odds are ~ sb/sth** les prévisions sont défavorables à qn/qc **2.** (*in contact with*) **to lean ~ a tree** s'adosser à un arbre; **to run ~ a wall** percuter un mur **3.** (*in contrast to*) **~ the light** à contre-jour; **~ a green background** sur un fond vert **4.** (*in competition with*) **~ time/the clock** contre la montre; **the dollar rose/fell ~ the euro** le dollar a monté/a baissé par rapport à l'euro **5.** (*in exchange for*) contre ▶**to have one's back ~ a wall** être au pied du mur; **to go ~ the grain for sb** aller à l'encontre de la nature de qn **II.** *adv* **a.** POL **to be for or ~** être pour ou contre
agate [ˈæg·ət] *n* agate *f*
age [eɪdʒ] **I.** *n* **1.** (*length of life*) âge *m;* **to be 16 years of ~** avoir 16 ans; **to feel one's ~** se sentir vieux/vieille; **to be under ~** être mineur; **voting/retirement ~** âge du droit de vote/de la retraite; **old ~** vieillesse *f;* **at my ~** à mon âge **2.** (*long existence*) âge *m* **3.** (*era*) époque *f;* **digital ~** ère *f* informatique **4.** *pl* (*a long time*) des siècles *mpl;* **it's been ~s** ça fait des siècles **II.** *vt, vi* vieillir
aged [ˈeɪ·dʒɪd] **I.** *adj* (*old*) vieux(vieille) **II.** *n* **the** ~ *pl* les personnes âgées *fpl*
age group *n* tranche *f* d'âge
ageless *adj* (*person, face*) toujours jeune; (*style, clothes*) éternel(le)
age limit *n* limite *f* d'âge
agency [ˈeɪ·dʒən(t)·si] <-ies> *n* **1.** agence *f;* **employment ~** agence pour l'emploi; **real estate ~** agence immobilière **2.** ADMIN organisme *m* **3.** *form* (*factor*) **through the ~ of sb** par l'intermédiaire de qn; **through the ~ of sth** sous l'effet de qc
agenda [ə·ˈdʒen·də] *n* **1.** (*list*) ordre *m* du jour; **to be on the ~** être à l'ordre du jour **2.** (*program*) programme *m* d'action
agent [ˈeɪ·dʒənt] *n* agent *m;* **insurance ~** agent d'assurance
age-old *adj* ancestral(e)
age-related *adj* lié(e) à l'âge
aggravate [ˈæg·rə·veɪt] *vt* **1.** (*make worse*) aggraver **2.** *inf* (*irritate*) exaspérer
aggravating *adj inf* exaspérant(e)
aggravation [ˌæg·rə·ˈveɪ·ʃən] *n inf* **1.** (*worsening*) aggravation *f* **2.** (*annoyance*) contrariété *f*
aggregate [ˈæg·rɪ·gət, *vb:* ˈæg·rɪ·geɪt] FIN, ECON **I.** *adj* total(e) **II.** *n* total *m* **III.** *vt* faire le total de
aggression [ə·ˈgreʃ·ən] *n* **1.** (*feelings*) agressi-

vité *f* **2.** (*violence*) agression *f*
aggressive [ə·ˈgres·ɪv] *adj* agressif(-ive)
aggressiveness *n* agressivité *f*
aggressor [ə·ˈgres·ər] *n* agresseur, -euse *m, f*
aggrieved [ə·ˈgrivd] *adj* **1.** (*hurt*) blessé(e) **2.** (*bitter*) chagriné(e)
aghast [ə·ˈgæst] *adj* atterré(e)
agile [ˈædʒ·əl] *adj* **1.** (*in moving*) agile **2.** (*in thinking and acting*) habile; (*mind*) vif(vive)
agility [ə·ˈdʒɪl·ə·ţi] *n* agilité *f*
agitate [ˈædʒ·ɪ·teɪt] **I.** *vt* **1.** (*make nervous*) inquiéter **2.** (*shake*) agiter **II.** *vi* **to ~ for/against sth** faire campagne pour/contre qc
agitation [ˌædʒ·ɪ·ˈteɪ·ʃən] *n a.* POL agitation *f;* **in a state of (great) ~** dans un état de grande agitation
agitator [ˈædʒ·ɪ·teɪ·ţər] *n* agitateur, -trice *m, f*
AGM [ˌeɪ·dʒi·ˈem] *n abbr of* **air-to-ground missile** missile *m* air-sol
ago [ə·ˈgoʊ] *adv* **that was a long time ~** c'était il y a longtemps; **a minute/a year ~** il y a une minute/un an
agonize [ˈæg·ə·naɪz] *vi* se tourmenter
agonized *adj* atroce; (*cry*) déchirant(e)
agonizing *adj* **1.** (*painful*) atroce; **to die an ~ death** mourir d'une mort atroce **2.** (*causing anxiety*) angoissant(e)
agony [ˈæg·ə·ni] <-ies> *n* douleur *f* atroce; **to be in ~** souffrir le martyre; **the ~ of sth** l'angoisse *f* de qc
agree [ə·ˈgri] **I.** *vi* **1.** (*share, accept idea*) **to ~ with sb** être d'accord avec qn; **~ to a suggestion** accepter une suggestion; **to ~ on sth** se mettre d'accord sur qc; **to ~ to sth** consentir à qc **2.** (*endorse*) **to ~ with sth** approuver qc **3.** (*be good for*) **to ~ with sb** être bon pour qn **4.** (*match up*) concorder **5.** LING s'accorder ►**sb couldn't ~ more with sb** qn est entièrement d'accord avec qn **II.** *vt* **1.** (*concur*) convenir de; **it is ~d that** il est convenu que *+subj;* **to be ~d on sth** être d'accord sur qc **2.** (*accept view, proposal*) **I ~ that it's expensive, it's expensive, I ~** c'est cher, je suis d'accord; **to ~ to** *+infin* (*when asked*) accepter de *+infin;* (*by mutual decision*) se mettre d'accord pour *+infin;* **to ~ to differ** accepter les différences d'opinion
agreeable *adj* **1.** (*acceptable*) **to be ~ to sb** convenir à qn **2.** (*pleasant*) agréable **3.** (*consenting*) **to be ~ to sth** être d'accord pour qc
agreement *n* **1.** *a.* LING accord *m* **2.** (*state of accord*) **to be in ~ with sb** être d'accord avec qn; **to reach ~** se mettre d'accord **3.** (*pact*) accord *m* **4.** (*promise*) engagement *m;* **~ to** *+infin* engagement à *+infin;* **America's ~ to send troops** l'engagement américain d'envoyer des troupes **5.** (*approval*) accord *m;* **~ to do/for sth** accord pour faire/pour qc
agricultural [ˌæg·rɪ·ˈkʌl·tʃər·əl] *adj* agricole
agriculture [ˈæg·rɪ·kʌl·tʃər] *n* agriculture *f*
aground [ə·ˈgraʊnd] *adv* NAUT **to go [o run] ~ on sth** s'échouer sur qc
ah [a] *interj* ah
aha [a·ˈha] *interj* ah ah
ahead [ə·ˈhed] *adv* **1.** (*in front*) **straight ~** droit devant; **to drive on ~** partir devant (en voiture); **to send sth on ~** envoyer qc en avance; **to be ~** *fig* (*party, team*) mener **2.** (*for the future*) à venir; **to look ~** penser à l'avenir; **to plan sth a week ~** prévoir qc une semaine à l'avance
ahead of *prep* **1.** (*in front of*) **to walk ~ sb** marcher devant qn; **what is ~ us** *fig* ce qui nous attend **2.** (*before*) **way ~ sb/sth** longtemps avant qn/qc; **to do sth ~ sth** faire qc en prévision de qc; **~ time** (*decide*) à l'avance; (*arrive*) en avance; **to be a minute ~ sb** avoir une minute d'avance sur qn **3.** (*more advanced than*) **to be way ~ sb/sth** être très en avance sur qn/qc; **~ one's time** en avance sur son époque ►**to be ~ the game** avoir une longueur d'avance
AI [ˌeɪ·ˈaɪ] *n* **1.** *abbr of* **artificial intelligence** IA *f* **2.** *abbr of* **artificial insemination** IA *f*
aid [eɪd] **I.** *n* aide *f;* **in ~ of sb/sth** au profit de qn/qc; **to come/go to the ~ of sb** venir/aller au secours de qn; **with the ~ of** (*person*) avec l'aide de; (*thing*) à l'aide de; **international ~** secours *m* international **II.** *vt* **to ~ sb with sth** aider qn à faire qc
AID *n* **1.** *abbr of* **Agency for International Development** Agence *f* pour le Développement International **2.** *abbr of* **artificial insemination by donor** IAD *f*
aid agency *n* organisation *f* humanitaire
aide [eɪd] *n* assistant(e) *m(f)*
AIDS [eɪdz] *n abbr of* **Acquired Immune Deficiency Syndrome** SIDA *m*
ailing [ˈeɪl·ɪŋ] *adj* mal en point
ailment [ˈeɪl·mənt] *n* maladie *f*
aim [eɪm] **I.** *vi* **1.** (*point a weapon*) viser; **to ~ at sb/sth** viser qn/qc **2.** (*plan to achieve*) **to ~ at [o for] sth** viser qc; **to ~ at doing [o to do] sth** avoir l'intention de faire qc **II.** *vt* **1.** (*point a weapon*) **to ~ sth at sb/sth** (*gun, launcher*) pointer qc sur qn/qc; (*spear, missile*) braquer; (*blow*) tenter de porter **2.** (*direct at*) **to ~ sth at sb** (*criticism, remark*) destiner qc à qn **3.** *fig* **to be ~ed at doing sth** viser à faire qc **III.** *n* **1.** (*plan to shoot*) pointage *m;* **to take ~** viser **2.** (*goal*) but *m;* **to do sth with the ~ of doing sth** faire qc dans le but de faire qc
aimless [ˈeɪm·lɪs] *adj* sans but
air [er] **I.** *n* **1.** *a.* MUS air *m;* **to fire into the ~** tirer en l'air; **by ~** par avion; **there was an ~ of menace/excitement** il y avait de la menace/de l'émotion dans l'air **2.** TV, RADIO **to be off/on (the) ~** être hors antenne/à l'antenne ►**~s and graces** *pej* manières *fpl;* **to be floating on ~** être aux anges; **to be in the ~** se tramer; **to be up in the ~** être flou; **to give oneself ~s** *pej* se donner de grands airs **II.** *vt* **1.** TV, RADIO diffuser **2.** (*expose to air*) aérer **3.** (*let know*) faire connaître; **to ~ one's grievances** exposer ses griefs **III.** *vi* **1.** TV, RADIO passer **2.** (*be exposed to air*) s'aérer

air bag *n* airbag *m*
airborne ['er·bɔrn] *adj* **1.** (*by wind*) emporté(e) par le vent **2.** (*by aircraft*) aéroporté(e) **3.** (*in the air*) **to be ~** être en vol; **to get ~** (*plane*) décoller; (*bird*) s'envoler **4.** (*working*) opérationnel(le)
air-conditioned ['er·kən·ˌdɪʃ·ᵊnd] *adj* climatisé(e)
air conditioner ['er·kən·ˌdɪʃ·ᵊn·ər] *n* climatiseur *m*
air conditioning ['er·kən·ˌdɪʃ·ᵊn·ɪŋ] *n* climatisation *f*
aircraft ['er·kræft] <-> *n* avion *m*
aircraft carrier *n* porte-avions *m inv*
aircraft industry *n* industrie *f* aéronautique
airfare *n* tarif *m* des vols
airfield ['er·fild] *n* terrain *m* d'aviation
air force *n* armée *f* de l'air
air gun *n* fusil *m* à air comprimé
airhead ['er·hed] *n sl* bêta(sse) *m(f)*
airlift ['er·lɪft] **I.** *n* pont *m* aérien **II.** *vt* transporter par pont aérien
airline ['er·laɪn] *n* compagnie *f* aérienne
airliner *n* avion *m* de ligne
airmail ['er·meɪl] *n* poste *f* aérienne; **to send sth (by) ~** envoyer qc par avion
airman ['er·mən] <-men> *n* aviateur, -trice *m, f*
airplane ['er·pleɪn] *n* avion *m*
air pollution *n* pollution *f* de l'air
airport ['er·pɔrt] *n* aéroport *m*
air raid *n* bombardement *m* aérien
airsick ['er·sɪk] *adj* **to get ~** attraper le mal de l'air
airsickness *n* mal *m* de l'air
airspace ['er·speɪs] *n* espace *m* aérien
airstrip ['er·strɪp] *n* piste *f*
airtight ['er·taɪt] *adj* hermétique
air traffic controller *n* aiguilleur, -euse *m, f* du ciel
air travel *n* voyages *mpl* en avion
airway ['er·weɪ] *n* **1.** ANAT voie *f* respiratoire **2.** (*route*) voie *f* aérienne **3.** (*airline*) compagnie *f* aérienne
airy ['er·i] *adj* **1.** (*spacious*) clair(e) **2.** (*light*) léger(-ère) **3.** (*lacking substance*) chimérique
aisle [aɪl] *n* allée *f*; (*of a church*) allée *f* centrale ▶ **to take sb down the ~** se marier avec qn
ajar [ə·'dʒar] *adj* entrouvert(e)
AK *n abbr of* **Alaska**
a.k.a. ['æk·ə] *abbr of* **also known as** alias
akin [ə·'kɪn] *adj* **to be ~ to sth** être semblable à qc
AL *n abbr of* **Alabama**
Alabama [ˌæl·ə·'bæm·ə] **I.** *n* l'Alabama *m* **II.** *adj* de l'Alabama
alarm [ə·'larm] **I.** *n* **1.** (*worry*) inquiétude *f*; (*fright*) frayeur *f* **2.** (*warning*) alarme *f*; **false ~** fausse alerte *f*; **give the ~** donner l'alarme; *a. fig* sonner l'alarme **3.** (*warning device*) alarme *f*; **burglar ~** alarme antivol **4.** (*clock*) réveil *m*, cadran *m Québec* **II.** *vt* **1.** (*worry*) inquiéter **2.** (*cause fear*) effrayer
alarm clock *n* réveil *m*
alarming *adj* **1.** (*worrying*) inquiétant(e) **2.** (*frightening*) alarmant(e)
alarmist **I.** *adj pej* alarmiste **II.** *n pej* alarmiste *mf*
alas [ə·'læs] *interj* hélas
Alaska [ə·'læs·kə] **I.** *n* l'Alaska *m* **II.** *adj* de l'Alaska
Albania [æl·'beɪ·ni·ə] *n* l'Albanie *f*
Albanian **I.** *adj* albanais(e) **II.** *n* **1.** (*person*) Albanais(e) *m(f)* **2.** LING albanais *m*; *s.a.* **English**
albatross ['æl·bə·trɔs] *n* albatros *m*
albeit [ɔl·'biɪt] *conj* quoique
albino [æl·'bai·noʊ] **I.** *adj* albinos **II.** *n* albinos *mf*
album ['æl·bəm] *n* album *m*
alcohol ['æl·kə·hal] *n* alcool *m*
alcohol-free *adj* sans alcool
alcoholic [ˌæl·kə·'hal·ɪk] **I.** *n* alcoolique *mf* **II.** *adj* alcoolisé(e)
alcoholism *n* alcoolisme *m*
alcove ['æl·koʊv] *n* alcôve *f*
alder ['ɔl·dər] *n* aulne *m*
ale [eɪl] *n* bière *f*
alert [ə·'lɜrt] **I.** *adj* (*attentive*) alerte; (*watchful*) vigilant(e); (*wide-awake*) éveillé(e); **to be ~ to sth** être conscient de qc **II.** *n* **1.** (*alarm*) alerte *f* **2. to be on the ~ for sth** être en état d'alerte concernant qc *m* **III.** *vt* alerter; **to ~ sb to sth** avertir qn de qc
algae ['æl·dʒi] *n pl* algues *fpl*
algebra ['æl·dʒɪ·brə] *n* algèbre *f*
algebraic [ˌæl·dʒɪ·'breɪ·ɪk] *adj* algébrique
Algeria [æl·'dʒɪ·ri·ə] *n* l'Algérie *f*
Algerian **I.** *adj* algérien(ne) **II.** *n* (*person*) Algérien(ne) *m(f)*
Algiers [æl·'dʒɪrz] *n* Alger
ALGOL ['æ·gal] *n* COMPUT *abbr of* **algorithmic language** ALGOL *m*
alias ['eɪ·lɪ·əs] **I.** *n* faux nom *m*; **to use an ~** utiliser un nom d'emprunt **II.** *prep* alias
alibi ['æl·ɪ·baɪ] *n* alibi *m*
alien ['eɪ·li·ən] **I.** *adj* **1.** (*foreign*) étranger(-ère) **2.** (*strange*) étrange; **~ to sb** étranger à qn **II.** *n* **1.** *form* (*foreigner*) étranger, -ère *m, f*; **illegal ~** clandestin *m* **2.** (*extra-terrestrial creature*) extra-terrestre *m*
alienate ['eɪ·li·ə·neɪt] *vt* **1.** éloigner; **to ~ sb from sb/sth** éloigner qn de qn/qc **2.** LAW aliéner
alight[1] [ə·'laɪt] *adj* **1.** (*on fire*) allumé(e); **to set sth ~** mettre le feu à qc; **to get sth ~** allumer qc **2.** (*shining brightly*) **to be ~ with sth** rayonner de qc
alight[2] [ə·'laɪt] *vi* **1.** (*land*) atterrir **2.** (*get out*) **to ~ from a vehicle** *form* descendre d'un véhicule
◆ **alight on** *vi* **to ~ sth** tomber sur qc
align [ə·'laɪn] *vt* **1.** (*move into line*) aligner **2.** (*support*) **to ~ oneself with sb/sth** se rallier à qn/qc

alignment *n* alignement *m;* **to be out of ~** sortir de l'alignement

alike [ə·'laɪk] **I.** *adj* **1.**(*identical*) identique **2.**(*similar*) semblable **II.** *adv* de la même façon; **men and women ~** les hommes comme les femmes

alimony ['æl·ɪ·moʊ·ni] *n* pension *f* alimentaire

alive [ə·'laɪv] *adj* **1.**(*not dead*) vivant(e); **to keep sb ~** maintenir qn en vie; **to keep hope ~** garder espoir **2.**(*active*) actif(-ive); **to come ~** (*city*) s'éveiller; **to be ~ with fleas/greenfly** être couvert de puces/de pucerons **3.**(*aware*) **to be ~ to sth** être conscient de qc

alkali ['æl·kə·laɪ] *n* alcali *m*

alkaline ['æl·kə·laɪn] *adj* alcalin(e)

all [ɔl] **I.** *adj* tout(e) *m(f),* tous *mpl,* toutes *fpl;* **~ the butter/my life** tout le beurre/toute ma vie; **~ the children/my cousins** tous les enfants/mes cousins; **~ children/animals** tous les enfants/les animaux; **with ~ possible speed** aussi vite que possible **II.** *pron* **1.**(*everybody*) tous *mpl,* toutes *fpl;* **~ aboard!** tout le monde à bord!; **~ but one** tous sauf un(e); **they ~ refused** ils ont tous refusé; **he has four daughters, ~ blue-eyed** il a quatre filles, toutes aux yeux bleus; **there were hundreds of children, ~ singing** il y avait des centaines d'enfants, tous chantaient; **the kindest of ~** le plus gentil de tous; **once and for ~** une fois pour toutes **2.**(*everything*) tout; **most of ~** surtout; **the best of all** le meilleur; **for ~ I know** autant que je sache; **for ~ he may think** quoi qu'il en pense **3.**(*the whole quantity*) tout; **they took/drank it ~** ils ont tout pris/bu; **~ of France** toute la France; **it's ~ so different** tout est si différent; **it's ~ nonsense** c'est complètement absurde **4.**(*the only thing*) tout; **~ I want is ...** tout ce que je veux, c'est ...; **that's ~ the equipment you need** c'est tout le matériel dont vous aurez besoin ▸ **none at ~** (*people*) personne; (*of things*) aucun(e); (*of amount*) rien du tout; **not at ~** (*you're welcome*) il n'y a pas de quoi; (*in no way*) pas du tout; **not at ~ worried** pas du tout inquiet; **nothing at ~** rien du tout **III.** *adv* tout; **it's ~ wet/dirty** c'est tout mouillé/sale; **~ round** tout autour; **not as stupid as ~ that** pas si bête que cela; **~ the same** quand même; **I'm ~ but finished** je suis à deux doigts d'avoir fini; **~ over the lawn** sur toute la pelouse; **~ over the country** dans tout le pays; **two ~** SPORTS deux partout

all-American [ˌɔl·ə·'mer·ɪ·kən] *adj* **1.**(*typically American*) typiquement américain(e); **~ boy** garçon *m* cent pour cent américain **2.** SPORTS **~ quarterback** *quart-arrière nommé meilleur joueur de l'année*

all-around [ˌɔl·ə·'raʊnd] *adj* polyvalent(e); (*athlete*) complet(-ète)

all-clear [ˌɔl·'klɪr] *n* signal *m* de fin d'alerte

allegation [ˌæl·ɪ·'geɪ·ʃən] *n* allégation *f*

allege [ə·'ledʒ] *vt* prétendre

alleged *adj form* LAW (*attacker/attack*) présumé(e)

allegedly *adv* prétendument; **he ~ did sth** il a fait qc à ce qu'il paraît

allegiance [ə·'li·dʒən(t)s] *n* allégeance *f*

allegory ['æl·ɪ·gɔr·i] <-ies> *n* allégorie *f*

alleluia [ˌæl·ɪ·'lu·jə] **I.** *interj* alléluia **II.** *n* alléluia *m*

allergen ['æl·ər·dʒən] *n* allergène *m*

allergenic [æl·ər·'dʒen·ɪk] *adj* allergène

allergic [ə·'lɜr·dʒɪk] *adj a. fig* allergique

allergy ['æl·ər·dʒɪ] <-ies> *n* allergie *f*

alleviate [ə·'li·vi·eɪt] *vt* atténuer

alley ['æl·i] *n* (*narrow street*) ruelle *f;* **blind ~** impasse *f;* **~ cat** chat *m* de gouttière

alliance [ə·'laɪ·ən(t)s] *n* alliance *f*

allied ['æl·aɪd] *adj* allié(e)

alligator ['æl·ɪ·geɪ·t̬ər] *n* alligator *m*

all-important [ˌɔl·ɪm·'pɔr·tənt] *adj* capital(e)

allocate ['æl·ə·keɪt] *vt* attribuer

allocation [ˌæl·ə·'keɪ·ʃən] *n* **1.**(*assignment*) attribution *f* **2.**(*amount*) crédits *mpl*

allot [ə·'lat] <-tt-> *vt* allouer

allotment *n* (*assignment*) attribution *f*

all-out [ɔl·'aʊt] *adj* (*attack, commitment*) total(e)

allow [ə·'laʊ] *vt* **1.**(*permit*) permettre; **photography is not ~ed** il est interdit de prendre des photos; **to ~ sb sth** (*officially*) autoriser qc à qn; **to ~ oneself a holiday** s'autoriser des vacances; **to ~ enough time** laisser suffisamment de temps; **to ~ sb in/out** laisser entre/sortir qn; **to allow sb through** laisser passer qn **2.**(*allocate*) accorder; (*when planning*) prévoir **3.**(*plan*) prévoir **4.**(*concede*) **to ~ that ...** reconnaître que ...

◆**allow for** *vi* tenir compte de; **to ~ sb being slow** tenir compte du fait que qn est lent; **to ~ sb being delayed** prévoir que qn pourrait avoir du retard

allowable *adj* autorisé(e)

allowance [ə·'laʊ·ən(t)s] *n* **1.**(*permitted amount*) allocation *f;* **baggage ~** franchise *f* de bagages; **tax ~** abattement *m* fiscal **2.**(*money*) indemnité *f;* (*to child*) argent *m* de poche; (*to adult*) rente *f;* **cost-of-living/travel ~** indemnité *f* de logement/déplacement **3.**(*prepare for*) **to make ~(s) for sth** prendre qc en considération; **to make ~s for sb** être indulgent envers qn

alloy ['æl·ɔɪ] *n* alliage *m*

all-purpose [ɔl·'pɜr·pəs] *adj* multi-usage

all right I. *adj* **1.**(*o.k.*) d'accord; **that's** [*o* **it's**] **~** c'est bien; **will it be ~ if she comes?** c'est bon si elle vient? **2.**(*good*) pas mal; (*mediocre*) potable; **I feel ~** je me sens bien **3.**(*normal*) **I feel ~** ça va; **is everything ~?** tout va bien?; **the driver was ~** (*safe*) le conducteur était sain et sauf **II.** *interj* **1.**(*expressing agreement*) d'accord; **~ calm down** ça va, du calme **2.** *inf* (*after thanks or excuse*) **it's ~** de rien **III.** *adv* **1.**(*well: work, progress*) comme il faut; **the party went ~** la fête s'est bien passée; **to get along ~ with sb** bien s'en-

tendre avec qn **2.** *inf* (*definitely*) **he saw us ~** il nous a vus, c'est sûr
all-round [ˌɔl·ˈraʊnd] *adj s.* **all-around**
All Saints' Day *n* Toussaint *f*
All Souls' Day *n* fête *f* des Morts
all-time *adj* (*record*) absolu(e); **to be at an ~ high/low** être au plus haut/au plus bas
allude [ə·ˈlud] *vi* **to ~ to sth** faire allusion à qc
alluring [ə·ˈlʊr·ɪŋ] *adj* attrayant(e)
allusion [ə·ˈlu·ʒᵊn] *n* allusion *f*
all-weather [ˌɔl·ˈweð·ər] *adj* pour tous les temps
ally [ə·ˈlaɪ] **I.** <-ies> *n* allié(e) *m(f)*; **the Allies** HIST, MIL les Alliés *mpl* **II.** <-ie-> *vt* **to ~ oneself with** [*o* **to**] **sb** s'allier avec qn
almanac [ˈɔl·mə·næk] *n* almanach *m*
almighty [ɔl·ˈmaɪ·t̬i] *adj* **1.** (*all-powerful*) tout(e)-puissant(e); **~ God** Dieu *m* tout-puissant **2.** *inf* (*extreme*) terrible
Almighty [ɔl·ˈmaɪ·t̬i] *n* REL **the ~** le Tout-Puissant
almond [ˈa·mənd] *n* **1.** (*nut*) amande *f* **2.** (*tree*) amandier *m*
almost [ˈɔl·moʊst] *adv* presque; **I ~ fell asleep** j'ai failli m'endormir
aloe vera [ˌal·oʊˈvɪr·ə] *n* BOT aloès *m*
alone [ə·ˈloʊn] **I.** *adj* **1.** (*without others*) seul(e) **2.** (*only*) le(la) seul(e); **Paul ~ can do that** il n'y a que Paul qui puisse faire cela; **money ~ is not enough** l'argent tout seul ne suffit pas ▶ **not even sth, let ~ sth else** pas qc et encore moins qc d'autre **II.** *adv* tout(e) seul(e)
along [ə·ˈlɔŋ] **I.** *prep* **1.** (*on*) **all ~ sth** tout le long de qc; **sb walks ~ the road** qn marche le long de la route **2.** (*during*) **~ the way** en cours de route **3.** (*beside*) **trees ~ the path** arbres *mpl* bordant le chemin **4.** (*in addition to*) **~ with sth/sb** en plus de qc/qn **II.** *adv* **1.** (*going forward*) **to walk ~** marcher **2.** (*to a place*) **to come ~** venir; **are you coming ~?** tu viens?, tu viens avec? *Belgique*; **he'll be ~ in an hour** il viendra dans une heure **3.** (*the whole time*) **all ~** depuis le début
alongside [ə·ˈlɔŋ·saɪd] **I.** *prep* **1.** *a.* NAUT **to stop ~ a quay** s'arrêter le long d'un quai **2.** (*next to*) **~ sth** à côté de qc; **to draw up ~ sb** s'arrêter à la hauteur de qn **3.** (*together with*) **to work ~ each other** travailler côte à côte; **to fight ~ sb** se battre aux côtés de qn; *s.a.* **along II.** *adv* **1.** (*next to*) côte à côte **2.** NAUT bord à bord; **to come ~** accoster
aloof [ə·ˈluf] *adj* distant(e)
aloud [ə·ˈlaʊd] *adv* (*read, think*) à voix haute; (*laugh*) fort
alpha [ˈæl·fə] *n* (*Greek letter*) alpha *m*
alphabet [ˈæl·fə·bet] *n* alphabet *m*
alphabetical [ˌæl·fə·ˈbet̬·ɪk·ᵊl] *adj* alphabétique
alphanumeric [ˌæl·fə·nu·ˈmer·ɪk] *adj* alphanumérique
alpha particle, alpha ray *n* PHYS alpha *m*
alpine [ˈæl·paɪn] *adj* alpin(e); (*scene*) alpestre
Alps [ælps] *npl* **the ~** les Alpes
already [ɔl·ˈred·i] *adv* déjà
alright [ɔl·ˈraɪt] *s.* **all right**
Alsace [æl·ˈsæs] *n* l'Alsace *f*
Alsatian [æl·ˈseɪ·ʃᵊn] **I.** *adj* alsacien(ne) **II.** *n* **1.** (*person*) Alsacien(ne) *m(f)* **2.** LING alsacien *m*; *s.a.* **English**
also [ˈɔl·soʊ] *adv* aussi
altar [ˈɔl·t̬ər] *n* autel *m*
alter [ˈɔl·t̬ər] **I.** *vt* changer; (*building*) faire des travaux sur; (*clothes*) retoucher **II.** *vi* changer
alteration [ˌɔl·t̬ə·ˈreɪ·ʃᵊn] *n* changement *m*; (*to clothes*) retouches *fpl*; **an ~ to sth** une modification à qc
altercation [ˌɔl·t̬ər·ˈkeɪ·ʃᵊn] *n* altercation *f*
alternate [ɔl·ˈtɜr·nət] **I.** *vt, vi* alterner **II.** *adj* **1.** (*by turns*) alterné(e); **on ~ days** un jour sur deux **2.** (*different, alternative*) alternatif(-ive)
alternating *adj* en alternance
alternative [ɔl·ˈtɜr·nə·tɪv] **I.** *n* alternative *f* **II.** *adj* alternatif(-ive)
alternative-fuel *adj inv* qui fonctionne avec un carburant alternatif
alternatively *adv* sinon; (*as a substitute*) à défaut
alternator [ˈɔl·tər·neɪ·t̬ər] *n* alternateur *m*
alt-fuel *adj inv, inf abbr of* **alternative-fuel**
although [ɔl·ˈðoʊ] *conj* bien que +*subj*, quoique +*subj*; **he is late ~ he left early** il est en retard bien qu'il soit parti de bonne heure; **~ it's snowing, ...** malgré la neige, ...; **she didn't win ~ she should have** elle n'a pas gagné pourtant elle aurait du; *s.a.* **though**
altimeter [æl·ˈtɪ·mə·t̬ər] *n* altimètre *m*
altitude [ˈæl·tə·tud] *n* altitude *f*
alto [ˈæl·toʊ] **I.** *n* **1.** (*woman*) contralto *m*, alto *f* **2.** (*viola or man*) alto *m* **II.** *adj* alto; **~ flute** flûte *f* alto; **~ clef** clé *f* d'ut
altogether [ˌɔl·tə·ˈgeð·ər] *adv* **1.** (*completely*) entièrement; **a different matter** [*o* **thing**] **~** une tout autre chose; **not ~** pas complètement; **it is not ~ surprising** ce n'est pas du tout étonnant **2.** (*in total*) globalement
altruism [ˈæl·tru·ɪ·zᵊm] *n* altruisme *m*
altruistic [ˌæl·tru·ˈɪs·tɪk] *adj* altruiste
aluminum [ə·ˈlu·mɪ·nəm] *n* aluminium
aluminum foil *n* papier *m* d'aluminium
always [ˈɔl·weɪz] *adv* toujours
Alzheimer's (**disease**) [ˈalts·haɪ·mərz-] *n* maladie *f* d'Alzheimer
am [əm] *1st pers sing of* **be**
a.m. [ˌeɪ·ˈem] *adv abbr of* **ante meridiem** avant midi
amalgam [ə·ˈmæl·gəm] *n* amalgame *m*
amalgamate [ə·ˈmæl·gə·meɪt] **I.** *vt* **1.** CHEM amalgamer **2.** (*merge*) fusionner **II.** *vi* **1.** CHEM s'amalgamer **2.** (*merge*) fusionner
amalgamation [ə·ˌmæl·gə·ˈmeɪ·ʃᵊn] *n* **1.** (*process*) fusionnement *m* **2.** (*result*) fusion *f*; (*metal*) amalgamation *f*
amass [ə·ˈmæs] *vt* amasser
amateur [ˈæm·ə·tʃər] **I.** *n a. pej* amateur *m* **II.** *adj* amateur; **~ work/sports** travail/sport

m d'amateur
amateurish [ˌæm·ə·ˈtɜr·ɪʃ] *adj pej* d'amateur
amaze [ə·ˈmeɪz] *vt* stupéfier; **to be ~d that sb comes** être très surpris que qn vienne
amazement *n* stupéfaction *f*
amazing *adj* stupéfiant(e); **truly** ~ ahurissant; **it's** (**pretty**) ~ c'est (vraiment) incroyable
Amazon [ˈæm·ə·zan] *n* **1.** GEO **the** (**river**) ~ l'Amazone *f;* **the ~ rain forest** la forêt amazonienne **2.** (*female warrior*) amazone *f*
ambassador [æm·ˈbæs·ə·dər] *n* ambassadeur, -drice *m, f*
amber [ˈæm·bər] **I.** *adj* ambré(e) **II.** *n* ambre *m; s.a.* **blue**
ambidextrous [ˌæm·bɪ·ˈdek·strəs] *adj* ambidextre
ambiguity [ˌæm·bə·ˈgju·ə·t̬i] <-ies> *n* ambiguïté *f*
ambiguous [æm·ˈbɪg·jʊ·əs] *adj* ambigu(ë)
ambition [æm·ˈbɪʃ·ᵊn] *n* ambition *f*
ambitious [æm·ˈbɪʃ·əs] *adj* ambitieux(-euse)
amble [ˈæm·bl] **I.** *vi* aller tranquillement; **to ~ along/down/off** se promener/descendre/partir tranquillement **II.** *n* promenade *f;* **a leisurely** ~ une balade *f* tranquille
ambulance [ˈæm·bjʊ·lən(t)s] *n* ambulance *f;* ~ **crew** ambulanciers *mpl*
ambush [ˈæm·bʊʃ] **I.** *vt* tendre une embuscade à; **to be ~ed** être pris dans une embuscade **II.** <-es> *n* embuscade *f;* **to be caught in an** ~ être pris dans une embuscade; **to lie in** ~ se tenir en embuscade; **to lie in ~ for sb** tendre une embuscade à qn
amen [eɪ·ˈmen] *interj* amen
amenable [ə·ˈmi·nə·bl] *adj* (*pupil, dog*) docile; **to be ~ to suggestion** être ouvert aux suggestions; **to be ~ to sb doing sth** être prêt à accepter que qn fasse qc
amend [ə·ˈmend] *vt* **1.** (*change*) modifier; (*law*) amender **2.** (*improve, correct*) rectifier
amendment *n* (*change, changed words*) modification *f;* (*to a bill*) amendement *m*
amends *n* **to make** ~ faire amende honorable, se racheter
amenities [ə·ˈmen·ə·t̬iz] *n pl* équipement *m*
America [ə·ˈmer·ɪ·kə] *n* l'Amérique *f*
American [ə·ˈmer·ɪ·kən] **I.** *adj* américain(e) **II.** *n* **1.** (*person*) Américain(e) *m(f)* **2.** LING américain *m; s.a.* **English**
American Indian *n s.* **Native American**
Americanism [ə·ˈmer·ɪ·kə·nɪ·zᵊm] *n* américanisme *m*
Americanize [ə·ˈmer·ɪ·kə·naɪz] *vt* américaniser
American Revolution *n* HIST guerre *f* d'Indépendance américaine
amethyst [ˈæm·ɪ·θɪst] **I.** *n* améthyste *f* **II.** *adj inv* améthyste
amiability [ˌeɪ·mi·ə·ˈbɪl·ə·t̬i] *n* amabilité *f*
amiable [ˈeɪ·mi·ə·bl] *adj* aimable
amicable [ˈæm·ɪ·kə·bl] *adj* amical(e); (*divorce, settlement*) à l'amiable
amid [ə·ˈmɪd] *prep* **1.** (*surrounded by*) au milieu de **2.** (*during*) ~ **the discussion** en pleine discussion
amiss [ə·ˈmɪs] **I.** *adj* **something is** ~ il y a quelque chose qui ne va pas **II.** *adv* **to take sth** ~ mal prendre qc; **sth would not go** ~ qc serait le bienvenu
ammeter [ˈæm·ɪ·t̬ər] *n* ampèremètre *m*
ammonia [ə·ˈmoʊ·njə] *n* **1.** (*gas*) ammoniac *m* **2.** (*solution*) ammoniaque *f*
ammonium chloride *n* chlorure *m* d'ammonium
ammunition [ˌæm·jə·ˈnɪʃ·ᵊn] *n* **1.** (*for firearms*) munitions *fpl;* ~ **depot** [*o* **dump**] dépôt *m* de munitions **2.** (*in debate*) armes *fpl*
amnesia [æm·ˈni·ʒə] *n* amnésie *f;* ~ **victim** amnésique *mf*
amnesty [ˈæm·nə·sti] <-ies> *n* amnistie *f*
amok [ə·ˈmʌk] *adv* **to run** ~ être pris de folie furieuse
among [ə·ˈmʌŋ] *prep* **1.** (*between*) ~ **friends/yourselves** entre amis/vous; **to divide up sth ~ us** partager qc entre nous **2.** (*as part of*) (**just**) **one ~ many** un parmi tant d'autres; **it's ~ my tasks** ça fait partie de mes tâches; ~ **my favorite artists** parmi mes artistes préférés **3.** (*in a group*) ~ **Texans** chez les Texans **4.** (*in midst of*) ~ **the flowers/pupils** au milieu des [*o* parmi les] fleurs/élèves **5.** (*in addition to*) ~ **other things** entre autres choses
amoral [ˌeɪ·ˈmɔr·əl] *adj* amoral(e)
amorous [ˈæm·ᵊr·əs] *adj* amoureux(-euse)
amorphous [ə·ˈmɔrf·əs] *adj* amorphe; ~ **mass** masse *f* informe
amortize [æm·ˈɔr·taɪz] *vt* ECON amortir
amount [ə·ˈmaʊnt] **I.** *n* quantité *f;* **any ~ of** *inf* des tas *mpl* de; **any ~ of people** beaucoup de monde; **certain ~ of determination** certaine dose *f* de détermination; **large ~s of electricity** de grosses quantités d'électricité **II.** *vi* **1.** (*add up to*) **to ~ to sth** s'élever à qc **2.** (*mean*) revenir à qc **3.** *fig* **sb will never ~ to much** qn n'arrivera jamais à rien
amp [æmp] *n* **1.** *abbr of* **ampere** A *m* **2.** *inf abbr of* **amplifier** ampli *m*
ampere [ˈæm·pɪr] *n form* ampère *m*
amphetamine [æm·ˈfet̬·ə·min] *n* amphétamine *f*
amphibian [æm·ˈfɪb·i·ən] *n* ZOOL amphibien *m*
amphibious [æm·ˈfɪb·i·əs] *adj* amphibie
amphitheater [ˈæm(p)·fə·ˌθɪ·ə·t̬ər] *n* amphithéâtre *m*
ample [ˈæm·pl] <-r, -st> *adj* **1.** (*plentiful*) largement assez de; ~ **evidence** preuves *fpl* abondantes **2.** *iron* (*large*) gros(se); ~ **bosom** poitrine opulente; ~ **girth** corpulence *f*
amplifier [ˈæm·plɪ·faɪ·ər] *n* amplificateur *m*
amplify [ˈæm·plɪ·faɪ] <-ie-> *vt* **1.** MUS amplifier **2.** (*enlarge upon*) développer
amply *adv* (*rewarded*) largement
amputate [ˈæm·pjə·teɪt] **I.** *vt* **to ~ sb's right foot** amputer qn du pied droit **II.** *vi* amputer
amputee [ˌæm·pjə·ˈti] *n* amputé(e) *m(f)*

amulet ['æm·jʊ·lət] *n* amulette *f*
amuse [ə·'mjuz] *vt* **1.** amuser **2.** (*occupy*) divertir; **to keep sb ~d** occuper qn; **to ~ oneself** se divertir
amusement *n* **1.** (*state*) amusement *m;* **much to sb's ~** au grand amusement de qn **2.** (*pleasure*) divertissement *m;* **for one's own ~** pour son propre plaisir **3.** (*place*) **fairground ~** attraction *f*
amusement park *n* parc *m* d'attractions
amusing *adj* amusant(e); (*situation*) comique
an [ᵊn] *indef art* (+ *vowel*) un(e); *s.a.* **a**
anachronistic [ə·ˌnæk·rə·'nɪs·tɪk] *adj* anachronique
anagram ['æn·ə·græm] *n* anagramme *f*
anal ['eɪ·nᵊl] *adj* **1.** ANAT anal(e) **2.** *inf* (*too obsessed with details*) maniaque
analgesic [ˌæn·æl·'dʒi·sɪk] **I.** *adj* analgésique **II.** *n* analgésique *m*
analog ['æn·ə·lɔg] *n s.* **analogue**
analogical [ˌæn·ə·'la·dʒɪ·kᵊl] *adj* analogique
analogous [ə·'næl·ə·gəs] *adj* analogue
analogue ['æn·ə·lɔg] *n* analogue *m*
analogy [ə·'næl·ə·dʒi] <-ies> *n* analogie *f;* **to draw an ~** établir un parallèle *m*
analysis [ə·'næl·ə·sɪs] <-ses> *n* **1.** (*detailed examination*) analyse *f;* **in the final ~** en dernière analyse **2.** (*psychoanalysis*) (psych)analyse *f*
analyst ['æn·əl·ɪst] *n* **1.** (*professional analyzer*) analyste *mf;* **food ~** chimiste *mf* alimentaire; **systems ~** analyste programmeur *m* **2.** (*psychoanalyst*) (psych)analyste *mf*
analytical [ˌæn·ə·'lɪṱ·ɪk·ᵊl] *adj* analytique; **~ mind** esprit *m* d'analyse
analyze ['æn·əl·aɪz] *vt* analyser; PSYCH (psych)analyser
anarchic [æn·'ar·kɪk], **anarchical** *adj* anarchique
anarchist ['æn·ər·kɪst] **I.** *n* anarchiste *mf* **II.** *adj* anarchiste
anarchistic [ˌæn·ər·'kɪs·tɪk] *adj* anarchique
anarchy ['æn·ər·ki] *n* anarchie *f*
anatomical [ˌæn·ə·'tam·ɪk·ᵊl] *adj* anatomique
anatomy [ə·'næṱ·ə·mi] *n* **1.** ANAT anatomie *f* **2.** <-ies> *iron* (*body*) anatomie *f* **3.** (*analysis*) analyse *f*
ancestor ['æn·ses·tər] *n* ancêtre *mf*
ancestral [æn·'ses·trᵊl] *adj* ancestral(e)
ancestry ['æn·ses·tri] <-ies> *n* ascendance *f;* **to be of Polish ~** être d'origine polonaise
anchor ['æŋ·kər] **I.** *n* **1.** (*object*) ancre *f;* **to be at ~** être au mouillage; **to drop/weigh ~** jeter/lever l'ancre **2.** *fig* point *m* d'ancrage; **the ~ of sth** la pièce maîtresse de qc; **to be sb's ~** être la planche de salut de qn **3.** TV, RADIO présentateur, -trice *m, f* **II.** *vt* **1.** (*fasten firmly*) ancrer **2.** TV, RADIO présenter **III.** *vi* mouiller
anchorage ['æŋ·kᵊr·ɪdʒ] *n* NAUT mouillage *m*
anchovy ['æn·tʃoʊ·vi] <-ies> *n* anchois *m*
ancient ['eɪn(t)·ʃᵊnt] **I.** *adj* **1.** (*old*) ancien(ne) **2.** HIST antique **3.** *inf* (*very old*) très vieux (vieille) **II.** *n pl* (*people*) **the ~s** les Anciens *mpl*
ancillary ['æn(t)·sə·ler·i] *adj* auxiliaire; **~ equipment** matériel *m* supplémentaire
and [ənd] *conj* **1.** (*also*) et **2.** MATH plus **3.** (*then*) **to go ~ open the window** aller ouvrir la fenêtre **4.** (*increase*) **better ~ better** de mieux en mieux ▶**wait ~ see** on verra; **~ so on** et ainsi de suite
Andes ['æn·diz] *npl* **the ~** les Andes *fpl*
Andorra [æn·'dɔr·ə] *n* Andorre *f*
Andorran **I.** *adj* andorran(e) **II.** *n* Andorran(e) *m(f)*
anecdotal [ˌæn·ɪk·'doʊ·ṱᵊl] *adj* anecdotique
anecdote ['æn·ɪk·doʊt] *n* anecdote *f*
anemia [ə·'ni·mi·ə] *n* anémie *f*
anemic [ə·'ni·mɪk] *adj* **1.** MED anémique **2.** *pej* (*weak*) faible; **~ performance** représentation *f* médiocre
anesthesia [ˌæn·əs·'θi·ʒə] *n* anesthésie *f*
anesthesiologist *n* anesthésiste *mf*
anesthetic [ˌæn·ɪs·'θeṱ·ɪk] **I.** *adj* anesthésique **II.** *n* anesthésique *m;* **under ~** sous anesthésie
anesthetist [ə·'nes·θə·ṱɪst] *n s.* **anesthesiologist**
anesthetize [ə·'nes·θə·taɪz] *vt* anesthésier
anew [ə·'nu] *adv* à [*o* de] nouveau; **to begin ~** recommencer
angel ['eɪn·dʒᵊl] *n* **1.** *a.* REL ange *m;* **be an ~ and help me** tu serais un ange de m'aider **2.** (*financial sponsor*) mécène *m*
anger ['æŋ·gər] **I.** *n* colère *f;* **~ at sb/sth** colère contre qn/qc; **words said in ~** des mots dits sous l'empire de la colère **II.** *vt* mettre en colère; **to be ~ed by sth** être mis hors de soi par qc
angina [æn·'dʒaɪ·nə] *n* MED angine *f;* **~ pectoris** angine de poitrine
angle[1] ['æŋ·gl] **I.** *n* MATH angle *m;* **at an ~ of 45 degrees** (en) formant un angle de 45 degrés; **at an ~ to sth** en biais par rapport à qc; **to be hanging at an ~** (*picture*) être accroché de travers **II.** *vt* (*mirror, light*) orienter
angle[2] ['æŋ·gl] **I.** *n* (*perspective*) angle *m;* **new ~** nouvelle perspective *f;* **to be looking at sth from the wrong ~** considérer qc sous un mauvais angle **II.** *vt* **1.** (*aim*) **to ~ sth at sb/sth** viser qn/qc par qc **2.** (*slant*) orienter
angled *adj* tortueux(-euse); SPORTS latéral(e); **~ shot** tir *m* au centre
angler ['æŋ·glər] *n* pêcheur *m*
Anglican ['æŋ·glɪ·kən] **I.** *adj* anglican(e) **II.** *n* Anglican(e) *m(f)*
Anglicism *n* anglicisme *m*
Anglicize ['æŋ·glɪ·saɪz] *vt* angliciser
angling *n* pêche *f* (à la ligne)
Anglophile ['æŋ·glə·faɪl] **I.** *n* anglophile *mf* **II.** *adj* anglophile
Anglophobia [ˌæŋ·glə·'foʊ·bi·ə] *n* anglophobie *f*
Anglophone **I.** *n* anglophone *mf* **II.** *adj* anglophone
Anglo-Saxon **I.** *n* **1.** HIST Anglo-Saxon(ne) *m(f)* **2.** (*person of English heritage*) Anglo-

-Saxon(ne) *m(f)* **3.** LING anglo-saxon *m* **II.** *adj* anglo-saxon(ne)
Angola [æŋ·ˈgoʊ·lə] *n* l'Angola *m*
Angolan [æŋ·ˈgoʊ·lən] **I.** *adj* angolais(e) **II.** *n* Angolais(e) *m(f)*
angora [æŋ·ˈgɔ·rə] *n* **1.** ZOOL ~ **cat** chat *m* angora **2.** (*soft fiber*) laine *f* angora; ~ **sweater** pull-over *m* en mohair
angrily *adv* en colère
angry [ˈæŋ·gri] *adj* **1.** (*furious*) en colère; **to make sb ~** mettre qn en colère; **to be/get ~ with** [*o* **at**] **sb** être/se mettre en colère contre qn; **to be ~ about** [*o* **at**] **sth** être mis hors de soi par qc; **to be ~ that ...** être furieux que ...; ~ **crowd** foule en colère; **to exchange ~ words** échanger des propos injurieux **2.** (*stormy: sky*) orageux (-euse); (*sea*) houleux (-euse) **3.** (*inflamed*) irrité(e); ~ **sore** plaie enflammée
anguish [ˈæŋ·gwɪʃ] *n* angoisse *f;* **to be in ~ at sth** être angoissé par qc; **to cause sb ~** faire souffrir qn
angular [ˈæŋ·gjʊ·lər] *adj* anguleux(-euse); (*face*) osseux(-euse)
animal [ˈæn·ɪ·mᵊl] **I.** *n* **1.** ZOOL animal *m;* **farm ~** animal de ferme **2.** (*person*) brute *f;* **to become an ~** devenir bestial ►**to be <u>different</u> ~s** être une autre paire de manches; **<u>political</u> ~** bête *f* de la politique; **there's no <u>such</u> ~!** ce n'est pas possible! **II.** *adj* animal(e); ~ **doctor** vétérinaire *mf;* ~ **trainer** dompteur, -euse *m, f;* ~ **spirits** vitalité *f*
animal husbandry *n* élevage *m*
animal kingdom *n* **the ~** le règne animal
animate [ˈæn·ɪ·meɪt] **I.** *adj* animé(e) **II.** *vt* animer
animated *adj* **1.** (*lively*) animé(e); ~ **discussion** vive discussion *f* **2.** CINE ~ **cartoon** [*o* **film**] dessin *m* animé
animation [ˌæn·ɪ·ˈmeɪ·ʃᵊn] *n* **1.** (*enthusiasm*) enthousiasme *m* **2.** (*energy*) vivacité *f* **3.** CINE animation *f;* **computer ~** animation informatisée
animator [ˈæn·ɪ·meɪ·tər] *n* animateur, -trice *m, f*
anime [ˈæn·ə·me] *n* japanime *f*
animosity [ˌæn·ɪ·ˈma·sə·ṭi] *n* (*feeling*) animosité *f*
anise [ˈæn·ɪs] *n* **1.** (*taste*) anis *m* **2.** (*seed*) graine *f* d'anis
ankle [ˈæŋ·kl] *n* cheville *f*
ankle boots *pl n* bottines *fpl*
ankle bracelet *n* bracelet *m* de cheville
ankle-deep *adj* à la cheville; **to be ~ in sth** avoir qc qui monte jusqu'aux chevilles
ankle-length *adj* (*dress*) qui descend jusqu'aux chevilles
ankle strap *n* bride *f*
anklet [ˈæŋ·klɪt] *n* (*sock*) socquette *f*
annals [ˈæn·ᵊlz] *npl* annales *fpl*
annex [ˈæn·eks, *vb:* ə·ˈneks] **I.** *n* annexe *f; fig* appendice *m;* **as an ~ to this file** en annexe de ce dossier **II.** *vt* annexer
annexation [ˌæn·ek·ˈseɪ·ʃᵊn] *n* **1.** (*act*) annexion *f* **2.** (*territory*) territoire *m* annexe
annihilate [ə·ˈnaɪ·ə·leɪt] *vt* **1.** annihiler **2.** (*defeat*) anéantir
annihilation [ə·ˌnaɪ·ə·ˈleɪ·ʃᵊn] *n* anéantissement *m*
anniversary [ˌæn·ɪ·ˈvɜr·sᵊr·i] <-ies> *n* anniversaire *m;* **wedding ~** anniversaire de mariage; ~ **party** fête *f* d'anniversaire; **golden ~** noces *fpl* d'or
annotate [ˈæn·ə·teɪt] *vt* annoter; **~d edition** édition *f* critique
annotation [ˌæn·ə·ˈteɪ·ʃᵊn] *n* **1.** (*act of writing*) commentaire *m* **2.** (*note*) note *f*
announce [ə·ˈnaʊn(t)s] *vt* annoncer
announcement *n* annonce *f*
announcer [ə·ˈnaʊn(t)·sər] *n* présentateur, -trice *m, f*
annoy [ə·ˈnɔɪ] *vt* embêter; **it ~s me that/when ...** ça me contrarie que/quand ...; **stop ~ing me** arrête de m'embêter
annoyance *n* **1.** (*state*) mécontentement *m;* **much to sb's ~** au grand déplaisir de qn; **to hide one's ~** dissimuler sa contrariété **2.** (*cause*) tracas *m*
annoying *adj* énervant(e); (*habit*) fâcheux(-euse); **the ~ thing about it is that ...** ce qui m'agace, c'est que ...
annual [ˈæn·jʊ·əl] **I.** *adj* annuel(le); ~ **rainfall** hauteur *f* annuelle des précipitations **II.** *n* **1.** TYP publication *f* annuelle **2.** BOT plante *f* annuelle
annualized *adj* annualisé(e)
annually *adv* annuellement
annuity [ə·ˈnu·ə·ṭi] <-ies> *n* **1.** (*money*) rente *f* **2.** (*contract*) viager *m;* ~ **policy** assurance *f* vieillesse
annul [ə·ˈnʌl] <-ll-> *vt* annuler
annulment *n* annulation *f*
Annunciation [ə·ˌnʌn(t)·sɪ·ˈeɪ·ʃᵊn] *n* **the ~** l'Annonciation *f*
anodyne [ˈæn·ə·daɪn] *adj form a.* MED apaisant(e), calmant(e)
anoint [ə·ˈnɔɪnt] *vt* **1.** (*oil*) oindre **2.** REL consacrer; **to ~ sb king** sacrer qn roi **3.** *fig* **to ~ sb as one's successor** désigner qn comme son successeur
anomalous [ə·ˈna·mə·ləs] *adj form* anormal(e)
anomaly [ə·ˈnam·ə·li] <-ies> *n* anomalie *f;* **statistical ~** irrégularité *f* des statistiques
anon. [ə·ˈnan] *s.* **anonymous** anonyme
anonymity [ˌæn·ə·ˈnɪm·ə·ṭi] *n* anonymat *m*
anonymous [ə·ˈna·nə·məs] *adj* **1.** anonyme; **to remain ~** garder l'anonymat **2.** *fig* **rather ~ face** visage *m* assez banal
anonymously *adv* anonymement
anorexia [ˌan·ə·ˈrek·si·ə] *n* anorexie *f*
anorexic **I.** *adj* anorexique **II.** *n* anorexique *mf*
another [ə·ˈnʌð·ər] **I.** *pron* **1.** (*one more*) un(e) autre; **many ~** bien d'autres **2.** (*mutual*) **one ~** l'un l'autre **II.** *adj* un(e) autre; ~ **piece of cake?** encore un morceau de gâteau?; **not that piece, ~ one** pas ce morceau-là, un

autre; ~ **$30** 30 dollars de plus; **could he be ~ Mozart?** serait-il un second Mozart?

answer ['æn(t)·sər] **I.** *n* **1.** (*reply*) réponse *f;* ~ **to a letter/question** réponse à une lettre/question; **there was no ~** (*at door*) il n'y avait personne; (*to letter, on phone*) il n'y a pas eu de réponse; **this was the ~ to my prayers** c'était la réponse à mes prières **2.** (*solution*) solution *f* **II.** *vt* **1.** (*respond to: question*) répondre à; **to ~ the telephone/the call of sb** répondre au téléphone/à l'appel de qn; **to ~ the door**(**bell**) ouvrir la porte (au coup de sonnette); **to ~ prayers** exaucer des prières **2.** (*fit, suit*) correspondre à; **to ~ a need / a description** répondre à un besoin / une description **III.** *vi* donner une réponse; **I called but nobody ~ed** j'ai téléphoné mais personne n'a répondu

◆**answer for** *vt* (*be responsible*) **to ~ sb/sth** répondre de qn/qc; **to have a lot to ~** *pej* avoir bien des comptes à rendre

◆**answer to** *vt* **1.** (*obey*) **to ~ sb** être responsable devant **2.** (*fit*) **to ~ a description** correspondre à une description **3.** (*be named*) **to ~ a name** répondre à un nom

answerable *adj* **1.** (*responsible*) **to be ~ for sth** être responsable de qc **2.** (*accountable*) **to be ~ to sb** être responsable devant qn

answering machine *n* répondeur *m*

answering service *n* service *m* de messagerie

ant [ænt] *n* fourmi *f*

antagonism [æn·'tæg·ᵊn·ɪ·zᵊm] *n* **1.** (*of ideas, systems*) antagonisme *m* **2.** (*behavior, attitude*) hostilité *f*

antagonistic *adj* antagoniste; **to be ~ toward sb/sth** être opposé à qn/qc

antagonize [æn·'tæg·ᵊn·aɪz] *vt* contrarier

Antarctica [æn·'tark·tɪ·kə] *n* l'Antarctique *m*

Antarctic Circle *n* le cercle *m* polaire antarctique

Antarctic Ocean *n* l'océan *m* Antarctique

anteater ['ænt·ˌi·t̬ər] *n* fourmilier *m*

antecedent [ˌæn·tɪ·'si·dᵊnt] **I.** *n* **1.** (*forerunner*) précurseur *mf* **2.** *pl* (*past history*) antécédents *mpl* **3.** LING antécédent *m* **II.** *adj form* antérieur(e)

antechamber ['æn·t̬ɪˌtʃeɪm·bər] *n* antichambre *f*

antediluvian [ˌæn·t̬ɪ·də·'lu·vi·ən] *adj a. fig, iron* antédiluvien(ne)

antelope ['æn·t̬ᵊl·oʊp] <-(s)> *n* antilope *f*

antenatal [ˌæn·t̬ɪ·'neɪ·t̬ᵊl] *adj* prénatal(e)

antenna[1] [æn·'tenə] <-nae> *n* ZOOL antenne *f*

antenna[2] [æn·'tenə] <-s> *n* (*aerial*) antenne *f;* **radio ~** antenne de radio

antennae *n pl of* **antenna**[1]

anthem ['æn(t)·θəm] *n a.* REL hymne *m o f*

anthill ['ænt·hɪl] *n a. fig* fourmilière *f*

anthology [æn·'θal·ə·dʒi] <-ies> *n* anthologie *f;* ~ **of verse/short stories** recueil *m* de poèmes/nouvelles

anthracite ['æn(t)·θrə·saɪt] *n* anthracite *f*

anthropological [ˌæn(t)·θrə·pə·'ladʒ·ɪ·kᵊl] *adj* anthropologique

anthropologist *n* anthropologue *mf*

anthropology [ˌæn(t)·θrə·'pal·ə·dʒi] *n* anthropologie *f*

anti ['æn·tɪ] **I.** *prep* contre **II.** *adj* **to be ~** être contre

anti-abortion *adj* contre l'avortement; (*group*) anti-avortement; ~ **activist** adversaire *mf* de l'I.V.G.

anti-aircraft *adj* antiaérien(ne); ~ **emplacement** position *f* de D.C.A.

antibacterial *adj* antibactérien(ne)

antibiotic [ˌæn·t̬ɪ·baɪ·'a·t̬ɪk] **I.** *n* antibiotique *m* **II.** *adj* antibiotique

antibody ['æn·t̬ɪ·ba·di] <-ies> *n* anticorps *m*

Antichrist ['æn·t̬ɪ·kraɪst] *n* **the ~** l'Antéchrist *m*

anticipate [æn·'tɪs·ə·peɪt] *vt* **1.** (*expect, foresee*) prévoir; **to ~ a lot of people** attendre beaucoup de monde; **to ~ trouble/that there will be trouble** je prévois des ennuis/qu'il y aura des ennuis; **~d victory** victoire *f* prévue **2.** (*look forward to*) savourer à l'avance **3.** (*act in advance of*) anticiper

anticipation [æn·ˌtɪ·sə·'peɪ·ʃᵊn] *n* **1.** plaisir *m* anticipé; **eager ~** attente *f* impatiente **2.** (*expectation*) attente *f;* **in ~ of sth** dans l'attente de qc **3.** (*preemptive action*) sens *m* d'anticipation

anticlimactic *adj* décevant(e)

anticlimax [ˌæn·t̬ɪ·'klaɪ·mæks] <-es> *n* déception *f;* **sense of ~** sentiment *m* de désenchantement

anticoagulant [ˌæn·t̬ɪ·koʊ·'æg·jə·lənt] **I.** *n* anticoagulant *m* **II.** *adj* anticoagulant(e)

anticorrosive [ˌæn·t̬ɪ·kə·'roʊ·sɪv] *n* produit *m* anticorrosion

antics ['æn·t̬ɪks] *n pl* pitreries *fpl péj*

anticyclone [ˌæn·t̬ɪ·'saɪ·kloʊn] *n* anticyclone *m*

antidepressant [ˌæn·t̬ɪ·dɪ·'pres·ᵊnt] **I.** *n* antidépresseur *m* **II.** *adj* antidépresseur

antidote ['æn·t̬ɪ·doʊt] *n* ~ **for sth** antidote *m* à qc; **to be an ~ to sth** être l'antidote de qc

antifreeze ['æn·t̬ɪ·friz] *n* antigel *m*

antigen ['æn·t̬ɪ·dʒən] *n* antigène *m*

Antigua and Barbuda [æn·'ti·gə ənd bar·'bju·də] *n* Antigua-et-Barbuda *f*

Antiguan **I.** *adj* antiguais(e) et barbudien(ne) **II.** *n* Antiguais(e) et Barbudien(ne) *m(f)*

antihistamine [ˌæn·t̬ɪ·'hɪs·tə·ˌmin] *n* antihistaminique *m*

anti-inflammatory **I.** <-ies> *n* anti-inflammatoire *m* **II.** *adj* anti-inflammatoire

anti-knock ['æn·t̬ɪ·'nak] **I.** *n* antidétonant *m* **II.** *adj* antidétonant(e)

antilock braking system *n* système *m* A.B.S

antimatter ['æn·t̬ɪ·mæt̬·ər] *n* antimatière *f*

anti-nuclear *adj* antinucléaire

antioxidant [ˌæn·t̬ɪ·'ak·sɪ·dᵊnt] *n* antioxydant *m*

antipathetic *adj form* antipathique

antipathy [æn·'tɪp·ə·θi] <-ies> *n* antipathie *f*

antiperspirant [ˌæn·t̬ɪ·ˈpɜr·spər·ənt] **I.** *adj* anti-transpirant(e) **II.** *n* déodorant *m* anti-transpirant

Antipodean [ˌæn·tɪp·ə·ˈdi·ən] *adj* (*relating to people*) des Antipodes

Antipodes [æn·ˈtɪp·ə·diz] *npl* **the ~** les Antipodes *mpl*

antiquarian [ˌæn·t̬ə·ˈkwer·i·ən] **I.** *n* **1.** (*antique dealer*) antiquaire *mf* **2.** (*collector*) amateur *m* d'antiquités **II.** *adj* d'antiquaire

antiquated [ˈæn·t̬ə·kweɪ·t̬ɪd] *adj pej* vétuste; (*attitude*) vieux jeu; **to feel ~** *iron* se sentir décrépit

antique [æn·ˈtik] **I.** *n* antiquité *f;* **~ dealer** antiquaire *mf;* **~ shop** magasin *m* d'antiquités **II.** *adj* ancien(ne)

antiquity [æn·ˈtɪk·wə·t̬i] *n* **1.** (*ancient times*) antiquité *f;* **classical ~** l'Antiquité classique **2.** (*great age*) ancienneté *f* **3.** <-ies> (*relics*) antiquités *fpl*

anti-Semitic [ˌæn·t̬ɪ·sə·ˈmɪ·t̬ɪk] *adj pej* antisémite

antiseptic [ˌæn·t̬ə·ˈsep·tɪk] **I.** *n* antiseptique *m* **II.** *adj* **1.** (*free from infection*) aseptique **2.** *fig, pej* stérile

antisocial [ˌæn·t̬ɪ·ˈsoʊ·ʃəl] *adj* **1.** (*harmful to society*) antisocial(e) **2.** (*not sociable*) asocial(e)

anti-tank [ˌæn·t̬ɪˈtæŋk] *adj* antichar

antithesis [æn·ˈtɪθ·ə·sɪs] <-ses> *n* **~ of** [*o* **to**] **sth** opposé *m* de qc

antithetic [ˌæn·t̬əˈθet̬·ɪk], **antithetical** *adj form* antithétique; **to be ~ to sth** aller à l'encontre de qc

antitoxin [ˌæn·t̬ɪ·ˈtak·sɪn] *n* antitoxine *f*

anti-virus COMPUT **I.** *adj* antivirus; **~ program** programme *m* antivirus **II.** *n* antivirus *m*

antler [ˈænt·lər] *n* bois *mpl*

antonym [ˈæn·tən·ɪm] *n* antonyme *m*

antsy [ˈænt·si] *adj inf* excité(e)

Antwerp [ˈænt·wɜrp] *n* Anvers

anus [ˈeɪ·nəs] *n* anus *m*

anvil [ˈæn·vəl] *n* enclume *f*

anxiety [æŋ·ˈzaɪ·ə·t̬i] *n* **1.** (*concern*) anxiété *f;* **to feel ~** être anxieux **2.** (*desire*) **~ to** +*infin* impatience à +*infin*

anxious [ˈæŋ(k)·ʃəs] *adj* **1.** (*concerned*) anxieux(-euse); **to keep an ~ eye on sth** surveiller qc avec anxiété **2.** (*eager*) **to be ~ for sth/for sth to happen** avoir un fort désir de qc/que qc arrive; **to be ~ to** +*infin* tenir (beaucoup) à +*infin*

any [ˈen·i] **I.** *adj* **1.** (*some*) **do they have ~ money/more soup?** ont-ils de l'argent/encore de la soupe?; **if we see ~ bears, ...** si jamais on voit des ours, ...; **~ questions?** des questions? **2.** (*not important which*) **~ glass will do** n'importe quel verre ira; **come at ~ time** viens/venez n'importe quand; **in ~ case** de toute façon **3.** (*that may exist*) **~ trouble should be reported to me** tout incident doit m'être signalé **II.** *adv* **1.** (*not*) **I can't make it ~ simpler** je ne peux pas le simplifier davantage; **does he feel ~ better?** se sent-il mieux? **2.** (*at all*) **it doesn't help him ~** cela ne lui sert à rien **III.** *pron* **1.** (*some*) **do ~ of you know?** l'un d'entre vous connaît-il la réponse?; **I saw two cars, but he didn't see ~** j'ai vu deux voitures mais il n'en a vu aucune; **if you want ~, take some/one** si tu en veux, prends-en/prends-en un **2.** (*indefinite*) **buy ~ you see** achète ce que tu verras; **if you don't have olive oil, ~ will do** su tu n'as pas d'huile d'olive, toute autre huile fera l'affaire

anybody [ˈen·i·ba·di] *indef pron, sing* **1.** (*someone*) **if ~ knows** si quelqu'un sait; **I've not seen ~ like that** je n'ai vu personne de tel **2.** (*whoever*) **~ can apply** n'importe qui peut postuler; **I can give them to ~ I want** je peux les donner à qui je veux; **~ else** n'importe qui d'autre; **~ but him** tout autre que lui ▶ **everybody __who__ is ~** *iron* tous les gens qui comptent; **it's ~'s __guess__** Dieu seul le sait; *s.a.* **somebody, nobody**

anyhow [ˈen·i·haʊ] *adv* **1.** (*in any case*) de toute façon; *s.a.* **anyway 2.** (*in a disorderly way*) n'importe comment

anymore [en·i·ˈmɔr] *adv* **1.** (*any longer*) ne... plus; **she doesn't live here ~** elle n'habite plus ici **2.** (*from now on*) ne... plus; **I won't do it ~** je ne le referai plus

anyone [ˈen·i·wʌn] *pron s.* **anybody**

anyplace [ˈen·i·pleɪs] *adv inf s.* **anywhere**

anything [ˈen·i·θɪŋ] *indef pron, sing* **1.** (*something*) **does she know ~?** est-ce qu'elle sait quelque chose?; **I don't know ~** je ne sais rien; **hardly ~** presque rien; **is there ~ new?** quoi de neuf?; **~ else** quelque chose d'autre; **I didn't find ~ better** je n'ai rien trouvé de mieux **2.** (*whatever*) tout; **they can choose ~ they want** ils peuvent choisir ce qu'ils veulent; **it is ~ but funny** cela n'a rien de drôle; **~ and everything** tout et n'importe quoi ▶ **to be __as__ hard/dry/loud as ~** être dur/sec/fort comme tout; **as much as ~** tout autant qu'autre chose; **~ __but!__** au contraire!; **__for__ ~ (in the world)** pour rien au monde; *s.a.* **something, nothing**

anyway [ˈen·i·weɪ] *adv*, **anyways** [ˈen·i·weɪz] *adv inf* **1.** (*in any case*) de toute façon; **I bought it ~** je l'ai tout de même acheté **2.** (*well*) enfin

anywhere [ˈen·i·(h)wer] *adv* **1.** (*in any place*) n'importe où; **~ in France** partout en France **2.** (*some place*) **did you look ~ else?** est-ce que tu as cherché ailleurs?; **you won't hear this ~ else** tu n'entendras cela nulle part ailleurs ▶ **__miles__ from ~** *inf* à des kilomètres de tout; **not to be ~ __near__ as ...** *inf* être loin d'être aussi...; **doing sth doesn't __get__ you ~** cela n'avance à rien de faire qc, il n'y a pas d'avance à faire qc *Belgique;* **we're not __getting__ ~** cela ne nous mène nulle part; **~ __between__ $5 and $50** *inf* quelque chose entre 5 dollars et 50 dollars

A

aorta [eɪ·ˈɔr·t̬ə] *n* aorte *f*
APA *n abbr of* **American Psychiatric Association** Association *f* Américaine de Psychiatrie
apart [ə·ˈpart] *adv* **1.** (*separated*) écarté(e); **six km ~** à six km de distance; **to be born years ~** être nés à des années d'intervalle; **to move ~** (*crowd*) s'écarter **2.** (*separated from sb*) **when we're ~** lorsque nous sommes séparés **3.** (*into pieces*) **to come ~** se démonter; **to take sth ~** démonter qc
apart from *prep* **1.** (*except for*) **~ that** à part cela **2.** (*in addition to*) outre, en plus **3.** (*separate from*) **to live ~ sb** être séparé de qn; **to live ~ each other** vivre chacun de son côté
apartheid [ə·ˈpar·teɪt] *n* apartheid *m*
apartment [ə·ˈpart·mənt] *n* appartement *m*
apartment building *n*, **apartment house** *n* immeuble *m* (locatif), conciergerie *f Québec*
apathetic [ˌæp·ə·ˈθet̬·ɪk] *adj* apathique
apathy [ˈæp·ə·θi] *n* **~ about sth** apathie *f* vis-à-vis de qc
ape [eɪp] **I.** *n* ZOOL grand singe *m* ▶ **to go ~** *inf* être furax **II.** *vt* singer
aperture [ˈæp·ər·tʃʊr] *n* PHOT ouverture *f*
apex [ˈeɪ·peks] <-es *o* apices> *n* sommet *m*
aphorism [ˈæf·ər·ɪ·zᵊm] *n* aphorisme *m*
aphrodisiac [ˌæf·rə·ˈdɪz·i·æk] *n* aphrodisiaque *m*
apiary [ˈeɪ·pɪ·e·ri] *n* rucher *m*
apiece [ə·ˈpis] *adv* **to cost $2 ~** coûter 2 dollars pièce; **I gave them $2 ~** je leur ai donné 2 dollars chacun
apocalypse [ə·ˈpa·kə·lɪps] *n* (*disaster*) apocalypse *f*
Apocalypse [ə·ˈpa·kə·lɪps] *n* REL **the ~** l'Apocalypse
apocalyptic [ə·ˌpa·kə·ˈlɪp·tɪk] *adj* apocalyptique
apogee [ˈæp·ə·dʒi] *n* apogée *m*
apologetic [ə·ˌpa·lə·ˈdʒet̬·ɪk] *adj* **to be ~ about sth** s'excuser de qc
apologetically *adv* **to smile ~** sourire d'un air contrit
apologize [ə·ˈpa·lə·dʒaɪz] *vi* **to ~ to sb for sth** s'excuser de qc auprès de qn; **to ~ profusely for doing sth** se confondre en excuses d'avoir fait qc
apology [ə·ˈpa·lə·dʒi] <-ies> *n* **1.** (*regret*) excuses *fpl;* **to be full of apologies** se confondre en excuses; **to demand an ~ from sb** exiger des excuses de la part de qn; **to owe sb an ~** devoir des excuses à qn; **to send one's apologies to sb** prier qn d'accepter ses excuses **2.** *form* (*formal defense*) **~ for sth** apologie *f* de qc
apoplectic [ˌæp·ə·ˈplek·tɪk] *adj* **1.** apoplectique; (*attack*) d'apoplexie **2.** *iron* **to be ~ with fury** s'étrangler de rage
apostle [ə·ˈpa·sl] *n* apôtre *m*
apostrophe [ə·ˈpa·strə·fi] *n* apostrophe *f*
Appalachian Mountains [ˌæp·ə·ˈleɪ·tʃən-] *npl* les (monts) Appalaches *mpl*

> **i** Les **Appalachian Mountains** s'étendent sur 1 600 miles (2 270 km) dans la partie est de l'Amérique du Nord: du Québec/Canada à l'Alabama/USA. Plus vieilles et donc plus érodées que les Rocheuses de l'ouest de l'Amérique du Nord, ces montagnes sont merveilleusement boisées et traversées par des routes et chemins comme celles et ceux du *Blue Ridge Parkway* et du *Skyline Drive*, qui offrent des paysages magnifiques, ou encore par une piste de randonnée (le *Appalachian Trail*) longue de 2 050 miles (3 299 km) et qui s'étend du Maine à la Géorgie.

appall [ə·ˈpɔl] *vt* consterner
appalling *adj* **1.** (*shocking*) révoltant(e) **2.** (*terrible*) épouvantable; **~ luck** chance *f* inouïe
appallingly *adv* **1.** (*shockingly*) effroyablement **2.** (*terribly*) épouvantablement
apparatus [ˌæp·ə·ˈræt̬·əs] *n* **1.** (*equipment*) équipement *m;* **diving ~** SPORTS équipement de plongée **2.** (*machine*) appareil *m*
apparel [ə·ˈper·ᵊl] *n form* (*clothing*) vêtements *mpl*
apparent [ə·ˈper·ᵊnt] *adj* **1.** (*clear*) évident(e); **it is ~ that ...** il est clair que...; **for no ~ reason** sans raison apparente; **to be ~ to sb** être clair pour qn **2.** (*seeming*) apparent(e)
apparently *adv* apparemment
apparition [ˌæp·ə·ˈrɪʃ·ᵊn] *n* apparition *f*
appeal [ə·ˈpil] **I.** *vi* **1.** (*attract*) **to ~ to sb/sth** plaire à qn/qc; **to ~ to the emotions/senses** faire appel aux émotions/sens; **the idea doesn't ~** l'idée manque d'attrait **2.** LAW **to ~ against sth** faire appel contre qc; **~ against a verdict** contester un verdict **3.** (*plead, call upon*) **to ~ to sb for sth** lancer un appel auprès de qn pour qc; **to ~ for advice/help** faire appel à des conseils/de l'aide; **to ~ for donations** faire appel à des dons **II.** *n* **1.** (*attraction*) attrait *m;* **sex ~** sex-appeal *m;* **to have ~** (*person*) avoir du charme; **it has little ~ for young people** ça a peu d'attrait pour les jeunes **2.** LAW appel *m;* **to file an ~ against sth** faire appel contre qc **3.** (*request*) demande *f;* (*by charity*) appel *m;* **~ for calm** appel au calme
appealing *adj* **1.** (*attractive: idea, smile*) attrayant(e); **to be ~ to sb** attirer qn; **there is something ~ about her** elle a quelque chose d'attrayant **2.** (*beseeching: eyes, look*) suppliant(e)
appealingly *adv* **1.** (*attractively: dress*) de façon attrayante; **~ packaged** plaisamment emballé **2.** (*beseechingly*) **to look ~ at sb** regarder qn d'un air suppliant; **to speak ~** parler de manière suppliante
appear [ə·ˈpɪr] *vi* **1.** (*become visible*) apparaître; (*on page, screen*) paraître **2.** (*seem*) paraître; **to ~ to be ...** sembler être ...; **it ~s to**

me that ... il me semble que ...; **it ~s he's ill** apparemment, il est malade; **I think he's angry – so it ~s** je crois qu'il est en colère – on dirait, oui **3.** LAW (*as witness, defendant*) comparaître; **to ~ in court** comparaître en justice **4.** (*perform*) **to ~ in a film** jouer dans un film; **he ~s briefly in the play** il fait une apparition dans la pièce **5.** (*be published*) sortir

appearance [ə·ˈpɪr·ən(t)s] *n* **1.** (*instance of appearing*) apparition *f;* **to put in** [*o* **make**] **an ~** faire acte de présence **2.** LAW comparution *f;* **court ~** comparution en justice **3.** (*looks*) apparence *f* **4.** (*aspect: of a place*) aspect *m;* (*of wealth*) apparence *f;* **he gave the ~ of being very busy** il donnait l'impression d'être très occupé **5.** (*performance*) entrée *f* en scène; **his first stage ~** ses débuts au théâtre; **~ on television** passage *m* à la télévision **6.** (*publication*) parution *f* ▶ **from all ~s** selon toute apparence; **~s can be deceptive** *prov* il ne faut pas se fier aux apparences *prov;* **to keep up ~s** sauver les apparences

appease [ə·ˈpiz] *vt form* **1.** (*pacify: person*) apaiser; (*conflict, disorder*) calmer **2.** (*relieve: hunger, pain*) apaiser

appeasement *n* apaisement *m*

appellant [ə·ˈpel·ənt] *n* LAW appelant(e) *m(f)*

appellate [æp·ˈel·ɪt] *adj* LAW d'appel; **~ court** cour *f* d'appel

append [ə·ˈpend] *vt form* **to ~ sth to sth** joindre qc à qc

appendage [ə·ˈpen·dɪdʒ] *n form* appendice *m*

appendicitis [ə·ˌpen·dɪ·ˈsaɪ·tɪs] *n* appendicite *f*

appendix [ə·ˈpen·dɪks] *n* **1.** <-es> ANAT appendice *m* **2.** <-dices *o* -es> TYP (*of a book*) appendice *m;* (*of a report*) annexe *f*

appetite [ˈæp·ə·taɪt] *n* appétit *m;* **to give sb an ~** mettre qn en appétit; **to have an ~** avoir de l'appétit; **to ruin one's ~** couper l'appétit de qn

appetizer [ˈæp·ə·taɪ·zər] *n* **1.** (*food*) amuse-gueule *m* **2.** (*drink*) apéritif *m*

appetizing [ˈæp·ə·taɪ·zɪŋ] *adj* **1.** (*enticing*) appétissant(e) **2.** (*attractive*) alléchant(e); (*thought*) attrayant(e)

applaud [ə·ˈplɔd] *vt, vi* applaudir

applause [ə·ˈplɔz] *n* applaudissements *mpl;* **let's have a round of ~ for him** on l'applaudit bien fort

apple [ˈæp·l] *n* pomme *f* ▶ **the ~ of one's eye** la prunelle de ses yeux

apple pie [ˌæp·l·ˈpaɪ] *n* tarte *f* aux pommes

apple-pie [ˌæp·l·ˈpaɪ] *adj inf* **in ~ order** impeccable

applesauce *n* compote *f* de pommes

apple tree *n* pommier *m*

appliance [ə·ˈplaɪ·ən(t)s] *n* appareil *m;* **household/electrical ~** appareil ménager/électrique; **surgical ~s** appareils orthopédiques

applicable [ˈæp·lɪ·kə·bl] *adj* **~ to sb/sth** applicable à qn/qc

applicant [ˈæp·lɪ·kənt] *n* **1.** (*for job, admission*) candidat(e) *m(f)* **2.** ADMIN demandeur, -euse *m, f*

application [ˌæp·lɪ·ˈkeɪ·ʃən] *n* **1.** ADMIN demande *f;* (*for job, membership*) candidature *f;* **job ~** demande *f* d'emploi; **to submit an ~** faire une demande; (*for job, membership*) poser sa candidature **2.** (*relevance*) **to have particular ~ to sb/sth** s'appliquer particulièrement à qn/qc **3.** (*coating*) couche *f;* (*of ointment*) application *f* **4.** COMPUT application *f* **5.** (*perseverance*) application *f*

application form *n* **1.** (*for job, admission*) formulaire *m* de candidature **2.** ADMIN formulaire *m* (*pour une demande*)

applied *adj* appliqué(e)

apply [ə·ˈplaɪ] **I.** *vi* **1.** (*request*) **to ~ to sb/sth for a job/passport** faire une demande d'emploi/de passeport auprès de qn/qc **2.** (*submit an application*) **to ~ in writing** faire une demande écrite; **to ~ to Harvard** présenter une demande d'inscription à Harvard **3.** (*pertain*) s'appliquer; **to ~ to sb** concerner qn **II.** *vt* appliquer; **to ~ sth to sth** appliquer qc à qc; **to ~ the brakes** freiner; **to ~ pressure to sth** exercer une pression sur qc; **to ~ common sense** faire preuve de bon sens; **to ~ oneself** s'appliquer

appoint [ə·ˈpɔɪnt] *vt* (*select*) **to ~ sb/sth to** +*infin* nommer qn/qc pour +*infin;* **to ~ sb as heir** désigner qn comme héritier

appointed *adj* **1.** (*selected*) nommé(e) **2.** *form* (*designated*) fixé(e) **3.** *form* (*equipped*) équipé(e)

appointment *n* **1.** (*meeting, arrangement*) rendez-vous *m;* **to make an ~ with sb** prendre rendez-vous avec qn; **dental ~** rendez-vous chez le dentiste; **by ~ only** uniquement sur rendez-vous **2.** (*selection*) **the ~** (**of sb**) **as sth** la nomination (de qn) au poste de qc

apposite [ˈæp·ə·zɪt] *adj form* (*remark*) pertinent(e)

apposition [ˌæp·ə·ˈzɪʃ·ən] *n a.* LING apposition *f*

appraisal [ə·ˈpreɪ·zəl] *n* **1.** (*evaluation*) évaluation *f;* **to carry out an ~ of sth** faire une évaluation de qc **2.** (*estimation: of damage(s)*) estimation *f*

appraise [ə·ˈpreɪz] *vt* **1.** (*evaluate*) évaluer **2.** (*estimate*) estimer

appreciable [ə·ˈpri·ʃə·bl] *adj* appréciable; (*change*) notable; (*difference*) sensible

appreciate [ə·ˈpri·ʃi·eɪt] **I.** *vt* **1.** (*be grateful for*) être reconnaissant(e) pour; **I would ~ if you didn't tell her** j'aimerais que tu ne le lui dises pas **2.** (*understand*) **to ~ the danger** être conscient du danger; **to ~ that ...** se rendre compte que ... **3.** (*value*) apprécier **II.** *vi* monter; **to ~** (**in value**) **by 25%** prendre 25% de valeur

appreciation [ə·ˌpri·ʃi·ˈeɪ·ʃən] *n* **1.** (*gratitude*) appréciation *f* **2.** (*understanding*) compréhension *f;* **she has no ~ of the problem** elle ne comprend pas le problème **3.** FIN hausse *f*

A

appreciative [ə·ˈpri·ʃə·t̬ɪv] *adj* **1.** (*appreciating*) sensible **2.** (*grateful*) reconnaissant(e)
apprehend [ˌæp·rɪ·ˈhend] *vt form* **1.** (*arrest*) appréhender **2.** (*comprehend*) saisir **3.** (*fear*) craindre
apprehension [ˌæp·rɪ·ˈhen·(t)ʃən] *n* **1.** *form* (*arrest*) arrestation *f* **2.** (*anxiety*) appréhension *f*
apprehensive [ˌæp·rɪ·ˈhen(t)·sɪv] *adj* d'appréhension; **to be ~ about sth** appréhender qc; **to be ~ that ...** appréhender que ...
apprentice [ə·ˈpren·t̬ɪs] *n* apprenti(e) *m(f)*
apprenticeship [ə·ˈpren·t̬əs·ʃɪp] *n* apprentissage *m*
approach [ə·ˈproʊtʃ] **I.** *vt* **1.** (*get close(r) to*) s'approcher de; **she's ~ing 60** elle n'a pas loin de soixante ans; **it was ~ing 3 o'clock** il était presque 3 heures **2.** (*talk to*) je vais m'adresser au président; **to ~ sb/sth about sth** aborder qn/qc à propos de qc; **I've been ~ed by a publisher** j'ai reçu des propositions d'un éditeur **3.** (*deal with*) aborder **II.** *vi* s'approcher **III.** *n* **1.** (*coming, way of handling*) approche *f* **2.** (*onset*) **the ~ of retirement/evening** l'approche de la retraite/de la soirée **3.** (*access*) accès *m* **4.** (*proposition*) proposition *f*
approachable *adj* (*building*) accessible; (*person*) abordable
approbation [ˌæp·rə·ˈbeɪ·ʃən] *n form* (*praise*) approbation *f*
appropriate [ə·ˈproʊ·prɪ·ət, *vb:* ə·ˈproʊ·prɪ·eɪt] **I.** *adj* (*suitable*) approprié(e); **~ to sth** approprié à qc; **to find the ~ words** trouver les mots justes; **they didn't take the ~ action** ils n'ont pas pris les mesures appropriées; **the ~ time** le moment adéquat; **what an ~ name!** quel nom bien trouvé!; **to be ~ for sth** convenir à qc; **I contacted the ~ official** j'ai contacté l'autorité compétente; **it wouldn't be ~ for her to say anything** ce serait inopportun pour elle de dire quoi que ce soit **II.** *vt form* **1.** (*take*) s'approprier **2.** FIN **to ~ funds for sth** affecter des fonds à qc
appropriation [ə·ˌproʊ·prɪ·ˈeɪ·ʃən] *n* **1.** (*taking*) appropriation *f;* FIN détournement *m* **2.** (*allotment*) affectation *f;* **~s** FIN crédits *mpl*
approval [ə·ˈpru·vəl] *n* approbation *f;* **to meet with sb's ~** recevoir l'approbation de qn; **nod of ~** signe *m* d'approbation ►**on** ~ ECON à l'essai
approve [ə·ˈpruv] **I.** *vi* (*like*) approuver; **to ~ of sb** apprécier qn **II.** *vt* approuver
approved *adj* **1.** (*generally agreed*) reconnu(e) **2.** (*sanctioned*) agréé(e)
approvingly [ə·ˈpruv·ɪŋ·li] *adv* **to smile ~** avoir un sourire approbateur
approximate [ə·ˈprak·sɪ·mət, *vb:* ə·ˈprak·sɪ·meɪt] **I.** *adj* approximatif(-ive) **II.** *vt form* s'approcher de **III.** *vi form* **to ~ to sth** s'approcher de qc
approximately [ə·ˈprak·sɪ·mət·li] *adv* approximativement
approximation [ə·ˌprak·sɪ·ˈmeɪ·ʃən] *n form* **1.** (*estimation*) approximation *f* **2.** (*semblance*) semblant *m*
APR *n abbr of* **annual percentage rate** taux *m* d'intérêt annuel
apricot [ˈeɪ·prɪ·kat] **I.** *n* **1.** BOT abricot *m;* **~ jam** confiture *f* d'abricot **2.** (*color*) abricot *m* **II.** *adj* abricot *inv*
April [ˈeɪ·prəl] *n* **1.** (*month*) avril *m;* **~ showers** giboulées *fpl* de mars **2.** (*indication of a date or period*) **during** [*o* **in**] **~** en avril; **at the beginning/end of** [*o* **in early/late**] **~** début/fin avril; **on ~ fourth, on the fourth of ~** le 4 avril ►**~ fool** (*person*) victime *f* d'un poisson d'avril
April Fool's Day *n* le 1er avril
apron [ˈeɪ·prən] *n* **1.** (*clothing*) tablier *m* **2.** AVIAT **~ area** aire *f* de manœuvre ►**to be tied to one's mother's ~ strings** être dans les jupes de sa mère
apropos, a propos [ˌæp·rə·ˈpoʊ] **I.** *prep* **~ (of) sth** *form* à propos de qc **II.** *adv* à propos **III.** *adj* opportun(e)
apse [æps] *n* ARCHIT abside *f*
apt [æpt] *adj* **1.** (*appropriate: remark*) juste; (*moment*) bon(ne); **~ at doing sth** (*pupil*) doué pour faire qc **2.** (*likely*) **~ to** +*infin* enclin à +*infin*
apt. *abbr of* **apartment** appt
aptitude [ˈæp·tɪ·tud] *n* aptitude *f;* **to have an ~ for sth** avoir un don pour qc
aptitude test *n* test *m* d'aptitude
aquamarine [ˌa·kwə·mə·ˈrin] **I.** *n* **1.** (*stone*) aigue-marine *f* **2.** (*color*) bleu-vert *m* **II.** *adj* bleu-vert *inv*
aquarium [ə·ˈkwer·i·əm] <-s *o* -ria> *n* aquarium *m*
Aquarius [ə·ˈkwer·i·əs] *n* Verseau *m;* **to be an ~** être (du) Verseau; **to be born under ~** être né sous le signe du Verseau
aquatic [ə·ˈkwæt̬·ɪk] *adj* **1.** (*water-related*) aquatique **2.** SPORTS nautique
aqueduct [ˈæk·wɪ·dʌkt] *n* aqueduc *m*
Aquitaine [ˌæk·wɪ·ˈteɪn] *n* l'Aquitaine *f*
AR *n abbr of* **Arkansas**
Arab [ˈer·əb] **I.** *adj* arabe; **the United ~ Emirates** les Émirats *mpl* arabes unis **II.** *n* (*person*) Arabe *mf*
arabesque [ˌer·ə·ˈbesk] *n* arabesque *f*
Arabian [ə·ˈreɪ·bi·ən] *adj* arabe; **the ~ peninsula** la péninsule arabique
Arabic [ˈer·ə·bik] *n* LING arabe *m; s.a.* **English**
arable [ˈer·ə·bl] *adj* arable
arbiter [ˈar·bɪ·tər] *n* **1.** (*judge*) arbitre *mf* **2.** (*mediator*) médiateur, -trice *m, f*
arbitrary [ˈar·bə·trer·i] *adj* arbitraire
arbitrate [ˈar·bə·treɪt] *vt, vi* arbitrer
arbitration [ˌar·bə·ˈtreɪ·ʃən] *n* arbitrage *m;* **to go to ~** s'en remettre à un arbitrage
arbitrator [ˈar·bə·treɪ·tər] *n s.* **arbiter**
arbor [ˈar·bər] *n* tonnelle *f*

i Aux USA, on plante des arbres pour l'**Arbor Day.** Cette tradition visant à promouvoir la plantation d'arbres vient du Nebraska où elle a été célébrée pour la première fois en 1872. Elle honore l'arbre pour le rôle primordial qu'il joue dans la nature. Ce jour est férié dans certains États. La date exacte de l'**Arbor Day** diffère selon les États, étant donné que la bonne période pour planter des arbres peut varier selon leur situation géographique.

arc [ark] *n* arc *m*
arcade [ar·ˈkeɪd] *n* ARCHIT arcade *f;* (*for games*) galerie *f* de jeux
arch[1] [artʃ] **I.** *n* arche *f;* **~ of the foot** voûte *f* plantaire **II.** *vi* former une voûte; **sth ~es over sth** qc enjambe qc **III.** *vt* cintrer; **to ~ one's eyebrows** froncer les sourcils
arch[2] [artʃ] <-er, -est> *adj* narquois(e); **~ smile** sourire *m* railleur
archaeological [ˌar·ki·ə·ˈla·dʒɪ·kəl] *adj* archéologique
archaeologist [ˌar·ki·ˈa·lə·dʒɪst] *n* archéologue *mf*
archaeology [ˌar·ki·ˈa·lə·dʒi] *n* archéologie *f*
archaic [ar·ˈkeɪ·ɪk] *adj* **1.** (*antiquated*) archaïque **2.** *iron, inf* (*old-fashioned*) démodé(e)
archangel [ˈar·keɪn·dʒəl] *n* archange *m*
archbishop [ˌartʃ·ˈbɪʃ·əp] *n* archevêque *m*
archdiocese [ˌartʃ·ˈdaɪə·sɪs] *n* archidiocèse *m*
archenemy [ˌartʃ·ˈen·ɪ·mi] <-ies> *n* ennemi(e) *m(f)* juré(e)
archeological *adj s.* **archaeological**
archeology *n s.* **archaeology**
archer [ˈar·tʃər] *n* archer, -ère *m, f*
archery [ˈar·tʃər·i] *n* tir *m* à l'arc
archetype [ˈar·kɪ·taɪp] *n* archétype *m*
archipelago [ˌar·kə·ˈpel·ə·goʊ] <-s *o* -es> *n* archipel *m*
architect [ˈar·kə·tekt] *n a. fig* architecte *mf*
architecture [ˈar·kə·tek·tʃər] *n* architecture *f*
archive(s) [ˈar·kaɪv(z)] *n a.* COMPUT archive *f*
archivist [ˈar·kaɪ·vɪst] *n* archiviste *mf*
archway [ˈartʃ·weɪ] *n* arche *f*
arc lamp, arc light *n* lampe *f* à arc
arctic [ˈark·tɪk] *adj fig* (*temperatures*) glacial(e)
Arctic [ˈark·tɪk] GEO **I.** *adj* arctique **II.** *n* **the ~** l'Arctique *m*
Arctic Circle *n* **the ~** le cercle polaire arctique
Arctic Ocean *n* **the ~** l'océan *m* Arctique
arc welding *n* ELEC soudure *f* à l'arc
ardent [ˈar·dənt] *adj* ardent(e); (*admirer*) fervent(e)
ardor [ˈar·dər] *n* ardeur *f*
arduous [ˈar·dʒu·əs] *adj* ardu(e)
are [ar, ər] *2nd pers sing, pl of* **be**
area [ˈer·i·ə] *n* **1.** (*place: in town*) zone *f;* (*in country*) région *f;* (*in office, home*) espace *m;* **in rural ~s** en zone(s) rurale(s); **the bar ~** le bar **2.** (*field*) domaine *m* **3.** (*land surface*) superficie *f* **4.** MATH aire *f;* (*of circle*) surface *f*
area code *n* TEL indicatif *m* de zone
arena [ə·ˈri·nə] *n* **1.** SPORTS arène *f* **2.** (*for circus*) piste *f* **3.** *fig* scène *f*
Argentina [ˌar·dʒən·ˈti·nə] *n* l'Argentine *f*
Argentinean [ˌar·dʒən·ˈtɪn·i·ən] **I.** *adj* argentin(e) **II.** *n* Argentin(e) *m(f)*
arguably [ˈarg·ju·ə·bli] *adv* sans doute
argue [ˈarg·ju] **I.** *vi* **1.** (*have argument*) se disputer; **to ~ about sth with sb** se disputer avec qn au sujet de qc **2.** (*discuss*) **to ~ with sb about sth** débattre avec qn de qc **3.** (*reason*) argumenter; **to ~ for/against a proposal** argumenter en faveur de/contre une proposition **II.** *vt* **1.** (*debate*) discuter; **to ~ that ...** alléguer que ... **2.** (*persuade*) **to ~ sb into/out of doing sth** convaincre qn de faire/ne pas faire qc
argument [ˈarg·jə·mənt] *n* **1.** (*disagreement*) dispute *f;* **to have an ~** se disputer **2.** (*discussion*) débat *m* **3.** (*reasons*) argument *m;* **~ against/for sth** argument contre/pour qc; **the ~ that ...** la thèse selon laquelle ... **4.** CINE, LIT sujet *m*
argumentative [ˌarg·jə·ˈmen·t̬ə·t̬ɪv] *adj pej* ergoteur(-euse)
aria [ˈar·i·ə] *n* MUS aria *f*
arid [ˈer·ɪd] *adj* aride
Aries [ˈer·iz] *n* Bélier *m; s.a.* **Aquarius**
arise [ə·ˈraɪz] <arose, arisen> *vi* **1.** (*appear*) se produire; (*difficulty*) surgir; (*doubt*) apparaître; **to ~ from** provenir de **2.** *form* (*get up*) se lever
arisen [ə·ˈrɪz·ən] *pp of* **arise**
aristocracy [ˌer·ə·ˈsta·krə·si] <-ies> *n + sing/pl vb* aristocratie *f*
aristocrat [ə·ˈrɪ·stə·kræt] *n* aristocrate *mf*
aristocratic *adj* aristocratique
arithmetic [ˌer·ɪθ·ˈme·t̬ɪk] **I.** *n* arithmétique *f;* **to do the ~** faire le calcul **II.** *adj* arithmétique
arithmetical [ˌer·ɪθ·ˈme·t̬ɪk·əl] *adj s.* **arithmetic**
Arizona I. *n* l'Arizona *m* **II.** *adj* de l'Arizona
ark [ark] *n* REL arche *f;* **Noah's ~** l'arche de Noé
Ark [ark] *n* REL **the ~ of the Covenant** l'Arche *f* d'Alliance
Arkansas [ˈar·kən·sɔ] **I.** *n* l'Arkansas *m* **II.** *adj* de l'Arkansas

i Le cimetière national d'Arlington, en anglais **Arlington National Cemetery,** situé au delà du fleuve Potomac à 2 miles (3,2 km) au sud-est de Washington D.C. a une surface totale d'environ 1 mile carré (2,6 km^2) et abrite les tombes de plus de 60 000 soldats américains ainsi que celles de célèbres personnalités américaines comme le président William Howard Taft, le président John F. Kennedy, le général John J. Pershing, l'amiral Robert E. Perry et enfin celle du Soldat Inconnu, qui est gardée 24h/24h, 365 jours par an.

arm[1] [arm] *n* **1.** *a. fig* ANAT, GEO bras *m;* **to hold/take sb in one's ~s** tenir/prendre qn dans ses bras; **~ in ~** bras dessus, bras dessous; **on sb's ~** au bras de qn **2.** (*sleeve*) manche *f* **3.** (*armrest*) accoudoir *m* **4.** (*for eyeglasses*) branche *f;* (*division*) branche *f* ►**to keep sb at ~'s length** tenir qn à distance; **to twist sb's ~** forcer la main à qn

arm[2] [arm] MIL **I.** *vt* **1.** armer **2.** *fig* **to ~ oneself for/against sth** s'armer pour/contre qc **II.** *n pl* armes *fpl* ►**to lay down one's ~s** déposer les armes; **take up ~s against sb/sth** partir en guerre contre qn/qc

armament ['ar·mə·mənt] *n* armement *m*

armature ['ar·mə·tʃər] *n* **1.** PHYS inducteur *m* **2.** ELEC induit *m* **3.** ZOOL défenses *fpl* naturelles

armchair ['arm·ˌtʃer] *n* fauteuil *m;* **~ traveler** *fig* voyageur *m* en chambre

armed [armd] *adj a. fig* armé(e)

armed forces *npl* **the ~** les forces *fpl* armées

armed robbery *n* vol *m* à main armée

Armenia [ar·'mi·ni·ə] *n* l'Arménie *f*

Armenian I. *adj* arménien(ne) **II.** *n* **1.** (*person*) Arménien(ne) *m(f)* **2.** LING arménien *m; s.a.* **English**

armful ['arm·fʊl] *n* brassée *f*

armhole ['arm·hoʊl] *n* emmanchure *f*

armistice ['ar·mə·stɪs] *n* armistice *m*

armor ['ar·mər] *n* **1.** MIL armure *f* **2.** ZOOL carapace *f*

armored *adj* (*ship*) cuirassé(e); (*vehicle, door*) blindé(e)

armpit ['arm·pɪt] *n* aisselle *f*

armrest ['arm·rest] *n* accoudoir *m*

arms control *n* MIL contrôle *m* des armements

arms race *n* **the ~** la course aux armements

army ['ar·mi] <-ies> *n* armée *f;* **to join the ~** s'engager; **~ base** base *f* militaire; **~ officer** officier *m* de l'armée de terre

aroma [ə·'roʊ·mə] *n* arôme *m*

aromatherapy [ə·ˌroʊ·mə·'θer·ə·pi] *n* aromathérapie *f*

aromatic [ˌer·ə·'mæṭ·ɪk] *adj* aromatique

arose [ə·'roʊz] *pt of* **arise**

around [ə·'raʊnd] **I.** *prep* **1.** (*surrounding*) autour de; **all ~ sth** tout autour de qc; **to stand ~ sb** entourer qn; **to put sth ~ sb** envelopper qn de qc **2.** (*circling*) **to go ~ sth** faire le tour de qc [*o* contourner]; **the earth goes ~ the sun** la terre tourne autour du soleil; **to swim/run ~ sth** nager/courir autour de qc; **to find a way ~ a problem** *fig* arriver à contourner un problème **3.** (*to other side of*) **to go ~ the corner** tourner au coin; **just ~ the corner** *fig* à deux pas d'ici **4.** (*visit*) **to show sb ~ a place** faire visiter un lieu à qn **5.** (*here and there*) **to wander ~ the world** errer de par le monde; **to drive ~ France** parcourir la France **II.** *adv* **1.** (*near*) autour; **all ~** tout autour **2.** (*in circumference*) **for 50 feet ~** dans un rayon de 50 pieds (*équivalant à 15,24 mètres*)**;** **for miles ~** à des lieues à la ronde **3.** (*aimlessly*) **to walk ~** se balader; **to stand** [*o* **hang**] **~** rester là sans but précis **4.** (*nearby*) dans les parages; **is he ~?** est-il (par) là? **5.** (*in existence*) **she's been ~ for years** elle est là depuis des années; **he's still ~** il est encore en vie; **how long have computers been ~?** depuis quand est-ce qu'il y a des ordinateurs?; **there are too many mosquitoes ~ in the summer** il y a trop de moustiques (dans les parages) en été ►**the right/wrong way ~** à l'endroit/l'envers; **to have been ~** *inf* n'être pas né d'hier; *s.a.* **up**

arouse [ə·'raʊz] *vt* exciter

arr. *n abbr of* **arrival** arr.

arrange [ə·'reɪndʒ] *vt a.* MUS arranger; (*event, meeting*) organiser; (*deal*) convenir de; **to ~ with sb to** +*infin* s'organiser avec qn pour +*infin;* **to ~ for sb to** +*infin* faire en sorte que qn +*subj;* **we ~d when she would do it** nous avions prévu quand elle le ferait; **I'll ~ everything** je m'occuperai de tout

arrangement *n a.* MUS arrangement *m;* (*placing*) disposition *f;* **to make ~s for sth** faire ce qui est nécessaire pour qc; **I have other ~s** j'ai d'autres plans

array [ə·'reɪ] **I.** *n* **1.** (*display*) étalage *m;* **~ of people** assemblée *f* de personnes **2.** COMPUT, MATH tableau *m* **II.** *vt* **1.** (*display*) **to be ~ed** s'étaler **2.** *form* (*clothe*) **to be ~ed in sth** être paré de qc

arrears [ə·'rɪrz] *npl* FIN arriéré *m* ►**in ~** en retard (de paiement)

arrest [ə·'rest] **I.** *vt a.* LAW arrêter **II.** *n* LAW **to place under ~** mettre en état d'arrestation

arresting *adj* frappant(e)

arrival [ə·'raɪ·vəl] *n* arrivée *f;* **on sb's/sth's ~** à l'arrivée de qn/qc; **~s** AVIAT, RAIL arrivées *fpl*

arrive [ə·'raɪv] *vi* arriver; **to ~ at a conclusion** parvenir à une conclusion

arriviste [ˌer·i·'vist] *n* arriviste *mf*

arrogance ['er·ə·gən(t)s] *n* arrogance *f*

arrogant ['er·ə·gənt] *adj* arrogant(e)

arrow ['er·oʊ] *n* flèche *f*

arrowhead *n* pointe *f* de flèche

arsenal ['ar·sən·əl] *n* arsenal *m*

arsenic ['ar·sən·ɪk] *n* arsenic *m*

arson ['ar·sən] *n* incendie *m* criminel

art [art] *n* **1.** art *m* **2.** *pl* UNIV sciences *fpl* humaines

art collection *n* (*paintings*) collection *f* de tableaux

art critic *n* critique *mf* d'art

art dealer *n* marchand(e) *m(f)* d'objets d'art

artefact *n s.* **artifact**

arterial [ar·'tɪr·i·əl] *adj* **1.** ANAT artériel(le) **2.** AUTO, RAIL **~ road** route *f* à grande circulation

arteriosclerosis [ar·ˌtɪr·i·oʊ·sklə·'roʊ·səs] *n* athérosclérose *f*

artery ['ar·ṭər·i] <-ies> *n* artère *f*

artesian well [ar·'ti·ʒən·'wel] *n* puits *m* artésien

artful ['art·fəl] *adj* habile

art gallery *n* (*public*) musée *m;* (*selling work*)

galerie *f* d'art
arthritic [ar·'θrɪṭ·ɪk] **I.** *adj* arthritique **II.** *n* arthritique *mf*
arthritis [ar·'θraɪ·ṭɪs] *n* arthrite *f*
artichoke ['ar·ṭə·tʃoʊk] *n* artichaut *m*
article ['ar·ṭɪ·kl] *n* a. LING article *m*
articulate I. [ar·'tɪk·jə·lət] *adj* **1.** (*person*) éloquent(e) **2.** (*speech*) clair(e) **II.** [ar·'tɪk·jə·leɪt] *vt form* **1.** (*express clearly*) exposer clairement; **to ~ one's opposition** exprimer son opposition; **to ~ an idea** formuler une idée **2.** *a.* LING articuler
articulation [ar·ˌtɪk·jə·leɪ·ʃᵊn] *n* **1.** (*clear expression*) structure *f* **2.** LING articulation *f*
artifact ['ar·ṭə·fækt] *n* artefact *m*
artifice ['ar·ṭə·fɪs] *n form* artifice *m*
artificial [ˌar·ṭə·fɪʃ·ᵊl] *adj a. pej* artificiel(le)
artificial insemination *n* insémination *f* artificielle
artificial intelligence *n* intelligence *f* artificielle
artificiality [ˌar·ṭə·fɪʃ·i·'æl·ə·ṭi] *n* manque *m* de naturel
artificial respiration *n* respiration *f* artificielle; **to give sb ~** pratiquer la respiration artificielle sur qn
artillery [ar·'tɪl·ᵊr·i] *n* artillerie *f*
artilleryman [ar·'tɪl·ᵊr·i·men] *n* artilleur *m*
artisan ['ar·ṭə·zᵊn] *n* artisan(e) *m(f)*
artist ['ar·ṭəst] *n* artiste *mf*
artiste [ar·'tist] *n* artiste *mf*
artistic [ar·'tɪs·tɪk] *adj* artistique
artistry ['ar·ṭə·stri] *n* talent *m* artistique
artless ['art·lɪs] *adj* naturel(le)
artsy ['art·si] <-ier, -iest> *adj inf s.* **arty**
artwork ['art·wɜrk] *n* illustrations *fpl*
arty ['ar·ṭi] <-ier, -iest> *adj inf* **1.** (*person*) (du) genre artiste **2.** (*style*) bohème
arugula [ə·'ru·gᵊl·ə] *n* roquette *f*
Aryan ['er·ɪ·ən] HIST **I.** *adj* aryen(ne) **II.** *n* Aryen(ne) *m(f)*
as [əz] **I.** *prep* comme; **dressed ~ a clown** habillé en clown; **he's described ~ a hero** il est décrit comme un héros; **it's claimed ~ progress** on prétend que c'est du progrès; **I'm working/speaking ~ her deputy** je travaille/m'exprime en tant que son adjoint(e); **the king, ~ such** le roi, en tant que tel; **~ a baby, I was ...** quand j'étais bébé, j'étais ...; **to use sth ~ a lever** utiliser qc en guise de levier **II.** *conj* **1.** (*in comparison*) que; **the same name ~ sth/sb** le même nom que qc/qn **2.** (*like*) comme; **~ it is** tel quel; **he's angry enough ~ it is** il est déjà assez furieux comme ça; **I came ~ promised** je suis venu comme promis; **she was angry, ~ we all were** elle était en colère comme nous tous; **~ if it were true** comme si c'était vrai **3.** (*because*) puisque; **~ he's here, I'm going** étant donné qu'il est là, je pars **4.** (*while*) pendant que; (*simultaneously*) au fur et à mesure que **5.** (*although*) (~) **fine ~ the day is, ...** si belle que soit la journée, ...; **try ~ I would, I couldn't** j'ai eu beau essayer, je n'ai pas pu ▶ **~ <u>far</u> ~** (*to the extent that*) dans la mesure où; **~ far ~ I am concerned** en ce qui me concerne, pour moi **III.** *adv* **~ well** aussi; **~ simple/simply ~** aussi simple/simplement que; **~ long as** aussi longtemps que; **~ long ~ he's at home** (*provided*) tant qu'il est à la maison; **~ much as** (*same amount*) autant que; (~) **much ~ I'd like to go** bien que j'aie très envie d'y aller; **~ soon as** aussitôt que; **~ for you/the music** quant à toi/à la musique
a.s.a.p. [ˌeɪ·es·eɪ·'pi] *abbr of* **as soon as possible** dès que possible
asbestos [æz·'bes·təs] *n* amiante *f*
ascend [ə·'send] **I.** *vi* (*person*) monter; (*smoke*) s'élever **II.** *vt* (*stairs, cliff*) gravir ▶ **to ~ the <u>throne</u>** monter sur le trône
ascendancy *n* ascendant *m*
ascendant *n* ascendant *m*
ascendency *s.* **ascendancy**
ascendent *s.* **ascendant**
ascension [ə·'sen(t)·ʃᵊn] *n* (*going up*) ascension *f*
Ascension *n* REL **the ~** l'Ascension *f*
ascertain [ˌæs·ər·'teɪn] *vt form* établir
ascetic [ə·'seṭ·ɪk] **I.** *n* ascète *mf* **II.** *adj* ascétique
asceticism [ə·'seṭ·ə·sɪ·zᵊm] *n* ascétisme *m*
ascribable [ə·'skraɪb·ə·bl] *adj* **to be ~ to sb/sth** être attribuable à qc/qn
ascribe [ə·'skraɪb] *vt* **to ~ sth to sb/sth** attribuer qc à qn/qc
asexual [ˌeɪ·'sek·ʃu·əl] *adj* **1.** (*without involving sex*) asexuel(le) **2.** (*without sex organs*) *a. fig* asexué(e)
ash¹ [æʃ] *n* (*powder*) cendre *f*
ash² [æʃ] *n* (*tree*) frêne *m*
ashamed [ə·'ʃeɪmd] *adj* **to feel ~** avoir honte; **to be ~ of sb/sth** avoir honte de qn/qc; **to be ~ to** +*infin* avoir honte de +*infin*
ashore [ə·'ʃɔr] **I.** *adj* **1.** (*on land*) à terre **2.** (*toward land*) vers le rivage **II.** *adv* **1.** (*on land*) à terre **2.** (*toward land*) vers le rivage; **to be washed ~** échouer (sur le rivage)
ashtray ['æʃ·ˌtreɪ] *n* cendrier *m*
Ash Wednesday *n* mercredi *m* des Cendres
Asia ['eɪ·ʒə] *n* l'Asie *f*; **~ Minor** l'Asie mineure
Asian ['eɪ·ʒᵊn], **Asiatic** [ˌeɪ·ʒi·'æṭ·ɪk] **I.** *adj* asiatique **II.** *n* Asiatique *mf*
aside [ə·'saɪd] **I.** *n* aparté *m* **II.** *adv* **1.** (*to one side: put, move, look*) de côté **2.** (*thinking aloud*) en aparté **3.** (*ignoring*) **sth ~** qc mis(e) à part; **that ~, what do you think?** à part ça, qu'en penses-tu?
aside from *prep* **1.** (*except for*) à part **2.** (*away from*) **to turn ~ sb/sth** se détourner de qn/qc
ask [æsk] **I.** *vt* **1.** (*request*) demander; **~ your sister** demande à ta sœur; **to ~ sb a question about sth** poser à qn une question sur qc; **to ~ for advice** demander conseil; **to ~ sb a riddle** poser une devinette à qn; **to ~ sb to** +*infin* demander à qn de +*infin* **2.** (*expect*) **to ~ too**

A

much of sb en demander trop à qn; **it's ~ing a lot** c'est demander beaucoup; **I'm asking $50 for it** j'en demande 50 dollars **3.** (*invite*) inviter; **to ~ sb out/home** inviter qn à sortir/chez soi ▶ **don't ~ me** qu'est-ce que j'en sais?; **you may well ~** vous pouvez bien poser la question; **if you ~ me** si tu veux/vous voulez mon avis **II.** *vi* **1.** (*request information*) se renseigner; **to ~ about sth** se renseigner sur qc **2.** (*make a request*) demander; **to ~ to** +*infin* demander à +*infin* ▶ **I ~ you!** je vous/t'en prie!

◆ **ask for** *vt* (*food, object*) demander; **she's asking for you** (*person*) elle vous demande **2.** *inf* **to be asking for it** chercher qc; **you're asking for trouble** tu cherches les histoires

askance [ə·ˈskæn(t)s] *adv* **to look ~ at sb/sth** jeter un regard désapprobateur sur qn/qc

askew [ə·ˈskju] *adj, adv a. fig* de travers, de traviole *inf*

asking *n* **it's yours for the ~** tu n'as qu'à le demander pour l'avoir

asking price *n* prix *m* demandé

asleep [ə·ˈslip] *adj* endormi(e); **to be ~** dormir; **to fall ~** s'endormir

asparagus [ə·ˈsper·ə·gəs] *n* asperge *f*

ASPCA [ˌeɪ·es·ˌpi·si·ˈeɪ] *n abbr of* **American Society for Prevention of Cruelty to Animals** ≈ SPA *f*

aspect [ˈæs·pekt] *n* **1.** (*point of view, feature*) aspect *m* **2.** (*appearance*) air *m*

aspen [ˈæs·pən] *n* tremble *m*

aspersion [ə·ˈspɜr·ʒᵊn] *n form* **to cast ~s on sb/sth** dénigrer qn/qc

asphalt [ˈæs·falt] **I.** *n* asphalte *m* **II.** *vt* asphalter

asphyxia [æs·ˈfɪks·ɪ·ə] *n* asphyxie *f*

asphyxiate [əs·ˈfɪk·si·eɪt] *vt, vi form* asphyxier

aspiration [ˌæs·pə·ˈreɪ·ʃᵊn] *n* aspiration *f*

aspire [ə·ˈspaɪər] *vi* **to ~ to sth** aspirer à qc

aspirin [ˈæs·pᵊr·ɪn] *n* aspirine *f;* **an ~** un cachet *m* d'aspirine

aspiring [ə·ˈspaɪər·ɪŋ] *adj* **to be an ~ actor/poet** être un acteur/poète en herbe

ass[1] [æs] <-es> *n* (*donkey*) âne *m;* **to make an ~ of oneself** se ridiculiser

ass[2] [æs] <-es> *n vulg* ANAT cul *m*

assail [ə·ˈseɪl] *vt* assaillir

assassin [ə·ˈsæs·ən] *n* assassin *m*

assassinate [ə·ˈsæs·ɪ·neɪt] *vt* assassiner

assassination [ə·ˌsæs·ɪ·ˈneɪ·ʃᵊn] *n* assassinat *m*

assault [ə·ˈsɔlt] **I.** *n* **1.** MIL assaut *m;* **to make an ~ on sth** assaillir qc **2.** (*physical attack*) agression *f;* **indecent ~** attentat *m* à la pudeur; **sexual ~** violences *fpl* sexuelles **3.** (*attack*) attaque *f;* **~ on privilege/sb's reputation** *fig* attaque contre les privilèges/contre la réputation de qn **II.** *vt* **1.** MIL attaquer **2.** (*physically*) agresser; **to indecently ~ sb** se livrer à des violences sexuelles sur qn; **to ~ sb's senses** *fig* agresser les sens de qn

assault and battery *n* LAW coups *mpl* et blessures *fpl*

assemble [ə·ˈsem·bl] **I.** *vi* se rassembler **II.** *vt* assembler

assembly [ə·ˈsem·bli] <-ies> *n* **1.** *a.* POL assemblée *f* **2.** (*meeting*) réunion *f* **3.** TECH assemblage *m*

assembly line *n* chaîne *f* de montage

assent [ə·ˈsent] *n form* consentement *m;* **to give one's ~ to sth** consentir à qc

assert [ə·ˈsɜrt] *vt* affirmer; (*authority, rights*) faire valoir; **to ~ oneself** s'imposer

assertion [ə·ˈsɜr·ʃᵊn] *n* affirmation *f*

assertive [ə·ˈsɜr·t̬ɪv] *adj* assuré(e); (*person*) qui a de l'assurance

assertiveness *n* assurance *f*

assess [ə·ˈses] *vt* (*amount, quantity*) évaluer; (*damage, situation*) faire le bilan de; (*employee, student*) contrôler

assessment *n* évaluation *f;* (*of situation*) bilan *m;* (*of employee, student*) contrôle *m*

assessor [ə·ˈses·ər] *n* expert(e) *m(f)*

asset [ˈæs·et] *n* **1.** (*of value*) atout *m;* **~ to sth** atout pour qc **2.** FIN avoir *m;* **liquid ~s** liquidités *fpl*

assiduity [ˌæs·ɪ·ˈdu·ə·t̬i] *n* assiduité *f*

assiduous [ə·ˈsɪdʒ·u·əs] *adj* assidu(e)

assign [ə·ˈsaɪn] *vt* **1.** (*appoint*) **to ~ sb to duties, ~ duties to sb** assigner des responsabilités à qn **2.** (*send elsewhere*) **to ~ sb to a post** affecter qn à un poste **3.** (*set aside*) affecter **4.** (*give*) **to ~ the blame for sth to sth** rejeter la responsabilité de qc sur qc; **to ~ importance to sth** accorder de l'importance à qc **5.** (*allocate*) attribuer **6.** COMPUT transférer **7.** LAW **to ~ sth to sb** transmettre qc à qn

assignment *n* **1.** (*task*) mission *f* **2.** (*attribution*) affectation *f* **3.** SCHOOL, UNIV devoir *m*

assimilate [ə·ˈsɪm·ə·leɪt] **I.** *vt* assimiler **II.** *vi* **to ~ into sth** s'assimiler à qc

assimilation [ə·ˌsɪm·ə·ˈleɪ·ʃᵊn] *n* assimilation *f*

assist [ə·ˈsɪst] **I.** *vt* aider; (*process*) faciliter; **to ~ sb with sth** assister qn dans qc **II.** *vi* **to ~ with sth** aider dans qc

assistance [ə·ˈsɪs·tᵊn(t)s] *n* aide *f;* **to be of ~ to sb/sth** être une aide pour qn/qc; **to come to sb's ~** venir à l'aide de qn; **to give sb ~** prêter secours à qn

assistant [ə·ˈsɪs·tᵊnt] **I.** *adj* **1.** adjoint(e) **2.** UNIV **~ professor** ≈ maître *m* assistant **II.** *n* **1.** (*helper*) aide *mf* **2.** COMPUT assistant *m;* **personal digital ~** assistant personnel de communication

associate [ə·ˈsoʊ·ʃi·ɪt, *vb:* əˈsoʊ·ʃi·eɪt] **I.** *adj* associé(e); **~ professor** UNIV ≈ maître *m* de conférences **II.** *n* associé(e) *m(f)* **III.** *vt* **to ~ sb/sth with sth** associer qn/qc à qc; **to be ~d with sth** être associé à qc **IV.** *vi* **to ~ with sb** fréquenter qn

associated *adj* associé(e)

association [ə·ˌsoʊ·si·ˈeɪ·ʃᵊn] *n* **1.** (*organization*) association *f* **2.** (*romantic relationship*) relation *f* **3.** (*involvement*) relations *mpl* **4.** (*mental connection*) association *f;* **it has ~s**

of poverty/success cela a des connotations *fpl* de pauvreté/réussite
assonance ['æs·ən·ən(t)s] *n* assonance *f*
assorted [ə·'sɔr·t̬ɪd] *adj* (*mixed*) assorti(e)
assortment [ə·'sɔrt·mənt] *n* assortiment *m*
assume [ə·'sum] *vt* **1.** (*regard as true*) supposer; **you're assuming he's telling the truth** tu supposes qu'il dit la vérité **2.** (*adopt*) adopter; (*air, pose*) prendre; (*role*) endosser **3.** (*undertake*) **to ~ office/power** prendre ses fonctions/le pouvoir; **to ~ massive proportions** prendre des proportions démesurées
assumed *adj* **~ name/identity** nom *m*/identité *f* d'emprunt
assumption [ə·'sʌm(p)·ʃən] *n* **1.** (*supposition*) supposition *f*; **on the ~ that** en supposant que *+subj* **2.** (*hypothesis*) hypothèse *f* **3.** (*taking over*) **~ of power** prise *f* de pouvoir
Assumption [ə·'sʌm(p)·ʃən] *n* REL **the ~** l'Assomption *f*
assurance [ə·'ʃʊr·ən(t)s] *n* assurance *f*
assure [ə·'ʃʊr] *vt* assurer; **let me ~ you that** je vous le garantis; **to ~ oneself of sth** s'assurer de qc
assured *adj* (*person, style*) plein(e) d'assurance
asterisk ['æs·tər·ɪsk] **I.** *n* astérisque *m* **II.** *vt* marquer d'un astérisque
asteroid ['æs·tə·rɔɪd] *n* astéroïde *m*
asthma ['æz·mə] *n* asthme *m*; **~ attack** crise *f* d'asthme
asthmatic [æz·'mæt̬·ɪk] **I.** *n* asthmatique *mf* **II.** *adj* asthmatique
astonish [ə·'sta·nɪʃ] *vt* étonner; **to be ~ed at sth** être étonné par qc
astonishing *adj* étonnant(e)
astonishment *n* étonnement *m*; **to sb's ~** à la surprise de qn; **to do sth in ~** faire qc avec étonnement
astound [ə·'staʊnd] *vt, vi* stupéfier
astray [ə·'streɪ] *adv* **to go ~** s'égarer; **to lead sb ~** (*on trip*) détourner qn de son chemin; (*misinform*) induire qn en erreur; (*morally*) détourner qn du droit chemin
astride [ə·'straɪd] **I.** *prep* **to sit ~ a chair** être assis à cheval sur une chaise **II.** *adv* à califourchon
astringent [ə·'strɪn·dʒənt] **I.** *n* astringent *m* **II.** *adj* **1.** (*skin-tightening*) astringent(e) **2.** *fig* acerbe
astrologer [ə·'stra·lə·dʒər] *n* astrologue *mf*
astrological [ˌæs·trə·'ladʒ·ɪk·əl] *adj* astrologique; (*book*) d'astrologie
astrology [ə·'stral·ə·dʒi] *n* astrologie *f*
astronaut ['æs·trə·nɔt] *n* astronaute *mf*
astronomer [ə·'stra·nə·mər] *n* astronome *mf*
astronomical [ˌæs·trə·'nam·ɪk·əl] *adj* astronomique
astronomy [ə·'stran·ə·mi] *n* astronomie *f*
astute [ə·'stut] *adj* astucieux(-euse)
astuteness *n* astuce *f*
asylum [ə·'saɪ·ləm] *n* asile *m*; *fig* refuge *m*
at¹ [ət] *prep* **1.** (*in location of*) à; **~ home/school** à la maison/l'école; **~ the office** au bureau; **~ the window** devant la fenêtre; **~ the dentist** chez le dentiste **2.** (*expressing time*) **~ the same time** en même temps; **~ the/no time** à ce moment-là/aucun moment; **to do one thing ~ a time** faire une chose à la fois; **~ noon/midnight/3 o'clock** à midi/minuit/3 heures; **~ night** (durant) la nuit; **~ Easter** à Pâques; **while I'm ~ it** pendant que j'y suis **3.** (*toward*) **to point ~ people** montrer les gens du doigt; **to rush ~ sth/sb** se ruer sur qc/qn **4.** (*in reaction to*) **~ the sight of sth** en voyant qc **5.** (*in an amount of*) **~ all** en tout; **to sell sth ~ $10 a pound** vendre qc 10 dollars la livre; **~ 65 mph** à 65 miles par heure **6.** (*in a state of*) **I'm not ~ my best/most alert** je ne suis pas vraiment en forme/très éveillé; **~ war/peace** en guerre/paix; **~ 20** à l'âge de 20 ans; **a child ~ play** un enfant en train de jouer; **to be ~ lunch** déjeuner **7.** (*in ability to*) **to be good/bad ~ French** être bon/mauvais en français; **to be ~ an advantage** avoir l'avantage **8.** (*repetition, persistence*) **to tug ~ the rope** tirer sur la corde; **he's ~ it again** il recommence; **he's always ~ it** il n'arrête pas ►**~ <u>all</u>** *often not translated* **do you know her husband ~ all?** est-ce que vous connaissez son mari?; **thank you – not ~ all!** merci – je vous en prie!; **not angry ~ all** pas du tout fâché; **he said nothing at ~** il n'a rien dit du tout; **nobody ~ all** absolument personne; **to hardly work/talk ~ all** travailler/parler à peine; **~ <u>that</u>** de surcroît; **that's <u>where</u> it's ~** *inf* c'est comme ça aujourd'hui; **let's see where we're ~** voyons où nous en sommes
at² [æt] *s.* **at sign**
atavistic [ˌæt̬·ə·vɪs·tɪk] *adj* atavique
ate [eɪt] *pt of* **eat**
atheism ['eɪ·θi·ɪ·zəm] *n* athéisme *m*
atheist ['eɪ·θi·ɪst] **I.** *n* athée *mf* **II.** *adj* athée
atheistic [ˌeɪ·θi·'ɪs·tɪk] *adj s.* **atheist**
Athens ['æθ·ənz] *n* Athènes
athlete ['æθ·lit] *n* athlète *mf*
athlete's foot *n* pied *m* d'athlète
athletic [æθ·'let̬·ɪk] *adj* **1.** SPORTS athlétique; (*club*) d'athlétisme **2.** (*physically fit*) sportif(-ive); (*body*) athlétique
athletics *n + sing/pl vb* sport *m*
Atlantic [ət·'læn·t̬ɪk] **I.** *n* **the ~** l'Atlantique **II.** *adj* atlantique
atlas ['æt·ləs] <-es> *n* atlas *m*
ATM [ˌeɪ·ti·'em] *n abbr of* **automated teller machine** DAB *m*
atmosphere ['æt·məs·fɪr] *n* atmosphère *f*; **good working ~** bonne ambiance *f* de travail
atmospheric [ˌæt·məs·'fer·ɪk] *adj* atmosphérique
atoll ['æt·ɔl] *n* atoll *m*
atom ['æt̬·əm] *n* **1.** PHYS atome *m* **2.** (*tiny amount*) brin *m*
atomic [ə·'ta·mɪk] *adj* atomique
atomic bomb *n* bombe *f* atomique

atomizer ['æṭ·ə·maɪz·ər] *n* atomiseur *m*
atone [ə·'toʊn] *vi* **to ~ for sth** expier qc
atrocious [ə·'troʊ·ʃəs] *adj* atroce
atrocity [ə·'tras·ə·ti] <-ies> *n* atrocité *f*
atrophy ['æt·rə·fi] <-ies> **I.** *n* atrophie *f* **II.** *vi* s'atrophier
at sign *n* COMPUT ar(r)obase *f*, a *m* commercial
attach [ə·'tætʃ] *vt* **1.** (*fasten*) **to ~ sth to sth** attacher qc à qc **2.** (*connect*) **to ~ sth to sth** relier qc à qc **3.** *form* (*send as enclosure*) **to ~ sth to sth** joindre qc à qc; **to ~ a file** COMPUT envoyer un fichier joint **4.** (*join*) **to ~ oneself to sb** se coller à qn **5.** (*assign*) **to be ~ed to sth** être affecté à qc **6.** (*associate*) **to ~ importance to sth** attacher de l'importance à qc
attaché [ˌæṭ·ə·'ʃeɪ] *n* attaché(e) *m(f)*
attaché case *n* attaché-case *m*
attached *adj* **to be ~ to sb/sth** être attaché à qn/qc
attachment *n* **1.** (*fondness*) affection *f*; **to form an ~ to sb** se prendre d'affection pour qn **2.** (*support*) attachement *m* **3.** COMPUT pièce *f* jointe **4.** (*attached device*) accessoire *m* **5.** LAW (*person*) arrestation *f*; (*property*) saisie *f*
attack [ə·'tæk] **I.** *n* **1.** *a.* MIL, SPORTS attaque *f*; (*of person*) agression *f*; **terrorist/bomb ~** attentat *m* terroriste/à la bombe; **all-out ~** attaque tous azimuts; **to launch** [*o* **make**] **an ~ against** [*o* **on**] **sb/sth** lancer une attaque contre qn/qc; **to be** [*o* **to go**] **on the ~** passer à l'attaque; **to be** [*o* **come**] **under ~** être attaqué; **to launch an ~ on** (*town, base*) lancer une attaque sur; (*party, writer*) s'attaquer à **2.** MED crise *f*; **~ of asthma** crise d'asthme; **~ of giggles** crise de fou rire; **~ of hysteria** crise de nerfs; **~ of shyness** accès *m* de timidité ►**~ is the best form of <u>defense</u>** *prov* l'attaque est la meilleure défense **II.** *vt* **1.** attaquer; (*right*) porter atteinte à; **to ~ sb in the street** agresser qn dans la rue **2.** (*tackle: problem, food*) s'attaquer à; **to ~ the fridge** dévaliser le frigo **III.** *vi* attaquer
attain [ə·'teɪn] *vt* atteindre
attainable *adj* (*goal*) réalisable
attainment *n* **1.** *pl, form* (*results*) résultats *mpl* **2.** *pl, form* (*knowledge*) acquis *mpl*
attempt [ə·'tem(p)t] **I.** *n* (*try*) tentative *f*; **to make an ~ to** + *infin* essayer de + *infin* ►**~ on sb's <u>life</u>** attentat *m* contre qn **II.** *vt* tenter
attend [ə·'tend] **I.** *vt* **1.** (*be present at*) assister à; **to ~ church** aller à l'église; **the meeting was well ~ed** beaucoup de monde a assisté à la réunion; **well-~ed seminar** séminaire *m* très suivi **2.** (*accompany*) assister **II.** *vi* **1.** (*be present*) être présent **2.** *form* (*listen carefully*) être attentif
attendance [ə·'ten·dən(t)s] *n* **1.** (*being present*) présence *f*; **~ in classes** participation *f* aux cours; **to take ~** faire l'appel **2.** (*people*) assistance *f*; **~ was poor** il y avait peu de monde ►**to <u>dance</u> ~ on sb** être aux petits soins pour qn
attendant [ə·'ten·dənt] **I.** *n* **1.** (*official*) employé(e) *m(f)* **2.** (*servant*) serviteur *m* **II.** *adj* **~ on sth** résultant de qc
attention [ə·'ten·(t)ʃən] *n* **1.** attention *f*; **to attract sb's ~** attirer l'attention de qn; **it has been brought to my ~ that** on a attiré mon attention sur le fait que; **to call ~ to sth** signaler qc; **to pay ~** faire attention **2.** (*care*) soins *mpl*; **medical ~** soins *mpl* médicaux **3.** MIL **to stand to ~** être au garde-à-vous; **~!** garde-à-vous!
attentive [ə·'ten·ṭɪv] *adj* **to be ~ to sb/sth** être attentif à qn/qc
attenuate [ə·'ten·jʊ·ɪt] *vt form* atténuer
attest [ə·'test] **I.** *vt* attester **II.** *vi* **~ to sth** témoigner de qc
attestation [ˌæṭ·es·'teɪ·ʃən] *n* attestation *f*
attic ['æṭ·ɪk] *n* grenier *m*
attitude ['æṭ·ə·tud] *n* **1.** (*manner*) attitude *f* **2.** (*opinion*) opinion *f*; **I take the ~ that** ma position est que **3.** (*position*) posture *f*; ART pose *f*; **to strike an ~** poser **4.** *inf* aplomb *m*
attorney [ə·'tɜr·ni], **attorney-at-law** [əˌtɜr·ni·ət·'lɔ] *n* avocat(e) *m(f)*
Attorney General *n* ≈ ministre *mf* de la Justice
attract [ə·'trækt] *vt* attirer
attraction [ə·'træk·ʃən] *n* **1.** (*force, place of enjoyment*) attraction *f* **2.** (*appeal*) attrait *m*; **~ to sb** attirance *f* pour qn
attractive [ə·'træk·tɪv] *adj* **1.** (*good-looking*) *a. fig* séduisant(e) **2.** (*pleasant*) intéressant(e)
attribute ['æt·rɪ·bjut, *vb:* ə·'trɪ·bjut] **I.** *n* **1.** (*characteristic*) attribut *m* **2.** LING épithète *f* **II.** *vt* **1.** (*ascribe*) attribuer; **to ~ the blame to sb** attribuer la responsabilité à qn; **they ~d their success to being lucky** ils ont attribué leur réussite à la chance **2.** (*give credit for*) **to ~ sth to sb** accorder qc à qn
attributive [ə·'trɪb·jə·ṭɪv] *adj* LING épithète
attrition [ə·'trɪʃ·ən] *n* **1.** (*wearing down*) usure *f*; **war of ~** guerre d'usure **2.** ECON réduction *f* de personnel
Atty. Gen. *abbr of* **Attorney General**
at-will *adj inv* LAW (*contract*) qui peut être cassé(e) sans motif ni préavis; (*employee*) licenciable sans motif ni préavis
auburn ['ɔ·bərn] *adj* auburn *inv*
auction ['ɔk·ʃən] **I.** *n* vente *f* aux enchères, mise *f Suisse*; **to hold an ~** organiser une vente aux enchères; **to be sold at ~** être vendu aux enchères, être misé *Suisse*; **to put sth up for ~** mettre qc aux enchères **II.** *vt* **to ~ sth (off)** vendre qc aux enchères
auctioneer [ˌɔk·ʃə·'nɪr] *n* commissaire-priseur, -euse *m, f*
audacious [ɔ·'deɪ·ʃəs] *adj* audacieux(-euse)
audacity [ɔ·'dæs·ə·ṭi] *n* audace *f*
audible ['ɔ·də·bl] *adj* audible; **barely ~** presque inaudible
audience ['ɔ·dɪ·ən(t)s] *n* + *sing/pl vb* **1.** (*people*) public *m*; TV téléspectateurs *mpl*; RADIO auditeurs *mpl*; LIT lecteurs *mpl*; THEAT,

CINE spectateurs *mpl;* ~ **participation** participation *f* du public; ~ **ratings** indice *m* d'écoute **2.** (*formal interview*) audience *f*

audio ['ɔ·dɪ·oʊ] *adj* audio; ~ **tape** cassette *f* audio

audiovisual [ˌɔ·dɪ·oʊ·'vɪʒ·ju·əl] *adj* audiovisuel(le)

audit ['ɔ·dɪt] **I.** *n* audit *m* **II.** *vt* **1.** (*accounts*) vérifier **2.** (*attend*) **to ~ a course** assister à un cours comme auditeur libre

audition [ɔ·'dɪʃ·ᵊn] **I.** *n* audition *f;* **to hold an ~ for a part** faire passer une audition pour un rôle **II.** *vt, vi* auditionner

auditor ['ɔ·də·t̬ər] *n* **1.** COM commissaire *mf* au comptes **2.** UNIV **external** ~ auditeur *m* externe

auditorium [ˌɔ·də·'tɔr·iəm] <-s *o* auditoria> *n* **1.** auditorium *m* **2.** (*hall*) salle *f* (de spectacle) **3.** UNIV amphithéâtre *m*

augment [ɔg·'ment] *vt form* (*income, supply*) augmenter; (*reservoir*) remplir

augmentation [ˌɔg·men·'teɪ·ʃᵊn] *n form* augmentation *f*

augur ['ɔg·ər] **I.** *vi* augurer; **to ~ badly/well for sb/sth** s'annoncer mal/bien pour qn/qc **II.** *vt* présager

August ['ɔg·əst] *n* août *m; s.a.* **April**

aunt [ænt] *n* tante *f*

aura ['ɔr·ə] *n* aura *f*

aural ['ɔr·ᵊl] *adj* auditif(-ive)

aurora [ɔ·'rɔr·ə] *n* ~ **borealis/australis** aurore *f* boréale/australe

auspices ['ɔ·spɪs·ɪz] *n pl* égide *f;* **under the ~ of sb** sous l'égide de qn

auspicious [ɔ·'spɪʃ·əs] *adj form* prometteur(-euse)

austere [ɔ·'stɪr] *adj* austère

austerity [ɔ·'ster·ə·t̬i] <-ies> *n* austérité *f*

Australia [ɔ·'streɪl·ʒə] *n* l'Australie *f;* **South** ~ l'Australie-Méridionale; **Western** ~ l'Australie-Occidentale

Australian [ɔ·'streɪl·ʒən] **I.** *adj* australien(ne) **II.** *n* **1.** (*person*) Australien(ne) *m(f)* **2.** LING australien *m; s.a.* **English**

Australian Antarctic Territory *n* Territoire *m* Antarctique Australien

Australian Capital Territory *n* Territoire *m* de la Capitale Australienne

Austria ['ɔ·stri·ə] *n* l'Autriche *f*

Austrian ['ɔ·stri·ən] **I.** *adj* autrichien(ne) **II.** *n* Autrichien(ne) *m(f)*

authentic [ɔ·'θen·t̬ɪk] *adj* authentique

authenticate [ɔ·'θen·t̬ɪ·keɪt] *vt* authentifier

authentication [ɔ·ˌθen·t̬ɪ·'keɪ·ʃᵊn] *n* authentification *f*

authenticity [ˌɔ·θən·'tɪs·ə·t̬i] *n* authenticité *f*

author ['ɔ·θər] **I.** *n* auteur *m* **II.** *vt* rédiger

authoritarian [ɔ·ˌθɔr·ə·'ter·i·ən] **I.** *n* personne *f* autoritaire; **to be an ~** être autoritaire **II.** *adj* autoritaire

authoritative [ə·'θɔr·ə·teɪ·t̬ɪv] *adj* **1.** (*imperious*) autoritaire **2.** (*reliable*) qui fait autorité

authority [ə·'θɔr·ə·t̬i] <-ies> *n* **1.** (*right to control*) autorité *f;* **to be in ~** avoir l'autorité; **to have ~ over sb** avoir de l'autorité sur qn **2.** (*permission*) autorisation *f* **3.** (*specialist*) autorité *f;* **to be an ~ on sth** être une autorité sur qc; **a world ~ on the subject** une autorité mondiale sur le sujet **4.** (*organization*) administration *f;* **the authorities** les autorités; **education/health ~** *administration chargée de l'éducation/la santé* ▶ **to have sth on sb's ~** tenir qc de qn; **to have sth on good ~** savoir qc de source sûre

authorization [ˌɔ·θər·ɪ·'zeɪ·ʃᵊn] *n* autorisation *f*

authorize ['ɔ·θᵊr·aɪz] *vt* autoriser

auto ['ɔ·t̬oʊ] *adj* automobile

autobiographical [ˌɔ·t̬ə·baɪ·ə·'græf·ɪk·ᵊl] *adj* autobiographique

autobiography [ˌɔ·t̬ə·baɪ·'a·grə·fi] *n* autobiographie *f*

autocracy [ɔ·'tak·rə·si] *n* autocratie *f*

autocrat ['ɔ·t̬ə·kræt] *n* autocrate *m*

autocratic [ˌɔ·t̬ə·'kræt̬·ɪk] *adj* autocratique

autograph ['ɔ·t̬ə·græf] **I.** *n* autographe *m;* ~ **session** séance *f* d'autographes **II.** *vt* signer

autoimmune [ˌɔ·t̬oʊ·ɪ·'mjun] *adj* (*disease*) auto-immun(e)

automate ['ɔ·t̬ə·meɪt] *vt* automatiser

automated *adj* automatisé(e)

automatic [ˌɔ·t̬ə·'mæt̬·ɪk] **I.** *n* **1.** (*machine*) machine *f* automatique **2.** (*rifle*) automatique *m* **II.** *adj* automatique

automatic pilot *n* pilotage *m* automatique; **to be on ~** être sur pilote automatique; *fig* être comme un automate

automation [ˌɔ·t̬ə·'meɪ·ʃᵊn] *n* automatisation *f*

automaton [ɔ·'ta·mə·tᵊn] *n* automate *m*

automobile ['ɔ·t̬ə·moʊ·bil] *n* automobile *f;* ~ **accident** accident *m* de voiture; ~ **industry** industrie *f* automobile

automotive [ˌɔ·t̬ə·'moʊ·t̬ɪv] *adj* automobile

autonomous [ɔ·'ta·nə·məs] *adj* autonome

autonomy [ɔ·'ta·nə·mi] *n* autonomie *f*

autopilot ['ɔ·t̬oʊ·ˌpaɪ·lət] *n s.* **automatic pilot**

autopsy ['ɔ·tap·si] <-ies> *n* **1.** MED autopsie *f;* **to perform an ~ on sb** pratiquer une autopsie sur qn **2.** *fig* analyse *f*

autumn ['ɔ·t̬ᵊm] *n* automne *m;* **in the ~** en automne

autumnal [ɔ·'tʌm·nᵊl] *adj* (*colors*) automnal(e); (*rain, equinox*) d'automne

Auvergne [oʊ·'vern] *n* **the ~** l'Auvergne *f*

auxiliary [ɔg·'zɪl·jᵊr·i] <-ies> **I.** *n* **1.** HIST, LING auxiliaire *m* **2.** (*nurse*) aide *mf* soignant(e) **II.** *adj* auxiliaire

AV I. *adj abbr of* **audiovisual** audiovisuel(le) **II.** *n abbr of* **Authorized Version** version *f* autorisée de la Bible

Av. *n abbr of* **avenue** Av. *f*

avail [ə·'veɪl] **I.** *n* **to no ~** en vain **II.** *vt* **to ~ oneself of sth** profiter de qc

availability [ə·ˌveɪl·ə·'bɪl·ə·t̬i] *n* disponibilité *f*

available *adj* **1.** disponible; **this product is ~ in various colors** ce produit existe en plusieurs couleurs; **to make oneself ~** se libérer; **only ~ from pharmacies** disponible seulement en pharmacie **2.** *fig* libre

avalanche ['æv·ᵊl·æntʃ] *n a. fig* avalanche *f*

avant-garde [ˌa·vant·'gard] **I.** *adj* d'avant-garde **II.** *n + sing/pl vb* avant-garde *f*

avarice ['æv·ᵊr·ɪs] *n* cupidité *f*

avaricious [ˌæv·ᵊ·'rɪʃ·əs] *adj form* cupide

avenge [ə·'vendʒ] *vt* venger; **to ~ an insult** se venger d'une insulte; **to ~ oneself on sb** se venger de qn

avenue ['æv·ə·nu] *n* **1.** (*street*) avenue *f* **2.** (*possibility*) possibilité *f*; **to explore all ~s** explorer toutes les possibilités; **a new ~ of enquiry** une nouvelle piste de recherche

average ['æv·ᵊr·ɪdʒ] **I.** *n* (*standard*) moyenne *f*; **by an ~ of 10%** de 10% en moyenne; **on ~** en moyenne; **well above/below ~** bien au-dessus/en dessous de la moyenne **II.** *adj* (*typical: income, person, ability*) moyen(ne); **~ rainfall** taux *m* moyen de précipitations **III.** *vt* **1.** (*have a general value*) **to ~ 35 hours a week** travailler en moyenne 35 heures par semaine; **to ~ $45,000 per year** (*to earn*) gagner en moyenne 45 000 dollars par an; (*to cost*) coûter en moyenne 45 000 dollars par an **2.** (*calculate*) faire la moyenne de

averse [ə·'vɜrs] *adj* **to be ~ to sth** être opposé à qc; **I'm not ~ to good wine** je ne dis pas non au bon vin

aversion [ə·'vɜr·ʒᵊn] *n* aversion *f*; **to have an ~ to doing sth** détester faire qc

avert [ə·'vɜrt] *vt* **1.** (*prevent*) éviter **2.** (*avoid*) **to ~ one's eyes from sth** détourner les yeux de qc

avg. *n abbr of* **average**

aviary ['eɪ·vɪ·er·i] *n* volière *f*

aviation [ˌeɪ·vɪ·'eɪ·ʃᵊn] *n* aviation *f*; **~ fuel** kérosène *m*; **~ industry** industrie *f* aéronautique

avid ['æv·ɪd] *adj* (*reader, supporter*) passionné(e); (*desire*) ardent(e)

avocado [ˌæv·ə·'ka·doʊ] <-s *o* -es> *n* BOT avocat *m*

avoid [ə·'vɔɪd] *vt* éviter; **to ~ sb/sth like the plague** éviter qn/qc comme la peste; **to ~ doing sth** éviter de faire qc; **alcohol should be ~ed** on devrait éviter l'alcool; **you're ~ing the issue** tu esquives la question

avoidable *adj* évitable

avoidance *n* prévention *f*

avowed [ə·'vaʊd] *adj* déclaré(e)

AWACS MIL *abbr of* **Airborne Warning And Control System** AWACS *m*

await [ə·'weɪt] *vt* attendre; **eagerly/long ~ed** tant/longuement attendu

awake [ə·'weɪk] <awoke, awoken *o* awaked> **I.** *vi* **1.** se réveiller **2.** *fig* **to ~ to sth** prendre conscience de qc **II.** *vt* **1.** (*rouse from sleep: person*) réveiller **2.** (*restart: passion*) raviver **III.** *adj* **1.** éveillé(e); **wide ~** complètement réveillé; **to keep ~** rester éveillé; **to keep sb ~** empêcher qn de dormir; **to lie ~** ne pas dormir **2.** *fig* **to be ~ to sth** être conscient de qc

awakening *n* réveil *m*; **~ of sb to sth** prise *f* de conscience de qn à propos de qc; **he's in for a rude ~** il va tomber de haut

award [ə·'wɔrd] **I.** *n* **1.** (*prize*) prix *m*; **to be presented with an ~** recevoir un prix **2.** (*compensation*) dédommagement *m* **II.** *vt* (*prize*) décerner; (*damages, grant*) accorder; **she was ~ed a $500 grant** on lui a accordé une bourse de 500 dollars

aware [ə·'wer] *adj* **1.** (*knowing*) **to be ~ that ...** être bien conscient que ...; **to be perfectly well ~ of sth** avoir pleinement conscience de qc; **as far as I'm ~** autant que je sache **2.** (*sense*) **to be ~ of sth** être conscient de qc **3.** (*well-informed*) **to be ecologically ~** avoir une conscience écologique

awareness *n* conscience *f*; **to raise public ~ of a problem** sensibiliser le public à un problème; **environmental ~** conscience *f* vis-à-vis de l'environnement

away [ə·'weɪ] *adv* **1.** (*elsewhere*) **~ on vacation** parti en vacances **2.** (*in distance, opposite direction*) loin; **to be miles ~** être très loin; **~ from the town** loin de la ville; **as far ~ as possible** aussi loin que possible; **to limp/swim ~** s'éloigner en boitant/en nageant **3.** (*in future time*) **it's a week ~** c'est dans une semaine **4.** (*continuously*) **to write ~** écrire sans s'arrêter

away game *n* match *m* à l'extérieur

awe [ɔ] **I.** *n* crainte *f* mêlée de respect; **to hold sb in ~, to stand in ~ of sb** craindre qn **II.** <awing> *vt* **the public was ~d into silence by his speech** son discours força le respect silencieux du public

awe-inspiring ['ɔ·ɪn·ˌspaɪə·rɪŋ] *adj* imposant(e)

awesome ['ɔ·səm] *adj* **1.** (*impressive*) impressionnant(e) **2.** (*fearsome*) effrayant(e) **3.** *inf* (*good*) super; **to look ~** avoir l'air super

awestruck ['ɔ·strʌk] *adj* impressionné(e)

awful ['ɔ·fᵊl] *adj* **1.** (*bad*) affreux(-euse); **it smells ~** ça sent très mauvais; **you look ~** tu as très mauvaise mine; **she looks ~ in that skirt** cette jupe ne lui va vraiment pas; **I felt ~ for saying that** je m'en suis voulu d'avoir dit ça **2.** (*great*) **an ~ lot** (**of**) énormément (de)

awfully *adv* **1.** (*badly*) affreusement **2.** (*very*) vraiment; **~ long trip** trajet *m* interminable; **she's not ~ good at tennis** elle n'est pas terrible en tennis

awkward ['ɔ·kwərd] *adj* **1.** (*difficult*) difficile; **to make things ~ for sb** compliquer les choses pour qn; **it's an ~ time** c'est un moment difficile **2.** (*not skillful*) maladroit(e) **3.** (*embarrassed: silence*) gêné(e); (*question*) gênant(e); **I feel so ~ asking her** je me sens mal à l'aise de lui demander

awning ['ɔ·nɪŋ] *n* store *m*; (*of camper*) auvent *m*

awoke [ə·'woʊk] *pt of* **awake**

awoken [ə·'woʊ·kᵊn] *pp of* **awake**

AWOL MIL *abbr of* **absent without (official) leave** absent(e) sans permission

awry [ə·ˈraɪ] *adj* **1.** (*wrong*) de travers; **to go ~** aller de travers; **to send sth ~** mettre qc en l'air **2.** (*messy*) dans tous les sens

ax, axe [æks] **I.** *n* hache *f* ▶ **to get the ~** *inf* (*workers*) se faire virer; (*projects*) sauter; **to have an ~ to grind** agir par intérêt **II.** <axing> *vt* (*projects*) abandonner; (*job*) supprimer

axiom [ˈæk·si·əm] *n form* axiome *m*

axis [ˈæk·sɪs] *n* MATH, POL axe *m*

axle [ˈæk·sl] *n* essieu *m*

ayatollah [ˌaɪ·ə·ˈtoʊ·lə] *n* ayatollah *m*

aye [aɪz] *n* POL oui *m inv;* **the ~s have it** (*in voting*) le oui l'emporte

AZ *n abbr of* **Arizona**

azalea [ə·ˈzeɪl·jə] *n* azalée *f*

Azerbaijan [ˌa·zər·baɪ·ˈdʒan] *n* l'Azerbaïdjan *m*

Azerbaijani I. *adj* azerbaïdjanais(e) **II.** *n* Azerbaïdjanais(e) *m(f)*

azure [ˈæʒ·ər] **I.** *n* azur *m* **II.** *adj* azuré(e)

B

B, b [bi] <-'s *o* -s> *n* **1.** (*letter*) B *m*, b *m;* **~ as in Bravo** (*on telephone*) b comme Berthe **2.** MUS si *m* **3.** SCHOOL bonne note *f, de 14 à 16 sur 20*

BA [ˌbi·ˈeɪ] *n abbr of* **Bachelor of Arts** ≈ licence *f* (*lettres et sciences humaines*)

baa [bæ] **I.** *n* bêlement *m* **II.** <-ed> *vi* bêler

babble [ˈbæb·l] **I.** *n* **1.** (*speech*) babillage *m;* **~ of voices** brouhaha *m* de voix **2.** (*sound*) murmure *m* **II.** *vi* babiller

babe [beɪb] *n* **1.** (*baby*) bébé *m;* **newborn ~** nouveau-né(e) *m(f)* **2.** *inf* (*girl*) poupée *f;* **hey, ~!** salut ma belle!

baboon [bæb·ˈun] *n* babouin *m*

baby [ˈbeɪ·bi] **I.** *n* **1.** (*child, childish person*) bébé *m* **2.** (*suckling*) nourrisson *m* **3.** (*youngest person*) benjamin(e) *m(f)* **4.** *inf* (*personal concern*) **it's your ~** c'est ton bébé **5.** *inf* (*affectionate address*) chéri(e) *m(f)* **II.** *adj* **1.** (*young*) bébé **2.** (*small*) tout(e) petit(e)

baby carriage *n* voiture *f* d'enfant

baby food *n* aliments *mpl* pour enfants

baby-sit [ˈbeɪ·bɪ·sɪt] **I.** *vi* faire du baby-sitting **II.** *vt* garder

babysitter [ˈbeɪ·bɪ·ˌsɪṭ·ər] *n* baby-sitter *mf*

bachelor [ˈbætʃ·əl·ər] *n* **1.** (*man*) célibataire *m* **2.** UNIV licencié(e) *m(f)*

> i Un **bachelor's degree** est le plus souvent un diplôme universitaire de premier cycle ou de second cycle que les étudiants obtiennent après quatre ans d'études. Les diplômes les plus importants sont le *Bachelor of Arts (BA)* pour des études en sciences humaines et le *Bachelor of Science (BS)* pour des études en sciences naturelles.

bacillus [bə·ˈsɪl·əs] <-li> *n* bacille *m*

back [bæk] **I.** *n* **1.** (*opp: front*) arrière *m;* (*of envelope*) dos *m;* (*of cupboard*) fond *m;* (*of paper*) verso *m;* **in the ~ of a car** à l'arrière d'une voiture; **~ to front** à l'envers; **at the ~ of sth, in ~ of sth** derrière qc; **at the ~** (*of a house, building*) derrière; **we were right at the ~** (*in queue*) nous étions tout au bout; (*in cinema*) nous étions tout à l'arrière; **to look at the ~ of the book** regarder à la fin du livre **2.** ANAT dos *m;* **to be on one's ~** être étendu sur le dos; **to turn one's ~** tourner le dos; **to turn one's ~ on sb/sth** *fig* laisser qn/qc derrière soi **3.** SPORTS arrière *m* ▶ **to know sth like the ~ of one's hand** connaître qc comme le fond de sa poche; **to have sth at the ~ of one's mind** avoir qc derrière la tête; **to have one's ~ against the wall** être au pied du mur; **in the ~ of beyond** dans un coin perdu; **to get off sb's ~** ficher la paix à qn; **to get sb's ~ up** courir sur le haricot à qn; **to put one's ~ into sth** s'y mettre énergiquement; **behind sb's ~** dans le dos de qn; **to do sth behind sb's ~** faire qc dans le dos de qn **II.** *adj* **1.** (*rear*) arrière; **on the ~ page** sur la dernière page **2.** (*late*) **~ payments** paiements en retard; **~ tax** arriérés *mpl* d'impôt **3.** MED (*pain*) dans le dos; (*problems*) de dos **III.** *adv* **1.** (*to previous place, situation*) en arrière; **to bring ~ memories** rappeler des souvenirs; **to be ~** être de retour; **to come ~** revenir; **we're ~ where we started** nous retournons à la case départ; **to come ~ into fashion** redevenir à la mode; **to get there and ~** y aller et revenir; **to put sth ~** remettre qc à sa place; **to want sb ~** vouloir que qn revienne (*subj*); **to want sth ~** vouloir que qc soit rendu (*subj*) **2.** (*to the rear, behind*) vers l'arrière; **5 km ~** il y a 5 kilomètres; **to go ~ and forth between A and B** aller et venir entre A et B; **to lie ~** s'installer confortablement; **to look ~** regarder en arrière; **to sit ~** s'installer (confortablement); **to stand (well) ~** reculer; **to throw ~ one's head** renverser sa tête en arrière **3.** (*in return*) en retour; **to hit sb ~** rendre les coups à qn; **to hit ~ (against sb)** riposter (à l'attaque de qn); **to read sth ~ to sb** relire qc à qn **4.** (*into past*) **a few years ~** il y a quelques années; **~ in 1980** en 1980; **to think ~** penser; **as far ~ as I can remember** aussi loin que je me souvienne (*subj*) ▶ **~ to the drawing board** retour à la case départ; **to get ~ at sb** prendre sa revanche sur qn **IV.** *vt* **1.** (*support*) soutenir; (*with money*) financer; (*with arguments, facts*) soutenir **2.** (*bet on: horse*) parier sur **3.** (*reverse*) **to ~ a car round the corner/into a space** faire marche arrière dans le tournant/pour se garer **4.** (*line, strengthen: curtains*) doubler; (*book*) couvrir ▶**to ~ the wrong horse** parier sur le mauvais cheval

◆**back away** *vi* **to ~ from sb/sth** reculer devant qn/qc

◆**back down** *vi* **1.** descendre à reculons **2.** *fig* céder

◆**back up** **I.** *vi* faire marche arrière **II.** *vt* **1.** (*reverse*) faire reculer **2.** COMPUT faire une sauvegarde de **3.** (*support*) soutenir **4.** (*confirm*) confirmer

backache ['bæk·eɪk] *n* mal *m* de dos

backbiting ['bæk·ˌbaɪ·t̬ɪŋ] *n* médisances *fpl*

backbone ['bæk·boʊn] *n* **1.** ANAT colonne *f* vertébrale **2.** *fig* (*of an organization*) pilier *m* **3.** (*strength of character*) courage *m*

backdate ['bæk·deɪt] *vt* (*pay raise*) payer rétroactivement; (*check*) antidater

backdrop ['bæk·drap] *n* toile *f* de fond

backer ['bæk·ər] *n* (*supporter*) **their ~s** les personnes *fpl* qui les soutiennent; (**financial**) ~ bailleur, -euse *m, f* de fonds

backfire [ˌbæk·'faɪər] *vi* **1.** (*go wrong*) mal tourner; **his plans ~d on him** ses projets se sont retournés contre lui **2.** AUTO pétarader

backgammon [bæk·'gæm·ən] *n* jacquet *m*

background ['bæk·graʊnd] **I.** *n* **1.** (*rear view*) fond *m*; **in the ~** à l'arrière-plan; **against a ~ of sth** sur un fond de qc **2.** (*to a situation*) contexte *m*; (*in society*) milieu *m* d'origine; (*of education, work*) profil *m*; **fill me in on the ~** explique-moi la situation; **what's her ~?** d'où est-ce qu'elle sort? **II.** *adj* (*information, knowledge*) de base; (*noise*) de fond; **background music** musique *f* d'ambiance

backhand ['bæk·hænd] *n* revers *m*

backhander [ˌbæk·'hænd·ər] *n* *inf* pot-de--vin *m*

backing ['bæk·ɪŋ] *n* **1.** (*aid*) soutien *m* **2.** FASHION renfort *m* **3.** MUS accompagnement *m*

backlash ['bæk·læʃ] *n* contrecoup *m*; **to provoke a ~** provoquer une forte réaction

backlog ['bæk·lɔg] *n* arriéré *m* de travail; **a ~ of cases/repairs** des affaires *fpl*/des réparations *fpl* en retard

back number *n* ancien numéro *m*

backpack ['bæk·pæk] **I.** *n* sac *m* à dos **II.** *vi* **to go ~ing** faire de la randonnée

backpacker *n* **1.** (*traveling*) adepte *mf* du trekking **2.** (*hiking*) randonneur, -euse *m, f*

back pay *n* rappel *m* de traitement [*o* salaire]

backpedal ['bæk·ped·əl] *vi* <-ll-> (*on cycle*) pédaler en arrière; (*change one's mind*) assouplir sa position; **to ~ on sth** freiner sur qc

backside ['bæk·saɪd] *n* *inf* postérieur *m* ▶**kick up the ~** coup *m* de pied au derrière; **to get off one's ~** bouger ses fesses

backspace (key) ['bæk·speɪs-] *n* touche *f* de rappel arrière

backstage [bæk·'steɪdʒ] **I.** *adj* **1.** dans les coulisses **2.** *fig* secret(ète) **II.** *adv* derrière la scène

backstairs [ˌbæk·'sterz] **I.** *n* escalier *m* de service **II.** *adj fig* **~ deals** combines *fpl* de couloir

backstory *n* (*of a film, book*) histoire *f*

backstroke ['bæk·stroʊk] *n* dos *m* crawlé

backtrack ['bæk·træk] *vi* **1.** revenir sur ses pas **2.** *fig* revenir sur ses propos

backup ['bæk·ʌp] **I.** *n* **1.** (*support*) renforts *mpl*; **~ team** renforts *mpl* **2.** (*reserve*) **to have sth as a ~** avoir qc de secours; **~ camera** appareil *m* photo de secours **3.** COMPUT (fichier *m* de) sauvegarde *f*; **~ disk** copie *f* sur disque **II.** *vt* COMPUT faire la sauvegarde de

backward ['bæk·wərd] **I.** *adj* **1.** (*directed to the rear*) rétrograde **2.** (*slow in learning*) lent(e) **3.** (*underdeveloped*) arriéré(e) ▶**not to be ~ in coming forward** ne pas être modeste **II.** *adv s.* **backward(s)**

backward(s) ['bæk·wərd(z)] *adv* **1.** (*toward the back*) en arrière; **to go ~ and forward(s)** (*machine part*) aller d'avant en arrière; (*person*) faire l'aller-retour **2.** (*in reverse*) à reculons **3.** (*into past*) **to look ~** remonter dans le passé ▶**to bend over ~** se couper en quatre; **to know sth ~** connaître qc sur le bout des doigts

backward-looking *adj* réactionnaire

backwater ['bæk·ˌwɔ·t̬ər] *n* **1.** (*river*) bras *m* de décharge **2.** *fig, pej* trou *m* perdu

backwoods ['bæk·wʊdz] **I.** *npl* forêts *fpl* de l'intérieur ▶**in the ~** dans un bled **II.** *adj* **1.** des forêts **2.** *fig* rustre

backwoodsman ['bæk·wʊdz·mən] *n* <-men> **1.** colon *m* de l'arrière-pays **2.** *fig* péquenaud *m*

backyard *n* jardin *m* ▶**in one's own ~** tout près de chez soi

bacon ['beɪ·kən] *n* lard *m* ▶**to bring home the ~** faire bouillir la marmite

bacteria [bæk·'tɪr·i·ə] *n pl of* **bacterium**

bacteriologist [bæk·ˌtɪr·i·'a·lə·dʒɪst] *n* bactériologiste *mf*

bacterium [bæk·'tɪr·i·əm] <-ria> *n* bactérie *f*

bad [bæd] <worse, worst> **I.** *adj* **1.** (*opp: good*) mauvais(e); (*neighborhood*) mal fréquenté(e); **sb's ~ points** les défauts *mpl* de qn; **~ luck** malchance *f*; **~ check** chèque *m* en bois; **~ at history/tennis** mauvais en histoire/tennis; **to go from ~ to worse** aller de mal en pis; **not too ~** pas trop mal; **not ~!** pas mal!; **too ~** tant pis **2.** (*difficult*) **~ times** temps *mpl* difficiles **3.** (*harmful*) **to be ~ for sth/sb** ne pas être bon pour qc/qn **4.** (*spoiled*) pourri(e) **5.** MED grave; **to have a ~ cold** avoir un bon rhume; **I have a ~ leg/back** j'ai des problèmes avec ma jambe/mon dos **6.** (*unacceptable*) **to use ~ language** dire des gros mots **II.** *adv inf* mal; **to feel ~** se sentir mal; **to look ~** avoir l'air malade **III.** *n* mal *m*; **the ~** les méchants *mpl*; **to go to the ~** courir à sa perte

badge [bædʒ] *n* insigne *m*; (*with slogan*) badge *m*

badger ['bædʒ·ər] **I.** *n* blaireau *m* **II.** *vt* harceler

badly ['bæd·li] <worse, worst> *adv* **1.** (*poorly*) mal; **you didn't do too ~** tu ne t'es pas trop mal débrouillé **2.** (*critically*) **to think ~ of sb** penser du mal de qn **3.** (*very much: want*) vraiment; **to be ~ in need of sth** avoir grand besoin de qc **4.** (*severely: hurt, affected*) gravement; **~ defeated** battu à plate(s) couture(s)

badminton ['bæd·mɪn·tən] *n* badminton *m*

baffle ['bæf·l] *vt* (*confuse*) déconcerter

baffling *adj* (*confusing*) déconcertant(e)

bag [bæg] **I.** *n* **1.** sac *m;* (*of candy*) sachet *m,* cornet *m Suisse* **2.** (*luggage*) sac *m* de voyage; **to pack one's ~s** faire ses bagages **3.** (*baggy skin*) poches *fpl* (sous les yeux) **4.** (*woman*) vieille grincheuse *f* **5.** (*game caught by hunter*) tableau *m* ▶ **~ of bones** sac *m* d'os; **the whole ~ of tricks** tout le bataclan; **it's in the ~** c'est du tout cuit **II.** *vt* <-gg-> **1.** (*put in bag*) mettre en sac **2.** *inf* (*obtain*) **to ~ sb sth** [*o* **sth for sb**] retenir qc pour qn **3.** (*hunt and kill*) abattre

bagel *n petit pain en forme d'anneau*

baggage ['bæg·ɪdʒ] *n* **1.** (*luggage*) bagages *mpl;* **excess ~** excédent *m* de bagages; **~ reclaim area** secteur *m* de retrait des bagages **2.** MIL équipement *m*

baggage allowance *n* franchise *f* de bagage

baggage check *n* bulletin *m* de consigne

baggage handler *n* bagagiste *m*

baggy ['bæg·i] *adj* trop ample; (*trousers*) trop grand(e)

bagpiper ['bæg·paɪp·ər] *n* joueur *m* de cornemuse

bagpipes ['bæg·paɪps] *npl* cornemuse *f*

Bahamas [bə·'ha·məz] *npl* **the ~** [*o* **Bahama Islands**] les Bahamas *fpl*

Bahamian [bə·'heɪ·mi·ən] **I.** *adj* bahamien(ne) **II.** *n* Bahamien(ne) *m(f)*

bail [beɪl] **I.** *n* caution *f;* **to jump ~** se dérober à la justice; **to post ~ for sb** se porter garant de qn; **to release sb on ~** relâcher qn sous caution; **to set ~** fixer la caution **II.** *vt* (*release*) libérer sous caution

◆**bail out I.** *vt* **1.** (*remove: water*) écoper **2.** (*rescue: person*) tirer d'affaire; (*company*) renflouer **II.** *vi* sauter

bailiff ['beɪ·lɪf] *n* LAW huissier *m*

bait [beɪt] **I.** *n* **1.** SPORTS appât *m* **2.** *fig* leurre *m;* **to swallow the ~** mordre à l'hameçon **II.** *vt* **1.** (*put bait on*) amorcer **2.** (*harass*) harceler **3.** (*annoy*) tourmenter

bake [beɪk] **I.** *n* gratin *m* **II.** *vi* **1.** (*cook: meat, cake*) cuire au four; **I hardly ever ~** je fais rarement des gâteaux **2.** *inf* (*be hot*) **to be baking** (*weather*) être torride; (*person*) crever de chaleur **III.** *vt* **1.** (*cook*) cuire; **~d potato** pomme *f* de terre en robe des champs **2.** (*harden by heat*) durcir

baker ['beɪ·kər] *n* boulanger, -ère *m, f*

bakery ['beɪ·kər·i] *n* boulangerie *f*

baking I. *n* cuisson *f* **II.** *adj* cuit(e)

baking powder *n* levure *f* chimique

baking soda *n* bicarbonate *m* de soude

balance ['bæl·ən(t)s] **I.** *n* **1.** (*device*) balance *f* **2.** *a. fig* équilibre *m;* **to lose one's ~** perdre l'équilibre **3.** (*state of equality*) équilibre *m;* **to hold the ~ of power** être en position d'inverser l'équilibre des forces; **to strike a ~ between sth and sth** trouver le juste milieu entre deux choses; **to upset the ~** perturber l'équilibre; **on ~** tout compte fait **4.** FIN solde *m;* **a healthy bank ~** un bon compte bancaire ▶ **to throw sb off ~** déconcerter qn **II.** *vi* **1.** (*keep a steady position*) se tenir en équilibre **2.** (*be equal*) s'équilibrer **III.** *vt* **1.** (*compare*) **to ~ two things against each other** comparer les avantages de deux choses **2.** (*keep in a position*) maintenir en équilibre; **to ~ sth on sth** tenir qc en équilibre sur qc; **to ~ each other** s'équilibrer **3.** FIN (*books*) régler; (*budget*) équilibrer

◆**balance out** *vi* (*be equivalent*) se compenser

balanced *adj* (*diet*) équilibré(e); (*view, report, judgment*) pondéré(e)

balance of payments *n* balance *f* des paiements

balance of trade *n* balance du commerce

balance sheet *n* bilan *m*

balcony ['bæl·kə·ni] *n* balcon *m*

bald [bɔld] *adj* **1.** (*hairless*) chauve; **to go ~** se dégarnir; **~ as a coot** chauve comme un œuf **2.** (*blunt*) simple **3.** (*plain: facts*) brut(e)

bald-headed *adj* chauve

baldly [bɔld·li] *adv* sèchement

baldness ['bɔld·nəs] *n* calvitie *f*

bale [beɪl] **I.** *n* ballot *m* **II.** *vt* mettre en ballot

Balearic Islands *n* **the ~** les Iles *fpl* Baléares

Balearics [ˌba·li·'ær·ɪks] *n* **the ~** les Baléares *fpl*

baleful [beɪl·fəl] *adj* sinistre; **~ glance** regard *m* torve

balk [bɔk] **I.** *vi* hésiter; **to ~ at sth** hésiter devant qc **II.** *vt* contrarier

Balkan States *n* États *mpl* balkaniques

ball [bɔl] *n* **1.** GAMES (*for tennis, golf*) balle *f;* (*for football, rugby*) ballon *m* **2.** (*round form*) boule *f;* **~ of string/wool** pelote *f* de ficelle/de laine; **to curl oneself into a ~** se rouler en boule **3.** ANAT éminence *f;* **~ of the hand** thénar *m* **4.** (*dance*) bal *m* ▶ **the ~ is in his court** la balle est dans son camp; **to be on the ~** avoir de la présence d'esprit; **to start the ~ rolling** mettre les choses en train; **to have a ~** bien s'amuser; **to play ~** jouer le jeu

ballad ['bæl·əd] *n* romance *f*

ballast ['bæl·əst] *n* **1.** (*heavy material*) lest *m* **2.** (*gravel*) ballast *m*

ball bearing *n* roulement *m* à billes

ballet [bæl·'eɪ] *n* ballet *m*

ball field *n* terrain *m* de base-ball

ball game *n* match *m* (*de base-ball*) ▶ **that's a whole new ~** c'est une autre histoire

ballistic [bə·'lɪs·tɪk] *adj* balistique ▶ **to go ~** *sl* piquer une crise

B

balloon [bə·'lun] **I.** *n* **1.** GAMES ballon *m* **2.** (*for flying*) montgolfière *f* **3.** TYP (*in cartoons*) bulle *f* **II.** *vi* gonfler

balloonist *n* aéronaute *mf*

ballot ['bæl·ət] **I.** *n* **1.** (*process*) scrutin *m* **2.** (*election*) vote *m;* **to put sth to the ~** soumettre qc au vote **3.** (*paper*) bulletin *m* de vote **II.** *vi* voter **III.** *vt* appeler à voter

ballpoint (pen) [,bɔl·pɔɪnt (pen)] *n* stylo *m* (à) bille

ballroom ['bɔl·rʊm] *n* salle *f* de bal; **~ dancing** danse *f* de salon

balm [bam] *n* baume *m*

balmy ['ba·mi] <-ier, -iest> *adj* doux(douce)

Baltic ['bɔl·tɪk] *n* **the ~ (Sea)** la (mer) Baltique

balustrade ['bæl·ə·'streɪd] *n* balustrade *f*

bamboo [bæm·'bu] *n* bambou *m*

bamboozle [bæm·'bu·zl] *vt inf* **1.** (*confuse*) laisser perplexe; **to be completely ~d** être complètement déboussolé **2.** (*trick*) embobiner

ban [bæn] **I.** *n* interdit *m;* **to place a ~ on sth** interdire **II.** *vt* <-nn-> (*person*) bannir; (*practice, guns*) interdire

banal [bə·'nal] *adj* banal(e)

banality [bə·'næl·ə·t̬i] <-ies> *n* banalité *f*

banana [bə·'næn·ə] *n* banane *f*

banana republic *n pej* république *f* bananière

band[1] [bænd] *n* **1.** MUS orchestre *m;* (*pop group*) groupe *m;* **brass ~** fanfare *f* **2.** (*group*) bande *f*

band[2] [bænd] **I.** *n* **1.** (*strip*) bande *f;* **hat ~** ruban *m;* **head ~** bandeau *m;* **waist ~** ceinture *f* **2.** (*range*) tranche *f;* **tax ~** tranche *f* d'imposition **3.** (*ring*) anneau *m;* **wedding ~** alliance *f* **4.** (*section*) série *f;* **a ~ of light rain and showers** un passage de pluies légères et d'averses **II.** *vt* grouper

◆**band together** *vi* se grouper

bandage ['bæn·dɪdʒ] **I.** *n* pansement *m* **II.** *vt* mettre un pansement à

Band-Aid® *n* MED sparadrap *m*

B&B [,bi·ən(d)·'bi] *n abbr of* **bed and breakfast**

bandit ['bæn·dɪt] *n* bandit *m*

bandmaster *n* chef *m* d'orchestre

bandsman *n* <-men> membre *m* d'un orchestre

bandstand *n* kiosque *m* à musique

bandwagon *n* **to climb on the ~** prendre le train en marche

bandy[1] ['bæn·di] <-ier, -iest> *adj* (*legs*) arqué(e)

bandy[2] ['bæn·di] <-ies, -ied> *vt* échanger; **to ~ insults** s'envoyer des insultes

◆**bandy about** *vt* (*story*) faire circuler; (*names, figures*) lancer; (*ball*) se passer

bang [bæŋ] **I.** *n* **1.** (*explosion*) bang *m* **2.** (*blow*) coup *m* violent **3.** *pl* (*hair*) frange *f* **4.** *vulg* (*sexual intercourse*) partie *f* de jambes en l'air **5.** (*drug dose*) dose *f* **II.** *adv* (*exactly*) **slap ~ into sth** en plein dans qc ▶**to go ~** exploser **III.** *interj* **bang!** bang! **IV.** *vi* (*hit*) claquer; **to ~ on the door** frapper à la porte **V.** *vt* **1.** (*hit*) **to ~ one's fist on the table** frapper du poing sur la table; **to ~ the receiver down** raccrocher brutalement; **to ~ one's knee/elbow** se cogner le genou/le coude **2.** *vulg* (*have sex with*) baiser ▶**to ~ the drum for sth** faire de la pub pour qc

◆**bang on** *vt* **1.** (*hit: wall, nail*) cogner sur **2.** *inf* (*speak*) **to ~ about sth** ressasser qc

Bangladesh [bæŋ·glə·'deʃ] **I.** *n* le Bangladesh **II.** *adj* bangladais(e)

Bangladeshi [bæŋ·glə·'deʃ·i] **I.** *n* Bangladais(e) *m(f)* **II.** *adj* bangladais(e)

bangle ['bæŋ·gl] *n* bracelet *m*

banish ['bæn·ɪʃ] *vt* **to ~ sb from sth** exclure qn de qc; **to ~ sb from a country** bannir qn d'un pays; **he was ~ed to an island** il a été exilé sur une île

banishment *n* bannissement *m*

banister ['bæn·ə·stər] *n* rampe *f* (d'escalier)

banjo ['bæn·dʒoʊ] <-s *o* -oes> *n* banjo *m*

bank[1] [bæŋk] **I.** *n* banque *f;* **to pay sth into the ~** déposer qc à la banque; **to play ~** être la banque; **blood/data ~** banque du sang/de données **II.** *vi* **to ~ with ...** avoir un compte à ... **III.** *vt* (*deposit*) **to ~ money/valuables** déposer de l'argent/des objets de valeur

bank[2] [bæŋk] *n* (*row*) rangée *f*

bank[3] [bæŋk] **I.** *n* **1.** (*edge: of river*) bord *m;* (*of land*) talus *m;* (*of road*) remblai *m;* **the river broke its ~s** la rivière est sortie de son lit **2.** (*elevation in water*) banc *m* **3.** AVIAT virage *m* incliné **4.** (*mass*) massif *m;* (*of cloud*) amoncellement *m;* (*of fog*) couche *f* **II.** *vi* AVIAT virer (sur l'aile) **III.** *vt* **1.** (*cover*) **to ~ the fire** couvrir le feu **2.** AVIAT **to ~ an airplane** faire virer un avion sur l'aile

◆**bank on** *vt* (*result, help*) compter sur; **to ~ sth happening** compter sur le fait que qc se passe (*subj*)

◆**bank up I.** *vi* s'amonceler **II.** *vt* entasser

bank account *n* compte *m* bancaire

bank book *n* livret *m* (de banque)

bank card *n* carte *f* bancaire

bank charges *n* frais *mpl* bancaires

bank clerk *n* employé(e) *m(f)* de banque

banker ['bæŋ·kər] *n* **1.** FIN banquier, -ère *m, f* **2.** GAMES banque *f*

bankers' hours *npl inf* petite journée *f* de travail

banking *n* banque *f*

bank manager *n* directeur, -trice *m, f* d'agence

bank note *n* billet *m* de banque

bank rate *n* taux *m* d'escompte

bank robber *n* cambrioleur, -euse *m, f* (de banque)

bank robbery *n* hold-up *m* (de banque)

bankrupt ['bæŋ·krʌpt] **I.** *n* **to declare sb a ~** déclarer qn en faillite **II.** *vt* mettre en faillite **III.** *adj* **1.** (*insolvent: firm*) en faillite; **~ farmer/industrialist** agriculteur *m*/industriel *m* qui a fait faillite; **to go ~** faire faillite **2.** *form* **to be morally ~** n'avoir aucune mora-

lité
bankruptcy ['bæŋk·rəp(t)·si] <-ies> *n* faillite *f*
bank statement *n* relevé *m* de compte
bank transfer *n* virement *m* bancaire
banner ['bæn·ər] *n* **1.** (*flag*) bannière *f* **2.** (*slogan*) devise *f*
banner headline *n* gros titre *m*
banns [bænz] *npl* bans *mpl*
banquet ['bæŋ·kwət] **I.** *n* banquet *m* **II.** *vi* festoyer
banquet-hall, banqueting-hall *n* salle *f* des banquets
bantam ['bæn·t̬əm] *n* **1.** (*chicken*) poulet *m* nain (de Bantam) **2.** SPORTS poids *m* coq
banter ['bæn·t̬ər] **I.** *n* plaisanteries *fpl* **II.** *vi* plaisanter
baptism ['bæp·tɪ·zəm] *n* baptême *m* ▶ **~ of fire** baptême *m* du feu
baptismal ['bæp·tɪz·məl] *adj* baptismal(e); **~ font** fonts *mpl* baptismaux
Baptist ['bæp·tɪst] *n* baptiste *mf;* **John the ~** Saint Jean-Baptiste
baptize ['bæp·taɪz] *vt* baptiser; **to be ~d a Protestant/Catholic** être baptisé protestant/catholique; **I was ~d Charles** Charles est mon nom de baptême
bar [bar] **I.** *n* **1.** (*elongated piece: of steel*) barre *f;* (*of chocolate*) tablette *f;* (*of gold*) lingot *m;* (*of soap*) savonnette *f* **2.** (*rod: of cage*) barreau *m* **3.** (*band: of light*) rai *m;* (*of color*) bande *f* **4.** CULIN bar *m;* (*counter*) comptoir *m* **5.** MUS mesure *f;* **beats to** [*o* **in**] **the ~** temps *mpl* par mesure; **~ line** barre *f* de mesure **6.** SPORTS barre *f* **7.** *fig* obstacle *m* **II.** *vt* <-rr-> **1.** (*fasten*) verrouiller **2.** (*obstruct*) barrer; **to ~ the way** bloquer le passage; **to ~ the way to sth** faire obstacle à qc **3.** (*prohibit*) **to ~ sb from sth/doing sth** défendre qc à qn/à qn de faire qc; **to be ~red from playing** être interdit de jeu
barb [barb] *n* **1.** (*part of hook*) ardillon *m* **2.** (*insult*) pointe *f*
Barbadian [bar·'beɪ·di·ən] **I.** *adj* barbadien(ne) **II.** *n* Barbadien(ne) *m(f)*
Barbados [bar·'beɪ·doʊs] *n* la Barbade
barbarian [bar·'ber·i·ən] *n* barbare *mf*
barbaric [bar·'ber·ɪk] *adj* barbare
barbarity [bar·'ber·ə·t̬i] *n* <-ies> barbarie *f*
barbarous ['bar·bər·əs] *adj* barbare
barbecue ['bar·bɪ·kju] **I.** *n* barbecue *m* **II.** *vt* griller au barbecue

> i Le nom donné à une fête se rapporte souvent à ce que l'on y mange, surtout lorsqu'elle est organisée par une église, une école ou une association. Un **barbecue**, appelé aussi *cook-out*, est une fête où l'on fait griller de la viande en plein air. Le *clam bake*, généralement organisé à la plage, consiste à chauffer des pierres et à les recouvrir de fucus. On y fait ensuite cuire des coquillages avant de les déguster. A l'occasion d'un *corn roast*, on fait cuire des épis de maïs doux au feu de bois. Ils se mangent chauds avec du beurre et du sel. Les pompiers volontaires organisent souvent un *pancake breakfast*, où l'on peut manger à volonté des crêpes américaines au beurre et au sirop d'érable pour 2 à 3 $.

barbed [barbd] *adj* **1.** (*with barbs*) barbelé(e) **2.** (*hurtful*) acéré(e)
barber ['bar·bər] *n* coiffeur *m,* barbier *m Québec*
barbershop ['bar·bər·ʃap] *n* salon *m* de coiffure pour hommes
barbiturate [bar·'bɪtʃ·ər·ət] *n* barbiturique *m*
bar code *n* code-barres *m*
bar code scanner *n* lecteur *m* de code-barres
bare [ber] **I.** *adj* **1.** (*uncovered*) nu(e); **with my ~ hands** à mains nues **2.** (*empty*) vide; **stripped ~** (*room*) complètement vide; **to be ~ of sth** être dépouillé de qc **3.** (*unadorned: fact*) brut(e); (*truth*) nu(e) **4.** (*little: minimum*) strict(e); **~ necessities of life** minimum *m* vital ▶ **the ~ bones of a story** l'essentiel d'une histoire **II.** *vt* **to ~ one's head** se découvrir la tête; **to ~ one's heart/soul to sb** dévoiler son cœur/son âme à qn; **to ~ one's teeth** montrer les dents
bareback ['ber·bæk] *adj* dos nu; **~ rider** écuyer, -ère *m, f* de cirque
barefaced ['ber·feɪst] *adj pej* éhonté(e)
barefoot ['ber·fʊt], **barefooted** *adj, adv* pieds nus
bareheaded *adj, adv* tête nue
barely ['ber·li] *adv* **1.** (*hardly*) à peine **2.** (*scantily: furnished*) pauvrement
bareness *n* (*of person*) nudité *f;* (*of thing*) dépouillement *m*
bargain ['bar·gɪn] **I.** *n* **1.** (*agreement*) marché *m;* **to drive a hard ~** marchander dur; **to strike a ~** conclure un marché **2.** (*item*) affaire *f;* **a real ~** une bonne affaire ▶ **into the ~** par-dessus le marché **II.** *vi* **1.** (*negotiate*) **to ~ for sth** négocier pour qc **2.** (*exchange*) **to ~ away sth** brader qc; **I've ~ed away my freedom for it** j'ai renoncé à ma liberté pour ça
◆**bargain for, bargain on** *vi* compter sur; **to get more than one bargained for** *fig* en avoir plus que son compte
bargain basement *n* rayon *m* des bonnes affaires
bargaining *n* négociation *f;* **collective ~** négociations *fpl* syndicales (*avec la direction*); **~ chip** monnaie *f* d'échange (*dans une négociation*)
bargain offer *n* offre *f* exceptionnelle
bargain price *n* prix *m* avantageux
bargain sale *n* soldes *fpl*
barge [bardʒ] **I.** *n* péniche *f* **II.** *vt* **to ~ one's**

way to the front foncer vers l'avant
◆**barge in** *vi* faire irruption; **sorry to ~** désolé de vous interrompre
◆**barge into** *vi* faire irruption dans; **to ~ sb** bousculer qn
◆**barge through** *vi* pousser (tout le monde)
baritone ['ber·ə·toʊn] **I.** *n* baryton *m* **II.** *adj* de baryton
bark[1] [bark] **I.** *n* **1.** ZOOL aboiement *m* **2.** (*cough*) toux *f* sèche **II.** *vt, vi* aboyer ▶ **to ~ up the wrong tree** se tromper (de cible)
◆**bark out** *vt* **to ~ an order** aboyer un ordre
bark[2] [bark] *n* BOT écorce *f*
barkeeper ['bar·kip·ər] *n* **1.** (*owner or manager*) patron(ne) *m(f)* **2.** (*person serving drinks*) serveur, -euse *m, f*
barley ['bar·li] *n* orge *f*
barmaid ['bar·meɪd] *n* serveuse *f*
barman ['bar·mən] *n* <-men> barman *m*
barn [barn] *n* grange *f*
barn owl *n* effraie *f*
barnyard *n* basse-cour *f*
barometer [bə·'ra·mə·t̬ər] *n* baromètre *m*
barometric [,bər·ə·'met·rɪk], **barometrical** *adj* barométrique; (*pressure*) atmosphérique
baron ['ber·ən] *n* **1.** baron *m* **2.** *fig* **drug ~** baron *m* de la drogue; **press ~** magnat *m* de la presse
baroness ['ber·ən·əs] *n* baronne *f*
baronet ['ber·ə·nət] *n* baronnet *m*
baroque [bə·'roʊk] *adj* baroque
barracks *n pl* caserne *f*
barrage [bə·'ra(d)ʒ] *n* **1.** MIL tir *m* de barrage **2.** *fig* (*of questions*) déluge *m*
barrel ['ber·əl] **I.** *n* **1.** (*container*) tonneau *m* **2.** (*measure*) baril *m* **3.** (*part of gun*) canon *m* ▶ **to be a ~ of fun** être très marrant; **I wouldn't say he's a ~ of laughs** c'est pas un marrant; **to have sb over a ~** tenir qn à sa merci **II.** *vi inf* (*drive fast*) foncer **III.** *vt* mettre en fût
barrel organ *n* orgue *m* de Barbarie
barren ['ber·ən] *adj* stérile; (*landscape*) aride
barrenness *n* stérilité *f*
barricade [,ber·ə·'keɪd] **I.** *n* barricade *f* **II.** *vt* barricader; **to ~ oneself into sth** se barricader dans qc
barrier ['ber·i·ər] *n* barrière *f*
barring ['bar·ɪŋ] *prep* excepté; **~ error/the unexpected** sauf erreur/imprévu
barrow ['ber·oʊ] *n* brouette *f*
bartender ['bar·ten·dər] *n* barman *m*, barmaid *f*
barter ['bar·t̬ər] **I.** *n* troc *m* **II.** *vi* **1.** faire du troc; **to ~ for sth with sth** troquer qc contre qc **2.** (*haggle*) marchander **III.** *vt* **to ~ sth for sth** troquer qc contre qc
basalt [bə·'sɔlt] *n* basalte *m*
base[1] [beɪs] **I.** *n* (*headquarters, supporting part*) base *f;* (*of statue*) socle *m;* (*of tree, post*) pied *m* ▶ **to be off ~** *inf* dérailler; **to touch ~** prendre contact **II.** *vt* **1.** (*place, support*) *a.* MIL baser; **a Boston-based firm** une société basée à Boston **2.** (*develop using sth*) **to ~ sth on sth** baser qc sur qc; **the theory is ~d on evidence** la théorie est construite sur des preuves; **to be ~d on a novel** être basé sur un roman
base[2] [beɪs] *adj* **1.** (*not honorable*) indigne; (*behavior*) ignoble **2.** (*not pure: metal*) vil(e)
baseball ['beɪs·bɔl] *n* **1.** (*game*) base-ball *m* **2.** (*ball*) balle *f* de base-ball

i Le **baseball** est le sport national des États-Unis. Deux équipes passent alternativement en *up* (attaque), c.-à-d. qu'elles essaient de marquer des *runs* (points). Pour ce faire, les joueurs doivent passer l'un après l'autre les trois bases situées dans un carré. Le *pitcher* (lanceur) de l'équipe adverse lance la balle et un joueur attaquant, le *batter* (batteur), tente de la frapper avec sa *bat* (batte). S'il a réussi à frapper la balle, il se met à courir pour rejoindre au moins la première base avant que l'adversaire ne reprenne possession de la balle.

baseboard *n* plinthe *f*
baseless ['beɪs·ləs] *adj* sans fondement; (*accusation*) injustifié(e)
baseline ['beɪs·laɪn] *n* **1.** SPORTS ligne *f* de fond **2.** (*basis*) base *f*
bash [bæʃ] **I.** *n* **1.** (*blow*) coup *m* **2.** *inf* (*party*) fête *f* **II.** *vt* **1.** (*hit hard*) **to ~ sth against sth** cogner qc contre qc **2.** (*criticize*) démolir
◆**bash into** *vi insep* **to ~ sb/sth** rentrer dans qn/qc
◆**bash up** *vt inf* (*person*) donner une raclée à; (*car*) démolir
bashful ['bæʃ·fəl] *adj* timide; **to feel ~ about doing sth** se sentir intimidé à l'idée de faire qc
bashfulness *n* timidité *f*
BASIC ['beɪ·sɪk] *n* COMPUT *abbr of* **Beginner's All-purpose Symbolic Instruction Code** BASIC *m*
basic *adj* **1.** (*fundamental*) fondamental(e); (*needs*) premier(-ère); **to be ~ to sth** être essentiel à qc; **the ~ idea is to ...** l'idée *f* essentielle est de; **~ facts** faits *mpl* principaux; **~ requirements** minimum *m* requis **2.** (*lowest in level*) rudimentaire; **to have a ~ command of English** avoir des connaissances de base en anglais; **~ vocabulary** vocabulaire *m* de base **3.** CHEM basique
basically *adv* en fait
basic pay *n* salaire *m* de base
basil ['beɪ·zəl] *n* basilic *m*
basilica [bə·'sɪl·ɪ·kə] *n* basilique *f*
basin ['beɪ·sən] *n* **1.** (*bowl*) cuvette *f* **2.** (*sink*) lavabo *m*
basis ['beɪ·sɪs] *n* <bases> base *f;* **to be the ~ for** (*agreement, discussion, progress, plan*) être le point de départ de; (*calculation*) être la référence pour; **on the ~ of sth** sur la base de qc; **to do sth on a voluntary ~** faire qc en tant

que bénévole

bask [bæsk] *vi* 1. (*warm oneself*) **to ~ in the sun** se prélasser au soleil 2. *fig* **to ~ in sb's approval** jouir de l'approbation de qn

basket ['bæs·kət] *n* panier *m* ▶ **to be a ~ case** *pej* être un paumé

basketball ['bæs·kət·bɔl] *n* basket-ball *m*

bass[1] [beɪs] *n* 1. (*instrument, voice*) basse *f*; **to sing ~** chanter la basse 2. (*singer*) basse *f*

bass[2] [bæs] *n* bar *m*

bass drum *n* grosse caisse *f*

bassoon [bə·'sun] *n* basson *m*

bastard ['bæs·tərd] *n* 1. bâtard *m* 2. *fig, pej, vulg* salaud *m*; **to be a real ~ to sb** être un vrai salaud envers qn; **you ~!** salaud!

baste [beɪst] *vt* 1. (*moisten food*) arroser 2. (*tack*) bâtir

bastion ['bæs·tʃən] *n* bastion *m*; **~ of freedom** bastion de la liberté

bat[1] [bæt] *n* ZOOL chauve-souris *f* ▶ **to have ~s in the belfry** avoir une araignée au plafond; **like a ~ out of hell** comme un fou; **to leave like a ~ out of hell** partir comme si on avait le diable aux trousses; **(as) blind as a ~** myope comme une taupe

bat[2] [bæt] *vt* **to ~ one's eyelids at sb** battre des paupières pour qn ▶ **she didn't ~ an eyelid when ...** elle n'a pas bronché quand ...

bat[3] [bæt] I. *n* batte *f* ▶ **right off the ~** sur le champ II. *vi* <-tt-> être à la batte III. *vt* <-tt-> **to ~ the ball** frapper la balle

batch [bætʃ] I. <-es> *n* (*from oven*) fournée *f*; (*of items, material*) lot *m*; (*of people*) groupe *m* II. *vt* **to ~ sth together** grouper qc

batch processing *n* COMPUT traitement *m* par lots

bated ['beɪ·t̬ɪd] *adj* **with ~ breath** en retenant son souffle

bath [bæθ] I. *n* 1. (*water, wash*) bain *m*; **~ oil** huile *f* pour le bain; **to give sb/sth a ~** baigner qn/qc; **to take** [*o* **have**] **a ~** prendre un bain 2. (*tub*) baignoire *f* 3. (*container*) cuvette *f* II. *vi* se baigner III. *vt* baigner

bathe [beɪð] I. *vi* prendre un bain II. *vt* 1. MED baigner; **to ~ one's eyes** se rincer les yeux; **to ~ one's feet** prendre un bain de pieds 2. *fig* baigner; **to be ~d in sweat/tears** être en nage/baigné de larmes

bathing *n* baignade *f*; **to go ~** aller se baigner

bathing cap *n* bonnet *m* de bain

bathing suit *n* maillot *m* de bain (une pièce)

bathrobe *n* peignoir *m* de bain

bathroom *n* 1. (*room with bath*) salle *f* de bain 2. (*lavatory*) toilettes *fpl*

bath towel *n* serviette *f* de bain

bathtub *n* baignoire *f*

batik [bə·'tik] *n* batik *m*; **~ cloth** tissu *m* batik

baton [bə·'tan] *n* 1. MUS baguette *f* 2. (*for majorette*) canne *f* 3. SPORTS témoin *m* 4. (*truncheon*) matraque *f*

battalion [bə·'tæl·jən] *n* bataillon *m*

batten ['bæt·ᵊn] I. *n* latte *f* II. *vt* latter ▶ **to ~ down the hatches** être paré

batter ['bæt̬·ər] I. *n* pâte *f* II. *vt* battre III. *vi* **to ~ at the door** tambouriner à la porte; **to ~ against the rocks** battre les rochers

battered ['bæt·ərd] *adj* 1. (*injured*) battu(e) 2. (*damaged: car*) cabossé(e); (*furniture*) délabré(e) 3. (*covered in batter*) en beignet; **~ fish** beignet *m* de poisson

battering ['bæt̬·ᵊr·ɪŋ] *n* 1. (*attack*) **to give sb a ~** rouer qn de coups 2. *inf* (*defeat*) **to take a ~** prendre une raclée

battery ['bæt̬·ᵊr·i] <-ies> *n* 1. ELEC pile *f*; **batteries not included** piles vendues séparément; **~-operated** (qui fonctionne) à piles 2. (*large amount*) *a.* AUTO, MIL batterie *f*

battery charger *n* chargeur *m*

battle ['bæt̬·l] I. *n* (*combat*) bataille *f*; **to be killed in ~** être tué au combat; **to join ~** entrer dans le conflit; **~ of wits/words** joute *f* d'esprit/oratoire; **to do ~** s'opposer; **~ against/for sth** lutte *f* contre/pour qc; **to fight a ~ for sth** se battre pour qc ▶ **to lose the ~ but win the war** perdre une bataille mais pas la guerre; **it's half the ~** c'est la moitié du travail; **to fight a losing ~** livrer une bataille perdue d'avance II. *vi* 1. (*fight*) **to ~ over sth** se battre pour qc 2. *fig* **to ~ against/for sth** lutter contre/pour qc III. *vt* combattre

battle cry *n* cri *m* de guerre

battlefield, battleground *n a. fig* champ *m* de bataille

battlements ['bæt̬·l·mənts] *npl* remparts *mpl*

battleship ['bæt̬·l·ʃɪp] *n* cuirassé *m*

baud [bɔd] *n* COMPUT **~ (rate)** baud *m*

baulk [bɔk] *vi s.* **balk**

bauxite ['bɔk·saɪt] *n* bauxite *f*

bawdy ['bɔ·di] <-ier, -iest> *adj* paillard(e)

bawl [bɔl] I. *vi* brailler; **to ~ at sb** hurler contre qn; **to ~ at sb to come** appeler qn en hurlant II. *vt* **to ~ one's eyes out** pleurer toutes les larmes de son corps

bay[1] [beɪ] *n* GEO baie *f*

bay[2] [beɪ] *n* BOT laurier *m*

bay[3] [beɪ] *n* 1. (*marked-off space*) emplacement *m*; **loading ~** aire *f* de chargement 2. (*recess*) renfoncement *m*

bay[4] [beɪ] *n* (*horse*) cheval *m* bai

bay[5] [beɪ] I. *vi* 1. (*bark*) aboyer 2. *fig, pej* **to ~ for blood** être assoiffé de sang II. *n a. fig* **to be at ~** être aux abois; **to hold sth/sb at ~** tenir qc/qn à distance

Bay of Biscay [-'bɪs·keɪ] *n* Golfe *m* de Gascogne

bayonet [ˌbeɪ·ə·'net] I. *n* baïonnette *f*; **to fix ~s** fixer la baïonnette au canon II. *vt* passer à la baïonnette

bay window *n* fenêtre *f* en saillie

bazaar [bə·'zar] *n* 1. bazar *m* 2. (*event*) vente *f* de charité

BC [ˌbi·'si] I. *n abbr of* **British-Columbia** II. *adv abbr of* **before Christ** av JC

be [bi] <was, been> I. *vi* + *adj or n* 1. (*expresses identity, position, place*) **he's American/a dentist** il est Américain/dentiste; **it's a key** c'est une clef; **to ~ in Spain** être en Espagne; **the statues are in the Louvre** les statues *fpl* se trouvent au Louvre **2.** (*expresses a state, situation*) **I'm cold/hungry** j'ai froid/faim; **my hands are cold** j'ai froid aux mains; **how are you? – I'm fine** comment vas-tu/allez-vous? – je vais bien; **~ quiet!** reste(z) tranquille!; **to ~ on a diet** faire un régime; **to ~ on the pill** prendre la pilule; **to ~ on welfare** toucher des allocations **3.** (*expresses calculation/price*) **two and two is four** deux et deux font quatre; **this book is 50¢** ce livre fait 50 cents **4.** (*indicates age*) **how old is he? – he's twenty** quel âge a-t-il? – il a vingt ans **5.** (*take place*) **the meeting is next Tuesday** la réunion a lieu mardi prochain **6.** (*exist*) **there is/are ...** il y a ...; **let her ~!** laisse-la tranquille! **7.** (*impersonal use*) **what is it?** qu'est-ce que c'est?; **it's three** il est trois heures; **it's cold/windy** il fait froid/il y a du vent; **it's rainy** il pleut; **it's fair** c'est juste; **what's it to ~?** ce sera?; **as it were** pour ainsi dire ▶ **the ~-all and end-all** le but suprême; **~ that as it may** malgré cela; **so ~ it** soit; **far ~ it from sb to** +*infin* loin de qn l'idée de +*infin; s.a.* **off II.** *aux* **1.** (*expresses continuation*) **he's breathing** il respire; **she's still sleeping** elle est encore en train de dormir; **it's raining** il pleut **2.** (*expresses possibility*) **can it ~ that ...?** *form* est-il possible que +*subj* ?; **the exhibition is to ~ seen at the gallery** on peut voir l'exposition à la galerie; **what is he to do?** qu'est-il censé faire?; **may I ~ of service?** je peux vous aider? **3.** (*expresses passive*) **to ~ discovered by sb** être découvert par qn; **to ~ left speechless** rester bouche bée; **I'm asked to come at seven** on me demande de venir à sept heures **4.** (*expresses future*) **she's leaving tomorrow** elle part demain; **you are to wait here** vous devez attendre ici; **we are to meet at seven** on est censé se rencontrer à sept heures **5.** (*expresses future in past*) **she was never to see her brother again** elle n'allait jamais plus revoir son frère **6.** (*in conditionals*) **if sb were** [*o* **was**] **to** +*infin*, **...** si qn devait +*infin*, ...; **if he were to work harder, he'd get better grades** s'il travaillait plus, il aurait de meilleures notes; **were sb to** +*infin*, **...** *form* si qn devait +*infin*, ...

beach [bitʃ] *n* plage *f*

beachhead ['bitʃ·hed] *n* tête *f* de pont

beachwear ['bitʃ·wer] *n* tenues *fpl* de plage

beach wrap *n* paréo *m*

beacon ['bi·kᵊn] *n* **1.** (*light*) signal *m* lumineux **2.** (*signal*) balise *f* **3.** (*lighthouse*) phare *m* **4.** (*guide*) flambeau *m*; **~ of hope** symbole *m* d'espoir

bead [bid] *n a. fig* perle *f* ▶ **to draw a ~ on sth** viser qc

beading ['bid·ɪŋ] *n* baguette *f*

beady ['bi·di] <-ier, -iest> *adj pej* **to have one's ~ eye(s) on sb/sth** avoir qn/qc à l'œil

beak [bik] *n* **1.** ZOOL bec *m* **2.** *inf* (*nose*) nez *m* crochu

beaker ['bi·kər] *n* gobelet *m*

beam [bim] **I.** *n* **1.** (*stream of light*) rayon *m*; PHYS faisceau *m* (lumineux); **full ~** AUTO pleins phares *mpl* **2.** *a.* SPORTS poutre *f*; **exposed wooden ~s** des poutres *fpl* apparentes **3.** (*big smile*) grand sourire *m* ▶ **to be off ~** être à côté de la plaque **II.** *vt* **1.** (*transmit*) diffuser **2.** (*send*) diriger **III.** *vi* **1. to ~ down on sth/sb** rayonner sur qc/qn **2.** (*smile*) sourire largement; **she was ~ing at me** elle me faisait un grand sourire

beaming *adj* rayonnant(e)

bean [bin] *n* **1.** (*seed*) haricot *m*, fève *f Québec*; **runner/green** [*o* **French**] **~s** haricots plats/verts; **baked ~s** *haricots blancs à la sauce tomate* **2.** (*pod*) cosse *f* ▶ **not to have a ~** *inf* ne pas avoir un radis; **to be full of ~s** ne pas tenir en place; **to spill the ~s to sb** vendre la mèche à qn

beanbag *n* (*seat*) coussin *m*

bean sprouts *n* germes *mpl* de soja

bear[1] [ber] *n* **1.** ZOOL ours *m*; **she ~** ourse *f* **2.** *fig, inf* **to be like a ~ with a sore head, to be like a real ~** être d'une humeur massacrante

bear[2] [ber] <bore, born(e)> **I.** *vt* **1.** (*carry, display*) porter; **he bore himself with dignity** il s'est montré digne **2.** (*bring: letter, news*) porter **3.** (*endure, deal with*) **to ~ a load/the cost** supporter une charge/le coût; **to ~ the burden/the pain** supporter le poids/la douleur; **to ~ hardship** endurer des épreuves; **to ~ the blame** endosser la responsabilité; **I can't ~ the suspense** je ne supporte plus l'attente; **I can't ~ the idea** l'idée m'est insupportable; **it doesn't ~ close examination** ça ne résiste pas à l'examen **4.** (*show*) **to ~ sb ill will** en vouloir à qn; **to ~ an** (**uncanny**) **likeness to sb** avoir une (troublante) ressemblance avec qn **5.** (*keep*) **to ~ sth/sb in mind** penser à qc/qn **6.** <born> *pp in passive* (*give birth to*) **to ~ a baby** donner naissance à un enfant; **to ~ sb a child** donner un enfant à qn; **animals ~ young** les animaux *mpl* se reproduisent **7.** (*generate*) **to ~ fruit** donner des fruits; *fig* porter ses fruits **8.** FIN, ECON **to ~ interest** rapporter un intérêt **II.** *vi* **1.** (*move*) **to ~ east** prendre la direction de l'est; **to ~ left/right** prendre à gauche/droite **2.** (*have influence*) **to bring pressure to ~ on sb** faire pression sur qn

◆ **bear down on** *vi* foncer sur

◆ **bear out** *vt* (*evidence, idea*) confirmer; (*person*) donner raison à

◆ **bear up** *vi* ne pas se laisser abattre; **~!** courage!

◆ **bear with** *vi* supporter; **to ~ sb** être patient avec qn

bearable ['ber·ə·bl] *adj* supportable

beard [bɪrd] *n* **1.** (*hair*) barbe *f*; **to grow a ~** se laisser pousser une barbe; **to have a ~** porter la barbe **2.** ZOOL bouc *m*

bearded *adj* barbu(e)

beardless ['bɪrd·ləs] *adj* imberbe

bearer ['ber·ər] *n* **1.** (*messenger*) porteur, -euse *m, f* **2.** (*owner: of title, check*) porteur, -euse *m, f;* (*of passport, license*) titulaire *mf*

bearing ['ber·ɪŋ] *n* **1.** (*exact position*) position *f;* **to plot one's ~s** tracer sa route; **to take a ~ on sth** s'orienter par rapport à qc; **to lose one's ~s** se désorienter; **to get one's ~s** *fig* s'orienter **2.** (*posture*) maintien *m* **3.** (*air*) allure *f* **4.** TECH **ball ~** roulement *m* à billes **5.** (*relevance*) influence *f;* **to have some ~ on sth** influer sur qc

bearskin ['ber·skɪn] *n* peau *f* d'ours

beast [bist] *n* **1.** (*animal*) bête *f;* **~ of burden** bête de somme; **king of the ~s** roi *m* des animaux **2.** *inf* (*person*) sale bête *f;* **to be a ~ to sb** être une peste envers qn; **to bring out the ~ in sb** réveiller la bête qui sommeille en qn **3.** *fig* **~ of a day** sale journée *f*

beastly ['bis(t)·li] <-ier, -iest> *adj inf* dégueulasse; (*meal*) dégoûtant(e)

beat [bit] <beat, beaten> **I.** *n* **1.** (*pulsation*) battement *m* **2.** MUS temps *m;* (*rhythm*) rythme *m;* **~s to** [*o* **in**] **the bar** temps par mesure; **strong ~** temps *m* fort; **to dance to the ~ of the music** danser au rythme de la musique **3.** *sing* (*police working area*) secteur *m;* **he's on the ~** il fait une patrouille à pied **II.** *adj inf* épuisé(e) **III.** *vt* **1.** (*strike*) battre; **to ~ sb to death** battre qn à mort; **to ~ sb black and blue** rouer qn de coups; **to ~ a confession out of sb** obtenir une confession de qn par la force **2.** (*mix food*) **to ~ eggs** battre des œufs **3.** (*cut through*) **to ~ a path** se frayer un passage **4.** (*defeat*) battre; **to comfortably ~ sb/sth** battre qn/qc haut la main; **to ~ sb/sth fair and square** battre qn/qc loyalement **5.** *inf* (*be better than*) **to ~ sth/sb** être meilleur que qc/qn; **nothing ~s sth** rien ne vaut qc ►**to ~ one's brains out** *inf* se creuser la cervelle; **to ~ the (living) daylights out of sb** *inf* tabasser qn; **to ~ sb at his/her own game** battre qn à son propre jeu; **to ~ the pants off sb** *inf* battre qn à plate(s) couture(s); **to ~ a path to sb's door** sonner à la porte de qn; **to ~ a retreat** battre en retraite; **if you can't ~ them, join them** *prov* une alliance vaut mieux qu'une défaite; **it ~s me** ça me dépasse; **~ it** dégage; **to ~ sb to it** devancer qn **IV.** *vi* battre

◆**beat back** *vt always sep* repousser; **the blaze was beaten back** les flammes *fpl* ont été repoussées

◆**beat down I.** *vi* (*hail, rain*) battre; (*sun*) taper; **the rain was beating down** il pleuvait à verse **II.** *vt always sep* faire baisser; **I managed to beat him down to $35** j'ai réussi à le faire descendre à 35 dollars

◆**beat off** *vt* repousser

◆**beat up I.** *vt always sep* passer à tabac **II.** *vi* **to ~ on sb** passer qn à tabac

beaten ['biṭ·ən] *adj* (*metal*) martelé(e); (*earth*) battu(e); **off the ~ path** hors des sentiers battus

beater ['biṭ·ər] *n* **1.** CULIN batteur *m* **2.** (*for carpets*) tapette *f*

beatification [bɪ·ˌæṭ·ə·fɪ·'keɪ·ʃən] *n* béatification *f*

beatify [bɪ·'æṭ·ə·faɪ] *vt* béatifier

beating ['biṭ·ɪŋ] *n* **1.** (*getting hit*) **to give sb a ~** rouer qn de coups **2.** (*defeat*) **to take a ~** se faire battre à plate(s) couture(s); **sth will take some ~** qc est imbattable

beatnik ['bit·nɪk] *n* beatnik *mf*

beautician [bju·'tɪʃ·ən] *n* esthéticien(ne) *m(f)*

beautiful ['bju·ṭə·fəl] *adj* **1.** (*attractive*) beau(belle) **2.** (*excellent*) magnifique **3.** (*trendy*) **the ~ people** les beaux *mpl*

beautify ['bju·ṭə·faɪ] *vt* **to ~ oneself** se faire une beauté

beauty ['bju·ṭi] <-ies> *n* beauté *f;* **to be a (real) ~** être d'une grande beauté; (*car*) être une (véritable) merveille

beauty contest, beauty pageant *n* concours *m* de beauté

beauty parlor *n*, **beauty salon** *n*, **beauty shop** *n* institut *m* de beauté

beauty spot *n* mouche *f*

beaver ['bi·vər] **I.** *n* **1.** ZOOL castor *m* **2.** (*person*) **to work like a ~** travailler d'arrache-pied **II.** *vi inf* **to ~ away at sth** travailler d'arrache-pied à qc

becalmed [bɪ·'kamd] *adj* **to be ~** être encalminé; (*stagnating*) être en stagnation

became [bɪ·'keɪm] *pt of* **become**

because [bɪ·'kaz] **I.** *conj* parce que; **~ I said that, I had to leave** j'ai dû partir pour avoir dit cela; **~ it's snowing** à cause de la neige; **not ~ I am sad, but ...** non que je sois triste (*subj*), mais ... **II.** *prep* **~ of me** à cause de moi; **~ of illness** pour cause de maladie; **~ of the fine weather** en raison du beau temps

beck [bek] *n* **to be at sb's ~ and call** être à la disposition de qn

beckon ['bek·ən] **I.** *vt* **to ~ sb over** faire signe à qn de venir; **to ~ sb to join us** faire signe à qn de nous rejoindre **II.** *vi* (*signal*) **to ~ to sb** faire signe à qn

become [bɪ·'kʌm] <became, become> **I.** *vi* + *adj or n* devenir; **to ~ extinct** disparaître; **to ~ angry** s'énerver; **to ~ convinced that ...** se laisser gagner par l'idée que ...; **to ~ interested in sth/sb** commencer à s'intéresser à qc/qn; **I wonder what became of him** je me demande ce qu'il est devenu **II.** *vt* (*dress*) aller à; (*attitude*) convenir à

bed [bed] *n* **1.** (*furniture*) lit *m;* **to get out of ~** se lever; **to go to ~** aller au lit; **to put sb to ~** mettre qn au lit; **in ~** au lit **2.** (*related to sexuality*) **good in ~** bon(ne) au lit; **to go to ~ with sb** coucher avec qn **3.** TYP **to put sth to ~** mettre qc sous presse **4.** (*flower patch*) parterre *m* **5.** (*bottom*) **sea ~** fond *m* de la mer; **river ~** lit *m* de la rivière ►**it's not a ~ of**

B

roses ce n'est pas une partie de plaisir; **to get out of** [*o* **up on**] **the wrong side of the** ~ se lever du mauvais pied
BEd ['bi·'ed] *n abbr of* **Bachelor of Education** diplôme *m* universitaire de pédagogie
bed and breakfast *n* ≈ chambre *f* d'hôtes
◆**bed down I.** *vi* **1.** (*go to bed*) se coucher **2.** (*become established: team*) s'adapter; (*institution, performance*) commencer à bien rouler **II.** *vt* coucher
bedclothes ['bed·kloʊðz] *npl* draps *mpl* et couvertures *fpl*
bedding ['bed·ɪŋ] **I.** *n* **1.** (*bed*) literie *f* **2.** ZOOL litière *f* **II.** *adj* ~ **plant** plant *m* à repiquer
bedeck *vt* orner
bedevil [bɪ·'dev·ᵊl] *vt* **1.** (*worry*) **to be** ~**ed by sth** être assailli par qc **2.** (*make problems*) **to** ~ **sb/sth** assaillir qn/qc **3.** (*complicate*) compliquer
bedfellow ['bed·ˌfel·oʊ] *n fig* **to make strange** ~**s** faire une drôle de paire
bedlam ['bed·ləm] *n* chahut *m*
Bedouin ['bed·u·ɪn] **I.** *adj* bédouin(e) **II.** <-(s)> *n* **the** ~**(s)** les Bédouins *mpl*
bedraggled [bɪ·'dræg·ld] *adj* **1.** (*wet*) trempé(e) **2.** (*untidy*) débraillé(e)
bedridden ['bed·ˌrɪd·ᵊn] *adj* alité(e)
bedrock ['bed·rak] *n* **1.** (*rock*) soubassement *m* **2.** (*basis*) base *f*
bedroom ['bed·rum] *n* chambre *f* à coucher; **guest** ~ chambre d'amis; **three-**~ **house** maison *f* avec trois chambres; ~ **scene** scène *f* d'amour; **to have** ~ **eyes** avoir un regard troublant
bedside ['bed·saɪd] *n* chevet *m*
bedside lamp *n* lampe *f* de chevet
bedside manner *n* comportement *m* auprès des malades
bedside table *n* table *f* de chevet
bedsore ['bed·sɔr] *n* escarre *f*
bedspread ['bed·spred] *n* couvre-lit *m*
bedstead ['bed·sted] *n* cadre *m* de lit
bedtime ['bed·taɪm] *n* heure *f* du coucher; **it's** (**way**) **past my** ~ je devrais déjà être au lit; **to have a hot milk at** ~ boire un lait chaud avant d'aller au lit
bee [bi] *n* **1.** ZOOL abeille *f;* **swarm of** ~**s** essaim *m* d'abeilles; **worker** ~**s** abeilles ouvrières; **to be stung by a** ~ être piqué par une abeille **2.** (*group*) *cercle de personnes ayant une activité commune* ▶**to have a** ~ **in one's bonnet about sth** faire une fixation sur qc; **to be a busy** ~ *iron* être débordant d'activité
beech [bitʃ] *n* hêtre *m;* ~ **table** table *f* en (bois de) hêtre; **made of** ~ en (bois de) hêtre
beef [bif] **I.** *n* **1.** (*meat*) bœuf *m;* **minced** ~ bœuf haché; **roast** ~ rôti *m* de bœuf **2.** *inf* (*complaint*) revendication *f;* **what's his** ~**?** qu'est qu'il veut? **II.** *vi* **to** ~ **about sth** râler à cause de qc
beefburger ['bif·ˌbɜr·gər] *n* steak *m* haché
beefsteak [ˌbif·'steɪk] *n* bifteck *m*
beefy ['bi·fi] <-ier, -iest> *adj inf* costaud(e)
beehive ['bi·haɪv] *n* ruche *f*
beeline ['bi·laɪn] *n inf* **to make a** ~ **for sth/sb** filer droit sur qc/qn
been [bɪn] *pp of* **be**
beep [bip] *n* bip *m*
beeper ['bi·pər] *n* récepteur *m* d'appel
beer [bɪr] *n* bière *f*
beery ['bɪr·i] *adj* ~ **breath** haleine *f* qui sent la bière
beeswax ['biz·wæks] *n* cire *f* d'abeille
beet [bit] *n* betterave *f,* carotte *f* rouge *Suisse* ▶**go** [*o* **turn**] ~ **red** devenir rouge comme une tomate
beetle ['bi·t̬l] *n* **1.** ZOOL scarabée *m* **2.** *inf* AUTO coccinelle *f*
befit [bɪ·'fɪt] <-tt-> *vt form* convenir à; **as** ~**s a soldier** comme il convient à un soldat
befitting *adj form* approprié(e); ~ **her new status** à la hauteur de son nouveau statut
before [bɪ·'fɔr] **I.** *prep* **1.** (*earlier*) avant; ~ **doing sth** avant de faire qc; **to wash one's hands** ~ **meals** se laver les mains avant de manger **2.** (*in front of*) devant; ~ **our eyes** sous nos yeux **3.** (*preceding*) avant; **C comes** ~ **D** le C précède le D; **just** ~ **the bus stop** juste avant l'arrêt de bus **4.** (*having priority*) **to put sth** ~ **sth else** donner la priorité à qc sur qc d'autre **5.** (*facing sb*) **he has sth** ~ **him** il a qc qui l'attend ▶**business** ~ **pleasure** *prov* le travail d'abord, le plaisir ensuite **II.** *adv* **1.** (*previously*) **I've seen it** ~ je l'ai déjà vu; **I've not seen it** ~ je ne l'ai jamais vu; **the day** ~ la veille; **two days** ~ l'avant-veille; **as** ~ comme par le passé **2.** (*in front*) **this word and the one** ~ ce mot et le précédent **III.** *conj* **1.** (*at previous time*) avant (que); **he spoke** ~ **she** il parla avant qu'elle +*subj;* **he had a drink** ~ **he went** il a pris un verre avant de partir **2.** (*rather than*) **he'd die** ~ **he'd tell the truth** il mourrait plutôt que de dire la vérité **3.** (*until*) **it was a week** ~ **he came** il s'est passé une semaine avant qu'il ne vienne **4.** (*so that*) **to have to do sth** ~ **sb would do sth** devoir faire qc pour que qn fasse qc (*subj*)
beforehand [bɪ·'fɔr·hænd] *adv* **1.** (*in advance*) à l'avance **2.** (*earlier*) déjà
befriend [bɪ·'frend] *vt* **1.** (*become friends with*) **to** ~ **sb** se lier d'amitié avec qn **2.** (*help*) être amical avec
beg [beg] <-gg-> **I.** *vt* **1.** (*seek charity*) quémander; **to** ~ **sb's pardon** s'excuser auprès de qn; **I** ~ **your pardon?** je vous demande pardon? **2.** (*humbly request*) implorer; **to** ~ **leave to** +*infin form* solliciter l'autorisation de +*infin;* **to** ~ **sb to** +*infin* supplier qn de +*infin;* **I** ~ **to inform you that...** il me faut vous informer que... ▶**to** ~ **the question** faire l'impasse sur l'essentiel **II.** *vi* **1.** (*seek charity*) mendier; **to** ~ **for sth** mendier qc **2.** (*humbly request*) implorer; **I** ~ **of you to** +*infin* je vous supplie de +*infin;* **to** ~ **for mercy** demander grâce; **I** ~ **to differ** *form* permettez-moi d'être

d'un autre avis **3.** (*sit up: dog*) faire le beau ▶**to go ~ging** être disponible

began [bɪ·ˈgæn] *pt of* **begin**

beggar [ˈbeg·ər] **I.** *vt* ruiner; **to ~ oneself** se ruiner ▶**to ~ belief** dépasser l'imagination **II.** *n* **1.** (*poor person*) mendiant(e) *m(f)* **2.** (*rascal*) voyou *m* ▶**~s can't be choosers** *prov* faute de grives on mange des merles *prov*

begin [bɪ·ˈgɪn] <-nn-, began, begun> **I.** *vt* commencer; **to ~ work/a phase** commencer le travail/une phase; **to ~ a conversation** engager la conversation; **to ~ to count** [*o* **counting**] commencer à compter **II.** *vi* (*start*) commencer; **to ~ with** premièrement; **to ~ with a song** commencer par une chanson; **"well", he began ...** "bon", commença-t-il ...

◆**begin on** *vt insep* se mettre à

beginner [bɪ·ˈgɪn·ər] *n* débutant(e) *m(f)*; **absolute ~** novice *mf*

beginning I. *n* **1.** (*start*) commencement *m*; **at the ~** au début; **from ~ to end** du début à la fin; **to make a ~** faire ses débuts **2.** (*origin*) origine *f*; **the ~s of humanity** l'aube *f* de l'humanité **II.** *adj* initial(e)

begonia [bɪ·ˈgoʊ·njə] *n* bégonia *m*

begrudge [bɪ·ˈgrʌdʒ] *vt* **1.** (*envy*) **to ~ sb sth** envier qc à qn **2.** (*be reluctant about*) **they ~d her every penny** ils lui ont reproché le moindre sou; **to ~ doing sth** faire qc à contre-cœur

begun [bɪ·ˈgʌn] *pp of* **begin**

behalf [bɪ·ˈhæf] *n* **on ~ of** au nom [*o* de la part] de; **to act on ~ of sb** agir pour le compte de qn

behave [bɪ·ˈheɪv] **I.** *vi* **1.** (*act: people*) se comporter; (*object, substance*) réagir; **to ~ calmly in a crisis** garder son calme pendant une crise; **to ~ strangely** se conduire bizarrement **2.** (*act in proper manner*) bien se tenir; **to ~ well/badly** bien/mal se tenir; **~!** tiens-toi bien! **3.** (*function*) fonctionner; **the TV isn't behaving** la télé ne fonctionne pas très bien **II.** *vt* **to ~ oneself** se tenir bien

behavior [bɪ·ˈheɪ·vjər] *n* comportement *m*; **to be on one's best ~** bien se tenir

behaviorism [bɪ·ˈheɪ·vjər·ɪ·zᵊm] *n* béhaviorisme *m*

behavior pattern *n* schéma *m* de comportement

behead [bɪ·ˈhed] *vt* décapiter

behind [bɪ·ˈhaɪnd] **I.** *prep* **1.** (*at the back of*) derrière; **right ~ sb/sth** juste derrière qn/qc; **~ the wheel** au volant; **~ the scenes** dans les coulisses **2.** (*hidden by*) **a face ~ a mask** un visage caché sous un masque **3.** (*responsible for*) **who is ~ that scheme?** qui se cache derrière ce projet?; **there is sth ~ this** il y a qc là-dessous **4.** (*in support of*) **to be ~ sb/sth all the way** soutenir qn/qc à cent pour cent **5.** (*late*) **~ time** en retard; **to be/get ~ schedule** être en/prendre du retard **6.** (*less advanced than*) **to be ~ sb/the times** être en retard sur qn/son temps **II.** *adv* **1.** (*at the back*) derrière; **the seat ~** le siège derrière; **to stay ~** rester en arrière; **to fall ~** prendre du retard; **to come ~** suivre **2.** (*late*) en arrière; **to be ~ with sth** être en retard en qc; **to get ~ in sth** prendre du retard dans qc; **my watch is an hour ~** ma montre retarde d'une heure **3.** (*where one was*) **to leave one's bag ~** oublier son sac; **to stay ~** rester après les autres **III.** *n* (*buttocks*) postérieur *m*

behindhand [bɪ·ˈhaɪnd·hænd] *adv* **to be ~ with sth** être en retard pour qc

beige [beɪʒ] *adj, n* beige; *s.a.* **blue**

being [ˈbi·ɪŋ] **I.** *present participle of* **be II.** *n* **1.** (*living thing*) être *m*; **~ from another planet** créature *f* extraterrestre **2.** (*existence*) **to bring sth into ~** concrétiser qc; **to come into ~** prendre naissance **III.** *adj* **for the time ~** pour l'instant

Belarus [bel·ə·ˈrus] *n* la Biélorussie

belated [bɪ·ˈleɪ·t̬ɪd] *adj* tardif(-ive)

belch [beltʃ] **I.** *n* rot *m* **II.** *vi* avoir un renvoi **III.** *vt* **to ~ clouds of smoke** cracher des nuages de fumée

belfry [ˈbel·fri] *n* (*tower*) beffroi *m*; (*of church*) clocher *m* ▶**to have bats in the ~** avoir une araignée au plafond

Belgian [ˈbel·dʒən] **I.** *adj* belge **II.** *n* Belge *mf*

Belgium [ˈbel·dʒəm] *n* la Belgique

belie [bɪ·ˈlaɪ] *irr vt* **1.** (*disprove*) réfuter **2.** (*disguise*) masquer

belief [bɪ·ˈlif] *n* **1.** (*conviction*) conviction *f*; **it is my firm ~ that ...** j'ai l'intime conviction que ...; **to the best of my ~** pour autant que je sache (*subj*); **to be beyond ~** dépasser l'imagination; **in the ~ that ...** convaincu que ... **2.** REL foi *f*; **religious ~s** croyances *fpl* religieuses **3.** (*trust*) foi *f*; **your ~ in yourself** ta confiance en toi-même; **to shake sb's ~ in sth** ébranler la foi de qn en qc

believable [bɪ·ˈli·və·bl] *adj* vraisemblable

believe [bɪ·ˈliv] *vt* **1.** (*presume true*) croire; **~ you me!** *inf* crois-moi/croyez-moi!; **to make ~ (that) ...** prétendre que ... **2.** (*show surprise*) **not to ~ one's eyes/ears** ne pas en croire ses yeux/oreilles; **not to ~ one's luck** ne pas en revenir; **seeing is believing** il faut le voir pour le croire **3.** (*think*) croire

◆**believe in** *vt* (*God, spirits, discipline, honesty*) croire en; **he believes in being ...** il pense qu'il faut être ...

believer [bɪ·ˈli·vər] *n* **1.** REL croyant(e) *m(f)* **2.** (*convinced person*) adepte *mf*

belittle [bɪ·ˈlɪt̬·l] <-tling> *vt* dénigrer; **to ~ oneself** se rabaisser

Belize [bə·ˈliz] *n* le Belize

Belizean [bə·ˈliz·ɪ·ən] **I.** *adj* bélizien(ne) **II.** *n* Bélizien(ne) *m(f)*

bell [bel] *n* **1.** (*object*) cloche *f*; (*bicycle, door*) sonnette *f* **2.** (*signal*) timbre *m* ▶**alarm** [*o* **warning**] **~s rang in sb's head** une petite lampe rouge s'est allumée dans la tête de qn; **that rings a ~** ça me dit quelque chose; **as clear as a ~** clair comme du cristal

belladonna [ˌbel·ə·ˈdan·ə] *n* belladone *f*

bell-bottoms *n pl* pantalon *m* à pattes d'éléphant
bellboy ['bel·bɔɪ] *n* groom *m*
bellicose ['bel·ɪ·koʊs] *adj* belliqueux(-euse)
belligerent [bɪ·'lɪdʒ·ər·ənt] *adj* **1.** (*at war*) hostile; ~ **nation** pays belligérant **2.** (*aggressive*) querelleur(-euse)
bellow ['be·loʊ] **I.** *vt* brailler **II.** *vi* **1.** (*animal*) mugir **2.** (*person*) hurler **III.** *n* hurlement *m;* **to give a ~ of rage/pain** pousser un hurlement de rage/douleur
bellows ['bel·oʊz] *npl* soufflet *m*
belly ['bel·i] <-ies> *n inf* ventre *m;* (*of animal*) panse *f* ▶ **to go ~ up** *inf* tourner court
bellyache *inf* **I.** *n* mal *m* au ventre **II.** *vi* rouspéter
belly button *n childspeak, inf* nombril *m*
belly dancer *n* danseuse *f* du ventre
belly flop *n inf* SPORTS plat *m*
bellyful *n fig, inf* **to have had a ~ of sth** avoir ras-le-bol de qc
belly landing *n* AVIAT atterrissage *m* sur le ventre
belong [bɪ·'lɔŋ] *vi* **1.** (*be the property*) **to ~ to sb** appartenir à qn **2.** (*be in right place*) se ranger; **to ~ together** aller ensemble; **to put sth back where it ~s** remettre qc à sa place; **this doesn't ~ here** cela n'a rien à faire ici; **to ~ to the family** faire partie de la famille; **to ~ to a club/church** appartenir à un club/une église; **they make us feel we don't ~** *fig* ils nous font nous sentir étrangers
belongings *npl* affaires *fpl;* **personal ~** effets *mpl* personnels
Belorussian [bel·ə·'rʌʃ·ən] **I.** *adj* biélorusse **II.** *n* **1.** Biélorusse *mf* **2.** LING biélorusse *m; s.a.* **English**
beloved[1] [bɪ·'lʌv·ɪd] *n* bien-aimé(e) *m(f)*
beloved[2] [bɪ·'lʌvd] *adj* bien-aimé(e); **to be ~ by sb** être chéri de qn
below [bɪ·'loʊ] **I.** *prep* **1.** (*lower than, underneath*) **~ the table/surface** sous la table/surface; **~ us/sea level** au-dessous de nous/du niveau de la mer; **the sun sinks ~ the horizon** le soleil disparaît à l'horizon **2.** GEO **the river ~ the town** la rivière en aval de la ville **3.** (*less than*) **~ freezing/average** au-dessous de zéro/de la moyenne; **it's 4 degrees ~ zero** il fait moins 4; **children ~ the age of twelve** les enfants de moins de douze ans **4.** (*inferior to*) **to be ~ sb in rank** être d'un rang inférieur à qn; **to work ~ sb** être subordonné à qn **II.** *adv* **1.** (*lower down*) **the family ~** la famille du dessous; **the river ~** la rivière en contrebas; **there is sth ~** en bas [*o* plus bas], il y a qc; **from ~** venant d'en bas **2.** (*further in text*) **see ~** voir ci-dessous **3.** REL **here ~** ici-bas; **down ~** en enfer
belt [belt] **I.** *n* **1.** *a.* SPORTS, AUTO ceinture *f;* **blow below the ~** coup *m* bas **2.** TECH sangle *f* **3.** (*area*) zone *f;* **commuter ~** grande banlieue *f* **4.** *inf* (*punch*) gnon *m* ▶ **to <u>tighten</u> one's ~** se serrer la ceinture; **to have sth <u>under</u> one's ~** avoir qc à son actif **II.** *vt* **1.** (*secure*) sangler **2.** *inf* (*hit*) flanquer un coup à **III.** *vi inf* se précipiter; **to ~ along** foncer
◆**belt out** *vt inf* chanter à pleine voix
◆**belt up** *vi* (*fasten*) attacher sa ceinture (de sécurité)
beltway *n* (boulevard) périphérique *m*
bemoan [bɪ·'moʊn] *vt form* déplorer; **to ~ one's fate** se lamenter sur son sort
bemused [bɪ·'mjuzd] *adj* perplexe; **to be ~ by sth** être intrigué par qc
bench [ben(t)ʃ] *n* **1.** (*seat*) banc *m* **2.** SPORTS **the ~** la touche **3.** LAW **the ~** [*o* **Bench**] (*judges*) la magistrature; (*judge trying a case*) la cour; **to approach the ~** parler en privé à la cour; **to take the ~** tenir séance (à la chambre) **4.** (*workbench*) établi *m*
bend [bend] <bent, bent> **I.** *n* **1.** (*curve*) courbe *f;* (*in pipe*) coude *m;* **to take a ~** AUTO prendre un virage **2.** *pl, inf* (*illness*) mal *m* des caissons ▶ **to <u>be</u> round the ~** avoir pété les plombs; **to <u>drive</u> sb round the ~** faire sortir qn de ses gonds **II.** *vi* (*wood*) fléchir; (*path*) tourner; (*body*) courber; (*arm, leg*) se replier; (*frame*) se tordre **III.** *vt* (*make sth change direction*) **to ~ one's arms/knees** plier les bras/genoux; **to be bent double** être plié en deux; **to ~ one's head over a book** pencher la tête sur un livre ▶ **to ~ sb's <u>ear</u>** glisser un mot à l'oreille de qn; **to ~ the <u>law</u>** contourner la loi; **to ~ the <u>truth</u>** déformer la vérité; **to ~ to sb's <u>will</u>** se plier à la volonté de qn
◆**bend back** **I.** *vt* redresser **II.** *vi* se pencher en arrière
◆**bend down** *vi* s'incliner
bended ['bend·ɪd] *adj form* **on ~ knee** un genou à terre ▶ **to go down on ~ <u>knees</u> to sb** supplier qn à genoux
beneath [bɪ·'niθ] **I.** *prep* sous, au-dessous de; *s.* **below** **II.** *adv* (*lower down*) (au-)dessous, en bas
benediction [ˌben·ɪ·'dɪk·ʃən] *n* bénédiction *f*
benefactor ['ben·ɪ·fæk·tər] *n* bienfaiteur *m;* (*patron*) mécène *m;* (*donor*) donateur *m*
beneficence [bɪ·'nef·ɪ·sən(t)s] *n* bienfait *m*
beneficent [bɪ·'nef·ɪ·sənt] *adj form* bienfaisant(e); (*person*) généreux(-euse); (*work*) caritatif(-ive)
beneficial *adj* profitable
beneficiary [ˌben·ɪ·'fɪʃ·ər·i] <-ies> *n* bénéficiaire *mf*
benefit ['ben·ɪ·fɪt] **I.** *n* **1.** (*profit*) avantage *m,* bienfait *m;* **~ of independence** avantage de l'indépendance; **to derive (much) ~ from sth** tirer profit *m* de qc; **for the ~ of sb** pour qn; **with the ~ of hindsight** avec le recul; **to the ~ of sth/sb** au profit de qc/qn; **to give sb the ~ of the doubt** accorder à qn le bénéfice du doute **2.** (*perk from job*) avantage *m* **3.** (*welfare payment*) prestations *fpl* sociales; **welfare ~s** avantages *mpl* sociaux **II.** <-t- *o* -tt-> *vi* **to ~ from sth** profiter de qc; **who do you think ~s from her death?** à qui croyez-

-vous que sa mort profiterait? **III.** <-t- *o* -tt-> *vt* profiter à

Benelux ['ben·ɪ·lʌks] *n* **the ~ countries** le Benelux

Benin [ben·'in] *n* le Bénin

Beninese [beni·'niz] **I.** *adj* béninois(e) **II.** *n* Béninois(e) *m(f)*

bent [bent] **I.** *pt, pp of* **bend II.** *n* **~ for sth** dispositions *fpl* pour qc; **to follow one's ~** suivre ses tendances *fpl* **III.** *adj* **1.** (*determined*) **to be ~ on sth** être déterminé à (faire) qc **2.** (*twisted*) tordu(e) **3.** (*stooped*) voûté(e) **4.** *inf* (*corrupt: police officer*) pourri(e)

benumbed *adj form* paralysé(e)

benzene ['ben·zin] *n* benzène *m*

benzine ['ben·zin] *n* benzine *f*

bequeath [bɪ·'kwið] *vt* **to ~ sth to sb** léguer qc à qn

bequest [bɪ·'kwest] *n* legs *m*

berate [bɪ·'reɪt] *vt form* **to ~ sb** réprimander qn

bereavement [bɪ·'riv·mənt] *n* **1.** (*death*) deuil *m;* **to suffer a ~** vivre un deuil **2.** (*loss*) perte *f*

bereft [bɪ·'reft] *adj form* dépourvu(e); **~ of hope** sans aucun espoir; **to feel ~** se sentir abandonné

beret [bə·'reɪ] *n* béret *m*

Bermuda [bər·'mju·də] *n* les Bermudes *fpl*

Bermuda shorts *n pl* bermuda *m*

berry ['ber·i] <-ies> *n* baies *fpl;* **to go ~ picking** aller cueillir des baies

berserk [bər·'sɜrk] *adj* fou furieux (folle furieuse); **to go ~** être pris de folie furieuse

berth [bɜrθ] **I.** *n* **1.** RAIL couchette *f* **2.** NAUT (*for sailor*) bannette *f;* (*for ship*) mouillage *m* ▶ **to give sb/sth a wide ~** se tenir à l'écart de qn/qc **II.** *vt* (*ship*) amarrer

beseech [bɪ·'sitʃ] <-ed *o* besought, besought> *vt form* **to ~ sb to** +*infin* supplier qn de +*infin*

beset [bɪ·'set] <-tt-, beset, beset> *vt* **1.** (*trouble*) **~ by sth** assailli par qc; **~ by worries** accablé de soucis **2.** MIL (*country*) assiéger **3.** (*affect*) **~ by sth** tourmenté(e) par qc

beside [bɪ·'saɪd] *prep* **1.** (*next to*) auprès de; **right ~ sb/sth** juste à côté de qn/qc **2.** (*together with*) **to work ~ sb** travailler aux côtés de qn **3.** (*in comparison to*) **~ sth/sb** comparé à [*o* en comparaison de] qc/qn ▶ **to be ~ oneself with joy/worry** être comme fou de joie/d'inquiétude; **to be ~ the point** n'avoir rien à voir; *s.a.* **besides**

besides [bɪ·'saɪdz] **I.** *prep* **1.** (*in addition to*) outre; **~ sth/sb** en plus de qc/sans compter qn **2.** (*except for*) hormis; **~ sth/sb** à part qc/excepté qn **II.** *adv* **1.** (*in addition*) en outre; **many more ~** bien d'autres encore **2.** (*else*) **nothing ~** rien de plus **3.** (*moreover*) d'ailleurs

besiege [bɪ·'sidʒ] *vt* **1.** *a. fig* assiéger **2.** (*assail*) assaillir

besotted [bɪ·'sat̬·ɪd] *adj* **1.** (*infatuated*) **to be ~ with sb/sth** être complètement entiché de qn/qc; **to be ~ with an idea** être possédé par une idée **2.** *form* (*intoxicated*) **to be ~ with sth** être enivré de qc

besought [bɪ·'sɔt] *pt, pp of* **beseech**

best [best] **I.** *adj superl of* **good** meilleur(e); **~ wishes** meilleurs vœux; **~ friend** meilleur(e) ami(e); **to want what is ~** vouloir ce qu'il y a de mieux; **it's ~ to** +*infin* il est préférable de +*infin;* **to act in sb's ~ interests** agir dans le meilleur intérêt de qn; **the ~ way** la meilleure façon ▶ **the ~ part** la majeure partie; **to be sb's ~ bet** *inf* être ce que qn a de mieux à faire; **with the ~ will in the world** avec la meilleure volonté du monde **II.** *adv superl of* **well** mieux; **we'd ~ be going now** on ferait mieux d'y aller; **to do as ~ one can** faire de son mieux; **to do as one thinks ~** agir au mieux; **your mother knows ~!** ta maman sait ce qui est mieux pour toi! **III.** *n* **1.** (*the finest*) **the ~** le meilleur/la meilleure; **all the ~!** *inf* (*as toast*) santé!; (*saying goodbye*) à la prochaine!; (*wishing luck*) bonne chance!; **to turn out for the ~** bien finir; **for the ~** pour le mieux; **to be the ~ of friends** être les meilleurs amis du monde; **to be in the ~ of health** être en pleine santé; **to the ~ of my knowledge/power** autant que je sache/puisse (*subj*); **to be at one's ~** être au meilleur de sa forme; **the garden's at its ~ in July** le jardin est dans toute sa splendeur en juillet; **to do/try one's level** [*o* **very**] **~** faire/essayer de son mieux; **to get the ~ out of sb** tirer le maximum de qn; **to want the ~** vouloir ce qu'il y a de mieux **2.** (*perspective*) **at ~** au mieux; **this is journalism at its ~** ça c'est du vrai journalisme; **~ of luck with your exam!** bonne chance pour ton examen!; **at the ~ of times** même quand tout va bien **3.** SPORTS **to get the ~ of sb** *a. fig* triompher sur qn; **to play the ~ of three** jouer en trois sets ▶ **make the ~ of a bad situation, make the ~ of things** faire contre mauvaise fortune bon cœur **IV.** *vt form* battre

bestial ['bes·tʃəl] *adj* bestial(e)

bestiality [ˌbes·tʃi·'æl·ə·t̬i] *n* bestialité *f*

bestir [bɪ·'stɜr] <-rr-> *vt form* **to ~ oneself** se démener

best man *n* ≈ garçon *m* d'honneur

bestow [bɪ·'stoʊ] *vt form* **to ~ sth (up)on sb** accorder qc à qn; **to ~ a name (up)on sb/sth** attribuer un nom à qn/qc

bestseller *n* best-seller *m*

bet [bet] <-tt-, bet *o* -ted, bet *o* -ted> **I.** *n* pari *m;* **to do sth for** [*o* **on**] **a ~** faire qc par défi; **to be the best ~** être ce qu'il y a de mieux à faire; **to be a good ~** être la meilleure des choses; **it's a safe ~ that ...** c'est sûr que ...; **to place a ~ on sth** parier sur qc; **to make a ~ with sb** parier avec qn **II.** *vt* parier; **to ~ sb anything he/she likes** *inf* parier à qn tout ce qu'il/elle veut ▶ **you can ~ your boots** [*o* **ass** *inf*] **that ...** tu peux parier ce que tu veux que ...; **(how much) do you want to ~?** tu paries (combien)?; **I'll ~!** *inf* et comment!; **you ~!** *inf* tu parles! **III.** *vi* parier; **to ~ heavily** parier gros; **to ~ on a horse** miser sur un cheval; **don't ~ on it!** *inf* ne compte pas dessus!

beta ['beɪ·ţə] *adj* COMPUT bêta; **~ version** version *f* bêta

beta blocker *n* bêtabloquant *m*

betray [bɪ·'treɪ] *vt* trahir

betrayal [bɪ·'treɪ·əl] *n* trahison *f*

better ['beţ·ər] **I.** *adj comp of* **good 1.** (*finer, superior*) meilleur(e); **sb's ~ nature** le bon cœur de qn; **~ luck next time** plus de chance la prochaine fois; **it's ~ that way** c'est mieux comme ça; **far ~** beaucoup mieux; **to be ~ at sth** être meilleur à qc; **to be ~ at singing than sb** chanter mieux que qn; **to be ~ for sb/sth** être mieux pour qn/qc **2.** (*healthier*) **to be ~** aller mieux; **to be a bit ~** aller un peu mieux; **to get ~** (*improve*) aller mieux; (*be cured*) être guéri **3.** (*most of*) **the ~ part** la majeure partie ▶**discretion is the ~ part of valor** *prov* mieux vaut ne pas se faire remarquer; **~ late than never** *prov* mieux vaut tard que jamais *prov;* **~ safe than sorry** *prov* mieux vaut prévenir que guérir *prov;* **to go one ~** faire mieux **II.** *adv comp of* **well 1.** (*manner*) mieux; **~ dressed/written** mieux habillé(e)/écrit(e); **to do much ~** faire beaucoup mieux; **to like sth much ~ than sth** aimer qc beaucoup plus que qc; **there is nothing ~ than ...** il n'y a rien de mieux que ...; **or ~ still ...** ou mieux encore ... **2.** (*degree*) plus; **to be ~-known for sth than sth** être surtout connu pour qc plutôt que pour qc **3.** (*more advisably*) **you'd do ~ to leave** tu ferais mieux de partir; **you had ~ do sth** il faut que tu fasses qc (*subj*); **to think ~ of it** changer d'avis (après réflexion) **III.** *n* **1.** mieux *m;* **not to have seen ~** ne pas avoir vu mieux; **the more you do sth, the ~ it is** plus tu fais qc et meilleur c'est; **to change for the ~** changer en mieux; **to expect ~ of sb** s'attendre à mieux de qn; **the sooner, the ~** le plus tôt sera le mieux; **so much the ~** encore mieux **2.** *pl, fig* **sb's ~s** *ceux qui sont supérieurs à qn* ▶**to get the ~ of sb** triompher de qn; **for ~ or (for) worse** pour le meilleur ou pour le pire **IV.** *vt* **1.** (*beat: time*) améliorer **2.** (*go further than*) renchérir sur **3.** (*in standing*) améliorer; **to ~ oneself** s'élever

betterment ['beţ·ər·mənt] *n* amélioration *f*

betting ['beţ·ɪŋ] *n* (*making bets*) paris *mpl;* **~ on horses** paris sur les chevaux; **the state of the ~ is sth to sth** la côte est de qc contre qc ▶**if I were a ~ man, ...** si je devais parier, ...; **what's the ~ that ... ?** *inf* quelles sont les chances que +*subj* ?

bettor ['beţ·ər] *n* parieur, -euse *m, f*

between [bɪ·'twin] **I.** *prep* **1.** (*in middle of, within*) entre; **~ times** entre-temps **2.** (*in time*) **to eat ~ meals** manger entre les repas; **to wait ~ planes** attendre entre deux avions; **~ now and tomorrow** d'ici (à) demain **3.** (*interaction*) **a match ~ them** un match les opposant; **to do sth ~ the two of us** faire qc à nous deux; **~ ourselves** entre nous **4.** (*among*) **the 3 children have $10 ~ them** les 3 enfants *mpl* ont 10 dollars en tout; **nothing will come ~ them** rien ne les séparera; **~ you and me** entre nous **5.** (*combination of*) **the mule is a cross ~ a donkey and a horse** le mulet est un croisement entre l'âne et le cheval **II.** *adv* au milieu, dans l'intervalle ▶**few and far ~** rare, clairsemé; *s.a.* **in between**

bevel ['bev·ᵊl] **I.** *vt* biseauter **II.** *n* biseau *m*

beverage ['bev·ᵊr·ɪdʒ] *n form* boisson *f,* breuvage *m Québec;* **alcoholic ~s** boissons alcoolisées

beware [bɪ·'wer] **I.** *vi* être prudent; **~!** soyez prudents!; **~ of pickpockets!** méfiez-vous des pickpockets!; **beware of the dog** attention, chien méchant; **to ~ of sb/sth** prendre garde à qn/qc; **to ~ of doing sth** prendre garde de ne pas faire qc **II.** *vt* se méfier de

bewilder [bɪ·'wɪl·dər] *vt* **1.** (*puzzle*) dérouter **2.** (*greatly surprise*) abasourdir

bewildered *adj* déconcerté(e)

bewildering *adj* déconcertant(e)

bewilderment *n* confusion *f;* **in ~** déconcerté(e)

bewitch [bɪ·'wɪtʃ] *vt* **1.** (*put under spell*) *a. fig* ensorceler **2.** (*enchant, fascinate*) charmer

bewitching *adj* charmant(e)

beyond [bɪ·'(j)and] **I.** *prep* **1.** (*other side of*) **~ the mountain** au-delà de la montagne; **don't go ~ the line!** ne dépasse pas la ligne!; **~ the sea** outre-mer; **from ~ the grave** d'outre-tombe **2.** (*after*) **~ the river/8 o'clock** après le fleuve/8 heures; **to stay ~ a week** rester plus d'une semaine; **~ lunchtime** passé l'heure du repas **3.** (*further than*) **to see/go (way) ~ sth** voir/aller (bien) au-delà de qc; **it goes ~ a joke** ça n'a plus rien de drôle; **~ the reach of sb** hors de la portée de qn; **~ belief** incroyable; **~ repair** irréparable; **he is ~ help** *iron, pej* on ne peut plus rien pour lui; **~ the shadow of a doubt** sans le moindre doute; **to go ~ the point of no return** avoir atteint le point de non-retour **4.** (*too difficult for*) **to be ~ sb** dépasser qn; **it's ~ me** ça me dépasse; **it's ~ my abilities** c'est au-delà de mes compétences **5.** (*more than*) **to live ~ one's income** vivre au-dessus de ses moyens; **to value sth ~ all else** tenir à qc par-dessus tout; **to go ~ just doing sth** ne pas se limiter à faire qc **6.** *with neg or interrog* (*except for*) **~ sth** à part qc **II.** *adv* **1.** (*past*) **the mountains ~** les montagnes *fpl* au loin **2.** (*future*) **the next ten years and ~** la prochaine décennie et au-delà **III.** *n* **the ~** REL l'au-delà *m*

biannual [,baɪ·'æn·ju·əl] *adj* semestriel(le)

bias ['baɪəs] **I.** *n* **1.** (*prejudice*) préjugé *m;* **their ~ against/in favor of sb/sth** leurs préjugés contre/en faveur de qn/qc **2.** (*one-sidedness*) partialité *f;* **~ against sb/sth** parti pris *m* contre qn/qc **3.** (*tendency*) tendance

B

f **4.** (*oblique line: of clothes*) biais *m;* **~-cut**(**ting**) coupe *f* en biais; **on the ~** en biais **II.** *vt* influencer; **to ~ sb toward/against sb/sth** influencer qn en faveur de/contre qn/qc

biased *adj* (*report*) tendancieux(-euse); (*judge*) partial(e)

bib [bɪb] *n* bavoir *m;* **to be in one's best ~ and tucker** être sur son trente et un

Bible ['baɪ·bl] *n* Bible *f*

biblical ['bɪb·lɪ·kᵊl] *adj* biblique

bibliographic, bibliographical *adj* bibliographique

bibliography [ˌbɪb·lɪ·'a·grə·fi] <-ies> *n* bibliographie *f*

bicarbonate [ˌbaɪ·'kar·bᵊn·ət] *n* bicarbonate *m;* **~ of soda** bicarbonate de soude

bicentennial [ˌbaɪ·sen·'ten·i·əl] **I.** *adj* bicentenaire **II.** *n* bicentenaire *m*

biceps ['baɪ·seps] *npl* biceps *m*

bicker ['bɪk·ər] *vi pej* **to ~ with sb about sth** se chamailler avec qn au sujet de qc

bickering *n pej* chamailleries *fpl*

bicycle ['baɪ·sɪ·kl] *n* vélo *m;* **~ ride** tour *m* de vélo; **to get on one's ~** monter à vélo; **to ride a ~** rouler à vélo; **by ~** à vélo

bid[1] [bɪd] <-dd-, bid *o* bade, bid *o* -den> *vt form* **1.** (*greet*) **to ~ sb good morning** dire bonjour à qn; **to ~ sb welcome** souhaiter la bienvenue à qn **2.** (*command*) **to ~ sb to** *+infin* ordonner à qn de *+infin* **3.** (*invite*) **to ~ sb to sth** convier qn à qc

bid[2] [bɪd] **I.** *n* **1.** (*offer*) offre *f* **2.** (*attempt*) tentative *f;* **~ for power** tentative pour accéder au pouvoir **II.** <-dd-, bid, bid> *vi* faire une offre **III.** <-dd-, bid, bid> *vt* offrir

bidden ['bɪd·ən] *pp of* **bid**

bidder ['bɪd·ər] *n* (*for auction lot*) offrant *m;* (*for contract*) candidat *m* à un appel d'offres; **the highest ~** le plus offrant

bidding ['bɪd·ɪŋ] *n* **1.** FIN les enchères *fpl;* **to open the ~** ouvrir les enchères **2.** *form* (*command*) requête *f;* **to do sb's ~** obéir à qn; **at sb's ~** à la demande de qn

bide [baɪd] *vt* **to ~ one's time** attendre le bon moment

biennial [baɪ·'en·i·əl] **I.** *adj* biennal(e); BIO bisannuel(le) **II.** *n* biennale *f*

bier [bɪr] *n* bière *f*

bifocals ['baɪ·ˌfoʊ·kᵊlz] *npl* lunettes *fpl* à double foyer

big [bɪg] <-ger, -gest> *adj* **1.** (*large*) grand(e); (*oversized*) gros(se); **~ game** gros gibier *m;* **~ drop in prices** forte baisse *f* des prix; **~ eater** *inf* gros mangeur *m;* **to be a ~ spender** *inf* dépenser beaucoup; **~ tip** gros pourboire *m;* **~ toe** gros orteil *m;* **~ budget film** film *m* à gros budget; **the ~ger the better** plus c'est gros, mieux c'est; **the ~gest-ever egg** le plus grand œuf (jamais vu) **2.** (*grown-up*) *a. fig* grand(e); **~ boy/brother** grand garçon/frère **3.** (*important*) grand(e); **he's ~ in his country** il est célèbre dans son pays; **~ shot** *inf* gros bonnet *m;* **~ day** grand jour *m;* **to have ~ ideas** *inf* avoir de grandes idées; **she's ~** [*o* **a ~ name**] **in finance** elle est connue dans le monde de la finance **4.** *inf* (*great*) super; **in a ~ way** quelque chose de bien; **to be ~ on sth** être dingue de qc **5.** (*generous*) **it's really ~ of sb** *iron* c'est vraiment généreux de la part de qn ▶ **to be too ~ for one's <u>boots</u>** *pej, inf* avoir la grosse tête; **the ~ <u>boys</u>** les gros bonnets *mpl;* **~ <u>deal</u>!** *inf* et alors!; **no ~ <u>deal</u>** *inf* c'est rien; **what's the ~ <u>idea</u>?** *iron, inf* qu'est-ce que ça veux dire?; **to <u>make</u> it ~** *inf* avoir du succès

bigamist ['bɪg·ə·mɪst] *n* bigame *mf*

bigamy ['bɪg·ə·mi] *n* bigamie *f*

Big Apple *n* **the ~** *New York*

big business *n* les grandes entreprises *fpl;* **to be ~** être du business

Big Easy *n* **the ~** *La Nouvelle-Orléans*

bighead *n inf* **to be a ~** être gonflé

bigheaded *adj inf* **to be ~** être gonflé

bigot ['bɪg·ət] *n* **to be a ~** être sectaire

bigoted *adj* sectaire

bigotry ['bɪg·ə·tri] *n* sectarisme *m*

big top *n* chapiteau *m*

bigwig ['bɪg·wɪg] *n inf* grosse *f*

bike [baɪk] **I.** *n* **1.** *inf* vélo *m;* **child's ~** vélo *m* pour enfant; **~ lane** piste *f* cyclable; **to get on a ~** monter à vélo; **to ride a ~** rouler à vélo **2.** (*motorcycle*) moto *f* **II.** *vi inf* rouler à vélo

biker ['baɪk·ər] *n* motard *m*

bikini [bɪ·'ki·ni] *n* bikini *m*

bilateral [ˌbaɪ·'læṭ·ər·ᵊl] *adj* bilatéral(e)

bile [baɪl] *n a. fig* bile *f*

bilingual [baɪ·'lɪŋ·gwᵊl] *adj* bilingue

bilious ['bɪl·i·jəs] *adj a. fig* bilieux(-euse)

bill[1] [bɪl] **I.** *n* **1.** (*invoice*) facture *f;* (*for meal*) addition *f;* **to put it on sb's ~** le mettre sur la note de qn; **to run up a ~** avoir une facture; **to foot the ~** payer la facture; *fig* payer les pots cassés **2.** (*paper money*) billet *m* **3.** LAW projet *m* de loi **4.** (*poster*) affiche *f;* **to top the ~** être en tête d'affiche ▶ **to give sb/sth a clean ~ of <u>health</u>** trouver qn/qc en parfait état **II.** *vt* **1.** (*invoice*) facturer; **to ~ sb for sth** facturer qc à qn **2.** (*announce*) **to ~ sth as sth** déclarer qc comme qc

bill[2] [bɪl] **I.** *n* bec *m* **II.** *vi* **to ~ and coo** *iron* roucouler

billboard ['bɪl·bɔrd] *n* panneau *m* d'affichage

billfold ['bɪl·foʊld] *n* portefeuille *m*

billiards ['bɪl·jərdz] *n* billard *m*

billion ['bɪl·jən] **I.** *n* milliard *m* **II.** *adj* milliard de

billow ['bɪl·oʊ] **I.** *n* nuage *m* **II.** *vi* **to ~** (**forth**) surgir; **to ~** (**out**) se déployer

billy goat *n inf* bouc *m*

bimbo ['bɪm·boʊ] <-es *o* -s> *n pej, inf* minette *f*

bimonthly [ˌbaɪ·'mʌn(t)θ·li] **I.** *adj* **1.** (*twice a month*) bimensuel(le) **2.** (*every two months*) bimestriel(le) **II.** *adv* **1.** (*twice a month*) deux fois par mois **2.** (*every two months*) tous les deux mois

bin [bɪn] *n* (*storage*) boîte *f;* **bread ~** huche *f* à pain

binary ['baɪ·nər·i] *adj* binaire

bind [baɪnd] **I.** *n inf* **it's a ~** c'est un/une casse-pieds; **to be in something of a ~** *inf* être un peu dans le pétrin; **to put sb in a real ~** mettre qn dans le pétrin **II.** <bound, bound> *vi* lier **III.** <bound, bound> *vt* **1.** (*tie*) attacher; **to ~ sb/sth to sth** attacher qn/qc à qc; **to be bound hand and foot** être pieds et poings liés; **to be bound to sb** être attaché à qn **2.** (*unite*) **to ~** (**together**) lier ensemble **3.** (*commit*) **to ~ sb to** *+infin* obliger qn à *+infin* **4.** TYP (*book*) relier **5.** (*when cooking*) lier

binder ['baɪn·dər] *n* **1.** (*file*) classeur *m* **2.** (*person*) relieur, -euse *m, f*

binding ['baɪnd·ɪŋ] **I.** *n* **1.** TYP reliure *f* **2.** FASHION ganse *f* **II.** *adj* obligatoire; **~ agreement** accord *m* qui engage

bindweed ['baɪnd·wid] *n* liseron *m*

binge [bɪndʒ] *inf* **I.** *n* **drinking ~** beuverie *f;* **~ eating** crise *f* de boulimie; **to go on a ~** faire la bringue **II.** *vi* se gaver; **to ~ on sth** se gaver de qc

bingo ['bɪŋ·goʊ] **I.** *n* bingo *m* **II.** *interj inf* **~!** et voilà!

binoculars [bɪ·'na·kjə·lərz] *npl* jumelles *fpl*

binomial [baɪ·'noʊ·mi·əl] **I.** *n* binôme *m* **II.** *adj* binomial(e)

bio- [baɪ·oʊ-] *in compounds* (*synthesis, climatic, magnetism*) bio-

biochemical [ˌbaɪ·oʊ'kem·ɪ·kəl] *adj* biochimique

biochemist [ˌbaɪ·oʊ'kem·ɪst] *n* biochimiste *mf*

biochemistry [ˌbaɪ·oʊ'kem·ɪst·ri] *n* biochimie *f*

biodegradable [ˌbaɪ·oʊ·dɪ·'greɪ·də·bl] *adj* biodégradable

biodegrade [ˌbaɪ·oʊ·dɪ·'greɪd] *vi* se biodégrader

biodiversity [ˌbaɪ·oʊ·dɪ'vɜr·sə·t̬i] *n* biodiversité *f*

biographical [ˌbaɪ·ə·'græf·ɪk·əl] *adj* biographique

biography [baɪ·'a·grə·fi] <-ies> *n* biographie *f*

biological [ˌbaɪ·ə·'la·dʒɪ·kəl] *adj* biologique

biologist [baɪ·'a·lə·dʒɪst] *n* biologiste *mf*

biology [baɪ·'a·lə·dʒi] *n* biologie *f*

biomass [ˌbaɪ·oʊ·mæs] *n* biomasse *f*

biophysics [ˌbaɪ·oʊ·'fɪz·ɪks] *n* biophysique *f*

biopsy ['baɪ·ap·si] *n* biopsie *f*

biorhythm ['baɪ·oʊ·rɪð·əm] *n* biorythme *m*

biosphere ['baɪ·ə·sfɪr] *n* biosphère *f*

biotechnology [ˌbaɪ·oʊ·tek·'nal·ə·dʒi] *n* biotechnologie *f*

biotope ['baɪ·ə·toʊp] *n* biotope *m*

bipartisan [ˌbaɪ·par·t̬ə·zən] *adj* bipartite

biped ['baɪ·ped] *n* bipède *m*

biplane ['baɪ·pleɪn] *n* biplan *m*

bipolar [ˌbaɪ·'poʊ·lər] *adj* bipolaire

birch [bɜrtʃ] *n* **1.** (*tree*) bouleau *m* **2.** (*stick*) fouet *m*

bird [bɜrd] *n* **1.** (*animal*) oiseau *m;* **caged ~** oiseau en cage; **~-like** d'oiseau; **migrating ~** oiseau migrateur **2.** *inf* (*person*) type *m;* **strange ~** drôle *m* d'oiseau ▶ **to know about the ~s and bees** savoir que les bébés ne naissent pas dans les choux; **~s of a feather flock together** *prov* qui se ressemble s'assemble *prov;* **a ~ in the hand is worth two in the bush** *prov* un tiens vaut mieux que deux tu l'auras *prov;* **to kill two ~s with one stone** faire d'une pierre deux coups *prov;* **to feel free as a ~** se sentir libre comme l'air; **to give sb the ~** envoyer paître qn; **to be** (**strictly**) **for the ~s** *inf* être nul

birdcage *n* cage *f* à oiseaux

bird flue *n* grippe *f* aviaire

birdie ['bɜr·di] *n* **1.** *childspeak* cui-cui *m* **2.** SPORTS volant *m* **3.** (*in golf*) birdie *m* ▶ **watch the ~** attention, le petit oiseau va sortir

birdseed *n* graines *fpl* pour les oiseaux

bird's-eye view *n* vue *f* aérienne

birth [bɜrθ] *n* naissance *f;* **at/from ~** à la/de naissance; **date/place of ~** date *f*/lieu *m* de naissance; **to give ~ to sth** *a. fig* donner naissance à qc

birth certificate *n* acte *m* de naissance

birth control *n* contrôle *m* des naissances

birthday ['bɜrθ·deɪ] *n* anniversaire *m;* **happy ~!** joyeux anniversaire!

birthday party *n* fête *f* d'anniversaire

birthday present *n* cadeau *m* d'anniversaire

birthday suit *n inf* costume *m* d'Adam

birthmark *n* tache *f* de naissance

birthplace *n* lieu *m* de naissance

birth rate *n* taux *m* de natalité

birthstone *n* pierre *f* porte-bonheur

biscuit ['bɪs·kɪt] *n* petit pain *m*

> **i** Les **biscuits and gravy**, plat originaire des États du Sud, se mangent fréquemment au petit-déjeuner aux USA. Les *biscuits* sont une sorte de petits pains plats que l'on sert avec du *gravy* (une sauce de rôti). Dans certaines régions, on ne trouve les **biscuits and gravy** que dans les *truck stops* (les restaurants routiers).

bisect ['baɪ·sekt] *vt* diviser en deux

bisection [baɪ·'sek·ʃən] *n* bissection *f*

bisexual [ˌbaɪ·'sek·ʃu·əl] **I.** *n* bisexuel(le) *m(f)* **II.** *adj* bisexuel(le)

bishop ['bɪʃ·əp] *n* **1.** REL évêque *m* **2.** (*chess piece*) fou *m*

bison ['baɪ·sən] *n* bison *m*

bit[1] [bɪt] *n* **1.** *inf* (*fragment*) morceau *m;* **a ~ of meat/cloth/land** un bout de viande/tissu/terrain; **to fall to ~s** tomber en morceaux; **~ by ~** petit à petit; **to stay/wait for a ~** *inf* rester/attendre pendant un instant **2.** (*some*) **a ~** un peu; **a ~ of sth** un peu de qc; **not a ~**

B

pas du tout; **quite a ~ of sth** assez de qc; **a ~ more salt** un peu plus de sel ►**a ~ of a** un peu; **we have a ~ of a problem** on a un petit problème; **she's a ~ of a nuisance/philosopher** elle est un peu embêtante/philosophe; **it's a ~ of a lottery** c'est un peu comme une loterie

bit[2] [bɪt] *pt of* **bite**

bit[3] [bɪt] *n* **1.** (*for horses*) mors *m* **2.** (*tool*) mèche *f*

bit[4] [bɪt] *n* COMPUT *abbr of* **binary digit** bit *m*

bitch [bɪtʃ] **I.** *n* **1.** ZOOL chienne *f* **2.** *inf* (*woman*) garce *f* **II.** *vi inf* **to ~ about sb/sth** rouspéter contre qn/qc

bitchy ['bɪtʃ·i] *adj inf* mauvais(e)

bite [baɪt] **I.** <bit, bitten> *vt* mordre; (*insect*) piquer; **to ~ one's nails** se ronger les ongles; **to ~ one's lips** se mordre les lèvres; *fig* se mordre les doigts; **to ~ sth off** arracher qc avec les dents **II.** <bit, bitten> *vi* **1.** (*when eating, attacking*) mordre; (*insect*) piquer; **to ~ into/through sth** mordre dans/à travers qc; **sb/sth won't ~ (you)** *iron* qn/qc ne va pas te mordre **2.** (*in angling*) mordre ►**once bitten twice shy** *prov* chat échaudé craint l'eau froide *prov* **III.** *n* **1.** (*of dog, snake*) morsure *f;* (*of insect*) piqûre *f; fig* (*of wind*) morsure *f;* (*of speech*) mordant *m;* (*of taste*) piquant *m* **2.** (*food*) bouchée *f;* **to have a ~ to eat** manger un morceau; **to take a big ~ of sth** prendre une grosse bouchée de qc; **to take a big ~ out of one's salary** *fig* prendre un gros morceau du salaire de quelqu'un **3.** (*in angling*) touche *f*

biting ['baɪt̬·ɪŋ] *adj a. fig* mordant(e)

bitten ['bɪt·ᵊn] *pp of* **bite**

bitter ['bɪt̬·ər] <-er, -est> *adj* **1.** (*acrid*) *a. fig* amer(-ère); **it's a ~ pill to swallow** la pilule est dure à avaler **2.** (*intense: cold*) rude; (*wind*) glacial(e); (*fight*) féroce; (*dispute*) âpre; (*tone*) acerbe; **to the ~ end** jusqu'au bout

bitterly *adv* **1.** (*painfully*) amèrement **2.** (*intensely*) extrêmement; **it's ~ cold** il fait rudement froid; (*suffer*) cruellement

bitterness *n a.* CULIN amertume *f*

bitumen [bɪ·'tu·mən] *n* bitume *m*

bituminous [bɪ·'tu·mɪ·nəs] *adj* bitumineux(-euse)

bivalve ['bai·vælv] **I.** *n* bivalve *m* **II.** *adj* bivalve

bivouac ['bɪv·u·æk] **I.** *n* bivouac *m* **II.** <-king, -ked> *vi* bivouaquer

biweekly [ˌbaɪ·'wi·kli] **I.** *adj* **1.** (*occurring every two weeks*) bimensuel(le) **2.** (*occurring twice a week*) bihebdomadaire **II.** *adv* **1.** (*every two weeks*) tous les quinze jours **2.** (*twice a week*) deux fois par semaine

bizarre [bɪ·'zar] *adj* bizarre

blab [blæb] <-bb-> *inf* **I.** *vt* **to ~ sth to sb** rapporter qc à qn **II.** *vi* **1.** (*reveal sth*) parler **2.** (*chat*) jaser

black [blæk] **I.** *adj* noir(e); **Black American** Noir *m* américain; **~ art** art *m* nègre; **~ arts** magie *f* noire; **~ coffee** café *m* noir; **Black Death** peste *f* noire ►**everything's ~ and white with her** pour elle tout est tout blanc ou tout noir **II.** *n* **1.** (*color*) noir *m* **2.** (*person*) **Black** Noir(e) *m(f)* ►**in ~ and white** écrit noir sur blanc **III.** *vt* noircir; (*shoes*) cirer; *s.a.* **blue**

◆**black out** **I.** *vi* s'évanouir **II.** *vt* obscurcir; (*through power failure*) priver de courant

black-and-white *adj* (*photo, television*) (en) noir et blanc

blackball *vt* blackbouler

blackberry <-ies> *n* mûre *f*

blackbird *n* merle *m*

blackboard *n* tableau *m* noir

black book *n fig* liste *f* noire

blacken ['blæk·ᵊn] *vt, vi* noircir

black eye *n* œil *m* au beurre noir

black hat *n* COMPUT chapeau *m* noir, pirate *m* informatique

blackhead *n* MED point *m* noir

black hole *n* trou *m* noir

black ice *n* verglas *m*

blacking ['blæk·ɪŋ] *n* cirage *m* noir

blackish ['blæk·ɪʃ] *adj* noirâtre

blackjack ['blæk·ˌdʒæk] *n* **1.** GAMES black-jack *m* **2.** (*nightstick*) matraque *f*

blacklist **I.** *n* liste *f* noire **II.** *vt* mettre à l'index

blackmail **I.** *n* chantage *m* **II.** *vt* faire chanter; **they ~ed me into buying them ice cream** ils m'ont menacé pour que je leur achète (*subj*) des glaces

blackmailer *n* maître chanteur, -euse *m, f*

black mark *n* **1.** SCHOOL mauvaise note *f* **2.** *fig* pénalité *f*

black market *n* marché *m* noir

black-marketer *n* trafiquant(e) *m(f)*

blackness ['blæk·nəs] *n* **1.** (*color*) noir *m* **2.** (*darkness*) obscurité *f* **3.** (*dirt*) saleté *f* **4.** *fig* noirceur *f*

blackout ['blæk·aʊt] *n* **1.** TV, RADIO interruption *f* **2.** (*censor, turning off of lights*) black-out *m* **3.** ELEC panne *f* de courant **4.** (*faint*) évanouissement *m* **5.** (*lapse of memory*) trou *m* de mémoire

Black Sea *n* **the ~** la Mer Noire

black sheep *n fig* brebis *f* galeuse

blacksmith *n* forgeron *m*

bladder ['blæd·ər] *n* ANAT vessie *f*

blade[1] [bleɪd] *n* lame *f;* (*on helicopter*) pale *f;* (*of wipers*) balai *m;* **~ of grass** brin *m* d'herbe

blade[2] [bleɪd] *vi inf* faire du roller

blah-blah-blah *interj inf* blablabla

blame [bleɪm] **I.** *vt* **to ~ sb/sth for sth** reprocher qc à qn/qc; **to ~ sth on sb/sth** attribuer la responsabilité de qc à qn/qc; **I ~ myself** je m'en veux **II.** *n* reproches *mpl;* **to put the ~ on sb** mettre la faute sur le dos de qn; **to put the ~ on sb else** rejeter la faute sur qn d'autre

blameless ['bleɪm·ləs] *adj* irréprochable

blameworthy ['bleɪm·wɜr·ði] *adj form* blâ-

mable
blanch [blæn(t)ʃ] **I.** *vt a.* CULIN blanchir **II.** *vi* pâlir
blancmange [blə·'man(d)ʒ] *n* blanc-manger *m*
bland [blænd] *adj* insipide
blandishments ['blæn·dɪʃ·mᵊnts] *npl* flatteries *fpl*
blank [blæŋk] **I.** *adj* **1.** (*empty*) blanc(blanche); (*tape*) vierge; ~ **check** chèque *m* en blanc; ~ **page** page *f* blanche; ~ **space** blanc *m;* **my mind's gone** ~ j'ai la tête vide **2.** (*impassive: expression look*) absent(e) **3.** (*complete: refusal*) total(e) **II.** *n* **1.** (*space*) blanc *m* **2.** (*cartridge*) balle *f* à blanc ►**to draw a** ~ faire chou blanc
blanket ['blæŋ·kɪt] **I.** *n* (*cover*) couverture *f; fig* (*of snow*) couche *f;* (*of fog*) nappe *f* **II.** *vt* couvrir **III.** *adj* global(e); LING (*term*) général(e)
blare [bler] **I.** *vi* retentir **II.** *n* beuglement *m*
blaspheme ['blæs·fim] *vi* blasphémer
blasphemer ['blæs·fim·ər] *n* blasphémateur, -trice *m, f*
blasphemous ['blæs·fə·məs] *adj* blasphématoire
blasphemy ['blæs·fə·mi] *n* blasphème *m*
blast [blæst] **I.** *vt a. fig* faire sauter; **to** ~ **a tunnel through a mountain** utiliser des explosifs pour creuser un tunnel à travers une montagne **II.** *vi* retentir **III.** *n* **1.** (*detonation*) détonation *f* **2.** (*gust of wind*) rafale *f* **3.** (*noise*) bruit *m* soudain; (*of whistle, horn*) coup *m;* **the radio was at full** ~ la radio était à fond **4.** *inf* (*fun*) **it was a** ~**!** c'était génial! **IV.** *interj inf* ~ **it!** merde alors!
blasted *adj inf* sacré(e); **a** ~ **idiot** une espèce d'idiot
blast furnace *n* haut fourneau *m*
blast-off *n* (*of rocket*) lancement *m*
blast wave *n* onde *f* de choc
blatant ['bleɪ·tᵊnt] *adj pej* flagrant(e)
blaze [bleɪz] **I.** *n* **1.** (*fire: for warmth*) feu *m;* (*out of control*) incendie *m* **2.** (*conflagration*) embrasement *m* **3.** *fig* ~ **of color/light** déploiement *m* de couleurs/lumières; **in a** ~ **of publicity/glory** sous les trompettes de la publicité/de la gloire **II.** *vi* flamber **III.** *vt a. fig* **to** ~ **a trail** montrer la voie
◆**blaze away** *vi* **1.** (*burn*) flamboyer **2.** (*shoot*) **to** ~ **at sb** faire feu sur qn
◆**blaze up** *vi* s'embraser
blazer ['bleɪ·zər] *n* blazer *m*
blazing ['bleɪz·ɪŋ] *adj* (*fire*) vif(vive); (*heat, sun*) plein(e); (*building*) en feu; (*row*) violent(e)
bleach [blitʃ] **I.** *vt* **1.** (*whiten*) blanchir; (*hair*) décolorer; (*spot*) javelliser **2.** (*disinfect*) javelliser **II.** *n* agent *m* blanchissant; (*cleaning product*) eau *m* de Javel
bleachers ['bli·tʃərz] *n pl* gradins *mpl*
bleaching I. *n* blanchiment *m* **II.** *adj* blanchissant(e)
bleak [blik] *adj* morne
bleary ['blɪr·i] *adj* <-ier, -iest> trouble
bleary-eyed ['blɪr·i·aɪd] *adj fig* **to be** ~ avoir les yeux bouffis
bleat [blit] **I.** *vi* **1.** bêler **2.** *fig, pej* se plaindre **II.** *n* **1.** bêlement *m* **2.** *fig* jérémiades *fpl*
bled [bled] *pt, pp of* **bleed**
bleed [blid] <bled, bled> **I.** *vi* saigner **II.** *vt* **1.** HIST saigner **2.** TECH, AUTO purger
bleeder ['blid·ər] *n* MED hémophile *mf*
bleeding *n* saignement *m*
bleep [blip] TECH **I.** *n* bip *m* **II.** *vi* faire bip **III.** *vt* appeler par bip
blemish ['blem·ɪʃ] **I.** *n* imperfection *f;* **without** ~ *a. fig* sans tache; **there is not a** ~ **on sth** qc n'a pas le moindre défaut **II.** *vt* tacher; (*reputation*) entacher; ~**ed skin** peau *f* à problèmes
blend [blend] **I.** *n* mélange *m* **II.** *vt* mélanger; (*wine*) couper **III.** *vi* se mélanger; (*colors*) s'harmoniser; **to** ~ **with sth** se marier avec qc
◆**blend in** *vi* (*fabric*) être bien assorti(e); (*people*) être du même style
blender [blen·dər] *n* mixeur *m*
bless [bles] *vt* bénir; ~ **you!** (*after sneeze*) à vos souhaits!; (*in thanks*) c'est tellement gentil!; **to be** ~**ed with sth** avoir le bonheur de posséder qc
blessed ['bles·ɪd] *adj* béni(e)
Blessed Virgin *n* REL **the** ~ la Sainte Vierge
blessing ['bles·ɪŋ] *n* bénédiction *f*
blew [blu] *pt of* **blow**
blight [blaɪt] **I.** *vt* **1.** gâcher **2.** *fig* **to** ~ **sb's chances/hopes** ruiner les chances/les espérances de qn **II.** *n* BOT rouille *f;* **to cast a** ~ **on sth** *fig* gâcher qc
blind [blaɪnd] **I.** *n* **1.** (*window shade*) store *m* **2.** (*subterfuge*) prétexte *m* **3.** *pl* (*people*) **the** ~ les aveugles *mpl* **4.** (*in hunting*) affût *m* **II.** *vt a. fig* aveugler; **to** ~ **sb to sth** aveugler qn devant qc **III.** *adj* **1.** (*unable to see*) aveugle; ~ **in one eye** borgne; **to be** ~ **to sth** *a. fig* être aveugle à qc **2.** (*hidden*) sans visibilité; (*door*) dérobé(e) ►**as** ~ **as a bat** myope comme une taupe; **to turn a** ~ **eye to sth** fermer les yeux sur qc; **love is** ~ l'amour est aveugle **IV.** *adv* à l'aveuglette; ~ **drunk** *inf* complètement soûl
blind alley <-s> *n a. fig* impasse *m*
blind date *n rendez-vous arrangé avec un(e) inconnu(e)*
blinder ['blaɪn·dər] *n pl* (*on horses*) œillères *fpl*
blindfold ['blaɪn(d)·foʊld] **I.** *n* bandeau *m* **II.** *vt* bander les yeux à
blindfolded I. *adj* aux yeux bandés **II.** *adv a. fig* les yeux fermés
blindly *adv* (*obey*) aveuglément
blind-man's buff *n* colin-maillard *m*
blindness *n* **1.** MED cécité *f* **2.** *fig* aveuglement *m*
blind spot *n* **1.** AUTO angle *m* mort **2.** *fig* point *m* faible
bling [blɪŋ] *sl* **I.** *n* bijoux *mpl* clinquants **II.** *adj* (*look, outfit*) flashy; (*person*) frimeur *inf*

blink [blɪŋk] **I.** *vt* **1.** ANAT **to ~ one's eyes** cligner des yeux; **to ~ back tears** refouler ses larmes **2.** (*ignore*) **to ~ at sth** fermer les yeux sur qc **II.** *vi* cligner des yeux **III.** *n* (*act of blinking*) battement *m* des paupières; **in the ~ of an eye** *fig* en un clin d'œil ►**sth is on the ~** *inf* qc est détraqué

blinker ['blɪŋ·kər] *n* **1.** (*for horse*) œillère *f* **2.** AUTO clignotant *m*, clignoteur *m Belgique*

blinkered *adj pej* limité(e)

bliss [blɪs] *n* béatitude *f;* **it's ~!** c'est le paradis!

blissful ['blɪs·fᵊl] *adj* **1.** REL bienheureux(-euse) **2.** *a. fig* extrêmement heureux(-euse); (*smile, holiday*) merveilleux(-euse)

blister ['blɪs·tər] **I.** *n* **1.** (*on skin*) ampoule *f* **2.** (*on paint*) cloque *f* **3.** (*in glass*) bulle *f* **II.** *vt* provoquer des cloques sur **III.** *vi* (*paint, metal*) cloquer; (*skin*) avoir des ampoules

blistering *adj* (*attack*) féroce; (*heat*) torride

blister pack *n* blister *m*

blitz [blɪts] **I.** *n* bombardement *m* aérien; **to have a ~ on sth** *inf* s'attaquer à qc **II.** *vt a. fig* bombarder

blizzard ['blɪz·ərd] *n* tempête *f* de neige, poudrerie *f Québec*

bloated ['bloʊ·t̬ɪd] *adj a. fig* gonflé(e); **~ with pride** bouffi d'orgueil

bloater ['bloʊ·t̬ər] *n* hareng *m* saur

blob [blab] *n* **1.** (*drop*) goutte *f* **2.** (*stain*) tache *f*

bloc [blak] *n* POL bloc *m;* **the Eastern ~** HIST le bloc de l'Est

block [blak] **I.** *n* **1.** (*solid lump of sth*) bloc *m;* (*of wood*) tronçon *m* **2.** (*for executions*) billot *m;* **to go on the ~** être mis aux enchères; **to put one's head on the ~** *fig* mettre sa tête à prix **3.** COMPUT bloc *m* **4.** ARCHIT pâté *m* de maisons; **two ~s away** à deux rues d'ici **5.** (*barrier*) *a. fig* entrave *f;* **~ to sth** obstacle *m* à qc; **mental ~** PSYCH blocage *m* **6.** GAMES **building ~** cube *m* de construction **II.** *vt* (*road, passage*) bloquer; (*pipe*) boucher

◆**block off** *vt* (*road*) barrer

◆**block out** *vt* (*light*) bloquer; (*thoughts*) bloquer

◆**block up** *vt* boucher

blockade [bla·'keɪd] **I.** *n* blocus *m* **II.** *vt* bloquer

blockage ['bla·kɪdʒ] *n* obstruction *f*

block and tackle *n* palan *m*

blockbuster ['blak·ˌbʌs·tər] **I.** *n* grand succès *m;* (*book*) best-seller *m* **II.** *adj* à grand succès; (*film*) à grand spectacle

blond(e) [bland] **I.** *adj* (*hair*) blond(e); (*complexion*) de blond(e) **II.** *n* blond(e) *m(f);* **natural ~** vrai(e) blond(e); **a bleached ~** une blonde décolorée *f*

blood [blʌd] *n a. fig* sang *m;* **to give ~** donner son sang ►**to have ~ on one's hands** avoir du sang sur les mains; **~ is thicker than water** la voix du sang est la plus forte; **bad ~** animosité *f;* **in cold ~** de sang froid; **to make sb's ~ run cold** glacer le sang de qn; **fresh ~** sang neuf; **to make sb's ~ boil** faire bouillir qn; **sb's ~ is up** qn est furieux; **to have sth in one's ~** avoir qc dans le sang

blood bank *n* MED banque *f* du sang

blood-curdling *adj* à (vous) glacer le sang

blood donor *n* donneur, -euse *m, f* de sang

blood group *n* groupe *m* sanguin

bloodhound *n a. fig* limier *m*

bloodless *adj* **1.** (*without blood*) *a. fig* exsangue; (*pale*) blême **2.** (*without violence*) sans effusion de sang

blood poisoning *n* septicémie *f*

blood pressure *n* tension *f* artérielle; **high ~** hypertension *f;* **low ~** hypotension *f*

blood pudding *n* boudin *m*

blood relation, blood relative *n* parent(e) *m(f)* par le sang

bloodshed *n* effusion *f* de sang

bloodshot *adj* injecté(e) de sang

bloodstained *adj* taché(e) de sang

bloodstream *n* système *m* sanguin

bloodsucker *n* sangsue *f*

blood sugar *n* glucose *m* sanguin

blood test *n* analyse *f* de sang

bloodthirsty *adj* sanguinaire

blood transfusion *n* transfusion *f* sanguine

blood vessel *n* vaisseau *m* sanguin

bloody ['blʌd·i] <-ier, -iest> *adj* **1.** (*with blood*) ensanglanté(e) **2.** *fig* sanglant(e)

bloom [blum] **I.** *n* fleur *f;* **to be in full ~** être en fleur(s); **to come into ~** fleurir **II.** *vi a. fig* fleurir

blooming ['blu·mɪŋ] *adj a. fig* florissant(e)

blossom ['blas·ᵊm] **I.** *n* fleur *f;* **apple ~** fleur de pommier **II.** *vi* **1.** (*flower*) fleurir **2.** *fig* **to ~ (out)** s'épanouir; **to ~ into sth** se transformer en qc

blot [blat] **I.** *n a. fig* tache *f* **II.** *vt* **1.** (*mark*) tacher **2.** (*dry*) sécher au buvard

◆**blot out** *vt* (*view*) boucher; (*thought, memory*) faire disparaître

blotch [blatʃ] **I.** *n* tache *f* **II.** *vt* barbouiller

blotchy ['blatʃ·i] <-ier, -iest> *adj* tacheté(e); (*complexion*) brouillé(e)

blotter ['blat̬·ər] *n* buvard *m*

blotting paper ['blat̬·ɪŋˌpeɪ·pər] *n* papier *m* buvard

blotto ['bla·t̬oʊ] *adj inf* (*drunk*) bourré(e)

blouse [blaʊs] *n* chemisier *m*

blow[1] [bloʊ] **I.** <blew, blown> *vi* (*expel air*) souffler; (*whistle*) retentir; **to ~ in the wind** s'agiter dans le vent ►**to ~ hot and cold** tergiverser **II.** *vt* **1.** (*expel air*) **to ~ air into a tube** souffler de l'air dans un tube; **the paper was ~n over the wall** le vent a soulevé le papier par-dessus le mur; **to ~ one's nose** se moucher; **to ~ sb a kiss** envoyer un baiser à qn **2.** (*play: trumpet*) souffler dans ►**to ~ the gaff on sb** dénoncer qn; **to ~ one's own trumpet** chanter ses propres louanges; **to ~ the whistle on sb** *inf* dénoncer qn **III.** *n* souffle *m;* (*wind*) coup *m* de vent; **to give a ~** souffler; **to give one's nose a good ~** se

moucher un bon coup
blow[2] [bloʊ] **I.** *n a. fig* coup *m;* **at one ~** d'un coup; **to come to ~s** en venir aux mains; **to soften the ~** amortir le choc; **to strike a ~ for sth** marquer un coup pour qc **II.** <blew, blown> *vi* (*explode*) exploser; (*tire*) éclater; (*fuse*) sauter; (*bulb*) griller **III.** *vt* **1.** (*destroy: fuse*) faire sauter; **to ~ sb's brains out** faire sauter la cervelle de qn **2.** *inf* (*spend*) claquer ►**to ~ a fuse** *inf* péter les plombs; **~ it!** *inf* zut!; **to ~ sb's mind** *inf* époustoufler qn; **to ~ one's top** *inf* piquer une crise
◆**blow away** **I.** *vt* **1.** (*remove*) souffler; (*wind*) emporter **2.** *inf* (*kill*) **to blow sb away** flinguer qn **3.** *fig, inf* **to be blown away** être stupéfait **4.** (*disappear*) s'envoler **II.** *vi* s'envoler
◆**blow down** **I.** *vi* s'abattre **II.** *vt* abattre
◆**blow off** **I.** *vt* emporter **II.** *vi* **1.** (*fly away*) s'envoler **2.** *childspeak, inf* (*fart*) péter **3.** (*lose temper*) exploser
◆**blow out** **I.** *vt* **1.** (*extinguish*) éteindre **2.** (*puff out*) gonfler **II.** *vi* **1.** (*be extinguished*) s'éteindre **2.** (*explode*) exploser; (*tire*) éclater; (*fuse*) sauter **3.** (*fly*) s'envoler
◆**blow over** *vi* se calmer
◆**blow up** **I.** *vi a. fig* éclater; (*with anger*) s'emporter **II.** *vt* **1.** (*fill with air*) gonfler **2.** PHOT agrandir **3.** (*destroy*) faire exploser **4.** (*exaggerate*) gonfler; **it was blown up out of all proportion** ça a été gonflé exagérément
blow-dry ['bloʊ·ˌdraɪ] **I.** *vt* **to ~ sb's hair** faire un brushing à qn **II.** *n* brushing *m*
blower ['bloʊ·ər] *n inf* bigophone *m*
blowfly ['bloʊ·flaɪ] <-ies> *n* mouche *f* bleue
blowhole ['bloʊ·hoʊl] *n* évent *m*
blown [bloʊn] *pp of* **blow**
blowout ['bloʊ·aʊt] *n* AUTO crevaison *f*
blowtorch ['bloʊ·tɔrtʃ] *n* chalumeau *m*
blow-up ['bloʊ·ʌp] *n* PHOT agrandissement *m*
blubber ['blʌb·ər] *n* **1.** (*of whale*) blanc *m* **2.** *inf* (*fat*) graisse *f*
bludgeon ['blʌdʒ·ən] **I.** *n* matraque *f* **II.** *vt* **1.** matraquer **2.** *fig* **to ~ sb into doing sth** forcer qn à faire qc
blue [blu] **I.** *adj* **1.** (*color*) bleu(e); **light/dark/bright/strong ~ skirt** jupe *f* bleu clair/foncé/vif/soutenu; **to turn ~** bleuir **2.** *fig* **to feel ~** broyer du noir ►**once in a ~ moon** tous les trente-six du mois; **out of the ~** sans crier gare **II.** *n* bleu *m;* **sky ~** bleu ciel; **the door is painted ~** la porte est peinte en bleu; **to be a pale/deep ~** être d'un bleu pâle/profond
blueberry ['blu·ber·i] <-ies> *n* myrtille *f*
blue-black *adj* bleu-noir *inv*
bluebottle *n* mouche *f* bleue
blue-collar worker *n* col-bleu *m inf*
Blue Flag *n* pavillon *m* vert
blueish *adj s.* **bluish**
blue-pencil <-led, -ling> *vt* corriger
blueprint ['blu·prɪnt] *n a. fig* plan *m*
blues [bluz] *npl* blues *m;* **to have the ~** *inf* avoir le cafard
bluff[1] [blʌf] **I.** *vi* bluffer **II.** *vt* **to ~ sb into doing sth** bluffer pour que qn fasse qc (*subj*); **to ~ one's way out of trouble** se sortir d'affaire en bluffant **III.** *n* bluff *m;* **to call sb's ~** prendre qn au mot
bluff[2] [blʌf] **I.** *n* à-pic *m* **II.** <-er, -est> *adj* à pic
bluffer ['blʌf·ər] *n* bluffeur, -euse *m, f*
bluish ['blu·ɪʃ] *adj* tirant sur le bleu
blunder ['blʌn·dər] **I.** *n* gaffe *f;* **to commit a ~** faire une gaffe **II.** *vi* **1.** (*make a mistake*) faire une gaffe **2.** (*move*) **to ~ forward/around** avancer/tourner à l'aveuglette
blunderer *n* gaffeur, -euse *m, f*
blunt [blʌnt] **I.** *adj* **1.** (*blade*) émoussé(e); **~ instrument** instrument *m* contondant **2.** *fig* brusque **II.** *vt a. fig* émousser; **to ~ the impact of sth** atténuer l'impact de qc
bluntly *adv* brusquement; **to put it ~, ...** pour parler franchement, ...
bluntness *n* brusquerie *f*
blur [blɜr] **I.** *n* flou *m;* **to be a ~** *a. fig* être flou **II.** *vt* <-rr-> *a. fig* brouiller; **to ~ a distinction** estomper une différence **III.** *vi* <-rr-> s'estomper
blurb [blɜrb] *n* résumé *m* de présentation
blurred [blɜrd] *adj* flou(e)
blurt out [blɜrt·'aʊt] *vt* laisser échapper
blush [blʌʃ] **I.** *vi* rougir **II.** *n* rougeur *f*
blusher ['blʌs·ər] *n* fard *m* à joues
blushing *adj* rougissant(e)
bluster ['blʌs·tər] **I.** *vi* **1.** (*blow wind*) souffler en rafales **2.** (*speak*) tempêter **3.** (*boast*) fanfaronner **II.** *n no art* tapage *m*
BO [ˌbi·'oʊ] *n inf abbr of* **body odor** odeur *f* corporelle
boa [boʊə] *n a.* FASHION boa *m*
boar [bɔr] *n* sanglier *m*
board [bɔrd] **I.** *n* **1.** (*wood*) planche *f* **2.** (*blackboard*) tableau *m* **3.** (*notice board*) panneau *m* d'affichage **4.** GAMES (*for chess*) échiquier *m;* (*for draughts*) damier *m;* (*for other games*) jeu *m* **5.** ADMIN conseil *m;* **~ of directors** conseil d'administration; **~ of education** conseil d'établissement **6.** (*meals*) **room and ~** le gîte et le couvert **7.** NAUT, AVIAT **to get on ~** monter à bord; (*bus, train*) monter dans, embarquer dans *Québec;* **to take on ~** embarquer; (*fact, situation*) prendre en compte ►**to let sth go by the ~** laisser tomber qc; **across the ~** à tous les niveaux; **to get sb on ~** s'assurer le soutien de qn; **on the ~** au programme; **to tread the ~s** faire du théâtre **II.** *vt* **1.** (*cover*) **to ~ sth up** couvrir qc de planches; (*seal*) condamner qc **2.** (*lodge*) prendre [*o* avoir] en pension **3.** (*get on: plane, boat*) monter à bord de; (*bus*) monter dans, embarquer dans *Québec* **III.** *vi* (*in hotel*) être en pension; (*in school*) être pensionnaire; **to ~ with sb** être en pension chez qn
boarder ['bɔr·dər] *n* SCHOOL interne *mf*
board game *n* jeu *m* de société (*comme les échecs ou le Monopoly*)

boarding *n* embarquement *m*
boarding house *n* pension *f*
boarding pass *n* carte *f* d'embarquement
boarding school *n* pensionnat *m*
boardroom *n* salle *f* de réunion
boardwalk *n* promenade *f* (en planches)
boast [boʊst] **I.** *vi* se vanter; **to ~ about** [*o* **of**] **sth** se vanter de qc **II.** *vt* **1. to ~ that ...** se vanter que ... **2.** (*have: university, industry*) s'enorgueillir de; (*device, feature*) être équipé(e) de **III.** *n* **it's just a ~** c'est de la frime; **my proudest ~** ma plus grande fierté
boaster *n pej* vantard(e) *m(f)*
boastful ['boʊst·fᵊl] *adj pej* vantard(e)
boat [boʊt] *n* bateau *m* ▶ **to be in the same ~** être dans la même galère; **to rock the ~** jouer les trouble-fêtes
boathouse *n* hangar *m* à bateaux
boating ['boʊ·t̬ɪŋ] *n* canotage *m*
boat people *npl* boat people *mpl inv*
bob[1] [bab] *n* coupe *f* au carré
bob[2] [bab] <-bb-> **I.** *vi* s'agiter; **to ~ up and down in the water** danser sur l'eau **II.** *vt* **to ~ one's head** faire un signe de tête **III.** *n* **1.** (*movement*) petit coup *m* **2.** (*weight*) plomb *m*
bobbin ['ba·bɪn] *n* bobine *f*
bobby pin *n* pince *f* à cheveux
bobsled ['bab·sled] *n* SPORTS bobsleigh *m*
bode [boʊd] **I.** *vi* **to ~ well/ill** être de bon/mauvais augure **II.** *vt* présager
bodice ['bad·ɪs] *n* corsage *m*
bodily ['ba·dᵊl·i] **I.** *adj* corporel(le); (*strength*) physique; (*needs*) matériel(le) **II.** *adv a. fig* à bras-le-corps
body ['ba·di] <-ies> *n* **1.** (*physical structure*) corps *m; fig* (*of wine*) corps *m;* (*of hair*) volume *m* **2.** (*group*) organisme *m;* **legislative ~** corps législatif **3.** (*amount*) masse *f;* (*of water*) étendue *f;* **~ of evidence** accumulation *f* de preuves **4.** (*main part: car*) carrosserie *f;* (*plane*) fuselage *m* **5.** (*leotard*) body *m* ▶ **over my dead ~!** plutôt mourir!; **just enough to keep ~ and soul together** tout juste de quoi subsister
bodybuilding *n* culturisme *m*
bodyguard *n* garde *mf* du corps
body language *n* langage *m* du corps
body lotion *n* lait *m* pour le corps
body politic *n form* POL corps *m* politique
body search *n* fouille *f* corporelle
bodysuit *n* justaucorps *m*
bodywork *n* carrosserie *f*
bog [bɔg] *n* (*wet ground*) marécage *m;* **peat ~** tourbière *f*
bog down <-gg-> *vt* **to be/get bogged down in sth** *a. fig* s'enliser dans qc
bogey ['boʊ·gi] *n* (*fear*) spectre *m*
bogeyman *n* croque-mitaine *m*
boggle ['ba·gl] **I.** *vi* **the mind ~s** on croit rêver; **sb's mind ~s at sth** qn est époustouflé par qc **II.** *vt* **to ~ the mind** être époustouflant
boggy ['ba·gi] <-ier, -iest> *adj* marécageux(-euse); (*ground*) bourbeux(-euse)
bogus ['boʊ·gəs] *adj* faux(fausse)
bogy ['boʊ·gi] *n s.* **bogey**
bohemian [boʊ·'hi·mi·ən] **I.** *n* bohémien(ne) *m(f)* **II.** *adj* bohémien(ne); **~ life** vie *f* de bohème; **to be ~** être bohème
boil [bɔɪl] **I.** *n* **1.** *no art* ébullition *f;* **to bring sth to a ~** porter qc à ébullition **2.** MED furoncle *m* **II.** *vi* bouillir; **to let sth ~ dry** laisser le contenu de qc s'évaporer ▶ **to make sb's blood ~** mettre qn hors de lui; **to keep the pot ~ing** faire bouillir la marmite **III.** *vt* **1.** (*bring to boil*) faire bouillir; (*kettle*) faire chauffer **2.** (*cook in water*) bouillir; **~ed potatoes** pommes *fpl* de terre à l'eau; **~ed egg** œuf *m* à la coque
◆**boil away** *vi* s'évaporer
◆**boil down I.** *vi* réduire **II.** *vt* faire réduire
◆**boil down to** *vi* revenir à
◆**boil over** *vi* **1.** (*rise and flow over*) déborder **2.** (*go out of control*) exploser; **to boil (over) with rage** bouillir de rage
◆**boil up I.** *vt* faire bouillir **II.** *vi fig* (*trouble, situation*) surgir
boiler ['bɔɪ·lər] *n* chaudière *f,* fournaise *f Québec*
boiler room *n* chaufferie *f*
boiling *adj* bouillant(e); **to be ~ with rage** *fig* bouillir de rage
boiling point *n* point *m* d'ébullition; **at ~** à ébullition
boisterous ['bɔɪ·stᵊr·əs] *adj* énergique; (*wind*) violent(e); (*sea*) agité(e)
bold[1] [boʊld] <-er, -est> *adj* **1.** (*brave, striking*) audacieux(-euse) **2.** (*aggressive*) arrogant(e)
bold[2] [boʊld] *n* COMPUT, TYP **in ~** en caractères gras
boldness *n* audace *f*
bolero [bə·'ler·oʊ] <-s> *n* boléro *m*
Bolivia [bə·'lɪv·i·ə] *n* la Bolivie
Bolivian [bə·'lɪv·i·ən] **I.** *adj* bolivien(ne) **II.** *n* Bolivien(ne) *m(f)*
bollard ['ba·lərd] *n* (*showing direction*) balise *f;* (*blocking entry*) bollard *m*
bolster ['boʊl·stər] **I.** *n* traversin *m,* boudin *m Belgique, Nord* **II.** *vt* **to ~ sb/sth (up)** soutenir qn/qc; **to ~ sb's ego** gonfler l'ego de qn
bolt [boʊlt] **I.** *vi* décamper **II.** *vt* **1.** (*eat*) **to ~ (down) one's food** engloutir sa nourriture **2.** (*lock*) verrouiller **3.** (*fix*) **to ~ sth on(to) sth** (*with bolt*) fixer qc à qc; *fig* plaquer qc sur qc **III.** *n* **1.** (*for locking*) verrou *m* **2.** (*screw*) boulon *m* **3.** (*lightning*) éclair *m;* **~ of lightning** coup *m* de foudre **4.** (*roll*) rouleau *m* **5.** (*escape*) **to make a ~ for it** décamper ▶ **like a ~ from the blue** comme un coup de tonnerre **IV.** *adv* **to sit ~ upright** s'asseoir bien droit
bolt-hole *n* refuge *m;* (*animal*) terrier *m*
bomb [bam] **I.** *n* (*explosive*) bombe *f;* **the Bomb** la bombe atomique; **to drop a ~** larguer une bombe; **it looks as if a ~ had hit it** *fig* c'est un véritable champ de bataille *m* **II.** *vt*

bombarder **III.** *vi* **to ~** *inf* faire un flop
◆**bomb out** *vt* chasser par des bombardements

bombard [bam·'bard] *vt* **1.** MIL bombarder **2.** *fig* **to ~ sb with sth** bombarder qn de qc

bombardment [bam·'bard·mənt] *n a. fig* bombardement *m*

bombast ['bam·bæst] *n no art* grandiloquence *f*

bombastic [bam·'bæs·tɪk] *adj* pompeux(-euse)

bombed [bamd] *adj* **1.** bombardé(e) **2.** *fig, inf* (*on drugs*) défoncé(e)

bombed-out *adj* **1.** (*bombed*) bombardé(e); **I was ~** ma maison a été bombardée **2.** *inf* (*high*) défoncé(e)

bomber ['bam·ər] *n* **1.** (*plane*) bombardier *m* **2.** (*person*) poseur *m* de bombes

bomber jacket *n* blouson *m* d'aviateur

bombing *n* **1.** MIL bombardement *m* **2.** (*by terrorist*) attentat *m* à la bombe

bombproof *adj* blindé(e)

bombshell *n* **1.** obus *m* **2.** *inf* (*woman*) canon *m*

bona fide [ˌboʊ·nə'faɪ·di] *adj* **1.** (*genuine*) authentique **2.** (*serious*) sérieux(-euse)

bonanza [bə·'næn·zə] *n a.* MIN filon *m*; **a price ~** des prix *mpl* massacrés; **a goals ~** des buts *mpl* à gogo; **tourist/oil ~ for the town** filon *m* touristique/pétrolier pour la ville

bond [band] **I.** *n* **1.** (*emotional connection*) lien *m*; **~s of marriage** liens *mpl* du mariage **2.** (*certificate of debt*) obligation *f* **3.** (*written agreement*) engagement *m* **4.** (*bail*) caution *f* **5.** (*joint*) attache *f* **6.** COM **in ~** sous douane **II.** *vt* **1.** (*unite*) **to ~ two things/people together** unir deux choses/personnes entre elles **2.** (*stick or bind*) coller **3.** COM entreposer **III.** *vi* (*people*) créer des liens; (*things*) adhérer

bondage ['ban·dɪdʒ] *n* esclavage *m*

bonded *adj* COM en dépôt; **~ warehouse** entrepôt *m* en douane

bond holder *n* FIN obligataire *m*

bone [boʊn] **I.** *n* os *m*; (*of fish*) arête *f* **II.** *adj* **~-handled knife** couteau *m* à manche d'os **III.** *vt* (*meat*) désosser; (*fish*) retirer les arêtes de

bone china *n* porcelaine *f* à l'os

bone fracture *n* fracture *f*

bonehead *n pej, inf* idiot(e) *m(f)*

bone idle, bone lazy *adj pej* flemmard(e)

boneless *adj* (*fish*) sans arêtes; (*meat*) désossé(e)

bone meal *n* engrais *m* phosphaté

boneshaker *n iron, inf* vieille carcasse *f*

bonfire ['ban·faɪ·ər] *n* feu *m* de joie

bonnet ['ba·nɪt] *n* (*hat*) bonnet *m*

bonus ['boʊ·nəs] *n* **1.** (*money*) prime *f* **2.** (*advantage*) avantage *m*

bony ['boʊ·ni] *adj* <-ier, -iest> **1.** (*with prominent bones*) osseux(-euse) **2.** (*full of bones: fish*) plein d'arêtes

boo [bu] **I.** *interj inf* hou **II.** *vt, vi* <-s, -ing, -ed> huer

boob [bub] *n* **1.** *inf* (*breast*) lolo *m* **2.** *s.* **booby**

booby ['bu·bi] *n* crétin(e) *m(f)*

booby prize *n* prix *m* de consolation

booby trap I. *n* piège *m* **II.** *vt* tendre un piège à

book [bʊk] **I.** *n* (*for reading*) livre *m*; (*of stamps, tickets*) carnet *m*; **the ~s** COM les livres *mpl* de compte; **to do the ~s** faire les comptes ►**to be in sb's bad ~s** ne pas avoir la cote avec qn; **to be in sb's good ~s** être dans les petits papiers de qn; **to bring sb to ~** obliger qn à rendre des comptes; **in my ~** d'après moi; **to do things by the ~** faire les choses dans les règles **II.** *vt* **1.** (*reserve*) réserver **2.** FIN, COM inscrire; (*police*) dresser un P.V. à; SPORTS donner un avertissement à **III.** *vi* réserver
◆**book in I.** *vi* s'enregistrer **II.** *vt* **to book sb in** réserver une chambre à qn
◆**book through** *vi* **to be booked through to Tokyo** avoir réservé un billet pour Tokyo
◆**book up** *vt, vi* réserver; **to be booked up** être complet

bookbinder *n* relieur, -euse *m, f*

bookbinding *n* reliure *f*

bookcase *n* bibliothèque *f*

book club *n* club *m* du livre

bookend *n* serre-livres *m*

bookie ['bʊk·i] *n inf abbr of* **bookmaker**

booking ['bʊk·ɪŋ] *n* (*for room, seat*) réservation *f*

bookish ['bʊk·ɪʃ] *adj pej* **1.** (*person*) studieux(-euse) **2.** (*style*) pédant(e)

bookkeeper *n* comptable *mf*

bookkeeping *n* comptabilité *f*

booklet *n* brochure *f*

bookmaker ['bʊk·ˌmeɪ·kər] *n* bookmaker *m*

bookmark *n a.* COMPUT signet *m*

bookplate *n* ex-libris *m*

bookseller *n* libraire *mf*

bookshelf *n* étagère *f*

bookstore *n* librairie *f*

book trade *n* librairie *f*

bookworm *n* rat *m* de bibliothèque

boom[1] [bum] **I.** *vi* être en pleine croissance **II.** *n* essor *m*; **construction ~** boom *m* dans la construction; **~ years** années *fpl* glorieuses

boom[2] [bum] **I.** *n* grondement *m* **II.** *vi* **to ~ (out)** résonner; **"come in", he ~ed** "entrez", dit-il d'une voix sonore **III.** *vt* faire retentir

boom[3] [bum] *n* **1.** (*floating barrier*) barrage *m* flottant **2.** (*for microphone*) perche *f* de micro

boomerang ['bu·mə·ræŋ] **I.** *n* boomerang *m* **II.** *vi* **to ~ on sb** retomber sur qn

boon [bun] *n* bienfait *m*; **it's such a ~** c'est merveilleux

boor [bʊr] *n pej* rustre *m*

boorish ['bʊr·ɪʃ] *adj pej* rustre

boost [bust] **I.** *n* **to give a ~ to sth** donner un coup de fouet à qc **II.** *vt* (*economy, sales, shares*) relancer; (*hopes, chances*) accroître; (*speed, output*) augmenter; **to ~ sb's confi-**

dence renforcer la confiance en soi-même de qn

booster [bu·stər] *n* **1.** (*improvement*) regain *m* **2.** MED rappel *m* **3.** RADIO amplificateur *m* **4.** ELEC survolteur *m* **5.** AVIAT fusée *f* auxiliaire **6.** AUTO compresseur *m*

booster rocket *n* fusée *f* de lancement

booster seat *n* AUTO siège *m* pour enfant

boot [but] **I.** *n* **1.** (*footwear: calf-length*) botte *f;* (*short*) boot *f* **2.** COMPUT amorce *f;* **warm/cold ~** démarrage *m* à chaud/froid ▶**to get the ~** se faire virer; **to put the ~ in** y aller fort **II.** *vt* **1.** *inf* (*kick*) **to ~ sth somewhere** envoyer qc quelque part (d'un coup de pied); **he ~ed the ball past the line** il donna un coup de pied dans la balle qu'il envoya au-delà de la ligne **2.** COMPUT **to ~** amorcer

◆**boot out** *vt inf* flanquer à la porte

◆**boot up** COMPUT **I.** *vt* (*system, program, computer*) lancer **II.** *vi* démarrer

boot-cut *adj inv* (*jeans*) forme trompette *inv*

bootee ['bu·ţi] *n* bottillon *m*

booth [buð] *n* **1.** (*cubicle*) cabine *f;* **polling ~** isoloir *m* **2.** (*stall at fair*) stand *m*

bootie ['bu·ţi] *n s.* **bootee**

bootjack *n* tire-botte *m*

bootlace *n* lacet *m* de botte

bootleg ['but·leg] <-gg-> **I.** *adj* **1.** (*sold illegally*) de contrebande **2.** (*illegally copied*) piraté(e) **II.** *vt* **1.** (*sell illegally*) vendre en contrebande **2.** (*copy illegally*) pirater **III.** *vi* faire de la contrebande; (*media*) faire du piratage

boot maker *n* bottier *m*

booty[1] ['bu·ţi] *n* (*stolen goods*) butin *m*

booty[2] ['bu·ţi] *n sl* (*buttocks*) cul *m;* **shake your ~!** bouge ton cul!

booze [buz] *inf* **I.** *n* alcool *m* **II.** *vi* picoler

boozer ['buz·ər] *n inf* (*person*) poivrot(e) *m(f)*

border ['bɔr·dər] **I.** *n* **1.** (*limit: of country*) frontière *f* **2.** (*decoration*) bordure *f* **II.** *vt* border; **to be ~ed by Germany** avoir l'Allemagne pour pays limitrophe

◆**border on** *vt* (*country*) avoir pour pays limitrophe; *fig* (*madness, insolence*) friser

bordering *adj* avoisinant(e); (*country*) limitrophe

borderline ['bɔr·dər·laɪn] *n* ligne *f* de séparation

borderline case *n* cas *m* limite

bore[1] [bɔr] **I.** *n* **1.** (*thing*) barbe *f* **2.** (*person*) raseur, -euse *m, f* **II.** <-d> *vt* ennuyer

bore[2] [bɔr] **I.** *n* **1.** (*caliber*) calibre *m* **2.** (*deep hole*) forage *m* **II.** *vt* forer; **to ~ a hole** faire un trou

bored *adj* (*look*) plein d'ennui; **~ children** des enfants *mpl* qui s'ennuient

boredom ['bɔr·dəm] *n* ennui *m*

borer *n* foret *m*

boric ['bɔr·ɪk] *adj* borique

boring ['bɔr·ɪŋ] *adj* ennuyeux(-euse), ennuyant(e) *Québec*

born [bɔrn] *adj a. fig* né(e); **to be ~** naître

born-again ['bɔrn·ə·gen] *adj* REL régénéré(e)

borne [bɔrn] *pt of* **bear**

borough ['bɜr·oʊ] *n* municipalité *f*

borrow ['bar·oʊ] *vt* emprunter

borrower *n* emprunteur, -euse *m, f*

borrowing *n* emprunt *m*

Bosnia and Herzegovina *n* la Bosnie-Herzégovine

Bosnian ['baz·ni·ən] **I.** *adj* bosniaque, bosnien(ne) **II.** *n* Bosniaque *mf,* Bosnien(ne) *m(f)*

bosom ['bʊz·əm] *n* **1.** poitrine *f* **2.** *fig* cœur *m*

boss[1] [bas] **I.** *n a. inf* chef *m* **II.** *vt pej, inf* **to ~ sb around** donner des ordres à qn

boss[2] [bas] *adj inf* merveilleux(-euse)

bossy ['ba·si] <-ier, -iest> *adj pej* despotique

> **i** Le **Boston Tea party** fut en 1773 un acte de défiance contre le contrôle britannique des colonies en Amérique. Des colonialistes habillés en Amérindiens, parmi lesquels Samuel Adams et Paul Revere, montèrent sur des bateaux anglais et jetèrent par dessus bord des centaines de caisses de thé pour protester contre la taxation anglaise dans les colonies alors que celles-ci n'étaient pas représentées au parlement anglais. Ce fut l'un des événements-clés qui menèrent à la guerre d'indépendance des USA contre l'Angleterre.

botanical [bə·'tæn·ɪk·əl] *adj* botanique

botanist ['ba·tən·ɪst] *n* botaniste *mf*

botany ['ba·tən·i] *n* botanique *f*

botch [batʃ] *vt inf* (*job*) bâcler

both [boʊθ] **I.** *adj, pron* tous (les) deux; **~ of them** l'un et l'autre; **~ of us** nous deux; **~ (the) brothers** les deux frères; **on ~ sides** de part et d'autre; **I bought ~ the computer and the printer** j'ai acheté les deux, l'ordinateur et l'imprimante; **~ he and his sister are ill** sa sœur et lui sont tous les deux malades **II.** *adv* **to be ~ sad and pleased** être à la fois triste et content

bother ['ba·ðər] **I.** *n* **1.** (*trouble*) ennui *m* **2.** (*annoyance*) **it's such a ~** c'est tellement embêtant; **it's no ~** il n'y a pas de problème; **I don't want to be a ~** je ne veux pas déranger **II.** *vi* **not to ~ about sth** ne pas s'inquiéter de qc; **don't ~ to ring** ce n'est pas la peine de téléphoner; **I can't be ~ed** ça ne vaut pas la peine **III.** *vt* ennuyer, chicaner *Québec*

botheration *interj* **~!** flûte!

bothersome ['ba·ðər·səm] *adj* importun(e)

Botswana [ˌbat·'swa·nə] *n* le Botswana

bottle ['ba·ţl] **I.** *n* (*container*) bouteille *f;* **baby ~** biberon *m* **II.** *vt* mettre en bouteilles

◆**bottle up** *vt* étouffer

bottle brush *n* goupillon *m*

bottled ['ba·ţld] *adj* en bouteille(s); (*fruit*) en bocaux; **~ water** eau minérale

bottle-feed *vt* nourrir au biberon
bottle-green *adj* vert bouteille *inv*
bottle heater *n* chauffe-biberon *m*
bottleneck *n* **1.** (*place*) étranglement *m* **2.** (*delay*) embouteillage *m*
bottle party <-ies> *n soirée où l'on apporte une bouteille*
bottle rack *n* porte-bouteille(s) *m*
bottom ['ba·ṭəm] **I.** *n* **1.** (*lowest part*) bas *m;* (*of pajamas*) pantalon *m;* (*of the sea, a container*) fond *m;* **from top to ~** de haut en bas **2.** (*end: of street*) bout *m;* (*of the garden*) fond *m;* **to be (at the) ~ of one's class** être le dernier de sa classe; **to start at the ~** commencer en bas de l'échelle **3.** (*buttocks*) derrière *m* ▶ **to mean sth from the ~ of one's heart** dire qc du fond du cœur; **to get to the ~ of sth** aller au fond des choses; **to be at the ~ of sth** être derrière qc; **at ~** au [*o* dans le] fond **II.** *adj* (*level*) d'en bas; (*jaw*) inférieur(e); **bottom end** partie *f* inférieure; **~ of the table** bout *m* de la table
bottomless ['ba·ṭəm·ləs] *adj* **1.** (*without limit*) sans fin **2.** (*very deep*) sans fond
bottom line *n* **1.** FIN solde *m* final **2.** *fig* **the ~ is that ...** le fond du problème c'est que ...; **what's the ~?** c'est quoi l'essentiel?
botulism ['ba·tʃə·lɪ·zᵊm] *n* botulisme *m*
bough [baʊ] *n* branche *f*
bought [bɔt] *pt of* **buy**
bouillon cube *n* bouillon-cube *m*
boulder ['boʊl·dər] *n* bloc *m* de pierre
bounce [baʊn(t)s] **I.** *n* **1.** (*springing action, rebound*) rebond *m;* **to catch a ball on the ~** prendre une balle au bond **2.** (*spring*) bond *m* **3.** (*bounciness: of hair, bed*) ressort *m* **4.** (*vitality, energy*) vitalité *f* **II.** *vi* **1.** (*spring into the air, rebound*) rebondir **2.** (*jump up and down*) bondir **3.** *inf* COM (*check*) être refusé **III.** *vt* **1.** (*cause to rebound*) faire rebondir; **to ~ a baby on one's knee** faire sauter un bébé sur ses genoux **2.** *inf* COM **to ~ a check** refuser un chèque en bois
◆**bounce back** *vi* **1.** rebondir **2.** *fig* se remettre
bouncer ['baʊn(t)·sər] *n* videur, -euse *m, f*
bouncing *adj* rebondi(e); (*baby*) en pleine santé
bound¹ [baʊnd] **I.** *vi* bondir **II.** *n* bond *m;* **with one ~** d'un bond ▶ **by leaps and ~s** à pas de géant
bound² [baʊnd] **I.** *vt* **to be ~ed by sth** être bordé par qc **II.** *n pl* limites *fpl;* **to be** [*o* **go**] **beyond the ~s of possibility** dépasser les limites du possible; **to be within the ~s of the law** être légal; **to keep sth within ~s** maintenir qc dans des limites acceptables; **to know no ~s** être sans limites ▶ **out of ~s** interdit
bound³ [baʊnd] *adj* **~ for** en route pour; **the Geneva-~ flight** le vol à destination de Genève
bound⁴ [baʊnd] **I.** *pt, pp of* **bind** **II.** *adj* **1.** (*sure*) **sth is ~ to happen** qc va certainement se produire; **he's ~ to come** c'est sûr qu'il viendra; **it was ~ to happen sooner or later** cela devait arriver tôt ou tard **2.** (*obliged*) **to be ~ to** +*infin* être obligé de +*infin* ▶ **to be ~ and determined** être absolument résolu
boundary ['baʊn·dᵊr·i] <-ies> *n* **1.** (*line, division*) limite *f* **2.** (*border: between countries*) frontière *f* **3.** SPORTS limites *fpl* du terrain **4.** *fig* **to blur the boundaries between sth and sth** estomper les différences entre qc et qc
boundless ['baʊnd·ləs] *adj* illimité(e)
bounty ['baʊn·ṭi] <-ies> *n* (*reward*) prime *f*
bouquet [boʊ·'keɪ] *n* bouquet *m*
bout [baʊt] *n* **1.** (*period*) crise *f;* **~ of coughing** quinte *f* de toux; **drinking ~** beuverie *f* **2.** SPORTS combat *m*
boutonniere [bu·tə·'nɪr] *n* fleur *f* à la boutonnière
bovine ['boʊ·vaɪn] *adj* bovin(e)
bow¹ [boʊ] *n* **1.** (*weapon*) arc *m;* **to draw one's ~** tendre son arc **2.** MUS archet *m* **3.** (*slipknot*) nœud *m* ▶ **to have more than one string to one's ~** avoir plus d'une corde à son arc
bow² [baʊ] *n* NAUT proue *f*
bow³ [baʊ] **I.** *n* **1.** salut *m;* **to give** [*o* **make**] **a ~ to sb** saluer qn **2.** *fig* **to take one's final ~** faire ses adieux **II.** *vi* **to ~ to sb/sth** saluer qn/qc; (*defer*) s'en remettre à ▶ **to ~ and scrape** *pej* être obséquieux **III.** *vt* (*one's head*) baisser
◆**bow out** *vi* (*stop taking part*) tirer sa révérence
bowdlerize ['boʊd·lə·raɪz] *vt pej* expurger
bowel [baʊəl] *n* MED intestin *m*
bowel movement *n* selles *fpl*
bowl¹ [boʊl] *n* **1.** bol *m;* (*for mixing*) saladier *m;* **~ of soup** assiette *f* de soupe **2.** SPORTS (*games*) championnat *m;* (*building*); **The Hollywood Bowl** le Hollywood Bowl
bowl² [boʊl] SPORTS **I.** *vi* jouer au bowling **II.** *vt* faire rouler
◆**bowl out** *vt* mettre hors jeu
◆**bowl over** *vt* **1.** (*knock over*) renverser **2.** (*astonish*) stupéfier; **to be bowled over** être sidéré
bow-legged [ˌboʊ·'legd] *adj* aux jambes arquées
bowler ['boʊ·lər] *n* SPORTS joueur, -euse *m, f* de bowling
bowling *n* bowling *m*
bowling alley *n* **1.** (*lane*) piste *f* de bowling **2.** (*building, room*) bowling *m*
bowman ['boʊ·mən] *n* archer *m*
bowstring ['boʊ·strɪŋ] *n* corde *f* d'arc
bow tie *n* nœud *m* papillon
bow window *n* fenêtre *f* en saillie
bow-wow *childspeak* **I.** *interj* oua-oua! **II.** *n* toutou *m*
box¹ [baks] *n* **1.** (*container*) boîte *f;* (*of large format*) caisse *f;* **(cardboard) ~** carton *m;* **tool ~** boîte à outils **2.** (*rectangular space*) case *f* **3.** (*small space*) **to be just a ~** être

grand comme un mouchoir de poche **4.** THEAT loge *f* **5.** (*tree*) buis *m*
box² [baks] **I.** *n* gifle *f;* **to give sb a ~ on the ears** gifler qn **II.** *vi* SPORTS faire de la boxe **III.** *vt* **1.** SPORTS boxer **2.** (*hit*) **to ~ someone's ears** gifler qn
◆**box in** *vt* coincer
◆**box up** *vt* mettre dans une boîte
box calf *n* box *m*
boxer ['bak·sər] *n* **1.** (*dog*) boxer *m* **2.** (*person*) boxeur, -euse *m, f* **3.** *pl s.* **boxer shorts**
boxer shorts *n pl* boxer *m*
boxing ['bak·sɪŋ] *n* boxe *f*
boxing gloves *npl* gants *mpl* de boxe
boxing match *n* match *m* de boxe
box number *n* boîte *f* postale
box office *n* guichet *m;* **~ hit** succès *m* au box-office
boy [bɔɪ] **I.** *n* garçon *m* ▶ **a local ~** un jeune du coin; **to be one of the ~s** faire partie des copains; **~s will be ~s** *prov* il faut que jeunesse se passe *prov;* **the/our ~s** MIL les/nos gars *mpl* **II.** *interj* **oh ~!** bon sang!
boycott ['bɔɪ·kat] **I.** *vt* boycotter **II.** *n* boycott *m;* **to put a ~ on sb/sth, to put sb/sth under a ~** boycotter qn/qc
boyfriend ['bɔɪ·frend] *n* petit ami *m*
boyhood ['bɔɪ·hʊd] **I.** *n* enfance *f;* (*as a teenager*) adolescence *f* **II.** *adj* d'enfance; (*as a teenager*) d'adolescence
boyish ['bɔɪ·ɪʃ] *adj* enfantin(e); (*for a woman*) de garçon; (*enthusiasm*) juvénile
bra [bra] *n* soutien-gorge *m,* brassière *f Québec*
Brabant [brə·'bænt] *n* le Brabant wallon
brace [breɪs] **I.** *vt* **1.** (*prepare*) **to ~ oneself for sth** se préparer à qc **2.** (*support*) consolider **II.** *n* **1.** *pl* (*for teeth*) appareil *m* dentaire **2.** (*for leg*) appareil *m* orthopédique **3.** (*for back*) corset *m*
bracelet ['breɪs·lət] *n* bracelet *m*
bracken ['bræk·ən] *n* fougère *f*
bracket ['bræk·ɪt] **I.** *n* **1.** *pl* TYP crochets *mpl;* **in ~s** entre crochets **2.** (*category*) **age ~** tranche *f* d'âge; **income/tax ~** fourchette *f* de salaire/d'imposition **3.** (*L-shaped piece*) équerre *f* **II.** *vt* **1.** TYP mettre entre crochets **2.** (*include in one group*) **to ~ two people together** regrouper deux personnes
brackish ['bræk·ɪʃ] *adj* salé(e); (*water*) saumâtre
brag [bræg] <-gg-> **I.** *vi pej, inf* **to ~ about sth** se vanter de qc **II.** *vt pej, inf* **to ~ that ...** se vanter que ...
braid [breɪd] **I.** *n* **1.** (*decoration*) galon *m* **2.** (*in hair*) tresse *f* **II.** *vt* tresser
Braille [breɪl] *n* braille *m*
brain [breɪn] **I.** *n* **1.** (*organ*) cerveau *m;* **use your ~(s)!** réfléchis! **2.** (*intelligence*) intelligence *f;* **to have ~s** [*o* **a good ~**] être intelligent **3.** *inf* (*person*) cerveau *m;* **the best ~s** les meilleurs talents *mpl* ▶ **to blow sb's ~s out** faire sauter la cervelle à qn; **to pick sb's ~s** *inf* sonder les connaissances de qn; **to have sth on the ~** *pej, inf* être obsédé par qc **II.** *vt inf* assommer; **to ~ oneself** se cogner **III.** *adj* cérébral(e)
brainchild *n* idée *f*
brain-dead *adj* en état de coma dépassé; **to declare sb ~** conclure à la mort cérébrale de qn
brain death *n* mort *f* cérébrale
brain drain *n* exode *m* des cerveaux
brain fever *n* méningite *f*
brainless *adj* idiot(e); **~ idiot!** espèce *f* d'idiot!
brain scan *n* scannographie *f* du cerveau
brainstorm ['breɪn·stɔrm] **I.** *vi* faire un brainstorming **II.** *vt* faire un brainstorming sur **III.** *n* idée *f* de génie
brainstorming ['breɪn·ˌstɔrm·ɪŋ] *n* brainstorming *m*
brain tumor *n* tumeur *f* au cerveau
brainwashing *n* lavage *m* de cerveau
brainy ['breɪ·ni] <-ier, -iest> *adj inf* **to be ~** être une grosse tête
braise [breɪz] *vt* braiser
brake [breɪk] **I.** *n* **1.** AUTO frein *m;* **anti-lock ~s** freins ABS; **to apply** [*o* **put on**] **the ~s** freiner; **to release the ~** desserrer le frein; **to slam on the ~(s)** *inf* piler **2.** *fig* **to put a ~** [*o* **the ~s**] **on** freiner **II.** *vi* freiner
brake fluid *n* liquide *m* de frein
brake light *n* feux *mpl* de freins
brake pedal *n* pédale *f* de frein
brake shoe *n* sabot *m* de frein
braking *n* freinage *m*
braking distance *n* distance *f* de freinage
bramble ['bræm·bl] *n* roncier *m*
bran [bræn] *n* (*of grain*) son *m*
branch [bræn(t)ʃ] **I.** *n* **1.** *a.* BOT branche *f* **2.** (*fork: of a river*) bras *m;* (*of a road*) embranchement *m* **3.** (*office: of bank*) agence *f;* (*of company, store*) succursale *f* **4.** (*division: of organization*) branche *f* **II.** *vi* **1.** se ramifier **2.** *fig* bifurquer
◆**branch off** *vi* **1.** (*fork*) bifurquer **2.** *fig* digresser; **to ~ from a subject** s'écarter d'un sujet
◆**branch out** *vi* **1.** (*enter a new field*) **to ~ into sth** étendre ses activités à qc; **to ~ on one's own** s'établir à son compte **2.** (*undertake new activities*) diversifier ses activités
branch line *n* ligne *f* secondaire
branch office *n* succursale *f*
brand [brænd] **I.** *n* **1.** (*trade name*) marque *f* **2.** (*type*) genre *m;* **do you like his ~ of humor?** est-ce que tu aimes son humour? **3.** (*mark*) marque *f* (au fer) **II.** *vt* **1.** (*label*) **to be ~ed (as) sth** être catalogué comme qc **2.** (*mark*) **to ~ an animal** marquer un animal
brandish ['bræn·dɪʃ] *vt* brandir
brand name ['brænd·neɪm] *n* marque *f*
brand-new [ˌbrænd·'nu] *adj* flambant neuf(neuve); (*baby*) nouveau-né(e)
brandy ['bræn·di] <-ies> *n* eau *f* de vie
brandy snap *n biscuit dur roulé, parfois fourré*
brash [bræʃ] *adj pej* **1.** (*cocky*) préten-

tieux(-euse) **2.** (*gaudy*) voyant(e)
brass [bræs] **I.** *n* **1.** (*metal*) laiton *m* **2.** (*brass engraving*) cuivres *mpl* **3.** + *sing/pl vb* MUS **the ~** les cuivres *mpl* **II.** *adj* en laiton
brass band *n* ≈ fanfare *f*
brass instrument *n* MUS cuivre *m*
brass plate *n* plaque *f* de cuivre
brassware *n* dinanderie *f*
brassy ['bræs·i] <-ier, -iest> *adj* **1.** *a.* MUS cuivré(e) **2.** *pej* (*loud: voice*) braillard(e) **3.** *pej* (*cocky*) provoquant(e)
brat [bræt] *n pej, inf* sale gosse *mf*
bravado [brə·'va·doʊ] *n* bravade *f*
brave [breɪv] **I.** *adj* courageux, -euse; **to give a ~ smile** sourire bravement ►**to put on a ~ face** ne rien laisser paraître **II.** *vt* braver
bravery ['breɪ·vər·i] *n* bravoure *f*
brawl [brɔl] **I.** *n* bagarre *f* **II.** *vi* se bagarrer
brawling *n* bagarres *fpl*
brawn [brɔn] *n* (*strength*) muscles *mpl*
brawny ['brɔ·ni] <-ier, -iest> *adj* musclé(e)
bray [breɪ] *vi* braire; **~ing laugh** rire *m* chevalin
brazen ['breɪ·zən] *adj* éhonté(e); **~ hussy** *iron* dévergondée *f*
brazen out *vt* **to brazen it out** payer d'audace
brazier ['breɪ·ʒər] *n* brasero *m*
Brazil [brə·'zɪl] *n* le Brésil
Brazilian [brə·'zɪl·jən] **I.** *adj* brésilien(ne) **II.** *n* Brésilien(ne) *m(f)*
breach [britʃ] **I.** *n* **1.** (*infraction*) rupture *f*; **~ of** [*o* **in**] **an agreement** rupture d'un accord; **~ of confidence** [*o* **faith**] abus *m* de confiance; **~ of duty** manquement *m* à son devoir; **~ of the law** violation *f* de la loi; **~ of promise** rupture de promesse; **to be in ~ of contract** avoir enfreint son contrat **2.** (*estrangement*) brouille *f* **3.** (*opening*) brèche *f* **II.** *vt* **1.** (*break*) rompre **2.** (*infiltrate*) ouvrir une brèche dans
bread [bred] *n* pain *m*; **loaf of ~** pain *m*; **to bake ~** faire du pain **2.** *inf* (*money*) oseille *f*
bread and butter I. *n* gagne-pain *m* **II.** *adj* de tous les jours
breadbasket *n* **1.** (*container*) corbeille *f* à pain **2.** (*region*) grenier *m* à blé
breadcrumb *n* **1.** (*small fragment*) miette *f* **2.** *pl* CULIN panure *f*; **to cover** [*o* **coat**] **sth with ~s** paner qc
bread roll *n* petit pain *m*, pistolet *m Belgique*
breadth [bretθ] *n a. fig* largeur *f*; **~ of learning** étendue *f* des connaissances
breadwinner ['bred·ˌwɪn·ər] *n* soutien *m* de famille
break [breɪk] **I.** *n* **1.** (*gap*) trou *m*; (*crack*) fêlure *f*; (*into two parts*) fracture *f*; **a ~ in the clouds** une brèche dans les nuages **2.** (*interruption: in conversation, for snack*) pause *f*; (*in output*) interruption *f*; **commercial ~** pause de publicité; **to take a ~** prendre une pause; **to need a ~ from doing sth** avoir besoin de se reposer de qc; **weekend ~** week-end *m* détente **3.** SCHOOL récréation *f* **4.** (*escape*) évasion *f*; **to make a ~** s'évader **5. ~ of day** lever *m* du jour **6.** (*opportunity*) chance *f*; **she got her big ~ in that film** elle a percé grâce à ce film **7.** SPORTS **~** (**of serve**) break *m* ►**give me a ~!** fiche-moi la paix!; **to make the ~ from sb/sth** rompre avec qn/qc; **to make a clean** [*o* **complete**] **~** cesser complètement de se voir **II.** <broke, broken> *vt* **1.** (*shatter*) casser; **to ~ a nail/one's arm** se casser un ongle/le bras **2.** (*damage*) endommager **3.** *fig* **to ~ an alibi** écarter un alibi **4.** AVIAT **to ~ the sonic** [*o* **sound**] **barrier** passer le mur du son **5.** (*interrupt*) **to ~** (**off**) **sth** rompre qc; **to ~ one's step** [*o* **stride**] ralentir; MIL rompre le pas; **to ~ sb's fall** arrêter la chute de qn **6.** (*put an end to: record*) battre; (*strike*) casser; **to ~ a deadlock** [*o* **an impasse**] sortir d'une impasse; **to ~ a habit** se débarrasser d'une habitude; **to ~ sb of a habit** faire passer une habitude à qn; **to ~ the suspense** [*o* **tension**] mettre fin au suspense; **to ~ the peace** troubler la tranquillité; **to ~ sb's spirit** [*o* **will**] briser la résistance [*o* volonté] de qn **7.** SPORTS **to ~ a tie** prendre l'avantage; **to ~ sb's serve** (*in tennis*) faire le break **8.** (*violate: law*) enfreindre; (*treaty*) rompre; (*date*) annuler; **to ~ a promise to sb** ne pas tenir sa parole envers qn **9.** (*forcefully end*) **to ~ sb's hold** se dégager de l'emprise de qn **10.** (*decipher: code*) déchiffrer **11.** (*make public*) annoncer; **to ~ the news to sb** apprendre la nouvelle à qn **12.** (*make change for: bank note*) entamer **13.** MIL **to ~ camp** lever le camp ►**to ~ one's back** *inf* se briser le dos; **to ~ sb's back** être la fin de qn; **to ~ the bank** *iron* faire sauter la banque; **to ~ bread** REL rompre le pain; **to ~ cover** quitter son abri; **to ~ fresh** [*o* **new**] **ground** innover; **to ~ sb's heart** briser le cœur de qn; **to ~ the ice** *inf* rompre la glace; **to ~ the mould** faire preuve d'innovation; **to ~ ranks** rompre les rangs; **to ~ wind** lâcher un vent **III.** <broke, broken> *vi* **1.** (*shatter*) se casser; **she broke under torture/the strain** *fig* elle a craqué sous la torture/le stress **2.** (*separate*) se démonter **3.** (*interrupt*) **shall we ~** (**off**) **for lunch?** si on faisait une pause pour le déjeuner? **4.** (*strike*) se briser; **the wave broke on the shore** la vague s'est brisée sur le rivage **5.** (*change sound: voice at puberty*) muer; (*with emotion*) se briser **6.** (*begin: storm, scandal*) éclater; (*day*) se lever **7.** SPORTS commencer ►**to ~ even** rentrer dans ses frais; **to ~ free** s'évader; **to ~ loose** s'échapper
◆**break away** *vi* **1.** (*move*) **to ~ from sb** s'éloigner de qn; **old enough to ~** *fig* assez grand pour voler de ses propres ailes **2.** (*split off*) **to ~ from sb** se désolidariser de qn **3.** (*separate*) **chunks of ice are breaking away from the iceberg** des blocs de glace se détachent de l'iceberg
◆**break down I.** *vi* **1.** (*stop working*) tomber en panne; (*plan*) s'effondrer **2.** (*dissolve*)

décomposer; (*marriage*) se détériorer **3.** (*lose control emotionally*) craquer **4.** (*be analyzed*) **to ~ into three parts** se décomposer en trois parties **II.** *vt* **1.** (*force to open*) enfoncer **2.** (*overcome: barrier*) faire tomber; (*resistance*) vaincre **3.** CHEM dissoudre **4.** (*separate*) **to ~ sth into sth** décomposer qc en qc

◆**break in I.** *vi* **1.** (*enter*) entrer par effraction **2.** (*interrupt*) intervenir **II.** *vt* **1.** (*make comfortable*) **to break one's shoes in** faire ses chaussures **2.** AUTO roder **3.** (*tame*) dompter **4.** *fig* **to ~ one's staff** laisser son personnel s'accoutumer

◆**break into** *vi* **1.** (*enter*) **to ~ sth** s'introduire dans qc; **to ~ a car** forcer la portière d'une voiture **2.** (*start doing*) **to ~ applause/a run** se mettre à applaudir/courir; **to ~ laughter/tears** éclater de rire/en sanglots **3.** (*get involved in*) **to ~ advertising/the youth market** percer dans la publicité/le marché des jeunes **4.** (*start using: savings, note, new packet*) entamer

◆**break off I.** *vt* **1.** (*separate*) casser **2.** (*end*) rompre **II.** *vi* **1.** (*not stay attached*) se détacher **2.** (*stop speaking*) s'interrompre

◆**break out** *vi* **1.** (*escape*) s'évader **2.** (*begin: epidemic, fire*) se déclarer; (*storm*) éclater **3.** (*become covered with*) **to ~ in spots** se couvrir de boutons; **to ~ in** (a) **sweat** se mettre à transpirer

◆**break through** *vi* se frayer un chemin; (*army*) ouvrir une brèche; (*sun*) percer

◆**break up I.** *vt* **1.** (*forcefully end*) **to ~ sth** interrompre **2.** (*split up: coalition*) disperser; (*family*) désunir; (*company, organization*) diviser; (*gang*) démanteler; (*demonstrators*) disperser **3.** (*dig up: ground*) retourner **II.** *vi* **1.** (*end a relationship*) se séparer **2.** (*come to an end: marriage*) se désagréger; (*meeting*) se terminer **3.** (*fall apart*) s'effondrer **4.** (*disperse*) se disperser **5.** (*lose signal*) **you're breaking up** je ne t'entends plus

◆**break with** *vt* rompre avec

breakable ['breɪk·ə·bl] *adj* fragile

breakage ['breɪ·kɪdʒ] *n* casse *f*

breakaway ['breɪ·kə·weɪ] *adj* dissident(e)

breakdown ['breɪk·daʊn] *n* **1.** (*collapse*) échec *m;* (*of ceasefire*) rupture *f* **2.** TECH panne *f* **3.** (*division*) ventilation *f;* (*of expenses*) détail *m* **4.** (*decomposition*) décomposition *f* **5.** PSYCH dépression *f*

breaker ['breɪ·kər] *n* (*wave*) déferlante *f*

breakfast ['brek·fəst] **I.** *n* petit-déjeuner *m;* **to have ~** déjeuner; **to have sth for ~** prendre qc au petit-déjeuner **II.** *vi form* **to ~ on tea and toast** prendre du thé et des toasts au petit-déjeuner

> **i** Aux USA, le **breakfast** est un moment important de la journée. En plus du petit-déjeuner traditionnel, on sert souvent d'énormes portions d'œufs brouillés, de lard ou de saucisses grillées et de pommes de terre sautées. Le week-end, on mange également des *pancakes*, sorte de crêpes épaisses, ou un *French toast*, une tranche de pain trempée dans des œufs battus qui est ensuite cuite à la poêle. Les *French toasts* se mangent avec du sirop d'érable, du miel ou de la confiture.

break-in *n* cambriolage *m*

breaking and entering *n* LAW effraction *f;* **to charge sb with ~** condamner qn pour effraction

breaking point *n* **to reach ~** atteindre le point de rupture

breakneck ['breɪk·nek] *adj* **at ~ speed** à une allure folle

breakthrough ['breɪk·θru] *n* MIL percée *f;* (*in science, negotiations*) tournant *m*

breakup ['breɪk·ʌp] *n* (*of marriage*) échec *m;* (*of group*) dissolution *f;* (*of company, party*) division *f;* (*of empire*) effondrement *m*

breakwater ['breɪk·ˌwɔ·t̬ər] *n* brise-lames *m*

breast [brest] *n* **1.** ANAT sein *m* **2.** (*bird's chest*) gorge *f* **3.** CULIN blanc *m* ▶**~ is best** rien ne vaut l'allaitement maternel

breastbone *n* sternum *m*

breast cancer *n* cancer *m* du sein

breast-feed *vt, vi* allaiter

breast pocket *n* poche *f* de poitrine

breast screening *n* dépistage *m* du cancer du sein

breaststroke *n* brasse *f*

breath [breθ] *n* **1.** (*air*) souffle *m;* **to be out of ~** être à bout de souffle; **to be short of ~** être essoufflé; **to catch one's ~, to get one's ~ back, to draw ~** reprendre son souffle; **to gasp for ~** étouffer; **to hold one's ~** retenir sa respiration; **to take a deep ~** respirer à fond **2.** (*air exhaled*) haleine *f* **3.** (*break*) **to go out for a ~ of fresh air** sortir prendre l'air **4.** (*wind*) **~ of air** souffle *m* d'air **5.** *fig* **in the same** [*o* **next**] **~** dans la foulée

breathalyze ['breθ·əl·aɪz] *vt* faire subir un alcootest à

Breathalyzer® *n* alcootest *m*

breathe [brið] **I.** *vi* **1.** ANAT respirer; **to ~ through one's nose** respirer par le nez **2.** *fig* **to ~ more easily** respirer **II.** *vt* **1.** (*exhale*) **to ~ air into sb's lungs** insuffler de l'air dans les poumons de qn; **to ~ garlic fumes** souffler des relents d'ail **2.** (*whisper*) chuchoter **3.** (*let out*) **to ~ a sigh of relief** soupirer de soulagement ▶**to ~** (**new**) **life into sth** redonner de la vie à qc; **to ~ down sb's neck** être sur le dos de qn; **not to ~ a word** ne pas souffler mot

◆**breathe in I.** *vi* inspirer **II.** *vt* inhaler; **to ~ fresh air** respirer l'air frais

◆**breathe out I.** *vi* expirer **II.** *vt* exhaler

breather ['bri·ðər] *n* (*rest*) pause *f;* **to have**

a ~ faire une pause

breathing *n* respiration *f*

breathing apparatus *n* respirateur *m*

breathing room, breathing space *n* **1.** (*time*) répit *m;* **to need some ~** avoir besoin de respirer **2.** (*space*) espace *m*

breathless *adj* à bout de souffle

breathtaking ['breθ·teɪ·kɪŋ] *adj* stupéfiant(e)

breath test *n* alcootest *m*

bred [bred] *pt, pp of* **breed**

breech [britʃ] *n* (*of gun*) culasse *f*

breeches ['brɪ·tʃɪz] *npl* culotte *f;* **riding ~** culotte de cheval

breed [brid] **I.** <bred, bred> *vt* **1.** (*grow*) faire pousser **2.** (*raise*) élever **3.** (*engender*) engendrer **II.** <bred, bred> *vi* ZOOL se reproduire **III.** *n* **1.** ZOOL race *f* **2.** BOT espèce *f* **3.** *inf* (*type of person*) race *f*

breeder ['bri·dər] *n* éleveur, -euse *m, f*

breeding *n* **1.** (*farming*) élevage *m* **2.** (*good manners*) manières *fpl*

breeze [briz] **I.** *n* **1.** (*wind*) brise *f* **2.** *inf* (*easy task*) **it's a ~** c'est un jeu d'enfant **3.** (*cinders*) fraisil *m* **II.** *vi* **to ~ in/past** entrer/passer avec nonchalance; **to ~ to victory** l'emporter haut la main

breezy ['bri·zi] <-ier, -iest> *adj* **1.** (*windy*) **it's ~** il y a une bonne brise **2.** (*jovial*) jovial(e)

Breton ['bret·ən] **I.** *adj* breton(ne) **II.** *n* **1.** (*person*) Breton(ne) *m(f)* **2.** LING breton *m; s.a.* **English**

breve [briv] *n* LING, MUS brève *f*

breviary ['bri·vi·er·i] <-ies> *n* bréviaire *m*

brevity ['brev·ə·t̬i] *n* **1.** (*shortness*) brièveté *f* **2.** (*conciseness*) concision *f*

brew [bru] **I.** *n* **1.** (*beer*) bière *f* **2.** (*tea*) infusion *f;* **let's have a ~** *inf* on se fait du thé **3.** (*concoction*) mixture *f* **4.** *fig* mélange *m* **II.** *vi* **1.** (*boil*) infuser **2.** *fig* (*storm*) se préparer **III.** *vt* (*beer*) brasser; **to ~ some coffee for sb** préparer du café pour qn

brewer ['bru·ər] *n* brasseur, -euse *m, f*

brewery ['bru·ər·i] <-ies> *n* brasserie *f*

briar [braɪər] *n* églantier *m*

bribe [braɪb] **I.** *vt* soudoyer; **I ~d the children to come** j'ai soudoyé les enfants pour qu'ils viennent **II.** *n* pot *m* de vin

bribery ['braɪ·bᵊr·i] *n* corruption *f*

bric-a-brac ['brɪk·ə·bræk] *n* bric à brac *m*

brick [brɪk] *n* **1.** (*block*) brique *f* **2.** (*house*) **to invest in ~s and mortar** investir dans la pierre ▶ **you can't make ~s without straw** *prov* à l'impossible nul n'est tenu *prov*

◆ **brick in, brick up** *vt* murer

bricklayer ['brɪk·ˌleɪ·ər] *n* maçon *m*

brickwork ['brɪk·wɜrk] *n* briquetage *m*

brickworks, brickyard *n* briqueterie *f*

bridal ['braɪ·dᵊl] *adj* (*veil, wear*) de mariée; (*chamber*) nuptial(e)

bride [braɪd] *n* **1.** (*fiancée*) future mariée *f* **2.** (*married*) jeune mariée *f;* **child ~** très jeune mariée

bridegroom *n* **1.** (*fiancé*) futur marié *m* **2.** (*married*) jeune marié *m*

bridesmaid *n* demoiselle *f* d'honneur

bridge [brɪdʒ] **I.** *n* **1.** ARCHIT, NAUT *a. fig* pont *m;* **suspension ~** pont suspendu **2.** MED bridge *m* **3.** ANAT arête *f* du nez **4.** (*part of glasses*) arcade *f* **5.** MUS chevalet *m* **6.** GAMES bridge *m* **II.** *vt* **1.** (*build bridge*) construire un pont sur **2.** (*bring together*) **to ~ the gap between sb/sth and sb/sth** rapprocher qn/qc de qn/qc

bridle ['braɪ·dl] **I.** *n* bride *f* **II.** *vt* brider **III.** *vi* **to ~ at sth** s'indigner devant qc

bridle path *n* piste *f* cavalière

brief [brif] **I.** <-er, -est> *adj* bref, brève **II.** *n* **1.** (*instructions*) instructions *fpl* **2.** (*case summary*) dossier *m;* **to prepare a ~** préparer un dossier **3.** *pl* (*underpants*) slip *m* ▶ **in ~** en bref **III.** *vt form* (*inform*) briefer; **to ~ sb on sth** mettre qn au courant de qc

briefcase ['brif·keɪs] *n* serviette *f,* calepin *m Belgique*

briefing *n* briefing *m;* **to conduct a ~** tenir un briefing; **pre-flight ~** dernières instructions *fpl*

briefly *adv* **1.** (*shortly*) brièvement **2.** (*in short*) en bref

briefness *n* brièveté *f*

brier [braɪər] *n s.* **briar**

brigade [brɪ·'geɪd] *n* MIL brigade *f*

brigadier [ˌbrɪg·ə·'dɪr] *n* MIL général *m* de brigade

bright [braɪt] **I.** *adj* **1.** (*light*) vif, vive; (*room*) clair(e); (*clothes*) de couleur(s) vive(s) **2.** (*shining*) brillant(e); (*day*) radieux, -euse **3.** (*sparkling*) éclatant(e) **4.** (*intelligent*) intelligent(e); (*idea*) bon(ne) **5.** (*cheerful*) jovial(e) **6.** (*promising*) brillant(e); **to look ~ for sb/sth** bien s'annoncer pour qn/qc ▶ **to look at the ~ side of sth** prendre les choses du bon côté; **~ and early** de bon matin **II.** *n pl* AUTO pleins phares *mpl*

brighten (up) ['braɪ·tᵊn(·'ʌp)] **I.** *vt* **1.** (*make brighter*) éclaircir **2.** (*make more promising*) améliorer **3.** (*make more cheerful*) égayer **II.** *vi* **1.** (*become cheerful*) s'égayer; (*eyes*) s'allumer; (*face*) s'animer **2.** (*become brighter or more promising*) s'améliorer; (*weather*) s'éclaircir

bright-eyed *adj* **~ and bushy-tailed** en pleine forme

brightly *adv* **1.** (*not dimly*) vivement; (*shine*) intensément; **the sun shines ~** le soleil est éclatant; **the fire burns ~** le feu est vif **2.** (*vividly*) de couleur(s) vive(s); **~ colored** aux couleurs vives **3.** (*cheerfully*) gaiement

brightness *n* **1.** *a.* TV luminosité *f* **2.** (*shining*) éclat *m* **3.** TECH intensité *f*

bright spark *n inf* petit(e) futé(e) *m,f*

brilliance ['brɪl·jən(t)s], **brilliancy** *n* **1.** (*intelligence*) génie *m* **2.** (*brightness*) éclat *m*

brilliant ['brɪl·jənt] *adj* **1.** (*shining*) éclatant(e) **2.** (*intelligent*) brillant(e)

brilliantly *adv* **1.** (*with great skill*) brillamment **2.** (*brightly*) **to shine ~** briller avec éclat; **~ lit**

B

vivement éclairé

brim [brɪm] **I.** *n* bord *m;* **to fill sth to the ~** remplir qc à ras bord **II.** <-mm-> *vi* **to ~ with sth** déborder de qc

brimful [ˌbrɪm·ˈfʊl] *adj* plein(e) à ras bord; **~ of life/health** débordant de vie/santé

brine [braɪn] *n* eau *f* salée

bring [brɪŋ] <brought, brought> *vt* **1.** (*come with, carry: things*) apporter; **I brought the box into the house** j'ai rentré la boîte dans la maison **2.** (*take, cause to come: people*) amener; **the road ~s you to the town** la route vous mène en ville; **this ~s me to the question of money** cela me conduit au sujet de l'argent **3.** (*cause to have or happen*) **to ~ sth to sb, to ~ sb sth** apporter qc à qn; **the books brought her fame and riches** les livres *mpl* lui ont apporté gloire et richesse; **to ~ sth on oneself** s'attirer qc; **to ~ shame/discredit to sb** jeter la honte/le discrédit sur qn; **to ~ sb luck** porter chance à qn **4.** LAW **to ~ a charge against sb** inculper qn; **to ~ a suit against sb** intenter un procès à qn; **to ~ a complaint against sb** porter plainte contre qn **5.** (*force*) **to ~ oneself to** +*infin* se résoudre à +*infin* **6.** FIN rapporter; **to ~ a profit** bien rapporter ▶ **to ~ sth to sb's attention** attirer l'attention de qn sur qc; **to ~ sth to a climax** porter qc à son paroxysme; **to ~ sth to a close** mettre fin à qc; **to ~ sth under control** maîtriser qc; **to ~ sb up to date** mettre qn au courant; **to ~ sb face to face with sth** confronter qn à qc; **to ~ sth to fruition** concrétiser qc; **to ~ sb/sth to a halt** faire arrêter qn/qc; **to ~ sth home to sb** rendre qc plus réel à qn; **to ~ sb to justice** traduire qn en justice; **to ~ sth to sb's knowledge** porter qc à la connaissance de qn; **to ~ sb back to life** ramener qn à la vie; **to ~ sth to life** donner vie à qc; **to ~ to light** révéler; **to ~ sth to mind** rappeler qc; **to ~ sb to his/her senses** ramener qn à la raison; **to ~ tears to sb's eyes** faire venir les larmes aux yeux de qn; **to ~ up short** arrêter net

◆**bring about** *vt* **1.** (*cause to happen*) provoquer **2.** (*achieve*) amener

◆**bring along** *vt* (*food*) apporter; (*friend*) amener

◆**bring around** *vt* **1.** MED ranimer **2.** (*persuade*) convaincre **3.** (*invite*) amener

◆**bring back** *vt* **1.** (*reintroduce*) ramener **2.** (*return*) rapporter **3.** (*call to mind: memories*) rappeler ▶ **to ~ the color to sb's cheeks** redonner des couleurs à qn

◆**bring down** *vt* **1.** (*opp: bring up*) descendre **2.** (*topple*) renverser **3.** (*reduce*) faire baisser **4.** (*fell: trees, shelves*) faire tomber **5.** (*shoot down*) abattre **6.** (*make sad*) décourager ▶ **to ~ the house** (*with laughter*) faire rire tout le monde; (*by performance*) éblouir tout le monde; **to bring sb down a peg (or two)** remettre qn à sa place

◆**bring forth** *vt insep, form* (*document*) produire; (*laughter, idea*) déclencher

◆**bring forward** *vt* **1.** FIN reporter **2.** (*fix earlier time for*) avancer **3.** (*suggest*) proposer

◆**bring in** *vt* **1.** (*introduce*) introduire; **to ~ a bill** présenter un projet de loi; **to ~ a topic** lancer un sujet **2.** (*call in, reap*) faire rentrer **3.** (*earn*) rapporter; **to ~ a profit** rapporter du bénéfice **4.** (*ask to participate*) faire intervenir **5.** (*produce*) rendre

◆**bring into** *vt always sep* **to bring sth into sth** introduire qc dans qc; **to bring sb into sth** faire participer qn à qc; **not to bring sb into sth** laisser qn en dehors de qc ▶ **to bring sth into focus/play** mettre qc au point/en jeu

◆**bring off** *vt* réussir

◆**bring on** *vt* **1.** MED causer **2.** (*cause to occur*) provoquer **3.** (*send in to play: reserve, actor*) faire entrer

◆**bring out** *vt* **1.** COM (*product*) lancer; (*book, film*) sortir **2.** (*stress*) faire ressortir **3.** (*utter*) **to ~ a few words** prononcer quelques mots

◆**bring over** *vt* amener

◆**bring to** *vt always sep* ranimer

◆**bring together** *vt* réunir; **to bring people together** rapprocher des gens

◆**bring up** *vt* **1.** (*opp: bring down*) monter **2.** (*rear*) **to bring sb up** élever qn; **well brought up** bien élevé(e) **3.** (*mention*) parler de; **to ~ sth for discussion** aborder qc **4.** *inf* (*vomit*) rendre ▶ **to ~ the rear** fermer la marche

brink [brɪŋk] *n* bord *m;* **to drive sb to the ~** pousser qn à bout; **to drive sb to the ~ of tears** pousser qn au bord des larmes; **to be on the ~ of bankruptcy/war** être au bord de la faillite/à deux doigts de la guerre

briny [ˈbraɪ·ni] <-ier, -iest> *adj* saumâtre

briquette [brɪ·ˈket] *n* briquette *f*

brisk [brɪsk] <-er, -est> *adj* **1.** (*not sluggish*) vif, vive; (*walk, traffic*) rapide; **business is ~** les ventes vont bon train **2.** (*refreshing*) vivifiant(e)

briskly *adv* **1.** (*quickly*) rapidement; (*walk*) d'un bon pas **2.** (*not sluggishly*) vivement

briskness *n* vivacité *f;* (*of business, trading*) dynamisme *m*

bristle [ˈbrɪs·l] **I.** *n* poil *m;* **~ brush** brosse *f* en soies de sanglier **II.** *vi* se hérisser

bristly [ˈbrɪs·li] <-ier, -iest> *adj* (*beard*) dru(e); (*face*) à la barbe qui pique

Britain [ˈbrɪt·ᵊn] *n s.* **Great Britain**

British [ˈbrɪt̬·ɪʃ] **I.** *adj* britannique **II.** *n pl* **the ~** les Anglais *mpl;* (*as nationality*) les Britanniques *mpl*

British Columbia *n* la Colombie-Britannique

British English *n* anglais *m* d'Angleterre

British Isles *n* les îles *fpl* Britanniques

Briton [ˈbrɪt·ᵊn] *n* Britannique *mf*

Brittany [ˈbrɪt·ᵊn·i] *n* la Bretagne

brittle [ˈbrɪt̬·l] *adj* **1.** (*fragile*) cassant(e); (*layer of ice*) fragile **2.** (*unfriendly*) sec, sèche

broach [broʊtʃ] *vt* (*topic*) aborder

broad [brɔd] <-er, -est> *adj* **1.** (*wide*) large

2. (*spacious*) vaste **3.** (*general*) grand(e); (*description*) large; **to be in ~ agreement** être d'accord sur presque tout **4.** (*wide-ranging: range, syllabus*) varié(e) **5.** (*strong*) fort(e) ▶ **in ~ daylight** en plein jour; **to drop ~ hints** faire de lourdes allusions; **it's as ~ as long** c'est du pareil au même
broad bean *n* fève *f*
broadcast ['brɔd·kæst] **I.** *n* **1.** (*process*) diffusion *f* **2.** (*program*) émission *f* **II.** <broadcast, broadcast *o* -ed, -ed> *vi* diffuser **III.** <broadcast, broadcast *o* -ed, -ed> *vt* **1.** (*transmit*) diffuser **2.** *fig, inf* (*fact*) crier sur les toits; (*rumor*) répandre
broadcaster *n* RADIO, TV animateur, -trice *m, f*
broadcasting *n* **1.** (*process*) diffusion *f* **2.** (*programs*) émissions *fpl*
broadcasting station *n* RADIO, TV émetteur *m*
broaden ['brɔ·dᵊn] **I.** *vi* s'élargir **II.** *vt* élargir
broadly ['brɔd·li] *adv* **1.** (*generally*) d'une manière générale **2.** (*widely*) largement; **to smile** [*o* **grin**] ~ avoir un large sourire
broad-minded [ˌbrɔd·'maɪn·dɪd] *adj* **to be ~** avoir les idées *fpl* larges
broadside ['brɔd·saɪd] *n* invective *f*

> ℹ **Broadway** est une grande rue de New York. C'est dans cette rue que se situe le célèbre quartier des théâtres qui porte le même nom. **Broadway** est synonyme du grand art théâtral américain et pratiquement toutes les pièces de théâtre de quelque importance y ont été jouées. Celles qui ne sont pas jouées dans ce quartier sont souvent des productions expérimentales ou à petit budget que l'on appelle des *off-Broadway plays*.

broccoli ['brɑ·kᵊl·i] *n* brocoli *m*
brochure [broʊ·'ʃʊr] *n* brochure *f*
brogue[1] [broʊg] *n* chaussure *f* de marche
brogue[2] [broʊg] *n* accent *m* irlandais
broil [brɔɪl] *vt* griller
broiler ['brɔɪ·lər] *n* **1.** (*in oven*) grill *m* **2.** (*chicken*) poulet *m* à rôtir
broke [broʊk] **I.** *pt of* **break II.** *adj inf* fauché(e) ▶ **to go ~** faire faillite; **to go for ~** jouer le tout pour le tout
broken ['broʊ·kᵊn] **I.** *pp of* **break II.** *adj* **1.** (*damaged*) cassé(e); **the computer/fridge is ~** l'ordinateur *m*/le frigidaire est en panne **2.** (*defeated, crushed*) brisé(e) **3.** (*interrupted*) interrompu(e) **4.** LING **~ Italian** mauvais italien **5.** (*weakened*) abattu(e); **to be in ~ health** avoir une santé délabrée; **to have a ~ spirit** avoir l'esprit abattu; **to come from a ~ home** venir d'une famille désunie
broken-down *adj* **1.** TECH en panne, brisé(e) *Québec* **2.** (*dilapidated*) délabré(e)
broken-hearted *adj* **to be ~** avoir le cœur brisé
broker ['broʊ·kər] **I.** *n* courtier *m* **II.** *vt* négocier
brokerage ['broʊ·kᵊr·ɪdʒ] *n* courtage *m*
bromide ['broʊ·maɪd] *n* **1.** CHEM bromure *m* **2.** (*platitude*) platitude *f*
bromine ['broʊ·min] *n* brome *m*
bronchi ['brɑŋ·ki] *n pl* bronches *fpl*
bronchial ['brɑŋ·ki·əl] *adj* des bronches
bronchitis [brɑŋ·'kaɪ·t̬ɪs] *n* bronchite *f*
bronze [brɑnz] *n* bronze *m*
Bronze Age I. *n* **the ~** l'âge *m* du bronze **II.** *adj* de l'âge du bronze
brooch [broʊtʃ] *n* broche *f*
brood [brud] **I.** *n* **1.** (*hatch*) couvée *f* **2.** *iron* (*children*) progéniture *f* **II.** *vi* **1.** (*ponder*) broyer du noir; **to ~ on a grievance** entretenir des griefs **2.** (*hatch*) couver **III.** *vt* couver
brooding *adj* sombre
broody ['bru·di] <-ier, -iest> *adj* **1.** ZOOL prêt(e) à couver **2.** *fig, inf* **to feel ~** avoir envie d'avoir des enfants **3.** (*mopey*) maussade
brook[1] [brʊk] *n* ruisseau *m*
brook[2] [brʊk] *vt form* admettre
broom [brum] *n* **1.** (*brush*) balai *m* **2.** BOT genêt *m*
broomstick ['brum·stɪk] *n* manche *m* à balai
broth [brɑθ] *n* bouillon *m*
brothel ['brɑ·θᵊl] *n* maison *f* close
brother ['brʌð·ər] *n* frère *m*
brotherhood ['brʌð·ər·hʊd] *n* + *sing/pl vb* fraternité *f*
brother-in-law ['brʌð·ər·ɪn·lɔ] <brothers-in--law> *n* beau-frère *m*
brotherly ['brʌð·ər·li] *adv* fraternel(le); **~ advice** conseil *m* d'ami
brought [brɔt] *pp, pt of* **bring**
brow [braʊ] *n* **1.** (*forehead*) front *m* **2.** (*eyebrow*) sourcil *m* **3.** (*top*) sommet *m*
browbeat ['braʊ·bit] <browbeat, -en> *vt* intimider
brown [braʊn] **I.** *adj* brun(e), marron *inv;* (*hair*) châtain; *s.a.* **blue II.** *vi* (*leaves*) roussir; (*person*) bronzer ▶ **to be ~ed off** *inf* en avoir ras le bol **III.** *vt* brunir; (*meat*) faire dorer
brown-bag [ˌbraʊn·'bæg] <-gg-> *vi* **to ~ one's lunch** apporter son repas
brown bear *n* ours *m* brun
brownie ['braʊ·ni] *n* brownie *m* (*friandise*)
Brownie ['braʊ·ni] *n* ≈jeannette *f* ▶ **to earn ~ points** *inf* gagner des bons points
brownish ['braʊ·nɪʃ] *adj* tirant sur le brun
brown rice *n* riz *m* complet
brownstone *n* **1.** (*sandstone*) grès *m* brun **2.** (*house*) maison *f* en grès brun
brown sugar *n* sucre *m* brun
browse [braʊz] *vi* **1.** (*skim*) **to ~ through sth** feuilleter qc **2.** (*look around*) regarder **3.** (*graze*) brouter
browser [braʊ·zər] *n* COMPUT **1.** (*software*) logiciel *m* de navigation, furcteur *m* *Québec* **2.** (*function*) explorateur *m*, navigateur *m*
bruise [bruz] **I.** *n* **1.** MED bleu *m* **2.** (*on fruit*) meurtrissure *m* **II.** *vt* **1.** (*injure outside of*)

to ~ one's arm se faire un bleu au bras **2.** (*damage: fruit*) meurtrir **3.** (*hurt*) blesser **III.** *vi* se faire un bleu

bruiser ['bru·zər] *n iron, inf* **1.** (*brute*) brute *f* **2.** (*boxer*) cogneur *m*

bruising **I.** *n* **1.** (*contusions*) contusions *fpl* **2.** (*beating*) **to take a ~** prendre une raclée **II.** *adj* violent(e)

brunch [brʌn(t)ʃ] *n* brunch *m*

Brunei [bru·'naɪ] *n* le Brunei

Bruneian **I.** *adj* brunéien(ne) **II.** *n* Brunéien(ne) *m(f)*

brunette [bru·'net] *n* brune *f*

brunt [brʌnt] *n* **1.** (*part*) **to take the ~ of sth** subir le plus lourd de qc **2.** (*impact*) choc *m*

brush [brʌʃ] **I.** *n* **1.** (*for hair*) brosse *f* **2.** (*broom*) balai *m* **3.** (*for painting*) pinceau *m* **4.** (*action*) **to give sth a ~** donner un coup de balai à qc; **to give one's teeth a ~** se brosser les dents **5.** (*encounter*) accrochage *m;* **to have a ~ with the law** avoir des démêlés avec la justice; **to have a ~ with death** frôler la mort **6.** (*brushwood*) broussailles *fpl* **7.** (*fox's tail*) queue *f* **II.** *vt* **1.** (*clean*) brosser; **to ~ one's teeth/hair** se brosser les dents/cheveux **2.** (*remove*) **to ~ sth off** enlever qc à la brosse/au balai **3.** (*graze, touch lightly in passing*) effleurer; **to ~ against sb** frôler qn

◆**brush aside** *vt* **1.** (*move*) balayer (d'un seul geste) **2.** (*dismiss*) repousser

◆**brush away** *vt* **1.** (*wipe*) essuyer **2.** (*push to one side*) écarter

◆**brush off** *vt* **1.** (*rebuff, avoid*) repousser **2.** (*ignore*) écarter d'un geste

◆**brush up** *vt* **to ~ on sth** se rafraîchir la mémoire en qc

brush-off ['brʌʃ·af] *n* **to give sb the ~** envoyer qn sur les roses; **to get the ~ from sb** se faire envoyer sur les roses par qn

brushwood ['brʌʃ·wʊd] *n* broussailles *fpl*

brusque [brʌsk] *adj* brusque

brusqueness *n* brusquerie *f*

Brussels ['brʌs·əlz] *n* Bruxelles

Brussels sprouts *npl* choux *mpl* de Bruxelles

brutal ['bru·t̬əl] *adj* **1.** (*savage*) violent(e) **2.** (*frank*) brutal(e)

brutality [bru·'tæl·ə·t̬i] *n* brutalité *f*

brutalize ['bru·t̬əl·aɪz] *vt* **1.** (*treat cruelly*) brutaliser **2.** (*make brutal*) rendre brutal(e)

brute [brut] **I.** *n* brute *f* **II.** *adj* brutal(e); **by ~ force** par la force

brutish ['bru·t̬ɪʃ] *adj* brutal(e)

BS [,bi·'es] *n* **1.** *abbr of* **Bachelor of Science** licencié(e) *m(f)* ès sciences **2.** *vulg abbr of* **bullshit** connerie(s) *f(pl)*

BSE [,bi·es·'i] *n abbr of* **bovine spongiform encephalopathy** ESB *f*

Btu *n abbr of* **British thermal unit** *unité égale à 252 calories*

bubble ['bʌb·l] **I.** *n* bulle *f;* **to blow a ~** faire une bulle ▶**to burst sb's ~** faire redescendre qn sur terre **II.** *vi* **1.** (*boil*) bouillonner **2.** (*sound*) glouglouter

◆**bubble over with** *vi* **to ~ joy** déborder de joie

bubble bath *n* bain *m* moussant

bubble gum *n* chewing-gum *m* (*qui fait des bulles*)

bubbly ['bʌb·li] *inf* **I.** *n* champagne *m* **II.** *adj* **1.** (*full of bubbles*) pétillant(e) **2.** (*lively*) plein(e) de vie

buccaneer [,bʌkə·nɪr] *n* boucanier *m*

Bucharest ['buk·ə·'rest] *n* Bucarest

buck[1] [bʌk] *n inf* dollar *m* ▶**to make a fast ~** gagner du fric facile

buck[2] [bʌk] *n inf* **to pass the ~** faire porter le chapeau à qn d'autre

buck[3] [bʌk] <-(s)> **I.** *n* **1.** (*male*) mâle *m* **2.** (*kick*) ruade *f* **II.** *adj* mâle; **~ deer** cerf *m* **III.** *vi* lancer une ruade **IV.** *vt* se rebiffer

◆**buck up** **I.** *vi inf* **1.** (*cheer up*) se secouer **2.** (*hurry up*) se grouiller **II.** *vt* (*cheer up*) remonter le moral à ▶**to buck one's ideas up** se secouer un peu

bucket ['bʌk·ɪt] *n* **1.** (*pail*) seau *m;* **champagne ~** seau à champagne **2.** *pl, inf* (*a lot*) beaucoup; **to weep ~s** pleurer toutes les larmes de son corps ▶**to kick the ~** *inf* casser sa pipe

bucketful ['bʌk·ɪt·fʊl] <-s *o* bucketsful> *n* **1.** **a ~ of water** un plein seau d'eau **2.** *pl, fig* des masses *fpl*

Buckingham Palace [,bʌk·ɪŋ·əm-] *n* le palais de Buckingham

buckle ['bʌk·l] **I.** *n* boucle *f* **II.** *vt* **1.** (*fasten*) boucler; (*belt*) attacher **2.** (*bend*) déformer **III.** *vi* **1.** (*fasten*) s'attacher **2.** (*bend*) se déformer

◆**buckle down** *vi* s'y mettre; **to ~ to one's work** se mettre au travail

buckshot ['bʌk·ʃat] *n* chevrotine *f*

buckskin ['bʌk·skɪn] **I.** *adj* en daim **II.** *n* peau *f* de daim

buckwheat ['bʌ(h)k·wit] *n* sarrasin *m*

bud[1] [bʌd] BOT **I.** *n* bourgeon *m* ▶**to be in ~** bourgeonner **II.** <-dd-> *vi* bourgeonner

bud[2] [bʌd] *n inf* pote *m*

Buddha ['bu·də] *n* Bouddha *m*

Buddhism ['bu·dɪ·zəm] *n* bouddhisme *m*

Buddhist **I.** *n* bouddhiste *mf* **II.** *adj* bouddhiste

budding ['bʌd·ɪŋ] *adj* naissant(e)

buddy ['bʌd·i] *n inf* (*pal*) pote *m;* **calm down, ~!** du calme, coco! *m*

budge [bʌdʒ] **I.** *vi* **1.** (*move*) bouger **2.** (*change opinion*) changer d'avis **II.** *vt* faire bouger

budgerigar ['bʌdʒ·ər·ɪ·gar] *n form* perruche *f*

budget ['bʌdʒ·ɪt] **I.** *n* budget *m;* **to draw up a ~** établir un budget; **~ deficit** déficit *m* budgétaire **II.** *vt* prévoir dans le budget ▶**to ~ one's time** planifier son temps **III.** *vi* préparer un budget; **to ~ for sth** prévoir qc dans le budget **IV.** *adj* (*cheap*) à prix intéressant; **~ airline** compagnie *f* aérienne pour budgets serrés

budgetary ['bʌdʒ·ɪ·ter·i] *adj* budgétaire

buff [bʌf] **I.** *n inf* mordu(e) *m(f);* **jazz ~** passionné (e) de jazz *m* ▶**in the ~** à poil **II.** *adj*

B

1. (*leather*) en buffle 2. (*light brown*) beige III. *vt* **to ~ (up) sth** polir qc
buffalo ['bʌf·ə·loʊ] <-(es)> *n* buffle *m*
buffer ['bʌf·ər] I. *n* 1. tampon *m* 2. COMPUT mémoire *f* tampon II. *vt* CHEM tamponner
buffet[1] [bə·'feɪ] *vt* secouer
buffet[2] ['bʌf·ɪt] *n* buffet *m*
buffoon [bə·'fun] *n* bouffon *m*
bug [bʌg] I. *n* 1. ZOOL punaise *f* 2. *inf* (*insect*) insecte *m* 3. MED microbe *m*; **there's a ~ going around** il y a un microbe qui circule 4. (*fault*) défaut *m* 5. COMPUT bogue *m* 6. TEL table *f* d'écoute; **to plant a ~** installer des micros 7. *inf* (*enthusiasm*) virus *m* II. <-gg-> *vt* 1. (*tap*) brancher sur table d'écoute 2. *inf* (*annoy*) casser les pieds à
bugbear ['bʌg·ber] *n* bête *f* noire
bugger ['bʌg·ər] *n inf* 1. (*person*) salaud *m* 2. (*thing*) casse-pieds *m*
bugging *n* (*of room, telephone*) mise *f* sur écoute
bugging system *n* système *m* d'écoute
buggy ['bʌg·i] <-ies> *n* 1. (*for baby*) landau *m* 2. AUTO buggy *m* 3. (*drawn by horses*) boghei *m*
bugle ['bju·gl] *n* clairon *m*
bugler ['bju·glər] *n* joueur, -euse *m, f* de clairon
build [bɪld] I. *n* charpente *f* II. <built, built> *vt* 1. (*construct*) bâtir; (*car, ship*) construire; (*memorial*) édifier 2. *fig* (*company*) établir; (*system*) créer; (*vocabulary*) augmenter; **to ~ a case against sb** constituer un dossier contre qn ▶ **Rome wasn't built in a day** *prov* Rome ne s'est pas faite en un jour *prov* III. <built, built> *vi* 1. (*construct*) construire 2. (*increase*) augmenter
◆**build in** *vt* (*cupboard*) encastrer; (*security, penalty*) introduire
◆**build on** *vt* 1. (*add*) ajouter 2. (*develop from*) partir de
◆**build up** I. *vt* 1. (*accumulate: reserves, surplus*) accumuler; (*collection*) développer; **to ~ speed** gagner de la vitesse 2. (*strengthen*) développer; **to ~ sb's hopes** donner de l'espoir à qn 3. (*develop*) développer 4. (*hype*) faire du battage autour de II. *vi* (*increase*) s'accumuler; (*traffic*) augmenter; (*pressure*) monter; (*popularity*) grimper; (*business*) se développer
builder ['bɪl·dər] *n* entreprise *f* de bâtiment
building *n* 1. (*place*) bâtiment *m*; (*for offices, apartments*) immeuble *m*; **administration ~** bâtiment *m* de l'administration 2. (*industry*) le bâtiment 3. (*process*) construction *f*
building contractor *n* entrepreneur *m* en bâtiment
building site *n* chantier *m*
buildup ['bɪld·ʌp] *n* 1. (*increase, accumulation*) montée *f*; (*of waste, toxins*) accumulation *f*; (*of troops*) rassemblement *m*; (*of resentment, grievances*) accumulation *f*; **traffic ~** engorgement *m* 2. (*hype*) battage *m* publicitaire
built [bɪlt] I. *pp, pt of* **build** II. *adj* construit(e); **well-~** (*house*) bien construit(e); (*person*) bien bâti(e); **slightly ~** fluet(te)
built-in ['bɪlt·ɪn] *adj* 1. encastré(e) 2. *fig* incorporé(e)
built-up ['bɪlt·ʌp] *adj* 1. (*made higher*) **~ heels** talons *mpl* compensés; **~ shoes** chaussures *fpl* à semelle compensée 2. ARCHIT urbanisé(e) *f*
bulb [bʌlb] *n* 1. BOT bulbe *m* 2. ELEC ampoule *f*
bulbous ['bʌl·bəs] *adj* 1. BOT bulbeux(-euse) 2. (*large: nose*) gros(se)
Bulgaria [bʌl·'ger·ɪ·ə] *n* la Bulgarie
Bulgarian [bʌl·'ger·ɪ·ən] I. *adj* bulgare II. *n* 1. (*person*) Bulgare *mf* 2. LING bulgare *m*; *s.a.* **English**
bulge [bʌldʒ] I. *vi* (*pocket*) être bourré(e); (*clothes*) faire des bourrelets *mpl*; (*wall, surface*) faire une bosse *f*; **her eyes ~d in surprise** ses yeux étaient grand ouverts d'étonnement; **pocket bulging with sth** poche *f* bourrée de qc ▶ **to be bulging at the seams** *inf* être plein à craquer; (*room, cinema*) être bondé II. *n* 1. (*swelling*) gonflement *m* 2. ECON hausse *f* à court terme 3. HIST **the Battle of the Bulge** la bataille des Ardennes
bulging *adj* (*eyes*) globuleux(-euse); (*forehead, wall*) bombé(e)
bulimia [bju·'lɪm·i·ə], **bulimia nervosa** *n* boulimie *f*
bulk [bʌlk] I. *n* 1. (*mass*) masse *f* 2. (*quantity*) volume *m*; **in ~** (*buy*) en quantité; (*deliver*) en vrac 3. (*size*) grandeur *f*; (*body*) corpulence *f*; **ships of great ~** des vaisseaux *mpl* de grandes dimensions 4. (*largest part*) majeure partie *f*; **the ~ of mankind** le commun des hommes II. *vi* **to ~ large** occuper une place importante
◆**bulk buy** *vt, vi* acheter en grosse quantité
bulk buying *n* ECON achat *m* en gros
bulk cargo *n* NAUT cargaison *f* en vrac
bulkhead ['bʌlk·hed] *n* NAUT cloison *f*
bulky ['bʌl·ki] <-ier, iest> *adj* 1. (*large*) volumineux(-euse); (*person*) corpulent(e) 2. (*awkwardly large*) encombrant(e)
bull[1] [bʊl] *n* 1. (*male bovine*) taureau *m* 2. (*male animal*) mâle *m* ▶ **like a ~ in a china shop** comme un éléphant dans un magasin de porcelaine
bull[2] [bʊl] *n* 1. *inf* (*nonsense*) foutaise *f* 2. FIN haussier *m*
bulldog ['bʊl·dɔg] *n* bouledogue *m*
bulldoze ['bʊl·doʊz] *vt* ARCHIT **to ~ sth** (**flat**) aplatir qc; (*tear down*) démolir
bulldozer ['bʊl·doʊ·zər] *n* bulldozer *m*
bullet ['bʊl·ɪt] *n* 1. MIL balle *f* 2. TYP, COMPUT puce *f* ▶ **to bite the ~** se forcer; **~ train** train *m* à grande vitesse (*au Japon*)
bulletin ['bʊl·ə·ṭɪn] *n* 1. TV, CINE (**news**) **~** actualités *fpl* télévisées; (*on one topic*) communiqué *m* spécial 2. (*newsletter*) bulletin *m* d'informations; **church ~** journal *m* paroissial
bulletin board *n* 1. (*board*) tableau *m* d'affi-

chage; ADMIN tableau *m* d'annonces **2.** COMPUT messagerie *f* électronique
bulletproof *adj* (*vest*) pare-balles *inv;* (*glass*) blindé(e)
bullfight ['bʊl·faɪt] *n* combat *m* de taureaux
bullfighter ['bʊl·faɪ·tər] *n* toréador *m*
bullfinch ['bʊl·fɪn(t)ʃ] *n* bouvreuil *m*
bullfrog *n* grenouille-taureau *f*
bullion ['bʊl·jən] *n* **gold/silver ~** or/argent en lingot(s) *m*
bullock ['bʊl·ək] *n* bœuf *m*
bullring ['bʊl·rɪŋ] *n* arène *f*
bullseye *n* cible *f;* **to hit the ~** *a. fig* faire mouche
bully ['bʊl·i] **I.** <-ies> *n* **1.** (*person*) tyran *m;* (*child*) brute *f* **2.** CULIN bœuf *m* en conserve **II.** <-ie-> *vi* être une brute **III.** <-ie-> *vt* victimiser; **to ~ sb into doing sth** contraindre qn par la menace à faire qc **IV.** *interj* **~ for you!** *inf* tant mieux pour toi/vous!; *iron* bravo!
bulrush ['bʊl·rʌʃ] <-es> *n* jonc *m*
bulwark ['bʊl·wərk] *n* **1.** (*wall*) fortification *f* **2.** *fig* rempart *m*
bum [bʌm] **I.** *n* **1.** (*lazy person*) bon *m* à rien, bonne *f* à rien **2.** (*tramp*) clochard(e) *m(f)* ▸ **to give sb the ~'s rush** *inf* virer qn à coups de pied aux fesses **II.** <-mm-> *vt* **to ~ a ride** faire de l'auto-stop; **to ~ a cigarette from sb** *inf* taper qn d'une cigarette
bumblebee ['bʌm·bl·bi] *n* bourdon *m*
bump [bʌmp] **I.** *n* **1.** (*swelling*) bosse *f* **2.** (*protrusion*) protubérance *f;* **speed ~** ralentisseur *m* **3.** *inf* (*blow*) léger coup *m* **4.** (*thud*) bruit *m* sourd **5.** (*collision*) léger accrochage *m* **II.** *vt* (*car*) tamponner; (*one's head*) se cogner **III.** *vi* **to ~ up and down** être secoué de tous côtés; **to ~ against sth** se cogner contrer qc
◆**bump into** *vt insep* **1.** (*collide with*) rentrer dans **2.** (*meet*) tomber sur
bumper[1] ['bʌm·pər] *n* AUTO pare-chocs *m;* **back/front ~** pare-chocs arrière/avant
bumper[2] ['bʌm·pər] *adj* (*crowd, crop*) record; (*packet*) géant(e); (*year, issue*) exceptionnel(le)
bumper car *n* auto-tamponneuse *f*
bumpkin ['bʌmp·kɪn] *n pej, inf* paysan(ne) *m(f);* **country ~** péquenaud(e) *m(f)*
bumptious ['bʌmp·ʃəs] *adj pej* crâneur(-euse); **~ attitude** style *m* prétentieux
bumpy ['bʌm·pi] <-ier, iest> *adj* **1.** (*uneven*) inégal(e) **2.** (*jarring*) cahoteux(-euse); (*road*) défoncé(e) **3.** *fig* difficile; (*life*) mouvementé(e); **to have a ~ ride** passer par des moments difficiles
bun [bʌn] *n* **1.** (*bread*) *petit pain pour hot-dog ou hamburger* **2.** (*pastry*) petit pain *m* au lait **3.** (*knot of hair*) chignon *m*
bunch [bʌn(t)ʃ] <-es> **I.** *n* **1.** (*group of similar objects*) ensemble *m;* (*of bananas*) régime *m;* (*of radishes*) botte *f;* (*of flowers*) bouquet *m;* (*of grapes*) grappe *f;* (*of keys*) trousseau *m* **2.** (*group of people*) groupe *m;* (*of idiots, thieves*) bande *f* **3.** (*lot*) **a ~ of problems** un tas de problèmes **4.** (*wad*) **in a ~** en liasse ▸ **the best of the ~** le meilleur de tous **II.** *vt* **to be ~ed up** être serrés comme des sardines
bundle ['bʌn·dl] **I.** *n* (*pile*) tas *m;* (*wrapped up*) paquet *m;* (*of papers, banknotes*) liasse *f;* **wrapped in a ~** empaqueté ▸ **~ of laughs** partie *f* de rire; **~ of nerves** paquet *m* de nerfs; **to make a ~ on sth** faire son beurre sur qc **II.** *vt inf* fourrer **III.** *vi* **to ~ into sth** (*people*) s'entasser dans qc
◆**bundle up** *vt* (*person*) emmitoufler; (*things*) empaqueter
bungalow ['bʌŋ·gᵊl·oʊ] *n* petit pavillon *m*
bungee jumping ['bʌn·dʒɪˌdʒʌmp·ɪŋ] *n* saut *m* à l'élastique
bungle ['bʌŋ·gl] **I.** *vt* bâcler; **~d operation/attempt** opération *f*/tentative *f* ratée **II.** *n* embrouille *f*
bungler *n pej* propre *m* à rien
bungling **I.** *n* gâchis *m* **II.** *adj* gaffeur(-euse); **~ fool** [*o* **idiot**] idiot(e) *m(f)*
bunk [bʌŋk] *n* **1.** NAUT, RAIL couchette *f;* **bottom/top ~** lit *m* supérieur/inférieur **2.** *inf* (*rubbish*) bêtises *fpl*
◆**bunk down** *vi inf* dormir
bunk bed *n* lit *m* superposé
bunker ['bʌŋ·kər] *n* **1.** MIL abri *m* bétonné **2.** SPORTS bunker *m*
bunkum ['bʌŋ·kəm] *n s.* **bunk**
bunny ['bʌn·i], **bunny rabbit** *n childspeak* Jeannot lapin *m*
Bunsen burner ['bʌ(t)·sᵊn·ˌbɜr·nər] *n* bec *m* Bunsen
bunting ['bʌn·t̬ɪŋ] *n* drapeaux *mpl*
buoy [bɔɪ] *n* bouée *f*
◆**buoy up** *vt* **1.** (*cause to float*) **to buoy sb up** maintenir qn à flot **2.** *fig* épauler; **to ~ sb's spirits** remonter le moral de qn; **to be buoyed up with new hope** être soutenu par un nouvel espoir
buoyancy ['bu·jən(t)·si] *n* **1.** NAUT flottabilité *f* **2.** (*capacity for cheerfulness*) entrain *m*
buoyant ['bu·jənt] *adj* **1.** (*able to float*) flottable **2.** (*cheerful*) plein(e) d'entrain; **to be in a ~ mood** être d'humeur gaie **3.** FIN **the market is ~** le marché est ferme
bur *n s.* **burr**
burble ['bɜr·bl] *vi* **1.** (*make noise*) glouglouter **2.** (*babble*) babiller; **to ~ (on) about sth** marmonner à propos de qc
burden ['bɜr·dᵊn] **I.** *n* **1.** (*load*) charge *f* **2.** *fig* fardeau *m;* **~ of debt/taxation** fardeau de la dette/de l'impôt; **~ of proof** charge *f* de la preuve; **to place a ~ on sb** déposer un fardeau sur qn **II.** *vt* **1.** (*load*) charger **2.** *fig* surcharger; **I won't ~ you with the details** je vous dispense des détails
burdensome ['bɜr·dən·səm] *adj form* pesant(e)
bureau ['bjʊr·oʊ] <-s *o* -x> *n* **1.** (*government department*) service *m* gouvernemental **2.** (*office*) bureau *m;* **information ~** bureau *m* d'information **3.** (*dresser*) commode *f*

bureaucracy [bjʊ·'ra·krə·si] *n pej* bureaucratie *f*
bureaucrat ['bjʊr·ə·kræt] *n* bureaucrate *mf*
bureaucratic [ˌbjʊr·ə·'kræṭ·ɪk] *adj* bureaucratique; ~ **hassle** tracasseries *fpl* administratives
burgeoning ['bɜr·dʒən·ɪŋ] *adj* (*industry, market*) en pleine expansion; (*talent*) naissant(e)
burger ['bɜr·gər] *n inf* hamburger *m*
burglar ['bɜr·glər] *n* cambrioleur, -euse *m, f*
burglar alarm *n* alarme *f*
burglarize ['bɜr·glə·raɪz] *vt* cambrioler
burglary ['bɜr·glər·i] <-ies> *n* **1.** (*stealing*) cambriolage *m* **2.** LAW vol *m* avec effraction
Burgundy ['bɜr·gən·di] *n* la Bourgogne
burial ['ber·i·əl] *n* enterrement *m*
Burkinabe ['bʊr·kin·eɪb] **I.** *adj* burkinabé(e) **II.** *n* Burkinabé(e) *m(f)*
Burkina Faso [bʊr·ˌkin·ə·'fa·soʊ] *n* le Burkina Faso
burlesque [bɜr·'lesk] **I.** *adj* burlesque **II.** *n* parodie *f*
burly ['bɜr·li] <-ier, -iest> *adj* de forte carrure
Burma ['bɜr·mə] *n* la Birmanie
burn [bɜrn] **I.** *n* brûlure *f* **II.** <-t *o* -ed, -t *o* -ed> *vi* **1.** (*be in flames*) brûler **2.** (*be overheated: meat, pan*) brûler **3.** (*be switched on: light*) être allumé(e) **4.** (*feel very hot: with fever, irritation*) brûler; **I ~ easily** je prends facilement des coups de soleil; **my eyes are ~ing** mes yeux piquent **5.** (*feel an emotion*) **to be ~ing with desire** brûler de désir; **his face was ~ing with shame/anger** son visage était rouge de honte/colère **6.** *fig* **to ~ to** +*infin* se languir de +*infin* ▶ **my ears are ~ing** mes oreilles sifflent **III.** <-t *o* -ed, -t *o* -ed> *vt* **1.** (*consume*) brûler; **to be ~ed to the ground** être complètement détruit par le feu; **to be burnt at the stake** mourir sur le bûcher **2.** (*overheat: meat, pan*) laisser brûler; **to ~ sth to a crisp** carboniser qc **3.** (*hurt, irritate: skin*) brûler; **to ~ one's tongue** se brûler la langue **4.** (*consume as fuel*) **to ~ gas** se chauffer au gaz ▶ **to ~ the candle at both ends** brûler la chandelle par les deux bouts; **money ~s a hole in her pocket** l'argent lui brûle les doigts
◆**burn away** **I.** *vi* brûler; (*forest, house*) être en feu; (*candle*) se consumer **II.** *vt* détruire par le feu
◆**burn down** **I.** *vt* incendier **II.** *vi* brûler complètement
◆**burn out** **I.** *vi* (*stop burning*) s'éteindre; (*fire, candle*) se consumer **II.** *vt* **1.** (*stop burning*) **the boat is burning itself out** le bateau achève de brûler **2.** (*be destroyed*) **the factory was burnt out** le feu a détruit l'usine **3.** (*become ill*) **she burnt herself out** elle s'est ruiné la santé
◆**burn up** **I.** *vt inf* griller **II.** *vi* **1.** (*be consumed*) se consumer **2.** (*feel constantly*) **to be burnt up with sth** être dévoré par qc **3.** *fig* **he is burning up!** il est brûlant (de fièvre)!
burner ['bɜr·nər] *n* brûleur *m* ▶ **to put sth on the back ~** laisser qc de côté
burning ['bɜr·nɪŋ] *adj* **1.** (*on fire: candle*) allumé(e); (*building, clothes*) en feu; (*log*) qui brûle **2.** (*hot*) brûlant(e); (*desire*) ardent(e) **3.** (*controversial*) controversé(e) **4.** (*stinging*) cuisant(e); **~ sensation** sensation *f* de brûlure
burnt [bɜrnt] *adj* **1.** (*scorched*) roussi(e) **2.** (*consumed*) calciné(e); **~ beyond recognition** carbonisé
burnt out *adj* (*building*) entièrement brûlé(e); (*executive*) usé(e)
burp [bɜrp] **I.** *n* renvoi *m;* (*from baby*) rot *m* **II.** *vi* roter; (*baby*) faire un rot **III.** *vt* **to ~ a baby** faire faire son rot à un bébé
burr [bɜr] *n* **1.** BOT bardane *f* **2.** (*noise*) bourdonnement *m* **3.** LING grasseyement *m;* **to speak with a ~** rouler les r
burrow ['bɜr·oʊ] **I.** *n* terrier *m* **II.** *vt* creuser **III.** *vi* **1.** ZOOL se terrer **2.** (*dig*) **to ~ through sth** creuser un tunnel à travers qc
bursar ['bɜr·sər] *n* intendant(e) *m(f);* UNIV administrateur, -trice *m, f*
burst [bɜrst] **I.** *n* **1.** (*hole in pipe*) tuyau *m* éclaté **2.** (*brief period*) **~ of laughter** éclat *m* de rire; **~ of activity** regain *m* d'activité; **~ of applause** salve *f* d'applaudissement; **~ of gunfire** rafale *f* de coups de feu; **to put on a ~ of speed** s'emballer **II.** <-, -> *vi* **1.** (*explode*) exploser; (*bag, balloon*) éclater; **I'm ~ing** *inf* (*after meal*) je vais éclater; (*cannot wait*) j'en peux plus **2.** (*be eager*) **to be ~ing to** +*infin* mourir d'envie de +*infin;* **he is ~ing with happiness/confidence/pride** il déborde de bonheur/de confiance en lui/ de fierté **3.** (*showing movement*) **the door ~ open** la porte s'est ouverte brusquement; **she ~ through the window** elle a fait irruption à travers la fenêtre ▶ **to be ~ing at the seams** *inf* être plein à craquer, être paqueté *Québec;* (*room, movie theater*) être bondé **III.** <-, -> *vt* faire éclater; **a river ~s its banks** une rivière sort de son lit
◆**burst in** *vi* faire irruption; **to ~ on sb** faire irruption chez qn
◆**burst out** *vi* **1.** (*speak*) s'écrier **2.** (*suddenly begin*) **to ~ laughing** éclater de rire
Burundi [bʊ·'rʊn·di] **I.** *n* le Burundi **II.** *adj* burundais(e)
Burundian *n* Burundais(e) *m(f)*
bury ['ber·i] <-ie-> *vt* **1.** (*put underground*) enterrer; **to be buried alive** être enterré vivant; **buried under the snow** enseveli sous la neige **2.** (*attend a burial*) **to ~ sb** assister à l'enterrement de qn **3.** (*hide*) dissimuler; **to ~ oneself in one's work** fuir dans le travail; **to ~ one's pain** cacher sa douleur ▶ **to ~ the hatchet** enterrer la hache de guerre
bus [bʌs] **I.** <-es *o* -ses> *n* **1.** (*vehicle*) autobus *m;* **school ~** car *m* de ramassage scolaire, autobus *m* scolaire *Québec* **2.** COMPUT bus *m* **II.** <-s- *o* -ss-> *vt* transporter en car **III.** <-s- *o* -ss-> *vi* voyager en car
busboy *n* aide-serveur *m*

B

bus driver *n* conducteur, -trice *m, f* de bus

bush [bʊʃ] *n* **1.** <-es> BOT buisson *m* **2.** (*great amount*) **~ of hair** tignasse *f* **3.** (*land*) **the ~** la brousse ▶**to beat around the ~** tourner autour du pot

bushel ['bʊʃ·ᵊl] *n* (*unit of volume*) boisseau *m*

bushy ['bʊʃ·i] <-ier, -iest> *adj* broussailleux(-euse)

busily *adv* activement; **to be ~ doing sth** être très occupé à qc

business ['bɪz·nɪs] *n* **1.** (*trade*) affaires *fpl;* **to be good for ~** être bon pour les affaires; **I'm here on ~** je suis ici pour affaires; **to do ~ with sb** faire des affaires avec qn **2.** (*commerce*) commerce *m;* (*turnover*) chiffre *m* d'affaires **3.** (*activity*) **to be in ~** avoir une activité commerciale; *inf* être fin prêt; **to put sb out of ~** faire fermer boutique à qn; **to set up in ~ as a baker** s'établir boulanger **4.** <-es> (*profession*) métier *m;* **what line of ~ are you in?** que faites-vous/fais-tu dans la vie? **5.** <-es> (*firm*) société *f;* **to start up a ~** créer une entreprise; **small ~es** les petites entreprises *fpl* **6.** (*matter, task*) affaire *f;* **it's a time-consuming ~** c'est un travail qui prend du temps; **unfinished ~** affaire pendante; **it's none of your ~** *inf* ça ne te/vous regarde pas; **he has no ~ doing this** il n'a aucun droit de faire cela **7.** (*process*) **to get on with the ~ of sth** s'occuper de qc ▶**to mind one's own ~** *inf* se mêler de ses affaires; **to be able to do ~ with sb** pouvoir travailler avec qn; **to mean ~** ne pas plaisanter; **to get down to ~** passer aux choses sérieuses; **like nobody's ~** *inf* extrêmement vite

business address *n* adresse *f* du bureau

business card *n* carte *f* de visite

business end *n inf* (*of gun*) gueule *f;* (*of knife*) côté *m* tranchant

business hours *n* heures *fpl* de bureau

business letter *n* lettre *f* d'affaires

businesslike *adj* méthodique

businessman <-men> *n* homme *m* d'affaires; (*entrepreneur*) entrepreneur *m*

business park *n* parc *m* commercial

business people *n pl* gens *mpl* d'affaires

business transaction *n* transaction *f* commerciale

business trip *n* voyage *m* d'affaires

businesswoman <-women> *n* femme *f* d'affaires; (*entrepreneur*) entrepreneuse *f*

bus lane *n* couloir *m* d'autobus

busload *n* **~s of tourists** des cars *mpl* entiers de touristes

bus service *n* réseau *m* d'autobus

bus station *n* gare *f* routière

bus stop *n* arrêt *m* d'autobus

bust[1] [bʌst] *n* **1.** (*statue*) buste *m* **2.** (*bosom*) poitrine *f* (de femme); **~ size** tour *m* de poitrine; **to have a small ~** avoir de petits seins *mpl*

bust[2] [bʌst] **I.** *adj inf* (*bankrupt*) **to go ~** faire faillite **II.** *n* **1.** (*failure*) échec *m* **2.** *inf* (*punch*) coup *m* **3.** *sl* (*raid*) descente *f* de police; **drug ~** saisie *f* de drogue **III.** *vt sl* **1.** (*break*) casser **2.** (*arrest*) choper

bustle ['bʌs·l] **I.** *vi* **to ~ about** s'activer; **to ~ with activity** grouiller d'activités **II.** *n* tourbillon *m* d'activité; **hustle and ~** remue-ménage *m*

busty ['bʌs·ti] *adj inf* (*woman*) fort(e) de poitrine

busy[1] ['bɪz·i] <-ier, -iest> *adj* **1.** (*occupied*) occupé(e); **I'm very ~ this week** je suis très pris cette semaine; **to be ~ with sth** être occupé à faire qc; **to get ~** se mettre au travail **2.** (*full of activity: period, week, store*) très actif(-ive); (*street*) animé(e); **it's our busiest day** c'est notre journée la plus chargée **3.** (*hectic*) **a ~ time** une période mouvementée **4.** (*exhausting*) fatigant(e) **5.** *pej* (*overly decorated*) trop bariolé(e) **6.** TEL occupé(e) ▶**she is as ~ as a bee** elle déborde d'activité

busy[2] ['bɪz·i] <-ie-> *vt* **to ~ oneself** s'occuper; **to ~ oneself with sth** s'appliquer à faire qc

busybody ['bɪz·i·ˌba·di] <-ies> *n pej, inf* mouche *f* du coche; **he is a ~** il se mêle de ce qui ne le regarde pas

but [bʌt] **I.** *conj* mais **II.** *prep* sauf; **he's nothing ~ a liar** il n'est rien d'autre qu'un menteur; **the last house ~ one** l'avant-dernière maison *f* **III.** *n* mais *m* ▶**there are no ~s about it!** il n'y a pas de mais qui tienne! **IV.** *adv form* **1.** (*only*) seulement; **she's ~ a young girl** elle n'est qu'une petite fille **2.** (*really*) (mais) vraiment

butane ['bju·teɪn] *n* butane *m*

butch [bʊtʃ] *adj pej* **1.** (*woman*) masculin(e) **2.** (*man*) macho

butcher ['bʊtʃ·ər] **I.** *n* boucher *m* **II.** *vt* **1.** (*slaughter: animal*) abattre; **~ed for meat** tué pour la viande **2.** (*murder*) massacrer **3.** SPORTS **they ~ed the other team** ils ont écrasé l'autre équipe **4.** (*mangle: language*) estropier

butchery ['bʊtʃ·ᵊr·i] *n* **1.** CULIN boucherie *f* **2.** (*killing*) carnage *m*

butler ['bʌt·lər] *n* majordome *m*

butt [bʌt] **I.** *n* **1.** (*bottom part: of tree*) souche *f;* (*of rifle*) crosse *f* **2.** (*cigarette*) mégot *m* **3.** (*blow*) coup *m* de tête **4.** (*person*) **to be the ~ of sb's jokes** être la risée de qn **5.** (*container*) tonneau *m* **6.** *inf* (*bottom*) cul *m* **II.** *vt* donner un coup de tête à

butter ['bʌṱ·ər] **I.** *n* beurre *m* ▶**he/she looks as if ~ wouldn't melt in his/her mouth** on lui donnerait le bon Dieu sans confession **II.** *vt* beurrer

◆**butter up** *vt* passer de la pommade à

buttercup *n* BOT bouton d'or *m*

butter-dish *n* beurrier *m*

butterfingers ['bʌṱ·ər·ˌfɪŋ·gərz] <-> *n iron* maladroit(e) *m(f);* **~!** empoté!

butterfly ['bʌṱ·ər·flaɪ] <-ies> *n* **1.** ZOOL *a. fig* papillon *m* **2.** TECH écrou *m* à oreilles **3.** SPORTS nage *f* papillon ▶**to have butterflies in one's**

C

stomach avoir l'estomac noué
buttermilk ['bʌṭ·ər·mɪlk] *n* babeurre *m*
buttery ['bʌṭ·ᵊr·i] <-ier, -iest> *adj* au beurre
butthead *n sl* idiot(e) *m(f)*
buttock ['bʌṭ·ək] *n pl* fesses *fpl*
button ['bʌt·ᵊn] **I.** *n* **1.** FASHION, COMPUT bouton *m*, piton *m Québec* **2.** TECH sonnette *f* ▶**to be right on the ~** mettre dans le mille **II.** *vt* boutonner ▶**~ it!** *inf* la ferme!
buttonhole ['bʌt·ᵊn·hoʊl] **I.** *n* FASHION boutonnière *f* **II.** *vt fig* **he ~d me** il m'a pris au passage
buttress ['bʌt·rəs] <-es> *n* ARCHIT contrefort *m*; **flying ~** arc-boutant *m*
buxom ['bʌk·səm] *adj* bien en chair
buy [baɪ] **I.** *n* achat *m*; **it's quite a ~** c'est plutôt une affaire **II.** <bought, bought> *vt* **1.** acheter; **to ~ a plane ticket** prendre un billet d'avion; **to ~ sb a present** acheter un cadeau à qn **2.** *inf* (*believe*) **I don't ~ that** je ne marche pas ▶**to ~ the farm** *inf* partir les pieds devant; **to ~ sb's silence** acheter le silence de qn; **to ~ time** gagner du temps
◆**buy off** *vt* acheter
◆**buy out** *vt* COM désintéresser; **to buy sb out** racheter les parts de qn
◆**buy up** *vt* **to ~ houses/shares** acheter toutes les maisons/toutes les parts; **to ~ the whole store** *fig* dévaliser tout le magasin
buyer ['baɪ·ər] *n* acheteur, -euse *m, f*
buyout ['baɪ·aʊt] *n* rachat *m*
buzz [bʌz] **I.** *vi* **1.** (*make a low sound*) vrombir; (*buzzer*) sonner; (*bee*) bourdonner **2.** *inf* (*be tipsy*) être éméché(e) **3.** *fig* **the room ~ed with conversation** la salle résonnait de brouhaha **II.** *vt* **1.** *inf* TEL appeler **2.** AVIAT raser **III.** *n* **1.** (*humming noise*) bourdonnement *m*; (*low noise*) vrombissement *m*; (*of doorbell*) sonnerie *f*; **~ of conversation** brouhaha *m* **2.** *inf* TEL coup *m* de fil; **to give sb a ~** passer un coup de fil à qn **3.** *inf* (*feeling*) **to get a ~ out of sth** prendre son pied avec qc
buzzard ['bʌz·ərd] *n* urubu *m*
buzzer ['bʌz·ər] *n* avertisseur *m* sonore; **door ~** sonnette *f*
buzz word *n* mot *m* à la mode
by [baɪ] **I.** *prep* **1.** (*near*) **to stand/lie/be ~ sth/sb** se tenir/être étendu(e)/être près [*o* à côté] de qc/qn; **close** [*o* **near**] **~ sb/sth** tout près de qn/qc; **~ the sea** au bord de la mer **2.** (*during*) **~ day/night** le [*o* de] jour/la [*o* de] nuit; **~ moonlight** au clair de lune; **~ the way** en cours de route **3.** (*at latest time*) **~ tomorrow** d'ici demain; **~ midnight** avant minuit; **by now** à l'heure qu'il est; **~ then** à ce moment-là; **~ the time sb saw him ...** le temps [*o* avant] que qn le voie (*subj*) ... **4.** (*showing agent, cause*) **a novel ~ Joyce** un roman de Joyce; **killed ~ sth/sb** tué par qc/qn; **surrounded ~ dogs** entouré de chiens; **made ~ hand** fait (à la) main **5.** (*using*) **~ rail/plane/tram** en train/par avion/avec le tram; **~ means of sth** au moyen de qc; **~ doing sth** en faisant qc; **to hold sb ~ the arm** tenir qn par le bras; **to go in ~ the door** entrer par la porte; **to call sb/sth ~ name** appeler qn/qc par son nom **6.** (*through*) **~ chance/mistake** par hasard/erreur; **what does he mean ~ that?** que veut-il dire par là? **7.** (*past*) **to go ~ Paris** y aller en passant par Paris; **to walk ~ the post-office** passer devant la poste; **to run ~ sb** passer à côté de qn en courant **8.** (*alone*) **to do sth/to be ~ oneself** faire qc/être tout seul **9.** (*in measurement*) **paid ~ the hour** payé à l'heure; **~ the day** par jour; **to buy ~ the kilo/dozen** acheter au kilo/à la douzaine; **to multiply/divide ~ 4** multiplier/diviser par 4; **to increase ~ 10%** augmenter de 10%; **4 feet ~ 6** de 4 pieds sur 6 (*de 1,20 m sur 1,80 m environ*) **10.** (*from perspective of*) **to judge ~ appearances** juger d'après les apparences; **it's all right ~ me** *inf* moi, je suis d'accord **II.** *adv* **1.** (*in reserve*) **to put/lay sth ~** mettre/poser qc de côté **2.** (*gradually*) **~ and ~** peu à peu **3.** (*past*) **to go/pass ~** passer ▶**~ and large** d'une façon générale
bye [baɪ] *interj inf* salut
bye-bye [ˌbaɪ·'baɪ] *interj inf* au revoir; **to go ~** *childspeak* s'en aller
bygone ['baɪ·gan] **I.** *adj* passé(e); **in a ~ age** [*o* **era**] autrefois; **in ~ days** dans l'ancien temps; **a ~ world** *fig* un monde révolu **II.** *n* **to let ~s be ~s** oublier le passé
bylaw ['baɪ·lɔ] *n* règlement *m* intérieur
byline ['baɪ·laɪn] *n* (*in press*) signature *f*
bypass ['baɪ·pæs] **I.** *n* **1.** AUTO route *f* de contournement **2.** MED pontage *m* **II.** *vt* **1.** (*make a detour*) contourner **2.** (*ignore*) **to ~ sb** agir sans informer qn **3.** (*avoid*) laisser de côté
bypass operation *n* pontage *m*
bypath ['baɪ·pæθ] *n* **1.** sentier *m* détourné **2.** *fig* voie *f* détournée
by-product ['baɪ·pra·dəkt] *n* sous-produit *m*; *fig* effet *m* secondaire
by-road ['baɪ·roʊd] *n* route *f* secondaire
bystander ['baɪ·stæn·dər] *n* spectateur, -trice *m, f*
byte [baɪt] *n* COMPUT octet *m*
byway ['baɪ·weɪ] *n* petite *f* route
byword ['baɪ·wɜrd] *n* **1.** (*notable example*) **to be a ~ for sth** être l'exemple même de qc **2.** (*saying*) proverbe *m* **3.** (*cliché*) dicton *m*

C

C, c [si] *n* **1.** (*letter*) C *m*, c *m*; **~ as in Charlie** (*on telephone*) c comme Célestin **2.** MUS do *m* **3.** SCHOOL assez bien *m*
C *abbr of* **Celsius 30° ~** 30°C *m*
c. *prep* **1.** *abbr of* **circa 2.** *abbr of* **capacity**

3. *abbr of* **cent 4.** *abbr of* **chapter**

CA *n abbr of* **California**

ca. *prep abbr of* **circa**

cab [kæb] *n* taxi *m;* **by** ~ en taxi

cabaret [ˌkæb·ə·ˈreɪ] *n* cabaret *m*

cabbage [ˈkæb·ɪdʒ] *n* chou *m*

cabbie *n*, **cabby** *n*, **cabdriver** *n* chauffeur *m* de taxi

cabin [ˈkæb·ɪn] *n* **1.** (*area on a vehicle*) cabine *f* **2.** (*small house*) cabane *f*

cabin crew *n* équipage *m*

cabin cruiser *n* yacht *m* de croisière

cabinet [ˈkæb·ɪ·nət] *n* **1.** (*storage place*) meuble *m;* **filing** ~ classeur *m;* **medicine** ~ armoire *f* à pharmacie **2.** (*glass-fronted*) vitrine *f* **3.** + *sing/pl vb* (*group of advisers*) cabinet *m*

cabinet maker *n* ébéniste *m*

cable [ˈkeɪ·bl] **I.** *n a.* TEL câble *m;* **to subscribe to** ~ (**channels**) s'abonner au câble **II.** *vt* câbler

cable car *n* **1.** (*car on track*) funiculaire *m* **2.** (*suspended transportation system*) téléphérique *m*

cable television, cable TV *n* télévision *f* par câble

caboodle [kə·ˈbu·dl] *n inf* **the whole** (**kit and**) ~ tout le bataclan

cab release *n* déclencheur *m*

cab stand *n* station *f* de taxis

cacao [kə·ˈka·oʊ] *n* cacao *m*

cache [kæʃ] *n* **1.** (*storage place*) cachette *f;* (*of weapons*) cache *f* **2.** COMPUT cache *f*

cache memory *n* COMPUT mémoire *f* cache, antémémoire *f*

cachet [kæʃ·ˈeɪ] *n* cachet *m*

cackle [ˈkæk·l] **I.** *vi a. fig* glousser **II.** *n a. pej* gloussement *m;* **to give a** ~ glousser

cacophonous *adj* cacophonique

cacophony [kə·ˈka·fə·ni] *n* cacophonie *f*

cactus [ˈkæk·təs] <-es *o* cacti> *n* cactus *m*

CAD [kæd] *n* COMPUT *abbr of* **computer-aided design** CAO *f*

cadaver [kə·ˈdæv·ər] *n* cadavre *m*

CAD/CAM [ˈkæd·kæm] *n abbr of* **computer-aided design and manufacture** CFAO *f*

caddie, caddy [ˈkæd·i] **I.** *n* SPORTS caddie® *m* **II.** <caddied, caddied, caddying> *vi* **to** ~ **for sb** être le caddie de qn

cadence [ˈkeɪ·dᵊn(t)s] *n* **1.** (*rising and falling sound*) cadence *f* **2.** MUS, LING (*concluding sound*) rythme *m*

cadet [kə·ˈdet] *n* **1.** (*military*) élève *mf* d'une école militaire **2.** (*police*) élève *mf* policier

cadre [ˈkæ·dri] *n* cadre *m*

Caesar [ˈsi·zər] *n* **Julius** ~ Jules César *m*

Caesarean (**section**) *n* césarienne *f*

cafe, café [kæf·ˈeɪ] *n* café *m,* estaminet *m Nord, Belgique,* pinte *f Suisse*

cafeteria [ˌkæf·ə·ˈtɪr·i·ə] *n* cafétéria *f*

caffeine [kæf·ˈin] *n* caféine *f*

cage [keɪdʒ] **I.** *n a. fig* cage *f* **II.** *vt* enfermer dans une cage

caged *adj* (*animal*) en cage

cagey [ˈkeɪ·dʒi] <-ier, -iest> *adj inf* cachottier(-ère); **to be ~ about sth** être cachottier à propos de qc

cahoots [kə·ˈhuts] *npl inf* **to be in ~ with sb** être de mèche avec qn

cairn [kern] *n* cairn *m*

Cairo [ˈkaɪ·roʊ] *n* Le Caire

cajole [kə·ˈdʒoʊl] **I.** *vt* cajoler; **to ~ sb out of/into doing sth** persuader qn de ne pas faire/de faire qc **II.** *vi* faire des cajoleries

Cajun [ˈkeɪ·dʒən] **I.** *n* Cajun *m* **II.** *adj* cajun *inv*

cake [keɪk] **I.** *n* **1.** (*sweet*) gâteau *m;* **chocolate** ~ gâteau au chocolat; **a piece of** ~ un morceau de gâteau; **sponge** ~ gâteau *m* mousseline **2.** (*other food: of fish, potato, soap*) pain *m* ▶**a** __**piece**__ **of** ~ *inf* une part du gâteau; **to want to have one's ~ and** __**eat**__ **it, too** vouloir le beurre et l'argent du beurre; **to** __**sell**__ **like hot** ~ se vendre comme des petits pains; **to** __**take**__ **the** ~ (*outdo in a positive sense*) avoir le pompon; (*outdo in a negative sense*) être le comble **II.** *vt* (*blood*) coaguler; **to be ~d with sth** être couvert de qc **III.** *vi* **1.** (*dry*) sécher **2.** (*harden*) durcir; (*blood*) se coaguler

cal. *n abbr of* **calorie** cal *m*

calamity [kə·ˈlæ·mə·t̬i] <-ties> *n* calamité *f*

calcify [ˈkæl·sɪ·faɪ] <-ie-> **I.** *vt* calcifier **II.** *vi* se calcifier

calcium [ˈkæl·sɪ·əm] *n* calcium *m*

calculable *adj* calculable

calculate [ˈkæl·kjə·leɪt] **I.** *vt* calculer; **to ~ sth at sth** estimer qc à qc **II.** *vi* calculer; **to ~ on sth** compter sur qc

calculated *adj* calculé(e); (*crime*) prémédité(e)

calculating *adj* calculateur(-trice)

calculation *n* calcul *m;* **to make ~s** effectuer des calculs

calculator *n* calculatrice *f*

calculus [ˈkæl·kjə·ləs] *n* calcul *m*

calendar [ˈkæl·ən·dər] *n* calendrier *m*

calf[1] [kæf] <calves> *n* ZOOL veau *m*

calf[2] [kæf] <calves> *n* ANAT mollet *m*

caliber [ˈkæl·ə·bər] *n a. fig* calibre *m*

calibrate [ˈkæl·ɪ·breɪt] *vt* calibrer

calico [ˈkæl·ɪ·koʊ] *n* calicot *m*

California [ˌkæl·ə·ˈfɔr·njə] *n* la Californie

Californian **I.** *n* Californien(ne) *m(f)* **II.** *adj* californien(ne)

call [kɔl] **I.** *n* **1.** TEL appel *m;* **telephone** ~ appel *m* téléphonique; **to receive a** ~ recevoir un coup de fil; **to return a** ~ rappeler **2.** (*visit*) visite *f;* **to pay a ~ on sb** rendre visite à qn **3.** (*shout*) cri *m;* ~ **for help** appel *m* au secours; **to give a** ~ pousser un cri **4.** (*animal cry*) cri *m* **5.** (*summons*) convocation *f* **6.** REL vocation *f* **7.** POL appel *m;* ~ **for sth** appel à qc **8.** ECON demande *f* **9.** *form* (*need*) *a. iron* besoin *m;* **to have no ~ for sth** ne pas avoir besoin de qc **10.** COMPUT appel *m* ▶**the ~ of** __**nature**__ un besoin pressant; **to be** __**on**__ ~ (*doctor*) être de garde **II.** *vt* **1.** (*address as*) appeler; **to be ~ed sth** s'appeler qc; **to ~ sb names**

injurier qn **2.** (*telephone*) appeler **3.** (*say out loud*) appeler **4.** (*make noise to attract*) crier **5.** (*summon*) appeler; **to ~ sb to order** rappeler qn à l'ordre; **to ~ sb as a witness** appeler qn à témoin; **to ~ sth to mind** rappeler qc **6.** (*regard as*) trouver; **to ~ sb/sth a liar** considérer qn/qc comme étant un menteur; **to ~ sth difficult** trouver qc difficile; **you ~ this a party?** tu appelles/vous appelez cela une fête? **7.** (*wake by telephoning*) réveiller **8.** (*decide to have*) appeler; **to ~ a strike** lancer un appel à la grève ▶**to ~ sb's bluff** mettre qn au pied du mur; **to ~ it a day** *inf* s'en tenir là; **to ~ it quits** en rester là; **to ~ (all) the shots** mener la barque; **to ~ a spade a spade** *iron, inf* appeler un chat un chat; **to ~ sth one's own** avoir qc à soi **III.** *vi* **1.** (*telephone*) téléphoner; **to ~ collect** appeler en PCV **2.** (*drop by*) passer; **to ~ at sb's place** passer chez qn **3.** (*shout*) crier **4.** (*summon*) appeler

◆**call away** *vt* **to call sb away** appeler qn

◆**call back** **I.** *vt* rappeler **II.** *vi* **1.** (*phone again*) rappeler **2.** (*return*) repasser

◆**call for** *vt* **1.** (*make necessary*) appeler à; **to be called for** être nécessaire **2.** (*come to get: person*) appeler; (*object, doctor*) faire venir **3.** (*ask*) appeler; **to ~ help** appeler à l'aide **4.** (*demand, require: food, attention*) demander

◆**call forth** *vt* provoquer

◆**call in** **I.** *vt* **1.** (*ask to come*) faire venir; **to call sb in to** *+infin* faire venir qn pour *+infin* **2.** (*withdraw: money, book*) retirer de la circulation; (*car*) rappeler; (*a loan*) exiger le remboursement de **II.** *vi* appeler

◆**call off** *vt* **1.** (*cancel*) annuler **2.** (*order back*) rappeler

◆**call on** *vt insep* **1.** (*appeal to*) demander à **2.** (*pay a short visit*) rendre visite à **3.** *fig* (*appeal to*) avoir recours à

◆**call out** **I.** *vt* **1.** (*shout*) appeler; **to ~ names at sb** injurier qn **2.** (*yell*) crier **II.** *vi* **1.** (*shout*) appeler **2.** (*yell*) crier **3.** *fig* (*demand*) **to ~ for sth** exiger qc

◆**call up** *vt* **1.** (*telephone*) appeler **2.** COMPUT (*find and display*) appeler **3.** (*ordered to join the military*) appeler **4.** (*conjure up: memories*) évoquer

caller *n* **1.** (*person on the telephone*) correspondant(e) *m(f)* **2.** (*visitor*) visiteur, -euse *m, f*

call girl *n* call-girl *f*

calligraphy [kə·ˈlɪg·rə·fi] *n* calligraphie *f*

calling *n form* vocation *f*

calling card *n* **1.** (*telephone card*) carte *f* de téléphone **2.** HIST (*card with one's name*) carte *f* de visite

callous [ˈkæl·əs] *adj* cruel(le)

call sign *n* indicatif *m*

call-up *n* MIL convocation *f*

callus [ˈkæl·əs] <-es> *n* durillon *m*

calm [ka(l)m] **I.** *adj* calme; **to keep ~** rester tranquille **II.** *vt* calmer; **to ~ oneself** se calmer

◆**calm down** **I.** *vi* se calmer **II.** *vt* calmer

calmly *adv* calmement

calmness *n* calme *m*

caloric [kə·ˈlɔr·ɪk] *adj* calorique

calorie [ˈkæl·ᵊr·i] *n* calorie *f*; **to be high/low in ~s** être élevé/faible en calories

calorie-laden *adj inv* hypercalorique

calorific [ˌkæl·ə·ˈrɪf·ɪk] *adj* calorifique

calumny [ˈkæl·əm·ni] *n form* calomnie *f*

calvary [ˈkæl·vᵊr·i] *n a. fig* calvaire *m*

calve [kæv] *vi* vêler

Calvinism [ˈkæl·vɪ·nɪ·zᵊm] *n no art* REL calvinisme *m*

Calvinist REL **I.** *n* calviniste *mf* **II.** *adj* calviniste

CAM [kæm] *n* COMPUT, TECH *abbr of* **computer assisted manufacture** FAO *f*

cam [kæm] *n* TECH came *f*

camaraderie [ˌkæm·ə·ˈræ·dᵊr·i] *n* camaraderie *f*

camber [ˈkæm·bər] *n* bombement *m*

Cambodia [kæm·ˈboʊ·dɪ·ə] *n* le Cambodge

Cambodian **I.** *adj* cambodgien(ne) **II.** *n* Cambodgien(ne) *m(f)*

camcorder [ˈkæm·kɔr·dər] *n* caméscope *m*

came [keɪm] *pt of* **come**

camel [ˈkæm·ᵊl] **I.** *n* **1.** (*animal*) chameau *m*; **she-~** chamelle *f* **2.** (*color*) fauve *m* **II.** *adj* **1.** (*camelhair*) en poil de chameau **2.** (*color*) fauve

camel hair, camel-hair *n* poil *m* de chameau; **~ coat** manteau *m* en poil de chameau

cameo [ˈkæm·i·oʊ] *n* **1.** (*carved stone*) camée *m* **2.** THEAT, CINE figurant(e) *m(f)*

camera¹ [ˈkæm·ᵊr·ə] *n* **1.** (*photography*) appareil *m* photo **2.** (*television*) caméra *f*; **~ operator** cadreur *m*; **to be on ~** être filmé

camera² [ˈkæm·ᵊr·ə] *n a. fig* **in ~** LAW à huis clos

camera angle *n* angle *m* de prise de vue

cameraman <-men> *n* CINE cadreur *m*

camera-ready *adj* TYP prêt(e) à la reproduction

camera shot *n* CINE prise *f* de vue

camera-shy *adj* timide face à la caméra

Cameroon [ˌkæm·ə·ˈrun] *n* le Cameroun

Cameroonian **I.** *adj* camerounais(e) **II.** *n* Camerounais(e) *m(f)*

camomile *n s.* **chamomile**

camouflage [ˈkæm·ə·ˌflaʒ] **I.** *n* camouflage *m* **II.** *vt* camoufler; **to ~ oneself** se camoufler

camp¹ [kæmp] **I.** *n a. fig a.* MIL camp *m*; **summer ~** camp de vacances; **refugee ~** camp de réfugiés; **to pitch ~** établir un camp; **to go over to the other ~** changer de camp **II.** *vi* camper; **to ~ out** camper; **to go ~ing** faire du camping

camp² [kæmp] THEAT, SOCIOL **I.** *n no art* (*theatrical style*) manières *fpl* **II.** *adj* **1.** (*theatrical*) affecté(e) **2.** (*effeminate*) efféminé(e)

campaign [kæm·ˈpeɪn] **I.** *n* campagne *f*; **~ for/against sth** campagne en faveur de/contre qc; **advertising ~** ECON campagne de publicité **II.** *vi* faire campagne; **to ~ for sb/sth** faire campagne en faveur de qn/qc; **to ~**

C

against **sb/sth** faire campagne contre qn/qc
campaigner *n* militant(e) *m(f)*
camper *n* **1.** (*person*) campeur, -euse *m, f* **2.** (*vehicle*) camping-car *m*
campfire *n* feu *m* de camp
camp follower *n* (*group supporter*) sympathisant(e) *m(f)*
campground *n* camping *m*
camphor ['kæm(p)·fər] *n* MED camphre *m*
camping *n* camping *m;* **to go** ~ faire du camping; ~ **equipment** équipement *m* de camping; ~ **holiday** vacances *fpl* en camping
campsite *n* **1.** (*place to camp*) terrain *m* de camping **2.** (*place for a tent*) place *f* pour camper
campus ['kæmp·əs] *n* campus *m;* **to be on** ~ être sur le campus; ~ **life** vie *f* sur le campus
can[1] [kæn] **I.** *n* **1.** (*metal container*) boîte *f* de conserve; **food** ~ nourriture *f* en boîte; **beer** ~ bière *f* en boîte **2.** (*container's contents*) bidon *m;* (*of beer, paint*) boîte *f* **3.** *inf* **the** ~ (*prison*) la taule **4.** *inf* (*toilet*) **the** ~ les chiottes *fpl* ▶ **a** ~ **of worms** un véritable guêpier; **to be in the** ~ CINE être dans la boîte; *fig* être dans la poche **II.** *vt* **1.** (*put in cans*) mettre en boîte, canner *Québec* **2.** *inf* (*fire*) jeter
can[2] [kən] <could, could> *aux* **1.** (*be able to*) pouvoir; **sb** ~ *+infin* qn peut *+infin;* **I will do all I** ~ je ferais de mon mieux **2.** (*have knowledge*) savoir; **I** ~ **swim/cook** je sais nager/ cuisiner; **I** ~ **speak French** je parle le français **3.** (*be permitted to*) pouvoir; ~ **do** aucun problème; *s.* **may** **4.** (*offering assistance*) pouvoir; ~ **I help you?** puis-je vous aider?; *s.* **may** **5.** (*making a request*) pouvoir; ~ **I come?** est-ce que je peux venir? **6.** (*be possible*) **sb** ~ **do sth** qn fait peut-être qc; **sb** ~ **be wrong** qn a peut-être tort **7.** (*said to show disbelief*) ~ **it be true?** est-ce que c'est possible?; **how** ~ **you?** comment peux-tu faire une chose pareille?; **that** ~ **not be true** ce n'est pas possible
Canada ['kæn·ə·də] *n* le Canada
Canada Day *n le "Canada Day" ou "Confederation Day" est le jour de la fête nationale canadienne, fêtée le 1er juillet.*
Canadian **I.** *adj* canadien(ne) **II.** *n* Canadien(ne) *m(f)*
canal [kə·'næl] *n* canal *m*
canalization *n* canalisation *f*
canary [kə·'ner·i] *n* ZOOL canari *m*
cancel ['kæn(t)·səl] <-l- *o* -ll-> **I.** *vt* **1.** (*annul*) annuler; (*order*) décommander; (*contract*) résilier; (*check*) faire opposition à; **to** ~ **a booking** se décommander; **to** ~ **each other** s'annuler **2.** (*mark as being used: a stamp*) oblitérer; (*ticket*) composter **II.** *vi* se décommander
cancellation [ˌkæn(t)·səl·'eɪ·ʃən] *n* annulation *f;* (*of a contract*) résiliation *f*
cancer ['kæn(t)·sər] *n* MED cancer *m;* ~ **of the throat** cancer de la gorge
Cancer ['kæn(t)·sər] *n* Cancer *m; s.a.* **Aquarius**
cancer cell *n* cellule *f* cancéreuse
cancerous ['kæn(t)·sər·əs] *adj* cancéreux(-euse)
cancer patient *n* cancéreux, -euse *m, f*
cancer research *n* recherche *f* contre le cancer
cancer specialist *n* cancérologue *mf*
candelabra [ˌkæn·də·'la·brə] <-(s)> *n* candélabre *m*
candid ['kæn·dɪd] *adj* franc(he); ~ **camera** caméra *f* invisible; ~ **picture** photo *f* instantanée
candidacy ['kæn·dɪ·də·si] *n* candidature *f*
candidate ['kæn·dɪ·dət] *n* candidat(e) *m(f);* **to stand as** ~ **for sth** se porter candidat à qc
candied ['kæn·dɪd] *adj* glacé(e); ~ **fruit** fruits *mpl* confits
candle ['kæn·dl] *n* bougie *f* ▶ **to burn one's** ~ **at both ends** brûler la chandelle par les deux bouts; **to not hold a** ~ **to sb/sth** ne pas arriver à la cheville de qn/qc
candleholder *n* bougeoir *m*
candlelight *n* lueur *f* d'une bougie; **to do sth by** ~ faire qc à la lueur de la bougie; ~ **dinner** dîner *m* aux chandelles
candlelit *adj* éclairé(e) à la bougie; (*meal*) aux chandelles
candlestick *n* bougeoir *m*
candor ['kæn·dər] *n form* franchise *f*
candy ['kæn·di] **I.** *n* bonbon(s) *m(pl)* **II.** *vt* glacer
candy apple *n* pomme *f* d'amour
candy store *n* confiserie *f*
cane [keɪn] *n* **1.** (*dried plant stem*) canne *f;* (*for wickerwork, baskets*) rotin *m* **2.** (*stick*) canne *f*
cane chair *n* chaise *f* en rotin
cane sugar *n* sucre *m* de canne
canine ['keɪ·naɪn] **I.** *n* canine *f* **II.** *adj* canin(e)
canine tooth *n* canine *f*
canister ['kæn·ə·stər] *n* boîte *f* en fer
cannabis ['kæn·ə·bɪs] *n* cannabis *m*
canned [kænd] *adj* **1.** (*preserved in metal containers: food*) en conserve; (*beer*) en boîte **2.** *pej* TV, MUS (*pre-recorded*) en boîte
cannery ['kæn·ər·i] *n* conserverie *f*
cannibal ['kæn·ɪ·bəl] *n* cannibale *mf*
cannibalism ['kæn·ɪ·bəl·ɪ·zəm] *n* cannibalisme *m*
cannibalize ['kæn·ɪ·bə·laɪz] *vt* récupérer les pièces de
canning *n* mise *f* en conserve
canning factory *n* conserverie *f*
cannon ['kæn·ən] **I.** *n* MIL (*weapon*) canon *m;* ~ **fire** tir *m* de canon **II.** *vi* **to** ~ **into sb/sth** percuter qn/qc
cannonball *n* MIL boulet *m* de canon
cannon fodder *n* MIL chair *f* à canon
cannot ['kæn·at] *aux* (*can not*) *s.* **can**
canoe [kə·'nu] *n* NAUT (*boat*) canot *m*
canoeing *n* **to go** ~ faire du canoë, canoter *Québec*
canoeist *n* canoéiste *mf*

canon ['kæn·ən] *n* canon *m*
canonization *n* canonisation *f*
canonize ['kæn·ə·naɪz] *vt* canoniser
can opener *n* ouvre-boîtes *m*
canopy ['kæn·ə·pi] *n* **1.** (*cloth*) auvent *m;* (*of bed*) baldaquin *m* **2.** ARCHIT *a. fig* voûte *f*
can't [kænt] = **can + not** *s.* **can**
cant¹ [kænt] *n* **1.** (*insincerely pious talk*) hypocrisie *f;* ~ **phrase** cliché *m* **2.** LING (*words specific to a group*) jargon *m*
cant² [kænt] **I.** *n* (*tilt*) inclinaison *f* **II.** *vt* (*tilt*) incliner **III.** *vi* (*lean*) s'incliner
cantankerous [kæn·'tæŋ·kᵊr·əs] *adj* acariâtre
cantata [kən·'ta·t̬ə] *n* MUS cantate *f*
canteen [kæn·'tin] *n* **1.** (*eating place*) cantine *f* **2.** MIL gourde *f*
canter ['kæn·t̬ər] SPORTS **I.** *n* petit galop *m* **II.** *vi* aller au petit galop
canton ['kæn·tan] *n* (*Swiss state*) canton *m*
cantor ['kæn·tər] *n* chantre *m*
canvas ['kæn·vəs] *n* **1.** (*type of cloth*) toile *f* **2.** (*embroidery*) canevas *m*
canvass ['kæn·vəs] **I.** *vt* **1.** (*gather opinion*) sonder; (*customers*) prospecter; **to ~ opinions** sonder l'opinion **2.** ECON (*solicit*) solliciter **3.** POL **to ~ sb** solliciter la voix de qn **II.** *vi* **1.** POL faire campagne **2.** ECON faire du démarchage **III.** <-es> *n* POL démarchage *m*
canvassing *n* **1.** ECON démarchage *m* **2.** POL démarchage *m* électoral
canyon ['kæn·jən] *n* canyon *m*
canyoning *n* canyoning *m*
cap¹ [kæp] **I.** *n* **1.** (*hat*) casquette *f;* **shower ~** bonnet *m* de douche; **swimming** [*o* **bathing**] **~** bonnet *m* de bain **2.** UNIV **~ and gown** costume *m* académique; *iron* tenue *f* d'apparat **3.** (*cover*) couvercle *m;* (*of a bottle*) bouchon *m;* (*of a pen, lens*) capuchon *m;* (*of a mushroom*) chapeau *m;* (*of a tooth*) émail *m* **4.** (*limit*) plafond *m* ► **~ in hand** chapeau *m* bas; **to put on one's thinking ~** *inf* cogiter **II.** <-pp-> *vt* **1.** (*limit*) limiter **2.** (*cover*) *a. fig* coiffer; (*bottle*) capsuler; (*a tooth*) recouvrir d'émail; **to ~ a pen** remettre le capuchon d'un stylo **3.** (*outdo*) surpasser; **to ~ it all** pour couronner le tout
cap² [kæp] *n* TYP, PUBL *abbr of* **capital** (**letter**) capitale *f;* **in ~s** en capitales
capability [ˌkeɪ·pə·'bɪl·ə·t̬i] *n* capacité *f*
capable ['keɪ·pə·bl] *adj* **1.** (*competent*) compétent(e) **2.** (*able*) capable; **to be ~ of doing sth** être capable de faire qc
capacity [kə·'pæs·ə·t̬i] *n* **1.** <-ties> (*amount*) capacité *f;* (*of container*) contenance *f;* **seating ~** nombre *m* de places assises; **filled to ~** comble; **to play to ~ audiences** THEAT jouer à guichets fermés **2.** (*ability*) aptitude *f;* **to have a ~ for sth** avoir une aptitude à faire qc; **to have a ~ for alcohol** tenir l'alcool **3.** (*output*) rendement *m;* **at full ~** à plein rendement **4.** (*position*) fonction *f;* **in the ~ of sth** en qualité de qc
cape¹ [keɪp] *n* GEO cap *m*
cape² [keɪp] *n* FASHION cape *f*
Cape Canaveral *n* Cap Canaveral *m*
caper¹ **I.** *n* **1.** (*skip*) cabriole *f* **2.** *pej* (*dubious activity*) arnaque *f* **II.** *vi* (*leap about*) gambader
caper² *n* CULIN câpre *f*
Cape Town ['keɪp·taʊn] *n* Le Cap
capillary ['kæp·ə·ler·i] <-ries> **I.** *n* capillaire *m* **II.** *adj* capillaire
capital¹ ['kæp·ə·t̬l] **I.** *n* **1.** (*principal city*) *a. fig* capitale *f* **2.** (*letter form*) lettre *f* capitale; **in (large) ~s** en capitales **II.** *adj* **1.** (*principal: error, city*) principal(e) **2.** (*letter form: letter*) capital(e) **3.** LAW (*punishable by death*) capital(e)
capital² ['kæp·ə·t̬l] *n* FIN capital *m;* **to put ~ into sth** investir dans qc; **to make ~ (out) of sth** tirer profit de qc
capital assets *n* FIN actif *m* immobilisé
capital gain *n* LAW plus-value *f*
capital gains tax *n* impôt *m* sur la plus-value
capital investment *n* FIN investissement *m* de capitaux
capitalism ['kæp·ə·t̬əl·ɪ·zᵊm] *n* capitalisme *m*
capitalist **I.** *n a. pej* capitaliste *mf* **II.** *adj* capitaliste
capitalistic *adj* POL, ECON *s.* **capitalist**
capitalization¹ *n* TYP mise *f* en majuscules
capitalization² *n* FIN, ECON capitalisation *f*
capitalize¹ ['kæp·ə·t̬ə·laɪz] *vt* TYP mettre en capitales
capitalize² ['kæp·ə·t̬ə·laɪz] *vt* FIN capitaliser
capital letter *n* lettre *f* capitale; **in ~s** en lettres capitales
capital levy *n* impôt *m* sur capital
capital market *n* marché *m* des capitaux
capital punishment *n* peine *f* capitale
capital stock *n* capital *m* social
capitulate [kə·'pɪtʃ·ə·leɪt] *vi a. fig* MIL capituler; **to ~ to sb/sth** capituler face à qn/qc
capitulation *n* capitulation *f*
cappuccino [ˌkæp·ə·'tʃi·noʊ] *n* cappuccino *m*
Capricorn ['kæp·rə·kɔrn] *n* Capricorne *m; s.a.* **Aquarius**
caps. *n abbr of* **capitals** capitales *fpl*
capsize ['kæp·saɪz] NAUT **I.** *vt* **1.** (*make turn over*) faire chavirer **2.** *fig* (*ruin*) faire échouer **II.** *vi* (*turn over*) chavirer
capstan ['kæp·stən] *n* NAUT cabestan *m*
capsule ['kæp·sᵊl] *n* capsule *f*
captain ['kæp·tᵊn] **I.** *n a. fig* capitaine *m* **II.** *vt* **1.** (*be in charge of*) mener **2.** (*be officer*) être capitaine de
caption ['kæp·ʃᵊn] *n* **1.** TYP, PUBL légende *f* **2.** CINE, TV sous-titres *mpl*
captivate ['kæp·tɪ·veɪt] *vt* captiver
captive ['kæp·tɪv] **I.** *n* captif, -ive *m, f* **II.** *adj* captif(-ive); **to take sb ~** capturer qn; **to hold sb ~** maintenir qn captif
captivity [kæp·'tɪv·ə·t̬i] *n* captivité *f*
captor *n* ravisseur, -euse *m, f*
capture ['kæp·tʃər] **I.** *vt* **1.** (*take prisoner*) capturer **2.** (*take possession of: city, control*)

prendre; **to ~ sth** s'emparer de qc **3.** (*gain*) gagner **4.** ECON (*the market*) s'accaparer **5.** ART, CINE (*atmosphere*) rendre; (*on film*) immortaliser; **to ~ the moment** saisir l'instant **6.** *fig* (*attention*) captiver; (*moment, moods*) saisir **7.** COMPUT saisir **II.** *n* **1.** (*act of capturing*) capture *f* **2.** (*captured person, thing*) prise *f* **3.** COMPUT saisie *f*

car [kar] *n* voiture *f;* **by ~** en voiture; **~ accident** accident *m* de voiture; **restaurant ~** voiture-restaurant *f*

carafe ['kə·ræf] *n* carafe *f*

caramel ['kar·mᵊl] *n* caramel *m*

carapace ['ker·ə·peɪs] *n* carapace *f*

carat ['ker·ət] <-(s)> *n* carat *m*

caravan ['ker·ə·væn] *n* caravane *f*

caraway ['ker·ə·weɪ] *n* carvi *m*

carbide ['kar·baɪd] *n* CHEM carbure *m*

carbine ['kar·bin] *n* carabine *f*

carbohydrate [ˌkar·boʊ·'haɪ·dreɪt] *n* CHEM hydrate *m* de carbone

car bomb *n* voiture *f* piégée

carbon ['kar·bᵊn] *n* **1.** CHEM (*element*) carbone *m* **2.** (*carbon paper*) papier *m* carbone

carbon copy *n* **1.** (*copy using special paper*) carbone *m* **2.** *fig* (*very similar*) réplique *f*

carbon dating *n* datation *f* au carbone

carbon dioxide *n* CHEM gaz *m* carbonique

carbonic *adj* CHEM carbonique

carbonize ['karb·ᵊn·aɪz] CHEM **I.** *vt* carboniser **II.** *vi* se carboniser

carbon monoxide *n* CHEM oxyde *m* de carbone

carbon paper *n* papier *m* carbone

carbuncle ['kar·bʌŋ·kl] *n* **1.** MED (*swelling*) furoncle *m* **2.** (*gem*) escarboucle *f*

carburetor ['kar·bə·reɪ·t̬ər] *n* TECH carburateur *m*

carcass ['kar·kəs] <-es> *n a. inf* carcasse *f*

carcinogen [kar·'sin·ə·ˌdʒen] *n* MED substance *f* cancérigène

carcinogenic *adj* MED cancérigène

carcinoma [kar·sᵊn·'oʊ·mə] *n* MED carcinome *m*

card[1] [kard] **I.** *n* **1.** (*piece of stiff paper*) carte *f;* **birthday ~** carte d'anniversaire; **Christmas ~** carte de Noël; **business ~** carte de visite; **index ~** fiche *f* **2.** (*means of payment*) carte *f;* **credit/debit ~** carte de crédit/paiement **3.** GAMES carte *f;* **to play ~s** jouer aux cartes **4.** (*proof of identity*) pièce *f* d'identité; **ID ~** carte *f* d'identité; **membership ~** carte de membre **5.** COMPUT carte *f* **6.** (*cardboard*) carton *m* ►**to hold one's ~s close to one's <u>chest</u>** cacher son jeu; **to put one's ~s on the <u>table</u>** mettre cartes sur table; **to have <u>all</u> the ~s** avoir tous les atouts en main; **to <u>throw</u> in one's ~s** abandonner; **to be <u>in</u> the ~s** être très vraisemblable **II.** *vt* **1.** (*write an account*) ficher **2.** *inf* (*demand identification*) demander les papiers d'identité à

card[2] [kard] **I.** *n* (*in mechanics*) peigne *m* **II.** *vt* peigner

cardamom ['kar·də·mam] *n* cardamome *f*

cardboard ['kard·bɔrd] *n* **1.** (*thick paper*) carton *m;* **~ box** boîte *f* en carton **2.** *fig, pej* **~ character** personnage *m* plat

card catalog *n* fichier *m*

cardiac ['kar·dɪ·æk] *adj* MED cardiaque

cardigan ['kar·dɪ·gən] *n* cardigan *m*

cardinal ['kar·dɪ·nᵊl] **I.** *n* cardinal *m* **II.** *adj* capital(e)

cardinal number *n* nombre *m* cardinal

cardinal points *npl* points *mpl* cardinaux

card index *n* fichier *m*

cardiogram ['kar·dɪ·oʊ·græm] *n* MED cardiogramme *m*

cardpunch *n* COMPUT perforatrice *f* de cartes

card reader *n* lecteur *m*

card table *n* table *f* de jeux

care [ker] **I.** *n* **1.** (*looking after*) soin *m;* **hair ~** soin capillaire; **to take good ~ of sb/sth** prendre bien soin de qn/qc; **to be in sb's ~** être sous la responsabilité de qn; **to be under a doctor's ~** être suivi par un docteur; **to take ~ of oneself** s'occuper de ses affaires; **to take ~ of sth** s'occuper de qc; **to be in ~** être à l'Assistance publique; **to be taken into ~** être confié à l'Assistance publique; (**in**) **~ of sb** aux bons soins de qn; **take ~!** fais attention (à toi)!; (*goodbye*) salut! **2.** (*carefulness*) prudence *f;* **to do sth with ~** faire qc avec prudence; **to take ~ with sth/to** *+infin* prendre soin de qc/de *+infin;* **to take ~ that** veiller à ce que *+subj;* **take ~ that you don't fall!** fais attention de ne pas tomber! **3.** (*worry*) souci *m;* **to not have a ~ in the world** ne pas avoir le moindre souci; **to be free from ~** être insouciant **II.** *vi* **1.** (*be concerned*) se faire du souci; **to ~ about sb/sth** se soucier de qn/qc; **not to ~ about sb/sth** se moquer de qn/qc; **I don't ~** ça m'est égal; **I couldn't ~ less** je m'en fiche; **she doesn't appear to ~ how she dresses** elle se moque de son apparence; **for all I ~** pour ce que cela me fait; **who ~s?** qu'est-ce que ça fait? **2.** (*feel affection*) aimer; **to ~ about sb** aimer qn **3.** (*want*) vouloir; **to ~ to** *+infin* vouloir *+infin;* **to ~ for sth** vouloir qc

◆**care for** *vi* **1.** (*like*) aimer **2.** (*look after*) soigner

CARE [ker] *n abbr of* **Cooperative for American Relief Everywhere** *Association de Solidarité Internationale au statut de bienfaisance*

career [kə·'rɪr] **I.** *n* carrière *f;* **~ politician** homme *m* politique de carrière **II.** *vi* aller à toute vitesse; **to ~ somewhere** aller quelque part à toute vitesse; **to ~ down a slope** dévaler une pente

careerist *n pej* carriériste *mf*

carefree ['ker·fri] *adj* insouciant(e)

careful *adj* **1.** (*cautious*) prudent(e); **to be ~ doing sth** être prudent en faisant qc; **to be ~ with money** être regardant; (**be**) **~!** attention! **2.** (*showing attention*) attentif(-ive); **to be ~ with/of/about sth** faire attention à qc; **to**

be ~ (**that**) veiller à ce que +*subj;* **to be ~ to** +*infin* veiller à +*infin* **3.** (*painstaking: worker*) soigneux(-euse); (*work*) soigné(e); **to make a ~ choice** faire un choix méticuleux; **after ~ consideration** après mûre réflexion; **~ examination** examen *m* attentif; **to pay ~ attention to sth** prêter une attention particulière à qc

carefulness *n* **1.** (*caution*) prudence *f* **2.** (*meticulousness*) soin *m*

caregiver *n* aide *f* à domicile

careless *adj* **1.** (*lacking wisdom: driver*) imprudent(e) **2.** (*inattentive*) inattentif(-ive); **~ error** erreur *f* d'inattention; **to be ~ with money** ne pas être regardant **3.** (*not worried*) insouciant(e); **to be ~ of sth** négliger qc **4.** (*unthinking: remark*) irréfléchi(e) **5.** (*lacking care: work*) négligé(e); **to be ~** manquer de soin

carelessness *n* négligence *f*

caress [kə·'res] <-es> **I.** *n* caresse *f* **II.** *vt* caresser **III.** *vi* **1.** (*touch*) caresser **2.** (*kiss*) embrasser

caretaker *n* **1.** (*custodian*) concierge *mf* **2.** POL **~ government** gouvernement *m* intérimaire

careworn ['ker·wɔrn] *adj form* rongé(e) par les soucis

car ferry *n* NAUT ferry *m*

cargo ['kar·goʊ] *n* cargaison *f*

cargo aircraft, cargo plane *n* AVIAT avion-cargo *m*

cargo vessel *n* bateau *m* de marchandise

Carib ['ker·ɪb] **I.** *n* **1.** (*person*) Caraïbe *mf* **2.** LING caraïbe *m; s.a.* **English II.** *adj* caraïbe

Caribbean I. *n* **the ~** les Caraïbes *fpl* **II.** *adj* **1.** (*pertaining to the Caribbean*) des Caraïbes **2.** (*from the Caribbean*) caribéen(ne)

Caribbean Sea *n* mer *f* des Caraïbes

caribou ['ker·ɪ·bu] *n* ZOOL caribou *m*

caricature ['ker·ə·kə·tjʊr] **I.** *n a. pej* caricature *f;* **to become a ~ of oneself** n'être plus qu'une caricature de soi-même **II.** *vt* LIT caricaturer

caricaturist *n* ART caricaturiste *mf*

caries ['ker·iz] *n* MED carie *f;* **dental ~** carie dentaire

caring I. *adj* (*person*) généreux(-euse); (*society*) humain(e) **II.** *n* travail *m* social; **~ professions** professions *fpl* paramédicales

car insurance *n* assurance *f* automobile

carjacking *n vol à main armée d'un véhicule*

carnage ['kar·nɪdʒ] *n* carnage *m*

carnal ['kar·nᵊl] *adj form* charnel(le)

carnation [kar·'neɪ·ʃᵊn] **I.** *n* **1.** BOT (*plant*) œillet *m* **2.** (*color*) couleur *f* incarnate **II.** *adj* incarnat(e)

carnival ['kar·nə·vᵊl] *n* carnaval *m*

carnivore ['kar·nə·vɔr] *n a. iron* carnivore *m*

carnivorous [kar·'nɪv·ᵊr·əs] *adj* carnivore

carol ['ker·ᵊl] **I.** *n* (**Christmas**) ~ chant *m* de Noël **II.** *vi* chanter joyeusement; (*for Christmas*) chanter des chants de Noël

carol singer *n chanteur de chants de Noël*

carotene ['kær·ə·tin] *n* carotène *m*

carousel [ˌkær·ə·'sel] *n* **1.** (*merry-go-round*) manège *m* **2.** (*rotating machine*) carrousel *m*

carp[1] [karp] *n* <-(s)> ZOOL, CULIN carpe *f*

carp[2] [karp] *vi* (*nag about trivial things*) se plaindre; **to ~ about sb/sth** se plaindre de qn/qc; **to ~ at sb** critiquer qn

carpenter ['kar·pᵊn·t̬ər] *n* menuisier *m*

carpentry ['kar·pᵊn·tri] *n* menuiserie *f*

carpet ['kar·pət] **I.** *n* **1.** (*rug*) *a. fig* tapis *m;* **~ of flowers** tapis de fleurs **2.** (*wall-to-wall*) moquette *f,* tapis *m* plain *Belgique;* **wall-to-wall ~** moquette *f;* **to lay a ~** poser de la moquette ▶**to <u>be</u> on the ~** (*be in trouble*) être sur la sellette; **to <u>sweep</u> sth under the ~** essayer de dissimuler qc **II.** *vt* **to ~ sth** recouvrir qc d'un tapis; (*with wall-to-wall carpet*) moquetter qc

carpetbagger *n pej* (*politician*) profiteur, -euse *m, f*

carpeting *n* tapis *m,* moquette *f*

carpet sweeper *n* balai *m* mécanique

carpool I. *n* ≈ covoiturage *m* **II.** *vi* ≈ faire du covoiturage

car radio *n* autoradio *m*

carriage ['ker·ɪdʒ] *n* **1.** (*horse-drawn vehicle*) voiture *f* **2.** (*posture*) port *m* **3.** (*part of a typewriter*) chariot *m*

carriage return *n* TECH retour *m* chariot

carrier ['ker·i·ər] *n* **1.** (*person*) porteur *m* **2.** MIL véhicule *m* blindé **3.** AVIAT transporteur *m;* (**troop**) ~ avion *m* de transport de troupes **4.** NAUT transport *m;* (**aircraft**) ~ porte-avions *m* **5.** *inf* (*aircraft carrier*) gros porteur *m* **6.** (*disease transmitter*) porteur *m* **7.** (*baby seat*) porte-bébé *m* **8.** (*transport company*) compagnie *f* de transport **9.** RADIO ~ (**wave**) onde *f* porteuse

carrion ['ker·i·ən] *n* charogne *f;* **~ eater** charognard *m*

carrot ['ker·ət] *n* **1.** (*vegetable*) carotte *f* **2.** *inf* (*reward*) carotte *f;* **to dangle a ~ for sb** agiter une carotte devant qn

carry ['ker·i] <-ies, -ied> **I.** *vt* **1.** (*transport*) porter **2.** (*transport*) transporter **3.** (*have on one's person*) avoir sur soi **4.** (*remember: a tune*) se rappeler; **to ~ a memory of sth** se souvenir de qc; **to ~ sth in one's head** retenir qc dans sa tête **5.** MED transmettre **6.** (*have*) **to ~ insurance** être assuré; **to ~ conviction** être convaincant **7.** (*support*) supporter **8.** (*keep going*) continuer **9.** (*sell*) vendre **10.** (*win support*) gagner à sa cause **11.** (*approve a bill*) voter **12.** PUBL rapporter; **to ~ a headline** faire la une **13.** (*develop: argument*) développer; (*too far*) pousser **14.** MATH (*put into next column: a number*) retenir **15.** (*stand*) **to ~ oneself** se comporter **16.** (*be pregnant: child*) attendre ▶**to ~ a <u>torch</u> for sb** *inf* avoir le béguin pour qn **II.** *vi* **1.** (*be audible*) porter **2.** (*fly*) voler

◆**carry away** *vt* **1.** (*remove*) enlever **2.** (*make excited*) **to get carried away** se laisser emporter; **to be carried away by sth** s'emballer pour qc; (*be enchanted*) s'enthousiasmer pour qc; **don't get carried away!** reste calme!

◆**carry forward** *vt* ECON reporter

◆**carry off** *vt* **1.** (*take away*) enlever **2.** (*succeed*) réussir **3.** (*win*) remporter

◆**carry on I.** *vt* soutenir **II.** *vi* **1.** (*continue*) poursuivre; **to ~ doing sth** continuer à faire qc, perdurer à faire qc *Belgique;* **to ~ as if nothing has happened** faire comme si rien ne s'était passé **2.** *inf* (*make a fuss*) faire des histoires **3.** (*complain*) **to ~ at sb** se plaindre à bâtons rompus auprès de qn

◆**carry out** *vt* réaliser; (*threat, plan*) mettre à exécution; (*attack*) conduire; (*reform, test*) effectuer; (*orders*) exécuter; **to ~ sth to the letter** suivre les ordres à la lettre

◆**carry over I.** *vt* **1.** ECON (*bring forward*) apporter **2.** FIN reporter **3.** (*postpone*) retarder; (*holiday*) reporter **II.** *vi* **to ~ into sth** avoir des répercussions sur qc

◆**carry through** *vt* **1.** (*support*) soutenir **2.** (*complete*) mener à bien

carryall *n* fourre-tout *m inv*

carrying agent *n* agent *m* de transport

carrying capacity *n* charge *f* utile

carrying-on <carryings-on> *n inf* **1.** (*affair*) affaires *fpl* louches **2.** (*activity*) activité *f* désordonnée

carryover I. *n* FIN report *m* **II.** *vt* reporter

carsick *adj* **to be ~** être malade en voiture

cart [kart] **I.** *n* **1.** (*vehicle*) voiture *f* à bras; **horse ~** charrette *f* **2.** (*in supermarket*) chariot *m* ▶**to put the ~ before the horse** mettre la charrue avant les bœufs *prov* **II.** *vt* **1.** (*transport*) charrier **2.** (*carry*) transporter par camion **3.** (*carry around*) trimballer

carte blanche [ˌkart·'bla(n)ʃ] *n* carte *f* blanche; **to be given ~** avoir carte blanche

cartel [kar·'tel] *n* cartel *m*

carter ['kar·t̬ər] *n* charretier *m*

carthorse ['kart·hɔrs] *n* cheval *m* de trait

cartilage ['kar·t̬əl·ɪdʒ] *n* MED cartilage *m*

cartload ['kart·loʊd] *n* charretée *f*

cartographer *n* cartographe *mf*

cartography [kar·'ta·grə·fi] *n* cartographie *f*

carton ['kar·tən] *n* **1.** (*box*) carton *m* **2.** (*packaging*) boîte *f;* (*of milk, juice*) brique *f;* (*of cigarettes*) cartouche *f*

cartoon [kar·'tun] *n* **1.** (*critical*) dessin *m* satirique **2.** ART (*preparatory*) carton *m* **3.** CINE dessin *m* animé

cartoonist *n* **1.** ART caricaturiste *mf* **2.** CINE dessinateur, -trice *m, f* de dessins animés

cartridge ['kar·trɪdʒ] *n* **1.** (*ink, ammunition*) cartouche *f* **2.** (*cassette*) cassette *f* **3.** (*pick-up head*) cellule *f* de lecture

cartridge case *n* douille *f*

cartwheel ['kart·(h)wil] **I.** *n* **1.** (*wheel*) roue *f* de charrette **2.** (*sport*) **to do/turn a ~** faire une roue **II.** *vi* faire la roue

carve [karv] **I.** *vt* **1.** (*cut a figure*) sculpter; (*with a chisel*) ciseler; **to be ~d out of stone** être taillé dans la pierre **2.** (*cut*) tailler; (*meat*) découper; **to ~ sth out from sth** tailler qc dans qc **3.** *fig* (*establish*) **to ~ a name for oneself** se faire un nom; **to ~ a niche for oneself** se tailler une place dans qc **II.** *vi* sculpter

◆**carve out** *vt fig* se tailler; **to ~ a career for oneself** faire carrière

carver *n* ART sculpteur, -euse *m, f*

carving *n* **1.** (*art*) sculpture *f* **2.** (*figure*) sculpture *f;* (*of wood*) figurine *f* en bois

carving knife *n* couteau *m* à découper

car wash *n* lavage *m* de voitures

cascade [kæ·'skeɪd] **I.** *n* cascade *f* **II.** *vi* tomber en cascade

case[1] [keɪs] *n* **1.** *a.* MED cas *m;* **in any ~** en tout cas; **in ~ it rains** au cas où il pleuvrait; **as the ~ stands** les choses étant ce qu'elles sont; **~ in point** exemple *m* typique **2.** LING cas *m;* **in the genitive ~** au génitif **3.** LAW affaire *f;* **to lose one's ~** perdre son procès; **to close the ~** clore un dossier; **to make out a ~ for sth** exposer ses arguments en faveur de qc

case[2] [keɪs] *n* **1.** (*chest*) coffre *m* **2.** (*container*) boîte *f;* (*bottles*) caisse *f;* (*vegetables*) cageot *m;* (*silverware, jewels*) écrin *m;* (*glasses, cigarettes, flute*) étui *m;* **glass ~** vitrine *f* **3.** TYP *s.* **lower case, upper case**

casebook *n* **1.** (*book containing extracts*) recueil *m* **2.** MED dossier *m* médical

case law *n* LAW droit *m* jurisprudentiel

case study *n* étude *f* de cas

cash [kæʃ] **I.** *n* liquide *m;* **to pay in ~** payer comptant; **~ payment in advance** paiement *m* liquide d'avance; **to be strapped for ~** *inf* être à court d'argent **II.** *vt* (*exchange for money*) toucher; (*check*) encaisser

◆**cash in I.** *vt* se faire rembourser ▶**to ~ (one's chips)** *inf* casser sa pipe **II.** *vi* **to ~ on sth** tirer profit de qc

cash balance *n* solde *m* actif

cash box *n* caisse *f*

cash cow *n inf* vache *f* à lait

cash crop *n* récolte *f* destinée à la vente

cashew ['kæʃ·u], **cashew nut** *n* noix *f* de cajou

cash flow *n* cash-flow *m*

cashier[1] [kæʃ·'ɪr] *n* caissier, -ière *m, f*

cashier[2] [kæʃ·'ɪr] *vt* MIL réformer

cash machine *n* distributeur *m* automatique

cashmere ['kæʒ·mɪr] *n* cachemire *m*

cash payment *n* paiement *m* (au) comptant

cash register *n* caisse *f* enregistreuse

cash sale *n* vente *f* au comptant

casing ['keɪ·sɪŋ] *n* enveloppe *f;* (*of a machine*) coquille *f;* (*of a cable*) gaine *f;* (*of a sausage*) peau *f*

casino [kə·'si·noʊ] *n* casino *m*

cask [kæsk] *n* barrique *f;* (*of wine*) fût *m*

casket ['kæs·kɪt] *n* **1.** (*coffin*) cercueil *m* **2.** (*box*) coffret *m*

Caspian Sea ['kæs·pi·ən] *n* la mer Caspienne

casserole ['kæs·ə·roʊl] *n* **1.** (*stew*) ragoût *m* (en cocotte) **2.** (*cooking pot*) cocotte *f;* ~ **dish** marmite *f*

cassette [kə·'set] *n* cassette *f;* **audio/video ~** cassette audio/vidéo

cassette deck *n* platine *f* à cassettes

cassette player *n* lecteur *m* de cassettes

cassette recorder *n* magnétophone *m* à cassettes

cast [kæst] **I.** *n* **1.** THEAT, CINE acteurs *mpl;* (*list*) distribution *f* **2.** (*molded object*) moule *m* **3.** MED plâtre *m* **4.** (*act of throwing: spear, line*) lancer *m* **5.** *fig* (*of mind*) tournure *f* **II.** <cast, cast> *vt* **1.** (*throw*) jeter; (*a line, spear*) lancer **2.** *fig* (*direct: doubt, a shadow*) jeter; **to ~ light on sth** éclaircir qc; **to ~ aspersions on sb** dénigrer qn; **to ~ an eye over sth** balayer qc du regard; **to ~ a slur on sb** porter atteinte à qn **3.** (*allocate roles: play*) distribuer les rôles de; **to ~ sb a part** attribuer un rôle à qn; **to be ~ in the role of sb** jouer le rôle de qn; **to ~ sb to/against type** attribuer un rôle à/de contre-emploi à qn; **to ~ sb as sb** donner le rôle de qn à qn **4.** (*give*) **to ~ one's vote** voter **5.** ART (*make in a mold*) fondre ► **to be ~ in the same mold** être fait sur le même moule; **to ~ one's net wide** étendre la couverture; **to ~ pearls before swine** jeter des perles aux pourceaux

◆**cast around** *vi* **to ~ for sth** chercher qc

◆**cast aside** *vt* **1.** (*rid oneself of*) se débarrasser de **2.** (*free oneself of*) se défaire de

◆**cast away** *vt* **to be ~** faire naufrage

◆**cast down** *vt* **to be ~** être découragé

◆**cast off** **I.** *vt* **1.** *s.* **cast aside** **2.** (*drop stitches*) **to ~ stitches** arrêter les mailles **3.** (*reject*) rejeter **II.** *vi* NAUT larguer les amarres

◆**cast on** **I.** *vt* (*stitches*) monter **II.** *vi* monter les mailles

◆**cast out** *vt* **1.** (*reject*) rejeter **2.** (*exorcise: demons, ideas*) chasser

◆**cast up** *vt* rejeter

castanets [kæs·tə·'nets] *npl* castagnettes *fpl*

castaway ['kæs·tə·weɪ] *n* **1.** (*ship survivor*) naufragé(e) *m(f)* **2.** (*discarded object*) rebut *m*

caste [kæst] *n* caste *f*

caster ['kæs·tər] *n s.* **castor**

castigate ['kæs·tə·geɪt] *vt form* **1.** (*criticize*) critiquer sévèrement **2.** (*punish*) châtier

castigation *n* **1.** (*criticism*) critique *f* sévère **2.** (*rebuke*) châtiment *m*

casting ['kæs·tɪŋ] *n* **1.** (*molding*) moulage *m* **2.** THEAT (*role allocation*) distribution *f* des rôles

casting vote *n* voix *f* prépondérante

cast iron **I.** *n* fonte *f* **II.** *adj* **1.** (*made of cast iron*) en fonte **2.** *fig* (*very strong*) en béton; ~ **will** volonté *f* de fer **3.** (*incontestable*) incontestable; (*alibi*) irréfutable **4.** (*definite*) certain(e)

castle ['kæs·l] **I.** *n* **1.** (*building*) château *m* **2.** (*fortress*) château fort **3.** *inf* (*chess piece*) tour *f* ► **to build ~s in the air** bâtir des châteaux en Espagne; **a man's home is his ~** charbonnier est maître chez lui **II.** *vi* GAMES roquer

cast-off ['kæst·af] **I.** *n pl* **~s** **1.** (*sth no longer wanted*) rebuts *mpl* **2.** (*garment*) nippes *fpl* **3.** (*person*) laissés *mpl* pour compte **II.** *adj* (*clothes*) d'occasion

C

castor ['kæs·tər] *n* roulette *f*

castor oil *n* huile *f* de ricin

castrate ['kæs·treɪt] *vt* châtrer

casual ['kæʒ·u·əl] **I.** *adj* **1.** (*relaxed*) décontracté(e) **2.** (*not permanent*) occasionnel(le); (*work, worker*) temporaire; (*relation*) de passage; (*sex*) sans lendemain **3.** (*careless, not serious*) désinvolte; (*attitude*) insouciant(e); (*glance*) superficiel(le); (*chance*) fortuit(e) **4.** FASHION (*clothes*) sport *inv* **II.** *n* **1.** (*worker*) travailleur, -euse *m, f* temporaire **2.** *pl* FASHION vêtements *mpl* de sport

casual labor *n* main-d'œuvre *f* temporaire

casually *adv* **1.** (*without premeditation: glance, remark*) en passant; (*meet*) par hasard **2.** (*informally: walk*) avec décontraction; (*dressed*) sport **3.** (*carelessly: treat*) avec désinvolture

casualty ['kæʒ·u·əl·ti] <-ies> *n* **1.** (*accident victim*) victime *f* d'un accident; (*injured person*) blessé(e) *m(f);* (*dead person*) perte *f* humaine **2.** *pl* (*victims*) victimes *fpl;* MIL pertes *fpl* **3.** *fig* (*negative result*) conséquence *f* néfaste

casualwear *n* vêtements *mpl* sport

cat [kæt] *n* **1.** (*feline*) chat(te) *m(f);* **stray ~** chat errant **2.** (*class of animal*) félin *m* ► **to fight like ~ and dog** se quereller comme chien et chat; **to play (a game of) ~ and mouse** jouer au chat et à la souris; **the ~'s got sb's tongue** avoir perdu sa langue; **to let the ~ out of the bag** vendre la mèche; **to look like something the ~ brought in** être dégoûtant; **to put the ~ among the pigeons** mettre le loup dans la bergerie; **to rain ~s and dogs** pleuvoir à torrent

CAT [kæt] *n abbr of* **Computer-Assisted Testing** EAO *m*

cataclysmic [ˌkæṱ·ə·'klɪz·mɪk] *adj* cataclysmique

catacombs ['kæṱ·ə·koʊmz] *n pl, a. fig* catacombes *fpl*

catalog, catalogue ['kæṱ·əl·ɔg] **I.** *n* **1.** (*book*) catalogue *m;* **mail order ~** catalogue de vente par correspondance **2.** (*repeated events: of mistakes*) suite *f* **II.** *vt* cataloguer

catalysis [kə·'tæl·ə·sɪs] *n* CHEM catalyse *f*

catalyst ['kæṱ·əl·ɪst] *n* CHEM *a. fig* catalyseur *m*

catalytic [kæṱ·ə·'lɪṱ·ɪk] *adj* catalytique

catamaran [ˌkæṱ·ə·mə·'ræn] *n* catamaran *m*

catapult ['kæṱ·ə·pʌlt] **I.** *n* catapulte *f* **II.** *vt* catapulter

cataract ['kæṱ·ər·ækt] *n* **1.** (*waterfall*) cascade *f* **2.** MED cataracte *f*

catastrophe [kə·'tæs·trə·fi] *n* **1.** (*terrible thing*) catastrophe *f* **2.** *fig* fléau *m*

catastrophic *adj* catastrophique

catcall ['kæt·kɔl] *n* **1.** (*whistle*) sifflet *m* désapprobateur **2.** (*call*) coup *m* de sifflet; **to make a ~** siffler

catch [kætʃ] <-es> **I.** *n* **1.** SPORTS prise *f* au vol **2.** (*fishing*) prise *f*; **to have a good ~** faire une bonne prise **3.** (*device*) loquet *m*; (*of window*) loqueteau *m*; (*of jewel*) fermoir *m* **4.** *inf* (*suitable partner*) (bon) parti *m* **5.** (*trick*) truc *m*; **~-22 (situation)** cercle *m* vicieux **II.** <caught, caught> *vt* **1.** (*intercept and hold*) attraper; **I have to ~ him before he leaves** je dois le voir avant qu'il parte **2.** (*grasp*) saisir **3.** (*capture*) attraper; *fig* (*atmosphere*) rendre **4.** (*attract*) attirer; (*attention*) retenir **5.** *fig* (*captivate*) captiver **6.** (*get*) prendre; **to ~ a few rays** prendre un peu le soleil **7.** (*not miss: train, bus*) attraper; (*be on time: train, bus*) prendre **8.** (*perceive, understand: sounds*) saisir; (*radio*) écouter; (*film*) voir; **to ~ sight of sb/sth** apercevoir qn/qc **9.** (*take by surprise*) surprendre; **to get caught** se faire prendre; **to ~ sb doing sth** surprendre qn en train de faire qc; **to ~ sb red handed** prendre qn en flagrant délit; **to ~ sb with their pants down** prendre qn sur le fait accompli; **be caught in the crossfire** être pris dans le feu croisé; *fig* se retrouver entre deux feux **10.** (*become entangled*) **to get caught (up) in sth** être pris dans qc; **to ~ one's feet** se prendre les pieds; **to ~ one's dress** faire un accroc à sa robe **11.** (*contract: habit*) prendre **12.** MED (*be infected*) attraper **13.** (*hit: missile, blow*) atteindre **14.** (*start burning*) **to ~ fire** prendre feu **15.** *inf* (*fool*) avoir ►**to ~ one's <u>breath</u>** reprendre son souffle; (*stop breathing*) retenir son souffle; **to ~ <u>hell</u>** se faire engueuler **III.** *vi* **1.** (*start: fire*) prendre **2.** (*be stuck*) **to ~ on sth** s'accrocher à qc

◆**catch on** *vi* **1.** (*be popular*) avoir du succès **2.** *inf* (*understand*) piger

◆**catch out** *vt* **1.** (*take by surprise*) surprendre; **to be caught out by sth** être surpris par qc **2.** (*trick*) piéger

◆**catch up I.** *vt* rattraper; **to be/get caught up in sth** être entraîné/se laisser entraîner dans qc **II.** *vi* rattraper son retard; **to ~ with sb/sth** rattraper qn/qc; **to ~ on work** rattraper son travail

catchall I. *adj* passe-partout *inv* **II.** *n* fourre-tout *m inv*

catcher *n* SPORTS (*baseball player*) receveur *m*

catching *adj a. fig, inf* contagieux(-euse)

catchphrase *n* rengaine *f*

catchword *n* slogan *m*

catchy ['kætʃ·i] <-ier, -iest> *adj* facile à retenir; (*tune*) entraînant(e)

catechism ['kæt̬·ə·kɪ·zəm] *n* **1.** REL catéchisme *m* **2.** *fig* doctrine *f*

categorical *adj* catégorique

categorize ['kæ·t̬ə·gə·raɪz] *vt* classer

category ['kæ·t̬ə·gɔr·i] <-ies> *n* catégorie *f*

cater ['keɪ·t̬ər] **I.** *vi* s'occuper de la restauration; **to ~ for ten on Sunday** recevoir dix personnes dimanche **II.** *vt* **to ~ a party** s'occuper de la restauration d'une soirée

◆**cater for** *vt* (*audience*) s'adresser à; (*children*) proposer des activités pour

caterer *n* traiteur *m*

catering *n* **1.** (*providing of food and drink*) restauration *f* **2.** (*service*) (service) *m* traiteur *m*

caterpillar ['kæt̬·ər·pɪl·ər] *n* **1.** ZOOL chenille *f* **2.** (*vehicle*) véhicule *m* à chenilles

caterpillar tractor *n* tracteur *m* à chenilles

caterwaul ['kæt̬·ər·wɔl] **I.** *n* miaulement *m* **II.** *vi* miauler

catfish *n* poisson-chat *m*

catgut ['kæt·gʌt] *n* **1.** MUS corde *f* de boyau **2.** MED catgut *m*

cathartic [kə·'θar·t̬ɪk] *adj* cathartique

cathedral [kə·'θi·drəl] *n* cathédrale *f*

catherine wheel ['kæθ·ər·ɪn·ˌ(h)wil] *n* (*fireworks*) soleil *m*

catheter ['kæθ·ət̬·ər] *n* cathéter *m*

cathode ['kæθ·oʊd] *n* ELEC cathode *f*

cathode ray *n* rayon *m* cathodique

catholic ['kæθ·əl·ɪk] **I.** *n* **Catholic** catholique *mf* **II.** *adj* (*roman catholic*) catholique

Catholicism [kə·'θa·lə·sɪ·zəm] *n* catholicisme *m*

catkin *n* BOT chaton *m*

cat litter *n* litière *f* de chat

catnap ['kæt·ˌnæp] **I.** *n inf* sieste *f*; **to have a ~** faire un somme **II.** <-pp-> *vi inf* faire la sieste

cat's cradle [ˌkæts·'kreɪ·dl] *n* GAMES jeu *m* de ficelles (*consistant à faire des figures*)

cat's-eye *n* **1.** (*stone*) œil *m* de chat **2.** (*reflector*) cataphote® *m*

catsuit *n* combinaison *f* moulante

catsup ['kæts·əp] *n* ketchup *m*

cattle ['kæt̬·l] *npl* bétail *m inv*; **dairy ~** vaches *fpl* laitières; **to breed ~** élever des bovins *mpl*

cattle car *n* fourgon *m* à bestiaux

cattle prod *n* baguette *f* électrique

catty ['kæt̬·i] <-ier, -iest> *adj* (*hurtful: of words*) méchant(e); (*remark*) piquant(e)

catwalk *n* passerelle *f*

Caucasian [kɔ·'keɪ·ʒən] *form* **I.** *n* **1.** (*white person*) blanc, blanche *m, f* **2.** (*of white decent*) caucasien(ne) *m(f)* **3.** (*the languages of the Caucasus*) langues *fpl* caucasiennes **II.** *adj* **1.** (*light-skinned*) blanc(he) **2.** (*of white decent*) caucasien(ne) **3.** (*pertaining to the Caucasus*) caucasien(ne); **~ countries** pays *mpl* du Caucase

caucus ['kɔ·kəs] *n* <-es> comité *m* électoral

caught [kɔt] *pt, pp of* **catch**

cauldron ['kɔl·drən] *n* chaudron *m*; **her heart was a ~ of emotions** *fig* son cœur bouillait d'émotions

cauliflower ['kɔ·lɪ·ˌflaʊər] *n* chou-fleur *m*

causal ['kɔ·zəl] *adj* causal(e); **the ~ phenomenon of this war** le phénomène à l'origine de cette guerre

causality [kɔ·'zæl·ə·t̬i] *n form* causalité *f*

causative ['kɔ·zə·t̬ɪv] **I.** *n* LING causatif *m*

II. *adj form* 1. (*showing a cause*) causal(e) 2. LING causatif(-ive)

cause [kɔz] I. *n* 1. (*origin*) cause *f;* **he is the ~ of all her woes** il est à l'origine de tous ses malheurs 2. (*motive*) raison *f* 3. (*objective*) cause *f* 4. (*movement*) cause *f;* **to act for the ~ of democracy** agir pour la démocratie 5. (*court case*) affaire *f* II. *vt* provoquer; (*trouble, delay*) causer; **to ~ sb harm** faire du tort à qn; **the teacher's remarks ~d the child to cry** les remarques *fpl* du maître ont fait pleurer l'enfant

causeway ['kɔz·ˌweɪ] *n* chaussée *f*

caustic ['kɔ·stɪk] *adj a. fig* caustique; (*humor*) décapant(e)

cauterize ['kɔ·t̬ə·raɪz] *vt* cautériser

caution ['kɔ·ʃᵊn] I. *n* 1. (*carefulness*) prudence *f* 2. (*warning*) avertissement *m;* **~!** attention!; **proceed with ~!** roulez au pas!; **to sound a note of ~** mettre en garde ►**to treat sb/sth with ~** prendre qn/qc avec des pincettes II. *vt form* mettre en garde; **to ~ sb against a danger** prévenir qn d'un danger; **to ~ sb against doing sth** déconseiller qn de faire qc; **to ~ to +*infin*** exhorter qn à +*infin*

cautious ['kɔ·ʃəs] *adj* prudent(e); **to be ~** se montrer prévoyant

cavalcade [ˌkæv·ᵊl·'keɪd] *n* 1. (*procession*) cortège *m;* (*on horse*) cavalcade *f* 2. (*succession*) cavalcade *f*

cavalier [ˌkæv·ə·lɪr] I. *n* **Cavalier** cavalier *m* II. *adj* cavalier(-ère)

cavalry ['kæv·ᵊl·ri] *n* + *pl vb* cavalerie *f*

cavalryman <-men> *n* 1. HIST cavalier *m* 2. (*in armored vehicle*) blindé *m*

cave [keɪv] I. *n* 1. (*hole*) grotte *f* 2. MIN affaissement *m* II. *vi* faire de la spéléologie

◆**cave in** *vi a. fig* céder

caveat ['kæv·i·æt] *n* mise *f* en garde

cave dweller *n* troglodyte *mf*

cave-in *n* affaissement *m*

caveman <-men> *n* 1. (*prehistoric man*) homme *m* des cavernes 2. *pej* (*socially underdeveloped*) sauvage *m*

cave painting *n* peinture *f* rupestre

cavern ['kæ·vərn] *n* caverne *f*

cavernous ['kæ·vərn·əs] *adj* 1. *fig* (*cavernlike*) caverneux(-euse) 2. (*huge*) immense

caviar(e) ['kæv·i·ar] *n* œufs *mpl* de lump; (*of sturgeon*) caviar *m* ►**to be ~ to the general** être trop bien pour le peuple

cavity ['kæv·ə·t̬i] <-ties> *n* 1. ANAT cavité *f* 2. (*hollow space*) creux *m* 3. (*in a tooth*) carie *f*

caw [kɔ] I. *n* croassement *m* II. *vi* croasser

cayenne [kaɪ·'en], **cayenne pepper** *n* poivre *m* de Cayenne

Cayman Islands ['keɪ·mən·ˌaɪ·ləndz] *n* les îles *fpl* Caïmans

CB [ˌsi·'bi] *n abbr of* **Citizen's Band** CB *f*

cc [ˌsi·'si] *n abbr of* **cubic centimeters** cm^3 *m*

ccw. *adj, adv abbr of* **counterclockwise** dans le sens inverse des aiguilles d'une montre

CD [ˌsi·'di] *n abbr of* **compact disc** CD *m*

CD player *n abbr of* **compact disc player** lecteur *m* de CD

CD-R *n abbr of* **Compact Disc Recordable** CD-R *m* (enregistrable)

CD-ROM *n abbr of* **compact disc read-only memory** COMPUT CD-ROM *m,* cédérom *m*

CD-ROM drive *n* COMPUT lecteur *m* de CD-ROM

CD-ROM writer *n* graveur *m* de CD-ROM

CD-RW *n abbr of* **Compact Disc Rewritable Unit** CD-RW *m* (réenregistrable)

cease [sis] *form* I. *n* **without ~** sans cesse II. *vi* cesser III. *vt* (*aid*) couper; (*fire*) cesser; (*payment*) interrompre

cease-fire *n* cessez-le-feu *m inv*

ceaseless *adj* incessant(e); (*effort*) soutenu(e)

cedar ['si·dər] I. *n* 1. (*tree*) cèdre *m* 2. (*wood*) bois *m* de cèdre II. *adj* en cèdre

cede [sid] *vt form* (*relinquish*) céder

ceiling ['si·lɪŋ] *n* 1. (*opposite floor, upper limit*) plafond *m;* **to impose a ~ on prices** plafonner les prix 2. METEO **cloud ~** couverture *f* nuageuse 3. AVIAT plafond *m* ►**he hit the ~** *inf* il explosa de colère

celebrate ['sel·ə·breɪt] I. *vi* faire la fête; **we ~d in style** nous avons fêté ça en grande pompe II. *vt* 1. (*mark an event with festivities*) célébrer; (*anniversary of death*) commémorer; (*a deal*) fêter 2. REL (*Eucharist*) célébrer 3. (*revere publicly*) **to ~ sb as a hero** élever qn au rang de héros

celebrated *adj* (*famous*) célèbre

celebration *n* 1. (*party*) fête *f;* **this calls for a ~!** *inf* il faut marquer ça ! 2. (*of an occasion*) cérémonie *f* 3. (*of a death*) commémoration *f* 4. (*religious ceremony*) célébration *f*

celebratory ['sel·ə·brə·tɔr·i] *adj* de célébration

celebrity [sə·'leb·rə·t̬i] *n* 1. <-ties> (*famous person*) célébrité *f* 2. (*of the entertainment industry*) star *f* 3. (*fame*) célébrité *f*

celeriac [sə·'ler·i·æk] *n* céleri-rave *m*

celery ['sel·ᵊr·i] *n* céleri *m*

celestial [sɪ·'les·tʃᵊl] *adj* céleste

celestial body *n* ASTR corps *m* céleste

celibacy ['sel·ə·bə·si] *n* REL célibat *m*

celibate ['sel·ə·bət] I. *n* célibataire *mf* II. *adj* célibataire

cell [sel] *n* 1. (*small room*) cellule *f* 2. (*compartments*) case *f* 3. (*part of honeycomb*) alvéole *m o f* 4. BIO, POL cellule *f;* **to use one's grey ~s** faire travailler sa matière grise 5. ELEC **battery ~** élément *m* de pile

cellar ['sel·ər] *n* cave *f;* **to keep a ~** avoir une cave à vin

cellist *n* violoncelliste *mf;* **principal ~** premier violoncelle *m*

cell nucleus <-clei *o* -es> *n* BIO noyau *m* de cellule

cello ['tʃel·oʊ] <-s *o* -li> *n* violoncelle *m*

cellophane® ['sel·ə·feɪn] *n* cellophane® *f*

cell phone ['sel·foʊn] *n* téléphone *m* portable, cellulaire *m Québec,* natel *m Suisse*

cellular ['sel·jʊ·lər] *adj* **1.** (*porous*) *a.* BIO cellulaire **2.** TECH alvéolaire **3.** TEL ~ **(tele)phone** téléphone *m* portable, cellulaire *m Québec,* natel *m Suisse*
cellulite ['sel·jə·laɪt] *n* cellulite *f*
celluloid ['sel·jə·lɔɪd] **I.** *n* (*multi-purpose plastic*) celluloïd *m* **II.** *adj* en celluloïd
cellulose ['sel·jə·loʊs] *n* cellulose *f*
Celsius ['sel·si·əs] *adj* (*thermometer*) de Celsius; **twenty degrees ~** vingt degrés Celsius
Celt [kelt] *n* Celte *mf*
Celtic ['kel·tik] **I.** *adj* celte, celtique **II.** *n* celtique *m; s.a.* **English**
cement [sɪ·'ment] **I.** *n* **1.** (*used in construction*) ciment *m;* **quick-setting ~** ciment à prise rapide **2.** (*concrete*) béton *m* **3.** (*binding material*) mastic *m* **4.** (*uniting idea*) ciment *m;* **the ~ for their future relations** le ciment de leurs relations futures **II.** *vt* cimenter ▶**to ~ a friendship** sceller une amitié
cement mixer *n* bétonnière *f*
cemetery ['sem·ə·ter·i] <-ries> *n* cimetière *m*
censer ['sen(t)·sər] *n* REL encensoir *m*
censor ['sen(t)·sər] **I.** *n* censeur *mf* **II.** *vt* censurer
censorious [sen(t)·'sɔr·ɪ·əs] *adj* sévère
censorship ['sen(t)·sər·ʃɪp] *n* censure *f*
censure ['sen(t)·ʃər] **I.** *n* critiques *fpl* **II.** *vt* blâmer
census ['sen(t)·səs] *n* (*population count*) recensement *m*
cent [sent] *n* cent *m* ▶**to put in your/his/her two ~s worth** *inf* mettre ton/son grain de sel
centenarian [ˌsen·tᵊn·'er·i·ən] *n* centenaire *mf*
centenary ['sen·tᵊn·er·i] *adj* **1.** centenaire; **~ celebrations** fêtes *fpl* du centenaire **2.** (*every hundred years*) séculaire
centennial [sen·'ten·i·əl] **I.** *adj* centenaire **II.** *n* centenaire *m*
center ['sen·t̬ər] **I.** *n* centre *m;* **test ~** centre d'essai **II.** *vt* centrer
◆**center on** *vt* se concentrer sur; **she spoke about her travels, centering on India** elle parla de ses voyages en s'attachant surtout à l'Inde
centerpiece *n* **1.** (*ornament*) milieu *m* de table **2.** *fig* pièce *f* de résistance
centigrade **I.** *n* METEO **ten degrees ~** dix degrés (Celsius) **II.** *adj* centigrade
centigram *n* centigramme *m*
centiliter *n* centilitre *m*
centimeter *n* centimètre *m*
centipede *n* mille-pattes *m*
central ['sen·trᵊl] *adj* **1.** (*close to the middle*) central(e) **2.** (*paramount*) primordial(e); (*issue*) essentiel(le) **3.** (*national: bank*) central(e)
Central African **I.** *adj* centrafricain(e) **II.** *n* Centrafricain(e) *m(f)*
Central African Republic *n* la République centrafricaine
Central America *n* l'Amérique *f* centrale
Central Bank *n* Banque *f* centrale
Central France *n* le Centre
centralization *n* POL, COMPUT centralisation *f*
centralize ['sen·trᵊl·aɪz] *vt* POL, COMPUT centraliser
central processing unit *n* COMPUT unité *f* centrale
centrifugal *adj inv* PHYS centrifuge
centrifuge ['sen·trə·fjudʒ] *n* MED, TECH centrifugeur *m* [*o* centrifugeuse] *f*
centripetal [sen·'trɪ·pə·t̬ᵊl] *adj inv* PHYS centripète
century ['sen·(t)ʃᵊr·i] <-ies> *n* **1.** (*100 year period*) siècle *m;* **to be centuries old** avoir plusieurs siècles **2.** (*score in cricket*) cent points *mpl*
CEO [ˌsi·i·'oʊ] *n abbr of* **chief executive officer**
ceramic [sə·'ræm·ɪk] *adj inv* en céramique
ceramics *n + sing vb* céramique *f*
cereal ['sɪr·i·əl] **I.** *n* céréale *f* **II.** *adj inv* **1.** (*pertaining to grain*) céréalier(-ère) **2.** (*made of grain*) de céréale(s)
cerebellum [ˌser·ə·'bel·əm] <-s *o* -la> *n* ANAT cervelet *m*
cerebral ['ser·ə·brᵊl] *adj* cérébral(e)
cerebrum ['ser·ə·brəm] <-s *o* -bra> *n* ANAT cerveau *m*
ceremonial [ˌser·ə·'moʊ·ni·əl] **I.** *n form* cérémonial *m; s.a.* **ceremony** **II.** *adj* cérémonial(e)
ceremonious [ˌser·ə·'moʊ·ni·əs] *adj* cérémonieux(-euse)
ceremony ['ser·ə·moʊn·i] <-nies> *n* **1.** (*celebration*) cérémonie *f* **2.** (*required behavior*) cérémonial *m;* **to stand on ~** faire des politesses
certain ['sɜr·tᵊn] **I.** *adj* certain(e); **to be ~ about sth** être certain de qc; **please be ~ to turn out the lights** assurez-vous que vous avez éteint les lumières; **he no longer was ~ where they lived** il ne savait plus exactement où ils habitaient **II.** *pron + pl vb* **~ of her students have failed the exam** certain(e)s de ses étudiant(e)s ont raté l'examen
certainly *adv* **1.** (*surely*) certainement; **she ~ is right!** elle a raison, c'est sûr ! **2.** (*gladly*) bien sûr; **"do you want to come along?" – "~!"** "tu veux venir aussi ?" – "avec plaisir !"
certainty ['sɜr·tᵊn·ti] *n* certitude *f*
certifiable *adj inv* **1.** (*declared*) à déclarer **2.** (*crazy*) **to be ~** être bon pour l'internement
certificate [sər·'tɪf·ɪ·kət] *n* **1.** (*document*) certificat *m;* **birth ~** extrait *m* de naissance; **death/marriage ~** acte *m* de décès/mariage; **~ of ownership** titre *m* de propriété **2.** SCHOOL diplôme *m;* **teaching ~** ≈ certificat *m* d'aptitude à l'enseignement
certification *n* **1.** (*state or process*) authentification *f* **2.** (*document*) certificat *m*
certify ['sɜr·t̬ə·faɪ] <-ie-> *vt* certifier; **to ~ sb as insane** déclarer qn fou

certitude ['sɜr·ţə·tud] *n* certitude *f*
cervical ['sɜr·vɪ·kəl] *adj inv* ANAT **1.** (*of the neck*) cervical(e) **2.** (*of the cervix: cancer*) du col (de l'utérus)
cervix ['sɜr·vɪks] <-es *o* -vices> *n* ANAT col *m* de l'utérus
Cesarean *n s.* **Caesarean**
cessation [ses·'eɪ·ʃən] *n form* **1.** (*end*) cessation *f* **2.** (*pause*) interruption *f;* (*of hostilities*) trêve *f*
cesspit ['ses·pɪt], **cesspool** *n* fosse *f* d'aisances
Ceylon [sɪ·ˈlan] *n* **1.** HIST Ceylan *m* **2.** (*Ceylon tea*) thé *m* de Ceylan; *s.a.* **Sri Lanka**
Ceylonese <-> HIST **I.** *adj* cingalais(e) **II.** *n* Cingalais(e) *m(f); s.a.* **Sri Lankan**
cf. *abbr of* **confer** cf.
CFC [ˌsi·ef·'si] *n abbr of* **chlorofluorocarbon** CFC *m*
c/h *n abbr of* **central heating** ch. c.
Chad [tʃæd] *n* le Tchad; **Lake ~** le lac Tchad
Chadian **I.** *adj* tchadien(ne) **II.** *n* (*person*) Tchadien(ne) *m(f)*
chador [tʃa·'dɔr] *n* tchador *m*
chafe [tʃeɪf] **I.** *vi* **1.** (*become sore*) être à vif **2.** (*become irritated*) **to ~ at sth** enrager contre qc **3.** (*be impatient*) **to ~ to** +*infin* brûler d'envie de +*infin* **II.** *vt* **1.** (*rub sore*) frotter; **the wind ~d her cheeks** le vent lui a mis les joues en feu **2.** (*rub warm*) **to ~ sth in one's hands** réchauffer qc entre ses mains
chaff[1] [tʃæf] *n* **1.** (*husks*) balle *f* **2.** (*cut grass*) *foin haché destiné au bétail* **3.** (*material to be discarded*) broutilles *fpl* ▶**to separate the wheat from the ~** séparer le bon grain de l'ivraie
chaff[2] [tʃæf] **I.** *n* taquinerie *f* **II.** *vt* taquiner
chaffinch ['tʃæf·ɪn(t)ʃ] <-es> *n* pinson *m*
chagrin [ʃə·'grɪn] *n* dépit *m*
chain [tʃeɪn] **I.** *n* **1.** (*set of related things*) chaîne *f;* **gold/silver ~** chaîne en or/en argent; **fast food ~** chaîne de fast-food; **~ of mishaps** série *f* de malheurs **2.** (*rings to hold captive*) entraves *fpl;* **ball and ~** boulet *m;* **~ gang** chaîne de forçats; **to be in ~s** être enchaîné **3.** GEO chaîne *f;* **mountain ~** chaîne de montagnes **4.** (*restrictions*) joug *m* **II.** *vt* enchaîner ▶**to be ~ed to a desk** être rivé à son bureau
chain reaction *n* réaction *f* en chaîne
chain saw *n* tronçonneuse *f*
chain-smoke *vi* fumer cigarette sur cigarette
chain smoker *n personne qui fume cigarette sur cigarette*
chain store *n* succursale *f*
chair [tʃer] **I.** *n* **1.** (*seat*) chaise *f* **2.** (*chairman, chairwoman*) président(e) *m(f)* **3.** (*head*) présidence *f* **4.** (*head of an academic department*) chaire *f* **5.** (*place in an official body*) **to have a ~ on a board** être membre d'un comité **6. the ~** (*the electric chair*) la chaise électrique **II.** *vt* présider
chairlift *n* télésiège *m*
chairman <-men> *n* président *m*
chairmanship *n* présidence *f*
chairperson *n* président(e) *m(f)*
chairwoman <-women> *n* présidente *f*
chalet [ʃæl·'eɪ] *n* chalet *m*
chalk [tʃɔk] **I.** *n* craie *f* **II.** *vt* écrire à la craie
◆**chalk up** *vt* **1.** inscrire **2.** (*achieve*) remporter ▶**chalk sth up to experience** *inf* mettre qc sur le compte de l'expérience
chalkboard *n* tableau *m*
chalky ['tʃɔ·ki] <-ier, -iest> *adj* **1.** (*made of chalk*) calcaire **2.** (*dusty*) **to be all ~** être plein de craie **3.** (*having a chalk-like quality*) crayeux(-euse) **4.** (*pale*) blafard(e)
challenge ['tʃæl·ɪndʒ] **I.** *n* **1.** (*test, difficulty*) défi *m* **2.** MIL sommation *f* **3.** LAW récusation *f* **II.** *vt* **1.** (*ask to compete*) défier; **to ~ sb to** +*infin* défier qn de +*infin* **2.** (*question*) contester **3.** (*stimulate*) stimuler **4.** MIL **to ~ sb** sommer qn d'indiquer son nom et le motif de sa présence **5.** LAW récuser
challenger *n* concurrent(e) *m(f)*
challenging *adj* (*book*) stimulant(e); (*idea*) provocateur(-trice); (*behavior*) de défi
chamber ['tʃeɪm·bər] *n* **1.** chambre *f;* (*of the heart*) cavité *f;* **combustion ~** chambre à combustion **2.** POL **Upper/Lower ~** Chambre haute/basse **3.** ECON **~ of commerce** chambre de commerce **4.** *pl* LAW (*judge's office*) cabinet *m*
chamberlain *n* HIST chambellan *m*
chambermaid *n* femme *f* de chambre
chamber music *n* musique *f* de chambre
chamber pot *n* HIST pot *m* de chambre
chameleon [kə·'mi·li·ən] *n* caméléon *m*
chamois ['ʃæm·i] <-> *n* **1.** ZOOL chamois *m* **2.** (*leather*) peau *f* de chamois
chamomile ['kæm·ə·mil] *n* BOT camomille *f;* **~ tea** infusion *f* à la camomille
champ [tʃæmp] *n inf* champion(ne) *m(f);* **state baseball ~s** champions de baseball au niveau national
champagne [ʃæm·'peɪn] **I.** *n* champagne *m* **II.** *adj* **1.** (*with champagne: brunch*) au champagne **2.** (*colored: dress*) (couleur) champagne *inv*
champion ['tʃæm·pi·ən] **I.** *n* **1.** SPORTS champion *m;* **defending ~** champion en titre **2.** (*supporter or defender*) défenseur *m* **II.** *vt* défendre
championship *n* **1.** (*competition*) championnat *m;* **to hold a ~** tenir la tête d'un championnat **2.** (*supporting*) défense *f*
chance [tʃæn(t)s] **I.** *n* **1.** (*random*) hasard *m;* **by any ~** à tout hasard **2.** (*likelihood*) chance *f;* **to do sth on the off ~ that** faire qc dans l'espoir que +*subj* **3.** (*opportunity*) occasion *f;* **to miss one's ~** laisser passer sa chance **4.** (*hazard*) risque *m;* **to take a ~** tenter le coup **II.** *vi* **they ~d to be there** il se trouve qu'ils étaient là **III.** *vt* tenter
chancellery *n* chancellerie *f*
chancellor ['tʃæn(t)·səl·ər] *n* **1.** POL chancelier

m **2.** (*university head*) recteur *m*

chancy ['tʃæn(t)·si] <-ier, -iest> *adj* risqué(e)

chandelier [ʃæn·də·'lɪr] *n* lustre *m*

change [tʃeɪndʒ] **I.** *n* **1.** (*alteration*) changement *m;* **it's a ~ for the worse** c'est changer pour le pire; **to have to make four ~s** devoir changer quatre fois; **for a ~** pour changer **2.** (*fluctuation*) évolution *f;* **there's no ~ in his condition** son état n'a pas évolué **3.** (*extra outfit: of clothes*) rechange *m* **4.** (*coins*) monnaie *f;* **small ~** petite monnaie; **to have the correct ~** avoir l'appoint; **to give ~** rendre la monnaie, remettre *Belgique;* **do you have ~ for a twenty-dollar bill?** avez-vous/as-tu de la monnaie sur un billet de vingt dollars? **II.** *vi* **1.** (*alter*) passer; **the traffic light ~d back to red** le feu est repassé au rouge; **the wind ~d to west** le vent a tourné à l'ouest **2.** (*get on different plane or train*) changer; **to ~ in Paris for Marseilles** changer à Paris pour Marseille **3.** (*put on different clothes*) se changer; **I'll ~ into a dress** je me change pour mettre une robe; **the baby needs changing** le bébé a besoin d'être changé **4.** (*change speed*) **to ~ into third gear** passer en troisième **III.** *vt* **1.** (*alter*) changer **2.** (*give coins for*) faire la monnaie de **3.** (*exchange currencies*) **to ~ money** changer de l'argent **4.** (*to swap*) échanger

changeable *adj* instable

change machine *n* monnayeur *m*

changeover *n sing* passage *m*

channel ['tʃæn·əl] **I.** *n* **1.** TV chaîne *f;* **cable ~** chaîne câblée; **to change the ~** changer de chaîne; **on ~ five** sur la cinq **2.** (*waterway*) canal *m;* **the English Channel** la Manche **3.** (*means*) moyen *m* de canaliser **II.** <-l- *o* -ll-> *vt* canaliser

Channel Islands *n* les îles *fpl* Anglo-Normandes

Channel Tunnel *n* tunnel *m* sous la Manche

chant [tʃænt] **I.** *n* **1.** REL incantation *f* **2.** (*utterance*) chant *m* **II.** *vt* **1.** REL psalmodier **2.** (*repeat without pause*) scander **3.** (*sing*) chanter a cappella

chanterelle [ˌtʃæn·ṭə·rel] *n* chanterelle *f*, girolle *f*

Chanukah *n s.* **Hanukkah**

chaos ['keɪ·as] *n* **1.** (*confusion*) chaos *m* **2.** *fig* pagaille *f;* **to cause ~** semer la pagaille; **the room was in a total ~** la pièce était sens dessus dessous

chaos theory *n* théorie *f* du chaos

chaotic [keɪ·'a·ṭɪk] *adj* chaotique

chap [tʃæp] <-pp-> **I.** *vi* se gercer **II.** *vt* gercer; **the wind ~ped my lips** le vent m'a gercé les lèvres **III.** *n* gerçure *f*

chap. *n abbr of* **chapter** chap. *m*

chapel ['tʃæp·əl] *n* chapelle *f*

chaperone ['ʃæp·ə·roʊn] **I.** *n* chaperon *m* **II.** *vt* chaperonner

chapter ['tʃæp·tər] *n* **1.** (*of a book*) chapitre *m* **2.** (*episode*) épisode *m* **3.** (*of an organization*) branche *f*

char [tʃar] <-rr-> *vt* carboniser

character ['ker·ək·ṭər] *n* **1.** (*set of qualities*) *a.* COMPUT, TYP caractère *m* **2.** (*person in a book or play*) personnage *m* **3.** (*odd or different person*) personnage *m*

characteristic [ˌker·ək·tə·'rɪs·tɪk] **I.** *n* caractéristique *f* **II.** *adj* caractéristique

characteristically *adv* de manière caractéristique

characterization *n* caractérisation *f*

characterize ['ker·ək·tə·raɪz] *vt* caractériser

charade [ʃə·'reɪd] *n* **1.** (*farce*) mascarade *f* **2.** *pl* (*game*) charades *fpl* mimées

charcoal ['tʃar·koʊl] **I.** *n* **1.** (*hard black fuel*) charbon *m* de bois **2.** ART fusain *m* **II.** *adj* **1.** (*of charcoal*) **~ briquettes** briquettes *fpl* de charbon; **~ drawing** dessin au fusain **2.** (*dark gray*) **~ gray** gris anthracite *inv*

charge [tʃardʒ] **I.** *n* **1.** (*cost*) frais *mpl;* **free of ~** gratuit **2.** LAW accusation *f;* **to be arrested on a ~ of murder** être arrêté pour meurtre; **to press ~s against sb** porter des accusations contre qn; **to drop the ~s against sb** retirer sa plainte contre qn **3.** MIL charge *f* **4.** (*authority*) **to be in ~** être responsable; **to take ~ of sth** prendre qc en charge; **to have ~ of sb** avoir qn à charge; **I'm in ~ here** c'est moi le chef ici **5.** ELEC charge *f* **II.** *vi* **1.** (*ask a price*) faire payer; **to ~ for admission** faire payer l'entrée; **how much do you ~ for a rental car?** combien prenez-vous pour la location d'une voiture ? **2.** (*lunge, attack*) charger; **to ~ at sb** charger qn **3.** ELEC (*battery*) se (re)charger **III.** *vt* **1.** (*ask a price*) faire payer; (*interests, commission*) prélever; **to ~ sth to sb's account** mettre qc sur le compte de qn **2.** (*accuse*) accuser; **to be ~d with sth** être accusé de qc **3.** (*order*) ordonner; **to ~ sb with sth** confier qc à qn **4.** ELEC, MIL (re)charger **5.** (*attack*) charger

chargeable *adj* FIN **to be ~ to tax** être soumis à taxation/imposition

charge account *n* compte *m* courant

charge card *n* carte *f* de crédit

charged *adj a. fig* chargé(e); (*atmosphere*) tendu(e)

chargé d'affaires [ʃar·ʒeɪ·də·'fer] <chargés d'affaires> *n* chargé(e) *m(f)* d'affaires

chariot ['tʃer·i·ət] *n* char *m*

charisma [kə·'rɪz·mə] *n* charisme *m*

charitable ['tʃer·ɪ·tə·bl] *adj* **1.** (*with money*) généreux(-euse); (*with kindness*) altruiste **2.** (*concerning charity*) charitable; (*foundation*) caritatif(-ive); (*donations*) généreux(-euse)

charity ['tʃer·ə·ṭi] *n* **1.** (*generosity*) générosité *f;* **Christian ~** charité *f* chrétienne; **human ~** don *m* de soi **2.** (*organization*) association *f* caritative; **~ work** bonnes œuvres *fpl;* **to accept ~** accepter l'aumône; **to depend on ~** vivre d'aumônes; **to give sth to ~** donner qc aux œuvres *fpl* de charité **3.** <-ties> (*organi-*

C

zation) bonnes œuvres *fpl*
charlatan ['ʃar·lə·tᵊn] *n* charlatan *m*
Charles [tʃarlz] *n* Charles *m;* ~ **the Fifth** (**of Spain**) Charles-Quint *m;* ~ **the Bold** Charles le Téméraire
Charlie [tʃar·li] *n inf* Charlot *m*
charm [tʃarm] **I.** *n* **1.** (*quality*) charme *m* **2.** (*characteristic*) attraits *mpl* **3.** (*pendant*) amulette *f* **4.** (*talisman*) talisman *m;* **lucky** ~ porte-bonheur *m* **II.** *vt* séduire; **to ~ sb into doing sth** obtenir qc de qn par le charme
charmed *adj* **to have a ~ life** être né sous une bonne étoile
charmer *n* **1.** (*likeable person*) charmeur, -euse *m, f* **2.** *pej* (*trickster*) enjôleur, -euse *m, f* **3.** *iron, pej* (*one with unappealing behavior*) séducteur, -trice *m, f*
charming *adj* **1.** (*likeable*) *a. pej* charmant(e) **2.** *iron, pej* (*inconsiderate*) odieux(-euse)
chart [tʃart] **I.** *n* **1.** (*table*) graphique *m;* **medical ~** courbe *f;* **weather ~** carte *f* **2.** *pl* (*weekly list*) hit-parade *m* **II.** *vt* **1.** (*represent*) représenter; (*progress*) observer; **the map ~s the course of the river** la carte montre le cours de la rivière **2.** (*examine*) examiner **3.** (*plan*) planifier
charter **I.** *n* **1.** (*written document*) charte *f* **2.** AVIAT, NAUT affrètement *m;* **place that has boats for ~** endroit *m* où des bateaux sont à affréter **3.** AVIAT (*special service*) charter *m* **II.** *vt* affréter; **the club was ~ed ten years ago** le club a été fondé il y a dix ans
charter company <-nies> *n* compagnie *f* charter
chartered *adj* AUTO, NAUT affrété(e)
charterer ['tʃar·t̬ər·ər] *n* affréteur *m*
charter flight *n* vol *m* charter
chase [tʃeɪs] **I.** *n* **1.** (*pursuit*) poursuite *f;* **to give ~ to sb** donner la chasse à qn **2.** (*hunt*) chasse *f* **II.** *vi* **to ~ around** [*o* **about**] courir dans tout les sens; (*rollick about*) jouer de façon turbulente **III.** *vt* poursuivre ►**to ~ one's tail trying to get sth** s'évertuer à obtenir qc; **to ~ after women** courir après les femmes
◆**chase after** *vt* courir après
◆**chase off** *vt* faire partir
chasm ['kæz·ᵊm] *n* **1.** (*deep cleft*) gouffre *m* **2.** (*omission*) lacune *f* **3.** (*discrepancy*) disparité *f;* (*of ideologies*) désaccord *m;* **to bridge a ~** combler une différence
chassis ['tʃæs·i] <-> *n* châssis *m*
chaste [tʃeɪst] *adj form* **1.** (*pure*) chaste **2.** (*virtuous*) vertueux(-euse) **3.** (*innocent*) innocent(e) **4.** (*simple*) pur(e)
chasten ['tʃeɪ·sᵊn] *vt* **1.** (*admonish*) réprimander **2.** (*humble*) discipliner
chastise ['tʃæs·taɪz] *vt* réprimander
chastity ['tʃæs·tə·t̬i] *n* **1.** (*virginity*) vertu *f* **2.** (*abstinence*) chasteté *f*
chat [tʃæt] **I.** *n* **1.** (*conversation*) conversation *f;* **to have a ~ with sb about sth** discuter avec qn au sujet de qc **2.** (*inconsequential talk*) bavardage *m* **3.** COMPUT chat *m* **II.** *vi* <-tt-> bavarder; **to ~ with** [*o* **to**] **sb about sb/sth** discuter avec qn de qn/qc
chat room *n* chat-room *m*
chatter **I.** *n* conversation *f;* (*of birds*) pépiements *mpl* **II.** *vi* **1.** (*converse*) **to ~ about sth** converser à propos de qc; **to ~ away** parler sans cesse **2.** (*make clacking noises*) claquer; (*machines*) cliqueter; (*birds*) pépier **3.** COMPUT chatter
chatty ['tʃæt·i] <-ier, -iest> *adj inf* **1.** (*person*) causant(e) **2.** LIT courant(e)
chauffeur [ʃoʊ·'fɜr] **I.** *n* chauffeur *m* **II.** *vt* conduire
chauvinism ['ʃoʊv·ɪ·nɪ·zᵊm] *n* chauvinisme *m*
chauvinist **I.** *n* chauvin(e) *m(f);* **male ~** macho *m* **II.** *adj* chauvin(e); (*man*) macho
chauvinistic *adj* **1.** (*patriot*) chauvin(e) **2.** (*macho*) machiste
cheap [tʃip] *adj* **1.** (*inexpensive*) bon marché *inv;* (*ticket*) économique; **dirt ~** très bon marché; **~ labor** *pej* main-d'œuvre *f* sous-payée; **to be ~ to operate** être peu coûteux à l'utilisation **2.** *fig* (*worthless: joke, success*) facile; **to make oneself ~** être facile; **to feel ~** avoir honte; **to look ~** avoir l'air vulgaire **3.** *pej* (*shoddy: goods*) de pacotille **4.** *pej, inf* (*miserly*) radin(e) **5.** *pej* (*mean: trick, liar*) sale ►**a ~ shot** un mauvais coup; **to buy something on the ~** acheter à prix réduit; **to get sth on the ~** obtenir qc au rabais
cheapen ['tʃi·pᵊn] *vt* **1.** (*lower price*) déprécier **2.** (*reduce morally*) rabaisser
cheaply *adv* (à) bon marché; (*to live, travel*) à peu de frais
cheapness *n* **1.** (*price*) bas prix *m* **2.** (*low quality*) pacotille *f* **3.** (*morality*) vulgarité *f*
cheapskate **I.** *n pej, inf* avare *mf* **II.** *adj pej, inf* radin(e)
cheat [tʃit] **I.** *n* **1.** (*trickster*) tricheur, -euse *m, f* **2.** (*deception*) tromperie *f* **II.** *vi* tricher; **to be caught ~ing** se faire surprendre en train de tricher **III.** *vt* tromper; **to ~ sb out of sth** escroquer qn de qc; **to ~ the taxman** voler le percepteur des impôts; **to feel ~ed** se sentir dupé
◆**cheat on** *vt* **to ~ sb with sb** tromper qn avec qn
check [tʃek] **I.** *n* **1.** (*inspection*) vérification *f;* **security ~** inspection *f* de sécurité; **spot ~s** inspections *fpl* ponctuelles; **to have a ~ in** [*o* **through**] **sth** passer qc en revue; **to take a quick ~** jeter un coup d'œil **2.** (*search for information*) enquête *f;* **background ~** investigation *f* de fond; **to run a ~ on sb** vérifier les antécédents de qn **3.** (*money*) chèque *m;* **a ~ for ...** un chèque pour la somme de ...; **to make a ~ out to sb** écrire un chèque à l'ordre de qn; **to pay by** [*o* **with a**] **~** payer par chèque **4.** (*receipt for deposit*) reçu *m* **5.** (*place for leaving items*) **coat ~** vestiaire *m* **6.** (*pattern*) carreaux *mpl* **7.** (*check mark*) marque *f* **8.** (*intersection*) intersection *f* **9.** (*bill*) addi-

tion *f;* (**the**) **check, please!** l'addition s'il vous plaît! **10.** GAMES échec *m* **II.** *adj* (*shirt*) à carreaux **III.** *vt* **1.** (*inspect*) vérifier; **to ~ through** [*o* **over**] **sth** passer qc en revue; **to double-~ sth** revérifier qc **2.** (*control: person, ticket, work*) contrôler **3.** (*make a mark*) marquer; (*answer, item*) cocher (sur une liste) **4.** (*halt*) faire échec à; (*crisis*) enrayer; (*tears*) refouler **5.** (*temporarily deposit*) mettre en consigne **6.** AVIAT enregistrer **7.** GAMES **to ~ sb's king** mettre le roi en échec **IV.** *vi* **1.** (*examine*) vérifier; **to ~ on sth** vérifier qc; **to ~ on sb** examiner qn; **to ~ with sb/sth** vérifier auprès de qn/qc **2.** (*ask*) demander; **to ~ with sb** demander à qn **3.** (*halt*) s'arrêter **4.** (*be in accordance with*) **to ~ with sth** être en harmonie avec qc

◆**check in I.** *vi* (*at airport*) se présenter à l'enregistrement; (*at hotel*) signer le registre **II.** *vt* enregistrer

◆**check off** *vt* cocher (sur une liste)

◆**check on** *vt* vérifier

◆**check out I.** *vi* quitter l'hôtel; **to ~ of a room** payer la facture d'une chambre d'hôtel **II.** *vt* **1.** (*investigate*) enquêter sur **2.** (*verify*) vérifier **3.** *inf* (*look at*) jeter un œil à

◆**check through** *vt* contrôler

◆**check up** *vi* vérifier

checkbook *n* carnet *m* de chèques

checked *adj* FASHION à carreaux

checker *n* (*in supermarket*) caissier, -ière *m, f*

checkerboard *n* échiquier *m*

checkered *adj* **1.** (*patterned*) à carreaux **2.** (*inconsistent*) irrégulier(-ère)

checkers *n* GAMES jeu *m* de dames

check-in *n* enregistrement *m*

check-in counter, check-in desk *n* bureau *m* d'enregistrement

checking *n* vérification *f*

checking account *n* compte *m* courant

check-in time *n* heure *f* d'enregistrement

checklist *n* liste *f* de contrôle

check mark *n* marque *f*

checkmate I. *n* **1.** (*in chess*) échec *m* et mat **2.** (*defeat*) défaite *f* **II.** *vt* **1.** (*in chess*) mettre en échec **2.** (*defeat*) vaincre

checkout *n* caisse *f*

checkpoint *n* point *m* de contrôle

checkup *n* bilan *m* de santé

Cheddar ['tʃed·ər] *n* cheddar *m* (*fromage*)

cheek [tʃik] *n* (*face*) joue *f* ▶ **to be ~ by jowl with sth** être joue contre joue avec qc

cheekbone *n* pommette *f*

cheeky ['tʃi·ki] <-ier, -iest> *adj* effronté(e)

cheep [tʃip] **I.** *n* (*bird's call*) pépiement *m* **II.** *vi* pépier

cheer [tʃɪr] **I.** *n* **1.** (*shout*) acclamation *f;* **to give a ~** acclamer; **three ~s for the champion!** trois hourras pour le champion! **2.** (*joy*) gaieté *f;* **to be of good ~** être joyeux **II.** *vi* pousser des acclamations **III.** *vt* **1.** (*applaud*) acclamer **2.** (*cheer up*) remonter le moral à

◆**cheer on** *vt* encourager

◆**cheer up I.** *vt* (*person*) remonter le moral à; (*room*) égayer **II.** *vi* reprendre courage; **~!** courage!

cheerful *adj* **1.** (*happy*) joyeux(-euse); **to be ~ about sth** être gai à propos de qc **2.** (*positive attitude*) optimiste **3.** (*bright*) lumineux(-euse); (*color*) vif(vive); (*tune*) gai(e) **4.** (*willing*) de bonne grâce

cheerfulness *n* gaieté *f*

cheeriness *n* **1.** (*happiness*) joie *f* **2.** (*brightness*) luminosité *f*

cheering *adj* réjouissant(e)

cheerleader *n* pom-pom girl *f*

cheery ['tʃɪr·i] <-ier, -iest> *adj* gai(e)

cheese [tʃiz] *n* fromage *m;* **goat ~** fromage de chèvre ▶ **the big ~** *inf* grand chef *m;* **say ~** souriez, le petit oiseau va sortir

cheeseburger *n* hamburger *m* au fromage

cheesecake *n* gâteau *m* au fromage

cheesecloth *n* étamine *f*

cheesy ['tʃi·zi] *adj* **1.** CULIN (*taste*) qui a un goût de fromage; (*smell*) qui sent le fromage **2.** *inf* (*cheap, inauthentic*) ringard(e); **~ smile** large sourire *m*

cheetah ['tʃi·t̬ə] *n* guépard *m*

chef [ʃef] *n* chef *m;* **head-~** chef principal; **pastry ~** chef pâtissier

chemical ['kem·ɪ·kəl] **I.** *n* **1.** (*atom*) atome *m* **2.** (*additive*) produit *m* chimique **II.** *adj* chimique

chemist ['kem·ɪst] *n* chimiste *mf*

chemistry ['kem·ɪ·stri] *n* **1.** (*study of chemicals*) chimie *f;* **~ of sth** composition *f* chimique de qc; **~ laboratory** laboratoire *m* de chimie **2.** *inf* (*attraction*) osmose *f*

chemotherapy [ˌki·moʊ·'θer·ə·pi] *n* chimiothérapie *f*

cherish ['tʃer·ɪʃ] *vt* **1.** (*protect*) aimer **2.** (*remember fondly*) chérir

cheroot [ʃə·'rut] *n* cigarillo *m*

cherry ['tʃer·i] **I.** <-ries> *n* **1.** (*fruit*) cerise *f* **2.** (*tree*) cerisier *m* ▶ **life is just a bowl of cherries!** *prov* la vie est belle! **II.** *n* **1.** (*of cherry*) à la cerise **2.** (*made of wood*) en cerisier **3.** (*flavored*) parfumé(e) à la cerise **4.** (*red*) rouge cerise *inv*

cherry blossom *n* fleur *f* de cerisier

cherry brandy *n* liqueur *f* de cerise

cherub ['tʃer·əb] <-s *o form* -im> *n* chérubin *m*

chervil ['tʃɜr·vɪl] *n* cerfeuil *m*

chess [tʃes] *n* échecs *mpl*

chessboard *n* échiquier *m*

chessman <-men> *n* pièce *f* d'échiquier

chest [tʃest] *n* **1.** (*part of the torso*) poitrine *f;* **hairy ~** torse *m* velu **2.** (*breasts*) poitrine *f* **3.** (*trunk*) armoire *f;* **medicine ~** pharmacie *f* ▶ **to get sth off one's ~** se soulager le cœur

chestnut I. *n* **1.** (*brown nut*) marron *m;* **horse ~** châtaigne *f;* **hot ~** marrons chauds **2.** (*old joke*) *vieille plaisanterie qui a perdu son effet* **3.** (*horse*) alezan *m* **II.** *n* (*eyes*) marron; (*hair*) châtain

chesty ['tʃes·ti] <-ier, -iest> *adj* de poitrine; (*busty*) fort(e) de poitrine

chew [tʃu] **I.** *n* **1.** (*bite*) bout *m* **2.** (*candy*) bonbon *m* mou **II.** *vt* mâcher ▶**to ~ the fat with sb** *inf* bavarder avec qn **III.** *vi* **to ~ through sth** arriver à bout de qc

◆**chew out** *vt inf* engueuler

chewing gum ['tʃu·ɪŋ·gʌm] *n* chewing-gum *m*

chewy ['tʃu·i] *adj* caoutchouteux(-euse)

chic [ʃik] **I.** *n* élégance *f* **II.** *adj* élégant(e)

chicanery [ʃɪ·'keɪ·nᵊ·ri] *n* chicanes *fpl*

chick [tʃɪk] *n* **1.** (*chicken*) poussin *m* **2.** (*bird*) oiselet *m* **3.** *sl* (*young woman*) poulette *f*

chicken ['tʃɪk·ɪn] **I.** *n* poulet *m* ▶**~ and egg problem** [*o* **situation**] éternel dilemme *m* de la poule ou de l'œuf; **to be a spring ~** être de première jeunesse **II.** *adj sl* (*cowardly*) dégonflé(e)

chicken broth *n* bouillon *m* de poule

chicken farm *n* ferme *f* de volaille

chickenfeed *n* **1.** (*what chickens eat*) nourriture *f* pour volailles **2.** (*small amount of money*) broutille *f*

chickenpox *n* varicelle *f*

chickpea ['tʃɪk·pi] *n* pois *m* chiche

chicory ['tʃɪk·ᵊr·i] *n* **1.** (*herb*) chicorée *f* sauvage; (*vegetable*) endive *f*, chicon *m Belgique* **2.** (*powder*) chicorée *f*

chief [tʃif] **I.** *n* chef *m*; **to be ~ of sth** être à la tête de qc ▶**too many ~s and not enough Indians** *prov* trop de dirigeants et pas assez d'exécutants **II.** *adj* **1.** (*top*) premier(-ère) **2.** (*major*) principal(e)

chief clerk *n* employé (e) *m(f)* de bureau en chef

chief editor *n* éditeur , -trice *m, f* en chef

chief executive officer *n* président-directeur *m* général

chief justice *n* **~ of the Supreme Court** Président *m* de la Cour Suprême

chiefly *adv* principalement

chieftain ['tʃif·tᵊn] *n* chef *mf*

chiffon [ʃɪ·'fan] *n* mousseline *f*

child [tʃaɪld] <children> *n* enfant *m*; **unborn ~** enfant à naître; **two-year-old ~** enfant de deux ans ▶**a flower ~** hippie *mf*; **you are your mother's/father's ~** tu tiens de ta mère/de ton père; **children should be seen and not heard** *prov* on devrait pouvoir profiter des enfants sans les désagréments

child abuse *n* mauvais traitements *mpl* à enfants; (*sexual*) sévices *mpl* sexuels

childbearing *n* grossesse *f*

childbirth *n* accouchement *m*

childhood *n* enfance *f*

childish *adj pej* immature

childless *adj* sans enfant

childlike *adj* enfantin(e)

childproof *adj* sans risque pour les enfants; (*cap*) de sécurité

children ['tʃɪl·drᵊn] *n pl of* **child**

child-resistant *adj form* résistant(e) aux enfants

child's play *n* jeu *m* d'enfant

Chile ['tʃɪl·i] *n* le Chili

Chilean **I.** *adj* chilien(ne) **II.** *n* Chilien(ne) *m(f)*

chili ['tʃɪl·i] <-es> *n* **1.** (*chili con carne*) chili *m* **2.** (*hot pepper*) piment *m* (rouge)

chill [tʃɪl] **I.** *adj* (*cold*) frais(fraîche) **II.** *n* **1.** (*coldness*) fraîcheur *f*; **to catch a ~** attraper froid; **to take the ~ off (of) sth** réchauffer qc **2.** (*shivering*) frisson *m*; **to send a ~ down someone's spine** faire frissonner qn de peur *f* **3.** (*cold*) coup *m* de froid **4.** *fig* froideur *f*; **to cast a ~ over sth** jeter un froid sur qc **III.** *vt* **1.** (*make cold*) refroidir **2.** CULIN mettre au frais **3.** *fig* refroidir; **to ~ sb to the bone** glacer qn jusqu'au sang **4.** (*frighten*) faire frissonner; **to be ~ed by the violence** être horrifié par la violence **IV.** *vi* **1.** (*become cold*) refroidir **2.** *sl* **to ~ (out)** (*calm down*) se relaxer; (*pass time*) traîner

chilliness *n* **1.** (*coolness*) fraîcheur *f* **2.** *fig* froideur *f*

chilling *adj* **1.** (*cold*) *a. fig* glacial(e) **2.** (*frightening*) à vous donner la chair de poule

chilly ['tʃɪl·i] <-ier, -iest> *adj* **1.** frais(fraîche); **to feel ~** avoir froid; **if you feel ~...** si vous avez froid ...; **it's a bit ~ out today** il fait un peu froid aujourd'hui **2.** (*unwelcoming: relationship*) froid(e)

chime [tʃaɪm] **I.** *n* carillon *m*; **wind ~s** clochettes *fpl* **II.** *vt, vi* sonner

chimney ['tʃɪm·ni] *n* **1.** (*pipe*) cheminée *f*; (*of stove*) tuyau *m* **2.** (*fireplace*) âtre *m* de cheminée

chimney sweep, chimneysweeper *n* ramoneur *m*

chimpanzee [tʃɪm·'pæn·zi] *n* chimpanzé *m*

chin [tʃɪn] *n* menton *m* ▶**to keep one's ~ up** garder la tête haute; **to take it on the ~** accepter sans se plaindre

china ['tʃaɪ·nə] *n* porcelaine *f*

China ['tʃaɪ·nə] *n* la Chine

chinchilla [tʃɪn·'tʃɪl·ə] *n* chinchilla *m*

Chinese **I.** *adj* chinois(e) **II.** *n* **1.** (*person*) Chinois(e) *m(f)* **2.** LING chinois *m*; *s.a.* **English**

Chinese cabbage *n* chou *m* chinois

Chinese lantern *n* lanterne *f* chinoise

Chinese mushroom *n* champignon *m* chinois

chink [tʃɪŋk] **I.** *n* **1.** (*opening*) déchirure *f* **2.** (*noise*) tintement *m* **3.** *fig* **~ in sb's armor** faiblesse *f* dans la carapace de qn **II.** *vi* tinter

chintz [tʃɪnts] *n* chintz *m*

chip [tʃɪp] **I.** *n* **1.** (*flake*) fragment *m* **2.** (*place where piece is missing*) ébréchure *f*; **the cup has a ~ in it** la tasse est ébréchée **3.** *pl* (*potato snack*) chips *fpl* **4.** COMPUT puce *f* électronique; **single ~ computer** ordinateur *m* à puce unique **5.** (*money token*) jeton *m* ▶**to be a ~ off the old block** *inf* tenir de ses ancêtres; **to have a ~ on one's shoulder** *inf* être aigri; **when the ~s are down** *inf* lorsque les ennuis arrivent **II.** *vt* <-pp-> fragmenter **III.** *vi* <-pp-> s'ébrécher

chipped [tʃɪpt] *adj* fragmenté(e); (*tooth*)

cassé(e); (*plate*) ébréché(e)

chiropractic [ˌkaɪ·roʊ·præk·tɪk] *n* chiropractie *f*

chiropractor *n* chiropraticien(ne) *m(f)*

chirp [tʃɜrp] **I.** *n* pépiement *m* **II.** *vi* pépier **III.** *vt* babiller

chirpy <-ier, -iest> *adj* enthousiaste

chirrup *s.* **chirp**

chisel ['tʃɪz·ᵊl] **I.** *n* ciseau *m* **II.** <-l- *o* -ll-> *vt* **1.** (*cut*) découper **2.** *pej, inf* (*get by trickery*) rouler; **to ~ sth out of sb** rouler qn de qc

chit-chat ['tʃɪt·ˌtʃæt] **I.** *n inf* bavardage *m* **II.** *vi inf* bavarder

chivalrous ['ʃɪv·ᵊl·rəs] *adj* galant(e)

chivalry ['ʃɪv·ᵊl·ri] *n* **1.** (*behavior*) galanterie *f* **2.** (*knights' code*) chevalerie *f*

chives [tʃaɪvz] *npl* ciboulette *f*

chloride ['klɔr·aɪd] *n* chlorure *m*

chlorinate ['klɔr·ɪ·neɪt] *vt* chlorer

chlorine ['klɔr·in] *n* chlore *m*

chlorofluorocarbon [ˌklɔr·oʊ·ˌflɔr·oʊ·'kar·bᵊn] *n* chlorofluorocarbone *m*

chloroform ['klɔr·ə·fɔrm] **I.** *n* chloroforme *m* **II.** *vt* chloroformer

chlorophyll ['klɔr·ə·fɪl] *n* chlorophylle *f*

chock [tʃak] *n* cale *f*

chock-full *adj* rempli(e); (*of calories*) plein(e); **~ of people** bondé

chocolate ['tʃɔk·lət] *n* chocolat *m*; **~ bar** tablette *f* de chocolat

choice [tʃɔɪs] **I.** *n* **1.** (*selection*) choix *m*; **to be of sb's ~** être choisi par qn; **he has no ~ but to ...** il n'a pas d'autre moyen que de... **2.** (*range*) **wide ~** large sélection *f* **3.** (*selection*) option *f* **II.** *adj* **1.** (*top quality*) de choix **2.** (*angry*) cinglant(e)

choir [kwaɪər] *n* chorale *f*; **church ~** chœurs *mpl*

choirmaster *n* maître *m* de la chorale

choke [tʃoʊk] **I.** *n* starter *m* **II.** *vi* étouffer; **to ~ on sth** s'étouffer avec qc; **to ~ to death** mourir étouffé; **to ~ with laughter** suffoquer de rire **III.** *vt* **1.** (*deprive of air*) étouffer; **to be ~d with anger** suffoquer de colère **2.** (*block*) boucher; (*with leaves*) bloquer

◆**choke back** *vt* retenir; (*tears*) ravaler

◆**choke down** *vt* avaler

◆**choke off** *vt* étouffer

◆**choke up** *vt* **1.** (*block*) boucher **2.** *fig* **to be choked up** être bouleversé

choked *adj* **1.** (*upset*) bouleversé(e); **in a ~ voice** d'une voix étouffée **2.** (*unhappy*) déçu(e)

choker *n* ras *m* du cou; (*for dogs*) collier *m* de chien

cholera ['ka·lər·ə] *n* choléra *m*

choleric ['ka·lər·ɪk] *adj* coléreux(-euse)

cholesterol [kə·'les·tə·rɔl] *n* cholestérol *m*

chomp [tʃamp] *vi* **to ~ (down) on sth, to ~ into sth** mâchonner qc ▶**to be ~ing at the bit** ronger son frein

choose [tʃuz] <chose, chosen> **I.** *vt* choisir **II.** *vi* choisir; **to do as one ~s** faire comme on l'entend ▶**little** [*o* **not much**] **to ~ between ...** pas beaucoup de choix entre ...

choos(e)y ['tʃu·zi] <-ier, -iest> *adj* **to be ~ about sth** être difficile quant à qc

chop [tʃap] **I.** *vt* <-pp-> **1.** (*cut*) couper; (*herbs*) hacher; **to ~ into pieces** couper en morceaux **2.** (*reduce*) réduire **II.** *n* **1.** (*meat*) côtelette *f* **2.** (*blow*) coup *m*

◆**chop down** *vt* abattre

◆**chop off** *vt* trancher

chop-chop *interj inf* vite!

chopper *n* **1.** (*tool*) hachette *f* **2.** *inf* (*helicopter*) hélico *m* **3.** *inf* (*motorcycle*) chopper *m*

chopping *n* (*wood*) découpage *m*

choppy ['tʃa·pi] <-ier, -iest> *adj* NAUT agité(e)

chopsticks *npl* baguettes *fpl*

chop suey [ˌtʃap·'sui] *n* chop suey *m* (*ragoût à la chinoise*)

choral ['kɔr·ᵊl] *adj* choral(e)

chorale *n* **1.** (*composition*) choral *m* **2.** (*choir*) chorale *f*

chord [kɔrd] *n* accord *m* ▶**it strikes a ~ with me** ça me rappelle qc

chore [tʃɔr] *n* **1.** (*task*) travail *m* de routine; **household ~** tâche *f* ménagère **2.** (*tedious task*) corvée *f*

choreograph ['kɔr·i·ə·græf] *vt* faire la chorégraphie de

choreographer *n* chorégraphe *mf*

choreography [ˌkɔr·i·'a·grə·fi] *n* chorégraphie *f*

chorister ['kɔr·ɪ·stər] *n* choriste *mf*

chorus ['kɔr·əs] **I.** *n* **1.** (*refrain*) refrain *m*; **dawn ~** chant *m* matinal des oiseaux **2.** + *sing/pl vb* (*singers*) chœur *m* **3.** *sing* (*utterance*) chœur *m* **II.** *vt* chanter en chœur

chose [tʃoʊz] *pt of* **choose**

chosen *pp of* **choose**

chow [tʃaʊ] *n* **1.** *inf* (*food*) bouffe *f* **2.** (*dog*) chow-chow *m*

chowder ['tʃaʊ·dər] *n* soupe *f*

Christ [kraɪst] **I.** *n* Jésus Christ *m* **II.** *interj inf* bon Dieu!; **for ~'s sake** pour l'amour de Dieu

christen ['krɪs·ᵊn] *vt* **1.** (*baptize*) baptiser **2.** (*name*) **to be ~ed after sb** recevoir le nom de qn **3.** (*nickname*) surnommer **4.** (*use for first time*) étrenner

Christendom *n* HIST chrétienté *f*

christening (**ceremony**) *n* (cérémonie *f* du) baptême *m*

Christian ['krɪs·tʃən] **I.** *n* chrétien(ne) *m(f)* **II.** *adj* chrétien(ne)

Christian era *n* ère *f* chrétienne

Christianity [ˌkrɪs·tʃi·'æn·ə·t̬i] *n* christianisme *m*

Christianize ['krɪs·tʃə·naɪz] *vt* (*person*) convertir au christianisme; (*area*) christianiser

Christmas ['krɪs·məs] <-es *o* -ses> *n no art* Noël *m*; **at ~** à (la) Noël; **Merry ~** Joyeux Noël

Christmas carol *n* chant *m* de Noël

Christmas Day *n* Noël *m*

Christmas Eve *n* soir *m* de Noël

Christmas tree *n* sapin *m* de Noël
Christopher ['krɪs·tə·fər] *n* Christophe *m;* ~ **Columbus** Christophe Colomb
chromatic [kroʊ·'mæṱ·ɪk] *adj* chromatique
chrome [kroʊm] *adj* chromé(e); ~**-plated** recouvert de chrome
chromosome ['kroʊ·mə·soʊm] *n* chromosome *m*
chronic ['kra·nɪk] *adj* **1.** (*long-lasting*) chronique **2.** (*having a chronic complaint: alcoholic*) invétéré(e) **3.** (*bad*) insupportable **4.** (*habitual*) **to be ~ liars** avoir pour habitude de mentir
chronicle ['kra·nɪ·kl] **I.** *vt* faire la chronique de **II.** *n* **1.** (*recording*) chronique *f* **2.** *inf* (*story*) histoire *f* **3.** (*title*) chronique *f*
chronicler *n* chroniqueur, -euse *m, f*
chronological *adj* chronologique
chronology [krə·'na·lə·dʒi] *n* **1.** *no art* (*arrangement*) chronologie *f* **2.** (*account*) historique *m*
chrysalis ['krɪs·əl·ɪs] <-es> *n* chrysalide *f*
chrysanthemum [krɪ·'sæn(t)θ·ə·məm] *n* chrysanthème *m*
chubby ['tʃʌb·i] <-ier, -iest> *adj* potelé(e); (*child*) dodu(e); (*legs*) grassouillet(te); (*face*) joufflu(e)
chuck [tʃʌk] **I.** *n* **1.** (*touch*) petite tape *f;* **to give sb a ~ under the chin** donner une tape amicale sous le menton de qn **2.** (*beef cut*) paleron *m* **II.** *vt* **1.** *inf* (*throw*) jeter **2.** *inf* (*end relationship*) plaquer **3.** (*touch*) **to ~ sb under the chin** caresser le menton de qn **4.** *inf* (*stop*) abandonner
◆**chuck out** *vt* **1.** (*throw away*) jeter **2.** (*make leave*) flanquer à la porte
chuckle ['tʃʌk·l] **I.** *n* gloussement *m;* **to give a ~** lâcher un petit rire **II.** *vi* glousser; **I ~ to myself** je ris de moi-même
chug [tʃʌg] **I.** *n* souffle *m; childspeak* (*of a train*) tchou-tchou *m* **II.** <-gg-> *vi* souffler **III.** <-gg-> *vt sl* (*chugalug*) boire d'un trait
chum [tʃʌm] *n inf* copain *m,* copine *f*
chummy ['tʃʌm·i] <-ier, -iest> *adj* **1.** *inf* (*friendly*) amical(e); **to get ~ with sb** devenir bon copain avec qn **2.** *pej, inf* (*intimate*) intime
chump [tʃʌmp] *n inf* idiot(e) *m(f)*
chunk [tʃʌŋk] *n* **1.** (*piece: of food*) gros morceau *m;* (*of stone*) bloc *m* **2.** *inf* (*large part*) grosse partie *f*
chunky ['tʃʌŋ·ki] <-ier, -iest> *adj* **1.** (*stocky*) massif(-ive); **to be ~** être trapu **2.** (*containing pieces: peanut butter*) avec des morceaux **3.** (*thick*) épais(se); **~ clothes** gros lainage *m,* grosse laine *f*
Chunnel ['tʃʌn·əl] *n inf* **the ~** le tunnel sous la Manche
church [tʃɜrtʃ] *n* **1.** (*building*) église *f;* (*for Protestants*) temple *m* **2.** (*organization*) Eglise *f;* **the Anglican Church** l'Eglise *f* anglicane; **to enter the ~** entrer dans les ordres **3.** (*service*) office *m* ►**as poor as a ~ mouse** pauvre comme Job
churchgoer *n* pratiquant(e) *m(f)*
churchyard *n* cimetière *m* situé autour d'une église
churlish ['tʃɜr·lɪʃ] *adj pej* grossier(-ière)
churn [tʃɜrn] **I.** *n* (*for milk*) bidon *m;* (*for butter*) baratte *f* **II.** *vt* **1.** (*stir: butter, cream*) battre **2.** (*agitate*) agiter **III.** *vi* **1.** (*move vigorously*) s'agiter **2.** *fig* (*stomach*) se nouer
chute [ʃut] *n* **1.** (*tube*) glissière *f;* **garbage ~** vide-ordures *m* **2.** AVIAT **emergency ~** toboggan *m* d'évacuation **3.** *s.* **parachute**
chutney ['tʃʌt·ni] *n condiment en sauce fait à partir de fruits*
CIA [ˌsi·aɪ·'eɪ] *n abbr of* **Central Intelligence Agency** CIA *f*
Cid *n* **El ~** Le Cid
cider ['saɪ·dər] *n no art* jus *m* de pommes; **hard ~** cidre *m*
cider vinegar *n* vinaigre *m* de cidre
cigar [sɪ·'gar] *n* cigare *m*
cigar box *n* boîte *f* à cigares
cigarette [ˌsɪg·ə·'ret] *n* cigarette *f;* **to take a drag on a ~** tirer des bouffées sur une cigarette
cigarette butt *n* mégot *m*
cigarette case *n* porte-cigarettes *m inv*
cigarette holder *n* fume-cigarette *m*
cigarette paper *n* papier *m* à cigarettes
cigarillo [sɪg·ə·'rɪl·oʊ] *n* cigarillo *m*
cinch [sɪntʃ] *n inf* jeu *m* d'enfant
cinder ['sɪn·dər] *n* cendre *f*
Cinderella [ˌsɪn·dər·'el·ə] *n* Cendrillon *f*
cinema ['sɪn·ə·mə] *n* cinéma *m*
cinematic [ˌsɪn·ə·'mæṱ·ɪk] *adj* cinématique
cinnamon ['sɪn·ə·mən] *n no art* cannelle *f;* **~ stick** bâton *m* de cannelle
cipher *n* **1.** (*code*) chiffre *m;* **in ~** codé(e) **2.** (*message*) message *m* codé **3.** *fig* nullité *f;* **to be a mere ~** être un zéro
circa ['sɜr·kə] *prep* environ; (*date*) vers
circle ['sɜr·kl] **I.** *n* **1.** (*round*) cercle *m;* **to go round in ~s** faire des cercles **2.** (*group*) cercle *m* **3.** (*professionals*) milieu *m;* **to move in exalted ~s** fréquenter la haute société **4.** (*in auditorium*) balcon *m;* **in the ~** au balcon **5.** (*under eyes*) cernes *fpl;* **to come full ~** revenir au point de départ; **to run/go round in ~s** tourner en rond; **to square the ~** arrondir les angles; **a vicious ~** un cercle vicieux **II.** *vt* **1.** (*move round*) tourner autour de **2.** (*surround*) entourer **III.** *vi* tourner
circuit ['sɜr·kɪt] *n* **1.** ELEC circuit *m* **2.** SPORTS circuit *m;* **senior ~** club *m* du troisième âge **3.** (*circular route*) circuit *m*
circuit breaker *n* disjoncteur *m*
circuit diagram *n* ELEC schéma *m* d'un circuit électrique ou électronique
circuitous [sər·'kju·ə·ṱəs] *adj* détourné(e) ►**he always uses ~ explanations** ses explications ne vont jamais droit au but; **by ~ means** par des moyens détournés
circular ['sɜr·kjə·lər] **I.** *adj* circulaire **II.** *n* circulaire *f;* (*for advertisement*) prospectus *m*

circular letter *n* circulaire *f*
circular saw *n* scie *f* circulaire
circular tour, circular trip *n* circuit *m*
circulate ['sɜr·kjə·leɪt] **I.** *vt* faire circuler; (*card*) mettre en circulation **II.** *vi* circuler
circulating library *n* bibliobus *m*
circulation *n* **1.** (*blood flow*) circulation *f* sanguine **2.** (*copies sold*) tirage *m* **3.** (*currency*) circulation *f*; **to be out of ~** *inf* ne plus être en circulation
circulatory ['sɜr·kjə·lə·tɔr·i] *adj* circulatoire
circumcise ['sɜr·kəm·saɪz] *vt* circoncire
circumcision *n* circoncision *f*
circumference [sər·'kʌm(p)·fᵊr·ᵊn(t)s] *n* circonférence *f*; **in ~** de circonférence
circumlocution [ˌsɜr·kəm·lə·'kju·ʃᵊn] *n form* circonlocution *f*
circumnavigate [ˌsɜr·kəm·'næv·ɪ·geɪt] *vt* **1.** *form* (*sail around*) naviguer autour de; (*by yacht*) contourner **2.** (*move around*) faire le tour de **3.** (*avoid*) éviter
circumnavigation *n form* circumnavigation *f*
circumscribe ['sɜr·kəm·skraɪb] *vt form* circonscrire
circumscription [ˌsɜr·kəm·'skrɪp·ʃᵊn] *n* circonscription *f*
circumspect ['sɜr·kəm·spekt] *adj form* circonspect(e)
circumstance ['sɜr·kəm·stæn(t)s] *n* **1.** (*situation*) circonstance *f*; **in/under any ~s** en toutes circonstances; **in no ~s** en aucun cas; **due to ~s beyond our control** dû à des circonstances indépendantes de notre volonté; **in the ~s** dans ces conditions **2.** (*fact*) **by force of ~** par la force des choses; **regardless of ~** sans tenir compte de la situation; **nothing of ~** sans aucune importance; **to live in straitened ~s** vivre dans la gêne
circumstantial *adj* circonstanciel(le)
circumvent [ˌsɜr·kəm·'vent] *vt form* circonvenir; (*regulations*) contourner
circus ['sɜr·kəs] *n a. fig* cirque *m*; **traveling ~** cirque forain; **~ ring** piste *f* de cirque ►**it's a ~ here!** *inf* c'est le cirque ici!
cirrhosis [sə·'roʊ·sɪs] *n* cirrhose *f*
cirrus ['sɪr·əs] *n* cirrus *m*
CIS [ˌsi·aɪ·'es] *n abbr of* **Commonwealth of Independent States** CEI *f*
cistern ['sɪs·tərn] *n* citerne *f*; (*of toilet*) chasse *f* d'eau
citadel ['sɪṭ·ə·dᵊl] *n* **1.** (*fortress*) citadelle *f* **2.** (*organization*) empire *m*
citation [saɪ·'teɪ·ʃᵊn] *n a.* MIL citation *f*
cite [saɪt] *vt* citer
citizen ['sɪṭ·ɪ·zᵊn] *n* **1.** (*national*) citoyen(ne) *m(f)*; **U.S. ~** citoyen *m* américain **2.** (*resident*) habitant(e) *m(f)*
Citizens' Band *n* CB *f* (*fréquences d'onde radio autorisées pour la communication radio aux Etats-Unis*)
citizenship *n* citoyenneté *f*; **to apply for ~ of a country** demander la nationalité d'un pays; **joint ~** double nationalité *f*; **good ~** civisme *m*
citric ['sɪt·rɪk] *adj* citrique
citrus ['sɪt·rəs] <citrus *o* citruses> *n* agrume *m*
citrus fruit *n* agrume *m*
city ['sɪṭ·i] <-ies> **I.** *n* **1.** (*town*) ville *f*; **capital ~** capitale *f* **2.** (*government*) **the ~** la municipalité **II.** *adj* urbain(e); (*life*) citadin(e)

> **i** De nombreuses **cities** américaines ont des surnoms. New York s'appelle *The Big Apple.* Par analogie à ce dernier surnom, certains appellent Los Angeles *The Big Orange*, mais d'autres lui préfèrent le surnom de *The City of the Angels.* Chicago, elle, est dénommée *The Windy City. The City of Brotherly Love* désigne la ville de Philadelphia. Denver porte le surnom de *The Mile-High City* à cause de son altitude et Detroit est dénommée *Motor City* à cause de son industrie automobile.

city council *n* conseil *m* municipal
city father *n* élu *m* local
city hall *n* municipalité *f*; **City Hall** Hôtel *m* de Ville
city planner *n* urbaniste *mf*
city slicker *n inf* citadin(e) *m(f)* maniéré(e)
citywide *adj* à travers toute la ville
civic ['sɪv·ɪk] <inv> *adj* civique; (*building, authorities*) municipal(e)
civics *n + sing vb* instruction *f* civique
civies ['sɪv·iz] *n s.* **civvies**
civil ['sɪv·ᵊl] *adj* **1.** <inv> (*of citizens*) civil(e) **2.** (*courteous*) poli(e)
civil court *n* tribunal *m* civil
civil defense *n* protection *f* civile
civil disobedience *n* désobéissance *f* civile
civil engineer *n* ingénieur *mf* des travaux publics
civilian [sɪ·'vɪl·jən] <inv> **I.** *n* civil(e) *m(f)* **II.** *adj* civil(e); **in ~ life** dans le civil
civility [sɪ·'vɪl·ə·ṭi] <-ies> *n* **1.** (*politeness*) courtoisie *f* **2.** (*remarks*) politesse *f*
civilization *n* civilisation *f*
civilize ['sɪv·ə·laɪz] *vt* civiliser
civilized *adj* civilisé(e)
civil law *n* droit *m* civil; **this question is about ~** cette question concerne le code civil
civil liberties *n* libertés *fpl* civiques
civil marriage *n* mariage *m* civil
civil rights *npl* droits *mpl* civils
civil rights movement *n* mouvement *m* des droits civils
civil servant *n* fonctionnaire *mf*
civil service *n* fonction *f* publique
civil war *n* guerre *f* civile; **the Civil War** la guerre de Sécession

> **i** La **Civil War** (1861-1865), appelée la guerre de Sécession en français, opposa 24 États essentiellement industriels et anti-escla

vagistes du nord à 11 États principalement agricoles et esclavagistes du sud, qui se séparèrent de l'Union et formèrent les *Confederate States of America* (les États confédérés d'Amérique). La guerre fit plus de 970 000 victimes, dont 560 300 morts, ce qui représente la plus grande perte de vies humaines de tous les conflits de l'histoire américaine.

civvies ['sɪv·ɪz] *npl sl* vêtements *mpl* civils; **in ~** en civil
clack [klæk] **I.** *vi* claquer **II.** *n* claquement *m*
claim [kleɪm] **I.** *n* **1.** (*demand*) revendication *f;* **to substantiate a ~** prouver le bien-fondé d'une affirmation; **to make wild ~s about sth** faire des revendications extravagantes à propos de qc; **to make no ~ to be sth** n'avoir aucune prétention à être qc; **~ to fame** chose *f* notable **2.** (*money demand*) réclamation *f;* (*for refund*) demande *f* de remboursement; **to make a ~ on one's insurance** réclamer des dommages à son assurance; **to put in a ~** faire valoir ses droits **3.** (*assertion*) déclaration *f;* **his ~ to have sth** sa déclaration selon laquelle il possède qc **4.** (*right*) droit *m;* **to have no ~s on sb** ne pas avoir prise sur qn; **to lay ~ to sth** prétendre à qc **II.** *vt* **1.** (*declare*) revendiquer; **to ~ that ...** déclarer que ...; **to ~ responsibility for an explosion** revendiquer un attentat **2.** (*assert*) prétendre; **to ~ to be sth** prétendre être qc **3.** (*demand: immunity*) réclamer; (*title, throne*) revendiquer; **to ~ ownership of a property** se déclarer propriétaire d'un bien **4.** (*require*) demander; (*time*) prendre **5.** (*collect: luggage*) récupérer **6.** (*cause sb's death*) **to ~ sb's life** causer la mort de qn ▶ **to ~ the moral high ground** prétendre être d'une moralité irréprochable **III.** *vi* **to ~ for sth** faire une demande de qc; **to ~ for welfare benefit** faire une demande d'allocation; **to ~ for damages** faire une demande de dommages et intérêts; **to ~ on the insurance** demander à être indemnisé
claimant ['kleɪ·mənt] *n* (*for welfare benefits*) demandeur, -resse *m, f;* (*to a title, throne*) prétendant(e) *m(f)*
clairvoyance *n no art* voyance *f*
clairvoyant [ˌkler·'vɔɪ·ənt] **I.** *n* voyant(e) *m(f)* **II.** *adj* clairvoyant(e)
clam [klæm] *n* palourde *f,* clam *m;* **~ chowder** soupe *f* aux praires
◆**clam up** <-mm-> *vi* se taire
clamber ['klæm·bər] **I.** *vi* grimper; **to ~ over sth** escalader qc; **to ~ up sth** gravir qc **II.** *n* grimpette *f*
clammy ['klæm·i] <-ier, -iest> *adj* froid(e) et moite
clamor ['klæm·ər] **I.** *vi* **1.** (*demand*) **to ~ for sth** réclamer qc à grands cris; **to ~ to do sth** réclamer à faire qc à cor et à cri **2.** (*protest*) vociférer; **to ~ against sth** vociférer contre qc **II.** *n* **1.** (*demands*) revendications *fpl* **2.** (*complaint*) tollé *m;* **to let out a ~ about injustice** hurler à l'injustice **3.** (*noise*) clameur *f*
clamorous *adj* **1.** (*vociferous*) vociférant(e) **2.** (*loud*) bruyant(e)
clamp [klæmp] **I.** *n* **1.** (*fastener*) agrafe *f;* ELEC attache *f* **2.** AUTO sabot *m* de Denver **II.** *vt* **1.** (*fasten*) fixer **2.** (*clench*) serrer; (*handcuffs*) resserrer **3.** AUTO mettre un sabot à
◆**clamp down I.** *vi* **to ~ on sth** sévir contre qc **II.** *vt* fixer
clan [klæn] *n* **1.** *inf* (*family*) clan *m* **2.** (*Scottish family group*) clan *m*
clandestine [klæn·'des·tɪn] *adj form* clandestin(e); (*affair*) secret(-ète)
clang [klæŋ] **I.** *vi* émettre un bruit **II.** *vt* **1.** (*ring: bell*) faire résonner **2.** (*close*) fermer en faisant du bruit **III.** *n sing* bruit *m* retentissant
clangor ['klæŋ·gər] *n* bruit *m* métallique
clank [klæŋk] **I.** *vi* cliqueter **II.** *vt* faire cliqueter **III.** *n sing* cliquetis *m*
clap [klæp] **I.** <-pp-> *vt* **1.** (*hit*) taper; **to ~ one's hands** (**together**) frapper dans ses mains; (*applaud*) applaudir **2.** (*applaud*) applaudir **3.** (*place*) jeter; (*a lid*) remettre **II.** <-pp-> *vi* **1.** (*slap palms together*) frapper des mains **2.** (*applaud*) applaudir **III.** *n* **1.** (*act of clapping*) claquement *m* **2.** (*noise: of thunder*) coup *m* **3.** *sl* **the ~** la chaude-pisse
clapper *n* battant *m*
claptrap *n pej, inf* baratin *m*
claret ['kler·ət] *n* **1.** (*wine*) bordeaux *m* rouge **2.** (*color*) bordeaux *m*
clarification *n* (*explanation*) éclaircissement *m*
clarify ['kler·ɪ·faɪ] <-ie-> **I.** *vt* **1.** (*make clearer*) clarifier **2.** (*explain: sb's mind, opinion*) éclaircir; (*question*) élucider **3.** (*skim*) clarifier **II.** *vi* se clarifier
clarinet [ˌkler·ɪ·'net] *n* clarinette *f*
clarity ['kler·ə·ṭi] *n* clarté *f;* (*of a photo*) netteté *f;* **~ of thought** lucidité *f*
clash [klæʃ] **I.** *vi* **1.** (*fight, argue*) s'affronter; **to ~ over sth** se disputer pour qc; **to ~ with sb/sth** se heurter à qn/qc **2.** (*compete*) s'opposer **3.** (*contradict*) être incompatible; **to ~ with sth** être en contradiction avec qc **4.** (*not match*) être opposé(e); **this color ~es with the rest of the painting** cette couleur ne va pas très bien avec le reste du tableau **5.** (*make harsh noise*) résonner bruyamment **II.** *vt* **to ~ sth together** faire résonner qc **III.** *n* **1.** (*hostile encounter*) affrontement *m* **2.** (*argument*) querelle *f* **3.** (*contest*) opposition *f* **4.** (*conflict*) conflit *m* **5.** (*incompatibility*) incompatibilité *f* **6.** (*harsh noise*) fracas *m*
clasp [klæsp] **I.** *n* **1.** (*grip*) serrement *m* **2.** (*device*) agrafe *f;* **~ of sth** fermeture *f* de qc **II.** *vt* étreindre; **to ~ one's hands** joindre les mains; **to ~ sb/sth in one's arms** serrer qn/qc dans ses bras
class [klæs] **I.** *n* **1.** (*student group*) classe *f*

2. (*lesson*) cours *m* 3. UNIV (*graduates*) promotion *f*; **the ~ of 2007** la promotion de 2007 4. (*quality*) **the middle/working ~** la classe moyenne/ouvrière; **the upper ~** la haute société 5. (*grade*) classe *f* ▶**to be in a ~ of one's own** être le meilleur dans sa catégorie II. <inv> *adj* de classe; **world-~ champion** champion *m* hors pair III. *vt* classer; **to ~ sb as sth** considérer qn comme qc

classic ['klæs·ɪk] I. *adj* 1. (*of excellence*) classique; **his novel is ~ now** son roman est un classique 2. (*traditional*) traditionnel(le) 3. (*typical*) typique 4. *inf* (*foolish*) **how ~!** que c'est stupide! II. *n* classique *m*

classical *adj* classique

classically *adv* classiquement

Classicism *n* classicisme *m*

classicist ['klæs·ɪ·sɪst] *n* 1. (*follower of Classicism*) partisan(ne) *m(f)* de la tradition classique 2. (*expert*) spécialiste *mf* de l'Antiquité

classics *n* 1. *pl* (*great literature*) grands classiques *mpl* 2. (*Greek and Roman studies*) lettres *fpl* classiques

classification [ˌklæs·ə·fɪ·'keɪ·ʃən] *n* 1. *no art* (*categorization*) classification *f* 2. (*group*) classe *f*

classified <inv> *adj* classé(e); **~ advertisements** petites annonces *fpl*

classify ['klæs·ɪ·faɪ] <-ie-> *vt* classer

classless *adj* sans classe

classmate *n* camarade *mf* de classe

classroom *n* salle *f* de classe

classy ['klæs·i] <-ier, -iest> *adj* qui a de la classe

clatter ['klæt̬·ər] I. *vt* entrechoquer bruyamment II. *vi* 1. (*rattle*) cliqueter 2. (*walk*) marcher bruyamment III. *n* fracas *m*

clause [klɔz] *n* 1. (*part of sentence*) proposition *f* 2. (*statement in law*) clause *f*

claustrophobia [ˌklɔ·strə·'foʊ·bi·ə] *n* claustrophobie *f*

claustrophobic *adj* claustrophobe

clavicle ['klæv·ɪ·kl] *n* clavicule *f*

claw [klɔ] I. *n* 1. (*nail*) griffe *f*; **to sharpen one's ~s** faire ses griffes 2. (*pincer*) pince *f* ▶**to get one's ~s into sb/sth** *inf* tenir qn/qc entre ses griffes II. *vt* griffer

clay [kleɪ] I. *n* 1. (*earth*) terre *f* glaise; (*for pottery*) argile *f*; **modeling ~** pâte *f* à modeler 2. SPORTS terre *f* battue II. *adj* 1. (*of earth*) d'argile 2. SPORTS en terre battue

clay pigeon *n* pigeon *m* d'argile

clean [klin] I. *adj* 1. (*free of dirt*) *a. fig* propre; **spotlessly ~** impeccable; (**as**) **~ as a new pin** propre comme un sou neuf; **to keep one's house ~** tenir sa maison propre 2. (*with no pollution: fuel*) propre; (*air*) pur(e) 3. (*fair: fight*) dans les règles 4. (*moral: life*) sain(e); (*joke*) décent(e) 5. (*clear, sharp*) net(te); **~ design** belle coupe *f* 6. *inf* (*straight*) clean *inv* 7. (*blank: sheet of paper, record*) vierge 8. (*complete*) définitif(-ive); **to make a ~ sweep of sth** remporter qc; **to make a ~ break** rompre une bonne fois pour toute ▶**to make a ~ breast of sth** dire ce qu'on a sur sa conscience à propos de qc; **to show a ~ pair of heels** *inf* prendre ses jambes à son coup II. *n* nettoyage *m*, appropriation *f Belgique;* **to give sth a ~** nettoyer qc, approprier qc *Belgique,* poutser qc *Suisse* III. *adv* <inv> complètement; **to ~ forget that ...** bel et bien oublier que ... ▶**a new broom sweeps ~** tout nouveau tout beau IV. *vt* 1. (*remove dirt*) nettoyer, approprier *Belgique,* poutser *Suisse;* **to ~ sth from** [*o* **off**] **sth** enlever qc de qc; **to ~ one's teeth** se brosser les dents; **to ~ one's hands** se laver les mains 2. (*wash and gut: fish*) vider V. *vi* 1. (*wash*) nettoyer 2. (*can be washed*) se nettoyer 3. (*do the cleaning*) faire le ménage

◆**clean out** *vt* 1. (*clean*) nettoyer à fond 2. *inf* (*leave penniless: person*) faucher 3. *inf* (*take all: house*) dévaliser

◆**clean up** I. *vt* 1. (*make clean*) *a. fig* nettoyer; **to clean oneself up** se laver 2. (*make neat*) *a. fig* mettre de l'ordre dans II. *vi* 1. (*make clean*) *a. fig* nettoyer 2. (*make neat*) remettre tout en ordre 3. (*remove dirt from oneself*) se laver 4. *inf* (*make profit*) rapporter gros 5. SPORTS rafler tous les prix

clean-cut *adj* 1. (*sharply outlined*) net(te) 2. (*neat*) à l'allure soignée

cleaner *n* 1. (*substance*) produit *m* d'entretien 2. (*tool*) appareil *m* de nettoyage 3. (*person*) agent *m* de service

cleaning I. *n* nettoyage *m*, appropriation *f Belgique;* **to do the ~** faire le ménage II. *adj* de ménage

cleaning lady, cleaning woman <women> *n* femme *f* de ménage

cleanliness *n* propreté *f*

cleanly *adv* 1. (*neatly*) de façon bien nette 2. (*honestly*) dans les règles

cleanse [klenz] *vt* 1. (*clean*) nettoyer, approprier *Belgique,* poutser *Suisse* 2. (*lawful*) purifier

cleanser *n* 1. (*substance*) détergent *m* 2. (*make-up remover*) démaquillant *m*

clean-shaven *adj* rasé(e) de près

cleansing cream *n no art* lotion *f* démaquillante

clean-up *n* 1. (*clean*) nettoyage *m*, appropriation *f Belgique* 2. (*making legal*) épuration *f* 3. (*profit*) **he made a good ~ from that business** cette affaire lui a rapporté gros

clear [klɪr] I. *adj* 1. (*understandable*) clair(e); **to make oneself ~** bien se faire comprendre; **to make sth ~ to sb** bien faire comprendre qc à qn; **do I make myself ~?** me suis-je bien fait comprendre?; **as ~ as a bell** parfaitement clair; **let's get this ~** que les choses soient claires *subj;* **as ~ as day** clair comme de l'eau de roche 2. (*sure, obvious*) clair(e); (*lead, majority, advantage*) net(te); **to be ~ about sth** être sûr de qc 3. (*free from confusion*) clair(e); (*person*) lucide; **to have a ~ head**

avoir les idées claires **4.** (*free from guilt*) **to have a ~ conscience** avoir la conscience tranquille **5.** (*empty*) dégagé(e); **on a ~ day** par temps clair **6.** (*transparent*) transparent(e) **7.** (*pure: skin*) net(te); (*sound*) cristallin(e); (*water*) limpide **8.** (*cloudless*) dégagé(e) **9.** <inv> (*distinct*) net(te); (*voice*) clair(e) **10.** (*free*) libre; **to be ~ of sth** être débarrassé de qc **11.** (*net: profit*) net(te) **12.** <inv> (*not touching*) **to be ~ of sth** ne pas toucher à qc; **to keep ~ of sb/sth** rester à l'écart de qn/qc **II.** *n* **to be in the ~** être au-dessus de tout soupçon **III.** *adv* **to move/get ~ of sth** s'éloigner de qc; **to stand ~ of sth** s'éloigner de qc; **stand ~ of sth!** attention à qc! **IV.** *vt* **1.** (*remove blockage: road, area*) dégager; **to ~ one's throat** s'éclaircir la voix; **to ~ the way to sth** *fig* ouvrir la voie à qc **2.** (*remove doubts*) clarifier; **to ~ one's head** s'éclaircir les idées **3.** (*acquit*) disculper; **to ~ one's name** blanchir son nom; **to ~ a debt** s'acquitter d'une dette **4.** (*empty: drawer, building*) vider; (*table, room*) débarrasser **5.** (*disperse: crowd*) disperser; (*fog, smoke*) dissiper **6.** (*clean*) nettoyer; **to ~ the air** aérer; *fig* détendre l'atmosphère **7.** (*give permission*) approuver; **to ~ sth with sb** avoir l'accord de qn; **to ~ sb to do sth** donner le feu vert à qn; **to ~ customs** dédouaner **8.** SPORTS (*ball*) dégager **9.** (*jump over*) franchir **10.** COMPUT effacer ▶ **to ~ the decks** déblayer le terrain **V.** *vi* **1.** (*become transparent*) *a. fig* (*weather, face*) s'éclaircir **2.** (*disappear: fog, smoke*) se dissiper **3.** FIN être viré(e)

◆**clear away** **I.** *vt* débarrasser **II.** *vi* se dissiper

◆**clear off** **I.** *vi inf* filer **II.** *vt* retirer

◆**clear out** **I.** *vt* **1.** (*empty*) vider **2.** (*tidy*) ranger **II.** *vi inf* filer; **to ~ of somewhere** évacuer les lieux

◆**clear up** **I.** *vt* **1.** (*tidy*) ranger **2.** (*resolve*) dissiper **II.** *vi* **1.** (*tidy*) ranger; **to ~ after sb** passer derrière qn **2.** (*go away*) disparaître **3.** (*stop raining*) s'éclaircir

clearance ['klɪr·ən(t)s] *n* **1.** (*act of clearing*) dégagement *m* **2.** (*space*) espace *m* libre **3.** (*approval of bank check*) compensation *f* **4.** (*permission*) autorisation *f*

clearance sale *n* liquidation *f*

◆**clear-cut** *vt*, **clear-fell** *vt* couper net

clear-headed *adj* **to be ~** avoir les idées claires

clearing *n* clairière *f*

clearly *adv* **1.** (*distinctly*) clairement **2.** (*well*) distinctement **3.** (*obviously*) manifestement **4.** (*unambiguously*) explicitement

clearness *n* clarté *f*

clear-sighted *adj* lucide

cleavage ['kli·vɪdʒ] *n* **1.** (*between breasts*) décolleté *m* **2.** *form* (*split*) division *f*

cleave [kliv] <-ed, -ed *o* cleft, cleft *o* clove, cloven> *vt* fendre

cleaver *n* hachoir *m*

clef [klef] *n* clé *f*

cleft [kleft] **I.** <inv> *adj* fendu(e) **II.** *n* fissure *f*

clematis ['klem·ə·t̬əs] <clematis> *n* clématite *f*

clemency ['klem·ən(t)·si] *n form* clémence *f*

clement ['klem·ənt] *adj form* clément(e)

clench [klen(t)ʃ] *vt* serrer dans les mains; **to ~ one's fist** serrer les poings

Cleopatra [ˌkli·oʊ·pæt·rə] *n* Cléopâtre *f*

clergy ['klɜr·dʒi] *n + pl vb* clergé *m*

clergyman <-men> *n* ecclésiastique *m*

clergywoman <-women> *n* femme *f* pasteur

cleric ['kler·ɪk] *n* ecclésiastique *m*

clerical <inv> *adj* **1.** (*clergy*) clérical(e) **2.** (*offices*) administratif(-ive)

clerical error *n* erreur *f* d'écriture

clerical staff *n* personnel *m* de bureau

clerical work *n* travail *m* administratif

clerk [klɜrk] **I.** *n* (*receptionist*) réceptionniste *mf;* **sales ~** vendeur, -euse *m, f* **II.** *vi* travailler comme employé(e) de bureau

clever ['klev·ər] *adj* **1.** (*skillful*) habile; (*trick*) astucieux(-euse); (*gadget*) ingénieux(-euse) **2.** (*intelligent*) intelligent(e) **3.** *pej* (*quick-witted*) futé(e)

cleverness *n* **1.** (*quick-wittedness*) intelligence *f* **2.** (*skill*) habileté *f* **3.** (*intelligent design*) ingéniosité *f*

cliché [kli·'ʃeɪ] *n* **1.** (*platitude*) cliché *m* **2.** *no art* (*worn-out phrase*) phrase *f* toute faite

click [klɪk] **I.** *n* **1.** déclic *m;* (*of heels*) claquement *m* **2.** COMPUT clic *m;* **mouse ~** clic sur la souris **II.** *vi* **1.** (*make short sound*) cliqueter **2.** (*friendly*) **to ~ with sb** se découvrir des atomes crochus avec qn **3.** (*clear*) faire un déclic **4.** COMPUT cliquer; **to double-~ on the icon** cliquer deux fois de suite sur l'icône **III.** *vt* **1.** (*make short sound: one's fingers*) claquer **2.** COMPUT cliquer sur

client [klaɪənt] *n* client(e) *m(f)*

clientele [ˌklaɪ·ən·tel] *n + sing/pl vb* clientèle *f*

cliff [klɪf] *n* falaise *f*

cliffhanger ['klɪf·ˌhæŋ·ər] *n* (*situation*) moment *m* de suspense; (*film*) film *m* à suspense; (*novel*) roman *m* à suspense

climactic [ˌklaɪ·'mæk·tɪk] *adj* à son point culminant; (*point*) culminant(e)

climate ['klaɪ·mət] *n* climat *m* ▶ **the ~ of opinion** les courants *mpl* de l'opinion

climatic [klaɪ·'mæt̬·ɪk] *adj* climatique

climatologist *n* climatologue *mf*

climatology [ˌklaɪ·mə·'ta·lə·dʒi] *n* climatologie *f*

climax ['klaɪ·mæks] **I.** *n* **1.** (*highest point*) apogée *f;* **to reach a ~** atteindre son paroxysme **2.** (*orgasm*) orgasme *m;* **to reach a ~** jouir **II.** *vi* **1.** (*reach high point*) atteindre son paroxysme **2.** (*orgasm*) jouir

climb [klaɪm] **I.** *n* **1.** (*ascent*) montée *f;* (*of mountain*) ascension *f;* **~ up/down** montée *f*/descente *f* **2.** (*steep part*) côte *f* **3.** *fig* ascension *f;* **~ to power** ascension au pouvoir **II.** *vt* grimper; (*mountain*) faire l'ascension de; (*wall*) escalader; (*tree*) grimper à; (*stairs*) monter ▶ **to ~ the walls** être dingue **III.** *vi*

1. (*ascend*) grimper; **to ~ over a wall** escalader un mur **2.** (*increase*) augmenter **3.** (*rise*) monter **4.** (*get into*) **to ~ into sth** monter dans qc **5.** (*get out*) **to ~ out of sth** se hisser hors de qc ► **to ~ on the bandwagon** *inf* prendre le train en marche; **to ~ to power** s'élever au pouvoir

◆ **climb down I.** *vi* **1.** (*go down*) descendre **2.** *fig* revenir sur sa position **II.** *vt* descendre

◆ **climb up I.** *vi* grimper **II.** *vt* (*tree*) grimper à; (*stairs*) monter

climb-down *n* recul *m*

climber *n* **1.** (*mountains*) alpiniste *mf* **2.** (*rock faces*) varappeur, -euse *m, f* **3.** (*plant*) plante *f* grimpante **4.** *inf* (*striver*) **social ~** arriviste *mf*

climbing I. *n* **1.** (*mountains*) alpinisme *m;* **to go ~** faire de l'alpinisme **2.** (*rock faces*) varappe *f* **II.** <inv> *adj* **1.** (*of plants*) grimpant(e) **2.** (*for going up mountains*) de montagne

climbing irons *npl* crampons *mpl*

clinch [klɪn(t)ʃ] **I.** *n* **1.** (*embrace*) étreinte *f* **2.** (*grasp*) corps *m* à corps **II.** *vt* **1.** (*settle decisively: deal*) conclure; (*conflict*) résoudre **2.** (*hold firmly*) conclure **3.** *inf* (*embrace*) étreindre **4.** (*hold in wrestling*) combattre corps à corps **5.** (*secure a nail*) river

clincher *n inf* argument *m* décisif

cling [klɪŋ] <clung, clung> *vi* **1.** (*hold tightly*) **to ~ (together)** être collé l'un à l'autre; **to ~ (on) to sth** se cramponner à qc; (*be dependent on*); **to ~ to sb** s'accrocher à qn **2.** (*persist*) être tenace

clinging *adj* collant(e); (*dress*) moulant(e) ► **to be ~** être un pot de colle *inf*

clingy ['klɪŋ·i] *adj* collant(e)

clinic ['klɪn·ɪk] *n* **1.** (*hospital*) clinique *f* **2.** (*hospital department*) service *m*

clinical *adj* **1.** MED clinique **2.** (*hospital-like*) austère **3.** *pej* (*emotionless*) froid(e); **to be ~** être froidement objectif

clinician [klɪ·'nɪʃ·ᵊn] *n* clinicien(ne) *m(f)*

clink [klɪŋk] **I.** *vt* faire tinter; **to ~ glasses** trinquer **II.** *vi* tinter **III.** *n* **1.** (*ringing*) tintement *m* **2.** *inf* (*prison*) taule *f*

clinker *n no art* mâchefer *m*

clip¹ [klɪp] **I.** *n* **1.** (*fastener*) trombone *m;* **hair/bicycle ~** pince *f* à cheveux/vélo **2.** (*jewelry*) clip *m* **3.** (*gun part*) chargeur *m* **II.** <-pp-> *vt* **to ~ sth together** attacher qc **III.** *vi* **to ~ on** s'attacher

clip² [klɪp] <-pp-> **I.** *vt* **1.** (*trim*) couper; (*hedge*) tailler; (*sheep*) tondre **2.** (*make hole in*) poinçonner **3.** (*reduce*) diminuer; **to ~ a tenth of a second off the record** améliorer un record d'un dixième de seconde **4.** (*attach*) attacher **5.** (*hit: curb*) accrocher ► **to ~ sb's wings** rogner les ailes à qn **II.** *n* **1.** (*trim*) coupe *f* d'entretien; **to give sth a ~** donner un coup de ciseaux à qn; **to give a hedge a ~** tailler légèrement une haie **2.** (*extract*) clip *m* **3.** (*sharp hit*) claque *f* **4.** *inf* (*fast speed*) **at a (fair/fast/good) ~** à toute vitesse

clipboard *n* COMPUT presse-papiers *m*

clipped *adj* saccadé(e)

clipper *n* **1.** *pl* (*tool*) tondeuse *f* **2.** NAUT clipper *m*

clipping *n* coupure *f* de presse; **nail ~s** coupe-ongles *m;* **newspaper ~** coupure *f* de journal

clique [klik] *n + sing/pl vb, pej* clique *f*

cliquey <cliquier, cliquiest>, **cliquish** *adj pej* qui a l'esprit de groupe

clitoris ['klɪţ·ər·əs] *n* clitoris *m*

cloak [kloʊk] **I.** *n* **1.** (*outer garment*) grande cape *f* **2.** (*covering*) manteau *m;* (*of mist*) nappe *f* **II.** *vt* masquer

cloakroom *n* (*coat deposit*) vestiaire *m*

clobber ['kla·bər] *vt* **1.** *inf* (*harm*) tabasser **2.** *inf* (*defeat*) écraser

clock [klak] **I.** *n* **1.** pendule *f;* **alarm ~** réveil *m;* **to put a ~ back** retarder une horloge; **to put the ~s forward** avancer les horloges; **around the ~** 24 heures sur 24; **to work against the ~** travailler contre la montre; **to work according to the ~** faire qc en respectant l'horaire; **to watch the ~** surveiller l'heure **2.** (*speedometer*) compteur *m* **II.** *vt* **1.** (*measure time or speed*) chronométrer **2.** *inf* (*hit*) coller un pain

◆ **clock in** *vi* pointer

◆ **clock out** *vi* pointer (à la sortie)

◆ **clock up** *vt insep* **he clocked up 300 miles** il a fait 300 miles au compteur

clock radio *n* radio-réveil *m*

clock-watcher *n pej* qn qui ne fait que guetter l'heure de la sortie

clockwise *adj* dans le sens des aiguilles d'une montre

clockwork *n* mécanisme *m* ► **to go like ~** aller comme sur des roulettes

clod [klad] *n* **1.** (*lump of earth*) motte *f* de terre **2.** (*idiot*) balourd(e) *m(f)*

clog [klɔg] **I.** *n* sabot *m* **II.** <-gg-> *vi* se boucher **III.** <-gg-> *vt* boucher

cloister ['klɔɪ·stər] *n* cloître *m*

clone [kloʊn] **I.** *n* clone *m* **II.** *vt* cloner

cloning *n* clonage *m*

close¹ [kloʊs] **I.** *adj* **1.** (*near*) proche; **at ~ quarters** de très près; **at ~ range** à bout portant; **~ combat** corps *m* à corps **2.** (*intimate*) proche; **to be ~ to sb** être proche de qn; (*ties*) étroit(e) **3.** (*similar: resemblance*) fort(e); **to be ~ in sth** se ressembler dans qc **4.** (*careful*) minutieux(-euse); (*attention*) soutenu(e); **after ~ consideration** après mûre réflexion **5.** (*airless*) étouffant(e); (*weather*) lourd(e) **6.** (*almost equal: contest*) serré(e) **7.** (*dense*) serré(e) ► **to keep a ~ eye on sb/sth** surveiller qn/qc de très près **II.** *adv* **1.** (*near in location*) près **2.** (*near in time*) proche; **to get ~** (s')approcher **3.** *fig* proche ► **to sail ~ to the wind** jouer un jeu dangereux **III.** *n* impasse *f;* (*of cathedral*) enceinte *f*

close² [kloʊz] **I.** *n* fin *f;* **to bring sth to a ~** conclure qc; **to come to a ~** prendre fin **II.** *vt* **1.** (*shut*) fermer **2.** (*end*) mettre fin à; (*bank account*) fermer; (*deal*) conclure ► **to ~ the**

stable door after the horse has bolted prendre des précautions après coup; **to ~ one's eyes to sth** fermer les yeux sur qc **III.** *vi* **1.** (*shut*) fermer; (*eyes, door*) se fermer **2.** (*end*) prendre fin
◆**close down** *vt, vi* fermer définitivement
◆**close in** *vi* **1.** (*surround*) **to ~ on sth** se rapprocher de qc **2.** (*get shorter*) se raccourcir
◆**close off** *vt* condamner
◆**close up** *vt, vi* fermer
closed *adj* fermé(e) ▶**it's a ~ book to me** je n'y comprends rien; **behind ~ doors** à l'abri des regards indiscrets
close-down *n* fermeture *f* (définitive)
closed season *n* fermeture *f* de la chasse
close-knit *adj* très uni(e)
closely *adv* **1.** (*intimately*) étroitement; **to be ~ linked** être très proche **2.** (*carefully*) **~ guarded secret** secret *m* bien gardé
closeness *n* **1.** *no art* (*nearness*) proximité *f* **2.** (*intimacy*) intimité *f* **3.** (*airlessness*) lourdeur *f*
closet ['klɑ·zɪt] **I.** *n* (*for clothes*) placard *m* ▶**to come out of the ~** *inf* sortir du placard **II.** *adj* (*private, secrete*) caché(e) **III.** *vt* enfermer; **to ~ oneself somewhere** s'enfermer quelque part
close to *prep, adv* **1.** (*near*) près de; **to be ~ the beginning/end of sth** en être au début/à la fin de qc; **to live ~ work** habiter près de son lieu de travail **2.** (*almost*) presque; (*tears*) au bord de; (*death*) au seuil de; **~ doing sth** sur le point de faire qc **3.** *fig* **to be/to get ~ sb** être proche/se rapprocher de qn
close-up *n* gros plan *m*
closing **I.** <inv> *adj* final(e); (*speech*) de clôture **II.** *n* **1.** (*ending*) clôture *f* **2.** (*end of business hours*) heure *f* de fermeture; **early ~** fermeture *f* l'après-midi
closing date *n* date *f* limite
closing down *n* fermeture *f*
closing-down sale *n* liquidation *f*
closing price *n* cours *m* en clôture
closure ['kloʊ·ʒər] *n* **1.** fermeture *f* **2.** PSYCH **to get ~** tourner la page
clot [klat] **I.** *n* (*lump*) caillot *m* **II.** <-tt-> *vi* coaguler; **anti-(blood) ~ting agent** agent *m* anticoagulant
cloth [klaθ] **I.** *n* **1.** *no art* (*material*) tissu *m*; **table~** nappe *f* **2.** (*rag*) chiffon *m* **3.** (*clergy*) clergé *m* ▶**to cut one's coat according to one's ~** vivre selon ses moyens **II.** <inv> *adj* en tissu
clothe [kloʊð] *vt* vêtir
clothes *npl* vêtements *mpl*, hardes *fpl Québec*; **to put one's ~ on** s'habiller; **~ designer** styliste *mf*
clothes hanger *n* cintre *m*
clothes horse *n* séchoir *m* à linge
clothesline *n* corde *f* à linge
clothes moth *n* mite *f*
clothespin *n* pince *f* à linge
clothing *n form* vêtements *mpl*
cloud [klaʊd] **I.** *n a. fig* nuage *m* ▶**to be on ~ nine** être au septième ciel; **to be under a ~** être l'objet de soupçons **II.** *vt* **1.** (*darken*) *a. fig* obscurcir **2.** (*make less clear*) rendre trouble **III.** *vi* **1.** (*become overcast*) se couvrir **2.** *fig* s'assombrir
◆**cloud over** *vi* **1.** (*become covered with clouds*) se couvrir **2.** (*become gloomy*) s'assombrir
cloudburst *n* averse *f*
cloud cover *n* couche *f* de nuages
cloud cuckoo land *n pej* **to live in ~** ne pas avoir les pieds sur terre
clouded *adj* **1.** (*cloudy*) nuageux(-euse) **2.** (*not transparent: liquid*) trouble **3.** (*confused: mind*) troublé(e)
cloudless *adj* sans nuages
cloudy <-ier, -iest> *adj* **1.** (*overcast*) nuageux(-euse); **partly ~ skies** ciel *m* partiellement couvert **2.** (*not transparent: liquid*) trouble **3.** (*unclear*) nébuleux(-euse) **4.** *fig* **~ eyes** regard *m* embué
clout [klaʊt] **I.** *n* **1.** *inf* (*hit*) taloche *f* **2.** (*power*) poids *m*; **to have ~** avoir de l'influence **II.** *vt inf* (*person*) flanquer une taloche à; (*object*) donner un coup à
clove[1] [kloʊv] *n* (*plant part*) gousse *f*
clove[2] [kloʊv] *n* (*spice*) clou *m* de girofle
clove[3] [kloʊv] *pt of* **cleave**
cloven ['kloʊ·vᵊn] **I.** *pp of* **cleave** **II.** *adj* fourchu(e)
clover *n* trèfle *m*; **four-leaf ~** trèfle à quatre feuilles ▶**to be in ~** être comme un coq en pâte
cloverleaf *n* (*road junction*) croisement *m* en trèfle
clown [klaʊn] **I.** *n a. fig* clown *m* **II.** *vi* **to ~ around** faire le clown
clownish ['klaʊ·nɪʃ] *adj* clownesque
cloying [klɔɪ·ɪŋ] *adj* écœurant(e)
club [klʌb] **I.** *n* **1.** (*group, team*) club *m*; **to join a ~** adhérer à un club; **tennis ~** club de tennis; **join the ~!** bienvenue au club! **2.** SPORTS (*stick*) club *m*; **golf ~** club de golf **3.** (*weapon*) gourdin *m* **4.** GAMES (*playing card*) trèfle *m*; **queen of ~s** reine *f* de trèfle **5.** (*disco*) boîte *f* **II.** <-bb-> *vt* frapper avec un gourdin; **to ~ sb/an animal to death** frapper qn/un animal à mort
◆**club together** *vi* se cotiser
clubbing *vi* **to go ~** aller en boîte
club class *n* classe *f* affaires
club foot *n* MED pied *m* bot
club member *n* membre *mf* du club
club sandwich *n* sandwich *m* mixte
cluck [klʌk] **I.** *n a. fig* gloussement *m* **II.** *vi a. fig* glousser
clue [klu] *n* **1.** (*hint*) indice *m* **2.** *fig* (*secret*) secret *m* **3.** (*idea*) idée *f*; **to have a ~ about sth** avoir une idée sur qc; **to not have a ~** ne pas avoir la moindre idée
clueless *adj inf* largué(e)
clump[1] [klʌmp] **I.** *vi* (*walk noisily*) marcher

d'un pas lourd **II.** *n* (*heavy sound*) bruit *m* de pas lourd
clump² [klʌmp] **I.** *vt* (*group*) **to ~ sth together** rassembler qc **II.** *vi* **to ~ together** se rassembler **III.** *n* (*thick group: of bushes, trees*) massif *m;* (*of persons*) groupe *m;* (*of herbs*) touffe *f;* (*of earth*) motte *f*
clumsiness *n* maladresse *f*
clumsy ['klʌm·zi] <-ier, -iest> *adj a. fig* maladroit(e)
clung [klʌŋ] *pp, pt of* **cling**
clunk [klʌŋk] *n* bruit *m* sourd
cluster ['klʌs·tər] **I.** *n* **1.** (*group*) groupe *m;* (*of fruit*) grappe *f;* (*of flowers, trees*) bouquet *m;* (*of persons*) groupe *m;* (*of bees*) essaim *m;* (*of stars*) amas *m* **2.** LING groupe *m* **II.** *vi* **to ~ together** se regrouper
◆**cluster round** *vt* se grouper autour de
cluster bomb *n* bombe *f* à fragmentation
clutch [klʌtʃ] **I.** *vi* **to ~ at sth** se cramponner à qc **II.** *vt* saisir **III.** *n* **1.** *sing* AUTO (*transmission device*) embrayage *m* **2.** (*set: of eggs*) couvée *f* **3.** *fig* (*group*) groupe *m* **4.** (*claw*) *a. fig* griffe *f* ▶ **to be in the ~es of sb/sth** être entre les griffes de qn/qc
clutch bag *n* pochette *f*
clutter ['klʌt̬·ər] **I.** *n* encombrement *m* **II.** *vt* encombrer
cluttered *adj* encombré(e); **to be ~ with sth** être encombré de qc
cm *inv n abbr of* **centimeter** cm *m*
c'mon *inf* = **come on**
CO [ˌsi·'oʊ] *n* **1.** *abbr of* **Colorado** **2.** MIL *abbr of* **Commanding Officer** officier *m* commandant
Co. *n* **1.** *abbr of* **company** Cie *f;* **... and ~** ... et Cie **2.** GEO *abbr of* **county** conté *m*
c/o *abbr of* **care of** chez
coach [koʊtʃ] **I.** *n* **1.** SPORTS (*professional coach*) entraîneur *m* **2.** (*teacher*) professeur *m* particulier **3.** (*in airplane*) classe *f* économique **4.** (*bus*) car *m* **5.** (*stagecoach*) carrosse *m* **II.** *vt* **1.** (*give private teaching*) donner des cours de soutien à **2.** SPORTS entraîner **3.** (*support professionally*) coacher
coaching *n* **1.** (*support*) soutien *m* **2.** SPORTS entraînement *m* **3.** (*professional support*) coaching *m*
coaching staff *n* SPORTS équipe *f* d'entraînement
coachman *n* cocher *m*
coagulate [koʊ·'æg·jə·leɪt] **I.** *vi* se coaguler **II.** *vt* coaguler
coagulation *n* coagulation *f*
coal [koʊl] *n* charbon *m* ▶ **to carry ~s to Newcastle** porter de l'eau à la rivière; **to drag sb over the ~s** réprimander qn sévèrement
coal-black *adj* noir(e) comme du charbon
coalesce [koʊə·'les] *vi form* **to ~ into sth** fusionner en qc
coalescence [koʊə·'les·ən(ts)] *n form* fusion *f*
coalface *n* front *m* de taille
coalfield *n* bassin *m* houiller
coal-fired *adj* alimenté(e) au charbon; **~ central-heating** centrale *f* thermique au charbon
coalition [ˌkoʊə·'lɪʃ·ən] *n* POL coalition *f*
coal mine *n* mine *f* de charbon
coal miner *n* mineur *m*
coal mining *n* charbonnage *m*
coal scuttle *n* seau *m* à charbon
coal tar *n* goudron *m* de houille
coarse [kɔrs] <-r, -st> *adj a. fig* grossier(-ère); (*salt, sand*) gros(se); (*skin, surface*) rugueux(-euse); (*features*) rude
coarsely *adv* grossièrement
coarsen ['kɔr·sən] **I.** *vt* rendre grossier **II.** *vi* devenir grossier
coarseness *n a. fig* grossièreté *f*
coast [koʊst] **I.** *n* côte *f;* **three miles off the ~** à trois miles de la côte; **from ~ to ~** d'un bout à l'autre du pays ▶ **the ~ is clear** la voie est libre **II.** *vi* **1.** (*move easily*) avancer en roue libre **2.** (*make progress*) avancer sans difficulté
coastal *adj* côtier(-ère)
coaster *n* **1.** (*for glasses*) dessous *m* de verre **2.** (*boat*) caboteur *m* **3.** *inf* (*roller coaster*) montagnes *fpl* russes
Coast Guard *n* **the ~** les garde-côtes *mpl*
coastline *n* littoral *m*
coast to coast *adv* d'un bout à l'autre du pays
coat [koʊt] **I.** *n* **1.** (*outer garment*) manteau *m;* **leather ~** manteau en cuir **2.** (*animal's outer covering*) pelage *m* **3.** (*layer*) couche *f;* **to give sth a ~** passer une couche sur qc **II.** *vt* couvrir; **to ~ sth with sth** couvrir qc de qc
coated *adj* **to be ~ in sth** être recouvert de qc
coat hanger *n* cintre *m*
coat hook *n* patère *f*
coating *n s.* **coat**
coat of arms <coats of arms> *n* armoiries *fpl*
coattails *npl* queue *f* de pie ▶ **on sb's ~** dans le sillage de qn
co-author [koʊ·'ɔ·θər] **I.** *n* coauteur *m* **II.** *vt* être le coauteur de
coax [koʊks] *vt* enjôler; **to ~ sb to do sth** enjôler qn pour qu'il fasse qc (*subj*); **to ~ sth out of sb** soutirer qc à qn
coaxing **I.** *n* cajoleries *fpl* **II.** *adj* cajoleur(-euse)
coaxingly *adv* d'un air enjôleur
cobalt ['koʊ·bɔlt] *n* cobalt *m*
cobalt blue *n* bleu *m* cobalt
cobble¹ ['ka·bl] **I.** *n* (*stone*) pavé *m* **II.** *vt* paver
cobble² ['ka·bl] *vt* (*repair*) réparer
◆**cobble together** *vt* bricoler
cobbled *adj* pavé(e)
cobbler *n* cordonnier, -ière *m, f*
cobblestone *n* pavé *m*
Cobol, COBOL ['koʊ·bɔl] *n* COMPUT COBOL *m;* **to program in ~** programmer en COBOL
cobra ['koʊ·brə] *n* cobra *m*
cobweb ['kab·web] *n* **1.** (*web made by spider*) toile *f* d'araignée **2.** (*single threads*) fil *m* d'araignée
coca ['koʊ·kə] *n* coca *f*
Coca Cola® *n* coca-cola *m inv*
cocaine [koʊ·'keɪn] *n* cocaïne *f*

cocaine addict *n* cocaïnomane *mf*
coccyx ['kak·sɪks] <-es *o* coccyges> *n* coccyx *m*
cochineal ['ka·tʃə·nil] *n* cochenille *f*
cochlea ['kak·li·ə] <-e *o* -s> *n* ANAT limaçon *m*
cochleae *n pl of* **cochlea**
cock [kak] **I.** *n* **1.** (*male chicken*) coq *m* **2.** *vulg* (*penis*) bit(t)e *f* **II.** *vt* (*ready gun*) armer
cockade [ka·'keɪd] *n* cocarde *f*
cock-a-doodle-doo **I.** *interj childspeak* cocorico! **II.** *n* cocorico *m*; **to make a ~** faire cocorico **III.** *vi* faire cocorico
cock and bull story *n* histoire *f* à dormir debout
cockatoo [ˌka·kə·'tu] <-(s)> *n* cacatoès *m*
cockerel ['ka·kə·rəl] *n* coquelet *m*
cocker spaniel *n* cocker *m*
cock-eyed *adj* **1.** *inf* (*not straight*) de traviole **2.** (*ridiculous: idea, plan*) absurde
cock fight *n* combat *m* de coqs
cockiness *n* suffisance *f*
cockle ['ka·kl] *n* coque *f*
cockney ['kak·ni] **I.** *n* (*dialect*) cockney *m* **II.** *adj* cockney *inv*
cockpit ['kak·pɪt] *n* **1.** (*pilot's area*) cockpit *m* **2.** *sing* (*area of fighting*) arène *f*
cockroach ['kak·roʊtʃ] *n* cafard *m*
cockscomb ['kak·skoʊm] *n* ZOOL crête *f* de coq
cocksure [ˌkak·'ʃʊr] *adj pej, inf* trop sûr(e) de soi
cocktail ['kak·teɪl] *n* cocktail *m*; **champagne ~** cocktail au champagne; **shrimp ~** cocktail de crevettes
cocktail cabinet *n* bar *m*
cocktail dress *n* robe *f* de cocktail
cocktail lounge *n* bar *m*
cock-up *n inf* bordel *m*; **to make a ~ of sth** faire foirer qc
cocky ['ka·ki] <-ier, -iest> *adj inf* culotté(e)
cocoa ['koʊ·koʊ] *n* cacao *m*
cocoa butter *n* beurre *m* de cacao
coconut ['koʊ·kə·nʌt] *n* noix *f* de coco; **grated ~** noix de coco râpée
coconut butter *n* beurre *m* de coco
coconut matting *n* natte *f* en fibre de coco
coconut milk *n* lait *m* de coco
coconut oil *n* huile *f* de coco
coconut palm *n* cocotier *m*
cocoon [kə·'kun] **I.** *n* cocon *m* **II.** *vt* protéger
cod [kad] <-(s)> *n* **1.** (*fish*) morue *f* **2.** (*fresh fish*) cabillaud *m*
COD [ˌsi·oʊ·'di] *n abbr of* **cash on delivery** livraison *f* contre remboursement
coda ['koʊ·də] *n* coda *f*
coddle ['ka·dl] *vt* **1.** (*cook gently*) cuire à feu doux **2.** (*treat tenderly*) dorloter
code [koʊd] **I.** *n* code *m*; **to write sth in ~** coder qc; **to decipher a ~** déchiffrer un code; **~ of conduct** déontologie *f* **II.** *vt* coder
coded *adj* codé(e)
codeine [koʊ·din] *n* codéine *f*
code name *n* nom *m* de code
code-named *adj* qui a pour nom de code
co-determination [ˌkoʊ·dɪ·tɜr·mɪ·'neɪ·ʃən] *n* codétermination *f*
code word *n* mot *m* de passe
codex ['koʊ·deks] <codices> *n* manuscrit *m*
codger ['ka·dʒər] *n iron, pej, inf* **an old ~** un vieux type
codices ['koʊ·dɪ·siz] *n pl of* **codex**
codicil ['ka·də·səl] *n* LAW codicille *m*
codify ['ka·dɪ·faɪ] *vt* codifier
cod liver oil *n* huile *f* de foie de morue
codpiece ['kad·pis] *n* braguette *f*
coed *adj inf* (*school, team*) mixte; **to go ~** devenir mixte
coeducation *n* enseignement *m* mixte
coeducational *adj* (*school*) mixte
coefficient *n* MATH coefficient *m*
coequal **I.** *n form* égal(e) *m(f)* **II.** *adj form* égale(e)
coerce [koʊ·'ɜrs] *vt form* contraindre
coercion [koʊ·'ɜr·ʒən] *n form* coercition *f*
coercive [koʊ·'ɜr·sɪv] *adj* coercitif(-ive)
coexist *vi* coexister
coexistence *n* coexistence *f*
coffee ['kɔ·fi] *n* **1.** (*hot drink*) café *m*; **instant ~** café instantané; **cup of ~** tasse *f* de café; **black ~** café *m* noir **2.** *s.* **coffee-colored**
coffee bean *n* grain *m* de café
coffee break *n* pause *f* café; **to have/take a ~** faire une pause-café
coffee cake *n* gâteau *m*
coffee-colored *adj* couleur café
coffee cup *n* tasse *f* à café
coffee grinder *n* moulin *m* à café
coffee grounds *n* marc *m* de café
coffee house *n* café *m*
coffee machine *n* machine *f* à café
coffee mill *n s.* **coffee grinder**
coffee pot *n* cafetière *f*
coffee shop *n* café *m*
coffee table *n* table *f* basse
coffer ['kɔ·fər] *n* **1.** (*storage place*) coffre *m* **2. the ~s** *pl* (*money reserves*) les caisses *fpl*
coffin ['kɔ·fɪn] *n* cercueil *m*
cog [kɔg] *n* **1.** (*tooth-like part of wheel*) dent *f* **2.** (*wheel*) roue *f* **3.** *pej* (*minor, yet necessary part*) rouage *m*; **to be a ~ in a machine** n'être qu'un rouage de la machine
cogency ['koʊ·dʒən(t)·si] *n form* puissance *f*
cogent ['koʊ·dʒənt] *adj form* convaincant(e)
cogently *adv form* avec force
cogitate ['ka·dʒə·teɪt] *vi iron, a. form* cogiter
cogitation *n a. iron* cogitation *f*
cognac ['koʊ·njæk] *n* cognac *m*
cognate ['kɔg·neɪt] *adj* LING apparenté(e); **to be ~ with sth** être apparenté à qc
cognition [kɔg·'nɪʃ·ən] *n form* cognition *f*
cognitive ['kɔg·nə·t̬ɪv] *adj form* cognitif(-ive)
cognitive psychology *n* psychologie *f* cognitive
cognitive therapy *n* thérapie *f* cognitive
cognizance *n form* LAW connaissance *f*
cognizant ['kɔg·nə·zənt] *adj form* **to be ~ of**

C

the facts avoir connaissance des faits
cognomen [kɔg·ˈnoʊ·mən] *n* **1.** (*nickname*) surnom *m* **2.** (*ancient Roman's family name*) nom *m* de famille
cogwheel [ˈkɔg·wil] *n s.* **cog**
cohabit [koʊ·ˈhæb·ɪt] *vi form* cohabiter
cohabitant *n form* compagnon *m*, compagne *f*
cohabitation *n* cohabitation *f*
cohabiter *n s.* **cohabitant**
cohere [koʊ·ˈhɪr] *vi form* être cohérent(e)
coherence *n* cohérence *f*
coherent [ˈkoʊ·ˈhɪr·ᵊnt] *adj* cohérent(e)
coherently *adv* de manière cohérente
cohesion [koʊ·ˈhi·ʒᵊn] *n* cohésion *f*
cohesive [koʊ·ˈhi·sɪv] *adj* cohésif(-ive)
cohesiveness *n* cohésion *f*
cohort [ˈkoʊ·hɔrt] *n a. pej* cohorte *f*
coiffed *adj iron* coiffé(e)
coiffeur [kwa·ˈfɜr] *n* coiffeur *m*
coiffure [kwa·ˈfjʊr] *n form* coiffure *f*
coil [kɔɪl] **I.** *n* **1.** (*wound spiral*) rouleau *m;* (*of rope*) pli *m* **2.** *inf* MED stérilet *m* **II.** *vi* (*snake*) **to ~ around sth** s'enrouler autour de qc **III.** *vt* enrouler; **to ~ oneself around sth** s'enrouler autour de qc
coin [kɔɪn] **I.** *n* pièce *f;* **gold ~** pièce en or **II.** *vt* inventer ►**to ~ a phrase ...** pour ainsi dire ...

> ℹ Les **coins** (pièces de monnaie) portent des noms spéciaux aux États-Unis. Un dollar représente 100 cents. La plus petite pièce de monnaie est le *penny*, c'est la pièce de 1 cent. Vient ensuite la petite pièce de 5 cents qu'on appelle un *nickel*. Une pièce de 10 cents est appelée *dime*. On dit *quarter* (quart de dollar) pour une pièce de 25 cents. Il existe aussi les *half dollars*, de 50 cents, et les *dollar coins*.

coinage [ˈkɔɪ·nɪdʒ] *n* **1.** (*set of coins*) monnaie *f* **2.** (*producing of coins*) frappe *f* **3.** (*system*) système *m* monétaire **4.** (*invented word*) néologisme *m*
coincide [ˌkoʊ·ɪn·ˈsaɪd] *vi* coïncider
coincidence *n* coïncidence *f*
coincident [koʊ·ˈɪn(t)·sɪ·dənt] *adj* **1.** (*occupying same space or time*) coïncident(e); **to be ~ with sth** coïncider avec qc **2.** (*in harmony with*) **to be ~ with sth** concorder avec qc
coincidental *adj* fortuit(e)
coincidentally *adv* par coïncidence
coitus [ˈkoʊ·ə·t̬əs] *n form* coït *m*
coke [koʊk] *n* **1.** (*fuel*) coke *m* **2.** *inf* (*cocaine*) coke *f*
Coke® *n* coca *m*
col. [kal] *n* **1.** *abbr of* **column 2.** *abbr of* **college 3.** *abbr of* **colony**
Col. *n abbr of* **colonel**
cola [ˈkoʊ·lə] *n* **1.** BOT cola *f* **2.** (*coke*) coca *m*
colander [ˈkʌl·ən·dər] *n* passoire *f*
cold [koʊld] **I.** *adj* <-er, -est> (*not warm*) *a. fig* froid(e); **to be as ~ as ice** être glacé; **~ beer** bière *f* fraîche; **to be ~** (*weather*) faire froid; (*person*) avoir froid; **to go ~** (*soup, coffee*) se refroidir; **to get ~** (*person*) avoir froid; **to be ~ comfort** ne pas être très rassurant ►**to have/get ~ feet** perdre son sang froid; **to pour ~ water on sth** démolir qc **II.** *n* **1.** (*low temperature*) froid *m* **2.** MED rhume *m;* **to catch a ~** attraper froid
cold-blooded *adj* **1.** ZOOL (*ectothermic: animal*) à sang froid **2.** (*extremely evil: murderer*) sans pitié
cold call *n* visite *f* à froid; (*on the phone*) appel *m* à froid
cold cream *n* cold-cream *m*
cold cuts *npl* assiette *f* anglaise
cold feet *n pl, inf* **to get ~** se défiler
cold front *n* front *m* froid
cold-hearted *adj* sans cœur
coldly *adv* froidement; (*to look at*) avec froideur
coldness *n* froideur *f*
cold snap *n* refroidissement *m*
cold sore *n* MED herpès *m*
cold start *n* démarrage *m* à froid
cold storage *n* conservation *f* par le froid; **to put sth in ~** mettre qc en chambre froide
cold sweat *n* sueur *f* froide; **to break out in a ~** commencer à avoir des sueurs froides
cold turkey *n inf* manque *m;* **to quit smoking ~** arrêter de fumer tout à coup
cold war *n* guerre *f* froide
coleslaw [ˈkoʊl·slɔ] *n* salade *f* de chou
colic [ˈka·lɪk] *n* colique *f*
colitis [koʊ·ˈlaɪ·t̬ɪs] *n* colite *f*
collaborate [kə·ˈlæb·ə·reɪt] *vi a. pej* collaborer; **to ~ on sth** collaborer à qc
collaboration *n* collaboration *f*
collaborationist *adj pej* collaborationniste *mf*
collaborative [kə·ˈlæb·ər·ə·t̬ɪv] *adj* fait(e) en commun
collaborator *n a. pej* collaborateur, -trice *m, f,* incivique *mf Belgique*
collage [kə·laʒ] *n* collage *m*
collagen [ˈka·lə·dʒən] *n* collagène *m*
collagen implant, collagen injection *n* injection *f* au collagène
collapse [kə·ˈlæps] **I.** *vi a. fig* s'effondrer; (*government*) tomber; **to ~ with laughter** se tordre de rire **II.** *n a. fig* effondrement *m;* (*of government*) chute *f*
collapsed *adj* MED **~ lung** collapsus *m* pulmonaire
collapsible *adj* pliant(e)
collar [ˈka·lər] **I.** *n* **1.** (*piece around neck*) col *m* **2.** (*band*) collier *m* **II.** *vt* **1.** *inf* saisir au collet **2.** *fig* retenir
collar bone *n* clavicule *f*
collate [kə·ˈleɪt] *vt* collationner
collateral [kə·ˈlæt̬·ᵊr·ᵊl] **I.** *n* FIN nantissement *m* **II.** *adj* collatéral(e)
collateral damage *n* dommages *mpl* collatéraux

colleague ['ka·lig] *n* collègue *mf*
collect ['ka·lekt] **I.** *vi* **1.** (*gather*) **to ~ (together)** (*crowd*) se rassembler; (*dust, dirt*) s'amasser **2.** (*gather money*) faire la quête **II.** *vt* **1.** (*gather*) rassembler; (*money, taxes*) percevoir; (*water, news*) recueillir **2.** (*gather things as hobby: stamps, antiques*) collectionner **3.** (*pick up*) aller chercher **4.** *form* (*regain control*) reprendre; **to ~ oneself** se reprendre; **to ~ one's thoughts** rassembler ses idées **5.** (*receive*) recevoir **III.** *adv* TEL **to call ~** téléphoner en PCV
collectable *s.* **collectible**
collect call *n* appel *m* en PCV
collected *adj* (*people*) serein(e)
collectible **I.** *adj* **1.** (*worth collecting*) prisé(e) par les collectionneurs **2.** (*can be collected*) disponible **II.** *n* pièce *f* de collection
collection [kə·'lek·ʃən] *n* **1.** (*money gathered*) collecte *f*; **to have a ~ for sth** faire une collecte pour qc **2.** (*object collected*) collection *f* **3.** *fig* (*large number*) collection *f* **4.** (*range of designed clothes*) collection *f*; **winter/spring ~** collection d'hiver/de printemps **5.** (*act of getting: of garbage*) ramassage *m*
collective [kə·'lek·tɪv] **I.** *adj* collectif(-ive) **II.** *n* coopérative *f*
collective farm *n* ferme *f* collective
collectively *adv* collectivement
collective noun *n* LING collectif *m*
collectivism [kə·'lek·tə·vɪ·zəm] *n* collectivisme *m*
collector *n* **1.** (*one who gathers objects*) collectionneur, -euse *m, f*; **stamp ~** philatéliste *mf* **2.** (*one who collects payments*) collecteur, -trice *m, f*; **tax ~** percepteur, -trice *m, f*
collector's item, collector's piece *n* pièce *f* de collection
college ['kal·ɪdʒ] *n* **1.** (*university*) université *f*; **to go to ~** aller à l'université; **~ education** études *fpl* supérieures **2.** (*part of university*) faculté *f*; **College of Dentistry** Institut *m* dentaire

> **i** **College** est le mot qui désigne le temps passé à l'université jusqu'au diplôme du *bachelor's degree*, c'est-à-dire 4 ans. Les universités, dans lesquelles les étudiants ne peuvent obtenir qu'un *bachelor's degree*, sont souvent appelées **colleges**, ainsi que certaines écoles de formation professionnelle. Les vraies *universities*, elles, offrent la possibilité de passer des *graduate degrees* (des diplômes d'études supérieures), tels que des *master's degrees* ou des *doctorates*. Dans les *junior colleges* on peut effectuer les deux premières années du **college** ou apprendre un métier technique.

college graduate *n* diplômé(e) *m(f)* d'université
collegiate [kə·'li·dʒɪt] *adj* universitaire
collide [kə·'laɪd] *vi* **to ~ with sb/sth** se heurter à qn/qc; **to ~ into sth** heurter qc
collie ['ka·li] *n* colley *m*
collision [kə·'lɪʒ·ən] *n* **1.** (*hit*) collision *f*; **to come into ~** entrer en collision **2.** *fig* **~ of interests** conflit *m* d'intérêts
collocate ['ka·lə·keɪt] **I.** *vi* LING **to ~ with sth** être cooccurrent de qc **II.** *n s.* **collocation**
collocation *n* LING collocation *f*
colloquial [kə·'loʊ·kwi·əl] *adj* familier(-ère)
colloquialism *n* expression *f* familière
colloquially *adv* familièrement
colloquy ['ka·lə·kwi] *n a. form* colloque *m*
collude [kə·'lud] *vi* **to ~ with sb** être de connivence avec qn
collusion [kə·'lu·ʒən] *n* collusion *f*
collywobbles ['ka·li·ˌwa·blz] *npl iron, inf* **the ~** la colique
cologne [kə·'loʊn] *n* eau *f* de Cologne
Colombia [kə·'lʌm·bi·ə] *n* la Colombie
Colombian **I.** *adj* colombien(ne) **II.** *n* Colombien(ne) *m(f)*
colon ['koʊ·lən] *n* **1.** ANAT colon *m* **2.** LING deux-points *mpl*
colon cancer *n* MED cancer *m* du colon
colonel ['kɜr·nəl] *n* MIL colonel *m*
colonial [kə·'loʊ·ni·əl] **I.** *adj* colonial(e) **II.** *n* colonial(e) *m(f)*
colonialism [kə·'loʊ·ni·ə·lɪ·zəm] *n* colonialisme *m*
colonialist **I.** *n* colonialiste *mf* **II.** *adj* colonialiste
colonist *n* colon *m*
colonization *n* colonisation *f*
colonize ['ka·lə·naɪz] *vt* coloniser
colonizer *n* colonisateur, -trice *m, f*
colonnade [ˌka·lə·'neɪd] *n* ARCHIT colonnade *f*
colony ['ka·lə·ni] *n* colonie *f*
color ['kʌl·ər] **I.** *n* **1.** (*appearance*) *a. fig* couleur *f*; **to give sth ~, to give ~ to sth** colorer qc **2.** (*dye*) colorant *m*; (*for hair*) coloration *f* **3.** (*ruddiness*) teint *m*; **to put some ~ in one's cheeks** se mettre du fond de teint **4.** *pl* POL, GAMES couleurs *fpl*; **to display one's ~s** montrer son pavillon **5.** (*character*) **to show one's true ~s** se montrer tel que l'on est ► **to pass with flying ~s** être reçu avec mention **II.** *vt* **1.** (*change color*) colorer; **to ~ one's hair** se teindre les cheveux **2.** (*distort*) déformer **III.** *vi* rougir
Colorado [ˌka·lə·'ræd·oʊ] *n* le Colorado
coloration [ˌkʌl·ə·'reɪ·ʃən] *n* coloration *f*
colorblind *adj* daltonien(ne)
colorblindness *n* daltonisme *m*
color-code *vt* faire un code couleurs
colored *adj* **1.** (*having a color*) coloré(e); (*pencil*) de couleur **2.** *pej* (*person*) de couleur
colorfast *adj* **this shirt is ~ (when washed)** les couleurs de cette chemise résistent au lavage
color filter *n* PHOT filtre *m* de couleur

C

colorful *adj* **1.** (*full of color*) coloré(e) **2.** (*lively*) gai(e); (*part of town*) pittoresque; (*description*) intéressant(e)
coloring *n* **1.** (*complexion*) complexion *f* **2.** (*chemical*) **artificial ~s** couleurs *fpl* artificielles
colorless *adj* **1.** (*having no color*) incolore **2.** (*bland*) fade; (*city*) ennuyeux(-euse)
color scheme *n* combinaison *f* de couleurs
color television *n* télévision *f* (en) couleur
colossal [kə·'la·sᵊl] *adj* colossal(e)
colossi *n pl of* **colossus**
colossus [kə·'la·səs] *n* <-es *o* colossi> *a. fig* colosse *m*
colossuses *n pl of* **colossus**
cols. *n abbr of* **columns** colonnes *fpl*
colt [koʊlt] *n* **1.** (*young horse*) poulain *m* **2.** (*weapon*) revolver *m*
Columbia [kə·'lʌm·bi·ə] *n* Columbia *f*; **District of ~** district *m* fédéral de Columbia

> Le **Columbus Day** commémore la découverte du Nouveau Monde par Christophe Colomb, le 12 octobre 1492. Depuis 1971, le **Columbus Day** est célébré le deuxième lundi d'octobre.

column ['ka·ləm] *n* **1.** (*pillar*) *a. fig* colonne *f*; **spinal ~** colonne vertébrale **2.** (*article*) rubrique *f*
columnist *n* chroniqueur, -euse *m, f*
coma ['koʊ·mə] *n* coma *m*
comatose ['koʊ·mə·toʊs] *adj* **1.** (*in a coma*) comateux(-euse) **2.** *inf* (*coma-like*) mollasse
comb [koʊm] **I.** *n* **1.** (*hair device*) peigne *m* **2.** ZOOL *s.* **cockscomb II.** *vt* **1.** (*groom with a comb*) **to ~ one's hair** se peigner **2.** (*search*) chercher minutieusement; (*book*) décortiquer; **to ~ an apartment for clues** passer l'appartement au peigne fin
combat ['kəm·bæt] **I.** *n* combat *m*; **hand-to-hand ~** corps à corps *m*; **~ between good and evil** lutte *f* entre le bien et le mal **II.** *vt* combattre; (*desire*) lutter contre
combat aircraft *n* avion *m* de combat
combatant [kəm·'bæt·ᵊnt] *n* combattant(e) *m(f)*
combative [kəm·'bæt̬·ɪv] *adj* combatif(-ive)
combination [ˌkam·bə·'neɪ·ʃᵊn] *n* **1.** (*mixture of things*) mélange *m* **2.** (*arrangement*) arrangement *m*; (*of circumstances*) concours *m* **3.** (*sequence of numbers*) combinaison *f* de nombres ►**in** ~ en association
combine ['kam·baɪn] **I.** *vt* mélanger; **to ~ business with pleasure** joindre l'utile à l'agréable; **to ~ family life with a career** jongler avec la vie de famille et la carrière; **to ~ money** réunir de l'argent **II.** *vi* s'unir; **to ~ against sb** se liguer contre qn
combined *adj* mélangé(e); (*efforts*) conjugué(e)
combustible [kəm·'bʌs·tə·bl] *adj form* **1.** (*highly flammable*) combustible; (*material*) inflammable **2.** (*excitable*) nerveux(-euse)
combustion [kəm·'bʌs·tʃᵊn] *n* combustion *f*
combustion chamber *n* chambre *f* de combustion
come [kʌm] <came, come, coming> *vi* **1.** (*arrive*) arriver; **to ~ toward sb** venir vers qn; **the year to ~** l'année *f* à venir; **to ~ to sb's rescue** venir au secours de qn; **to ~ from a place** venir d'un endroit; **to ~ from a rich family** être issu d'une famille riche **2.** (*happen*) arriver; **how ~?** comment ça se fait ? **3.** (*exist*) **to ~ in a size/color** être disponible en une taille/une couleur; **this shirt ~s with the pants** cette chemise est vendue avec le pantalon; **to ~ cheap(er)** coûter moins cher; **as it ~s** comme ça vient **4.** (*become*) **to ~ loose** se desserrer; **to ~ open** s'ouvrir **5.** *inf* (*have an orgasm*) jouir ►**to ~ clean about sth** révéler qc; **to have it coming** n'avoir que ce que l'on mérite; **~ again?** comment?; **~ to that!** au fait!
◆**come about** *vi* arriver
◆**come across I.** *vt* (*photos*) tomber sur; (*problem, obstacle*) rencontrer **II.** *vi* faire une impression; **to ~ well/badly** bien/mal passer; **to ~ as sth** donner l'impression d'être qc
◆**come along** *vi* arriver; **~!** allez, viens!; **are you coming along?** tu viens?, tu viens avec? *Belgique*
◆**come apart** *vi* **1.** (*break*) tomber en morceaux **2.** (*detach*) se défaire
◆**come around** *vi* **1.** (*change one's mind*) changer d'avis; **to ~ sb's way of thinking** se rallier à l'opinion de qn **2.** (*regain consciousness*) revenir à soi **3.** (*visit*) passer **4.** (*recur*) arriver
◆**come at** *vt* **1.** (*attack*) attaquer **2.** (*arrive*) parvenir à
◆**come away** *vi* partir; **to ~ from sth** se détacher de qc
◆**come back** *vi* revenir; **it'll ~ to me** ça me reviendra; **she came back from love-forty and won** elle est revenue de zéro-quarante et a gagné
◆**come by I.** *vt insep* **1.** *s.* **come across 2.** (*obtain by chance*) trouver **II.** *vi* passer
◆**come down** *vi* **1.** (*move down*) descendre; (*curtain*) baisser **2.** (*in rank: people*) descendre d'un rang **3.** (*land*) atterrir **4.** (*fall: rain, snow*) tomber **5.** (*visit southern place*) descendre; **he came down from Chicago** il est descendu de Chicago **6.** (*become less: prices, cost, inflation*) baisser **7.** (*be detached*) se décrocher **8.** *fig* (*to be a matter*) **to ~ to sth** se ramener à qc; **to ~ to the fact that ...** en venir au fait que ...
◆**come forward** *vi* **1.** (*advance*) **to ~ to sb** s'avancer vers qn **2.** (*offer assistance*) se présenter; **to ~ with sth** présenter qc; **to ~ with a suggestion** faire une suggestion
◆**come in** *vi* **1.** (*enter*) entrer; **~!** entrez! **2.** (*arrive*) arriver; (*tide, sea*) monter; (*news,*

results, call) s'annoncer; (*money*) rentrer; **to ~ first** arriver premier; **when do grapes ~?** quand commence la saison du raisin? **3.** (*become fashionable*) faire son apparition **4.** (*be*) **to ~ handy/useful** être pratique/utile **5.** (*participate in*) intervenir **6.** (*receive*) **to ~ for criticism** faire l'objet de critiques

◆**come into** *vt* **1.** (*enter*) entrer dans; **to ~ office** entrer en fonction; **to ~ fashion** devenir à la mode; **to ~ power** arriver au pouvoir; **to ~ the world** venir au monde **2.** (*get involved in*) **to ~ sb's life** s'ingérer dans la vie de qn **3.** (*be relevant*) **to ~ it** entrer en ligne de compte; **anger doesn't ~ it** la colère n'a rien à voir là-dedans **4.** (*inherit*) hériter de

◆**come of** *vi* ressortir; **nothing ever came of it** il n'en a jamais rien résulté

◆**come off** **I.** *vi* **1.** *inf* (*succeed*) réussir **2.** (*end up*) **to ~ well/badly** bien/mal s'en tirer **3.** (*become detached*) se détacher **4.** (*rub off: stain*) partir; (*ink*) s'effacer **II.** *vt* **1.** (*fall*) tomber de **2.** (*climb down*) descendre de **3.** (*detach*) se détacher de **4.** MED **to ~ one's medication** arrêter son traitement **5.** *inf* (*expression of annoyance*) **~ it!** arrête ton char!

◆**come on** **I.** *vi* **1.** (*exhortation*) **~! you can do it!** allez! tu peux le faire!; **~! just stop it!** hé! ça suffit! arrête! **2.** (*improve*) faire des progrès; **he really came on with his tennis** il a fait de gros progrès au tennis **3.** (*start*) commencer; **to have a headache coming on** sentir venir un mal de tête **4.** (*start to work*) se mettre en route; (*lights*) s'allumer **5.** THEAT, CINE entrer en scène **6.** *inf* (*express sexual interest*) **to ~ to sb** draguer qn **II.** *vt s.* **come upon**

◆**come out** *vi* **1.** (*appear, go out*) sortir; (*sun, star*) apparaître; (*flowers*) éclore **2.** (*express opinion*) se prononcer; **to ~ in favor of/against sth** se prononcer en faveur/contre qc **3.** (*emerge, result*) sortir; **to ~ of sth** se sortir de qc; **to ~ first** sortir premier **4.** (*become known*) être révélé; **to ~ that ...** s'avérer que ... **5.** (*say*) **to ~ with sth** sortir qc **6.** (*reveal one's homosexuality*) révéler son homosexualité **7.** (*be removed*) partir; (*cork*) retirer; (*tooth, hair*) tomber **8.** (*fade: shirt*) déteindre **9.** (*be published: book, film*) sortir **10.** PHOT **the pictures came out pretty nice** les photos *fpl* ont été réussies; **to not ~** ne rien donner **11.** (*end up*) **to ~ at a price** s'élever à un prix ▶**it will all ~ in the wash** *prov* on le saura tôt ou tard

◆**come over** **I.** *vi* **1.** (*come nearer*) se rapprocher **2.** (*visit*) passer; **why don't you ~ tomorrow?** pourquoi ne viens-tu pas me voir demain? **3.** (*come, travel*) venir; **to ~ from France** venir de France **4.** (*make impression*) **to ~ as sth** avoir l'air d'être qc; **to ~ well** bien passer **II.** *vt* (*person*) gagner; **what has ~ you?** qu'est-ce qui te prend?

◆**come round** *vi s.* **come around**

◆**come through** **I.** *vi* **1.** (*survive*) survivre **2.** (*penetrate*) percer **II.** *vt* (*war, injuries*) survivre à

◆**come to** **I.** *vt* **1.** (*reach*) atteindre; (*decision*) en venir à; (*conclusion*) arriver à; **this road comes to an end** cette route est sans issue; **to ~ rest** s'arrêter; **she will ~ no harm** il ne lui arrivera pas de mal; **to ~ nothing** n'aboutir à rien; **I can't ~ terms with his illness** je n'arrive pas à me faire à sa maladie **2.** (*amount to*) s'élever à **II.** *vi* revenir à soi

◆**come under** *vt* **1.** (*be listed under*) être classé sous; **the case came under his care** l'affaire *f* lui incombait **2.** (*be subjected to*) subir; **to ~ criticism** être sujet aux critiques; **to ~ suspicion** commencer à être soupçonné

◆**come up** **I.** *vi* **1.** (*go up*) monter; **to ~ for lunch** se manifester pour le déjeuner **2.** (*arise, be mentioned: problem, situation*) se présenter; **to ~ against a problem** se heurter à un problème; **he came up in the speech** il a été cité dans le discours **3.** (*appear*) apparaître; (*sun*) se lever; (*plant*) sortir; (*tide*) monter **4.** (*approach*) (s')approcher; **the flood came up to the city** l'inondation *f* est arrivée jusqu'à la ville **5.** LAW (*case*) passer au tribunal **6.** (*shine*) retrouver de sa brillance **7.** (*produce*) **to ~ with sth** (*solution*) trouver qc; (*idea*) proposer qc **II.** *vt* monter

◆**come upon** *vt* (*find*) tomber sur

comeback ['kʌm·bæk] *n* **1.** (*return*) retour *m;* **to make a ~** faire son retour; *fig* faire une rentrée (théâtrale) **2.** (*retort*) réplique *f*

comedian [kə·'mi·di·ən] *n* comique *mf;* **you are such a ~!** quel comédien!

comedienne [kə·ˌmi·di·'ən] *n* comique *f*

comedown *n inf* **1.** (*anticlimax*) déception *f* **2.** (*decline in status*) déclin *m*

comedy ['ka·mə·di] *n* **1.** CINE, THEAT, LIT comédie *f* **2.** (*funny situation*) farce *f*

comely ['kʌm·li] <-ier, -iest> *adj* beau(belle)

come-on *n inf* **1.** (*expression of sexual interest*) drague *f;* **to give sb the ~** draguer qn **2.** (*enticement*) attrait *m*

comestible [kə·'mes·tɪ·bl] **I.** *adj* comestible **II.** *n pl* denrées *fpl* alimentaires

comet ['ka·mɪt] *n* comète *f*

comeuppance [kʌm·'ʌp·ən(t)s] *n inf* **to get one's ~** avoir ce qu'on mérite

comfort ['kʌm(p)·fərt] **I.** *n* **1.** (*ease*) confort *m;* **for ~** pour le confort **2.** (*consolation*) réconfort *m* **3.** *pl* (*pleasurable things*) commodités *fpl* **II.** *vt* réconforter

comfortable *adj* **1.** (*offering comfort*) confortable **2.** (*pleasant: sensation*) agréable **3.** (*at ease*) à l'aise; **to make oneself ~** se mettre à l'aise; **to not feel ~** se sentir mal à l'aise **4.** (*having money*) aisé(e) **5.** MED **to be ~** ne pas souffrir **6.** (*substantial*) confortable; **to be in ~ circumstances** mener une vie aisée; **he has a ~ lead over his opponent** il a une avance confortable sur son adversaire

C

comfortably *adv* **1.** (*in a comfortable manner: sit, lie*) confortablement **2.** (*in a pleasant way*) agréablement **3.** (*financially stable*) **to live ~** mener une vie aisée; **to be ~ off** être à l'aise financièrement **4.** (*easily*) facilement **5.** (*substantially*) **to lead ~** avoir une avance confortable
comforter *n* édredon *m*
comforting *adj* consolant(e)
comfortless *adj form* **1.** (*without comfort: room*) sans confort **2.** *fig* peu rassurant(e); (*prospect*) démoralisant(e)
comfort station *n* toilettes *fpl*
comfy ['kʌm(p)·fi] <-ier, -iest> *adj inf* confortable
comic ['ka·mɪk] **I.** *n* **1.** (*comedian*) comique *mf* **2.** (*cartoon*) bande *f* dessinée **II.** *adj* comique
comical *adj* comique; **what a ~ idea you had!** quelle drôle d'idée tu as eue!
comic book *n* bande *f* dessinée
comic strip *n* bande *f* dessinée
coming I. *adj* **1.** (*next: year*) prochain(e); (*generation*) futur(e) **2.** (*approaching*) à venir; (*hurricane*) qui approche; (*difficulties*) qui s'annonce; **in the ~ weeks** dans les semaines à venir; **this ~ Sunday** ce dimanche **II.** *n* **1.** (*arrival*) venue *f* **2.** REL **the ~ of the Messiah** l'avènement *m* du Messie ► **~s and goings** les allées et venues *fpl*
comma ['ka·mə] *n* virgule *f*
command [kə·'mænd] **I.** *vt* **1.** (*order*) **to ~ sb** ordonner à qn; **I ~ that** j'ordonne que +*subj* **2.** (*have command over: regiment, ship*) commander **3.** (*have at one's disposal*) avoir à sa disposition **4.** *form* (*inspire: respect*) imposer **5.** *form* (*give*) **his house ~s a view of the beach** sa maison donne sur la plage **II.** *vi* commander **III.** *n* **1.** (*order*) ordre *m;* **he was at John's ~** il était aux ordres de John; **to have sth at one's ~** avoir la responsabilité de qc **2.** (*control*) maîtrise *f;* **to be in ~ of oneself** rester maître de soi; **to be in ~ of sth** avoir le contrôle de qc **3.** MIL commandement *m;* **to take ~ of a force** prendre le commandement d'une troupe **4.** COMPUT commande *f* **5.** (*knowledge: of a language*) maîtrise *f* **6.** *form* (*view*) vue *f*
commandant ['ka·mən·dænt] *n* MIL commandant *m*
commandeer [ˌka·mən·'dɪr] *vt* réquisitionner
commander *n* MIL chef *m*
commanding *adj* **1.** (*authoritative*) autoritaire **2.** (*dominant: position*) dominant(e) **3.** (*considerable*) considérable
command key *n* COMPUT touche *f* de commande
command line *n* COMPUT ligne *f* de commande
commandment *n* commandement *m;* **the Ten Commandments** REL les dix commandements
command module *n* AVIAT module *m* de commande
commando [kə·'mæn·doʊ] <-s *o* -es> *n* MIL commando *m*
command post *n* MIL poste *m* de commandement
command prompt *n* COMPUT invite *f* de commande
commemorate [kə·'mem·ə·reɪt] *vt* commémorer
commemoration *n* commémoration *f;* **in ~ of sb/sth** en commémoration de qn/qc
commemorative [kə·'mem·ᵊr·ə·t̬ɪv] *adj* commémoratif(-ive)
commence [kə·'men(t)s] *vi form* commencer
commencement [kə·'men(t)s·mənt] *n form* **1.** (*beginning*) commencement *m* **2.** (*graduation ceremony*) remise *f* des diplômes
commend [kə·'mend] *vt* **1.** (*praise*) louer; **this film was highly ~ed** ce film a été comblé de louanges **2.** (*recommend*) recommander
commendable *adj* louable
commendation *n* **1.** (*praise*) éloge *m* **2.** (*honor*) honneur *m*
commendatory [kə·'men·də·tɔr·i] *adj* (*remark*) élogieux(-euse)
commensurable *adj* **1.** MATH (*having common measure*) commensurable **2.** *s.* **commensurate**
commensurate [kə·'men(t)·ʃər·ət] *adj form* **to be ~ with sth** être proportionnel à qc
comment ['ka·ment] **I.** *n* commentaire *m;* **to make a ~ about sth** faire une observation à propos de qc; **no ~** sans commentaire **II.** *vi* faire un commentaire; **to ~ on sth** faire des commentaires sur qc; **to refuse to ~ on sth** refuser de commenter qc **III.** *vt* **to ~ that ...** remarquer que ...
commentary ['ka·mən·ter·i] *n* commentaire *m*
commentate ['ka·mən·teɪt] *vi* TV, RADIO faire le commentaire; **to ~ on sth** commenter qc
commentator *n* TV, RADIO commentateur, -trice *m, f*
commerce ['ka·mɜrs] *n* commerce *m;* **to be in ~** être dans les affaires
commercial I. *adj* **1.** (*relating to commerce*) commercial(e) **2.** *pej* (*profit-orientated: production, movie*) mercantile **3.** (*available to public*) commercial(e) **II.** *n* publicité *f*
commercialism [kə·'mɜr·ʃᵊl·ɪ·zᵊm] *n* mercantilisme *m*
commercialization *n* commercialisation *f*
commercialize [kə·'mɜr·ʃᵊ·laɪz] *vt* commercialiser
commercialized *adj* commercial(e)
commiserate [kə·'mɪz·ᵊr·eɪt] *vi* **to ~ with sb** témoigner de la sympathie à qn
commiseration *n* **1.** (*sympathy*) commisération *f* **2.** *pl* (*expression of sympathy*) compassion *f*
commission [kə·'mɪʃ·ᵊn] **I.** *vt* **1.** (*order*) commander; **to ~ sb to** +*infin* charger qn de +*infin* **2.** MIL mettre en service; **to ~ sb as sth** nommer qn à qc **II.** *n* **1.** (*order*) commission *f;*

to carry out a ~ s'acquitter d'une commission **2.** (*system of payment*) commission *f;* **to be on ~** travailler à la commission **3.** (*investigative body*) commission *f;* **fact-finding ~** commission d'enquête **4.** MIL affectation *f;* **to get one's ~** être nommé officier; **to resign one's ~** donner sa démission **5.** *form* (*perpetration: of a crime, murder*) perpétration *f* ▶ **in/out of ~** NAUT, AVIAT en/hors de service

commissioned officer *n* officier *m*

commissioner *n* commissaire *mf*

commit [kə·'mɪt] <-tt-> *vt* **1.** (*carry out*) commettre; **to ~ suicide** se suicider **2.** (*bind*) engager; **to ~ oneself to a relationship** s'engager dans une relation; **to ~ money to a project** mettre de l'argent dans un projet; **to ~ soldiers to the defense of a region** confier la défense d'une région à des soldats **3.** (*institutionalize: prisoner*) incarcérer; (*patient*) interner; **to ~ sb to prison/a hospital** envoyer qn en prison/à l'hôpital **4.** (*entrust*) confier; **to ~ sth to sb** confier qc à qn; **to ~ to memory** apprendre par cœur; **to ~ to paper** rapporter sur papier

commitment *n* engagement *m;* **he made a ~ to nuclear disarmament** il s'est engagé dans le désarmement nucléaire; **he asked for lighter teaching ~s** il a réclamé un enseignement moins chargé

committed *adj* engagé(e); (*socialist, Christian*) convaincu(e)

committee [kə·'mɪţ·i] *n* comité *m;* **to be on a ~** être membre d'un comité; **to be** [*o* **sit**] **on a ~** siéger à une commission

Committee of the Regions *n* Comité *m* des régions

commode [kə·'moʊd] *n* chaise *f* percée

commodious *adj form* spacieux(-euse)

commodity [kə·'ma·də·ţi] <-ties> *n* **1.** (*product*) denrée *f* **2.** (*raw material*) matière *f* première

commodore ['ka·mə·dɔr] *n* **1.** MIL (*high-ranking naval officer*) contre-amiral *m* **2.** (*yacht club president*) président(e) *m(f)* de yacht-club

common ['ka·mən] **I.** <-er, -est *o* more ~, most ~> *adj* **1.** (*ordinary: name*) courant(e); **in ~ use** d'un usage courant **2.** (*widespread*) notoire; (*disease*) répandu(e); **it is ~ knowledge that...** il est de notoriété publique que...; **to be ~ practice** être d'usage **3.** *inv* (*shared*) commun(e); **the ~ good** le bien commun; **by ~ assent** d'un commun accord; **to make ~ cause with sb** faire cause commune avec qn; **to have sth in ~ with sb/sth** avoir qc en commun avec qn/qc **4.** <-er, -est> *pej* (*low-class*) commun(e); (*criminal, thief*) de bas étage **5.** (*average*) ordinaire; **the ~ people** les gens *mpl* ordinaires; (*man*) du peuple; (*accent*) populaire **II.** *n* terrain *m* communal

common denominator *n a.* MATH dénominateur *m* commun

commoner *n* roturier, -ière *m, f*

common land *n* territoire *m* commun

common law *n* droit *m* commun

common-law marriage *n* concubinage *m*

commonly *adv* communément

commonplace **I.** *adj* banal(e) **II.** *n* lieu *m* commun

commonsense *adj* sensé(e)

common sense *n* bon sens *m*

common stock *n* FIN action *f* ordinaire

commonwealth *n* (*U.S. state*) *désignation pour certains États des Etats-Unis à savoir Kentucky, Massachusetts, Pennsylvania et Virginia*

Commonwealth *n* **the ~ (of Nations)** le Commonwealth

Commonwealth of Independent States *n* communauté *f* d'États Indépendants

commotion [kə·'moʊ·ʃən] *n* agitation *f*

communal *adj* commun(e); (*facilities*) à usage collectif; (*living, life*) communautaire; **~ ownership** copropriété *f*

commune [ka·'mjun] *n* + *sing/pl vb* **1.** (*kibbutz-like settlement*) communauté *f* **2.** (*smallest unit of local government*) commune *f*

communicable *adj form* (*emotion, thoughts, information*) communicable; (*disease*) contagieux(-euse) *f*

communicate [kə·'mju·nɪ·keɪt] **I.** *vt* communiquer; (*illness*) transmettre **II.** *vi* communiquer; **to ~ with one's hands** communiquer par gestes; **I'm afraid we just don't ~** je crains que nous manquions simplement de communication *subj*

communication *n a. form* communication *f;* **means of ~** moyens *mpl* de communication

communicative [kə·'mju·nə·keɪ·ţɪv] *adj* communicatif(-ive)

communion [kə·'mju·njən] *n* **1.** (*intimate communication*) communion *f* **2.** (*religious community*) congrégation *f* (religieuse) **3.** REL Communion *f; s.a.* **Holy Communion**

communiqué [kə·ˌmju·nɪ·'keɪ] *n* communiqué *m*

communism ['kam·jə·nɪ·zəm] *n* communisme *m*

communist **I.** *n* communiste *mf* **II.** *adj* communiste; **Communist Party** Parti *m* Communiste

community [kə·'mju·nə·ţi] <-ties> *n* **1.** (*group living in one area*) communauté *f* **2.** (*animals*) faune *f* **3.** (*plants*) flore *f* **4.** (*togetherness*) communauté *f;* **sense of ~** sentiment *m* communautaire; REL, LIT sentiment de communion; MIL, POL l'esprit *m* de corps **5.** (*public*) **the ~** l'assistance *f;* **~ hospital/organization** hôpital *m*/organisme *m* public

community center *n* centre *m* culturel

community service *n* LAW travail *m* d'intérêt général

community worker *n* animateur, -trice *m, f* socioculturel(le)

commutable *adj* **1.** (*within commuting dis-*

tance) faisable au quotidien **2.** FIN (*able to be converted*) convertible **3.** MATH, TECH permutable **4.** LAW commuable

commutation *n* **1.** (*act of commuting*) *a.* TECH, LAW commutation *f* **2.** MATH, TECH (*changing the order of sth*) permutation *f*

commute [kə·ˈmjut] **I.** *vi* **to ~ to work** faire la navette entre son domicile et son travail; **to ~ from** [*o* **between**] **Newton to Boston** faire la navette entre Newton et Boston; **to ~ by train** faire le trajet en train **II.** *vt form* **1.** (*change*) échanger; **to ~ sth for** [*o* **into**] **sth** changer qc en qc **2.** LAW commuer **III.** *n* trajet *m*

commuter *n* banlieusard(e) *m(f)*, navetteur, -euse *m, f Belgique* (*personne qui fait la navette entre deux lieux*); **~ traffic** circulation *f* de pointe; **~ train** train *m* de banlieue

commuter belt *n* grande banlieue *f*

Comoros [ˈka·mər·oʊz] *npl* **the ~** [*o* **Comoro Islands**] les Comores *fpl*

compact[1] [kam·ˈpækt] **I.** *adj* compact(e) **II.** *vt form* compacter **III.** [ˈkam·pækt] *n* **1.** AUTO voiture *f* de petit modèle **2.** (*cosmetic case*) poudrier *m*

compact[2] [ˈkam·pækt] *n form* pacte *m*

compactness *n* compacité *f*

companion [kəm·ˈpæn·jən] *n* **1.** (*accompanying person or animal*) compagnon *m*, compagne *f*; **traveling ~** compagnon de voyage **2.** (*reference book*) vade-mecum *m* **3.** (*churchmen book*) bréviaire *m*

companionable [kəm·ˈpæn·jən·əbl] *adj* de bonne compagnie

companionship *n* compagnie *f*

companionway [kəm·ˈpæn·jən·weɪ] *n* NAUT escalier *m* entre ponts

company [ˈkʌm·pə·ni] <-ies> *n* compagnie *f*; **Duggan and Company** Duggan et Compagnie; **to be in good/interesting/dull/poor ~** être en bonne/intéressante/triste/médiocre compagnie; **to keep ~ with sb** rester en compagnie de qn; **in (the) ~ of sb** en compagnie de qn

comparable [ˈkam·pər·ə·bl] *adj* comparable; **~ to** [*o* **with**] **sth** comparable à qc

comparative [kəm·ˈper·ə·t̬ɪv] **I.** *adj* comparatif(-ive) **II.** *n* LING comparatif *m*

comparatively *adv* **1.** (*by comparison*) en comparaison **2.** (*relatively*) relativement; **~ speaking** toutes proportions gardées

compare [kəm·ˈper] **I.** *vt* comparer **II.** *vi* être comparable ▶ **to ~ favorably with sth** faire le poids avec qc

comparison [kəm·ˈper·ɪ·sən] *n* comparaison *f*; **by** [*o* **in**] **~ with sb/sth** en comparaison avec qn/qc; **for ~** en comparaison; **to bear ~ with sb/sth** supporter la comparaison avec qn/qc

compartment [kəm·ˈpart·mənt] *n a.* RAIL compartiment *m*

compass [ˈkʌm·pəs] <-es> *n* **1.** (*direction-finding device*) boussole *f*; NAUT, TECH compas *m* **2.** *form* (*range*) portée *f*; **to be beyond the ~ of sb's brain/knowledge** être hors du champ de compréhension/connaissance de qn; **to be beyond the ~ of sb's powers** être en dehors du pouvoir de qn **3.** MUS registre *m*

compassion [kəm·ˈpæʃ·ən] *n* compassion *f*

compassionate [kəm·ˈpæʃ·ən·ət] *adj* compatissant(e); **~ leave** congé *m* exceptionnel

compatibility [kəm·ˌpæt̬·ə·ˈbɪl·ə·t̬i] *n a.* MED, COMPUT compatibilité *f*

compatible [kəm·ˈpæt̬·ə·bl] *adj* **1.** (*able to co-exist*) *a.* COMPUT, MED compatible; **to be ~ with sb/sth** être compatible avec qn/qc; (*suited for*); **to be ~ with sb/sth** être bien assorti avec qn/qc **2.** (*consistent*) cohérent(e)

compatriot [kəm·ˈpeɪ·tri·ət] *n* **1.** *form* ((*fellow*) *countryman*) compatriote *mf* **2.** (*companion, work colleague*) collègue *mf*

compel [kəm·ˈpel] <-ll-> *vt* **1.** *form* (*force*) contraindre **2.** *form* (*bring out*) produire

compelling *adj* (*speech*) convaincant(e); (*film, painting, performance*) fascinant(e)

compendium [kəm·ˈpen·di·əm] <-diums *o* -dia> *n* condensé *m*

compensate [ˈkam·pən·seɪt] **I.** *vt* dédommager **II.** *vi* **to ~ for sth** compenser qc

compensation *n* **1.** (*monetary amends*) dédommagement *m*; **~ claim** demande *f* d'indemnisation **2.** (*recompense*) compensation *f*; **in ~** en compensation

compete [kəm·ˈpit] *vi* **1.** (*strive*) rivaliser; **to ~ for sth** se disputer qc; **to ~ in an event** participer à un évènement; **to ~ with sb** être en compétition avec qn **2.** SPORTS être en compétition

competence, **competency** *n* compétence *f*

competent [ˈkam·pɪ·t̬ənt] *adj* **1.** (*capable*) compétent(e) **2.** LAW (*witness*) autorisé(e)

competition [ˌkam·pə·ˈtɪʃ·ən] *n* **1.** (*state of competing*) compétition *f*; **to be in ~ with sb** être en compétition avec qn **2.** (*rivalry*) **I'm sure she's no ~** je suis sûr qu'elle n'est pas une adversaire redoutable **3.** (*contest*) **beauty/swimming/diving ~** concours *m* de beauté/de natation/de plongée

competitive [kəm·ˈpet̬·ə·t̬ɪv] *adj* compétitif(-ive); (*spirit, sports*) de compétition; (*person*) qui a l'esprit de compétition

competitiveness *n* compétitivité *f*

competitor *n* compétiteur, -trice *m, f*

compilation *n* compilation *f*

compile [kəm·ˈpaɪl] *vt a.* COMPUT compiler

compiler *n* **1.** (*person*) compilateur, -trice *m, f* **2.** COMPUT compilateur *m*

complacence, **complacency** *n pej* suffisance *f*

complacent [kəm·ˈpleɪ·sənt] *adj pej* suffisant(e)

complain [kəm·ˈpleɪn] *vi* se plaindre; **to ~ about/of sth** se plaindre de qc

complainant [kəm·ˈpleɪ·nənt] *n* LAW plaignant(e) *m(f)*

complaint [kəm·ˈpleɪnt] *n* **1.** (*expression of displeasure*) *a.* ECON réclamation *f*; **to have/make a ~ about sb/sth** avoir/faire une réclamation à propos de qn/qc; **to make a ~ to sb** faire une réclamation auprès de qn **2.** (*accusation, charge*) plainte *f* **3.** (*illness*) souffrance *f*

complaisance [kəm·ˈpleɪ·sᵊn(t)s] *n form* complaisance *f*

complaisant [kəm·ˈpleɪ·sᵊnt] *adj form* complaisant(e)

complement [ˈkam·plɪ·mənt] *vt* compléter; **to ~ each other** se compléter

complementary [ˌkam·plə·ˈmen·t̬ər·i] *adj* complémentaire

complete [kəm·ˈplit] **I.** *vt* **1.** (*add what is missing*) compléter **2.** (*finish*) achever **3.** (*fill out entirely*) remplir **II.** *adj* **1.** (*whole*) complet(-ète) **2.** (*total*) total(e); **the man's a ~ fool!** l'homme *m* est un parfait idiot!; **~ stranger/mastery** parfait étranger *m*/parfaite maîtrise *f*

completely *adv* complètement

completeness *n* intégralité *f*

completion [kəm·ˈpli·ʃᵊn] *n* achèvement *m;* **to near ~** être presque à l'état final

complex [ˈkam·pleks] **I.** *adj* complexe **II.** <-xes> *n* complexe *m*

complexion [kəm·ˈplek·ʃᵊn] *n* **1.** (*natural appearance of facial skin*) teint *m* **2.** (*character*) complexion *f* ▶**to put a <u>different</u>/<u>new</u> ~ on sth** apporter un éclairage différent/nouveau à qc

complexity [kəm·ˈplek·sə·t̬i] *n* complexité *f*

compliance *n form* conformité *f;* **in ~ with the law/regulations** conformément à la loi/aux dispositions (réglementaires); **to act** [*o* **be**] **in ~ with sth** se conformer à qc

compliant [kəm·ˈplaɪ·ənt] *adj form* **1.** (*obedient*) docile **2.** (*overly obedient*) maniable

complicate [ˈkam·plə·keɪt] *vt* compliquer

complicated *adj* compliqué(e)

complication *n a.* MED complication *f*

complicity [kəm·ˈplɪs·ə·t̬i] *n* LAW *form* complicité *f*

compliment [ˈkam·plə·mənt] **I.** *n* compliment *m;* **to pay sb a ~** adresser un compliment à qn; **with ~s** avec tous nos compliments ▶**to be <u>fishing</u> for ~s** mendier les éloges **II.** *vt* **to ~ sb on sth** complimenter qn pour qc

complimentary [ˌkam·plə·ˈmen·t̬ər·i] *adj* **1.** (*characterized by compliment*) élogieux(-euse); **to be ~ about sth** être élogieux à l'égard de qc **2.** (*free, without charge*) gratuit(e)

comply [kəm·ˈplaɪ] *vi form* **to ~ with sth** se conformer à qc; **to refuse to ~** refuser de se plier

component [kəm·ˈpoʊ·nənt] *n* **1.** (*part*) constituant *m;* (*of a system*) élément *m;* **key ~** élément-clé *m* **2.** TECH composant *m*

component part *n* **1.** (*part*) élément *m* constitutif **2.** (*spare part*) pièce *f* détachée

compose [kəm·ˈpoʊz] **I.** *vi* composer **II.** *vt* **1.** (*produce, make up*) composer; **to be ~d of sth** être composé de qc **2.** (*write*) rédiger **3.** (*calm, collect*) calmer; (*one's thoughts*) rassembler; **to ~ oneself** se ressaisir; **to ~ differences** *form* dépasser les différences

composed *adj* **1.** (*collected*) rassemblé(e) **2.** (*calm*) imperturbable

composer *n* compositeur, -trice *m, f*

composite [kəm·ˈpa·zɪt] **I.** *n* **1.** (*mixture*) mélange *m* **2.** PHOT montage *m* **3.** (*mixture of building materials*) agrégat *m* **II.** *adj* hétéroclite; (*photograph, picture*) composite

composition [ˌkam·pə·ˈzɪʃ·ᵊn] *n* composition *f*

compositor *n* compositeur, -trice *m, f*

compost [ˈkam·poʊst] **I.** *n* **1.** (*naturally produced*) terreau *m* **2.** (*artificially mixed*) compost *m* **II.** *vt* composter **III.** *vi* fabriquer du compost

composure [kəm·ˈpoʊ·ʒər] *n* calme *m;* **to lose/to regain one's ~** perdre/retrouver son sang froid

compound [ˈkam·paʊnd] **I.** *vt* **1.** (*make worse: a problem*) aggraver **2.** (*mix*) **to ~ sth with sth** mélanger qc avec qc **3.** (*make up*) constituer **II.** *n* **1.** (*enclosed area*) enceinte *f;* **family ~** domaine *m* familial; **embassy ~** territoire *m* de l'ambassade **2.** CHEM (*mixture*) composé *m;* **nitrogen ~** composé azoté **3.** LING mot *m* composé **4.** (*combination: of feelings, thoughts*) composition *f* **III.** *adj* composé(e)

compound fracture *n* MED fracture *f* ouverte

compound interest *n* FIN intérêt *m* composé

comprehend [ˌkam·prɪ·ˈhend] *vt, vi a. form* comprendre

comprehensible [ˌkam·prɪ·ˈhen(t)·sə·bl] *adj* compréhensible

comprehension [ˌkam·prɪ·ˈhen(t)·ʃᵊn] *n* compréhension *f;* **listening ~ test** test *m* de compréhension orale; **reading ~ test** test de compréhension écrite; **beyond ~** au-delà de tout entendement; **he has no ~ of the size of the problem** il n'a aucune idée de l'ampleur du problème

comprehensive [ˌkam·prə·ˈhen(t)·sɪv] *adj* intégral(e); (*global: coverage*) total(e); (*list*) complet(-ète)

compress[1] [kəm·ˈpres] *vt* **1.** (*press into small(er) space: air, gas*) comprimer **2.** (*condense*) condenser **3.** COMPUT comprimer

compress[2] [kam·ˈpres] <-es> *n* compresse *f*

compressed *adj* (*air*) comprimé(e)

compression [kəm·ˈpreʃ·ᵊn] *n a.* COMPUT compression *f*

compressor *n* compresseur *m* (d'air)

comprise [kəm·ˈpraɪz] *vt form* **1.** (*consist of*) consister en **2.** (*make up*) constituer

compromise [ˈkam·prə·maɪz] **I.** *n* compromis *m* **II.** *vi* transiger; **to ~ at** [*o* **on**] **sth** accepter une concession; **after long negotiations they ~d at $3500** après de longs pourparlers ils tranchèrent à 3500 dollars **III.** *vt pej* compromettre

compromising *adj* compromettant(e)

comptroller [kən·ˈtroʊ·lər] *n* **1.** (*management assistant*) contrôleur, -euse *m, f* de gestion

2. (*financial inspector*) contrôleur, -euse *m, f* général des finances
compulsion [kəm·ˈpʌl·ʃᵊn] *n* **1.** (*irresistible desire/urge*) compulsion *f;* **to have a ~ to** +*infin* avoir un besoin compulsif de +*infin;* **he seems to have a constant ~ to eat** il semble avoir un besoin de manger permanent et irrépressible **2.** (*force*) contrainte *f;* **to be under ~ to** +*infin* être dans l'obligation de +*infin*
compulsive [kəm·ˈpʌl·sɪv] *adj* compulsif(-ive); (*liar*) incorrigible; (*smoker*) invétéré(e); **~ reading/viewing** lecture *f* captivante/spectacle *m* captivant; **utterly ~** complètement obsessionnel; **her latest book is a ~ read** son dernier livre est passionnant
compulsory [kəm·ˈpʌl·sᵊr·i] *adj* (*attendance, education*) obligatoire
compunction [kəm·ˈpʌŋ(k)·ʃᵊn] *n* **to have (a) ~ about sth** avoir des scrupules pour qc
computation *n* calcul *m*
compute [kəm·ˈpjut] *vt* calculer ▶ **it doesn't ~** *inf* cela ne cadre pas
computer *n* COMPUT ordinateur *m*
computer-aided design *n* conception *f* assistée par ordinateur
computer center *n* centre *m* informatique
computer crime *n* délinquance *f* informatique
computer game *n* jeu *m* informatique; (*on games console*) jeu *m* vidéo
computer graphics *n* + *sing/pl vb* infographie *f*
computerization *n* **1.** (*computer storage*) stockage *m* informatique; **the ~ of the company's records** l'informatisation *f* des archives de la société **2.** (*equipping with computers*) informatisation *f*
computerize [kəm·ˈpju·t̬ə·raɪz] **I.** *vt* **1.** (*store on computer*) stocker sur ordinateur **2.** (*equip with computers*) informatiser **II.** *vi* s'informatiser
computer literacy *n* connaissances *fpl* en informatique
computer literate *adj* initié(e) à l'informatique
computer network *n* réseau *m* informatique
computer programmer *n* (analyste-)programmeur (en informatique), -euse *m, f*
computer science *n* informatique *f;* **~ course** cours *m* d'informatique
computer scientist *n* informaticien(ne) *m(f)*
computer search *n* recherche *f* informatique
computer virus <-es> *n* virus *m* informatique
computing *n* informatique *f*
comrade [ˈkam·ræd] *n* camarade *mf*
comradeship *n* camaraderie *f*
con [kan] <-nn-> **I.** *vt* **to ~ sb into believing that ...** tromper qn en lui faisant croire que ...; **to ~ sb out of $10** escroquer qn de 10 dollars; **to ~ sth out of sb** escroquer qc de qn **II.** *n inf* arnaque *f*
con artist *n* escroc *m*
concatenation [kən·ˌkæt̬·ə·ˈneɪ·ʃᵊn] *n* COMPUT concaténation *f*
concave [kan·ˈkeɪv] *adj* concave
concavity [kan·ˈkæv·ə·t̬i] *n* concavité *f*
conceal [kən·ˈsil] *vt* cacher; (*evidence, surprise*) dissimuler; **to ~ sth from sb** cacher qc à qn; **to ~ the truth** cacher la vérité
concealer *n* correcteur *m* de teint
concealment *n* cachette *f;* (*of information, evidence, feelings*) dissimulation *f*
concede [kən·ˈsid] **I.** *vt* concéder; **to ~ that ...** admettre que ...; **to ~ independence to a country** accorder son indépendance à un pays **II.** *vi* céder
conceit [kən·ˈsit] *n* (*vanity*) suffisance *f*
conceited *adj pej* suffisant(e); **without wishing to sound ~** sans vouloir être prétentieux
conceivable *adj* concevable; **by every ~ means** par tous les moyens possibles et imaginables; **in every ~ place** dans tous les endroits possibles
conceive [kən·ˈsiv] **I.** *vt* **1.** (*imagine, produce: idea, plan, baby*) concevoir **2.** (*arrange: food, exhibition*) élaborer **II.** *vi* concevoir; **to ~ of sb/sth as sth** percevoir qn/qc comme qc
concentrate [ˈkan(t)·sᵊn·treɪt] **I.** *vi* **1.** (*focus one's thoughts*) se concentrer; **to ~ on sth** se concentrer sur qc **2.** (*gather, come together*) se rassembler **II.** *vt* concentrer; **to ~ one's thoughts** se concentrer **III.** *n* (*not diluted liquid*) concentré *m;* **tomato ~** concentré de tomate; **fruit juice ~** jus *m* de fruit concentré
concentrated *adj* **1.** (*focused*) concentré(e); (*effort*) résolu(e) **2.** (*not diluted: juice, solution*) concentré(e)
concentration *n* concentration *f;* **~ on sth** concentration *f* sur qc; **powers of ~** capacité *f* de concentration; **~ span** temps *m* de concentration; **to lose (one's) ~** se déconcentrer
concentration camp *n* camp *m* de concentration
concentric [kən·ˈsen·trɪk] *adj* concentrique
concept [ˈkan·sept] *n* (*idea, project*) concept *m;* **do you have any ~ of what it will involve?** est-ce que tu te rends compte de ce que cela va impliquer?
conception [kən·ˈsep·ʃᵊn] *n* conception *f*
conceptual [kən·ˈsep·tʃu·əl] *adj* conceptuel(le); **the problem of the policy is ~** la mesure a été mal pensée au niveau du concept
conceptualize **I.** *vi* penser **II.** *vt* conceptualiser
concern [kən·ˈsɜrn] **I.** *vt* **1.** (*apply to, involve, affect*) concerner; **to ~ oneself about sth** s'occuper de qc; **to be ~ed with sth** être concerné par qc **2.** (*worry*) inquiéter; **to ~ oneself** s'inquiéter ▶ **to whom it may ~** ADMIN à qui de droit **II.** *n* **1.** (*interest*) intérêt *m;* **it was no ~ of hers!** ça ne la regardait absolument pas!; **to be of ~ to sb** intéresser qn **2.** (*care*) souci *m* **3.** (*worry*) inquiétude *f;* **~ for sth** inquiétude à propos de qc; **the subject is of some ~ to her** le sujet l'inquiète un peu; **his ~ is that ...** ce qui l'inquiète c'est que ... **4.** (*company, business*) entreprise *f;* **a going ~** une entreprise qui marche bien
concerned *adj* **1.** (*involved*) concerné(e); **as**

far as I'm ~ en ce qui me concerne; **to be clumsy where romance is ~** être maladroit en matière de romantisme; **the conference is something ~ with linguistics** la conférence a à voir avec la linguistique **2.** (*worried*) inquiet(-ète); **isn't he ~ that she finds out?** il n'a pas peur qu'elle l'apprenne?; **to be ~ to hear sth** être préoccupé d'apprendre qc; **to be ~ about sth** se faire du souci pour qc

concerning *prep* en ce qui concerne

concert ['kan·sərt] *n* concert *m;* **~ hall** salle *f* de concert; **~ tour** tournée *f* de concerts; **in ~** *fig* de concert; **in ~ with sb** *fig* en accord avec qn

concerted *adj* **1.** (*joint: action, attack, exercise*) concerté(e) **2.** (*resolute: effort, attempt*) résolu(e)

concert grand *n* piano *m* de concert

concertina [ˌkan(t)·sər·'ti·nə] *n* MUS concertina *m*

concertmaster *n* MUS premier violon *m*

concerto [kən·'tʃer·t̬oʊ] <-s *o* -ti> *n* MUS concerto *m*

concession [kən·'seʃ·ᵊn] *n* **1.** (*sth granted*) concession *f;* **as a ~** en concession; **to make a ~ to sb** faire une concession à qn; **to make a ~ to sth** tenir compte de qc **2.** COM réduction *f*

conciliate [kən·'sɪl·i·eɪt] **I.** *vi* apporter la réconciliation; **to ~ between two people** réconcilier deux personnes **II.** *vt* **1.** (*gain support of, placate*) apaiser **2.** (*reconcile*) réconcilier

conciliation *n form* conciliation *f*

conciliation board *n* ≈ conseil *m* des prud'hommes

conciliatory [kən·'sɪl·i·ə·tɔr·i] *adj* conciliant(e)

concise [kən·'saɪs] *adj* (*answer, letter*) concis(e); (*edition, dictionary*) abrégé(e)

conciseness, concision *n* concision *f*

conclave ['kan·kleɪv] *n form* **1.** (*private meeting*) conseil *m* **2.** REL conclave *m*

conclude [kən·'klud] **I.** *vi* conclure; **to ~ with a remark** conclure en faisant une remarque; **to ~ from sth that ...** conclure à partir de qc que ... **II.** *vt* conclure

concluding *adj* (*chapter, episode*) dernier(-ère); (*remark, word*) de conclusion

conclusion [kən·'klu·ʒᵊn] *n* conclusion *f;* **in ~** en conclusion; **to come to a ~** parvenir à une conclusion; **to draw the ~ that ...** tirer la conclusion selon laquelle ...; **don't jump to ~s!** ne va pas te faire de film!

conclusive [kən·'klu·sɪv] *adj* concluant(e)

concoct [kən·'kakt] *vt* concocter

concoction *n* (*dish, drink*) mixture *f;* **a recipe of his ~** *iron* une recette de son cru

concourse ['kan·kɔrs] *n* (*of station, airport*) hall *m*

concrete ['kan·krit] **I.** *n* **1.** béton *m;* **reinforced ~** béton armé **2.** *fig* **to be cast in ~** être fixe **II.** *adj* en béton **III.** *vt* **to ~ sth (over)** bétonner qc

concrete mixer *n s.* **cement mixer**

concubine ['kaŋ·kjʊ·baɪn] *n* HIST concubine *f*

concur [kən·'kɜr] <-rr-> *vi form* (*agree*) **to ~ with sb in sth** être d'accord avec qn sur qc; **to ~ with sb's opinion/view** partager l'opinion/le point de vue de qn

concurrence *n form* **1.** (*agreement*) accord *m* **2.** (*simultaneous occurrence*) coïncidence *f*

concurrent [kən·'kʌr·ᵊnt] *adj* simultané(e)

concuss [kən·'kʌs] *vt* **to be ~ed** être commotionné

concussed *adj* commotionné(e)

concussion [kən·'kʌʃ·ᵊn] *n* commotion *f;* **brain ~** commotion cérébrale

condemn [kən·'dem] *vt* **1.** (*reprove, denounce, sentence*) condamner; **the book was ~ed as fascist** le livre a été condamné comme étant fasciste; **to be ~ed to death** être condamné à mort **2.** (*formally pronounce unsafe*) **to ~ a building** déclarer un bâtiment insalubre **3.** (*pronounce unsafe for consumption*) déclarer impropre à la consommation

condemnation *n* condamnation *f*

condensation *n* **1.** (*process, on window*) condensation *f* **2.** (*reducing in size*) réduction *f*

condense [kən·'den(t)s] **I.** *vt* condenser; **to ~ sth into sth** condenser qc en qc **II.** *vi* se condenser

condenser *n* CHEM condenseur *m*

condescend [ˌkan·dɪ·'send] *vi iron* **to ~ to** +*infin* condescendre à +*infin*

condescending *adj* condescendant(e)

condescension [ˌkan·dɪ·'sen·ʃᵊn] *n* condescendance *f*

condiment ['kan·də·mənt] *n form* condiment *m*

condition [kən·'dɪʃ·ᵊn] **I.** *n* **1.** (*state*) état *m;* **in mint ~** en parfait état; **in a terrible ~** dans un état lamentable **2.** (*circumstance*) condition *f;* **weather ~s** conditions météorologiques; **working ~s** conditions de travail; **in certain ~s** à certaines conditions **3.** (*term, stipulation*) condition *f;* **on the ~ that ...** à condition que ...; **under the ~s of sth** selon les conditions de qc **4.** (*physical state*) forme *f;* **in peak ~** au meilleur de sa forme; **to be out of ~** ne pas être en forme; **to be in no ~ to** +*infin* ne pas être en état de +*infin* **5.** (*disease*) maladie *f;* **heart ~** maladie cardiaque; **if the patient's ~ worsens ...** si l'état de santé du patient se détériore ... ▶**to be in a certain ~** être enceinte, être dans une position intéressante *Belgique* **II.** *vt* conditionner; **to ~ sb to sth/to** +*infin* habituer qn à qc/à +*infin;* **to ~ one's hair** utiliser de l'après-shampooing

conditional I. *adj* conditionnel(le); **to be ~ on sth** dépendre de qc **II.** *n* LING **the ~** le conditionnel

conditionally *adv* à titre conditionnel

conditioned *adj* **1.** (*trained*) conditionné(e) **2.** (*accustomed*) habitué(e)

conditioner *n* **1.** (*for hair*) après-shampooing *m* **2.** (*for clothes*) adoucissant *m*

conditioning *n* conditionnement *m*

condo [ˌkan·doʊ] *n inf abbr of* **condominium**
condolence(s) *n* condoléances *fpl;* **to offer one's ~s to sb** *form* présenter ses condoléances à qn
condom [ˈkan·dəm] *n* préservatif *m*
condominium [ˌkan·də·ˈmɪn·i·əm] *n* **1.** (*apartment building with shared areas*) appartement *m* en copropriété **2.** (*unit of apartment building*) immeuble *m* en copropriété
condone [kən·ˈdoʊn] *vt* (*violence*) tolérer
conducive [kən·ˈdu·sɪv] *adj* propice; **to be ~ to sth** être propice à qc
conduct [kan·ˈdʌkt] **I.** *vt* **1.** (*carry out: negotiations, meeting, experiment*) mener; **to ~ the religious service** célébrer l'office **2.** (*direct: business, orchestra*) diriger; **to ~ one's life** mener sa vie; **to ~ the traffic** faire la circulation **3.** (*guide, lead*) conduire; **to ~ sb round a place** faire visiter un endroit à qn; **~ed tour** visite *f* guidée **4.** (*behave*) **to ~ oneself** se comporter **5.** ELEC, PHYS (*transmit*) être conducteur de **II.** *vi* MUS diriger **III.** *n* **1.** (*management*) gestion *f* **2.** (*behavior*) comportement *m*
conductive [kən·ˈdʌk·tɪv] *adj* ELEC, PHYS conducteur(-trice)
conductor *n* **1.** (*director of musical performance*) chef *m* d'orchestre **2.** PHYS, ELEC conducteur *m* **3.** (*fare collector: of bus*) receveur *m;* (*of train*) chef *m* de train
conductress *n* receveuse *f*
conduit [ˈkan·du·ɪt] *n* conduit *m*
cone [koʊn] *n* **1.** MATH cône *m;* **traffic ~** balise *f* de signalisation **2.** (*cornet for ice cream*) cornet *m;* **ice-cream ~** cornet de glace **3.** (*oval shaped fruit of a conifer*) pomme *f* de pin
confection [kən·ˈfek·ʃən] *n form* **1.** (*sweet*) confiserie *f* **2.** (*dish made of sweet ingredients*) pâtisserie *f*
confectioner *n* **1.** (*maker of cakes*) pâtissier, -ière *m, f* **2.** (*seller of confections*) confiseur, -euse *m, f*
confectionery *n* **1.** (*candy*) confiserie *f* **2.** (*cakes and pastries*) pâtisserie *f*
confederacy [kən·ˈfed·ər·ə·si] *n* confédération *f*
Confederacy *n* HIST **the ~** les États *mpl* confédérés
confederate [kən·ˈfed·ər·ət] **I.** *n* confédéré(e) *m(f)* **II.** *adj* HIST confédéré(e)
confederation [kən·ˌfed·ə·ˈreɪ·ʃən] *n* confédération *f*
confer [kən·ˈfɜr] <-rr-> **I.** *vt* **to ~ sth on sb** conférer qc à qn **II.** *vi* se consulter
conference [ˈkan·fər·ən(t)s] *n* (*long meeting*) conférence *f* ► **to be in ~ with sb** être en réunion avec qn
confess [kən·ˈfes] **I.** *vi* **1.** (*admit*) **to ~ to sth** avouer qc; **to ~ to having done sth** avouer avoir fait qc **2.** REL **to ~ to a priest** se confesser à un prêtre **II.** *vt* **1.** (*admit*) avouer; **to ~ oneself sth** s'avouer qc **2.** REL (*sins*) confesser
confession [kən·ˈfeʃ·ən] *n* **1.** (*admission*) aveu *m;* **to have a ~ to make** avoir un aveu à faire **2.** (*admission of a crime*) aveux *mpl;* **to give a ~** faire des aveux **3.** (*admission of sin*) confession *f;* **to go to ~** aller se confesser
confessional *n* confessionnal *m*
confessor *n* confesseur *m*
confetti [kən·ˈfeṭ·i] *n* confetti *m;* **to shower sb in ~** couvrir qn de confettis
confidant [ˌkan·fə·ˈdænt] *n* confident *m*
confidante [ˌkan·fə·ˈdænt] *n* confidente *f*
confide [kən·ˈfaɪd] *vt* confier; **to ~ sth to sb's care** confier qc au soin de qn; **to ~ to sb that ...** confier à qn que ...
confidence [ˈkan·fə·dən(t)s] *n* **1.** (*secrecy*) confidence *f;* **in ~** en confidence **2.** (*complete trust*) confiance *f;* **to place one's ~ in sb/sth** faire confiance à qn/qc; **to take sb into one's ~** faire confiance à qn **3.** *pl* (*secrets*) confidences *fpl;* **to exchange ~s** se faire des confidences **4.** (*self assurance*) confiance *f* en soi; **to lack ~** manquer de confiance en soi
confident [ˈkan·fə·dənt] *adj* **1.** (*sure*) sûr(e); **to be ~ in oneself** être sûr de soi; **to be ~ about sth** être sûr de qc **2.** (*self-assured*) sûr(e) de soi; **she's a very ~ person** elle est très sûre d'elle
confidential *adj* confidentiel(le)
confidentially *adv* confidentiellement
confiding [kən·ˈfaɪd·ɪŋ] *adj* confiant(e)
configuration [kən·ˌfɪg·jə·ˈreɪ·ʃən] *n* configuration *f*
confine [ˈkan·faɪn] **I.** *vt* **1.** (*limit*) limiter; **to be ~d to bed** être cloué au lit **2.** (*imprison, keep indoors*) enfermer **3.** MIL **to be ~d to quarters** être consigné **II.** *n* **the ~s** les limites *fpl;* **to be beyond the ~s of sb's understanding** dépasser la compréhension de qn
confined *adj* (*space*) restreint(e)
confinement *n* **1.** (*act of being confined*) internement *m;* **~ to bed** alitement *m* **2.** (*imprisonment*) détention *f;* **solitary ~** isolement *m* cellulaire
confirm [kən·ˈfɜrm] **I.** *vt* **1.** (*verify*) confirmer **2.** REL **to be ~ed** recevoir la confirmation **II.** *vi* confirmer
confirmation [ˌkan·fər·ˈmeɪ·ʃən] *n a.* REL confirmation *f*
confirmed *adj* **1.** (*firmly established: champion*) confirmé(e); (*bachelor*) endurci(e) **2.** (*permanent, chronic: alcoholic*) invétéré(e)
confiscate [ˈkan·fə·skeɪt] *vt* **to ~ sth from sb** confisquer qc à qn
conflict [ˈkan·flɪkt] **I.** *n* conflit *m;* **~ of interests** conflit d'intérêts; **to bring sb into ~ with sb** amener qn à être en opposition avec qn; **to come into ~ with sb** entrer en conflit avec qn **II.** *vi* (*do battle, be opposed to*) **to ~ with sb/sth** être en conflit avec qn/qc
conflicting *adj* (*ideas, claim, evidence*) contradictoire; (*interest, advice*) contraire
confluence [ˈkan·flu·ən(t)s] *n* confluence *f*
conform [kən·ˈfɔrm] *vi* **to ~ to sth** être con-

forme à qc
conformist **I.** *n* conformiste *mf* **II.** *adj* conformiste
conformity [kən·ˈfɔr·mə·t̬i] *n* conformité *f;* **in ~ with your request** *form* conformément à votre demande
confound [kən·ˈfaʊnd] *vt* déconcerter
confront [kən·ˈfrʌnt] *vt* (*danger, enemy*) affronter; **to ~ sb by sb/sth** confronter qn à qn/qc; **to be ~d by a crowd of journalists** se retrouver face à une armée de journalistes
confrontation *n* **1.** (*encounter*) confrontation *f* **2.** (*direct clash*) affrontement *m*
confrontational *adj* (*policy, attitude*) d'affrontement; **to be ~** aimer les conflits
confuse [kən·ˈfjuz] *vt* **1.** (*perplex: person*) troubler; **you're confusing me!** tu m'embrouilles! **2.** (*put into disarray: matters*) compliquer **3.** (*mix up*) confondre
confused *adj* **1.** (*perplexed*) embrouillé(e); **to get ~ in one's notes** s'embrouiller dans ses notes; **to be a bit ~ about what to do** ne plus savoir trop quoi faire **2.** (*mixed up*) confus(e)
confusing *adj* confus(e)
confusion [kən·ˈfju·ʒᵊn] *n* **1.** (*mix up*) confusion *f* **2.** (*disorder*) désordre *m*
congeal [kən·ˈdʒil] *vi* (*grease*) se figer; (*blood*) coaguler
congenial [kən·ˈdʒi·njəl] *adj* agréable
congenital [kən·ˈdʒen·ə·t̬ᵊl] *adj* congénital(e)
congested *adj* **1.** (*overcrowded: street, town*) encombré(e) **2.** MED (*arteries*) congestionné(e); **to have ~ lungs** avoir les poumons pris
congestion [kən·ˈdʒest·ʃᵊn] *n* **1.** (*overcrowding*) encombrement *m* **2.** MED congestion *f*
conglomerate [kən·ˈgla·mər·ət] *n* ECON, GEO conglomérat *m*
conglomeration *n* conglomération *f*
Congo [ˈkɔŋ·goʊ] **I.** *n* le Congo **II.** *adj* congolais(e)
Congolese **I.** *adj* congolais(e) **II.** *n* Congolais(e) *m(f)*
congratulate [kən·ˈgrætʃ·ə·leɪt] *vt* féliciter; **to ~ sb on sth** féliciter qn de qc
congratulations *n* félicitations *fpl*
congregate [ˈkɔŋ·grɪ·geɪt] *vi* s'assembler; **to ~ around the entrance** se rassembler devant l'entrée
congregation *n* congrégation *f*
congregational *adj* en assemblée
congress [ˈkɔŋ·gres] *n* congrès *m;* **Congress** POL le Congrès
congressional *adj* du Congrès
congressman <-men> *n* membre *m* (masculin) du Congrès
congresswoman <-women> *n* membre *m* (féminin) du Congrès
congruence *n* **1.** MATH congruence *f* **2.** (*agreement*) conformité *f*
congruent [ˈkaŋ·grʊ·ənt] *adj* **1.** MATH congru(e) **2.** (*suitable*) **to be ~ with sth** être conforme à qc
conical [ˈka·nɪ·kᵊl] *adj* conique
conifer [ˈka·nə·fər] *n* conifère *m*
coniferous *adj* de conifères
conjectural *adj* conjectural(e)
conjecture [kən·ˈdʒek·tʃər] **I.** *n* conjecture *f;* **~ about sth** prévision *f* de qc **II.** *vt* conjecturer; **to ~ that ...** supposer que ...
conjugal [ˈkan·dʒə·gᵊl] *adj form* conjugal(e)
conjugate [ˈkan·dʒə·geɪt] **I.** *vi* se conjuguer **II.** *vt* conjuguer
conjugation *n* conjugaison *f*
conjunction [kən·ˈdʒʌŋk·ʃᵊn] *n* **1.** LING conjonction *f* **2.** (*combination of events: of circumstances*) concours *m;* **in ~ with sb/sth** conjointement avec qn/qc
conjunctivitis [kən·ˌdʒʌŋ(k)·tə·ˈvaɪ·t̬ɪs] *n* conjonctivite *f*
conjure [ˈkʌn·dʒər] **I.** *vi* faire des tours de passe-passe **II.** *vt* faire apparaître; (*spirits*) conjurer
◆**conjure up** *vt* évoquer; **to ~ the spirits of the dead** invoquer les esprits des morts
conjurer *n* prestidigitateur, -trice *m, f*
conjuring *n* prestidigitation *f*
conjuring trick *n* tour *m* de prestidigitation
conjuror *n s.* **conjurer**
conk [kɔŋk] *vt iron, inf* **to ~ one's head on sth** flanquer un gnon à qn
◆**conk out** *vi inf* **1.** (*break down: machine, vehicle*) tomber en panne **2.** (*become exhausted*) s'écrouler
con man *n abbr of* **confidence man** escroc *m*
connect [kə·ˈnekt] **I.** *vi* être relié; (*cables, wires*) être connecté; (*rooms*) communiquer; (*train, plane*) assurer la correspondance; **to ~ to the Internet** se connecter sur Internet **II.** *vt* **1.** (*join*) relier; **to ~ sth to sth** relier qc à qc; **to be ~ed** être joint **2.** ELEC brancher; **to ~ sth to the power supply** brancher qc sur secteur **3.** (*attach*) raccorder; (*train, wagon*) accrocher **4.** *fig* (*link*) lier; **to be ~ed to sb/with sth** être lié à qn/qc; **to be well ~ed** avoir des relations; **to be ~ed** (*related*) être apparenté **5.** (*associate*) **to ~ sb/sth with sth** associer qn/qc à qc **6.** (*join by telephone*) mettre en communication; **to ~ sb with sb/sth** relier qn par téléphone avec qn/qc **7.** (*in tourism*) **to ~ with sth** assurer la correspondance avec qc **8.** COMPUT connecter; **to ~ sb to the Internet** connecter qn sur Internet
Connecticut [kə·ˈnet̬·ɪ·kət] *n* le Connecticut
connecting *adj* de connexion; (*room*) communiquant(e); (*time*) de correspondance; **~ flight** correspondance *f*
connection *n* **1.** (*association, logical link*) rapport *m;* **in ~ with sth** au sujet de qc; **to have no ~ with sth** n'avoir aucun rapport avec qc; **to make the ~ between two things** faire le rapprochement entre deux choses **2.** (*personal link*) lien *m;* **there is no ~ with the Dixons** il n'y a pas de lien *m* de parenté avec les Dixon **3.** *pl* (*contacts*) relations *fpl;* **to have useful ~s** avoir des relations; **to have ~s with the music business** avoir des relations dans

l'industrie musicale **4.** ELEC branchement *m* **5.** TEL communication *f* **6.** COMPUT (*to the Internet*) connexion *f* **7.** TECH (*of pipes*) raccordement *m* **8.** (*in travel*) correspondance *f* ▶ **in ~ with ...** à propos de ...; **in this ~ I think that ...** à ce propos, je pense que ...

connector *n* ELEC, COMPUT connecteur *m*

connivance [kə·ˈnaɪ·vᵊn(t)s] *n* connivence *f*

connive [kə·ˈnaɪv] *vi* **to ~ with sb** être de connivence avec qn

connoisseur [ˌka·nə·ˈsɜr] *n* connaisseur, -euse *m, f;* **art/wine ~** fin connaisseur en art/vins

connotation [ˌka·nəˈteɪ·ʃᵊn] *n* connotation *f*

conquer [ˈkɔŋ·kər] *vt* conquérir; (*Mount Everest*) faire l'ascension de; (*problem*) surmonter

conqueror *n* conquérant(e) *m(f);* **to be the first ~s of Mount Everest** être les premiers à avoir fait l'ascension du Mont Everest

conquest [ˈkan·kwəst] *n* **1.** MIL conquête *f* **2.** *iron* (*sexual adventure*) conquête *f* amoureuse

conscience [ˈkan·(t)ʃᵊn(t)s] *n* conscience *f;* **matter of ~** cas *m* de conscience; **clear ~** conscience tranquille; **guilty ~** mauvaise conscience; **sth is on one's ~** avoir qc sur la conscience; **sth preys on sb's ~** avoir la conscience tourmentée par qc; **to salve one's ~** avoir la conscience en paix

conscientious *adj* consciencieux(-euse)

conscientiousness *n* conscience *f*

conscientious objector *n* objecteur *m* de conscience

conscious [ˈkan(t)·ʃəs] *adj* **1.** (*deliberate*) conscient(e); (*decision*) délibéré(e) **2.** (*aware*) conscient(e); **fashion ~** qui suit la mode; **to be money ~** avoir la valeur de l'argent; **to be health ~** faire attention à sa santé; **to be ~ of sth** être conscient de qc; **to be/become ~ of the fact that ...** être/devenir conscient du fait que ...

consciousness *n* **1.** MED connaissance *f;* **to lose ~** perdre connaissance; **to recover ~** revenir à soi **2.** (*awareness*) conscience *f;* **to raise one's ~** prendre conscience de qc

conscript [ˈkan·skrɪpt, *vb:* kən·ˈskrɪpt] **I.** *adj* conscrit(e) **II.** *n* conscrit *m,* milicien *m Belgique* **III.** *vt* enrôler

conscription [kən·ˈskrɪp·ʃᵊn] *n* conscription *f*

consecrate [ˈkan(t)·sə·kreɪt] *vt* **1.** REL consacrer **2.** (*dedicate oneself to religious aims: life*) vouer

consecration *n* consécration *f*

consecutive [kən·ˈsek·jə·t̬ɪv] *adj* consécutif(-ive)

consecutively *adv* consécutivement

consensus [kən·ˈsen(t)·səs] *n* consensus *m;* **to reach a ~ on sth** atteindre l'unanimité sur qc

consent [kən·ˈsent] **I.** *n form* permission *f;* **to give one's ~** accorder son consentement; **by common ~** de l'opinion de tous **II.** *vi* **to ~ to** *+infin* consentir à *+infin*

consequence [ˈkan(t)·sɪ·kwən(t)s] *n* conséquence *f;* **to suffer the ~s** subir les conséquences; **nothing of ~** aucune importance; **as a ~** par conséquent

consequent, consequential *adj* résultant(e); **to be ~ upon the fire** être causé par le feu

consequently *adv* par conséquent

conservation [ˌkan(t)·sər·ˈveɪ·ʃᵊn] *n* conservation *f;* **wildlife ~** protection *f* de la vie sauvage

conservationist *n* défenseur *mf* de l'environnement

conservation technology *n* technique *f* de conservation

conservatism [kən·ˈsɜr·və·tɪ·zᵊm] *n* conservatisme *m*

conservative [kən·ˈsɜr·və·t̬ɪv] *adj* conservateur(-trice); **to be a ~ dresser** s'habiller de façon traditionnelle; **at a ~ estimate** au minimum

conservatoire [kən·ˈsɜr·və·twar], **conservatory** *n* MUS conservatoire *m*

conserve [kən·ˈsɜrv] *vt* conserver; (*one's strength*) économiser; **to ~ energy** faire des économies d'énergie

consider [kən·ˈsɪd·ər] *vt* **1.** (*think about*) considérer; **to ~ taking a trip** envisager de faire un voyage **2.** (*look attentively at*) examiner **3.** (*show regard for*) prendre en considération **4.** (*regard as*) considérer; **to ~ sb as sth** considérer qn comme qc; **to ~ that ...** penser que ...

considerable *adj* considérable

considerate [kən·ˈsɪ·dᵊr·ət] *adj* prévenant(e)

consideration *n* **1.** (*careful thought*) considération *f;* **to take sth into ~** prendre qc en considération **2.** (*thoughtfulness*) égard *m;* **to show ~ for sb** montrer de la considération à qn; **for a small ~** *iron* moyennant finance

considered *adj* **1.** (*carefully thought out*) bien pensé(e) **2.** (*respected*) **well/highly ~** très/hautement estimé(e)

considering **I.** *prep* étant donné; **~ the weather** vu le temps **II.** *adv inf* tout compte fait **III.** *conj* **~ (that)** étant donné que

consign [kən·ˈsaɪn] *vt* consigner; **to ~ sth to sb's care** confier qc à qn

consignment *n* **1.** (*instance of consigning*) envoi *m* **2.** ECON arrivage *m* de marchandises; **on ~** en consignation; **goods on ~** marchandises *fpl* en dépôt permanent

consist [kən·ˈsɪst] *vi* **to ~ of sth** consister en qc

consistency *n* **1.** (*degree of firmness*) consistance *f* **2.** (*being consistent*) cohérence *f*

consistent [kən·ˈsɪs·tᵊnt] *adj* cohérent(e)

consolation [ˌkan·sə·ˈleɪ·ʃᵊn] *n* consolation *f;* **words of ~** paroles *fpl* consolatrices; **if it's of any ~ ...** si c'est d'un quelconque réconfort ...

consolation prize *n* prix *m* de consolation

consolatory [kən·ˈsal·ə·tɔr·i] *adj* réconfortant(e); (*words*) consolateur(-trice)

console[1] [kən·ˈsoʊl] *vt* consoler

console[2] [ˈkan·soʊl] *n* (*switch panel*) con-

sole *f*
consolidate [kən·'sa·lə·deɪt] **I.** *vi* **1.** (*become stronger*) se consolider **2.** (*unite*) s'unir **II.** *vt* consolider; **to ~ sb's relationship** renforcer les liens avec qn
consolidated *adj* consolidé(e)
consolidation *n* **1.** (*act or condition of becoming stronger*) consolidation *f* **2.** ECON unification *f*
consommé [,kan(t)·'sə·'meɪ] *n* bouillon *m*
consonance ['kan(t)·sən·ən(t)s] *n* MUS consonance *f*
consonant **I.** *n* consonne *f* **II.** *adj* **to be ~ with sth** être en accord avec qc
consort [kən·'sɔrt] **I.** *vi* s'associer **II.** *n* époux, -ouse *m, f;* **prince ~** prince *m* consort
consortium [kən·'sɔr·ţi·əm] <-s *o* -tia> *n* consortium *m*
conspicuous [kən·'spɪk·ju·əs] *adj* voyant(e); (*feature*) notable; **to be ~ by one's absence** *iron* briller par son absence
conspicuous consumption *n* consommation *f* ostentatoire
conspiracy [kən·'spɪr·ə·si] *n* **1.** (*secret plan*) conspiration *f;* **~ to murder** conspiration de meurtre **2.** *fig* **~ against sb** complot *m* contre qn
conspirator [kən·'spɪr·ə·ţər] *n* conspirateur, -trice *m, f*
conspire [kən·'spaɪər] *vi* conspirer; **to ~ to** +*infin* comploter de +*infin;* **to ~ against sb** comploter contre qn
constancy *n form* constance *f*
constant ['kan(t)·stənt] **I.** *n* constante *f* **II.** *adj* **1.** (*continuous*) constant(e); (*chatter*) ininterrompu(e); (*noise*) persistant(e); (*shelling*) permanent(e) **2.** (*unchanging: love*) durable; (*support*) inébranlable; (*temperature*) constant(e) **3.** (*frequent: use*) fréquent(e); **to be in ~ trouble with sb** avoir fréquemment des ennuis avec qn
constantly *adv* constamment; (*bicker*) continuellement; (*complain*) tout le temps
constellation [,kan(t)·stə·'leɪ·ʃən] *n* **1.** ASTR constellation *f* **2.** (*group of famous people gathered together*) pléiade *f*
consternation [,kan(t)·stər·'neɪ·ʃən] *n* consternation *f;* **to sb's ~** à la consternation de qn; **this report fills us with ~** ce rapport nous consterne tous
constipate ['kan(t)·stə·peɪt] *vt* constiper
constipated *adj* constipé(e)
constipation *n* constipation *f*
constituency *n* **1.** (*electoral district*) circonscription *f* électorale **2.** (*body of voters in this area*) électeurs, -trices *mpl, fpl* de la circonscription
constituent [kən·'stɪtʃ·u·ənt] **I.** *n* **1.** (*voter in constituency*) électeur, -trice *m, f* **2.** CHEM, PHYS composant *m* **II.** *adj* constituant(e); **council's ~ members** membres *mpl* constitutifs du conseil
constitute ['kan(t)·stə·tut] *vt* constituer
constitution *n* **1.** CHEM composition *f* **2.** POL, MED constitution *f;* **to have a strong/weak ~** avoir une bonne/mauvaise constitution

> ℹ La **Constitution** des États-Unis, écrite en 1787 et entrée en vigueur en 1789, a établi les trois pouvoirs du gouvernement américain (législatif, exécutif et judiciaire) en s'assurant de la séparation des pouvoirs. Appliquée depuis 1789 après ratification par les treize premiers États américains, elle est la plus ancienne constitution écrite à être encore en vigueur. Le premier président américain, George Washington, a été élu à l'unanimité lors du premier congrès de la Constitution le 6 avril 1789.

constitutional **I.** *adj* **1.** POL constitutionnel(le); (*amendment*) de la constitution **2.** (*relating to physical state*) diathésique **II.** *n iron* promenade *f*
constrain [kən·'streɪn] *vt* **1.** (*restrict*) contraindre **2.** LAW retenir de force
constraint *n* **1.** (*restriction*) contrainte *f;* **under ~** sous la contrainte **2.** (*restraint or holding back of feelings*) retenue *f*
constrict [kən·'strɪkt] *vt* resserrer
constriction *n* **1.** (*tightness*) rétrécissement *m* **2.** (*limitation*) restriction *f*
constrictor *n* constricteur *m*
construct ['kan·strʌkt, *vb:* kən·'strʌkt] **I.** *n* construction *f* **II.** *vt* construire
construction *n* **1.** (*act of building, word arrangement*) construction *f;* **to work at a ~ site** travailler sur un chantier de construction **2.** (*building*) bâtiment *m* **3.** (*interpretation*) interprétation *f;* **to put a ~ on sth** interpréter qc d'une façon différente
constructional *adj* de construction
constructive [kən·'strʌk·tɪv] *adj* constructif(-ive)
constructor *n* constructeur, -trice *m, f*
construe [kən·'stru] *vt* **to ~ sth as sth** interpréter qc comme étant qc
consul ['kan(t)·səl] *n* consul *m*
consular ['kan(t)·sjʊ·lər] *adj* consulaire
consulate ['kan(t)·sjʊ·lət] *n* consulat *m*
consulate general *n* consulat *m* général
consul general *n* consul *m* général
consult [kən·'sʌlt] **I.** *vi* consulter; **to ~ with sb** être en consultation avec qn **II.** *vt* **1.** (*seek information*) consulter **2.** (*examine*) examiner; (*one's feelings*) s'en référer à
consultancy *n* consultation *f*
consultant [kən·'sʌl·tənt] *n* ECON expert *m* conseil; **computer ~** expert conseil en informatique; **management ~** conseiller *m* en organisation; **public relations ~** conseiller en relations publiques; **tax ~** conseiller fiscal
consultation *n* consultation *f;* **to decide sth in ~ with sb** prendre une décision en

C

commun à propos de qc
consultative [kən·ˈsʌl·t̬ə·t̬ɪv] *adj* consultatif(-ive)
consulting *adj* consultant(e)
consume [kən·ˈsum] *vt* **1.** (*eat or drink*) consommer **2.** (*use up: fuel, energy*) consommer; (*money*) dilapider **3.** (*destroy*) consumer **4.** (*fill with*) **to be ~d** (*by anger, greed, hatred*) être dévoré; (*by envy*) être miné; (*by jealousy*) être rongé; **to be ~d by passion for sb** brûler de passion pour qn
consumer *n* consommateur, -trice *m, f*; **~ advice/credit** conseils *mpl*/crédit *m* au consommateur; **~ rights** droits *mpl* du consommateur; **~ durables** biens *mpl* de la consommation durable
consumerism [kən·ˈsu·mər·ɪ·zᵊm] *n* **1.** (*protection of consumers' interests*) défense *f* du consommateur **2.** *pej* (*exaggerated buying emphasis*) consommation *f* excessive
consummate [ˈkan(t)·sə·meɪt] **I.** *adj form* consommé(e); (*liar, thief*) achevé(e); **~ skill** talent *m* parfait **II.** *vt* (*complete*) **to ~ a marriage** consommer un mariage
consummation *n form* **1.** (*completion*) achèvement *m* **2.** (*sexual intercourse*) consommation *f*
consumption [kən·ˈsʌm(p)·ʃᵊn] *n* **1.** (*consuming*) consommation *f* **2.** *fig* **to be for the company ~** s'adresser à la société
contact [ˈkan·tækt] **I.** *n* **1.** (*state of communication*) contact *m;* **to have ~ with the (outside) world** être en contact avec le monde; **to lose ~ with sb** perdre le contact avec qn; **to make ~ with sb** prendre contact avec qn **2.** (*connection*) rapport *m;* **business ~s** relations *fpl* d'affaires **3.** (*act of touching*) **physical ~** contact *m* physique; **to come into ~ with sth** entrer en contact avec qc **4.** ELEC contact *m* électrique ▶ **they made eye ~** leurs regards se sont croisés **II.** *vt* contacter
contact-breaker *n* disjoncteur *m*
contact lens *n* lentille *f* de contact
contact man *n* agent *m* de liaison
contact print *n* épreuve *f* par contact
contagion [kən·ˈteɪ·dʒᵊn] *n* contagion *f*
contagious *adj* **1.** contagieux(-euse) **2.** *fig* (*enthusiasm, laugh*) communicatif(-ive)
contain [kən·ˈteɪn] *vt* contenir; (*anger*) retenir; (*examples*) renfermer; **to ~ one's laugh** s'empêcher de rire
container *n* **1.** (*box*) récipient *m* **2.** (*for transport*) conteneur *m*
containerize [kən·ˈteɪ·nə·raɪz] *vt* mettre en conteneur
container ship *n* navire *m* porte-conteneurs
containment *n* action *f* de circonscrire
contaminate [kən·ˈtæm·ɪ·neɪt] *vt* contaminer
contamination *n* contamination *f*
contemplate [ˈkan·t̬em·pleɪt] **I.** *vi* méditer **II.** *vt* **1.** (*gaze at*) contempler **2.** (*consider*) considérer; **to ~ suicide** songer au suicide **3.** (*intend*) **to ~ doing sth** penser faire qc; **suicide was never ~d** il n'a jamais été question de suicide
contemplation *n* **1.** (*act of looking*) contemplation *f* **2.** (*deep thought*) recueillement *m;* **to be lost in ~** être perdu dans ses pensées **3.** (*expectation*) prévision *f;* **in ~ of their departure** en prévision de leur départ
contemplative [kən·ˈtem·plə·t̬ɪv] *adj* **1.** (*reflective*) contemplatif(-ive) **2.** (*meditative*) méditatif(-ive)
contemporary [kən·ˈtem·pə·rer·i] **I.** *n* contemporain(e) *m(f)* **II.** *adj* contemporain(e)
contempt [kən·ˈtem(p)t] *n* mépris *m;* **to be beneath ~** être au-dessous de tout; **to have ~ for sb/sth** avoir du mépris pour qn/qc; **to hold sb/sth in ~** mépriser qn/qc; **to treat sb/sth with ~** traiter qn/qc avec dédain
contemptible *adj* méprisable
contemptuous [kən·ˈtem(p)·tʃu·əs] *adj* méprisant(e); (*look*) hautain(e); (*remark*) arrogant(e); **to be very ~ of sb** être très dédaigneux de qn
contend [kən·ˈtend] **I.** *vi* **1.** (*compete*) être en compétition; **to ~ for sth** lutter pour qc; **to ~ for a title** disputer un titre; **to ~ against sb/sth** combattre qn/qc **2.** (*combat or cope with*) **to ~ with sth** affronter qc; **to have sb/sth to ~ with** devoir faire face à qn/qc **3.** (*argue*) **to ~ with sb** se disputer avec qn **II.** *vt* soutenir
contender *n* concurrent(e) *m(f)*; (*election, job*) candidat(e) *m(f)*
content[1] [ˈkan·tent] *n* **1.** (*all things inside*) contenu *m;* **to have a high/low fat ~** avoir une riche/pauvre teneur en matières grasses **2.** (*substance*) substance *f*
content[2] [kən·ˈtent] **I.** *vt* satisfaire; **to ~ oneself with sth** se contenter de qc **II.** *adj* satisfait(e); **to one's heart's ~** à souhait; **to be ~ with sth** se satisfaire de qc; **to be ~ to** +*infin* ne pas demander mieux que de +*infin*
contented *adj* satisfait(e)
contention [kən·ˈten·(t)ʃᵊn] *n* **1.** (*disagreement*) contestation *f;* **in ~** à débattre **2.** (*opinion expressed*) affirmation *f* **3.** (*competition*) compétition *f;* **out of ~** hors compétition
contentious *adj* contesté(e)
contentment *n* contentement *m*
contents *n pl* **1.** (*things held in sth*) contenu *m* **2.** PUBL (**table of**) **~** table *f* des matières
contest [ˈkan·test, *vb:* kən·ˈtest] **I.** *n* **1.** (*competition*) concours *m;* **beauty ~** concours de beauté **2.** SPORTS compétition *f* **3.** (*dispute*) combat *m* **II.** *vt* **1.** (*challenge*) contester **2.** (*compete for*) disputer
contestant [kən·ˈtes·tᵊnt] *n* concurrent(e) *m(f)*
context [ˈkan·tekst] *n* contexte *m*
contextual *adj form* contextuel(le)
contextualize [kən·ˈteks·tʃu·ə·laɪz] *vt* contextualiser
continent[1] [ˈkan·tᵊn·ənt] *n* continent *m*
continent[2] [ˈkan·tᵊn·ənt] *adj* continent(e)

C

continental *adj* **1.** (*relating to a continent*) continental(e); ~ **drift** dérive *f* des continents; ~ **shelf** plateau *m* continental **2.** (*of the mainland*) ~ **Europe** Europe *f* continentale; **the ~ United States** les Etats-Unis *mpl* continentaux
continental breakfast *n* petit-déjeuner *m* continental (*comprenant café, pain et confiture*)
contingency *n form* contingence *f*
contingent [kən·ˈtɪn·dʒᵊnt] **I.** *n* contingent *m* **II.** *adj* **to be ~ on sth** dépendre de qc
continual [kən·ˈtɪn·ju·əl] *adj* continuel(le)
continually *adv* continuellement
continuation *n* **1.** (*continuing, next stage*) continuation *f* **2.** (*extension*) prolongement *m*
continue [kən·ˈtɪn·ju] **I.** *vi* continuer; **to ~ doing sth** continuer à faire qc; **to ~ as sth** poursuivre en tant que qc; **to ~ on the next page** continuer à la page suivante; **to ~ one's way** poursuivre son chemin **II.** *vt* continuer; (*work*) poursuivre
continued *adj* soutenu(e)
continuity [ˌkan·tᵊn·ˈu·ə·ţi] *n* **1.** (*continuous period*) continuité *f* **2.** CINE, TV script *m;* ~ **girl** scripte *f;* ~ **boy** scripte *m*
continuous *adj* continu(e)
contort [kən·ˈtɔrt] **I.** *vi* se contorsionner **II.** *vt* **1.** contorsionner **2.** *fig* **to ~ sb's words** déformer les dires de qn
contortion [kən·ˈtɔr·ʃᵊn] *n* contorsion *f*
contortionist *n* contorsionniste *mf*
contour [ˈkan·tʊr] *n* contour *m*
contraband [ˈkan·trə·bænd] **I.** *n* contrebande *f* **II.** *adj* de contrebande
contraception [ˌkan·trə·ˈsep·ʃᵊn] *n* contraception *f*
contraceptive [ˌkan·trə·ˈsep·tɪv] *n* contraceptif *m;* ~ **pill** pilule *f* contraceptive
contract[1] [ˈkan·trækt] **I.** *n* contrat *m;* **to break/to draw up a ~** rompre/établir un contrat; **to enter into a ~** passer un contrat **II.** *vi* **to ~ to** +*infin* s'engager à +*infin;* **to ~ with sb** passer un contrat avec qn
contract[2] [kən·ˈtrækt] **I.** *vi* se contracter **II.** *vt* contracter
◆**contract in** *vi* s'engager
◆**contract out** *vt* **to ~ of sth** se retirer de qc; **to ~ sth to sb** déléguer qc à qn
contraction *n* contraction *f*
contractor *n* entrepreneur *m;* **building ~** entrepreneur de construction
contractual *adj* contractuel(le); (*conditions*) du contrat
contradict [ˌkan·trə·ˈdɪkt] **I.** *vi* contredire **II.** *vt* contredire
contradiction *n* contradiction *f*
contradictory [ˌkan·trə·ˈdɪk·tᵊr·i] *adj* contradictoire
contralto [kən·ˈtræl·ţoʊ] *n* contralto *mf*
contraption [kən·ˈtræp·ʃən] *n inf* truc *m*
contrary [ˈkan·trər·i] **I.** *n* contraire *m;* **on the ~** au contraire; **to get proof to the ~** avoir la preuve du contraire **II.** *adj* contrariant(e)
contrary to *prep* contrairement à; ~ **what sb says** à l'encontre de ce que qn dit; ~ **all expectations** contre toute attente; ~ **nature** contre nature
contrast [kən·ˈtræst] **I.** *n* contraste *m;* **in ~ to sth** en contraste avec qc **II.** *vt* comparer **III.** *vi* contraster
contrasting *adj* contrasté(e)
contravene [ˌkan·trə·ˈvin] *vt* contrevenir à
contravention [ˌkan·trə·ˈven·(t)ʃᵊn] *n* infraction *f;* **to act in ~ of the regulations** être en infraction avec le règlement
contribute [kən·ˈtrɪ·bjut] **I.** *vi* **to ~ toward/to sth** contribuer à qc **II.** *vt* **1.** (*help toward an aim*) **to ~ sth to/toward sth** offrir qc à qc **2.** (*submit for publication*) **to ~ sth to sth** écrire qc pour qc
contribution *n* **1.** (*something contributed*) contribution *f* **2.** (*text for publication*) article *m*
contributor *n* collaborateur, -trice *m, f;* **to be a ~ to sth** collaborer à qc
contrivance [kən·ˈtraɪ·vᵊn(t)s] *n pej* **1.** (*act of contriving*) invention *f* **2.** (*device*) dispositif *m* **3.** (*inventive capacity*) inventivité *f*
contrive [kən·ˈtraɪv] *vt* **1.** (*plan with cleverness*) inventer **2.** (*manage*) parvenir
contrived *adj* forcé(e)
control [kən·ˈtroʊl] <-ll-> **I.** *n* **1.** (*power of command*) contrôle *m;* **to be in ~ of sth** contrôler qc; **to be under ~** être maîtrisé; **to go out of ~** perdre le contrôle; **to lose ~ over sth** perdre le contrôle de qc; **to have ~ over sb** avoir de l'autorité sur qn; **beyond ~** incontrôlable **2.** (*self-restraint*) maîtrise *f* **3.** ECON, FIN contrôle *m* **4.** (*place for checking*) **to go through customs ~** passer à la douane **5.** MED, PHYS (*person*) sujet *m* témoin; ~ **group** groupe *m* témoin **6.** ELEC ~ **board/panel** tableau *m* de bord/commande **7.** *pl* (*switches*) commandes *fpl* **II.** *vt* <-ll-> **1.** (*restrain, curb*) maîtriser **2.** (*run*) contrôler ▶ **to ~ the purse strings** tenir les cordons de la bourse
controlled *adj fig* contenu(e)
controller *n* **1.** (*person*) contrôleur, -euse *m, f* **2.** TECH, COMPUT contrôleur *m*
control tower *n* tour *f* de contrôle
controversial [ˌkan·trə·ˈvɜr·ʃᵊl] *adj* controversé(e)
controversy [ˈkan·trə·vɜr·si] <-sies> *n* controverse *f*
contusion [kən·ˈtu·ʒᵊn] *n* contusion *f*
conundrum [kə·ˈnʌn·drəm] *n* énigme *f*
convalesce [ˌkan·və·ˈles] *vi* **to ~ from sth** se remettre de qc
convalescence *n* convalescence *f*
convalescent [ˌkan·və·ˈle·sᵊnt] **I.** *adj* (*recovering*) convalescent(e); **to have a long ~ period** avoir une longue période de convalescence; ~ **hospital** maison *f* de convalescence **II.** *n* convalescent(e) *m(f)*
convection [kən·ˈvek·ʃᵊn] *n* convection *f*

convection oven *n* four *m* à convection
convector [kən·ˈvek·tər], **convector heater** *n* convecteur *m*
convene [kən·ˈvin] **I.** *vi form* se réunir **II.** *vt form* convoquer
convenience [kən·ˈvin·jən(t)s] *n* commodité *f;* **for ~('s sake)** par commodité; **at your ~** comme cela te/vous convient
convenience food *n* aliments *mpl* tout prêts
convenience store *n* épicerie *f* de quartier
convenient [kən·ˈvin·jənt] *adj* commode; (*moment*) opportun(e); **to be ~ for sth** (*within easy reach*) être bien situé pour qc
convent [ˈkan·vənt] *n* couvent *m;* **to enter a ~** entrer au couvent
convention [kən·ˈven·(t)ʃᵊn] *n* convention *f*
conventional *adj* conventionnel(le)
conventionally *adv* d'une manière conventionnelle
converge [kən·ˈvɜrdʒ] *vi* converger
convergence *n* convergence *f*
convergent [kən·ˈvɜr·dʒᵊnt] *adj* convergent(e)
conversant [kən·ˈvɜr·sᵊnt] *adj* **to be ~ with sth** être familiarisé avec qc
conversation [ˌkan·vər·ˈseɪ·ʃᵊn] *n* conversation *f;* **to hold a ~** tenir une conversation; **to run out of ~** être à court de conversation ▶ **to strike up a ~ with sb** entamer une conversation avec qn
conversational *adj* de conversation; **to have ~ skills** être éloquent; **in a ~ tone/style** d'un ton/style léger
conversationally *adv* sur le ton de la conversation; **to be ~ gifted** être éloquent
converse[1] [kən·ˈvɜrs] *vi form* converser
converse[2] [ˈkan·vɜrs] *form* **I.** *adj* inverse **II.** *n* inverse *m*
conversely *adv* inversement
conversion [kən·ˈvɜr·ʒᵊn] *n* **1.** (*changing opinions*) conversion *f;* **~ to sth** conversion à qc **2.** (*changing opinions*) **to undergo a ~** changer d'opinion **3.** (*adoption for other purposes*) conversion *f;* (*of house, city*) aménagement *m* **4.** FIN conversion *f;* **~ rate** taux *mpl* de conversion
convert [kən·ˈvɜrt] **I.** *n* converti(e) *m(f);* **to become a ~ to sth** se convertir à qc **II.** *vi* **to ~ to sth** se convertir à qc **III.** *vt* **to ~ sth into sth** convertir qc en qc
converter *n* convertisseur *m*
convertible **I.** *n* décapotable *f* **II.** *adj* convertible
convex [ˈkan·veks] *adj* convexe
convey [kən·ˈveɪ] *vt* **1.** (*transport*) transporter **2.** (*communicate*) transmettre; (*a feeling, idea*) évoquer; **to ~ sth to sb** faire comprendre qc à qn
conveyance *n* **1.** (*act of carrying*) transport *m* **2.** (*communication*) transmission *f* **3.** LAW (*property transfer*) cession *f* **4.** (*document showing a transfer*) acte *m* de cession
conveyancing *n* cession *f*
conveyor *n* **1.** (*person/thing that transports*) transporteur *m* **2.** *s.a.* **conveyor belt**
conveyor belt *n* tapis *m* roulant
convict [ˈkan·vɪkt, *vb:* kən·ˈvɪkt] **I.** *n* détenu(e) *m(f)* **II.** *vt* **to ~ sb of sth** reconnaître qn coupable de qc **III.** *vi* rendre un verdict de culpabilité
conviction [kən·ˈvɪk·ʃᵊn] *n* **1.** (*act of finding guilty*) condamnation *f;* **~ for sth** condamnation pour qc **2.** (*firm belief*) conviction *f;* **to have a deep ~ that...** avoir la conviction profonde que...; **to have a ~ about sth** avoir une idée là-dessus
convince [kən·ˈvɪn(t)s] *vt* convaincre
convincing *adj* convaincant(e)
convoluted *adj* compliqué(e)
convoy [ˈkan·vɔɪ] **I.** *n* convoi *m;* **in ~** en convoi **II.** *vt* convoyer
convulse [kən·ˈvʌls] **I.** *vi* avoir des convulsions; **to ~ in laughter/pain** se tordre de rire/de douleur **II.** *vt* secouer; **to be ~d with laughter** se tordre de rire
convulsion [kən·ˈvʌl·ʃᵊn] *n* convulsion *f;* **to go into ~s** être pris de convulsions; *iron* se tordre de rire
convulsive [kən·ˈvʌl·sɪv] *adj* convulsif(-ive)
coo [ku] *vi* (*bird*) roucouler; (*person*) murmurer; (*baby*) gazouiller; **to ~ sweet nothings in sb's ear** susurrer des mots doux à l'oreille de qn
cook [kʊk] **I.** *n* cuisinier, -ière *m, f* ▶ **too many ~s spoil the broth** *prov* trop de cuisiniers gâtent la sauce **II.** *vi* **1.** (*prepare food*) cuisiner **2.** (*be cooked*) cuire **3.** *inf* (*do well*) se débrouiller pas mal **4.** *inf* (*ready to go*) y aller ▶ **what's ~ing?** qu'est-ce qui se mijote là? **III.** *vt* **1.** (*prepare food*) cuisiner **2.** (*prepare food using heat*) cuire ▶ **to ~ the books** brouiller les comptes; **to ~ sb's goose** mettre qn dans le pétrin
cookbook *n* livre *m* de cuisine
cooker *n* cuisinière *f;* **rice ~** cuiseur *m* de riz
cookie [ˈkʊk·i] *n* **1.** CULIN biscuit *m;* **chocolate-chip ~** cookie *m* aux pépites de chocolat **2.** *inf* (*person*) type *m,* nana *f;* **tough ~** dur(e) *m(f)* à cuire **3.** COMPUT cookie *m* ▶ **that's the way the ~ crumbles!** c'est la vie!
cooking *n* cuisine *f;* **~ oil** huile *f* de cuisson
cool [kul] **I.** *adj* **1.** (*slightly cold*) frais(fraîche) **2.** (*calm*) tranquille; *inf* cool; **to keep a ~ head** garder la tête froide **3.** (*unfriendly, cold*) froid(e); (*welcome*) glacial(e) **4.** (*fresh: color*) froid(e) **5.** *inf* (*fashionable*) cool ▶ **~ as a cucumber** tranquille **II.** *interj inf* cool! **III.** *n* **1.** (*coolness*) fraîcheur *f* **2.** (*calm*) sang-froid *m;* **to keep one's ~** garder son calme **IV.** *vi* se refroidir **V.** *vt* **1.** (*make cold*) refroidir **2.** *inf* **~ it!** reste cool!
cooler *n* **1.** (*box*) glacière *f* **2.** (*cool drink*) rafraîchissement *m*
coolheaded *adj* **to remain ~** garder la tête froide
cooling *adj* rafraîchissant(e)
cooling tower *n* refroidisseur *m*

coolly ['ku·li] *adv* **1.** (*calmly*) avec calme **2.** (*coldly*) froidement
coolness *n* **1.** (*coldness*) fraîcheur *f* **2.** *fig* froideur *f* **3.** (*calmness*) sang-froid *m*
coop [kup] **I.** *n* poulailler *m* **II.** *vt* encager
co-op ['koʊ·ap] *n* coopérative *f*
cooperate [koʊ·'a·pə·reɪt] *vi* **to ~ in sth** coopérer à qc
cooperation *n* coopération *f;* **~ in sth** coopération à qc
cooperative [koʊ·'a·pər·ə·t̬ɪv] **I.** *n* coopérative *f* **II.** *adj* coopératif(-ive)
coordinate [ˌkoʊ·'ɔr·dən·eɪt] **I.** *n* coordonnée *f* **II.** *vi* **to ~ with sth** aller avec qc **III.** *vt* coordonner **IV.** *adj* coordonné(e)
coordination *n* coordination *f*
coordinator *n* coordinateur, -trice *m, f*
coot [kut] *n inf* **1.** (*rather dim person*) idiot(e) *m(f)* **2.** (*completely bald*) **as bald as a ~** chauve comme un œuf
cop [kap] *inf* **I.** *n* flic *m;* **to play ~s and robbers** jouer aux gendarmes et aux voleurs **II.** <-pp-> *vt* **1.** (*grab*) saisir; **to ~ a (quick) feel** peloter rapidement **2.** LAW **to ~ a plea** plaider coupable
cope [koʊp] *vi* **1.** (*master a situation*) **to ~ with sth** faire face à qc; **to ~ with a task** affronter une tâche **2.** (*deal with*) **to ~ with sth** supporter qc
Copenhagen ['koʊ·pən·ˌheɪ·gən] *n* Copenhague
copier ['ka·pi·ər] *n* photocopieuse *f*
co-pilot *n* copilote *mf*
copious ['koʊ·pi·əs] *adj* copieux(-euse); (*notes*) abondant(e); (*amounts*) considérable
copper ['ka·pər] **I.** *n* (*metal*) cuivre *m* **II.** *adj* (*color*) cuivre; **~-colored** cuivré(e)
copper ore *n* minerai *m* de cuivre
copperplate **I.** *n* **1.** (*style of handwriting*) gravure *f* sur cuivre au burin **2.** (*metal plaque*) planche *f* de cuivre **II.** *adj* **~ writing** écriture *f* moulée
coppice ['ka·pɪs] *n* taillis *m*
copulate ['ka·pjə·leɪt] *vi* copuler; **to ~ with sb** *inf* s'accoupler avec qn
copulation *n* copulation *f*
copy ['ka·pi] **I.** <-pies> *n* **1.** (*facsimile*) copie *f;* **to make a ~ of sth** photocopier qc **2.** PHOT épreuve *f* **3.** ART reproduction *f* **4.** PUBL (*of a book*) exemplaire *m;* **carbon ~** carbone *m;* **true ~** copie *f* conforme **5.** (*text to be published*) article *m* **6.** (*topic for an article*) sujet *m* d'article **7.** COMPUT copie *f;* **hard ~** COMPUT impression *f* d'un fichier informatique ▶ **to be a carbon ~ of sb** être le sosie de qn **II.** <-ie-> *vt a. fig* copier; **to ~ a file onto a disk** copier un fichier sur une disquette **III.** *vi pej* (*cheat*) copier; **to ~ from/off sb** copier sur qn
◆ **copy down** *vt* recopier
copybook *n* cahier *m* d'écriture
copycat *inf* **I.** *adj* d'imitation; (*version*) copié(e) **II.** *n childspeak, pej* copieur, -euse *m, f*
copyeditor *n* secrétaire *mf* de rédaction
copy machine *n inf* photocopieuse *f*
copy protection *n* **1.** LAW protection *f* contre la copie frauduleuse **2.** COMPUT protection *f* contre le piratage informatique
copyright **I.** *n* droits *mpl* d'auteur; **to hold the ~ on sth** avoir les droits d'auteur sur qc; **protected under ~** tous droits de reproduction réservés; **out of ~** dans le domaine public **II.** *vt* déposer
copywriter *n* rédacteur, -trice *m, f* publicitaire
coral ['kɔr·əl] **I.** *n* corail *m* **II.** *adj* **1.** (*of reddish color*) corail *inv* **2.** (*of coral*) de corail
coral island *n* île *f* corallienne
coral reef *n* récif *m* corallien
cord [kɔrd] *n* **1.** (*rope*) corde *f;* **spinal ~** moelle *f* épinière; **umbilical ~** cordon *m* ombilical **2.** (*string*) ficelle *f* **3.** ELEC fil *m* électrique **4.** (*unit of volume*) **~ of wood** *équivalant à 3,62 mètres cubes de bois*
cordial ['kɔr·dʒəl] **I.** *adj* **1.** (*friendly*) chaleureux(-euse); (*relations*) cordial(e) **2.** *form* (*strong*) fort(e); (*dislike*) profond(e) **II.** *n* liqueur *f*
cordiality <-ties> *n form* cordialité *f;* **to exchange cordialities** échanger des politesses
cordless *adj* sans fil
cordon ['kɔr·dən] **I.** *n* cordon *m* **II.** *vt* **to ~ sth off** établir un cordon de sécurité tout autour de qc; **to cordon off a road** barrer une route
cords *n pl* pantalon *m* en velours côtelé
corduroy ['kɔr·də·rɔɪ] *n* **1.** (*material*) velours *m* côtelé **2.** *pl* (*pants*) pantalon *m* en velours côtelé
core [kɔr] **I.** *n* **1.** (*center*) partie *f* centrale **2.** (*center with seeds*) noyau *m;* **apple/pear ~** trognon *m* de pomme/poire **3.** PHYS nucléon *m;* **~ of a nuclear reactor** cœur *m* d'un réacteur nucléaire **4.** (*most important part*) essentiel *m;* **to be at the ~ of a problem** être au centre du problème; **to get to the ~ of sth** aller à l'essentiel de qc **5.** ELEC mèche *f* **6.** COMPUT mise *f* en mémoire des bits ▶ **to the ~** au cœur; **to be rotten to the ~** être pourri jusqu'à la moelle **II.** *adj* (*issue*) central(e) **III.** *vt* évider
CORE [kɔr] *n abbr of* **Congress of Racial Equality** *organisation pour la défense des droits des minorités ethniques*
core memory *n* COMPUT mémoire *f* à tores
coriander ['kɔr·i·æn·dər] *n* coriandre *f*
cork [kɔrk] **I.** *n* **1.** liège *m* **2.** (*stopper*) bouchon *m* **II.** *vt* **1.** (*put stopper in: bottle*) boucher **2.** (*blacken*) **to ~ one's face** se grimer avec un bouchon brûlé
corkage ['kɔr·kɪdʒ] *n*, **cork charge** *n* droit *m* de bouchon
corkscrew ['kɔrk·skru] **I.** *n* tire bouchon *m* **II.** *adj* en tire-bouchon
corn[1] [kɔrn] *n* **1.** (*plant*) maïs *m* **2.** *inf* (*something trite*) banalité *f*

> i Le **corn** vient du Nouveau Monde. Aux USA, on aime bien manger un *corn on the cob* (épi de maïs) à l'occasion d'un jour férié ou d'un pique-nique. Les *popcorn* sont plus appréciés au cinéma. Autrefois on les utilisait pour décorer le sapin de Noël. La *cornmeal* (farine de maïs) est utilisée pour faire un *indian pudding*, un entremets sucré à base de farine de maïs et de mélasse, ou un *corn bread*, une sorte de pain de maïs.

corn² [kɔrn] *n* MED cor *m*
corn bread *n* pain *m* de maïs
corncob *n* épi *m* de maïs
cornea ['kɔr·ni·ə] *n* cornée *f*
corner ['kɔr·nər] **I.** *n* **1.** (*intersection of two roads*) coin *m;* **just around the ~** à deux pas d'ici; **to cut ~s** prendre des raccourcis **2.** (*place*) coin *m;* **to search every ~ of the house** chercher dans les coins et recoins de la maison **3.** SPORTS corner *m* **4.** (*difficult position*) **to be in a tight ~** être dans le pétrin; **to drive sb into a (tight) ~** mettre qn au pied du mur; **to get oneself into a (tight) ~** se mettre dans une situation difficile **5.** (*domination*) **to have a ~ of the market** avoir le monopole du marché **6.** (*periphery*) commissure *f;* **out of the ~ of one's eye** du coin de l'œil **7.** *fig* **to be around the ~** être sur le point de; **to have turned the ~** avoir surmonté la crise **II.** *vt* **1.** (*hinder escape*) attraper; *iron* coincer **2.** ECON (*market*) accaparer **III.** *vi* (*auto*) virer; **to ~ well** prendre bien les virages
cornered *adj* acculé(e)
corner seat *n* siège *m* en coin
cornerstone *n* pierre *f* angulaire
cornet [kɔr·'net] *n* cornet *m* à piston
cornflakes *npl* corn-flakes *mpl*
cornflower **I.** *n* bleuet *m* **II.** *adj* (*blue*) vif(vive)
cornice ['kɔr·nɪs] *n* ARCHIT corniche *f*
cornmeal *n* farine *f* de maïs
corn pone *n* pain *m* de maïs
cornrow *n* (*hairstyle*) tresses *fpl* africaines
cornstarch *n* farine *f* de maïs
cornucopia [ˌkɔr·nə·'koʊ·pi·ə] *n* **1.** (*horn*) corne *m* d'abondance **2.** (*abundance*) abondance *f;* **~ of performances** profusion *f* de spectacles
Cornwall ['kɔrn·wɔl] *n* les Cornouailles *fpl*
corny ['kɔr·ni] <-ier, -iest> *adj inf* banal(e)
corollary ['kɔr·ə·ler·i] <-ries> *n form* corollaire *m*
coronary ['kɔr·ə·ner·i] **I.** *n inf* infarctus *m* **II.** *adj* coronaire
coronation [ˌkɔr·ə·'neɪ·ʃən] *n* couronnement *m*
coroner ['kɔr·ən·ər] *n* coroner *m*
corporal ['kɔr·pər·əl] **I.** *n* MIL caporal *m* **II.** *adj form* corporel(le)
corporate ['kɔr·pər·ət] **I.** *n* société *f* **II.** *adj* **1.** (*of corporation*) d'entreprise; (*shared by group*) de l'entreprise; (*clients, workers*) de la société; **~ identity** image *f* de marque de l'entreprise; **~ policy** stratégie *f* globale **2.** (*collective*) commun(e)
corporation *n* (*business*) société *f;* **multinational ~** multinationale *f*
corporation tax *n* impôt *m* sur les sociétés
corps [kɔr] *n* corps *m*
corpse [kɔrps] *n* cadavre *m*
corpus ['kɔr·pəs] <-pora *o* -es> *n* **1.** *form* (*collection*) recueil *m* **2.** LING (*collection of texts*) corpus *m*
Corpus Christi [ˌkɔr·pəs'krɪs·ti] REL la Fête-Dieu
corral [kə·'ræl] **I.** *n* corral *m* **II.** <-ll-> *vt* enfermer dans un corral
correct [kə·'rekt] **I.** *vt* (*put right*) corriger; (*watch*) régler; **I stand ~ed** *iron, form* je reconnais mon erreur **II.** *adj* **1.** (*accurate*) juste; **that is ~** *form* c'est exact **2.** (*proper*) correct(e); **he's a very ~ gentleman** c'est un monsieur comme il faut
correction [kə·'rek·ʃən] *n* **1.** (*change*) rectification *f;* **subject to ~** sous toutes réserves; **to be subject to ~** être sujet à des modifications **2.** (*improvement*) correction *f* **3.** (*improvement through punishment*) punition *f*
correction fluid *n* correcteur *m* liquide
corrective [kə·'rek·tɪv] **I.** *adj* correcteur(-trice) **II.** *n* rectificatif *m*
correctly *adv* correctement
correctness *n* exactitude *f*
correlate ['kɔr·ə·leɪt] **I.** *vt* corréler **II.** *vi* (*relate*) **to ~ with sth** être en corrélation avec qc
correlation *n* **1.** (*connection*) corrélation *f* **2.** (*relationship*) lien *m*
correspond [ˌkɔr·ə·'spand] *vi* **1.** (*be equal to*) correspondre; **to ~ with** [*o* **to**] **sth** correspondre à qc; **to ~ closely/roughly to sth** être très/peu conforme à qc **2.** (*write*) correspondre; **to ~ with sb** correspondre avec qn
correspondence [ˌkɔr·ə·'span·dən(t)s] *n* correspondance *f;* **business ~** courrier *m* d'affaires; **to enter into ~ with sb** *form* entretenir une correspondance avec qn
correspondent *n* (*writer of letters, journalist*) correspondant(e) *m(f);* **special ~** envoyé(e) *m(f)* spécial; **parliamentary ~** rédacteur, -trice *m, f* parlementaire
corresponding *adj* **1.** (*same*) semblable; **in the ~ period last year** à la même époque l'année dernière **2.** (*accompanying*) correspondant(e)
corridor ['kɔr·ə·dər] *n* **1.** (*passage*) corridor *m* **2.** RAIL, AUTO, AVIAT couloir *m*
corrie ['kɔr·i] *n* cirque *m*
corroborate [kə·'ra·bər·eɪt] *vt* confirmer
corroboration *n* corroboration *f;* **in ~ of sth** à l'appui de qc
corroborative [kə·'ra·bər·ə·t̬ɪv] *adj* qui confirme

corrode [kə·'roʊd] **I.** *vi* se corroder **II.** *vt* **1.** (*damage*) corroder **2.** *fig* entamer
corrosion [kə·'roʊ·ʒən] *n* **1.** (*deterioration*) corrosion *f* **2.** *fig* désagrégation *f*
corrosive [kə·'roʊ·sɪv] **I.** *adj* destructif(-ive); (*acid*) corrosif(-ive); (*attack*) virulent(e) **II.** *n* produit *m* corrosif
corrugated ['kɔr·ə·geɪ·t̬ɪd] *adj* **1.** (*furrowed*) ridé(e) **2.** (*rutted: road, iron*) ondulé(e)
corrupt [kə·'rʌpt] **I.** *vt* **1.** (*debase*) dépraver **2.** (*influence by bribes*) corrompre **3.** COMPUT (*file*) altérer **II.** *vi* se corrompre **III.** *adj* (*influenced by bribes*) corrompu(e); (*practice*) malhonnête; ~ **morals** moralité *f* douteuse
corruption *n* **1.** (*debasement*) dépravation *f* **2.** (*bribery*) corruption *f* **3.** LING altération *f*
corset ['kɔr·sɪt] *n* corset *m*
Corsica ['kɔr·sɪ·kə] *n* la Corse
Corsican **I.** *adj* corse **II.** *n* **1.** (*person*) Corse *mf* **2.** LING corse *m; s.a.* **English**
cos [kas] *n* MATH *abbr of* **cosine** cos *m*
cosec ['koʊ·sek] *n* MATH *abbr of* **cosecant** cosec *f*
cosignatory [ˌkoʊ·'sɪg·nə·tɔr·i] <-ries> *n* cosignataire *mf*
cosine ['koʊ·saɪn] *n* cosinus *m*
cosmetic [kaz·'met̬·ɪk] **I.** *n* cosmétique *m;* ~**s** produits *mpl* de beauté **II.** *adj* **1.** (*related to beauty*) cosmétique; (*surgery*) esthétique **2.** *pej* (*superficial*) superficiel(le); (*change, improvement*) de forme
cosmetician *n* esthéticien(ne) *m(f)*
cosmic ['kaz·mɪk] *adj fig* cosmique; (*proportion*) incommensurable
cosmology [kaz·'ma·lə·dʒi] *n* cosmologie *f*
cosmonaut ['kaz·mə·nɔt] *n* spationaute *mf*
cosmopolitan [ˌkaz·mə·'pa·lɪ·tən] **I.** *adj* cosmopolite **II.** *n* cosmopolite *mf*
cosmos ['kaz·moʊs] *n* cosmos *m*
cost [kast] **I.** *vt* **1.** <cost, cost> (*amount to*) coûter; **to ~ $40** coûter 40 dollars; **it ~ him dearly** ça lui est revenu cher **2.** <cost, cost> (*cause the loss of*) coûter; **to ~ sb dearly** coûter cher à qn **3.** <costed, costed> (*calculate price*) évaluer le coût de **II.** *n* **1.** (*price*) prix *m;* **at no extra ~** sans dépense supplémentaire; **at huge ~** à grands frais **2.** (*sacrifice*) renoncement *m;* **at great personal ~** en faisant de gros sacrifices; **to learn sth to one's ~** apprendre qc aux dépens de qn; **at all ~(s)** à n'importe quel prix **3.** *pl* LAW frais *mpl* d'instance et dépens *mpl*
costar, co-star **I.** *n* covedette *f;* **to be sb's ~** avoir la vedette avec qn **II.** <-rr-> *vi* **to ~ with sb** partager la vedette avec qn
costly ['kast·li] <-ier, -iest> *adj* cher(chère); (*mistake*) qui coûte cher; **to prove ~** s'avérer coûteux
cost price *n* prix *m* coûtant; **at ~** au prix de revient
costume ['ka·stum] *n* costume *m;* **to wear a clown ~** porter un déguisement de clown
cot [kat] *n* lit *m* de camp
cot(an), cotangent *n* cotangente *f*
cottage *n* cottage *m;* **summer ~** maison *f* de vacances (d'été)
cottage cheese *n* cottage *m* (*fromage blanc à gros caillots, légèrement salé*)
cottage industry <-tries> *n* industrie *f* à domicile
cotton ['ka·tən] **I.** *n* **1.** coton *m* **2.** (*thread*) fil *m* **II.** *adj* en coton
◆**cotton to** *vt* **to ~ sb** se prendre d'amitié pour qn
cotton bush *n* cotonnier *m*
cotton candy *n* barbe *f* à papa
cotton gin *n* égreneuse *f* de coton
cotton mill *n* filature *f* de coton
cotton-picking *adj inf* sacré(e); **keep your ~ hands off!** retire tes sales pattes de là!
cottonseed *n* graine *f* de coton
cottontail *n* lapin *m*
couch [kaʊtʃ] **I.** *n* canapé *m;* **psychoanalyst's ~** divan *m* du psychanalyste **II.** *vt* formuler
couch potato *n inf* **to be a ~** passer sa vie devant la télé
cough [kɔf] **I.** *n* (*loud expulsion of air*) toux *f* **II.** *vi* **1.** (*expel air loudly through lungs*) tousser **2.** AUTO avoir des ratés **III.** *vt* tousser en crachant; **to ~ blood** cracher du sang
◆**cough up** **I.** *vt* **1.** (*bring up*) cracher **2.** *inf* (*pay reluctantly: money*) cracher **II.** *vi inf* **1.** (*pay*) casquer **2.** (*admit*) cracher le morceau
cough drop *n* pastille *f* contre/pour la toux
cough medicine *n* médicament *m* contre la toux
could [kʊd] *pt, subj of* **can**
council ['kaʊn(t)·səl] *n* ADMIN conseil *m;* **Council of Europe** Conseil de l'Europe
councilman *n* ADMIN conseiller *m*
councilor *n* conseiller, -ère *m, f* juridique
councilwoman *n* ADMIN conseillère *f*
counsel ['kaʊn(t)·səl] **I.** <-l- *o* -ll-> *vt* (*advise*) conseiller **II.** *n* **1.** *form* (*advice*) conseil *m* **2.** (*lawyer*) avocat(e) *m(f)* ▶**to <u>keep</u> one's own ~** garder ses intentions pour soi
counsel(l)ing *n* assistance *f*
counsel(l)or *n* **1.** (*adviser*) conseiller, -ère *m, f* **2.** (*lawyer*) avocat(e) *m(f)* **3.** (*helper at camp*) moniteur, -trice *m, f*
count[1] [kaʊnt] *n* (*aristocrat*) comte *m*
count[2] [kaʊnt] **I.** *n* **1.** (*totaling up*) compte *m;* **final ~** décompte *m* définitif; **at the last ~** au dernier comptage **2.** (*measured amount*) dénombrement *m* **3.** (*number*) **to keep/to lose ~ of sth** tenir/perdre le compte de qc **4.** LAW chef *m* d'accusation **5.** (*opinion*) **to agree/disagree with sb on several ~s** être d'accord/en désaccord avec qn à plusieurs égards **6.** (*reason*) **to fail on a number of ~s** échouer pour un certain nombre de raisons ▶**to be <u>out</u> for the ~** être K.O. **II.** *vt* **1.** (*number*) compter; **to ~ heads** faire le compte des présents **2.** (*consider*) **to ~ sb as a friend** considérer qn comme un ami ▶**to ~**

one's blessings s'estimer heureux; **don't ~ your chickens before they're hatched!** *prov* il ne faut pas vendre la peau de l'ours avant de l'avoir tué; **to ~ the cost**(**s**) calculer les dépenses **III.** *vi* **1.** (*number*) compter **2.** (*be considered*) **to ~ as sth** être considéré comme qc **3.** (*be of value*) compter; **that's what ~s** c'est ce qui compte; **sth doesn't ~ for anything** ça ne sert à rien; **it ~s toward sth** ça compte pour qc

◆**count down** *vi* faire le compte à rebours

◆**count out** *vt always sep* **1.** (*number off aloud*) compter pièce par pièce **2.** SPORTS **to be counted out** (*defeated*) être mis K.O. **3.** *inf* **count me out of this trip** ne comptez pas sur moi pour ce voyage

countable noun [ˌkaʊn·tə·bl·ˈnaʊn] *n* nom *m* dénombrable

countenance [ˈkaʊn·tᵊn·ən(t)s] **I.** *n* **1.** *form* (*facial expression*) expression *f* du visage **2.** (*approval*) accord *m*; **to give ~ to sth** appuyer qc **3.** (*composure*) maîtrise *f* de soi; **to keep one's ~** *form* garder son sang-froid **II.** *vt form* (*approve*) approuver

counter [ˈkaʊn·ţər] **I.** *n* **1.** (*service point*) comptoir *m* **2.** (*machine*) compteur *m* **3.** (*disc*) jeton *m* **4.** *fig* **under the ~** sous le manteau **II.** *vt* contrer **III.** *vi* **1.** (*oppose*) riposter; **to ~ with sth** riposter par qc **2.** (*react by scoring*) parer un coup **IV.** *adv* **to run ~ to sth** aller à l'encontre de qc; **to act ~ to sth** agir de façon contraire à qc

counteract [ˌkaʊn·ţər·ˈækt] *vt* contrarier; (*effect*) contrer

counteractive *adj* **1.** (*working against*) qui agit de façon inefficace **2.** (*neutralizing*) neutralisant(e)

counterattack **I.** *n* contre-attaque *f* **II.** *vt* contre-attaquer **III.** *vi* **1.** (*attack in return*) riposter **2.** SPORTS contre-attaquer

counterbalance **I.** *n* contrepoids *m* **II.** *vt* **1.** (*balance out*) faire contrepoids à **2.** *fig* égaler

countercharge LAW **I.** *n* contre-accusation *f* **II.** *vt* faire une contre-accusation

countercheck **I.** *n* **1.** (*restraint*) entrave *f* **2.** (*second check*) vérification *f* **II.** *vt* (*check again*) revérifier

counterclockwise *adj* dans le sens inverse des aiguilles d'une montre

counterespionage *n* contre-espionnage *m*

counterfeit **I.** *adj* faux(fausse) **II.** *vt* contrefaire **III.** *n* contrefaçon *f*

counterintelligence *n* contre-espionnage *m*

counterintuitive *adj* contraire à l'intuition

countermeasure *n* mesure *f* défensive

counteroffer *n* contre-proposition *f*

counterpart *n* **1.** (*system*) équivalent *m* **2.** (*person*) homologue *mf*

counterpoint *n* MUS contrepoint *m*

counterproductive *adj* contre-productif(-ive); **to prove ~** se révéler inefficace

counterrevolution *n* contre-révolution *f*

countersign *vt* contresigner

countersink *vt* fraiser

counterterrorism *n* contre-terrorisme *m*

countertop *n* plan *m* de travail

counterweight *n* contrepoids *m*

countess [ˈkaʊn·ţɪs] *n* comtesse *f*

countless *adj* innombrable

count noun *n s.* **countable noun**

country [ˈkʌn·tri] **I.** *n* **1.** (*rural area*) campagne *f*; **in the ~** dans la campagne **2.** <-ies> (*political unit*) pays *m*; **native ~** patrie *f*; **the whole ~** l'ensemble *m* du pays **3.** (*area of land*) région *f*; **open ~** rase campagne *f*; **rough ~** région *f* sauvage **4.** (*music style*) country *f* **II.** *adj* **1.** (*rural*) campagnard(e) **2.** (*in the countryside: people, manners*) de la campagne; (*road*) de campagne; (*life*) à la campagne **3.** (*relating to music style*) country *inv*; (*singer*) de country

country bumpkin *n* péquenaud(de) *m(f)*

country club *n* club *m* de loisirs

countryman <-men> *n* **1.** (*same nationality*) (**fellow**) ~ compatriote *m* **2.** (*from rural area*) homme *m* de la campagne

country mile *n* **not by a ~** *inf* pas de beaucoup

country music *n* musique *f* country

countryside *n* campagne *f*

countrywide **I.** *adj* qui touche l'ensemble du pays **II.** *adv* dans l'ensemble du pays

countrywoman <-women> *n* **1.** (*same nationality*) (**fellow**) ~ compatriote *f* **2.** (*from rural area*) femme *f* de la campagne

county [ˈkaʊn·ţi] <-ies> *n* comté *m*

county fair *n* foire *f* agricole

county seat *n* chef-lieu *m* du comté

coup [ku] <coups> *n* **1.** POL *s.* **coup d'état** **2.** (*unexpected achievement*) coup *m* inespéré

coup de grâce <coups de grâce> *n* coup *m* de grâce

coup d'état <coups d'état *o* coup d'états> *n* coup *m* d'État

coupe, coupé [ˈku·peɪ] *n* coupé *m*

couple [ˈkʌp·l] **I.** *n* **1.** (*a few*) quelque; **a ~ (of) ...** quelques ..., une couple de ... *Québec*; **another ~ (of) ...** encore un peu de ...; **every ~ of days** tous les deux jours; **the first ~ of weeks** les deux premières semaines *fpl*; **over the past ~ of months** dans les deux derniers mois **2.** + *sing/pl vb* (*two people*) couple *m* **II.** *vt* joindre; **sth ~d with sth** (*in conjunction with*) qc en supplément de qc; **sth is ~d to sth** (*linked*) qc est associé à qc **III.** *vi* s'accoupler

couplet [ˈkʌp·lɪt] *n* distique *m*

coupling *n* **1.** RAIL, AUTO (*linking device*) attelage *m* **2.** (*linking*) association *f* **3.** (*sexual intercourse: of people*) rapport *m* sexuel; (*of animals*) accouplement *m*

coupon [ˈku·pan] *n* **1.** (*voucher*) bon *m* **2.** (*order form*) bulletin-réponse *m*

courage [ˈkʌr·ɪdʒ] *n* (*bravery*) courage *m*; **to show great ~** être très courageux; **to have the ~ of one's convictions** avoir le courage

de ses opinions; **to take one's ~ in both hands** prendre son courage à deux mains ▶**Dutch** ~ courage *m* pris dans l'alcool
courageous [kə·'reɪ·dʒəs] *adj* courageux(-euse)
courier ['kʊr·i·ər] *n* messager *m;* **motorcycle/bike** ~ coursier, -ière *m, f*
course [kɔrs] **I.** *n* **1.** (*direction*) cours *m;* **to be on ~ for sth** être en route pour qc; *fig* être sur la voie de qc; **to be off** ~ dévier du chemin; *fig* faire fausse route; **to change** ~ changer de direction; *fig* prendre une autre voie; **to attempt to pervert the ~ of justice** essayer d'entraver le cours de la justice **2.** (*development: of time, event*) cours *m;* **in due** ~ dans les temps voulus; **during the ~ of sth** au cours de qc; **sth runs/takes its** ~ qc suit/prend son cours; **of** ~ bien sûr, sans autre *Suisse;* **of ~ not** bien sûr que non **3.** (*series of classes*) cours *m;* **cooking** ~ cours de cuisine; **to take a ~ in sth** prendre/suivre un cours de qc **4.** MED (*of treatment*) traitement *m;* **to put sb on a ~ of sth** mettre qn sous traitement de qc **5.** SPORTS (*area*) parcours *m;* **golf** ~ parcours *m* de golf; **obstacle** ~ parcours *m* d'obstacles **6.** (*part of meal*) plat *m* **7.** CONSTR (*layer*) couche *f* **II.** *vi* (*river, blood*) couler; **to ~ through sth** couler dans qc
court [kɔrt] **I.** *n* **1.** (*room for trials*) tribunal *m;* **in** ~ au tribunal; **to appear in** ~ être convoqué au tribunal **2.** (*judicial body*) tribunal *m;* **~ of law** cour *f* de justice; **to go to** ~ aller en justice; **to be a matter for the** ~ être à la justice de décider; **to settle out of** ~ s'arranger à l'amiable; **to take sb to** ~ poursuivre qn en justice **3.** SPORTS terrain *m;* (*tennis*) court *m;* **grass** ~ court sur gazon; (*for basketball*) terrain *m* **4.** (*yard*) cour *f* **5.** (*road*) ruelle *f* **6.** *no indef art* (*ruling sovereign*) cour *f* ▶**to hold** ~ être entouré de sa cour; **to laugh sb out of** ~ tourner qn en ridicule **II.** *vt* **1.** (*try to attract*) courtiser; (*a woman*) faire la cour à **2.** (*seek*) rechercher; **to ~ danger** aller au-devant du danger **III.** *vi* se fréquenter
court case *n* affaire *f*
courteous ['kɜr·t̬i·əs] *adj* courtois(e)
courtesy ['kɜr·t̬ə·si] <-ies> *n* **1.** (*politeness*) politesse *f* **2.** (*decency*) courtoisie *f;* **to have the (common) ~ to** +*infin pej* avoir la courtoisie de +*infin* **3.** (*permission*) autorisation *f;* **~ of sth** avec l'autorisation de qc; (*because of*) grâce à qc
courtesy bus *n* bus *m* gratuit
courtesy car *n* voiture *f* mise à la disposition des clients
courtesy light *n* AUTO plafonnier *m*
courtesy title *n* titre *m* de courtoisie
court hearing *n* session *f* au tribunal
courthouse ['kɔrt·haʊs] <courthouses> *n* palais *m* de justice
courtier ['kɔr·t̬i·ər] *n* courtisan(ne) *m(f)*
court jester *n* HIST bouffon *m* de cour
court-martial <courts-martial> **I.** *n* cour *f* martiale **II.** *vt* traduire en cour martiale
court of appeals *n* cour *f* d'appel
court of inquiry *n* commission *f* d'enquête
court of law *n* tribunal *m*
court order *n* décision *f* judiciaire
court record *n* compte *m* rendu d'audience
court reporter *n* greffier, -ière *m, f*
courtroom *n* salle *f* d'audience
courtship *n* cour *f*
courtyard *n* cour *f* intérieure
cousin ['kʌz·ən] *n* cousin(e) *m(f)*
couture [ku·'tʊr] *n* couture *f*
cove [koʊv] *n* (*small bay*) crique *f*
covenant ['kʌv·ən·ænt] **I.** *n* (*legal agreement*) convention *f* **II.** *vt* convenir de
cover ['kʌv·ər] **I.** *n* **1.** (*top*) couverture *f;* (*on pot*) couvercle *m;* (*on furniture*) housse *f* **2.** PUBL couverture *f;* **to read sth from ~ to ~** lire qc de la première à la dernière page **3.** *pl* (*sheets*) **the ~s** les draps *mpl* **4.** (*means of concealing*) couverture *f;* **under ~ of darkness** sous le couvert de la nuit; **to blow sb's ~** révéler l'identité de qn; **to go under** ~ prendre une identité d'emprunt; **to use sth as a ~ for sth** utiliser qc comme couverture pour qc **5.** (*shelter*) abri *m;* **to break** ~ sortir de l'abri; **to run for** ~ se mettre à l'abri **6.** FIN couverture *f* **7.** CULIN couvert *m* **8.** MUS (*recording*) reprise *f* ▶**never judge a book by its** ~ il ne faut jamais juger sur les apparences **II.** *vt* **1.** (*put over*) couvrir; (*surface, wall, sofa*) recouvrir; **to ~ sth with sth** recouvrir qc de qc; **to ~ sth with sth** (re)couvrir qc de qc **2.** (*hide*) dissimuler; **to ~ one's eyes with one's hands** se couvrir les yeux avec les mains; *fig* se voiler la face **3.** (*pay: one's costs*) couvrir **4.** (*extend over*) s'étendre sur **5.** (*travel*) parcourir **6.** (*deal with*) traiter de; **to ~ a lot of ground** *fig* traiter beaucoup de sujets **7.** (*include*) inclure **8.** (*be enough for*) couvrir **9.** (*report on*) couvrir **10.** (*insure*) *a. fig* couvrir; **to ~ sb for/against sth** couvrir qn contre qc **11.** MIL, SPORTS couvrir **12.** (*do sb's job*) remplacer **13.** (*adapt song*) reprendre ▶**to ~ your ass** [*o* **back**] *inf* se couvrir; **to ~ oneself with glory** se couvrir de gloire; **to ~ a multitude of sins** cacher une multitude de péchés; **to ~ one's tracks** brouiller ses pistes
◆**cover over** *vt* (*obscured*) **to be covered over with sth** être recouvert de qc
◆**cover up** **I.** *vt* **1.** (*conceal*) dissimuler **2.** (*protect*) recouvrir; **to cover oneself up** s'emmitoufler; **to keep sth covered up** *fig* garder qc au chaud **II.** *vi* **1.** (*wear sth*) se couvrir **2.** (*protect*) **to ~ for sb** couvrir qn
coverage ['kʌv·ər·ɪdʒ] *n* **1.** (*attention or inclusion*) *a. fig* couverture *f;* **to receive a lot of media ~** recevoir beaucoup d'attention de la presse; **to give comprehensive ~ of sth** traiter de qc de manière complète **2.** (*insurance*) couverture *f;* **full** ~ garantie *f* totale
coveralls *n pl* bleu *m* de travail
cover charge *n* taxe *f* sur le couvert

C

covered *adj* **1.** (*roofed*) couvert(e) **2.** (*insured*) couvert(e)
cover girl *n* cover-girl *f*
covering I. *n* couverture *f;* **floor** ~ revêtement *m* de sol **II.** *adj* MIL de couverture
cover letter *n* lettre *f* de présentation
cover story *n* une *f*
covert ['koʊ·vɜrt] **I.** *adj* caché(e); (*glance*) dérobé(e); **to be** ~ être couvert **II.** *n* couvert *m*
cover-up *n* couverture *f*
cover version *n* MUS reprise *f*
covet ['kʌv·ɪt] *vt* convoiter
cow[1] [kaʊ] *n* **1.** (*female ox*) vache *f* **2.** (*female mammal*) femelle *f;* **elephant** ~ femelle éléphant ▶ **until/till the ~s come home** quand les poules auront des dents
cow[2] [kaʊ] *vt* intimider
coward [kaʊərd] *n pej* lâche *mf*
cowardice ['kaʊər·dɪs] *n pej* lâcheté *f*
cowardly *adj* **1.** (*fearful*) peureux(-euse) **2.** (*mean: attack*) lâche
cowboy ['kaʊ·bɔɪ] **I.** *n* cow-boy *m;* **Cowboys and Indians** les Cow-boys et les Indiens **II.** *adj* (*typical of western cattle hand*) de cow--boy
cower *vi* se cacher
cowgirl *n* vachère *f*
cowherd ['kaʊ·hɜrd] *n* berger *m* de vaches, vacher *m*
cowhide *n* peau *f* de vache; ~ **leather jacket** veste en cuir de vache
cowl [kaʊl] *n* (*hood*) capuche *f*
cowling *n* AVIAT capotage *m*
cowman ['kaʊ·mæn] <-men> *n s.* **cowherd**
co-worker *n* collègue *mf*
cox [kaks], **coxswain** *n form* barreur *m*
coy [kɔɪ] <-er, -est> *adj* **1.** (*secretive*) évasif(-ive) **2.** (*flirtatiously shy*) faussement timide
coyote [kaɪ·'oʊ·t̬i] *n* coyote *m*
coziness *n* confort *m*
cozy ['koʊ·zi] <-ier, -iest> *adj* **1.** (*comfortable*) *a. fig* douillet(te); **to feel** ~ être confortablement installé **2.** *pej* (*convenient*) pépère **3.** (*intimate*) intime
CPA *n abbr of* **certified public accountant** expert-comptable *m*
CPR *n abbr of* **cardiopulmonary resuscitation** réanimation *f* cardiopulmonaire
CPU [ˌsi·pi·'ju] *n* COMPUT *abbr of* **Central Processing Unit** UCT *f*
crab[1] [kræb] *n* **1.** (*sea animal*) crabe *m* **2.** *no indef art* (*flesh of sea animal*) crabe *m;* ~ **meat** chair *f* de crabe **3.** (*in astrology*) Cancer *m* ▶ **to catch a** ~ SPORTS plonger la rame trop profondément
crab[2] [kræb] *vi* gâcher
crab apple *n* **1.** (*tree*) pommier *f* sauvage **2.** (*fruit*) pomme *f* aigre
crabby <-ier, -iest> *adj inf* grognon(ne)
crabgrass *n* digitaire *f*
crack [kræk] **I.** *n* **1.** (*fissure*) fissure *f;* (*on skin*) gerçure *f; inf* (*between buttocks*) raie *f* **2.** (*opening: of door*) entrebâillement *m;* **to open a door/window (just) a** ~ entrouvrir une porte/fenêtre **3.** (*sharp sound*) craquement *m;* (*of a rifle, whip*) claquement *m* **4.** (*form of cocaine*) crack *m* **5.** *inf* (*joke*) plaisanterie *f* **6.** *inf* (*attempt*) essai *m* ▶ **at the ~ of dawn** aux aurores; **the ~ of doom** glas *m* du Jugement dernier **II.** *adj* <inv> d'élite **III.** *vt* **1.** (*make a crack in*) fêler; (*nuts*) casser; **to ~ sth open** ouvrir qc **2.** (*solve: a problem*) résoudre; (*a code*) déchiffrer **3.** (*make sound with*) faire claquer; **to ~ the whip** faire claquer le fouet; *fig* agir avec autorité **4.** (*hit*) frapper; (*one's knuckles*) craquer; **to ~ one's head on sth** se cogner la tête sur qc ▶ **to ~ a joke** dire une plaisanterie **IV.** *vi* **1.** (*have a crack*) se fêler; (*skin, lips*) se gercer; (*paint*) se craqueler; (*facade*) se fissurer **2.** *inf* (*fail: relationship*) casser **3.** (*break down*) craquer **4.** (*make a sharp noise*) craquer; (*whip*) claquer; (*voice*) se casser
◆ **crack down** *vi* sévir; **to ~ on sb/sth** sévir contre qn/qc
◆ **crack up I.** *vi* **1.** (*break*) se briser **2.** (*have a breakdown*) craquer **3.** *inf* (*laugh*) mourir de rire **II.** *vt* **1.** (*make laugh*) **to crack sb up** faire éclater qn de rire **2.** (*make claims about*) **sth is not all it's cracked up to be** *inf* qc n'est pas aussi fantastique qu'il n'y parait
crackdown *n* mesure *f;* **to have a ~ on** sévir contre
cracked *adj* **1.** (*having fissures*) fissuré(e); (*lips*) gercé(e) **2.** (*crazy*) fêlé(e)
cracker *n* **1.** (*dry biscuit*) biscuit *m* sec **2.** (*device*) pétard *m* **3.** *pej* (*poor white Southerner*) pauvre blanc *m* du Sud
crackhead *n sl* accro *mf* au crack
crack house *n inf* repaire *m* de crack
crackle ['kræk·l] **I.** *vi* **1.** (*make sharp sounds*) craquer; (*fire, radio*) crépiter **2.** (*be tense*) se tendre **II.** *n* craquement *m;* (*of fire, radio*) crépitement *m*
crackling *n* (*of a fire*) crépitement *m;* (*of a radio*) friture *f*
crackpot ['kræk·pat] **I.** *n inf* dingue *mf* **II.** *adj inf* fêlé(e)
crack-up *n inf* dépression *f*
cradle ['kreɪ·dl] **I.** *n* **1.** (*baby's bed*) berceau *m,* berce *f Belgique* **2.** (*framework*) structure *f* ▶ **the hand that rocks the ~ rules the world** le monde est dirigé par les mères **II.** *vt* (*hold in one's arms*) bercer
craft [kræft] *inv* **I.** *n* **1.** (*means of transport*) embarcation *f* **2.** (*skill*) métier *m* **3.** (*trade*) artisanat *m;* (*of glass-blowing, acting*) art *m; iron* (*of management*) finesse *f* **4.** (*ability*) capacité *f* **II.** *vt* créer; (*a poem*) écrire
craftiness *n pej* finesse *f*
craft shop *n* magasin *m* d'artisanat
craftsman <-men> *n* artisan *m*
crafty ['kræf·ti] <-ier, -iest> *adj* rusé(e)
crag [kræg] *n* rocher *m* à pic
craggy <-ier, -iest> *adj* abrupt(e); *fig* (*features*) anguleux(-euse)

cram [kræm] <-mm-> **I.** *vt inf* fourrer; **to ~ sb's head with sth** *pej* bourrer la tête de qn de qc **II.** *vi* bûcher

cramp [kræmp] **I.** *vt* gêner ▶ **to (rather) ~ sb's style** *iron, inf* faire perdre les moyens à qn **II.** *n* crampe *f;* **menstrual ~s** règles *fpl* douloureuses

cramped *adj* exigu(ë)

crampon ['kræm·pan] *n* crampon *m*

cranberry ['kræn·ber·i] <-ies> *n* canneberge *f*

crane [kreɪn] **I.** *n* **1.** (*vehicle for lifting*) grue *f* **2.** (*bird*) grue *f* **II.** *vt* **to ~ one's neck** tendre le cou **III.** *vi* **to ~ forward** se pencher en avant; **to ~ over sth** se pencher sur qc

crane fly *n* tipule *f*

cranium ['kreɪ·ni·əm] <craniums *o* crania> *n* crâne *m*

crank¹ [kræŋk] **I.** *n* **1.** *pej, inf* farfelu(e) *m(f)* **2.** *pej, inf* (*crazy*) dingue *mf;* **religious ~** fanatique *m* religieux **II.** *adj inf* dingue

crank² [kræŋk] *n* manivelle *f*

crankcase ['kræŋk·keɪs] *n* carter *m*

crankshaft ['kræŋk·ʃæft] *n* vilebrequin *m*

cranky <-ier, -iest> *adj inf* grincheux(se)

cranny ['kræn·i] <-ies> *n* fente *f*

crap [kræp] *vulg* **I.** *n sing* merde *f;* **to take a ~** chier; **a bunch of ~** (*nonsense*) un tas de conneries **II.** <-pp-> *vi* chier

crapper ['kræp·ər] *n vulg* chiottes *fpl inf*

crappy <-ier, -iest> *adj inf* merdique

crash [kræʃ] **I.** *n* **1.** (*accident*) accident *m;* **train/plane ~** catastrophe *f* ferroviaire/aérienne **2.** (*noise*) fracas *m* **3.** ECON (*collapse*) krach *m* **4.** COMPUT plantage *m* **II.** *vi* **1.** (*have an accident*) avoir un accident; (*plane*) s'écraser; **to ~ into sb/sth** rentrer dans qn/qc **2.** (*make loud noise*) faire du fracas; **to ~ down** tomber avec fracas; **to ~ to the ground** se fracasser au sol; **the door ~ed open** la porte s'ouvrit avec fracas **3.** ECON (*collapse*) s'effondrer **4.** COMPUT se planter **5.** *inf* (*go to sleep*) **to ~ out** s'écrouler **III.** *vt* (*damage in accident*) **to ~ the car** avoir un accident de voiture ▶ **to ~ a party** *inf* s'incruster dans une fête

crash course *n* cours *m* intensif

crash diet *n* régime *m* draconien

crash helmet *n* casque *m* de protection

crash-land *vi* atterrir d'urgence; **to prepare to ~** se préparer à atterrir d'urgence

crash landing *n* atterrissage *m* d'urgence

crass [kræs] *adj* **1.** (*gross*) évident(e) **2.** (*coarse*) grossier(-ère)

crate [kreɪt] **I.** *n* (*open box*) caisse *f* **II.** *vt* mettre en caisse

crater ['kreɪ·t̬ər] *n* cratère *m;* **bomb ~** entonnoir *m*

cravat [krə·'væt] *n* foulard *m*

crave [kreɪv] *vt* avoir des envies de; **to be craving for sth** avoir très envie de qc

craving *n* envie *f*

crawfish *n* écrevisse *f*

crawl [krɔl] **I.** *vi* **1.** (*move slowly*) ramper; (*car*) rouler au pas; (*baby*) marcher à quatre pattes; **time ~s by** le temps passe lentement **2.** *inf* (*to be full of*) **to ~ with sth** grouiller de qc ▶ **to make sb's flesh ~** donner la chair de poule à qn **II.** *n* **1.** (*movement*) reptation *f* **2.** (*slow pace*) **to move at a ~** aller très lentement; **to go at a ~** rouler au pas **3.** SPORTS crawl *m*

crawlspace *n* faux plafond *m;* (*underground space*) vide *m* sanitaire

crayon ['kreɪ·an] **I.** *n* crayon *m* **II.** *vt* crayonner

craze [kreɪz] *n* engouement *m;* **the latest ~** la dernière folie

crazed *adj* halluciné(e); **to be/become ~ with sth** être/devenir enthousiaste pour qc

craziness *n* folie *f*

crazy <-ier, -iest> *adj* fou(folle); **to be ~ about sb/sth** être dingue de qn/qc *inf;* **to do sth like ~** *inf* faire qc comme un dératé

crazy quilt *n* édredon *m* en patchwork

creak [krik] **I.** *vi* grincer; (*bones, floor*) craquer; **to ~ into action** *fig* s'activer **II.** *n* grincement *m;* (*of floor, bones*) craquement *m*

creaky <-ier, -iest> *adj* **1.** (*squeaky*) grinçant(e) **2.** (*unsafe*) dangereux(-euse)

cream [krim] **I.** *n* **1.** CULIN crème *f;* **whipped ~** crème fouettée **2.** (*cosmetic product*) crème *f* **3.** *fig* **the ~** (*the best*) la crème; **the ~ of the crop** la fine fleur **II.** *adj* **1.** (*containing cream*) à la crème **2.** (*off-white color*) crème *inv* **3.** (*silky skin*) **a peaches and ~ complexion** un teint de pêche **III.** *vt* **1.** (*beat*) battre en crème; **~ed potatoes** purée *f* de pommes de terre **2.** (*remove cream*) **to ~ (off)** écrémer **3.** (*add cream*) ajouter de la crème à **4.** (*apply lotion*) se mettre de la crème

cream cheese *n* crème *f* de fromage à tartiner

cream-colored *adj* crème *inv*

creamer *n* **1.** (*milk substitute*) lait *m* en poudre **2.** (*pitcher*) pot *m* à crème

creamery ['kri·mᵊr·i] *n* crémerie *f*

creamy <-ier, -iest> *adj* **1.** (*smooth, rich*) crémeux(-euse) **2.** (*off-white*) crème *inv*

crease [kris] **I.** *n* pli *m;* (*of a book*) pliure *f* **II.** *vt* (*wrinkle*) froisser **III.** *vi* se froisser

create [kri·'eɪt] **I.** *vt* **1.** (*produce, invent*) créer; **to ~ sth from sth** produire qc à partir de qc **2.** (*cause: problem, precedent, nuisance*) créer; (*a desire, a scandal, tension*) provoquer; (*a sensation, impression*) faire; **to ~ a disturbance** LAW troubler l'ordre public **3.** (*appoint*) nommer **II.** *vi* créer

creation *n a. fig* création *f;* **~ of wealth** enrichissement *m*

creationism *n* créationnisme *m*

creative [kri·'eɪ·t̬ɪv] *adj* **1.** (*inventive: person, activity*) créatif(-ive) **2.** (*which creates: power, artist*) créateur(-trice)

creator *n* créateur, -trice *m, f;* **the Creator** le Créateur

creature ['kri·tʃər] *n a. fig, pej* créature *f;* **weak ~** *inf* pauvre créature

creature comforts *npl inf* confort *m* matériel

credence ['kri·dᵊn(t)s] *n form* foi *f*

credentials [krɪ·'den(t)·ʃəlz] *npl* références *fpl*
credibility [ˌkred·ə·'bɪl·ə·t̬i] *n* crédibilité *f*
credible ['kred·ə·bl] *adj* crédible
credit ['kred·ɪt] **I.** *n* **1.** (*praise*) mérite *m;* **to sb's ~** à l'honneur de qn; **to do sb ~** faire honneur à qn; **to take** (**the**) **~ for sth** s'attribuer le mérite de qc **2.** (*recognition*) reconnaissance *f;* **to give sb ~ for sth** reconnaître que qn a fait qc **3.** FIN crédit *m;* **to be in ~** avoir un compte créditeur; **to buy/sell sth on ~** acheter/vendre qc à crédit **4.** (*completed unit of student's work*) unité *f* de valeur **5.** *pl* (*list of participants*) générique *m* **6.** UNIV unité *f* de valeur **II.** *vt* **1.** FIN (*money*) virer; **to ~ sb/an account with a sum** créditer qn/un compte d'une somme **2.** (*believe*) croire **3.** (*give credit to*) attribuer
creditable *adj* estimable
credit agency *n* établissement *m* de crédit
credit card *n* carte *f* de crédit
creditor *n* créancier *m*
credit rating *n* degré *m* de solvabilité
credit union *n* société *f* de crédit mutuel
creditworthy *adj* solvable
credo *n* credo *m inv*
credulity [krə·'du·lə·ti] *n form* crédulité *f*
credulous ['kred·jə·ləs] *adj form* crédule
creed [krid] *n form* **1.** (*set of beliefs*) principes *mpl* **2.** (*set of religious beliefs*) croyance *f*
creek [krik] *n* (*stream*) ruisseau *m* ▸ **to be up the ~** (**without a paddle**) *inf* être dans le pétrin
creep [krip] **I.** *n* **1.** *inf* (*unpleasant person*) saligaud *m,* sale bête *f* **2.** *pl* (*goose-flesh*) chair *f* de poule; **to give sb the ~s** donner la chair de poule à qn **II.** <crept, crept> *vi* ramper; **to ~ in/out** entrer/sortir à pas de loup; **it makes my flesh ~** cela me hérisse les cheveux
◆**creep up** *vi* grimper; **to ~ on sb** prendre qn par surprise
creeper *n* plante *f* grimpante
creepy <-ier, -iest> *adj inf* qui donne la chair de poule
creepy-crawly <-ies> *n inf* bestiole *f*
cremate [kri·'meɪt] *vt* incinérer
cremation *n* incinération *f*
crematorium [ˌkri·mə·'tɔr·i·əm] <-s *o* -ria> *n* crématorium *m*
crème de la crème [ˌkrem·də·la·'krem] *n* crème *f* de la crème
Creole ['kri·oʊl] **I.** *adj* créole **II.** *n* **1.** (*person*) Créole *mf* **2.** LING créole *m; s.a.* **English**
creosote ['kri·ə·soʊt] *n* créosote *f*
crêpe [kreɪp] *n* **1.** CULIN crêpe *f* **2.** (*fabric*) crêpe *m*
crept [krept] *pp, pt of* **creep**
crescendo [krɪ·'ʃen·doʊ] **I.** *n* crescendo *m inv* **II.** *adv* crescendo
crescent ['kres·ənt] **I.** *n* croissant *m* **II.** *adj* en croissant
crest [krest] **I.** *n* **1.** ZOOL crête *f* **2.** (*top*) *a. fig* crête *f* **3.** (*insignia*) armoiries *fpl* **II.** *vt* atteindre le sommet de
crestfallen ['krest·ˌfɔ·lən] *adj* découragé(e)
Cretan **I.** *adj* crétois(e) **II.** *n* **1.** (*person*) Crétois(e) *m(f)* **2.** LING crétois *m; s.a.* **English**
Crete [krit] *n* la Crète
cretin ['kri·tən] *n a. pej* crétin(e) *m(f)*
crevasse [krə·'væs] *n* crevasse *f*
crevice ['krev·ɪs] *n* fissure *f*
crew [kru] **I.** *n + sing/pl vb* **1.** (*working team*) NAUT, AVIAT équipage *m;* RAIL équipe *f* **2.** SPORTS (*of rowing*) équipe *f* **3.** *pej, inf* (*gang*) bande *f* **II.** *vt* être membre de l'équipage de **III.** *vi* **to ~ for sb** être l'équipier de qn
crewcut *n* coupe *f* en brosse
crew neck *n* **1.** (*round neck*) encolure *f* ras du cou **2.** (*sweater with round neck*) pull *m* ras du cou
crib [krɪb] **I.** *n* **1.** (*baby's bed*) lit *m* d'enfant **2.** *sl* (*one's home*) piaule *f* **3.** *inf* (*plagiarized work*) plagiat *m* **II.** <-bb-> *vt pej, inf* plagier **III.** <-bb-> *vi pej, inf* **to ~ from sb** copier sur qn
crick [krɪk] **I.** *n* foulure *f;* **to get a ~ in one's neck/back** attraper un torticolis/se faire un tour de reins **II.** *vt* se fouler
cricket[1] ['krɪk·ɪt] *n, n* SPORTS cricket *m*
cricket[2] ['krɪk·ɪt] *n* (*jumping insect*) criquet *m*
crime [kraɪm] *n* **1.** (*illegal act*) crime *m* **2.** (*shameful act*) délit *m*
crime prevention *n* lutte *f* contre le crime
crime wave *n* vague *f* de criminalité
criminal ['krɪm·ɪ·nəl] **I.** *n* criminel(le) *m(f)* **II.** *adj* criminel(le)
criminal court *n* tribunal *m* criminel
criminality [ˌkrɪm·ə·'næl·ə·t̬i] *n* criminalité *f*
criminal record *n* casier *m* judiciaire
crimp [krɪmp] *vt* crêper
crimson ['krɪm·zən] **I.** *n* cramoisi *m* **II.** *adj* cramoisi(e)
cringe [krɪndʒ] *vi* **1.** (*physically*) avoir un mouvement de recul **2.** *inf* (*embarrassment*) avoir envie de rentrer sous terre
crinkle ['krɪŋ·kl] **I.** *vt* froisser **II.** *vi* (*skin*) se rider; (*paper*) se froisser **III.** *n* (*in face*) ride *f;* (*in hair*) pli *m*
cripple ['krɪp·l] **I.** *n pej* infirme *mf* **II.** *vt* **1.** (*leave physically disabled*) estropier **2.** *fig* (*seriously disable*) endommager **3.** (*paralyze*) paralyser
crippling *adj a. fig* paralysant(e)
crisis ['kraɪ·sɪs] <-ses> *n* crise *f*
crisp [krɪsp] <-er, -est> *adj* **1.** (*hard and brittle*) croustillant(e); (*snow*) craquant(e) **2.** (*firm and fresh*) croquant(e) **3.** (*bracing: air*) vif(vive) **4.** (*sharp*) tranchant(e) **5.** (*quick and precise*) nerveux(-euse)
crispy <-ier, -iest> *adj* croustillant(e)
crisscross ['krɪs·kras] **I.** *vt* entrecroiser **II.** *vi* s'entrecroiser **III.** *adj* entrecroisé(e)
criterion [kraɪ·'tɪr·i·ən] <-ria> *n* critère *m*
critic ['krɪt̬·ɪk] *n* **1.** (*reviewer*) critique *mf* **2.** (*censurer*) détracteur, -trice *m, f*
critical *adj* critique
critical mass *n* **1.** PHYS masse *f* critique **2.** *fig*

point *m* critique
criticism ['krɪt̬·ɪ·sɪ·zᵊm] *n* critique *f*
criticize ['krɪt̬·ɪ·saɪz] *vt, vi* critiquer
critique [krɪ·'tik] **I.** *n* critique *f* **II.** *vt* se pencher de manière critique sur
critter ['krɪt̬·ər] *n inf* créature *f;* (*animal*) bête *f*
croak [kroʊk] **I.** *vi* **1.** (*make deep, rough sound*) croasser **2.** *inf* (*die*) crever **II.** *vt* (*speak with rough voice*) dire d'une voix rauque **III.** *n* (*person*) croassement *m;* (*frog*) coassement *m*
Croat ['kroʊ·æt] **I.** *adj* croate **II.** *n* (*person*) Croate *mf*
Croatia [kroʊ·'eɪ·ʃə] *n* la Croatie
Croatian *s.* **Croat**
crochet [kroʊ·'ʃeɪ] **I.** *n* **1.** (*act*) crochet *m* **2.** (*work*) ouvrage *m* au crochet **II.** *vi* faire du crochet **III.** *vt* faire au crochet
crochet hook, crochet needle *n* crochet *m*
crockery ['kra·kər·i] *n* poterie *f*
crocodile ['kra·kə·daɪl] <-(s)> *n* crocodile *m*
crocodile tears *npl* **to shed ~** verser des larmes de crocodile
crocus ['kroʊ·kəs] *n* crocus *m*
croissant [kwa·'sɑ̃] *n* croissant *m*
crony ['kroʊ·ni] *n pej, inf* pote *m*
crook [krʊk] **I.** *n* **1.** *inf* (*thief*) escroc *m* **2.** (*curve*) courbe *f* **II.** *vt* plier
crooked *adj* **1.** *inf* (*dishonest*) malhonnête **2.** (*not straight*) courbé(e); (*nose*) crochu(e)
crooner ['krun·ər] *n* chanteur, -euse *m, f* de charme
crop [krap] **I.** *n* **1.** (*plant*) culture *f;* (*cereal*) moisson *f;* (*harvest*) récolte *f* **2.** *fig* (*group*) foule *f* **3.** (*very short hair cut*) coupe *f* de cheveux ras **4.** (*throat pouch*) jabot *m* **5.** (*whip*) cravache *f* **II.** <-pp-> *vt* **1.** (*plant land with crops*) cultiver **2.** (*cut short*) couper ras **3.** (*eat top part of: cow*) brouter **III.** *vi* produire
◆**crop up** *vi inf* survenir
croquet [kroʊ·'keɪ] *n* croquet *m*
cross [kras] **I.** *n* **1.** croix *f* **2.** (*mixture*) croisement *m* **3.** *fig* compromis *m* **II.** <-er, -est> *adj* maussade; **to get ~ with sb** se fâcher contre qn **III.** *vt* **1.** (*go across*) traverser **2.** (*lie across each other: one's arms, legs*) croiser **3.** (*make sign of cross*) **to ~ oneself** se signer **4.** (*oppose*) contrecarrer **5.** (*crossbreed*) croiser ▶ **to ~ sb's mind** venir à l'esprit de qn; **to ~ sb's path** se trouver sur le chemin de qn; **to ~ swords with sb** croiser le fer avec qn **IV.** *vi* **1.** (*intersect*) se croiser **2.** (*go across*) passer
◆**cross off** *vt*, **cross out** *vt* rayer
◆**cross over I.** *vi* faire une traversée **II.** *vt* **1.** (*go across to opposite side*) traverser **2.** (*change sides in disagreement*) **to ~ to sth** passer à qc
cross-border *adj* transfrontalier(-ère)
crossbow *n* arbalète *f*
crossbreed *n* **1.** ZOOL, BOT hybride *m* **2.** (*half-breed*) métis, -isse *m, f*
cross-check *vt* vérifier par recoupement
cross-country I. *adj* **1.** (*across countryside*) à travers champs **2.** (*across a country*) à travers le pays **3.** SPORTS (*race*) de cross; (*skier*) de fond; ~ **run** cross *m;* ~ **skiing** ski *m* de fond **II.** *adv* **1.** (*across a country*) à travers le pays **2.** (*across countryside*) à travers champs **III.** *n* **1.** (*running*) cross *m* **2.** (*ski*) ski *m* de fond
cross-cultural *adj* interculturel(le)
cross-dress *vi* se travestir
cross-dresser *n* travesti(e) *m(f)*
cross-examine *vt* soumettre à un contre-interrogatoire
cross-eyed *adj* qui louche
crossing *n* **1.** (*place to cross*) passage *m;* (*intersection of road and railway*) passage *m* à niveau **2.** (*trip across area*) traversée *f*
cross-legged I. *adj* **to be in a ~ position** avoir les jambes croisées **II.** *adv* les jambes croisées; **to sit ~** être assis en tailleur
cross purposes *npl* **to be** (**talking**) **at ~** mal se comprendre
cross reference *n* renvoi *m*
crossroads *n* carrefour *m*
cross-section *n* **1.** (*transverse cut*) coupe *f* transversale **2.** (*representative mixture*) échantillon *m*
crosstie *n* RAIL traverse *f*
crosstown I. *adj* qui traverse la ville **II.** *adv* à travers la ville
crosswalk *n* passage *m* clouté
crossways *adv s.* **crosswise II.**
crosswise I. *adj* (*transverse*) en travers **II.** *adv* (*transversely*) transversalement
crossword (**puzzle**) *n* mots *mpl* croisés
crotch [kratʃ] *n* entrejambe *m*
crotchety ['kra·tʃə·t̬i] *adj inf* grognon(ne)
crouch [kraʊtʃ] *vi* s'accroupir
croup [krup] *n* croupe *f*
croupier ['kru·pɪ·eɪ] *n* croupier *m*
crow[1] [kroʊ] *n* corneille *f* ▶ **as the ~ flies** à vol d'oiseau
crow[2] [kroʊ] *vi* **1.** (*sound a cock-a-doodle-doo*) faire cocorico **2.** (*cry out happily: a baby*) gazouiller
crowbar ['kroʊ·bar] *n* levier *m*
crowd [kraʊd] **I.** *n* + *sing/pl vb* **1.** (*throng*) foule *f* **2.** *inf* (*particular group of people*) clique *f* ▶ **to follow the ~** *pej* suivre le troupeau; **to stand out from the ~** sortir du commun **II.** *vt* **1.** (*take up space*) entasser **2.** (*pressure*) pousser
crowded *adj* bondé(e)
crowd-pleaser *n* **to be a ~** plaire aux foules
crown [kraʊn] **I.** *n* **1.** (*round ornament*) couronne *f* **2.** (*top part*) sommet *m* **II.** *vt* couronner
crowning *adj* couronnement *m*
crown jewels *n* joyaux *mpl* de la Couronne
crown prince *n* prince *m* héritier
crow's feet *npl* pattes *fpl* d'oie
crow's nest *n* nid *m* de pie
CRT [ˌsi·ar·'ti] *n abbr of* **cathode ray tube** tube *m* cathodique
crucial ['kru·ʃᵊl] *adj* crucial(e)

C

crucible ['kru·sɪ·bl] *n* creuset *m*

crucifix [ˌkru·sɪ·'fɪks] *n* crucifix *m*

crucifixion *n* crucifixion *f*

crucify ['kru·sɪ·faɪ] *vt* crucifier

crud [krʌd] *n inf* crasse *f*

crude [krud] **I.** <-r, -st> *adj* **1.** (*rudimentary*) rudimentaire; (*unsophisticated*) grossier(-ère) **2.** (*vulgar*) vulgaire **II.** *n* pétrole *m* brut

crudeness, crudity *n* **1.** (*lack of refinement*) caractère *m* grossier **2.** (*vulgarity*) grossièreté *f*

cruel [krʊəl] <-(l)ler, -(l)lest> *adj* cruel(le); **to be ~ to sb** être cruel envers qn ▶**to be ~ to be kind** *prov* qui aime bien châtie bien

cruelty *n* cruauté *f*

cruise [kruz] **I.** *n* croisière *f* **II.** *vi* **1.** (*ship*) croiser **2.** (*travel at constant speed: airplane*) planer; (*car*) rouler

cruise control *n* contrôle *m* de vitesse

cruiser *n* **1.** (*warship*) croiseur *m* **2.** (*pleasure boat*) yacht *m* de croisière

cruise ship *n* bateau *m* de croisière

cruising *n* croisière *f*

crumb [krʌm] *n* CULIN **1.** (*very small piece*) miette *f* **2.** (*opposed to crust: bread*) mie *f* **3.** *fig* (*small amount*) miettes *fpl;* (*of comfort*) brin *m*

crumble ['krʌm·bl] **I.** *vt* **1.** (*break into crumbs*) émietter **2.** (*break into bits: stone*) effriter **II.** *vi* **1.** (*break into crumbs*) s'émietter **2.** *fig* s'effriter

crumbly <-ier, -iest> *adj* friable

crummy ['krʌm·i] <-ier, -iest> *adj inf* minable; **to feel ~** se sentir mal

crumple ['krʌm·pl] **I.** *vt* froisser **II.** *vi* **1.** (*dented: mudguard*) se plier **2.** (*wrinkled*) se friper; (*face*) se décomposer **3.** (*collapse*) s'effondrer

crunch [krʌn(t)ʃ] **I.** *vt* CULIN croquer **II.** *vi* **1.** (*make crushing sound: gravel, snow*) craquer **2.** CULIN (*crush with the teeth*) **to ~ on sth** croquer dans qc **III.** *n* **1.** (*crushing sound: feet, gravel, snow*) craquement *m* **2.** *inf* (*difficult situation*) situation *f* critique **3.** (*sit-up*) exercice *m* abdominal ▶**it's ~ time** *inf* c'est l'heure des abdos; **when it comes to the ~** *inf* au moment critique

crunchy *adj* (*food*) croustillant(e); (*snow*) qui craque sous les pas

crusade [kru·'seɪd] **I.** *n* croisade *f;* **to start a ~ against sth** partir en croisade contre qc **II.** *vi* **to ~ for/against sth** partir en croisade pour/contre qc

crusader *n* croisé *m*

crush [krʌʃ] **I.** *vt* **1.** (*compress*) écraser; **to be ~ed to death** être mort écrasé **2.** (*cram*) entasser **3.** (*grind*) broyer **4.** (*wrinkle: papers, dress*) froisser **5.** (*shock severely*) anéantir **6.** *fig* (*suppress: a rebellion, an opposition*) écraser **7.** *fig* (*ruin: hopes*) détruire **II.** *vi* **1.** (*compress*) s'écraser **2.** (*cram into*) s'entasser **3.** (*hurry: crowd*) se presser **4.** (*wrinkle*) se froisser **III.** *n* **1.** (*crowd of people*) cohue *f* **2.** *inf* (*temporary infatuation*) béguin *m;* **to have a ~ on sb** avoir le béguin pour qn **3.** (*crushed ice drink*) granité *m*

crushing *adj* écrasant(e); (*news, remark*) percutant(e)

crust [krʌst] *n a.* GEO croûte *f*

crustacean [krʌ·'steɪ·ʃᵊn] *n* crustacé *m*

crusty ['krʌs·ti] <-ier, -iest> *adj* **1.** (*crunchy: bread*) croustillant(e) **2.** (*grumpy, surly*) hargneux(-euse)

crutch [krʌtʃ] *n* **1.** MED (*walking support*) béquille *f;* **to be on ~es** avoir des béquilles **2.** (*source of support*) soutien *m*

crux [krʌks] *n* cœur *m;* **to be at the ~ of sth** être au cœur de qc

cry [kraɪ] **I.** *n* **1.** (*act of shedding tears*) pleurs *mpl* **2.** (*loud utterance*) cri *m;* **to give a ~** pousser un cri **3.** (*appeal*) appel *m;* **~ for help** appel *m* au secours **4.** ZOOL (*yelp*) cri *m* **II.** *vi* pleurer; **to ~ for joy** pleurer de joie ▶**it is no good/use ~ing over spilled milk** ce qui est fait est fait **III.** *vt* **1.** (*shed tears*) pleurer; **to ~ oneself to sleep** s'endormir à force de pleurer **2.** (*exclaim*) crier ▶**to ~ one's eyes out** pleurer à chaudes larmes; **to ~ wolf** crier au loup

◆**cry off** *vi inf* se décommander

◆**cry out I.** *vi* **1.** (*let out a shout*) pousser des cris **2.** (*say crying*) s'écrier; **to ~ for sth** réclamer qc à grands cris ▶**for crying out loud!** *inf* nom de dieu! **II.** *vt* crier

crybaby *n inf* pleurnichard(e) *m(f)*

crying I. *n* **1.** (*weeping*) pleurs *mpl* **2.** (*yelling*) cris *mpl* **II.** *adj* (*need*) urgent(e) ▶**it is a ~ shame that** c'est scandaleux que *+subj*

crypt [krɪpt] *n* crypte *f*

cryptic ['krɪp·tɪk] *adj* mystérieux(-euse)

crystal ['krɪs·tᵊl] **I.** *n* cristal *m* **II.** *adj* **1.** (*crystalline*) *a. fig* cristallin(e) **2.** (*made of crystal*) en cristal

crystal ball *n* boule *f* de cristal

crystal clear *adj* **1.** (*transparent*) cristallin(e) **2.** (*obvious*) clair(e)

crystalline ['krɪs·tə·laɪn] *adj* cristallin(e)

crystallization *n* cristallisation *f*

crystallize ['krɪs·tə·laɪz] **I.** *vi* se cristalliser **II.** *vt* cristalliser

CT *n* **1.** GEO *abbr of* **Connecticut 2.** MED *abbr of* **computerized tomography** scanner *m;* **~ scan** scanographie *f*

cub [kʌb] *n* ZOOL petit *m;* **bear ~** ourson *m;* **lion ~** lionceau *m*

Cuba ['kju·bə] *n* (l'île *f* de) Cuba

Cuban I. *adj* cubain(e) **II.** *n* Cubain(e) *m(f)*

cubbyhole *n* cagibi *m*

cube [kjub] **I.** *n* cube *m;* **ice ~** glaçon *m;* **~ root** racine *f* cubique **II.** *vt* CULIN couper en dés

cubic ['kju·bɪk] *adj* cubique; **~ centimeter** centimètre *m* cube; **~ capacity** volume *m*

cubicle ['kju·bɪ·kl] *n* **1.** (*shower*) cabine *f* **2.** (*part of office*) box *m*

Cub Scout *n* louveteau *m*

cuckoo ['ku·ku] **I.** *n* ZOOL coucou *m* **II.** *adj inf* cinglé(e); **to go ~** devenir cinglé(e)

C

cuckoo clock *n* coucou *m*
cucumber ['kju·kʌm·bər] *n* CULIN concombre *m* ▶ **to be (as) cool as a ~** *inf* être d'un calme imperturbable
cud [kʌd] *n* bol *m* alimentaire; **to chew one's ~** *a. inf* ruminer
cuddle ['kʌd·l] **I.** *vt* câliner **II.** *vi* se câliner **III.** *n* câlin *m*; **to give sb a ~** câliner qn
cuddly *adj* mignon(ne)
cudgel ['kʌdʒ·əl] **I.** *n* trique *f* **II.** <-(l)l-> *vt* frapper à coups de trique; **to ~ sb into doing sth** *fig* faire faire qc à qn à coup de triques ▶ **to ~ one's brains** se creuser la cervelle
cue [kju] *n* **1.** (*signal for an actor*) réplique *f*; **to give sb his/her ~** THEAT donner la réplique à qn **2.** SPORTS (*stick used in billiards*) queue *f* ▶ **to take one's ~ from sb/sth** prendre exemple sur qn/qc; **(right) on ~** au bon moment
cue card *n* fiche *f* mémento
cuff [kʌf] **I.** *n* **1.** (*end of sleeve*) poignet *m*; (*for cuff links*) manchette *f* **2.** (*turned-up pants leg*) revers *m* **3.** (*slap*) gifle *f* **4.** *pl, inf* (*handcuffs*) menottes *fpl* ▶ **off the ~** à l'improviste; **to speak off the ~** parler au pied levé **II.** *vt* **1.** (*slap playfully*) gifler **2.** *inf* LAW (*handcuff*) menotter
cufflink *n* bouton *m* de manchette
cuisine [kwɪ·'zin] *n* cuisine *f*
cul-de-sac ['kʌl·də·sæk] <-s *o* culs-de-sac> *n a. fig* impasse *f*
culinary ['kʌl·ə·ner·i] *adj* culinaire; **~ implements** ustensiles *mpl* de cuisine
cull [kʌl] **I.** *vt* **1.** ZOOL (*limit population by killing*) abattre **2.** (*choose from various sources*) **to ~ sth from sth** choisir qc parmi qc **II.** *n* ZOOL abattage *m*
culminate ['kʌl·mɪ·neɪt] *vi* **to ~ in sth** se terminer par qc
culmination *n* point *m* culminant
culottes ['ku·lats] *npl* jupe-culotte *f*; **a pair of ~** une jupe-culotte
culpable ['kʌl·pə·bl] *adj form* coupable; **to hold sb ~ for sth** tenir qn pour coupable de qc
culprit ['kʌl·prɪt] *n* coupable *mf*
cult [kʌlt] *n a. fig, pej* REL culte *m*
cultivate ['kʌl·t̬ə·veɪt] *vt a. fig* cultiver
cultivated *adj a. fig* cultivé(e)
cultivation *n* AGR culture *f*; **to be under ~** être cultivé
cultivator *n* AGR **1.** (*tool or machine*) cultivateur *m* **2.** (*one who cultivates*) cultivateur, -trice *m, f*
cultural *adj* culturel(le)
cultural attaché *n* attaché(e) *m(f)* culturel(le)
culture ['kʌl·tʃər] **I.** *n a.* BIO culture *f*; **to grow a ~** faire une culture **II.** *vt* BIO faire une culture de
cultured *adj* cultivé(e); **~ pearl** perle *f* de culture
culture shock *n* choc *m* culturel
cum *prep* **study-~-bedroom** chambre-bureau *f*
cumbersome ['kʌm·bər·səm], **cumbrous** *adj* **1.** (*unwieldy*) encombrant(e) **2.** (*awkward: style of writing*) maladroit(e)
cumin ['ku·mɪn] *n* BOT cumin *m*
cum laude [ˌkʊm·'laʊ·deɪ] *adj, adv* UNIV avec mention
cumulative ['kju·mjə·lə·t̬ɪv] *adj* **1.** (*increasing*) cumulatif(-ive) **2.** (*increased*) cumulé(e)
cumulus ['kju·mjə·ləs] <-li> *n* cumulus *m*
cunning ['kʌn·ɪŋ] **I.** *adj* (*ingenious: person*) rusé(e); (*plan, device, idea*) astucieux(-euse); **to be ~ of sb to** +*infin* être astucieux de la part de qn de +*infin* ▶ **as ~ as a fox** rusé(e) comme un renard **II.** *n* ingéniosité *f*; **to show ~** faire preuve d'ingéniosité
cup [kʌp] **I.** *n* **1.** (*drinking container*) tasse *f*; **coffee ~** tasse de café; **plastic ~** gobelet *m*; **~ of tea** tasse de thé **2.** CULIN tasse *f* (≈ *230 millilitres ou grammes*); **a ~ of flour** 230 grammes *mpl* de farine **3.** SPORTS (*trophy*) coupe *f*; **world ~** coupe *f* du monde **4.** (*bowl-shaped container*) coupe *f* **5.** (*part of bra*) bonnet *m* **6.** SPORTS (*protection*) coque *f* ▶ **not to be one's ~ of tea** *inf* ne pas être sa tasse de thé **II.** <-pp-> *vt* **1.** (*make bowl-shaped*) **to ~ one's hands** mettre ses mains en coupe **2.** (*put curved hand around*) **to ~ sth in one's hands** entourer qc de ses mains
cupboard ['kʌb·ərd] *n* placard *m*
cupful <-s *o* cupsful> *n* tasse *f*
cupola ['kju·pəl·ə] *n* ARCHIT coupole *f*
curability *n* chances *fpl* de guérison
curable ['kjʊr·ə·bl] *adj* guérissable
curate[1] ['kjʊr·ət] *n* vicaire *m*
curate[2] ['kjʊr·eit] *vt* (*exhibition*) organiser
curator *n* conservateur, -trice *m, f*
curb [kɜrb] **I.** *vt* **1.** (*control: emotion, appetite*) refréner; (*inflation, expenses*) limiter **2.** (*hinder*) freiner **II.** *n* **1.** (*control*) frein *m*; **to put a ~ on sth** mettre un frein à qc **2.** (*of road*) bord *m* du trottoir
curd [kɜrd] *n* CULIN lait *m* caillé
curdle [kɜr·dl] **I.** *vi* CULIN (se) cailler ▶ **to make sb's blood ~** glacer le sang de qn **II.** *vt* CULIN cailler ▶ **to ~ sb's blood** glacer le sang de qn
cure [kjʊr] **I.** *vt* **1.** MED (*heal*) *a. fig* guérir; **to ~ sb of sth** guérir qn de qc **2.** (*eradicate*) *a. fig* éradiquer **3.** CULIN (*smoke*) fumer; (*salt*) saler; (*dry*) sécher **II.** *n a. fig* remède *m*
cure-all *n* panacée *f*
curfew ['kɜr·fju] *n* LAW couvre-feu *m*
curiosity [ˌkjʊr·i·'a·sə·t̬i] *n* **1.** (*thirst for knowledge*) curiosité *f*; **out of ~** par curiosité; **to arouse sb's ~** éveiller la curiosité de qn **2.** (*highly unusual object*) curiosité *f* ▶ **~ killed the cat** *prov* la curiosité est un vilain défaut
curious ['kjʊr·i·əs] *adj* curieux(-euse)
curl [kɜrl] **I.** *n* **1.** (*loop of hair*) boucle *f*; (*tight*) frisette *f*; **to fall in ~s** tomber en boucles **2.** (*spiral: of smoke*) volute *f* **II.** *vi* **1.** (*wave*) boucler; (*in tight curls*) friser **2.** (*wind itself*) se recroqueviller; **to ~ around sth** s'enrouler autour de qc **III.** *vt* **1.** (*make curly*) **to ~ one's**

hair boucler ses cheveux; (*tightly*) friser ses cheveux **2.** (*wrap*) enrouler **3.** (*roll into ball*) **to ~ oneself** se recroqueviller ▶ **to ~ one's lip** faire la moue
curler *n* bigoudi *m*
curling iron *n* fer *m* à friser
curly ['kɜr·li] <-ier, -iest> *adj* bouclé(e); (*tightly*) frisé(e)
currant ['kɜr·ənt] *n* groseille *f*
currency ['kɜr·ən(t)·si] *n* **1.** (*money used in a country*) devise *f* **2.** (*acceptance*) circulation *f*; **to enjoy wide ~** jouir d'une grande diffusion; **to gain ~** se répandre; **to have ~** avoir cours
current ['kɜr·ənt] **I.** *adj* **1.** (*present*) actuel(le); (*year, research, development*) en cours **2.** (*common*) courant(e); **in ~ use** d'usage courant **3.** FIN (*income, expenditure*) courant(e) **4.** (*latest: craze, fashion, issue*) dernier(-ère) **II.** *n a. fig* courant *m*; **to swim against/with the ~** nager à contre-courant/avec le courant ▶ **to drift with the ~** se laisser porter au gré des courants
current affairs, current events *n* POL actualité *f*
currently *adv* actuellement
curriculum [kə·'rɪk·jə·ləm] <-s *o* curricula> *n* SCHOOL, UNIV programme *m* d'études
curriculum vitae [kə·ˌrɪk·jə·ləm·'vi·taɪ] <-s *o* curricula vitae> *n* ECON curriculum vitæ *m*
curry[1] ['kɜr·i] **I.** *n* curry *m*; **chicken ~** poulet *m* au curry **II.** *vt* cuisiner au curry; **curried chicken** poulet *m* au curry
curry[2] ['kɜr·i] *vt* **to ~ favor with sb** *pej* s'insinuer auprès de qn
curse [kɜrs] **I.** *vi* jurer **II.** *vt* maudire; **to ~ sb for doing sth** maudire qn d'avoir fait qc **III.** *n* **1.** (*swear word*) juron *m* **2.** (*magic spell*) sort *m*; **to put a ~ on sb** jeter un sort sur qn **3.** *fig* (*very bad thing*) malédiction *f* **4.** (*cause of evil*) fléau *m*
cursed *adj* maudit(e)
cursor *n* COMPUT curseur *m*; **to move the ~** déplacer le curseur
cursory ['kɜr·sər·i] *adj* superficiel(le)
curt [kɜrt] <-er, -est> *adj pej* sec(sèche)
curtail [kər·'teɪl] *vt* **1.** (*limit*) diminuer **2.** (*shorten*) raccourcir; (*stay*) écourter
curtailment *n* réduction *f*
curtain ['kɜr·tən] *n* **1.** (*material hung at windows*) rideau *m*; **to draw the ~s** tirer les rideaux **2.** *fig* (*screen*) écran *m*; **~ of rain** écran de pluie **3.** THEAT (*stage screen*) rideau *m*; **to raise/lower the ~** lever/baisser le rideau ▶ **the final ~** le dernier rappel; **to be ~s for sb** *inf* être fini pour qn
curtain call *n* THEAT rappel *m*; **to take a ~** être rappelé
curtain raiser *n a. fig* THEAT lever *m* du rideau
curts(e)y ['kɜrt·si] **I.** *vi* **to ~ to sb** faire une révérence à qn **II.** *n* révérence *f*; **to make a ~ to sb** faire une révérence à qn
curvature ['kɜr·və·tʃər] *n* courbure *f*
curve [kɜrv] **I.** *n* courbe *f*; (*on road*) virage *m* **II.** *vi* se courber; **to ~ around sth** (*path, road*) faire le tour de qc; **to ~ downward/upward** (*path*) descendre/monter en courbe
cushion ['kʊʃ·ən] **I.** *n* coussin *m*; **to act as a ~** *a. fig* amortir les chocs **II.** *vt a. fig* amortir; **to ~ sb/sth from sth** protéger qn/qc de qc
cushy ['kʊʃ·i] <-ier, -iest> *adj pej, inf* (*very easy*) pépère; **~ job** planque *f*; **to have a ~ time** se la couler douce
cuss [kʌs] **I.** *vi* jurer **II.** *n* **1.** (*curse*) juron *m*; **~ words** gros mots *mpl* **2.** (*difficult person*) individu *m*
custard ['kʌs·tərd] *n* ≈ flan *m*
custodial *adj* (*sentence*) de prison
custodian [kʌs·'toʊ·di·ən] *n a. fig* gardien(ne) *m(f)*
custody ['kʌs·tə·di] *n* **1.** LAW (*guardianship*) garde *f*; **to award ~ of sb to sb** accorder la garde de qn à qn **2.** LAW (*detention*) garde *f* à vue; **to take sb into ~** mettre qn en garde à vue
custom ['kʌs·təm] **I.** *n* SOCIOL (*tradition*) coutume *f*; **according to ~** selon l'usage; **to be sb's ~ to** *+infin* c'est la coutume de qn de *+infin*; **as is sb's ~** selon la coutume de qn **II.** *adj* (fait) sur mesure; **~ suit** costume *m* sur mesure
customary ['kʌs·tə·mer·i] *adj* **1.** (*traditional*) coutumier(-ère); **as is ~** comme de coutume **2.** (*usual: hour*) habituel(le)
custom-built *adj* fait(e) sur commande
customer *n* ECON **1.** (*buyer*) client(e) *m(f)* **2.** *pej, inf* (*person*) type *m* ▶ **the ~ is always right** le client a toujours raison; **the ~ is king** *prov* le client est roi
customer number *n* numéro *m* de client
customer service *n* ECON service *m* clientèle
customize ['kʌs·tə·maɪz] *vt* personnaliser
custom-made *adj* fait(e) sur commande; (*clothes*) fait(e) sur mesure
customs *n pl* ECON, FIN douane *f*; **to pay ~** payer un droit de douane; **to get through ~** passer la douane
customs duties *npl* droits *mpl* de douane
customs house *n* HIST bureau *m* de douane
customs officer, customs official *n* douanier *m*
customs union *n* union *f* douanière
cut [kʌt] **I.** *n* **1.** (*cutting*) coupure *f*; (*on object, wood*) entaille *f* **2.** (*slice*) tranche *f*; (*of meat*) morceau *m* **3.** (*wound*) coupure *f*; **deep ~** plaie *f* profonde **4.** MED incision *f* **5.** (*style: of clothes, hair*) coupe *f*; **~ and blow-dry** coupe-brushing *f* **6.** (*share*) part *f* **7.** (*decrease*) réduction *f*; (*in interest, production*) baisse *f*; (*in staff*) compression *f* **8.** *pl* (*decrease in spending*) compressions *fpl* budgétaires **9.** ELEC (*interruption*) coupure *f* **10.** CINE, LIT coupure *f* **11.** (*blow*) coup *m* **12.** GAMES (*cards*) coupe *f* ▶ **to be a ~ above sb/sth** être un cran au-dessus de qn/qc **II.** *adj* **1.** (*sliced, incised*) coupé(e) **2.** (*shaped*) taillé(e) **3.** (*reduced*) réduit(e) **III.** <cut, cut, -tt->

vt **1.** (*make an opening, incision*) couper; **to ~ open a box** ouvrir une boîte avec des ciseaux; **to ~ sth out of sth** découper qc dans qc; **to ~ sb/sth free** délivrer qn/qc (en coupant ses liens) **2.** (*slice*) couper; **to ~ in pieces** couper en morceaux **3.** (*shape*) tailler; (*fingernails, hair, a flower*) couper; (*grass*) tondre; (*initials*) graver **4.** MED inciser **5.** *fig* (*ties*) rompre; **to ~ sb loose** libérer qn **6.** FIN, ECON réduire; (*costs, prices*) diminuer **7.** CINE (*a film*) monter **8.** (*remove*) couper **9.** *inf* SCHOOL, UNIV (*a class*) sécher; (*school*) manquer **10.** TECH (*motor*) couper **11.** (*have a tooth emerge*) **to ~ one's teeth** faire ses dents; **to ~ one's teeth on sth** se faire les dents sur qc **12.** (*split card deck: cards*) couper **13.** (*record: CD*) graver **14.** *fig* (*stop: sarcasm*) arrêter ▶**to ~ a corner** (**too sharply**) prendre un virage à la corde; **to ~ corners** rogner sur les coûts; **to ~ no ice with sb** ne faire aucun effet à qn; **to ~ it** *inf* le faire; **to ~ one's losses** sauver les meubles; **to ~ one's nose off to spite one's face** scier la branche sur laquelle on est assis; **to ~ sb to the quick** piquer qn au vif; **to ~ sb some slack** *inf* faciliter les choses à qn; **to ~ a long story short** en bref; **to ~ sb dead** faire semblant de ne pas reconnaître qn; **to ~ it (a little/bit) fine** ne pas se laisser de marge **IV.** <cut, cut, -tt-> *vi* **1.** (*make an incision*) couper; (*in slice*) trancher **2.** MED inciser **3.** GAMES couper ▶**to ~ to the chase** aller à l'essentiel; **to ~ loose** couper les ponts; **to ~ both ways** à double tranchant; **to ~ and run** filer

◆**cut across** *vt* **1.** (*cut*) couper à travers **2.** *fig* transcender

◆**cut away** *vt* (*slice off*) enlever (en coupant)

◆**cut back I.** *vt* **1.** (*trim down*) tailler; (*tree*) élaguer **2.** FIN, ECON réduire; (*costs*) diminuer **II.** *vi* **1.** (*turn around*) revenir en arrière **2.** (*save money*) faire des économies

◆**cut down** *vt* **1.** BOT (*a tree*) abattre **2.** (*do less: wastage*) réduire **3.** (*take out part: a film*) couper **4.** FASHION raccourcir ▶**to cut sb down to size** *inf* remettre qn à sa place

◆**cut in I.** *vi* **1.** (*interrupt*) intervenir; **to ~ on sb** couper la parole à qn **2.** AUTO se rabattre; **to ~ in front of sb** faire une queue de poisson à qn **II.** *vt* **1.** (*divide profits with*) partager les parts avec **2.** *inf* (*include when playing*) **to cut sb in on the deal** donner sa part à qn

◆**cut into** *vt* **1.** (*start cutting*) couper dans **2.** (*hurt*) blesser **3.** (*start using*) entamer; **to ~ one's free time** empiéter sur son temps libre **4.** (*interrupt*) interrompre

◆**cut off** *vt* **1.** (*slice away*) couper **2.** (*stop talking*) **to cut sb off** interrompre qn **3.** TEL, ELEC couper **4.** (*isolate*) isoler; **to cut oneself off from sb** couper les liens avec qn; **to be ~ from sth** être coupé de qc **5.** AUTO faire une queue de poisson ▶**to cut sb off without a penny** déshériter qn

◆**cut out I.** *vt* **1.** (*slice out of*) découper; **to ~ dead wood from a bush** tailler du bois mort dans un buisson; **to cut the soft spots out of the vegetables** enlever les parties abîmées des légumes **2.** (*remove from: a book*) découper; **to cut a scene out of a film** couper une séquence dans un film; **to cut sugar out** supprimer le sucre **3.** (*stop*) supprimer; **to ~ smoking** arrêter de fumer **4.** *inf* (*desist*) **cut it out!** ça suffit ! **5.** (*block light*) **to ~ the light** empêcher la lumière de passer **6.** (*not include in plans*) **to cut sb out of sth** mettre qn à l'écart de qc **7.** (*exclude*) **to cut sb out of one's will** déshériter qn ▶**to have one's work ~ for oneself** avoir du pain sur la planche; **to be ~ for sth** être fait pour qc **II.** *vi* **1.** (*stop*) s'arrêter; (*car*) caler **2.** (*pull away quickly*) faire une queue de poisson; **to ~ of traffic** couper à travers la circulation **3.** (*leave quickly*) filer

◆**cut up** *vt* (*slice into pieces*) couper; (*herbs*) hacher

cut-and-dried *adj* **1.** (*decided*) déjà décidé(e) **2.** (*easy*) très clair(e)

cut and paste I. *n* couper-coller *m inv* **II.** *vt* couper-coller **III.** *vi* faire un couper-coller

cutaway *adj* écorché(e)

cutback *n* réduction *f*

cute [kjut] <-r, -st> *adj* mignon(ne)

cutesy ['kjut·si] *adj inf* un peu trop mignon(ne)

cuticle ['kju·t̬ə·kl] *n* ANAT cuticule *f*

cutie ['kju·t̬i] *n inf* **1.** (*woman*) jolie fille *f* **2.** (*man*) beau gars *m* **3.** (*child*) **to be a real/such a ~** être tout mignon

cutlass ['kʌt·ləs] <-es> *n* MIL, NAUT coutelas *m*

cutlery ['kʌt·lᵊr·i] *n* coutellerie *f*

cutlet ['kʌt·lət] *n* **1.** (*cut of meat*) côtelette *f* **2.** (*patty*) croquette *f*

cutoff I. *n* embargo *m* **II.** *adj* **1.** (*with a limit*) limite; **~ point** limite *f* **2.** (*isolated*) isolé(e) **3.** FASHION (*short*) raccourci(e) **4.** ELEC **~ switch/button** interrupteur *m*

cutout I. *n* **1.** (*shape*) découpage *m* **2.** (*safety device*) disjoncteur *m* **II.** *adj* découpé(e)

cut-rate *adj* (*goods*) à prix réduit

cutter ['kʌt̬·ər] *n* **1.** (*tool*) couteau *m*; (*for paper*) cutter *m*; **pizza ~** couteau à pizza; (**a pair of**) **~s** pince *f* coupante **2.** (*person*) coupeur, -euse *m, f* **3.** (*boat*) vedette *f*

cutthroat *adj* acharné(e)

cutting I. *n* **1.** (*article*) coupure *f* **2.** BOT bouture *f* **II.** *adj* **1.** (*that cuts: blade, edge*) tranchant(e) **2.** *fig* (*remark*) blessant(e); (*wind*) cinglant(e)

cutting edge *n* tranchant *m*; **to be at the ~ of sth** *fig* être à la pointe de qc

cutting-edge *adj* branché(e)

cuttlefish ['kʌt̬·l·fɪʃ] <-(es)> *n* ZOOL seiche *f*

CV [ˌsi·'vi] *n abbr of* **curriculum vitae** CV *m*

cwt. *n abbr of* **hundredweight** ≈ 45 kilos *mpl*

cyanide ['saɪə·naɪd] *n* CHEM cyanure *m*

cybernetics *n* COMPUT, MED cybernétique *f*

cyberpunk *n* COMPUT cyberpunk *m*

cyberspace *n* COMPUT cyberespace *m*

cyclamen ['saɪ·klə·mən] *n* BOT cyclamen *m*
cycle[1] ['saɪ·kl] SPORTS **I.** *n abbr of* **bicycle** vélo *m* **II.** *vi abbr of* **bicycle** faire du vélo
cycle[2] ['saɪ·kl] *n* cycle *m;* **to do sth on a ... ~** faire qc régulièrement
cyclic(al) *adj* cyclique
cycling *n* cyclisme *m;* ~ **shorts** short *m* de cycliste, cuissettes *fpl Suisse*
cyclist *n* cycliste *mf*
cyclone ['saɪ·kloʊn] *n* METEO cyclone *m*
cygnet ['sɪg·nət] *n* ZOOL jeune cygne *m*
cylinder ['sɪl·ɪn·dər] *n* **1.** MATH cylindre *m* **2.** TECH joint *m* de culasse; **to be firing on all four ~s** marcher à pleins gaz
cylindrical [sɪ·'lɪn·drɪk·əl] *adj* cylindrique
cymbal ['sɪm·bəl] *n* MUS cymbale *f*
cynic ['sɪn·ɪk] *n pej* cynique *mf*
cynical *adj pej* cynique
cynicism ['sɪn·ɪ·sɪ·zəm] *n* cynisme *m*
cypher ['saɪ·fər] *n s.* **cipher**
cypress ['saɪ·prəs] *n* BOT cyprès *m*
Cypriot ['sɪp·rɪ·ət] **I.** *adj* c(h)ypriote **II.** *n* C(h)ypriote *mf*
Cyprus ['saɪ·prəs] *n* (l'île *f* de) Chypre *f*
Cyrillic [sə·'rɪl·ɪk] **I.** *adj* cyrillique **II.** *n* alphabet *m* cyrillique
cyst [sɪst] *n* MED kyste *m*
cystic fibrosis *n* mucoviscidose *f*
cystitis [sɪ·'staɪ·t̬ɪs] *n* MED cystite *f*
czar [zar] *n* tsar *m*
czarina ['za·'ri·nə] *n* tsarine *f*
Czech [tʃek] **I.** *adj* tchèque **II.** *n* **1.** (*person*) Tchèque *mf* **2.** LING tchèque *m; s.a.* **English**
Czechoslovak [ˌtʃek·oʊ·'sloʊ·vak] HIST **I.** *n* Tchécoslovaque *mf* **II.** *adj* tchécoslovaque
Czechoslovakia *n* HIST Tchécoslovaquie *f*
Czech Republic *n* la République tchèque

D

D, d [di] <-'s> *n* **1.** LING D *m,* d *m;* **D-Day** (le) jour J; **~ as in Delta** (*on telephone*) d comme Désiré **2.** MUS ré *m*
d. I. *n* **1.** *abbr of* **day** jour *m* **2.** *abbr of* **diameter** diamètre *m* **II.** *adj abbr of* **died** décédé(e)
DA [ˌdi·'eɪ] *n abbr of* **district attorney** ≈ procureur *m* de la République
dab[1] [dæb] **I.** <-bb-> *vt* **1.** (*tap*) tamponner; (*one's eyes*) se tamponner **2.** (*apply*) appliquer; **to ~ a bit of sth on sth** appliquer qc sur qc par petites touches **II.** <-bb-> *vi* **to ~ at sth** tamponner qc **III.** *n* **a ~ of sth** un petit peu de qc; (*of chocolate*) un petit morceau de qc; (*of paint*) une touche de qc
dab[2] [dæb] *n* (*fish*) limande *f*
dabble ['dæb·l] **I.** <-ling> *vi* **to ~ in** [*o* **with**] **sth** tâter de qc **II.** <-ling> *vt* tremper
dad [dæd] *n inf* papa *m;* **mom and ~** maman *f* et papa
daddy ['dæd·i] *n childspeak, inf* (*father*) papa *m;* **mommy and ~** maman *f* et papa
daddy longlegs *n* ZOOL faucheux *m*
daffodil ['dæf·ə·dɪl] *n* BOT jonquille *f*
dagger ['dæg·ər] *n* dague *f*
dahlia ['dæl·jə] *n* BOT dahlia *m*
daily ['deɪ·li] **I.** *adj* quotidien(ne); (*rate, wage, allowance*) journalier(-ère); **~ routine** train-train *m* quotidien; **on a ~ basis** tous les jours; **one's ~ bread** *inf* pain *m* quotidien de qn **II.** *adv* quotidiennement **III.** <-ies> *n* PUBL quotidien *m*
daintiness *n* délicatesse *f*
dainty ['deɪn·t̬i] <-ier, -iest> *adj* délicat(e)
dairy ['der·i] **I.** *n* **1.** (*building for milk production*) crémerie *f* **2.** (*shop*) laiterie *f* **II.** *adj* laitier(-ère); **~ herd** troupeau *m* de vaches laitières
dairyman *n* laitier *m*
dairy products *n* produits *mpl* laitiers
dais ['deɪ·ɪs] *n* ARCHIT estrade *f*
daisy ['deɪ·zi] <-sies> *n* BOT marguerite *f;* (*smaller*) pâquerette *f*
daisy wheel *n* marguerite *f*
daisy-wheel typewriter *n* machine *f* à écrire à marguerite
dam [dæm] **I.** *n* barrage *m* **II.** <-mm-> *vt* **1.** (*block a river*) **to ~ sth** (**up**) [*o* **to ~** (**up**) **sth**] endiguer qc **2.** (*hold back*) **to ~ up** (*emotions*) contenir
damage ['dæm·ɪdʒ] **I.** *vt* **1.** (*harm*) endommager **2.** *fig* nuire **II.** *n* **1.** (*physical harm*) dégâts *mpl;* **~ to property** dégâts matériels **2.** (*harm*) tort *m;* **to do ~ to sb/sth** causer du tort à qn/qc **3.** *pl* LAW dommages *mpl* et intérêts ▸ **the ~ is done** le mal est fait; **what's the ~?** *iron, inf* à combien s'élève la note?
damage control *n* **to do ~** limiter les dégâts
Damascus [də·'mæs·kəs] *n* Damas
damask ['dæm·əsk] **I.** *n* FASHION damas *m* **II.** *adj* damassé(e)
dame [deɪm] *n inf* dame *f*
damn [dæm] **I.** *interj inf* zut!; **~ it!** merde!; **~ you!** tu m'emmerdes! **II.** *adj* fichu(e); **~ fool** crétin *m* **III.** *vt* **1.** (*lay the guilt for*) condamner **2.** (*curse*) maudire **3.** REL damner ▸ **to ~ sb with faint praise** se montrer peu élogieux envers qn **IV.** *adv inf* sacrément; **to know ~ well** savoir très bien; **to be ~ silly** être si stupide **V.** *n inf* **to not give a ~ about sb/sth** ne rien avoir à foutre de qn/qc; **it's not worth a ~** ça ne vaut pas un clou
damnable *adj inf* foutu(e)
damnation *n* damnation *f*
damned **I.** *adj* **1.** *inf* (*cursed*) foutu(e) **2.** REL damné(e) ▸ **I'll be ~ if I do and ~ if I don't** *inf* je suis mal barré de toute façon **II.** *npl* **the ~** les damnés *mpl* **III.** *adv inf* sacrément
damning *adj* accablant(e)
damp [dæmp] METEO **I.** *adj* humide **II.** *n* humidité *f* **III.** *vt* (*wet*) humecter
◆**damp down** *vt a. fig* étouffer; **to ~ sb's**

D

spirits décourager qn

dampen ['dæmp·ən] *vt* **1.** (*make wet*) humecter **2.** (*make a good feeling less: enthusiasm*) étouffer **3.** (*make a noise softer*) amortir

damper *n* **1.** (*negative effect*) douche *f* froide; **to put a ~ on sth** jeter un froid sur qc **2.** (*control plate*) amortisseur *m*

dampness *n* humidité *f*

dance [dæn(t)s] **I.** <-cing> *vi* danser ► **to ~ to sb's tune** faire les quatre volontés de qn **II.** <-cing> *vt* danser **III.** *n* **1.** (*instance of dancing*) danse *f*; **to have a ~ with sb** danser avec qn **2.** (*set of steps*) pas *mpl*; **slow ~** slow *m* **3.** (*social function*) soirée *f* dansante **4.** (*art form*) danse *f*; **classical/modern ~** danse classique/moderne

dancer *n* danseur, -euse *m, f*

dancing *n* danse *f*

dandelion ['dæn·də·laɪən] *n* BOT pissenlit *m*

dandruff ['dæn·drəf] *n* MED pellicule *f*

dandy ['dæn·di] **I.** <-ier, -iest> *adj inf* épatant(e) **II.** <-ies> *n* **1.** (*person*) dandy *m* **2.** (*excellent thing*) merveille *f*

Dane [deɪn] *n* Danois(e) *m(f)*

danger ['deɪn·dʒər] *n* **1.** (*dangerous situation*) danger *m*; **to be in ~** être en danger; **to be out of ~** être hors de danger **2.** *iron* (*chance*) risque *m*

dangerous ['deɪn·dʒᵊr·əs] *adj* dangereux(-euse)

danger zone *n* zone *f* de danger

dangle ['dæŋ·gl] **I.** <-ling> *vi* **1.** (*hang*) pendiller; **to ~ from/off sth** pendre à qc **2.** (*swing*) balancer **II.** <-ling> *vt* **1.** (*let hang*) laisser pendre **2.** (*swing*) balancer **3.** (*tempt with*) **to ~ sth in front of sb** faire miroiter qc à qn

Danish ['deɪ·nɪʃ] **I.** *adj* danois(e) **II.** *n* danois *m*; *s.a.* **English**

dank [dæŋk] *adj* froid(e) et humide

Danube ['dæn·jub] *n* GEO Danube *m*

dapper ['dæp·ər] *adj* alerte

dapple ['dæp·l] *vt* tacheter

dare [deər] **I.** <daring> *vt* **1.** (*challenge*) défier **2.** (*risk doing*) oser **3.** (*face the risk: danger, death*) braver ► **don't you ~!** tu n'as pas intérêt à faire ça!; **how ~ you do this** comment osez-vous faire cela **II.** <daring> *vi* oser **III.** *n* (*challenge*) défi *m*; **to do sth on a ~** faire qc pour relever un défi; **it's a ~!** je relève le défi!

daredevil *inf* **I.** *n* casse-cou *m inv* **II.** *adj* audacieux(-euse)

daring **I.** *adj* **1.** (*courageous*) audacieux(-euse) **2.** (*revealing*) osé(e) **II.** *n* audace *f*; **to show ~** se montrer audacieux

dark [dark] **I.** *adj* **1.** (*black*) noir(e) **2.** (*not light-colored*) foncé(e); **tall, ~ and handsome** beau, grand et mat **3.** *fig* (*tragic*) sombre; (*prediction*) pessimiste; **to have a ~ side** avoir une face cachée; **to look on the ~ side of things** voir les choses en noir **4.** (*evil*) méchant(e) **5.** (*secret*) secret(-ète) **II.** *n* **the ~** le noir; **to be afraid of the ~** avoir peur du noir; **to do sth before ~** faire qc avant que la nuit tombe (*subj*) ► **to be (completely) in the ~ about sth** ne rien comprendre du tout à qc; **to keep sb in the ~** laisser qn dans l'ignorance

Dark Ages *npl* HIST **the ~** l'âge *m* des ténèbres

darken ['dar·kᵊn] **I.** *vi* **1.** (*have less light*) s'assombrir **2.** (*get darker*) se foncer **3.** *fig* s'assombrir **II.** *vt* **1.** (*reduce light*) assombrir **2.** (*give a dark color*) foncer **3.** *fig* assombrir

dark horse *n* **1.** (*person with hidden qualities*) **to be a ~** avoir des talents cachés **2.** SPORTS, POL candidat *m* inattendu

darkly *adv* sinistrement

darkness *n* pénombre *f*; **to plunge sth into ~** plonger qc dans l'obscurité

darkroom *n* PHOT chambre *f* noire

dark-skinned *adj* à la peau mate

darling ['dar·lɪŋ] **I.** *n* **1.** (*beloved*) amour *m*; **to be a/the ~ of sth** être une/la coqueluche de qc **2.** (*form of address*) chéri(e) *m(f)* **II.** *adj* adorable

darn[1] [darn] *interj inf* **~ (it)!** merde!

darn[2] [darn] **I.** *vt* repriser **II.** *n* reprise *f*

dart [dart] **I.** *n* **1.** (*type of weapon*) flèche *f* **2.** *pl* (*bar game*) fléchettes *fpl* **3.** (*quick run*) se précipiter **4.** FASHION pince *f* **II.** *vi* se précipiter; **to ~ away** s'élancer; **to ~ at sb** se précipiter sur qn **III.** *vt* **to ~ sth at sb** lancer qc à qn; **to ~ an angry look at sb** décocher un regard furieux à qn

dartboard *n* cible *f* (de jeu de fléchettes)

dash [dæʃ] **I.** <-es> *n* **1.** (*rush*) précipitation *f*; **mad ~** course *f* folle; **to make a ~ for it** prendre ses jambes à son cou; **to make a ~ for sth** se précipiter vers qc **2.** (*short fast race*) sprint *m* **3.** (*little quantity*) goutte *f*; (*salt, pepper*) pincée *f*; (*lemon, oil*) filet *m*; (*drink*) doigt *m* **4.** (*punctuation*) tiret *m* **5.** (*flair*) brio *m* **6.** (*Morse signal*) trait *m* **7.** *inf* AUTO (*dashboard*) tableau *m* de bord **II.** *vi* **1.** (*hurry*) se précipiter; **to ~ around** courir; **to ~ along sth** courir le long de qc; **to ~ out of sth** sortir en courant de qc **2.** *form* (*strike against*) se projeter; (*waves*) se briser **III.** *vt* **1.** (*destroy, discourage*) anéantir **2.** *form* (*hit*) heurter; **to be ~ed against sth** être projeté sur qc **3.** *form* (*throw with force*) projeter

dashboard *n* tableau *m* de bord

dashing *adj* fringant(e)

data ['deɪ·t̬ə] *npl* donnée *f*

data bank *n* COMPUT banque *f* de données

database *n* COMPUT base *f* de données

data processing *n* traitement *m* de données

date[1] [deɪt] **I.** *n* **1.** (*calendar day*) date *f*; **closing ~** date de clôture; **out of ~** dépassé; **to ~** jusqu'à présent; **to be up to ~** être actuel **2.** (*appointment*) rendez-vous *m*; **to make a ~** fixer un rendez-vous; **to make it a ~** prendre date; **to go out on a ~** sortir avec qn; **to have a ~ with sb** avoir un rencard avec qn *inf* **3.** (*person*) petit ami (petite amie) *m(f)*; **to find a ~** se trouver un copain **II.** *vt* **1.** (*have a* *relationship*) sortir avec **2.** (*give a date*) dater; **your letter ~d December 20th** ta/votre lettre datée du 20 décembre **3.** (*reveal the age*) **that ~s her** ça ne la rajeunit pas **III.** *vi* **1.** (*have a relationship*) sortir avec qn **2.** (*go back to: event*) **to ~ from** remonter à **3.** (*show time period*) dater **4.** (*go out of fashion*) être dépassé

date² [deɪt] *n* datte *f*

dated *adj* dépassé(e)

> **i** Lors d'un **dating**, il existe plusieurs expressions aux États-Unis pour définir la relation entre une fille et un garçon. *Seeing each other* signifie que deux personnes se rencontrent souvent, mais gardent cependant la liberté de sortir avec d'autres partenaires. *Going out* indique qu'ils se fréquentent et que leur relation est sérieuse.

dative ['deɪ·t̬ɪv] **I.** *n* datif *m;* **to be in the ~** être au datif **II.** *adj* **~ case** datif *m*

daub [dɔb] **I.** *vt* **to ~ sth with sth** barbouiller qc de qc **II.** *n* **1.** (*viscous liquid*) enduit *m* **2.** (*bad painting*) barbouillage *m*

daughter ['dɔ·t̬ər] *n* fille *f*

daughter-in-law <daughters-in-law> *n* belle-fille *f*

daunt [dɔnt] *vt* démonter

daunting *adj* intimidant(e)

dawdle ['dɔd·l] *vi* traîner

dawdler *n* traînard(e) *m(f)*

dawn [dɔn] *n* **1.** *a. fig* aube *f;* **to go back to the ~ of time** remonter à la nuit des temps **2.** (*daybreak*) aurore *f;* **at ~** à l'aube; **from ~ to dusk** du matin au soir

day [deɪ] *n* **1.** (*24 hours*) jour *m,* journée *f;* **four times a ~** quatre fois *f* par jour; **every ~** tous les jours; **have a nice ~!** bonne journée!, bonjour! *Québec;* **during the ~** (dans) la journée; **to sleep during the ~** dormir le jour **2.** (*particular day*) **that ~** ce jour-là; (**on**) **the following ~** le lendemain; **from that ~ onwards** dès lors; **D-Day** (le) jour J; **Christmas Day** le jour de Noël; **three years ago to the ~** il y a 3 ans jour pour jour **3.** (*imprecise time*) **one of these ~s** un de ces jours; **some ~** un jour ou l'autre; **every other ~** tous les deux jours; **~ in and ~ out** tous les jours que (le bon) Dieu fait **4.** (*period of time*) journée *f;* **during the ~** pendant la journée **5.** (*working hours*) journée *f;* **8-hour ~** journée de 8 heures; **to remain open all ~** faire la journée continue; **~ off** jour *m* de congé [*o* repos]; **to work/to be paid by the ~** travailler/être payé à la journée **6.** (*distance*) **a ~'s walk from here** à une journée de marche d'ici; **it's three ~s' journey from here by train** c'est à trois journées de train d'ici **7.** *pl, form* (*life*) **his/her ~s are numbered** ses jours *mpl* sont comptés ►**~ by ~** jour après jour

daybreak *n* aube *f; s.a.* **dawn**

daycare *n* (*for children*) garderie *f;* (*for the elderly, handicapped*) centre *m* d'accueil de jour; **~ center** garderie *f*

daydream **I.** *vi* rêvasser **II.** *n* rêverie *f*

daylight *n* (lumière *f* du) jour *m;* **in broad ~** au grand jour ►**to knock the living ~s out of sb** *inf* tabasser qn; **to scare the living ~s out of sb** *inf* flanquer la frousse à qn

day nursery <-ries> *n* garderie *f*

day shift *n* **1.** (*period of time*) poste *m* de jour **2.** (*workers*) équipe *f* de jour

daytime *n* journée *f*

day-to-day *adj* quotidien(ne)

day trip *n* excursion *f*

daze [deɪz] **I.** *n* **to be in a ~** être abasourdi **II.** *vt* **to be ~d** être abasourdi

dazed *adj* abasourdi(e)

dazzle ['dæz·l] **I.** *vt* éblouir **II.** *n* éblouissement *m*

dazzling *adj* éblouissant(e)

dB *n abbr of* **decibel** dB *m*

DC [ˌdi·'si] *n* **1.** *abbr of* **direct current** courant *m* continu **2.** *abbr of* **District of Columbia** DC *m*

DDT [ˌdi·di·'ti] *n abbr of* **dichlorodiphenyltrichloroethane** DDT *m*

DE *n abbr of* **Delaware**

deacon ['di·kən] *n* diacre *m*

deaconess *n* diaconesse *f*

dead [ded] **I.** *adj* **1.** (*no longer alive*) *a. fig* mort(e); **to be shot ~** être abattu; **to be ~ on arrival (at the hospital)** être décédé lors du transport (à l'hôpital) **2.** (*broken*) mort(e); **to go ~** ne plus fonctionner **3.** (*numb*) engourdi(e) **4.** (*dull*) monotone; (*eyes*) éteint(e) **5.** (*lacking power, energy*) mort(e) **6.** (*out of bounds: ball*) sorti(e) **7.** (*total*) complètement; (*stop*) complet(-ète) ►**over my ~ body** il faudra me passer sur le corps; **to be (as) ~ as a doornail** être tout ce qu'il y a de plus mort; **to be a ~ duck** être foutu d'avance; **to be ~ on one's feet** ne plus tenir sur ses jambes; **~ men tell no tales** *prov* les morts ne parlent pas; **to be a ~ ringer for sb** être le sosie de qn; **to be ~ to the world** dormir comme un loir; **sb would not be seen ~ in sth** (*wear*) qn ne porterait jamais (de son vivant) qc; (*go out*) qn n'irait jamais (de son vivant) dans qc **II.** *n* **1.** *pl* (*dead people*) **the ~** les morts *mpl* **2.** (*realm of those who have died*) (royaume *m* des) morts *mpl;* **to rise from the ~** ressusciter; **to come back from the ~** (*come back to life*) revenir à la vie; (*recover form an illness*) recouvrer la santé ►**to do sth in the ~ of night/winter** faire qc au cœur de la nuit/de l'hiver; **to make enough noise to wake the ~** faire du bruit à réveiller les morts **III.** *adv* **1.** *inf* (*totally*) complètement; **~ certain** sûr et certain; **~ ahead** tout droit **2.** *inf* **to be ~ set against sth** être complètement opposé à qc; **to be ~ set on sth** vouloir qc à tout prix ►**to stop ~ in one's**

tracks stopper net l'avancée de qn

deadbeat [ˌded·ˈbit] *n pej, inf* glandeur, -euse *m, f*

deaden [ˈded·ən] *vt* **1.** (*numb*) diminuer **2.** (*diminish*) amortir

dead end *n* impasse *f;* **to reach a ~** être dans une impasse

dead-end I. *adj* **~ street** impasse *f;* **~ job** activité *f* sans débouchés; **~ situation** impasse *f* **II.** *vi* déboucher sur une impasse

dead heat *n* **to be/to end in a ~** être/arriver ex-æquo

deadline *n* date *f* limite; **to meet/to miss a ~** respecter/dépasser la date limite

deadlock *n* impasse *f*

deadly I. <-ier, -iest> *adj* mortel(le); (*look*) tueur(-euse) **II.** <-ier, -iest> *adv* **1.** (*in a fatal way*) mortellement **2.** (*absolutely*) terriblement

deadpan *adj* impassible; **~ humor** humour *m* pince-sans-rire

Dead Sea *n* mer *f* Morte

deadwood *n* **1.** (*dead branches*) bois *m* mort **2.** *inf* (*useless*) **to cut out the ~ from the staff** dégraisser les effectifs du personnel

deaf [def] **I.** *adj* **1.** (*unable to hear anything*) sourd(e); **to be ~ in one ear** être sourd d'une oreille; **to go ~** devenir sourd **2.** (*hard of hearing*) malentendant(e) ▶ **to turn a ~ ear** faire la sourde oreille; **to fall on ~ ears** tomber dans l'oreille d'un sourd; **to be (as) ~ as a doorknob** être sourd comme un pot; **to be ~ to sth** rester sourd à qc **II.** *npl* **the ~** les malentendants *mpl*

deafen [ˈdef·ən] *vt* **1.** (*to make deaf*) rendre sourd; **to be ~ed** être assourdi **2.** (*to soundproof*) insonoriser

deafening *adj* assourdissant(e)

deaf mute *n* sourd-muet *m*/sourde-muette *f*

deaf-mute *adj* sourd(e)-muet(te)

deafness *n* surdité *f*

deal [dil] **I.** *n* **1.** (*agreement*) marché *m* **2.** (*bargain*) affaire *f;* **to make sb a ~** faire faire une affaire à qn **3. a (great) ~** beaucoup; **a great ~ of work** beaucoup de travail; **a good ~ of money/stress** pas mal d'argent/de stress **4.** (*passing out of cards*) donne *f* ▶ **what's the big ~?** *inf* où est le problème?; **to get a raw ~** se faire avoir; **what's the ~ with that?** *inf* c'est quoi ce truc? **II.** *vi* <dealt, dealt> **1.** (*make business*) faire des affaires; **to ~ in sth** faire du commerce de qc **2.** (*sell drugs*) dealer **3.** (*pass out cards*) distribuer **III.** *vt* <dealt, dealt> **1.** (*pass out: cards*) distribuer **2.** (*give*) donner; **to ~ sb a blow** porter un coup à qn **3.** (*sell: drugs*) revendre

◆**deal out** *vt* distribuer

◆**deal with** *vt* **1.** (*handle: problem*) se charger de **2.** (*discuss: subject*) traiter de **3.** (*do business: partner*) traiter avec

dealer *n* **1.** (*one who sells*) marchand(e) *m(f);* **antiques ~** brocanteur, -euse *m, f* **2.** (*drug dealer*) dealer *m* **3.** (*one who deals cards*) donneur *m*

dealership [ˈdi·lər·ʃɪp] *n* concession *f*

dealing *n* **1.** (*way of behaving*) façon *f* d'être **2.** (*act of selling: of drugs*) trafic *m*

dealings *n pl* **1.** (*transactions*) transactions *fpl* **2.** (*manner of doing business*) relations *fpl;* **to have ~ with sb** traiter avec qn

dealt [delt] *pt, pp of* **deal**

dean [din] *n* doyen(ne) *m(f)*

dear [dɪr] **I.** *adj* cher(chère); **to be ~ to sb** être cher à qn; **to do sth for ~ life** faire qc désespérément **II.** *adv* (*cost*) cher **III.** *interj inf* **oh ~!, ~ me!** mon Dieu! **IV.** *n* **1.** (*sweet person*) amour *m;* **my ~** mon chéri/ma chérie; *form* mon cher/ma chère; **to be (such) a ~** être (si) gentil; **my ~est** *iron* mon chéri/ma chérie **2.** *inf* (*friendly address*) (mon) chou *m*

dearly *adv* cher

dearth [dɜrθ] *n form* pénurie *f*

death [deθ] *n* mort *f;* **to die a natural ~** décéder d'une mort naturelle; **to be put to ~** être mis à mort; **frightened to ~** mort de peur ▶ **to be at ~'s door** être à l'article de la mort; **to be the ~ of sb** être la fin de qn; *fig* vouloir la mort de qn; **to feel like ~ warmed over** se sentir mal; **to ~** (*until one dies*) à mort; (*very much*) à mourir; **to have sb worried to ~** se faire un sang d'encre

deathbed *n* lit *m* de mort

death blow *n* coup *m* fatal; **to deal sb a ~** porter un coup fatal à qn

deathly I. *adv* comme la mort; **~ pale** d'une pâleur cadavérique **II.** *adj* de mort

death penalty *n* **the ~** la peine de mort

death row *n* quartier *m* des condamnés à mort; **to be on ~** être dans le couloir de la mort

death sentence *n* condamnation *f* à mort; **to receive the ~** être condamné à mort

death toll *n* victimes *fpl*

death trap *n* danger *m* mortel

debacle [dɪ·ˈba·kl] *n* fiasco *m*

debase [dɪ·ˈbeɪs] *vt* **1.** (*degrade: person*) avilir **2.** ECON *a. fig* dévaloriser

debatable *adj* discutable; **it's ~ whether ...** on peut se demander si ...

debate [dɪ·ˈbeɪt] **I.** *n* débat *m* **II.** *vt* débattre **III.** *vi* **to ~ about sth** débattre de qc; **to ~ whether ...** s'interroger si ...

debater *n* orateur, -trice *m, f*

debauchery [dɪ·ˈbɔ·tʃər·i] *n pej* débauche *f*

debilitate [dɪ·ˈbɪl·ɪ·teɪt] *vt* affaiblir

debilitating *adj* débilitant(e)

debility [dɪ·ˈbɪl·ə·ţi] *n* faiblesse *f*

debit [ˈdeb·ɪt] **I.** *n* débit *m* **II.** *vt* **to ~ sth from sth** porter qc au débit de qc

debit card *n* carte *f* de paiement

debris [də·ˈbri] *n* débris *m*

debt [det] *n* dette *f,* pouf *m Belgique;* **to pay back one's ~s** rembourser ses dettes; **to run up a (huge) ~** s'endetter lourdement; **to be out of ~** être acquitté de ses dettes; **to go heavily into ~** s'endetter lourdement ▶ **to be in ~ to sb** être redevable à qn

debtor *n* débiteur, -trice *m, f*
debug [ˌdi·ˈbʌg] <-gg-> *vt* COMPUT déboguer
debunk [di·ˈbʌŋk] *vt* démythifier; (*a myth*) détruire
debut [deɪ·ˈbju] **I.** *n* (*first performance*) débuts *mpl;* ~ **album** premier album *m* **II.** *vi* faire ses débuts
debutante [ˈde·bju·tant] *n* débutante *f*
decade [ˈdek·eɪd] *n* décennie *f*
decadence [ˈdek·ə·dᵊn(t)s] *n* décadence *f*
decadent *adj* décadent(e)
decaf [ˈdi·kæf] **I.** *adj inf abbr of* **decaffeinated II.** *n inf* déca *m*
decaffeinated [ˌdi·ˈkæf·ɪ·neɪt·ɪd] **I.** *adj* décaféiné(e) **II.** *n inf* décaféiné *m*
decant [dɪ·ˈkænt] *vt* décanter
decanter *n* décanteur *m*
decapitate [dɪ·ˈkæp·ɪ·teɪt] *vt* décapiter
decapitation *n* décapitation *f*
decathlon [dɪ·ˈkæθ·lan] *n* décathlon *m*
decay [dɪ·ˈkeɪ] **I.** *n* **1.** (*deterioration*) délabrement *m;* **environmental** ~ dégradation *f* de l'environnement; **to fall into** ~ se délabrer **2.** (*decline*) *a. fig* déclin *m;* (*of civilization*) décadence *f;* **moral** ~ déchéance *f* morale **3.** (*rotting*) décomposition *f* **4.** MED (*dental decay*) carie *f* **5.** PHYS désintégration *f* **II.** *vi* **1.** (*deteriorate*) se détériorer; (*tooth*) se carier; (*food*) pourrir **2.** BIO se décomposer **3.** PHYS se désintégrer **III.** *vt* (*food*) décomposer; (*tooth*) carier
decease [dɪ·ˈsis] **I.** *n form* décès *m;* **upon sb's** ~ au décès de qn **II.** *vi* décéder
deceased I. *n form* **the** ~ (*used for one person*) le défunt, la défunte; (*several persons*) les défunt(e)s **II.** *adj form* décédé(e)
deceit [dɪ·ˈsit] *n* tromperie *f*
deceitful *adj* trompeur(-euse)
deceive [dɪ·ˈsiv] *vt* tromper; **to** ~ **oneself** se tromper; **to** ~ **sb into doing sth** tromper qn en faisant qc ▶ **do my __eyes__** ~ **me?** est-ce que je rêve?
deceiver *n pej* trompeur, -euse *m, f*
decelerate [di·ˈsel·ə·reɪt] *vt, vi* ralentir
December [dɪ·ˈsem·bər] *n* décembre *m; s.a.* **April**
decency [ˈdi·sᵊn(t)·si] *n* **1.** (*social respectability*) décence *f* **2.** (*goodness*) bonté *f* **3.** *pl* (*approved behavior*) convenances *fpl* **4.** *pl* (*basic comforts*) commodités *fpl*
decent [ˈdi·sᵊnt] *adj* **1.** (*socially acceptable*) décent(e) **2.** (*good*) gentil(le) **3.** (*appropriate*) convenable
decentralization *n* décentralisation *f*
decentralize [di·ˈsen·trə·laɪz] **I.** *vt* décentraliser **II.** *vi* se décentraliser
decentralized *adj* décentralisé(e)
deception [dɪ·ˈsep·ʃᵊn] *n* tromperie *f*
deceptive [dɪ·ˈsep·tɪv] *adj* trompeur(-euse) ▶ **__appearances__ can be** ~ *prov* les apparences peuvent être trompeuses
decibel [ˈdes·ɪ·bel] *n* décibel *m*
decide [dɪ·ˈsaɪd] **I.** *vi* (*make a choice*) se décider; **to** ~ **for oneself** se décider **II.** *vt* décider
◆**decide on** *vt* se décider pour
decided *adj* **1.** (*definite*) incontestable **2.** (*clear*) résolu(e) **3.** (*pronounced*) marqué(e)
deciduous [dɪ·ˈsɪdʒ·u·əs] *adj* caduc(-uque)
decimal [ˈdes·ɪ·mᵊl] *n* décimale *f*
decimate [ˈdes·ɪ·meɪt] *vt* décimer
decipher [dɪ·ˈsaɪ·fər] *vt* **1.** (*be able to read*) déchiffrer **2.** (*decode*) décoder
decision [dɪ·ˈsɪʒ·ᵊn] *n* **1.** (*choice*) décision *f;* ~ **about sth** décision sur qc; **to make a** ~ prendre une décision **2.** LAW décision *f;* **to hand down a** ~ rendre une décision de justice
decisive [dɪ·ˈsaɪ·sɪv] *adj* décisif(-ive); (*person, tone, manner*) décidé(e)
deck [dek] **I.** *n* **1.** (*walking surface of a ship*) pont *m;* **to go up on** ~ monter sur le pont **2.** (*level on a bus*) impériale *f;* (*level in stadium*); **upper/lower** ~ tribune *f* haute/basse **3.** (*roofless raised wooden porch*) terrasse *f* **4.** (*complete set*) ~ **of cards** jeu *m* de cartes **5.** MUS platine *f* ▶ **to __clear__ the** ~**(s)** tout déblayer; **to __hit__ the** ~ *sl* se casser la gueule **II.** *vt* **1.** (*adorn*) orner; **to be** ~**ed with flowers** être orné de fleurs **2.** *sl* (*knock down*) mettre à terre
deckchair [ˈdek·tʃer] *n* chaise *f* longue
declaim [dɪ·ˈkleɪm] **I.** *vt form* déclamer **II.** *vi form* s'indigner
declamation [ˌdek·lə·ˈmeɪ·ʃᵊn] *n form* déclamation *f*
declamatory [dɪ·ˈklæm·ə·tɔr·i] *adj form* déclamatoire
declaration *n* déclaration *f*

> i Dans la **Declaration of Independence,** la Déclaration d'indépendance, les 13 colonies d'Amérique du Nord se proclamèrent indépendantes de la Grande-Bretagne, se donnèrent elles-mêmes le nom des treize États-Unis d'Amérique et justifièrent les raisons qui les avaient poussées à agir ainsi. La déclaration fut ratifiée le 4 juillet 1776 par le *Continental Congress* et cette date anniversaire, appelée *Independance Day,* est célébrée tous les ans aux États-Unis.

declare [dɪ·ˈkler] **I.** *vt* déclarer; **to** ~ **oneself (to be) bankrupt** se déclarer en faillite **II.** *vi form* (*decide publicly*) **to** ~ **for/against sth** se déclarer en faveur de/contre qc
decline [dɪ·ˈklaɪn] **I.** *n* **1.** (*deterioration*) déclin *m* **2.** (*decrease*) baisse *f;* **to be on/in the** ~ être en baisse **II.** *vi* **1.** (*diminish*) baisser **2.** (*refuse*) refuser **3.** (*deteriorate*) être sur le déclin **III.** *vt* décliner; **to** ~ **to** +*infin* refuser de +*infin*
decode [ˌdi·ˈkoʊd] *vt* **1.** (*decipher a code*) décoder **2.** (*understand*) déchiffrer
decoder *n* décodeur *m*
decolonization [ˌdi·ˌka·lə·nɪ·ˈzeɪ·ʃᵊn] *n* déco-

lonisation *f*

decommission [ˌdi·kə·mɪʃ·ən] *vt* **1.** (*relieve someone*) relever de ses fonctions **2.** (*remove from use*) retirer **3.** (*shut down*) fermer

decompose [ˌdi·kəm·'poʊz] **I.** *vi* se décomposer **II.** *vt* décomposer

decomposition *n* décomposition *f*

decompress [ˌdi·kəm·'pres] *vt, vi* décompresser

decompression *n* décompression *f*

decompression chamber *n* chambre *f* de décompression

decontaminate [ˌdi·kən·'tæm·ɪ·neɪt] *vt* ECOL, CHEM décontaminer

decontamination *n* ECOL, CHEM décontamination *f*

decontrol [ˌdi·kən·'troʊl] <-ll-> *vt* ECON (*trade*) dérégler

decor ['deɪ·kɔr] *n* décor *m*

decorate ['dek·ə·reɪt] **I.** *vt* **1.** (*adorn*) décorer **2.** (*add new paint*) peindre **3.** (*add wallpaper*) tapisser **4.** (*give a medal*) décorer **II.** *vi* **1.** (*add new paint*) faire les peintures **2.** (*add wallpaper*) tapisser

decoration *n* **1.** (*sth that adorns*) décoration *f* **2.** (*with paint*) peinture *f* **3.** (*with wallpaper*) tapisserie *f*

decorative ['dek·ər·ə·t̬ɪv] *adj* décoratif(-ive); **to look ~** *iron* faire la potiche

decorator *n* décorateur, -trice *m, f*; **interior ~** décorateur *m* d'intérieur

decorous ['dek·ər·əs] *adj form* convenable

decorum [dɪ·'kɔr·əm] *n form* bienséance *f*

decoy ['di·kɔɪ] **I.** *n* leurre *m*; **to use sb/sth as a ~** utiliser qn/qc comme appât **II.** *vt* **to ~ sb into doing sth** leurrer qn pour qu'il fasse qc

decrease ['di·kris] **I.** *vt, vi* baisser **II.** *n* baisse *f*; **to be on the ~** être en baisse

decree [dɪ·'kri] **I.** *n form* **1.** POL décret *m* **2.** LAW jugement *m* **II.** *vt* **1.** (*order by decree*) décréter **2.** LAW ordonner

decrepit [dɪ·'krep·ɪt] *adj* (*economy*) mal en point; (*building*) délabré(e); (*person*) décrépit(e)

decrepitude [dɪ·'krep·ɪ·tud] *n form* décrépitude *f*

decriminalize [ˌdi·'krɪm·ɪ·nəl·aɪz] *vt* dépénaliser

decry [dɪ·'kraɪ] *vt form* décrier

dedicate ['ded·ɪ·keɪt] *vt* **1.** (*devote: life, time*) consacrer; **to ~ oneself to sth** se consacrer à qc **2.** (*do in sb's honor*) dédier; **to ~ sth to sb** dédier qc à qn **3.** (*sign on: book, record*) dédicacer

dedicated *adj* **1.** (*devoted*) dévoué(e); (*worker*) zélé(e); (*fan*) enthousiaste **2.** (*made for*) spécial(e)

dedication *n* **1.** (*devotion*) dévouement *m*; **to show ~ to sth** montrer du dévouement vis-à-vis de qc **2.** (*statement in sb's honor*) dédicace *f* **3.** (*official opening*) consécration *f*

deduce [dɪ·'dus] *vt* déduire

deducible [dɪ·'dus·ə·bl] *adj form* que l'on peut déduire

deduct [dɪ·'dʌkt] *vt* déduire

deductible **I.** *adj* déductible **II.** *n* franchise *f*

deduction *n* déduction *f*; **to make a ~** tirer une conclusion

deductive [dɪ·'dʌk·tɪv] *adj* par déduction

deed [did] *n* acte *m*; **~ of a house** acte de propriété; **to do a good ~** faire une bonne action

deejay ['did·ʒeɪ] *n inf* DJ *m*

deem [dim] *vt form* juger; **to be ~ed sth** être jugé qc; **to ~ sb to have done sth** considérer qn comme ayant fait qc

deep [dip] **I.** *adj* **1.** (*not shallow*) profond(e); **how ~ is the sea?** quelle est la profondeur de la mer?; **it is 100 feet ~** elle a 30 mètres de profondeur **2.** (*extending back: stage*) profond(e); (*shelf, strip*) large; (*carpet, snow*) épais(se); **to be 6 inches ~** (*water*) faire 15 cm de profondeur **3.** *fig* (*full, intense*) profond(e); (*desire, need*) grand(e); **to let out a ~ sigh** pousser un grand soupir; **to take a ~ breath** respirer profondément; **to be in ~ trouble** avoir de gros ennuis **4.** *fig* (*profound: aversion, feelings, regret*) profond(e); **to be in ~ concentration** être très concentré; **to be ~ in despair** être au plus profond du désespoir; **to be in ~ thought** être très absorbé; **to have a ~ understanding of sth** avoir une grande compréhension de qc **5.** (*absorbed by*) **to be ~ in sth** être très absorbé dans qc; **to be ~ in debt** être très endetté **6.** (*far back*) **the Deep South** le Sud profond; **in the ~ past** il y a très longtemps **7.** *inf* (*hard to understand*) profond(e); (*knowledge*) approfondi(e) **8.** (*low in pitch: voice*) grave **9.** (*dark: color*) intense; **~ red** rouge foncé; **~ blue eyes** yeux *mpl* d'un bleu profond ▶ **to go off the ~ <u>end</u> about sth** sortir de ses gonds à propos de qc; **to jump in at the ~ <u>end</u>** se jeter à l'eau; **to be in/get into ~ <u>water</u> over sth** être/se mettre dans le pétrin à cause de qc **II.** *adv a. fig* profondément; **to run ~** être profond; **~ inside** dans mon for intérieur; **~ in my heart** tout au fond de moi; **~ in the forest** au plus profond de la forêt; **to walk ~ into the night** se promener tard dans la nuit; **to travel ~ inside the countryside** voyager au cœur de la campagne ▶ **<u>still</u> waters run ~** *prov* il faut se méfier de l'eau qui dort

deepen ['di·pən] **I.** *vt* **1.** (*make deeper*) creuser **2.** (*increase*) augmenter; (*knowledge*) approfondir; (*feelings*) accroître; (*crisis*) aggraver **3.** (*make lower in pitch*) rendre plus grave **4.** (*make darker*) foncer **II.** *vi* **1.** (*become deeper*) devenir plus profond **2.** (*increase*) augmenter; (*crisis*) s'aggraver; (*split*) accentuer **3.** (*become lower in pitch*) devenir plus grave **4.** (*become darker*) foncer

deep freeze *n* congélateur *m*

deep-freeze *vt* congeler

deep-fry *vt* faire cuire dans la friture

deeply *adv* profondément; **to ~ regret sth** regretter beaucoup qc; **to be ~ grateful/**

interested in sth être très reconnaissant/intéressé par qc
deepness *n* profondeur *f*
deep-rooted *adj* **1.** (*well established: prejudice*) profond(e) **2.** BOT aux racines profondes
deep-sea *adj* ~ **animal** animal *m* pélagique
deep-seated *adj* (*faith*) inébranlable; (*hatred*) profond(e)
deep-six *vt sl* liquider
deep space *n* AVIAT espace *m* interstellaire
deer [dɪr] *n* chevreuil *m*
deerstalker ['dɪr·ˌstɔk·ər] *n* casquette *f* de chasse
deface [dɪ·'feɪs] *vt* (*building, wall*) dégrader; (*poster*) gribouiller
defamation *n form* diffamation *f*
defamatory [dɪ·'fæm·ə·tɔr·i] *adj form* diffamatoire
defame [dɪ·'feɪm] *vt form* diffamer
default [dɪ·'fɔlt] **I.** *n* défaut *m*; **in ~ of sth** faute de qc; **by ~** par défaut **II.** *vi* **1.** LAW ne pas comparaître **2.** FIN **to ~ on one's payments** être en défaut de paiement; **she ~ed on her mortgage repayments** elle n'a pas payé ses remboursements de prêt immobilier **3.** COMPUT **to ~ to sth** sélectionner qc par défaut
default value *n* COMPUT valeur *f* par défaut
defeat [dɪ·'fit] **I.** *vt* (*person*) battre; (*hopes*) anéantir **II.** *n* défaite *f*
defeatism [dɪ·'fi·t̬ɪ·zᵊm] *n* défaitisme *m*
defeatist **I.** *adj* défaitiste **II.** *n* défaitiste *mf*
defecate ['def·ə·keɪt] *vi form* MED déféquer
defecation *n form* MED défécation *f*
defect ['di·fekt, *vb:* dɪ·'fekt] **I.** *n* **1.** (*imperfection*) défaut *m* **2.** TECH vice *m* **3.** MED problème *m*; **heart ~** problème au cœur **II.** *vi* POL **to ~ from/to a country** s'enfuir de/vers un pays; **to ~ from the army** quitter l'armée
defection *n* défection *f*; **there were a few ~s from North Korea** peu de Nord-Coréens sont passés au Sud
defective [dɪ·'fek·tɪv] *adj* (*brakes, appliance*) défectueux(-euse); (*hearing, eyesight*) mauvais(e)
defend [dɪ·'fend] *vt, vi* défendre
defendant [dɪ·'fen·dənt] *n* LAW défendeur, -deresse *m, f*
defense [dɪ·'fen(t)s] *n* défense *f*; **~ mechanism** réflexe *m* de défense; **to put up a ~** se défendre; **to play on ~** jouer en défense
defenseless *adj* sans défense
defense secretary *n* ministre *mf* de la Défense
defensible [dɪ·'fen(t)·sə·bl] *adj* **1.** (*capable of being defended*) défendable **2.** (*justifiable*) justifiable
defensive [dɪ·'fen(t)·sɪv] **I.** *adj* **1.** (*intended for defense*) défensif(-ive) **2.** (*quick to challenge*) sur la défensive **II.** *n* défensive *f*; **to be/go on the ~** être/se mettre sur la défensive
defer [dɪ·'fɜr] <-rr-> **I.** *vt* FIN, LAW différer **II.** *vi* **to ~ to sb's judgment** s'en remettre au jugement de qn
deference ['def·ᵊr·ᵊn(t)s] *n form* déférence *f*; **to pay ~ to sb/sth** traiter qn/qc avec beaucoup d'égards
deferential [ˌdef·ᵊ·'ren(t)·ʃᵊl] *adj* respectueux(-euse); **to be ~ to sb/sth** avoir des égards pour qn/qc
deferred payment *n* paiement *m* différé
defiance [dɪ·'faɪ·ən(t)s] *n* défi *m*; **in ~ of sth** au mépris de qc
defiant *adj* provocateur(-trice); (*stand*) de défi; **to remain ~** faire preuve de provocation; **to be in a ~ mood** être d'humeur provocatrice
deficiency [dɪ·'fɪʃ·ᵊn(t)·si] *n* **1.** (*shortage*) manque *m* **2.** (*weakness*) faiblesse *f* **3.** MED carence *f*; **~ disease** maladie par carence
deficient [dɪ·'fɪʃ·ᵊnt] *adj* incomplet(-ète); **to be ~ in sth** manquer de qc
deficit ['def·ɪ·sɪt] *n* déficit *m*, mali *m Belgique*; **a ~ in sth** un déficit en qc
defile [dɪ·'faɪl] *vt form* salir
define [dɪ·'faɪn] *vt* définir; (*limit, extent*) déterminer; (*eyes, outlines*) dessiner
definite ['def·ɪ·nət] **I.** *adj* **1.** (*clearly stated*) défini(e); (*plan, amount*) précis(e); (*opinion, taste*) bien arrêté(e) **2.** (*clear, unambiguous*) net(te); (*reply*) clair(e) et net(te); (*evidence*) évident(e) **3.** (*firm*) ferme; (*refusal*) catégorique **4.** (*sure*) sûr(sure); **to be ~ about sth** être sûr de qc **5.** (*undeniable: asset, advantage*) évident(e) **II.** *n inf* **the date is not yet a ~** la date n'est pas encore sûre; **they are ~s for the party** ils sont sûrs d'être invités à la soirée
definite article *n* article *m* défini
definitely *adv* **1.** (*without doubt*) sans aucun doute; **I will ~ be there** je serai là à coup sûr; **I will ~ do it** je le ferai sans faute; **is she coming? – yes, ~** est-ce qu'elle va venir? – oui, c'est sûr; **it was ~ him in the car** c'est sûr que c'était lui dans la voiture; **it was ~ the best option** c'était sans aucun doute la meilleure solution **2.** (*distinctly: superior, better*) nettement; (*tell*) clairement **3.** (*categorically: decided, sure*) absolument
definition [ˌdef·ɪ·'nɪʃ·ᵊn] *n* définition *f*; **to lack ~** ne pas être net
definitive [dɪ·'fɪn·ə·t̬ɪv] *adj* **1.** (*final*) définitif(-ive); (*proof*) irréfutable **2.** (*best: book*) de référence
deflate [dɪ·'fleɪt] **I.** *vt* **1.** (*let air out of*) dégonfler **2.** *fig* (*ego, person*) remettre à sa place; (*hopes*) décevoir; (*reputation*) ternir **3.** ECON, FIN provoquer la déflation de **II.** *vi* se dégonfler
deflated *adj* déçu(e)
deflation *n* ECON, FIN déflation *f*
deflationary *adj* déflationniste
deflect [dɪ·'flekt] **I.** *vt* (*ball, blow, shot*) faire dévier; **to ~ sb from (doing) sth** empêcher qn de faire qc **II.** *vi* **1.** (*change direction of*) dévier **2.** PHYS défléchir
deflection *n* **1.** (*ricochet*) déflexion *f* **2.** (*avoidance*) détournement *m* **3.** SPORTS **they scored**

thanks to a lucky ~ off of one of the players ils ont marqué grâce au fait que le ballon a rebondi par hasard sur l'un des joueurs
defog [ˌdi·ˈfɔg] *vt* désembuer
defogger *n* AUTO dispositif *m* antibuée
defoliant *n* défoliant *m*
defoliate [ˌdi·ˈfoʊ·li·eɪt] *vt* défolier
deforest [ˌdi·ˈfɔr·ɪst] *vt* déboiser
deforestation *n* déforestation *f*
deform [dɪ·ˈfɔrm] *vt, vi* déformer
deformation *n* déformation *f*
deformed *adj* malformé(e); **to be born ~** naître avec une malformation
deformity [dɪ·ˈfɔrm·ə·t̬i] *n* ANAT difformité *f*
defraud [dɪ·ˈfrɔd] *vt* (*person, company*) escroquer; (*IRS, authorities*) frauder
defray [dɪ·ˈfreɪ] *vt form* défrayer
defrost [ˌdi·ˈfrast] *vt, vi* (*food*) décongeler; (*refrigerator, windshield*) dégivrer
defroster *n* AUTO dégivreur *m*
deft [deft] *adj* adroit(e)
defunct [dɪ·ˈfʌŋ(k)t] *adj form* (*person, party*) défunt(e)
defuse [ˌdi·ˈfjuz] *vt* désamorcer
defy [dɪ·ˈfaɪ] *vt* défier
deg. *n abbr of* **degree** degré *m*
degenerate [dɪ·ˈdʒen·ər·ət, *vb:* dɪ·ˈdʒen·ər·eɪt] **I.** *adj* dégénéré(e) **II.** *n form* dégénéré(e) *m(f)* **III.** *vi* dégénérer; **to ~ into sth** dégénérer en qc
degeneration *n* dégénérescence *f*
degrade [dɪ·ˈgreɪd] **I.** *vt* dégrader; **pornography ~s women** la pornographie est dégradante pour les femmes **II.** *vi* se dégrader
degree [dɪ·ˈgri] *n* **1.** (*amount*) *a.* MATH, METEO degré *m* **2.** (*extent*) mesure *f;* **to a certain ~** dans une certaine mesure; **by ~s** par étapes; **to the last ~** sur toute la ligne **3.** (*course of study*) diplôme *m* universitaire; **bachelor's ~** ≈ licence *f;* **master's ~** ≈ maîtrise *f*
dehumanize [ˌdi·ˈhju·mə·naɪz] *vt* déshumaniser
dehydrate [ˌdi·haɪ·ˈdreɪt] **I.** *vt* (*food, body*) déshydrater **II.** *vi* MED se déshydrater
dehydrated *adj* (*food*) déshydraté(e)
dehydration *n* MED déshydratation *f*
deice [ˌdi·ˈaɪs] *vt* dégeler
deign [deɪn] *vi pej* **to ~ to** *+infin* daigner *+infin*
deism [ˈdi·ɪ·zəm] *n* déisme *m*
deity [ˈdi·ə·t̬i] *n* déité *f*
deject [dɪ·ˈdʒekt] *vt* abattre
dejected *adj* abattu(e)
dejection *n* déprime *f*
Delaware [ˈdel·ə·wer] *n* le Delaware
delay [dɪ·ˈleɪ] **I.** *vt* retarder **II.** *vi* tarder **III.** *n* retard *m*
delaying *adj* (*tactics*) dilatoire
delectable [dɪ·ˈlek·tə·bl] *adj* délicieux(-euse); (*person*) excellent(e)
delectation [ˌdi·lek·ˈteɪ·ʃən] *n iron, form* délice *m;* **for sb's ~** au délice de qn
delegate [ˈdel·ɪ·gət, *vb:* ˈdel·ɪ·geɪt] **I.** *n* délégué(e) *m(f)* **II.** *vt* déléguer; **to ~ sb to (do) sth** déléguer qn pour (faire) qc **III.** *vi* déléguer
delegation *n* délégation *f*
delete [dɪ·ˈlit] **I.** *vt* **1.** (*cross out*) rayer; **~ as appropriate** rayer la mention inutile **2.** COMPUT (*file, letter*) effacer **II.** *vi* COMPUT effacer **III.** *n* COMPUT (*delete key*) touche *f* d'effacement
deletion *n* **1.** (*act of erasing*) *a.* COMPUT suppression *f* **2.** (*removal*) rature *f*
deli [ˈdel·i] *n inf abbr of* **delicatessen**
deliberate [dɪ·ˈlɪb·ə·rət, *vb:* dɪ·ˈlɪb·ə·reɪt] **I.** *adj* (*act, movement*) délibéré(e); (*decision*) voulu(e); **it was ~** cela a été fait exprès **II.** *vi form* délibérer **III.** *vt form* délibérer de
deliberately *adv* intentionnellement
deliberation *n* délibération *f;* **to do sth with ~** faire qc délibérément
delicacy [ˈdel·ɪ·kə·si] *n* **1.** (*fine food*) mets *m* raffiné **2.** (*fragility*) délicatesse *f;* **to behave with ~** faire preuve de délicatesse **3.** (*sensitivity*) sensibilité *f*
delicate [ˈdel·ɪ·kət] *adj* **1.** (*fragile*) délicat(e) **2.** (*highly sensitive: instrument*) fragile **3.** (*fine: balance*) précaire
delicatessen [ˌdel·ɪ·kə·ˈtes·ən] *n* épicerie *f* fine
delicious [dɪ·ˈlɪʃ·əs] *adj* délicieux(-euse)
delight [dɪ·ˈlaɪt] **I.** *n* délice *m;* **to do sth with ~** faire qc avec plaisir; **to take ~ in sth** prendre plaisir à qc **II.** *vt* enchanter
delighted *adj* ravi(e)
◆**delight in** *vt* se délecter à faire
delightful *adj* (*people*) charmant(e); (*evening, place*) délicieux(-euse)
delimit [dɪ·ˈlɪm·ɪt] *vt form* délimiter
delineate [dɪ·ˈlɪn·i·eɪt] *vt* déterminer; (*boundary*) délimiter
delinquency [dɪ·ˈlɪŋ·kwən(t)·si] *n* LAW délinquance *f*
delinquent [dɪ·ˈlɪŋ·kwənt] **I.** *n* LAW délinquant(e) *m(f);* **juvenile ~** jeune délinquant **II.** *adj* **1.** (*related to unlawful behavior*) délinquant(e) **2.** *form* (*late*) **to be ~ in paying sth** être en défaut de paiement de qc
delirious [dɪ·ˈlɪr·i·əs] *adj* **1.** MED (*affected by delirium*) **to be ~** délirer **2.** (*ecstatic*) délirant(e); **to be ~ with joy** être délirant de joie
deliriously *adv* **1.** (*incoherently*) **to rave ~** délirer **2.** (*extremely*) incroyablement
delirium [dɪ·ˈlɪr·i·əm] *n* délire *m*
deliver [dɪ·ˈlɪv·ər] **I.** *vt* **1.** (*distribute to addressee: goods*) livrer; (*newspaper, mail*) distribuer **2.** (*recite: lecture, speech*) faire; (*verdict*) prononcer; **to ~ oneself of one's opinion** émettre son opinion **3.** (*direct: a blow*) porter; (*a ball*) lancer **4.** (*give birth to*) **to ~ a baby** mettre un enfant au monde; **she was ~ed by the midwife** c'est la sage-femme qui l'a accouchée **5.** (*produce: promise*) tenir **6.** (*hand over*) remettre **7.** (*rescue*) délivrer **8.** POL (*a vote*) obtenir ►**to ~ the goods** *inf* tenir ses promesses **II.** *vi* **1.** (*make a delivery*)

D

livrer; (*mailman*) distribuer le courrier **2.** *fig* tenir ses promesses
delivery [dɪ·'lɪv·ᵊr·i] *n* **1.** (*act of distributing goods*) livraison *f;* (*of newspaper, mail*) distribution *f;* **on ~** à la livraison; **to be for ~** être à livrer; **to take ~ of sth** se faire livrer qc **2.** (*manner of speaking*) élocution *f* **3.** (*birth*) accouchement *m* **4.** SPORTS lancer *m*
delivery room *n* salle *f* d'accouchement
delivery van *n* camionnette *f* de livraison
delta ['del·t̬ə] *n* GEO delta *m*
delta wing *n* AVIAT aile *f* delta
delude [dɪ·'lud] *vt* tromper; **to ~ oneself** se leurrer
deluge ['del·judʒ] **I.** *n* déluge *m* **II.** *vt* inonder
delusion [dɪ·'lu·ʒᵊn] *n* illusion *f;* **to suffer from the ~ that ...** s'imaginer que ...; **~s of grandeur** folie *f* des grandeurs
deluxe, de luxe [dɪ·'lʌks] *adj* de luxe
delve [delv] *vi* fouiller
demagog ['dem·ə·gɔg] *n s.* **demagogue**
demagogic [ˌdem·ə·'ga·dʒɪk] *adj* démagogique
demagogue ['dem·ə·gɔg] *n pej* démagogue *mf*
demagoguery [ˌdem·ə·''ga·gəri], **demagogy** *n* démagogie *f*
demand [dɪ·'mænd] **I.** *vt* **1.** (*request, require*) demander **2.** (*request forcefully*) exiger; (*payment*) réclamer **3.** (*require*) exiger; (*time, skills*) demander **II.** *n* **1.** (*request*) demande *f* **2.** (*pressured request*) exigence *f* **3.** ECON (*desire for sth*) demande *f;* **to be in ~** être demandé; **to do sth on ~** faire qc à la demande; **to make a ~ that ...** exiger que +*subj;* **to meet a ~ for sth** satisfaire le besoin de qc **4.** LAW réclamation *f;* **to receive a ~ for payment** recevoir un avis de paiement
demanding *adj* exigeant(e); (*task, job*) astreignant(e)
demand note *n* demande *f* de paiement
demarcate [di·'mar·keɪt] *vt* délimiter
demarcation *n* démarcation *f*
demarcation line *n* **1.** MIL, POL ligne *f* de démarcation **2.** *fig* distinction *f*
demean [dɪ·'min] *vt* **to ~ oneself** s'abaisser
demeaning *adj* avilissant(e)
demeanor *n form* attitude *f*
demented [dɪ·ment̬·ɪd] *adj inf* dément(e)
dementia *n* démence *f*
demerit [dɪ·'merɪt] *n* **1.** (*fault*) défaut *m* **2.** SCHOOL blâme *m*
demesne [dɪ·'meɪn] *n* **1.** (*possession*) possession *f* **2.** (*domain*) domaine *m*
demigod ['dem·i·gad] *n* demi-dieu *m*
demilitarize [ˌdi·'mɪl·ɪ·t̬ə·raɪz] *vt* démilitariser
demise [dɪ·'maɪz] *n form* **1.** (*death*) décès *m* **2.** *fig* (*of a company*) fin *f*
demo ['dem·oʊ] *n abbr of* **demonstration** **1.** (*uprising*) manif *f* **2.** (*tape*) maquette *f*
demobilize [ˌdi·'moʊ·bə·laɪz] **I.** *vt* (*discharge*) démobiliser **II.** *vi* être démobilisé
democracy [dɪ·'ma·krə·si] *n* démocratie *f*
democrat ['dem·ə·kræt] *n* démocrate *mf*
democratic *adj* démocratique
democratization *n* démocratisation *f*
democratize [dɪ·'ma·krə·taɪz] *vt* démocratiser
demographic [ˌdem·ə·'græf·ɪk] *adj* démographique
demographics *n* statistiques *fpl* démographiques
demography [dɪ·'ma·grə·fi] *n* démographie *f*
demolish [dɪ·'ma·lɪʃ] *vt* démolir
demolition [ˌdem·ə·'lɪʃ·ᵊn] *n* démolition *f*
demon ['di·mən] **I.** *n* (*evil spirit*) démon *m* ▶**to work like a ~, to be a ~ worker** [*o* **for work**] *inf* travailler comme un fou **II.** *adj inf* démoniaque
demoniac [dɪ·'moʊ·ni·æk], **demoniacal** *adj* démoniaque
demonstrable [dɪ·'man(t)·strᵊ·bl] *adj* démontrable
demonstrate ['dem·ən·streɪt] **I.** *vt* (*show clearly*) démontrer; (*authority, bravery*) faire preuve de; (*enthusiasm, knowledge*) montrer **II.** *vi* **to ~ against/in support of sth** manifester contre/en faveur de qc
demonstration *n* **1.** (*act of showing*) démonstration *f;* **as a ~ of sth** en signe de qc; **to give sb a ~ of sth** faire la démonstration de qc à qn **2.** (*march or parade*) manifestation *f;* **to hold a ~** faire une manifestation
demonstrative [dɪ·'man(t)·strə·tɪv] *adj* démonstratif(-ive); **to be ~ of sth** démontrer qc
demonstrator *n* **1.** (*person who demonstrates a product*) démonstrateur, -trice *m, f* **2.** (*person who takes part in protest*) manifestant(e) *m(f)*
demoralize [dɪ·'mɔr·ə·laɪz] *vt* démoraliser
demote [dɪ·'moʊt] *vt* MIL rétrograder
demure [dɪ·'mjʊr] *adj* modeste
den [den] *n* **1.** (*lair*) tanière *f* **2.** (*children's playhouse*) cabane *f* **3.** (*small room*) atelier *m* **4.** *iron* (*place for committing crime*) repaire *m*
denationalize [ˌdi·'næʃ·ᵊn·ᵊl·aɪz] *vt* (*an industry*) dénationaliser
denial [dɪ·'naɪ·əl] *n* **1.** (*act of refuting*) déni *m* **2.** (*refusal*) dénégation *f*
denigrate ['den·ɪ·greɪt] *vt* dénigrer
denim ['den·ɪm] *n* **1.** (*thick cotton cloth*) denim *m;* **~ jacket/shirt** veste *f*/chemise *f* en denim **2.** *pl, inf* (*clothes made of denim*) jean *m;* **to wear ~s** porter un jean
denizen ['den·ɪ·zᵊn] *n* habitant(e) *m(f)*
Denmark ['den·mark] *n* le Danemark
denomination [dɪ·ˌna·mə·'neɪ·ʃᵊn] *n* **1.** (*religious group*) confession *f* **2.** (*unit of value*) valeur *f;* **he collects coins of all ~s** il collectionne les pièces de monnaie de toutes valeurs
denominational *adj* confessionnel(le)
denominator [dɪ·'na·mə·neɪ·t̬ər] *n* dénominateur *m*
denotation *n* dénotation *f;* **to make a ~ of one's displeasure** dénoter le mécontentement de qn

denote [dɪ·ˈnoʊt] *vt* dénoter
denouement [deɪ·ˈnu·mɑ̃ŋ] *n* dénouement *m*
denounce [dɪ·ˈnaʊn(t)s] *vt* (*an act, an agreement, a treaty*) dénoncer; **to ~ sb as sth** dénoncer qn comme étant qc; **to ~ sb to the police** dénoncer qn à la police
dense [den(t)s] <-r, -st> *adj* **1.** (*thick, compact: book, crowd, fog*) dense **2.** *fig, inf* (*stupid*) limité(e)
densely *adv* densément
density [ˈden(t)·sə·t̬i] *n* densité *f*
dent [dent] **I.** *n* **1.** (*a hollow made by pressure*) bosse *f* **2.** *fig* (*adverse effect*) blessure *f* **II.** *vt* **1.** (*put a dent in*) cabosser **2.** *fig* (*have adverse effect on*) **to ~ sb's confidence** entacher la confiance de qn
dental [ˈden·tᵊl] *adj* dentaire
dentist *n* dentiste *mf*
dentistry [ˈden·t̬ɪ·stri] *n* médecine *f* dentaire
dentition [den·ˈtɪʃ·ᵊn] *n* ANAT dentition *f*
dentures [ˈden(t)·ʃərz] *npl* denture *f*; **to wear ~** porter un dentier
denude [dɪ·ˈnud] *vt a. fig* dépouiller
denunciation [dɪ·ˌnʌn(t)·si·ˈeɪ·ʃᵊn] *n* dénonciation *f*
deny [dɪ·ˈnaɪ] *vt* (*accusation*) dénier; (*family*) renier; **to ~ that ...** renier que ...; **to ~ doing sth** dénier avoir fait qc; **to ~ sth to sb** dénier qc à qn; **to ~ oneself** se renier soi-même
deodorant [di·ˈoʊ·dᵊr·ᵊnt] *n* déodorant *m*
deodorize [di·ˈoʊ·də·raɪz] *vt* désodoriser
dep. *n abbr of* **department** département *m*
depart [dɪ·ˈpart] **I.** *vi* (*person, train, ship*) partir; (*plane*) décoller; **to ~ from sth** partir de qc; *fig* s'écarter de qc **II.** *vt* quitter
departed I. *adj* défunt(e); **~ triumphs** succès *mpl* passés **II.** *n pl* **the ~** le/la défunt(e)
department *n* **1.** (*section*) département *m*; (*of an organization*) service *m* **2.** ADMIN, POL département *m* ministériel; **Department of Transportation** ministère *m* des Transports **3.** *fig, inf* (*domain*) domaine *m*
departmental *adj* de service; **~ head** chef *m* de service
department store *n* grand magasin *m*
departure [dɪ·ˈpart·ʃər] *n* **1.** (*act of vehicle leaving*) départ *m* **2.** (*deviation*) déviation *f* **3.** (*new undertaking*) changement *m*
depend [dɪ·ˈpend] *vi* **1.** (*rely on*) **to ~ on** dépendre de; **to ~ on sb/sth doing sth** dépendre du fait que qn/qc fait/fasse (*subj*) qc **2.** (*rely* (*on*)) **to ~ on sb/sth** compter sur qn/qc; **you can ~ on her to be late** *iron* tu peux compter sur elle pour être en retard
dependability [dɪ·ˌpen·də·ˈbɪl·ə·t̬i] *n* fiabilité *f*
dependable *adj* fiable
dependant *n s.* **dependent**
dependence [dɪ·ˈpen·dən(t)s] *n* confiance *f*
dependency *n* **1.** dépendance *f*; *s.a.* **dependence 2.** (*dependent state*) État *m* dépendant
dependent I. *adj* **1.** (*contingent*) **to be ~ on sth** dépendre de qc **2.** (*in need of*) dépendant(e); **to be ~ on sth** être dépendant de qc; **to be ~ on drugs** être accro à la drogue **II.** *n* (membres *mpl* de la) famille *f*
depending on *prep* **~ sb's mood** selon l'humeur de qn; **~ the weather** en fonction du temps
depict [dɪ·ˈpɪkt] *vt form* **to ~ sth as sth** représenter qc comme qc
depiction *n* représentation *f*
depilatory [dɪ·ˈpɪl·ə·tɔr·i] **I.** *n* dépilatoire *m* **II.** *adj* dépilatoire
depilatory cream *n* crème *f* dépilatoire
deplete [dɪ·ˈplit] *vt* vider; **to ~ one's bank account** *iron* épuiser son compte en banque
depleted *adj* épuisé(e)
depletion *n* réduction *f*
deplorable *adj* déplorable
deplore [dɪ·ˈplɔr] *vt* déplorer
deploy [dɪ·ˈplɔɪ] *vt* (*one's resources, troops*) déployer; (*an argument*) exposer
deployment *n* déploiement *m*
depopulate [ˌdi·ˈpa·pjə·leɪt] *vt passive* dépeupler
deport [dɪ·ˈpɔrt] *vt* déporter
deportation [ˌdi·pɔr·ˈteɪ·ʃᵊn] *n* déportation *f*
deportee [ˌdi·pɔr·ˈti] *n* déporté(e) *m(f)*
deportment *n form* conduite *f*
depose [dɪ·ˈpoʊz] *vt* déposer; (*from a throne*) détrôner
deposit [dɪ·ˈpaz·ɪt] **I.** *vt* **1.** (*put*) déposer; **to ~ money in one's account** déposer de l'argent sur un compte **2.** (*pay as security*) **to ~ sth with sb** verser qc à qn **II.** *n* **1.** (*sediment*) dépôt *m* **2.** (*payment made as first installment*) provision *f*; **to leave sth as a ~** laisser qc comme provision **3.** (*security*) caution *f*; (*on a bottle*) consigne *f*
deposition [ˌdep·ə·ˈzɪʃ·ᵊn] *n a. form a.* POL déposition *f*; **to file a ~** remplir une déposition
depositor [dɪ·ˈpa·zə·t̬ər] *n* déposant(e) *m(f)*
depot [ˈdi·poʊ] *n* dépôt *m*
deprave [dɪ·ˈpreɪv] *vt form* dépraver
depraved *adj* dépravé(e)
depravity [dɪ·ˈpræv·ə·t̬i] *n* dépravation *f*
deprecate [ˈdep·rə·keɪt] *vt* **1.** (*disapprove*) désapprouver **2.** (*depreciate*) dévaloriser
deprecating *adj* réprobateur(-trice); **~ stare** regard *m* de réprobation
deprecation *n a. form* dépréciation *f*
deprecatory [ˈdep·rə·kə·tɔr·i] *adj s.* **deprecating**
depreciate [dɪ·ˈpri·ʃi·eɪt] **I.** *vi* se déprécier **II.** *vt* déprécier
depreciation *n* dépréciation *f*
depredation [ˌdep·rə·ˈdeɪ·ʃᵊn] *n pl* déprédation *f*
depress [dɪ·ˈpres] *vt* **1.** (*sadden*) désoler **2.** (*reduce or lower in amount: prices*) déprécier; (*the economy*) décourager **3.** *form* (*press down: a button, a pedal*) appuyer sur
depressant I. *n* calmant *m* **II.** *adj* calmant(e)
depressed *adj* **1.** (*sad*) déprimé(e); **to be ~ about sth** être déprimé par qc; **to feel ~** se

sentir déprimé **2.** (*affected by depression: market*) en déclin *m*
depressing *adj* déprimant(e)
depression *n* dépression *f*
depressive [dɪ·ˈpres·ɪv] **I.** *n* dépressif, -ive *m, f* **II.** *adj* dépressif(-ive)
deprivation [ˌdep·rɪ·ˈveɪ·ʃən] *n* manque *m*
deprive [dɪ·ˈpraɪv] *vt* priver; **to ~ sb of sth** priver qn de qc; **to ~ sb of sleep** empêcher qn de dormir
deprived *adj* défavorisé(e)
depth [depθ] *n a. fig* profondeur *f;* **in ~** en profondeur; **in the ~s of despair** dans le plus grand désespoir; **with great ~ of feeling** avec une grande sensibilité
depth charge *n* grenade *f* sous-marine
deputation [ˌdep·jə·ˈteɪ·ʃən] *n + sing/pl vb* députation *f*
depute [dɪ·ˈpjut] *vt form* **1.** (*appoint*) députer **2.** (*delegate*) déléguer
deputize [ˈdep·jə·taɪz] *vi* **to ~ for sb** représenter qn
deputy [ˈdep·jə·ṭi] **I.** *n* député(e) *m(f);* **to act as sb's ~** agir en tant que représentant de qn **II.** *adj inv* suppléant(e); **~ manager** vice-président(e) *m(f)*
derail [dɪ·ˈreɪl] **I.** *vt* **1.** (*cause to leave tracks*) faire dérailler **2.** *fig* (*negotiation*) faire déraper **II.** *vi* dérailler
derailment *n* **1.** (*accident*) déraillement *m* **2.** *fig* dérapage *m*
derange [dɪ·ˈreɪndʒ] *vt* déranger
deranged *adj* dérangé(e)
derangement *n* dérangement *m*
derby [ˈdɜr·bi] *n* **1.** (*horserace*) course *f* hippique; **the Kentucky Derby** le Derby du Kentucky **2.** (*race*) course *f* **3.** (*hat*) chapeau *m* melon
deregulate [ˌdi·ˈreg·jə·leɪt] *vt* déréglementer
deregulation *n* dérégulation *f*
derelict [ˈder·ə·lɪkt] **I.** *adj* (*building*) délabré(e); (*site*) en ruine; **~ car** épave *f* **II.** *n form* épave *f*
dereliction *n* **1.** (*dilapidation*) délabrement *m* **2.** (*failure*) omission *f;* **~ of duty** manquement *m* au devoir
deride [dɪ·ˈraɪd] *vt form* se moquer de
derision [dɪ·ˈrɪʒ·ən] *n* dérision *f;* **to meet sth with ~** tourner qc en dérision
derisive [dɪ·ˈraɪ·sɪv] *adj* dérisoire
derisory [dɪ·ˈraɪ·sər·i] *adj* dérisoire
derivation [ˌder·ɪ·ˈveɪ·ʃən] *n* **1.** (*origin*) origine *f* **2.** (*process of evolving*) dérivation *f*
derivative [dɪ·ˈrɪv·ə·ṭɪv] **I.** *adj pej* dérivatif(-ive) **II.** *n* dérivé *m*
derive [dɪ·ˈraɪv] **I.** *vt* **to ~ sth from sth** tirer qc de qc **II.** *vi* **to ~ from sth** (*a word*) dériver de qc; (*custom*) venir de qc
dermatitis [ˌdɜr·mə·ˈtaɪ·tɪs] *n* dermatite *f*
dermatologist *n* dermatologue *mf*
dermatology [ˌdɜr·mə·ˈta·lə·dʒi] *n* dermatologie *f*
derogate [ˈder·ə·geɪt] *vi form* **to ~ from sth** déroger à qc
derogation *n* dérogation *f*
derogatory [dɪ·ˈra·gə·tɔr·i] *adj* dédaigneux(-euse)
derrick [ˈder·ɪk] *n* **1.** (*crane*) grue *f* **2.** (*tower over an oil well*) derrick *m*
desalinate [ˌdi·ˈsæl·ɪ·neɪt] *vt* dessaler
desalination *n* dessalement *m*
desalination plant *n* usine *f* de dessalement
descend [dɪ·ˈsend] **I.** *vi* **1.** (*go down*) descendre **2.** (*fall: darkness*) tomber **3.** (*deteriorate*) **to ~ into sth** tomber en qc **4.** (*lower oneself*) s'abaisser **5. to ~ from sb/sth** provenir de qn/qc **II.** *vt* descendre
descendant [dɪ·ˈsen·dənt] *n* descendant(e) *m(f)*
descent [dɪ·ˈsent] *n* **1.** (*movement*) descente *f* **2.** *fig* (*decline*) déclin *m* **3.** (*ancestry*) descendance *f*
describe [dɪ·ˈskraɪb] *vt* décrire; **to ~ sb as sth** qualifier qn de qc
description [dɪ·ˈskrɪp·ʃən] *n* description *f;* **of every ~** en tout genre; **to answer a ~ of sb/sth** correspondre à la description de qn/qc
descriptive [dɪ·ˈskrɪp·tɪv] *adj* descriptif(-ive); (*statistics*) parlant(e)
desecrate [ˈdes·ɪ·kreɪt] *vt* profaner
desecration *n* profanation *f*
desegregate [ˌdi·ˈseg·rɪ·geɪt] *vt* **to ~ schools** mettre fin à la ségrégation raciale dans les écoles
desegregation *n* déségrégation *f*
desensitize [ˌdi·ˈsen(t)·sɪ·taɪz] *vt a.* MED désensibiliser
desert[1] [dɪ·ˈzɜrt] **I.** *vi* déserter; **to ~ to the enemy** passer dans le camp ennemi **II.** *vt* **1.** (*run away from duty: the army, one's post*) déserter **2.** (*abandon*) abandonner
desert[2] [ˈdez·ərt] *n a. fig* désert *m*
deserted *adj* désert(e)
deserter *n* déserteur *m*
desertification [dɪ·ˌzɜr·ṭə·fɪ·ˈkeɪ·ʃən] *n* désertification *f*
desertion [dɪ·ˈzɜr·ʃən] *n a. fig* désertion *f*
desert island *n* île *f* déserte
deserts [dɪ·ˈzɜrts] *npl* mérites *mpl;* **to get one's (just) ~** recevoir ce que l'on mérite
deserve [dɪ·ˈzɜrv] *vt* mériter
deservedly *adv* de façon méritée
deserving *adj* (*person*) méritant(e); (*action*) méritoire
design [dɪ·ˈzaɪn] **I.** *vt* **1.** (*conceive*) concevoir **2.** (*draw*) dessiner **II.** *n* **1.** (*planning*) concept *m;* (*plan or drawing*) dessin *m* **2.** (*art of creating designs*) design *m* **3.** (*pattern*) motif *m* **4.** (*intention*) intention *f;* **to do sth by ~** faire qc exprès **III.** *adj inv* (*fault, feature*) de style; (*chair, table*) design *inv*
designate [ˈdez·ɪg·neɪt] **I.** *vt* désigner; **to ~ sth for sb/sth** destiner qc à qn/qc **II.** *adj after n* désigné(e)
designated driver *n* conducteur, -trice *m, f* désigné(e) (*pour ne pas boire d'alcool*)

designation *n* désignation *f*
designer **I.** *n* **1.** (*creator*) désigner *m* **2.** FASHION styliste *mf* **3.** THEAT décorateur, -trice *m, f* **II.** *adj* (*furniture*) de créateur; (*clothing*) de marque
designer drug *n* drogue *f* de synthèse
designing **I.** *n* conception *f* **II.** *adj pej* sournois(e)
desirable *adj* **1.** (*sought-after*) souhaitable **2.** (*sexually attractive*) désirable
desire [dɪ·ˈzaɪər] **I.** *vt* désirer; **to ~ that** désirer que +*subj* **II.** *n* désir *m;* **to express the ~ to** +*infin* exprimer le désir de +*infin;* **to be the object of sb's ~** être l'objet de désir de qn
desirous [dɪ·ˈzaɪ·rəs] *adj form* **to be ~ of doing sth** être désireux de faire qc
desist [dɪ·ˈsɪst] *vi form* renoncer; **to ~ from doing sth** renoncer à faire qc
desk [desk] *n* **1.** (*table for writing on*) bureau *m;* **to arrive on sb's ~** arriver sur le bureau de qn **2.** (*service counter*) comptoir *m* (de magasin); **to work at the front ~** travailler à l'accueil **3.** (*newspaper office or section*) rédaction *f*
desktop [ˈdesk·tap] *n* COMPUT **~ (computer)** ordinateur *m* de table
desktop publishing *n* publication *f* assistée par ordinateur
desolate [ˈdes·əl·ət] *adj* désolé(e)
desolation [ˌdes·əl·leɪʃən] *n* désolation *f*
despair [dɪ·ˈsper] **I.** *n* (*feeling of hopelessness*) désespoir *m;* **to be in ~ about sth** être désespéré par qc; **to drive sb to ~** conduire qn au désespoir; **to sb's ~** au désespoir de qn ►**to be the ~ of sb** être le désespoir de qn **II.** *vi* désespérer; **to ~ of sb/sth** s'affliger de qn/qc
despairing *adj pej* désespéré(e)
despatch [dɪ·ˈspætʃ] *s.* **dispatch**
desperado [ˌdes·pə·ˈra·doʊ] <-s *o* -es> *n* desperado *m*
desperate [ˈdes·pər·ət] *adj* **1.** (*risking all on a small chance: attempt, measure, solution*) désespéré(e) **2.** (*serious: situation*) désespéré(e) **3.** (*great*) extrême; **to be in ~ straits** être dans une grande détresse **4.** (*having great need or desire*) **to be ~ for sth** être prêt à tout pour qc
desperation *n* désespoir *m;* **to drive sb to ~** conduire qn au désespoir
despicable [dɪ·ˈspɪk·ə·bl] *adj* méprisable
despise [dɪ·ˈspaɪz] *vt* mépriser
despite [dɪ·ˈspaɪt] *prep* malgré; **~ having done sth** bien qu'ayant fait qc
despoil [dɪ·ˈspɔɪl] *vt* dévaliser
despondent [dɪ·ˈspan·dənt] *adj* découragé(e); **to become ~** se décourager
despot [ˈdes·pət] *n a. iron* despote *m*
despotic *adj* despotique
despotism [ˈdes·pə·tɪ·zəm] *n* despotisme *m*
dessert [dɪ·ˈzɜrt] *n* dessert *m*
dessertspoon *n* cuillère *f* à dessert
destabilization *n* déstabilisation *f*
destabilize [ˌdi·ˈsteɪ·bə·laɪz] *vt* déstabiliser
destination [ˌdes·tɪ·ˈneɪ·ʃən] *n* destination *f*
destiny [ˈdes·tɪ·ni] *n* destin *m;* **to be a victim of ~** être une victime du destin; **to escape one's (own) ~** échapper à son destin; **to fight against ~** lutter contre le destin
destitute [ˈdes·tɪ·tut] **I.** *adj* sans ressources; **~ people** gens *mpl* dans le besoin **II.** *n* **the ~** *pl* les indigents *mpl*
destitution *n* misère *f*
destroy [dɪ·ˈstrɔɪ] *vt a. fig* détruire
destroyer *n* **1.** (*fast military ship*) destroyer *m* **2.** (*person*) destructeur, -trice *m, f*
destructible [dɪ·ˈstrʌk·tə·bl] *adj* destructible
destruction [dɪ·ˈstrʌk·ʃən] *n* destruction *f;* **to leave a trail of ~** faire des ravages derrière soi
destructive [dɪ·ˈstrʌk·tɪv] *adj* destructeur(-trice)
destructiveness *n* **1.** (*tendency: of person*) penchant *m* destructeur **2.** (*effect: of an explosive, war*) effet *m* destructeur
desultory [ˈdes·əl·tɔr·i] *adj form* décousu(e)
detach [dɪ·ˈtætʃ] *vt* détacher
detachable *adj* détachable; (*collar*) amovible
detached *adj* **1.** (*separated*) séparé(e) **2.** (*disinterested*) détaché(e); (*impartial*) neutre
detachment *n a.* MIL détachement *m*
detail [dɪ·ˈteɪl] **I.** *n* détail *m;* **in ~** en détail; **to give ~s about sth** donner des renseignements sur qc; **to go into ~** entrer dans les détails; **to take down ~s** prendre des coordonnées *fpl* **II.** *vt* **1.** (*explain fully*) détailler **2.** (*tell*) mentionner **3.** ART finaliser **4.** (*assign a duty to sb*) **to ~ sb to** +*infin* affecter qn à +*infin*
detailed *adj* détaillé(e)
detain [dɪ·ˈteɪn] *vt* **1.** (*hold as prisoner*) détenir; **to ~ sb without trial** emprisonner qn sans jugement **2.** *form* (*delay*) retarder **3.** *form* (*keep waiting*) faire patienter
detainee [ˌdi·teɪ·ˈni] *n* détenu(e) *m(f)*
detect [dɪ·ˈtekt] *vt* **1.** (*discover*) découvrir **2.** (*discover presence of*) détecter la présence de **3.** (*sense presence of*) percevoir la présence de
detectable *adj* **1.** (*able to be found*) détectable **2.** (*discernible*) palpable
detection *n* détection *f*
detective [dɪ·ˈtek·tɪv] *n* **1.** (*police*) inspecteur *m* de police **2.** (*private*) détective *m* privé
detector *n* détecteur *m*
detention [dɪ·ˈten·(t)ʃən] *n* **1.** (*being held in custody*) garde *f* à vue **2.** (*act*) détention *f* **3.** (*school punishment*) retenue *f*
detention center *n* **1.** (*jail*) centre *m* de détention **2.** (*for refugees*) centre *m* d'accueil (pour réfugiés politiques); (*for illegal immigrants*) centre *m* de rétention
deter [dɪ·ˈtɜr] <-rr-> *vt* dissuader; **to ~ sb from doing sth** décourager qn de faire qc
detergent [dɪ·ˈtɜr·dʒənt] *n* détergent *m;* (*for clothes*) lessive *f*
deteriorate [dɪ·ˈtɪr·i·ə·reɪt] *vi* se détériorer
deterioration *n* détérioration *f*
determinable *adj* déterminable

D

determinant [dɪ·ˈtɜr·mɪ·nənt] **I.** *adj* déterminant(e) **II.** *n* déterminant *m*
determinate [dɪ·ˈtɜr·mɪ·nət] *adj* **1.** (*limited*) limité(e) **2.** (*of specific scope*) déterminé(e)
determination *n* **1.** (*resolution*) résolution *f* **2.** (*direction towards an aim*) détermination *f*
determine [dɪ·ˈtɜr·mɪn] **I.** *vt* **1.** (*decide*) déterminer **2.** (*settle*) régler **3.** (*find out*) établir **4.** (*influence*) dépendre de **5.** LAW (*terminate*) conclure **II.** *vi* **1.** (*decide*) décider **2.** LAW (*come to an end*) conclure
determined *adj* déterminé(e); **to be ~ to do sth** être bien décidé à faire qc
deterrence [dɪ·ˈter·ᵊn(t)s] *n* dissuasion *f*
deterrent [dɪ·ˈter·ᵊnt] **I.** *adj* dissuasif(-ive) **II.** *n* dissuasion *f*; **to act as a ~ to sb/sth** avoir un effet dissuasif sur qn/qc
detest [dɪ·ˈtest] *vt* détester
detestable *adj form* détestable
detestation *n form* haine *f*
dethrone [dɪ·ˈθroʊn] *vt* détrôner
detonate [ˈdet·ᵊn·eɪt] **I.** *vi* détoner **II.** *vt* faire détoner
detonation *n* détonation *f*
detonator *n* détonateur *m*
detour [ˈdi·tʊr] *n* détour *m*; **to make** [*o* **take**] **a ~** faire un détour
detoxify [di·ˈtak·sɪ·faɪ] *vt* désintoxiquer
detract [dɪ·ˈtrækt] **I.** *vi* (*devalue*) **to ~ from sth** diminuer qc; **to ~ from sb's achievements** minimaliser les performances de qn **II.** *vt* (*take away*) enlever; **to ~ public attention from sth** détourner l'attention du public de qc
detractor *n* détracteur *m*
detriment [ˈdet·rɪ·mənt] *n* détriment *m*; **to the ~ of sb/sth** au détriment de qn/qc
detrimental *adj* néfaste
detritus [dɪ·ˈtraɪ·t̬əs] *n* **1.** (*small fragments*) détritus *m* **2.** (*debris*) ordures *fpl*
deuce [dus] *n* **1.** (*two on cards or die*) deux **2.** (*score in tennis*) égalité *f*
devaluate [ˌdi·ˈvæl·u·eɪt] *vt s.* **devalue**
devaluation *n* dévaluation *f*
devalue [ˌdi·ˈvæl·ju] *vt* **1.** (*reduce value of*) déprécier **2.** (*reduce relative value of currency*) dévaluer
devastate [ˈdev·ə·steɪt] *vt* dévaster; (*person*) bouleverser; (*hopes*) anéantir
devastating *adj* **1.** (*causing destruction*) dévastateur(-trice) **2.** (*powerful*) puissant(e) **3.** (*with great effect*) ravageur(-euse)
devastation *n* **1.** (*destruction*) dévastation *f* **2.** (*being devastated*) désespoir *m*
develop [dɪ·ˈvel·əp] **I.** *vi* **1.** (*grow, evolve*) *a. fig* se développer; **to ~ into sth** devenir qc; **to ~ out of sth** croître de qc **2.** (*become apparent*) se manifester; (*event*) se produire; (*illness*) se déclarer; (*feelings*) naître; (*hole*) se former **II.** *vt* **1.** (*grow, expand*) *a. fig* développer **2.** (*acquire*) acquérir; (*infection, habit*) contracter; (*flu, cold*) attraper; (*cancer*) développer **3.** (*improve*) développer; (*city*) aménager; (*region*) mettre en valeur; (*symptoms*) présenter; **to ~ sth into sth** transformer qc en qc **4.** (*create*) créer **5.** (*catch*) attraper; **to ~ an allergy to sth** devenir allergique à qc **6.** (*build*) construire **7.** PHOT, MATH développer **8.** MUS élaborer
developed *adj* développé(e)
developer *n* **1.** (*sb who develops*) adolescent(e) *m(f)* **2.** (*person that develops land*) promoteur, -trice *m, f* **3.** (*company*) compagnie *f* de construction **4.** PHOT révélateur *m*
developing *adj* croissant(e)
developing country *n* pays *m* en voie de développement
development *n* **1.** (*process*) développement *m* **2.** (*growth*) croissance *f* économique **3.** (*growth stage*) élaboration *f* **4.** (*new event*) développement *m* **5.** (*progress*) progrès *m*; (*of a product*) élaboration *f* **6.** (*building of*) construction *f* **7.** (*building on: of land*) développement *m* **8.** (*industrialization*) développement *m* industriel **9.** MUS élaboration **10.** GAMES mouvement *m*
deviant [ˈdi·vi·ənt] *adj* déviant(e)
deviate [ˈdi·vi·eɪt] **I.** *n* déviation *f* **II.** *vi* **to ~ from sth 1.** (*depart from norm*) s'écarter de qc **2.** (*go in another direction*) dévier de qc
deviation *n* **1.** (*divergence*) déviation *f*; (*from the mean*) divergence *f*; **standard ~** écart *m* type **2.** (*compass difference*) différence *f*
device [dɪ·ˈvaɪs] *n* **1.** (*mechanism*) machine *f* **2.** (*method*) moyen *m*; **literary/rhetorical ~** procédé *m* littéraire/rhétorique **3.** (*bomb*) engin *m* (explosif) **4.** COMPUT périphérique *m* ▶ **to leave sb to his/their own ~s** laisser qn se débrouiller seul
devil [ˈdev·ᵊl] *n* **1.** (*Satan*) **the Devil** le Diable; **to be possessed by the Devil** être possédé par le Démon **2.** (*evil spirit*) diable *m* **3.** *inf* (*wicked person*) démon *m*; (*mischievous person*) diable, -esse *m, f* **4.** *inf* (*person*) **handsome ~** beau gosse *m*; **lucky ~** veinard *m* **5.** (*difficult thing*) **to have a ~ of a time doing sth** avoir de la peine à faire qc **6.** (*feisty energy*) énergie *f* débordante; **like the ~** comme un possédé **7.** (*indicating surprise*) que diable!; **who/what/where/how the ~...?** qui/que/où/comment diable...? ▶ **give the ~ his due** il faut admettre que...; **the ~ take the hindmost** sauve qui peut!; **between the ~ and the deep blue sea** entre Charybde et Scylla; **to go to the ~** aller au diable; **there'll be the ~ to pay** les retombées seront rudes; **to play the ~ with sth** jouer avec le feu en ce qui concerne qc; **speak of the ~** en parlant du loup
devilish *adj* **1.** (*evil*) mauvais(e) **2.** (*mischievous*) malin(e) **3.** (*very difficult*) fastidieux(-euse) **4.** (*terrible*) horrible **5.** (*very clever*) démoniaque
devil-may-care *adj* insouciant(e)
devilment *n* diablerie *f*; **to be up to ~** méditer un mauvais coup

devil's advocate *n* avocat *m* du diable

devious ['di·vi·əs] *adj* **1.** (*dishonest*) malhonnête **2.** (*winding*) détourné(e)

devise [dɪ·'vaɪz] **I.** *vt* **1.** (*plan*) élaborer **2.** (*leave property via a will*) léguer **II.** *n* legs *m*

devoid [dɪ·'vɔɪd] *adj* **to be ~ of sth** être dénué de qc

devolution [ˌdev·ə·'lu·ʃᵊn] *n* **1.** (*decentralization of power*) délégation *f* **2.** POL décentralisation *f* **3.** (*transference of wealth*) dévolution *f*

devolve [dɪ·'valv] **I.** *vi* **1.** (*transfer*) transférer **2.** (*descend*) déléguer **II.** *vt* déléguer; **to ~ sth upon sb** donner la responsabilité de qc à qn

devote [dɪ·'voʊt] *vt* consacrer; **to ~ sth to sb/sth** consacrer qc à qn/qc; **to ~ oneself to sth** se vouer à qc

devoted *adj* dévoué(e)

devotee [ˌde·və·'ti] *n* **1.** (*supporter*) partisan, -e *m, f* **2.** (*admirer*) admirateur, -trice *m, f* **3.** (*advocate*) défenseur *mf*

devotion [dɪ·'voʊ·ʃᵊn] *n* **1.** (*loyalty*) fidélité *f* **2.** (*affection*) tendresse *f* **3.** (*admiration*) admiration *f* **4.** (*great attachment*) dévouement *m* **5.** (*religious attachment*) dévotion *f*

devotional **I.** *adj* (*book*) de prière **II.** *n* prière *f*

devour [dɪ·'vaʊər] *vt* **1.** (*eat eagerly*) dévorer **2.** (*engulf*) ravager **3.** (*consume quickly*) engloutir **4.** *fig* dévorer; **to be ~ed by sth** être dévoré par qc

devouring *adj* dévorant(e)

devout [dɪ·'vaʊt] *adj* **1.** (*strongly religious*) dévot(e) **2.** (*devoted*) fervent(e)

dew [du] *n* rosée *f*

dewdrop *n* goutte *f* de rosée

dewy *adj* couvert(e) de rosée

dexterity [ˌdek·'ster·ə·t̬i] *n* **1.** (*skillful handling*) habileté *f* **2.** (*mental skill*) dextérité *f*

dexterous ['dek·stᵊr·əs] *adj* habile

dextrose ['dek·stroʊs] *n* dextrose *f*

dextrous ['dek·strəs] *adj s.* **dexterous**

diabetes [ˌdaɪə·'bi·t̬əs] *n* diabète *m*

diabetic [ˌdaɪə·'be·t̬ɪk] **I.** *n* diabétique *m* **II.** *adj* **1.** (*who has diabetes*) diabétique **2.** (*for diabetics*) pour diabétiques

diabolic [ˌdaɪə·'ba·lɪk], **diabolical** *adj* **1.** (*of Devil*) diabolique **2.** (*evil*) démoniaque **3.** *inf* (*very bad*) infernal(e)

diadem ['daɪə·dem] *n* **1.** (*crown*) diadème *m* **2.** (*wreath*) couronne *f*

diagnose [ˌdaɪəg·'noʊs] *vt* diagnostiquer

diagnosis [ˌdaɪəg·'noʊ·sɪs] <-ses> *n* diagnostic *m*

diagnostic [ˌdaɪəg·'nas·tɪk] **I.** *adj* diagnostique **II.** *n* diagnostic *m*

diagonal [daɪ·'æg·ᵊn·ᵊl] **I.** *n* diagonale *f* **II.** *adj* diagonal(e)

diagram ['daɪə·græm] **I.** *n* **1.** (*drawing*) schéma *m* **2.** (*plan*) carte *f* **3.** (*chart*) diagramme *m* **4.** MATH, PHYS figure *f* **II.** <-mm-> *vt* dessiner

dial [daɪəl] **I.** *n* **1.** (*knob, indicator*) bouton *m*; **radio/television ~** bouton *m* de fréquence/panneau *m* de réglage **2.** (*clock face*) cadran *m* **3.** (*disk on a telephone*) cadran *m* téléphonique **II.** <-l- *o* -ll-> *vi* faire le numéro; **to ~ direct** appeler directement **III.** <-l- *o* -ll-> *vt* (*number*) composer; (*country, person*) avoir

dialect ['daɪə·lekt] *n* dialecte *m*

dialectal *adj* dialectal(e)

dialectical [ˌdaɪə·'lek·tɪk·ᵊl] *adj* dialectique

dialog, **dialogue** ['daɪə·lag] *n* **1.** (*conversation*) discussion *f* **2.** LIT, THEAT, POL dialogue *m*; **to engage in ~** s'engager dans un dialogue

dialogue box *n* COMPUT boîte *f* de dialogue

dial-up service *n* COMPUT service *m* d'appels

dialysis [daɪ·'æl·ə·sɪs] *n* dialyse *f*

diameter [daɪ·'æm·ə·t̬ər] *n* **1.** (*line*) diamètre *m* **2.** (*magnifying measurement*) grossissement *m*

diametrically [ˌdaɪə·'met·rɪk·ᵊl·i] *adv* diamétralement; **to be ~ opposed to sth** être diamétralement opposé à qc

diamond ['daɪə·mənd] *n* **1.** (*precious stone*) diamant *m* **2.** (*rhombus*) losange *m* **3.** (*card with diamond symbol*) carreau *m* **4.** (*glittering particle*) poussière *f* de diamant **5.** (*tool for cutting glass*) machine *f* à tailler le diamant **6.** (*baseball field*) terrain *m* de base-ball

diamond anniversary *n* noces *fpl* de diamant

diaper ['daɪə·pər] *n* couche *f*

diaphragm ['daɪə·fræm] *n* diaphragme *m*

diarist ['daɪə·rɪst] *n* auteur *m* de journal intime

diarrhea, **diarrhoea** [ˌdaɪə·'riə] *n* diarrhée *f*

diary ['daɪə·ri] *n* **1.** (*journal*) journal *m* intime; **to keep a ~** tenir un journal intime **2.** (*planner*) agenda *m*

dice [daɪs] **I.** *n* **1.** *pl of* **die**[1] **2.** GAMES dés *mpl*; **to roll the ~** faire rouler les dés **3.** (*chunk*) cube *m* ► **no ~!** *inf* pas question! **II.** *vt* couper en dés

dicey ['daɪ·si] <-ier, -iest> *adj inf* risqué(e)

dichotomy [daɪ·'ka·t̬ə·mi] *n form* dichotomie *f*

dick [dɪk] *n vulg* **1.** (*penis*) bite *f* **2.** *pej* (*stupid man*) con *m*

Dictaphone® ['dɪk·tə·foʊn] *n* dictaphone *m*

dictate ['dɪk·teɪt] **I.** *vi* **1.** (*say sth to be written down*) dicter **2.** (*command*) dicter; **to ~ to sb** imposer à qn **II.** *vt* **1.** (*say sth to be written down*) dicter **2.** (*command*) dicter **3.** (*make necessary*) imposer **III.** *n* ordre *m*

dictation *n* dictée *f*

dictator *n* **1.** (*ruler*) despote *m* **2.** (*sb who dictates a text*) *a.* POL dictateur *m*

dictatorial *adj pej* dictatorial(e)

dictatorship *n* dictature *f*

diction ['dɪk·ʃən] *n* diction *f*

dictionary ['dɪk·ʃᵊn·er·i] *n* dictionnaire *m*

did [dɪd] *pt of* **do**

didactic [daɪ·'dæk·tɪk] *adj* **1.** (*to instruct*) didactique **2.** (*to teach a moral*) moral(e)

didn't [dɪd·ᵊnt] = **did not** *s.* **do**

die[1] [daɪ] *n* **1.** <dice> (*cube with spots*) dé *m* **2.** <dies> TECH matrice *f* ► **the ~ is cast** les dés *mpl* sont jetés

D

die[2] [daɪ] <dying, died> **I.** *vi* **1.** (*cease to live*) *a. fig, iron* mourir; **to ~ of cancer** mourir du cancer; **to ~ of starvation** mourir de faim; **to ~ by one's own hand** se suicider; **to ~ of boredom** mourir d'ennui **2.** *inf* (*desire*) **to be dying to do sth** mourir d'envie de faire qc; **I'm dying for a drink** je meurs de soif **3.** (*stop working*) disparaître; (*light, battery*) s'éteindre; (*car*) s'arrêter **4.** *fig* (*fade: hope, feelings*) mourir ►**to ~ hard** disparaître avec difficulté; **never say ~** il ne faut jamais désespérer; **do or ~!** ça passe ou ça casse!; **sth to ~ for** qc d'irrésistible **II.** *vt* **to ~ a natural/violent death** mourir d'une mort naturelle/violente; **to ~ a hero's death** mourir en héros

◆**die down** *vi* baisser; (*wind, emotion*) se calmer; (*sound*) s'éteindre

◆**die off** *vi* mourir; (*species*) s'éteindre; (*customs*) se perdre

◆**die out** *vt* s'éteindre

diehard ['daɪ·hard] *n pej* invétéré(e)

diesel ['di·səl] *n* diesel *m*

diet[1] [daɪət] **I.** *n* **1.** (*what one eats and drinks*) alimentation *f* **2.** (*for medical reasons*) diète *f* **3.** (*to lose weight*) régime *m* **II.** *adj* allégé(e); **~ soda** soda *m* light **III.** *vi* être au régime/à la diète

diet[2] [daɪət] *n* POL (*legislative assembly*) diète *f*

dietary *adj* alimentaire

dietary fiber *n* fibre *f* diététique

dietetic [ˌdaɪə·'teţ·ɪk] *adj* diététique

dietetics *n* diététique *f*

dietician, dietitian *n* diététicien(ne) *m(f)*, diététiste *mf Québec*

differ ['dɪf·ər] *vi* **1.** (*be unlike*) **to ~ from sth** différer de qc **2.** (*disagree*) **to ~ with sb** être en désaccord avec qn

difference ['dɪf·ər·ən(t)s] *n* **1.** (*state of being different*) différence *f*; **to make a big ~** faire une différence considérable; **to not make any ~** ne rien changer; **with a ~** qui sort de l'ordinaire **2.** (*disagreement*) différend *m*; (*of opinion*) divergence *f*; **to put aside/to settle one's ~s** mettre de côté/aplanir ses différends

different *adj* **1.** (*not the same*) différent(e) **2.** (*distinct*) distinct(e) **3.** (*unusual*) hors du commun ►**to be as ~ as night and day** être le jour et la nuit

differential I. *n a.* MATH, TECH différentielle *f* **II.** *adj* différentiel(le)

differentiate [ˌdɪf·ə·'ren(t)·ʃi·eɪt] **I.** *vi* faire la différence **II.** *vt* différencier

differentiation *n* **1.** (*distinguishing*) distinction *f* **2.** (*becoming different*) différenciation *f* **3.** (*specializing*) spécialisation *f*

difficult ['dɪf·ɪ·kəlt] *adj* difficile

difficulty <-ties> *n* **1.** (*being difficult*) difficulté *f* **2.** (*much effort*) peine *f*; **with ~** avec peine **3.** (*problem*) problème *m*; **to encounter difficulties** faire face à des problèmes; **to be fraught with difficulties** être plein de difficultés; **to have ~ doing sth** avoir de la peine à faire qc

diffident ['dɪf·ɪ·dənt] *adj* **1.** (*shy*) timide **2.** (*modest*) modeste

diffract [dɪ·'frækt] *vt* diffracter

diffuse [dɪ·'fjus, *vb:* dɪ·'fjuz] **I.** *adj* **1.** (*spread out*) répandu(e) **2.** (*imprecise*) diffus(e) **3.** (*verbose*) verbeux(-euse) **II.** *vt, vi* **1.** (*disperse*) *a.* PHYS diffuser **2.** (*spread*) répandre

diffusion *n* diffusion *f*

dig [dɪg] **I.** *n* **1.** (*poke*) coup *m* (de coude); **~ in the ribs** coup *m* dans les côtes **2.** (*critical, sarcastic remark*) pique *f*; **to take a ~ at sb** lancer une pique à qn **3.** (*act of digging: in garden*) coup *m* de bêche **4.** (*excavation*) fouilles *fpl* **II.** <-gg-, dug, dug> *vi* **1.** (*turn over ground*) creuser; (*in garden*) bêcher; **to ~ through sth** creuser qc; **to ~ for a bone** creuser pour chercher un os **2.** (*excavate: on a site*) faire des fouilles; **to ~ for sth** chercher qc **3.** (*search*) *a. fig* fouiller; **to ~ into the past** fouiller dans le passé ►**to ~ in one's heels** s'entêter **III.** *vt* **1.** (*move ground: hole, tunnel*) creuser; (*garden*) bêcher **2.** (*excavate: site*) fouiller **3.** (*thrust*) enfoncer; **to ~ one's hands in(to) one's pockets** enfoncer ses mains dans les poches; **to ~ deep into one's pockets** gratter le fond de ses poches **4.** *sl* (*like*) **I ~ sth** qc me botte **5.** *sl* (*understand*) piger ►**to ~ one's own grave** creuser sa propre tombe; **to ~ oneself into/out of a hole** se mettre dans une situation délicate/se sortir d'une situation délicate

◆**dig in I.** *vi* **1.** *inf* (*eat*) bouffer **2.** MIL se retrancher **II.** *vt* **to dig oneself in** camper sur ses positions

◆**dig into** *vt always sep* (*search*) fouiller dans

◆**dig out** *vt a. fig* déterrer

◆**dig up** *vt a. fig* déterrer ►**to ~ the dirt on sb** déterrer des informations compromettantes sur qn

digest ['daɪ·dʒest, *vb:* daɪ·'dʒest] **I.** *n* condensé *m* **II.** *vt* **1.** (*break down*) *a. fig* digérer **2.** (*assimilate*) assimiler **III.** *vi* digérer

digestible *adj* digeste

digestion *n* digestion *f*

digestive I. *adj* digestif(-ive) **II.** *n* gâteau *m* sablé

digger ['dɪg·ər] *n* **1.** (*machine*) excavatrice *f*; (*for the garden*) bêche *f* **2.** (*person*) mineur *m*; **gold ~** chercheur, -euse *m, f* d'or; *fig, pej* (*woman*) poule *f* de luxe

digit ['dɪdʒ·ɪt] *n* **1.** (*number from 0 to 9*) chiffre *m* **2.** (*finger*) doigt *m* **3.** (*toe*) orteil *m*

digital *adj* numérique

digitally *adv* COMPUT **to ~ encode** utiliser un codage numérique

Digital Versatile Disk *n* DVD *m*

digitize ['dɪdʒ·ɪ·taɪz] *vt* numériser

digitizer *n* COMPUT numériseur *m*

dignified *adj* digne

dignify ['dɪg·nɪ·faɪ] <-ie-> *vt* honorer

dignitary ['dɪg·nə·ter·i] <-ries> *n* dignitaire *m*

dignity ['dɪg·nə·ţi] *n* **1.** (*respect*) dignité *f* **2.** (*state worthy of respect*) honneur *m*

digress [daɪ·ˈgres] *vi* **to ~ from sth** s'écarter de qc
digressive *adj* digressif(-ive)
dike[1] [daɪk] *n* (*anti-flood embankment*) digue *f*
dike[2] [daɪk] *n pej, inf s.* **dyke**[2]
dilapidated [dɪ·ˈlæp·ɪ·deɪ·t̬ɪd] *adj* délabré(e)
dilate [ˈdaɪ·leɪt] **I.** *vi* se dilater **II.** *vt* dilater
dilation *n* dilatation *f*
dilemma [dɪ·ˈlem·ə] *n* dilemme *m*
dilettante [ˌdɪl·ə·ˈtant] *n* <-s *o* -ti> *pej* dilettante *mf*
diligence [ˈdɪl·ɪ·dʒən(t)s] *n* diligence *f*
diligent *adj* (*using a lot of effort*) appliqué(e)
dill [dɪl] *n* aneth *m*
dilly-dally *vi* **1.** *inf* (*dawdle*) lambiner **2.** *inf* (*vacillate*) hésiter
dilute [daɪ·ˈlut] **I.** *vt* **1.** (*add liquid*) diluer **2.** *fig* (*reduce*) édulcorer **II.** *adj* dilué(e)
dilution *n* **1.** (*diluting*) dilution *f* **2.** *fig* (*weakening*) baisse *f*
dim [dɪm] **I.** <-mm-> *adj* **1.** (*not bright*) sombre; (*light*) faible; (*color*) terne **2.** (*unclear: view*) faible; (*recollection*) vague **3.** *fig* (*stupid*) borné(e) ▶ **to take a ~ view of sth** ne pas apprécier qc **II.** *vt* baisser; **to ~ the headlights** se mettre en code **III.** <-mm-> *vi* (*lights*) baisser
dime [daɪm] *n* pièce *f* de dix cents ▶ **a ~ a dozen** treize à la douzaine
dimension [dɪ·ˈmen(t)·ʃən] **I.** *n a. fig* dimension *f* **II.** *vt* mesurer
dimensional *in compounds* **two/three-~** à deux/trois dimensions
diminish [dɪ·ˈmɪn·ɪʃ] **I.** *vi* diminuer; (*influence*) baisser; **to ~ greatly in value** perdre beaucoup de sa valeur **II.** *vt* diminuer; (*influence*) affaiblir
diminutive [dɪ·ˈmɪn·jə·t̬ɪv] **I.** *n* diminutif *m* **II.** *adj* (*small*) minuscule
dimmer [ˈdɪm·ər], **dimmer switch** *n* variateur *m* (d'intensité)
dimness *n* obscurité *f*
dimple [ˈdɪm·pl] **I.** *n* **1.** (*dent in skin*) fossette *f* **2.** (*dent*) ride *f* **II.** *vt* rider
din [dɪn] **I.** *n* vacarme *m* **II.** *vt* **to ~ sth into sb** faire rentrer qc dans la tête de qn
dine [daɪn] *vi form* dîner
◆**dine on** *vi* manger au dîner
diner [ˈdaɪ·nər] *n* **1.** (*person*) dîneur, -euse *m, f* **2.** (*restaurant*) petit restaurant *m*

> **i** Aux USA, un **diner** est une sorte de restaurant constitué d'un comptoir et de tables formant des box séparés. A l'origine, les **diners** des années 50 proposaient au menu des hamburgers, des pommes frites et d'autres plats rapides. Aujourd'hui ils sont réputés pour leur carte de menu aussi longue qu'un roman. On peut également y déguster des sandwichs, des steaks, du poulet et des plats à base d'œufs. De nombreux **diners** sont gérés par des immigrants grecs et proposent donc aussi des spécialités grecques.

dinghy [ˈdɪŋ·i] *n* <-ghies> canot *m* pneumatique
dingo [ˈdɪŋ·goʊ] *n* <-es> dingo *m*
dingy [ˈdɪn·dʒi] <-ier, -iest> *adj* miteux(-euse)
dining room *n* salle *f* à manger
dinky [ˈdɪŋ·ki] *adj* **1.** (*dainty*) mignon(ne) **2.** (*insignificant*) de rien du tout
dinner [ˈdɪn·ər] *n* **1.** (*evening meal*) dîner *m*, café *m* complet *Suisse*, souper *m Belgique, Québec, Suisse* **2.** (*lunch*) déjeuner *m*
dinner party *n* dîner *m*
dinner table *n* table *f* (de la salle à manger)
dinnertime *n* heure *f* du dîner; **at ~** à l'heure du dîner
dinosaur [ˈdaɪ·nə·sɔr] *n* **1.** (*extinct reptile*) dinosaure *m* **2.** *fig* (*old-fashioned*) fossile *m*
dint [dɪnt] **I.** *n* marque *f*; **by ~ of sth** à force de qc **II.** *vt* cabosser
diocese [ˈdaɪə·sɪs] *n* diocèse *m*
dioxide [daɪ·ˈak·saɪd] *n* dioxyde *m*
dioxin [daɪ·ˈak·sɪn] *n* dioxine *f*
dip [dɪp] **I.** *n* **1.** (*instance of dipping*) trempage *m* **2.** (*brief swim*) plongeon *m*; (*brief study*) survol *m* rapide **3.** CULIN sauce *f* apéritif **4.** (*sudden drop*) chute *f*; (*of a road*) déclivité *f* **5.** (*liquid*) bain *m*; (*cleaning liquid*) solution *f* nettoyante **II.** *vt* **1.** (*immerse*) tremper **2.** (*put into*) **to ~ sth in sth** plonger qc dans qc **3.** (*lower*) baisser **4.** (*disinfect: sheep*) laver **5.** (*dye*) teindre **III.** *vi* **1.** (*drop down: road*) descendre; (*sun*) se coucher **2.** (*decline: rates, sales*) baisser **3.** (*submerge and re-emerge*) plonger **4.** (*lower: plane*) piquer
◆**dip into** *vt always sep* puiser dans; **to ~ one's pocket** payer de sa poche; **to ~ one's savings** puiser dans ses économies
diphtheria [dɪf·ˈθɪr·i·ə] *n* diphtérie *f*
diphthong [ˈdɪf·θɔŋ] *n* LING diphtongue *f*
diploma [dɪ·ˈploʊ·mə] *n* (*certificate*) diplôme *m*
diplomacy *n* diplomatie *f*
diplomat [ˈdɪp·lə·mæt] *n* diplomate *mf*
diplomatic *adj* diplomatique
dipper [ˈdɪp·ər] *n* ZOOL cincle *m*
Dipper [ˈdɪp·ər] *n* ASTR **the Big/Little ~** la Grande/Petite Ourse
dipshit [ˈdɪp·ʃɪt] *vulg* **I.** *adj* con(ne) **II.** *n* connard *m*
dipstick [ˈdɪp·stɪk] *n* jauge *f*
dire [daɪər] *adj* **1.** (*terrible*) horrible **2.** (*very bad*) mauvais(e) **3.** (*serious*) sérieux(-euse) ▶ **to be in ~ straits** être dans une mauvaise passe
direct [dɪ·ˈrekt] **I.** *vt* **1.** (*control: company*) diriger; (*traffic*) régler **2.** (*command*) ordonner; **to ~ sb to do sth** ordonner à qn de faire qc; **as ~ed** selon les instructions **3.** (*aim in a direction*) diriger; **to ~ sb/sth to sb/sth** diriger qn/qc vers qn/qc **4.** (*address*) adresser;

D

to ~ **a remark towards sb** faire une remarque à l'intention de qn **5.** CINE réaliser **6.** THEAT mettre en scène **7.** MUS diriger **II.** *vi* **1.** THEAT faire de la mise en scène **2.** CINE faire de la réalisation **III.** *adj* **1.** direct(e); (*danger, cause*) immédiat(e); (*refusal*) catégorique; **in ~ sunlight** en plein soleil; **the ~ opposite of sth** tout le contraire de qc **2.** (*frank*) direct(e); (*person*) franc(he); (*refusal*) net(te) **3.** (*without intermediary*) direct(e) **IV.** *adv* directement; (*broadcast*) en direct

direct current *n* courant *m* continu

direct debit *n* prélèvement *m* automatique

direct hit *n* coup *m* au but

direction [dɪ·ˈrek·ʃᵊn] *n* **1.** (*supervision*) direction *f;* **under the ~ of** sous la direction de **2.** CINE, THEAT mise *f* en scène **3.** (*course*) orientation *f* **4.** (*where sb is going to or from*) direction *f* **5.** (*tendency*) sens *m* **6.** *pl* **~s** instructions *fpl*

directional *adj* directionnel(le)

directive [dɪ·ˈrek·tɪv] *n form* directive *f*

directly *adv* **1.** (*straight, without anyone intervening*) directement **2.** (*exactly*) diamétralement **3.** (*frankly*) franchement **4.** (*immediately*) immédiatement **5.** (*shortly*) tout de suite

direct object *n* objet *m* direct

director *n* **1.** ECON (*manager*) directeur, -trice *m, f* **2.** CINE, THEAT metteur *m* en scène **3.** (*board member*) administrateur, -trice *m, f;* **board of ~s** conseil *m* d'administration

directorate [dɪ·ˈrek·tᵊr·ət] *n* **1.** (*responsible department*) direction *f* **2.** (*board of directors*) conseil *m* d'administration

directorship *n* direction *f*

directory [dɪ·ˈrek·tᵊr·i] *n* **1.** (*book*) annuaire *m;* **address ~** répertoire *m* d'adresses **2.** COMPUT répertoire *m;* **main ~** répertoire principal

directory assistance *n* (service *m* des) renseignements *mpl*

dirt [dɜrt] *n* **1.** (*unclean substance*) saleté *f* **2.** (*earth*) terre *f* **3.** (*scandal*) ragots *mpl* **4.** (*bad language*) obscénité *f* ►**to eat ~** ramper; **to treat sb like ~** traiter qn comme un chien

dirt cheap *adj inf* vraiment pas cher(chère)

dirty [ˈdɜr·t̬i] **I.** <-ier, -iest> *adj* **1.** (*unclean*) sale **2.** (*causing to be dirty*) salissant(e); **to do the ~ work** *fig* faire le sale boulot **3.** (*mean*) sale; **~ tricks campaign** campagne *f* pleine de coups bas **4.** (*lewd: movie, book*) cochon(ne); (*look*) noir(e); (*old man*) lubrique; **~ words** obscénités *fpl;* **~ talk** grossièretés *fpl* **5.** (*not pure: color*) sale; **~ gray color** couleur *f* grisâtre **II.** *adv inf* **to play ~** donner des coups bas; **to talk ~** dire des gros mots; (*make explicit comments*) dire des cochonneries **III.** *vt* salir **IV.** *vi* se salir

disability [ˌdɪs·ə·ˈbɪl·ə·t̬i] *n* **1.** (*incapacity*) handicap *m* **2.** (*condition of incapacity*) incapacité *f*

disable [dɪ·ˈseɪ·bl] *vt* **1.** (*make incapable of functioning*) mettre hors service **2.** MED rendre infirme

disabled **I.** *adj* handicapé(e) **II.** *npl* **the ~** les handicapés *mpl*

disablement *n* infirmité *f*

disabuse [ˌdɪs·ə·ˈbjuz] *vt form* détromper

disadvantage [ˌdɪs·əd·ˈvæn·t̬ɪdʒ] **I.** *n* inconvénient *m;* **social/educational ~** handicap *m* social/scolaire; **to be at a ~** être dans une position désavantageuse; **to be put at a ~** être désavantagé; **to work to the ~ of sb/sth** aller à l'encontre des intérêts de qn/qc **II.** *vt* désavantager

disadvantaged *adj* défavorisé(e)

disadvantageous *adj* désavantageux(-euse)

disaffected [ˌdɪs·ə·ˈfekt·ɪd] *adj* **1.** (*disloyal*) révolté(e) **2.** (*estranged*) mécontent(e)

disaffection [ˌdɪs·ə·ˈfek·ʃᵊn] *n* désaffection *f*

disagree [ˌdɪs·ə·ˈgri] *vi* **1.** (*not agree*) ne pas être d'accord **2.** (*argue*) être en désaccord **3.** (*be different*) ne pas concorder **4.** (*have bad effect*) ne pas réussir

disagreeable *adj* désagréable

disagreement *n* **1.** (*lack of agreement*) désaccord *m* **2.** (*argument*) différend *m;* **~ over sth** dispute *f* à propos de qc **3.** (*discrepancy*) divergence *f*

disallow [ˌdɪs·ə·ˈlaʊ] *vt* **1.** *a.* LAW rejeter **2.** SPORTS refuser

disappear [ˌdɪs·ə·ˈpɪr] *vi* **1.** (*vanish*) disparaître; **to ~ from sight** être perdu de vue **2.** (*become extinct*) disparaître; **to have all but ~ed** *fig* avoir quasiment disparu

disappearance *n* disparition *f*

disappoint [ˌdɪs·ə·ˈpɔɪnt] *vt* décevoir; **to ~ sb's hopes** ne pas avoir été à la hauteur des espérances de qn

disappointed *adj* déçu(e); **to be ~ in sb/sth** être déçu par qn /qc

disappointing *adj* décevant(e)

disappointment *n* **1.** (*dissatisfaction*) déception *f* **2.** (*sth or sb that disappoints*) **to be a ~ to sb** décevoir qn

disapprobation [ˌdɪs·ˌæp·rə·ˈbeɪ·ʃᵊn] *n* désapprobation *f*

disapproval *n* désapprobation *f*

disapprove [ˌdɪs·ə·ˈpruv] *vi* ne pas être d'accord; **to ~ of sth** désapprouver qc

disarm [dɪs·ˈarm] **I.** *vi* désarmer **II.** *vt* **1.** (*take weapons away*) désarmer **2.** (*remove fuse*) désamorcer **3.** (*placate*) calmer **4.** (*charm*) désarmer

disarmament *n* désarmement *m*

disarming *adj* désarmant(e)

disarrange [ˌdɪs·ᵊ·ˈreɪndʒ] *vt* mettre en désordre

disarray [ˌdɪs·ᵊ·ˈreɪ] *n* **1.** (*disorder*) désordre *m* **2.** (*confusion*) confusion *f;* **in a state of ~** en plein désarroi

disaster [dɪ·ˈzæs·tər] *n* **1.** (*huge misfortune*) désastre *m;* **~ area** région *f* sinistrée; **natural/global ~** catastrophe *f* naturelle/mondiale; **rail ~** catastrophe *f* ferroviaire; **to avert ~**

prévenir les catastrophes **2.** (*failure*) désastre *m;* **to spell ~ for sth** signifier le désastre pour qn
disastrous [dɪ·ˈzæs·trəs] *adj* **1.** (*causing disaster*) désastreux(-euse) **2.** (*very unsuccessful*) catastrophique
disband [dɪs·ˈbænd] **I.** *vt* dissoudre **II.** *vi* se dissoudre
disbelief [ˌdɪs·bɪ·ˈlif] *n* incrédulité *f*
disbelieve [ˌdɪs·bɪ·ˈliv] *vt* ne pas croire
disbeliever *n* incrédule *mf*
disburse [dɪs·ˈbɜrs] *vt* débourser
disbursement *n* déboursement *m*
disc [dɪsk] *n a.* MED disque *m*
discard [ˈdɪ·skard, *vb:* dɪ·ˈskard] **I.** *n* GAMES défausse *f* **II.** *vt* **1.** (*reject*) se débarrasser de **2.** (*reject card*) écarter **III.** *vi* GAMES se défausser
disc brake *n* frein *m* à disque
discern [dɪ·ˈsɜrn] *vt form* **1.** (*perceive*) discerner **2.** (*distinguish*) distinguer **3.** (*make out*) percevoir
discernable, discernible *adj form* **1.** (*with senses*) visible **2.** (*mentally*) perceptible
discerning *adj form* **1.** (*discriminating*) judicieux(-euse) **2.** (*acute*) perspicace
discernment *n form* **1.** (*judgment*) perspicacité *f* **2.** (*perception*) discernement *m*
discharge [ˈdɪs·tʃardʒ] **I.** *n* **1.** (*release*) renvoi *m* au foyer **2.** (*release papers*) autorisation *f* (de sortie); **dishonorable ~** MIL destitution *f* (*suivie d'une radiation*) **3.** (*firing off*) décharge *f* **4.** (*emission*) émission *f* **5.** (*liquid discharged*) écoulement *m* **6.** (*debt payment*) règlement *m* **7.** (*performing of a duty*) exécution *f;* **~ of one's duty** accomplissement *m* de sa tâche **8.** (*energy release*) décharge *f* **9.** (*unloading*) déchargement *m* **II.** *vt* **1.** (*release: a patient*) renvoyer; LAW libérer; (*accused*) acquitter **2.** (*dismiss*) congédier; MIL démobiliser **3.** (*let out, emit*) dégager; (*water*) déverser **4.** *fig* (*utter*) déverser **5.** (*fulfill: one's duty*) accomplir; (*debt*) régler **6.** (*release charge*) décharger **7.** (*unload*) décharger **III.** *vi* **1.** (*unload*) se décharger **2.** (*shoot*) faire feu **3.** MED (*wound*) suinter **4.** (*flow, pour into*) se déverser
disciple [dɪ·ˈsaɪ·pl] *n* disciple *mf*
disciplinary [ˈdis·ə·plɪ·ner·i] *adj* disciplinaire; (*problem*) de discipline
discipline [ˈdɪs·ə·plɪn] **I.** *n* discipline *f* **II.** *vt* **1.** (*control*) discipliner **2.** (*punish*) **to ~ sb for sth** punir qn pour qc
disciplined *adj* discipliné(e)
disc jockey *n* disc-jockey *m*
disclaim [dɪs·ˈkleɪm] *vt* **1.** *form* (*deny*) démentir **2.** (*give up right to*) renoncer à
disclaimer *n* **1.** *form* (*denial*) démenti *m* **2.** (*renouncing one's right*) désistement *m*
disclose [dɪs·ˈkloʊz] *vt* **1.** (*make public*) divulguer; **to ~ that ...** révéler que ... **2.** (*uncover*) montrer
disclosure [dɪs·ˈkloʊ·ʒər] *n form* **1.** (*act of disclosing*) divulgation *f* **2.** (*revelation*) révélation *f*
disco [ˈdɪs·koʊ] **I.** *n* **1.** (*place*) discothèque *f* **2.** (*music*) musique *f* disco **II.** *vi* danser le disco
discolor [dɪ·ˈskʌl·ər] **I.** *vi* se décolorer **II.** *vt* décolorer
discomfiture [dɪ·ˈskʌm(p)·fɪ·tʃər] *n form* embarras *m*
discomfort [dɪ·ˈskʌm(p)·fərt] *n* **1.** (*slight pain*) gêne *f* **2.** (*uneasiness*) malaise *m;* **~ at sth** sentiment *m* de malaise face à qc **3.** (*inconvenience*) inconfort *m*
disconcert [ˌdɪs·kən·ˈsɜrt] *vt* déconcerter; **to be ~ed at sth** être déconcerté par qc
disconnect [ˌdɪs·kə·ˈnekt] *vt* **1.** (*put out of action: electricity, gas, telephone*) couper **2.** (*break connection of*) débrancher **3.** COMPUT *a. fig* déconnecter **4.** (*separate*) détacher
disconnected *adj* **1.** (*cut off*) déconnecté(e); (*from reality*) coupé(e) **2.** (*incoherent*) décousu(e)
disconsolate [dɪ·ˈskan(t)·sᵊl·ət] *adj* inconsolable
discontent [ˌdɪs·kən·ˈtent] **I.** *n* mécontentement *m* **II.** *adj* mécontent(e)
discontented *adj* mécontent(e)
discontentment *n s.* **discontent**
discontinue [ˌdɪs·kən·ˈtɪn·ju] *vt form* **1.** (*cease*) cesser **2.** (*stop making*) interrompre
discontinuity <-ties> *n form* (*lack of continuity*) discontinuité *f*
discontinuous *adj* (*without continuity*) discontinu(e)
discord [ˈdɪs·kɔrd] *n form* **1.** (*disagreement*) désaccord *m;* **to sound a note of ~** marquer un désaccord **2.** (*clashing noise*) son *m* discordant **3.** (*lack of harmony*) dissonance *f*
discordant [dɪ·ˈskɔr·dᵊnt] *adj* **1.** (*disagreeing*) opposé(e) **2.** (*not in harmony*) discordant(e) ▸ **to strike a ~ note** produire une fausse note
discotheque [ˈdɪs·kə·tek] *n* discothèque *f*
discount [ˈdɪs·kaʊnt, *vb:* dɪ·ˈskaʊnt] **I.** *n* remise *f;* **to give (sb) a ~ on sth** faire une remise (à qn) sur qc; **at a ~** à prix réduit **II.** *vt* **1.** (*disregard*) ne pas tenir compte de; (*possibility*) écarter **2.** (*reduce: price*) faire baisser
discourage [dɪ·ˈskɜr·ɪdʒ] *vt* **1.** (*dishearten*) décourager **2.** (*dissuade*) dissuader; **to ~ sb from doing sth** dissuader qn de faire qc **3.** (*oppose*) déconseiller
discouragement *n* découragement *m*
discouraging *adj* décourageant(e)
discourteous [dɪs·ˈkɜr·t̬i·əs] *adj form* discourtois(e)
discourtesy [dɪs·ˈkɜr·t̬ə·si] <-sies> *n form* manque *m* de courtoisie
discover [dɪ·ˈskʌv·ər] *vt* découvrir; **to ~ sb doing sth** attraper qn en train de faire qc
discoverer *n* découvreur, -euse *m, f*
discovery [dɪ·ˈskʌv·ᵊr·i] <-ries> *n* découverte *f*
discredit [dɪ·ˈskred·ɪt] **I.** *n form* discrédit *m;* **to**

D

bring ~ on [*o* **upon**] **sth, to bring sth into ~** jeter le discrédit sur qc; **to be to sb's ~** ne pas être en l'honneur de qn; **he is a ~ to his parents** il fait honte à ses parents **II.** *vt* discréditer
discreditable *adj form* indigne
discreet [dɪ·'skrit] *adj* discret(-ète)
discrepancy [dɪ·'skrep·ᵊn(t)·si] <-cies> *n form* divergence *f*
discrete [dɪ·'skrit] *adj* distinct(e)
discretion [dɪ·'skreʃ·ᵊn] *n* **1.** (*tact*) discrétion *f;* **to be the (very) soul of ~** être la discrétion même **2.** (*good judgment*) jugement *m;* **the age of ~** LAW l'âge *m* de raison **3.** (*freedom to do sth*) discrétion *f;* **at sb's ~** à la discrétion de qn; **to leave sth to sb's ~** laisser qc à la discrétion de qn ►**~ is the better part of valor** *prov* prudence est mère de sûreté *prov*
discretionary *adj* discrétionnaire
discriminate [dɪ·'skrɪm·ɪ·neɪt] **I.** *vi* **1.** (*see a difference*) distinguer; **to ~ between sth and sth** faire la distinction entre qc et qc **2.** (*make judgment*) faire de la discrimination; **to ~ against sb** faire de la discrimination envers qn; **to ~ in favor of sb** favoriser qn; **to be sexually ~d (against)** être victime de discrimination sexuelle **II.** *vt* distinguer
discriminating *adj form* (*discerning: person*) averti(e); (*palate, taste*) fin(e)
discrimination *n* **1.** (*unfair treatment*) discrimination *f* **2.** (*discernment*) discernement *m*
discriminatory [dɪ·'skrɪm·ɪ·nə·tɔr·i] *adj* discriminatoire
discursive [dɪ·'skɜr·sɪv] *adj pej, form* discursif(-ive)
discus ['dɪs·kəs] *n* **1.** (*object which is thrown*) disque *m* **2.** (*event or sport*) **the ~** le lancer du disque
discuss [dɪ·'skʌs] *vt* discuter de; **to ~ how ...** discuter comment ...; **to ~ doing sth** parler de faire qc
discussion *n* discussion *f;* **~ group** groupe *m* de discussion; **to be under ~** être discuté; **to hold a ~** tenir une discussion
disdain [dɪs·'deɪn] **I.** *n* dédain *m;* **~ for sb** mépris *m* pour qn **II.** *vt* dédaigner
disdainful *adj form* dédaigneux(-euse)
disease [dɪ·'ziz] *n a. fig* maladie *f;* **symptom of a ~** symptôme *m* d'une maladie; **to catch a ~** attraper une maladie; **to die from a ~** mourir d'une maladie
diseased *adj a. fig* malade
disembark [ˌdɪs·ɪm·'bark] *vi* débarquer
disembarkation *n* débarquement *m*
disembodied [ˌdɪs·ɪm'bad·id] *adj* désincarné(e)
disenchant [ˌdɪs·ɪn·'tʃænt] *vt* faire perdre ses illusions à
disenchanted *adj* désabusé(e); **to become ~** perdre ses illusions
disenfranchise [ˌdɪs·ɪn·'fræn·(t)ʃaɪz] *vt* **1.** (*deprive of vote*) priver du droit de vote **2.** (*deprive of rights*) priver de droits
disengage [ˌdɪs·ɪn·'geɪdʒ] **I.** *vt* **1.** (*detach*) dégager; **to ~ the clutch** débrayer **2.** (*mentally detach*) **to ~ oneself from sth** se libérer de qc **3.** MIL (*withdraw*) **to ~ troops** cesser le combat **II.** *vi* **1.** (*become detached*) se détacher **2.** MIL (*withdraw*) se désengager
disengagement *n* désengagement *m*
disentangle [ˌdɪs·ɪn·'tæŋ·gl] **I.** *vt* **1.** (*untangle*) démêler **2.** *fig* (*unravel*) dégager; **to ~ oneself from sth** se dégager de qc **II.** *vi* se démêler
disfavor [dɪs·'feɪ·vər] **I.** *n* désapprobation *f;* **to be in ~** être mal vu **II.** *vt* défavoriser
disfigure [dɪs·'fɪg·jər] *vt* défigurer
disfigurement *n* défigurement *m;* (*of a town*) enlaidissement *m*
disfranchise [dɪs·'fræn·(t)ʃaɪz] *s.* **disenfranchise**
disgorge [dɪs·'gɔrdʒ] **I.** *vt a. fig* dégorger **II.** *vi* (*river*) se dégorger
disgrace [dɪs·'greɪs] **I.** *n* **1.** (*loss of honor*) disgrâce *f;* **to bring ~ on** [*o* **upon**] **sb** déshonorer qn **2.** (*shameful thing or person*) honte *f* **II.** *vt* déshonorer
disgraceful *adj* honteux(-euse); (*conduct*) scandaleux(-euse); **it is ~ that** c'est une honte que +*subj*
disgruntled [dɪs·'grʌn·t̬ld] *adj* mécontent(e)
disguise [dɪs·'gaɪz] **I.** *n* déguisement *m;* **to be in ~** être déguisé **II.** *vt* **1.** (*change appearance*) déguiser; **to ~ oneself** se déguiser **2.** (*hide*) dissimuler
disgust [dɪs·'gʌst] **I.** *n* **1.** (*revulsion*) dégoût *m;* **much to sb's ~** au grand dégoût de qn; **to step back in ~ from sth** reculer de dégoût devant qc; **to turn away from sth in ~** s'en aller dégoûté de qc **2.** (*indignation*) écœurement *m* **II.** *vt* **1.** (*sicken*) dégoûter **2.** (*revolt*) écœurer; **to be ~ed at sb/sth** être scandalisé par qn/qc; **to be ~ed with oneself** se dégoûter soi-même
disgusted *adj* dégoûté(e)
disgusting *adj* **1.** (*revolting*) dégoûtant(e) **2.** (*repulsive*) répugnant(e)
dish [dɪʃ] **I.** <-es> *n* **1.** (*plate*) assiette *f;* (*container*) plat *m;* **oven-proof ~** plat à four **2.** *pl* **the ~es** la vaisselle; **to do the ~es** faire la vaisselle **3.** (*food*) plat *m;* **sweet ~** dessert *m* **4.** (*equipment*) parabole *f;* **satellite ~** antenne *f* satellite **II.** *vt inf* démolir ►**to ~ the dirt on sb/sth** faire éclater un scandale sur qn/qc
◆**dish out** *vt* **1.** (*hand out*) prodiguer **2.** (*serve*) servir ►**he was really able to dish it out to her** *sl* il a vraiment pu lui passer un savon
◆**dish up** *vt inf* **1.** (*serve*) servir **2.** (*offer*) offrir
dish antenna *n* antenne *f* parabolique
disharmonious [ˌdɪs·har·moʊn·i·əs] *adj form* discordant(e)
disharmony [dɪs·'har·mᵊn·i] *n form* dissensions *fpl*
dishcloth ['dɪʃ·klaθ] *n* torchon *m* (à vaisselle)

dishearten [dɪs·ˈhar·tᵊn] *vt* décourager
disheveled, dishevelled *adj* négligé(e); (*hair*) en bataille
dishonest [dɪ·ˈsa·nɪst] *adj* malhonnête; **morally** ~ de mauvaise foi
dishonesty *n* **1.** (*lack of honesty*) malhonnêteté *f* **2.** (*dishonest act*) procédé *m* malhonnête
dishonor [dɪ·ˈsa·nər] **I.** *n form* déshonneur *m;* **to bring ~ on** [*o* **upon**] **sb** déshonorer qn; **to face ~** perdre la face **II.** *vt* **1.** (*disgrace*) désavouer **2.** (*not keep: a promise*) faillir
dishonorable *adj form* déshonorant(e)
dishwasher *n* **1.** (*machine*) lave-vaisselle *m* **2.** (*person*) plongeur, -euse *m, f*
dishwater *n* eau *f* de vaisselle
disillusion [ˌdɪs·ɪ·ˈlu·ʒᵊn] **I.** *vt* détromper **II.** *n* désenchantement *m*
disillusioned *adj* désabusé(e); **to be ~ with sb/sth** perdre ses illusions sur qn/qc
disillusionment *n* désillusion *f*
disinclination [ˌdɪs·ɪn·klɪ·ˈneɪ·ʃᵊn] *n* aversion *f*
disinclined [ˌdɪs·ɪn·ˈklaɪnd] *adj* peu disposé(e)
disinfect [ˌdɪs·ɪn·ˈfekt] *vt* désinfecter
disinfectant *n* désinfectant *m*
disinfection *n* désinfection *f*
disingenuous [ˌdɪs·ɪn·ˈdʒen·ju·əs] *adj form* fallacieux(-euse); (*look*) ambigu(ë)
disinherit [ˌdɪs·ɪn·ˈher·ɪt] *vt* déshériter
disintegrate [dɪ·ˈsɪn·t̬ə·greɪt] *vi a. fig* désintégrer; (*marriage*) dissoudre; (*into chaos*) dégénérer
disintegration *n* désintégration *f*
disinterested [dɪ·ˈsɪn·trɪ·stɪd] *adj* **1.** (*impartial*) impartial(e); (*advice, observer*) objectif(-ive); (*party*) indépendant(e) **2.** (*uninterested*) indifférent(e)
disjointed [dɪs·ˈdʒɔɪn·t̬ɪd] *adj* décousu(e)
disk [dɪsk] *n* COMPUT disque *m;* **hard ~** disque dur; **floppy ~** disquette *f;* **compact laser ~** disque optique compact
disk drive *n* unité *f* de disque(tte); **hard ~** disque *m* dur; **floppy ~** lecteur *m* de disquettes
diskette [dɪs·ˈket] *n* disquette *f*
dislike [dɪ·ˈslaɪk] **I.** *vt* ne pas aimer **II.** *n* **1.** (*aversion*) aversion *f;* **to take a ~ to sb/sth** avoir de l'antipathie pour qn/qc **2.** (*object of aversion*) grief *m*
dislocate [dɪ·ˈsloʊ·keɪt] *vt* **1.** (*put out of place*) déplacer **2.** MED luxer **3.** (*disturb*) perturber
dislocation *n* **1.** (*displacement*) déplacement *m* **2.** MED luxation *f* **3.** (*disturbance*) perturbation *f*
dislodge [dɪ·ˈsladʒ] *vt* extraire
disloyal [dɪ·ˈslɔɪəl] *adj* déloyal(e); **to be ~ to sb/sth** être déloyal envers qn/qc
dismal [ˈdɪz·məl] *adj* **1.** (*depressing: outlook*) sinistre; (*expression*) lugubre **2.** *inf* (*awful: failure*) terrible; (*truth*) horrible; (*weather*) épouvantable
dismantle [dɪ·ˈsmæn·t̬l] **I.** *vt* démonter; (*system*) démanteler **II.** *vi* se démonter
dismay [dɪ·ˈsmeɪ] **I.** *n* consternation *f;* **to sb's ~** à la stupeur de qn; **to do sth in ~** faire qc avec étonnement **II.** *vt* consterner
dismember [dɪ·ˈsmem·bər] *vt* démembrer; (*alliance*) démanteler
dismiss [dɪ·ˈsmɪs] *vt* **1.** (*not consider*) déprécier; (*idea, thought*) dénigrer **2.** (*fire from work*) licencier; **to be ~ from one's job** être démis de ses fonctions **3.** (*send away*) congédier; **to ~ sth from sth** ôter qc de qc; **to ~ students after class** laisser partir les étudiants après le cours; **to ~ thoughts from one's mind** chasser des pensées de son esprit **4.** LAW (*appeal*) rejeter; (*court, indictment, charge*) récuser; **to ~ a (court) case** aboutir à un non-lieu; **to ~ sb from a charge** débouter qn de sa plainte
dismissal *n* **1.** (*disregarding*) dévalorisation *f* **2.** (*firing from a job*) licenciement *m;* (*removal from high position*) destitution *f* **3.** (*sending away*) renvoi *m*
dismissive [dɪ·ˈsmɪs·ɪv] *adj* méprisant(e); **to be ~ about sth** mépriser qc
dismount [ˈdɪ·smaʊnt, *vb:* dɪ·ˈsmaʊnt] **I.** *n* (*from horse*) descente *f* **II.** *vi* descendre **III.** *vt* (*horse*) descendre de; (*rider, machine*) démonter
disobedience [ˌdɪs·ə·ˈbi·di·ən(t)s] *n* désobéissance *f*
disobedient *adj* désobéissant(e)
disobey [ˌdɪs·ə·ˈbeɪ] **I.** *vt* désobéir à **II.** *vi* désobéir
disoblige [ˌdɪs·ə·ˈblaɪdʒ] *vt form* désobliger
disobliging *adj form* désobligeant(e)
disorder [dɪ·ˈsɔr·dər] *n* **1.** (*lack of order*) désordre *m* **2.** (*disease*) troubles *mpl;* **kidney/mental ~** troubles rénaux/mentaux **3.** (*upheaval*) désordre *m;* **civil ~** révolte *f;* **public ~** émeute *f*
disordered *adj* désordonné(e)
disorderly *adj* **1.** (*untidy*) en désordre **2.** (*unruly*) indiscipliné(e); (*conduct*) ivre et incohérent(e)
disorganized [dɪ·ˈsɔr·gə·naɪzd] *adj* désorganisé(e)
disorient [dɪ·ˈsɔr·i·ent] *vt* désorienter; **to get ~ed** s'égarer
disoriented *adj* désorienté(e)
disown [dɪ·ˈsoʊn] *vt* désavouer; (*person, child*) renier
disparage [dɪ·ˈsper·ɪdʒ] *vt* rabaisser
disparagement *n* rabaissement *m*
disparaging *adj* désobligeant(e)
disparate [ˈdɪs·pᵊr·ət] *adj form* disparate
disparity [dɪs·ˈper·ə·t̬i] *n* inégalité *f*
dispassionate [dɪ·ˈspæʃ·ᵊn·ət] *adj* détaché(e)
dispatch [dɪ·ˈspætʃ] **I.** <-es> *n* **1.** (*send-off*) expédition *f* **2.** (*speed*) **to do sth with (great) ~** faire qc avec (grande) diligence **3.** (*official message*) dépêche *f* **4.** (*press report*) dépêche *f* (de l'étranger) **II.** *vt a. iron* expédier

D

dispel [dɪ·ˈspel] <-ll-> *vt* chasser; (*fear, rumors*) dissiper; (*myth*) détruire

dispensable [dɪ·ˈspen(t)·səbl] *adj* superflu(e)

dispensary [dɪ·ˈspen(t)·sᵊri] *n* (*medical store*) officine *f*

dispensation *n form* **1.** (*special permission*) dispense *f;* **to be granted a ~ by sb/sth** recevoir la permission de qn/qc **2.** (*act of distributing*) distribution *f* **3.** REL dispense *f* **4.** (*ruling system*) exercice *m;* **under the old ~** sous l'ancien régime

dispense [dɪ·ˈspen(t)s] *vt* **1.** (*give out*) distribuer; (*advice, wisdom*) prodiguer; **to ~ sth to sb/sth** distribuer qc à qn/qc **2.** (*give out medicine*) préparer

◆**dispense with** *vt* **1.** (*manage without*) se passer de **2.** (*get rid of*) abandonner

dispenser *n* distributeur *m;* **soap/drink/cash ~** distributeur de savon/de boissons/de billets

dispersal *n* dispersion *f*

disperse [dɪ·ˈspɜrs] **I.** *vt* disperser **II.** *vi* se disperser

dispersion *n* distribution *f*

dispirited [dɪ·ˈspɪr·ɪ·t̬ɪd] *adj* démoralisé(e)

displace [dɪ·ˈspleɪs] *vt* **1.** (*force from place*) déplacer **2.** (*take the place of*) remplacer; **to ~ sb as sth** supplanter qn en tant que qc **3.** PHYS déplacer

displaced person *n* personne *f* déplacée

displacement *n* **1.** (*act of forced moving*) déplacement *m* **2.** PSYCH déplacement *m* **3.** AUTO cylindrée *f*

display [dɪ·ˈspleɪ] **I.** *vt* **1.** (*arrange*) exposer; (*on a bulletin board*) afficher sur un panneau (d'affichage) **2.** (*show*) laisser paraître **II.** *n* **1.** (*arrangement of things*) étalage *m;* **to be on ~** être en vitrine; **firework(s) ~** feu *m* d'artifice **2.** (*demonstration*) exposition *f;* (*of affection, anger*) démonstration *f;* (*of love*) témoignage *m* **3.** COMPUT écran *m*

display case *n* vitrine *f*

displease [dɪ·ˈspliz] *vt* mécontenter; **to be ~d by sth** être contrarié par qc

displeasing *adj* contrariant(e); (*sensation*) déplaisant(e)

displeasure [dɪ·ˈspleʒ·ər] *n* mécontentement *m;* **much to sb's ~** au grand déplaisir de qn

disposable [dɪ·ˈspoʊ·zə·bl] **I.** *adj* **1.** (*not meant for recycling*) jetable; *a. fig* (*person*) remplaçable **2.** ECON (*assets, funds, income*) disponible **II.** *n pl* (articles *mpl*) jetables *mpl*

disposal *n* **1.** (*getting rid of*) enlèvement *m* **2.** (*availability*) **to be at sb's ~** être à la disposition de qn **3.** *inf* (*garbage disposal*) broyeur *m* d'ordures

dispose [dɪ·ˈspoʊz] *vt form* disposer; **to ~ sb to do sth** disposer qn à (faire) qc

◆**dispose of** *vt* se débarrasser de; (*evidence*) détruire

disposed *adj form* **to be ~ to** +*infin* être disposé à +*infin*

disposition [ˌdɪs·pə·ˈzɪʃ·ᵊn] *n* tempérament *m*

dispossess [ˌdɪs·pə·ˈzes] *vt form* exproprier; **to ~ sb of sth** déposséder qn de qc; **to ~ sb of his home** expulser qn de chez lui

disproportionate [ˌdɪs·prə·ˈpɔr·ʃᵊn·ət] *adj* démesuré(e); (*number*) disproportionné(e)

disprove [dɪ·ˈspruv] *vt* réfuter

disputable *adj* discutable; (*point*) controversé(e)

dispute [dɪ·ˈspjut] **I.** *vt* **1.** (*argue*) discuter; **to hotly ~ sth** débattre chaudement de qc; **to ~ that ...** opposer un démenti sur le fait que ... **2.** (*doubt*) contester **II.** *vi* se quereller; **to ~ with sb about sth** se quereller avec qn au sujet de qc **III.** *n* **1.** (*argument*) querelle *f;* **to have a ~ with sb** se quereller avec qn **2.** POL, ECON conflit *m;* **pay ~** conflit *m* sur le salaire **3.** (*debate*) controverse *f;* **to be open to ~** être contestable; **to be beyond ~** être incontestable; **without ~** sans conteste **4.** LAW litige *m;* **~ over sth** litige à propos de qc; **to be in ~** être en cause

disqualification *n* **1.** (*process*) disqualification *f* **2.** (*instance*) exclusion *f* **3.** LAW suspension *f*

disqualify [dɪ·ˈskwa·lə·faɪ] <-ie-> *vt* **1.** (*debar*) rendre inapte; **to ~ sb from sth** rendre qn inapte à qc **2.** SPORTS, GAMES disqualifier

disquiet [dɪ·ˈskwaɪət] **I.** *n form* appréhension *f;* **growing ~** préoccupation *f* croissante; **~ among sb/sth** inquiétude *f* parmi qn/dans le milieu de qc; **~ concerning sth** crainte *f* au sujet de qc **II.** *vt form* préoccuper

disquieting *adj form* troublant(e); **~ way of doing sth** manière *f* inquiétante de faire qc

disregard [ˌdɪs·rɪ·ˈgard] **I.** *vt* **1.** (*ignore*) ignorer **2.** (*disrespect*) mépriser **II.** *n* **1.** (*deliberate ignorance*) indifférence *f* **2.** (*disrespect*) mépris *m*

disrepair [ˌdɪs·rɪ·ˈper] *n* dégradation *f;* **state of ~** état *m* de délabrement

disreputable *adj* peu recommandable

disrepute [ˌdɪs·rɪ·ˈpjut] *n* discrédit *m;* **to bring sth into ~** discréditer qc

disrespect [ˌdɪs·rɪ·ˈspekt] *n* incorrection *f;* **to show ~** manquer de respect; **to show sb ~** faire preuve *f* d'insolence envers qn; **no ~ to sb but ...** malgré tout le respect que l'on doit à qn, ...

disrespectful *adj* irrespectueux(-euse); (*gesture*) insolent(e)

disrupt [dɪs·ˈrʌpt] *vt* **1.** (*interrupt and stop*) interrompre; (*career*) briser **2.** (*disturb*) perturber

disruption *n* **1.** (*interruption*) interruption *f* **2.** (*disturbance*) perturbation *f*

disruptive *adj* perturbateur(-trice)

dissatisfaction [ˌdɪs·sæt̬·əs·ˈfæk·ʃᵊn] *n* mécontentement *m;* **~ with sb/sth** mécontentement vis-à-vis de qn/qc

dissatisfied [dɪ·ˈsæt̬·əs·faɪd] *adj* mécontent(e); **to be ~ with sb/sth** être mécontent de qn/qc

dissect [dɪ·ˈsekt] *vt* **1.** (*cut*) disséquer **2.** *fig*

décortiquer
dissection *n* **1.** (*cut*) dissection *f* **2.** *fig* épluchage *m*
disseminate [dɪ·ˈsem·ɪ·neɪt] **I.** *vt* propager **II.** *vi* se propager
dissension [dɪ·ˈsen·(t)ʃᵊn] *n form* dissension *f;* **~ between people** différend *m* entre des personnes
dissent [dɪ·ˈsent] **I.** *n* désaccord *m* **II.** *vi* **to ~ with sth** être en désaccord avec qc
dissenter *n* POL opposant(e) *m(f)*
dissenting *adj* dissident(e)
dissertation [ˌdɪs·ər·ˈteɪ·ʃᵊn] *n* **1.** (*essay*) dissertation *f* **2.** UNIV (*degree essay*) mémoire *m;* (*for doctor's degree*) thèse *f* de doctorat
disservice [ˌdɪs·ˈsɜr·vɪs] *n* tort *m;* **to do sb/sth a ~** causer du tort à qn/qc
dissident [ˈdɪs·ɪ·dᵊnt] **I.** *n* dissident(e) *m(f)* **II.** *adj* dissident(e)
dissimilar [ˌdɪs·ˈsɪm·ɪ·lər] *adj* dissemblable; **to be not ~** ne pas différer
dissimilarity <-ties> *n* dissemblance *f*
dissipate [ˈdɪs·ɪ·peɪt] **I.** *vi* **1.** (*disappear*) se dissiper **2.** *fig* s'évanouir **II.** *vt* **1.** (*cause to disappear*) dissiper **2.** *fig* éclaircir
dissipation *n form* **1.** (*dispersal*) dissipation *f* **2.** (*frivolous waste*) gaspillage *m* **3.** (*overindulgence*) débauche *f;* **a life of ~** une vie de débauche
dissociate [dɪ·ˈsoʊ·ʃi·eɪt] *vt* **1.** (*separate*) **to ~ sth from sth/sb from sb** dissocier qc de qc/séparer qn de qn **2.** CHEM dissocier
dissociation *n* **1.** (*separation*) dissociation *f* **2.** CHEM décomposition *f*
dissolution *n* dissolution *f*
dissolve [dɪ·ˈzɔlv] **I.** *vt* **1.** (*make become part of a liquid*) (faire) dissoudre; (*melt*) faire fondre **2.** (*make disappear*) faire disparaître **3.** (*break up*) désagréger; (*marriage*) dissoudre **II.** *vi* **1.** (*become part of a liquid*) se dissoudre; (*melt*) fondre **2.** (*disappear*) disparaître; (*tension*) se relâcher **3.** (*break up*) **to ~ into giggles/laughter** être pris de ricanement/se tordre de rire; **to ~ into tears** fondre en larmes
dissonance [ˈdɪs·ᵊn·ən(t)s] *n* dissonance *f*
dissonant *adj* **1.** MUS dissonant(e) **2.** *fig* (*opinions*) discordant(e)
dissuade [dɪ·ˈsweɪd] *vt form* dissuader; **to ~ sb from doing sth** dissuader qn de faire qc
distance [ˈdɪs·tᵊn(t)s] **I.** *n* **1.** (*space*) *a. fig* distance *f;* **within a ~ of ...** dans un rayon de ...; **within walking/driving ~** on peut y aller à pied/en voiture **2.** (*space far away*) lointain *m;* **at a ~** avec du recul; **in the ~** au loin ► **to go the ~** tenir la distance; *fig* aller (jusqu')au bout; **to keep one's ~** garder ses distances; **to keep one's ~ from sb/sth** se tenir à distance de qn/qc **II.** *vt* distancer; **to ~ oneself from sb/sth** se distancer de qn/qc; *fig* prendre ses distances par rapport à qn/qc
distant [ˈdɪs·tᵊnt] *adj* **1.** (*far away*) éloigné(e); (*shore*) lointain(e); **in the not too ~ future** dans un proche avenir; **the dim and ~ past** les temps *mpl* anciens; **at some ~ point in the future** à (long/court) terme **2.** (*not closely related: relative*) éloigné(e) **3.** (*faint: memory*) lointain(e) **4.** (*aloof: person*) distant(e)
distantly *adv* **1.** (*in the distance*) de loin **2.** (*not closely*) **~ related** vaguement apparenté **3.** (*faintly*) un peu **4.** (*aloofly*) d'une manière distante
distaste [dɪ·ˈsteɪst] *n* répugnance *f;* **~ for sth** aversion *f* pour qc; **to sb's ~** au dégoût de qn
distasteful *adj* répugnant(e); (*topic*) déplaisant(e)
distend [dɪ·ˈstend] *vi* se distendre
distension [dɪ·ˈsten·(t)ʃᵊn] *n* distension *f*
distil <-ll->, **distill** [dɪ·ˈstɪl] *vt a. fig* distiller
distillation *n* **1.** (*action of distilling*) distillation *f* **2.** *fig* condensé *m;* **to be a ~ of sth** être l'incarnation *f* de qc
distiller *n* distillateur, -trice *m, f*
distillery *n* distillerie *f*
distinct [dɪ·ˈstɪŋ(k)t] *adj* **1.** (*obviously different*) distinct(e); **to be ~ from sth** être distinct de qc; **as ~ from sth** par opposition à qc **2.** (*likely: possibility*) réel(le) **3.** (*clear: advantage*) net(te)
distinction *n* **1.** (*difference*) différence *f* **2.** (*eminence*) mérite *m;* **he's a writer of great ~** c'est un éminent écrivain **3.** (*honor*) honneur *m;* **to have the ~ of being sth** avoir le privilège d'être qc **4.** (*elegance*) distinction *f* **5.** (*extremely good marks*) mention *f* très bien; **to graduate with ~** obtenir son diplôme avec mention très bien
distinctive *adj* **1.** (*distinguishing: feature*) distinctif(-ive) **2.** (*special: taste*) caractéristique **3.** (*clear*) distinct(e)
distinguish [dɪ·ˈstɪŋ·gwɪʃ] **I.** *vt* distinguer; **to ~ sb/sth from sb/sth** distinguer qn/qc de qn/qc; **to ~ oneself in sth** se distinguer en qc **II.** *vi* faire la distinction; **to ~ between two things** faire la distinction entre deux choses
distinguishable *adj* **1.** (*different*) distinguable **2.** (*recognizable among many*) **to be ~ from sb/sth** être reconnaissable parmi qn/qc **3.** (*that can be heard: sound*) perceptible
distinguished *adj* **1.** (*celebrated*) éminent(e) **2.** (*stylish*) distingué(e)
distort [dɪ·ˈstɔrt] *vt* dénaturer; (*facts, truth*) altérer; (*history*) travestir
distortion *n* **1.** *fig* (*of truth, facts*) altération *f* **2.** PHYS, MUS distorsion *f*
distract [dɪ·ˈstrækt] *vt* distraire; (*attention*) détourner; **to be easily ~ed** être facilement distrait
distracted *adj* distrait(e)
distraction *n* **1.** (*diversion*) **to be a ~ from sth** détourner l'attention de qc **2.** (*recreation*) distraction *f* ► **to drive sb to ~** rendre qn fou; **to love sb/sth to ~** aimer qn/qc à la folie
distraught [dɪ·ˈstrɔt] *adj* **to be ~ over sth** être bouleversé par qc
distress [dɪ·ˈstres] **I.** *n* **1.** (*state of danger*) détresse *f;* **in ~** en détresse **2.** (*suffering*) souf-

D

france *f* **3.** (*sorrow*) affliction *f;* **to be a ~ to sb** être un fardeau pour qn **II.** *vt* **1.** (*upset*) faire de la peine à; **to ~ oneself** s'inquiéter; **to be deeply ~ed** être profondément affligé **2.** (*make look old: jeans*) user

distressed *adj* **1.** (*unhappy*) affligé(e) **2.** (*in difficulties*) en détresse; **to be in ~ circumstances** être dans la détresse; **to be economically ~** être économiquement faible **3.** (*made to look old: jeans*) usé(e)

distressful, **distressing** *adj* **1.** (*causing great worry*) affligeant(e) **2.** (*painful*) douloureux(-euse)

distribute [dɪ·ˈstrɪb·jut] *vt* **1.** (*share*) distribuer; **to ~ sth fairly** partager qc équitablement **2.** (*spread over space*) répartir; **to ~ sth evenly** étaler uniformément; **to be widely ~d** être largement répandu **3.** ECON (*goods, films*) distribuer

distribution *n* **1.** (*sharing*) distribution *f* **2.** (*spreading*) diffusion *f;* (*of resources*) répartition *f;* **equitable ~** partage *m* équitable **3.** ECON (*of goods, movies*) distribution *f*

distributive [dɪ·ˈstrɪb·jə·t̬ɪv] *adj* **1.** LING itératif(-ive) **2.** MATH (*type of property*) distributif(-ive)

distributor [dɪ·ˈstrɪb·jə·t̬ər] *n* **1.** (*person*) distributeur *m;* (*for cars*) concessionnaire *m* **2.** (*device*) distributeur *m;* AUTO delco *m*

district [ˈdɪs·trɪkt] *n* **1.** (*defined area: in city*) quartier *m;* (*in country*) région *f* **2.** (*administrative sector*) district *m*

district attorney *n* ≈ procureur *m* de la République

district court *n* cour *f* fédérale

District of Columbia *n* Washington *m*

> **i** Le **District of Columbia** (ou *DC*) n'est pas un État fédéral, mais un district autonome dans lequel s'étend *Washington DC*, la capitale fédérale des États-Unis. Il a été constitué en 1791 par le premier président américain, George Washington, lequel souhaitait fonder la capitale américaine sur un territoire neutre n'appartenant à aucun État. Les plans initiaux de la ville ont été réalisés par l'architecte et ingénieur franco-américain Pierre Charles L'Enfant. La Maison Blanche, la Cour suprême et le Capitole, siège du Congrès, se trouvent à *Washington DC*.

distrust [dɪ·ˈstrʌst] **I.** *vt* se méfier de **II.** *n* méfiance *f*

distrustful *adj* méfiant(e); **to be deeply ~ of sth** être très méfiant envers qc

disturb [dɪ·ˈstɜrb] *vt* **1.** (*bother*) déranger **2.** (*worry*) ennuyer; **to be ~ed that ...** être ennuyé que *+subj;* **to be ~ed to** *+infin* être agacé de *+infin* **3.** (*move around*) déranger; (*water*) troubler; **to ~ sb's hair** décoiffer qn ►**to ~ the peace** troubler l'ordre *m* public

disturbance [dɪ·ˈstɜr·bᵊn(t)s] *n* **1.** (*nuisance*) dérangement *m;* **to be a ~** être le désordre **2.** (*public incident*) troubles *mpl;* **to cause a ~** troubler l'ordre public **3.** METEO perturbation *f*

disturbed *adj* **1.** (*worried*) inquiet(-ète) **2.** PSYCH perturbé(e)

disturbing *adj* (*news*) inquiétant(e); (*film*) choquant(e); **to be ~ to sb** être gênant pour qn; **it is ~ that** c'est pénible que *+subj*

disunity [dɪ·ˈsju·nə·t̬i] *n* désunion *f;* (*in a group*) discorde *f*

disuse [dɪ·ˈsjus] *n* non-utilisation *f;* **to fall into ~** tomber en désuétude

disused *adj* non utilisé(e); (*railway lines*) désaffecté(e)

ditch [dɪtʃ] **I.** <-es> *n* fossé *m* **II.** *vt* **1.** *sl* (*discard, abandon: stolen car*) abandonner; (*proposal, job*) laisser tomber; (*stop dating*) laisser tomber; (*boyfriend*) plaquer **2.** *sl* (*skip: class, school*) sécher **3.** (*land on the sea*) **to ~ a plane** faire un amerrissage forcé **III.** *vi* **1.** (*land on the sea*) faire un amerrissage forcé **2.** (*dig*) creuser un fossé

ditsy [ˈdɪt·si] *adj sl* écervelé(e); **a ~ blonde** une blonde évaporée

ditto [ˈdɪt̬·oʊ] *adv* idem; **~ for me** idem pour moi

ditty [ˈdɪt̬·i] <-ties> *n* chansonnette *f*

ditzy [ˈdɪt·si] *adj sl s.* **ditsy**

diurnal [daɪ·ˈɜr·nᵊl] *adj* **1.** (*active in daylight*) diurne **2.** (*daily*) quotidien(ne)

divan [dɪ·ˈvæn] *n* divan *m*

dive [daɪv] **I.** *n* **1.** (*plunge*) *a. fig* plongeon *m* **2.** AVIAT piqué *m* **3.** *sl* (*run-down establishment*) boui-boui *m* **4.** SPORTS **to take a ~** simuler une chute **II.** *vi* <dived *o* dove, dived> **1.** (*plunge*) *a. fig* plonger; **shares ~d by 25% to ...** les actions *fpl* ont plongé de 25 % et sont maintenant à ... **2.** (*in air: plane*) descendre en piqué **3.** (*lunge*) **to ~ for sth** se ruer vers qc; **to ~ for cover** plonger à l'abri

diver *n* (*person who dives*) plongeur, -euse *m, f*

diverge [dɪ·ˈvɜrdʒ] *vi a. fig* diverger; (*roads*) se séparer; **to ~ from sth** s'écarter de qc

divergence [dɪ·ˈvɜr·dʒən(t)s] *n* **1.** (*difference*) divergence *f* **2.** (*deviation*) dérive *f*

divergent *adj* (*differing*) divergent(e); **to be ~ from sth** diverger par rapport à qc

diverse [dɪ·ˈvɜrs] *adj* **1.** (*varied*) divers(e) **2.** (*not alike*) différent(e)

diversification [dɪ·ˌvɜr·sɪ·fɪ·ˈkeɪ·ʃᵊn] *n* ECON diversification *f*

diversify [dɪ·ˈvɜr·sɪ·faɪ] <-ie-> **I.** *vt* diversifier **II.** *vi* se diversifier

diversion [dɪ·ˈvɜr·ʃᵊn] *n* **1.** (*changing of direction*) déviation *f* **2.** (*distraction*) diversion *f* **3.** (*entertainment*) distraction *f*

diversity [dɪ·ˈvɜr·sə·t̬i] *n* diversité *f*

divert [dɪ·ˈvɜrt] *vt* **1.** (*change the direction of*) dévier **2.** (*distract: attention*) détourner **3.** (*entertain*) divertir

divest [dɪ·ˈvest] *vt* **1.** (*take from*) **to ~ sb/sth**

of sth priver qn/qc de qc **2.** (*get rid of*) **to ~ sb of sth** débarrasser qn de qc **3.** (*dispossess*) **to ~ sb of sth** déposséder qn de qc

divide [dɪ·ˈvaɪd] **I.** *vt* **1.** (*split*) *a. fig* (*cell, group*) diviser **2.** (*share: food, work, time*) partager; **to ~ sth among/with...** partager qc entre/avec... **3.** (*separate: mountain, wall*) séparer **4.** MATH **to ~ six by two** diviser six par deux **II.** *vi* **1.** (*split*) *a. fig* se diviser; (*road*) bifurquer; (*group*) se séparer; **to ~ into sth** se diviser en qc; **our paths ~d** nos routes *fpl* se sont séparées **2.** MATH **10 ~d by 2** 10 divisé par 2; **5 ~s 10** 10 est divisible par 5 ▶**to ~ and conquer!** POL diviser pour régner **III.** *n* **1.** (*gulf*) gouffre *m* **2.** (*watershed*) ligne *f* de partage des eaux; **the Great Divide** la ligne de partage des Rocheuses

◆**divide up** *vt* partager

divided *adj* **1.** (*undecided*) partagé(e) **2.** (*in disagreement*) divisé(e)

dividend [ˈdɪv·ɪ·dend] *n* **1.** ECON, MATH dividende *m* **2.** *fig* **your hard work will eventually pay ~s** ton travail finira par payer [*o* porter ses fruits]

divination [ˌdɪv·ɪ·ˈneɪ·ʃᵊn] *n* divination *f;* **powers of ~** pouvoirs *mpl* divinatoires

divine [dɪ·ˈvaɪn] **I.** *adj* divin(e) **II.** *vt* **1.** (*guess*) deviner **2.** (*have insight into the future*) présager

diviner *n* devin *m*

diving *n* **1.** (*jumping*) plongeon *m* **2.** (*swimming*) **deep-sea ~** plongée *f* sous-marine

diving board *n* plongeoir *m*

divining rod *n* baguette *f* de sourcier

divinity [dɪ·ˈvɪn·ə·t̬i] *n* **1.** (*godliness*) divinité *f* **2.** (*religion*) théologie *f*

divisible [dɪ·ˈvɪz·ə·bl] *adj* divisible

division [dɪ·ˈvɪʒ·ᵊn] *n* **1.** (*splitting up*) partage *m* **2.** (*disagreement*) division *f* **3.** (*border*) ligne *f* de séparation **4.** ECON, MATH, MIL, SPORTS division *f*

divisive [dɪ·ˈvaɪ·sɪv] *adj* qui divise

divorce [dɪ·ˈvɔrs] **I.** *n* divorce *m* **II.** *vt* divorcer; **to get ~d from sb** divorcer de qn **III.** *vi* divorcer

divorcé *n* homme *m* divorcé

divorced *adj* divorcé(e)

divorcée *n* femme *f* divorcée

divot [ˈdɪv·ət] *n* motte *f* (de gazon)

divulge [dɪ·ˈvʌldʒ] *vt* divulguer

DIY [ˌdi·aɪ·ˈwaɪ] *n abbr of* **do-it-yourself** bricolage *m*

dizziness *n* vertige *m*

dizzy [ˈdɪz·i] <-ier, -iest> *adj* **1.** (*having a spinning sensation*) pris(e) de vertiges **2.** (*causing a spinning sensation*) vertigineux(-euse)

dizzying *adj* (*progress, speeds, heights*) vertigineux(-euse)

DJ [ˈdi·dʒeɪ] *n abbr of* **disc jockey** DJ *m*

Djibouti [dʒɪ·ˈbu·t̬i] *n* Djibouti

Djiboutian **I.** *adj* djiboutien(ne) **II.** *n* Djiboutien(ne) *m(f)*

DNA [ˌdi·en·ˈeɪ] *n abbr of* **deoxyribonucleic acid** ADN *m*

do[1] [du] **I.** <does, did, done> *aux* **1.** (*word used to form questions*) **~ you have a dog?** avez-vous un chien ? **2.** (*to form negatives*) **Freddy doesn't like olives** Freddy n'aime pas les olives **3.** (*to form negative imperatives*) **don't go!** n'y va pas ! **4.** (*for emphasis*) **I ~ like her** je l'aime vraiment bien; **~ you (now)?** ah, oui, vraiment?!; **~ come to our party!** venez à notre fête, vraiment!; **so you ~ like beer after all** finalement, tu aimes la bière **5.** (*to replace a repeated verb*) **she runs faster than he does** elle court plus vite que lui; **so ~ I** moi aussi; **"I don't smoke." "neither ~ I."** "je ne fume pas." "moi non plus."; **"may I ?" "please ~!"** *form* "Puis-je ?" "je vous en prie, faites !" **6.** (*in tag questions and replies*) **I saw him yesterday – did you?** je l'ai vu hier – vraiment?; **you like beef, don't you?** tu aimes le bœuf, n'est-ce-pas?; **who did that? – I did** qui a fait ça? – moi; **should I come? – no, don't** dois-je venir? – non, surtout pas **II.** <does, did, done> *vt* **1.** (*carry out*) faire; **to ~ sth again** refaire qc; **to ~ justice to sb/sth** être juste envers qn/qc; **this photo doesn't ~ her justice** cette photo ne l'avantage pas; **what ~ you ~ for a living?** qu'est-ce que tu fais comme travail?; **to ~ everything possible** faire tout son possible; **what is he ~ing ...?** que fait-il?; **this just can't be done!** ça ne se fait pas, c'est tout!; **what can I ~ for you?** que puis-je (faire) pour vous?; **to ~ nothing but ...** ne faire que ...; **don't just stand there, ~ something!** ne reste pas planté là, réagis! **2.** (*undertake*) **what am I supposed to ~ with you/this cake?** qu'est-ce que je suis supposé faire de toi/de ce gâteau? **3.** (*place somewhere*) **what have you done with my coat?** qu'est-ce que tu as fait de mon manteau? **4.** (*adjust*) **can you ~ something with my car?** est-ce que tu peux/vous pouvez faire qc pour ma voiture? **5.** (*help*) **can you ~ anything for my back?** pouvez-vous faire qc pour mon dos?; **this medication does nothing** ce médicament ne fait aucun effet **6.** (*act*) **to ~ sb well** bien agir envers qn **7.** (*deal with*) **if you ~ the dishes, I'll ~ the drying** si tu laves la vaisselle, je l'essuie **8.** (*solve: equation*) calculer; (*crossword puzzle*) faire **9.** (*make neat*) **to ~ the dishes** faire la vaisselle; **to ~ one's nails** se faire les ongles; **to get one's hair done** se faire coiffer **10.** (*go at a speed of*) **to ~ ... miles/per hour** faire du ... miles à l'heure **11.** (*cover a distance*) **to ~ San Francisco to Boston in four days** faire San Francisco–Boston en quatre jours **12.** (*be satisfactory*) **"I only have bread – will that ~ you?"** "je n'ai que du pain – ça te va ?" **13.** (*cook*) faire cuire **14.** (*cause*) **will you ~ me a favor?** tu veux me faire plaisir ?; **to ~ sb good/harm** faire du bien/du mal à qn; **to ~ sb the honor of ~ing sth** *form* faire l'honneur à qn de faire qc **15.** *inf* (*swindle*)

D

arnaquer; **to ~ sb out of sth** escroquer qn de qc **16.** *inf* (*serve prison time*) **to ~ one's time** faire son temps ▶**to ~ a number on sb** *sl* jouer un sale tour à qn; **~ unto others as you would have them do unto you** *prov* ne faites pas à autrui ce que vous ne voudriez pas qu'on vous fît; **what's done cannot be undone** *prov* ce qui est fait est fait *prov;* **to ~ it with sb** *inf* coucher avec qn **III.** <does, did, done> *vi* **1.** (*act*) faire; **you did right** tu as bien fait; **~ as you like** fais comme tu veux **2.** (*be satisfactory*) convenir; **that book will ~** ce livre fera l'affaire; **the money will ~** l'argent suffira; **thank you, that will ~** merci, ça me suffit; **this really won't ~!** cela ne peut pas continuer ainsi!; **that will never ~** ça ne suffira jamais **3.** (*manage*) **to ~ well** (*person*) bien s'en tirer; (*business*) bien marcher; **how are you ~ing?** bonjour, ça va ?; **to be ~ing well** bien aller; **you did well to come** tu as bien fait de venir **4.** (*finish with*) **to be done with sb/sth** en avoir terminé [*o* fini] avec qn/qc **5.** *inf* (*going on*) **there's something ~ing in town** il y a de l'activité en ville ▶**~ or die** marche ou crève **IV.** *n inf* (*party*) fête *f* ▶**the ~s and don'ts** ce qu'il faut faire et ce qu'il ne faut pas faire

◆**do away with** *vt inf* **1.** (*dispose of*) se débarrasser de **2.** (*kill*) liquider

◆**do for** *vt* **1.** *inf* (*defeat, ruin*) bousiller; **to be done for** être foutu **2.** *inf* (*kill*) tuer; **to be done for** être un homme mort **3.** *inf* (*exhaust*) achever; **to be done for** être foutu

◆**do in** *vt always sep* **1.** *inf* (*kill*) liquider; **to do oneself in** se foutre en l'air **2.** (*make exhausted*) **to be done in** être crevé

◆**do over** *vt* **1.** *inf* (*redo*) refaire **2.** *inf* (*redecorate*) refaire

◆**do up** *vt* **1.** (*dress in an impressive way*) **to be done up** être sur son trente et un; **to do oneself up** se faire beau(belle) **2.** (*wrap*) emballer **3.** (*fasten: buttons*) **to ~ sb's buttons** boutonner qn, fermer; (*zipper*) remonter; (*laces*) nouer; (*hair, shoes*) attacher **4.** (*restore: house*) retaper; (*room*) refaire

◆**do with** *vt* **1.** (*be related to*) **to have to ~ sb** avoir à faire avec qn; **to have to ~ sth** avoir à voir avec qc; **this book has to ~ human behavior** ce livre parle du comportement humain **2.** (*bear*) supporter **3.** *inf* (*need*) **I could ~ a vacation** j'aurais bien besoin de vacances; **I could ~ some sleep** un bon somme me ferait du bien **4.** (*finish*) **to be done with** être fini; **to be done with sth** en avoir fini avec qc; **are you done with the book?** as-tu encore besoin du livre?

◆**do without** *vt* se passer de

do² [du] *n sl* coupe *f* (de cheveux)

do³ [doʊ] *n* MUS do *m*

DOA [ˌdi·oʊ·ˈeɪ] *adj abbr of* **dead on arrival** décédé(e) en cours de transfert à l'hôpital

docile [ˈda·sᵊl] *adj* docile

docility *n* docilité *f*

dock¹ [dak] **I.** *n* **1.** (*wharf*) dock *m* **2.** (*for receiving ship*) bassin *m;* **dry ~** cale *f* sèche; **in ~** en réparation **3.** (*pier*) jetée *f* **II.** *vi* se mettre à quai; **the ship is ~ing** le bateau arrive à quai **III.** *vt* **1.** NAUT amarrer **2.** AVIAT arrimer

dock² [dak] *vt* **1.** (*reduce*) diminuer; **the company ~ed me 15% of my salary** la société a fait une retenue de 15 % sur mon salaire **2.** (*cut off the tail of*) écourter la queue de

docker *n inf* docker *m*

docket [ˈda·kɪt] **I.** *n* **1.** (*list of cases*) registre *m* du tribunal **2.** (*business agenda*) ordre *m* du jour **II.** *vt* consigner

docking *n* **1.** (*stopping in a dock*) amarrage *m* **2.** (*joining together of spacecraft*) arrimage *m* **3.** (*cutting*) réduction *f;* (*of wages*) diminution *f*

dockyard *n* chantier *m* naval

doctor [ˈdak·tər] **I.** *n* **1.** (*physician*) médecin *m;* **to go to the ~'s** aller chez le médecin **2.** (*person with a doctorate*) docteur *mf;* **Doctor of Jurisprudence** docteur en droit; **~'s degree** doctorat *m* ▶**to be just what the ~ ordered** *iron* c'est justement ce qu'il fallait; **this hot bath is just what the ~ ordered** ce bain chaud, c'est exactement ce dont j'avais besoin **II.** *vt pej* **1.** (*illegally alter: document*) falsifier **2.** (*poison*) frelater **3.** (*to repair*) rafistoler

doctorate *n* doctorat *m*

> **i** Un **doctorate** ou un *doctor's degree* dans une matière est le grade académique le plus élevé normalement attribué par une université pour la soutenance d'une thèse. Les **doctorates** les plus courants sont un *Ph.D.* ou un *D.Phil. (Doctor of Philosophy)* pour une thèse de troisième cycle; il en existe d'autres tels que le *D.Mus. (Doctor of Music)*, le *MD (Doctor of Medicine)*, le *LL D (Doctor of Laws)*. Par exemple, un *D.Litt. (Doctor of Letters)* ou un *D.Sc. (Doctor of Science)* peuvent être accordés par une université à une personnalité exceptionnelle pour ses publications d'articles ou autres travaux importants.

doctrine [ˈdak·trɪn] *n* doctrine *f*

document [ˈda·kjə·mənt] **I.** *n* document *m;* **travel ~s** papiers *mpl* **II.** *vt* **to ~ a file** rassembler de la documentation pour un dossier

documentary [ˌda·kjə·ˈmen·t̬ər·i] **I.** <-ries> *n* documentaire *m* **II.** *adj* **1.** (*factual*) documenté(e) **2.** (*contained in documents: evidence*) écrit(e)

documentation *n* **1.** (*evidence*) document *m* **2.** (*information*) documentation *f*

dodge [dadʒ] **I.** *vt* esquiver; (*question*) éluder; (*responsibility*) fuir; (*person*) éviter; (*pursuer*) échapper à **II.** *vi* **1.** (*move quickly*) se défiler **2.** SPORTS esquiver **III.** *n* **1.** *inf* (*trick*) combine *f;* **tax** ~ magouille *f* fiscale **2.** (*quick movement*) esquive *f*

dodger *n pej* filou *m;* **draft** ~ tire-au-flanc *m inv*

doe [doʊ] *n* **1.** (*deer*) biche *f* **2.** (*hare*) hase *f* **3.** (*rabbit*) lapine *f*

doer ['du·ər] *n* personne *f* dynamique

does [dʌz] *3rd pers sing of* **do**

doeskin ['doʊ·skɪn] *n* daim *m*

doesn't *s.* **does not** *s.* **do**

dog [dɔg] **I.** *n* **1.** (*animal*) chien *m;* **hunting/pet** ~ chien de chasse/compagnie; **police** ~ chien policier **2.** *inf* (*person*) **lucky** ~ veinard *m* **3.** *pej* (*ugly female*) cageot *m;* (*nasty male*) rosse *f;* **the** (**dirty**) **~!** quelle peau de vache! ▸**every ~ has its day** *prov* à chacun son heure; ~ **eat** ~ *prov* les loups ne se font pas de cadeaux; **to go to the ~s** mal tourner; **to live a ~'s life** mener une vie de chien; **let sleeping ~s lie** *prov* il ne faut pas réveiller l'eau qui dort; **you don't have a ~'s chance** (**in Hell**) *inf* tu n'as (absolument) aucune chance **II.** <-gg-> *vt* **1.** (*hound*) suivre à la trace; **to ~ sb with questions** harceler qn de questions **2.** (*trail*) **the police ~ged the murderer** la police filait l'assassin

dog biscuit *n* biscuit *m* pour chiens

dog collar *n* **1.** (*a collar around a dog's neck*) collier *m* **2.** *inf* (*jewel*) collier *m* de chien **3.** *inf* (*clerical collar*) col *m* de prêtre

dog days *n pl* période *f* de canicule

dog-eared *adj* corné(e)

dogged *adj* tenace

dogma ['dɔg·mə] *n* dogme *m*

dogmatic *adj pej* dogmatique

dogmatism *n* dogmatisme *m*

dog-tired *adj inf* vidé(e)

doing *n* action *f;* **to be** (**of**) **sb's** ~ être l'œuvre de qn; **is this your ~?** c'est toi qui as fait ça?

doings *n pl* **1.** (*event*) événement *m* **2.** (*activity*) faits *mpl* et gestes

do-it-yourself *adj* de bricolage; ~ **home improvement** rénovation *f* immobilière faite par soi-même

doldrums ['doʊl·drəmz] *npl* **to be in the ~** (*feel depressed*) broyer du noir; FIN être dans le marasme

dole [doʊl] *vt* **to ~ sth out** distribuer qc

doleful *adj* triste

doll [dal] *n* **1.** (*toy*) poupée *f* **2.** *inf* (*darling*) petite chérie *f*

dollar ['da·lər] *n* dollar *m,* piastre *f Québec*

dollop ['da·ləp] *n* portion *f*

dolphin ['dal·fɪn] *n* dauphin *m*

dolt [doʊlt] *n pej* empoté(e) *m(f)*

domain [doʊ·'meɪn] *n a.* POL, COMPUT domaine *m*

dome [doʊm] *n* **1.** ARCHIT dôme *m* **2.** *sl* (*head*) caboche *f;* (*bald head*) crâne *m* d'œuf

domestic [də·'mes·tɪk] **I.** *adj* **1.** (*household: appliances, commitments*) ménager(-ère); (*situation, life, bliss*) familial(e); (*violence, dispute*) conjugal(e); (*fuel*) domestique; ~ **worker** employé(e) *m(f)* de maison; **to do ~ work** faire des ménages **2.** (*domesticated: animal*) domestique **3.** ECON, FIN (*not foreign: market, flight, affairs, trade*) intérieur(e); (*products, economy, currency*) national(e); (*crisis, issue*) de politique intérieure; (*wines*) du pays; **gross ~ product** produit *m* national brut **II.** *n* domestique *mf*

domesticate [də·'mes·tɪ·keɪt] *vt a. iron* domestiquer

domesticated *adj* casanier(-ère)

domesticity [ˌdoʊ·mes'tɪs·ə·ti] *n* vie *f* de famille

domicile ['da·mə·saɪl] *n form* LAW domicile *m*

dominance ['da·mə·nən(t)s] *n a.* MIL suprématie *f*

dominant **I.** *adj a.* BIO, MUS (*characteristic, gene, harmony*) dominant(e) **II.** *n* MUS dominante *f*

dominate ['da·mə·neɪt] **I.** *vt* dominer **II.** *vi* dominer; (*issue, question*) prédominer

domination *n* **1.** (*control*) domination *f* **2.** (*controlling position*) suprématie *f*

domineer [ˌda·mə·'nɪr] *vi pej* donner le ton; **to ~ over sb** tyranniser qn

domineering *adj pej* autoritaire

Dominica [ˌda·mɪ·'ni·kə] *n* GEO Dominique *f*

Dominican **I.** *adj* **1.** (*of Dominica*) dominicais(e), dominiquais(e) **2.** (*of the Dominican Republic*) dominicain(e) **II.** *n* **1.** (*of Dominica*) Dominicais(e) *m(f),* Dominiquais(e) *m(f)* **2.** (*of the Dominican Republic*) Dominicain(e) *m(f)*

Dominican Republic *n* République *f* dominicaine

dominion [də·'mɪn·jən] *n a. form* souveraineté *f*

domino ['da·mə·noʊ] <-noes> *n* domino *m*

domino effect *n* effet *m* boule de neige

don [dan] *n* parrain *m* (de la Mafia)

donate ['doʊ·neɪt] **I.** *vt* donner; (*money*) faire un don de **II.** *vi* ECON, FIN faire un don

donation *n* don *m*

done *pp of* **do**

donkey ['dɔŋ·ki] *n* âne *m*

donor ['doʊ·nər] *n* donateur, -trice *m, f;* **blood/organ** ~ donneur, -euse *m, f* de sang/d'organes

don't = **do not** *s.* **do**

donut ['doʊ·nʌt] *n* beignet *m,* beigne *m Québec*

doodad ['du·dæd] *n inf* truc *m*

doodle ['du·dl] **I.** *vi* gribouiller **II.** *n* gribouillage *m*

doom [dum] **I.** *n* (*grim destiny*) fatalité *f* **II.** *vt* condamner

doomed *adj* voué(e) à l'échec

doomsday *n* REL jour *m* du Jugement dernier

door [dɔr] *n* **1.** (*movable barrier*) porte *f;* **front** ~ porte d'entrée; **sliding/swing** ~ porte coulissante/battante; **revolving** ~ porte à tambour **2.** (*doorway*) entrée *f;* **the third ~ on the left** la troisième porte à gauche ▸**to be**

D

knocking on the ~ ne pas être loin du but; **to leave the ~ open to sth** laisser la porte ouverte à qc; **to show sb the** ~ *inf* mettre qn à la porte

doorbell *n* sonnette *f* de porte

doorframe *n* chambranle *m*

doorkeeper *n s.* **doorman**

doorknob *n* bouton *m* de porte

doorman <-men> *n* portier *m*

doormat *n a. pej* paillasson *m*

doornail *n inf* **to be as dead as a** ~ être bel et bien mort

doorstep *n* pas *m* de porte

door-to-door *adj* à domicile; ~ **salesman** démarcheur *m*

doorway *n* entrée *f*

dope [doʊp] **I.** *n* **1.** *inf* MED dope *f* **2.** *inf* (*stupid person*) gourde *f* **3.** *inf* (*information*) tuyau *m* **II.** *vt* MED, TECH doper

dope peddler, dope pusher *n inf* dealer *m*

dopey, dopy *adj* <-ier, -iest> **1.** (*drowsy*) hébété(e) **2.** (*silly*) débile

dormant ['dɔr·mənt] *adj* **1.** (*inactive: volcano*) endormi(e) **2.** BOT, BIO (*not growing*) dormant(e)

dormitory ['dɔr·mə·tɔr·i] <-ries> *n* **1.** (*sleeping quarters*) dortoir *m* **2.** (*for students*) foyer *m* d'étudiants

dormouse ['dɔr·maʊs] <-mice> *n* muscardin *m*

dorsal ['dɔr·sᵊl] *adj* dorsal(e)

DOS [das] *n no art abbr of* **disk operating system** DOS *m*

dosage ['doʊ·sɪdʒ] *n* dosage *m*

dose [doʊs] **I.** *n* **1.** (*portion*) dose *f* **2.** *fig* **in small ~s** à petites doses **II.** *vt* MED traiter

dossier ['da·si·eɪ] *n* dossier *m*

dot [dat] **I.** *n a.* TYP point *m;* **at six o'clock on the** ~ à six heures précises [*o* pile] **II.** <-tt-> *vt* **1.** (*mark with a dot*) pointer **2.** (*cover*) parsemer; **to ~ the landscape** être disséminé dans le paysage ►**to ~ your i's and cross your t's** mettre les points sur les i

dote [doʊt] *vi* **to ~ on sb/sth** adorer qn/qc

doting *adj* engoué(e)

dot-matrix printer *n* imprimante *f* matricielle

double ['dʌb·l] **I.** *adj* double **II.** *adv* **1.** (*twice*) deux fois **2.** (*in two*) **to start seeing** ~ commencer à voir (en) double; (*to fold, bend*) en deux **III.** *vt* **1.** (*make twice as much/many*) doubler **2.** (*fold in two*) plier **IV.** *vi* **1.** (*become twice as much/many*) doubler **2.** (*serve a second purpose*) *a.* THEAT **to ~ as sb/sth** doubler qn/qc **V.** *n pl* SPORTS double *m;* **men's/women's/mixed ~s** double messieurs/dames/mixte ►~ **or nothing** GAMES quitte ou double; **on the** ~ au pas de course

◆**double back** *vi* faire demi-tour

◆**double up** *vi* **1.** (*bend over*) se plier en deux; **to ~ with laughter/pain** être plié de rire/de douleur **2.** (*share room*) partager la même chambre

double-barreled *adj* **1.** (*two barrels: shotgun*) à deux canons **2.** (*two purposes*) à double usage

double bass <-es> *n* contrebasse *f*

double bed *n* lit *m* à deux places

double-breasted *adj* FASHION croisé(e)

double-check *vt* revérifier; **to ~ that ...** bien s'assurer que ...; (*verify in two ways*) vérifier deux fois que ...

double chin *n* double menton *m*

double-click *vt, vi* COMPUT double-cliquer (sur)

double-cross **I.** *vt* doubler **II.** <-es> *n* double jeu *m*

double-crosser *n pej* faux jeton *m*

double-dealer *n pej* fraudeur, -euse *m, f*

double-dealing **I.** *n pej* LAW, ECON, POL fraude *f* **II.** *adj pej* fraudeur(-euse)

double-decker *n* autobus *m* à impériale

double-decker sandwich *n* sandwich *m* deux étages

double dribble *n* SPORTS reprise *f* de dribble

double dutch *n* GAMES *jeu de saut à la corde*

double-edged *adj* **1.** (*with two cutting edges*) à lame double **2.** (*both negative and positive*) à double tranchant

double-entry bookkeeping *n* comptabilité *f* en partie double

double feature *n programme constitué de deux films principaux*

double-jointed *adj* très souple

double-park **I.** *vi* se garer en double file **II.** *vt* garer en double file

doubles *npl* SPORTS double *m*

double-sided *adj* bilatéral(e)

double standard *n* **to have ~s** faire deux poids deux mesures

double take *n* **to do a** ~ devoir y regarder à deux fois

doublethink *n* pensée *f* contradictoire

double time *n* double paye *f*

doubly ['dʌb·li] *adv* deux fois

doubt [daʊt] **I.** *n* doute *m;* **to be in** ~ avoir des doutes; **to cast ~ on sb/sth** mettre qn/qc en doute; **not a shadow of (a) ~** pas l'ombre *f* d'un doute; **no** ~ incontestablement; **to have one's ~s about sth** avoir ses doutes quant à qc **II.** *vt* douter de; **to ~ whether** douter que +*subj*

doubtful *adj* douteux(-euse); **to be ~ whether** être douteux que +*subj;* **to be ~ about sth** avoir des doutes sur qc

doubtless *adv* **1.** (*without doubt*) sans aucun doute **2.** (*presumably*) sans doute

dough [doʊ] *n* **1.** CULIN (*mixture to be baked*) pâte *f* **2.** *sl* (*money*) t(h)une *f*

doughnut ['doʊ·nʌt] *n s.* **donut**

doughy ['doʊ·i] *adj* **1.** (*dough-like*) pâteux(-euse) **2.** (*pale*) blafard(e); (*complexion*) terreux(-euse)

dour [dʊr] *adj* austère

douse [daʊs] *vt* **1.** (*drench*) plonger **2.** (*extinguish*) éteindre

dove[1] [dʌv] **I.** *n* colombe *f* **II.** *adj* ~ **gray** grisâtre

dove[2] [doʊv] *pt of* **dive**
dovecot(e) ['dʌv·kat] *n* pigeonnier *m*
Dover ['doʊ·vər] *n* Douvres
dovetail ['dʌv·teɪl] *vt, vi* concorder
dowager ['daʊə·dʒər] *n* veuve *f* aristocrate
dowdy ['daʊ·di] *adj* <-ier, -iest> *pej* débraillé(e)
dowel [daʊəl] *n* cheville *f*
down[1] [daʊn] **I.** *adv* **1.** (*with movement*) en bas, vers le bas; **to come** [*o* **go**] **~** descendre; **to fall ~** tomber; **to lie ~** s'allonger; **on the way ~ from Seattle** en venant de Seattle; **to go ~ to Key West/the Gulf** descendre à Key West/sur le Golfe **2.** (*less intensity*) **prices are ~** les prix *mpl* ont baissé; **to be ~ 12%** être en baisse de 12 %; **the wind died ~** le vent s'apaisa; **the fire is burning ~** le feu s'éteint **3.** (*position*) en bas; **~ there/here** là-bas/ici; **further ~** plus bas; **~ South** dans le Sud; **to hit sb when he is ~** frapper qn à terre **4.** (*temporal*) **~ to here** jusqu'ici; **~ through the ages** de tout temps; **~ to recent times** jusqu'à présent; **from grandfather ~ to granddaughter** du grand-père à la petite-fille **5.** (*in writing*) **to write/get sth ~** coucher qc par écrit ▶ **to come ~ with the flu** attraper la grippe; **to be ~ on one's luck** ne pas avoir de chance; **to be ~ in the mouth** être abattu; **~ with sb/sth!** à bas qn/qc! **II.** *prep* **to go ~ the stairs** descendre l'escalier; **to fall ~ the stairs** dégringoler les escaliers; **to live ~ the street** habiter plus bas dans la rue; **to go/drive ~ the street** descendre la rue; **her hair reaches ~ her back** ses cheveux lui tombent dans le dos; **to come ~ (through) the centuries** être transmis au fil des siècles **III.** *adj* **1.** (*depressed*) **to feel ~** être déprimé **2.** COMPUT, TECH en panne **IV.** *n* (*in football*) **first/second ~** premier/second envoi *m* **V.** *vt* **1.** (*strike down: opponent*) terrasser **2.** (*drink quickly*) **to ~ a glass of sth** vider un verre de qc; (*eat quickly*) engloutir **3.** (*in football*) **to ~ the ball** sortir la balle du jeu
down[2] [daʊn] *n* duvet *m*
down and out, down-and-out I. *adj* piteux(-euse) **II.** *n* clochard(e) *m(f)*
downcast *adj* **1.** (*depressed*) abattu(e) **2.** (*looking down: eyes*) baissé(e)
downfall *n* **1.** (*fall from power*) effondrement *m* **2.** (*cause of sb's fall*) ruine *f*; **sth is sb's ~** qc est la ruine de qn
downgrade I. *vt* **1.** ECON (*reduce in rank*) dégrader **2.** (*disparage*) réduire **II.** *n a.* ECON dégradation *f*
downhearted *adj* abattu(e)
downhill I. *adv* (*toward the bottom of a hill*) en descendant **II.** *adj* descendant(e); **~ hike** descente *f*
Downing Street *n résidence officielle du Premier ministre britannique située au numéro 10.*
download ['daʊn·loʊd] **I.** *vt* COMPUT télécharger (vers l'aval) **II.** *n* COMPUT téléchargement *m*
down-market *adj* bon marché
down payment *n* acompte *m*
downplay *vt* minimiser
downpour *n* averse *f*, drache *f Belgique*
downright I. *adj* **1.** (*utter*) pur(e); **it is a ~ disgrace** c'est vraiment une honte **2.** (*frank*) franc(he) **II.** *adv* vraiment
downside *n* revers *m*
downsize I. *vt* réduire **II.** *vi* réduire ses effectifs
downsizing *n* ECON suppression *f* d'emplois
Down's Syndrome ['daʊnz·ˌsɪn·droʊm] *n* syndrome *m* de Down
downstairs I. *adv* en bas de l'escalier **II.** *adj* au rez-de-chaussée **III.** *n* rez-de-chaussée *m*
downstream *adv* dans le sens du courant
downtime *n* COMPUT, TECH temps *m* d'immobilisation
down-to-earth *adj* terre à terre *inv*
downtown I. *n no art* centre *m* **II.** *adv* dans/vers le centre ville **III.** *adj* du centre ville
downtrodden *adj* réprimé(e)
downturn *n* fléchissement *m*
downward(s) I. *adj* **1.** (*going down*) descendant(e) **2.** (*decreasing*) en baisse; **to be on a ~ trend** avoir une tendance à la baisse **II.** *adv* vers le bas; **everyone from management ~** tout le monde de la direction jusqu'au plus petit employé
downy ['daʊ·ni] *adj* (*soft*) duveteux(-euse)
dowry ['daʊ·ri] <-ries> *n* trousseau *m*
dowse[1] [daʊs] *vi* faire de la radiesthésie
dowse[2] [daʊs] *vt s.* **douse**
dowser *n* sourcier, -ière *m, f*
doyen ['dɔɪ·ən] *n* doyen(ne) *m(f)*
doz. *n abbr of* **dozen** douzaine *f*
doze [doʊz] **I.** *vi* somnoler **II.** *n* (*short nap*) somme *m*
dozen ['dʌz·ən] *n* (*twelve*) douzaine *f* ▶ **by the ~** à la pelle
dozy ['doʊ·zi] *adj* <-ier, -iest> somnolent(e)
DP *n* **1.** *abbr of* **data processing** traitement *m* des données **2.** *abbr of* **displaced person** personne *f* déplacée
DPhil *n abbr of* **Doctor of Philosophy** docteur *m* en philosophie
Dr. *n abbr of* **Doctor** Dr *m*
drab [dræb] *adj* <drabber, drabbest> *pej* (*colors, existence*) grisâtre
drachma ['dræk·mə] *n* HIST drachme *f*
draconian [drə·'koʊ·nɪ·ən] *adj* draconien(ne)
draft [dræft] **I.** *n* **1.** (*air current*) courant *m* d'air **2.** (*preliminary version*) ébauche *f* **3.** MIL (*military conscription*) contingent *m* **4.** SPORTS (*player selection process*) sélection *f* **5.** FIN, ECON (*bank order*) lettre *f* de change **6.** CULIN pression *f*; **beer on ~** bière à la pression **7.** NAUT (*water depth*) tirant *m* d'eau **8.** *form* (*gulp*) ingestion *f* de liquide **II.** *vt* **1.** MIL (*conscript*) recruter **2.** SPORTS (*select: player*) sélectionner **3.** (*prepare a preliminary version*) esquisser; (*plan*) ébaucher **III.** *adj* **1.** CULIN (*in a cask*) (à la) pression **2.** (*used for pulling: ani-*

D

mal) de trait
draftee ['dræf·ti] *n* appelé(e) *m(f)*
draftsman ['dræfts·mən] <-men> *n* **1.** TECH dessinateur *m* technique **2.** ART dessinateur *m*
draftswoman <-women> *n* TECH **1.** TECH dessinatrice *f* technique **2.** ART dessinatrice *f*
drafty ['dræf·ti] *adj* plein(e) de courants d'air
drag [dræg] **I.** *n* **1.** PHYS (*force*) résistance *f;* AVIAT traînée *f* **2.** (*impediment*) obstacle *m* **3.** *inf* (*bore*) raseur, -euse *m, f* **4.** *inf* (*puff on cigarette*) taffe *f;* **to have a ~** tirer une taffe **5.** *inf* SOCIOL (*women's clothes worn by a man*) **to be dressed in ~** être habillé en travesti **6.** *sl* (*street*) **the main ~** la rue principale **7.** (*for dredging*) drague *f* **8.** SPORTS *s.* **drag race** **II.** <-gg-> *vt* **1.** (*pull*) *a. fig* traîner; **to ~ sb out of bed** tirer qn de son lit; **to ~ sb away from sth** arracher qn à/de qc **2.** COMPUT (*icon*) faire glisser; **to ~ and drop** glisser-déposer **3.** (*search: river, lake*) draguer ►**to ~ one's feet** [*o* **heels**] traîner les pieds; **to ~ sb's name through the mud** traîner le nom de qn dans la boue **III.** <-gg-> *vi* **1.** (*proceed slowly*) traîner; (*time, speech*) traîner en longueur **2.** *inf* (*puff*) **to ~ on a cigarette** tirer sur une cigarette
◆**drag on** <-gg-> *vi pej* s'éterniser
◆**drag out** <-gg-> *vt* faire traîner
dragon ['dræg·ən] *n* dragon *m*
dragonfly ['dræg·ən·flaɪ] <-flies> *n* libellule *f*
drag queen *n* drag queen *f*
drag race *n* course *f* d'accélération
drain [dreɪn] **I.** *vt* **1.** (*remove liquid from*) *a.* BOT, AGR, MED drainer **2.** (*empty*) vider **3.** (*tire out*) épuiser **II.** *vi* **1.** (*become empty*) se vider; (*liquid, water*) s'écouler **2.** BOT, AGR (*permit drainage*) être drainé(e) **3.** (*vanish gradually: energy*) s'épuiser **III.** *n* **1.** TECH (*pipe for removing liquid*) drain *m* **2.** (*constant expenditure*) fuite *f* **3.** *fig* SOCIOL, ECON **brain ~** fuite *f* des cerveaux **4.** MED drain *m* **5.** *pl* (*plumbing system*) canalisation *f* ►**to be down the ~** être tombé à l'eau
drainage ['dreɪ·nɪdʒ] *n* drainage *m*
drainage basin *n* GEO zone *f* d'influence
drainpipe ['dreɪn·paɪp] *n* TECH collecteur *m*
drake [dreɪk] *n* canard *m* (mâle)
drama ['dram·ə] *n* drame *m*
drama queen *n pej, sl* comédienne *f*
dramatic [drə·'mæţ·ɪk] *adj* dramatique
dramatics *npl* **1.** + *sing vb* THEAT (*acting or producing plays*) dramaturgie *f* **2.** *pej* (*exaggerated behavior*) dramatisation *f*
dramatis personae [ˌdra·mə·ţɪs·pər·'soʊ·naɪ] *npl* + *sing vb* THEAT personnages *mpl* principaux
dramatist ['dra·mə·ţɪst] *n* dramaturge *mf*
dramatization *n* **1.** THEAT, CINE, TV (*adaptation for stage, screen*) adaptation *f* dramatique **2.** *pej* (*exaggeration of importance*) dramatisation *f*
dramatize ['dra·mə·taɪz] **I.** *vt* **1.** THEAT, CINE, TV (*adapt for stage or screen*) adapter **2.** (*exaggerate the importance*) dramatiser **II.** *vi* dramatiser
drank [dræŋk] *pt of* **drink**
drape [dreɪp] **I.** *vt* draper; **to be ~d in sth** être drapé de qc **II.** *vi* (*hang loosely: fabric*) draper; (*clothes*) tomber; **to ~ around one's shoulders** se couvrir les épaules **III.** *n* **1.** *pl* (*curtains*) rideaux *mpl* **2.** FASHION (*fold*) drapé *m*
drapery ['dreɪ·pər·i] <-ries> *n* **1.** (*arranged fabric*) drapé *m* **2.** *pl* (*curtain*) draperies *fpl*
drastic ['dræs·tɪk] *adj* **1.** (*severe*) drastique; (*measures, budget cuts*) draconien(ne); (*change*) radical(e); (*action*) énergique; (*rise, change*) dramatique **2.** MED drastique
drat [dræt] *interj* zut!
draw [drɔ] **I.** *n* **1.** (*sb/sth attractive*) attraction *f* **2.** (*power to attract attention*) séduction *f* **3.** SPORTS (*drawn contest*) match *m* nul **4.** (*reaction*) **to be quick on the ~** être rapide à dégainer; *fig* saisir au vol **II.** <drew, drawn> *vt* **1.** (*make picture*) dessiner; (*a line*) tirer **2.** (*portray*) représenter; (*a picture*) faire **3.** (*pull*) tirer; **to ~ sb aside** mettre qn à l'écart **4.** (*attract*) attirer; (*cheers*) susciter **5.** (*elicit: a confession*) soutirer; (*a criticism*) provoquer **6.** (*formulate*) faire; (*a conclusion*) tirer **7.** (*extract*) extraire; (*a weapon*) sortir; MED (*blood*) prélever; **to ~ blood** *a. fig* faire saigner **8.** GAMES (*a card*) tirer **9.** (*obtain*) obtenir *inf* **10.** FIN, ECON (*earn*) obtenir; (*a salary*) percevoir **11.** (*select in lottery*) tirer au sort **12.** (*obtain water*) puiser; **to ~ sb's bath** tirer un bain pour qn **13.** CULIN (*get from a cask: beer*) tirer **14.** FIN, ECON (*write a bill: check*) tirer **15.** (*inhale: a breath*) prendre; **to ~ breath** *fig* souffler (un peu) **16.** NAUT (*displace water*) jauger **17.** SPORTS (*stretch a bow*) bander ►**to ~ a blank** faire chou blanc; **to ~ the line at sth** fixer des limites à qc; **to ~ a veil over sth** tirer un voile sur qc *f* **III.** <drew, drawn> *vi* **1.** ART (*make a picture*) dessiner **2.** (*move*) se diriger; **to ~ near** s'approcher; (*time*) approcher; **to ~ apart** se séparer; **to ~ away** s'éloigner; (*recoil*) avoir un mouvement de recul; **to ~ ahead of sb/sth** prendre de l'avance sur qn/qc; **to ~ to a close** tirer à sa fin; **to ~ even with sb/sth** égaliser avec qn/qc **3.** (*draw lots*) effectuer un tirage au sort **4.** GAMES (*make a tie score*) faire match nul
◆**draw back** *vi* **1.** (*recoil*) reculer **2.** (*chose not to do sth*) faire marche arrière
◆**draw down** *vt* (a)baisser
◆**draw in** *vt* **1.** (*involve*) impliquer **2.** (*retract: reins*) tirer; (*claws*) rentrer **3.** (*inhale*) aspirer
◆**draw off** *vt* retirer; (*a beer*) tirer
◆**draw on** **I.** *vt* **1.** (*use*) se servir de **2.** (*inhale smoke: cigarette, pipe*) tirer sur **II.** *vi* **1.** (*continue*) s'avancer; (*time*) avancer **2.** *form* (*approach* (*in time*)) s'approcher
◆**draw out** *vt* **1.** (*prolong*) prolonger; (*situation, meeting*) faire traîner; (*meal*) prolonger; (*vowels*) allonger **2.** (*make talk*) **to draw sth**

out of sb faire parler qn au sujet de qc
◆**draw up** *vt* **1.** (*draft: a document, contract, program*) dresser; (*a plan*) élaborer **2.** (*pull*) tirer; **to draw oneself up** se dresser
drawback ['drɔ·bæk] *n* inconvénient *m*
drawbridge *n* pont-levis *m*
drawer ['drɔ·ər] *n* tiroir *m;* **chest of ~s** commode *f*
drawing *n* **1.** ART dessin *m* **2.** (*lottery*) tirage *m*
drawing board *n* ART planche *f* à dessin ▶**back to the ~!** *inf* retour à la case départ!
drawing room *n form* salon *m*
drawl [drɔl] **I.** *n* voix *f* traînante; **Southern ~** *voix traînante des gens du Sud des Etats-Unis* **II.** *vi* parler d'une voix traînante **III.** *vt* marmonner
drawn [drɔn] **I.** *pp of* **draw II.** *adj* (*face*) tiré(e)
dread [dred] **I.** *vt* **1.** (*fear*) craindre **2.** (*be apprehensive about*) redouter **II.** *n* terreur *f;* **to fill sb with ~** remplir qn d'effroi; **to live/be in ~ of doing sth** vivre/être dans l'angoisse de faire qc
dreadful *adj* **1.** (*terrible: mistake*) terrible; (*accident*) atroce **2.** (*bad quality*) qui ne vaut rien **3.** (*very great: annoyance, bore*) gros(se)
dreadfully *adv* **1.** (*in a terrible manner*) terriblement **2.** (*poorly*) très faiblement **3.** (*extremely*) fortement
dream [drim] **I.** *n* rêve *m;* **to have a ~** faire un rêve; **to have a ~ about sth** rêver de qc ▶**never in my wildest ~s** même dans mes rêves les plus fous *+neg;* **in your ~s!** tu rêves!; **like a ~** à merveille **II.** *adj* de rêve; **to be (living) in a ~ world** vivre dans un monde imaginaire **III.** <dreamt *o* dreamed, dreamt *o* dreamed> *vi* rêver; **to ~ about** [*o* **of**] **sb/sth** rêver de qn/qc; **~ on!** tu peux toujours y compter!; **to ~ of doing sth** s'imaginer faire qc **IV.** <dreamt *o* dreamed, dreamt *o* dreamed> *vt* **1.** PYSCH (*experience a dream*) rêver **2.** (*imagine*) imaginer
◆**dream up** *vt* imaginer
dreamer *n* **1.** PSYCH (*person who dreams*) rêveur, -euse *m, f* **2.** (*impractical person*) idéaliste *mf*
dreamland *n inf* pays *m* de cocagne
dreamless *adj* sans rêve
dreamlike *adj* onirique
dreamt [drem(p)t] *pt, pp of* **dream**
dreamy ['dri·mi] *adj* **1.** (*dreamlike*) surréaliste **2.** (*fantasizing*) rêveur(-euse) **3.** *inf* (*delightful*) fabuleux(-euse)
dreary ['drɪr·i] *adj* ennuyeux(-euse)
dredge[1] [dredʒ] TECH, NAUT **I.** *n* dragueur *m* **II.** *vt* draguer
dredge[2] [dredʒ] *vt* CULIN saupoudrer
dredger[1] *n* TECH, NAUT dragueur *m*
dredger[2] *n* CULIN saupoudroir *m*
dregs [dregz] *npl a. fig* lie *f*
drench [dren(t)ʃ] *vt* asperger; **to be ~ed in sweat** être en nage
dress [dres] **I.** *n* **1.** <-es> (*woman's garment*) robe *f* **2.** (*clothing*) tenue *f;* **to wear traditional ~** porter le costume traditionnel; **in ceremonial ~** en habit *m* de cérémonie **II.** *vi* s'habiller **III.** *vt* **1.** (*put on clothing*) habiller **2.** CULIN (*salad*) assaisonner; (*vegetables, dish*) accommoder; (*poultry*) habiller **3.** MED (*treat a wound*) panser **4.** (*prepare*) apprêter; (*stone*) tailler; **to ~ sb's hair** (bien) coiffer qn **5.** (*decorate: shop windows*) décorer
◆**dress down I.** *vi* **to ~ in sth** porter simplement qc **II.** *vt inf* **to dress sb down** passer un savon à qn
◆**dress up I.** *vi* **1.** FASHION (*wear formal clothing*) (bien) s'habiller **2.** (*wear disguise*) se déguiser **II.** *vt* **1.** FASHION (*put on clothing*) **to dress oneself up** s'habiller; **to be all dressed up** être sur son trente et un **2.** (*disguise*) déguiser **3.** (*embellish: a pizza*) garnir; (*a story*) enjoliver **4.** (*present in a better way*) améliorer la présentation de
dress circle *n* THEAT premier balcon *m*
dress coat *n* manteau *m* habillé
dressed *adj* **1.** (*wearing clothes*) habillé(e) **2.** CULIN (*ready for cooking*) prêt(e) à cuire; (*ready for eating*) prêt(e) à servir
dresser *n* **1.** FASHION **a stylish ~** quelqu'un qui s'habille avec élégance **2.** THEAT habilleur, -euse *m, f* **3.** (*sideboard*) buffet *m* (de cuisine)
dressing *n* **1.** FASHION (*wearing clothes*) habillement *m* **2.** CULIN (*sauce*) assaisonnement *m;* **French ~** vinaigrette *f* **3.** MED (*covering for an injury*) pansement *m*
dressing-down *n* **to give sb a ~** *inf* enguirlander qn
dressing gown *n* robe *f* de chambre
dressing room *n* dressing(-room) *m*
dressing table *n* coiffeuse *f*
dressmaker *n* couturière *f*
dressmaking *n* couture *f*
dress rehearsal *n* répétition *f* générale
dress shirt *n* chemise *f* habillée
dress suit *n* costume *m* habillé
dress uniform *n* **full-~** uniforme *m* d'apparat
dressy ['dres·i] *adj* <-ier, -iest> **1.** (*stylish: clothing*) habillé(e) **2.** (*formal: occasion*) solennel(le)
drew [dru] *pt of* **draw**
dribble ['drɪb·l] **I.** *n* **1.** (*saliva*) bave *f* **2.** (*small droplet*) gouttelette *f* **3.** SPORTS drib(b)le *m* **II.** *vi* **1.** (*drool*) baver **2.** (*trickle*) dégouliner **3.** SPORTS drib(b)ler **III.** *vt* **1.** (*cause to flow in drops*) faire (é)goutter **2.** SPORTS (*ball*) drib(b)ler
driblet ['drɪb·lət] *n* gouttelette *f;* **in ~s** en fines gouttelettes
dribs [drɪbz] *npl inf* **in ~ and drabs** petit à petit
dried [draɪd] **I.** *pt, pp of* **dry II.** *adj* (*having been dried*) séché(e); (*fruit, vegetables*) sec(sèche); (*mushrooms*) déshydraté(e); (*milk*) en poudre
drier *adj comp of* **dry**
drift [drɪft] **I.** *n* **1.** (*slow movement*) mouvement *m;* (*of ship*) dérive *f;* (*of current*) sens *m;*

(*of events*) cours *m;* **downward** ~ écroulement *m;* (*of prices*) effondrement *m* **2.** METEO (*mass blown together*) amoncellement *m;* (*of sand*) dune *f;* (*of snow*) congère *f;* (*of clouds*) traînée *f* **3.** (*central meaning*) sens *m* général; **to catch sb's** ~ comprendre où qn veut en venir **4.** TECH (*tool*) jet *m* (d'extraction) **II.** *vi* **1.** (*be moved*) *a. fig* dériver; (*smoke, voice*) flotter; (*attention*) se relâcher; **to ~ out to sea** dériver sur la mer **2.** (*move aimlessly*) errer; **to ~ away** partir nonchalamment; **to ~ along** se laisser aller; **to ~ into sth** se laisser aller à qc **3.** METEO (*be piled into drifts: sand*) s'entasser; (*of snow*) former des congères

◆**drift apart** *vi* (*friends*) se perdre de vue

◆**drift off** *vi* s'assoupir; **to ~ to sleep** se laisser gagner par le sommeil

drifter *n* personne *f* instable

drift ice *n* glaces *fpl* flottantes

drifting *adj* à la dérive; **~ snow** amoncellement *m* de neige

driftwood *n* bois *m* de flottage

drill [drɪl] **I.** *n* **1.** TECH (*tool*) perceuse *f;* **dentist's** ~ roulette *f* de dentiste **2.** MIL, SCHOOL (*training*) entraînement *m* **3.** *inf* (*procedure*) **fire** ~ exercice *m* d'incendie **II.** *vt* **1.** (*bore: hole*) percer; (*well*) forer **2.** (*teach*) entraîner; **to ~ sth into sb** faire rentrer qc dans la tête de qn **III.** *vi* **1.** (*bore*) forer; **to ~ for oil** faire des forages pétroliers **2.** (*practice*) s'entraîner

drill bit *n* foret *m*

drill instructor *n* MIL instructeur *m* d'exercices

drink [drɪŋk] **I.** *n* **1.** CULIN boisson *f;* **soft ~** boisson sans alcool; **to have no food or ~** ne pas s'alimenter **2.** (*alcoholic beverage*) verre *m;* **to take to ~** se mettre à boire **II.** <drank, drunk> *vi* boire; **to ~ to sb/sth** boire à la santé de qn/à qc; **to not ~ and drive** ne pas conduire sous l'emprise de l'alcool ▶**to ~ like a fish** boire comme un trou; **I'll ~ to that!** et comment! **III.** <drank, drunk> *vt* boire; **to ~ one's fill** boire tout son saoul; **to ~ a toast** porter un toast; **to ~ sb under the table** tenir l'alcool mieux que qn

◆**drink in** *vt* (*words*) boire; (*beauty, moonlight*) se délecter de

drinkable *adj* **1.** (*safe to drink*) potable **2.** (*easy to drink*) buvable

drinker *n* CULIN **1.** (*person who drinks*) buveur, -euse *m, f* **2.** (*alcoholic*) ivrogne *mf*

drinking **I.** *n* CULIN **1.** (*beverage*) boisson *f* **2.** (*alcohol*) alcool *m;* **her ~ destroyed their marriage** son alcoolisme a détruit leur mariage **II.** *adj* CULIN à boire; **~ glass** verre *m;* **a ~ man** un homme qui boit; **to change one's ~ habits** changer ses habitudes quant à la boisson

drinking fountain *n* fontaine *f* à boissons

drinking water *n* eau *f* potable

drip [drɪp] **I.** <-pp-> *vi* goutter **II.** <-pp-> *vt* faire (s'é)goutter **III.** *n* **1.** (*drop*) goutte *f* **2.** MED (*feeding*) perfusion *f;* **to be on a ~** être sous perfusion **3.** *inf* (*idiot*) benêt *m*

drip-dry **I.** <-ie-> *vi* sécher sans essorer; (*on labels*) ne pas repasser **II.** *adj* ne nécessitant aucun repassage

dripping **I.** *adj* **1.** (*experiencing a drip: tap, faucet*) qui goutte **2.** (*drenched*) trempé(e) **3.** *iron* **to be ~ with sth** être plein de qc **II.** *adv* **to be ~ wet** être complètement trempé **III.** *n pl* jus *m* de viande

drive [draɪv] **I.** *n* **1.** (*act of driving*) conduite *f;* **to go for a ~** aller faire un tour en voiture **2.** (*distance driven*) trajet *m;* **it's a 5 mile ~ from here** c'est à 8 km d'ici en voiture; **it's ten minute's ~ from here** c'est à dix minutes d'ici en voiture **3.** TECH (*transmission*) propulsion *f;* **front-wheel ~** traction *f* avant; **four-wheel ~** véhicule *m* à quatre roues motrices; **right-hand ~** (véhicule *m* à) conduite *f* à droite **4.** PSYCH dynamisme *m;* **to lack ~** manquer d'ardeur; **sex ~** appétit *m* sexuel **5.** (*campaign*) campagne *f;* **blood ~** collecte *f* de dons du sang; **fund-raising ~** campagne de récolte de fonds **6.** (*small road*) allée *f* **7.** SPORTS (*long hit*) dégagement *m* **8.** AGR (*forced march*) conduite *f* **9.** COMPUT **hard disk ~** unité *f* de disque **II.** <drove, driven> *vt* **1.** AUTO conduire; **to ~ 5 miles** rouler 8 km; **to ~ the car into the garage** rentrer la voiture au garage **2.** (*urge*) conduire; (*a herd, the economy*) mener; **to ~ sb/sth out of sth** chasser qn/qc de qc **3.** (*propel*) entraîner **4.** (*impel*) obliger; **to ~ sb to drink/to suicide** pousser qn à la boisson/au suicide **5.** (*render*) rendre; **to ~ sb wild** rendre qn complètement fou **6.** (*force through blows: nail, wedge*) planter; (*into the ground*) enfoncer; **to ~ a wedge between sb/sth** *a. fig* dresser une barrière entre qn/qc **7.** TECH (*provide the power*) fournir l'énergie **8.** SPORTS (*hit far*) dégager ▶**to ~ a hard bargain with sb** attendre beaucoup de qn (en retour); **to ~ one's message home** bien se faire comprendre **III.** <drove, driven> *vi* AUTO **1.** (*operate*) conduire; **to ~ into sth** rentrer dans qc **2.** (*travel*) se rendre; **to ~ past** passer en voiture; **to ~ away** partir en voiture **3.** TECH (*function*) fonctionner; (*to cause to function*) actionner; (*to control*) commander; (*to drill*) forer

◆**drive at** *vt inf* en venir à

◆**drive off** *vi* (*car*) démarrer; (*person*) s'en aller en voiture

◆**drive up** *vi* arriver

drive-in **I.** *n* drive-in *m inv,* ciné-parc *m Québec* **II.** *adj* **~ movie theater** cinéma *m* drive-in, ciné-parc *m Québec*

drivel ['drɪv·ᵊl] *n* **to talk ~** dire des bêtises

driven ['drɪv·ᵊn] **I.** *pp of* **drive** **II.** *adj* **1.** (*impelled*) animé(e) d'un ardent désir **2.** (*propelled*) actionné(e)

driver *n* **1.** AUTO (*person*) conducteur, -trice *m, f;* **bus ~** conducteur d'autobus; **truck/taxi ~** chauffeur *m* de camion/taxi **2.** SPORTS (*golf club*) club *m* de départ **3.** COMPUT pilote *m* (de périphérique)

driver('s) license *n* permis *m* de conduire

driveway ['draɪv·weɪ] *n* allée *f*

driving I. *n* conduite *f;* **~ while intoxicated** conduite en état d'ivresse **II.** *adj* **1.** AUTO, TECH de conduite **2.** (*related to engine*) moteur(-trice) **3.** METEO (*driven by the wind: rain*) battant(e); **~ snow** tempête *f* de neige **4.** (*powerful*) puissant(e); **the ~ force** *fig* le moteur

driving test *n* permis *m* de conduire

drizzle ['drɪz·l] **I.** *n* **1.** METEO (*light rain*) bruine *f* **2.** CULIN (*small amount of liquid*) pluie *f* **II.** *vi* METEO bruiner **III.** *vt* CULIN asperger

drizzly *adj* METEO (*day*) de bruine

droll [droʊl] *adj* drôle; (*expression*) amusé(e)

dromedary ['dra·mə·der·i] <-ries> *n* dromadaire *m*

drone[1] [droʊn] *n* **1.** ZOOL, BIO (*male bee*) abeille *f* mâle **2.** *fig* (*lazy person*) feignant(e) **3.** AVIAT drone *m*

drone[2] [droʊn] **I.** *n* **1.** (*humming sound: of engine*) ronronnement *m;* (*of insects*) bourdonnement *m* **2.** MUS (*low tone*) note *f* (grave) tenue **II.** *vi* **1.** (*make a sound: like an engine*) ronronner; (*like an insect*) bourdonner **2.** (*speak monotonously*) parler d'un ton monotone

◆**drone on** *vi* parler d'un ton monotone

drool [drul] **I.** *vi* (*slobber: dogs, babies*) baver **II.** *n* **1.** (*saliva*) bave *f* **2.** *fig* ineptie *f*

◆**drool over** *vt* s'extasier devant

droop [drup] **I.** *vi* **1.** (*sag*) s'affaisser **2.** (*feel depressed*) être déprimé **II.** *n* affaissement *m*

drop [drap] **I.** *n* **1.** (*liquid portion*) *a. fig* goutte *f;* (*of alcohol*) doigt *m;* **to not drink a ~** ne pas boire une goutte d'alcool; **~ by ~** goutte à goutte **2.** (*decrease*) baisse *f;* **a ~ in sth** une baisse de qc **3.** (*length, vertical distance*) hauteur *f* **4.** (*difference in level*) écart *m* **5.** (*fall*) *a. fig* chute *f;* (*from aircraft*) parachutage *m* **6.** (*boiled candy*) bonbon *m;* **cough ~** pastille *f* contre la toux **7.** *inf* (*collection point*) planque *f* ▶**a ~ in the bucket** une goutte d'eau dans la mer; **at the ~ of a hat** sur le champ **II.** <-pp-> *vt* **1.** (*allow to fall*) lâcher; (*bomb*) larguer; (*anchor*) jeter; (*from airplane*) parachuter; (*by accident*) laisser tomber **2.** (*lower*) baisser **3.** (*abandon*) abandonner; (*person, friend*) laisser tomber; **to ~ the subject** parler d'autre chose **4.** *inf* (*express*) laisser échapper; **to ~ a hint about sth** faire une allusion à qc; **to ~ a word in sb's ear** glisser un mot à l'oreille de qn **5.** (*leave out*) laisser; (*scene, word*) sauter; **to ~ the h's** ne pas aspirer les h **6.** (*dismiss*) renvoyer **7.** (*give a lift*) déposer **8.** *inf* (*send*) envoyer ▶**to ~ a brick** faire une gaffe; **to ~ sb like a hot brick** laisser tomber qn comme une vieille chaussette; **to ~ one's guard** baisser la garde; **to let it ~ that ...** laisser entendre que ... **III.** <-pp-> *vi* **1.** (*fall*) tomber; (*deliberately*) se laisser tomber; (*road, plane*) descendre **2.** (*go lower*) baisser **3.** *inf* (*become exhausted, die*) s'écrouler; **to ~ (down) dead** mourir subitement ▶**to ~ like flies** tomber comme des mouches; **~ dead!** *inf* va te faire voir (ailleurs)!

◆**drop back** *vi* se laisser distancer

◆**drop in** *vi inf* **to ~ on sb** (*briefly*) faire un saut chez qn; (*unexpectedly*) passer voir qn

◆**drop off I.** *vt inf* déposer **II.** *vi* **1.** (*descend*) tomber **2.** (*decrease*) baisser **3.** *inf* (*fall asleep*) s'assoupir; **to ~ to sleep** s'endormir

◆**drop out** *vi* (*give up membership*) se retirer; (*of school*) abandonner

drop cloth *n* bâche *f* de protection

drop curtain *n* THEAT rideau *m*

drop-dead *adv sl* vachement; **she is ~ gorgeous** elle est super belle

drop-down menu *n* COMPUT menu *m* déroulant

droplet ['drap·lət] *n* gouttelette *f*

dropout ['drap·aʊt] *n* **1.** (*sb who drops school*) *étudiant(e) qui abandonne ses études* **2.** (*dissenter*) marginal(e) *m(f)*

dropper ['dra·pər] *n* pipette *f*

droppings ['dra·pɪŋz] *npl* crottes *fpl*

drought [draʊt] *n* sécheresse *f*

drove[1] [droʊv] *pt of* **drive**

drove[2] [droʊv] *n* **1.** ZOOL troupeau *m* **2.** *pl, inf* (*crowd*) horde *f;* **in ~s** en troupeau

drover *n* conducteur *m* de bestiaux

drown [draʊn] **I.** *vt* noyer; **to ~ oneself** se noyer ▶**a ~ing man will clutch at a straw** *prov* il ne faut jamais lâcher prise; **like a ~ed rat** *inf* mouillé jusqu'aux os; **to ~ one's sorrows in drink** noyer son chagrin dans l'alcool **II.** *vi* se noyer

◆**drown out** *vt* étouffer

drowning *n* noyade *f*

drowse [draʊz] *vi* somnoler

drowsy <-ier, -iest> *adj* somnolent(e)

drudge [drʌdʒ] **I.** *n* bête *f* de somme **II.** *vi* peiner

drudgery ['drʌdʒ·ər·i] *n* corvée *f*

drug [drʌg] **I.** *n* **1.** (*medicine*) médicament *m* **2.** (*narcotic*) drogue *f* **II.** <-gg-> *vt* droguer

drug addict *n* drogué(e) *m(f)*

drug addiction *n* toxicomanie *f*

drug dealer *n* dealer *m*

drug pusher *n pej* revendeur, -euse *m, f* (de drogue)

drug runner *n* trafiquant(e) *m(f)* de drogue

drugstore ['drʌg·stɔr] *n* drugstore *m*

druid ['dru·ɪd] *n* druide *m*

drum [drʌm] **I.** *n* **1.** (*percussion*) tambour *m* **2.** *pl* batterie *f* **3.** (*container*) bidon *m* **4.** (*washing machine part*) tambour *m* ▶**to bang** [*o* **beat**] **the ~ for sb/sth** rebattre les oreilles avec qn/qc **II.** <-mm-> *vi* **1.** (*play percussion*) battre du tambour **2.** (*tap*) *a. fig* tambouriner **III.** *vt* tambouriner; **to ~ one's fingers** tapoter des doigts

◆**drum into** *vt inf* fourrer dans le crâne

◆**drum up** *vt* **1.** (*elicit*) attirer; **to ~ support for sb/sth** encourager le soutien pour qn/qc **2.** (*invent*) imaginer

drumbeat ['drʌm·bit] *n* battement *m* de tambour
drummer *n* batteur *m*
drumstick ['drʌm·stɪk] *n* **1.** MUS baguette *f* **2.** CULIN cuisse *f*
drunk [drʌŋk] **I.** *pp of* **drink II.** *adj* **1.** (*inebriated*) ivre **2.** (*affected*) grisé(e) **III.** *n pej* alcoolo *mf*
drunkard ['drʌŋ·kərd] *n pej* ivrogne *mf*
drunken ['drʌŋ·kən] *adj pej* **1.** (*intoxicated*) ivre **2.** (*addicted*) alcoolique **3.** (*showing effects of drink*) d'ivrogne
drunkenness *n* **1.** (*being drunk*) ébriété *f* **2.** (*habit*) alcoolisme *m*
dry [draɪ] **I.** <-ier, -iest *o* -er, est> *adj* **1.** (*not wet*) sec(sèche); **to go ~** s'assécher **2.** METEO (*climate*) sec(sèche), aride **3.** (*not moist: skin*) sec(sèche) **4.** (*missing water: river, riverbed*) tari(e) **5.** (*not sweet: sherry, martini*) sec(sèche); (*champagne*) brut(e) **6.** (*without fat: toast*) sans beurre **7.** (*sarcastic*) caustique **8.** *pej* (*uninteresting*) plat(e) **9.** (*without alcohol*) sans alcool; (*bar*) qui ne sert pas d'alcool; **~ county** région *f* où l'alcool est prohibé ►**to bleed sb ~** saigner qn à blanc; **to be (as) ~ as a bone** *inf* être sec comme les blés; **to run ~** être vidé **II.** <-ie-> *vt* sécher; (*skin*) dessécher; (*the dishes*) essuyer; (*clothes*) faire sécher; **to ~ oneself** se sécher; **to ~ one's hair** se sécher les cheveux **III.** <-ie-> *vi* sécher; (*skin*) se dessécher; **to put sth out to ~** mettre qc à sécher
◆**dry out I.** *vi* **1.** (*become dry*) sécher; (*skin*) se dessécher **2.** *inf* (*overcome alcoholism, drugs*) se faire désintoxiquer **II.** *vt* **1.** (*make dry*) (faire) sécher **2.** *inf* (*make overcome alcoholism, drugs*) désintoxiquer
◆**dry up I.** *vi* **1.** (*become dry: lake*) s'assécher; (*river*) se tarir **2.** (*run out: source*) s'assécher; (*goods*) s'épuiser **II.** *vt* assécher
dry-clean *vt* nettoyer à sec
dry cleaner's *n* teinturier *m*
dry cleaning *n* nettoyage *m* à sec
dryer *n* séchoir *m;* **hair ~** sèche-cheveux *m;* **tumble ~** sèche-linge *m*
dry goods *npl* FASHION textile *m*
dry ice *n* neige *f* carbonique
dryness *n* **1.** (*lack of wetness*) sécheresse *f* **2.** (*drought*) aridité *f* **3.** (*not sweetness: of wine*) goût *m* sec **4.** *pej* (*tedium*) monotonie *f*
DTP [ˌdi·ti·'pi] *n abbr of* **desktop publishing** PAO *f*
dual ['du·əl] *adj* double
dub[1] [dʌb] <-bb-> *vt* **1.** (*nickname*) surnommer **2.** (*confer knighthood on*) adouber
dub[2] [dʌb] <-bb-> *vt* **1.** CINE doubler; **to be ~bed into French** être postsynchronisé en français **2.** MEDIA copier un enregistrement
dubious ['du·bɪ·əs] *adj* **1.** *pej* (*doubtful*) douteux(-euse) **2.** (*ambiguous*) suspect(e) **3.** (*hesitating*) hésitant(e)
Dublin ['dʌb·lɪn] *n* Dublin
Dubliner *n* Dublinois(e) *m(f)*
duchess ['dʌtʃ·ɪs] *n* duchesse *f*
duchy ['dʌtʃ·i] *n* duché *m*
duck [dʌk] **I.** *n* canard *m* ►**to take to sth like a ~ to water** *inf* faire qc avec beaucoup de facilité **II.** *vi* **1.** (*dip head*) baisser la tête subitement; **to ~ under water** plonger subitement sous l'eau **2.** (*hide quickly*) s'esquiver **III.** *vt* **1.** (*evasively dip quickly*) **to ~ one's head** baisser la tête subitement; **to ~ one's head under water** plonger sa tête subitement sous l'eau **2.** (*avoid*) esquiver
◆**duck out of** *vt* esquiver
duckling ['dʌk·lɪŋ] *n* caneton *m*
ducky *adj inf* mignon(ne)
duct [dʌkt] *n* conduit *m*
duct tape *n* chatterton *m*
dud [dʌd] *n* **1.** (*bomb*) bombe *f* non éclatée **2.** (*useless object*) toc *m* **3.** (*person*) nul(le) *m(f)* **4.** (*failure*) échec *m* **5.** *pl, inf* fringues *fpl*
dude [djud] *n sl* (*guy*) type *m,* mec *m;* **he's one crazy ~** ce mec est cinglé ►**~, check this out!** eh mec, regarde ça!
due [du] **I.** *adj* **1.** (*owing*) dû(due); (*debt, tax*) exigible; **a bill ~ (on) January 1st** un effet payable le 1er janvier; **to be ~ sth** devoir qc; **to fall ~** arriver à échéance **2.** (*appropriate*) **with (all) ~ respect** sauf votre respect; **with ~ caution** avec la prudence qui convient; **after ~ consideration** après mûre réflexion; **to treat sb with the respect ~ to him/her** se comporter envers qn avec tout le respect qui lui est dû **3.** (*expected*) **to be ~ to** *+infin* devoir *+infin;* **the train is ~ in 10 minutes** le train doit arriver dans 10 minutes; **the video is ~ out soon** la vidéo va bientôt sortir; **the baby is ~ in May** le bébé doit arriver en mai **II.** *n* **1.** (*sth owed*) dû *m;* **to give sb his/her ~** donner à qn ce qui lui revient **2.** *pl* (*fees*) droits *mpl;* (*of membership*) cotisation *f;* **to pay ~s** payer ses droits; **to pay one's ~s** (*obligations*) remplir ses obligations; (*debts*) payer ses dettes **III.** *adv* **~ north** plein nord; **to go ~ west** aller droit vers l'ouest
due date *n* échéance *f*
duel ['du·əl] HIST **I.** *n* duel *m;* **to challenge sb to a ~** défier qn en duel **II.** *vi* <-l- *o* -ll-> se battre en duel
duet [du·'et] *n* duo *m*
due to *prep* en raison de; **to be ~ sth** être dû à qc
duffel bag, duffle bag *n* sac *m* marin
dug [dʌg] *pt, pp of* **dig**
dugout ['dʌg·aʊt] *n* **1.** (*canoe*) pirogue *f* **2.** (*trench*) tranchée *f* **3.** (*baseball shelter*) banc *m* de touche
duke [duk] *n* duc *m*
dull [dʌl] **I.** *adj* **1.** *pej* (*tedious*) monotone **2.** (*not bright*) terne; (*lighting*) sombre **3.** (*muffled*) sourd(e) **4.** (*blunt*) émoussé(e) **II.** *vt* **1.** (*make dull*) ternir **2.** (*alleviate*) soulager **3.** (*blunt*) engourdir **III.** *vi* **1.** (*become dull*) se ternir **2.** (*become less sharp*) s'émousser

dullness *n* 1. *pej* (*tediousness*) ennui *m* 2. (*not brightness*) *a. fig* aspect *m* terne, tristesse *f;* **the ~ of the weather** la grisaille

duly ['du·li] *adv* 1. (*appropriately*) dûment 2. (*punctually*) en temps voulu

dumb [dʌm] *adj* 1. *pej, inf* (*unintelligent*) con(ne); **to act** [*o* **play**] **~** faire l'innocent 2. (*mute*) muet(te); **deaf and ~** sourd(e)-muet(te)

◆**dumb down** *vt sl* (*book, text*) simplifier

dumbbell ['dʌm·bel] *n* 1. (*weight*) haltère *f* 2. *pej, sl* balourd(e) *m(f)*

dumbfound ['dʌm·faʊnd] *vt* abasourdir

dumbfounded *adj* abasourdi(e)

dumbstruck ['dʌm·strʌk] *adj* stupéfait(e)

dumfound ['dʌm·faʊnd] *vt s.* **dumbfound**

dummy ['dʌm·i] I. <-mmies> *n* 1. (*mannequin*) mannequin *m* 2. (*duplicate*) faux *m* 3. *pej* (*fool*) idiot(e) *m(f)* II. *adj* 1. (*duplicate*) factice 2. (*false*) faux(fausse)

dump [dʌmp] I. *n* 1. (*area for garbage*) décharge *f* 2. (*depot*) dépôt *m* 3. (*messy place*) dépotoir *m* 4. COMPUT vidage *m* II. *vt* 1. (*throw away*) jeter 2. (*abandon: project*) abandonner 3. *sl* (*end relationship suddenly*) larguer 4. ECON faire du dumping pour 5. (*transfer data*) vider

dumping *n* 1. (*disposal of garbage*) décharge *f* 2. ECON dumping *m*

dumping ground *n* dépotoir *m*

dumpling ['dʌm·plɪŋ] *n* quenelle *f*

dumpy <-ier, -iest> *adj* boulot(te)

dunce [dʌn(t)s] *n pej* âne *m* ▶ **to be a ~ at sth** être nul en qc

dune [dun] *n* dune *f*

dung [dʌŋ] *n* bouse *f*

dungarees [ˌdʌŋ·gə·'riz] *npl* salopette *f;* (*work clothes*) bleu *m* de travail

dungeon ['dʌn·dʒᵊn] *n* donjon *m*

dunghill ['dʌŋ·hɪl] *n* fumier *m*

dunk [dʌŋk] *vt* tremper

duo ['du·oʊ] *n* duo *m*

dupe [dup] I. *n* dupe *f;* **to be a ~** être dupe II. *vt* duper

duplex ['du·pleks] I. *n* duplex *m* II. *adj* en duplex

duplicate ['du·plɪ·kət, *vb:* 'du·plɪ·keɪt] I. *adj* en double; **a ~ key** un double de clé; **a ~ receipt/document** le duplicata d'une quittance/d'un document II. *n* double *m;* (*of cassette tape, object*) copie *f;* LAW duplicata *m;* **in ~** en double III. *vt* 1. (*copy*) faire un double de; (*of document*) (photo)copier; (*of cassette tape, object*) copier; LAW faire un duplicata de 2. (*replicate*) reproduire; **nothing can ~ motherhood** *fig* rien ne peut remplacer la maternité 3. (*repeat*) refaire

duplicator *n* duplicateur *m*

duplicity [du·'plɪs·ə·ţi] *n pej, form* duplicité *f*

durability [ˌdʊr·ə·'bɪl·ə·ţi] *n* résistance *f*

durable ['dʊr·ə·bl] *adj* 1. (*long-lasting*) durable 2. (*wear-resistant*) résistant(e)

duration [dʊ·'reɪ·ʃᵊn] *n* durée *f* ▶ **for the ~** jusqu'à la fin; (*for a very long time*) une éternité

duress [dʊ·'res] *n form* contrainte *f;* **under ~** sous la contrainte

during ['dʊr·ɪŋ] *prep* pendant; **~ work** pendant le travail; **~ the week** les jours *mpl* ouvrables; **to work ~ the night** travailler la nuit; **it happened ~ the night** c'est arrivé au cours de la nuit

dusk [dʌsk] *n* 1. (*twilight*) *a. fig* crépuscule *m,* brunante *f Québec* 2. (*gloom*) pénombre *f*

dusky <-ier, iest> *adj* (*dark*) *a. pej* foncé(e)

dust [dʌst] I. *n* poussière *f* ▶ **to bite the ~** mordre la poussière; **to throw ~ in the eyes of sb** jeter à qn de la poudre aux yeux; **to wait until the ~ has settled, to let the ~ settle, to allow the ~ to settle** attendre que tout redevienne (*subj*) calme II. *vt* 1. (*clean dust from*) dépoussiérer 2. (*spread finely*) **to ~ sth with sth** saupoudrer qc de qc; **to ~ sth with insecticide** vaporiser qc d'insecticide III. *vi* épousseter

dust bunny *n* mouton *m*

dust cover *n* (*for furniture*) housse *f;* (*for books*) jaquette *f*

duster ['dʌs·tər] *n* chiffon *m,* patte *f Suisse*

dustpan *n* pelle *f* à poussière, ramasse-poussière *m Belgique, Nord*

dustup *n inf* 1. (*physical*) bagarre *f* 2. (*noisy*) altercation *f*

dusty <-ier, -ies> *adj* 1. (*covered in dust*) poussiéreux(-euse) 2. (*of grayish color*) cendré(e)

Dutch [dʌtʃ] I. *adj* néerlandais(e), hollandais(e) II. *n* 1. (*people*) **the ~** les Néerlandais [*o* Hollandais] 2. LING néerlandais *m* III. *adv* **to go ~** partager l'addition

Dutchman <-men> *n* Néerlandais *m,* Hollandais *m*

Dutchwoman <-women> *n* Néerlandaise *f,* Hollandaise *f*

dutiable ['du·ţi·ə·bl] *adj* taxable

dutiful ['dju·tɪ·fᵊl] *adj* soumis(e)

duty ['du·ţi] <-ties> *n* 1. (*obligation*) devoir *m;* **to do one's ~** faire son devoir; **to entrust sb with a ~** confier une tâche à qn; **to do sth out of ~** faire qc par devoir 2. (*task*) fonction *f;* **to report for ~** travailler; **to be on/off ~** reprendre/quitter son travail; **to do ~ for sb** remplacer qn 3. (*revenue*) taxe *f;* **customs duties** taxes douanières

duty-free [ˌdu·ţi·'fri] *adj* hors taxe *inv*

duvet [du·'veɪ] *n* couette *f*

DVD [ˌdi·vi·'di] *n inv* COMPUT *abbr of* **Digital Versatile Disk** DVD *m inv*

DVD drive *n* COMPUT lecteur *m* de DVD

DVD writer *n* COMPUT graveur *m* de DVD

dwarf [dwɔrf] I. <-s *o* -ves> *n* (*very small person*) nain(e) *m(f)* II. *vt* 1. (*make smaller*) rapetisser 2. *fig* écraser

dwell [dwel] <dwelt *o* -ed, dwelt *o* -ed> *vi form* résider; **to ~ with sb** habiter avec qn

◆**dwell on, dwell upon** *vt* 1. (*pay attention*

to) s'étendre sur **2.** (*do sth at length*) s'attarder sur

dweller *n form* résidant(e) *m(f)*

dwelling *n form* résidence *f*

dwelt [dwelt] *pp, pt of* **dwell**

dwindle [ˈdwɪn·dl] *vi* **to ~ to sth** diminuer de qc

dye [daɪ] **I.** *vt* teindre **II.** *n* teinture *f;* (*for hair*) coloration *f*

dying *adj* **1.** (*process of death*) mourant(e); **to my ~ day** à ma mort; **sb's ~ words** les dernières paroles *fpl* de qn **2.** (*ceasing*) moribond(e); **the ~ moments of sth** les derniers moments *mpl* de qc

dyke[1] [daɪk] *n s.* **dike**[1]

dyke[2] [daɪk] *n pej, inf* (*lesbian*) gouine *f*

dynamic [daɪ·ˈnæm·ɪk] *adj* dynamique

dynamics *n* dynamique *f*

dynamite [ˈdaɪ·nə·maɪt] **I.** *n* dynamite *f* **II.** *vt* dynamiter

dynamo [ˈdaɪ·nə·moʊ] <-s> *n* **1.** ELEC dynamo *f* **2.** *fig* **to be a ~** déborder d'énergie

dynasty [ˈdaɪ·nə·sti] <-ies> *n* dynastie *f*

dysentery [ˈdɪs·^{ə}n·ter·i] *n* dysenterie *f*

dysfunctional [dɪs·ˈfʌŋ(k)·ʃ^{ə}n·^{ə}l] *adj* **to be ~** mal fonctionner; (*person, family*) à problèmes

dyslexia [dɪ·ˈslek·si·ə] *n* dyslexie *f*

dyslexic [dɪ·ˈslek·sɪk] *adj* dyslexique

dyspepsia [dɪ·ˈspep·si·ə] *n* dyspepsie *f*

E

E, e [i] <-'s *o* -s> *n* **1.** (*letter*) E *m*, e *m;* **~ as in Echo** (*on telephone*) e comme Eugène **2.** MUS mi *m*

E. *n abbr of* **east** E *m*

each [itʃ] **I.** *adj* chaque; **~ one of you** chacun de vous; **~ month** tous les mois *mpl* **II.** *pron* **1.** (*every person*) chacun; **~ of them** chacun d'entre eux; **$70 ~** 70 dollars par personne; **we all did 3 hours ~** nous avons tous fait 3 heures chacun **2.** (*every thing*) **$10 ~** 10 dollars pièce; **one pound/three of ~** une livre/trois de chaque

each other *reciprocal pron, after verb* l'un l'autre; **made for ~** faits l'un pour l'autre

eager [ˈi·gər] *adj* **1.** (*keen*) avide; **to be ~ for sth** être avide de qc **2.** (*enthusiastic*) enthousiaste **3.** (*impatient*) **with ~ anticipation** avec beaucoup d'impatience; **to be ~ to** *+infin* être impatient de *+infin*

eager beaver *n inf* **to be an ~** être quelqu'un de zélé

eagerness *n* impatience *f;* **~ to succeed** ardent désir *m* de réussir; **to show ~ for sth** se montrer enthousiaste pour qc

eagle [ˈi·gl] *n* aigle *m*

eagle-eyed [ˈi·gl·aɪd] *adj* qui a des yeux d'aigle

ear[1] [ɪr] *n* oreille *f;* **to smile from ~ to ~** sourire jusqu'aux oreilles; **~, nose and throat specialist** oto-rhino-laryngologiste *mf* ▶ **to be up to one's ~s in debt/work** avoir des dettes/du travail jusqu'au cou; **to have an ~ for music** avoir l'oreille musicale; **to be all ~s** être tout ouïe; **to have a good ~ for sth** avoir de l'oreille pour qc; **to be out on one's ~** être viré; **sb's ~s are burning** *inf* qn a les oreilles qui sifflent; **to go in one ~ and out the other** rentrer par une oreille et sortir par l'autre; **to have sb's ~** avoir de l'influence sur qn; **to play it by ~** *fig, inf* improviser

ear[2] [ɪr] *n* BOT épi *m*

earache [ˈɪr·eɪk] *n* mal *m* d'oreille(s); **to have (an) ~** avoir mal à l'oreille [*o* aux oreilles]

eardrum *n* tympan *m*

ear infection *n* otite *f*

earl [ɜrl] *n* comte *m*

earlobe [ˈɪr·loʊb] *n* lobe *m* de l'oreille

early [ˈɜr·li] <-ier, -iest> **I.** *adj* **1.** (*at beginning of day*) matinal(e); **the ~ hours** les premières heures *fpl;* **in the ~ morning** de bon matin; **~ morning call** appel *m* matinal; **~ riser** lève-tôt *mf* **2.** (*close to beginning of period*) premier(-ère); **in the ~ afternoon** en début d'après-midi; **in the ~ 15th century** au début du XVe siècle; **in an earlier letter** dans une lettre précédente; **~ Romantic poetry** poésie *f* du début du Romantisme; **the ~ masters** ART les primitifs **3.** (*ahead of expected time*) anticipé(e); **to be ~** être en avance; **to have an ~ night** se coucher tôt; **~ strawberries** fraises *fpl* précoces **4.** (*first*) **an ~ edition** une des premières éditions **5.** *form* (*prompt*) **at your earliest (possible) convenience** dans les plus brefs délais **II.** *adv* **1.** (*in day*) de bonne heure; **to get up ~** se lever tôt **2.** (*ahead of time*) en avance; **5 minutes early** avec 5 minutes d'avance **3.** (*close to beginning of period*) au début de; **~ in life** dans la jeunesse; **~ next year** au début de l'année prochaine; **as ~ as 1803** dès 1803; **what I said earlier** ce que j'ai dit avant **4.** (*prematurely*) prématurément; **to die ~** mourir jeune

earmark [ˈɪr·mark] **I.** *vt* (*give*) assigner; **the money is ~ed for sth** l'argent *m* est affecté à qc **II.** *n* particularité *f*

earmuffs [ˈɪr·mʌfs] *npl* cache-oreilles *mpl*

earn [ɜrn] *vt* **1.** (*be paid*) gagner; **to ~ a living/one's daily bread** gagner sa vie/son pain; **to ~ $800 a week** gagner 800 dollars par semaine; **he ~s a living from his painting** il vit de sa peinture **2.** *fig* **her painting ~ed her success** sa peinture lui a valu le succès; **to ~ sb nothing but criticism** ne rapporter que des critiques à qn **3.** (*deserve*) mériter

earned income [ˈɜrnt·ˈɪn·kʌm] *n* revenu *m* salarial

earnest [ˈɜr·nɪst] **I.** *adj* **1.** (*serious*) consciencieux(-euse) **2.** (*resolute*) décidé(e); (*attempt*) déterminé(e); (*desire*) ardent(e) **II.** *n* **in ~**

sérieusement; **to be in ~** être sérieux
earnings ['ɜr·nɪŋz] *npl* salaire *m;* **immoral ~** *form* proxénétisme *m*
earnings-related *adj* proportionnel(le) au salaire
earphones ['ɪr·foʊnz] *npl* RADIO, TV (*set*) casque *m;* (*separate*) écouteurs *mpl*
earpiece *n* **1.** (*of phone*) écouteur *m* **2.** (*of glasses*) embout *m*
earplug *n pl* boule *f* Quiès®
earring *n* boucle *f* d'oreille
earshot *n* **to be in/out of ~** être à/hors de portée de voix
earth [ɜrθ] *n* **1.** terre *f;* (**planet**) **Earth** la (planète) Terre; **the ~'s crust/atmosphere** la croûte/l'atmosphère *f* terrestre; **who/where/why on ~ ...** *inf* qui/où/pourquoi donc ... **2.** (*animal's hole*) terrier *m* ▶ **to bring sb/to come back (down) to ~** ramener qn/revenir sur terre; **to cost the ~** coûter les yeux de la tête; **to go to ~** se terrer; **to promise the earth** promettre la lune
earthbound ['ɜrθ·baʊnd] *adj fig* terre à terre
earthenware ['ɜr·θn·wer] **I.** *n* poterie *f* **II.** *adj* en faïence
earthling ['ɜrθ·lɪŋ] *n* terrien(ne) *m(f)*
earthly ['ɜrθ·li] *adj* **1.** (*concerning life on earth*) terrestre **2.** *inf* (*possible*) **it is of no ~ use to her** ça ne lui est d'aucune utilité
earthquake ['ɜrθ·kweɪk] *n* **1.** tremblement *m* de terre **2.** *fig* bouleversement *m*
earthquake zone *n* zone *f* sismique
earthshattering *adj* incroyable
earthwork *n* **1.** *pl* MIL levée *f* de terre **2.** (*work*) terrassement *m*
earthworm *n* lombric *m*
earthy ['ɜr·θi] <-ier, -iest> *adj* **1.** (*with earth*) terreux(-euse) **2.** (*soil-like: color*) terre *inv;* (*smell*) de terre **3.** (*vulgar*) cru(e)
earwax ['ɪr·wæks] *n* cérumen *m*
earwig ['ɪr·wɪg] *n* perce-oreille *m*
ease [iz] **I.** *n* **1.** (*opp: effort*) facilité *f;* **for ~ of use** pour un usage facile; **to do sth with ~** faire qc avec aisance **2.** (*comfort*) aisance *f;* **to feel ill at ~** se sentir mal à l'aise **3.** (*relaxed attitude*) aisance *f;* **to put sb at (their) ~** mettre qn à l'aise **4.** MIL **to stand at ~** se tenir au repos **II.** *vt* (*situation*) améliorer; (*crisis, problem*) atténuer; (*mind*) tranquilliser; (*pain*) adoucir; (*strain*) calmer; (*traffic*) alléger; **to ~ sth into/out of sth** aider qc à entrer dans/à sortir de qc **III.** *vi* s'atténuer; (*tension*) se détendre; (*traffic*) s'améliorer
◆**ease off, ease up** *vi* (*trade*) ralentir; (*crisis*) s'atténuer; (*activity*) diminuer; (*pain*) s'estomper
easel ['i·zᵊl] *n* chevalet *m*
easily ['i·zɪ·li] *adv* **1.** (*without difficulty*) facilement; **it's ~ done** c'est facile a faire; **to win ~** gagner haut la main **2.** (*clearly*) certainement; **to be ~ the best** être de loin le meilleur **3.** (*probably*) probablement; **you could ~ go** tu pourrais/vous pourriez y aller sans problème
east [ist] **I.** *n* **1.** (*cardinal point*) est *m;* **to lie 5 miles to the ~ of sth** être à 5 miles à l'est de qc; **an ~-facing window** une fenêtre exposée à l'est; **to go/drive to the ~** aller/rouler vers l'est; **further ~** plus à l'est **2.** GEO est *m;* **in the ~ of France** dans l'est de la France **3.** POL **the East** (les pays *mpl* de) l'Est **II.** *adj* (d')est, oriental(e), est; **~ wind** vent *m* d'est; **~ coast** côte *f* est [*o* orientale]
eastbound ['is(t)·baʊnd] *adj* en direction de l'est
Easter ['i·stər] *n* REL Pâques *fpl;* **at/over ~** à Pâques
Easter Bunny *n* lapin *m* de Pâques
Easter egg *n* œuf *m* de Pâques
Easter Island *n* l'île *f* de Pâques
easterly ['i·stər·li] **I.** *adj* **1.** (*in the east*) à l'est **2.** (*toward the east*) vers l'est **3.** (*from east*) de l'est **II.** <-lies> *n* vent *m* d'est
Easter Monday *n* REL lundi *m* de Pâques
eastern ['i·stərn] *adj* d'est; **~ Canada** l'est *m* du Canada; **the ~ part of the country** l'est du pays
Eastern bloc *n* **the ~** les pays *mpl* de l'Est
easterner ['is·tər·nər] *n* habitant(e) *m(f)* de la côte Est des USA
easternmost ['i·stərn·moʊst] *adj* **the ~ zone** la zone le plus à l'est
Eastern Orthodox Church *n* **the ~** l'Église *f* orthodoxe
Easter Sunday *n* REL dimanche *m* de Pâques
Easter vacation *npl* vacances *fpl* de Pâques
eastward ['ist·wərd] **I.** *adj* est; **in an ~ direction** en direction de l'est **II.** *adv s.* **eastwards**
eastwards ['ist·wərdz] *adv* vers l'est/à l'est
easy ['·zi] <-ier, -iest> **I.** *adj* **1.** (*simple*) facile; **within ~ reach** à portée de main; **to be far from ~** être loin d'être facile; **it's ~ to cook/clean** c'est facile à cuisiner/à nettoyer; **he's ~ to annoy** il est vite contrarié; **it's an ~ mistake to make** c'est une faute qu'on fait facilement; **~ to get on with** facile à vivre; **it's as ~ as pie** c'est un jeu d'enfant; **that's easier said than done** *inf* c'est plus facile à dire qu'à faire; **the ~ way out** la solution de facilité; **~ money** *inf* argent *m* vite gagné; **available on ~ terms** FIN disponible avec facilités de paiement **2.** (*comfortable, carefree*) confortable; (*mind*) tranquille; **to be ~ in one's mind** ne pas avoir de souci **3.** (*relaxed*) décontracté(e); (*charm*) agréable; **~ on the ear** agréable à l'oreille; **to walk at an ~ pace** marcher d'un pas souple; **to be on ~ terms** être en bons termes **4.** *pej* (*overly simple*) simplet(te) ▶ **to be on ~ street** *inf* ne pas avoir de problèmes financiers **II.** *adv* avec précaution; **to go ~ on sth** *inf* y aller doucement sur [*o* avec] qc; **go ~ on coffee!** ralentis un peu sur le café!; **to go ~ on sb** *inf* y aller doucement avec qn ▶ **take things ~** n'en fais pas trop; **take it ~!** du calme!; **to be an ~ touch** *inf* être un pigeon; **~ come, ~ go** *inf* vite

gagné, vite dépensé **III.** *interj inf* ~ **does it!** doucement!
easy-care *adj* facile d'entretien
easy chair *n* fauteuil *m*
easy-going *adj* (*person*) facile à vivre; (*attitude*) complaisant(e)
eat [it] **I.** <ate, eaten> *vt* manger; **to ~ breakfast/a meal** prendre le petit déjeuner/un repas; **to ~ lunch** déjeuner; **to ~ one's fill** manger à sa faim ▶**to ~ sb for breakfast** *inf* ne faire qu'une bouchée de qn; **to ~ crow** *inf* mettre sa fierté de côté; **~ your heart out!** *inf* tu vas mourir de jalousie!; **to ~ sb out of house and home** ruiner qn en nourriture; **what's ~ing him?** *inf* quelle mouche le pique? **II.** *vi* manger; **let's ~ out** allons au restaurant ▶**to have sb ~ing out of one's hand** faire faire à qn tout ce que l'on veut; **to ~ like a horse** manger comme quatre
◆**eat away** *vt* (*metal, wood*) ronger; (*savings*) entamer; (*time*) dévorer
◆**eat up** *vt* (*meal*) finir de manger; (*time, savings*) dévorer; **eaten up with jealousy** *fig* dévoré de jalousie
eatable ['i·t̬ə·bl] *adj* comestible; (*meal*) mangeable *péj*
eaten ['i·t̬ən] *pp of* **eat**
eater ['i·t̬ər] *n* mangeur, -euse *m, f*
eatery <-ies> *n inf* restau *m*
eating ['it̬·ɪŋ] *adj* ~ **habits** habitudes *fpl* alimentaires
eaves [ivz] *npl* avant-toit *m*
eavesdrop ['ivz·drap] <-pp-> *vi* écouter aux portes; **to ~ on sth/sb** écouter indiscrètement qc/qn
eavesdropper *n* oreille *f* indiscrète
ebb [eb] **I.** *vi* **1.** (*tide*) baisser **2.** *fig* **to ~ and flow** monter et descendre **II.** *n* **1.** reflux *m;* **the sea is on the ~** la mer se retire **2.** *fig* **the ~ and flow** les hauts *mpl* et les bas *mpl;* **to be at a low ~** (*person*) avoir le moral au plus bas
ebony ['eb·ᵊn·i] **I.** *n* ébène *f* **II.** *adj* en ébène
ebullient [ɪ·'bʊl·jənt] *adj* exubérant(e)
EC [ˌi·'si] *n abbr of* **European Community** CE *f*
eccentric [ɪk·'sen·trɪk] **I.** *n* excentrique *mf* **II.** *adj* excentrique; (*behavior*) bizarre; (*clothes*) original(e)
eccentricity [ˌek·sen·'trɪs·ə·t̬i] *n* **1.** <-ies> (*traits*) originalité *f* **2.** (*quality*) excentricité *f*
ecclesiastical [ɪ·ˌkli·zi·'æs·tɪk·ᵊl] *adj form* ecclésiastique
ECG [ˌi·si·'dʒi] *n abbr of* **electrocardiogram** ECG *m*
echelon ['eʃ·ə·lan] *n* **1.** (*strata*) niveau *m* **2.** MIL échelon *m*
echo ['ek·oʊ] **I.** <-es> *n a. fig* écho *m* **II.** <-es, -ing, -ed> *vi* faire écho; **to ~ with sth** retentir de qc **III.** <-es, -ing, -ed> *vt* **1.** répéter **2.** *fig* rappeler
echo chamber *n* chambre *f* sonore
echo sounder *n* sondeur *m* à ultrasons
eclipse [ɪ·'klɪps] **I.** *n* **1.** éclipse *f;* **lunar/solar ~** éclipse de lune/du soleil **2.** *fig* **to be in ~** se faire rare; **to go into ~** disparaître petit à petit **II.** *vt* **1.** éclipser **2.** *fig* cacher; **to ~ sb** surpasser qn
ecological [ˌi·kə·'la·dʒɪ·kᵊl] *adj* écologique
ecologically [ˌɪ·kə·'la·dʒɪk·ᵊl·i] *adv* de façon écologique; ~ **friendly** qui respecte l'écologie; ~ **harmful** qui nuit à l'écologie
ecologist [i·'ka·lə·dʒɪst] *n* écologiste *mf*
ecology [i·'ka·lə·dʒi] *n* écologie *f*
ecology movement *n* écologisme *m*
e-commerce ['i·ka·mɜrs] *n* commerce *m* électronique
economic [ˌi·kə·'na·mɪk] *adj* économique
economical [ˌi·kə·'na·mɪk·ᵊl] *adj* économe; *pej* avare; **it's not ~** ce n'est pas économique; **to be ~ with the truth** *iron* ne pas dire toute la vérité
economics [ˌi·kə·'na·mɪks] *npl* **1.** + *sing vb* (*discipline*) économie *f;* **School of Economics** faculté *f* des sciences économiques **2.** + *pl vb* (*matter*) aspects *mpl* économiques
economist [ɪ·'ka·nə·mɪst] *n* économiste *mf*
economize [ɪ·'ka·nə·maɪz] *vi* économiser
economy [ɪ·'ka·nə·mi] <-ies> *n* économie *f;* **the state of the ~** la situation économique
economy class *n* AVIAT classe *f* économique
economy size *n* COM paquet *m* familial
ecosystem ['ek·oʊ·sɪs·təm] *n* écosystème *m*
ecotourism ['ek·oʊ·tʊr·ɪ·zᵊm] *n* écotourisme *m*
ecstasy ['ek·stə·si] <-ies> *n* **1.** *a.* REL extase *f;* **to be in/go into ecstasies over sth** être/tomber en extase devant qc **2.** *inf* (*drug*) ecstasy *f*
ecstatic [ek·'stæt̬·ɪk] *adj* extatique; **to be not exactly ~ about sth** *iron, inf* ne pas être vraiment enchanté de qc
Ecuador ['ek·wə·dɔr] *n* l'Équateur *m*
Ecuadorian [ˌek·wə·'dɔr·ɪ·ən] **I.** *adj* équatorien(ne) **II.** *n* Équatorien(ne) *m(f)*
ecumenical [ˌek·jʊ·'men·ɪk·ᵊl] *adj form* œcuménique
eczema ['ek·sə·mə] *n* eczéma *m*
ed. **I.** *n* **1.** *abbr of* **editor** ed. **2.** *abbr of* **edition** ed. **3.** *inf abbr of* **education** formation *f* **II.** *adj abbr of* **edited** ed.
eddy ['ed·ɪ] **I.** <-ie-> *vi* **1.** (*smoke, wind*) tourbillonner **2.** (*water*) faire des remous **II.** <-ies> *n* tourbillon *m;* (*of water*) remous *m*
Eden ['i·dᵊn] *n* l'Eden *m;* **the garden of ~** le Paradis terrestre
edge [edʒ] **I.** *n* **1.** (*limit*) *a. fig* bord *m;* (*of road*) bordure *f;* (*of woods*) lisière *f;* (*of table*) rebord *m* **2.** (*cutting part of blade*) tranchant *m;* **a stone with a sharp ~** une pierre à arête vive; **to put an ~ on a knife** aiguiser un couteau; **to take the ~ off sth** émousser qc; *fig* adoucir qc **3.** (*sharpness*) acuité *f* ▶**to be on ~** être nerveux; **to be on the ~ of one's seat** être tenu en haleine; **to have the ~ over sb/sth** avoir un léger avantage sur qn/qc **II.** <-ging> *vt* **1.** (*border*) border **2.** (*move*)

to ~ one's way into sth se faufiler dans qc **III.** <-ging> *vi* **to ~ closer** s'approcher lentement; **to ~ away** s'éloigner lentement; **to ~ forward** s'avancer doucement

◆ **edge out** *vt* (*opponent*) éliminer

edgewise ['edʒ·waɪz] *adv* **1.** (*sideways*) latéralement; (*place, push*) de côté **2.** (*with edge foremost*) de chant ▶ **not to get a word in ~** ne pas pouvoir placer un mot

edgy ['edʒ·i] <-ier, -iest> *adj inf* énervé(e)

edible ['ed·ɪ·bl] *adj* comestible

edict ['i·dɪkt] *n form* édit *m*

edification [ˌed·ɪ·fɪ·'keɪ·ʃᵊn] *n form* instruction *f*

edifice ['ed·ɪ·fɪs] *n* **1.** *form* (*building*) édifice *m* **2.** *fig* (*of ideas*) structure *f*

edify ['ed·ɪ·faɪ] <-ie-> *vt a. iron* édifier

edifying *adj iron* instructif(-ive); *form* édifiant(e)

Edinburgh ['ed·ɪn·bʌr·ə] *n* Edimbourg

edit ['ed·ɪt] *vt* **1.** (*correct*) réviser **2.** (*be responsible for publications*) diriger **3.** CINE (*film*) monter **4.** COMPUT (*file*) éditer

◆ **edit out** *vt* couper

edition [ɪ·'dɪʃ·ᵊn] *n* **1.** TYP édition *f;* **hardcover/paperback ~** édition cartonnée/de poche; **first ~s** éditions *fpl* originales; **limited ~** édition à tirage limité **2.** RADIO, TV diffusion *f* **3.** (*repetition*) **it's the 11th ~ of this tournament** ce tournoi se joue pour la onzième fois **4.** (*copy*) reproduction *f*

editor ['ed·ɪ·tər] *n* **1.** TYP (*of newspaper, magazine*) rédacteur, -trice *m, f* en chef; **sports ~** rédacteur *m* sportif; (*of publishing department*) éditeur, -trice *m, f* **2.** (*person editing texts: classic texts*) éditeur, -trice *m, f;* (*article*) assistant(e) *m(f)* de rédaction **3.** CINE monteur, -euse *m, f* **4.** COMPUT éditeur *m*

editorial [ˌed·ə·'tɔr·i·əl] **I.** *n* éditorial *m* **II.** *adj* de la rédaction; **~ staff** rédaction *f*

EDT [ˌi·di·'ti] *n abbr of* **Eastern Daylight Time** EDT *m* (*heure d'été de l'est de l'Amérique du Nord*)

educate ['edʒ·ʊ·keɪt] *vt* **1.** (*bring up*) éduquer **2.** (*teach*) instruire; **~d in Canada** qui a fait ses études au Canada **3.** (*train*) former; (*animal*) dresser **4.** (*inform*) **to ~ sb in** [*o* **about**] **sth** informer qn de qc

educated ['edʒ·ʊ·keɪ·t̬ɪd] *adj* instruit(e); **highly ~** cultivé(e); **to be Oxford ~** avoir étudié à Oxford

education [ˌedʒ·ʊ·'keɪ·ʃᵊn] *n* **1.** (*system*) enseignement *m;* **the Department of ~** POL le ministère de l'éducation **2.** (*training*) formation *f;* **I had little ~** j'ai peu d'instruction; **literary ~** études *fpl* littéraires **3.** UNIV sciences *fpl* de l'éducation

educational [ˌedʒ·ʊ·'keɪ·ʃᵊn·ᵊl] *adj* **1.** SCHOOL scolaire; (*film*) éducatif(-ive); (*software*) pédagogique; (*system*) d'enseignement; **his ~ background** son cursus scolaire; **~ psychology** psychopédagogie *f* **2.** (*instructive*) instructif(-ive); **for ~ purposes** dans un but pédagogique **3.** (*raising awareness*) d'information

educationalist [ˌedʒ·ʊ·'keɪ·ʃᵊn·ᵊl·ɪst] *n,* **educationist** [ˌedʒ·ʊ·'keɪ·ʃᵊn·ɪst] *n* éducateur, -trice *m, f*

educator ['edʒ·ʊ·keɪ·t̬ər] *n* éducateur, -trice *m, f*

EEC [ˌi·i·'si] *n* HIST *abbr of* **European Economic Community** CEE *f*

EEG [ˌi·i·'dʒi] *n abbr of* **electroencephalogram**

eel [il] *n* anguille *f* ▶ **to be as slippery as an ~** glisser entre les doigts

eerie ['ɪr·i] <-r, -st>, **eery** <-ier, -iest> *adj* **1.** (*strange*) sinistre **2.** (*mysterious*) surnaturel(le) **3.** (*frightening*) inquiétant(e)

efface [ɪ·'feɪs] *vt* **1.** effacer **2.** *fig* **to ~ oneself** s'effacer

effect [ɪ·'fekt] **I.** *n* **1.** (*consequence*) effet *m;* **the ~ was to make things worse** ça a eu pour effet de faire empirer les choses; **the ~ this had on the children** l'effet que cela a eu sur les enfants; **to come into ~** (*changes*) prendre effet; (*law*) entrer en vigueur; **to take ~** (*change*) entrer en vigueur; (*drug*) commencer à agir; **with immediate ~** avec effet immédiat; **did it have any ~?** est-ce que cela eu un effet?; **to great ~** avec beaucoup d'impact; **to no ~** en vain; **he uses his contacts to good ~** il utilise ses connaissances à son avantage **2.** (*impression*) effet *m;* **for artistic ~** pour faire un effet artistique; **the overall ~** l'effet général; **for ~** *pej* pour faire de l'effet **3.** *pl* (*artist's tricks*) effets *mpl;* **sound ~s** bruitage *m* **4.** (*meaning*) **a letter to the ~ that ...** une lettre selon laquelle ...; **in ~** en effet **5.** *pl* (*belongings*) **personal ~s** effets *mpl* personnels **II.** *vt* effectuer; (*merger*) réaliser; (*change*) provoquer

effective [ɪ·'fek·tɪv] *adj* **1.** (*achieving result: measures, medicine*) efficace; (*person*) compétent(e) **2.** (*operative: law*) en vigueur **3.** (*impressive: demonstration, lighting*) impressionnant(e) **4.** (*real: leader*) véritable; (*cost*) effectif(-ive)

effectiveness *n* efficacité *f*

effeminate [ɪ·'fem·ɪ·nət] *adj pej* efféminé(e)

effervesce [ˌef·ər·'ves] *vi* pétiller

effervescence [ˌef·ər·'ves·ən(t)s] *n* effervescence *f*

effervescent [ˌef·ər·'ves·ənt] *adj* **1.** effervescent(e); (*drink*) gazeux(-euse) **2.** *fig* exubérant(e)

efficacious [ˌef·ɪ·'keɪ·ʃəs] *adj form* efficace

efficacy ['ef·ɪ·kə·si] *n form* efficacité *f*

efficiency [ɪ·'fɪʃ·ᵊn(t)·si] *n* **1.** (*competence*) bon fonctionnement *m;* (*of a method*) efficacité *f;* (*of a person*) compétence *f* **2.** TECH rendement *m*

efficient [ɪ·'fɪʃ·ᵊnt] *adj* efficace; (*person*) compétent(e)

effigy ['ef·ɪ·dʒi] *n* effigie *f*

effluent ['ef·lʊ·ənt] *n* effluent *m*

effort ['ef·ərt] *n* **1.** (*work*) effort *m;* **to be**

worth the ~ valoir la peine; **it's an ~ for him to breathe** ça lui demande un effort de respirer; **please make the ~ to come** je t'en prie fais l'effort de venir; **she just won't make the ~** elle ne veut pas faire l'effort; **I'll make every ~ to be there** je ferai tout mon possible pour être là **2.** (*attempt*) tentative *f;* **my ~s to communicate** mes efforts pour communiquer

effortless ['ef·ərt·ləs] *adj* **1.** (*easy*) facile **2.** (*painless*) sans effort; **an ~ gesture** un geste naturel

effrontery [ef·'rʌn·tᵊr·i] *n form* effronterie *f;* **to have the ~ to** *+infin* avoir l'audace *f* de *+infin*

effusive [ɪ·'fju·sɪv] *adj form* exubérant(e); (*welcome*) chaleureux(-euse)

e-file *vt abbr of* **electronically file to ~ sth** (*tax return*) remplir qc en ligne

e.g. [ˌi·'dʒi] *abbr of* (**exempli gratia**) **for example** par ex.

egg [eg] *n* **1.** œuf *m;* **to lay an ~** pondre un œuf; **beaten/scrambled/fried ~s** œufs battus/brouillés/sur le plat; **hard-boiled/soft-boiled ~** œufs durs/mollets **2.** (*female reproductive cells*) ovule *m* ▶ **to have ~ on one's face** *inf* avoir l'air fin; **to put all one's ~s in one basket** mettre tous ses œufs dans le même panier

◆ **egg on** *vt* bousculer

eggcup, egg cup *n* coquetier *m*

egghead *n pej, inf* intellectuel(le) *m(f)*

eggplant *n* aubergine *f*

eggshell *n* coquille *f* d'œuf

egg spoon *n* cuillère *f* à œuf

egg timer *n* sablier *m*

egg white *n* blanc *m* d'œuf

egg yolk *n* jaune *m* d'œuf

ego ['i·goʊ] *n* <-s> **1.** PSYCH ego *m* **2.** (*self-esteem*) vanité *f;* **to bolster sb's ~** donner de l'assurance *f* à qn

egocentric [ˌi·goʊ'sen·trɪk] *adj pej* égocentrique

egoism ['i·goʊ·ɪ·zᵊm] *n pej* égoïsme *m*

egoist ['i·goʊ·ɪst] *n pej* égoïste *mf*

egoistic [ˌi·goʊ·'ɪs·tɪk], **egoistical** *adj* égoïste

ego surfing *n no art* COMPUT egosurf *m* (*recherche de son nom sur Internet via les moteurs de recherche*)

egotism ['i·goʊ·tɪ·zᵊm] *n pej* égotisme *m soutenu*

egotist ['i·goʊ·tɪst] *n pej* égotiste *mf soutenu*

egotistic(al) [ˌi·goʊ·'tɪs·tɪk·(ᵊl)] *adj pej* égotiste *soutenu*

ego trip ['i·goʊ·trɪp] *n pej* **to be on an ~** faire son mégalo

Egypt ['i·dʒɪpt] *n* l'Égypte *f*

Egyptian [ɪ·'dʒɪp·ʃᵊn] **I.** *adj* égyptien(ne) **II.** *n* Égyptien(ne) *m(f)*

eh [eɪ] *interj inf* **~? 1.** (*expressing surprise*) quoi! **2.** (*asking for repetition*) hein? **3.** (*inviting response to statement*) non?

eider ['aɪ·dər] *n* eider *m*

eiderdown ['aɪ·dər·daʊn] *n* édredon *m*

Eiffel tower [ˌaɪ·fl·'taʊər] *n* **the ~** la tour Eiffel

eight [eɪt] **I.** *adj* huit; **he is ~** il a huit ans **II.** *n* (*number*) huit *m;* **~ o'clock** huit heures *fpl;* **it's ~** il est huit heures; **~ twenty hours** huit heures vingt

eighteen [ˌeɪ·'tin] *adj* dix-huit; *s.a.* **eight**

eighteenth [ˌeɪ·'tinθ] *adj* dix-huitième; *s.a.* **eighth**

eighth [eɪtθ] **I.** *adj* huitième; **~ note** croche *f* **II.** *n* **1.** (*order*) **the ~** le(la) huitième **2.** (*date*) **the ~ of June, June the ~** le huit juin **3.** (*equal parts*) **to cut a cake into ~s** couper un gâteau en huit **III.** *adv* (*in lists*) huitièmement

eight-hour day *n* journée *f* de huit heures

eightieth ['eɪ·t̬i·əθ] *adj* quatre-vingtième; *s.a.* **eighth**

eighty ['eɪ·t̬i] **I.** *adj* quatre-vingts, huitante *Suisse,* octante *Belgique, Suisse* **II.** *n* **1.** (*number*) quatre-vingts *m* **2.** (*age*) **to be in one's eighties** avoir quatre-vingts ans passés **3.** (*decade*) **the eighties** les années *fpl* quatre-vingts; *s.a.* **eight**

Eire ['er·ə] *n* République *f* d'Irlande

either ['i·ðər] **I.** *adj* **1.** (*one of two*) **~ method will work** n'importe laquelle des deux méthodes marchera; **I didn't see either film** je n'ai vu ni l'un ni l'autre de ces films; **~ way it's expensive** dans les deux cas, c'est cher **2.** (*both*) **on ~ foot** sur chaque pied **II.** *pron* **which one? – ~** lequel? – n'importe lequel; **~ of you can go** l'un ou l'autre peut y aller **III.** *adv* (*in alternatives*) **~ ... or** soit ... soit; **it's good with ~ meat or fish** c'est bon avec de la viande ou du poisson; *after neg* non plus; **if he doesn't go, I won't go ~** s'il ne part pas, moi non plus **IV.** *conj* **~ ... or ...** soit ... soit ...; **~ buy it or rent it** achetez-le ou (bien) louez-le; **I can ~ stay or leave** je peux ou rester ou partir

ejaculate [ɪ·'dʒæk·jʊ·leɪt] *vt* **1.** ANAT éjaculer **2.** (*suddenly blurt out*) s'écrier

ejaculation [ɪ·ˌdʒæk·jʊ·'leɪ·ʃᵊn] *n* **1.** ANAT éjaculation *f* **2.** (*sudden outburst*) exclamation *f*

eject [ɪ·'dʒekt] **I.** *vt* éjecter; (*coin*) rejeter **II.** *vi* AVIAT s'éjecter

ejection *n* (*of unwanted person*) expulsion *f;* (*of pilot, cassette*) éjection *f*

ejector *n* éjecteur *m*

ejector seat [ɪ·'dʒek·tər sit] *n* siège *m* éjectable

eke out [ik aʊt] *vt* (*money, food*) faire durer; **to ~ a living** avoir du mal à joindre les deux bouts

elaborate [ɪ·'læb·ᵊ·rət, *vb:* ɪ·'læb·ᵊ·reɪt] **I.** *adj* **1.** (*complicated*) compliqué(e) **2.** (*detailed: plan*) minutieux(-euse); (*meal*) soigné(e); (*style*) travaillé(e); (*excuse*) alambiqué(e) **II.** *vi* donner plus de détails; **to ~ on sth** s'étendre sur qc **III.** *vt* élaborer

elaboration [ɪ·ˌlæb·ə·'reɪ·ʃᵊn] <-(s)> *n* développement *m;* (*of theory*) élaboration *f*

elapse [ɪ·ˈlæps] *vi* s'écouler
elastic [ɪ·ˈlæs·tɪk] **I.** *adj a. fig* élastique **II.** *n* (*band*) élastique *m*
elasticity [ˌe·læs·ˈtɪs·ə·t̬i] *n a. fig* élasticité *f*
elated *adj* au comble de la joie
elation [ɪ·ˈleɪ·ʃᵊn] *n* allégresse *f*
Elba [ˈel·bə] *n* l'île *f* d'Elbe
elbow [ˈel·boʊ] **I.** *n a. fig* coude *m* ▶ **to give sb the ~** *inf* plaquer qn; **to be at sb's ~** être à portée de main **II.** *vt* **to ~ sb out of the way** écarter qn de son chemin
elbow grease *n inf* huile *f* de coude
elbow room *n* **1.** (*space to move*) espace *m* **2.** (*freedom of action*) marge *f* de manœuvre
elder¹ [ˈel·dər] **I.** *n* **1.** (*older person*) aîné(e) *m(f)* **2.** HIST, REL ancien(ne) *m(f)*; **village ~** doyen(ne) *m(f)* du village; **Pliny the Elder** Pline l'Ancien **II.** *adj* aîné(e); **~ statesman** vétéran *m* de la politique
elder² [ˈel·dər] *n* BOT sureau *m*
elderberry [ˈel·dər·ber·i] <-ies> *n* **1.** (*berry*) baie *f* de sureau **2.** *s.* **elder**
elderberry wine *n* vin *m* de sureau
elderly [ˈel·dər·li] **I.** *adj* assez âgé **II.** *n* **the ~** les personnes *fpl* âgées
eldest [ˈel·dɪst] **I.** *adj* aîné(e) **II.** *n* **my ~** mon aîné(e)
elect [ɪ·ˈlekt] **I.** *vt* **1.** (*by voting*) élire; **to ~ sb as president/to sth** élire qn président/à qc **2.** (*decide*) **to ~ to** *+infin* choisir de *+infin* **II.** *n* REL **the ~** les élus *mpl* **III.** *adj* **the archbishop/president ~** le futur archevêque/président
election [ɪ·ˈlek·ʃᵊn] *n* élection *f*; **to call an ~** appeler aux urnes
election address *n* discours *m* électoral
election campaign *n* campagne *f* électorale
election commission, election committee *n* comité *m* électoral
election day, Election Day *n* journée *f* électorale
election defeat *n* défaite *f* électorale
electioneering [ɪ·ˌlek·ʃə·ˈnɪr·ɪŋ] *n* campagne *f* électorale
election meeting *n* meeting *m* électoral
election platform *n* programme *m* électoral
election results *npl*, **election returns** *npl* résultats *mpl* des élections
election speech *s.* **election address**
elective [ɪ·ˈlek·tɪv] **I.** *adj* **1.** *form* (*appointed by election*) élu(e); (*based on voting*) électoral(e) **2.** (*optional: subject*) facultatif(-ive); (*affinity*) électif(-ive); **~ surgery** chirurgie *f* de confort **II.** *n* SCHOOL, UNIV cours *m* facultatif
elector [ɪ·ˈlek·t̬ər] *n* **1.** (*person with voting rights*) électeur, -trice *m, f* **2.** POL membre *m* du Collège électoral
electoral [ɪ·ˈlek·tᵊr·ᵊl] *adj* électoral(e)
Electoral College *n* Collège *m* électoral
electorate [ɪ·ˈlek·tᵊr·ət] *n* électorat *m*
electric [ɪ·ˈlek·trɪk] *adj* électrique; (*fence*) électrifié(e); (*atmosphere*) chargé(e) d'électricité; **~ blanket** couverture *f* chauffante; **~ shock** MED électrochoc *m*
electrical [ɪ·ˈlek·trɪ·kᵊl] *adj* électrique; **~ failure** panne *f* d'électricité; **~ engineer** électrotechnicien(ne) *m(f)*
electric chair *n* chaise *f* électrique
electrician [ɪ·ˌlek·ˈtrɪʃ·ᵊn] *n* électricien(ne) *m(f)*
electricity [ɪ·ˌlek·ˈtrɪs·ə·ti] *n* électricité *f*; **powered by ~** électrique
electrification [ɪ·ˌlek·trɪ·fɪ·ˈkeɪ·ʃᵊn] *n* électrification *f*
electrify [ɪ·ˈlek·trɪ·faɪ] *vt* **1.** ELEC électrifier **2.** *fig* électriser
electroanalysis [ɪ·ˌlek·troʊ·ə·ˈnæl·ɪ·sɪs] *n* électroanalyse *f*
electrocardiogram [ɪ·ˌlek·troʊ·ˈkar·di·ə·græm] *n* électrocardiogramme *m*
electrocute [ɪ·ˈlek·trə·kjut] *vt* électrocuter
electrocution [ɪ·ˌlek·trə·ˈkju·ʃᵊn] *n* électrocution *f*
electrode [ɪ·ˈlek·troʊd] *n* électrode *f*
electroencephalogram [ɪ·ˌlek·troʊ·en·ˈsef·ə·loʊ·ˌgræm] *n* électroencéphalogramme *m*
electrolysis [ɪ·ˌlek·ˈtra·lə·sɪs] *n* électrolyse *f*
electromagnet [ɪ·ˈlek·troʊ·ˈmæg·nɪt] *n* électro-aimant *m*
electromagnetic [ɪ·ˌlek·troʊ·mæg·ˈnet̬·ɪk] *adj* électromagnétique
electron [ɪ·ˈlek·tran] *n* électron *m*
electronic [ɪ·ˌlek·ˈtra·nɪk] *adj* électronique
electronics [ɪ·ˌlek·ˈtra·nɪks] *npl* **1.** *+ sing vb* (*science*) électronique *f* **2.** *+ pl vb* (*electronic circuits*) circuits *mpl* électroniques
electron microscope *n* microscope *m* électronique
electroplate [ɪ·ˈlek·troʊ·pleɪt] **I.** *vt* galvaniser; **~d cutlery** couverts *mpl* argentés **II.** *n articles plaqués par galvanoplastie*
electroscope [ɪ·ˈlek·troʊ·ˌskoʊp] *n* électroscope *m*
electrotherapy [ɪ·ˌlek·troʊ·ˈθer·ə·pi] *n* électrothérapie *f*
elegance [ˈel·ə·gᵊn(t)s] *n* élégance *f*
elegant [ˈel·ə·gᵊnt] *adj* élégant(e)
elegy [ˈel·ə·dʒi] *n* élégie *f*
element [ˈel·ə·mənt] *n* **1.** *a.* CHEM, MATH élément *m* **2.** ELEC résistance *f* **3.** (*amount*) **an ~ of luck** une part de chance; **to lose the ~ of surprise** perdre l'effet de surprise **4.** *pl* (*rudiments*) rudiments *mpl* **5.** *pl* METEO **the ~s** les éléments *mpl*
elemental [ˌel·ə·ˈmen·t̬ᵊl] *adj* **1.** (*primitive*) élémentaire; (*feelings, needs*) primaire; **~ forces** puissances *fpl* naturelles **2.** (*basic*) essentiel(le)
elementary [ˌel·ə·ˈmen·t̬ər·i] *adj* élémentaire; **~ science** sciences *fpl* de la vie et de la terre; **~ education** enseignement *m* primaire
elementary school *n* école *f* primaire
elephant [ˈel·ɪ·fənt] *n* éléphant
elephantine [ˌel·ɪ·ˈfæn·taɪn] *adj* éléphantesque; (*humor*) lourd(e)
elevate [ˈel·ɪ·veɪt] *vt a. fig, form* élever; **to ~**

E

the mind être édifiant
elevated ['el·ɪ·veɪ·t̬ɪd] *adj* **1.** (*raised*) élevé(e); (*railway*) surélevé(e); ~ **railroad** métro *m* aérien **2.** (*important: position*) important(e); **to have an ~ idea of oneself** se faire une haute idée de soi-même **3.** LIT (*style*) soutenu(e); (*thoughts*) sublime
elevation [ˌel·ɪ·'veɪ·ʃᵊn] *n form* **1.** (*height, hill*) hauteur *f;* **an ~ of 1000 m** une altitude de 1000 m **2.** ARCHIT élévation *f* **3.** (*rise*) ascension *f*
elevator ['el·ɪ·veɪ·t̬ər] *n* **1.** (*for people*) ascenseur *m* **2.** (*for freight*) monte-charge *m*
eleven [ɪ·'lev·ᵊn] **I.** *adj* onze **II.** *n* (*number*) onze *m; s.a.* **eight**
eleventh [ɪ·'lev·ᵊnθ] *adj* onzième; *s.a.* **eighth**
elf [elf] <elves> *n* elfe *m*
elicit [ɪ·'lɪs·ɪt] *vt form* **1.** (*obtain: information*) obtenir; (*truth*) découvrir; SCHOOL (*answers*) susciter **2.** (*provoke: criticism*) susciter
eligibility [ˌel·ɪ·dʒə·'bɪl·ə·t̬i] *n* LAW droit *m*
eligible ['el·ɪdʒ·ə·bl] *adj* éligible; **to be ~ for sth** avoir droit à qc; **to be ~ for promotion** remplir les conditions pour être promu; **to be ~ to vote** être en droit de voter; **an ~ bachelor** un bon parti
eliminate [ɪ·'lɪm·ɪ·neɪt] *vt* **1.** *a.* ANAT éliminer **2.** (*exclude*) écarter **3.** *inf* (*murder*) supprimer
elimination [ɪ·ˌlɪm·ɪ·'neɪ·ʃᵊn] *n* élimination *f;* (*of diseases*) éradication *f;* **by a process of ~** en procédant par élimination
elimination contest *n* compétition *f* éliminatoire
elite [eɪ·'lit] **I.** *n* élite *f* **II.** *adj* d'élite; (*club*) réservé(e) à l'élite
elitism [eɪ·'li·tɪ·zᵊm] *n pej* élitisme *m*
elitist [eɪ·'li·tɪst] *adj pej* élitiste
elixir [ɪ·'lɪk·sər] *n* élixir *m*
elk [elk] <-(s)> *n* **1.** (*in Europe*) élan *m* **2.** (*in America*) wapiti *m*
ellipse [ɪ·'lɪps] *n* ellipse *f*
elliptic [ɪ·'lɪp·tɪk], **elliptical** *adj* elliptique
elm [elm] *n* orme *m*
elocution [ˌel·ə·'kju·ʃᵊn] *n* élocution *f;* **~ lesson** cours *m* de diction
elongate [ɪ·'lɔŋ·geɪt] **I.** *vt* allonger **II.** *vi* s'allonger
elope [ɪ·'loʊp] *vi* faire une fugue amoureuse; **to ~ with one's beloved** s'enfuir avec son(sa) bien-aimé(e)
eloquent ['el·ə·kwənt] *adj* éloquent(e)
El Salvador [el·'sæl·və·ˌdɔr] *n* le Salvador
else [els] *adv* **1.** (*in addition*) **everybody ~** tous les autres; **everything ~** tout le reste; **someone ~** quelqu'un d'autre; **anyone ~** toute autre personne; **why ~?** pour quelle autre raison?; **what/who ~?** quoi/qui d'autre? **2.** (*different*) **something ~** autre chose **3.** (*otherwise*) **or ~ we could see a film** ou bien nous pourrions voir un film; **go now or ~ you'll miss him** vas-y maintenant ou bien tu vas le rater; **do that or ~!** fais ça, sinon tu vas voir!
elsewhere ['els·(h)wer] *adv* ailleurs
elucidate [ɪ·'lu·sɪ·deɪt] *form* **I.** *vt* élucider; (*mystery*) éclaircir **II.** *vi* s'expliquer
elusive [ɪ·'lu·sɪv] *adj* **1.** (*evasive: answer*) évasif(-ive) **2.** (*difficult to obtain*) insaisissable; (*memory*) fugace
emaciated [ɪ·'meɪ·ʃɪ·eɪ·t̬ɪd] *adj form* **1.** (*face*) émacié(e) **2.** (*body*) décharné(e)
e-mail, email, E-mail ['i·meɪl] *n* COMPUT *abbr of* **electronic mail** courrier *m* électronique; (*as an abbreviation*) Mél. *m;* **to collect one's ~** relever sa boîte aux lettres électronique
e-mail address *n* adresse *f* électronique
emanate ['em·ə·neɪt] **I.** *vi form* **1.** (*originate*) provenir **2.** (*radiate*) émaner **II.** *vt* émettre; (*gas*) dégager; (*joy*) rayonner de
emancipate [ɪ·'mæn(t)·sɪ·peɪt] *vt a.* POL émanciper; (*slave*) affranchir
emancipated *adj a.* POL émancipé(e); (*ideas*) libéral(e)
emancipation [ɪ·ˌmæn(t)·sɪ·'peɪ·ʃᵊn] *n* émancipation *f*
embalm [em·'bam] *vt* embaumer
embankment [em·'bæŋk·mənt] *n* (*of road*) talus *m;* (*of river*) berge *f;* (*of canal*) digue *f;* **railway ~** remblai *m*
embargo [em·'bar·goʊ] **I.** <-goes> *n* embargo *m* **II.** *vt* mettre un embargo sur
embark [em·'bark] **I.** *vi* s'embarquer **II.** *vt* embarquer
embarkation [ˌem·bar·'keɪ·ʃᵊn] *n* embarquement *m*
embarrass [em·'ber·əs] *vt* embarrasser
embarrassed *adj* embarrassé(e); **I was ~ to ask her** j'étais gêné de lui demander; **to be financially ~** avoir des ennuis d'argent
embarrassing *adj* embarrassant(e); **in an ~ situation** dans une situation embarrassante
embarrassment *n* gêne *f;* **to be an ~ to sb** être une source d'embarras pour qn
embassy ['em·bə·si] <-assies> *n* ambassade *f*
embed [em·'bed] <-dd-> *vt* **1.** (*fix*) insérer; (*nail*) enfoncer; (*in wall*) encastrer; (*in gold*) incruster; (*in memory*) graver **2.** (*reporter*) intégrer dans un corps de troupe **3.** LING enchâsser **4.** COMPUT incorporer
embellish [em·'bel·ɪʃ] *vt* embellir; (*story*) enjoliver
ember ['em·bər] *n* braise *f*
embezzle [em·'bez·l] <-ling> *vt* (*funds*) détourner
embezzlement *n* détournement *m* de fonds
embezzler [em·'bez·lər] *n* escroc *m*
embitter [em·'bɪt̬·ər] *vt* aigrir; (*dispute*) envenimer; **an ~ed old man** un vieillard amer
emblem ['em·bləm] *n* emblème *m*
embodiment *n* incarnation *f;* **the ~ of virtue** la vertu personnifiée
embody [em·'ba·di] *vt* **1.** (*convey: idea*) incarner **2.** (*personify*) personnifier **3.** (*include*) incorporer
embolism ['em·bə·lɪ·zᵊm] *n* embolie *f*

emboss [em·'bas] *vt* (*metal*) travailler en relief; (*leather*) repousser; **~ed paper** papier *m* gaufré
embrace [em·'breɪs] **I.** *vt* **1.** embrasser **2.** *fig* (*idea*) adopter; (*offer*) accepter; (*opportunity*) saisir; (*religion*) embrasser **II.** *n* embrassade *f*; **in your ~** dans tes bras
embrocation [ˌem·broʊ·'keɪ·ʃᵊn] *n* embrocation *f*
embroider [em·'brɔɪ·dər] **I.** *vi* broder **II.** *vt* **1.** broder **2.** *fig* enjoliver
embroidery [em·'brɔɪ·dᵊr·i] *n* **1.** <-ies> broderie *f* **2.** *fig* fioritures *fpl*
embryo ['em·bri·oʊ] *n* embryon *m*
embryonic [ˌem·bri·'a·nɪk] *adj* **1.** embryonnaire **2.** *fig* à un stade embryonnaire
emerald ['em·ᵊr·ᵊld] **I.** *n* **1.** (*stone*) émeraude *f* **2.** (*color*) vert *m* émeraude **II.** *adj* vert émeraude
emerge [ɪ·'mɜrdʒ] *vi* **1.** (*come out*) surgir; (*from the sea*) émerger **2.** (*become known: problem*) se faire jour; (*ideas*) ressortir; (*facts, leader*) apparaître; (*theory*) naître
emergence [ɪ·'mɜr·dʒᵊn(t)s] *n* émergence *f*; (*of ideas*) apparition *f*; (*of circumstances*) révélation *f*; (*of theory*) naissance *f*
emergency [ɪ·'mɜr·dʒᵊn(t)·si] **I.** <-ies> *n a.* MED urgence *f*; **state of ~** POL état *m* d'urgence; **to be used only in emergencies** à n'utiliser qu'en cas d'urgence **II.** *adj* (*landing*) forcé(e); (*measures*) d'exception; (*exit, brake*) de secours; (*situation*) d'urgence
emergency brake *n* AUTO frein *m* à main
emergency room *n* salle *f* des urgences
emergency services *n pl: services d'urgence, regroupant les pompiers, la police et les ambulances*
emergent [ɪ·'mɜr·dʒᵊnt] *adj* (*democracy, nation*) jeune; (*talent*) naissant(e)
emery ['em·ᵊr·i] *n* émeri *m*
emery board *n* lime *f* à ongles
emery paper *n* toile *f* (d')émeri
emetic [ɪ·'meṭ·ɪk] **I.** *adj* vomitif(-ive); MED émétique **II.** *n* émétique *m*
emigrant ['em·ɪ·grənt] *n* émigrant(e) *m(f)*
emigrate ['em·ɪ·greɪt] *vi* émigrer
emigration [ˌem·ɪ·'greɪ·ʃᵊn] *n* émigration *f*
eminence ['em·ɪ·nən(t)s] *n* **1.** (*honor*) distinction *f*; **to achieve ~** parvenir à une position éminente **2.** (*fame*) renommée *f*
eminent ['em·ɪ·nənt] *adj* éminent(e)
eminently *adv* éminemment; (*memorable*) parfaitement; (*forgettable*) tout à fait
emissary ['em·ɪ·ser·i] <-ies> *n* émissaire *m*
emission [ɪ·'mɪʃ·ᵊn] *n* émission *f*; (*of smoke*) dégagement *m*
emit [ɪ·'mɪt] <-tt-> *vt* (*radiation, groan*) émettre; (*odor*) répandre; (*rays*) diffuser; (*smoke*) dégager; (*sparks*) lancer; (*heat, light*) émettre; (*lava*) cracher; (*squeal*) laisser échapper
emoticon *n* COMPUT émoticone *m*
emotion [ɪ·'moʊ·ʃᵊn] *n* **1.** (*affective state*) émotion *f* **2.** (*feeling*) sentiment *m*
emotional [ɪ·'moʊ·ʃᵊn·ᵊl] *adj* émotionnel(le); (*ceremony*) émouvant(e); (*decision*) impulsif(-ive); (*reaction*) émotif(-ive); **an ~ person** une personne sensible; **don't let's get ~** ne soyons pas trop sensibles; **~ blackmail** chantage *m* au sentiment; **to make an ~ appeal to sb** faire appel aux bons sentiments de qn
emotionally *adv* (*react, behave*) avec émotion; **physically and ~** physiquement et mentalement; **to be ~ involved with sb** avoir une liaison (amoureuse) avec qn
emotionless *adj* impassible
emotive [ɪ·'moʊ·tɪv] *adj* (*issue*) qui déchaîne les passions; (*term*) chargé(e) de connotations
empathy ['em·pə·θi] *n* empathie *f*
emperor ['em·pər·ər] *n* empereur *m*
emphasis ['em(p)·fə·sɪs] <emphases> *n* **1.** (*when explaining*) insistance *f*; **to lay** [*o* **place**] [*o* **put**] **great ~ on sth** mettre l'accent *m* sur qc; **the ~ is on ...** l'accent est mis sur... **2.** LING accentuation *f*; **the ~ is on the first syllable** l'accentuation est sur la première syllabe
emphasize ['em(p)·fə·saɪz] *vt* **1.** (*insist on*) souligner; (*fact*) insister sur **2.** LING accentuer
emphatic [em·'fæṭ·ɪk] *adj* **1.** (*forcibly expressive*) emphatique; (*assertion*) catégorique; **she's ~ that she can do it** elle est formelle sur le fait qu'elle peut le faire **2.** (*strong*) énergique; (*victory*) écrasant(e); (*answer*) net(te); (*refusal*) formel(le)
empire ['em·paɪər] *n a. fig* empire *m*
empirical [em·'pɪr·ɪk·ᵊl] *adj* empirique
employ [em·'plɔɪ] *vt* **1.** (*pay to do work*) employer; **he is ~ed in the travel industry** il travaille dans l'industrie du tourisme **2.** (*use*) utiliser
employee ['em·plɔɪ·'i] *n* employé(e) *m(f)*
employer [em·'plɔɪ·ər] *n* employeur, -euse *m, f*; **~s and employees** la direction et le personnel; **~s' organization** organisation *f* patronale
employment *n* **1.** (*state of having work*) emploi *m*; **~ agency** agence *f* de placement; **to be in sb's ~** être employé par qn **2.** (*use*) emploi *m*
emporium [em·'pɔ·ri·əm] <-s *o* -ia> *n* grand magasin *m*
empower [em·'paʊər] *vt* **1.** (*authorize*) autoriser **2.** LAW donner procuration [*o* pleins pouvoirs] à **3.** POL donner du pouvoir à **4.** (*give power to: employees*) responsabiliser; (*disabled*) rendre plus fort(e)
empowerment [em·'paʊər·mənt] *n* **1.** autorisation *f* **2.** (*of employees*) responsabilisation *f*; (*of the disabled*) l'accès *m* à l'auto-prise en charge
empress ['em·prɪs] *n* impératrice *f*
emptiness ['em(p)·tɪ·nəs] *n* vide *m*; (*of speech*) vacuité *f*
empty ['em(p)·ti] **I.** <-ier, -iest> *adj* **1.** (*with nothing inside*) vide; (*stomach*) creux(-euse); **on an ~ stomach** à jeun **2.** AUTO à vide

E

3. (*without inhabitants*) inoccupé(e) **4.** CULIN (*calories*) non calorique **5.** (*pointless: gesture*) futile; (*words*) vain(e); (*threat*) en l'air **II.** <-ies> *n pl* bouteilles *fpl* vides, vidanges *fpl Belgique* **III.** <-ie-> *vt* vider; **to ~ one's bladder** vider sa vessie **IV.** <-ie-> *vi* **1.** se vider **2.** GEO (*river*) **to ~ into sth** se déverser dans qc

◆**empty out** *vt* vider

empty-handed *adj* **1.** les mains vides **2.** *fig* bredouille

empty-headed *adj* sans cervelle

empty weight *n* poids *m* à vide

EMT *n abbr of* **emergency medical technician** ambulancier, -ère *m, f,* technicien ambulancier, technicienne ambulancière *m, f Québec, Suisse*

EMU *n abbr of* **Economic and Monetary Union** UEM *f*

emulate ['em·jʊ·leɪt] *vt* **1.** imiter **2.** COMPUT émuler

emulation [ˌem·jʊ·'leɪ·ʃᵊn] *n* **1.** concurrence *f* **2.** COMPUT émulation *f*

emulsifier [ɪ·'mʌl·sɪ·faɪ·ər] *n* émulsifiant *m*

emulsify [ɪ·'mʌ·sɪ·faɪ] <-ie-> *vt* émulsifier

emulsion [ɪ·'mʌl·ʃᵊn] *n a.* PHOT émulsion *f*

enable [ɪ·'neɪ·bl] *vt* **1.** (*give the ability, make possible*) **to ~ sb to** +*infin* donner à qn la possibilité de +*infin* **2.** COMPUT permettre

enact [ɪ·'nækt] *vt* **1.** (*carry out*) effectuer **2.** (*act out*) représenter **3.** POL décréter; (*law*) promulguer

enactment *n* **1.** (*carrying out*) exécution *f;* (*of a law*) promulgation *f;* (*of a legislation*) établissement *m* **2.** (*acting out*) représentation *f*

enamel [ɪ·'næm·ᵊl] **I.** *n* émail *m* **II.** <-l- *o* -ll-> *vt* émailler

enamor [ɪ·'næm·ər] *vt* **to be ~ed of sb** être amoureux de qn; **I'm not very ~ed of the idea** *iron* je ne suis pas vraiment fou de l'idée

encampment [ɪn·'kæmp·mənt] *n* campement *m*

encase [en·'keɪs] *vt* **to ~ sth in sth** recouvrir qc de qc

encephalitis [en·ˌsef·ə·'laɪ·t̬ɪs] *n* encéphalite *f*

enchant [en·'tʃænt] *vt* **1.** (*charm*) enchanter **2.** (*bewitch*) ensorceler

enchanted *adj* enchanté(e)

enchanter *n* enchanteur *m*

enchanting *adj* charmant(e)

enchantment *n* enchantement *m*

enchantress *n* enchanteresse *f*

enchilada [ˌen·tʃɪ·'la·də] *n tortilla fourrée servie avec une sauce épicée* ▶ **the whole ~** *inf* et tout le tralala

encircle [en·'sɜr·kl] *vt* **1.** encercler **2.** MIL cerner

encirclement *n* ARCHIT encerclement *m*

encl. *n abbr of* **enclosure, enclosed** PJ *f*

enclose [en·'kloʊz] *vt* **1.** (*surround*) cerner; **to ~ sth in parentheses** mettre qc entre parenthèses; **to ~ sth with sth** entourer qc de qc **2.** (*include in same envelope*) joindre

enclosed *adj* **1.** (*document*) joint(e) **2.** (*space*) clos(e) **3.** REL (*order*) cloîtré(e)

enclosure [en·'kloʊ·ʒər] *n* **1.** (*area*) enceinte *f* **2.** (*for animals*) enclos *m* **3.** (*act of enclosing*) clôture *f* **4.** (*enclosed item*) pièce *f* jointe

encode [en·'koʊd] *vt* **1.** (*code*) coder **2.** LING encoder **3.** COMPUT **to ~ sth digitally** coder qc numériquement

encompass [en·'kʌm·pəs] *vt* **1.** (*surround*) entourer **2.** (*include*) englober

encore ['an·kɔr] *n* **1.** bis *m* **2.** *fig, pej* **as** [*o* **for**] **an ~** comme si cela ne suffisait pas

encounter [en·'kaʊn·t̬ər] **I.** *vt* **1.** (*experience*) rencontrer; **to ~ resistance** trouver de la résistance **2.** (*meet*) rencontrer à l'improviste **II.** *n* **1.** rencontre *f;* (*with enemy*) affrontement *m;* **her ~ with the boss** sa collision avec le patron **2.** SPORTS confrontation *f*

encourage [en·'kɜr·ɪdʒ] *vt* **1.** (*give confidence to*) encourager; **to ~ sb to** +*infin* encourager qn à +*infin* **2.** (*support*) favoriser

encouragement *n* encouragement *m;* **to give ~ to sth** encourager qn

encouraging *adj* stimulant(e); (*sign*) encourageant(e)

encroach [en·'kroʊtʃ] *vi* **1.** (*advance*) gagner du terrain **2.** (*intrude*) **to ~ on** [*o* **upon**] empiéter sur

encroachment *n* **1.** (*intrusion*) intrusion *f;* **~ on human rights** atteinte *f* aux droits de l'homme **2.** (*gradual approach*) empiètement *m*

encryption [ɪn·'krɪp·ʃᵊn] *n* COMPUT cryptage *m*

encumber [en·'kʌm·bər] *vt* encombrer; **to be ~ed with sth** être gêné par qc

encyclopedia [en·ˌsaɪ·klə·'pi·di·ə] *n* encyclopédie *f*

encyclopedic [en·ˌsaɪ·klə·'pi·dɪk] *adj* encyclopédique

end [end] **I.** *n* **1.** (*finish*) fin *f;* **to come to an end** se terminer; **to put an ~ to sth** mettre fin à qc **2.** (*last point physically*) bout *m;* SPORTS côté *m;* **at the ~ of the corridor** au bout du couloir **3.** (*last point of a range*) extrémité *f;* **at the other ~ of the scale** à l'autre extrême *m* **4.** (*involving communication, exchange*) **how are things on your ~?** et pour toi/vous, comment ça se passe?; **to keep one's ~ of the bargain** tenir sa part du marché; **I could hear music at the other ~** j'entendais de la musique au bout du fil **5.** (*purpose*) objectif *m;* **to this ~** dans cette intention; **to achieve one's ~s** arriver à ses fins; **for commercial ~s** à des fins commerciales **6.** (*death*) **sudden/untimely ~** mort *f* soudaine/précoce; **to meet one's ~** trouver la mort; **to be nearing one's ~** sentir sa fin proche **7.** (*small left over piece*) bout *m* ▶ **to burn the candle at both ~s** brûler la chandelle par les deux bouts; **to reach the ~ of the line** [*o* **road**] arriver en fin de course; **~ of story** un point, c'est tout; **and that's the ~ of the story** et je ne veux plus en entendre parler; **to be at**

the ~ of one's rope [o tether] être au bout du rouleau; to hold [o keep] one's ~ up ne pas se laisser démonter; to make ~s meet joindre les deux bouts; to put an ~ to oneself [o it all] mettre fin à ses jours; in the ~ en fin de compte II. vt 1. (finish) finir 2. (bring to a stop) mettre un terme à III. vi 1. (result in) to ~ in sth se terminer en qc 2. (finish) finir; to ~ with sth s'achever par qc
◆ **end up** vi to ~ in love with sb finir par tomber amoureux de qn; to ~ a rich man finir par devenir riche; to ~ homeless se retrouver à la rue; to ~ a prostitute/in prison finir prostituée/en prison; to ~ doing sth finir par faire qc

endanger [en·'deɪn·dʒər] *vt* mettre en danger

endangered species *n* espèce *f* menacée

endearing *adj* inspirant la sympathie; (*smile*) engageant(e)

endearment *n* **to whisper ~s to each other** se murmurer des mots tendres; **terms of ~** paroles *fpl* de tendresse

endeavor [en·'dev·ər] **I.** *vi* essayer; **to ~ to** +*infin* tenter tout son possible pour +*infin* **II.** *n* tentative *f;* **to make every ~ to** +*infin* faire tout son possible pour +*infin*

endemic [en·'dem·ɪk] *adj* endémique

ending ['en·dɪŋ] *n* **1.** (*last part*) fin *f;* **a happy ~** une belle fin **2.** LING terminaison *f*

endive ['en·daɪv] *n* endive *f,* chicon *m Belgique*

endless ['end·ləs] *adj* **1.** TECH sans fin **2.** (*infinite*) infini(e) **3.** (*going on too long*) interminable

endorse [en·'dɔrs] *vt* **1.** (*declare approval for*) appuyer **2.** (*promote: product*) approuver **3.** FIN (*check*) endosser

endorsee [ɪn·,dɔr·'si] *n* endossataire *mf*

endorsement *n* **1.** (*support: of plan*) appui *m* **2.** (*recommendation*) approbation *f* **3.** FIN endossement *m* **4.** (*clause in insurance policy*) avenant *m*

endow [en·'daʊ] *vt* doter; **to be ~ed with sth** être doté de qc

endowment *n* **1.** (*insurance*) pension *f* **2.** (*talent*) talent *m* **3.** *form* BIO **genetic ~** héritage *m* génétique

endpaper *n* page *f* de garde

end product *n* produit *m* fini

end result *n* résultat *m* définitif

endurable [en·'dʊr·ə·bl] *adj* supportable

endurance [en·'dʊr·ən(t)s] *n* endurance *f;* **an ~ record** un record d'endurance; **to irritate sb beyond ~** agacer qn au plus haut point

endure [en·'dʊr] **I.** *vt* **1.** (*tolerate*) tolérer **2.** (*suffer*) endurer **II.** *vi form* durer

end user *n* utilisateur *m* final

ENE *n abbr of* **east-northeast** E-N-E *m*

enema ['en·ə·mə] <-s *o* -ta> *n* MED lavement *m*

enemy ['en·ə·mi] **I.** *n* ennemi(e) *m(f)* **II.** *adj* MIL ennemi(e)

energetic [,en·ər·'dʒeṭ·ɪk] *adj* **1.** (*opp: weak*) énergique **2.** (*active*) actif(-ive)

energize ['en·ər·dʒaɪz] *vt* **1.** ELEC alimenter (en courant) **2.** *fig* stimuler

energy ['en·ər·dʒi] <-ies> *n a.* PHYS énergie *f;* **to be bursting with ~** déborder d'énergie; **to conserve one's ~** économiser ses forces; **to channel all one's energies into sth** concentrer tous ses efforts sur qc

energy-saving *adj* **an ~ campaign** une campagne pour les économies d'énergie

enforce [en·'fɔrs] *vt* mettre en application; (*law*) faire respecter; (*regulation*) faire observer; **~d idleness** oisiveté *f* forcée

enforcement *n* exécution *f;* (*of regulation*) observation *f;* (*of law*) application *f*

enfranchise [en·'fræn·(t)ʃaɪz] *vt form* **1.** POL admettre au suffrage **2.** (*free*) affranchir

engage [en·'geɪdʒ] **I.** *vt* **1.** *form* (*hold interest of*) attirer; (*sb's attention*) éveiller; **to ~ sb in conversation** engager la conversation avec qn **2.** MIL attaquer **3.** TECH activer; (*automatic pilot*) mettre; (*gear*) passer; **to ~ the clutch** embrayer **II.** *vi* **1.** (*interact*) **to ~ with sb** communiquer avec qn; **to ~ with the enemy** MIL attaquer l'ennemi **2.** TECH (*cogs*) s'engrener
◆ **engage in** *vt* (*discussion, activity*) prendre part à

engaged *adj* **1.** (*occupied*) occupé(e); **to be otherwise ~** être occupé à qc d'autre; **to be ~ in doing sth** être en train de faire qc; **to be ~ in discussions** être en discussion **2.** (*before wedding*) **~ to be married** fiancé(e); **to get ~ to sb** se fiancer à qn

engagement *n* **1.** (*appointment*) rendez-vous *m* **2.** MIL combat *m* **3.** (*agreement to marry*) fiançailles *fpl*

engagement ring *n* bague *f* de fiançailles

engaging *adj* engageant(e)

engender [en·'dʒen·dər] *vt form* engendrer

engine ['en·dʒɪn] *n* **1.** (*motor*) moteur *m;* **diesel/gasoline ~** moteur diesel/à essence **2.** AVIAT réacteur *m;* **jet ~** moteur *m* à réaction **3.** RAIL locomotive *f*

engineer [,en·dʒɪ·'nɪr] **I.** *n* **1.** (*person qualified in engineering*) ingénieur *mf* **2.** *a.* RAIL mécanicien(ne) *m(f)* **3.** RAIL conducteur, -trice *m, f* de locomotive **4.** TECH technicien(ne) *m(f)* **5.** *fig, pej* instigateur, -trice *m, f* **II.** *vt* **1.** construire **2.** *pej* manigancer

engineering [,en·dʒɪ·'nɪr·ɪŋ] *n* ingénierie *f*

engineering works *n* atelier *m* de constructions mécaniques

England ['ɪŋ·glənd] *n* l'Angleterre *f*

English ['ɪŋ·glɪʃ] **I.** *adj* anglais(e); **~ people** les Anglais *mpl;* **an ~ film** un film en anglais; **an ~ class** un cours d'anglais; **~ speaker** anglophone *mf* **II.** *n* **1.** *pl* (*people*) **the ~** les Anglais *mpl* **2.** LING anglais *m;* **to speak ~ fluently** parler couramment (l')anglais; **to write in ~** écrire en anglais; **to translate into ~** traduire en anglais

English Channel *n* **the ~** la Manche

Englishman <-men> *n* Anglais *m*

E

Englishwoman <-women> *n* Anglaise *f*
engrave [en·'greɪv] *vt* graver
engraver [en·'greɪv·ər] *n* graveur *m*
engraving *n* **1.** (*print*) estampe *f* **2.** (*process*) gravure *f*
engross [en·'groʊs] *vt* **1.** (*interest*) absorber **2.** LAW rédiger
engulf [en·'gʌlf] *vt* engloutir; **to be ~ed by sth** sombrer dans qc
enhance [ɪn·'hæn(t)s] *vt* **1.** (*in appearance*) rehausser; (*eyes*) mettre en valeur **2.** (*improve or intensify*) augmenter; (*chances*) améliorer; **to give ~d performance** être plus performant
enigma [ɪ·'nɪg·mə] *n* énigme *f*
enigmatic [ˌen·ɪg·'mæt̬·ɪk], **enigmatical** *adj* énigmatique
enjoy [en·'dʒɔɪ] *vt* **1.** (*get pleasure from*) prendre plaisir à; **I ~ed the meal/coffee** j'ai bien aimé le repas/le café; **to ~ doing sth** aimer faire qc; **to ~ oneself** s'amuser **2.** (*have as advantage*) jouir de; **to ~ sb's confidence** avoir la confiance de qn
enjoyable *adj* (*evening*) agréable; (*film, book*) bon(ne)
enjoyment *n* plaisir *m;* **to get real ~ out of sth** prendre un véritable plaisir à qc
enlarge [en·'lardʒ] **I.** *vt* **1.** *a.* PHOT agrandir **2.** (*expand: territory*) étendre; (*building, room*) agrandir; (*vocabulary*) accroître **II.** *vi* s'agrandir
◆**enlarge on** *vt* développer
enlargement *n* agrandissement *m*
enlighten [en·'laɪ·tᵊn] *vt* éclairer; **to ~ the public about sth** informer le public de qc
enlightened *adj* éclairé(e)
enlightenment *n* **1.** REL révélation *f* **2.** (*information*) éclaircissement *m;* **it brought us no ~** cela ne nous a apporté aucun éclaircissement **3.** PHILOS **the Enlightenment** le Siècle des lumières
enlist [en·'lɪst] **I.** *vi* MIL **to ~ in the army** s'engager dans l'armée **II.** *vt* **1.** MIL recruter; **enlisted men** simples soldats *mpl* **2. to ~ sb's support/help** s'assurer le soutien/l'aide *f* de qn
enliven [en·'laɪ·vᵊn] *vt* animer
enmesh [en·'meʃ] *vt* **1. to become ~ed in sth** s'empêtrer dans qc **2.** *fig* **to be ~ in sth** être mêlé à qc
enmity ['en·mə·ti] <-ies> *n* inimitié *f;* **sb's ~ toward sb** l'hostilité *f* de qn envers qn
ennoble [e·'noʊ·bl] *vt* **1.** anoblir **2.** *fig* ennoblir
enormity [ɪ·'nɔr·mə·t̬i] <-ies> *n* **1.** (*magnitude: of damage*) ampleur *f;* (*of task, mistake*) énormité *f* **2.** *form* (*evil: of a crime*) atrocité *f*
enormous [ɪ·'nɔr·məs] *adj* énorme
enough [ɪ·'nʌf] **I.** *adv* suffisamment; **is this hot ~?** est-ce assez chaud?; **it's true ~** ce n'est que trop vrai; **funnily/curiously ~, I ...** le plus drôle/curieux, c'est que ... **II.** *adj* suffisant(e); **~ eggs/water** assez d'œufs/d'eau; **that's ~ crying!** ça suffit les pleurs! **III.** *pron* **I know ~ about it** j'en sais assez; **I've had ~** (*to eat*) ça me suffit; (*when angry*) j'en ai marre; **that should be ~** cela suffira; **that's ~!** ça suffit!
enquire [en·'kwaɪər] *s.* **inquire**
enquiry [en·'kwaɪ·ri] <-ies> *n s.* **inquiry**
enrage [en·'reɪdʒ] *vt* rendre furieux(-euse)
enraged *adj* furieux(-euse)
enrapture [en·'ræp·tʃər] *vt* ravir
enrich [en·'rɪtʃ] *vt a.* PHYS enrichir; (*soil*) fertiliser
enroll I. *vi* **1.** MIL s'engager **2.** (*register*) **to ~ at the university** s'inscrire à l'université; **to ~ in a course** s'inscrire à un cours **II.** *vt* immatriculer
enrollment *n* enrôlement *m*
en route [ˌan·'rut] *adv* en route
ensemble [an·'sam·bl] *n* ensemble *m*
ensign ['en·sɪn] *n* **1.** (*military flag*) drapeau *m* **2.** NAUT (*flag*) pavillon *m* **3.** NAUT (*military rank*) enseigne *m* de vaisseau de deuxième classe
enslave [en·'sleɪv] *vt* **1.** asservir **2.** *fig* **to become ~d by sth** devenir l'esclave *mf* de qc
ensue [en·'su] *vi form* s'ensuivre; **to ~ from sth** résulter de qc
ensuing *adj* suivant(e)
ensure [en·'ʃʊr] *vt* garantir; (*security*) assurer; **to ~ everything is ready** s'assurer que tout est prêt
ENT *n abbr of* **ear, nose and throat** ORL *f*
entail [en·'teɪl] *vt* **1.** (*involve*) impliquer; (*risk*) entraîner **2.** (*necessitate*) **to ~ sb doing sth** nécessiter que qn fasse qc
entangle [en·'tæŋ·gl] *vt* **1. to ~ oneself** s'emmêler; **to get ~d in sth** s'empêtrer dans qc **2.** *fig* **to get ~d in sth** être mêlé à qc
entanglement *n* **1.** embrouillement *m* **2.** (*situation*) imbroglio *m;* **emotional ~s** aventures *fpl* sentimentales
enter ['en·t̬ər] **I.** *vt* **1.** (*go into: room, phase*) entrer dans; **it never ~ed my mind** *fig* ça ne m'a jamais traversé l'esprit **2.** (*insert*) introduire **3.** (*write down*) inscrire; (*payment*) noter; COMPUT (*data*) entrer **4.** (*join: college, school*) entrer à; (*navy, firm*) rejoindre; **to ~ the priesthood** entrer dans les ordres **5.** (*participate: competition, exam*) s'inscrire à; (*race*) s'inscrire pour **6.** (*make known: bid*) engager; (*claim, counterclaim*) faire; (*plea*) interjeter; **to ~ a protest** protester formellement ►**to ~ the fray** descendre dans l'arène; (*join an argument*) intervenir dans une querelle **II.** *vi* THEAT entrer **III.** *n* COMPUT touche *f* "entrée"; **to press ~** appuyer sur "entrée"
◆**enter into** *vt* **1.** (*bind oneself to: alliance, treaty, contract*) conclure; **to ~ a marriage** se marier **2.** (*engage in: conversation*) engager; (*negotiations*) entamer; (*explanations*) se lancer dans **3.** (*form part of*) faire partie de ►**to ~ the spirit of things** entrer dans l'ambiance
◆**enter upon** *vi* débuter dans
enter key *n* COMPUT touche *f* "entrée"

enterprise ['en·t̬ər·praɪz] *n* **1.** (*undertaking*) entreprise *f* **2.** (*initiative*) esprit *m* d'initiative; **to show ~** se montrer entreprenant **3.** (*firm*) entreprise *f*
enterprising *adj* entreprenant(e)
entertain [ˌen·t̬ər·'teɪn] **I.** *vt* **1.** (*amuse*) amuser; (*with music, stories*) divertir; (*with activity*) occuper **2.** (*offer hospitality to guests*) recevoir **3.** (*consider: doubts*) concevoir; (*suspicion*) éprouver; (*hope*) nourrir; (*idea*) prendre en considération **II.** *vi* recevoir
entertainer [ˌen·t̬ər·'teɪn·ər] *n* artiste *mf*
entertaining *adj* divertissant(e)
entertainment *n* divertissement *m,* fun *m Québec;* **to provide some ~** offrir des distractions; **the ~ industry** l'industrie *f* du spectacle
enthrall [en·'θrɔl] *vt* captiver
enthrone [en·'θroʊn] *vt form* **1.** (*install on throne*) placer sur le trône; (*bishop*) introniser **2.** (*sitting*) **to sit ~d** trôner
enthuse [en·'θuz] **I.** <-sing> *vi* **to ~ about** [*o* **over**] **sth** s'extasier sur qc **II.** <-sing> *vt* **to ~ sb with sth** provoquer l'enthousiasme de qn pour qc
enthusiasm [en·'θu·zi·æz·ᵊm] *n* enthousiasme *m*
enthusiast [en·'θu·zi·æst] *n* enthousiaste *mf;* **a chess ~** un passionné d'échecs
enthusiastic [en·ˌθu·zi·'æs·tɪk] *adj* enthousiaste; **to be ~ about sth** s'enthousiasmer pour qc
entice [en·'taɪs] *vt* attirer; **to ~ sb away from sth** détourner qn de qc; **to ~ sb to** +*infin* persuader qn de +*infin*
enticement *n* attrait *m;* **to offer ~s** offrir des avantages
enticing *adj* attrayant(e); (*smile*) séduisant(e)
entire [en·'taɪər] *adj* **1.** (*whole*) tout(e); **an ~ country** un pays entier; **the ~ two hours** les deux heures *fpl* en entier **2.** (*complete*) complet(-ète)
entirely *adv* entièrement; (*agree*) complètement; **~ for sb's benefit** uniquement pour qn
entirety [en·'taɪ·rə·t̬i] *n form* intégralité *f*
entitle [en·'taɪ·t̬l] *vt* **1.** LAW **to ~ sb to sth** donner à qn le droit à qc; **to be ~ed to** +*infin* avoir le droit de +*infin* **2.** (*give a title to*) intituler
entitled *adj* autorisé(e)
entitlement *n* **1.** (*authorization*) droit *m* **2.** FIN allocation *f*
entitlement program *n* programme *m* social
entity ['en·t̬ə·t̬i] <-ies> *n form* entité *f*
entomology [ˌen·t̬ə·'ma·lə·dʒi] *n* entomologie *f*
entrails ['en·treɪlz] *npl* entrailles *fpl*
entrance[1] ['en·trən(t)s] *n* **1.** *a.* THEAT entrée *f* **2.** (*right to enter*) admission *f;* **to grant/refuse ~** accorder/refuser l'accès
entrance[2] [en·'træn(t)s] *vt* ravir
entrance exam(**ination**) *n* examen *m* d'entrée
entrance fee *n* droits *mpl* d'entrée [*o* d'inscription]
entrance form *n* fiche *f* d'inscription
entrance hall *n* hall *m* d'entrée
entrance requirement *n* conditions *fpl* d'admission
entrance test *n* examen *m* d'entrée
entrance visa *n s.* **visa**
entrant ['en·trənt] *n* participant(e) *m(f)*
entreat [en·'trit] *vt* (*implore*) **to ~ sb to** +*infin* supplier qn de +*infin*
entreaty [en·'tri·t̬i] <-ies> *n* supplication *f*
entrée ['an·treɪ] *n* CULIN plat *m* de résistance
entrench [en·'tren(t)ʃ] *vt* **1.** MIL **to ~ oneself** se retrancher **2.** *fig* **to become ~ed** (*idea, prejudice*) s'être implanté; **to take an ~ed position** prendre une position retranchée
entrepreneur [ˌan·trə·prə·'nɜr] *n* entrepreneur *m*
entrepreneurial [ˌan·trə·prə·'nɜr·i·əl] *adj* entrepreneurial(e)
entrust [en·'trʌst] *vt* **to ~ sth to sb** confier qc à qn; **to ~ sb with sth** charger qn de qc; **to ~ sth to sb's care** remettre qc aux soins de qn
entry ['en·tri] <-ies> *n* **1.** (*act of entering*) entrée *f* **2.** (*joining an organization*) adhésion *f* **3.** (*recorded item: in dictionary*) entrée *f;* (*in accounts*) écriture *f;* (*in diary*) note *f* **4.** (*application, entrant: for exam, competition*) inscription *f;* (*for race*) concurrent(e) *m(f)*
entry-level *adj* pour débutant(e)s
entryway *n* entrée *f*
entwine [en·'twaɪn] *vt* entrelacer; **bindweed ~s itself around other plants** le liseron s'enroule autour d'autres plantes; **the two lovers were ~d in each other's arms** les deux amoureux étaient enlacés
enumerate [ɪ·'nu·mə·reɪt] *vt* énumérer
enumeration [ɪ·ˌnu·mə·'reɪ·ʃᵊn] *n* énumération *f*
enunciate [ɪ·'nʌn(t)·si·eɪt] **I.** *vi* articuler **II.** *vt* (*word*) articuler; (*theory*) énoncer; (*sound*) émettre
envelop [en·'vel·əp] *vt* envelopper; **~ed in mist** enveloppé de brume
envelope ['en·və·loʊp] *n* enveloppe *f* ▶ **to <u>push</u> the ~** repousser les limites
enviable ['en·vi·ə·bl] *adj* enviable
envious ['en·vi·əs] *adj* envieux(-euse); **to be ~ of sb/sth** envier qn/qc
environment [en·'vaɪ·rᵊn·mənt] *n* environnement *m;* **home ~** environnement familial; **~-friendly** qui respecte l'environnement
environmental [en·ˌvaɪ·rən·'men·t̬ᵊl] *adj* environnemental(e); **~ damage** dégâts *mpl* écologiques; **~ impact** effets *mpl* sur l'environnement; **~ studies** études *fpl* sur l'environnement
environmentalist [en·ˌvaɪ·rᵊn·'men·t̬ᵊl·ɪst] *n* environnementaliste *mf*
environmentally friendly *adj* qui respecte l'environnement
environs [en·'vaɪ·rᵊnz] *npl form* environs *mpl*
envisage [en·'vɪz·ɪdʒ] *vt* envisager

envision [ɪn·ˈvɪʒ·ən] *vt* prévoir; **to ~ doing sth** prévoir de faire qc
envoy [ˈan·vɔɪ] *n* envoyé(e) *m(f)*
envy [ˈen·vi] **I.** *n* envie *f;* **to feel ~ toward sb** envier qn; **to be the ~ of sb** faire l'envie de qn ▶**to be green with ~** être vert de jalousie **II.** <-ie-> *vt* envier; **to ~ sb sth** envier qc chez qn
enzyme [ˈen·zaɪm] *n* enzyme *m o f*
eon [ˈi·an] *n* éternité *f*
EP [ˌi·ˈpi] *n abbr of* **extended play** EP *m*
ephemeral [ɪ·ˈfem·ər·əl] *adj* éphémère
epic [ˈep·ɪk] **I.** *n* LIT épopée *f* **II.** *adj* **1.** LIT *a. fig* épique **2.** (*large: proportions*) gigantesque
epicenter [ˈep·ɪ·sen·t̬ər] *n* épicentre *m*
epidemic [ˌep·ə·ˈdem·ɪk] **I.** *adj* épidémique **II.** *n* épidémie *f*
epidermis [ˌep·ə·ˈdɜr·mɪs] <-mes> *n* épiderme *m*
epidural [ˌep·ə·ˈdʊr·əl] *n* péridurale *f*
epigram [ˈep·ə·græm] *n* épigramme *m*
epilepsy [ˈep·ɪ·lep·si] *n* épilepsie *f*
epileptic [ˌep·ɪ·ˈlep·tɪk] **I.** *n* épileptique *mf* **II.** *adj* épileptique; **~ seizure** crise *f* d'épilepsie
epilog(ue) [ˈep·ə·lɔg] *n* épilogue *m*
epinephrine [ˌep·ə·ˈnef·rɪn] *n* adrénaline *f*
epiphany [ɪ·ˈpɪf·ə·ni] *n* révélation *f*
Epiphany [ɪ·ˈpɪf·ə·ni] *n* REL l'Épiphanie *f*
episcopal [ɪ·ˈpɪs·kə·pəl] *adj* épiscopal(e)
Episcopalian [ɪ·ˌpɪs·kə·ˈpeɪ·li·ən] **I.** *adj* épiscopalien(ne) **II.** *n* épiscopalien(ne) *m(f)*
episode [ˈep·ə·soʊd] *n* épisode *m*
episodic [ˌep·ə·ˈsa·dɪk] *adj* **1.** (*occasional*) épisodique **2.** (*consisting of episodes*) par épisodes
epistle [ɪ·ˈpɪs·l] *n* **1.** *iron* (*letter*) missive *f* **2.** LIT épître *m*
epitaph [ˈep·ə·tæf] *n* épitaphe *f*
epithet [ˈep·ɪ·θet] *n* épithète *f*
epitome [ɪ·ˈpɪt̬·ə·mi] *n sing* comble *m;* **the ~ of beauty** la beauté incarnée [*o* même]; **the ~ of ridiculousness** le comble du ridicule
epitomize [ɪ·ˈpɪt̬·ə·maɪz] *vt* incarner
epoch [ˈep·ək] *n* époque *f;* **glacial ~** période *f* glaciaire
epoxy [ɪ·ˈpak·si] *n* résine *f* époxyde
equable [ˈek·wə·bl] *adj* (*temperament*) égal(e); (*climate*) tempéré(e)
equal [ˈi·kwəl] **I.** *adj* **1.** (*the same, same in amount: time, terms, share*) égal(e); (*reason, status*) même; **to be ~ to sth** être égal à qc; **~ in volume** de volume égal; **on an ~ footing** sur un pied d'égalité; **~ pay for ~ work** à travail égal, salaire égal **2.** (*able to do*) **to be ~ to a task** être à la hauteur d'une tâche ▶**all things being ~** toutes choses égales par ailleurs **II.** *n* égal(e) *m(f);* **to have no ~** ne pas avoir son pareil **III.** <-l- *o* -ll-> *vt* **1.** MATH être égal à **2.** (*match: amount, record*) égaler
equality [ɪ·ˈkwɔ·lə·t̬i] *n* égalité *f;* **~ between the sexes** égalité des sexes
equalization [ˌi·kwəl·ɪ·ˈzeɪ·ʃən] *n* égalisation *f*
equalize [ˈi·kwə·laɪz] *vt* égaliser
equalizer [ˈi·kwə·laɪ·zər] *n* SPORTS but *m* égalisateur
equally [ˈi·kwəl·i] *adv* **~ good** aussi bien; **to contribute ~ to sth** contribuer à qc à part égale; **to divide sth ~** diviser qc en parts égales; **but ~, we know that ...** mais de même, nous savons que ...
equal opportunity *n* égalité *f* des chances
equal(s) sign *n* MATH signe *m* égal
equanimity [ˌek·wə·ˈnɪm·ə·t̬i] *n* sérénité *f*
equate [ɪ·ˈkweɪt] **I.** *vt* **he ~s sth with sth** pour lui, qc équivaut à qc **II.** *vi* **to ~ to sth** être égal à qc
equation [ɪ·ˈkweɪ·ʒən] *n* équation *f* ▶**the other side of the ~** l'autre membre/partie de l'équation
equator [ɪ·ˈkweɪ·tər] *n* **the ~** l'équateur *m*
equatorial [ˌek·wə·ˈtɔr·i·əl] *adj* équatorial(e)
equestrian [ɪ·ˈkwes·tri·ən] **I.** *adj* (*event, statue*) équestre **II.** *n* cavalier, -ère *m, f*
equidistant [ˌi·kwɪ·ˈdɪs·tənt] *adj* équidistant(e); **~ from two points** à égale distance de deux points
equilateral [ˌi·kwɪ·ˈlæt̬·ər·əl] *adj* équilatéral(e)
equilibrium [ˌi·kwɪ·ˈlɪb·ri·əm] *n* équilibre *m;* **to lose/maintain one's ~** perdre/garder l'équilibre
equinox [ˈi·kwɪ·naks] <-es> *n* équinoxe *m*
equip [ɪ·ˈkwɪp] <-pp-> *vt* **1.** (*fit out*) équiper; **to ~ oneself with sth** s'équiper de qc **2.** (*prepare*) **to ~ sb for sth** préparer qn à qc
equipment *n* équipement *m;* **camping ~** matériel *m* de camping
equitable [ˈek·wɪ·t̬ə·bl] *adj* équitable
equity¹ [ˈek·wə·t̬i] *n* <-ies> FIN **1.** *pl* (*shares*) actions *fpl* ordinaires; **~ market** marché *m* des actions **2.** (*block of stock*) fonds *mpl* propres
equity² *n form* (*fairness*) équité *f*
equivalence [ɪ·ˈkwɪv·əl·ən(t)s] *n* équivalence *f*
equivalent [ɪ·ˈkwɪv·əl·ənt] **I.** *adj* **~ to sth** équivalent(e) à qc; **to be ~ to doing sth** revenir à faire qc **II.** *n* équivalent *m*
equivocal [ɪ·ˈkwɪv·ə·kəl] *adj* **1.** (*ambiguous*) équivoque **2.** (*suspicious*) douteux(-euse); **an ~ position** une situation ambiguë
equivocate [ɪ·ˈkwɪv·ə·keɪt] *vi form* se dérober
equivocation [ɪ·ˌkwɪv·ə·ˈkeɪ·ʃən] *n form* dérobade *f*
era [ˈɪr·ə] *n* ère *f;* **communist ~** époque *f* communiste; **post-war ~** après-guerre *m;* **bygone ~** époque révolue; **to usher in an ~** introduire une nouvelle époque
eradicate [ɪ·ˈræd·ɪ·keɪt] *vt* (*disease*) éradiquer; (*crime, corruption*) éliminer
erase [ɪ·ˈreɪs] *vt* **1.** *a.* COMPUT, FIN effacer; (*losses*) éliminer **2.** (*blackboard*) effacer
eraser [ɪ·ˈreɪs·ər] *n* gomme *f,* efface *f Québec*
erasure [ɪ·ˈreɪ·ʃər] *n* effacement *m*
erect [ɪ·ˈrekt] **I.** *adj* **1.** (*upright*) droit(e); **to stand ~** se tenir debout **2.** ANAT (*penis*) en

érection **II.** *vt* **1.** (*build*) *a. fig* ériger **2.** (*put up*) installer
erectile [ɪ·'rek·təl] *adj* érectile
erection [ɪ·'rek·ʃən] *n a.* ANAT érection *f*
ergonomic [ˌɜr·gə·'na·mɪk] *adj* ergonomique
ergonomics [ˌɜr·gə·'na·mɪks] *n* + *sing vb* ergonomie *f*
ermine ['ɜr·mɪn] *n* hermine *f*
erode [ɪ·'roʊd] **I.** *vt* éroder; **to ~ sb's authority** *fig* saper l'autorité de qn **II.** *vi* s'éroder
erogenous [ɪ·'ra·dʒɪ·nəs] *adj* érogène
erosion [ɪ·'roʊ·ʒən] *n* érosion *f*
erotic [ɪ·'ra·ṭɪk] *adj* érotique
eroticism [ɪ·'ra·ṭə·sɪ·zəm] *n* érotisme *m*
err [ɜr] *vi form* commettre une erreur; **to ~ on the side of caution** pêcher par excès de prudence ►**to ~ is human** *prov* l'erreur est humaine *prov*
errand ['er·ənd] *n* **1.** course *f;* **to run an ~** faire une course **2.** (*help*) **an ~ of mercy** une mission humanitaire
errand boy *n* garçon *m* de courses
errant ['er·ənt] *adj* **1.** *form* dévoyé(e) **2.** *iron* (*unfaithful*) infidèle
erratic [ɪ·'ræṭ·ɪk] *adj* (*quality, performance*) inégal; (*pulse*) irrégulier(-ère); (*personality, behavior*) imprévisible
erroneous [ə·'roʊ·ni·əs] *adj* (*assumption, conclusion*) erroné(e)
error ['er·ər] *n* **1.** (*mistake*) erreur *f;* **to do sth in ~** faire qc par erreur; **typing ~** faute de frappe; **the margin for ~** la marge d'erreur **2.** SPORTS faute *f* ►**to see the ~ of one's ways** prendre conscience de ses erreurs
error message *n* COMPUT message *m* d'erreur
error-prone *adj* qui a tendance à faire des erreurs
error rate *n* taux *m* d'erreur
erudite ['er·jə·daɪt] *adj* érudit(e)
erudition [ˌer·ju·'dɪʃ·ən] *n* érudition *f*
erupt [ɪ·'rʌpt] *vi* **1.** (*explode: volcano*) entrer en éruption **2.** MED (*teeth*) sortir; (*rash*) apparaître; **his arms ~ed in a rash** ses bras se sont couverts de boutons
eruption [ɪ·'rʌp·ʃən] *n* éruption *f*
escalate ['es·kə·leɪt] **I.** *vi* (*increase*) s'intensifier; (*incidents, problem*) s'aggraver; **to ~ into sth** se transformer en qc **II.** *vt* intensifier
escalation [ˌes·kə·'leɪ·ʃən] *n* (*of fighting*) intensification *f;* (*of crime*) augmentation *f;* **~ of tension** montée *f* de la tension
escalator ['es·kə·leɪ·ṭər] *n* **1.** (*stairs*) escalator *m;* **down/up ~** escalator pour descendre/monter **2.** LAW **~ clause** clause *f* d'indexation
escalope [ˌes·kə·'loʊp] *n* escalope *f;* **turkey ~** escalope de dinde
escapade [ˌes·kə·'peɪd] *n* escapade *f*
escape [ɪ·'skeɪp] **I.** *vi* **1.** (*flee: prisoner*) s'évader; (*animal*) s'échapper **2.** (*leak: gas*) s'échapper; (*liquid*) fuir **3.** COMPUT **to ~ from a program** quitter une application ►**to ~ with one's life** s'en sortir vivant **II.** *vt* **1.** (*avoid*) **to ~ sth** échapper à qc; **there's no escaping the fact that ...** on ne peut pas ignorer le fait que ... **2.** (*fail to be noticed or remembered*) **to ~ sb's attention** échapper à l'attention de qn; **her name ~s me** son nom m'échappe **3.** (*not suppressed*) **a cry ~d them** ils ont laissé échapper un cri **III.** *n* **1.** (*act of fleeing*) évasion *f;* **to make (good) one's ~** réussir à s'échapper **2.** (*avoidance*) **to have a narrow ~** l'échapper belle **3.** (*accidental outflow*) fuite *f* **4.** LAW **~ clause** clause *f* dérogatoire
escapee [ɪ·ˌskeɪ·'pi] *n* fugitif, -ive *m, f*
escape key *n* touche *f* d'échappement
escapism [ɪ·'skeɪ·pɪ·zəm] *n pej* évasion *f*
escapist I. *n pej* **to be an ~** fuir la réalité **II.** *adj* (*literature*) d'évasion
escarpment [e·'skarp·mənt] *n* escarpement *m*
eschew [es·'tʃu] *vt form* **1.** (*renounce*) renoncer à **2.** (*avoid*) refuser
escort ['es·kɔrt] **I.** *vt* **to ~ sb to safety** escorter qn en lieu sûr **II.** *n* **1.** (*guard*) escorte *f;* **under police ~** sous escorte policière **2.** (*social companion*) compagnon *m*, hôtesse *f*
ESE *n abbr of* **east-southeast** E-S-E *m*
Eskimo ['es·kə·moʊ] <-s> *n* **1.** (*person*) Esquimau(de) *m(f)* **2.** LING eskimo *m; s.a.* **English**
ESL [ˌi·es·'el] *n abbr of* **English as a second language** l'anglais *m* seconde langue
esophagus [ɪ·'sa·fə·gəs] <-agi *o* -guses> *n* ANAT œsophage *m*
esoteric [ˌes·ə·'ter·ɪk] *adj* ésotérique
ESP [ˌi·es·'pi] *n abbr of* **extrasensory perception** perception *f* extrasensorielle
especial [ɪ·'speʃ·əl] *adj form* particulier(-ère)
especially [ɪ·'speʃ·əl·i] *adv* surtout; **he's brought this ~ for you** il a apporté cela spécialement pour toi/vous; **I was ~ happy to meet them** j'étais particulièrement content de les rencontrer
espionage ['es·pi·ə·naʒ] *n* espionnage *m*
esplanade ['es·plə·nad] *n* esplanade *f*
espousal [ɪ·'spaʊz·əl] *n form* **the ~ of an idea** l'adhésion *f* à une idée
espouse [ɪ·'spaʊz] *vt form* (*support*) adhérer à; (*belief*) embrasser
espresso [e·'spres·oʊ] <-s> *n* express *m;* **two ~s** deux express
Esq. *n abbr of* **Esquire** (*on letter*) **Robert Richard, ~** M^{E} Robert Richard
Esquire ['es·kwaɪər] *n* LAW maître *m*
essay[1] ['es·eɪ] *n* **1.** SCHOOL rédaction *f* **2.** UNIV dissertation *f* **3.** LIT essai *m*
essay[2] [es·'eɪ] *vt* LIT essayer
essayist *n* essayiste *mf*
essence[1] ['es·ən(t)s] *n* (*central point*) essence *f;* **to be of the ~** être très important; **in ~** en gros
essence[2] ['es·ən(t)s] *n* (*fragrance, in food*) essence *f*
essential [ɪ·'sen·(t)ʃəl] **I.** *adj* (*component, difference*) essentiel(le); **~ goods** produits *mpl* de première nécessité **II.** *n pl* **the ~s** l'essentiel; **to be reduced to its ~s** être réduit à l'es-

E

sentiel
essentially [ɪ·ˈsen·(t)ʃᵊl·i] *adv* **1.** (*basically*) en gros **2.** (*mostly*) essentiellement; **to be ~ correct** être correct pour l'essentiel
est. *adj* **1.** *abbr of* **estimated** **2.** *abbr of* **established**
EST [ˌi·es·ˈti] *n abbr of* **Eastern Standard Time** EST *m* (*heure de l'est de l'Amérique du Nord*)
establish [ɪ·ˈstæb·lɪʃ] *vt* **1.** (*set up*) établir; (*fellowship, hospital*) fonder **2.** (*find out: facts*) établir **3.** (*demonstrate*) **to ~ one's authority over sb** affirmer son autorité sur qn; **to ~ sb as** faire reconnaître qn en tant que **4.** ADMIN **to ~ residence** élire domicile
established *adj* établi(e)
establishment *n* **1.** (*business*) établissement *m;* **business ~** maison *f* de commerce; **family ~** entreprise *f* familiale **2.** (*group*) **the ~** la classe dominante **3.** (*setting up*) création *f* **4.** (*discovery: of facts*) établissement *m*
estate [ɪ·ˈsteɪt] *n* **1.** (*land*) propriété *f;* **country ~** domaine *m* **2.** LAW biens *mpl* **3.** (*the press*) **the fourth ~** le quatrième pouvoir **4.** (*state*) état *m;* **the holy ~ of matrimony** les liens *mpl* sacrés du mariage
estate tax *n* droits *mpl* de succession
esteem [ɪ·ˈstim] **I.** *n* (*respect*) estime *f;* **to fall/rise in sb's ~** tomber/monter dans l'estime de qn; **to hold sb in high ~** tenir qn en haute estime **II.** *vt* estimer; **highly ~ed** très estimé
estimable [ˈes·tɪ·mə·bl] *adj form* digne d'estime
estimate [ˈes·tɪ·mɪt] **I.** *vt* (*cost, increase*) estimer **II.** *n* **1.** (*assessment*) estimation *f;* **at a conservative ~** au bas mot; **at a rough ~** à vue de nez **2.** (*quote*) devis *m*
estimated [ˈes·tɪ·meɪ·t̬ɪd] *adj* estimé(e); **~ time of arrival** heure *f* d'arrivée prévue; **it will cost an ~ $1000** le coût est estimé à 1000 dollars
estimation [ˌes·tɪ·ˈmeɪ·ʃᵊn] *n* estimation *f;* **in my ~** d'après moi
Estonia [es·ˈtoʊ·ni·ə] *n* l'Estonie *f*
Estonian [es·ˈtoʊ·ni·ən] **I.** *adj* estonien(ne) **II.** *n* **1.** (*person*) Estonien(ne) *m(f)* **2.** LING estonien *m; s.a.* **English**
estrange [ɪ·ˈstreɪndʒ] *vt* **to ~ sb from sb/sth** éloigner qn de qn/qc; **her ~d husband** son mari, dont elle est séparée
estrangement *n* brouille *f*
estrogen [ˈes·trə·dʒᵊn] *n* œstrogène *m*
estuary [ˈes·tʃu·er·i] <-ies> *n* estuaire *m*
ETA [ˌi·ti·ˈeɪ] *n abbr of* **estimated time of arrival** heure *f* d'arrivée prévue
et al. [et·ˈɔl] *adv abbr of* **et alii** et autres
etc. *adv abbr of* **et cetera** etc.
et cetera [ɪt·ˈset̬·ər·ə] *adv* et cætera
etch [etʃ] *vt* **1.** graver à l'eau-forte **2.** *fig* **to be ~ed on sb's memory** être gravé dans la mémoire de qn
etcher *n* graveur, -euse *m, f* à l'eau-forte
etching *n* gravure *f* à l'eau-forte
eternal [ɪ·ˈtɜr·nᵊl] *adj* **1.** (*lasting forever*) éternel(le); **~ student** *iron* étudiant(e) *m(f)* à vie **2.** *pej* (*incessant*) constant(e) ▶ **hope springs ~** *prov* l'espoir fait vivre *prov;* **~ triangle** ménage *m* à trois
eternally [ɪ·ˈtɜr·nᵊl·i] *adv* **1.** (*forever*) éternellement **2.** (*incessantly*) constamment
eternity [ɪ·ˈtɜr·nə·t̬i] *n* éternité *f;* **for all ~** pour l'éternité; **to wait an ~ for sb** attendre qn pendant une éternité
ether [ˈi·θər] *n* **1.** éther *m* **2.** *a.* LIT, RADIO **across the ~** sur les ondes
ethereal [ɪ·ˈθɪr·i·əl] *adj* éthéré(e)
ethical [ˈeθ·ɪk·ᵊl] *adj* éthique
ethics [ˈeθ·ɪks] *n pl + sing vb* éthique *f;* **code of ~** code *m* de déontologie
Ethiopia [ˌi·θɪ·ˈoʊ·pi·ə] *n* l'Éthiopie *f*
Ethiopian [ˌi·θɪ·ˈoʊ·pi·ən] **I.** *adj* éthiopien(ne) **II.** *n* Éthiopien(ne) *m(f)*
ethnic [ˈeθ·nɪk] **I.** *adj* ethnique; **~ cleansing** purification *f* ethnique **II.** *n pej* membre *m* d'une minorité ethnique
ethnology [eθ·ˈna·lə·dʒi] *n* ethnologie *f*
ethos [ˈi·θas] *n* esprit *m*
ethyl alcohol [ˈeθ·ᵊl ˈæl·kə·hal] *n* alcool *m* éthylique
etiquette [ˈet̬·ɪ·kɪt] *n* étiquette *f;* **diplomatic ~** protocole *m* diplomatique
etymological [ˌet̬·ɪ·mə·ˈla·dʒɪk·ᵊl] *adj* étymologique
etymology [ˌet̬·ɪ·ˈma·lə·dʒi] <-ies> *n* étymologie *f*
EU [ˌi·ˈju] *n abbr of* **European Union** UE *f;* **~ countries** pays *mpl* membres de l'UE
eucalyptus [ˌju·kᵊl·ˈɪp·təs] <-es *o* -ti> *n* eucalyptus *m*
eucalyptus oil *n* huile *f* d'eucalyptus
Eucharist [ˈju·kᵊr·ɪst] *n* REL **the ~** l'Eucharistie *f*
eulogize [ˈju·lə·dʒaɪz] **I.** *vt form* faire le panégyrique de **II.** *vi form* **to ~ over sth/sb** faire le panégyrique de qc/qn
eulogy [ˈju·lə·dʒi] <-ies> *n* (*high praise*) éloge *m;* (*at funeral*) éloge *m* (funèbre)
eunuch [ˈju·nək] *n* eunuque *m*
euphemism [ˈju·fə·mɪ·zᵊm] *n* euphémisme *m*
euphemistic [ˌju·fə·ˈmɪs·tɪk] *adj* euphémique
euphony [ˈju·fᵊ·ni] *n form* euphonie *f*
euphoria [ju·ˈfɔr·i·ə] *n* euphorie *f*
euphoric [ju·ˈfɔr·ɪk] *adj* euphorique
Eurasia [jʊ·ˈreɪ·ʒə] *n* Eurasie *f*
Eurasian [jʊ·ˈreɪ·ʒᵊn] **I.** *adj* eurasien(ne) **II.** *n* Eurasien(ne) *m(f)*
euro [ˈjʊr·oʊ] *n* euro *m*
Europe [ˈjʊr·əp] *n* l'Europe *f;* **Eastern ~** l'Europe de l'Est
European [ˌjʊr·ə·ˈpi·ən] **I.** *adj* européen(ne) **II.** *n* Européen(ne) *m(f)*
European Commission *n* Commission *f* européenne
European Community *n* Communauté *f* européenne
European Union *n* Union *f* européenne

euthanasia [ˌju·θə·ˈneɪ·zi·ə] *n* euthanasie *f*
evacuate [ɪ·ˈvæk·ju·eɪt] *vt* évacuer
evacuation [ɪ·ˌvæk·juˈeɪ·ʃᵊn] *n* évacuation *f*
evacuee [ɪ·ˌvæk·ju·ˈi] *n* personne *f* évacuée
evade [ɪ·ˈveɪd] *vt* (*question*) esquiver; (*police*) échapper à; (*tax*) éviter; **to ~ capture** éviter d'être pris
evaluate [ɪ·ˈvæl·ju·eɪt] *vt* (*calculate value*) évaluer
evaluation [ɪ·ˌvæl·ju·ˈeɪ·ʃᵊn] *n* évaluation *f*
evangelical [ˌi·væn·ˈdʒel·ɪ·kᵊl] **I.** *n* évangéliste *mf* **II.** *adj* évangélique; *fig* évangélisateur(-trice)
evangelist [ɪ·ˈvæn·dʒəl·ɪst] *n* évangéliste *mf*
evangelize [ɪ·ˈvæn·dʒə·laɪz] **I.** *vt* évangéliser **II.** *vi* prêcher l'Évangile; **to ~ about sth** *fig* prêcher qc
evaporate [ɪ·ˈvæp·ə·reɪt] **I.** *vt* faire évaporer **II.** *vi* s'évaporer; *fig* se volatiliser
evasion [ɪ·ˈveɪ·ʒᵊn] *n* **1.** (*avoidance: of responsibility*) fuite *f*; (*of question*) dérobade *f*; **fare ~** resquille *f*; **tax ~** fraude fiscale **2.** (*false answer*) faux-fuyant *m*
evasive [ɪ·ˈveɪ·sɪv] *adj* évasif(-ive); **an ~ answer** une réponse équivoque; **to take ~ action** effectuer une manœuvre d'évitement; *fig* esquiver la difficulté
eve [iv] *n* veille *f*
Eve [iv] *n no art* Eve *f*
even [ˈi·vᵊn] **I.** *adv* **1.** (*used to intensify*) même; **not ~** même pas; **~ as a child, she ...** même lorsqu'elle était enfant, elle ...; **~ you have to admit that ...** même toi, tu dois admettre que ... **2.** (*despite*) **~ if ...** même si ...; **~ so ...** tout de même ...; **~ then he ...** et alors, il ...; **~ though he** bien qu'il +*subj* **3.** *with comparative* **~ more/less/better/worse** encore plus/moins/mieux/pire; **that's ~ better than ...** c'est encore mieux que ... **II.** *adj* **1.** (*level*) nivelé(e); (*temperature*) constant(e); **~ rows** rangs *mpl* équilibrés; **an ~ surface** une surface plane **2.** (*equal*) égal(e); **an ~ contest** une compétition équilibrée; **they're ~ on six points each** ils sont à égalité avec six points chacun; **there is an ~ chance that sb wins** qn a autant de chances de gagner que de perdre; **to get ~ with sb** se venger de qn; **now you're ~** maintenant vous êtes quittes **3.** (*constant, regular*) régulier(-ère); **to have an ~ temper** être d'une humeur toujours égale **4.** (*fair, of same amount*) équitable; **an ~ distribution of wealth** une distribution équitable des richesses **5.** MATH pair(e); **an ~ page** une page paire **III.** *vt* **1.** (*make level*) aplanir **2.** (*equalize*) égaliser
◆**even out I.** *vi* (*prices*) s'équilibrer **II.** *vt* égaliser; (*differences*) réduire; **taxes have been evened out** les impôts ont été répartis plus équitablement
◆**even up** *vt* rééquilibrer
evening [ˈiv·nɪŋ] *n* soir *m*; (*as period, event*) soirée *f*; **good ~!** bonsoir!; **in the ~** le soir; **that ~** ce soir-là; **the previous ~** la veille au soir; **every Monday ~** tous les lundis soir(s); **(on) Monday ~** lundi dans la soirée, dans la soirée de lundi; **during the ~** dans la soirée; **one July ~** un soir de juillet; **8 o'clock in the ~** 8 heures du soir; **at the end of the ~** en fin de soirée; **all ~** toute la soirée; **we've had a lovely ~** nous avons passé une très bonne soirée
evening class *n* cours *m* du soir
evening dress *n* tenue *f* de soirée
evening gown *n* robe *f* du soir
evening meal *n* dîner *m*
evening (news)paper *n* journal *m* du soir
evening performance *n* représentation *f* en soirée
evening star *n* étoile *f* du berger
evenly [ˈi·vᵊn·li] *adv* **1.** (*calmly*) calmement; **to state sth ~** déclarer qc posément **2.** (*equally*) équitablement; **to divide sth ~** partager qc à parts égales; **to be ~ spaced** être espacé de manière régulière
evenness [ˈi·vᵊn·nəs] *n* régularité *f*
event [ɪ·ˈvent] *n* **1.** (*happening*) événement *m*; **a social ~** rencontre *f*; **a sports ~** un événement sportif; **after the ~** après coup **2.** (*case*) cas *m*; **in the ~** en l'occurrence; **in the ~ (that) it rains** au cas où il pleuvrait; **in either ~** dans un cas comme dans l'autre
even-tempered [ˈi·vᵊn·ˈtemp·ərd] *adj* d'humeur égale
eventful [ɪ·ˈvent·fᵊl] *adj* plein(e) d'événements
eventual [ɪ·ˈven·tʃʊ·əl] *adj* (*final*) final(e); **the ~ cost will be ...** finalement, le coût total sera de ...
eventuality [ɪ·ˌven·tʃʊ·ˈæl·ə·t̬i] <-ies> *n* éventualité *f*
eventually *adv* **1.** (*finally*) finalement **2.** (*some day*) un de ces jours; **he'll do it ~** il finira bien par le faire
ever [ˈev·ər] *adv* **1.** (*on any occasion*) **never ~** jamais; *inf* jamais de la vie; **if you ~ meet her** si jamais tu la rencontres; **have you ~ met her?** est-ce que tu l'as déjà rencontrée?; **did he ~ call you?** est-ce qu'il t'a appelé en fait?; **his fastest ~ race** sa course la plus rapide de toutes; **the biggest ship ever** le plus grand bateau jamais construit **2.** (*always*) toujours; **as ~** comme toujours; **as good as ~** aussi bon que d'habitude; **harder than ever** plus difficile que jamais; **~ since ...** depuis que ...; **~-vigilant/-popular** toujours vigilant/populaire **3.** (*for emphasis*) **why ~ did he leave?** pourquoi est-il donc parti?
everglade [ˈev·ər·gleɪd] *n* marais *m*; **the Everglades** les Everglades *mpl*
evergreen [ˈev·ər·grin] **I.** *n* (*tree*) arbre *m* à feuilles persistantes **II.** *adj* à feuilles persistantes; *fig* éternel(le); **~ forest** forêt *f* de conifères
everlasting [ˌev·ər·ˈlæs·tɪŋ] *adj* **1.** (*undying*) éternel(le) **2.** (*incessant*) perpétuel(le) **3.** *pej* sempiternel(le); (*lectures*) interminable
every [ˈev·ri] *adj* **1.** (*each*) **~ child/cat/pencil**

E

chaque enfant *mf*/chat *m*/crayon *m;* ~ **time** (à) chaque fois; **not ~ book can be borrowed** les livres ne peuvent pas tous être empruntés; ~ **one of them** tous sans exception; ~ **second counts** chaque seconde compte; ~ **Sunday** chaque dimanche *m;* **in ~ way** à tous points de vue **2.** (*repeated*) ~ **other day** un jour sur deux; ~ **now and then** [*o* **again**] de temps en temps **3.** (*used for emphasis*) ~ **single page** chaque page *f;* **you had ~ chance to go** tu as eu toutes les possibilités d'y aller; **her ~ wish** son moindre désir

everybody ['ev·ri·ˌba·di] *indef pron, sing* tout le monde; ~ **but Paul** tous sauf Paul; ~ **who agrees** tous ceux qui sont d'accord; **where's ~ going?** où est-ce que tout le monde va?; ~ **else** tous les autres

everyday ['ev·ri·deɪ] *adj* quotidien(ne); ~ **language** langage *m* courant; **to write sth in ~ language** écrire en langage parlé; ~ **life** la vie quotidienne; ~ **topic** sujet *m* banal

everyone ['ev·ri·wʌn] *pron s.* **everybody**

everything ['ev·ri·θɪŋ] *indef pron, sing* **1.** (*all things*) tout; **is ~ all right?** tout va bien?; ~ **is OK** ça va bien, c'est correct *Québec;* ~ **they drink** tout ce qu'ils boivent; **to do ~ necessary/one can** faire tout le nécessaire/ce qu'on peut; **because of the weather and ~** à cause du temps et tout ça **2.** (*the most important thing*) **to be ~ to sb** être tout pour qn; **money isn't ~** ce n'est pas tout d'être riche; **time is ~** c'est le temps qui compte; *s.a.* **anything**

everywhere ['ev·ri·(h)wer] *adv* partout; ~ **else** partout ailleurs; **to look ~ for sth** chercher qc partout; ~ **I've looked** partout où j'ai cherché; **people arrived from ~** les gens arrivaient de toutes parts

evict [ɪ·'vɪkt] *vt* **to ~ sb from their home** expulser qn de chez lui

evidence ['ev·ɪ·dᵊn(t)s] **I.** *n* **1.** LAW (*from witness*) témoignage *m;* (*physical proof*) preuve *f;* **circumstantial ~** preuve indirecte; **forensic ~** preuve légale; **fresh ~** nouvelle preuve; **to be used as ~** être utilisé comme preuve **2.** (*indications*) évidence *f;* **to be much in ~** être bien en évidence; **to believe only the ~ of one's eyes** ne croire que ce que l'on voit; **on the ~ of recent events** sur la base de récents événements; **to bear ~ of sth** porter la marque de qc **II.** *vt form* **to ~ interest in sth** montrer de l'intérêt pour qc

evident ['ev·ɪ·dᵊnt] *adj* évident(e)

evil ['i·vᵊl] **I.** *adj* mauvais(e); **the ~ eye** le mauvais œil; ~ **odor** odeur *f* fétide; ~ **spirit**(s) mauvais esprits *mpl;* **to have an ~ tongue** avoir une langue de vipère **II.** *n pej* mal *m;* **social ~** fléau *m* social; **the ~s of the past** les erreurs *fpl* du passé; **good and ~** le bien et le mal; **it's the lesser of two ~s** c'est un moindre mal

evildoer *n* malfaiteur *m*

evil-minded *adj pej* malveillant(e)

evince [ɪ·'vɪn(t)s] *vt form* démontrer; **to ~ willingness to** *+infin* manifester la volonté de *+infin;* **to ~ interest** faire preuve d'intérêt

evocation [ˌev·ə·'keɪ·ʃᵊn] *n form* évocation *f*

evocative [ɪ·'va·kə·t̬ɪv] *adj* évocateur(-trice)

evoke [ɪ·'voʊk] *vt* évoquer; **to ~ a smile** susciter un sourire

evolution [ˌev·ə·'lu·ʃᵊn] *n* évolution *f*

evolve [ɪ·'valv] **I.** *vi* évoluer **II.** *vt* développer; **to ~ new forms of life** développer de nouvelles formes de vie

ewe [ju] *n* brebis *f*

ewer ['ju·ər] *n* aiguière *f*

ex [eks] <-es> *n inf* (*former spouse*) ex *mf*

ex- *in compounds* ancien(ne)

exacerbate [ɪg·'zæs·ər·beɪt] *vt* exacerber

exact [ɪg·'zækt] **I.** *adj* exact(e); **to have the ~ change** avoir l'appoint; **the ~ opposite** tout le contraire; ~ **copy** reproduction *f* fidèle **II.** *vt* **1.** exiger; **to ~ revenge on sb** prendre sa revanche sur qn **2.** *pej* extorquer

exacting *adj* (*teacher*) exigeant(e); (*job*) astreignant(e)

exactitude [ɪg·'zæk·tə·tud] *n* exactitude *f*

exactly *adv* (*precisely*) exactement; **how ~ did he do that?** comment a-t-il fait au juste?; **when ~ did it happen?** quand est-ce que c'est arrivé exactement?; **I don't ~ agree** je ne suis pas tout à fait d'accord; **not ~** pas vraiment

exactness *n* exactitude *f*

exaggerate [ɪg·'zædʒ·ə·reɪt] **I.** *vt* exagérer; (*situation*) grossir **II.** *vi* exagérer; **let's not ~!** n'exagérons pas!

exaggerated [ɪg·'zædʒ·ər·eɪ·t̬ɪd] *adj* exagéré(e)

exaggeration [ɪg·ˌzædʒ·ᵊr·'eɪ·ʃᵊn] *n* exagération *f;* **to be prone to ~** avoir tendance à exagérer; **it's no ~ to say that ...** on peut dire sans exagérer que ...

exalt [ɪg·'zɔlt] *vt* **1.** (*praise*) exalter **2.** (*honor*) **to ~ sth as a virtue** élever qc au rang de vertu

exaltation [ˌeg·zɔl·'teɪ·ʃᵊn] *n* exaltation *f*

exalted [ɪg·'zɔl·t̬ɪd] *adj* **1.** (*elevated*) élevé(e); ~ **rank** haut rang *m;* ~ **post** poste *m* haut placé **2.** (*jubilant*) exalté(e)

exam [ɪg·'zæm] *n* examen *m;* **to take/pass an ~** passer/réussir un examen

examination [ɪg·ˌzæm·ɪ·'neɪ·ʃᵊn] *n* examen *m;* **on closer ~** après un examen plus approfondi

examine [ɪg·'zæm·ɪn] *vt* **1.** (*test*) examiner; **to ~ sb on sth** interroger qn sur qc **2.** (*study, scan*) étudier **3.** LAW interroger

examinee [ɪg·ˌzæm·ɪ·'ni] *n* candidat(e) *m(f)*

examiner [ɪg·'zæm·ɪn·ər] *n* examinateur, -trice *m, f*

example [ɪg·'zæm·pl] *n* exemple *m;* **for ~** par exemple; **to give sb an ~ of sth** donner à qn un exemple de qc; **to set an ~** donner l'exemple; **to make an ~ of sb** donner qn en exemple

exasperate [ɪg·'zæs·pə·reɪt] *vt* exaspérer

exasperating *adj* exaspérant(e)

exasperation [ɪg·ˌzæs·pə·'reɪ·ʃᵊn] *n* exaspéra-

tion *f*
excavate ['ek·skə·veɪt] **I.** *vt* **1.** (*expose by digging*) déterrer; (*site*) fouiller **2.** (*hollow by digging*) creuser **II.** *vi* faire des fouilles *fpl*
excavation [ˌek·skə·'veɪ·ʃᵊn] *n* **1.** (*digging in ground*) excavation *f;* (*of tumulus*) dégagement *m;* (*of tunnel*) percée *f* **2.** *pl* (*by archaeologists*) fouilles *fpl*
exceed [ɪk·'sid] *vt* dépasser
exceedingly *adv form* excessivement
excel [ɪk·'sel] <-ll-> **I.** *vi* exceller; **to ~ at chess** exceller aux échecs; **to ~ in French** être excellent en français **II.** *vt* **to ~ oneself** se surpasser
excellence ['ek·sᵊl·ᵊn(t)s] *n* excellence *f*
Excellency ['ek·sᵊl·ᵊn(t)·si] *n* Excellence *f;* **Your ~** Votre Excellence
excellent ['ek·sᵊl·ᵊnt] *adj* **1.** excellent(e); **to have ~ taste** avoir un très bon goût **2. ~!** parfait!
except [ɪk·'sept] **I.** *prep* sauf; **~ for sb/sth** à l'exception de qn/qc; **why would he do it ~ to annoy me?** pourquoi est-ce qu'il le ferait à moins que ce ne soit pour m'embêter? **II.** *conj* **~ that** sauf que; **to do nothing ~ wait** ne rien faire si ce n'est attendre
excepting *prep, conj* excepté
exception [ɪk·'sep·ʃᵊn] *n* **1.** (*special case*) exception *f;* **with the ~ of ...** à l'exception de ...; **with a few ~s** à part quelques exceptions **2.** (*objection*) **to take ~ to sth** s'élever contre ►**the ~ proves the rule** *prov* l'exception confirme la règle *prov*
exceptional [ɪk·'sep·ʃᵊn·ᵊl] *adj* exceptionnel(le)
exceptionally [ɪk·'sep·ʃᵊn·ᵊl·i] *adv* exceptionnellement; **to be ~ bright** être particulièrement intelligent
excerpt ['ek·sɜrpt] **I.** *n* extrait *m* **II.** *vt* **to be ~ed from sth** être extrait de qc
excess [ɪk·'ses] **I.** <-es> *n* **1.** (*overindulgence*) excès *m;* **to do sth to ~** faire qc avec excès **2.** (*surplus amount*) excédent *m;* **in ~ of $500** qui dépasse $500 **II.** *adj* excédentaire; **~ production** excédent de production
excessive [ɪk·'ses·ɪv] *adj* excessif(-ive); **~ zeal** excès *m* de zèle
exchange [ɪks·'tʃeɪndʒ] **I.** *vt* **1.** (*trade for the equivalent*) **to ~ sth for sth** échanger qc contre qc; **to ~ addresses** échanger des adresses **2.** (*interchange*) interchanger **3.** ECON vendre **II.** *n* **1.** (*interchange, trade*) échange *m;* **in ~ for sth** en échange de qc **2.** FIN, ECON change *m;* **foreign ~** devises *fpl* **3.** (*discussion*) échange *m* verbal **4.** TEL (**telephone**) **~** central *m* téléphonique
exchangeable *adj* échangeable; **to be ~ for sth** être échangeable contre qc
exchange rate *n* ECON, FIN taux *m* de change
exchange student *n* étudiant(e) en échange *f*
excise[1] ['ek·saɪz] *n* taxe *f;* **~ on alcohol** taxe sur les alcools
excise[2] [ek·'saɪz] *vt form* **1.** exciser **2.** *fig* supprimer
excitable [ɪk·'saɪ·t̬ə·bl] *adj* **1.** ANAT excitable **2.** (*person*) nerveux(-euse)
excite [ɪk·'saɪt] *vt* **1.** (*arouse strong feelings in*) exciter; **to ~ an audience** captiver un public **2.** (*elicit*) susciter; (*curiosity*) piquer; (*passion*) attiser; (*feelings*) provoquer; (*imagination*) stimuler
excited [ɪk·'saɪ·t̬ɪd] *adj* **1.** *a.* ANAT, PHYS excité(e) **2.** (*happy*) **~d about an idea** enthousiasmé par une idée; **there is nothing to get ~ about** il n'y a pas de quoi s'exciter; **don't get ~ about it yet** ne te réjouis pas trop vite **3.** (*angry*) **don't get ~!** ne t'énerve pas!
excitement *n* excitation *f;* **to be in a state of ~** être tout excité; **what ~!** quelle émotion!
exciting *adj* (*match, prospect*) passionnant(e); (*discovery*) sensationnel(le)
exclaim [ɪks·'kleɪm] **I.** *vi* s'exclamer; **to ~ in delight** pousser un cri de joie **II.** *vt* **to ~ that ...** s'écrier que ...
exclamation [ˌeks·klə·'meɪ·ʃᵊn] *n* exclamation *f*
exclamation mark, exclamation point *n* point *m* d'exclamation
exclude [ɪks·'klud] *vt* exclure
excluding *prep* à l'exclusion de; **~ sb/sth** sans compter qn/qc; **~ taxes** taxes *fpl* non comprises
exclusion [ɪks·'klu·ʒᵊn] *n* exclusion *f;* **to the ~ of sth** à l'exclusion de qc
exclusive [ɪks·'klu·sɪv] **I.** *adj* **1.** (*debarring*) **two things are mutually ~** deux choses s'excluent mutuellement **2.** (*only, sole, total*) exclusif(-ive) **3.** (*reserved for a few: restaurant*) de luxe; **~ circles** cercles *mpl* de la haute société; **~ to this paper** en exclusivité dans ce journal **II.** *n* (*in media*) exclusivité *f*
excommunicate [ˌeks·kə·'mju·nɪ·keɪt] *vt* excommunier
excommunication [ˌeks·kə·ˌmju·nɪ·'keɪ·ʃᵊn] *n* excommunication *f*
excrement ['ek·skrə·mənt] *n form* excréments *mpl*
excrescence [ɪk·'skres·ᵊn(t)s] *n* **1.** MED excroissance *f* **2.** *pej* (*ugly object*) protubérance *f*
excreta [ɪk·'skri·t̬ə] *n form* excrétions *fpl*
excrete [ɪk·'skrit] *vt form* excréter
excretion [ɪk·'skri·ʃᵊn] *n form* excrétion *f*
excruciating [ɪk·'skru·ʃɪ·eɪ·t̬ɪŋ] *adj* atroce; (*pain*) insupportable
excursion [ɪk·'skɜr·ʒᵊn] *n* excursion *f,* course *f Suisse;* **to go on an ~** partir en excursion
excusable *adj* excusable
excuse [ɪk·'skjuz] **I.** *vt* **1.** (*justify*) excuser; **to ~ sb's lateness** excuser le retard de qn; **that does not ~ her lying** ça n'excuse pas ses mensonges **2.** (*allow not to attend*) **he was ~d (from) gym** il a été dispensé de sport; **that does not ~ her from paying her taxes** ça ne la dispense pas de payer ses impôts ►**~ me** (*calling for attention, apologizing*)

E

excuse(z)-moi; (*please repeat*) pardon; (*indignantly*) je m'excuse **II.** *n* excuse *f;* **poor ~** mauvaise excuse; **it's an ~ for missing work** c'est une excuse pour s'absenter du travail; **there's no ~ for it** c'est inexcusable; **a poor ~ for a film/teacher** *iron* un semblant de film/de prof

exec [ɪg·'zek] *n inf abbr of* **executive** cadre *m*

execrable ['ek·sɪ·krə·bl] *adj pej, form* exécrable

execute ['ek·sɪ·kjut] *vt a.* LAW exécuter

execution [ˌek·sɪ·'kju·ʃᵊn] *n* exécution *f*

executioner [ˌek·sɪ·'kju·ʃᵊn·ər] *n* bourreau *m*

executive [ɪg·'zek·jə·t̬ɪv] **I.** *n* **1.** (*manager*) cadre *mf;* **junior/senior ~** cadre débutant/supérieur **2.** + *sing/pl vb* POL (pouvoir *m*) exécutif *m;* (*of organization*) comité *m* exécutif **II.** *adj* **1.** POL exécutif(-ive) **2.** ECON (*committee*) de direction; (*post*) de cadre; (*decisions*) de la direction

executor [ɪg·'zek·jə·t̬ər] *n* exécuteur, -trice *m, f* testamentaire

exemplary [ɪg·'zem·plᵊr·i] *adj* exemplaire; **~ damages** dommages *mpl* et intérêts *mpl* à titre exemplaire

exemplification [ɪg·ˌzem·plə·fɪ·'keɪ·ʃᵊn] *n* illustration *f*

exemplify [ɪg·'zem·plɪ·faɪ] <-ie-> *vt* illustrer

exempt [ɪg·'zempt] **I.** *vt* exempter; **to ~ sb from doing sth** dispenser qn de faire qc **II.** *adj* exempt(e); **to be ~ from tax** être exonéré d'impôt

exemption [ɪg·'zemp·ʃᵊn] *n* **1.** (*release*) exemption *f* **2.** MIL, SCHOOL dispense *f* **3.** FIN **tax ~** exonération *f* d'impôt; **~ from taxes** dégrèvement *m* d'impôts

exercise ['ek·sər·saɪz] **I.** *vt* **1.** (*giving physical exercise to: muscles, body*) exercer; (*dog*) sortir; (*horse*) entraîner; (*one's memory*) entretenir **2.** *form* (*disturb*) **to ~ sb's mind** préoccuper qn **3.** *form* (*apply: authority*) exercer; **to ~ caution** faire preuve de prudence **II.** *vi* faire de l'exercice **III.** *n* **1.** (*training, work-out*) exercice *m;* **to do leg ~s** faire travailler ses jambes; **written ~s** exercices écrits **2.** MIL manœuvres *fpl* **3.** *sing* (*action, achievement*) exercice *m;* **a marketing ~** une opération de marketing **4.** (*use*) usage *m;* **the ~ of tolerance** démonstration *f* de tolérance **5.** *pl* cérémonie *f;* **the graduation ~s** la remise des diplômes

exercise bike *n* vélo *m* d'intérieur

exerciser ['ek·sər·saɪz·ər] *n* SPORTS banc *m* de musculation

exert [ɪg·'zɜrt] *vt* **1.** (*apply: control, pressure*) exercer; **to ~ (one's) influence** jouer de son influence **2.** (*make an effort*) **to ~ oneself** (*make an effort*) se donner du mal

exertion [ɪg·'zɜr·ʃᵊn] *n* effort *m*

exfoliation [eks·ˌfoʊ·li·'eɪ·ʃᵊn] *n* exfoliation *f*

exhalation [ˌeks·(h)ə·'leɪ·ʃᵊn] *n* expiration *f*

exhale [eks·'heɪl] **I.** *vt* **1.** (*breathe out*) exhaler **2.** (*give off gases, scents*) dégager **3.** *fig* respirer **II.** *vi* expirer

exhaust [ɪg·'zɔst] **I.** *vt* épuiser; **to ~ oneself** s'épuiser **II.** *n* **1.** (*gas*) gaz *mpl* d'échappement **2.** (*pipe*) pot *m* d'échappement

exhausted *adj* épuisé(e)

exhaust fumes *npl* gaz *mpl* d'échappement

exhausting *adj* épuisant(e)

exhaustion [ɪg·'zɔ·stʃᵊn] *n* épuisement *m*

exhaustive [ɪg·'zɔ·stɪv] *adj* (*comprehensive*) exhaustif(-ive)

exhaust manifold *n* collecteur *m* d'échappement

exhaust pipe *n* AUTO tuyau *m* d'échappement

exhaust system *n* AUTO pot *m* d'échappement

exhibit [ɪg·'zɪb·ɪt] **I.** *n* **1.** (*display*) pièce *f* exposée **2.** ART exposition *f;* **~ of paintings** exposition de peinture **3.** LAW pièce *f* à conviction **II.** *vt* **1.** (*show*) exposer; **to ~ a parking ticket in the car window** placer un ticket de parking bien en vue derrière le pare-brise **2.** (*display: character traits*) manifester; **to ~ bias** faire preuve de préjugés **III.** *vi* ART exposer

exhibition [ˌek·sɪ·'bɪ·ʃᵊn] *n* (*display*) exposition *f;* **the dinosaur ~** l'exposition sur les dinosaures ▶ **to make an ~ of oneself** *pej* se donner en spectacle

exhibitionism [ˌek·sɪ·'bɪʃ·ᵊn·ɪ·zᵊm] *n* exhibitionnisme *m*

exhibitionist [ˌek·sɪ·'bɪʃ·ᵊn·ɪst] *n* **1.** MED exhibitionniste *mf* **2.** *fig* m'as-tu-vu *mf inv*

exhibitor [ɪg·'zɪb·ɪ·t̬ər] *n* exposant(e) *m(f)*

exhilarating [ɪg·'zɪl·ᵊr·eɪ·t̬ɪŋ] *adj* exaltant(e)

exhilaration [ɪg·'zɪl·ᵊr·eɪ·ʃᵊn] *n* euphorie *f*

exhort [ɪg·'zɔrt] *vt form* exhorter

exhortation [ˌeg·zɔr·'teɪ·ʃᵊn] *n* exhortation *f*

exhumation [ˌeks·(h)ju·'meɪ·ʃᵊn] *n* exhumation *f*

exhume [egz·'um] *vt* exhumer

ex-husband *n* ex-mari *m*

exile ['ek·saɪl] **I.** *n* **1.** (*banishment*) exil *m;* **to go into ~** s'exiler **2.** (*person*) exilé(e) *m(f)* **II.** *vt* **to ~ sb to Siberia/to an island** exiler qn en Sibérie/sur une île

exist [ɪg·'zɪst] *vi* **1.** (*be*) exister **2.** (*live*) **to ~ on sth** vivre de qc **3.** (*survive*) subsister

existence [ɪg·'zɪs·tᵊn(t)s] *n* **1.** (*being real*) existence *f;* **to be in ~** exister; **to come into ~** naître **2.** (*life*) vie *f*

existent [ˌeg·'zɪs·tᵊnt] *adj* existant(e)

existential [ˌeg·zɪ·'sten·(t)ʃᵊl] *adj* **1.** (*of existence*) existentiel(le) **2.** PHILOS existentialiste

existentialism [ˌeg·zɪ·'sten·(t)ʃᵊl·ɪ·zᵊm] *n* existentialisme *m*

existing *adj* actuel(le)

exit ['ek·sɪt] **I.** *n* sortie *f;* **emergency ~** sortie de secours; **~ visa** visa *m* de sortie **II.** *vi* sortir

exodus ['ek·sə·dəs] *n sing* **1.** (*mass departure*) exode *m* **2.** REL **Exodus** l'Exode *m*

exonerate [ɪg·'za·nə·reɪt] *vt form* **to ~ sb from sth** disculper qn de qc

exoneration [ɪg·ˌza·nə·'reɪ·ʃᵊn] *n form* disculpation *f*

exorbitant [ɪg·'zɔr·bə·t̬ᵊnt] *adj* exorbitant(e)

exorcism ['ek·sɔr·sɪ·zᵊm] *n* exorcisme *m*
exorcist ['ek·sɔr·sɪst] *n* exorciste *mf*
exorcize ['ek·sɔr·saɪz] *vt* exorciser
exotic [ɪg·'za·ţɪk] *adj* exotique
expand [ɪk·'spænd] **I.** *vi* **1.** (*increase*) augmenter **2.** (*enlarge: city*) s'étendre; PHYS (*metal, gas*) se dilater; (*business, economy*) se développer; **we're ~ing into electronics** nous nous lançons dans l'électronique **II.** *vt* **1.** (*make bigger*) augmenter **2.** (*elaborate*) développer
◆**expand on** *vt* développer
expandable *adj* extensible
expanding *adj* **1.** (*getting bigger*) en pleine croissance **2.** (*adjustable*) extensible
expanse [ɪk·'spæn(t)s] *n* étendue *f*
expansion [ɪk·'spæn·(t)ʃᵊn] *n* **1.** (*spreading out*) expansion *f;* (*of gas*) dilatation *f* **2.** (*growth: of population*) accroissement *m;* (*of business*) développement *m* **3.** (*elaboration*) développement *m*
expansion card *n* COMPUT carte *f* d'extension
expansionism [ɪk·'spæn·(t)ʃᵊn·ɪ·zᵊm] *n pej* expansionnisme *m*
expansive [ɪk·'spæn(t)·sɪv] *adj* expansif(-ive)
expatriate [ek·'speɪ·tri·eɪt] **I.** *n* expatrié(e) *m(f)* **II.** *vt* expatrier
expect [ɪk·'spekt] *vt* **1.** (*think likely*) s'attendre à; **to ~ to** +*infin* s'attendre à +*infin;* **to ~ sb to** +*infin* s'attendre à ce que +*subj;* **to ~ sth from sb** s'attendre à qc de la part de qn; **I ~ he'll refuse** je suppose qu'il va refuser **2.** (*require*) attendre; **to ~ sth from sb** attendre qc de qn; **I ~ you to** +*infin* j'attends de vous que vous +*subj;* **is that too much to ~?** est-ce que c'est trop demander? **3.** (*wait for*) attendre; **to be ~ing (a baby)** attendre un bébé
expectancy [ɪk·'spek·tᵊn(t)·si] *n* attente *f;* **look of ~** regard *m* plein d'espoir
expectant [ɪk·'spek·tᵊnt] *adj* qui est dans l'attente
expectation [ˌek·spek·'teɪ·ʃᵊn] *n* attente *f;* **to live up to sb's ~s** répondre aux attentes de qn
expedience [ɪk·'spi·di·ən(t)s], **expediency** *n* opportunisme *m*
expedient [ɪk·'spi·di·ənt] **I.** *adj* opportun(e) **II.** *n* expédient *m*
expedite ['ek·spɪ·daɪt] *vt form* accélérer
expedition [ˌek·spɪ·'dɪʃ·ᵊn] *n* expédition *f*
expel [ɪk·'spel] <-ll-> *vt* (*pupil*) renvoyer; **to ~ sb from a country** expulser qn d'un pays
expenditure [ɪk·'spen·dɪ·tʃər] *n* **1.** (*act of spending*) dépense *f* **2.** (*money*) **~ on sth** les dépenses *fpl* pour qc
expense [ɪk·'spen(t)s] *n* **1.** (*cost*) dépense *f;* **at great ~** à grands frais; **to go to the ~ of sth/doing sth** se mettre en frais pour qc/faire qc; **at sb's ~** aux frais de qn **2.** *pl* (*money*) frais *mpl;* **to be on ~s** (*meal*) passer dans les frais; (*executive*) avoir ses frais payés **3.** (*disadvantage*) **a joke at my ~** une plaisanterie à mes dépens; **at the ~ of his career** au détriment de sa carrière ▶**all ~(s) paid** tous frais payés
expense account *n* note *f* de frais
expensive [ɪk·'spen(t)·sɪv] *adj* cher(chère); **to have ~ tastes** avoir des goûts de luxe
experience [ɪk·'spɪr·i·ən(t)s] **I.** *n* expérience *f;* **from ~** par expérience ▶**to put sth down to ~** considérer qc comme une erreur utile **II.** *vt* connaître; (*loss*) subir; (*sensation*) ressentir
experienced *adj* expérimenté(e)
experiment [ɪk·'sper·ɪ·mənt] **I.** *n* expérience *f;* **to conduct an ~** faire une expérience **II.** *vi* **to ~ on animals** faire des expériences sur des animaux; **to ~ with sth on sb/qc** expérimenter qc sur qn/qc; **to ~ with drugs** essayer des drogues
experimental [ek·ˌsper·ɪ·'men·tᵊl] *adj* expérimental(e)
experimentation [ɪk·ˌsper·ɪ·men·'teɪ·ʃᵊn] *n* expérimentation *f*
expert ['ek·spɜrt] **I.** *n* expert(e) *m(f);* **gardening ~** expert en jardinage; **an ~ at doing sth** un expert dans l'art de faire qc **II.** *adj* expert(e); **~ at doing sth** expert en qc
expertise [ˌek·spɜr·'tiz] *n* **1.** (*knowledge*) compétence *f* **2.** (*skill*) habileté *f*
expiate ['ek·spi·eɪt] *vt form* expier
expiation [ˌek·spi·'eɪ·ʃᵊn] *n form* expiation *f*
expiration [ˌek·spə·'reɪ·ʃᵊn] *n* expiration *f*
expiration date *n* date *f* d'expiration
expire [ɪk·'spaɪər] *vi* **1.** (*terminate*) expirer **2.** *a. fig, form* rendre l'âme
expiry [ɪk·'spaɪ·ri] *n s.* **expiration**
explain [ɪk·'spleɪn] **I.** *vt* expliquer; **to ~ oneself more clearly** s'exprimer plus clairement; **to ~ sth away** trouver des justifications à **II.** *vi* s'expliquer
explanation [ˌek·splə·'neɪ·ʃᵊn] *n* explication *f;* **by way of ~ for sth** pour expliquer qc; **to give sb an ~ for why ...** expliquer à qn pourquoi ...
explanatory [ɪk·'splæn·ə·tɔr·i] *adj* explicatif(-ive)
expletive ['ək·splə·ţɪv] *n* juron *m;* **to let out a row of ~s** proférer des injures *fpl*
explicable [ek·'splɪk·ə·bl] *adj* explicable
explicit [ɪk·'splɪs·ɪt] *adj* **1.** (*clear*) **to be ~ about sth** être explicite sur qc **2.** (*vulgar*) (à caractère) pornographique
explode [ɪk·'sploʊd] **I.** *vi* **1.** (*blow up*) exploser; (*tire, ball*) éclater; (*engine, plane*) exploser **2.** (*burst*) exploser; **to ~ into giggles** éclater de rire; **to ~ with** [*o* **in**] **anger** exploser de colère; **to ~ into a riot** dégénérer en révolte **II.** *vt* **1.** (*blow up*) faire exploser; (*tire, ball*) faire éclater **2.** (*destroy: theory*) démonter; (*myth*) détruire
exploit ['ek·splɔɪt] **I.** *vt a. pej* exploiter; (*loophole, change*) profiter de **II.** *n* exploit *m*
exploitation [ˌek·splɔɪ·'teɪ·ʃᵊn] *n* exploitation *f*
exploitative [ek·'splɔɪ·ţə·ţɪv] *adj* (*person, behavior*) profiteur(-euse)
exploration [ˌek·splɔr·'eɪ·ʃᵊn] *n* **1.** (*journey*) exploration *f* **2.** (*examination*) examen *m;* **to**

carry out an ~ of sth procéder à l'examen de qc **3.** (*searching*) **~ for sth** recherche *f* de qc
exploratory [ɪk·ˈsplɔr·ə·tɔr·i] *adj* (*voyage*) d'exploration; (*test*) préparatoire; **~ well** sondage *m*
explore [ɪk·ˈsplɔr] **I.** *vt* explorer **II.** *vi* **to ~ for sth** aller à la recherche de qc
explorer [ɪk·ˈsplɔr·ər] *n* explorateur, -trice *m, f*
explosion [ɪk·ˈsploʊ·ʒᵊn] *n* explosion *f*
explosive [ɪk·ˈsploʊ·sɪv] **I.** *adj* explosif(-ive) **II.** *n* explosif *m*
exponent [ɪk·ˈspoʊ·nənt] *n* **1.** (*advocate: of idea*) représentant(e) *m(f)* **2.** MATH exposant *m*
export [ɪk·ˈspɔrt] **I.** *vt* exporter; **to ~ sth to Germany** exporter qc vers l'Allemagne **II.** *vi* exporter **III.** *n* exportation *f*; **~ goods** biens *mpl* d'exportation; **~ business** exportation *f*
exportable *adj* exportable
exportation [ˌek·spɔr·ˈteɪ·ʃᵊn] *n* exportation *f*
exporter [ik·ˈspɔr·t̬ər] *n* exportateur, -trice *m, f*
expose [ɪk·ˈspoʊz] *vt* **1.** (*uncover*) découvrir; (*part of body*) montrer, révéler; (*scandal, problem, weakness*) révéler; (*person*) dénoncer; **to ~ oneself** s'exhiber **2.** (*subject*) **to ~ sb/sth to** (*physical conditions*) soumettre qn/qc à; (*influence, virus*) exposer qn/qc à **3.** PHOT exposer; **to over-~ sth** surexposer qc
exposé *n* enquête *f*
exposed *adj* exposé(e)
exposition [ˌek·spə·ˈzɪʃ·ᵊn] *n* exposition *f*
exposure [ɪk·ˈspoʊ·ʒər] *n* **1.** *a.* PHOT exposition *f* **2.** MED **to die of ~** mourir de froid **3.** (*revelation*) révélation *f* **4.** (*media coverage*) couverture *f* **5.** (*contact*) **~ to** (*people, influence*) fréquentation *f* de; (*radiation*) exposition *f* à
expound [ɪk·ˈspaʊnd] **I.** *vi* **to ~ on sth** expliquer qc **II.** *vt* exposer
express [ɪk·ˈspres] **I.** *vt* **1.** (*convey: thoughts, feelings*) exprimer; **to ~ oneself through music** s'exprimer par la musique **2.** (*send*) **to ~ sth to sb** envoyer qc en express à qn **II.** *adj* **1.** RAIL express *inv* **2.** LAW exprès(expresse) ► **by ~ delivery** en exprès **III.** *n* **1.** RAIL express *m* **2.** (*delivery service*) **by ~** en exprès **IV.** *adv* (*intentional*) exprès
expression [ɪk·ˈspreʃ·ᵊn] *n* expression *f*; **to give ~ to sth** exprimer qc; **to find ~ in sth** se manifester dans qc
expressionless [ɪk·ˈspreʃ·ᵊn·ləs] *adj* inexpressif(-ive)
expressive [ɪk·ˈspres·ɪv] *adj* expressif(-ive)
expressly *adv* expressément
expressway [ɪk·ˈspres·weɪ] *n* autoroute *f*
expropriate [ek·ˈsproʊ·pri·eɪt] *vt* exproprier
expropriation [ɪk·ˈsproʊ·pri·eɪ·ʃᵊn] *n* expropriation *f*
expulsion [ɪk·ˈspʌl·ʃᵊn] *n* expulsion *f*; **~ from a school** renvoi *m* d'une école
exquisite [ˈek·skwɪ·zɪt] *adj* **1.** (*delicate*) exquis(e) **2.** (*intense*) vif(vive)
extemporaneous [ɪk·ˌstem·pə·ˈreɪ·ni·əs] *adj form* impromptu(e)
extempore [ɪk·ˈstem·pᵊr·i] *form* **I.** *adj* improvisé(e) **II.** *adv* de manière impromptue
extemporize [ɪk·ˈstem·pə·raɪz] *vi form* improviser
extend [ɪk·ˈstend] **I.** *vi* **1. to ~ for/beyond sth** s'étendre sur/au-delà de qc **2.** *fig* **to ~ to sth/doing sth** aller jusqu'à qc/faire qc; **the restrictions ~ to residents** les restrictions s'appliquent aussi aux résidents **II.** *vt* **1.** (*increase*) étendre; **to ~ public awareness of sth** accroître l'intérêt du public pour qc **2.** (*prolong*) prolonger **3.** (*stretch*) étendre; (*neck*) tendre **4.** (*offer*) **to ~ sth to sb** offrir qc à qn; **to ~ one's thanks to sb** présenter ses remerciements à qn; **to ~ a warm welcome to sb** accueillir qn chaleureusement
extension [ɪk·ˈsten·(t)ʃᵊn] *n* **1.** (*increase*) augmentation *f*; (*of scope, role*) extension *f*; (*of opportunities*) augmentation *f* **2.** (*continuation*) prolongement *m* **3.** (*lengthening of deadline*) prolongation *f* **4.** (*added piece*) (unité *f* d')extension *f* **5.** TEL poste *m*
extension cord *n* ELEC rallonge *f*
extensive [ɪk·ˈsten(t)·sɪv] *adj* vaste; (*coverage*) large; (*research*) approfondi(e); (*changes*) profond(e); (*repairs*) important(e); (*damage*) considérable
extent [ɪ·kˈstent] *n* étendue *f*; **to an ~** jusqu'à un point; **to some ~** dans une certaine mesure; **to a greater ~** en grande partie; **to the ~ that** dans la mesure où; **to what ~?** dans quelle mesure?
extenuating *adj form* atténuant(e)
extenuation [ɪk·ˌsten·ju·ˈeɪ·ʃᵊn] *n form* atténuation *f*
exterior [ɪk·ˈstɪr·i·ər] **I.** *n* extérieur *m*; **on the ~** à l'extérieur **II.** *adj* extérieur(e)
exterminate [ɪk·ˈstɜr·mɪ·neɪt] *vt* exterminer
extermination [ɪk·ˌstɜr·mɪ·ˈneɪ·ʃᵊn] *n* extermination *f*
external [ɪk·ˈstɜr·nᵊl] *adj* **1.** (*exterior, foreign*) extérieur(e); **~ to sth** étranger à qc **2.** (*on surface, skin*) *a.* MED, COMPUT externe; **for ~ use only** à usage externe exclusivement
externalize [ɪk·ˈstɜr·nə·laɪz] *vt* extérioriser
exterritorial [ˌek·ster·ɪ·ˈtɔr·i·əl] *adj s.* **extraterritorial**
extinct [ɪk·ˈstɪŋkt] *adj* éteint(e); **to become ~** disparaître
extinction [ɪk·ˈstɪŋk·ʃᵊn] *n* extinction *f*
extinguish [ɪk·ˈstɪŋ·gwɪʃ] *vt* éteindre
extinguisher [ɪk·ˈstɪŋ·gwɪʃ·ər] *n* extincteur *m*
extirpate [ɪk·ˈstər·peɪt] *vt form* extirper
extol [ɪk·ˈstoʊl] <-ll-> *vt form* louer; **to ~ the virtues of sb/sth** chanter les louanges de qn/qc
extort [ɪk·ˈstɔrt] *vt* **to ~ money from sb** extorquer de l'argent à qn; **to ~ a promise from sb** arracher une promesse à qn
extortion [ɪk·ˈstɔr·ʃᵊn] *n* extorsion *f*
extortionate [ɪk·ˈstɔr·ʃᵊn·ət] *adj pej* exorbitant(e)
extra [ˈek·strə] **I.** *adj* supplémentaire; **to have ~ money** avoir de l'argent en plus; **veg-**

etables are ~ les légumes ne sont pas compris **II.** *adv* **1.** (*more*) en plus **2.** (*very*) ~ **thick/strong** super épais/extra fort **III.** *n* **1.** ECON supplément *m;* **they charge for all kinds of ~s** ils font payer un supplément pour toutes sortes de choses **2.** AUTO option *f* **3.** CINE figurant(e) *m(f)* **IV.** *pron* **to pay** ~ payer plus

extract [ek·ˈstrækt, *vb:* ɪk·ˈstrækt] **I.** *n* extrait *m* **II.** *vt* **1.** extraire; **to ~ sth from sth** extraire qc de qc; **to have a tooth ~ed** se faire arracher une dent **2.** *fig* **to ~ a confession from sb** arracher un aveu à qn; **to ~ a piece of information from sb** tirer une information de qn

extraction [ɪk·ˈstræk·ʃᵊn] *n* **1.** (*removal*) extraction *f* **2.** (*origin*) origine *f*

extracurricular [ˌek·strə·kə·ˈrɪk·jə·lər] *adj* parascolaire

extradite [ˈek·strə·daɪt] *vt* **to ~ sb from Canada to France** extrader qn du Canada vers la France

extradition [ek·strə·ˈdɪ·ʃᵊn] *n* extradition *f*

extramarital [ˌek·strə·ˈmer·ə·ţᵊl] *adj* extraconjugal(e)

extraneous [ɪk·ˈstreɪ·ni·əs] *adj* sans rapport

extraordinary [ɪk·ˈstrɔr·dən·er·i] *adj* extraordinaire

extrapolate [ek·ˈstræp·ə·leɪt] **I.** *vt* extrapoler **II.** *vi* **to ~ from sth** faire l'extrapolation de qc

extrasensory [ˌek·strə·ˈsen(t)·sᵊr·i] *adj* extrasensoriel(le)

extraterrestrial [ˈek·strə·tə·ˈres·tri·əl] **I.** *adj* extraterrestre **II.** *n* extraterrestre *mf*

extraterritorial [ˌek·strə·ter·ɪ·ˈtɔr·i·əl] *adj* extraterritorial(e)

extravagance [ɪk·ˈstræv·ə·gən(t)s] *n* extravagance *f*

extravagant [ɪk·ˈstræv·ə·gənt] *adj* **1.** (*exaggerated*) extravagant(e); (*claims, demands*) immodéré(e) **2.** (*luxurious*) luxueux(-euse); ~ **tastes** goûts *mpl* de luxe

extravaganza [ɪk·ˌstræv·ə·ˈgæn·zə] *n* **1.** (*event*) grand spectacle *m* **2.** MUS fantaisie *f*

extreme [ɪk·ˈstrim] **I.** *adj a.* METEO extrême; (*distress*) profond(e); (*pain*) intense; (*pleasure*) immense; (*happiness*) suprême; **the ~ right** l'extrême droite; **isn't that rather ~?** ce n'est pas un peu excessif? **II.** *n* **1.** (*limit*) extrême *m;* **to go from one ~ to the other** passer d'un extrême à l'autre; **to go to ~s** pousser les choses à l'extrême; **to be driven to ~s** être poussé à bout **2.** (*utmost*) **in the ~** à l'extrême; **to be hospitable in the ~** être des plus accueillant

extremely *adv* extrêmement; (*dull*) horriblement; (*sorry*) infiniment

extreme sports *npl* sports *mpl* de l'extrême

> **i** Aux États-Unis, on appelle **extreme sports** ou *alternative sports* les sports non traditionnels tels que le saut à l'élastique, le parapente ou l'escalade libre. D'autres sports comme l'héliski, le canyoning, le wakeboard et le street luge comptent également parmi les **extreme sports.** Ce sont des sports de vitesse très tendance parce qu'ils sont considérés comme plus dangereux et plus excentriques que des sports comme le football ou le tennis.

extremism [ɪk·ˈstri·mɪ·zᵊm] *n* extrémisme *m*

extremist [ɪk·ˈstri·mɪst] *n* extrémiste *mf*

extremity [ɪk·ˈstrem·ə·ţi] <-ies> *n* **1.** (*end*) extrémité *f* **2.** (*danger, distress*) **he helped me in my extremities** il m'a aidé quand j'étais en danger

extricate [ˈek·strɪ·keɪt] *vt form* dégager; **to ~ oneself from sth** s'extirper de qc; **to ~ oneself from a ticklish situation** *fig* se tirer d'une situation épineuse

extrovert [ˈek·strə·vɜrt] *n* extraverti(e) *m(f)*

extroverted *adj* extraverti(e)

exuberance [ɪg·ˈzu·bᵊr·ᵊn(t)s] *n* exubérance *f;* **with real** ~ avec une joie débordante

exuberant [ɪg·ˈzu·bᵊr·ᵊnt] *adj* **1.** (*energetic*) débordant(e) d'énergie; (*style*) exubérant(e) **2.** (*luxuriant*) luxuriant(e)

exude [ɪg·ˈzud] *vt* **to ~ confidence** avoir de la confiance à revendre

exult [ɪg·ˈzʌlt] *vi form* exulter; **to ~ at** [*o* **in**] **sth** se réjouir de qc

exultant [ɪg·ˈzʌl·tᵊnt] *adj form* joyeux(-euse); ~ **cheer** cri *m* de triomphe; **an ~ crowd** une foule qui jubile

exultation [ˌek·sʌl·ˈteɪ·ʃᵊn] *n form* exultation *f*

ex-wife *n* ex-femme *f*

eye [aɪ] **I.** *n* **1.** ANAT œil *m;* **to blink one's ~s** cligner des yeux *mpl;* **her ~s flashed with anger** ses yeux jetaient des éclairs de colère **2.** (*hole*) trou *m;* (*of needle*) chas *m* **3.** METEO centre *m* d'une dépression; (*of hurricane*) œil *m* **4.** (*bud on potato*) œil *m* ▶ **to have ~s in the back of one's head** *inf* avoir des yeux dans le dos; **that's a sight for sore ~s** c'est agréable à regarder; **to have ~s bigger than one's stomach** *iron* avoir les yeux plus gros que le ventre; **to be at the ~ of the storm** être au cœur de la tempête; **an ~ for an ~, a tooth for a tooth** *prov* œil pour œil, dent pour dent *prov;* **not to be able to take one's ~s off sb/sth** *inf* ne pas lâcher qn/qc du regard; **a black** ~ un œil au beurre noir; **as far as the ~ can see** à perte de vue; **to keep one's ~s peeled** [*o* **open**] *inf* ouvrir l'œil; **to do sth with one's ~s open** *inf* faire qc en connaissance de cause; **with one's ~s shut** *inf* les yeux fermés; (**right**) **before sb's very ~s** juste sous les yeux de qn; **not to believe one's ~s** ne pas en croire ses yeux; **to keep an ~ on sb/sth** *inf* surveiller qn/qc; **to keep an ~ out for sb/sth** *inf* essayer de repérer qn/qc; **to make ~s at sb** *inf* faire de l'œil à qn; **to see ~ to ~ on sth** avoir la même opinion sur qc; **to**

E

set ~s on sb/sth *inf* jeter un œil sur qn/qc; **to have an ~ for sth** avoir l'œil pour qc; **in** [*o* **to**] **sb's ~s** aux yeux de qn **II.** <-d, -d, -ing> *vt* **1.** (*look at carefully*) observer; (*warily*) examiner **2.** *inf* (*look with longing*) reluquer **3. to be brown-/green-~d** avoir les yeux bruns/verts

eyeball I. *n* globe *m* oculaire ▶ **to be ~ to ~ with sb** *inf* être face à face avec qn; **to be up to one's ~s in sth** être dans qc jusqu'au cou **II.** *vt inf* observer

eyebrow *n* sourcil *m;* **to pluck/raise one's ~s** s'épiler/froncer les sourcils

eye-catching *adj* qui attire l'attention

eye contact *n* échange *m* de regards; **to make ~ with sb** regarder qn dans les yeux

eyeful *n* **1. to get an ~ of dirt** recevoir de la saleté dans les yeux **2.** *fig* **to be quite an ~** *inf* valoir le coup d'œil; **to get an ~** *inf* se rincer l'œil

eyeglass *n* **1.** *pl* lunettes *fpl* **2.** (*monocle*) monocle *m*

eyeglass case *n* étui *m* à lunettes

eyelash <-es> *n* cil *m*

eyelet *n* œillet *m*

eyelid *n* paupière *f;* **she didn't bat an ~** elle n'a pas bronché

eyeliner *n* eye-liner *m*

eye-opener *n* révélation *f*

eyepiece *n* oculaire *m*

eye-popping *adj inv, fig, inf* truculent(e)

eye shadow *n* fard *m* à paupières

eyesight *n* vue *f*

eyesore *n* horreur *f*

eyestrain *n* fatigue *f* oculaire

eye test *n* examen *m* de la vue

eyetooth <-teeth> *n* canine *f* supérieure ▶ **to give one's eyeteeth for sth** donner n'importe quoi pour qc

eyewash *n* MED collyre *m*

eyewitness <-es> *n* témoin *m* oculaire

eyrie ['er·i] *n s.* **aerie**

e-zine ['i·zin] *n* COMPUT magazine *m* électronique

F

F, f [ef] <-'s *o* -s> *n* **1.** (*letter*) F *m*, f *m;* **~ as in Foxtrot** (*on telephone*) f comme François **2.** MUS fa *m*

f *n abbr of* **feminine** f

F *n abbr of* **Fahrenheit** F

fable ['feɪ·bl] *n a. pej* fable *f*

fabled *adj* légendaire

fabric ['fæb·rɪk] *n* **1.** FASHION tissu *m;* **wool ~** lainage *m* **2.** (*structure*) *a. fig* structure *f;* **the ~ of everyday life** les réalités *fpl* de la vie

fabricate ['fæb·rɪ·keɪt] *vt* **1.** (*invent*) inventer **2.** (*manufacture*) fabriquer

fabulous ['fæb·jə·ləs] *adj* fabuleux(-euse); (*sum*) astronomique; (*city, character*) légendaire

facade [fə·'sad] *n* **1.** ARCHIT façade *f* **2.** (*appearance*) apparence *f*

face [feɪs] **I.** *n* **1.** ANAT *a. fig* visage *m;* **to lie ~ down** être allongé sur le ventre; **to keep a smile on one's ~** garder le sourire; **to tell sth to sb's ~** dire qc à qn en face **2.** (*expression*) mine *f;* **you should have seen her ~** tu aurais vu sa tête; **to make ~s at sb** [*o* **pull**] faire des grimaces *fpl* à qn **3.** (*surface*) surface *f;* (*of building*) façade *f;* (*of mountain*) versant *m;* (*of clock*) cadran *m;* **the cards were ~ up** les cartes étaient à l'endroit **4.** (*appearance*) face *f;* **loss of ~** humiliation *f;* **to lose/save ~** perdre/sauver la face **5.** (*image*) image *f* ▶ **to disappear off the ~ of the earth** disparaître de la surface de la terre; **in the ~ of sth** face à qc; (*despite*) en dépit de qc; **on the ~ of it** à première vue **II.** *vt* **1.** (*turn toward: person, audience*) faire face à; (*room, house*) donner sur; **the house facing ours** la maison en face de la nôtre; **to ~ the front** regarder devant soi **2.** (*confront: problems, danger*) faire face à; (*rival, team*) affronter; **to ~ the facts** regarder les choses en face; **let's face it, it's too big** soyons francs, c'est trop grand; **to be ~d with sth** se trouver confronté à qc; **I can't ~ doing sth** je n'ai pas le courage de faire qc **3.** (*run the risk*) risquer; **to ~ one year in prison** risquer un an de prison **4.** ARCHIT **to ~ sth with sth** revêtir qc de qc ▶ **to ~ the music** *inf* faire front **III.** *vi* **to ~ toward sth** se tourner vers qc; **to ~ south** (*person*) regarder vers le sud; (*house*) être exposé au sud; **about ~!** demi-tour!

◆ **face up to** *vt* faire face à; **you'll have to ~ your father** il te/vous faudra affronter ton/votre père

facecloth *n* ≈ gant *m* de toilette, débarbouillette *f Québec,* lavette *f Suisse*

face cream *n* crème *f* pour le visage

facelift *n* lifting *m;* **to have a ~** se faire faire un lifting

face pack *n* masque *m* de beauté

face powder *n* poudre *f* de riz

facet ['fæs·ɪt] *n* **1.** facette *f* **2.** (*aspect*) aspect *m*

facetious [fə·'si·ʃəs] *adj* facétieux(-euse)

face-to-face *adv* face à face; **to come ~ with sb/sth** se retrouver face à qn/qc; **to discuss sth ~** parler en tête-à-tête de qc

face value *n* ECON valeur *f* nominale ▶ **to take sth at ~** (*uncritically*) prendre qc pour argent comptant; (*literally*) prendre qc au premier degré

facial ['feɪ·ʃəl] **I.** *adj* facial(e); (*care, expression*) du visage **II.** *n* soin *m* du visage

facile ['fæs·ɪl] *adj pej* facile

facilitate [fə·'sɪl·ɪ·teɪt] *vt* faciliter

facility [fə·'sɪl·ə·ṭi] <-ies> *n* **1.** (*skill*) facilité *f;* **to have a ~ for sth** avoir un don pour qc

2. (*building*) établissement *m;* **research ~** établissement *m* de recherche; **training/recycling ~** centre *m* de formation/recyclage; **manufacturing ~** usine *f* **3.** *pl* (*equipment*) équipement *m;* **the kitchen facilities** l'équipement de la cuisine **4.** *pl, inf* (*restroom*) vécés *mpl*

facing ['feɪ·sɪŋ] *n* **1.** ARCHIT revêtement *m* **2.** FASHION revers *m*

facsimile [fæk·'sɪm·ᵊl·i] *n* **1.** (*duplicate*) fac-similé *m* **2.** TEL télécopie *f*

fact [fækt] *n* fait *m;* **hard ~s** des faits *mpl;* **in view of the ~ that ...** en tenant compte du fait que ...; **a statement of ~** une constatation; **~ and fiction** le réel et l'imaginaire *m;* **the ~ is, you miss her** le fait est qu'elle te manque ▶ **the ~s of life** *inf* les choses *fpl* de la vie; **in ~** [*o* **as a matter of ~**] en fait

fact-check *vt* (*article*) vérifier

fact-checker *n* vérificateur, -trice *m, f*

fact-finding *adj* d'enquête; (*study*) d'information

faction ['fæk·ʃᵊn] *n pej* faction *f*

factor ['fæk·tər] *n* facteur *m;* **the human ~** le facteur humain

factory ['fæk·tᵊr·i] <-ies> *n* usine *f;* **shoe ~** fabrique *f* de chaussures; **~ worker** ouvrier *m* d'usine

factory farming *n* élevage *m* industriel

factory ship *n* navire-usine *m*

factory shop *n* magasin *m* d'usine

factotum [fæk·'toʊ·t̬əm] *n form* factotum *m;* **a general ~** *iron* un homme/une femme à tout faire

fact sheet *n* fiche *f* d'informations

factual ['fæk·tʃu·əl] *adj* factuel(le); (*account, information*) basé(e) sur les faits

faculty ['fæk·ᵊl·t̬i] <-ies> *n* **1.** (*teaching staff*) corps *m* enseignant **2.** UNIV faculté *f* **3.** (*ability*) faculté *f;* **mental faculties** capacités *fpl* intellectuelles

fad [fæd] *n pej, inf* folie *f;* **a ~ for sth** une tocade pour qc

faddish ['fæd·ɪʃ], **faddy** *adj pej* capricieux(-euse)

fade [feɪd] **I.** *n* CINE fondu *m* **II.** *vi* **1.** (*wither: flower*) se faner **2.** (*lose color*) se décolorer; (*color*) se ternir; (*inscription*) s'effacer **3.** (*disappear*) *a. fig* disparaître; (*light*) baisser; (*echo*) s'évanouir; (*popularity*) baisser; (*hope*) s'amenuiser; (*smile, memory*) s'effacer; **to ~ from sight** s'estomper **III.** *vt* **1.** (*wither: flower*) faner **2.** (*cause to lose color*) décolorer **3.** CINE fondre; **to ~ one scene into another** enchaîner deux scènes

◆**fade away** *vi* (*sound, light*) s'affaiblir; (*person*) dépérir

◆**fade in** CINE, TV **I.** *vi* faire une ouverture en fondu **II.** *vt* faire apparaître en fondu

◆**fade out** CINE, TV **I.** *vi* faire une fermeture en fondu **II.** *vt* faire disparaître en fondu

faded *adj* (*fabric*) décoloré(e); (*color*) terni(e); (*inscription*) à demi effacé(e)

fag [fæg] *n pej, vulg* (*male homosexual*) pédé *m*

faggot ['fæg·ət] *n* **1.** *pej, vulg* (*homosexual*) pédé *m* **2.** *form* (*bundle*) fagot *m*

fail [feɪl] **I.** *vi* **1.** (*not succeed: person, plan*) échouer; **to ~ in sth** échouer à qc; **he ~ed to beat the record** il n'a pas réussi à battre le record; **he ~ed in his attempt to get the contract** il n'a pas réussi à obtenir le contrat; **to be doomed to ~** être voué à l'échec; **he ~ed in his efforts to reconcile them** sa tentative de réconciliation a échoué **2.** (*not to do sth one should do*) **to ~ to** +*infin* (*by neglect*) négliger de +*infin;* **to ~ to appreciate sth** ne pas être capable de comprendre qc; **to ~ in one's duty to sb** manquer à son devoir envers qn; **the parcel ~ed to arrive** le paquet n'est pas arrivé **3.** *a.* SCHOOL, UNIV (*not pass a test*) être recalé(e); **to ~ in a subject** être recalé dans une matière; **to ~ in a test/literature/a question** sécher à un examen/en littérature/sur une question **4.** TECH, AUTO (*brakes*) lâcher; (*engine, power steering*) ne pas répondre; (*power*) être coupé **5.** MED (*kidneys, heart*) lâcher; (*health*) se détériorer; **to be ~ing fast** (*person*) faiblir de jour en jour **6.** FIN, COM (*go bankrupt*) faire faillite **7.** AGR, BOT (*not grow*) ne rien donner ▶ **if all else ~s** en dernier recours **II.** *vt* **1.** (*not pass: exam, interview*) être recalé(e) à; (*driving test*) rater; **to ~ geography** être recalé en géographie **2.** (*not let pass: student, candidate*) recaler **3.** (*not help sb when needed*) faire défaut à; **your courage ~s you** le courage te/vous manque; **his nerve ~ed him** ses nerfs ont lâché; **you've never ~ed me** tu ne m'as jamais déçu **III.** *n* (*unsuccessful result*) échec *m* ▶ **without ~** (*definitely*) sans faute; (*always, without exception*) chaque fois

failed *adj* (*attempt, artist*) raté(e); (*company*) qui a fait faillite

failing I. *adj* défaillant(e); **he is in ~ health** sa santé se détériore; **to have a ~ eyesight** avoir la vue qui baisse; **in the ~ light** dans la faible lumière **II.** *n* faiblesse *f;* **the play has one big ~** la pièce pèche sur un point **III.** *prep* à défaut de; **~ that** à défaut

fail-safe *adj* (*system, device*) de sécurité

failure ['feɪl·jər] *n* **1.** (*being unsuccessful*) échec *m;* **to end in ~** se solder par un échec; **to be doomed to ~** être voué à l'échec **2.** (*unsuccessful person*) raté(e) *m(f);* **to feel a ~** se sentir un raté; **he was a ~ as a leader** en tant que leader, il était décevant **3.** (*not doing sth*) **his ~ to inform us** le fait qu'il ne nous a pas informés; **their ~ to solve the problem** leur incapacité *f* à résoudre le problème; **~ to follow the instructions will result ...** le non-respect des instructions entraînera ...; **~ to render assistance** non-assistance *f* à personne en danger **4.** TECH, ELEC (*breakdown*) défaillance *f;* **electrical ~** panne *f* de courant; **~ of brake/engine/system**

F

défaillance des freins/du moteur/du système **5.** MED insuffisance *f;* **heart/liver/kidney ~** insuffisance cardiaque/hépatique/rénale **6.** COM **business ~s** les faillites *fpl* d'entreprise

faint [feɪnt] **I.** *adj* **1.** (*not strong or clear: sound, murmur*) faible; (*light, odor, mark, smile*) léger(-ère); (*memory, idea*) vague; **~ smile** léger sourire *m* **2.** (*slight: resemblance, possibility, suspicion*) léger(-ère); (*chance*) minime; **he did not make the ~est attempt to apologize** il n'a même pas essayé de s'excuser; **there's not the ~est hope of** il n'y a pas le moindre espoir que *+subj;* **not to have the ~est (idea)** ... *inf* ne pas avoir la moindre idée ... **3.** (*weak*) faible; **he was ~ with hunger** il avait tellement faim qu'il était au bord de l'évanouissement; **to feel ~** se sentir défaillir **II.** *vi* s'évanouir **III.** *n* évanouissement *m*

faint-hearted **I.** *adj* craintif(-ive) **II.** *n pl* **the ~** les âmes *fpl* sensibles; **not for the ~** déconseillé aux âmes sensibles

fair[1] [fer] **I.** *adj* **1.** (*just and equal for all: price, society, trial, wage*) juste; (*deal*) équitable; (*competition*) loyal(e); **he had his ~ share** il a eu sa part **2.** (*reasonable: comment, point, question*) légitime; (*in accordance with rules: fight, contest*) en règle; **to be ~ with sb** être juste avec qn; **it's not ~ that** ce n'est pas juste que *+subj;* **that was ~ enough** c'était légitime; **it's only ~ to tell her** il faut lui dire; **it's only ~ that** c'est normal que *+subj;* **I think it's ~ to say that ...** je crois qu'il convient de dire que ...; **to be ~, ...** il faut être juste, ... **3.** (*quite large: amount, number, size*) assez grand(e); **it cost a ~ amount** ça a coûté pas mal d'argent **4.** (*reasonably good: chance, possibility, prospect*) bon(ne); **to have a ~ idea of sth** savoir à peu près qc **5.** (*average*) **~ (to middling)** moyen(ne) **6.** (*light or blond in color: hair*) blond(e); (*skin, complexion*) clair(e) **7.** METEO (*clear and dry: weather*) agréable ►**to give sb a ~ shake** *inf* donner toutes ses chances à qn; **by ~ means or foul** par tous les moyens; **~'s ~** *inf* sois juste **II.** *adv* (*in an honest way*) **to play ~** jouer franc jeu ►**~ and square** dans les règles; (*in the centre of the target*) en plein dans le mille

fair[2] [fer] *n* **1.** (*county fair*) foire *f;* (*for entertainment*) fête *f* foraine **2.** ECON salon *m;* **trade ~** salon professionnel; **local craft ~** exposition-vente *f* artisanale **3.** AGR foire *f*

fair copy <-pies> *n* copie *f* au propre; **to make a ~ of sth** mettre qc au propre

fair game *n* **to be ~** être une cible autorisée

fairground *n* champ *m* de foire

fairly *adv* **1.** (*quite, rather*) relativement **2.** (*in a fair way: treat, deal with, share out*) équitablement; **win, fight** honorablement; **~ traded goods** produits *mpl* du commerce équitable

fair-minded *adj* (*person*) juste

fairness *n* **1.** (*fair treatment, justice*) équité *f;* (*of decision, election, treatment*) impartialité *f;* **lack of ~** manque *m* de justice; **in (all) ~ ...** (*in order to be fair to*) pour être juste; **in ~ to sb** pour rendre justice à qn **2.** (*lightness: of hair*) blondeur *f;* (*of skin*) pâleur *f*

fair play *n* fair-play *m inv;* **to see ~** contrôler que tout se passe bien *subj;* **~!** soyons justes!

fair-sized *adj* assez grand(e)

fair-skinned *adj* au teint clair

fair trade *n* commerce *m* équitable; **~ coffee** café *m* du commerce équitable

fairway *n* (*in golf*) fairway *m*

fairy ['fer·i] <-ries> *n* (*imaginary creature*) fée *f;* **a good/wicked ~** une bonne/méchante fée

fairyland *n* **1.** (*home of fairies*) pays *m* des fées **2.** *pej* (*realm of fantasy*) monde *m* imaginaire **3.** (*place of magical beauty*) endroit *m* féerique

fairy lights *npl* guirlande *f* électrique

fairy tale **I.** *n* **1.** (*for children*) conte *m* de fée **2.** *pej* histoires *fpl* **II.** *adj* **fairy-tale** de conte de fée; **a ~ wedding** un mariage de conte de fée

faith [feɪθ] *n* **1.** (*confidence, trust*) confiance *f;* **to have ~ in sb/sth** avoir confiance en qn/qc; **to break ~ with sb** ne pas tenir sa promesse envers qn **2.** (*belief*) foi *f;* **to keep the ~** garder la foi; **to lose one's ~** perdre la foi ►**in good ~** de bonne foi

faithful **I.** *adj* fidèle; (*service, support*) loyal(e); **to be ~ to sb/sth** être fidèle à qn/qc **II.** *n pl* **the ~** les fidèles *mpl*

faithfully *adv* fidèlement

faith healer *n* guérisseur, -euse *m, f*

faithless *adj* **1.** (*unfaithful*) infidèle **2.** (*disloyal*) déloyal(e) **3.** REL sans foi

fake [feɪk] **I.** *n* **1.** (*counterfeit object*) faux *m* **2.** (*impostor*) imposteur *m* **II.** *adj* faux(fausse); **~ leather** cuir *m* synthétique **III.** *vt* **1.** (*make a counterfeit copy: signature*) contrefaire; (*calculations*) falsifier; **to ~ a painting** faire un faux tableau **2.** (*pretend to feel or experience*) feindre; **to ~ surprise/grief** feindre la surprise/le chagrin; **to ~ a headache/a heart attack** faire semblant d'avoir mal à la tête/une crise cardiaque; **to ~ it** faire semblant **IV.** *vi* faire semblant

fakir [fa·'kɪr] *n* fakir *m*

falcon ['fæl·kən] *n* faucon *m*

Falkland Islands ['fɔ·klənd,aɪ·ləndz], **Falklands** *npl* **the ~** les (îles) Malouines *fpl*

Falklands War *n* guerre *f* des Malouines

fall [fɔl] <fell, fallen> **I.** *vi* **1.** (*drop down from a height*) tomber; **to ~ to the ground** tomber par terre; **to ~ to one's death** faire une chute mortelle; **to ~ to one's knees** tomber à genoux; **to ~ downstairs** tomber dans les escaliers; **to ~ from a roof** tomber d'un toit; **to ~ from a window** tomber d'une fenêtre; **to ~ (down) dead** tomber raide mort; **to ~ flat** s'étaler; *fig* tomber à plat *inf;* **to ~ flat on one's face** s'étaler de tout son long *inf;* (*be unsuccessful*) échouer complètement; (*thing, scheme*) rater complètement **2.** (*land: a bomb,* *missile*) tomber; **the keys fell in the gutter** les clefs sont tombées dans le caniveau; **the blame fell on me** *fig* la faute est tombée sur moi; **his eye fell on me** *fig* son regard s'est posé sur moi; **the stress ~s on the first syllable** LING l'accent est sur la première syllabe **3.** (*become lower, decrease: demand, numbers, prices*) baisser; (*dramatically*) chuter; **to ~ by 10%** chuter de 10 %; **to ~ below a figure/level/standard** tomber en dessous d'un chiffre/niveau; **to ~ to a level/figure** tomber à un niveau/chiffre; **to ~ in sb's estimation** baisser dans l'estime de qn **4.** (*be defeated or overthrown: city, government, dictator*) tomber; **to ~ from power** être déchu; **to ~ to sb** tomber aux mains de qn; (*in an election*) passer aux mains de qn **5.** SPORTS (*in cricket: wicket*) tomber **6.** REL (*do wrong, sin*) pécher **7.** (*happen at a particular time*) tomber; **to ~ on a Monday/Wednesday** tomber un lundi/mercredi **8.** (*happen: night, darkness*) tomber **9.** (*belong*) rentrer; **to ~ into a category/class** rentrer dans une catégorie/classe; **to ~ within sth** rentrer dans qc; **to ~ outside sth** tomber en dehors de qc **10.** (*hang down: hair, cloth, fabric*) tomber **11.** (*become*) **to ~ asleep** s'endormir; **to ~ due** arriver à échéance; **to ~ ill** tomber malade; **to ~ silent** devenir silencieux; **to ~ vacant** (*a room*) se libérer; (*a position, post*) être vacant; **to ~ prey to sb/sth** devenir la proie de qn/qc **12.** (*enter a particular state*) **to ~ in love with sb/sth** tomber amoureux de qn/qc; **to ~ out of love with sb/sth** cesser d'être amoureux de qn/qc; **to ~ out of favor with sb** tomber en disgrâce auprès de qn; **to ~ under the influence of sb/sth** tomber sous l'influence de qn/qc; **to ~ under the spell of sb/sth** tomber sous le charme de qn/qc ▶ **to ~ on deaf ears** (*cries, pleas, shouts*) ne pas être entendu; **to ~ foul of sb** s'attirer les foudres de qn; **to ~ on stony ground** (*an appeal, message*) tomber dans le vide; **to ~ into the hands of sb** tomber aux mains de qn; **to ~ in line with sth** suivre qc; **to ~ into place** (*fit together*) concorder; (*become clear*) devenir clair; **to ~ short** ne pas être tout à fait à la hauteur; **to ~ short of a record** ne pas réussir à battre un record **II.** *n* **1.** (*act of falling*) chute *f;* **a ~ from a third-story window** une chute d'une fenêtre du troisième étage; **to break sb's ~** amortir la chute de qn; **to take a ~** faire une chute **2.** (*downward movement: of a leaf, of the curtain*) chute *f;* (*of a level, popularity*) baisse *f;* (*of the tide*) descente *f;* **heavy ~s of rain** d'importantes chutes *fpl* de pluie **3.** (*defeat: of a government, city*) chute *f;* (*of a castle*) prise *f* **4.** (*autumn*) automne *m* **5.** *pl* (*waterfall*) chutes *fpl* ▶ **to take a ~ for sb** porter le chapeau à la place de qn **III.** *adj* (*of autumn*) d'automne

◆**fall apart** *vi a. fig* se désintégrer; (*building*) tomber en ruine; (*person*) s'effondrer

◆**fall away** *vi* **1.** (*become detached: plaster, rock*) tomber **2.** (*slope downward: land, ground*) descendre **3.** (*disappear: negative factor, feeling*) disparaître; (*supporters*) partir

◆**fall back** *vi* **1.** (*move backwards: crowd*) reculer **2.** MIL (*retreat: army*) se replier

◆**fall back on** *vt*, **fall back upon** *vt a. fig* se rabattre sur

◆**fall behind** **I.** *vi* (*become slower, achieve less: child, company, country*) prendre du retard; (*fail to do sth on time*) avoir du retard; **to ~ with** (*work*) prendre du retard dans; (*rent*) prendre du retard dans le paiement de **II.** *vt* **1.** (*become slower than*) prendre du retard sur **2.** (*fail to keep to sth*) **to ~ schedule** prendre du retard **3.** SPORTS (*have fewer points than*) passer derrière

◆**fall down** **I.** *vi* **1.** (*from upright position: person, object*) tomber **2.** (*collapse: a building, structure*) s'effondrer **3.** (*be unsatisfactory: plan, policy*) ne plus tenir; **that's where it falls down** c'est le point faible; **to ~ on the job** *inf* ne pas faire du bon boulot **II.** *vt* (*hole, stairs*) tomber dans; **to ~ a cliff** tomber d'une falaise

◆**fall for** *vt inf* **1.** (*be attracted to*) tomber amoureux de **2.** (*be deceived by*) se laisser prendre à; **and I fell for it!** et je suis tombé dans le panneau!

◆**fall in** *vi* **1.** (*drop in the water*) tomber **2.** (*collapse: the roof, ceiling*) s'effondrer **3.** MIL (*form a line: soldiers, squad, company*) former les rangs; **to ~ behind sb** se mettre en rang derrière qn

◆**fall in with** *vt* **1.** (*agree to: an idea, a suggestion, proposal*) accepter; (*regulations*) suivre **2.** (*become friendly with*) fréquenter; **she started to ~ bad company** elle a commencé à avoir de mauvaises fréquentations

◆**fall off** **I.** *vi* **1.** (*become detached*) tomber **2.** (*decrease*) baisser **II.** *vt* (*of table, roof*) tomber de; **to ~ a horse/bicycle** faire une chute de cheval/de vélo

◆**fall on** *vt* **1.** (*descend onto*) tomber sur **2.** (*attack*) se jeter sur **3.** (*eat or seize greedily*) **to ~ food** se jeter sur la nourriture

◆**fall out** *vi* **1.** (*drop out*) tomber; **to ~ of a window/vehicle** tomber d'une fenêtre/d'un véhicule; **her hair started to ~** elle a commencé à perdre ses cheveux **2.** *inf* (*quarrel*) se brouiller; **to ~ with sb over sth** se brouiller avec qn à propos de qc; **we have fallen out** nous sommes brouillés **3.** MIL (*move out of line: soldiers, squad, company*) rompre les rangs **4.** (*happen, turn out: things, events*) se passer

◆**fall over** **I.** *vi* **1.** (*drop to the ground*) tomber par terre **2.** (*drop on its side*) se renverser **II.** *vt* **1.** (*trip*) trébucher sur; **to ~ one's own feet** trébucher **2.** *inf* (*be very eager*) **to ~ oneself to** +*infin* se démener pour +*infin*

◆**fall through** **I.** *vi* (*plan*) tomber à l'eau; (*sale, agreement*) échouer **II.** *vt* (*gap, hole*) tomber dans

F

◆**fall to** *vt* 1. *form* (*be responsible*) incomber à; **it falls to me to tell you ...** il m'incombe de vous dire ... 2. (*fail*) **to ~ pieces** se désintégrer; (*person*) s'effondrer; (*building*) tomber en ruine
◆**fall upon** *vt s.* **fall on**
fallacious [fə·ˈleɪ·ʃəs] *adj form* fallacieux(-euse)
fallacy [ˈfæl·ə·si] *n* 1. <-cies> (*false belief or argument*) erreur *f;* **it is a ~ to suppose that ...** il est faux de supposer que ... 2. *form* (*false reasoning*) sophisme *m;* **a complete ~** une illusion totale
fallen [ˈfɔl·ən] *adj* 1. (*lying on the ground: apple, leaf*) tombé(e); (*tree*) abattu(e); **~ leaves** feuilles *fpl* mortes 2. (*overthrown: politician, dictator*) déchu(e) 3. REL (*angel*) déchu(e)
fall guy *n inf* bouc *m* émissaire
fallible [ˈfæl·ə·bl] *adj* faillible
falling star *n* ASTR *s.* **meteor**
fallopian tube *n* ANAT, MED trompe *f* de Fallope
fallout *n* 1. PHYS (*radioactive dust*) retombées *fpl* radioactives 2. (*unpleasant consequences*) retombées *fpl* négatives
fallout shelter *n* abri *m* antiatomique
fallow [ˈfæl·oʊ] I. *n* jachère *f* II. *adj* 1. AGR (*not planted*) en jachère; **to leave land ~** laisser un terrain en jachère 2. (*when not much happens: period, time*) creux(creuse)
fallow deer *inv n* daim *m*
false [fɔls] I. *adj a. fig* faux(fausse); **a ~ alarm** une fausse alerte; **a ~ imprisonment** une détention arbitraire; **a ~ bottom** un double fond II. *adv* **to play sb ~** trahir qn
falsehood *n* mensonge *m;* **to see the difference between truth and ~** distinguer le vrai du faux
false move *n* (*clumsy*) un faux pas; (*misguided*) erreur *f;* **one ~ and you're dead** si tu bouges, tu meurs
falseness *n* fausseté *f*
false note *n* fausse note *f*
false start *n* faux départ *m*
false teeth *n pl* fausses dents *fpl*
falsification *n* falsification *f*
falsify [ˈfɔl·sɪ·faɪ] *vt* falsifier
falsity [ˈfɔl·sə·t̬i] *n s.* **falseness**
falter [ˈfɔl·t̬ər] *vi* (*person, voice*) hésiter; (*voice*) trembler; (*conversation*) se tarir; (*courage, negotiations*) fléchir; **to walk without ~ing** marcher sans hésiter
faltering *adj* 1. (*hesitant: voice, words, steps*) hésitant(e) 2. (*seeming about to fail: courage, resolve*) chancelant(e); (*memory*) défaillant(e)
fame [feɪm] *n* 1. (*being famous*) célébrité *f;* **to win ~** devenir célèbre; **her claim to ~** son titre de gloire 2. (*reputation*) renommée *f*
famed *adj* célèbre
familiar [fə·ˈmɪl·jər] I. *adj* 1. (*well-known to oneself*) familier(-ère) 2. (*acquainted*) **to be ~ with sb/sth** connaître qn/qc; **are you ~ with this software?** est-ce que vous connaissez ce logiciel?; **his face is ~** son visage ne m'est pas inconnu; **is the name ~?** ce nom vous dit quelque chose? 3. (*friendly and informal*) familier(-ère); **to be on ~ terms with sb** bien s'entendre avec qn; **he's a bit too ~ with me** il est un peu trop familier avec moi II. *n* démon *m* familier
familiarity [fə·ˌmɪl·i·ˈer·ə·t̬i] *n* 1. (*informal manner*) familiarité *f* 2. (*knowledge*) connaissance *f;* **her ~ with sb/sth** sa connaissance de qn/qc ▶ **~ breeds <u>contempt</u>** *prov* la familiarité engendre le mépris
familiarize [fə·ˈmɪl·jə·raɪz] *vt* familiariser; **to ~ oneself with sth** se familiariser avec qc
family [ˈfæm·^{ə}l·i] *n* 1. <-lies> + *sing/pl vb* (*group*) famille *f;* **a ~ of four/six** une famille de quatre/six personnes 2. (*relations, family members*) famille *f;* **to be ~** être de la famille; **to be (like) one of the ~** faire partie de la famille; **to run in the ~** être de famille; **to start a ~** avoir des enfants; **do you have ~?** (*children*) vous avez des enfants?; (*relatives*) vous avez de la famille?; **~ viewing** (*for families with children*) des émissions *fpl* pour toute la famille; **a ~ fare** un billet famille; **a ~ hotel** un hôtel pour familles
family doctor *n* médecin *m* de famille
family man *n* 1. (*man enjoying family life*) homme *m* proche de sa famille 2. (*man with wife and family*) père *m* de famille
family name *n* nom *m* de famille
family planning *n* planning *m* familial
family tree *n* arbre *m* généalogique
famine [ˈfæm·ɪn] *n* famine *f*
famished [ˈfæm·ɪʃt] *adj inf* **to be ~** être affamé
famous [ˈfeɪ·məs] *adj* célèbre ▶ **~ last <u>words</u>!** *inf* tu parles!
famously *adv* 1. (*as is well-known*) **he ~ replied...** sa réponse, restée célèbre, a été ... 2. *inf* (*excellently*) à merveille
fan[1] [fæn] I. *n* 1. (*hand-held cooling device*) éventail *m* 2. (*electrical cooling device*) ventilateur *m* II. <-nn-> *vt* 1. (*cool with a fan*) éventer; **to ~ one's face** s'éventer le visage 2. (*cause to burn better: amber, flame*) attiser 3. *fig* (*fears, passions*) attiser
fan[2] [fæn] *n* (*admirer*) fan *mf;* **to be a ~ of sb/sth** être un fan de qn/qc; (*like very much*) adorer qn/qc
◆**fan out** *vi* (*crowd, roads*) partir dans différentes directions
fan-assisted oven *n* four *m* à chaleur tournante
fanatic [fə·ˈnæt̬·ɪk] *n* 1. *pej* (*obsessed believer*) fanatique *mf* 2. (*enthusiast*) mordu(e) *m(f);* **a fitness/film/sports ~** un mordu de culture physique/cinéma/sport
fanatical *adj pej* (*follower, supporter*) fanatique; (*devotion, support*) inconditionnel(le); **to be ~ about sth** être un inconditionnel de qc
fanaticism [fə·ˈnæt̬·ɪ·sɪ·z^{ə}m] *n* fanatisme *m*
fan belt *n* AUTO courroie *f* de ventilateur

fancied *adj* **1.** (*imaginary*) imaginaire **2.** (*tipped to win: team, horse, candidate*) pressenti(e)

fancier *n* amateur, -trice *m, f*

fanciful *adj* **1.** (*unrealistic: idea, notion*) fantaisiste **2.** (*elaborate: design, style*) fantaisie **3.** (*indulging in fancies: person*) fantasque

fan club *n* fan-club *m*

fancy ['fæn(t)·si] **I.** <-ie-> *vt* **1.** (*imagine*) s'imaginer; **to ~ that ...** croire que ...; **~ (that)!** tu t'imagines!; **~ meeting you here!** quelle surprise de te/vous voir ici! **2.** (*want, like*) avoir envie de; **I didn't ~ walking home** ça ne me disait rien de rentrer à pied **II.** *n* **1.** (*liking*) **to take a ~ to sb/sth** s'enticher de qn/qc; **if it takes your ~** si ça te/vous plaît **2.** (*imagination*) imagination *f* **3.** <-cies> (*whimsical idea*) fantaisie *f;* **an idle ~** une lubie **III.** *adj* <-ier, -iest> **1.** (*elaborate: decoration, frills*) fantaisie *inv;* (*sauce, cocktail, camera*) sophistiqué(e); **we'll make dinner, nothing ~** nous préparerons le repas, rien de compliqué **2.** *fig* (*phrases, talk*) recherché(e); **~ footwork** *inf* manœuvres *fpl* habiles **3.** (*whimsical: ideas, notions*) fantaisiste **4.** *inf* (*expensive: hotel, place, shop*) chic *inv;* **~ car** voiture *f* de luxe; **~ prices** prix *mpl* astronomiques

fancy-free *adj* **to be footloose and ~** être libre comme l'air

fancy goods *npl* articles *mpl* cadeaux

fanfare ['fæn·fer] *n* fanfare *f*

fang [fæŋ] *n* (*long sharp upper teeth: of dog, lion*) croc *m;* (*of snake*) crochet *m;* **~s of a vampire** dents *fpl* d'un vampire

fan heater *n* soufflerie *f*

fan mail *n* courrier *m* des fans

fantasia *n* fantaisie *f*

fantastic [fæn·'tæs·tɪk] *adj* **1.** (*unreal, magical: animal, figure*) fantastique **2.** *inf* (*wonderful: offer, opportunity, time*) fantastique **3.** (*extremely large: amount, size, sum*) colossal(e) **4.** (*unbelievable, bizarre: coincidence*) incroyable

fantasy ['fæn·t̬ə·si] <-ies> *n* **1.** (*wild, pleasant fancy*) fantasme *m;* **a sexual ~** un fantasme sexuel; **to have fantasies about sth** fantasmer sur qc **2.** *pej* (*unreal, imagined thing*) chimère *f;* **a world of ~** un monde imaginaire; **the idea is pure ~** l'idée est du pur délire **3.** (*literary genre*) fantastique *m;* **a ~ film** un film fantastique **4.** <-sies> MUS *s.* **fantasia**

fanzine ['fæn·zin] *n* fanzine *m*

FAQ *n* COMPUT *abbr of* **frequently asked question** FAQ *f*

far [far] <farther, farthest *o* further, furthest> **I.** *adv* **1.** (*a long distance*) *a. fig* loin; **how ~ is Miami from here?** Miami est à quelle distance d'ici?; **as ~ as the bridge** jusqu'au pont; **~ from somewhere** loin de quelque part; **~ and wide** partout; **~ away** loin; **~ from sth** loin de qc; **not ~ off** non loin; **how ~ would you agree with that?** jusqu'où es-tu d'accord avec ça?; **you can only go so ~** il y a forcément une limite; **~ from it** au contraire; **~ from rich/empty** loin d'être riche/vide; **as ~ as the eye can see** à perte de vue; **~ be it from me to** *+infin* loin de moi l'idée de *+infin* **2.** (*distant in time*) **~ away** loin dans le passé; **sth is not ~ off** qc n'est pas loin; **it goes as ~ back as ...** cela remonte jusqu'à ...; **so ~** jusqu'à présent **3.** (*in progress, degree*) **to get as ~ as doing sth** arriver à faire qc; **to not get very ~ with sth** ne pas aller très loin dans qc; **not to get very ~ with sb** ne pas parvenir à grand-chose avec qn **4.** (*much*) **~ better/nicer/warmer** bien mieux/plus joli/plus chaud; **to be ~ too sth** être beaucoup trop qc **5.** (*connecting adverbial phrase*) **as ~ as** autant que; **as ~ as I can see** d'après ce que je peux en juger; **as ~ as I know** pour autant que je sache *subj;* **as ~ as she/he is concerned** en ce qui la/le concerne; **as ~ as it goes** sans plus ▶**by ~** de loin; **~ and away** de loin; **he will go ~** il ira loin; **sth won't go very ~** on n'ira pas loin avec qc; **so ~ so good** jusqu'à présent c'est bien; **to go too ~** aller trop loin; **worse by ~** bien pire **II.** *adj* **1.** (*at great distance*) lointain(e); **in the ~ distance** au loin **2.** (*more distant*) **in the ~ end/side** à l'autre bout/de l'autre côté; **the ~ wall of the room** le mur du fond **3.** (*extreme*) **the ~ left/right of a party** l'extrême gauche/droite d'un parti ▶**to be a ~ cry from sb/sth** n'avoir rien à voir avec qn/qc

faraway ['far·ə·weɪ] *adj* lointain(e); **to have a ~ look in one's eyes** avoir le regard perdu dans le vague

farce [fars] *n* farce *f*

farcical ['far·sɪ·kəl] *adj* **1.** THEAT (*like a farce: comedy, humor*) burlesque **2.** (*ridiculous: idea, situation*) absurde

fare [fer] **I.** *n* **1.** (*price for journey*) tarif *m;* (*bus*) prix *m* du ticket; (*train, plane*) prix du billet; **single/return ~** tarif aller/aller retour; **have you got your ~?** as-tu l'argent pour le trajet?; **~s, please!** le paiement des tickets s'il vous plaît! **2.** (*traveler in a taxi*) client(e) *m(f)* **3.** (*food of a specified type*) cuisine *f* **II.** *vi* (*get on*) **to ~ well/badly** bien/mal s'en sortir; **how did they ~?** comment s'en sont-ils sortis?

Far East *n* **the ~** l'Extrême-Orient *m*

farewell [ˌfer·'wel] **I.** *interj form* adieu! **II.** *n* adieu *m;* **to say one's ~s to sb** dire adieu à qn; **to bid sb a last ~** faire ses derniers adieux à qn **III.** *adj* d'adieu

fare zone *n* zone *f* de tarif

far-fetched *adj fig* tiré(e) par les cheveux

farm [farm] **I.** *n* ferme *f;* **cattle ~** ferme d'élevage de bétail **II.** *adj* de ferme **III.** *vt* exploiter; **to ~ beef cattle** faire de l'élevage de bovins **IV.** *vi* être agriculteur(-trice)

◆**farm out** *vt* **to ~ work to sb** faire sous-traiter du travail par qn; **to ~ children to sb** faire garder des enfants par qn

farmer *n* agriculteur, -trice *m, f,* habitant(e)

F

m(f) Québec; **cattle** ~ éleveur de bétail

farmhand *n s.* **farm worker**

farmhouse **I.** <-s> *n* ferme *f* **II.** *adj* de ferme

farming *n* agriculture *f;* **cattle** ~ élevage *m* de bétail

farmstead *n* ferme *f*

farm worker *n* ouvrier, -ère *m, f* agricole

farmyard *n* cour *f* de ferme

Far North *n* **the** ~ le Grand Nord

far-off *adj* (*place,*) éloigné(e); (*country, time*) lointain(e)

far-reaching *adj* (*consequences*) d'un impact considérable; (*reform*) radical(e)

far-sighted *adj* **1.** (*shrewdly anticipating the future: person*) prévoyant(e); (*decision*) avisé(e); (*policy*) à long terme **2.** (*unable to see objects close up: person*) hypermétrope

fart [fart] *inf* **I.** *n* **1.** (*gas from bowels*) pet *m* **2.** *pej* (*annoying person*) **he's an old** ~ il est barbant **II.** *vi* péter

farther ['far·ðər] **I.** *adv comp of* **far** **1.** (*at/to a greater distance*) ~ **away from sth** plus loin que qc; ~ **down/up sth** plus bas/haut que qc; ~ **east/west** plus à l'est/l'ouest; ~ **on** plus loin; ~ **on along the road** plus loin sur cette route **2.** (*at/to more advanced point*) ~ **back** plus loin en arrière; ~ **back in time** plus loin dans le passé **3.** (*additional*) *s.* **further** **II.** *adj comp of* **far** (*more distant*) plus éloigné(e); **the** ~ **end** le côté le plus éloigné

farthest ['far·ðɪst] **I.** *adv superl of* **far** **1.** (*to/at greatest distance: go, come*) **the** ~ **along/away** le plus loin; **the** ~ **east/west** le plus à l'est/ouest **2.** (*at/to most advanced point*) **the** ~ **advanced of the pupils** l'élève *m* le plus avancé **II.** *adj superl of* **far** (*most distant*) le/la plus éloigné(e)

farthing *n* HIST quart *m* de penny

fascinate ['fæs·ə·neɪt] *vt* fasciner

fascinating *adj* fascinant(e)

fascination *n* fascination *f;* **a** ~ **with sth** une fascination pour qc; **to listen/watch in** ~ écouter/regarder avec fascination; **sth holds a** ~ **for sb** qn est fasciné par qc

fascism, Fascism ['fæʃ·ɪ·zəm] *n* fascisme *m*

fascist, Fascist **I.** *n* fasciste *mf* **II.** *adj* fasciste

fashion ['fæʃ·ən] **I.** *n* **1.** (*popular style*) mode *f;* **the** ~ **for sth** la mode de qc; **to be in** ~ être à la mode; **to be out of** ~ être démodé; **to go out of** ~ se démoder; **the latest** ~ la dernière mode **2.** *pl* (*newly designed clothes*) créations *fpl* de mode; **the spring** ~**s** les créations de printemps **3.** (*industry*) mode *f;* **Italian** ~ la mode italienne **4.** (*manner: friendly, peculiar, stupid*) manière *f;* **after a** ~ si on peut dire **II.** *adj* de mode **III.** *vt form* **1.** (*make using hands*) **to** ~ **sth out of sth** fabriquer qc en qc **2.** *fig* (*create*) créer

fashionable *adj* à la mode; (*area, night-club, restaurant*) branché(e)

fashion designer *n* dessinateur , -trice de mode *m*

fashion show *n* défilé *m* de mode

fashion victim *n* victime *f* de la mode

fast[1] [fæst] **I.** <-er, -est> *adj* **1.** (*opp: slow*) rapide; **to be a** ~ **runner** courir vite **2.** (*ahead of the time: clock*) en avance; **to be ten minutes** ~ avancer de dix minutes **3.** (*firmly attached*) ferme; **to make sth** ~ attacher qc; (*boat*) arrimer qc **4.** (*immoral*) frivole **5.** PHOT (*film*) très sensible **II.** *adv* **1.** (*quickly*) vite; **how** ~ **is that car?** quelle est la vitesse de cette voiture? **2.** (*firmly*) ferme; **stuck** ~ bel et bien coincé; **to hold** ~ **to sth** s'accrocher à qc; **to stand** ~ rester ferme **3.** (*deeply: asleep*) profondément

fast[2] [fæst] **I.** *vi* jeûner **II.** *n* jeûne *m*

fast and furious **I.** *adv* (*heart*) **to beat** ~ battre la chamade **II.** *adj* effréné(e)

fasten ['fæs·ən] **I.** *vt* **1.** (*attach*) attacher **2.** (*fix*) fixer; (*coat*) boutonner; **to** ~ **one's eyes on sb/sth** fixer son regard sur qn/qc **3.** (*close*) (bien) fermer **II.** *vi* **1.** (*do up*) s'attacher **2.** (*close*) se fermer

◆**fasten down** *vt* fixer

◆**fasten in** *vt* attacher

◆**fasten on** **I.** *vt a. fig* s'accrocher à **II.** *vi a. fig* **to** ~ **to sth/sb** s'accrocher à qn/qc

◆**fasten up** **I.** *vt* fermer **II.** *vi* se fermer

fastener *n* fermeture *f;* **a zip** ~ une fermeture éclair

fast food *n* fast-food *m*

fast-forward **I.** *n* avance *f* rapide **II.** *vt* faire avancer **III.** *vi* avancer

fastidious [fə·'stɪd·i·əs] *adj* (*person*) méticuleux(-euse); (*work*) minutieux(-euse); (*manners, taste, speech*) pointilleux(-euse); **to pay** ~ **attention to detail** être pointilleux sur les détails

fast lane *n* voie *f* de gauche; **to live life in the** ~ *fig* vivre la grande vie

fastness *n* résistance *f*

fat [fæt] **I.** <fatter, fattest> *adj* **1.** (*fleshy*) gros(se); **to get** ~ grossir **2.** (*containing fat*) gras(se) **3.** (*thick*) épais(se) **4.** (*large: check, fee, profits*) gros(se) **5.** *iron* sacré(e) **II.** *n* **1.** (*body tissue*) graisse *f* **2.** (*meat tissue*) gras *m* **3.** (*for cooking, in food*) matière *f* grasse ▸**to live off the** ~ **of the land** vivre comme un coq en pâte

fatal ['feɪ·t̬əl] *adj* fatal(e); **it would be** ~ **to stop now** ça serait catastrophique de s'arrêter maintenant

fatalism ['feɪ·t̬əl·ɪ·zəm] *n* fatalisme *m*

fatalist *n* fataliste *mf*

fatality [fə·'tæl·ə·t̬i] <-ties> *n* fatalité *f*

fatally *adv* fatalement

fat cat *n pej, inf* profiteur , -euse du système *m*

fate [feɪt] *n sing* destin *m;* **to leave sb to their** ~ abandonner qn à son sort; **to meet one's** ~ être rattrapé par son destin

fated *adj* destiné(e); **to be** ~ **to** +*infin* être destiné à +*infin;* **it was** ~ **that ...** il était écrit que ...

fateful *adj* fatal(e)

fat-free *adj* sans matière graisse
fathead *n inf* imbécile *mf*
father ['fa·ðər] **I.** *n* père *m;* **from ~ to son** de père en fils; **Father Eric** le père Eric **II.** *vt* (*child*) engendrer
Father Christmas *n* le père Noël
father figure *n* modèle *m* paternel
fatherhood *n* paternité *f*
father-in-law <fathers-in-law *o* father-in-laws> *n* beau-père *m,* beaux-pères *mpl*
fatherland *n* patrie *f*
fatherless *adj* orphelin(e) de père
fatherly *adj* paternel(le)
Father's Day *n* (*end of June*) fête *f* des Pères
fathom ['fæð·əm] **I.** *n* NAUT brasse *f* **II.** *vt* saisir
fatigue [fə·'tig] **I.** *n* **1.** épuisement *m* **2.** TECH usure *f* **3.** *pl* (*soldier's work clothes*) treillis *m* **4.** (*soldier's domestic chore*) corvée *f* **II.** *vt* **1.** *form* épuiser **2.** TECH user
fatten ['fæt·ən] *vt* engraisser
fattening *adj* **to be ~** faire grossir
fatty ['fæt̬·i] **I.** *adj* gras(se); (*tissue*) graisseux(-euse) **II.** <fatties> *n pej, inf* petit gros *m,* petite grosse *f*
fatuous ['fætʃ·u·əs] *adj* stupide
faucet ['fɔ·sɪt] *n* robinet *m*
fault [fɔlt] **I.** *n* **1.** (*guilt, mistake*) faute *f;* **to be sb's ~ that ...** être de la faute de qn si ...; **the ~ lies with sb/sth** la responsabilité incombe à qn/qc; **through no ~ of sb's own** sans être de la faute de qn; **to be at ~** être dans son tort; **to find ~ with sb/sth** avoir qc à redire à qn/qc **2.** (*character weakness, defect*) défaut *m* **3.** (*crack in earth's surface*) faille *f* **4.** SPORTS faute *f* **II.** *vt* avoir qc à redire à; **you can't ~ his argument/pronunciation** tu ne peux rien trouver à redire à son argument/sa prononciation
fault-finder *n pej* râleur, -euse *m, f*
fault-finding **I.** *n pej* critiques *fpl* **II.** *adj pej* râleur(-euse)
faultless *adj* impeccable
faulty *adj* **1.** (*having a defect: product*) défectueux(-euse) **2.** (*mistaken, misleading*) incorrect(e)
faun [fɔn] *n* faune *m*
fauna ['fɔ·nə] *n + sing/pl vb* faune *f*
faux pas [ˌfoʊ·'pa] *n* impair *m*
favor ['feɪ·vər] **I.** *n* **1.** (*approval*) faveur *f;* **to be in ~ of sth** être en faveur de [*o* pour] qc; **to be in ~** avoir du succès; **to decide in ~ of sth** décider en la faveur de qc; **to be in ~ with sb** être bien vu de qn; **to be/fall out of ~ with sb** être/tomber en disgrâce auprès de qn; **to find ~ with sb** avoir du succès auprès de qn; **to win sb's ~** gagner la faveur de qn; **to have sth in one's ~** qc est en sa faveur **2.** (*helpful act*) service *m;* **to do sb a ~** rendre un service à qn **II.** *vt* **1.** (*prefer*) préférer; (*method, solution*) être pour; **to ~ doing sth** préférer faire qc **2.** (*give advantage or benefit to*) favoriser **3.** (*show partiality toward*) favoriser **4.** *inf* (*look like*) ressembler à
favorable *adj* favorable; **to take a ~ view of sth** voir qc sous un jour favorable
favorably *adv* (*review*) favorablement; **to look ~ on an application** donner une opinion favorable à une candidature; **it compares ~ with the other one** il/elle est pratiquement aussi bien que l'autre
favorite ['feɪ·vər·ɪt] **I.** *adj* préféré(e) **II.** *n* préféré(e) *mf;* SPORTS favori(te) *m(f)*
favoritism *n pej* favoritisme *m*
fawn[1] [fɔn] **I.** *n* **1.** (*young deer*) faon *m* **2.** (*color*) beige *m* **II.** *adj* beige
fawn[2] [fɔn] *vi pej* **to ~ on sb** flatter (bassement) qn; **to ~ over sb/sth** ramper devant qn/qc
fawning *adj pej* servile
fax [fæks] **I.** *n* (*message*) fax *m;* (*machine*) fax, télécopieur *m Québec* **II.** *vt* faxer *m*
FBI [ˌef·bi·'aɪ] *n abbr of* **Federal Bureau of Investigation** police *f* judiciaire fédérale

> **i** Le **FBI**, *the Federal Bureau of Investigation,* est la police judiciaire fédérale. Ses fonctionnaires sont appelés les *FBI agents* ou les *federal agents. The Central Intelligence Agency (CIA)* est le nom des services secrets internationaux des États-Unis. Il existe, en plus de la *CIA,* une multitude d'autres services secrets.

FDA *n abbr of* **Food and Drug Administration** FDA *f*
fear [fɪr] **I.** *n* **1.** (*state of being afraid*) peur *f;* **to live in ~** vivre dans la peur; **for ~ of doing sth** par crainte de faire qc; **for ~ that** par crainte que *+subj;* **to be in ~ of sth** craindre qc; **to go in ~ of sth** avoir peur de qc; **to strike ~ into sb** terrifier qn; **without ~ or favor** équitablement **2.** (*worry*) inquiétude *f;* **no ~!** pas question!; **there's no ~ of that happening** il n'y a pas de risque que ça arrive **II.** *vt* avoir peur de; **I ~ you are wrong** j'ai bien peur que tu te trompes *subj*
◆**fear for** *vt* (*person in trouble, one's job*) avoir peur pour; **to ~ the future** craindre l'avenir; **to ~ one's life** craindre pour sa vie
fearful *adj* **1.** (*anxious*) craintif(-ive); **to be ~ of sth** avoir peur de qc; **to be ~ that** être inquiet que *+subj;* **to be ~ of doing sth** avoir peur de faire qc **2.** (*terrible*) affreux(-euse)
fearless *adj* hardi(e)
fearsome *adj* effrayant(e)
feasibility [ˌfi·zə·'bɪl·ə·t̬i] *n* faisabilité *f*
feasibility study *n* étude *f* de faisabilité
feasible ['fi·zə·bl] *adj* **1.** (*achievable*) réalisable **2.** *inf* (*plausible*) plausible
feast [fist] **I.** *n* **1.** (*meal*) *a. fig* festin *m* **2.** (*holiday*) jour *m* férié **3.** REL fête *f* **II.** *vi* **to ~ on sth** se délecter de qc **III.** *vt* régaler ▶**to ~ one's eyes on sth** se délecter à la vue de qc
feat [fit] *n* exploit *m;* **~ of skill** tour *m* d'adresse; **~ of engineering** performance *f*

technique

feather ['feð·ər] *n* plume *f* ▶ **to be a ~ in sb's cap** être quelque chose dont qn peut être fier; **as light as a ~** aussi léger qu'une plume

feather bed **I.** *n* lit *m* de plumes **II.** *vt pej* **to feather-bed** choyer

feather-brained *adj* bête

featherweight SPORTS **I.** *n* poids *m* plume **II.** *adj* (*boxer*) poids plume

feathery ['feð·ər·i] *adj* léger(-ère)

feature ['fi·tʃər] **I.** *n* **1.** (*distinguishing attribute*) particularité *f;* **a distinguishing ~** un signe particulier; **a useful ~ of the new software/model** une caractéristique utile du nouveau logiciel/modèle; **to make a ~ of sth** souligner particulièrement qc **2.** *pl* (*facial attributes*) traits *mpl* (du visage) **3.** PUBL article *m;* **a ~ on sth** un document exclusif sur qc **4.** RADIO, TV reportage *m* **5.** CINE **~ (film)** long métrage *m* **II.** *vt* **1.** (*have as aspect, attribute: magazine*) présenter; (*hotel*) offrir; **she's ~d in the program** on parle d'elle dans l'émission **2.** (*have as performer, star*) avoir pour vedette **III.** *vi* figurer; **to ~ in sth** apparaître dans qc

featureless *adj* sans caractère

February ['feb·ru·er·i] *n* février *m; s.a.* **April**

fecal ['fi·kəl] *adj* fécal

feces ['fi·siz] *npl form* fèces *fpl*

feckless ['fek·ləs] *adj* (*youth, husband*) irresponsable

Fed. *adj abbr of* **federal** fédéral(e)

federal ['fed·ər·əl] *adj* fédéral(e); **the ~ government** le gouvernement fédéral; **~ laws** lois *fpl* fédérales

federal court *n* cour *f* fédérale

federalism ['fed·ər·əl·ɪ·zəm] *n* fédéralisme *m*

federalist *n* fédéraliste *mf*

Federal Reserve Bank *n* Banque *f* fédérale de réserve

federate ['fed·ər·eɪt] **I.** *vt* fédérer **II.** *vi* se fédérer

federation *n* fédération *f*

fed up *adj inf* **to be ~ with sb/sth** en avoir marre de qn/qc

fee [fi] *n* (*of doctor, lawyer, artist*) honoraires *mpl;* **school ~s** frais *mpl* de scolarité; **membership ~** cotisation *f;* **admission ~** droits *mpl* d'entrée

feeble ['fi·bl] *adj* faible; (*excuse*) faible; (*joke*) mauvais(e)

feeble-minded *adj* faible d'esprit

feebleness *n* faiblesse *f*

feed [fid] <fed> **I.** *n* **1.** (*food*) nourriture *f;* **cattle ~** aliments *mpl* pour bétail **2.** *inf* (*meal*) repas *m* **3.** TECH approvisionnement *m* **II.** *vt* **1.** (*give food to, provide food for*) nourrir; **to ~ the cat** donner à manger au chat; **to ~ sth to sb** donner qc à manger à qn; **to ~ sb on sth** nourrir qn de qc **2.** (*supply: machine*) alimenter; (*fire, meter, someone*) approvisionner; **to ~ sth into the computer** entrer qc dans l'ordinateur **3.** (*give*) fournir; **to ~ sth to sb** fournir qc à qn **III.** *vi* manger

◆**feed on** *vt* **1.** (*eat*) se nourrir de **2.** (*exploit*) **they ~ people's fears** ils tirent profit des craintes des gens

◆**feed up** *vt* (*animals*) engraisser; **you need feeding up** tu as besoin de manger

feedback ['fid·bæk] *n a. fig* réaction *f;* (*in sound system*) retour *m*

feeder *n* **1.** (*eater*) mangeur, -euse *m, f;* **a messy ~** un petit cochon *inf* **2.** (*baby's bib*) bavoir *m* **3.** TECH système *m* d'approvisionnement

feeder road *n* bretelle *f* d'accès

feeding bottle *n* biberon *m*

feel [fil] **I.** *n* **1.** (*texture, act of touching*) toucher *m* **2.** (*impression*) impression *f;* **a ~ of mystery** un parfum de mystère **3.** (*natural talent*) sens *m* inné **II.** <felt, felt> *vi* **1.** (*have a sensation or emotion*) se sentir; **to ~ well/stupid/important** se sentir bien/stupide/important; **to ~ hot/cold** avoir chaud/froid; **to ~ hungry/thirsty** avoir faim/soif; **I ~ unhappy about the idea** l'idée ne m'enchante pas; **to ~ as if ...** se sentir comme si ...; **to ~ like sth/doing sth** avoir envie de qc/faire qc; **how do you ~ about sth?** qu'est-ce que vous pensez de qc? **2.** (*seem*) paraître; **everything ~s different** tout semble différent; **it ~s as if I'd never been away** c'est comme si je n'étais jamais parti **3.** (*use hands to search*) **to ~ around somewhere** tâtonner autour de soi quelque part **III.** <felt, felt> *vt* **1.** (*be physically aware of: pain, pressure, touch*) sentir **2.** (*experience*) ressentir; **she ~s the loneliness/shame of her position** elle ressent la solitude/la honte de sa situation **3.** (*touch*) toucher; **to ~ your way somewhere** avancer à tâtons quelque part **4.** (*think, believe*) penser; **she ~s nobody listens to her** elle a l'impression que personne ne l'écoute; **what do you ~ about sth?** qu'est-ce que tu penses de qc?

◆**feel for** *vt* avoir de la compassion pour

feeler *n* ZOOL antenne *f* ▶ **to put out ~s** lancer un ballon d'essai

feel-good *adj* de bien-être

feeling *n* **1.** (*emotion, sensation*) sentiment *m;* **to hurt sb's ~s** blesser qn dans ses sentiments; **a dizzy ~** un vertige; **to play with ~** jouer avec émotion **2.** (*impression, air*) impression *f;* **to get the ~ that ...** avoir l'impression que ...; **I had a ~ he'd win** j'avais comme l'idée qu'il gagnerait **3.** (*opinion*) opinion *f* **4.** (*physical sensation*) sensation *f* **5.** (*natural talent*) sens *m* inné

feet [fit] *n pl of* **foot**

feign [feɪn] *vt* (*ignorance, emotion*) feindre; **to ~ illness/sleep** faire semblant d'être malade/de dormir

feint [feɪnt] **I.** *vi* feinter **II.** *n* feinte *f*

feline ['fi·laɪn] **I.** *adj* félin(e) **II.** *n* félin *m*

fell[1] [fel] *pt of* **fall**

fell[2] [fel] *vt* (*tree*) abattre; (*person*) assommer

fellow ['fel·oʊ] **I.** *n* **1.** *inf* (*guy*) type *m* **2.** *inf*

(*boyfriend*) mec *m* **3.** (*comrade*) camarade *mf* **4.** UNIV (*research fellow*) assistant(e) *m(f)* de recherche **5.** UNIV (*professor*) professeur *mf* **6.** (*member*) membre *mf* **II.** *adj* **~ sufferer** compagnon *m* d'infortune; **~ student** camarade *mf;* **my ~ passengers** les autres passagers *mpl*
fellow being *n* semblable *mf*
fellow citizen *n* concitoyen(ne) *m(f)*
fellow countryman <-men> *n* compatriote *mf*
fellow feeling *n* sympathie *f*
fellowship *n* **1.** (*comradely feeling*) camaraderie *f* **2.** (*association*) association *f* **3.** UNIV bourse *f;* **research ~** bourse *f* de recherche
fellow traveler *n a. fig* compagnon *m* de route
fellow worker *n* collègue *mf*
felon ['fel·ən] *n* LAW criminel(le) *m(f)*
felonious [fə·'loʊ·ni·əs] *adj* LAW criminel(le)
felony ['fel·ə·ni] <-nies> *n* LAW crime *m*
felt[1] [felt] *pt, pp of* **feel**
felt[2] [felt] **I.** *n* feutre *f* **II.** *adj* en feutre
felt-tip (**pen**) [ˌfelt·'tɪp (pen)] *n* (stylo *m*) feutre *m*
female ['fi·meɪl] **I.** *adj* **1.** (*related to females*) féminin(e); BIO, ZOOL femelle; **~ teachers** enseignantes *fpl* **2.** TECH femelle **II.** *n a. pej* femelle *f*
feminine ['fem·ə·nɪn] **I.** *adj a.* LING féminin(e) **II.** *n* LING **the ~** le féminin
femininity [ˌfem·ə·'nɪn·ə·t̬i] *n* féminité *f*
feminism ['fem·ɪ·nɪ·zᵊm] *n* féminisme *m*
feminist I. *n* féministe *mf* **II.** *adj* féministe
femur ['fi·mər] <-s *o* -mora> *n form* ANAT fémur *m*
fen [fen] *n* tourbière *f*
fence [fen(t)s] **I.** *n* **1.** (*barrier*) barrière *f* **2.** SPORTS obstacle *m* **3.** *inf* (*receiver of stolen goods*) receleur, -euse *m, f* ►**to sit on the ~** ne pas se mouiller **II.** *vi* **1.** SPORTS faire de l'escrime **2.** *form* se dérober; **to ~ with sb** esquiver qn **III.** *vt* **1.** (*close off*) clôturer **2.** (*sell: stolen goods*) écouler
◆**fence in** *vt* (*garden*) clôturer; *fig* (*person*) coincer
◆**fence off** *vt* clôturer
fencer *n* escrimeur, -euse *m, f*
fencing *n* **1.** SPORTS escrime *f* **2.** (*barrier*) clôture *f*
◆**fend for** *vt* **to ~ oneself** se débrouiller tout seul
◆**fend off** *vt* repousser; (*question*) écarter
fender ['fen·dər] *n* AUTO aile *f*
fennel ['fen·ᵊl] *n* BOT fenouil *m*
ferment [fər·'ment] **I.** *vt* **1.** (*change chemically*) laisser fermenter **2.** *fig* attiser **II.** *vi* **1.** (*change chemically*) fermenter **2.** *fig* s'agiter **III.** *n* **1.** *form* (*state of agitated excitement*) agitation *f* **2.** *s.* **fermentation**
fermentation [ˌfɜ·men·'teɪ·ʃᵊn] *n* fermentation *f*
fern [fɜrn] *n* BOT fougère *f*
ferocious [fə·'roʊ·ʃəs] *adj* **1.** (*cruel*) féroce **2.** (*extreme: heat, temper*) terrible
ferocity [fə·'ra·sə·t̬i] *n* violence *f*
ferret ['fer·ɪt] *n* ZOOL furet *m*
◆**ferret out** *vt* dénicher
ferrous ['fer·əs] *adj* ferreux(-euse)
ferry ['fer·i] <-ies> **I.** *n* ferry *m;* (*smaller*) bac *m,* traversier *m Québec* **II.** *vt* **to ~ sb somewhere** transporter qn quelque part
ferryman <-men> *n* passeur *m*
fertile ['fɜr·t̬ᵊl] *adj* fertile
fertility [fər·'tɪl·ə·t̬i] *n* fertilité *f*
fertilization *n* fertilisation *f*
fertilize ['fɜr·t̬ə·laɪz] *vt* **1.** (*make able to produce much*) fertiliser **2.** (*impregnate*) féconder
fertilizer *n* engrais *m*
fervent ['fɜr·vᵊnt] *adj* **1.** (*intensely felt*) intense **2.** (*devoted and enthusiastic*) fervent(e)
fervor ['fɜr·vər] *n* ardeur *f*
fest [fest] *n inf* fête *f*
fester ['fes·tər] *vi* **1.** MED suppurer **2.** (*become rotten and smell*) se putréfier **3.** *fig* (*become worse*) s'envenimer
festival ['fes·tɪ·vᵊl] *n* **1.** (*special event*) festival *m* **2.** (*religious day or period*) fête *f*
festive ['fes·tɪv] *adj* festif(-ive); **the ~ season** les fêtes *fpl* de fin d'année
festivity [fes·'tɪv·ə·t̬i] <-ies> *n* **1.** *pl* festivités *fpl* **2.** (*festiveness*) fête *f*
festoon [fe·'stun] **I.** *n* feston *m* **II.** *vt* **~ed with sth** orné(e) de
fetal ['fi·t̬ᵊl] *adj* BIO fœtal(e)
fetch [fetʃ] *vt* **1.** (*bring back: stick, object*) aller chercher **2.** (*be sold for*) rapporter; (*price*) remporter
fetching *adj iron* charmant(e)
fête [feɪt] *vt* fêter
fetid ['fet̬·ɪd] *adj form* fétide
fetish ['fet̬·ɪʃ] *n a.* PSYCH fétiche *m*
fetishism ['fet̬·ɪ·ʃɪ·zᵊm] *n* fétichisme *m*
fetishist *n* fétichiste *mf*
fetter ['fet̬·ər] **I.** *vt* **to ~ sb to sb/sth** enchaîner qn à qn/qc **II.** *n pl* fers *mpl; fig* joug *m*
fettle ['fet̬·l] *n inf* **to be in fine ~** être en bonne forme
fetus ['fi·t̬əs] *n* fœtus *m*
feud [fjud] **I.** *n* querelle *f* **II.** *vi* **to ~ with sb over sth** se quereller avec qn à cause de qc
feudal ['fju·dᵊl] *adj* féodal(e)
feudalism ['fju·dᵊl·ɪ·zᵊm] *n* féodalisme *m*
fever ['fi·vər] *n* fièvre *f*
feverish *adj a.* MED fébrile
few [fju] **I.** <fewer, fewest> *adj* peu de; **there are ~ things that please him** il y a peu de choses qui lui font plaisir; **one of the ~ friends** l'un des rares amis; **there are two too ~** il en manque deux; **not ~er than 100 people** pas moins de 100 personnes; **to be ~ and far between** être rare **II.** *pron* peu; **~ of us** peu d'entre nous **III.** *n* **a ~** quelques un(e)s; **a ~ of us** certains d'entre nous; **I'd like a ~ more** j'en voudrais quelques-uns de plus; **quite a ~ people** pas mal de gens; **they left quite a ~ boxes** ils ont laissé pas mal de boîtes; **the ~** la minorité; **the happy ~** les heu-

F

reux élus *mpl;* **the ~ who have the book** les rares personnes *fpl* à avoir le livre

fewer ['fju·ər] *adj, pron* moins de; **no ~ than** pas moins que

fewest ['fju·ɪst] **I.** *adj* le moins de **II.** *pron* le moins

ff *n abbr of* **following pages** pages *fpl* suivantes

fiancé [ˌfi·an·'seɪ] *n* fiancé *m*

fiancée [ˌfi·an·'seɪ] *n* fiancée *f*

fiasco [fi·'æs·koʊ] <-cos *o* -coes> *n* fiasco *m*

fib [fɪb] <-bb-> *inf* **I.** *vi* raconter des boniments **II.** *n* boniments *mpl;* **to tell a ~** raconter des boniments

fibber ['fɪb·ər] *n inf* menteur, -euse *m, f;* **you ~!** tu mens!

fiber ['faɪ·bər] *n* fibre *f;* **moral ~** qualités *fpl* morales

fiberglass *n* fibre *f* de verre

fiber optic cable *n* câble *m* en fibres optiques

fiber optics *n sing* fibre *f* optique

fibula ['fɪb·jə·lə] <-s *o* -ae> *n* ANAT péroné *m*

fickle ['fɪk·l] *adj pej* inconstant(e); (*opinion*) changeant(e); (*weather*) capricieux(-euse)

fiction ['fɪk·ʃən] *n* fiction *f*

fictional *adj* fictif(-ive)

fictitious [fɪk·'tɪʃ·əs] *adj* **1.** (*fictional*) fictif(-ive) **2.** (*imaginary*) imaginaire

fiddle ['fɪd·l] **I.** *vi* **1.** *inf* (*play the violin*) jouer du violon **2.** (*fidget with/finger aimlessly*) **to ~ with sth** tripoter qc **II.** *n inf* violon *m*

fiddler *n inf* MUS joueur, -euse *m, f* de violon

fidelity [fɪ·'del·ə·t̬i] *n* fidélité *f*

fidget ['fɪdʒ·ɪt] **I.** *vi* **1.** (*be impatient*) s'agiter **2.** (*be nervous*) s'énerver **II.** *n* **to be a ~** ne pas tenir en place

fidgety *adj* agité(e)

fiefdom ['fif·dəm] *n a. fig* fief *m*

field [fild] **I.** *n* **1.** (*open land*) *a.* MIL, ELEC, COMPUT champ *m* **2.** (*sphere of activity*) domaine *m* **3.** SPORTS (*ground*) terrain *m* **4.** (*contestants in competition*) concurrents *mpl* **II.** *vt* SPORTS **1.** (*return: ball*) attraper et relancer; *fig* (*questions*) répondre à **2.** (*send: team*) faire jouer

field day *n* **1.** (*day outside classroom*) sortie *f* **2.** *inf* **to have a ~** bien s'amuser

fielder *n* SPORTS joueur, -euse *m, f* de champ

field glasses *n* jumelles *fpl*

field marshal *n* maréchal *m*

field mouse *n* mulot *m*

field sports *n* activités *fpl* de plein air

fieldwork *n* travaux *mpl* sur le terrain

fieldworker *n* homme , femme de terrain *m*

fiend [find] *n* **1.** (*devil*) démon *m* **2.** *pej* (*brute*) monstre *m* **3.** *inf* (*fan*) mordu(e) *m(f)*

fiendish *adj a. pej* diabolique

fierce [fɪrs] *adj* <-er, -est> **1.** (*untamed: animal*) féroce **2.** (*powerful, extreme, violent: love, discussion*) véhément(e); (*expression, competition, combat*) féroce

fiery ['faɪ·ri] <-ier, -iest> *adj* **1.** (*with fire in it*) brûlant(e); (*red*) vif(vive) **2.** (*passionate*) fougueux(-euse); (*speech*) enflammé(e) **3.** (*intensely spiced*) fortement épicé(e)

FIFA ['fi·fə] *n abbr of* **Federation of International Football Association** FIFA *f*

fife [faɪf] *n* (*instrument or player*) fifre *m*

fifteen [ˌfɪf·'tin] *adj* quinze; *s.a.* **eight**

fifteenth *adj* quinzième; *s.a.* **eighth**

fifth [fɪfθ] *adj* cinquième; *s.a.* **eighth**

fiftieth ['fɪf·ti·əθ] *adj* cinquantième; *s.a.* **eighth**

fifty ['fɪf·ti] *adj* cinquante; *s.a.* **eight, eighty**

fifty-fifty *adj* **a ~ chance** cinquante pour cent de chances

fig [fɪg] *n* figue *f*

fig. I. *adj abbr of* **figurative** fig. **II.** *n abbr of* **figure** fig. *f*

fight [faɪt] **I.** <fought, fought> *vi* **1.** (*exchange blows*) se battre **2.** (*wage war, do battle*) combattre; **to ~ with/against sb** se battre avec/contre qn **3.** (*dispute, quarrel bitterly*) **to ~ over sth** se disputer pour qc **4.** (*struggle to overcome sth*) **to ~ for sth** se battre pour qc; **to ~ against sth** lutter contre qc **II.** *vt* (*enemy, crime*) combattre; (*person*) se battre contre; (*a case, an action*) défendre; **to ~ an election** POL mener une campagne électorale ▶ **to ~ shy of sth/doing sth** éviter (à tout prix) qc/de faire qc? **III.** *n* **1.** (*violent confrontation*) bagarre *f;* **to get into a ~ with sb** se bagarrer avec qn **2.** (*quarrel*) dispute *f* **3.** (*battle*) combat *m* **4.** (*struggle, campaign*) lutte *f;* **to show some ~** ne pas se laisser faire; **there's no ~ left in him** il ne se bat plus; **to put up a good ~** bien se défendre **5.** SPORTS combat *m*

◆ **fight back I.** *vi* se défendre; **to ~ against cancer** se battre contre le cancer **II.** *vt* **1.** (*fight*) combattre **2.** *fig* (*tears*) refouler

◆ **fight off** *vt* **1.** (*repel, repulse*) repousser **2.** (*resist*) battre

◆ **fight on** *vi* continuer à se battre

fighter *n* **1.** (*person withstanding problems*) battant(e) *m(f)* **2.** (*person who fights*) combattant(e) *m(f)* **3.** (*military plane*) chasseur *m*

fighting I. *n* combats *mpl* **II.** *adj* combatif(-ive)

figment ['fɪg·mənt] *n* **a ~ of sb's imagination** le fruit de l'imagination de qn

figurative ['fɪg·jər·ə·t̬ɪv] *adj* **1.** LING (*metaphorical*) figuré(e) **2.** ART figuratif(-ive)

figuratively *adv* au figuré; **~ speaking** au sens figuré

figure ['fɪg·jər] **I.** *n* **1.** (*outline of body*) silhouette *f;* **a ~ in the distance** une silhouette au loin; **to have a good ~** avoir un beau corps; **to keep one's ~** garder la ligne **2.** (*personality*) personnalité *f;* **a leading ~ in the movement** un personnage important dans le mouvement; **a ~ of fun** un personnage dont on se moque **3.** (*digit*) chiffre *m;* **to be good at ~s** être bon en calcul **4.** *pl* (*bookkeeping, economic data*) chiffres *mpl* **5.** (*diagram, representation*) figure *f* **II.** *vt* penser **III.** *vi* (*appear*) figurer

◆ **figure out** *vt* **1.** (*understand*) (arriver à) comprendre **2.** (*work out*) calculer

figurehead *n a. fig* figure *f* de proue

figure skater *n* patineur, -euse *m, f* artistique

figure skating *n* patinage *m* artistique
Fiji ['fi·dʒi] *n* ~ **Islands** îles *fpl* Fidji
Fijian I. *adj* fidjien(ne) **II.** *n* Fidjien(ne) *m(f)*
filament ['fɪl·ə·mənt] *n* filament *m*
filch [fɪltʃ] *vt inf* chiper
file[1] [faɪl] **I.** *n* **1.** (*binder for ordering documents*) classeur *m* **2.** (*dossier*) dossier *m*, farde *f Belgique*, fiche *f Suisse* **3.** COMPUT fichier *m*; **text** ~ fichier-texte; **backup** ~ fichier de sauvegarde **4.** (*column, queue, row*) file *f*; **in** (**single**) ~ en file indienne **II.** *vt* **1.** (*arrange: data*) classer **2.** LAW (*petition*) déposer **3.** PUBL (*report*) envoyer **III.** *vi* **1.** (*officially register request*) **to** ~ **for sth** faire une demande de qc; **to** ~ **for bankruptcy** déposer le bilan **2.** (*move in line*) marcher en rang; **to** ~ **in/out** entrer/sortir en rang
◆**file away** *vt* classer
file[2] [faɪl] **I.** *n* lime *f* **II.** *vt* limer; **to** ~ (**one's**) **nails** se limer les ongles
file cabinet *n* armoire *f* de classement
file clerk *n* documentaliste *mf*
filename *n* COMPUT nom *m* de fichier
filet [fɪ·'leɪ] **I.** *n* filet *m* **II.** *vt* (*meat*) désosser; (*fish*) découper en filets
filibuster ['fɪl·ɪ·bʌs·tər] **I.** *n* obstruction *f* **II.** *vi* faire de l'obstruction
filigree ['fɪl·ɪ·gri] *n* filigrane *m*
filing ['faɪ·lɪŋ] *n* **1.** (*archiving of documents*) classement *m* **2.** (*official registration of application*) enregistrement *m*
filing cabinet *n* armoire *f* de classement
filings *npl* limaille *f*
Filipino [fɪl·ɪ·'pi·noʊ] **I.** *adj* philippin(e) **II.** *n* Philippin(e) *m(f)*
fill [fɪl] **I.** *vt* **1.** (*make full*) remplir **2.** (*appoint to: post*) pourvoir **3.** (*occupy: post*) occuper **4.** (*seal: a hole*) boucher; (*a tooth*) plomber **5.** (*make person feel*) **to** ~ **sb with** (*joy, excitement, disgust, anger*) remplir de **6.** (*fulfill: prescription, order*) remplir **II.** *vi* se remplir
◆**fill in I.** *vt* **1.** (*seal opening: a hole*) boucher **2.** (*complete: form*) remplir; ~ **your name and address** notez votre nom et votre adresse **3.** (*inform, give the facts*) **to** ~ **sb on the details** mettre qn au courant des détails **II.** *vi* **to** ~ **for sb** remplacer qn
◆**fill out I.** *vt* remplir **II.** *vi* prendre du poids
◆**fill up I.** *vt* remplir; **I need to** ~ **my car** j'ai besoin de faire le plein d'essence **II.** *vi* **to** ~ **with sth** se remplir de qc
filler *n* **1.** (*sealing material*) mastic *m* **2.** (*item space in media*) remplissage *m*
fillet ['fɪl·ɪt] *s.* **filet**
filling I. *n* **1.** (*for cushion, toy*) rembourrage *m* **2.** (*for tooth*) plombage *m* **3.** CULIN farce *f*; (*for sandwich*) garniture *f* **II.** *adj* (*food*) nourrissant(e)
filling station *n* station-service *f*
fillip ['fɪl·ɪp] *n sing* coup *m* de fouet
film [fɪlm] **I.** *n* film *m*; (*for camera*) pellicule *f* **II.** *vt, vi* filmer
film buff *n* cinéphile *mf*
film star *n* vedette *f* de cinéma
film studio *n* studio *m* de cinéma
filter ['fɪl·t̬ər] **I.** *n* filtre *m* **II.** *vt* filtrer; (*coffee*) faire passer **III.** *vi* **1.** (*pass*) filtrer **2.** AUTO **to** ~ **left/right** passer sur la file de gauche/droite
◆**filter out** *vt a. fig* filtrer
◆**filter through** *vi* (*light*) passer à travers; (*news, reports*) filtrer
filter lane *n* voie *f* de dégagement
filter paper *n* papier *m* filtre
filter tip *n* cigarette *f* filtre
filth [fɪlθ] *n* **1.** (*dirt*) saleté *f* **2.** (*excrement*) ordure *f* **3.** *pej* (*obscenity*) obscénités *fpl*
filthy I. *adj* sale **II.** *adv inf* **to be** ~ **rich** être bourré de fric
filtration [fɪl·'treɪ·ʃᵊn] *n* filtrage *m*
fin [fɪn] *n* **1.** ZOOL nageoire *f* **2.** TECH aileron *m*
final ['faɪ·nᵊl] **I.** *adj* **1.** (*last*) final(e) **2.** (*decisive*) définitif(-ive) **3.** (*irrevocable*) irrévocable; **and that's** ~**!** c'est mon dernier mot! **II.** *n* **1.** SPORTS finale *f* **2.** *pl* SCHOOL les examens *mpl* de fin d'année scolaire
finale [fɪ·'næl·i] *n sing* finale *m*
finalist ['faɪ·nᵊl·ɪst] *n* finaliste *mf*
finality [faɪ·'næl·ə·t̬i] *n* **1.** (*quality of irreversible conclusion*) irrévocabilité *f* **2.** (*determination*) détermination *f*
finalize ['faɪ·nə·laɪz] *vt* mettre au point; (*deal*) conclure
finally ['faɪ·nᵊl·i] *adv* **1.** (*at long last, eventually*) finalement **2.** (*expressing relief or impatience*) enfin **3.** (*in conclusion, to conclude*) pour finir **4.** (*conclusively, irrevocably*) définitivement
finance ['faɪ·næn(t)s] **I.** *vt* financer **II.** *n* **1.** (*cash flow*) finance *f* **2.** *pl* (*capital, funds*) finances *fpl*
finance company, finance house *n* société *f* de financement
financial *adj* financier(-ère)
financier [fɪ·'næn(t)·si·ər] *n* financier *m*
finch [fɪn(t)ʃ] *n* pinson *m*
find [faɪnd] **I.** <found, found> *vt* trouver; **to** ~ **sb/sth** (**to be**) **sth** trouver que qn/qc est qc; **I** ~ **it's best to go early** je trouve qu'il vaut mieux y aller tôt; **I** ~ **it strange to see them again** je trouve étrange de les revoir; **to** ~ **oneself alone/somewhere** se retrouver seul/quelque part; **to** ~ **sb guilty/innocent** déclarer qn coupable/innocent; **to be nowhere to be found** être introuvable ►**to** ~ **<u>fault</u> with sb/sth** trouver qc à redire à qn/qc; **to** ~ **one's <u>tongue</u>** retrouver sa langue **II.** *vi* LAW **to** ~ **for/against sb** se prononcer en faveur de/contre qn **III.** *n* trouvaille *f*; ~ **function** COMPUT fonction *f* "recherche"
◆**find out I.** *vt* **1.** (*uncover, detect, discover*) découvrir **2.** (*enquire*) essayer de savoir **3.** (*show to be guilty*) **to find sb out** attraper qn; **don't get found out** ne te fais pas prendre **II.** *vi* apprendre; **to** ~ **about sth** apprendre à propos de qc

F

finder *n* personne *f* qui trouve

finding *n* **1.** (*discovery*) découverte *f* **2.** *pl* (*conclusion*) conclusions *fpl*

fine[1] [faɪn] **I.** *adj* **1.** (*admirable, excellent: example, food*) excellent(e); (*wine, dish*) fin(e) **2.** (*acceptable, satisfactory*) bien *inv;* (**that's**) **~!** c'est bien!; **that's just ~!** *iron* merci beaucoup!; **everything's** ~ tout va bien **3.** (*thin, light*) fin(e) **4.** (*cloudless: weather*) beau(belle) **5.** (*distinguished*) raffiné(e) **6.** (*subtle: distinction, nuance*) subtil(e); **there's a ~ line between sth and sth** il n'y a qu'un pas de qc à qc **II.** *adv* **1.** (*acceptable, satisfactorily*) bien; **to feel** ~ se sentir bien; **to suit sb** ~ convenir parfaitement à qn **2.** (*in fine parts*) finement ►**that's cutting it a bit** ~ c'est un peu juste

fine[2] [faɪn] **I.** *n* amende *f* **II.** *vt* **to ~ sb for sth** LAW condamner qn à une amende pour qc; (*for breaking rule*) faire payer une amende à qn pour qc

◆**fine down** *vt* limer

fine art *n* beaux-arts *mpl*

fineness *n* finesse *f*

finery ['faɪ·nər·i] *n* parure *f*

finesse [fɪ·'nes] *n* finesse *f*

fine-tooth comb *n* **to go through sth with a** ~ passer qc au peigne fin

finger ['fɪŋ·gər] **I.** *n a. fig* doigt *m;* **one ~ of vodka** un doigt de vodka; **to point a ~ at sb/sth** *a. fig* montrer qn/qc du doigt ►**not to lay a ~ on sb** ne pas toucher qn; **not to lift a** ~ ne pas lever le petit doigt **II.** *vt* **1.** (*handle, touch*) toucher **2.** (*play with*) tripoter **3.** *inf* (*reveal to police*) balancer

fingering *n* doigté *m*

fingernail *n* ongle *m*

fingerprint I. *n* **1.** ANAT, LAW empreinte *f* digitale **2.** (*dirty mark*) trace *f* de doigt **II.** *vt* prendre les empreintes digitales de

fingertip *n* bout *m* du doigt

finicky ['fɪn·ɪ·ki] *adj pej* tatillon(ne)

finish ['fɪn·ɪʃ] **I.** *vi* **1.** (*cease, conclude*) se terminer **2.** (*stop talking*) finir (de parler) **3.** SPORTS finir **II.** *vt* finir; **to ~ doing sth** finir de faire qc **III.** *n* **1.** SPORTS arrivée *f* **2.** (*conclusion of process*) fin *f;* **from start to** ~ du début (jusqu')à la fin **3.** (*quality*) fini *m;* (*on furniture*) finition *f*

◆**finish off I.** *vt* **1.** (*conclude*) finir **2.** (*eat/drink*) finir **3.** *inf* (*beat or make somebody fatigued*) achever **4.** *inf* (*kill*) achever **II.** *vi* finir

◆**finish up** *vt, vi* finir; **to ~ doing sth** se retrouver à faire qc

◆**finish with** *vt* en finir avec; **I haven't finished with that yet** j'ai encore besoin de ça

finished *adj* **1.** (*through, used up*) fini(e); **to be ~ with sth** en avoir fini avec qc **2.** (*final, accomplished*) final(e)

finishing line, finishing post *n* ligne *f* d'arrivée

finishing touch *n* touche *f* finale

finite ['faɪ·naɪt] *adj* fini(e); **a ~ number of possibilities** un nombre limité de possibilités; **a ~ verb** un verbe conjugué

Finland ['fɪn·lənd] *n* la Finlande

Finn [fɪn] *n* Finlandais(e) *m(f)*

Finnish ['fɪn·ɪʃ] **I.** *adj* **1.** (*of Finnish descent*) finnois(e) **2.** (*from Finland*) finlandais(e) **II.** *n* **1.** (*person of Finnish descent*) Finnois(e) *m(f)* **2.** (*person from Finland*) Finlandais(e) *m(f)* **3.** (*language*) finnois *m*

fiord [fjɔrd] *n s.* **fjord**

fir [fɜr] *n* sapin *m*

fire [faɪər] **I.** *n* **1.** (*element*) feu *m;* **~!** au feu!; **to catch** ~ prendre feu **2.** (*burning*) incendie *m;* **to be on** ~ être en feu; **to set sth on** ~ mettre le feu à qc **3.** (*shots*) coups *mpl* de feu; **~!** feu!; **to cease** ~ cesser le feu; **to open ~ on sb** ouvrir le feu sur qn; **to come under ~ for sth** *fig* être sous les feux de la critique pour qc ►**there's no smoke without** ~ *prov* il n'y a pas de fumée sans feu *prov;* **to play with** ~ jouer avec le feu **II.** *vt* **1.** (*set off: rocket*) lancer; (*shot*) tirer; **to ~ a gun at sb/sth** décharger une arme sur qn/qc **2.** (*dismiss: worker*) licencier **3.** (*excite*) **to ~ sb's imagination** stimuler l'imagination de qn; **~d with enthusiasm/new hope** plein d'enthousiasme/de nouvel espoir **4.** (*bake: pot*) cuire **III.** *vi* tirer; **to ~ at sb/sth** tirer sur qn/qc

◆**fire away** *vi* **1.** (*shoot*) tirer **2.** *inf* **~!** vas-y!

◆**fire off** *vt* **1.** (*shoot*) tirer **2.** (*send*) envoyer

fire alarm *n* alerte *f* au feu

firearm *n* arme *f* à feu

fireball *n* boule *f* de feu

firebomb I. *n* bombe *f* incendiaire **II.** *vt* lancer une bombe incendiaire sur

firecracker *n* pétard *m*

fire department *n* (sapeurs-)pompiers *mpl,* service *m* du feu *Suisse*

fire door *n* porte *f* coupe-feu

fire drill *n* exercice *m* d'évacuation en cas d'incendie

fire eater *n* cracheur *m* de feu

fire engine *n* voiture *f* de pompiers

fire escape *n* escalier *m* de secours

fire extinguisher *n* extincteur *m*

firefighter *n* (sapeur-)pompier *m*

firefly *n* luciole *f*

fireguard *n* pare-feu *m*

fire hazard *n* danger *m* d'incendie

fire house *n* caserne *f* de pompiers

fire hydrant *n* borne *f* d'incendie, hydrant *m Suisse,* hydrante *f Suisse*

fire insurance *n* assurance *f* incendie

firelight *n* lumière *f* du feu *sans pl*

fireman <-men> *n* pompier *m*

fireplace *n* cheminée *f*

fireplug *n* bouche *f* d'incendie

firepower *n* puissance *f* de feu *sans pl*

fireproof *adj* résistant(e) aux températures élevées

fireside *n* cheminée *f;* **by the** ~ autour du feu

fire station *n* caserne *f* des pompiers

firestorm *n* incendie *m* dévastateur

firetrap *n* piège *m* en cas d'incendie
fire truck *n* camion *m* de pompier(s)
firewater *n iron, inf* gnôle *f*
firewoman <-women> *n* femme *f* pompier
firewood *n* bois *m* de chauffage
fireworks *n pl* feu *m* d'artifice; **there will be ~!** *inf* il va y avoir du grabuge!
firing ['faɪər·ɪŋ] *n* **1.** (*action of setting fire*) tir *m* **2.** (*starting: engine*) allumage *m* **3.** (*dismissal*) licenciement *m*
firing line *n* ligne *f* de tir; **to be in the ~** *fig* être dans le collimateur
firing squad *n* peloton *m* d'exécution
firm[1] [fɜrm] **I.** *adj* **1.** (*hard*) ferme **2.** (*steady*) *a. fig* (*table, basis*) solide **3.** (*resolute*) ferme **II.** *adv* ferme; **to stand ~** *a. fig* rester ferme **III.** *vt* **to ~ (up) sth** raffermir qc **IV.** *vi* **to ~ (up)** se raffermir
firm[2] [fɜrm] *n* entreprise *f*; **~ of lawyers** cabinet *m* d'avocats
firmly *adv* **1.** (*with authority: state*) d'un ton ferme; (*deal*) avec fermeté **2.** (*strongly, tightly: hold, tie*) fermement
firmness *n* fermeté *f*
first [fɜrst] **I.** *adj* premier(-ère); **for the ~ time** pour la première fois; **the ~ few visitors** les premiers visiteurs *mpl;* **the ~ thing that comes into sb's head** la première chose qui vient à l'esprit de qn; **in the ~ flush of success** dans l'ivresse du succès; **to do sth ~ thing** faire qc en premier ▶**in the ~ place** primo; **not to know the ~ thing about sth** ne pas avoir la moindre idée de qc; **~ things ~** une chose après l'autre; **~ and foremost** tout d'abord **II.** *adv* en premier; **it ~ happened on Sunday** c'est arrivé la première fois dimanche; **~ of all** *inf* tout d'abord; **at ~** d'abord; **I have to wash ~** je dois d'abord me laver; **~ come ~ served** *inf* les premiers arrivés sont les premiers servis **III.** *n* **1.** (*coming before*) premier, -ère *m, f;* **that's the ~ I've heard of that** c'est la première fois que j'en entends parler; **a ~ for sb** une première pour qn **2.** (*beginning*) commencement *m;* **from the very ~** au tout début **3.** (*date*) **the ~ of June** le premier juin **4.** AUTO première *f* **IV.** *pron* le premier/la première; *s.a.* **eighth**
first aid *n* premiers secours *mpl*
first aid kit *n* kit *m* de secours
first class I. *n* première classe *f* **II.** *adv* (*to travel*) en première classe; (*to send*) au tarif rapide
first-class *adj* (*hotel, ticket*) de première classe; (*merchandise*) de première qualité; (*restaurant*) excellent(e); (*mail*) (au tarif) rapide
first cousin *n* cousin(e) *m(f)*
firsthand *adj, adv* de première main
first lady *n* **the ~** la première dame (*femme du président des États Unis*)
firstly *adv* premièrement
first name *n* prénom *m*
first night *n* première *f*
first offender *n* LAW délinquant(e) *m(f)* primaire
first-rate *adj* de première classe
first-year student *n* étudiant(e) *m(f)* de première année
fiscal ['fɪs·kəl] *adj* fiscal(e)
fiscal year *n* FIN année *f* fiscale
fish [fɪʃ] **I.** <-(es)> *n* **1.** ZOOL poisson *m* **2.** CULIN poisson *m;* **~ and chips** *poisson frites* ▶ **there are plenty more ~ in the sea** un de perdu, dix de retrouvés; **(like) a ~ out of water** (comme) un poisson hors de l'eau **II.** *vi* (*catch fish*) pêcher **III.** *vt* pêcher; (*body*) repêcher; **to ~ the sea/a lake** pêcher en mer/dans un lac; **to ~ sb/sth (out) from sth** sortir qn/qc de qc
◆**fish for** *vt* (*trout, cod*) pêcher; (*compliments, information*) chercher
fish bone *n* arête *f*
fishbowl *n* bocal *m* à poissons
fisherman <-men> *n* pêcheur *m*
fishery ['fɪʃ·ər·i] *n* pêche *f*
fish farm *n* établissement *m* de pisciculture
fishhook *n* hameçon *m*
fishing I. *n* pêche *f* **II.** *adj* de pêche
fishing rod *n* canne *f* à pêche
fishing tackle *n* attirail *m* de pêche
fish stick *n* bâtonnet *m* de poisson pané
fishy ['fɪʃ·i] <-ier, -iest> *adj* **1.** (*tasting like fish*) qui a un goût de poisson **2.** *inf* (*dubious*) louche
fission ['fɪʃ·ən] *n* fission *f*
fissionable *adj* fissible
fissure ['fɪʃ·ər] *n a. fig* fissure *f*
fist [fɪst] *n* poing *m*
fit[1] [fɪt] **I.** <-tter, -ttest> *adj* **1.** (*suitable*) bon(ne); **~ to eat** qui se mange, mangeable; **a meal ~ for a king** un repas digne d'un roi; **~ for human consumption** bon à la consommation; **~ for human habitation** habitable; **to see ~ to** +*infin* juger nécessaire de +*infin;* **as you see fit** comme bon vous semble **2.** (*having skills*) capable; **to be not ~ to** +*infin* ne pas être capable de +*infin* **3.** (*ready, prepared*) prêt(e) **4.** (*healthy through physical training*) en forme; **to keep ~** rester en forme ▶ **to be (as) ~ as a fiddle** *inf* être en pleine forme **II.** <fitting, - *o* -tt-> *vt* **1.** (*be correct size for*) aller à **2.** (*position/shape as required*) adapter **3.** (*match: description*) correspondre à; **music to ~ the occasion** de la musique qui convient à l'occasion; **the theory doesn't ~ the facts** la théorie ne colle pas aux faits **III.** *vi* <fitting, - *o* -tt-> **1.** (*be correct size*) aller **2.** (*be appropriate*) s'adapter **IV.** *n* coupe *f;* **the dress is a perfect ~** la robe est à la bonne taille
◆**fit in I.** *vi* **1.** (*fit*) aller; **we will all ~** il y aura de la place pour tout le monde **2.** (*match*) **to ~ with sth** correspondre à qc **3.** (*with group, background*) s'intégrer **II.** *vt* **to fit sb/sth in somewhere** caser qn/qc quelque part *inf*
◆**fit together** *vi* s'adapter
fit[2] [fɪt] *n a. fig* crise *f;* (*of anger*) accès *m;*

F

coughing ~ quinte *f* de toux; **in ~s of laughter** dans un fou rire; **in ~s and starts** par crises; **he'll have a ~** il va faire une crise
fitful *adj* irrégulier(-ère)
fitness *n* **1.** (*competence, suitability*) aptitude *f* **2.** (*good condition, health*) forme *f*
fitted ['fɪţ·ɪd] *adj* **1.** (*adapted, suitable*) **to be ~ for sth** être fait pour qc **2.** (*tailor-made: garment*) ajusté(e); (*wardrobe*) encastré(e); **~ carpet** moquette *f;* **~ kitchen** cuisine *f* équipée; **~ sheet** drap *m* housse
fitter ['fɪţ·ər] *n* **1.** (*tailor's aid*) apprentie *m* tailleur **2.** (*person maintaining machinery*) technicien(ne) *m(f)* de maintenance
fitting **I.** *n* **1.** *pl* (*fixtures*) installations *fpl* **2.** (*for clothes*) essayage *m* **II.** *adj* approprié(e)
five [faɪv] *adj* cinq; *s.a.* **eight**
fivefold *adj* cinq fois
fiver *n inf* billet *m* de cinq
fix [fɪks] **I.** *vt* **1.** (*decide, arrange: color, date, price*) fixer; **to ~ it for sb to do sth** tout arranger pour que qn fasse qc *subj* **2.** (*repair: bicycle, roof, leak*) réparer; **to ~ one's hair** arranger ses cheveux *mpl* **3.** *inf* (*prepare: food, meal*) préparer **4.** (*arrange dishonestly: race, election*) truquer **5.** (*place*) poser; **to ~ sth on sth** fixer qc à qc; **to ~ sth in one's mind** *fig* bien retenir qc (dans sa mémoire); **to ~ the blame on sb** repousser la faute sur qn; **to ~ one's attention/eyes on sth** fixer son attention/les yeux sur qc; **to ~ sb with a stare** fixer qn du regard **6.** *inf* (*sterilize: animal*) couper **7.** TECH fixer **II.** *vi* **to be ~ing to do sth** *inf* prévoir de faire qc **III.** *n* **1.** *sing, inf* (*dilemma, embarrassment*) pépin *m;* **to be in a ~** être dans le pétrin **2.** *inf* (*dosage of narcotics*) dose *f*
◆**fix on** *vt a. inf* fixer
◆**fix up** *vt* **1.** (*supply with*) **to fix sb up** trouver ce qu'il faut à qn; **to fix sb up with sth** trouver qc pour qn **2.** (*arrange, organize*) arranger **3.** (*repair, make*) remettre en état
fixation [fɪk·'seɪ·ʃən] *n* fixation *f;* **~ with sb/sth** une fixation sur qn/qc
fixed *adj* fixe; (*expression, smile, stare*) figé(e); (*appointment*) fixé(e); **~ term contract** contrat *m* à durée déterminée
fixedly *adv* fixement
fixer *n* **1.** *inf* magouilleur, -euse *m, f* **2.** PHOT fixateur *m*
fixings *npl inf* CULIN garniture *f*
fixture ['fɪks·tʃər] *n* (*immovable object*) équipement *m* ▶ **to be a** **permanent** ~ faire partie des meubles
fizz [fɪz] **I.** *vi* pétiller **II.** *n* **1.** (*bubble, frothiness*) pétillement *m* **2.** *inf* (*bubbly wine*) mousseux *m*
fizzle (**out**) ['fɪz·l (aʊt)] *vi* (*plan, film, match*) partir en eau de boudin
fizzy ['fɪz·i] <-ier, -iest> *adj* **1.** (*bubbly*) pétillant(e) **2.** (*carbonated*) gazeux(-euse)
fjord [fjɔrd] *n* fjord *m*
FL *n abbr of* **Florida**
flabbergast ['flæb·ər·gæst] *vt inf* souffler
flabby ['flæb·i] <-ier, -iest> *adj pej* mou(molle)
flaccid ['flæk·sɪd] *adj a. fig, form* mou(molle)
flag[1] [flæg] **I.** *n* **1.** (*national symbol*) *a.* COMPUT drapeau *m* **2.** NAUT pavillon *m* **II.** <-gg-> *vt* **1.** (*mark*) marquer **2.** *fig* signaler **III.** <-gg-> *vi* faiblir; (*conversation*) languir; (*party, film, player*) faiblir
◆**flag down** *vt* (*taxi*) héler; (*driver, car*) arrêter
flag[2] [flæg] **I.** *n* dalle *f* **II.** *vt* daller

> ℹ Le **Flag Day** commémore le 14 juin 1777, date à laquelle le *Continental Congress* a désigné le *Stars and Stripes* comme drapeau national. Ce n'est cependant pas un jour férié national. Les Américains considèrent ce drapeau comme le symbole le plus important de leur pays.

flagon ['flæg·ən] *n* pichet *m*
flagpole *n* hampe *f*
flagrant ['fleɪ·grənt] *adj* flagrant(e)
flagship **I.** *n* NAUT vaisseau *m* **II.** *adj* (*product, store*) vedette
flagstaff *n s.* **flagpole**
flail [fleɪl] **I.** *n* fléau *m* **II.** *vi* **to ~** (**about**) gigoter **III.** *vt* **to ~ one's arms about** agiter ses bras dans tous les sens
flair [fler] *n* flair *m;* **to have a ~ for sth** avoir du flair pour qc
flak [flæk] *n inf* (*criticism*) critiques *fpl*
flake [fleɪk] **I.** *vi* (*skin*) peler; (*paint, wood*) s'écailler **II.** *n* **1.** (*peeling*) pellicule *f;* (*of paint, metal*) écaille *f;* (*of chocolate, wood*) copeau *m;* (*of snow, cereal*) flocon *m* **2.** *inf* (*unusual person*) fou, folle *m, f*
◆**flake out** *vi inf* s'endormir d'épuisement
flaky ['fleɪ·ki] <-ier, -iest> *adj* **1.** (*with brittle layers*) écaillé(e); **~ pastry** pâte *f* feuilletée **2.** *inf* (*eccentric*) fou(folle)
flamboyant [flæm·'bɔɪ·ənt] *adj* (*style, personality*) haut(e) en couleur; (*gesture*) qui a du panache; (*clothes*) voyant(e)
flame [fleɪm] **I.** *n* **1.** *a. fig* (*fire*) flamme *f;* **to be/go up in ~s** être/monter en flammes **2.** *inf* COMPUT message *m* incendiaire **II.** *vi* **1.** (*blaze, burn*) *a. fig* flamber **2.** (*glare*) flamboyer **III.** *vt inf* COMPUT envoyer des messages incendiaires à
flaming *adj fig* (*angry, raging, vivid*) enflammé(e)
flamingo [flə·'mɪŋ·goʊ] <-s *o* -es> *n* flamant *m*
flammable ['flæm·ə·bl] *adj* inflammable
flan [flæn] *n* flan *m*
Flanders ['flæn·dərz] *n* la(les) Flandre(s)
flange [flændʒ] *n* collet *m*
flank [flæŋk] **I.** *n a.* MIL flanc *m* **II.** *vt* encadrer
flannel ['flæn·əl] *n* flanelle *f;* **~s** pantalon *m* de flanelle
flannelette *n* flanelle *f* de coton
flap [flæp] **I.** <-pp-> *vt* **to ~ sth** agiter qc; **to ~**

one's wings battre des ailes **II.** <-pp-> *vi* **1.** (*fly by waving wings*) battre des ailes **2.** (*vibrate, flutter*) battre **3.** *inf* (*become excited*) s'affoler **III.** *n* **1.** (*flutter*) battement *m* **2.** (*fold*) rabat *m* **3.** (*hinged part*) rabat *m;* (*on wing*) volet *m* de freinage **4.** *inf* (*fluster, panic*) affolement *m;* **to be in a ~** s'affoler

flapjack *n petite crêpe épaisse*

flare [fler] **I.** *n* **1.** (*blaze, burst of flame*) flamme *f* **2.** (*signal*) signal *m* (lumineux) **3.** (*widening*) évasement *m* **4.** *pl* FASHION pantalon *m* à pattes d'éléphant **II.** *vi* **1.** (*burn up*) *a. fig* s'enflammer; **tempers ~d** le ton est monté **2.** (*widen, broaden*) s'évaser; (*nostrils*) se dilater **III.** *vt* évaser; (*nostrils*) dilater; **a ~d skirt** une jupe évasée

◆**flare up** *vi* **1.** (*burn up*) s'enflammer **2.** *fig* (*dispute, anger*) éclater **3.** MED se déclencher

flare-up *n* crise *f*

flash [flæʃ] **I.** *vt* **1.** (*shine briefly*) *a. fig* (*smile, look*) lancer; (*signal*) envoyer; **to ~ one's headlights** faire un appel de phares; **to ~ a mirror at sb** faire miroiter un miroir en direction de qn **2.** (*show quickly*) montrer rapidement **3.** (*communicate*) **to ~ news** faire un flash d'informations **II.** *vi* **1.** (*shine briefly*) *a. fig* briller; (*headlights*) clignoter; (*eyes*) jeter des éclairs **2.** (*move swiftly*) **to ~ by/past** filer/passer comme un éclair **3.** *inf* (*expose oneself*) s'exhiber; **to ~ at sb** s'exhiber devant qn **III.** *n* **1.** (*burst of light*) éclair *m;* **a ~ of lightning** un éclair; **a ~ of wit** un trait d'esprit; **in a ~** en un rien de temps **2.** PHOT *a. fig* flash *m* **3.** RADIO, TV, PUBL flash *m*

flashback *n* CINE, LIT, THEAT flash-back *m,* rétrospective *f Québec*

flashbulb *n* PHOT ampoule *f* de flash

flasher *n inf* exhibitionniste *m*

flash flood *n* crue *f* soudaine

flashgun *n* appareil *m* à flash

flashlight *n* lampe *f* torche

flashpoint *n* **1.** (*critical/explosive place*) point *m* chaud **2.** CHEM (*ignition temperature of a liquid*) point *m* d'ignition

flashy <-ier, -iest> *adj pej, inf* tape-à-l'œil

flask [flæsk] *n* flacon *m*

flat [flæt] **I.** *adj* **1.** <-ter, -test> (*smooth and level*) *a.* ANAT, MED plat(e) **2.** <-ter, -test> (*boring*) plat(e) **3.** (*stale: beer, soda pop*) qui n'a plus de bulles **4.** AUTO (*tire*) à plat **5.** (*absolute: refusal*) clair(e) et net(te) **6.** COM (*rate*) forfaitaire; (*fee*) fixe **7.** MUS bémol; *pej* faux(fausse); **A ~** la *m* bémol **II.** *adv* **1.** (*in a position*) à plat; **to fall ~ on one's face** tomber à plat sur le visage; **to lie ~ out** être allongé à l'horizontale **2.** *inf* (*absolutely*) **he turned me down ~** il m'a repoussé nettement; **to work ~ out** travailler d'arrache-pied **3.** *inf* (*exactly*) exactement; **in five minutes ~** dans exactement cinq minutes ▶**to <u>fall</u> ~** (*joke*) tomber à plat; (*plan, attempt*) échouer; (*performance*) manquer ses effets **III.** *n* **1.** (*level surface: of a sword, a knife*) côté *m* plat; **on the ~** à l'horizontale **2.** MUS bémol *m*

flatten ['flæt·^{ə}n] *vt* aplatir

flatter *vt* flatter

flatterer *n* flatteur, -euse *m, f*

flattering *adj* flatteur(-euse)

flattery ['flæt̬·^{ə}r·i] *n* flatterie *f*

flatulence ['flætʃ·ə·lən(t)s] *n form* flatulence *f*

flaunt [flɔnt] *vt pej* **1.** (*show off*) fanfaronner **2.** (*flout*) défier

flavor ['fleɪ·vər] **I.** *n* **1.** CULIN (*taste*) goût *m;* (*of ice cream*) parfum *m;* (*of tea*) arôme *m* **2.** (*characteristic, quality*) note *f* **II.** *vt* CULIN assaisonner; (*sweet dish*) parfumer

flavoring *n* arôme *m*

flaw [flɔ] **I.** *n* défaut *m* **II.** *vt* abîmer; **~ed reasoning** un raisonnement fallacieux

flawless *adj* parfait(e)

flax [flæks] *n* lin *m*

flay [fleɪ] *vt* (*animal*) dépecer; **to ~ sb (alive)** *fig, inf* écorcher qn à vif

flea [fli] *n* puce *f*

flea market *n* marché *m* aux puces

fleck [flek] *n* **1.** (*speck*) petite tâche *f* **2.** (*particle*) particule *f*

fled [fled] *pp of* **flee**

fledg(e)ling ['fledʒ·lɪŋ] **I.** *n* oisillon *m* **II.** *adj* (*business, industry, state*) qui débute

flee [fli] <fled> *vt, vi* fuir

fleece [flis] **I.** *n* **1.** (*woolly covering*) toison *f* **2.** (*material*) molleton *m* **3.** (*fabric*) laine *f* polaire **4.** (*jacket*) polaire *m* **II.** *vt* **1.** (*cut fur off from: sheep*) tondre **2.** *inf* (*cheat*) plumer

fleet[1] [flit] *n* flotte *f;* (*of planes*) escadron *m;* **the firm's car ~** le parc automobile de la compagnie

fleet[2] [flit] <-er, -est> *adj* **to be ~ of foot** avoir le pied léger

fleeting *adj* fugitif(-ive)

Flemish ['flem·ɪʃ] **I.** *adj* flamand(e) **II.** *n* **1.** (*people*) **the ~** les Flamands *mpl* **2.** LING flamand *m; s.a.* **English**

flesh [fleʃ] *n* chair *f* ▶**to want one's <u>pound</u> of ~** exiger son dû; **<u>in</u> the ~** en chair et en os

flesh-colored *adj* (de) couleur chair

flesh wound *n* écorchure *f*

fleshy <-ier, -iest> *adj* (*person, limb*) dodu(e); (*fruit*) charnu(e)

flew [flu] *pp, pt of* **fly**

flex [fleks] **I.** *vt, vi* fléchir **II.** *n* (*electrical cord*) câble *m*

flexibility [ˌflek·sə·'bɪl·ə·t̬i] *n* flexibilité *f*

flexible ['flek·sə·bl] *adj* flexible

flextime ['fleks·taɪm] *n* horaire *m* à la carte

flick [flɪk] **I.** *vt* (*jerk*) **to ~ sth** donner une tape à qc; **to ~ a switch** pousser un bouton; **I ~ed off my shoes** j'ai ôté mes chaussures; **to ~ one's hair back** secouer ses cheveux en arrière **II.** *vi* **I ~ed through the book** j'ai feuilleté le livre; **my eyes ~ed over to the door** j'ai jeté un coup d'œil vers la porte **III.** *n* **1.** (*hit*) petit coup *m;* **at the ~ of a switch** par une simple pression sur un bouton; **with a ~ of the wrist** d'un mouvement du poignet

2. the ~s *pl, inf (cinema)* cinoche *m*
flicker I. *vi (candle)* vaciller; *(eyes)* cligner; *(lights)* clignoter **II.** *n* **1.** *(unsteady movement)* vacillement *m; (of eyes)* clignement *m* **2.** *(wavering instant: of hope)* lueur *f*
flier ['flaɪ·ər] *n* **1.** *(air traveler)* voyageur *m* (par avion) **2.** *(leaflet)* flyer *m*
flight [flaɪt] *n* **1.** *(act of flying)* vol *m* **2.** *(escape) a. fig a.* ECON fuite *f;* **to take ~** prendre la fuite; **the ~ of time** la fuite du temps **3.** *(series)* ~ **(of stairs)** escalier *m;* **we climbed six ~s of stairs** on a grimpé six étages d'escaliers ▶ **a ~ of fancy** un rêve fou
flight attendant *n (woman)* hôtesse *f* de l'air; *(man)* steward *m*
flight deck *n* poste *m* de pilotage
flightless *adj (bird)* coureur
flighty <-ier, -iest> *adj* inconstant(e); *(woman)* volage
flimsy ['flɪm·zi] <-ier, -iest> *adj* **1.** *(light and thin: dress, blouse)* léger(-ère) **2.** *(easily broken: construction, structure)* peu solide **3.** *(lacking seriousness: excuse)* faible
flinch [flɪn(t)ʃ] *vi* tressaillir; **without ~ing** sans frémir; **to ~ from doing sth** hésiter à faire qc
fling [flɪŋ] <flung> **I.** *vt a. fig* jeter; *(ball)* lancer; **I flung the money back at them** je leur ai renvoyé l'argent à la figure **II.** *n* **1.** *(good time)* bon temps *m* **2.** *(affair)* aventure *m*
◆**fling away** *vt* jeter
◆**fling off** *vt* se défaire de
◆**fling open** *vt* ouvrir brusquement
flint [flɪnt] *n* MIN silex *m*
flip [flɪp] <-pp-> **I.** *vt (turn over)* **to ~ sth (over)** retourner qc; **to ~ a coin** lancer une pièce; **to ~ a switch** pousser un bouton **II.** *vi* **1.** *(turn quickly)* **to ~ over** tourner **2.** *inf (go crazy)* péter les plombs **III.** *n* salto *m*
flip chart *n* paperboard *m*
flip-flop ['flɪp·flap] *n* **1.** FASHION **~s** tongs *fpl* **2.** *inf (reversal of opinion)* retournement *m* de veste
flippancy ['flɪp·ən(t)·si] *n* désinvolture *f*
flippant *adj* désinvolte
flipper *n* **1.** ZOOL aileron *m* **2.** *(swimming aid)* palme *f*
flip side *n* **1.** MUS face *f* B **2.** *fig* verso *m*
flirt [flɜrt] **I.** *n* dragueur, -euse *m, f* **II.** *vi* flirter; **to ~ with sb** flirter avec qn; **to ~ with the idea of doing sth** *fig* flirter avec l'idée de faire qc
flirtation [flɜr·'teɪ·ʃən] *n a. fig* flirt *m*
flirtatious *adj* flirteur(-euse)
flit [flɪt] <-tt-> *vi* **1.** *(fly)* voleter **2.** *(move)* aller d'un pas léger **3.** *(pass)* **an idea ~ted through her mind** une idée lui traversa l'esprit
float [floʊt] **I.** *vi* **1.** *(on water, air) a. fig* flotter; *(boat)* être à flot; **to ~ to the surface** remonter à la surface; **to ~ down the stream** flotter dans le ruisseau (dans le sens du courant); **balloons ~ed by** des ballons flottaient en l'air; **music/the smell of cooking ~ed through the window** de la musique/une odeur de cuisine sortait de la fenêtre **2.** *(move aimlessly)* errer **3.** ECON *(fluctuate in exchange rate)* flotter **II.** *vt* **1.** *(keep afloat)* faire flotter; *(boat)* mettre à flot **2.** ECON, FIN *(offer on the stock market)* introduire en bourse **3.** *(put forward: idea, plan)* lancer **4.** FIN *(currency)* laisser flotter **III.** *n* **1.** *(buoyant device)* flotteur *m; (on fishing line)* bouchon *m* **2.** *(decorated parade vehicle)* char *m*
◆**float around** *vi fig, inf (people, rumor)* circuler
floatation [floʊ·'teɪ·ʃən] *n s.* **flotation**
floating *adj a. fig* flottant(e)
floating capital *n* FIN fonds *mpl* de roulement
flock [flak] **I.** *n* **1.** *(group)* troupeau *m; (of birds)* volée *f; (of people)* foule *f* **2.** REL ouailles *fpl* **II.** *vi* s'attrouper; **people ~ed to hear him** les gens s'attroupaient pour l'entendre
floe [floʊ] *n* bloc *m* de glace; **(ice) ~s** glaces *fpl* flottantes
flog [flɔg] <-gg-> *vt (punish)* fouetter **2.** *inf* **to be ~ging a dead horse** être en train de perdre son temps
flogging *n* raclée *f*
flood [flʌd] **I.** *vt* **1.** *(overflow) a. fig* inonder; *(person)* submerger; **a river ~s its banks** une rivière sort de son lit; **we've been ~ed with protests** nous avons été inondés de protestations **2.** AGR, ECOL *(valley)* irriguer **3.** AUTO *(engine)* noyer **II.** *vi* être inondé; *(river)* déborder; *(people)* affluer **III.** *n* **1.** *(overflow)* inondation *f;* **in ~** en décrue; **the ~s of a river** les crues *fpl* d'une rivière; **~s of light** des flots de lumière **2.** *(outpouring)* flot *m; (of mail, calls)* déluge *m; (of products)* invasion *f;* **~s of tears** des torrents *mpl* de larmes **3.** REL **the Flood** le Déluge
◆**flood back** *vi* remonter à la surface
◆**flood in** *vi (water, light)* couler à flots; *(people, mail)* affluer
◆**flood out** *vi* sortir à flots
floodgates *n pl* **to open the ~** ouvrir les vannes
floodlight I. *n* projecteur *m* **II.** <irr> *vt* éclairer aux projecteurs
floodplain *n* plaine *f* inondable
flood tide *n* marée *f* haute
floodwater *n* crues *fpl;* **the ~ of the Nile** les crues du Nil
floor [flɔr] **I.** *n* **1.** *(surface)* sol *m; (wooden)* plancher *m* **2.** *(level of a building)* étage *m;* **ground-~ apartment** appartement *m* de plein pied; **first ~** rez-de-chaussée *m* **3.** GEO *(bottom: of ocean)* fond *m; (of forest)* sol *m* **4.** ECON, POL *(place of formal discussion)* **the ~** le parquet; **to have the ~** avoir la parole ▶ **to go through the ~** *(prices)* toucher le plancher; **to take the ~** prendre la parole; *(stand up and start dancing)* aller sur la piste de danse **II.** *vt* **1.** *(make floor out of sth)* **to ~ a room** poser un revêtement de sol dans une pièce; *(with wood)* parqueter une pièce **2.** *(knock down)*

terrasser **3.** (*shock*) désarçonner
floorboard *n* lame *f* de parquet
floorcloth *n* serpillière *f*, panosse *f Suisse*, wassingue *f Nord*
flooring *n* revêtement *m* de sol
floor lamp *n* lampadaire *m*
floor manager *n* chef *m* de rayon
floor show *n* animation *f*
flop [flap] <-pp-> **I.** *vi* **1.** (*fall*) tomber; (*on seat*) s'affaler **2.** (*fail*) faire un bide **II.** *n inf* flop *m*; **to be a ~** être un bide
flophouse *n inf* asile *m* de nuit
floppy <-ier, -iest> *adj* (*hat, hair*) mou(molle); (*ears*) pendant(e)
floppy (disk) *n* disquette *f*
flora ['flɔ·rə] *n* flore *f*
floral *adj* **1.** (*of flowers*) floral(e) **2.** (*depicting flowers*) fleuri(e)
florid ['flɔr·ɪd] *adj* **1.** (*excessively ornamented: style*) ampoulé(e); (*architectural style*) surchargé(e) **2.** *form* (*ruddy*) **~ complexion** teint *m* rose
Florida ['flɔ·rɪd·ə] *n* Floride *f*
florist ['flɔr·ɪst] *n* fleuriste *mf*
floss [flas] **I.** *n* (**dental**) **~** fil *m* dentaire **II.** *vt, vi* **to ~** (**one's teeth**) se passer du fil dentaire
flotation [floʊ·'teɪ·ʃən] *n* FIN introduction *f* en bourse
flotilla [floʊ·'tɪl·ə] *n* flottille *f*
flotsam (**and jetsam**) *n a. fig* épave *f*
flounce[1] [flaʊn(t)s] *vi* **to ~ in/out** entrer/sortir dans un mouvement d'humeur
flounce[2] [flaʊn(t)s] *n* volant *m*
flounder[1] ['flaʊn·dər] *vi* patauger
flounder[2] ['flaʊn·dər] *n* flet *m*
flour [flaʊər] **I.** *n* farine *f* **II.** *vt* **to ~ sth** saupoudrer qc de farine
flourish ['flɜr·ɪʃ] **I.** *vi* (*children*) s'épanouir; (*company, school*) prospérer **II.** *vt* brandir **III.** *n* geste *m* théâtral; **with a ~** d'un geste théâtral
flourishing *adj* florissant(e)
floury ['flaʊ(ə)·ri] <-ier, -iest> *adj* farineux(-euse)
flout [flaʊt] *vt* dédaigner
flow [floʊ] **I.** *vi a. fig* couler; (*stream, blood*) circuler; (*air*) passer; (*drinks*) couler à flots; **to ~ from sth** découler de qc; **the river ~s through the town** la rivière traverse la ville **II.** *n sing* écoulement *m*; (*of people, words*) flot *m*; (*of capital, tide*) flux *m*; (*of traffic*) affluence *f*; (*of data*) flux *m* ▶ **to <u>go</u> with the ~** suivre le courant; **to <u>go</u> against the ~** aller à contre-courant; **in <u>full</u> ~** en plein discours
flow chart, flow diagram *n* organigramme *m*
flower ['flaʊ·ər] **I.** *n* fleur *f*; **to be in ~** être en fleur **II.** *vi a. fig* fleurir
flower arrangement *n* composition *f* florale
flower bed *n* parterre *m* de fleurs
flowered *adj* fleuri(e)
flowerpot *n* pot *m* de fleurs
flowery <-ier, -iest> *adj a. pej* fleuri(e)
flown [floʊn] *pp of* **fly**
flu [flu] *n* grippe *f*
fluctuate ['flʌk·tʃu·eɪt] *vi* fluctuer
fluctuation *n* fluctuation *f*
flue [flu] *n* hotte *f*
fluency ['flu·ən(t)·si] *n* aisance *f*
fluent *adj* éloquent(e); **to be ~ in Portuguese** parler couramment le portugais; **a ~ German speaker** une personne qui parle couramment l'allemand
fluently *adv* couramment
fluff [flʌf] **I.** *n* **1.** (*on clothes*) peluches *fpl* **2.** (*down*) duvet *m* **3.** (*dust*) moutons *mpl* de poussière **4.** (*mistake*) raté *m* **II.** *vt inf* rater
fluffy <-ier, -iest> *adj* **1.** (*of or like fluff*) duveteux(-euse); (*clothes*) moelleux(-euse) **2.** CULIN mousseux(-euse)
fluid ['flu·ɪd] **I.** *n* fluide *m* **II.** *adj* fluide
flung [flʌŋ] *pp, pt of* **fling**
flunk [flʌŋk] **I.** *vt inf* se faire recaler en **II.** *vi inf* se faire recaler
fluorescence [flɔ·'res·ən(t)s] *n* fluorescence *f*
fluorescent *adj* fluorescent(e)
fluoridation *n* fluoration *f*
fluoride ['flɔr·aɪd] *n* CHEM fluor *m*
fluorine ['flɔr·in] *n* CHEM fluorine *f*
fluorocarbon [ˌflɔr·ə·'kar·bən] *n* CHEM chlorofluorocarbone *m*
flurry ['flɜr·i] <-ies> *n a. fig* bourrasque *f*; **~ of excitement** agitation *f* soudaine
flush[1] [flʌʃ] **I.** *vi* **1.** (*blush*) rougir **2.** (*operate toilet*) tirer la chasse d'eau; **the toilet didn't ~** la chasse d'eau n'a pas fonctionné **II.** *vt* **1.** (*cleanse*) **to ~ the toilet** tirer la chasse; **to ~ sth down the toilet** jeter qc dans les toilettes **2.** (*redden*) faire rougir **III.** *n* **1.** (*reddening*) rougeur *m* **2.** (*rush: of anger, emotion*) accès *m*; (*of pleasure, enthusiasm*) élan *m*; **in the first ~ of youth** dans tout l'éclat de sa jeunesse **3.** (*cleansing device*) chasse *f* d'eau
◆**flush out** *vt* (*traitors, spies*) débusquer
flush[2] *adj* **1.** (*level or flat*) de niveau **2.** *inf* (*rich*) qui a des sous
flushed *adj* rouge; **~ with anger** rouge de colère
fluster ['flʌs·tər] **I.** *vt* **to ~ sb** rendre qn nerveux **II.** *n* nervosité *f*; **to be in a ~** être agité
flute [flut] *n* MUS flûte *f*
flutist *n* flûtiste *mf*
flutter ['flʌt̬·ər] **I.** *n* **1.** (*act of fluttering: of wings, lashes*) battement *m*; (*of leave, papers*) voltigement *m*; (*of heart*) palpitation *f* **2.** *fig* (*nervousness*) agitation *f*; **to put in/to be all of a ~** rendre/être nerveux **II.** *vi* **1.** (*fly*) voleter; (*bird*) battre des ailes **2.** (*move*) s'agiter; (*heart*) palpiter; (*leaves, papers*) voltiger; (*lashes*) battre; (*flag*) flotter **III.** *vt* **to ~ its wings** battre des ailes; **to ~ one's eyelashes** battre des cils
fluvial ['flu·vi·əl] *adj* fluvial(e)
flux [flʌks] *n* flux *m*; **to be in a state of ~** être en mouvement perpétuel
fly[1] [flaɪ] <flew, flown> **I.** *vi* **1.** (*travel in air*)

voler; **to ~ over the Pacific** survoler le Pacifique **2.** (*travel by plane*) voyager en avion; **to ~ first class** voyager (en avion) en première classe; **to ~ to Canada** aller au Canada en avion; **to ~ into/out of Miami** aller à/partir de Miami en avion **3.** (*move quickly: arrows, glass, stones*) voler; **he sent me ~ing** il m'a fait faire un vol plané; **he sent the vase ~ing** il a envoyé le vase en l'air **4.** (*hurry*) foncer; **he flew downstairs** il a foncé en bas; **he saw me and flew** dès qu'il m'a vu, il a filé; **to ~ into a temper** piquer une colère; **the weeks flew by** *fig* les semaines sont passées comme un souffle **5.** (*wave: flag, hair*) voler ►**to ~ in the face of logic/reason** dépasser toute logique/l'entendement; **sb flies off the handle** la moutarde monte au nez de qn; **to let ~ at sb** voler dans les plumes de qn **II.** *vt* **1.** (*pilot: plane*) piloter; **to ~ passengers/supplies to a country** transporter des passagers/des approvisionnements par avion vers un pays **2.** (*make move through air: kite*) faire voler; **to ~ the UN flag** faire flotter le drapeau des Nations Unies **III.** *n* (*zipper*) braguette *f*

◆**fly away** *vi* s'envoler

◆**fly in I.** *vi* arriver en avion **II.** *vt* (*aid, troops*) acheminer par avion

◆**fly out** *vi* **to ~ to somewhere** s'envoler quelque part

fly[2] *n* (*small winged insect*) mouche *f* ►**sb wouldn't harm a ~** qn ne ferait pas de mal à une mouche; **to drop like flies** *inf* tomber comme des mouches; **~ in the ointment** un cheveu dans la soupe; **on the ~** *inf* en vitesse

flyaway *adj* (*hair*) indiscipliné(e)

fly ball *n* SPORTS balle *f* montante

fly-by-night *adj pej, inf* fantôme

flyer *s.* **flier**

flying I. *n* vol *m;* **to be afraid of ~** avoir peur de l'avion **II.** *adj* **1.** (*able to move: insect*) volant(e) **2.** (*moving in the air: glass, object*) qui vole **3.** (*hurried: visit*) éclair *inv* **4.** (*related to flight: accident*) d'avion; (*lesson*) de pilotage; (*jacket*) de pilote

flying buttress *n* ARCHIT arc-boutant *m*

flying fish *n* poisson *m* volant

flying saucer *n* soucoupe *f* volante

flying start *n* SPORTS départ *m* en flèche ►**get off to a ~** avoir un très bon départ

flyleaf <flyleaves> *n* page *f* de garde

flyover *n* MIL défilé *m* aérien

flypaper *n* papier *m* tue-mouche

flytrap *n* piège *m* à mouches

flyweight *n* SPORTS poids *m* mouche

flywheel *n* TECH volant *m*

FM [ˌef·'em] *n abbr of* **frequency modulation** FM *f*

foal [foʊl] *n* poulain *m* ►**to be in ~** être pleine

foam [foʊm] **I.** *n* mousse *f;* **shaving ~** mousse à raser **II.** *vi* écumer; (*soap*) mousser; **to ~ at the mouth** (*horse*) avoir de l'écume aux lèvres; (*person*) écumer de rage

foam bath *n* bain *m* moussant

foam rubber *n* caoutchouc *m* mousse

foamy <-ier, -iest> *adj* moussant(e)

fob [fab] *n* chaîne *f*

focal ['foʊ·kəl] *adj* focal(e)

focal point *n* **1.** (*focus*) foyer *m* **2.** (*central point*) point *m* central

focus ['foʊ·kəs] <-es *o* foci> **I.** *n* **1.** (*center: of interest, attention*) centre *m;* (*of unrest, discontent*) foyer *m;* **to be the ~ of attention** être le centre d'attention **2.** PHYS (*converging point*) *a. fig* foyer *m;* **to be in ~** être net; **to be out of ~** être flou; **to bring sth into ~** mettre qc au point; **to bring sth in(to) ~** mettre qc au clair **3.** MED foyer *m* **II.** <-s- *o* -ss-> *vi* **1.** (*see clearly*) régler; **to ~ on sth** regarder fixement qc **2.** (*concentrate*) **to ~ on sth** focaliser sur qc; **try and ~ on the exam/the details** essaie de te concentrer sur l'examen/les détails **III.** *vt* **1.** (*concentrate*) concentrer; **to ~ one's attention on sth** focaliser son attention sur qc **2.** (*bring into focus*) focaliser; (*lens*) mettre au point; **to ~ a camera** faire la mise au point

focus group *n* groupe *m* témoin

fodder ['fa·dər] *n* fourrage *m*

foe [foʊ] *n form* ennemi(e) *m(f)*

fog [fɔg] **I.** *n a. fig* brouillard *m;* **to be in a ~** être dans le brouillard **II.** <-gg-> *vt fig* (*obscure*) brouiller

◆**fog up** *vi* (*glasses, window*) s'embuer

fog bank *n* banc *m* de brouillard

fogbound *adj* bloqué(e) par le brouillard

fogey ['foʊ·gi] *n s.* **fogy**

foggy ['fa·gi] <-ier, -iest> *adj* brumeux(-euse) ►**not to have the foggiest (idea)** *impers* ne pas (en) avoir la moindre idée

foghorn *n* corne *f* de brume

fog lamp, fog light *n* phare *m* antibrouillard

fogy ['foʊ·gi] <-ies> *n pej, inf* hurluberlu *m;* **old ~** vieil hurluberlu

foible ['fɔɪ·bl] *n* particularité *f*

foil[1] [fɔɪl] *n* **1.** (*wrap*) papier *m* d'aluminium **2.** *fig* repoussoir *m*

foil[2] [fɔɪl] *vt* faire échouer; (*plan*) contrecarrer

foil[3] [fɔɪl] *n* SPORTS fleuret *m*

◆**foist on, foist upon** *vt* **to foist sth (up)on sb** imposer qc à qn

fol. *adj abbr of* **following** suiv.

fold[1] [foʊld] *n* **1.** (*sheep pen*) parc *m* à moutons **2.** *fig* (*home*) **the ~** le bercail

fold[2] [foʊld] **I.** *vt* **1.** (*bend over upon self*) plier; (*wings*) replier **2.** (*wrap*) envelopper; **to ~ one's arms** croiser les bras; **to ~ one's hands** joindre les mains; **with ~ed arms** les bras croisés **3.** CULIN **to ~ sth into sth** incorporer peu à peu qc dans qc **II.** *vi* **1.** (*bend over upon self*) se plier **2.** (*fail or go bankrupt: business*) mettre la clé sous le paillasson; (*play*) quitter l'affiche **III.** *n* pli *m*

◆**fold up I.** *vt* plier **II.** *vi* se plier

folder *n* **1.** (*cover, holder*) chemise *f* **2.** COMPUT classeur *m* **3.** (*leaflet*) prospectus *m*

folding *adj* pliant(e)

foliage ['foʊ·li·ɪdʒ] *n* feuillage *m*
folio ['foʊ·li·oʊ] *n* folio *m*
folk [foʊk] **I.** *n* **1.** *pl* (*specific class/group of people*) gens *mpl;* **farming** ~ agriculteurs *mpl;* **old** ~ personnes *fpl* âgées; **ordinary** ~ gens *mpl* ordinaires **2.** *pl, inf* (*parents*) vieux *mpl* **3.** MUS folk *m* **II.** *adj* MUS folklorique; (*music*) folk *inv;* (*hero, tale*) populaire; (*medicine*) traditionnel(le)
folk dance *n* danse *f* folklorique
folklore ['foʊk·lɔr] *n* folklore *m*
folk song *n* chanson *f* folk
folksy ['foʊk·si] <-ier, -iest> *adj* **1.** (*folk*) traditionnel(le) **2.** (*informal*) sans façon
follow ['fa·loʊ] **I.** *vt* **1.** (*come, go after*) *a. fig* suivre; **to be ~ed by sth** être suivi de qc **2.** (*adhere to: instructions, example*) suivre; (*leader*) être le disciple de; (*team*) être supporter de **3.** (*practice, carry out: diet*) suivre; (*career*) poursuivre; (*profession*) exercer **4.** (*understand, watch closely*) suivre ▶ **to ~ one's nose** *inf* y aller au pif; **to ~ suit** faire de même **II.** *vi* **1.** (*take same route*) suivre **2.** (*come/happen next*) suivre; **what's to ~?** qu'est-ce qu'il y a après? **3.** (*result*) s'ensuivre; **that doesn't ~** ce n'est pas logique
◆**follow on** *vi* suivre; **to ~ from sth** résulter de qc
◆**follow out** *vt* poursuivre; (*orders*) exécuter; (*instructions*) suivre
◆**follow through** **I.** *vt* mener à terme **II.** *vi* aller jusqu'au bout
◆**follow up** **I.** *vt* (*lead, suggestion*) donner suite à; (*patient*) suivre; **they followed up their success with a new record** après leur succès ils ont battu un nouveau record **II.** *vi* **to ~ on a question** ajouter quelque chose sur un point
follower *n* **1.** (*supporter*) disciple *mf* **2.** POL partisan(e) *m(f)* **3.** SPORTS supporter *mf*
following **I.** *n* **1.** (*explanation*) **the ~** ce qui suit; **I'd say the ~** je dirais ceci; **my idea was the ~** mon idée était la suivante **2.** *pl* (*listed things or people*) **the ~** les choses/personnes suivantes **3.** *sing* (*group of supporters: of an idea*) partisans *mpl;* (*of a doctrine*) disciples *mpl;* (*of a shop*) clientèle *f;* **the program has quite a ~** l'émission a beaucoup de fidèles **II.** *adj inv* **1.** (*next or listed*) suivant(e); **the ~ ideas** les idées que voici **2.** (*from behind: wind*) arrière *inv* **III.** *prep* après; **~ this consultation** après cette consultation
follow-up **I.** *n* **1.** (*continuation*) suite *f* **2.** MED suivi *m* **II.** *adj* (*work*) de suivi; MED (*visit*) de contrôle; (*letter*) de rappel; (*article*) complémentaire
folly ['fa·li] *n* folie *f;* **to be a** [*o* **an act of**] **~** être de la folie
fond [fand] <-er, -est> *adj* **1.** (*liking*) **to be ~ of sb/sth** aimer beaucoup qn/qc **2.** (*loving, tender: memories, gesture*) bon; (*gesture*) tendre **3.** (*foolish: hope*) naïf(naïve)
fondle ['fan·dl] <-ling> *vt* caresser
fondness *n* penchant *m;* **a ~ for sth** un penchant pour qc
font [fant] *n* TYP, COMPUT police *f* de caractères
food [fud] *n* nourriture *f;* **do we have enough ~?** est-ce qu'il a assez à manger?; **dairy ~s** produits *mpl* laitiers; **Italian ~** la cuisine italienne ▶ **~ for thought** matière *f* à penser
food chain *n* chaîne *f* alimentaire
food poisoning *n* intoxication *f* alimentaire
food processor *n* robot *m*
food stamps *npl* bons *mpl* d'alimentation
foodstuff *n* produit *m* alimentaire
fool [ful] **I.** *n* **1.** (*silly person*) idiot(e) *m(f);* **to be ~ enough to** +*infin* être assez stupide pour +*infin;* **to make a ~ of sb** tourner qn en ridicule; **to make a ~ of oneself** se ridiculiser **2.** (*jester*) fou *m* **II.** *vt* duper; **you can't ~ me!** tu ne peux rien me cacher!; **you could have ~ed me!** tu plaisantes! **III.** *vi* **to ~ about** [*o* **around**] faire l'imbécile **IV.** *adj* stupide
foolhardy *adj* audacieux(-euse)
foolish *adj* bête
foolproof *adj* (*machine*) très simple à utiliser; (*idea*) très simple (à mettre en pratique)
foot [fʊt] **I.** <feet> *n* **1.** (*of person, object*) pied *m;* (*of animal*) patte *f;* **on ~** à pied; **to get to one's feet** se lever **2.** (*unit*) pied *m* **3.** (*lower part*) pied *m;* **at the ~ of the bed** au pied du lit; **at the ~ of the page** au bas de la page ▶ **to be back on one's feet** être de nouveau sur pieds; **to have one ~ in the grave** avoir un pied dans la tombe; **to have both feet on the ground** avoir les deux pieds sur terre; **to get off on the right/wrong ~** bien/mal commencer; **to fall on your feet** retomber sur ses pieds; **to put one's ~ in one's mouth** mettre les pieds dans le plat; **to set ~ in sth** mettre les pieds dans qc **II.** *vt* **to ~ the bill** payer la facture
footage ['fʊţ·ɪdʒ] *n* **1.** (*length*) métrage *m* **2.** (*sequence*) séquences *fpl*
football ['fʊt·bɔl] *n* **1.** football *m* américain **2.** (*ball*) ballon *f* de football

> i Le **football** américain se joue très différemment du football européen, lequel est appelé *soccer* aux États-Unis. Le ballon est de forme ovale. On peut le jouer au pied, mais aussi le lancer à la main. Chaque mi-temps commence par un *kickoff*, c.-à-d. qu'un joueur frappe le ballon du pied et ses coéquipiers essaient de le rattraper avec les mains. Il faut ensuite courir le déposer derrière la ligne de but adverse. L'équipe adverse arrête le joueur qui a le ballon par un *tackle*, ce qui consiste à le retenir en l'enserrant dans ses bras et à le plaquer au sol.

foot brake *n* pédale *f* de frein

footbridge *n* passerelle *f*
footer *n* COMPUT pied *m* de page
foothills *n* contreforts *mpl*
foothold *n* prise *f;* **to gain a ~** *fig* prendre pied
footing *n* **1.** (*grip*) **to lose one's ~** perdre pied **2.** (*basis*) pied *m;* **on an equal ~** sur un pied d'égalité
footlights *npl* rampe *f*
footloose *adj* libre ▶ **~ and <u>fancy-free</u>** libre comme l'air
footman <-men> *n* laquais *m*
footnote *n* note *f* (de bas de page)
footpath *n* sentier *m*
footprint *n* empreinte *f* de pied
footrest *n* repose-pied *m*
footsie ['fʊt·si] *n inf* **to play ~ with sb** faire du pied à qn
footstep *n* pas *m* ▶ **to <u>follow</u> in sb's ~s** suivre les traces de qn
footstool *n* repose-pied *m*
footwear *n* chaussures *fpl*
footwork *n* jeu *m* de jambes
for [fɔr] **I.** *prep* **1.** pour **2.** (*to give to*) pour; **to do sth ~ sb/sth** faire qc pour qn/qc; **open the door for me** ouvre-moi la porte; **to ask/look ~ oneself** demander/regarder (par) soi-même **3.** (*as purpose*) **~ sale/rent** à vendre/louer; **something ~ a headache** quelque chose contre la migraine; **it's time ~ lunch/bed** c'est l'heure du déjeuner/de se coucher; **to invite sb ~ lunch** inviter qn à déjeuner; **to go ~ a walk** aller se promener; **what ~?** pour quoi faire?; **what's that ~?** à quoi ça sert?; **it's ~ cutting cheese** c'est pour couper le fromage; **to use sth ~ a wedge** utiliser qc comme cale; **~ this to be possible** pour que cela soit possible *subj;* **to look ~ a way to** *+infin* chercher un moyen de *+infin* **4.** (*to acquire*) **eager ~ power/affection** avide de pouvoir/assoiffé d'affection; **to search ~ sth** chercher qc; **to go ~ sb** aller chercher qn; **to ask/hope ~ news** demander/espérer des nouvelles; **to apply ~ a job** faire une demande d'emploi; **to shout ~ help** appeler à l'aide; **to give sth ~ sth else** échanger qc contre qc d'autre; **oh ~ a glass of water!** si seulement j'avais un verre d'eau! **5.** (*toward*) **the train ~ Hartford** le train pour Hartford; **to make ~ home** s'apprêter à rentrer chez soi; **to run ~ safety** se sauver en courant; **to reach ~ sth** rattraper qc **6.** (*distance of*) **to walk ~ 8 miles** faire 8 miles à pied **7.** (*amount of time*) **~ now** pour l'instant; **~ a while/a time** pendant un moment/un certain temps; **to last ~ hours** durer des heures; **I'm going to be here ~ three weeks** je suis ici pour trois semaines; **I haven't been there ~ three years** je n'y ai pas été depuis trois ans; **I have known her ~ years** je la connais depuis des années; **not ~ another 3 months** pas avant 3 mois **8.** (*on date of*) **to plan sth/have sth finished ~ Sunday** organiser/avoir fini qc pour dimanche; **to set the wedding ~ May 4** fixer le mariage au 4 mai **9.** (*in support of*) **is he ~ or against it?** est-il pour ou contre?; **to fight ~ sth** lutter en faveur de qc **10.** (*employed by*) **to work ~ sb/a company** travailler chez qn/pour une firme **11.** (*the task of*) **it's ~ him to** *+infin* c'est à lui de *+infin* **12.** (*in substitution*) **the substitute ~ the teacher** le remplaçant du professeur; **say hello ~ me** dis/dites bonjour de ma part; **to work/feel ~ sb** travailler à la place de/compatir avec qn **13.** (*as price of*) **a check ~ $100** un chèque de 100$; **I paid $10 ~ it** je l'ai payé 10 dollars **14.** (*concerning*) **as ~ me/that** quant à moi/cela; **two are enough ~ me** deux me suffiront; **too hard ~ me** trop dur pour moi; **sorry ~ doing sth** désolé d'avoir fait qc; **the best would be ~ me to go** il vaudrait mieux que je parte *subj* **15.** (*in reference to*) **I ~ Italy** I comme Italie; **what's the Chinese ~ "book"?** comment dit-on "livre" en chinois?; **to make it easy/hard ~ sb (to do sth)** faciliter/compliquer la tâche à qn **16.** (*as cause*) **excuse me ~ being late** excuse-/excusez-moi d'être en retard; **as the reason ~ one's behavior** comme raison de son comportement; **in prison ~ fraud** en prison pour fraude; **~ lack of sth** par manque de qc **17.** (*as reason*) **to do sth ~ love** faire qc par amour; **~ fear of doing sth** de peur de faire qc; **to cry ~ joy** pleurer de joie; **he can't talk ~ laughing** le fou rire l'empêche de parler **18.** (*despite*) **~ all that/her money** malgré tout/tout son argent; **~ all I know** autant que je sache *subj* **19.** (*as*) **~ example** par exemple; **he ~ one** lui par exemple ▶ **he's <u>in</u> ~ it!** ça va être sa fête!; **that's kids ~ <u>you</u>!** c'est typique des gosses! **II.** *conj form* car
forage ['fɔr·ɪdʒ] **I.** *vi* fourrager; **to ~ for food** fourrager à la recherche de nourriture **II.** *n* fourrage *m*
foray ['fɔr·eɪ] *n a. fig* incursion *f*
forbad(e) [fər·'bæd] *pt of* **forbid**
forbear [fɔr·'ber] <forbore, forborne> *form* **I.** *vi* s'abstenir; **to ~ from doing sth** se garder de faire qc **II.** *vi* s'abstenir de **III.** *n s.* **forebear**
forbearance *n form* indulgence *f*
forbid [fər·'bɪd] <forbad(e), forbid(den)> *vt* interdire; **to ~ sb sth** interdire qc à qn; **to ~ sb from doing sth, to ~ sb to do sth** interdire à qn de faire qc ▶ **<u>God</u> ~** jamais de la vie!
forbid(den) **I.** *adj* interdit(e) **II.** *pp of* **forbid**
forbidding *adj* sinistre
forbore [fɔr·'bɔr] *pt of* **forbear**
forborne [fɔr·'bɔrn] *pp of* **forbear**
force [fɔrs] **I.** *n a.* PHYS force *f;* **to be in ~** être en vigueur; **to come in ~** arriver en masse; **by sheer ~ of numbers** par la force du nombre; **by ~ of habit** par habitude; **the ~ of sb's personality** le force de caractère de qn; **the police ~** la police **II.** *vt* forcer; **to ~ sb/oneself to** *+infin* forcer qn/se forcer à *+infin;* **to ~ one's way** se frayer un chemin; **to ~ sth into a suitcase** tasser qc dans une valise; **to ~ sb out of the way** forcer qn hors de son chemin;

to ~ **a smile** faire un sourire forcé; **to ~ oneself on sb** s'imposer à qn; **to ~ sb into doing sth** forcer qn à faire qc; **the changes were ~d on us** on nous a imposé les changements; **to ~ a confession out of sb** obtenir une confession par la force ▸ **to ~ sb's hand** forcer la main de qn; **to ~ an issue** forcer une décision

◆**force down** *vt* **1.** (*swallow*) avaler de force **2.** AVIAT faire atterrir de force

◆**force open** *vt* forcer

◆**force out** *vt* **to force sb out** pousser qn dehors

◆**force through** *vt* (*law*) paire passer; (*changes*) précipiter

forced *adj* forcé(e)

force-feed *vt* nourrir de force

forceful *adj* énergique

forceps ['fɔr·seps] *npl* MED forceps *mpl*

forcible ['fɔr·sə·bl] *adj* **1.** (*involving the use of force*) de force; (*entry*) par effraction **2.** (*effective*) convaincant(e)

forcibly *adv* de force

ford [fɔrd] **I.** *n* gué *m* **II.** *vt* **to ~ sth** traverser qc à gué

fore [fɔr] **I.** *adj, adv* à l'avant; **~ and aft** de l'avant à l'arrière **II.** *n* avant *m;* **to bring sb/sth to the ~** mettre qn/qc en avant; **to come to the ~** se mettre en avant

forearm *n* avant-bras *m*

forebear *n* ancêtre *m*

forecast <forecast *o* forecasted> **I.** *n* **1.** (*prediction*) pronostics *mpl* **2.** (*weather prediction*) prévisions *fpl* météo **II.** *vt* prévoir

forecaster *n* **1.** ECON prévisionniste *mf* **2.** METEO présentateur, -trice *m, f* météo

foreclose [fɔr·'kloʊz] **I.** *vt* **1.** FIN saisir; **to ~ a property** saisir un bien **2.** *form* (*rule out*) écarter; **to ~ any chance** écarter toute chance **II.** *vi* FIN saisir; **to ~ on sb/a home** saisir qn/une maison

foreclosure *n* saisie *f*

forefather *n* ancêtre *mf*

forefinger *n* index *m*

forefoot <-feet> *n* patte *f* antérieure

forefront *n* premier rang *m;* **at the ~ of sth** au premier rang de qc

forego [fɔr·'goʊ] <forewent, foregone> *vt s.* **forgo**

foregoing I. *adj form* précédent(e) **II.** *n* **the ~** *form* ce qui précède

foregone I. *pp of* **forego II.** *adj* **it's a ~ conclusion** c'est inévitable

foreground I. *n* premier plan *m;* **in the ~** au premier plan; **to put oneself in the ~** se mettre en avant **II.** *vt* **to ~ sth** mettre qc en avant

forehand I. *n* coup *m* droit **II.** *adj* SPORTS **~ shot** coup *m* droit

forehead *n* front *m*

foreign ['fɔr·ɪn] *adj* **1.** (*from another country*) étranger(-ère); **~ exchange** change *m;* **~ citizen** ressortissant *m* étranger **2.** (*involving other countries: trade, policy*) extérieur(e); (*travel, correspondent*) à l'étranger; **~ relations** relations *fpl* avec l'étranger **3.** *fig* (*not known*) étranger(-ère); **to be ~ to sb** être étranger à qn **4.** (*not belonging: body*) étranger(-ère)

foreign affairs *npl* Affaires *fpl* étrangères

foreigner *n* étranger, -ère *m, f*

foreman <-men> *n* **1.** (*head workman*) contremaître *m* **2.** LAW (*head of jury*) président *m*

foremost I. *adj* plus important(e); **to be one of the ~ authorities on** être l'une des autorités les plus en vue **II.** *adv* de loin; **first and ~** avant tout

forename *n* prénom *m*

forensic [fə·'ren(t)·sɪk] *adj* légal(e)

forensic medicine *n* médecine *f* légale

foreplay *n* préliminaires *mpl*

forerunner *n* **1.** (*earlier version*) précurseur *mf* **2.** (*warning sign*) signe *m* avant-coureur

foresee *irr vt* prévoir

foreseeable *adj* prévisible; **in the ~ future** dans un avenir immédiat

foreshadow *vt* annoncer

foresight *n* prévoyance *f;* **to have the ~ to do sth** faire preuve de prévoyance en faisant qc

foreskin *n* prépuce *m*

forest ['fɔr·ɪst] *n a. fig* forêt *f*

forestall *vt* anticiper; (*person*) devancer

forester *n* garde *m* forestier

forest ranger *n* garde forestier *m*

forestry ['fɔr·ɪ·stri] *n* sylviculture *f*

foretell <foretold> *vt* prédire

forever [fɔr·'ev·ər] *adv* toujours; **to take ~ to** *+infin inf* prendre des heures pour *+infin;* **to be ~ doing sth** être toujours en train de faire qc

forewarn *vt* prévenir ▸ **~ed is forearmed** *prov* un homme averti en vaut deux *prov*

forewent *pt of* **forego**

forewoman <-women> *n* **1.** (*head worker*) contremaîtresse *f* **2.** LAW (*head of jury*) présidente *f*

foreword *n* avant-propos *m*

forfeit ['fɔr·fɪt] **I.** *vt* **1.** (*lose*) perdre **2.** (*give up*) renoncer à **II.** *n* (*in game*) gage *m* **III.** *adj form* LAW déchu(e); **someone's life is ~** quelqu'un paye de sa vie

forfeiture ['fɔr·fə·tʃər] *n* LAW **1.** (*loss*) perte *f* **2.** (*penalty involving loss: of property*) saisie *f;* (*of right*) déchéance *f*

forgave [fər·'geɪv] *pt of* **forgive**

forge [fɔrdʒ] **I.** *vt* **1.** (*make illegal copy: document*) falsifier; (*painting*) contrefaire; **~d documents** des faux *mpl* **2.** (*heat and shape: metal*) forger **3.** *fig* (*form with effort*) forger; (*career*) se forger **II.** *vi* foncer; **to ~ into the lead** prendre la tête **III.** *n* forge *f*

◆**forge ahead** *vi* **1.** (*progress*) aller de l'avant **2.** (*take the lead*) prendre de l'avance

forger *n* faussaire *mf*

forgery ['fɔr·dʒə·ri] <-ies> *n* contrefaçon *f*

forget [fər·'get] <forgot, forgotten> **I.** *vt*

oublier; **to ~ to** *+infin* oublier de *+infin;* **to ~ doing sth** oublier avoir fait qc; **not ~ting ...** sans oublier; **~ it!** laisse tomber!; **to ~ oneself** *form* se laisser aller; **and don't you ~ it!** et tâche de ne pas l'oublier! **II.** *vi* oublier; **to ~ about sb/sth** oublier qn/qc; **to ~ about doing sth** oublier de faire qc; **you can ~ about that vacation** ne compte plus sur les vacances

forgetful *adj* **1.** (*unable to remember things*) distrait(e) **2.** *form* (*oblivious*) oublieux(-euse); **to be ~ of sth** négliger qc

forget-me-not *n* BOT myosotis *m*

forgive [fər·ˈgɪv] <forgave, forgiven> **I.** *vt* **1.** (*cease to blame*) pardonner; **to ~ sb (for) sth** pardonner qc à qn; **to ~ sb/oneself for doing sth** pardonner qn/se pardonner d'avoir fait qc; **~ me if I interrupt** excusez-moi de vous interrompre; **~ my ignorance/language** excuse mon ignorance/mon langage **2.** *form* (*not ask for payment*) **to ~ sb sth** faire grâce à qn de qc **II.** *vi* pardonner

forgiven *pp of* **forgive**

forgiving *adj* indulgent(e)

forgo [fɔr·ˈgoʊ] *irr vt iron, form* renoncer à

forgot [fər·ˈgat] *pt of* **forget**

forgotten *pt of* **forget**

forint [ˈfɔr·ɪnt] *n* forint *m*

fork [fɔrk] **I.** *n* **1.** (*eating tool*) fourchette *f* **2.** (*garden tool*) fourche *f* **3.** (*Y-shaped division*) embranchement *m;* **take the left/right ~** prendre à gauche/droite à l'embranchement **4.** *pl* (*support of bicycle*) fourche *f* **II.** *vt* (*till: garden*) fourcher **III.** *vi* bifurquer; **to ~ left/right** bifurquer à gauche/droite

◆ **fork out** *vt, vi* payer

forked *adj* fourchu(e) ▸ **to speak with a ~ <u>tongue</u>** mentir

forklift *n* chariot *m* élévateur

forlorn [fɔr·ˈlɔrn] *adj* **1.** (*sad and alone*) délaissé(e) **2.** (*desolate: place*) abandonné(e) **3.** (*vain*) désespéré(e); **a ~ hope** un mince espoir

form [fɔrm] **I.** *n* **1.** (*type, variety*) forme *f;* **in the ~ of sth** dans la forme de qc; **to take the ~ of sth** prendre la forme de qc **2.** (*outward shape*) *a.* LING forme *f;* **in the ~ of sth** dans la forme de qc; **to take ~** prendre forme **3.** CHEM (*physical state*) forme *f;* **in liquid/solid ~** sous forme liquide/solide **4.** (*document*) formulaire *m;* **an application ~** (*for a job*) un formulaire de candidature; (*for loan, brochure*) un formulaire de demande **5.** (*condition*) forme *f;* **to be in good/excellent ~** être en bonne/excellente forme **6.** (*correct procedure*) forme *f;* **in due ~** en bonne et due forme; **as a matter of ~, for ~** pour la forme; **what's the ~?** quelle est la marche à suivre? **7.** (*mold*) forme *f* ▸ **in any (way,) <u>shape</u> or ~** en aucune façon; **<u>true</u> to ~** comme d'habitude **II.** *vt* **1.** (*make the shape of*) former; **to ~ sth into an object** modeler un objet en qc; **I ~ed the ideas into a book** j'ai transformé les idées en un livre **2.** (*develop in the mind: opinion*) former; **to ~ the impression** donner l'impression **3.** (*set up: committee, group*) former; (*friendship*) nouer **4.** LING (*use*) former **5.** *form* (*influence*) former; **to ~ sb/sb's character** former qn/le caractère de qn **6.** (*constitute*) constituer; **to ~ part of sth** faire partie de qc **III.** *vi* se former; **to ~ into groups of six** former des groupes de six

formal [ˈfɔr·mᵊl] *adj* **1.** (*proper, well-organized*) formel(le); **he had no ~ training** il n'a pas eu de formation professionnelle; **~ agreement** accord *m* formel **2.** (*special, ceremonious: occasion, address, behavior*) formel(le); (*language*) soutenu(e) **3.** (*official*) officiel(le) **4.** (*connected with artistic form*) formel(le)

formaldehyde [fɔr·ˈmæl·dɪ·haɪd] *n* formaldéhyde *m*

formality [fɔ·ˈmæl·ə·ṭi] <-ties> *n* formalité *f*

formalize [ˈfɔr·mə·laɪz] *vt* formaliser

format [ˈfɔr·mæt] **I.** *n* format *m* **II.** <-tt-> *vt* COMPUT formater

formation [fɔr·ˈmeɪ·ʃᵊn] *n* formation *f;* **in (close) ~** en rangs serrés

formative [ˈfɔr·mə·ṭɪv] *adj* formateur(-trice)

formatting *n* COMPUT formatage *m*

former *adj* **1.** (*first*) premier(-ère); **I prefer the ~** je préfère le premier **2.** (*earlier, older*) ancien(ne); (*existence, era*) antérieur(e)

formerly *adv* avant; (*long ago*) anciennement; **~ known as sb** (*in former times*) auparavant connu sous le nom de qn

formic acid *n* acide *m* formique

formidable [ˈfɔr·mə·də·bl] *adj* redoutable

formless *adj* informe

formula [ˈfɔr·mjʊ·lə] <-s *o* -lae> *n* **1.** (*mathematical rule*) formule *f;* **a chemical/mathematical ~** une formule chimique/mathématique **2.** COM (*recipe for product*) formule *f* **3.** (*plan*) formule *f;* **~ for success** formule du succès; **a ~ for doing sth** une formule pour faire qc **4.** (*form of words*) tournure *f* **5.** (*baby food*) lait *m* en poudre

formulate [ˈfɔr·mjʊ·leɪt] *vt* formuler

formulation *n* formulation *f*

forsake [fɔr·ˈseɪk] *vt* <forsook, forsaken> abandonner

forswear [fɔr·ˈswer] <forswore, forsworn> *vt* renoncer à

forsythia *n* forsythia *m*

fort [fɔrt] *n* fort *m* ▸ **to <u>hold</u> the ~** garder la boutique

forte[1] [fɔrt] *n sing* fort *m;* **not to be sb's ~** ne pas être le fort de qn

forte[2] [fɔr·teɪ] *adv, adj* MUS forte

forth [fɔrθ] *adv form* en avant; **go/set ~** se mettre en route; **back and ~** d'avant en arrière; **to pace back and ~** aller et venir; **from that day ~** dorénavant

forthcoming *adj* **1.** (*happening soon*) prochain(e) **2.** (*coming out soon: film, book*) qui va sortir **3.** (*ready, available*) disponible; **no money was ~** l'argent n'arrivait pas **4.** (*ready *to give information*) expansif(-ive); **to not be ~ about sth** ne pas être très bavard sur qc

forthright *adj* franc(he)

forthwith *adv form* sur-le-champ

fortieth ['fɔr·t̬ɪ·əθ] *adj* quarantième; *s.a.* **eighth**

fortification [ˌfɔr·t̬ə·fɪ·'keɪ·ʃᵊn] *n* fortification *f*

fortified *adj* **1.** (*with fortification*) fortifié(e) **2.** (*with more energy*) **~ with vitamins** renforcé(e) en teneur en vitamines

fortify ['fɔr·t̬ə·faɪ] <-ie-> *vt* **1.** (*equip with defenses*) fortifier **2.** (*give more strength*) **to ~ oneself with sth** se redonner des forces avec qc **3.** (*encourage*) **to ~ oneself** se réconforter; **to be fortified with the thought ...** être réconforté à l'idée que ...

fortitude ['fɔr·t̬ə·tud] *n form* force *f* morale

fortnight ['fɔrt·naɪt] *n sing* quinzaine *f*

fortress ['fɔr·trəs] *n* forteresse *f*

fortuitous [fɔr·'tu·ə·t̬əs] *adj form* fortuite(e)

fortunate ['fɔr·tʃᵊn·ət] *adj* chanceux(-euse); **to be ~ to do** [*o* **doing**] **sth** avoir la chance de faire qc; **to be ~ in sth** avoir de la chance dans qc; **it is ~ (for him) that** il a de la chance que +*subj*

fortunately *adv* heureusement

fortune ['fɔr·tʃən] *n* **1.** (*a lot of money*) fortune *f*; **to be worth a ~** valoir une fortune; **to cost a ~** coûter une fortune; **to make a/one's ~** faire fortune; **to seek one's ~** chercher fortune **2.** *form* (*luck*) chance *f*; **to have the good ~ to** +*infin* avoir la chance de +*infin*; **to read/tell sb's ~** dire la bonne aventure à qn **3.** *pl* (*what happens to sb*) destin *m*

fortune cookie *n petit gâteau surprise servi en fin de repas*

fortune hunter *n* homme *m* intéressé, femme *f* intéressée

fortune teller *n* diseur, -euse *m, f* de bonne aventure

forty ['fɔr·t̬i] *adj* quarante ▶ **to have ~ winks** *inf* piquer un somme; *s.a.* **eight, eighty**

forum ['fɔr·əm] *n* forum *m*; **a ~ for debate** un forum de discussions

forward ['fɔr·wərd] **I.** *adv* **1.** *a. fig* (*toward the front*) en avant; (*position*) à l'avant; **to lean ~** se pencher en avant; **to go ~** avancer; **to run ~** avancer en courant; **to put sth ~** mettre qc en avant; **to push oneself ~** se mettre en avant; **the way ~** la voie à suivre **2.** *form* (*onwards in time*) **from that day ~** à compter de ce jour **II.** *adj* **1.** (*front: position*) avant *inv* **2.** (*toward the front*) en avant; **~ step** pas *m* en avant **3.** (*advanced*) avancé(e); **~ planning** la planification **4.** FIN à terme **5.** *pej* (*too bold and self-confident*) effronté(e) **III.** *n* SPORTS avant *m*; **center ~** avant-centre *m* **IV.** *vt* **1.** (*send to new address: mail*) faire suivre; **please ~** faire suivre S.V.P. **2.** *form* COM (*send*) expédier; **to ~ sb sth** expédier qc à qn **3.** *form* (*help to progress*) encourager

forwarding address *n* adresse *f* de réexpédition

forward-looking *adj* tourné(e) vers l'avenir

forwardness *n pej* précocité *f*

forwards *adv s.* **forward**

forwent [fɔr·'went] *pt of* **forgo**

fossil ['fa·sᵊl] **I.** *n a. pej* fossile *m* **II.** *adj* fossile

fossilized ['fa·sə·laɪzd] *adj* fossilisé(e)

foster ['fa·stər] **I.** *vt* **1.** (*look after: children*) garder **2.** (*place with a new family*) placer **3.** (*encourage*) encourager; **to ~ sth in sb** stimuler qc chez qn **II.** *adj* adoptif(-ive)

fought [fɔt] *pt, pp of* **fight**

foul [faʊl] **I.** *adj* **1.** (*dirty and disgusting*) infect(e); (*air*) vicié(e); (*taste, smell*) infect(e) **2.** (*highly unpleasant: mood*) infâme; **the weather was ~** il faisait un temps horrible **II.** *n* SPORTS coup *m* bas *f* **III.** *vt* **1.** (*pollute*) polluer **2.** (*make dirty*) souiller **3.** SPORTS (*player*) commettre une faute contre

foul-mouthed *adj* grossier(-ère)

foul play *n* LAW acte *m* criminel; SPORTS jeu *m* irrégulier

found[1] [faʊnd] *pt, pp of* **find**

found[2] [faʊnd] *vt* (*create*) fonder

found[3] [faʊnd] *vt* (*melt*) fondre

foundation [faʊn·'deɪ·ʃᵊn] *n* **1.** *pl* (*base of a building*) fondation *f*; **~ stone** première pierre *f*; **to lay the ~(s) of sth** poser les fondations de qc **2.** *fig* (*basis*) base *f*; **to lay the ~(s) of sth** poser les bases de qc **3.** (*evidence to support sth*) fondement *m*; **to have no ~** n'avoir aucun fondement **4.** (*organization, establishment*) fondation *f* **5.** (*base make-up*) fond *m* de teint; **~ cream** crème *f* teintée

founder[1] *n* fondateur, -trice *m, f*

founder[2] *vi* **1.** (*sink*) sombrer **2.** *fig* (*fail*) échouer

founding father *n* père *m* fondateur

foundry ['faʊn·dri] <-dries> *n* fonderie *f*

fountain ['faʊn·tᵊn] *n* **1.** (*man-made water jet*) fontaine *f* **2.** (*spray*) *a. fig* jet *m*

fountain pen *n* stylo *m* à encre

four [fɔr] **I.** *adj* quatre **II.** *n* quatre *m* ▶ **to be on all ~s** être à quatre pattes; *s.a.* **eight**

four-by-four *n* AUTO quatre-quatre *m*

four-door (car) *n* voiture *f* quatre portes

fourfold **I.** *adj* quadruple **II.** *adv* (*to increase*) au quadruple

four-footed *adj* quadrupède

four-handed *adj* **1.** (*involving four people*) à quatre **2.** (*for two pianists*) à quatre mains

four-leaf clover *n* trèfle *m* à quatre feuilles

four-letter word *n* **1.** (*swear word*) gros mot *m* **2.** *iron* (*taboo word*) mot *m* obscène

foursome *n* groupe *m* de quatre personnes; **to be/make up a ~** être/y aller à quatre

four-square **I.** *adj* **1.** (*square and solid: building*) solide; (*person*) carré(e) **2.** (*resolute and immovable*) ferme **II.** *adv* **1.** (*solidly*) solidement **2.** (*firmly*) fermement; **to be ~ behind sb** soutenir qc à fond

fourteen [ˌfɔr·'tin] *adj* quatorze; *s.a.* **eight**

fourteenth *adj* quatorzième; *s.a.* **eighth**

fourth [fɔrθ] **I.** *adj* quatrième **II.** *n* (*quarter*) quart *m; s.a.* **eighth**

> ℹ Le **Fourth of July** ou *Independence Day* est en Amérique un jour férié laïque très important. Il commémore la *Declaration of Independence* (déclaration d'indépendance), dans laquelle les colonies américaines, le 4 juillet 1776, ont déclaré leur indépendance vis-à-vis de la Grande-Bretagne. Ce jour-là, on va pique-niquer, on se retrouve en famille ou on va assister à des matchs de baseball professionnels. Pour couronner cette journée, on organise de grands feux d'artifice dans tout le pays.

four-wheel drive *n* quatre roues motrices *m*

fowl [faʊl] <-(s)> *n* volaille *f*

fox [faks] **I.** *n* **1.** (*animal*) renard *m;* **a red/silver ~** un renard roux/argenté **2.** *inf* (*cunning person*) **an old ~** un vieux renard **3.** *inf* (*sexy woman*) fille *f* sexy **II.** *vt* **1.** (*mystify*) laisser perplexe **2.** (*trick*) **to ~ sb into doing sth** berner qn en faisant qc

foxglove *n* BOT digitale *f*

fox terrier *n* fox-terrier *m*

foxtrot ['faks·trat] <-tt-> *n* fox-trot *m inv*

foxy ['fak·si] <-ier, -iest> *adj* **1.** (*crafty*) rusé(e) (comme un renard) **2.** *inf* (*sexy*) sexy

foyer ['fɔɪ·ər] *n* entrée *f;* THEAT foyer *m*

fracas ['freɪ·kəs] <-(ses)> *n* **1.** (*noisy fight*) fracas *m* **2.** (*heated dispute*) remue-ménage *m*

fraction ['fræk·ʃᵊn] *n* fraction *f;* **by a ~** d'une fraction; **a ~ of a second** une fraction de seconde

fractional *adj* **1.** MATH fractionnaire **2.** (*tiny*) infime

fractious ['fræk·ʃəs] *adj* grincheux(-euse)

fracture ['fræk·tʃər] **I.** *vt* **1.** MED (*break*) fracturer; **to ~ one's leg** se fracturer la jambe **2.** (*cause a crack in*) fissurer **3.** *fig* (*destroy: accord*) rompre **II.** *vi* se fracturer **III.** *n a. fig* MED fracture *f;* **a skull ~** une fracture du crâne

fragile ['frædʒ·ᵊl] *adj* fragile

fragility [frə·'dʒɪl·ə·t̬i] *n* fragilité *f*

fragment ['fræg·mənt, *vb:* 'fræg·ment] **I.** *n a. fig* fragment *m* **II.** *vi a. fig* se fragmenter **III.** *vt a. fig* fragmenter

fragmentary ['fræg·mən·ter·i] *adj* fragmentaire

fragrance ['freɪ·grən(t)s] *n* parfum *m*

fragrant *adj* parfumé(e)

frail [freɪl] *adj* **1.** (*weak in body*) frêle **2.** *a. fig* (*not strong*) fragile

frailty <-ties> *n* **1.** (*bodily weakness*) fragilité *f* **2.** (*moral weakness*) faiblesse *f*

frame [freɪm] **I.** *n* **1.** (*for picture*) *a.* COMPUT cadre *m* **2.** (*enclosure: of door, window*) châssis *m* **3.** *pl* (*rim on eyeglasses*) monture *f* **4.** (*structure*) charpente *f;* (*for tent*) armature *f;* (*for cycle*) cadre *m* **5.** (*body*) ossature *f* **6.** (*section of film*) image *f* **7.** (*for plants*) châssis *m* **8.** *fig* **~ of mind** état *m* d'esprit; **~ of reference** système *m* de référence **II.** *vt* **1.** (*put in a frame*) encadrer; **to ~ the face** mettre le visage en valeur **2.** (*put into words*) formuler; (*regulations*) concevoir **3.** *inf* (*falsely incriminate*) monter un coup contre; **to be ~d** être victime d'un coup monté

frames *n* COMPUT multifenêtrage *m*

frame-up *n inf* coup *m* monté

framework *n fig* cadre *m*

franc [fræŋk] *n* HIST franc *m*

France [fræn(t)s] *n* la France

franchise ['fræn·(t)ʃaɪz] **I.** *n* COM franchise *f* **II.** *vt* franchiser

Franciscan [fræn·'sɪs·kən] REL **I.** *n* Franciscain *m* **II.** *adj* franciscain(e)

Franco- ['fræŋ·koʊ] *in compounds* franco-

frank[1] [fræŋk] **I.** *adj* franc(he); **to be ~ with sb about sth** être franc avec qn à propos de qc **II.** *vt* affranchir

frank[2] [fræŋk] *n inf abbr of* **frankfurter** saucisse *f* de Francfort

frankfurter ['fræŋk·fɜr·tər] *n* saucisse *f* de Francfort

frankincense ['fræŋ·kɪn·sen(t)s] *n* encens *m*

franking machine *n* machine *f* à affranchir

frantic ['fræn·t̬ɪk] *adj* **1.** (*wild and desperate*) fou(folle); **to drive sb ~** rendre qn fou **2.** (*hurried and confused*) effréné(e)

fraternal [frə·'tɜr·nᵊl] *adj a. fig* fraternel(le)

fraternity [frə·'tɜr·nə·t̬i] <-ties> *n a. fig* fraternité *f*

fraternization *n* fraternisation *f*

fraternize ['fræt·ər·naɪz] *vi* fraterniser

fraud [frɔd] *n* **1.** LAW (*obtaining money by deceit*) fraude *f* **2.** (*thing intended to deceive*) imposture *f* **3.** (*deceiver*) imposteur *m*

fraudulence ['frɔ·dʒə·lən(t)s] *n* caractère *m* frauduleux

fraudulent *adj* frauduleux(-euse)

fraught [frɔt] *adj* chargé(e); **to be ~ with hatred** être chargé de haine; **to be ~ with problems** être plein de problèmes

fray[1] [freɪ] *vi* **1.** (*become worn*) s'effilocher **2.** *fig* **tempers ~** les gens s'énervent

fray[2] [freɪ] *n* **to enter the ~** entrer dans l'arène; **to be ready for the ~** être prêt au combat

freak [frik] **I.** *n* **1.** (*abnormal thing*) phénomène *m* **2.** (*abnormal person, animal*) monstre *m; fig* phénomène *m* de foire **3.** (*fanatical enthusiast*) fana *mf* **II.** *adj* anormal(e) **III.** *vi* **to ~ (out)** devenir fou(folle)

freckle ['frek·l] *n pl* tache *f* de rousseur

freckled *adj* avec des taches de rousseur

free [fri] **I.** <-r, -est> *adj* **1.** (*not tied up or restricted*) *a. fig* (*person, country, elections*) libre; **to set sb/sth ~** libérer qn/qc; **to break ~ of sth** se libérer de qc; **to be ~ from sth** être libéré de qc; **to be ~ to** +*infin* être libre de +*infin;* **feel ~ to** +*infin* n'hésite pas à +*infin;* **to leave sb ~ to** +*infin* laisser qn libre de +*infin;* **to be ~ of sb** être débarrassé de qn;

to go into ~ fall FIN partir en chute libre; **to get one's arm ~ of sth** libérer son bras de qc **2.** (*costing nothing: sample*) gratuit(e); **to be ~ of tax** être exonéré de taxes **3.** (*not occupied: seat*) libre; **I'm leaving Monday ~** je ne prévois rien lundi **4.** (*without*) **~ of** [*o* **from**] **sth** sans; **~ of disease/prejudice** dépourvu de toute maladie/de tout préjugé; **~ of commitments** libéré de tout engagement; **~ of additives** sans additifs; **sugar-~** sans sucre **5.** (*giving in large amounts*) généreux(-euse); **to be ~ with one's advice** être prodigue en conseils; **to make ~ with sth** *pej* ne pas se gêner avec qc **6.** (*not strict: translation*) libre ▶ **to be as ~ as a bird** être libre comme l'air; **there's no such thing as a ~ lunch** c'est ce qui s'appelle renvoyer l'ascenseur; **~ and easy** décontracté(e) **II.** *adv* **1.** (*in freedom*) en (toute) liberté **2.** (*costing nothing*) gratuitement; **~ of charge** gratuit; **for ~** *inf* gratuitement **III.** *vt* **1.** (*release*) **to ~ sb/sth from sth** libérer qn/qc de qc **2.** (*relieve*) **to ~ sb/sth from sth** soulager qn/qc de qc; **to ~ sb from a contract** dégager qn d'un contrat **3.** (*make available*) **to ~ sth for sth** libérer qc pour qc; **to ~ (up) a week to** *+infin* prendre une semaine (de libre) pour *+infin;* **to ~ sb to** *+infin* laisser du temps à qn pour *+infin*

freebie ['fri·bi] *n inf* cadeau *m;* **a ~ pen** un stylo offert

freedom ['fri·dəm] *n* liberté *f;* **to have the ~ to** *+infin* avoir la liberté de *+infin;* **~ of action/movement/speech** liberté d'action/de mouvement/d'expression; **~ of information** libre accès *m* à l'information; **~ from hunger/oppression** absence *f* de famine/d'oppression; **to give sb the ~ of sth** donner carte blanche à qn pour qc

free enterprise *n* libre entreprise *f*

free-for-all *n* mêlée *f* générale

free kick *n* SPORTS coup *m* franc

freelance **I.** *n* free-lance *mf,* travailleur *m* autonome *Québec* **II.** *adj* free-lance *inv,* autonome *Québec* **III.** *adv* en free-lance **IV.** *vi* travailler en free-lance

freeload *vi pej, inf* grappiller; **to ~ off sb** profiter de qn

freeloader *vi pej, inf* parasite *m fig*

freely *adv* **1.** (*unrestrictedly*) librement; **I ~ admit that** je l'admets volontiers **2.** (*without obstruction*) sans contrainte **3.** (*frankly*) franchement **4.** (*generously*) généreusement

freeman <-men> *n* (*honorary citizen of city*) citoyen *m* d'honneur

free-market economy *n* économie *f* de marché

free port *n* franc port *m*

free-range *adj* fermier(-ère)

free speech *n* liberté *f* d'expression

free-standing *adj* **1.** (*not fixed*) non-encastré(e); (*lamp*) sur pied **2.** (*not part of group*) indépendant(e); (*organization*) autonome

freestyle **I.** *n* SPORTS nage *f* libre **II.** *adj* libre

freethinker *n* libre penseur, -euse *m, f*

freethinking **I.** *n* libre pensée *f* **II.** *adj* libre penseur(-euse)

free trade *n* libre-échange *m*

freeware *n* COMPUT logiciel *m* gratuit, gratuiciel *m Québec*

freeway *n* autoroute *f*

freewheeling *adj* (*person*) insouciant(e)

free will *n* libre arbitre *m;* **to do sth of one's own ~** faire qc de son propre chef

freeze [friz] <froze, frozen> **I.** *vi* **1.** (*become solid*) geler; **to ~ solid** durcir sous l'action du gel **2.** (*get cold*) geler; **to ~ to death** mourir de froid; **the lake's frozen over** le lac est complètement gelé **3.** *impers* (*be below freezing point*) **it ~s** il gèle **4.** *fig* se figer; **~!** ne bougez plus! **II.** *vt* **1.** (*turn to ice*) geler; (*food*) congeler **2.** *fig* glacer; **to ~ sb with a look** glacer qn sur place d'un regard **3.** CINE **to ~ an image** faire un arrêt sur image **4.** FIN (*pay*) geler; (*account*) bloquer **5.** (*anesthetize*) insensibiliser **6.** COMPUT figer ▶ **to make sb's blood ~** glacer le sang de qn **III.** *n* **1.** METEO gel *m;* **big ~** fortes gelées *fpl* **2.** ECON (*stoppage: of price, wage*) gel *m*

◆ **freeze out** *vt* (*member of group*) tenir à l'écart

freeze-dried *adj* lyophilisé(e)

freeze-frame *n* arrêt *m* sur image

freezer *n* congélateur *m;* **chest ~** congélateur bahut; **~ compartment** freezer *m*

freezing **I.** *adj* glacial(e); (*person*) gelé(e); **it's ~ out** il gèle dehors **II.** *n* congélation *f;* **to be above/below ~** être au-dessus/au-dessous de zéro

freezing fog *n* brouillard *m* givrant

freezing point *n* point *m* de congélation

freight [freɪt] **I.** *n inv* **1.** (*goods*) fret *m* **2.** (*transportation*) transport *m;* **air/rail ~** transport aérien/ferroviaire **3.** (*charge*) fret *m* **4.** RAIL train *m* de marchandises **II.** *adj* (*price*) de marchandises; (*charges*) de fret; (*company, service*) de transport **III.** *adv* (*by freight system*) **to send sth ~** expédier qc en régime ordinaire **IV.** *vt* **1.** (*transport*) affréter **2.** (*load*) *a. fig* charger; **to be ~ed with sth** être chargé de qc

freight car *n* RAIL wagon *m* de marchandises

freighter *n* **1.** (*ship*) cargo *m* **2.** (*plane*) avion-cargo *m*

freight train *n* RAIL train *m* de marchandises

French [fren(t)ʃ] **I.** *adj* français(e); **~ team** équipe *f* de France; **~ speaker** francophone *mf* **II.** *n* **1.** (*people*) **the ~** les Français *mpl* **2.** LING français *m;* **excuse my ~!** passez-moi l'expression!; *s.a.* **English**

French bread *n* pain *m* blanc

French dressing *n* (*vinaigrette*) vinaigrette *f;* (*creamy salad dressing*) *sauce salade à base de crème*

French fries *npl* (pommes) frites *fpl,* patates *fpl* frites *Québec*

French horn *n* MUS cor *m* d'harmonie

French kiss *n* patin *m inf*
Frenchman <-men> *n* Français *m*
French Revolution *n* **the ~** la Révolution Française
French toast *n* pain *m* perdu
French window *n* porte-fenêtre *f*
Frenchwoman <-women> *n* Française *f*
frenetic [frə·ˈneṱ·ɪk] *adj* frénétique; (*activity*) fébrile
frenzied *adj* frénétique; (*crowd*) en délire; (*bark*) déchaîné(e); (*yell*) de rage; (*effort*) désespéré(e)
frenzy [ˈfren·zi] *n* frénésie *f;* **a ~ of activity** une activité débordante; **a ~ of excitement** une folle excitation
frequency [ˈfri·kwən(t)·si] <-ies> *n* fréquence *f;* **low/high ~** basse/haute fréquence; **to happen with increasing ~** arriver de plus en plus fréquemment
frequency modulation *n* modulation *f* de fréquence
frequent [ˈfri·kwənt] **I.** *adj* **1.** (*happening often*) fréquent(e); (*expression*) courant(e) **2.** (*regular*) habituel(le); **a ~ visitor** un habitué; **a ~ flyer** un passager fidélisé **II.** *vt* fréquenter
frequently asked questions *n* foire *f* aux questions
fresco [ˈfres·koʊ] <-s *o* -es> *n* fresque *f*
fresh [freʃ] *adj* **1.** (*new*) frais(fraîche); **to make a ~ start** repartir à zéro; **~ in sb's mind** tout frais dans la mémoire de qc **2.** (*unused*) nouveau(-elle); (*shirt*) propre **3.** (*recently made*) frais(fraîche); **~ from university** frais émoulu de l'université; **~ from New York** nouvellement arrivé de New York; **~ from the oven/factory** qui sort du four/de l'usine; **~ from the suppliers** qui vient d'être livré; **~ off the presses** qui vient de paraître **4.** (*clean, cool, not stale*) frais(fraîche); (*air*) pur(e); **in the ~ air** au grand air; **to get a breath of ~ air** s'oxygéner **5.** METEO frais(fraîche) **6.** (*not tired*) frais(fraîche) et net(te) **7.** *inf* (*disrespectful*) effronté(e); **to get ~ with** (*teacher*) être insolent avec; (*woman*) prendre des libertés avec ▶ **to be as ~ as a daisy** être frais comme une rose; **to be ~ out of sth** être en panne de qc
freshen [ˈfreʃ·ᵊn] **I.** *vt* **1.** (*make newer*) rafraîchir **2.** (*refill*) **to ~ sb's drink** remplir à nouveau le verre de qn **II.** *vi* METEO se rafraîchir
◆**freshen up** **I.** *vi* faire un brin de toilette **II.** *vt* rafraîchir
freshman <-men> *n* **1.** UNIV étudiant(e) *m(f)* de première année **2.** (*newcomer*) nouveau venu, nouvelle venue *m, f*

> ℹ Un **Freshman** est aux USA un élève en classe de troisième, un *Sophomore* est un élève en classe de seconde, un *Junior*, un élève de première et un *Senior* un élève de terminale. Ce sont les termes en usage au cours des années de *High School*, même si celle-ci ne débute dans beaucoup de régions qu'à partir de la classe de seconde. Ces notions sont aussi utilisées pour désigner les étudiants des quatre premières années du *College*.

freshness *n* fraîcheur *f*
fresh water *n* eau *f* douce
freshwater *adj* d'eau douce
fret¹ [fret] <-tt-> *vi* s'inquiéter; (*child*) pleurnicher
fret² [fret] *n* MUS sillet *m*
fretful *adj* **1.** (*complaining*) grognon(ne) **2.** (*anxious*) agité(e); (*voice*) inquiet(-ète)
friar [fraɪər] *n* REL frère *m*
fricative [ˈfrɪk·ə·ṱɪv] **I.** *n* LING fricative *f* **II.** *adj* LING fricatif(-ive)
friction [ˈfrɪk·ʃᵊn] *n* friction *f;* (*between two things*) frottement *m;* (*between two people*) désaccord *m*
Friday [ˈfraɪ·deɪ] *n* vendredi *m;* **on ~s** le vendredi; **every ~** tous les vendredis; **this (coming) ~** ce vendredi; **that ~** ce vendredi-là; **on ~ mornings** le vendredi matin; **on ~ night** vendredi dans la nuit; **a week from ~** vendredi en huit; **every other ~** un vendredi sur deux; **on ~ we are going on vacation** vendredi, on part en vacances
fridge [frɪdʒ] *n* frigo *m*
fried chicken *n* poulet *m* frit
fried egg *n* œuf *m* au plat
friend [frend] *n* **1.** (*person*) ami(e) *m(f);* **childhood ~** ami d'enfance; **the best of ~s** les meilleurs amis du monde; **my old ~ the taxman** *iron* mon cher ami le fisc; **a ~ of mine/theirs** l'un de mes/leurs amis; **to be ~s with sb** être ami avec qn; **to be just good ~s** être bons amis, sans plus; **to be a (good) ~ to sb** être un véritable ami pour qn; **to make ~s with sb** se lier d'amitié avec qn **2.** (*supporter*) ami *m;* **the ~s of an organization** les amis d'une organisation ▶ **with ~s like him/her, who needs enemies?** Dieu me garde de mes amis; mes ennemis, je m'en charge!; **a ~ in need is a ~ indeed** *prov* c'est dans le besoin qu'on reconnaît ses vrais amis *prov;* **what are ~s for?** c'est à ça que servent les amis!
friendless *adj* sans amis; **to be ~** ne pas avoir d'ami
friendly <-ier, -iest> *adj* **1.** (*showing friendship*) amical(e); (*attitude*) aimable; (*pet*) affectueux(-euse); **not very ~** pas très gentil; **they became ~ on vacation** ils sont devenus amis en vacances; **to be on ~ terms with sb** être en bons termes avec qn; **to get too ~ with sb** se montrer trop familier avec qn **2.** (*pleasant*) **neighborhood, school** sympathique; (*reception*) accueillant(e) **3.** (*not competitive*) **a ~ nation** un pays ami
friendly fire *n* MIL tirs *mpl* amis

friendship *n* amitié *f;* **to form a ~ with sb** se lier d'amitié avec qn; **to strike up a ~ with sb** se prendre d'amitié pour qn; **the ties of ~** les liens *mpl* de l'amitié; **to hold out the hand of ~ to sb** tendre la main à qn

frieze [friz] *n* ARCHIT frise *f*

frigate ['frɪg·ət] *n* frégate *f*

fright [fraɪt] *n* **1.** *sing* (*feeling*) peur *f;* **to take ~ at sth** s'effrayer de qc **2.** (*awful experience*) frayeur *f;* **to get a ~** avoir peur; **to give sb a ~** effrayer qn ▶ **to get the ~ of one's life** avoir la peur de sa vie

frighten ['fraɪ·tᵊn] **I.** *vt* effrayer; **to ~ sb to death** [*o* **to ~ the life out of sb**] faire mourir qn de peur **II.** *vi* prendre peur; **to ~ easily** s'effrayer pour un rien

◆**frighten away, frighten off** *vt* faire fuir

frightful *adj* épouvantable

frigid ['frɪdʒ·ɪd] *adj* **1.** MED frigide **2.** GEO glacial(e) **3.** (*unfriendly*) froid(e)

frigidity [frɪ·'dʒɪd·ə·ṭi] *n* **1.** MED frigidité *f* **2.** *fig* froideur *f*

frill [frɪl] *n* **1.** FASHION volant *m;* (*of shirt*) jabot *m* **2.** (*strip of paper*) papillote *f* **3.** *pl, fig, inf* petits luxes *mpl;* **with no ~s** sans options; **a no-~s airline** une compagnie aérienne sans repas ni service

fringe [frɪn(d)ʒ] **I.** *n* **1.** (*edging*) bordure *f* **2.** *fig* (*outer edge*) périphérie *f;* (*of society*) marge *f;* (*of bushes*) lisière *f;* **~ groups** groupes *mpl* politiques en marge **II.** *vt* franger **III.** *adj* alternatif(-ive)

fringe benefits *n pl* avantages *mpl* sociaux

frippery ['frɪp·ᵊr·i] <-ies> *n pej* colifichet *m*

frisk [frɪsk] **I.** *vi* gambader **II.** *vt* fouiller

frisky ['frɪs·ki] <-ier, -iest> *adj* **1.** (*lively*) vif(vive); (*horse*) fringant(e) **2.** *inf* (*sexually playful*) chaud(e)

fritter ['frɪṭ·ər] *n* beignet *m;* **apple ~s** beignets aux pommes

◆**fritter away** *vt* gaspiller

frivolity [frɪ·'va·lə·ṭi] <-ies> *n* frivolité *f*

frivolous ['frɪv·ᵊl·əs] *adj pej* (*person*) frivole; (*thing*) futile

frizzy ['frɪz·i] *adj* crépu(e)

fro [froʊ] *adv* **to go to and ~** faire des va-et-vient

frock [frak] *n inf* robe *f*

frog [frɔg] *n* grenouille *f* ▶ **to have a ~ in one's throat** avoir un chat dans la gorge

frogman <-men> *n* homme-grenouille *m*

frog-march *vt* **to ~ sb** emmener qn de force

frolic ['fra·lɪk] **I.** <-ck-> *vi* s'ébattre **II.** *n* **~s** ébats *mpl*

frolicsome ['fra·lɪk·səm] *adj* folâtre

from [fram] *prep* **1.** de **2.** (*as starting point*) **where is he ~?** d'où est-il?; **the flight ~ Seattle** le vol (en provenance) de Seattle; **to fly ~ New York to Tokyo** aller de New York à Tokyo (en avion); **to go ~ door to door** aller de porte en porte; **shirts ~ $5** des chemises à partir de 5 dollars; **~ inside** de l'intérieur **3.** (*temporal*) **~ day to day** de jour en jour; **~ time to time** de temps en temps; **~ his childhood** depuis son enfance; **~ the age of 7 upward** dès l'âge de 7 ans; **~ that date on(ward)** à partir de cette date **4.** (*at distance to*) **100 feet ~ the river** à 100 pieds du fleuve; **far ~ doing sth** loin de faire qc **5.** (*source, origin*) **a card ~ Dad/Mexico** une carte de papa/du Mexique; **toys ~ China** jouets *mpl* venant de Chine; **to drink ~ a cup/the bottle** boire dans une tasse/à la bouteille; **to appear ~ among the trees/beneath sth** surgir d'entre les arbres/de dessous qc; **translated ~ the English** traduit de l'anglais; **quotations ~ Joyce** citations *fpl* de Joyce; **~ "War and Peace"** extrait [*o* tiré] de "Guerre et Paix"; **there have been complaints ~ the neighbors** il y a eu des plaintes de la part des voisins; **tell her ~ me** dites-lui de ma part **6.** (*in reference to*) **~ what I heard** d'après ce que j'ai entendu (dire); **~ my point of view** *a. fig* de mon point de vue; **to judge ~ appearances** juger selon les apparences; **different ~ the others** différent des autres **7.** (*caused by*) **~ experience** par expérience; **weak ~ hunger** affaibli par la faim; **to die ~ thirst** mourir de soif **8.** (*expressing removal, separation*) **to steal/take sth ~ sb** voler/prendre qc à qn; **to tell good ~ evil** distinguer le bien du mal; **to keep sth ~ sb** cacher qc à qn; **to shade sth ~ the sun** protéger qc du soleil; **4 subtracted ~ 7 equals 3** MATH 4 ôté de 7 égalent 3 ▶ **~ bad to worse** de mal en pis

front [frʌnt] **I.** *n* **1.** *sing* (*side: of machine*) avant *m;* (*of building*) façade *f;* (*of shop*) devanture *f;* (*of document*) recto *m;* **lying on his ~** allongé(e) sur le ventre; **the soup's gone all down your ~** tu as fait couler de la soupe sur toi **2.** (*area: of building, vehicle*) devant *m;* (*of crowd, audience*) premiers rangs *mpl;* **in the ~ of a car** à l'avant d'une voiture; **at the ~ of the procession** en tête du cortège **3.** PUBL (*outside cover: of magazine, book*) couverture *f;* (*of paper*) recto *m* **4.** (*ahead of sb/sth*) **to send sb on in ~** envoyer qn devant; **to be two points in ~** mener par deux points **5.** (*facing*) **in ~ of sb/sth** en face de qn/qc; **in ~ of witnesses** en présence de témoins **6.** (*appearance*) façade *f;* **to put on a bold ~** faire bonne contenance; **to be a ~ for sth** n'être qu'une couverture pour qc **7.** (*area of activity*) côté *m;* **on the work ~** sur le plan du travail **8.** MIL, POL, METEO front *m;* **at the ~** MIL au front **9.** *inf* (*impudence*) effronterie *f* ▶ **to pay up ~** payer d'avance **II.** *adj* **1.** (*in front*) de devant; (*leg, teeth*) de devant; (*wheel*) avant; (*view*) de face; (*seat*) au premier rang; (*in car*) à l'avant; **~ office** réception *f;* **on the ~ cover** en couverture **2.** *fig* de façade **III.** *vt* **1.** *passive* (*put a facade on*) **to be ~ed with sth** être recouvert de qc **2.** (*be head of*) diriger; (*group*) être à la tête de **3.** TV présenter **IV.** *vi* **1.** (*face*) **to ~ south** être exposé au sud; **to ~ onto sth** donner sur qc

F

2. *fig* **to ~ for sb/sth** servir de couverture à qn/qc

frontage ['frʌn·t̬ɪdʒ] *n* façade *f;* (*of store*) devanture *f;* **with lake ~** donnant sur le lac

frontage road *n* route *f* de service

frontal ['frʌn·t̬əl] *adj* frontal(e); (*view*) de face; (*attack*) de front

front door *n* porte *f* d'entrée

front-end *n* COMPUT interface *f* utilisateur

frontier [frʌn·'tɪr] *n* **1.** (*outlying areas*) **the ~** HIST *les confins des terres colonisées* **2.** (*limit*) frontière *f*

frontiersman <-men> *n* HIST *habitant des confins des terres colonisées*

front line *n* **1.** MIL front *m* **2.** *fig* première ligne *f*

front page *n* première page *f*

front-page *adj* à la une

front room *n* salon *m*

front runner *n* favori *m*

front-wheel drive *n* traction *f* avant

front yard *n* jardin *m* de devant

frost [frast] **I.** *n* **1.** (*ice crystals*) givre *m;* **ground ~** gelée blanche **2.** (*period*) gelée *f* **3.** (*temperature*) gel *m* **II.** *vt* **1.** (*cover with frost*) givrer **2.** CULIN glacer

frostbite ['fras(t)·baɪt] *n* gelure *f*

frostbitten *adj* gelé(e)

frost-bound *adj* durci(e) par le gel

frosted *adj* **1.** (*covered with frost*) gelé(e) **2.** CULIN glacé(e) **3.** (*opaque: glass*) dépoli(e)

frosting *n* glaçage *m*

frosty ['fra·sti] <-ier, -iest> *adj* **1.** (*cold: air*) glacial(e); (*earth*) gelé(e); (*window*) couvert(e) de givre **2.** *fig* glacial(e)

froth [fraθ] **I.** *n inv* écume *f* **II.** *vi* écumer; (*beer*) mousser; **to ~ at the mouth** *fig, inf* écumer de rage **III.** *vt* **to ~ sth (up)** faire mousser qc

frothy <-ier, -iest> *adj* mousseux(-euse); (*sea*) écumeux(-euse)

frown [fraʊn] **I.** *vi* froncer les sourcils; **to ~ at sb/sth** regarder qn/qc en fronçant les sourcils; **to ~ on sth** *fig* voir qc d'un mauvais œil **II.** *n* froncement *m* de sourcils

froze [froʊz] *pt of* **freeze**

frozen **I.** *pp of* **freeze** **II.** *adj* **1.** (*covered with ice*) gelé(e) **2.** (*deep-frozen*) congelé(e); **~ foods** surgelés *mpl* **3.** (*cold*) glacé(e) **4.** FIN bloqué(e)

frugal ['fru·gəl] *adj* frugal(e); (*person*) sobre; **to be ~ with sth** économiser qc

fruit [frut] **I.** *n* **1.** BOT fruit *m;* **to be in ~** porter des fruits **2.** *fig* (*results*) fruits *mpl;* **to bear ~** porter ses fruits **II.** *vi* porter des fruits

fruitcake *n* **1.** CULIN cake *m* **2.** *inf* (*person*) cinglé(e) *m(f)*

fruit cocktail *n* macédoine *f* de fruits

fruitful *adj* fructueux(-euse)

fruition [fru·'ɪʃ·ən] *n* **to come to ~** se réaliser

fruitless *adj* stérile

fruit salad *n* salade *f* de fruits

fruity ['fru·t̬i] <-ier, -iest> *adj* **1.** (*tasting of fruit*) fruité(e); (*taste*) de fruit **2.** (*rich: voice*) timbré(e); (*laugh*) généreux(-euse) **3.** *inf* (*suggestive: joke*) salé(e)

frump *n pej: femme mal fagotée*

frumpy *adj pej* (*woman*) mal fagoté(e); (*clothing*) vieux jeu *inv*

frustrate ['frʌs·treɪt] <-ting> *vt* **1.** (*annoy*) énerver **2.** (*foil*) contrecarrer

frustrated *adj* frustré(e); (*effort*) vain(e)

frustrating *adj* (*behavior, child*) énervant(e); (*period, experience*) frustrant(e)

frustration *n* frustration *f*

fry[1] [fraɪ] <-ie-> **I.** *vt* faire frire **II.** *vi* **1.** (*be cooked*) frire **2.** *inf* (*get burned*) griller

fry[2] [fraɪ] *n* fretin *m*

frying pan *n* poêle *f* (à frire) ►**out of the ~, into the fire** de mal en pis

ft. *n abbr of* **foot or feet** pied *m*

fuchsia ['fju·ʃə] **I.** *n* fuchsia *m* **II.** *adj* fuchsia

fuck [fʌk] *vulg* **I.** *vt* **1.** (*have sex with*) baiser **2.** *impers* (*damn*) **~ it!** merde!; **~ you!** je t'emmerde!; **~ off!** va te faire foutre! **II.** *vi* baiser **III.** *n* **1.** (*act*) baise *f* **2.** (*person*) **a good/bad ~** un bon/mauvais coup **3.** (*used as an expletive*) **what the ~ are you doing?** qu'est-ce que tu fous, bordel de merde? **4.** (*intensifier*) **will you go there? – the ~ I will!** tu va y aller? – tu déconnes ou quoi!; **not to give a ~** n'en avoir rien à foutre **IV.** *interj* **~!** bordel de merde!

fucker *n vulg* (*stupid person*) connard, connasse *m, f*

fucking *vulg* **I.** *adj* de merde; **why won't this ~ thing work?** pourquoi est-ce que ce putain de truc ne marche pas?; **what a ~ idiot!** quel idiot fini! **II.** *adv* **I know ~ well what happened** je sais ce qui s'est passé, putain

fuddled ['fʌd·ld] *adj* **1.** (*confused*) embrouillé(e) **2.** (*drunk*) éméché(e)

fuddy-duddy ['fʌd·i·ˌdʌd·i] **I.** <-ies> *n pej, inf* (*old-fashioned person*) vieux schnock *m* **II.** *adj pej, inf* ringard(e)

fudge [fʌdʒ] **I.** *n* **1.** (*candy*) caramel *m* mou **2.** *sing, pej* (*compromise*) faux-fuyant *m* **II.** <-ging> *vt* **1.** *pej* (*falsify*) truquer **2.** *pej* (*dodge*) esquiver

fuel ['fju·əl] **I.** *n* **1.** (*power source*) combustible *m* **2.** (*petrol*) carburant *m;* **unleaded ~** essence *f* sans plomb ►**to add ~ to the fire** jeter de l'huile sur le feu **II.** <-l- *o* -ll-> *vt a. fig* alimenter; (*hatred*) attiser; (*doubts*) nourrir; **to be ~ed by sth** marcher à qc

fuel consumption *n* consommation *f* d'énergie; (*cars*) consommation *f* de carburant

fuel gauge *n* jauge *f* de carburant

fuel-injection engine *n* moteur *m* à injection

fuel oil *n* mazout *m*

fuel pump *n* pompe *f* d'alimentation

fug [fʌg] *n* odeur *f* de renfermé

fugitive ['fju·dʒə·t̬ɪv] **I.** *n* fugitif, -ive *m, f;* (*from war*) réfugié(e) *m(f)* **II.** *adj* fugitif(-ive)

fugue [fjug] *n* MUS fugue *f*

fulfill [fʊl·'fɪl] *vt* **1.** (*satisfy*) accomplir; (*ambi-*

tion, one's potential) réaliser; (*person*) combler; **to ~ oneself** s'épanouir **2.** (*carry out: prophecy*) réaliser; (*contract, function*) remplir; (*promise, role*) tenir

fulfillment *n* (*of task*) accomplissement *m;* (*of ambition*) réalisation *f;* **personal ~** épanouissement *m* personnel

full [fʊl] **I.** <-er, -est> *adj* **1.** (*opp: empty*) plein(e); (*person*) rassasié(e); (*room*) comble; (*disk*) saturé(e); **~ to the brim** rempli à ras bord; **~ of hate** plein de haine; **to be ~ of praise for sb/sth** ne pas tarir d'éloges sur qn/qc; **to talk with one's mouth ~** parler la bouche pleine; **to do sth on a ~ stomach** faire qc le ventre plein **2.** (*no spaces left: list, hotel*) complet(-ète); **everywhere was ~** tout était complet **3.** (*complete*) complet(-ète); (*text*) intégral(e); (*day*) bien rempli(e); (*explanation*) détaillé(e); (*member*) à part entière; (*professor*) titulaire; **I have a very ~ week ahead** je vais avoir une semaine très chargée; **~ details of the offer** toutes les précisions sur la promotion; **the ~ form of a word** un mot écrit en toutes lettres; **on ~ pay** sans réduction de paye; **~ employment** le plein-emploi; **the ~ horror of sth** toute l'horreur de qc; **to be in ~ swing** battre son plein; **to come to a ~ stop** s'arrêter complètement; **we waited a ~ hour** on a attendu toute une heure; **in ~ view of sb** sous les yeux de qn; **to be ~ of sth** ne parler que de qc; **to be ~ of oneself** être très satisfait de soi **4.** (*maximum*) plein(e); **at ~ volume** à plein volume; **at ~ blast** à fond; **at ~ stretch** tendu au maximum; *fig* à plein régime; **at ~ speed** à toute vitesse; **~ steam ahead!** NAUT en avant toutes! **5.** (*rounded: face, cheeks*) rond(e); (*lips*) charnu(e); (*figure*) fort(e); (*skirt*) ample ▶ **to be ~ of beans** (*badly mistaken*) se gourer complètement; **things have come ~ circle** la boucle est bouclée; **to be ~ of the joys of spring** être en pleine forme **II.** *adv* complètement; **~ in the face** en plein visage; **to be ~ on** être à fond; **I know ~ well that ...** je sais parfaitement que ... **III.** *n* **in ~** intégralement; **to the ~** à fond; **name in ~** nom et prénoms

fullback *n* SPORTS arrière *m*

full-blooded *adj* (*vigorous*) vigoureux(-euse)

full-blown *adj* **1.** BOT épanoui(e) **2.** *fig* (*doctor*) diplômé(e); (*aids*) avéré(e); (*war*) qui fait rage

full-bodied *adj* (*wine*) qui a du corps

full-faced *adj* au visage rond

full-fledged *adj* **1.** ZOOL qui a toutes ses plumes **2.** (*qualified*) diplômé(e); (*member*) à part entière

full-frontal **I.** *adj* vu(e) de face **II.** *n* nu *m* de face

full-grown *adj* adulte

full-length **I.** *adj* **1.** (*for entire body: mirror*) en pied; (*gown*) long(ue) **2.** (*not short: novel*) grand(e); **a ~ film** un long métrage **II.** *adv* de tout son long

full moon *n* pleine lune *f*

fullness *n* **1.** (*feeling*) plénitude *f* **2.** (*shape: of figure*) rondeur *f;* (*of dress, voice*) ampleur *f* **3.** *fig* (*of speech, flavor*) richesse *f* ▶ **in the ~ of time** avec le temps

full-page *adj* (*advertisement*) pleine page

full-scale *adj* **1.** (*at the same size*) grandeur nature **2.** (*total*) général(e); (*war*) généralisé(e) **3.** (*extensive: action*) de grande envergure; (*study*) approfondi(e)

full-time **I.** *adj* à plein temps; **it's a ~ job doing that** *fig* ça occupe du matin au soir **II.** *adv* à plein temps

fully ['fʊl·i] *adv* **1.** (*completely*) entièrement; (*open*) complètement; (*appreciate*) pleinement; (*understand*) parfaitement; (*study*) à fond; (*explain*) en détail; (*load*) au maximum; **the flight's ~ booked** le vol est complet **2.** (*at least*) au moins; **~ three hours** trois bonnes heures; **~ five years** au moins cinq ans

fulminate ['fʌl·mɪ·neɪt] *vi* fulminer

fulsome ['fʊl·səm] *adj* **1.** (*praising*) enthousiaste **2.** (*abundant*) excessif(-ive); **~ compliments** effusions *fpl*

fumble ['fʌm·bl] **I.** *vi* **1.** (*look for something*) **to ~ around** fouiller **2.** (*feel for something*) **to ~ around** tâtonner **3.** (*try to say something*) **to ~ for words** chercher ses mots **4.** SPORTS laisser tomber le ballon **II.** *vt* **1.** SPORTS **to ~ the ball** mal attraper le ballon; (*football*) perdre le ballon dans la course **2.** (*be awkward with*) manier maladroitement; **to ~ an answer** bredouiller une réponse **III.** *n* maladresse *f*

fume [fjum] *vi a. fig* fulminer; **to ~ at sth** fulminer contre qc

fumes *n pl* émanations *fpl;* (*from cars*) vapeurs *fpl* d'essence

fumigate ['fju·mɪ·geɪt] *vt* fumiger

fun [fʌn] **I.** *n* amusement *m;* **for ~** pour s'amuser; **have ~!** amusez-vous bien!; **we had a lot of ~ painting it** on s'est bien amusés à peindre ça; **he's a lot of ~** il est très marrant; **you're no ~!** tu n'es pas marrant!; **to make ~ of sb** se moquer de qn **II.** *adj* drôle; **to be ~** être amusant

function ['fʌŋ(k)·ʃᵊn] **I.** *n* **1.** (*purpose*) *a.* MATH fonction *f;* **in my ~ as mayor ...** en tant que maire ...; **to fulfill a ~** remplir un rôle; **to be a ~ of sth** être (en) fonction de qc **2.** (*formal ceremony*) cérémonie *f* **3.** (*formal social event*) réception *f* **II.** *vi* fonctionner; **to ~ as sth** faire fonction de qc

functional *adj* **1.** (*serving a function*) *a.* MED fonctionnel(le) **2.** (*operational, working*) opérationnel(le)

functionary ['fʌŋ(k)·ʃᵊn·er·i] <-ries> *n* fonctionnaire *mf*

function key *n* COMPUT touche *f* de fonction

fund [fʌnd] **I.** *n* fonds *m;* **pension ~** caisse *f* de retraite; **to be short of ~s** être à court de capitaux ▶ **to have a ~ of sth** connaître des quantités de choses **II.** *vt* financer

fundamental [ˌfʌn·də·'men·t̬ᵊl] *adj* fonda-

F

mental(e); (*need*) vital(e); (*principle*) premier(-ère); (*question, concern*) principal(e); (*importance, error*) capital(e); **to learn the ~s** apprendre les principes de base
fundamentalism [ˌfʌn·də·ˈmen·ţᵊl·ɪ·zᵊm] *n* fondamentalisme *m*
fundamentalist **I.** *n* fondamentaliste *mf* **II.** *adj* fondamentaliste
fundamentally *adv* **1.** (*basically*) fondamentalement; **~ honest** foncièrement honnête **2.** (*in the most important sense*) **~, ...** au fond, ...
funeral [ˈfju·nᵊr·əl] *n* funérailles *fpl;* **to attend a ~** assister à un enterrement
funeral director *n* entrepreneur *m* des pompes funèbres
funeral home *n* entreprise *f* de pompes funèbres, salon *m* funéraire [*o* mortuaire] *Québec*
funeral march <-es> *n* marche *f* funèbre
funeral parlor *n s.* **funeral home**
funereal [fju·ˈnɪr·i·əl] *adj* **1.** (*appropriate to a funeral*) funèbre **2.** (*slow and sad*) lugubre
fungus [ˈfʌŋ·gəs] *n* <fungi> **1.** CULIN champignon *m* **2.** MED mycose *f* **3.** (*mold*) moisissure *f*
funicular [fju·ˈnɪk·ju·lər], **funicular railway** *n* funiculaire *m*
funk [fʌŋk] *n* **1.** (*depression*) déprime *f;* **to be in a ~** avoir le cafard **2.** MUS funk *m*
funky <-ier, -iest> *adj inf* **1.** MUS funky *inv* **2.** (*cool*) funky *inv* **3.** (*smelly*) puant(e)
fun-loving *adj* qui aime s'amuser
funnel [ˈfʌn·ᵊl] **I.** *n* **1.** (*implement*) entonnoir *m* **2.** (*chimney*) cheminée *f* **II.** <-l- *o* -ll-> *vt* *a. fig* verser; (*attention*) canaliser; (*goods, information*) faire passer **III.** *vi* (*people*) s'engouffrer; (*liquid, gases*) passer
funnies *npl inf* bandes *fpl* dessinées
funny [ˈfʌn·i] <-ier, -iest> *adj* **1.** (*amusing*) drôle; (*joke*) bon(ne) **2.** (*odd, peculiar*) curieux(-euse); (*thing*) bizarre; (*feeling*) étrange; (*idea*) drôle; **to look ~** être bizarre; **it feels ~ being back here** ça fait bizarre d'être de retour ici **3.** (*dishonest*) malhonnête; (*business*) louche **4.** (*not working or feeling well*) **to feel ~** ne pas se sentir bien; **sth goes ~** qc se met à ne plus bien marcher **5.** *inf* **don't try anything ~** ne fais pas le malin
funny bone *n inf: fourmillement ressenti quand on se cogne le coude*
funny business *n inf* magouilles *fpl*
fur [fɜr] *n* **1.** (*animal hair*) poils *mpl* **2.** (*clothing*) fourrure *f* **3.** *pl* (*in hunting*) peaux *fpl* ▶ **the ~ flies** il y a du grabuge
furious [ˈfjʊr·i·əs] *adj* **1.** (*very angry*) furieux(-euse); **to be ~ with sb** être en colère contre qn **2.** (*intense, violent: argument, storm*) violent(e); **at a ~ pace** au pas de charge
furl [fɜrl] *vt* rouler; (*sail*) ferler
furlong [ˈfɜr·lɔŋ] *n* furlong *m* (≈ *201 mètres*)
furlough [ˈfɜr·loʊ] *n* MIL permission *f*
furnace [ˈfɜr·nɪs] *n* **1.** (*central heating unit*) chaudière *f* **2.** (*container for heating*) fourneau *m* **3.** (*very hot place*) fournaise *f*
furnish [ˈfɜr·nɪʃ] *vt* **1.** (*supply*) fournir; **to ~ sb with sth** fournir qc à qn **2.** (*provide furniture*) meubler; **to be ~ed with sth** être équipé en qc
furnishings *npl* ameublement *m*
furniture [ˈfɜr·nɪ·tʃər] *n* meubles *mpl;* **piece of ~** meuble *m* ▶ **to be part of the ~** faire partie des meubles
furniture store *n* magasin *m* d'ameublement
furor [ˈfjʊr·ɔr] *n* (*outcry*) colère *f;* **to cause a ~** déclencher la fureur
furrow [ˈfɜr·oʊ] **I.** *n* **1.** (*groove*) sillon *m* **2.** (*wrinkle*) ride *f* **II.** *vt* **1.** (*make a groove*) labourer **2.** (*make a wrinkle*) rider; **to ~ one's brow** plisser le front
furry [ˈfɜr·i] <-ier, -iest> *adj* **1.** (*covered with fur*) à poil **2.** (*looking like fur: toy*) en peluche
further [ˈfɜr·ðər] **I.** *adj comp of* **far** **1.** (*additional*) supplémentaire; **if you have any ~ problems, ...** si vous avez d'autres problèmes, ...; **on ~ examination** après examen ultérieur; **until ~ notice** jusqu'à nouvel ordre **2.** (*greater distance*) *a. fig* plus éloigné(e) **II.** *adv comp of* **far** **1.** (*greater extent*) plus loin; **~ away** plus loin; **we didn't get much ~** nous ne sommes pas allés plus loin; **to go ~ with sth** aller plus avant dans qc; **he wouldn't go any ~** il refusait d'aller plus loin; **to look ~ ahead** regarder vers l'avenir **2.** (*greater distance*) plus loin; **~ along the coast** plus loin sur la côte **3.** (*more*) de plus; **I have nothing ~ to say on this matter** je n'ai rien à ajouter à ce sujet ▶ **to make sth go ~** faire durer qc **III.** *vt* faire avancer; (*cause, interest*) servir; (*training, research*) poursuivre; (*career*) faire avancer
furtherance [ˈfɜr·ðᵊr·ᵊn(t)s] *n form* avancement *m;* **in the ~ of sth** pour servir qc
furthermore *adv* en outre
furthermost *adj* le(la) plus reculé(e)
furthest [ˈfɜr·ðɪst] **I.** *adj superl of* **far** *a. fig* le(la) plus éloigné(e); **the ~ island from the mainland** l'île la plus éloignée du continent **II.** *adv superl of* **far** *a. fig* le plus loin; **to be ~ north** être plus au nord; **$500 is the ~ I can go** 500 dollars est mon dernier prix
furtive [ˈfɜr·ţɪv] *adj* (*glance, look*) furtif(-ive); (*air, manner, person*) sournois(e)
fury [ˈfjʊr·i] *n* fureur *f;* **in a ~** dans un accès de colère; **in a cold ~** dans une rage froide ▶ **to work like ~** travailler d'arrache-pied
fuse [fjuz] **I.** *n* **1.** (*electrical safety device*) fusible *m;* **to blow a ~** faire sauter un plomb **2.** (*ignition device, detonator*) détonateur *m* **3.** (*string*) mèche *f* ▶ **to have a short ~** ne pas avoir de patience; **to blow one's ~** péter les plombs **II.** *vi* **1.** (*melt*) fondre; **to ~ together** s'unifier **2.** (*connect*) *a. fig* fusionner **III.** *vt* **1.** (*melt*) fondre **2.** (*connect*) faire fusionner
fuse box <-xes> *n* boîte *f* à fusibles
fuselage [ˈfju·sə·laʒ] *n* fuselage *m*
fusion [ˈfju·ʒᵊn] *n a. fig* fusion *f*

fusion bomb *n* bombe *f* thermonucléaire

fuss [fʌs] **I.** *n* **1.** (*trouble*) histoires *f;* **to make a ~ about sth** faire des histoires pour qc; **I had to make a big ~ to get a refund** j'ai du faire tout un scandale pour me faire rembourser **2. attentiveness** attentions *fpl;* **to make a ~ over sb** être aux petits soins pour qn **II.** *vi* **1.** (*make a fuss*) faire des histoires **2.** (*worry*) **to ~ over sb/sth** s'en faire énormément au sujet de qn/qc **3.** (*be agitated*) s'agiter **4.** (*show attention*) **to ~ over sb** être aux petits soins pour qn **III.** *vt* **I'm not ~ed** ça m'est égal

fussbudget *n inf* enquiquineur, -euse *m, f;* **to be a ~** faire des histoires

fussy ['fʌs·i] <-ier, -iest> *adj* **1.** *pej* (*picky*) méticuleux(-euse); **to be a ~ eater** être difficile sur la nourriture **2.** (*upset: baby*) qui fait ses caprices **3.** *pej* (*over decorated*) surchargé(e) **4.** (*needing much care: job*) minutieux(-euse)

futile ['fju·ţəl] *adj* **1.** (*vain*) vain(e) **2.** (*unimportant*) futile; **to prove ~** se révéler dérisoire

futility [fju·'tɪl·ə·ţi] *n* inutilité *f*

future ['fju·tʃər] **I.** *n* **1.** (*the time to come*) avenir *m;* **to have plans for the ~** avoir des projets pour l'avenir; **what the ~ will bring** ce que l'avenir nous réserve; **in the ~** à l'avenir **2.** (*prospects*) avenir *m;* **she has a great ~ ahead of her** elle a un bel avenir devant elle; **to face an uncertain ~** affronter des lendemains incertains; **the school of the ~** l'école *f* du futur **3.** LING futur *m;* **to be in the ~ (tense)** être au futur **4.** *pl* FIN marchés *mpl* à terme **II.** *adj* futur(e); (*events*) à venir; **at some ~ date** à une date ultérieure

futurism *n* futurisme *m*

futuristic [ˌfju·tʃə·'rɪs·tɪk] *adj* futuriste

fuze [fjuz] **I.** *n* (*ignition device, detonator*) détonateur *m;* (*string*) mèche *f* **II.** *vt* (*bomb*) amorcer

fuzz [fʌz] *n* **1.** (*fluff*) peluches *fpl* **2.** (*hair*) touffe *f;* (*on face*) duvet *m* **3.** *inf* (*police*) **the ~** les flics *mpl*

fuzzy *adj* **1.** (*unclear: image*) flou(e); (*sound, reception*) brouillé(e) **2.** *fig* (*confused*) confus(e) **3.** (*frizzy: hair*) crépu(e); **peaches have ~ skins** les pêches ont des peaux duveteuses

FYI *abbr of* **for your information** pour (votre) information

G

G, g [dʒi] <-'s *o* -s> *n* G *m,* g *m;* **~ as in Golf** (*on telephone*) g comme Gaston

g *n* **1.** <-> *abbr of* **gram** g *m* **2.** <-'s> PHYS *abbr of* **gravity** g *m*

G[1] *n* MUS sol *m*

G[2] **I.** <-'s> *n inf* (*$1000*) mille dollars *mpl* **II.** *adj inv abbr of* **General Audiences** (*movie*) tout public; **rated ~** classé tout public

G7 *n abbr of* **Group of 7 the ~** le G7

G8 *n abbr of* **Group of 8 the ~** le G8

GA *n abbr of* **Georgia**

gab [gæb] **I.** <-bb-> *vi pej, inf* papoter **II.** *n pej* bagout *m;* **to have the gift of the ~** avoir du bagout

gabardine ['gæb·ər·din] *n* **1.** (*cloth*) gabardine *f* **2.** (*coat*) gabardine *f*

gabble ['gæb·l] **I.** *vi* bredouiller; **to ~ away** *pej* baragouiner **II.** *vt* bredouiller **III.** *n* bredouillement *m*

gabby <-ier, -iest> *adj inf* jacasseur(-euse)

gaberdine *n s.* **gabardine**

gable ['geɪ·bl] *n* ARCHIT pignon *m*

gabled *adj* à pignon(s)

gadfly ['gæd·flaɪ] <-ies> *n* **1.** (*insect*) taon *m* **2.** (*person*) casse-pieds *mf inv*

gadget ['gædʒ·ɪt] *n* gadget *m*

gadgetry ['gædʒ·ɪ·tri] *n* gadgets *mpl*

Gaelic ['geɪ·lɪk] **I.** *adj* gaélique **II.** *n* Gaélique *m; s.a.* **English**

gaff(e) [gæf] *n* gaffe *f*

gaffer *n* TV chef électricien(ne) *m(f)*

gag[1] [gæg] **I.** *n* (*cloth*) bâillon *m* **II.** <-gg-> *vt a. fig* bâillonner **III.** <-gg-> *vi* avoir des haut-le-cœur

gag[2] **I.** *n* (*joke*) gag *m;* **to do sth for a ~** faire qc pour rire **II.** <-gg-> *vi* plaisanter

gaga ['ga·ga] *adj inf* gaga *inv;* **to go ~** devenir gaga; **to be ~ about** [*o* **over**] **sb** être gaga de qn

gage [geɪdʒ] *s.* **gauge**

gaggle ['gæg·l] *n* (*group*) *a. pej* troupeau *m*

gaiety ['geɪ·ə·ţi] <-ies> *n* gaieté *f*

gaily ['geɪ·li] *adv* **1.** (*happily*) joyeusement; (*laugh*) de bon cœur **2.** (*without thinking*) allègrement **3.** (*brightly*) **~ colored** aux couleurs gaies

gain [geɪn] **I.** *n* **1.** (*profit*) gain *m,* profit *m;* **to do sth for ~** faire qc par intérêt **2.** (*increase*) augmentation *f;* **a ~ in sth** une augmentation de qc; **weight ~** prise *f* de poids **3.** FIN hausse *f;* **to make ~s** être en hausse **4.** (*advantage*) gain *m* **II.** *vt* **1.** (*obtain*) obtenir; (*confidence, respect, sympathy*) gagner; (*experience, knowledge, reputation*) acquérir; (*victory, success*) remporter; **to ~ time/money** gagner du temps/de l'argent; **to ~ freedom/independence** conquérir sa liberté/son indépendance; **to ~ access to sth** accéder à qc; **to ~ acceptance** être accepté; **to ~ control of sth** prendre le contrôle de qc; **to ~ an impression** avoir une impression; **to ~ insight into sth** avoir un aperçu de qc **2.** (*increase*) gagner; **to ~ altitude** gagner de l'altitude; **to ~ weight/velocity** prendre du poids/de la vitesse; **to ~ popularity/prestige** gagner en popularité/en prestige; **to ~ impetus** [*o* **momentum**] prendre de l'ampleur; **to ~**

strength prendre des forces; **to ~ two minutes** (*clock*) avancer de deux minutes; **to ~ ground** gagner du terrain; (*progress*) progresser; **to ~ ground on sb** (*catch up*) rattraper qn **3.** (*reach: destination*) atteindre ▶ **to ~ a foothold** prendre pied; **to ~ the upper hand** prendre le dessus; **nothing ventured, nothing ~ed** *prov* qui ne risque rien n'a rien *prov* **III.** *vi* **1.** (*benefit*) **to ~ by sth** bénéficier de qc; **to ~ by doing sth** gagner à faire qc **2.** (*increase: prices, numbers*) augmenter; **to ~ in popularity** gagner en popularité; **to ~ in confidence** prendre de l'assurance; **to ~ in numbers/height** devenir plus nombreux/plus grand; **to ~ in weight** prendre du poids **3.** (*catch up*) **to ~ on sb/sth** rattraper qn/qc

gainer *n* gagnant(e) *m(f)*

gainful *adj inv* lucratif(-ive); (*employment*) rémunéré(e)

gainfully *adv inv* **to be ~ employed** avoir un emploi rémunéré; **to keep sb ~ employed** employer qn utilement

gainsay <-said, -said> *vt form* contredire

gait [geɪt] *n* démarche *f;* **to walk with a slow/clumsy ~** marcher d'un pas nonchalant/mal assuré

gaiter *n* guêtre *f*

gal[1] [gæl] *n iron, inf* (*girl*) fille *f*

gal[2] ['gæl·ən] <-(s)> *n abbr of* **gallon**

gala ['geɪ·lə] *n* (*social event*) gala *m;* **a ~ night** une nuit de gala

galactic [gə·'læk·tɪk] *adj inv* galactique

galaxy ['gæl·ək·si] <-ies> *n* **1.** (*star system*) galaxie *f* **2.** (*Milky Way*) **the ~** la Voie Lactée **3.** (*group*) pléiade *f*

gale [geɪl] *n* **1.** (*wind*) vent *m* violent; **~-force winds** vents *mpl* forts **2.** *fig* éclat *m;* **~s of laughter** éclats de rire

gale warning *n* avis *m* de tempête

gall [gɔl] **I.** *n* **1.** (*bile*) bile *f* **2.** (*bold behavior*) culot *m* **II.** *vt* irriter

gallant ['gæl·ənt] *adj* **1.** (*chivalrous*) galant(e) **2.** (*brave*) vaillant(e)

gallantly *adv* **1.** (*with charm*) galamment **2.** (*bravely*) vaillamment

gallantry ['gæl·ən·tri] *n* **1.** (*chivalry*) galanterie *f* **2.** (*courage*) courage *m*

gall bladder *n* vésicule *f* biliaire

gallery ['gæl·ᵊr·i] <-ies> *n* galerie *f* ▶ **to play to the ~** épater la galerie

galley ['gæl·i] *n* **1.** (*boat*) galère *f* **2.** (*kitchen*) cuisine *f*

galley slave *n* galérien *m*

Gallic ['gæl·ɪk] *adj* **1.** (*of Gaul*) gaulois(e); **the ~ Wars** les guerres *fpl* des Gaules **2.** (*typically French*) bien français(e)

galling *adj* humiliant(e)

gallivant [,gæl·ə·'vænt] *vi inf* **to ~ about** [*o* **around**] être en vadrouille

gallon ['gæl·ən] *n* **1.** (*unit*) gallon *m* (≈ *3,79 litres aux Etats-Unis*) **2.** (*lots*) **~s of sth** litres *mpl* de qc

gallop ['gæl·əp] **I.** *vi a. fig* (*horse*) galoper; (*rider*) aller au galop; **to ~ away** partir au galop; **to ~ down the street** descendre la rue au galop; (*to be in a hurry*) descendre la rue à toute allure; **to ~ through one's work** expédier son travail **II.** *vt* (*cause to gallop: a horse*) faire galoper **III.** *n sing* galop *m;* **at a ~** *fig* au galop; **to break into a ~** se mettre au galop

galloping *adj inv* galopant(e)

gallows ['gæl·oʊz] *n + sing vb* **the ~** la potence

gallows humor *n* humour *m* noir

gallstone ['gɔl·stoʊn] *n* calcul *m* biliaire

Gallup poll® ['gæl·əp poʊl] *n* sondage *m* Gallup

galore [gə·'lɔr] *adj inv* à profusion

galvanize ['gæl·və·naɪz] *vt a. fig* galvaniser; **to ~ sb into action** pousser qn à agir

galvanized *adj inv* galvanisé(e)

Gambia ['gæm·bi·ə] *n* (**the**) **~** la Gambie

Gambian **I.** *adj inv* gambien(ne) **II.** *n* Gambien(ne) *m(f)*

gambit ['gæm·bɪt] *n* **1.** (*in chess*) gambit *m* **2.** (*tactic*) tactique *f;* **opening ~** manœuvre *f* d'approche

gamble ['gæm·bl] **I.** *n* risque *m;* **to take a ~** prendre un risque **II.** *vi* **1.** (*bet*) jouer (de l'argent); **to ~ at cards/on horses** jouer aux cartes/aux courses; **to ~ on the stock market** jouer en bourse **2.** (*take a risk hoping*) **to ~ on sb/sth** compter sur qn/qc; **to ~ on doing sth** compter faire qc **III.** *vt* jouer; **to ~ everything on sth** *fig* tout miser sur qc

◆**gamble away** *vt* perdre au jeu

gambler *n* joueur, -euse *m, f*

gambling *n* jeu *m*

gambling debts *n* dettes *fpl* de jeu

gambling den *n pej* tripot *m*

gambling house *n* salle *f* de jeu

gambling joint *n s.* **gambling den**

game[1] [geɪm] **I.** *n* **1.** (*play, amusement*) jeu *m;* **computer ~** jeu électronique; **~ of chance/skill** jeu de hasard/d'adresse; **to be just a ~ to sb** *a. fig* n'être qu'un jeu pour qn **2.** (*contest: board game, chess*) partie *f;* (*baseball, football*) match *m;* (*tennis*) jeu *m;* **~ over** fin *f* de partie; **to play a good ~** faire un bon match **3.** SPORTS (*skill level*) jeu *m;* **to be off one's ~** ne pas être en forme; **to be on one's ~** bien jouer **4.** *pej* (*dishonest plan*) jeu *m;* **the ~ is up** l'affaire est à l'eau; **to be up to one's old ~s** refaire des siennes; **to play ~s with sb** jouer avec qn; **to beat sb at their own ~** battre qn à son propre jeu **5.** *pl* (*organized*) jeux *mpl;* **the Olympic Games** les Jeux olympiques ▶ **the ~ is worth the candle** le jeu en vaut la chandelle; **to play the ~** jouer le jeu; **to give the ~ away** vendre la mèche; **~ over!** fin de la partie!; **what's your ~?** où veux-tu en venir? **II.** *adj inf* **1.** (*willing*) partant(e); **to be ~ to** *+infin* être partant pour *+infin* **2.** (*lame: leg*) estropié(e)

game[2] [geɪm] *n* ZOOL, CULIN gibier *m*

game birds *n pl* gibier *m* à plumes
gamecock *n* coq *m* de combat
gamekeeper *n* garde-chasse *m*
game laws *npl* règles *fpl* du jeu
game license *n* permis *m* de chasse
gamely *adv* courageusement
game plan *n* stratégie *f*
gameplay *n* COMPUT gameplay *m*
game point *n* (*in tennis, handball*) balle *f* de jeu
game reserve *n* réserve *f* naturelle
game room *n* salle *f* de jeux
game show *n* jeu *m* télévisé
gamesmanship *n* astuce *f*
game theory *n* théorie *f* des jeux
gaming *n* jeu *m;* **~ house** maison *f* de jeu; **~ table** table *f* de jeu
gamma radiation, gamma rays *npl* rayons *mpl* gamma
gammon ['gæm·ən] *n* (*ham*) jambon *m*
gamut ['gæm·ət] *n* gamme *f;* **to run the ~ of sth** passer par toute la gamme de qc
gander ['gæn·dər] *n* **1.** (*male goose*) jars *m* **2.** *inf* (*look*) **to take a ~ at sth** jeter un coup d'œil à qc ▶ **what's good for the goose is good for the ~** *prov* ce qui vaut pour l'un vaut pour l'autre
gang [gæŋ] **I.** *n* **1.** (*organized group*) bande *f;* (*of workers*) équipe *f* **2.** *pej* (*criminal group*) gang *m* **3.** *inf* (*group of friends*) bande *f* **II.** *vi pej* **to ~ up on sb** se liguer contre qn; **to ~ up with sb** s'allier à qn
gang bang *n inf* **1.** (*rape*) viol *m* collectif **2.** (*orgy*) gang bang *m*
Ganges ['gæn·dʒiz] *n* **the ~** le Gange
gangling ['gæŋ·glɪŋ] *adj* dégingandé(e)
ganglion ['gæŋ·gli·ən] <-lions *o* -glia> *n* MED ganglion *m*
gangly ['gæŋ·gli] *adv* dégingandé(e)
gangplank ['gæŋ·plæŋk] *n* passerelle *f*
gangrene ['gæŋ·grin] *n* gangrène *f*
gangrenous ['gæŋ·grə·nəs] *adj* **1.** (*suffering from gangrene*) gangreneux(-euse) **2.** (*corrupt*) gangrené(e)
gangster ['gæŋ(k)·stər] *n* gangster *m*
gang warfare *n* guerre *f* des gangs
gangway ['gæŋ·weɪ] **I.** *n* NAUT, AVIAT passerelle *f* **II.** *interj inf* **~!** laissez passer!
gantry ['gæn·tri] <-tries> *n* portique *m*
gap [gæp] *n* **1.** (*opening*) trou *m;* (*in text*) blanc *m;* (*in teeth*) écart *m;* (*in trees, clouds*) trouée *f;* (*in knowledge*) lacune *f* **2.** (*space*) espace *m* **3.** *fig* créneau *m;* (*emotional*) vide *m;* **market ~** créneau commercial; **to fill a ~** combler un vide **4.** (*break in time*) intervalle *m* **5.** (*difference*) écart *m;* **the generation ~** le fossé des générations; **to bridge/close the ~ between sth** réduire l'écart entre qc
gape [geɪp] *vi* **1.** (*stare open-mouthed*) être bouche bée; **to ~ at sb/sth** regarder qn/qc bouche bée **2.** (*hang open*) s'ouvrir; (*door*) bâiller; **to ~ open** être grand ouvert
gaping *adj* (*wound, hole*) béant(e)
garage [gə·'raʒ] **I.** *n* **1.** (*place to house a vehicle*) garage *m;* **one-car ~** garage à une place **2.** (*auto repair shop, dealer*) garage *m* **II.** *vt* rentrer (dans le garage)
garbage ['gar·bɪdʒ] *n* **1.** (*household trash*) ordures *fpl;* **to take out the ~** sortir les poubelles **2.** *pej* (*nonsense, useless ideas*) âneries *fpl;* **to talk ~** dire des âneries ▶ **~ in, ~ out** COMPUT qualité des entrées = qualité des sorties
garbage can *n* poubelle *f*
garbage chute *n* vide-ordures *m inv,* dévaloir *m Suisse*
garbage collector *n* éboueur *m*
garbage disposal *n* broyeur *m* à ordures
garbage dump *n* dépôt *m* d'ordures
garbage man *n inf* éboueur *m*
garbage truck *n* benne *f* à ordures
garble ['gar·bl] *vt* déformer
garbled *adj* confus(e)
garden ['gar·d^{ə}n] **I.** *n* (*area planted for a specific purpose*) jardin *m;* **flower ~** jardin d'agrément; **vegetable ~** jardin potager; **~ furniture** meubles *mpl* de jardin; **~ hose** tuyau *m* d'arrosage ▶ **to lead sb up the ~ path** mener qn en bateau **II.** *vi* jardiner
garden apartment *n* rez-de-jardin *m inv*
garden center *n* jardinerie *f*
garden city <-ties> *n* cité-jardin *f*
gardener *n* jardinier, -ère *m, f*
gardening *n* jardinage *m*
garden party <-ties> *n* garden-party *f*
gargle ['gar·gl] **I.** *vi* se gargariser **II.** *n* gargarisme *m;* **to have a ~ with sth** faire un gargarisme avec qc
gargoyle ['gar·gɔɪl] *n* gargouille *f*
garish ['ger·ɪʃ] *adj pej* (*colors*) criard(e); (*taste, appearance*) vulgaire
garland ['gar·lənd] **I.** *n* guirlande *f* **II.** *vt* orner de guirlandes
garlic ['gar·lɪk] **I.** *n* ail *m* **II.** *adj* (*sauce, bread*) à l'ail; (*smell, breath*) d'ail
garlic press <-es> *n* presse-ail *m inv*
garment ['gar·mənt] *n form* vêtement *m;* **~ industry** industrie *f* du vêtement
garnet ['gar·nɪt] *n* grenat *m*
garnish ['gar·nɪʃ] **I.** *vt* garnir **II.** <-shes> *n* garniture *f*
garret ['ger·ət] *n* **1.** ARCHIT combles *fpl* **2.** (*attic room*) mansarde *f*
garrison ['ger·ə·s^{ə}n] **I.** *n* garnison *f* **II.** *vt* **to be ~ed** être en garnison; **to ~ a place** mettre une garnison dans un endroit
garrulous ['ger·^{ə}l·əs] *adj* bavard(e)
garter ['gar·t̬ər] **I.** *n* **1.** (*band for stockings, socks*) jarretière *f* **2.** (*suspender*) jarretelle *f* **II.** *vt* **to be ~ed** porter une jarretière
garter belt *n* porte-jarretelles *m*
garter snake *n* couleuvre *f* rayée
gas [gæs] **I.** <-es *o* -sses> *n* **1.** (*not a liquid or solid, fuel*) gaz *m;* **a ~ grill/stove/oven** un gril/réchaud/four à gaz **2.** *inf* MED anesthésie *f* **3.** MIL gaz *m* de combat; **~ mask** masque *m* à gaz; **poison ~** gaz asphyxiant **4.** *inf* (*fuel*)

essence *f;* **to get ~** prendre de l'essence; **to step on the ~** appuyer sur l'accélérateur **5.** *inf* **a ~** une bonne rigolade **6.** (*flatulence*) gaz *mpl* **II.** <-ss-> *vt* (*by accident*) asphyxier; (*deliberately*) gazer

gasbag *n pej, inf* bavard(e) *m(f)*

gas chamber *n* chambre *f* à gaz

gas cooker *n* **1.** (*stove*) gazinière *f* **2.** (*small device*) réchaud *m* à gaz

gaseous ['gæs·i·əs] *adj* gazeux(-euse)

gas gauge *n* jauge *f* d'essence

gash [gæʃ] **I.** <-shes> *n* (*deep cut, wound*) entaille *f;* (*on face*) balafre *f* **II.** *vt* entailler; (*face*) balafrer

gasholder *n* réservoir *m* à gaz

gasket ['gæs·kɪt] *n* joint *m* de culasse ►**to blow a ~** péter les plombs

gas lighter *n* **1.** (*igniting device*) allume-gaz *m inv* **2.** (*cigarette lighter*) briquet *m* à gaz

gas main *n* conduite *f* de gaz

gas mask *n* masque *m* à gaz

gas meter *n* compteur *m* de gaz

gasoline ['gæs·ᵊl·in] *n* essence *f*

gasometer *n* gazomètre *m*

gasp [gæsp] **I.** *vi* haleter; **to ~ for air** haleter **II.** *vt* **to ~ (out) sth** dire qc d'une voix haletante **III.** *n* sursaut *m;* **to give a ~ of surprise/fear** rester bouche bée de surprise/de peur ►**to be at one's last ~** rendre le dernier soupir; **to do sth to the last ~** faire qc jusqu'au bout

gas pedal *n* pédale *f* d'accélération

gas pipe *n* conduite *f* de gaz

gas pump *n* pompe *f* à essence

gas station *n* station-service *f*

gas station operator *n* pompiste *m*

gassy ['gæs·i] <-ier, -iest> *adj* très gazeux(-euse)

gastric ['gæs·trɪk] *adj* MED gastrique

gastric flu *n* MED grippe *f* intestinale

gastric juices *n pl* MED sucs *mpl* gastriques

gastritis [gæs·'traɪ·t̬ɪs] *n* MED gastrite *f*

gastroenteritis [ˌgæs·troʊˌen·t̬ə·'raɪ·t̬ɪs] *n* MED gastroentérite *f*

gastronomic [ˌgæs·trə·'na·mɪk] *adj* gastronomique

gastronomy [gæs·'tra·nə·mi] *n* gastronomie *f*

gastroscopy [ˌgæs·'troʊ·ska·pi] *n* MED gastroscopie *f*

gasworks *n + sing vb* usine *f* à gaz

gate [geɪt] *n* **1.** (*entrance barrier: of field*) barrière *f;* (*of garden, property*) portail *m;* **safety ~** portail de sécurité; RAIL barrière automatique **2.** (*for horses*) **starting ~** starting-gate *m* **3.** (*number of paying customers*) entrées *fpl* **4.** AVIAT porte *f* **5.** NAUT vanne *f*

gatecrash **I.** *vt* (*attend sth uninvited*) **to ~ a party** aller à une soirée sans y être invité; (*attend without paying*) resquiller **II.** *vi* **1.** (*attend uninvited*) s'inviter **2.** (*attend without paying*) resquiller

gatecrasher *n* resquilleur, -euse *m, f*

gatehouse *n* loge *f*

gatekeeper *n* gardien(ne) *m(f);* RAIL garde-barrière *mf*

gate-leg table *n* table *f* à abattants

gatepost *n* poteau *m* de barrière

gate receipts *n* entrées *fpl*

gateway *n* **1.** (*entrance*) entrée *f* **2.** (*means of access*) porte *f* **3.** COMPUT passerelle *f*

gather ['gæð·ər] **I.** *vt* **1.** (*collect together: things, information*) rassembler; (*berries, herbs, flowers*) cueillir; (*by asking: intelligence*) recueillir; **to ~ one's thoughts** rassembler ses idées **2.** (*pull nearer*) **to ~ sb in one's arms** serrer qn dans ses bras; **to ~ a sheet around oneself** s'enrouler dans un drap **3.** FASHION (*fabric*) froncer **4.** (*increase*) **to ~ speed** prendre de la vitesse **5.** (*accumulate*) **to ~ courage** rassembler son courage; **to ~ dust** ramasser la poussière; **to ~ one's strength** reprendre des forces **6.** (*infer*) conclure; (*from other people*) comprendre **II.** *vi* (*people*) se rassembler; (*clouds*) s'amasser; (*storm*) se préparer

gathering **I.** *n* rassemblement *m;* **a social/family ~** une réunion informelle/de famille **II.** *adj* (*darkness, speed*) croissant(e); (*storm*) menaçant(e)

GATT [gæt] *n no art abbr of* **General Agreement on Tariffs and Trade** GATT *m*

gauche [goʊʃ] *adj* gauche

gaudy ['gɔ·di] <-ier, -iest> *adj* (*colors*) tape-à-l'œil; (*display*) de mauvais goût

gauge [geɪdʒ] **I.** *n* **1.** (*size*) calibre *m* **2.** RAIL écartement *m* **3.** (*instrument*) jauge *f* **II.** *vt* évaluer

gaunt [gɔnt] *adj* **1.** (*very thin: face*) décharné(e) **2.** (*desolate: landscape*) désolé(e)

gauntlet ['gɔnt·lət] *n* gantelet *m* ►**to take up/throw down the ~** relever/jeter le gant; **to run the ~ of sth** subir qc; **they ran the ~ of a lot of criticism** ils ont été sévèrement critiqués

gauze [gɔz] *n* gaze *f*

gauzy <-ier, -iest> *adj* (*very thin*) transparent(e)

gave [geɪv] *pt of* **give**

gavel ['gæv·ᵊl] *n* **1.** (*small hammer of judge etc.*) marteau *m* **2.** (*of auctioneer*) maillet *m*

gawk [gɔk] *vi inf* rester bouche bée; **to ~ at sb/sth** regarder qn/qc bouche bée

gawky *adj* dégingandé(e)

gay [geɪ] **I.** *adj* **1.** (*homosexual*) gay *inv,* homo *inf* **2.** (*cheerful, lighthearted*) gai(e) **II.** *n* gay *m,* homo *m inf*

gaze [geɪz] **I.** *vi* regarder fixement; **to ~ around oneself** regarder autour de soi **II.** *n* regard *m;* **to be exposed to the public ~** être exposé au regard du public

gazelle [gə·'zel] *n* gazelle *f*

gazette [gə·'zet] *n* (*newspaper*) gazette *f*

gazetteer [ˌgæz·ə·'tɪr] *n* index *m* géographique

GB [ˌdʒi·'bi] *n* **1.** COMPUT *abbr of* **gigabyte** Go *m* **2.** *abbr of* **Great Britain** GB *f*

GDP [ˌdʒi·di·'pi] *n abbr of* **gross domestic**

product PIB *m*
GDR *n* HIST *abbr of* **German Democratic Republic** RDA *f*
gear [gɪr] **I.** *n* **1.** AUTO (*speed*) vitesse *f;* **in first/second ~** en première/seconde; **to be in neutral** [*o* **out of**] ~ être au point mort; **to change** [*o* **shift**] **~s** changer de vitesse; **to shift into top** [*o* **high**] ~ passer à la vitesse maximale **2.** (*mechanism*) mécanisme *m* **3.** TECH (*set of parts*) ~(**s**) engrenage *m* **4.** (*toothed wheel*) roue *f* dentée **5.** *inf* (*equipment*) attirail *m* **6.** *inf* (*clothes*) tenue *f* **7.** *inf* (*belongings*) affaires *fpl* ▶ **to shift into high ~** passer au plein régime **II.** *vi* TECH s'engrener **III.** *vt* **1.** TECH engrener **2.** *fig* **to ~ sth to sth** adapter qc à qc; **to be ~ed for sth** être préparé pour qc
◆ **gear up I.** *vi* se préparer; **to ~ for sth** se préparer pour qc **II.** *vt* **1.** TECH multiplier **2.** *fig* préparer; **to be geared up to do sth** être préparé à faire qc; **to get geared up for sth** se préparer pour qc
gearbox <-xes> *n* boîte *f* de vitesses
geared *adj* (*with gears*) avec des vitesses
gearing *n* **1.** AUTO embrayage *m* **2.** (*set of gears*) engrenage *m*
gearshift *n* **1.** (*lever*) levier *m* de vitesses **2.** (*action*) changement *m* de vitesses
gearwheel *n* **1.** (*toothed wheel*) (roue *f* d') engrenage *m* **2.** (*cogwheel on bike*) pignon *m*
GED [ˌdʒi·i·ˈdi] *n abbr of* **general equivalency diploma** ≈ DAEU *m*
gee [dʒi] *interj inf* ouah
geese *n pl of* **goose**
geezer [ˈgi·zər] *n inf* **old ~** vieux schnock *m;* **funny old ~** drôle de bonhomme *m*
geisha, geisha girl *n* geisha *f*
gel [dʒel] *n* gel *m*
gelatin(**e**) [ˈdʒəl·ə·tin] *n* gélatine *f*
gelatinous *adj* gélatineux(-euse)
geld [geld] *vt* (*animal*) castrer
gelding *n* (*gelded horse*) hongre *m;* (*gelded animal*) animal *m* castré
gem [dʒem] *n* **1.** (*jewel*) pierre *f* précieuse **2.** (*precious, helpful person*) perle *f*
Gemini [ˈdʒem·ɪ·naɪ] *n* Gémeaux *mpl; s.a.* **Aquarius**
gender [ˈdʒen·dər] *n* **1.** (*sexual identity*) sexe *m* **2.** LING genre *m*
gene [dʒin] *n* gène *m*
genealogical [ˌdʒi·ni·ə·ˈla·dʒɪ·kəl] *adj* (*tree*) généalogique
genealogist *n* généalogiste *mf*
genealogy [ˌdʒi·ni·ˈæl·ə·dʒi] *n* généalogie *f*
gene pool *n* patrimoine *m* génétique
general [ˈdʒen·ər·əl] **I.** *adj* général(e); **in ~** en général **II.** *n* MIL général *m;* **major ~** général *m* de division
general anesthetic *n* anesthésie *f* générale
general assembly *n* assemblée *f* générale
general delivery *n* poste *f* restante
general director *n* directeur *m* général
general editor *n* rédacteur, -trice *m, f* en chef
general election *n* élections *fpl* législatives
general headquarters *n* quartier *m* général
generality [ˌdʒen·ə·ˈræl·ə·ṭi] <-ties> *n* généralité *f;* **the ~ of ...** la plupart de ...
generalization *n* généralisation *f*
generalize [ˈdʒen·ər·ə·laɪz] *vt, vi* généraliser
generally [ˈdʒen·ər·əl·i] *adv* **1.** (*usually*) généralement **2.** (*mostly*) dans l'ensemble **3.** (*in a general sense*) **~ speaking ...** d'une manière générale ... **4.** (*widely, extensively*) généralement; **to be ~ available** être disponible pour tout le monde; **it is ~ believed that ...** il est courant de croire que ...; **to be ~ reputed to be sth** avoir la réputation générale d'être qc
general management *n* direction *f* générale
general manager *n* directeur, -trice *m, f* général(e)
general practitioner *n* médecin *m* généraliste
general staff *n* MIL état-major *m*
general store *n* magasin *m* d'alimentation générale
general strike *n* grève *f* générale
general view *n* avis *m* général; **in the ~ ...** de l'avis général ...
generate [ˈdʒen·ər·eɪt] *vt* **1.** (*produce: energy*) produire **2.** *fig* (*cause to arise*) engendrer; (*reaction, feeling*) susciter; (*ideas, interest*) faire naître **3.** LING générer **4.** ECON générer **5.** MATH engendrer
generating station *n* centrale *f* électrique
generation [ˌdʒen·ə·ˈreɪ·ʃən] **I.** *n* **1.** (*set of people born in the same time span*) *a. fig* génération *f;* **for ~s** pendant des générations et des générations **2.** (*production*) production *f* **II.** *in compounds* **first- and second-~ immigrants** immigrés *mpl* de la première et de la seconde génération
generative [ˈdʒen·ər·ə·ṭɪv] *adj* **1.** *form* BIO reproducteur(-trice) **2.** LING génératif(-ive)
generator *n* **1.** (*dynamo*) dynamo *f;* (*bigger*) groupe *m* électrogène **2.** *form* (*producer*) générateur, -trice *m, f*
generic [dʒə·ˈner·ɪk] **I.** *adj* (*brand, term*) générique **II.** *n* **1.** MED médicament *m* générique **2.** COM produit *m* générique
generosity [ˌdʒen·ə·ˈra·sə·ṭi] *n* générosité *f*
generous [ˈdʒen·ər·əs] *adj* généreux(-euse); **a ~ helping** une part généreuse; **a ~ tip** un gros pourboire; **to be ~ in defeat** ne pas être mauvais perdant; **to be ~ with sth** ne pas être avare de qc
genesis [ˈdʒen·ə·sɪs] *n form* (*origin*) genèse *f*
gene therapy *n sing* thérapie *f* génique
genetic [dʒɪ·ˈneṭ·ɪk] *adj* génétique
geneticist [dʒɪ·ˈneṭ·ə·sɪst] *n* généticien(ne) *m(f)*
genetics *n + sing vb* génétique *f*
Geneva [dʒə·ˈni·və] *n* Genève
Genevan I. *adj* genevois(e) **II.** *n* Genevois(e) *m(f)*
genial [ˈdʒi·ni·əl] *adj* cordial(e)
geniality [ˌdʒi·ni·ˈæl·ə·ṭi] *n* affabilité *f*
genie [ˈdʒi·ni] <-nii *o* -nies> *n* génie *m* ▶ **to**

G

let the ~ out of the bottle précipiter les choses

genitalia [dʒen·ɪ·'teɪ·li·ə] *npl form,* **genitals** *npl* parties *fpl* génitales

genitive ['dʒen·ə·t̬ɪv] *adj* génitif *m*

genius ['dʒi·ni·əs] *n* génie *m;* **a stroke of ~** un coup de génie; **to show ~** faire preuve de génie; **evil ~** mauvais génie

genocide ['dʒen·ə·saɪd] *n* génocide *m*

genre ['ʒa(n)·rə] *n* genre *m*

gent [dʒent] *n iron, inf* gentleman *m*

genteel [dʒen·'til] *adj* distingué(e); *pej* maniéré(e)

gentle ['dʒen·tl] *adj* **1.** (*kind, calm*) doux(douce); **to be as ~ as a lamb** être doux comme un agneau **2.** (*subtle: hint, persuasion, reminder*) discret(-ète) **3.** (*moderate: breeze, exercise*) doux(douce) **4.** (*high-born*) **to be of ~ birth** être bien né

gentlefolk *npl* gens *mpl* de bonne famille

gentleman <-men> *n* **1.** (*polite, well-behaved man*) gentleman *m* **2.** (*polite term of reference*) monsieur *m;* **a ~'s club** un club pour messieurs **3.** (*male audience members*) **ladies and ~** mesdames et messieurs **4.** (*man of high social class*) gentilhomme *m*

gentlemanly *adj* en gentleman

gentleness *n* douceur *f*

gentry ['dʒen·tri] *n* **the ~** la petite noblesse; **landed ~** aristocratie *f* terrienne

genuine ['dʒen·ju·ɪn] *adj* **1.** (*not fake*) authentique; **the ~ article** *inf* le vrai de vrai **2.** (*real, sincere*) sincère; **in ~ surprise** avec un air de surprise réelle

genus ['dʒi·nəs] <-nera> *n* BIO genre *m*

geographer [dʒɪ·'a·grə·fər] *n* géographe *mf*

geographic(al) *adj* géographique

geography [dʒɪ·'a·grə·fi] *n* géographie *f*

geological *adj* géologique

geologist *n* géologue *mf*

geology [dʒɪ·'a·lə·dʒi] *n* géologie *f*

geometric(al) *adj* géométrique

geometry [dʒɪ·'a·mə·tri] *n* géométrie *f*

geophysics [ˌdʒi·oʊ·'fɪz·ɪks] *n* géophysique *f*

Georgia ['dʒɔr·dʒə] *n* la Géorgie

geranium [dʒə·'reɪ·ni·əm] *n* géranium *m*

geriatric [ˌdʒer·i·'æt·rɪk] *adj* gériatrique

germ [dʒɜrm] *n* **1.** (*embryo*) *a. fig* germe *m* **2.** MED microbe *m*

German ['dʒɜr·mən] **I.** *adj* allemand(e); **~ speaker** germanophone *mf* **II.** *n* **1.** (*person*) Allemand(e) *m(f)* **2.** LING allemand *m; s.a.* **English**

germane [dʒər·'meɪn] *adj form* **to be ~ to sth** être apparenté à qc

Germanic *adj* germanique

German measles *n* rubéole *f*

German shepherd *n* berger *m* allemand

Germany ['dʒɜr·mə·ni] *n* l'Allemagne *f;* **Federal Republic of ~** République *f* fédérale d'Allemagne

germ cell *n* gamète *m*

germ-free *adj* stérile

germicidal *adj* antiseptique

germicide ['dʒɜr·mə·saɪd] *n* antiseptique *m*

germinal ['dʒɜr·mə·nᵊl] *adj* embryonnaire

germinate ['dʒɜr·mə·neɪt] **I.** *vi* germer **II.** *vt* faire germer

germination *n* germination *f*

germ warfare *n* guerre *f* bactériologique

gerund ['dʒer·ᵊnd] *n* gérondif *m*

gesticulate [dʒe·'stɪk·jə·leɪt] *vi form* gesticuler

gesticulation *n form* gesticulation *f*

gesture ['dʒes·tʃər] **I.** *n* geste *m;* **welcoming ~** geste de bienvenue **II.** *vi* exprimer par gestes **III.** *vt* **to ~ sb to** *+infin* faire le geste à qn de *+infin*

get [get] **I.** <got, got *o* gotten> *vt inf* **1.** (*obtain*) obtenir; **to ~ sb for sth** obtenir qc pour qn; **to ~ sb sth** (*offer*) offrir qc à qn; **to ~ food/money** se procurer de la nourriture/de l'argent; **to ~ a moment** avoir un moment; **to ~ a glimpse of sb/sth** apercevoir qn/qc; **to ~ the impression that ...** avoir l'impression que ...; **to ~ time off** prendre du temps libre; **to ~ pleasure out of sth** tirer du plaisir de qc **2.** (*receive*) recevoir; **to ~ a surprise** avoir une surprise; **to ~ a radio station** capter une station de radio **3.** (*find: idea, job*) trouver **4.** (*catch*) attraper; **to ~ the measles** attraper la rougeole; **to ~ one's plane/bus** avoir son avion/bus **5.** (*fetch*) aller chercher **6.** (*buy*) acheter; **to ~ sth for sb** acheter qc à qn **7.** *inf* (*hear, understand*) piger; **to ~ it** piger; **to ~ sb/sth wrong** mal capter qn/qc **8.** (*prepare: lunch, dinner*) préparer **9.** *inf* (*confuse*) embrouiller **10.** *inf* (*irk*) ennuyer **11.** (*strike*) toucher **12.** *inf* (*notice*) remarquer **13.** *inf* (*deal with*) **to ~ the door** aller à la porte; **to ~ the telephone** répondre au téléphone; **to ~ a meal** se charger du repas **14.** (*cause to be*) **to ~ sb to do sth** faire faire qc à qn; **to ~ sb/sth doing sth** faire faire qc à qn/qc; **to ~ sb ready** préparer qn; **to ~ sth finished/typed** finir/taper qc; **to ~ sth delivered** faire livrer qc; **to ~ sth somewhere** faire passer qc quelque part ► **to ~ cracking** *inf* s'y mettre; **to ~ going** *inf* y aller **II.** *vi* **1.** (*become*) devenir; **to ~ upset** se fâcher; **to ~ used to sth** s'habituer à qc; **to ~ to be sth** devenir qc; **to ~ to like sth** commencer à aimer qc; **to ~ married** se marier **2.** (*have opportunity*) **to ~ to** *+infin* avoir l'occasion de *+infin* **3.** (*travel*) prendre; **to ~ home** rentrer chez soi

◆**get about** *vi* se déplacer

◆**get across I.** *vt* faire traverser; (*a message*) faire passer **II.** *vi* **1.** (*go across*) traverser **2.** (*communicate*) **to ~ to sb/sth** communiquer avec qn/qc

◆**get ahead** *vi* **1.** (*go ahead*) avancer; **to ~ in sth** prendre de l'avance dans qc **2.** (*take the lead*) prendre la tête

◆**get along** *vi* **1.** (*progress*) avancer; **how are you getting along?** comment ça va? **2.** (*be on good terms*) s'entendre bien; **to ~ with sb** s'entendre avec qn **3.** (*go*) s'en aller

◆**get around** **I.** *vt* contourner **II.** *vi* circuler

◆**get at** *vt insep, inf* **1.** (*suggest*) **to ~ sth** en venir à qc **2.** (*influence illegally*) suborner **3.** (*reach*) atteindre

◆**get away** *vi* s'en aller

◆**get back** **I.** *vt* récupérer **II.** *vi* revenir

◆**get by** *vi* **1.** (*manage*) se débrouiller; **to ~ on sth** s'en sortir avec qc **2.** (*pass*) passer

◆**get down** **I.** *vt* **1.** (*fetch down*) descendre **2.** (*disturb*) **to get sb down** déprimer qn, déforcer qn *Belgique* **3.** (*write down*) noter **4.** (*swallow*) avaler **II.** *vi* **1.** (*go down*) descendre **2.** (*bend down*) se baisser; **to ~ on one's knees** s'agenouiller; **to ~ on the ground** se mettre par terre **3.** (*begin to do sth*) **to ~ to sth** se mettre à qc

◆**get in** **I.** *vt* **1.** (*bring inside*) rentrer **2.** *inf* (*find time for*) **to get sb in** caser qn **3.** (*say*) placer; **to get a word in** placer un mot **II.** *vi* **1.** (*become elected*) se faire élire **2.** (*enter*) entrer **3.** (*find time for*) **to ~ doing sth** trouver du temps pour faire qc **4.** (*arrive*) arriver; **to ~ from work** rentrer du travail

◆**get into** *vt* **1.** (*involve, become interested in*) se mettre à; **to get sb into the habit of doing sth** habituer qn à faire qc; **to ~ the habit of doing sth** prendre l'habitude de faire qc; **to get sb into trouble** mettre qn dans le pétrin **2.** (*enter*) entrer dans; **to ~ a school** rentrer dans une école; **to ~ a car** monter dans une voiture, embarquer dans une voiture *Québec*

◆**get off** **I.** *vi* **1.** (*exit*) descendre **2.** (*depart*) partir **3.** (*start sleeping*) **to ~ (to sleep)** s'endormir **II.** *vt* **1.** (*exit*) descendre de **2.** (*remove from*) **to get sth off sth** enlever qc de qc **3.** (*help start sleeping*) **to get a baby off (to sleep)** endormir un bébé **4.** (*send*) envoyer **5.** (*avoid punishment*) **to get sb off sth** dispenser qn de qc; **to ~ military service** échapper au service militaire **6.** *sl* (*have an orgasm*) prendre son pied

◆**get on** **I.** *vi* **1.** (*experience good relationship*) s'entendre **2.** (*manage*) s'en sortir **3.** (*continue*) continuer **4.** (*get older*) se faire vieux(vieille) **5.** (*get late*) se faire tard **II.** *vt always sep, inf* **to get it on with sb** s'envoyer en l'air avec qn

◆**get out** **I.** *vt* **1.** (*exit*) sortir **2.** (*remove*) retirer **II.** *vi* **1.** (*leave*) sortir **2.** (*stop*) **to ~ of sth** arrêter qc **3.** (*avoid*) **to ~ of doing sth** éviter de faire qc

◆**get over** *vt* **1.** (*recover from*) **to ~ sth** (*illness, shock*) se remettre de qc; (*difficulty*) surmonter qc **2.** (*forget about*) oublier **3.** (*to go across*) franchir

◆**get through** **I.** *vi* **1.** (*make understand*) **to ~ to sb** faire comprendre à qn **2.** (*succeed in contacting*) avoir la communication; **to ~ to sb/sth** avoir qn/qc (en ligne) **II.** *vt* **1.** (*make understood*) faire comprendre **2.** (*survive*) surmonter **3.** (*finish*) finir **4.** (*succeed*) réussir **5.** (*get communication*) communiquer; **to get a message through** faire passer un message

◆**get to** *vt* **1.** (*begin*) commencer **2.** (*make emotional*) **to ~ sb** remuer les tripes à qn

◆**get together** **I.** *vi* se rassembler **II.** *vt* rassembler

◆**get up** **I.** *vt* **1.** (*organize*) organiser **2.** (*cause*) **to ~ speed** prendre de la vitesse; **to ~ one's strength/courage to** +*infin* rassembler ses forces/son courage pour +*infin* **3.** (*wake up*) **to get sb up** réveiller qn **4.** (*move up*) monter **5.** (*climb*) **to ~ the ladder/a tree** monter à l'échelle/sur un arbre **6.** *inf* (*dress*) **to get sb/oneself up like sth** déguiser/se déguiser en qc **II.** *vi* **1.** (*wake up, stand up*) se lever **2.** (*climb*) monter

◆**get up to** *vt inf* fabriquer *inf*

getaway ['geṱ·ə·weɪ] *n inf* fuite *f*; **to make a ~** filer; **~ car** voiture *f* en fuite

get-together *n inf* réunion *f*; **a family ~** une réunion de famille

getup *n inf* accoutrement *m*

geyser ['gaɪ·zər] *n* geyser *m*

Ghana ['ga·nə] *n* le Ghana

Ghanaian **I.** *adj* ghanéen(ne) **II.** *n* Ghanéen(ne) *m(f)*

ghastly ['gæst·li] <-ier, -iest> *adj inf* horrible

ghee [gi] *n* beurre *m* clarifié

Ghent [gent] *n* Gand

gherkin ['gɜr·kɪn] *n* cornichon *m*

ghetto ['geṱ·oʊ] <-s *o* -es> *n* ghetto *m*

ghetto blaster *n inf* radiocassette *m*

ghost [goʊst] **I.** *n* **1.** (*spirit*) fantôme *m* **2.** (*memory*) ombre *f* ►**a ~ of a chance** une once de chance; **to give up the ~** rendre l'âme **II.** *vt* écrire; **to ~ a book** servir de nègre à l'auteur d'un livre; **his autobiography was ~ed** son autobiographie a été écrite par un nègre **III.** *vi* servir de nègre

ghostly <-ier, -iest> *adj* spectral(e)

ghost town *n* ville *f* fantôme

ghostwriter *n* nègre *m*

ghoul [gul] *n* goule *f*

GI [ˌdʒi·'aɪ] *n* MIL GI *m* (*soldat américain*)

giant [dʒaɪənt] **I.** *n* géant *m* **II.** *adj* de géant

gibber ['dʒɪb·ər] *vi pej* baragouiner

gibberish *n pej* charabia *m*

gibbet ['dʒɪb·ɪt] *n* gibet *m*

gibbon ['gɪb·ən] *n* gibbon *m*

gibe [dʒaɪb] **I.** *n* moquerie *f* **II.** *vi* **to ~ at sb** se moquer de qn

giblets ['dʒɪb·ləts] *npl* abats *mpl*

Gibraltar [dʒɪ·'brɔl·tər] *n* Gibraltar

giddy ['gɪd·i] <-ier, -iest> *adj s.* **dizzy**

gift [gɪft] *n* **1.** (*present*) cadeau *m*; **to be a ~ from the gods** être un don du ciel **2.** *inf* (*sth easily obtained*) gâteau *m* **3.** (*talent*) don *m*; **to have the ~ of gab** *inf* avoir la langue bien pendue

gift certificate *n* chèque-cadeau *m*

gifted *adj* doué(e); (*child*) surdoué(e)

gift horse *n* **never look a ~ in the mouth** *prov* à cheval donné on ne regarde pas la bride *prov*

gift shop *n* boutique *f* de cadeaux

gig[1] [gɪg] **I.** *n inf* concert *m;* **to have a ~** jouer sur scène **II.** *vi* <-gg-> donner un concert

gig[2] [gɪg] *n* cabriolet *m*

gigabyte ['gɪg·ə·baɪt] *n* COMPUT gigaoctet *m*

gigantic [dʒaɪ·'gæn·t̬ɪk] *adj* gigantesque

giggle ['gɪg·l] **I.** *vi* rire bêtement **II.** *n* **1.** (*laugh*) petit rire *m* nerveux; **to have a ~ over sth** avoir un fou rire à cause de qc **2.** *pl* (*laugh attack*) fou rire *m;* **to get (a fit of) the ~s** avoir le fou rire

gild [gɪld] <gilt *o* gilded, gilt *o* gilded> *vt* dorer ► **to ~ the lily** *pej* renchérir sur la perfection

gilded *adj* doré(e)

gill *n pl* (*of fish*) branchies *fpl* ► **to be green around the ~s** être vert; **to be stuffed to the ~s** *inf* être rempli à ras bord

gilt [gɪlt] **I.** *pt, pp of* **gild II.** *adj* doré(e) **III.** *n* dorure *f*

gilt-edged *adj* **1.** (*with a gilded edge: book*) doré(e) sur tranche **2.** FIN (*securities, stocks*) d'Etat **3.** (*of high quality*) de premier ordre

gimcrack ['dʒɪm·kræk] *adj pej* ringard(e)

gimlet ['gɪm·lət] *n* vrille *f*

gimlet-eyed *adj* **to be ~** avoir des yeux perçants

gimmick ['gɪm·ɪk] *n pej* **1.** (*trick*) truc *m* **2.** (*attention-getter*) astuce *f*

gimmicky *adj pej* qui relève du gadget

gin[1] [dʒɪn] *n* gin *m;* **~ and tonic** gin tonic *m*

gin[2] [dʒɪn] *n* (*trap*) piège *m*

gin[3] [dʒɪn] *n inf* GAMES **~ rummy** gin rami *m*

ginger ['dʒɪn·dʒər] **I.** *n* **1.** (*root spice*) gingembre *m* **2.** (*reddish-yellow*) roux *m* **II.** *adj* roux(rousse)

ginger ale *n* limonade *f* au gingembre

gingerbread *n* ≈ pain *m* d'épice, ≈ couque *f Belgique*

ginger-haired *adj* roux(rousse)

gingerly *adv* doux(douce)

ginger snap *n* gâteau *m* sec au gingembre

gingivitis [ˌdʒɪn·dʒə·'vaɪ·t̬ɪs] *n* gingivite *f*

ginseng ['dʒɪn·seŋ] *n* ginseng *m*

gip [dʒɪp] *s.* **gyp**

Gipsy ['dʒɪp·si] *n s.* **Gypsy**

giraffe [dʒə·'ræf] <-(s)> *n* girafe *f*

girder ['gɜr·dər] *n* poutre *f*

girdle ['gɜr·dl] **I.** *n* **1.** (*belt*) ceinture *f* **2.** (*corset*) gaine *f* **II.** *vt* ceindre

girl [gɜrl] *n* fille *f*

girl Friday *n inf* aide *f* de bureau

girlfriend *n* petite amie *f,* blonde *f Québec*

girlhood *n* enfance *f*

girlie ['gɜr·li] **I.** <-r, -st> *adj* de fillette; **a ~ magazine** un magazine érotique **II.** *n inf* fillette *f*

girlish *adj* de jeune fille

Girl Scout *n* éclaireuse *f*

girth [gɜrθ] *n* **1.** (*circumference*) circonférence *f* **2.** *iron* (*obesity*) tour *m* de taille **3.** (*strap around horse*) sangle *f;* **to loosen a ~** détendre une sangle

gist [dʒɪst] *n* substance *f;* **to give sb the ~ of sth** résumer qc pour qn; **to get the ~ of sth** comprendre l'essentiel de qc

give [gɪv] **I.** *vt* <gave, given> **1.** (*hand over, offer, provide*) *a. fig* donner; **to ~ sth to sb** [*o* **to ~ sb sth**] donner qc à qn; **to ~ sb the creeps** donner la chair de poule à qn; **to ~ sb an injection** faire une piqûre à qn; **to ~ sb one's due** rendre son dû à qn; **to ~ one's life to sth** sacrifier sa vie pour qc; **to ~ sb a smile** faire un sourire à qn; **to ~ sb a strange look** jeter un regard étrange à qn; **to ~ sb trouble** créer des problèmes à qn; **to ~ sth a push** pousser qn; **to ~ sb a call** passer un coup de téléphone à qn; **to ~ sth a go** essayer qc; **to ~ sb pleasure** procurer de la joie à qn; **to ~ sb/sth a bad name** faire une mauvaise réputation à qn/qc; **to ~ (it) one's all** [*o* **best**] donner de son mieux; **to ~ sb to understand sth** laisser entendre qc à qn; **don't ~ me that!** ne me raconte pas d'histoires!; **~ me a break!** laisse-moi tranquille!; **to not ~ a damn** *inf* s'en foutre complètement **2.** (*pass on*) *a.* TEL **to ~ sb sth** passer qc à qn ► **to ~ a dog a bad name** *prov* qui veut noyer son chien l'accuse de la rage *prov;* **to not ~ much for sth** ne pas donner cher pour qc; **to ~ sb what for** *inf* passer un savon à qn **II.** *vi* <gave, given> **1.** (*offer*) donner; **to ~ as good as one gets** rendre coup pour coup; **to ~ of one's best** faire de son mieux **2.** (*alter in shape*) se détendre ► **it is better to ~ than to receive** *prov* il y a plus de bonheur à donner qu'à recevoir

◆ **give away** *vt* **1.** (*offer for free*) distribuer **2.** *form* (*bring to altar*) conduire à l'autel **3.** (*reveal*) révéler; **to give the game away** vendre la mèche; **to give sb away** dénoncer qn

◆ **give back** *vt* rendre

◆ **give in** *vi* céder; **to ~ to sb/sth** céder à qn/qc

◆ **give off** *vt* émettre; (*heat, smell*) dégager

◆ **give out I.** *vi* **1.** (*run out*) s'épuiser **2.** (*stop working*) lâcher **II.** *vt* **1.** (*distribute*) distribuer **2.** (*announce*) annoncer **3.** (*produce: noise*) émettre

◆ **give up I.** *vt* **1.** (*resign*) abandonner **2.** (*quit*) **to ~ doing sth** arrêter de faire qc **3.** (*hand over*) **to ~ sth to sb** remettre qc à qn; **to give oneself up to the police** se rendre à la police **II.** *vi* **1.** (*surrender*) se rendre **2.** (*cease trying to guess*) donner sa langue au chat *inf*

give-and-take *n* concessions *fpl*

giveaway I. *n* **1.** *inf* (*that which exposes sth*) **to be a ~ when sb says sth** se trahir quand qn se dit qc; **to be a dead ~** en dire long **2.** (*free gift*) cadeau *m* (promotionnel) **II.** *adj* gratuit(e); **to be a ~ price** être donné

given ['gɪv·ən] **I.** *n* **to take it as a ~ that ...** être sûr que ... **II.** *adj* (*time, place*) donné(e); **to be ~ to doing sth** être enclin à faire qc **III.** *prep* étant donné **IV.** *pp of* **give**

given name *n* nom *m* de baptême
giver ['gɪv·ər] *n* donneur, -euse *m, f*
glacé [glæs·'eɪ], **glacéed** *adj* glacé(e); (*fruit*) confit(e)
glacial ['gleɪ·ʃəl] *adj* **1.** (*related to glacier*) glaciaire **2.** (*extremely cold*) glacial(e)
glacier ['gleɪ·ʃər] *n* glacier *m*
glad [glæd] <gladder, gladdest> *adj* content(e)
gladden ['glæd·ᵊn] *vt* réjouir
gladiator ['glæd·i·eɪ·t̬ər] *n* gladiateur *m*
gladiolus [ˌglæd·i·'oʊ·ləs] <-es *o* -li> *n* glaïeul *m*
gladly *adv* avec plaisir
gladness *n* contentement *m*
glad rags *n iron* **to put on one's ~** mettre ses plus belles fringues
glamor ['glæm·ər] *n s.* **glamour**
glamorize *vt* rendre attrayant
glamorous *adj* glamour *inv*
glamour ['glæm·ər] *n* glamour *m*
glamour boy *n* beau garçon *m*
glamour girl *n* belle fille *f*
glamourize *vt s.* **glamorize**
glamourous *adj s.* **glamorous**
glance [glæn(t)s] **I.** *n* coup *m* d'œil; **to take a ~ at sth** jeter un coup d'œil à qc; **at a ~** d'un coup d'œil; **at first ~** au premier coup d'œil **II.** *vi* **1.** (*look cursorily*) **to ~ at sb/sth** jeter un coup d'œil sur qn/qc; **to ~ up** lever les yeux; **to ~ around** jeter un coup d'œil autour de soi; **to ~ through/over sth** parcourir qc (du regard) **2.** (*shine*) étinceler
◆**glance off** **I.** *vi* ricocher **II.** *vt* ricocher sur
gland [glænd] *n* glande *f*
glandular ['glæn·dʒə·lər] *adj* glandulaire
glandular fever *n* mononucléose *f*
glare [gler] **I.** *n* **1.** (*mean look*) regard *m* furieux **2.** (*bright reflection*) éclat *m* de lumière **3.** *fig* **to be in the (full)/in a ~ of publicity** être sous les feux des projecteurs **II.** *vi* **1.** (*look*) **to ~ at sb** lancer un regard furieux à qn **2.** (*shine overly brightly*) briller avec éclat
glaring *adj* **1.** (*that which blinds*) éblouissant(e) **2.** (*obvious*) flagrant(e); (*weakness*) manifeste
Glasgow ['glæs·koʊ] *n* Glasgow
glass [glæs] *n* **1.** (*hard transparent material*) verre *m;* **pane of ~** vitre *f* **2.** (*holder for drinks, drink in a glass*) verre *m* **3.** (*glassware*) verrerie *f* **4.** (*mirror*) **looking ~** miroir *m*
glass blower *n* souffleur *m* de verre
glass cutter *n* vitrier *m*
glasses *n* **1.** *pl* (*device to improve vision*) lunettes *fpl* **2.** *pl* (*binoculars*) jumelles *fpl*
glass fiber *n s.* **fiberglass**
glassful *n* verre *m*
glassware *n* objets *mpl* de verre
glassworks *npl* verrerie *f*
glassy ['glæs·i] <-ier, -iest> *adj* vitreux(-euse)
Glaswegian [glæs·'wi·dʒᵊn] *n* habitant(e) *m(f)* de Glasgow
glaucoma [glɔ·'koʊ·mə] *n* glaucome *m*
glaucous ['glɔ·kəs] *adj* glauque
glaze [gleɪz] **I.** *n* vernis *m* **II.** *vt* **1.** (*make shiny*) lustrer; (*paper*) glacer **2.** (*fit with glass*) vitrer
glazier *n* vitrier *m*
gleam [glim] **I.** *n* lueur *f* **II.** *vi* briller
glean [glin] *vt* glaner
gleanings *npl* glanure *f*
glee [gli] *n* jubilation *f*
glee club *s.* **singing club**
gleeful *adj* jubilant(e); (*joyful*) joyeux(-euse)
glen [glen] *n* vallée *f*
glib [glɪb] <glibber, glibbest> *adj* désinvolte
glide [glaɪd] **I.** *vi* **1.** (*move smoothly*) glisser **2.** (*fly*) planer **II.** *n* (*sliding movement*) glissé *m*
glider *n* planeur *m*
glider pilot *n* pilote *m* de planeur
gliding *n* vol *m*
gliding club *n* club *m* de glisse
glimmer ['glɪm·ər] *n* lueur *f;* **~ of hope** lueur d'espoir
glimpse [glɪm(p)s] **I.** *vt* apercevoir **II.** *n* aperçu *m;* **to catch a ~ of sb/sth** entrevoir qn/qc
glint [glɪnt] **I.** *vi* luire **II.** *n* trait *m* de lumière
glisten ['glɪs·ᵊn] *vi* scintiller
glitch [glɪtʃ] *n inf* pépin *m*
glitter ['glɪt̬·ər] **I.** *vi* scintiller ►**all that ~s is not gold** *prov* tout ce qui brille n'est pas or *prov* **II.** *n* **1.** (*sparkling*) scintillement *m* **2.** (*shiny material*) paillette *f*
glittering *adj* **1.** (*sparkling*) scintillant(e) **2.** (*impressive*) somptueux(-euse)
glitz [glɪts] *n* faste *m*
glitzy <-ier, -iest> *adj inf* fastueux(-euse); (*party*) somptueux(-euse)
gloat [gloʊt] *vi* exulter; **to ~ over** [*o* **about**] **sth** jubiler à l'idée de qc
global ['gloʊ·bᵊl] *adj* **1.** (*worldwide*) mondial(e); **~ warming** réchauffement *m* de la planète **2.** (*total*) d'ensemble
globe [gloʊb] *n* **1.** (*round map of world*) globe *m* **2.** (*ball-shaped object*) sphère *f*
globetrotter ['gloʊb·ˌtra·t̬ər] *n* globe-trotter *mf*
globule ['gla·bjul] *n* gouttelette *f*
gloom [glum] *n* **1.** (*depression, hopelessness*) morosité *f;* **~ and doom** tout va mal **2.** (*darkness*) obscurité *f* **3.** LIT ténèbres *fpl*
gloominess ['glu·mɪ·nəs] *n* **1.** (*hopelessness*) morosité *f* **2.** (*darkness*) obscurité *f*
gloomy ['glu·mi] <-ier, -iest> *adj* **1.** (*dismal*) lugubre **2.** (*dark*) sombre
glorification [ˌglɔr·ə·fə·'keɪ·ʃᵊn] *n* exaltation *f*
glorify ['glɔr·ə·faɪ] <-ie-> *vt a.* REL glorifier
glorious ['glɔr·i·əs] *adj* **1.** (*honorable, illustrious*) *a. iron* glorieux(-euse) **2.** (*splendid*) splendide
glory ['glɔr·i] **I.** *n a.* REL gloire *f* **II.** <-ie-> *vi* exulter de joie
gloss[1] [glas] *n* **1.** (*shine or shiny substance*)

vernis *m* **2.** (*moisturizer*) **lip ~** brillant *m* à lèvres

gloss² [glas] **I.** <-es> *n* PUBL, LIT glose *f* **II.** *vt* gloser

glossary ['gla·sᵊr·i] <-ries> *n* glossaire *m*

gloss paint *n* laque *f*

glossy ['gla·si] **I.** <-ier, -iest> *adj* **1.** (*shiny*) *a.* TYP brillant(e) *m* **2.** (*only superficially attractive*) *a. pej* miroitant(e) **II.** <-ssies> *n* PHOT cliché *m* sur papier glacé

glottal stop *n* LING coup *m* de glotte

glottis ['gla·t̬əs] <-es> *n* MED pharyngite *f*

glove [glʌv] **I.** *n* FASHION gant *m* ► **to fit like a ~** aller comme un gant; **to do sth with the ~s off** faire qc sans prendre de gants **II.** *vt* ganter

glove box, glove compartment *n* AUTO boîte *f* à gants

glover *n* gantier, -ère *m, f*

glow [gloʊ] **I.** *n* **1.** (*radiance of light*) lueur *f;* (*of colors*) éclat *m* **2.** (*radiance of heat*) rougeoiement *m* **3.** *fig* (*of pride*) élan *m* **II.** *vi* **1.** (*illuminate or look radiant*) rayonner; **to ~ with pride/pleasure** rayonner de fierté/de plaisir **2.** (*be red and hot*) rougeoyer

glower *vi* regarder d'un air méchant; **to ~ at sb** regarder qn de travers

glowing *adj* **1.** (*burning*) incandescent(e) **2.** *fig* chaleureux(-euse); (*report, reviews*) élogieux(-euse)

glowworm *n* ZOOL ver *m* luisant

glucose ['glu·koʊs] *n* CHEM, CULIN, MED glucose *m*

glue [glu] **I.** *n* colle *f;* **to stick to sb like ~** coller qn comme de la glue **II.** *vt* coller; **to be ~d to sth** *fig* être collé à qc; **to keep one's eyes ~d to sb/sth** rester les yeux fixés sur qn/qc

◆**glue down** *vt a. inf* coller

glue-sniffing *n action de sniffer de la colle*

glue stick *n* bâtonnet *m* de colle

glum [glʌm] <glummer, glummest> *adj* contrarié(e)

glut [glʌt] **I.** *n* ECON excédent *m* **II.** <-tt-> *vt* **1.** ECON **to ~ sth with sth** saturer qc de qc; **to be ~ted** être saturé **2.** (*to drink, eat in excess*) gaver; **to ~ oneself on sth** se gaver de qc

gluten ['glu·tᵊn] *n* CULIN gluten *m*

gluten intolerance *n* intolérance *f* au gluten

gluten-intolerant *adj inv* intolérant(e) au gluten

glutinous ['glu·tᵊn·əs] *adj* CULIN glutineux(-euse)

glutton [glʌt·ᵊn] *n* **1.** *pej* (*overeater*) glouton(ne) *m(f)* **2.** *fig* (*enthusiast*) enthousiaste *mf*

gluttonous ['glʌt·ᵊn·əs] *adj* **1.** (*eating excessively*) glouton(ne) **2.** (*excessively greedy*) insatiable

gluttony ['glʌt·ᵊn·i] *n* gloutonnerie *f*

glycerin(e) ['glɪs·ᵊr·ɪn] *n,* **glycerol** *n* CHEM, MED glycérine *f*

glycol ['glaɪ·kal] *n* CHEM glycine *f*

GMT [ˌdʒi·em·'ti] *n abbr of* **Greenwich Mean Time** TU *m*

gnarled [narld] *adj* noueux(-euse)

gnash [næʃ] *vt* **to ~ one's teeth** *a. fig* grincer des dents

gnat [næt] *n* moucheron *m*

gnaw [nɔ] **I.** *vi a. fig* ronger; **to ~ on sth/at sb** ronger qc/qn **II.** *vt a. fig* ronger; **to be ~ed by fear/doubt** être rongé par la peur/le doute

gnawing **I.** *adj* (*pain*) lancinant(e) **II.** *n* obsession *f*

gneiss [naɪs] *n* GEO gneiss *m*

gnome [noʊm] *n* LIT (*elf*) gnome *m;* **garden ~** nain *m* de jardin

GNP [ˌdʒi·en·'pi] *n* FIN *abbr of* **Gross National Product** PNB *m*

gnu [nu] <-(s)> *n* ZOOL gnou *m*

go [goʊ] **I.** <went, gone> *vi* **1.** *a.* TECH aller; **to ~ home** aller à la maison; **to ~ to a concert/party** aller à un concert/une fête; **to ~ to court** aller devant les tribunaux; **to ~ badly/well** aller mal/bien; **to ~ from bad to worse** aller de mal en pis **2.** (*travel, leave*) partir; **to ~ on a cruise/vacation/a trip** partir en croisière/vacances/voyage **3.** (*do*) **to ~ doing sth** aller faire qc; **to ~ biking/jogging** aller faire du vélo/du jogging **4.** (*become*) devenir; **to ~ public/bald/haywire** devenir célèbre/chauve/fou; **to ~ red** rougir; **to ~ wrong** se tromper **5.** (*exist*) être; **to ~ hungry/thirsty** avoir faim/soif; **as sth ~es** tel que qc est **6.** (*pass*) passer **7.** (*begin*) commencer; **ready, set, ~!** attention, prêts, partez! **8.** ECON (*be sold*) être vendu; **to ~ like hot cakes** partir comme des petits pains; **to ~ for sth** coûter qc **9.** (*serve, contribute*) **to ~ to sth** contribuer à qc; (*be allotted: money*) être alloué pour qc **10.** (*be told/sung*) **the story ~es that ...** on dit que ... **11.** (*fail*) péricliter; MED (*die*) mourir **II.** <went, gone> *vt* faire ► **to ~ a long way** faire un long chemin; **to ~ it alone** le faire tout seul **III.** <-es> *n* **1.** (*turn*) élan *m* **2.** (*attempt*) essai *m;* **all in one ~** en un (seul) coup **3.** (*a success*) succès *m;* **to be no ~** ne pas être un succès **4.** (*energy*) énergie *f* ► **to be on the ~** être très pris; **from the word ~** depuis le début

◆**go about** *vt* **1.** (*undertake*) se mettre à **2.** (*be busy: one's business, work*) vaquer à

◆**go abroad** *vi* partir à l'étranger

◆**go after** *vt* **to ~ sb/sth** courir après qn/qc

◆**go against** *vt* **to ~ sb/sth** aller à l'encontre de qn/qc

◆**go ahead** *vi* avancer; (*begin*) commencer

◆**go along** *vi* avancer

◆**go around** **I.** *vi* **1.** (*visit*) **to ~ to sb's** faire un tour chez qn **2.** (*rotate*) **to ~** tourner **3.** (*suffice for all*) (**not**) **enough to ~** ne pas être suffisant **4.** (*be in circulation*) circuler; **to ~ that ...** le bruit court que ... **II.** *vt* **to ~ sth** faire le tour de qc

◆**go at** *vt* **to ~ sb/sth** s'attaquer à qn/qc

◆**go away** *vi* partir; **to ~ from sth** s'éloigner de qc

◆**go back** *vi* **1.** (*return, date back*) revenir en arrière **2.** (*move backwards*) reculer
◆**go beyond** *vt* aller au-delà de
◆**go by** **I.** *vi* passer; **to ~ sb's house** passer chez qn; **to let sth ~** laisser passer qc **II.** *vt* **1.** (*be guided by*) **to ~ sth** être conduit par qc **2.** (*be known by*) **to ~ the name of sb** être inscrit sous le nom de qn
◆**go down** *vi* **1.** (*get down*) descendre; ASTR (*set*) se coucher; NAUT (*sink*) sombrer **2.** (*collapse*) *a.* COMPUT s'effondrer; TECH tomber en panne **3.** (*decrease*) *a.* FIN baisser; (*in size*) diminuer **4.** (*lose, be defeated*) perdre
◆**go far** *vi* **1.** (*have success*) aller loin **2.** (*make a significant contribution*) **to ~ towards sth** faire un grand pas dans qc
◆**go for** *vi* **1.** (*try to achieve*) **to ~ sth** essayer d'avoir qc **2.** (*attack*) **to ~ sb** s'en prendre à qn; **to ~ the jugular** sauter dessus à qn **3.** (*sell for*) **to ~** être vendu pour **4.** (*be true for*) **to ~ sb/sth** être valable pour qn/qc **5.** *inf* (*like*) **to ~ sb/sth** avoir le béguin pour qn/qc
◆**go in** *vi* **1.** (*enter*) entrer **2.** TECH (*connect*) se connecter à
◆**go into** *vt* **1.** (*enter*) entrer dans; **to ~ action/effect** entrer en action/vigueur; **to ~ detail** entrer dans les détails **2.** MED (*begin*) **to ~ a coma/trance** tomber dans le coma/en transe **3.** (*begin career in: business, production*) se lancer dans **4.** (*crash into*) rentrer dans
◆**go off** **I.** *vi* **1.** (*explode*) exploser **2.** TECH, ELEC (*make sound*) retentir; (*alarm clock*) sonner **3.** *inf* (*happen*) arriver; **to ~ badly/well/smoothly** se passer mal/bien/sans problème **4.** (*leave*) partir **5.** (*fall asleep*) s'endormir **II.** *vt* **to ~ the subject** s'écarter du sujet
◆**go on** **I.** *vi* **1.** (*happen*) se passer **2.** (*go further, continue*) continuer **3.** (*elapse: time*) passer **4.** (*move on, proceed*) avancer **II.** *vt* **to have very little to ~** pouvoir se baser sur peu de choses
◆**go out** *vi* **1.** (*socialize*) sortir **2.** (*date*) **to ~ with sb** sortir avec qn **3.** ELEC, TECH (*stop working*) s'éteindre **4.** (*become unfashionable*) se démoder **5.** RADIO, TV (*be sent out*) être diffusé
◆**go over** **I.** *vi* **to ~ badly/well** être mal/bien accueilli **II.** *vt* **1.** (*examine*) vérifier **2.** (*rehearse*) revoir **3.** (*cross: border, river, street*) traverser **4.** (*exceed: budget, limit*) dépasser
◆**go through** *vt* **1.** (*undergo*) *a.* MED, PSYCH **~ sth** passer par qc **2.** (*be routed through*) **to ~ sb/sth** passer par chez qn/qc **3.** POL, ADMIN passer **4.** (*examine*) **to ~ sth** examiner qc
◆**go together** *vi* **1.** (*harmonize*) **to ~ with sth** aller (bien) avec qc **2.** (*date*) sortir ensemble
◆**go under** **I.** *vi* **1.** NAUT (*sink*) sombrer **2.** ECON (*fail*) chuter **3.** (*become unconscious*) s'évanouir **II.** *vt* aller sous qc
◆**go up** *vi* **1.** (*move higher, travel northwards*) monter **2.** (*increase*) *a.* FIN, ECON augmenter **3.** (*approach*) **to ~ to sb/sth** s'approcher de qn/qc **4.** (*burn up*) *a. fig* s'enflammer
◆**go with** *vt* **1. to ~ sb** (*date*) sortir avec qn **2.** (*be associated with*) **to ~ sth** être associé à qc **3.** (*agree with*) **to ~ sth** être d'accord pour qc; **to ~ sb on sth** être d'accord avec qn sur qc
◆**go without** *vt, vi* **to ~ (sth)** faire (qc) sans
goad [goʊd] **I.** *vt* **1.** (*spur*) **to ~ sb/sth to sth** inciter qn/qc à qc **2.** (*tease*) exciter **II.** *n* motivation *f*
go-ahead *n* carte *f* blanche
goal [goʊl] *n a.* SPORTS but *m*
goalie *inf,* **goalkeeper** *n* SPORTS gardien(ne) *m(f)* de but
goal line *n* SPORTS ligne *f* de but
goalpost *n* SPORTS poteau *m*
goat [goʊt] *n* **1.** ZOOL, BIO chèvre *f* **2.** (*scapegoat*) bouc *m* émissaire
Goat *n* Capricorne *m; s.a.* **Aquarius**
goatee [goʊ·'ti] *n* bouc *m*
gobble ['gab·l] **I.** *vi* **1.** *inf* (*eat quickly*) bouffer **2.** (*make turkey noise*) glouglouter **II.** *vt inf* bouffer **III.** *n* (*turkey noise*) glouglou *m*
gobbledegook, gobbledygook *n pej, inf* charabia *m*
go-between *n* intermédiaire *m;* **to act as a ~** faire l'intermédiaire
goblet ['ga·blət] *n* coupe *f*
goblin ['ga·blɪn] *n* LIT lutin *m*
go-cart *n* karting *m*
god [gad] *n* REL *a. fig* dieu *m*
god-awful *adj inf* merdique
godchild *n* filleul(e) *m(f)*
goddaughter *n* filleule *f*
goddess <-es> *n* REL *a. fig* déesse *f*
godfather *n* REL *a. fig* parrain *m*
god-fearing *adj* REL pieux(-euse)
god-forsaken *adj pej* perdu(e)
godless *adj* **1.** REL athée **2.** *pej* (*evil*) mauvais(e)
godlike *adj a.* REL divin(e)
godly *adj* REL pieux(-euse)
godmother *n* REL marraine *f*
godparent *n* REL parrain *m* et marraine *f*
godsend *n inf* cadeau *m* du ciel
godson *n* REL filleul *m*
goer *n* **a cinema~** un cinéphile
goes *3rd pers sing of* **go**
go-getter *n* homme, femme *m, f* d'action
go-getting *adj* dynamique
goggle ['ga·gl] **I.** *vi inf* **to ~ at sb/sth** reluquer qn/qc **II.** *n* regard *m* fixe
goggle-eyed *adj inf* avec des yeux en boules de loto
goggles *npl* lunettes *fpl* protectrices
go-go dancer *n* go-go dancer *m*
going **I.** *n* **1.** (*act of leaving*) départ *m;* **comings and ~s** allées *fpl* et venues *fpl* **2.** (*conditions*) conditions *fpl;* **while the ~ is good** tant que les conditions sont bonnes **3.** (*progress*) progression *f* **II.** *adj* **1.** (*available*)

G

disponible **2.** (*in action*) en marche; **to get sth ~** mettre qc en marche **3.** (*current*) qui marche; **a ~ concern** une entreprise florissante **III.** *vi aux* **to be ~ to** *+infin* être sur le point de *+infin*
going price *n* **1.** (*market price*) prix *m* du marché **2.** (*current price*) cours *m* du jour
goings-on *npl* **1.** (*unusual events*) choses *fpl* extraordinaires **2.** (*activities*) affaires *fpl*
goiter ['gɔɪ·t̬ər] *n* MED goitre *m*
go-kart *n s.* **go-cart**
gold [goʊld] **I.** *n* **1.** *no indef art* (*metal or color*) or *m* **2.** *no indef art* (*golden object*) objet *m* en or ►**to have a heart of ~** avoir un cœur en or **II.** *adj* **1.** (*made of gold: ring, tooth, watch*) en or; (*medal, record, coin*) d'or **2.** <more ~, most ~> (*gold-colored*) doré(e), or *inv* ►**not all that glitters is ~** *prov* tout ce qui brille n'est pas or *prov*
gold bullion *n* lingot *m* d'or
gold coin *n* pièce *f* en or
gold content *n* teneur *f* en or
gold digger *n* **1.** MIN (*gold miner*) chercheur, -euse *m, f* d'or **2.** *fig, pej* (*sb looking for material gain*) personne *f* vénale
gold dust *n* poudre *f* d'or
golden *adj* **1.** (*made of gold*) en or **2.** (*concerning gold*) d'or **3.** <more ~, most ~> (*gold-colored*) doré(e) **4.** (*very good: memory*) en or ►**silence is ~** *prov* le silence est d'or *prov*
golden age *n* âge *m* d'or
golden handshake *n inf* parachute *m* doré
golden mean *n* juste milieu *m*
golden triangle *n no indef art* GEO **the ~** le triangle d'or
golden wedding *n* noces *fpl* d'or
goldfinch <-es> *n* ZOOL chardonneret *m*
goldfish <-(es)> *n* BIO poisson *m* rouge
gold foil *n no indef art* papier *m* doré
gold leaf *n no indef art* feuille *f* d'or
gold medal *n* SPORTS médaille *f* d'or
goldmine *n* mine *f* d'or
gold nugget *n* pépite *f* d'or
gold plating *n no indef art* MIN dorure *f*
gold reserves *npl* FIN, ECON réserves *fpl* d'or
gold-rimmed *adj* à monture en or
goldsmith *n* orfèvre *m*
gold standard *n* FIN étalon *m* or
golf [galf] **I.** *n* golf *m* **II.** *vi* jouer au golf
golf ball *n* SPORTS balle *f* de golf
golf club *n* SPORTS club *m* de golf
golf course *n* SPORTS terrain *m* de golf
golfer *n* SPORTS golfeur, -euse *m, f*
golf links *npl* SPORTS *s.* **golf course**
Goliath [gə·'laɪ·əθ] *n a. fig* Goliath *m*
golliwog(g) ['ga·li·wɔg] *n poupée noire de chiffon*
golly ['ga·li] *interj inf* sapristi
gondola ['gan·dəl·ə] *n* gondole *f*
gondolier *n* gondolier, -ère *m, f*
gone [gan] **I.** *pp of* **go** **II.** *adj* **1.** (*no longer there*) parti(e) **2.** (*beyond hope*) sans appel **3.** (*dead*) disparu(e) **4.** *inf* (*pregnant*) en cloque
goner *n sing, no def art* **to be a ~** (*be bound to die*) être mourant; (*be irreparable*) être un cas désespéré; (*sb in trouble*) être en difficulté
gong [gɔŋ] *n* (*bell*) gong *m*
goo [gu] *n inf, a. fig* guimauve *f*
good [gʊd] **I.** <better, best> *adj* bon(ne); **to be a ~ catch** être une bonne affaire; **to have ~ eyes/ears** avoir de bons yeux/bonnes oreilles; **to be ~ with one's hands** être adroit de ses mains; **to have (got) it ~** *inf* avoir (eu) de la chance; **to be/sound too ~ to be true** être/paraître trop beau pour être vrai; **to be ~ for business** ECON être bon pour les affaires; **all in ~ time** chaque chose en son temps; **to make sth ~** (*pay for*) payer qc; (*do successfully*) réussir qc; **to be as ~ as new** être comme neuf; **to be ~ and ready** être fin prêt; **the ~ old days** le bon vieux temps **II.** *n* bien *m;* **to be up to no ~** n'avoir rien de bon en tête; **to do sb ~ to** *+infin* faire du bien à qn de *+infin;* **for one's own ~** pour son bien ►**for ~** définitivement **III.** *interj* **1.** (*said to express approval*) bien **2.** (*said to express surprise or shock*) **~ God!** mon Dieu! **3.** (*said as greeting*) **~ evening!** bonsoir!; **~ morning!** bonjour! **4.** (*said to express agreement*) **very ~!** d'accord!
Good Book *n* **the ~** la Bible
goodbye **I.** *interj* au revoir! **II.** *n* au revoir *m;* **to say ~ to sb** dire au revoir à qn; **to say ~ to sth** dire adieu à qc
good-for-nothing **I.** *n pej* bon(ne) *m(f)* à rien **II.** *adj pej* bon(ne) à rien
Good Friday *n* REL Vendredi *m* saint
good-humored *adj* de bonne humeur
good-looking **I.** <more ~, most ~ *o* better--looking, best-looking> *adj* beau(belle) **II.** *n* belle allure *f*
good looks *n* belle allure *f*
goodly *adj* considérable
good-natured *adj* **1.** (*having pleasant character*) d'un bon naturel **2.** (*not malicious*) bienveillant(e)
goodness **I.** *n* **1.** (*moral virtue or kindness*) bonté *f* **2.** CULIN (*healthful qualities*) qualités *fpl* nutritives **3.** (*said for emphasis*) **for ~' sake** pour l'amour de Dieu; **~ knows ...** Dieu sait ...; **honest to ~** vrai de vrai **II.** *interj* **(my) ~ (me)!** mon Dieu!
goods *npl* **1.** (*freight*) marchandises *fpl* **2.** ECON, LAW (*wares, personal belongings*) biens *mpl* ►**to deliver the ~** y arriver
good-sized *adj* assez grand(e)
good-tempered *adj irr* aimable
goodwill *n* **1.** (*willingness*) bonne volonté *f* **2.** ECON incorporels *mpl*
goody **I.** <-dies> *n* CULIN friandise *f* **II.** *interj childspeak* bien
gooey ['gu·i] <gooier, gooiest> *adj* **1.** (*sticky*) collant(e) **2.** *fig* (*overly sentimental*) à la guimauve
goof [guf] **I.** *vi inf* faire des conneries **II.** *n inf*

1. (*mistake*) connerie *f* **2.** (*silly person*) imbécile *mf*
◆**goof up** *vt inf* foutre
goofy <goofier, goofiest> *adj inf* bête comme ses pieds
goon [gun] *n pej, inf* tocard(e) *m(f)*
goose [gus] *n* oie *f*
gooseberry ['gus·ber·i] <-ries> *n* groseille *f*
goose bumps *npl* chair *f* de poule
goosestep **I.** <-pp-> *vi* MIL marcher au pas de l'oie **II.** *n* pas *m* de l'oie
gore[1] [gɔr] **I.** *n* MED sang *m* **II.** *vt* transpercer
gore[2] [gɔr] FASHION **I.** *n* soufflet *m* **II.** *vt* gonfler
gorge [gɔrdʒ] **I.** *n* **1.** GEO (*wide ravine*) gorge *f* **2.** (*contents of stomach*) bile *f*; **sb's ~ rises** *a. fig* qn a envie de vomir **3.** *inf* (*large feast*) gueuleton *m* **II.** *vi* **to ~ on sth** se gaver de qc **III.** *vt* **to ~ oneself on sth** se gaver de qc
gorgeous *adj a. fig* merveilleux(-euse)
gorilla [gə·'rɪl·ə] *n* ZOOL, BIO *a. fig* gorille *m*
gorse [gɔrs] *n* BOT, BIO genêt *m*
gory ['gɔr·i] <-rier, -riest> *adj a. fig, iron* sanglant(e)
gosh [gaʃ] *interj inf* zut alors
gosling ['gaz·lɪŋ] *n* ZOOL oison *m*
gospel ['gas·pəl] *n* **1.** REL **Gospel** Évangile *m* **2.** MUS gospel *m* **3.** *fig* (*principle*) évangile *m*
gossamer ['ga·sə·mər] *n* BIO gaze *f*
gossip ['ga·səp] **I.** *n* **1.** (*rumor*) potins *mpl* **2.** *pej* (*person who gossips*) commère *f* **II.** *vi* cancaner; **to ~ about sb** faire des commérages sur qn
gossip column *n* PUBL échos *mpl*
gossipy *adj* cancanier(-ère)
got [gat] *pt, pp of* **get**
Gothic ['ga·θɪk] **I.** *adj* gothique **II.** *n* LING, TYP, PUBL gothique *m*
gotten ['ga·tən] *pp of* **got**
gouge [gaʊdʒ] **I.** *vt* **1.** (*pierce*) **to ~ sth in(to) sth** percer qc à travers qc **2.** *inf* (*overcharge*) surcharger **II.** *n* ciseau *m*
goulash ['gu·laʃ] *n* CULIN goulache *m o f*
gourd [gɔrd] *n* BOT, BIO cucurbitacée *f*
gourmand ['gʊr·mand] *n* gourmand(e) *m(f)*
gourmet ['gʊr·meɪ] CULIN **I.** *n* gourmet *m* **II.** *adj* (*restaurant*) gastronome
gourmet food store *n* CULIN épicerie *f* fine
gout [gaʊt] *n* MED goutte *f*
Gov. *n* **1.** *abbr of* **governor** gouverneur *m* **2.** *abbr of* **government** gouvernement *m*
govern ['gʌv·ərn] **I.** *vt* **1.** (*rule, control*) gouverner **2.** *fig* (*feelings*) maîtriser **3.** LAW (*regulate*) régir **4.** LING régir **II.** *vi* POL, ADMIN gouverner
governess ['gʌv·ər·nəs] <-es> *n* gouvernante *f*
governing *adj* gouvernant(e); (*coalition*) au pouvoir; **a ~ body** un conseil d'administration
government ['gʌv·ərn·mənt] *n* POL, ADMIN gouvernement *m*; **~ policy** police *f* d'État
governmental *adj* POL, ADMIN gouvernemental(e)
governor ['gʌv·ər·nər] *n* **1.** (*leader of state*) chef *m* d'État **2.** POL, ADMIN (*leader of area*) gouverneur, -euse *m, f* **3.** AUTO, TECH (*speed controller*) régulateur *m*
gown [gaʊn] *n* **1.** (*dress*) robe *f* **2.** MED (*short medical robe*) blouse *f*
GP [ˌdʒi·'pi] *n* MED *abbr of* **general practitioner** généraliste *mf*
grab [græb] **I.** *n* **to make a ~ for/at sth** essayer de saisir qc ►**to be up for ~s** être à prendre **II.** <-bb-> *vt* **1.** (*snatch, take hold of*) *a.* LAW saisir; **to ~ sth out of sb's hands** prendre qc des mains de qn **2.** *inf* (*get, acquire: a meal*) prendre **3.** (*take advantage of: a chance*) saisir **4.** *inf* **how does sth ~ you?** comment tu trouves/vous trouvez qc?; **it doesn't ~ me** ça ne me dit rien **III.** <-bb-> *vi* **to ~ at sth** se saisir de qc; **to ~ at sb** s'agripper à qn
grace [greɪs] **I.** *n a.* REL grâce *f*; **to do sth with (a) good/bad ~** faire qc de bonne/mauvaise grâce **II.** *vt form* **1.** (*honor*) honorer **2.** (*make beautiful*) rendre grâce à
graceful *adj* gracieux(-euse)
graceless *adj* disgracieux(-euse)
Graces *n pl* **the ~** les trois Grâces *fpl*
gracious ['greɪ·ʃəs] **I.** *adj* **1.** (*courteous*) affable **2.** (*elegant*) gracieux(-euse) **3.** REL plein(e) de grâce **II.** *interj* **goodness ~!** mon Dieu!
gradation [grəɪ·'deɪ·ʃən] *n* **1.** (*measured step in a range*) étagement *m* **2.** ART, MUS (*gradual transition*) transition *f*
grade [greɪd] **I.** *n* **1.** (*rank*) rang *m*; (*on scale*) échelon *m* **2.** (*type, quality*) qualité *f* **3.** SCHOOL (*level in school*) classe *f* **4.** SCHOOL, UNIV (*mark in school*) note *f* **5.** (*level*) niveau *m* **6.** GEO (*gradient, slope*) pente *f* ►**to make the ~** se montrer à la hauteur **II.** *vt* **1.** SCHOOL, UNIV (*evaluate*) noter **2.** (*categorize*) classer **3.** (*reduce slope*) niveler
grade crossing *n* RAIL passage *m* à niveau
grade school *n* SCHOOL école *f* primaire
gradient ['greɪ·di·ənt] *n* GEO, AUTO pente *f*
grading *n* **1.** (*gradation*) gradation *f* **2.** (*classification*) classification *f*; SCHOOL notation *f*

> ℹ Le système d'attribution des notes en usage aux USA, le **grading system**, utilise les lettres de l'alphabet A, B, C, D, E et F, bien que la lettre E soit très rare. A est la meilleure note et F *(Fail)* signifie très insuffisant. Les lettres peuvent être accompagnées du signe plus ou moins. Celui qui obtient un A+ a vraiment réalisé une bonne performance.

gradual ['grædʒ·u·əl] *adj* **1.** (*not sudden*) graduel(le) **2.** (*not steep*) doux(douce)
gradually *adv* graduellement
graduate ['grædʒ·u·ət, *vb:* 'grædʒ·u·eɪt] **I.** *n* **1.** UNIV diplômé(e) *m(f)* **2.** SCHOOL bachelier,

-ère *m, f* **II.** *vi* UNIV obtenir son diplôme; SCHOOL avoir son bac(calauréat); **to ~ from sth to sth** passer de qc à qc **III.** *vt* **1.** SCHOOL, UNIV (*award degree*) remettre un diplôme à **2.** (*arrange in a series, mark out*) graduer
graduated *adj* graduel(le)
graduate school *n* UNIV ≈ troisième cycle *m*
graduate studies *n* UNIV ≈ études *fpl* de troisième cycle
graduation [ˌgrædʒ·u·ˈeɪ·ʃᵊn] *n* **1.** SCHOOL, UNIV (*completion of schooling*) remise *f* des diplômes; **~ ceremony** cérémonie *f* de remise des diplômes **2.** (*promotion*) promotion *f* **3.** (*marks of calibration*) graduation *f*
graffiti [grə·ˈfi·t̬i] **I.** *n* ART graffiti *m* **II.** *vi* faire des graffitis **III.** *vt* graffiter
graft¹ [græft] **I.** *n* greffe *f* **II.** *vt a. fig* greffer
graft² [græft] POL **I.** *n* corruption *f* **II.** *vi* (*receive*) recevoir des pots de vin; (*give*) verser des pots de vin
Grail [greɪl] *n* REL, HIST **the ~** le Graal
grain [greɪn] **I.** *n* **1.** *a.* AGR, CULIN, PHOT *a. fig* grain *m;* **a ~ of truth** un brin de vérité **2.** (*direction of fibers: of wood*) veinure *f;* (*of meat*) fibre *f* ▶ **to go against the ~** être contre nature **II.** *vt* **1.** (*granulate*) grener **2.** (*texturize*) greneler
grain elevator *n* AGR silo *m* à céréales
grain export *n* exportations *fpl* de céréales
grain market *n* marché *m* céréalier
gram [græm] *n* gramme *m*
grammar [ˈgræm·ər] *n* grammaire *f*
grammar book *n* grammaire *f*
grammarian *n* grammairien(ne) *m(f)*
grammar school *n* ≈ école *f* primaire
grammatical [grə·ˈmæt̬·ɪ·kᵊl] *adj* LING grammatical(e)
gramophone [ˈgræm·ə·foʊn] *n* gramophone *m*
grampus [ˈgræm·pəs] <-es> *n* ZOOL, BIO épaulard *m*
granary [ˈgræn·ᵊr·i] <-ries> *n* AGR grenier *m*
grand [grænd] **I.** *adj a. inf* grand(e); **in ~ style** en grandes pompes; **the Grand Canyon** le Grand Canyon; **to make a ~ entrance** faire une grande entrée; **~ old age** *a. iron* grand âge *m* **II.** *n* **1.** *inv, inf* (*one thousand dollars*) mille dollars *mpl* **2.** MUS *s.* **grand piano**
grandchild <-children> *n* petit-fils *m,* petite-fille *f*
granddad *n* papi *m*
granddaughter *n* petite-fille *f*
grandeur [ˈgræn·dʒər] *n* grandeur *f;* **delusions of ~** mégalomanie *f*
grandfather *n* grand-père *m*
grandiloquent [græn·ˈdɪl·ə·kwənt] *adj pej, form* grandiloquent(e)
grandiose [ˈgræn·di·oʊs] *adj* grandiose
grand jury <-ries> *n* LAW grand jury *m*
grand larceny *n* LAW vol *m* qualifié
grandly *adv* grandement
grandma *n inf* mamie *f*
grand master *n* **1.** GAMES (*chess pro*) professionnel(le) *m(f)* des échecs **2.** (*head of order*) grand maître *m*
grandmother *n* grand-mère *f*
grandpa *n inf* papi *m*
grandparent *n* grands-parents *mpl*
grand piano *n* MUS piano *m* à queue
grand slam *n* SPORTS grand chelem *m*
grandson *n* petit-fils *m*
grandstand *n* SPORTS premières tribunes *fpl*
grand sum, grand total *n* FIN somme *f* totale
granite [ˈgræn·ɪt] *n* MIN granit *m*
grannie, granny [ˈgræn·i] <-nies> *n inf s.* **grandmother** mamie *f*
grant [grænt] **I.** *n* **1.** (*money for education*) bourse *f;* **to apply for a ~** demander une bourse **2.** (*from authority*) subvention *f* **II.** *vt* **1.** (*allow*) **to ~ sb sth** accorder qc à qn **2.** (*transfer legally*) **to ~ sb sth** céder qc à qn **3.** *form* (*consent to fulfill*) **to ~ sb sth** concéder qc à qn; **to ~ sb a request** accéder à la demande de qn **4.** (*admit to*) reconnaître; **to ~ that ...** admettre que ... ▶ **to take sth for ~ed** considérer qc comme allant de soi
granulated [ˈgræn·jə·leɪ·t̬ɪd] *adj* (*sugar*) cristallisé(e)
granule [ˈgræn·jul] *n* grain *m*
grape [greɪp] *n* raisin *m*
grapefruit <-s> *n* pamplemousse *m*
grapevine *n* vigne *f* ▶ **sb heard on the ~ that ...** qn a entendu dire que ...
graph [græf] **I.** *n* graphique *m* **II.** *vt* dessiner sous forme de graphique
graphic *adj* **1.** (*using a graph*) graphique **2.** (*vividly descriptive*) vivant(e)
graphic design *n* conception *f* graphique
graphics *npl* **1.** (*drawings*) graphique *m* **2.** (*representation*) art *m* graphique
graphics card *n* COMPUT carte *f* graphique
graphite [ˈgræf·aɪt] *n* graphite *m*
graphology [grə·ˈfa·lə·dʒi] *n* graphologie *f*
grapple [ˈgræp·l] *vi* **1.** (*fight*) lutter **2.** *fig* **to ~ with sth** se débattre avec qc
grasp [græsp] **I.** *n* **1.** (*grip*) prise *f* **2.** (*attainability*) portée *f;* **to be within sb's ~** être à la portée de qn **3.** (*understanding*) compréhension *f;* **to have a good ~ of a subject** bien maîtriser un sujet; **to lose one's ~** (*person*) perdre son emprise **II.** *vt* **1.** (*take firm hold*) empoigner; **to ~ sb by the arm/hand** saisir qn par le bras/la main **2.** (*understand*) saisir **III.** *vi* **to ~ at sth** essayer de saisir qc; **to ~ at the chance** saisir l'occasion
grasping *adj pej* cupide
grass [græs] **I.** *n* **1.** <-es> (*genus of plant*) herbe *f* **2.** (*green plant*) herbe *f sans pl;* **a blade/tuft of ~** un brin/une touffe d'herbe **3.** (*lawn*) gazon *m;* **to cut the ~** tondre le gazon **4.** *inf* (*marijuana*) herbe *f* ▶ **to let the ~ grow under one's feet** perdre son temps; **the ~ is (always) greener on the other side (of the fence)** *prov* on n'est jamais content de ce qu'on a **II.** *vt* mettre en herbe
grasshopper *n* sauterelle *f* ▶ **to be knee-**

-high to a ~ être haut comme trois pommes
grassland *n* prairie *f*
grass roots *npl* **1.** (*ordinary people*) peuple *m* **2.** (*basic level: of a party, organization*) base *f*
grass snake *n* couleuvre *f*
grassy <-ier, -iest> *adj* herbeux(-euse)
grate[1] [greɪt] *n* **1.** (*grid in fireplace*) grille *f* de foyer **2.** (*fireplace*) foyer *m*
grate[2] [greɪt] **I.** *vi* **1.** (*annoy: noise*) agacer; **to ~ on sb** taper sur les nerfs de qn **2.** (*rub together*) grincer **II.** *vt* (*shred*) râper
grateful *adj* reconnaissant(e); **to be ~ to sb for sth** être reconnaissant de qc envers qn
grater *n* râpe *f*
gratification [ˌgræṭ·ə·fɪ·ˈkeɪ·ʃən] *n* satisfaction *f*
gratify [ˈgræṭ·ə·faɪ] <-ie-> *vt* **1.** (*please*) **to be gratified at sth** être content de qc **2.** (*satisfy*) satisfaire
gratifying *adj* agréable
grating I. *n* grille *f* **II.** *adj* grinçant(e)
gratis [ˈgræṭ·əs] **I.** *adj* gratuit(e) **II.** *adv* gratuitement
gratitude [ˈgræṭ·ə·tud] *n form* gratitude *f*
gratuitous [grə·ˈtu·ə·ṭəs] *adj* gratuit(e)
gratuity [grə·ˈtu·ə·ṭi] <-ties> *n form* pourboire *m*
grave[1] [greɪv] *n* (*burial place*) tombe *f*
grave[2] [greɪv] *adj* **1.** (*seriously bad*) grave **2.** (*serious*) sérieux(-euse) **3.** (*worrying*) inquiétant(e) **4.** (*momentous*) capital(e) **5.** (*solemn: music*) solennel(le)
gravedigger *n* fossoyeur *m*
gravel [ˈgræv·əl] **I.** *n* **1.** (*small stones*) gravier *m*; **a ~ path/driveway** un chemin/une allée de gravier **2.** MED calcul *m* **II.** *vt* gravillonner
gravestone *n* pierre *f* tombale
graveyard *n* cimetière *m*
gravitate [ˈgræv·ɪ·teɪt] *vi* **to ~ towards sb/sth** être attiré par qn/qc
gravitation [ˌgræv·ɪ·ˈteɪ·ʃən] *n* **1.** (*movement*) mouvement *m* **2.** (*attracting force*) gravitation *f*
gravitational *adj* de gravitation
gravity [ˈgræv·ə·ṭi] *n* gravité *f*
gravy [ˈgreɪ·vi] *n* **1.** (*meat juices*) jus *m* de viande **2.** *inf* (*easy money*) bénef *m*
gravy boat *n* saucière *f*
gray [greɪ] *adj* gris(e); **~ matter** matière *f* grise; **to go** [*o* **turn**] **~** grisonner
graying *adj* grisonnant(e)
grayish [ˈgreɪ·ɪʃ] *adj* grisâtre *péj;* (*hair*) grisonnant(e)
graze[1] [greɪz] **I.** *n* égratignure *f* **II.** *vt* **1.** (*injure surface skin*) écorcher; **to ~ one's knee/elbow** s'égratigner le genou/coude **2.** (*touch lightly*) effleurer
graze[2] [greɪz] **I.** *vi* **1.** (*eat grass: cattle, sheep*) paître **2.** *inf* (*eat frequent small meals*) grignoter **II.** *vt* (*cattle, sheep, herds*) faire paître
grease [gris] **I.** *n* graisse *f* **II.** *vt* graisser ▶ **like ~d lightning** en quatrième vitesse; **to ~ sb's palm** graisser la patte à qn
greasepaint *n* fard *m* gras
greaseproof paper *n* papier *m* sulfurisé
greasy [ˈgri·si] *n* gras(se)
great [greɪt] **I.** *n* grand(e) **II.** *adj* **1.** (*very big, famous and important*) grand(e); **a ~ deal of time/money** beaucoup de temps/d'argent; **a ~ many people** beaucoup de gens *mpl* **2.** (*wonderful*) merveilleux(-euse); **to be a ~ one for doing sth** ne pas avoir son pareil pour faire qc; **the ~ thing about sb/sth is that ...** le grand avantage de qn/qc est que ...; **to be ~ at doing sth** *inf* être doué pour faire qc; **~!** *iron, inf* génial! **3.** (*very healthy*) en pleine forme **4.** (*for emphasis*) **~ big** énorme **5.** (*good*) excellent(e); (*organizer*) de première ▶ **to be no ~ shakes at doing sth** ne pas être très doué pour faire qc
great-aunt *n* grand-tante *f*
Great Bear *n* ASTR *s.* **Ursa Major**
Great Britain *n* la Grande-Bretagne
greatcoat *n* pardessus *m*
greater *n* agglomération *f;* **Greater Los Angeles** l'agglomération de Los Angeles; **the ~ metropolitan area** la grande agglomération
great-grandchild *n* arrière-petit-fils *m,* arrière-petite-fille *f*
great-grandparents *n pl* arrière-grands-parents *mpl*
Great Lakes *n* les Grands Lacs *mpl*

> i Les **Great Lakes**, ou les Grands Lacs, situés le long de la frontière entre les États-Unis et le Canada constituent le plus grand groupe de lacs d'eau douce sur la terre et, avec la voie maritime du St Laurent, le plus grand système d'eau douce du monde. Les lacs formant cette mer intérieure sont, d'ouest en est : le lac Supérieur, le lac Michigan, le lac Huron, le lac Érié et le lac Ontario. Entre le lac Érié et le lac Ontario se trouvent les magnifiques chutes du Niagara, dont l'un des côtés est situé aux USA et l'autre au Canada.

greatly *adv form* très
great-nephew *n* petit-neveu *m*
greatness *n* grandeur *f*
great-niece *n* petite-nièce *f*

> i Les **Great Plains** étaient autrefois de vastes steppes (prairies) s'étendant des provinces d'Alberta et Saskatchewan, dans l'Ouest du Canada, jusqu'au Nouveau Mexique et au Texas. La culture de ces steppes en a fait une des plus importantes régions de production céréalière du monde.

great-uncle *n* grand-oncle *m*

Great Wall of China *n* la grande Muraille de Chine
Grecian *adj* (*Greek*) grec(que)
Greece [gris] *n* la Grèce
greed [grid] *n* (*desire for more*) avidité *f;* ~ **for food** gloutonnerie *f*
greediness *n s.* **greed**
greedy *adj* **1.** (*wanting food*) gourmand(e); **a ~ pig** *inf* un goinfre **2.** (*wanting too much*) avide; ~ **for money/power** avide d'argent/de pouvoir; ~ **for water** (*plant*) gourmand en eau
Greek [grik] **I.** *adj* grec(que) **II.** *n* **1.** (*person*) Grec, Grecque *m, f* **2.** LING grec *m;* **ancient ~** grec ancien ▸**it's all ~ to me** pour moi c'est du chinois; *s.a.* **English**
green [grin] **I.** *adj* **1.** (*color*) vert(e); **grayish-~ eyes** des yeux *mpl* gris-vert **2.** (*ecological: product, policies, issues*) écologique; (*person, vote, party*) écologiste ▸**it makes him ~ with envy** ça le fait pâlir d'envie **II.** *n* **1.** (*color*) vert *m* **2.** *pl* (*green vegetables*) légumes *mpl* verts **3.** (*member of Green Party*) écologiste *mf;* **the Greens** les Verts *mpl* **4.** (*area of grass*) espace *m* vert **5.** SPORTS green *m; s.a.* **blue**
greenback *n inf* billet *m* vert
greenbelt *n* zone *f* verte
green card *n* carte *f* de séjour
greenery ['gri·nᵊr·i] *n* verdure *f*
greenfly *n* puceron *m*
greengage *n* reine-claude *f*
greenhorn *n* débutant(e) *m(f)*
greenhouse *n* serre *f*
greenish ['gri·nɪʃ] *adj* tirant sur le vert, verdâtre *péj*
greenish-blue *adj* vert-bleu *inv*
Greenland ['grin·lənd] *n* le Groenland
Greenlander *n* Groenlandais(e) *m(f)*
greenness *n* couleur *f* verte; (*of a fruit*) verdeur *f*
green thumb *n fig* **to have a ~** avoir la main verte
Greenwich ['gren·ɪtʃ] *n* Greenwich
Greenwich Mean Time *n* temps *m* universel
greet [grit] *vt* **1.** (*welcome by word or gesture*) saluer **2.** (*receive*) accueillir **3.** (*become noticeable to*) attendre
greeting *n* **1.** (*welcome*) salut *m;* **to send one's ~s to sb** envoyer ses salutations à qn; **in ~** en signe de salut **2.** *pl* (*goodwill*) vœux *mpl;* **to exchange ~s** échanger des vœux **3.** (*receiving*) accueil *m*
greeting card *n* carte *f* de vœux
gregarious [grɪ·'ger·i·əs] *adj* **1.** (*liking company*) sociable **2.** ZOOL grégaire
Grenada [grə·'neɪ·də] *n* la Grenade
grenade [grə·'neɪd] *n* grenade *f*
grew [gru] *pt of* **grow**
grey [greɪ] *adj s.* **gray**
greyhound *n* lévrier *m*
greying *adj s.* **graying**
greyish ['greɪ·ɪʃ] *adj s.* **grayish**
grey matter *n inf* matière *f* grise
grid [grɪd] *n* **1.** (*pattern*) quadrillage *m* **2.** (*grating*) grille *f* **3.** (*electricity network*) **power ~** réseau *m* électrique **4.** SPORTS **starting ~** ligne *f* de départ
griddle ['grɪd·l] **I.** *n* plaque *f* en fonte **II.** *vt* faire cuire sur une plaque en fonte
gridiron ['grɪd·aɪərn] *n* **1.** (*football field*) terrain *m* de football américain **2.** (*metal grid*) gril *m*
gridlock *n* embouteillage *m*
grief [grif] *n* **1.** (*extreme sadness*) chagrin *m;* **to cause sb ~** causer du chagrin à qn **2.** (*trouble*) **to give sb ~** causer des ennuis à qn ▸**good ~!** *inf* ciel!; **to come to ~** échouer; (*have an accident*) avoir un accident
grievance ['gri·vᵊn(t)s] *n* **1.** (*complaint*) doléance *f;* **to file a ~** déposer une plainte **2.** (*sense of injustice*) grief *m*
grieve [griv] **I.** *vi* **1.** (*be sad*) être peiné; **to ~ over sth** se désoler de qc **2.** (*mourn*) être en deuil *m;* **to ~ for sb/sth** pleurer qn/qc **II.** *vt* **1.** (*distress*) affliger **2.** (*make sad*) chagriner **3.** (*annoy*) contrarier
grievous ['gri·vəs] *adj form* (*error, crime*) grave; (*news*) douloureux(-euse)
grill [grɪl] **I.** *n* **1.** (*part of cooker*) gril *m* **2.** (*informal restaurant*) grill *m* **3.** (*food*) grillade *f* **II.** *vt* **1.** (*cook*) faire griller **2.** *inf* (*interrogate*) cuisiner; **to ~ sb about sth** cuisiner qn au sujet de qc
grille [grɪl] *n* grille *f*
grilling *n inf* cuisson *f* sur le gril
grim [grɪm] *adj* **1.** (*very serious*) grave; **to be ~-faced** avoir une mine sévère **2.** (*unpleasant*) désagréable **3.** (*horrible*) terrible; **~ outlook** perspective *f* effroyable ▸**to hang on like ~ death** (*person*) se cramponner de toutes ses forces; **to feel ~** *inf* ne pas avoir le moral
grimace ['grɪm·əs] **I.** *n* grimace *f* **II.** *vi* **1.** (*negatively*) faire la grimace; **to ~ with pain** grimacer de douleur **2.** (*for fun*) faire des grimaces *fpl*
grime [graɪm] **I.** *n* **1.** (*ingrained dirt*) saleté *f* **2.** (*soot*) suie *f* **II.** *vt* **to be ~d** être encrassé
grimy ['graɪ·mi] <-ier, -iest> *adj* **1.** (*filthy*) crasseux(-euse) **2.** (*sooty*) noir(e) de suie
grin [grɪn] **I.** *n* sourire *m* **II.** *vi* faire un large sourire ▸**to ~ and bear it** garder le sourire
grind [graɪnd] **I.** *n inf* **1.** (*tiring work*) corvée *f;* **the daily ~** le train-train quotidien **2.** (*sound*) grincement *m* **3.** (*dance*) déhanchement *m* **II.** <ground, ground> *vt* **1.** (*mill: corn, pepper, coffee*) moudre; (*meat*) hacher **2.** (*crush*) écraser **3.** (*make noise*) grincer; **to ~ one's teeth** grincer des dents **4.** (*sharpen*) aiguiser **5.** (*polish*) polir **III.** *vi* **1.** (*move noisily*) grincer; **to ~ to a halt** s'immobiliser; **to ~ up the hill** monter la colline en crissant **2.** *inf* (*dance*) se déhancher
◆**grind down** *vt* **1.** (*file*) polir **2.** (*mill*) moudre **3.** (*wear*) user ▸**to ~ sb down** avoir qn à l'usure; (*oppress*) accabler qn

◆**grind out** *vt* **1.** (*produce continuously*) produire régulièrement **2.** (*produce in a boring manner*) rabâcher **3.** (*extinguish: cigarette*) écraser

grinder *n* **1.** (*crushing machine*) moulin *m;* **coffee-~** moulin à café **2.** (*sharpener*) meule *f* **3.** (*person who sharpens things*) rémouleur *m*

grindstone *n* pierre *f* à aiguiser ▶**to keep one's nose to the ~** travailler sans relâche

gringo ['grɪŋ·goʊ] *n pej* gringo *m*

grip [grɪp] **I.** *n* **1.** (*hold*) prise *f* **2.** (*way of holding*) adhérence *f* **3.** (*bag*) sac *m* de voyage ▶**to come to ~s with sth** s'attaquer à qc; **to get a ~ on oneself** se ressaisir; **to be in the ~ of sth** être en proie à qc **II.** <-pp-> *vt* **1.** (*hold firmly*) empoigner **2.** (*overwhelm*) **to be ~ped by emotion** être saisi par l'émotion **3.** (*interest deeply*) captiver **III.** *vi* adhérer

gripe [graɪp] **I.** *n inf* plainte *f* **II.** *vi inf* ronchonner

gripping *adj* **1.** (*exciting*) passionnant(e) **2.** (*stabbing*) lancinant(e)

grisly ['grɪz·li] *adj* **1.** (*repellant*) repoussant(e) **2.** *fig, inf* macabre

gristle ['grɪs·l] *n* nerfs *mpl*

grit [grɪt] **I.** *n* **1.** (*small stones*) gravillon *m* **2.** (*courage*) cran *m* **II.** <-tt-> *vt* **1.** (*press together*) *a. fig* **to ~ one's teeth** serrer les dents **2.** (*cover*) sabler

gritty *adj* **1.** (*covered with grits*) couvert(e) de gravillons **2.** (*courageous*) courageux(-euse)

grizzle ['grɪz·l] *vi pej, inf* **1.** (*cry continually: baby, small child*) pleurnicher **2.** (*complain*) ronchonner

grizzly **I.** <-ier, iest> *adj* grisonnant(e) **II.** <-zzlies> *n* grizzli *m*

groan [groʊn] **I.** *n* gémissement *m* **II.** *vi* **1.** (*make a noise: floorboards, hinges*) grincer; (*people*) gémir; **~ in pain** gémir de douleur **2.** *inf* (*complain*) grogner

groats [groʊts] *n pl* gruau *m*

grocer ['groʊ·sər] *n* épicier, -ère *m, f*

grocery ['groʊ·sər·i] <-ies> *n* épicerie *f*

grog [grɔg] *n* grog *m*

groggy ['grɔ·gi] <-ier -iest> *adj* groggy *inv*

groin [grɔɪn] *n* **1.** ANAT aine *f* **2.** (*male sex organs*) testicules *mpl*

groom [grum] **I.** *n* **1.** (*person caring for horses*) palefrenier *m* **2.** (*bridegroom*) marié *m* **II.** *vt* **1.** (*clean: animal*) faire la toilette de; (*horse*) panser **2.** (*prepare*) préparer; **to ~ sb for sth** préparer qn à qc

groove [gruv] *n* **1.** (*long narrow indentation*) rainure *f* **2.** MUS sillon *m* ▶**to get into a ~** devenir routinier; **get into the ~!** allez, vas-y!

groovy <-ier, -iest> *adj inf* épatant(e)

grope [groʊp] **I.** *n* **1.** (*touch with hands*) tâtonnement *m* **2.** *inf* (*unwelcome sexual touch*) pelotage *m* **II.** *vi* **1. to ~ for sth** chercher qc à tâtons **2.** *fig* tâtonner **III.** *vt* **1. to ~ one's way** avancer à tâtons **2.** *inf* (*touch sexually*) peloter

gropingly ['groʊp·ɪŋ·li] *adv* à tâtons

gross [groʊs] **I.** *adj* **1.** *form* LAW grave; **~ negligence** faute *f* lourde **2.** (*very fat*) obèse **3.** (*extremely offensive*) vulgaire **4.** (*revolting*) dégueulasse **5.** (*total*) total(e) **6.** FIN (*pay, amount, income*) brut(e) **II.** *vt* FIN **to ~ $2000** gagner 2000 dollars brut

gross domestic product *n* produit *m* intérieur brut

grossly *adv* **1.** (*extremely: unfair*) profondément **2.** (*in a gross manner*) grossièrement

gross national product *n* produit *m* national brut

grotesque [groʊ·'tesk] **I.** *n* ART, LIT grotesque *m* **II.** *adj* grotesque

grotto ['gra·t̬oʊ] <-tto(e)s> *n* grotte *f*

grouch [graʊtʃ] *n* grincheux, -euse *m, f*

grouchy <-ier, -iest> *adj* grognon

ground¹ [graʊnd] **I.** *n* **1.** (*the Earth's surface*) terre *f;* **burnt to the ~** brûlé de fond en comble; **above ~** en surface; MIN à la surface; **below ~** sous terre; MIN au jour **2.** (*bottom of the sea*) fond *m* de la mer **3.** (*soil*) sol *m* **4.** (*large area of land*) domaine *m;* **parade ~** MIL terrain *m* de manœuvres; **polo ~s** terrain de polo; **fishing ~s** lieux *mpl* de pêche **5.** (*area of knowledge*) domaine *m;* **we found some common ~** nous avons trouvé un terrain d'entente; **to be on safe ~** reposer sur des bases solides **6.** (*reason*) raison *f;* **~s for divorce** motifs *mpl* de divorce; **on the ~s that ...** à cause de ...; **on what ~s ?** à quel titre? **7.** ELEC prise *f* de terre; **~ wire** fil *m* neutre; *s.a.* **earth** **II.** *vt* **1.** (*base*) baser; **to be ~ed in sth** être basé sur qc **2.** AVIAT (*unable to fly*) empêcher de voler; (*forbid*) interdire de vol; **to be ~ed** rester au sol **3.** (*run aground: ship*) échouer **4.** (*unable to move*) **to be ~ed** être incapable de bouger; *inf* (*teenager*) être consigné **5.** ELEC mettre à la masse **III.** *vi* (*ship*) échouer

ground² [graʊnd] **I.** *pt of* **grind** **II.** *adj* moulu(e); (*meat*) haché(e) **III.** *n pl* sédiment *m;* **coffee ~s** marc *m* de café

ground beef *n* hachis *m* de bœuf

groundbreaking *adj* novateur(-trice)

ground cloth *n* tapis *m* de sol

ground control *n* contrôle *m* au sol

ground crew *n* équipage *m* non navigant

ground floor *n* rez-de-chaussée *m inv* ▶**to go in on the ~** être là depuis le début

ground frost *n* gelée blanche

groundhog *n* marmotte *f* d'Amérique

i Aux États-Unis, on appelle le 2 février le **Groundhog Day.** C'est à cette date que l'on peut prédire si le printemps sera précoce ou tardif en observant le comportement de la *groundhog* (la marmotte) lorsqu'elle sort du terrier où elle a passé l'hiver. Si elle voit son ombre, la marmotte s'effraie et rentre dans son terrier, ce qui signifie que l'hiver durera encore six semaines. Mais si le temps est couvert et qu'elle n'aperçoit pas son ombre, elle reste dehors parce que le printemps arrive.

grounding *n* rudiments *mpl*
groundless *adj* sans fondement
groundnut *n* **1.** (*plant, oil*) arachide *f* **2.** (*peanut*) cacahouète *f*
ground personnel *n* personnel *m* non navigant
ground rules *n pl* **1.** (*procedural rules*) règles *fpl* de base **2.** SPORTS principes *mpl* de base
ground sheet *n s.* **ground cloth**
groundskeeper *n* gardien(ne) *m(f)* de parc
ground station *n* RADIO, TV station *f* terrestre
groundswell *n* **1.** (*heavy sea*) lame *f* de fond **2.** (*increase*) hausse *f*; **a ~ of public support** un grand mouvement de soutien de l'opinion publique
ground-to-air missile *n* missile *m* sol-air
ground-to-ground missile *n* missile *m* sol-sol
groundwork *n* travail *m* préparatoire; **to lay the ~ for sth** préparer le terrain pour qc
ground zero *n* **1. Ground Zero** Ground Zero *m* **2.** PHYS point *m* zéro
group [grup] **I.** *n* **1.** (*several together*) groupe *m* **2.** (*specially assembled*) réunion *f* **3.** (*category*) classe *f* **4.** (*business association*) groupement *m* **5.** (*musicians*) formation *f* **II.** *vt* grouper **III.** *vi* se grouper; **to ~ together around sb** se rassembler autour de qn
group dynamics *npl* dynamique *f* de groupe
groupie ['gru·pi] *n inf* groupie *f*
grouping *n* groupement *m*; **age ~ of the population** répartition *f* de la population par tranches d'âge
group therapy *n* psychothérapie *f* de groupe
group ticket *n* billet *m* de groupe
grouse[1] [graʊs] *n* tétras *m*
grouse[2] [graʊs] *inf* **I.** *n* **1.** (*complaint*) grief *m* **2.** (*complaining person*) râleur, -euse *m, f* **II.** *vi* ronchonner; **to ~ at sb** grogner contre qn
grove [groʊv] *n* **1.** (*group of trees*) bocage *m* **2.** (*orchard*) verger *m*; **orange ~** orangeraie *f*; **olive ~** oliveraie *f*
grovel ['gra·vᵊl] <-l-, -ll-> *vi* **1.** (*behave obsequiously*) **to ~ before sb** se prosterner devant qn **2.** (*crawl*) ramper; **to ~ on one's knees** se mettre à genoux
grow [groʊ] <grew, grown> **I.** *vi* **1.** BIO, AGR (*increase in size: trees, plants, hair*) pousser; (*child, animal*) grandir; **to ~ taller** grandir **2.** (*increase*) croître; **to ~ by 2 %** augmenter de 2 % **3.** (*flourish*) se développer **4.** (*develop*) développer **5.** (*become, get*) devenir; **to ~ wiser** s'assagir; **to ~ worse** empirer; **to ~ to like sth** finir par aimer qc **II.** *vt* **1.** (*cultivate: tomatoes, corn*) cultiver; (*flowers*) faire pousser **2.** (*let grow: a beard, moustache*) se laisser pousser; **to ~ one's hair long** se laisser pousser les cheveux **3.** ECON (*develop*) développer ► **money doesn't ~ on trees** l'argent ne pousse pas sur les arbres
◆**grow into** *vt* devenir; **to ~ a man** devenir un homme; **to ~ a shirt** pouvoir porter une chemise à présent
◆**grow out of** *vt* **to ~ one's shoes** ne plus pouvoir porter ses chaussures; **to ~ doing sth** passer l'âge de faire qc
◆**grow up** *vi* **1.** (*become adult*) devenir adulte; **when I ~ I'm going to be a ...** quand je serai grand, je serai ...; **I grew up on candy** j'ai été élevé aux bonbons **2.** (*develop*) développer ► **~, will you!** grandis, veux-tu!
grower *n* **1.** (*plant growing a certain way*) **a fast/slow ~** qui pousse vite/lentement **2.** (*market gardener*) cultivateur, -trice *m, f*; **coffee/tobacco ~** producteur, -trice *m, f* de café/tabac; **rose ~** rosiériste *mf*; **fruit/vegetable ~** maraîcher, -ère *m, f*
growing **I.** *n* **1.** (*developing*) croissance *f* **2.** AGR culture *f* **II.** *adj* **1.** (*developing: boy, girl*) en pleine croissance **2.** ECON en pleine expansion **3.** (*increasing*) qui augmente
growing pains *npl* **1.** (*pains in the joints*) douleurs *fpl* de croissance **2.** (*adolescent problems*) problèmes *mpl* affectifs de l'adolescent **3.** (*initial difficulties*) premières difficultés *fpl*
growl [graʊl] **I.** *n* **1.** (*low throaty sound: of a dog*) grognement *m* **2.** (*rumble: of stomach*) gargouillement *m* **3.** *fig* grondement *m* **II.** *vi* (*dog*) grogner; (*person*) gronder; **to ~ out sth** grommeler qc
grown [groʊn] **I.** *pp of* **grow** **II.** *adj* grand(e); **a ~ man** un homme adulte; **to be fully ~** avoir fini de grandir
grown-up **I.** *n* adulte *mf* **II.** *adj* adulte
growth [groʊθ] *n* **1.** (*increase in size*) croissance *f* **2.** (*stage of growing*) développement *m*; **this plant has reached full ~** cette plante est arrivée à maturité **3.** (*increase*) essor *m*; **rate of ~** taux *m* d'expansion **4.** ECON (*development*) croissance *f*; **~ area** secteur *m* de croissance **5.** (*increase in importance*) expansion *f* **6.** (*growing part of plant*) pousse *f* **7.** (*whiskers*) **to have three days' ~ on one's chin** avoir une barbe de trois jours **8.** (*caused by disease*) tumeur *f*
growth industry *n* ECON industrie *f* en expansion
growth rate *n* ECON taux *m* de croissance
grub [grʌb] **I.** *n* **1.** (*larva*) larve *f* **2.** *inf* (*food*) bouffe *f* **II.** <-bb-> *vi* fouiner; **to ~ (around) for sth** fouiller qc
◆**grub up** *vt* fouir; **to ~ roots/tree stumps** extirper des racines/souches d'arbres
grubby <-ier, -iest> *adj inf* **1.** (*filthy*) crasseux(-euse) **2.** *fig* véreux(-euse)
grudge [grʌdʒ] **I.** *n* rancune *f*; **to have [*o* bear] a ~ against sb** avoir une dent contre qn **II.** *vt* **to ~ sb sth** donner qc à qn à contrecœur
grudging *adj* fait(e) à contrecœur
grudgingly *adv* de mauvaise grâce
gruel ['gru·əl] *n* gruau *m*
gruel(l)ing *adj* épuisant(e)

gruesome ['gru·səm] *adj* horrible
gruff [grʌf] *adj* bourru(e); (*voice*) gros(se)
grumble ['grʌm·bl] **I.** *n* (*complaint*) grognement *m* **II.** *vi* grommeler; **to ~ about sb/sth** trouver à redire à qn/qc
grumpy ['grʌm·pi] *adj inf* **1.** (*bad tempered*) grincheux(-euse), gringe *Suisse* **2.** (*temporarily annoyed*) grognon
grunt [grʌnt] **I.** *n* grognement *m* **II.** *vi* grogner
G-string ['dʒi·strɪŋ] *n* FASHION string *m*
GU *n s.* **Guam**
Guadeloupe [ˌgwa·də·'lup] *n* la Guadeloupe
Guam [gwam] *n* Guam *f sans art*
guarantee [ˌger·ən·'ti] **I.** *n* **1.** (*promise*) promesse *f* **2.** (*promise of repair, replacement*) garantie *f* **3.** (*document*) contrat *m* de garantie **4.** (*certainty*) sûreté *f* **5.** (*person, institution*) garant(e) *m(f)* **6.** (*responsibility for sb's debt*) caution *f* **7.** (*item given as security*) gage *m;* **to leave sth as a ~** laisser qc en gage **II.** *vt* **1.** (*promise*) **to ~ sb sth** garantir qc à qn **2.** (*promise to correct faults*) protéger; **to be ~d for three years** être assuré pendant trois ans **3.** (*make certain*) **to ~ that ...** garantir que ... **4.** (*take responsibility for sb's debt*) se porter garant de
guaranteed *adj* garanti(e)
guarantor ['ger·ən·tɔr] *n* **1.** (*one who guarantees*) garant(e) *m(f)* **2.** (*person responsible for a person, thing*) caution *f*
guaranty ['ger·ən·ṭi] *n* **1.** (*acceptance of debt*) garantie *f* **2.** (*thing offered as security*) gage *m*
guard [gard] **I.** *n* **1.** (*person*) garde *m;* **prison ~** gardien(ne) *m(f)* de prison; **security ~** garde chargé de la sécurité; **to be on ~** être de faction; **to be under ~** être sous surveillance; **to keep ~ over sb/sth** surveiller qn/qc **2.** (*defensive stance*) position *f* de défense; **to be on one's ~** être sur ses gardes; **to be caught off** (**one's**) **~** tromper la vigilance de qn; *fig* être pris au dépourvu; **to drop one's ~** ne plus être méfiant **3.** (*protective device*) dispositif *m* de sécurité; **face~** masque *m* protecteur; **fire~** garde-feu *m* **II.** *vt* garder; **to ~ sb from danger** protéger qn du danger; **to ~ sb/sth against sb/sth** protéger qn/qc de qn/qc
◆**guard against** *vt* se protéger contre; **to ~ doing sth** se garder de faire qc
guard dog *n* chien *m* de garde
guard duty *n* garde *f;* **to be on ~** être de garde
guarded *adj* protégé(e)
guardhouse *n* MIL corps *m* de garde
guardian ['gar·di·ən] *n* **1.** (*responsible person*) tuteur, -trice *m, f* **2.** *form* (*protector*) protecteur, -trice *m, f;* **to be ~ of sth** être le gardien de qc
guardian angel *n a. fig* ange *m* gardien
guardianship *n* **1.** (*being a guardian*) garde *f* **2.** *form* (*care*) tutelle *f*
guardrail *n* barrière *f* de sécurité
guardroom *n* MIL corps *m* de garde
guardsman <-men> *n* soldat *m* de la garde nationale
Guatemala [ˌgwa·ṭə·'ma·lə] *n* le Guatemala
Guatemalan I. *adj* guatémaltèque **II.** *n* Guatémaltèque *mf*
guer(r)illa [gə·'rɪl·ə] *n* guérillero *m;* **~ group** guérilla *f;* **~ leader** chef *m* de guérilla; **~ warfare** guérilla *f*
guess [ges] **I.** *n* supposition *f;* **a lucky ~** un coup de chance; **Mike's ~ is that ...** d'après Mike ...; **to take** [*o* **have**] **a ~** deviner; **to take a wild ~** risquer une hypothèse; **at a ~** au jugé; **at a rough ~** approximativement ►**it's <u>anybody's</u>** [*o* **<u>anyone's</u>**] **~** Dieu seul le sait **II.** *vi* **1.** (*conjecture*) deviner, taper à pouf *Belgique* **2.** (*believe, suppose*) supposer ►**to <u>keep</u> sb ~ing** laisser qn dans l'ignorance **III.** *vt* **1.** (*conjecture*) deviner **2.** (*estimate*) évaluer **3.** (*suppose*) supposer ►**~ <u>what?</u>** tu sais quoi?
guessing game *n a. fig* devinettes *fpl*
guesstimate *inf* **I.** *n* calcul *m* au pifomètre **II.** *vt* **to ~ sth** estimer qc au pifomètre
guesswork *n* estimation *f;* **it's a matter of ~** c'est une question de conjecture
guest [gest] **I.** *n* **1.** (*invited or paid-for person*) invité(e) *m(f);* **special ~** invité de marque; **paying ~** (*renter*) hôte *mf* payant(e); (*lodger*) pensionnaire *mf* **2.** (*in tourism/hotel customer*) client(e) *m(f)* **3.** (*guesthouse customer*) invité(e) *m(f)* ►**<u>be</u> my ~** fais/faites comme chez toi/vous **II.** *vi* **to ~ on a show/an album** être invité à une émission/sur un album
guesthouse *n* pension *f* de famille
guestroom *n* chambre *f* d'amis
guest worker *n* travailleur, -euse *m, f* immigré(e)
guffaw [gə·'fɔ] **I.** *n* gros éclat *m* de rire **II.** *vi* rire bruyamment
GUI [gu·'i] *n* COMPUT *abbr of* **graphical user interface** GUI *f*
guidance ['gaɪ·dən(t)s] *n* **1.** (*help and advice*) conseil *m* **2.** (*direction*) direction *f* **3.** (*steering system: system*) guidage *m*
guide [gaɪd] **I.** *n* **1.** (*person, book*) *a. fig* guide *m* **2.** (*indication*) indication *f;* **as a ~** à titre indicatif; **as a rough ~** à peu près **II.** *vt a. fig* guider; **to be ~d by sb/sth** se laisser guider par qn/qc; **to be ~d by one's emotions** suivre son instinct
guidebook *n* guide *m*
guided *adj* **1.** (*led by a guide*) guidé(e) **2.** (*automatically steered*) téléguidé(e)
guide dog *n* chien *m* d'aveugle
guideline *n* directive *f*
guiding light *n fig* soutien *m*
guiding principle *n* principe *m* directeur
guild [gɪld] *n* guilde *f*
guilder *n* florin *m*
guile [gaɪl] *n form* ruse *f*
guileful *adj form* fourbe
guileless *adj* sincère
guillotine ['gɪl·ə·tin] *n* HIST guillotine *f*

G

guilt [gɪlt] *n* **1.** (*shame for wrongdoing*) mauvaise conscience *f;* **feelings of ~** sentiments *mpl* de culpabilité **2.** (*responsibility for crime*) culpabilité *f*

guiltless *adj* innocent(e)

guilty ['gɪl·t̬i] <-ier, -iest> *adj* coupable; (*secret*) inavouable; **to have a ~ conscience** avoir mauvaise conscience; **to find sb not ~** déclarer qn non coupable; **to give a not ~ verdict** donner un verdict d'acquittement; **innocent until proven ~** présumé innocent

Guinea ['gɪn·i] *n* la Guinée

guinea fowl *n* pintade *f*

Guinean **I.** *adj* guinéen(ne) **II.** *n* Guinéen(ne) *m(f)*

guinea pig *n* **1.** ZOOL cochon *m* d'Inde **2.** *fig* cobaye *m*

guise [gaɪz] *n* **1.** (*style of dress*) paraître *m;* **to be in the ~ of sb/sth** être sous l'aspect de qn/qc **2.** (*appearance*) apparence *f* **3.** (*pretence*) simulation *f;* **under the ~ of seeing me ...** sous le prétexte de me voir ...

guitar [gɪ·'tar] *n* guitare *f*

guitarist *n* guitariste *mf*

gulch [gʌl(t)ʃ] *n* ravin *m*

gulf [gʌlf] *n* **1.** (*area of sea*) golfe *m* **2.** (*chasm*) *a. fig* gouffre *m;* **there is a ~ between us** il y a un gouffre qui nous sépare; **we have to bridge the ~** nous devons calmer notre différend

Gulf of Mexico *n* le Golfe du Mexique

Gulf Stream *n* **the ~** le Gulf Stream

gull[1] [gʌl] *n* mouette *f; s.a.* **seagull**

gull[2] [gʌl] *vt* duper

gullet ['gʌl·ɪt] *n* **1.** (*food pipe*) œsophage *m* **2.** (*throat*) gosier *m* ▶ **to <u>stick</u> in sb's ~** rester en travers de la gorge à qn

gullible ['gʌl·ə·bl] *adj* crédule

gully <-llies> *n* **1.** (*narrow gorge*) petit ravin *m* **2.** (*channel*) couloir *m*

gulp [gʌlp] **I.** *n* **1.** (*large swallow*) bouchée *f;* (*of a drink*) gorgée *f* **2.** *fig* (*of air*) bouffée *f* **II.** *vt* engloutir **III.** *vi* avoir la gorge nouée; **to ~ for air** respirer à pleins poumons

gum[1] [gʌm] *n* **1.** (*a sweet*) **chewing ~** chewing-gum *m* **2.** (*soft sticky substance*) gomme *f* **3.** (*glue*) colle *f* **4.** BOT gommier *m*

◆**gum up** *vt* **to ~ the works** bousiller le travail

gum[2] [gʌm] **I.** *n* ANAT gencive *f* **II.** <-mm-> *vt* mâchonner

gumbo ['gʌm·boʊ] *n* CULIN gombo *m*

gumboil ['gʌm·bɔɪl] *n* MED inflammation *f* des gencives

gumdrop ['gʌm·drap] *n* boule *f* de gomme

gummy ['gʌm·i] *adj* **1.** (*sticky*) gluant(e) **2.** (*with glue on*) collant(e) **3.** <-ier, -iest> **a ~ grin** (*showing gums*) un large sourire

gumption ['gʌm(p)·ʃᵊn] *n inf* **1.** (*courage*) cran *m* **2.** (*intelligence*) jugeote *f;* **to have the ~ to** *+infin* avoir la présence d'esprit de *+infin*

gumshoe *n inf* privé *m*

gum tree *n* gommier *m*

gun [gʌn] **I.** *n* **1.** (*weapon*) arme *f* à feu **2.** (*handgun*) revolver *m* **3.** SPORTS pistolet *m;* **to wait for the starting ~** attendre le signal de départ; **at the ~** au signal **4.** (*device*) pistolet *m* **5.** (*person*) bandit *m* armé ▶ **to do sth with ~s <u>blazing</u>** faire qc avec détermination; **to <u>jump</u> the ~** SPORTS partir avant le départ; **to <u>stick</u> to one's ~s** ne pas en démordre **II.** <-nn-> *vt inf* accélérer

◆**gun down** *vt* **to gun sb down** abattre qn

◆**gun for** *vt* **1.** (*pursue*) en avoir après **2.** (*strive for*) vouloir à tout prix

gun barrel *n* (*of a rifle, pistol*) canon *m*

gunfight *n* affrontement *m* de coups de feu

gunfire *n* **1.** (*gunfight*) fusillade *f* **2.** (*shots*) coups *m* de feu **3.** MIL canonnade *f*

gunman <-men> *n* malfaiteur *m* armé

gunner *n* artilleur *m*

gunpoint *n* **at ~** sous la menace d'une arme

gunpowder *n* poudre *f* à canon

gunrunner *n* contrebandier *m* d'armes

gunrunning *n* contrebande *f* d'armes

gunshot *n* coup *m* de feu

gunshot wound *n* blessure *f* par balle

gunslinger *n* HIST bandit *m* armé

gurgle ['gɜr·gl] **I.** *n* **1.** (*happy noise*) gargouillis *m* **2.** (*noise of water*) gargouillement *m* **II.** *vi* **1.** (*make happy, bubbling noise: baby*) babiller; **to ~ with pleasure/with delight** gazouiller de plaisir/de joie **2.** (*make pleasant noise: water*) gargouiller

guru ['gu·ru] *n* **1.** (*religious leader*) gourou *m* **2.** (*expert advisor*) mentor *m*

gush [gʌʃ] **I.** *n* **1.** (*burst*) bouillonnement *m;* (*of water*) jaillissement *m* **2.** *fig* effusion *f* **II.** *vi* **1.** (*any liquid*) jaillir **2.** *pej* (*praise excessively*) se répandre en compliments **III.** *vt* faire jaillir

gusher *n* puits *m* jaillissant

gushing *adj pej* (*person*) trop exubérant(e); (*water*) jaillissant(e)

gushy *adj pej* vif(vive)

gusset ['gʌs·ɪt] *n* pièce *f* d'étoffe

gust [gʌst] **I.** *n* (*of wind*) rafale *f;* **a ~ of laughter** un éclat de rire **II.** *vi* souffler par rafales

gusto ['gʌs·toʊ] *n* **with ~** avec plaisir

gusty <-ier -iest> *adj* de grand vent

gut [gʌt] **I.** *n* **1.** (*intestine*) intestin *m;* **a ~ feeling** une intuition; **a ~ reaction** une réaction viscérale **2.** (*animal intestine*) boyau *m* **3.** *pl* (*bowels*) entrailles *fpl* **4.** (*belly*) ~(s) ventre *m;* **my ~s hurt** j'ai mal au ventre **5.** *pl* (*courage*) cran *m;* **to have ~s** avoir du cran; (*strength of character*) avoir un fort caractère; **it takes ~s** il faut du cran **II.** <-tt-> *vt* **1.** (*remove the innards*) vider **2.** (*destroy*) ravager

gutless *adj inf* **1.** (*lacking courage*) lâche **2.** (*lacking enthusiasm*) **to be ~** manquer de punch

gutsy ['gʌt·si] <-ier, -iest> *adj* **1.** (*brave*) courageux(-euse) **2.** (*adventurous*) casse-cou *inv* **3.** (*powerful*) vaillant(e)

gutter ['gʌt̬·ər] *n* **1.** (*drainage channel: at the roadside*) caniveau *m;* (*on the roof*) gouttière *f* **2.** *fig* **to be in the ~** être à la rue; **to end up in the ~** finir sous les ponts; **the language of the ~** la langue de la rue

guttural ['gʌt̬·ᵊr·ᵊl] **I.** *adj* **1.** (*throaty*) rauque **2.** LING guttural(e) **II.** *n* LING gutturale *f*

guy [gaɪ] *n inf* **1.** (*man*) type *m* **2.** *pl* (*people*) ami(e)s *pl;* **hi ~s!** salut les gars! **3.** (*rope to brace a tent*) ~ **cord** corde *f* de tente

Guyana [gaɪ·'æn·ə] *n* le Guyana

Guyanese [ˌgaɪ·ə·'niz] **I.** *adj* guyanais(e) **II.** *n* Guyanais(e) *m(f)*

guzzle ['gʌz·l] *inf* **I.** *vt* **1.** (*eat*) *a. fig* bouffer **2.** (*drink*) siffler **II.** *vi* (*food*) s'empiffrer; (*drink*) se pinter

gym [dʒɪm] *n* **1.** *abbr of* **gymnasium 2.** *abbr of* **physical education**

gymnasium [dʒɪm·'neɪ·zi·əm] *n* gymnase *m,* halle *f* de gymnastique *Suisse*

gymnast ['dʒɪm·næst] *n* gymnaste *mf*

gymnastic *adj* gymnastique

gymnastics *npl* (*physical exercises*) gymnastique *f*

gym shoes *n* chaussures *fpl* de sport

gym shorts *n* short *m* (de sport)

gynecological *adj* gynécologique

gynecologist *n* gynécologue *mf*

gynecology [ˌgaɪ·nə·'ka·lə·dʒi] *n* gynécologie *f*

gyp [dʒɪp] *sl* **I.** <-pp-> *vt* arnaquer **II.** *n* arnaque *f*

gypsum ['dʒɪp·səm] *n* gypse *m*

Gypsy ['dʒɪp·si] <-sies> *n* (*from Spain*) gitan(e) *m(f);* (*from Eastern Europe*) tzigane *mf*

gyrate [ˌdʒaɪ·'reɪt] *vi* **1.** (*revolve*) tourner **2.** (*dance suggestively*) se trémousser **3.** (*dance whirling around*) tournoyer

gyration *n* **1.** (*movement*) giration *f* **2.** *fig* fluctuation *f* boursière

gyrocompass ['dʒaɪ·roʊ·'kʌm·pəs] *n* compas *m* gyroscopique

gyroscope ['dʒaɪ·rə·skoʊp] *n* NAUT, AVIAT gyroscope *m*

H

H, h [eɪtʃ] <-'s> *n* H *m,* h *m;* ~ **as in Hotel** (*on telephone*) h comme Henri

ha [ha] *interj iron* ah!

habeas corpus [ˌheɪ·bi·əs·'kɔr·pəs] *n* LAW habeas corpus *m*

haberdasher ['hæb·ər·dæʃ·ər] *n* chemisier, -ère *m, f*

haberdashery *n* chemiserie *f*

habit ['hæb·ɪt] *n* **1.** (*repeated action*) habitude *f;* **eating ~s** habitudes alimentaires; **to break a ~** changer une habitude; **to be in the ~ of doing sth** avoir l'habitude de faire qc; **to do sth out of (force of) ~** faire qc par habitude; **to do sth by sheer (force of) ~** faire qc par pure habitude; **to get into the ~ of doing sth** prendre l'habitude de faire qc; **to make a ~ of sth** prendre l'habitude de qc; **to pick up a ~** prendre une habitude **2.** *inf* (*drug addiction*) accoutumance *f;* **to have a heroin ~** *pej* être accro à l'héroïne **3.** (*special clothing*) habit *m;* **riding ~** tenue *f* d'équitation

habitable *adj* habitable

habitat ['hæb·ɪ·tæt] *n* habitat *m*

habitation [ˌhæb·ɪ·'teɪ·ʃᵊn] *n* habitation *f;* **fit/unfit for human ~** habitable/inhabitable

habitual [hə·'bɪtʃ·u·əl] *adj* **1.** (*occurring often, as a habit*) habituel(le); **to become ~** devenir une habitude **2.** (*usual*) d'usage **3.** (*act by force of habit*) *a. pej* invétéré(e)

habituate [hə·'bɪtʃ·u·eɪt] *vt* habituer; **to be ~d to sb/sth** être habitué à qn/qc; **to become ~d to sth** s'habituer à qc; **to be ~d to** +*infin* être habitué à +*infin*

hack[1] [hæk] **I.** *n* **1.** (*cut*) entaille *f* **2.** (*blow*) coup *m* **II.** *vt* **1.** (*chop wildly/violently*) tailler; **to ~ sb to death** lacérer qn à mort **2.** SPORTS (*in soccer*) donner un coup de pied à **3.** *inf* (*cope with difficult situation*) **to not be able to ~ it** ne pas pouvoir s'en sortir **III.** *vi* **to ~ at sth** taillader qc; **to ~ off sth** trancher qc

hack[2] [hæk] COMPUT **I.** *vt* pirater **II.** *vi* faire du piratage (informatique) **III.** *n* piratage *m* (informatique)

hack[3] [hæk] **I.** *vi* se promener à cheval; **to go ~ing** aller se promener à cheval **II.** *n* **1.** (*horse*) cheval *m* **2.** *inf* (*taxicab*) taxi *m* **3.** *pej* (*bad journalist*) gratte-papier *m*

hacker ['hæk·ər] *n* COMPUT pirate *m* (informatique)

hackles *npl* **1.** (*hairs on a dog's neck*) poils *mpl* du cou **2.** (*feathers on a bird's neck*) plumes *fpl* du cou ►**to make sb's ~ rise** hérisser qn; **to get one's ~ up** se hérisser; **sth raises ~** qc hérisse

hackneyed *adj pej* rebattu(e)

hacksaw ['hæk·sɔ] *n* scie *f* à métaux

had [həd, *stressed:* hæd] *pt, pp of* **have**

haddock ['hæd·ək] *inv n* aiglefin *m*

hadn't ['hæd·ᵊnt] = **had not** *s.* **have**

haft [hæft] *n* manche *m*

hag [hæg] *n pej* sorcière *f*

haggard ['hæg·ərd] *adj* égaré(e); (*look*) hagard(e)

haggis ['hæg·ɪs] *n* CULIN *panse de brebis farcie*

haggle ['hæg·l] **I.** *vi* marchander **II.** *vt* **to ~ sth down** marchander qc

Hague [heɪg] *n* **The ~** La Haye

ha-ha [ha·'ha] *interj iron* ha, ha!

hail[1] [heɪl] **I.** *n* grêle *f;* **a ~ of abuse** une flopée d'injures; **a ~ of insults/stones** une volée d'insultes/de pierres **II.** *vi* grêler

hail[2] [heɪl] *vt* (*a taxi*) héler; (*person*) saluer

hair [her] *n* **1.** (*locks on head*) cheveux *mpl;*

H

a tuft of ~ une touffe de cheveux; **to wash one's ~** se laver les cheveux; **to have one's ~ cut** se faire couper les cheveux **2.** (*single hair*) cheveu *m* **3.** (*single locks on head and body*) poil *m* **4.** (*furry covering on plant*) duvet *m* ▶ **that'll put ~s on your chest** *iron, inf* ça te rendra plus viril; **the ~ of the dog** l'antidote *m* contre la gueule de bois; **if sb harms a ~ on sb's head** si qn touche à un cheveu de qn; **to make sb's ~ stand on end** *inf* faire dresser les cheveux sur la tête de qn; **to not turn a ~** ne pas montrer ses sentiments
hairbrush *n* brosse *f* à cheveux
hair conditioner *n* après-shampoing *m*
hair curler *n* bigoudi *m*
haircut *n* **1.** (*cut*) coupe *f* de cheveux; **to get a ~** se faire couper les cheveux **2.** (*hairstyle*) coiffure *f*
hairdo <-s> *n iron, inf* coiffure *f*
hairdresser *n* coiffeur, -euse *m, f;* **to go to the ~'s** aller chez le coiffeur
hairdressing *n* coiffure *f*
hairdressing salon *n* salon *m* de coiffure
hair dryer *n* sèche-cheveux *m,* foehn *m Suisse*
hairless *adj* chauve
hairline *n* racine *f* des cheveux
hairnet *n* filet *m*
hairpiece *n* mèche *f* postiche
hairpin *n* épingle *f* à cheveux
hair-raising *adj inf* effrayant(e)
hair remover *n* crème *f* épilatoire
hair restorer *n* régénérateur *m* capillaire
hair roller *n* rouleau *m*
hairsplitting I. *n* chicane *f* **II.** *adj pej* subtil(e)
hairspray *n* laque *f;* **a can of ~** une bombe de laque
hairstyle *n* coiffure *f*
hairy ['her·i] *adj* **1.** (*having much hair*) poilu(e) **2.** *inf* (*desperate, alarmingly dangerous*) périlleux(-euse) **3.** (*pleasantly risky/scary*) effrayant(e)
Haiti ['heɪ·t̬i] *n* Haïti *m sans art*
Haitian I. *adj* haïtien(ne) **II.** *n* Haïtien(ne) *m(f)*
hake [heɪk] <-(s)> *n* colin *m*
hale [heɪl] *adj* vigoureux(-euse); **~ and hearty** frais et gaillard
half [hæf] **I.** <-halves> *n* **1.** (*equal part, fifty per cent*) moitié *f;* **in ~** en deux; **to cut sth into halves** couper qc en deux; **a dollar and a ~** un dollar cinquante; **~ an hour/a dozen** une demi-heure/demi-douzaine; **~ the audience** la moitié du public; **~ (of) the time** la moitié du temps; **the first ~ of a century** la première moitié du siècle; **at ~ past nine** à neuf heures et demie **2.** SPORTS mi-temps *f;* **first/second ~** première/seconde mi-temps ▶ **too clever by ~** trop malin(-igne); **to go halves on sth** partager qc; **other ~** autre moitié; **in ~ a second** en moins d'une seconde **II.** *adj* demi(e); **a ~ glass** un demi-verre; **two and a ~ cups** deux tasses et demie; **~ man, ~ beast** mi-homme, mi-animal; **the second ~ century** la seconde moitié du siècle **III.** *adv* à moitié; **~ asleep/naked** à moitié endormi/nu; **to be ~ right** ne pas avoir tout à fait tort; **to be not ~ bad** ne pas être si mauvais que ça; **~ as tall again** moitié moins grand
half-and-half *n* CULIN *produit laitier contenant autant de crème que de lait*
halfback *n* SPORTS demi-arrière *m*
half-baked *adj pej, inf* qui ne tient pas debout
half-breed *n pej* métis(se) *m(f)*
half brother *n* demi-frère *m*
half-caste *s.* **half-breed**
half-dollar *n* demi-dollar *m*
half-dozen *n* demi-douzaine *f*
half-empty *adj* à moitié vide
half-fare *adj* (à) demi-tarif *inv*
half-full *adj* à moitié plein
halfhearted *adj* sans enthousiasme; (*attempt*) hésitant(e)
half-mast *n* **at ~** à mi-mât; **to fly a flag at ~** monter son pavillon en berne; **to lower to ~** descendre à mi-mollet
half-moon *n* demi-lune *f;* **~ shaped** en forme de demi-lune
half note *n* MUS blanche *f*
half-price I. *n* demi-tarif *m;* **at ~** à demi-tarif **II.** *adj, adv* (à) demi-tarif *inv*
half rest *n* MUS pause *f*
half sister *n* demi-sœur *f*
half-staff *n s.* **half-mast**
half-timbered *adj* à colombage
halftime *n* SPORTS mi-temps *f;* **at ~** à la mi-temps; **~ score** score *m* à la mi-temps
half title *n* PUBL avant-titre *m*
halftone *n* **1.** (*semitone*) demi-ton *m* **2.** (*printing method for pictures*) demi-teinte *f;* **in ~** à demi-teinte
halfway I. *adj* milieu *m;* **~ point** point *m* à mi-chemin; **~ line** SPORTS ligne *f* des cinquante mètres **II.** *adv* **1.** (*in the middle of a point*) à mi-chemin; **~ down** à mi-hauteur; **~ through** à mi-terme; **~ through the year** au milieu de l'année; **~ up** à mi-côté; **to meet sb ~** rencontrer qn à mi-chemin; *fig* trouver un compromis **2.** (*partly*) à peu près
half-wit *n pej* simple *mf* d'esprit
half-yearly I. *adj* semestriel(le) **II.** *adv* tous les six mois
halibut ['hæl·ɪ·bət] <-(s)> *n* flétan *m,* elbot *m Belgique*
halitosis [ˌhæl·ɪ·'toʊ·sɪs] *n* mauvaise haleine *f*
hall [hɔl] *n* **1.** (*corridor*) couloir *m* **2.** (*room by front door*) entrée *f;* (*of public building, hotel*) hall *m,* allée *f Suisse* **3.** (*large public room*) salle *f,* aula *f Suisse;* **church/concert ~** salle paroissiale/de concert **4.** UNIV, SCHOOL réfectoire *m;* **residence ~** résidence *f* universitaire **5.** (*large country house*) manoir *m*
hallelujah [ˌhæl·ɪ·'lu·jə] **I.** *interj* alléluia! **II.** *n* alléluia *m*
hallmark ['hɔl·mark] *n* ECON marque *f;* **to bear all the ~s of sb/sth** *fig* avoir toutes les caractéristiques de qn/qc
hallow ['hæl·oʊ] *vt* sanctifier

hallowed *adj* saint(e)
Halloween, Hallowe'en *n* Halloween *m*

> **i** On fête **Halloween** le 31 octobre, la veille du *All Saint's Day* ou *All Hallows* (la Toussaint). Depuis la nuit des temps, on l'associe aux esprits et aux sorcières. Les enfants fabriquent des *jack-o-lanterns* (des lanternes avec des citrouilles). Aux USA, les enfants se déguisent le soir et ils font du porte-à-porte, un sac à la main. Quand les habitants ouvrent leur porte, les enfants crient "Trick or Treat!": on doit leur donner une sucrerie *(treat)* ou bien on reçoit un gage *(trick)*. De nos jours, les gages ou mauvaises farces se font rares car les enfants ne vont que dans les maisons dont l'éclairage extérieur est allumé en signe de bienvenue.

hallucinate [hə·'lu·sɪ·neɪt] *vi* avoir des hallucinations
hallucination *n* hallucination *f*
hallucinogenic [hə,lu·sɪ·noʊ·'dʒen·ɪk] *adj* hallucinogène
halo ['heɪ·loʊ] <-s *o* -es> *n* **1.** (*light*) auréole *f* **2.** *fig* nimbe *m* **3.** (*light circle on moon*) halo *m*
halogen ['hæl·oʊ·dʒen] *n* halogène *m*
halogen bulb *n* ampoule *f* halogène
halogen lamp *n* lampe *f* halogène
halt [hɔlt] **I.** *n* arrêt *m;* **production ~** arrêt de production; **to bring sth to a ~** faire marquer un temps d'arrêt à qc; **to call a ~** arrêter; **to come to a ~** s'interrompre momentanément; **to screech to a ~** s'arrêter avec un crissement de pneus **II.** *vt* arrêter **III.** *vi* faire halte
halter ['hɔl·ţər] *n* licou *m*
halter top *n* dos-nu *m*
halting *adj* hésitant(e)
halve [hæv] *vt* **1.** (*lessen by 50 per cent*) diminuer de moitié **2.** (*cut in two equal pieces*) diviser en deux
halyard ['hæl·jərd] *n* NAUT drisse *f*
ham [hæm] *n* **1.** (*cured pork meat*) jambon *m* **2.** *pej* (*person who overacts*) **what a ~!** quel cabotin! **3.** (*non-professional radio operator*) **radio ~, ~ radio operator** radioamateur *m*
hamburger ['hæm·bɜr·gər] *n* CULIN hamburger *m*
ham-handed *adj pej* maladroit(e)
hamlet ['hæm·lət] *n* hameau *m*
hammer ['hæm·ər] **I.** *n* **1.** (*tool*) marteau *m;* **the ~ and sickle** la faucille et le marteau; **to come under the ~** être mis aux enchères **2.** (*part of modern gun*) chien *m* **II.** *vt* **1.** (*hit with tool*) marteler; **to ~ a nail into sth** enfoncer un clou dans qc **2.** *inf* (*beat easily in sports*) **to ~ sb** battre qn à plates coutures; **to ~ sb to a pulp** réduire qn en bouillie **3.** FIN, ECON écraser **4.** (*condemn, disapprove of*) massacrer **III.** *vi* marteler; **to ~ on a door** frapper vigoureusement à une porte
◆**hammer away** *vi* travailler d'arrache-pied
◆**hammer in** *vt* enfoncer à coups de marteau
◆**hammer out** *vt* **1.** (*shape by beating*) étendre sous le marteau **2.** (*find solution after difficulties*) élaborer; (*a settlement*) mettre au point
hammerhead *n* requin *m* marteau
hammock ['hæm·ək] *n* hamac *m*
hamper[1] ['hæm·pər] *vt* **1.** (*restrict ability to achieve*) **to ~ sth** gêner qc; **to ~ sb** empêtrer qn **2.** (*disturb*) embarrasser **3.** (*limit extent of activity*) entraver
hamper[2] ['hæm·pər] *n* **1.** (*basket for dirty linen*) manne *f* **2.** (*large picnic basket*) panier *m* à pique-nique
hamster ['hæm(p)·stər] *n* hamster *m*
hamstring ['hæm·strɪŋ] **I.** *n* tendon *m* du jarret; **strained ~** tendon *m* déchiré **II.** <irr> *vt* couper les jarrets à
hand [hænd] **I.** *n* **1.** (*limb joined to arm*) main *f;* **to do sth by ~** faire qc à la main; **to be good with one's ~s** être adroit de ses mains; **to shake ~s with sb** serrer la main de qn; **to take sb by the ~** prendre qn par la main; **to deliver a letter by ~** distribuer une lettre par porteur; **(get your) ~s off!** ne me touche pas!; **to keep one's ~s off sb** ne pas toucher qn; **to tie ~ and foot** lier pieds et poings; **~ in ~** main dans la main; **~s up!** hauts les mains! **2.** (*responsibility, control*) **to have sth in ~** avoir le contrôle de qc; **to have sth well in ~** avoir qc bien en main; **to take sb in ~** prendre qn en main; **to get out of ~** échapper au contrôle; **to have a ~ in sth** être impliqué dans qc; **to be out of one's ~** ne rien pouvoir y faire; **to be in good ~s** être en de bonnes mains; **to eat out of sb's ~s** manger dans la main de qn; **to fall into the wrong ~s** tomber entre de mauvaises mains; **to put sth into the ~s of sb/sth** confier qc à qn; **to put a matter into the ~s of a lawyer** confier une affaire à un avocat; **to get sb/sth off one's ~s** se débarrasser de qn/qc **3.** (*reach*) **to be at ~** être à portée de (la) main; **to keep sth close at ~** garder qc à portée de (la) main; **on** [*o* **in**] **~** (*available to use*) à disposition **4. in** [*o* **at**] **~** (*in progress*) en cours; **the job at ~** le travail en cours; **the problem in ~** le problème en question **5.** (*pointer on clock/watch*) aiguille *f;* **the big/little ~** la grande/petite aiguille **6.** GAMES (*assortment of cards*) jeu *m;* (*section/round of card game*) partie *f* **7.** (*manual worker*) ouvrier, -ère *m, f* **8.** *pl* (*sailor*) équipage *m;* **all ~s on deck!** tout le monde sur le pont! **9.** (*skillful person*) personne *f* habile; **to be an old ~ at sth** être un expert en qc **10.** (*assistance with work*) aide *f;* **to give sb a ~** donner un coup de main à qn **11. to keep one's ~ in** (*stay in practice*) garder la main **12. to give sb a big ~** (*clap performer enthusiastically*) applaudir vivement qn **13.** (*measurement of*

horse's height) paume *f* **14.** (*handwriting, penmanship*) signature *f* ▶ **a bird in the ~** (**is worth two in the bush**) un tiens vaut mieux que deux tu l'auras; **to be ~ in glove** être de mèche; **to make/lose money ~ over fist** s'enrichir/perdre de l'argent rapidement; **I only have one pair of ~s** je n'ai que deux mains; **to put one's ~ in the till** puiser dans la caisse; **to have time on one's ~s** avoir du temps libre; **to keep a firm ~ on sth** garder une main ferme sur qc; **at first ~** à première vue; **to have one's ~s full** avoir du pain sur la planche; **on the one ~ ... on the other** (~) ... d'une part ... d'autre part ...; **I could beat you with one ~ tied behind my back** je pourrais te battre avec une main dans le dos; **to ask for sb's ~ in marriage** *form* demander la main de qn; **to go ~ in ~ with sth** aller de pair avec qc; **to lay one's ~s on sb/sth** mettre la main sur qn/qc **II.** *vt* **to ~ sb sth** passer qc à qn ▶ **to ~ sb a line**, **to ~ a line to sb** *pej, inf* donner un tuyau à qn

◆**hand around** *vt* faire passer; **to ~ papers** faire circuler des documents

◆**hand back** *vt* (*give back, return to*) repasser; **to hand sb sth back** [*o* **to hand sth back to sb**] rendre qc à qn

◆**hand down** *vt* **1.** (*pass on within family*) transmettre; **to hand sth down from one generation to another** transmettre qc de génération en génération **2.** (*make decision public*) prononcer; **to ~ judgment on sb** prononcer un jugement sur qn

◆**hand in** *vt* remettre

◆**hand on** *vt* **1.** (*pass through family*) transmettre **2.** (*pass on*) passer

◆**hand out** *vt* **1.** (*distribute to group equally: roles, samples*) distribuer **2.** (*give, distribute*) donner; **to ~ advice to sb** donner des conseils à qn

◆**hand over** *vt* **to ~ sth to sb** (*check*) remettre qc à qn

handbag *n* sac *m* à main, sacoche *f Belgique*

handball *n* hand-ball *m*

handbill *n* prospectus *m*

handbook *n* guide *m;* **student ~** manuel *m* de l'étudiant

hand brake *n* frein *m* à main

handcart *n* charrette *f* à bras

handcuff I. *vt* passer les menottes à; **to ~ sb to sb/sth** attacher qn à qn/qc avec des menottes **II.** *n pl* **~s** menottes *fpl*

handful *n* **1.** (*quantity holdable in hand*) poignée *f* **2.** (*small number, small quantity*) petit nombre *m;* **the ~ of sb(s)/sth(s), who/that ...** les quelques personnes/choses qui ... **3.** (*person hard to manage*) **to be a bit of a ~** donner un peu de fil à retordre **4.** *iron* (*a lot*) **quite a ~** presque une poignée

hand grenade *n* grenade *f* à main

handgun *n* revolver *m*

handicap ['hæ·dɪ·kæp] **I.** *n a. fig* handicap *m* **II.** <-pp> *vt* handicaper

handicapped *adj* handicapé(e)

handicraft ['hæn·dɪ·kræft] **I.** *adj* artisanal(e) **II.** *n* artisanat *m*

handiwork ['hæn·dɪ·wɜrk] *n* **1.** (*work*) travail *m* manuel **2.** *fig, iron* faute *f*

handkerchief <-s> *n* mouchoir *m*

handle ['hæn·dl] **I.** *n* **1.** (*handgrip to move objects*) manche *m;* **pot ~** queue *f* de casserole; **door ~** poignée *f* de porte, clenche *f Belgique;* **to turn a ~** tourner une clef **2.** *inf* (*name with highborn connotations*) titre *m* **II.** *vt* **1.** (*feel/grasp an object*) toucher **2.** (*move/transport sth*) manipuler **3.** (*deal with, direct, manage*) prendre en main; **to ~ a job** s'occuper d'un travail **4.** (*discuss, write about, portray*) traiter **5.** (*operate dangerous/difficult object*) manœuvrer **6.** (*deal in, trade in*) négocier **III.** *vi + adv/prep* **to ~ well** être (facilement) maniable; **~ with care!** fragile!

handlebar moustache *n* moustache *f* en guidon

handlebars *npl* guidon *m*

handler *n* **1.** (*person who carries*) porteur *m;* **baggage ~** porteur de valises **2.** (*dog trainer*) maître-chien *m*

handling *n* manipulation *f;* (*of tool*) maniement *m;* (*of car*) maniabilité *f*

handling charge, handling fee *n* frais *mpl* de manutention

hand luggage *n* bagage *m* à main

handmade *adj* fait(e) (à la) main

hand-me-down *n* vêtement *m* usagé

hand-operated *adj* manuel(le)

handout *n* **1.** (*leaflet*) prospectus *m* **2.** *pej* (*goods/money for needy*) aumône *f* **3.** SCHOOL, UNIV polycopié *m*

hand-picked *adj* trié(e) sur le volet

handrail *n* main *f* courante

handshake *n* poignée *f* de main

handsome *adj* **1.** (*traditionally attractive looking*) beau(belle); **~ face** un beau visage; **the most ~ man** le plus bel homme **2.** (*impressive/majestic looking*) imposant(e) **3.** (*larger than expected: sum*) considérable **4.** (*well-meaning/gracious*) bon(ne); **a ~ apology** une bonne excuse

hands-on *adj* (*experience, training*) pratique

handspring *n* saut *m* de mains

handstand *n* poirier *m*

hand to hand *adv* (*to fight*) corps à corps

hand-to-hand *adj* **~ combat** combat *m* corps à corps

hand to mouth *adv* **to live** (**from**) **~** *a. fig* vivre au jour le jour

hand-to-mouth *adj* au jour le jour; **to lead a ~ existence** vivre au jour le jour

handwork *n* travail *m* manuel

handwriting *n* écriture *f*

handwritten *adj* écrit(e) à la main

handy *adj* **1.** (*useful*) pratique; **to come in ~** être utile **2.** (*nearby*) à portée de main **3.** (*skillful*) adroit

handyman <-men> *n* homme *m* à tout faire

hang [hæŋ] **I.** <hung *o* hanged, hung *o* hanged> *vi* **1.** (*be suspended: from hook*) être accroché; (*from above*) être suspendu **2.** (*droop, fall: clothes, curtain, hair*) tomber; (*arm*) pendre **3.** (*bend over*) se pencher; **to ~ out of the window** se pencher par la fenêtre **4.** (*die by execution*) être pendu **5.** (*float: smoke, smell*) flotter ►**to ~ by a hair** ne tenir qu'à un cheveu **II.** <hung *o* hanged, hung *o* hanged> *vt* **1.** (*attach: from hook*) accrocher; (*from above*) suspendre; (*laundry*) étendre; (*wallpaper*) poser; **to ~ sth on/from sth** accrocher qc à qc **2.** *passive* (*decorate*) **to be hung with sth** être orné de qc **3.** (*droop*) **to ~ one's head** baisser la tête **4.** (*execute through suspension*) pendre; **to ~ oneself** se pendre **5.** *inf* (*make a left/right turn*) **to ~ a left/right** virer à gauche/droite **III.** *n* (*clothes' hanging*) tombé *m* ►**to get the ~ of sth** *fig, inf* piger qc

hang about, hang around **I.** *vi* **1.** (*waste time*) traîner **2.** *inf* (*wait*) poireauter **II.** *vt* **to ~ the bars** traîner dans les bars; **to ~ sb** traîner avec qn

◆**hang back** *vi* **1.** (*remain behind*) rester en arrière **2.** (*hesitate*) hésiter

◆**hang in** *vi inf* tenir bon

◆**hang on** **I.** *vi* **1.** (*wait briefly*) patienter; **~!** TEL ne quitte/quittez pas! **2.** (*hold on to*) *a. fig* se cramponner; **to ~ to sth** ne pas lâcher qc **3.** *inf* (*remain firm*) tenir bon **II.** *vt* **1.** (*fasten onto*) se cramponner à **2.** (*rely on, depend on*) dépendre de **3. to ~ sb's (every) word** (*listen very carefully*) être pendu aux lèvres de qn

◆**hang out** **I.** *vt* pendre (au dehors); (*the laundry*) étendre; (*a flag*) sortir **II.** *vi* **1.** *inf* (*spend time*) traîner **2.** *inf* (*hang loosely*) dépasser

◆**hang over** *vt* planer sur

◆**hang together** *vi* se tenir

◆**hang up** **I.** *vi* raccrocher; **to ~ on sb** raccrocher au nez de qn **II.** *vt a. fig* accrocher

hangar ['hæŋ·gər] *n* hangar *m*

hangdog *adj* déconfit(e)

hanger *n* cintre *m*

hanger-on <hangers-on> *n pej* parasite *m*

hang-glider *n* deltaplane *m*

hang-gliding *n* deltaplane *m*

hanging **I.** *n* pendaison *f* **II.** *adj* suspendu(e)

hangman <-men> *n* bourreau *m*

hangnail *n* MED ongle *m* incarné

hangout *n inf* **1.** (*favorite bar or cafe*) bar *m* habituel **2.** (*dwelling*) piaule *f*

hangover *n* **1.** (*sickness after excessive alcohol*) gueule *f* de bois **2.** *pej* (*things from the past*) débris *mpl*

hang-up *n inf* complexe *m*; **to have a ~ about sth** être complexé par qc

hank [hæŋk] *n* mèche *f*

hanker after *vt*, **hanker for** *vt* se languir de

hankering *n* nostalgie *f*; **to have a ~ for sb/sth** avoir hâte de revoir qn/de faire qc

hankie, hanky *n inf abbr of* **handkerchief**

hanky-panky *n iron, inf* **1.** (*dubious behavior*) entourloupettes *fpl* **2.** (*sexual activity*) galipettes *fpl*

Hanukkah ['ha·nə·kə] *n* Hanoukka *f*

haphazard [ˌhæp·'hæz·ərd] *adj pej* mal organisé(e)

hapless *adj* infortuné(e)

happen ['hæp·ən] **I.** *vi* arriver; **to ~ to sb** arriver à qn; **whatever ~s** quoi qu'il arrive; **to ~ again** se reproduire **II.** *vt* **it ~s that ...** il se trouve que ...; **to ~ to do sth** faire qc par hasard; **I ~ to do sth** il se trouve que je fais qc

happening *n* **1.** (*events, circumstances, matters*) événement *m* **2.** (*performance*) happening *m*

happily *adv* **1.** (*contentedly, fortunately*) heureux(-euse); **~ married** être heureux en ménage **2.** (*willingly*) de bon cœr

happiness *n* bonheur *m*

happy ['hæp·i] <-ier, -iest *o* more ~, most ~> *adj* heureux(-euse); **in happier times** dans des temps meilleurs; **to be ~ about sb/sth** être content de qn/qc; **a ~ accident** un heureux hasard; **a ~ birthday** un joyeux anniversaire

happy-go-lucky *adj* insouciant(e)

happy hour *n* happy hour *m o f*

happy medium *n* juste milieu *m*

harass [hə·'ræs] *vt* harceler

harassed *adj* harcelé(e)

harassment *n* harcèlement *m*

harbor ['har·bər] **I.** *n* port *m*; **fishing ~** un port de pêche **II.** *vt* **1.** (*cling to negative ideas: resentment, suspicions*) nourrir **2.** (*keep in hiding*) donner asile à

hard [hard] **I.** *adj* **1.** (*firm, rigid*) *a. fig* dur(e); **~ left/right** extrême gauche/droite *f* **2.** (*difficult, complex*) difficile; **to be ~ of hearing** être dur d'oreille; **to give sb a ~ time** donner du fil à retordre à qn; **to learn the ~ way** apprendre à ses dépens; **to do sth the ~ way** ne pas prendre le plus court chemin (pour faire qc) **3.** (*harsh, intense: fight, winter, work*) rude; **to be a ~ worker** travailler dur; **to have a ~ time** en baver; **to give sb a ~ time** mener la vie dure à qn; **to be ~ on sb/sth** malmener qn/qc **4.** (*strong*) *a. fig* (*drink, liquor*) fort(e); (*drugs*) dur(e) **5.** (*reliable: facts, evidence*) tangible **6.** (*containing much lime: water*) calcaire ►**to drive a ~ bargain** en demander beaucoup; **no ~ feelings!** sans rancune!; **~ luck!** pas de chance!; **to be as ~ as nails** être un dur; **to play ~ to get** se faire désirer **II.** *adv* **1.** (*solid, rigid*) dur; **~ boiled** dur(e) **2.** (*energetically, vigorously: play, study, try, work*) sérieusement; (*press, pull*) fort **3.** (*painfully, severely*) durement ►**to follow ~ on the heels of sth** suivre qc de très près

hardback **I.** *n* livre *m* relié **II.** *adj* (*edition*) relié(e)

hard-bitten *adj* impudent(e)

hardboard *n* contreplaqué *m*

hard-boiled *adj* **1.** (*cooked*) **~ egg** œuf *m* dur **2.** *fig, inf* dur(e) à cuire

hard cash *n* argent *m* liquide

hard copy *n* COMPUT copie *f* sur papier
hard core *n* **1.** (*dedicated inner circle within group*) noyau *m* dur **2.** ART, MUS hardcore *m*
hard-core *adj* ART, MUS hardcore *inv*
hard court *n* SPORTS terrain *m* à revêtement dur
hard currency *n* devise *f* forte
hard disk *n* COMPUT disque *m* dur
hard-earned *adj* bien mérité(e); ~ **money** argent *m* gagné à la sueur de son front
harden **I.** *vt* **1.** (*make firmer/more solid*) durcir **2.** (*make tougher*) endurcir **II.** *vi* **1.** (*become firmer/more solid*) durcir **2.** (*become less flexible/conciliatory*) s'endurcir
hard-fought *adj* **1.** (*achieved after much effort*) bien mérité(e) **2.** (*relentless*) acharné(e)
hard hat *n* **1.** (*hat*) casque *m* **2.** (*worker*) ouvrier, -ère *m, f* du bâtiment
hard-headed *adj* réaliste
hard-hearted *adj pej* insensible
hard-hit *adj* (*in very bad position*) mal placé(e)
hard-hitting *adj* sans indulgence
hard labor *n* travaux *mpl* forcés
hard line *n* POL ligne *f* dure
hard-liner *n* POL pur *m* et dur *m*
hardly *adv* à peine; ~ **ever/anybody** presque jamais/personne
hardness *n a.* CHEM dureté *f*
hard-nosed *adj inf* dur(e)
hard-on *n vulg* trique *f*
hard-pressed *adj* en difficulté
hard sell *n* commercialisation *f* agressive
hardship *n* détresse *f*
hardtop *n* AUTO capote *f* rigide
hardware *n* **1.** (*things for house/garden*) articles *mpl* de quincaillerie **2.** COMPUT hardware *m*, matériel *m*
hardware store *n* quincaillerie *f*
hard-wearing *adj* résistant(e)
hardwood *n* bois *m* dur
hard-working *adj* travailleur(-euse)
hardy *adj a.* BOT résistant(e)
hare [her] <-(s)> *n* lièvre *m*
harebrained *adj* fou(folle)
harem ['her·əm] *n a. fig, iron* harem *m*
harm [harm] **I.** *n* mal *m;* **to do sb/sth** ~ faire du mal à qn/qc; **there's no** ~ **in asking** il n'y a pas de mal à demander **II.** *vt* **1.** (*hurt*) faire du mal à **2.** (*damage*) endommager
harmful *adj* nuisible
harmless *adj* **1.** (*causing no harm*) inoffensif(-ive) **2.** (*banal*) anodin(e)
harmonic [har·'ma·nɪk] *adj* harmonique
harmonica *n* harmonica *m*
harmonious *adj* harmonieux(-euse)
harmonium [har·'moʊ·ni·əm] *n* harmonium *m*
harmonization *n* harmonisation *f*
harmonize ['har·mə·naɪz] **I.** *vt a.* MUS harmoniser **II.** *vi* s'harmoniser
harmony ['har·mə·ni] *n* harmonie *f;* **in** ~ en harmonie
harness ['har·nɪs] **I.** *n* harnais *m* ▶ **<u>work</u> in** ~ **with sb** travailler en tandem avec qn **II.** *vt* **1.** (*secure*) **to** ~ **sb/sth to sth** harnacher qn/qc à qc **2.** *fig* (*make productive, exploit*) **to** ~ **sth** mettre qc à profit
harp [harp] *n* harpe *f*
harpoon [ˌhar·'pun] **I.** *n* harpon *m* **II.** *vt* harponner
harpsichord ['harp·sɪ·kɔrd] *n* clavecin *m*
harrow ['her·oʊ] **I.** *n* herse *f* **II.** *vt* **1.** (*plow earth using harrow*) herser **2.** (*disturb, frighten, scare*) tourmenter
harrowing *adj* terrible
harsh [harʃ] *adj* rude; (*colors*) cru(e); (*voice*) perçant(e)
hart [hart] *n* cerf *m*
harum-scarum [ˌher·əm·'sker·əm] **I.** *adv* en quatrième vitesse **II.** *adj* distrait(e)
harvest ['har·vɪst] **I.** *n a. fig* récolte *f* **II.** *vt* récolter **III.** *vi* faire la récolte
harvester *n* **1.** (*machine*) moissonneuse *f;* **combined** ~ moissonneuse-batteuse *f* **2.** (*sb who harvests*) moissonneur, -euse *m, f*
harvest festival *n* fête *f* des moissons
harvest moon *n* pleine lune *f*
has [hæz] *3rd pers sing of* **have**
has-been *n pej, inf* has been *m inv*
hash[1] [hæʃ] *n* **1.** (*chopped meat, vegetable dish*) hachis *m* **2.** *inf* (*messed up try, shambles*) pagaille *f;* **to make a** ~ **of sth** foutre qc en l'air
hash[2] [hæʃ] *n inf abbr of* **hashish** hasch *m*
hash browns *npl* pommes *fpl* de terre sautées
hashish ['hæʃ·ɪʃ] *n* haschisch *m*
hasn't = **has not** *s.* **have**
hassle ['hæs·l] **I.** *n inf* **1.** (*bother*) emmerdement *m;* **to give sb a** ~ emmerder qn; **to be such a** ~ être tellement emmerdant **2.** (*argument, dispute*) engueulade *f* **II.** *vt inf* emmerder
hassock ['hæs·ək] *n* **1.** (*cushion*) genouillère *f* **2.** (*tuft of grass*) touffe *f* d'herbe
haste [heɪst] *n* (*hurried action*) hâte *f;* **to make** ~ se hâter ▶ ~ **makes <u>waste</u>** *prov* qui va piano va sano *prov*
hasten **I.** *vt form* hâter **II.** *vi* se hâter
hasty *adj* **1.** (*fast, quick, hurried*) rapide **2.** (*rashly, badly thought out: decisions, conclusions*) précipité(e)
hat [hæt] *n* chapeau *m*
hatch[1] [hætʃ] *n* écoutille *f* ▶ **<u>down</u> the** ~**!** *sl* cul sec!
hatch[2] [hætʃ] **I.** *vi* éclore **II.** *vt* **1.** (*cause egg split allowing birth*) faire éclore **2.** (*devise in secret: plan*) mijoter **III.** *n* couvée *f*
hatch[3] [hætʃ] *vt* ART hachurer
hatchback *n* porte *f* arrière
hatchet ['hætʃ·ɪt] *n* hachette *f*
hatchet-faced *adj inf* **to be** ~ avoir le visage taillé à la serpe
hatchet man *n* **1.** *inf* (*worker*) sbire *m* **2.** *inf* (*thug*) homme *m* de main
hatching *n* **1.** BIO (*being born*) éclosion *f*

2. (*parallel marks*) hachures *fpl*
hate [heɪt] **I.** *n* haine *f;* **to feel ~ for sb** éprouver de la haine pour qn; **to give sb a look of ~** regarder qn avec des yeux pleins de haine **II.** *vt* haïr; **to ~ doing sth/to do sth** détester faire qc
hateful *adj* haineux(-euse)
hatred *n* haine *f;* **to nurse an irrational ~ of sb/sth** nourrir une haine inexplicable pour qn/qc
hat stand *n* portemanteau *m*
hatter ['hæt̬·ər] *n* **as mad as a ~** complètement fou(folle)
hat trick *n* SPORTS hat trick *m* (*le fait de marquer trois buts dans un match*)
haughty ['hɔ·t̬i] <-ier, iest> *adj pej* hautain(e)
haul [hɔl] **I.** *vt* **1.** (*pull with effort*) tirer, haler *Québec* **2.** (*tow*) remorquer **3.** (*transport goods*) transporter par camion **II.** *n* **1.** (*distance*) trajet *m* **2.** (*quantity caught*) prise *f;* (*of stolen goods*) butin *m;* (*of drugs*) saisie *f*
◆**haul away** *vt* tirer fort
◆**haul off I.** *vi inf* se tirer **II.** *vt* **to haul sb off to jail** tirer qn de prison
haulage ['hɔ·lɪdʒ] *n* **1.** (*act of transporting goods*) transport *m* routier **2.** (*cost for transporting*) frais *mpl* de transport
hauler *n* **1.** (*transporter*) transporteur *m* **2.** (*driver*) routier *m*
haunch [hɔn(t)ʃ] <-es> *n* **1.** ANAT (*upper leg and buttock*) hanche *f* **2.** (*cut of meat*) morceau *m* d'aloyau
haunt [hɔnt] **I.** *vt* hanter **II.** *n* repaire *m*
haunted *adj* **1.** (*frequented by ghosts*) hanté(e) **2.** (*troubled, suffering: look, eyes*) tourmenté(e)
haunting *adj* **1.** (*persistently disturbing: fear, memory*) harcelant(e) **2.** (*memorably stirring: beauty, melody*) marquant(e)
Havana [hə·'væn·ə] *n* La Havane
have [hæv] <has, had, had> *aux, vt* avoir; **to ~ to** *+infin* devoir *+infin;* **has he/~ you ...?** est-ce qu'il a/tu as ...?; **to ~ sth to do** avoir qc à faire; **to ~ the honesty/patience to** *+infin* avoir l'honnêteté/la patience de *+infin;* **to ~ news about sb** avoir des nouvelles de qn; **to ~ visitors** avoir de la visite; **to ~ sth ready** avoir qc de prêt; **to ~ a swim** nager; **to ~ a walk** se promener; **to ~ a talk with sb** avoir une discussion avec qn; **to ~ a bath/shower** prendre un bain/une douche; **to ~ a try** essayer; **the apples to be had** les pommes *fpl* qu'il y a ►**to ~ the time** avoir le temps; **to ~ it in for sb** *inf* avoir qn dans le collimateur; **to ~ had it** *inf* (*be broken*) être foutu; **to ~ had it with sb/sth** *inf* en avoir marre de qn/qc; **to be had** *inf* se faire avoir
◆**have on** *vt* **1.** (*wear: clothes*) porter **2.** (*carry*) porter; **to have sth on oneself** porter qc sur soi **3.** (*possess information*) **to have sth on sb/sth** avoir qc sur qn/qc
◆**have out** *vt* **1.** *inf* (*remove*) retirer; (*tooth*) extraire; **to have one's appendix out** se faire enlever l'appendice; **to have a tooth out** se faire arracher une dent **2.** *inf* (*argue, discuss strongly*) **to have it out with sb** s'expliquer avec qn
◆**have over** *vt* recevoir
haven ['heɪ·vən] *n* refuge *m*
have-nots *npl* sans-le-sou *mpl*
haven't ['hæv·ənt] = **have + not** *s.* **have**
haves *npl inf* richards *mpl*
havoc ['hæv·ək] *n* ravages *mpl;* **to play ~ with sth** déranger qc; **to wreak ~** faire des ravages
haw [hɔ] *vi* **to hem and ~** tourner autour du pot
Hawaii [hə·'waɪ·i] *n* Hawaï *m sans art*
Hawaiian I. *adj* hawaïen(ne) **II.** *n* **1.** (*person*) Hawaïen(ne) *m(f)* **2.** LING hawaïen *m; s.a.* **English**
hawk [hɔk] **I.** *n a. fig a.* POL faucon *m* **II.** *vt* colporter **III.** *vi* faire du colportage
hawker *n* colporteur, -euse *m, f*
hawk-eyed *adj* au regard perçant
hawk moth *n* ZOOL sphinx *m*
hawser ['hɔ·zər] *n* NAUT cordage *m*
hawthorn ['ha·θɔrn] *n* aubépine *f,* cenellier *m* *Québec*
hay [heɪ] *n* foin *m* ►**to make ~ while the sun shines** battre le fer pendant qu'il est chaud; **to hit the ~** *inf* se mettre au pieu
hay fever *n* rhume *m* des foins
hayrack *n* râtelier *m*
haystack *n* tas *m* de foin ►**a needle in a ~** une aiguille dans une botte de foin
haywire *adj inf* **to go/be ~** être perturbé/s'emballer
hazard ['hæz·ərd] **I.** *n* **1.** (*danger*) danger *m;* **to be one of the known ~s of a job** être le risque du métier **2.** (*risk*) risque *m;* **to be a ~ to sb/sth** être un risque pour qn/qc; **fire ~** risque *m* d'incendie **II.** *vt* risquer; **to ~ a try** se risquer
hazardous *adj* **1.** (*uncertain*) hasardeux(-euse) **2.** (*risky*) risqué(e) **3.** (*dangerous*) dangereux(-euse)
hazard (warning) lights *npl* AUTO feux *mpl* de détresse
haze [heɪz] **I.** *n a. fig* brume *f* **II.** *vt* **to ~ sb** bizuter qn
hazel ['heɪ·zəl] **I.** *n* noisetier *m* **II.** *adj* (*eyes*) noisette *inv*
hazelnut I. *n* noisette *f* **II.** *adj* noisette *inv*
hazy <-ier, -iest> *adj a. fig* brumeux(-euse)
he [hi] *pers pron* **1.** (*male person or animal*) il; **~'s** [*o* **~ is**] **my father** c'est mon père; **~'s gone away but ~'ll be back soon** il est parti mais il va bientôt revenir; **here ~ comes** le voilà; **her baby is a ~** son bébé est un garçon **2.** (*unspecified sex*) **if somebody comes, ~ will buy it** si quelqu'un vient, il l'achètera; **~ who ...** *form* celui qui ... **3.** REL (*God*) **He answered my prayer** Il a exaucé ma prière
head [hed] **I.** *n* **1.** *a. fig* tête *f;* **a hundred ~ of cattle** cent têtes de bétail; **to win by a ~** gagner avec une tête d'avance; **to need a**

H

clear ~ to *+infin* avoir besoin d'avoir la tête reposée pour *+infin;* **to put ideas into sb's ~** mettre des idées dans la tête de qn; **to use one's ~** se creuser la tête; **at the ~ of the table** en bout de table **2.** (*person in charge*) chef *m;* SCHOOL directeur, -trice *m, f* **3.** (*coin face*) côté *m* pile **4.** (*water source*) source *f* **5.** (*beer foam*) mousse *f* ► **to have one's ~ buried in a book** avoir la tête plongée dans un livre; **to have one's ~ in the clouds** avoir la tête dans les nuages; **to have a good ~ for numbers** avoir la bosse des maths; **to be ~ over heels in love** être fou amoureux; **to have a good ~ on one's shoulders** avoir la tête bien posée sur ses épaules; **to be ~ and shoulders above sb** avoir plus d'une tête d'avance sur qn; **~s or tails?** pile ou face?; **to keep one's ~ above water** garder la tête hors de l'eau; **to keep a cool ~** garder la tête froide; **to go straight to sb's ~** (*alcohol, wine*) monter à la tête de qn; **to go to sb's ~** (*fame, success*) monter à la tête de qn; **~ on** de front **II.** *vt* **1.** (*lead*) être à la tête de **2.** SPORTS **to ~ the ball** faire une tête **III.** *vi* aller; **to ~ home** aller à la maison **IV.** *adj* principal(e)

◆**head back** *vi* retourner; **to ~ home/to camp** retourner à la maison/au camp

◆**head for** *vt* **1.** (*go towards*) se diriger vers; **to ~ the exit** aller vers la sortie **2.** *fig* **to ~ disaster** aller au désastre

◆**head off I.** *vt* **1.** (*get in front of sb*) aller au devant de qn; (*turn sb aside*) se détourner de qn **2.** *fig* (*avoid*) éviter **II.** *vi* **to ~ towards/to sth** garder le cap sur qc

◆**head up** *vt* diriger

headache ['hed·eɪk] *n a. fig* maux *mpl* de tête

headband *n* bandeau *m*

headbanger *n sl* MUS hard rocker *m*

head-butt I. *n* SPORTS coup *m* de tête **II.** *vt* donner un coup de tête à

head cold *n* rhume *m* de cerveau

headdress <-es> *n* coiffure *f*

header *n* **1.** SPORTS tête *f* **2.** (*headfirst jump*) plongeon *m* **3.** COMPUT haut *m* de page

headfirst I. *adv a. fig* la tête la première **II.** *adj* **~ dive/jump** plongeon *m*/saut *m* tête la première

headhunt *vi inf* débaucher

headhunter *n a. inf a.* ECON chasseur, -euse *m, f* de tête

heading *n* en-tête *m*

headlamp *n s.* **headlight**

headland *n* langue *f* de terre

headless *adj* affolé(e)

headlight *n* phare *m*

headline I. *n* gros titre *m;* **the ~s** la une des journaux; **to make the ~s** faire la une des journaux **II.** *vt* **to ~ sth** mettre qc à la une

headlong I. *adv* la tête la première; *fig* précipitamment **II.** *adj* direct(e)

headmaster *n* directeur *m*

headmistress <-es> *n* directrice *f*

head office *n* centrale *f*

head of state <heads of state> *n* chef *m* d'État

head-on I. *adj* de front; (*collision*) frontal(e) **II.** *adv* de plein fouet

headphones *npl* écouteurs *mpl*

headquarters *npl + sing/pl vb* MIL quartier *m* général; (*of companies*) maison *f* mère; (*of the police*) direction *f*

headrest *n* appuie-tête *m*

head restraint *n* appuie-tête *m*

headroom *n* hauteur *f* sous plafond

headscarf <-scarves> *n* foulard *m*

headset *n* casque *m*

head start *n* avance *f;* **to give sb a ~** donner de l'avance à qn

headstone *n* pierre *f* tombale

headstrong *adj* qui a la tête dure

head teacher *n* directeur, -trice *m, f*

head waiter *n* maître *m* d'hôtel

headwater *n* eau *f* de source

headway *n* **to make ~** faire des progrès

headwind *n* vent *m* de face

headword *n* entrée *f*

heady ['hed·i] <-ier, -iest> *adj* enivrant(e)

heal [hil] **I.** *vt* **1.** (*give treatment*) guérir **2.** *fig* **to ~ differences** régler des différends **II.** *vi* guérir; (*wound, injury*) panser

health [helθ] *n a. fig a.* ECON santé *f;* **for ~ reasons** pour des raisons de santé; **to be in good/bad ~** être en bonne/mauvaise santé; **to drink to sb's ~** boire à la santé de qn; **to restore sb to ~** redonner la santé à qn

health care *n* soins *mpl* médicaux

health center *n* centre *m* médical

health food *n* alimentation *f* diététique

health food store *n* magasin *m* d'alimentation diététique

health hazard *n* risque *m* pour la santé

health insurance *n* assurance-maladie *f*

health spa *n* station *f* thermale

healthy <-ier, -iest> *adj* (*person*) en bonne santé; (*body, food, economy*) sain(e)

heap [hip] **I.** *n* tas *m;* **to pile sth into ~s** entasser qc ► **a (whole) ~ of work** un tas de travail **II.** *vt* entasser

hear [hɪr] <heard, heard> *vt, vi* **1.** (*perceive with ears*) entendre **2.** (*be told about*) entendre dire

heard [hɜrd] *pt, pp of* **hear**

hearing *n* **1.** (*ability to hear*) ouïe *f;* **to be hard of ~** être dur d'oreille **2.** LAW (*official examination*) audition *f*

hearing aid *n* appareil *m* auditif

hearsay ['hɪr·seɪ] *n* on-dit *m inv*

hearse [hɜrs] *n* corbillard *m*

heart [hart] *n a. fig* cœur *m;* **to have a weak** [*o* **bad**] **~** être cardiaque; **to have a ~ of stone** avoir un cœur de pierre; **to have a good ~** avoir bon cœur; **to break sb's ~** briser le cœur de qn; **to be at the ~ of sth** être au cœur de qc; **to get to the ~ of the matter** aller au cœur des choses ► **from the bottom of the/one's ~** du fond du/de son cœur; **to one's ~'s**

content à cœur joie; **to have one's ~ in the right place** avoir le cœur à droite; **to put one's ~ and soul into sth** mettre tout son cœur et toute son âme dans qc; **to be all ~** être entier; **with all one's ~** de tout cœur; **to die of a broken ~** mourir d'amour; **to have one's ~ set on sth** se consacrer de tout cœur à qc; **to know by ~** savoir par cœur; **to not have the ~ to** +*infin* ne pas avoir le cœur à +*infin*

heartache ['hart•eɪk] *n* peine *f* de cœur

heart attack *n* crise *f* cardiaque

heartbeat *n* battement *m* du cœur

heartbreak *n* **1.** (*distress*) déchirement *m* **2.** (*romantic distress*) chagrin *m* d'amour

heartbreaking *adj* déchirant(e)

heartbroken *adj* **to be ~** avoir le cœur brisé

heartburn *n* brûlures *fpl* d'estomac

heart disease *n* maladie *f* cardiovasculaire

heartening ['hart•nɪŋ] *adj* réconfortant(e)

heart failure *n* arrêt *m* cardiaque

heartfelt ['hart•felt] *adj* sincère

hearth [harθ] *n* âtre *m*

hearthrug *n* devant *m* de cheminée

heartily *adv* (*to applaud*) chaleureusement; (*to laugh*) de bon cœur; (*to dislike*) profondément; (*to eat*) de bon appétit

heartland *n* centre *m*

heartless *adj* sans cœur

heart murmur *n* souffle *m* au cœur

heartrending *adj* déchirant(e)

heart-searching **I.** *n* réflexion *f* **II.** *adj* réfléchi(e)

heartstrings *npl* **to pull at sb's ~** toucher la corde sensible de qn

heartthrob *n inf* idole *f*

heart-to-heart **I.** *n* tête-à-tête *m* **II.** *adj* **to have a ~ conversation** se parler franchement

heart transplant *n* greffe *f* du cœur

heartwarming *adj* encourageant(e)

hearty ['har•ṭi] <-ier, -iest> *adj* **1.** (*enthusiastic: congratulations, welcome*) chaleureux(-euse) **2.** (*large, strong: appetite, breakfast*) gros(se); **to have a ~ dislike for sth** détester profondément qc; **to be hale and ~** avoir bon pied bon œil

heat [hit] **I.** *n* **1.** (*warmth, high temperature*) chaleur *f*; **to turn up/down the ~** monter/baisser le chauffage; **to cook sth on high/low ~** faire cuire qc à feu vif/doux **2.** (*emotional state*) feu *m*; **in the ~ of the moment/argument** dans le feu de l'action/la discussion **3.** (*sports race*) éliminatoire *f* **4.** (*breeding time*) chaleur *f*; **to be in ~** être en chaleur ▶**the ~ is on** la machine est lancée; **to put the ~ on sb** faire pression sur qn; **to take the ~ off (of) sb** servir de bouclier à qn **II.** *vt, vi* chauffer

◆**heat up** **I.** *vt* chauffer **II.** *vi* s'échauffer; (*situation*) s'intensifier

heated *adj* **1.** (*made warm: pool*) chauffé(e); (*blanket*) chauffant(e) **2.** (*emotional: debate*) passionné(e)

heatedly *adv* vigoureusement

heater *n* radiateur *m*; **water ~** chauffe-eau *m inv*

heath [hiθ] *n* lande *f*

heathen ['hi•ðən] **I.** *n pej* (*not religious*) païen(ne) *m(f)* **II.** *adj* païen(ne)

heathenish *adj* païen(ne)

heather ['heð•ər] *n* bruyère *f*

heat pump *n* pompe *f* à chaleur

heat rash *n* boutons *mpl* de chaleur

heat-resistant *adj* thermorésistant(e)

heat-seeking *adj* MIL (*missile*) à tête chercheuse aux infrarouges

heat shield *n* TECH bouclier *m* thermique

heat stroke *n* coup *m* de chaleur

heat treatment *n* **1.** (*treatment to eliminate diseases: of milk*) stérilisation *f* par ultra-haute température **2.** (*relaxing method*) thermothérapie *f*

heat wave *n* vague *f* de chaleur

heave [hiv] **I.** *vt* **1.** (*pull*) tirer **2.** (*push*) pousser **3.** (*lift*) (sou)lever **4.** (*drag*) traîner **5.** (*throw*) lancer **II.** *vi* **1.** (*move up and down*) se soulever **2.** (*pull*) tirer **3.** (*push*) pousser **4.** (*vomit*) avoir des haut-le-cœur **III.** *n* gros effort *m*

◆**heave to** *vi* <hove to, hoved to> NAUT se mettre en panne

heaven ['hev•ən] *n* paradis *m*; **to go to ~** aller au ciel; **it's ~** *inf* c'est le paradis; **to be ~ on earth** être le paradis sur terre; **to be in ~** être aux anges ▶**to move ~ and earth to** +*infin* remuer ciel et terre pour +*infin*; **what/where/when/who/why in ~'s name** que/où/quand/qui/pourquoi diable; **for ~'s sake!** bon sang!; **good ~s!** bonté divine!; **it stinks to high ~** ça schlingue; **~s above!** juste ciel!; **~ only knows** Dieu seul le sait; **~ forbid** Dieu m'en/nous en garde; **thank ~s** Dieu merci

heavenly <-ier, -iest> *adj* **1.** (*of heaven: body*) céleste **2.** (*pleasure-giving*) divin(e)

heaven-sent *n* manne *f*

heavily *adv* **1.** (*in a heavy way: to walk, fall*) lourdement; (*to sleep*) profondément **2.** (*considerably*) fortement; **to drink/smoke ~** boire/fumer beaucoup; **it's raining ~** il pleut à verse

heavy ['hev•i] **I.** *adj* <-ier, -iest> **1.** (*weighing a lot: object, food*) lourd(e); **to do ~ lifting/carrying** soulever/porter des choses lourdes; **how ~ is it?** combien ça pèse? **2.** (*hard, difficult: work, breathing*) pénible; (*schedule, day*) chargé(e); (*book, film*) difficile; (*pitch*) lourd(e) **3.** (*intense, strong: rainfall, accent*) fort(e); (*blow*) violent(e); (*cold*) gros(se); (*sleep*) profond(e) **4.** (*abundant: applause, frost, gale*) fort(e); (*crop, investment*) gros(se); (*period*) abondant(e); **to be ~ on fuel** consommer beaucoup; **to be ~ with sth** être rempli de qc **5.** (*not delicate, coarse: features*) grossier(-ère); (*step, style*) lourd(e) **6.** (*severe: fine, sea*) gros(se); (*casualties, losses*) lourd(e) **7.** (*oppressive: responsibility, sky, perfume*) lourd(e); (*smell*) fort(e) **8.** (*excessive: drinker, smoker*) gros(se); **to be a ~ sleeper** avoir le sommeil lourd **9.** (*large, thick: beard, clouds, shoes*) gros(se) ►**to do sth with a ~ hand** faire qc en utilisant la manière forte; **things got really ~** les choses se sont gâtées **II.** *adv* **to weigh ~** peser lourd; **to be ~-going** être ardu **III.** *n* <-ies> *inf* dur(e) *m(f)*

heavy-duty *adj* (*boots*) solide; (*tire, machine*) robuste; (*clothes*) de travail; (*gardening*) gros(se); (*vehicle*) utilitaire lourd

heavy-handed *adj* (*style, reaction*) musclé(e)

heavy-hearted *adj* **to be ~** avoir le cœur gros

heavy industry *n* industrie *f* lourde

heavy metal *n* **1.** (*lead, cadmium*) métal *m* lourd **2.** (*rock 'n roll*) heavy metal *m*

heavy water *n* eau *f* lourde

heavyweight I. *adj* **1.** (*in boxing*) poids lourd *inv* **2.** (*particularly heavy cloth*) lourd(e) **II.** *n* poids *m* lourd

Hebrew [hi·'bru] **I.** *n* hébreu *m; s.a.* **English II.** *adj* hébreu

Hebrides ['heb·rɪ·diz] *n* **the ~** les Hébrides *fpl*

heck [hek] *interj inf* flûte!; **what the ~!** oh, et puis flûte!

heckle ['hek·l] *vt* apostropher

heckler *n* perturbateur, -trice *m, f*

hectare ['hek·ter] *n* hectare *m*

hectic ['hek·tɪk] *adj* (*week*) mouvementé(e); (*pace*) effréné(e)

hectoliter ['hek·toʊ·ˌli·t̬ər] *n* hectolitre *m*

he'd [hid] = **he had/he would** *s.* **have/will**

hedge [hedʒ] **I.** *n* **1.** (*line of bushes*) haie *f* **2.** (*protection*) barrière *f* **II.** *vi* se réserver **III.** *vt passive* **to be ~d with sth** être entouré de qc ►**to ~ one's bets** se couvrir

◆**hedge in** *vt* entourer d'une haie; **to be hedged in with sth** être entouré de qc

hedgehog *n* hérisson *m*

hedgerow *n* haie *f*

hedging *n* FIN opération *f* de couverture

heebie-jeebies ['hi·bi·'dʒi·biz] *npl sl* **the ~** les chocottes *fpl*

heed [hid] **I.** *vt form* (*advice, warning*) tenir compte de **II.** *n* **to pay ~ to sth** tenir compte de qc

heedful *adj form* **to be ~ of sb's advice** tenir compte des conseils de qn

heedless *adj* inattentif(-ive); **~ of the risk** sans se soucier des risques

heehaw ['hi·hɔ] **I.** *n* hi-han *m inv* **II.** *vi* faire hi-han

heel [hil] **I.** *n* **1.** (*back of foot, sock, shoe*) talon *m* **2.** (*back of the hand*) paume *f* **3.** *pej, inf* (*unfair person*) peau *f* de vache ►**to be down at the ~** être en mauvais état; **to be hard on sb's ~s** être sur les talons de qn; **to bring sb to ~** rappeler qn à l'ordre; **to bring a dog to ~** rappeler un chien; **to come to ~** (*dog*) venir au pied; **to take to one's ~s** prendre ses jambes à son cou; **to turn on one's ~** tourner les talons; **to be at sb's ~s** être sur les talons de qn; **under the ~ of sb/sth** sous la botte de qn/qc **II.** *interj* au pied! **III.** *vt* refaire le talon de

hefty ['hef·ti] <-ier, -iest> *adj* **1.** (*big and strong: person*) corpulent(e) **2.** (*considerably large: hardback, price rise*) énorme; **~ push** gros effort *m*

heifer ['hef·ər] *n* génisse *f*

height [haɪt] *n* **1.** (*top to bottom: of a person*) taille *f;* (*of a thing*) hauteur *f* **2.** *pl* (*high places*) **to be afraid of ~s** avoir le vertige; **to rise to giddy ~s** *iron, inf* atteindre des sphères vertigineuses; **to scale (new) ~s** atteindre un (nouveau) record **3.** (*hill*) **~s** hauteurs *fpl* **4.** *fig* (*strongest point*) sommet *m;* (*of career, glory*) apogée *m;* (*of folly, stupidity, kindness*) comble *m;* **to be at the ~ of one's career** être au sommet de sa carrière; **to be at the ~ of fashion** être du dernier cri; **to attain great ~s** atteindre les hautes sphères

heighten ['haɪ·tᵊn] *vt* **1.** (*elevate*) rehausser **2.** (*increase*) augmenter

heinous ['heɪ·nəs] *adj form* abominable

heir [er] *n* héritier *m;* **~ to the throne** héritier du trône; **to be (the) ~ to sth** hériter de qc

heir apparent *n* héritier *m* présomptif

heiress ['er·ɪs] *n* héritière *f;* **to be (the) ~ to sth** hériter de qc

heirloom ['er·lum] *n* héritage *m;* **the table is a family ~** la table est un meuble de famille

heist [haɪst] *n inf* casse *m;* **jewelry ~** le casse d'une bijouterie

held [held] **I.** *adj* **hand-~** portable; **a firmly-~ opinion** une opinion tenace; **a long-~ view** un point de vue de longue date **II.** *pt, pp of* **hold**

helicopter ['hel·ɪ·kap·tər] *n* hélicoptère *m*

helipad ['hel·ɪ·pæd] *n* aire *f* d'atterrissage d'hélicoptères

heliport ['hel·ɪ·pɔrt] *n* héliport *m*

helium ['hi·li·əm] *n* hélium *m*

hell [hel] **I.** *n* **1.** (*Devil's residence*) *a. fig* enfer *m;* **to go to ~** aller en enfer; **~ on earth** l'enfer; **to go through ~** vivre l'horreur; **to make sb's life ~** *inf* rendre la vie impossible à qn **2.** *inf* (*very much*) **it's cold as ~** il fait un froid de canard; **it's hot as ~** il fait une chaleur d'enfer; **hard as ~** horriblement dur; **I suffered like ~** j'ai souffert comme c'est pas permis; **a ~ of a decision/performance** une sacrée décision/performance ►**to not have a chance in ~** n'avoir aucune chance; **come ~ or high water** *inf* quoi qu'il arrive; **to have been to ~ and back** avoir vécu l'enfer; **all ~ breaks loose** la panique éclate; **to annoy the ~ out of sb** *inf* énerver qn au plus haut point; **to be ~** être atroce; **to beat the ~ out of sb** passer qn à tabac; **to do sth for the ~ of it** faire qc pour le plaisir; **to frighten the ~ out of sb** *inf* ficher la trouille de sa vie à qn; **to give sb ~ for sth** engueuler qn comme du poisson pourri à cause de qc; **go to ~!** *vulg* va te faire voir!; **there will be ~ to pay** *inf* ça va barder **II.** *interj* **what the ~ are you doing?** mais qu'est-ce que tu fous? ▶ **~'s bells** bon sang; **to work like ~** *vulg* travailler comme un dingue; **the ~ you do!** *inf* c'est ça!; **to hope to ~** *inf* espérer vraiment; **what the ~!** *vulg* et puis merde!

he'll [hil] = **he will** *s.* **will**

hell-bent ['hel-ˌbent] *adj* acharné(e)

hellfire *n* feux *mpl* de l'enfer

hellish *adj* (*day*) infernal(e); (*experience, weather*) atroce

hellishly *adv* atrocement

hello [hə-'loʊ] **I.** <-s> *n* bonjour *m* **II.** *interj* **1.** (*said in greeting*) bonjour! **2.** (*beginning of phone call*) allo **3.** (*to attract attention*) il y a quelqu'un? **4.** (*surprise*) tiens!

helm [helm] *n* barre *f*

helmet ['hel·mət] *n* casque *m*

helmsman ['helmz·mən] *n* <-men> barreur, -euse *m, f*

help [help] **I.** *vi* aider; **that doesn't ~** cela n'avance à rien **II.** *vt* **1.** (*assist*) aider; **to ~ sb with his homework** aider qn à faire ses devoirs **2.** (*ease*) **to ~ the pain** soulager la douleur **3.** (*prevent*) **I can't ~ it** je n'y peux rien; **it can't be ~ed** on n'y peut rien; **she can't ~ being famous** ce n'est pas de sa faute si elle est célèbre; **to not be able to ~ (doing) sth** ne pas pouvoir s'empêcher de faire qc; **she couldn't ~ but** +*infin* elle n'a pas pu s'empêcher de +*infin* **4.** (*serve*) servir; **to ~ oneself to sth** se servir de qc **5.** *inf* (*steal*) **to ~ oneself to sth** se servir de qc **III.** *n* **1.** (*assistance*) aide *f*; **to be a ~** (*things*) servir; (*people*) aider **2.** (*sb employed for small jobs*) aide *f*; **to have ~** [*o* **hired ~**] **come in** avoir une femme de ménage ▶ **there'll be no ~ for it but to** +*infin* il n'y a pas d'autre choix que de +*infin*; **every little bit ~s** les petits ruisseaux font les grandes rivières **IV.** *interj* **~!** au secours!; **so ~ me God** je jure que c'est la vérité

◆**help out I.** *vt* aider **II.** *vi* donner un coup de main

helper *n* assistant(e) *m(f)*

helpful *adj* **1.** (*willing to help*) serviable **2.** (*useful*) utile

helping I. *n* **1.** (*portion: food*) portion *f* **2.** *fig* part *f* **II.** *adj* **to give sb a ~ hand** donner un coup de main à qn

helpless *adj* démuni(e); **to be ~ against sb/sth** être impuissant face à qn/qc

helpline ['help·laɪn] *n* assistance *f* téléphonique

helter-skelter [ˌhel·t̬ər-'skel·t̬ər] **I.** *adj* désordonné(e) **II.** *adv* dans tous les sens

hem [hem] **I.** *n* ourlet *m*; **to take up the ~ of a skirt** raccourcir une jupe **II.** <-mm-> *vt* faire un ourlet à

◆**hem in** *vt* (*surround*) entourer

he-man ['hi·mæn] <-men> *n inf* homme *m* viril

hematite ['hi·mə·taɪt] *n* hématite *f*

hemisphere ['hem·ɪ·sfɪr] *n* hémisphère *m*

hemline ['hem·laɪn] *n* ourlet *m*

hemlock ['hem·lak] *n* (*poison plant*) ciguë *f*

hemoglobin ['hi·moʊ·gloʊ·bɪn] *n* hémoglobine *f*

hemophilia [ˌhi·moʊ·'fɪ·li·ə] *n* hémophilie *f*

hemophiliac *n* hémophile *mf*

hemorrhage ['hem·ər·ɪdʒ] **I.** *n* **1.** MED hémorragie *f* **2.** *fig* pénurie *f*; **a ~ of money** une perte d'argent **II.** *vi* faire une hémorragie

hemorrhoids ['hem·ər·ɔɪdz] *npl* hémorroïdes *fpl*

hemp [hemp] *n* chanvre *m*

hen [hen] *n* poule *f*

hence [hen(t)s] *adv* **1.** (*therefore*) d'où; **~ his bruises** c'est pour ça qu'il a des bleus **2.** (*from now*) d'ici; **two years ~** d'ici deux ans

henceforth [ˌhen(t)s·'fɔrθ], **henceforward** *adv* dorénavant

henchman ['hen(t)ʃ·mən] <-men> *n* sbire *m*

hencoop ['hen·kup], **henhouse** *n* poulailler *m*

henna ['hen·ə] **I.** *n* (*tropical shrub, dye*) henné *m* **II.** *vt* teindre au henné

henpecked ['hen·pekt] *adj* dominé(e) par sa femme

hepatitis [ˌhep·ə·'taɪ·t̬ɪs] *n* hépatite *f*

heptathlon [hep·'tæθ·lan] *n* heptathlon *m*

her [hɜr] **I.** *poss adj* (*of a she*) son, sa *m, f*, ses *pl*; *s.a.* **my II.** *pers pron* **1.** (*she*) elle; **it's ~** c'est elle; **older than ~** plus vieux qu'elle; **if I were ~** si j'étais elle **2.** *objective pron direct* la, l' + *vowel; indirect* lui; *after prep* elle; **look at ~** regarde/regardez-la; **I saw ~** je l'ai vue; **he told ~ that ...** il lui a dit que ...; **he'll give sth to ~** il va lui donner qc; **it's for ~** c'est pour elle; **it's from ~** c'est d'elle, c'est de sa part

herald ['her·əld] **I.** *vt* annoncer **II.** *n* **1.** (*sign*) signe *m*; **to be a ~ of sth** annoncer qc **2.** (*bringer of news*) héraut *m*

heraldic *adj* héraldique

heraldry ['her·əl·dri] *n* héraldique *f*

herb [hɜrb] *n* herbe *f*; **dried/fresh ~s** fines herbes sèches/fraîches

herbaceous [hər·'beɪ·ʃəs] *adj* herbacé(e)

herbalism ['hɜr·bəl·ɪ·zəm] *n* herboristerie *f*

herbalist *n* herboriste *mf*

herbicide ['hɜr·bɪ·saɪd] *n* herbicide *m*

herbivorous [hɜr·'bɪv·ər·əs] *adj* herbivore

herculean [ˌhɜr·kju·'li·ən] *adj* herculéen(ne)

Hercules ['hɜr·kjə·liz] *n* hercule *m*; **to be a ~** être fort comme Hercule

herd [hɜrd] **I.** *n* **1.** (*large group of animals*) troupeau *m*; (*of deer*) harde *f*; (*of whales*) banc *m* **2.** *pej* (*group of people*) troupeau *m* **II.** *vt* (*animals*) mener **III.** *vi* vivre en troupeau

◆**herd together I.** *vt* (*animals*) rassembler en troupeau **II.** *vi* se regrouper

herd instinct *n pej* instinct *m* grégaire

herdsman *n* gardien(ne) *m(f)* de troupeau

here [hɪr] **I.** *adv* **1.** (*in, at, to this place*) ici; **over ~** ici; **give it ~** *inf* donne-le/-la moi; **~ and there** ça et là **2.** (*indicating presence*)

Paul is ~ Paul est là; ~ **you are** te voilà; ~ **'s sb/sth** voici qn/qc; **my colleague** ~ mon/ma collègue que voici **3.** (*now*) ~, **I am referring to sth** là, je veux parler de qc; **we can stop** ~ on peut s'arrêter là; **where do we go from** ~**?** qu'est-ce qu'on fait maintenant?; ~ **goes!** *inf* allons-y!; ~ **we go!** nous voilà!, c'est parti!; ~ **we go again!** et c'est reparti! ► ~ **and now** immédiatement; ~ **today (and) gone tomorrow** c'est un vrai courant d'air **II.** *interj* hé!; ~, **take it!** tiens, prends-le!; (*at roll-call*) présent!
hereabouts *adv* par ici
hereafter I. *adv form* (*in text*) ci-après; (*in time*) désormais **II.** *n* **the** ~ l'au-delà *m*
hereby *adv form* par la présente; **the undersigned** ~ **declares ...** le soussigné déclare ...
hereditary [hə·ˈred·ɪ·ter·i] *adj* héréditaire
heredity [hə·ˈred·ɪ·ti] *n* hérédité *f*
herein [ˌhɪr·ˈɪn] *adv* **1.** (*in this document*) dans ce document; **the letter enclosed** ~ la lettre ci-incluse **2.** (*in this matter*) en cela
hereof *adv* de ceci
heresy [ˈher·ə·si] *n* hérésie *f*
heretic [ˈher·ə·tɪk] *n* hérétique *mf*
heretical *adj* hérétique
hereupon [ˌhɪr·ə·ˈpan] *adv form* sur quoi
herewith *adv form* ci-inclus; **enclosed** ~ **a copy** ci-joint une copie
heritage [ˈher·ɪ·t̬ɪdʒ] *n* héritage *m*
hermaphrodite [hər·ˈmæf·roʊ·daɪt] **I.** *n* hermaphrodite *m* **II.** *adj* hermaphrodite
hermetic [hər·ˈmet̬·ɪk] *adj* **1.** (*air-tight, protected: seal*) hermétique **2.** *fig* (*existence*) renfermé(e)
hermit [ˈhɜr·mɪt] *n* ermite *m*
hermitage [ˈhɜr·mɪ·t̬ɪdʒ] *n* ermitage *m*
hermit crab *n* bernard-l'(h)ermite *m inv*
hernia [ˈhɜr·ni·ə] *n* hernie *f*
hero [ˈhɪr·oʊ] <-es> *n* **1.** (*brave man, main character*) héros *m* **2.** (*sb greatly admired*) idole *f* **3.** (*sandwich*) *long sandwich avec de la viande, du fromage et des crudités*
heroic [hɪ·ˈroʊ·ɪk] **I.** *adj* héroïque **II.** *n pl* **1.** *pej* (*risky action*) coup *m* d'éclat **2.** (*high-flown language*) discours *m* mélodramatique
heroin [ˈher·oʊ·ɪn] *n* héroïne *f*
heroin addict *n* héroïnomane *mf*
heroine [ˈher·oʊ·ɪn] *n* héroïne *f*
heroism [ˈher·oʊ·ɪ·z^{ə}m] *n* héroïsme *m*; **act of** ~ acte *m* héroïque
heron [ˈher·^{ə}n] <-(s)> *n* héron *m*
herpes [ˈhɜr·piz] *n* herpès *m*
herring [ˈher·ɪŋ] <-(s)> *n* hareng *m*
herringbone [ˈher·ɪŋ·boʊn] **I.** *n* **1.** (*pattern*) chevron *m* **2.** SPORTS montée *f* en ciseau **II.** *adj* en chevrons
herring gull *n* goéland *m* argenté
hers [hɜrz] *poss pron* (*belonging to her*) le sien, la sienne, les sien(ne)s; **it's not my bag, it's** ~ ce n'est pas mon sac, c'est le sien; **this house is** ~ cette maison est la sienne; **this glass is** ~ ce verre est à elle; **a book of** ~ (l')un de ses livres
herself [hər·ˈself] *pers pron* **1.** *reflexive* se, s' + *vowel;* **she hurt** ~ elle s'est blessée **2.** *emphatic* elle-même **3.** *after prep* elle(-même); **she's proud of** ~ elle est fière d'elle; **she lives by** ~ elle vit seule; **she told** ~ **that ...** elle s'est dit que ...; *s.a.* **myself**
hertz [hɜrts] *n* hertz *m*
he's [hiz] **1.** = **he is** *s.* **he 2.** = **he has** *s.* **have**
hesitant [ˈhez·ɪ·t^{ə}nt] *adj* hésitant(e); **to be** ~ **about doing sth** hésiter à faire qc
hesitantly *adv* avec hésitation
hesitate [ˈhez·ɪ·teɪt] *vi* hésiter
hesitation *n* hésitation *f;* **to have no** ~ **in doing sth** *form* ne pas hésiter à faire qc
heterogeneous [ˌhet̬·ə·roʊ·ˈdʒi·ni·əs] *adj* hétérogène
heterosexual [ˌhet̬·ə·roʊ·ˈsek·ʃʊ·^{ə}l] **I.** *n* hétérosexuel(le) *m(f)* **II.** *adj* hétérosexuel(le)
hew [hju] <hewed, hewed *o* hewn> *vt passive* (*stone*) tailler; (*wood*) couper; **roughly-**~**n timber** du bois équarri
hewer *n* tailleur *m* de pierres
hewn [hjun] *pp of* **hew**
hex [heks] *n inf* sort *m;* **to put a** ~ **on sb/sth** jeter un sort sur qn/qc
hexagon [ˈhek·sə·gan] *n* hexagone *m*
hexagonal *adv* hexagonal(e)
hexameter [hek·ˈsæm·ə·t̬ər] *n* hexamètre *m*
hey [heɪ] *interj inf* **1.** (*said to attract attention*) hep! **2.** (*expressing surprise*) oh!
heyday [ˈheɪ·deɪ] *n* âge *m* d'or; **in sb's** ~ dans ses beaux jours
hi [haɪ] *interj* salut!
HI *n abbr of* **Hawaii**
hiatus [haɪ·ˈeɪ·t̬əs] <-uses> *n* LING hiatus *m*
hibernate [ˈhaɪ·bər·neɪt] *vi* hiberner
hibernation *n* hibernation *f;* **to go into** ~ hiberner
hibiscus [hɪ·ˈbɪs·kəs] <-es> *n* hibiscus *m*
hiccough [ˈhɪk·ʌp], **hiccup I.** *n* hoquet *m;* **to have the** ~**s** avoir le hoquet **II.** *vi* <-pp- *o* -p-> avoir le hoquet
hid [hɪd] *vt, vi s.* **hide**
hidden [ˈhɪd·^{ə}n] **I.** *pp of* **hide II.** *adj* **1.** (*out of sight: feelings, talent*) caché(e); ~ **agenda** programme *m* secret **2.** ECON (*assets, reserves*) latent(e)
hide[1] [haɪd] <hid, hidden> **I.** *vi* se cacher **II.** *vt* cacher; **to** ~ **sth from sb** cacher qc à qn ► **to not** ~ **one's light under a bushel** *prov* ne pas se mettre en valeur
◆**hide away I.** *vt* **to hide sth away** cacher qc **II.** *vi* se cacher
◆**hide out** *vi* se cacher
hide[2] [haɪd] *n* peau *f;* **calf** ~ veau *m* ► **neither** ~ **nor hair of sb/sth** aucune trace de qn/qc; **to save one's** ~ sauver sa peau
hide-and-seek [ˌhaɪd·n·ˈsik] *n* cache-cache *m inv;* **to play** ~ jouer à cache-cache
hideaway *n* cachette *f*
hideous [ˈhɪd·i·əs] *adj* **1.** (*ugly*) hideux(-euse) **2.** (*unpleasant*) horrible

hideout *n* cachette *f*
hiding ['haɪd·ɪŋ] *n* **to be in ~** se tenir caché; **to go into ~** se cacher
hierarchic(al) [ˌhaɪ·'rar·kɪk·(əl)] *adj* hiérarchique
hierarchy ['haɪ·rar·ki] *n* hiérarchie *f*
hieroglyph [ˌhaɪ·roʊ·'glɪf] *n* hiéroglyphe *m*
hieroglyphics *n + sing vb* hiéroglyphes *mpl*
hi-fi ['haɪ·faɪ] **I.** *n abbr of* **high-fidelity** hi-fi *f inv* **II.** *adj abbr of* **high-fidelity** hi-fi *inv*
high [haɪ] **I.** *adj* **1.** (*elevated*) haut(e); (*forehead*) large; **100 feet ~ and 10 feet wide** 30 mètres de haut et 3 mètres de large; **shoulder-/waist-~** à hauteur d'épaule/à la taille; **a ~ jump** un saut en hauteur; **to do a ~ dive** faire un grand plongeon **2.** (*above average*) élevé(e); (*technology, opinion, quality*) haut(e); (*hopes*) grand(e); (*explosives*) de forte puissance; (*color*) vif(vive); (*caliber*) gros(se); **of the ~est caliber** du meilleur calibre; **to be full of ~ praise for sb/sth** ne pas tarir d'éloges sur qn/qc **3.** MED élevé(e); (*fever*) fort(e); **to suffer from ~ blood pressure** avoir de la tension **4.** (*important, eminent: priest*) grand(e); (*treason, rank*) haut(e); **to have friends in ~ places** avoir des amis bien placés; **an order from on ~** un ordre venant de haut; **to be ~ and mighty** *pej* prendre de(s) grands airs **5.** (*noble: ideals, character*) noble; **to have ~ principles** avoir des principes **6.** (*intoxicated by drugs*) shooté(e); **to be (as) ~ as a kite** être complètement défoncé **7.** (*euphoric*) **to be ~** être sur un petit nuage **8.** (*of high frequency, shrill*) haut(e) ►**a ~ <u>drama</u>** un grand drame; **the ~ <u>summer</u>** le cœur de l'été; **to be in ~ <u>spirits</u>** être de bonne humeur; **with one's <u>head</u> held ~** (avec) la tête haute; **to leave sb ~ and <u>dry</u>** planter qn là *inf;* **to stink to ~ <u>heaven</u>** (*stink*) sentir la mort; (*be very suspicious*) sentir le soufre; **come <u>hell</u> or ~ water** qu'il vente ou qu'il pleuve; **sb's <u>stock</u> is ~** la popularité de qn est en hausse; **to be ~ <u>time</u> to** +*infin* être grand temps de +*infin* **II.** *adv* **a.** *fig* haut; **the sea/tide runs ~** la mer/la marée monte vite ►**to hold one's <u>head</u> ~** garder la tête haute; **to live ~ on the <u>hog</u>** vivre comme un pacha; **to search for sth ~ and <u>low</u>** chercher qc dans tous les coins **III.** *n* **1.** (*high(est) point/level/amount*) sommet *m;* **an all-time ~** un niveau jamais atteint; **~s and lows** des hausses *fpl* et des baisses *fpl; fig* des hauts *mpl* et des bas *mpl;* **to reach a ~** atteindre un plafond **2.** (*euphoria caused by drugs*) **to be on a ~** planer **3.** (*heaven*) **from on ~** du ciel
highbrow *pej* **I.** *adj* intello *inf* **II.** *n* intello *mf inf*
highchair *n* chaise *f* haute
high-class *adj* de grande classe
high court *n* LAW *s.* **supreme court**
high-definition television *n* télévision *f* à haute définition
higher education *n* études *fpl* supérieures
higher mathematics *n* mathématiques *fpl* supérieures
higher-up *n inf* supérieur(e) *m(f)*
high-fiber *adj* riche en fibres
high fidelity *n* haute fidélité *f*
highflier *n* ambitieux, -euse *m, f*
high-flown *adj* pompeux(-euse)
high-handed *adj* tyrannique
high-handedness *n* caractère *m* tyrannique
high heels *n* talons *mpl* aiguilles
highjack *vt s.* **hijack**
highland *n* région *f* montagneuse; **the Highlands** les Highlands *mpl*
high-level *adj* de haut niveau
highlight I. *n* **1.** (*most interesting part*) meilleur moment *m* **2.** *pl* (*bright tint in hair*) mèches *fpl* **II.** *vt* **1.** (*draw attention*) souligner **2.** (*mark with pen*) surligner **3.** (*tint: hair*) faire des mèches dans
highlighter *n* surligneur *m*
highly *adv* hautement; **~-educated** très instruit(e); **~-skilled** très doué(e); **to speak ~ of someone** dire beaucoup de bien de qn
highness *n* **1.** (*title*) altesse *f;* **His/Her Highness** Son Altesse **2.** (*level*) hauteur *f*
high noon *n* plein midi *m*
high-performance *adj* de haute performance
high-pitched *adj* **1.** (*high: tone*) aigu(ë) **2.** (*steep*) abrupt(e)
high point *n* point *m* culminant
high-powered *adj* très puissant(e)
high pressure *n* haute pression *f*
high-pressure *adj* **1.** TECH à haute pression **2.** ECON **~ sales techniques** techniques *fpl* de vente à l'arrachée
high-profile *adj* (*person*) très en vue; (*action, issue*) très discuté(e)
high-ranking *adj* de haut rang
high-resolution *adj* COMPUT haute résolution *inv*
high-rise I. *n* tour *f* **II.** *adj* **a ~ building** une tour
high-risk *adj* à haut risque
high school *n* lycée *m*
high seas *n pl* haute mer *f;* **on the ~** en haute mer
high season *n* haute saison *f;* **in ~** en haute saison
high society *n* haute société *f*
high-speed train *n* train *m* à grande vitesse
high-spirited *adj* **1.** (*cheerful, lively*) vif(vive) **2.** (*fiery*) fougueux(-euse)
hightail I. *vt inf* **to ~ it out of sth** se tirer de qc **II.** *vi inf* se magner
high-tech *adj* high-tech *inv*
high tension *n* haute tension *f*
high-tension *adj* (*cable*) à haute tension
high tide *n* **1.** GEO marée *f* haute **2.** *fig* point *m* culminant
highway *n* autoroute *f*
high wire *n* corde *f* raide
hijack ['haɪ·dʒæk] **I.** *vt* détourner **II.** *n* détournement *m*

H

hijacker *n* pirate *mf* (de l'air)
hijacking *n* détournement *m*
hike [haɪk] **I.** *n* **1.** (*long walk with backpack*) randonnée *f;* **to go on a ~** faire une randonnée **2.** *inf* (*increase*) augmentation *f* **II.** *vt, vi* augmenter
hiker *n* randonneur, -euse *m, f*
hiking *n* randonnée *f*
hilarious [hɪ·ˈler·i·əs] *adj* **1.** (*very amusing*) hilarant(e) **2.** (*noisy and amusing*) délirant(e)
hilarity [hɪ·ˈler·ə·t̬i] *n* hilarité *f*
hill [hɪl] *n* **1.** (*small mountain*) *a. fig* colline *f* **2.** (*hillside*) coteau *m;* **the ~s** (*grapevine*) les coteaux **3.** (*steep slope*) côte *f* ▶ **to be over the ~** *inf* se faire vieux; **sth ain't worth a ~ of beans** *inf* ne pas valoir un haricot; **as old as the ~s** vieux comme le monde
hillbilly [ˈhɪl·bɪl·i] <-lies> *n pej* péquenaud(e)
hillock *n* butte *f*
hillside *n* flanc *m* de la colline; **on the ~** à flanc de colline
hilltop **I.** *n* sommet *m* de la colline **II.** *adj* au sommet d'une colline
hilly <-ier, -iest> *adj* vallonné(e)
hilt [hɪlt] *n* (*handle of a weapon: of a dagger, knife*) manche *m;* (*of a sword*) poignée *f;* (*of a gun*) crosse *f* ▶ **to be up to the ~ in debt** être endetté jusqu'au cou; **to support sb to the ~** soutenir qn à fond
him [hɪm] *pers pron* **1.** (*he*) lui; **it's ~** c'est lui; **older than ~** plus vieux que lui; **if I were ~** si j'étais lui **2.** *objective pron direct* le, l' + *vowel; indirect, after prep* lui; **look at ~** regarde/regardez-le; **I saw ~** je l'ai vu; **she told ~ that ...** elle lui a dit que ...; **he'll give sth to ~** il va lui donner qc; **it's for ~** c'est pour lui; **it's from ~** c'est de lui, c'est de sa part ▶ **everything comes to ~ who waits** *prov* tout vient à point à qui sait attendre *prov*
Himalayas [ˌhɪm·ə·ˈleɪ·əz] *npl* **the ~** l'Himalaya *m*
himself [hɪm·ˈself] *pers pron* **1.** *reflexive* se, s' + *vowel;* **he hurt ~** il s'est blessé **2.** (*emphatic*) lui-même **3.** *after prep* lui(-même); **he's proud of ~** il est fier de lui; **he lives by ~** il vit seul; **he told ~ that ..** il s'est dit que ...; *s.a.* **myself**
hind[1] [haɪnd] *adj* de derrière
hind[2] [haɪnd] <-(s)> *n* ZOOL biche *f*
hinder [ˈhɪn·dər] *vt* faire obstacle à; **to ~ progress** freiner le(s) progrès; **to ~ sb in their efforts** entraver les efforts de qn; **to ~ sb from doing sth** empêcher qn de faire qc
Hindi [ˈhɪn·di] **I.** *n* hindi *m; s.a.* **English** **II.** *adj* hindi
hindmost [ˈhaɪn(d)·moʊst] *adj* dernier(-ère) ▶ **(let the) devil take the ~** c'est toujours le dernier qui se fait avoir
hindquarters [ˈhaɪnd·ˌkwɔr·t̬ərz] *npl* ZOOL arrière-train *m*
hindrance [ˈhɪn·drən(t)s] *n* obstacle *m*
hindsight [ˈhaɪnd·saɪt] *n* recul *m;* **in ~, with (the benefit of) ~** avec du recul
Hindu [ˈhɪn·du] **I.** *n* REL hindou(e) *m(f)* **II.** *adj* REL hindou(e)
Hinduism [ˈhɪn·du·ɪ·zəm] *n* REL hindouisme *m*
hinge [hɪndʒ] **I.** *n* charnière *f* **II.** *vi* **1.** (*revolve*) *a. fig* tourner; **to ~ (up)on sb/sth** tourner autour de qn/qc **2.** (*depend on*) **to ~ (up)on sb/sth** dépendre de qn/qc
hint [hɪnt] **I.** *n* **1.** (*practical tip*) conseil *m;* **a handy ~** un truc **2.** (*slight amount*) soupçon *m* **3.** (*allusion*) allusion *f;* **to drop a ~** faire une allusion; **to be unable to take a ~** ne pas comprendre vite **II.** *vi* **to ~ at sth** faire une allusion à qc **III.** *vt* **to ~ sth to sb** insinuer qc à qn
hip[1] [hɪp] *n* hanche *f* ▶ **to shoot from the ~** *inf* dégainer en tirant
hip[2] [hɪp] **I.** *adj inf* branché(e) **II.** *interj* **~ ~ hooray!** hip hip hip! hourra!
hip[3] [hɪp] *n* (*rose hip*) églantine *f*
hip hop **I.** *n* hip-hop *m* **II.** *adj* hip-hop *inv*
hippie [ˈhɪp·i] **I.** *n* hippie *mf* **II.** *adj* hippie
hippo [ˈhɪp·oʊ] *n inf* hippopotame *m*
hippopotamus [ˌhɪp·ə·ˈpa·t̬ə·məs] <-es *o* -mi> *n* hippopotame *m*
hippy [ˈhɪp·i] <-pies> *s.* **hippie**
hire [haɪr] **I.** *n* **1.** (*act of hiring*) location *f* **2.** (*of employee*) embauche *f* **II.** *vt* **1.** (*employ*) embaucher **2.** (*rent*) louer; **to ~ sth by the hour/day** louer qc à l'heure/la journée
◆**hire out** *vt* louer; **to ~ sth by the hour** louer qc à l'heure; **to hire oneself out as sth** offrir ses services en tant que qc
his [hɪz] **I.** *poss adj* (*of a he*) son, sa, ses *pl;* **he lost ~ head** il a perdu la tête; *s.a.* **my** **II.** *poss pron* (*belonging to him*) le sien, la sienne, les sien(ne)s; **a friend of ~** un ami à lui; **this glass is ~** ce verre est à lui; *s.a.* **hers**
Hispanic [hɪs·ˈpæn·ɪk] **I.** *adj* **1.** (*related to Spanish-speaking countries*) latino-américain(e) **2.** (*related to Spain*) hispanique **II.** *n* Latino-américain(e) *m(f)*
hiss [hɪs] **I.** *vt, vi* siffler **II.** *n* sifflement *m*
historian [hɪ·ˈstɔr·i·ən] *n* historien(ne) *m(f)*
historic(al) *adj* historique
history [ˈhɪs·tər·i] *n* histoire *f;* **to make ~** faire l'histoire
hit [hɪt] **I.** *n* **1.** (*blow, stroke*) *a. fig* coup *m;* **to take a direct ~** (*be bombed*) être frappé **2.** SPORTS coup *m;* (*in fencing*) touche *f;* **to score a ~** toucher; **to score a direct ~** taper dans le mille **3.** (*success*) succès *m;* **a smash ~** un grand succès; **~ film** un film à succès **4.** (*successful song*) tube *m* **5.** *inf* (*murder*) meurtre *m* **II.** <-tt-, hit, hit> *vt* **1.** (*strike*) *a. fig* frapper; **to ~ one's head** se cogner la tête; **I don't know what ~ him** je ne sais pas ce qu'il lui est arrivé **2.** (*crash into: tree, car*) percuter **3.** (*reach*) *a. fig* atteindre; **to ~ rock bottom** avoir le moral au plus bas; **to be ~** (*be shot*) être touché **4.** SPORTS (*a ball*) frapper; (*person*) toucher **5.** (*affect negatively*) toucher **6.** (*arrive at*) arriver à **7.** (*encounter, come up against: iceberg*) heurter; **to ~ a bad streak** prendre

un mauvais tour; **to ~ a lot of resistance** rencontrer beaucoup de résistance; **to ~ a traffic jam** tomber sur un bouchon **8.** *inf* (*attack, kill*) buter **9.** (*press: key, button*) appuyer sur ►**to ~ the bottle** picoler; **to ~ the ceiling** sortir de ses gonds; **to ~ the deck** s'aplatir au sol; **to ~ the hay** *inf* aller au pieu; **to ~ home** frapper les esprits; **to ~ the jackpot** toucher le jackpot; **to ~ the nail on the head** tomber juste; **to ~ the road** s'en aller; **to ~ the roof** être furieux; **sth really ~s the spot** qc est juste ce qu'il faut; **to ~ one's stride** trouver son rythme **III.** *vi* **1.** (*strike*) frapper **2.** (*collide*) entrer en collision **3.** (*attack*) attaquer

◆**hit back** *vi* riposter

◆**hit off** *vt always sep* **to hit it off with sb** bien s'entendre avec qn

◆**hit on** *vt* **1.** *sl* (*show sexual interest*) draguer **2.** (*think of*) trouver, tomber sur

◆**hit up** *vt sl* **to hit sb up for sth** taxer qc à qn

hit-and-run [ˌhɪt·ən·ˈrʌn] **I.** *n* **1.** (*accident*) délit *m* de fuite **2.** MIL **~ warfare** guerre *f* éclair **II.** *adj* **~ accident** délit *m* de fuite; **~ driver** chauffard *m* en délit de fuite; **~ attack** MIL attaque *f* éclair

hitch [hɪtʃ] **I.** *n* **1.** (*temporary difficulty or obstacle*) anicroche *f;* **technical ~** incident *m* technique; **without a ~** sans accroc **2.** (*knot*) nœud *m* **II.** *vt* **1.** (*fasten*) **to ~ sth to sth** attacher qc à qc **2.** *inf* (*hitchhike*) **to ~ a lift** faire du stop **3.** *sl* (*to marry*) **to get ~ed** se caser **III.** *vi inf* faire du stop

◆**hitch up** *vt* remonter

hitcher *n s.* **hitchhiker**

hitchhike *vi* faire de l'auto-stop, faire du pouce *Québec*

hitchhiker *n* auto-stoppeur, -euse *m, f*

hitchhiking *n* auto-stop *m*

hi-tech [ˌhaɪ·ˈtek] *adj* hi-tech *inv*

hitherto [ˌhɪð·ər·ˈtu] *adv form* jusqu'ici

hit man [ˈhɪt·mæn] <-men> *n* tueur *m*

hit-or-miss *adj* au petit bonheur la chance

hit parade *n* hit-parade *m*

HIV [ˌeɪtʃ·aɪ·ˈvi] *n abbr of* **human immunodeficiency virus** VIH *m*

hive [haɪv] *n* ruche *f*

hives *n + sing vb* urticaire *f*

hl *n abbr of* **hectoliter** hl. *m*

ho¹ [hoʊ] *interj inf* **1.** (*to express scorn, surprise*) ha ha! **2.** (*to attract attention*) hé ho!

ho² [hoʊ] *n sl* (*prostitute*) pute *f*

hoard [hɔrd] **I.** *n* réserves *fpl* **II.** *vt* amasser

hoarding *n* clôture *f* de chantier

hoarfrost *n* givre *m*

hoarse [hɔrs] *adj* enroué(e)

hoarseness *n* enrouement *m*

hoax [hoʊks] **I.** *n* canular *m;* **a bomb ~** une fausse alerte à la bombe **II.** *vt* faire un canular à; **to ~ sb into thinking sth** faire croire qc à qn

hoaxer *n personne qui fait des canulars téléphoniques*

hobble [ˈha·bl] **I.** *vi* boiter **II.** *vt* entraver

hobby [ˈha·bi] <-bbies> *n* passe-temps *m inv*

hobbyhorse *n* **1.** (*stick with horse's head*) cheval *m* à bascule **2.** (*favorite topic*) dada *m*

hobnailed [ˈhab·neɪld] *adj* à clous

hobnob [ˈhab·nab] <-bb-> *vi pej, inf* traîner

hock¹ [hak] **I.** *n inf* **to be in ~** être au clou; **to be in ~ to sb/sth** être endetté auprès de qn/qc **II.** *vt inf* mettre au clou

hock² [hak] *n* jarret *m*

hockey [ˈha·ki] *n* hockey *m;* **ice ~** hockey *m* sur glace; **~ stick** crosse *f* de hockey

hocus-pocus [ˌhoʊ·kəs·ˈpoʊ·kəs] *n* **1.** (*meaningless talk*) blabla *m* **2.** (*formula for tricks*) abracadabra

hodgepodge [ˈhadʒ·padʒ] *n* potée *f*

hoe [hoʊ] *n* houe *f*

hog [hɔg] **I.** *n* porc *m* châtré **II.** <-gg-> *vt inf* s'accaparer

hogshead [ˈhɔgz·hed] *n* barrique *f*

hogwash [ˈhɔg·wɔʃ] *n pej, inf* conneries *fpl*

hoi polloi [ˌhɔɪ·pə·ˈlɔɪ] *npl iron, pej, inf* **the ~** la populace

hoist [hɔɪst] *vt* (*raise or haul up*) remonter; (*a flag*) hisser ►**to ~ a few** s'envoyer quelques verres

hold [hoʊld] **I.** *n* **1.** (*grasp, grip*) *a.* SPORTS prise *f;* **to catch ~ of sb/sth** saisir qn/qc; **to get ~ of sb/sth** (*find*) trouver qn/qc; **to have a strong ~** serrer fort; **to keep ~ of sth** maintenir qc; **to lose ~ of sth** lâcher qc; **to take ~ of sb/sth** saisir qn/qc **2.** (*intentional delay*) suspens *m;* **to be on ~** TEL être en attente; **to put sth on ~** mettre qc en suspens; **to put sb on ~** faire attendre qn **3.** (*control, controlling force*) emprise *f;* **to have a ~ on sb** avoir une emprise sur qn **4.** NAUT, AVIAT soute *f* **5.** (*understanding*) **to get ~ of sth** saisir qc; **to have a ~ of sth** comprendre qc ►**no ~s barred** sans retenue **II.** <held, held> *vt* **1.** (*grasp*) tenir; **to ~ hands** se tenir la main; **to ~ sb in one's arms** prendre qn dans ses bras; **to ~ sb/sth tight** serrer qn/qc (dans ses bras) **2.** (*keep*) maintenir; **to ~ one's head high** garder la tête haute; **to ~ one's stomach in** rentrer le ventre; **to ~ oneself straight** se tenir droit; **to ~ the lead** maintenir la tête; **to be able to ~ one's drink** tenir l'alcool; **to ~ sb to his/her word** obliger qn à tenir sa promesse **3.** (*retain: interest, attention*) retenir; (*room*) réserver; LAW détenir; **to ~ sb in custody** maintenir qn en détention préventive; **to be held** être en garde à vue; **to ~ sb prisoner/hostage** retenir qn prisonnier/en otage **4.** (*maintain*) maintenir; **to ~ oneself badly** se comporter mal; **to ~ oneself in readiness** se tenir prêt; **to ~ the road** tenir la route **5.** (*delay, stop*) retarder; **~ it!** arrête(z) tout!; **to ~ one's fire** MIL *a. fig* arrêter les hostilités; **to ~ sb's phone calls** suspendre les appels **6.** (*hold back*) retenir; **to ~ one's breath** retenir sa respiration; *fig* mettre sa main au feu **7.** (*contain*) contenir; **to ~ no interest** ne présente aucun intérêt; **what the future ~s** ce que réserve l'avenir; **sth ~s many surprises** qc réserve bien des surprises **8.** (*possess, own*) avoir; (*majority, shares, record*) détenir **9.** (*conduct: negotiations*) mener; (*conversation, conference*) tenir; (*party, tournament*) organiser; **the election is held on Monday** l'élection a lieu lundi **10.** (*believe*) considérer; **sb is held in great respect** qn est tenu en grand respect; **to ~ sb responsible for sth** tenir qn pour responsable de qc ▶**to ~ sb at bay** tenir qn à distance; **to ~ all the cards** avoir toutes les cartes en main; **~ your horses!** du calme!, doucement!; **to ~ the key to sth** avoir la clé de qc; **~ the line!** ne quittez pas!, gardez la ligne! *Québec;* **to ~ one's own** tenir bon; **to ~ the purse strings** tenir les ficelles de la bourse; **to ~ the reins** tenir les rênes; **to ~ sway over sth** faire la pluie et le beau temps dans qc; **~ your tongue!** tais-toi!; **sth ~s water** qc se tient; **there's no ~ing her/him (back)** rien ne peut la/le retenir **III.** *vi* **1.** (*remain*) *a. fig* tenir; **~ tight** tins/tenez bon!; **to ~ still** ne pas bouger; **to ~ true** être vrai **2.** (*continue*) durer; (*weather*) se maintenir **3.** (*believe*) croire **4.** (*contain, promise*) **what the future ~s** ce que le futur réserve

◆**hold against** *vt* **to hold it against sb** en vouloir à qn

◆**hold back I.** *vt* retenir; (*tears, anger*) contenir; **to ~ information** ne pas dévoiler des informations ▶**there's no holding me (back)** rien ne peut me retenir **II.** *vi* se retenir; **to ~ from doing sth** se retenir de faire qc

◆**hold down** *vt* maintenir; (*person*) maîtriser; (*job*) garder

◆**hold forth** *vi pej* **to ~ about sth** disserter sur qc

◆**hold in** *vt* retenir

◆**hold off I.** *vt* **1.** (*keep distant*) tenir à distance **2.** (*postpone, delay*) remettre à plus tard **II.** *vi* **1.** (*postpone, delay*) différer; **the rain has held off** il n'a pas plu; **to ~ (on) doing sth** attendre pour faire qc **2.** (*keep distant*) se tenir à distance

◆**hold on** *vi* **1.** (*affix, attach*) maintenir **2.** (*keep going*) **to ~ (tight)** tenir bon **3.** (*wait*) attendre

◆**hold onto** *vt* **1.** (*grasp*) *a. fig* s'accrocher à **2.** (*keep, not throw away*) garder

◆**hold out I.** *vt* **1.** (*stretch out*) tendre **2.** (*offer*) offrir **II.** *vi* **1.** (*resist*) tenir bon **2.** (*continue: supplies*) durer **3.** (*not do/tell*) **to ~ on sb** cacher qc à qn **4.** (*insist*) **to ~ for sth** s'obstiner à demander qc

◆**hold out for** *vt* (*hope*) espérer

◆**hold over** *vt* **1.** (*extend*) prolonger **2.** (*defer*) **to hold sth over until Monday** remettre qc à lundi

◆**hold to** *vt* s'en tenir à

◆**hold together I.** *vi* tenir ensemble **II.** *vt* maintenir ensemble

◆**hold up I.** *vt* **1.** (*support*) soutenir **2.** (*put in the air, raise*) lever; **to be held up by (means of)/with sth** être maintenu par qc; **to ~ one's head high** *fig* garder la tête haute **3.** (*delay*) retarder **4.** (*rob*) attaquer **5.** (*offer as example*) **to hold sb up as sth** présenter qn comme qc; **to hold sth up to ridicule** considérer comme ridicule **II.** *vi* **1.** (*exist as true*) (se) tenir **2.** (*get along*) s'entendre

◆**hold with** *vt* être d'accord avec

holdall ['hoʊld·ɔl] *n* fourre-tout *m inv*

holder *n* **1.** (*device for holding objects*) support *m* **2.** (*owner*) détenteur, -trice *m, f;* **office-~** propriétaire *mf;* **~ of shares** actionnaire *mf*

holding *n* **1.** (*tenure of land or property*) propriété *f* **2.** *pl* (*property in stocks or bonds*) fonds *mpl*

holding company *n* holding *m*

holdover *n* reste *m*

holdup *n* **1.** (*act of robbing*) hold-up *m* **2.** (*delay*) retard *m*

hole [hoʊl] **I.** *n* **1.** (*hollow space, cavity*) trou *m* **2.** (*animal's burrow: of fox, rabbit*) terrier *m* **3.** SPORTS trou *m* **4.** *inf* (*unpleasant place*) trou *m* **5.** *inf* (*difficult situation*) **to be in the ~** être dans la mouise **II.** *vt* **1.** (*make holes, perforate*) trouer **2.** SPORTS (*hit a ball into a hole in golf*) **to ~ a ball** lancer une balle dans le trou

◆**hole up** *vi inf* se terrer

holiday ['hal·ə·deɪ] *n* jour *m* férié

holiness ['hoʊl·ɪ·nɪs] *n* **1.** (*sanctity*) sainteté *f* **2. His/Your Holiness** (*title used in speaking to or of the Pope*) Sa/Votre Sainteté

holism ['hoʊ·lɪ·zᵊm] *n* PHILOS holisme *m*

Holland ['ha·lənd] *n* la Hollande

holler ['ha·lər] **I.** *vi inf* gueuler **II.** *n inf* gueulante *f*

hollow ['ha·loʊ] **I.** *adj a. fig, pej* creux(-euse); (*promise*) vain(e); (*laughter*) faux(fausse) ▶**to beat sb ~** battre qn haut la main **II.** *n* creux *m* **III.** *vt* GEO **to ~ (out) sth, to ~ sth (out)** creuser qc **IV.** *adv* creux; **to feel ~** avoir un creux

holly ['ha·li] *n* houx *m*

hollyhock ['ha·li·hak] *n* mauve *f*

holm oak *n* chêne *m* vert

holocaust ['ha·lə·kast] *n* holocauste *m;* **the Holocaust** l'holocauste

hologram ['ha·lə·græm] *n* hologramme *m*

holster ['hoʊl·stər] *n* étui *m* (de revolver)

holy ['hoʊ·li] <-ier, -iest> *adj a. fig* saint(e); **to be a ~ terror** être une sacrée terreur

Holy Communion *n* sainte communion *f*

Holy Father *n* Saint-Père *m*

Holy Scripture *n* Saintes Écritures *fpl*

Holy See *n* Saint-Siège *m*

Holy Spirit *n* Saint-Esprit *m*

holy war *n* **the ~** la guerre sainte

Holy Week *n no art* semaine *f* sainte

homage ['ha·mɪdʒ] *n* hommage *m;* **to pay ~ to sb** rendre hommage à qn

home [hoʊm] **I.** *n* maison *f;* **at ~** à la maison; **to leave ~** quitter la maison; **to make oneself**

at ~ se mettre à l'aise, faire comme chez soi **II.** *adv* **1.** (*at or to one's place*) à la maison **2.** (*one's country*) au pays **3.** (*understanding*) **to bring sth ~ to sb** faire comprendre qc à qn ▶ **until the cows come ~** jusqu'à la saint-glinglin; **sth is nothing to write ~ about** qc n'est rien d'important **III.** *adj* *a.* SPORTS local(e)
◆ **home in on** *vt* viser
home address *n* adresse *f* (personnelle)
home-baked *adj* fait(e) maison
home banking *n* home banking *m,* banque *f* à domicile
home birth *n* accouchement *m* à domicile
home brew *n* bière *f* maison
homecoming *n* retour *m* au foyer

> **i** **Homecoming** aux USA est une fête importante dans les *High Schools* et dans les universités. Ce jour-là, l'équipe de football vient "à la maison" pour un match à domicile. Lors d'un grande fête, une élève - ou une étudiante - très appréciée est élue *homecoming queen.*

home computer *n* ordinateur *m* familial
home cooking *n* cuisine *f* maison
home economics *n* arts *mpl* ménagers
home exercise machine *n* home-trainer *m*
home-grown *adj* cultivé(e) par soi-même
homeland *n* pays *m* natal
homeless I. *adj* sans abri **II.** *n + pl vb* **the ~** les sans-abri *mpl inv*
homelike *adj* douillet(te)
home loan *n* FIN hypothèque *f*
homely <-ier, -iest> *adj* **1.** (*plain*) simple **2.** *pej* (*ugly, not good looking*) laid(e)
home-made *adj* fait(e) maison
homemaker *n* femme *f* au foyer
homeopath ['hoʊ·mi·oʊ·pæθ] *n* homéopathe *mf*
homeopathy [ˌhoʊ·mi·'a·pə·θi] *n* homéopathie *f*
homeowner *n* propriétaire *mf*
homepage *n* COMPUT page *f* d'accueil
home plate *n* (*in baseball*) plaque *f* de but
home rule *n* POL autogestion *f*
home run *n* (*in baseball*) coup *m* de circuit
homesick *adj* **to feel ~** avoir le mal du pays
homesickness *n* mal *m* du pays
homespun *adj* simple
homestead *n terre agraire assignée de 160 acres*
home stretch *n a. fig* dernière ligne *f* droite
home team *n* équipe *f* autochtone
home town *n* ville *f* natale
home truth *n* quatre vérités *fpl;* **to tell sb a few ~s** dire ses quatre vérités à qn
homeward I. *adj* (*journey*) de retour **II.** *adv* vers chez soi
homeward-bound *adj* **to be ~** être sur le chemin du retour; **~ journey** (voyage *m* de) retour *m*
homewards *adv s.* **homeward II.**
homework *n* **1.** (*work after school*) devoirs *mpl* **2.** (*paid work done at home*) travail *m* à domicile
homeworker *n* travailleur, -euse *m, f* à domicile
homey ['hoʊ·mi] *adj s.* **homely**
homicidal *adj* LAW homicide; **~ maniac** un criminel très dangereux
homicide ['ha·mə·saɪd] *n form* LAW homicide *m*
homing pigeon *n* pigeon *m* voyageur
homogeneous *adj* homogène
homogenize [hə·'ma·dʒə·naɪz] *vt* homogénéiser
homogenous *s.* **homogeneous**
homograph ['ha·mə·græf] *n* LING homographe *m*
homonym ['ha·mə·nɪm] *n* LING homonyme *m*
homophobia [ˌhoʊ·mə·'foʊ·bi·ə] *n* homophobie *f*
homophone ['ha·mə·foʊn] *n* LING homophone *m*
homosexual [ˌhoʊ·moʊ·'sek·ʃʊ·əl] *adj* homosexuel(le)
homosexuality *n* homosexualité *f*
Hon. *n abbr of* **Honorary** honoraire *m*
Honduran I. *adj* hondurien(ne) **II.** *n* Hondurien(ne) *m(f)*
Honduras [han·'dʊr·əs] *n* le Honduras
hone [hoʊn] **I.** *vt a. fig* aiguiser **II.** *n* meule *f*
honest ['a·nɪst] *adj* honnête
honestly I. *adv* **1.** (*truthfully, with honesty*) honnêtement **2.** (*with certainty*) franchement **II.** *interj* vraiment!
honest-to-goodness *adj* vrai(e)
honesty ['a·nɪ·sti] *n* honnêteté *f;* **in all ~** en toute honnêteté
honey ['hʌn·i] *n* **1.** (*sweet liquid from bees*) miel *m* **2.** (*pleasant person*) personne *f* délicieuse; (*excellent or good thing*) délice *m* **3.** (*darling, dear*) chéri(e) *m(f)*
honeybee *n* abeille *f*
honeycomb I. *n* rayon *m* (de miel) **II.** *adj* en nid-d'abeilles
honeydew *n* melon *m*
honeymoon I. *n* (*post-marriage vacation*) lune *f* de miel **II.** *vi* être en lune de miel
honeysuckle *n* chèvrefeuille *m*
honk [hɔŋk] **I.** *vt, vi* **1.** (*make the sound of wild goose*) cacarder **2.** (*make a sound with a car horn*) klaxonner **II.** *n* **1.** (*sound made by wild goose*) criaillement *m* **2.** (*sound made by car horn*) coup *m* de klaxon
honor ['a·nər] **I.** *n* honneur *m;* **in ~ of** en l'honneur de; **His/Your Honor** LAW Son/Votre Honneur **II.** *vt* honorer
honorable I. *adj a.* POL honorable **II.** *n* (*aristocrat*) noble *mf*
honorary ['a·nə·rer·i] *adj a.* UNIV honorifique

> **i** Les noms des élèves et étudiants ayant obtenu de très bonnes notes sont publiés

H

dans les journaux scolaires et universitaires, parfois même dans les quotidiens. Cette liste s'appelle **honor roll** ou, principalement dans les universités, *deans list*. Les élèves et étudiants dont le nom figure sur cette liste ont souvent un avantage lorsqu'ils posent une candidature d'admission à l'université ou sollicitent un emploi auprès d'une entreprise.

hood[1] [hʊd] *n* **1.** (*covering for head*) capuche *f;* **baby carriage ~** capote *f* de landau **2.** AUTO capot *m*
hood[2] [hʊd] *n inf* gangster *m*
hood[3] [hʊd] *n inf abbr of* **neighborhood** quartier *m*
hoodlum ['hud·ləm] *n* truand *m*
hoodwink ['hʊd·wɪŋk] *vt* truander
hoof [hʊf] **I.** <hooves *o* hoofs> *n* (*hard covering on animal's foot*) sabot *m;* **on the ~** vivant(e) **II.** *vi* **to ~ it** traîner ses savates
hoo-ha ['hu·ha] *n inf* ramdam *m*
hook [hʊk] **I.** *n* (*curved device*) *a.* SPORTS crochet *m;* (*for coats*) patère *f;* (*for fish*) hameçon *m* ▶ **by ~ or by crook** par tous les moyens; **~, line and sinker** complètement **II.** *vt* accrocher; (*a fish*) hameçonner; **to ~ sth to sth** accrocher qc à qc **III.** *vi* s'agrafer
◆**hook on I.** *vi* **1.** (*attach*) s'accrocher à **2.** ELEC être raccordé à **II.** *vt* accrocher
◆**hook up I.** *vt* **1.** (*connect, link up*) raccorder; (*computers*) connecter **2.** *sl* (*cause to meet*) donner rencard à **II.** *vi* **1.** (*connect*) se raccorder **2.** *sl* (*meet*) se donner rencard; (*meet for sex*); **to ~ with sb** avoir un rendez-vous coquin avec qn
hooked *adj* **1.** (*curved like a hook*) crochu(e) **2.** (*addicted to, dependent on*) accroché(e)
hooker[1] *n sl* pute *f*
hooker[2] *n* SPORTS crochet *m*
hookup *n* groupe *m* émetteur
hooky *n inf* **to play ~** sécher
hooligan ['hu·lɪ·gən] *n* hooligan *m*
hooliganism *n* hooliganisme *m*
hoop [hup] *n* (*ring*) anneau *m* ▶ **to put sb through the ~(s)** cuisiner qn
hoop earring *n* créole *f*
hoopoe ['hu·pu] *n* huppe *f*
hoops *npl sl* SPORTS basket *m*
hoot [hut] **I.** *vi* **1.** (*make an owl's sound*) hululer **2.** (*make a sound*) mugir; (*train*) siffler; (*with horn*) klaxonner **3.** (*shout in disapproval*) huer; **to ~ with laughter** se tordre de rire **II.** *vt* **1.** (*make a sound*) **to ~ one's horn** klaxonner **2.** (*boo*) huer **III.** *n* **1.** (*owl's sound*) hululement *m* **2.** (*whistle*) mugissement *m;* (*of train*) sifflement *m;* (*of horn*) coup *m* de klaxon **3.** (*shout*) huée *f;* **~s of laughter** hurlements *mpl* de rire ▶ **to not give a ~ about sth** *inf* ne rien en avoir à faire de qc; **to be a (real) ~** *inf* être un (vrai) comique
hooter *n* **1.** (*siren, steam whistle*) klaxon *m* **2.** *pl, sl* (*breasts*) roberts *mpl*
hop[1] [hap] <-pp-> **I.** *vi* sauter; **to ~ in a car** grimper dans une voiture; **to ~ out of sth** sauter de qc **II.** *n* **1.** (*hopping movement*) saut *m* **2.** *inf* (*informal dance*) sauterie *f* **3.** (*short journey*) saut *m*
hop[2] [hap] *n* (*vine with flower clusters*) houblon *m;* **~s** le houblon
hope [hoʊp] **I.** *n* espoir *m;* **beyond ~** sans espoir **II.** *vi* espérer; **to ~ for sth** espérer qc **III.** *vt* espérer; **I ~ not** j'espère que non; **to ~ to** +*infin* espérer +*infin*
hopeful I. *adj* plein d'espoir **II.** *n* espoir *m*
hopefully *adv* plein d'espoir
hopeless *adj* désespéré(e)
hopelessly *adv* désespérément
hopper ['ha·pər] *n* entonnoir *m*
hop-picker *n* houblonnier, -ère *m, f*
hopping mad *adj inf* furax
hopscotch *n* marelle *f*
horde [hɔrd] *n* horde *f*
horizon [hə·'raɪ·zən] *n a. fig* horizon *m*
horizontal I. *adj* horizontal(e) **II.** *n* MATH horizontale *f*
hormone ['hɔr·moʊn] *n* hormone *f*
horn [hɔrn] *n* **1.** ZOOL corne *f* **2.** (*material*) corne *f* **3.** (*receptacle, shape*) corne *f* **4.** (*honk*) klaxon *m* **5.** MUS cor *m* ▶ **to be on the ~s of a dilemma** être assis entre deux chaises; **to take the bull by the ~s** prendre le taureau par les cornes
◆**horn in** *vi inf* **to ~ on sth** fourrer son nez dans qc
horned *adj* à cornes
hornet ['hɔr·nɪt] *n* frelon *m*
hornless *adj* sans corne
horn-rimmed ['hɔrn·rɪmd] *adj* (*glasses*) à monture d'écaille
horny <-ier, -iest> *adj* **1.** (*made of horn*) en corne **2.** *inf* (*sexually excited, lustful*) chaud(e)
horoscope ['hɔr·ə·skoʊp] *n* horoscope *m*
horrendous [hɔ·'ren·dəs] *adj* **1.** (*awful, horrible*) épouvantable **2.** (*exaggerated*) monstrueux(-euse)
horrible ['hɔr·ə·bl] *adj* horrible
horrid ['hɔr·ɪd] *adj* atroce
horrific [hɔ·'rɪf·ɪk] *adj* horrifiant(e)
horrify ['hɔr·ɪ·faɪ] <-ied> *vt* horrifier
horror ['hɔr·ər] *n* horreur *f;* **to one's ~** à sa grande horreur; **to be paralyzed with ~** être saisi d'horreur; **the ~s of famine/war** les horreurs de la famine/guerre; **a ~ film** un film d'horreur
horror-stricken, **horror-struck** *adj* frappé(e) d'horreur
hors d'oeuvre [ɔr·'dɜrv] <-s> *n* hors-d'œuvre *m inv*
horse [hɔrs] *n* **1.** ZOOL cheval *m;* **~ and cart** cheval et charrette *f;* **to eat like a ~** *fig* manger comme quatre **2.** SPORTS **pommel ~** cheval *m* d'arçons ▶ **~-and-buggy** d'un autre temps; **to put the cart before the ~** mettre la charrue devant les bœufs; **to hear sth**

straight from the ~'s mouth apprendre qc de source sûre; **you can lead a ~ to water, but you can't make him drink** *prov* on ne fait pas boire un âne qui n'a pas soif *prov;* **to beat a dead** ~ perdre son temps; **to be on one's high** ~ prendre de(s) grands airs; **to get on one's high** ~ monter sur ses grands chevaux; **to back the wrong** ~ miser sur le mauvais cheval; **to eat like a** ~ manger comme quatre; **hold your ~s!** *inf* du calme!

horse around *vi* faire le pitre

horseback I. *n* **on** ~ à cheval; **police on** ~ police *f* montée **II.** *adj* ~ **riding** équitation *f;* **a ~ rider** un cavalier **III.** *adv* à cheval

horse car *n* van *m*

horse chestnut *n* marron *m* d'Inde

horse-drawn *adj* attelé(e)

horsefly <-ies> *n* taon *m*

horsehair I. *n* crin *m* de cheval **II.** *adj* en crin de cheval

horselaugh *n inf* rire *m* de cheval

horseman <-men> *n* cavalier *m*

horsemanship *n* équitation *f*

horseplay *n* tohu-bohu *m*

horsepower *inv n* cheval-vapeur *m*

horserace *n* course *f* de chevaux

horseracing *n* hippisme *m*

horseradish *n* raifort *m*

horse sense *n inf* jugeote *f*

horseshit *vulg* **I.** *n* (*nonsense*) connerie *f;* **what a load of ~!** quel ramassis de conneries! **II.** *interj* c'est que des conneries!

horseshoe *n* fer *m* à cheval

horse-trading *n pej* marchandage *m*

horsewhip <-pp-> *vt* cravacher

horsewoman <-women> *n* cavalière *f*

hors(e)y ['hɔr·si] <-ier, -iest> *adj* **1.** (*of or resembling a horse*) chevalin(e) **2.** (*devoted to horses*) fou(folle) de cheval

horticultural *adj* horticole

horticulture ['hɔr·ţə·kʌl·tʃər] *n* horticulture *f*

hose[1] [hoʊz] *n* tuyau *m;* **a garden** ~ un tuyau d'arrosage

hose[2] [hoʊz] *n s.* **hosiery**

hosier *n form* marchand(e) *m(f)* de bas

hosiery ['hoʊ·ʒər·i] *n* bas *mpl*

hospice ['ha·spɪs] *n* MED hospice *m*

hospitable *adj* hospitalier(-ère)

hospital ['ha·spɪ·ţᵊl] *n* hôpital *m;* ~ **staff/bill** le personnel/tarif hospitalier; **to go to the** ~ aller à l'hôpital; **to be admitted to the** ~ être admis à l'hôpital; **to be discharged from the** ~ sortir de l'hôpital; **to spend time in the** ~ être hospitalisé

hospitality [ˌha·spɪ·'tæl·ə·ţi] *n* hospitalité *f*

hospitalization *n* hospitalisation *f*

hospitalize ['has·pɪ·ţᵊl·aɪz] *vt* hospitaliser

host[1] [hoʊst] **I.** *n* **1.** (*organizer of an event*) hôte, -esse *m, f;* (*in hotel*) hôtelier, -ère *m, f;* **to play ~ to sth** accueillir qc **2.** TV animateur, -trice *m, f* **3.** BIO, COMPUT hôte *m* **4.** COMPUT serveur *m* **II.** *adj* **1.** (*hosting: family, city*) d'accueil **2.** COMPUT serveur **III.** *vt* **1.** (*act as a host to: party*) organiser **2.** TV animer

host[2] [hoʊst] *n sing* multitude *f*

host[3] [hoʊst] *n* REL hostie *f*

hostage ['ha·stɪdʒ] *n* otage *m;* **take sb (as a)** ~ prendre qn en otage

host country *n* pays *m* d'accueil

hostel ['ha·stᵊl] *n* foyer *m;* **youth** ~ auberge *f* de jeunesse

hosteller *n* hôte, -esse *m, f*

hostess ['hoʊ·stɪs] *n* hôtesse *f*

hostile ['ha·stᵊl] *adj* (*climate*) hostile; (*aircraft*) ennemi(e); **to be ~ to sth** être hostile à qc

hostility [ha·'stɪl·ə·ţi] <-ies> *n* **1.** (*unfriendliness*) hostilité *f;* **to show ~ to sb** montrer de l'hostilité envers qn **2.** *pl, form* (*fighting*) hostilités *fpl*

hot [hat] <-ter, -test> *adj* **1.** (*very warm*) chaud(e); **it's** ~ il fait chaud **2.** (*spicy*) fort(e) **3.** (*dangerous*) brûlant(e); **to be too ~ to handle** être un sujet brûlant **4.** *inf* (*sexually attractive*) chaud(e) **5.** (*exciting: music, news, party*) chaud(e) **6.** *inf* (*keen*) **to be ~ on sth** être dingue de qc **7.** *inf* (*skillful*) fort(e); **to be ~ at sth** être fort en qc ▶ **to be (just) so much ~ air** n'être que du vent; **to get (all) ~ under the collar** s'échauffer; **to get into ~ water** se fourrer dans le pétrin

hot air *n pej* fanfaronnade *f*

hot-air balloon *n* montgolfière *f*

hotbed ['hat·bed] *n* couche *f*

hot-blooded *n* fougueux(-euse)

hot dog *n* **1.** (*sausage in a roll*) hot-dog *m* **2.** *inf* (*showoff*) frimeur, -euse *m, f*

hot-dogging *n inf* frime *f*

hotel [hoʊ·'tel] *n* hôtel *m*

hotel accommodation *n* hébergement *m* à l'hôtel

hotel bill *n* note *f* d'hôtel

hotelier [ˌhoʊ·tᵊl·'jeɪ] *n* hôtelier, -ère *m, f*

hotel industry *n* industrie *f* hôtelière

hotelkeeper *n* directeur, -trice *m, f* d'hôtel

hotel register *n* registre *m* de l'hôtel

hotel staff *n* personnel *m* hôtelier

hotfoot I. *adv* à la hâte **II.** *vi* **to ~ it somewhere** *inf* filer quelque part (à toute vitesse)

hothead *n* coléreux, -euse *m, f*

hotheaded *adj* irascible

hothouse *n* serre *f*

hotline *n* **1.** POL téléphone *m* rouge **2.** TEL hotline *f*

hotly *adv* ardemment

hot metal *n* plomb *m*

hot plate *n* plaque *f* chauffante

hot potato *n inf* sujet *m* brûlant

hotrod *n inf* AUTO bagnole *f* trafiquée

hot seat *n* **1.** *fig* (*difficult position*) siège *m* éjectable **2.** *sl* (*electric chair*) chaise *f* électrique

hotshot *n inf* as *m*

hot spot *n* **1.** *inf* boîte *f* de nuit **2.** COMPUT point *m* chaud

hot stuff *n* (*sexy woman, man*) canon *m*

hot-tempered *adj* irascible

hot-water bottle *n* bouillotte *f*
hound [haʊnd] **I.** *n* chien *m* de chasse **II.** *vt* pourchasser
◆**hound down** *vt* pourchasser
hour [aʊr] *n* heure *f;* **to be paid by the ~** être payé à l'heure; **at any ~** à toute heure; **to keep irregular/regular ~s** ne pas avoir/avoir des heures fixes; **to keep late ~s** se coucher à pas d'heure; **for ~s** pendant des heures; **at all ~s of the day and night** *pej* à n'importe quelle heure du jour ou de la nuit; **every ~ on the ~** toutes les heures; **opening ~s** heures *fpl* d'ouverture; **an ~ away** à une heure de distance ▶**sb's ~ has come** l'heure de qn est venue
hourglass *n* sablier *m*
hour hand *n* grande aiguille *f*
hourly *adv* toutes les heures
house [haʊs] **I.** *n* **1.** (*building*) maison *f* **2.** POL chambre *f* **3.** THEAT salle *f;* **to play to a full ~** jouer devant une salle pleine **4.** MUS house *f* ▶**to put** [*o* **set**] **one's ~ in order** mettre de l'ordre dans ses propres affaires **II.** *vt* **1.** (*give place to live*) héberger **2.** (*contain*) contenir
house arrest *n* maison *f* d'arrêt
houseboat *n* péniche *f*
housebreaker *n* cambrioleur, -euse *m, f*
housebreaking *n* cambriolage *m*
housebroken *adj* propre
housecoat *n* robe *f* de chambre
housefly *n* mouche *f* domestique
household **I.** *n* ménage *m* **II.** *adj* ménager(-ère)
householder *n* **1.** (*owner*) propriétaire *mf* de maison **2.** (*tenant*) locataire, -trice *m, f*
household waste *n* ordures *fpl* ménagères
house-hunt *vi* être à la recherche d'un logement
househusband *n* homme *m* au foyer
housekeeper *n* intendant(e) *m(f)*
housekeeping *n* ménage *m*
housemaid *n* employée *f* de maison
house martin *n* hirondelle *f* de fenêtre
house music *n* house *f* music
house physician *n* médecin *m* de l'établissement
houseplant *n* plante *f* d'appartement
house-proud *adj* ordonné(e)
houseroom *n* **I wouldn't give sth ~** je n'aimerais pas avoir cela, même en cadeau
house rules *npl* règlement *m* intérieur
house-to-house *adj* de porte en porte
housetop *n* toiture *f*
housewarming *n* crémaillère *f;* **~ party** pendaison *f* de crémaillère; **to have a ~** pendre la crémaillère
housewife <-wives> *n* femme *f* au foyer
housework *n* travaux *mpl* ménagers
housing *n* logement *m*
housing conditions *npl* conditions *fpl* d'habitat
housing development *n* lotissement *m*
housing problem *n* problème *m* de logement
housing program *n* programme *m* de création de logements
housing shortage *n* manque *m* de logements
hovel ['hʌv·əl] *n pej* taudis *m*
hover ['hʌv·ər] *vi* **1.** (*stay in air*) planer; (*helicopter*) effectuer un vol stationnaire **2.** (*wait near*) guetter; **to ~ around sb** rôder autour de qn **3.** *fig* (*hesitate*) hésiter; **to ~ between sth and sth** osciller entre qc et qc
hovercraft <-(s)> *n* aéroglisseur *m*
hoverport *n* port *m* pour aéroglisseurs
how [haʊ] **I.** *adv* **1.** (*in what way*) comment; **to know ~ to** *+infin* savoir *+infin;* **~ is it that he is here?** comment se fait-il qu'il soit là? *subj;* **~ come?** [*o* **so**] comment ça? **2.** (*asking about condition*) comment; **~ are you?** comment vas-tu/allez-vous?; **~ was the film?** comment était le film? **3.** (*exclamation*) comme, que; **~ nice!** comme c'est gentil!; **~ kind of her!** comme c'est gentil de sa part! **4.** (*that*) que; **he told me ~ he had seen her there** il m'a dit qu'il l'avait vue là-bas ▶**~ do you do?** bonjour!, enchanté! *form; s.a.* **many, much, long, old, far** **II.** *n* comment *m;* **to know the ~(s) and why(s) of sth** savoir le pourquoi et le comment de qc
how-do-you-do ['haʊ·də·ju·du] *n inf* ciné *m*
however [haʊ·'ev·ər] **I.** *adv* **1.** (*in whatever way*) de quelque manière que *+subj;* **~ you look at it** de quelque manière qu'on envisage la chose **2.** (*to whatever extent*) si ... que *+subj;* **~ small** si petit qu'il/que ce soit; **~ intelligent she is** si intelligente qu'elle soit; **~ hard I try** j'ai beau essayer; **~ much it rains** même s'il pleut des cordes **II.** *conj* **1.** (*in whichever way*) cependant **2.** (*nevertheless*) néanmoins
howl [haʊl] **I.** *vi* **1.** (*cry*) hurler **2.** *inf* (*laugh*) hurler de rire **II.** *n* hurlements *mpl*
◆**howl down** *vt* huer
howler *n inf* gaffe *f*
howling *adj inf* (*party, success*) d'enfer
hp [ˌeɪtʃ·'pi] *n abbr of* **horsepower** CV *m*
HQ [ˌeɪtʃ·'kju] *n abbr of* **headquarters** QG *m*
hr. *n abbr of* **hour** h
ht *n abbr of* **height** hauteur *f*
HTML [ˌeɪtʃ·ti·em·'el] *n abbr of* **Hypertext Markup Language** COMPUT HTML *m*
http *n* http *m*
hub [hʌb] *n* **1.** (*middle part of a wheel*) moyeu *m* **2.** *fig* milieu *m*
hubbub ['hʌb·ʌb] *n a. fig* brouhaha *m*
hubcap ['hʌb·kæp] *n* enjoliveur *m*
huckleberry ['hʌk·l·ber·i] *n* airelle *f*
huckster ['hʌk·stər] *n pej* **1.** (*noisy salesman*) camelot *m* **2.** RADIO, TV (*advertisement writer*) rédacteur, -trice *m, f* publicitaire
huddle ['hʌd·l] **I.** *vi* **1.** (*gather*) se blottir **2.** (*in football*) se rassembler sur le terrain (pour élaborer une tactique) **II.** *n* **1.** (*gathering: of things*) fouillis *m;* (*of persons*) petit groupe *m* **2.** (*in football*) *rassemblement des joueurs sur le terrain pour élaborer une tactique*

◆**huddle down** *vi* se blottir
◆**huddle together** *vi* se serrer l'un contre l'autre/les uns contre les autres
◆**huddle up** *vi* 1. (*crowd*) se blottir l'un contre l'autre; **to ~ against sb/sth** se blottir contre qn/qc 2. (*in football*) se rassembler sur le terrain (pour élaborer une tactique)
hue [hju] *n a. fig* couleur *f*
hue and cry *n pej* hauts cris *mpl*
huff [hʌf] I. *vi* 1. (*blow*) souffler 2. *sl* (*inhale fumes*) se shooter ▶**to ~ and puff** souffler comme un bœuf; (*express annoyance*) rouspéter II. *vt* 1. (*inflate*) gonfler 2. *sl* (*fumes*) sniffer III. *n inf* mauvaise tête *f*; **to be in a ~** ronchonner; **to get into a ~** devenir grognon; **to go off in a ~** arrêter de ronchonner
huffy <-ier, -iest> *adj* 1. (*touchy*) susceptible 2. (*annoyed*) fâché(e)
hug [hʌg] I. <-gg-> *vt* 1. (*hold close to body*) embrasser 2. *fig* (*cling firmly to*) se tenir à II. *vi* s'embrasser III. *n* accolade *f*; **to give sb a ~** embrasser qn
huge [hjudʒ] *adj* énorme
hugely *adv* énormément
hugeness *n* immensité *f*
hulk [hʌlk] *n* 1. (*large person*) colosse *m* 2. (*disused ship*) épave *f*
hulking *adj* colossal(e)
hull¹ [hʌl] *n* NAUT coque *f*
hull² [hʌl] I. *n* (*covering of seed*) cosse *f* II. *vt* éplucher; (*beans, peas*) écosser
hullabaloo [ˌhʌl·ə·bə·ˈlu] *n* fracas *m*; **to make a ~** faire du vacarme
hum [hʌm] <-mm-> I. *vi* 1. (*make a low continuous sound*) *a. fig* (*bee*) bourdonner; (*machine*) vrombir; (*person*) fredonner 2. (*be full of activity*) bourdonner d'activité; **to make things ~** faire tourner les affaires II. *vt* fredonner III. *n* (*of insect*) bourdonnement *m*; (*of machinery, plane*) vrombissement *m*; (*of voices*) bruit *m* sourd; (*of melody*) fredonnement *m*
human [ˈhju·mən] *adj* humain(e)
humane [hju·ˈmeɪn] *adj* humain(e)
humanism [ˈhju·mə·nɪ·zᵊm] *n* humanisme *m*
humanistic [ˌhju·mə·ˈnɪs·tɪk] *adj* humaniste
humanitarian [hju·ˌmæn·ə·ˈter·i·ən] I. *n* philanthrope *mf* II. *adj* humanitaire
humanities *n pl* sciences *fpl* humaines
humanity [hju·ˈmæn·ə·t̬i] *n* humanité *f*
humanize [ˈhju·mə·naɪz] *vt* humaniser
humanly *adv* humainement; **everything ~ possible** tout ce qui est humainement possible
human nature *n* nature *f* humaine
human race *n* espèce *f* humaine
human resources *n* ressources *fpl* humaines
human rights *npl* droits *mpl* de l'homme
humble [ˈhʌm·bl] I. *adj* humble; **welcome to my ~ abode** *iron* bienvenue dans mon humble demeure; **~ beginnings** balbutiements *mpl*; **of ~ birth** de basse naissance; **in my ~ opinion, ...** à mon humble avis, ... II. *vt* **to be ~d by sb/sth** être humilié par qn/qc
humbleness *n* humilité *f*
humbug [ˈhʌm·bʌg] *n* 1. (*nonsense*) ineptie *f* 2. (*fraud*) escroquerie *f* ▶**bah ~!** n'importe quoi!
humdrum [ˈhʌm·drʌm] I. *adj* monotone II. *n* monotonie *f*
humid [ˈhju·mɪd] *adj* humide
humidifier *n* humidificateur *m*
humidify [hju·ˈmɪd·ɪ·faɪ] *vt* humidifier
humidity [hju·ˈmɪd·ə·t̬i] *n* humidité *f*
humiliate [hju·ˈmɪl·i·eɪt] *vt* humilier
humiliating *adj* humiliant(e)
humiliation *n* humiliation *f*
humility [hju·ˈmɪl·ə·t̬i] *n* humilité *f*
hummingbird [ˈhʌm·ɪŋ·bɜrd] *n* colibri *m*
humor [ˈhju·mər] *n* 1. (*capacity for amusement*) humour *m*; **sense of ~** sens *m* de l'humour; **to have a/no sense of ~** avoir/ne pas avoir le sens de l'humour 2. (*something amusing*) humour *m* 3. (*mood*) humeur *f*; **in (a) good/bad ~** de bonne/mauvaise humeur
humorist *n* 1. (*writer*) humoriste *mf* 2. (*funny person*) comique *mf*
humorless *adj* dépourvu(e) d'humour
humorous *adj* humoristique
hump [hʌmp] I. *n* bosse *f* ▶**to be over the ~** avoir passé le cap II. *vt sl* (*have sex with*) sauter III. *vi sl* baiser *vulg*
humpback [ˈhʌmp·bæk] *n* 1. (*round back*) bosse *f* 2. ZOOL baleine *f* à bosse
humpbacked *adj* bossu(e); **~ bridge** pont *m* à arcades
humph [hʌmf] *interj* mmmh!
Hun [hʌn] *n* HIST Hun *m*
hunch [hʌn(t)ʃ] I. *n* intuition *f*; **to have a ~ that ...** avoir le pressentiment que ... II. *vi* faire le dos rond III. *vt* bomber; **to ~ one's back** faire le dos rond
hunchback [ˈhʌn(t)ʃ·bæk] *n* 1. (*rounded back*) dos *m* rond 2. (*person*) bossu(e) *m(f)*
hundred [ˈhʌn·drəd] <-(s)> *adj* cent; *s.a.* **eight, eighty**
hundredfold [ˈhʌn·drəd·foʊld] I. *adj* centuple II. *adv* au centuple
hundredth *adj* centième; *s.a.* **eighth**
hundredweight <-(s)> *n* demi-quintal *m*
hung [hʌŋ] I. *pt, pp of* **hang** II. *adj* suspendu(e)
Hungarian I. *adj* hongrois(e) II. *n* 1. (*person*) Hongrois(e) *m(f)* 2. LING hongrois *m*; *s.a.* **English**
Hungary [ˈhʌŋ·gᵊr·i] *n* la Hongrie
hunger [ˈhʌŋ·gər] *n* 1. (*pain from lack of food*) faim *f* 2. (*desire*) soif *f*; **~ for knowledge** soif *f* de savoir; **to have no ~ for sth** ne pas avoir envie de qc
hunger strike *n* une grève de la faim
hung jury *n* jury *m* dans l'impasse
hungry [ˈhʌŋ·gri] <-ier, -iest> *adj* 1. (*desiring food*) affamé(e); **to go ~** être affamé 2. (*want badly*) assoiffé(e); **to be ~ for sth** être assoiffé de qc; **~ for success** assoiffé de succès
hunk [hʌŋk] *n* 1. (*large, thick piece*) gros mor-

H

ceau *m;* ~ **of bread** une grosse tranche de pain **2.** *inf* (*attractive man*) canon *m*

hunky ['hʌŋ·ki] *adj inf* (*man*) sexy *inv*

hunky-dory *adj inf* au poil; **to be all** ~ marcher comme sur des roulettes

hunt [hʌnt] **I.** *vt* **1.** (*chase to kill*) chasser **2.** (*search for*) rechercher **II.** *vi* **1.** (*chase to kill*) chasser **2.** (*search*) rechercher; **to** ~ **through sth** fouiller dans qc; **to** ~ **high and low for sb/sth** remuer ciel et terre pour trouver qn/qc **III.** *n* **1.** (*hunting action, place*) chasse *f;* **to go on a** ~ partir à la chasse **2.** (*search*) recherche *f;* **to be on the** ~ **for sb** rechercher qn; **to be on the** ~ **for sth** être en quête de qc **3.** (*association of hunters*) amicale *f* de chasseurs

◆**hunt down** *vt* **1.** (*for catching: animal*) traquer **2.** (*to find following tracks: animal*) dépister

hunter *n* **1.** (*one that hunts*) chasseur, -euse *m, f* **2.** (*hunting dog*) chien *m* de chasse

hunting *n* chasse *f;* **to go** ~ partir chasser

hunting ground *n* terrain *m* de chasse

hunting jacket *n* gilet *m* de chasse

hunting license *n* permis *m* de chasse

hunting lodge *n* pavillon *m* de chasse

hunting season *n* saison *f* de la chasse

huntress ['hʌn·trɪs] *n* chasseuse *f*

huntsman ['hʌnts·mən] <-men> *n* chasseur *m*

hurdle ['hɜr·dl] **I.** *n* **1.** (*obstacle, impediment*) obstacle *m* **2.** *pl* (*hurdle race*) course *f* de haies **3.** (*fence*) haie *f;* **to take a** ~ aborder une haie **II.** *vi* faire une course de haies **III.** *vt* **1.** (*jump over*) sauter **2.** *fig* franchir

hurdler *n* coureur *m* de haies

hurdle race *n* course *f* de haies

hurdy-gurdy [ˌhɜr·di·'gɜr·di] *n* orgue *m* de barbarie

hurl [hɜrl] **I.** *vt* **1.** (*throw violently*) lancer (violemment) **2.** *fig* (*abuse, insults*) balancer; **to** ~ **oneself at sb** se jeter sur qn; **to** ~ **oneself into one's work** se jeter dans son travail **II.** *vi sl* gerber

hurly-burly ['hɜr·lɪ·bɜr·li] *n* tohu-bohu *m*

hurrah [hə·'rɔ], **hurray** *interj* hourra!

hurricane ['hɜr·ɪ·keɪn] *n* ouragan *m;* ~ **force wind** cyclone *m*

hurricane lamp *n* lampe *f* tempête

hurricane warning *n* avis *m* de tempête

hurried *adj* **1.** (*fast*) rapide **2.** (*neglected, dashed off*) bâclé(e) **3.** (*sooner or faster than intended*) précipité(e)

hurry ['hɜr·i] <-ied> **I.** *vi* se dépêcher **II.** *vt* presser **III.** *n* précipitation *f;* **it's no great** ~ ce n'est pas très pressé; **to do sth in a** ~ faire qc à toute allure; **to not forget sth in a** ~ ne pas oublier qc dans sa hâte; **to leave in a** ~ partir précipitamment

◆**hurry along I.** *vi* se dépêcher **II.** *vt* presser

◆**hurry away, hurry off I.** *vi* filer **II.** *vt* (*person*) emmener en toute hâte; (*things*) emporter en toute hâte

◆**hurry on I.** *vi* s'empresser **II.** *vt* presser

◆**hurry up I.** *vi* se dépêcher **II.** *vt* **to hurry sb up** faire se presser qn; **to hurry sth up** activer qc

hurt [hɜrt] **I.** <hurt, hurt> *vi* faire mal; **my knee/stomach ~s** mon genou me fait mal/j'ai mal à l'estomac **II.** *vt* **1.** (*cause pain: person, animal*) blesser **2.** (*harm, damage: sb's feelings, pride*) heurter; **to** ~ **sb** blesser qn; **to** ~ **sth** abîmer qc **III.** *adj* blessé(e) **IV.** *n* **1.** (*pain*) douleur *f* **2.** (*injury*) blessure *f* **3.** (*offense*) offense *f*

hurtful *adj* blessant(e)

hurtle ['hɜr·tl] **I.** *vi* foncer; **to** ~ **down** descendre à toute vitesse **II.** *vt* précipiter

husband ['hʌz·bənd] **I.** *n* mari *m* **II.** *vt* (*money*) bien gérer

husbandry ['hʌz·bən·dri] *n* **1.** (*care, management*) **bad** ~ mauvais traitements *mpl;* **good** ~ bons soins *mpl* **2.** AGR **animal** ~ élevage *m* (d'animaux)

hush [hʌʃ] **I.** *n* silence *m;* **deathly** ~ silence de mort; **a** ~ **fell** un silence glacial s'abattit **II.** *interj* chut! **III.** *vi* se taire **IV.** *vt* **1.** (*make quiet*) faire taire **2.** (*soothe*) calmer

◆**hush up** *vt pej* étouffer

hush-hush [ˌhʌʃ·'hʌʃ] *adj inf* top secret(-ète)

hush money *n inf* prix *m* du silence

husk [hʌsk] **I.** *n* **1.** (*outside covering*) enveloppe *f* externe **2.** (*outside covering of corn*) son *m* du maïs *sans pl* **II.** *vt* décortiquer

husky[1] ['hʌs·ki] <-ier, -iest> *adj* **1.** (*low, rough*) rauque; (*voice*) enroué(e) **2.** (*big, strong*) robuste

husky[2] ['hʌs·ki] *n* husky *m* (sibérien)

hussy ['hʌs·i] *n pej* fille *f* de joie

hustings ['hʌs·tɪŋz] *npl* propagande *f* préélectorale

hustle ['hʌs·l] **I.** *vt* **1.** (*push*) pousser; **to** ~ **sb away** emmener qn de force; **to** ~ **sb into sth** pousser qn dans qc **2.** (*hurry*) presser **3.** (*jostle*) bousculer **4.** *inf* (*urge*) pousser; **to** ~ **sb into doing sth** pousser qn à faire qc **II.** *vi* **1.** (*hurry*) se presser **2.** *inf* (*practice prostitution*) faire le trottoir **3.** *inf* (*swindle*) arnaquer **III.** *n* **1.** (*activity*) ~ **(and bustle)** effervescence *f* **2.** *inf* (*swindle*) arnaque *f*

hustler *n inf* **1.** (*swindler*) escroc *m* **2.** (*prostitute*) tapineuse *f*

hut [hʌt] *n* **1.** (*small dwelling place*) cabane *f* **2.** (*garden shelter*) abri *m* de jardin **3.** (*temporary building*) baraque *f* **4.** (*mountain shelter*) refuge *m*

hutch [hʌtʃ] *n* **1.** (*box for animals*) cage *f;* (*for rabbits*) clapier *m* **2.** *pej* (*hut*) bicoque *f* **3.** (*cabinet, for dishes*) dressoir *m*

hyacinth ['haɪə·sɪn(t)θ] *n* jacinthe *f*

hyaena [haɪ·'i·nə] *n s.* **hyena**

hybrid ['haɪ·brɪd] *n* **1.** BOT, ZOOL hybride *m* **2.** (*something mixed*) croisement *m* **3.** AUTO véhicule *m* hybride

hydrangea [haɪ·'dreɪn·dʒə] *n* hortensia *m*

hydrant ['haɪ·dr(ə)nt] *n* bouche *f* d'incendie

hydrate ['haɪ·dreɪt] *n* hydrate *m*
hydraulic [haɪ·'drɔ·lɪk] *adj* hydraulique
hydraulics *n + sing vb* hydraulique *f*
hydrocarbon [ˌhaɪ·droʊ·'kar·bᵊn] **I.** *n* hydrocarbure *m* **II.** *adj* d'hydrocarbure
hydrochloric acid [ˌhaɪ·droʊ·klɔr·ɪk· 'æs·ɪd] *n* acide *m* chlorhydrique
hydroelectric [ˌhaɪ·droʊ·ɪ·'lek·trɪk] *adj* hydroélectrique
hydrofoil ['haɪ·drə·fɔɪl] *n* hydroptère *m*
hydrogen ['haɪ·drə·dʒən] *n* hydrogène *m*
hydrogen bomb *n* bombe *f* à hydrogène
hydrogen peroxide *n* eau *f* oxygénée
hydrogen sulfide *n* hydrogène *m* sulfuré
hydrophobia [ˌhaɪ·droʊ·'foʊ·bi·ə] *n* **1.** (*fear of water*) hydrophobie *f* **2.** (*rabies*) rage *f*
hyena [haɪ·'i·nə] *n* hyène *f*
hygiene ['haɪ·dʒin] *n* hygiène *f;* **personal ~** hygiène corporelle
hygienic [ˌhaɪ·dʒen·ɪk] *adj* hygiénique
hygrometer ['haɪ·gra·mə·tər] *n* hygromètre *m*
hygroscope ['haɪ·groʊ·skoʊp] *n* hygroscope *m*
hymn [hɪm] *n* hymne *m*
hymnal, hymnbook *n* livre *m* de cantiques
hype [haɪp] **I.** *n* battage *m* publicitaire **II.** *vt* faire du battage publicitaire pour
hyperactive *adj* hyperactif(-ive)
hyperbola [haɪ·'pɜr·bᵊl·ə] *n* MATH hyperbole *f*
hyperbole [haɪ·'pɜr·bᵊl·i] *n* LIT hyperbole *f*
hyperbolic *adj* hyperbolique
hypercritical *adj* exagérément critique
hyperlink *n* COMPUT hyperlien *m*
hypermarket *n* hypermarché *m*
hypersensitive *adj* **1.** (*sensitive*) hypersensible; **to be ~ to sth** être hypersensible à qc **2.** (*touchy*) susceptible; **to be ~ about sth** être (très) susceptible au sujet de qc
hypertext **I.** *n* COMPUT hypertexte *m* **II.** *adj* COMPUT hypertextuel(le)
hyphen ['haɪ·fᵊn] *n* **1.** (*short line between two words*) trait *m* d'union **2.** (*short line at the end of a line*) tiret *m*
hyphenate ['haɪ·fᵊn·eɪt] *vt* lier
hypnosis [hɪp·'noʊ·sɪs] *n* hypnose *f*
hypnotherapy [ˌhɪp·noʊ·'θer·ə·pi] *n* hypnothérapie *f*
hypnotic [hɪp·'na·t̬ɪk] *adj* hypnotique
hypnotist *n* hypnotiseur, -euse *m, f*
hypnotize ['hɪp·nə·taɪz] *vt* hypnotiser
hypochondria [ˌhaɪ·poʊ·'kan·dri·ə] *n* hypocondrie *f*
hypochondriac **I.** *n* hypocondriaque *mf* **II.** *adj* hypocondriaque
hypocrisy [hɪ·'pa·krə·si] *n* hypocrisie *f*
hypocrite ['hɪp·ə·krɪt] *n* hypocrite *mf*
hypocritical *adj* hypocrite
hypodermic [ˌhaɪ·poʊ·'dɜr·mɪk] *adj* hypodermique
hypotenuse [ˌhaɪ·'pa·tᵊn·us] *n* MATH hypoténuse *f*
hypothermia [ˌhaɪ·poʊ·'θɜr·mi·ə] *n* hypothermie *f*
hypothesis [haɪ·'pa·θə·sɪs] <-ses> *n* hypothèse *f*
hypothetical [ˌhaɪ·poʊ·'θet̬·ɪk·ᵊl] *adj* hypothétique; (*question*) théorique
hysteria [hɪ·'ster·i·ə] *n* hystérie *f*
hysteric [hɪ·'ster·ɪk] **I.** *adj* hystérique **II.** *n* hystérique *mf*
hysterical *adj* surexcité(e)
Hz *n abbr of* **hertz** Hz *m*

I

I, i [aɪ] <-'s> *n* I *m*, i *m;* **~ as in India** i comme Irma
I *pers pron* (*1st person sing*) je, j' + *vowel;* **she and ~** elle et moi
IA *n abbr of* **Iowa**
IAEA *n abbr of* **International Atomic Energy Agency** AIEA *f*
IATA [ˌaɪ·ˌeɪ·ˌti·'eɪ] *n abbr of* **International Air Transport Association** IATA *f*
ibex ['aɪ·beks] *n* bouquetin *m*
ibid. [ɪ·'bɪd] *adv abbr of* **ibidem** (**in the same place**) ibid.
IC [ˌaɪ·'si] *n abbr of* **integrated circuit** circuit *m* intégré
ICBM [ˌaɪ·si·bi·'em] *n abbr of* **intercontinental ballistic missile** missile *m* balistique intercontinental
ice [aɪs] **I.** *n* **1.** (*frozen water*) glace *f;* (*on road*) verglas *m;* **to put sth on ~** (*food, drink*) mettre qc à rafraîchir **2.** (*ice cube*) glaçons *mpl* **3.** (*Italian ice*) glace *f* ►**to put sth on ~** geler qc; **to break the ~** rompre la glace; **to be skating on thin ~** avancer sur un terrain glissant **II.** *vt* glacer
ice age *n* période *f* glaciaire
ice ax *n* piolet *m*
iceberg *n* iceberg *m*
iceberg lettuce *n* laitue *f* iceberg
icebound *adj* (*ship*) pris(e) par les glaces
icebox *n* **1.** (*cooler*) glacière *f* **2.** (*refrigerator*) réfrigérateur *m*
icebreaker *n* brise-glace *m*
icecap *n* calotte *f* glaciaire
ice-cold *adj* glacé(e)
ice cream *n* crème *f* glacée
ice-cream maker *n* sorbetière *f*
ice-cream parlor *n* glacier *m*
ice cube *n* glaçon *m*
iced *adj* **1.** (*covered with ice*) glacé(e) **2.** (*cold: coffee, tea*) glacé(e); (*water*) avec des glaçons **3.** (*covered with icing: cake*) glacé(e)
ice floe *n* banquise *f*
ice hockey *n* hockey *m* sur glace
Iceland ['aɪs·lənd] *n* l'Islande *f*
Icelander *n* Islandais(e) *m(f)*
Icelandic [aɪs·'læn·dɪk] **I.** *adj* islandais(e) **II.** *n*

islandais *m; s.a.* **English**
ice pack *n* **1.** (*for swelling*) vessie *f* de glace **2.** (*sea ice*) mer *f* de glace
ice pick *n* pic *m* à glace
ice skate *n* patin *m* à glace
ice-skate *vi* patiner (sur la glace)
ice skating *n* patinage *m* sur glace
ice water *n* eau *f* glacée
icicle ['aɪ·sɪ·kl] *n* **1.** (*directed upwards*) glaçon *m* en forme de stalagmite **2.** (*directed downwards*) glaçon *m* en forme de stalactite
icing *n* glaçage *m* ▶ **to be the ~ on the cake** *pej* être la cinquième roue du carrosse; (*unexpected extra*) être la cerise sur le gâteau
icon ['aɪ·kan] *n* **1.** REL, COMPUT icône *f* **2.** (*idol*) idole *f*
ICU [ˌaɪ·si·'ju] *n abbr of* **intensive care unit** service *m* de soins intensifs
icy ['aɪ·si] *adj* **1.** (*covered with ice*) glacé(e); (*road*) verglacé(e); (*ground*) gelé(e) **2.** (*very cold: wind*) glacial(e); (*feet, water*) glacé(e) **3.** *fig* (*unfriendly: look, stare*) glacial(e)
I'd [aɪd] = **I would** *s.* **would**
ID[1] [ˌaɪ·'di] *inf* **I.** *n abbr of* **identification** pièce *f* d'identité **II.** *vt* **1.** *abbr of* **identify** identifier **2.** (*check age of*) vérifier les papiers d'identité de
ID[2] *n abbr of* **Idaho**
Idaho ['aɪ·də·hoʊ] *n* l'Idaho *m*
ID card *n* carte *f* d'identité
idea [aɪ·'di·ə] *n* **1.** (*notion, opinion, suggestion, plan*) idée *f;* **great ~!** quelle idée géniale! **2.** (*conception*) conception *f;* **to not be sb's ~ of sth** ne pas être ce que qn appelle qc **3.** (*impression*) impression *f;* **to have an ~ that ...** avoir l'impression que ... **4.** (*purpose*) **the ~ behind sth** le but de qc; **with the ~ of doing sth** dans le but de faire qc ▶ **to not have the slightest ~** ne pas avoir la moindre idée
ideal [aɪ·'di·əl] **I.** *adj* idéal(e) **II.** *n* idéal *m*
idealism [aɪ·'di·ə·lɪ·zəm] *n* idéalisme *m*
idealist *n* idéaliste *mf*
idealistic *adj* idéaliste
idealize [aɪ·'di·ə·laɪz] *vt* idéaliser
ideally *adv* idéalement
identical [aɪ·'den·t̬ə·kəl] *adj* identique; **~ twins** vrais jumeaux *mpl*
identifiable *adj* identifiable
identification [aɪ·ˌden·t̬ə·fɪ·'keɪ·ʃən] *n* **1.** (*determination*) identification *f* **2.** (*proof of identity*) pièce *f* d'identité
identification papers *npl* papiers *mpl* d'identité
identifier *n* COMPUT identifiant *m*
identify [aɪ·'den·t̬ə·faɪ] <-ied> **I.** *vt* identifier; (*car, house*) reconnaître; **to ~ oneself** décliner son identité; **to ~ oneself with sth** se reconnaître dans qc **II.** *vi* s'identifier; **to ~ with sb** s'identifier à qn; **to be ~ied with sth** être assimilé à qc
identity [aɪ·'den·t̬ə·t̬i] *n* identité *f*
ideological *adj* idéologique
ideologist *n* idéaliste *mf*
ideology [ˌaɪ·di·'a·lə·dʒi] <-ies> *n* idéologie *f*
idiocy ['ɪd·i·ə·si] *n* idiotie *f*
idiom ['ɪd·i·əm] *n* LING **1.** (*fixed phrase*) expression *f* idiomatique **2.** (*language*) idiome *m*
idiomatic [ˌɪd·i·ə·'mæt̬·ɪk] *adj* idiomatique
idiosyncratic [ˌɪd·i·oʊ·sɪn·'kræt̬·ɪk] *adj* particulier(-ère)
idiot ['ɪd·i·ət] *n* idiot(e) *m(f)*
idiotic *adj* bête
idle ['aɪ·dl] **I.** *adj* **1.** (*lazy, doing nothing*) oisif(-ive); **to lie ~** rester inactif **2.** (*not working or acting: person*) inactif(-ive); (*period*) d'inactivité **3.** (*with nothing to do: person*) désœuvré(e); (*factory, machine*) à l'arrêt **4.** (*pointless, without purpose*) inutile; (*threat, talk*) en l'air; (*rumors, fear*) sans fondement; (*curiosity*) simple **5.** FIN (*capital*) improductif(-ive) **II.** *vi* **1.** (*willingly do nothing*) paresser **2.** (*having nothing to do*) être inactif **3.** (*engine, machine*) tourner au ralenti; (*computer, disk drive, screen*) être en veille
idleness *n* **1.** (*not acting or operating*) inactivité *f* **2.** (*laziness*) oisiveté *f*
idler *n* paresseux, -euse *m, f*
idol ['aɪ·dəl] *n* idole *f*
idolatrous [aɪ·'da·lə·trəs] *adj* REL idolâtre
idolatry [aɪ·'da·lə·tri] *n* idolâtrie *f*
idolize ['aɪ·dəl·aɪz] *vt* idolâtrer
IDP *n abbr of* **International Driving Permit** permis *m* de conduire international
idyll ['aɪ·dəl] *n a. fig* idylle *f*
idyllic *adj* idyllique
i.e. [ˌaɪ·'i] *abbr of* **id est** c-à-d.
if [ɪf] **I.** *conj* **1.** si **2.** (*supposing that*) **~ it snows** s'il neige; **~ not** sinon; **as ~ it were true** comme si c'était vrai; **~ they exist at all** si tant est qu'ils existent; **~ A is right, then B is wrong** si A est juste, alors B est faux; **I'll stay, ~ only for a day** je resterai, ne serait-ce qu'un jour **3.** (*every time that*) **~ he needs me, I'll help him** s'il a besoin de moi, je l'aiderai **4.** (*whether*) **I wonder ~ he'll come** je me demande s'il viendra **5.** (*although*) **even ~** même si; **cold ~ sunny weather** un temps froid quoiqu'ensoleillé **II.** *n* si *m inv;* **no ~s, ands or buts!** pas de si ni de mais!
iffy ['ɪf·i] <-ier, -iest> *adj inf* hasardeux(-euse)
igloo ['ɪg·lu] *n* igloo *m*
igneous ['ɪg·ni·əs] *adj* igné(e)
ignite [ɪg·'naɪt] **I.** *vi a. fig* s'enflammer **II.** *vt form* **1.** (*cause to burn*) *a. fig* enflammer **2.** (*cause to occur*) provoquer
ignition [ɪg·'nɪʃ·ən] *n* **1.** AUTO allumage *m;* **to turn the ~ (on)** démarrer **2.** AVIAT mise *f* à feu
ignition coil *n* bobine *f* d'allumage
ignition key *n* clé *f* de contact
ignition switch *n* contact *m* de démarrage
ignorance ['ɪg·nər·ən(t)s] *n* ignorance *f*
ignorant *adj* ignorant(e)
ignore [ɪg·'nɔr] *vt* ignorer

iguana [ɪ·ˈgwa·nə] *n* iguane *m*
IL *n abbr of* **Illinois**
ill [ɪl] **I.** *adj* **1.** (*sick*) malade; **to fall ~** tomber malade; **to feel ~** ne pas se sentir bien **2.** (*bad, harmful*) mauvais(e); (*effects*) néfaste; **~ fortune** malchance *f* **II.** *adv* mal; **to speak/think ~ of sb** dire/penser du mal de qn; **to feel ~ at ease** se sentir mal à l'aise; **I can ~ afford sth** je peux difficilement me permettre qc **III.** *n* **1.** (*problem*) mal *m;* **the ~s of society** les maux *mpl* de la société **2.** *pl* (*sick people*) **the ~** les malades *mpl* **3.** (*evil*) mal *m;* **to wish sb ~** souhaiter du mal à qn
I'll [aɪl] = **I will** *s.* **will**
ill-advised *adj* malavisé(e); **it is ~ to do sth** il est peu judicieux de faire qc
ill-bred *adj* mal élevé(e)
ill-conceived *adj* mal préparé(e)
illegal [ɪ·ˈli·gᵊl] *adj* **1.** (*forbidden by law*) illégal(e) **2.** (*forbidden by law or rules*) illicite
illegal immigrant *n* immigré *m* clandestin
illegality [ˌɪ·li·ˈgæl·ə·t̬i] *n* illégalité *f*
illegible [ɪ·ˈledʒ·ə·bl] *adj* illisible
illegitimate [ˌɪl·ɪ·ˈdʒɪt̬·ə·mət] *adj* **1.** (*not lawful*) illégitime; **~ child** enfant *m* illégitime **2.** (*unauthorized*) illicite
ill-equipped *adj* mal équipé(e)
ill-fated *adj* **1.** (*having bad luck*) malchanceux(-euse) **2.** (*bringing bad luck*) maléfique
ill-favored *adj* (*person*) tombé(e) en disgrâce; (*object*) passé(e) de mode
ill-fitting *adj* mal ajusté(e)
ill-gotten *adj* mal acquis(e)
ill-gotten gains *npl* POL, ECON argent *m* sale
illicit [ɪ·ˈlɪs·ɪt] *adj* illicite
illimitable [ɪ·ˈlɪm·ɪ·t̬ə·bl] *adj* sans limites
ill-informed *adj* **1.** (*misinformed*) mal informé(e) **2.** (*with little knowledge*) peu informé(e)
Illinois [ˌɪl·ɪ·ˈnɔɪ] *n* l'Illinois *m*
illiteracy [ɪ·ˈlɪt̬·ᵊr·ə·si] *n* illettrisme *m*
illiteracy rate *n* taux *m* d'illettrisme
illiterate [ɪ·ˈlɪt̬·ᵊr·ət] **I.** *adj* **1.** (*unable to read or write*) analphabète **2.** (*uncultured, uneducated: person*) inculte; (*style*) incorrect(e) **3.** *pej* (*ignorant*) ignorant(e) **II.** *n* analphabète *mf*
ill-mannered *adj* (*person*) mal élevé(e); (*behavior*) grossier(-ère)
ill-natured *adj* (*person*) qui a mauvais caractère; (*work*) ingrat(e)
illness *n* maladie *f*
illogical [ɪ·ˈla·dʒɪ·kᵊl] *adj* illogique
ill-omened *adj* **1.** (*boding bad*) de mauvais augure **2.** (*unlucky*) infortuné(e)
ill-tempered *adj* **1.** (*by nature*) **to be ~** avoir mauvais caractère **2.** (*occasionally*) de mauvaise humeur
ill-timed *adj* inopportun(e)
ill-treat *vt* maltraiter
ill-treatment *n* **1.** (*act of ill-treating*) maltraitance *f* **2.** (*result of ill-treating*) mauvais traitements *mpl*
illuminate [ɪ·ˈlu·mə·neɪt] *vt* **1.** (*light up*) éclairer **2.** (*decorate with lights*) illuminer **3.** ART (*manuscript*) enluminer **4.** *fig* (*clarify*) éclairer
illuminating *adj a. fig* éclairant(e)
illumination *n* **1.** *form* (*lighting*) éclairage *m;* (*of building*) illumination *f* **2.** *pl* (*light decoration*) illuminations *fpl* **3.** (*of books, manuscripts*) enluminure *f* **4.** *fig* (*clarification*) éclaircissement *m*
illusion [ɪ·ˈlu·ʒᵊn] *n* illusion *f;* **to have no ~s about sth** ne pas se faire d'illusions sur qc; **to labor under the ~ that ...** s'imaginer que ...
illusionist *n* illusionniste *mf*
illusive [ɪ·ˈlu·sɪv], **illusory** *adj* illusoire
illustrate [ˈɪl·ə·streɪt] *vt* illustrer
illustration *n* **1.** (*drawing*) illustration *f* **2.** (*example*) exemple *m*
illustrative [ɪ·ˈlʌs·trə·t̬ɪv] *adj* caractéristique
illustrator *n* illustrateur, -trice *m, f*
illustrious [ɪ·ˈlʌs·tri·əs] *adj* illustre
ill will *n* malveillance *f*
ILO *n abbr of* **International Labor Organization** OIT *f*
I'm [aɪm] = **I am** *s.* **am**
image [ˈɪm·ɪdʒ] *n* **1.** (*likeness*) ressemblance *f;* **to be the living ~ of sb** être le portrait vivant de qn; **it is the spitting ~ of him** c'est lui tout craché **2.** (*picture*) image *f;* **reverse** [*o* **mirror**] **~** image inversée **3.** (*reputation*) image *f* de marque
imagery [ˈɪm·ɪdʒᵊr·i] *n* imagerie *f*
imaginable *adj* imaginable
imaginary [ɪ·ˈmædʒ·ə·ner·i] *adj* imaginaire
imagination [ɪ·ˌmædʒ·ɪ·ˈneɪ·ʃᵊn] *n* imagination *f;* **not by any stretch of the ~** pas même en rêve; **to capture sb's ~** passionner qn; **to leave nothing to the ~** *inf* ne rien laisser deviner
imaginative [ɪ·ˈmædʒ·ɪ·nə·t̬ɪv] *adj* ingénieux(-euse)
imagine [ɪ·ˈmædʒ·ɪn] *vt* imaginer; **to be imagining things** s'imaginer des choses; **~ that!** tu penses!
imbalance [ˌɪm·ˈbæl·ən(t)s] *n* déséquilibre *m*
imbecile [ˈɪm·bə·sɪl] *n pej* **1.** (*stupid person*) imbécile *mf* **2.** (*person with mental handicap*) crétin(e) *m(f)*
imbecility [ˌɪm·bə·ˈsɪl·ə·t̬i] *n* imbécillité *f*
imbibe [ɪm·ˈbaɪb] *vt* **1.** (*drink*) boire **2.** *form* (*absorb*) absorber **3.** *fig* (*take in: ideas*) assimiler
imbue [ɪm·ˈbju] *vt* **1. to ~ sth with sth** imprégner qc de qc **2.** *fig* **to be ~d with sth** être imprégné de qc
IMF [ˌaɪ·em·ˈef] *n abbr of* **International Monetary Fund** FMI *m*
imitate [ˈɪm·ɪ·teɪt] *vt* imiter
imitation **I.** *n* **1.** (*mimicry*) mimique *f;* (*of voices*) imitation *f;* **in ~ of sb/sth** en imitant qn/qc **2.** (*copy*) copie *f* **II.** *adj* faux(fausse); **~ leather** skaï *m*
imitative [ˈɪm·ɪ·teɪ·t̬ɪv] *adj* imitatif(-ive)

I

imitator ['ɪm·ɪ·teɪ·t̬ər] *n* imitateur, -trice *m, f*
immaculate [ɪ·'mæk·jʊ·lət] *adj* **1.** REL, LIT immaculé(e) **2.** (*flawless*) impeccable
immanence ['ɪm·ə·nən(t)s] *n* immanence *f*
immanent *adj* immanent(e); **to be ~ in sth** être immanent à qc
immaterial [ˌɪm·ə·'tɪr·i·əl] *adj* **1.** (*unimportant*) insignifiant(e); (*irrelevant*) non pertinent(e); **it's ~** c'est sans aucune importance **2.** *a.* PHILOS immatériel(le)
immature [ˌɪm·ə·'tʊr] *adj* **1.** (*not developed: people, animals*) immature; (*sexually*) sans expérience **2.** *pej* (*childish*) immature
immaturity *n* immaturité *f*
immeasurable [ɪ·'meʒ·ər·ə·bl] *adj* **1.** (*too large to measure*) incommensurable; (*time*) infini(e) **2.** *fig* énorme; (*effect*) incalculable
immediacy [ɪ·'mi·di·ə·si] *n* caractère *m* immédiat; (*of problem*) imminence *f*
immediate [ɪ·'mi·di·ɪt] *adj* **1.** (*without delay*) immédiat(e); (*danger*) imminent(e); **to take ~ effect/action** prendre effet/agir immédiatement **2.** (*nearest*) proche; (*area, vicinity*) immédiat(e); **the ~ family** les proches parents *mpl* **3.** (*direct: cause*) direct(e)
immediately **I.** *adv* **1.** (*at once*) immédiatement; **~ after** aussitôt après **2.** (*closely*) **~ after sth** juste après qc **II.** *conj* dès que
immense [ɪ·'men(t)s] *adj* immense; (*importance*) considérable
immensely *adv* énormément
immensity [ɪ·'men(t)·sə·t̬i] *n* immensité *f*; (*of task*) énormité *f*
immerse [ɪ·'mɜrs] *vt* **1.** PHYS immerger **2.** *fig* **to be ~d in one's thoughts/a book** être plongé dans ses pensées/un livre
immersion [ɪ·'mɜr·ʒən] *n* **1.** PHYS immersion *f* **2.** *fig* absorption *f*
immersion heater *n* chauffe-eau *m* électrique
immigrant ['ɪm·ɪ·grənt] *n* immigrant(e) *m(f)*; **~ family** famille *f* immigrée
immigrate ['ɪm·ɪ·greɪt] *vi* immigrer
immigration *n* **1.** immigration *f* **2.** (*government agency*) **~s** services *mpl* de l'immigration
imminent *adj* imminent(e)
immobile [ɪ·'moʊ·bəl] *adj* **1.** (*not moving*) immobile **2.** (*not movable*) fixe
immobility [ˌɪ·moʊ·'bɪl·ə·t̬i] *n* immobilité *f*
immobilize [ɪ·'moʊ·bəl·aɪz] *vt* immobiliser
immoderate [ɪ·'ma·dər·ət] *adj* immodéré(e); (*demand*) excessif(-ive); **~ drinking** abus *m* d'alcool
immodest [ɪ·'ma·dɪst] *adj* **1.** (*indecent*) impudique **2.** (*conceited*) présomptueux(-euse)
immoral [ɪ·'mɔr·əl] *adj* immoral(e)
immortal [ɪ·'mɔr·t̬əl] **I.** *adj* **1.** (*undying*) immortel(le) **2.** (*unforgettable*) éternel(le) **II.** *n* immortel(le) *m(f)*
immortality [ˌɪ·mɔr·'tæl·ə·t̬i] *n* immortalité *f*
immortalize [ɪ·'mɔr·t̬əl·aɪz] *vt* immortaliser
immovable [ɪ·'mu·və·bl] **I.** *adj* **1.** (*not movable*) fixe **2.** *fig* (*invariable*) inébranlable; (*person*) inflexible **3.** LAW (*property*) immobilier(-ère) **II.** *n* biens *mpl* immobiliers
immune [ɪ·'mjun] *adj* **1.** MED (*person*) immunisé(e); (*system, deficiency, reaction*) immunitaire; **to be ~ to sth** être immunisé contre qc **2.** (*not vulnerable*) insensible; **~ to criticism** imperméable à la critique **3.** (*protected, exempt*) **to be ~ from sth** être à l'abri de qc; (*taxation*) être exonéré de qc
immune system *n* système *m* immunitaire
immunity [ɪ·'mju·nə·t̬i] *n* MED, LAW immunité *f*
immunize ['ɪm·jə·naɪz] *vt* immuniser
immunological [ˌɪm·jə·noʊ·'la·dʒɪ·kəl] *adj* immunologique
immunologist *n* immunologiste *mf*
immure [ɪ·'mjʊr] *vt fig* enfermer
immutable [ɪ·'mju·t̬ə·bl] *adj* immuable
imp [ɪmp] *n a. pej* diablotin *m*
impact ['ɪm·pækt] **I.** *n a. fig* impact *m*; **on ~** au moment de l'impact **II.** *vt* **1.** (*hit*) heurter **2.** (*affect*) avoir une incidence [*o* un impact] sur **III.** *vi* **to ~ on sb/sth** avoir un impact sur qn/qc
impacted *adj* MED (*tooth*) inclus(e)
impair [ɪm·'per] *vt* (*chance, relations*) compromettre; (*health, abilities*) détériorer; (*hearing*) affaiblir; (*mind, strength*) diminuer
impaired *adj* (*vision, mobility*) réduit(e); **hearing-~ person** personne *f* malentendante
impale [ɪm·'peɪl] *vt* empaler
impalpable [ɪm·'pæl·pə·bl] *adj* impalpable
impart [ɪm·'part] *vt* donner; (*knowledge*) transmettre
impartial [ɪm·'par·ʃəl] *adj* impartial(e)
impartiality *n* impartialité *f*
impassable *adj a. fig* infranchissable
impasse ['ɪm·pæs] *n a. fig* impasse *f*
impassioned [ɪ·m'pæʃ·ənd] *adj* passionné(e)
impassive [ɪm·'pæs·ɪv] *adj* impassible
impatience [ɪm·'peɪ·ʃən(t)s] *n* impatience *f*
impatient *adj* impatient(e)
impeach [ɪm·'pitʃ] *vt* POL, LAW mettre en accusation; **to ~ sb for sth** limoger qn pour qc
impeachment *n* **1.** LAW mise *f* en accusation **2.** POL (*of president*) impeachment *m*
impeccable [ɪm·'pek·ə·bl] *adj* impeccable; (*manners*) irréprochable
impecunious [ˌɪm·pɪ·'kju·ni·əs] *adj form* impécunieux(-euse)
impede [ɪm·'pid] *vt* gêner
impediment [ɪm·'ped·ɪ·mənt] *n* **1.** (*hindrance*) entrave *f*; **~ to success** obstacle *m* à la réussite **2.** MED dysfonctionnement *m*; **speech ~** troubles *mpl* de l'élocution
impel [ɪm·'pel] <-ll-> *vt* **1.** (*drive*) **to ~ sb to** +*infin* pousser qn à +*infin* **2.** (*force*) forcer; **to feel ~led to** +*infin* se sentir obligé de +*infin*
impending [ɪm·'pend·ɪŋ] *adj* imminent(e)
impenetrable [ɪm·'pen·ɪ·trə·bl] *adj* **1.** (*impossible to pass through*) impénétrable; (*fog*) à couper au couteau **2.** *fig* (*impossible to understand*) incompréhensible
impenitent [ɪm·'pen·ə·tənt] *adj* impénitent(e)

imperative [ɪm·ˈper·ə·t̬ɪv] **I.** *adj* **a.** LING impératif(-ive); **it is ~ that** il est indispensable que +*subj* **II.** *n* **1.** (*essential thing*) impératif *m* **2.** LING **the ~** l'impératif *m*
imperceptible [ˌɪm·pər·ˈsep·tə·bl] *adj* imperceptible
imperfect [ɪm·ˈpɜr·fɪkt] **I.** *adj* **1.** (*not perfect*) imparfait(e) **2.** (*flawed*) défectueux(-euse) **3.** (*not sufficient*) insuffisant(e) **4.** (*not finished*) inachevé(e) **II.** *n* LING **the ~** l'imparfait *m*
imperfection *n* **1.** (*flaw*) défaut *m* **2.** (*lack of perfection*) imperfection *f*
imperial [ɪm·ˈpɪr·i·əl] *adj* impérial(e); **Imperial Rome/China** la Rome/la Chine impériale
imperialism [ɪm·ˈpɪr·i·ə·lɪ·zəm] *n* impérialisme *m*
imperialist **I.** *n* impérialiste *mf* **II.** *adj* impérialiste
imperialistic *adj* impérialiste
imperil [ɪm·ˈper·əl] <-l- *o* -ll-> *vt form* mettre en péril
imperious [ɪm·ˈpɪr·i·əs] *adj* **1.** (*bossy*) tyrannique **2.** (*arrogant*) impérieux(-euse)
imperishable [ɪm·ˈper·ɪ·ʃə·bl] *adj* impérissable
impermanent [ɪm·ˈpɜr·mə·nənt] *adj* temporaire
impermeable [ɪm·ˈpɜr·mi·ə·bl] *adj* **a.** *fig* (*cloth, material*) imperméable; (*wall*) étanche; **~ to sth** étanche à qc
impersonal [ˌɪm·ˈpɜr·sən·əl] *adj* **1.** PSYCH détaché(e) **2.** LING impersonnel(le)
impersonate [ɪm·ˈpɜr·sən·eɪt] *vt* **1.** (*imitate*) imiter **2.** (*pretend to be*) se faire passer pour
impersonator *n* **1.** THEAT imitateur, -trice *m, f* **2.** LAW imposteur *m*
impertinent [ɪm·ˈpɜr·t̬ən·ənt] *adj* impertinent(e)
imperturbable [ˌɪm·pər·ˈtɜr·bə·bl] *adj form* imperturbable
impervious [ɪm·ˈpɜr·vi·əs] *adj* **1.** PHYS imperméable; **~ to fire/water** résistant au feu/à l'eau **2.** PSYCH **~ to fear** insensible à la peur
impetuous [ɪm·ˈpetʃ·u·əs] *adj* impétueux(-euse); (*action*) impulsif(-ive)
impetus [ˈɪm·pɪ·t̬əs] *n* élan *m;* **commercial ~** essor *m* commercial
impiety [ɪm·ˈpaɪ·ə·t̬i] *n* **a.** *fig* sacrilège *m*
impinge [ɪm·ˈpɪndʒ] *vi* **1.** (*restrict*) **to ~ on sth** empiéter sur qc **2.** (*affect*) **to ~ on sb** affecter qn
impious [ˈɪm·pi·əs] *adj* impie
impish [ˈɪm·pɪʃ] *adj* espiègle
implacable [ɪm·ˈplæk·ə·bl] *adj form* implacable; **~ thirst for power/knowledge** soif *f* insatiable de pouvoir/savoir
implacably *adv form* implacablement
implant [ˈɪm·plænt, *vb:* ɪm·ˈplænt] **I.** *n* implant *m* **II.** *vt* **1.** MED greffer **2.** PSYCH inculquer
implausible [ɪm·ˈplɔ·zə·bl] *adj* peu plausible
implement [ˈɪm·plɪ·mənt] **I.** *n* **1.** (*tool*) instrument *m;* **farming ~s** outillage *m* agricole **2.** (*small tool*) ustensile *m;* **writing ~** de quoi écrire **II.** *vt* **1.** (*put into effect*) exécuter; (*plan, law, agreement*) mettre en application **2.** COMPUT implémenter
implementation *n* **1.** (*of plan, law, agreement*) exécution *f* **2.** COMPUT implémentation *f*
implicate [ˈɪm·plɪ·keɪt] *vt* impliquer
implication *n* implication *f;* **by ~** implicitement
implicit [ɪm·ˈplɪs·ɪt] *adj* **1.** (*suggested*) implicite; (*agreement*) tacite **2.** (*complete: faith, authority*) absolu(e)
implied [ɪm·ˈplaɪd] *adj* implicite
implode [ɪm·ˈploʊd] *vi* **1.** (*collapse*) imploser **2.** *fig* s'écrouler
implore [ɪm·ˈplɔr] *vt* implorer; **to ~ sb to** +*infin* supplier qn de +*infin*
imploring *adj* implorant(e)
implosion [ɪm·ˈploʊ·ʒən] *n* **a.** *fig* implosion *f*
imply [ɪm·ˈplaɪ] <-ie-> *vt* **1.** (*suggest*) sous-entendre **2.** (*mean*) impliquer
impolite [ˌɪm·pə·ˈlaɪt] *adj* impoli(e)
impoliteness *n* **1.** (*lack of good manners*) impolitesse *f* **2.** (*rudeness*) grossièreté *f*
impolitic [ɪm·ˈpa·lə·tɪk] *adj* imprudent(e)
imponderable [ɪm·ˈpan·dər·ə·bl] **I.** *adj* impondérable **II.** *n* impondérable *m*
import [ˈɪm·pɔrt, *vb:* ɪm·ˈpɔrt] **I.** *n* **1.** (*non-domestic product*) importation *f;* **~ tax** taxe *f* à l'importation **2.** (*significance*) importance *f* **II.** *vt* importer
importance [ɪm·ˈpɔr·tən(t)s] *n* importance *f*
important *adj* **1.** (*significant*) important(e); (*event*) capital(e); **it is ~ that** il est important que +*subj* **2.** (*influential: person*) influent(e)
importantly *adv* d'un air important
importation [ˌɪm·pɔr·ˈteɪ·ʃən] *n* ECON importation *f*
importunate [ɪm·ˈpɔr·tʃə·nɪt] *adj form* importun(e)
importune [ˌɪm·pɔr·ˈtun] *vt form* **1.** (*ask persistently*) importuner **2.** LAW racoler
impose [ɪm·ˈpoʊz] **I.** *vt* imposer; **to ~ sth on sb** infliger qc à qn; **to ~ a tax on sth** taxer qc **II.** *vi* s'imposer; **to ~ on sb's patience/hospitality** abuser de la patience/de l'hospitalité de qn
imposing *adj* imposant(e)
imposition [ˌɪm·pə·ˈzɪʃ·ən] *n* imposition *f;* **it's an ~ on me** c'est abuser de ma bonté
impossibility [ɪm·ˌpa·sə·ˈbɪl·ə·t̬i] *n* impossibilité *f*
impossible [ɪm·ˈpa·sə·bl] **I.** *adj* **a.** *fig* impossible; (*problem*) insoluble; **it is ~ that** il est impossible que +*subj* **II.** *n* **the ~** l'impossible *m*
impossibly *adv* incroyablement
imposter, impostor [ɪm·ˈpa·stər] *n* imposteur *m*
impotence [ˈɪm·pə·t̬ən(t)s] *n* **1.** MED impuissance *f* **2.** *fig* faiblesse *f*
impotent *adj* **1.** MED impuissant(e) **2.** *fig* faible
impound [ɪm·ˈpaʊnd] *vt* **1.** (*stolen goods*)

confisquer **2.** (*dog, car*) mettre à la fourrière
impoverish [ɪm·ˈpa·vər·ɪʃ] *vt* appauvrir
impoverished *adj* appauvri(e)
impracticable *adj* impraticable
impractical [ɪm·ˈpræk·tɪ·kᵊl] *adj* **1.** (*not sensible, unrealistic: plan, idea*) irréaliste **2.** (*not adapted for use or action*) pas pratique; (*high heels*) importable **3.** (*not skilled: person*) qui manque d'esprit pratique **4.** (*impracticable*) impraticable
imprecise [ˌɪm·prɪ·ˈsaɪs] *adj* imprécis(e)
impregnable [ɪm·ˈpreg·nə·bl] *adj* **1.** MIL imprenable **2.** *fig* (*argument*) irréfutable; (*reputation*) inattaquable
impregnate [ˈɪm·ˈpreg·neɪt] *vt* **1.** BIO féconder **2.** (*make absorb*) imbiber
impresario [ˌɪm·prə·ˈsa·ri·oʊ] *n* impresario *m*
impress [ɪm·ˈpres] **I.** *vt* **1.** (*affect*) impressionner; **I'm not ~ed by that** ça me laisse froid; **sth is ~ed on sb's memory** qc est gravé dans la mémoire de qn **2.** (*make realize*) **to ~ sth on sb** faire comprendre qc à qn **3.** (*stamp*) imprimer **II.** *vi* faire impression
impression [ɪm·ˈpreʃ·ᵊn] *n* **1.** (*idea*) impression *f;* **to be under** [*o* **to have**] **the ~ that ...** avoir l'impression que ... **2.** (*effect*) impression *f;* **to create a good ~** faire une bonne impression; **to make an ~ on sb** faire de l'effet à qn **3.** (*imitation*) imitation *f* **4.** (*imprint*) empreinte *f* **5.** TYP tirage *m*
impressionable *adj* influençable; **~ age** âge *m* où l'on se laisse influencer
impressionism [ɪm·ˈpreʃ·ᵊn·ɪ·zᵊm] *n* impressionnisme *m*
impressionist **I.** *n* **1.** MUS, ART impressionniste *mf* **2.** (*imitator*) imitateur, -trice *m, f* **II.** *adj* MUS, ART impressionniste
impressionistic *adj* impressionniste
impressive [ɪm·ˈpres·ɪv] *adj* (*causing awe*) impressionnant(e); (*striking*) saisissant(e)
imprint [ˈɪm·prɪnt, *vb:* ɪm·ˈprɪnt] **I.** *n* **1.** (*mark*) empreinte *f* **2.** TYP **publisher's ~** marque *f* d'éditeur **3.** *fig* trace *f* **II.** *vt* **1.** (*stamp*) imprimer; (*coins*) graver; **to ~ a seal** marquer d'un sceau **2.** *fig* (*on the memory*) graver
imprison [ɪm·ˈprɪz·ᵊn] *vt* emprisonner
imprisonment *n* emprisonnement *m,* collocation *f Belgique*
improbability *n* invraisemblance *f*
improbable [ɪm·ˈpra·bə·bl] *adj* improbable; **an ~ excuse** une excuse invraisemblable; **it is ~ that he will come** il est peu probable qu'il vienne
impromptu [ɪm·ˈpram(p)·tu] *adj* impromptu(e); **to make an ~ speech** improviser un discours
improper [ɪm·ˈpra·pər] *adj* **1.** (*not suitable*) impropre **2.** (*not correct*) incorrect(e); (*use*) abusif(-ive); **to make ~ use of sth** faire mauvais usage de qc **3.** (*indecent*) indécent(e)
impropriety [ˌɪm·prə·ˈpraɪ·ə·t̬i] <-ies> *n* **1.** (*improper doings*) inconvenance *f* **2.** (*indecency*) indécence *f*
improve [ɪm·ˈpruv] **I.** *vt* (*make better*) améliorer **II.** *vi* **1.** (*become better*) s'améliorer; (*wine*) se bonifier **2.** (*make more perfect*) **to ~ on sth** perfectionner qc
improvement *n* **1.** (*act, measure*) amélioration *f;* (*of machine*) perfectionnement *m;* **to be an ~ on sb/sth** être supérieur à qn/qc **2.** (*state*) progrès *m;* (*of illness*) amélioration *f* **3.** (*increase in value*) revalorisation *f*
improvident [ɪm·ˈpra·və·dᵊnt] *adj form* **1.** (*not planning*) imprévoyant(e) **2.** (*not thrifty*) dépensier(-ère)
improvisation *n* improvisation *f*
improvise [ˈɪm·prə·vaɪz] **I.** *vt* improviser; **to ~ a speech** faire un discours impromptu **II.** *vi* improviser
imprudent [ɪm·ˈpru·dᵊnt] *adj* imprudent(e)
impudence [ˈɪm·pjə·dᵊn(t)s] *n* impudence *f*
impudent *adj* impertinent(e)
impugn [ɪm·ˈpjun] *vt form* contester
impulse [ˈɪm·pʌls] *n* **1.** (*urge*) élan *m;* **an ~ of curiosity** une soudaine curiosité; **to do sth on** (**an**) **~** faire qc sur un coup de tête; **to have a sudden ~ to** *+infin* avoir subitement envie de *+infin* **2.** ELEC, PHYS impulsion *f* **3.** ANAT influx *m* nerveux **4.** (*motive*) **the ~ behind sth** la raison qui se cache derrière qc
impulsion *n* impulsion *f*
impulsive [ɪm·ˈpʌl·sɪv] *adj* impulsif(-ive)
impunity [ɪm·ˈpju·nə·t̬i] *n* impunité *f*
impure [ɪm·ˈpjʊr] *adj* impur(e)
impurity <-ies> *n* impureté *f*
impute [ɪm·ˈpjut] *vt* **to ~ sth to sb** imputer qc à qn
in[1] [ɪn] **I.** *prep* **1.** (*inside, into*) dans; **to be ~ bed** être au lit; **sitting ~ the window** assis devant la fenêtre; **gun ~ hand** revolver *m* au poing; **to put sth ~ sb's hands** remettre qc entre les mains de qn; **~ town/jail** en ville/prison; **~ the country/the hospital** à la campagne/l'hôpital; **~ France/Burgundy/Tokyo/Cyprus** en France/Bourgogne/à Tokyo/Chypre; **~ Peru/the West Indies/the Languedoc** au Pérou/aux Antilles/dans le Languedoc **2.** (*within*) **~ sb's face/the picture** sur le visage de qn/l'image; **~ the snow/sun** sous la neige/au soleil; **the best ~ France/town** le meilleur de France/la ville; **to find a friend ~ sb** trouver un ami en qn **3.** (*position of*) **~ the beginning/end** au début/à la fin; **right ~ the middle** en plein milieu **4.** (*during*) **~ the twenties** dans les années vingt; **to be ~ one's thirties** avoir la trentaine; **~ the reign of Caesar** sous le règne de César; **~ those days** à cette époque-là; **~ May/spring** en mai/au printemps; **~ the afternoon** (dans) l'après-midi; **at 11 ~ the morning** à 11 h du matin; **see you ~ the morning** à demain matin **5.** (*at later time*) **~ a week/three hours** dans une semaine/trois heures; **~ (the) future** à l'avenir **6.** (*within a period*) **to do sth ~ 4 hours** faire qc en 4 heures **7.** (*for*) **he hasn't done that ~ years/**

a week il n'a pas fait ça depuis des années/de toute une semaine **8.** (*in situation, state, manner of*) ~ **fashion** à la mode; ~ **search of sb/sth** à la recherche de qn/qc; ~ **this way** de cette manière; ~ **anger** sous l'effet de la colère; ~ **fun/earnest** pour rire/de bon; **to be ~ a hurry** être pressé; **to be/fall ~ love with sb** être/tomber amoureux de qn; ~ **alphabetical order** par ordre alphabétique; **to write ~ ink/pencil** écrire à l'encre/au crayon; **written ~ black and white** écrit noir sur blanc; **dressed ~ red** vêtu de rouge; ~ **a suit and tie** en costume-cravate **9.** (*concerning, with respect to*) **deaf ~ one ear** sourd d'une oreille; **to be interested ~ sth** s'intéresser à qc; **to have faith ~ God** croire en Dieu; **to have confidence ~ sb** avoir confiance en qn; **to have a say ~ the matter** avoir voix au chapitre; **change ~ attitude** changement *m* d'attitude; **rise ~ prices** augmentation *f* des prix; **it's rare ~ apes** c'est rare chez les singes **10.** (*by*) ~ **saying sth** en disant qc; **to spend one's time ~ doing sth** passer son temps à faire qc **11.** (*taking the form of*) **to speak ~ French** parler (en) français; ~ **the form of a request** sous la forme d'une demande **12.** (*made of*) ~ **wood/stone** en bois/pierre **13.** (*sound of*) ~ **a whisper** en chuchotant; **to speak ~ a loud/low voice** parler à voix haute/basse; **to answer ~ a soft voice/a pedantic tone** répondre d'une voix douce/sur un ton pédant **14.** (*aspect of*) **2 feet ~ length/height** 2 pieds de long/haut; ~ **every respect** à tous points de vue **15.** (*ratio*) **two ~ six** deux sur six; **to buy sth ~ twos** acheter qc par deux; **once ~ ten years** une fois tous les dix ans; **10 ~ number** au nombre de 10; ~ **part** en partie; ~ **tens** par dizaines **16.** (*substitution of*) ~ **sb's place** à la place de qn; ~ **lieu of sth** en guise de qc **17.** (*as consequence of*) ~ **return/reply** en échange/réponse ▶ ~ **heaven's name!** au nom du Ciel!; ~ **all** (*all together*) en tout; **all ~ all** en général; **to be ~ and out of sth** ne cesser d'entrer et de sortir de qc **II.** *adv* (*at a place*) **to be ~** être là; (*at home*) être à la maison; (*in jail*) être en prison ▶ **to be ~ for sth** *inf* être bon pour qc; ~ **on sth** au courant de qc; *s.a.* **in between III.** *adj* (*popular*) dans le vent; **to be ~** être à la mode; *s.a.* **out IV.** *n* **the ~s and outs** les tenants *mpl* et les aboutissants *mpl*

in² [ɪn] *n abbr of* **inch** pouce *m*

IN *n abbr of* **Indiana**

inability [ˌɪn·ə·ˈbɪl·ə·t̬i] *n* incapacité *f*

inaccessible [ˌɪn·æk·ˈses·ə·bl] *adj* inaccessible

inaccuracy [ɪn·ˈæk·jə·rə·si] <-ies> *n* inexactitude *f*

inaccurate [ɪn·ˈæk·jə·rət] *adj* inexact(e)

inaction [ɪn·ˈæk·ʃᵊn] *n* inaction *f*; (*of person*) passivité *f*

inactive [ɪn·ˈæk·tɪv] *adj* inactif(-ive)

inactivity [ˌɪn·æk·ˈtɪv·ə·t̬i] *n* inactivité *f*

inadequacy [ɪn·ˈæd·ɪ·kwə·si] <-ies> *n* **1.** (*insufficiency*) insuffisance *f* **2.** (*defect*) imperfection *f*

inadequate [ɪn·ˈæd·ɪ·kwət] *adj* inadéquat(e); (*knowledge, funds*) insuffisant(e); **to feel ~** ne pas se sentir à la hauteur

inadmissible [ˌɪn·əd·ˈmɪs·ə·bl] *adj* inadmissible; ~ **evidence** preuves *fpl* irrecevables

inadvertent [ˌɪn·əd·ˈvɜr·tᵊnt] *adj* commis(e) par inadvertance

inadvisable [ˌɪn·əd·ˈvaɪ·zə·bl] *adj* inopportun(e); **it is ~ to** *+infin* il est déconseillé de *+infin*

inalienable [ˌɪn·ˈeɪ·li·ə·nə·bl] *adj form* inaliénable

inane [ɪ·ˈneɪn] *adj* bête

inanimate [ɪn·ˈæn·ɪ·mət] *adj* inanimé(e)

inanity [ɪ·ˈnæn·ə·t̬i] <-ies> *n* ineptie *f*

inapplicable [ˌɪn·ˈæp·lɪ·kə·bl] *adj* inapplicable

inappropriate [ˌɪn·ə·ˈproʊ·pri·ət] *adj* inapproprié(e)

inapt [ɪn·ˈæpt] *adj* inapte

inaptitude [ɪn·ˈæp·tə·tud] *n* inaptitude *f*

inarticulate [ˌɪn·ar·ˈtɪk·jʊ·lət] *adj* **1.** (*unable to express oneself*) **to be ~** être incapable de s'exprimer **2.** (*unclear*) incompréhensible

inartistic [ˌɪn·ar·ˈtɪs·tɪk] *adj* **to be ~** n'avoir aucun sens artistique

inasmuch as [ˌɪn·əz·ˈmʌtʃ əz] *conj form* **1.** (*because*) puisque **2.** (*to the extent that*) étant donné que; *s.a.* **insofar as**

inattention [ˌɪn·ə·ˈten·(t)ʃᵊn] *n* manque *m* d'attention

inattentive [ˌɪn·ə·ˈten·t̬ɪv] *adj* inattentif(-ive)

inaudible [ɪn·ˈɔ·də·bl] *adj* inaudible

inaugural [ɪ·ˈnɔg·jʊ·rᵊl] *adj* inaugural(e)

inaugurate [ɪ·ˈnɔg·jʊ·reɪt] *vt* **1.** (*induct into office*) investir de ses fonctions **2.** (*open*) inaugurer

inauguration *n* **1.** (*induction into office: of president*) investiture *f* **2.** (*opening: of building*) inauguration *f*

inauspicious [ˌɪn·ɔ·ˈspɪʃ·əs] *adj form* peu propice

in between I. *prep* entre **II.** *adv* entre les deux

in-between I. *adj* intermédiaire **II.** *n* **the ~s** ceux qui sont entre les deux

inboard [ˈɪn·bɔrd] **I.** *adj* **1.** (*within a ship, vehicle, plane*) à bord **2.** NAUT (*engine*) in-bord *inv* **II.** *adv* à bord **III.** *n* **1.** (*engine*) moteur *m* in-bord **2.** (*boat*) in-bord *m inv*

inborn [ˈɪn·bɔrn] *adj* inné(e)

in box *n* COMPUT boîte *f* de réception

inbred [ˈɪn·bred] *adj* **1.** (*closely related: animal*) issu(e) de croisements consanguins; (*person*) ayant un fort degré de consanguinité **2.** (*inherent*) inné(e)

inbreeding [ˈɪn·brid·ɪŋ] *n* consanguinité *f*

Inc. [ɪŋk] *adj abbr of* **Incorporated** SA

Inca [ˈɪŋ·kə] **I.** *n* Inca *mf* **II.** *adj* inca

incalculable [ɪn·ˈkæl·kjə·lə·bl] *adj* incalculable; (*value*) inestimable

incandescent [ˌɪn·ken·ˈdes·ᵊnt] *adj* incande-

scent(e)
incantation [ˌɪn·kæn·ˈteɪ·ʃᵊn] *n* incantation *f*
incapability *n* incapacité *f*
incapable [ɪn·ˈkeɪ·pə·bl] *adj* incapable
incapacitate [ˌɪn·kə·ˈpæs·ɪ·teɪt] *vt* **1.** (*disable*) rendre incapable; (*machine*) rendre hors d'état de marche; **to be ~d** être handicapé [*o* en invalidité]; **to ~ sb from doing sth** mettre qn dans l'incapacité de faire qc **2.** LAW invalider
incapacity [ˌɪn·kə·ˈpæs·ə·t̬i] *n* incapacité *f*
incarcerate [ɪn·ˈkar·sə·reɪt] *vt* **1.** (*in prison*) incarcérer **2.** *fig* **to be ~d in sth** être emprisonné dans qc
incarnate [ɪn·ˈkar·nɪt] *adj* incarné(e)
incarnation [ˌɪn·kar·ˈneɪ·ʃᵊn] *n* incarnation *f*
incautious [ɪn·ˈkɔ·ʃəs] *adj* imprudent(e)
incendiary [ɪn·ˈsen·di·er·i] *adj* incendiaire
incense¹ [ˈɪn·sen(t)s] *n* encens *m*
incense² [ɪn·ˈsen(t)s] *vt* mettre en colère
incensed *adj* furieux(-euse); **to be** [*o* **get**] **~ with sb/sth** être révolté contre qn/qc
incentive [ɪn·ˈsen·t̬ɪv] *n* **1.** FIN, ECON prime *f* **2.** (*cause for action*) motivation *f*; **to give an ~** motiver
inception [ɪn·ˈsep·ʃᵊn] *n* commencement *m*
incertitude [ɪn·ˈsɜr·t̬ɪ·tud] *n* incertitude *f*
incessant [ɪn·ˈses·ᵊnt] *adj* incessant(e)
incest [ˈɪn·sest] *n* inceste *m*
incestuous *adj* incestueux(-euse)
inch [ɪn(t)ʃ] **I.** <-es> *n* pouce *m*; **every ~** chaque centimètre ▶ **give her/him an ~ and she/he'll take a mile** *prov* si on lui tend le petit doigt, il/elle prend tout le bras; **to avoid** [*o* **miss**] **sb/sth by an ~** manquer qn de peu/qc d'un doigt; **not to budge** [*o* **give**] [*o* **move**] **an ~** ne pas bouger d'un pouce; **~ by ~** petit à petit **II.** *vi + directional adv* **to ~ along** [*o* **forward**] avancer à petits pas **III.** *vt* **to ~ oneself/sth forward** s'avancer/faire avancer qc d'un pouce
incidence [ˈɪn(t)·sɪ·dᵊn(t)s] *n* taux *m*
incident *n* incident *m*
incidental *adj* **1.** (*minor*) secondaire; **~ expenses** faux frais *mpl*; **~ music** musique *f* de fond **2.** (*occurring by chance*) accidentel(le) **3.** (*happening as a consequence*) **to be ~ to sth** accompagner qc
incidentally *adv* **1.** (*by the way*) à propos **2.** (*accidentally*) incidemment
incinerate [ɪn·ˈsɪn·ər·eɪt] *vt* incinérer
incinerator *n* incinérateur *m*
incipient [ɪn·ˈsɪp·i·ənt] *adj form* naissant(e); **at an ~ stage** à un stade précoce
incise [ɪn·ˈsaɪz] *vt* **1.** MED inciser **2.** *form* (*engrave*) **to ~ sth into sth** graver qc sur qc
incision [ɪn·ˈsɪʒ·ᵊn] *n* MED incision *f*
incisive [ɪn·ˈsaɪ·sɪv] *adj* incisif(-ive)
incisor *n* incisive *f*
incite [ɪn·ˈsaɪt] *vt* inciter, instiguer *Belgique*
incitement *n* incitation *f*
incivility [ˌɪn·sɪ·ˈvɪl·ə·t̬i] *n form* impolitesse *f*
inclement [ɪn·ˈklem·ənt] *adj* inclément(e)
inclination [ˌɪn·klɪ·ˈneɪ·ʃᵊn] *n* **1.** (*tendency*) tendance *f* **2.** (*liking*) penchant *m* **3.** (*slope*) inclinaison *f*
incline [ˈɪn·klaɪn, *vb:* ɪn·ˈklaɪn] **I.** *n* pente *f* **II.** *vi* **1.** (*tend*) **to ~ to(wards) sth** tendre vers qc **2.** (*lean*) pencher **III.** *vt* **1.** (*encourage*) **to ~ sb to** *+infin* porter qn à *+infin* **2.** (*make lean*) incliner; **to ~ one's head** baisser la tête
inclined *adj* enclin(e)
inclose [ɪn·ˈkloʊz] *vt s.* **enclose**
include [ɪn·ˈklud] *vt* comprendre
including *prep* (y) compris; **not ~ tax** taxe *f* non comprise; **ten books ~ two novels** dix livres *mpl* dont deux romans; **up to and ~ June 6th** jusqu'au 6 juin inclus
inclusion [ɪn·ˈklu·ʒᵊn] *n* inclusion *f*
inclusive [ɪn·ˈklu·sɪv] *adj* **1.** (*including*) compris(e); **all-~** tout compris; **from Monday to Thursday ~** du lundi au jeudi inclus **2.** (*for all people, diverse*) **~ policy** politique *f* non discriminatoire
incognito [ˌɪn·kag·ˈni·t̬oʊ] *adv* incognito
incoherent [ˌɪn·koʊ·ˈhɪr·ᵊnt] *adj* incohérent(e)
income [ˈɪn·kʌm] *n* revenu *m*
income tax *n* impôt *m* sur le revenu
incoming *adj* **1.** (*arriving*) qui arrive; (*call*) de l'extérieur **2.** (*new*) nouveau(-elle) **3.** (*recently elected*) entrant(e)
incomings *npl* rentrées *fpl*
incommensurable *adj* **1.** (*impossible to measure*) incommensurable **2.** MATH (*number*) irrationnel(le)
incommensurate [ˌɪn·kə·ˈmen(t)·sər·ət] *adj* **1.** (*out of proportion*) **to be ~ with sth** être sans rapport avec qc **2.** (*impossible to measure*) incommensurable
incommunicado [ˌɪn·kə·ˌmju·nɪ·ˈka·doʊ] *a. iron* **I.** *adj* injoignable **II.** *adv* **to be held ~** être tenu au secret
incomparable [ɪn·ˈkam·pᵊr·ə·bl] *adj* incomparable
incompatibility *n* incompatibilité *f*
incompatible [ˌɪn·kəm·ˈpæt̬·ə·bl] *adj* incompatible
incompetence [ɪn·ˈkam·pə·t̬ən(t)s], **incompetency** *n* incompétence *f*
incompetent **I.** *adj* incompétent(e) **II.** *n pej* incapable *mf*
incomplete [ˌɪn·kəm·ˈplit] *adj* **1.** (*not complete*) incomplet(-ète) **2.** (*not finished*) inachevé(e)
incomprehensible [ˌɪn·kam·prɪ·ˈhen(t)·sə·bl] *adj* incompréhensible
inconceivable [ˌɪn·kən·ˈsi·və·bl] *adj* inconcevable
inconclusive [ˌɪn·kən·ˈklu·sɪv] *adj* peu concluant(e)
incongruous [ɪn·ˈkaŋ·gru·əs] *adj* incongru(e)
inconsequent [ɪn·ˈkan(t)·sɪ·kwənt] *adj* inconséquent(e)
inconsequential *adj* sans conséquence
inconsiderable [ˌɪn·kən·ˈsɪd·ᵊr·ə·bl] *adj* insignifiant(e)
inconsiderate [ˌɪn·kən·ˈsɪd·ᵊr·ət] *adj* incon-

sidéré(e); **to be ~ to sb** manquer d'égards envers qn

inconsistency [ˌɪn·kən·ˈsɪs·tᵊn(t)·si] <-ies> *n* inconsistance *f*

inconsistent *adj* inconsistant(e)

inconsolable [ˌɪn·kən·ˈsoʊ·lə·bl] *adj* inconsolable

inconspicuous [ˌɪn·kən·ˈspɪk·ju·əs] *adj* discret(-ète); **to try to look ~** essayer de passer inaperçu

incontestable [ˌɪn·kən·ˈtes·tə·bl] *adj form* incontestable

incontinent [ɪn·ˈkan·tᵊn·ᵊnt] *adj* incontinent(e)

inconvenience [ˌɪn·kən·ˈvi·ni·ən(t)s] **I.** *n* désagrément *m* **II.** *vt* déranger

inconvenient *adj* inopportun(e)

incorporate [ɪn·ˈkɔr·pᵊ·reɪt] *vt* **1.** (*integrate*) incorporer **2.** (*include*) comprendre **3.** LAW, ECON **to ~ a company** constituer une société

incorporated *adj* ECON (*company*) à responsabilité limitée

incorporation *n* **1.** (*integration*) incorporation *f* **2.** LAW, ECON constitution *f* en société

incorrect [ˌɪn·kə·ˈrekt] *adj* **1.** (*not correct*) incorrect(e); **to prove ~** s'avérer inexact **2.** *fig* déplacé(e)

incorrigible [ɪn·ˈkɔr·ə·dʒə·bl] *adj* incorrigible

incorruptible [ˌɪn·kə·ˈrʌp·tə·bl] *adj* incorruptible

increase [ˈɪn·kris, *vb:* ɪn·ˈkris] **I.** *n* **1.** (*in quantity*) augmentation *f*; **~ in sth** augmentation de qc; **tax ~** hausse *f* de l'impôt; **to be on the ~** être en augmentation **2.** (*in quality*) intensification *f* **II.** *vt, vi* augmenter; **to ~ tenfold/threefold** décupler/tripler

increasing *adj* croissant(e)

increasingly *adv* de plus en plus

incredible [ɪn·ˈkred·ɪ·bl] *adj* incroyable

incredibly *adv* incroyablement

incredulity [ˌɪn·krɪ·ˈdu·lə·t̬i] *n* incrédulité *f*

incredulous [ɪn·ˈkredʒ·ʊ·ləs] *adj* incrédule

increment [ˈɪŋ·krə·mənt] *n* **1.** (*increase*) augmentation *f* **2.** MATH, COMPUT incrément *m*

incremental *adj* incrémentiel(le)

incriminate [ɪn·ˈkrɪm·ɪ·neɪt] *vt* incriminer

incriminating *adj* compromettant(e)

incubate [ˈɪn·kjʊ·beɪt] **I.** *vt* **1.** *a. fig* couver **2.** MED incuber **II.** *vi* **1.** *fig* couver **2.** MED être en incubation

incubation *n* incubation *f*

incubator *n* **1.** BIO incubateur *m* **2.** MED couveuse *f*

inculcate [ˈɪn·kʌl·keɪt] *vt form* **to ~ sth in sb** [*o* **sb with sth**] inculquer qc à qn

incumbent [ɪn·ˈkʌm·bənt] **I.** *adj* **1.** (*holding office*) en exercice **2.** *form* (*obliged*) **it is ~ on sb to** +*infin* il incombe à qn de +*infin* **II.** *n* (*of post*) titulaire *mf*

incur [ɪn·ˈkɜr] <-rr-> *vt* encourir; (*losses*) subir; (*debt*) contracter; (*sb's anger*) s'attirer

incurable [ɪn·ˈkjʊr·ə·bl] *adj* incurable

incursion [ɪn·ˈkɜr·ʒᵊn] *n* incursion *f*

indebted [ɪn·ˈdet̬·ɪd] *adj* **1.** (*obliged*) **~ to sb for sth** redevable à qn de qc **2.** FIN endetté(e)

indebtedness *n* **1.** (*state of obligation*) dette *f* **2.** FIN endettement *m*

indecency [ɪn·ˈdi·sᵊn(t)·si] *n* **1.** (*improper behavior*) inconvenance *f* **2.** (*immorality*) indécence *f* **3.** LAW outrage *m* public à la pudeur

indecent *adj* indécent(e)

indecent exposure *n* LAW outrage *m* public à la pudeur

indecipherable [ˌɪn·dɪ·ˈsaɪ·fᵊr·ə·bl] *adj* (*handwriting*) indéchiffrable; (*message*) inintelligible

indecision [ˌɪn·dɪ·ˈsɪʒ·ᵊn] *n* indécision *f*

indecisive [ˌɪn·dɪ·ˈsaɪ·sɪv] *adj* indécis(e)

indeclinable [ɪn·dɪ·ˈklaɪ·nə·bl] *adj* LING indéclinable

indecorous [ɪn·ˈdek·ᵊr·əs] *adj form* inconvenant(e)

indeed [ɪn·ˈdid] *adv* **1.** (*as was suspected*) en effet **2.** (*emphasizing*) vraiment; **it's very sad ~** c'est vraiment triste

indefensible [ˌɪn·dɪ·ˈfen(t)·sə·bl] *adj* indéfendable

indefinable [ˌɪn·dɪ·ˈfaɪ·nə·bl] *adj* indéfinissable

indefinite [ɪn·ˈdef·ə·nət] *adj* indéfini(e)

indefinite article *n* article *m* indéfini

indefinitely *adv* indéfiniment

indelible [ɪn·ˈdel·ə·bl] *adj* indélébile

indemnify [ɪn·ˈdem·nɪ·faɪ] <-ie-> *vt* **1.** (*insure*) assurer **2.** (*compensate*) indemniser

indemnity [ɪn·ˈdem·nə·t̬i] *n* **1.** (*insurance*) assurance *f* **2.** (*compensation*) indemnité *f*

indent [ˈɪn·dent, *vb:* ɪn·ˈdent] **I.** *n* TYP alinéa *m* **II.** *vi* TYP faire un alinéa **III.** *vt* **1.** TYP mettre en retrait **2.** (*notch*) denteler

indentation [ˌɪn·den·ˈteɪ·ʃᵊn] *n* **1.** TYP alinéa *m* **2.** (*notch*) entaille *f*; (*of coast*) découpage *m*; (*in metal*) bosse *f* **3.** (*notched edge*) dentelure *f*

independence [ˌɪn·dɪ·ˈpen·dən(t)s] *n* indépendance *f*

Independence Day *n aux États-Unis, le 4 juillet est célébré en souvenir du jour de 1776 où les 13 colonies ont déclaré leur indépendance vis-à-vis de l'Angleterre.*

independent **I.** *adj a.* LING indépendant(e) **II.** *n* POL **an Independent** un(e) non-inscrit(e)

in-depth [ˈɪn·depθ] *adj* approfondi(e)

indescribable [ˌɪn·dɪ·ˈskraɪ·bə·bl] *adj* indescriptible

indestructible [ˌɪn·dɪ·ˈstrʌk·tə·bl] *adj* indestructible; (*toy*) incassable

indeterminable [ˌɪn·dɪ·ˈtɜr·mɪ·nə·bl] *adj* indéterminable

indeterminate [ˌɪn·dɪ·ˈtɜr·mɪ·nət] *adj* indéterminé(e)

index [ˈɪn·deks] **I.** *n* **1.** <-es> (*alphabetical list*) index *m* **2.** <-ices *o* -es> ECON, MATH indice *m*; **cost-of-living ~** indice officiel du coût de la vie **3.** <-ices *o* -es> (*indication*) indice *m* **4.** REL **the Index** l'Index *m* **II.** *vt a.* ECON indexer

indexation [ˌɪn·dek·ˈseɪ·ʃᵊn] *n* ECON indexation *f*

index card *n* fiche *f*

index finger *n* index *m*

India [ˈɪn·di·ə] *n* l'Inde *f*

India ink *n* encre *f* de Chine

Indian **I.** *adj* **1.** (*of/from India*) indien(ne), de l'Inde **2.** (*of/from Native Americans*) *a. pej* indien(ne) **II.** *n* **1.** (*from India*) Indien(ne) *m(f)* **2.** (*Native American*) *a. pej* Indien(ne) *m(f)*

Indiana [ˌɪn·di·ˈæn·ə] *n* l'Indiana *m*

Indian club *n* SPORTS mil *m*

Indian corn *n* maïs *m*

Indian file *n s.* **single file**

Indian Ocean *n* l'océan *m* Indien

Indian summer *n* **1.** (*in the fall*) été *m* indien **2.** *fig* deuxième printemps *m*

India paper *n* papier *m* bible

indicate [ˈɪn·dɪ·keɪt] *vt* indiquer

indication *n a.* MED indication *f*; **there is every/no ~ that ...** tout/rien ne porte à croire que ...

indicative [ɪn·ˈdɪk·ə·t̬ɪv] **I.** *adj a.* LING indicatif(-ive); **~ sentence** phrase *f* à l'indicatif **II.** *n* LING indicatif *m*

indicator *n a.* TECH indicateur *m*

indices [ˈɪn·dɪ·siz] *n pl of* **index**

indict [ɪn·ˈdaɪt] *vt* LAW **to ~ sb on sth** inculper qn de qc

indictable *adj* LAW passible d'une condamnation

indictment *n* LAW acte *m* d'accusation

indie [ˈɪn·di] *adj inf* indépendant(e)

Indies [ˈɪn·diz] *npl* les Indes *fpl*; **the West ~** les Antilles *fpl*

indifference [ɪn·ˈdɪf·ᵊr·ᵊn(t)s] *n* indifférence *f*; **~ to sb/sth** indifférence envers qn/qc

indifferent *adj* **1.** (*not interested*) indifférent(e) **2.** (*not good or bad*) médiocre

indigenous [ɪn·ˈdɪdʒ·ɪ·nəs] *adj* indigène

indigestible [ˌɪn·dɪ·ˈdʒəs·tə·bl] *adj* inassimilable

indigestion [ˌɪn·dɪ·ˈdʒəs·tʃᵊn] *n* indigestion *f*

indignant [ɪn·ˈdɪg·nənt] *adj* indigné(e)

indignation *n* **1.** *no indef art* indignation *f* **2.** (*humiliating occurrence*) **to suffer ~s** endurer des humiliations

indignity [ɪn·ˈdɪg·nə·t̬i] *n* humiliation *f*

indirect [ˌɪn·dɪ·ˈrekt] *adj a.* LING indirect(e); **by ~ means** de manière détournée

indirect object *n* objet *m* indirect

indirect tax *n* FIN impôts *mpl* indirects

indiscernible [ˌɪn·dɪ·ˈsɜr·nə·bl] *adj* insaisissable; **~ to the naked eye** invisible à l'œil nu

indiscipline [ɪn·ˈdɪs·ə·plɪn] *n form* indiscipline *f*

indiscreet [ˌɪn·dɪ·ˈskrit] *adj* indiscret(-ète)

indiscretion [ˌɪn·dɪ·ˈskreʃ·ᵊn] *n* indiscrétion *f*

indiscriminate [ˌɪn·dɪ·ˈskrɪm·ɪ·nət] *adj* **1.** (*without criteria*) sans distinction; (*revenge*) aveugle **2.** (*uncritical*) dépourvu(e) d'esprit critique **3.** (*random*) général(e)

indispensable [ˌɪn·dɪ·ˈspen(t)·sə·bl] *adj* indispensable

indisposed [ˌɪn·dɪ·ˈspoʊzd] *adj* **1.** (*slightly ill*) indisposé(e) **2.** *form* (*averse, unwilling*) réticent(e)

indisposition [ˌɪn·dɪs·pə·ˈzɪʃ·ᵊn] *n form* **1.** (*illness*) indisposition *f* **2.** *no indef art* (*unwillingness*) réticence *f*

indisputable [ˌɪn·dɪ·ˈspju·t̬ə·bl] *adj* indéniable

indistinct [ˌɪn·dɪ·ˈstɪŋ(k)t] *adj* indistinct(e)

indistinguishable [ˌɪn·dɪ·ˈstɪŋ·gwɪ·ʃə·bl] *adj* indiscernable

individual [ˌɪn·dɪ·ˈvɪdʒ·u·əl] **I.** *n* individu *m* **II.** *adj* (*case*) individuel(le); (*attention*) particulier(-ère); (*needs, style*) personnel(le)

individual case *n* cas *m* isolé

individualism [ˌɪn·dɪ·ˈvɪdʒ·u·ə·lɪ·zᵊm] *n no indef art a.* PHILOS individualisme *m*

individualist *n a.* PHILOS individualiste *mf*

individualistic *adj* individualiste

individuality [ˌɪn·dɪ·ˌvɪdʒ·u·ˈæl·ə·t̬i] *n* individualité *f*

individualize [ˌɪn·dɪ·ˈvɪdʒ·u·əl·aɪz] *vt* individualiser

individually *adv* individuellement

indivisible [ˌɪn·dɪ·ˈvɪz·ə·bl] *adj* indivisible

Indochina [ˌɪn·doʊ·ˈtʃaɪ·nə] *n* l'Indochine *f*

indoctrinate [ɪn·ˈdak·trɪ·neɪt] *vt* endoctriner

indoctrination *n* endoctrinement *m*

indolent [ˈɪn·dᵊl·ənt] *adj* indolent(e)

indomitable [ɪn·ˈda·mə·t̬ə·bl] *adj* indomptable

Indonesia [ˌɪn·də·ˈni·ʒə] *n* l'Indonésie *f*

Indonesian **I.** *adj* indonésien(ne) **II.** *n* **1.** (*person*) Indonésien(ne) *m(f)* **2.** LING indonésien *m*; *s.a.* **English**

indoor [ˌɪn·ˈdɔr] *adj* d'intérieur; (*sports*) en salle; (*pool, tennis court*) couvert(e); **~ activities** activités *fpl* d'intérieur

indoors *adv* à l'intérieur

induce [ɪn·ˈdus] *vt* **1.** (*persuade*) inciter **2.** (*cause*) provoquer

inducement *n* incitation *f*

induct [ɪn·ˈdʌkt] *vt* instituer

induction *n* **1.** (*into office*) installation *f* **2.** MIL incorporation *f* **3.** (*initiation*) initiation *f* **4.** *no indef art* PHILOS, PSYCH, ELEC induction *f* **5.** MED provocation *f*

induction coil *n* ELEC bobine *f* d'induction

inductive [ɪn·ˈdʌk·tɪv] *adj* ELEC, MATH, PHILOS inductif(-ive)

indulge [ɪn·ˈdʌldʒ] **I.** *vt* **1.** (*allow to enjoy: one's passion, desire*) céder à; **to ~ oneself in sth** s'accorder qc **2.** (*spoil*) gâter; **to ~ oneself** se faire plaisir **II.** *vi* se laisser tenter; **to ~ in sth** (*allow oneself*) s'offrir qc; (*to become involved in*) se livrer à qc

indulgence [ɪn·ˈdʌl·dʒən(t)s] *n* **1.** (*treat*) gâterie *f* **2.** *no indef art* (*leniency*) indulgence

f **3.** (*instance of indulging: in a passion, hobby*) abandon *m;* (*in food*) gourmandise *f;* **to be one's ~** être son péché mignon **4.** REL (*Catholic doctrine*) indulgence *f*
indulgent *adj* **to be ~ toward sb/sth** être indulgent envers qn/qc
industrial [ɪn·ˈdʌs·tri·əl] *adj* industriel(le)
industrial dispute *n* conflit *m* social
industrialism [ɪn·ˈdʌs·tri·əl·ɪ·zᵊm] *n no indef art* industrialisme *m*
industrialization *n* industrialisation *f*
industrialize [ɪn·ˈdʌs·tri·ə·laɪz] **I.** *vt* industrialiser **II.** *vi* s'industrialiser
industrial park *n* zone *f* industrielle
Industrial Revolution *n* Révolution *f* Industrielle
industrious [ɪn·ˈdʌs·tri·əs] *adj* actif(-ive)
industry [ˈɪn·də·stri] *n* industrie *f;* **heavy/light ~** industrie lourde/légère; **computer/electricity ~** industrie électronique/électrique; **tourist ~** industrie du tourisme
inebriated [ɪ·ˈni·bri·eɪ·t̬ɪd] *adj* enivré(e)
inedible [ɪn·ˈed·ɪ·bl] *adj* **1.** (*not for eating*) non comestible **2.** *pej* (*unfit to be eaten*) immangeable
ineducable [ɪn·ˈedʒ·ʊ·kə·bl] *adj* inéducable
ineffable [ɪn·ˈef·ə·bl] *adj form* ineffable
ineffective [ˌɪn·ɪ·ˈfek·tɪv] *adj* inefficace
ineffectual [ˌɪn·ɪ·ˈfek·tʃʊ·ᵊl] *adj form* inefficace; (*efforts*) vain(e); **to be ~ at doing sth** ne pas être capable de faire qc
inefficiency [ˌɪn·ɪ·ˈfɪʃ·ᵊn(t)·si] *n no indef art* inefficacité *f*
inefficient *adj* non rentable; (*person, organization*) incompétent(e)
inelegant [ˌɪn·ˈel·ɪ·gənt] *adj* inélégant(e)
ineligible [ɪn·ˈel·ɪ·dʒə·bl] *adj* inéligible; **to be ~ to** *+infin* ne pas avoir le droit de *+infin;* **to be ~ for sth** ne pas avoir droit à qc
inept [ɪ·ˈnept] *adj* **1.** (*clumsy*) inepte **2.** (*unskilled*) inapte; **to be ~ at doing sth** être inapte à faire qc; **to be socially ~** être socialement inadapté
inequality [ˌɪn·ɪ·ˈkwa·lə·t̬i] *n* inégalité *f*
inequitable [ɪn·ˈek·wə·t̬ə·bl] *adj form* inéquitable
inequity [ɪn·ˈek·wə·t̬i] *n form* iniquité *f*
ineradicable [ˌɪn·ɪ·ˈræd·ɪ·kə·bl] *adj form* (*impression*) indéracinable; (*disease*) qu'on ne peut éradiquer
inert [ɪ·ˈnɜrt] *adj a. fig, pej* inerte
inertia [ˌɪn·ˈɜr·ʃə] *n no indef art a.* PHYS inertie *f*
inescapable [ˌɪn·ɪ·ˈskeɪ·pə·bl] *adj* inéluctable
inessential [ˌɪn·ɪ·ˈsen·(t)ʃᵊl] **I.** *adj* insignifiant(e) **II.** *n pl* insignifiance *f*
inestimable [ɪn·ˈes·tɪ·mə·bl] *adj* inestimable
inevitable [ɪn·ˈev·ɪ·t̬ə·bl] **I.** *adj* inévitable **II.** *n no indef art* **the ~** l'inévitable *m*
inexact [ˌɪn·ɪg·ˈzækt] *adj* inexact(e)
inexcusable [ˌɪn·ɪk·ˈskju·zə·bl] *adj* inexcusable
inexhaustible [ˌɪn·ɪg·ˈzɔ·stə·bl] *adj* inexhaustible
inexorable [ˌɪn·ˈek·sᵊr·ə·bl] *adj form* inexorable
inexpedient [ˌɪn·ɪk·ˈspi·di·ənt] *adj form* inapproprié(e)
inexpensive [ˌɪn·ɪk·ˈspen(t)·sɪv] *adj* bon marché
inexperience [ˌɪn·ɪk·ˈspɪr·i·ən(t)s] *n* inexpérience *f*
inexperienced *adj* inexpérimenté(e)
inexpert [ɪn·ˈek·spɜrt] *adj* inexpert(e)
inexplicable [ˌɪn·ˈək·splɪ·kə·bl] **I.** *adj* inexplicable **II.** *n no indef art* **the ~** l'inexplicable *m*
inextricable [ˌɪn·ɪk·ˈstrɪ·kə·bl] *adj* inextricable
infallible [ɪn·ˈfæl·ə·bl] *adj* infaillible
infamous [ˈɪn·fə·məs] *adj* **1.** (*with bad reputation*) tristement célèbre **2.** (*horrible*) infâme
infamy [ˈɪn·fə·mi] *n* infamie *f*
infancy [ˈɪn·fən(t)·si] *n a. fig* enfance *f*
infant *n* enfant *m;* **newborn ~** nouveau-né(e) *m(f)*
infanticide [ɪn·ˈfæn·t̬ə·saɪd] *n form* infanticide *m*
infantile [ˈɪn·fən·taɪl] *adj pej* infantile
infant mortality *n* mortalité *f* infantile
infantry [ˈɪn·fən·tri] *n* MIL **the ~** *+sing/pl vb* l'infanterie *f*
infantryman <-men> *n* MIL fantassin *m*
infatuated [ɪn·ˈfætʃ·u·eɪ·t̬ɪd] *adj* **to be ~ with sb/sth** être entiché de qn/qc; **to become ~ with sb/sth** s'enticher de qn/qc
infatuation *n* toquade *f*
infect [ɪn·ˈfekt] *vt* **1.** (*contaminate*) *a. fig, pej* contaminer; **to ~ sb with sth** transmettre qc à qn; **to become ~ed** s'infecter **2.** (*pass on sth desirable: one's laugh, good humor*) communiquer; **to ~ sb with sth** communiquer qc à qn
infection *n* MED infection *f*
infectious *adj a.* MED contagieux(-euse)
infelicitous [ˌɪn·fə·ˈlɪs·ə·t̬əs] *adj form* malheureux(-euse)
infer [ɪn·ˈfɜr] <-rr-> *vt* **to ~ sth from sth** inférer qc de qc
inference [ˈɪn·fᵊr·ᵊn(t)s] *n* inférence *f*
inferior [ɪn·ˈfɪr·ɪ·ər] **I.** *adj* inférieur(e) **II.** *n* subalterne *mf*
inferiority [ɪn·ˌfɪr·i·ˈɔr·ə·t̬i] *n no indef art* infériorité *f*
inferiority complex *n* complexe *m* d'infériorité
infernal [ɪn·ˈfɜr·nᵊl] *adj* infernal(e)
inferno [ɪn·ˈfɜr·noʊ] *n* brasier *m*
infertile [ɪn·ˈfɜr·t̬ᵊl] *adj* **1.** MED (*man, woman*) stérile **2.** AGR (*land*) infertile
infertility [ˌɪn·fər·ˈtɪl·ə·t̬i] *n no indef art* **1.** MED stérilité *f* **2.** AGR infertilité *f*
infest [ɪn·ˈfest] *vt a. fig* infester
infestation *n* infestation *f;* (*of pests*) épidémie *f;* (*of rats*) envahissement *m*
infidel [ˈɪn·fə·del] *n* REL, HIST infidèle *mf;* **the ~** les infidèles *mpl*
infidelity [ˌɪn·fə·ˈdel·ə·t̬i] <-ies> *n* infidélité *f*
infighting [ˈɪn·faɪ·tɪŋ] *n no indef art* conflit *m*

I

interne
infiltrate [ɪn·ˈfɪl·treɪt] **I.** *vt* **1.** *a.* CHEM, PHYS infiltrer **2.** *fig* (*idea, theory*) faire passer **II.** *vi* CHEM, PHYS s'infiltrer
infiltration *n a.* MIL, CHEM, PHYS infiltration *f*
infiltrator *n* MIL espion(ne) *m(f)*
infinite [ˈɪn·fə·nɪt] **I.** *adj a.* MATH infini(e) **II.** *n* **the Infinite** l'infini *m*
infinitely *adv* infiniment
infinitesimal [ˌɪn·fɪ·nɪ·ˈtes·ɪ·mᵊl] *adj form a.* MATH infinitésimal(e)
infinitive [ɪn·ˈfɪn·ə·t̬ɪv] LING **I.** *n* infinitif *m;* **to be in the ~** être à l'infinitif **II.** *adj* infinitif(-ive)
infinity [ɪn·ˈfɪn·ə·t̬i] *n* **1.** (*in distance, extent*) *a.* MATH infini *m* **2.** (*state, huge amount*) infinitude *f*
infirm [ɪn·ˈfɜrm] *adj* infirme
infirmary [ɪn·ˈfɜr·mᵊr·i] *n* MED **1.** (*hospital*) hôpital *m* **2.** (*sick room*) infirmerie *f*
infirmity [ɪn·ˈfɜr·mə·t̬i] *n a. form* infirmité *f*
inflame [ɪn·ˈfleɪm] *vt* **1.** (*provoke, intensify: emotions, feelings*) enflammer; **~d with passion** pris d'une passion ardente **2.** (*stir up*) **to ~ sb** mettre qn en colère; **to ~ sb with anger/desire** exciter la colère/le désir de qn
inflammable [ɪn·ˈflæm·ə·bl] *adj* **1.** (*burning easily*) inflammable **2.** *fig* explosif(-ive)
inflammation [ˌɪn·flə·ˈmeɪ·ʃᵊn] *n* MED inflammation *f*
inflammatory [ɪn·ˈflæm·ə·tɔr·i] *adj* **1.** MED (*disease, arthritis*) inflammatoire **2.** (*language, statement, speech*) incendiaire
inflatable [ɪn·ˈflei·t̬ə·bl] **I.** *adj* gonflable **II.** *n* pneumatique *m*
inflate [ɪn·ˈfleɪt] **I.** *vt a.* ECON gonfler **II.** *vi* se gonfler
inflated *adj* **1.** *a.* ECON gonflé(e) **2.** *pej, form* LING enflé(e)
inflation [ɪn·ˈfleɪ·ʃᵊn] *n* **1.** FIN, ECON inflation *f* **2.** (*of balloon, ball*) gonflement *m*
inflationary *adj* FIN inflationniste
inflect [ɪn·ˈflekt] *vt* **1.** (*change: voice*) moduler **2.** LING mettre une désinence à; (*adjective, noun*) décliner; (*verb*) conjuguer
inflection *n* **1.** (*change*) *a.* MATH inflexion *f* **2.** LING flexion *f;* (*of noun*) déclinaison *f;* (*of verb*) conjugaison *f*
inflexibility *n* **1.** rigidité *f* **2.** *fig* inflexibilité *f*
inflexible [ɪn·ˈflek·sə·bl] *adj* (*person*) inflexible; (*object*) rigide
inflict [ɪn·ˈflɪkt] *vt* **to ~ sth on sb** infliger qc à qn; **to ~ sth on oneself** s'infliger qc; **to ~ one's opinion/views on sb** imposer son opinion/son point de vue à qn
infliction *n* **1.** *no indef art* affliction *f* **2.** (*inflicted act*) punition *f*
influence [ˈɪn·flu·ən(t)s] **I.** *n* influence *f;* **to be an ~ on sb/sth** avoir de l'influence sur qn/qc; **to enjoy ~** avoir de l'influence; **to be/fall under sb's ~** *pej* être/tomber sous l'influence de qn ▶ **to be <u>under</u> the ~** (*drunk*) être sous l'effet de l'alcool; **driving under the ~** conduire en état d'ivresse **II.** *vt* influencer
influential *adj* influent(e)
influenza [ˌɪn·flu·ˈen·zə] *n form* MED grippe *f*
influx [ˈɪn·flʌks] *n* influx *m*
inform [ɪn·ˈfɔrm] *vt* informer; **to ~ sb about sth** informer qn de qc; **to ~ the police** alerter la police; **to ~ sb what/when/where/whether ...** dire à qn ce que/quand/où/si ...
informal *adj* informel(le); (*meeting, invitation*) non-officiel(le); (*manner, style*) simple; (*atmosphere, clothes*) décontracté(e); (*party, dinner*) sans cérémonie; (*announcement, talks*) officieux(-euse)
informality [ˌɪn·fɔr·ˈmæl·ə·t̬i] *n* **1.** (*lack of formality*) simplicité *f* **2.** (*lack of officiality*) caractère *m* officieux
informant [ɪn·ˈfɔr·mənt] *n* informateur, -trice *m, f*
information [ˌɪn·fər·ˈmeɪ·ʃᵊn] *n* information *f*
information content *n* COMPUT listage *m* de données informatiques
information retrieval *n no indef art* COMPUT consultation *f* de données informatiques
information science *n* informatique *f*
information storage *n* COMPUT sauvegarde *f*
information superhighway *n* autoroute *f* de l'information
information technology *n* technologie *f* de l'information
informative [ɪn·ˈfɔr·mə·t̬ɪv] *adj* informatif(-ive)
informed *adj* informé(e)
informer *n* délateur, -trice *m, f*
infraction [ɪn·ˈfræk·ʃᵊn] *n* infraction *f*
infrared [ˈɪn·frə·ˈred] *adj* infrarouge
infrastructure [ˈɪn·frə·ˌstrʌk·tʃər] *n* infrastructure *f*
infrequent [ɪn·ˈfri·kwənt] *adj* rare
infringe [ɪn·ˈfrɪndʒ] **I.** *vt* (*law*) enfreindre; (*right*) violer **II.** *vi* **to ~ on sth** empiéter sur qc
infringement *n* **1.** LAW violation *f* **2.** SPORTS infraction *f*
infuriate [ɪn·ˈfjʊr·i·eɪt] *vt* **to ~ sb** rendre qn furieux
infuse [ɪn·ˈfjuz] **I.** *vt* **1.** (*fill*) **to ~ sb with courage/energy** donner du courage/de l'énergie à qn; **to ~ sth into sb** inspirer qc à qn **2.** *form* (*steep in liquid: tea, herbs*) laisser infuser **II.** *vi* infuser
infusion *n* **1.** ECON (*input*) investissement *m* **2.** MED (*of blood, plasma*) perfusion *f* **3.** (*brewed drink*) infusion *f*
ingenious [ɪn·ˈdʒi·njəs] *adj* ingénieux(-euse)
ingenuity [ˌɪn·dʒɪ·ˈnju·ə·t̬i] *n no indef art* ingéniosité *f*
ingenuous [ɪn·ˈdʒen·ju·əs] *adj* ingénu(e)
ingest [ɪn·ˈdʒest] *vt* ingérer
inglenook [ˈɪŋ·gl·nʊk] *n* ARCHIT coin *m* de la cheminée
inglorious [ɪn·ˈglɔr·i·əs] *adj* ignominieux(-euse)
ingoing [ˈɪn·goʊ·ɪŋ] *adj* entrant(e)
ingot [ˈɪŋ·gət] *n* (*of gold, silver*) lingot *m*
ingrained [ˌɪn·ˈgreɪnd] *adj* incrusté(e)

ingratiate [ɪn·ˈɡreɪ·ʃɪ·eɪt] *vt* **to ~ oneself with sb** s'insinuer dans les bonnes grâces de qn
ingratitude [ɪn·ˈɡræṭ·ə·tud] *n* ingratitude *f*
ingredient [ɪn·ˈɡri·di·ənt] *n* **1.** (*in recipe*) ingrédient *m* **2.** (*component*) composant *m*
in-group [ˈɪn·ɡrup] *n inf* masse *f* (populaire); **to be in with the ~** faire partie de la masse
ingrowing, ingrown [ˈɪn·ɡroʊn] *adj* incarné(e)
inhabit [ɪn·ˈhæb·ɪt] *vt* habiter (dans)
inhabitable *adj* habitable
inhabitant [ɪn·ˈhæb·ɪ·tənt] *n* habitant(e) *m(f)*
inhale [ɪn·ˈheɪl] *vt, vi* inhaler
inhaler *n* MED inhalateur *m*
inharmonious [ˌɪn·har·ˈmoʊ·ni·əs] *adj a.* MUS discordant(e)
inherent [ɪn·ˈhɪr·ənt] *adj a.* PHILOS inhérent(e); **to be ~ in sth** être inhérent à qc
inherit [ɪn·ˈher·ɪt] **I.** *vt a. fig* **to ~ sth from sb** hériter (de) qc de qn **II.** *vi* hériter
inheritable *adj* LAW, MED héréditaire
inheritance [ɪn·ˈher·ɪ·tən(t)s] *n a.* LAW héritage *m*
inhibit [ɪn·ˈhɪb·ɪt] *vt* **1.** (*prevent*) empêcher; **to ~ sb/sth from doing sth** empêcher qn/qc de faire qc **2.** (*hinder, impair*) inhiber
inhibition *n a.* PSYCH inhibition *f*
inhospitable [ɪn·ˈha·spɪ·ṭə·bl] *adj* inhospitalier(-ère)
in-house [ˈɪn·haʊs] COM **I.** *adj* interne **II.** *adv* sur place
inhuman [ɪn·ˈhju·mən] *adj* **1.** *a. fig, pej* (*cruel*) inhumain(e) **2.** (*non-human*) inhumain(e)
inhumane [ˌɪn·hju·ˈmeɪn] *adj* (*cruel*) inhumain(e)
inhumanity [ˌɪn·hju·ˈmæn·ə·ṭi] *n no indef art* inhumanité *f*
inimical [ɪ·ˈnɪm·ɪ·kəl] *adj form* hostile; **to be ~ to sth** être défavorable à qc
inimitable [ɪ·ˈnɪm·ɪ·ṭə·bl] *adj* inimitable
iniquity [ɪ·ˈnɪk·wə·ṭi] *n* iniquité *f*
initial [ɪ·ˈnɪʃ·əl] **I.** *adj* initial(e) **II.** *n* initiale *f* **III.** <-l- *o* -ll-> *vt* parapher
initialize [ɪ·ˈnɪʃ·əl·aɪz] *vt* COMPUT initialiser
initially *adv* initialement
initiate [ɪ·ˈnɪʃ·i·ət, *vb:* ɪ·ˈnɪʃ·ɪ·eɪt] **I.** *n* (*into a club, organization*) membre *mf;* (*into a spiritual community*) initié(e) *m(f)* **II.** *vt a.* LAW initier; **to ~ sb into sth** initier qn à qc
initiation [ɪ·ˌnɪʃ·i·ˈeɪ·ʃən] *n* initiation *f*
initiative [ɪ·ˈnɪʃ·ə·ṭɪv] *n* initiative *f;* **to have/lose the ~ in sth** avoir/perdre l'initiative de qc; **to show ~** montrer de l'initiative
inject [ɪn·ˈdʒekt] *vt* MED, ECON injecter
injection *n* ECON, MED injection *f*
injection molding *n* moulage *m* par injection
injudicious [ˌɪn·dʒu·ˈdɪʃ·əs] *adj* peu judicieux(-euse)
injunction [ɪn·ˈdʒʌŋ(k)·ʃən] *n* disposition *f;* **to issue an ~ to** *+infin* donner l'ordre de *+infin*
injure [ˈɪn·dʒər] *vt* **1.** (*wound*) blesser; **to ~ oneself** se blesser **2.** (*damage*) endommager; **to ~ one's health** détruire sa santé **3.** *form* (*do wrong to*) causer du tort à
injured *adj* blessé(e)
injury [ˈɪn·dʒər·i] <-ries> *n* blessure *f*
injustice [ɪn·ˈdʒʌs·tɪs] *n* injustice *f*
ink [ɪŋk] **I.** *n* ART, BIO, TYP encre *f* **II.** *vt* **1.** TYP encrer **2.** *fig, inf* (*sign*) signer
ink bottle *n* encrier *m*
ink-jet printer *n* imprimante *f* à jet d'encre
inkling [ˈɪŋk·lɪŋ] *n* **1.** (*hint*) signe *m* **2.** (*suspicion, idea*) vague idée *f;* **to have an ~ that ...** avoir idée que ...
ink pad *n* tampon *m* encreur
inky <-ier, -iest> *adj* **1.** (*very dark*) noir(e) comme de l'encre **2.** (*covered with ink*) couvert(e) d'encre
inlaid [ˈɪn·leɪd] **I.** *adj* incrusté(e); **~ work** marqueterie *f* **II.** *pt, pp of* **inlay**
inland [ˈɪn·lənd] **I.** *adj* intérieur(e) **II.** *adv* (*go, travel*) vers l'intérieur; (*live*) dans les terres
in-laws [ˈɪn·lɔz] *npl* belle-famille *f*
inlay [ˌɪn·ˈleɪ] **I.** *n* **1.** (*embedded pattern*) marqueterie *f* **2.** MED (*filling for tooth*) plomb *m* **II.** <inlaid, inlaid> *vt* **to ~ sth with sth** incruster qc de qc
inlet [ˈɪn·let] *n* GEO bras *m* de rivière
in-line skate *n* patin *m* en ligne
in-line skating *n* patin *m* en ligne
inmate [ˈɪn·meɪt] *n* pensionnaire *mf*
inn [ɪn] *n* auberge *f*
innards [ˈɪn·ərdz] *npl inf* **1.** ANAT (*entrails*) entrailles *fpl* **2.** CULIN abats *mpl* **3.** TECH (*internal parts of machinery*) système *m* interne
innate [ɪ·ˈneɪt] *adj* inné(e)
inner [ˈɪn·ər] *adj* **1.** (*inside, internal*) *a.* PSYCH intérieur(e) **2.** (*personal*) intime
inner circle *n* cercle *m* fermé
inner city *n* quartiers *mpl* défavorisés
inner-city *adj* des quartiers défavorisés; **~ areas** quartiers *mpl* défavorisés
inner ear *n* oreille *f* interne
inner man *n* moi *m* profond
innermost *adj* le/la/les plus intime(s); **the ~ feelings/thoughts** les sentiments *mpl*/les pensées *fpl* les plus intimes; **in sb's ~ being** dans le for intérieur de qn; **the ~ circle** le cœur
inner tube *n* chambre *f* à air
innocence [ˈɪn·ə·sn(t)s] *n* innocence *f;* **in all ~** en toute innocence
innocent **I.** *adj* innocent(e); (*substance*) inoffensif(-ive); **to be ~ of sth** être dépourvu de qc **II.** *n* innocent(e) *m(f)*
innocuous [ɪ·ˈnak·ju·əs] *adj* inoffensif(-ive)
innovate [ˈɪn·ə·veɪt] *vi* innover
innovation *n* innovation *f*
innovative [ˈɪn·ə·veɪ·ṭɪv] *adj* innovateur(-trice)
innovator *n* innovateur, -trice *m, f*
innuendo [ˌɪn·ju·ˈen·doʊ] <-es> *n* insinuation *f;* **to make an ~ about sth** faire une insinuation sur qc; **sexual ~** avances *fpl* sexuelles

I

innumerable [ɪ·'nu·mᵊr·ə·bl] *adj* innombrable

innumerate [ɪ·'nu·mər·ət] *adj* **to be ~** ne pas savoir calculer

inoculate [ɪ·'na·kjə·leɪt] *vt* inoculer

inoculation *n* inoculation *f*

inoffensive [ˌɪn·ə·'fen(t)·sɪv] *adj* inoffensif(-ive)

inoperable [ˌɪn·'a·pər·ə·bl] *adj* **1.** MED (*not treatable*) inopérable **2.** (*not functioning*) inopérant(e)

inoperative [ˌɪn·'a·pər·ə·t̬ɪv] *adj form* **1.** (*not in effect*) *a.* LAW périmé(e) **2.** (*not functioning*) **to be ~** être en panne

inopportune [ˌɪn·'a·pər·'tun] *adj* inopportun(e)

inordinate [ɪ·'nɔr·dᵊn·ɪt] *adj form* immodéré(e)

inorganic [ˌɪn·ɔr·'gæn·ɪk] *adj* CHEM inorganique

inpatient ['ɪn·peɪ·ʃᵊnt] *n* patient(e) *m(f)* hospitalisé(e)

input ['ɪn·pʊt] **I.** *n* **1.** *no indef art* (*resource put into a system*) apport *m* **2.** (*contribution*) contribution *f* **3.** ELEC (*place, device*) entrée *f;* (*power supply*) puissance *f* d'alimentation **4.** COMPUT saisie *f* (de données) **II.** <-tt-, put *o* putted> *vt* COMPUT entrer

input data *npl* COMPUT données *fpl* entrées

input device *n* COMPUT périphérique *m* d'entrée

inquest ['ɪn·kwest] *n a.* COM *a. fig* enquête *f*

inquire [ɪn·'kwaɪr] **I.** *vi* **1.** (*ask for information*) **to ~ about sth** se renseigner sur qc **2.** (*investigate*) **to ~ into a matter** faire des recherches sur un sujet **II.** *vt* demander; **to ~ whether/when ...** demander si/quand ...

inquiry [ɪn·'kwaɪ·ri] <-ies> *n* **1.** (*investigation of facts*) recherches *fpl;* **to make inquiries into sth** se renseigner sur qc **2.** LAW investigation *f;* **to hold an ~** faire une enquête; **Congressional ~** Commission *f* d'enquête du Congrès

inquisition [ˌɪn·kwɪ·'zɪʃ·ᵊn] *n a. pej* inquisition *f;* **the Inquisition** l'Inquisition

inquisitive [ɪn·'kwɪz·ə·t̬ɪv] *adj* curieux(-euse); **to be ~ about sb/sth** être curieux au sujet de qn/qc

inroad ['ɪn·roʊd] *n* **1.** MIL (*penetration*) invasion *f;* **to make ~s into sth** *a. iron* envahir qc **2.** *pl, fig* **to make ~s into** (*market*) pénétrer; (*one's savings, money*) puiser dans

inrush ['ɪn·rʌʃ] *n* afflux *m*

ins and outs *n pl, inf* tenants *mpl* et aboutissants *mpl*

insane [ɪn·'seɪn] *adj* **1.** MED malsain(e) **2.** *inf* (*crazy*) fou(folle)

insanitary [ɪn·'sæn·ɪ·ter·i] *adj* malsain(e)

insanity [ɪn·'sæn·ə·t̬i] *n no indef art* **1.** MED (*mental illness*) insanité *f;* **to plead ~** LAW plaider la folie **2.** *inf* (*craziness*) folie *f*

insatiable [ɪn·'seɪ·ʃə·bl] *adj* insatiable

inscribe [ɪn·'skraɪb] *vt* **1.** (*engrave*) inscrire **2.** (*write*) écrire

inscription [ɪn·'skrɪp·ʃᵊn] *n* **1.** (*handwritten dedication in book*) dédicace *f* **2.** (*inscribed words*) inscription *f*

inscrutable [ɪn·'skru·t̬ə·bl] *adj* insondable

insect ['ɪn·sekt] *n* insecte *m*

insecticide [ɪn·'sek·tɪ·saɪd] *n* insecticide *m*

insecure [ˌɪn·sɪ·'kjʊr] *adj* **1.** (*lacking confidence*) **to be ~** manquer d'assurance **2.** (*unstable*) instable; (*job, future*) précaire **3.** (*not firm or fixed*) peu solide **4.** (*unsafe: computer system*) vulnérable

insecurity [ˌɪn·sɪ·'kjʊr·ə·t̬i] *n* **1.** insécurité *f* **2.** (*lack of self-confidence*) manque *m* d'assurance **3.** (*precariousness*) précarité *f*

inseminate [ɪn·'sem·ɪ·neɪt] *vt* inséminer

insemination *n* insémination *f*

insensible [ɪn·'sen(t)·sə·bl] *adj* **1.** (*not conscious*) inconscient(e) **2.** (*without feelings*) insensible

insensitive [ɪn·'sen(t)·sə·t̬ɪv] *adj a. pej* insensible; **to be ~ to sth** être insensible à qc

inseparable [ɪn·'sep·ᵊr·ə·bl] *adj* **1.** (*emotionally close*) stoïque **2.** (*connected*) *a.* LING inséparable

insert ['ɪn·sɜrt, *vb:* ɪn·'sɜrt] **I.** *n* **1.** (*in newspaper, book*) insertion *f* **2.** (*in shoe, clothing*) incrustation *f* **II.** *vt* insérer

insertion *n* insertion *f*

in-service ['ɪn·sɜr·vɪs] *adj* à l'intérieur de l'entreprise

inshore [ˌɪn·'ʃɔr] **I.** *adj* (*near coast*) côtier(-ère) **II.** *adv* (*towards coast*) vers la côte

inside [ɪn·'saɪd] **I.** *adj inv, a. fig* (*internal*) intérieur(e); **~ information** informations *fpl* de première main; **~ joke** plaisanterie *f* maison; **~ job** coup *m* monté de l'intérieur; **~ lane** AUTO voie *f* de droite; **~ story** vérité *f;* **to be on the ~ track** SPORTS être sur le couloir intérieur; **~ left/right** SPORTS intérieur *m* gauche/droit **II.** *n* **1.** (*internal part or side*) intérieur *m;* **to turn sth ~ out** retourner qc; *fig* mettre qc sens dessus dessous; **to know a place ~ out** connaître un endroit comme sa poche **2.** (*one's feelings, sense of right*) for *m* intérieur **3.** *pl, inf* (*of person*) entrailles *fpl;* (*of machine, appliance*) système *m* interne **III.** *prep* (*within*) à l'intérieur de; **from ~ sth** de l'intérieur de qc; **~ of sth** *inf* à l'intérieur de qc; **~ of two days** *inf* en moins de deux jours; **~ oneself** en soi-même; **to play/go ~ the house** jouer/entrer dans la maison **IV.** *adv* **1.** (*within something*) à l'intérieur; **to go ~** entrer **2.** *inf* (*in jail*) en taule **3.** (*internally*) intérieurement; *s.a.* **outside**

insider *n* initié(e) *m(f)*

insider trading *n* délit *m* d'initiés

insidious [ɪn·'sɪd·i·əs] *adj* insidieux(-euse)

insight ['ɪn·saɪt] *n* **1.** *no indef art* (*perception*) perspicacité *f;* **to have ~ into sth** avoir connaissance de qc **2.** (*instance*) aperçu *m;* **to gain ~ into sb/sth** pouvoir se faire une idée de qn/qc; **to give sb ~ into sb/sth** éclairer qn sur qn/qc

insignia [ɪn·ˈsɪg·ni·ə] *n* insignes *mpl*
insignificance [ˌɪn·sɪg·ˈnɪf·ɪ·kᵊn(t)s] *n* insignifiance *f;* **to fade into ~** paraître insignifiant
insignificant *adj* insignifiant(e)
insinuate [ɪn·ˈsɪn·ju·eɪt] *vt* insinuer; **to ~ oneself into sth** s'insinuer dans qc
insinuation *n* insinuation *f*
insipid [ɪn·ˈsɪp·ɪd] *adj a. pej* insipide
insist [ɪn·ˈsɪst] *vt, vi* insister
insistence [ɪn·ˈsɪs·tᵊn(t)s] *n no indef art* insistance *f*
insistent *adj* insistant(e); **to be ~ that ...** insister sur le fait que ...
insofar as [ˌɪn·soʊ·ˈfar əz] *adv* dans la mesure où
insole [ˈɪn·soʊl] *n* semelle *f* (intérieure)
insolence [ˈɪn(t)·sᵊl·ən(t)s] *n* insolence *f*
insolent *adj* insolent(e)
insoluble [ɪn·ˈsal·jə·bl] *adj* CHEM insoluble
insolvency *n* insolvabilité *f*
insolvent [ɪn·ˈsal·vᵊnt] **I.** *adj* insolvable **II.** *n* débiteur, -trice *m, f* insolvable
insomnia [ɪn·ˈsam·ni·ə] *n no indef art* insomnie *f*
insomniac I. *n* insomniaque *mf* **II.** *adj* insomniaque
insomuch as *adv s.* **inasmuch as**
inspect [ɪn·ˈspekt] *vt* **1.** (*examine carefully*) *a.* MIL inspecter **2.** (*examine officially*) contrôler
inspection *n* inspection *f;* **on closer ~** vu de plus près
inspector *n* inspecteur, -trice *m, f;* **police/tax ~** inspecteur, -trice *m, f* de police/des impôts; **ticket ~** contrôleur, -euse *m, f*
inspiration [ˌɪn(t)·spə·ˈreɪ·ʃᵊn] *n* inspiration *f*
inspire [ɪn·ˈspaɪr] *vt a.* MED inspirer; **to ~ sth in sb** inspirer qc à qn
inspired *adj* inspiré(e)
in spite of *prep* en dépit de; **~ oneself** malgré soi; **~ everyone** envers et contre tous; **~ the fact that he is rich** bien qu'il soit riche
instability [ˌɪn·stə·ˈbɪl·ə·ṭi] *n a.* PSYCH instabilité *f*
install [ɪn·ˈstɔl] *vt a.* CONSTR, COMPUT, TECH installer; **to ~ carpeting** poser la moquette; **to ~ oneself** s'installer
installation [ˌɪn·stə·ˈleɪ·ʃən] *n* **1.** *no indef art* CONSTR installation *f* **2.** MIL (*place, facility*) site *m* **3.** (*into an office or position*) institution *f* **4.** ART forme *f*
installment *n* **1.** COM acompte *m;* **to be paid in monthly ~s** être payé par mensualités; **to pay for sth in ~s** payer qc par traites **2.** RADIO, TV (*episode*) épisode *m*
installment plan *n* COM contrat *m* de vente à crédit
instance [ˈɪn(t)·stən(t)s] **I.** *n* **1.** (*particular case*) cas *m;* **in this ~** dans ce cas présent **2. for ~** (*for example*) par exemple **3.** *form* **in the first ~** (*at first*) en premier lieu; **in the second ~** (*later*) en second lieu **4.** *form* (*urging, request, order*) instance *f;* **to do sth at sb's ~** faire qc à l'instance de qn **II.** *vt form* **to ~ sth** statuer qc en exemple
instant I. *adj a.* CULIN instantané(e) **II.** *n* instant *m;* **at the same ~** au même instant; **for an ~** pour un instant; **in an ~** en un instant; **to do sth (right) this ~** faire qc tout de suite; **not for an ~** pas une seule fois
instantaneous [ˌɪn(t)·stən·ˈteɪ·ni·əs] *adj* instantané(e)
instantaneously *adv* instantanément
instantly *adv* immédiatement
instant replay *n* répétition *f* immédiate; (*in slow motion*) ralenti *m*
instead of [ɪn·ˈsted əv] *prep* **~ sb/sth** à la place de qn/qc; **~ doing sth ,** au lieu de faire qc
instep [ˈɪn·step] *n* ANAT cou-de-pied *m*
instigate [ˈɪn(t)·stɪ·geɪt] *vt form* **1.** (*initiate, cause to happen*) promouvoir **2.** (*incite*) inciter, instiguer *Belgique*
instigation *n form* instigation *f;* **to do sth at the ~ of sb** faire qc à l'instigation de qn
instill [ɪn·ˈstɪl] *vt* **to ~ sth into sb** apprendre qc à qn
instinct [ˈɪn(t)·stɪŋ(k)t] *n* instinct *m;* **to do sth by ~** faire qc d'instinct; **business/political ~s** sens *m* des affaires/pour la politique
instinctive *adj* instinctif(-ive)
institute [ˈɪn(t)·stɪ·tut] **I.** *n* institut *m* **II.** *vt* instituer
institution *n a. inf* institution *f*
institutional *adj* **1.** (*organizational*) *a.* COM institutionnel(le) **2.** (*established: religion*) institué(e)
institutionalize [ˌɪn(t)·stɪ·ˈtju·ʃᵊn·əl·aɪz] *vt* **1.** (*place into institution*) placer dans un institut **2.** (*make into custom*) institutionnaliser
in-store [ˌɪn·ˈstɔr] *adj, adv* à l'intérieur du magasin
in-store detective *n* détective *mf* de magasin
instruct [ɪn·ˈstrʌkt] *vt* **1.** (*teach*) **to ~ sb in sth** instruire qn en qc; **to ~ the jury** LAW instruire la cour d'assises **2.** (*direct, order formally*) **to ~ sb to** *+infin* donner l'ordre à qn de *+infin*
instruction *n* instruction *f;* **to give sb ~ in sth** instruire qn en qc; **to give sb ~s** donner des instructions à qn; **to act on ~s** agir conformément aux instructions; **to carry out ~s** suivre les instructions; **sb's ~s are to** *+infin* qn a pour instruction de *+infin*
instruction book, **instruction manual** *n* livret *m* d'utilisation
instruction pamphlet *n* notice *f* (explicative)
instruction repertoire, **instruction set** *n* COMPUT jeu *m* d'instructions
instructive *adj* instructif(-ive)
instructor *n* **1.** (*teacher of a skill*) moniteur, -trice *m, f;* **driving/ski ~** moniteur, -trice *m, f* de conduite/ski **2.** UNIV (*teacher*) professeur *mf*
instrument [ˈɪn(t)·strə·mənt] *n a. fig* instrument *m;* **to be the ~ of sb** être l'instrument de qn
instrumental I. *adj* **1.** (*relating to tools*) *a.* MUS

instrumental(e) **2.** (*greatly influential*) **to be ~ to sth** aider à qc; **to be ~ in doing sth** aider à faire qc **II.** *n* instrumental *m*
instrumentation [ˌɪn(t)·strə·men·ˈteɪ·ʃən] *n* MUS, TECH instrumentation *f*
instrument board, instrument panel *n* tableau *m* de bord
insubordinate [ˌɪn·sə·ˈbɔr·dən·ɪt] *adj* insubordonné(e); **~ behavior** insubordination *f*
insubstantial [ˌɪn·səb·ˈstæn·(t)ʃəl] *adj* **1.** (*lacking substance*) formel(le) **2.** (*lacking significance*) négligeable **3.** *form* (*not real*) imaginaire
insufferable [ɪn·ˈsʌf·ər·ə·bl] *adj form* insupportable
insufficiency [ˌɪn·sə·ˈfɪʃ·ən(t)·si] *n* insuffisance *f*
insufficient *adj* insuffisant(e); **to release sb for ~ evidence** relaxer qn pour manque de preuves; **~ funds** FIN défaut *m* de provision
insular [ˈɪn(t)·sə·lər] *adj* **1.** GEO (*of an island*) insulaire **2.** *pej* (*narrow-minded*) borné(e)
insularity [ˌɪn(t)·sə·ˈler·ə·t̬i] *n* **1.** GEO insularité *f* **2.** *pej* étroitesse *f* d'esprit
insulate [ˈɪn(t)·sə·leɪt] *vt* isoler
insulating *adj* isolant(e)
insulating tape *n* chatterton *m*
insulation *n* **1.** (*protective covering*) isolant *m* **2.** (*from outside influences*) isolation *f*
insulin [ˈɪn(t)·sə·lɪn] *n no indef art* insuline *f*
insult[1] [ɪn·ˈsʌlt] *vt* insulter
insult[2] [ˈɪn·sʌlt] *n a. fig* insulte *f* ► **to add ~ to injury** et pour comble
insuperable [ɪn·ˈsu·pər·ə·bl] *adj form* insurmontable
insupportable [ˌɪn·sə·ˈpɔr·t̬ə·bl] *adj* insupportable
insurance [ɪn·ˈʃʊr·ən(t)s] *n* **1.** *no indef art* (*financial protection*) assurance *f*; **life/health/auto ~** assurance vie/maladie/automobile **2.** *no indef art* (*payment by insurance company*) montant *m* de l'assurance **3.** *no indef art* (*profession*) assurances *fpl* **4.** *no indef art* (*premium*) prime *f* d'assurance **5.** (*protective measure*) mesure *f* de protection
insurance agent *n* agent *m* d'assurances
insurance broker *n* courtier *m* d'assurances
insurance company <-ies> *n* compagnie *f* d'assurances
insurance coverage *n* couverture *f* d'assurance
insurance policy <-ies> *n* police *f* d'assurance
insurance premium *n* prime *f* d'assurance
insure [ɪn·ˈʃʊr] *vt* assurer
insured I. *adj* assuré(e) **II.** *n form* LAW **the ~** l'assuré(e) *m(f)*
insurer *n* **1.** (*agent*) assureur *m* **2.** (*company*) assurance *f*
insurmountable [ˌɪn·sər·ˈmaʊn·t̬ə·bl] *adj* insurmontable
insurrection [ˌɪn·sər·ˈek·ʃən] *n* insurrection *f*; **to crush the ~** écraser la révolte
intact [ɪn·ˈtækt] *adj a. fig* intact(e)
intake [ˈɪn·teɪk] *n* **1.** (*action of taking in*) prise *f*; (*of food, drink*) consommation *f*; (*air*) admission *f* **2.** (*amount taken in*) apport *m*; **daily ~** ration *f* journalière; **~ of calories** apport *m* calorique **3.** (*quantity of people*) admissions *fpl*; MIL contingent *m* **4.** TECH (*valve*) admission *f*
intangible [ɪn·ˈtæn·dʒə·bl] *adj* impalpable
integer [ˈɪn·tɪ·dʒər] *n* MATH entier *m*
integral [ˈɪn·tə·grəl] *adj* **1.** (*central, essential*) indispensable; **to be an ~ part** faire partie intégrante; **to be ~ to sb/sth** être indispensable à qn/qc **2.** (*built-in*) incorporé(e) **3.** (*complete*) intégral(e)
integral calculus *n* MATH calcul *m* intégral
integrate [ˈɪn·t̬ə·greɪt] **I.** *vt* **1.** (*cause to merge socially*) intégrer **2.** (*incorporate, unite*) compléter **II.** *vi* s'intégrer
integrated *adj* **1.** (*included*) intégré(e) **2.** HIST (*desegregated: school, education*) de déségrégation raciale
integrated circuit *n* circuit *m* intégré
integration *n* **1.** (*social, cultural assimilation*) intégration *f*; **racial ~** déségrégation *f* raciale **2.** (*unification, fusion*) unification *f*
integrity [ɪn·ˈteg·rə·t̬i] *n* **1.** (*incorruptibility, uprightness*) intégrité *f*; **man/woman of ~** homme *m*/femme *f* intègre **2.** (*high ethical standards*) honnêteté *f* **3.** *form* (*unity, wholeness*) totalité *f*; **to compromise the ~ of sth** compromettre l'intégrité de qc
intellect [ˈɪn·t̬ə·lekt] *n* **1.** (*faculty*) intelligence *f*; **man/woman of ~** homme *m* intelligent/femme *f* intelligente **2.** (*thinker, intellectual*) intellectuel(le) *m(f)*
intellectual [ˌɪn·t̬əl·ˈek·tʃu·əl] **I.** *n* intellectuel(le) *m(f)* **II.** *adj* intellectuel(le)
intelligence [ɪn·ˈtel·ɪ·dʒən(t)s] *n* **1.** (*brain power*) *a.* COMPUT intelligence *f* **2.** *+ sing/pl vb* (*inside information*) informations *fpl* **3.** (*government or espionage agency*) service *m* de renseignements
intelligence quotient *n* quotient *m* intellectuel
intelligence service *n* service *m* de renseignements
intelligence test *n* test *m* d'intelligence
intelligent *adj* intelligent(e)
intelligentsia [ɪn·ˌtel·ɪ·ˈdʒent·si·ə] *n + sing/pl vb* **the ~** l'intelligentsia *f*
intelligible [ɪn·ˈtel·ɪ·dʒə·bl] *adj* intelligible; **hardly ~** à peine compréhensible; **he was so drunk that he was hardly ~** il était si ivre qu'on le comprenait à peine
intend [ɪn·ˈtend] *vt* **1.** (*aim for, plan*) avoir l'intention; **to ~ to** *+infin* avoir l'intention de *+infin*; **to ~ for sb to do sth** avoir l'intention que qn fasse qc (*subj*); **it was not ~ed that** l'intention n'était pas que *+subj*; **what I ~ is ...** mon intention est ...; **to be ~ed as sth** être censé être qc **2.** (*earmark, destine*) **to be ~ed**

for sb/sth être destiné à qn/qc; **to be ~ed to** +*infin* être destiné à +*infin*
intended **I.** *adj* **1.** (*intentional*) intentionnel(le) **2.** (*planned*) prévu(e); (*mistake, effect*) voulu(e) **II.** *n sing, a. iron, inf* fiancé(e) *m(f)*
intense [ɪn·ˈten(t)s] *adj* **1.** (*extreme, strong*) intense; (*pain, excitement*) vif(vive); (*feeling, interest*) profond(e) **2.** (*passionate: person*) véhément(e)
intensify [ɪn·ˈten(t)·sɪ·faɪ] **I.** *vt* intensifier; (*the pressure*) augmenter **II.** *vi* s'accroître
intensity [ɪn·ˈten(t)·sə·t̬i] *n* intensité *f*
intensive *adj* intensif(-ive); (*analysis*) serré(e)
intensive care (**unit**) *n* MED (service *m* des) soins *mpl* intensifs
intent [ɪn·ˈtent] **I.** *n* **1.** (*intention*) intention *f*; **for** [*o* **to**] **all ~s and purposes** pratiquement **2.** LAW préméditation *f* **II.** *adj* **1.** (*concentrated, occupied*) absorbé(e); **to be ~ on sb/sth** être tout entier à qn/qc **2.** (*determined*) **to be/seem ~ on sth** être/sembler résolu à qc
intention [ɪn·ˈten·(t)ʃᵊn] *n* intention *f*; **it wasn't my ~ to exclude you** je n'avais nullement l'intention de t'exclure/vous exclure; **to have no ~ of doing sth** n'avoir nullement l'intention de faire qc
intentional *adj* intentionnel(le)
interact [ɪn·t̬ər·ˈækt] *vi* interagir
interaction *n* interaction *f*
interactive *adj* interactif(-ive)
interbreed [ˌɪn·t̬ər·ˈbrid] **I.** *vt irr* entrecroiser **II.** *vi irr* se reproduire par croisement; **to ~ with sth** se croiser avec qc
intercede [ˌɪn·t̬ər·ˈsid] *vi* intercéder; **to ~ with sb for/on behalf of sb** plaider auprès de qn pour/au nom de qn
intercept [ˌɪn·t̬ər·ˈsept] *vt* intercepter
interception *n* interception *f*
interceptor *n* (*aircraft*) intercepteur *m*
intercession [ˌɪn·t̬ər·ˈseʃ·ᵊn] *n* intercession *f*
interchange [ˌɪn·t̬ər·ˈtʃeɪndʒ] **I.** *n* **1.** *form* (*exchange*) échange *m* **2.** (*on highway*) échangeur *m* (d'autoroute) **II.** *vt* échanger **III.** *vi* alterner
interchangeable *adj* interchangeable
intercity [ˌɪn·t̬ər·ˈsɪt̬·i] *adj* interurbain(e)
intercom [ˌɪn·t̬ər·kam] *n* interphone *m*; **to speak over the ~** parler par l'interphone
intercommunicate [ˌɪn·t̬ər·kə·ˈmju·nɪ·keɪt] *vi* communiquer
intercontinental [ˌɪn·t̬ər·ˌkan·tə·ˈnen·t̬ᵊl] *adj* intercontinental(e)
intercourse [ˈɪn·t̬ər·kɔrs] *n* **1.** (*relationship*) rapports *mpl*; **sexual ~** relations *fpl* sexuelles **2.** *form* fréquentation *f*; **social ~** fréquentation du monde
interdenominational [ˌɪn·t̬ər·dɪ·ˌna·mə·ˈneɪ·ʃᵊn·ᵊl] *adj* interconfessionnel(le)
interdepartmental [ˈɪn·t̬ər·ˌdi·part·ˈmen·t̬ᵊl] *adj* interdépartemental(e); **~ work** travail *m* entre services
interdependence [ˌɪn·t̬ər·di·ˈpen·dən(t)s] *n* interdépendance *f*
interdependent *adj* interdépendant(e)
interdict [ˌɪn·t̬ər·ˈdɪkt] *form* **I.** *vt* **1.** LAW **to ~ sth to sb** interdire qc à qn **2.** MIL prohiber **II.** *n* LAW défense *f*
interest [ˈɪn·trɪst] **I.** *n* **1.** (*curiosity*) intérêt *m*; **to take an ~ in sth** s'intéresser à qc; **to lose ~ in sb/sth** se désintéresser de qn/qc; **to be of ~** être intéressant; **just out of ~** juste par curiosité **2.** (*hobby*) centre *m* d'intérêt; **to pursue one's own ~s** poursuivre ses propres buts **3.** (*profit, advantage*) intérêt *m*; **to be in sb's ~** être dans l'intérêt de qn; **in the ~s of humanity** dans l'intérêt de l'humanité **4.** FIN (*on borrowed money*) intérêt *m*; **at 5% ~** à un intérêt de 5 %; **rate of ~, ~ rate** taux *m* d'intérêts; **~ on a loan** intérêts *mpl* sur un prêt; **to earn/pay ~** gagner/payer des intérêts **5.** FIN (*stake*) intérêt *m*; **to have an ~ in sb/sth** être intéressé par qn/qc **II.** *vt* intéresser; **to ~ sb in sth** susciter l'intérêt de qn pour qc
interested *adj* **1.** (*arousing interest*) intéressé(e); **to be ~ in sb/sth** être intéressé par qn/qc; **to be ~ in doing sth** être intéressé de faire qc; **I am ~ to know more about it** cela m'intéresse d'en savoir plus **2.** (*concerned, involved*) intéressé(e); **the ~ parties** les parties *fpl* concernées
interesting *adj a. iron* intéressant(e); **to have ~ things to say** avoir qc d'intéressant à dire
interface [ˌɪn·t̬ər·feɪs] **I.** *n a.* COMPUT interface *f*; **graphic/parallel/serial ~** interface graphique/parallèle/série **II.** *vi* avoir une interface **III.** *vt* **to ~ sth** mettre qc en interface
interfere [ˌɪn·t̬ər·ˈfɪr] *vi* **1.** (*become involved*) **to ~ in sth** se mêler de qc; (*private life, relationship*) s'immiscer dans qc; **she is always interfering** elle se mêle toujours de ce qui ne la regarde pas **2.** (*hinder*) **to ~ with sth** gêner qc **3.** (*disturb*) **to ~ with sb/sth** contrarier qn/qc **4.** (*handle without permission*) **to ~ in/with sth** toucher à qc **5.** RADIO, TECH (*disturb*) **to ~ with sth** perturber qc
interference [ˌɪn·t̬ər·ˈfɪr·ᵊn(t)s] *n* **1.** (*interfering*) ingérence *f*; (*in privacy*) intrusion *f* **2.** RADIO, TECH interférences *fpl* **3.** SPORTS obstruction *f*
interfering *adj* importun(e)
interim [ˌɪn·t̬ər·rɪm] **I.** *n* intérim *m*; **in the ~** dans l'intérim **II.** *adj inv* intérimaire
interior [ɪn·ˈtɪr·i·ər] **I.** *adj inv* intérieur(e); (*decorator, scene*) d'intérieur; **~ regions of the country** régions *fpl* de l'intérieur du pays **II.** *n* **1.** (*inside*) intérieur *m* **2.** POL (*domestic affairs*) **the Interior** les affaires *fpl* intérieures; **department of the Interior** ministère *m* de l'Intérieur; **U.S. Department of the Interior** *ministère chargé de l'aménagement du territoire et de la gestion des parcs nationaux*
interior decoration *n* décoration *f* d'intérieur
interior design *n* architecture *f* d'intérieur
interior designer *n* architecte *mf* d'intérieur
interject [ˌɪn·t̬ər·ˈdʒekt] *vt* (*remark, words*)

lancer

interjection *n* interjection *f*

interlibrary loan [ˌɪn·t̬ər·ˈlaɪ·brə·rɪ·ˌloʊn] *n* prêt *m* inter-bibliothèque

interlocutor [ˌɪn·t̬ər·ˈla·kjə·t̬ər] *n form* interlocuteur, -trice *m, f*

interloper [ˈɪn·t̬ər·loʊ·pər] *n pej* intrus(e) *m(f)*

interlude [ˈɪn·t̬ər·lud] *n* intermède *m;* **musical ~** interlude *m* musical

intermarry [ˌɪn·t̬ər·ˈmær·i] <-ie-> *vi* **1.** (*with members of a different group*) **to ~ with sb** se marier avec qn **2.** (*within a family*) pratiquer l'endogamie

intermediary [ˌɪn·t̬ər·ˈmi·di·ər·i] <-ries-> **I.** *n* intermédiaire *mf;* **through an ~** par un intermédiaire **II.** *adj* intermédiaire

intermediate [ˌɪn·t̬ər·ˈmi·di·ət] *adj* intermédiaire; **~ course** cours *m* de niveau moyen; **to be ~ between sth** être l'intermédiaire entre qc

intermezzo [ˌɪn·t̬ər·ˈmet·soʊ] <-s *o* -zi> *n* intermezzo *m*

interminable [ɪn·ˈtɜr·mɪ·nə·bl] *adj* interminable

intermission [ˌɪn·t̬ər·ˈmɪʃ·ən] *n* **1.** interruption *f;* **without ~** sans arrêt **2.** THEAT, MUS entracte *m;* **before/during ~** avant/pendant la pause

intermittent [ˌɪn·t̬ər·ˈmɪt·ənt] *adj* intermittent(e); **she made ~ movie appearances** elle a fait quelques apparitions dans des films

intern [ɪn·ˈtɜrn] **I.** *vt* MIL interner **II.** *vi* UNIV, SCHOOL **to ~ in a company** faire un stage dans une entreprise **III.** *n* **1.** MED interne *mf* **2.** (*trainee*) stagiaire *mf*

internal *adj* intérieur(e); (*affairs, bleeding, investigation*) interne; **for ~ use only** à usage interne uniquement

Internal Revenue Service *n* ≈ fisc *m* (*service des impôts*)

international [ˌɪn·t̬ər·ˈnæʃ·ən·əl] **I.** *adj* international(e); **on the/an ~ level** au/à un niveau international **II.** *n* (*communist organization, song*) **the International** l'Internationale *f*

internationalize [ˌɪn·t̬ər·ˈnæʃ·ən·əl·aɪz] *vt* internationaliser

internecine war [ˌɪn·t̬ər·ˈni·sɪn·ˌwɔr] *n* guerre *f* intestine

internee [ˌɪn·tɜr·ˈni] *n* interné(e) *m(f)*

Internet [ˈɪn·t̬ər·net] **I.** *adj* Internet *inv* **II.** *n* Internet *m;* **the ~** l'Internet; **to access the ~** accéder à Internet

Internet access *n* accès *m* Internet

Internet café *n* cybercafé *m*

Internet search engine *n* chercheur *m* web

Internet sex *n* cybersexe *m*

internist [ɪn·ˈtɜr·nɪst] *n* MED spécialiste *mf* en médecine interne

internment [ɪn·ˈtɜrn·mənt] *n* internement *m*

internment camp *n* camp *m* d'internement

internship *n* **1.** MED internat *m* **2.** (*as trainee*) stage *m*

interphone [ˌɪn·t̬ər·foʊn] *n s.* **intercom**

interplanetary [ˌɪn·t̬ər·ˈplæn·ə·ter·i] *adj inv* interplanétaire

interplay [ˌɪn·t̬ər·pleɪ] *n* interaction *f*

Interpol [ˈɪn·t̬ər·pal] *n no art abbr of* **International Criminal Police Commission** Interpol *m*

interpolate [ɪn·ˈtər·pə·leɪt] *vt form* interpoler; **to ~ sth into sth** intercaler qc dans qc; **to ~ a text** altérer un texte par interpolation

interpret [ɪn·ˈtɜr·prət] **I.** *vt* interpréter; **to ~ sth as sth** interpréter qc comme qc **II.** *vi* faire l'interprète

interpretation *n a.* THEAT, LIT interprétation *f;* **to be open to ~** être sujet à interprétation

interpreter *n* **1.** LIT, THEAT interprète *mf* **2.** (*oral translator*) interprète *mf* **3.** (*type of computer program*) interprète *m*

interrelated *adj* en corrélation

interrogate [ɪn·ˈter·ə·geɪt] *vt* **1.** (*cross-question*) questionner **2.** (*get data from computer*) consulter

interrogation *n* interrogation *f;* **to take sb in for ~** emmener qn pour un interrogatoire; **under ~** en train de subir un interrogatoire

interrogative [ˌɪn·t̬ər·ˈra·gə·t̬ɪv] **I.** *n* LING interrogatif *m* **II.** *adj* **1.** (*having questioning form*) interrogateur(-trice) **2.** LING (*pronoun*) interrogatif(-ive)

interrogatory [ˌɪn·t̬ər·ˈra·gə·tɔr·i] *adj* interrogateur(-trice)

interrupt [ˌɪn·t̬ər·ˈrʌpt] *vt* interrompre; **will you stop ~ing me!** arrête de me couper la parole

interrupter *n* interrupteur *m*

interruption *n* interruption *f;* **~ in the flow of food** rupture *f* dans la chaîne alimentaire; **without ~** sans arrêt

intersect [ˌɪn·t̬ər·ˈsekt] **I.** *vt* **1.** (*divide by crossing*) couper **2.** (*cross at junction*) entrecouper **II.** *vi* se couper; **where science and politics ~** là où la science et la politique se croisent; **the highway and the expressway ~ near the hotel** l'autoroute croise la voie rapide près de l'hôtel; **~ing roads** carrefour *m*

intersection *n* **1.** (*crossing of lines*) intersection *f* **2.** (*crossroads*) croisement *m,* carrefour *m*

intersperse [ˌɪn·t̬ər·ˈspɜrs] *vt* parsemer; **to be ~d throughout the text** être disséminé dans tout le texte

interstate [ˌɪn·t̬ər·ˈsteɪt] **I.** *adj inv* entre États **II.** *n* AUTO autoroute *f*

interstellar [ˌɪn·t̬ər·ˈstel·ər] *adj inv* interstellaire

intertwine [ˌɪn·t̬ər·ˈtwaɪn] **I.** *vt* entrelacer **II.** *vi* s'accoler

interurban [ˌɪn·t̬ər·ˈɜr·bən] *adj* interurbain(e)

interval [ˌɪn·t̬ər·vəl] *n* **1.** (*period*) intervalle *m;* **at five minute ~s** à cinq minutes d'intervalle; **at regular ~s** à intervalles réguliers **2.** METEO période *f;* **sunny ~s** éclaircies *fpl* ensoleillées **3.** MUS, MATH intervalle *m*

intervene [ˌɪn·t̬ər·ˈvin] *vi* **1.** intervenir; **to ~ on sb's behalf** intervenir au nom de qn **2.** (*meddle unhelpfully*) interférer **3.** (*come to pass between*) s'écouler

intervening *adj inv* intermédiaire; **in the ~ period** entre-temps

intervention [ˌɪn·t̬ər·ˈven·(t)ʃᵊn] *n* intervention *f*

interventionist *adj* interventionniste

interview [ˌɪn·t̬ər·vju] **I.** *n* **1.** (*for job*) entretien *m;* **to have a job ~** avoir un entretien d'embauche; **telephone ~** entretien téléphonique **2.** PUBL, RADIO, TV interview *f* **II.** *vt* **1.** (*for job*) faire passer un entretien à **2.** PUBL, RADIO, TV interviewer **III.** *vi* **1.** (*for job*) faire passer des entretiens **2.** PUBL, RADIO, TV faire une interview

interviewee [ˌɪn·t̬ər·vju·ˈi] *n* **1.** (*for job*) candidat(e) *m(f)* **2.** PUBL, RADIO, TV interviewé(e) *m(f)*

interviewer *n* **1.** PUBL, RADIO, TV interviewer *m* **2.** (*for job*) directeur, -trice *m, f* du personnel

interweave [ˌɪn·t̬ər·ˈwiv] **I.** *vt irr* **1.** (*weave together*) entrelacer; (*threads*) tisser ensemble **2.** *fig* mêler; **to be interwoven with sth** être étroitement lié à qc **II.** *vi* **1.** (*weave together*) s'entrelacer **2.** *fig* s'entremêler

intestate [ɪn·ˈtes·teɪt] *adj inv* LAW intestat

intestinal *adj* intestinal(e)

intestine [ɪn·ˈtes·tɪn] *n* MED intestin *m*

intimacy [ˈɪn·t̬ə·mə·si] <-cies> *n* **1.** (*closeness*) intimité *f* **2.** *pl* (*intimate relations*) relations *fpl* intimes **3.** *pl* (*intimate remarks*) familiarités *fpl*

intimate[1] [ˈɪn·t̬ə·mət] **I.** *adj* **1.** (*close*) intime; **~ circle** cercle *m* d'intimes **2.** (*very detailed*) approfondi(e) **II.** *n* intime *mf*

intimate[2] [ˈɪn·t̬ə·meɪt] *vt* signifier

intimation [ˌɪn·t̬ə·ˈmeɪ·ʃᵊn] *n* (*hint*) signe *m*

intimidate [ɪn·ˈtɪ·mɪ·deɪt] *vt* intimider; **to ~ sb into doing sth** décourager qn de faire qc; **I felt somewhat ~d by the amount of work** *fig* j'ai été quelque peu impressionné par la somme de travail

intimidating *adj* intimidant(e)

intimidation *n* intimidation *f*

into [ˈɪn·tə] *prep* **1.** dans **2.** (*movement to inside*) **to come/go ~ a place** entrer dans un lieu; **to put sth ~ it/place** mettre qc dedans/en place; **to get/let sb ~ a car** monter/faire monter qn en voiture; **to get ~ one's pajamas** enfiler son pyjama; **to retreat ~ one's self** se replier sur soi-même **3.** (*movement towards*) **to walk** [*o* **drive**] **~ a tree** percuter un arbre; **to run** [*o* **bump**] **~ sb/sth** tomber sur qn/qc **4.** (*through time of*) **to work late ~ the night** travailler tard dans la nuit; **the meeting went ~ the lunch hour** la réunion déborda sur l'heure du déjeuner **5.** (*change to*) **to put sth ~ English** traduire qc en anglais; **to change bills ~ coins** changer des billets contre des pièces **6.** (*begin*) **to burst ~ tears/laughter** éclater en sanglots/de rire; **to get ~ the habit of doing sth** prendre l'habitude de faire qc **7.** (*make smaller*) **to cut sth ~ two/slices** couper qc en deux/tranches; **3 goes ~ 6 twice** 6 divisé par 3 donne 2 **8.** *inf* (*interested in*) **to be ~ sb/sth** être dingue de qn/qc

intolerable *adj* intolérable; **an ~ place to live in** un lieu où il est insupportable de vivre

intolerance [ɪn·ˈta·lər·ᵊn(t)s] *n* intolérance *f;* **~ of alcohol** intolérance à l'alcool

intolerant *adj* intolérant(e); **lactose/alcohol ~** MED intolérant au lactose/à l'alcool; **to be ~ of different opinions** ne pas tolérer des opinions différentes

intonation [ˌɪn·toʊ·ˈneɪ·ʃᵊn] *n sing* **1.** LING (*of voice*) intonation *f;* **to speak with a French ~** parler avec un accent français **2.** MUS intonation *f*

intone [ɪn·ˈtoʊn] *vt form* **1.** (*say, recite*) entonner **2.** REL psalmodier

intoxicate [ɪn·ˈtak·sɪ·keɪt] *vt, vi* **1.** (*cause drunkenness*) enivrer **2.** *fig* (*excite*) griser

intoxicating *adj a. fig* enivrant(e); **an ~ drink** une boisson alcoolisée

intoxication *n* **1.** *a. fig* ivresse *f* **2.** MED intoxication *f*

intractable [ˌɪn·ˈtræk·tə·bl] *adj* intraitable

intracutaneous [ɪn·træk·ju·ˈteɪ·nəs] *adj* MED intracutané(e)

intramural [ˌɪn·trə·ˈmjʊr·ᵊl] *adj* intra-muros *inv*

intranet *n* intranet *m*

intransigent [ɪn·ˈtræn(t)·sə·gᵊnt] *adj form* intransigeant(e)

intransitive [ɪn·ˈtræn(t)·sə·t̬ɪv] LING **I.** *adj* intransitif(-ive) **II.** *n* intransitif *m*

intrauterine [ˌɪn·trə·ju·t̬ər·ɪn] *adj* intra-utérin(e)

intravenous [ˌɪn·trə·ˈvi·nəs] *adj* intraveineux(-euse)

in-tray [ˈɪn·treɪ] *n* boîte *f* de réception

intrepid [ɪn·ˈtrep·ɪd] *adj* intrépide

intricacy [ˈɪn·trɪ·kə·si] <-cies> *n* complexité *f*

intricate [ˈɪn·trɪ·kət] *adj* **1.** (*complicated*) compliqué(e) **2.** (*complex*) complexe

intrigue [ˈɪn·trig, *vb:* ɪn·ˈtrig] **I.** *n* intrigue *f;* **~ against sb/sth** machination *f* contre qn/qc **II.** *vt* éveiller la curiosité de; **to be ~d by sth** être intrigué par qc **III.** *vi* intriguer

intriguing *adj* mystérieux(-euse)

intrinsic [ɪn·ˈtrɪn(t)·sɪk] *adj* intrinsèque

introduce [ˌɪn·trə·ˈdus] *vt* **1.** (*acquaint*) **to ~ sb to sb** présenter qn à qn; **to ~ oneself** se présenter **2.** (*raise interest in subject*) **to ~ sb to sth** faire connaître qc à qn **3.** (*bring in*) introduire; (*law, controls*) établir; (*products*) lancer; **to ~ sth into a country** introduire qc dans un pays **4.** (*insert*) introduire **5.** (*announce*) présenter

introduction [ˌɪn·trə·ˈdʌk·ʃᵊn] *n* **1.** (*making first acquaintance*) présentation *f;* **she performed the ~s** elle a fait les présentations; **my next guest needs no ~** mon prochain invité n'a pas besoin d'être présenté; **letter of ~** lettre *f* de recommandation; **to serve as an ~ to sth** servir d'introduction à qc **2.** (*establishment*) introduction *f;* **~ into the market** lancement *m* sur le marché **3.** MED (*insertion*) introduction *f* **4.** (*preliminary section*) introduction *f*

introductory [ˌɪn·trə·ˈdʌk·tᵊr·i] *adj* d'introduction; (*price*) de lancement

introspection [ˌɪn·troʊ·ˈspek·ʃᵊn] *n* introspection *f*

introspective [ˌɪn·troʊ·ˈspek·tɪv] *adj* introspectif(-ive)

introvert [ˌɪn·troʊ·ˈvɜrt] *n* introverti(e) *m(f)*

introverted *adj* recueilli(e)

intrude [ɪn·ˈtrud] **I.** *vi* **1.** (*go where shouldn't be*) s'ingérer; **to ~ on sb** faire intrusion auprès de qn **2.** (*meddle*) s'immiscer; **to ~ into sth** s'immiscer dans qc **II.** *vt* **1.** (*force in*) imposer **2.** GEO pénétrer

intruder *n* **1.** (*unwelcome visitor*) importun *m* **2.** LAW (*burglar, thief*) intrus(e) *m(f)*

intrusion [ɪn·ˈtru·ʒᵊn] *n a.* GEO intrusion *f*

intrusive [ɪn·ˈtru·sɪv] *adj* importun(e)

intuition [ˌɪn·tu·ˈɪʃ·ᵊn] *n* intuition *f;* **to base one's judgment on ~** baser son jugement sur une intuition; **to have an ~ that ...** avoir le sentiment que ...; **my own ~ is that we should continue with it** mon sentiment est que nous devrions continuer cela

intuitive [ɪn·ˈtu·ɪ·t̬ɪv] *adj* intuitif(-ive)

Inuit [ˈɪn·(j)u·ɪt] **I.** *adj* inuit *inv* **II.** *n* **1.** *pl* (*people*) Inuits *mfpl* **2.** LING inuktitut *m; s.a.* **English**

inundate [ˈɪn·ən·deɪt] *vt* **1.** (*flood*) inonder **2.** *fig* **to be ~d with sth** être débordé par qc

inundation *n* **1.** (*flooding*) inondation *f* **2.** *fig* invasion *f*

inure [ɪ·ˈnjʊr] *form* **I.** *vi* s'endurcir **II.** *vt* habituer; **to ~ sb against sth** endurcir qn contre qc

invade [ɪn·ˈveɪd] *vt a. fig* envahir; **to ~ sb's privacy** porter atteinte à la vie privée de qn; **to ~ the quiet** violer la tranquillité

invader *n* **1.** (*aggressive trespasser*) envahisseur *m* **2.** *fig* (*unwelcome presence*) intrus(e) *m(f)*

invalid[1] [ˈɪn·və·lɪd] **I.** *n* invalide *mf* **II.** *adj* invalide

invalid[2] [ɪn·ˈvæl·ɪd] *adj* **1.** (*not legally binding*) non valide **2.** (*unsound*) nul(le) et non avenu(e)

invalidate [ɪn·ˈvæl·ɪ·deɪt] *vt* **1.** (*make erroneous*) invalider **2.** LAW **to ~ sth** rendre qc nul; (*a ballot*) vicier; (*a decision*) casser; (*a judgment*) infirmer

invalidity *n a. fig* invalidité *f;* (*of evidence*) nullité *f*

invaluable [ɪn·ˈvæl·ju·ə·bl] *adj* inestimable

invariable [ɪn·ˈver·i·ə·bl] *adj* invariable; **the menu is ~** le menu ne varie pas

invariably *adj* invariablement

invasion [ɪn·ˈveɪ·ʒᵊn] *n* **1.** MIL invasion *f* **2.** (*interference: of privacy*) intrusion *f*

invent [ɪn·ˈvent] *vt* inventer

invention *n* invention *f;* **power(s) of ~** force *f* d'imagination

inventive *adj* inventif(-ive)

inventiveness *n* inventivité *f*

inventor *n* inventeur, -trice *m, f*

inventory [ˈɪn·vᵊn·tɔr·i] <-ies> *n* inventaire *m;* (*stock*) stock *m;* **to take ~** faire l'inventaire; *fig* recenser

inverse [ɪn·ˈvɜrs] **I.** *adj* inverse; **to be in ~ proportion to sth** être inversement proportionnel à qc **II.** *n inf* inverse *m*

inversion *n* inversion *f*

invert [ɪn·ˈvɜrt] *vt* inverser; (*object*) retourner; (*decision, image*) renverser

invertebrate [ɪn·ˈvɜr·t̬ə·brɪt] **I.** *adj* invertébré(e) **II.** *n* ZOOL invertébré *m*

invest [ɪn·ˈvest] **I.** *vt* investir; **to ~ capital in a company** investir des capitaux dans une entreprise; **to ~ time and effort in sth** investir du temps et des efforts dans qc; **to ~ sth on sb** investir qn de qc; **to ~ sb with full authority** investir qn d'une pleine autorité **II.** *vi* investir; **to ~ in sth** investir dans qc

investigate [ɪn·ˈves·tɪ·geɪt] *vt* (*a case, crime*) enquêter sur; **to ~ how/whether/why ...** rechercher comment/si/pourquoi ...

investigation *n* enquête *f*

investigative *adj* investigateur(-trice); **~ journalism** journalisme *m* d'investigation

investigator *n* enquêteur, -trice *m, f*

investment [ɪn·ˈves(t)·mənt] *n* investissement *m*

investment fund *n* fonds *mpl* d'investissement

investment trust *n* société *f* d'investissement

investor *n* investisseur *m*

inveterate [ɪn·ˈvet̬·ᵊr·ət] *adj pej* (*liar, smoker*) invétéré(e); **~ criminal** récidiviste *mf*

invidious [ɪn·ˈvɪ·di·əs] *adj* **1.** (*arousing resentment: position, task*) peu enviable **2.** (*unjust: comparison, choice*) inéquitable

invigorate [ɪn·ˈvɪg·ər·eɪt] *vt* **1.** (*give strength*) revigorer **2.** *fig* réveiller; (*the economy*) relancer

invigorating *adj* **1.** (*giving strength*) revigorant(e) **2.** *fig* (*stimulating, heartening*) stimulant(e)

invincible [ɪn·ˈvɪn(t)·sə·bl] *adj* invincible; **~ will** volonté *f* de fer

invisible [ɪn·ˈvɪz·ə·bl] *adj a.* ECON invisible; **~ to the naked eye** invisible à l'œil nu; **~ ink** encre *f* sympathique

invitation [ˌɪn·vɪ·ˈteɪ·ʃᵊn] *n* invitation *f;* **by ~** sur invitation; **~ to sth** invitation à qc

invite [ˈɪn·vaɪt, *vb:* ɪn·ˈvaɪt] **I.** *n inf* invitation *f* **II.** *vt* **1.** (*request to attend*) inviter; **to ~ sb for/to sth** inviter qn à qc; **to ~ oneself** s'inviter soi-même; **to ~ sb to** *+infin* inviter qn à *+infin* **2.** (*formally request*) solliciter **3.** (*provoke, tempt reaction*) encourager; **to ~ criticism** encourager la critique; **to ~ sb to** *+infin*

encourager qn à *+infin*
inviting *adj* **1.** (*attractive: look, prospect*) attirant(e) **2.** (*tempting*) tentant(e)
in vitro [ɪn·ˈvi·troʊ] *adj, adv* in vitro
in vitro fertilization *n* fécondation *f* in vitro
invocation [ˌɪn·və·ˈkeɪ·ʃᵊn] *n* **1.** (*prayers to spirits, Gods*) invocation *f* **2.** (*use as resort*) appel *m* **3.** (*of memories*) évocation *f*
invoice [ˈɪn·vɔɪs] **I.** *vt* (*goods*) facturer; (*a client*) envoyer une facture à **II.** *n* facture *f;* **~ for sth** facture de qc
invoke [ɪn·ˈvoʊk] *vt* **1.** (*trigger: memories, emotion*) évoquer **2.** (*call on*) invoquer
involuntary [ɪn·ˈva·lən·ter·i] *adj* involontaire
involve [ɪn·ˈvɔlv] *vt* **1.** (*concern, affect*) impliquer **2.** (*include, number among*) inclure **3.** (*entail, necessitate*) nécessiter
involved *adj* **1.** (*complicated: story*) embrouillé(e) **2.** (*connected with, mixed up in*) impliqué(e); **to be ~ in sth** être mêlé à qc
involvement *n* **1.** (*commitment*) engagement *m* **2.** (*participation*) participation *f*
invulnerable [ɪn·ˈvʌl·nər·ə·bl] *adj a. fig* invulnérable; **to be ~ to sth** être invulnérable à qc
inward [ˈɪn·wərd] **I.** *adj* **1.** (*toward center*) intérieur(e) **2.** (*personal, private: life*) intime; (*doubts, reservations*) profond(e) **II.** *adv* **1.** (*toward center*) vers l'intérieur **2.** (*toward the mind*) à l'intérieur
inwardly *adv* intérieurement
inwardness *n* intériorité *f*
inwards *adv s.* **inward II.**
in-your-face *adj inf* cru(e)
I/O *n* COMPUT *abbr of* **input/output** E/S *f*
IOC *n abbr of* **International Olympic Committee** CIO *m*
iodine [ˈaɪ·ə·daɪn] *n* iode *m*
ion [ˈaɪ·ən] *n* ion *m*
Ionic [aɪ·ˈa·nɪk] *adj* ionique
iota [aɪ·ˈoʊ·ţə] *n* iota *m;* **there is not one ~ of truth in that** il n'y a pas un brin de vérité dans cela
IOU [ˌaɪ·oʊ·ˈju] *n a. fig, inf abbr of* **I owe you** reconnaissance *f* de dette
Iowa [ˈaɪə·wə] *n* l'Iowa *m*
IPA [ˌaɪ·pi·ˈeɪ] *n abbr of* **International Phonetic Alphabet** API *m*
IQ [ˌaɪ·ˈkju] *n abbr of* **intelligence quotient** QI *m*
IRA [ˌaɪ·ar·ˈeɪ] *n abbr of* **Irish Republican Army** IRA *f*
Iran [ɪ·ˈræn] *n* l'Iran *m*
Iranian [ɪ·ˈreɪ·ni·ən] **I.** *adj* iranien(ne) **II.** *n* Iranien(ne) *m(f)*
Iraq [ɪ·ˈræk] *n* l'Irak *m*
Iraqi **I.** *adj* irakien(ne) **II.** *n* Irakien(ne) *m(f)*
irate [aɪ·ˈreɪt] *adj* furieux(-euse)
IRBM *n abbr of* **intermediate-range ballistic missile** IRBM *m*
Ireland [ˈaɪr·lənd] *n* l'Irlande *f;* **Republic of ~** République *f* d'Irlande
iridescent [ˌɪr·ɪ·ˈdes·ᵊnt] *adj* chatoyant(e)
iris [ˈaɪ·rɪs] <-es> *n a.* BOT iris *m*
Irish [ˈaɪ·rɪʃ] **I.** *adj* irlandais(e) **II.** *n* **1.** (*people*) **the ~** les Irlandais **2.** LING irlandais *m;* **~ Gaelic** irlandais gaélique; *s.a.* **English**
Irishman *n* Irlandais *m*
Irishwoman *n* Irlandaise *f*
irk [ɜrk] *vt* irriter
irksome [ˈɜrk·səm] *adj* irritant(e)
iron [ˈaɪ·ərn] **I.** *adj* (*discipline, will*) de fer; **~ constitution** santé *f* de fer **II.** *n* **1.** (*metal*) fer *m* **2.** (*for pressing clothes*) fer *m* à repasser; **steam ~** fer *m* à vapeur **3.** SPORTS (*golf club*) fer *m* ▶ **to have many ~s in the fire** avoir plusieurs cordes à son arc **III.** *vt* (*shirt, blouse*) repasser; **to ~ sth out** *fig* (*disagreements, problems*) arranger qc **IV.** *vi* repasser
Iron Age *n* l'âge *m* de fer
Iron Curtain *n* HIST rideau *m* de fer
iron fist *n s.* **iron hand** ▶ **an ~ in a velvet glove** une main de fer dans un gant de velours *prov*
iron grip *n* poignée *f* de fer
iron hand *n* main *f* de fer; **to rule with an ~** gouverner qc d'une main de fer
ironic, ironical *adj* ironique
ironing *n* repassage *m*
ironing board *n* table *f* à repasser
iron lung *n* MED poumon *m* d'acier
iron ore *n* minerai *m* de fer
ironware *n* ferronnerie *f*
ironwork *n* ferrure *f*
ironworks *npl + sing vb* sidérurgie *f*
irony [ˈaɪ·rᵊn·i] *n* ironie *f*
irradiate [ɪr·ˈeɪ·dɪ·eɪt] *vt* irradier
irrational [ɪ·ˈræʃ·ᵊn·ᵊl] *adj* irrationnel(le)
irrational number *n* MATH nombre *m* irrationnel
irreconcilable [ɪ·ˌrek·ᵊn·ˈsaɪ·lə·bl] *adj* inconciliable
irrecoverable [ˌɪr·ɪ·ˈkʌv·ᵊr·ə·bl] *adj* irrécouvrable; **an ~ financial loss** une perte financière irrécupérable
irredeemable [ˌɪr·ɪ·ˈdi·mə·bl] *adj* **1.** (*not able to be saved, corrected*) irrémédiable; (*mistake, error*) irréparable; (*person, stupidity*) incurable; (*sinner*) irrémissible **2.** ECON non remboursable
irrefutable [ɪ·ˈref·jə·ţə·bl] *adj* irréfutable
irregular [ɪ·ˈreg·jə·lər] **I.** *adj* **1.** *a.* LING, MIL irrégulier(-ère) **2.** *form* (*abnormal, peculiar: behavior, habits*) désordonné(e) **II.** *n* MIL (*unofficial soldier*) soldat *m* irrégulier
irregularity <-ies> *n* irrégularité *f*
irrelevance [ɪr·ˈel·ə·vᵊn(t)s], **irrelevancy** *n form* insignifiance *f;* **to be an ~** manquer de pertinence
irrelevant *adj* non pertinent(e)
irreparable [ɪ·ˈrep·ᵊr·ə·bl] *adj* irréparable
irreplaceable [ˌɪr·ɪ·ˈpleɪ·sə·bl] *adj* irremplaçable
irrepressible [ˌɪr·ɪ·ˈpres·ə·bl] *adj* irrépressible
irreproachable [ˌɪr·ɪ·ˈproʊ·tʃə·bl] *adj* irréprochable
irresistible [ˌɪr·ɪ·ˈzɪs·tə·bl] *adj* irrésistible

irresolute [ɪ·ˈrez·ᵊl·ut] *adj* irrésolu(e)
irrespective of *prep* sans tenir compte de; ~ **whether he agrees** qu'il soit d'accord ou non
irresponsible [ˌɪr·ɪ·ˈspan(t)·sə·bl] *adj* irresponsable
irretrievable [ˌɪr·ɪ·ˈtri·və·bl] *adj* (*situation*) irréversible; (*mistake*) irrattrapable
irreverence [ɪ·ˈrev·ᵊr·ᵊn(t)s] *n* irrévérence *f*
irreverent [ɪ·ˈrev·ᵊr·ᵊnt] *adj* irrévérencieux(-euse)
irreversible [ˌɪr·ɪ·ˈvɜr·sə·bl] *adj* irréversible; (*decision*) irrévocable
irrevocable [ɪ·ˈrev·ə·kə·bl] *adj* irrévocable
irrigate [ˈɪr·ɪ·geɪt] *vt* **1.** (*supply water to*) irriguer **2.** MED (*wash*) laver
irrigation *n* **1.** AGR irrigation *f* **2.** MED (*washing*) lavage *m*
irrigation plant *n* dispositif *m* d'irrigation
irritable [ˈɪr·ɪ·t̬ə·bl] *adj* irritable
irritant [ˈɪr·ɪ·t̬ənt] *n* **1.** (*source of problems*) tracas *m* **2.** (*sth inflaming body part*) substance *f* irritante
irritate [ˈɪr·ɪ·teɪt] *vt a.* MED irriter
irritated *adj* irrité(e); **to feel ~ at sth** s'irriter de qc
irritating *adj a.* MED irritant(e)
irritation *n a.* MED irritation *f*; **to be an ~ to sb** être une source d'énervement pour qn
IRS [ˌaɪ·ar·ˈes] *n abbr of* **Internal Revenue Service** ≈fisc *m*
is [ɪz] *3rd pers sing of* **be**
ISBN [ˌaɪ·es·bi·ˈen] *n abbr of* **International Standard Book Number** ISBN *m*
ISDN *n* TEL *abbr of* **Integrated Services Digital Network** RNIS *m*
Islam [ɪz·ˈlam] *n no art* l'Islam *m*
Islamic [ɪz·ˈla·mɪk] *adj* islamique
island [ˈaɪ·lənd] *n a. fig* île *f*
islander *n* insulaire *mf*
isn't [ˈɪz·ᵊnt] = **is not** *s.* **be**
isobar [ˈaɪ·soʊ·bar] *n* METEO isobare *f*
isolate [ˈaɪ·sə·leɪt] *vt* isoler; **to ~ oneself** s'isoler
isolated *adj* isolé(e)
isolation *n* isolement *m*
isolationism [ˌaɪ·sᵊ·ˈleɪ·ʃᵊn·ɪ·zᵊm] *n* POL isolationnisme *m*
isolation unit *n* salle *f* de quarantaine
isosceles triangle [aɪ·ˈsa·sᵊl·iz·ˌtraɪ·æŋ·gl] *n* MATH triangle *m* isocèle
isotherm [ˈaɪ·soʊ·θɜrm] *n* METEO, PHYS isotherme *f*
isotope [ˈaɪ·sə·toʊp] *n* PHYS, ELEC isotope *m*
Israel [ˈɪz·ri·əl] *n* Israël *m sans art*
Israeli I. *adj* israélien(ne) **II.** *n* Israélien(ne) *m(f)*
Israelite [ˈɪz·ri·ə·laɪt] *n* Israélite *mf*
issue [ˈɪʃ·u] **I.** *n* **1.** (*problem, topic*) question *f*; **at ~** (*in discussion, controversial*) controversé(e); **to make an ~ of sth** faire tout un problème de qc; **to take ~ with sb over sth** *form* prendre le contre-pied de qn sur qc **2.** (*single publication*) numéro *m* **3.** FIN, ECON (*distribution of stock, stamps*) émission *f* **II.** *vt* **1.** (*put out*) délivrer; **to ~ sb with sth** délivrer qc à qn; **to ~ an arrest warrant** diffuser un avis de recherche **2.** (*make public: bank notes, statement*) émettre; (*communiqué, newsletter*) rendre public **III.** *vi* **to ~ from sth** *form* sortir de qc
isthmus [ˈɪs·məs] *n* isthme *m*
it [ɪt] **I.** *dem pron* ce, c' + *vowel;* **who was ~?** qui était-ce?; **~ is ...** c'est ..., ça est ... *Belgique;* **~ all** tout cela; **~'s Paul who did that** c'est Paul qui a fait ça **II.** *pers pron* il, elle; **your pen/card? ~ is on my desk** ton stylo/ta carte? il/elle est sur mon bureau **III.** *impers pron* il; **what time is ~?** quelle heure est-il?; **~'s cold, ~'s snowing** il fait froid, il neige; **~'s 10 miles to the town** il y a 10 miles jusqu'à la ville; **~ seems that ...** il semble que ...; **~ is said that ...** on dit que ... **IV.** *objective pron* **1.** (*direct object*) le, la, l' + *vowel;* **your card? I took ~?** ta carte? je l'ai prise; **I can do ~** je peux le/la faire **2.** (*indirect object*) lui; **give ~ something to eat** donne-lui à manger **3.** (*prepositional object*) **I heard about ~** j'en ai entendu parler; **I'm afraid of ~** j'en ai peur; **I'm just coming back from ~** j'en reviens; **I went to ~** j'y suis allé; **I fell into ~** j'y suis tombé; **think of ~** pensez-y; **put the glass on/beside ~** mets le verre dessus/à côté **4.** (*non-specific object*) en; **to have ~ in for sb** en avoir après qn ►**that's ~!** ça y est!; (*in anger*) ça suffit!; **this is ~!** nous y sommes!
IT [ˌaɪ·ˈti] *n* COMPUT *abbr of* **Information Technology** informatique *f*
Italian [ɪ·ˈtæl·jən] **I.** *adj* italien(ne) **II.** *n* **1.** (*person*) Italien(ne) *m(f)* **2.** LING italien *m; s.a.* **English**
italic [ɪ·ˈtæl·ɪk] **I.** *adj* italique; **~ type** caractère *m* en italique **II.** *n pl* COMPUT, TYP italiques *mpl;* **in ~s** en italique
italicize [ɪ·ˈtæl·ɪ·saɪz] *vt* TYP **to ~ sth** mettre qc en italique
Italy [ˈɪt̬·ᵊl·i] *n* l'Italie *f*
itch [ɪtʃ] **I.** *vi a. inf* démanger **II.** *n* démangeaison *f*
itchy <-ier, -iest> *adj* irritant(e)
item [ˈaɪ·t̬əm] *n* **1.** (*point, thing*) *a.* COMPUT article *m;* **~ of clothing** article *m* de vêtement; **~ by ~** point par point; **luxury ~** article *m* de luxe; **~ of news** [*o* **news ~**] nouvelle *f* **2.** *inf* (*couple in relationship*) couple *m*
itemize [ˈaɪ·t̬əm·aɪz] *vt* **to ~ sth** présenter qc point par point
itinerant [aɪ·ˈtɪn·ᵊr·ᵊnt] **I.** *n* itinérant(e) *m(f)* **II.** *adj* itinérant(e)
itinerary [aɪ·ˈtɪn·ər·er·i] <-ies> *n* itinéraire *m*
it'll [ˈɪt̬·l] = **it will** *s.* **be**
its [ɪts] *poss adj* (*of sth*) son, sa, ses *pl;* **~ color/weight** sa couleur/son poids; **the cat hurt ~ head** le chat s'est blessé à la tête
it's [ɪts] = **it is** *s.* **be**
itself [ɪt·ˈself] *reflex pron* **1.** *after verbs* se, s'

+ *vowel* **2.** (*specifically*) lui-même, elle-même; **the place** ~ la place elle-même; **the plan in** ~ le plan en soi; **the door closes by** ~ la porte se ferme toute seule; *s.a.* **myself**

IUD [ˌaɪ·ju·ˈdi] *n* MED *abbr of* **intrauterine device** stérilet *m*

IV *adj abbr of* **intravenous** iv

I've [aɪv] = **I have** *s.* **have**

IVF [ˌaɪ·vi·ˈef] *n* MED *abbr of* **in vitro fertilization** fécondation *f* in vitro

ivory [ˈaɪ·vᵊr·i] <-ies> **I.** *n* **1.** (*from elephants' tusks*) ivoire *m* **2.** *pl* (*ivory goods*) ivoirerie *f* **3.** *pl, iron, inf* (*keys of piano*) touches *fpl* de piano; **to tickle the ivories** pianoter **II.** *adj* **1.** (*substance*) en ivoire **2.** (*color*) ivoire *inv*

Ivory Coast *n* la Côte d'Ivoire

ivory tower *n fig* tour *f* d'ivoire

ivy [ˈaɪ·vi] <-ies> *n* lierre *m*

J

J, j [dʒeɪ] <-'s *o* -s> *n* J, j *m;* ~ **as in Juliet** (*on telephone*) j comme Joseph

jab [dʒæb] **I.** *n* **1.** (*shove*) coup *m* **2.** SPORTS direct *m* **II.** <-bb-> *vt* **1.** (*poke or prick*) planter **2.** (*push*) **to** ~ **sth in(to) sth** donner des coups de qc dans qc **III.** <-bb-> *vi* **1.** SPORTS **to** ~ **at sb** lancer un direct à qn **2.** (*thrust at*) **to** ~ **at sb/sth with sth** donner un coup de qc à qn/qc

jabber [ˈdʒæb·ər] *pej* **I.** *n* baragouin *m* **II.** *vi* baragouiner; (*chatter*) jacasser **III.** *vt* **to** ~ **(out) sth** bredouiller qc

jabbering *n s.* **jabber**

jack [dʒæk] *n* **1.** TECH vérin *m* **2.** AUTO cric *m* **3.** (*card*) valet *m* **4.** (*plug*) prise *f* **5.** (*in lawn bowling*) cochonnet *m* **6.** *sl* (*nothing*) **to not know** ~ **about sth** savoir que dalle sur qc

◆**jack off** *vt, vi vulg s.* **jerk off**

◆**jack up** *vt* **1.** (*raise*) soulever; **to jack a car up** soulever une voiture à l'aide d'un cric **2.** *fig, inf* (*prices, rent*) faire grimper

jackal [ˈdʒæk·ᵊl] *n* chacal *m*

jackass [ˈdʒæk·æs] *n* **1.** ZOOL âne *m* **2.** *inf* (*idiot*) crétin(e) *m(f)*

jackboot [ˈdʒæk·but] *n* MIL botte *f* à l'écuyère ▶ **under the** ~ sous la dictature

jackdaw [ˈdʒæk·dɔ] *n* choucas *m*

jacket [ˈdʒæk·ɪt] *n* **1.** FASHION veste *f* **2.** (*of book*) couverture *f* **3.** MUS pochette *f*

jacket potato *n* pomme de terre *f* en robe des champs

jack-in-the-box [ˈdʒæk·ɪn·ðə·baks] <-es> *n* diable *m* à ressort; **he jumps up and down like a** ~ il ne tient pas en place

jackknife [ˈdʒæk·naɪf] **I.** *n* **1.** (*large folding knife*) couteau *m* de poche **2.** (*type of dive*) saut *m* carpé **II.** *vi* AUTO se mettre en portefeuille

jackpot [ˈdʒæk·pat] *n* jackpot *m;* **to hit the** ~ ramasser le gros lot; *fig, inf* décrocher la timbale

Jacuzzi® [dʒə·ˈku·zi] *n* jacuzzi® *m*

jade [dʒeɪd] *n* jade *m*

jaded [ˈdʒeɪd·ɪd] *adj* **to be** ~ **with sth** être las de qc

jag [dʒæg] *n* soûlerie *f;* **she went on a crying** ~ elle a eu une crise de larmes

jagged [ˈdʒæg·ɪd] *adj* déchiqueté(e); (*coastline*) découpé(e); (*rock*) pointu(e); (*speech, cut*) irrégulier(-ère)

jaggy [ˈdʒæg·i] <-ier, -iest> *adj* entaillé(e)

jaguar [ˈdʒæg·war] *n* jaguar *m*

jail [dʒeɪl] **I.** *n* prison *f;* **to be in** ~ faire de la prison; **to put sb in** ~ incarcérer qn; **to be released from** ~ être libéré (de prison) **II.** *vt* emprisonner; **to** ~ **sb for three months** condamner qn à trois mois de prison

jailbird [ˈdʒeɪl·bɜrd] *n* récidiviste *mf*

jailbreak [ˈdʒeɪl·breɪk] *n* évasion *f* (de prison); **to attempt a** ~ faire une tentative d'évasion

jailer [ˈdʒeɪ·lər], **jailor** [ˈdʒeɪ·lər] *n* gardien(ne) *m(f)* de prison

jalopy [dʒə·ˈla·pɪ] *n inf* bagnole *f*

jam¹ [dʒæm] *n* confiture *f* ▶ ~ **tomorrow** demain, on rase gratis

jam² [dʒæm] **I.** *n* **1.** *inf* (*awkward situation*) pétrin *m* **2.** (*crowd*) cohue *f;* **traffic** ~ AUTO embouteillage *m* **3.** (*in machine*) bourrage *m* **4.** MUS bœuf *m* **II.** <-mm-> *vt* **1.** (*cause to become stuck*) coincer; (*machine, mechanism*) bloquer; **to** ~ **sth open** maintenir qc ouvert **2.** (*cram*) **to** ~ **sth into sth** fourrer qc dans qc **3.** RADIO brouiller **III.** <-mm-> *vi* **1.** (*become stuck*) se coincer; (*brakes, photocopier*) se bloquer **2.** (*play music*) *faire des improvisations collectives de jazz*

Jamaica [dʒə·ˈmeɪ·kə] *n* la Jamaïque

Jamaican **I.** *adj* jamaïquain(e) **II.** *n* Jamaïquain(e) *m(f)*

jamboree [ˌdʒæm·bə·ˈri] *n* **1.** (*celebration*) festivités *fpl;* **political/marketing** ~ rassemblement *m* politique/publicitaire **2.** (*scouts' meeting*) jamboree *m*

jammy [ˈdʒæm·ɪ] <-ier, -iest> *adj* couvert(e) de confiture

jam-packed [ˌdʒæm·ˈpækt] *adj inf* bondé(e); **to be** ~ **(with people)** être plein à craquer

jam session *n inf* **to have a** ~ faire un bœuf

jangle [ˈdʒæŋ·gl] **I.** *vt* **1.** (*cause to make metallic noise: keys*) faire cliqueter; (*bells*) agiter **2.** (*upset*) troubler; (*sb's nerves*) ébranler **II.** *vi* tinter **III.** *n* (*of keys*) cliquetis *m;* (*of bell*) tintement *m*

janitor [ˈdʒæn·ə·t̬ər] *n* concierge *mf*

January [ˈdʒæn·ju·er·ɪ] *n* janvier *m; s.a.* **April**

Jap [dʒæp] **I.** *n pej, inf abbr of* **Japanese** the ~**s** les Japs *mpl* **II.** *adj pej, inf* japonais(e)

Japan [dʒə·ˈpæn] *n* le Japon

Japanese [ˌdʒæp·ᵊn·ˈiz] **I.** *adj* japonais(e) **II.** *n* **1.** (*person*) Japonais(e) *m(f)* **2.** LING japonais *m;*

s.a. **English**

jar[1] [dʒar] *n* **1.** (*container*) jarre *f;* (*of jam*) pot *m* **2.** (*amount*) pot *m*

jar[2] [dʒar] **I.** <-rr-> *vt* ébranler; (*person*) choquer; **to ~ one's elbow** se cogner le coude **II.** <-rr-> *vi* **1.** (*cause feelings*) **to ~ on sb** froisser qn **2.** (*make a sound*) rendre un son discordant **3.** (*be unsuitable: effect*) ne pas être à sa place; **to ~ with sth** jurer avec qc **III.** *n* secousse *f*

jargon ['dʒar·gən] *n* jargon *m*

jasmine ['dʒæs·mɪn] *n* jasmin *m*

jaundice ['dʒɔn·dɪs] *n* MED jaunisse *f*

jaundiced ['dʒɔn·dɪst] *adj* **1.** MED qui a la jaunisse **2.** *fig, form* amer(-ère); **to take a ~ view of sth** regarder qc d'un mauvais œil

jaunt [dʒɔnt] *n* excursion *f;* **to go on a ~** faire une balade

jaunty ['dʒɔn·t̬i] <-ier, -iest> *adj* enjoué(e); (*step*) vif(vive)

javelin ['dʒæv·ᵊl·ɪn] *n* javelot *m*

jaw [dʒɔ] **I.** *n* **1.** ANAT mâchoire *f* **2.** *pl* (*mouth*) gueule *f* ►**to <u>have</u> a (good) ~** *sl* tailler une bavette **II.** *vi inf* papoter; **to ~ at sb** faire un sermon à qn

jawbone ['dʒɔ·boʊn] *n* mâchoire *f*

jawbreaker ['dʒɔ·ˌbreɪ·kər] *n* **1.** (*sweet*) bonbon *m* dur **2.** *sl* (*tongue twister*) mot *m* imprononçable

jay [dʒeɪ] *n* geai *m*

jaywalk ['dʒeɪ·wɔk] *vi* **1.** (*illegally*) *traverser une rue sans respecter le code de la route* **2.** (*dangerously*) traverser dangereusement une rue

jaywalker ['dʒeɪ·wɔk·ər] *n* piéton(ne) *m(f)* ne respectant pas le code la route

jaywalking ['dʒeɪ·wɔk·ɪŋ] *n* imprudence *f* des piétons

jazz [dʒæz] *n* **1.** MUS jazz *m* **2.** *pej, inf* (*nonsense*) baratin *m* ►**and <u>all</u> that ~** *pej, inf* et tout le tremblement

◆**jazz up** *vt inf* **1.** MUS adapter pour le jazz **2.** (*brighten or enliven*) égayer; **to ~ food with spices** relever la nourriture avec des épices

jazzy ['dʒæz·i] <-ier, -iest> *adj* **1.** MUS jazzy *inv* **2.** *inf* (*flashy*) voyant(e)

jealous ['dʒel·əs] *adj* **1.** (*envious*) jaloux(-ouse); **to be ~ of sb/sth** être jaloux de qn/qc **2.** (*protective*) **to keep a ~ watch over sb** surveiller qn d'un œil jaloux

jealousy ['dʒel·ə·si] <-ies> *n* jalousie *f*

jeans [dʒinz] *npl* jean(s) *m;* **a pair of ~** une paire de jeans

jeep® [dʒip] *n* jeep *f*

jeer [dʒɪr] **I.** *vt* huer **II.** *vi* railler; **to ~ at sb** se moquer de qn **III.** *n* raillerie *f*

Jehovah [dʒɪ·'hoʊ·və] *n no art* Jéhovah *m*

Jehovah's Witness *n* Témoin *m* de Jéhovah

jell [dʒel] *vi s.* **gel**

jellied ['dʒel·id] *adj* en gelée

Jell-O® ['dʒel·oʊ] *n dessert de gélatine au goût et à la couleur de fruit*

jelly ['dʒel·i] <-ies> *n* gelée *f;* (*jam*) confiture *f*

jellyfish ['dʒel·i·fɪʃ] <-es> *n* **1.** ZOOL méduse *f* **2.** *inf* (*person*) lopette *f*

jeopardize ['dʒep·ər·daɪz] *vt* mettre en danger

jeopardy ['dʒep·ər·di] *n* **in ~** en danger; **to put sth in ~** mettre qc en péril

jerk [dʒɜrk] **I.** *n* **1.** (*movement*) secousse *f;* (*pull*) coup *m* sec; **to wake up with a ~** se réveiller en sursaut **2.** *inf* (*stupid person*) pauvre crétin(e) *m(f)* **3.** SPORTS épaulé-jeté *m* **II.** *vi* tressaillir; **to ~ to a halt** s'arrêter brusquement **III.** *vt* **1.** (*move*) donner une secousse à; **she ~ed me out of the room** elle m'a forcé à sortir de la pièce **2.** SPORTS (*weight*) faire un épaulé-jeté ►**to ~ sb's <u>chain</u>** *sl* casser les pieds à qn

◆**jerk around** *vt* abuser

◆**jerk off** *vi vulg* se branler

jerkin ['dʒɜrk·ɪn] *n* blouson *m*

jerky ['dʒɜr·ki] **I.** <-ier, -iest> *adj* saccadé(e); **~ style of writing** écriture *f* irrégulière **II.** *n* **beef ~** *du bœuf séché en lanières*

jerry-built ['dʒer·i·ˌbɪlt] *adj pej* fait(e) à la va-vite; (*house*) de mauvaise qualité

jerry can *n* jerrycan *m*

jersey ['dʒɜr·zi] *n* **1.** (*garment*) tricot *m* **2.** SPORTS maillot *m* **3.** (*cloth*) jersey *m*

Jersey ['dʒɜr·zi] *n* (l'île *f* de) Jersey

Jerusalem [dʒə·'ru·sᵊl·əm] *n* Jérusalem

jest [dʒest] **I.** *n form* plaisanterie *f;* **to say sth in ~** dire qc pour rire ►**many a true <u>word</u> is spoken in ~** *prov* on dit souvent la vérité sous le couvert d'une plaisanterie **II.** *vi form* **to ~ about sth** plaisanter sur qc

jester ['dʒes·tər] *n* HIST bouffon *m;* **court ~** fou *m* du roi

Jesuit ['dʒez·ju·ɪt] **I.** *n* jésuite *m* **II.** *adj* jésuite

Jesuitical [ˌdʒez·ju·'ɪt·ɪk·ᵊl] *adj* jésuitique

Jesus ['dʒi·zəs] **I.** *n no art* Jésus *m;* **~ Christ** Jésus-Christ *m* **II.** *interj vulg* **~** (**Christ**)! nom de Dieu!

jet[1] [dʒet] **I.** *n* **1.** (*plane*) avion *m* à réaction **2.** (*stream*) jet *m* **3.** (*hole*) gicleur *m* **II.** <-tt-> *vi* **1.** (*fly*) **to be ~ting in from Paris** arriver de Paris en avion; **to be ~ting off to Canada** s'envoler pour le Canada **2.** (*spurt*) gicler

jet[2] [dʒet] *n* (*stone*) jais *m*

jet engine *n* moteur *m* à réaction

jet fighter *n* chasseur *m* à réaction

jetfoil *n* hydroglisseur *m*

jet lag *n* décalage *m* horaire

jet-propelled [ˌdʒet·prə·'peld] *adj* à réaction

jet propulsion *n* propulsion *f* par réaction

jetsam ['dʒet·səm] *n s.* **flotsam**

jet set ['dʒet·set] *n inf* **the ~** le [*o* la] jet-set

jettison ['dʒet̬·ə·sᵊn] *vt* **1.** (*get rid of*) **to ~ sth** se délester de qc; **to ~ sb** se débarrasser de qn **2.** (*reject*) abandonner; **to ~ sth for sth** renoncer à qc pour qc **3.** (*throw*) jeter par-dessus bord

jetty ['dʒet̬·i] *n* **1.** (*pier*) embarcadère *m* **2.** (*breakwater*) jetée *f*

Jew [dʒu] *n* Juif *m,* Juive *f*

jewel ['dʒu·əl] *n* **1.** (*stone*) pierre *f* précieuse **2.** (*watch part*) rubis *m* **3.** *a. fig* joyau *m* ▶ **the crown ~s** les joyaux *mpl* de la couronne
jewel(l)er ['dʒu·ə·lər] *n* bijoutier, -ière *m, f*; **~'s (shop)** bijouterie *f*
jewelry ['dʒu·əl·ri] *n* bijouterie *f*
Jewish ['dʒu·ɪʃ] *adj* juif(juive)
Jewry ['dʒu·ri] *n form* communauté *f* juive
Jew's harp *n* guimbarde *f*
jib[1] [dʒɪb] *n* (*sail*) foc *m*
jib[2] [dʒɪb] *n* (*arm of crane*) flèche *f*
jib[3] <-bb-> *vi* **1.** (*be reluctant*) **to ~ at doing sth** rechigner à faire qc **2.** (*stop suddenly*) **the horse jibbed at the obstacle** le cheval a refusé l'obstacle
jibe[1] [dʒaɪb] *vi inf* **to ~ with sb/sth** s'accorder avec qn/qc
jibe[2] [dʒaɪb] *n, vt, vi s.* **gibe**
jiffy ['dʒɪf·i] *n inf* **in a ~** en un clin d'œil; **she'll be back in a ~** elle revient tout de suite
Jiffy bag® *n* enveloppe *f* matelassée
jig [dʒɪg] **I.** <-gg-> *vt* faire sauter **II.** <-gg-> *vi* (*move around/about*) se trémousser; **to ~ up and down** sautiller **III.** *n* gigue *f* **2.** *inf* **the ~ is up** tout est fichu
jigger ['dʒɪg·ər] **I.** *n mesure de 42 ml*; **~ of salt** ≈ pincée *f* de sel **II.** *vt* truquer
jiggery-pokery [ˌdʒɪg·ər·i·'poʊ·kər·i] *n inf* entourloupettes *fpl*
jiggle ['dʒɪg·l] **I.** *vt* **to ~ sth around** secouer légèrement **II.** *vi* se trémousser
jigsaw (puzzle) *n a. fig* puzzle *m*
jilt [dʒɪlt] *vt* (*lover*) plaquer *inf*; **to ~ sb for sb** laisser tomber qn pour qn (d'autre) *inf*
Jim Crow [ˌdʒɪm·'kroʊ] *n no art, pej* nègre, négresse *m, f*
jimjams ['dʒɪm·dʒæmz] *npl* **to have the ~** avoir les nerfs à fleur de peau
jimmy ['dʒɪm·i] **I.** <-ies> *n* pince-monseigneur *f* **II.** <-ie-> *vt* **to ~ sth open** forcer qc à la pince-monseigneur
jingle ['dʒɪŋ·gl] **I.** *vi* tinter **II.** *vt* faire tinter **III.** *n* **1.** (*noise*) tintement *m* **2.** (*in advertisements*) jingle *m*
jingoism ['dʒɪŋ·goʊ·ɪ·zəm] *n pej* chauvinisme *m*
jingoist *n pej* chauvin(e) *m(f)*
jingoistic [ˌdʒɪŋ·goʊ·'ɪs·tɪk] *adj pej* chauvin(e)
jinks [dʒɪŋks] *npl* **high ~** rigolade *f*; **to get up to high ~** se payer du bon temps
jinx [dʒɪŋks] **I.** *n* porte-malheur *m*; **to break the ~** échapper à la guigne; **to put a ~ on sb/sth** jeter un sort à qn/qc **II.** *vt* porter malheur à; **to be ~ed** avoir la guigne
jitters ['dʒɪt̬·ərz] *npl inf* frousse *f*; **to get the ~** avoir la trouille; **to give sb the ~** flanquer la frousse à qn
jittery ['dʒɪt̬·ər·i] <-ier, -iest> *adj inf* froussard(e); **to get ~** avoir la frousse
jiujitsu [ˌdʒu·'dʒɪt·su] *n s.* **jujitsu**
jive [dʒaɪv] **I.** *n* swing *m* **II.** *vi* danser le swing
Joan of Arc *n* HIST Jeanne d'Arc *f*
job [dʒab] *n* **1.** (*work*) emploi *m*; **to apply for a ~** poser sa candidature pour un emploi; **to get a ~** trouver un travail; **to give up a ~** démissionner; **his ~ at the factory** son boulot *m* à l'usine; **a ~ in marketing** un emploi dans le commerce **2.** (*piece of work*) tâche *f*; **to do a good ~ of sth** se surpasser dans qc **3.** (*duty*) travail *m* ▶ **to do the ~** *inf* faire l'affaire
job advertisement *n* offre *f* d'emploi
job analysis *n* analyse *f* des tâches
jobber ['dʒa·bər] *n* **1.** (*wholesaler*) grossiste *mf* **2.** (*worker*) **day ~** travailleur, -euse *m, f* journalier, -ère
job counselor *n* conseiller, -ère *m, f* de l'emploi
job creation *n* création *f* d'emplois
job cuts *npl* réductions *fpl* d'emplois
job description *n* profil *m* du poste
job evaluation *n* évaluation *f* des tâches
job hunt *n inf* chasse *f* à l'emploi
job-hunt *vi* **to be ~ing** être à la recherche d'un emploi
job interview *n* entretien *m* d'embauche
jobless ['dʒab·ləs] **I.** *adj* sans emploi **II.** *npl* chômeurs *mpl*
jobless figures *npl* **the ~** le nombre de demandeurs d'emploi
job lot *n* lot *m*
job market *n* **the ~** le marché de l'emploi
job offer *n* offre *f* d'emploi
job security *n* sécurité *f* de l'emploi
jobseeker *n* demandeur, -euse *m, f* d'emploi
job share *n* partage *m* du travail
job sharing *n* partage *m* des fonctions
job title *n* titre *m* (de fonction)
jock [dʒak] *n sl* sportif *m*
jockey ['dʒa·ki] **I.** *n* jockey *m* **II.** *vi* **to ~ for sth** intriguer pour obtenir qc; **to ~ for position** jouer des coudes
jockstrap ['dʒak·stræp] *n* slip *m* à coquille
jocular ['dʒa·kjə·lər] *adj* badin(e); **in a ~ vein** d'un ton rieur; **to be in a ~ mood** être d'une humeur joviale
Joe Blow [ˌdʒoʊ·'bloʊ] *n no art, inf* Monsieur Tout-le-monde
jog [dʒag] **I.** *n* **1.** (*pace*) petit trot *m* **2.** (*run*) jogging *m*; **to go for a ~** faire du jogging **3.** (*knock*) poussée *f*; **to give sth a ~** donner un coup sec à qc **II.** <-gg-> *vi* faire du jogging **III.** <-gg-> *vt* secouer; **to ~ sb's elbow** pousser le coude de qn ▶ **to ~ sb's memory** rafraîchir la mémoire de qn
◆**jog along** *vi* **1.** *inf* (*advance slowly*) aller cahin-caha **2.** *fig* aller tant bien que mal
jogger ['dʒag·ər] *n* joggeur, -euse *m, f*
jogging ['dʒag·ɪŋ] *n* jogging *m*
joggle ['dʒa·gl] **I.** *vt* **to ~ sb/sth (about/around)** secouer qn/qc **II.** *n* légère secousse *f*
john [dʒan] *n sl* **1.** (*bathroom*) cabinets *mpl* **2.** (*prostitute's client*) micheton *m*
John Bull *n no art, inf* l'Anglais *m* type
John Doe *n* Monsieur *m* Untel
join [dʒɔɪn] **I.** *vt* **1.** (*connect*) joindre; (*using glue, screws*) assembler; (*towns, roads*) relier;

J

to ~ **hands** se donner la main; **to ~ (together) in marriage** unir par le mariage **2.** (*go and be with*) rejoindre; (*in a car, on a walk*) rattraper; **to ~ the line** prendre la queue; **to ~ sb in doing sth** se joindre à qn pour qc **3.** (*reach, touch: river, road*) rejoindre **4.** (*become a member of: club, party*) adhérer à; (*sect, company*) entrer dans; **to ~ the army** s'engager dans l'armée; **to ~ forces with sb** s'unir à qn; **to ~ the ranks of the unemployed** compter parmi les chômeurs **5.** (*get involved in*) s'inscrire à ► **~ the club!** bienvenue au club! **II.** *vi* **1.** (*connect*) se joindre; **to ~ with sb in doing sth** se joindre à qn pour faire qc **2.** (*become a member*) adhérer **III.** *n* raccord *m*

◆**join in I.** *vi* participer; **to ~ doing sth** prendre part à qc **II.** *vt* se joindre à

◆**join up I.** *vi* **1.** MIL s'engager; (*for activity*) se retrouver **2.** (*converge: roads, rivers*) se rejoindre **II.** *vt* (*link: points*) relier; (*parts*) rattacher

joiner ['dʒɔɪ·nər] *n* menuisier *m*

joinery ['dʒɔɪ·nᵊr·i] *n* menuiserie *f*

joint [dʒɔɪnt] **I.** *adj* commun(e); **it was a ~ effort** ce furent des efforts conjugués **II.** *n* **1.** ANAT articulation *f;* (*in wood*) assemblage *m;* (*in pipe*) jointure *f* **2.** (*meat*) rôti *m* **3.** *inf* (*place*) endroit *m* **4.** *inf* (*nightclub*) boîte *f* (de nuit) **5.** *inf* (*marijuana cigarette*) joint *m* ► **to put sb's nose out of ~** défriser qn

joint account *n* compte *m* joint

joint committee *n* commission *f* mixte

joint debtor *n* codébiteur, -trice *m, f*

jointed ['dʒɔɪn·t̬ɪd] *adj* articulé(e)

jointly ['dʒɔɪnt·li] *adv* conjointement

joint owner *n* copropriétaire *mf*

joint property *n* copropriété *f*

joint-stock company *n* société *f* par actions

joint venture *n* coentreprise *f*

joist [dʒɔɪst] *n* solive *f*

jojoba oil [hoʊ·'hoʊ·bə·,ɔɪl] *n* huile *f* de jojoba

joke [dʒoʊk] **I.** *n* **1.** (*sth funny*) plaisanterie *f;* **to tell a ~** raconter une blague; **to do sth for a ~** faire qc pour rire; **to get beyond a ~** commencer à ne plus être drôle; **she can't take a ~** elle ne comprend pas la plaisanterie; **to play a ~ on sb** jouer un tour à qn; **it's no ~** ce n'est pas une blague; **the ~'s on her** c'est à elle de rire jaune **2.** *inf* (*sth very easy*) **this is a ~** ça, c'est de la tarte; **it's no ~ being a farmer** ce n'est pas drôle d'être fermier **3.** *inf* (*ridiculous thing or person*) risée *f;* **he's a complete ~!** ce qu'il est drôle! **II.** *vi* plaisanter; **to ~ about sth** se moquer de qc; **you must be joking!** tu veux/vous voulez rire!

joker ['dʒoʊ·kər] *n* **1.** (*one who jokes*) blagueur, -euse *m, f* **2.** *inf* (*foolish person*) imbécile *mf* **3.** (*card*) joker *m* ► **he's the ~ in the deck** avec lui c'est le grand inconnu

joking ['dʒoʊk·ɪŋ] **I.** *adj* de plaisanterie; **it's no ~ matter** il n'y a pas de quoi rire **II.** *n* plaisanterie *f;* **~ apart** blague *f* à part

jokingly *adv* en plaisantant

jollification [,dʒa·lə·fɪ·'keɪ·ʃᵊn] *n* (*merrymaking*) réjouissances *fpl*

jollity ['dʒa·lə·t̬i] *n* gaieté *f*

jolly ['dʒa·li] **I.** <-ier, -iest> *adj* **1.** (*happy*) joyeux(-euse) **2.** (*cheerful*) jovial(e) **II.** <-ies> *n pl, sl* **to get one's jollies** prendre son pied

jolt [dʒoʊlt] **I.** *n* **1.** (*jerk*) secousse *f* **2.** (*shock*) choc *m* **II.** *vt a. fig* secouer; **to ~ sb into doing sth** inciter qn à faire qc; **to ~ sb into action** pousser qn à l'action; **to ~ sb out of his lethargy** sortir qn de sa léthargie **III.** *vi* (*person*) tressauter; (*vehicle*) cahoter

Jordan ['dʒɔr·dᵊn] *n* **1.** (*country*) la Jordanie **2.** (*river*) le Jourdain

Jordanian [dʒɔr·'deɪ·ni·ən] **I.** *adj* jordanien(ne) **II.** *n* Jordanien(ne) *m(f)*

josh [dʒaʃ] *inf* **I.** *vt* taquiner **II.** *vi* blaguer

joss stick ['dʒas·stɪk] *n* bâtonnet *m* d'encens

jostle ['dʒa·sl] **I.** *vt* bousculer **II.** *vi* se bousculer; **to ~ for sth** jouer des coudes pour avoir qc; **to ~ for position** jouer des coudes pour obtenir un poste

jot [dʒat] **I.** <-tt-> *vt* **to ~ sth (down)** noter qc **II.** *n* **not a ~ of truth** pas un mot de vrai

jottings ['dʒa·t̬ɪŋz] *npl* notes *fpl*

joule [dʒul] *n* joule *m*

journal ['dʒɜr·nᵊl] *n* **1.** (*periodical*) revue *f;* **quarterly ~** revue trimestrielle **2.** (*newspaper, diary*) journal *m;* **to keep a ~** tenir un journal

journalese [,dʒɜr·nᵊ·'liz] *n pej* jargon *m* journalistique

journalism ['dʒɜr·nᵊl·ɪ·zᵊm] *n* journalisme *m*

journalist ['dʒɜr·nᵊl·ɪst] *n* journaliste *mf;* **freelance ~** pigiste *mf*

journalistic [,dʒɜr·nᵊ·'lɪs·tɪk] *adj* journalistique

journey ['dʒɜr·ni] **I.** *n* (*trip*) *a. fig* voyage *m;* (*period in movement*) trajet *m;* **a two-hour train ~** un trajet de deux heures en train **II.** *vi* voyager; **to ~ to Rome** faire un voyage à Rome

joust [dʒaʊst] **I.** *vi* jouter **II.** *n* joute *f*

jovial ['dʒoʊ·vi·əl] *adj* jovial(e)

joviality [,dʒoʊ·vi·'æl·ə·t̬i] *n* jovialité *f*

jowl [dʒaʊl] *n* **~(s)** bajoues *fpl*

joy [dʒɔɪ] *n* **1.** (*gladness*) joie *f;* **to be filled with ~** être comblé de joie; **to jump for ~** sauter de joie; **to shout/weep for ~** crier/pleurer de joie; **to be a ~ to sb** être une joie pour qn; **the ~ of winning/singing** le plaisir de gagner/chanter; **the ~s of teaching** les joies de l'enseignement **2.** (*source of pleasure*) plaisir *m;* **to be sb's pride and ~** être la fierté de qn

joyful ['dʒɔɪ·fᵊl] *adj* joyeux(-euse)

joyless ['dʒɔɪ·ləs] *adj* (*person, face*) sans joie; (*marriage*) malheureux(-euse)

joyous ['dʒɔɪ·əs] *adj* joyeux(-euse)

joy ride ['dʒɔɪ·raɪd] *n sl* virée *f*

joy rider *n chauffard dans une voiture volée*

joystick ['dʒɔɪ·stɪk] *n* **1.** AVIAT levier *m* de commande **2.** COMPUT joystick *m,* manette *f* de jeu

JP [,dʒeɪ·'pi] *n abbr of* **Justice of the Peace** juge *m* de paix

Jr. *n abbr of* **Junior** junior *m*

jubilant ['dʒu·bɪ·lənt] *adj* enchanté(e)

jubilation [ˌdʒu·bɪ·'leɪ·ʃᵊn] *n* jubilation *f*

jubilee ['dʒu·bɪ·li] *n* jubilé *m*

Judaism ['dʒu·deɪ·ɪ·zᵊm] *n* judaïsme *m*

judge [dʒʌdʒ] **I.** *n* juge *m;* (*in contest*) arbitre *m;* **to be/not be a good ~ of sth** être bon/mauvais juge en qc; **to be a good ~ of character** savoir bien juger les gens; **~ of horses/wine** expert *m* en chevaux/vins; **I'll be the ~ of that!** c'est moi qui en jugerai! **II.** *vi* **1.** (*decide*) juger; **to ~ by** [*o* **from**] **sth** juger d'après qc; **judging by the style** à en juger par le style **2.** LAW rendre un jugement **III.** *vt* **1.** (*decide*) juger; (*contest*) arbitrer **2.** (*estimate*) estimer **3.** (*assess*) évaluer, juger ▶ **you can't ~ a book by its cover** *prov* il ne faut pas se fier aux apparences

judg(e)ment ['dʒʌdʒ·mənt] *n* **1.** LAW jugement *m* **2.** (*opinion*) avis *m* **3.** (*discernment*) appréciation *f;* **use your ~** c'est à toi/vous de juger

judgmental [dʒʌdʒ·'mən·t̬ᵊl] *adj* critique

judicial [dʒu·'dɪʃ·ᵊl] *adj* judiciaire

judiciary [dʒu·'dɪʃ·i·er·i] <-ies> *n* **1.** (*system*) système *m* judiciaire **2.** (*judges*) magistrature *f*

judicious [dʒu·'dɪʃ·əs] *adj* judicieux(-euse)

judo ['dʒu·doʊ] *n* judo *m*

jug [dʒʌg] *n* (*container*) cruche *f*

juggernaut ['dʒʌg·ər·nɔt] *n* poids *m* lourd

juggle ['dʒʌg·l] *a. fig* **I.** *vt* jongler avec **II.** *vi* **to ~ with sth** jongler avec qc

juggler ['dʒʌg·lər] *n* jongleur, -euse *m, f*

juice [dʒus] *n* **1.** *a. fig* jus *m;* **grapefruit ~** jus de pamplemousse **2.** (*bodily liquid*) suc *m*

juicy ['dʒu·si] <-ier, -iest> *adj* juteux(-euse)

jujitsu [dʒu·'dʒɪt·su] *n* jiu-jitsu *m*

jukebox ['dʒuk·baks] *n* juke-box *m*

julep ['dʒu·ləp] *n* julep *m;* **mint ~** boisson *f* alcoolisée glacée à la menthe

Juliet ['dʒu·li·et] *n* **Romeo and ~** Roméo et Juliette

July [dʒu·'laɪ] *n* juillet *m;* **the Fourth of ~** le quatre juillet; *s.a.* **April**

jumble ['dʒʌm·bl] **I.** *n a. fig* fouillis *m* **II.** *vt* mélanger

jumbo ['dʒʌm·boʊ] **I.** *adj* géant(e) **II.** *n inf* jumbo-jet *m*

jump [dʒʌmp] **I.** *vi* **1.** (*leap*) sauter; **to ~ out of sth** sauter de qc; **to ~ up** se lever d'un bond; **to ~ up and down** sauter en l'air; **to ~ up and down with excitement** sauter d'excitation; **to ~ forward/across** faire un bond en avant/franchir d'un bond; **to ~ in** (*car*) sauter dans; **to ~ on** (*bus, train*) sauter dans; (*bicycle, horse*) sauter sur **2.** (*jerk*) sursauter; **to make sb ~** faire sursauter qn **3.** (*increase suddenly*) faire un bond; **to ~ by 70%** faire un bond de 70% **4.** (*skip*) sauter; **to ~ from one thing to another** passer d'un seul coup d'une chose à une autre ▶ **to ~ to conclusions** tirer des conclusions trop hâtives; **to ~ to the conclusion that ...** conclure trop vite que ...; **to ~ for joy** bondir de joie; **to go ~ in the lake** *inf* aller se faire voir; **to ~ out of one's skin** sauter au plafond; **to be really ~ing** *inf* être animé **II.** *vt* **1.** (*leap across or over*) sauter par-dessus **2.** (*attack*) **to ~ sb** sauter sur qn **3.** (*skip*) sauter **4.** (*forfeit*) **to ~ bail** se soustraire à la justice ▶ **to ~ the gun** agir prématurément; **to ~ ship** déserter le navire **III.** *n* **1.** (*leap*) saut *m;* **parachute ~** saut en parachute **2.** (*hurdle*) obstacle *m* **3.** (*step*) pas *m;* **to be one ~ ahead of the competition** avoir une longueur d'avance sur ses concurrents **4.** (*head start*) avance *f;* **to get a ~ on sb** devancer qn

◆**jump around** *vi* sautiller

◆**jump at** *vt* **to ~ an opportunity** sauter sur une occasion

◆**jump down** *vt inf* **to ~ sb's throat** remballer qn

◆**jump on** *vt* (*blame*) s'en prendre à

◆**jump out at** *vt* sauter aux yeux de

jumper ['dʒʌm·pər] *n* **1.** (*person or animal*) sauteur, -euse *m, f* **2.** (*pinafore dress*) robe-tablier *f*

jumper cables *n pl* câbles *mpl* de démarrage

jumping jack *n* pantin *m* articulé

jump rope *n* corde *f* à sauter

jump-start ['dʒʌmp·start] *vt* (*car*) faire démarrer avec des câbles; (*economy*) relancer

jumpy ['dʒʌm·pi] <-ier, -iest> *adj inf* nerveux(-euse)

junction ['dʒʌŋ(k)·ʃᵊn] *n* (*roads*) intersection *f;* (*for trains*) nœud *m* ferroviaire

juncture ['dʒʌŋ(k)·tʃər] *n form* **at this ~** à ce moment précis

June [dʒun] *n* juin *m; s.a.* **April**

jungle ['dʒʌŋ·gl] *n* jungle *f* ▶ **it's a ~ out there** c'est un panier de crabes là-dehors

junior ['dʒu·njər] **I.** *adj* **1.** (*younger*) junior **2.** SPORTS minime; **~ tennis team** équipe *f* de tennis des minimes **3.** (*lower in rank*) subalterne; **~ partner** jeune associé *m* **II.** *n* **1.** (*son*) junior *m* **2.** (*low-ranking person*) subordonné(e) *m(f)* **3.** UNIV étudiant(e) *m(f)* de troisième année

junior college *n* université *f* de premier cycle

junior high school *n* ≈ collège *m*

juniper ['dʒu·nɪ·pər] *n* genévrier *m*

junk[1] [dʒʌŋk] **I.** *n* **1.** (*jumble*) brocante *f;* **~ shop** bric-à-brac *m* **2.** (*rubbish*) vieilleries *fpl;* **the ~ on TV** les navets *mpl* à la télé **3.** *sl* (*narcotics*) came *f* **II.** *vt inf* balancer

junk[2] [dʒʌŋk] *n* (*vessel*) jonque *f*

junket ['dʒʌŋ·kɪt] *n* voyage *m* aux frais de la princesse

junk food *n* nourriture *f* industrielle

junkie ['dʒʌŋ·ki] *n inf* **1.** (*drug addict*) camé(e) *m(f)* **2.** (*addict*) accro *mf;* **to be a coffee/TV ~** être un accro du café/de la télévision

junk mail *n* réclame *f*

junkyard *n* décharge *f*

junta ['hʊn·tə] *n* junte *f*

Jupiter ['dʒu·pɪ·t̬ər] *n* ASTR Jupiter *f*

jurisdiction [ˌdʒʊr·ɪs·'dɪk·ʃᵊn] *n* juridiction *f*

jurisprudence [ˌdʒʊr·ɪs·'pru·dn(t)s] *n* juris-

prudence *f*
jurist ['dʒʊr·ɪst] *n* juriste *mf*
juror ['dʒʊr·ər] *n* juré(e) *m(f)*
jury ['dʒʊr·i] *n* jury *m;* **the members of the ~** les membres *mpl* du jury
just [dʒʌst] **I.** *adv* **1.** (*at that moment*) juste; **to be ~ doing sth** être juste en train de faire qc; **to have ~ done sth** venir de faire qc; **he ~ left** il vient de partir; **~ after 10 o'clock** juste après dix heures; **I saw him ~ now** je viens juste de le voir; **~ then** juste à ce moment-là; **~ last Friday** pas plus tard que vendredi dernier; **~ as he finished** il venait justement de finir **2.** (*only*) juste; **he ~ smiled** il n'a fait que sourire; **~ sit down** assieds-toi/asseyez-vous donc; **~ for fun** juste pour s'amuser; **(not) ~ anybody** (pas) n'importe qui; **~ in case it rains** juste au cas où il pleuvrait **3.** (*barely*) tout juste; **~ in time** juste à temps; **~ about** tout juste **4.** (*very*) vraiment ▶ **I'm ~ about ready** je suis prêt(e) tout de suite; **it's ~ my luck** c'est bien ma chance; **it's ~ one of those things** *prov* ce sont des choses qui arrivent; **~ as well!** heureusement! **II.** *adj* (*fair*) juste; (*cause*) légitime; (*reward*) mérité(e) ▶ **to get one's ~ deserts** avoir ce qu'on mérite
justice ['dʒʌs·tɪs] *n* **1.** *a.* LAW justice *f;* **to bring sb to ~** traduire qn en justice **2.** (*judge*) juge *mf;* **Supreme Court ~** juge de la Cour suprême ▶ **to do sb ~** mettre qn en valeur
justifiable [ˌdʒʌs·tə·'faɪ·ə·bl] *adj* justifiable
justifiably *adv* légitimement
justification [ˌdʒʌs·tə·fɪ·'keɪ·ʃən] *n* justification *f*
justified [ˌdʒʌs·tɪ·faɪd] *adj* justifié(e); **to feel ~ in doing sth** se sentir autorisé à faire qc
justify ['dʒʌs·tɪ·faɪ] *vt* justifier; **to ~ sb's faith** mériter la confiance de qn; **to ~ oneself to sb** se justifier devant qn
justly ['dʒʌst·li] *adv* avec raison
jut [dʒʌt] <-tt-> *vi* **to ~ out of sth** dépasser de qc
jute [dʒut] *n* jute *m*
juvenile ['dʒu·və·nəl] *adj* **1.** *form* (*young*) juvénile; (*delinquent*) jeune; **~ court** tribunal *m* pour enfants; **to play the ~ lead** jouer un rôle de jeune premier **2.** *pej* (*childish*) puéril(e)
juxtapose ['dʒʌk·stə·poʊz] *vt* juxtaposer
juxtaposition [ˌdʒʌk·stə·pə·'zɪʃ·ən] *n* juxtaposition *f;* **to place sth in ~ with sth** juxtaposer deux choses

K

K, k [keɪ] <-'s> *n* K, k *m;* **~ as in Kilo** (*on telephone*) k comme Kléber
K *n* COMPUT *abbr of* **kilobyte** Ko *m*
kale [keɪl] *n* chou *m* frisé
kaleidoscope [kə·'laɪ·də·skoʊp] *n* kaléidoscope *m*
kamikaze [ˌka·mə·'ka·zi] *adj* kamikaze
kangaroo [ˌkæŋ·gə·'ru] <-(s)> *n* kangourou *m*
kangaroo court *n* tribunal *m* irrégulier
Kansas ['kæn·zəs] *n* le Kansas
karaoke [ˌker·i·'oʊ·ki] *n* karaoké *m;* **~ club/night** club/soirée de karaoké
karate [kə·'ra·t̬i] *n* karaté *m*
karate chop *n coup porté avec le tranchant de la main*
karma ['kar·mə] *n* karma *m*
Kashmir [ˌkæʃ·'mɪr] *n* GEO le Cachemire
Kashmiri [ˌkæʃ·'mɪr·i] **I.** *adj* cachemirien(ne) **II.** *n* **1.** (*person*) Cachemirien(ne) *m(f)* **2.** LING cachemirien *m; s.a.* **English**
kayak ['kaɪ·æk] *n* kayak *m*
kayaking *n* kayak *m*
KB [ˌkeɪ·'bi] *n* COMPUT *abbr of* **kilobyte** Ko *m*
kc *n abbr of* **kilocycle** kC
kebab [kɪ·'bab] *n* kébab *m*
keel [kil] *n* NAUT quille *f*
keel over *vi* s'évanouir
keen [kin] *adj* **1.** (*eager*) enthousiaste; **to be ~ on doing sth** (*want to do it*) tenir à faire qc; (*do it a lot*) adorer faire qc; **to be ~ to leave** avoir hâte de partir; **I'm not ~ on her/going** *inf* elle ne me plaît pas/ça ne m'emballe pas de partir **2.** (*perceptive: mind, eye*) vif(vive); (*hearing, awareness*) fin(e); (*eyesight*) perçant(e) **3.** (*extreme: interest, desire*) vif(vive); (*competition*) acharné(e) **4.** (*biting*) mordant(e)
keep [kip] **I.** *n* **1.** (*living costs*) frais *mpl* de logement; **to earn one's ~** gagner sa vie **2.** (*tower*) donjon *m* ▶ **for ~s** pour de bon **II.** <kept, kept> *vt* **1.** (*not let go of: property*) garder; (*visitor*) retenir; **to ~ the children** (*after divorce*) avoir la garde des enfants; **to ~ information from sb** cacher des informations à qn; **~ this to yourself** garde ça pour toi/gardez ça pour vous **2.** (*store*) ranger; **to ~ the plant by a window** placer la plante près d'une fenêtre; **I ~ a bottle in the fridge** j'ai une bouteille au frigo **3.** (*maintain in a given state*) **to ~ sb/sth under control** maîtriser qn/qc; **to ~ sb under observation** garder qn en observation; **to ~ one's eyes fixed on sb/sth** garder ses yeux rivés sur qn/qc; **~ one's head up/down** garder la tête haute/basse; **to ~ sb awake/in suspense** empêcher qn de dormir/laisser qn dans l'expectative; **to ~ food warm** garder un plat au chaud; **to ~ this room tidy** garder cette pièce en ordre; **to ~ sb waiting** faire attendre qn **4.** (*look after*) **to ~ house** tenir la maison; **to ~ animals** avoir des animaux; **to ~ a mistress** entretenir une maîtresse **5.** (*respect: promise*) tenir; (*appointment*) se rendre à **6.** (*write regularly: record, diary*) tenir; **to ~ a record of sth** prendre qc en note **7.** (*for security*) **to ~ watch over sth** surveiller qc; **to ~ guard** monter la garde **8.** (*prevent*) **to ~ sb from doing sth**

empêcher qn de faire qc **9.** (*help or force to continue*) **to ~ sb doing sth** obliger qn à continuer à faire qc; **to ~ sb talking** retenir qn de parler; **here's an apple/$50 to ~ you going** voilà une pomme pour tenir le coup/50$ pour voir venir; **we have enough oil to ~ us going for a month** on a assez de fioul pour tenir un mois ▶**to ~ one's balance** garder son équilibre; **to ~ one's hands to oneself** garder ses distances; **to ~ a secret** garder un secret; **to ~ time** rester en mesure **III.** <kept, kept> *vi* **1.** (*stay fresh*) se conserver **2.** (*stay*) **to ~ calm** garder son calme; **to ~ left** rester sur la gauche; **to ~ warm** se protéger du froid; **to ~ inside** rester à l'intérieur; **to ~ quiet** rester tranquille; **~ down!** ne bouge/bougez pas! **3.** (*continue*) **to ~ doing sth** continuer à faire qc; **I ~ going somehow** je me maintiens; **he ~s pestering me** il n'arrête pas de me harceler

◆**keep at** *vt* **1.** (*continue*) **to ~ sth** persévérer dans qc; **~ it!** continue/continuez!; **to keep sb at sth** faire continuer qc à qn **2.** *inf* (*annoy*) **to ~ sb** harceler qn

◆**keep away I.** *vi* **to ~ from sb/sth** ne pas s'approcher de qn/qc **II.** *vt* **to keep sb/sth away from sb/sth** tenir qn/qc à l'écart de qn/qc

◆**keep back I.** *vi* (*stay away*) ne pas s'approcher; **to ~ from sb/sth** garder ses distances de qn/qc **II.** *vt* **1.** (*hold away*) **to keep sb/sth back from sb/sth** empêcher qn/qc de s'approcher de qn/qc **2.** (*retain: money*) retenir; (*information*) cacher

◆**keep down** *vt* **1.** (*repress: costs, speed, level*) empêcher d'augmenter; (*protesters, workers*) contrôler; (*one's voice*) baisser **2.** (*not vomit*) **to keep sth down** se retenir de rendre qc

◆**keep from I.** *vt always sep* **1.** (*prevent*) **to keep sb from doing sth** empêcher qn de faire qc **2.** (*retain information*) **to keep sth from sb** cacher qc à qn **II.** *vi* **to ~ doing sth** s'abstenir de faire qc

◆**keep in** *vt* **to keep one's emotions in** retenir ses émotions

◆**keep off** *vt* **1.** (*stay off*) rester à l'écart de; **'~ the grass'** 'pelouse interdite' **2.** *fig* **to ~ a topic** éviter d'aborder un sujet **3. to keep sb/sth off sth** tenir qn/qc à l'écart de qc

◆**keep on I.** *vi* **to ~ doing sth** continuer à faire qc **II.** *vt* (*clothes, workers*) garder

◆**keep on at** *vt inf* **to ~ sb about sth** harceler qn au sujet de qc

◆**keep out I.** *vi* rester (en) dehors; **to ~ of sth** ne pas se mêler de qc **II.** *vt always sep* empêcher d'entrer

◆**keep to** *vi* **1.** (*stay*) **to ~ one's bed** garder le lit; **~ the path** rester sur le chemin **2.** (*respect*) **to ~ sth** suivre scrupuleusement qc

◆**keep up** *vt* **to ~ appearances** garder les apparences

◆**keep up with** *vt* (*runner, driver*) aller à la même vitesse que; (*other students*) arriver à suivre ▶**to ~ the Joneses** faire aussi bien que les voisins

keeper ['ki·pər] *n* (*of animals, in soccer*) gardien(ne) *m(f)*

keeping ['kip·ɪŋ] *n* **1.** (*guarding*) garde *mf*; **to leave sb/sth in sb's ~** confier qn/qc à qn **2.** (*respecting*) **to be in/out of ~ with** (*policy, philosophy*) correspondre/ne pas correspondre à; (*aims, principles*) être en accord/désaccord avec; (*period, style*) s'harmoniser/détonner avec

keepsake ['kip·seɪk] *n* souvenir *m*

keg [keg] *n* baril *m*

kelp [kelp] *n* varech *m*

kennel ['ken·əl] **I.** *n* **1.** (*dog shelter*) niche *f* **2.** *pl + sing/pl verb* (*boarding for dogs*) chenil *m* **II.** *vt* **to ~ a dog** mettre un chien dans un chenil

Kentucky [kən·'tʌk·i] *n* le Kentucky

Kentucky Derby *n* **the ~** le Derby du Kentucky

Kenya ['ken·jə] *n* le Kenya

Kenyan ['ken·jən] **I.** *adj* kényan(ne) **II.** *n* Kényan(ne) *m(f)*

kept [kept] **I.** *pt, pp of* **keep II.** *adj* entretenu(e)

kernel ['kɜr·nəl] *n* **1.** (*cereal seed*) grain *m* **2.** (*center of fruit*) noyau *m* **3.** *fig* noyau *m*; **a ~ of truth** un fond de vérité

kerosene ['ker·ə·sin] *n* pétrole *m*; (*for jet engines*) kérosène *m*

kestrel ['kes·trəl] *n* crécerelle *f*

ketchup ['ketʃ·əp] *n* ketchup *m*

kettle ['keţ·l] *n* bouilloire *f* ▶**to be a different ~ of fish** être une autre paire de manches

kettledrum ['keţ·l·drʌm] *n* timbale *f*

key [ki] **I.** *n* **1.** (*locking device*) clé *f*, clef *f* **2.** (*essential point*) **the ~ to sth** la clé de qc **3.** (*list: of symbols*) légende *f*; **answer ~** solutions *fpl* **4.** MUS ton *m*; **in the ~ of C major** en do majeur; **off ~** faux **5.** COMPUT touche *f*, piton *m Québec*; **SHIFT ~** touche "majuscule"; **FUNCTION ~** touche (de) "fonction"; **to fiddle with the ~s** tapoter sur les touches, pitonner *Québec* **II.** *adj* (*factor, question, figure*) clé, clef; **~ decisions** décisions *fpl* clé; **sth is ~** qc est essentiel **III.** *vt* **1.** (*adapt*) **to ~ sth to sb** adapter qc à qn **2.** (*vandalize*) **to ~ a car** érafler une voiture avec une clé

◆**key in** *vt* saisir; **to ~ in a password** taper un code

◆**key up** *vt* **to be keyed up** être excité

keyboard ['ki·bɔrd] **I.** *n* MUS, COMPUT clavier *m*; **to play the ~** jouer du synthétiseur **II.** *vt* saisir

keyboarder *n* claviste *mf*

keyboard operator *n* opérateur, -trice *m, f* de saisie

keyhole ['ki·hoʊl] *n* trou *m* de serrure

keyhole surgery *n* chirurgie *f* endoscopique

keynote ['ki·noʊt] *n* tonique *f*; **to be the ~ of sth** être l'idée-force *f* de qc

keynote address, **keynote speech** *n* discours *m* programme
keypad ['ki·pæd] *n* COMPUT pavé *m;* **numeric ~** pavé numérique
key ring *n* porte-clé *m*
key signature *n* MUS armature *f*
keystone *n* clé *f* de voûte
keystroke *n* frappe *f*
keyword *n* **1.** (*cipher*) code *m* **2.** (*important word*) mot-clé *m*
kg *n abbr of* **kilogram** kg *m*
khaki ['kæk·i] **I.** *n* kaki *m* **II.** *adj* kaki *inv*
kHz *n abbr of* **kilohertz** kHz *m*
kibbutz [kɪ·'bʊts] *n* kibboutz *m*
kick [kɪk] **I.** *n* **1.** (*blow with foot*) coup *m* de pied **2.** (*excited feeling*) **to get a ~ out of sth** prendre plaisir à qc; **to do sth for ~s** faire qc pour s'amuser **3.** (*gun jerk*) recul *m* **4.** (*strong effect*) coup *m* ▶ **to need a ~ in the ass** *vulg* avoir besoin d'un coup de pied au cul; **~ in the teeth** coup vache **II.** *vt* donner un coup de pied dans; **to ~ oneself** s'en vouloir; **to ~ the ball into the net** envoyer le ballon au but; **to ~ a can out of the way** ôter une boîte du chemin d'un coup de pied ▶ **to ~ the bucket** casser sa pipe; **to ~ the habit** *sl* décrocher
◆ **kick around I.** *vi inf* traîner **II.** *vt* (*ball*) taper dans; **to kick an idea around** *inf* tourner et retourner une idée
◆ **kick back I.** *vt* renvoyer (avec le pied) **II.** *vi inf* se la couler douce
◆ **kick in I.** *vt inf* contribuer **II.** *vi* (*system, mechanism*) se déclancher
◆ **kick off I.** *vi* donner le coup d'envoi **II.** *vt* **to kick sth off with sth** enlever qc d'un coup de pied
◆ **kick out** *vt* **to kick sb/sth out** jeter qc/qn dehors; **to be kicked out of school** être renvoyé de l'école
◆ **kick over** *vi* (*engine*) démarrer
◆ **kick up** *vt* **1. to ~ dust** faire voler la poussière **2.** *fig* **to ~ a fuss** faire des histoires
kickback ['kɪk·bæk] *n* pot-de-vin *m*
kicker ['kɪk·ər] *n* SPORTS botteur *m*
kick-start ['kɪk·start] **I.** *n* démarreur *m* (au pied) **II.** *vt* (*motorcycle*) démarrer au pied; (*process, economy*) relancer
kick turn *n* SPORTS conversion *f*
kid [kɪd] **I.** *n* **1.** (*child*) gosse *mf* **2.** (*young person*) gamin(e) *m(f);* **~ sister** petite sœur *f;* **~ brother** petit frère *m* **3.** (*young goat*) chevreau *m,* chevrette *f* **4.** (*goatskin*) chevreau *m* ▶ **to treat sb with ~ gloves** prendre des gants avec qn **II.** <-dd-> *vi* raconter des blagues; **no ~ding** sans rire **III.** *vt* faire marcher; **to ~ oneself** se faire des illusions
kidnap ['kɪd·næp] <-pp-> *vt* kidnapper
kidnapper ['kɪd·næp·ər] *n* kidnappeur, -euse *m, f*
kidnapping ['kɪd·næp·ɪŋ] *n* enlèvement *m*
kidney ['kɪd·ni] *n* **1.** ANAT rein *m* **2.** (*food*) rognon *m*
kidney bean *n* haricot *m* rouge
kidney donor *n* donneur, -euse *m, f* de rein
kidney machine *n* rein *m* artificiel
kidney-shaped *adj* en forme de haricot
kidney stone *n* calcul *m* rénal
kill [kɪl] **I.** *n* mise *f* à mort ▶ **to be in at** [*o* **on**] **the ~** assister au dénouement; **to go in for the ~** descendre dans l'arène **II.** *vi* tuer **III.** *vt* **1.** (*cause to die*) tuer; **to ~ oneself** se suicider; **to ~ oneself laughing** *inf* être mort de rire; **to ~ oneself trying** *inf* se tuer à essayer; **would it ~ you to be polite?** ça t'ennuierait d'être poli?; **my back/knee is ~ing me** mon dos/genou me fait atrocement souffrir **2.** (*destroy*) supprimer ▶ **to ~ two birds with one stone** *prov* faire d'une pierre deux coups; **to ~ the fatted calf** tuer le veau gras; **to ~ sb with kindness** accabler qn de prévenances; **to ~ time** tuer le temps
◆ **kill off** *vt* **1.** exterminer **2.** *fig* éliminer
killer ['kɪl·ər] *n* **1.** (*murderer*) tueur, -euse *m, f;* **to be a ~** (*disease, drug*) être meurtrier **2.** *fig* **to be a ~** (*joke*) être à mourir de rire; (*ruthless person*) être impitoyable
killer bee *n* abeille *f* tueuse
killer disease *n* maladie *f* mortelle
killer instinct *n* agressivité *f*
killer whale *n* orque *f*
killing ['kɪl·ɪŋ] **I.** *n* massacre *m* ▶ **to make a ~** *inf* réussir un beau coup **II.** *adj* **1.** (*exhausting*) tuant(e) **2.** (*funny*) tordant(e)
killjoy ['kɪl·dʒɔɪ] *n pej* rabat-joie *m inv*
kiln [kɪln] *n* four *m*
kilo ['kil·oʊ] *n* kilo *m*
kilobyte ['kɪl·oʊ·baɪt] *n* kilo-octet *m*
kilogram ['kɪl·oʊ·græm] *n* kilogramme *m*
kilometer [kɪ·'la·mə·ţər] *n* kilomètre *m*
kilowatt ['kɪl·oʊ·wat] *n* kilowatt *m*
kilowatt hour *n* kilowattheure *m*
kilt [kɪlt] *n* kilt *m*
kimono [kə·'moʊ·nə] *n* kimono *m*
kin [kɪn] *n* parents *mpl;* **his next of ~** son plus proche parent
kind[1] [kaɪnd] *adj* gentil(le), fin(e) *Québec;* **to be ~ to sb** être gentil avec qn; (*photo*) montrer qn à son avantage; **with ~ regards** cordialement
kind[2] [kaɪnd] **I.** *n* **1.** (*group*) genre *m;* **the first of its ~** le premier de sa catégorie; **I've heard/said nothing of the ~** je n'ai rien entendu/dit de ce genre; **all ~s of** toutes sortes de; **it's some ~ of insect/map** c'est une espèce d'insecte/de carte; **what ~ of car/book is it?** quel genre de voiture/livre est-ce?; **a ~ of** une sorte de **2.** (*payment*) **to pay sb in ~** payer qn en nature **3.** (*similarly*) **to answer in ~** renvoyer l'ascenseur **II.** *adv inf* **~ of difficult/angry** plutôt difficile/coléreux; **I'd ~ of hoped she'd come** en fait, j'espérais qu'elle viendrait
kindergarten ['kɪn·dər·gar·tᵊn] *n* école *f* maternelle
kind-hearted *adj* ayant bon cœur
kindle ['kɪn·dl] *vt* **1.** (*fire*) allumer **2.** (*imagi-*

nation) éveiller **3.** (*desire*) enflammer
kindling ['kɪnd·lɪŋ] *n* petit bois *m*
kindly ['kaɪnd·li] **I.** *adj* (*person*) aimable; (*smile, voice*) doux(douce); **to be a ~ soul** être la gentillesse même **II.** *adv* gentiment; **to not take ~ to sb/sth** ne pas apprécier qn/qc
kindness ['kaɪnd·nəs] *n* **1.** (*manner*) gentillesse *f* **2.** <-es> (*kind act*) petite *f* attention
kindred ['kɪn·drəd] **I.** *n* parents *mpl* **II.** *adj* **1.** (*related by blood*) apparenté(e) **2.** (*similar*) semblable
kinetic [kɪ·'net̬·ɪk] *adj* PHYS cinétique
king [kɪŋ] *n* roi *m*
kingdom ['kɪŋ·dəm] *n* **1.** (*country*) royaume *m* **2.** (*domain*) **animal/plant ~** règne *m* animal/végétal
kingdom come *n inf* **1.** (*next world*) **to blow sb up to ~** envoyer qn dans l'autre monde **2.** (*end of time*) **till ~** jusqu'à la fin des siècles
kingfisher ['kɪŋ·ˌfɪʃ·ər] *n* martin-pêcheur *m*
kingly ['kɪŋ·li] *adj* royal(e)
kingpin ['kɪŋ·pɪn] *n* **to be the ~ of sth** être le cerveau de qc
king-size ['kɪŋ·saɪz] *adj* (*bed, duvet*) très grand(e); (*package, bottle*) géant(e)
kink [kɪŋk] *n* **1.** (*unwanted twist*) mauvais pli *m;* (*in pipe, rope*) nœud *m* **2.** (*muscle spasm*) froissement *m* **3.** (*problem*) problème *m;* **to iron out a few ~s** résoudre quelques problèmes **4.** (*strange habit*) vice *m*
kinky ['kɪŋ·ki] <-ier, -iest> *adj* **1.** (*with tight curls*) légèrement frisé(e) **2.** (*unusual*) bizarre; **~ sex** pratiques *fpl* sexuelles un peu spéciales
kinship ['kɪn·ʃɪp] *n* parenté *f;* **to feel a ~ with sb** avoir de nombreuses affinités avec qn
kiosk ['ki·ask] *n* kiosque *m*
kipper ['kɪp·ər] *n* hareng *m* fumé
Kiribati ['kɪr·ə·'bæs] *n* Kiribati *f*
kiss [kɪs] **I.** *n* bise *f,* baise *f Belgique;* **give me a ~** donne/donnez-moi un baiser; **love and ~es** (*in a letter*) grosses bises *fpl;* **to blow sb a ~** envoyer un baiser à qn **II.** *vi* s'embrasser **III.** *vt* donner un baiser à, donner un bec *Belgique, Québec, Suisse;* **to ~ sb goodnight/goodbye** embrasser qn en lui souhaitant bonne nuit/disant au revoir; **to ~ sth goodbye** *inf* pouvoir dire adieu à qc
kiss of death *n* **to be the ~ for sth** porter le coup fatal à qc
kiss-off ['kɪs·af] *n* **to give sb the ~** plaquer qn
kiss of life *n* bouche-à-bouche *m;* **to give sb the ~** faire du bouche-à-bouche à qn
kit [kɪt] *n* **1.** (*set*) trousse *f;* (*for activity*) nécessaire *m;* **tool ~** kit *m* **2.** (*components*) pièces *fpl* détachées; **in ~ form** en pièces détachées
kitchen ['kɪtʃ·ɪn] *n* cuisine *f*
kitchenette [ˌkɪtʃ·ɪ·'net] *n* kitchenette *f*
kitchen garden *n* potager *m*
kitchen knife *n* couteau *m* de cuisine
kitchen range *n* cuisinière *f*
kitchen sink *n* évier *m* ▶ **everything but the ~** tout sauf les murs
kitchen stove *s.* **kitchen range**
kitchen towel *n* essuie-tout *m*
kitchen unit *n* élément *m* de cuisine
kite [kaɪt] *n* cerf-volant *m;* **to fly a ~** faire voler un cerf-volant ▶ **go fly a ~!** *inf* laisse-moi tranquille !
kith [kɪθ] *n* **~ and kin** amis *mpl* et parents *mpl*
kitsch [kɪtʃ] *n pej* kitsch *inv*
kitten ['kɪt·ən] *n* chaton *m*
kitty[1] ['kɪt̬·i] *n childspeak* (*cat*) minou *m*
kitty[2] ['kɪt̬·i] *n* (*fund*) caisse *f*
kiwi ['ki·wi] *n* **1.** (*bird*) kiwi *m* **2.** CULIN **~ (fruit)** kiwi *m* **3.** *inf* (*New Zealander*) Néo-Zélandais(e) *m(f)*
kJ *n abbr of* **kilojoule** kJ *m*
KKK [ˌkeɪ·keɪ·'keɪ] *n abbr of* **Ku Klux Klan**
Kleenex® ['kli·neks] *n* kleenex® *m*
kleptomania [ˌklep·toʊ·'meɪ·ni·ə] *n* kleptomanie *f*
kleptomaniac [ˌklep·toʊ·'meɪ·ni·æk] *n* kleptomane *mf*
km *n abbr of* **kilometer** km *m*
km/h *n abbr of* **kilometers per hour** km/h *m*
knack [næk] *n* (*skill*) tour *m* de main; **to have a ~ for (doing) sth** avoir le don pour faire qc
knapsack ['næp·sæk] *n* sac *m* à dos
knead [nid] *vt* pétrir; **to ~ sb's muscles** travailler les muscles de qn
knee [ni] **I.** *n* genou *m;* **to get down on one's ~s** se mettre à genoux; **to sit sb on one's ~** mettre qn sur ses genoux; **on your ~s!** à genoux ! ▶ **to bring sb to his/their ~s** forcer qn à capituler **II.** *vt* donner un coup de genou à
knee breeches *npl* culotte *f* courte
kneecap **I.** *n* rotule *f* **II.** <-pp-> *vt* **to ~ sb** tirer dans le genou de qn
knee-deep *adj* **to be ~ in water** avoir de l'eau jusqu'aux genoux
knee-high *n* **to be ~ to a grasshopper** *iron, inf* être haut comme trois pommes
knee-jerk reaction *n pej* réaction *f* instinctive
kneel [nil] <knelt *o* -ed, knelt *o* -ed> *vi* **to ~ (down)** s'agenouiller; **she was ~ing** elle était à genoux
knell [nel] *n* glas *m;* **to be [*o* sound] the ~ for sth** sonner le glas de qc
knelt [nelt] *pt of* **kneel**
knew [nu] *pt of* **know**
knickerbockers ['nɪk·ər·bak·ərz] *n,* **knickers** ['nɪk·ərz] *npl* knickers *mpl*
knickknack ['nɪk·næk] *n inf* bibelot *m*
knife [naɪf] <knives> **I.** *n* couteau *m;* **forks and knives** couverts *mpl* ▶ **sth you could cut with a ~** qc à couper au couteau; **to turn [*o* twist] the ~ in the wound** retourner le couteau dans la plaie; **to be under the ~** MED être sur le billard **II.** *vt* poignarder; **to get ~d** recevoir un coup de couteau
knife-edge *n* **to be (balanced) on a ~** (*situation*) ne tenir qu'à un fil; **to be on a financial ~** être financièrement au bord de l'abîme; **a ~ decision** une décision précaire
knife sharpener *n* aiguisoir *m*

K

knifing ['naɪf·ɪŋ] *n* attaque *f* au couteau

knight [naɪt] **I.** *n* **1.** (*man*) chevalier *m* **2.** (*chess figure*) cavalier *m* ► **~ in shining armor** prince *m* charmant **II.** *vt* faire chevalier

knight-errant [ˌnaɪt·'er·ᵊnt] <knights-errant> *n* chevalier *m* errant

knighthood ['naɪt·hʊd] *n* chevalerie *f;* **to give sb ~** faire qn chevalier

knit [nɪt] **I.** *n* tricot *m* **II.** <knit *o* -ted, knit *o* -ted> *vi* **1.** (*connect wool*) tricoter **2.** (*mend: bones*) se souder **3.** (*join*) lier **III.** *vt* **1.** (*make with wool*) tricoter; **to ~ sb sth** tricoter qc pour qn; **~ted skirt** jupe *f* en tricot **2.** (*furrow*) **to ~ one's brows** froncer les sourcils

◆**knit together I.** *vi* **1.** (*join*) se réunir **2.** (*mend*) se souder **II.** *vt* **1.** (*join by knitting*) **to knit two together** tricoter deux mailles ensemble **2.** (*join*) unir

knitter ['nɪṯ·ər] *n* tricoteur, -euse *m, f*

knitting ['nɪṯ·ɪŋ] *n* **1.** (*action*) tricotage *m* **2.** (*material*) tricot *m*

knitting needle *n* aiguille *f* à tricoter

knitwear ['nɪt·wer] *n* tricots *mpl*

knob [nab] *n* (*of door, drawer, bedpost, switch*) bouton *m*

knobby ['na·bɪ] <-ier, -iest> *adj* noueux(-euse); (*knees*) bossué(e)

knock [nak] **I.** *n* coup *m;* **a loud ~** un coup retentissant **II.** *vi a.* TECH cogner; **to ~ at the door** frapper à la porte; **my knees are ~ing** mes genoux s'entrechoquaient **III.** *vt* **1.** (*hit*) frapper; **to ~ sb/sth to the ground** faire tomber qn/qc par terre; **to ~ sb senseless** [*o* **silly**] sonner qn **2.** *inf* (*criticize*) dire du mal de; **I'm not ~ing the idea** je ne rejette pas cette idée ► **to ~ (some) sense into sb** apprendre à vivre à qn; **to ~ sb's socks off** *sl* en mettre plein la vue à qn; **to ~ sb dead** *sl* épater qn

◆**knock around I.** *vi inf* **1.** traîner **2.** *fig* bourlinguer **II.** *vt always sep* **to knock sb/sth around** tabasser qn/malmener qc

◆**knock back** *vt inf* **1.** (*return: ball*) renvoyer **2.** *inf* (*cost*) **to knock sb back $5** coûter 5 dollars à qn **3.** *inf* (*drink*) siffler

◆**knock down** *vt* **1.** (*cause to fall*) renverser **2.** (*hit: object*) abattre; (*person*) jeter à terre **3.** (*sell at auction*) **to knock sth down to sb** adjuger qc à qn **4.** (*reduce: seller*) solder; (*buyer*) faire baisser **5.** (*demolish: door*) défoncer; (*building*) détruire **6.** *fig* **to ~ every argument** démonter tous les arguments **7.** *sl* (*earn*) toucher

◆**knock off** *vt* **1.** (*cause to fall off*) **to knock sb/sth off sth** faire tomber qn/qc de qc **2.** *inf* (*reduce*) **to knock 10% off the price** faire un rabais de 10% sur le prix **3.** *inf* (*rob: a bank*) piquer **4.** *inf* (*murder*) liquider **5.** (*produce easily: job*) expédier; (*book, article*) bâcler ► **~ it off!** ça suffit!

◆**knock out** *vt* **1.** (*stun*) assommer; (*drink, drugs*) endormir **2.** (*remove*) retirer; (*teeth*) casser **3.** (*eliminate*) *a.* SPORTS éliminer **4.** *inf* (*produce*) débiter **5.** *inf* (*work hard*) **to knock oneself out doing sth** se tuer à faire qc **6.** *fig* **to knock sb out** couper le sifflet à qn

◆**knock over** *vt* renverser

◆**knock together** *vt* **1.** (*hit together*) entrechoquer **2.** *inf* (*produce quickly*) bricoler en vitesse; (*meal*) improviser **3.** *fig* **to knock heads together** secouer un bon coup

◆**knock up** *vt sl* (*impregnate*) engrosser

knockabout ['nak·ə·ˌbaʊt] *adj* THEAT, CINE burlesque

knockdown ['nak·daʊn] *adj* **1.** (*cheap: price*) sacrifié(e) **2.** (*easily dismantled*) démontable

knocker ['nak·ər] *n* **1.** (*on door*) heurtoir *m* **2.** *pl, sl* (*breasts*) nichons *mpl*

knock-kneed [ˌnak·'nid] *adj* aux genoux cagneux

knockout ['nak·aʊt] **I.** *n* **1.** SPORTS K.-O. *m;* **to win by (a) ~** gagner par K.-O. **2.** (*attractive person or thing*) merveille *f* **II.** *adj* foudroyant(e); (*idea*) époustouflant(e); **~ blow** coup *m* de grâce

knockout drops *npl* soporifique *m*

knoll [noʊl] *n* tertre *m*

knot [nat] **I.** *n* **1.** (*tied rope*) nœud *m* **2.** (*small group*) noyau *m* **3.** NAUT nœud *m* ► **sb's stomach is in ~s** qn a l'estomac noué; **to tie oneself up in ~s** s'embrouiller **II.** <-tt-> *vt* nouer; **to ~ a tie** faire un nœud de cravate; **to ~ sth together** nouer qc ensemble **III.** <-tt-> *vi* (*muscles, stomach*) se nouer

knotty ['na·ṯi] *adj* **1.** (*full of knots*) noueux(-euse); (*hair*) emmêlé(e) **2.** (*difficult*) embrouillé(e); (*problem*) épineux(-euse)

know [noʊ] **I.** <knew, known> *vt* **1.** (*have knowledge*) savoir; (*facts*) connaître; **to ~ a bit of French** savoir un peu parler français; **she ~s all about them** (*has heard about*) elle sait tout d'eux; **to not ~ the first thing about sth/sb** ne pas savoir la moindre chose sur qc/qn; **if you ~ what I mean** si tu vois/vous voyez ce que je veux dire; **to ~ sth by heart** savoir qc sur par cœur **2.** (*be familiar with: person, date, price, name, details*) connaître; **I ~ the man who lives here** je connais l'homme qui habite ici; **to ~ sb by name/sight** connaître qn de nom/vue; **she ~s all about it** (*is an expert on*) elle sait tout là-dessus; **she didn't want to ~ me!** elle ne voulait pas entendre parler de moi; **~ing her, ...** telle que je la connais, ...; **to get to ~ sb/sth** faire la connaissance de qn/apprendre qc; **to ~ a place like the back of one's hand** connaître un lieu comme le fond de sa poche; **she ~s everything there is to ~ about art** elle sait tout ce qu'il y a à savoir en art **3.** (*experience*) **to have ~n wealth** avoir connu la richesse **4.** (*recognize*) **to ~ sb/sth by sth** reconnaître qn/qc à qc **5.** (*differentiate*) **to ~ sth/sb from sth/sb** distinguer qc/qn de qc/qn ► **you ~ something?** [*o* **what**] *inf* tu sais/vous savez quoi? **II.** <knew, known> *vi* **1.** savoir; **as far as I ~** autant que je sache; **how should I ~?**

comment le saurais-je?; **to ~ better than sb** mieux s'y connaître que qn **2.** *inf* (*understand*) comprendre; **you** ~ tu vois/vous voyez **III.** *n* **to be in the ~ about sth** être au courant de qc
◆**know of** *vt* avoir entendu parler de; **I ~ a good doctor** je connais un bon docteur
know-how ['noʊ·haʊ] *n no indef art* savoir-faire *m*
knowing ['noʊ·ɪŋ] **I.** *adj* informé(e); (*look, smile*) entendu(e) **II.** *n no indef art* savoir *m*; **there's no ~** on ne sait jamais
knowingly ['noʊ·ɪŋ·li] *adv* sciemment
know-it-all ['noʊ·ɪṭ·al] *n pej, inf* je-sais-tout *mf*
knowledge ['na·lɪdʒ] *n no indef art* connaissance *f*; **to have no ~ of sth** tout ignorer de qc; **to have some ~ of sth** avoir quelques connaissances sur qc; **sb's ~ of sth** les connaissances de qn sur qc; **a working ~** des connaissances pratiques; **to my ~** à ma connaissance; **not to my ~** pas que je sache; **to do sth without sb's ~/with sb's full ~** faire qc à l'insu de/au vu et au su de qn
knowledgeable ['na·lɪdʒ·ə·bl] *adj* bien informé(e)
known [noʊn] **I.** *pp of* **know II.** *adj* (*criminal, admirer*) connu(e); **to make sth ~** faire connaître qc; **he's better ~ as** il est plus connu comme; **to make oneself ~ to sb** se faire connaître de qn
knuckle ['nʌk·l] *n* **1.** ANAT articulation *f* **2.** CULIN jarret *m* ►**to get a rap over the ~s** se faire taper sur les doigts
◆**knuckle down** *vi inf* s'y mettre sérieusement
◆**knuckle under** *vi inf* céder
KO [ˌkeɪ·'oʊ] **I.** *n abbr of* **knockout** K.-O. *m*; **to win by ~** gagner par K.-O. **II.** <'d> *vt abbr of* **knock out to ~ sb** *a. fig* mettre qn K.-O.
koala [koʊ·'a·lə], **koala bear** *n* koala *m*
kohl [koʊl] *n* khôl *m*
kooky ['ku·ki] *adj inf* dingue
Koran [kə·''ræn] *n no indef art* **the ~** le Coran
Koranic [kə·'ræn·ɪk] *adj* coranique
Korea [kə·'ri·ə] *n* la Corée; **North/South ~** la Corée du Nord/Sud
Korean [kə·'ri·ən] **I.** *adj* coréen(ne) **II.** *n* **1.** (*person*) Coréen(ne) *m(f)* **2.** LING coréen *m*; *s.a.* **English**
kosher ['koʊ·ʃər] *adj* **1.** REL casher *inv* **2.** *inf* (*legitimate*) O.-K.; **not quite ~** pas très catholique
kowtow [ˌkaʊ·'taʊ] *vi pej, inf* **to ~ to sb** ramper devant qn
Kremlin ['krem·lɪn] *n* **the ~** le Kremlin
KS *n abbr of* **Kansas**
kudos ['ku·doʊz] *npl* prestige *m*
Ku Klux Klan ['ku·'klʌks·'klæn] *n no indef art* **the ~** le Ku Klux Klan
kumquat ['kʌm·kwat] *n* kumquat *m*
Kurd [kɜrd] *n* Kurde *mf*
Kurdish [ˌkɜrd·ɪʃ] **I.** *adj* kurde **II.** *n* kurde *m*; *s.a.* **English**
Kurdistan [ˌkɜr·dɪ·'stæn] *n* le Kurdistan
Kuwait [kʊ·'weɪt] *n* le Koweït [*o* Kuwait]
Kuwaiti [kʊ·'weɪ·ti] **I.** *adj* koweïtien(ne) **II.** *n* Koweïtien(ne) *m(f)*
kW *n abbr of* **kilowatt** kW *m*
kWh *n abbr of* **kilowatt hour** kWh *m*
KWIC *n* COMPUT *abbr of* **key word in context** mot-clé *m* en contexte
KWOC *n* COMPUT *abbr of* **key word out of context** mot-clé *m* hors contexte
KY *n abbr of* **Kentucky**

L

L, l [el] <-s> *n* L *m*, l *m*; **~ as in Lima** (*on telephone*) l comme Louis
l *n abbr of* **liter** l *m*
L *adj abbr of* **large** L
LA [ˌel·'eɪ] *n* **1.** *abbr of* **Los Angeles** LA **2.** *abbr of* **Louisiana** la Louisiane
lab [læb] *n abbr of* **laboratory** labo *m*
label ['leɪ·bəl] **I.** *n* **1.** *a.* COMPUT étiquette *f* **2.** (*brand name*) marque *f*; **designer ~** griffe *f* **3.** MUS label *m* **II.** *vt* <-l- *o* -ll->, *vt a. fig* étiqueter
label(l)ing *n no indef art* étiquetage *m*
labor ['leɪ·bər] **I.** *n* **1.** (*work*) *a.* MED travail *m* **2.** (*workers*) main-d'œuvre *f* **II.** *vi* **1.** (*work hard*) travailler dur **2.** (*do with effort*) peiner; **to ~ at** [*o* **on**] **sth** peiner sur qc; **to ~ for sth** se donner de la peine pour qc **3.** PSYCH **to ~ under the delusion** [*o* **illusion**] **that ...** se faire des illusions sur le fait que ..., s'imaginer que ... **III.** *vt* s'étendre sur ►**to ~ a point** insister lourdement sur un point
laboratory ['læb·rə·ˌtɔr·i] <-ies> *n* laboratoire *m*
laboratory assistant *n* laborantin(e) *m(f)*
labor camp *n* camp *m* de travaux forcés
labor costs *npl* prix *m* de la main-d'œuvre
Labor Day *n* (*first September Monday*) fête *f* du Travail

> i Le **Labor Day**, le jour du travail américain, n'est pas fêté le 1er mai, mais le premier lundi de septembre. Le **Labor Day** a été instauré en 1894 suite à une grève des cheminots à Kensington, Maryland, lors de laquelle les troupes de l'armée intervinrent, faisant deux morts. Cette journée en honneur des travailleurs est un jour férié légal dans tout le pays.

labor dispute *n* conflit *m* social
laborer *n* manœuvre *m*
labor force *n* **1.** (*population*) actifs *mpl* **2.** (*employees*) effectif *m*
labor-intensive *adj* qui exige un travail

intensif
laborious [lə·ˈbɔr·i·əs] *adj* laborieux(-euse)
labor market *n* marché *m* de l'emploi
labor pains *npl* MED douleurs *fpl* de l'accouchement
labor-saving *adj* qui facilite le travail
labor union *n* syndicat *m*
labor ward *n* MED salle *f* de travail
Labrador [ˈlæb·rə·dɔr] *n* GEO le Labrador
Labrador retriever [ˈlæb·rə·dɔr rɪ·ˈtri·vər] *n* ZOOL labrador *m*
labyrinth [ˈlæb·ər·ɪn(t)θ] *n* labyrinthe *m*
lace [leɪs] **I.** *n* **1.** (*cloth*) dentelle *f* **2.** (*edging*) bordure *f* **3.** (*tie for shoe*) lacet *m* **II.** *vt* **1.** (*fasten*) lacer **2.** (*add*) ajouter; **to ~ a drink** corser une boisson
◆**lace up I.** *vt* lacer **II.** *vi* se lacer
lacerate [ˈlæs·ə·rəɪt] *vt a. fig* lacérer
laceration *n* lacération *f*
lace-ups *npl* chaussures *fpl* à lacets
lachrymal [ˈlæk·rɪ·məl] *adj* lacrymal(e)
lack [læk] **I.** *n* manque *m* **II.** *vt* manquer de
lackadaisical [ˌlæk·ə·ˈdeɪ·zɪ·kəl] *adj* indolent(e)
lackey [ˈlæk·i] *n pej* larbin *m*
lacking *adj inf* (*stupid*) simplet(te)
lackluster [ˈlæk·ˌlʌs·tər] *adj* terne
laconic [lə·ˈka·nɪk] *adj* laconique
lacquer [ˈlæk·ər] **I.** *n* laque *f* **II.** *vt* laquer
lacrosse [lə·ˈkras] *n* SPORTS la crosse
lactose [ˈlæk·toʊs] *n* lactose *m*
lacuna [lə·ˈkju·nə] <-s *o* -nae> *n form* ANAT, LING lacune *f*
lad [læd] *n inf* gars *m*
ladder [ˈlæd·ər] *n a. fig* (*device*) échelle *f*
laden [ˈleɪ·dən] *adj* chargé(e); **to be ~ with sth** être chargé de qc
la-di-da [ˌla·di·ˈda] *adj pej, inf* maniéré(e)
ladies' man *n* homme *m* à femmes
ladies' room *n* toilettes *fpl* pour dames
lading [ˈleɪd·ɪŋ] *n* NAUT fret *m*
ladle [ˈleɪ·dl] **I.** *n* louche *f*, poche *f Suisse* **II.** *vt* **to ~ (out)** (*soup*) servir
lady [ˈleɪ·di] <-ies> *n* **1.** (*woman*) dame *f*; **ladies and gentlemen!** mesdames et messieurs!; **the ~ of the house** *form* la maîtresse de maison **2.** (*title*) lady *f*
ladybug *n* coccinelle *f*
lady in waiting <-ies> *n* dame *f* d'honneur
lady-killer *n inf* coureur *m* de jupons
ladylike *adj* distingué(e)
ladyship *n form* **Her/Your Ladyship** Madame la Baronne [*o* Comtesse]
lag [læg] **I.** *n* **1.** (*lapse of time*) décalage *m* **2.** (*delay*) retard *m* **II.** <-gg-> *vi* être à la traîne
lagoon [lə·ˈgun] *n* lagune *f*; (*of an atoll*) lagon *m*
laid [leɪd] *pt, pp of* **lay**
laid-back [ˌleɪd·ˈbæk] *adj* décontracté(e)
lain [leɪn] *pp of* **lie**
lair [ler] *n a. fig* tanière *f*
laissez-faire [ˈles·eɪ·ˈfer] *n* POL laisser-faire *m inv*
laity [ˈleɪ·ə·ti] *n* REL **the ~** les laïques *mpl*
lake [leɪk] *n* lac *m*
Lake Constance *n* le lac de Constance
Lake Erie *n* le lac Érié
Lake Geneva *n* le lac Léman
Lake Lucerne *n* le lac des Quatre-Cantons
Lake Superior *n* le lac Supérieur
lam [læm] *n inf* **to be on the ~** être en cavale
lama [ˈla·mə] *n* REL lama *m*
lamb [læm] **I.** *n a. fig* agneau *m* **II.** *vi* agneler
lambaste [læm·ˈbeɪst] *vt* vilipender *form*
lamb chop *n* côtelette *f* d'agneau
lambskin *n* astrakan *m*
lambswool *n* laine *f* d'agneau
lame [leɪm] *adj* **1.** (*injured*) estropié(e) **2.** (*weak, stupid: excuse*) piètre; (*joke*) vaseux(-euse)
lame duck *n* POL candidat(e) sortant(e) *m*
lameness *n* claudication *f*; (*of excuse*) faiblesse *f*
lament [lə·ˈment] **I.** *n* MUS, LIT complainte *f* **II.** *vt a. iron* déplorer; **to ~ sb's death** pleurer qn **III.** *vi* **to ~ over sb** déplorer la mort de qn
lamentable *adj* lamentable
lamentation [ˌlæm·ən·ˈteɪ·ʃən] *n* lamentation *f*
laminate [ˈlæm·ɪ·nət] TECH **I.** *n* laminage *m* **II.** *vt* laminer
laminated *adj* **1.** (*bonded in layers*) laminé(e) **2.** (*covered with plastic*) plastifié(e)
lamp [læmp] *n* lampe *f*
lampoon [læm·ˈpun] **I.** *n* satire *f* **II.** *vt* railler
lamppost *n* réverbère *m*
lampshade *n* abat-jour *m inv*
LAN [læn] *n* COMPUT *abbr of* **local area network** réseau *m* local
lance [læn(t)s] **I.** *n* MIL lance *f* **II.** *vt* MED inciser
lancet [ˈlæn(t)·sɪt] *n* MED lancette *f*
lancet arch <-es> *n* ARCHIT arc *m* lancéolé
lancet window *n* fenêtre *f* en ogive
land [lænd] **I.** *n* **1.** *a.* AGR terre *f*; **by ~** par voie de terre **2.** (*area of ground*) terrain *m* **3.** (*nation*) pays *m* ▶ **the Land of the Rising Sun** le pays du soleil levant **II.** *vi* **1.** AVIAT atterrir **2.** NAUT débarquer **3.** (*end up*) *a.* SPORTS retomber; **to ~ on one's feet** retomber sur ses pieds **III.** *vt* **1.** (*bring onto land: plane*) faire atterrir; (*boat*) faire accoster; **to ~ a plane on water** faire amerrir un avion **2.** (*unload*) décharger **3.** (*obtain: contract*) décrocher; (*fish*) prendre; (*job*) dégoter
land-based *adj* MIL basé(e) au sol
landfall *n* **1.** AVIAT atterrissage *m* **2.** NAUT terre *f*; **to make ~** toucher terre
landfill *n* décharge *f* publique
landing *n* **1.** ARCHIT palier *m* **2.** AVIAT atterrissage *m* **3.** NAUT débarquement *m*
landing craft *n* MIL péniche *f* de débarquement
landing field *n* terrain *m* d'aviation
landing gear *n* AVIAT train *m* d'atterrissage
landing strip *n* piste *f* d'atterrissage
landlady *n* propriétaire *f*
landless *adj* sans terres
landlocked *adj* sans accès à la mer

landlord *n* propriétaire *m*
landlubber *n inf* marin *m* d'eau douce
landmark *n* **1.** (*feature of a landscape*) repère *m* **2.** *fig* événement *m* décisif; **to be a ~** faire date
landmass *n* masse *f* continentale
landmine *n* mine *f* terrestre
land office *n* HIST cadastre *m*
landowner *n* propriétaire *mf* foncier(-ère)
landscape ['læn(d)·skeɪp] **I.** *n* **1.** GEO paysage *m* **2.** COMPUT mode *m* de paysage **II.** *vt* (*garden*) aménager
landscape architect *n* paysagiste *mf*
landscape architecture *n* architecture *f* paysagiste
landscape format *n* TYP format *m* horizontal
landscape gardener *s.* **landscape architect**
landscape gardening *s.* **landscape architecture**
landscape painter *n* paysagiste *mf*
landslide *n* **1.** GEO glissement *m* de terrain **2.** POL raz-de-marée *m* électoral
lane [leɪn] *n* **1.** (*street*) ruelle *f* **2.** AUTO (*marked strip*) voie *f* **3.** SPORTS couloir *m* **4.** (*route*) **air ~** couloir aérien; **shipping ~** route *f* de navigation
language ['læŋ·gwɪdʒ] *n* **1.** (*system of communication*) langage *m;* **bad ~** langage grossier; **foul ~** grossièretés *fpl* **2.** (*idiom of a cultural community*) langue *f* ►**to speak the same ~** parler la même langue; *fig* être sur la même longueur d'onde
language arts *n* maîtrise *f* de la langue
language laboratory *n* laboratoire *m* de langues
language learning *n* apprentissage *m* des langues
languid ['læŋ·gwɪd] *n* **1.** (*very slow*) alangui(e) **2.** (*pleasantly slow*) langoureux(-euse)
languish *vi* (se) languir; **to ~ in jail** moisir en prison
languishing *adj* languissant(e); (*look*) langoureux(-euse)
lank [læŋk] *adj* **1.** (*straight, limp and long*) **~ hair** cheveux *mpl* raides et ternes **2.** (*tall and thin*) élancé(e)
lanky *adj* dégingandé(e)
lanolin ['læn·əl·ɪn] *n* lanoline *f*
lantern ['læn·ţərn] *n* **1.** (*light in a container*) lanterne *f;* **paper ~** lampion *m* **2.** ARCHIT lanterneau *m*
lanyard ['læn·jərd] *n* **1.** (*short rope or cord*) cordon *m* **2.** (*cord on a sailing ship*) ride *f* de hauban
Laos [laʊs] *n* le Laos
Laotian [leɪ'oʊ·ʃᵊn] **I.** *adj* laotien(ne) **II.** *n* Laotien(ne) *m(f)*
lap¹ [læp] *n* giron *m* ►**to live in the ~ of luxury** vivre dans le grand luxe
lap² [læp] SPORTS **I.** *n* tour *m* de piste **II.** <-pp-> *vt* **to ~ sb** prendre un tour d'avance sur qn **III.** *vi* (*complete one circuit*) boucler un circuit
lap³ [læp] <-pp-> **I.** *vt* **1.** (*drink*) laper **2.** (*wrap*) enrouler **II.** *vi* (*hit gently*) **to ~ against sth** clapoter contre qc
◆**lap up** *vt* **1.** (*drink*) laper **2.** *inf* (*accept eagerly*) s'empresser d'accepter
lapdog ['læp·ˌdɔg] *n* **1.** (*small dog*) chien *m* d'appartement **2.** (*person dominated by another*) béni-oui-oui *m inv*
lapel [lə·'pel] *n* revers *m;* **to grab sb by the ~s** attraper qn par le col
lapis lazuli [ˌlæp·ɪs·'læz·ə·li] *n* **1.** (*blue gemstone*) lapis *m* (lazuli) **2.** (*blue color*) bleu *m* lapis
Lapland ['læp·lænd] *n* la Laponie
Laplander *n* lapon(ne) *m(f)*
Lapp [læp] **I.** *adj* lapon(e) **II.** *n* **1.** (*person*) Lapon(e) *m(f)* **2.** LING lapon *m; s.a.* **English**
lapse [læps] **I.** *n* **1.** (*period*) intervalle *m;* (*of time*) laps *m* **2.** (*temporary failure*) faute *f;* (*of judgment*) erreur *f;* (*of memory*) trou *m;* (*in behavior*) écart *m;* (*concentration, standards*) baisse *f* **II.** *vi* **1.** (*make worse*) faire une erreur; (*standards, concentration*) baisser **2.** (*end*) se périmer; (*contract*) expirer; (*subscription*) prendre fin **3.** (*revert to*) **to ~ into sth** tomber dans qc; **to ~ into one's native dialect** repasser dans son dialecte d'origine; **to ~ into silence** se taire
lapsed *adj* **1.** (*no longer involved: member*) déchu(e); **~ Catholic** un catholique qui n'est plus pratiquant **2.** (*discontinued: policy, contract*) caduc(-que); (*passport, ticket*) périmé(e)
laptop ['læp·tap] *n* portable *m*
laptop computer *n* ordinateur *m* portable
larceny ['lar·sə·ni] *n* larcin *m*
larch [lartʃ] *n* mélèze *m*
lard [lard] **I.** *n* saindoux *m* **II.** *vt* larder; **to ~ sth with sth** *fig* truffer qc de qc
larder *n* garde-manger *m inv*
large [lardʒ] **I.** *adj* **1.** (*great: number*) grand(e); (*audience*) nombreux(-euse); **to grow ~r** s'agrandir **2.** (*fat*) gros(se); **to get ~r** grossir **3.** (*of wide range*) **a ~ amount of work** beaucoup de travail; **~r-than-expected** plus important que prévu; **~st-ever** le plus grand qu'il soit; **on a ~ scale** sur une grande échelle ►**to be ~r than life** se faire remarquer **II.** *n* **to be at ~** être en liberté **III.** *adv* **by and ~** en gros
large-hearted *adj* au grand cœur
largely *adv* en grande partie
large-minded *adj* aux idées larges
largeness *n* **1.** (*size*) grandeur *f* **2.** (*extensiveness*) étendue *f* **3.** (*generosity*) générosité *f*
large-scale *adj* **1.** (*in large proportions*) à grande échelle **2.** (*extensive*) grand(e); (*emergency aid*) de grande envergure; **in front of the ~ disaster ...** devant l'ampleur du désastre ...
largesse [lar·'dʒes] *n* largesse *f*
lariat ['ler·i·ət] *n* lasso *m*
lark [lark] *n* alouette *f*
larkspur ['lark·spɜr] *n* pied-d'alouette *m*

L

larva ['lar·və] <-vae> *n* larve *f*
laryngitis [ˌler·ɪn·'dʒaɪ·t̬ɪs] *n* laryngite *f*
larynx ['ler·ɪŋks] <-ynxes *o* -ynges> *n* larynx *m*
lasagna [lə·'za·njə] *n*, **lasagne** *n* lasagnes *fpl*
lascivious [lə·'sɪv·i·əs] *adj* lascif(-ive)
laser ['leɪ·zər] *n* laser *m*
laser beam *n* rayon *m* laser
laser printer *n* imprimante *f* laser
laser surgery *n* chirurgie *f* au laser
lash¹ [læʃ] <-shes> *n* cil *m; s.a.* **eyelash**
lash² [læʃ] **I.** <-shes> *n* **1.** (*whip*) fouet *m* **2.** (*flexible part of a whip*) lanière *f* **3.** (*stroke of a whip*) coup *m* de fouet **4.** *fig* (*criticism*) **to feel the full ~ of sb's tongue** ressentir les paroles acerbes de qn **II.** *vt* **1.** (*whip*) fouetter **2.** (*criticize*) s'en prendre à **3.** (*attach*) attacher; **to ~ sb/sth to sth** attacher qn/qc à qc; **to ~ sth together** ligoter qc **4.** (*drive*) **to ~ sb into sth** mettre qn dans un état de qc **III.** *vi* **1.** (*beat*) fouetter; **to ~ at sth** frapper qc d'un grand coup de fouet; **to ~ against the windows** fouetter les vitres **2.** (*move violently*) **to ~ around** se débattre
◆**lash out** *vi* **1.** (*attack physically*) envoyer des coups; **to ~ at sb with sth** donner un grand coup à qn avec qc **2.** (*attack verbally*) **to ~ at sb** bombarder qn de paroles blessantes; **to ~ against sb** critiquer qn avec violence; *pej* descendre qn en flammes
lashing *n* (*punishment*) flagellation *f;* **to take a ~** prendre un coup de fouet; **to give sb a tongue ~** faire de vertes réprimandes à qn
lass [læs] <-sses> *n inf* fille *f*
lassitude ['læs·ɪ·tud] *n form* lassitude *f*
lasso ['læs·oʊ] **I.** <-os *o* -oes> *n* lasso *m* **II.** *vt* prendre au lasso
last¹ [læst] **I.** *n* **the ~** le(la) dernier(-ère); **that's the ~ of sth** voici ce qui reste de qc; **that's the ~ I saw of her** je ne l'ai jamais revue; **to never hear the ~ of it** ne jamais finir d'en entendre parler; **to pour the ~ of the gin** verser ce qui reste de gin; **the next to ~** l'avant-dernier *m* ►**to** the ~ jusqu'au bout **II.** *adj* dernier(-ère); **~ Monday** lundi dernier; **~ January** en janvier dernier; **at the ~ moment** à la dernière minute; **for the ~ 2 years** depuis 2 ans; **the day before ~** avant-hier; **~ thing at night** avant de se coucher ►**to be on one's ~ legs** être à bout; ECON être au bord de la faillite; **to be the ~ straw** être la goutte d'eau qui fait déborder le vase **III.** *adv* **1.** (*most recently*) la dernière fois **2.** (*coming after everyone/everything*) en dernier; **to arrive ~** arriver dernier(-ère); **second to ~** avant-dernier **3.** (*finally*) finalement ►**at** (**long**) **~** enfin; **~ but not least** enfin et surtout; **to the ~** *form* jusqu'à la fin
last² [læst] **I.** *vi* **1.** (*continue*) durer **2.** (*remain good*) se maintenir **3.** (*be enough*) être suffisant **4.** (*to endure*) endurer **II.** *vt* **to ~ (sb) a lifetime** en avoir pour la vie; **it ~s me for one week** cela me fait tenir une semaine
last-ditch *adj*, **last-gasp** *adj* ultime
lasting *adj* continu(e); (*damage*) permanent(e); (*peace*) durable
lastly *adv* en dernier lieu
last-minute *adj* de dernière minute
last name *n* nom *m* de famille
lat. *n abbr of* **latitude** latitude *f*
latch [lætʃ] **I.** *n* loquet *m* **II.** *vt* **1.** (*close*) fermer au loquet **2.** TECH verrouiller
◆**latch on to** *vt inf* **1.** (*attach*) s'accrocher à **2.** (*get hold of*) se procurer
latchkey ['lætʃ·ki] *n* clef *f* de la porte d'entrée
latchkey child *n enfant dont les parents travaillent et qui est livré à lui-même*
late [leɪt] **I.** *adj* **1.** (*after appointed time*) en retard; (*arrival, frost*) tardif(-ive); **to be one hour ~** avoir une heure de retard **2.** (*delayed*) retardé(e) **3.** (*advanced time*) tard; **it's getting ~** il se fait tard; **~ nineteenth-century** la fin du dix-neuvième siècle; **~ summer** la fin de l'été; **to be in one's ~ twenties** être proche de la trentaine; **to keep ~ hours** se coucher tard **4.** (*deceased*) feu(e); **my ~ father** feu mon père **5.** (*recent*) récent(e) **II.** *adv* **1.** (*after usual time*) en retard; **too little, too ~** trop peu, trop tard **2.** (*at an advanced time*) **~ in the day/at night** vers la fin de la journée/tard dans la nuit; **~ in life** sur le tard **3.** (*recently*) pas plus tard que; **of ~** récemment ►**it's a little ~ in the day to** +*infin* c'est un peu tard pour +*infin*
latecomer ['leɪt·ˌkʌm·ər] *n* retardataire *mf*
lately *adv* (*recently*) dernièrement; **until ~** jusqu'à récemment
lateness *n* retard *m*
latent ['leɪ·tᵊnt] *adj* latent(e); (*period*) de latence; (*talent*) prêt(e) à percer
later ['leɪt̬·ər] **I.** *adj comp of* **late** **1.** (*at future time*) ultérieur(e) **2.** (*not punctual*) plus tard **II.** *adv comp of* **late** ensuite; **no ~ than nine o'clock** à neuf heures au plus tard; **~ on** un peu plus tard; **call you ~!** à plus tard!
lateral ['læt̬·ər·ᵊl] *adj* latéral(e)
late show *n* TV programme *m* de fin de soirée
latest ['leɪt̬·ɪst] **I.** *adj superl of* **late** (*most recent*) **the ~ ...** le(la) tout(e) dernier(-ère) ... **II.** *n* **at the** (**very**) **~** au plus tard; **to know the ~** connaître la dernière; **the ~ we can stay is two o'clock** on peut rester jusqu'à deux heures maximum [*o* au plus tard]
lath [læθ] *n* latte *f;* **a ~ and plaster wall** un mur plâtré et latté
lathe [leɪð] *n* tour *m*
lathe operator *n* tourneur *m*
lather **I.** *n* **1.** (*fine bubbles*) mousse *f* de savon **2.** (*bubbles of sweat on horses*) écume *f* ►**to be in a ~** être en nage; **to get** (**oneself**) **into a ~** s'énerver **II.** *vi* mousser **III.** *vt* savonner
Latin ['læt·ᵊn] **I.** *adj* **1.** LING, GEO latin(e) **2.** (*of Latin America*) latino-américain(e) **II.** *n* **1.** Latin(e) *m(f)* **2.** (*Latin American*) Latino-Américain(e) *m(f)* **3.** LING latin *m; s.a.* **English**
Latina [lə'ti·nə] **I.** *adj* latino **II.** *n* Latino *f*

Latin America *n* l'Amérique *f* latine
Latin American **I.** *adj* latino-américain(e) **II.** *n* Latino-Américain(e) *m(f)*
Latino [lə·'ti·noʊ] **I.** *adj* latino **II.** *n* Latino *mf*
latish ['leɪ·t̬ɪʃ] **I.** *adj* un peu en retard **II.** *adv* un peu tardivement
latitude ['læt̬·ə·tud] *n* **1.** (*geographical position*) latitude *f;* **in these ~s** sous ces latitudes **2.** *form* (*freedom*) liberté *f* d'action; **to show a degree of ~** faire preuve d'une marge de manœuvre
latrine [lə·'trin] *n* latrines *fpl*
latter ['læt̬·ər] *adj* **1.** (*second of two*) second(e) **2.** (*near the end*) dernier(-ère)
latterly *adv* vers la fin
lattice ['læt̬·ɪs] *n* treillis *m*
Latvia ['læt·vi·ə] *n* la Lettonie
Latvian **I.** *adj* letton(e) **II.** *n* **1.** (*person*) Letton(e) *m(f)* **2.** LING letton *m; s.a.* **English**
laudable ['lɔ·də·bl] *adj form* louable
laudanum ['lɔ·dᵊn·əm] *n* laudanum *m*
laudatory ['lɔ·də·tɔr·i] *adj form* flatteur(-euse)
laugh [læf] **I.** *n* **1.** (*sound expressing amusement*) rire *m;* **to get a ~** faire rire **2.** *inf* (*an amusing activity*) blague *f* ▶ **to do sth for a ~** faire qc pour rire **II.** *vi* **1.** (*express amusement*) rire; **to ~ out loud** s'esclaffer; **to ~ at sb/sth** rire de qn/qc; **to ~ until one cries** pleurer de rire **2.** *inf* (*scorn*) **to ~ at sb/sth** se moquer [*o* ficher] de qn/qc ▶ **to ~ sth out of court** tourner qn en ridicule; **to ~ one's head off** *inf* rire comme une baleine; **he who ~s last ~s longest** *prov* rira bien qui rira le dernier *prov*
◆**laugh off** *vt* tourner en plaisanterie ▶ **to laugh one's head off** être mort de rire
laughable *adj* comique
laughing **I.** *n* rires *mpl* **II.** *adj* rieur(-euse); **this is no ~ matter** il n'y a pas de quoi rire
laughing gas *n* gaz *m* hilarant
laughter ['læf·tər] *n* rire *m* ▶ **~ is the best medicine** *prov* le rire est le meilleur des remèdes *prov*
launch¹ [lɔn(t)ʃ] *n* (*boat*) vedette *f*
launch² **I.** *n a. fig* lancement *m;* **~ party** réception *f* de lancement **II.** *vt* **1.** (*send out*) lancer; **to ~ a boat** mettre un bateau à l'eau **2.** (*begin something: attack*) déclencher; (*campaign*) lancer; (*product*) promouvoir
◆**launch into** *vt* se lancer dans; **to ~ a passionate speech** se jeter dans un discours passionné
launching *n* **1.** (*sending off*) lancement *m;* (*of ship*) mise *f* à l'eau **2.** (*ceremony to initiate*) lancement *m*
launching pad *s.* **launch pad**
launch pad *n* **1.** (*starting area*) plateforme *f* de lancement **2.** (*starting point*) point *m* de départ
launch window *n* créneau *m* de lancement
launder ['lɔn·dər] *vt* **1.** *form* (*wash*) laver **2.** (*disguise origin: money*) blanchir
Laundromat® ['lɔn·droʊ·mæt] *n* laverie *f* (automatique)
laundry ['lɔn·dri] *n* **1.** (*dirty clothes*) linge *m* (sale); **to do the ~** faire la lessive **2.** (*freshly washed clothes*) linge *m* propre **3.** (*place for washing clothes*) blanchisserie *f,* buanderie *f* Québec
laundry basket *n* panier *m* à linge
laundry powder *n* lessive *f* en poudre
laureate ['lɔr·i·ɪt] *n form* lauréat(e) *m(f)*
laurel ['lɔr·əl] *n* laurier *m* ▶ **to rest on one's ~s** se reposer sur ses lauriers
lava ['la·və] *n* lave *f*
lavatory ['læv·ə·tɔr·i] *n* toilettes *fpl;* **to go to the ~** aller aux toilettes
lavender ['læv·ᵊn·dər] **I.** *n* lavande *f* **II.** *adj* bleu lavande *inv*
lavish ['læv·ɪʃ] **I.** *adj* **1.** (*luxurious*) somptueux(-euse); (*person*) prodigue; (*reception*) grandiose; (*spending*) considérable; (*praise*) dithyrambique; **~ banquet** festin *m;* **~ promises** promesses à profusion **2.** (*generous*) généreux(-euse) **II.** *vt* **to ~ sth on sb** couvrir qn de qc
law [lɔ] *n* **1.** (*rule, set of rules*) loi *f;* **the first ~ of sth** la première règle de qc; **~ and order** ordre *m* public; **to be against the ~** être contraire à la loi; **to break/obey the ~** enfreindre/respecter la loi; **to take the ~ into one's own hands** faire justice soi-même **2.** (*legislation*) droit *m;* **civil ~** droit civil **3.** *inf* (*police*) police *f* **4.** (*court*) justice *f;* **to go to ~** recourir à la justice **5.** (*scientific principle*) loi *f;* **~ of averages** loi des probabilités ▶ **the ~ of the jungle** la loi de la jungle; **he is a ~ unto himself** il n'en fait qu'à sa tête
law-abiding *adj* respectueux(-euse) de la loi
lawbreaker *n* personne *f* qui transgresse la loi
law court *n* tribunal *m*
law enforcement *n* application *f* de la loi
lawful *adj form* **1.** (*legal*) légal(e) **2.** (*law-abiding*) qui respecte la loi; **~ person** partisan *m* de l'ordre
lawfulness *n form* légitimité *f*
lawless *adj* **1.** (*without laws*) sans loi; (*country*) en proie à l'anarchie **2.** (*illegal*) illégal(e)
lawmaker *n* législateur, -trice *m, f*
lawn¹ [lɔn] *n* (*grass*) pelouse *f*
lawn² [lɔn] *n* (*textile*) linon *m*
lawnmower *n* tondeuse *f*
lawn tennis *n form* tennis *m* sur gazon
lawn tractor *n* tracteur *m* à gazon
law school *n* faculté *f* de droit
law student *n* étudiant(e) *m(f)* en droit
lawsuit *n* procès *m;* **to file a ~ against sb** intenter un procès à qn
lawyer ['lɔ·jər] *n* avocat(e) *m(f)*
lax [læks] *adj* **1.** (*lacking care*) négligent(e); **to be ~ in doing sth** faire qc avec insouciance **2.** (*lenient*) indulgent(e)
laxative ['læk·sə·t̬ɪv] **I.** *n* laxatif *m* **II.** *adj* laxatif(-ive)
laxity ['læk·sə·t̬i] *n* relâchement *m*
laxness *n* négligence *f*

lay[1] [leɪ] **I.** <laid, laid> *vt* **1.** (*place, arrange*) poser; **to lay the blame on sb** donner la faute à qn **2.** (*install*) mettre; (*cable, carpet, pipes*) poser **3.** (*render*) **to ~ sth bare** mettre qc à nu; **to ~ sb/sth open to ridicule** ridiculiser qn/qc **4.** (*hatch: egg*) pondre **5.** FIN (*wager*) parier ►**to ~ hands on sb** lever la main sur qn; REL faire l'imposition des mains à qn; **to ~ sth on the table** (*present for discussion*) mettre qc à l'ordre du jour **II.** <laid, laid> *vi* pondre **III.** *n* configuration *f*

◆**lay aside** *vt a. fig* mettre de côté

◆**lay before** *vt* **to lay sth before sb** soumettre qc à qn; **to lay one's case before sb** exposer son cas à qn

◆**lay down** *vt* **1.** (*place on a surface*) déposer; **to ~ one's arms** déposer les armes **2.** (*relinquish*) quitter **3.** (*decide on*) convenir **4.** (*establish: rule, principle*) établir; **to ~ the law** dicter sa loi

◆**lay into** *vt* **1.** *inf* (*assault*) rosser **2.** *inf* (*attack verbally*) tuer **3.** (*eat heartily*) dévorer

◆**lay off** **I.** *vt* **1.** (*fire*) licencier; (*temporarily*) mettre au chômage technique **2.** *inf* (*stop*) arrêter **3.** *inf* (*leave alone*) ficher la paix à **II.** *vi* arrêter; **~!** arrête!

◆**lay open** *vt* **1.** (*uncover*) découvrir **2.** (*expose*) exposer; **to lay oneself open** se mettre à nu; **to lay one's heart open to sb** mettre son cœur à nu devant qn

◆**lay out** *vt* **1.** (*organize*) planifier **2.** (*spread out*) étaler **3.** (*prepare for burial*) exposer **4.** *inf* (*render unconscious*) liquider; **to lay sb out cold** refroidir qn **5.** *inf* (*spend lots of money*) **to lay money out on sth** mettre beaucoup de fric dans qc **6.** (*explain*) **to lay sth out for sb** exposer qc à qn

◆**lay up** *vt* **1.** (*build up a stock*) stocker **2.** *inf* (*be put out of action*) **to be laid up (in bed) with sth** être cloué au lit avec qc

lay[2] [leɪ] *adj* **1.** (*not professional*) profane **2.** (*not of the clergy*) laïc(laïque)

lay[3] [leɪ] *pt of* **lie**

layabout *n inf* flemmard(e) *m(f)*

layaway *n* **to buy/put on ~** acheter à crédit

layer **I.** *n* **1.** (*uniform level of substance*) couche *f* **2.** *fig* (*level*) niveau *m* **3.** (*laying hen*) pondeuse *f* **II.** *vt* **1.** (*arrange into layers*) **to ~ sth with sth** faire des couches de qc et de qc **2.** (*cut into layers*) dégrader **III.** *vi* faire des couches

layer cake *n gâteau composé de quatre couches de crème*

layered *adj* en couches

layette [leɪ-'et] *n* layette *f*

layman *n* **1.** (*non-expert*) profane *m* **2.** REL laïc *m*

layoff *n* licenciement *m*

layout *n* **1.** (*design, plan*) plan *m* **2.** TYP mise *f* en page

layover *n* (*stopover*) halte *f;* (*of plane*) escale *f*

laywoman *n* **1.** (*non-expert*) profane *f* **2.** REL laïque *f*

laze [leɪz] <-zing> *vi* paresser

laziness ['leɪ·zɪ·nəs] *n* paresse *f*

lazy ['leɪ·zi] <-ier, -iest> *adj* **1.** *pej* (*not showing energy*) paresseux(-euse) **2.** (*tranquil*) tranquille

lb. *n abbr of* **pound** livre *f*

LCD [ˌel·si·'di] **I.** *adj abbr of* **liquid crystal display** à cristaux liquides **II.** *n abbr of* **liquid crystal display** affichage *m* à cristaux liquides

LCD screen *n* écran *m* à cristaux liquides

lead[1] [lid] **I.** <led, led> *vt* **1.** (*be in charge of*) diriger; (*a discussion, an investigation*) mener **2.** (*be the leader of*) mener **3.** (*guide*) mener; **to ~ the way** montrer le chemin **4.** (*cause to have/do sth*) **to ~ sb into/to sth** conduire qn dans qc; **to ~ sb into/to problems** causer des problèmes à qn; **to ~ sb to** +*infin* amener qn à +*infin;* **to ~ sb to believe** amener qn à croire; **to ~ sb astray** détourner qn du droit chemin **5.** COM, SPORTS (*be ahead of*) **to ~ sb** être en avance sur qn **6.** (*live a particular way*) **to ~ a life of luxury** mener une vie de luxe ►**to ~ sb by the nose** *inf* mener qn par le bout du nez **II.** <led, led> *vi* **1.** (*direct*) mener; **to ~ to/into/onto sth** mener à/à l'intérieur de/sur qc **2.** (*guide*) guider **3.** (*be ahead*) mener **4.** *fig* (*cause to develop, happen*) **to ~ to sth** aboutir à qc **5.** GAMES jouer le premier **III.** *n* **1.** (*front position*) tête *f;* **to take the ~** prendre la tête **2.** (*advantage*) avance *f;* **to have a ~ of two points** avoir une avance de deux points **3.** (*example*) exemple *m* **4.** (*clue*) indice *m* **5.** (*leading role*) rôle *m* principal **6.** (*connecting wire*) câble *m* **7.** GAMES **to have the ~** jouer le premier

◆**lead away** **I.** *vt* **1.** (*take away: prisoner*) emmener **2.** *fig* éloigner du sujet **II.** *vi fig* s'éloigner du sujet

◆**lead off** **I.** *vt* **1.** (*start*) commencer **2.** (*take away*) emmener **II.** *vi* commencer

◆**lead on** **I.** *vi* avancer **II.** *vt pej* **to lead sb on** tromper qn

◆**lead up to** *vt* **1.** (*precede*) conduire à **2.** (*slowly introduce*) **to ~ sth** en venir à qc

lead[2] [led] *n* **1.** (*metallic substance*) plomb *m* **2.** (*pencil filling*) mine *f* de crayon

leaded ['led·ɪd] *adj* contenant du plomb

leaden ['led·ən] *adj* **1.** (*dark and heavy*) chargé(e); **a ~ sky** un ciel de plomb **2.** (*heavy: limbs*) de plomb **3.** (*oppressive*) lourd(e) **4.** (*somber, not vivacious*) plombé(e) **5.** (*unimaginative*) lourd(e)

leader ['li·dər] *n* **1.** (*decision maker*) *a.* POL leader *m* **2.** MUS (*conductor*) chef *m* d'orchestre

leadership *n* **1.** (*leading position, action*) direction *f;* **to be under sb's ~** être sous la direction de qn **2.** (*leaders*) dirigeants *mpl* **3.** ECON leadership *m*

lead-free ['led·fri] *adj* sans plomb

lead guitar *n* **1.** (*melody guitar*) air *m* de guitare **2.** (*guitar player*) guitariste *mf*

leading[1] ['lid·ɪŋ] *adj* leader

leading[2] ['led·ɪŋ] *n* baguettes *fpl* de plomb
leading-edge *adj* (*technology*) de pointe
leading lady *n* premier rôle *m* féminin
leading man *n* premier rôle *m* masculin
leading question *n* question *f* insinuante
lead pencil *n s.* **pencil**
lead poisoning *n* intoxication *f* par le plomb
lead singer *n* première voix *f*
lead story *n* PUBL article *m* leader
lead time *n* temps *m* de procuration
lead-up *n* prélude *m*
leaf [lif] <leaves> *n* **1.** *a.* BOT, TECH feuille *f* **2.** (*table part*) rallonge *f* ▶ **to take a ~ out of sb's book** en prendre de la graine sur qn; **to shake like a ~** trembler comme une feuille; **to turn over a new ~** tourner la page
leafless *adj* (*not having leaves*) effeuillé(e)
leaflet ['li·flət] **I.** *n* prospectus *m* **II.** *vt, vi* distribuer des prospectus
leafy ['li·fi] <-ier, iest> *adj* vert(e)
league [lig] *n* **1.** *a.* SPORTS ligue *f* **2.** *fig* (*group with similar level*) groupe *m* homogène; **to be/not be in the same ~ as sb/sth** être/ne pas être de force égale avec qn/qc ▶ **to be in ~ with sb** être de mèche avec qn; **to be out of sb's ~** *inf* ne pas être pour qn
leak [lik] **I.** *n a. fig* fuite *f* **II.** *vi* **1.** (*let escape*) fuir **2.** (*let enter*) laisser filtrer; **to ~ like a sieve** être une vraie passoire **III.** *vt* **1.** (*let escape*) laisser passer **2.** *fig* **to ~ sth to sb** divulguer qc à qn
leakage ['li·kɪdʒ] *n* fuite *f*
leaky <-ier, -iest> *adj* qui fuit
lean[1] [lin] **I.** *vi* **1.** (*be inclined*) pencher; **to ~ against sth** s'appuyer contre qc **2.** *fig* (*tend toward*) pencher pour; **to ~ to the left/right** avoir des tendances de gauche/droite **II.** *vt* appuyer; **to ~ oneself** s'appuyer; **to ~ sth against sth** appuyer qc contre qc
◆**lean back** *vi* se pencher en arrière
◆**lean forward** *vi* se pencher en avant
◆**lean on** *vi* **to ~ sb 1.** (*rely on*) se reposer sur qn **2.** *inf* (*exert pressure*) faire pression sur qn
◆**lean out** *vi* **to ~ of sth** se pencher à l'extérieur de qc
◆**lean over** **I.** *vt* se pencher vers **II.** *vi* **to ~ to sb** se pencher vers qn
lean[2] [lin] *adj* maigre
leaning *n* **1.** (*inclination*) penchant *m;* **a ~ for sth** un penchant pour qc; **political ~s** tendances *fpl* politiques **2.** (*tilting*) inclinaison *f*
lean-to ['lin·tu] *n* appentis *m*
leap [lip] **I.** <leaped, leaped *o* leapt, leapt> *vi* sauter; **to ~ over sb/sth** sauter par-dessus qn/qc; **to ~ with joy** sauter de joie **II.** <leaped, leaped *o* leapt, leapt> *vt* sauter par-dessus; (*horse*) faire sauter **III.** *n a. fig* bond *m;* **to take a ~** bondir; *fig* faire un bond ▶ **to do sth by ~s and bounds** faire qc rapidement; **a ~ in the dark** un pas dans l'inconnu
◆**leap at** *vt a. fig* **to ~ sb/sth** se jeter sur qn/qc
◆**leap out** *vi* sauter à l'œil
◆**leap up** *vi* **1.** (*jump up*) sauter en l'air **2.** (*rise quickly*) faire un bond en avant
leapfrog **I.** *n* saute-mouton *m* **II.** <-gg-> *vt* **1.** (*surpass*) **to ~ sb/sth** aller plus loin que qn/qc **2.** (*skip*) sauter **III.** <-gg-> *vi* **1.** (*surpass*) **to ~ past sb** passer devant qn **2.** (*skip*) **to ~ from sth to sth** passer de qc à qc
leap year *n* année *f* bissextile
learn [lɜrn] *vt, vi* apprendre ▶ **to ~ sth by heart** apprendre qc par cœur
learned ['lɜr·nɪd] *adj* **1.** (*taken from environment*) inculqué(e) **2.** *form* (*very educated, scholarly*) érudit(e)
learner *n* apprenant(e) *m(f);* (*pupil*) élève *mf*
learner's permit *n permis nécessaire pour prendre des leçons de conduite dans une auto-école*
learning *n* **1.** (*acquisition of knowledge, skill*) formation *f* **2.** (*extensive knowledge, education*) érudition *f*
learning disability *n* <-ies> troubles *mpl* d'apprentissage
learning disabled *adj* en difficultés d'apprentissage
learnt [lɜrnt] *pt, pp of* **learn**
lease [lis] **I.** *vt* louer; **to ~ sb sth** louer qc à qn; **to ~ sth from/to sb** louer qc à qn **II.** *n* bail *m;* **to be on a ~** être affermé
leasehold ['lis·hoʊld] *n* **1.** (*contract*) bail *m* **2.** (*house*) propriété *f* louée à bail
leaseholder *n* preneur, -euse *m, f* à bail
leash [liʃ] *n* laisse *f;* **to be on a ~** être tenu en laisse; **to be kept on a ~** être mené à la laisse ▶ **to be (kept) on a short ~** *inf* ne pas avoir beaucoup de libertés
leasing ['lis·ɪŋ] *n* leasing *m*
leasing company *n* société *f* de leasing
least [list] **I.** *adv* moins; **~ of all** moins que tout; **the ~ difficult** le moins difficile **II.** *adj* moindre; **the ~ little thing** la moindre chose **III.** *n* le moins; **at ~** au moins; **not in the ~** pas du tout; **to say the ~** le moins qu'on puisse dire; **it's the ~ I can do** c'est la moindre des choses; **that's the ~ of my worries** c'est le moindre de mes soucis
leather ['leð·ər] *n* cuir *m*
leatherneck ['leð·ər·nek] *n sl* (*US Marine*) marine *m*
leathery ['leð·ᵊr·i] <-ier, -iest> *adj* **1.** (*tough and thick*) coriace **2.** *pej* (*tough and tasteless*) dur(e) comme de la semelle **3.** (*rough and weathered*) tanné(e)
leave[1] [liv] **I.** <left, left> *vt* **1.** (*let*) laisser; **to ~ sb sth** laisser qc à qn; **to ~ sb/sth doing sth** laisser qn/qc faire qc; **to ~ sb/sth be** laisser qn/qc tranquille; **to ~ sb alone** laisser qn tranquille **2.** (*depart from: home, wife, work*) quitter ▶ **to ~ a lot to be desired** laisser beaucoup à désirer; **to ~ sb in the lurch** laisser qn dans l'incertitude; **to ~ sb on the sidelines, to ~ sb standing** laisser qn sur la touche; **to ~ sb cold** laisser qn froid; **to ~ it at that** en rester là **II.** <left, left> *vi* partir **III.** *n* départ *m;*

to take (one's) ~ of sb prendre congé de qn
◆**leave behind** *vt a. fig* laisser (derrière soi)
◆**leave off** *vt* (*omit*) **to leave sb/sth off** laisser qn/qc
◆**leave on** *vt* **1.** (*keep on*) garder **2.** (*machine*) laisser en marche
◆**leave out** *vt* **1.** (*omit*) omettre **2.** (*leave outside*) laisser dehors
◆**leave over** *vt* **to be left over from sth** rester de qc
leave² [liv] *n* **1.** (*permission, consent*) permission *f* **2.** (*vacation time*) congé *m;* **to be on ~** être en congé
leaven ['lev·ᵊn] *vt* **1.** (*make rise*) faire lever **2.** *fig* (*make lighter, funnier*) **to be ~ed by sth** être détendu grâce à qc
leaving *n* **1.** (*departure*) départ *m* **2.** *pl* (*leftovers*) restes *mpl*
Lebanese [ˌleb·ə·'niz] **I.** *adj* libanais(e) **II.** *n* Libanais(e) *m(f)*
Lebanon ['leb·ə·nan] *n* le Liban
lecher ['letʃ·ər] *n pej* vicieux *m*
lecherous *adj pej* vicieux(-euse)
lechery ['letʃ·ᵊr·i] *n pej* lubricité *f*
lectern ['lek·tərn] *n* pupitre *m*
lecture ['lek·tʃər] **I.** *n* **1.** (*formal speech*) discours *m* **2.** (*educational talk*) conférence *f* **3.** UNIV cours *m* magistral **4.** *pej* (*preaching*) sermon *m;* **to give sb a ~ on sth** faire un sermon à qn sur qc **5.** (*advice*) conseil *m;* **to give sb a ~ on sth** donner un conseil à qn pour qc **II.** *vi* tenir une conférence **III.** *vt* **to ~ sb on sth 1.** (*give a speech*) tenir un discours à qn sur qc **2.** (*reprove*) faire la morale à qn sur qc **3.** (*advise*) donner un bon conseil à qn sur qc
lecture notes *npl* notes *fpl* de cours
lecturer *n* **1.** (*person giving talks*) conférencier, -ère *m, f* **2.** (*teacher*) chargé(e) *m(f)* de cours
lecture theater *n* amphithéâtre *m*
lecture tour *n* voyage *m* de conférence
led [led] *pt, pp of* **lead**
LED [ˌel·i·'di] *n s.* **light-emitting diode** diode *f* électroluminescente
LED display *n* affichage *m* à diode électroluminescente
ledge [ledʒ] *n* rebord *m*
ledger *n* COM grand livre *m*
ledger line *n* MUS ligne *f* de portée
lee [li] **I.** *adj* à l'abri du vent **II.** *n* côté *m* sous le vent
leech [litʃ] <-es> *n a. fig, pej* sangsue *f*
leek [lik] *n* poireau *m*
leer [lɪr] **I.** *vi* **to ~ at sb** loucher sur qn **II.** *n* regard *m* équivoque
leery ['lɪr·i] *adj* méfiant(e); **to be ~ of sb/sth** se méfier de qn/qc
leeward ['li·wərd] METEO **I.** *adj* sous le vent **II.** *adv* au vent
leeway ['li·weɪ] *n* **1.** (*freedom, flexibility*) marge *f* **2.** (*time lost*) temps *m* perdu
left¹ [left] **I.** *n* **1.** (*direction opposite right*) gauche *f* **2.** (*left side*) côté *m* gauche; **on/to the ~** à gauche **3.** (*political grouping*) **the ~** la gauche; **party on the ~** parti *m* de gauche **4.** *inf s.* **left-hander II.** *adj* gauche **III.** *adv* à gauche
left² [left] *pt, pp of* **leave**
left field *n* SPORTS champ *m* gauche ►**to be (way) <u>out</u> in ~** *inf* être à côté de la plaque
left-hand *adj* gauche
left-handed *adj* **1.** (*regularly using left hand*) gaucher(-ère) **2.** (*for left hand use*) pour gaucher(-ère)
left-hander *n* gaucher, -ère *m, f*
leftist ['lef·tɪst] **I.** *adj* POL *a. pej* gauchiste **II.** *n* POL *a. pej* gauchiste *mf*
leftover ['left·ˌoʊ·vər] **I.** *adj* **~ food** un reste de nourriture **II.** *n pl* restes *mpl*
left wing *n* POL aile *f* gauche
left-wing *adj* POL gauchiste
left-winger *n* POL gauchiste *mf*
leg [leg] *n* **1.** (*limb*) jambe *f* **2.** (*clothing part*) jambe *f* **3.** (*support*) pied *m* **4.** (*segment: of a competition*) manche *f* ►**to give sb a ~ <u>up</u>** *inf* donner un coup de pouce à qn; **to <u>pull</u> sb's ~** faire marcher qn
legacy ['leg·ə·si] <-ies> *n a.* LAW *a. fig* héritage *m*
legal¹ ['li·gᵊl] *adj* (*lawful*) légal(e)
legal² ['li·gᵊl] *adj* (*paper*) au format US "legal"
legality [li·'gæl·ə·t̬i] *n* légalité *f*
legalization *n* légalisation *f*
legalize ['li·gᵊl·aɪz] *vt* légaliser
legally ['li·gᵊl·i] *adv* légalement
legal tender *n* monnaie *f* légale
legation [lɪ·'geɪ·ʃᵊn] *n* légation *f*
legend ['ledʒ·ənd] *n* légende *f*
legendary ['ledʒ·ən·der·i] *adj* légendaire
leggings ['leg·ɪŋz] *npl* caleçon *m* long
leggy ['leg·i] <-ier, -iest> *adj* aux longues jambes
legible ['ledʒ·ə·bl] *adj* lisible
legion ['li·dʒən] *n a.* HIST *a. fig* légion *f*
legionary ['li·dʒən·er·i] **I.** *adj* de la légion **II.** *n a.* HIST légionnaire *m*
legislate ['ledʒ·ɪ·sleɪt] *vi* légiférer
legislation *n* législation *f*
legislative ['ledʒ·ɪ·sleɪ·t̬ɪv] *adj form* législatif(-ive)
legislator *n* législateur, -trice *m, f*
legislature ['ledʒ·ɪ·sleɪ·tʃər] *n* législature *f*
legitimacy [lə·'dʒɪt̬·ə·mə·si] *n* légitimité *f*
legitimate [lə·'dʒɪt̬·ə·mət] *adj* légitime
legitimize [lə·'dʒɪt̬·ə·mə·taɪz] *vt* légitimer
legroom ['leg·rum] *n* espace *m* pour les jambes
legume ['leg·jum] *n* légume *m*
leisure ['li·ʒər] *n* loisir(s) *m(pl);* **a gentleman/a lady of ~** un homme/une femme sans profession ►**<u>at</u> one's ~** au bon loisir de qn
leisure activities *n* loisirs *mpl*
leisured *adj form* (*activities*) de loisir
leisurely I. *adj* paisible; **at a ~ pace** tranquillement **II.** *adv* en toute tranquillité
leisure time *n* loisirs *mpl*
leisure wear *n* tenue *f* décontractée

lemming ['lem·ɪŋ] *n* ZOOL lemming *m*

lemon ['lem·ən] *n* **1.** (*fruit*) citron *m* **2.** (*color*) jaune *m* citron **3.** *inf* (*car*) tacot *m*

lemonade [ˌlem·ə·'neɪd] *n* limonade *f*

lemongrass *n* citronnelle *f*

lemon peel, **lemon rind** *n* écorce *f* de citron

lemon squeezer *n* presse-citron *m*

lemon tea *n* thé *m* au citron

lemon tree *n* citronnier *m*

lend [lend] <lent, lent> *vt* **1.** (*give for a short time*) prêter; **to ~ sb sth** prêter qc à qn; **to ~ money to sb** prêter de l'argent à qn **2.** (*impart, grant*) **to ~ sb/sth sth** donner qc à qn/qc; **to ~ color to sth** donner de la couleur à qc; **to ~ weight to an argument** donner du poids à un argument **3.** (*accommodate*) **to ~ oneself to sth** se prêter à qc ▶ **to ~ an ear** prêter l'oreille; **to ~ a hand to sb** donner un coup de main à qn; **to ~ one's name to sth** donner son nom à qc

lender *n* **1.** (*person*) prêteur, -euse *m, f* **2.** (*organization*) organisme *m* prêteur

lending I. *n* prêt *m* **II.** *adj* de prêt

lending library *n* bibliothèque *f* de prêt

length [leŋ(k)θ] *n* (*measurement*) longueur *f*; **to be x feet in ~** faire x pieds de long; **a ~ of ribbon/string** une longueur de ruban/ficelle ▶ **the ~ and breadth** la longueur et la largeur; **to go to any ~s to** *+infin* ne pas avoir peur de *+infin;* **to go to great ~s to** *+infin* remuer terre et ciel pour *+infin*

lengthen ['leŋ(k)·θən] **I.** *vt* **1.** (*cause time extension*) prolonger **2.** (*make longer*) rallonger; **to be ~ed** (*vowels*) être allongé **II.** *vi* s'allonger

lengthways, lengthwise *adv, adj* dans le sens de la longueur

lengthy <-ier, -iest> *adj* long(ue); (*discussion*) interminable

lenience ['li·ni·ən(t)s] *n*, **leniency** *n* indulgence *f*

lenient *adj* indulgent(e)

lens [lenz] <-ses> *n* lentille *f*; (*of glasses*) verre *m*

lent [lent] *pt of* **lend**

Lent [lent] *n no art* carême *m*

lentil ['lenţ·əl] *n* BOT lentille *f*

Leo ['li·oʊ] *n* Lion *m; s.a.* **Aquarius**

Leonardo da Vinci *n* HIST Léonard de Vinci *m*

leonine ['lɪ·ə·naɪn] *adj form* (*hair, head, mane*) de lion

leopard ['lep·ərd] *n* léopard *m*

leotard ['li·ə·tard] *n* **1.** SPORTS justaucorps *m* **2.** (*fashion*) maillot *m*

leper ['lep·ər] *n a. fig* lépreux, -euse *m, f*

leprosy ['lep·rə·si] *n* lèpre *f*

leprous ['lep·rəs] *adj* lépreux(-euse)

lesbian ['lez·bi·ən] **I.** *n* lesbienne *f* **II.** *adj* lesbien(ne)

lesion ['li·ʒən] *n* lésion *f*

Lesotho [lə·'soʊ·toʊ] *n* le Lesotho

less [les] **I.** *adj comp of* **little** moins de; **~ wine/nuts** moins de vin/noix; **sth of ~ value** qc de moindre valeur **II.** *adv* moins; **no more, no ~** ni plus ni moins; **~ and less** de moins en moins; **to see sb ~** voir qn moins souvent; **to grow ~** diminuer; **not him, much ~ her** pas lui, encore moins elle **III.** *pron* moins; **~ and ~** de moins en moins; **~ than 10** moins de 10; **to have ~ than sb** en avoir moins que qn; **to cost ~ than sth** coûter moins cher que qc; **the ~ you eat, the ~ you get fat** moins on mange, moins on grossit ▶ **in ~ than no time** en un rien de temps **IV.** *prep* **~ 5%** moins 5%

lessen ['les·ən] **I.** *vi* (*fever*) diminuer; (*pain, enthusiasm*) se calmer; (*noise, symptoms*) s'atténuer **II.** *vt* (*risk*) diminuer; (*cost*) réduire; (*importance*) amoindrir; (*noise*) atténuer; (*pain, enthusiasm*) calmer

lesser ['les·ər] *adj* moindre; **to a ~ extent** dans une moindre mesure; **the ~ of two evils** le moindre mal

lesser-known *adj* moins connu(e)

lesson ['les·ən] *n* **1.** (*teaching period*) cours *m;* **driving ~** cours de conduite **2.** (*useful experience*) leçon *f;* **to learn a ~ from sth** tirer une leçon de qc; **to teach sb a ~** donner une leçon à qn

let [let] *vt* **1.** (*give permission*) laisser; **to ~ sb** *+infin* laisser qn *+infin* **2.** (*allow*) laisser; **~ him be!** laisse-le tranquille!; **to ~ one's hair grow** laisser pousser ses cheveux; **to ~ sb/sth (be) alone** laisser qn/qc tranquille; **to ~ sb know sth** faire savoir à qn; **to ~ sth pass** laisser passer qc **3.** (*in suggestions*) **~'s go** on y va; **~ us pray** prions **4.** (*filler while thinking*) **~'s see** voyons; **~ me think** attends/attendez (un moment) **5.** (*expressing defiance*) **~ sb** *+infin* laisser *+infin;* **~ it rain** laisse faire **6.** (*giving a command*) **to ~ sb do sth** faire que qn fasse qc *subj* **7.** MATH **to ~ sth be sth** supposer que qc est qc ▶ **to ~ one's hair down** se laisser aller; **~ alone** et encore moins; **to ~ fly** balancer

◆**let down I.** *vt* **1.** (*lower: window*) baisser; (*object*) faire descendre; (*hair*) détacher **2.** (*fail, disappoint*) décevoir; (*car*) lâcher **3.** (*leave: person*) laisser tomber **4.** FASHION rallonger **II.** *vi* descendre

◆**let in** *vt* laisser entrer; **to let oneself in the house** ouvrir la porte; **to open the windows and ~ some air** ouvrir les fenêtres pour laisser entrer un peu d'air ▶ **to let oneself in for sth** mettre les pieds dans qc; **to let sb in on sth** mettre qn au courant de qc

◆**let off** *vt* **1.** (*punish only mildly*) **to let sb off** faire grâce à qn **2.** (*fire: a bomb*) faire exploser; (*fireworks*) tirer; (*a gun*) décharger ▶ **to ~ steam** *inf* se défouler

◆**let on** *vi inf* **1.** (*divulge*) dire; **to ~ that ...** laisser entendre que ...; (*show*) laisser paraître que ... **2.** (*claim, pretend*) prétendre

◆**let out I.** *vi* (*end*) finir **II.** *vt* **1.** (*release*) laisser sortir; (*a burp, air, a cry, a chuckle*) laisser échapper; (*secret*) divulguer; **he lets**

L

the air out of the balloon il dégonfle le ballon; **he ~ the water from the bathtub** il a vidé l'eau de la baignoire **2.** FASHION (*make wider: a dress*) élargir **3.** (*rent*) louer
◆**let up** **I.** *vi* **1.** (*become weaker or stop*) cesser; (*rain*) se calmer; (*the fog*) disparaître **2.** (*go easy on*) **to ~ on sb** pardonner qc à qn **3.** (*release*) **to ~ on sth** relâcher qc **II.** *vt* faire se relever
lethal ['li·θᵊl] *adj* **1.** (*able to cause death*) létal(e) **2.** (*extremely dangerous*) *a. fig* mortel(le); **~ weapon** arme *f* meurtrière
lethargic [lɪ·'θar·dʒɪk] *adj* **1.** (*lacking energy*) léthargique **2.** (*unwilling to do anything*) apathique
lethargy ['leθ·ər·dʒi] *n* léthargie *f*
letter ['leṱ·ər] **I.** *n* lettre *f* ▶ **to the ~** à la lettre **II.** *adj* (*paper*) lettre (*format US*)
letter bomb *n* lettre *f* piégée
letterhead *n* **1.** (*top of letter*) en-tête *m* **2.** (*paper with address*) papier *m* à en-tête
lettering *n* inscription *f*
letter-quality *adj* qualité courrier
letter-size *adj au format US lettre*
lettuce ['leṱ·ɪs] *n* laitue *f*
leucocyte *n s.* **leukocyte**
leukemia [lu·'ki·mi·ə] *n* leucémie *f*
leukocyte ['lu·koʊ·saɪt] *n* MED leucocyte *m*
levee[1] ['lev·i] *n* (*embankment*) levée *f*
levee[2] ['lev·i] *n* (*formal reception*) réception *f* officielle
level ['lev·ᵊl] **I.** *adj* **1.** (*horizontal, flat*) plat(e); (*spoon*) rase; (*flight*) horizontal(e) **2.** (*having the same height, amount*) **to be ~ with sth** être au niveau de qc **3.** (*steady*) égal(e); **to keep a ~ head** garder la tête au clair; **in a ~ tone** sur un ton calme; **in a ~ voice** d'une voix calme ▶ **to do one's ~ best** faire tout son possible **II.** *adv* droit; **to draw ~ with sth** arriver à la même hauteur que qc **III.** *n* **1.** niveau *m;* **water/oil ~** niveau d'eau/huile; **ground ~** rez-de-chaussée *m;* **above sea ~** au-dessus du niveau de la mer; **at the local/national/regional ~** au niveau local/national/régional; **at a higher ~** à un plus haut niveau; **at the (very) highest ~** au plus haut niveau **2.** (*amount, rate: of alcohol, inflation*) taux *m* **IV.** *vt* **1.** (*make level*) niveler **2.** (*smooth and flatten*) aplanir **3.** (*demolish completely: building, town*) raser **4.** (*point*) **to ~ sth at sb** (*a gun, pistol, rifle*) diriger qc sur qn; **to ~ sth against sb** *fig* diriger qc contre qn **V.** *vi inf* **to ~ with sb** parler franchement avec qn
◆**level off** *vi*, **level out** **I.** *vi* **1.** (*cease to fall or rise*) se stabiliser **2.** (*cease to slope*) s'aplanir **II.** *vt* égaliser
level-headed *adj* réfléchi(e)
lever ['lev·ər] **I.** *n* **1.** (*bar controlling a machine*) levier *m* **2.** (*device moving heavy object*) pince-monseigneur *f* **3.** *fig* (*use of threat*) moyen *m* de pression **II.** *vt + adv/prep* **to ~ sth (up)** soulever qc avec un levier
leverage ['lev·ər·ɪdʒ] **I.** *n* **1.** (*action of using lever*) *a.* ECON, FIN effet *m* de levier **2.** *fig* influence *f* **II.** *vt* faire croître par effet de levier; **to ~ sth across sth** réaliser une levée de fonds via qc
leviathan *n*, **Leviathan** [lɪ·'vaɪə·θᵊn] *n* **1.** REL léviathan *m* **2.** (*something huge*) monstre *m*
levitate ['lev·ɪ·teɪt] **I.** *vt* **to ~ sb/sth** mettre qn/qc en lévitation **II.** *vi* léviter
levity ['lev·ə·ṱi] *n* légèreté *f*
levy ['lev·i] **I.** *n* taxe *f* **II.** <-ie-> *vt* lever; **to ~ a fine on sb** infliger une amende à qn; **to ~ (a) tax on sth** percevoir une taxe sur qc
lewd [lud] *adj pej* lubrique; (*lecherous*) lascif(-ive); (*behavior*) grivois(e); (*comments*) désobligeant(e); (*gesture*) obscène; (*joke*) scabreux(-euse); (*speech*) équivoque
lewdness *n* lubricité *f*
lexical ['lek·sɪ·kᵊl] *adj* lexical(e)
lexicographer *n* lexicographe *mf*
lexicography [ˌlek·sɪ·ka·'grə·fi] *n* lexicographie *f*
lexicology [ˌlek·sɪ·'ka·lə·dʒi] *n* lexicologie *f*
lexicon ['lek·sɪ·kan] *n* lexique *m*
lexis ['lek·sɪs] *n* LING lexique *m*
liability [ˌlaɪ·ə·'bɪl·ə·ṱi] *n* **1.** (*financial responsibility*) responsabilité *f;* **limited ~ company** société *f* à responsabilité limitée **2.** (*sb/sth causing trouble*) poids *m*
liable ['laɪ·ə·bl] *adj* **1.** (*prone*) enclin(e); **to be ~ to sth** être enclin à qc **2.** LAW responsable; **to be ~ for sth** être responsable de qc
liaise [lɪ·'eɪz] *vi* **to ~ with sb/sth** être en contact avec qn/qc
liaison ['li·ə·zan] *n* **1.** (*contact*) liaison *f* **2.** (*sb who connects groups*) agent *m* de liaison
liar ['laɪ·ər] *n* menteur, -euse *m, f*
lib [lɪb] *n inf abbr of* **liberation** libération *f*
libel ['laɪ·bᵊl] **I.** *n* LAW, PUBL diffamation *f* **II.** *vt* LAW, PUBL diffamer
libelous *adj* LAW, PUBL **1.** (*judged as libel*) diffamatoire **2.** (*spreading libel*) calomnieux(-euse)
liberal ['lɪb·ᵊr·ᵊl] **I.** *adj* **1.** (*tolerating lifestyles or beliefs*) *a.* ECON, POL libéral(e) **2.** (*generous*) généreux(-euse) **3.** (*not strict: interpretation*) libre **II.** *n* libéral(e) *m(f)*
liberal arts *n* **the ~** les arts *mpl* libéraux
liberalism ['lɪb·ᵊr·ᵊl·ɪ·zᵊm] *n* libéralisme *m*
liberality [ˌlɪb·ə·'ræl·ə·ṱi] *n* **1.** (*generosity*) libéralité *f* **2.** (*not being prejudiced*) libéralisme *m*
liberalization *n* libéralisation *f*
liberalize ['lɪb·ᵊr·ᵊl·aɪz] *vt* libéraliser
liberate ['lɪb·ər·eɪt] *vt* **1.** (*free*) libérer **2.** *fig, iron, inf* (*steal*) voler
liberation *n* libération *f;* **~ from sb/sth** émancipation *f* de qn/qc
liberator *n* libérateur, -trice *m, f*
Liberia [laɪ·'bɪr·i·ə] *n* le Liberia
Liberian **I.** *adj* libérien(ne) **II.** *n* Libérien(ne) *m(f)*
libertarian [ˌlɪb·ər·ter·i·ən] *adj, n* libertaire *mf*
libertine ['lɪb·ər·tin] *n pej, form* libertin(e)

m(f)
liberty ['lɪb·ər·t̬i] *n form* liberté *f;* **to be at ~** être libre; **to take liberties with sb/sth** prendre des libertés avec qn/qc
libidinous [lə·'bɪd·ᵊn·əs] *adj form* libidineux(-euse)
libido [lɪ·'bi·doʊ] *n* libido *f*
Libra ['li·brə] *n* Balance *f; s.a.* **Aquarius**
Libran I. *n* **to be a ~** être Balance **II.** *adj* du signe de la Balance; *s.a.* **Aquarius**
librarian [laɪ·'brer·ɪ·ən] *n* bibliothécaire *mf*
library ['laɪ·brer·i] <-ies> *n* **1.** (*books or media collection*) bibliothèque *f* **2.** (*serial publication*) collection *f* ► **a walking ~** (*person*) une encyclopédie vivante
library book *n* livre *m* de bibliothèque
library card *n* carte *f* de bibliothèque
libretto [lɪ·'bret̬·oʊ] *n* livret *m*
Libya ['lɪb·i·ə] *n* la Libye
lice [laɪs] *n pl of* **louse**
license ['laɪ·sᵊn(t)s] **I.** *n* **1.** (*document*) permis *m;* **gun ~** permis *m* de port d'arme **2.** (*maker's permission*) licence *f;* **under ~** sous autorisation **3.** *form* (*freedom*) licence *f;* **to have ~ to** *+infin* avoir l'autorisation de *+infin* **II.** *vt* **to ~ sb to** *+infin* donner à qn une licence pour *+infin*
licensed *adj* sous licence; **to be ~ to** *+infin* avoir une licence pour *+infin*
licensed practical nurse *n* infirmière *f* auxiliaire diplômée
license plate *n* plaque *f* d'immatriculation
licenser *n* titulaire *mf* du droit de licence
licentiate [laɪ·'sen·ʃi·ɪt] *n* UNIV licencié(e) *m(f)*
licentious [laɪ·'sen·(t)ʃəs] *adj pej, form* licencieux(-euse)
lichen ['laɪ·kən] *n* BIO, BOT lichen *m*
lick [lɪk] **I.** *n* **1.** (*running of tongue over sth*) lèchement *m* **2.** (*small quantity or layer: of color*) touche *f* **3.** MUS (*brief phrase in music*) **a few ~s** quelques notes **II.** *vt* **1.** (*move tongue across sth*) lécher **2.** *fig* (*lightly touch*) **flames ~ (at) sb/sth** des flammes *fpl* effleurent qn/qc **3.** *inf* (*defeat without difficulty*) écraser **4.** *inf* (*strike sb repeatedly*) tabasser ► **to ~ sb's boots** lécher les bottes de qn
licking *n a. inf* dérouillée *f*
licorice ['lɪk·ər·ɪs] *n* réglisse *f*
lid [lɪd] *n* **1.** (*removable covering*) couvercle *m* **2.** (*eyelid*) paupière *f* ► **to blow the ~ off sth** lever le secret sur qc; **to keep the ~ on sth** garder le secret sur qc; **to put a ~ on sth** (*stop*) mettre un point final à qc
lie[1] [laɪ] **I.** <-y-> *vi* mentir; **to ~ to sb** mentir à qn ► **to ~ through one's teeth** mentir comme un arracheur de dents **II.** <-y-> *vt* **to ~ one's way somewhere** s'en sortir par un mensonge **III.** <lies> *n* mensonge *m;* **to be a pack of ~s** n'être que mensonge; **to give the ~ to sth** démentir qc
lie[2] [laɪ] <-y-, lay, lain> *vi* **1.** (*be horizontally positioned*) être couché; **to ~ on one's back/in bed/on the ground** être couché sur le dos/sur son lit/par terre; **to ~ flat** être posé à plat **2.** (*exist, be positioned*) être; **to ~ off the coast** ne pas être loin de la côte; **to ~ on the route to ...** être en route vers ...; **to ~ in ruins** être en ruine; **to ~ fallow** AGR, BOT être en friche **3.** *form* (*be buried somewhere*) reposer **4.** (*be responsibility of*) **to ~ with sb/sth** incomber à qn/qc ► **to see how the land ~s** regarder la situation; **to ~ heavily on one's mind** rester assis sur ses positions
◆**lie around** *vi* traîner
◆**lie back** *vi* se pencher en arrière
◆**lie down** *vi* se coucher ► **to ~ on the job** se la couler douce; **to take sth lying down** prendre qc sur soi
lie detector *n* détecteur *m* de mensonge
lieu [lu] *n form* **in ~ of sth** à la place de qc
Lieut. *n abbr of* **Lieutenant** Lt *m*
lieutenant [lu·'ten·ənt] *n* lieutenant *m*
life [laɪf] <lives> *n* vie *f;* **for ~** pour la vie; **to be full of ~** être plein de vie ► **~ after death** la vie après la mort; **to be a matter of ~ and [*o* or] death** être une question de vie ou de mort; **to be the man/woman in sb's ~** *inf* être l'homme/la femme de la vie de qn; **to make a new ~** refaire sa vie; **to bring sth to ~** donner naissance à qc; **to come to ~** (*person*) reprendre conscience, s'animer; **to take sb's ~** mettre fin aux jours de qn; **to take one's (own) ~** mettre fin à ses jours; **not on your ~!** *inf* certainement pas!; **that's ~!** c'est la vie!
lifeboat *n* bateau *m* de sauvetage
life cycle *n* cycle *m* de vie
life expectancy <-cies> *n* espérance *f* de vie
life force *n* force *f* vitale
life form *n* BIO forme *f* de vie
life-giving *adj* vivifiant(e)
lifeguard *n* maître nageur *m*
life imprisonment *n* emprisonnement *m* à vie
life insurance *n* assurance *f* vie
life jacket *n* gilet *m* de sauvetage
lifeless *adj* **1.** (*dead*) mort(e) **2.** *fig* (*without activity*) qui manque de vie; (*without energy*) dépourvu(e) d'énergie
lifelike *adj* fidèle à la réalité
lifeline *n* **1.** NAUT corde *f* de sécurité **2.** *fig* (*aid*) planche *f* de salut
lifelong *adj* à vie
life member *n* membre *m* à vie
life-or-death *adj* (*situation*) de vie ou de mort; (*struggle*) à mort
life preserver *n* **1.** (*life jacket*) gilet *m* de sauvetage **2.** (*lifesaver*) bouée *f* de sauvetage
lifer ['laɪ·fər] *n inf* **1.** condamné(e) *m(f)* à perpète **2.** *s.* **life sentence**
life raft *n* radeau *m*
lifesaver *n* **1.** (*rescuer*) sauveteur, -euse *m, f* **2.** (*flotation device*) bouée *f* de sauvetage **3.** (*very good thing*) planche *f* de salut
life sentence *n* peine *f* d'emprisonnement à vie
life-size *adj*, **life-sized** *adj* grandeur nature

L

inv

lifespan *n* espérance *f* de vie

lifestyle *n* style *m* de vie

life-support system *n* respirateur *m* artificiel

life-threatening *adj* potentiellement mortel(le); **it's not ~** ce n'est pas mortel

lifetime *n* **1.** (*time one is alive*) vie *f;* **in sb's ~** de la vie de qn; **~ guarantee** garantie *f* à vie; **to happen once in a ~** n'arriver qu'une seule fois dans la vie; **to seem like a ~** sembler durer une éternité **2.** (*time sth exists, functions*) durée *f* de vie

lift [lɪft] **I.** *n* **1.** (*device for lifting: for goods*) monte-charge *m inv;* (*for skiers*) téléski *m* **2.** (*upward motion*) **to give sth a ~** soulever qc **3.** (*car ride*) **to give sb a ~** prendre qn en voiture; **to give sb a ~ to a place** déposer qn à un endroit **4.** *fig* (*positive feeling*) **to give sb a ~** donner du courage à qn; (*cheer up*) donner le moral à qn **5.** (*rise, increase*) augmentation *f* **6.** (*upward force*) poussée *f* **7.** AVIAT portance *f* **II.** *vi* se lever; (*fog*) se dissiper **III.** *vt* **1.** (*move upward*) lever; (*weights*) soulever **2.** *fig* (*raise*) élever; **to ~ one's eyes** lever les yeux au ciel; **to ~ one's voice** élever la voix **3.** *fig* (*make entertaining and interesting*) relever **4.** (*make tighter*) lifter; **to ~ one's face** se faire faire un lifting du visage **5.** (*unearth*) récolter **6.** (*move by air*) soulever en l'air **7.** (*stop: a ban, restrictions*) lever **8.** *inf* (*steal*) piquer; (*plagiarize*) copier **9.** (*remove from*) enlever ▶ **to not ~ a finger** ne pas lever le petit doigt

◆**lift off** *vi* décoller

◆**lift up** *vt* soulever ▶ **to ~ one's head** lever la tête; **to ~ one's voice** élever la voix

liftoff *n* AVIAT, TECH décollage *m*

ligament ['lɪg·ə·mənt] *n* ligament *m*

ligature ['lɪg·ə·tʃər] *n a.* MUS ligature *f*

light¹ [laɪt] **I.** *adj* **1.** *a. fig* CULIN léger(-ère) **2.** (*not intense, strong: breeze, rain*) petit(e); **a ~ eater/smoker** un petit mangeur/fumeur; **to be a ~ sleeper** avoir le sommeil léger ▶ **to be as ~ as a feather** être léger comme une plume **II.** *adv* légèrement ▶ **to get off ~** s'enlever facilement; **to travel ~** voyager avec peu de bagages **III.** *n pl* conclusions *fpl*

light² [laɪt] **I.** *n* **1.** (*energy, source of brightness, lamp*) *a. fig* lumière *f;* **artificial/natural ~** lumière artificielle/naturelle; **to cast ~ on sth** jeter la lumière sur qc; **to be the ~ of sb's life** être la lumière de la vie de qn **2.** (*brightness*) lueur *f;* **to do sth by the ~ of sth** faire qc à la lumière de qc; **by the ~ of a lamp/the moon/stars** à la lueur d'une lampe/de la lune/des étoiles **3.** (*daytime*) lumière *f* du jour; **first ~** premières lueurs *fpl* **4.** (*way of perceiving*) jour *m;* **to see/show sb/sth in a bad/good ~** voir/montrer qn sous un bon/mauvais jour **5.** (*flame for igniting*) feu *m;* **to catch ~** prendre feu **6.** *pl* (*person's abilities, standards*) facultés *fpl* ▶ **to be out like a ~** *inf* s'endormir comme une masse; **to bring sth to ~** faire la lumière sur qc; **to come to ~** éclater au grand jour; **in ~ of sth** compte tenu de qc **II.** *adj* clair(e) **III.** *vt* <lit, lit *o* lighted, lighted> **1.** (*illuminate*) *a. fig* éclairer **2.** (*start burning: a cigarette, pipe*) allumer **IV.** *vi* <lit, lit *o* lighted, lighted> s'allumer

◆**light up I.** *vt* **1.** (*make illuminated*) éclairer **2.** (*ignite*) allumer **II.** *vi* **1.** (*become bright*) *a. fig* s'éclairer **2.** (*start smoking tobacco*) allumer une cigarette

◆**light (up)on** *vi* trouver

light bulb *n* ampoule *f* électrique

lighten¹ **I.** *vi* s'éclairer; (*sky*) s'éclaircir **II.** *vt* éclairer; (*color*) éclaircir

lighten² **I.** *vt* **1.** (*make less heavy*) alléger **2.** *fig* (*make more bearable, easier*) soulager **3.** (*make less tense, serious*) **to ~ sb's mood** dérider qn **II.** *vi* se relâcher

lighter ['laɪ·t̬ər] *n* briquet *m*

light-fingered *adj* enclin(e) à voler

light-footed *adj* leste

light-headed *adj* **1.** (*faint*) étourdi(e) **2.** (*silly and ebullient*) écervelé(e)

light-hearted *adj* (*person*) de bonne humeur; (*atmosphere*) joyeux(-euse); (*speech, remark*) léger(-ère)

light heavyweight *n* poids *m* léger

lighthouse *n* phare *m*

lighting *n* éclairage *m*

lightly *adv* légèrement; **to sleep ~** avoir le sommeil léger; **to not take sth ~** ne pas prendre qc à la légère

light meter *n* posemètre *m*

lightness *n* **1.** (*opp: heaviness*) *a. fig* légèreté *f* **2.** (*brightness*) clarté *f*

lightning ['laɪt·nɪŋ] *n* foudre *f;* **a flash of ~** un éclair *f;* **to be quick as ~** être aussi rapide que l'éclair; **to be struck by ~** être frappé par la foudre

lightning rod *n* **1.** (*safety device*) paratonnerre *m* **2.** *fig* (*lightning conductor*) souffre-douleur *m inv*

light opera *n* opérette *f*

lights *npl* poumons *mpl*

lightship *n* bateau-feu *m*

lightweight **I.** *adj* **1.** (*of light weight*) léger(-ère) **2.** (*sport*) poids léger *inv* **3.** *fig, pej* (*not influential: person*) qui manque d'envergure **II.** *n* **1.** (*class of competitors*) poids *mpl* légers **2.** (*competitor*) poids *m* léger **3.** (*person lacking importance*) personne *f* manquant d'envergure

light year *n* année *f* lumière

ligneous *adj* ligneux(-euse)

lignite ['lɪg·naɪt] *n* lignite *m*

likable ['laɪ·kə·bl] *adj* sympathique

like¹ [laɪk] **I.** *vt* aimer; **to ~ doing sth** aimer faire qc; **sb would ~ sth** qn aimerait qc; **I'd ~ to see sb** +*infin* j'aimerais bien voir qn +*infin* **II.** *vi* vouloir; **if you ~** si tu veux/vous voulez **III.** *n pl* préférences *fpl;* **sb's ~s and dislikes** ce que qn aime et n'aime pas

like² [laɪk] **I.** *adj inv* semblable; **to be of ~ mind** être du même avis **II.** *prep* **1.** (*similar to*) **to be ~ sb/sth** être semblable à qn/qc; **to look ~ sth** ressembler à qc; **what was it ~?** comment était-ce? **2.** (*in the manner of*) comme; **just ~ anybody else** comme tout le monde; **to work ~ crazy** travailler comme un fou **3.** (*such as*) tel(le) que; **there is nothing ~ sth** il n'y a rien de tel que qc ▶ **~ father, ~ son** tel père, tel fils **III.** *conj* comme; **he speaks ~ he was drunk** il parle comme s'il était ivre; **he doesn't do it ~ I do** il ne le fait pas comme moi **IV.** *n* semblable *mf;* **toys, games, and the ~** des jouets, des jeux et autres choses du même genre; **I've never heard the ~** je n'ai jamais entendu une chose pareille **V.** *adv sl* **it was, ~, really bad** c'était, comment dire, vraiment mauvais; **I was ~, no way!** j'ai dit non, quoi!

likeable ['laɪ·kə·bl] *adj s.* **likable**

likelihood ['laɪ·kli·hʊd] *n* probabilité *f*

likely ['laɪ·kli] **I.** <-ier, -iest *o* more ~, most ~> *adj* **1.** probable; **to be ~ that** être probable que +*subj* **2.** (*promising*) prometteur(-euse) ▶ **a ~ story!** *iron* qu'est-ce que c'est que ces salades? **II.** <more ~, most ~> *adv* probablement ▶ **as ~ as not** selon toute vraisemblance; **not ~!** jamais de la vie!

like-minded *adj* sympathisant(e)

liken ['laɪ·kᵊn] *vt* **to ~ sb/sth to sb/sth** comparer qn/qc à qn/qc

likeness <-es> *n* **1.** (*looking similar*) ressemblance *f;* **a family ~** un air de famille **2.** (*representation*) représentation *f* **3.** (*portrait*) portrait *m*

likewise ['laɪk·waɪz] *adv* **1.** (*in a similar way*) pareillement **2.** *inf* (*me too*) moi aussi **3.** (*introducing similar point*) de même

liking ['laɪ·kɪŋ] *n* penchant *m;* **to be to sb's ~** *form* être au goût de qn

lilac ['laɪ·lək] **I.** *n* lilas *m* **II.** *adj* lilas *inv*

Lilliputian [ˌlɪl·ə·'pju·ʃᵊn] *adj iron* lilliputien(ne)

lilt [lɪlt] *n* air *m* entraînant

lily ['lɪl·i] <-lies> *n* lys *m*

lima bean ['laɪ·mə bin] *n* haricot *m* de Lima

limb [lɪm] *n* **1.** (*tree part*) branche *f* **2.** (*body part*) membre *m* ▶ **to be/go out on a ~ to** +*infin* être dans une situation difficile pour +*infin*

limber ['lɪm·bər] *adj* souple

limber up *vi* **1.** *fig* (*get prepared*) se préparer **2.** SPORTS (*get flexible, supple*) faire des assouplissements; (*do warm-up exercises*) s'échauffer

limbo ['lɪm·boʊ] *n* **1.** (*place in afterlife*) limbes *fpl* **2.** *fig* (*waiting state*) stade *m* transitoire; **to be in ~** être en suspens

lime¹ [laɪm] **I.** *n* **1.** (*green citrus fruit*) citron *m* vert **2.** (*juice from lime fruit*) citronnade *f* **3.** (*citrus fruit tree*) limettier *m* **II.** *adj* **1.** (*light yellowish-green*) citron vert *inv* **2.** CULIN au citron vert

lime² [laɪm] **I.** *n* (*white deposit*) chaux *f* **II.** *vt* chauler

limelight ['laɪm·laɪt] *n* **the ~** les projecteurs *mpl;* **to be in the ~** être sous les projecteurs

limerick ['lɪm·ər·ɪk] *n* épigramme *m*

limestone ['laɪm·stoʊn] *n* pierre *f* à chaux

limit ['lɪm·ɪt] **I.** *n* limite *f;* **to put a ~ on sth** limiter qc; **to drive above the ~** dépasser la limitation de vitesse; **to know no ~s** ne pas connaître de limite; **to do sth within ~s** faire qc dans les limites **II.** *vt* limiter; **to ~ oneself to sth** se limiter à qc

limitation [ˌlɪm·ɪ·'teɪ·ʃᵊn] *n* **1.** (*keeping under control, lessening*) limitation *f* **2.** *pej* **~s** (*shortcomings*) limites *fpl;* **to have/know one's ~s** avoir des/connaître ses limites **3.** (*legal time limit*) délais *mpl*

limited *adj* **1.** limité(e); **to be ~ to sth** être limité à qc **2. Limited** (*being a type of company*) à responsabilité limitée

limited edition *n* édition *f* à tirage limité

limited liability *n* responsabilité *f* limitée

limitless *adj* illimité(e)

limousine ['lɪm·ə·zin] *n* limousine *f*

limp¹ [lɪmp] **I.** *vi* boiter **II.** *n* boitement *m*

limp² [lɪmp] *adj* **1.** (*floppy, loose*) mou(molle) **2.** *fig* (*exhausted*) crevé(e) **3.** *fig* (*lacking forcefulness*) faible

limpid ['lɪm·pɪd] *adj a. fig* limpide

linchpin ['lɪn(t)ʃ·pɪn] *n* goupille *f*

linden ['lɪn·dən] *n* tilleul *m*

line¹ [laɪn] <-ning> *vt* (*cover*) doubler ▶ **to ~ one's pockets with sth** se mettre de l'argent plein les poches avec qc

line² [laɪn] **I.** *n* **1.** (*mark*) *a.* TYP, COMPUT, TEL ligne *f;* (*of poem*) vers *m;* **hold the ~!** ne quitte/quittez pas!, garde/gardez la ligne! *Québec;* **to be/stay on the ~** être/rester en ligne **2.** (*drawn line*) trait *m* **3.** (*row*) file *f;* (*of trees*) rangée *f;* **front ~** ligne *f* de front; **to be in a ~** être aligné; **to stand in ~** faire la queue **4.** (*path without curves, arcs*) ligne *f* droite **5.** (*chronological succession: of disasters*) succession *f;* (*of family*) lignée *f* **6.** (*cord*) corde *f;* (*for fishing*) ligne *f* **7.** *pl* (*general idea*) fil *m* rouge; **along the ~s of sth** du même genre que qc; **along the same ~s as sth** sur la même ligne que qc ▶ **to be first in ~** être le premier; **to be out of ~** ne pas être en accord; **to drop sb a ~** *inf* écrire une petite bafouille à qn; **in ~ with sb/sth** en accord avec qn/qc **II.** <-ning> *vt* **to ~ sth** faire des lignes sur qc; **to ~ the route** border la route; **to become ~d** se rider

◆**line up I.** *vt* **1.** (*put in a row facing*) aligner **2.** (*plan, organize*) planifier; **to line sth up with sb for ...** planifier qc avec qn pour ... **3.** (*rally, organize against*) **to line sb/sth up against sb/sth** dresser qn/qc contre qn/qc **II.** *vi* **1.** (*stand in a row*) se mettre en ligne **2.** (*wait one behind another*) faire la queue **3.** (*rally, organize against*) **to ~ against/behind sb/sth** se mettre contre/derrière

L

qn/qc

lineage ['lɪn·i·ɪdʒ] *n* lignée *f;* **to be of royal ~** descendre d'une lignée royale; **to trace sb's ~** remonter l'arbre généalogique de qn

linear ['lɪn·i·ər] *adj* **1.** (*relating to lines or length*) linéaire **2.** (*direct*) direct(e)

linebacker ['laɪn·,bæk·ər] *n* SPORTS défenseur *mf*

linen ['lɪn·ɪn] *n* **1.** (*cloth*) linge *m;* **bed ~s** draps *mpl* **2.** (*flax*) lin *m*

liner ['laɪ·nər] *n* **1.** (*removable lining*) fond *m* **2.** (*material used for lining a cloth*) doublure *f* **3.** (*passenger ship*) paquebot *m;* **ocean ~** transatlantique *m*

linesman ['laɪnz·mən] <-men> *n* arbitre *m* de touche

line-up *n* **1.** (*selection*) sélection *f;* **we've got a ~ of guests on our show** nous avons une longue liste d'invités notre programme **2.** (*row*) file *f* **3.** (*identification of criminal*) alignement *m* pour la revue; **police ~** séance *f* d'identification

linger ['lɪŋ·gər] *vi* **1.** (*hang around*) traîner **2.** (*be slow to do*) s'attarder; **to ~ on sb/sth** [*o* **over**] s'attarder sur qn/qc **3.** (*be slow to die*) **to ~ on** subsister

lingerie [,lan·ʒə·'reɪ] *n* lingerie *f*

lingering ['lɪŋ·gᵊr·ɪŋ] *adj* **1.** (*remaining*) persistant(e); (*fears*) tenace; (*effect*) à long terme; **I have ~ doubts on sth** mes doutes sur qc subsistent encore **2.** (*long: death*) lent(e); (*illness*) chronique; (*kiss*) langoureux(-euse)

lingo ['lɪŋ·goʊ] <-goes> *n pej, inf* charabia *m*

linguist ['lɪŋ·gwɪst] *n* **1.** LING linguiste *mf* **2.** (*person skilled in languages*) **I'm no ~** je ne suis pas doué pour les langues

linguistic *adj* linguistique

linguistics *n + sing vb* linguistique *f*

lining ['laɪ·nɪŋ] *n* doublure *f*

link [lɪŋk] **I.** *n* **1.** (*ring in a chain*) maillon *m* **2.** (*connection between two units*) *a.* COMPUT lien *m;* **a ~ to the outside world** un lien avec le monde extérieur; **rail ~** liaison *f* ferroviaire; **radio/satellite/telephone ~** liaison *f* radio/par satellite/téléphonique; **to sever ~s with sb** rompre toute relation avec qn ►**to be the** <u>**weak**</u> **~** être le maillon faible (de la chaîne) **II.** *vt* **1.** (*connect*) **to ~ things together** relier des choses entre elles **2.** (*associate*) **to ~ sth to sth** associer qc à qc **3.** (*clasp*) **to ~ hands** se donner la main **III.** *vi* coïncider

links [lɪŋks] *n + sing vb* parcours *m* de golf

link-up *n* **1.** (*connection between systems*) connexion *f* **2.** (*establishment of such a connection: of a spacecraft*) arrimage *m*

linoleum [lɪ·'noʊ·li·əm] *n* linoléum *m*

linseed ['lɪn·sid] *n* graine *f* de lin

linseed oil *n* huile *f* de lin

lint [lɪnt] *n* fibres *fpl* de coton

lion [laɪən] *n* **1.** ZOOL lion *m* **2.** (*celebrated person*) monstre *m* ►**the ~'s** <u>**share**</u> la part du lion

lioness [laɪə·'nes] <-sses> *n* lionne *f*

lion-hearted *adj* extrêmement courageux(-euse); **to be a ~ man/woman** avoir un courage à toute épreuve

lionize ['laɪə·naɪz] *vt* **to ~ sb** faire de qn une célébrité

lion tamer *n* dompteur, -euse *m, f* de lions

lip [lɪp] *n* **1.** lèvre *f;* **to curl one's ~** faire la moue; **to lick one's ~s** se lécher les lèvres **2.** (*rim*) bord *m* **3.** *inf* (*impudent speech*) **any more of your ~ and ...** si tu fais encore l'insolent, ... ►**the** <u>**question**</u> **is on everyone's ~s** la question est sur toutes les lèvres; **to** <u>**bite**</u> **one's ~** se retenir; **to** <u>**hang**</u> **on sb's lips** être suspendu aux lèvres de qn; **to** <u>**lick**</u> **one's ~s** se lécher les babines

lip gloss *n* brillant *m* à lèvres

liposuction ['lɪp·oʊ·,sʌk·ʃᵊn] *n* liposuccion *f*

lip-read *vt, vi* lire sur les lèvres

lip salve *n* baume *m* pour les lèvres

lip service *n pej* **to give ~ to sb** faire du lèche-botte à qn

lipstick *n* tube *m* de rouge à lèvres; **to wear ~** porter du rouge à lèvres

liquefy ['lɪk·wə·faɪ] <-ie-> **I.** *vt* **1.** CHEM liquéfier **2.** FIN devenir plus liquide **II.** *vi* se liquéfier

liqueur [lɪ·'kɜr] *n* liqueur *f*

liquid ['lɪk·wɪd] **I.** *n* liquide *m* **II.** *adj a.* FIN liquide ►**to have a ~** <u>**lunch**</u> *iron* avoir un déjeuner bien arrosé

liquid assets *n* liquidités *fpl*

liquidate ['lɪk·wɪ·deɪt] *vt* liquider

liquidation *n* ECON, FIN liquidation *f*

liquidity [lɪ·'kwɪd·ə·ţi] *n* CHEM, ECON liquidité *f;* **to have a ~ problem** avoir un problème de trésorerie

liquidize ['lɪk·wɪ·daɪz] *vt* liquéfier

liquify *vt s.* **liquefy**

liquor ['lɪk·ər] *n* spiritueux *m;* **he cannot hold his ~** il ne tient pas l'alcool

lira ['lɪr·ə] *n* HIST lire *f*

Lisbon ['lɪz·bən] *n* Lisbonne

lisp [lɪsp] **I.** *n* zézaiement *m;* **to have a ~** zozoter **II.** *vi* avoir un cheveu sur la langue **III.** *vt* dire en zozotant

list¹ [lɪst] **I.** *n* (*itemized record*) liste *f;* **price ~** tarifs *mpl;* **shopping ~** liste des courses; **~ of stocks** FIN cote *f;* **to make a ~ of sth** dresser la liste de qc **II.** *vt* **1.** (*make a list*) répertorier; **to ~ sth in alphabetical order** classer qc par ordre alphabétique **2.** (*enumerate*) énumérer **3.** FIN coter; **companies ~ed on the stock exchange** entreprises *fpl* cotées en Bourse

list² [lɪst] **I.** *vi* NAUT **to ~ to port/starboard** prendre de la gîte à bâbord/tribord **II.** *n* NAUT gîte *f*

listen ['lɪs·ᵊn] **I.** *vi* **to ~ to sb/sth** écouter qn/qc; **to ~ to reason** écouter la voix de la raison; **to ~ to sb playing music** écouter qn jouer de la musique; **to ~ (out) for sth** tendre l'oreille pour entendre qc **II.** *n inf* **it's worth a ~** cela vaut la peine d'être écouté

◆**listen in** *vi* **1.** RADIO écouter **2.** (*listen to private conversation*) **to ~ on sth** écouter qc discrètement

listener ['lɪs·ᵊn·ər] *n* auditeur, -trice *m, f*

listening *n* écoute *f*

listing ['lɪst·ɪŋ] *n* **1.** (*list*) liste *f* **2.** COMPUT listing *m*

listless *adj* **1.** (*lacking energy: person*) mou(molle) **2.** (*lacking enthusiasm*) amorphe **3.** *fig* (*economy*) ralenti(e)

lit[1] [lɪt] *pt, pp of* **light**

lit[2] [lɪt] *n abbr of* **literature** litt.

litany ['lɪt·ᵊn·i] <-nies> *n* litanie *f*

litchi ['li·tʃi] *n* litchi *m*

liter ['li·t̬ər] *n* litre *m*; **per ~** par litre; **6-~ engine** moteur *m* (de) 6 litres

literacy ['lɪt̬·ər·ə·si] *n* **1.** (*ability to read and write*) degré *m* d'alphabétisation **2.** (*ability to understand*) **computer ~** compréhension *f* de l'informatique

literal ['lɪt̬·ər·ᵊl] *adj* **1.** (*original meaning*) littéral(e) **2.** (*not figurative: sense*) propre; (*interpretation*) littéral(e); (*translation*) mot à mot *inv* **3.** (*not exaggerated*) réaliste

literally *adv* littéralement; **to take sth ~** prendre qc au pied de la lettre

literary ['lɪt·ə·rər·i] *adj* **1.** (*relating to literature*) littéraire **2.** (*well-informed about literature: man, woman*) de lettres; **his speech really sounds ~** il parle vraiment comme un livre

literate ['lɪt̬·ər·ət] **I.** *adj* **1.** (*able to read and write*) alphabétisé(e); **to be ~** savoir lire et écrire **2.** (*able to function in a particular area*) **to be computer ~** s'y connaître en informatique; **a financially ~ partner** un associé calé en finances **3.** (*well-educated*) cultivé(e) **II.** *n* personne *f* cultivée

literature ['lɪt̬·ər·ə·tʃər] *n* **1.** (*written artistic works*) littérature *f*; **nineteenth-century ~** littérature du XIXe siècle **2.** (*specialized texts, promotional material*) documentation *f*

lithe [laɪð] *adj* **1.** (*supple*) agile **2.** (*slim*) svelte

lithograph ['lɪθ·ə·græf] **I.** *n* lithographie *f* **II.** *vt* lithographier

lithography [lɪ·'θa·grə·fi] *n* lithographie *f*

Lithuania [ˌlɪθ·u·'eɪ·ni·ə] *n* la Lituanie

Lithuanian **I.** *adj* lituanien(ne) **II.** *n* **1.** (*person*) Lituanien(ne) *m(f)* **2.** LING lituanien *m*; *s.a.* **English**

litigant ['lɪt̬·ɪ·gənt] *n* LAW plaideur, -euse *m, f*

litigate ['lɪt̬·ɪ·geɪt] LAW **I.** *vi* aller en justice **II.** *vt* contester en justice

litigation *n* LAW **1.** (*dispute*) litige *m* **2.** (*trial*) **to go to ~** intenter un procès

litigious [lɪ·'tɪdʒ·əs] *adj pej* LAW procédurier(-ère)

litmus ['lɪt·məs] *n* **1.** CHEM tournesol *m* **2.** *fig* **~ test** test *m* décisif

litmus paper *n* papier *m* de tournesol

litter ['lɪt̬·ər] **I.** *n* **1.** (*refuse*) détritus *mpl* **2.** ZOOL portée *f* **3.** (*for cats*) litière *f* **4.** MED civière *f* **II.** *vt* **to be ~ed with sth** être recouvert de qc; **to ~ a place with sth** recouvrir un endroit de détritus; **his dirty clothes ~ed the floor** ses vêtements sales jonchaient le sol

litterbug *n inf* porc *m*

little ['lɪt̬·l] **I.** *adj* **1.** (*small*) petit(e); **a ~ house** une maisonnette **2.** (*young*) **the ~ ones** les petits *mpl* **3.** (*brief*) **for a ~ while** pendant un court instant; **to have a ~ word with sb** échanger deux mots avec qn **4.** (*not enough*) peu de; **too ~ time** trop peu de temps **5.** (*unimportant: problem*) léger(-ère) **6.** (*weak: smile*) petit(e) **II.** *pron* peu; **a ~ more** encore un peu; **as ~ as possible** le moins possible; **to know ~** ne pas savoir grand-chose; **we see ~ of him** on le voit peu; **to have ~ to say** n'avoir presque rien à dire **III.** *adv* peu; **~ by ~** peu à peu; **a ~ more/less than ...** un peu plus/moins que ...; **to be ~ better** être à peine meilleur; **a ~ more than a minute ago** il y a à peine une minute; **as ~ as possible** le moins possible; **to be ~ short of sth** friser qc; **a ~-known place** un endroit méconnu; **~ did I think that ...** j'étais loin de penser que ...

littleness *n* petitesse *f*

liturgical *adj* liturgique

liturgy ['lɪt̬·ər·dʒi] <-gies> *n* liturgie *f*

livable *adj* **1.** (*fit to live in*) habitable **2.** *inf* supportable

live[1] [laɪv] **I.** *adj* **1.** (*living*) vivant(e); **real ~** en chair et en os **2.** RADIO, TV en direct; **to give a ~ performance** jouer en public **3.** (*carrying electrical power*) conducteur(-trice) **4.** MIL amorcé(e) **5.** (*burning*) ardent(e) **II.** *adv* **1.** RADIO, TV en direct **2.** MUS en public

live[2] [lɪv] **I.** *vi* **1.** (*be alive*) vivre; **the right to ~** le droit à la vie; **as long as sb ~s** tant qu'il y aura de la vie; **to only ~ for sb/sth** ne vivre que pour qn/qc **2.** (*reside*) habiter; **to ~ together/apart** vivre ensemble/séparés ▶ **long ~ the king/queen!** longue vie au roi/à la reine!; **we ~ and learn** on apprend à tout âge; **to ~ and let ~** faire preuve de tolérance; **to ~ to regret sth** passer sa vie à regretter qc; **to ~ by one's wits** se débrouiller pour vivre **II.** *vt* vivre; **to ~ a life of luxury** mener une vie de luxe; **to ~ life to the full** profiter pleinement de la vie; **to ~ one's own life** vivre sa vie; **to make life worth living** faire en sorte que la vie vaille la peine d'être vécue *subj* ▶ **to ~ a lie** vivre dans le mensonge; **to ~ and breathe sth** ne vivre que pour qc

◆ **live down** *vt* (*one's past*) faire oublier; (*failure, mistake*) chercher à effacer

◆ **live off, live on** *vt* **to ~ sth** vivre de qc; **to ~ sb** vivre aux crochets de qn; **his brother lives off his inheritance** son frère vit de son héritage ▶ **to ~ the fat of the land** vivre comme un coq en pâte

◆ **live out** *vi* **1.** (*live*) **to ~ one's life** passer sa vie **2.** (*fulfill: one's destiny*) décider de; (*one's dreams, fantasies*) réaliser

◆ **live through** *vt* survivre à

◆ **live up to** *vt* (*expectations*) répondre à; (*promises*) tenir; (*reputation*) faire honneur à;

(*principles*) vivre selon; **to ~ a standard** être à la hauteur
liveable *adj s.* **livable**
live bait *n* appât *m* vivant
livelihood [ˈlaɪv·li·hʊd] *n* moyens *mpl* d'existence; **to earn one's ~** gagner sa vie; **to lose one's ~** perdre son gagne-pain
liveliness *n* entrain *m*
lively [ˈlaɪv·li] *adj* **1.** (*full of life and energy*) vif(vive); (*person*) plein(e) d'entrain; (*manner, nature*) pétulant(e); (*party, conversation*) animé(e); (*imagination*) fertile; (*example, expression*) percutant(e); **to take a ~ interest in sth** avoir un vif intérêt pour qc **2.** (*lifelike*) vivant(e) **3.** (*bright*) éclatant(e)
liven up **I.** *vt* animer; (*person, food*) égayer **II.** *vi* s'animer; (*person*) s'amuser
liver[1] [ˈlɪv·ər] *n* foie *m;* **~ transplant** greffe *f* du foie
liver[2] [ˈlɪv·ər] *n* **clean ~** personne *f* vertueuse; **fast ~** noceur *m*
liverwurst [ˈlɪv·ər·wɜrst] *n* saucisse *f* de foie
livery [ˈlɪv·ᵊr·i] *n* livrée *f*
livestock [ˈlaɪv·stak] **I.** *n + sing vb* bétail *m* **II.** *adj* (*breeder, breeding*) de cheptel; (*fair*) aux bestiaux
livid [ˈlɪv·ɪd] *adj* **1.** (*furious*) furieux(-euse); **absolutely ~** furibond **2.** (*discolored*) livide; **a ~ bruise** un bleu enluminé
living [ˈlɪv·ɪŋ] **I.** *n* **1.** (*livelihood*) vie *f;* **I paint for a ~** je vis de ma peinture; **to work for one's ~** travailler pour gagner sa vie; **to make one's ~ as a sth/in sth** gagner sa vie comme qc/en faisant qc **2.** (*way of life*) vie *f;* **standard of ~** niveau *m* de vie; **a fast ~** vie *f* de plaisirs; **to make a good ~** bien gagner sa vie **3.** *+ pl vb* (*people who are still alive*) **the ~** les vivants *mpl* **II.** *adj* **1.** (*alive*) vivant(e); **does he have any ~ grandparents?** ses grands-parents sont-ils toujours en vie?; **I don't think there will be a ~ soul down here** je ne pense pas qu'il y ait âme qui vive par ici **2.** (*existent: language, legend*) vivant(e); (*tradition*) vivace **3.** (*exact: image*) exact(e); **to be the ~ embodiment of sb/sth** être la personnification même de qn/qc ► **to scare the ~ daylights out of sb** faire une peur bleue à qn
living conditions *npl* conditions *fpl* de vie
living quarters *npl* **1.** (*housing*) logement(s) *m(pl)* **2.** MIL quartier *m*
living room *n* séjour *m,* vivoir *m Québec*
living space *n* espace *m* vital
living will *n* testament *m* de vie
lizard [ˈlɪz·ərd] *n* lézard *m*
llama [ˈla·mə] *n* lama *m*
load [loʊd] **I.** *n* **1.** (*amount carried*) charge *f;* **to take a ~ of sth** prendre beaucoup de qc; **a ship with a full ~ of passengers** un paquebot rempli de passagers **2.** (*burden*) poids *m;* **that's a ~ off sb's mind** qn a l'esprit soulagé **3.** (*amount of work*) **a heavy/light ~ of work** beaucoup/peu de travail; **to lighten the ~** rendre la vie plus facile; **to share the ~** partager la besogne **4.** *inf* (*lots*) **a ~ of sth** un tas de qc ► **get a ~ of this!** *inf* regarde/écoute un peu ça! **II.** *vt* **1.** AUTO, COMPUT, MIL charger **2.** (*burden*) **to ~ sb with sth** accabler qn de qc **3.** TECH (*film, software*) charger; (*camera*) armer; (*cassette*) insérer ► **to ~ the dice** piper les dés; **to ~ the dice in favor of/against sb/sth** tricher dans le but de favoriser/desservir qn/qc **III.** *vi* se charger; (*truck*) prendre un chargement
◆**load down** *vt* **1.** (*load*) **to load sb/sth down with sth** charger qn/qc de qc **2.** (*overload*) surcharger; **to be loaded down with presents** crouler sous les cadeaux
◆**load up** **I.** *vt* charger **II.** *vi* faire le chargement
loaded *adj* **1.** (*filled with live ammunition*) chargé(e) **2.** (*not objective: question*) insidieux(-euse); **to be ~ in favor of sb/sth** avoir un parti pris pour qn/qc **3.** GAMES **~ dice** dés *mpl* pipés **4.** *inf* cousu(e) d'or **5.** *inf* (*drunk*) **to be ~** être plein
load line *n* NAUT ligne *f* de charge
loadstar *n s.* **lodestar**
loaf[1] [loʊf] <loaves> *n* pain *m* ► **half a ~ is better than none** *prov* faute de grives on mange des merles *prov*
loaf[2] *vi* traînasser
loafer *n* **1.** (*person who avoids work*) fainéant(e) *m(f)* **2.** FASHION mocassin *m*
loam [loʊm] *n* terreau *m*
loamy *adj* riche en terreau
loan [loʊn] **I.** *vt* prêter; **to ~ sth to sb, to ~ sb sth** prêter qc à qn **II.** *n* **1.** (*borrowed money*) emprunt *m;* **a $50,000 ~** un emprunt de 50 000 dollars; **to apply for/take out a ~** faire un emprunt **2.** (*act of lending*) prêt *m;* **the book I want is out on ~** le livre que je veux a été emprunté
loanword *n* LING mot *m* d'emprunt
loath [loʊθ] *adj form* **to be ~ to** *+infin* répugner à *+infin*
loathe [loʊð] *vt* détester
loathing *n* répugnance *f;* **with ~** avec révulsion; **deep ~** dégoût *m* profond; **to fill sb with ~** dégoûter qn; **to have a ~ for sb/sth** avoir qn/qc en horreur
loathsome *adj* répugnant(e)
lob [lab] **I.** <-bb-> *vt* **1.** jeter; **to ~ sth over sb/sth** envoyer qc par dessus qn/qc **2.** (*in tennis*) lober **II.** *n* **1.** (*a ball projected in this way*) chandelle *f* **2.** (*act of hitting a ball in this way*) lob *m*
lobby [ˈla·bi] **I.** <-bbies> *n* **1.** ARCHIT entrée *f;* (*of hotel*) hall *m;* (*of theater*) foyer *m* **2.** (*influential group*) lobby *m* **II.** <-ie-> *vi* exercer une pression; **to ~ to have sth done** faire pression pour obtenir qc; **to ~ against/for sth** exercer une pression contre/en vue d'obtenir qc **III.** <-ie-> *vt* faire pression sur
lobbyist *n* membre *m* d'un groupe de pression
lobe [loʊb] *n* lobe *m*
lobster [ˈlab·stər] *n* homard *m*

local ['loʊ·kᵊl] **I.** *adj* local(e); (*accent, dialect, politician*) régional(e); (*hero*) national(e); (*police*) municipal(e) **II.** *n* **1.** *pl* (*inhabitant of a place*) habitants *mpl* de la région **2.** (*bus*) bus *m* urbain **3.** (*local branch of a trade union*) branche *f* syndicale locale
local anesthetic *n* anesthésie *f* locale
local area network *n* COMPUT réseau *m* local
local authorities *n* autorités *fpl* locales
local branch <-nches> *n* branche *f* régionale; (*of a bank, agency*) succursale *f* régionale; (*of a store*) filiale *f* régionale
local call *n* communication *f* locale
local charge *n* tarif *m* local
local color *n* couleur *f* locale
locale [loʊ·'kæl] *n* **1.** (*scene where sth happens*) scène *f* **2.** (*literary setting*) théâtre *m*
local government *n* (*government of towns*) administration *f* communale
locality [loʊ·'kæl·ə·ṭi] <-ties> *n* localité *f*
localization *n* localisation *f*
localize ['loʊ·kᵊl·aɪz] *vt* localiser
local news *n + sing vb* informations *fpl* locales
local paper *n* journal *m* local
local time *n* heure *f* locale
local traffic *n* trafic *m* local
local train *n* omnibus *m*
locate ['loʊ·keɪt] **I.** *vi* s'installer **II.** *vt* **1.** (*situate*) situer; **to be ~d at/in/near/on sth** être situé à/dans/à côté de/sur qc **2.** (*find*) localiser
location *n* **1.** (*particular place*) emplacement *m* **2.** (*positioning*) localisation *f* **3.** CINE **on ~** en extérieur
loc. cit. [ˌlak·'sɪt] *abbr of* **loco citato** loc. cit.
loch [lak] *n* loch *m*
lock¹ [lak] **I.** *n* **1.** (*fastening device*) serrure *f*; **combination ~** serrure à combinaison **2.** (*unit of a canal*) écluse *f* **3.** (*wrestling hold*) clef *f*; **to hold sb in a body ~** immobiliser qn avec son corps ▶ **~, stock and barrel** dans sa totalité; **to be under ~ and key** être enfermé à clef **II.** *vt* **1.** (*fasten with a lock*) fermer à clef, barrer *Québec* **2.** (*confine safely*) enfermer **3.** (*be held fast*) **to be ~ed** être bloqué; (*be jammed*) être coincé; **to be ~ed in the ice** être pris dans les glaces ▶ **to ~ horns over sth** se disputer pour qc **III.** *vi* se bloquer
◆**lock away** *vt* **1.** (*secure behind a lock*) mettre en sécurité **2.** (*confine in prison or hospital*) enfermer **3.** (*confine somewhere free of disruption*) **to lock oneself away** s'isoler
◆**lock in** *vt* enfermer à clef
◆**lock on** *vi*, **lock onto** *vi* MIL accrocher
◆**lock out** *vt* **1.** (*prevent entrance by locking all doors*) enfermer dehors; **she locked herself out of the car** elle a laissé les clefs de sa voiture à l'intérieur **2.** ECON priver de travail
◆**lock up I.** *vt* **1.** (*lock away*) mettre sous clef; (*documents*) mettre en sûreté **2.** (*confine in prison or mental hospital*) enfermer **II.** *vi* fermer
lock² [lak] *n* mèche *f* de cheveux
locker ['la·kər] *n* casier *m*
locker room *n* vestiaire *m*
locket ['la·kɪt] *n* médaillon *m*
lockjaw ['lak·dʒɔ] *n* tétanos *m*
lockkeeper *n* éclusier *m*
lockout *n* **1.** (*management tactic in labor disputes*) riposte *f* patronale à un mouvement de grève **2.** (*tactic of locking out employees*) privation *f* de travail des grévistes
locksmith ['lak·smɪθ] *n* serrurier *m*
lockup *n inf* violon *m*
loco ['loʊ·koʊ] *adj inf* dingue
locomotion [ˌloʊ·kə·'moʊ·ʃᵊn] *n* locomotion *f*
locomotive [ˌloʊ·kə·'moʊ·ṭɪv] **I.** *n* locomotive *f* **II.** *adj* locomotif(-ive)
locution [loʊ·'kju·ʃᵊn] *n* locution *f*
lode [loʊd] *n* MIN filon *m*
lodestar ['loʊd·star] *n* **1.** (*star*) étoile *f* polaire **2.** (*guide*) guide *m*
lodge [ladʒ] **I.** *vi* **1.** (*become stuck*) se loger **2.** (*stay in a rented room*) loger; **to ~ with sb** loger chez qn **II.** *vt* **1.** LAW **to ~ a complaint** porter plainte; **to ~ a protest** protester **2.** (*make become stuck*) loger **3.** (*accommodate*) loger **III.** *n* **1.** (*inn*) pavillon *m*; **hunting/ski ~** gîte *m* **2.** (*guard's house*) loge *f* **3.** (*beaver's lair*) hutte *f*
lodging *n* ~(s) logement *m*; **board and ~** pension *f* complète
loft [laft] **I.** *n* (*raised area, living space*) loft *m* **II.** *vt* lancer haut
lofty ['laf·ti] *adj* **1.** (*noble*) noble **2.** *pej* (*haughty*) hautain(e)
log¹ [lɔg] **I.** *n* (*piece of wood*) rondin *m*; (*for fire*) bûche *f*; **a ~ fire** un feu de bois ▶ **to sleep like a ~** dormir comme une souche **II.** <-gg-> *vt* (*tree*) débiter; (*forest*) décimer
log² [lɔg] **I.** *n* registre *m*; **~ (book)** NAUT journal *m* de bord; AUTO carnet *m* de route; AVIAT carnet *m* de vol **II.** *vt* enregistrer **III.** *vi* COMPUT **to ~ into sth** se connecter à qc
◆**log in I.** *vi* **1.** (*record one's arrival*) s'enregistrer **2.** COMPUT (*log on*) se connecter **II.** *vt* connecter; **to log oneself in sth** se connecter à qc
log³ *n abbr of* **logarithm** logarithme *m*
logbook *n s.* **log**
logger ['lɔ·gər] *n* bûcheron *m*
loggerheads *npl* **to be at ~ with sb/over sth** être en désaccord avec qn/à propos de qc
logic ['la·dʒɪk] *n* logique *f*
logical *adj* logique
login I. *n* COMPUT ouverture *f* d'une session, connexion *f* **II.** *vt* COMPUT ouvrir une session
logistics [loʊ·'dʒɪs·tɪks] *n + sing vb* logistique *f*
logo ['loʊ·goʊ] *n* logo *m*
logoff I. *n* COMPUT clôture *f* de session **II.** *vt* COMPUT clore une session
logon *s.* **login**
loin [lɔɪn] **I.** *n* filet *m* **II.** *adj* **~ steak** filet *m*
loincloth ['lɔɪn·klaθ] *n* pagne *m*

L

loiter ['lɔɪ·t̬ər] *vi* **1.** (*linger*) flâner **2.** (*hang around*) traîner
loiterer *n pej* glandeur, -euse *m, f inf*
loll [lal] *vi* **1.** (*hang around lazily*) flâner **2.** (*sit, lie lazily*) se prélasser **3.** (*hang loosely*) pendre
lollipop ['la·li·pap] *n* sucette *f,* suçon *m Québec*
lollop ['la·ləp] *vi* galoper
London ['lʌn·dən] *n* Londres
Londoner **I.** *adj* londonien(ne) **II.** *n* Londonien(ne) *m(f)*
lone [loʊn] *adj* solitaire
loneliness ['loʊn·lɪ·nəs] *n* solitude *f*
lonely ['loʊn·li] <-ier, -iest *o* more ~, most ~> *adj* **1.** (*unhappy because alone*) seul(e) **2.** (*solitary*) solitaire **3.** (*isolated*) isolé(e); (*street*) peu fréquenté(e)
loner ['loʊn·ər] *n* solitaire *mf*
lonesome ['loʊn·səm] *adj* **1.** (*lonely*) seule(e) **2.** (*isolated*) isolé(e)
long[1] [lɔŋ] **I.** *adj* long(ue); **to be a ~ way from sth** être loin de qc; **to have come a ~ way** revenir de loin; **to have a ~ way to go** avoir du chemin à faire ▶**to make a ~ face** faire la tête; **in the ~ run** à la longue; **to be a ~ shot** être un coup à tenter; **not by a ~ shot** loin de là; **the ~ and the short of it is that ...** le fin mot de l'histoire c'est que ...; **~ time no see!** *inf* voilà un revenant!; **to be ~ in the tooth** ne plus être de la première jeunesse **II.** *adv* **1.** (*a long time*) depuis longtemps; **~ ago** il y a longtemps; **~ after/before** bien après/avant; **not ~ after sth** pas bien longtemps après qc; **before ~** avant bien longtemps; **to take ~ to** +*infin* prendre du temps pour +*infin;* **at ~ last** enfin; **~ live the king!** longue vie au roi! **2.** (*for the whole duration*) **all day/night ~** toute la journée/nuit; **as ~ as sb lives** aussi longtemps que qn est en vie **3.** ((*but*) *only if*) **as ~ as ...** seulement si ... **4.** (*no more*) **to no ~er** +*infin* ne plus +*infin* **5.** (*goodbye*) **so ~** à bientôt
long[2] [lɔŋ] *vi* avoir envie; **to ~ for sb/sth** désirer qn/qc; **to ~ to** +*infin* avoir envie de +*infin*
long. *n abbr of* **longitude** longitude *f*
long-distance **I.** *adj* **1.** (*going a long way: flight*) long-courrier; (*train*) grande ligne **2.** (*separated by a great distance*) à distance; (*call*) longue distance **3.** SPORTS (*race, runner*) de fond **II.** *adv* **to call ~** faire un appel longue distance; **to travel ~** faire un long voyage
longevity [lɔŋ·'dʒev·ə·t̬i] *n* longévité *f*
long-haired *adj pej* aux cheveux longs; (*animals*) aux poils longs
longing *n* envie *f;* **a ~ for sb** une envie de voir qn
longish *adj inf* assez long(ue); **to take a ~ time** prendre assez de temps
longitude ['lan·dʒə·tud] *n* longitude *f*
longitudinal *adj* longitudinal(e)
long jump *n* SPORTS **the ~** le saut en longueur
long-lived *adj* **1.** (*living long*) d'une grande longévité **2.** (*lasting long*) (de) longue durée; (*feud, friendship*) de longue date
long-lost *adj* perdu(e) depuis longtemps
long-playing record *n* 33 tours *m*
long-range *adj* **1.** (*across a long distance*) longue portée **2.** (*long-term*) à long terme
long-range aircraft *n* long-courrier *m*
long-sighted *adj* prévoyant(e)
long-standing *adj* de longue date
long-suffering *adj* d'une patience à toute épreuve
long-term *adj* **1.** (*effective on a longer period*) à long terme **2.** (*lasting long*) (de) longue durée
long wave **I.** *n* grandes ondes *fpl* **II.** *adj* longues ondes *inv*
long-winded *adj* prolixe
look [lʊk] **I.** *n* **1.** (*act of looking, examining*) regard *m;* **to give sb a ~** jeter un regard à qn; **to have a ~ at sth** jeter un coup d'œil à qc; **to take a (good) hard ~ at sb/sth** regarder qn/qc de près **2.** (*appearance, expression*) air *m;* **to have the ~ of sb/sth** avoir l'air de qn/qc; **by the ~ of things** selon toute apparence; **sb's ~s** l'allure *f* de qn; **sb's good ~s** le physique de qn **3.** (*act of searching*) **to have a ~ for sb/sth** chercher qn/qc **4.** (*specified style*) look *m* ▶**if ~s could kill** si les yeux pouvaient tuer **II.** *interj* regarde(z)! **III.** *vi* **1.** (*use one's sight*) **to ~ at sb/sth** regarder qn/qc; **to ~ sb up and down** regarder qn des pieds à la tête; **to ~ out (of) the window** regarder par la fenêtre; **to be not much to ~ at** ne pas en valoir la peine; **to ~ the other way** regarder dans l'autre direction **2.** + *adj or n* (*appear, seem, resemble*) avoir l'air; **to ~ one's age** faire son âge; **to ~ one's best** être à son avantage; **it ~s as if sb is doing sth** qn a l'air de faire qc; **to ~ like sb/sth** ressembler à qn/qc **3.** (*hope*) **to ~ to do sth** espérer faire qc; **to ~ ahead** se tourner vers l'avenir **4.** (*pay attention*) faire attention **5.** (*regard, consider*) **to ~ at sth** considérer qc **6.** (*examine, study, evaluate*) **to ~ at sth** examiner qc **7.** (*face a particular direction*) **to ~ north** faire face au nord ▶**don't ~ a gift horse in the mouth** *prov* à cheval donné on ne regarde pas à la bride *prov;* **to make sb ~ small** remettre qn à sa place; **~ before you leap** *prov* il ne faut pas sauter les yeux fermés
◆**look after** *vt* s'occuper de; **to ~ oneself** prendre soin de soi; **to ~ one's interests** veiller sur ses propres intérêts
◆**look ahead** *vi* regarder devant soi
◆**look around** **I.** *vi* **1.** (*turn around to look*) se retourner **2.** (*look in all directions*) regarder autour de soi **3.** (*search*) **to ~ for sb/sth** chercher qn/qc **II.** *vt* (*inspect*) faire le tour de; (*house*) visiter
◆**look away** *vi* regarder ailleurs; **to ~ from sth** détourner les yeux de qc
◆**look back** *vi* regarder derrière soi; **to ~ on sth** revenir sur qc; **to never ~** ne jamais

regarder en arrière

◆**look down** *vi* **1.** (*from above*) regarder en bas **2.** (*lower one's eyes*) baisser les yeux **3.** (*hate*) **to ~ on sb/sth** mépriser qn/qc

◆**look for** *vt* **1.** (*seek*) chercher **2.** (*expect*) s'attendre à

◆**look forward** *vi* **1.** (*anticipate pleasurably*) **to ~ to sth** attendre qc avec impatience; **to ~ to seeing sb** être impatient de voir qn **2.** *form* (*anticipate with specified feelings*) **to ~ to sth** espérer qc; **looking forward to hearing from you** en attendant une réponse de votre part

◆**look into** *vi* **1.** (*investigate*) examiner; (*reasons*) étudier **2.** (*predict*) envisager

◆**look on** *vt* considérer

◆**look out** *vi* **1.** (*face a particular direction*) **to ~ on sth** regarder qc **2.** (*watch out, be careful*) **to ~ for sb/sth** se méfier de qn/qc **3.** (*look for*) **to ~ for sb/sth** rechercher qn/qc; **to ~ for oneself** chercher le meilleur pour soi; **to ~ for number one** penser à ses propres intérêts

◆**look over** *vt* jeter un coup d'œil à

◆**look through** *vt* **1.** (*look*) regarder; **to ~ the window** regarder par la fenêtre **2.** (*examine*) examiner **3.** (*peruse*) parcourir **4.** (*not acknowledge sb*) **to look (straight) through sb** ne pas reconnaître qn

◆**look to** *vt* **1.** (*take care*) faire attention à; **to ~ it that ...** faire en sorte que ... **2.** (*expect*) **to ~ sb/sth for sth** se tourner vers qn/qc pour qc **3.** (*count on*) compter sur

◆**look up** **I.** *vt* **1.** (*consult a reference work*) chercher **2.** (*look for and visit*) aller voir **II.** *vi* **1.** *a. fig* (*raise one's eyes upward*) **to ~ from sth** lever les yeux de qc; **to ~ at sb/sth** lever les yeux vers qn/qc **2.** (*improve*) s'améliorer **3.** (*see as role model*) **to ~ to sb** avoir de l'admiration pour qn

◆**look upon** *vt s.* **look on**

look-alike *n* sosie *m*

looker *n inf* jolie fille *f*

looking glass <-es> *n form* glace *f*

lookout *n* **1.** (*observation post*) guet *m* **2.** (*person set as a guard*) guetteur, -euse *m, f* **3.** (*act of keeping watch*) **to be on the ~ for sb/sth** être à la recherche de qn/qc; **to keep a ~ for sth** guetter qc ►**to be sb's ~** être l'affaire de qn

loom¹ [lum] *n* métier *m* à tisser

loom² [lum] *vi* **1.** (*come threateningly into view*) apparaître **2.** (*be ominously near*) surgir; **to ~ on the horizon** se dessiner à l'horizon

loon *n* ZOOL plongeon *m*

loony ['lu·ni] **I.** <-ier, -iest> *adj inf* cinglé(e) **II.** <-nies> *n pej, inf* cinglé(e) *m(f)*

loop [lup] **I.** *n* **1.** (*curve*) *a.* COMPUT boucle *f* **2.** ELEC circuit *m* fermé **II.** *vi* former une boucle **III.** *vt* **to ~ sth** faire une boucle avec qc ►**to ~ the loop** faire un looping

loophole ['lup·hoʊl] *n* échappatoire *f*

loose [lus] **I.** *adj* **1.** (*not tight: knot, rope, screw*) desserré(e); (*clothing*) ample; (*skin*) relâché(e); **~ connection** mauvais contact *m* **2.** (*partly detached, not confined*) détaché(e); **to get ~** se détacher; **to let a dog ~ on sb** lâcher un chien sur qn; **~ sheet of paper** feuille *f* de papier séparée **3.** (*release*) **to let sth ~** lâcher qc **4.** (*not exact*) vague; (*translation*) approximatif(-ive) **5.** (*not strict or controlled: discipline, style*) relâché(e) **6.** (*sexually immoral*) amoral(e); **~ living** vie *f* dissolue; **~ morals** mœurs *fpl* relâchées **II.** *adv* **to hang ~** pendre ►**hang ~!** reste calme! **III.** *n* **to be on the ~** être en cavale **IV.** *vt form* lâcher

loose-leaf *adj* à feuilles mobiles; **~ book** classeur *m*

loosely *adv* **1.** (*not fixed*) lâchement; **to hang ~** pendre **2.** (*not tightly*) sans serrer; (*tied, wrapped*) mal **3.** (*not exactly*) approximativement **4.** (*not strictly*) de façon relâchée; **~ organized society** société *f* désorganisée

loosen ['lu·sən] **I.** *vt* **1.** (*untie*) défaire **2.** (*unfasten*) desserrer **3.** (*weaken*) relâcher; **to ~ sb's tongue** délier la langue de qn; **to ~ ties with sb/sth** distendre ses liens avec qn/qc **II.** *vi* **1.** *a. fig* (*unfasten*) se desserrer **2.** (*relax*) se détendre

loot [lut] **I.** *n* butin *m* **II.** *vt* piller **III.** *vi* se livrer au pillage

looting *n* pillage *m*

lop [lap] <-pp-> *vt* **to ~ (off)** élaguer

lope [loʊp] *vi* **to ~ across sth** gambader à travers qc

lopsided [ˌlap·'saɪ·dɪd] *adj* asymétrique; (*picture*) de travers; (*grin*) en coin

loquacious [loʊ·'kweɪ·ʃəs] *adj* loquace

lord [lɔrd] *n* **1.** (*god*) **the Lord** le Seigneur **2.** (*powerful man*) seigneur *m*; **drug ~** parrain *m* de la drogue **3.** (*British nobleman*) lord *m*; **~ of the manor** châtelain *m*; **to live like a ~** vivre comme un seigneur

lordly <-ier, -iest> *adj* **1.** (*superior, beautiful*) majestueux(-euse) **2.** (*arrogant*) hautain(e)

lordship *n* **1.** *form* (*dominion, authority*) autorité *f* **2.** (*used to refer to a nobleman*) Majesté *f*; **his/your ~** Sa/Votre Majesté

lore [lɔr] *n* **1.** (*traditional knowledge*) tradition *f*; **common ~** usage *m* commun **2.** (*legends*) légende *f*

lose [luz] <lost, lost> **I.** *vt* perdre; **to ~ one's life** perdre la vie; **to ~ one's breath** perdre son souffle; **to ~ no time in doing sth** ne pas perdre de temps à faire qc; **to ~ one's control of sb/sth** perdre le contrôle de qn/qc; **to ~ one's head/nerve** perdre la tête/son sang froid ►**to ~ face** perdre la face; **to ~ heart** perdre courage; **to ~ one's heart to sb/sth** tomber amoureux de qn/qc; **to have lost one's marbles** *iron* perdre la tête; **to have nothing to ~** n'avoir rien à perdre; **to ~ one's shirt** perdre sa chemise; **to ~ sight of sth** perdre qc de vue; **to ~ sleep over sth** s'en faire pour qc; **to ~ touch with sb** perdre le contact avec qn; **to ~ touch with reality**

L

perdre tout sens de la réalité; **to ~ track of sb/sth** perdre la trace de qn/qc; **to ~ one's way** s'égarer **II.** *vi* perdre; **to ~ to sb/sth** se faire battre par qn/qc
loser *n* **1.** (*defeated person, group*) perdant(e) *m(f)* **2.** *pej* (*unsuccessful person*) loser *m*
losing *adj* perdant(e); (*battle*) perdu(e) d'avance
loss [las] <-es> *n* perte *f;* **to be at a ~ to** +*infin* être embarrassé pour +*infin;* **to sell at a ~** ECON vendre à perte
loss-making *adj* à perte
lost [last] **I.** *pt, pp of* **lose II.** *adj* (*soul*) en peine; (*opportunity*) manqué(e); **to be ~** être perdu; **to get ~** s'égarer ► **a ~ cause** une cause perdue
lost and found *n* objets *mpl* trouvés
lot [lat] *n* **1.** (*much/many*) **a ~/~s** beaucoup; **a ~ of people/rain** beaucoup de gens/pluie; **to do a ~ of traveling** voyager beaucoup; **~s of children** beaucoup d'enfants; **to feel a ~ better** se sentir beaucoup mieux **2.** (*plot of land*) terrain *m;* **building ~** lotissement *m;* **parking ~** parking *m* **3.** (*group of people*) groupe *m* **4.** (*everything*) **the whole ~** le tout **5.** (*fate*) sort *m;* **to cast in one's ~ with sb** partager le sort de qn; **it falls to sb's ~ to do sth** *form* le sort a voulu que qn fasse qc +*subj* **6.** (*share in a lottery*) lot *m;* **to draw ~s** tirer au sort; **to choose sb/sth by ~** choisir qn/qc au hasard **7.** (*unit in an auction*) lot *m* ► **to be a bad ~** ne pas valoir cher
loth [loʊθ] *adj s.* **loath**
lotion ['loʊ·ʃᵊn] *n* lotion *f*
lottery ['la·t̬ər·i] <-ies> *n* loterie *f;* **~ ticket** billet *m* de loterie
lotus ['loʊ·t̬əs] <-es> *n* **1.** (*flower*) fleur *f* de lotus **2.** (*plant*) lotus *m*
loud [laʊd] **I.** *adj* **1.** (*very audible*) fort(e); **~ and clear** clair et précis **2.** *pej* (*garish*) criard(e) **3.** *pej* (*aggressively noisy*) bruyant(e); **~ mouth** *inf* grande gueule *f* **II.** *adv* bruyamment; (*to laugh out, to speak*) fort
loudness *n* bruit *m*
loudspeaker *n* **1.** (*part of PA system*) haut-parleur *m* **2.** (*radio, stereo speaker*) enceinte *f*
Louisiana [lu·ˌi·zi·'æn·ə] *n* la Louisiane
lounge [laʊndʒ] **I.** *n* salon *m* **II.** *vi* **1.** (*recline in a relaxed way*) se prélasser **2.** (*be, stand idly*) paresser
louse [laʊs] **I.** *n* **1.** <lice> (*insect*) pou *m* **2.** <-es> *inf* (*contemptible person*) salaud, salope *m, f* **II.** *vt inf* **to ~ sth up, to ~ up sth** foutre qc en l'air
lousy <-ier, -iest> *adj pej, inf* **1.** (*of poor quality*) nul(le); **to feel ~** se sentir mal foutu **2.** (*meager*) **a ~ $5** 5 malheureux dollars **3.** (*infested with lice*) pouilleux(-euse)
louver ['lu·vər] *n* persienne *f*
lovable *adj* adorable
love [lʌv] **I.** *vt* **1.** aimer; **to feel ~d** se sentir aimé **2.** (*greatly like*) **to ~ to** +*infin* adorer +*infin;* **I'd ~ it if you could come** ça me ferait vraiment plaisir que tu viennes *subj* **II.** *n* **1.** (*strong affection or passion*) amour *m;* **~ at first sight** coup *m* de foudre; **to be in ~ with sb** être amoureux de qn; **to make ~ to sb** faire l'amour à qn; **to be head over heels in ~ with each other** être fous amoureux l'un de l'autre; **to fall in ~ with sb** tomber amoureux de qn; **to give sb one's ~** (*on letter*) transmettre ses amitiés à qn **2.** SPORTS zéro *m;* **forty-~** quarante zéro ► **you wouldn't find one for ~ (n)or money** c'est impossible d'en trouver un; **there is no ~ lost between the two** ils ne peuvent pas s'encadrer
love affair *n* liaison *f;* **to have a ~ with sth** *fig* avoir une passion pour qc
lovebird *n fig* **~s** tourtereaux *mpl*
love child *n* enfant *m* de l'amour
love handles *n pl, inf* poignées *fpl* d'amour
love-hate relationship *n* relation *f* houleuse
loveless *adj* sans amour
love letter *n* lettre *f* d'amour
love life *n inf* vie *f* amoureuse
loveliness *n* charme *m;* **to have a radiant ~** avoir un charme fou
lovely ['lʌv·li] <-ier, -iest> *adj* beau(belle)
lovemaking *n* amour *m* (physique); **to be good at ~** bien savoir faire l'amour
love nest *n* nid *m* d'amour
lover *n* **1.** (*for a woman*) amant *m;* (*for a man*) maîtresse *f;* **to be/become ~s** être/devenir amants; **her live-in ~** le partenaire avec qui elle vit **2.** (*sb who loves sth*) amoureux, -euse *m, f;* **a nature/an opera ~** un amoureux de la nature/l'opéra
love seat *n* fauteuil *m* pour deux
lovesick *adj* **to be ~** avoir un chagrin d'amour
love song *n* chanson *f* d'amour
love story *n* histoire *f* d'amour
loving *adj* tendre; **~ care** affection *f*
low [loʊ] **I.** *adj* <-er, -est> **1.** (*not high or tall, not great: altitude, wall*) bas(se); (*neckline*) plongeant(e); **~ heels** petits talons *mpl* **2.** (*small in number*) faible; **to be ~ in cholesterol** être peu riche en cholestérol; **to be ~ in calories** être hypocalorique; **~-alcohol drink** boisson *f* peu alcoolisée; **to be ~ in funds** avoir peu de réserves **3.** (*reduced in quantity: level*) bas(se); **to be ~ on sth** n'avoir presque plus de qc **4.** (*intensity: frequency, sound, voice*) bas(se); (*light*) faible; **to keep one's voice ~** parler tout bas **5.** (*poor, not of high quality*) mauvais(e); **to hold sth in ~ regard** mésestimer qc **6.** (*lowly, not important*) **to be a ~ priority** ne pas être une priorité **7.** (*unfair, mean*) **a ~ trick** un coup bas **8.** (*sad, dejected*) **in ~ spirits** abattu(e); **to feel ~** ne pas avoir le moral **II.** <-er, -est> *adv* bas; **to fly ~** voler bas; **to be cut ~** (*dress, blouse*) être très décolleté; **to drop ~** chuter; **to turn the music ~er** baisser la musique **III.** *n* **1.** (*low level*) **record ~** baisse *f* record; **to hit a ~** chuter; **to reach an all-time ~** atteindre son niveau le plus bas **2.** (*difficult moment*)

the highs and ~s les hauts *mpl* et les bas **3.** METEO zone *f* de basse pression
lowbrow *pej* **I.** *adj* bas(se) du front **II.** *n* bas *m* du front
low-calorie *adj* hypocalorique
low comedy *n* farce *f*
low-cut *adj* décolleté(e)
low-down *adj inf* (*people*) abject(e)
lower[1] ['loʊ·ər] *vt* **1.** (*let down, haul down*) baisser; (*landing gear, lifeboat*) descendre; (*sails, mast*) amener; **to ~ a flag** baisser pavillon; **to ~ oneself to** *+infin* s'abaisser pour *+infin* **2.** (*reduce, decrease*) *a. fig* baisser; **to ~ one's voice** baisser le ton; **to ~ one's expectations** ne pas attendre trop **3.** (*diminish*) rabaisser **4.** (*demean, degrade*) **to ~ oneself to** *+infin* s'abaisser à *+infin*
lower[2] [laʊr] *vi* se couvrir; **~ing sky** ciel *m* menaçant; **to ~ at sb** jeter un regard menaçant à qn
lower[3] ['loʊ·ər] *adj* inférieur(e); **in the ~ back** dans le bas du dos
lower case, lower-case letter *n* TYP minuscule *f*
low-fat *adj* allégé(e)
low-key *adj* (*debate, speech*) modéré(e); **a ~ affair** un événement discret; **to take a ~ approach to sth** aborder qc en toute discrétion
lowland *n* plaine *f*
low level *n* de bas niveau; **on a ~** à un bas niveau
low-level radiation *n* PHYS radiation *f* de faible niveau
lowly ['loʊ·li] <-ier, -iest> *adj* modeste
low-necked *adj* décolleté(e)
lowness *n* **1.** (*state of being low*) faible hauteur *f* **2.** MUS gravité *f* **3.** (*baseness*) bassesse *f*
low-noise *adj* AUTO peu bruyant(e)
low-pitched *adj* grave
low-pollution *adj* AUTO à faible taux de pollution
low pressure *adj* (à) basse pression
low profile *n* profil *m* bas
low season *n* basse saison *f*
low-spirited *adj* **to be ~** ne pas avoir le moral
low tide, low water *n* marée *f* basse
lox *n* saumon *m* fumé
loyal ['lɔɪ·əl] *adj* (*support*) loyal(e); **to remain ~ to sb/sth** rester loyal envers qn/qc; **to be ~ to one's beliefs** être fidèle à ses convictions
loyalist I. *n* loyaliste *mf* **II.** *adj* loyaliste
loyalty ['lɔɪ·əl·ṭi] <-ties> *n* loyauté *f*; **sb's ~ to sth** la loyauté de qn envers qc; **to have divided loyalties** être partagé
lozenge ['la·zəndʒ] *n* losange *m*; **throat/cough ~s** pastille *f* pour la gorge/toux
LP [ˌel·'pi] *n abbr of* **long-playing record** 33 tours *m*
LPG [ˌel·pi·'dʒi] *n abbr of* **liquefied petroleum gas** GPL *m*
LPN [ˌel·pi·'en] *n abbr of* **licensed practical nurse** infirmière *f* auxiliaire diplômée
LSD [ˌel·es·'di] **I.** *n abbr of* **lysergic acid diethylamide** LSD *m* **II.** *adj* (*trip*) au LSD
Ltd. ['lɪm·ə·ṭɪd] *n abbr of* **limited** ≈ SARL *f*
lubricant ['lu·brɪ·kənt] *n* lubrifiant *m*
lubricate ['lu·brɪ·keɪt] *vt* **1.** (*apply grease to reduce friction*) graisser **2.** (*make slippery/smooth*) lubrifier ►**to ~ sb's tongue** délier la langue à qn
lubrication I. *n* graissage *m* **II.** *adj* (*system*) de graissage
lubricator *n* lubrifiant *m*
lucid ['lu·sɪd] *adj* lucide; (*moment*) de lucidité
luck [lʌk] *n* **1.** ((*good*) *fortune*) chance *f*; **a stroke of ~** un coup de chance; **to not believe one's ~** ne pas croire à sa chance; **to bring sb ~** porter chance à qn; **to be in ~** avoir de la chance; **to be out of ~** ne pas avoir de chance; **to be down on one's ~** avoir la guigne; **to be the ~ of the draw** être une question de chance; **with (any) ~** avec un peu de chance; **as ~ would have it ...** le hasard a voulu que ...; **bad ~!** pas de chance!; **no such ~!** *inf* tu parles!; **don't do that; it's bad ~** ne fais pas ça, ça porte malheur **2.** (*success*) chance *f*; **with no ~** sans succès; **to wish sb good ~ in sth** souhaiter bonne chance à qn pour qc; **did you have any ~ opening that bottle?** est-ce que tu as réussi à ouvrir cette bouteille?
luckless *adj form* malchanceux(-euse)
lucky <-ier, -iest> *adj* **1.** (*have luck: person*) chanceux(-euse); **to be ~ at games/in love** avoir de la chance au jeu/en amour; **it is ~ that ...** heureusement que ...; **to count oneself ~** s'estimer heureux; **you ~ thing!** *inf* tu as de la chance!; **to make a ~ guess** deviner au hasard **2.** (*bringing good fortune: number*) porte-bonheur *inv*; **~ day** jour *m* de chance ►**~ devil!** veinard!
lucrative ['lu·krə·ṭɪv] *adj* lucratif(-ive)
lucre ['lu·kər] *n iron, pej* lucre *m*; **to do sth for (filthy) ~** faire qc pour l'appât du gain
ludicrous ['lu·dɪ·krəs] *adj* (*idea*) ridicule; **to look ~** avoir l'air ridicule
lug [lʌg] *vt* <-gg-> *inf* **to ~ sth (around)** trimbaler qc; **to ~ sth away** emporter qc
luggage ['lʌg·ɪdʒ] *n* bagages *mpl*; **two items of ~** deux bagages; **hand ~** bagage à main
luggage rack *n* **1.** (*on train, bus*) porte-bagages *m* **2.** (*on car roof*) galerie *f*
lugubrious [lə·'gu·bri·əs] *adj* lugubre
lukewarm [ˌluk·'wɔrm] *adj a. fig* tiède; **to be ~ about an idea** ne pas être très chaud pour une idée
lull [lʌl] **I.** *vt a. fig* endormir; **to ~ sb into believing that ...** arriver à faire croire à qn que ...; **to ~ sb into a false sense of security** donner une fausse impression de sécurité à qn **II.** *n* pause *f*; (*in fighting*) accalmie *f*; **a ~ in consumer demand** une période de creux dans la demande des consommateurs; **a ~ in the conversation** un blanc dans la conver-

sation; **the ~ before the storm** *fig* le calme avant la tempête

lullaby ['lʌl·ə·baɪ] *n* berceuse *f*

lumbago [lʌm·'beɪ·goʊ] *n* lumbago *m*

lumbar puncture *n* MED ponction *f* lombaire

lumber[1] ['lʌm·bər] *vi* (*person, animal*) avancer à pas lourds; (*tanks, cart, wagon*) rouler lourdement

lumber[2] ['lʌm·bər] *vt* **to get ~ed with sth** se coltiner qc

lumber[3] ['lʌm·bər] *n* bois *m* de construction

lumberjack *n* bûcheron(ne) *m(f)*

lumberyard *n* dépôt *m* de bois

luminary ['lu·mə·ner·i] *n* **1.** (*prominent person*) sommité *f* **2.** CINE, THEAT star *f*

luminosity [ˌlu·mə·'na·sə·t̬i] *n* **1.** (*brightness, quality*) luminosité *f* **2.** (*brilliance*) virtuosité *f*

luminous ['lu·mə·nəs] *adj* **1.** (*visible in darkness*) fluorescent(e) **2.** (*brilliant*) sensationnel(le)

lump [lʌmp] **I.** *n* **1.** (*solid mass of a substance: of coal, sugar*) morceau *m;* (*of clay*) motte *f;* (*in cooking*) grumeau *m* **2.** (*abnormal growth*) grosseur *f* **3.** *inf* (*oaf*) empoté(e) *m(f);* **fat ~** gros tas *m* ►**to have a ~ in one's throat** avoir la gorge nouée **II.** *vt* **1.** (*combine*) regrouper; **to ~ all the people in the same group** mettre tout le monde dans le même groupe; *fig* mettre tout le monde dans le même panier **2.** (*endure*) **if you don't like it, you can ~ it** si ça ne te plaît pas c'est pareil

lump sum *n* somme *f* forfaitaire; **~ payment** versement *m* unique; **to pay in a ~** payer en une fois

lumpy <-ier, -iest> *adj* (*sauce, gravy*) grumeleux(-euse); (*surface*) irrégulier(-ère)

lunacy ['lu·nə·si] *n* **1.** (*craziness*) folie *f;* **it's sheer ~** c'est de la folie douce **2.** *vulg* (*mental illness, insanity*) démence *f*

lunar ['lu·nər] *adj* lunaire; (*eclipse*) de lune

lunatic ['lu·nə·tɪk] **I.** *n* **1.** (*mentally ill person*) fou, folle *m, f* **2.** POL **the ~ fringe** les extrémistes *mpl* **3.** *sl* (*crazy person*) dingue *mf* **II.** *adj* dingue

lunatic asylum *n pej* asile *m* de fous

lunch [lʌn(t)ʃ] **I.** *n* déjeuner *m,* dîner *m Belgique, Québec;* **buffet ~** buffet *m;* **business ~** déjeuner d'affaires; **to be out to ~** être parti déjeuner; **to have ~** déjeuner, dîner *Belgique, Québec* ►**to be out to ~** être dérangé **II.** *vi* déjeuner, dîner *Belgique, Québec;* **to ~ on sandwiches** manger des sandwichs au déjeuner

lunch break *n* pause *f* de midi

luncheon ['lʌn·(t)ʃən] *n form* déjeuner *m*

luncheon meat *n* pâté *m* de viande

lunch hour *n s.* **lunch break**

lunchtime **I.** *n* heure *f* du déjeuner; **yesterday ~** hier midi; **to do sth at ~** faire qc pendant l'heure du déjeuner; **to do sth by ~** faire qc d'ici midi **II.** *adj* (*concert*) de midi

lung [lʌŋ] *n* poumon *m* ►**to have good ~s** *iron* avoir du coffre; **to shout at the top of one's ~s** crier à pleins poumons

lung cancer *n* cancer *m* du poumon

lunge [lʌndʒ] **I.** *vi* **to ~ at sb** se précipiter sur qn **II.** *n* **to make a ~ at sb/sth** se précipiter sur qn/qc

lupine ['lu·pɪn] *n* lupin *m*

lurch [lɜrtʃ] **I.** *vi* (*crowd, person*) tituber; (*train, ship*) tanguer; (*car*) faire une embardée **II.** *n* embardée *f* ►**to leave sb in the ~** laisser qn en plan

lure [lʊr] **I.** *n* **1.** (*attraction*) attrait *m* **2.** (*bait, decoy*) leurre *m* **II.** *vt* appâter; **to ~ sb away from sth** entraîner qn loin de qc; **to ~ sb/sth into a trap** attirer qn/qc dans un piège

lurid ['lʊr·ɪd] *adj pej* **1.** (*terrible: accounts*) atroce; (*detail*) sordide **2.** (*vivid or glowing in color: sunset, carpet*) flamboyant(e)

lurk [lɜrk] *vi* **1.** (*hide*) **to ~** (**about**) se tapir **2.** *fig* **to ~ beneath the surface** traîner à la surface; **fears ~ beneath the apparent calm** la peur rôde malgré le calme apparent; **old prejudices were ~ing behind what he said** de vieux préjugés ressortaient derrière ce qu'il disait

lurker *n* COMPUT rôdeur, -euse *m, f*

luscious ['lʌʃ·əs] *adj* **1.** (*richly sweet: fruit, wine*) gorgé(e) de sucre **2.** (*delicious*) succulent(e) **3.** *inf* (*voluptuous: girl, lips*) pulpeux(-euse); (*curves*) généreux(-euse) **4.** (*fertile: landscape, land*) riche

lush [lʌʃ] **I.** *adj* <-er, -est> **1.** (*luxuriant*) luxuriant(e); (*grass*) gras(se) **2.** (*luxurious*) luxueux(-euse) **II.** *n inf* alcoolo *mf*

lust [lʌst] *n* **1.** (*biblical sin*) luxure *f* **2.** (*modern sense*) désir *m* sexuel; **to satisfy one's ~** satisfaire son appétit sexuel **3.** (*greed*) soif *f;* **~ for money/power/revenge** soif d'argent/de pouvoir/de revanche; **~ for life** fureur *f* de vivre

luster ['lʌs·tər] *n* **1.** (*glow*) éclat *m;* **a car with a rich ~** une voiture d'un lustre éclatant **2.** *fig* brio *m*

lustful *adj* lascif(-ive)

lusty ['lʌs·ti] <-ier, -iest> *adj* (*children*) plein(e) d'énergie; (*cry*) énergique; (*voice*) puissant(e)

lute [lut] *n* luth *m*

Lutheran ['lu·θər·ən] **I.** *adj* luthérien(ne) **II.** *n* luthérien(ne) *m(f)*

Luxembourg ['lʌk·səm·bɜrg] *n* **1.** (*province*) (la province de) Luxembourg **2.** (*country*) le Luxembourg; **the Grand Duchy of ~** le Grand-Duché du Luxembourg **3.** (*capital*) Luxembourg(-ville) *m*

Luxembourger *n* Luxembourgeois(e) *m(f)*

Luxembourg(**ian**) *adj* luxembourgeois(e)

Luxemburgish *n* luxembourgeois *m; s.a.* **English**

luxuriant [lʌg·'ʒʊr·i·ənt] *adj* luxuriant(e); (*carpet*) épais(se); (*writing*) très riche; **~ hair** chevelure *f* fournie

luxuriate [lʌg·'ʒʊr·i·eɪt] *vi* se prélasser

luxurious [lʌg·'ʒʊr·i·əs] *adj* luxueux(-euse);

(*tastes*) de luxe; **to take a ~ bath** se prélasser dans un bain

luxury ['lʌk·ʃər·i] **I.** <-ies> *n pl* luxe *m;* **to live a life of ~** vivre dans le luxe; **to buy oneself little luxuries** se faire des petits plaisirs **II.** *adj* (*goods*) de luxe

LW *n abbr of* **long wave** GO *fpl*

lychee ['li·tʃi] *n s.* **litchi**

lying ['laɪ·ɪŋ] **I.** *present participle of* **lie** **II.** *n* (*place to lie*) couche *f* **III.** *adj* menteur(-euse)

Lyme disease *n* maladie *f* de Lyme

lymph [lɪm(p)f] *n* lymphe *f*

lymphatic [lɪm·'fæţ·ɪk] *adj* lymphatique

lymph gland, lymph node *n* ganglion *m* lymphatique

lynch [lɪntʃ] *vt* lyncher

lynx [lɪŋks] <-(es)> *n* lynx *m*

lyre [laɪr] *n* lyre *f*

lyric ['lɪr·ɪk] **I.** *adj* (*poet, poetry*) lyrique **II.** *n* **1.** (*short poem*) petit poème *m* lyrique **2.** *pl* (*words for song*) paroles *fpl*

lyrical *adj* lyrique; **to wax ~ about sth** s'emballer à propos de qc

lyricism ['lɪr·ɪ·ˌsɪ·zᵊm] *n* lyrisme *m*

lyricist *n* parolier, -ière *m, f*

M

M, m [em] <-'s> *n* M *m*, m *m;* **~ as in Mike** (*on telephone*) m comme Marcel

M **I.** *n abbr of* **male** homme *m* **II.** *adj abbr of* **medium** M

m **I.** *n* **1.** *abbr of* **meter** m *m* **2.** *abbr of* **mile** mile *m* **3.** *abbr of* **million** million *m* **4.** *abbr of* **minute**(s) min *f* **5.** *abbr of* **masculine** masculin *m* **II.** *adj abbr of* **married** marié(e)

ma [ma] *n inf* **1.** (*mother*) maman *f* **2.** (*old woman*) madame *f*

MA [ˌem·'eɪ] *n* **1.** *abbr of* **Master of Arts** ≈ maîtrise *f* de lettres **2.** *abbr of* **Massachusetts**

mA *n abbr of* **milliampere** mA *m*

ma'am [mæm] *n* = **madam** madame *f*

Mac [mæk] *n* COMPUT *abbr of* **Macintosh** Mac *m*

macabre [mə·'ka·brə] *adj* macabre

macadamia nut [ˌmæk·ə·'deɪ·mi·ə nʌt] *n* noix *f* de macadamia

macaroni [ˌmæk·ə·'roʊ·ni] *n* macaroni *m*

macaroni and cheese *n* macaronis *mpl* au fromage

mace¹ [meɪs] *n* (*ornamental rod*) masse *f*

mace² [meɪs] *n* (*spice*) macis *m*

Mace® [meɪs] **I.** *n* gaz *m* lacrymogène **II.** *vt* **to ~ sb** asperger qn de gaz lacrymogène

Macedonia [ˌmæs·ə·'doʊ·ni·ə] *n* la Macédoine

Macedonian **I.** *adj* macédonien(ne) **II.** *n* **1.** (*person*) Macédonien(ne) *m(f)* **2.** LING macédonien *m; s.a.* **English**

Mach [mak] *n* PHYS Mach; **at ~ 1** à Mach 1

machete [mə·'(t)ʃeţ·i] *n* machette *f*

machine [mə·'ʃin] **I.** *n* **1.** (*mechanical device*) *a. pej* machine *f* **2.** (*washing machine*) machine *f* (à laver) **3.** (*vending machine*) distributeur *m* **4.** *inf* (*automobile, motorcycle*) engin *m* **5.** (*controlling system*) appareil *m;* **the party ~** la machine du parti **II.** *vt* **1.** (*operate on a machine: tool, part*) usiner **2.** (*saw: hem*) coudre

machine gun *n* mitrailleuse *f*

machine-made *adj* fabriqué(e) à la machine

machine operator *n* opérateur, -trice *m, f*

machine-readable *adj* COMPUT lisible par ordinateur

machinery [mə·'ʃi·nᵊr·i] *n* **1.** (*machines*) machines *fpl* **2.** (*working parts of machine*) mécanisme *m* **3.** (*working parts of organization*) rouages *mpl*

machine tool *n* machine-outil *f*

machine-washable *adj* lavable en machine

machinist *n* **1.** (*operator of a machine*) opérateur, -trice *m, f* **2.** (*operator of a sewing machine*) piqueur, -euse *m, f* **3.** (*person working on a machine*) mécanicien(ne) *m(f)*

macho ['ma·tʃoʊ] **I.** *n* macho *m* **II.** *adj pej, inf* macho

mackerel ['mæk·rᵊl] <-(s)> *n* maquereau *m*

macro ['mæk·roʊ] *n* COMPUT macro *f*

macrobiotic [ˌmæk·roʊ·baɪ·'a·ţɪk] *adj* macrobiotique

macrocosm ['mæk·roʊ·ka·zᵊm] *n* macrocosme *m*

macroeconomics [ˌmæk·roʊ·ˌek·ə·'na·mɪks] *n* macroéconomie *f*

mad [mæd] *adj* **1.** <-er, -est> *inf* (*angry*) furieux(-euse); **to be/get ~ at sb** être/devenir furieux contre qn; **don't get ~ at me** ne te fâche pas contre moi **2.** <-er, -est> *a. inf* (*insane, frantic*) fou(folle); (*animal*) enragé(e); **to go ~** devenir fou; **to drive sb ~** rendre qn fou; **I ran/searched like ~** j'ai couru/cherché comme un fou **3.** <-er, -est> *inf* (*enthusiastic*) dingue; **to be ~ about sb/sth** être dingue de qn/qc; **the fans went ~** c'était la folie parmi les fans ▶ **to be (as) ~ as a <u>hatter</u>** être fou à lier

Madagascan **I.** *n* **1.** (*people*) Malgache *mf* **2.** (*language*) malgache *m* **II.** *adj* malgache

Madagascar [ˌmæd·ə·'gæs·kər] *n* Madagascar *f;* **in ~** à Madagascar

madam ['mæd·əm] *n* **1.** *form* (*polite form of address*) madame *f* **2.** (*head of brothel*) mère *f* maquerelle

madden ['mæd·ᵊn] *vt* exaspérer

maddening *adj* exaspérant(e)

made [meɪd] **I.** *pp, pt of* **make** **II.** *adj* **~ in ...** fabriqué à ...; **well-~** bien fait(e)

Madeira [mə·'dɪr·ə] *n* (*wine*) madère *m*

made to measure *adj* (*suit*) sur mesure

made-up *adj* **1.** (*wearing make-up*) maquillé(e) **2.** (*untrue*) faux(fausse) **3.** (*invented*) inventé(e) **4.** (*made in advance*) tout(e) fait(e)

madhouse *n pej, inf* maison *f* de fous
madly *adv* **1.** (*frantically*) comme un(e) fou(folle); **to behave ~** avoir un comportement de fou **2.** (*very much, intensely*) follement
madman *n* fou *m*
madness *n* folie *f*
madwoman *n* folle *f*
maelstrom ['meɪl·strəm] *n a. fig* tourbillon *m*
maestro ['maɪ·stroʊ] *n* maestro *m*
Mafia, mafia ['ma·fi·ə] *n* Maf(f)ia *f,* maf(f)ia *f*
mag [mæg] *n sl abbr of* **magazine** magazine *m*
magazine ['mæg·ə·zin] *n* **1.** (*publication*) magazine *m;* **women's ~s** les magazines féminins **2.** MIL magasin *m*
maggot ['mæg·ət] *n* asticot *m*
Magi ['meɪ·dʒaɪ] *npl* **the ~** les Rois Mages *mpl*
magic ['mædʒ·ɪk] **I.** *n* magie *f;* **(as if) by ~** comme par magie **II.** *adj* magique; (*show*) de magie
magical *adj* magique; (*evening, surroundings*) fabuleux(se)
magically *adv* comme par magie
magic carpet *n* tapis *m* volant
magician [mə·'dʒɪʃ·ᵊn] *n* magicien(ne) *m(f)*
magisterial [ˌmædʒ·ɪ·'stɪr·i·əl] *adj form* magistral(e)
magistrate ['mædʒ·ɪ·streɪt] *n* magistrat(e) *m(f)*
magnanimity [ˌmæg·nə·'nɪm·ə·ţi] *n form* magnanimité *f*
magnanimous [mæg·'næn·ə·məs] *adj form* magnanime
magnate ['mæg·neɪt] *n* magnat *m*
magnesia [mæg·'ni·ʒə] *n* magnésie *f*
magnesium [mæg·'ni·zi·əm] *n* magnésium *m*
magnet ['mæg·nət] *n* (*metal*) aimant *m;* **to be a ~ for sb/sth** *fig* exercer une attirance sur qn/qc
magnetic *adj a. fig* magnétique; **~ person** personne *f* qui a du magnétisme; **~ north** pôle *m* magnétique
magnetism ['mæg·nə·ţɪ·zᵊm] *n* magnétisme *m*
magnetize ['mæg·nə·taɪz] *vt, vi* magnétiser
magnification [ˌmæg·nɪ·fɪ·'keɪ·ʃᵊn] *n* grossissement *m*
magnificence [mæg·'nɪf·ɪ·sᵊn(t)s] *n* magnificence *f*
magnificent *adj* magnifique
magnify ['mæg·nɪ·faɪ] *vt* **1.** (*make bigger*) grossir **2.** (*make worse*) aggraver
magnifying glass *n* loupe *f*
magnitude ['mæg·nɪ·tud] *n* **1.** (*great size*) *a. fig* ampleur *f* **2.** ASTR magnitude *f*
magnolia [mæg·'noʊl·jə] **I.** *n* **1.** BOT magnolia *m* **2.** (*color*) blanc *m* cassé **II.** *adj* blanc cassé *inv*
magnum opus [ˌmæg·nəm·'oʊ·pəs] *n form* œuvre *f* maîtresse
magpie ['mæg·paɪ] *n* **1.** (*bird*) pie *f* **2.** *pej* (*collector*) *quelqu'un qui ne jette rien*
maharaja(h) [ˌma·hə·'ra·dʒə] *n* HIST maharajah *m*
maharani [ˌma·hə·'ra·ni] *n* HIST maharani *f*
mahogany [mə·'hag·ə·ni] *n* acajou *m;* **a ~ table** une table en acajou
maid [meɪd] *n* domestique *f*
maiden ['meɪ·dᵊn] **I.** *n* jeune *f* fille **II.** *adj* premier(-ère)
maiden flight *n* baptême *m* de l'air
maiden name *n* nom *m* de jeune fille
maid of honor *n* demoiselle *f* d'honneur
mail[1] [meɪl] **I.** *n a.* COMPUT courrier *m;* **by ~** par la poste **II.** *vt* expédier
mail[2] [meɪl] *n* (*armor*) maille *f*
mailbag *n* sac *m* postal
mailbox *n* boîte *f* aux lettres; COMPUT boîte *f* (aux lettres) électronique
mailing *n* mailing *m*
mailing list *n* fichier *m* d'adresses
mailman *n* facteur *m*
mail order *n* vente *f* par correspondance
maim [meɪm] *vt* mutiler
main [meɪn] **I.** *adj* principal(e); **that's the ~ thing** c'est l'essentiel; **he has an eye for the ~ chance** il ne laisse pas passer une occasion **II.** *n* TECH conduite *f*
Maine [meɪn] **I.** *n* le Maine **II.** *adj* du Maine
mainframe ['meɪn·freɪm] *n* COMPUT **1.** (*computer*) macroordinateur *m* **2.** (*central unit*) unité *f* centrale
mainland ['meɪn·lənd] *n* **the ~** le continent; **~ Europe** l'Europe *f* continentale
mainline [meɪn·'laɪn] **I.** *n* les grandes lignes *fpl* **II.** *vt, vi inf* se shooter; **~ heroin** se shooter à l'héroïne
mainly *adv* **1.** (*primarily*) principalement **2.** (*mostly*) surtout
main road *n* route *f* principale
mainspring *n* **1.** (*spring*) ressort *m* **2.** *fig* mobile *m*
mainstay *n* pilier *m*
mainstream **I.** *n* courant *m* dominant **II.** *adj* dominant(e); (*film, product*) grand public **III.** *vt* (*child*) intégrer dans une école ordinaire
main street *n* rue *f* principale
maintain [meɪn·'teɪn] *vt* **1.** (*keep: order*) maintenir; **to ~ contact/silence** garder contact/le silence; **to ~ one's cool** *inf* garder son calme **2.** (*preserve: machine*) entretenir **3.** (*provide for*) entretenir; **to ~ oneself** s'entretenir **4.** (*assert*) soutenir; (*one's innocence*) clamer
maintenance ['meɪn·tᵊn·ən(t)s] *n* **1.** (*keeping*) maintien *m* **2.** (*preservation: of buildings, machines*) entretien *m*
maintenance costs *n* frais *mpl* d'entretien
maize [meɪz] *n* maïs *m*
Maj. *n abbr of* **Major** major *m*
majestic *adj* majestueux(-euse)
majesty ['mædʒ·ə·sti] *n* **1.** (*tremendous beauty*) splendeur *f* **2.** (*title for royalty*) majesté *f;* **Her/His/Your Majesty** Sa/Votre Majesté
major ['meɪ·dʒər] **I.** *adj* majeur(e); **A ~** MUS la

m majeur **II.** *n* **1.** MIL major *m* **2.** (*primary subject*) matière *f* principale **3.** (*student studying a subject*) **to be a history ~** avoir histoire comme matière principale **III.** *vi* **to ~ in history** faire histoire en matière principale

Majorca [mə·ˈjɔr·kə] *n* Majorque *f*

majority [mə·ˈdʒɔr·ə·t̬i] *n* majorité *f*; **the vast ~ of children** la grande majorité des enfants; **an overall ~** une majorité absolue

major-league [ˌmeɪ·dʒər·ˈlig] *adj* **1.** SPORTS de la ligue majeure **2.** *inf* (*large, important*) faisant partie de la crème de la crème

make [meɪk] **I.** <made, made> *vt* **1.** (*do*) faire; **to ~ coffee/soup/dinner** faire du café/de la soupe/le dîner; **I'll ~ you some tea** je te fais du thé; **to ~ time** trouver du temps; **to ~ sth (out) of sth** faire qc à partir de qc; **made of plastic/paper** en plastic/papier; **to show what one's (really) made of** *fig* montrer de quoi qn est fait; **to ~ a call** passer un coup de fil; **to ~ a decision** prendre une décision; **to ~ a start on sth** commencer qc **2.** (*create, change*) **to ~ sb curious/sick** rendre qn curieux/malade; **they made her vice-president** ils l'ont nommée vice-présidente; **to ~ sth easy/public** rendre qc facile/public; **that made the situation worse** ça a fait empirer les choses; **to ~ oneself useful/look ridiculous** se rendre utile/ridicule; **to ~ oneself heard/understood** se faire entendre/comprendre; **to ~ oneself known to sb** se présenter à qn **3.** (*earn, get: money, enemies*) se faire; **to ~ friends** se faire des ami(e)s; **to ~ profits/losses** faire des bénéfices/des pertes; **to ~ a living** gagner sa vie **4.** (*force, cause*) **to ~ sb/sth do sth** faire faire qc à qn; **to ~ sb change their mind** faire changer qn d'avis; **it ~s me feel sick** ça me rend malade **5.** *inf* (*get to, reach*) **to ~ it** y arriver; **I can't ~ it tomorrow** demain je ne peux pas; **to ~ it to sth** arriver à qc; **I made the team** j'ai été accepté dans l'équipe; **we made the final** on est arrivés en finale **6.** (*calculate, decide*) **I ~ it 5000** je trouve 5000; **we'll ~ it Friday/$30** disons vendredi/30 dollars ▶ **to ~ sb's <u>day</u>** faire plaisir à qn; **to ~ the <u>grade</u>** y arriver; **to ~ <u>sense</u>** avoir du sens; **to ~ <u>sense</u> of sth** arriver à comprendre qc; **to ~ or <u>break</u> sb/sth** décider du sort de qn/qc; **to be made of <u>money</u>** rouler sur l'or **II.** *vi* **to ~ <u>do</u> with sth** faire avec qc; **to ~ <u>as</u> if to** +*infin form* sembler vouloir +*infin;* **to ~ <u>like</u>** faire comme si **III.** *n* marque *f* ▶ **to <u>be</u> on the ~** *pej* en vouloir

◆ **make believe** *vt* faire semblant

◆ **make for** *vt* **1.** (*head for*) se diriger vers **2.** (*result in*) conduire à

◆ **make of** *vt* **1.** (*understand, think of*) **to make sth of sb/sth** penser qc de qn/qc; **what do you ~ it?** qu'est-ce que tu en penses?; **can you make anything of it?** tu y comprends quelque chose? **2.** (*consider important*) **to make too much of sb/sth** accorder trop d'importance à qn/qc ▶ **do you want to make <u>something</u> of it?** *inf* tu as quelque chose à redire?

◆ **make off** *vi inf* se tirer; **to ~ with sth** partir avec qc

◆ **make out I.** *vi inf* **1.** (*succeed, cope*) s'en sortir; **how are you making out?** tu t'en sors? **2.** (*succeed sexually*) **to ~ with sb** se faire qn **II.** *vt* **1.** *inf* (*claim*) prétendre; **to make sb/sth out to be sth** faire passer qn/qc pour qc; **she makes herself out to be a genius** elle se fait passer pour un génie **2.** (*understand with difficulty*) distinguer; (*writing*) déchiffrer; *fig* discerner; **to make sb out** comprendre qn **3.** (*write: a check*) faire; **the check's made out to me** le chèque est à mon nom ▶ **to ~ a <u>case</u> for sth** présenter des arguments pour qc

◆ **make over** *vt* **1.** LAW (*transfer ownership*) céder **2.** (*alter, convert*) **to ~ sth into sth** transformer qc en qc **3.** (*redo, alter*) reprendre

◆ **make up I.** *vt* **1.** (*compensate*) compenser; (*a deficit, loss*) combler; (*the time, ground*) rattraper; **I'll make it up to you** je tâcherai de me rattraper **2.** (*complete: a sum, team*) compléter; **to ~ the difference** payer la différence **3.** (*settle*) arranger; (*a dispute*) régler; **to make it up** se réconcilier **4.** (*comprise*) composer; **to ~ the majority of sth** former la majorité de qc; **to be made up of** (*people*) être composé de; (*things*) contenir **5.** (*put makeup on*) maquiller **6.** (*invent*) inventer **7.** (*prepare*) préparer **8.** PUBL mettre en pages **9.** SCHOOL **to ~ an exam** rattraper un examen ▶ **to ~ one's <u>mind</u>** se décider **II.** *vi* **1.** (*be friends again*) se réconcilier **2.** (*put on makeup*) se maquiller

◆ **make up for** *vt* compenser; (*disappointment*) rattraper; **to ~ lost time** rattraper le temps perdu

make-believe *n* illusion *f*

makeover *n* **1.** (*beauty treatment*) soin *m* de beauté **2.** (*redecoration*) transformation *f*

maker *n* **1.** (*manufacturer*) fabricant(e) *m(f)*; (*of a film*) réalisateur, -trice *m, f* **2.** (*God*) **to <u>meet</u> one's Maker** rencontrer son Créateur

makeshift I. *adj* de fortune **II.** *n* solution *f* provisoire

makeup *n* **1.** (*constitution*) constitution *f* **2.** (*character*) caractère *m* **3.** (*cosmetics*) maquillage *m;* **to put on ~** se maquiller

makeup artist *n* maquilleur, -euse *m, f*

makeup remover *n* démaquillant *m*

making *n* **1.** (*production*) fabrication *f*; (*of a film*) tournage *m;* **to be in the ~** être en cours de fabrication **2.** *pl, fig* (*essential qualities*) étoffe *f* ▶ **this is history <u>in</u> the ~** (*crisis, success*) c'est un moment d'histoire; **this is a disaster in the ~** il y a un désastre qui se prépare; **she is a star <u>in</u> the ~** c'est une vedette de demain; **to <u>be</u> the ~ of sb** former le caractère de qn; **to be of one's <u>own</u> ~** être de sa faute; **to have <u>all</u> the ~s of sth** avoir tous les ingrédients pour qc

maladjusted [ˌmæl·ə·ˈdʒʌs·tɪd] *adj* PSYCH ina-

M

dapté(e)

maladministration ['mæl·əd·ˌmɪn·ə·'streɪ·ʃᵊn] *n form* mauvaise gestion *f*

maladroit ['mæl·ə·drɔɪt] *adj form* maladroit(e)

Malagasy [ˌmæl·ə·'gæs·i] **I.** *adj* malgache **II.** *n* **1.** (*person*) Malgache *mf* **2.** LING malgache *m; s.a.* **English**

malaise [mæ·'leɪz] *n* malaise *m*

malapropism ['mæl·ə·pra·pɪ·zᵊm] *n* LING lapsus *m*

malaria [mə·'ler·i·ə] *n* malaria *f*

Malawi [mə·'la·wi] *n* Malawi *m*

Malawian I. *adj* malawite **II.** *n* Malawite *mf*

Malay ['meɪ·leɪ], **Malayan I.** *n* **1.** (*people*) Malais(e) *m(f)* **2.** LING malais *m; s.a.* **English II.** *adj* malais(e)

Malaysia [mə·'leɪ·ʒə] *n* la Malaisie

Malaysian I. *n* Malaisien(ne) *m(f)* **II.** *adj* malaisien(ne)

malcontent ['mæl·kən·tənt] *n pej, form* mécontent(e)

Maldives ['mæl·daɪvz] *npl* les Maldives *fpl*

male [meɪl] **I.** *adj* (*animal*) mâle; (*person*) masculin(e); **~ teachers** les profs *mpl* hommes; **the ~ lead** l'acteur *m* principal **II.** *n* **1.** (*person*) homme *m; pej* mâle *m;* **~-dominated** (*society*) dominé par les hommes; (*profession*) essentiellement masculin **2.** (*animal*) mâle *m*

male chauvinism *n* machisme *m*

male chauvinist pig *n pej, inf* macho *m*

malediction [ˌmæl·ə·'dɪk·ʃᵊn] *n* malédiction *f*

male menopause *n* andropause *f*

malformation [ˌmæl·fɔr·'meɪ·ʃᵊn] *n* MED malformation *f*

malfunction [ˌmæl·'fʌŋ(k)·ʃᵊn] **I.** *vi form* mal fonctionner **II.** *n* défaillance *f*

Mali ['ma·li] *n* le Mali

Malian I. *adj* malien(ne) **II.** *n* Malien(ne) *m(f)*

malice ['mæl·ɪs] *n* malveillance *f;* **to bear ~ to sb** vouloir du mal à qn

malicious *adj* **1.** (*bad: person*) malveillant(e) **2.** LAW délictueux(-euse); **~ wounding** blessures *fpl* volontaires

malign [mə·'laɪn] **I.** *adj form* pernicieux(-euse); (*spirits*) malin(-igne) **II.** *vt* calomnier

malignancy [mə·'lɪg·nən(t)·si] *n* **1.** MED malignité *f* **2.** *fig* malveillance *f*

malignant *adj* **1.** MED malin(-igne) **2.** *fig* malveillant(e)

malinger [mə·'lɪŋ·gər] *vi pej* jouer au malade

malingerer *n pej* faux malade *m,* fausse malade *f*

mall [mɔl] *n* centre *m* commercial

mallard ['mæl·ərd] <-(s)> *n* colvert *m*

malleable ['mæl·i·ə·bl] *adj* malléable

mallet ['mæl·ɪt] *n a.* SPORTS maillet *m*

mallow ['mæl·oʊ] *n* mauve *f*

malnutrition [ˌmæl·nu·'trɪ·ʃᵊn] *n* malnutrition *f*

malodorous [ˌmæl·'oʊ·dᵊr·əs] *adj form* malodorant(e)

malpractice [ˌmæl·'præk·tɪs] *n* faute *f* professionnelle; **medical ~** faute *f* médicale

malt [mɔlt] **I.** *n* **1.** (*grain*) malt *m* **2.** (*ice cream drink*) *boisson à l'orgeat accompagnée de crème glacée* **3.** *s.* **malt whiskey II.** *vt* malter

Malta ['mɔl·t̬ə] *n* Malte *f*

Maltese [ˌmɔl·'tiz] **I.** *adj* maltais(e) **II.** *n* Maltais(e) *m(f)*

maltreat [ˌmæl·'trit] *vt form* maltraiter

maltreatment *n* mauvais traitement *m*

malt whiskey *n* (whisky *m*) pur malt *m*

mama ['ma·mə] *n* maman *f*

mammal ['mæm·ᵊl] *n* mammifère *m*

mammalian *adj* mammifère

mammary *adj* mammaire

mammography [mə·'ma·grə·fi] *n* mammographie *f*

mammoth ['mæm·əθ] **I.** *adj* (*corporation*) monstre; (*undertaking*) gigantesque **II.** *n* mammouth *m*

man [mæn] <men> **I.** *n* **1.** (*male human*) homme *m;* **she married a Greek ~** elle a épousé un Grec; **a lazy/rich ~** un homme paresseux/riche **2.** (*human race*) l'homme *m* **3.** (*object in games*) pion *m* ▶ **to talk (as) ~ to ~** parler d'homme à homme; **a ~-to-~ talk** une discussion entre hommes; **the ~ in the street** l'homme de la rue **II.** *vt* <-nn-> prendre la responsabilité de; **to ~ a ship** être membre de l'équipage d'un navire **III.** *interj inf* **~, that was good!** ouah, c'était cool!

manacle ['mæn·ə·kl] **I.** *n pl* menottes *fpl* **II.** *vt* (*chain*) passer les menottes à; **to ~ sb/sth to sth** menotter qn/qc à qc

manage ['mæn·ɪdʒ] **I.** *vt* **1.** (*accomplish*) **to ~ to** +*infin* arriver à +*infin;* **how did you ~ that?** comment tu as fait?; **can you ~ the cooking?** tu pourras t'occuper du repas? **2.** (*deal with*) *a.* ECON gérer **II.** *vi* (*cope*) s'en tirer; (*achieve aim*) réussir

manageable *adj* (*task*) faisable; (*vehicle*) manœuvrable; (*person*) docile

management *n* ECON gestion *f;* (*managers*) la direction; **~ skills** compétences *fpl* en gestion

management accounting *n* comptabilité *f* de gestion

management buyout *n* rachat *m* d'entreprise (*par ses cadres*)

management consultant *n* conseiller, -ère *m, f* en gestion d'entreprise

management studies *n* études *fpl* en gestion d'entreprise

manager *n* **1.** (*person with control function*) directeur, -trice *m, f,* manager *m* **2.** (*of store, project*) gérant(e) *m(f)* **3.** (*of artist*) manager *m* **4.** SPORTS entraîneur, -euse *m, f*

managerial *adj* directorial(e); **~ position** poste *m* de cadre; **~ skills** qualités *fpl* de gestionnaire

mandarin ['mæn·dər·ɪn] *n* (*fruit*) mandarine *f*

Mandarin ['mæn·dər·ɪn] *n* LING mandarin *m*

mandate ['mæn·deɪt] **I.** *n* mandat *m* **II.** *vt* mandater

mandatory ['mæn·də·tɔr·i] *adj* obligatoire

mandible ['mæn·dɪ·bl] *n* mandibule *f*
mandolin ['mæn·dᵊl·ɪn] *n* mandoline *f*
mane [meɪn] *n* crinière *f*
man-eater *n* **1.** ZOOL mangeur *m* d'hommes **2.** *fig, inf* mangeuse *f* d'hommes
maneuver [mə·'nu·vər] **I.** *n pl* (*military exercises*) manœuvres *fpl;* **on ~s** en manœuvres ►**to have room for ~** avoir de la marge (de manœuvre) **II.** *vt* **1.** (*move: vehicle*) manœuvrer; (*furniture*) déplacer; **to ~ sth through a door** faire passer qc par une porte **2.** (*pressure*) **to ~ sb into doing sth** forcer qn à faire qc; **to ~ sb into a compromise** amener qn à un compromis **III.** *vi* manœuvrer
maneuverable [mə·'nu·vᵊr·ə·bl] *adj* manœuvrable
manganese ['mæŋ·gə·niz] *n* manganèse *m*
mange [meɪndʒ] *n* gale *f*
manger ['meɪn·dʒər] *n* mangeoire *f*
mangle¹ ['mæŋ·gl] *vt* **1.** (*ruin: person, limb*) mutiler **2.** *fig* massacrer
mangle² ['mæŋ·gl] *n* repasseuse *f*
mango ['mæŋ·goʊ] *n* <-go(e)s> mangue *f*
mangrove ['mæn·groʊv] *n* **1.** (*tree*) palétuvier *m* **2.** (*swamp*) mangrove *f*
mangy ['meɪn·dʒi] <-ier, -iest> *adj* **1.** (*suffering from mange*) galeux(-euse) **2.** *inf* (*overused, not clean*) miteux(-euse)
manhandle ['mæn·hæn·dl] *vt* **1.** (*handle roughly*) brutaliser; **they ~d him into the car** ils l'ont forcé à entrer dans la voiture **2.** (*lift*) **to ~ sth somewhere** transporter qc quelque part à la force des bras
manhole ['mæn·hoʊl] *n* regard *m*
manhood ['mæn·hʊd] *n* (*age*) l'âge *m* d'homme; (*manliness*) virilité *f*
man-hour ['mæn·aʊr] *n* heure *f* de main-d'œuvre
manhunt ['mæn·hʌnt] *n* chasse *f* à l'homme
mania ['meɪ·ni·ə] *n* **1.** PSYCH manie *f;* **persecution ~** délire *m* de persécution **2.** *pej* (*obsession*) manie *f;* **to have a ~ for buying shoes** avoir la folie des chaussures
maniac ['meɪ·ni·æk] *n* **1.** PSYCH fou, folle *m, f,* maniaque *mf* **2.** *inf* (*fan*) fou, folle *m, f;* **football ~** fou de football
maniacal [mə'naɪə·kəl] *adj* **1.** PSYCH (*behavior*) maniaque **2.** *inf* (*crazy*) fou(folle)
manic ['mæn·ɪk] *adj* **1.** PSYCH maniaque **2.** *inf* (*activity, laughter*) fou(folle)
manic depression *n* psychose *f* maniaco-dépressive
manic-depressive *adj* maniaco-dépressif(-ive)
manicure ['mæn·ɪ·kjʊr] **I.** *n* manucure *f* **II.** *vt* manucurer; **to ~ one's nails** se faire les ongles
manicurist *n* manucure *mf*
manifest ['mæn·ɪ·fest] **I.** *adj* manifeste **II.** *vt* révéler; **his cancer ~ed itself too rapidly** son cancer s'est manifesté trop rapidement
manifestation *n form* manifestation *f*
manifestly *adv* manifestement
manifesto [ˌmæn·ɪ·'fest·oʊ] <-sto(e)s> *n* manifeste *m*
manifold ['mæn·ɪ·foʊld] **I.** *n* TECH, AUTO tubulure *f* **II.** *adj* multiple
manipulate [mə·'nɪp·jə·leɪt] *vt* **1.** *pej* (*influence unfairly*) manipuler; (*statistics, figures*) trafiquer **2.** (*control with hands*) manœuvrer **3.** (*treat body with hands*) manipuler
manipulation *n* **1.** *pej* (*unfair influence*) manipulation *f;* **~s** manœuvres *fpl* **2.** (*therapy*) manipulation *f*
manipulative *adj pej* manipulateur(-trice)
manipulator *n* manipulateur, -trice *m, f*
mankind [ˌmæn·'kaɪnd] *n* humanité *f*
manly <-ier, -iest> *adj* viril(e)
man-made *adj* artificiel(le); (*fibers*) synthétique
manned [mænd] *adj* AVIAT habité(e)
mannequin ['mæn·ɪ·kɪn] *n* mannequin *mf*
manner ['mæn·ər] *n* **1.** (*style*) manière; **the ~ in which she spoke/painted** sa manière de parler/peindre; **in a ~ of speaking** en quelque sorte **2.** *pl* (*social behavior*) manières *fpl;* **to teach sb ~s** apprendre les bonnes manières à qn; **that's bad ~s** ce n'est pas des manières **3.** (*way of behaving*) façon *f* d'être **4.** *form* (*kind, type*) sorte *f;* **all ~ of ...** toutes sortes de ... ►**she does things as if to the ~ born** elle fait les choses comme si c'était naturel
mannerism ['mæn·ᵊr·ɪ·zᵊm] *n* **1.** (*behavior*) particularité *f* **2.** ART maniérisme *m*
manor ['mæn·ər], **manor house** *n* manoir *m*
manpower ['mæn·paʊər] *n* main-d'œuvre *f*
manservant ['mæn·sɜr·vᵊnt] *n* domestique *mf*
mansion ['mæn·(t)ʃᵊn] *n* manoir *m;* **you live in a ~!** quel palace!
manslaughter ['mæn·slɔ·t̬ər] *n* homicide *m* involontaire
mantelpiece ['mæn·tᵊl·pis] *n* dessus *m* de cheminée
mantra ['mæn·trə] *n* mantra *m*
manual ['mæn·ju·əl] **I.** *adj* manuel(le) **II.** *n* (*book*) manuel *m*
manufacture [ˌmæn·jə·'fæk·tʃər] **I.** *vt* **1.** (*produce*) manufacturer; **to ~ novels** *pej* fabriquer des romans **2.** (*fabricate: excuse, story*) fabriquer **II.** *n* fabrication *f*
manufactured goods *n* produits *mpl* manufacturés
manufacturer *n* fabricant *m;* (*of cars*) constructeur *m*
manufacturing *adj* industriel(le); (*industry*) de fabrication
manure [mə·'nʊr] *n* engrais *m*
manuscript ['mæn·jə·skrɪpt] *n* manuscrit *m*
many ['men·i] <more, most> **I.** *adj* beaucoup de; **very ~ flowers** un très grand nombre de fleurs; **his ~ books** ses nombreux livres; **how ~ glasses?** combien de verres?; **too/so ~ people** trop/tellement de gens; **one chair too ~** une chaise en trop; **as ~ words/letters as** autant de mots/lettres que; **~ times** [*o* **a time**] souvent ►**~ happy returns!** joyeux anniversaire! **II.** *pron* beaucoup; **~ are here**

un grand nombre est ici; **I've read so/too ~** j'en ai tant/trop lu; **not ~ like it** peu l'apprécient; **one too ~** un de trop; **I saw ~ more** j'en ai vu bien d'autres; *s.a.* **much III.** *n* **the ~** la masse

many-sided *adj* à plusieurs facettes

Maori ['maʊ·ri] **I.** *n* **1.** (*people*) Maori *mf* **2.** LING maori *m; s.a.* **English II.** *adj* maori(e)

map [mæp] **I.** *n* **1.** (*representation: of a country*) carte *f;* (*of a town, building, subway*) plan *m;* **a route ~** une carte routière **2.** RAIL carte *f* du réseau **3.** (*outline*) schéma *m* **4.** (*stars*) planisphère *m* ▶ **to blow sth off the ~** faire disparaître qc de la surface de la terre; **to put sth on the ~** faire connaître qc **II.** <-pp-> *vt* (*region*) dresser une carte de

◆**map out** *vt* (*process, policy*) faire le plan de; (*future, career*) prévoir; **his life was all mapped out** sa vie était toute tracée devant lui

maple ['meɪ·pl] *n* **1.** (*tree*) érable *m* **2.** (*wood*) (bois *m* d')érable *m*

maple leaf *n* feuille *f* d'érable

maple sugar *n* sucre *m* d'érable

maple syrup *n* sirop *m* d'érable

mar [mar] <-rr-> *vt* troubler; (*sb's enjoyment, day*) gâcher

marathon ['mer·ə·θan] **I.** *n* marathon *m* **II.** *adj* **1.** (*related to a marathon: race*) de marathon **2.** *fig* marathon *inv;* **~ negotiations** négociations-marathon *fpl*

marauder [mə·'rɔd·ər] *n* **1.** (*traveling criminal*) maraudeur, -euse *m, f* **2.** (*roving animal*) maraudeur *m*

marauding *adj* rôdeur(-euse)

marble ['mar·bl] **I.** *n* **1.** (*stone*) marbre *m;* **a ~ table** une table en marbre **2.** (*for games*) bille *f;* **~s** (*game*) les billes ▶ **to lose one's ~s** *inf* perdre la boule **II.** *vt* marbrer

march [martʃ] **I.** <-ches> *n* **1.** MIL, MUS marche *f;* **to be on the ~** être en marche; **to be within a day's ~** être à un jour de marche **2.** (*political action*) manifestation *f* **II.** *vi* **1.** MIL marcher en rang; **forward ~!** en avant toute! **2.** (*walk with determination*) marcher d'un pas décidé; **he ~ed up to me** il a marché sur moi **3.** (*to express opinions*) manifester; **to ~ against animal cruelty** défiler contre la cruauté envers les animaux **III.** *vt* **to ~ sb off** emmener qn

March [martʃ] *n* mars *m; s.a.* **April**

> **i** **Mardi Gras** est l'équivalent américain de carnaval. Cette fête trouve son origine chez les colons français de la Nouvelle Orléans (dans l'État nommé plus tard la Louisiane). Bien que la plupart des gens aujourd'hui fassent un parallèle entre **Mardi Gras** et la Nouvelle Orléans, cette fête est aussi célébrée à Biloxi/Mississippi et Mobile/Alabama. À la Nouvelle Orléans, les *krewes* (sociétés carnavalesques) organisent pendant la saison de nombreuses fêtes et de nombreux bals ainsi qu'un très beau défilé pour mardi gras.

mare [mer] *n* jument *f*

margarine ['mar·dʒər·ɪn] *n* margarine *f*

margin ['mar·dʒɪn] *n* **1.** TYP marge *f* **2.** (*periphery of an area*) bord *m* **3.** *a.* SOCIOL, ECON marge *f;* **there's no ~ for error** nous n'avons pas de marge d'erreur; **to win by a narrow ~** gagner de justesse

marginal *adj* **1.** (*insignificant, very little*) marginal(e); (*interest, element, artist*) mineur(e) **2.** (*written in margin: notes*) dans la marge

marginalize ['mar·dʒɪ·nᵊl·aɪz] *vt* marginaliser

marginally *adv* légèrement

marguerite [ˌmar·gə·r'it] *n* marguerite *f*

marigold ['mer·ɪ·goʊld] *n* souci *m*

marijuana [ˌmer·ɪ·'wa·nə] *n* marihuana *f,* marijuana *f*

marina [mə·'ri·nə] *n* port *m* de plaisance

marinade [ˌmer·ɪ·'neɪd] *n* CULIN marinade *f*

marinate ['mer·ɪ·neɪt] *vt* mariner

marine [mə·'rin] *adj* **1.** (*concerning sea life*) marin(e) **2.** (*concerning shipping matters*) maritime **3.** (*concerning naval operations*) naval(e)

Marine *n* MIL (*member of the U.S. Marine Corps*) marine *m*

Marine Corps *n* MIL corps *m* de la marine américaine

marionette [ˌmer·i·ə·'net] *n* marionnette *f*

marital ['mer·ɪ·t̬ᵊl] *adj* matrimonial(e); (*infidelity*) conjugal(e)

marital status *n form* situation *f* de famille

maritime ['mer·ɪ·taɪm] *adj form* maritime

marjoram ['mar·dʒər·əm] *n* marjolaine *f*

mark[1] [mark] **I.** *n* **1.** (*spot, stain*) tache *f* **2.** (*scratch*) marque *f* **3.** (*feature*) trait *m;* **the ~ of genius** le signe du génie; **as a ~ of sth** en signe de qc **4.** (*written sign, signal*) marque *f;* **punctuation ~** signe *m* de ponctuation; **question ~** point *m* d'interrogation **5.** (*specified point*) **it costs around the $50 ~** ça coûte autour de 50 dollars; **under the 5% ~** en dessous des 5% **6.** (*target*) cible *f;* **to hit the ~** toucher le but **7.** SPORTS ligne *f* de départ; **on your ~s!** à vos marques! ▶ **to make one's ~ on sb/sth** laisser son empreinte sur qn/qc; **to be quick/slow off the ~** avoir l'esprit vif/lent **II.** *vt* **1.** (*stain, spoil: clothes*) tacher; (*body*) faire des marques sur; (*wood, glass*) marquer **2.** (*show by sign or writing: name, price*) indiquer; (*distance, direction*) marquer; **to ~ one's name on one's clothing, to ~ one's clothing with one's name** marquer ses vêtements avec son nom; **the site is ~ed by a plaque** une plaque signale le site; **this sign ~s a danger** ce signe indique un danger **3.** (*constitute*) caractériser; (*beginning, end*) indiquer; (*time, a turning point*) marquer

4. (*celebrate: occasion*) marquer; **they marked the anniversary with demonstrations** l'anniversaire a été commémoré avec des manifestations 5. (*clearly identify*) **to ~ sb as sth** repérer qn comme étant qc 6. SPORTS marquer 7. COMPUT surligner ▶**to ~ time** marquer le pas; **(you) ~ my words!** faites bien attention à ce que je vous dis! **III.** *vi* (*stain*) tacher

◆**mark down** *vt* (*reduce: prices*) baisser; **to be marked down** (*shares*) s'inscrire à la baisse

◆**mark off** *vt* 1. (*divide: land*) délimiter; (*intervals*) marquer 2. (*cross off*) rayer

◆**mark out** *vt* distinguer

◆**mark up** *vt* (*increase*) augmenter

mark² [mark] *n* HIST (*currency*) mark *m*

marked *adj* 1. (*apparent, clear*) marqué(e) 2. (*striking*) frappant(e); (*improvement*) sensible; (*accent*) prononcé(e); **to walk with a ~ limp** boiter de façon prononcée 3. (*with distinguishing marks*) marqué(e); **to be a ~ man** être condamné

markedly *adv* d'une façon marquée; **to be ~ different** être nettement différent

marker *n* 1. (*sign, symbol*) *a. fig* marque *f* 2. (*sign to indicate position*) balise *f* 3. COMPUT marqueur *m* 4. (*pen*) marqueur *m* 5. SPORTS marqueur, -euse *m, f* ▶**to put down a ~** signaler ses intentions

marker pen *n* marqueur *m*

market ['mar·kɪt] **I.** *n* marché *m;* **at the ~** au marché; **job ~** marché du travail; **to be in the ~ for sth** être acheteur de qc; **to put sth on the ~** mettre qc sur le marché; **to put a house on the ~** mettre une maison en vente; **there's a good ~ for sth** il y a une grosse demande pour qc **II.** *vt* commercialiser; **you need to ~ yourself better** il faut que tu saches te vendre *subj*

marketable *adj* vendable; (*commodities*) commercialisable

market analyst *n* analyste *mf* de marché

market economy *n* économie *f* de marché

market forces *n pl* les forces *fpl* du marché

marketing *n* 1. (*selling operations*) marketing *m* 2. (*grocery shopping*) courses *fpl*

market leader *n* entreprise *f* en tête de marché

marketplace *n* 1. (*place for market*) place *f* du marché 2. (*commercial arena*) arène *f* commerciale

market price *n* prix *m* du marché

market research *n* étude *f* de marché

market share *n* part *f* de marché

market value *n* valeur *f* marchande

markings *n pl* 1. (*identifying marks*) marques *fpl;* (*on animals*) taches *fpl* 2. (*on vehicle*) insignes *mpl;* (*on roads*) signalisation *f*

marksman <-men> *n* tireur *m* d'élite

marksmanship *n* adresse *f* au tir

markup *n* (*profit*) marge *f* bénéficiaire; (*increase*) majoration *f*

marmalade ['mar·mᵊl·eɪd] *n* confiture *f* d'oranges

marmot *n* marmotte *f,* siffleux *m Québec*

maroon¹ [mə·'run] **I.** *n* 1. (*color*) bordeaux *m* 2. (*firework*) fusée *f* de détresse **II.** *adj* bordeaux *inv*

maroon² [mə·'run] *vt* abandonner

marquee [mar·'ki] *n* auvent *m*

marriage ['mer·ɪdʒ] *n a. fig* mariage *m;* **related by ~** parents par alliance

marriageable *adj* mariable; **to be of ~ age** être en âge de se marier

marriage ceremony *n* cérémonie *f* du mariage

marriage certificate *n* acte *m* de mariage

marriage license *n* certificat *m* de mariage

married I. *n pl* marié(e); **the young/newly-~s** les jeunes/nouveaux mariés **II.** *adj* 1. (*concerning marriage: couple*) marié(e); (*life*) conjugal(e) 2. (*very involved*) **to be ~ to sth** être marié avec qc

marrow ['mer·oʊ] *n* MED moelle *f* ▶**to be chilled to the ~** être gelé jusqu'à la moelle; **to be frightened to the ~** être mort de peur

marrowbone *n* os *m* à moelle

marry ['mer·i] **I.** *vt* 1. (*wed officially*) épouser, marier *Belgique, Nord, Québec;* **to get married to sb** se marier avec qn 2. (*officiate at ceremony*) marier 3. (*organize wedding of*) marier 4. *fig* (*associate*) marier **II.** *vi* se marier ▶**to ~ into money** faire un mariage d'argent

marsh [marʃ] <-shes> *n* marais *m*

marshal ['mar·ʃᵊl] **I.** <-l- *o* -ll-> *vt* 1. (*assemble: data*) rassembler; (*resources*) assembler 2. (*control: demonstrators, soldiers*) rassembler; **to ~ one's forces** MIL rassembler les troupes; *fig* mobiliser ses troupes **II.** *n* 1. (*at demonstration*) membre *m* du service d'ordre 2. (*person heading parade*) chef *m* de file 3. (*federal officer*) officier *m* de la police fédérale 4. (*police officer*) ≈ capitaine *m* de gendarmerie; (*fire officer*) ≈ capitaine *m* des pompiers

marshland ['marʃ·lænd] *n* région *f* marécageuse

marshmallow, marsh mallow ['marʃ·mæl·oʊ] *n* guimauve *f*

marshy ['mar·ʃi] <-ier, -iest> *adj* marécageux(-euse)

marsupial [mar·'su·pi·əl] *n* marsupial *m*

marten ['mar·tᵊn] *n* mart(r)e *f*

martial ['mar·ʃᵊl] *adj* martial(e)

martial law *n* loi *f* martiale

Martian ['mar·ʃᵊn] **I.** *adj* martien(ne) **II.** *n* (*being from Mars*) *a. pej* martien(ne) *m(f)*

martin ['mar·tᵊn] *n* ZOOL martinet *m*

martinet [ˌmar·tə·'net] *n* **to be a ~** être intraitable sur la discipline

martini [mar·'ti·ni] *n* martini *m*

Martin Luther King's Birthday *n* HIST (*Jan 15*) jour *m* anniversaire de la naissance Martin Luther King

martyr ['mar·ţər] **I.** *n* martyr(e) *m(f)* ▶**to make a ~ of oneself** jouer au souffre-douleur;

M

to be a ~ to sth souffrir cruellement de qc **II.** *vt* martyriser
martyrdom ['mar·ţər·dəm] *n* martyre *m*
marvel ['mar·vəl] **I.** *n* merveille *f;* **you're a ~** tu es formidable; **it's a ~ to me how ...** je ne sais vraiment pas comment ...; **it's a ~ to me that** je n'en reviens pas que *+subj;* **it's a ~ that** c'est un miracle que *+subj* **II.** <-l- *o* -ll-> *vi* s'émerveiller; **to ~ at sb/sth** s'étonner de qn/qc **III.** *vt* **to ~ that** s'émerveiller du fait que *+subj*
marvelous *adj* merveilleux(-euse); **to feel ~** se sentir extraordinairement bien
Marxism ['mark·sɪ·zəm] *n* marxisme *m*
Marxist I. *n* marxiste *mf* **II.** *adj* marxiste
Maryland ['mer·ə·lənd] **I.** *n* le Maryland **II.** *adj* du Maryland
marzipan ['mar·zɪpæn] *n* pâte *f* d'amandes
mascara [mæs·'ker·ə] *n* mascara *m*
mascot ['mæs·kat] *n* mascotte *f;* **lucky ~** porte-bonheur *m*
masculine ['mæs·kjə·lɪn] **I.** *adj* masculin(e); LING masculin **II.** *n* masculin *m*
masculinity *n* masculinité *f*
mash [mæʃ] *vt* écraser (en purée); **to ~ potatoes** passer les pommes de terre
MASH *n abbr of* **Mobile Army Surgical Hospital** unité *f* médicale de campagne
mashed potatoes *n* purée *f* de pommes de terre
mask [mæsk] **I.** *n a. fig* masque *m;* **as a ~ for sth** pour dissimuler qc **II.** *vt* masquer
masked *adj* masqué(e)
masochism ['mæs·ə·kɪ·zəm] *n* masochisme *m*
masochist *n* masochiste *mf*
mason ['meɪ·sən] *n* **1.** (*bricklayer*) maçon *m* **2.** (*stoneworker*) tailleur *m* de pierre **3.** (*Freemason*) franc-maçon *m*
Masonic [mə·'sa·nɪk] *adj* maçonnique
masonry *n* **1.** (*trade, stones*) maçonnerie *f* **2.** (*Freemasonry*) franc-maçonnerie *f*
masquerade [ˌmæs·kə·'reɪd] **I.** *n* mascarade *f* **II.** *vi* **to ~ as sth** se déguiser en qc
mass [mæs] **I.** *n* **1.** (*formless quantity, quantity of matter*) *a.* PHYS masse *f;* (*of persons*) foule *f* **2.** (*large quantity*) grande quantité *f;* (*of contradictions*) multitude *f;* (*of the people, population*) majorité *f;* **~es of sth** des tonnes *fpl* de qc; **~es of people** des tas *mpl* de gens **II.** *vi* s'amonceler; (*troops, demonstrators*) se masser **III.** *adj* (*large*) massif(-ive); (*widespread*) de masse
Massachusetts [ˌmæs·ə·'tʃu·sɪts] **I.** *n* le Massachusetts **II.** *adj* du Massachusetts
massacre ['mæs·ə·kər] **I.** *n* **1.** (*killing of many people*) massacre *m* **2.** (*loss or defeat*) hécatombe *f* **II.** *vt a. fig* massacrer
massage ['mə·sa(d)ʒ] **I.** *n* massage *m;* **to give sb a ~** masser qn **II.** *vt* **1.** (*rub*) masser **2.** (*modify: figures*) fignoler
massage parlor *n* salon *m* de massage
mass circulation *n* diffusion *f* de masse
masseur [mæ·'sɜr] *n* masseur, -euse *m, f*
masseuse [mæ·'sɜz] *n* masseuse *f*
massive ['mæs·ɪv] *adj* **1.** (*heavy, solid: rock*) massif(-ive) **2.** (*huge: amount*) énorme **3.** (*severe: attack, stroke*) foudroyant(e)
mass market I. *n* marché *m* de (la) grande consommation **II.** *vt* **to mass-market sth** commercialiser qc à grande échelle
mass media *n +sing/pl vb* **the ~** les mass medias *mpl*
mass murder *n* tuerie *f*
mass murderer *n* tueur *m* fou
mass-produce *vt* produire en série
mass production *n* production *f* en série
mass psychology *n* psychologie *f* de masse
mast [mæst] *n* **1.** NAUT mât *m* **2.** (*flag pole*) **at half-~** ≈ en berne **3.** RADIO, TV pylône *m*
master I. *n* **1.** (*person in control*) maître(sse) *m(f);* **the ~ (of the house)** le maître (de maison) **2.** (*competent person*) maître *m;* **to be a ~ of sth** être un maître de qc **3.** (*original for making copies*) master *m* ▶**no man can serve two ~s** *prov* nul ne peut servir deux maîtres; **to be one's own ~** être son propre maître **II.** *vt* **1.** (*have knowledge, control of*) maîtriser **2.** (*overcome*) surmonter
master-at-arms *n* maître *m* d'armes
master bedroom *n* chambre *f* principale
master builder *n* maître *m* maçon
master disk *n* disque *m* maître
master file *n* fichier *m* principal
masterful *adj* **1.** (*authoritative*) magistral(e) **2.** (*skillful*) compétent(e) **3.** (*dominating*) plein(e) d'autorité
master key *n* passe-partout *m*
masterly *adj* magistral(e)
mastermind I. *n* **1.** (*expert*) spécialiste *mf* **2.** (*planner, organizer*) cerveau *m* **II.** *vt* orchestrer
Master of Arts *n* ≈ maîtrise *f* de lettres
master of ceremonies *n* maître *m* de cérémonie
Master of Science *n* ≈ maîtrise *f* de sciences
masterpiece *n* chef-d'œuvre *m*

> **i** Aux USA, un **Master's degree** est le plus souvent un grade académique que l'on obtient à la fin de ses études pour un travail de recherche scientifique *(thesis).* Les plus connus de ses **Master's degree** sont les suivants: *MA (Master of Arts)* et *MS (Master of Science).*

masterstroke *n* tour *m* de main
master tape *n* bande *f* originale
mastery ['mæs·tər·i] *n* maîtrise *f*
masticate ['mæs·tɪ·keɪt] *vt* (*person*) mâcher; (*animal*) ruminer
mastication *n* (*person*) mastication *f;* (*animal*) rumination *f*
masturbate ['mæs·tər·beɪt] **I.** *vi* se masturber **II.** *vt* masturber
masturbation *n* masturbation *f*

mat [mæt] *n* **1.** (*floor protection*) tapis *m;* **bath** ~ tapis de bain; **beach** ~ natte *f* **2.** (*doormat*) paillasson *m* **3.** (*protection for furniture*) housse *f;* (*decorative*) napperon *m;* (**place**) ~ set *m* de table **4.** (*covering*) revêtement *m*

match¹ [mætʃ] <-tches> *n* allumette *f*

match² [mætʃ] **I.** *n* **1.** (*one of a pair*) pendant *m* **2.** (*partner*) **to be a good ~ for sb** bien aller avec qn; **to make a good ~** être un bon parti **3.** (*competitor*) adversaire *mf* (valable); **to be a ~ for sb** être au niveau de qn; **to be no ~ for sb** ne pas faire le poids avec qn **4.** (*same color*) quelque chose d'assorti; **to be a good ~ for sth** être bien coordonné avec qc **5.** SPORTS match *m* **II.** *vi* (*clothes, colors*) être assortis; (*blood types*) correspondre; (*pieces of evidence*) être pareil; **two socks that ~** deux chaussettes *fpl* qui vont ensemble **III.** *vt* **1.** (*be a match for: clothes*) être assorti à; (*blood type, piece of evidence, specification, need*) correspondre à **2.** (*find a match for: clothes*) trouver quelque chose d'assorti à; (*blood type, piece of evidence*) faire correspondre à; (*specification, need*) satisfaire; **to ~ skills to jobs** adapter les compétences aux métiers **3.** (*equal: rival*) être à la hauteur de; (*achievement*) égaler; **we'll ~ your salary** vous recevrez le même salaire; **I can't ~ his experience** je n'ai pas son expérience

matchbox <-xes> *n* boîte *f* d'allumettes

matching *adj* correspondant(e); FASHION assorti(e)

matchless *adv* incomparable

matchmaker *n* entremetteur, -euse *m, f*

match point *n* SPORTS balle *f* de match

matchstick *n* allumette *f*

mate¹ [meɪt] **I.** *n* **1.** (*sexual partner*) compagnon, compagne *m, f* **2.** BIO partenaire *mf* **3.** (*assistant*) aide *mf;* **driver's ~** coéquipier, -ère *m, f* **4.** *inf* (*friend*) copain, copine *m, f;* (*school*) camarade *mf;* (*at work*) collègue *mf* **II.** *vi* s'accoupler **III.** *vt* **to ~ sth with sth** accoupler qc avec qc

mate² [meɪt] **I.** *n* GAMES mat *m* **II.** *vt* faire échec et mat à

material [mə·ˈtɪr·i·əl] **I.** *n* **1.** (*for making things, doing jobs*) *a. fig* matériau *m;* **raw ~s** matières *fpl* premières; **building ~s** matériaux de construction **2.** (*cloth*) tissu *m* **3.** (*documentation, sources*) matière *f* **4.** *pl* (*equipment*) matériel *m;* **writing ~s** fournitures *fpl* de bureau; **teaching ~s** matériel *m* pédagogique **II.** *adj* **1.** (*relating to the physical*) matériel(le) **2.** (*important*) essentiel(le)

materialism *n* matérialisme *m*

materialist *n* matérialiste *mf*

materialistic *adj* matérialiste

materialize *vi* **1.** (*become fact*) se matérialiser; (*hope, dream*) se réaliser **2.** (*take physical form*) se concrétiser **3.** (*appear suddenly*) surgir; **he's not going to ~** il ne va pas venir

maternal [mə·ˈtɜr·nᵊl] *adj* maternel(le); **to be ~ toward sb** materner qn

maternity *n* maternité *f*

maternity leave *n* congé *m* (de) maternité

maternity ward *n* service *m* de maternité

math [mæθ] *n abbr of* **mathematics** maths *fpl*

mathematical *adj* mathématique

mathematician *n* mathématicien(ne) *m(f)*

mathematics [ˌmæθ·ə·ˈmæt̬·ɪks] *n + sing vb* mathématiques *fpl*

matinee [ˌmæt·ᵊn·ˈeɪ] *n* matinée *f;* (*in the afternoon*) séance *f;* **a ~ performance** une matinée

mating *n* ZOOL accouplement *m*

mating season *n* ZOOL la saison des amours

matriarch [ˈmeɪ·tri·ark] *n* matrone *f*

matriarchy *n* <-rchies> matriarcat *m*

matriculate [mə·ˈtrɪk·jə·leɪt] *vi* (*enter university*) être admis à l'université

matriculation *n* UNIV inscription *f*

matrimony [ˈmæt·rə·moʊ·ni] *n* mariage *m*

matrix [ˈmeɪ·trɪks] <-ixes *o* -ices> *n* (*mold*) *a.* MATH matrice *f*

matron [ˈmeɪ·trᵊn] *n* **1.** (*at boarding school*) intendante *f* **2.** (*employee in prison*) gardienne *f* **3.** *iron* (*middle-aged woman*) matrone *f*

matronly *adj iron* **a ~ figure** une vraie matrone

matt [mæt], **matte** *adj* mat(e)

matted *adj* enchevêtré(e); (*hair*) emmêlé(e); (*wool*) feutré(e)

matter [ˈmæt̬·ər] **I.** *n* **1.** *a. fig* (*substance*) matière *f* **2.** (*subject*) sujet *m;* **the ~ in hand** le sujet en question **3.** (*affair*) affaire *f;* **as a ~ of fact** en fait; **for that ~** d'ailleurs; **in this ~** à cet égard; **business ~s** affaires *fpl;* **a ~ of taste/opinion** une question de goût/point de vue; **a ~ for your parents** quelque chose qui concerne vos parents; **a ~ of minutes** une affaire de quelques minutes; **in a ~ of seconds** dans une poignée de secondes; **the truth of the ~** le fin mot de l'histoire **4.** *pl* (*the situation*) choses *fpl;* **as ~s stand** au point où en sont les choses; **to make ~s worse** pour ne pas arranger les choses; **to take ~s into one's own hands** prendre les choses en mains **5.** (*problem*) **the ~** le problème; **what's the ~ (with you)?** qu'est-ce qui ne va pas? **6.** (*importance*) **no ~!** peu importe!; **no ~ what** peu importe ce que *+subj;* **no ~ who/what/where** qui/quoi/où que ce soit *subj;* **no ~ how** de n'importe quelle manière **II.** *vi* importer; **it doesn't ~ if ...** cela n'a pas d'importance si ...; **it ~s that** il importe que *+subj*

matter-of-fact *adj* **1.** (*straightforward*) terre-à-terre *inv* **2.** (*emotionless: style*) prosaïque

mattress [ˈmæt·rəs] *n* matelas *m*

mature [mə·ˈtʊr] **I.** *adj* **1.** (*adult or full grown*) mûr(e); (*animal*) adulte; (*tree*) adulte **2.** (*experienced: person, attitude*) mûr(e); (*work*) de maturité **3.** *form* (*very thoughtful*) réfléchi(e); **after ~ consideration** après mûre réflexion **4.** (*payable*) arrivé(e) à terme **II.** *vi* **1.** (*become physically adult*) devenir adulte **2.** (*develop fully*) mûrir; (*wine*) vieillir

3. (*become payable*) arriver à terme **III.** *vt* **1.** CULIN affiner **2.** (*make more adult*) faire mûrir
maturity *n* **1.** (*result of becoming mature*) maturité *f* **2.** FIN échéance *f*
maudlin ['mɔd·lɪn] *adj* **1.** (*melancholic*) mélancolique **2.** (*drunken*) ivre aux larmes
maul [mɔl] *vt* **1.** (*beat*) blesser grièvement; (*animal*) maltraiter **2.** (*criticize: person*) éreinter; (*thing*) démolir
Mauritania [ˌmɔr·ɪ·'teɪ·ni·ə] *n* la Mauritanie
Mauritian **I.** *adj* mauricien(ne) **II.** *n* Mauricien(ne) *m(f)*
Mauritius [mɔ·'rɪʃ·i·əs] *n* (l'île *f*) Maurice
mausoleum [ˌmɔ·sə·'li·əm] *n* mausolée *m*
mauve [moʊv] *adj* mauve
maverick ['mæv·ər·ɪk] *n* **1.** (*unorthodox person*) non-conformiste *mf* **2.** ZOOL **male ~** bouvillon *m;* **female ~** génisse *f*
mawkish ['mɔ·kɪʃ] *adj* extravagant(e)
max [mæks] *n abbr of* **maximum** max *m*
maxim ['mæk·sɪm] *n* maxime *f*
maximize *vt* **1.** (*extend*) maximiser **2.** COMPUT (*window*) agrandir
maximum ['mæk·sɪ·məm] **I.** <-ima *o* -imums> *n* maximum *m;* **up to a ~ of 500** jusqu'à un maximum de 500 **II.** *adj* maximum *inv;* **~ temperatures** températures *fpl* maximales
may [meɪ] <*3rd pers sing* may, might, might> *aux* **1.** *form* (*be allowed*) **~ I come in?** puis-je entrer ?; **if I ~ just say this** si je peux me permettre de dire ceci **2.** (*possibility*) **I may go/finish** je pourrais partir/finir; **she ~ well return** il se pourrait bien qu'elle revienne ▶ **be that as it ~** quoi qu'il en soit
May [meɪ] *n* (*month*) mai *m; s.a.* **April**
maybe *adv* **1.** (*perhaps*) peut-être; **~ he'll stop** il va peut-être s'arrêter **2.** (*approximately*) environ **3.** (*suggestion*) **~ we should stop** on devrait peut-être s'arrêter
Mayday *n* mayday *m*
May Day *n* (*May 1*) 1er mai *m*
mayfly ['meɪ·flaɪ] *n* éphémère *f*
mayhem ['meɪ·hem] *n* désordre *m;* **to create ~** semer la pagaille
mayonnaise [ˌmeɪ·ə·'neɪz] *n* mayonnaise *f*
mayor [meɪər] *n* maire *m,* maïeur(e) *m(f) Belgique,* président(e) *m(f) Suisse* (*dans les cantons de Valais et de Neuchâtel*)
maypole ['meɪ·poʊl] *n mât de fête du 1er Mai*
maze [meɪz] *n* dédale *m*
mb *n abbr of* **millibar** mbar. *m*
Mb *n abbr of* **megabyte** Mo *m*
MBA [ˌem·bi·'eɪ] *n abbr of* **Master of Business Administration** MBA *m*
MC [ˌem·'si] *n* **1.** *abbr of* **Master of Ceremonies** maître *m* de cérémonie **2.** *abbr of* **Medical Corps** corps *m* médical
MD [ˌem·'di] *n* **1.** *abbr of* **Doctor of Medicine** Docteur *m* en Médecine **2.** *abbr of* **Maryland**
me [mi] *objective pron* me, m' + *vowel,* moi *tonic form;* **it's ~** c'est moi; **look at ~** regarde/regardez-moi; **she saw ~** elle m'a vu; **he told ~ that ...** il m'a dit que ...; **he'll give sth to ~** il va me donner qc; **older than ~** plus vieux que moi
ME *n abbr of* **Maine**
meadow ['med·oʊ] *n* pré *m*
meadowland *n* prairie *f*
meager ['mi·gər] *adj* maigre
meal¹ [mil] *n* repas *m;* **come for a ~** viens dîner ▶ **to make a ~ of sth** faire un plat de qc
meal² [mil] *n* **1.** (*coarsely ground grain*) semoule *f* **2.** (*flour*) farine *f*
mealtime *n* heure *f* du repas
mealy *adj* farineux(-euse)
mealy-mouthed *adj* mielleux(-euse)
mean¹ [min] *adj* **1.** (*unkind, aggressive*) méchant(e); **to be ~ to sb** être méchant avec qn; **to have a ~ streak** avoir un côté mauvais; **to play a ~ trick on sb** jouer un sale tour à qn **2.** (*miserly*) avare **3.** (*wretched*) misérable; **the ~ streets** les bas quartiers *mpl* **4.** *fig* (*poor*) pauvre **5.** *inf* (*excellent*) excellent(e) ▶ **to be no ~ feat** ne pas être une mince affaire
mean² [min] <meant, meant> *vt* **1.** (*express meaning*) signifier; **it ~s "hello" in Arabic** ça veut dire "salut" en arabe; **what do you ~ by that?** qu'est-ce que tu veux dire?; **I ~ that** je suis sérieux; **I ~ (to say)** vraiment **2.** (*refer to*) parler de; **do you ~ me?** tu veux dire moi? **3.** (*result in*) impliquer; **that ~s we'll have to start again** ce qui veut dire qu'il va falloir recommencer; **this ~s war** c'est la guerre **4.** (*have significance*) **it ~s a lot to me** c'est important pour moi **5.** (*intend, suppose*) **to ~ to** +*infin* avoir l'intention de +*infin;* **I didn't ~ to upset you** je ne voulais pas te faire de peine; **to be ~t to be sth** être destiné à qc; **to be ~t for sb** (*money, letter*) être destiné à qn; (*person*) être fait pour qn; **you were ~ to be here** tu étais supposé être là; **to ~ well** avoir de bonnes intentions
mean³ [min] **I.** *n* **1.** (*middle*) milieu *m* **2.** MATH moyenne *f* **II.** *adj* moyen(ne)
meander [mi·'æn·dər] **I.** *n* méandre *m* **II.** *vi* **1.** (*wander*) flâner **2.** (*digress: speaker*) faire une digression **3.** (*flow in curves*) serpenter
meanie ['mi·ni] *n inf* **to be a ~** être vache
meaning *n* **1.** (*signification*) signification *f;* **do you get my ~?** tu vois ce que je veux dire? **2.** (*interpretation*) interprétation *f* **3.** (*significance, value*) sens *m;* **to have a special ~ for sb** être particulièrement important pour qn ▶ **what is the ~ of this?** qu'est-ce que cela veut dire?
meaningful *adj* **1.** (*important or serious*) pertinent(e); (*relationship*) sérieux(-euse) **2.** (*implying something*) entendu(e) **3.** (*worthwhile*) sérieux(-euse)
meaningless *adj* **1.** (*without sense*) dépourvu(e) de sens **2.** (*with little importance*) insignifiant(e) **3.** (*vague*) vague
meanness *n* méchanceté *f*
means *n* **1.** (*method*) moyen *m;* **a ~ of per-**

suading people un moyen de persuader les gens **2.** *pl* (*income*) moyens *mpl;* **a person of ~** une personne qui a les moyens ▶**a ~ to an end** un moyen de parvenir à ses fins; **the end justifies the ~** *prov* la fin justifie les moyens *prov;* **not to be sth by any ~** être loin d'être qc; **by all ~** certainement; **by no ~** en aucun cas

meant [ment] *pt, pp of* **mean**

meantime *n* **for the ~** pour l'instant; **in the ~** pendant ce temps(-là)

meanwhile *adv* entre-temps

measles ['mi:z·lz] *n + sing vb* rougeole *f*

measly ['mi:z·li] *adj pej* minable

measurable *adj* mesurable; (*great*) remarquable

measure ['meʒ·ər] **I.** *n* **1.** (*measurement, unit, system*) mesure *f* **2.** (*set amount, portion*) mesure *f;* (*alcohol*) dose *f* **3.** (*instrument*) mètre *m;* (*ruler*) règle *f;* (*container*) verre *m* doseur **4.** (*degree*) part *f;* **in great ~** en grande partie; **a ~ of success** un certain succès **5.** (*proof, indication*) preuve *f* **6.** *fig* (*plan, action*) mesure *f;* **to take ~s** prendre des mesures ▶**for good ~** en plus; **to get the ~ of sb** jauger qn **II.** *vt* **1.** (*judge size*) mesurer; **to ~ sb** prendre les mesures de qn **2.** (*stating size*) mesurer; **to ~ six feet by two feet** mesurer six pieds sur deux **3.** *fig* (*consider: one's strength*) mesurer; (*one's words*) peser **4.** (*judge*) juger **III.** *vi* mesurer

◆**measure out** *vt* mesurer

◆**measure up I.** *vt* **1.** (*measure*) mesurer; (*person*) prendre les mesures de **2.** *fig* jauger **II.** *vi* être à la hauteur; **to ~ to sb/sth** être à la hauteur de qn/qc; **how does it ~ to her last book?** est-ce aussi bon que son dernier livre?

measured *adj* (*voice, tone*) mesuré(e); (*step*) compté(e); (*response*) contrôlé(e)

measurement *n* **1.** (*measuring*) mesure *f* **2.** *pl* (*size details*) mensurations *fpl;* **to take sb's ~s** prendre les mesures de qn

measuring cup *n* verre *m* mesureur

meat [mit] *n* **1.** (*flesh of animals*) viande *f* **2.** *pl* (*flesh of person*) chair *f* **3.** (*edible parts: of fish*) chair *f;* (*of fruit*) chair *f* **4.** (*subject matter*) substance *f* ▶**to be ~ and drink to sb** être du pain béni pour qn; **one man's ~ is another man's poison** *prov* le malheur des uns fait le bonheur des autres *prov*

meatball *n* boulette *f* de viande

meatloaf *n* gâteau *m* de viande

meat products *n* produits *mpl* carnés

meaty *adj* **1.** (*consisting of meat: taste, smell*) de viande **2.** (*large, strong: person*) charnu(e) **3.** (*full of substance*) *a. fig* substantiel(le)

Mecca ['mek·ə] *n* la Mecque; **a ~ for sb/sth** *fig* un paradis pour qn/qc

mechanic [mɪ·'kæn·ɪk] *n* mécanicien(ne) *m(f)*

mechanical *adj* **1.** (*relating to machines: failure, problem, reliability*) mécanique; **~ engineer/engineering** ingénieur *mf* en mécanique; **~ engineering** la mécanique **2.** (*technical*) technique **3.** (*by machine*) mécanisé(e) **4.** (*machine-like*) machinal(e)

mechanics *n + sing vb, a. fig* rouages *fpl*

mechanism ['mek·ə·nɪ·zəm] *n* **1.** (*working parts*) mécanisme *m* **2.** (*method*) procédé *m;* **defense ~** système *m* de défense

mechanize ['mek·ə·naɪz] *vt* mécaniser

medal ['med·əl] *n* médaille *f*

medalist *n* médaillé(e) *m(f)*

medallion [mə·'dæl·jən] *n* médaillon *m*

meddle ['med·l] *vi* intervenir; **to ~ in sth** se mêler de qc; **to ~ with sth** fourrer son nez dans qc

meddlesome ['med·l·səm] *adj* indiscret(-ète)

media ['mi·di·ə] **I.** *n* **the ~** les médias *mpl* **II.** *adj* des médias; (*coverage*) médiatique; **~ studies** études *fpl* de communication

media coverage *n* couverture *f* médiatique

media event *n* événement *m* médiatique

media magnate *n* magnat *m* de la presse

median ['mi·di·ən] *adj* **1.** (*average*) moyen(ne) **2.** MATH, TECH médian(e) **3.** TECH terre-plein *m* central

media studies *n* communication *f*

mediate ['mi·di·eɪt] **I.** *vi* **to ~ between sb and sb** servir de médiateur entre qn et qn **II.** *vt* arbitrer; (*settlement*) négocier

mediation [ˌmi·di·'eɪ·ʃən] *n* médiation *f*

mediator *n* médiateur, -trice *m, f*

medic ['med·ɪk] *n inf* toubib *m*

Medicaid ['med·ɪ·keɪd] *n organisme prenant en charge les dépenses de santé des personnes vivant en dessous du seuil de pauvreté*

medical ['med·ɪ·kəl] **I.** *adj* médical(e); **to seek ~ advice** demander conseil à un médecin **II.** *n inf* visite *f* médicale

medical examination *n* visite *f* médicale

Medicare ['med·ɪ·ker] *n régime d'assurance maladie pour personnes âgées de plus de 65 ans*

medication [ˌmed·ɪ·'keɪ·ʃən] <-(s)> *n* médication *f;* **to be taking ~ for sth** suivre un traitement pour qc

medicinal *adj* médicinal(e); (*properties*) thérapeutique; **~ drug** médicament *m*

medicine ['med·ɪ·sən] *n* **1.** (*drug*) médicament *m;* **cough ~** médicament contre la toux **2.** (*science, practice*) médecine *f;* **herbal ~** phytothérapie *f* ▶**to give sb a dose of their own ~** rendre la monnaie de sa pièce à qn; **to take one's ~** avaler la pilule

medicine cabinet *n* armoire *f* à pharmacie

medicine man <-men> *n* guérisseur, -euse *m, f*

medieval [ˌmi·di·'vəl] *adj a. pej* moyenâgeux(-euse); (*literature*) du Moyen-Âge

mediocre [ˌmi·di·'oʊ·kər] *adj* médiocre

mediocrity [ˌmi·di·'a·krə·ţi] *n* médiocrité *f*

meditate ['med·ɪ·teɪt] *vi* méditer

meditation *n* méditation *f*

Mediterranean [ˌmed·ɪ·tə·'reɪ·ni·ən] **I.** *adj* méditerranéen(ne) **II.** *n* **1. the ~** la Méditerranée **2.** (*person*) méditerranéen(ne) *m(f)*

Mediterranean Sea *n* mer *f* Méditerranée
medium ['mi·di·əm] **I.** *adj* **1.** (*average*) moyen(ne) **2.** CULIN (*steak*) à point **3.** (*size*) medium *inv* **II.** *n* **1.** <-s *o* media> (*a means*) moyen *m;* **through the ~ of dance/radio** via la danse/la radio **2.** (*middle state, midpoint*) milieu *m;* **to find a happy ~** trouver le juste milieu **3.** (*art material, form*) matériau *m* **4.** PUBL, TV média *m;* **advertising ~** organe *m* de publicité; **print ~** presse *f* écrite **5.** <-s> (*spiritualist*) médium *m* **6.** (*environment*) milieu *m* **7.** COMPUT support *m*
medium-dry *adj* demi-sec(demi-sèche)
medium-length *adj* FASHION (qui arrive) au genou
medium-range *adj* MIL de moyenne portée
medium-rare *adj* CULIN à point
medium-sized *adj* de taille moyenne
medium-term *adj* à moyen terme
medley ['med·li] *n* **1.** (*mixture*) mélange *m* **2.** (*mixture of tunes*) pot-pourri *m*
meek [mik] **I.** *adj* doux(douce) **II.** *n* REL **the ~** les humbles *mpl*
meet [mit] <met, met> **I.** *vt* **1.** (*encounter*) rencontrer; (*an enemy*) affronter; **to ~ sb face to face** se trouver nez à nez avec qn; **to ~ sb's glance** croiser le regard de qn **2.** (*by arrangement*) retrouver **3.** (*make the acquaintance of*) faire la connaissance de **4.** (*fulfill: standard, need*) répondre à; (*costs*) prendre en charge; (*deadline*) respecter; (*obligation*) remplir; (*challenge*) relever **5.** (*counter: accusation*) recevoir ▶ **to ~ one's death** trouver la mort; **there's more to this than ~s the eye** c'est moins simple que ça en a l'air; **to make ends ~** joindre les deux bouts; **to ~ one's Waterloo** essuyer une défaite irréversible; **to ~ sb halfway** couper la poire en deux **II.** *vi* **1.** (*encounter*) se rencontrer **2.** (*assemble*) se réunir **3.** SPORTS, MIL s'affronter **4.** (*get acquainted*) faire connaissance **5.** (*join*) se rejoindre; (*eyes*) se rencontrer; **we met in Paris** on s'est connus à Paris **III.** *n* rencontre *f*
◆ **meet up** *vi* **we met up in Paris, I met up with him in Paris** je l'ai retrouvé à Paris
◆ **meet with** *vt* rencontrer; (*failure*) essuyer; (*success*) remporter; (*reaction*) être reçu avec
meeting *n* **1.** (*organized gathering*) réunion *f,* épluchette *f Québec;* **to have a ~ with sb** avoir une réunion avec qn **2.** (*act of coming together*) rencontre *f;* **a ~ of minds** une entente profonde
meeting place *n* lieu *m* de rencontre
meeting point *n* point *m* de rendez-vous
megabyte ['meg·ə·baɪt] *n* COMPUT mégaoctet *m*
megahertz ['meg·ə·hɜrts] *n* mégahertz *m*
megalomania [,meg·ᵊl·oʊ·'meɪ·ni·ə] *n* mégalomanie *f*
megalomaniac **I.** *n* mégalomane *mf* **II.** *adj* mégalomane
megaphone ['meg·ə·foʊn] *n* mégaphone *m*
megawatt ['meg·ə·wat] *n* mégawatt *m*
melancholic *adj form* mélancolique
melancholy ['mel·əŋ·ka·li] **I.** *n* <-olies> mélancolie *f* **II.** *adj* mélancolique
melee ['meɪ·leɪ] *n* mêlée *f*
mellow ['mel·oʊ] **I.** <-er, -est *o* more ~, most ~> *adj* **1.** (*not harsh*) *a. fig* doux(douce) **2.** (*matured: character*) mûri(e) **II.** *vi a. fig* s'adoucir **III.** *vt a. fig* adoucir
melodic [mə·'la·dɪk] *adj* mélodique
melodious [mə·'loʊ·di·əs] *adj* mélodieux(-euse)
melodrama ['mel·oʊ·dra·mə] *n* mélodrame *m*
melodramatic [,mel·oʊ·drə·'mæţ·ɪk] *adj* mélodramatique
melody ['mel·ə·di] <-odies> *n* mélodie *f*
melon ['mel·ən] *n* melon *m*
melt [melt] **I.** *vi* fondre **II.** *vt a. fig* fondre
◆ **melt away** *vi* (*snow*) fondre; (*worries, people*) disparaître
meltdown ['melt·daʊn] *n* fusion *f*
melting point *n* point *m* de fusion
melting pot *n fig* melting-pot *m;* **cultural ~** creuset *m* culturel
member ['mem·bər] *n* membre *m;* **~ of Congress** membre du Congrès; **~s of the public** membres du public
membership **I.** *n* **1.** + *sing/pl vb* (*people*) membres *mpl* **2.** (*state of belonging*) adhésion *f* **II.** *adj* d'adhésion; **annual ~ fee** cotisations *fpl* annuelles
membership card *n* carte *f* d'adhérent
membrane ['mem·breɪn] *n* membrane *f*
memento [mə·'men·toʊ] <-s *o* -es> *n* mémento *m*
memo ['mem·oʊ] *n abbr of* **memorandum** mémo *m;* **to send (out) a ~ to sb** faire passer une note à qn
memoir ['mem·wɔr] *n* **1.** (*essay*) mémoire *m;* (*of the town*) histoire *f* **2.** (*autobiography*) ~(**s**) mémoires *mpl*
memo pad *n* bloc-notes *m*
memorabilia [,mem·ᵊr·ə·'bɪl·i·ə] *n pl* souvenirs *mpl*
memorable ['mem·ᵊr·ə·bl] *adj* mémorable
memorandum [,mem·ə·'ræn·dəm] <-s *o* -anda> *n* **1.** *form* (*message*) note *f* **2.** (*document*) mémorandum *m* **3.** LAW protocole *m*
memorial [mə·'mɔr·i·əl] *n* mémorial *m;* **as a ~ to sb** à la mémoire de qn
Memorial Day *n* journée *f* du souvenir

> **i** Le **Memorial Day** est célébré aux USA le dernier lundi de mai. C'est un jour férié légal dans tous les États américains. Cette journée commémore les soldats tombés pendant les guerres américaines.

memorial service *n* office *m* commémoratif
memorize ['mem·ᵊ·raɪz] *vt* **1.** (*commit to memory*) mémoriser **2.** (*learn by heart*) apprendre par cœur
memory ['mem·ᵊr·i] *n* **1.** (*ability to remember*)

mémoire *f;* **to have a ~ for names/numbers** avoir la mémoire des noms/chiffres; **from ~** de mémoire; **to have a ~ like an elephant** avoir une mémoire d'éléphant; **to commit sth to ~** apprendre qc par cœur; **in ~ of sb/sth** en souvenir de qn/qc; **if my ~ serves me right** si ma mémoire est bonne **2.** (*remembered event*) souvenir *m* **3.** COMPUT mémoire *f*
memory bank *n* COMPUT bloc *m* de mémoire
memory capacity *n* COMPUT capacité *f* de mémoire
memory chip *n* COMPUT puce *f* mémoire
memory dump *n* COMPUT vidage *m* de mémoire
memory expansion card *n* COMPUT carte *f* d'extension de mémoire
memory management *n* COMPUT gestion *f* de mémoire
memory protection *n* COMPUT protection *f* de mémoire
men [men] *n pl of* **man**
menace ['men·əs] **I.** *n* **1.** (*threat*) menace *f* **2.** (*danger*) menace *f* **II.** *vt form* menacer
menacing *adj* menaçant(e)
mend [mend] **I.** *n* raccommodage *m* **2.** *inf* **to be on the ~** aller mieux **II.** *vt* **1.** (*repair*) réparer; (*socks*) repriser **2.** (*improve*) corriger ▶ **to ~ ones fences with sb** *prov* se réconcilier avec qn; **to ~ one's ways** s'amender **III.** *vi a. fig* se remettre; (*wound*) guérir
menial ['mi·ni·əl] *adj* servile
meningitis [ˌmen·ɪn·'dʒaɪ·t̬ɪs] *n* méningite *f*
menopause ['men·ə·pɔz] *n* ménopause *f*
men's room ['menz·ˌrum] *n* toilettes *fpl* pour hommes
menstrual ['men(t)·strəl] *adj form* menstruel(le)
menstruate ['men(t)·stru·eɪt] *vi form* avoir ses règles
menstruation *n form* menstruation *f*
mental ['men·t̬əl] *adj* **1.** (*related to the mind: age, health*) mental(e) **2.** *inf* (*crazy*) fou(folle)
mental block *n* blocage *m*
mental hospital *n* hôpital *m* psychiatrique
mentality [men·'tæl·ə·t̬i] *n* mentalité *f*
mentally *adv* mentalement; **~ stable** équilibré(e); **~ deranged** déséquilibré(e)
mentally handicapped *adj* handicapé(e) mental(e)
mention ['men·(t)ʃən] **I.** *n* mention *f;* **no ~ was made of sb/sth** il n'a pas été fait mention de qn/qc; **to receive a (special) ~** être reconnu **II.** *vt* mentionner; **you never ~ed having a brother!** tu n'as jamais dit que tu avais un frère; **to ~ sth in passing** signaler qc en passant; **don't ~ it!** il n'y a pas de quoi!; **not to ~ ...** sans parler de ...
mentor ['men·tər] *n* mentor *m*
menu ['men·ju] *n* CULIN, COMPUT menu *m;* **context/pull-down ~** menu contextuel/déroulant; **~ bar** barre *f* de menu; **what's on the ~ today?** *fig* qu'est-ce qu'il y a au programme aujourd'hui?
menu-driven *adj* COMPUT piloté(e) par menu
meow [mi·'aʊ] **I.** *n* miaulement *m* **II.** *vi* miauler
mercenary ['mɜr·sə·ner·i] **I.** *n* <-aries> mercenaire *m* **II.** *adj pej* mercenaire
merchandise ['mɜr·tʃən·daɪz] *n form* marchandises *fpl*
merchant ['mɜr·tʃənt] **I.** *n* **1.** (*trader*) négociant(e) *m(f)* **2.** (*retailer*) commerçant(e) *m(f)* **II.** *adj* marchand(e)
merchant marine *n* marine *f* marchande
merchant ship *n* navire *m* marchand
merciful ['mɜr·sɪ·fəl] *adj* (*God*) miséricordieux(-euse); (*sentence*) clément(e)
merciless ['mɜr·sɪ·lɪs] *adj pej* impitoyable
mercury ['mɜr·kjə·ri] *n* (*metal*) mercure *m*
Mercury ['mɜr·kjə·ri] *n no art* Mercure *m*
mercy ['mɜr·si] *n* pitié *f;* REL miséricorde *f;* **to have ~ on sb** avoir pitié de qn; **to show no ~** ne montrer aucune compassion; **to be at the ~ of sb** être à la merci de qn; **to throw oneself upon sb's ~** s'en remettre à la merci de qn; **to plead for ~** demander grâce
mere [mɪr] *adj* simple; **it costs a ~ $500** ça ne coûte que 500 dollars
merely ['mɪr·li] *adv* simplement; **she ~ smiled at me** elle s'est contentée de me sourire
merge [mɜrdʒ] **I.** *vi* **1.** (*join*) se (re)joindre **2.** ECON fusionner **3.** (*fade*) **to ~ into sth** se fondre dans qc **4.** (*blend*) **to ~ into/with sth** se mêler à qc **II.** *vt* **1.** (*unify*) unifier **2.** ECON fusionner
merger *n* ECON fusion *f*
meridian [mə·'rɪ·di·ən] *n* méridien *m*
meringue [mə·'ræŋ] *n* meringue *f*
merit ['mer·ɪt] **I.** *n* **1.** (*virtue*) valeur *f* **2.** (*advantage*) mérite *m;* **to judge sb on his own ~s** juger qn sur ses mérites; **to consider each case on its own ~s** juger au cas par cas **II.** *vt form* mériter
meritocracy [ˌmer·ə·'ta·krə·si] <-acies> *n* méritocratie *f*
mermaid ['mɜr·meɪd] *n* sirène *f*
merriment ['mer·i·mənt] *n* gaieté *f*
merry ['mer·i] *adj* **1.** (*happy*) joyeux(-euse); **Merry Christmas** Joyeux Noël **2.** *inf* (*slightly drunk*) pompette
merry-go-round *n* manège *m*
mesh [meʃ] **I.** *n* **1.** (*net*) maille *f;* **wire ~** treillis *m* **2.** *fig* réseau *m* **II.** *vi* **1.** (*join: gears*) s'engrener **2.** (*be in harmony*) concorder **III.** *vt* (*gears*) engrener
mesmerize ['mez·mər·aɪz] *vt* hypnotiser
mess [mes] **I.** *n* **1.** (*not neat*) bazar *m,* margaille *f Belgique;* **to be (in) a ~** être en fouillis; **to make a ~** faire un chantier; **your work is a real ~** ton travail est fait n'importe comment **2.** (*dirty*) **to make a ~ on sth** salir qc **3.** (*trouble*) **to get oneself into a ~** se mettre dans de beaux draps; **to make a ~ of sth** massacrer qc **4.** (*animal excrement*) crotte *f* **5.** (*officers' eating hall*) mess *m* **II.** *vt inf* **1.** (*make messy*) **to ~ sth (up)** mettre du

M

désordre dans qc **2.** (*screw up*) **to ~ sth** (**up**) gâcher qc **III.** *vi* (*screw up*) faire du travail bâclé
◆**mess around** *vi* **1.** (*have fun*) s'amuser; **to ~ with sth** faire l'imbécile avec qc **2.** *inf* (*kiss or have sex*) batifoler
◆**mess with** *vt* (*tools, machinery*) faire l'imbécile avec; (*drugs*) toucher à; **don't ~ me!** ne me provoque pas!
message ['mes·ɪdʒ] *n a.* COMPUT message *m*
messenger ['mes·ɪn·dʒər] *n* messager, -ère *m, f;* (*in offices*) coursier, -ère *m, f*
messiah [mə·'saɪ·ə] *n* messie *m;* **the Messiah** le Messie
messy ['mes·i] <-ier, -iest> *adj* **1.** (*not neat: room*) désordonné(e); (*presentation*) brouillon(ne); (*clothes*) débraillé(e) **2.** (*dirty*) sale **3.** *fig* **it's a ~ business** c'est une sale embrouille
met [met] *pt of* **meet**
metabolic *adj* métabolique
metabolism [mə·'tæb·ᵊl·ɪ·zᵊm] *n* métabolisme *m*
metal ['meṭ·ᵊl] *n* **1.** (*iron, steel, etc.*) métal *m* **2.** MUS heavy metal *m*
metal detector *n* détecteur *m* de métaux
metallic [mə·'tæl·ɪk] *adj* **1.** (*metal-like*) métallique; (*paint*) métallisé(e); *fig* (*sound*) métallique **2.** (*consisting of metal*) en métal; **~ alloy** métal *m* allié
metallurgy ['məṭ·ᵊl·ɜr·dʒi] *n* métallurgie *f*
metalwork *n* travail *m* des métaux
metalworker *n* ferronnier, -ère *m, f*
metamorphosis [ˌmeṭ·ə·'mɔr·fə·sɪs] <-oses> *n* métamorphose *f*
metaphor ['meṭ·ə·fɔr] *n* métaphore *f*
metaphorical *adj* métaphorique
metaphysical *adj* métaphysique
metaphysics [ˌmeṭ·ə·'fɪz·ɪks] *n* métaphysique *f*
◆**mete out** *vt* infliger
meteor ['mi·ṭi·ər] *n* météore *m;* **~ shower** averse *f* météorique
meteoric *adj* **1.** (*pertaining to meteors*) météorique **2.** (*extremely rapid*) fulgurant(e)
meteorite ['mi·ṭi·ə·raɪt] *n* météorite *m o f*
meteorological *adj* météorologique
meteorologist *n* météorologiste [*o* météorologue] *mf*
meteorology [ˌmi·ti·ə·'ra·lə·dʒi] *n* météorologie *f*
meter¹ ['mi·ṭər] **I.** *n* compteur *m;* (**parking**) **~** parcmètre *m* **II.** *vt* (*gas, water*) mesurer au compteur
meter² ['mi·ṭər] *n* **1.** (*unit of measurement*) mètre *m;* **cubic/square ~** mètre *m* cube/carré **2.** (*poetic rhythm*) mesure *f*
methane ['meθ·eɪn] *n* méthane *m*
method ['meθ·əd] *n* méthode *f;* **~ of payment** méthode de paiement ▶**there's ~ in his madness** il n'est pas aussi fou qu'il en a l'air
Method acting *n* THEAT méthode *f* de Stanislavski
methodical *adj* méthodique
Methodist **I.** *n* méthodiste *mf* **II.** *adj* méthodiste
methodology [ˌmeθ·ə·'da·lə·dʒi] *n* méthodologie *f*
meticulous [mɪ·'tɪk·jə·ləs] *adj* méticuleux(-euse); **to be ~ about sth** être très méticuleux avec qc
metric system ['metrɪk 'sɪs·təm] *n* système *m* métrique
metro¹ ['met·roʊ] *n* (*subway system*) métro *m*
metro² ['met·roʊ] *adj inf abbr of* **metropolitan** métropolitain(e); **the ~ area** la métropole
metronome ['met·rə·noʊm] *n* métronome *m*
metropolis [mə·'tra·pᵊl·ɪs] *n form* métropole *f*
metropolitan [ˌmet·rə·'pa·lə·tᵊn] *adj* métropolitain(e)
mettle ['meṭ·l] *n form* courage *m;* **to show one's ~** montrer de quoi on est capable; **to be on one's ~** être au meilleur de sa forme
mew [mju] **I.** *n* miaulement *m* **II.** *vi* miauler
Mexican **I.** *adj* mexicain(e) **II.** *n* Mexicain(e) *m(f)*
Mexico ['mek·sɪ·koʊ] *n* le Mexique
Mexico City *n* Mexico
mezzanine ['mez·ə·nin] *n* **~** (**floor**) mezzanine *f*
Mg *n abbr of* **magnesium** Mg *m*
MHz *n abbr of* **megahertz** MHz. *m*
MI *n abbr of* **Michigan**
MIA [ˌem·aɪ·'eɪ] *abbr of* **missing in action** (*soldier*) porté disparu
mica ['maɪ·kə] *n* mica *m*
mice [maɪs] *n pl of* **mouse**
Michigan ['mɪʃ·ɪ·gən] **I.** *n* le Michigan **II.** *adj* du Michigan
Mickey Mouse ['mɪk·i·ˌmaʊs] *n* Mickey *m*
microbe ['maɪ·kroʊb] *n* microbe *m*
microbiology *n* microbiologie *f*
microbrewery *n* petite brasserie *f,* microbrasserie *f Québec*
microchip *n* puce *f* (électronique)
microclimate *n* microclimat *m*
microcomputer *n* COMPUT micro-ordinateur *m*
microcosm *n* microcosme *m*
microelectronics *n* microélectronique *f*
microfiche *n* microfiche *f*
microfilm *n* microfilm *m*
micrometer *n* **1.** (*measuring device*) micromètre *m* **2.** (*unit of measurement*) micron *m*
micron *n s.* **micrometer 2.**
Micronesia [ˌmaɪ·kroʊ·'ni·ʒə] *n* la Micronésie
Micronesian **I.** *adj* micronésien(ne) **II.** *n* Micronésien(ne) *m(f)*
microorganism *n* micro-organisme *m*
microphone ['maɪ·krə·foʊn] *n* microphone *m*
microprocessor *n* COMPUT microprocesseur *m*
microscope ['maɪ·krə·skoʊp] *n* microscope *m*
microscopic *adj* microscopique
microwave ['maɪ·kroʊ·weɪv] **I.** *n* **1.** (*oven*) micro-ondes *m* **2.** (*short wave*) micro-onde *f* **II.** *vt* faire cuire au micro-ondes
microwave oven *n* four *m* à micro-ondes

mid [mɪd] **in ~-spring** au milieu de l'été; **she's in her ~ sixties** elle a autour de soixante-cinq ans

midair *n* **in ~** en l'air

mid-air **I.** *n* **in ~** en plein air **II.** *adj* en plein air; **a ~ collision** une collision aérienne

midday [ˌmɪd·ˈdeɪ] *n* midi *m inv, no art;* **at ~** à midi, entre l'heure de midi *Belgique*

middle [mɪd·l] **I.** *n sing* **1.** *a. fig* (*centre*) milieu *m;* **in the ~ of sth** au milieu de qc; **in the ~ of 2006** au milieu de l'année 2006; **to be in the ~ of doing sth** être en train de faire qc; **in the ~ of nowhere** *pej* en pleine pampa **2.** *inf* (*waist*) taille *f* **II.** *adj* **1.** (*in the middle*) du milieu; **to be in one's ~ forties** avoir autour de quarante-cinq ans **2.** (*intermediate*) moyen(ne)

middle age *n* ≈ cinquantaine *f*

middle-aged *adj* d'une cinquantaine d'années

Middle Ages *n* **the ~** le Moyen-Âge

Middle America *n* l'Amérique *f* moyenne

middlebrow *adj* (*program*) accessible; (*viewers*) moyen(ne)

middle-class *adj* de classe moyenne

middle class, middle classes *npl* **the ~** classe *f* moyenne; *pej* la bourgeoisie; **the upper/lower ~** la haute bourgeoisie/bourgeoisie

Middle East *n* **the ~** le Moyen-Orient

middleman <-men> *n* intermédiaire *m*

middle management *n* les cadres *mpl* moyens

middle name *n* deuxième prénom *m;* **reliable is my ~** *fig* fiable, c'est moi

middle-of-the-road *adj* **1.** (*moderate*) modéré(e) **2.** *pej* (*boring*) moyen(ne)

middleweight *n* SPORTS poids *m* moyen

middling [ˈmɪd·l·ɪŋ] *adj inf* **1.** (*average, not very good*) moyen(ne) **2.** (*moderate*) modéré(e)

Mideast *s.* **Middle East**

midge [mɪdʒ] *n pl, a. fig* moustique *m*

midget [ˈmɪdʒ·ɪt] **I.** *adj* miniature **II.** *n* nain(e) *m(f)*

midlife crisis *n* crise *f* de la quarantaine

midnight **I.** *n* minuit *m;* **at ~** à minuit **II.** *adj* de minuit ▶**to burn the ~ oil** travailler jusque tard dans la nuit

midpoint *n sing a.* MATH centre *m*

midriff *n* taille *f*

midshipman <-men> *n* enseigne *m* de vaisseau

midst [mɪdst] *n* **in the ~ of** au milieu de

midsummer *n* **1.** (*middle part of summer*) cœur *m* de l'été; **in ~** en plein été **2.** (*solstice*) solstice *m* d'été

Midsummer('s) Day *n* solstice *m* d'été

midterm *n* **1.** POL (*middle of period of office*) milieu *m* de mandat; **~ election/poll** élection *f*/sondage *m* en cours de mandat **2.** UNIV, SCHOOL (*middle of a term*) milieu *m* de trimestre; **~ tests** examens *mpl* de milieu de trimestre

midway **I.** *adv* à mi-chemin **II.** *n* champ *m* de foire

midweek *n* milieu *m* de la semaine

midwife <-wives> *n* sage-femme *f*

midwifery *n* obstétrique *f*

midwinter *n* **1.** (*middle of winter*) milieu *m* de l'hiver **2.** (*solstice*) solstice *m* d'hiver

miffed [mɪft] *adj inf* vexé(e)

might[1] [maɪt] **I.** *pt of* **may** **II.** *aux* **1.** (*expressing possibility*) **sb/sth ~** +*infin* qn/qc pourrait +*infin;* **sb/sth ~ have done sth** qn/qc aurait pu faire qc; **she ~ not win** il se pourrait qu'elle ne gagne pas; **it ~ have been ...** ça aurait pu être ...; **are you coming? - I ~** est-ce que tu viens? - Peut-être **2.** (*reproachfully*) **~ I know ...?** est-ce que je pourrais savoir ...?; **you ~ have called** tu aurais pu appeler; **you ~ have known that ...** tu aurais dû te douter que ... **3.** *form* (*politely make suggestion*) **~ I suggest ...?** pourrais-je suggérer ...?; **~ I make a suggestion?** pourrais-je me permettre de faire une suggestion? ▶**you ~ as well do sth** tant qu'à faire, tu devrais faire qc

might[2] [maɪt] *n* **1.** (*authority*) pouvoir *m* **2.** MIL (*strength*) force *f* ▶**with all one's ~** de toutes ses forces

mighty **I.** <-ier, -iest> *adj* puissant(e) **II.** *adv inf* sacrément

migraine [ˈmaɪ·greɪn] <-(s)> *n* migraine *f*

migrant [ˈmaɪ·grᵊnt] **I.** *n* migrant(e) *m(f);* ZOOL oiseau *m* migrateur **II.** *adj* (*worker*) migrant(e)

migrate [ˈmaɪ·greɪt] *vi* (*animals, things*) migrer; (*persons*) émigrer; **to ~ to sth** (é)migrer vers qc

migration <-(s)> *n* migration *f*

migratory [ˈmaɪ·grə·tɔr·i] *adj* **1.** (*related to migration: phenomenon, movement*) migratoire **2.** (*migrating: bird*) migrateur(-trice)

mike [maɪk] *n inf abbr of* **microphone** micro *m*

milage *n s.* **mileage**

mild [maɪld] <-er, -est> *adj* **1.** (*not severe or intense: annoyance, shock*) petit(e); (*climate, day*) modéré(e); (*asthma, infection*) sans gravité; (*cigarette, criticism, increase*) léger(-ère); (*curry, flavor*) doux(douce) **2.** (*in character*) doux(douce); **to be of a ~ disposition** avoir bon caractère

mildew [ˈmɪl·du] *n* mildiou *m*

mildly *adv* **1.** (*gently*) gentiment **2.** (*slightly*) légèrement ▶**to put it ~** c'est le moins qu'on puisse dire

mild-mannered *adj* calme

mildness *n* douceur *f*

mile [maɪl] *n* mile *m* (*équivalent à 1609 mètres*)*;* **for ~s and ~s** sur des kilomètres ▶**to be ~s away** être à des lieues; **to stick** [*o* **stand**] **out a ~** crever les yeux

mileage [ˈmaɪ·lɪdʒ] *n* **1.** (*traveling expenses*) frais *mpl* de déplacement **2.** (*distance traveled*) distance *f* parcourue en miles; **it gets good ~** il/elle ne consomme pas beaucoup ▶**to get ~ out of sth** tirer un bon profit de qc

milestone ['maɪl·stoʊn] *n* **1.** (*roadside distance marker*) borne *f* kilométrique **2.** *fig* (*significant event*) événement *m* marquant

militant ['mɪl·ɪ·tənt] **I.** *adj* militant(e) **II.** *n a.* POL militant(e) *m(f)*

militarism ['mɪl·ɪ·tər·ɪ·zᵊm] *n* militarisme *m*

militarist *n* militariste *mf*

militaristic *adj* militariste

militarize ['mɪl·ɪ·tə·raɪz] *vt* militariser

military ['mɪl·ɪ·ter·i] **I.** *n* **the ~** l'armée *f* **II.** *adj* militaire

military academy *n* école *f* militaire

militate *vi* **to ~ against sth** devenir un obstacle à qc

militia [mɪ·'lɪʃ·ə] *n* milice *f*

milk [mɪlk] **I.** *n* lait *m;* **whole ~** lait entier; **skim ~** lait écrémé; **2% ~** lait à 2% de matières grasses ▸ **it's no use crying over spilled ~** ce qui est arrivé est arrivé **II.** *vt* **1.** (*extract milk*) traire **2.** (*take money from*) soutirer de l'argent à **3.** (*exploit: story, situation*) tirer avantage de

milk chocolate *n* chocolat *m* au lait

milking machine *n* trayeuse *f*

milkman <-men> *n* laitier *m*

milk product *n* produit *m* laitier

milk run *n* vol *m* de routine

milkshake *n* milk-shake *m;* **strawberry ~** milk-shake à la fraise

milky <-ier, -iest> *adj* laiteux(-euse)

Milky Way *n* **the ~** la voie lactée

mill [mɪl] **I.** *n* **1.** (*building or machine*) moulin *m;* **coffee ~** moulin à café **2.** (*factory*) usine *f* ▸ **to put sb through the ~** en faire baver à qn **II.** *vt* **1.** (*grind*) mouliner **2.** (*shape: metal*) travailler **III.** *vi* **to ~ (around)** fourmiller

millennium [mɪ·'len·i·əm] <-s *o* -ennia> *n* millénaire *m*

millennium bug *n* COMPUT bogue *m* de l'an 2000

miller *n* meunier, -ère *m, f*

millet ['mɪl·ɪt] *n* millet *m*

millibar *n* millibar *m*

milligram *n* milligramme *m*

milliliter *n* millilitre *m*

millimeter *n* millimètre *m*

million ['mɪl·jən] <-(s)> *n* **1.** (*a thousand thousand*) million *m;* **eight ~ people** huit millions de personnes; **~s of people/things** des millions de gens/de choses **2.** *inf* (*countless number*) millier *m;* **~s of things** des milliers de choses; **a ~ times** des milliers de fois; **to be one in a ~** être unique **3.** (*money*) million *m;* **to make ~s** gagner des millions ▸ **to feel like a ~ bucks** se sentir merveilleusement bien

millionaire [ˌmɪl·jə·'ner] *n* millionnaire *mf*

millipede ['mɪl·ɪ·pid] *n* mille-pattes *m*

millstone *n* meule *f* ▸ **to be a ~ around sb's neck** être un fardeau pour qn

mime [maɪm] **I.** *n* **1.** (*silent body movements*) mime *m* **2.** (*play without speech*) pantomime *f* **3.** (*artist*) mime *mf* **II.** *vi* faire des mimiques **III.** *vt* mimer

mimic ['mɪm·ɪk] <-ck-> **I.** *vt* imiter **II.** *n* imitateur, -trice *m, f*

mimicry ['mɪm·ɪ·kri] *n* imitation *f;* BIO mimétisme *m*

mimosa [mɪ·'moʊ·sə] *n* **1.** BOT mimosa *m* **2.** (*drink*) *mélange de jus d'orange et de champagne ou de mousseux*

min. *n* **1.** *abbr of* **minute** min. *f* **2.** *abbr of* **minimum** min. *m*

minaret [ˌmɪn·ə·'ret] *n* minaret *m*

mince [mɪn(t)s] **I.** *vt* hacher ▸ **not to ~ words** ne pas mâcher ses mots **II.** *vi* marcher à petits pas

mincemeat *n* **1.** *hachis de fruits secs en compote* **2.** *inf* **to make ~ of sb** faire de qn de la chair à saucisse

mincer *n* hachoir *m*

mincing *adj* (*tone*) affecté(e); (*behavior, gesture*) maniéré(e)

mind [maɪnd] **I.** *n* **1.** (*brain*) esprit *m;* **to have a good ~** être intelligent **2.** (*thought, memory*) esprit *m;* **to bring sth to ~** rappeler qc; **bear in ~ that ...** n'oubliez pas que ...; **I'll bear you in ~** je penserai à vous; **it slipped my ~** ça m'est sorti de l'esprit **3.** (*intention*) esprit *m;* **to have sth in ~** avoir qc en tête; **I have half a ~ to** *+infin* ça me démange de *+infin;* **to know one's own ~** savoir ce que l'on veut **4.** (*consciousness*) esprits *mpl;* **to be out of one's ~** avoir perdu la raison; **there's something on my ~** je suis préoccupé; **to take one's ~ off sth** oublier qc; **keep your ~ on the problem** concentre-toi sur le problème; **I can't keep my ~ off food/her** je n'arrête pas de penser à la nourriture/à elle **5.** *sing* (*opinion*) avis *m;* **to change one's ~** changer d'avis; **to sb's ~** d'après qn **6.** (*intelligent person*) esprit *m* ▸ **in one's ~'s eye** dans son esprit; **to be in two ~s about sth** être partagé au sujet de qc **II.** *vt* **1.** (*be careful of*) faire attention à; **don't ~ me** ne fais pas attention à moi **2.** (*take care of*) garder **3.** (*concern oneself*) s'occuper de; **to ~ one's business** s'occuper de ses affaires; **don't ~ sb/sth** ne fais pas attention à qn/qc **4.** (*object*) **to ~ sb/sth** être gêné par qn/qc; **I don't ~ sb/sth** qn/qc ne me gêne pas; **hot or cold? – I don't ~** chaud ou froid? – ça m'est égal; **I don't ~ if I do** je veux bien; **I wouldn't mind a coffee/having a shower** ça me dirait bien de prendre un café/une douche; **what I ~ is ...** ce qui m'ennuie c'est ...; **I wouldn't ~ sth** j'aimerais bien qc; **I don't ~ doing sth** ça ne me dérange pas de faire qc; **I don't ~ his doing sth** cela ne me dérange pas qu'il fasse qc; **if you don't ~ me saying so, ...** si je peux me permettre de le dire, ...; **would you ~ doing sth?** pourriez-vous faire qc? **5.** (*obey*) obéir à ▸ **to ~ one's P's and Q's** se tenir **III.** *vi* **to ~ about sth** se soucier de qc; **do you ~ if ...?** est-ce que cela vous ennuie si ...?; **if you don't ~** si cela ne vous ennuie pas; **I don't ~!** ça m'est égal!; **do you ~!** je vous demande pardon!; **never ~!** ça ne fait rien!; **never you ~!** *inf* cela ne te/vous regarde pas!

mind-bending *adj inf* hallucinogène
mind-blowing *adj inf* hallucinant(e)
mind-boggling *adj inf* époustouflant(e)
minded *adj* **1.** (*inclined to think in specific way*) disposé(e); **he's ~ to leave** il est enclin à partir; **liberal-~** libéral(e); **to be commercially ~** être bon commerçant **2.** (*enthusiastic*) intéressé(e); **to be politically ~** s'intéresser à la politique
mindful *adj form* **1.** (*careful*) attentif(-ive); **to be ~ of sth** être attentif à qc **2.** (*aware*) conscient(e); **to be ~ of sth** avoir pleine conscience de qc **3.** *form* (*willing*) **to be ~ to** +*infin* être disposé à +*infin*
mindless *adj* **1.** (*unaware*) inconscient(e); (*violence*) gratuit(e) **2.** (*stupid, simple*) stupide; (*activity*) abrutissant(e)
mind reader *n fig* voyant(e) *m(f)*
mine[1] [maɪn] *poss pron* (*belonging to me*) le mien, la mienne; **they're not his glasses, they're ~** ce ne sont pas ses lunettes, ce sont les miennes; **this glass is ~** ce verre est à moi; **a colleague of ~** un de mes collègues; *s.a.* **hers**
mine[2] [maɪn] **I.** *n* MIN *a. fig* mine *f;* **a ~ of information** une mine d'informations **II.** *vt* MIN (*coal, iron*) extraire; (*area*) exploiter ►**to ~ a rich seam of sth** exploiter le filon de qc
mine[3] [maɪn] **I.** *n* MIL mine *f;* **to clear an area of ~s** déminer une zone **II.** *vt* miner
mine detector *n* détecteur *m* de mines
minefield *n a. fig* champ *m* de mines
minelayer *n* poseur *m* de mines
miner *n* mineur *m*
mineral ['mɪn·ᵊr·ᵊl] **I.** *n* CHEM minéral *m* **II.** *adj* minéral(e); **~ ore** minerai *m*
mineralogical *adj* minéralogique
mineralogist *n* minéralogiste *mf*
mineralogy [ˌmɪn·ə·'ra·lə·dʒi] *n* minéralogie *f*
mineral oil *n* huiles *fpl* minérales
mineral water *n* eau *f* minérale
minesweeper *n inf* démineur *m*
mingle ['mɪŋ·gl] **I.** *vt* **1.** (*mix*) mélanger; **to be ~d with sth** être mélangé avec qc **2.** *fig* mêler; **to be ~d with sadness/a noise** être mêlé de tristesse/à un bruit **II.** *vi* **1.** (*mix*) se mélanger; **to ~ with sth** se mélanger à qc **2.** (*in group*) se mêler; **to ~ with the guests/crowd** se mêler aux invités/à la foule
mini ['mɪn·i] *adj* mini *inv*
miniature ['mɪn·i·ə·tʃər] **I.** *adj* miniature **II.** *n* miniature *f*
miniature camera *n* appareil *m* 24 x 36
minibus ['mɪn·i·bʌs] *n* minibus *m*
minimal ['mɪn·ɪ·mᵊl] *adj* minimal(e)
minimize ['mɪn·ɪ·maɪz] *vt* minimiser
minimum ['mɪn·ɪ·məm] **I.** <-s *o* minima> *n* minimum *m;* **to/at a ~** au minimum **II.** *adj* minimum *inv*
mining *n* exploitation *f* minière
mining engineer *n* ingénieur *mf* des mines
mining industry *n* industrie *f* minière
minion ['mɪn·jən] *n pej* larbin *m*
miniskirt ['mɪn·i·skɜrt] *n* minijupe *f*
minister ['mɪn·ɪ·stər] **I.** *n* **1.** REL pasteur *m* **2.** POL ministre *mf* **II.** *vi* **to ~ to sb** servir qn
ministerial [ˌmɪn·ɪ·'stɪr·i·əl] *adj* ministériel(le)
ministry ['mɪn·ɪ·stri] <-ies> *n a.* POL, REL ministère *m*
minivan ['mɪn·i·væn] *n* monospace *m*
mink [mɪŋk] *n* vison *m*
Minnesota [ˌmɪn·ɪ·'soʊ·t̬ə] **I.** *n* le Minnesota **II.** *adj* du Minnesota
minor ['maɪ·nər] **I.** *adj* mineur(e) **II.** *n* mineur(e) *m(f)*
Minorca [mɪ·'nɔr·kə] *n* Minorque *f*
minority [maɪ·'nɔr·ə·t̬i] **I.** <-ities> *n* minorité *f;* **to be in a ~** être minoritaire; **ethnic minorities** minorités *fpl* ethniques **II.** *adj* minoritaire
minstrel ['mɪn(t)·strᵊl] *n* HIST ménestrel *m*
mint[1] [mɪnt] *n* **1.** *a.* BOT menthe *f* **2.** (*candy*) bonbon *m* à la menthe
mint[2] [mɪnt] **I.** *n* **1.** (*coin factory*) Hôtel *m* de la Monnaie **2.** *inf* (*sum of money*) fortune *f* **II.** *vt* (*coin*) frapper; (*stamp*) estamper; (*usage*) lancer **III.** *adj* neuf(neuve) ►**to be in ~ condition** être comme neuf
minuet [ˌmɪn·ju·'et] *n* menuet *m*
minus ['maɪ·nəs] **I.** *prep a.* MATH moins; **5 ~ 2 equals 3** 5 moins 2 font 3; **he left ~ his coat/wallet** *inf* il est parti sans son manteau/son portefeuille **II.** *adj* **1.** MATH négatif(-ive) **2.** *fig* (*quantity*) négligeable **III.** *n* moins *m; s.a.* **plus**
minuscule ['mɪn·ɪ·skjul] *adj* minuscule
minute[1] ['mɪn·ɪt] **I.** *n* **1.** (*sixty seconds*) minute *f;* **just a ~!** une minute!; **the ~ I arrived** dès que je suis arrivé; **to leave sth to the last ~** laisser traîner qc jusqu'à la dernière minute **2.** *pl* (*record*) procès-verbal *m;* **to take the ~s** faire un procès-verbal **II.** *vt* noter dans le procès-verbal
minute[2] [maɪ·'nut] *adj* minuscule; **in ~ detail** dans le moindre détail
minute hand *n* petite aiguille *f*
minutely *adv* minutieusement
minx [mɪŋks] *n* petite peste *f*
miracle ['mɪr·ə·kl] *n* miracle *m;* **it's a ~ I'm here** c'est un miracle que je sois là *subj;* **a ~ of technology** un miracle de la technologie; **a ~ drug/cure** un médicament/traitement miracle
miraculous [mɪ·'ræk·jə·ləs] *adj* miraculeux(-euse)
mirage ['mɪ·raʒ] *n a. fig* mirage *m*
mire [maɪr] *sing* **I.** *n* **1.** (*swamp*) boue *f* **2.** *fig* (*confusing situation*) labyrinthe *m;* (*unpleasant situation*) pétrin *m* **II.** *vt* **~d in detail/bureaucracy** noyé(e) dans les détails/la paperasserie
mirror ['mɪr·ər] **I.** *n a. fig* miroir *m;* (**rear-view**) **~** rétroviseur *m;* (**side**) **~** rétroviseur *m* extérieur ►**to hold a ~ to society** refléter la société **II.** *vt* refléter
mirror image *n* reflet *m*
mirth [mɜrθ] *n* gaieté *f*
misadventure *n* mésaventure *f;* **death by ~**

mort *f* accidentelle
misapprehension *n* malentendu *m;* **to be under a ~** avoir une fausse impression
misappropriate *vt* détourner
misappropriation *n* détournement *m*
misbehave *vi a. fig* mal se comporter, se méconduire *Belgique*
misbehavior *n* mauvais comportement *m*
misc. [ˌmɪs·ᵊl·ˈeɪ·ni·əs] *abbr of* **miscellaneous** divers(e)
miscalculate *vt* mal calculer
miscalculation *n a. fig* mauvais calcul *m*
miscarriage *n* **1.** MED fausse couche *f* **2.** LAW **~ of justice** erreur *f* judiciaire
miscarry <-ied, -ying> *vi* **1.** MED faire une fausse couche **2.** (*go wrong*) échouer
miscellaneous [ˌmɪs·ᵊl·ˈeɪ·ni·əs] *adj* divers(e)
miscellany [ˈmɪs·ə·leɪ·ni] <-anies> *n* **1.** (*mixture*) mélange *m* **2.** (*book*) recueil *m*
mischief *n* bêtises *fpl;* **to get up to ~** faire des bêtises; **to be full of ~** avoir toujours des bêtises en tête; **to make ~** semer la zizanie
mischievous [ˈmɪs·tʃə·vəs] *adj* **1.** (*mocking: child, grin*) malicieux(-euse) **2.** (*mean: person, remark*) malveillant(e); (*antics*) mauvais(e); (*rumors*) vilain(e)
misconceived *adj* (*plan, idea*) mal conçu(e)
misconception *n* idée *f* fausse
misconduct *n* (*bad behavior*) mauvaise conduite *f;* **professional ~** faute *f* professionnelle; **sexual ~** outrage *m* à la pudeur
misconstruction *n form* mauvaise interprétation *f;* **to be open to ~** prêter à confusion
misconstrue *vt* mal comprendre
miscount **I.** *n* erreur *f* de calcul **II.** *vt* mal compter
misdeal **I.** *n* fausse *f* donne **II.** *vt* **to ~ cards** faire une fausse donne **III.** *vi* faire une fausse donne
misdeed *n form* méfait *m*
misdemeanor [ˌmɪs·dɪ·ˈmi·nər] *n* délit *m*
misdirect *vt* **1.** (*give wrong directions*) envoyer à la mauvaise adresse **2.** (*instruct wrongly*) mal orienter; LAW (*jury*) mal instruire **3.** *fig* (*emotions*) mal orienté(e)
miser [ˈmaɪ·zər] *n* avare *mf*
miserable [ˈmɪz·ᵊr·ə·bl] *adj* **1.** (*unhappy*) malheureux(-euse); **to feel ~** avoir le cafard; **to make life ~ for sb** rendre la vie insupportable à qn **2.** (*poor, wretched*) misérable **3.** (*unpleasant: day, weather, conditions*) épouvantable; (*performance, failure*) lamentable **4.** (*small: pay*) misérable; **a ~ $20** la misérable somme de 20 dollars
miserably *adv* **1.** (*unhappily*) avec un air malheureux **2.** (*extremely: cold*) horriblement **3.** (*badly: fail*) lamentablement
miserly *adj* (*attitude*) mesquin(e)
misery [ˈmɪz·ᵊr·i] *n* **1.** (*suffering*) souffrance *f;* **to bring ~ to sb** faire le malheur de qn; **to put sb out of their ~** abréger les souffrances de qn **2.** (*distress: of war*) misère *f* **3.** (*sadness*) tristesse *f;* **to make sb's life a ~** empoisonner la vie de qn **4.** (*person*) grincheux, -euse *m, f*
misfire *vi* **1.** (*fail to fire: weapon*) faire long feu; (*engine*) avoir des ratées **2.** *fig* (*plan*) échouer
misfit [ˈmɪs·fɪt] *n* marginal(e) *m(f)*
misfortune *n* **1.** (*bad luck*) malchance *f;* **to have the ~ to** *+infin* avoir la malchance de *+infin* **2.** (*mishap*) malheur *m*
misgiving *n* doute *m*
misguided *adj* (*idea*) mal avisé(e)
mishandle *vt* **1.** (*handle without care*) manipuler sans précaution **2.** (*organize badly*) mal organiser **3.** (*deal badly with: situation*) mal gérer; (*child*) maltraiter
mishap *n form* incident *m*
mishear *vt irr* **to have ~d sth** avoir mal entendu qc
mishmash [ˈmɪʃ·mæʃ] *n* méli-mélo *m inv*
misinform *vt* **to ~ sb about sth** mal informer qn sur qc
misinterpret *vt* mal interpréter
misinterpretation *n* mauvaise interprétation *f;* **open to ~** qui prête à confusion
misjudge *vt* se tromper sur
misjudgment *n* erreur *f* de jugement
mislay [ˌmɪs·ˈleɪ] *vt irr, form* égarer
mislead *vt irr* **1.** (*by accident*) induire en erreur **2.** (*persuade*) tromper; **to ~ sb into believing sth** faire croire à tort qc à qn; **to let oneself be misled** se laisser duper
misleading *adj* trompeur(-euse)
mismanage *vt* mal gérer
mismanagement *n* mauvaise gestion *f*
mismatch *n* décalage *m*
misname *vt* appeler à tort
misnomer *n* terme *m* inapproprié
misogynist **I.** *n* misogyne *mf* **II.** *adj* misogyne
misogyny [mɪ·ˈsadʒ·ɪ·ni] *n* misogynie *f*
misplace *vt form* égarer
misplaced *adj* mal placé(e); (*fear*) non fondé(e)
misprint *n* coquille *f*
mispronounce *vt* mal prononcer
mispronunciation *n* **1.** (*poor pronunciation*) mauvaise prononciation *f* **2.** (*wrong pronunciation*) faute *f* de prononciation
misread *vt irr* **1.** (*read badly*) mal lire **2.** *fig* mal interpréter
misrepresent *vt* (*facts*) déformer; **to ~ sb as sth** faire passer à tort qn pour qc
misrepresentation *n* **1.** (*false reporting*) déformation *f* **2.** (*false representation*) représentation *f* erronée
miss¹ [mɪs] *n* (*form of address*) mademoiselle *f;* **Miss Italy** Miss Italie
miss² [mɪs] **I.** <-sses> *n* **1.** (*not hit*) coup *m* manqué **2.** (*failure: film, record*) flop *m inf* **II.** *vi* **1.** (*not hit sth*) *a.* SPORTS rater **2.** (*misfire*) avoir des ratés **III.** *vt* **1.** (*not hit, not catch: target, bus, train*) rater; **the bullet just ~ed me** la balle m'a manqué de peu **2.** (*not meet: deadline*) dépasser **3.** (*avoid*) échapper à; **I just ~ed being shot** j'ai échappé de justesse à un coup de feu **4.** (*not see: page*) sauter;

(*stop*) rater; **don't ~ her new play** ne rate pas sa nouvelle pièce **5.** (*not hear*) ne pas entendre; **sorry I ~ed that ...** excuse-moi je n'ai pas compris ... **6.** (*be absent: school, class*) manquer **7.** (*not take advantage: opportunity, offer*) laisser passer **8.** (*regret absence*) **she ~es them** ils lui manquent; **did you ~ me?** est-ce que je t'ai manqué?; **I ~ driving** ça me manque de conduire **9.** (*notice loss*) **I'm ~ing my wedding ring** je ne trouve plus mon alliance ▶ **to ~ the boat** rater le coche; **to ~ the point** n'avoir pas compris; **she completely ~ed the point** elle est passée complètement à côté

◆ **miss out I.** *vt* **1.** (*omit*) omettre **2.** (*overlook*) oublier **II.** *vi* rater quelque chose; **to be missing out on sth** ne pas profiter de qc

misshapen [ˌmɪs·ˈʃeɪ·pᵊn] *adj* **1.** (*out of shape*) déformé(e) **2.** (*malformed*) difforme

missile [ˈmɪs·ᵊl] *n* (*weapon*) missile *m*

missile defense system *n* système *m* de défense antimissile

missing [ˈmɪs·ɪŋ] *adj* **1.** (*lost or stolen*) disparu(e); **to go ~** disparaître; **to report sb ~** signaler la disparition de qn **2.** (*not confirmed as alive*) disparu(e); **to be ~ in action** être porté disparu **3.** (*absent, not present*) *a. fig* absent(e) **4.** (*left out*) manquant(e)

missing link *n* chaînon *m* manquant

mission [ˈmɪʃ·ᵊn] *n* mission *f*

missionary [ˈmɪʃ·ᵊn·er·i] <-ries> *n* missionnaire *m*

mission control *n* centre *m* de contrôle

Mississippi *n* le Mississippi

> **i** Le **Mississippi River** ou le Mississippi en français, est la troisième voie d'eau du monde après l'Amazone et le Congo. De sa source dans le lac d'Itasca/Minnesota à son embouchure dans le Golfe du Mexique près de la Nouvelle-Orléans/Louisiane, il parcourt 2 320 miles (3 733 km). Il s'écoule sur 1 245 000 miles carrés (3 225 000 km^2) de terres, à travers 31 États et deux provinces canadiennes. Une goutte de pluie tombant dans le lac d'Itasca mettra trois mois pour rejoindre le Golfe du Mexique.

Missouri [mɪ·ˈzʊr·i] **I.** *n* le Missouri **II.** *adj* du Missouri

misspell *vt irr* mal orthographier

misspelling *n* faute *f* d'orthographe

misspent *adj* gaspillé(e)

mist [mɪst] *n* brume *f*

◆ **mist up** *vi* (*valley*) s'embrumer; (*window*) s'embuer

mistake [mɪ·ˈsteɪk] **I.** *n* erreur *f*; **careless ~** faute *f* d'étourderie; **my ~** je me suis trompé; **there's some ~** il y a erreur; **spelling/typing ~** faute d'orthographe/de frappe; **by ~** par erreur ▶ **make no ~ about it** tu peux en être sûr **II.** *vt irr* **you can't ~ it, there's not mistaking it** tu ne peux pas le rater; **I mistook you for your brother** je t'ai pris pour ton frère

mistaken I. *pp of* **mistake II.** *adj* **to be ~ about sb/sth** se tromper à propos de qn/qc; **in the ~ belief that ...** croyant à tort que ...; **if I'm not ~** si je ne m'abuse; **it was a case of ~ identity** il y avait erreur sur la personne

mister [ˈmɪs·tər] *n* monsieur *m*

mistime *vt* **1.** (*misjudge timing*) mal calculer **2.** SPORTS rater

mistletoe [ˈmɪs·l·toʊ] *n* gui *m*

mistook [mɪ·ˈstʊk] *pt of* **mistake**

mistranslate *vt* mal traduire

mistranslation *n* erreur *f* de traduction

mistreat *vt* maltraiter

mistress [ˈmɪs·trɪs] *n a. pej* maîtresse *f*

mistrial [ˈmɪs·ˌtraɪəl] *n* **1.** (*wrongly conducted trial*) *jugement entaché d'un vice de procédure* **2.** (*trial without decision*) *procès lors duquel le jury ne parvient pas à prendre de décision*

mistrust [ˌmɪs·ˈtrʌst] **I.** *n* méfiance *f* **II.** *vt* se méfier de

mistrustful *adj* méfiant(e); **to be ~ of sb/sth** se méfier de qn/qc

misty [ˈmɪs·ti] <-ier, -iest> *adj* **1.** (*slightly foggy*) brumeux(-euse) **2.** (*unclear: eyes*) embué(e); **to be ~-eyed** être tout ému **3.** (*vague*) vague

misunderstand I. *vt irr* mal comprendre; **to be misunderstood** être incompris; **to ~ each other** mal se comprendre; **don't ~ me!** comprenez-moi bien! **II.** *vi irr* mal comprendre

misunderstanding *n* **1.** (*misinterpretation*) erreur *f* d'interprétation **2.** (*quarrel*) malentendu *m* **3.** (*difficulty in communication*) quiproquo *m*

misuse¹ [ˌmɪs·ˈjus] *n* **1.** (*wrong use*) mauvaise utilisation *f*; (*of word*) emploi *m* abusif **2.** (*excess use*) abus *m*

misuse² [ˌmɪs·ˈjuz] *vt* (*tool, product*) mal utiliser; (*power, position*) abuser de

mite¹ [maɪt] *n* mite *f*; **dust ~s** acariens *mpl*

mite² I. *n* **1.** (*small child, thing*) petite chose *f* **2.** (*small amount*) **a ~ of sth** un peu de qc **II.** *adv inf* **a ~ ...** un tantinet ...

mitigate [ˈmɪt̬·ɪ·geɪt] *vt form* (*effect, cruelty*) atténuer

mitigating circumstances *n* LAW circonstances *fpl* atténuantes

mitigation *n* LAW atténuation *f*; **to use sth in ~ of sth** utiliser qc à la décharge de qc

mitten [ˈmɪt·ᵊn] *n* **1.** (*with bare fingers*) moufle *f* **2.** (*fingerless*) mitaine *f*

mix [mɪks] **I.** *n* **1.** (*combination*) mélange *m* **2.** (*pre-mixed ingredients*) préparation *f*; **bread ~** préparation pour faire du pain **3.** MUS mixage *m* **II.** *vi* **1.** (*combine*) se mélanger **2.** (*make contact with people*) être sociable; **to ~ easily** se lier facilement; **the people you ~ with** les gens que tu fréquentes **III.** *vt* **1.** (*put ingredients together: dough, drink, paint*) mélanger; **to ~ sth into sth** mélanger

qc à qc; **to ~ sth with sth** mélanger qc et qc; **you shouldn't ~ your drinks** tu devrais éviter de faire des mélanges **2.** MUS mixer
◆**mix in** *vt* incorporer
◆**mix up** *vt* **1.** (*confuse*) confondre; **I mix you up with your brother** je te confonds avec ton frère **2.** (*put in wrong order*) mélanger **3.** (*combine ingredients: dough*) mélanger **4.** (*associate*) **to get mixed up in sth** être mêlé à qc
mixed *adj* **1.** (*assorted: vegetables, flavors*) assorti(e) **2.** (*involving opposites: marriage*) mixte; (*bathing*) mixte; **people of ~ race** des métis *mpl* **3.** (*positive and negative: reactions, reviews*) mitigé(e); **to be a ~ blessing** avoir du bon et du mauvais; **to have ~ feelings about sth** être partagé au sujet de qc
mixed bag *n* assortiment *m;* **it's a ~** il y a de tout
mixed doubles *n pl* double *m* mixte
mixed-gender *adj inv* mixte
mixed marriage *n* mariage *m* mixte
mixed metaphor *n* métaphore *f* incohérente
mixer *n* **1.** (*machine*) mixeur *m;* (*for cement*) bétonnière *f;* **hand ~** fouet *m* **2.** (*friendly person*) **to be a ~** être sociable **3.** (*drink*) *jus de fruit ou boisson gazeuse à mélanger à un alcool*
mixologist *n inf* as *m* du shaker
mixture ['mɪks·tʃər] *n* **1.** (*combination*) mélange *m* **2.** (*combined substances*) préparation *f*
mix-up *n* **1.** (*confusion*) confusion *f* **2.** (*misunderstanding*) malentendu *m*
mm *n abbr of* **millimeter** mm *m*
MMR [ˌem·em·'ar] *n* MED *abbr of* **measles, mumps and rubella** ROR *f*
MN [ˌem·'en] *n abbr of* **Minnesota**
mnemonic [nɪ·'ma·nɪk] *n* moyen *m* mnémotechnique
mo. [moʊ] *n abbr of* **month** mois *m*
MO [ˌem·'oʊ] *n* **1.** *abbr of* **modus operandi** mode *m* opératoire **2.** *abbr of* **Missouri**
moan [moʊn] **I.** *n* **1.** (*sound of pain*) gémissement *m* **2.** (*complaint*) plainte *f* **II.** *vi* **1.** (*make a sound: person, wind*) gémir; **to ~ with pain** gémir de douleur **2.** (*complain*) se plaindre; **to ~ about sth** se plaindre de qc
moat [moʊt] *n* (*of castle, town*) douve *f;* (*for animals*) fossé *m*
mob [mab] **I.** *n* **1.** (*crowd*) foule *f;* **~ psychology/violence** psychologie/violence des masses **2.** (*criminal organization*) maf(f)ia *f* **II.** <-bb-> *vt* assaillir
mobile[1] ['moʊ·bᵊl] *adj* mobile; **to be ~** (*able to walk*) pouvoir marcher
mobile[2] ['moʊ·bil] *n* ART mobile *m*
mobile home *n* mobile home *m*
mobile phone *n* (téléphone *m*) portable *m,* cellulaire *m Québec,* natel *m Suisse*
mobility [moʊ·'bɪl·ə·ţi] *n* mobilité *f*
mobilization *n* mobilisation *f*
mobilize ['məʊ·bə·laɪz] *vt* mobiliser
mobster ['mab·stər] *n inf* truand *m*
moccasin ['ma·kə·sən] *n* mocassin *m*
mocha ['moʊ·kə] *n* moka *m*
mock [mak] **I.** *adj* **1.** (*not real*) faux(fausse); **~ leather** similicuir *m* **2.** (*imitated: emotion*) simulé(e) **II.** *vi* **to ~ at sb** se moquer de qn **III.** *vt* **1.** (*ridicule*) se moquer de **2.** (*ridicule by imitation*) **to ~ sb/sth** parodier qn/qc
mocker *n* moqueur, -euse *m, f*
mockery *n* **1.** (*ridicule*) moquerie *f* **2.** (*subject of derision*) sujet *m* de moquerie; **to make a ~ of sb/sth** tourner qc/qc en dérision **3.** (*insulting failure*) parodie *f*
mocking *n* moquerie *f*
mockingbird *n* ZOOL moqueur *m*
mock turtle soup *n* consommé *m* de veau
mod. *adj abbr of* **modern** moderne
modal ['moʊ·dᵊl] *adj* (*verb*) modal(e)
modality *n* modalité *f*
modal verb *n* verbe *m* de modalité
mode [moʊd] *n* **1.** (*style, state*) mode *m;* **~ of transportation** moyen *m* de transport; **~ of expression/existence** mode d'expression/d'existence; **in stopwatch ~** en mode chronomètre **2.** *form* (*fashion*) mode *f*
model ['ma·dᵊl] **I.** *n* **1.** (*representation*) maquette *f* **2.** (*example, creation, version*) *a.* ART modèle *m* **3.** (*mannequin*) mannequin *mf* **II.** *adj* **1.** (*ideal*) modèle **2.** (*small: car, aircraft, figures*) miniature **III.** <-ll-> *vt* **1.** (*produce*) *a. fig* modeler; **to ~ sth in clay** modeler qc en argile; **to ~ sth on sth** modeler qc sur qc; **to ~ oneself on sb** prendre qn pour modèle **2.** (*show: clothes*) présenter **IV.** *vi* **1.** (*show clothes*) être mannequin **2.** (*pose*) poser (comme modèle)
modem ['moʊ·dəm] *n* COMPUT modem *m*
moderate[1] ['ma·dər·ət] **I.** *n* POL modéré(e) *m(f)* **II.** *adj* **1.** (*neither great nor small: size, ability*) moyen(ne) **2.** (*avoiding extremes*) *a.* POL modéré(e); (*climate*) tempéré(e)
moderate[2] ['ma·dər·aɪt] **I.** *vt* **1.** (*make less extreme*) modérer **2.** (*control: examination, debate*) être le modérateur pour **II.** *vi* se modérer
moderately *adv* (*good, big*) raisonnablement; (*reply, react*) avec modération
moderation *n* modération *f;* **in ~** avec modération
moderator *n* **1.** (*chairman*) président(e) *m(f)* **2.** (*mediator*) médiateur, -trice *m, f*
modern ['ma·dərn] *adj* moderne; **~ children** les enfants d'aujourd'hui; **~ languages** les langues modernes
modernity *n* modernité *f*
modernize ['ma·dər·naɪz] **I.** *vt* moderniser **II.** *vi* se moderniser
modest ['ma·dɪst] *adj* **1.** (*not boastful, not large*) modeste **2.** (*not provocative: person*) pudique; (*garment*) convenable
modesty *n* **1.** (*without boastfulness*) modestie *f* **2.** (*without sexual provocation*) pudeur *f*
modicum ['ma·dɪ·kəm] *n* minimum *m*

modifiable *adj* modifiable
modification [ˌma·dɪ·fɪ·ˈkeɪ·ʃᵊn] *n* modification *f*
modifier *n* LING modificateur *m*
modify [ˈma·dɪ·faɪ] <-ie-> *vt* modifier
modish [ˈmoʊ·dɪʃ] *adj form* à la mode
modular [ˈma·dʒə·lər] *adj* modulaire
modulate [ˈma·dʒə·leɪt] *vt* moduler
modulation *n* modulation *f*
module [ˈma·dʒul] *n* module *m*
mogul [ˈmoʊ·gᵊl] *n* magnat *m*
mohair [ˈmoʊ·her] *n* mohair *m*
Mohammed [moʊ·ˈhæm·ɪd] *n* Mahomet *m*
moist [mɔɪst] *adj* humide; (*cake*) mœlleux(-euse)
moisten [ˈmɔɪ·sᵊn] **I.** *vt* (*cloth*) humidifier; (*skin*) hydrater **II.** *vi* (*eyes*) s'embuer
moisture [ˈmɔɪs·tʃər] *n* humidité *f*
moisturize [ˈmɔɪs·tʃə·raɪz] *vt* hydrater; **to ~ one's skin** s'hydrater la peau
moisturizer *n* crème *f* hydratante
molar [ˈmoʊ·lər] **I.** *n* molaire *f* **II.** *adj* molaire
molasses [mə·ˈlæs·ɪz] *n* mélasse *f*
mold[1] [moʊld] *n* BIO moisissure *f*
mold[2] [moʊld] **I.** *n* moule *m* **II.** *vt* (*clay*) mouler; (*character*) former
Moldavia [mal·ˈdeɪ·vi·ə] *n* la Moldavie
Moldavian **I.** *adj* moldave **II.** *n* **1.** (*person*) Moldave *mf* **2.** LING moldave *m; s.a.* **English**
molder *vi* **1.** (*decay*) moisir **2.** *fig* pourrir
molding *n* **1.** (*ornament*) moulure *f* **2.** (*stucco*) stuc *m* **3.** ART moulage *m*
Moldova [mal·ˈdoʊ·və] *n s.* **Moldavia**
Moldovan *s.* **Moldavian**
moldy <-ier, -iest> *adj* **1.** (*covered in mold*) moisi(e) **2.** *inf* (*shabby*) minable
mole[1] [moʊl] *n* (*animal, spy*) taupe *f*
mole[2] [moʊl] *n* ANAT grain *m* de beauté
molecular [mə·ˈlek·jə·lər] *adj* moléculaire
molecule [ˈma·lɪ·kjul] *n* molécule *f*
molehill [ˈmoʊl·hɪl] *n* taupinière *f*
moleskin *n* (*fabric*) moleskine *f*
molest [mə·ˈlest] *vt* **1.** (*attack*) agresser **2.** (*attack sexually*) agresser sexuellement
molestation *n* **1.** (*physical attack*) agression *f* **2.** (*sexual attack*) agression *f* sexuelle
moll [mal] *n inf* compagne *f*
mollify [ˈma·lə·faɪ] <-ie-> *vt* **1.** (*pacify*) calmer **2.** (*reduce effect*) apaiser
mollusc *n*, **mollusk** [ˈma·ləsk] *n* mollusque *m*
mollycoddle [ˈma·li·ka·dl] *vt pej, inf* couver
molt [moʊlt] *vi* ZOOL (*birds*) perdre ses plumes; (*snakes, insects, crustaceans*) muer
molten [ˈmoʊl·tᵊn] *adj* (*metal*) en fusion
mom [mam] *n* maman *f*
moment [ˈmoʊ·mənt] *n* **1.** (*time*) moment *m;* **it'll just take a few ~s** ça ne sera pas long; **not for a ~** pas un instant; **at any ~** d'un moment à l'autre; **in a ~** dans un moment; **at the ~** en ce moment; **the ~ I arrive/arrived** dès que j'arriverai/je suis arrivé; **the play had its ~s** il y a eu de bons moments dans la pièce; **she has her ~s** elle a des moments d'inspiration **2.** *form* (*importance*) importance *f*
momentarily [ˌmoʊ·mən·ˈter·ᵊl·i] *adv* **1.** (*very briefly*) momentanément **2.** (*very soon*) dans une minute
momentary [ˈmoʊ·mən·ter·i] *adj* momentané(e)
momentous [moʊ·ˈmen·t̬əs] *adj* capital(e)
momentum [moʊ·ˈmen·t̬əm] *n a. fig* élan *m;* **to gain ~** prendre de l'élan; **to lose ~** être en perte de vitesse
momma [ˈma·mə] *n s.* **mama**
mommy [ˈma·mi] <-mies> *n inf* maman *f*
Mona Lisa *n* **the ~** La Joconde
monarch [ˈma·nərk] *n* monarque *mf*
monarchist *n* monarchiste *mf*
monarchy <-chies> *n* monarchie *f*
monastery [ˈma·nə·ster·i] <-ries> *n* monastère *m*
monastic [mə·ˈnæs·tɪk] *adj* **1.** REL monastique **2.** (*ascetic*) monacal(e)
Monday [ˈmʌn·di] *n* lundi *m; s.a.* **Friday**
monetary [ˈma·nə·ter·i] *adj* monétaire
money [ˈmʌn·i] *n* argent *m;* **I paid good ~ for this** j'ai payé pour ça; **the ~'s good** c'est bien payé; **there's ~ in sth** il y a de l'argent à se faire dans qc; **to get one's ~'s worth** en avoir pour son argent; **to make ~** se faire de l'argent; **to put ~ into sth** investir dans qc; **to put ~ on sth** parier sur qc; **to put ~ on sb/sth doing sth** parier que qn/qc fera qc ▶ **put your ~ where your mouth is** passez à la caisse; **~ doesn't grow on trees** *prov* l'argent ne tombe pas du ciel *prov;* **to be made of ~**, **to be in the ~** être plein aux as *inf;* **for my ~** pour moi; **to have ~ to burn** avoir de l'argent à jeter par la fenêtre; **~ talks** *prov* l'argent est roi *prov*
money belt *n* ceinture-portefeuille *f*
moneyed *adj form* cossu(e)
money-grubbing *adj pej* cupide
moneymaker *n* affaire *f* lucrative
moneymaking *adj* lucratif(-ive)
money market *n* marché *m* monétaire
money order *n* mandat *m* postal
money-spinner *n* mine *f* d'or
Mongol [ˈmaŋ·gəl] **I.** *adj* mongol(e) **II.** *n* **1.** (*person*) Mongol(e) *m(f)* **2.** LING mongol *m; s.a.* **English**
Mongolia [maŋ·ˈgoʊ·li·ə] *n* la Mongolie
Mongolian **I.** *adj* mongolien(ne) **II.** *n* mongolien(ne) *m(f)*
mongrel [ˈmaŋ·grᵊl] *inf* **I.** *n* bâtard(e) *m(f)* **II.** *adj* bâtard(e)
monitor [ˈma·nə·t̬ər] **I.** *n* **1.** (*screen*) moniteur *m;* **19-inch ~** moniteur de 19 pouces **2.** (*apparatus*) appareil *m* de contrôle **3.** (*observer*) observateur, -trice *m, f* **II.** *vt* **1.** (*check, observe*) contrôler **2.** (*watch*) surveiller **3.** (*listen to*) écouter; (*a conversation*) suivre
monk [mʌŋk] *n* moine *m*
monkey [ˈmʌŋ·ki] **I.** *n* singe *m* ▶ **to make a ~ out of sb** tourner qn en ridicule **II.** *vi inf* **to ~**

around faire des singeries; **to ~ with sth** jouer avec qc

monkey business *n inf* (*trickery*) magouilles *fpl;* (*games*) bêtises *fpl*

monkey wrench *n* clé *f* anglaise ▶ **to throw a ~ into sth** mettre la pagaille dans qc

mono ['ma·noʊ] *n inf* MED *abbr of* (**infectious**) **mononucleosis** mononucléose *f* (infectieuse)

monochrome ['ma·nə·kroʊm] **I.** *adj* **1.** (*using black and white*) noir et blanc *inv* **2.** (*only one color*) monochrome **3.** (*tedious, unexciting*) monotone **II.** *n* monochrome *m*

monocle ['ma·nə·kl] *n* monocle *m*

monogamy [mə·'na·gə·mi] *n* **1.** (*state of being married*) *a.* ZOOL monogamie *f* **2.** (*faithfulness*) fidélité *f*

monogram ['ma·nə·græm] *n* monogramme *m*

monolingual [ˌma·nə·'lɪŋ·gwəl] *adj* monolingue

monolithic [ˌma·nə·'lɪθ·ɪk] *adj pej* monolithique

monologue ['ma·nə·lɔg] *n* monologue *m*

monopolize [mə·'na·pə·laɪz] *vt* monopoliser

monopoly [mə·'na·pəl·i] <-lies> *n* monopole *m*

monosyllabic [ˌma·nə·sɪ·'læb·ɪk] *adj* **1.** LING (*having only one syllable*) monosyllabique **2.** *pej* (*taciturn, uncommunicative*) peu bavard(e); **to give a ~ reply** répondre par monosyllabes

monotone ['ma·nə·toʊn] *n* ton *m* monocorde

monotonous *adj* monotone

monotony [mə·'na·tən·i] *n* monotonie *f*

monoxide [mə·'nak·saɪd] *n* monoxyde *m*

monsoon [man·'sun] *n* mousson *f*

monster ['man(t)·stər] **I.** *n* monstre *m* **II.** *adj inf* monstre

monstrosity [man·'stra·sə·ţi] <-ties> *n* monstruosité *f*

monstrous ['man(t)·strəs] *adj* monstrueux(-euse)

montage ['man·taʒ] *n* montage *m*

Montana *n* le Montana

month [mʌn(t)θ] *n* mois *m;* **the sixth of the ~** le six du mois; **to be three ~s old** avoir trois mois; **a six-~-old baby** un bébé de six mois; **a ~'s notice/salary** un mois de préavis/de salaire

monthly **I.** *adj* mensuel(le) **II.** *adv* mensuellement **III.** *n* mensuel *m*

Montreal [ˌman·tri·'ɔl] *n* Montréal

monument ['man·jə·mənt] *n* monument *m;* **a ~ to their perseverance** *fig* un témoignage de leur persévérance

monumental *adj* monumental(e)

moo [mu] **I.** <-s> *n* meuglement *m* **II.** *vi* meugler **III.** *interj* meuh

mood[1] [mud] *n* **1.** (*feeling*) humeur *f;* **in a good/bad ~** de bonne/mauvaise humeur; **to be in a talkative ~** être loquace; **sb is in one of his/her ~s** qn est encore mal luné(e); **as the ~ takes him** selon son humeur; **to be in the ~ for celebrating** être d'humeur à faire la fête; **to be in no ~ to** +*infin form* ne pas être d'humeur à +*infin* **2.** (*atmosphere*) ambiance *f;* **to lighten the ~** détendre l'atmosphère

mood[2] [mud] *n* LING mode *m*

moodiness *n* humeur *f* changeante

moody ['mu·di] <-dier, -diest> *adj* lunatique, capricieux(-euse)

moon [mun] **I.** *n* lune *f;* **full/new ~** pleine/nouvelle lune; **half ~** demi-lune *f* ▶ **to be <u>over</u> the ~ about sth** être au ciel avec qc; **to <u>promise</u> sb the ~** promettre la lune à qn **II.** *vt sl* montrer son derrière à

moonbeam *n* rayon *m* de lune

moon boot *n* après-ski *m*

moonlight **I.** *n* clair *m* de lune **II.** *vi* <-ghted> *inf* travailler au noir

moonlit *adj* éclairé(e) par la lune

moonshine *n inf* (*illegal alcoholic drink*) alcool *m* de contrebande

moonstone *n* pierre *f* de lune

moonstruck *adj* dans la lune

moor[1] [mʊr] *n* (*open area*) lande *f*

moor[2] [mʊr] *vt* NAUT amarrer

mooring ['mʊr·ɪŋ] *n* NAUT mouillage *m;* **~s** amarres *fpl*

moose [mus] *n* élan *m*

moot point *n* **it's a ~** ça se discute

mop [map] **I.** *n* **1.** ((*floor*) *mop*) balai *m* à laver; (**sponge**) **~** balai-éponge *m;* (**dish**) **~** brosse *f* à vaisselle; **to need a ~** avoir besoin d'un coup de serpillière **2.** (*mop of hair*) tignasse *f* **II.** <-pp-> *vt* **1.** (*clean with mop*) essuyer; **to ~ the floor** passer la serpillière **2.** (*wipe sweat from*) s'essuyer; **to ~ one's forehead** s'éponger le front

◆ **mop up** **I.** *vt* **1.** (*clean*) essuyer **2.** (*absorb*) éponger **II.** *vi* passer un coup de serpillière

mope [moʊp] *vi* se morfondre

moped *n* mobylette® *f*

moral ['mɔr·əl] **I.** *adj* moral(e); **he has no ~ fiber** il n'a pas de caractère **II.** *n* **1.** (*moral message*) morale *f* **2.** *pl* (*standards*) moralité *f*

morale [mə·'ræl] *n* moral *m*

moralist ['mɔr·əl·ɪst] *n* moraliste *mf*

morality [mɔ·'ræl·ə·ţi] <-ties> *n* moralité *f*

moralize ['mɔr·əl·aɪz] *vi* faire la morale

moral support *n* soutien *m* moral

morass [mə·'ræs] *n* **1.** (*boggy area*) marais *m* **2.** *fig* bourbier *m*

moratorium [ˌmɔr·ə·'tɔr·i·əm] <-s *o* -ria> *n* moratoire *m;* **to propose a ~ on sth** proposer un moratoire pour qc

morbid ['mɔr·bɪd] *adj* morbide

more [mɔr] **I.** *adj comp of* **much, many** plus de; **~ wine/nuts** davantage de vin/noix; **to have ~ sth than sb** avoir plus de qc que qn; **is there any ~ wine?** y a-t-il encore du vin?; **no ~ wine at all** plus du tout de vin; **some ~ wine** encore un peu de vin; **a few ~ nuts** quelques noix de plus; **~ and ~ questions** de plus en plus de questions **II.** *adv comp of* **much, many** plus; **~ gifted than me** plus doué que moi; **to drink a little/much ~** boire un peu/beaucoup plus; **once ~** une fois de plus; **never ~** plus jamais; **to see ~ of sb** voir qn plus souvent; **~ than 10** plus de 10; **~ than ever** plus que jamais; **the ~ you try** plus tu essaies; **the ~ I ask him** plus je lui demande; **she complains ~ and ~** elle se plaint de plus en plus **III.** *pron comp of* **much, many** plus; **~ and ~** de plus en plus; **to have ~ than sb** en avoir plus que qn; **to cost ~ than sth** coûter plus cher que qc; **the ~ you eat, the ~ you get fat** plus on mange, plus on grossit; **he eats ~ and ~** il mange de plus en plus; **do you need ~?** tu en veux encore?; **what ~ does he want?** qu'est-ce qu'il veut de plus?; **there is nothing ~ to do** il n'y a plus rien à faire; **many do it but ~ don't** beaucoup le font mais beaucoup d'autres ne le font pas ▶**all the ~** d'autant plus; **all the ~ so because** d'autant plus que; **~ or less** plus ou moins

moreover [mɔr·'oʊ·vər] *adv form* de plus

morgue [mɔrg] *n* **1.** (*place for corpses*) morgue *f* **2.** *fig* (*boring atmosphere*) **to be a ~** être mortel **3.** (*archives*) archives *fpl*

moribund ['mɔr·ɪ·bʌnd] *adj pej, form* moribond(e)

Mormon ['mɔr·mən] **I.** *n* mormon(e) *m(f)* **II.** *adj* mormon(e)

morning ['mɔr·nɪŋ] *n* **1.** (*begin of a day*) matin *m;* **good ~!** bonjour!; **in the ~** le matin; **the ~ after** le lendemain matin; **on Sunday ~** dimanche matin; **every Monday ~** tous les lundis matin(s); **I'll come in the ~** je viendrai dans la matinée; **I'll call this ~** j'appellerai ce matin; **one July ~** un matin de juillet; **early in the ~** de bon matin; **6/11 o'clock in the ~** six/onze heures du matin **2.** (*as unit of time*) matinée *f,* avant-midi *m* (*en Belgique et féminin au Québec*)

morning sickness *n* nausées *fpl*

Moroccan **I.** *adj* marocain(e) **II.** *n* Marocain(e) *m(f)*

morocco *n* **~ (leather)** maroquin *m*

Morocco [mə·'ra·koʊ] *n* le Maroc

moron ['mɔr·an] *n pej, inf* débile *mf*

moronic *adj pej, inf* débile

morose [mə·'roʊs] *adj* **1.** (*depressed, sullen*) morose **2.** (*dully aggressive*) renfrogné(e)

morphine ['mɔr·fin] *n* morphine *f*

morphological *adj* morphologique

morphology [mɔr·'fa·lə·dʒi] *n* morphologie *f*

Morse [mɔrs], **Morse code** *n* morse *m*

morsel ['mɔr·sᵊl] *n* **1.** (*tiny amount of food*) bouchée *f* **2.** (*tiny amount*) brin *m*

mortadella [ˌmɔr·tə·'del·ə] *n* mortadelle *f*

mortal ['mɔr·t̬ᵊl] **I.** *adj* mortel(le) **II.** *n* mortel, -le *m, f*

mortality [mɔr·'tæl·ə·t̬i] *n* mortalité *f*

mortar ['mɔr·tər] *n* mortier *m*

mortgage ['mɔr·gɪdʒ] **I.** *n* crédit *m* immobilier **II.** *vt* hypothéquer ▶**to be ~d up to the hilt** être hypothéqué au maximum

mortician [mɔr·'tɪʃ·ᵊn] *n* entrepreneur *m* de pompes funèbres

mortification [ˌmɔr·t̬ə·fɪ·'keɪ·ʃᵊn] *n* mortification *f*

mortify ['mɔr·t̬ə·faɪ] *vt* mortifier; **I was mortified!** j'étais humilié!

mortuary ['mɔr·tʃu·er·i] *n* mortuaire *m*

mosaic [moʊ·'zeɪ·ɪk] *n* mosaïque *f*

Moscow ['ma·skaʊ] *n* Moscou

Moses ['moʊ·zɪz] *n* Moïse *m*

Moslem ['maz·lem] *adj, n s.* **Muslim**

mosque [mask] *n* mosquée *f*

mosquito [mə·'ski·t̬oʊ] <-es *o* -s> *n* moustique *m,* brûlot *m Québec*

mosquito net *n* moustiquaire *f*

moss [mas] <-es> *n* mousse *f*

mossy <-ier, -iest> *adj* moussu(e)

most [moʊst] **I.** *adj superl of* **many, much** le plus de; **to have the ~ nuts/wine** avoir le plus de noix/vin; **for the ~ part** en majeure partie; **~ people** la plupart des gens **II.** *adv superl of* **many, much** le plus; **the ~ beautiful dog** le plus beau chien; **the ~ incredible story** l'histoire *f* la plus incroyable; **a ~ beautiful evening** une merveilleuse soirée; **what I want ~** ce que je désire le plus; **~ of all** par-dessus tout; **~ likely** très probablement; **I cried ~** j'ai pleuré le plus **III.** *pron superl of* **many, much ~ were good** la plupart étaient bons; **~ was wasted** la plus grande partie était gâchée; **~ of them/the time** la plupart d'entre eux/du temps; **~ of the wine** la plus grande partie du vin; **at the very ~** au grand maximum; **to make the ~ of sth/oneself** tirer le meilleur parti de qc/soi-même; **the ~ you can have is ...** on peut avoir tout au plus ...; **I won ~** j'ai gagné le plus

mostly *adv* **1.** (*usually*) la plupart du temps **2.** (*nearly all*) pour la plupart **3.** (*in the majority*) principalement

motel [moʊ·'tel] *n* motel *m*

moth [maθ] *n* mite *f*

mothball **I.** *n* boule *f* de naphtaline **II.** *vt* **1.** (*store*) mettre en réserve **2.** (*stop*) geler

moth-eaten *adj* mité(e)

mother ['mʌð·ər] **I.** *n* **1.** (*female parent*) mère *f* **2.** *vulg s.* **motherfucker** ▶**the ~ of all storms** la tempête des tempêtes **II.** *vt* materner **III.** *adj* mère

motherboard *n* COMPUT carte *f* mère

mother country *n* mère *f* patrie

motherfucker *n vulg* (*man*) connard *m;* (*woman*) salope *f;* (*thing*) saloperie *f*

motherhood *n* maternité *f*

mother-in-law <mothers-> *n* belle-mère *f*

motherly *adj* maternel(le)

mother-of-pearl *n* nacre *f*

Mother's Day *n* fête *f* des Mères

mother tongue *n* langue *f* maternelle

mothproof *adj* traité(e) à l'antimite

motif [moʊ·'tif] *n* motif *m*

motion ['moʊ·ʃᵊn] **I.** *n* **1.** (*movement*) mouvement *m;* **in slow ~** au ralenti; **to put sth in ~** mettre qc en marche **2.** (*formal suggestion at meeting*) motion *f* ▶**to set the wheels in ~** lancer le processus; **to go**

M

through the ~s faire semblant **II.** *vt* **to ~ sb to** *+infin* faire signe à qn de *+infin;* **to ~ sb in** faire signe à qn d'entrer **III.** *vi* **to ~ to sb** faire signe à qn
motionless *adj* immobile
motion picture *n form* film *m*
motivate ['moʊ·t̬ə·veɪt] *vt* motiver; **to ~ sb to** *+infin* inciter qn à *+infin;* **racially ~d crime** crimes *mpl* racistes
motivation *n* motivation *f*
motive ['moʊ·t̬ɪv] **I.** *n* motif *m;* (*for the murder*) mobile *m* **II.** *adj* moteur(-trice)
motley ['mat·li] <-ier, -iest> *adj* (*crowd*) bigarré(e); (*collection*) hétéroclite
motor ['moʊ·t̬ər] **I.** *n* (*engine*) *a. fig* moteur *m* **II.** *adj* moteur(-trice)
motorbike *n inf* moto *f*
motorboat *n* bateau *m* à moteur
motorcycle *n form* motocyclette *f*
motorcycling *n* motocyclisme *m*
motorcyclist *n* motocycliste *mf*
motor-driven *adj* à moteur
motor home *n* camping-car *m*
motorist *n* automobiliste *mf*
motorization *n* motorisation *f*
motorize ['moʊ·t̬ə·raɪz] *vt* motoriser
motor vehicle *n* véhicule *m* motorisé
mottled ['ma·t̬ld] *adj* marbré(e); (*skin*) tacheté(e)
motto ['ma·t̬oʊ] *n* <-s *o* -es> devise *f*
mound [maʊnd] *n* **1.** (*of objects*) tas *m* **2.** (*small hill*) monceau *m;* **burial ~** tumulus *m* **3.** (*in baseball*) **the pitcher's ~** le monticule du lanceur
mount[1] [maʊnt] *n* mont *m*
mount[2] [maʊnt] **I.** *n* **1.** (*backing, setting frame*) marie-louise *f;* (*of a gem*) monture *f* **2.** (*support*) support *m* **3.** (*horse*) monture *f* **II.** *vt* **1.** (*get on: bicycle*) monter sur; (*ladder*) grimper à; (*stairs*) monter; **to ~ a bicycle/horse** monter à bicyclette/cheval; **to ~ sb on a horse** hisser qn sur un cheval **2.** (*organize: an attack, a campaign*) lancer; (*an operation, a squadron*) monter **3.** (*fasten for display: a gem, painting*) monter **4.** (*set*) **to ~ guard over sth** surveiller qc **III.** *vi* **1.** (*climb*) *a. fig* monter **2.** SPORTS se mettre en selle **3.** (*increase*) augmenter
◆ **mount up** *vi* augmenter
mountain ['maʊn·t̬ən] *n* montagne *f* ▶ **to make a ~ out of a molehill** faire tout un plat de pas grand chose; **~s of sth** *inf* des montagnes de qc
mountain bike *n* vélo *m* tout terrain
mountaineer *n* (*climber*) alpiniste *mf*
mountaineering *n* alpinisme *m*
mountainous *adj* **1.** (*rocky*) montagneux(-euse) **2.** NAUT (*wave*) immense
mountain range *n* GEO chaîne *f* de montagnes
Mountain time *n* heure *f* des Montagnes Rocheuses
mounted ['maʊn̬t·ɪd] *adj* (*police*) monté(e); **to be ~ on a horse** être en selle

> **i** Sculptés entre 1927 et 1941 dans les massifs granitiques du **Mount Rushmore** ou Mont Rushmore/Dakota du Sud, les bustes, hauts de 60 pieds (18 m), des présidents George Washington, Thomas Jefferson, Theodore Roosevelt et Abraham Lincoln représentent les 150 premières années de l'histoire américaine et sont un hommage à la naissance, au développement et à la sauvegarde des États-Unis d'Amérique.

mourn [mɔrn] **I.** *vi* **to ~ for sb/sth** pleurer qn/qc **II.** *vt* pleurer
mourner *n* proche *mf* du défunt; **the ~s** le cortège funèbre
mournful *adj* **1.** (*melancholic*) mélancolique **2.** (*gloomy*) sinistre
mourning *n* **1.** (*grieving*) deuil *m;* **in ~** en deuil **2.** (*wailing*) gémissement *m*
mouse [maʊs] <mice> *n* **1.** (*small rodent*) *a. pej* souris *f* **2.** (*shy person*) timide *mf* **3.** COMPUT souris *f*
mouse button *n* COMPUT **right/left ~** bouton *m* droit/gauche de la souris
mouse hole *n* trou *m* de souris
mouse pad *n* tapis *m* de souris
mouse pointer *n* pointeur *m* de la souris
mousetrap *n* piège *m* à souris
mousse [mus] *n* mousse *f*
moustache ['mʌs·tæʃ] *n* moustache *f*
mousy ['maʊ·si] *adj* **1.** (*shy*) timide **2.** (*plain, unprepossessing*) fade **3.** (*dull: color*) terne
mouth[1] [maʊθ] *n* **1.** ANAT bouche *f;* (*of an animal*) gueule *f;* **to keep one's ~ shut** se taire; **to shut one's ~** *inf* la fermer; **to make sb's ~ water** faire saliver qn **2.** (*opening*) ouverture *f;* (*of a bottle*) goulot *m;* (*of a cave, volcano*) bouche *f;* (*of a river*) embouchure *f* ▶ **to be all ~** *inf* n'avoir que de la gueule; **to have a big ~** *inf* être une grande gueule; **to be down in the ~** être déprimé; **to shoot one's ~ off about sth** *inf* crier qc sur les toits
mouth[2] [maʊð] *vt* **1.** (*utter*) proférer **2.** (*mime*) articuler sans son
mouthful *n* **1.** (*amount of food*) bouchée *f* **2.** (*amount of drink*) gorgée *f* **3.** *inf* (*unpronounceable word*) **to be a ~** être difficile à prononcer
mouth organ *n* harmonica *m*
mouthpiece *n* **1.** TEL, MUS (*of a telephone*) microphone *m;* (*of a musical instrument, pipe*) embout *m* **2.** SPORTS protège-dents *m* **3.** POL porte-parole *m*
mouth-to-mouth **I.** *adj* bouche à bouche *inv;* **~ resuscitation** bouche à bouche *m* **II.** *n* bouche à bouche *m*
mouthwash *n* bain *m* de bouche
mouthwatering *adj* appétissant(e)
movable *adj* mobile; (*heavy object, article*) transportable

move [muv] **I.** *n* **1.** (*movement*) mouvement *m;* **to be on the ~** (*traveling*) être parti; (*working*) être en déplacement; **they're watching our every ~** ils surveillent tous nos mouvements **2.** (*act*) action *f;* (*in game*) coup *m;* **a good/bad ~** une bonne/mauvaise décision; **a good career ~** une décision profitable à la carrière **3.** (*change: of home, premises*) déménagement *m;* (*of job*) changement *m* ▶ **to get a ~ on** se grouiller **II.** *vi* **1.** (*position*) bouger; (*on wheels*) rouler; **to ~ out of the way** s'écarter du chemin **2.** (*walk, run*) se déplacer **3.** *inf* (*intensive use*) **he can really ~!** (*runner*) il court bien!; (*dancer*) il bouge bien! **4.** (*act*) agir; (*in games*) avancer **5.** (*develop*) bouger; **things are moving at last** les choses bougent enfin **6.** (*change: to new home, premises*) déménager; (*to new job*) être muté; **we're moving to Texas** nous déménageons et allons au Texas; **we're moving into e-commerce** nous nous lançons dans le commerce électronique **7.** (*change attitude*) faire des concessions; **they won't ~ on working hours** ils ne feront pas la moindre concession sur les heures de travail **8.** *inf* (*leave*) partir **9.** (*be bought*) se vendre **10.** (*frequent*) **to ~ in exalted circles** fréquenter des gens bien placés **11.** *form* (*suggest*) **to ~ for an adjournment** proposer l'ajournement **III.** *vt* **1.** (*to new position: object*) bouger; (*passengers, troops*) transporter; **~ that bag** bouge ce sac; **~ the vase to the right/over there** mets le vase à droite/là-bas **2.** (*to new time: meeting*) déplacer; (*patient*) déplacer le rendez-vous de **3.** (*to new address*) déménager; (*to new job*) muter; **to ~ house** déménager; **we ~d her to sales** nous l'avons transférée à la vente; **we ~d the factory to Mexico** nous avons transféré l'usine au Mexique **4.** (*cause movements in: arms, legs*) bouger; (*branches*) agiter; (*machinery*) faire bouger **5.** (*cause emotions*) toucher; **to be ~d to tears** être ému aux larmes **6.** (*persuade*) persuader; **what ~d you to write the book?** qu'est-ce qui vous a poussé à écrire le livre? **7.** (*suggest at meeting*) proposer ▶ **to ~ the goalposts** *inf* changer les règles du jeu; **to ~ heaven and earth** remuer ciel et terre; **to ~ mountains** soulever des montagnes

◆**move along I.** *vt* faire circuler **II.** *vi* **1.** (*walk further on*) avancer **2.** (*run further on*) courir **3.** (*drive further on*) continuer à rouler **4.** (*make room*) faire de la place **5.** (*develop*) avancer

◆**move around I.** *vi* **1.** (*not stay still*) bouger **2.** (*go around*) circuler **3.** (*travel*) voyager **4.** (*change address*) déménager **5.** (*change jobs*) changer d'emploi **II.** *vt* changer de place

◆**move aside** *vi s.* **move over**

◆**move away I.** *vi* **1.** (*move house*) déménager; **to ~ from one city to another** déménager d'une ville à l'autre **2.** (*change*) **to ~ from a market/field** quitter un marché/un domaine **II.** *vt always sep* **to move a chair/sb's arm away** déplacer une chaise/pousser le bras de qn

◆**move back I.** *vt* faire revenir **II.** *vi* redéménager

◆**move down I.** *vi* baisser **II.** *vt* SCHOOL **to move sb down** rétrograder qn; **to move sb down a grade** faire descendre d'une classe

◆**move forward I.** *vt* faire avancer **II.** *vi* avancer

◆**move in I.** *vi* **1.** (*into a house, an office*) emménager; **to ~ with a friend** emménager avec un ami **2.** (*intervene: police, troops*) intervenir **3.** (*advance to attack*) **to ~ on sb** avancer sur qn **II.** *vt* faire entrer

◆**move off** *vi* **1.** (*walk*) partir; (*parade, protesters*) se mettre en mouvement **2.** (*run*) s'élancer **3.** (*drive*) démarrer **4.** (*fly*) décoller

◆**move on I.** *vi* **1.** (*continue a trip*) reprendre la route; (*traffic*) se remettre en mouvement **2.** (*walk*) avancer **3.** (*be ordered away*) circuler **4.** (*to new stage*) passer à autre chose; (*in career*) monter dans la hiérarchie; **to ~ to higher things** passer à quelque chose de mieux **5.** (*develop*) changer **6.** (*pass: time*) passer **7.** (*change subject*) continuer; **to ~ to sth** passer à qc **II.** *vt* **1.** (*ask to leave*) faire circuler **2.** (*force to leave*) faire partir

◆**move out I.** *vi* **1.** (*to new home, office*) déménager; (*leave home*) quitter la maison; **to ~ of sth** quitter qc **2.** (*to retreat*) se retirer **II.** *vt* sortir; (*person*) faire partir; (*furniture*) déménager

◆**move over I.** *vi* **1.** (*make room*) se pousser **2.** (*switch to*) **to ~ to sth** passer à qc **3.** (*leave position*) laisser sa place **II.** *vt* (*move aside*) mettre de côté

◆**move up I.** *vi* **1.** (*go up, rise*) monter **2.** SCHOOL passer (dans une classe supérieure) **3.** (*make room*) faire de la place **4.** (*have promotion*) avoir de l'avancement **5.** (*increase*) augmenter **II.** *vt* **1.** (*go upward*) monter **2.** SCHOOL passer **3.** (*give promotion*) promouvoir

movement ['muv·mənt] *n* **1.** (*motion, group*) *a.* MED, MUS mouvement *m;* **a ~ with his left hand** un mouvement de la main gauche **2.** FIN fluctuation *f;* **an upward ~ in share prices** une tendance à la hausse des actions **3.** (*tendency*) tendance *f;* **a ~ toward/against sth** un mouvement vers/contre qc

mover *n* (*removal man*) déménageur *m*

movie ['mu·vi] *n* (*film*) film *m;* **the ~s** le cinéma

movie camera *n* caméra *f*

moviegoer *n* cinéphile *mf*

movie star *n* vedette *f* de cinéma

movie theater *n* cinéma *m*

moving I. *adj* **1.** (*that moves: vehicle*) en mouvement; (*part*) mobile **2.** (*motivating*) moteur(-trice); **the ~ drive** l'énergie *f* **3.** (*touching*) émouvant(e) **II.** *n* déménagement *m;* **~ expenses** frais *mpl* de déménage-

M

ment

mow [moʊ] <mowed, mown *o* mowed> **I.** *vi* (*cut grass, grain*) tondre **II.** *vt* tondre; (*a field*) faucher
◆**mow down** *vt* faucher

mower *n* **1.** (*lawn cutter*) tondeuse *f* à gazon **2.** (*on a farm*) faucheuse *f*

mown [moʊn] *pp of* **mow**

MP [ˌem·ˈpi] *n* **1.** *Can abbr of* **Member of Parliament** député(e) *m(f)* **2.** *abbr of* **Military Police** police *f* militaire

mpg *n abbr of* **miles per gallon** miles *mpl* au gallon

mph [ˌem·pi·ˈeɪtʃ] *abbr of* **miles per hour** miles par heure *mpl*

Mr. [ˈmɪs·tər] *n abbr of* **Mister** (*title for man*) M.; ~ **Big** le grand chef; ~ **Right** l'homme *m* idéal ▶**no more ~ Nice Guy** finies les politesses

Mrs. [ˈmɪs·ɪz] *n abbr of* **Mistress 1.** (*woman*) Mme **2.** (*representative*) Madame *f*

ms [ˌem·ˈes] *n abbr of* **manuscript** manuscrit *m*

Ms. [mɪz] *n abbr of* **Miss** *terme d'adresse pour une femme qui évite la distinction entre Miss et Mrs.*

MS [ˌem·ˈes] *n* **1.** *abbr of* **Master of Science** ≈ maîtrise *f* de sciences **2.** *abbr of* **Mississippi**

MST *n abbr of* **Mountain Standard Time** heure *f* des Montagnes Rocheuses

Mt. *n abbr of* **Mount, Mountain** Mt. *m*

MT *n abbr of* **Montana**

much [mʌtʃ] <more, most> **I.** *adj* beaucoup de; ~ **criticism is justified** de nombreuses critiques sont justifiées; **you don't need ~ water** il ne faut pas beaucoup d'eau; **how ~ milk?** quelle quantité de lait?; **too/so ~ water** trop/tellement d'eau; **as ~ water as** autant d'eau que; **three times as ~ water** trois fois plus d'eau **II.** *adv* très; ~ **better** beaucoup mieux; **thank you very ~** merci beaucoup; **I don't use it ~** je ne m'en sers pas beaucoup; **a ~-praised/criticized building** un bâtiment très apprécié/critiqué; **a ~-deserved rest/shower** un repos/une douche bien mérité(e); ~ **to my astonishment** à mon grand étonnement; **I like you as ~ as her** je vous aime autant qu'elle; **not him, ~ less her** pas lui, encore moins elle; *s.a.* **many III.** *pron* beaucoup de; **not ~ of the money is left** il ne reste pas grand-chose de l'argent; **~ of the day** une bonne partie de la journée; **too ~** trop; **you earn twice as ~ as I do** tu gagnes deux fois plus que moi; **I don't think ~ of it** je n'en pense pas grand bien; **to make ~ of sb/sth** faire grand cas de qn/qc

muck [mʌk] *n* **1.** *inf* (*dirt*) saleté *f* **2.** *inf* (*waste*) ordures *fpl* **3.** *inf* (*excrement*) crotte *f* **4.** *inf* BOT, AGR fumier *m* **5.** *inf* (*bad quality*) merde *f*
◆**muck around** *vi inf* **1.** (*have fun*) s'amuser **2.** (*be silly*) faire l'imbécile; **to ~ with sth** faire l'imbécile avec qc
◆**muck in** *vi* (*help*) y mettre du sien

muckraker *n* fouille-merde *mf*

muckraking *n* étalage *m* de scandales

mucky <-ier, -iest> *adj* **1.** (*dirty*) sale **2.** (*obscene*) cochon(ne)

mucus [ˈmju·kəs] *n* mucus *m*

mud [mʌd] *n* boue *f* ▶**to drag sb's name through the ~** traîner le nom de qn dans la boue; **to hurl ~ at sb** crier des injures à qn

muddle [ˈmʌd·l] *n* **1.** (*confused situation*) embrouille *f*; **we're in a ~** on est dans le pétrin; **to get in a ~** s'embrouiller; **to get sth in(to) a ~** embrouiller qc **2.** (*messy state*) désordre *m* **3.** (*mental confusion*) **to be in a ~** être perdu
◆**muddle along** *vi* survivre
◆**muddle through** *vi* se débrouiller
◆**muddle up** *vt* **1.** (*make sb confused*) embrouiller; **to get (all) muddled up** s'embrouiller **2.** (*disorganize*) embrouiller **3.** (*confuse sth with sth*) confondre; **to muddle sb up with sb** confondre qn avec qn

muddy I. *vt* **1.** (*make dirty*) salir **2.** (*confuse*) embrouiller ▶**to ~ the waters** brouiller les pistes **II.** <-ier, -iest> *adj* sale; (*ground*) boueux(-euse)

mudguard *n* (*of a car*) pare-boue *m*; (*of a bicycle*) garde-boue *m*

mudpack *n* masque *m* à l'argile

mudslinger *n inf* diffamateur, -trice *m, f*

mudslinging *n inf* diffamation *f*

muff [mʌf] **I.** *n* FASHION manchon *m* **II.** *vt* (*mess up*) rater; **to ~ one's lines** oublier son texte

muffin [ˈmʌf·ɪn] *n* CULIN muffin *m* (*petit gâteau*)

muffle [ˈmʌf·l] *vt* **1.** (*make quieter*) étouffer **2.** *fig* emmitoufler

muffler *n* **1.** AUTO silencieux *m* **2.** (*scarf*) écharpe *f*

mug [mʌg] **I.** *n* **1.** (*drinking vessel*) grande tasse *f* **2.** *pej* (*face*) tronche *f* **II.** <-gg-> *vt* agresser

mugger *n* agresseur, -euse *m, f*

mugging *n* agression *f*

muggy <-ier, -iest> *adv* lourd, fade *Belgique*; **it's ~** il fait lourd

mugwump [ˈmʌg·wʌmp] *n* **1.** (*boss, chief*) patron(ne) *m(f)* **2.** (*stubborn person*) entêté(e) *m(f)*

Muhammad *n s.* **Mohammed**

mulatto [mə·ˈlæṭ·oʊ] <-s *o* -oes> *n* mulâtre, -tresse *m, f*

mulberry [ˈmʌl·ber·i] *n* **1.** (*fruit*) mûre *f* **2.** (*tree*) mûrier *m*

mule[1] [mjul] *n* (*donkey*) *a. pej* mule *f*

mule[2] [mjul] *n* **1.** (*woman's shoe*) mule *f* **2.** (*house shoe*) pantoufle *f*

mulish *adj* têtu(e)

mull [mʌl] *vt* aromatiser; **~ed wine** vin *m* chaud et épicé
◆**mull over** *vt* retourner dans sa tête

mullah [ˈmʌl·ə] *n* mollah *m*

mullet [ˈmʌ·lɪt] *n* (*fish*) rouget *m*

multicolored *adj* multicolore

multicultural *adj* multiculturel(le)
multidisciplinary *adj* multidisciplinaire
multifunctional *adj* polyvalent(e)
multilateral *adj* POL multilatéral(e)
multilingualism *n* multilinguisme *m*
multimedia **I.** *adj* multimédia *inv* **II.** *n* multimédia *m*
multimillionaire *n* multimillionnaire *mf*
multinational **I.** *adj* multinational(e) **II.** *n* multinationale *f*
multiplayer ['mʌl·ţi·ˌpleɪ·ər] *adj* (*computer game*) multijoueur(-euse)
multiple ['mʌl·ţə·pl] *adj* multiple
multiple-choice *adj* à choix multiple
multiple sclerosis *n* sclérose *f* en plaques
multiplex ['mʌl·ţə·pleks] *n* complexe *m* multisalles, multiplexe *m*
multiplication [ˌmʌl·ţə·plɪ·'keɪ·ʃᵊn] *n* multiplication *f*
multiplicity [ˌmʌl·ţə·'plɪ·sə·ţi] *n form* multiplicité *f*
multiplier *n* MATH multiplicateur *m*
multiply ['mʌl·ţə·plaɪ] **I.** *vt* multiplier; **to ~ (out) sth and sth** multiplier qc avec qc **II.** *vi* se multiplier
multipurpose *adj* (*tool*) à utilisation multiple
multiracial *adj* multiracial(e)
multistage *adj* de plusieurs étapes
multitasking *n* COMPUT traitement *m* multitâche
multitude ['mʌl·ţə·tud] *n* **1.** (*large number*) multitude *f*; **a ~ of sth** une multitude de qc **2.** *pl* (*many people*) foule *f*
multi-user system *n* COMPUT configuration *f* multiposte
mum [mʌm] *n* **~'s the word!** *inf* chut!
mumble ['mʌm·bl] *vt, vi* marmonner
mumbo jumbo [ˌmʌm·boʊ'dʒʌm·boʊ] *n inf* charabia *m*
mummy ['mʌm·i] <-mies> *n* momie *f*
mumps [mʌmps] *n + sing vb* MED oreillons *mpl*
munch [mʌn(t)ʃ] *vt, vi* mastiquer
mundane [mʌn·'deɪn] *adj* **1.** (*ordinary*) banal(e) **2.** (*worldly*) terrestre
municipal [mju·'nɪs·ə·pᵊl] *adj* municipal(e)
municipality *n* municipalité *f*
munitions [mju·'nɪʃ·ᵊnz] *n* munitions *fpl*
mural ['mjʊr·ᵊl] *n* fresque *f*
murder ['mɜr·dər] **I.** *n* (*killing*) meurtre *m*; (*emphasizing premeditation*) assassinat *m*; **attempted ~** tentative *f* de meurtre ▶ **to be ~** être tuant; **to get away with ~** tout se permettre; **to scream blue ~** crier comme un forcené **II.** *vt* **1.** (*kill*) assassiner **2.** *fig* massacrer
murderer *n* meurtrier, -ère *m, f*
murderous *adj a. fig* meurtrier(-ère); (*heat*) tuant(e)
murky ['mɜr·ki] <-ier, -iest> *adj a. fig* obscur(e); (*water*) trouble; (*day, weather*) couvert(e); **it's a ~ business** c'est louche
murmur ['mɜr·mər] **I.** *vi* murmurer; **to ~ to oneself** marmonner dans sa barbe **II.** *vt* murmurer **III.** *n* murmure *m*; **without a ~** sans broncher
muscle ['mʌs·l] *n* **1.** ANAT muscle *m*; **not to move a ~** ne pas bouger d'un poil **2.** *fig* (*influence*) pouvoir *m*; **to flex one's ~s** se faire les muscles
◆**muscle in** *vi* s'imposer; **to ~ on sth** s'imposer dans qc
muscle-bound *adj* très musclé(e)
muscleman <-men> *n* Monsieur *m* Muscle
Muscovite ['mʌs·kə·vaɪt] *n* moscovite *mf*
muscular ['mʌs·kjə·lər] *adj* **1.** (*relating to muscles*) musculaire **2.** (*strong*) musclé(e)
muscular dystrophy *n* myopathie *f*
muse¹ [mjuz] *n* muse *f*
muse² [mjuz] *vi* songer; **to ~ on sth** méditer sur qc
museum [mju·'zi·əm] *n* musée *m*
museum piece *n* pièce *f* de musée
mush [mʌʃ] *n a. fig, inf* bouillie *f*; **to be ~** (*film, book*) être à l'eau de rose
mushroom ['mʌʃ·rum] **I.** *n a. fig* champignon *m*; **cultivated ~s** champignons *mpl* de culture; **poisonous/edible ~** champignon vénéneux/comestible **II.** *vi* pousser comme des champignons
mushroom cloud *n* champignon *m* nucléaire
mushy ['mʌʃ·i] *adj* <-ier, -iest> *a. fig* en bouillie; (*film, story*) à l'eau de rose
music ['mju·zɪk] *n inv* musique *f*; **classical/pop ~** musique classique/pop; **rock ~** rock 'n' roll *m*; **that's ~ to my ears** ça fait plaisir à entendre
musical ['mju·zɪ·kᵊl] **I.** *adj* musical(e); **to be ~** être musicien; **a ~ instrument** un instrument de musique; **a ~ genius** un génie de la musique **II.** *n* comédie *f* musicale
music box *n* boîte *f* à musique
musician [mju·'zɪ·ʃᵊn] *n* musicien(ne) *m(f)*
music lover *n* mélomane *mf*
music stand *n* pupitre *m*
musk [mʌsk] *n* musc *m*
muskrat ['mʌsk·ræt] *n* rat *m* musqué
Muslim ['mʌz·ləm] **I.** *n* musulman(ne) *m(f)* **II.** *adj* musulman(ne)
muslin ['mʌz·lɪn] *n* mousseline *f*; **a ~ dress** une robe en mousseline
muss [mʌs] **I.** *vt* (*cloth*) froisser; (*hair*) ébouriffer **II.** *n* cirque *m*
mussel ['mʌs·ᵊl] *n* moule *f*
must [mʌst] **I.** *aux* devoir; **you ~ go now** il faut que tu partes maintenant *subj*; **you ~n't be late** tu ne dois pas arriver en retard; **he ~ be late** il doit être en retard; **you simply ~ come** tu dois venir absolument; **I ~ thank you** il faut que je vous remercie *subj* **II.** *n inf* must *m*
mustache ['mʌs·tæʃ] *n* moustache *f*
mustang ['mʌs·tæŋ] *n* mustang *m*
mustard ['mʌs·tərd] *n inv* **1.** (*plant, paste*) moutarde *f* **2.** (*color*) moutarde *m* ▶ **to cut the ~** faire le poids

M

muster [ˈmʌs·tər] **I.** *vt* rassembler; **to ~ one's courage** rassembler son courage **II.** *vi* (*come together*) se rassembler **III.** *n* rassemblement *m;* MIL revue *f* ▶**to pass** ~ faire l'affaire

mustn't [ˈmʌs·ənt] = **must not** *s.* **must**

must-see *adj inf* à ne pas manquer; **this is the ~ movie of the year** c'est le film de l'année qu'il faut voir

musty [ˈmʌs·ti] <-ier, -iest> *adj* (*smell, taste*) de moisi; (*room, book*) qui sent le moisi; **to smell** ~ sentir le renfermé

mutant [ˈmju·tənt] **I.** *n* mutant(e) *m(f)* **II.** *adj* mutant(e)

mutation [mju·ˈteɪ·ʃən] *n* mutation

mute [mjut] **I.** *n* **1.** (*person*) muet(te) *m(f)* **2.** MUS sourdine *f* **II.** *vt* **1.** (*soften*) assourdir; *fig* atténuer **2.** MUS mettre la sourdine à **III.** *adj* muet(te)

muted *adj* (*reaction, support*) tiède; (*criticism*) voilé(e); (*occasion*) discret(-ète); (*color*) sourd(e); (*sound*) assourdi(e)

mutilate [ˈmju·tə·leɪt] *vt a. fig* mutiler

mutilation *n* mutilation *f*

mutineer [ˌmju·tən·ˈɪr] *n* mutin *m*

mutinous [ˈmju·tən·əs] *adj* mutin(e)

mutiny [ˈmju·tɪ·ni] **I.** *n* mutinerie *f* **II.** *vi* se mutiner

mutter [ˈmʌţ·ər] **I.** *vi* **to ~ about sth** marmonner qc; **to ~ to oneself** marmonner dans sa barbe **II.** *vt* marmonner; **to ~ sth to sb under one's breath** murmurer qc à qn

mutton [ˈmʌt·ən] *n inv* mouton *m*

mutton chops, mutton chop sideburns *n pl* rouflaquettes *fpl*

mutual [ˈmju·tʃu·əl] *adj* mutuel(le); (*friend*) commun(e); (*feeling*) réciproque

mutual fund *n* fonds *m* commun de placement

mutual insurance *n* FIN mutuelle *f*

mutually *adv* mutuellement

Muzak® [ˈmju·zæk] *n* musique *f* d'ambiance

muzzle [ˈmʌz·l] **I.** *n* **1.** (*animal mouth*) museau *m* **2.** (*mouth covering*) muselière *f;* **to put a ~ on the dog** museler un chien **II.** *vt a. fig* museler

muzzy [ˈmʌz·i] <-ier, -iest> *adj* **1.** (*hazy, confused*) confus(e) **2.** (*unclear, blurred*) flou(e)

MVP *n abbr of* **most valuable player** meilleur(e) joueur, -euse *m, f*

my [maɪ] *poss adj* mon *m,* ma *f;* ~ **dog/house/children** mon chien/ma maison/mes enfants *mpl;* **this car is ~ own** cette voiture est à moi; **I hurt ~ foot/head** je me suis blessé le pied/à la tête

myopic [maɪ·ˈa·pɪk] *adj a. fig, form* myope

myriad [ˈmɪr·i·əd] *n form* myriade *f*

myrrh [mɜr] *inv n* myrrhe *f*

myrtle [ˈmɜr·ţl] *n* myrte *m*

myself [maɪ·ˈself] *reflex pron* **1.** *after verbs* me, m' + *vowel;* **I injured/corrected ~** je me suis blessé/corrigé; **I always enjoy ~** je m'amuse toujours; **when I express/exert ~** quand je m'exprime/m'exerce; **I bought ~ a bag** je me suis acheté un sac **2.** (*I or me*) moi-même; **my brother and ~** mon frère et moi-même; **I'll do it ~** je le ferai moi-même; **I did it all by ~** je l'ai fait tout seul; **I prefer Mozart, ~** personnellement je préfère Mozart **3.** *after prep* **I said to ~ ...** je me suis dit ...; **I am ashamed at ~** j'ai honte; **I live by ~** je vis seul

mysterious [mɪ·ˈstɪr·i·əs] *adj* mystérieux(-euse)

mystery [ˈmɪs·tər·i] <-ies> *n* mystère *m;* **to be a ~ to sb** être un mystère pour qn

mystic [ˈmɪs·tɪk] **I.** *n* mystique *mf* **II.** *adj* mystique

mystical *adj* mystique

mysticism [ˈmɪs·tɪ·sɪ·zəm] *inv n a. pej* mysticisme *m*

mystification [ˌmɪs·tɪ·fɪ·ˈkeɪ·ʃən] *inv n* mystification *f*

mystify [ˈmɪs·tɪ·faɪ] *vt* **to ~ sb** laisser qn perplexe

mystique [mɪs·ˈtik] *inv n form* mystique *f*

myth [mɪθ] *n a. pej* mythe *m*

mythical [ˈmɪθ·ɪk·əl] *adj a. pej* mythique

mythological *adj* mythologique; **a ~ hero** un héros de la mythologie

mythology [mɪ·ˈθa·lə·dʒi] *n* mythologie *f*

N

N, n [en] <-'s> *n* N *m,* n *m;* ~ **as in November** (*on telephone*) n comme Nicolas

N *n* **1.** *abbr of* **north** N *m* **2.** *abbr of* **newton** N *m*

n *n* **1.** MATH *abbr of* **n** n *m* **2.** *abbr of* **noun** n *m* **3.** *abbr of* **neuter** N *m*

'n(') *conj abbr of* **and** et

NA, N/A *abbr of* **not applicable** sans rapport

NAACP [ˌen·dʌb·l·eɪ·si·ˈpi] *n abbr of* **National Association for the Advancement of Colored People** *association de défense des droits civiques des Afro-Américains*

nab [næb] <-bb-> *vt inf* choper; **to ~ sb doing sth** choper qn en train de faire qc

nadir [ˈneɪ·dər] *n form* nadir *m;* **to reach its ~** *fig* atteindre son point le plus bas

nag[1] [næg] **I.** <-gg-> *vi* faire des remarques incessantes; **to ~ at sb** harceler qn **II.** <-gg-> *vt* harceler; **to ~ sb to do/about doing sth** harceler qn pour qu'il(elle) fasse qc +*subj* **III.** *n inf* (*person*) râleur, -euse *m, f*

nag[2] [næg] *n* (*horse*) bourrin *m*

nagger *n* râleur, -euse *m, f*

nagging **I.** *n* remarques *fpl* **II.** *adj* **1.** (*criticizing: person*) râleur(-euse); **his ~ wife** sa mégère de femme **2.** (*continuous: headache*) tenace

nail [neɪl] **I.** *n* **1.** (*metal fastener*) clou *m* **2.** ANAT (*finger/toe end*) ongle *m;* **to bite/**

paint one's ~s se ronger/se vernir les ongles ▶**to be a ~ in sb's/sth's coffin** être un autre coup funeste pour qn/à qc **II.** *vt* **1.** (*fasten*) **to ~ sth to sth** clouer qc à qc **2.** *inf* (*catch*) épingler ▶**to ~ one's colors to the mast** proclamer haut et fort ses positions

◆**nail down** *vt* **1.** (*nail*) clouer **2.** (*identify, find out*) définir; **I can't nail it down** je n'arrive pas dire ce que c'est **3.** (*get clear answer from*) obtenir une réponse de; **to nail sb down to a specific date** obtenir de qn qu'il fixe une date précise

nail-biting *adj* à suspense

nailbrush *n* brosse *f* à ongles

nail clippers *npl* coupe-ongles *m*

nail file *n* lime *f* à ongles

nail polish *n* vernis *m* à ongles

nail scissors *n* ciseaux *mpl* à ongles

naive, naïve [na·ˈiv] *adj pej* naïf(-ive); **to make the ~ assumption that...** avoir la naïveté de supposer que ...

naïveté [ˌna·iv·ˈteɪ], **naivety** [na·ˈiv·ə·t̬i] *n inv* naïveté *f*

naked [ˈneɪ·kɪd] *adj* **1.** (*uncovered*) *a. fig* nu(e); **stark ~** *inf* nu comme un verre; **half ~** à moitié nu; **to strip ~** se mettre nu; **to the ~ eye** à l'œil nu **2.** (*not hidden*) flagrant(e); (*ambition*) non-dissimulé(e)

nakedness *n* nudité *f*

namby-pamby [ˌnæm·bi·ˈpæm·bi] *adj inf* gnangnan *inv*

name [neɪm] **I.** *n* **1.** (*what one is called*) nom *m;* **full ~** nom et prénom; **first ~** prénom *m;* **last ~** nom de famille; **what's your ~?** comment t'appelles-tu?; **by ~** de nom; **sb by the ~ of** quelqu'un sous le nom de; **to call sb ~s** injurier qn; **to be sth in ~ only** n'avoir de qc que le nom; **in the ~ of sb/sth** au nom de qn/qc; **under the ~ of** sous le nom de **2.** (*reputation*) réputation *f;* **to make a ~ for oneself** se faire une réputation ▶**to be the ~ of the game** être tout ce qui compte; **to take sb's ~ in vain** parler de qn; **a ~ to conjure with** un nom prestigieux **II.** *vt* **1.** (*call*) nommer; (*child, file, product*) appeler; **to be ~d after/for sb** recevoir le nom de qn; **sb ~d Jones** un nommé Jones **2.** (*appoint*) nommer **3.** (*list*) citer **4.** (*specify*) désigner; (*time, conditions, price*) fixer; **to be ~d as the boss** être désigné comme patron

name-calling *npl* injures *fpl*

name-dropping *n* name-dropping *m* (*fait de citer des noms de personnalités pour impressionner ses interlocuteurs*)

nameless *adj* **1.** (*not named*) inconnu(e) **2.** (*anonymous*) anonyme **3.** (*indefinable*) sans nom

namely *adv* à savoir

nameplate *n* médaillon *m*

namesake *n* homonyme *m*

Namibia [nə·ˈmɪb·i·ə] *n* la Namibie

Namibian **I.** *adj* namibien(ne) **II.** *n* Namibien(ne) *m(f)*

nanny [ˈnæn·i] *n* nurse *f*

nanny goat *n* bique *f*

nanosecond [ˈnæn·oʊ·ˌsek·ᵊnd] *n* nanoseconde *f*

nap¹ [næp] **I.** *n* sieste *f;* **to take a ~** faire une sieste **II.** <-pp-> *vi* faire une sieste; **to be caught ~ping** être pris au dépourvu

nap² [næp] *inv n* (*on fabric*) poil *m*

napalm [ˈneɪ·pam] *inv n* napalm *m*

nape [neɪp] *n* nuque *f*

napkin [ˈnæp·kɪn] *n* serviette *f*

Napoleon [nə·ˈpoʊ·li·ən] *n* Napoléon *m*

narc [nark] *n sl* (*police officer*) agent *m* de la police des stups

narcissism [ˈnar·sə·sɪ·zᵊm] *n* narcissisme *m*

narcissus [nar·ˈsɪs·əs] <narcissuses *o* -(narcissi)> *n* narcisse *m*

narcotic [nar·ˈkat̬·ɪk] **I.** *n* **1.** LAW (*illegal drug*) stupéfiant *m* **2.** MED (*drug causing sleepiness*) narcotique *m* **II.** *adj* **1.** LAW (*illegal*) de stupéfiant **2.** MED (*sleep-inducing*) narcotique

nark¹ [nark] *n sl s.* **narc**

nark² [nark] *sl* **I.** *n* (*informer*) mouchard(e) *m(f)* **II.** *vi* **to ~ on sb** balancer qn

narrate [ˈner·eɪt] *vt* raconter

narration [ner·ˈeɪ·ʃᵊn] *n* narration *f*

narrative [ˈner·ə·t̬ɪv] **I.** *n* récit *m* **II.** *adj* narratif(-ive)

narrator [ˈner·eɪ·t̬ər] *n* narrateur, -trice *m, f*

narrow [ˈner·oʊ] **I.** <-er, -est> *adj a. fig* étroit(e); (*victory*) de justesse; **to make a ~ escape** l'échapper belle; **to have a ~ mind** avoir l'esprit étroit **II.** *vi* **1.** (*become narrow*) se rétrécir **2.** *fig* (*gap*) se réduire **III.** *vt* **1.** (*make narrow*) rétrécir **2.** *fig* (*gap*) réduire; (*possibilities*) limiter

◆**narrow down** **I.** *vt* (*activities*) limiter; (*choices, possibilities*) restreindre; (*candidates*) réduire le nombre de **II.** *vi* se réduire; **to ~ to sth** se limiter à qc

narrowly *adv* **1.** (*just*) de peu **2.** (*closely*) de près **3.** (*in a limited way*) étroitement

narrow-minded *adj* (*person*) à l'esprit étroit; (*opinions, views*) étroit(e)

NASA [ˈnæs·ə] *n no art abbr of* **National Aeronautics and Space Administration** NASA *f*

> **i** La *National Aeronautics and Space Administration*, généralement appelée **NASA**, est un organisme gouvernemental consacré aux recherches aéronautiques et spatiales. Créée le 29 juillet 1958, elle a organisé la célèbre *mission Apollo 11* grâce à laquelle Neil Armstrong fut le premier homme à marcher sur la Lune, le 21 juillet 1969. Parmi les récentes missions de la NASA, notons la mission *Mars Exploration Rovers*, lancée en 2003, dans le but d'explorer la surface de la planète Mars à l'aide de deux robots, Spirit et Opportunity, et la mission

N

> *Deep Impact*, lancée le 12 janvier 2005 vers la comète 9P/Tempel 1 pour étudier, à partir de la sonde, le cratère provoqué par un "impacteur" et les matériaux éjectés lors de l'impact qui s'est produit, comme prévu, le 4 juillet 2005.

nasal ['neɪ·zəl] *adj* **1.** (*concerning nose*) nasal(e) **2.** (*squeaky: voice*) nasillard(e)
nascent ['næs·ənt] *adj* naissant(e)
nastiness ['næst·ɪ·nəs] *inv n* **1.** (*being unpleasant*) caractère *m* désagréable; (*of a smell*) mauvaise odeur *f* **2.** (*being bad*) méchanceté *f* **3.** (*amorality*) caractère *m* ignoble
nasturtium [nə·'stɜr·ʃəm] *n* capucine *f*
nasty ['næs·ti] <-ier, -iest> *adj* **1.** (*unpleasant*) désagréable **2.** (*spiteful*) méchant(e); **to turn ~** devenir méchant **3.** (*bad, serious: accident, habit*) vilain(e) **4.** (*morally bad*) ignoble; **to have a ~ mind** avoir l'esprit mal tourné
natal ['neɪ·t̬əl] *adj* natal(e)
nation ['neɪ·ʃən] *n* **1.** (*country, state*) nation *f*; **to serve the ~** servir l'État **2.** (*people living in a state*) peuple *m*; **the whole ~** le pays entier **3.** (*ethnic group or tribe*) nation *f*
national ['næʃ·ən·əl] **I.** *adj* national(e) **II.** *n pl* ressortissant(e) *m(f)*
national anthem *n* hymne *m* national
national debt *n* dette *f* publique
national income *n* revenu *m* national
nationalism ['næʃ·ən·əl·ɪ·zəm] *n pej* nationalisme *m*
nationalist ['næʃ·ən·əl·ɪst] **I.** *adj* nationaliste **II.** *n* nationaliste *mf*
nationalistic *adj pej* nationaliste
nationality [ˌnæʃ·ən·'æl·ə·ti] <-ties> *n* nationalité *f*; **to have French ~** être de nationalité française
nationalization [ˌnæʃ·ən·əl·aɪ·'zeɪ·ʃən] *n* nationalisation *f*
nationalize ['næ·ʃən·əl·aɪz] *vt* nationaliser
national park *n* parc *m* national
National Socialism *n* national-socialisme *m*
nation-state *n* état-nation *m*
nationwide **I.** *adv* à l'échelle nationale; (*opinion*) national(e) **II.** *adj* au niveau national; (*be known*) dans tout le pays
native ['neɪ·t̬ɪv] **I.** *adj* **1.** (*born in or local to place*) natif(-ive); (*plant*) aborigène **2.** (*of place of origin*) de naissance; (*country*) d'origine **3.** (*indigenous, primitive*) indigène; (*village*) primitif(-ive) **4.** (*local, traditional*) du pays **5.** (*original*) natif(-ive); (*language*) maternel(le) **6.** (*innate aptitude*) naturel(le); (*talent*) inné(e) **II.** *n* **1.** (*born, living in a place*) autochtone *mf*; **to be a ~ of Montreal** être originaire de Montréal; **to speak English like a ~** parler l'anglais comme un natif **2.** *pej* (*indigene*) indigène *mf*
Native American **I.** *n* Amérindien(ne) *m(f)* **II.** *adj* amérindien(ne)

> **i** La plupart des spécialistes sont d'accord pour dire que les **Native Americans**, les Indiens d'Amérique du Nord, ont émigré d'Asie en traversant le détroit de Béring et se sont dispersés vers le sud du Canada et des USA bien avant la découverte du Nouveau Monde par les explorateurs européens. Ils sont divisés en sept zones culturelles, allant des Esquimaux dans le Grand Nord aux Séminoles des Everglades de Floride, et leurs styles de vie sont le reflet de leur connexion très étroite avec leur environnement.

native speaker *n* locuteur, -trice *m, f* natif(-ive); **to be an English ~** être de langue maternelle anglaise
Nativity [nə·'tɪv·ə·t̬i] *n* la Nativité
NATO ['neɪ·t̬oʊ] *n no art abbr of* **North Atlantic Treaty Organization** OTAN *f*; **~ troops** les troupes *fpl* de l'OTAN
natural ['nætʃ·ər·əl] **I.** *adj* naturel(le); (*state*) primitif(-ive); (*parents*) biologique; **it's ~** c'est normal; **it's only ~ that** il est tout à fait naturel que *+subj*; **to be a ~ leader** être né pour être un meneur **II.** *n inf* talent *m*; **to be a ~ for sth** être doué pour qc; **as a singer, she's a ~** c'est une chanteuse née
natural-born *adj* né(e)
natural childbirth *n* accouchement *m* naturel
natural disaster *n* catastrophe *f* naturelle
natural food *n* alimentation *f* naturelle
natural gas *n* gaz *m* naturel
natural history *n* histoire *f* naturelle
naturalism ['næ·tʃər·əl·ɪ·zəm] *n* naturalisme *m*
naturalist **I.** *n* naturaliste *mf* **II.** *adj* naturaliste
naturalistic [ˌnæ·tʃər·əl·'ɪs·tɪk] *adj* naturaliste
naturalization [ˌnæ·tʃər·əl·ɪ·'zeɪ·ʃən] *n* naturalisation *f*
naturalize ['næ·tʃər·əl·aɪz] **I.** *vt* naturaliser **II.** *vi* BOT s'acclimater
natural language *n* langage *m* naturel
natural law *n* loi *f* de la nature
natural life *n* espérance *f* de vie
naturally *adv* naturellement; **it comes ~ to her** c'est inné chez elle; **she's ~ generous** elle est d'un naturel généreux
natural number *n* nombre *m* naturel
natural resources *npl* ressources *fpl* naturelles; **to be rich/poor in ~** avoir beaucoup/peu de ressources naturelles
natural science *n* sciences *fpl* naturelles
natural selection *n* sélection *f* naturelle
nature ['neɪ·tʃər] *n* **1.** *no art* (*the environment, natural forces*) nature *f* **2.** (*essential qualities, temperament*) nature *f*; **things of this ~** les choses *fpl* de ce genre; **in the ~ of things** dans la nature des choses; **by ~** de nature; **it's in her ~ to do that** c'est dans son tempérament de faire ça
nature conservation *n* protection *f* de la

nature
nature lover *n* amoureux, -euse *m, f* de la nature
nature preserve *n* réserve *f* naturelle
nature trail *n* sentier *m* (aménagé)
naturism ['neɪ·tʃᵊr·ɪ·zᵊm] *n* naturisme *m*
naturist ['neɪ·tʃᵊr·ɪst] *n* naturiste *mf*
naught [nɔt] *pron* **to be (all) for ~** être en vain; **to come to ~** n'aboutir à rien
naughty ['nɔ·t̬i] <-ier, -iest> *adj* **1.** (*badly behaved, mischievous*) *a. iron* vilain(e) **2.** (*wicked*) méchant(e) **3.** *iron, inf* (*sexually stimulating*) cochon(ne)
nausea ['nɔ·zi·ə] *n* nausée *f;* **a feeling of ~** une envie de vomir; **to suffer from ~** avoir mal au cœur
nauseate ['nɔ·zɪ·eɪt] *vt a. fig, pej, form* écœurer; **to be ~d by sth** être dégoûté par qc
nauseating *adj* **1.** (*making feel sick*) nauséabond(e) **2.** *fig, pej* dégoûtant(e)
nauseous ['nɔ·ʃəs] *adj* nauséeux(-euse); **to be** [*o* **feel**] **~** avoir des nausées
nautical ['nɔ·t̬i·kᵊl] *adj* nautique
nautical mile *n* mil(l)e *m* nautique
naval ['neɪ·vᵊl] *adj* naval(e); (*officer*) de marine
naval academy *n* école *f* navale
naval base *n* base *f* navale
naval power *n* puissance *f* maritime
naval warfare *n* **1.** (*military fighting*) guerre *f* maritime **2.** (*act of fighting*) combat *m* naval
nave [neɪv] *n* nef *f*
navel ['neɪ·vᵊl] *n* nombril *m* ▶ **to contemplate one's ~** se regarder le nombril
navigable *adj* navigable; (*balloon*) dirigeable
navigate ['næv·ɪ·geɪt] **I.** *vt* **1.** NAUT naviguer; **to ~ the ocean/a river** naviguer sur l'océan/une rivière **2.** (*steer, pilot*) gouverner **3.** (*manage to get through*) **to ~ one's way to the door** se frayer un chemin jusqu'à la porte **4.** COMPUT **to ~ the Internet** naviguer sur Internet **II.** *vi* **1.** NAUT, AVIAT naviguer **2.** AUTO diriger
navigation [ˌnæv·ɪ·'geɪ·ʃᵊn] *n* navigation *f*
navigator ['næv·ɪ·geɪ·t̬ər] *n* **1.** NAUT navigateur, -trice *m, f* **2.** AUTO copilote *m*
navy ['neɪ·vi] **I.** <-vies> *n* **1.** (*military fleet*) **the Navy** la Marine; **to serve in the ~** servir dans la marine **2.** (*color*) marine **II.** *adj* bleu marine *inv*
nay [neɪ] **I.** *adv form* même **II.** *n* non *m;* **ayes and ~s** voix pour et contre
Nazi ['nat·si] *n a. pej* nazi(e) *m(f)*
Naziism, Nazism *n* nazisme *m*
NB [ˌen·'bi] *adv abbr of* **nota bene** NB
NBA [ˌen·bi·'eɪ] *n abbr of* **National Basketball Association** NBA *f*
NC [ˌen·'si] *n abbr of* **North Carolina**
NCO [ˌen·si·'oʊ] *n abbr of* **noncommissioned officer** sous-officier *m*
ND [ˌen·'di] *n abbr of* **North Dakota**
NE [ˌen·'i] **1.** *abbr of* **Nebraska 2.** *abbr of* **New England 3.** *abbr of* **northeast** N-E *m*
neap tide *n* marée *f* de morte-eau
near [nɪr] **I.** *adj* **1.** (*over distance*) proche; **the ~est place** l'endroit *m* le plus proche **2.** (*in time*) proche; **in the ~ future** dans un proche avenir **3.** (*dear*) proche; **a ~ and dear friend** un ami intime **4.** (*similar*) proche; (*portrait*) ressemblant(e); **the ~est thing to sth** ce qui se rapproche le plus de qc **5.** (*not quite*) **to the ~est dollar** à un dollar près; **to have a ~ accident** frôler l'accident; **to have a ~ escape** s'échapper de justesse **II.** *adv* **1.** (*in space or time*) près; **to be ~** (*building*) être à proximité; (*event*) être imminent; **to come ~** s'approcher; **how ~ is the post office?** à quelle distance se trouve la poste?; **to live quite ~** habiter tout près; **~ at hand** à portée de (la) main; **to come ~er to sb/sth** se rapprocher de qn/qc; **we're getting ~ Easter** nous approchons de Pâques **2.** (*almost*) presque; **a ~ perfect murder** un meurtre presque parfait; **as ~ as I can guess** autant que je puisse deviner *subj* **3. ~ to** (*person*) proche de; (*building, town*) près de; **to be ~ to tears** *fig* être au bord des larmes; **to be ~ to doing sth** être sur le point de faire qc; **I came ~ to winning** j'ai failli gagner **III.** *prep* **1.** (*in proximity to*) **~ sb/sth** près de qn/qc; **~ the house** aux abords de la maison; **~ the end/top of the page** vers la fin/le haut de la page; **to be nowhere ~ sth** être loin de qc; **we're nowhere ~ an agreement** nous sommes loin de trouver un accord; **to be ~ the end of the month** être vers la fin du mois **2.** (*almost*) **it's ~/nowhere ~ midnight** il est presque/loin d'être minuit; **it's ~ Christmas** Noël approche; **it's nowhere ~ enough** c'est loin de suffire **3.** (*like*) **it's the same story or ~ it** c'est la même histoire ou presque; **nowhere ~ the truth** à mille lieues de la vérité **IV.** *vt* s'approcher de; **it's ~ing completion** c'est presque terminé; **to be ~ing one's goal** toucher au but
nearby [ˌnɪr·'baɪ] **I.** *adj* proche; **there are a few shops ~** il y a quelques magasins tout près d'ici **II.** *adv* à proximité; **is it ~?** est-ce que c'est près d'ici?
Near East *n* **the ~** le Proche-Orient
nearly ['nɪr·li] *adv* presque; **~ certain** à peu près certain; **not ~ enough** loin d'être suffisant; **to be not ~ as bad as sth** être loin d'être aussi mauvais que qc; **to be ~ there** être presque arrivé; **to be ~ screaming** être sur le point de crier; **he very ~ lost his life** il a failli perdre la vie
near miss <-es> *n* **1.** (*attack*) coup *m* raté de peu; **it was a ~** cela a raté de peu **2.** (*accident*) accident *m* évité de justesse; **to have a ~** y échapper de justesse; **that was a ~** il s'en est fallu de peu **3.** *fig* **the lottery was a ~ for him** il a raté le gros lot de peu
nearsighted *adj* myope
nearsightedness *n* myopie *f*
neat [nit] *adj* **1.** (*orderly, well-ordered*) ordonné(e); (*room*) bien rangé(e); (*handwriting, appearance*) soigné(e); (*beard*) bien

soigné(e); **to be ~ in one's dress** s'habiller de façon soignée; **~ and tidy** propre et bien rangé **2.** (*skillful*) adroit(e); (*solution*) bien formulé(e) **3.** (*undiluted, pure: gin, whiskey*) sec(sèche) **4.** *inf* (*good: bike*) super *inv;* (*guy*) formidable

neatly *adj* **1.** (*carefully*) soigneusement **2.** (*cleverly*) adroitement

neatness *n* (*of person*) apparence *f* soignée; (*of house, dress*) netteté *f*

Nebraska [nə·'bræs·kə] *n* le Nebraska

nebulous ['neb·jə·ləs] *adj* nébuleux(-euse); (*promise*) vague

necessarily ['nes·ə·ser·ᵊl·i] *adv* **1.** (*as a necessary result*) nécessairement **2.** (*inevitably, therefore*) inévitablement **3.** (*perforce*) forcément; **I don't ~ have to believe him** je ne suis pas forcé de le croire

necessary ['nes·ə·ser·i] *adj* nécessaire; **to make the ~ arrangements** prendre les dispositions utiles; **the restructuring is ~** la reconstruction est indispensable; **a ~ evil** un mal nécessaire; **it is ~ that** il faut que +*subj;* **it is ~ for him to do it** il faut qu'il le fasse +*subj;* **it is not ~ to** +*infin* ce n'est pas la peine de +*infin;* **to do what is ~** faire ce qu'il faut; **if ~** au besoin

necessitate [nə·'ses·ɪ·teɪt] *vt form* nécessiter; **to ~ sb's doing sth** obliger qn à faire qc

necessity [nə·'ses·ə·ṱi] <-ties> *n* **1.** (*the fact of being necessary*) nécessité *f;* **a case of absolute ~** un cas de force majeure **2.** (*need*) besoin *m;* **in case of ~** en cas de besoin; **when the ~ arises** quand le besoin se fait sentir; **~ for sb to** +*infin* besoin pour qn de +*infin* **3.** (*basic need*) besoin *m;* **to be a ~** être indispensable; **the bare necessities** le strict nécessaire ▶ **~ is the mother of invention** *prov* la nécessité rend ingénieux

neck [nek] **I.** *n* **1.** (*body part*) cou *m* **2.** (*nape*) nuque *f* **3.** (*area below head*) encolure *f* **4.** (*cut of meat*) collier *m* **5.** (*long thin object part: of a bottle*) goulot *m;* (*of a vase*) col *m;* (*of a violin*) manche *m* **6.** (*distance in horse racing*) **by a ~** d'une encolure ▶ **in this ~ of the woods** *inf* dans le coin; **to be up to one's ~ in sth** *inf* être complètement impliqué dans qc; **to be breathing down sb's ~** être tout près de qn; **to finish ~ and ~** arriver au coude à coude; **to stick one's ~ out** prendre des risques **II.** *vi inf* **1.** (*kiss*) se bécoter **2.** (*caress*) se peloter

necklace *n* collier *m*

neckline *n* encolure *f;* **low ~** décolleté *m*

necktie *n* cravate *f*

nectar ['nek·tər] *n* nectar *m*

nectarine [ˌnek·tə·'rin] *n* nectarine *f*

née [neɪ] *adj* née

need [nid] **I.** *n* **1.** (*want, requirement, lack*) besoin *m;* **his ~ is greater than yours** il est plus dans le besoin que toi; **to be badly in ~ of sth** avoir grandement besoin de qc; **the ~ for vigilance** la nécessité d'être vigilant; **to meet sb's ~s** subvenir aux besoins de qn; **as the ~ arises** quand la nécessité se fera sentir; **if ~ be** en cas de besoin; **there's no ~ to buy it** il n'est pas nécessaire de l'acheter; **there's no ~ to shout!** tu n'as pas besoin de crier!; **no ~ for tears** pas besoin de pleurer **2.** (*emergency, crisis*) difficulté *f;* **in his hour of ~ his friend was there** dans les moments difficiles, son ami était là **II.** *vt* **1.** (*require*) avoir besoin de; **all you ~ is a pen** tu n'as besoin que d'un stylo; **I ~ time to think** il me faut du temps pour réfléchir; **you'll be ~ing your sunglasses today!** tu devras porter tes lunettes aujourd'hui!; **I ~ sb to help me** j'ai besoin que qn m'aide; **some changes are sorely ~ed** on a grandement besoin de quelques changements; **your dogs ~ brushing** vos chiens auraient besoin d'être brossés **2.** (*must, have to*) **to ~ to** +*infin* être obligé de +*infin;* **he ~s to improve** il faut qu'il s'améliore; **they didn't ~ to wait long** ils n'ont pas eu à attendre longtemps; **you ~ to read these books** il faut que tu lises ces livres; **they ~ to be tested** ils doivent être testés ▶ **that's all we ~!** *iron* il ne manquait plus que ça! **III.** *aux* **~ I attend the conference?** faut-il vraiment que j'assiste à la conférence?; **his death ~ never have happened so soon** sa mort n'aurait jamais dû arriver si tôt; **you ~n't worry** *inf* tu n'as pas à t'inquiéter; **to ~ not** +*infin* ne pas avoir à +*infin;* **you ~n't have done all this work** il n'était pas nécessaire de faire tout ce travail; **you ~n't take your car** ce n'est pas la peine de prendre votre voiture

needle ['ni·dl] **I.** *n* aiguille *f* ▶ **to look** [*o* **search**] **for a ~ in a haystack** chercher une aiguille dans une botte de foin; **to be on pins and ~s** être sur des charbons ardents **II.** *vt* **1.** *inf* (*annoy*) agacer **2.** (*prick*) piquer

needless *adj* superflu(e); **~ to say ...** inutile de dire ...

needlework *n* travaux *mpl* d'aiguille

needn't ['ni·dənt] = **need not** *s.* **need**

needy ['ni·di] **I.** <-ier, -iest> *adj* nécessiteux(-euse) **II.** *npl* **the ~** les nécessiteux *mpl*

ne'er-do-well *n* vaurien(ne) *m(f)*

nefarious [nə·'fer·i·əs] *adj pej, form* infâme

negate [nɪ·'geɪt] *vt* **1.** *form* (*nullify*) annuler **2.** (*deny existence of*) nier l'existence de **3.** LING mettre à la forme négative

negation [nɪ·'geɪ·ʃᵊn] *n form* négation *f;* **to be the ~ of sth** être l'antithèse de qc

negative ['neg·ə·ṱɪv] **I.** *adj* **1.** (*denoting denial, refusal*) *a.* ELEC négatif(-ive) **2.** (*expressing negation: clause*) de nullité **3.** (*pessimistic*) négatif(-ive); **to be ~ about sb/sth** se montrer négatif au sujet de qn/qc **II.** *n* **1.** (*rejection, refusal*) réponse *f* négative; **in the ~** par la négative **2.** (*photographic image*) négatif *m* **III.** *vt* **1.** *form* (*say no to*) dire non à **2.** (*reject, decline*) rejeter **3.** (*contradict*) contredire **IV.** *interj* négatif!

negatively *adv* négativement

negative sign *n* signe *m* moins

negativity [ˌneg·ə·ˈtɪv·ə·t̬i] *n* négativité *f*

neglect [nɪ·ˈglekt] **I.** *vt* négliger; (*garden, building*) laisser à l'abandon; (*duties*) oublier; (*opportunity*) laisser échapper; **to ~ to** +*infin* omettre de +*infin* **II.** *n* **1.** (*not caring*) négligence *f;* **to happen through ~** être dû à la négligence **2.** (*poor state*) manque *m* d'entretien; **to be in a state of ~** être à l'abandon

neglected *adv* négligé(e); (*building*) mal entretenu(e); (*child*) délaissé(e); **to feel ~** se sentir délaissé

neglectful *adj* négligent(e); **to be ~ of sb/sth** négliger qn/qc; **to be ~ of one's duties** être oublieux de son devoir

negligence [ˈneg·lɪ·dʒən(t)s] *n* négligence *f*

negligent *adj* négligent(e); (*attitude, air*) nonchalant(e); **to be ~ of sth** négliger qc

negligible [ˈneg·lɪ·dʒə·bl] *adj* négligeable

negotiable *adj* **1.** (*can be negotiated*) négociable **2.** (*able to be traversed*) franchissable; (*road*) praticable **3.** (*transferable*) transférable; **~ securities** fonds *mpl* négociables

negotiate [nɪ·ˈgoʊ·ʃi·eɪt] **I.** *vt* **1.** (*discuss, bargain*) négocier; **to be ~d** à débattre **2.** (*travel through: obstacle*) franchir; (*sharp curve*) négocier **3.** (*surmount or solve: problems, difficulties*) surmonter **II.** *vi* négocier; **to ~ for peace with sb** entreprendre des pourparlers pour la paix avec qn; **to ~ with sb** être en pourparlers avec qn

negotiation [nɪ·ˌgoʊ·ʃi·ˈeɪ·ʃən] *n* négociation *f;* **to be in ~ with sb** être en pourparlers avec qn

negotiator *n* négociateur, -trice *m, f*

Negress [ˈni·grɪs] *n pej* négresse *f*

Negro [ˈni·groʊ] <-es> *pej* **I.** *n* nègre *m* **II.** *adj* nègre

neigh [neɪ] **I.** *n* hennissement *m* **II.** *vi* hennir

neighbor [ˈneɪ·bər] **I.** *n* **1.** (*person living next door*) voisin(e) *m(f)* **2.** (*adjacent country*) pays *m* limitrophe **3.** (*fellow citizen*) prochain *m* ▶ **love your ~ as you love yourself** aime ton prochain comme toi-même **II.** *vi* **to ~ on sth** être adjacent à qc

neighborhood [ˈneɪ·bər·hʊd] *n* **1.** (*district*) quartier *m;* **the library is in my ~** la bibliothèque est près de chez moi; **~ shops** commerces *mpl* de proximité **2.** (*people of the district*) voisinage *m* **3.** (*vicinity*) environs *mpl;* **in the ~ of sth** *fig* aux alentours de qc

neighboring *adj* **1.** (*nearby, not far away*) avoisinant(e) **2.** (*bordering*) limitrophe; (*country*) frontalier(-ère)

neighborliness *n* bon voisinage *m;* **good ~** bons rapports *mpl* entre voisins

neighborly [ˈneɪ·bər·li] *adj* (*relations, visit*) de bon voisinage; (*person*) amical(e); **to be ~ people** être de bons voisins

neither [ˈni·ðər] **I.** *pron* aucun (des deux); **which one? – ~ (of them)** lequel? – ni l'un ni l'autre **II.** *adv* ni; **~ ... nor ...** ni ... ni ...; **he is ~ hurt nor dead** il n'est ni blessé ni mort ▶ **sth is ~ here nor there** qc importe peu **III.** *conj* non plus; **if he won't eat, ~ will I** s'il ne mange pas, moi non plus **IV.** *adj* aucun des deux; **in ~ case** ni dans un cas ni dans l'autre; **~ book is good** ces deux livres ne sont bons ni l'un ni l'autre

neoclassical [ˌni·oʊ·ˈklæs·ɪk·əl] *adj* néo-classique

Neolithic [ˌni·oʊ·ˈlɪθ·ɪk] *adj* néolithique ▶ **to live in the ~ age** vivre à l'âge de pierre

neologism [ni·ˈa·lə·dʒɪ·zəm] *n form* néologisme *m*

neon [ˈni·an] *n* néon *m*

neo-Nazi **I.** *n* néonazi(e) *m(f)* **II.** *adj* néonazi(e)

neo-Nazism *n* néonazisme *m*

neon lamp, neon light *n* éclairage *m* au néon

neon sign *n* enseigne *f* au néon

neon tube *n* néon *m*

Nepal [nə·ˈpɔl] *n* le Népal

Nepalese [ˌnep·ə·ˈliz], **Nepali** [nɪ·ˈpɔ·li] **I.** *adj* népalais(e) **II.** *n* **1.** (*person*) Népalais(e) *m(f)* **2.** LING népalais *m; s.a.* **English**

nephew [ˈnef·ju] *n* neveu *m*

nephritis [nɪ·ˈfraɪ·t̬ɪs] *n* néphrite *f*

nepotism [ˈnep·ə·tɪ·zəm] *n pej* népotisme *m*

Neptune [ˈnep·tun] *n* Neptune *f*

nerd [nɜrd] *n inf* nul(le) *m(f)*

nerve [nɜrv] *n* **1.** ANAT nerf *m;* **~ ending** terminaison *f* nerveuse; **~ disease** maladie *f* des nerfs **2.** *pl* (*worry*) nerfs *mpl;* **to be a bundle of ~s** être un paquet de nerfs; **to calm one's ~s** se calmer les nerfs; **to get on sb's ~s** *inf* taper sur les nerfs de qn **3.** *inf* (*audacity*) culot *m;* **to have the ~ to** +*infin* avoir le culot de +*infin* **4.** (*courage*) courage *m;* **to lose one's ~** perdre son sang-froid ▶ **~s of steel** nerfs d'acier; **to hit a (raw) ~** toucher la corde sensible

nerveless *adj* **1.** (*without nerves, calm*) imperturbable **2.** (*lacking courage, coolness*) inerte **3.** (*diffuse, insipid*) insipide; **to be ~** manquer de vigueur

nerve-racking, nerve-wrecking *adj* éprouvant(e)

nervous [ˈnɜr·vəs] *adj* **1.** (*agitated, excited*) nerveux(-euse); **to be a ~ wreck** être à bout de nerfs; **to be ~ about doing sth** être nerveux à l'idée de faire qc **2.** (*tense, anxious*) angoissé(e); **to make sb ~** rendre qn nerveux; **to feel ~** avoir les nerfs en boule; **to be ~ about doing sth** avoir peur de faire qc; **to be ~ in sb's presence** ne pas être à l'aise devant qn **3.** (*timid*) timide; **to make sb ~** mettre qn mal à l'aise; **to be ~** (*for performance, test*) avoir le trac **4.** MED nerveux(-euse)

nervous breakdown *n* dépression *f* nerveuse

nervously *adv* nerveusement

nervousness *n* **1.** (*nervous condition*) nervosité *f* **2.** (*fearfulness, anxiety*) trac *m*

nervous system *n* système *m* nerveux

nervy [ˈnɜr·vi] <-ier, -iest> *adj pej* **to be ~** avoir du toupet

nest [nest] **I.** *n* **1.** (*animal's home*) nid *m* **2.** (*set*) jeu *m* **II.** *vi* se nicher

nest egg *n* pécule *m*

nestle ['nes·l] **I.** *vt* blottir; **to ~ sth on sb/sth** blottir qc dans qc/contre qn **II.** *vi* (*child*) se blottir; **to ~ down in bed** se pelotonner dans son lit; **to ~ amongst sth** se nicher parmi qc; **to ~ up to sb** se nicher contre qc; **a village nestling in the hills** un village niché sur la colline

nestling ['nes(t)·lɪŋ] *n* oisillon *m*

net[1] [net] **I.** *n* **1.** *a. fig* filet *m* **2.** (*material*) tulle *f*; **~ stockings** bas *mpl* résilles ►**to slip through the ~** passer à travers les mailles du filet **II.** <-tt-> *vt* **1.** (*catch: fish*) attraper; (*criminals*) arrêter **2.** SPORTS (*hit into a net*) **to ~ sth** envoyer qc dans le filet

net[2] [net] **I.** *adj* **1.** (*after deduction*) net(te) **2.** (*final*) final(e) **II.** *vt* (*profit*) rapporter net; (*income*) gagner net

Net [net] *n* COMPUT **the ~** le Net; **~ surfer** internaute *mf*

Netherlands ['neð·ər·ləndz] *n* **the ~** les Pays-Bas *mpl*

netiquette ['net·ɪ·ket] *n* COMPUT étiquette *f* de réseau, nétiquette *f*

netspeak ['net·spik] *n* COMPUT cyberjargon *m*

netting ['neṱ·ɪŋ] *n* **1.** (*material*) filets *mpl* **2.** SPORTS (*netted structure*) treillis *m* métallique

nettle ['neṱ·l] **I.** *n* ortie *f* **II.** *vt* agacer

nettle rash *n* urticaire *f*

network ['net·wɜrk] **I.** *n* **1.** (*system*) réseau *m*; **~ card** COMPUT carte *f* réseau **2.** (*number, variety*) ensemble *m* **3.** (*group of broadcasting stations*) chaînes *fpl*; **~ television** chaîne *f* de télévision nationale **II.** *vt* **1.** (*link together*) relier; COMPUT, TECH connecter **2.** (*broadcast*) diffuser **III.** *vi* tisser un réseau de relations

networking *n* **1.** COMPUT (*work*) travail *m* en réseau **2.** COMPUT (*connecting*) mise *f* en réseau **3.** (*making contacts*) établissement *m* d'un réseau de contacts

neural ['nʊr·əl] *adj* nerveux(-euse)

neuralgia [nʊ·'ræl·dʒə] *n* névralgie *f*

neuralgic [nʊ·'ræl·dʒɪk] *adj* névralgique

neurasthenia [ˌnʊr·æs·'θi·ni·ə] *n* neurasthénie *f*

neuritis [nʊ·'raɪ·ṱɪs] *n* névrite *f*

neurological *adj* neurologique

neurologist *n* neurologue *mf*

neurology [nʊ·'ral·ə·dʒi] *n* neurologie *f*

neuron ['nʊr·an] *n* neurone *m*

neurosis [nʊ·'roʊ·sɪs] <neuroses> *n* névrose *f*

neurosurgeon *n* neurochirurgien(ne) *m(f)*

neurosurgery *n* neurochirurgie *f*

neurotic [nʊ·'ra·ṱɪk] **I.** *n* névrosé(e) *m(f)* **II.** *adj* névrosé(e)

neuter ['nu·ṱər] **I.** *adj* neutre **II.** *vt* (*males*) castrer; (*females*) stériliser

neutral ['nu·trᵊl] **I.** *adj* **1.** (*impartial*) neutre **2.** (*unemotional*) de marbre **II.** *n* **1.** (*non-aligned country*) pays *m* neutre **2.** AUTO point *m* mort

neutrality [nu·'træl·ə·ṱi] *n* neutralité *f*

neutralization [ˌnu·trᵊl·ɪ·'zeɪ·ʃᵊn] *n* neutralisation *f*

neutralize ['nu·trᵊ·laɪz] *vt* neutraliser

neutron ['nu·tran] *n* neutron *m*

neutron bomb *n* bombe *f* à neutrons

Nevada [nə·'væd·ə] *n* le Nevada

never ['nev·ər] *adv* jamais; **I ~ eat meat** je ne mange jamais de viande; **~ in all my life** jamais de la vie; **~ again!** plus jamais!; **~ ever** plus jamais; **he ~ told me that!** *inf* il ne me l'a jamais dit! ►**~ mind** ça ne fait rien; **~ mind that/him** ne fais pas attention à ça/lui

never-ending *adj* interminable

nevermore *adv* ne ... plus jamais

nevertheless [ˌnev·ər·ðə·'les] *adv* néanmoins

new [nu] **I.** *adj* **1.** (*just made*) neuf(neuve); **brand ~** tout neuf **2.** (*latest, replacing former one*) nouveau(-elle); **a ~ summer** un nouvel été; **~ blood** *fig* sang *m* nouveau; **a ~ boy/girl** SCHOOL un nouveau/une nouvelle; **to feel like a ~ man/woman** se sentir revivre; **I'm ~ around here** je suis nouveau ici; **I'm ~ to the Internet/this job** Internet/ce boulot est nouveau pour moi; **this place is ~ to me** je ne connais pas cet endroit; **everything is so ~ to me** tout est si nouveau pour moi; **we're ~ to Chicago** nous venons d'arriver à Chigago ►**a ~ broom sweeps clean** *prov* tout nouveau, tout beau; **what's ~?** quoi de neuf? **II.** *adv* récemment

New Age **I.** *adj* new age *inv* **II.** *n* new age *m*

newbie *n sl* COMPUT newbie *m*, internaute *mf* novice

newborn **I.** *adj* **1.** (*just born*) nouveau-né(e); **~ baby** nouveau-né *m* **2.** (*freshly formed: democracy, science*) tout(e) jeune **II.** *n pl* **the ~** les nouveau-nés *mpl*

New Brunswick *n* le Nouveau-Brunswick

New Caledonia *n* la Nouvelle-Calédonie

newcomer *n* **1.** (*freshly arrived person*) nouveau, -elle venu(e) *m* **2.** (*beginner*) débutant(e) *m(f)*

newel ['nu·əl] *n* noyau *m*

New England *n* la Nouvelle-Angleterre

newfangled *adj pej* dernier cri *inv*

new-fashioned *adj* à la dernière mode

newfound *adv* tout(e) nouveau(-elle)

Newfoundland[1] *n* Terre-Neuve *f*

Newfoundland[2], **Newfoundland dog** *n* ZOOL terre-neuve *m*

New Hampshire *n* le New Hampshire

newish ['nu·ɪʃ] *adj inf* assez neuf(neuve)

New Jersey *n* le New Jersey

new-laid *adj* tout frais; **~ egg** œuf *m* fraîchement pondu

new-look *adj* new-look *inv*

newly *adv* **1.** (*recently*) récemment; **~ discovered documents** documents *mpl* récemment découverts; **~ married** jeune marié **2.** (*freshly, once again*) de frais; **~ painted** fraîchement peint

newlywed *n* jeune marié(e) *m(f)*

New Mexico *n* le Nouveau-Mexique

New Orleans *n* la Nouvelle-Orléans

news [nuz] *n* **1.** (*fresh information*) nouvelle(s) *fpl;* **a piece of ~** une nouvelle; **the latest ~** les dernières nouvelles; **to be in the ~** faire parler de soi; **financial/sports ~** chronique *f* sportive/financière; **to break the ~ to sb** annoncer la nouvelle à qc; **when the ~ broke** quand on a appris la nouvelle; **to have ~ for sb** avoir du nouveau pour qn; **that's ~ to me** je ne savais pas **2.** TV, RADIO (*program*) **the ~** informations *fpl;* **on the ~** aux informations ▶ **no ~ is good ~** *prov* pas de nouvelles, bonnes nouvelles *prov*

news agency *n* agence *f* de presse

newscast *n* informations *fpl*

newscaster *n* présentateur, -trice *m, f*

news channel *n* chaîne *f* d'information

news conference *n* conférence *f* de presse

newsdealer *n* **1.** (*newspaper shop*) maison *f* de la presse **2.** (*person selling newspapers*) marchand(e) *m(f)* de journaux

news flash *n* flash *m* d'information

newsgroup *n* COMPUT infogroupe *m,* forum *m*

news item *n* **1.** point *m* d'information **2.** COMPUT article *m* de forum

newsletter *n* bulletin *m*

news magazine *n* magazine *m* d'actualités

news media *n* médias *mpl*

newsmonger *n* commère *f inf*

newspaper *n* journal *m;* **daily ~** quotidien *m*

newspaper advertising *n* publicité *f* dans la presse

newspaper editor *n* rédacteur, -trice *m, f*

newspaperman *n* journaliste *m*

newspaper report *n* reportage *m*

newspaper reporter *n* reporter *mf*

newspaperwoman *n* journaliste *f*

newsprint *n* **1.** (*paper*) papier *m* journal **2.** (*ink*) encre *f*

news program *n* informations *fpl* télévisées

newsreel *n* actualités *fpl* (filmées)

news release *n* communiqué *m* de presse

newsroom *n* salle *f* de rédaction

newsstand *n* kiosque *m*

newsworthy *adj* d'un intérêt médiatique; **a ~ event** un événement qui vaut la peine d'être publié

newsy ['nu·zi] <-ier, -iest> *adj* plein(e) de nouvelles

newt [nut] *n* triton *m*

New Testament *n* Nouveau Testament *m*

New Year *n* nouvel an *m;* **~'s card** carte *f* de nouvel an; **Happy New Year!** bonne année!

New Year's Day *n* le jour de l'An

New Year's Eve *n* la Saint-Sylvestre

New York I. *n* New York **II.** *adj* new-yorkais(e)

New Yorker *n* New-yorkais(e) *m(f)*

New Zealand I. *n* la Nouvelle-Zélande **II.** *adj* néo-zélandais(e)

New Zealander *n* Néo-Zélandais(e) *m(f)*

next [nekst] **I.** *adj* **1.** (*after this one*) prochain(e); **~ month** le mois prochain; **you're ~** c'est votre tour; **she's (the) ~ to** *+infin* c'est à son tour de *+infin;* **who's ~?** à qui le tour? **2.** (*following*) suivant(e); **the ~ day** le lendemain; **in the ~ two days/ten minutes** d'ici deux jours/dix minutes **3.** (*in series, space: house*) voisin(e); **on the ~ floor up/down** à l'étage du dessus/dessous; **at the ~ table** à la table d'à-côté; **I need the ~ size** il me faut une taille au-dessus **II.** *adv* **1.** (*afterwards*) ensuite; **David left ~** David est parti après **2.** (*in a moment*) maintenant; **~, add the eggs** maintenant, incorporer les œufs **3.** (*second*) après; **the ~ oldest is John** c'est John qui est ensuite le plus âgé **4.** (*again*) la prochaine fois; **when I ~ come** quand je reviendrai **III.** *pron* **the ~** le(la) prochain(e); **after this bus, the ~ is in one hour** le prochain bus, après celui-ci, est dans une heure; **the ~ to leave was David** ensuite, c'est David qui est parti; **from one minute to the ~** d'une minute à l'autre; **I'm in San Diego one day, Seattle the ~** je suis à San Diego un jour et à Seattle le lendemain

next door *adv* à côté; **the woman/man ~** la dame/le monsieur d'à-côté; **to go ~** aller chez les voisins

next-door *adj* d'à-côté; **~ neighbor** voisin(e) *m(f)* d'à-côté

next of kin *n* plus proche parent *m*

next to *adv* **1.** (*beside*) à côté de; **~ the skin** à même la peau **2.** (*second to*) **~ last** avant-dernier; **~ Bach, I like Mozart best** après Bach, c'est Mozart que je préfère **3.** (*almost*) presque; **to cost ~ nothing** coûter trois fois rien; **it takes ~ no time** c'est très rapide

nexus ['nek·səs] *n* lien *m*

NFL [ˌen·ef·'el] *n abbr of* **National Football League** Ligue *f* nationale de football américain

NH [ˌen·'eɪtʃ] *n abbr of* **New Hampshire**

NHL [ˌen·eɪtʃ·'el] *n abbr of* **National Hockey League** LNH *f*

NI [ˌen·'aɪ] *abbr of* **Northern Ireland**

Niagara Falls [naɪ·ˌæg·ər·ə·'fɔlz] *n* **(the) ~** les chutes *fpl* du Niagara

nib [nɪb] *n* plume *f*

nibble ['nɪb·l] **I.** *n* morceau *m* **II.** *vt* **1.** (*eat with small bites*) grignoter, gruger *Québec* **2.** (*peck at sensually*) mordiller **III.** *vi* **1.** (*snack lightly*) grignoter **2.** *fig* (*show interest in*) **to ~ at an offer** se montrer tenté par une offre **3.** (*deplete slowly*) **to ~ away at sth** grignoter doucement qc

Nicaragua [ˌnɪk·ə·'ra·gwə] *n* le Nicaragua

Nicaraguan I. *n* Nicaraguayen(ne) *m(f)* **II.** *adj* nicaraguayen(ne)

nice [naɪs] *adj* **1.** (*pleasant, agreeable*) agréable; **~ weather** beau temps *m;* **far ~r** beaucoup plus beau; **~ to meet you!** enchanté de faire votre connaissance!; **it's ~ doing sth** c'est agréable de faire qc **2.** (*kind, friendly*) gentil(le); **a ~ guy** un bon gars; **be ~ to your sister!** sois gentil avec ta sœur!; **it was ~ of you to call** c'est gentil d'avoir appelé **3.** (*beautiful*) joli(e) **4.** (*socially approved: per-*

son, accent) sympathique **5.** *iron* (*unpleasant, bad, awkward*) joli(e); **what a ~ thing to say to your brother** c'est gentil de dire ça à ton frère **6.** (*fine, subtle*) subtil(e) ► **~ work if you can get it!** il y en a qui ont de la chance!

nicely *adv* **1.** (*well*) bien **2.** (*politely*) poliment

nicety ['naɪ·sə·t̬i] <-ties> *n* **1.** (*subtle, finer point*) subtilité *f* **2.** *pl* (*precise distinctions*) subtilités *fpl* **3.** *pl* (*social conventions*) convenances *fpl;* **social niceties** mondanités *fpl*

niche [nɪtʃ, niʃ] *n* **1.** (*in wall*) niche *f* **2.** (*suitable position*) créneau *m* ► **to find one's ~** trouver sa voie

nick [nɪk] **I.** *n* **1.** (*cut*) entaille *f* **2.** (*chip, dent*) ébréchure *f* ► **in the ~ of time** juste à temps **II.** *vt* **1.** (*cut*) entailler; **to ~ oneself** se couper **2.** (*chip, dent*) ébrécher **3.** *inf* (*charge unfairly, trick*) rouler

nickel ['nɪ·kl] *n* **1.** (*metallic element*) nickel *m* **2.** (*coin*) pièce *f* de cinq cents

nickname ['nɪk·neɪm] **I.** *n* surnom *m* **II.** *vt* surnommer

nicotine ['nɪk·ə·tin] *n* nicotine *f*

nicotine patch *n* patch *m* de nicotine

niece [nis] *n* nièce *f*

nifty ['nɪf·ti] <-ier, -iest> *adj inf* **1.** (*stylish, smart*) chouette **2.** (*skillful, effective*) habile

Niger ['naɪ·dʒər] *n* le Niger

Nigeria [naɪ·'dʒɪr·i·ə] *n* le Nigeria

Nigerian **I.** *adj* nigérian(e) **II.** *n* Nigérian(e) *m(f)*

Nigerien **I.** *adj* nigérien(e) **II.** *n* Nigérien(e) *m(f)*

niggardly ['nɪg·ərd·li] *adj pej* **1.** (*stingy, miserly*) mesquin(e) **2.** (*meager*) piètre

nigger ['nɪg·ər] *n pej, sl* négro, négresse *m, f*

niggle ['nɪg·l] **I.** *vi* pinailler; **to ~ over sth** trouver à redire au sujet de qc **II.** *vt* **there's sth niggling me** il y a quelque chose qui me tracasse

niggling *adj* tatillon(ne); (*doubt*) obsédant(e)

nigh [naɪ] *adv* proche

night [naɪt] **I.** *n* **1.** (*end of day*) soir *m;* **last ~** hier soir; **10 (o'clock) at ~** 10 heures du soir; **the ~ before** la veille au soir **2.** (*opp: day*) nuit *f;* **good ~!** bonne nuit!; **last ~** cette nuit, la nuit dernière; (*evening*) hier soir; **open at ~** ouvert la nuit; **~ and day** nuit et jour; **during the ~** au cours de la nuit; **during Tuesday ~** mardi, dans la nuit; **far into the ~** tard dans la nuit; **at dead of ~** en pleine nuit; **the Arabian Nights** les Mille et Une Nuits *fpl;* **to work ~s** travailler de nuit **3.** (*evening spent for activity*) soirée *f;* **a girls' ~ out** une soirée entre filles **II.** *adj* de nuit

nightcap *n* **1.** (*drink*) *boisson généralement alcoolisée prise avant de se coucher* **2.** (*cap*) bonnet *m* de nuit

nightclothes *npl* vêtements *mpl* de nuit

nightclub *n* boîte *f* de nuit

nightclubbing *n* **to go ~** sortir en boîte

night depository *n* coffre *m* de nuit

nightfall *n* tombée *f* du jour [*o* de la nuit], brunante *f Québec*

nightgown *n* chemise *f* de nuit

nightie *n inf* chemise *f* de nuit

nightingale ['naɪ·tən·gəɪl] *n* rossignol *m*

nightlife *n* vie *f* nocturne

night-light *n* veilleuse *f*

nightly **I.** *adj* **1.** (*done each night*) de tous les soirs **2.** (*nocturnal*) nocturne **II.** *adv* tous les soirs

nightmare *n* cauchemar *m;* **the worst ~** la pire hantise; **~ scenario** scénario *m* catastrophe; **~ visions** visions *fpl* cauchemardesques

nightmarish *adj* cauchemardesque

night owl *n inf* oiseau *m* de nuit

night school *n* cours *mpl* du soir

night shift *n* équipe *f* de nuit; **to work on the ~** être de nuit

nightshirt *n* chemise *f* de nuit

nightspot *n inf* boîte *f* de nuit

nightstick *n* matraque *f*

night table *n* table *f* de nuit

nighttime *n* nuit *f*

night watchman *n* veilleur *m* de nuit

nihilism ['naɪ·ə·lɪ·zᵊm] *n* nihilisme *m*

nihilist ['naɪ·ə·lɪst] *n* nihiliste *mf*

nihilistic *adj* nihiliste

nil [nɪl] *n* néant *m*

Nile [naɪl] *n* **the ~** le Nil

nimble ['nɪm·bl] <-r, -est> *adj* **1.** (*agile*) agile **2.** (*quick-witted*) vif(vive)

NIMBY ['nɪm·bi] *n pej abbr of* **not in my back yard** riverain(e) *m(f)* contestataire

nincompoop ['nɪn·kəm·pup] *n pej, inf* gourde *f*

nine [naɪn] **I.** *adj* neuf *inv* ► **a ~ day wonder** une merveille d'un jour; *s.a.* **eight** **II.** *n* neuf *m inv* ► **be dressed (up) to the ~s** *inf* être sur son trente et un

9-11, 9/11 [ˌnaɪn·ɪ·'lev·ᵊn] *n no art* le 11 septembre

nineteen [ˌnaɪn·'tin] *adj* dix-neuf *inv; s.a.* **eight**

nineteenth *adj* dix-neuvième; *s.a.* **eighth**

ninetieth *adj* quatre-vingt-dixième; *s.a.* **eighth**

ninety ['naɪn·t̬i] *adj* quatre-vingt-dix *inv,* nonante *Belgique, Suisse; s.a.* **eight, eighty**

ninny ['nɪn·i] *n inf* gourde *f*

ninth [naɪn(t)θ] **I.** *adj* neuvième **II.** *n* **1.** (*position*) neuvième *mf* **2.** (*fraction*) neuvième *m* **3.** (*date*) **the ~ of July** le neuf juillet; *s.a.* **eighth**

nip¹ [nɪp] **I.** <-pp-> *vt* **1.** (*bite*) mordre; **to ~ sth off** couper qc avec les dents **2.** (*pinch*) pincer ► **to ~ sth in the bud** étouffer qc dans l'œuf **II.** *n* **1.** (*pinch*) pincement *m* **2.** (*bite*) morsure *f* **3.** (*feeling of cold*) **there's a ~ in the air** il fait frisquet

nip² [nɪp] *n inf* goutte *f*

nipple ['nɪp·l] *n* **1.** (*part of breast*) mamelon *m* **2.** (*teat for bottle*) tétine *f*

nippy ['nɪp·i] <-ier, -iest> *adj inf* (*chilly*) frisquet(te)

Nissen hut *n* hutte *f* préfabriquée
nit [nɪt] *n* ZOOL lente *f*
niter ['naɪ·t̬ər] *n* nitre *m*
nitpicking **I.** *adj pej, inf* tatillon(ne) **II.** *n pej, inf* chipotage *m*
nitrate ['naɪ·treɪt] *n* nitrate *m*
nitric ['naɪ·trɪk] *adj* nitrique
nitrite ['naɪ·traɪt] *n* nitrite *m*
nitrogen ['naɪ·trə·dʒən] *n* azote *m*
nitroglycerin(e) [ˌnaɪ·troʊ·'glɪs·ər·ɪn] *n* nitroglycérine *f*
nitrous ['naɪ·trəs] *adj* **1.** (*of or containing nitrogen*) d'azote **2.** (*of niter*) nitreux(-euse)
nitty-gritty [ˌnɪt̬·ɪ·'grɪt̬·i] *n inf* **the ~** la dure réalité; **to get down to the ~** passer aux choses sérieuses
nitwit ['nɪt·wɪt] *n inf* idiot(e) *m(f)*
NJ [ˌen·'dʒeɪ] *n abbr of* **New Jersey**
NM [ˌen·'em] *n abbr of* **New Mexico**
NNE [ˌnɔrθ·nɔrθ·'ist] *n abbr of* **north-northeast** N-N-E *m*
NNW [ˌnɔrθ·nɔrθ·'west] *n abbr of* **north-northwest** N-N-O *m*
no [noʊ] **I.** *adj* **1.** (*not any*) **to have ~ time/money/pen** ne pas avoir le temps/d'argent/de stylo; **to be ~ friend/genius** ne pas être un ami/génie; **to be of ~ importance/interest** n'avoir aucune importance/aucun intérêt; **to have ~ more ideas** ne plus avoir d'idées; **~ one can do it** personne ne peut le faire; **~ doctor would do it** aucun médecin ne le ferait; **there is ~ way of getting out** il est impossible de sortir; **I'm in ~ mood for excuses** je ne suis pas d'humeur à écouter vos excuses; **there's ~ hurry** ça ne presse pas **2.** (*prohibition*) **~ smoking/entry** défense de fumer/d'entrer; **~ parking** stationnement *m* interdit ▶ **by ~ <u>means</u>** aucunement; **in ~ <u>time</u>** en un rien de temps; **in ~ <u>way</u>** aucunement; **~ <u>way</u>!** pas question! **II.** *adv* **I'm ~ great singer** je ne suis pas un grand chanteur; **I ~ longer work** je ne travaille plus; **it was ~ easy task** ce n'était pas (une) chose facile; **to be ~ better** (*patient*) ne pas aller mieux; **~ more than 30** pas plus de 30 ▶ **~ <u>less</u>** rien que ça *inf;* **to be ~ <u>more</u>** n'être plus **III.** <-es *o* -s> *n* non *m inv;* **to not take ~ for an answer** insister **IV.** *interj* non!; **oh ~!** oh non!
No., no. <Nos. *o* nos.> *n abbr of* **number** n°
Nobel Prize [ˌnoʊ·bel·'praɪz] *n* prix *m* Nobel
Nobel Prize winner *n* lauréat(e) *m(f)* du prix Nobel
nobility [noʊ·'bɪl·ə·t̬i] *n* noblesse *f*
noble ['noʊ·bl] **I.** *adj* **1.** (*aristocratic, honorable*) noble **2.** (*exalted: ideas*) grand(e) **II.** *n* noble *mf*
nobleman <-men> *n* noble *m*
noble-minded *adj* généreux(-euse)
nobly *adv* noblement
nobody ['noʊ·ba·di] **I.** *pron indef pron, sing* personne; **~ spoke** personne n'a parlé; **~ but me** personne sauf moi; **we saw ~ else** nous n'avons vu personne d'autre; **he told ~** il ne l'a dit à personne **II.** *n inf* zéro *m;* **those people are nobodies** ces gens sont des moins que rien
nocturnal [nak·'tɜr·nəl] *adj form* nocturne
nod [nad] **I.** *n* signe *m* de la tête; **to give sb a ~** faire un signe de la tête à qn ▶ **to <u>give</u> sb the ~** donner le feu vert à qn **II.** <-dd-> *vt* **to ~ one's head** dire oui d'un signe de la tête; **to ~ (one's) agreement** donner son accord d'un signe de tête **III.** <-dd-> *vi* **to ~ to** [*o* **at**] **sb** saluer qn d'un signe de tête
◆**nod off** <-dd-> *vi inf* s'endormir
nodding *adj* **to have a ~ acquaintance with sth** connaître vaguement qc
node [noʊd] *n* nœud *m*
no-go area *n* MIL zone *f* interdite
nohow ['noʊ·haʊ] *adv inf* en aucun cas
noise [nɔɪz] *n* **1.** (*unpleasant sounds*) bruit *m;* **to make ~** faire du bruit **2.** (*sound*) bruit *m;* **a clinking/rattling ~** un tintement/cliquetis **3.** ELEC interférence *f* ▶ **to <u>make</u> ~ about sth** *inf* faire du tapage autour de qc; **to <u>make</u> ~ about doing sth** *inf* laisser entendre que qn fait qc; **to make (all) the <u>right</u> ~s** dire ce qui convient
noiseless *adj* silencieux(-euse)
noise level *n* niveau *m* sonore
noise pollution *n* nuisances *fpl* sonores
noise prevention *n* mesures *fpl* antibruit
noisily *adv* bruyamment
noisy ['nɔɪ·zi] <-ier, -iest> *adj* bruyant(e); **to be ~** (*person*) faire du bruit
nomad ['noʊ·mæd] *n* nomade *mf*
nomadic [noʊ·'mæd·ɪk] *adj* nomade; (*existence*) de nomade
no man's land *n fig* no man's land *m inv*
nominal ['na·mə·nəl] *adj* **1.** (*in name*) de nom **2.** (*small*) insignifiant(e)
nominally ['na·mə·nəl·i] *adv* nominalement
nominate ['na·mə·neɪt] *vt* **1.** (*propose*) proposer; (*for award*) nominer; **to ~ sb for a post** désigner qn à un poste **2.** (*appoint*) nommer
nomination [ˌna·mə·'neɪ·ʃən] *n* **1.** (*proposal*) proposition *f;* **an Oscar ~** une nomination pour l'oscar **2.** (*appointment*) nomination *f*
nominative ['na·mə·nə·t̬ɪv] **I.** *n* nominatif *m* **II.** *adj* nominatif(-ive)
nominee [ˌna·mə·'ni] *n* nominé *m;* **an Oscar ~** un nominé pour l'oscar
nonaggression *n* non-agression *f;* **~ pact** pacte *m* de non-agression
nonalcoholic *adj* non alcoolisé(e)
nonaligned *adj* non-aligné(e)
nonbeliever *n* non-croyant(e) *m(f)*
nonchalant [ˌnan·ʃə·'lant] *adj* nonchalant(e)
noncombatant *adj* non-combattant(e)
noncombustible *adj* non combustible
noncommissioned officer *n* sous-officier *m*
noncommittal *adj* qui n'engage à rien; **to be ~** ne pas s'engager
nonconformist **I.** *n* non-conformiste *mf* **II.** *adj* non-conformiste
nonconformity *n* non-conformité *f*

noncooperation *n* non coopération *f*

nondescript *adj* (*color*) indéfinissable; (*person*) quelconque

none [nʌn] **I.** *pron* **1.** (*nobody*) personne; **~ other than sb** nul autre que qn; **~ but sb** seulement qn **2.** (*not any*) aucun(e); **~ of the wine** pas une goutte de vin; **~ of the cake** pas un morceau du gâteau; **I have some money but she has ~** j'ai de l'argent, mais elle n'en a pas; **~ of that!** ça suffit! **3.** *pl* (*not any*) **~ (at all)** pas un seul; **~ of them** aucun d'entre eux; **~ of my letters arrived** aucune de mes lettres n'est arrivée; **~ of your speeches!** pas de discours! ►**it's ~ of your business** ce ne sont pas tes affaires **II.** *adv* **1.** (*not at all*) **he looks ~ the better** il n'a pas du tout l'air d'aller mieux **2.** (*not very*) **it's ~ too soon/sure** ce n'est pas trop tôt/si sûr; **it's ~ too warm** il ne fait pas si chaud que ça ►**to be ~ the wiser** ne pas être plus avancé; **to be ~ the worse** ne pas être le pire

nonentity [na·'nen·ţə·ţi] *n* (*person*) personne *f* insignifiante; (*thing*) chose *f* insignifiante

non-essential **I.** *adj* non essentiel(le) **II.** *n pl* **~s** accessoires *mpl*

nonetheless *adv* néanmoins

nonevent *n* ratage *m*

nonexistence *n* non-existence *f*

nonexistent *adj* inexistant(e)

nonfiction *n* ouvrages *mpl* généraux

nonflammable *adj* (*material*) ininflammable

noninfectious *adj* non contagieux(-euse)

nonnegotiable *adj* non négociable

no-no *n inf* **that's a (definite) ~** ça ne se fait pas

nonplus <-ss-> *vt* dérouter

nonpolluting *adj* non polluant(e)

nonproductive *adj* non productif(-ive)

nonprofit *adj* à but non lucratif

nonproliferation **I.** *n* POL non-prolifération *f* **II.** *adj* POL de non-prolifération

nonrefundable *adj* non remboursable

nonresident *n* non-résident(e) *m(f)*

nonreturnable *adj* non consigné(e)

nonscheduled *adj* spécial(e)

nonsense **I.** *n* absurdité *f;* **to talk ~** dire des absurdités; **it is ~ to say that ...** il est absurde de dire que ...; **what's all this ~?** qu'est-ce que c'est que ces bêtises? **II.** *interj* **~!** quelle bêtise!

nonsensical *adj* absurde

non shrink *adj* irrétrécissable

nonskid *adj* antidérapant(e)

nonsmoker *n* non-fumeur, -euse *m, f*

nonsmoking *adj* non-fumeurs *inv*

nonstarter *n inf* **to be a ~** être voué à l'échec

nonstick *adj* anti-adhérent(e); **~ pan** poêle *f* antiadhésive

nonstop **I.** *adj* **1.** (*without stopping*) sans arrêt; (*flight*) sans escale; (*train*) direct(e) **2.** (*uninterrupted*) ininterrompu(e) **II.** *adv* non-stop

nontaxable *adj* non imposable

nontoxic *adj* non toxique

nonverbal *adj* non verbal(e)

nonviolent *adj* non-violent(e)

noodle[1] ['nu·dl] *n pl* nouilles *fpl;* **~ soup** soupe *f* au vermicelle

noodle[2] ['nu·dl] *n inf* **1.** (*idiot*) nouille *f* **2.** (*head*) caboche *f*

noodle[3] ['nu·dl] *vi inf* MUS jouer quelques notes

nook [nʊk] *n* coin *m* ►**every ~ and cranny** tous les recoins *mpl*

noon [nun] *n* midi *m;* **at/around ~** à/vers midi

no one ['noʊ·wʌn] *pron s.* **nobody**

noose [nus] *n* nœud *m* ►**to have a ~ around one's neck** être pris au collet

nope [noʊp] *adv inf* non

nor [nɔr] *conj* **1.** (*and also not*) **~ do I/we** moi/nous non plus; **it's not funny, ~ (is it) clever** c'est ni drôle, ni intelligent; **I can not speak German, ~ can I write it** je ne parle pas l'allemand et je ne l'écris pas non plus **2.** (*not either*) ni; *s.a.* **neither**

Nordic ['nɔr·dɪk] *adj* nordique

norm [nɔrm] *n* norme *f;* **safety ~s** normes *fpl* de sécurité

normal ['nɔr·məl] **I.** *adj* **1.** (*conforming to standards*) normal(e); **in the ~ way** normalement **2.** (*usual: doctor*) habituel(le); **as (is) ~** comme d'habitude; **in ~ circumstances** en temps normal **II.** *n* normale *f;* **to return to ~** revenir à la normale

normalcy ['nɔr·məl·si] *n,* **normality** *n* normalité *f*

normalize ['nɔr·məl·aɪz] **I.** *vt* régulariser **II.** *vi* se régulariser

normally ['nɔr·məl·i] *adv* normalement

Normandy ['nɔr·mən·di] *n* la Normandie

north [nɔrθ] **I.** *n* **1.** (*cardinal point*) nord *m;* **to lie 5 miles to the ~ of sth** être à 5 miles au nord de qc; **a ~-facing window** une fenêtre exposée au nord; **to go/drive to the ~** aller/rouler vers le nord; **further ~** plus au nord **2.** GEO nord *m;* **in the ~ of France** dans le nord de la France **II.** *adj* nord *inv;* **~ wind** vent *m* du nord; **~ coast** côte *f* nord; **a ~ wall** un mur exposé au nord; **in ~ Los Angeles** dans le nord de Los Angeles **III.** *adv* au nord; (*travel*) vers le nord

North Africa *n* l'Afrique *f* du Nord

North African **I.** *adj* nord-africain(e) **II.** *n* Nord-africain(e) *m(f)*

North America *n* l'Amérique *f* du Nord

North American **I.** *n* Nord-américain(e) *m(f)* **II.** *adj* nord-américain(e)

North Carolina *n* la Caroline du Nord

North Dakota *n* le Dakota du Nord

northeast **I.** *n* nord-est *m; s.a.* **north** **II.** *adj* nord-est *inv; s.a.* **north** **III.** *adv* au nord-est; (*travel*) vers le nord-est; *s.a.* **north**

northeasterly *adj* nord-est; *s.a.* **northerly**

northeastern *adj* du nord-est

northerly *adj* **1.** (*of or in the northern part*) au nord; **~ part/coast** partie *f*/côte *f* nord **2.** (*towards the north*) vers le nord; **in a ~**

direction vers le nord **3.** (*from the north*) du nord; ~ **wind** vent *m* du nord

northern ['nɔr·ðərn] *adj* du nord, septentrional; ~ **hemisphere** hémisphère *m* nord; ~ **New England** le nord de la Nouvelle-Angleterre; **the ~ part of the country** le nord du pays

northerner *n* **1.** (*native, inhabitant*) habitant(e) *m(f)* du nord; (*of American North*) habitant(e) *m(f)* du nord des États-Unis **2.** HIST nordiste *mf*

Northern Ireland *n* Irlande *f* du Nord

northern lights *n* l'aurore *f* boréale

northernmost *adj* le plus au nord

North Korea *n* la Corée du Nord

North Pole *n* **the ~** le pôle Nord

North Sea *n* **the ~** la mer du Nord

North Star *n* **the ~** l'étoile *f* polaire

North Vietnam *n* le Vietnam du Nord

North Vietnamese I. *adj* nord-vietnamien(ne) **II.** *n* Nord-vietnamien(ne) *m(f)*

northward I. *adj* au nord **II.** *adv* vers le nord

northwards *adv* vers le nord

northwest I. *n* nord-ouest *m inv; s.a.* **north II.** *adj* nord-ouest; *s.a.* **north III.** *adv* au nord-ouest; (*travel*) vers le nord-ouest; *s.a.* **north**

northwesterly *adj* nord-ouest *inv; s.a.* **northerly**

northwestern *adj* du nord-ouest *inv*

Northwest Territories *n pl* les Territoires *mpl* du Nord-Ouest

Norway ['nɔr·weɪ] *n* la Norvège

Norwegian [nɔr·'wi·dʒən] **I.** *adj* norvégien(ne) **II.** *n* **1.** (*person*) Norvégien(ne) *m(f)* **2.** LING norvégien *m; s.a.* **English**

nose [noʊz] **I.** *n* nez *m;* **to have a runny ~** avoir le nez qui coule; **to blow one's ~** se moucher le nez; **to have a ~ job** se faire refaire le nez ▶ **with one's ~ in the air** d'un air hautain; **to keep one's ~ to the grindstone** *inf* travailler sans relâche; **to put sb's ~ out of joint** *inf* dépiter qn; **to keep one's ~ clean** *inf* se tenir à carreau; **to have a (good) ~ for sth** avoir du nez pour qc; **to have one's ~ in sth** avoir le nez dans qc; **to keep one's ~ out of sth** *inf* ne pas se mêler de qc; **to poke one's ~ into sth** *inf* fouiner dans qc; **under sb's ~** sous le nez de qn **II.** *vi* **1.** (*move*) **to ~ forwards** s'avancer **2.** *inf* (*search*) **to ~ into sth** fouiller dans qc **III.** *vt* **to ~ one's way forward/in/out/up** s'avancer/entrer/sortir/monter lentement; **to ~ its way through sth** progresser dans qc

◆ **nose around** *vi inf* fouiner

◆ **nose out I.** *vt* découvrir **II.** *vi* avancer prudemment

nosebleed *n* saignement *m* de nez; **to have a ~** saigner du nez

nosedive I. *n* **1.** AVIAT piqué *m;* **to go into a ~** descendre en piqué **2.** FIN chute *f* libre; **to take a ~** faire une chute libre **II.** *vi* **1.** AVIAT descendre en piqué **2.** FIN faire une chute libre

nose ring *n* anneau *m* de nez

nosey <-ier, -iest> *adj s.* **nosy**

nosh [naʃ] **I.** *n inf* (*food*) bouffe *f* **II.** *vi inf* (*eat*) bouffer

nostalgia [nɔ·'stæl·dʒə] *n* nostalgie *f*

nostalgic [nɔ·'stæl·dʒɪk] *adj* nostalgique

nostril ['na·strəl] *n* narine *f;* (*of a horse*) naseau *m*

nosy ['noʊ·zi] <-ier, -iest> *adj pej* curieux(-euse)

not [nat] *adv* **1.** (*expressing the opposite*) ne ... pas; **he's ~ here** il n'est pas ici; **it's red, ~ blue** c'est rouge, pas bleu; **of course ~** bien sûr que non; **~ so fast** pas si vite; **I hope ~** j'espère que non; **whether it rains or ~** qu'il pleuve ou pas; **~ even a present** même pas un cadeau; **~ that I'm interested** ce n'est pas que cela m'intéresse; **~ that I know** pas que je sache; **~ at all** (pas) du tout; **thanks – ~ at all** merci – de rien; **~ including sth** sans compter qc; **~ to mention that ...** sans parler de ... **2.** (*in tags*) **isn't it?/won't they?/don't you?** n'est-ce pas? **3.** (*less than*) **~ a minute later** à peine une minute plus tard; **to be ~ a mile away** être à un mile à peine **4.** (*expressing an opposite*) pas; **~ always** pas toujours; **~ much** pas beaucoup; **~ that...** ce n'est pas que ...; **~ up to much** pas terrible; **~ I** pas moi

notable ['noʊ·t̬ə·bl] *adj* **1.** (*eminent*) remarquable; **to be ~ for sth** être connu pour qc **2.** (*remarkable*) notable; **with a few ~ exceptions** à part quelques exceptions

notably *adv* **1.** (*particularly*) notamment; **most ~** plus particulièrement **2.** (*in a noticeable way*) remarquablement

notary ['noʊ·t̬ər·i], **notary public** <-ies> *n* notaire *m*

notation [noʊ·'teɪ·ʃən] *n* notation *f*

notch [natʃ] **I.** *vt* **1.** (*cut*) entailler **2.** *inf* (*score: a win, victory*) remporter **II.** *n* **1.** (*V-shaped indentation*) entaille *f* **2.** (*degree, hole in a belt*) cran *m;* **to go up a ~** monter d'un cran

note [noʊt] **I.** *n* **1.** (*short informal letter*) mot *m;* **to write sb a ~** écrire un mot à qn **2.** (*reminder*) note *f;* **to make/take ~ of sth** noter qc **3.** LIT commentaire *m* **4.** MUS note *f* **5.** (*piece of paper money*) billet *m* **6.** (*quality*) **a ~ of despair** une note de désespoir **7.** *form* (*important*) **of ~** d'importance; **nothing of ~** rien d'important ▶ **to strike the right ~** être tout à fait dans la note **II.** *vt form* **1.** (*write down*) noter **2.** (*mention, observe*) remarquer

◆ **note down** *vt* prendre note de

notebook *n* **1.** (*book*) carnet *m* **2.** (*laptop*) notebook *m*

noted *adj* célèbre; **to be ~ for sth** être célèbre pour qc; **to be ~ as an expert** être connu en tant qu'expert

notepad *n* bloc-notes *m*

notepaper *n* papier *m* à lettres

noteworthy <-ier, -iest> *adj form* notable; **nothing/sth ~** rien/quelque chose de remarquable

nothing ['nʌθ·ɪŋ] **I.** *indef pron, sing* **1.** (*not *anything*) rien; ~ **happened** rien ne s'est passé; **we saw ~ else/more** nous n'avons rien vu d'autre/de plus; ~ **new** rien de neuf; **next to ~** presque rien; ~ **came of it** cela n'a rien donné; ~ **doing!** rien à faire!; **good for ~** bon à rien; **to make ~ of it** ne rien y comprendre; **there's ~ to laugh at** il n'y a pas de quoi rire; ~ **much** pas grand-chose **2.** (*not important*) **that's ~!** ce n'est rien du tout!; **time is ~ to me** le temps ne compte pas pour moi **3.** (*only*) ~ **but sth** seulement qc; **he is ~ if not strict** il est strict avant tout ►**to look like ~ on earth** avoir l'air de n'importe quoi; ~ **ventured, ~ gained** *prov* qui ne risque rien n'a rien *prov;* **it has ~ to do with me** ça ne me regarde pas; **it has ~ to do with sth** ça n'a rien à voir avec qc **II.** *adv* **it's ~ less than sth** ce n'est ni plus ni moins que qc; **it's ~ less than scandalous** c'est ni plus ni moins un scandale; **it's ~ short of great/madness** c'est ni plus ni moins génial/de la folie; **it's ~ more than a joke** ça n'est rien de plus qu'une plaisanterie; **he's ~ like me** il ne me ressemble pas du tout; **I'm ~ like as good as my brother** je suis loin d'être aussi bon que mon frère; ~ **daunted, I went on** nullement découragé, j'ai continué **III.** *n* **1.** (*nonexistence*) rien *m* **2.** MATH, SPORTS zéro *m;* **three to ~** trois à zéro [*o* rien] **3.** (*person*) nullité *f;* *s.a.* **anything, something**

notice ['noʊ·t̬ɪs] **I.** *n* **1.** (*announcement: in paper*) annonce *f;* (*for birth, marriage*) avis *m;* (*on board*) affiche *f* **2.** (*attention*) attention *f;* **to escape sb's ~** échapper à l'attention de qn; **to take ~ of sb/sth** faire attention à qn/qc; **take no ~ of sb/sth** ne pas prêter attention à qn/qc **3.** (*warning*) avis *m;* **to give sb** (**due**) **~ of sth** avertir [*o* prévenir] qn de qc; **on short ~** avec un court préavis; **at a moment's ~** immédiatement; **until further ~** jusqu'à nouvel ordre **4.** (*when ending contract*) *a.* LAW avis *m;* **to give** (**one's**) **~** donner sa démission; **to be given** (**one's**) **~** être licencié; **to give an employee two weeks' ~** donner un préavis de deux semaines à un employé **II.** *vt* remarquer; **to ~ sb/sth do sth** remarquer que qn/qc fait qc

noticeable *adj* perceptible

notification [ˌnoʊ·t̬ə·fɪ·'keɪ·ʃᵊn] *n* notification *f;* **to get ~ of sth** être informé de qc

notify ['noʊ·t̬ə·faɪ] <-ie-> *vt* notifier; **to ~ sb of** [*o* **about**] **sth** aviser qn de qc

notion ['noʊ·ʃᵊn] *n* idée *f;* **to have no ~ of sth** n'avoir aucune idée de qc

notional *adj form* fantasque

notoriety [ˌnoʊ·t̬ə·'raɪ·ə·t̬i] *n* notoriété *f;* **to achieve ~ for sth** acquérir une notoriété dans qc

notorious [noʊ·'tɔr·i·əs] *adj* notoire; **to be ~ for sth** être tristement célèbre pour qc

notwithstanding [ˌnat·wɪθ·'stæn·dɪŋ] *form* **I.** *prep* en dépit de **II.** *adv* néanmoins

nougat ['nu·gət] *n* nougat *m*

nought [nɔt] *pron s.* **naught**

noun [naʊn] *n* nom *m*

nourish ['nɜr·ɪʃ] *vt* (*feed*) nourrir

nourishing ['nɜr·ɪʃ·ɪŋ] *adj* nourrissant(e)

nourishment *n* (*food*) nourriture *f*

Nova Scotia [ˌnoʊ·və·'skoʊ·ʃə] *n* la Nouvelle-Écosse

novel[1] ['na·vᵊl] *n* roman *m*

novel[2] ['na·vᵊl] *adj* nouveau(-elle); (*idea, concept*) original(e)

novelette [ˌna·vᵊl·'et] *n pej* roman *m* à l'eau de rose

novelist ['na·vəl·ɪst] *n* romancier, -ère *m, f*

novelty ['na·vᵊl·t̬i] <-ies> *n* **1.** (*newness, originality*) nouveauté *f* **2.** (*trinket*) fantaisie *f;* ~ **bracelet** bracelet *m* fantaisie

November [noʊ·'vem·bər] *n* novembre *m; s.a.* **April**

novice ['na·vɪs] **I.** *n* **1.** (*inexperienced person*) apprenti(e) *m(f)* **2.** REL novice *mf* **II.** *adj* **1.** (*inexperienced*) débutant(e); (*pilot*) inexpérimenté(e) **2.** REL novice

now [naʊ] **I.** *adv* **1.** (*at the present time, shortly*) maintenant; **she's coming ~** elle vient tout de suite, elle arrive; ~ **everyone can vote** de nos jours, tout le monde a le droit de voter; **I'll call her** (**right**) **~** je vais l'appeler immédiatement; **I'm shaving right ~** je suis en train de me raser; **she should be in New Orleans by ~** elle devrait être à la Nouvelle-Orléans à l'heure qu'il est; **he'll call any time ~** il doit appeler incessamment sous peu; **and ~ for the question** et maintenant en ce qui concerne la question; **she called just ~** elle vient d'appeler juste à l'instant; **before ~** auparavant; **as of ~** dès à présent **2.** (*in narrative*) **she was an adult ~** elle était alors adulte; **by ~ she was very angry** à ce moment-là, elle était très en colère **3.** (*involving the listener*) **~, you need good equipment** écoute, il te faut un bon équipement; ~ **his brother would never do that** son frère, lui, ne ferait jamais ça; ~ **don't interrupt me!** ne m'interromps (donc) pas!; ~ **that changes everything!** ah, voilà qui change tout!; **be careful ~!** fais attention!; **~, ~** voyons, voyons; (*warning*) allons, allons; ~ **then, who's next?** bon, à qui le tour?; ~ **then, we'll need a screwdriver** bon alors, il nous faut un tournevis; ~ **then, stop arguing** allons, arrêtez de vous disputer ►(**every**) ~ **and then** de temps en temps; (**it's**) ~ **or never** (c'est) maintenant ou jamais; ~ **you're/we're talking!** à la bonne heure! **II.** *conj* ~ (**that**) ... maintenant que ... **III.** *adj inf* actuel(le)

nowadays ['naʊ·ə·deɪz] *adv* de nos jours

nowhere ['noʊ·(h)wer] **I.** *adv a. fig* nulle part; **to appear out of ~** sortir de nulle part; **I've ~ to put my things** je ne sais pas où mettre mes vêtements; **he is ~ to be found** on ne le trouve nulle part; **to be getting ~** ne pas y arriver; **to get sb ~** ne mener qn nulle part; **to**

finish ~ near the front finir loin derrière; **to be ~ near a place** être loin d'un endroit; **to be ~ near right** être loin d'être juste **II.** *adj inf* qui ne mène à rien

noxious ['nak·ʃəs] *adj form* nocif(-ive)

nozzle ['na·zl] *n* embout *m;* (*of hose*) jet *m;* (*of a gas pump*) pistolet *m;* (*of a vacuum cleaner*) suceur *m*

NT *n abbr of* **New Testament** Nouveau Testament *m*

nuance ['nu·an(t)s] *n* nuance *f*

nub [nʌb] *n* **the ~ of the matter** le cœur du sujet

nubile ['nu·bɪl] *adj* nubile

nuclear ['nu·kli·ər] *adj* nucléaire ▶**to go ~** *inf* exploser

nuclear-free zone *n* zone *f* anti-nucléaire

nuclear medicine *n* médecine *f* nucléaire

nuclear nonproliferation treaty *n* traité *m* de non-prolifération des armes nucléaires

nuclear power station *n* centrale *f* (d'énergie) nucléaire

nuclear reactor *n* réacteur *m* nucléaire

nucleus ['nu·kli·əs] <-ei *o* -es> *n* noyau *m*

nude [nud] **I.** *adj* nu(e) **II.** *n* **1.** ART nu *m* **2.** (*naked*) **in the ~** tout nu

nudge [nʌdʒ] **I.** *vt* **1.** (*push with the elbow*) pousser du coude **2.** (*push gently*) pousser **3.** (*persuade sb into sth*) **to ~ sb into sth** pousser qn dans qc; **to ~ sb into doing sth** pousser qn à faire qc **4.** (*approach*) approcher; **to be nudging fifty** approcher les cinquante ans **II.** *n* coup *m* de coude; **to give sb a ~** donner un coup de coude à qn; (*encourage*) pousser qn; **if I forget, give me a ~** si j'oublie, rappelle-le-moi

nudist ['nu·dɪst] *n* nudiste *mf*

nudist beach *n* plage *f* de nudistes

nudist colony *n* camp *m* de nudistes

nudity ['nu·də·t̬i] *n* nudité *f*

nugget ['nʌg·ɪt] *n* **1.** (*formed lump*) pépite *f;* **gold ~** pépite d'or **2.** CULIN nugget *m* (*boulette de viande panée*) **3.** *iron* (*interesting information*) bribe *f*

nuisance ['nu·sən(t)s] *n* **1.** (*annoyance*) ennui *m;* **she's a ~** elle est pénible; **that's such a ~** c'est vraiment embêtant; **what a ~!** que c'est embêtant!; **to make a ~ of oneself** embêter le monde **2.** LAW dommage *m;* **public ~** atteinte *f* (portée) à l'ordre public

nuke [nuk] *sl* **I.** *vt* **1.** MIL atomiser **2.** (*cook in microwave*) passer au four à micro-ondes **II.** *n* bombe *f* nucléaire

null [nʌl] *adj* LAW caduque

nullification [ˌnʌl·ɪ·fɪ·'keɪ·ʃən] *n* LAW annulation *f*

nullify ['nʌl·ɪ·faɪ] <-ie-> *vt* annuler

nullity ['nʌl·ə·t̬i] *n* LAW invalidité *f*

numb [nʌm] **I.** *adj* **1.** (*deprived of sensation*) engourdi(e); (*nerve*) insensible; **to go ~** s'engourdir **2.** *fig* hébété(e); **I felt ~ after hearing the news** je suis tombé sous le choc quand j'ai entendu la nouvelle **II.** *vt* **1.** (*deprive of sensations: limbs*) engourdir **2.** (*desensitize*) désensibiliser **3.** (*lessen: pain*) endormir

number ['nʌm·bər] **I.** *n* **1.** (*arithmetical unit*) nombre *m* **2.** (*written symbol*) chiffre *m* **3.** (*on numbered item: telephone, page, bus*) numéro *m;* **my cell phone ~** mon numéro de portable; **a wrong ~** un faux numéro **4.** (*individual item: sketch, magazine*) numéro *m;* **he was driving a classy little ~** il conduisait une voiture superbe; **she wore a little red ~** elle portait une petite robe rouge **5.** (*amount*) nombre *m;* **a small/large ~ of sth** un petit/grand nombre de qc; **any ~ of friends/books** de nombreux amis/livres; **in large/huge/enormous ~s** en très grand nombre; **by (sheer) force of ~s** par le nombre; **to be few in ~** être peu nombreux ▶**to look out for ~ one** prendre soin de soi; **to be (the) ~ one** être le meilleur; **there's safety in ~s** *prov* plus on est nombreux, moins on court de risques; **to have sb's ~** connaître qn; **his ~ is up** c'est trop tard pour lui **II.** *vt* **1.** (*assign a number to*) numéroter **2.** (*be sth in number*) compter; **to be ~ed amongst sth** compter parmi qc

numbering *n* comptage *m*

numbness *n* **1.** (*being numb*) engourdissement *m* **2.** (*lack of emotional feeling*) insensibilité *f*

numbskull ['nʌm·skʌl] *n pej s.* **numskull**

numeracy ['nu·mər·ə·si] *n* MATH calcul *m;* **~ skills** aptitudes *fpl* en calcul

numeral ['n·umər·əl] *n* chiffre *m*

numerate ['nu·mər·ət] *adj* MATH qui a le sens de l'arithmétique

numerical [nu·'mer·ɪ·kl] *adj* numérique

numeric keypad *n* COMPUT touches *fpl* numériques

numerous ['nu·mər·əs] *adj* nombreux(-euse)

numskull ['nʌm·skʌl] *n pej* nigaud(e) *m(f)*

nun [nʌn] *n* religieuse *f*

nuptial ['nʌp·ʃəl] *adj form* nuptial(e)

nurse [nɜrs] **I.** *n* infirmier, -ère *m, f* **II.** *vt* **1.** (*care for*) soigner; **to ~ sb back to health** faire recouvrer la santé à qn **2.** (*treat: an injury, a bad cold*) guérir **3.** (*harbor: feeling*) nourrir **4.** (*nurture: fire*) entretenir **5.** (*breast-feed*) allaiter **6.** (*drink*) siroter **7.** (*hold carefully*) bercer **III.** *vi* téter

nursery ['nɜr·sər·i] <-ies> *n* **1.** (*day nursery*) crèche *f;* **to go to a ~** aller à la crèche **2.** (*bedroom for infants*) chambre *f* d'enfants **3.** BOT pépinière *f*

nursery rhyme *n* comptine *f*

nursery school *n* maternelle *f,* école *f* gardienne *Belgique*

nursing **I.** *n* **1.** (*profession*) profession *f* d'infirmière **2.** (*practice*) soins *mpl* **3.** (*breast-feeding*) allaitement *m* **II.** *adj* **1.** (*concerning nursing: profession*) d'infirmier(-ère); (*department*) des soins; (*staff*) soignant(e) **2.** (*breast-feeding*) qui allaite

nursing home *n* clinique *f;* (*for the elderly*) maison *f* de retraite

nurture ['nɜr·tʃər] **I.** *vt form* **1.** (*feed*) nourrir **2.** (*encourage, harbor*) nourrir **3.** (*educate*) éduquer **II.** *n* (*upbringing*) éducation *f*

nut [nʌt] *n* **1.** (*hard edible fruit*) noix *f;* (*of hazel*) noisette *f* **2.** TECH écrou *m* **3.** *inf* (*crazy person*) cinglé(e) *m(f)* **4.** (*enthusiast*) dingue *mf* **5.** *inf* (*person's head*) caboche *f* ▶ **the ~s and bolts of sth** les détails *mpl* pratiques de qc; **to be a hard** [*o* **tough**] **~ to crack** (*person*) être peu commode; (*problem*) être un problème difficile à résoudre; **to be off one's ~** être cinglé; **to use one's ~** utiliser ses neurones

nutcracker *n* casse-noix *m inv*

nuthatch <-es> *n* sittelle *f*

nut house <-s> *n inf* asile *m*

nutmeg *n* CULIN **1.** (*hard fruit*) noix *f* muscade **2.** (*warm, aromatic spice*) muscade *f*

nutrient ['nu·tri·ənt] **I.** *n* aliment *m* **II.** *adj* nutritif(-ive)

nutrition [nu·'trɪ·ʃ^{ə}n] *n* nutrition *f*

nutritional *adj* nutritionnel(le); (*value*) nutritif(-ive)

nutritionist *n* nutritionniste *mf*

nutritious [nu·'trɪ·ʃəs] *adj* nutritif(-ive)

nuts [nʌts] **I.** *npl vulg* (*testicles*) couilles *fpl* **II.** *adj sl* cinglé(e); **to go ~** piquer une crise; **to be ~ about sb/sth** être dingue de qn/qc

nutshell ['nʌt·ʃel] *n* coque *f* de noix ▶ **to put it in a ~** pour résumer; **in a ~** en bref

nut tree *n* noyer *m;* (*of hazel*) noisetier *m*

nutty ['nʌt̬·i] <-ier, -iest> *adj* **1.** (*full of nuts*) aux noix; (*chocolate*) aux noisettes **2.** (*like nuts: taste*) de noix; (*like hazelnut*) de noisette **3.** *inf* (*crazy, eccentric*) dingue; (**as**) **~ as a fruitcake** complètement barjot

nuzzle ['nʌz·l] **I.** *vt* fourrer son nez dans **II.** *vi* fouiner; **to ~ (up) against sb/sth** fourrer son nez dans qn/qc; **to ~ at sb's shoulder** se blottir contre l'épaule de qn

NV [ˌen·'vi] *n abbr of* **Nevada**

NW [ˌen·'dʌb·l·ju] *n abbr of* **northwest** N-O *m*

NY [ˌen·'waɪ] *n abbr of* **New York**

nylon ['naɪ·lan] **I.** *n* nylon *m* **II.** *adj* en nylon; (*thread*) de nylon

nymph [nɪm(p)f] *n* nymphe *f*

nympho ['nɪm(p)·foʊ] *n inf* nympho *f*

nymphomania [ˌnɪm(p)·foʊ·'meɪ·ni·ə] *n* nymphomanie *f*

nymphomaniac [ˌnɪm(p)·foʊ·'meɪ·ni·æk] **I.** *n* nymphomane *f* **II.** *adj* nymphomane

NZ [ˌen·'zi] *n abbr of* **New Zealand**

O

O, o [oʊ] <-'s> *n* **1.** (*letter*) O *m*, o *m;* **~ as in Oscar** (*on telephone*) o comme Oscar **2.** (*zero*) zéro *m*

oaf [oʊf] *n pej* rustre *m*

oafish ['oʊ·fɪʃ] *adj pej* rustre

oak [oʊk] *n* **1.** (*tree*) chêne *m* **2.** (*wood*) chêne *m;* **~ cupboard** armoire *f* en chêne ▶ **great** [*o* **mighty**] **~s from little acorns grow** *prov* les petits ruisseaux font les grandes rivières *prov*

oar [ɔr] *n* rame *f* ▶ **to put in one's ~** *pej, inf* mettre son grain de sel

oarsman ['ɔrz·mən] <-men> *n* SPORTS rameur *m*

oarswoman ['ɔrz·wʊm·ən] <-women> *n* SPORTS rameuse *f*

OAS [ˌoʊ·eɪ·'es] *n abbr of* **Organization of American States** Organisation *f* des États américains

oasis [oʊ·'eɪ·sɪs] <-ses> *n* oasis *f*

oatcake ['oʊt·keɪk] *n* galette *f* d'avoine

oath [oʊθ] *n* **1.** LAW serment *m;* **under ~** sous serment; **to take an ~** prêter serment; **to take an ~ of sth** faire le serment de qc **2.** (*swear-word*) juron *m*

oatmeal ['oʊt·mil] **I.** *n* **1.** (*flour*) farine *f* d'avoine; **~ biscuits** biscuits *mpl* à l'avoine **2.** (*porridge*) bouillie *f* d'avoine **3.** (*color*) gris *m* beige **II.** *adj* gris beige *inv*

oats [oʊts] *n pl* avoine *f* ▶ **to feel one's ~** *inf* déborder d'énergie; **to sow one's wild ~** faire les quatre cent coups

obduracy ['ab·dʊr·ə·si] *n pej, form* entêtement *m*

obdurate ['ab·dʊr·ɪt] *adj pej, form* **1.** (*stubborn*) obstiné(e) **2.** (*difficult to deal with*) inflexible; (*problem*) intraitable

obedience [oʊ·'bi·di·ən(t)s] *n* obéissance *f*

obedient [oʊ·'bi·di·ənt] *adj* obéissant(e); **to be ~ to sb/sth** obéir à qn/qc

obelisk ['a·b^{ə}l·ɪsk] *n* ARCHIT obélisque *m*

obese [oʊ·'bis] *adj* obèse

obesity [oʊ·'bi·sə·t̬i] *n* obésité *f*

obey [oʊ·'beɪ] **I.** *vt* obéir à; (*law*) se conformer à **II.** *vi* obéir

obituary [oʊ·'bɪtʃ·u·er·i] <-ies>, **obituary notice** *n* nécrologie *f*

object ['ab·dʒɪkt, *vb:* əb·'dʒekt] **I.** *n* **1.** (*thing*) *a. fig* objet *m* **2.** (*purpose, goal*) but *m;* **money is no ~** peu importe le prix; **with this ~ in mind** à cette fin **3.** *form* (*subject*) objet *m;* **the ~ of his desire** l'objet de son désir **4.** (*of verb*) complément *m* d'objet **II.** *vi* faire objection **III.** *vt* objecter; **to ~ that ...** faire valoir que ...

◆**object to** *vt* (*plan, policy*) s'opposer à; (*behavior, mess*) se plaindre de; **to ~ to sb doing sth** s'opposer à ce que qn fasse qc (*subj*)

objection [əb·'dʒek·ʃ^{ə}n] *n* objection *f;* **to raise an ~ to sth** soulever une objection à qc; **have you any ~ to my doing sth?** est-ce que tu vois un inconvénient à ce que je fasse qc? (*subj*)

objectionable [əb·'dʒekʃ·^{ə}n·ə·bl] *adj form* désagréable

objective [əb·'dʒek·tɪv] **I.** *n* objectif *m* **II.** *adj* objectif(-ive)

objectively *adv* objectivement

objectivity [ˌab·dʒek·ˈtɪv·ə·t̬i] *n* objectivité *f*
object lesson *n* bon exemple *m;* **an ~ in how to** *+infin* un parfait exemple de la manière de *+infin*
objector *n* protestataire *mf*
obligate [ˈa·blɪ·geɪt] *vt* **to ~ sb** mettre qn dans l'obligation
obligation [ˌa·blə·ˈgeɪ·ʃᵊn] *n* obligation *f;* **to be under** (**an**) **~ to** *+infin* être dans l'obligation de *+infin;* **to have an ~ to sb** avoir une dette envers qn; **to meet one's ~s** faire face à ses engagements
obligatory [ə·ˈblɪg·ə·tɔr·i] *adj* obligatoire
oblige [ə·ˈblaɪdʒ] **I.** *vt* **1.** (*compel*) obliger; **to ~ sb to** *+infin* obliger qn à *+infin* **2.** (*perform a service for*) rendre service à; **would you ~ me with your book?** auriez-vous l'amabilité de me prêter votre livre?; **~ him by shutting the door** faites-lui le plaisir de fermer la porte; **to be ~d to sb** être reconnaissant à qn; **I'd be ~d if you'd leave now** je vous saurai gré de partir immédiatement; **much ~d** merci beaucoup **II.** *vi* **to be happy to ~** être empressé à rendre service
obliged *adj* obligé(e)
obliging *adj* obligeant(e)
oblique [oʊ·ˈblik] **I.** <-r, -st> *adj* **1.** (*indirect: reference*) indirect(e); (*look*) oblique **2.** (*sloping: line*) oblique **3.** MATH, ANAT oblique **II.** *n* **1.** (*sth slanted*) oblique *f* **2.** (*muscle*) oblique *m*
obliterate [ə·ˈblɪt̬·ə·reɪt] *vt* **1.** (*erase, wipe out*) effacer **2.** (*destroy*) détruire; (*town*) rayer de la carte
obliteration [ə·ˌblɪt̬·ə·ˈreɪ·ʃᵊn] *n* **1.** (*erasing*) *a. fig* effacement *m* **2.** (*destruction*) destruction *f*
oblivion [ə·ˈblɪv·i·ən] *n* oubli *m;* **to sink into ~** tomber dans l'oubli; **to drink oneself into ~** boire jusqu'à l'oubli; **to be bombed into ~** être rasé par les bombes
oblivious [ə·ˈblɪv·i·əs] *adj* (*unaware*) oublieux(-euse); **to be ~ about sth** ne pas être conscient de qc
oblong [ˈab·lɔŋ] **I.** *n* rectangle *m* **II.** *adj* MATH oblong(ue)
obnoxious [əb·ˈnak·ʃəs] *adj pej* odieux(-euse)
OBO, obo *adv* COM *abbr of* **or best offer** à débattre
oboe [ˈoʊ·boʊ] *n* MUS hautbois *m*
oboist *n* MUS hautboïste *mf*
obscene [əb·ˈsin] *adj* **1.** (*indecent*) obscène **2.** (*shocking*) scandaleux(-euse)
obscenity [əb·ˈsen·ə·t̬i] <-ties> *n* **1.** (*obscene behavior*) obscénité *f* **2.** (*swear word*) obscénité *f* **3.** (*offensive situation*) infamie *f*
obscure [əb·ˈskjʊr] **I.** <-r, -st> *adj* **1.** (*not well known*) obscur(e); (*author*) inconnu(e); (*village*) ignoré(e) **2.** (*difficult to understand*) incompréhensible; (*text*) obscur(e) **II.** *vt* **1.** (*make indistinct*) obscurcir **2.** *fig* **to ~ sth from sb** cacher qc à qn
obscurity [əb·ˈskjʊr·ə·t̬i] *n* obscurité *f;* **to rise from ~** sortir de l'anonymat
obsequious [əb·ˈsi·kwi·əs] *adj pej, form* obséquieux(-euse)
observable *adj* observable
observance [əb·ˈzɜr·vᵊn(t)s] *n form* observance *f*
observant [əb·ˈzɜr·vᵊnt] *adj* (*alert*) observateur(-trice)
observation [ˌab·zər·ˈveɪ·ʃᵊn] *n a.* LAW, MED observation *f;* **to admit sb to the hospital for ~** faire entrer qn en observation à l'hôpital; **to keep sb in the hospital for ~** garder qn en observation à l'hôpital; **under ~** en observation
observation car *n* RAIL wagon *m* panoramique
observation post *n* poste *m* d'observation
observation tower *n* belvédère *m*
observation ward *n* station *f* d'observation
observatory [əb·ˈzɜr·və·tɔr·i] *n* observatoire *m*
observe [əb·ˈzɜrv] *vt, vi a. form* observer; **to ~ sb do**(**ing**) **sth** observer qn en train de faire qc; **to ~ the speed limit** respecter la limitation de vitesse; **to ~ the decencies** observer les règles de bienséance
observer *n* (*watcher*) observateur, -trice *m, f*
obsess [əb·ˈses] *vt* obséder
obsessed *adj* obsédé(e)
obsession [əb·ˈseʃ·ᵊn] *n a.* MED obsession *f*
obsessive [əb·ˈses·ɪv] **I.** *adj* (*secrecy*) obsessionnel(le); (*type*) obsessif(-ive); **to be ~ about sth** être obsédé par qc **II.** *n* obsessionnel(le) *m(f)*
obsolescence [ˌab·sə·ˈles·ᵊn(t)s] *n* (*of equipment*) obsolescence *f*
obsolescent [ˌab·sə·ˈles·ᵊnt] *adj* obsolète
obsolete [ˈab·sᵊl·it] *adj* désuet(e); (*word, technique*) obsolète; (*design, form*) démodé(e); (*method*) dépassé(e); **to become ~** se démoder
obstacle [ˈab·stə·kl] *n* obstacle *m*
obstacle course *n* **1.** MIL parcours *m* d'obstacles **2.** *fig* parcours *m* du combattant
obstacle race *n* course *f* d'obstacles
obstetric(**al**) [ˈab·stet·rɪk·ᵊl] *adj* obstétrique
obstetrician [ab·stə·ˈtrɪʃ·ən] *n* obstétricien(ne) *m(f)*
obstetrics [əb·ˈstet·rɪks] *n* obstétrique *f*
obstinacy [ˈab·stə·nə·si] *n* **1.** (*characteristic*) obstination *f* **2.** (*of a cold, problem*) persistance *f*
obstinate [ˈab·stə·nət] *adj* (*person, refusal*) obstiné(e); (*blockage*) tenace; (*cold, pain, problem*) persistant(e); **to be ~ in doing sth** s'obstiner à faire qc
obstruct [əb·ˈstrʌkt] *vt* **1.** *a.* MED (*intestines, path*) obstruer; (*progress, traffic*) bloquer **2.** LAW, SPORTS faire obstruction à
obstruction [əb·ˈstrʌk·ʃᵊn] *n a.* LAW, SPORTS obstruction *f;* **to cause an ~** faire obstruction
obstructionism *n pej* obstructionnisme *m*
obstructive [əb·ˈstrʌk·tɪv] *adj pej* (*attitude, tactics*) obstructionniste
obtain [əb·ˈteɪn] **I.** *vt form* obtenir; **to ~ sth**

O

from sb obtenir qc de qn **II.** *vi form* être en vigueur; **the rules that ~ed** les lois *fpl* en vigueur

obtainable *adj* disponible

obtrude [əb·ˈtrud] **I.** *vt form* imposer; **to ~ one's opinions on sb** imposer ses idées à qn; **to ~ oneself on others** s'imposer auprès d'autres **II.** *vi* s'imposer

obtrusive [əb·ˈtru·sɪv] *adj* (*question, person*) indiscret(-ète); (*smell*) pénétrant(e)

obtuse [ab·ˈtus] *adj a. form* obtus(e)

obviate [ˈab·vi·eɪt] *vt form* (*eliminate*) obvier à; **to ~ the necessity of sth** prévenir la nécessité de qc

obvious [ˈab·vi·əs] **I.** *adj* évident(e); (*stain*) voyant(e); **to make sth ~ to sb** rendre qc clair et distinct pour qn **II.** *n* évidence *f;* **to state the ~** enfoncer des portes ouvertes

obviously **I.** *adv* manifestement **II.** *interj* évidemment!

occasion [ə·ˈkeɪ·ʒᵊn] **I.** *n* occasion *f;* **on that ~** en cette occasion; **for the ~** pour l'occasion; **on another ~** à une autre occasion; **on ~** à l'occasion; **on rare ~s** rarement **II.** *vt form* **to ~ sb sth** occasionner qc à qn

occasional *adj* occasionnel(le); **to have an ~ beer** boire une bière de temps en temps; **to pay an ~ visit** faire une visite de temps en temps

occasionally *adv* de temps en temps

occult [ə·ˈkʌlt] **I.** *adj* occulte **II.** *n* **the ~** l'occulte *m*

occupancy [ˈa·kjə·pən(t)·si] *n form* occupation *f*

occupancy rate *n* taux *m* d'occupation

occupant [ˈa·kjə·pənt] *n form* occupant(e) *m(f)*

occupation [ˈa·kjə·ˈpeɪ·ʃᵊn] *n a. form a.* MIL occupation *f*

occupational *adj* professionnel(le)

occupational therapy *n* ergothérapie *f*

occupied *adj* occupé(e)

occupier *n* occupant(e) *m(f)*

occupy [ˈa·kju·paɪ] *vt a. form* occuper; **to ~ oneself** s'occuper; **to ~ one's mind** s'occuper l'esprit; **to ~ one's time** occuper son temps; **to ~ one's time (in) doing sth** s'occuper à faire qc; **~ing forces** les forces *fpl* occupantes

occur [ə·ˈkɜ] <-rr-> *vi* **1.** (*take place: event, accident*) avoir lieu; (*change, explosion, mistake*) se produire; (*symptom*) apparaître; (*problem, opportunity*) se présenter **2.** (*be found*) se trouver **3.** (*come to mind*) **it ~s to me that ...** il me semble que ...; **it ~ed to me to** *+infin* il m'est venu à l'idée de *+infin*

occurrence [ə·ˈkɜr·ᵊn(t)s] *n* **1.** (*event*) fait *m;* **an everyday ~** un fait quotidien **2.** (*incidence*) incidence *f*

ocean [ˈoʊ·ʃᵊn] *n* océan *m* ►**~s of sth** des montagnes *fpl* de qc

ocean-going *adj* de haute mer

Oceania [ˌoʊ·ʃi·ˈæɪ·ni·ə] *n* l'Océanie *f*

ocean liner *n* transatlantique *m*

oceanography [ˌoʊ·ʃə·ˈna·grə·fi] *n* océanographie *f*

ocelot [ˈa·sə·lat] *n* ZOOL ocelot *m*

ocher [ˈoʊ·kər] *n,* **ochre** *n* **1.** (*color*) ocre *m* **2.** (*earthy substance*) ocre *f*

o'clock [ə·ˈklak] *adv* **it's 2 ~** il est deux heures

OCR [ˌoʊ·si·ˈar] *n* COMPUT *abbr of* **optical character recognition** ROC *f*

octagon [ˈak·tə·gan] *n* octogone *m*

octane [ˈak·teɪn] *n* octane *m*

octane (number), octane rating *n* indice *m* d'octane

octave [ˈak·tɪv] *n* MUS octave *f*

octet [ak·ˈtet] *n + sing/pl vb* MUS octuor *m*

October [ak·ˈtoʊ·bər] *n* octobre *m; s.a.* **April**

octogenarian [ˌak·toʊ·dʒɪˈner·i·ən] *n* octogénaire *mf*

octopus [ˈak·tə·pəs] <-es *o* -pi> *n* octopode *m*

oculist [ˈak·jə·lɪst] *n s.* **ophthalmologist**

OD [ˌoʊ·ˈdi] *abbr of* **overdose** **I.** *n* OD *f* **II.** *vi* <-ing, -ed> **to ~ on sth** *a. fig* faire une overdose de qc; (*food*) forcer sur qc

odd [ad] *adj* <-er, -est> **1.** (*strange*) bizarre; **to look ~** avoir l'air bizarre **2.** (*not even: number*) impair(e) **3.** (*and more*) et quelques; **50 ~ people** une cinquantaine de personnes **4.** (*occasional*) occasionnel(le); **to have the ~ drink or two** prendre un verre de temps en temps; **at ~ times** de temps en temps; **~ jobs** petits travaux *mpl* **5.** (*unmatched: glove, sock*) dépareillé(e) ►**the ~ man out** l'intrus *m;* **to feel like the ~ man out** ne pas se sentir à sa place

oddball [ˈad·bɔl] **I.** *n inf* hurluberlu *m* **II.** *adj inf* farfelu(e)

oddity [ˈa·də·t̬i] *n* **1.** (*strange person*) hurluberlu *m* **2.** (*strange thing*) bizarrerie *f*

oddly *adv* bizarrement; **~ enough** bizarrement

oddment *n* reste *m*

odds *npl* (*probability*) chances *fpl;* (*for betting*) cote *f;* **to give long ~ on/against sth** donner toutes les chances/ne donner presque aucune chance à qc; **to lengthen/shorten the ~** accroître/amincir les chances; **against all (the) ~** contre toute espérance ►**to be at ~ with sb/sth** être en désaccord avec qn/qc; **~ and ends** bric-à-brac *m*

odds-on [ˌadz·ˈan] *adj* **the ~ favorite** le grand favori

ode [oʊd] *n* ode *f*

odious [ˈoʊ·di·əs] *adj form* odieux(-euse)

odometer [oʊ·ˈda·mə·t̬ər] *n* odomètre *m*

odor [ˈoʊ·dər] *n form* odeur *f*

odorless *adj form* inodore

odyssey [ˈa·dɪ·si] *n* odyssée *f*

oesophagus [ɪ·ˈsaf·ə·gəs] <-agi *o* -guses> *n* ANAT *s.* **esophagus**

oestrogen [ˈes·trə·dʒᵊn] *n s.* **estrogen**

of [əv, *stressed:* av] *prep* **1.** (*belonging to*) de; **the end ~ the film/play** la fin du film/de la pièce; **the works ~ Twain** les œuvres de Twain; **a friend ~ mine/theirs** un de mes/leurs amis; **a page ~ it is torn** une page en est arrachée; **a drawing ~ Paul's** (*he owns it*) un dessin (appartenant) à Paul; (*he drew it*) un dessin fait par Paul; **a drawing ~ Paul** (*he is on it*) un portrait de Paul **2.** (*describing*) **a man ~ courage/no importance** un homme courageux/sans importance; **a city ~ wide avenues** une ville aux larges avenues; **80 years ~ age** âgé de 80 ans; **it's kind ~ him** c'est gentil à lui [*o* de sa part]; **this idiot ~ a plumber** cet imbécile de plombier **3.** (*dates and time*) **the 4th ~ May/in May ~ 2005** le 4 mai/en mai 2005; **ten/a quarter ~ two** deux heures moins dix/le quart **4.** (*nature, content*) **a ring ~ gold** une bague en or; **to smell/taste ~ cheese** sentir le/avoir un goût de fromage; **~ itself, it's not important** en soi, ce n'est pas important; **it happened ~ itself** c'est arrivé tout seul **5.** (*among*) **one ~ the best** un des meilleurs; **I know two ~ them** je connais deux d'entre eux; **he knows the five ~ them** il les connaît tous les cinq; **many ~ them came** beaucoup d'entre eux sont venus; **there are five ~ them** ils sont (à) cinq; **two ~ the five** deux sur les cinq; **you ~ all people** toi entre tous; **he ~ all people should know better** lui, plus que tout le monde, devrait savoir; **today ~ all days** aujourd'hui justement

off [af] **I.** *prep* **1.** (*apart from*) **to be three feet ~ sb/sth** être à trois pieds de qn/qc; **the top is ~ the jar** le couvercle n'est pas sur le bocal; **~ the point** hors de propos; **just ~ Cape Cod** juste au large de Cape Cod; **the mill is ~ the road** le moulin est à l'écart de la route **2.** (*away from*) **her street is ~ the main road** sa rue part de la route principale; **to take sth ~ the shelf/wall** prendre qc sur l'étagère/enlever qc du mur; **keep ~ the grass** pelouse interdite; **to go ~ the air** RADIO quitter l'antenne **3.** (*down from*) **to fall/jump ~ a ladder** tomber/sauter d'une échelle; **to get ~ the train** descendre du train **4.** (*from*) **to eat ~ a plate** manger dans une assiette; **to wipe the water ~ the bench** essuyer l'eau qui est sur le banc; **to cut a piece ~ this cheese** couper un morceau de ce fromage; **to take $10 ~ the price** faire une réduction de 10 dollars; **to borrow money ~ of sb** *inf* taper de l'argent à qn **5.** (*stop liking*) **to go ~ sb/sth** cesser d'aimer qn/qc; **to be ~ drugs** être désintoxiqué **II.** *adv* **1.** (*not on*) **to switch/turn sth ~** éteindre/arrêter qc; **it's ~ between them** *fig* c'est fini entre eux **2.** (*away*) **the town is 5 miles ~ to the east** la ville est à 5 miles vers l'est; **not far/a way's ~** pas très loin/à quelque distance; **to drive/run ~** partir/partir en courant; **it's time I was ~** il est temps que je m'en aille *subj;* **we're ~ on Tuesday** nous ne sommes pas là jeudi **3.** (*removed*) **the lid's ~** le couvercle n'est pas dessus; **with one's coat ~** sans manteau **4.** (*free from work*) **to get ~ at 4:00 p.m.** sortir du travail à 16 h; **to get a day ~** avoir un jour de congé; **to take time/an afternoon ~** prendre des congés/prendre son après-midi **5.** (*completely*) **to kill ~** anéantir; **to pay sth ~** finir de payer qc **6.** COM **5% ~** 5% de rabais **7.** (*until gone*) **to walk ~ the dinner** faire une promenade digestive; **to sleep ~ the wine** cuver son vin; **to work ~ the calories** brûler les calories ▶ **straight** [*o* **right**] **~** tout de suite; **~ and on, on and ~** de temps en temps; **it rained ~ and on** il pleuvait par intermittence **III.** *adj inv* **1.** (*not on: light*) éteint(e); (*faucet*) fermé(e); (*water, electricity*) coupé(e); (*concert*) annulé(e); (*engagement*) rompu(e) **2.** (*bad: day*) mauvais(e) **3.** (*free from work*) **to be ~ at 5 a.m.** terminer à 17h; **I'm ~ on Mondays** je ne suis pas là le lundi **4.** (*provided for*) **to be badly ~** être gêné; **to be well/not well ~ for sth** être bien pourvu en/à court de qc **5.** (*rude*) **to go ~ on sb** *inf* engueuler qn **IV.** *vt inf* (*kill*) buter

offal ['a·fᵊl] *n* abats *mpl*

offbeat [ˌaf·'bit] *adj* hors du commun; (*music*) original(e)

off-center *adj* **1.** (*not in center*) désaxé(e) **2.** *fig* (*humor*) décalé(e)

off-chance *n* **on the ~** à tout hasard

off-color *adj* obscène

offend [ə·'fend] **I.** *vi* LAW commettre un délit **II.** *vt* (*upset sb's feelings*) offenser

offender *n* LAW délinquant(e) *m(f);* **a first ~** un délinquant primaire

offense [ə·'fen(t)s] *n* **1.** LAW (*crime*) délit *m;* **to convict sb of an ~** condamner qn pour un délit **2.** (*upset feelings*) offense *f;* **to cause ~ to sb** offenser qn; **to take ~ at sth** s'offenser de qc; **no ~ (intended)** je ne voulais pas t'offenser **3.** (*attack*) attaque *f* **4.** SPORTS offensive *f;* **to be on ~** jouer en attaque

offensive [ə·'fen(t)·sɪv] **I.** *adj* **1.** (*causing offense: remark, smell*) offensant(e); (*language*) insultant(e); (*joke*) injurieux(-euse) **2.** (*attack*) offensif(-ive) **II.** *n* MIL offensive *f;* **to go on the ~** passer à l'offensive; **to launch an ~** lancer une offensive

offer ['a·fər] **I.** *vt* **1.** (*give*) offrir; **to ~ sb sth** offrir qc à qn **2.** (*give choice of having*) **to ~ sb sth** proposer qc à qn; **to ~ a choice** donner un choix; **to ~ congratulations** adresser des félicitations **3.** (*volunteer*) **to ~ to** +*infin* proposer de +*infin;* **to ~ a suggestion** faire une suggestion **4.** (*provide: information, excuse, reward*) donner; **to have much to ~** avoir beaucoup à donner; **to ~ resistance** offrir de la résistance; **to ~ a glimpse** donner un coup d'œil; **what have you got to ~?** qu'est-ce que vous proposez? **5.** (*bid*) faire une offre de **6.** (*sell*) proposer; **we're ~ing them at $20 each** nous les faisons à 20 dollars pièce; **to be ~ed for sale** être mis en vente **II.** *vi* (*opportunity*) se présenter **III.** *n a.* ECON offre *f;* **to make sb an ~ they can't refuse** faire à qn une offre qui ne se refuse pas; **to be on special ~** être en promotion

offering *n* 1. (*thing offered*) offre *f;* **the ~s on TV** ce que la télé nous propose; **~s of thanks** remerciements *mpl* 2. REL offrande *f;* **sacrificial ~** sacrifice *m*
offhand [ˌaf·ˈhænd] I. *adj* désinvolte II. *adv* de but en blanc
office [ˈa·fɪs] *n* 1. (*room for working*) bureau *m;* **to stay at the ~** rester au bureau; **the finance ~** le bureau des finances; **a doctor's ~** un cabinet médical 2. (*authoritative position*) fonction *f;* **to hold ~** être au pouvoir; (*governor, mayor*) être en fonction; **to be out of ~** ne plus être au pouvoir; **to come into ~** arriver au pouvoir
office automation *n* COMPUT bureautique *f*
office building *n* complexe *m* de bureaux
office equipment *n* équipement *m* de bureau
office hours *npl* heures *fpl* de bureau; **to do sth after ~** faire qc en dehors des heures de bureau
officer *n* 1. (*person in army, police*) officier *m* 2. (*civil servant*) fonctionnaire *mf* 3. (*manager*) responsable *mf*
office space *n* bureaux *mpl*
office staff *n* personnel *m* de bureau
office suite *n* COMPUT suite *f* bureautique
office supplies *npl* fournitures *fpl* de bureau
office worker *n* employé(e) *m(f)* de bureau
official [ə·ˈfɪʃ·əl] I. *n* 1. (*responsible person*) officiel(le) *m(f)* 2. (*referee*) arbitre *mf* II. *adj* officiel(le)
officialdom [ə·ˈfɪʃ·əl·dəm] *n pej* bureaucratie *f*
officialese [ə·ˌfɪʃ·əl·ˈiz] *n* jargon *m* administratif
officially *adv* officiellement
officiate [ə·ˈfɪʃ·i·eɪt] *vi form* officier; **to ~ at a wedding** officier à un mariage
officious [ə·ˈfɪʃ·əs] *adj pej* (trop) zélé(e)
offing [ˈa·fɪŋ] *n* **to be in the ~** être en vue
off-key I. *adv* MUS faux; **to sing ~** chanter faux II. *adj* 1. (*out of tune*) qui sonne faux 2. *fig* (*inopportune*) qui tombe mal
off-limits *adj* interdit(e) d'accès
offline *adj* COMPUT hors-ligne; **to be ~** être déconnecté; **to go ~** se déconnecter
offload *vt* 1. (*unload*) décharger; (*passengers*) débarquer 2. (*get rid of*) refourguer 3. (*relieve oneself*) **to ~ sth onto sb** se décharger de qc sur qn; **to ~ responsibility onto sb** rejeter la responsabilité sur qn
off-peak *adj* en basse saison; (*call*) aux heures creuses; **~ hours** heures *fpl* creuses
off peak *adv* 1. (*outside peak hours*) aux heures creuses 2. (*off season*) en basse saison; **to go on vacation when it's ~** partir en vacances (en) hors saison
off-piste *n* hors-piste *m inv*
off-putting *adj* 1. (*disconcerting*) peu engageant(e) 2. (*extremely unpleasant*) désagréable
off-season *n* hors saison *f*
offset <offset, offset> I. *vt* 1. FIN (*compensate*) compenser; **to ~ sth by doing sth** compenser qc en faisant qc 2. (*print using offset*) **to ~ sth** imprimer qc en offset 3. (*place out of line*) désaxer II. *n* 1. (*compensation*) compensation *f* 2. PUBL offset *m* 3. BOT rejeton *m*
offshore I. *adj* 1. (*at sea*) au large; (*nearer to coast: fishing, waters*) côtier(-ère) 2. (*blowing towards the sea: wind*) de terre 3. (*related to oil extracting: drilling, company*) offshore *inv* 4. COM, POL (*abroad*) extraterritorial(e) II. *adv* au large
offside(s) SPORTS I. *adj* hors-jeu *inv;* **~ position** position *f* de hors-jeu; **~ rule** règle *f* du hors-jeu II. *adv* hors-jeu III. *n* hors-jeu *m inv*
offspring <offspring> *n* (*young animal, child*) progéniture *f*
offstage I. *adj* 1. (*behind the stage*) en coulisses 2. (*private: life*) privé(e) II. *adv* 1. (*privately*) dans le privé 2. (*away from the stage*) derrière les coulisses; **to hear sb's voice ~** entendre la voix de qn de derrière les coulisses
off-street parking *n* parking *m* privé
off-the-cuff *adj* impromptu(e)
off-the-rack *adj* (*clothes*) de prêt-à-porter
off-the-wall (*humor*) loufoque
off-white *n* blanc *m* cassé
often [ˈa·fən] *adv* souvent; **it's not ~ that ...** ce n'est pas souvent que ...; **how ~** combien de fois; **as ~ as not** la plupart du temps
ogle [ˈoʊ·gl] I. *vi* lorgner; **to ~ at sb** lorgner qn II. *vt* lorgner
ogre [ˈoʊ·gər] *n* 1. (*monster*) ogre *m* 2. *inf* (*frightening person*) monstre *m*
ogress [ˈoʊ·gres] *n* 1. (*monster*) ogresse *f* 2. *inf* (*frightening woman*) monstre *m*
oh [oʊ] I. *interj* oh!; **~ dear!** mon dieu!; **~ really?** ah oui? II. *n* oh *m*
OH [ˌoʊ·ˈeɪtʃ] *n abbr of* **Ohio**
Ohio [oʊ·ˈhaɪ·oʊ] *n* l'Ohio *m*
oil [ɔɪl] I. *n* 1. (*lubricant, for cooking*) huile *f;* **to change the ~** faire la vidange; **to check the ~** contrôler le niveau d'huile; (*corn ~*) huile de maïs; **to cook with ~** cuisiner à l'huile 2. (*petroleum*) pétrole *m;* **to drill for ~** chercher du pétrole 3. *pl* (*oil-based colors*) **~s** huiles *fpl* ▶ **to mix like ~ and water** être complètement différent, s'entendre mal II. *vt* huiler
oil cake *n* tourteau *m*
oilcan *n* bidon *m* d'huile
oil change *n* AUTO vidange *f*
oilcloth *n* toile *f* cirée
oil company *n* compagnie *f* pétrolière
oil consumption *n* consommation *f* de pétrole
oil crisis *n* crise *f* du pétrole
oil-exporting *adj* exportateur(-trice) de pétrole
oil field *n* champ *m* pétrolifère
oil-fired *adj* **~ heating system** chauffage *m* central au mazout
oil lamp *n* lampe *f* à pétrole
oil level *n* TECH niveau *m* d'huile
oil painting *n* peinture *f* à l'huile
oil pipeline *n* oléoduc *m*
oil-producing *adj* producteur(-trice) de pétrole

oil production *n* production *f* pétrolifère
oilrig *n* plate-forme *f* de forage
oilskin *n* toile *f* cirée
oil slick *n* nappe *f* de pétrole
oil tanker *n* NAUT pétrolier *m*
oil well *n* puits *m* de pétrole
oily ['ɔɪ·li] <-ier, -iest> *adj* **1.** (*oil-like*) huileux(-euse) **2.** (*soaked in oil, greasy*) graisseux(-euse) **3.** (*unpleasantly polite*) visqueux(-euse) *form*
ointment ['ɔɪnt·mənt] *n* MED onguent *m*
OK[1], okay [ˌoʊ·'keɪ] *inf* **I.** *adj* **1.** (*fine*) O.K.; **to be ~** aller bien; **that's ~** c'est bon; **is it ~ to go now?** est-ce que je peux m'en aller/nous pouvons nous en aller maintenant?; **to be an ~ guy** être un mec bien; **to be ~ about sth** être O.K. pour qc; **to be ~ for money/work** avoir assez d'argent/de travail; **to be ~ for a drink** être d'accord pour (aller) boire un verre **2.** (*not bad*) pas mal **II.** *interj* O.K.!, d'accord! **III.** <OKed, okayed> *vt* approuver **IV.** *n* accord *m;* **to get the ~** avoir l'accord; **to give the ~** donner son accord **V.** *adv* bien; **to go ~** aller bien
OK[2] *n abbr of* **Oklahoma**
Oklahoma [ˌoʊ·klə·'hoʊ·mə] *n* l'Oklahoma *m*
okra ['oʊ·krə] *n* okra *m*
old [oʊld] **I.** *adj* <-er, -est> **1.** (*not young, new*) vieux(vieille); **to grow ~er** vieillir; **to collect ~ clothes** collecter les vieux vêtements **2.** (*denoting an age*) âgé(e); **how ~ is she?** quel âge a-t-elle?; **she is six years ~** elle a six ans; **to be ~ enough to** *+infin* être assez grand pour *+infin* **3.** (*former*) ancien(ne) **4.** (*long known: friend*) de longue date **5.** (*expression of affection*) **poor ~ Julie's cat died** le pauvre petit chat de Julie est mort ▶ **in the (good) ~ days** dans le bon vieux temps; **to be as ~ as the hills** être aussi vieux que Mathusalem **II.** *n* (*elderly people*) **the ~** *pl* les personnes *fpl* âgées
old age *n* vieillesse *f;* **in one's ~** sur ses vieux jours
old-fashioned *adj pej* **1.** (*out: clothes, views*) démodé(e) **2.** (*traditional*) d'autrefois
old hand *n* ancien(ne) *m(f);* **to be an ~ at sth** être un expert en qc
oldie *n inf* **1.** MUS vieux tube *m* **2.** CINE vieux film *m*
oldish *adj* qui n'est plus tout(e) jeune
old lady *n inf* (*one's wife, mother*) vieille *f*
old maid *n pej* vieille fille *f*
old-maidish *adj pej* vieille fille
old man *n inf* (*husband, father*) vieux *m*
old master *n* ART tableau *m* de maître
old people's home *n* maison *f* de retraite
old-style *adj* à l'ancienne
Old Testament *n* Ancien Testament *m*
old-timer *n inf* vieux *m* de la vieille; **well ~, it's getting late** allez mon vieux, il se fait tard
old wives' tale *n* histoire *f* à dormir debout
Old World *n* Ancien Monde *m*
oleander [ˌoʊ·li·'æn·dər] *n* BOT laurier *m* rose
olive ['a·lɪv] **I.** *n* **1.** (*fruit*) olive *f* **2.** (*tree*) olivier *m* **3.** (*wood*) (bois *m* d')olivier *m* **4.** (*color*) vert *m* olive **II.** *adj* olive *inv;* (*skin*) mat(e)
olive branch *n* rameau *m* d'olivier
olive grove *n* oliveraie *f*
olive oil *n* huile *f* d'olive
Olympiad [oʊ·'lɪm·pi·æd] *n* olympiades *fpl*
Olympian [oʊ·'lɪm·pi·ən] **I.** *n* SPORTS olympien(ne) *m(f)* **II.** *adj* olympien(ne); (*god*) de l'Olympe
Olympic [oʊ·'lɪm·pɪk] *adj* (*champion, flame, stadium*) olympique; **International ~ Committee** Comité *m* international des Jeux olympiques
Oman [oʊ·'man] *n* Oman *m*
Omani **I.** *adj* omanais(e) **II.** *n* Omanais(e) *m(f)*
ombudsman ['am·bədz·mən] *n* POL médiateur *m*
omelet(te) ['am·lət] *n* (*egg dish*) omelette *f* ▶ **you can't make an ~ without breaking eggs** *prov* on ne fait pas d'omelette sans casser d'œufs *prov*
omen ['oʊ·men] *n* augure *m;* **to be a good/bad ~ for sth** être de bon/mauvais augure pour qc; **to take sth as a good/bad ~** prendre qc pour un bon/mauvais signe
ominous ['a·mə·nəs] *adj* **1.** (*announcing sth bad*) de mauvais augure **2.** (*threatening*) menaçant(e)
omission [oʊ·'mɪʃ·ᵊn] *n* omission *f*
omit [oʊ·'mɪt] <-tt-> *vt* omettre
omnibus ['am·nɪ·bəs] *n* **1.** (*bus*) omnibus *m* **2.** (*anthology*) recueil *m*
omnipotence [am·'nɪp·ə·t̬ən(t)s] *n* omnipotence *f*
omnipotent [am·'nɪp·ə·t̬ənt] *adj* omnipotent(e)
omnipresent [ˌam·nɪ·'prez·ᵊnt] *adj form* omniprésent(e)
omniscient [am·'nɪʃ·ᵊnt] *adj* omniscient(e)
omnivorous [am·'nɪv·ᵊr·əs] *adj* **1.** (*eating plants and meat*) omnivore **2.** *fig* (*voracious*) vorace
on [ɔn] **I.** *prep* **1.** (*in contact with top*) sur; **~ the table** sur la table; **a table with a glass ~ it** une table avec un verre dessus; **~ the ground** par terre **2.** (*in contact with*) **a fly ~ the wall/ceiling** une mouche sur le mur/au plafond; **a cut ~ one's finger** une coupure au doigt; **a bottle with a label ~ it** une bouteille avec une étiquette dessus; **to hang ~ a branch** pendre à une branche; **to put sth ~ sb's shoulder/finger** mettre qc sur l'épaule/au doigt de qn; **to be ~ the plane** être dans l'avion; **I have the money ~ me** j'ai l'argent sur moi **3.** (*by means of*) **to go there ~ the train/bus** y aller en train/bus; **~ foot/a bike** à pied/vélo; **to keep a dog ~ a leash** tenir un chien en laisse **4.** (*source of*) **to run ~ gas** fonctionner au gaz; **to live ~ $2,000 a month** vivre avec 2 000 dollars par mois **5.** MED **to be ~ drugs** se droguer; **to be ~**

O

cortisone être sous cortisone **6.** (*spatial*) ~ **the right/left** à droite/gauche; ~ **the corner/back of sth** au coin/dos de qc; **a house ~ the river** une maison au bord du fleuve; **a house/to live ~ Main Street** une maison dans/habiter Main Street **7.** (*temporal*) ~ **Sunday/Fridays** dimanche/le vendredi; ~ **May the 4th** le 4 mai; ~ **the evening of May the 4th** le soir du 4 mai; ~ **his birthday** le jour de son anniversaire **8.** (*at time of*) **to leave ~ time** partir à l'heure; **to stop ~ the way** s'arrêter en route; ~ **sb's death/arrival** à la mort/l'arrivée de qn; ~ **arriving there** en arrivant là-bas; **to finish ~ schedule** finir comme prévu **9.** (*about*) **a lecture ~ Shakespeare** un cours sur Shakespeare; **to speak ~ unemployment** parler du chômage; **my views ~ the economy** mon point de vue sur l'économie; **I agree with you ~ this** je suis d'accord avec toi sur ça; **to compliment sb ~ sth** féliciter qn pour qc; **to be there ~ business** être là pour affaires **10.** (*through medium of*) ~ **TV** à la télé; ~ **video** en [*o* sur] vidéo; ~ **CD** sur CD; **to speak ~ the radio/phone** parler à la radio/au téléphone; **to work ~ a computer** travailler sur ordinateur; **to play sth ~ the flute** jouer qc à la flûte **11.** (*involvement*) **to be ~ the committee** faire partie de la commission; **to work ~ a project** travailler sur un projet; **two ~ each side** deux de chaque côté **12.** (*against*) **an attack/to turn ~ sb** une attaque/se retourner contre qn **13.** (*payments*) **to buy sth ~ credit** acheter qc à crédit; **this is ~ me** *inf* c'est ma tournée **14.** (*progress*) **to be ~ page 10** en être à la page 10 **15.** (*for*) **to spend $10 ~ sth** dépenser 10 dollars pour qc **16.** (*connected to*) **to be ~ the phone** (*have one*) avoir le téléphone; (*talking*) être au téléphone **II.** *adv* **1.** (*wearing*) **to have nothing** ~ être nu; **I put a hat** ~ j'ai mis un chapeau; **what he has** ~ ce qu'il porte **2.** (*forwards*) **to go/move** ~ continuer/avancer; **to talk/work** ~ continuer à parler/travailler; **from that day** ~ à partir de ce jour-là; **well ~ in the morning** tard dans la matinée **3.** (*aboard*) **to get** ~ monter **4.** (*on duty*) de service ►~ **and <u>off</u>** par intermittence; ~ **<u>and</u>** ~ continuellement **III.** *adj* **1.** (*not off: light*) allumé(e); (*faucet, water, gas*) ouvert(e); (*electricity*) branché(e); **to be** ~ (*machine*) être en marche; **the top is** ~ le couvercle est mis; **the concert is still** ~ (*not cancelled*) le concert n'est pas annulé; (*not over*) le concert n'est pas fini **2.** (*happening*) **I've got sth ~ tonight** j'ai quelque chose de prévu ce soir; **I've got a lot ~ at the moment** j'ai beaucoup à faire en ce moment; **the game/film is ~ tonight** le match a lieu/le film passe ce soir; **is the wedding still ~?** est-ce que le mariage va bien avoir lieu?; **what's ~?** (*films, TV*) qu'est-ce qu'il y a à la télé/au cinéma?; **you're ~!** THEAT, TV c'est à toi/vous! **3.** (*good*) **one of my ~ days** un de mes bons jours ►**<u>you're</u> ~!** *inf* d'accord!; *s.a.* **off, onto**

on-again, off-again *adj inf* (*relationship, plan*) en dents de scie

once [wʌn(t)s] **I.** *adv* **1.** (*a single time*) une fois; ~ **a week** une fois par semaine; ~ **and for all** une fois pour toutes; ~ **or twice** une ou deux fois; ~ **upon a time there was ...** il était une fois ...; **he was on time for** ~ pour une fois, il était à l'heure **2.** (*formerly*) autrefois ►~ **<u>bitten</u> twice shy** *prov* chat échaudé craint l'eau froide *prov* **II.** *conj* (*as soon as*) une fois que; **but ~ I'd arrived, ...** mais une fois arrivé, ... ►**<u>at</u>** ~ (*immediately*) tout de suite; **<u>all</u> at** ~ soudain

once-over ['wʌn(t)s·ˌoʊ·vər] *n inf* **1.** (*cursory examination*) coup *m* d'œil; **to give sb/sth a ~** jeter un coup d'œil sur qn/qc **2.** (*cursory cleaning*) petit coup *m*; **to give sth a ~ with sth** donner un petit coup de qc à qc

oncoming ['ɔn·kʌm·ɪŋ] *adj* (*vehicle*) venant en sens inverse

one [wʌn] **I.** *n* un *m* ►**in ~s and <u>twos</u>** par petits groupes; **to be ... and ... (all) <u>in</u>** ~ être à la fois ... et ... **II.** *adj* **1.** *numeral* un(e); ~ **hundred** cent; **as ~ man** comme un seul homme; ~ **man in** [*o* **out of**] **two** un homme sur deux; **a ~-bedroom apartment** un deux-pièces **2.** *indef* un(e); **we'll meet ~ day** on se verra un de ces jours; ~ **winter night** par une nuit d'hiver **3.** (*sole, single*) seul(e); **her ~ and only hope** son seul et unique espoir **4.** (*same*) même; **they're ~ and the same person** c'est une seule et même personne; **all the files on the ~ disk** tous les fichiers sur la même disquette; *s.a.* **eight III.** *pron* **1.** *impers pron* on; **what ~ can do** ce qu'on peut faire; **~'s** son(sa); **to wash ~'s face** se laver le visage **2.** *indef pron* (*particular thing, person*) un(e); ~ **Mr. Smith** un certain M. Smith; ~ **of them** l'un d'entre eux; **do you have ~?** est-ce que tu en as un?; **to be ~ of the members/us** être l'un des membres/nôtres; **not** ~ pas un; ~ **by** ~ un par un; **no** ~ personne; **each** ~ chacun **3.** *dem pron* **this** ~ celui(celle)-là; **which ~?** lequel(laquelle)?; **any** ~ n'importe lequel(laquelle); **to be the only** ~ être le(la) seul(e); **the thinner** ~ le(la) plus mince; **the little ~s** les petits *mpl*; **the ~ on the table** celui(celle) qui est sur la table; **the ~ who ...** celui(celle) qui ... ►**<u>I</u> for** ~ moi, pour ma part

one another *reciprocal pron s.* **each other**

one-armed *adj* manchot(e)

one-armed bandit *n* GAMES machine *f* à sous

one-eyed *adj* borgne

one-handed **I.** *adv* d'une seule main **II.** *adj* manchot(e)

one-horse town *n* trou *m* perdu

one-legged *adj* unijambiste

one-liner *n* boutade *f*

one-man *adj* **1.** (*of one person*) à un seul homme **2.** (*done by one man*) fait(e) par un seul homme **3.** (*designed for one man*) pour un seul homme; (*boat*) une place

one-man band *n* homme-orchestre *m*
one-man show *n a. pej* one man show *m*
one-night stand *n* **1.** (*performance*) représentation *f* exceptionnelle **2.** (*sexual relationship*) aventure *f* sans lendemain
one-parent *adj* monoparental(e)
one-piece **I.** *n* (maillot *m*) une pièce *m* **II.** *adj* une pièce *inv*
onerous ['a·nər·əs] *adj form* onéreux(-euse)
oneself [wʌn·'self] *reflex pron* **1.** *after verbs* se, s' *+vowel,* soi *tonic form;* **to deceive/express ~** se tromper/s'exprimer **2.** (*same person*) soi-même; *s.a.* **myself**
one-sided *adj* (*view of things*) partial(e); (*action*) unilatéral(e)
one-time *adj* **1.** (*former*) ancien(ne) **2.** (*happening only once*) d'une fois
one-track mind *n* **to have a ~** n'avoir qu'une (seule) chose en tête
one-way *adj a. fig* à sens unique
one-way street *n* sens *m* unique
one-way ticket *n* aller *m* simple
one-woman show *n spectacle solo féminin*
ongoing ['an·goʊ·ɪŋ] *adj* **1.** (*happening now*) en cours; **~ state of affairs** l'état *m* actuel des choses **2.** (*continuing*) continuel(le); (*process*) continu(e); **to have an ~ relationship** avoir une relation suivie
onion ['ʌn·jən] *n* oignon *m*
onion skin *n* pelure *f* d'oignon
online *adj, adv* COMPUT en ligne; **to go ~** se connecter
online data service *n* serveur *m*
online store *n* cyberboutique *f*
onlooker ['ɔn·lʊk·ər] *n* spectateur, -trice *m, f*
only ['oʊn·li] **I.** *adj* seul(e); (*son, child*) unique; **the ~ glass he has** le seul verre qu'il a(it); **the ~ way of doing sth** la seule façon de faire qc; **I'm not the ~ one** il n'y a pas que moi; **the ~ thing is ...** seulement ... **II.** *adv* seulement; **not ~ ... but also** non seulement ... mais aussi; **I can ~ say ...** je peux seulement dire que ...; **he has ~ two** il n'en a que deux; **it's ~ too true** ce n'est que trop vrai; **he ~ listened** il n'a fait qu'écouter; **~ Paul can do it** seul Paul peut le faire; **I've ~ just eaten** je viens juste de manger **III.** *conj* (*but*) seulement; **it's lovely, ~ it's too big** c'est mignon mais trop grand
on-off *adj* (*switch*) marche-arrêt
onrush ['ɔn·rʌʃ] *n* **1.** (*emotional surge*) flot *m* **2.** (*advancing throng*) ruée *f*
onset ['ɔn·set] *n* début *m*
onshore ['ɔn·ʃɔr] **I.** *adj* **1.** (*on land*) à terre **2.** (*from the sea: wind*) du large **II.** *adv* **1.** (*on land*) à terre **2.** (*from the sea*) du large
on-site *adj, adv* sur place
onslaught ['ɔn·slɔt] *n a. fig* attaque *f;* **to withstand an ~** résister à une attaque massive; **to face an ~ of criticism** faire face à un déferlement de critiques
Ontario [an·'ter·i·oʊ] *n* l'Ontario *m*
on-the-job training *n* formation *f* en entreprise [*o* sur le tas]
onto, on to ['ɔn·tu] *prep* **1.** (*in direction of*) sur; **to put sth ~ the chair** poser qc sur la chaise; **to climb ~ a bike** enfourcher un vélo; **to step ~ the sidewalk** monter sur le trottoir **2.** (*progress to*) **to come ~ a subject** aborder un sujet **3.** (*connection*) **to put sb ~ sb/sth** conseiller qn/qc à qn; **to be ~ sb/sth** soupçonner qn/qc; **to be ~ sth** être sur une piste
onus ['oʊ·nəs] *n* obligation *f;* **the ~ is on sb to** *+infin* il incombe à qn de *+infin*
onward ['ɔn·wərd] **I.** *adj* en avant; **the ~ march of time** la marche du temps **II.** *adv* en avant; **from tomorrow ~** à partir de demain; **from this time ~** désormais
onwards *adv s.* **onward II.**
onyx ['a·nɪks] **I.** *n* onyx *m* **II.** *adj* en onyx
oodles ['u·dlz] *npl inf* **~ of sth** un [*o* des] tas de qc
oomph [ʊm(p)f] *n inf* **1.** (*power*) énergie *f;* (*car*) allure *f* **2.** (*sex appeal*) allure *f*
oops [ups] *interj* houp là!
ooze [uz] **I.** *vi* **1.** (*seep out*) dégouliner; **to ~ out of sth** dégouliner de qc; **to ~ down the wall** dégouliner le long du mur **2.** *fig* (*be full of*) déborder de; **to ~ with confidence** être très sûr de soi **II.** *vt* **1.** (*leak*) suinter **2.** *fig* déborder de **III.** *n* vase *f*
opacity [oʊ·'pæs·ə·t̬i] *n a. fig* opacité *f*
opal ['oʊ·pəl] **I.** *n* opale *f* **II.** *adj* opalin(e)
opalescent [ˌoʊ·pəl·'es·ənt] *adj* opalescent(e)
opaque [oʊ·'peɪk] *adj a. fig* opaque
op. cit. *abbr of* **opere citato** op. cit.
OPEC ['oʊ·pek] *n abbr of* **Organization of Petroleum Exporting Countries** OPEP *f*
open ['oʊ·pən] **I.** *n* **1.** (*outdoors, outside*) **(out) in the ~** dehors; (*in the country*) en plein air; **to sleep out in the ~** dormir à la belle étoile; **to get sth (out) in the ~** *fig* mettre qc au grand jour **2.** SPORTS **the French Open** l'open *m* de France; (*in tennis*) le tournoi de Roland Garros **II.** *adj* **1.** (*unclosed, not closed*) *a. fig* (*room, box, arms*) ouvert(e); (*letter*) décacheté(e); (*legs*) écarté(e); **half ~** entrouvert(e); **to push sth ~** ouvrir qc; **with eyes wide ~** les yeux *mpl* grand ouverts; *fig* en connaissance de cause **2.** (*undecided: problem, question*) non résolu(e); (*result*) indécis(e); **to keep one's options ~** envisager toutes les possibilités; **to leave the date ~** ne pas fixer de date **3.** (*available, possible*) **~ to sb** (*course, club*) ouvert(e) à qn; **~ to the public** ouvert(e) au public **4.** (*open-minded*) ouvert(e); **to be ~ to sth** être ouvert à qc; **to have an ~ mind** avoir l'esprit large **5.** (*not closed in, unrestricted*) libre; (*view, road*) dégagé(e); (*field*) sans enclos; (*ticket*) open *inv;* **the ~ road** la grand-route; **on the ~ sea** en haute mer; **in the ~ country** en rase campagne; **in ~ court** en plein tribunal; **~ space** espace *m* libre; **~ spaces** grands espaces *mpl;* **to sleep in the ~ air** dormir à la belle étoile; **to be in the ~ air** être au grand air

O

6. (*uncovered, exposed*) découvert(e); (*drain*) à ciel ouvert; **to be ~ to sth** être exposé à qc **7.** (*public: scandal*) public(-que) **8.** (*frank: person*) franc(he); (*conflict*) ouvert(e) **9.** SPORTS (*game*) ouvert(e); (*tournament*) open *inv* **10.** (*still available: job*) vacant(e) **11.** (*likely to be affected by*) **to be ~ to sth** être exposé à qc; **to be ~ to question** être contestable; **to be ~ to criticism** s'exposer à la critique **12.** ECON (*check*) en blanc ▶ **it's ~ house** c'est une journée portes ouvertes **III.** *vi* **1.** (*change from closed*) s'ouvrir; **~ wide!** ouvre(z) grand!; **to ~ again** rouvrir **2.** (*give access*) **to ~ onto/into sth** donner sur qc **3.** (*ready for service*) ouvrir **4.** (*start*) commencer **5.** (*become visible*) éclore **IV.** *vt* **1.** (*change from closed*) ouvrir; (*legs*) écarter; (*pores*) dilater; **to ~ one's eyes** entrouvrir les yeux; *fig* être vigilant; **to ~ the door to sth** *fig* être réceptif à qc **2.** (*remove fastening*) ouvrir; (*bottle*) déboucher **3.** (*start service*) ouvrir **4.** (*inaugurate*) inaugurer **5.** (*start, set up*) commencer; (*negotiations, debate*) engager; **to ~ fire** ouvrir le feu **6.** (*reveal*) révéler; **to ~ one's heart to sb** ouvrir son cœur à qn **7.** (*make available to public*) ouvrir (au public)

◆**open up I.** *vi* **1.** (*open*) *a. fig* s'ouvrir; **to ~ to sb** s'ouvrir à qn **2.** (*start a business*) ouvrir **3.** (*shoot*) ouvrir le feu **II.** *vt a. fig* ouvrir

open-air *adj* (*concert, market*) en plein air; (*swimming pool*) découvert(e)

open-ended *adj* (*question, discussion*) ouvert(e); (*commitment, offer*) flexible; (*contract, credit*) à durée indéterminée; (*period*) indéterminé(e); (*situation*) flou(e)

opener *n* **1.** (*device: for bottles*) décapsuleur *m;* (*for cans*) ouvre-boîtes *m inv;* **a letter ~** un coupe-papier **2.** (*event*) premier numéro *m*

open-heart surgery *n* chirurgie *f* à cœur ouvert

open house *n* journée *f* portes ouvertes

opening I. *n* **1.** (*gap, hole*) ouverture *f;* (*breach*) brèche *f* **2.** (*opportunity*) occasion *f;* (*of work*) poste *m* **3.** (*beginning, introduction*) début *m* **4.** (*start, first performance*) ouverture *f;* (*ceremony, exhibition*) inauguration *f* **II.** *adj* d'ouverture; (*ceremony*) d'inauguration

opening bid *n* première mise *f* à prix

opening day *n* SPORTS jour *m* de la première rencontre (de la saison)

opening hours *n* heures *fpl* d'ouverture

opening night *n* THEAT première *f*

open letter *n* lettre *f* ouverte

openly *adv* **1.** (*frankly, honestly*) franchement **2.** (*publicly*) publiquement

open market *n* marché *m* public

open-minded *adj* **1.** (*accessible to new ideas*) qui a l'esprit large; **to be ~** avoir l'esprit large **2.** (*unprejudiced*) sans préjugés

open-mindedness *n* ouverture *f* d'esprit

open-mouthed *adj* bouche *f* bée

open-necked *adj* à col ouvert; (*blouse, dress*) échancré(e)

openness *n* franchise *f*

open-plan *adj* (*room*) sans cloison

open sandwich *n* canapé *m*

open season *n* chasse *f* ouverte

open secret *n* secret *m* de Polichinelle

open ticket *n* billet *m* open

opera ['a·pᵊr·ə] *n* opéra *m*

operable ['a·pᵊr·ə·bl] *adj* **1.** (*working, functioning*) utilisable **2.** MED opérable

opera glasses *n* lorgnette *f*

opera house *n* opéra *m*

operate ['a·pᵊr·eɪt] **I.** *vi* **1.** (*work, run: machine, system*) fonctionner **2.** (*perform surgery*) opérer **3.** (*be in effect: drug, forces*) faire effet **4.** COM, MIL opérer **II.** *vt* **1.** (*work, run: a machine, system*) faire fonctionner **2.** (*run, manage: store, business*) gérer; (*factory*) diriger; (*farm*) exploiter

◆**operate on** *vt* **to ~ sb for sth** opérer qn de qc; **to be operated on** (*person*) se faire opérer

operating costs *n pl* frais *mpl* d'exploitation

operating profit *n* bénéfice *m* d'exploitation

operating room *n* salle *f* d'opération

operating system *n* COMPUT système *m* d'exploitation

operating table *n* table *f* d'opération

operation [ˌa·pə·'reɪ·ʃᵊn] *n* **1.** (*way of working*) fonctionnement *m* **2.** (*functioning state*) **to be in ~** être en marche; **to come into ~** (*machines*) commencer à fonctionner; (*system, rules*) entrer en application **3.** MIL, MATH, COM opération *f* **4.** (*surgery*) opération *f;* **to have an ~** subir une opération

operational *adj* **1.** (*related to operations*) opérationnel(le); (*costs, profit*) d'exploitation **2.** (*working*) en état de marche

operative ['a·pər·ə·t̬ɪv] **I.** *n* ouvrier, -ère *m, f* **II.** *adj* **1.** MED opératoire **2.** (*functioning*) **to be ~** fonctionner **3.** (*having effect: rule, system*) en vigueur; **to become ~** entrer en vigueur **4.** LING **the ~ word** le mot-clé

operator ['a·pər·eɪ·t̬ər] *n* **1.** (*person*) opérateur, -trice *m, f* **2.** TEL standardiste *mf* **3.** (*company*) opérateur *m*

operetta [ˌa·pə·'ret̬·ə] *n* MUS opérette *f*

ophthalmic [af·'θæl·mɪk] *adj* ophtalmique; **~ medicine** ophtalmologie *f*

ophthalmologist [ˌaf·θæl·'ma·lə·dʒɪst] *n* ophtalmologue *mf*

ophthalmology *n* MED ophtalmologie *f*

opinion [ə·'pɪn·jən] *n* **1.** (*belief, assessment*) opinion *f;* **public ~** opinion publique; **it is my ~ that ...** je pense que ... **2.** (*view*) avis *m;* **in my ~** à mon avis; **to be of the ~ that ...** estimer que ...; **to have a high/bad ~ of sb/sth** estimer/mésestimer qn/qc; **to have a high ~ of oneself** avoir une haute opinion de soi; **it's just a matter of ~** c'est juste une question de point de vue

opinionated [ə·'pɪn·jə·neɪ·t̬ɪd] *adj* dogmatique

opinion poll *n* sondage *m* d'opinion

opium ['oʊ·pi·əm] *n* opium *m*
opossum [ə·'pa·səm] *n* opossum *m*
opponent [ə·'poʊ·nənt] *n* **1.** POL opposant(e) *m(f);* ~ **of sth** opposant à qc **2.** SPORTS adversaire *mf*
opportune [ˌa·pər·'tun] *adj* opportun(e); **at an ~ moment** au moment voulu
opportunism [ˌa·pər·'tu·nɪ·zᵊm] *n* opportunisme *m*
opportunist [ˌa·pər·'tu·nɪst] *n* opportuniste *mf*
opportunistic [ˌa·pər·'tu·nɪs·tɪk] *adj* opportuniste
opportunity [ˌa·pər·'tu·nə·t̬i] <-ties> *n* **1.** (*convenient occasion*) occasion *f;* **a unique ~ to** *+infin* une occasion unique de *+infin;* **an ~ to do sth** une occasion pour faire qc; **at every ~** aussi souvent que possible; **to take the ~ to** *+infin* saisir l'occasion de *+infin* **2.** (*chance for advancement*) opportunité *f*
oppose [ə·'poʊz] *vt* s'opposer à
opposed *adj* opposé(e); **to be ~ to sth** être hostile à qc
opposing *adj* opposé(e); (*team*) adverse; (*opinion*) contraire
opposite ['a·pə·zɪt] **I.** *n* contraire *m;* **the ~ of sth** le contraire de qc; **quite the ~!** bien au contraire!; **he did just the ~** il a fait tout le contraire ►**~s attract** les contraires s'attirent **II.** *adj* **1.** (*absolutely different: tendency, character*) opposé(e); (*opinion*) contraire; **to be ~ to sth** être contraire à qc **2.** (*on the other side*) opposé(e); **the ~ side of the street** l'autre côté de la rue **3.** (*facing*) d'en face; **~ to** [*o* **from**] **sth** face à qc; **see ~ page** voir page ci-contre **III.** *adv* (*facing*) en face de; **to be ~ to sth** être en face de qc; **the building ~** l'immeuble *m* d'en face **IV.** *prep* en face de; **to sit ~ one another** être assis face à face
opposition [ˌa·pə·'zɪ·ʃᵊn] *n* **1.** (*resistance*) opposition *f;* **~ to sth** opposition à qc **2.** POL opposition *f;* **leader of the Opposition** le chef de l'opposition **3.** (*contrast*) contraste *m* **4.** (*opposing team*) adversaire *mf*
oppress [ə·'pres] *vt* **1.** (*force into submission*) opprimer **2.** (*overburden*) accabler
oppressed I. *adj* opprimé(e) **II.** *n* **the ~** les opprimés *mpl*
oppression [ə·'preʃ·ᵊn] *n* oppression *f*
oppressive [ə·'pres·ɪv] *adj* **1.** (*burdensome*) oppressif(-ive); (*regime*) tyrannique **2.** (*close, stifling*) suffocant(e); (*heat*) étouffant(e)
oppressor *n* oppresseur *m*
opt [apt] *vi* opter; **to ~ to** *+infin* choisir de *+infin*
◆**opt in** *vi* choisir de participer
◆**opt out** *vi* choisir de ne pas participer; **to ~ of sth** choisir de ne plus participer à qc
optic ['ap·tɪk] **I.** *n* PHOT optique *f* **II.** *adj* optique
optical *adj* optique; (*illusion*) d'optique
optician [ap·'tɪʃ·ᵊn] *n* opticien(ne) *m(f)*
optics *n* optique *f*
optimal ['ap·tɪ·mᵊl] *adj* optimal(e)
optimism ['ap·tə·mɪ·zᵊm] *n* optimisme *m*
optimist ['ap·tə·mɪst] *n* optimiste *mf;* **to be a born ~** être un optimiste né
optimistic *adj* optimiste
optimize ['ap·tə·maɪz] *vt* optimiser
optimum ['ap·tə·məm] **I.** *n* optimum *m* **II.** *adj* (*choice*) optimal(e)
option ['ap·ʃᵊn] *n* **1.** (*choice*) option *f* **2.** (*possibility*) choix *m;* **to have the ~ of doing sth** pouvoir choisir de faire qc; **I have no ~ but to pay** je n'ai pas d'autre alternative que de payer **3.** (*right to buy or sell*) option *f;* **to take up an ~** lever une option **4.** COMPUT option *f*
optional *adj* facultatif(-ive)
opulence ['ap·jə·lən(t)s] *n* opulence *f*
opulent ['ap·jə·lənt] *adj* opulent(e)
or [ɔr] *conj* ou; **either ... ~ ...** ou (bien) ... ou (bien) ...; **to ask whether ~ not sb is coming** demander si oui ou non qn vient; **I can't read ~ write** je ne sais ni lire ni écrire; **a minute ~ so/two** environ une minute/une minute ou deux; **sb/sth ~ other** je ne sais qui/quoi; **somewhere/sometime ~ other** quelque part/tôt ou tard; **come here ~ else!** viens/venez ici, sinon tu vas/vous allez voir!; *s.a.* **either**
OR [ˌoʊ·'ar] *n abbr of* **Oregon**
oracle ['ɔr·ə·kl] *n* oracle *m*
oral ['ɔr·əl] *adj* **1.** (*spoken*) oral(e) **2.** (*related to the mouth*) buccal(e); (*contraceptive*) oral(e); (*medication*) par voie orale
orange ['ɔr·ɪndʒ] **I.** *adj* orange *inv* **II.** *n* **1.** (*fruit*) orange *f* **2.** (*color*) orange *m; s.a.* **blue**
orangeade [ˌɔr·ɪndʒ·'eɪd] *n* orangeade *f*
orange juice *n* jus *m* d'orange
orange tree *n* oranger *m*
orang(o)utang [ɔ·'ræŋ·ə·tæn] *n* orang-outan *m*
oration [ɔ·'reɪ·ʃᵊn] *n* discours *m* solennel; **funeral ~** oraison *f* funèbre
orator ['ɔr·ə·t̬ər] *n* orateur, -trice *m, f*
oratory ['ɔr·ə·tɔr·i] *n* oratoire *m*
orbit ['ɔr·bɪt] **I.** *n* **1.** (*planet course*) orbite *f;* **to be in ~ around sth** être en orbite autour de qc **2.** (*sphere of activity, interest*) domaine *m* **3.** ANAT orbite *f* **II.** *vi* être en orbite **III.** *vt* **1.** (*encircle, travel in circular path*) décrire une orbite autour de **2.** (*put into orbit*) placer en orbite
orbital I. *n* périphérique *m* **II.** *adj* orbital(e); (*path, way*) périphérique
orbiter *n* orbiteur *m*
orchard ['ɔr·tʃərd] *n* verger *m*
orchestra ['ɔr·kɪ·strə] *n* orchestre *m*
orchestral *adj* orchestral(e)
orchestra pit *n* fosse *f* d'orchestre
orchestra stalls *n* fauteuils *mpl* d'orchestre
orchestrate ['ɔr·kɪ·streɪt] *vt a. pej* orchestrer
orchestration [ˌɔr·kɪ·'streɪ·ʃᵊn] *n* MUS orchestration *f*
orchid ['ɔr·kɪd] *n* orchidée *f*
ordain [ɔr·'deɪn] *vt* **1.** REL ordonner; **to be ~ed**

(a) **priest** être ordonné prêtre **2.** (*decree, order*) décréter

ordeal [ɔr·ˈdil] *n* épreuve *f*

order [ˈɔr·dər] **I.** *n* **1.** (*tidiness*) ordre *m;* **to put sth in ~** ranger qc; **to put one's affairs in ~** mettre ses affaires en ordre **2.** (*particular sequence*) ordre *m;* **in alphabetical/chronological ~** par ordre alphabétique/chronologique; **in reverse ~** à l'envers; **to be in/out of ~** être en ordre/en désordre **3.** (*command*) ordre *m;* **on sb's ~s** sur l'ordre de qn; **to take ~s from sb** être aux ordres de qn **4.** (*working condition*) **in working/running ~** en état de marche; **to be out of ~** être hors service **5.** (*state of peaceful harmony*) ordre *m;* **to keep ~ in the classroom** faire régner l'ordre dans la classe; **to restore ~ to a country** rétablir l'ordre dans un pays **6.** (*all right*) **to be in ~** être en règle; **that is perfectly in ~** aucune objection; **a celebration is in ~** rien ne s'oppose à une fête; **his behavior is out of ~** son comportement est inapproprié **7.** (*purpose*) **in ~ to** +*infin* afin de +*infin;* **in ~ for you to succeed ...** pour réussir ...; **in ~ that everyone can see** pour que tout le monde puisse voir (*subj*) **8.** (*social class, rank*) classe *f* **9.** (*request to supply goods*) commande *f;* **to put in an ~** passer (une) commande; **made to ~** fait sur commande **10.** (*kind*) genre *m;* **of the highest ~** de premier ordre **11.** (*system, constitution*) ordre *m* **12.** REL (*fraternity, brotherhood*) ordre *m;* **to take holy ~s** entrer dans les ordres **13.** MATH degré *m* **14.** (*procedure rules*) **~ of procedure** règlement *m* intérieur ► **the ~ of the day** l'ordre du jour **II.** *vt* **1.** (*command*) ordonner; **to ~ sb to** +*infin* donner à qn l'ordre de +*infin;* **I was ~ed to leave** on m'a ordonné de partir; **to ~ sb out** ordonner à qn de sortir **2.** (*request goods or a service*) commander **3.** (*arrange*) arranger; **to ~ one's thoughts** reprendre ses esprits; **to ~ sth into groups** classer qc par groupes **4.** (*ordain, decide*) **to ~ that ...** décréter que ... **5.** (*arrange according to procedure*) régler **III.** *vi* commander

◆**order around** *vt always sep* **to order sb around** donner des ordres à qn

order book *n* carnet *m* de commandes

ordered *adj* ordonné(e); (*life, structure*) régulier(-ère)

order form *n* bon *m* de commande

orderly **I.** *adj* **1.** (*methodically arranged*) méthodique **2.** (*tidy*) ordonné(e); (*room*) en ordre **3.** (*well-behaved, not unruly*) discipliné(e); **in an ~ fashion** dans le calme **II.** *n* **1.** (*hospital attendant*) aide-infirmier, -ère *m, f* **2.** MIL planton *m*

order picking *n* triage *m* des commandes

order processing *n* traitement *m* des commandes

ordinal [ˈɔr·dᵊn·ᵊl] **I.** *n* ordinal *m* **II.** *adj* ordinal(e)

ordinance [ˈɔr·dᵊn·ən(t)s] *n* (*decree or law*) ordonnance *f*

ordinarily *adv* normalement

ordinary [ˈɔr·dᵊn·er·i] **I.** *n* **1.** (*normal state*) ordinaire *m;* **out of the ~** qui sort de l'ordinaire; **nothing out of the ~** rien d'inhabituel **2.** (*judge*) juge *m* **3.** REL ordinaire *m* **II.** *adj* ordinaire; (*clothes*) de tous les jours; **in the ~ way** en temps normal; **she's no ~ teacher** elle n'est pas une enseignante comme les autres

ordinary seaman <-men> *n* matelot *m*

ordinary share *n* action *f* ordinaire

ordination [ˌɔr·dᵊn·ˈeɪ·ʃᵊn] *n* REL ordination *f*

ordnance [ˈɔrd·nən(t)s] *n* MIL ordonnance *f*

ore [ɔr] *n* minerai *m;* **iron/copper ~** minerai de fer/cuivre

oregano [ɔ·ˈreg·ə·noʊ] *n* origan *m*

Oregon [ˈɔr·ɪ·gən] *n* l'Oregon *m*

organ [ˈɔr·gən] *n* **1.** MUS orgue *f* **2.** (*body part*) organe *m*

organ donor *n* donneur, -euse *m, f* d'organe

organ grinder *n* **1.** (*musician*) joueur, -euse *m, f* d'orgue de Barbarie **2.** *fig* responsable *mf*

organic [ɔr·ˈgæn·ɪk] *adj* **1.** (*related to living substance*) organique **2.** (*not artificial: fruit, agriculture*) biologique **3.** (*fundamental*) fondamental(e) **4.** (*systematic*) systématique

organism [ˈɔr·gᵊn·ɪ·zᵊm] *n* organisme *m*

organist [ˈɔr·gᵊn·ɪst] *n* organiste *mf*

organization [ˌɔr·gᵊn·ɪ·ˈzeɪ·ʃᵊn] *n* **1.** (*act of organizing*) organisation *f* **2.** (*group*) organisation *f* **3.** (*association*) association *f* **4.** (*tidiness*) ordre *m*

organizational *adj* d'organisation

organization chart *n* ECON organigramme *m*

Organization of Petroleum Exporting Countries *n* Organisation *f* des pays exportateurs de pétrole

organize [ˈɔr·gᵊn·aɪz] **I.** *vt* **1.** (*arrange*) organiser; (*a meal*) s'occuper de; **to get ~d** s'organiser **2.** (*bring in a trade union*) syndiquer **II.** *vi* **1.** (*get arranged*) s'organiser **2.** (*form a trade union*) se syndiquer

organized *adj* organisé(e)

organizer *n* **1.** (*person who organizes*) organisateur, -trice *m, f* **2.** COMPUT agenda *m* électronique **3.** (*book or device to organize*) organisateur *m*

orgasm [ˈɔr·gæz·ᵊm] **I.** *n* orgasme *m* **II.** *vi* avoir un orgasme

orgasmic [ɔr·ˈgæs·mɪk] *adj* **1.** (*related to orgasms*) orgasmique **2.** *fig, inf* fantastique

orgy [ˈɔr·dʒi] <-gies> *n a. fig* orgie *f;* **a drinking ~** une beuverie

Orient [ˈɔr·i·ənt] *n* **the ~** l'Orient *m*

orient *vt* orienter; **to ~ oneself** s'orienter

oriental [ˌɔr·i·ˈen·tᵊl] **I.** *n* Oriental(e) *m(f)* **II.** *adj* oriental(e); (*carpet*) d'Orient

orientate [ˈɔr·i·en·teɪt] *vt* orienter; **to ~ oneself** s'orienter

orientation [ˌɔr·i·en·ˈteɪ·ʃᵊn] *n* orientation *f*

orientation course *n* UNIV cours *m* de présentation

orienteering [ˌɔr·i·en·ˈtɪr·ɪŋ] *n* exercice *m* d'orientation sur le terrain

orifice [ˈɔr·ə·fɪs] *n form* orifice *m*

origin [ˈɔr·ə·dʒɪn] *n* origine *f*

original I. *n* 1. (*not a copy or imitation*) original *m* 2. (*unusual person*) original(e) *m(f)* II. *adj* 1. (*initial: sin*) originel(le); **return to the ~ condition** retour à l'état d'origine 2. (*new, novel, unique*) original(e) 3. (*not copied or imitated, firsthand: painting*) authentique; (*manuscript*) original(e)

originality [ə·ˌrɪdʒ·ɪ·ˈnæl·ə·ţi] *n* originalité *f*

originally *adv* 1. (*first condition*) à l'origine 2. (*at source*) au départ

originate [ə·ˈrɪdʒ·ɪ·neɪt] I. *vi* 1. (*begin*) voir le jour; (*fire, disease*) se déclarer; **to ~ in sth** (*habit, river*) prendre sa source dans qc 2. (*come from*) **to ~ from sth** provenir de qc; (*person*) être originaire de qc; **the legend ~s with a popular custom** la légende tire son origine d'une coutume populaire II. *vt* être à l'origine de

Orkney Islands [ˈɔrk·ni·ˌaɪ·ləndz], **Orkneys** *npl* les (îles *fpl*) Orcades *fpl*

ornament [ˈɔr·nə·mənt] I. *n* 1. (*decoration, adornment*) ornement *m* 2. (*small object*) bibelot *m* 3. MUS fioriture *f* II. *vt* ornementer

ornamental *adj* ornemental(e)

ornamentation [ˌɔr·nə·men·ˈteɪ·ʃən] *n form* ornementation *f*

ornate [ɔr·ˈneɪt] *adj* 1. (*elaborately decorated*) orné(e) richement 2. (*language*) châtié(e)

ornithologist *n* ornithologiste *mf*

ornithology [ˌɔr·nə·ˈθa·lə·dʒi] *n* ornithologie *f*

orphan [ˈɔr·fən] I. *n* orphelin(e) *m(f)* II. *vt* **to be ~ed** devenir orphelin

orphanage [ˈɔr·fən·ɪdʒ] *n* orphelinat *m*

orthodontist [ˌɔr·θoʊ·ˈdan·ţɪst] *n* orthodontiste *mf*

orthodox [ˈɔr·θə·daks] *adj* 1. (*religiously accepted, conventional*) orthodoxe 2. (*unoriginal, conventional*) conformiste 3. (*strictly religious*) intégriste

orthodoxy [ˈɔr·θə·dak·si] <-xies> *n* (*orthodox practice*) orthodoxie *f*

orthogonal [ɔr·ˈθa·gən·əl] *adj* MATH orthogonal(e)

orthographic, **orthographical** *adj* orthographique

orthography [ɔ·ˈθa·grə·fi] *n* orthographe *f*

orthopaedic *adj s.* **orthopedic**

orthopaedics *npl s.* **orthopedics**

orthopedic [ˌɔr·θoʊ·ˈpi·dɪk] *adj* orthopédique

orthopedics *npl* orthopédie *f*

orthopedist *n* orthopédiste *mf*

OS [ˌoʊ·ˈes] 1. *abbr of* **operating system** système *m* d'exploitation 2. *abbr of* **ordinary seaman** matelot *m*

Oscar [ˈa·skər] *n* oscar *m*

oscillate [ˈa·səl·eɪt] I. *vi* 1. (*swing back and forth*) osciller 2. (*vary, fluctuate*) fluctuer II. *vt* faire osciller

oscillation [ˌa·səl·ˈeɪ·ʃən] *n form* oscillation *f*

oscilloscope [ə·ˈsɪl·ə·skoʊp] *n* oscilloscope *m*

osmosis [az·ˈmoʊ·sɪs] *n* osmose *f*

osmotic *adj* osmotique

osprey [ˈa·spri] *n* balbuzard *m*

ossify [ˈa·sə·faɪ] I. *vi* 1. (*turn into bone*) s'ossifier 2. *pej, form* (*become fixed or rigid*) se scléroser; (*become conservative*) devenir réactionnaire II. *vt* fossiliser

ostensible [a·ˈsten(t)·sə·bl] *adj* apparent(e)

ostensibly *adv* soi-disant

ostentation [ˌa·sten·ˈteɪ·ʃən] *n pej* ostentation *f*

ostentatious [ˌa·stən·ˈteɪ·ʃəs] *adj* 1. (*pretentious*) prétentieux(-euse) 2. (*done for display*) ostentatoire

osteoarthritis [ˌa·sti·oʊ·ar·ˈθraɪ·ţɪs] *n* arthrose *f*

osteopath [ˈa·sti·oʊ·pæθ] *n* MED ostéopathe *mf*

osteoporosis [ˌa·sti·oʊ·pə·ˈroʊ·sɪs] *n* MED ostéoporose *f*

ostracism [ˈa·strə·sɪ·zəm] *n* ostracisme *m*

ostracize [ˈa·strə·saɪz] *vt* 1. (*socially exclude*) frapper d'ostracisme 2. (*banish*) mettre en quarantaine

ostrich [ˈa·strɪtʃ] *n* 1. (*bird*) autruche *f* 2. *pej* (*person*) *personne pratiquant la "politique de l'autruche"*

OT *n* 1. *abbr of* **occupational therapy** ergothérapie *f* 2. *abbr of* **Old Testament** Ancien Testament *m* 3. *abbr of* **overtime**

other [ˈʌð·ər] I. *adj* autre; **some ~ way of doing sth** une autre façon de faire qc; **the ~ one/three** l'autre *mf*/les trois autres; **the ~ woman/man** l'autre *mf;* **some ~ time** une autre fois; **the ~ day** l'autre jour *m;* **every ~ day/week** un jour/une semaine sur deux; **any ~ questions?** pas d'autres questions? II. *pron* 1. (*different ones*) autre; **the ~s** les autres *mpl o fpl;* **none ~ than Paul** nul autre que Paul; **each** ~ l'un l'autre; **some eat, ~s drink** les uns mangent, d'autres boivent; **there might be ~s** il pourrait y en avoir d'autres 2. *sing* (*either/or*) **to choose one or the ~** choisir l'un ou l'autre; **not to have one without the ~** ne pas avoir l'un sans l'autre 3. (*being vague*) **sb/sth or ~** quelqu'un/quelque chose III. *adv* autrement; **somehow or ~** d'une manière ou d'une autre

other than *prep* (*besides*) **~ sb/sth** à part qn/qc; **he can't do anything ~ pay** il ne peut que payer; **no choice ~ to stay** pas d'autre choix que de rester; **it's anything ~ perfect** c'est tout sauf parfait

otherwise [ˈʌð·ər·waɪz] I. *adj form* autre II. *adv* 1. (*differently*) autrement; **married or ~** marié ou non; **Samantha, ~ known as Sam** Samantha, que l'on connaît également sous le nom de Sam; **it is forbidden to speak or ~ communicate with them** il est interdit de communiquer avec eux d'une manière ou d'une autre 2. (*in other respects*) par ailleurs III. *conj* sinon

otolaryngologist *n* MED oto-rhino-laryngologiste *mf*
otter ['a·ţər] *n* loutre *f*
ouch [aʊtʃ] *interj* aïe!
ought [ɔt] *aux* **1.** (*have as a duty, should*) **he ~ to tell her** il devrait lui dire **2.** (*had better*) **we ~ to do sth** il vaudrait mieux que nous fassions qc (*subj*) **3.** (*be wise or advisable*) **you ~ not to do that** tu ne devrais pas faire cela
ounce [aʊn(t)s] *n* once *f* ►**not an ~ of sth** pas du tout de qc, pas une brique de qc *Suisse*
our [aʊər] *poss adj* notre *mf,* nos *pl; s.a.* **my**
ours [aʊərz] *poss pron* (*belonging to us*) le , la nôtre; **it's not their bag, it's ~** ce n'est pas leur sac, c'est le nôtre; **this house is ~** cette maison est la nôtre; **a book of ~** un de nos livres; **this table is ~** cette table est à nous
ourselves [aʊər·'selvz] *poss pron* **1.** *after verbs* nous; **we hurt ~** nous nous sommes blessés **2.** (*we or us*) nous-mêmes; *s.a.* **myself**
oust [aʊst] *vt* évincer; POL démettre
out [aʊt] **I.** *vt* révéler l'homosexualité de **II.** *prep inf s.* **out of III.** *adv* **1.** (*not inside*) dehors; **to go ~** sortir; **get ~!** dehors!; **to find one's way ~** trouver la sortie **2.** (*outside*) dehors; **it's cold ~** (**there**) il fait froid dehors; **keep ~!** défense d'entrer!; **to eat ~** aller au restaurant **3.** (*distant, away*) loin; **ten miles ~** à dix miles; **far/a long way ~** loin; **~ at sea** au large; **she's ~ in front** être loin devant; **~ in California/the country** en Californie/à la campagne; **to go ~ to the West Coast** partir pour la côte ouest; **the tide is going ~** la mer se retire **4.** (*remove*) **to cross ~ words** rayer des mots; **to get a stain ~** enlever une tache; **to put ~ a fire** éteindre un feu **5.** (*available*) **the best one ~** le meilleur sur le marché **6.** (*unconscious*) **to knock sb ~** assommer qn; **to pass ~** s'évanouir; **to be ~ cold** être assommé **7.** (*completely*) **burnt ~** entièrement brûlé; **to be tired ~** être épuisé; **to cry ~** hurler **8.** (*emerge*) **to come ~** se révéler **9.** (*come to an end, conclude*) **to go ~** (*fire*) s'éteindre; **to die ~** s'éteindre progressivement **10.** (*not fashionable*) **to go ~** passer de mode ►**~ and about** (*on the road*) de sortie; (*healthy*) sur pied; **~ with it!** dis/dites-le donc!; *s.a.* **inside, in IV.** *adj* **1.** (*absent, not present*) sorti(e) **2.** (*released, published: film, novel*) sorti(e) **3.** (*revealed: news*) rendu(e) public(-que) **4.** BOT (*flower*) en fleur **5.** (*visible*) **the sun/moon is ~** le soleil/la lune brille **6.** (*finished*) fini(e); **before the week is ~** avant la fin de la semaine **7.** (*not working: fire, light*) éteint(e); (*workers*) en grève **8.** *inf* (*in existence*) **to be ~** (*person*) exister; (*object*) être sur le marché **9.** (*unconscious, tired*) K.-O. *inv* **10.** SPORTS (*ball*) sortie(e); (*player*) éliminé(e); *fig* sur la touche **11.** (*not allowed*) **that's ~** c'est hors de question **12.** (*unfashionable*) passé(e) de mode ►**to be ~ for sth** +*infin* chercher à faire qc +*infin* **V.** *n* échappatoire *f;* **to be looking for an ~** chercher une issue ►**to be on the ~s with sb** être brouillé avec qn
out-and-out *adj* complet(-ète); (*liar*) fini(e)
outback *n* intérieur *m* des terres
outbid *vt irr* surenchérir sur
outboard *n* **1.** (*motor for boat*) moteur *m* hors-bord **2.** (*boat with outboard motor*) hors-bord *m inv*
outboard motor *n* moteur *m* hors-bord
outbreak *n* **1.** (*sudden start: of war*) déclenchement *m;* (*of spots, of violence*) éruption *f;* (*of fever*) accès *m;* (*of hives*) crise *f;* **thunderous ~s** coups *mpl* de tonnerre **2.** (*epidemic*) épidémie *f*
outbuilding *n* dépendance *f*
outburst *n* accès *m*
outcast **I.** *n* proscrit(e) *m(f);* **a social ~** un paria **II.** *adj* proscrit(e)
outclass *vt* surclasser
outcome *n* résultat *m;* (*of an election*) issue *f*
outcrop *n* GEO éminence *f;* **an ~ of rocks** une protubérance rocheuse
outcry <-ries> *n* tollé *m;* **a public ~** une clameur de protestation
outdated *adj* **1.** (*old*) désuet(-ète); (*word*) vieilli(e) **2.** (*out of fashion*) démodé(e)
outdistance *vt* distancer
outdo *vt irr* surpasser
outdoor *adj* extérieur(e); (*swimming pool*) découvert(e); (*sports, activity*) de plein air; **to be an ~ type** aimer le grand air
outdoors *n* dehors *m;* **the great ~** la pleine nature
outer ['aʊ·ţər] *adj* extérieur(e); **the ~ suburbs** la grande banlieue
outermost *adj* le (la) plus à l'extérieur, le (la) plus éloigné(e)
outer space *n* espace *m*
outfall *n* (*of river*) embouchure *f;* (*of drain, sewer*) écoulement *m*
outfit *n* **1.** (*set of clothes*) tenue *f* **2.** *inf* (*company*) boîte *f*
outflow *n* sortie *f;* (*of water*) écoulement *m*
outgoing *adj* **1.** (*sociable*) sociable **2.** (*extroverted*) extraverti(e) **3.** (*leaving*) sortant(e)
outgrow *vt irr* **1.** (*grow too big for: clothes, cradle*) devenir trop grand pour; **to ~ sth** (*a habit, taste, interest*) passer l'âge de faire qc; **to ~ one's friends** ne plus à voir grand-chose en commun avec ses amis; **to ~ all that** dépasser tout ça **2.** (*grow too fast*) grandir plus vite que **3.** (*become bigger or faster than*) dépasser
outgrowth *n* **1.** (*growing*) développement *m* **2.** *fig* (*result*) développement *m* **3.** MED, ZOOL, BOT excroissance *f*
outhouse *n* **1.** (*outdoor toilet*) toilettes *fpl* extérieures **2.** (*small separate building*) dépendance *f*
outing *n* **1.** (*walk*) sortie *f;* **to go on an ~** faire une sortie; **family ~** sortie en famille **2.** (*revelation of homosexuality*) outing *m* (*le fait de révéler l'homosexualité d'une personne*)

outlandish *adj pej* saugrenu(e)
outlast *vt* survivre à
outlaw I. *n* hors-la-loi *m inv* II. *vt* 1. (*ban*) interdire 2. (*make illegal*) déclarer illégal(e)
outlay *n* dépenses *fpl*
outlet *n* 1. (*exit*) sortie *f;* (*of a river*) embouchure *f* 2. (*means of expression*) exutoire *m* 3. (*store or business*) point *m* de vente 4. ELEC prise *f* de courant
outline I. *n* 1. (*general plan*) plan *m;* **the main ~** les grandes lignes *fpl* 2. (*rough plan*) ébauche *f* 3. (*description of main points*) synthèse *f* 4. ART (*contour*) contour *m* 5. (*summary*) résumé *m* II. *vt* 1. (*draw outer line of*) esquisser; **to be ~d against the horizon** se dessiner à l'horizon 2. (*summarize*) résumer
outlive *vt* survivre à
outlook *n* 1. (*future prospect*) perspective *f;* **the weather ~** les prévisions *fpl* météorologiques 2. (*general view, attitude*) attitude *f*
outlying *adj* éloigné(e)
outmaneuver *vt* déjouer
outmoded *adj* démodé(e)
outnumber *vt* être supérieur en nombre à; **to be ~ed** être en minorité
out of *prep* 1. (*towards outside from*) hors de, en dehors de; **to go ~ the door/room** sortir par la porte/de la pièce; **to jump ~ bed** sauter (hors) du lit; **to take sth ~ a box** prendre qc dans une boîte; **to look/lean ~ the window** regarder par/se pencher à la fenêtre 2. (*outside from*) ~ **water/sight/reach** hors de l'eau/de vue/d'atteinte; **to drink ~ a glass** boire dans un verre 3. (*away from*) **to be ~ town/the office** ne pas être en ville/au bureau; **to get ~ the rain** se mettre à l'abri de la pluie; **~ the way!** pousse-toi/poussez-vous! 4. (*without*) **to be ~ sth** ne plus avoir qc; **to be ~ money/work** être à court d'argent/sans emploi; **~ breath** hors d'haleine; **~ order** en panne 5. (*from*) **made ~ wood/a blanket** fait en bois/avec une couverture; **to copy sth ~ a file** copier qc dans un fichier; **to get sth ~ sb** soutirer qc à qn; **to read ~ the novel** lire un extrait du roman 6. (*because of*) **to do sth ~ politeness** faire qc par politesse 7. **in 3 cases ~10** dans 3 cas sur 10 ▶ **to be ~ it** *inf* être à côté de ses pompes; (*drunk, drugged*) être dans les vapes; **to be ~ one's mind** avoir perdu la tête; **~ this world** (*excellent*) divin
out-of-bounds I. *adj* hors limites *inv* II. *adv* en dehors des limites
out-of-court *adj* LAW (*settlement*) à l'amiable
out-of-date *adj* 1. (*existing after a fixed date*) périmé(e) 2. (*worthless*) caduc(-que) 3. (*no more in use*) obsolète 4. (*not in use for long time*) désuet(-ète); (*word*) vieilli(e) 5. (*out of fashion*) démodé(e)
out-of-the-way *adj* à l'écart
out-of-town *adj* en dehors du centre-ville
out-of-work *adj* sans emploi
outpace *vt* dépasser
outpatient *n* patient(e) *m(f)* en consultation externe
outperform *vt* être plus performant(e) que
outplay *vt* SPORTS jouer mieux que
outpost *n* 1. MIL (*guards to prevent attack*) avant-poste *m* 2. (*base to prevent attack*) camp *m* volant 3. (*distant branch or settlement*) bastion *m*
outpouring *n* 1. (*uncontrolled expressed feelings*) défoulement *m* 2. (*sudden flow*) déferlement *m* 3. (*many things produced in short period*) foisonnement *m* 4. *pl* (*outburst of emotion*) effusions *fpl*
output *n* 1. ECON (*amount produced*) rendement *m;* **total ~** productivité *f* globale 2. (*production*) production *f* 3. (*power, energy*) puissance *f* 4. COMPUT sortie *f*
output data *n* 1. COMPUT données *fpl* en sortie 2. ECON résultats *mpl* fournis
output device *n* COMPUT périphérique *m* de sortie
output unit *n* COMPUT unité *f* de sortie
outrage ['aʊt·reɪdʒ] I. *n* 1. (*act of cruelty*) atrocité *f* 2. (*shock, indignation*) indignation *f;* **with ~** d'indignation; **to express ~ at sth** exprimer son indignation à propos de qc; **a sense of ~** un sentiment de révolte 3. (*indecent action*) scandale *m* II. *vt* **to be ~d by sth** être indigné par qc
outrageous [aʊt·'reɪ·dʒəs] *adj* 1. (*cruel*) atroce 2. (*shocking, exaggerated*) scandaleux(-euse); **it is ~ that** c'est scandaleux que +*subj* 3. (*bold*) scandaleux(-euse)
outré [u·'treɪ] *adj* extravagant(e)
outrider *n* escorte *f* à moto
outrigger ['aʊt·ˌrɪg·ər] *n* (*boat*) outrigger *m*
outright I. *adj* 1. (*complete, total*) absolu(e) 2. (*clear, direct: winner*) parfait(e); (*victory*) total(e) II. *adv* 1. (*completely, totally*) à fond; (*to reject, to refuse*) en bloc 2. (*immediately*) sur le coup
outrun *vt irr* 1. (*go faster than*) distancer 2. *fig* (*escape from*) échapper à 3. *fig* (*go beyond*) dépasser
outsell *vt* (*person, shop*) vendre plus que; (*product*) se vendre plus que
outset *n* commencement *m;* **at the ~** au départ; **from the ~** dès le début
outshine *vt irr* être plus brillant(e) que
outside I. *adj* 1. (*external: door*) extérieur(e) 2. (*not belonging to sth: call, world, help*) extérieur(e); **my ~ interests** mes centres *mpl* d'intérêts 3. (*not likely: possibility, chance*) faible 4. (*highest*) maximum *inv;* **at an ~ estimate** au maximum 5. AUTO **~ lane** voie *f* de gauche II. *n* 1. (*external part or side*) *a. fig* extérieur *m;* **on/from the ~** à/vu de l'extérieur 2. (*at most*) **at the (very) ~** tout au plus 3. AUTO **to overtake on the ~** dépasser par la gauche III. *prep* 1. (*not within*) à l'extérieur de; **from ~ sth** de l'extérieur de qc; **to play/go ~ the house** jouer en dehors de/sortir de la maison; **~ the nature preserve** hors du parc naturel; **experts from ~ the company/**

O

school des experts externes à l'entreprise/l'école **2.** (*next to*) **~ sb's window** sous la fenêtre de qn; **to wait ~ the door** attendre devant la porte **3.** (*not during*) **~ business hours** en dehors des heures de travail **IV.** *adv* **1.** (*outdoors*) dehors, à la porte *Belgique;* **to go ~** sortir **2.** (*not inside*) à l'extérieur **3.** (*beyond*) au-delà **4.** (*except for*) excepté; **~ of us/Paris** à part nous/Paris; *s.a.* **inside**

outside of *prep* **~ sb/sth** sauf qn/qc

outsider *n* **1.** (*stranger*) étranger, -ère *m, f* **2.** (*not belonging to a group, office*) intervenant(e) *m(f)* extérieur **3.** (*outcast*) exclu(e) *m(f)*

outsize I. *adj a. fig* énorme; (*clothing*) grande taille *inv* **II.** *n* grande taille *f*

outskirts *npl* périphérie *f;* **on the ~** à la périphérie

outsourcing *n* approvisionnement *m* à l'extérieur

outspoken *adj* franc(he)

outstanding *adj* **1.** (*excellent, extraordinary*) exceptionnel(le) **2.** (*of special note, remarkable*) remarquable **3.** (*noticeable: feature, incident*) marquant(e) **4.** (*remaining: debt, amount*) impayé(e); (*sick day*) à prendre; (*assignment*) inachevé(e); (*issues, business*) en suspens; (*invoice*) en souffrance; (*problems*) non résolu(e)

outstation *n* avant-poste *m*

outstay *vt* rester plus longtemps que; **I've ~ed my welcome** j'ai abusé de votre/son hospitalité

outstretched *adj* **1.** (*extended to the maximum*) tendu(e) **2.** (*lying down*) allongé(e) **3.** (*spread out to the maximum*) déployé(e)

outstrip *vt irr* **1.** (*go faster, leave behind*) devancer **2.** (*be better than, surpass*) surpasser **3.** (*be greater than, exceed*) excéder

out tray *n* corbeille *f* de départ

outturn *n* rendement *m*

outvote *vt* remporter les suffrages sur; **to be ~d** perdre le vote

outward I. *adj* **1.** (*exterior, external*) extérieur(e); **to all ~ appearances** selon toute apparence **2.** (*going out*) vers l'extérieur; **the ~ journey** l'aller *m* **3.** (*apparent, superficial*) apparent(e) **II.** *adv* vers l'extérieur

outwardly *adv* apparemment

outwards *adv s.* **outward**

outweigh *vt* **1.** (*weigh more than*) peser plus que; (*exceed*) dépasser **2.** (*in importance*) l'emporter sur

outwit <-tt-> *vt* se montrer plus malin(e) que

outwork *n* travail *m* à domicile; MIL bastion *m*

oval ['oʊ·vəl] **I.** *n* ovale *m* **II.** *adj* ovale

Oval Office *n* bureau *m* oval

ovary ['oʊ·vər·i] <-ries> *n* ovaire *m*

ovation [oʊ·'veɪ·ʃən] *n* ovation *f;* **thunderous ~** tonnerre *m* d'applaudissements; **to give sb a standing ~** faire une (standing) ovation à qn

oven ['ʌv·ən] *n* four *m*

oven glove *n* gant *m* à four

ovenproof *adj* résistant(e) aux hautes températures

oven-ready *adj* prêt(e) à mettre au four

ovenware *n* plats *mpl* à four

over ['oʊ·vər] **I.** *prep* **1.** (*above*) sur; **to hang the picture ~ the desk** accrocher le tableau au-dessus du bureau; **the bridge ~ the highway** le pont traversant l'autoroute; **to fly ~ the sea** survoler la mer; **4 ~ 12 equals one third** MATH 4 sur 12 équivalent à un tiers **2.** (*on*) **to hit sb ~ the head** frapper qn à la tête; **to drive ~ sth** écraser qc (en voiture); **to spread a cloth ~ it/the table** mettre une nappe dessus/sur la table **3.** (*across*) **view ~ the valley** vue *f* sur la vallée; **to go ~ the bridge** traverser le pont; **to live ~ the road** vivre de l'autre côté de la route; **it rained all ~ the Midwest** il a plu sur tout le Midwest; **famous all ~ the world** connu dans le monde entier; **to look ~ a house** visiter une maison; **to look ~ sb's shoulder** regarder par-dessus l'épaule de qn; **to jump ~ the fence** sauter la barrière; **~ the dune** de l'autre côté de la dune **4.** (*during*) **~ (the) winter** pendant l'hiver; **~ the years** au fil des années; **~ time** avec le temps; **~ a two-year period** sur une période de deux ans; **to stay ~ the weekend** rester tout le week-end **5.** (*more than*) **~ 95°F** au-dessus de 95°F; **~ $50** plus de 50 dollars; **to speak for ~ an hour** parler plus d'une heure; **to be ~ an amount** dépasser une somme; **~ and above that** en plus de ça; **children ~ 14** les enfants *mpl* de plus de 14 ans; **to value sth ~ money** préférer qc à l'argent **6.** (*through*) **I heard it ~ the radio** je l'ai entendu à la radio; **to hear sth ~ the noise** entendre qc par-dessus le bruit; **what came ~ him?** qu'est-ce qui lui a pris? **7.** (*in superiority to*) **to rule ~ the Romans** régner sur les Romains; **to have command ~ sth** avoir le commandement de qc; **to have an advantage ~ sb** avoir un avantage sur qn **8.** (*about*) **~ sth** au sujet de qc; **to puzzle ~ this question** tenter de résoudre cette question **9.** (*for checking*) **to watch ~ a child** surveiller un enfant; **to look/go ~ a text** jeter un coup d'œil sur/parcourir un texte **10.** (*past*) **to be ~ the worst** avoir le pire derrière soi; *s.a.* **under II.** *adv* **1.** (*at a distance*) **it's ~ here/there** c'est ici/là-bas **2.** (*moving across*) **to come ~ here** venir (par) ici; **to go ~ there** aller là-bas; **to pass/hand sth ~** faire passer/remettre qc; **he has gone ~ to France** il est allé en France; **he swam ~ to me** il m'a rejoint à la nage; **call her ~** appelle-la; **he went ~ to the enemy** *fig* il est passé à l'ennemi **3.** (*on a visit*) **come ~ tonight** passe(z) ce soir **4.** (*moving above: go, jump*) par-dessus; **to fly ~** passer dans le ciel **5.** (*downwards*) **to fall ~** tomber; **to knock sth ~** faire tomber qc **6.** (*another way up*) **to turn the page/pancake ~** tourner la page/crêpe **7.** (*completely*) that's her all ~ c'est bien d'elle; **to look for sb all ~** chercher qn partout; **to turn sth ~ and ~** tourner et retourner qc dans tous les sens; **to talk/think sth ~** discuter de/bien réfléchir à qc **8.** (*again*) **to count them ~ again** les recompter encore une fois; **I repeated it ~ and ~** je n'ai cessé de le répéter; **to do sth all ~** refaire qc entièrement **9.** (*more*) **children 14 and ~** les enfants *mpl* de 14 ans et plus; **there are two left ~** il en reste encore deux; **if there's any left ~** s'il en reste **10.** (*sb's turn*) **"~"** RADIO, AVIAT "à vous"; **~ and out!** terminé! **III.** *adj inv* **1.** (*finished*) fini(e); **it's all ~** tout est fini; **the snow is ~** il a cessé de neiger **2.** (*remaining*) de reste; **there are three left ~** il en reste encore trois

overabundant *adj* surabondant(e)

overact *vt, vi* exagérer

overactive *adj* trop actif(-ive)

overage¹ [ˌoʊ·vər·ˈeɪdʒ] *n* (*surplus*) surplus *m*

overage² [ˈoʊ·vər·ˌeɪdʒ] *adj* (*too old*) trop âgé(e)

overall **I.** *n pl* salopette *f* **II.** *adj* (*results*) global(e); **~ winner** grand(e) gagnant(e) *m(f)*; (*commander, pattern*) général(e) **III.** *adv* dans l'ensemble

overanxious *adj* hyperanxieux(-euse)

overawe [ˌoʊ·vər·ˈɔ] *vt* intimider

overbalance *vi* se déséquilibrer

overbearing *adj pej* arrogant(e)

overbid *irr vt, vi* surenchérir

overblown *adj* **1.** *fig* ampoulé(e) **2.** BOT (*flower*) trop ouvert(e)

overboard *adv* par-dessus bord; **to fall ~** tomber par-dessus bord; **man ~!** un homme à la mer!; **to chuck sb/sth ~** se débarrasser de qn/qc ▶ **to go ~** s'emballer

overbook *vt* surbooker

overbooking *n* surbooking *m*

overburden *vt* surcharger; **to be ~ed with sth** être accablé de qc

overcapacity *n* surcapacité *f*

overcast *adj* (*sky*) chargé(e); (*weather*) couvert(e)

overcautious *adj* exagérément prudent(e)

overcharge **I.** *vt* faire payer trop cher à; **they ~d me $20** ils m'ont fait payer 20 dollars de trop **II.** *vi* demander trop

overcoat *n* pardessus *m*

overcome <irr> **I.** *vt* (*obstacle, fear, problems*) surmonter; **to ~ temptation** résister à la tentation; **to be ~ with sth** (*fear, emotion*) être gagné par qc; (*enemies*) vaincre **II.** *vi* vaincre; **we shall ~!** nous vaincrons!

overconfident *adj* trop sûr(e) de soi

overcooked *adj* trop cuit(e)

overcrowded *adj* (*room, train*) bondé(e); (*prison, city*) surpeuplé(e); (*class*) surchargé(e)

overcrowding *n* surpeuplement *m*; (*of classroom*) surcharge *f*

overdeveloped *adj* très développé(e)

overdo *vt* **1.** (*exaggerate*) exagérer; **don't ~ it!** (*irony, salt*) n'en rajoute pas!; (*work*) n'en fait pas trop! **2.** (*use too much*) exagérer sur **3.** (*cook too long*) cuire trop longtemps

overdone *adj* **1.** (*exaggerated: make-up*) exagéré(e) **2.** (*cooked too long*) trop cuit(e)

overdose **I.** *n* overdose *f*; **to take an ~ of sth** faire une overdose de qc; **to die of an ~** mourir d'une overdose **II.** *vi* **to ~ on sth** être en overdose de qc; *fig* faire une overdose de qc

overdraft *n* FIN découvert *m* bancaire

overdraft protection *n* FIN autorisation *f* de découvert

overdraw *irr* **I.** *vi* mettre son compte à découvert **II.** *vt* **to ~ sth** mettre qc à découvert

overdress *n* blouse *f*

overdressed *adj* **to be ~** être habillé trop élégamment

overdrive *n* **1.** AUTO, TECH surrégime *m* **2.** *fig* **to go into ~** se jeter dans une activité fiévreuse

overdue *adj* (*work, book*) en retard; (*bill*) impayé(e)

over easy *adj* **~ eggs** *œufs au plat cuits des deux côtés*

overeat *irr vi* se gaver; **to ~ on sth** se gaver de qc

overemphasize *vt* insister trop sur

overestimate **I.** *n* surestimation *f* **II.** *vt* surestimer

overexcited *adj* surexcité(e)

overexert *vt* **to ~ oneself** se surmener

overexpose *vt* PHOT surexposer

overexposure *n* PHOT surexposition *f*

overflow **I.** *n* **1.** (*of liquid*) débordement *m* **2.** (*pipe*) trop-plein *m* **3.** (*surplus*) surplus *m* **II.** *vi a. fig* déborder; **to ~ with sth** déborder de qc; **to be full to ~ing** être plein à craquer *inf*; **to be (full to) ~ing with emotion** déborder d'émotions **III.** *vt fig* inonder

overfly *irr vt* AVIAT survoler

overgrown *adj* **1.** (*too full of plants*) envahi(e); **to be ~ with sth** être envahi par qc **2.** *pej* (*immature*) attardé(e)

overhang *irr* **I.** *n* surplomb *m* **II.** *vt* surplomber; **to be overhung with sth** être surplombé par qc; *fig* être dépassé par qc

overhanging *adj* en surplomb

overhaul **I.** *n* révision *f* **II.** *vt* **1.** (*examine and repair*) réviser **2.** *fig* remanier

overhead **I.** *n* **1.** (*costs of running business*) ~(**s**) frais *mpl* généraux **2.** *inf* (*projector*) rétroprojecteur *m* **3.** (*transparency*) transparent *m* **II.** *adj* **1.** (*above head level: railroad*) aérien(ne); **~ cable** ligne *f* à haute tension; **~ lighting** éclairage *m* au plafond; **~ volley** balle *f* haute **2.** (*concerning running business: costs*) courant(e) **3.** (*taken from above*) en l'air **III.** *adv* en l'air

overhear *irr* **I.** *vt* **to ~ sth** entendre qc par hasard; **to ~ sb** entendre ce que dit qn; **to ~ sb saying sth** entendre qn dire qc **II.** *vi* entendre

overheat **I.** *vt a. fig* surchauffer; **to get ~ed** s'échauffer **II.** *vi* **1.** (*get too hot*) chauffer trop; (*engine*) chauffer **2.** *fig* s'échauffer **3.** FIN

O

(*economy*) être en surchauffe
overindulge I. *vt* être trop indulgent(e) avec II. *vi* savourer; **to ~ in sth** s'adonner à qc
overindulgent *adj* **to be ~** être trop indulgent
overjoyed *adj* fou(folle) de joie
overkill *n* **it's ~** c'est exagéré; **media ~** matraquage *m* médiatique
overland *adj, adv* par (la) route
overlap I. *n* chevauchement *m* II. <irr> *vi* se chevaucher III. <irr> *vt* chevaucher
overleaf *adv* au verso
overload I. *n* 1. (*too much demand for electricity*) surtension *f* 2. (*excess*) surcharge *f* II. <irr> *vt a. fig* surcharger; (*roads*) encombrer
overlong *adj* trop long(ue)
overlook I. *n* (*viewpoint*) aperçu *m* II. *vt* 1. (*have a view of*) donner sur 2. (*not notice, forget*) négliger 3. (*ignore, disregard*) laisser passer
overly *adv* extrêmement
overmanning *n* sureffectifs *mpl*
overmuch I. *adv, n* trop *m* II. *adj* trop de
overnight I. *adj* 1. (*during the night: trip, convoy*) de nuit 2. (*for one night: stay*) d'une nuit; SPORTS (*leader*) du jour 3. (*sudden*) du jour au lendemain; **to be an ~ celebrity** devenir une célébrité du jour au lendemain 4. (*for next-day delivery*) **~ delivery** livraison *f* en 24 h II. *adv* 1. (*for a night*) une nuit; **to stay ~ with sb** passer la nuit chez qn 2. (*during the night*) toute la nuit 3. (*very quickly*) du jour au lendemain III. *n* nuit *f*
overnight bag *n*, **overnight case** *n* petit sac *m* de voyage
overpass *n* CONSTR (*for roads*) autopont *m;* (*for railroad line*) pont *m* ferroviaire
overpay *irr vt, vi* surpayer
overpopulated *adj* surpeuplé(e)
overpopulation *n* surpopulation *f*
overpower *vt* 1. (*overcome*) maîtriser 2. (*defeat*) vaincre 3. *fig* (*by music, fumes*) accabler
overpowering *adj* bouleversant(e)
overproduction *n* surproduction *f*
overrated *adj* surestimé(e)
overreach *vt* **to ~ oneself** présumer de ses forces
overreact *vi* **to ~ to sth** réagir à outrance à qc
overreaction *n* réaction *f* excessive
override I. *n* 1. (*device for automatic control*) commande *f* d'arrêt du contrôle automatique 2. POL veto *m* II. *vt* 1. (*not accept*) passer outre à 2. (*be more important*) avoir la priorité sur 3. (*by manual control*) interrompre le contrôle automatique de III. *vi* poser son veto
overriding *adj* primordial(e)
overrule *vt a.* LAW rejeter; (*decision*) annuler
overrun I. *n* 1. (*extension, invasion*) invasion *f* 2. (*exceeding allowed time, cost*) dépassement *m;* **cost ~** dépassement du coût estimé; **project ~** dépassement du temps imparti à un projet II. <overran, overrun> *vt* 1. (*occupy, invade*) envahir; **to be ~ with sth** être envahi par qc; (*be infested*) être infesté de qc; (*be filled*) être inondé de qc 2. (*take, use too much: one's time, budget*) dépasser 3. (*run, extend over*) dépasser III. <overran, overrun> *vi* 1. (*exceed allotted time*) durer plus longtemps que prévu 2. (*exceed allotted money*) dépasser le budget prévu; **to ~ on costs** dépasser les frais
overseas I. *adj* 1. (*across the sea: colony, person*) d'outre-mer; (*trade, aid*) extérieur(e) 2. (*related to a foreign country: trip*) à l'étranger; (*student*) étranger(-ère) II. *adv* 1. (*abroad*) à l'étranger 2. (*across the sea*) outre-mer
oversee *vt irr* surveiller
overseer *n* surveillant(e) *m(f)*
oversell *irr vt* 1. (*sell more*) vendre trop de 2. (*exaggerate the merits of*) exagérer les mérites de
overshadow *vt* 1. (*cast a shadow over*) ombrager 2. *fig* **to ~ sb/sth** (*cast gloom over*) jeter une ombre sur qn/qc; (*appear more important*) faire de l'ombre à qn/qc; **to be ~ed by sb** être éclipsé par qn
overshoe *n* protection *f* de chaussure
overshoot *irr vt* dépasser
oversight *n* 1. (*failure to notice sth*) oubli *m;* **by an ~** par oubli 2. (*surveillance*) surveillance *f*
oversimplify *vt* **to ~ sth** simplifier qc à l'excès
oversize *adj*, **oversized** *adj* de grande taille
oversleep *irr vi* se réveiller en retard
overspend I. *vi* dépenser trop; **to ~ on a budget** dépasser son budget II. *vt* dépasser
overstaffed *adj* en sureffectif
overstate *vt* exagérer
overstay *vt* **to ~ one's time** rester plus longtemps que prévu; **to ~ a visa** dépasser la durée de validité pour un visa; **I've ~ed my welcome** j'ai abusé de votre/son hospitalité
overstep *vt irr* dépasser ►**to ~ the mark** dépasser les bornes
oversubscribed *adj* (*offering*) sursouscrit(e)
overt ['oʊ·vɜrt] *adj* déclaré(e)
overtake *irr* I. *vt* 1. (*go past, become greater: a car, a country, a competitor*) dépasser 2. (*exceed: an amount, a level*) dépasser 3. (*happen*) rattraper; **to be ~n by fate** être frappé par le sort; **to be ~n by events** être rattrapé par les événements; **to be ~n by grief** être pris de chagrin; **to ~ sb** s'emparer de qn II. *vi* AUTO dépasser
overtax *vt* 1. (*tax excessively*) surtaxer 2. *fig* surmener; **to ~ oneself** se surmener
over-the-counter *adj* FIN, MED en vente libre
over-the-top *adj* exagéré(e)
overthrow I. <irr> *vt* renverser II. *n* 1. (*removal from power*) renversement *m* 2. SPORTS (*ball thrown too far*) hors-jeu *m inv*
overtime *n* 1. (*extra work*) heures *fpl* supplémentaires; **to be on/do ~** faire des heures supplémentaires; **to earn ~** être payé pour ses

heures supplémentaires **2.** SPORTS prolongations *fpl*
overtired *adj* épuisé(e)
overtone *n* **1.** (*implication*) sous-entendu *m;* **~s of sth** une pointe de qc **2.** MUS *s.* **harmonic**
overture ['oʊ·vər·tʃər] *n a. fig* ouverture *f*
overturn **I.** *vi* basculer; (*car*) se renverser; (*boat*) chavirer **II.** *vt a. fig* renverser; (*boat*) faire chavirer
overvalue *vt* **1.** (*in money*) surévaluer **2.** (*in esteem*) surestimer
overview *n* vue *f* d'ensemble
overweight *adj* trop lourd(e); (*person*) trop gros(se); **to be 22 pounds ~** peser 22 livres de trop
overweighted *adj* **to be ~** être surchargé; (*person*) avoir de l'embonpoint
overwhelm *vt* **1.** (*defeat: enemy*) écraser **2.** (*bury, inundate*) submerger; **to be ~ed with sth** (*letters*) être submergé de qc; (*work*) être accablé de qc **3.** (*have emotional effect*) bouleverser; **to be quite ~ed** être bouleversé; **to be ~ed by grief** être accablé de chagrin; **to be ~ed with joy** être au comble de la joie
overwhelming *adj* (*majority, argument, victory*) écrasant(e); (*support*) massif(-ive); (*grief, heat*) accablant(e); (*joy*) immense; (*desire, need*) irrésistible; **to feel an ~ urge to** *+infin* éprouver un besoin irrésistible de *+infin*
overwork **I.** *vt* (*person, body*) surmener; (*machine, idea*) utiliser à outrance **II.** *vi* se surmener **III.** *n* surmenage *m*
overwrought *adj* surexcité(e)
ovulate ['a·vju·leɪt] *vi* ovuler
ovulation [ˌa·vju·'leɪ·ʃən] *n* ovulation *f*
ovum ['oʊ·vəm] <ova> *n* ovule *m*
ow [aʊ] *interj* aïe!
owe [oʊ] *vt a. fig* devoir; **to ~ sb sth** devoir qc à qn; **to ~ sb thanks/gratitude** *form* devoir à qn de la reconnaissance/gratitude
owing *adj* dû(due)
owing to *prep form* en raison de
owl [aʊl] *n* chouette *f*
owlish ['aʊl·ɪʃ] *adj* comme un hibou
own [oʊn] **I.** *pron* **my ~** le(la) mien(ne); **it is my ~** c'est à moi; **to have problems of one's ~** avoir ses propres problèmes; **a room of one's ~** une chambre à soi ►**to come into one's ~** révéler ses qualités; (**all**) **on one's ~** (tout) seul **II.** *adj* propre; **to use one's ~ car/brush** utiliser sa propre voiture/brosse; **in one's ~ time** (*outside working hours*) en dehors des heures de travail de qn **III.** *vt* posséder; **as if they ~ed the place** comme s'ils étaient chez eux
◆**own up** *vi* avouer; **to ~ to sth** avouer qc
owner *n* propriétaire *mf*
ownership ['oʊ·nər·ʃɪp] *n* propriété *f*
ox [aks] <oxen> *n* bœuf *m*
oxidation [ˌak·sɪ·'deɪ·ʃən] *n* CHEM *s.* **oxidization**
oxide ['ak·saɪd] *n* oxyde *m*
oxidization *n* CHEM oxydation *f*
oxidize ['ak·sɪ·daɪz] **I.** *vi* s'oxyder **II.** *vt* oxyder
oxtail ['aks·teɪl] *n* queue *f* de bœuf
oxygen ['ak·sɪ·dʒən] *n* oxygène *m*
oxygen mask *n* masque *m* à oxygène
oxygen tent *n* tente *f* à oxygène
oxymoron [ˌak·sɪ·'mɔr·an] *n* oxymore *m*
oyster ['ɔɪ·stər] *n* huître *f;* **~ shell** coquille *f* d'huître
oyster bed *n* banc *m* d'huîtres
oz [aʊn(t)s], **oz.** *n abbr of* **ounce** once *f*
ozone ['oʊ·zoʊn] *n* **1.** CHEM ozone *m* **2.** *inf* (*clean air*) air *m* pur
ozone hole *n* trou *m* dans la couche d'ozone
ozone layer *n* couche *f* d'ozone

P

P, p [pi] <-'s> *n* P *m,* p *m;* **~ as in Papa** (*on telephone*) p comme Pierre ►**to mind one's ~'s and Q's** faire attention à ce que l'on dit
PA [ˌpi·'eɪ] *n* **1.** *abbr of* **Pennsylvania** **2.** (*loudspeaker*) *abbr of* **public-address system** **3.** (*assistant to a superior*) *abbr of* **personal assistant**
p.a. *adv abbr of* **per annum** par an
pa *n inf* (*father*) papa *m*
pace [peɪs] **I.** *n* **1.** (*step*) pas *m;* **to take one ~ forward/backward** faire un pas en avant/en arrière; **a few ~s away from sb/sth** à deux pas de qn/qc **2.** (*speed*) pas *m;* **to force** [*o* **up**] **the ~** forcer l'allure; **to quicken one's ~** presser le pas; **to set the ~** donner l'allure; **to keep up the ~** maintenir la cadence; **at sb's own ~** à son (propre) rythme; **the ~ of life** le rythme de la vie; **to keep ~ with sb/sth** *a. fig* suivre le rythme de qn/qc ►**to put sb/sth through his/its ~s** mettre qn/qc à l'épreuve **II.** <pacing> *vt* **to ~ sth** (**off**) arpenter qc **III.** *vi* marcher; **to ~ up and down** marcher de long en large
pacemaker ['peɪs·ˌmeɪ·kər] *n* **1.** SPORTS (*speed setter*) meneur, -euse *m, f* **2.** (*heart rhythm regulator*) stimulateur *m* cardiaque
pacesetter *n* SPORTS *s.* **pacemaker**
pachyderm ['pæk·ə·dɜrm] *n* pachyderme *m*
pacific [pə·'sɪf·ɪk] *adj* pacifique
Pacific **I.** *n* **the ~** le Pacifique **II.** *adj* pacifique
pacification *n* pacification *f*
Pacific Ocean *n* océan *m* Pacifique
pacifier ['pæs·ə·faɪ·ər] *n* **1.** (*person*) pacificateur, -trice *m, f* **2.** (*for baby*) tétine *f*
pacifism ['pæs·ə·fɪ·zəm] *n* pacifisme *m*
pacifist **I.** *n* pacifiste *mf* **II.** *adj* pacifiste
pacify ['pæs·ə·faɪ] <-ie-> *vt* **1.** (*establish peace*) pacifier **2.** (*calm*) calmer
pack [pæk] **I.** *n* **1.** (*box: of cigarettes*) paquet *m;* (*of beer*) pack *m;* **a four-/six-~** un pack de 4/6 **2.** (*group*) groupe *m;* (*of wolves, dogs*)

meute *f* **3.** *pej* (*group, set*) tas *m;* **nothing but a ~ of lies** rien qu'un tissu de mensonges **4.** SPORTS mêlée *f* **5.** MIL patrouille *f* **6.** (*complete set*) ~ **of cards** jeu *m* de cartes **7.** (*rucksack*) sac *m* à dos **8.** (*beauty treatment*) masque *m;* **face/clay** ~ masque pour le visage/à l'argile **II.** *vi* **1.** (*prepare travel luggage*) faire ses bagages **2.** (*cram*) s'entasser; **to ~ into a room** s'entasser dans une pièce **3.** (*compress*) se tasser **4.** *inf* (*carry a gun*) **are you ~ing?** est-ce que tu portes un revolver? ▶**to send sb ~ing** envoyer promener qn **III.** *vt* **1.** (*put into*) ranger dans une valise; **to ~ one's bags** *a. fig* faire ses valises; **did you ~ the camera?** tu as pris l'appareil photo?; **to ~ a lot into a suitcase** mettre plein de choses dans une valise; **to ~ sth tightly** bien emballer qc **2.** (*wrap*) emballer; (*for sale*) conditionner **3.** (*fill*) **to ~ sth with sth** remplir qc de qc; **to be ~ed with tourists** être rempli de touristes **4.** (*cram*) entasser; **to be ~ed like sardines** être serrés comme des sardines **5.** (*compress*) tasser **6.** (*have force*) **to ~ power** avoir de la puissance; **to ~ a punch** *a. fig* avoir du punch **7.** *inf* (*carry*) **to be ~ing a pistol** porter un flingue

◆**pack in** *vt* **1.** (*attract an audience*) **they're packing them in** ils attirent un monde fou **2.** (*cram in*) entasser **3.** *inf* (*stop*) **to ~ sth** plaquer qc ▶**to pack it in** laisser tomber

◆**pack off** *vt inf* expédier

◆**pack up I.** *vt* **1.** (*pack: for mailing, storage*) emballer; (*for travel*) rassembler; **to ~ one's belongings** faire ses valises **2.** *inf* (*finish*) laisser tomber; **to pack it up and go home** terminer et rentrer chez soi **II.** *vi* **1.** (*pack and go*) plier bagage **2.** *inf* (*stop: work*) arrêter de bosser

package ['pæk·ɪdʒ] **I.** *n* **1.** (*packet*) paquet *m* **2.** (*set*) ensemble *m;* **the ~ being offered** l'ensemble des propositions **II.** *vt* **1.** (*pack*) emballer; (*for sale*) conditionner **2.** *fig* présenter

package deal *n* contrat *m* forfaitaire

package store *n* magasin *m* de vins et de spiritueux

package tour *n*, **package vacation** *n* voyage *m* à forfait

packaging *n* **1.** (*wrapping materials*) conditionnement *m* **2.** (*the wrapping of goods*) emballage *m* **3.** (*presentation*) packaging *m*

packed lunch *n* panier-repas *m*

packer *n* empaqueteur, -euse *m, f;* **meat ~** emballeur *m* de viande

packet ['pæk·ɪt] *n a. inf* paquet *m;* **soup in a ~** soupe *f* en sachet

pack ice *n* banquise *f*

packing *n* **1.** (*putting things into cases*) emballage *m* **2.** (*protective wrapping*) conditionnement *m* **3.** COMPUT compression *f*

pact [pækt] *n* pacte *m*

pad [pæd] **I.** *n* **1.** (*piece of material, rubber*) tampon *m;* **cotton wool ~** coton *m;* **scouring ~** tampon à récurer; **ink ~** tampon encreur; (**sanitary**) ~ serviette *f* périodique **2.** (*protection*) coussinet *m;* SPORTS protection *f;* **knee ~** genouillère *f* **3.** FASHION **shoulder ~** épaulette *f* **4.** (*book of blank paper*) bloc *m;* **drawing ~** bloc de papier à dessin **5.** (*sole of an animal*) coussinet *m* **6.** (*takeoff and landing area*) piste *f;* **helicopter ~** piste pour hélicoptère; **launch ~** rampe *f* de lancement **7.** *inf* (*house or apartment*) piaule *f* **8.** (*water lily leaf*) feuille *f* de nénuphar **II.** <-dd-> *vt* matelasser

padded *adj* matelassé(e); (*cell*) capitonné(e); (*bra*) rembourré(e); **~ shoulders** épaulettes *fpl*

padding *n* **1.** (*material*) rembourrage *m* **2.** (*protecting material*) protections *fpl* **3.** (*adding information*) remplissage *m*

paddle[1] ['pæd·l] **I.** *n* **1.** (*oar*) pagaie *f* **2.** NAUT pale *f* **II.** *vt* **1.** (*row*) pagayer **2.** *inf* (*spank*) donner la fessée à ▶**to ~ one's own canoe** diriger seul sa barque **III.** *vi* (*row*) pagayer

paddle[2] ['pæd·l] **I.** *n* promenade *f* dans l'eau; **to go for a ~** aller barboter dans l'eau **II.** *vi* patauger

paddling pool *n* pataugeoire *f*

paddock ['pæd·ək] *n* (*on farm*) enclos *m;* (*at racetrack*) paddock *m*

paddy ['pæd·i] *n* **1.** (*rice*) riz *m* paddy **2.** (*field*) *s.* **paddy field**

paddy field *n* rizière *f*

paddy wagon *n inf* panier *m* à salade

padlock ['pæd·lak] **I.** *n* cadenas *m* **II.** *vt* cadenasser

pagan ['peɪ·gᵊn] **I.** *n* païen(ne) *m(f)* **II.** *adj* païen(ne)

paganism ['peɪ·gᵊn·ɪ·zᵊm] *n* paganisme *m*

page[1] [peɪdʒ] *n* **1.** (*one sheet of paper*) *a. fig* page *f;* **front ~** première page; **sports ~** page des sports; **a ~ in history** une page de l'Histoire **2.** COMPUT page *f;* **home ~** (*on site*) page *f* d'accueil; (*individual*) page *f* personnelle; **to visit a ~** aller voir une page; **bottom of ~** bas *m* de page

page[2] [peɪdʒ] **I.** *n* (*attendant*) page *m* **II.** *vt* **1.** (*over loudspeaker*) appeler **2.** (*by pager*) envoyer un message à

pageant ['pædʒ·ənt] *n* **1.** (*historical show*) reconstitution *f* historique **2.** (*show*) spectacle *m* pompeux; **beauty ~** concours *m* de beauté

pageantry *n* faste *m*

pageboy *n* **1.** (*servant in a hotel*) groom *m* **2.** (*hairstyle*) carré *m*

page layout *n* mise *f* en page

pager *n* alphapage® *m*

pagination [ˌpædʒ·ᵊn·'eɪ·ʃᵊn] *n* pagination *f*

pagoda [pə·'goʊ·də] *n* pagode *f*

paid [peɪd] **I.** *pt, pp of* **pay II.** *adj* **~ vacation** congés *mpl* payés

paid-up *adj* **1.** (*having paid a subscription*) **~ member** adhérent(e) *m(f);* **a fully ~ supporter** un membre actif **2.** (*paid: capital*) versé(e)

pail [peɪl] *n* seau *m*
pain [peɪn] **I.** *n* **1.** (*physical suffering*) douleur *f;* **to be in ~** souffrir; **I have a ~ in my leg** j'ai une douleur dans la jambe; **to double up in ~** se tordre de douleur **2.** (*mental suffering*) souffrance *f* **3.** *pl* (*great care*) peine *f;* **to be at ~s to** +*infin,* **to go to** [*o* **take**] **great ~s to** +*infin* se donner beaucoup de peine pour +*infin* ▶ **to be a ~ (in the neck)** *inf* être casse-pieds; **on/under ~ of sth** sous peine de qc **II.** *vt* **it ~s sb to** +*infin* cela fait de la peine à qn de +*infin*
pained *adj* peiné(e)
painful *adj* **1.** (*causing physical pain*) douloureux(-euse); (*death*) pénible **2.** (*upsetting, embarrassing*) pénible
painkiller *n* analgésique *m*
painless *adj* **1.** (*not painful*) indolore **2.** *fig* facile
painstaking ['peɪnz·ˌteɪ·kɪŋ] *adj* méticuleux(-euse)
painstakingly *adv* avec soin
paint [peɪnt] **I.** *n a. pej* peinture *f;* **~s** couleurs *fpl;* **oil ~s** couleurs à l'huile; **~ roller** rouleau *m* à peinture; **~ pot** pot *m* de peinture **II.** *vi* peindre; **to ~ in oils/watercolors** peindre à l'huile/l'aquarelle **III.** *vt* **1.** (*put color on*) peindre **2.** *pej* (*apply make-up*) peinturlurer **3.** (*conceal with paint*) **to ~ sth out** [*o* **over**], **to ~ out** [*o* **over**] **sth** couvrir qc de peinture **4.** (*describe*) dépeindre; **to ~ a grim/rosy picture of sth** dresser un portrait sombre/rose de qc ▶ **to ~ the town red** faire la fête
paintbrush *n* pinceau *m*
painted *adj* peint(e)
painter[1] *n* peintre *mf*
painter[2] *n* amarre *f*
painting *n* **1.** (*activity*) peinture *f* **2.** (*picture*) tableau *m*
paint stripper *n* décapant *m*
paintwork *n* peintures *fpl*
pair [per] *n* **1.** (*two*) paire *f;* **a ~ of pants** un pantalon; **a ~ of tweezers** une pince à épiler; **in ~s** par deux **2.** (*couple*) couple *m;* **you're a fine ~!** vous faites la paire! ▶ **I've only got one ~ of hands** je n'ai que deux mains
◆ **pair off I.** *vi* former un couple; **to ~ with sb** se mettre avec qn **II.** *vt* **to pair sb off with sb** mettre qn avec qn
◆ **pair up I.** *vi* se mettre ensemble; **to ~ with sb** se mettre avec qn **II.** *vt* (*people*) grouper par paires; (*things*) regrouper
pajamas [pə·'dʒa·məz] *npl* pyjama *m;* **a pair of ~** un pyjama
Pakistan ['pæk·ɪ·stæn] *n* le Pakistan
Pakistani I. *adj* pakistanais(e) **II.** *n* Pakistanais(e) *m(f)*
pal [pæl] *n inf* pote *mf*
palace ['pæl·əs] *n* palais *m*
palatable ['pæl·ə·ţə·bl] *adj* **1.** (*fit to eat or drink: food*) mangeable; (*drink*) buvable **2.** (*easy to accept*) acceptable
palatal ['pæl·ə·ţəl] *adj* palatal(e)
palate ['pæl·ət] *n* palais *m*
palatial [pə·'leɪ·ʃəl] *adj* somptueux(-euse)
pale [peɪl] **I.** *adj* pâle; **to look ~** être pâle **II.** *vi* blêmir; **to ~ in comparison with sth** ne pas soutenir la comparaison avec qc; **to ~ into insignificance** perdre toute importance
paleface *n pej* visage *m* pâle
paleness *n* pâleur *f*
paleography [ˌpeɪ·li·'a·grə·fi] *n* paléographie *f*
Paleolithic [ˌpeɪ·li·oʊ·'lɪθ·ɪk] *adj* paléolithique
paleontologist *n* paléontologue *mf*
paleontology [ˌpeɪ·li·an·'ta·lə·dʒi] *n* paléontologie *f*
Palestine ['pæl·ə·staɪn] *n* la Palestine
Palestinian I. *adj* palestinien(ne) **II.** *n* Palestinien(ne) *m(f)*
palette ['pæl·ɪt] *n* palette *f*
palisade [ˌpæl·ə·'seɪd] *n* **1.** (*strong protective fence*) palissade *f* **2.** *pl* (*cliffs*) falaises *fpl*
pall[1] [pɔl] *n* **1.** (*cloth covering a coffin*) drap *m* mortuaire **2.** (*a coffin* (*at a funeral*)) cercueil *m* **3.** (*covering smoke cloud*) voile *m* **4.** *fig* voile *m;* **to cast a ~ over sth** jeter un voile sombre sur qc
pall[2] [pɔl] *vi* devenir lassant
pallbearer ['pɔl·ˌber·ər] *n* porteur *m* de cercueil
pallet ['pæl·ɪt] *n* palette *f*
palliative ['pæl·i·ə·ţɪv] **I.** *n* palliatif *m* **II.** *adj* palliatif(-ive)
pallid ['pæl·ɪd] *adj* **1.** (*very pale*) blafard(e) **2.** (*lacking verve*) pâle
pallor ['pæl·ər] *n* pâleur *f*
pally ['pæl·i] <-ier, -iest> *adj inf* **to be ~ with sb** être copain avec qn
palm [pam] **I.** *n* paume *f;* **to read sb's ~** lire les lignes de la main de qn ▶ **to have sb in** [*o* **eating out of**] **the ~ of one's hand** faire ce que l'on veut de qn **II.** *vt* dissimuler (dans sa main)
◆ **palm off** *vt* **to palm sth off on sb** refiler qc à qn; **to palm sth off as sth** faire passer qc pour qc
palmist ['pa·mɪst] *n* chiromancien(ne) *m(f)*
Palm Sunday *n* Dimanche *m* des Rameaux
palm (tree) *n* palmier *m;* **~ leaf** feuille *f* de palmier
palpable ['pæl·pə·bl] *adj* (*feeling*) palpable; (*sincerity*) évident(e); (*change*) tangible; **~ reminder of sth** évocation *f* concrète de qc
palpitate ['pæl·pə·teɪt] *vi* palpiter
palpitations [ˌpæl·pə·'teɪ·ʃənz] *n* MED palpitations *fpl*
paltry ['pɔl·tri] <-ier, -iest> *adj* **1.** (*small and worth little*) dérisoire **2.** (*of poor quality*) misérable
pamper ['pæm·pər] *vt* dorloter; **to ~ oneself** se dorloter; **to ~ sb/sth with sth** gâter qn/qc avec qc
pamphlet ['pæm·flɪt] *n* pamphlet *m*
pan[1] [pæn] **I.** *n* **1.** (*saucepan*) casserole *f;* **frying ~** poêle *f* **2.** (*container for oven*) plat *m;* (*for cakes*) moule *m* **II.** *vt inf* (*criticize*) démolir **III.** *vi* **to ~ for gold** faire de l'orpaillage
◆ **pan out** *vi* (*happen*) se passer; **to ~ all right**

s'arranger

pan[2] [pæn] CINE **I.** *vi* faire un panoramique **II.** *vt* (*camera*) panoramiquer

panacea [ˌpæn·ə·ˈsi·ə] *n* panacée *f*

panache [pə·ˈnæʃ] *n* panache *m*

Panama Canal *n* Canal *m* de Panama

Pan-American [ˈpæn·ə·ˈmer·ɪ·kən] *adj* panaméricain(e)

pancake [ˈpæn·keɪk] *n* crêpe *f*

pancreas [ˈpæn·kri·əs] *n* pancréas *m*

panda [ˈpæn·də] *n* panda *m*

pandemonium [ˌpæn·də·ˈmoʊ·ni·əm] *n* charivari *m*

pander *vi pej* **to ~ to sb/sth** céder face à qn/qc; **to ~ to sb's demands** se plier aux exigences de qn

P and H [ˌpi·ən·ˈeɪtʃ] *n abbr of* **postage and handling** frais *mpl* d'envoi

pane [peɪn] *n* vitre *f*

panel [ˈpæn·əl] **I.** *n* **1.** (*wooden sheet*) panneau *m* **2.** (*formed metal sheet*) tôle *f* **3.** FASHION pan *m* **4.** PUBL tableau *m* **5.** (*team*) panel *m*; **~ of experts** comité *m* d'experts **6.** (*instrument board*) tableau *m* de bord; **control ~** tableau de contrôle **II.** *vt* lambrisser

panel discussion *n* conférence-débat *f*

paneling *n* boiseries *fpl*

panelist *n* **1.** (*member of an expert team*) expert(e) *m(f)* **2.** (*member of a team*) participant(e) *m(f)*

pang [pæŋ] *n* **1.** (*pain*) élancement *m*; **hunger ~s** tiraillements *mpl* d'estomac **2.** *fig* accès *m*; **~s of remorse** remords *mpl*

panhandle [ˈpæn·hæn·dl] **I.** *n* bande *f* de terre **II.** *vi inf* faire la manche **III.** *vt inf* taxer; **to ~ money** taxer de l'argent

panhandler *n inf* mendiant(e) *m(f)*

panic [ˈpæn·ɪk] **I.** *n* panique *f*; **to get in/into a ~** paniquer **II.** <-ck-> *vi* **1.** (*lose control*) **to ~ about sth** paniquer à cause de qc **2.** (*cause quick thoughtless action*) s'affoler **III.** *vt* affoler; **to ~ sb into doing sth** précipiter qn à faire qc **IV.** *adj* (*decision, measures*) dicté par la panique; **~ buying** stockage *m*; **~ selling** *vente d'actions effectuée sous l'effet de la panique*

panic attack *n* PSYCH crise *f* de panique

panicky <-ier, iest> *adj* affolé(e)

panic-stricken *adj* pris(e) de panique

pannier [ˈpæn·jər] *n* panier *m*

panorama [ˌpæn·ə·ˈræm·ə] *n* panorama *m*

panoramic [ˌpæn·ə·ˈræm·ɪk] *adj* panoramique; **~ scene** vue *f* panoramique

panpipes [ˈpæn·paɪps] *npl* flûte *f* de Pan

pansy [ˈpæn·zi] <-sies> *n* **1.** (*small garden flower*) pensée *f* **2.** *pej, sl* (*effeminate man*) tapette *f*; (*wimp*) mauviette *f*

pant [pænt] **I.** *vi* haleter; **to ~ for breath** chercher son souffle **II.** *vt* dire en haletant **III.** *n* halètement *m*

pantheism [ˈpæn(t)·θi·ɪ·zəm] *n* panthéisme *m*

pantheist I. *n* panthéiste *mf* **II.** *adj* panthéiste

pantheistic *adj* panthéiste

panther [ˈpæn(t)·θər] *n* **1.** (*black leopard*) panthère *f* **2.** (*cougar*) puma *m*

pantie girdle *n s.* **panty girdle**

panties [ˈpæn·t̬ɪz] *npl* culotte *f*

pantomime [ˈpæn·t̬ə·maɪm] *n* pantomime *f*

pantry [ˈpæn·tri] <-tries> *n* placard *m* à provisions

pants *npl* FASHION pantalon *m* ▶**to be ~** être complètement nul; **to beat the ~ off sb** flanquer une rossée à qn; **to bore the ~ off sb** emmerder qn à l'extrême; **to scare the ~ off sb** faire une peur bleue à qn; **to be caught with one's ~ down** *inf* être pris au dépourvu

pants suit, pantsuit *n* tailleur-pantalon *m*

panty girdle *n* gaine-culotte *f*

pantyhose *npl* collant *m*

panty liner *n* protège-slip *m*

pap [pæp] *n* **1.** (*soft food for babies*) bouillie *f* **2.** *pej, inf* (*worthless entertainment*) idioties *fpl*

papacy [ˈpeɪ·pə·si] *n* **1.** (*pope's authority or office*) papauté *f* **2.** (*pope's tenure*) pontificat *m*

papal [ˈpeɪ·pəl] *adj* papal(e); **~ election** élection *f* du pape

papaya [pə·ˈpaɪ·ə] *n* papaye *f*

paper [ˈpeɪ·pər] **I.** *n* **1.** (*writing material*) papier *m*; **to commit sth to ~** coucher qc par écrit; **to get sth down on ~** mettre qc par écrit; **on ~** en théorie **2.** (*newspaper*) journal *m*; **daily ~** quotidien *m* **3.** UNIV (*by student*) exposé *m*; (*at conference, in review*) papier *m*; **to give a ~** faire un exposé **4.** (*official documents in general*) document *m*; **~s** pièces *fpl*; (*for identity*) papiers *mpl* (d'identité) **5.** (*wallpaper*) papier *m* peint **II.** *vt* tapisser

◆**paper over** *vt* (*hide: problems, cracks*) dissimuler

paperback *n* livre *m* de poche; **~ edition** édition *f* de poche

paper bag *n* sac *m* en papier

paper boy *n* livreur *m* de journaux

paper clip *n* trombone *m*

paper cup *n* gobelet *m* en papier

paper feed *n* avance *f* papier

paper hat *n* chapeau *m* en papier

paper jam *n* bourrage *m*

paperknife *n* coupe-papier *m inv*

paper mill *n* usine *f* à papier

paper money *n* papier-monnaie *m*

paper-thin *adj* fin(e) comme du papier (à cigarette)

paper tiger *n pej* tigre *m* de papier

paper tissue *n* mouchoir *m* en papier

paper tray *n* bac *m* à feuilles

paperweight *n* presse-papiers *m*

paperwork *n* paperasserie *f*

papier-mâché [ˌpeɪ·pər·mə·ˈʃeɪ] *n* carton-pâte *m*

paprika [pæp·ˈri·kə] *n* paprika *m*

Papua [ˈpæp·ju·ə] *n* la Papouasie

Papuan I. *adj* papou(e) **II.** *n* **1.** (*inhabitant*) Papou(e) *m(f)* **2.** LING papou *m*; *s.a.* **English**

Papua New Guinea *n* la Papouasie-Nouvelle-Guinée
Papua New Guinean **I.** *adj* papouan(e)-néo-guinéen(ne) **II.** *n* Papouan(e)-Néo-Guinéen(ne) *m(f)*
papyrus [pə·'paɪ·rəs] <-ruses *o* -yri> *n* papyrus *m*
par [par] **I.** *n* **1.** (*equality*) **to be on (a) ~ with sb** être au même niveau que qn; **below ~** en dessous de la moyenne; **to feel up to ~** se sentir bien **2.** FIN **~ value** valeur *f* nominale; **at/above/below ~** au niveau/au-dessus/au-dessous du pair **3.** (*in golf*) par *m* ▶ **that's ~ for the course** *pej* c'est ce à quoi il faut s'attendre **II.** *vt* (*in golf: hole, course*) faire un par
par. *n abbr of* **paragraph** paragraphe *m*
parable ['per·ə·bl] *n* parabole *f*
parabola [pə·'ræb·ᵊl·ə] *n* MATH parabole *f*
parachute ['per·ə·ʃut] **I.** *n* parachute *m* **II.** *vi* descendre en parachute **III.** *vt* (*person*) parachuter; (*things*) larguer par parachute
parachute jump *n* saut *m* en parachute
parachute jumper *n* parachutiste *mf*
parachutist *n* parachutiste *mf*
parade [pə·'reɪd] **I.** *n* **1.** (*procession*) parade *f* **2.** (*military procession*) défilé *m;* **to be on ~** être à l'exercice **3.** (*inspection of soldiers*) revue *f* **II.** *vi* défiler **III.** *vt* **1.** (*exhibit*) afficher **2.** (*show off*) faire étalage de; *fig, pej* étaler; **to ~ one's concern over sth** exhiber son inquiétude au sujet de qc; **to ~ one's knowledge** faire étalage de ses connaissances
paradigm ['per·ə·daɪm] *n form* **1.** (*model*) modèle *m* **2.** (*model of methodology*) paradigme *m* **3.** (*example*) exemple *m*
paradise ['per·ə·daɪs] *n* paradis *m*
paradox ['per·ə·daks] <-xes> *n* paradoxe *m;* **it is a ~ that** il est paradoxal que *+subj*
paradoxical *adj* paradoxal(e)
paradoxically *adv* paradoxalement
paraffin ['per·ə·fɪn] *n* (*wax*) paraffine *f* solide
paragliding ['per·ə·ˌglaɪ·dɪŋ] *n* parapente *m*
paragon ['per·ə·gan] *n* (*of virtue*) parangon *m;* (*of democracy, discretion*) modèle *m*
paragraph ['per·ə·græf] *n* paragraphe *m*
Paraguay ['per·ə·gweɪ] *n* le Paraguay
Paraguayan **I.** *n* Paraguayen(ne) *m(f)* **II.** *adj* paraguayen(ne)
parakeet ['per·ə·kit] *n* perruche *f*
parallel ['per·ə·lel] **I.** *n* **1.** MATH parallèle *f* **2.** *fig* (*comparison*) parallèle *m;* **to draw a ~** établir un parallèle; **without ~** sans pareil; **in ~** en parallèle **3.** GEO (*degree of latitude*) parallèle *m* **4.** ELEC **in ~** en dérivation **II.** *adj a. fig* parallèle; **~ to sth** parallèle à qc **III.** *vt* **1.** (*be parallel to*) *a.* MATH être parallèle à **2.** (*be similar to*) être analogue à **3.** (*be equal to*) égaler **IV.** *adv* **to run ~ to sth** être parallèle à qc
parallel bars *npl* SPORTS barres *fpl* parallèles
parallelism *n* parallélisme *m*
parallelogram *n* parallélogramme *m*
Paralympic Games *n* Jeux *mpl* Paralympiques
Paralympics [ˌpær·ə·'lɪm·pɪks] *n* Paralympiques *mpl*
paralysis [pə·'ræl·ə·sɪs] <-yses> *n* paralysie *f*
paralytic [ˌper·ə·'lɪţ·ɪk] **I.** *adj* **1.** (*with paralysis*) paralytique **2.** *inf* (*completely drunk and incapable*) ivre mort(e) **II.** *n* paralytique *mf*
paralyze ['per·ᵊl·aɪz] *vt* **1.** (*render immobile, powerless*) paralyser **2.** (*stupefy*) stupéfier; **to feel ~d with fear** être transi de peur
paramedic [ˌper·ə·'med·ɪk] *n* auxiliaire *mf* médical(e)
parameter [pə·'ræm·ə·ţər] *n* **1.** *pl* (*determining characteristics*) paramètre *m* **2.** *pl* (*set of limits*) limite *f;* **in the ~s of the search** dans les limites de la recherche
parametric *adj* paramétrique
paramilitary [ˌper·ə·'mɪl·ə·ter·i] **I.** *adj* paramilitaire **II.** *n* membre *m* d'un groupe paramilitaire
paramount ['per·ə·maʊnt] *adj form* suprême; (*importance*) crucial(e)
paranoia [ˌper·ə·'nɔɪ·ə] *n* paranoïa *f*
paranoiac **I.** *adj* paranoïaque **II.** *n* paranoïaque *mf*
paranoid ['per·ə·nɔɪd] **I.** *adj* paranoïaque; **don't be so ~!** arrête ta parano! **II.** *n* paranoïaque *mf*
parapet ['per·ə·pet] *n* parapet *m*
paraphernalia [ˌper·ə·fər·'neɪl·jə] *n +sing vb, a. pej* attirail *m*
paraphrase ['per·ə·freɪz] **I.** *vt* paraphraser **II.** *vi* faire une paraphrase **III.** *n* paraphrase *f*
paraplegia [ˌper·ə·'pli·dʒə] *n* paraplégie *f*
paraplegic **I.** *adj* paraplégique **II.** *n* paraplégique *mf*
parapsychology [ˌper·ə·saɪ·'ka·lə·dʒi] *n* parapsychologie *f*
parasite ['per·ə·saɪt] *n* parasite *m*
parasitic *adj* **1.** (*behaving like biological parasite*) parasitaire **2.** (*behaving like human parasite*) parasite
parasol ['per·ə·sɔl] *n* ombrelle *f*
paratrooper *n* parachutiste *mf*
paratroops ['per·ə·trups] *n* parachutistes *mpl*
parboil ['par·bɔɪl] *vt* faire cuire à demi
parcel ['par·sᵊl] **I.** *n* **1.** (*small package*) colis *m* **2.** (*objects sent in paper*) paquet *m* **3.** (*area of land*) parcelle *f* **II.** <-l-, -ll-> *vt* empaqueter
◆ **parcel out** *vt* partager; (*land*) morceler
parcel bomb *n* colis *m* piégé
parcel post *n* service *m* des colis postaux
parch [partʃ] *vt* dessécher; **I'm ~ed** je meurs de soif
parchment *n* parchemin *m*
pardon ['par·dᵊn] **I.** *vt* **1.** (*excuse*) pardonner; **to ~ sb for sth** pardonner qc à qn; **~ the interruption** veuillez pardonner cette interruption **2.** LAW (*prisoner*) gracier **II.** *interj* **1.** (*said to excuse oneself*) **~ me!** excusez-moi! **2.** (*request to repeat*) **~?** comment? **III.** *n* **1.** LAW pardon *m* **2.** *form* (*said to request repetition*) **I beg your ~?** pardon?; **I beg your ~!** je vous demande pardon!

P

pardonable *adj* pardonnable
pare [per] *vt* **1.** (*peel outer layer of a fruit*) éplucher **2.** (*cut*) **to ~ one's nails** se rogner les ongles **3.** (*cut back*) réduire; **to ~ expenses** rogner sur les dépenses
◆ **pare back, pare down** *vt* **to ~ expenses** rogner sur les dépenses
pared-down *adj* (*version*) abrégé(e); (*style*) concis(e)
parent ['per·ənt] *n* père *m*, mère *f*; **~s** parents *mpl*; **single ~** parent *m* célibataire
parentage ['per·ən·t̬ɪdʒ] *n* **1.** (*descent from parents*) origine *f* **2.** (*position of a parent*) lignée *f*
parental *adj* (*authority*) parental(e); (*guidance*) des parents
parent company <-nies> *n* société *f* mère
parenthesis [pə·'ren(t)·θə·sɪs] <-theses> *n pl* parenthèse *f*
parenthood *n* condition *f* des parents
pariah [pə·'raɪə] *n* **1.** (*outcast person*) paria *m* **2.** *fig* exclu(e) *m(f)*
paring ['per·ɪŋ] *n pl* **1.** (*narrow, peeled off strip*) épluchures *fpl* **2.** (*cut off pieces of finger nails*) **nail ~s** rognures *fpl* d'ongles
parish ['per·ɪʃ] *n* paroisse *f*
parishioner [pə·'rɪʃ·ən·ər] *n* paroissien(ne) *m(f)*
Parisian [pə·'rɪ·ʒən] **I.** *n* Parisien(ne) *m(f)* **II.** *adj* parisien(ne)
parity ['per·ə·t̬i] *n* parité *f*; **pay ~** égalité *f* de salaire
park [park] **I.** *n* parc *m* **II.** *vt* **1.** AUTO garer **2.** *inf* (*deposit*) déposer **3.** *inf* (*sit down*) **to ~ oneself** s'installer **III.** *vi* se garer
parka ['par·kə] *n* parka *m o f*
park-and-ride *n* parking *m* relais
parking *n* **1.** AUTO stationnement *m* **2.** (*space to park*) place *f*
parking area *n* aire *f* de stationnement
parking lights *n* feux *mpl* de position
parking lot *n* parking *m*, stationnement *m* *Québec*
parking meter *n* parcmètre *m*
parking space *n* place *f* de stationnement
parking ticket *n* contravention *f*
park ranger *n* gardien *m* de parc
parkway *n* grande voie *f* de communication
Parl. *n abbr of* **Parliament** Parlement *m*
parlance ['par·lən(t)s] *n form* langage *m*; **in common ~** en langage courant
parley ['par·leɪ] **I.** *n* pourparlers *mpl* **II.** *vi* parlementer
parliament ['par·lə·mənt] *n* parlement *m*; **the Parliament** le Parlement
parliamentarian *n* **1.** (*tactical expert in institution*) parlementaire *m* **2.** (*member of parliament*) membre *m* du Parlement
parliamentary *adj* parlementaire
parlor ['par·lər] *n* **1.** (*room where people can talk*) parloir *m* **2.** (*shop providing specific service, living room*) salon *m*
parlor game *n* jeu *m* de société
parochial [pə·'roʊ·ki·əl] *adj* **1.** (*referring to parish*) paroissial(e) **2.** *pej* (*provincial, self-concerned*) nombriliste
parochialism *n pej* esprit *m* de clocher
parochial school *n* école *f* religieuse
parodist *n* parodiste *mf*
parody ['per·ə·di] **I.** <-dies> *n* **1.** (*imitation*) parodie *f* **2.** *pej* (*travesty*) parodie *f* **II.** <-ie-> *vt* parodier
parole [pə·'roʊl] **I.** *n* libération *f* conditionnelle; **to be released on ~** être libéré sur parole **II.** *vt* **to ~ sb** mettre qn en liberté conditionnelle
paroxysm ['per·ək·sɪ·zəm] *n* paroxysme *m*; (*of joy, rage*) accès *m*
parquet [par·'keɪ] *n* parquet *m*
parrot ['per·ət] **I.** *n* perroquet *m* **II.** *vt pej* répéter comme un perroquet; **to ~ sb** répéter ce que dit qn
parry ['per·i] **I.** <-ie> *vt* **1.** (*avert/defend against attack*) esquiver; **to ~ a blow** parer un coup **2.** (*avert pressure skillfully*) détourner; (*problem, question*) éluder **II.** *n* <-rries> **1.** (*action of defeating attacks*) riposte *f* **2.** (*clever defense against attacks*) parade *f*
parse [pars] *vt* analyser; **to ~ a sentence** faire l'analyse grammaticale d'une phrase
parsimonious [ˌpar·sə·'moʊ·ni·əs] *adj pej, form* parcimonieux(-euse); **to be ~ with compliments** *fig* être avare de compliments
parsley ['par·sli] *n* persil *m*
parsnip ['par·snɪp] *n* panais *m*
parson ['par·sən] *n* prêtre *m*
parsonage ['par·sən·ɪdʒ] *n* presbytère *m*
part [part] **I.** *n* **1.** (*not the whole*) partie *f*; **the best ~ of the day** le meilleur moment de la journée; **~ of growing up is ...** grandir ça veut dire aussi ...; **in large ~** en majeure partie; **for the most ~** pour la plupart **2.** (*component of machine*) pièce *f*; **spare ~s** pièces de rechange **3.** (*area, region*) région *f*; **the best restaurant in these ~s** le meilleur restaurant par ici **4.** (*measure*) mesure *f*; **to add one ~ of sugar** ajouter une mesure de sucre **5.** (*role, involvement*) participation *f*; **to want no ~ in sth** ne pas vouloir se mêler de qc; **for my ~** en ce qui me concerne; **on sb's ~** de la part de qn **6.** (*episode in media serial*) épisode *m* **7.** CINE, THEAT (*character*) rôle *m*; MUS partie *f* **8.** (*parting of hair*) raie *f*, ligne *f* des cheveux *Belgique* ▶ **to become ~ of the furniture** faire partie du décor; **to be ~ and parcel of sth** faire partie intégrante de qc; **to dress the ~** s'habiller de façon appropriée; **to take sb's ~** prendre parti pour qn **II.** *adv* en partie; **~ Irish, ~ American** un peu irlandais un peu américain **III.** *vt* **1.** (*divide, separate*) séparer; (*curtains*) entrouvrir; **to ~ sth from sth** séparer qc de qc; **to ~ company from sb** se séparer de qn; **to ~ one's hair** se faire une raie **2.** (*move apart*) écarter **IV.** *vi* se diviser; (*curtains*) s'entrouvrir; (*people*) se quitter; **to ~ from sb/sth** quitter qn/qc; **to ~ with sb/sth** se séparer de qn/qc;

to ~ on good/bad terms partir en bons/mauvais termes; **to ~ with one's money** *inf* débourser de l'argent; **his lips ~ed in a smile** ses lèvres s'entrouvrirent dans un sourire

partial ['par·ʃᵊl] *adj* **1.** (*only in part*) partiel(le) **2.** (*biased*) partial(e) **3.** (*fond of*) **to be ~ to sth** avoir un faible pour qc

partiality [ˌpar·ʃi·'æl·ə·t̬i] *n* **1.** (*bias*) partialité *f* **2.** (*liking*) penchant *m*

partially *adv* partiellement; (*cooked*) en partie; **to be ~ blind** être malvoyant

participant [par·'tɪs·ə·pᵊnt] *n* participant(e) *m(f)*

participate [par·'tɪs·ə·peɪt] *vi* participer; **to ~ in sth** prendre part à qc

participation *n* participation *f*

participle ['par·tɪ·sɪ·pl] *n* participe *m*

particle ['par·t̬ə·kl] *n* **1.** (*small amount of matter*) particule *f* **2.** (*the tiniest quantity*) quantité *f* infime

particular [pər·'tɪk·jə·lər] **I.** *adj* **1.** (*indicating sth individual*) particulier(-ère); (*reason*) précis(e); **that ~ day** ce jour-là; **there were no ~ problems** il n'y avait aucun problème particulier; **pay ~ attention to spelling** fais particulièrement attention à l'orthographe; **this passage is of ~ interest** ce passage est particulièrement intéressant; **in ~** en particulier; **nothing** (**in**) **~** rien de spécial **2.** (*demanding, fussy, meticulous*) exigeant(e); **to be very ~ about sth** être très tatillon au sujet de qc; **to be ~ about one's appearance** soigner sa tenue **II.** *n* **1.** *pl, form* (*details*) détails *mpl* **2.** (*special*) **the ~** le particulier

particularize [pər·'tɪk·jə·lə·raɪz] *vt* **1.** (*detail each item*) détailler **2.** (*limit to special point*) particulariser

particularly *adv* particulièrement

parting ['par·t̬ɪŋ] *n* séparation *f*; **~ words** mots *mpl* d'adieu

parting shot *n* pique *f*

partisan ['par·t̬ɪ·zən] **I.** *adj a.* POL partisan(e) **II.** *n* partisan(e) *m(f)*

partition [par·'tɪʃ·ᵊn] **I.** *n* **1.** (*structural division in building*) cloison *f* **2.** COMPUT partition *f* **3.** (*division: of country*) partition *f* **II.** *vt* **1.** (*divide buildings, rooms*) cloisonner; **to ~ sth into several parts** diviser qc en plusieurs parties; **to ~ sth off** séparer qc par une cloison **2.** (*divide countries into nations*) diviser

partly ['part·li] *adv* en partie; **to be ~ responsible for sth** être en partie responsable de qc

partner ['part·nər] **I.** *n* **1.** (*part owner of company*) associé(e) *m(f)* **2.** (*accomplice*) complice *mf;* **~ in crime** complice **3.** (*in a couple*) compagnon, compagne *m, f* **4.** (*in game, project*) partenaire *mf* **II.** *vt* (*for game, dance, project*) être le/la partenaire de

partnership *n* **1.** (*condition of being partner*) association *f* **2.** (*firm owned by partners*) société *f;* (*of lawyers*) étude *f;* **to go into ~ with sb** s'associer avec qn

partnership agreement *n* accord *m* de partenariat

part of speech *n* partie *f* de discours

part owner *n* copropriétaire *mf*

part ownership *n* copropriété *f*

part payment *n* règlement *m* partiel

partridge ['par·trɪdʒ] <-(dges)> *n* perdrix *f*

part-time *adj, adv* à temps partiel

party ['par·t̬i] **I.** *n* <-ties> **1.** (*social gathering*) fête *f* **2.** (*evening gathering*) soirée *f;* **to have a ~** faire une soirée **3.** (*reception*) réception *f* **4.** (*political group*) parti *m* **5.** (*group of visitors*) groupe *m* **6.** (*side in lawsuit, contract*) partie *f;* **the guilty ~ hasn't been found** le coupable en question n'a pas été trouvé; **to be a ~ to sth** être mêlé à qc; **to be ~ to an arrangement** participer à un arrangement; **to be a ~ to a crime** être complice d'un crime **II.** <-ie-> *vi* faire la fête

party congress *n* congrès *m* du parti

partygoer *n* fêtard(e) *m(f) inf*

party leader *n* chef *mf* de parti

party line *n* **1.** (*shared phone connection*) ligne *f* téléphonique partagée **2.** (*policy on particular questions*) politique *f* du parti; **to toe the ~** obéir aux directions du parti

party politics *n* politique *f* de parti

party pooper *n iron, inf* trouble-fête *mf*

parvenu ['par·və·nu] *n pej, form* parvenu(e) *m(f)*

pass [pæs] **I.** <-es> *n* **1.** (*mountain road*) col *m* **2.** SPORTS (*transfer of a ball*) passe *f;* **a ~ to sb** une passe à qn **3.** (*movement*) **~ of the hand** geste *m* de la main **4.** (*sexual advances, overture*) avance *f;* **to make a ~ at sb** faire des avances à qn **5.** (*authorization permitting entry*) laissez-passer *m inv;* (*for public transport*) titre *m* de transport; **bus ~** abonnement *m* pour le bus **6.** SCHOOL (*permit to leave class*) permission *f* **7.** (*predicament, difficult state*) passe *f;* **to reach a ~** arriver à un tel point **II.** *vt* **1.** (*go past*) passer devant; AUTO dépasser **2.** (*exceed: certain point*) dépasser **3.** (*hand to*) **to ~ sth to sb** passer qc à qn; **to ~ sth around** faire passer qc; **to ~ sth through sth** faire passer qc à travers qc **4.** (*accept*) approuver; (*student*) faire passer **5.** SPORTS (*transfer to another player*) passer; **to ~ sth to sb** passer qc à qn **6.** (*be successful in: exam, test*) réussir **7.** (*occupy*) passer; **to ~ one's days/time doing sth** passer ses journées/son temps à faire qc; **to ~ the time** passer le temps **8.** POL (*officially approve: bill, law*) adopter **9.** (*utter, pronounce*) émettre; (*a comment, remark*) faire; **to ~ judgment on sb/sth** émettre un jugement sur qn/qc; **to ~ sentence on sb** LAW prononcer une condamnation contre qn **10.** *form* MED (*excrete*) **to ~ urine** [*o* **water**] uriner; **to ~ feces** aller à la selle; **to ~ gas** *inf* péter ►**to ~ the buck to sb/sth** *pej, inf* rejeter la responsabilité sur qn/qc **III.** *vi* **1.** (*move by, go away*) passer; **to ~ unnoticed** passer inaperçu; **to ~ across sth** traverser qc; **to let sb ~** laisser passer qn **2.** (*overtake*) dépasser **3.** (*transfer*) **to ~ from sth to sth** passer de qc à qc; **to ~ from generation to generation** passer de génération en génération; **sth ~es to sb** qc revient à qn **4.** SPORTS (*transfer ball*) faire une passe **5.** SCHOOL (*qualify*) être reçu(e) **6.** (*obtain majority approval: motion, resolution*) passer **7.** (*elapse: hours, evening, day*) passer **8.** *fig* (*not know the answer*) passer; **to ~ on a question** passer sur une question **9.** (*enter*) passer; **to let a comment ~** laisser passer un commentaire; **to ~ into sth** passer dans qc **10.** (*take place*) se passer **11.** (*disappear*) disparaître

◆**pass away I.** *vi* **1.** (*die*) décéder **2.** (*gradually fade*) disparaître **II.** *vt* (*time, hours*) passer

◆**pass by I.** *vi* **1.** (*elapse*) passer; **time passes by** le temps s'écoule **2.** (*go past*) passer (à côté) **II.** *vt* passer devant; **life passes sb by** qn passe à côté de la vie

◆**pass down** *vt* passer; (*songs, traditions*) transmettre; **to pass sth down from sb to sb** passer qc de qn à qn

◆**pass for** *vt* **he could ~ an American** il passerait pour un Américain

◆**pass off** *vt* **to pass sb/sth off as sb/sth** faire passer qn/qc pour qn/qc; **to pass oneself off as sb/sth** se faire passer pour qn/qc

◆**pass on I.** *vi* (*die of natural cause*) décéder **II.** *vt* **1.** (*give after getting: information, virus, tips*) transmettre; **to pass sth on to sb** transmettre qc à qn **2.** (*hand down: stories, traditions, clothes*) transmettre **3.** ECON (*costs*) répercuter; **to be passed on to sb** se répercuter sur qn **4.** (*give to next person*) faire passer

◆**pass out I.** *vi* (*become unconscious*) perdre connaissance **II.** *vt* (*distribute*) distribuer

◆**pass over** *vt* **to pass sb over** ignorer qn; **to ~ sth** passer qc sous silence; **to be passed over for promotion** ne pas se faire accorder de promotion

◆**pass through I.** *vt a. fig* traverser **II.** *vi* passer; (*bullet*) traverser

◆**pass up** *vt* laisser passer

passable ['pæs·ə·bl] *adj* **1.** (*traversable, unobstructed*) franchissable; (*highway, road*) praticable **2.** (*average, fair: chess player, pianist*) passable

passage ['pæs·ɪdʒ] *n* **1.** (*act or process of moving through*) *a. fig* passage *m;* **~ through sth** passage à travers qc; **~ of time** écoulement *m* du temps **2.** (*journey*) voyage *m;* NAUT traversée *f* **3.** (*corridor*) passage *m* **4.** (*path*) corridor *m* **5.** (*duct*) *a.* MED conduit *m* **6.** LIT, MUS (*excerpt*) passage *m* **7.** (*transition*) passage *m;* **~ from sth to sth** passage de qc à qc **8.** POL (*of a bill*) adoption *f*

passageway *n* passage *m*

passbook *n* livret *m* de caisse d'épargne

passenger ['pæs·ən·dʒər] *n* passager, -ère *m, f;* (*in public transportation*) voyageur, -euse *m, f*

passenger aircraft *n* avion *m* de ligne

passenger car *n* RAIL, AUTO voiture *f* de voyageurs

passenger coach *n* voiture *f* de voyageurs

passenger list *n* liste *f* des passagers

passenger mile *n* kilomètre-passager *m*

passenger service *n* service *m* voyageurs

passenger train *n* train *m* de voyageurs

passer-by <passers-by> *n* passant(e) *m(f)*

passing I. *adj* **1.** (*going past*) qui passe; **a ~ car** une voiture qui passe; **with each ~ day** à chaque jour qui passe **2.** (*brief, fleeting, short-lived*) passager(-ère); (*glance*) furtif(-ive) **3.** (*unimportant, casual: remark, thought*) en passant **II.** *n* **1.** (*passage*) passage *m;* (*of time*) écoulement *m* **2.** SPORTS (*ball transfer skill*) passe *f* **3.** (*end*) mort *f; fig* fin *f*

passing place *n* voie *f* de dédoublement

passion ['pæʃ·ən] *n* passion *f;* **to have a ~ for sth** avoir la passion de qc; **to have a ~ for sb** aimer qn passionnément; **to have a ~ for doing sth** adorer faire qc; **sb's ~ for gambling** la passion de qn pour le jeu; **crime of ~** crime *m* passionnel; **to hate sb/sth with a ~** avoir horreur de qn/qc

passionate ['pæʃ·ə·nɪt] *adj* passionné(e); (*relationship, drama*) passionnel(le); **to be ~ about sth** être passionné au sujet de qc

passionflower *n* passiflore *f*

passion fruit *n* fruit *m* de la passion

passionless *adj pej* sans passion

passive ['pæs·ɪv] **I.** *n* LING passif *m;* **to put sth in the ~** mettre qc au passif **II.** *adj a.* LING passif(-ive); **~ verb** verbe *m* au passif; **the ~ voice** la forme passive

passiveness, **passivity** *n* passivité *f*

passkey *n* passe-partout *m inv*

Passover ['pæs·ˌoʊ·vər] *n no art* Pâque *f* juive

passport ['pæs·pɔrt] *n* passeport *m;* **a ~ to sth** *fig* un passeport pour qc

passport control *n* contrôle *m* des passeports

passport holder *n* détenteur, -trice *m, f* de passeport

password *n a.* COMPUT mot *m* de passe; **to enter one's ~** entrer son mot de passe

past [pæst] **I.** *n a.* LING passé *m;* **to be a thing of the ~** appartenir au passé; **sb with a ~** qn au passé chargé; **to write in the ~** écrire au passé **II.** *adj* **1.** (*being now over*) passé(e); **his ~ crimes** ses crimes passés; **the ~ week** la semaine dernière **2.** LING **~ tense** temps *m* du passé; **~ simple** prétérit *m;* **~ perfect** plus-que-parfait *m;* **~ participle** participe *m* passé **3.** (*bygone*) révolu(e); **in years ~** [*o* **~ years**] autrefois **4.** (*former*) ancien(ne); **Eve's ~ husband** l'ex-mari *m* d'Eve **III.** *prep* **1.** (*temporal*) plus de; **ten/a quarter ~ two** deux heures dix/et quart; **it's ~ 2 o'clock** il est 2 h passées; **to be ~ thirty** avoir plus de trente ans **2.** (*spatial*) plus loin que; **to go ~ the church** aller plus loin que l'église; **it's just ~ sth** c'est juste un peu plus loin que qc **3.** (*after*) **when we've gotten ~ the exams** après les examens; **he's ~ that** *iron, pej* il a passé l'âge **4.** (*beyond*) au-delà de; **~ belief/description**

incroyable/indescriptible; **to be ~ the expiration date** être en périmé; **I'm ~ caring** ça m'est égal; **I wouldn't put it ~ them** ils en sont bien capables **IV.** *adv* devant; **to run/swim ~** passer en courant/à la nage
pasta ['pas·tə] *n* pâtes *fpl*
paste¹ [peɪst] **I.** *n* **1.** (*sticky mixture*) pâte *f* **2.** (*adhesive substance*) colle *f* **3.** CULIN (*mixture*) pâte *f;* **tomato ~** concentré *m* de tomates; **anchovy ~** pâte d'anchois; **beef ~** pâté *m* de viande; **fish ~** mousse *f* de poisson **4.** (*glass in jewelry*) pâte *f* de verre **II.** *vt* **1.** (*fasten, fix*) coller **2.** COMPUT (*insert into document*) coller; **to cut and ~** couper-coller
paste² [peɪst] *vt inf* (*beat easily, thrash*) donner une raclée à
pasteboard ['peɪs(t)·bɔrd] *n* carton *m*
pastel [pæ·'stel] **I.** *n* ART pastel *m* **II.** *adj* pastel *inv*
paste-up *n* collage *m*
pasteurization *n* pasteurisation *f*
pasteurize ['pæs·tʃə·raɪz] *vt* pasteuriser
pastime ['pæs·taɪm] *n* passe-temps *m*
past master *n* **to be a ~ at doing sth** avoir le don de faire qc
pastor ['pæs·tər] *n* pasteur *mf*
pastoral *adj* pastoral(e)
past perfect (tense) *n* LING plus-que-parfait *m*
pastry ['peɪ·stri] <-ries> *n* **1.** CULIN (*cake dough*) pâte *f* **2.** CULIN (*cake*) pâtisserie *f*
pastry chef *n* pâtissier, -ière *m, f*
pasture ['pæs·tʃər] *n* AGR pâture *f;* **new ~s** *fig* nouveaux horizons *mpl;* **to put sth out to ~** mettre qc en pâture; **to put sb out to ~** *fig, inf* mettre qn à la retraite
pastureland *n* pâturages *mpl*
pasty ['peɪ·sti] <-ier, -iest> *adj pej* pâteux(-euse); (*skin, complexion*) terreux(-euse)
pat¹ [pæt] **I.** <-tt-> *vt* (*tap*) tapoter; **to ~ sb on the head** tapoter la tête de qn; **to ~ sb on the back** *fig* féliciter qn **II.** *n* **1.** (*gentle stroke, tap*) petite tape *f;* **to give sb/sth a ~** donner une petite tape à qn/qc **2.** (*little quantity: of butter*) plaquette *f*
pat² [pæt] **I.** *adv* **to have an answer down ~** avoir une réponse toute prête **II.** *adj* facile; **~ answer** réponse *f* toute prête
patch [pætʃ] **I.** *n* **1.** (*repair piece*) pièce *f;* (*for tire*) rustine *f* **2.** MED (*piece of fabric*) patch *m* **3.** (*cover for eye*) cache *m* **4.** (*small area*) pièce *f;* **~ of fog** nappe *f* de brouillard; **~ of ice** plaque *f* de gel; **~ of ground** bout *m* de terrain; **a ~ of blue sky** un morceau de ciel bleu **5.** *inf* (*phase*) période *f;* **to go through a bad ~** passer par un moment difficile **6.** COMPUT (*software update*) rustine® *f* **II.** *vt* (*cover, reinforce, sew up*) rapiécer; **to ~ a tire** poser une rustine à une roue
◆**patch up** *vt* **1.** (*renovate, restore, mend*) rafistoler **2.** *fig* (*settle: differences*) régler; **they've patched things up between them** ils se sont raccommodés
patchwork ['pætʃ·wɜrk] **I.** *n a. fig* patchwork *m* **II.** *adj* en patchwork
patchy ['pætʃ·i] <-ier, -iest> *adj* (*quality, performance*) inégal(e)
pâté [pa·'teɪ] *n* (*of meat*) pâté *m;* (*of fish*) mousse *f*
patent ['pæt·ᵊnt] **I.** *n* LAW brevet *m;* **to take out a ~ for sth** faire breveter qc **II.** *adj* **1.** (*protected under a patent*) breveté(e) **2.** *form* (*evident, unmistakable*) manifeste **3.** FASHION (*polished: handbag, jacket, shoes*) verni(e) **III.** *vt* breveter
patented *adj* breveté(e)
patentee [ˌpæt·ᵊn·'ti] *n* détenteur, -trice *m, f* de brevet
patent leather *n* cuir *m* verni
patent office *n* institut *m* de la propriété industrielle
paternal [pə·'tɜr·nᵊl] *adj* paternel(le)
paternalism [pə·'tɜr·nᵊl·ɪ·zᵊm] *n pej* paternalisme *m*
paternalistic *adj pej* paternaliste
paternity [pə·'tɜr·nə·t̬i] *n a. fig, form* paternité *f*
paternity leave *n* congé *m* de paternité
paternity suit *n* action *f* en recherche de paternité
path [pæθ] *n* **1.** (*footway, trail*) *a.* COMPUT chemin *m;* (*of a garden*) allée *f;* **the ~ to sth** le chemin vers qc; **to clear a ~** dégager une voie **2.** (*direction*) trajet *m;* (*of a bullet, missile*) trajectoire *f;* (*of a storm*) passage *m;* **to block somebody's ~** bloquer le passage de qn **3.** *fig* voie *f;* **the ~ of his career** son itinéraire *m* de carrière; **to choose the ~ of sth** choisir la voie de qc; **~ to success** chemin *m* de la gloire
pathetic [pə·'θet̬·ɪk] *adj* **1.** (*sad*) pathétique **2.** (*not good*) lamentable
pathfinder ['pæθ·ˌfaɪn·dər] *n* éclaireur, -euse *m, f*
pathological *adj* (*liar*) pathologique
pathologist *n* pathologiste *mf;* LAW médecin *m* légiste
pathology [pə·'θa·lə·dʒi] *n a. fig* pathologie *f*
pathos ['peɪ·θas] *n* pathétique *m*
pathway ['pæθ·weɪ] *n a. fig* sentier *m*
patience ['peɪ·ʃᵊn(t)s] *n* patience *f;* **to have ~ with sb/sth** faire preuve de patience avec qn/qc; **to have infinite ~** avoir une patience infinie; **to lose one's ~** perdre patience; **to try sb's ~** mettre la patience de qn à l'épreuve
patient **I.** *adj* patient(e); **to be ~ with sb** être patient avec qn; **just be ~!** sois patient! **II.** *n* MED patient(e) *m(f)*
patina ['pæt·ᵊn·ə] *n a. fig* patine *f*
patio ['pæt̬·i·oʊ] <-s> *n* patio *m*
patio door *n* porte *f* vitrée
patriarch ['peɪ·tri·ark] *n a. fig* patriarche *m*
patriarchal *adj* patriarcal(e)
patriarchy <-ies> *n* patriarcat *m*
patrician [pə·'trɪʃ·ᵊn] **I.** *n* patricien(ne) *m(f)* **II.** *adj* patricien(ne)
patriot ['peɪ·tri·ət] *n* patriote *mf*

P

patriotic *adj* patriotique; (*person*) patriote
patriotism *n* patriotisme *m*
patrol [pə·'troʊl] **I.** <-ll-> *vi* patrouiller **II.** <-ll-> *vt* patrouiller dans **III.** *n* patrouille *f;* **to be on ~** être de patrouille
patrol car *n* voiture *f* de police
patrolman *n* agent *m* de police (en patrouille)
patrol wagon *n s.* **paddy wagon**
patron ['peɪ·trᵊn] *n* **1.** (*benefactor of charity*) patron(ne) *m(f);* **~ of the arts** mécène *m* **2.** *form* (*customer*) client(e) *m(f)*
patronage ['peɪ·trᵊn·ɪdʒ] *n* **1.** (*support of a cause*) patronage *m* **2.** (*sponsorship*) parrainage *m* **3.** *form* ECON (*constant purchasing*) clientèle *f* **4.** *pej* POL népotisme *m*
patronize ['peɪ·trᵊn·aɪz] *vt* **1.** *form* (*regularly be a customer of*) fréquenter **2.** *pej* (*treat condescendingly, underrate*) **to ~ sb** traiter qn avec condescendance
patronizing *adj pej* condescendant(e)
patter[1] ['pæṭ·ər] **I.** *vi* **1.** (*cause soft sound: rain*) crépiter **2.** (*walk lightly using small steps*) trottiner **II.** *n* (*sound*) petit bruit *m;* (*of rain*) crépitement *m* ▶ **they'll be hearing the ~ of tiny feet** ils attendent un heureux événement
patter[2] ['pæṭ·ər] *n* (*clever, fast talk*) baratin *m*
pattern I. *n* **1.** (*identifiable structure*) schéma *m;* **according to the usual ~** selon le schéma habituel; **~s of activity/behavior** modes *mpl* d'activité/de comportement; **~ of living** mode *m* de vie **2.** ART (*design, motif*) motif *m;* **chevron ~** chevron *m* **3.** FASHION (*paper guide for dressmaking*) patron *m* **4.** (*sample of textiles, paper*) échantillon *m* **5.** (*example, model, norm*) modèle *m;* **on the ~ of sb/sth** sur l'exemple de qn/qc **II.** *vt* **1.** (*model*) modeler **2.** (*decorate*) orner
pattern book *n* catalogue *m* d'échantillons
patterned *adj* à motifs
paunch [pɔntʃ] *n* panse *f*
paunchy <-ier, -iest> *adj* bedonnant(e)
pauper ['pɔ·pər] *n* indigent(e) *m(f);* **~'s grave** fosse *f* commune
pause [pɔz] **I.** *n* pause *f* ▶ **to give sb ~** *form* donner à réfléchir à qn **II.** *vi* faire une pause; **to ~ for thought** prendre une pause pour réfléchir
pave [peɪv] *vt a. fig* paver; **to be ~d with sth** être pavé de qc; **to ~ the way for sth** ouvrir la voie à qc
pavement *n* chaussée *f*
pavilion [pə·'vɪl·jən] *n* pavillon *m*
paving *n* **1.** (*paved surface*) pavage *m* **2.** (*material used to pave*) dallage *m*
paw [pɔ] **I.** *n a. iron, a. inf* patte *f* **II.** *vt* **1.** (*strike with the paw*) donner un coup de patte à **2.** *pej, inf* (*touch in an offensive way*) tripoter **III.** *vi* donner des coups de pattes
pawn[1] **I.** *vt* **to ~ sth** mettre qc en gage **II.** *n* gage *m;* **to be in ~** être en gage
pawn[2] *n* GAMES *a. fig* pion *m;* **to be a ~ in the game** n'être qu'un pion sur l'échiquier
pawnbroker *n* prêteur, -euse *m, f* sur gages
pawnbroker's shop, pawnshop *n* mont-de--piété *m*
pay [peɪ] **I.** <paid, paid> *vt* **1.** (*give money*) payer; **to ~ sb $500** payer qn 500$; **to ~ sb for sth** payer qn pour qc; **to ~ cash** payer en liquide; **to ~ a refund** effectuer un remboursement; **to ~ sb to** +*infin* payer qn pour +*infin;* **to ~ a salary** verser un salaire; **to ~ sb poorly** mal payer qn; **to ~ one's debts** payer ses dettes; **to ~ a loan** rembourser un prêt; **to ~ one's way** payer sa part; **to ~ ten dollars an hour** payer dix dollars de l'heure; **to ~ the price** *fig* payer le prix **2.** (*benefit, be worthwhile, repay*) rapporter; **to ~ sb sth** rapporter qc à qn; **to ~ dividends** *fig* porter ses fruits **3.** (*give*) **to ~ attention to sb/sth** prêter attention à qn/qc; **to ~ a call on sb** [*o* **to ~ sb a call**] rendre visite à qn; **to ~ sb a compliment** faire un compliment à qn; **to ~ homage to sb/sth** rendre hommage à qn/qc; **to ~ one's respects to sb** présenter ses respects à qn ▶ **he who ~s the piper calls the tune** *prov* quelqu'un qui paye a bien le droit de choisir **II.** <paid, paid> *vi* **1.** (*settle, recompense*) payer; **to ~ by cash** payer en liquide; **to ~ by check/credit card** payer par chèque/carte de crédit **2.** (*suffer*) payer; **to ~ with one's life** *fig* payer de sa vie **3.** (*benefit, be worthwhile*) rapporter; **insulation ~s for itself** l'isolation fait économiser ce qu'elle coûte; **it ~s to** +*infin* ça rapporte de +*infin;* **it doesn't ~ to** +*infin* ce n'est pas rentable de +*infin;* **to ~ through the nose for sth** *inf* payer le prix fort pour qc **III.** *n* paie *f;* **to be in the ~ of sb/sth** être à la solde de qn/qc
◆**pay back** *vt* **1.** (*return money*) rembourser; **to pay sb sth back** rembourser qc à qn **2.** (*get revenge*) **to pay sb back for sth** faire payer qc à qn
◆**pay for** *vt* (*goods*) payer; (*crime*) payer pour
◆**pay off I.** *vt* **1.** (*repay: debt, creditor*) rembourser **2.** (*pay before laying off*) licencier **II.** *vi fig* payer
◆**pay out I.** *vt* **1.** (*expend, spend money*) payer **2.** (*unwind: rope*) laisser filer **II.** *vi* payer
◆**pay up** *vi* payer
payable *adj* payable; **~ to sb/sth** à la charge de qn/qc; **to make a check ~ to sb/sth** faire un chèque à l'ordre de qn/qc; **~ at sight** payable à vue
paycheck *n* chèque *m* de fin de mois
payday *n* jour *m* de paie
pay dirt *n* **1.** MIN filon *m* **2.** *inf* (*discovery*) **to hit ~** découvrir un filon
payee [peɪ·'i] *n* bénéficiaire *mf*
payer *n* payeur, -euse *m, f*
pay freeze *n* gel *m* des salaires
pay hike *n* augmentation *f* des salaires
paying *adj* **1.** (*who pays*) payant(e) **2.** (*profitable*) rentable; **a ~ proposition** une bonne affaire

paying guest *n* pensionnaire *m*
paymaster *n* **1.** MIL trésorier, -ière *m, f* **2.** *pej* (*sponsor*) commanditaire *mf*
payment *n* **1.** (*sum paid*) paiement *m* **2.** (*repayment*) remboursement *m;* **30 easy ~s** 30 versements *mpl* par traites **3.** (*reward*) récompense *f*
pay negotiations *n* négociations *fpl* salariales
payoff *n* **1.** (*full payment*) indemnités *fpl* (de départ) **2.** *inf* (*positive result*) fruit *m* **3.** (*profit on a bet*) récompense *f* **4.** *inf* (*bribe*) pot-de-vin *m;* **to receive a ~ from sb** percevoir un pot-de-vin de qn
payout *n* FIN remboursement *m*
pay-per-click *n* COMPUT pay-per-click *m inv*
pay-per-view *n* TV pay-per-view *m* (*paiement à la séance*)
pay phone *n* téléphone *m* à pièces
pay raise *n* augmentation *f* de salaire
payroll *n* **1.** (*list of wages payable*) traitements *mpl* et salaires *mpl;* **a monthly ~** une paie mensuelle **2.** (*list of employees*) effectif *m;* **to be on the ~** être employé
pay settlement *n* accord *m* salarial
payslip *n* feuille *f* de paie
pay-TV *n* télévision *f* à la carte
PC [ˌpi·ˈsi] **I.** *n* COMPUT *abbr of* **Personal Computer** PC *m* **II.** *adj abbr of* **politically correct** politiquement correct(e)
p.c. *abbr of* **percent** pour cent
PE [ˌpi·ˈi] *n abbr of* **physical education** EPS *f*
pea [pi] *n* petit pois *m* ▶ **to be like two ~s in a pod** se ressembler comme deux gouttes d'eau
peace [pis] *n a. fig* paix *f;* **~ activist** activiste *mf* pacifiste; **~ enforcement troops** troupes *fpl* pour le maintien de la paix; **~ conference/negotiations** conférence *f*/négociations *fpl* pour la paix; **to make ~** faire la paix; **to be at ~** (*countries*) être en paix; (*deceased*) reposer en paix; **to be at ~ with the world** ne pas avoir le moindre souci; **to keep/disturb the ~** veiller à/troubler l'ordre public; **to make one's ~ with sb** faire la paix avec qn; **to leave sb/sth in ~** laisser qn/qc en paix; **I'd like a bit of ~ now** je voudrais un peu de calme maintenant; **to give sb no ~** ne pas laisser de répit à qn ▶ **to hold one's ~** garder le silence; **to smoke the ~ pipe** fumer le calumet de la paix
peaceable, peaceful *adj* **1.** (*nonviolent*) pacifique **2.** (*quiet*) paisible
peacekeeping I. *n* pacification *f* **II.** *adj* de pacification; **~ force** force *f* de maintien de la paix
peace-loving *adj* pacifique
peacemaker *n* pacificateur, -trice *m, f*
peacemaking *n* pacification *f*
peace movement *n* mouvement *m* pour la paix
peacetime *n* temps *m* de paix
peace treaty *n* traité *m* de paix
peach [pitʃ] **I.** <-es> *n* **1.** (*sweet, yellow fruit*) pêche *f;* **~ tree** pêcher *m* **2.** *inf* (*nice thing*) chou(te) *m(f);* **a ~ of an evening** une super soirée **II.** *adj* (*color*) pêche *inv*
peacock [ˈpi·kak] *n* paon *m*
pea green *n* vert *m* pomme
peak [pik] **I.** *n* **1.** (*mountain top*) pic *m;* **to reach the ~** atteindre le sommet **2.** (*climax*) sommet *m;* (*in a period*) moment *m* le plus fort; (*of a trend*) apogée *f;* **to be at the ~ of one's career** être au sommet de sa carrière **II.** *vi* (*sb's career*) être à son sommet; (*athlete*) atteindre un record; (*figures, rates, production*) atteindre son niveau maximum **III.** *adj* **1.** (*the busiest*) **~ hours** heures *fpl* de pointe **2.** (*the best, highest: speed, capacity*) maximal(e); (*demand*) record; (*season*) haut(e); **in ~ condition** dans le meilleur état; **during ~ periods** pendant les périodes de pointe; **~ viewing time** heures *fpl* de grande écoute [*o* audience]
peaked[1] *adj* (*pointed, having a peak*) pointu(e)
peaked[2] *adj* (*tired or sick*) souffrant(e)
peal [pil] **I.** *n* (*of bells*) carillon *m;* (*of thunder*) grondement *m;* **~s of laughter** éclats *mpl* de rire **II.** *vi* (*thunderstorm*) gronder; (*bells*) carillonner; **to ~ with laughter** éclater de rire
peanut [ˈpi·nʌt] *n* cacahuète *f,* pinotte *f Québec;* **~ oil/butter** huile *f*/beurre *m* de cacahuètes ▶ **to pay ~s** payer des clopinettes
pear [per] *n* poire *f;* **~ tree** poirier *m*
pearl [pɜrl] *n a. fig* perle *f;* **to be a (real) ~** être une perle (fine); **~ necklace** collier *m* de perles; **cultured ~s** perles de culture; **~ button** bouton *m* de nacre; **~ of dew** perle de rosée; **~s of wisdom** *fig* propos *mpl* édifiants ▶ **to be a ~ of great price** *prov* ne pas avoir de prix; **to cast one's ~s before swine** *prov* jeter des perles aux cochons *prov*
pearl gray *n* gris *m* perle
pearly <-ier, -iest> *adj* **1.** (*made of pearl*) de perles **2.** (*pearl-colored*) nacré(e)
peasant [ˈpez·ᵊnt] *n* paysan(ne) *m(f)*
peat [pit] *n* tourbe *f*
peat moss *n* sphaigne *f*
pebble [ˈpeb·l] *n* galet *m*
pebbly [ˈpeb·li] *adj* caillouteux(-euse)
pecan [pɪ·ˈkan] *n* pécan *m;* **~ nut** noix *f* de pécan; **~ tree** pacanier *m*
peccadillo [ˌpek·ə·ˈdɪl·oʊ] <-s *o* -oes> *n* peccadille *f*
peck [pek] **I.** *n* **1.** (*bite made by a beak*) coup *m* de bec **2.** (*quick kiss*) bécot *n;* **to give sb a ~ (on the cheek)** faire un bécot à qn (sur la joue) **II.** *vt* **1.** (*bite with a beak*) becqueter **2.** (*strike with beak*) donner un coup de bec à; **to ~ holes in sth** faire des trous à coups de bec dans qc; **to ~ sth out** arracher qc avec le bec **3.** (*kiss quickly*) bécoter **III.** *vi* **1.** (*bite with one's beak*) becqueter; **to ~ at sth** becqueter qc **2.** (*nibble*) picorer; **to ~ at one's food** *inf* picorer sa nourriture
pecking order *n* ordre *m* hiérarchique
peckish [ˈpek·ɪʃ] *adj* irascible

P

pectin ['pek·tɪn] *n* pectine *f*
peculiar [pɪ·'kjul·jər] *adj* **1.** (*strange, unusual*) étrange; **to be/seem a little ~ to sb** être/paraître un peu étrange à qn **2.** (*belonging to, special*) particulier(-ère); **to be ~ to sb/sth** être particulier à qn/qc; **of ~ interest** d'un intérêt particulier
peculiarity [pɪ·ˌkju·li·'er·ə·t̬i] <-ties> *n* **1.** (*strangeness*) étrangeté *f* **2.** (*strange habit*) bizarrerie *f* **3.** (*idiosyncrasy*) particularité *f*
peculiarly *adv* **1.** (*strangely*) étrangement **2.** (*belonging to, especially*) particulièrement
pecuniary [pɪ·'kju·ni·er·i] *adj form* pécuniaire
pedagogic(al) *adj* pédagogique
pedagogue ['ped·ə·gɔg] *n* pédagogue *mf*
pedagogy ['ped·ə·ga·dʒi] *n* pédagogie *f*
pedal ['ped·ᵊl] **I.** *n* pédale *f* **II.** <-l-, -ll-> *vi* pédaler **III.** *vt* **to ~ a bike** faire du vélo
pedal boat *n* pédalo *m*
pedant ['ped·ᵊnt] *n pej* pédant(e) *m(f)*
pedantic *adj pej* pédant(e)
pedantry <-tries> *n pej* pédanterie *f*
peddle ['ped·l] *vt pej* colporter; **to ~ drugs** faire du trafic de drogue
peddler ['ped·lər] *n* **1.** (*traveling salesman*) colporteur, -euse *m, f* **2.** (*drug dealer*) revendeur, -euse *m, f*
pederast ['ped·ə·ræst] *n* pédéraste *m*
pederasty *n* pédérastie *f*
pedestal ['ped·ɪ·stᵊl] *n* piédestal *m* ►**to knock sb off his/her ~** faire tomber qn de son piédestal; **to put sb on a ~** mettre qn sur un piédestal
pedestrian **I.** *n* piéton(ne) *m(f)* **II.** *adj* **1.** (*for walkers*) piéton(ne) **2.** *form* (*uninteresting, dull*) prosaïque
pedestrian crossing *n* passage *m* piéton
pedestrianize *vt* transformer en zone piétonne
pedestrian zone *n* zone *f* piétonne
pediatric [ˌpi·di·'æt·rik] *adj* pédiatrique
pediatrician *n* MED pédiatre *mf*
pediatrics *n* pédiatrie *f*
pedicure ['ped·ɪ·kjʊr] *n* pédicure *f*
pedicurist *n* pédicure *mf*
pedigree ['ped·ɪ·gri] *n* **1.** (*genealogy: of an animal*) pedigree *m;* (*of a person*) ascendance *f;* **~ dog** chien *m* de race **2.** (*educational, professional background*) antécédents *mpl* **3.** (*history, background*) histoire *f*
pedophile ['pi·doʊ·faɪl] *n* pédophile *mf*
pee [pi] *inf* **I.** *n* pipi *m;* **to have a ~** faire pipi; **to go ~** *childspeak* aller faire pipi **II.** *vi* faire pipi **III.** *vt* (*one's pants*) mouiller; **to ~ oneself** se faire pipi dessus
peek [pik] **I.** *n* coup *m* d'œil; **to take a ~ at sb/sth** jeter un coup d'œil sur qn/qc **II.** *vi* jeter un coup d'œil furtif; **to ~ in/over sth** jeter un coup d'œil dans/par-dessus qc
peel [pil] **I.** *n* pelure *f* **II.** *vt* peler; (*fruit, vegetables*) éplucher; **to ~ wallpaper** décoller le papier peint; **to ~ the wrapping from sth** enlever l'emballage de qc; **~ed prawns** crevettes *fpl* décortiquées ►**to keep one's eyes ~ed for sth** *inf* faire gaffe à qc **III.** *vi* (*skin*) peler; (*paint*) s'écailler; (*wallpaper*) se décoller
◆**peel away** *vt* décoller; (*fruit, skin*) peler
◆**peel off** **I.** *vt* enlever; **to ~ an adhesive strip** décoller un ruban adhésif; **to peel the paper off sth** enlever le papier de qc; **to ~ wallpaper** décoller le papier peint **II.** *vi* **1.** (*come off*) se décoller **2.** (*veer away: car, motorcycle*) s'écarter
peeler *n* éplucheur *m*
peelings *npl* épluchures *fpl*
peep¹ [pip] **I.** *n* **1.** (*answer, utterance*) bruit *m;* **to not raise a ~** ne pas souffler mot; **to not give a ~** ne pas broncher *inf;* **one more ~ out of you** encore un mot de ta/votre part; **we didn't hear a ~ from him** il n'a pas émis le moindre son **2.** (*tiny bird sound*) pépiement *m;* **to make a ~** pépier **II.** *vi* pépier
peep² [pip] **I.** *n* coup *m* d'œil; **to have a ~ at sth** regarder furtivement qc; **to get a ~ at sth** voir qc rapidement; **~ of light** rayon *m* de lumière; **with the first ~ of spring** avec les premiers signes du printemps **II.** *vi* **1.** (*look quickly, look secretly*) **to ~ at sb/sth** jeter un coup d'œil sur qn/qc; **to ~ into/through sth** jeter un coup d'œil à l'intérieur de/à travers qc **2.** (*appear, come partly out*) sortir
peephole ['pip·hoʊl] *n* judas *m*
peep show *n* peep-show *m*
peer¹ [pɪr] *vi* regarder; **to ~ into the distance** scruter au loin
peer² [pɪr] *n* pair *m;* **~ group** pairs *mpl;* **to have no ~s** être hors pair; **to be liked by one's ~s** être aimé de ses pairs
peerless *adj form* hors pair
peeved [pivd] *adj inf* **to be ~ at sb for sth** être en rogne envers qn à cause de qc
peevish ['pi·vɪʃ] *adj* grincheux(-euse)
peg [peg] **I.** *n* (*small hook*) piquet *m;* (*for clothes*) pince *f* à linge; (*of a violin, guitar*) cheville *f* ►**to take [o bring] sb/sth down a ~ or two** remettre qn/qc à sa place; **to use sth as a ~ to hang sth on** prendre qc comme prétexte à qc **II.** <-gg-> *vt* **1.** (*fasten*) fixer (avec des piquets) **2.** COM (*hold at certain level*) maintenir **3.** *inf* (*categorize*) cataloguer
peg leg *n inf* jambe *f* de bois
pejorative [pɪ·'dʒɔr·ə·t̬ɪv] *adj form* péjoratif(-ive)
Pekin(g)ese [ˌpi·kɪŋ·'iz] **I.** <-(s)> *n* pékinois *m* **II.** *adj* **~ dog** chien *m* pékinois
pelican ['pel·ɪ·kᵊn] *n* pélican *m*
pellet ['pel·ɪt] *n* **1.** (*small, hard ball*) boulette *f;* (*of animal feed*) granulé *m* **2.** (*animal excrement*) crotte *f* **3.** (*gunshot*) plomb *m*
pelt¹ [pelt] *n* **1.** (*animal skin*) peau *f* **2.** (*fur*) fourrure *f*
pelt² [pelt] **I.** *vt* **to ~ sb with sth** bombarder qn de qc; **to ~ sb with insults** couvrir qn d'insultes **II.** *vi* **1.** *impers* (*rain heavily*) **it's ~ing down** il pleut des cordes **2.** (*run, hurry*) courir à toutes jambes; **to ~ across the yard** traverser la cour à toutes jambes **III.** *n* **at full ~** à

toute vitesse

pen[1] [pen] **I.** *n* **1.** (*writing utensil*) stylo *m;* **to live by one's ~** vivre de sa plume; **to put ~ to paper** écrire; **to write in ~** écrire au stylo **2.** (*quill*) plume *f* ▶ **the ~ is mightier than the sword** *prov* la plume est plus tranchante que l'épée **II.** <-nn-> *vt* (*letter*) écrire

pen[2] [pen] **I.** *n* parc *m;* **pig ~** porcherie *f* **II.** <-nn-> *vt* parquer

penal ['pi·nᵊl] *adj* (*code*) pénal(e); (*institution*) pénitentiaire

penalize ['pi·nəl·aɪz] *vt* sanctionner

penalty ['pen·ᵊl·t̬i] <-ties> *n* **1.** LAW peine *f* **2.** (*punishment*) pénalité *f* **3.** (*disadvantage*) inconvénient *m* **4.** (*fine, extra charge*) amende *f* **5.** SPORTS penalty *m*

penance ['pen·ən(t)s] *n* pénitence *f;* **to do ~ for sth** faire pénitence de qc

penchant ['pen·tʃənt] *n pej* penchant *m;* **his ~ for smoking cigars** son faible *m* pour les cigares

pencil ['pen(t)·sᵊl] **I.** *n* **1.** (*writing utensil*) crayon *m;* **~ drawing** dessin *m* au crayon; **colored ~** crayon *m* de couleur; **in ~** au crayon **2.** (*thin line: of light*) trait *m;* **~-thin** mince comme un fil **II.** <-l-, -ll-> *vt* écrire au crayon

◆**pencil in** *vt* (*date, appointment*) noter comme possible

pencil box *n* plumier *m*

pencil case *n* trousse *f*

pencil pusher *n pej, inf* rond-de-cuir *m*

pencil sharpener *n* taille-crayon *m*

pencil skirt *n* jupe *f* droite

pendant ['pen·dənt] *n* pendentif *m*

pending ['pen·dɪŋ] **I.** *adj* **1.** (*awaiting*) en suspens; **patent ~** brevet *m* en cours d'homologation **2.** LAW en instance **II.** *prep form* en attendant; **~ further review** dans l'attente d'un examen plus approfondi

pendulum ['pen·dʒə·ləm] *n* pendule *m*

penetrate ['pen·ɪ·treɪt] *vt* pénétrer

penetrating *adj* pénétrant(e); (*analysis, mind, person*) perspicace

penetration *n* pénétration *f*

penguin ['peŋ·gwɪn] *n* pingouin *m*

penholder ['pen·ˌhoʊl·dər] *n* porte-plume *m*

penicillin [ˌpen·ɪ·'sɪl·ɪn] *n* pénicilline *f*

peninsula [pə·'nɪn(t)·sə·lə] *n* péninsule *f*

peninsular *adj* péninsulaire

penis ['pi·nɪs] <-nises *o* -nes> *n* pénis *m*

penitence ['pen·ɪ·tᵊn(t)s] *n* **1.** (*repentant feelings, repentance*) repentir *m* **2.** REL pénitence *f*

penitent **I.** *n* pénitent(e) *m(f)* **II.** *adj form* pénitent(e)

penitential *adj* pénitentiel(le)

penitentiary [ˌpen·ɪ·'ten·tʃə·ri] *n* pénitencier *m*

penknife ['pen·naɪf] <-knives> *n* canif *m*

pen name *n* nom *m* de plume

pennant ['pen·ənt] *n* fanion *m*

penniless *adj* sans le sou

Pennsylvania [pen(t)·sᵊl·'veɪ·njə] *n* la Pennsylvanie

penny ['pen·i] <-ies> *n* **1.** (*value*) penny *m;* **I don't get a ~ in royalties** je ne reçois pas un sou de droits d'auteur; **I don't have a ~ to my name** je suis sans le sou **2.** (*coin*) cent *m* ▶ **a ~ for your thoughts!** à quoi penses-tu?; **to cost (sb) a pretty ~** coûter à qn une jolie somme

penny-pinching *adj* grippe-sou

pen pal *n* correspondant(e) *m(f)*

pension ['pen·(t)ʃᵊn] *n* **1.** (*retirement money*) retraite *f;* **to draw** [*o* **collect**] **a ~** toucher une retraite; **to live on a ~** vivre de sa retraite; **to retire on a ~** percevoir une pension **2.** (*payment*) pension *f*

◆**pension off** *vt* **to ~ sb, to pension sb off** mettre qn à la retraite

pensionable *adj* **to be of ~ age** avoir l'âge de la retraite

pensioner *n* retraité(e) *m(f)*, bénéficiaire *mf* d'une retraite *Suisse;* **activities for ~s** activités *fpl* pour le troisième âge

pension fund *n* assurance *f* vieillesse

pension plan *n* plan *m* de retraite

pensive ['pen(t)·sɪv] *adj* pensif(-ive); (*silence*) méditatif(-ive)

pentagon ['pen·t̬ə·gan] *n* pentagone *m;* **the Pentagon** le Pentagone

> ℹ Le **Pentagon** se trouve à Arlington en Virginie, tout près de Washington DC. On l'appelle ainsi en raison de sa forme à cinq côtés. Inauguré le 15 janvier 1943, il abrite le *United States Department of Defense* (Secrétariat à la Défense des États-Unis). Près de 30000 personnes, civiles et militaires, travaillent dans ce vaste édifice qui compte plus de 28 km de corridors.

Pentecost ['pen·t̬ɪ·kast] *n* la Pentecôte

penthouse ['pent·haʊs] *n* *appartement luxueux au dernier étage d'un immeuble*

pent-up *adj* refoulé(e)

penury ['pen·jʊ·ri] *n form* pénurie *f*

peony ['pi·ə·ni] <-nies> *n* pivoine *f*

people ['pi·pl] **I.** *npl* **1.** (*persons*) gens *mpl o fpl;* **country/city ~** les gens de la campagne/ville; **married ~** les gens mariés; **divorced ~** les divorcés; **homeless ~** les sans-abri **2.** (*persons comprising a nation*) peuple *m* **3.** *pl* (*ordinary citizens*) **the ~** le peuple; **a ~'s park** un parc public **4.** *pl inf* (*family*) famille *f;* (*associates*) collaborateurs *mpl* **II.** *vt* **to be ~d by sth** être peuplé de qc

People's Republic *n* République *f* populaire

pep [pep] *n inf* punch *m;* **to be full of ~** avoir du punch

◆**pep up** <-pp-> *vt* remonter le moral de qn; **to pep sb up with sth** donner du tonus à qn avec qc; **to pep sth up with sth** donner du piquant à qc avec qc

pepper ['pep·ər] **I.** *n* **1.** (*hot spice*) poivre *m;*

~ **sauce** sauce *f* au poivre **2.** (*vegetable*) **bell** ~ poivron *m* **II.** *vt* **1.** (*add pepper to*) poivrer **2.** (*pelt*) **to ~ sb/sth with sth** assaillir qn/qc de qc; **to ~ sb with bullets** cribler qn de balles; **to be ~ed with sth** être émaillé de qc; **to be ~ed with mistakes** être truffé de fautes

pepper-and-salt *adj* (*hair*) poivre et sel *inv*

peppercorn *n* grain *m* de poivre

pepper mill *n* moulin *m* à poivre

peppermint *n* **1.** (*mint plant*) menthe *f* (poivrée); ~ **tea** thé *m* à la menthe **2.** (*candy*) bonbon *m* à la menthe

pepper steak *n* steak *m* au poivre

peppery ['pep·ᵊr·i] *adj* **1.** (*full of pepper*) poivré(e) **2.** (*irritable, bad-tempered*) irascible

pep pill *n sl* excitant *m*

pep talk *n* **to give** (**sb**) **a ~** encourager qn

peptic ['pep·tɪk] *adj* digestif(-ive)

peptic ulcer *n* ulcère *m* à l'estomac

per [pɜr] *prep* par; ~ **person/annum** par personne/an; **$5 ~ pound/hour** 5 dollars la livre/l'heure; **100 miles ~ hour** 160 km à l'heure; ~ **cent** pour cent; (**as**) ~ **account** suivant facture; **as ~ usual** *inf* comme d'habitude

per capita *adj, adv* (*income*) par habitant

perceivable *adj* perceptible

perceive [pər·'siv] *vt* **1.** (*see, sense, regard*) percevoir; **to ~ that ...** s'apercevoir que ...; **to ~ sb/sth to be sth** percevoir qn/qc comme qc **2.** (*believe*) penser

per cent, percent [pər·'sent] **I.** *n* pour cent *m* **II.** *adv* pour cent; **25/50 ~ of sth** 25/50 pour cent de qc

percentage [pər·'sen·t̬ɪdʒ] *n* **1.** (*rate or proportion*) pourcentage *m;* ~ **discount/increase** ristourne *f*/augmentation *f* en pourcentage; **to express sth as a ~** exprimer qc en pourcentage **2.** *inf* (*advantage*) avantage *m*

perceptible *adj* perceptible; ~ **to the ear/eye** perceptible à l'oreille/à l'œil

perception [pər·'sep·ʃᵊn] *n* perception *f*

perceptive [pər·'sep·tɪv] *adj* **1.** (*related to perception*) de la perception; (*faculties*) percepteur(-trice) **2.** (*attentive: analysis, remark*) pertinent(e); (*observer*) perspicace

perch[1] [pɜrtʃ] **I.** <-es> *n* perchoir *m* ►**to knock sb off his/her ~** faire tomber qn de son piédestal **II.** *vi* se percher **III.** *vt* percher; **to be ~ed somewhere** être perché quelque part; **to ~ oneself on sth** se jucher sur qc

perch[2] [pɜrtʃ] <-(es)> *n* (*fish*) perche *f*

percolate ['pɜr·kᵊl·eɪt] **I.** *vt* filtrer; **to ~ coffee** faire passer le café **II.** *vi* **1.** (*filter through*) passer **2.** (*spread*) filtrer

percolator *n* percolateur *m*

percussion [pər·'kʌʃ·ᵊn] **I.** *n* percussion *f;* **to be on ~** être aux percussions; **to play ~** jouer des percussions **II.** *adj* (*instrument*) à percussion; (*player, solo*) de percussion

percussionist *n* percussionniste *mf*

perdition [pər·'dɪʃ·ᵊn] *n* perdition *f*

peregrine ['per·ɪ·grɪn], **peregrine falcon** *n* faucon *m* pèlerin

peremptorily *adv* péremptoirement

peremptory [pə·'rem(p)·tᵊr·i] *adj* péremptoire

perennial [pə·'ren·i·əl] **I.** *n* (*plant*) vivace *f* **II.** *adj* **1.** (*living several years, not annual*) vivace **2.** (*happening repeatedly, constantly*) perpétuel(le); (*beauty, hope*) éternel(le)

perfect[1] ['pɜr·fɪkt] **I.** *adj* **1.** (*ideal*) parfait(e); **to have a ~ right to** +*infin* avoir parfaitement le droit de +*infin;* ~ **in every way** parfait sous tout rapport **2.** (*absolute*) véritable; (*silence*) complet(-ète) **II.** *n* LING parfait *m*

perfect[2] [pɜr·'fekt] *vt* perfectionner

perfectible *adj* perfectible

perfection [pər·'fek·ʃᵊn] *n* perfection *f;* **to do sth to ~** faire qc à la perfection

perfectionist *n* perfectionniste *mf*

perfectly *adv* **1.** (*very well*) parfaitement **2.** (*completely*) complètement **3.** (*extremely*) extrêmement

perforate ['pɜr·fər·eɪt] *vt* perforer

perforation *n* **1.** (*hole in sth*) trou *m* **2.** (*set of holes*) pointillés *mpl* **3.** (*act of perforating*) perforation *f*

perform [pər·'fɔrm] **I.** *vt* **1.** (*act, sing or play in public*) interpréter; (*a play*) jouer; (*a trick, dance*) exécuter **2.** (*do, accomplish*) accomplir; (*function, task*) remplir; (*operation*) procéder à **II.** *vi* **1.** (*give an artistic performance*) jouer **2.** (*operate, give results: system, machine*) fonctionner; **to ~ well/poorly** (*car, camera, worker*) faire une bonne/mauvaise performance; (*player*) bien/mal jouer; (*company*) avoir de bons/mauvais résultats; **how did she ~ under pressure?** comment a-t-elle travaillé sous la pression?

performance [pər·'fɔr·mən(t)s] *n* **1.** (*execution on stage, staging*) représentation *f;* (*of an artist, actor*) interprétation *f;* **to give a ~ of a play** donner une représentation d'une pièce; **to give a ~ of a symphony** interpréter une symphonie **2.** (*show of ability, quality*) *a.* SPORTS performance *f;* **her ~ in exams** ses résultats *mpl* aux examens; **a better ~ by the company** de meilleurs résultats pour la société; **getting them ready for school is quite a ~!** les préparer pour l'école est une sacrée performance!; **we're paid based on ~** nous sommes payés au résultat **3.** (*accomplishing*) exécution *f;* ~ **test** test *m* de qualité **4.** *inf* (*fuss*) cirque *m*

performance level *n* **1.** (*degree of success*) degré *m* de réussite **2.** (*output*) *a.* ECON rendement *m*

performer *n* interprète *mf*

perfume ['pɜr·fjum] **I.** *n* parfum *m;* **to put on ~** mettre du parfum **II.** *vt* parfumer

perfunctory [pər·'fʌŋ(k)·tᵊr·i] *adj* rapide; **he made a ~ inquiry about my health** il m'a posé des questions sommaires sur ma santé

perhaps [pər·'hæps] *adv* peut-être

peril ['per·ᵊl] **I.** *n form* péril *m;* **to be full of ~s**

and pitfalls être semé d'embûches; **to be in ~** être en danger; **at one's ~** à ses risques et périls; **at ~ of sth** au péril de qc **II.** <-l-, -ll-> *vt* **to ~ sb/sth** mettre qn/qc en péril
perilous ['per·ᵊl·əs] *adj form* périlleux(-euse)
perimeter [pə·'rɪm·ə·t̬ər] *n* **1.** (*edge, border*) bordure *f* **2.** (*length of edge*) périmètre *m*
perimeter fence *n* clôture *f*
period ['pɪr·i·əd] **I.** *n* **1.** (*length of time*) *a.* GEO, ECON période *f;* **in/over a ~ of six months** sur une période de six mois **2.** (*interval of time*) intervalle *m;* **he's had ~s of unemployment** il a eu des périodes de chômage; **~s of sun** intervalles ensoleillés **3.** (*lesson, class session*) classe *f* **4.** (*distinct stage*) époque *f* **5.** (*menstruation*) règles *fpl;* **to get/have one's ~** avoir ses règles **6.** LING point *m* **II.** *adj* (*furniture, instruments, drama*) d'époque
periodic *adj* périodique
periodical I. *adj* périodique **II.** *n* périodique *m*
peripheral *adj a.* COMPUT périphérique; **to be ~ to sth** être accessoire à qc; **~ (unit)** COMPUT périphérique *m*
periphery [pə·'rɪf·ᵊr·i] <-ries> *n* périphérie *f;* **to remain on the ~** rester en marge
periscope ['per·ɪ·skoʊp] *n* périscope *m*
perish ['per·ɪʃ] *vi* (*die*) périr ► **~ the thought!** ne parle pas de malheur!
perishable *adj* périssable
peristyle ['per·ɪ·staɪl] *n* péristyle *m*
perjure ['pɜr·dʒər] *vt* **to ~ oneself** se parjurer
perjured *adj* faux(fausse)
perjurer *n* parjure *mf*
perjury ['pɜr·dʒᵊr·i] *n* parjure *m;* **to commit ~** faire un faux serment
perk¹ [pɜrk] *n* (*benefit*) avantage *m*
perk² [pɜrk] *vt inf* (*make in percolator, percolate*) passer; **to ~ coffee** faire passer le café
◆**perk up I.** *vi* **1.** (*become more lively*) s'animer **2.** (*cheer up*) se ragaillardir **3.** (*increase, recover*) augmenter **4.** (*twitch: ears*) se dresser **II.** *vt* **1.** (*cheer up*) ranimer **2.** (*make more interesting*) relever **3.** (*cause increase in*) augmenter **4.** (*raise*) *a. fig* relever; **to ~ one's ears** dresser l'oreille
perky *adj* gai(e)
perm [pɜrm] **I.** *n abbr of* **permanent** permanente *f* **II.** *vt* **to ~ sb's hair** faire une permanente à qn; **to get one's hair ~ed** se faire faire une permanente; **~ed hair** cheveux *mpl* permanentés
permanence ['pɜr·mᵊn·ən(t)s], **permanency** *n* permanence *f;* **sense of ~** sentiment *m* de durée
permanent I. *adj* permanent(e); (*change, closure*) définitif(-ive); (*position*) fixe; (*ink*) indélébile; **to keep a ~ inventory** faire un inventaire journalier **II.** *n* permanente *f*
permeable ['pɜr·mi·ə·bl] *adj* **1.** (*letting liquid, gas go through*) perméable; **~ to water** perméable à l'eau **2.** (*penetrable*) pénétrable
permeate ['pɜr·mi·eɪt] **I.** *vt form* pénétrer **II.** *vi form* **to ~ into sth** pénétrer qc; **to ~ through sth** s'infiltrer dans qc
permissible [pər·'mɪs·ə·bl] *adj* acceptable
permission [pər·'mɪʃ·ᵊn] *n* permission *f;* **to ask for ~** demander la permission; **to give ~** donner la permission; **to need ~ from sb to** +*infin* avoir besoin de l'autorisation de qn pour +*infin;* **with your ~** avec votre permission
permissive *adj* permissif(ive)
permissiveness *n* permissivité *f;* **sexual ~** libération *f* sexuelle
permit ['pɜr·mɪt, *vb:* pər·'mɪt] **I.** *n* permis *m* **II.** <-tt-> *vt* permettre; **to ~ sb to** +*infin* autoriser qn à +*infin;* **to ~ oneself sth** se permettre qc **III.** *vi* permettre; **to ~ of sth** *form* permettre qc; **weather ~ting** si le temps le permet; **if time ~s ...** s'il y a le temps ...
permitted *adj* permis(e); (*hours*) autorisé(e)
permutation [ˌpɜr·mju·'teɪ·ʃᵊn] *n a.* MATH permutation *f*
permute [pər·'mjut] *vt* permuter
pernicious [pər·'nɪʃ·əs] *adj* **1.** *form* (*harmful*) nocif(-ive) **2.** MED pernicieux(-euse)
pernickety [pər·'nɪk·ə·t̬i] *adj pej s.* **persnickety**
peroxide [pə·'rak·saɪd] *n* peroxyde *m*
perpendicular [ˌpɜr·pən·'dɪk·ju·lər] **I.** *adj* **1.** (*at a 90° angle*) **to be ~ to sth** être perpendiculaire à qc **2.** (*very steep*) abrupt(e) **II.** *n* perpendiculaire *f*
perpetrate ['pɜr·pə·treɪt] *vt form* (*crime*) perpétrer; (*error*) commettre; **to ~ a hoax on sb** jouer un tour à qn
perpetration *n form* LAW **the ~ of sth against sb** la perpétration de qc contre qn
perpetrator *n form* auteur *m*
perpetual [pər·'petʃ·u·əl] *adj* (*lasting forever, continuous*) perpétuel(le); (*check, inventory*) continuel(le); (*student, trust*) éternel(le)
perpetuate [pər·'petʃ·u·eɪt] *vt* perpétuer; (*species*) faire reproduire; (*stereotype*) reproduire
perpetuity [ˌpɜr·pə·'tu·ə·t̬i] *n form* perpétuité *f;* **for ~** à perpétuité
perplex [pər·'pleks] *vt* **1.** (*confuse and worry*) laisser perplexe **2.** (*puzzle*) intriguer **3.** (*complicate*) compliquer
perplexed *adj* perplexe; **to be ~ by sth** être intrigué par qc
perplexity [pər·'plek·sə·t̬i] <-ties> *n* (*bewilderment*) perplexité *f;* **to look/stare at sth in ~** regarder/fixer qc de manière abasourdie
perquisite ['pɜr·kwɪ·zɪt] *n form s.* **perk¹**
per se [ˌpɜr·'seɪ] *adv* en soi
persecute ['pɜr·sɪ·kjut] *vt* **1.** (*subject to hostility*) persécuter **2.** (*harass*) harceler
persecution *n* persécution *f*
persecution complex *n* complexe *m* de persécution
persecutor *n* persécuteur, -trice *m, f*
perseverance *n* persévérance *f*
persevere [ˌpɜr·sə·'vɪr] *vi* **to ~ in (doing) sth** persévérer à faire qc
persevering I. *n* persévérance *f;* **~ with sth**

P

persévérance dans qc **II.** *adj* persévérant(e); (*worker*) acharné(e)
Persia ['pɜr·ʒə] *n* la Perse
Persian I. *adj* persan(e), perse **II.** *n* **1.** (*person*) Persan(e) *m(f)*, Perse *mf* **2.** LING persan *m*, perse *m*; *s.a.* **English**
persist [pər·'sɪst] *vi* **1.** (*continue*) continuer; (*cold, heat, rain*) persister; (*habit, tradition*) perdurer **2.** (*continue despite difficulty*) persister; **to ~ with one's effort** persister dans ses efforts; **to ~ in doing sth** persister à faire qc
persistence [pər·'sɪs·tən(t)s] *n* **1.** (*continuation*) continuation *f* **2.** (*determination, perseverance*) obstination *f*; **sb's ~ with sth** l'obstination de qn pour qc
persistent *adj* **1.** (*long lasting*) persistant(e); (*difficulties*) perpétuel(le); (*rumor*) ancré(e) **2.** (*continuous, constant*) continuel(le); (*demands, rain*) constant(e) **3.** (*determined, persevering*) déterminé(e); **~ offender** criminel *m* récidiviste; **to be ~ in sth** être persévérant dans qc
persnickety [pər·'snɪk·ə·ţi] *adj pej* **1.** (*overly exact or fussy*) **to be ~ about sth** être pointilleux à propos de qc **2.** (*needing extra care*) minutieux(-euse)
person ['pɜr·sən] <-s *o* people> *n* personne *f*; **~ of great ability** individu *m* d'une grande capacité; **book ~** bibliophile *mf*; **cat/dog ~** amateur *m* de chat/chien; **people ~** personne *f* sociable; **~ of principle** individu *m* à principes; **homeless ~** sans-abri *mf*; **to have sth about one's ~** avoir qc sur soi; **an ordinary ~** une personne ordinaire; **in ~** en personne; **in the ~ of sb** en la personne de qn; **per ~** par personne **2.** LING personne *f*
personable ['pɜr·sən·ə·bl] *adj* agréable
personage ['pɜr·sən·ɪdʒ] *n form* personnage *m*
personal *adj* **1.** (*of a particular person, individual*) personnel(le); (*estate, property*) privé(e); **~ data** coordonnées *fpl* **2.** (*direct, done in person: service*) personnel(le); **to give sb/sth ~ attention** s'occuper personnellement de qn/qc; **I like the ~ touch** j'aime bien le côté humain **3.** (*private*) privé(e); (*letter*) personnel(le); **~ diary** journal *m* intime **4.** (*offensive*) offensant(e); **to get ~** devenir offensant; **(it's) nothing ~!** rien de personnel! **5.** (*bodily, physical*) physique; (*hygiene*) intime; **his ~ appearance** son apparence *f* **6.** (*human*) humain(e)
personal ad *n* petite annonce *f* personnelle
personal assistant *n* assistant(e) *m(f)*
personal computer *n* ordinateur *m* personnel
personality <-ties> *n* personnalité *f*; **~ test** test *m* de personnalité
personalize ['pɜr·sən·əl·aɪz] *vt* (*gift, approach*) personnaliser
personally *adv* personnellement; **she came ~** elle est venue en personne; **I didn't mean that ~** je ne visais personne
personal organizer *n* agenda *m*
personal stereo *n* baladeur *m*
personalty ['pɜr·sən·əl·ţi] <-ties> *n* LAW biens *mpl* personnels
personification [pər·ˌsa·nɪ·fɪ·'keɪ·ʃən] *n* **1.** (*perfect example, embodiment*) incarnation *f* **2.** LIT personnification *f*
personify [pər·'sa·nɪ·faɪ] *vt* **1.** (*be perfect example, embody*) incarner **2.** (*represent in human form*) personnifier
personnel [ˌpɜr·sən·'el] *n* **1.** *pl* (*staff, employees*) personnel *m* **2.** (*human resources department*) ressources *fpl* humaines
personnel department *n* département *m* du personnel
personnel director *n* directeur, -trice *m, f* du personnel
personnel management *n* **1.** (*human resources directors*) direction *f* du département du personnel **2.** (*study of human resources*) étude *f* des ressources humaines
personnel manager *n* chef *mf* du personnel
personnel turnover *n* renouvellement *m* du personnel
perspective [pər·'spek·tɪv] *n* **1.** (*viewpoint*) perspective *f*; **to get sth in ~** placer qc dans son contexte; **from a(n) historical ~** d'un point de vue historique; **~ on sth** point *m* de vue sur qc **2.** (*method of representation*) perspective *f*; **in ~** en perspective; **out of ~** hors de la perspective
perspicacious [ˌpɜr·spɪ·'keɪ·ʃəs] *adj form* perspicace; (*analysis*) profond(e)
perspicacity [ˌpɜr·spɪ·'kæs·ə·ţi] *n form* perspicacité *f*
perspicuity [ˌpɜr·spɪ·'kju·ə·ţi] *n form* clairvoyance *f*
perspicuous [pər·'spɪk·ju·əs] *adj form* clair(e)
perspiration [ˌpɜr·spə·'reɪ·ʃən] *n* transpiration *f*; **dripping with ~** en nage
perspire [pər·'spaɪər] *vi* transpirer
persuade [pər·'sweɪd] *vt* persuader; **to ~ sb into sth** persuader qn de qc; **to ~ sb to** +*infin* convaincre qn de +*infin*
persuasion *n* **1.** (*act of convincing*) persuasion *f*; **powers of ~** pouvoir *m* de persuasion **2.** (*conviction*) croyance *f*; **to be of (the) Catholic/Protestant ~** être de confession catholique/protestante; **parties of every ~** des partis *mpl* de toutes tendances
persuasive *adj* persuasif(-ive); **he was very ~** il était très persuasif; **~ powers** pouvoirs *mpl* de persuasion
pert [pɜrt] *adj* **1.** (*sexually attractive, cheeky*) coquin(e) **2.** (*impudent*) effronté(e) **3.** (*attractive, neat*) mignon(ne) **4.** (*small and firm*) petit(e) et ferme
◆ **pertain to** *vt form* se rapporter à
pertinent ['pɜr·tən·ənt] *adj form* pertinent(e); **to be ~ to sth** avoir un rapport avec qc
perturb [pər·'tɜrb] *vt* perturber; **I'm very ~ed** je suis très troublé
Peru [pə·'ru] *n* le Pérou
perusal *n form* lecture *f*; **for one's ~** pour sa

lecture (personnelle)

peruse [pə·ˈruz] *vt form* lire; (*documents*) étudier

Peruvian I. *adj* péruvien(ne) **II.** *n* Péruvien(ne) *m(f)*

pervade [pər·ˈveɪd] *vt form* (*morally*) pénétrer; (*physically*) envahir

pervasive *adj form* étendu(e); (*smell*) envahissant(e)

perverse [pər·ˈvɜrs] *adj pej* **1.** (*deliberately unreasonable, harmful*) pervers(e); (*interest*) malsain(e); (*pride*) mal placé(e) **2.** (*sexually deviant*) pervers(e)

perversion *n pej* **1.** (*abnormal behavior*) perversion *f* **2.** (*corruption*) corruption *f;* (*of the truth*) déformation *f*

perversity [pər·ˈvɜr·sə·t̬i] <-ties> *n pej* **1.** (*unreasonable behavior*) attitude *f* déraisonnable **2.** (*abnormal behavior*) perversité *f*

pervert [ˈpɜr·vɜrt] **I.** *n pej* **1.** (*extreme sexual deviant*) pervers(e) *m(f)* **2.** (*creepy person*) sale type *m* **II.** *vt* **to ~ sb** pervertir qn; **to ~ sth** déformer qc; **to ~ the course of justice** entraver l'action de la justice

peseta [pə·ˈseɪ·t̬ə] *n* HIST peseta *f*

peso [ˈpeɪ·soʊ] *n* peso *m*

pessimism [ˈpes·ə·mɪ·zᵊm] *n* pessimisme *m*

pessimist *n* pessimiste *mf*

pessimistic *adj* pessimiste

pest [pest] *n* **1.** (*animal*) animal *m* nuisible; (*insect*) insecte *m* nuisible **2.** *inf* (*annoying person*) casse-pieds *mf inv*

pest control *n* **1.** (*removal*) lutte *f* contre la vermine **2.** (*service*) service *m* de lutte contre les infestations

pester *vt* **to ~ sb for sth** harceler qn pour obtenir qc

pesticide [ˈpes·tə·saɪd] *n* pesticide *m*

pestilent [ˈpes·tᵊ·lənt], **pestilential** *adj* **1.** (*insalubrious*) pestilentiel(le) **2.** (*troublesome*) pénible

pestle [ˈpes·l] *n* pilon *m*

pesto [ˈpes·toʊ] *n* pistou *m*

pet [pet] **I.** *n* **1.** (*house animal*) animal *m* domestique **2.** *pej* (*favorite person*) chouchou(te) *m(f)* **3.** *inf* (*nice or thoughtful person*) ange *m* **II.** *adj* **1.** (*concerning domestic animals: cat*) domestique **2.** (*favorite*) favori(te); **~ peeve** bête *f* noire **III.** *vt* **1.** (*treat well*) chouchouter **2.** (*cuddle*) peloter

petal [ˈpet̬·ᵊl] *n* pétale *m*

peter [ˈpi·t̬ər] *vi* **to ~ out** (*food*) s'épuiser; (*trail, track, path*) disparaître; (*conversation, interest*) tarir

Peter [ˈpi·t̬ər] **to rob ~ to pay Paul** déshabiller Pierre pour habiller Paul

petite [pə·ˈtit] *adj* menu(e); **~ clothing** vêtement *m* pour femmes menues

petition [pə·ˈtɪʃ·ən] **I.** *n* **1.** (*signed document*) pétition *f* **2.** LAW demande *f;* **to file a ~ for divorce** faire une demande de divorce **II.** *vi* **1.** (*start a petition*) **to ~ about sth** pétitionner pour qc **2.** (*request formally*) **to ~ for sth** faire une requête pour qc; **to ~ for divorce** demander le divorce **III.** *vt* adresser une pétition à

petitioner *n* pétitionnaire *mf*

petrifaction [ˌpet·rɪ·ˈfæk·ʃᵊn], **petrification** *n* pétrification *f*

petrify [ˈpet·rɪ·faɪ] **I.** *vi* se pétrifier **II.** *vt* pétrifier

petrifying *adj* terrifiant(e)

petrochemical [ˌpet·roʊ·ˈkem·ɪ·kᵊl] **I.** *n pl* produits *mpl* pétrochimiques **II.** *adj* pétrochimique

petrodollar [ˈpet·roʊ·ˌda·lər] *n* pétrodollar *m*

petroleum [pə·ˈtroʊ·li·əm] *n* pétrole *m*

petticoat [ˈpet̬·ɪ·koʊt] *n* jupon *m*

pettifogging [ˈpet̬·ɪ·fɔ·gɪŋ] *adj pej* tatillon(ne)

pettiness *n* **1.** (*triviality, insignificance*) insignifiance *f* **2.** (*small-mindedness*) étroitesse *f* d'esprit

petting *n* **1.** (*stroking*) caresses *fpl* **2.** (*sexual fondling and touching*) attouchements *mpl*

pettish *adj* maussade

petty [ˈpet̬·i] <-ier, -iest> *adj pej* **1.** (*trivial*) insignifiant(e) **2.** (*narrow-minded*) mesquin(e) **3.** (*minor*) mineur(e)

petty cash *n* petite caisse *f*

petty crime *n* petite délinquance *f*

petulant [ˈpetʃ·ə·lənt] *adj* irrité(e)

petunia [pə·ˈtu·njə] *n* pétunia *m*

pew [pju] *n* banc *m* (d'église)

pewter [ˈpju·t̬ər] *n* étain *m;* **~ plate** assiette *f* en étain

pH [ˌpi·ˈeɪtʃ] *n* pH *m*

phalanx [ˈfeɪ·læŋks] <-es *o* phalanges> *n form* phalange *f*

phallic [ˈfæl·ɪk] *adj* phallique

phallus [ˈfæl·əs] <-es *o* phalli> *n* phallus *m*

phantom [ˈfæn·t̬əm] **I.** *n* fantôme *m* **II.** *adj* fantôme

pharaoh [ˈfer·oʊ] *n* pharaon *m*

Pharisaic [ˌfær·ɪ·ˈseɪ·ɪk], **Pharisaical** *adj* **1.** (*of Jewish sect*) pharisaïque **2.** *fig, pej* hypocrite

Pharisee [ˈfær·ɪ·si] *n a. pej* pharisien(ne) *m(f)*

pharmaceutic(al) *adj* pharmaceutique

pharmaceuticals *n pl* produits *mpl* pharmaceutiques

pharmaceutics [ˌfar·mə·ˈsu·t̬ɪks] *n + sing vb* pharmacie *f*

pharmaceutics industry *n* industrie *f* pharmaceutique

pharmacist *n* pharmacien(ne) *m(f)*

pharmacology [ˌfar·mə·ˈka·lə·dʒi] *n* pharmacologie *f*

pharmacy [ˈfar·mə·si] <-cies> *n* pharmacie *f*

pharyngitis [ˌfer·ɪn·ˈdʒaɪ·t̬ɪs] *n* pharyngite *f*

phase [feɪz] **I.** *n* phase *f;* **moon ~** phase lunaire; **to go through a ~** faire sa crise; **in a ~** dans une phase; **in ~** en phase; **out of ~** déphasé **II.** *vt* échelonner; **to be ~d** être échelonné

◆**phase in** *vt* introduire progressivement

◆**phase out** *vt* retirer progressivement; (*pro-*

duction) stopper progressivement; **to phase sb out** se débarrasser de qn

PhD [ˌpi·eɪtʃ·'di] *n abbr of* **Doctor of Philosophy** doctorat *m;* **a ~ in sth** un doctorat en qc; **to do/work on a ~** être/étudier en doctorat; **to be a ~** être titulaire d'un doctorat

pheasant ['fez·ᵊnt] <-(s)> *n* faisan *m*

phenomenal *adj* phénoménal(e)

phenomenon [fə·'na·mə·nan] <phenomena *o* -s> *n* phénomène *m*

phew [fju] *interj inf* ouf!

Philadelphia [ˌfɪl·ə·'del·fi·ə] *n* Philadelphie

Philadelphian *n* habitant(e) *m(f)* de Philadelphie

philander [fɪ·'læn·dər] *vi* **to ~ with sb** draguer qn

philanderer *n* dragueur, -euse *m, f*

philanthropic *adj* philanthrope

philanthropist *n* philanthrope *mf*

philanthropy [fə·'læn(t)·θrə·pi] *n* philanthropie *f*

philatelic *adj* philatélique

philatelist *n* philatéliste *mf*

philately [fɪ·'læt̬·ᵊl·i] *n* philatélie *f*

philharmonic [ˌfɪl·har·'ma·nɪk] *adj* philharmonique

Philippine *adj* philippin(ne)

Philippines ['fɪl·ə·pinz] *npl* **the ~** les Philippines *fpl*

philistine ['fɪl·ɪ·stin] *n pej* philistin *m*

philological *adj* philologique

philologist *n* philologue *mf*

philology [fɪ·'la·lə·dʒi] *n* philologie *f*

philosopher *n* philosophe *mf*

philosophic(al) *adj* **1.** (*concerning philosophy*) philosophique **2.** (*calm*) philosophe

philosophize [fɪ·'la·sə·faɪz] *vi* philosopher

philosophy [fɪ·'la·sə·fi] *n* philosophie *f*

phlebitis [fli·'baɪ·t̬ɪs] *n* MED phlébite *f*

phlegm [flem] *n* **1.** (*mucus*) glaire *f* **2.** (*calmness, calm temperament*) flegme *m*

phlegmatic [fleg·'mæt̬·ɪk] *adj* flegmatique

phobia ['foʊ·bi·ə] *n* phobie *f;* **~ about sth** phobie de qc

phoenix ['fi·nɪks] *n* phénix *m;* **to rise from the ashes like a ~** renaître de ses cendres tel un phénix

phone [foʊn] **I.** *n* téléphone *m;* **to answer the ~** répondre au téléphone; **to hang up the ~** raccrocher le téléphone; **to hang the ~ up on sb** raccrocher au nez de qn; **to pick up the ~** prendre le téléphone; **by ~** par téléphone; **to be on the ~** être au téléphone; **~ call/line** appel *m*/ligne *f* téléphonique **II.** *vi* téléphoner; **he ~d for a pizza** il a commandé une pizza par téléphone **III.** *vt* téléphoner à

◆**phone back** *vt, vi* rappeler

◆**phone in** *vi* téléphoner; **to ~ sick** téléphoner pour prévenir qu'on est malade

◆**phone up** *vt* téléphoner à

phone booth *n* cabine *f* téléphonique

phone card *n* carte *f* téléphonique

phoneme ['foʊ·nim] *n* LING phonème *m*

phonetic [foʊ·'net̬·ɪk] *adj* phonétique

phonetician *n* phonéticien(ne) *m(f)*

phonetics *n + sing vb* phonétique *f*

phoney ['foʊ·ni] *adj, n s.* **phony**

phonic ['fa·nɪk] *adj* phonique

phonology [fə·'na·lə·dʒi] *n* phonologie *f*

phony ['foʊ·ni] **I.** <-ier, -iest> *adj inf* **1.** (*fake*) faux(fausse) **2.** (*bogus: story*) bidon *inv* **II.** *n pej, inf* **1.** (*impostor*) imposteur *m* **2.** (*insincere person*) faux jeton *m* **3.** (*fake*) faux *m*

phooey ['fu·i] *interj iron, inf* pfft!

phosphate ['fas·feɪt] *n* phosphate *m*

phosphorescence [ˌfas·fə·'res·ᵊns] *n* phosphorescence *f*

phosphorescent *adj* phosphorescent(e)

phosphoric [fas·'fɔr·ɪk], **phosphorous** *adj* CHEM phosphorique

phosphorus ['fas·fᵊr·əs] *n* phosphore *m*

photo ['foʊ·t̬oʊ] <-s> *n inf abbr of* **photograph** photo *f*

photo album *n* album *m* photos

photocell *n* photocellule *f*

photocopier *n* photocopieur *m*

photocopy ['foʊ·t̬oʊ·ˌka·pi] **I.** <-ies> *n* photocopie *f* **II.** *vt* photocopier

photoelectric *adj* photoélectrique

photo finish *n* SPORTS photo-finish *f*

photoflash *n* flash *m*

photogenic [ˌfoʊ·t̬oʊ·'dʒen·ɪk] *adj* photogénique

photograph ['foʊ·t̬oʊ·græf] **I.** *n* photo(graphie) *f;* **color/black-and-white ~** photo couleur/noir et blanc; **to take a ~ of sb/sth** prendre une photo de qn/qc **II.** *vt* photographier **III.** *vi* **to ~ well** être bien en photo

photograph album *n form* PHOT *s.* **photo album**

photographer *n* photographe *mf*

photographic *adj* photographique

photography [fə·'ta·grə·fi] *n* photographie *f*

photojournalism *n* photojournalisme *m*

photojournalist *n* reporter *mf* photographe

photo library *n* photothèque *f*

photometer *n* photomètre *m*

photomontage *n* photomontage *m*

photon ['foʊ·tan] *n* photon *m*

photo opportunity *n* séance *f* de photos

photosensitive *adj* photosensible

photosetting *n* ART photocomposition *f*

photostat <-tt-> *vt* photocopier

photosynthesis *n* photosynthèse *f*

phrasal verb [ˌfreɪ·zᵊl·'vɜrb] *n* LING verbe *m* à particule

phrase [freɪz] **I.** *n* **1.** (*words not forming sentence*) locution *f;* **verb/noun ~** syntagme *m* verbal/nominal **2.** (*idiomatic expression*) expression *f;* **in sb's ~** comme dit qn **3.** MUS phrase *f* **II.** *vt* formuler

phrase book *n* guide *m* de conversation

phraseology [ˌfreɪ·zi·'a·lə·dʒi] *n* LING phraséologie *f*

physical **I.** *adj* physique **II.** *n* MED visite *f* médicale

physical education *n* éducation *f* physique

physical examination *n* visite *f* médicale

physically *adv* physiquement

physical science *n* sciences *fpl* physiques

physical therapy *n* kinésithérapie *f*

physical training *n* éducation *f* physique

physician [fɪ·ˈzɪʃ·ᵊn] *n* (*doctor*) médecin *m*

physicist [ˈfɪz·ɪ·sɪst] *n* **1.** (*scientist*) physicien(ne) *m(f)* **2.** (*student*) étudiant(e) *m(f)* en sciences physiques

physics [ˈfɪz·ɪks] *n + sing vb* physique *f*

physiognomy [ˌfɪz·i·ˈa·gnə·mi] *n form* ANAT physionomie *f*

physiologist *n* physiologiste *mf*

physiology [ˌfɪz·i·ˈa·lə·dʒi] *n* physiologie *f*

physiotherapist *n* kinésithérapeute *mf*

physiotherapy [ˌfɪz·i·oʊ·ˈθer·ə·pi] *n* kinésithérapie *f*

physique [fɪ·ˈzik] *n* physique *m*

pianist [ˈpi·ᵊn·ɪst] *n* pianiste *mf*

piano[1] [pi·ˈæn·oʊ] <-s> *n* (*instrument*) piano *m;* **to play** (**the**) ~ jouer du piano

piano[2] [ˈpja·noʊ] *adv* (*softly*) piano

piazza [pɪ·ˈat·sə] *n* place *f*

pic *n sl* **1.** (*film*) film *m* **2.** (*picture*) image *f* **3.** (*photo*) photo *f*

piccolo [ˈpɪk·ə·loʊ] <-s> *n* MUS piccolo *m*

pick[1] [pɪk] **I.** *vt* **1.** (*select*) choisir; (*team*) sélectionner; (*winner*) désigner **2.** (*harvest*) cueillir; (*mushrooms*) ramasser; **to ~ grapes** cueillir du raisin; (*for wine*) faire les vendanges **3.** (*remove: scab*) gratter; **to ~ one's nose/teeth** se curer le nez/les dents; **to ~ sth from/out of sth** retirer qc de qc; **to ~ sth clean** décortiquer qc **4.** (*steal*) voler; **to ~ a lock** crocheter une serrure; **to ~ sb's pocket** faire les poches de qn ▶ **to ~ sb's brain** *inf* demander conseil à qn; **to ~ holes in sth** relever les défauts de qc; **to ~ a fight with sb** chercher la bagarre avec qn **II.** *vi* choisir; **to ~ and choose among sb/sth** faire son choix parmi qn/qc **III.** *n* **1.** (*selection*) **to take one's ~** faire son choix **2.** *inf* (*the best*) **the ~** (*person*) la crème; (*of thing*) le meilleur; **to have one's ~ of sth** avoir le choix de qc

pick[2] [pɪk] *n* (*tool*) pioche *f;* **ice ~** pic *m* à glace

◆**pick at** *vt* **1.** (*nibble: food*) picorer **2.** (*pull at: sore*) gratter

◆**pick off** *vt* **1.** (*shoot*) abattre **2.** (*remove*) enlever

◆**pick on** *vt* **1.** (*bully*) embêter **2.** (*criticize*) s'en prendre à

◆**pick out** *vt* **1.** (*select*) choisir **2.** (*recognize*) reconnaître **3.** (*manage to see*) distinguer **4.** (*highlight*) **to be picked out** être mis en évidence **5.** (*play*) **to ~ a tune on an instrument** pianoter un air sur un instrument

◆**pick over** *vt* trier

◆**pick up I.** *vt* **1.** (*lift up: sth dropped*) relever; (*weight*) soulever; (*pen*) prendre; **to ~ the phone** prendre le téléphone; **to pick oneself up** *a. fig* se relever **2.** (*gather*) ramasser **3.** (*tidy: books, toys, a room*) ranger **4.** (*stop for, collect: thing, person*) aller chercher; **to ~ passengers** prendre des passagers; (*survivor*) recueillir **5.** (*learn*) apprendre; **to ~ a little French** apprendre quelques mots de français; **to ~ the tune** trouver l'air **6.** (*collect: news*) relever; (*idea*) chercher; (*a prize*) récolter **7.** (*buy*) acheter **8.** (*pay*) **to ~ the tab** [*o* **check**] *inf* casquer **9.** (*catch: illness*) attraper **10.** *inf* (*arrest*) arrêter **11.** *sl* (*make acquaintance for sex*) ramasser **12.** (*detect: broadcast, signal*) capter; (*radio signal*) intercepter; (*scent*) détecter; (*plane, ship*) repérer **13.** (*continue, resume*) reprendre **II.** *vi* **1.** (*improve: condition*) s'améliorer; (*business*) reprendre; (*person*) se rétablir **2.** (*continue, increase*) reprendre

◆**pick up on** *vt inf* (*notice: a mistake*) relever

pickax, pickaxe *n* pioche *f*

picker *n* cueilleur, -euse *m, f*

picket [ˈpɪk·ɪt] **I.** *n* **1.** (*strike*) piquet *m* de grève; (*at demonstration*) cordon *m* de manifestants **2.** (*striker*) gréviste *mf* en faction; (*demonstrator*) manifestant(e) *m(f)* **3.** (*pointed stake for fence*) piquet *m* **II.** *vt* **1.** (*demonstrate: factory*) former un piquet de grève face à; (*the White House*) former un cordon de protestation face à **2.** (*blockade*) clôturer de piquets **III.** *vi* faire le piquet de grève

picket fence *n* palissade *f*

picket line *n* piquet *m* de grève; **to cross a ~** traverser un piquet de grève

picking *n* cueillette *f*

pickings *npl* **1.** (*gains*) bénéfices *mpl* **2.** (*leftovers*) restes *mpl* ▶ **slim** ~ maigre choix *m*

pickle [ˈpɪk·l] **I.** *n* (*preserved vegetable*) pickles *mpl* (*condiment de légumes conservés dans du vinaigre*) ▶ **to be** (**caught**) **in a** (**pretty**) ~ *inf* être dans le pétrin **II.** *vt* **to ~ sth** conserver qc dans du vinaigre

pickled *adj* **1.** (*conserved in vinegar*) au vinaigre **2.** *fig, inf* (*drunk*) bourré(e); **to get ~** se pinter

picklock [ˈpɪk·lak] *n* **1.** (*burglar*) crocheteur, -euse *m, f* **2.** (*instrument*) crochet *m*

pick-me-up *n inf* remontant *m*

pickpocket [ˈpɪk·ˌpa·kɪt] *n* pickpocket *m*

pickup *n* **1.** *s.* **pickup truck 2.** *inf* (*acceleration power*) reprise *f* **3.** (*improvement*) amélioration *f* **4.** *inf* (*casual partner*) partenaire *mf* de rencontre **5.** *inf* (*hitchhiker*) passager, -ère *m, f* pris(e) en route **6.** *inf* (*collection*) ramassage *m* **7.** (*part of phonograph*) lecteur *m*

pickup truck *n* camionnette *f*

picky <-ier, -iest> *adj pej, inf* difficile

picnic [ˈpɪk·nɪk] **I.** *n* pique-nique *m;* **to go on a ~** faire un pique-nique ▶ **to be no ~** *inf* ne pas être une partie de plaisir **II.** <-ck-> *vi* pique-niquer

picnicker *n* pique-niqueur, -euse *m, f*

pictogram [ˈpɪk·tə·græm] *n* pictogramme *m*

pictorial [pɪk·ˈtɔr·i·əl] **I.** *adj* **1.** (*done as pic-*

ture) pictural(e) **2.** (*with pictures: story, representation*) en images **II.** *n* magazine *m* illustré
picture ['pɪk·tʃər] **I.** *n* **1.** (*visual image*) image *f* **2.** (*photograph*) photo *f;* **to take a ~ of sb/sth** prendre une photo de qn/qc; **wedding ~** photo de mariage **3.** (*painting*) tableau *m;* (*drawing*) dessin *m;* **to draw a ~** faire un dessin **4.** (*movie*) **motion ~** film *m* **5.** (*mental image, image on TV*) image *f* **6.** (*account, depiction*) tableau *m;* **to paint a ~ of sth** peindre le portrait de qc ▶ **to be in the ~** être au courant; **to get the ~** *inf* piger; **to keep/put sb in the ~** tenir/mettre qn au courant; **to leave sb out of the ~** laisser qn sur la touche **II.** *vt* **1.** (*represent*) représenter **2.** (*imagine*) **to ~ oneself** s'imaginer; **to ~ sb doing sth** s'imaginer qn en train de faire qc; **to ~ sth to oneself** s'imaginer qc **3.** (*describe*) dépeindre
picture book *n* livre *m* illustré
picture frame *n* cadre *m*
picture gallery *n* galerie *f* de photos
picture library *n* photothèque *f*
picturesque [ˌpɪk·tʃə·'resk] *adj* pittoresque
picture window *n* fenêtre *f* panoramique
piddle ['pɪd·l] *inf* **I.** *n* pipi *m* **II.** *vi* faire pipi
piddling *adj pej, inf* insignifiant(e)
pidgin ['pɪdʒ·ɪn] *n* pidgin *m*
pie [paɪ] *n* CULIN (*savory*) tourte *f;* (*sweet*) tarte *f* (recouverte de pâte) ▶ **~ in the sky** *inf* des châteaux *mpl* en Espagne; **easy as ~** *inf* simple comme bonjour
piece [pis] *n* **1.** (*bit*) morceau *m;* (*land*) parcelle *f;* (*glass, pottery*) fragment *m;* **in ~s** en morceaux; **to tear sth into ~s** déchirer qc en morceaux; **in one ~** en un seul morceau; *fig* (*person*) intact(e); **to come to ~s** partir en morceaux; (*kit furniture*) se démonter **2.** (*item, one of set*) **a ~ of luggage** une valise; **a ~ of clothing** un vêtement; **a ~ of paper** une feuille de papier; **a ~ of furniture** un meuble; **a ~ of advice** un conseil; **a ~ of evidence** une preuve; **a ~ of information** une information; **a ~ of news** une nouvelle **3.** (*unit in game: chess*) pièce *f* **4.** (*work: written, musical*) morceau *m;* (*painted, drawn, sculpted*) pièce *f;* **a good ~ of work** du bon travail; **a lovely ~ of dancing** un beau morceau de danse **5.** (*coin*) pièce *f;* **a 10-cent ~** une pièce de 10 cents **6.** *vulg* (*woman*) meuf *f* ▶ **to be a ~ of cake** *inf* être du gâteau; **to want a ~ of the cake** vouloir une part du gâteau; **to give sb a ~ of sb's mind** *inf* dire ses quatre vérités à qn; **to fall to ~s** s'effondrer; **to go (all) to ~s** s'effondrer; **to pick up the ~s** recoller les morceaux; **to say one's ~** dire ce qu'on a à dire
◆**piece together** *vt* **1.** (*assemble*) rassembler **2.** (*reconstruct*) reconstituer
piecemeal **I.** *adv* petit à petit **II.** *adj* (*approach, reforms, construction*) par étapes successives; *pej* peu méthodique
piece rate *n* salaire *m* à la tâche
piecework *n* travail *m* à la pièce; **to do ~** travailler à la tâche
piece-worker *n* ouvrier, -ère *m, f* payé(e) à la tâche
pie chart *n* MATH camembert *m*
pied *adj* ZOOL bigarré(e)
pie-eyed *adj inf* bourré(e)
pier [pɪr] *n* **1.** (*boardwalk*) jetée *f* **2.** ARCHIT (*pillar: in church*) pilier *m;* (*in foundations*) pile *f*
pierce [pɪrs] **I.** *vt* **1.** (*make a hole in*) *a. fig* percer; **to have one's ears ~d** se faire percer les oreilles **2.** (*go through*) transpercer **II.** *vi a. fig* **to ~ into sth** percer qc; **to ~ through sth** transpercer qc
piercing **I.** *adj* **1.** (*biting: cold, rain, wind*) glacial(e) **2.** (*sharp, penetrating: eyes, look*) perçant(e); (*reply, wit*) mordant(e) **3.** (*loud*) perçant(e) **II.** *n* piercing *m*
piety ['paɪ·ə·t̬i] *n form* piété *f*
pig [pɪg] *n* **1.** (*animal*) cochon *m;* **wild ~** sanglier *m* **2.** *inf* (*overeater*) **to make a (real) ~ of oneself** se goinfrer; **a greedy ~** un goinfreur **3.** *pej, inf* (*swinish person*) porc *m;* **to treat sb like a ~** être salaud avec qn **4.** *pej, sl* (*police officer*) poulet *m* ▶ **to buy a ~ in a poke** acheter les yeux fermés
◆**pig out** *vi inf* se goinfrer; **to ~ on sth** se goinfrer de qc; **to be pigged out** être goinfré
pigeon ['pɪdʒ·ən] *n* pigeon *m*
pigeonhole **I.** *n* **1.** (*compartment*) casier *m* **2.** (*category*) **to put into ~s** (*people*) cataloguer; (*things*) étiqueter **II.** *vt* **1.** (*place in compartment*) classer **2.** (*categorize: people*) cataloguer; (*things*) étiqueter **3.** (*put off*) remettre à plus tard
pigeon-toed *adj* **to be ~** avoir les pieds tournés en dedans
piggery ['pɪg·ə·ri] <-ies> *n* **1.** AGR *a. pej* porcherie *f* **2.** (*character*) gloutonnerie *f*
piggish ['pɪg·ɪʃ] *adj pej* **to be ~** être un porc
piggy ['pɪg·i] **I.** <-ies> *n childspeak, inf* cochon *m* **II.** *adj* <-ier, -iest> *pej, inf* **1.** (*selfish*) égoïste **2.** (*small and pink*) **~ eyes** petits yeux *mpl* de cochon
piggyback **I.** *n* **to give sb a ~ (ride)** porter qn sur le dos **II.** *adv* sur le dos
piggy bank *n* tirelire *f* (*en forme de cochon*)
pigheaded *adj pej* têtu(e) comme une mule
piglet ['pɪg·lɪt] *n* porcelet *m*
pigment ['pɪg·mənt] *n* pigment *m*
pigmentation [ˌpɪg·men·'teɪ·ʃən] *n* pigmentation *f*
pigskin *n* **1.** (*skin of pig*) peau *f* de porc **2.** SPORTS (*football*) ballon *m* (de football américain)
pigsty *n a. fig, pej* porcherie *f,* boiton *m Suisse*
pigswill *n a. pej* pâtée *f*
pigtail ['pɪg·teɪl] *n* natte *f*
pike[1] [paɪk] *n* ZOOL brochet *m*
pike[2] [paɪk] *n s.* **turnpike**
pike[3] [paɪk] *n* (*weapon*) pique *f*
pile[1] [paɪl] **I.** *n* **1.** (*heap*) pile *f;* **~ of letters** pile *f* de lettres; **to have (got) ~s of sth** *inf* avoir un tas de qc **2.** *inf* (*fortune*) fric *m;* **to make**

a ~ *inf* faire un tas de fric **3.** (*big building*) édifice *m* **II.** *vt* entasser; (*objects*) empiler; **to ~ sth** (**high**) empiler qc; **to be ~d high with sth** être couvert de piles de qc
◆**pile in** *vi* s'entasser
◆**pile off** *vi* sortir en masse
◆**pile on** *vt* **1.** (*heap*) amonceler **2.** (*exaggerate*) exagérer; **to pile it on** *inf* exagérer
◆**pile up I.** *vi* s'accumuler **II.** *vt* accumuler
pile[2] [paɪl] *n* ARCHIT pieu *m*
pile[3] [paɪl] *n* poil *m*
piles *npl inf* hémorroïdes *fpl*
pile-up *n* **1.** *inf* (*car crash*) carambolage *m* **2.** (*accumulation*) accumulation *f*
pilfer ['pɪl·fər] **I.** *vt* piquer **II.** *vi* voler; **to ~ from sb** voler à qn
pilferer *n* voleur, -euse *m, f*
pilfering *n* larcins *mpl*
pilgrim ['pɪl·grɪm] *n* pèlerin(e) *m(f)*
pilgrimage *n a. fig* pèlerinage *m*
pill [pɪl] *n* **1.** (*medicinal tablet*) pilule *f* **2.** (*contraceptive tablet*) **the ~** la pilule; **to be on the ~** prendre la pilule ►**to be a bitter** [*o* **hard**] **~ to swallow** être dur à avaler; **to sweeten the ~** dorer la pilule
pillage ['pɪl·ɪdʒ] **I.** *vt, vi form* piller **II.** *n form* pillage *m*
pillar ['pɪl·ər] *n a. fig* pilier *m;* **~ of flame/smoke** colonne *f* de feu/fumée; **a ~ of the community** *fig* un pilier de la communauté
pillbox ['pɪl·baks] *n* **1.** (*small container for tablets*) boîte *f* à pilules **2.** MIL blockhaus *m*
pillory ['pɪl·ər·i] **I.** *n* pilori *m* **II.** <-ie-> *vt* **to ~ sb/sth** mettre qn/qc au pilori
pillow ['pɪl·oʊ] *n* oreiller *m,* coussin *m Belgique*
pillowcase, pillow cover, pillowslip *n* taie *f* d'oreiller
pilot ['paɪ·lət] **I.** *n a.* TEL pilote *m* **II.** *vt* **1.** (*guide*) piloter; (*person*) guider **2.** (*test*) tester
pilot boat *n* bateau-pilote *m*
pilot fish *n* poisson *m* pilote
pilot lamp *n* témoin *m*
pilotless *adj* sans pilote
pilot light *n* **1.** (*small flame igniting heating*) veilleuse *f* **2.** *s.* **pilot lamp**
pilot program *n* projet *m* pilote
pilot's license *n* brevet *m* de pilote
pilot study *n* étude *f* pilote
pimento [pɪ·'men·toʊ] <-s> *n* piment *m*
pimp [pɪmp] **I.** *n* maquereau *m* **II.** *vi* être proxénète
pimple ['pɪm·pl] *n* bouton *m*
pimply <-ier, -iest> *adj* boutonneux(-euse)
PIN [pɪn] *n abbr of* **personal identification number** code *m* confidentiel
pin [pɪn] **I.** *n* **1.** (*needle*) épingle *f;* **safety ~** épingle de nourrice; **hat ~** épingle à chapeau **2.** MIL (*safety device on grenade*) goupille *f* **3.** (*ornamental object for clothing*) épingle *f* **4.** (*brooch*) broche *f* **5.** SPORTS (**bowling**) **~** quille *f* **6.** *pl, inf* (*legs*) gambettes *fpl* ►**you could hear a ~ drop** *fig* on entendait les mouches voler; **to be on ~s and needles** être tout excité; **to have ~s and needles in sth** avoir des fourmis à qc **II.** <-nn-> *vt* **1.** (*fasten with pin*) épingler; **to ~ a medal on sb** accrocher une médaille sur qn; **to ~ a hem** épingler un ourlet **2.** (*immobilize*) bloquer; **~ned to the floor** coincé(e) contre le sol **3.** (*defeat in wrestling*) plaquer au sol **4.** *inf* (*accuse*) **to ~ the blame on sb** attribuer la responsabilité à qn; **they'll ~ it on me** ils vont me coller ça sur le dos
◆**pin down** *vt* **1.** (*define clearly*) identifier; **it's hard to ~ exactly what I felt** c'est difficile de définir exactement ce que j'ai ressenti **2.** (*pressure sb to decide*) coincer; **to ~ sb to sth** coincer qn sur qc **3.** (*restrict sb's movement*) coincer **4.** (*fasten with pin*) accrocher
◆**pin together** *vt* épingler ensemble
◆**pin up** *vt* (*on wall*) punaiser; **~ one's hair** attacher ses cheveux
pinafore ['pɪn·ə·fɔr] *n* (*apron*) tablier *m*
pinafore dress *n* robe *f* chasuble
pinball ['pɪn·bɔl] *n* flipper *m*
pincer *n* **1.** *pl* ZOOL (*lobster claw*) pince *f* **2. ~s** *pl* (*gripping tool*) pinces *fpl*
pinch [pɪn(t)ʃ] **I.** *vt* **1.** (*nip, tweak*) pincer; **to ~ oneself** *fig* se pincer **2.** (*grip hard*) serrer; **the shoes ~ my feet** les chaussures me font mal aux pieds **3.** *sl* (*steal*) piquer **II.** *vi* serrer; (*boots, shoes, slippers*) blesser **III.** *n* **1.** (*nip*) pincement *m;* **to give sb a ~** pincer qn **2.** (*small quantity*) pincée *f* ►**in a ~** si besoin est; **to feel the ~** être en difficulté; **to take sth with a ~ of salt** ne pas prendre qc au pied de la lettre
pinched *adj* (*face, features*) tiré(e)
pincushion ['pɪn·ˌkʊʃ·ən] *n* pelote *f* à épingles
pine[1] [paɪn] *n* **1.** (*tree*) pin *m* **2.** (*wood*) (bois *m* de) pin *m;* **a stripped ~ wardrobe** une armoire en pin décapé
pine[2] [paɪn] *vi* se languir; **to ~ for sb/sth** languir après qn/qc
pineapple ['paɪ·næp·l] *n* ananas *m;* **canned ~** ananas en conserve
pine cone *n* pomme *f* de pin, pive *f Suisse*
pine grove *n* pinède *f*
pine needle *n* aiguille *f* de pin
pinewood *n* (bois *m* de) pin *m*
ping [pɪŋ] **I.** *n* tintement *m* **II.** *vi* tinter
Ping-Pong® *n inf* ping-pong *m*
pinhead ['pɪn·hed] *n* **1.** (*part of pin*) tête *f* d'épingle **2.** *pej, inf* (*simpleton*) crétin *m*
pinion ['pɪn·jən] *n* TECH pignon *m*
pink[1] [pɪŋk] **I.** *n* **1.** (*color*) rose *m* **2.** BOT œillet *m* **II.** *adj* rose; **to turn ~** rosir; (*person, face*) rougir ►**to see ~ elephants** *iron* avoir des hallucinations; *s.a.* **blue**
pink[2] [pɪŋk] *vt* denteler
pinkie *n inf* petit doigt *m*
pinking shears *npl* ciseaux *mpl* à cranter
pinko ['pɪŋ·koʊ] <-s *o* -es> *n sl* gauchiste *mf*
pinky *n s.* **pinkie**

P

pinnacle ['pɪn·ə·kl] *n* sommet *m*

pinpoint ['pɪn·pɔɪnt] **I.** *vt* **1.** (*give exactly: location*) localiser; (*time*) déterminer **2.** *fig* (*identify*) mettre le doigt sur **II.** *adj* **with ~ accuracy** avec extrême précision **III.** *n* point *m*

pinprick ['pɪn·prɪk] *n* **1.** (*hole*) coup *m* d'épingle **2.** (*minor wound*) petite blessure *f* **3.** (*irritant*) égratignure *f*

pinstripe ['pɪn·straɪp] *n* petite rayure *f;* **to wear ~s** porter un costume à fines rayures; **~(d) shirt** chemise *f* à fines rayures

pint [paɪnt] *n* pinte *f*

pintsize, pintsized *adj inf* petit format

pinup *n* pin up *f inv;* (*male*) star *f* (masculine)

pinwheel *n* petit moulin *m* à vent

pioneer [ˌpaɪ·ə·'nɪr] **I.** *n* pionnier, -ière *m, f* **II.** *adj* pionnier(-ère) **III.** *vt* être le pionnier pour

pioneering *adj* de pionnier

pious ['paɪ·əs] *adj* REL *a. iron* pieux(-euse)

pip [pɪp] *n* BOT pépin *m*

pipe [paɪp] **I.** *n* **1.** *a.* TECH (*industrial tube*) tuyau *m* **2.** (*for smoking*) pipe *f* **3.** MUS (*wind instrument*) pipeau *m;* (*in organ*) tuyau *m;* **the ~s** la cornemuse **4.** (*sound: of bird*) chant *m* ► **put that in your ~ and smoke it** *inf* mets-toi bien ça dans le crâne **II.** *vt* **1.** (*transport using cylinders*) **to ~ sth** acheminer qc par canalisation **2.** (*sing, speak shrilly: bird*) pépier; (*of person*) dire d'une voix aiguë **3.** MUS jouer (du pipeau/de la cornemuse)

◆**pipe down** *vi inf* **1.** (*be quiet*) la mettre en veilleuse **2.** (*be quieter*) baisser le ton

◆**pipe up** *vi* se faire entendre

pipe bomb *n* bombe *f* fabriquée à partir d'un tube

pipe cleaner *n* cure-pipe *m*

pipe dream *n* château *m* en Espagne

pipe fitter *n* plombier *m*

pipeline ['paɪ·plaɪn] *n* pipeline *m;* **in the ~** *fig* en préparation

piper ['paɪ·pər] *n* flûtiste *mf*

piping **I.** *n* **1.** (*pipes*) tuyauterie *f* **2.** (*sewing material*) ganse *f* **3.** CULIN glaçage *m* **4.** (*sound of bagpipes*) cornemuse *f* **II.** *adj* aigu(ë)

piping hot *adj* (*drink*) bouillant(e); (*food*) brûlant(e)

pipsqueak ['pɪp·skwik] *n pej, inf* demi-portion *f*

pique [pik] *vt* lancer des piques à; **to ~ sb's curiosity/interest** piquer la curiosité/l'intérêt de qn

piracy ['paɪ·rə·si] *n* piraterie *f;* COM piratage *m*

pirate ['paɪ·rət] **I.** *n* pirate *mf* **II.** *adj* (*copy, video*) pirate **III.** *vt* pirater

pirouette [ˌpɪ·ru·'et] **I.** *n* pirouette *f* **II.** *vi* faire une pirouette

Pisces ['paɪ·siz] *n* Poissons *mpl; s.a.* **Aquarius**

piss [pɪs] *vulg* **I.** *n* pisse *f;* **to go take a ~** aller pisser **II.** *vi* **1.** (*urinate*) pisser **2.** *inf* (*rain*) pleuvoir comme vache qui pisse **III.** *vt* **to ~ oneself** se pisser dessus

◆**piss off** *vulg* **I.** *vt* **to piss sb off** faire chier qn **II.** *interj* **~!** fous le camp!

pissed *adj inf* furax

pistachio [pɪ·'stæʃ·i·oʊ] <-s> *n* pistache *f*

pistil ['pɪs·tɪl] *n* BOT pistil *m*

pistol ['pɪs·tᵊl] *n* pistolet *m;* **to hold a ~ to sb's head** *fig* mettre à qn le couteau sous la gorge

pistol shot *n* coup *m* de pistolet

piston ['pɪs·tᵊn] *n* TECH piston *m*

piston engine *n* moteur *m* à pistons

piston ring *n* segment *m*

piston stroke *n* course *f*

pit[1] [pɪt] **I.** *n* **1.** (*hole in ground*) fosse *f* **2.** (*mine*) mine *f* **3.** (*hollow, depression*) creux *m* **4.** (*pockmark*) marque *f* **5.** (*lowest part*) **in the ~ of the stomach** dans le creux de l'estomac **6.** THEAT, MUS (*area of seating*) parterre *m;* **orchestra ~** fosse *f* d'orchestre **7.** (*in motor racing*) stand *m* ► **to be the ~s** *inf* être nul **II.** *vt* **1.** (*make holes in*) creuser un trou; **~ted by small pox** grêlé par la petite vérole **2.** (*place in opposition*) **to ~ sb against sb** opposer qn contre qn

pit[2] [pɪt] **I.** *n* noyau *m* **II.** <-tt-> *vt* dénoyauter

pita ['pi·t̬ə], **pita bread** *n* pita *m*

pitapat ['pɪt̬·ə·pæt] **I.** *adv* **to go ~** (*toddler*) aller à petits pas; (*rain*) faire des tapotements; (*heart*) battre **II.** *n* (*of feet*) petits pas *mpl;* (*of heart, rain*) battements rapides *mpl*

pit bull *n* pitbull *m*

pitch[1] [pɪtʃ] **I.** *n* **1.** SPORTS (*baseball*) lancer *m;* **inside ~** *balle lancée trop près du batteur* **2.** MUS, LING (*tone depth, height*) tonalité *f;* **perfect ~** oreille *f* absolue **3.** (*persuasive talk*) **sales ~** baratin *m* **4.** (*slope in roofs*) inclinaison *f* ► **to be at fever ~** être très excité **II.** *vt* **1.** (*hurl*) lancer **2.** (*in baseball*) lancer **3.** (*put up*) dresser; **to ~ camp** établir un camp **4.** (*try to promote*) **to ~ sth to sb/sth** promouvoir qc à qn/qc **5.** (*aim*) **to ~ sth at** (*consumers, market*) s'adresser à; (*audience*) adapter qc pour **6.** MUS (*note*) donner; **to ~ the voice high/low** hausser/baisser le ton de la voix **III.** *vi* **1.** (*in baseball*) lancer **2.** (*suddenly thrust*) tomber; **to ~ forward** tomber en avant **3.** (*slope*) être en pente

◆**pitch in** *vi inf* s'y mettre

◆**pitch into** *vt inf* **to ~ sb** agresser qn

pitch[2] [pɪtʃ] *n* (*bitumen*) brai *m*

pitch-black *adj*, **pitch-dark** *adj* (*dark*) noir(e) comme dans un four

pitched battle *n* bataille *f* rangée

pitcher[1] *n* (*jug*) cruche *f;* **water ~** pot *m* à eau

pitcher[2] *n* (*in baseball*) lanceur *m*

pitchfork ['pɪtʃ·fɔrk] *n* fourche *f* à fumier

piteous ['pɪt̬·i·əs] *adj* pitoyable

pitfall ['pɪt·fɔl] *n* écueil *m*

pith [pɪθ] *n* **1.** BOT (*white substance in citrus*) pulpe *f;* (*part of plants*) moelle *f* **2.** *fig* (*main point*) quintessence *f*

pith helmet *n* HIST casque *m* colonial

pithy ['pɪθ·i] <-ier, -iest> *adj* **1.** (*succinct, concise*) succinct(e) **2.** (*containing much pith:*

fruit) pulpeux(-euse); (*plant*) médulleux(-euse)
pitiable *adj form,* **pitiful** *adj* (*conditions, excuse, sight*) lamentable
pitiless *adj* impitoyable
piton ['pi·tan] *n* SPORTS piton *m*
pittance ['pɪt·ᵊn(t)s] *n sing, pej* salaire *m* de misère
pituitary [pɪ·'tu·ə·ter·i], **pituitary gland** *n* hypophyse *f*
pity ['pɪt̬·i] **I.** *n* **1.** (*compassion*) pitié *f;* **out of ~** par pitié; **to feel ~ for sb/sth** avoir de la pitié pour qn/qc; **to take ~ on sb/sth** prendre qn/qc en pitié; **for ~'s sake** par pitié **2.** (*unfortunate matter*) **it's a ~!** c'est dommage!; **what a ~!** quel dommage! **II.** <-ies, -ied> *vt* avoir de la peine pour; **I ~ his parents** j'ai de la peine pour ses parents
pitying *adj* compatissant(e); (*deriding*) dédaigneux(-euse)
pivot ['pɪv·ət] **I.** *n* **1.** TECH (*rod*) pivot *m* **2.** *fig* (*key person*) personne *f* clef; (*key thing*) point *m* d'axe; **to be the ~ of sth** être le point d'axe de qc **3.** (*turning on one foot*) pivot *m* **II.** *vi* pivoter; **to ~ around sth** *a. fig* pivoter autour de qc; **to ~ around** pivoter (sur ses talons); **to ~ through 90 degrees** virer à 90 degrés
pix *inf pl of* **pic**
pixel [pɪk·sᵊl] *n* COMPUT pixel *m*
pixie *n* lutin *m*
pixy ['pɪk·si] <-ies> *n s.* **pixie**
pizza ['pit·sə] *n* pizza *f*
pizzazz [pɪ·'zæz] *n inf* panache *m*
pizzeria *n* pizzeria *f*
placard ['plæk·ard] *n* pancarte *f;* (*on wall*) affiche *f*
placate ['pleɪ·keɪt] *vt* apaiser
placatory ['pleɪ·kə·tɔr·i] *adj form* apaisant(e)
place [pleɪs] **I.** *n* **1.** (*location, area*) endroit *m; form* (*of birth, death, work*) lieu *m;* **~ of refuge** refuge *m;* **in ~s** par endroits; **to be in two ~s at once** être en deux endroits à la fois **2.** (*residence, commercial location*) adresse *f;* (*dwelling*) résidence *f;* (*house*) maison *f;* (*apartment*) appartement *m;* **at Paul's ~** chez Paul; **a little ~ in Corsica** un petit village en Corse; **~ of residence** domicile *m* **3.** (*appropriate setting*) endroit *m;* **it's not a ~ for sb** ce n'est pas la place de qn; **it's not the ~/no ~ to** +*infin* ce n'est pas l'endroit/un endroit pour +*infin* **4.** (*position*) place *f;* **to be in one's/its ~** être à sa place; **to lose one's ~** perdre sa place; **the ~ in the story where he gets shot** le moment de l'histoire où on lui tire dessus; **in ~ of sb/sth** à la place de qn/qc; **to give sb sth in ~ of sth** donner à qn qc à la place de qc; **out of ~** déplacé(e); **to be in ~** être en place; **in the first/second ~** en premier/second lieu; **to take first/second ~** se placer premier/second; **to take second ~ to sth** *fig* passer après qc; **people in high ~s** des gens *mpl* haut placés **5.** (*square*) place *f;* **market ~** place du marché **6.** MATH **to three decimal ~s** avec trois décimales **7.** (*seat*) place *f;* **is this ~ taken?** cette place est-elle libre?; **to set a ~ at the table** mettre un couvert sur la table; **to change ~s with sb** changer de place avec qn; **to save sb a ~** garder une place à qn; **to have a ~ in a class** être admis à suivre un cours **8.** *inf* (*indefinite location*) **any ~** n'importe où; **some ~** quelque part; **every ~** partout; **no ~** nulle part ► **all over the ~** partout; **the files were all over the ~** les dossiers *mpl* étaient sens dessus dessous; **the film was all over the ~** le film était complètement incohérent; **to go ~s** *inf* (*become successful*) faire son chemin **II.** *vt* **1.** (*position, put*) placer; **to ~ an advertisement in the newspaper** mettre une annonce dans le journal; **to ~ a comma** mettre une virgule; **to ~ sth on the agenda** mettre qc à l'ordre du jour **2.** (*situate*) situer; **to be well ~d** être bien situé; **to be well/poorly ~d to** +*infin fig* être bien/mal placé pour +*infin* **3.** (*impose*) **to ~ an embargo on sb/sth** frapper qn/qc d'embargo; **to ~ a limit on sth** fixer une limite à qc **4.** (*ascribe*) **to ~ the blame on sb** jeter le blâme sur qn; **to ~ one's hopes on sb/sth** mettre tous ses espoirs en qn/qc; **to ~ emphasis on sth** *a. fig* mettre l'accent sur qc; **to ~ one's faith** [*o* **trust**] **in sb/sth** faire confiance à qn/qc **5.** (*arrange for*) **to ~ an order for sth** passer une commande de qc; **to ~ a bet** faire un pari; **to ~ sth at sb's disposal** mettre qc à la disposition de qn **6.** (*appoint to a position*) **to ~ sb in charge of sth** charger qn de qc; **to ~ sb under arrest** arrêter qn **7.** (*classify*) placer; **~d first/second** classé premier/second; **to ~ sth above** [*o* **before**] [*o* **over**] **sth** faire passer qc avant qc; **to ~ sb's face** se souvenir de qn
placebo [plə·'si·boʊ] <-s> *n* MED placebo *m*
place card *n* carte *f* de table
place kick *n* SPORTS remise *f* en jeu
place mat *n* set *m* de table
placement *n* placement *m*
placement examination *n* test *m* de niveau
placement service *n* service *m* de placement
place name *n* nom *m* de lieu
placenta [plə·'sen·t̬ə] <-s *o* -ae> *n* MED placenta *m*
placid ['plæs·ɪd] *adj* placide
placing *n* **1.** (*place in exam, contest*) place *f* **2.** (*layout*) positionnement *m*
plagiarism ['pleɪ·dʒər·ɪ·zᵊm] *n* plagiat *m*
plagiarist *n* plagiaire *mf*
plagiarize ['pleɪ·dʒə·raɪz] *vt, vi* plagier
plague [pleɪg] **I.** *n* **1.** (*disease*) épidémie *f* **2. the ~** (*bubonic plague*) la peste **3.** (*infestation of animals*) fléau *m* **4.** (*source of annoyance*) plaie *f* ► **to avoid sb/sth like the ~** éviter qn/qc comme la peste **II.** *vt* tourmenter
plaid [plæd] **I.** *n* FASHION plaid *m; s.a.* **tartan II.** *adj* en plaid; *s.a.* **tartan**
plain [pleɪn] **I.** *adj* **1.** (*clear, obvious*) clair(e); **in ~ language** en langage clair; **it's ~ (to see) that ...** il est clair que ...; **to be ~ enough** être assez clair; **to make sth ~** ne pas faire mystère

de qc; **to make oneself ~ to sb** se rendre clair à qn; **to be ~ with sb** être clair avec qn **2.** (*unflavored: yogurt, bagel*) nature *inv* **3.** (*uncomplicated: clothing, envelope*) très simple; **a ~ wooden table** une table en bois toute simple; **~ and simple** pur(e) et simple **4.** (*mere, pure: truth, torture*) pur(e); **it's ~ selfishness** c'est de l'égoïsme pur **5.** (*one color: fabric*) uni(e) **6.** (*unattractive*) sans attrait **II.** *adv* **1.** (*clearly*) clairement **2.** *inf* (*downright*) vraiment **III.** *n* **1.** GEO plaine *f*; **the ~s** la prairie **2.** (*knitting stitch*) maille *f*

plain clothes LAW **I.** *n* vêtements *mpl* de civil; **in ~** en civil **II.** *adj* (*police officer*) en civil

plainly *adv* **1.** (*simply*) simplement **2.** (*clearly*) clairement **3.** (*obviously*) franchement **4.** (*undeniably*) indéniablement

plainness *n* **1.** (*simplicity*) simplicité *f* **2.** (*obviousness*) évidence *f* **3.** (*unattractiveness*) apparence *f* quelconque

plain sailing *n fig* **to be ~** être simple comme bonjour

plainspoken *adj* **to be ~** être franc

plaintiff ['pleɪn·t̬ɪf] *n* plaignant(e) *m(f)*

plaintive ['pleɪn·t̬ɪv] *adj* (*cry, voice*) plaintif(-ive)

plait [plæt] **I.** *n* tresse *f* **II.** *vt* tresser

plan [plæn] **I.** *n* **1.** (*detailed idea, program*) plan *m*; **the ~ is to surprise them** l'idée *f* est de les surprendre; **four-point ~** plan en quatre étapes; **to go according to ~** se dérouler comme prévu; **to make ~s for sth** planifier qc **2.** (*vague intention, aim*) projet *m*; **to have ~s** avoir des projets; **I have other ~s** je suis occupé; **to change ~s** changer ses projets **3.** FIN, ECON (*insurance policy*) plan *m* **4.** (*diagram, drawing*) plan *m* **II.** <-nn-> *vt* **1.** (*work out in detail*) planifier; **to ~ to do sth** projeter de faire qc; **~ned economy** ECON économie *f* planifiée **2.** (*design, make a plan*) faire le plan de **III.** *vi* faire des projets; **we need to ~ ahead** nous devons prévoir à l'avance; **to ~ for retirement** prévoir sa retraite

◆**plan on** *vt* **to ~ doing sth** avoir le projet de faire qc

plane¹ [pleɪn] *n* (*aircraft*) avion *m*; **to board the ~** monter dans l'avion

plane² [pleɪn] **I.** *n* **1.** (*level surface*) niveau *m* **2.** MATH plan *m* **3.** (*level of thought, intellect*) niveau *m*; **to be on a certain ~** être à un certain niveau; (*be superior*) avoir un certain niveau **II.** *adj a.* MATH plat(e)

plane³ [pleɪn] **I.** *n* (*tool*) rabot *m* **II.** *vt* raboter

plane⁴ [pleɪn] *n* BOT **~ (tree)** platane *m*

plane crash *n* catastrophe *f* aérienne

planet ['plæn·ɪt] *n* planète *f*; **~ Earth** planète *f* Terre

planetarium [ˌplæn·ɪ·'ter·i·əm] <-s *o* -ria> *n* planétarium *m*

planetary ['plæn·ɪ·ter·i] *adj* planétaire

plank [plæŋk] *n* **1.** (*long board*) planche *f* **2.** (*important element*) point *m*

planking *n* plancher *m*

plankton ['plæŋk·tən] *n* plancton *m*

planner *n* planificateur, -trice *m, f*; **city ~** urbaniste *mf*

planning *n* planification *f*; **city ~** urbanisme *m*

plant [plænt] **I.** *n* **1.** BIO plante *f*; **indoor ~** plante d'intérieur **2.** (*factory*) usine *f* **3.** (*machinery for companies*) équipement *m* **4.** (*informer*) taupe *f* **5.** *sing* (*object placed to mislead*) *objet destiné à faire prendre quelqu'un* **II.** *vt a. fig* planter; (*bomb*) poser; (*spy*) infiltrer; (*colony, idea*) implanter; **to ~ drugs on sb** placer de la drogue pour faire prendre qn; **to ~ oneself somewhere** *inf* se camper quelque part; **to ~ doubts about sth** semer des doutes sur qc

plantain ['plæn·tɪn] *n* **1.** (*fruit*) banane *f* plantain **2.** (*plant*) plantain *m*

plantation [plæn·'teɪ·ʃᵊn] *n* plantation *f*

planter *n* **1.** (*plant holder*) cache-pot *m* **2.** (*owner of plantation*) planteur, -euse *m, f* **3.** (*device for planting seeds*) plantoir *m*

plaque [plæk] *n* **1.** (*plate identifying building*) plaque *f*; **brass/stone ~** plaque en laiton/pierre **2.** MED (*on teeth*) plaque *f* dentaire; (*in arteries*) athérome *m*

plash [plæʃ] **I.** *n* clapotis *m* **II.** *vi* **1.** (*make a splashing sound*) clapoter **2.** (*play in the water*) barboter

plasma ['plæz·mə] **I.** *n* plasma *m* **II.** *adj* plasmagène

plaster ['plæs·tər] **I.** *n a.* MED plâtre *m*; **in ~** dans le plâtre **II.** *vt a. inf* plâtrer; **~ed with slogans/posters** couvert(e) de slogans/d'affiches

plasterboard *n* CONSTR placoplâtre® *m*

plaster cast *n a.* ART plâtre *m*

plastered *adj inf* bourré(e)

plasterer *n* plâtrier *m*

plastic ['plæs·tɪk] **I.** *n* **1.** (*material*) plastique *m* **2.** *inf* (*credit card*) **to pay with ~** payer par carte de crédit **II.** *adj* **1.** (*made from plastic*) en plastique **2.** *pej* (*artificial: food*) synthétique; (*smile*) artificiel(le) **3.** ART (*malleable*) plastique

plastic arts *n pl* arts *mpl* plastiques

plastic bag *n* sac *m* en plastique

plastic bomb *n* bombe *f* au plastic

plastic bullet *n* projectile *m* au plastic

plastic explosive *n* explosif *m* au plastic

plasticity [plæ·'stɪs·ə·t̬i] *n* plasticité *f*

plastic money *n* cartes *fpl* de crédit

plastics industry *n* industrie *f* des matières plastiques

plastic surgery *n* chirurgie *f* esthétique

plate [pleɪt] **I.** *n* **1.** (*serving dish*) assiette *f* **2.** (*portion of food*) **a ~ of pasta** une assiette de pâtes **3.** (*cutlery*) **(silver) ~** argenterie *f* **4.** (*panel, sheet*) plaque *f* **5.** (*sign*) *a.* AUTO, TYP plaque *f*; **brass ~** plaque en laiton **6.** TYP (*picture in book*) planche *f* **7.** GEO (*on earth's crust*) plaque *f* ▶ **to have a lot on one's ~** en avoir par-dessus la tête; **to give** [*o* **hand**] **sth to sb on a ~** *inf* servir qc à qn sur un plateau **II.** *vt* (*with gold, silver*) plaquer

plateau [plæt·'oʊ] <-s *o* -x> *n* **1.** GEO (*elevated plain*) plateau *m* **2.** (*flat period*) palier *m;* **to reach a ~** se stabiliser
plated *adj* (*coated in metal*) métallisé(e); (*jewelry*) plaqué(e); **~ with chrome** chromé(e); **~ with gold** plaqué(e) or; **~ with silver** plaqué(e) argent
plateful *n* assiette *f*
plate glass *n* verre *m* pour vitrage
platelet ['pleɪt·lət] *n* PHYS plaquette *f*
plate warmer *n* chauffe-assiettes *m*
platform ['plæt·fɔrm] *n* **1.** (*raised surface*) plateforme *f* **2.** RAIL quai *m* **3.** (*stage*) estrade *f;* **to share a ~ with sb/sth** partager la tribune avec qn/qc; **to be a ~ for sth** *fig* être une tribune pour qc **4.** *pl s.* **platform shoes**
platform shoes *npl* chaussures *fpl* à semelles compensées
plating *n* placage *m*
platinum ['plæt·nəm] *n* platine *m*
platitude ['plæţ·ə·tud] *n pej* lieu *m* commun
platitudinous *adj pej, form* banal(e)
platonic [plə·'ta·nɪk] *adj* platonique
platoon [plə·'tun] *n + sing/pl vb* MIL section *f*
platter ['plæţ·ər] *n* plateau *m*
platypus ['plæţ·ɪ·pəs] <-es> *n* ornithorynque *m*
plausibility [ˌplɔ·zə·'bɪl·ə·ţi] *n* plausibilité *f*
plausible ['plɔ·zə·bl] *adj* plausible
play [pleɪ] **I.** *n* **1.** (*games*) jeu *m;* **to be at ~** être en train de jouer; **to be in/out of ~** être en/hors jeu; **to make a bad/good ~** bien/mal jouer **2.** (*theatrical piece*) pièce *f* de théâtre; **one-act ~** pièce en un acte **3.** (*freedom to move*) jeu *m* ►**to allow sb/sth full ~** laisser entière liberté à qn/qc; **to make a ~ for sb** draguer qn *inf;* **to bring sth into ~** faire rentrer qc en jeu; **to come into ~** rentrer en jeu **II.** *vi* jouer; (*radio*) marcher; **to ~ to a full house** jouer à guichets fermés ►**to ~ fast and loose with sb/sth** traiter qn/qc à la légère; **to ~ to the gallery** amuser la galerie; **to ~ into sb's hands** faire le jeu de qn; **to ~ for time** essayer de gagner du temps **III.** *vt* **1.** GAMES jouer; **to ~ bridge/cards/golf** jouer au bridge/aux cartes/au golf; **to ~ house** jouer au papa et à la maman; **to ~ host to sb** accueillir qn; **to ~ Germany** SPORTS jouer contre l'Allemagne; **to ~ the horses** jouer aux courses; **to ~ a slot machine** jouer à une machine à sous; **to ~ the stock market** jouer en Bourse; **to ~ a joke on sb** faire une blague à qn; **to ~ a trick on sb** jouer un tour à qn **2.** (*perform: symphony, role*) interpréter; (*flute, guitar*) jouer de; **they were ~ing Mozart** (*orchestra*) ils jouaient Mozart; (*radio station*) ils passaient du Mozart; **to ~ a CD** mettre un CD; **to ~ a concert** donner un concert; **to ~ a vital role in sth** *fig* jouer un rôle fondamental dans qc ►**to ~ ball with sb** *inf* coopérer avec qn; **to ~ both ends against the middle** semer la zizanie; **to ~ second fiddle to sb/sth** être dans l'ombre de qn/qc; **to ~ the field** avoir plusieurs amants; **to ~ it cool** rester calme; **to ~ it safe** rester prudent; **to ~ hard to get** se laisser désirer; **to ~ hardball** ne pas être tendre; **to ~ havoc with sth** chambouler qc; **to ~ (merry) hell with sth** ficher qc en l'air; **to ~ hooky** faire l'école buissonnière; **to ~ a hunch** agir par intuition; **to ~ possum** (*pretend to be asleep*) faire semblant de dormir; (*pretend to be ignorant or unaware*) faire l'innocent; **to ~ sb for a sucker** *inf* prendre qn pour un idiot; **to ~ dumb** faire le con
◆**play along** *vi* **1.** MUS **to ~ with sb** accompagner qn **2.** (*pretend to agree with*) **to ~ with sb/sth** marcher avec qn/qc
◆**play around** *vi* **1.** (*play*) s'amuser **2.** *pej* (*be unfaithful*) coucher à droite et à gauche; **to ~ with sb** avoir une aventure avec qn **3.** (*imagine*) **to ~ with** (*ideas, possibilities*) imaginer **4.** *pej* (*tamper*) **to ~ with sth** tripoter qc
◆**play at** *vt* **1.** (*engage in*) jouer à **2.** *pej* (*pretend*) **what are you playing at?** à quoi tu joues?; **he's playing at being in charge** il fait son numéro de personne responsable
◆**play down** *vt* minimiser
◆**play off** **I.** *vi* SPORTS **to ~ for third place** jouer pour la troisième place du podium **II.** *vt* **to play sb off against sb** monter qn contre qn
◆**play on** **I.** *vt* (*exploit*) **to ~ sb's feelings/weakness** exploiter les sentiments/la faiblesse de qn **II.** *vi* (*keep playing*) continuer de jouer
◆**play out** **I.** *vt* **1.** (*act out: fantasies*) réaliser; (*scene, scenario*) jouer **2.** (*follow assigned or fated role: destiny*) suivre **II.** *vi* (*occur*) **the tragedy played out in New York** la tragédie s'est déroulée à New York
◆**play up** *vt* exagérer
◆**play up to** *vt* **to ~ sb** flatter qn
playable *adj* jouable
play-act *vi* jouer la comédie
playback *n* play-back *m inv*
playbill *n* affiche *f*
playboy *n pej* play-boy *m*
player *n* **1.** (*participant, performer*) joueur, -euse *m, f;* **soccer ~** footballeur, -euse *m, f;* **tennis player** joueur de tennis; **cello ~** violoncelliste *mf;* **flute ~** flûtiste *mf* **2.** (*stage actor*) acteur, -trice *m, f* **3.** (*device*) lecteur *m;* (*for CDs*) platine *f;* **DVD ~** lecteur de DVD
playful *adj* (*person, animal*) joueur(-euse), jouette *Belgique;* (*mood, nature, remark*) enjoué(e)
playground *n* (*for children*) cour *f* de récréation
playgroup *n* jardin *m* d'enfants
playhouse *n* **1.** (*theater*) théâtre *m* **2.** (*miniature house*) maison *f* pour jouer
playing card *n* carte *f* à jouer
playing field *n* terrain *m* de sports
playmate ['pleɪ·meɪt] *n* (*childhood playfellow*) copain, copine *m, f*

P

playoff *n* match *m* pour départager deux équipes

playpen ['pleɪ·pen] *n* parc *m* (pour bébé)

playroom *n* salle *f* de jeu

playsuit *n* barboteuse *f*

plaything *n fig, pej* jouet *m*

playtime *n* récréation *f*

playwright *n* dramaturge *mf*

plaza ['pla·zə] *n* place *f*

plea [pli] *n* **1.** (*entreaty, appeal*) appel *m;* **to make a ~ for help/mercy** appeler à l'aide/la clémence **2.** (*formal statement by a defendant*) défense *f;* **to enter a ~ of guilty/not guilty** plaider coupable/non coupable **3.** *form* (*pretext, excuse*) excuse *f*

plead [plid] <pleaded, pleaded> **I.** *vi* **1.** (*implore, beg*) implorer; **to ~ for forgiveness/mercy** implorer le pardon/la grâce; **to ~ with sb to** *+infin* implorer qn de *+infin* **2.** *+ adj* (*answer to a charge in court*) plaider; **to ~ guilty** plaider coupable **II.** *vt* **1.** (*argue or represent in court: insanity*) plaider; **to ~ sb's case** plaider la cause de qn **2.** (*claim as a pretext: ignorance*) invoquer **3.** (*argue for: a cause*) défendre

pleading *adj* (*look*) suppliant(e)

pleasant ['plez·ᵊnt] *adj* (*weather, person*) agréable; **to be ~ to sb** être agréable avec qn

pleasantry ['plez·ᵊn·tri] <-tries> *n* plaisanterie *f;* **polite pleasantries** amabilités *fpl*

please [pliz] **I.** *vt* faire plaisir à; **to be hard to ~** être difficile à contenter; **~ yourself** *inf* fais comme tu voudras **II.** *vi* **1.** (*be agreeable*) faire plaisir; **eager to ~** désireux(-euse) de plaire **2.** (*think fit, wish*) **if you ~** s'il te/vous plaît; **to do as one ~s** faire à sa guise; **do whatever you ~** fais comme tu veux ►**~ God!** si Dieu le veut! **III.** *interj* **1.** (*with a request*) s'il te/vous plaît; **~ close the gate** merci de fermer la porte **2.** (*said to accept sth politely*) **yes, ~** oui je veux bien

pleased *adj* content(e); **to be ~ with oneself** être content de soi; **I am ~ to inform you that ...** j'ai le plaisir de vous informer que ...; **~ to meet you** enchanté ►**to be as ~ as Punch about sth** être content comme tout à propos de qc

pleasing *adj* (*agreeable: manner*) agréable; (*news*) qui fait plaisir

pleasurable *adj* agréable

pleasure ['pleʒ·ər] *n* plaisir *m;* **at sb's ~** au gré de qn; **it's a ~** je vous en prie; **to take ~ in sth/in doing sth** prendre plaisir à qc/faire qc; **is it for business or ~?** est-ce que c'est pour le travail ou pour les vacances?

pleasure boat *n* bateau *m* de plaisance

pleat [plit] *n* pli *m*

plebeian [plɪ·'bi·ən] **I.** *adj pej, form* prolétaire **II.** *n* prolétaire *mf*

plebiscite ['pleb·ə·saɪt] *n* plébiscite *m*

pledge [pledʒ] **I.** *n* **1.** (*solemn promise*) promesse *f;* **to fulfill a ~** tenir une promesse; **to give a ~ to** *+infin* promettre de *+infin;* **to sign the ~** faire vœu d'abstinence **2.** (*promised charitable donation*) promesse *f* de don **3.** (*pawned object, token*) gage *m* **II.** *vt* promettre; **to ~ to** *+infin* promettre de *+infin;* **to ~ money** faire une promesse de don; **they have ~d to cut taxes** ils ont promis de diminuer les impôts

plenary ['pli·nᵊr·i] **I.** *adj* **1.** *form* (*total, full, unqualified: indulgence*) entier(-ère); (*power*) plein(e) **2.** (*be attended by all members: assembly, session*) plénier(-ère) **II.** *n* assemblée *f* plénière

plentiful *adj* (*supply*) abondant(e); **the cherries are ~ this year** il y a des quantités de cerises cette année

plenty ['plen·ţi] **I.** *n* (*abundance*) abondance *f* **II.** *adv* bien assez; **it's ~ big enough** c'est bien assez grand; **~ good/bad** *inf* très bon/mauvais **III.** *pron* **~ of money/time** beaucoup d'argent/de temps; **there was ~ of room** il y avait plein de place; **to have ~** en avoir bien assez; **that's ~** c'est largement assez

pleonasm ['pli·oʊ·næz·ᵊm] *n* LING pléonasme *m*

pleurisy ['plʊr·ə·si] *n* MED pleurésie *f*

plexus ['plek·səs] <-(es)> *n* **1.** ANAT plexus *m* **2.** (*network*) réseau *m*

pliable ['plaɪ·ə·bl] *adj* **1.** (*supple, easily bendable*) souple **2.** (*easily influenced and led*) influençable

pliers [plaɪərz] *npl* pince *f;* **a pair of ~** une pince

plight [plaɪt] *n* détresse *f;* **to be in a dreadful ~** être dans une situation désespérée

PLO [ˌpi·el·'oʊ] *n s.* **Palestine Liberation Organization the ~** l'OLP *f*

plod [plad] <-dd-> *vi* **1.** (*walk slowly and heavily*) marcher péniblement **2.** (*work without enthusiasm, slowly*) **to ~ along** trimer; **to ~ through sth** avancer laborieusement dans qc

plodder ['plad·ər] *n* bûcheur, -euse *m, f*

plodding *adj* laborieux(-euse)

plonk [plʌŋk] *n, vt s.* **plunk**

plop [plap] **I.** *n* (*on hard surface*) pouf *m;* (*on water*) plouf *m* **II.** <-pp-> *vi* **1.** (*fall with this sound: on hard surface*) tomber en faisant pouf; (*on water*) faire plouf **2.** (*fall heavily*) tomber lourdement **III.** *vt* laisser tomber

plot [plat] **I.** *n* **1.** (*conspiracy, secret plan*) complot *m* **2.** (*story line*) intrigue *f* **3.** (*small piece of land*) parcelle *f;* **garden ~** jardin *m;* **vegetable ~** potager *m* ►**the ~ thickens** *iron* les choses *fpl* se compliquent **II.** <-tt-> *vt* **1.** (*conspire*) comploter **2.** (*create: story line*) écrire **3.** (*present or represent graphically: curve*) tracer **4.** MIL (*position*) pointer **III.** <-tt-> *vi* comploter

plotter ['pla·ţər] *n* **1.** (*person*) conspirateur, -trice *m, f* **2.** COMPUT traceur *m*

plow [plaʊ] **I.** *n* charrue *f;* **to be under the ~** être cultivé ►**put one's hand to the ~** se mettre à la tâche **II.** *vt* **1.** (*till*) labourer **2.** *fig*

to ~ one's way through sth (*move through*) avancer péniblement dans qc; (*finish off*) réussir à finir qc **III.** *vi* **1.** (*till ground*) labourer **2.** (*advance*) **to ~ through a crowd** foncer à travers une foule; **to ~ through a book/job** peiner sur un livre/une tâche
◆ **plow back** *vt* (*profits*) réinvestir
◆ **plow into** *vt* **to ~ into a wall** entrer en plein dans un mur
plowshare *n* soc *m* de charrue
ploy [plɔɪ] *n* ruse *f*
pluck [plʌk] *vt* **1.** (*remove by picking away*) cueillir **2.** (*remove quickly*) arracher **3.** (*remove hair, feathers*) arracher; (*chicken*) plumer; **to ~ one's eyebrows** s'épiler les sourcils **4.** (*sound: strings of instrument*) pincer **5.** (*pull at*) tirer sur **6.** (*remove from a situation*) **to ~ sb from sth** sortir qn de qc ▸ **to ~ sth out of the air** inventer qc
◆ **pluck at** *vt* **1.** (*pick at*) cueillir qc **2.** (*pull at*) arracher qc
◆ **pluck out** *vt* arracher
plucky <-ier, -iest> *adj* courageux(-euse)
plug [plʌg] **I.** *n* **1.** (*connector, socket*) prise *f* de courant; (*for peripheral, phone*) fiche *f*; **to pull the ~ on sth** débrancher qc; *fig* stopper qc **2.** (*stopper*) bonde *f* **3.** *inf* (*publicity*) pub *f*; **to give a book a ~** faire la promotion d'un livre **4.** AUTO **spark ~** bougie *f* **5.** ARCHIT **wall ~** cheville *f* **6.** (*wad: of tobacco*) chique *f* **II.** <-gg-> *vt* **1.** (*stop up, close: hole*) boucher; (*leak*) arrêter **2.** *inf* (*publicize*) faire du battage pour **3.** *inf* (*shoot*) flinguer
◆ **plug along** *vi*, **plug away** *vi* travailler dur
◆ **plug in I.** *vt* brancher **II.** *vi* se brancher
plughole ['plʌg·hoʊl] *n* trou *m* d'écoulement
plug-in *n* COMPUT module *m* d'extension, plugiciel *m*
plug-in card *n* COMPUT carte *f* enfichable
plug-ugly <-lies> *n inf* (*thug*) voyou *m*
plum [plʌm] **I.** *n* **1.** (*fruit*) prune *f* **2.** (*exceptionally good opportunity*) affaire *f* **II.** *adj* **1.** (*purplish-red color*) prune *inv* **2.** (*exceptionally good or favorable: job, part*) en or
plumage ['plum·ɪdʒ] *n* plumage *m*
plumb [plʌm] **I.** *n* aplomb *m* **II.** *adv* **1.** *inf* (*exactly*) en plein **2.** *inf* (*completely*) complètement **III.** *adj* d'aplomb; **to be out of ~** ne pas être d'aplomb **IV.** *vt* sonder
◆ **plumb in** *vt* (*washing machine*) raccorder
plumber *n* plombier *m*
plumbing *n* plomberie *f*; **~ contractor** plombier *m*; **~ fixture** installation *f* de plomberie; **the ~ work** la plomberie
plumb line *n* fil *m* à plomb
plume [plum] *n* **1.** (*large feather*) plume *f* **2.** (*ornament of feathers*) plumet *m* **3.** (*cloud*) nuage *m*
plumed *adj* à plumes
plummet ['plʌm·ɪt] *vi* tomber à la verticale; (*prices, profits*) s'effondrer; (*confidence*) tomber à zéro
plummy ['plʌm·i] <-ier, -iest> *adj* **1.** (*having a plum color*) prune *inv* **2.** (*sounding deep or rich in tone: voice*) d'aristocrate
plump [plʌmp] **I.** *adj* **1.** (*rounded, slightly fat: chicken*) dodu(e); **~ and juicy grapes** des gros raisins *mpl* juteux **2.** (*fat*) potelé(e); **pleasingly ~** aux formes généreuses **II.** *vt* **to ~ (up)** (*pillows*) remettre en forme
plumpness *n* embonpoint *m*
plunder ['plʌn·dər] **I.** *vt* piller **II.** *vi* se livrer au pillage **III.** *n* **1.** (*stolen goods, booty*) butin *m* **2.** (*act of plundering*) pillage *m*
plunderer *n* pilleur, -euse *m, f*
plunge [plʌndʒ] **I.** *n* **1.** (*sharp decline*) chute *f* **2.** (*swim*) plongeon *m* ▸ **to take the ~** se jeter à l'eau **II.** *vi* **1.** (*fall suddenly or dramatically*) plonger; *fig* (*prices, profits*) s'effondrer; **to ~ to one's death** faire une chute mortelle; **to ~ over/into sth** plonger au-dessus de/dans qc **2.** (*leap*) **to ~ into sth** plonger dans qc **3.** (*enter suddenly, dash*) **to ~ into** se précipiter dans **4.** (*begin abruptly*) **to ~ in** se lancer; **to ~ into sth** se lancer dans qc **III.** *vt* **1.** (*immerse*) **to ~ sth into sth** plonger qc dans qc; **to ~ a knife into sb/sth** planter un couteau dans qn/qc **2.** (*cause to experience abruptly*) **to ~ sb/sth into sth** plonger qn/qc dans qc
plunger *n* ventouse *f*
plunk [plʌŋk] **I.** *n inf* bruit *m* sourd **II.** *vt inf* poser bruyamment; **to ~ oneself down on sth** s'affaler sur qc
pluperfect ['plu·ˌpɜr·fɪkt] **I.** *adj* LING au plus-que-parfait; **the ~ tense** le plus-que-parfait **II.** *n* LING **the ~** le plus-que-parfait
plural ['plʊr·əl] **I.** *n* pluriel *m*; **in the ~** au pluriel; **first person ~** première personne *f* du pluriel **II.** *adj* **1.** LING pluriel(le) **2.** (*pluralistic*) pluraliste
pluralism ['plʊr·əl·ɪ·zəm] *n* pluralisme *m*
pluralistic *adj* pluraliste
plurality [plʊ·'ræl·ə·t̬i] <-ties> *n* **1.** (*variety*) pluralité *f* **2.** (*largest single share of votes*) majorité *f* simple; **to have a ~** avoir la majorité
plus [plʌs] **I.** *prep* (*and*) *a.* MATH plus; **5 ~ 2 equals 7** 5 plus 2 égalent 7 **II.** *adj* **1.** (*more*) plus; **to have 200 ~** en avoir plus de 200 **2.** (*having a positive charge*) positif(-ive) **III.** *n* **1.** (*sign*) plus *m* **2.** *fig* atout *m*; *s.a.* **minus**
plus fours *npl* pantalon *m* de golf
plush [plʌʃ] **I.** *adj* **1.** (*luxurious, expensive: restaurant*) de luxe **2.** (*made of plush: upholstery*) en peluche **II.** *n* peluche *f*
plutocracy [plu·'ta·krə·si] <-cies> *n* **1.** (*system of government, country*) ploutocratie *f* **2.** (*the wealthy elite*) **the ~** les nantis *mpl*
plutonium [plu·'toʊ·ni·əm] *n* plutonium *m*
ply[1] [plaɪ] *n* **1.** (*thickness of cloth or wood*) épaisseur *f* **2.** (*strand of rope*) brin *m*; (*of wool*) fil *m*; **two-~ rope** corde *f* à deux brins
ply[2] [plaɪ] <-ie-> **I.** *vt* **1.** (*work at steadily: a tool*) manier; **to ~ one's trade** faire son travail **2.** (*supply continuously*) **to ~ sb with food** ne pas cesser de servir à manger à qn; **to ~ sb**

P

with questions presser qn de questions **II.** *vi* (*travel*) faire la navette

plywood ['plaɪ·wʊd] *n* contre-plaqué *m*

pm *adv*, **p.m.** *adv abbr of* **post meridiem 1.** (*in the afternoon*) de l'après-midi **2.** (*in the evening*) du soir

PM [ˌpi·'em] *n* **1.** *abbr of* **postmortem** autopsie *f* **2.** *abbr of* **Prime Minister** Premier ministre *m*

pneumatic [nu·'mæt̬·ɪk] *adj* pneumatique

pneumatic drill *n* marteau-piqueur *m*

pneumonia [nu·'moʊ·njə] *n* MED pneumonie *f*

PO [ˌpi·'oʊ] *n* **1.** *abbr of* **postal order** mandat *m* postal **2.** *abbr of* **post office** bureau *m* de poste

poach¹ [poʊtʃ] *vt* pocher

poach² [poʊtʃ] **I.** *vt* **1.** (*catch illegally*) **to ~ animals/game** braconner des animaux/du gibier **2.** (*appropriate unfairly or dishonestly: ideas*) s'approprier **3.** (*lure away*) débaucher **II.** *vi* **1.** (*catch illegally*) braconner **2.** (*encroach*) empiéter

poacher *n* braconnier, -ère *m, f*

poaching *n* braconnage *m*

PO Box <-es> *n abbr of* **Post Office Box** BP *f*

pocket ['pak·ɪt] **I.** *n* poche *f;* **back ~** poche arrière; **from one's ~** de sa poche; **air ~** trou *m* d'air; **out-of-~ expenses** frais *mpl* ▶ **to have deep ~s** avoir beaucoup d'argent; **to pay for sth out of one's own ~** payer qc de sa poche; **to have sb in one's (back) ~** avoir qn dans sa poche; **to line one's ~s** se remplir les poches; **to live in each other's ~s** *pej* être tout le temps les uns sur les autres **II.** *adj* de poche **III.** *vt* empocher; **to ~ one's change** prendre la monnaie ▶ **to ~ one's pride** ravaler sa fierté

pocketbook *n* **1.** (*woman's handbag*) sac *m* à main **2.** (*wallet, ability to pay*) portefeuille *m* **3.** (*paperback book*) livre *m* de poche

pocket calculator *n* calculatrice *f* de poche

pocket camera *n* appareil *m* photo compact

pocketful *n* **a ~ of sth 1.** (*amount in pocket*) une pleine poche de qc **2.** (*large amount*) plein de qc

pocket handkerchief *n* mouchoir *m* de poche

pocketknife <-knives> *n* couteau *m* de poche

pocket money *n* argent *m* de poche

pocket-size(d) *adj* (*television*) de poche; (*kid*) haut(e) comme trois pommes

pockmarked *adj* (*face*) avec des marques; (*surface*) creusé(e) de trous

pod [pad] *n* **1.** (*seed container*) gousse *f;* **pea ~** cosse *f* de pois **2.** (*container under an aircraft*) nacelle *f*

podcasting *n* podcasting *m*

podiatrist [pə·'daɪ·ə·trɪst] *n* podologue *mf*

podiatry [pə·'daɪ·ə·tri] *n* podologie *f*

podium ['poʊ·di·əm] <-dia> *n* podium *m;* **to knock sb off his/her ~** *fig* prendre la place de qn

poem [poʊəm] *n* poème *m*

poet [poʊət] *n* poète *m*

poetic [poʊ·'et̬·ɪk] *adj* poétique; **it's ~ justice** c'est un juste retour des choses

poetry ['poʊə·tri] *n* poésie *f;* **~ in motion** la grâce personnifiée

poignant ['pɔɪ·njənt] *adj* (*sight*) poignant(e)

point [pɔɪnt] **I.** *n* **1.** (*sharp end*) pointe *f;* **knife ~** pointe d'un couteau; **pencil ~** pointe d'un crayon **2.** (*promontory*) promontoire *m;* **rocky ~** promontoire rocheux **3.** (*particular place*) endroit *m;* **at the ~ where ...** à l'endroit où ... **4.** (*intersection*) point *m* **5.** (*particular time*) moment *m;* (*in a process*) point *m;* **to be at the ~ of death** être à l'article de la mort; **at this ~ in time** à ce stade; **at the ~ where she leaves the house** au moment où elle quitte la maison; **they'd reached a ~ where war was inevitable** ils avaient atteint un seuil à partir duquel la guerre était inévitable; **~ of no return** point *m* de non-retour; **saturation/boiling ~** point de saturation/d'ébullition; **starting ~** point de départ; **to do sth up to a ~** faire qc jusqu'à un certain point **6.** (*sth expressed, main idea*) point *m;* **that's a good ~** ça, c'est un point intéressant; **to come to the ~** en venir au fait; **to make a ~ in favor of/against sth** faire une remarque en faveur de/contre qc; **to drive home a ~** insister sur un point; **to be beside the ~** être hors sujet; **to get to the ~** aller à l'essentiel; **to get the ~ of sth** saisir qc; **to miss the ~ of sth** ne pas comprendre qc; **to make one's ~** dire ce qu'on a à dire; **to prove one's ~** démontrer qu'on a raison; **to see sb's ~** voir ce que qn veut dire **7.** (*purpose*) intérêt *m;* **no/little ~ (in) doing sth** pas/peu d'intérêt à faire qc; **what's the ~ of sth/of doing sth?** quel est l'intérêt de qc/de faire qc? **8.** (*aspect*) **weak/strong ~** point *m* faible/fort **9.** (*unit of counting or scoring*) point *m* **10.** MATH virgule *f;* **two ~ three** deux virgule trois **11.** (*dot*) point *m* **12.** *pl* (*toes of ballet shoes*) pointes *fpl* ▶ **a case in ~** un bon exemple; **to make a ~ of doing sth** tenir absolument à faire qc; **you should make a ~ of checking the oil regularly** vous devriez vous astreindre à vérifier l'huile régulièrement **II.** *vi* **1.** (*show with one's finger*) **to ~ at sb/sth** montrer qn/qc du doigt **2.** (*use as evidence or proof*) **to ~ to sth** attirer l'attention sur qc **3.** (*indicate*) **to ~ to sth** indiquer qc; **everything ~s to you as the murderer** tout vous désigne comme étant le meurtrier **4.** COMPUT **to ~ to an icon** pointer sur une icône **III.** *vt* **1.** (*aim*) **to ~ sth at sb/sth** diriger qc sur qn/qc; **to ~ a finger at sb** pointer le doigt vers qn; **to ~ the finger at sb** montrer qn du doigt **2.** (*direct, show position or direction*) **to ~ sb in the right direction** montrer le chemin à qn; **to ~ sb/sth towards sb/sth** diriger qn/qc vers qn/qc; **to ~ the way to sth** indiquer la direction de qc; *fig* montrer la voie à suivre pour qc

◆ **point out** *vt* **1.** (*show*) montrer **2.** (*say*) **to ~ that ...** faire remarquer que ...

◆**point up** *vt form* souligner
point-blank **I.** *adv* **1.** (*at very close range*) à bout portant; **to fire (a weapon)** ~ tirer à bout portant **2.** (*bluntly, directly*) de but en blanc **II.** *adj* **1.** (*very close, not far away*) **to shoot sb/sth at ~ range** tirer à bout portant sur qn/qc **2.** (*blunt, direct*) de but en blanc; **~ question** question *f* à brûle-pourpoint
pointed *adj* **1.** (*tapering to a point, having a point*) pointu(e) **2.** (*penetrating*) lourd(e) de sous-entendus
pointer *n* **1.** (*long piece of metal, rod*) règle *f* **2.** *pl, inf* (*advice, tip*) tuyau *m* **3.** (*indicator*) *a.* COMPUT pointeur *m;* **laser ~** pointeur laser
pointless *adj* **it's ~** ça n'a pas de sens; **it's ~ to go now** ça ne sert à rien d'y aller maintenant
point of order *n* question *f* relative à la procédure
point of sale *n* point *m* de vente
point of view *n* point *m* de vue
point system *n* système *m* des points
poise [pɔɪz] **I.** *n* aisance *f;* **to lose/regain one's ~** perdre/retrouver son sang-froid **II.** *vt* **to ~ sth** mettre qc en équilibre; **to be ~d to** *+infin* se tenir prêt à *+infin;* **~d in the air** suspendu en l'air; **~d on the brink of action** prêt à agir
poised *adj* (*calm*) **person** calme; (*behavior*) plein(e) d'assurance
poison ['pɔɪ·zᵊn] **I.** *n* poison *m;* **to lace sth with ~** arroser qc de poison; **to take ~** s'empoisonner ►**one man's meat is another man's ~** *prov* le malheur des uns fait le bonheur des autres *prov;* **what's your ~?** *iron* à quoi tu carbures? **II.** *vt* **1.** (*give poison to*) *a. fig* empoisonner; (*mind*) corrompre; **to ~ sb's mind against sb/sth** monter qn contre qn/qc **2.** (*put poison in: water, drink*) empoisonner
poisoner *n* empoisonneur, -euse *m, f*
poison gas *n* gaz *m* toxique
poisoning *n* empoisonnement *m*
poisonous *adj* **1.** (*containing poison: mushroom, plant*) vénéneux(-euse); (*snake*) venimeux(-euse); (*gas*) toxique **2.** (*excessively malicious, malignant*) pernicieux(-euse); (*atmosphere*) nocif(-ive)
poke¹ [poʊk] **I.** *n* **1.** (*jab*) petit coup *m;* **to give sb a ~** donner un petit coup à qn **2.** (*push*) poussée *f;* **to give sb a ~** pousser qn **II.** *vt* **1.** (*prod*) pousser avec le doigt; **to ~ one's finger in sb's eye** mettre le doigt dans l'œil de qn **2.** (*extend, make a thrust*) enfoncer; **to ~ sth out of sth** sortir qc de qc; **to ~ one's head out the window** passer la tête par la fenêtre; **to ~ a hole in sth** faire un trou dans qc (avec le doigt) ►**to ~ fun at sb** se moquer de qn; **to ~ one's nose into sb's business** *inf* fourrer son nez dans les affaires de qn; **to ~ (up) a fire** tisonner le feu **III.** *vi* sortir; **to ~ out from sth** dépasser de qc; **to ~ at sb/sth** tâter qn/qc
poke² [poʊk] *n* **to buy a pig in a ~** *pej* acheter chat en poche
poker¹ *n* (*card game*) poker *m;* **game of ~** jeu *m* de poker
poker² *n* (*tool*) tisonnier *m*
pokey ['poʊ·ki] *n sl* **the ~** la taule
pok(e)y *adj* **1.** (*annoying slow*) lent(e) **2.** (*shabby*) miteux(-euse)
Poland ['poʊ·lənd] *n* la Pologne
polar ['poʊ·lər] *adj* **1.** GEO polaire **2.** (*complete*) **~ opposites** opposés *mpl* complets
polar bear *n* ours *m* blanc
polar cap *n* calotte *f* glaciaire
polar circle *n* cercle *m* polaire
polar front *n* front *m* polaire
polar ice *n* glace *f* polaire
Polaris *n* étoile *f* polaire
polarity [poʊ·'ler·ə·t̬i] *n* polarité *f*
polarization *n* polarisation *f*
polarize ['poʊ·lə·raɪz] *vt, vi* polariser
polar lights *npl* aurore *f* boréale; *s.a.* **northern lights**
Pole [poʊl] *n* (*person*) Polonais(e) *m(f)*
pole¹ [poʊl] *n* poteau *m;* (*for tent*) mât *m;* (*for skiing*) bâton *m;* **electricity/telegraph ~** poteau électrique/télégraphique; **fishing ~** canne *f* à pêche
pole² [poʊl] *n* **1.** (*axis of rotation*) pôle *m;* **minus/positive ~** pôle négatif/positif **2.** (*one of two opposed positions*) antipode *m;* **to be ~s apart** être aux antipodes l'un de l'autre
poleax(e) ['poʊl·æks] *vt* **to ~ sth** abattre qc; **to ~ sb** terrasser qn
polecat *n* putois *m*
pole dancer *n danseuse, dans un club ou bar érotique, qui se sert d'une barre verticale allant du sol au plafond*
pole dancing *n danse autour d'une barre verticale allant du sol au plafond dans un club ou bar érotique*
polemic [pə·'lem·ɪk] **I.** *n* **1.** (*attack*) polémique *f* **2.** *pl* (*controversial debate*) polémique *f* **II.** *adj* polémique
pole position *n* pole position *f;* **to be in ~** être en pole position
pole vault *n* saut *m* à la perche
pole vaulter *n* perchiste *mf*
police [pə·'lis] **I.** *n pl* **the ~** (*in town*) la police; (*outside towns*) la gendarmerie; **~ department** service *m* de police; **~ inspector/commissioner** inspecteur *m*/préfet *m* de police; **~ intervention** intervention *f* de la police **II.** *vt* **1.** (*officially control and guard*) maintenir l'ordre dans **2.** (*control and regulate*) contrôler; **to ~ oneself** se faire la police **3.** MIL contrôler
police car *n* voiture *f* de police
police court *n* tribunal *m* de police
police dog *n* chien *m* policier
police escort *n* escorte *f* policière
police force *n* **1.** (*body of police*) forces *fpl* de l'ordre **2.** (*administrative unit*) **the ~** la police
police lineup *n* séance *f* d'identification
policeman <-men> *n* policier *m*
police officer *n* agent *mf* de police

P

police patrol *n* patrouille *f* de police

police presence *n* présence *f* de la police

police raid *n* raid *m* de la police

police record *n* casier *m* judiciaire; **to have a long ~** avoir un casier judiciaire chargé

police state *n pej* état *m* policier

police station *n* poste *m* de police

policewoman <-women> *n* femme *f* policier

policy[1] ['pa·lə·si] <-cies> *n a.* POL politique *f;* **it's company ~** c'est la politique de la société

policy[2] ['pa·lə·si] <-cies> *n* (*insurance*) police *f* d'assurance; **to take out a ~** souscrire une police d'assurance

policyholder *n* assuré(e) *m(f)*

policymaker *n* décideur *m*

policy owner *n* propriétaire *m* d'une assurance

policy statement *n* déclaration *f* de principe

polio [ˌpoʊ·li·oʊ] *n* polio *f*

poliomyelitis [ˌpoʊ·li·oʊ·ˌmaɪə·'laɪ·t̬əs] *n* poliomyélite *f*

polish ['pa·lɪʃ] **I.** *n* **1.** (*substance to polish things*) cirage *m;* **furniture ~** cire *f;* **nail ~** vernis *m* à ongles; **shoe ~** cirage à chaussures **2.** (*act of polishing sth*) **to give sth a ~** faire briller qc; **to give one's shoes a ~** cirer ses chaussures **3.** (*sophisticated or refined style*) raffinement *m* **II.** *vt a. fig* polir; (*shoes, floor, furniture*) cirer; (*silver, brass*) astiquer; (*nails*) vernir; **to ~ one's French** perfectionner son français

◆**polish off** *vt* **1.** (*finish completely*) finir **2.** (*defeat easily*) achever

◆**polish up** *vt* **1.** (*polish to a shine*) faire briller **2.** (*improve, brush up*) perfectionner

Polish ['poʊ·lɪʃ] **I.** *adj* polonais(e) **II.** *n* LING polonais *m; s.a.* **English**

polished *adj* **1.** (*rubbed to a shine*) lustré(e) **2.** (*showing sophisticated style*) raffiné(e); **~ manner(s)** manières *fpl* raffinées **3.** (*showing great skill*) accompli(e); **a ~ performance of the sonata** une interprétation *f* parfaite de la sonate

polisher *n* **1.** (*person who polishes sth*) cireur, -euse *m, f;* **silver ~** polisseur *m* de métaux **2.** (*tool or device to polish*) (**floor**) **~** cireuse *f*

polite [pə·'laɪt] *adj* **1.** (*courteous*) poli(e); **to make ~ conversation** bavarder poliment **2.** (*refined, cultured*) raffiné(e); **~ society** bonne société *f*

politely *adv* poliment

politeness *n* politesse *f*

political *adj* politique

politically *adv* **to resolve sth ~** résoudre qc politiquement; **~ correct** politiquement correct

political prisoner *n* prisonnier, -ère *m, f* politique

politician *n* politicien(ne) *m(f)*

politicize [pe·'lɪt̬·ə·saɪz] *vt* politiser

politics *n + sing vb* politique *f;* **to talk ~** parler politique; **to be into ~** faire de la politique; **to go into ~** se lancer dans la politique; **office ~** politique de bureau; **what are your ~?** vous êtes de quel parti?

polka ['poʊ(l)·kə] *n* polka *f*

polka dot *n* pois *m*

poll [poʊl] **I.** *n* **1.** (*public survey*) sondage *m;* **public opinion ~** sondage d'opinion **2. the ~s** *pl* (*voting places*) les urnes *fpl;* **to go to the ~s** aller aux urnes **3.** (*number of votes cast*) voix *fpl* **II.** *vt* **1.** (*record the opinion*) interroger; **half the people ~ed** la moitié des personnes interrogées **2.** (*receive*) **to ~ votes** obtenir des voix

pollard ['pa·lərd] **I.** *n* **1.** (*tree shorn of branches*) arbre *m* écimé **2.** (*animal that has lost its horns*) animal *m* décorné **II.** *vt* (*animal*) décorner; (*tree*) étêter

pollen ['pa·lən] *n* pollen *m*

pollen count *n* taux *m* de pollen

pollinate ['pa·lə·neɪt] *vt* **to ~ sth** féconder qc avec du pollen

polling place *n* bureau *m* de vote

pollster ['poʊl·stər] *n* sondeur, -euse *m, f*

pollutant [pəl·'u·tᵊnt] *n* polluant *m*

pollute [pə·'lut] *vt* **1.** (*contaminate, make impure*) polluer **2.** *fig* (*destroy the purity, wholesomeness*) corrompre

polluter *n* pollueur, -euse *m, f*

pollution *n* pollution *f;* **air/water ~** pollution de l'air/de l'eau

polo ['poʊ·loʊ] *n* SPORTS, FASHION polo *m*

polo shirt *n* polo *m*

poly ['pa·li] *n inf abbr of* **polytechnic** ≈ IUT *m*

polyamide ['pa·li·'æm·aɪd] *n* CHEM polyamide *m*

polyclinic ['pa·lɪ·klɪn·ɪk] *n* polyclinique *f*

polyester [ˌpa·li·'es·tər] *n* CHEM polyester *m;* **~ shirt/pants** chemise *f*/pantalon *m* en polyester

polygamist *n* polygame *mf*

polygamous *adj* polygame

polygamy [pə·'lɪ·gə·mi] *n* polygamie *f*

polyglot ['pa·lɪ·glat] **I.** *adj* polyglotte **II.** *n* polyglotte *mf*

polygon ['pa·lɪ·gan] *n* polygone *m*

polygonal *adj* polygonal(e)

Polynesia [ˌpa·lə·'ni·ʒə] *n* la Polynésie

polyp ['pa·lɪp] *n* polype *m*

polyphonic *adj* MUS polyphonique

polyphony [pə·'lɪ·fᵊ·ni] *n* MUS polyphonie *f*

polystyrene [ˌpa·lɪ·'staɪ·rin] *n* polystyrène *m*

polytechnic [ˌpa·lɪ·'tek·nɪk] *n* ≈ Institut *m* universitaire de technologie

pomade [pa·'meɪd] *n* pommade *f*

pomander *n* diffuseur *m*

pomegranate ['pam·ˌgræn·ɪt] *n* grenade *f*

pomp [pamp] *n* pompe *f;* **~ and circumstance** grand apparat *m*

pomposity [pam·'pa·sə·t̬i] *n pej* air *m* pompeux

pompous ['pam·pəs] *adj pej* pompeux(-euse)

poncho ['pan·tʃoʊ] *n* poncho *m*

pond [pand] *n* **1.** (*still water*) mare *f;* (*larger*) étang *m;* **duck ~** mare aux canards; **fish ~** étang à poissons **2.** *iron* (*ocean, Atlantic* *ocean*) **the** ~ l'Océan *m*

ponder I. *vt* réfléchir à II. *vi* méditer

ponderous *adj pej* 1. (*heavy and awkward*) lourd(e) 2. (*tediously laborious or dull*) pesant(e)

pontiff ['pan·t̬ɪf] *n form* pontife *m;* **the sovereign** ~ le souverain pontife

pontifical *adj* pontifical(e)

pontificate[1] [pan·'tɪf·ɪ·keɪt] *vi pej* **to ~ about sth** pontifier au sujet de qc

pontificate[2] [pan·'tɪf·ɪ·kət] *n form* pontificat *m*

pontoon [pan·'tun] *n* flotteur *m*

pontoon bridge *n* pont *m* flottant

pony ['poʊ·ni] *n* poney *m*

ponytail *n* queue *f* de cheval

poodle ['pu·dl] *n* ZOOL caniche *m*

pooh [pu] *interj inf* berk !

pooh-pooh [ˌpu·'pu] *vt inf* faire fi de

pool[1] [pul] I. *n* 1. (*body of liquid*) mare *f;* (*of water, rain, blood, light*) flaque *f* 2. (*construction built to hold water*) bassin *m* 3. SPORTS **swimming** ~ piscine *f* II. *vt* mettre en commun

pool[2] [pul] I. *n* 1. (*common fund*) fonds *m* commun 2. (*common supply*) réservoir *m;* (*for cars*) parc *m;* (*of contacts*) réseau *m;* **a ~ of talent** un vivier de talents 3. SPORTS billard *m* américain; **to shoot ~** *inf* jouer au billard américain 4. (*total money staked in gambling*) cagnotte *f* II. *vt* 1. (*combine in a common fund*) **to ~ sth** mettre qc en commun 2. (*share*) partager

poolroom *n* salle *f* de billard

poop[1] [pup] *n* (*stern of a ship*) poupe *f*

poop[2] [pup] *vt sl* (*tire*) **to be ~ed** être vanné

poop[3] [pup] I. *n inf* crotte *f;* **dog ~** crotte de chien II. *vi inf* crotter

pooper-scooper ['pu·pərˌsku·pər] *n* ramasse-crottes *m*

poor [pʊr] I. *adj* 1. (*lacking money*) pauvre 2. (*of inadequate quality*) mauvais(e); **to be ~ at sth** être mauvais à qc; **to be ~ in sth** être médiocre en qc; **to give a ~ account of oneself** faire mauvaise impression; **~ attendance at lectures** faible présence *f* aux cours; **to be a ~ excuse for sth** être une mauvaise excuse pour qc; **to have ~ eyesight** avoir une mauvaise vue; **a ~ harvest** une mauvaise récolte; **to be in ~ health** être en mauvaise santé; **a ~ memory** une mauvaise mémoire; **to be a ~ sailor** ne pas avoir le pied marin 3. (*deserving of pity*) pauvre 4. *iron* (*humble*) humble; **in my ~ opinion** à mon humble avis II. *n* **the ~** *pl* les pauvres *mpl*

poorly I. *adv* 1. (*in a manner resulting from poverty*) pauvrement; **to be ~ off** être pauvre 2. (*inadequately, badly*) mal; **~ dressed** mal habillé; **to think ~ of sb/sth** avoir une mauvaise opinion de qn/qc II. *adj* souffrant(e); **to feel ~** être malade

poorness *n* 1. (*inadequacy*) médiocrité *f* 2. (*poverty*) pauvreté *f*

poor relation *n* cousin(e) pauvre *m*

pop[1] [pap] I. *n* 1. (*noise*) pan *m* 2. *inf* (*drink*) boisson *f* gazeuse II. *vi* 1. (*make a sound: cork*) sauter; (*balloon, corn*) éclater; (*ears*) se déboucher 2. (*bulge: eyes*) écarquiller III. *vt* 1. (*make a sound: cork*) faire sauter; (*balloon*) faire éclater 2. (*put*) mettre; **to ~ sth in your mouth** fourrer qc dans sa bouche 3. *inf* (*take: pills*) prendre IV. *adv* **to go ~** exploser

◆**pop in** *vi* (*to shop*) entrer rapidement; (*to friend's house*) passer

◆**pop off** *vi inf* (*talk angrily*) **to ~ about sth** pester contre qc

◆**pop up** *vi* surgir

pop[2] [pap] *n* (*father*) papa *m*

pop[3] [pap] I. *adj* 1. (*popular: culture*) pop *inv* 2. MUS (*concert, singer*) pop *inv* 3. *pej* de quatre sous; **~ psychology** psychologie *f* à bon marché II. *n* MUS pop *f*

pop art *n* pop art *m*

popcorn ['pap·kɔrn] *n* pop-corn *m*

pope [poʊp] *n* 1. (*bishop of Rome*) pape *m* 2. (*Orthodox priest*) pope *m*

popery *n pej* papisme *m*

pope's nose *n* croupion *m*

popgun *n* pistolet *m* à bouchon

poplar ['pa·plər] *n* peuplier *m*

poplin ['pa·plɪn] *n* popeline *f;* **~ dress** robe *f* en popeline

pop music *n* musique *f* pop

popper ['pa·pər] *n* (*for corn*) machine *f* à pop-corn

poppy ['pa·pi] <-ppies> *n* coquelicot *m;* (*for drugs*) pavot *m*

poppy seeds *npl* graines *fpl* de pavot

Popsicle® *n* esquimau® *m* (glacé)

pop star *n* vedette *f* de la chanson

populace ['pa·pjə·lɪs] *n* **the ~** le peuple

popular ['pa·pjə·lər] *adj* 1. (*liked, understood by many people*) populaire; (*brand*) courant(e); **to be ~** être apprécié de tous; **to be ~ with the students** être populaire auprès des étudiants; **you won't be ~ if you say that** ça na va pas te rendre populaire de dire ça 2. (*widespread*) étendu(e); **a ~ misconception** une idée fausse largement répandue 3. (*of or by the people: culture, tradition*) populaire; (*feeling*) du peuple

popularity [ˌpa·pjə·'ler·ə·t̬i] *n* popularité *f*

popularize ['pa·pjə·lə·raɪz] *vt* 1. (*make known or liked*) rendre populaire 2. (*make understood by many*) populariser

popularly *adv* 1. (*commonly*) communément; **as is ~ believed** comme on le pense généralement; **it is ~ known as ...** c'est familièrement appelé ...; **to be ~ thought of as sth** passer aux yeux de tous comme qc 2. (*in an accessible style*) populairement

populate ['pa·pjə·leɪt] *vt* peupler

population *n* population *f*

population density *n* densité *f* de la population

population explosion *n* explosion *f* démographique

populous [ˈpa·pjə·ləs] *adj form* populeux(-euse)

pop-up book *n* livre *m* avec découpes en relief

pop-up window *n* COMPUT incrustation *f*

porcelain [ˈpɔr·sᵊl·ɪn] *n* porcelaine *f;* ~ **plate** assiette *f* en porcelaine

porch [pɔrtʃ] *n* **1.** (*roofed part: of a house, church*) porche *m;* (*of a hotel*) marquise *f* **2.** (*veranda*) véranda *f*

porcupine [ˈpɔr·kjə·paɪn] *n* porc-épic *m*

pore [pɔr] *n* pore *m* ▸ **happiness oozing from every** ~ joie qui émane de toute sa personne

◆**pore over** *vi* (*letter, map*) étudier de près; (*text*) étudier de façon très approfondie; **to** ~ **books** se plonger dans les livres

pork [pɔrk] *n* porc *m;* ~ **meat** viande *f* de porc

pork chop *n* côtelette *f* de porc

porker *n* goret *m*

porkpie (**hat**) *n* feutre *m* rond

porky <-ier, -iest> *adj pej, inf* gras(se) comme un porc

porn [pɔrn] *n inf* porno *m*

pornographic *adj* **1.** (*containing pornography*) pornographique **2.** (*obscene*) obscène

pornography [pɔr·ˈna·grə·fi] *n* pornographie *f*

porous [ˈpɔr·əs] *adj* (*permeable*) poreux(-euse); (*skin*) perméable

porpoise [ˈpɔr·pəs] *n* marsouin *m*

porridge [ˈpɔr·ɪdʒ] *n* bouillie *f* d'avoine

port[1] [pɔrt] *n* (*harbor*) port *m;* **in** ~ au port; ~ **of call** NAUT escale *f; fig* halte *f;* **to come into** ~ entrer dans le port; **to leave** ~ lever l'ancre ▸ **any** ~ **in a storm** nécessité fait loi *prov*

port[2] [pɔrt] AVIAT, NAUT **I.** *n* bâbord *m;* **to turn to** ~ virer à bâbord **II.** *adj* **the** ~ **side** à bâbord

port[3] [pɔrt] COMPUT **I.** *n* port *m* **II.** *vt* transférer

port[4] [pɔrt] *n* (*wine*) porto *m*

portable [ˈpɔr·t̬ə·bl] *adj* portatif(-ive); ~ **radio** poste *m* portatif; ~ **computer** ordinateur *m* portable; ~ **telephone** téléphone *m* portable, cellulaire *m Québec,* natel *m Suisse*

portage [ˈpɔr·t̬ɪdʒ] *n* transport *m*

port authority *n* autorité *f* portuaire

portentous [pɔr·ˈten·t̬əs] *adj* **1.** *form* (*signifying something to come*) de mauvais présage; (*expression*) grave; (*event*) funeste **2.** *pej* (*pompous*) pompeux(-euse)

porter [ˈpɔr·t̬ər] *n* **1.** (*person who carries*) porteur *m;* **hotel** ~ portier *m* **2.** (*train attendant*) employé(e) *m(f)* des wagons-lits

portfolio [pɔrt·ˈfoʊ·li·oʊ] *n* **1.** (*case*) serviette *f* **2.** (*examples of drawings, designs*) portfolio *m* **3.** FIN, POL portefeuille *m*

porthole [ˈpɔrt·hoʊl] *n* hublot *m*

portico [ˈpɔr·t̬ɪ·koʊ] <-es *o* -s> *n* portique *m*

portion [ˈpɔr·ʃᵊn] **I.** *n* **1.** (*part*) partie *f;* **to accept one's** ~ **of the blame** accepter sa part de responsabilité **2.** CULIN portion *f* **II.** *vt* **to** ~ **sth** (**out**) [*o* **to** ~ (**out**) **sth**] partager qc; **to** ~ **sth** (**out**) **among ...** répartir qc entre ...

portly [ˈpɔrt·li] <-ier, -iest> *adj* corpulent(e)

portrait [ˈpɔr·trɪt] *n a. fig* portrait *m*

portrait format *n* format *m* portrait

portraitist, **portrait painter** *n* portraitiste *mf*

portraiture *n* portrait *m*

portray [pɔr·ˈtreɪ] *vt* dépeindre; **he's** ~**ed as a monster** il est présenté comme un monstre; **the actor** ~**ing the king** l'acteur qui incarne le roi

portrayal *n* (*by painter, journalist*) portrait *m;* (*of a situation*) description *f*

Portugal [ˈpɔr·tʃə·gᵊl] *n* le Portugal

Portuguese [ˌpɔr·tʃə·ˈgiz] **I.** *adj* portugais(e) **II.** *n* **1.** (*person*) Portugais(e) *m(f)* **2.** LING portugais *m; s.a.* **English**

port wine *n s.* **port** [4]

POS [ˌpi·oʊ·ˈes] *abbr of* **point of sale**

pose [poʊz] **I.** *vi* **1.** (*assume a position: person*) poser **2.** (*pretend to be*) **to** ~ **as sb/sth** se faire passer pour qn/qc **3.** (*behave in an affected manner*) se donner des airs **II.** *vt* **1.** (*cause*) poser; (*difficulty*) soulever; (*threat*) présenter **2.** (*ask: question*) poser; **to** ~ **questions** questionner **III.** *n* **1.** (*bodily position*) pose *f;* **to strike a** ~ poser pour la galerie **2.** (*pretense*) affectation *f*

poser[1] *n pej* (*pretentious person*) poseur, -euse *m, f*

poser[2] *n* (*problem*) question *f* difficile; **it's a bit of a** ~**!** c'est plutôt un casse-tête!

posh [paʃ] *adj inf* chic *inv*

posit [ˈpa·zɪt] *vt form* avancer; (*theory*) proposer; **to** ~ **that** suggérer que +*subj*

position [pə·ˈzɪʃ·ᵊn] **I.** *n* **1.** (*place*) place *f;* **to be in a different** ~ être dans une position différente **2.** (*location*) situation *f;* **in/into** ~ en place; **to get in** ~ être en place; **to put sb/sth into** ~ mettre qn/qc en place **3.** SPORTS, MIL position *f* **4.** (*place in order*) place *f* **5.** (*job*) emploi *m;* ~ **of responsibility/of trust** poste *m* à responsabilité/de confiance; **to apply for a** ~ poser sa candidature pour un emploi **6.** (*situation*) situation *f;* **to be in the** ~ **of having to** +*infin* se trouver dans la situation de devoir +*infin;* **to be in no** ~ **to help/criticize** être mal placé pour aider/critiquer; **from a** ~ **of strength** dans une position de force **7.** *form* (*opinion*) position *f;* **John's** ~ **is that ...** d'après Jean, ...; **to take the** ~ **that ...** adopter le point de vue que ...; **to take a hard line** ~ adopter une position dure **II.** *vt* **1.** (*locate*) mettre en position; (*troops*) poster **2.** (*put in place: object*) mettre en place; (*village*) situer; **to** ~ **the car to turn right** placer la voiture en position pour tourner à droite; **to** ~ **oneself on sth** se mettre sur qc

positive [ˈpa·zə·t̬ɪv] *adj* **1.** (*certain*) certain(e); (*evidence*) concret(-ète); **are you quite** ~**?** êtes-vous bien sûr?; **to be** ~ **about sth** être sûr de qc **2.** (*giving cause for hope: attitude, response*) positif(-ive); (*criticism*) constructif(-ive); **to think** ~ voir les choses de façon positive; **they were** ~ **about the idea** ils étaient optimistes à propos de l'idée **3.** MED, MATH, ELEC positif(-ive) **4.** (*complete: miracle, outrage*) véritable

positive discrimination *n* discrimination *f* positive

positively *adv* **1.** (*in the affirmative: reply*) positivement **2.** (*in a good way: react*) positivement; **more ~** de façon plus positive **3.** *inf* (*completely*) absolument; **you're ~ certain?** tu es absolument certain?; **they ~ hate him** ils le détestent franchement

poss. *adj abbr of* **possessive** possessif(-ive)

posse ['pa·si] *n* troupe *f;* (*of reporters, armed policemen*) détachement *m*

possess [pə·'zes] *vt a. fig* posséder; **what ~ed you?** qu'est-ce qui t'/vous a pris?; **to be ~ed by anger/ambition** être possédé par la colère/l'ambition

possessed *adj* possédé(e); **to behave like sb ~** sembler être sous l'emprise d'une puissance occulte

possession *n* **1.** (*having*) possession *f;* **it's** [*o* **I have it**] **in my ~** c'est en ma possession; **to come into ~ of sth** *form* acquérir qc; **the ball is in my ~** SPORTS j'ai le ballon **2.** *pl* (*something owned*) biens *mpl* **3.** POL colonie *f*

possessive *adj* possessif(-ive)

possessor *n iron, form* possesseur *mf*

possibility [ˌpa·sə·'bɪl·ə·t̬i] *n* **1.** <-ties> (*feasible circumstance or action*) possibilité *f;* **it's a ~** c'est une possibilité **2.** *pl* (*potential*) potentiel *m* **3.** (*likelihood*) éventualité *f;* **there is every ~ that** il est fort possible que *+subj;* **is there any ~ that ...?** *form* y a-t-il une possibilité pour que *+subj?*

possible ['pa·sə·bl] *adj* **1.** (*that can be done*) possible; **we did everything ~ to help** nous avons fait tout notre possible pour aider; **there is no ~ excuse for this** il n'y a aucune excuse possible pour ça; **as clean/good as ~** aussi propre/bon que possible; **as soon as/if ~** dès que/si possible **2.** (*that could happen*) éventuel(le)

possibly *adv* **1.** (*by any means*) **he did all he ~ could to land the plane** il a fait tout ce qui était dans son possible pour atterrir **2.** (*adding emphasis*) **how can you ~ say that?** comment peux-tu dire une chose pareille?; **could you ~ lend me your car?** te/vous serait-il possible de me prêter ta/votre voiture?; **he said he could not ~ go to the reception** il a dit qu'il lui était impossible d'aller à la réception; **I can't ~ accept it** je ne peux vraiment pas accepter **3.** (*perhaps*) peut-être; **very ~** très probablement

possum ['pa·səm] <-(s)> *n* opossum *m*

post¹ [poʊst] **I.** *n* **1.** (*pole*) poteau *m* **2.** (*stake*) pieu *m* **3.** SPORTS poteau *m* **II.** *vt* annoncer ▶ **to keep sb ~ed** tenir qn au courant

post² [poʊst] **I.** *n* **1.** MIL poste *m* **2.** (*job/place where someone works*) poste *m;* **to take up a ~** entrer en fonction **II.** *vt* poster; **to ~ oneself somewhere** se poster quelque part; **to be ~ed somewhere** être affecté quelque part **2.** LAW **to ~ bail for sb** payer la caution de qn

post- *in compounds* post; **~communism** post-communisme *m;* **~communist Russia** la Russie de l'après-communisme; **a ~concert dinner** un dîner après le concert

postage ['poʊ·stɪdʒ] *n* affranchissement *m*

postage meter *n* machine *f* à affranchir

postage stamp *n form* timbre *m* poste

postal ['poʊ·stᵊl] *adj* (*employee*) postal(e) **2.** *sl* **to go ~** péter les plombs

postcard *n* carte *f* postale

postdate *vt* **1.** (*write future date on: check*) postdater **2.** (*happen after*) avoir lieu plus tard; **his marriage ~d the revelation** son mariage était postérieur à la révélation

poster *n* (*announcement*) affiche *f;* (*in home*) poster *m*

posterior [pa·'stɪ·ri·ər] **I.** *adj form* **1.** (*later in time*) postérieur(e) **2.** (*towards the back*) derrière **II.** *n* postérieur *m*

posterity [pa·'ster·ə·t̬i] *n* postérité *f*

postgraduate **I.** *n* étudiant(e) *m(f)* de troisième cycle **II.** *adj* de troisième cycle

posthaste *adv form* en toute hâte

posthumous *adj form* posthume

Post-it® *n* post-it® *m*

postman <-men> *n* facteur, -trice *m, f*

postmark **I.** *n* cachet *m* de la poste **II.** *vt* oblitérer

postmaster *n* receveur, -euse *m, f* des postes

post meridiem *adv s.* **p.m.**

postmodern *adj* postmoderne

postmodernism *n* postmodernisme *m*

postmortem **I.** *n* **1.** MED **~** (**examination**) autopsie *f;* **to carry out a ~** faire une autopsie **2.** *inf* (*discussion*) synthèse *f* rétrospective **II.** *adj* **1.** (*related to a postmortem*) d'autopsie **2.** (*after death*) post-mortem *inv*

postnatal *adj* post-natal(e)

post office *n* **the ~** la Poste

postoperative *adj* postopératoire

postpaid **I.** *adj* port payé *inv;* (*envelope, reply card*) affranchi(e) **II.** *adv* en port payé

postpone [poʊs(t)·'poʊn] *vt* (*delay*) différer, postposer *Belgique;* **to ~ sth until a certain time** renvoyer qc à une date ultérieure; **I've ~d traveling** j'ai retardé mon voyage

postponement *n* **1.** (*delaying*) délai *m* **2.** (*deferment*) renvoi *m* à une date ultérieure; (*of payment*) retard *m;* (*of a court case*) ajournement *m*

postscript ['poʊs(t)·skrɪp] *n* **1.** (*at the end of a letter*) post-scriptum *m inv* **2.** (*at the end of a story, article*) postface *f* **3.** *fig* **to add a ~ to sth** dire un mot de plus sur qc

postulate¹ ['pas·tʃə·leɪt] *vt form* postuler; (*theory*) suggérer

postulate² ['pas·tʃə·lɪt] *n form* postulat *m*

posture ['pas·tʃər] **I.** *n* **1.** (*habitual position of the body*) posture *f;* **to have good/bad ~** bien/mal se tenir **2.** (*pose*) pose *f;* **in a very awkward ~** dans une très fâcheuse posture;

P

in a kneeling/an upright ~ (en position) agenouillée/debout; **to adopt a** ~ prendre une pose **3.** (*attitude*) attitude *f* **II.** *vi pej* se donner des airs

postwar *adj* d'après-guerre; ~ **era** après-guerre *f*

posy ['poʊ·zi] <-sies> *n* petit bouquet *m*

pot[1] [pat] **I.** *n* **1.** (*container*) pot *m;* (*for cooking*) marmite *f;* **~s and pans** casseroles *fpl;* **coffee** ~ cafetière *f* **2.** (*amount contained in a pot*) **a ~ of coffee** un grand café **3.** *inf* (*common fund*) cagnotte *f* **4.** (*total staked money*) **to win the** ~ gagner la cagnotte **5.** *inf* (*a lot*) **~s of sth** des tas de qc; **~s of money** beaucoup d'argent; **to have ~s of money** rouler sur l'or **6.** *inf* (*potbelly*) gros ventre *m* **7.** *inf* (*potshot*) **to take a ~ at sb/sth** tirer à l'aveuglette sur qn/qc ▶ **it's (a case of) the ~ calling the kettle black** c'est l'hôpital qui se moque de la charité *prov;* **to go to ~** *inf* (*country, economy, business*) aller à la ruine; (*hopes, plan*) tomber à l'eau **II.** <-tt-> *vt* **1.** (*put in a pot: plants*) mettre qc en pot **2.** (*preserve: food*) mettre qc en conserve **3.** *inf* (*shoot*) buter

pot[2] [pat] *n sl* (*marijuana*) herbe *f*

potable *adj form* potable

potash ['pat·æʃ] *n* potasse *f*

potassium [pə·'tæs·i·əm] *n* potassium *m*

potassium chloride *n* chlorure *m* de potassium

potato [pə·'teɪ·t̬oʊ] <-es> *n* pomme *f* de terre; **mashed ~es** purée *f* (de pommes de terre)

potato beetle, potato bug *n* doryphore *m*

potato chips *npl* chips *fpl*

potato masher *n* presse-purée *m inv*

potato peeler *n* économe *m*

potbellied *adj* bedonnant(e)

potbelly ['pat·,bel·i] <-llies> *n* gros ventre *m*

potboiler ['pat·,bɔɪ·lər] *n pej* œuvre *f* alimentaire

potency ['poʊ·tən(t)·si] *n* **1.** (*strength*) force *f;* (*of temptation, spell*) pouvoir *m;* (*of a drug, fertilizer*) efficacité *f;* (*of a weapon*) puissance *f* **2.** MED puissance *f* sexuelle

potent *adj* puissant(e); (*motive, argument*) convaincant(e); (*drink*) très fort(e); (*force, spell, temptation*) profond(e); MED viril(e)

potential **I.** *adj* potentiel(le) **II.** *n* potentiel *m;* **the growth ~ of the company** le potentiel de croissance de la société; **to achieve one's** ~ atteindre son maximum; **to have considerable** ~ offrir des possibilités considérables

potentiality *n form* **1.** (*ability*) potentialité *f* **2.** <-ties> (*capacity*) possibilité *f*

potentially *adv* potentiellement

potherb *n* herbe *f* potagère

pothole ['pat·,hoʊl] *n* **1.** (*hole in road surface*) nid *m* de poule **2.** (*underground hole*) caverne *f*

pothook *n* crémaillère *f*

pothunter *n inf* chasseur *m* de trophées

potion ['poʊ·ʃən] *n* **1.** (*drink*) breuvage *m;* **love/magic** ~ philtre *m* d'amour/magique **2.** *pej* (*medicine*) potion *f*

pot luck *n* **to take** ~ (*choose at random*) choisir au hasard; (*take what is available*) prendre ce qu'il y a

> **i** Aux États-Unis, le **pot luck** est une fête à laquelle chaque invité apporte une salade, un plat principal ou un dessert. On espère pouvoir ainsi composer un repas complet, mais il peut arriver qu'il n'y ait par exemple que des desserts à manger.

potpourri [,poʊ·pʊ·'ri] *n* pot-pourri *m*

pot roast *n* rôti *m* à la cocotte

potshot ['pat·ʃat] *n* **1.** (*not carefully aimed shot*) tir *m* à l'aveuglette; **to take a ~ at sb/sth** tirer à l'aveuglette sur qn/qc **2.** (*spoken or written attacks*) attaque *f*

potted ['pa·t̬ɪd] *adj* (*plant*) en pot; (*food*) en conserve; ~ **meat** terrine *f*

potter ['pa·t̬ər] *n* potier *m*

pottery ['pa·t̬ər·i] *n* poterie *f*

potty ['pa·t̬i] <-ties> *n* pot *m* de bébé

pouch [paʊtʃ] *n* **1.** (*a small bag*) petit sac *m;* **tobacco** ~ blague *f* à tabac **2.** (*animal's pocket*) poche *f*

pouf [puf] *n* pouf *m*

poultice ['poʊl·t̬ɪs] *n* cataplasme *m*

poultry ['poʊl·tri] *n* **1.** *pl* (*birds*) volaille *f* **2.** (*meat*) volaille *f*

poultry farm *n* lieu *m* d'élevage de volailles

poultry farming *n* élevage *m* de volaille

pounce [paʊn(t)s] **I.** *vi* **1.** (*jump*) sauter; (*attacker, animal*) bondir **2.** (*seize: police*) bondir **II.** *n* (*claw*) serre *f*

◆**pounce on** *vt* (*prey*) bondir sur; (*victim, suspect*) se jeter sur; (*opportunity, mistake*) sauter sur

pound[1] [paʊnd] *n* (*unit of weight, currency*) livre *f;* **ten ~s sterling** dix livres sterling; **a one ~ coin** une pièce d'une livre; **100-~ bill** billet *m* de 100 livres ▶ **to demand one's ~ of flesh from sb** exiger réparation à qn sans faire de concession

pound[2] [paʊnd] **I.** *vt* **1.** (*hit repeatedly*) frapper; **to ~ the table** *fig* frapper du poing sur la table; **the waves ~ed the ship** les vagues fouettaient le navire **2.** (*crush: spices*) piler; **to ~ to pieces** réduire en miettes **3.** (*beat*) battre **4.** (*bombard*) *a. fig* pilonner; **to ~ sb with questions** assaillir qn de questions **5.** (*walk along*) **to ~ the pavement** battre le trottoir; **to ~ the beat** patrouiller **6.** (*instill*) **to ~ sth into sb's head** faire rentrer qc dans la tête de qn **II.** *vi* **1.** (*beat on noisily*) frapper; **to ~ on a locked door** marteler une porte fermée à clef à grands coups de poings; **to ~ on a table** frapper fort sur une table; **to ~ on a wall** cogner sur un mur; **to ~ away at sth** taper sur qc à tour de bras; **to ~ away at the keyboard**

taper sur le clavier comme un forcené **2.** (*throb*) battre fort; (*heart*) battre vite; **my head is ~ing** j'ai des élancements dans la tête **3.** (*walk/run noisily*) marcher/courir d'un pas pesant

pound³ [paʊnd] *n* (*place for stray animals, cars*) fourrière *f*

pounder *n* **a two-~** (*fish*) un poisson de deux livres

pounding *n* battement *m;* (*of guns*) pilonnage *m;* **there's a ~ in my head** ma tête résonne comme un tambour; **to take a ~** être pilonné; (*defeat*) essuyer une défaite; (*be criticized*) être descendu en flammes

pour [pɔr] **I.** *vt* **1.** (*cause to flow*) verser **2.** (*serve*) servir; **to ~ coffee** servir du café; **to ~ sb sth** servir qc à qn **3.** *fig* déverser; **the company ~ed a lot of money into the project** la société a investi beaucoup d'argent dans le projet ▶ **to ~ oil on troubled waters** calmer la tempête; **to ~ scorn on sb/sth** rejeter qn/qc avec dédain; **to ~ money down the drain** jeter l'argent par les fenêtres; **to ~ cold water on sth** se montrer peu enthousiaste pour qc **II.** *vi* **1.** (*fill a glass or cup*) verser **2.** (*flow in large amounts*) couler à flots; (*smoke*) s'échapper; **water ~ed through the hole** l'eau *f* coulait à travers le trou; **the crowd ~ed into the theater** la foule entrait en masse dans le théâtre; **to be ~ing with sweat** ruisseler de sueur **3.** (*rain*) **it's ~ing** il pleut à verse

◆**pour in I.** *vi* se déverser; (*letters, messages, reports*) arriver par milliers **II.** *vt* verser; (*money*) investir

◆**pour out I.** *vt* **1.** (*serve from a container: drinks*) verser **2.** (*recount*) déverser; **to ~ one's problems/thoughts to sb** déballer ses problèmes/pensées à qn **3.** (*cause to flow quickly*) répandre **II.** *vi* se déverser

pout [paʊt] **I.** *vi* faire la moue **II.** *vt* **to ~ one's lips** faire la moue **III.** *n* moue *f*

poverty ['pa·vər·ţi] *n* pauvreté *f;* **to live in** (**abject**) **~** vivre dans le (plus grand) besoin; **grinding ~** misère *f;* **~ of sth** *form* pénurie de qc *f;* **he has such a ~ of intelligence** il est dénué d'intelligence

poverty line *n* seuil *m* de pauvreté; **to live below the ~** vivre en dessous du seuil de pauvreté

poverty-stricken *adj* frappé(e) par la misère

POW [ˌpi·oʊ·'dʌb·l·ju] *n abbr of* **prisoner of war** prisonnier, -ère *m, f* de guerre

powder ['paʊ·dər] **I.** *n* **1.** poudre *f;* **curry ~** curry *m* en poudre; **to reduce sth to a ~** réduire qc en poudre **2.** (*make-up*) poudre *f;* **to cover oneself with talcum ~** se mettre du talc **3.** (*snow*) poudreuse *f* **II.** *vt* saupoudrer; **to ~ one's nose** *a. iron* se poudrer le nez; **to be ~ed with sth** être saupoudré de qc; **to ~ oneself** se poudrer

powdered *adj* **1.** (*in powder form*) en poudre; (*coffee*) instantané(e) **2.** (*covered with powder*) poudré(e)

powdered sugar *n* sucre *m* glace

powder keg *n* (*situation*) poudrière *f*

powder puff *n* houppette *f*

powder room *n* toilettes *fpl* pour dames

powder snow *n* poudreuse *f*

powdery ['paʊ·dᵊr·i] *adj* poudreux(-euse); (*chalk*) friable

power [paʊər] **I.** *n* **1.** (*ability to control*) pouvoir *m;* **to be in sb's ~** être à la merci de qn; **to have sb in one's ~** tenir qn en son pouvoir **2.** (*political control*) pouvoir *m;* **the party in ~** le parti au pouvoir; **to seize ~** prendre le pouvoir **3.** (*country, organization, person*) puissance *f* **4.** (*right*) pouvoir *m;* **to be in one's ~ to** +*infin* être en son pouvoir de +*infin;* **it is within sb's ~ to** +*infin* c'est dans les compétences *fpl* de qn de +*infin* **5.** (*ability: of concentration, persuasion*) pouvoir *m;* **to loose the ~ of speech** perdre l'usage de la parole; **to do everything in one's ~** faire tout ce qui est en son pouvoir **6.** (*strength*) puissance *f;* **~ walking** marche *f* en force **7.** (*electricity*) énergie *f;* **~ failure** panne *f* d'alimentation; **~ switch** interrupteur *m* général; **~ system** dispositif *m* d'alimentation; **~ drill** perceuse *f* électrique; **~ hammer** marteau-pilon *m* **8.** (*magnifying strength*) agrandissement *m* **9.** (*value of magnifying strength*) grossissement *m* **10.** MATH puissance *f;* **three to the ~ two** trois puissance deux ▶ **more ~ to you!** tant mieux pour vous!; **to do sb a ~ of good** faire un bien fou à qn; **the ~ behind the throne** celui qui tire les ficelles; **the ~s that be** les autorités *fpl* **II.** *vi* (*move*) **to ~ along the track** foncer sur la piste; **to ~ up** s'entraîner **III.** *vt* (*engine, rocket*) propulser; **nuclear-~ed** nucléaire

◆**power down** *vi* s'arrêter

◆**power up I.** *vi* se mettre en route **II.** *vt* allumer

powerboat *n* hors-bord *m inv*

power brakes *npl* AUTO servofreins *mpl*

power cable *n* câble *m* d'alimentation

power-driven *adj* motorisé(e)

powerful *adj* **1.** (*influential, mighty*) puissant(e) **2.** (*having great physical strength*) vigoureux(-euse); (*arms, legs, muscles, swimmer*) puissant(e) **3.** (*having a great effect: wind, storm*) violent(e); (*bite, ideas*) profond(e); (*drug, voice*) fort(e); (*explosion, medicine, incentive*) puissant(e); (*evidence, argument*) solide **4.** (*affecting the emotions: drama, literature, music*) puissant(e); (*language, painting, emotions*) fort(e) **5.** (*able to perform very well: car, computer, motor*) performant(e); (*light*) intense; (*memory*) puissant(e)

powerfully *adv* **1.** (*effectively*) efficacement **2.** (*using great force*) puissamment **3.** (*greatly: influenced*) fortement

powerhouse *n* (*for creativity, talent*) atelier *m*

powerless *adj* impuissant(e); **to be ~ to** +*infin*

P

ne pas pouvoir *+infin;* **to be ~ against sb/sth** être impuissant face à qn/qc
power line *n* **1.** ELEC ligne *f* électrique **2.** (*high voltage electrical line*) ligne *f* (à) haute tension
power mower *n* tondeuse *f* à gazon
power of attorney *n* procuration *f*
power outage *n* coupure *f* de courant
power pack *n* ELEC **1.** (*assemblage of electrical units*) montage *m* en kit **2.** (*converting current*) convertisseur *m*
power plant *n* centrale *f* électrique; **coal-fired/nuclear ~** centrale thermique au charbon/nucléaire
power sequence *n*, **power set** *n* MATH suite *f* exponentielle
power sharing *n* POL partage *m* du pouvoir
power station *n s.* **power plant**
power steering *n* AUTO direction *f* assistée
power tool *n* outil *m* électrique
powwow ['paʊ·waʊ] *n* **1.** (*North American Indian assembly*) assemblée *f* **2.** *fig, inf* discussion *f*
pox [paks] *n inf* **the ~** la variole
pp. *n abbr of* **pages** pp. *fpl*
p.p. *abbr of* **per procurationem** (**by proxy**) p.p.
PR [pi·'ar] *n* **1.** *abbr of* **public relations** relations *fpl* publiques; **~ man** responsable *m* des relations publiques **2.** *abbr of* **proportional representation** représentation *f* proportionnelle **3.** *abbr of* **Puerto Rico**
practicable *adj form* faisable; (*idea*) réalisable; **it is not ~ to** *+infin* il n'est pas envisageable de *+infin*
practical ['præk·tɪ·kəl] **I.** *adj* **1.** (*not theoretical*) pratique; **for all ~ purposes** à toutes fins utiles **2.** (*realistic: person, solution*) pratique; **it is ~ to do sth** qc est faisable **3.** (*good at solving problems*) bricoleur(euse) **4.** (*suitable*) fonctionnel(le) **5.** *inf* (*virtual*) quasi- **II.** *n* épreuve *f* pratique; **biology/chemistry ~** travaux *mpl* pratiques de biologie/de chimie
practicality *n* **1.** (*suitability*) fonctionnalité *f* **2.** (*effectiveness*) efficacité *f* **3.** (*usefulness*) utilité *f* pratique **4.** (*attitude*) pragmatisme *m*
practically *adv* pratiquement; **to be ~ minded** avoir l'esprit pratique; **~ speaking** concrètement (parlant); **~ impossible** (*almost*) pratiquement impossible; (*in a practical manner*) impossible sur le plan pratique
practice ['præk·tɪs] **I.** *n* **1.** (*action, performance*) pratique *f;* **I've had a lot of ~** j'ai eu beaucoup d'entraînement; **in ~** en pratique; **to put sth into ~** mettre qc en pratique **2.** (*normal procedure*) pratique *f;* **it's common ~ to** *+infin* c'est une pratique courante de *+infin;* **to make a ~ of sth** prendre l'habitude de qc **3.** (*training session*) entraînement *m;* **ballet/music ~** exercices *mpl* de danse/de musique; **to be out of ~** être rouillé **4.** (*business: of a doctor*) cabinet *m;* **legal ~** cabinet juridique ►**~ makes perfect** c'est en forgeant qu'on devient forgeron *prov* **II.** *vt* **1.** (*do, carry out*) pratiquer; (*good hygiene*) avoir **2.** (*improve skill*) s'exercer à; (*one's backhand*) améliorer; (*flute, one's French*) travailler; **to ~ doing sth** s'entraîner à faire qc **3.** (*work in: dentistry, law, medicine*) exercer ►**to ~ what one preaches** mettre en pratique ses propres préceptes **III.** *vi* **1.** (*train*) s'exercer **2.** SPORTS s'entraîner **3.** (*work in a profession*) exercer
practiced *adj* (*experienced, skilled*) expérimenté(e); (*pianist*) chevronné(e); (*liar*) invétéré(e); **to be ~ at doing sth** être expert dans l'art de qc
practicing *adj* (*Catholic*) pratiquant(e); (*doctor*) en exercice
practitioner [præk·'tɪʃ·ən·ər] *n form* praticien(ne) *m(f);* **legal ~** juriste *mf;* **medical ~** médecin *m*
pragmatic [præg·'mæṭ·ɪk] *adj* pragmatique
prairie ['prer·i] *n* (*area of flat land*) plaine *f*
praise [preɪz] **I.** *vt* **1.** (*express approval*) faire l'éloge de; (*child*) féliciter; **he ~d the work of the firefighters** il a rendu hommage au travail des pompiers; **to ~ sb for sth** féliciter qn pour qc; **much-~d documentary** documentaire *m* qui a reçu des critiques très élogieuses; **to ~ sb/sth to the skies** porter qn/qc aux nues **2.** (*worship*) exalter; (*God*) louer **II.** *n* **1.** (*expression of approval*) éloge *m;* **to sing the ~s of sb/sth** chanter les louanges de qn/qc; **in ~ of sb/sth** en l'honneur de qn/qc **2.** *form* (*worship*) louange *f;* **~ be** (**to God**)! Dieu soit loué!; **to give ~ to God/the Lord** glorifier Dieu/le Seigneur
praiseworthy ['preɪz·ˌwɜr·ði] *adj* digne d'éloges
prance [præn(t)s] *vi* **1.** (*move with exaggerated movements*) faire des entrechats; **to ~ about/around** virevolter; (*children*) gambader **2.** (*move with high steps: horse*) caracoler
prank [præŋk] *n* canular *m;* **to play a ~ on sb** jouer un tour à qn
prattle ['præṭ·l] **I.** *vi pej* bavasser; (*child*) babiller; **to ~ on for hours** parler pendant des heures **II.** *n* verbiage *m;* (*of children*) babillage *m*
prawn [prɔn] *n* crevette *f* rose
pray [preɪ] **I.** *vt, vi* prier **II.** *adv form* **~, do come in!** veuillez entrer, je vous (en) prie!
prayer [prer] *n* prière *f;* **in ~** en prière; **to answer sb's ~** exaucer la prière de qn; **not to have a ~ of doing sth** n'avoir que de maigres espoirs de faire qc
prayer book *n* livre *m* de prières
prayer meeting *n* prières *fpl* en groupe
prayer rug *n* tapis *m* de prière
prayer wheel *n* moulin *m* à prières
praying mantis ['preɪ·ɪŋ·'mæn·tɪs] *n* mante *f* religieuse
pre- *in compounds* pré; **~revolutionary France** la France d'avant la révolution; **a ~term meeting** une réunion avant le début du trimestre

preach [pritʃ] **I.** *vi* **1.** (*give a sermon*) faire un sermon; **to ~ to sb** prêcher qn **2.** *pej* (*lecture*) **to ~ to sb** sermonner qn; **to ~ at sb about sth** faire la leçon à qn sur qc ▶**to ~ to the converted** prêcher un converti **II.** *vt* prêcher; **to ~ a sermon** faire un sermon; **to ~ patience/restraint** exhorter à la patience/à la modération

preacher *n* pasteur *mf*

preachify <-ie-> *vi pej, inf* (*priest*) faire du prêchi-prêcha; (*teacher*) sermonner

preamble [pri·'æm·bl] *n form* **1.** (*introduction*) préambule *m* **2.** (*to an essay, a statute*) introduction *f* **3.** (*to a lecture*) prologue *m* **4.** (*introductory remarks or activity*) préliminaires *mpl*

prearrange [ˌpri·ə·'reɪndʒ] *vt* préprogrammer

precarious [prɪ·'ker·i·əs] *adj* précaire

precast ['pri·kæst] *adj* ARCHIT précoulé(e)

precaution [prɪ·'kɔ·ʃᵊn] *n* précaution *f*; **to take ~(s) against sth** prendre des mesures *fpl* contre qc

precautionary *adj* préventif(-ive)

precede [prɪ·'sid] *vt* précéder

precedence ['pres·ə·dən(t)s] *n* **1.** (*priority*) priorité *f*; **to give ~ to sb/sth** laisser la priorité à qn/qc **2.** *form* (*order of priority*) préséance *f*; **to take ~ over sb** prendre le pas sur qn

precedent *n* précédent *m*; **to break with ~** couper d'avec le passé; **to set a ~** créer un précédent

preceding *adj* précédent(e); (*decade*) dernier(-ère); (*year*) d'avant; **the ~ day** la veille

precept ['pri·sept] *n form* **1.** (*rule*) précepte *m* **2.** (*principle*) principe *m*

precinct ['pri·sɪŋ(k)t] *n* **1.** (*police or fire service district*) quartier *m* de sécurité **2.** (*electoral district*) circonscription *f* électorale **3.** (*boundary*) enceinte *f*; **within the ~s of sth** dans l'enceinte de qc; **the ~s of sth** les environs *mpl* de qc

precious ['preʃ·əs] **I.** *adj* **1.** (*of great value*) précieux(-euse); **to be ~ to sb** être cher à qn **2.** *pej* (*affected*) affecté(e); (*person*) compassé(e) **II.** *adv inf* **~ few** très peu; **to be ~ little help** n'être d'aucun secours

precipice ['pres·ə·pɪs] *n* **1.** (*steep side*) précipice *m* **2.** *fig* (*dangerous situation*) gouffre *m*; **to stand at the edge of the ~** être au bord du précipice

precipitate [prɪ·'sɪp·ɪ·tɪt, *vb:* prɪ·'sɪp·ɪ·teɪt] **I.** *n* CHEM précipité *m* **II.** *adj form* (*marriage*) hâtif(-ive); (*involvement*) prématuré(e); (*return*) précipité(e); (*person*) impétueux(-euse); **to act with ~ haste** agir précipitamment; **to be ~ in doing sth** être prompt à faire qc **III.** *vt form* **1.** (*throw down from a height*) précipiter **2.** (*cause suddenly*) *a.* CHEM précipiter **3.** (*make happen*) déclencher **IV.** *vi* CHEM **to ~ (out)** précipiter

precipitation *n* précipitation *f*

precipitous [prɪ·'sɪ·pɪ·ţəs] *adj* **1.** (*very steep*) abrupt(e); (*slope*) escarpé(e) **2.** (*rapid: decline*) soudain(e) **3.** *form* (*precipitate*) précipité(e)

précis [preɪ·'si] **I.** *n* résumé *m* **II.** *vt form* faire un condensé de

precise [prɪ·'saɪs] *adj* **1.** (*accurate, exact*) précis(e); (*pronunciation*) clair(e); (*observation*) détaillé(e); (*tone of voice*) juste; (*work*) soigné(e) **2.** (*careful: movement*) précis(e); **to be ~ about doing sth** être minutieux en faisant qc

precisely *adv* **1.** (*exactly*) précisément; **at ~ midnight** à minuit précis **2.** (*just*) juste; **to do ~ the opposite** faire tout le contraire; **to do ~ that** faire précisément cela; **~ because of** justement à cause de **3.** (*carefully: work*) avec rigueur

precision [prɪ·'sɪʒ·ᵊn] *n* précision *f*; **with mathematical ~** avec une rigueur mathématique; **with great ~** avec (un) grand soin; **~ timing** chronométrage *m* de précision

preclude [prɪ·'klud] *vt form* empêcher; (*possibility*) exclure; **to ~ sb from doing sth** empêcher qn de faire qc

precocious [prɪ·'koʊ·ʃəs] *adj* **1.** (*developing early: maturity, talent, skill*) précoce **2.** *pej* (*maturing too early*) prématuré(e)

precociousness, precocity *n form* **1.** (*early development*) précocité *f* **2.** *pej* (*early maturation*) prématurité *f*

preconceived [ˌpri·kən·'sivd] *adj pej* préconçu(e)

preconception [ˌpri·kən·'sep·ʃᵊn] *n pej* idée *f* préconçue

precondition [ˌpri·kən·'dɪʃ·ᵊn] *n* condition *f* préalable

preconfigured *adj inv* **a ~ computer** un ordinateur préconfiguré

precook ['pri·kʊk] *vt* précuire

precursor [prɪ·'kɜr·sər] *n form* **1.** (*forerunner*) précurseur *mf* **2.** (*harbinger*) annonciateur, -trice *m, f*

predate [pri·'deɪt] *vt form* **1.** (*write earlier date on*) antidater **2.** (*exist before*) être antérieur(e) à

predator ['pre·də·ţər] *n* (*animal*) prédateur *m*; (*bird*) rapace *m*

predatory *adj* **1.** (*preying*) prédateur(-trice); (*robber*) sans scrupule; **~ bird** oiseau *m* de proie **2.** (*exploitative*) exploiteur(-euse)

predecessor ['pred·ə·ses·ər] *n* prédécesseur *mf*

predestination [ˌpri·des·tɪ·'neɪ·ʃᵊn] *n* prédestination *f*

predestine [ˌpri·'des·tɪn] *vt* prédestiner

predetermine [ˌpri·dɪ·'tɜr·mən] *vt form* déterminer à l'avance; (*signal, time*) convenir de

predicament [prɪ·'dɪk·ə·mənt] *n form* situation *f* difficile; **financial ~** difficulté *f* financière; **to be in a ~** être dans une impasse; **to find oneself in a ~** se trouver en difficulté; **to get oneself into a ~** se mettre dans l'embarras

predicate ['pred·ɪ·kɪt, *vb:* 'pred·ɪ·keɪt] **I.** *n* prédicat *m* **II.** *vt* **1.** *form* (*base*) **to be ~d on**

sth être fondé sur qc **2.** (*assert*) **to ~ that ...** partir du principe que ...

predicative *adj* LING prédicatif(-ive)

predict [prɪ·ˈdɪkt] *vt* prédire; **the volcano is ~ed to erupt soon** on prévoit que le volcan entrera en éruption bientôt

predictable *adj* **1.** (*able to be predicted*) prévisible **2.** *pej* (*not very original*) banal(e)

prediction *n* prédiction *f*

predilection [ˌpred·ᵊl·ˈek·ʃᵊn] *n form* prédilection *f;* **to have a ~ for sth** avoir un faible pour qc

predispose [ˌpri·dɪ·ˈspoʊz] *vt* **1.** *form* (*influence*) **to ~ sb to** *+infin* prédisposer qn à *+infin;* **to be ~d to support sb/sth** être prédisposé à supporter qn/qc **2.** MED **to ~ sb to sth** prédisposer qn à qc

predisposition [ˌpri·dɪs·pə·ˈzɪʃ·ᵊn] *n* prédisposition *f;* **~ to sth** prédisposition pour qc; MED prédisposition à qc

predominance [prɪ·ˈda·mə·nən(t)s] *n* prédominance *f*

predominant *adj* prédominant(e); (*characteristic, feature, smell*) dominant(e); (*role*) prépondérant(e)

predominantly *adv* (*European, hostile*) majoritairement; **horses figure ~ in his paintings** il a peint surtout des chevaux

predominate [prɪ·ˈda·mə·neɪt] *vi* **1.** (*be the most important*) prédominer **2.** (*be more numerous*) être majoritaire

preeminence *n form* prééminence *f;* **America's ~ in this sport** la primauté des États-Unis dans ce sport; **sb's intellectual ~** la supériorité intellectuelle de qn

preeminent *adj form* prééminent(e); (*artist, scientist, sportsman*) éminent(e)

preempt *vt form* **1.** (*act before: person*) devancer; (*action, choice*) anticiper **2.** (*to have a legal right*) avoir une priorité légale sur **3.** (*to use one's legal right*) exercer son droit de préemption sur

preemption *n* **1.** (*prior action*) action *f* préventive; **war of ~** MIL guerre *f* d'assaut **2.** (*right of appropriation before others*) droit *m* de préemption **3.** ECON marché *m* préférentiel

preemptive *adj* préventif(-ive)

preen [prin] **I.** *vi* **1.** (*tidy its feathers: birds*) se lisser les plumes **2.** *pej* (*tidy oneself up*) se pomponner **II.** *vt* **1.** (*tidy: feathers*) lisser **2.** *pej* (*groom*) **to ~ oneself** se pomponner **3.** *pej* (*congratulate*) **to ~ oneself on sth** s'enorgueillir de qc

preexist *vt* préexister à

preexisting *adj* (*condition*) préexistant(e)

prefab [ˈpri·fæb] *inf* **I.** *n* préfabriqué *m* **II.** *adj* en préfabriqué

prefabricate [ˌpri·ˈfæb·rɪ·keɪt] *vt* préfabriquer

preface [ˈpre·fɪs] **I.** *n* (*introduction*) préface *f;* (*of a report*) préliminaire *m;* (*of a speech*) introduction *f;* **the ~ to this disaster** le prélude à ce désastre **II.** *vt form* **1.** (*write a preface to*) préfacer **2.** (*introduce*) **to ~ sth with sth** faire précéder qc de qc

prefatory [ˈpre·fə·tɔr·i] *adj form* préliminaire

prefect [ˈpri·fekt] *n* (*official*) préfet *m*

prefer [pri·ˈfɜr] <-rr-> *vt* **1.** (*like better*) préférer; **to ~ sth to sth** préférer qc à qc; **I would ~ you to do sth** je préférerais que tu fasses qc *subj;* **sb would ~ that** qn aimerait mieux que *+subj* **2.** LAW **to ~ charges against sb** porter plainte contre qn

preferable [ˈpref·ᵊr·ə·bl] *adj* préférable

preferably *adv* de préférence

preference [ˈpref·ᵊr·ᵊn(t)s] *n* (*liking better, preferred thing*) préférence *f;* **out of ~** de préférence; **in ~ to doing sth** plutôt que de faire qc

preferential *adj* (*treatment*) préférentiel(le)

preferred *adj* préféré(e); **my ~ solution** la solution que je préfère

prefigure [ˌpri·ˈfɪg·jər] *vt form* préfigurer; (*change*) annoncer

prefix [ˈpri·fɪks] <-es> *n* LING préfixe *m*

pregnancy [ˈpreg·nən(t)·si] *n* grossesse *f;* (*in animals*) gestation *f*

pregnancy test *n* test *m* de grossesse

pregnant *adj* **1.** MED (*woman*) enceinte; **to be ~ by sb** être enceinte de qn; **to become ~ by sb** tomber enceinte de qn; **to get sb ~** mettre qn enceinte **2.** (*meaningful*) lourd(e) de sens

preheat [ˌpri·ˈhit] *vt* préchauffer

prehistoric *adj a. pej* préhistorique; (*views*) archaïque

prehistory [ˌpri·ˈhɪs·tᵊr·i] *n* préhistoire *f*

prejudge [ˌpri·ˈdʒʌdʒ] *vt pej* **to ~ sb** avoir des préjugés sur qn; **to ~ sth** préjuger de qc

prejudice [ˈpredʒ·ə·dɪs] **I.** *n* **1.** (*preconceived opinion*) préjugé *m* **2.** (*bias*) parti *m* pris; **without ~ to sth** sans porter atteinte à qc **II.** *vt* porter atteinte à; (*chances*) compromettre; (*cause, outcome, result*) préjuger de; LAW (*case*) entraver le déroulement de; (*witness, jury*) influencer

prejudiced *adj pej* (*attitude, judgment, opinion*) préconçu(e); (*witness*) partial(e)

prejudicial *adj form* (*effect*) néfaste; **~ to sth** préjudiciable à qc

preliminary [prɪ·ˈlɪm·ə·ner·i] **I.** *adj* (*selection, stage, study, talk*) préliminaire; SPORTS (*heat*) éliminatoire **II.** <-ries> *n* **1.** (*introduction*) préliminaire *m;* **as a ~** en (guise d')introduction **2.** SPORTS épreuve *f* éliminatoire **3.** *form* (*exam*) examen *m* préparatoire; (*with quota selection*) concours *m* d'entrée **4.** *pl* PUBL sélection *f*

prelude [ˈprel·jud] *n* **1.** (*preliminary*) prélude *m;* **a ~ to peace** un préliminaire de paix **2.** MUS prélude *m*

premarital [ˌpri·ˈmer·ə·t̬ᵊl] *adj* avant le mariage

premature [ˌpri·mə·ˈtʊr] *adj* prématuré(e)

premeditated [ˌpri·ˈmed·ɪ·teɪ·t̬ɪd] *adj* prémédité(e)

premeditation [ˌpri·med·ɪ·ˈteɪ·ʃᵊn] *n form* pré-

méditation *f*
premier [prɪ·ˈmɪr] *adj* le(la) plus important(e)
première [prɪ·ˈmɪr] **I.** *n* première *f* **II.** *vt* donner la première de **III.** *vi* faire la première
premise [ˈprem·ɪs] **I.** *n* prémisse *f;* **on the ~ that** en supposant que *+subj* **II.** *vt form* **1.** (*base*) fonder; **to ~ one's argument on sth** appuyer son raisonnement sur qc **2.** (*preface*) introduire
premises *n pl* locaux *mpl;* **on the ~** sur place
premium [ˈpri·mi·əm] **I.** *n* **1.** (*prize*) prix *m* **2.** (*bonus*) prime *f* **3.** (*installment payment*) **insurance ~** prime *f* d'assurance **4.** (*amount above par value*) supplément *m;* **at a 5% ~** moyennant un supplément de 5%; **to be sold at a ~** être vendu à prix fort **5.** (*gasoline*) super *m* ▶ **to be at a ~** valoir cher; **to put a ~ on sth** accorder une grande valeur à qc **II.** *adj* **1.** (*abnormally high*) élevé(e); (*price*) fort(e) **2.** (*high-quality*) de première qualité
premium offer *n* offre *f* exceptionnelle
premium quality *n* qualité *f* supérieure
premonition [ˌpri·mə·ˈnɪʃ·ən] *n* prémonition *f*
prenatal [ˌpri·ˈneɪ·t̬əl] *adj* prénatal(e)
preoccupation [pri·ˌa·kju·ˈpeɪ·ʃən] *n* préoccupation *f*
preoccupied *adj* **to be ~** être préoccupé; **to be ~ with sb/sth** se faire du souci pour qn/qc
preoccupy [pri·ˈa·kju·paɪ] <-ie-> *vt* préoccuper
preordain [ˌpri·ɔr·ˈdeɪn] *vt form* prédestiner; **~ed path** voie *f* toute tracée; **to be ~ed to** *+infin* être prédestiné à *+infin;* **it is ~ed that ...** il est écrit que ...
prepackage [ˌpri·ˈpæk·ɪdʒ] *vt* préemballer
prepaid [ˌpri·ˈpeɪd] *adj* prépayé(e); (*envelope, postcard*) préaffranchi(e); (*charge*) réglé(e) d'avance
preparation [ˌpre·pə·ˈreɪ·ʃən] **I.** *n* **1.** (*getting ready*) préparation *f;* **in ~ for sth** en préparation à qc **2.** (*substance*) préparation *f;* **beauty ~** produit *m* de beauté **3.** *pl* (*measures*) préparatifs *mpl;* **to make (one's) ~s for sth/to** *+infin* se préparer à qc/à *+infin* **II.** *adj* (*stage*) préparatoire; (*time*) de préparation
preparatory [prɪ·ˈper·ə·tɔr·i] *adj* préparatoire; (*sketch, report*) préliminaire; **~ to doing sth** en vue de faire qc
preparatory school *n* ≈ lycée *m* préparatoire
prepare [prɪ·ˈper] **I.** *vt* préparer; **to ~ the way** ouvrir la voie; **to ~ to** *+infin* s'apprêter à *+infin;* **to ~ sb for sth/to** *+infin* préparer qn à qc/à *+infin* **II.** *vi* **to ~ for sth** se préparer à qc
prepared *adj* **1.** (*ready, willing*) prêt(e); **to be ~ for sth** être prêt pour qc; **to be ~ to** *+infin* être prêt à *+infin;* **to be ~ to make a concession** accepter de faire une concession; **I'm not ~ to let you do this** je ne suis pas disposé à te laisser faire ça **2.** (*made*) préparé(e) ▶ **"Be Prepared"** "(Scout) toujours prêt"
preparedness *n form* **military ~** préparation *f* militaire; **state of ~** état *m* d'alerte préventive
prepay [ˌpri·ˈpeɪ] *vt irr* payer d'avance
prepayment *n* paiement *m* par anticipation
preponderance [prɪ·ˈpan·dər·ən(t)s] *n form* prépondérance *f*
preponderant *adj form* prépondérant(e)
preposition [ˌpre·pə·ˈzɪʃ·ən] *n* préposition *f*
prepossessing [ˌpri·pə·ˈzes·ɪŋ] *adj* remarquable; **not ~** sans intérêt; (*person*) peu brillant(e)
preposterous [prɪ·ˈpa·stər·əs] *adj* extravagant(e); (*accusation*) absurde; (*idea*) farfelu(e)
preppie, preppy [ˈprep·i] <-ies> **I.** *n* **to be a ~** être BCBG **II.** *adj* <-ier, -iest> BCBG *inv*
prerequisite [ˌpri·ˈrek·wɪ·zɪt] *n form* condition *f* préalable
prerogative [prɪ·ˈra·gə·t̬ɪv] *n form* **1.** (*right*) prérogative *f* **2.** (*privilege*) privilège *m* **3.** (*responsibility*) responsabilité *f*
presage [ˈpres·ɪdʒ] *vt form* présager
Presbyterian **I.** *n* presbytérien(ne) *m(f)* **II.** *adj* presbytérien(ne)
presbytery [ˈprez·bɪ·ter·i] *n* REL presbytère *m*
preschool **I.** *n* maternelle *f* **II.** *adj* préscolaire
prescribe [prɪ·ˈskraɪb] *vt* **1.** (*give as treatment*) **to ~ sth for sb** prescrire qc à qn; **to be ~d sth** se faire prescrire qc **2.** (*recommend*) **to ~ sth to sb** recommander qc à qn **3.** *form* (*allocate*) allouer **4.** (*order*) dicter; **as ~d by law** comme dicté par la loi; **internationally ~d standards** normes *fpl* internationales
prescription [prɪ·ˈskrɪp·ʃən] *n* **1.** (*doctor's order*) ordonnance *f* **2.** *form* (*rule*) prescription *f*
prescriptive *adj pej, form* normatif(-ive)
presence [ˈprez·ən(t)s] *n* présence *f;* **in sb's ~** en présence de qn ▶ **to make one's ~ felt** se faire remarquer
presence of mind *n* présence *f* d'esprit
present[1] [ˈprez·ənt] **I.** *n* **the ~** le présent; **at ~** à présent, à cette heure *Belgique* ▶ **there's no time like the ~** *prov* il ne faut jamais remettre au lendemain ce que l'on peut faire le jour même *prov* **II.** *adj* **1.** (*current*) actuel(le); **at the ~ moment/time** en ce moment **2.** LING **~ tense** (temps *m*) présent *m* **3.** (*in attendance, existing*) présent(e); **all those ~** tous ceux qui sont présents; **~ company excepted** à l'exception des personnes ici présentes
present[2] [ˈprez·ənt, *vb:* prɪ·ˈzent] **I.** *n* (*gift*) cadeau *m;* **birthday/wedding ~** cadeau d'anniversaire/de mariage; **to get sth as a ~** avoir qc en cadeau; **to give sth to sb as a ~** offrir qc à qn; **to make sb a ~ of sth** faire cadeau à qn de qc **II.** *vt* **1.** (*give*) présenter; **to ~ sb with a challenge** mettre qn au défi; **to ~ sb with (the) facts** exposer les faits à qn; **to ~ sb with an ultimatum/a petition** soumettre un ultimatum/une pétition à qn; **to ~ sth to sb, to ~ sb with sth** (*gift*) offrir qc à qn; (*award, report*) remettre qc à qn; **to ~ sb with a diploma/medal** remettre un diplôme/une médaille à qn **2.** (*offer*) offrir; **to ~ a cheerful**

P

atmosphere offrir un cadre attrayant; **to ~ a contrast to sth** offrir un contraste avec qc **3.** (*exhibit*) exposer; (*paper, report*) présenter **4.** (*introduce*) présenter **5.** (*host*) présenter **6.** (*perform: concert, show*) donner **7.** (*deliver: bill*) remettre **8.** (*bring before court*) exposer ►**to ~ arms** MIL présenter les armes; **to ~ one's compliments** *a. iron* présenter ses compliments; **to ~ oneself** se présenter

presentable [prɪ·ˈzen̥t·ə·bl] *adj* présentable; **to look ~** avoir l'air présentable; **to make oneself ~** s'arranger

presentation [ˌprez·ᵊn·ˈteɪ·ʃᵊn] *n* **1.** (*act of presenting*) présentation *f;* (*of a theory*) exposition *f;* (*of a dissertation, thesis*) soutenance *f;* **to give a ~ on sth** faire un exposé sur qc **2.** (*act of giving: of a medal, gift*) remise *f;* **to make a ~ of sth** remettre qc

present-day *adj* actuel(le); **~ Paris** le Paris d'aujourd'hui

presentiment [prɪ·ˈzen·tɪ·mənt] *n form* pressentiment *m;* **to have a ~ of danger** pressentir un danger

presently [ˈprez·ᵊnt·li] *adv* **1.** (*soon*) bientôt **2.** (*now*) à présent

present participle *n* participe *m* présent

preservation [ˌprez·ər·ˈveɪ·ʃᵊn] *n* **1.** (*upkeep*) conservation *f;* **to be in a poor/an excellent state of ~** être dans un mauvais/excellent état de conservation **2.** (*maintenance: wood, leather, garden*) entretien *m;* **~ of order** maintien *m* de l'ordre **3.** (*protection*) préservation *f*

preservative *n* conservateur *m;* **free of artificial ~s** sans conservateur

preserve [prɪ·ˈzɜrv] **I.** *vt* **1.** (*maintain, keep*) conserver; (*peace, status quo*) maintenir **2.** (*protect*) préserver; **to ~ sb from insanity** préserver qn de la folie **II.** *n* **1.** (*specially conserved fruit*) conserve *f;* **apricot/strawberry ~s** conserves d'abricots/de fraises **2.** (*domain, responsibility*) domaine *m;* **to be the ~ of the rich** être le domaine des riches; **to regard sth as one's ~** considérer qc comme étant à soi **3.** (*reserve*) réserve *f;* **game ~** réserve de gibier; **nature/wildlife ~** réserve naturelle/sauvage

preserved *adj* **1.** (*maintained*) bien conservé(e); (*building*) en bon état; **to be poorly ~** être mal entretenu **2.** CULIN en conserve; **~ food** conserves *fpl*

preshrunk [ˌpri·ˈʃrʌŋk] *adj* prélavé(e)

preside [prɪ·ˈzaɪd] *vi* **to ~ at sth** présider à qc

presidency *n* présidence *f;* **to run for the ~ of the United States** se présenter à la présidence des États-Unis; **during his ~** au cours de son mandat de président

president [ˈprez·ɪ·dᵊnt] *n* président(e) *m(f);* **the ~ of the United States** le président des États-Unis; **Mr. President** M. le Président; **Madam President** Madame la Présidente

presidential *adj* (*of president*) présidentiel(le)

President's Day *n fêté le troisième lundi de février aux États-Unis et remplace les deux anciens jours fériés, Lincoln Day et Washington Day*

press [pres] **I.** *n* **1.** TYP **printing ~** presse *f* (typographique) **2.** *pl* (*media*) presse *f;* **~ campaign/conference** campagne *f*/conférence *f* de presse; **~ agency/card** agence *f*/carte *f* de presse; **~ reports** reportages *mpl;* **to have bad/good ~** avoir mauvaise/bonne presse; **to leak sth to the ~** divulguer qc à la presse **3.** (*push*) pression *f;* **to give sth a ~** appuyer sur qc **4.** (*ironing action*) repassage *m;* **to give sth a ~** donner un coup de fer (à repasser) à qc **5.** (*instrument for pressing*) presse *f;* **garlic ~** presse-ail *m* ►**freedom of the ~** liberté *f* de la presse; **to be in the ~** être sous presse; **to go to ~** aller sous presse **II.** *vt* **1.** (*push*) appuyer sur; **to ~ sth open** ouvrir qc en appuyant dessus; **to ~ sth into a hole** pousser qc dans un trou; **he ~ed his leg against mine** il a pressé sa jambe contre la mienne **2.** (*squeeze*) serrer **3.** (*extract juice from*) presser **4.** (*iron*) repasser **5.** (*force, insist*) faire pression sur; **to ~ sb to** +*infin* presser qn de +*infin;* **to ~ sb for an answer/decision** presser qn de répondre/prendre une décision **6.** LAW **to ~ charges against sb/sth** engager des poursuites contre qn/qc ►**to ~ one's luck** forcer la chance **III.** *vi* **1.** (*push*) appuyer; **to ~ against sth** presser contre qc **2.** (*be urgent*) presser; **time is ~ing** le temps presse

◆**press ahead** *vi* continuer; **to ~ with** continuer avec

◆**press down I.** *vt* **to ~ sth** [*o* **to press sth down**] appuyer sur qc **II.** *vi* appuyer; **to ~ on sth** appuyer sur qc

◆**press for** *vt* faire pression pour obtenir

◆**press forward, press on** *vi* continuer; **to ~ with** continuer avec

press clipping *n* coupure *f* de presse

pressed *adj* pressé(e); **to be ~ for time** être (très) pressé; **to be ~ for money** être à court d'argent

press gallery *n* tribune *f* de la presse

press-gang *vt* **to ~ sb into doing sth** faire pression sur qn pour qu'il fasse qc

pressing *adj* pressant(e); (*issue, matter*) urgent(e)

press photographer *n* photographe *mf* de presse

press release *n* communiqué *m* de presse

pressure [ˈpreʃ·ər] **I.** *n* **1.** (*force*) pression *f;* **to apply ~** faire pression; **to put ~ on sth** exercer une pression sur qc **2.** (*stress*) pression *f;* **to be under ~** être sous pression **3.** (*influence*) pression *f;* **to be under ~ to** +*infin* être contraint de +*infin;* **to do sth under ~ from sb** faire qc sous la pression de qn; **to bring ~ to bear on sb to do sth** faire pression sur qn pour qu'il fasse qc *subj* **4.** METEO, PHYS pression *f* **II.** *vt* **to ~ sb to** +*infin* contraindre qn à +*infin*

pressure cabin *n* cabine *f* pressurisée

pressure cooker *n* autocuiseur *m*
pressure group *n* groupe *m* de pression
pressure washer *n* nettoyeur *m* haute pression
pressurize ['preʃ·ə·raɪz] *vt* (*control air pressure*) pressuriser
prestige [pre·'sti(d)ʒ] *n* prestige *m*
prestigious [pre·'stɪdʒ·əs] *adj* prestigieux(-euse)
presumably [prɪ·'zu·mə·bli] *adv* sans doute
presume [prɪ·'zum] **I.** *vt* présumer; **~d dead** présumé mort **II.** *vi* être importun; **to ~ to** +*infin* se permettre de +*infin;* **to ~ on sb/sth** abuser de qn/qc
presumption [prɪ·'zʌmp·ʃᵊn] *n* présomption *f;* **the ~ is that ...** il est à présumer que ...
presumptive [prɪ·'zʌmp·tɪv] *adj* par présomption
presumptuous *adj* présomptueux(-euse)
presuppose [ˌpri·sə·'poʊz] *vt form* présupposer
presupposition [ˌpri·sʌp·ə·'zɪʃ·ᵊn] *n* présupposition *f*
pretax *adj* avant impôt
pretend [prɪ·'tend] **I.** *vt* **1.** (*feign*) faire semblant; **to ~ that one is asleep** faire semblant de dormir **2.** (*claim*) prétendre; **to ~ to be sb** se faire passer pour qn; **I don't ~ to be an expert** je ne prétends pas être un expert **II.** *vi* **1.** (*feign*) faire semblant; **I was just ~ing!** c'était juste pour rire! **2.** *form* (*claim*) **to ~ to sth** prétendre à qc; **to ~ to the prize** prétendre au prix
pretended *adj* prétendu(e)
pretender *n* prétendant(e) *m(f)*
pretense ['pri·ten(t)s] *n* comédie *f;* **to keep up a ~ of sth** continuer de feindre qc; **to make no ~ of sth/doing sth** ne pas feindre qc/de faire qc; **to make no ~ to being/having sth** ne pas avoir la prétention d'être/d'avoir qc; **under the ~ of sth/of doing sth** sous prétexte de qc/de faire qc; **under false ~s** sous de faux prétextes
pretension [prɪ·'ten·(t)ʃᵊn] *n* prétention *f*
pretentious [prɪ·'ten·(t)ʃəs] *adj pej* prétentieux(-euse)
pretentiousness *n pej* prétention *f*
preterit(e) ['pret̬·ər·ɪt] *n* LING **1.** (*in English*) prétérit *m* **2.** (*in French*) passé *m* simple
preternatural [ˌpri·t̬ər·'nætʃ·ər·ᵊl] *adj form* surnaturel(le)
pretext ['pri·tekst] *n* prétexte *m;* **on the ~ of doing sth** sous prétexte de faire qc; **to give sth as a ~** donner qc comme prétexte
pretty ['prɪt̬·i] **I.** *adj* <-ier, -iest> joli(e) ▶ **to be not just a ~ face** en avoir dans le crâne; **a ~ penny** une coquette somme; **it's not a ~ sight** ce n'est pas beau à voir **II.** *adv* assez; **to be ~ certain** être presque certain; **~ nearly finished** presque terminé; **~ well everything** bien des choses; **~ much** à peu près ▶ **to be sitting ~** avoir le bon filon
pretzel ['pret·sᵊl] *n* bretzel *m*
prevail [prɪ·'veɪl] *vi* **1.** (*triumph*) l'emporter **2.** (*be widespread*) prédominer
◆ **prevail (up)on** *vt* **to ~ sb to** +*infin* persuader qn de +*infin*
prevailing *adj* actuel(le); **under ~ law** dans le cadre de la loi en vigueur
prevailing wind *n* vent *m* dominant
prevalence ['prev·ə·lən(t)s] *n* **1.** (*common occurrence*) prédominance *f* **2.** (*frequency*) fréquence *f*
prevalent *adj* **1.** (*common*) courant(e); (*disease*) répandu(e); (*opinion*) général(e) **2.** (*frequent*) fréquent(e)
prevaricate [prɪ·'ver·ɪ·keɪt] *vi form* **to ~ over sth** tergiverser au sujet de
prevarication *n form* faux-fuyant *m*
prevent [prɪ·'vent] *vt* **1.** (*keep from happening*) empêcher; (*disaster*) éviter; **to ~ sb/sth from doing sth** empêcher qn/qc de faire qc; **to ~ a disease from spreading/a bomb from exploding** éviter qu'une maladie ne se propage/qu'une bombe n'explose (*subj*) **2.** MED prévenir
prevention *n* prévention *f;* **Society for the ~ of Cruelty to Animals** société *f* protectrice des animaux ▶ **an ounce of ~ is worth a pound of cure** *prov* mieux vaut prévenir que guérir *prov*
preventive *adj* préventif(-ive)
preview ['pri·vju] **I.** *n* **1.** (*show*) avant-première *f* **2.** (*exhibition*) vernissage *m* **3.** (*trailer*) bande-annonce *f* **II.** *vt* visionner
previous ['pri·vi·əs] *adj* précédent(e); **on the ~ day** la veille; **the ~ evening** la veille au soir; **no ~ experience required** aucune expérience requise; **the ~ summer** l'été *m* dernier; **on my ~ visit to Florida** lors de mon dernier voyage en Floride; **to have no ~ convictions** avoir un casier judiciaire vierge
previously *adv* **1.** (*beforehand*) avant **2.** (*formerly*) par le passé
prewar [ˌpri·'wɔr] *adj* d'avant-guerre
prey [preɪ] *n* proie *f;* **to be easy ~ for sb** être une proie facile pour qn ▶ **to fall ~ to sb/sth** devenir la proie de qn/qc
◆ **prey on** *vt* **1.** (*attack: animals*) chasser; (*old people*) s'attaquer à **2.** (*worry*) **to ~ sb's mind** préoccuper qn
price [praɪs] **I.** *n* prix *m;* **computer ~s** prix des ordinateurs; **fall/rise in ~** baisse *f*/augmentation *f* des prix; **~ range** gamme *f* de prix; **~ tag** étiquette *f;* **to ask a high ~** demander un prix élevé; **to name a ~** donner un prix; **to fetch a ~** atteindre une somme; **the ~ one has to pay for fame** le prix à payer pour la célébrité; **to put a ~ on sth** évaluer qc ▶ **to set a ~ on sb's head** mettre la tête de qn à prix; **to pay the** [*o* **a heavy**] **~** payer le prix; **at a ~** à un prix fort; **at any ~** à n'importe quel prix; **what ~ sth?** que devient qc? **II.** *vt* **1.** (*mark with price tag*) mettre le prix sur; **to be ~d at one dollar** coûter un dollar **2.** (*set value*) fixer le prix de; **to be reasonably ~d**

P

avoir un prix raisonnable; (*restaurant*) être abordable **3.** (*inquire about cost*) demander le prix de ►**to ~ oneself out of the market** ne plus pouvoir suivre la concurrence du marché

priceless *adj* inestimable

price stability *n* stabilité *f* des prix

pricey ['praɪ·si] <pricier, priciest> *adj inf* chérot

pricing ['praɪs·ɪŋ] *n* fixation *f* du prix

prick [prɪk] **I.** *n* **1.** (*sharp pain*) piqûre *f* **2.** *vulg* (*penis*) bite *f* **3.** *vulg* (*jerk*) sale con *m* **II.** *vt* piquer; (*balloon*) crever; **to ~ (one's) sth** (se) piquer qc ►**to ~ the balloon** tout gâcher; **to ~ sb's conscience** réveiller la conscience de qn

◆**prick up** *vt* (*ears*) dresser

prickle ['prɪk·l] **I.** *n* **1.** (*thorn*) épine *f* **2.** (*tingle*) picotement *m;* (*of pleasure*) frisson *m* **II.** *vi* picoter **III.** *vt* piquer

prickly <-ier, -iest> *adj* **1.** (*thorny*) épineux(-euse) **2.** (*tingling: sensation*) de picotement **3.** *inf* (*easily offended*) irritable

prickly pear *n* figue *f* de Barbarie

pride [praɪd] **I.** *n* **1.** (*proud feeling*) fierté *f;* **to feel great ~** être très fier; **to take ~ in sb/sth** être fier de qn/qc; **to take ~ in one's appearance** être soucieux de son apparence **2.** (*self-respect*) orgueil *m;* **to have too much ~ to** +*infin* être trop orgueilleux pour +*infin;* **to hurt sb's ~** blesser qn dans son orgueil; **to swallow one's ~** ravaler son orgueil **3.** (*animal group*) bande *f* ►**to be one's ~ and joy** être la fierté de qn; **to take ~ of place** avoir la place d'honneur **II.** *vt* **to ~ oneself on doing sth** être fier de faire qc; **to ~ oneself on being sth** ne pas cacher son orgueil d'être qc

priest [prist] *n* prêtre *m*

priestess ['pri·stɪs] *n* prêtresse *f*

priesthood *n* (*position, office*) sacerdoce *m;* **to enter the ~** entrer dans les ordres

priestly *adj* sacerdotal(e)

prig [prɪg] *n pej* **to be a ~** se prendre pour un saint

priggish *adj pej* hautain(e)

prim [prɪm] <-mer, -mest> *adj pej* prude; **to be ~ (and proper)** être très convenable

primacy ['praɪ·mə·si] *n form* primauté *f*

prima donna [pri·mə·'da·nə] *n* **1.** (*number one singer*) prima donna *f inv* **2.** *pej* **to behave like a ~** se prendre pour une star

primal ['praɪ·məl] *adj* primitif(-ive)

primarily *adv* essentiellement

primary ['praɪ·mer·i] **I.** *adj* principal(e); (*color, election, school*) primaire; (*meaning, importance*) premier(-ère) **II.** <-ies> *n* POL primaire *f*

primate ['praɪ·mɪt] *n* **1.** ZOOL primate *m* **2.** REL primat *m*

prime [praɪm] **I.** *adj* **1.** (*main*) premier(-ère); **~ suspect** suspect *m* numéro un **2.** (*best*) de premier ordre; (*food*) de premier choix; (*example*) parfait(e); (*quality*) premier(-ère) **II.** *n* **1.** apogée *m;* **to be in one's ~** être à son apogée; **to be past one's ~** être sur son déclin; **in the ~ of life** dans la fleur de l'âge **2.** MATH nombre *m* premier **III.** *vt* **1.** (*prepare*) préparer; (*bomb, gun, pump*) amorcer; (*wood, surface*) apprêter; **to ~ oneself to** +*infin* se préparer à +*infin* **2.** (*inform*) informer

prime minister *n* premier ministre *m*

prime number *n* nombre *m* premier

primer ['praɪ·mər] *n* base *f*

prime time *n* heures *fpl* de grande écoute

primeval [praɪ·'mi·vəl] *adj* ASTR primitif(-ive)

primitive ['prɪm·ɪ·t̬ɪv] *adj* primitif(-ive)

primordial [praɪ·'mɔr·di·əl] *adj form* primordial(e)

primrose ['prɪm·roʊz] *n* primevère *f*

prince [prɪn(t)s] *n* prince *m*

Prince Edward Island *n* l'île *f* du Prince-Édouard

princely *adj* princier(-ère)

princess ['prɪn(t)·sɪs] *n* princesse *f*

principal ['prɪn(t)·sə·pəl] **I.** *adj* (*main*) principal(e) **II.** *n* **1.** (*high school director*) directeur, -trice *m, f,* préfet, -ète *m, f Belgique* **2.** (*sum of money*) capital *m*

principality [ˌprɪn(t)·sə·'pæl·ə·t̬i] *n* principauté *f*

principally *adv* principalement

principle ['prɪn(t)·sə·pl] **I.** *n* principe *m;* **on ~** par principe **II.** *adj* (*person*) qui a des principes

print [prɪnt] **I.** *n* **1.** (*printed lettering or writing*) caractères *mpl;* **bold ~** caractères gras **2.** (*printed text*) texte *m* **3.** (*photo*) épreuve *f* **4.** (*fingerprint*) empreinte *f* **5.** (*pattern on fabric*) imprimé *m* **6.** (*engraving*) gravure *f* ►**to appear in ~** être publié; **to go out of ~** être épuisé; **to be in/out of ~** être en stock/épuisé **II.** *vt* **1.** (*produce, reproduce*) imprimer; (*special issue, copies*) tirer; **to be ~ed in hardback** être édité en version reliée **2.** (*write*) écrire en lettres d'imprimerie **3.** PHOT tirer **III.** *vi* **1.** (*produce*) imprimer; **to be ~ing** être sous presse **2.** (*write in unjoined letters*) écrire en lettres d'imprimerie

◆**print out** *vt* imprimer

printable *adj* imprimable

printed circuit board *n* ELEC carte *f* de circuits imprimés

printer *n* **1.** (*person*) imprimeur *m* **2.** COMPUT imprimante *f;* **ink-jet/laser/thermal ~** imprimante à jet d'encre/(à) laser/thermique; **~ driver** gestionnaire *m* d'imprimante

printing *n* **1.** (*act*) impression *f* **2.** (*business*) imprimerie *f* **3.** (*print run*) tirage *m*

printing ink *n* encre *f* d'imprimerie

printing press *n* presse *f* d'imprimerie

printing works *n* imprimerie *f*

printout *n* COMPUT sortie *f* d'imprimante

print run *n* tirage *m*

print shop *n* imprimerie *f*

prior[1] [praɪər] *form* **I.** *adj* (*earlier*) précédent(e); (*approval*) préalable; (*arrest, conviction*) antérieur(e); **to have a ~ engagement** avoir d'autres engagements; **without ~ notice** sans préavis **II.** *adv* (*before*) **~ to sth** avant qc; **~ to doing sth** avant de faire qc

prior[2] [praɪər] *n* REL (*officer below abbot*) prieur *m*
priority [praɪ·'ɔr·ə·t̬i] **I.** *n* priorité *f;* **top ~** priorité absolue; **to have a high ~** être d'une grande importance; **to give ~ to sb/sth** donner la priorité à qn/qc; **to have ~ over sb** avoir la préséance sur qn; **to get one's priorities straight** savoir ce qui est important **II.** *adj* prioritaire; (*task*) prioritaire; **to get ~ treatment** être traité en priorité
priory ['praɪə·ri] *n* prieuré *m*
prise [praɪz] *vt s.* **pry**[2]
prism ['prɪz·əm] *n* prisme *m*
prismatic *adj* **1.** (*resembling a prism*) prismatique **2.** (*formed by a transparent prism, brilliant*) à prismes
prison ['prɪz·ən] *n* **1.** (*jail*) prison *f;* **to go to ~** aller en prison; **to put sb in**(**to**) **~** emprisonner qn; **to send sb to ~** envoyer qn en prison; **to throw sb in**(**to**) **~** jeter qn en prison; **in ~** en prison; **~ life** vie *f* carcérale; **~ yard** cour *f* de prison **2.** (*time in jail*) réclusion *f*
prison camp *n* camp *m* de prisonniers
prison cell *n* cellule *f* (de prison)
prisoner *n* prisonnier, -ère *m, f;* **political ~** prisonnier politique; **to hold sb ~** détenir qn; **to take sb ~** faire qn prisonnier
prison inmate *n* détenu(e) *m(f)*
pristine ['prɪs·tin] *adj form* virginal(e); **in ~ condition** comme neuf
privacy ['praɪ·və·si] *n* intimité *f;* **to disturb sb's ~** déranger qn dans son intimité; **in the ~ of one's home** dans l'intimité de son foyer; **to want some ~** désirer être seul
private ['praɪ·vət] **I.** *adj* **1.** (*not public*) privé(e) **2.** (*personal: opinion, papers*) personnel(le) **3.** (*confidential*) confidentiel(le); **to keep sth ~** garder qc confidentiel; **their ~ joke** une plaisanterie entre eux **4.** (*not open to the public*) privé(e); (*ceremony, funeral*) célébré(e) dans l'intimité **5.** (*for personal use*) privé(e); (*tutoring, lesson*) particulier(-ère) **6.** (*not state-run*) privé(e) **7.** (*secluded*) retiré(e) **8.** (*not social*) réservé(e) **9.** (*undisturbed*) tranquille **II.** *n* **1.** (*privacy*) **in ~** en privé; **to speak to sb in ~** parler à qn en particulier **2.** (*lowest-ranking army soldier*) soldat *m* de deuxième classe **3.** *pl, inf* (*genitals*) parties *fpl* intimes
private detective *n* détective *m* privé
private enterprise *n* entreprise *f* privée
privateer [,praɪ·və·'tɪr] *n* corsaire *m*
private life *n* vie *f* privée
privately *adv* **1.** (*in private, not publicly*) en privé; (*celebrate*) dans l'intimité; **to speak ~ with sb** parler à qn en particulier **2.** (*secretly*) en secret **3.** (*personally*) à titre personnel; (*benefit*) personnellement **4.** (*by private individuals, not publicly*) **~-owned business** commerce *m* appartenant au secteur privé
private parts *n* parties *fpl* intimes
private school *n* école *f* privée
private secretary *n* secrétaire *mf* particulier(-ère)
privation [praɪ·'veɪ·ʃən] *n form* privation *f*
privatization *n* privatisation *f*
privatize ['praɪ·və·taɪz] *vt* privatiser
privilege ['prɪv·əl·ɪdʒ] **I.** *n* **1.** (*special right or advantage*) privilège *m;* **diplomatic ~** immunité *f* diplomatique; **to have the ~ of doing sth** avoir le privilège de faire qc **2.** (*honor*) honneur *m;* **it is a ~ to** +*infin* c'est un honneur de +*infin* **II.** *vt* **to be ~d to** +*infin* avoir le privilège de +*infin*
privileged *adj* **1.** (*special, having some privileges*) privilégié(e) **2.** (*confidential: information*) privé(e)
privy ['prɪv·i] *adj form* **to be ~ to sth** avoir connaissance de qc; **to be ~ to the truth about sth** connaître la vérité sur qc
prize[1] [praɪz] **I.** *n* **1.** (*thing to be won*) prix *m;* (*in the lottery*) lot *m;* **to carry off a ~** remporter un prix **2.** (*reward*) récompense *f* ▸ **there are no ~s for guessing** ce n'est pas difficile de deviner **II.** *adj* **1.** *inf* (*first-rate*) de premier ordre **2.** (*prize-winning*) primé(e) **III.** *vt* priser; **sb's ~d possession** le bien le plus prisé de qn; **to ~ sth highly** faire grand cas de qc
prize[2] [praɪz] *vt s.* **pry**[2]
prizefight *n* match *m* de boxe professionnel
prizefighter *n* boxeur, -euse *m, f* professionnel(le)
prizefighting *n* boxe *f* professionnelle
prize list *n* palmarès *m*
prize money *n* SPORTS prix *m* en argent
prize ring *n* ring *m*
prizewinner *n* (*of a game*) gagnant(e) *m(f);* (*of an exam*) lauréat(e) *m(f)*
prizewinning *adj* primé(e)
pro[1] [proʊ] **I.** *n* pour *m;* **the ~s of sth** les avantages *mpl* de qc; **the ~s and cons of sth** le pour et le contre de qc **II.** *prep* pour; **to be ~-European** être pro-européen; **he has always been ~ sport** il a toujours été pour l'activité sportive **III.** *adj* (*vote*) pour **IV.** *adv* pour; **to debate ~ and con** débattre du pour et du contre
pro[2] [proʊ] *n inf* pro *mf;* **tennis ~** pro du tennis
proactive [,proʊ·'æk·tɪv] *adj* qui prend les devants; (*strategy*) anticipé(e)
probability [,prɑ·bə·'bɪl·ə·t̬i] *n* probabilité *f;* **in all ~** selon toute probabilité
probable ['prɑ·bə·bl] *adj* vraisemblable; **it is ~ that** il est probable que +*subj*
probably *adv* probablement
probate ['proʊ·beɪt] **I.** *n* LAW homologation *f;* **to grant ~ of a will** (faire) homologuer un testament **II.** *vt* homologuer
probation *n* **1.** LAW probation *f;* **to be** (**out**) **on ~** être en liberté surveillée; **to get ~** être mis à l'épreuve; **to revoke sb's ~** annuler la mise à l'épreuve de qn **2.** SCHOOL, UNIV période *f* de mise à l'épreuve; **to place sb on ~** sanctionner qn **3.** ECON période *f* d'essai; **to be on ~** être en période d'essai
probationary *adj* de probation; (*period*)

P

d'essai

probationer [proʊ·'beɪ·ʃᵊn·ər] *n* **1.** (*offender on probation*) délinquant(e) *m(f)* en liberté surveillée **2.** (*newly appointed person*) stagiaire *mf*

probe [proʊb] **I.** *vi* faire des recherches; **to ~ for sth** rechercher qc; **to ~ into sth** fouiller dans qc **II.** *vt* **1.** (*examine or investigate thoroughly*) explorer; (*past, person, mystery*) sonder; (*murder*) chercher à éclaircir; (*rubble*) chercher dans **2.** MED sonder **III.** *n* **1.** (*thorough examination, investigation*) enquête *f;* **he made a ~ into the wreckage of the car** il a examiné les débris de la voiture **2.** MED, AVIAT sonde *f*

probing *adj* très poussé(e)

probity ['proʊ·bə·t̬i] *n form* probité *f*

problem ['pra·bləm] *n* problème *m;* **weight ~** problème de poids; **to pose a ~ for sb** créer un problème à qn; **to have a drinking ~** avoir un problème d'alcoolisme

problematic(**al**) *adj* **1.** (*creating difficulty*) problématique **2.** (*questionable, disputable*) discutable

problem child *n* enfant *m* à problèmes

proboscis [proʊ·'ba·sɪs] *n* **1.** (*snout*) museau *m* **2.** (*mouthpart*) trompe *f*

procedural *adj* **1.** (*related to procedure*) de procédure **2.** LAW procédural(e)

procedure [prə·'si·dʒər] *n* procédure *f*

proceed [proʊ·'sid] *vi form* **1.** (*progress*) continuer; **to ~ with sth** poursuivre qc; **to ~ with a lawsuit** intenter un procès; **to ~ against sb** poursuivre qn en justice **2.** (*come from*) **to ~ from sth** provenir de qc **3.** (*continue walking, driving*) avancer **4.** (*continue: debate, work*) se poursuivre **5.** (*start, begin*) commencer; **to ~ with sth** commencer (avec) qc; **to ~ to** +*infin* se mettre à +*infin*

proceeding *n* **1.** (*procedure*) procédé *m* **2.** *pl* (*activities*) activités *fpl* **3.** *pl* LAW poursuites *fpl* judiciaires; **disciplinary ~s** mesures *fpl* disciplinaires; **to institute ~s against sb** intenter un procès à qn **4.** *pl, form* (*record of conference*) actes *mpl* **5.** *pl, form* (*debates*) débats *mpl*

proceeds *n pl* bénéfices *mpl*

process¹ ['pra·ses] **I.** *n* **1.** (*series of actions, steps*) processus *m;* **a long and painful ~** un travail long et pénible; **the aging ~** le processus de l'âge; **to be in the ~ of doing sth** être en train de faire qc **2.** LAW, ADMIN procédure *f* **3.** (*method*) procédé *m* ▶ **in the ~** en même temps **II.** *vt* **1.** (*act upon, treat*) traiter; (*raw materials*) transformer **2.** COMPUT traiter **3.** PHOT développer

process² [proʊ·'ses] *vi form* défiler (en procession)

processing *n* **1.** (*treatment*) traitement *m;* (*of food*) préparation *f* industrielle **2.** PHOT développement *m;* **one-hour ~** développement en une heure

procession [prə·'seʃ·ᵊn] *n* **1.** *a. fig* cortège *m;* (*of cars*) file *f;* **a nonstop ~ of visitors** un défilé interminable de visiteurs **2.** REL procession *f*

processor *n* COMPUT processeur *m*

proclaim [proʊ·'kleɪm] *vt form* proclamer; (*war, one's love*) déclarer

proclamation [ˌpra·klə·'meɪ·ʃᵊn] *n form* déclaration *f;* **to issue a ~** faire une proclamation

proclivity [proʊ·'klɪv·ə·t̬i] *n form* penchant *m*

procrastinate [proʊ·'kræs·tə·neɪt] *vi* atermoyer

procrastination *n* ajournement *m* ▶ **~ is the thief of time** il ne faut pas remettre au lendemain ce que l'on peut faire le jour même *prov*

procreate ['proʊ·kri·eɪt] *vi form* procréer

procreation *n form* procréation *f*

proctor *n* SCHOOL, UNIV (*exam supervisor*) surveillant(e) *m(f)* (d'examen)

procurable [proʊ·'kjʊr·ə·bl] *adj* que l'on peut se procurer

procure [proʊ·'kjʊr] *form* **I.** *vt* (*acquire, obtain*) procurer; **I've ~d a new part** je me suis procuré une pièce de rechange **II.** *vi form* faire du proxénétisme

procurement *n form* **1.** (*acquisition of supplies*) obtention *f* **2.** (*system of supply*) équipement *m*

procurer *n form* proxénète *m*

prod [prad] **I.** *n* **1.** (*jab*) petit coup *m* **2.** (*push*) poussée *f;* **to need a ~** avoir besoin d'être poussé; **to give sb a ~** pousser qn **II.** <-dd-> *vt a. fig* pousser; **to ~ sb into doing sth** pousser qn à faire qc **III.** <-dd-> *vi* **to ~ at sb/sth** pousser qn/qc

prodigal ['pra·dɪ·gᵊl] *adj form* prodigue

prodigal son *n* fils *m* prodigue

prodigious *adj form* **1.** (*enormous, immense*) énorme **2.** (*amazing, astonishing*) prodigieux(-euse)

prodigy ['pra·də·dʒi] *n* prodige *m;* **child ~** enfant *mf* prodige

produce¹ ['pra·dus, *vb:* prə·'dus] **I.** *n* **1.** (*agricultural products*) produits *mpl;* **dairy/agricultural ~** produits laitiers/agricoles; **~ section** rayon *m* des produits frais **2.** *fig* produit *m* **II.** *vt* **1.** (*create*) produire; (*effect*) provoquer; (*illusion*) créer; (*meal*) confectionner; (*odor*) dégager; (*report*) rédiger **2.** (*manufacture*) fabriquer **3.** (*give birth to: offspring*) donner naissance à **4.** (*bring before the public: film, program*) produire; (*opera, play*) mettre en scène; (*book*) préparer; **a beautifully ~d biography** une biographie merveilleusement présentée **5.** (*direct a recording*) procéder à l'enregistrement de **6.** (*bring into view, show*) montrer; (*gun, knife, weapon*) sortir; (*ticket, identification*) présenter; (*alibi*) fournir **7.** (*cause, bring about*) entraîner; (*hysteria, uncertainty*) provoquer; (*results*) produire **8.** (*result in, yield*) rapporter **9.** ELEC (*a spark*) faire jaillir

producer *n* producteur, -trice *m, f;* (*of a play*) metteur *m* en scène

product ['pra·dʌkt] *n a. fig* produit *m*

production *n* **1.** (*manufacturing process*) fabrication *f;* **to go into ~** entrer en production **2.** (*manufacturing yield, quantity produced*) production *f;* **drop in ~** baisse *f* de la production **3.** CINE, TV, RADIO (*act of producing*) production *f* **4.** THEAT (*version*) mise *f* en scène; (*show*) production *f* **5.** MUS production *f* **6.** *form* (*presentation*) présentation *f*

production capacity *n* capacité *f* productrice (d'une société)

production costs *npl* coûts *mpl* de la production

production director *n* directeur, -trice *m, f* de (la) production

production line *n* chaîne *f* de fabrication

production manager *n* directeur, -trice *m, f* de (la) production

production platform *n* plate-forme *f* de production

production time *n* temps *m* de fabrication

production volume *n* volume *m* de production

productive *adj* **1.** (*producing*) productif(-ive); (*land, soil*) fertile **2.** (*accomplishing much*) fécond(e); (*conversation, meeting*) fructueux(-euse)

productivity *n* **1.** (*productiveness*) productivité *f* **2.** (*effectiveness of production*) rentabilité *f*

productivity bonus *n* prime *f* à la productivité

Prof. [praf] *n abbr of* **Professor** Prof. *m*

prof [praf] *n inf abbr of* **professor** prof *mf*

profanation *n* REL profanation *f*

profane [proʊ·'feɪn] *adj* **1.** (*blasphemous*) blasphématoire; (*language*) grossier(-ère) **2.** *form* (*secular*) profane

profanity [proʊ·'fæn·ə·ţi] *n form* **1.** (*blasphemy*) blasphème *m* **2.** (*foul language, swearing, obscene word*) juron *m;* **this film contains ~** ce film contient des propos obscènes

profess [prə·'fes] *vt* professer; **to ~ to** *+infin* prétendre *+infin;* **to ~ oneself satisfied with sth** se déclarer satisfait de qc

professed *adj* **1.** (*self-acknowledged, openly declared*) avéré(e); (*Christian, Marxist*) confirmé(e); (*enemy*) déclaré(e) **2.** (*alleged*) présumé(e)

professedly *adv* soi-disant

profession [prə·'feʃ·ən] *n* profession *f;* **teaching ~** profession d'enseignant(e); **to enter a ~** entrer dans une profession

professional I. *adj* professionnel(le); **to go ~** passer professionnel; **he looks ~!** il a l'air d'être du métier! **II.** *n* professionnel(le) *m(f)*

professionalism *n* professionnalisme *m*

professor [prə·'fes·ər] *n* professeur *mf*

professorial *adj* professoral(e)

professorship *n* UNIV chaire *f*

proffer ['pra·fər] *vt form* offrir; (*observation*) faire; (*opinion*) donner

proficiency [prə·'fɪʃ·ən(t)·si] *n* compétence *f;* **~ in sth** compétence en qc; **to show ~** être compétent

proficient *adj* compétent(e); **to be ~ at/in sth** être compétent dans

profile ['proʊ·faɪl] **I.** *n* **1.** (*outline*) profil *m;* **in ~** de profil **2.** (*portrayal*) portrait *m* **3.** (*public image*) **to raise sb's/sth's ~** mieux faire connaître qn/qc; **in a high-~ position** dans une position en vue ►**to keep a low ~** adopter un profil bas **II.** *vt* **1.** (*describe*) faire le portrait de **2.** (*draw a profile of*) dessiner le profil de

profit ['pra·fɪt] **I.** *n* profit *m;* FIN bénéfice *m;* **to sell sth at a ~** vendre qc à profit; **to make a ~** faire un bénéfice **II.** *vi* **to ~ from/by sth** tirer profit de qc **III.** *vt* profiter à

profitability *n* rentabilité *f*

profitable ['pra·fɪţ·ə·bl] *adj* **1.** (*producing a profit: business*) rentable; (*investment*) lucratif(-ive) **2.** (*advantageous, beneficial*) avantageux(-euse); **to make ~ use of one's time** bien profiter de son temps

profiteer [ˌpra·fɪ·'tɪr] *n pej* profiteur, -euse *m, f*

profiteering *n pej* affairisme *m*

profit-making *adj* rentable; (*business*) à but lucratif

profit margin *n* marge *f* bénéficiaire

profit sharing *n* participation *f* aux bénéfices

profit taking *n* FIN prise *f* de bénéfices

profligate ['pra·flɪ·gɪt] *adj form* **1.** (*wasteful*) prodigue **2.** (*dissolute*) débauché(e)

profound [prə·'faʊnd] *adj* profond(e); (*knowledge*) approfondi(e)

profundity [proʊ·'fʌn·də·ti] *n* profondeur *f*

profuse [prə·'fjus] *adj* **1.** (*abundant: bleeding, perspiration*) abondant(e) **2.** *fig* (*apologies*) profus(e); **to be ~ in sth** se confondre en qc

profusion *n form* profusion *f;* **in ~** à profusion

progenitor [proʊ·'dʒen·ə·ţər] *n form* ancêtre *mf*

progeny ['pra·dʒə·ni] *n pl, form* progéniture *f*

prognosis [prag·'noʊ·sɪs] *n form* **1.** MED pronostic *m* **2.** ECON prévision *f*

prognosticate [prag·'na·stɪ·keɪt] *vt form* pronostiquer; **to ~ that ...** présager que ...

program ['proʊ·græm] **I.** *n* **1.** (*broadcast*) émission *f* **2.** (*presentation, guide, list of events*) programme *m;* **fitness ~** programme de mise en forme physique **3.** (*plan*) programme *m;* **modernization ~** plan *m* de modernisation **4.** COMPUT (*computer instructions*) programme *m;* **to write a ~** faire un programme **II.** <-mm-> *vt* programmer

programmable *adj* programmable

programmer *n* **1.** COMPUT, RADIO, TECH (*person*) programmeur, -euse *m, f* **2.** (*device*) programmateur *m*

programming *n a.* COMPUT programmation *f*

programming language *n* langage *m* de programmation

progress ['pra·gres, *vb:* prə·'gres] **I.** *n* progrès *mpl;* **to make ~** faire des progrès; **the patient is making ~** l'état *m* du patient s'améliore; **to**

be in ~ être en cours; **to stop sb's ~** stopper la progression de qn; **to make slow ~** avancer lentement; **the slow ~ of the inquiry** la lenteur de l'enquête; **to make ~ towards sth** avancer vers qc; **to give sb a ~ report** présenter un bilan à qn **II.** *vi* progresser; **to ~ to sth** passer à qc; **to ~ towards sth** s'acheminer vers qc

progression [prə·'greʃ·ᵊn] *n a.* MATH progression *f;* **~ of a disease** progression d'une maladie

progressive [prə·'gres·ɪv] **I.** *adj* **1.** *a.* LING progressif(-ive) **2.** (*favoring social progress*) progressiste **II.** *n* **1.** (*advocate of social reform*) progressiste *mf* **2.** LING **the ~** la forme progressive

progressively *adv* progressivement

prohibit [proʊ·'hɪb·ɪt] *vt* (*forbid*) interdire; **to ~ sb from doing sth** interdire à qn de faire qc; **to be ~ed by law** être prohibé par la loi

prohibition [ˌproʊ·(h)ɪ·'bɪʃ·ᵊn] *n* **1.** (*ban*) interdiction *f;* **~ on beef imports** interdiction des importations de viande bovine **2.** LAW, HIST **Prohibition** la prohibition

prohibitive *adj* prohibitif(-ive)

project ['pra·dʒekt, *vb:* prə·'dʒekt] **I.** *n* projet *m;* **the airport ~** le projet d'aéroport **II.** *vt* **1.** (*forecast: costs, timetable*) prévoir; **to be ~ed to** *+infin* être projeté de *+infin;* **the ~ed increase** l'augmentation *f* prévue **2.** (*send out*) projeter; **to ~ one's voice** faire entendre sa voix; **to ~ one's mind into the future** projeter ses pensées dans l'avenir; **to ~ oneself** se mettre en avant **3.** CINE (*show on screen*) **to ~ sth onto sth** projeter qc sur qc **4.** PSYCH **to ~ sth onto sb/sth** projeter qc sur qn/qc; **to ~ oneself onto sb** se projeter sur qn **III.** *vi* (*protrude*) avancer; **~ing teeth** dents *fpl* en avant

projectile [prə·'dʒek·tᵊl] *n* projectile *m*

projection [prə·'dʒek·ʃᵊn] *n* **1.** (*forecast*) estimation *f* **2.** (*protrusion*) avancée *f* **3.** CINE, PSYCH projection *f*

projectionist *n* projectionniste *mf*

projector [prə·'dʒek·tər] *n* projecteur *m*

prolapse ['proʊ·læps] *n* MED prolapsus *m*

prole [proʊl] *n pej abbr of* **proletarian** prolo *mf*

proletarian **I.** *n* prolétaire *mf* **II.** *adj* prolétarien(ne)

proletariat [ˌproʊ·lə·'ter·i·ət] *n* prolétariat *m*

proliferate [proʊ·'lɪf·ə·reɪt] *vi* proliférer

proliferation *n* prolifération *f*

prolific [proʊ·'lɪf·ɪk] *adj* prolifique

prolix [proʊ·'lɪks] *adj pej, form* prolixe

prolog *n*, **prologue** ['proʊ·lɔg] *n a. fig* prologue *m;* **to be a ~ to sth** être le prologue de qc; *fig* être le prologue à qc

prolong [proʊ·'lɔŋ] *vt* prolonger

prolongation [ˌproʊ·lɔŋ·'geɪ·ʃᵊn] *n* prolongation *f*

prom [pram] *n* (*formal school dance*) bal *m* des lycéens

> ℹ Un **prom** est un bal organisé à la *high school.* Le *senior prom* est un bal où se retrouvent tous les *seniors.* On s'y présente normalement avec une *date* (un/une partenaire) et un couple est élu *prom queen and king.* Cette manifestation constitue l'un des grands moments de l'année scolaire. Un *junior prom* est souvent organisé pour les *juniors.*

PROM *n* COMPUT *abbr of* **programmable read-only memory** mémoire *f* morte programmable

promenade [ˌpra·mə·'neɪd] **I.** *n a. form* promenade *f* **II.** *vi* se promener

prominence ['pra·mə·nən(t)s] *n* **1.** (*conspicuousness*) proéminence *f;* **to give ~ to sth** donner la priorité à qc **2.** (*importance*) importance *f;* **to gain** [*o* **rise to**] **~** gagner en importance *f;* **to occupy a position of ~** occuper un poste important

prominent *adj* **1.** (*conspicuous: chin*) saillant(e); (*teeth*) en avant; **to put sth in a ~ position** mettre qc au premier plan **2.** (*well-known: musician*) éminent(e); **a ~ figure in the movement** un personnage important dans le mouvement; **to be ~ in sth** être éminent dans qc

promiscuity [ˌpra·mɪ·'skju·ə·t̬i] *n* promiscuité *f* sexuelle

promiscuous [prə·'mɪs·kju·əs] *adj pej* aux nombreux(-euses) partenaires sexuel(le)s

promise ['pra·mɪs] **I.** *vt* promettre; **to ~ sb sth** promettre qc à qn; **to ~ sb to** *+infin* promettre à qn de *+infin;* **to ~ oneself sth** se promettre qc; **we've been ~d snow** on nous a promis de la neige; **it's true, I ~ you** c'est vrai, je t'assure **II.** *vi* promettre **III.** *n* **1.** (*pledge*) promesse *f;* **to break/keep one's ~ to sb** manquer à/tenir sa promesse envers qn; **~s, ~s!** ce ne sont que des promesses de Gascon! **2.** (*potential*) espoir *m;* **a young person of ~** un jeune espoir; **to show ~** être très prometteur; **to fulfill one's (early) ~** répondre à tous les espoirs

Promised Land *n* **the ~** la Terre Promise

promising *adj* (*career, work*) prometteur(-euse); (*musician*) qui promet; **to get off to a ~ start** bien démarrer

promissory note ['pra·mɪ·sɔr·i·ˌnoʊt] *n* billet *m* à ordre

promontory ['pra·mən·tɔr·i] <-ries> *n* GEO promontoire *m*

promote [prə·'moʊt] *vt* promouvoir; **to ~ sb to sth** promouvoir qn au rang de qc; **to ~ a new book** faire la promotion d'un nouveau livre

promoter *n* promoteur, -trice *m, f*

promotion *n a.* COM promotion *f;* **sb's ~ to sth** la promotion de qn au rang de qc

promotional material *n* matériel *m* publicitaire

prompt [pram(p)t] **I.** *vt* **1.** (*spur*) encourager; **what ~ed you to write?** qu'est-ce qui vous a poussé à écrire? **2.** THEAT (*remind of lines*) souffler le texte à **II.** *adj* (*quick*) prompt(e); (*action, delivery*) rapide; **to be ~ in doing sth** être prompt à faire qc **III.** *n* **1.** COMPUT message *m* **2.** THEAT (*words*) **to give sb a ~** souffler son texte à qn

prompt box <-es> *n* THEAT trou *m* du souffleur

prompter *n* THEAT souffleur, -euse *m, f*

promptly *adv* **1.** (*quickly*) promptement **2.** *inf* (*immediately afterward*) tout de suite

promptness *n* promptitude *f*

prompt note *n* lettre *f* de rappel

promulgate ['pra·mᵊl·geɪt] *vt form a.* LAW promulguer

promulgation *n form a.* LAW promulgation *f*

prone [proʊn] *adj* **1.** (*disposed*) **to be ~ to** (*behavior*) être enclin à qc; (*illness*) être sujet à qc **2.** (*likely, liable*) **to be ~ to** +*infin* avoir tendance à +*infin* **3.** (*lying flat*) sur le ventre

prong [prɔŋ] *n* (*of fork*) dent *f*

pronominal [proʊ·'na·mə·nᵊl] *adj* LING pronominal(e)

pronoun ['proʊ·naʊn] *n* LING pronom *m*

pronounce [prə·'naʊn(t)s] *vt* **1.** LING (*speak*) prononcer **2.** (*declare*) déclarer; **to ~ sb/sth guilty** déclarer qn/qc coupable; **to ~ sb man and wife** déclarer qn mari et femme

◆**pronounce on** *vt* se prononcer sur

pronounceable *adj* prononçable

pronounced *adj* prononcé(e)

pronouncement *n* (*declaration*) déclaration *f*

pronto ['pran·t̬oʊ] *adv inf* et que ça saute

pronunciation [prə·ˌnʌn(t)·si·'eɪ·ʃᵊn] *n* prononciation *f*

proof [pruf] **I.** *n* **1.** (*facts establishing truth*) *a.* LAW, MATH preuve *f;* **to have ~ of sth** avoir la preuve de qc; **to be ~ of sth** être la preuve de qc **2.** (*test*) épreuve *f;* **to put sb/sth to the ~** mettre qn/qc à l'épreuve **3.** TYP, PHOT (*first printing*) épreuve *f* **4.** (*degree of strength: of alcohol*) *la proportion d'alcool pur dans les spiritueux* **II.** *adj* (*impervious*) imperméable; **burglar-~** à l'épreuve des cambriolages; **bomb-~** à l'épreuve des bombes; **child-~** qui résiste aux enfants **III.** *vt* imprégner

proofread <proofread> TYP, PUBL **I.** *vt* corriger **II.** *vi* faire des corrections

proofreader *n* correcteur, -trice *m, f*

proofreading *n* TYP, PUBL correction *f*

prop[1] [prap] *n* (*support*) support *m*

◆**prop up** *vt* soutenir

prop[2] [prap] *n* THEAT, CINE accessoire *m*

prop[3] [prap] *n inf abbr of* **propeller**

propaganda [ˌpra·pə·'gæn·də] *n no indef art, pej* propagande *f;* **~ war/film** guerre *f*/film *m* de propagande

propagandist *n pej* propagandiste *mf*

propagate ['pra·pə·geɪt] **I.** *vt form a.* BOT propager; **to ~ oneself** se propager **II.** *vi* se propager

propagation *n* propagation *f*

propane ['proʊ·peɪn] *n no indef art* CHEM propane *m*

propel [prə·'pel] <-ll-> *vt* faire avancer; **to be ~led by wind** être entraîné par le vent

propellant [prə·'pel·ənt] *n* **1.** (*fuel*) carburant *m* **2.** (*gas*) gaz *m* propulseur

propeller *n* hélice *f*

propeller shaft *n* TECH arbre *m* de transmission

propensity [prə·'pen(t)·sə·t̬i] *n form* propension *f;* **to have a ~ to do/for sth** avoir une propension à faire/à qc

proper ['pra·pər] **I.** *adj* **1.** (*true: meal, tool*) vrai(e); **they don't have ~ classrooms** ils n'ont pas de véritables salles de classe **2.** (*suitable, correct: method, training, place*) convenable; **to make ~ safety checks** effectuer des contrôles de sécurité convenables; **the ~ time for sth** le moment qui convient pour qc **3.** (*socially respectable*) respectable; **to be ~ to** +*infin* être bien pour +*infin;* **it's right and ~ for him to do that** c'est tout à fait normal qu'il le fasse **4.** *form* (*itself*) **the city ~** la ville proprement dite **II.** *adv* (*completely*) vraiment

proper fraction *n* MATH fraction *f*

properly *adv* **1.** (*correctly*) correctement; **pronounce the word ~** prononce le mot comme il faut; **~ speaking** à proprement parler **2.** (*suitably*) convenablement

proper name, proper noun *n* nom *m* propre

property ['pra·pər·t̬i] *n* **1.** (*possession*) bien *m;* **personal ~** bien personnel; **is this your ~?** est-ce que cela vous appartient? **2.** LAW (*right to possession*) propriété *f* **3.** (*buildings and land*) biens *mpl* immobiliers **4.** (*house*) propriété *f* **5.** <-ties> (*attribute*) propriété *f* **6.** <-ties> THEAT (*prop*) accessoire *m*

property developer *n* ECON promoteur, -trice *m, f* immobilier

property market *n* marché *m* immobilier

property owner *n* propriétaire *mf* foncier(-ère)

property room *n* THEAT salle *f* des accessoires

property speculation *n* ECON spéculation *f* immobilière

property tax *n* impôt *m* foncier

prophecy ['pra·fə·si] <-ies> *n* prophétie *f*

prophesy ['pra·fə·si] <-ie-> **I.** *vt* prophétiser **II.** *vi* faire des prédictions

prophet ['pra·fɪt] *n a.* REL prophète *m*

prophetess ['pra·fɪ·t̬əs] *n* prophétesse *f*

prophetic [prə·'fet·ɪk] *adj* prophétique

prophylactic [ˌproʊ·fə·'læk·tɪk] **I.** *adj* MED prophylactique **II.** *n* **1.** MED (*preventative medicine*) traitement *m* préventif **2.** (*condom*) préservatif *m*

prophylaxis [ˌproʊ·fə·'læk·sɪs] *n* MED prophylaxie *f*

propitious [prə·'pɪʃ·əs] *adj form* propice

proponent [prə·'poʊ·nənt] *n* partisan(e) *m(f)*

proportion [prə·'pɔr·ʃᵊn] *n* **1.** (*comparative part*) proportion *f;* **~ of sth to sth** proportion de qc par rapport à qc **2.** (*quantifiable relation-*

P

ship) **to increase in ~ to sth** augmenter en proportion de qc; **in ~ to sb's income** proportionnellement au revenu de qn; **to be sth in ~ to sth** être qc proportionnellement à qc **3.** (*relative importance*) **to have/keep a sense of ~** avoir/garder le sens de la mesure; **to keep sth in ~** relativiser qc; **to get things out of ~** perdre le sens de la mesure; **retaliation in ~ to the attack** riposte *f* proportionnelle à l'attaque; **to be in/out of ~ to sth** être proportionné/disproportionné par rapport à qc **4.** *pl* (*size, dimensions*) proportions *fpl;* **building of gigantic ~s** bâtiment *m* aux proportions énormes

proportional *adj* proportionnel(le); **to be ~ to sth** être proportionnel à qc

proportionality *n* proportionnalité *f*

proportional representation *n* représentation *f* proportionnelle

proportionate [prə·ˈpɔr·ʃᵊn·ɪt] *adj s.* **proportional**

proportioned *adj* proportionné(e); **well ~** bien proportionné; **to be generously ~** avoir des formes généreuses

proposal *n* proposition *f;* **a ~ to** *+infin* une proposition pour *+infin;* **marriage ~** demande *f* en mariage

propose [prə·ˈpoʊz] **I.** *vt* **1.** (*suggest*) proposer; **to ~ doing sth** proposer de faire qc; **to ~ a toast** porter un toast **2.** (*intend*) projeter; **to ~ to do/doing sth** projeter de faire qc **II.** *vi* (*offer oneself in marriage*) **to ~ to sb** faire une demande en mariage à qn ►<u>**man**</u> **~s, God disposes** *prov* l'homme propose, Dieu dispose *prov*

proposer *n* initiateur, -trice *m, f* d'une proposition

proposition [ˌprɑ·pə·ˈzɪʃ·ᵊn] **I.** *n* proposition *f;* **the business is a worthwhile ~** c'est une affaire rentable **II.** *vt* faire une proposition à

propound [prə·ˈpaʊnd] *vt form* exposer

proprietary [prə·ˈpraɪə·ter·i] *adj* **1.** (*related to owner, ownership*) de propriété; (*air, behavior*) de propriétaire **2.** (*with registered trade name: product, article*) de marque déposée

proprietary name *n* marque *f* déposée

proprietor *n* propriétaire *mf*

proprietorship *n* propriété *f*

proprietress *n* propriétaire *f*

propriety [prə·ˈpraɪə·t̬i] *n* bienséance *f;* **to observe the proprieties** observer les règles de bienséance

propulsion [prə·ˈpʌl·ʃᵊn] *n* propulsion *f*

pro rata [ˌproʊ·ˈreɪ·t̬ə] **I.** *adj form* proportionnel(le) **II.** *adv form* au prorata

prorate *vt* **to ~ sth** partager qc au prorata

prosaic [proʊ·ˈzeɪ·ɪk] *adj form* prosaïque

proscenium [proʊ·ˈsi·ni·əm] <-s *o* proscenia> *n* THEAT avant-scène *f*

proscribe [proʊ·ˈskraɪb] *vt form* proscrire

proscription [proʊ·ˈskrɪp·ʃᵊn] *n form* proscription *f*

prose [proʊz] *n no indef art* LIT prose *f;* **~ poem** poème *m* en prose

prosecute [ˈprɑ·sɪ·kjut] **I.** *vt a.* LAW poursuivre; **to ~ sb for sth** poursuivre qn pour un délit de qc; **to ~ one's studies** poursuivre ses études **II.** *vi* engager des poursuites judiciaires

prosecuting *adj* de l'accusation; **the ~ attorney** l'accusation *f*

prosecution *n* **1.** LAW (*court proceedings*) poursuites *fpl;* **to face ~** s'exposer à des poursuites; **to be liable to ~** être passible de poursuites **2.** LAW (*the prosecuting party*) **the ~** l'accusation *f;* **witness for the ~** témoin *m* à charge

prosecutor *n* LAW accusateur, -trice *m, f*

prosody [ˈprɑ·sə·di] *n no indef art* prosodie *f*

prospect [ˈprɑ·spekt] **I.** *n* **1.** (*likely future*) perspective *f;* **the ~ is for more rain/higher inflation** on nous prédit encore plus de pluie/une plus forte inflation; **I find that a worrying ~** je trouve cette éventualité préoccupante; **the ~ of more change is on the horizon** il y a des changements en perspective **2.** (*chance of sth*) chance *f;* **there is no ~ of that happening** il n'y a aucun risque que ça arrive *subj;* **employment ~s** chances *fpl* de trouver un emploi **3.** (*potential customer*) client(e) *m(f)* potentiel(le) **4.** (*potential associate*) **the new ~s** (*for team, membership*) les possibles candidats *mpl* **5.** (*view*) vue *f* **II.** *vi* MIN prospecter; **to ~ for gold** prospecter de l'or

prospective *adj* (*member, player*) futur(e); (*employer*) éventuel(le)

prospector *n* MIN prospecteur *m;* **gold ~** chercheur *m* d'or

prospectus [prə·ˈspek·təs] *n* prospectus *m*

prosper [ˈprɑ·spər] *vi* prospérer

prosperity [prɑ·ˈsper·ə·t̬i] *n* prospérité *f*

prosperous *adj* (*business, economy*) prospère

prostate [ˈprɑ·steɪt] *n* ANAT prostate *f*

prostitute [ˈprɑ·stə·tut] **I.** *n* prostitué(e) *m(f)* **II.** *vt* prostituer; **to ~ oneself** se prostituer; **to ~ one's talents** vendre ses talents

prostitution *n* prostitution *f*

prostrate [ˈprɑ·streɪt] **I.** *adj* **1.** (*lying face down*) prosterné(e) **2.** (*overcome*) prostré(e); **to be ~ with grief** être accablé de chagrin **II.** *vt* **to ~ oneself** se prosterner

prostration *n* prostration *f*

protagonist [proʊ·ˈtæg·ᵊn·ɪst] *n* protagoniste *mf*

protect [prə·ˈtekt] *vt* protéger; (*interests*) préserver; **to ~ oneself against sth** se protéger de qc

protection *n* protection *f*

protection factor *n* facteur *m* de protection

protectionism *n pej* protectionnisme *m*

protectionist *adj pej* protectionniste

protective *adj* **1.** (*affording protection*) de protection; **~ custody** détention *f* préventive **2.** (*wishing to protect*) protecteur(-trice); **to be ~ of sb/sth** être soucieux de qn/qc

protector *n* **1.** (*sb who protects sth*) *a.* HIST protecteur, -trice *m, f* **2.** (*device*) protection *f*

protectorate [prə·'tek·tᵊr·ɪt] *n* protectorat *m*
protein ['proʊ·tin] *n* protéine *f*
protest ['proʊ·test] **I.** *n* protestation *f;* **to make/register a ~** émettre/enregistrer une protestation; **to do sth under ~** faire qc en protestant; **to do sth in ~ of sth** faire qc pour protester contre qc **II.** *vi* protester; **to ~ about sb/sth** émettre une objection sur qn/qc; (*demonstrators*) manifester contre qn/qc **III.** *vt* **1.** (*solemnly affirm*) assurer; **to ~ one's innocence** protester de son innocence **2.** (*show dissent*) protester contre
Protestant ['pra·t̬ə·stᵊnt] *n* REL protestant(e) *m(f);* **the ~ church** l'Eglise *f* protestante
Protestantism *n no indef art* protestantisme *m*
protestation [ˌpra·t̬es·'teɪ·ʃᵊn] *n pl* **1.** (*strong objection*) protestations *fpl* **2.** (*strong affirmation*) assurance *f*
protester *n* protestataire *mf*
protest march *n* marche *f* de protestation
protest vote *n* vote *m* protestataire
protocol ['proʊ·t̬ə·kɔl] *n* **1.** (*system of rules*) protocole *m* **2.** POL (*formal international agreement*) protocole *m* d'accord; **Geneva ~s** les accords *mpl* de Genève
proton ['proʊ·tan] *n* proton *m*
prototype ['proʊ·t̬ə·taɪp] *n* prototype *m*
protract [proʊ·'trækt] *vt form* prolonger
protracted *adj* prolongé(e)
protraction *n* **1.** (*prolonging*) prolongation *f* **2.** ANAT (*muscle action*) extension *f*
protractor *n* **1.** (*angle measuring device*) rapporteur *m* **2.** ANAT (*muscle*) extenseur *m*
protrude [proʊ·'trud] *vi* saillir; **to ~ from sth** saillir de qc
protruding *adj* protubérant(e)
protrusion [proʊ·'tru·ʒᵊn] *n* protubérance *f*
protuberance [proʊ·'tu·bᵊr·ᵊn(t)s] *n form* protubérance *f*
proud [praʊd] **I.** *adj* **1.** (*pleased and satisfied*) fier(fière); **to be ~ to** +*infin* être fier de +*infin;* **as ~ as a peacock** fier comme un coq **2.** (*forward*) **to stand ~ of sth** dépasser légèrement qc **II.** *adv* **to do sb ~** faire honneur à qn
provable ['pru·və·bl] *adj* prouvable
prove [pruv] <proved, proven *o* proved> **I.** *vt* prouver; **to ~ a point** démontrer qu'on a raison; **to ~ oneself (to be) sth** montrer qu'on est qc **II.** *vi* s'avérer; **to ~ (to be) impossible** s'avérer impossible
proven ['pru·vᵊn] **I.** *pp of* **prove II.** *adj* (*remedy*) efficace; **a ~ impossibility** une impossibilité prouvée
provenance ['pra·vᵊn·ᵊn(t)s] *n form* provenance *f*
proverb ['pra·vɜrb] *n* proverbe *m*
proverbial *adj* proverbial(e)
provide [prə·'vaɪd] *vt* **1.** (*supply, make available: food, money, instructions*) fournir; (*security, access*) offrir; (*education*) assurer; **to ~ sth for sb/sth, to ~ sb/sth with sth** apporter qc à qn/qc; **to ~ oneself with sth** (*equip*) se procurer qc **2.** *form* LAW prévoir
◆**provide for** *vt* (*emergencies, possibility*) prévoir; (*one's family*) subvenir aux besoins de
provided (that) *conj* pourvu que +*subj;* **he'll get it ~ he pays for it** il l'aura à condition de le payer
providence ['pra·və·dᵊn(t)s] *n* providence *f*
providential *adj form* providentiel(le)
provider *n a.* COMPUT fournisseur *m*
providing *conj* pourvu que +*subj*
province ['pra·vɪn(t)s] *n* **1.** (*area*) province *f;* **the ~s** la province **2.** (*branch of a subject*) domaine *m*
provincial **I.** *adj a. pej* provincial(e); (*city*) de province **II.** *n a. pej* provincial(e) *m(f)*
proving flight *n* MIL, AVIAT *s.* **test flight**
proving ground *n* terrain *m* d'essai
provision [prə·'vɪʒ·ᵊn] *n* **1.** (*act of providing*) **to be responsible for the ~ of food/bedding** assurer l'approvisionnement *m* de nourriture/l'équipement *m* en literie; **~ of education** services *mpl* de l'éducation **2.** *pl* (*food*) provisions *fpl* **3.** (*preparation, prior arrangement*) disposition *fpl;* **to make ~s for sb/sth** prendre des dispositions pour qn/qc **4.** (*stipulation in a document*) disposition *f*
provisional *adj* provisoire
proviso [prə·'vaɪ·zoʊ] <-s> *n* clause *f;* **with/on the ~ that** à condition que +*subj*
provocation [ˌpra·və·'keɪ·ʃᵊn] *n* provocation *f*
provocative [prə·'va·kə·t̬ɪv] *adj* provocant(e); **you're being ~** tu fais de la provocation
provoke [prə·'voʊk] *vt* provoquer; **to ~ sb/sth into doing sth** pousser par la provocation qn/qc à faire qc
provoking *adj* provocant(e)
provost ['proʊ·voʊst] *n* UNIV recteur, -trice *m, f*
prow [praʊ] *n* NAUT proue *f*
prowess ['praʊ·ɪs] *n form* prouesse *f*
prowl [praʊl] **I.** *n* tour *m* à la recherche d'une proie; **to be on the ~** rôder **II.** *vt* rôder dans **III.** *vi* rôder
prowl car *n s.* **patrol car**
prowler *n* rôdeur, -euse *m, f*
proximity [prak·'sɪ·mə·t̬i] *n form* proximité *f;* **to be in (close) ~ to sb/sth** être très proche de qn/qc
proxy ['prak·si] <-ies> *n* **1.** (*authority*) procuration *f* **2.** (*person*) mandataire *mf*
prude [prud] *n pej* prude
prudence ['pru·dᵊn(t)s] *n* prudence *f*
prudent ['pru·dᵊnt] *adj* prudent(e)
prudery ['pru·dᵊr·i] <-ies> *n pej* pruderie *f*
prudish ['pru·dɪʃ] *adj pej* prude
prune¹ [prun] *n* (*dried plum*) prune *f*
prune² [prun] *vt* **1.** BOT (*trim: tree, shrub*) **to ~ sth (down)** tailler qc **2.** (*make smaller: article*) raccourcir; (*costs, budget*) tailler dans
pruning *n* taillage *m*
pruning hook *n* BOT taille-haie *m*
pruning knife *n* BOT serpette *f*
pruning shears *npl* sécateur *m*
prurience ['prʊr·i·ən(t)s] *n pej, form* lubricité *f*

P

prurient *adj pej, form* lubrique
Prussia ['prʌʃ·ə] *n* HIST, POL, GEO la Prusse
Prussian **I.** *n* HIST Prussien(ne) *m(f)* **II.** *adj* prussien(ne)
prussic acid [ˌprʌs·ɪk·'æs·ɪd] *n* acide *m* prussique
pry[1] [praɪ] <pries, pried> *vi* être indiscret(-ète); **to ~ into sth** fouiner dans qc
pry[2] [praɪ] *vt* **to ~ sth off** [*o* **to ~ off sth**] retirer qc à l'aide d'un levier; **to ~ sth open** ouvrir qc à l'aide d'un levier; **to ~ sth out of sb** arracher qc à qn
prying *adj* (*eyes, neighbors*) curieux(-euse)
PS [ˌpi·'es] *n abbr of* **postscript** PS *m*
psalm [sam] *n* REL psaume *m*
psalmody *n* REL psalmodie *f*
pseudo ['su·doʊ] *adj* (*false*) pseudo *inv;* **~-intellectual** pseudo-intellectuel(le)
pseudonym ['su·dᵊn·ɪm] *n* pseudonyme *m*
pseudonymous *adj* pseudonyme
psych *vt inf* **1.** (*prepare mentally*) préparer mentalement; **to ~ oneself up** se préparer mentalement **2.** (*subject to psychoanalysis*) faire une analyse à
psyche ['saɪ·ki] *n* psyché *f*
psychedelic [ˌsaɪ·kə·'del·ɪk] *adj* psychédélique
psychiatric *adj* psychiatrique
psychiatrist *n* psychiatre *mf*
psychiatry [saɪ·'kaɪ·ə·tri] *n* psychiatrie *f*
psychic ['saɪ·kɪk] **I.** *n* voyant(e) *m(f)* **II.** *adj* **1.** (*concerning occult powers*) parapsychologique **2.** (*of the mind*) psychique; **to be ~** avoir des dons de voyance
psychical *adj s.* **psychic**
psychoanalysis [ˌsaɪ·koʊ·ə·'næl·ə·sɪs] *n* psychanalyse *f*
psychoanalyze [ˌsaɪ·koʊ·'æn·ə·laɪz] *vt* psychanalyser
psychological *adj* psychologique
psychologist *n* psychologue *mf*
psychology [saɪ·'ka·lə·dʒi] <-ies> *n* psychologie *f*
psychopath ['saɪ·kə·pæθ] *n* psychopathe *mf*
psychopathy *n* psychopathie *f*
psychosis [saɪ·'koʊ·sɪs] <-ses> *n* psychose *f*
psychotic [saɪ·'ka·t̬ɪk] **I.** *adj* psychotique **II.** *n* psychotique *mf*
PT [ˌpi·'ti] *n* SCHOOL *abbr of* **physical training** EPS *f*
pt *n* **1.** *abbr of* **part** partie *f* **2.** *abbr of* **pint** pinte *f* **3.** *abbr of* **point** point *m*
PTA *n abbr of* **Parent Teacher Association** association *f* de parents d'élèves
ptarmigan ['tar·mɪ·gən] *n* ZOOL perdrix *f* blanche
PTO [ˌpi·ti·'oʊ] *abbr of* **Parent Teacher Organization** association *f* de parents d'élèves
pub [pʌb] *n inf* (*bar*) pub *m*
pub. [pʌb] *n* **1.** *abbr of* **publication** **2.** *abbr of* **publisher**
pub crawl *n inf* tournée *f* des bistros
puberty ['pju·bər·t̬i] *n* puberté *f*
pubic ['pju·bɪk] *adj* pubien(ne)
public ['pʌb·lɪk] **I.** *adj* public(-que); **~ opinion** opinion *f* publique; **in the ~ interest** dans l'intérêt général; **at ~ expense** aux frais du contribuable; **to go ~ with sth** rendre qc public **II.** *n + sing/pl vb* public *m;* **sb's ~** le public de qn; **in ~** en public
public accountant *n* ADMIN, ECON expert-comptable *m,* experte-comptable *f*
public-address system *n* système *m* de haut-parleurs
public affairs *npl* affaires *fpl* publiques
public appearance *n* apparition *f* en public
public appointment *n* position *f* de l'État
public assistance *n* ADMIN, POL aide *f* sociale
publication [ˌpʌb·lɪ·'keɪ·ʃᵊn] *n* publication *f*
public authority *n* **1.** (*authority of the state*) autorité *f* de l'État **2.** (*department, authority*) service *m* public
public corporation *n* FIN, ECON société *f* anonyme
public debt *n s.* **national debt**
public domain *n* domaine *m* public
public enemy *n* ennemi *m* public; **~ number one** ennemi public numéro un
public expenditure, public expense *n* ADMIN, POL, ECON dépenses *fpl* publiques
public funds *npl* Trésor *m* public
public health *n* MED, ADMIN santé *f* publique
public health service *n* service *m* de la santé publique
public holiday *n* jour *m* férié
public interest *n* intérêt *m* public
publicist ['pʌb·lɪ·sɪst] *n* publiciste *mf*
publicity [pʌb·'lɪ·sə·t̬i] **I.** *n* publicité *f;* **to get a lot of ~** attirer beaucoup de publicité; **it's good/bad ~** c'est de la bonne/mauvaise publicité **II.** *adj* publicitaire
publicity agent *n* agent *m* publicitaire
publicity campaign *n* ECON campagne *f* publicitaire
publicity department *n* ECON service *m* de la publicité
publicity material *n* matériel *m* publicitaire
publicity stunt *n* coup *m* publicitaire
publicize ['pʌb·lɪ·saɪz] *vt* (*event*) annoncer; **don't ~ it** ne le crie pas sur les toits; **her much-~d divorce** son divorce dont les médias ont beaucoup parlé
public law *n* LAW droit *m* public
public loan *n* ADMIN, POL emprunt *m* d'État
publicly *adv* publiquement; **a ~ funded project** un projet subventionné par les fonds publics
public-minded *adj s.* **public-spirited**
public nuisance *n* LAW danger *m* public
public opinion *n* opinion *f* publique
public opinion poll *n s.* **opinion poll**
public property *n* propriété *f* de l'État; **her life is ~** *fig* sa vie intéresse tout le monde
public prosecutor *n* avocat(e) *m(f)* général(e)
public records *npl* archives *fpl* publiques

public relations *npl* relations *fpl* publiques
public relations officer *n* attaché(e) *m(f)* de presse
public school *n* école *f* publique
public sector *n* secteur *m* public
public servant *n* ADMIN, POL fonctionnaire *mf*
public service *n* **1.** ADMIN, POL (*service for community*) service *m* public **2.** (*government employment*) fonction *f* publique; **in ~** au service de l'État; *s.a.* **civil service**
public-spirited *adj* social(e)
public telephone *n* téléphone *m* public
public transportation *n* transports *mpl* publics
public utility *n* FIN, ECON *entreprise publique de production et de distribution en eau, gaz et électricité*
public works *npl* ADMIN, POL travaux *mpl* publics
publish ['pʌb·lɪʃ] *vt* publier; **to have sth ~ed** faire publier qc
publisher *n* **1.** (*publishing company*) maison *f* d'édition **2.** (*position in publishing*) éditeur, -trice *m, f*
publishing *n no art* édition *f*
puck [pʌk] *n* SPORTS palet *m*
pucker **I.** *vt* **to ~ sth (up)** froncer de qc **II.** *vi* **to ~ (up)** (*face, lips*) se plisser
pudding ['pʊd·ɪŋ] *n* (*creamy dessert*) pudding *m*
pudding head *n inf* imbécile *mf*
puddle ['pʌd·l] *n* flaque *f* d'eau
pudgy ['pʊdʒ·i] <pudgier, pudgiest> *adj* trapu(e)
puerile ['pju·ər·ɪl] *adj form* puéril(e)
Puerto Rican **I.** *adj* portoricain(e) **II.** *n* Portoricain(e) *m(f)*
Puerto Rico [ˌpwer·t̬ə·'ri·koʊ] *n* Porto Rico
puff [pʌf] **I.** *n* **1.** *inf* (*blast: of air, smoke*) bouffée *f;* **to vanish in a ~ of smoke** s'évanouir dans un nuage de fumée **2.** (*light pastry*) chou *m* à la crème **3.** (*stuffed quilt*) édredon *m; s.a.* **eiderdown** **4.** *pej, inf* (*praising writing, speech*) pub *f* **II.** *vi* **1.** (*blow*) souffler; (*steam engine*) lancer des bouffées de vapeur **2.** (*breathe forcefully*) haleter **3.** (*smoke*) **to ~ on** [*o* **at**] **a cigar** tirer sur un cigare **III.** *vt* **1.** (*blow*) souffler **2.** (*smoke: a cigar, cigarette*) tirer sur **3.** *pej* (*praise over-enthusiastically*) faire mousser *inf*
◆**puff out** **I.** *vt* **1.** (*cause to swell*) gonfler **2.** (*emit*) **to ~ smoke** envoyer des bouffées de fumée **II.** *vi* (*swell*) se gonfler
◆**puff up** **I.** *vt* gonfler; **to be puffed up with pride** être bouffi d'orgueil **II.** *vi* gonfler; (*eyes*) enfler
puff adder *n* céraste *m*
puffball *n* BOT, BIO vesse-de-loup *f*
puffin ['pʌf·ɪn] *n* ZOOL macareux *m*
puff pastry *n* pâte *f* feuilletée
puffy <-ier, -iest> *adj* bouffi(e)
pug [pʌg] *n* ZOOL carlin *m*
pugnacious [pʌg·'neɪ·ʃəs] *adj form* pugnace
pugnacity [pʌg·'næs·ə·t̬i] *n form* pugnacité *f*
pug nose *n pej* nez *m* retroussé
puke [pjuk] *inf* **I.** *vt* **to ~ sth (up)** [*o* **to ~ (up) sth**] vomir qc **II.** *vi* **to ~ (up)** vomir; **to make sb (want to) ~** donner à qn envie de vomir
pull [pʊl] **I.** *vt* **1.** (*exert force, tug, draw*) tirer; (*rope*) tirer sur; **to ~ sth open** ouvrir qc; **to ~ a chair closer to sb/sth** rapprocher une chaise de qn/qc; **to ~ sth across a river** faire traverser la rivière à qc en tirant; **to ~ sth through a tube** tirer qc à travers un tube; **to ~ sb to one side** tirer qn sur le côté; **to ~ a toy along** tirer un jouet; **to ~ the trigger** appuyer sur la gâchette; **he ~ed the bottle off the table** il a fait tomber la bouteille de la table **2.** (*extract*) extraire; (*tooth, weeds*) arracher; (*cork*) enlever; (*gun, knife*) sortir; **to ~ sth out of sth** sortir qc de qc; **to ~ sb out of sth** extraire qn de qc; **to ~ a gun/knife on sb** tirer une arme/un couteau pour attaquer qn **3.** MED (*strain: muscle, tendon*) se déchirer **4.** (*attract*) attirer; **to ~ sb towards sb** attirer qn vers qn ▶ **to ~ sb's leg** *inf* faire marcher qn; **not to ~ one's punches** *inf* ne pas mâcher ses mots; **to ~ strings** faire marcher ses relations; **to ~ one's weight** *inf* mettre les bouchées doubles **II.** *vi* **1.** (*exert a pulling force*) tirer; **to ~ at the handle** tirer la poignée **2.** (*row*) ramer **III.** *n* **1.** (*act of pulling*) coup *m;* **to give sth a ~** tirer sur qc **2.** (*huge effort*) **winning the election will be a long ~** remporter l'élection sera un travail de longue haleine **3.** (*knob, handle*) poignée *f* **4.** (*deep inhalation or swig*) **to take a ~ on a cigarette** tirer une bouffée sur une cigarette; **to take a ~ on a bottle** boire une gorgée à la bouteille **5.** *inf* (*influence*) influence *f* **6.** *inf* (*appeal*) attrait *m*
◆**pull ahead** *vi* prendre la tête; **to ~ of sb** prendre de l'avance sur qn
◆**pull apart** *vt* **1.** (*break into pieces, dismantle*) **to pull sth apart** démonter qc **2.** (*separate using force*) **to pull sb/sth apart** séparer qn/qc avec force **3.** (*severely criticize*) **to pull sb/sth apart** descendre qn/qc en flammes
◆**pull away** **I.** *vi* **1.** (*depart: train*) partir; (*car*) démarrer **2.** (*increase lead*) prendre de l'avance **II.** *vt* (*letter, hand*) retirer; **to pull a child away from the road** écarter un enfant de la chaussée
◆**pull back** **I.** *vi* **1.** (*troops*) **to ~ from sth** se retirer de qc **2.** (*change mind*) changer d'avis **II.** *vt* retirer
◆**pull down** *vt* **1.** (*move to lower position*) *a. fig* (*blinds*) baisser **2.** (*demolish*) démolir **3.** (*weaken*) affaiblir **4.** *inf* (*earn wages*) toucher
◆**pull in** **I.** *vi* **1.** (*arrive: bus, train*) arriver **2.** AUTO (*park*) s'arrêter **II.** *vt* **1.** (*attract in large numbers: fans, a crowd*) attirer **2.** LAW arrêter; **to pull sb in for questioning** appréhender qn pour l'interroger **3.** (*by contracting muscles*)

P

to pull one's stomach in rentrer son ventre
◆**pull off** *vt* **1.** (*take off: lid, sweater*) enlever **2.** *inf* (*succeed*) réussir; **we pulled it off!** on a réussi! **3.** (*leave: road*) quitter
◆**pull out I.** *vi* **1.** (*leave: bus, train*) partir **2.** (*withdraw*) se retirer; **to ~ of sth** se retirer de qc **3.** (*drive onto a road*) déboîter **II.** *vt* **1.** (*take out*) sortir **2.** (*remove: tooth, troops*) retirer; (*plug*) enlever; (*weeds*) déraciner **3.** (*select*) choisir
◆**pull over I.** *vt* **1.** (*order to stop: car, driver*) faire s'arrêter (sur le côté) **2.** (*put on or take off garment*) **to pull sth over one's head** passer qc par la tête **II.** *vi* AUTO s'arrêter sur le bord de la route
◆**pull through I.** *vi* s'en sortir **II.** *vt* **to pull sb/sth through** tirer qn/qc d'affaire
◆**pull together I.** *vt* **1.** (*regain composure*) **to pull oneself together** se ressaisir **2.** (*organize, set up*) **to pull sth together** rassembler qc **II.** *vi* coopérer
◆**pull up I.** *vt* **1.** (*raise*) *a. fig* remonter; (*blinds*) lever; **to ~ a chair** prendre une chaise **2.** (*uproot*) arracher **3.** (*stop*) arrêter **II.** *vi* s'arrêter
pull-down menu *n* COMPUT menu *m* déroulant
pullet ['pʊl·ɪt] *n* poulet *m*
pulley ['pʊl·i] <-eys> *n* TECH poulie *f*
pullout I. *n* **1.** MIL (*withdrawal of soldiers*) retrait *m* **2.** PUBL (*part of magazine*) encart *m* publicitaire **II.** *adj* (*able to be folded away: bed, table*) dépliable
pull-tab *n* (*of can*) anneau *m*
pull-up *n* traction *f*
pulmonary ['pʌl·mə·nᵊr·i] *adj* pulmonaire
pulp [pʌlp] **I.** *n* **1.** (*soft wet mass*) pulpe *f;* **to reduce sth to (a) ~** réduire qc en pâte **2.** TECH pâte *f* à papier **3.** (*fleshy part of fruit*) pulpe *f;* **to reduce sth to (a) ~** réduire qc en purée **4.** (*popular and sensational, trashy*) **~ fiction** littérature *f* de gare **5.** *fig, inf* **to beat sb to a ~** faire de qn de la bouillie **II.** *vt* **to ~ sth** (*reduce to pulp*) écraser qc en pâte; (*fruit*) écraser qc en purée
pulpit ['pʊlp·ɪt] *n* REL chaire *f*
pulsar ['pʌl·sar] *n* ASTR pulsar *m*
pulsate ['pʌl·seɪt] *vi* (*move rhythmically*) battre; (*music*) vibrer ▶**the pulsating heart of sth** *fig* le pouls de qc
pulsation *n* pulsation *f*
pulse¹ [pʌls] **I.** *n* **1.** (*heartbeat*) pouls *m;* **to take sb's ~** prendre le pouls de qn **2.** (*single vibration*) pulsation *f* **3.** (*rhythm*) rythme *m* ▶**to have one's finger on the ~ of sth** être tout à fait au courant de qc **II.** *vi* battre
pulse² [pʌls] *n* CULIN légume *m* sec
pummel ['pʌm·ᵊl] *vt* **1.** (*beat*) **to ~ sb** rouer qn de coups **2.** *inf* (*criticize, defeat*) descendre
pump¹ I. *n* pompe *f;* **water/fuel ~** pompe à eau/essence **II.** *vt* **1.** (*use pump on*) pomper; **to ~ water out of a boat** pomper l'eau pour l'évacuer d'un bateau; **to ~ oil through a pipeline** pomper du pétrole dans un pipeline; **to ~ air into a tire** pomper de l'air dans une roue; **to ~ money into an industry** injecter de l'argent dans une industrie; **~ed full of heroin** plein d'héroïne; **to ~ sb's stomach** MED faire un lavage d'estomac à qn **2.** (*interrogate*) tirer les vers du nez à
pump² [pʌmp] *n* (*high-heeled shoe*) escarpin *m*
◆**pump out** *vt* **1.** (*clear: water*) pomper; **to ~ flooded houses** pomper l'eau des maisons inondées **2.** (*produce: students, novels*) débiter; (*music, information*) débiter
pumpernickel ['pʌm·pər·nɪk·l] *n* pumpernickel *m* (*pain de seigle noir*)
pumping *n* pompage *m*
pumpkin ['pʌmp·kɪn] *n* citrouille *f*

> ℹ La **pumpkin pie** est une sorte de tarte à la citrouille. Cette *pie* américaine très appréciée est généralement servie le jour de *Thanksgiving* et de *Christmas.*

pun [pʌn] **I.** *n* calembour *m* **II.** <-nn-> *vi* faire un jeu de mots
punch¹ [pʌn(t)ʃ] **I.** *vt* **1.** (*hit*) **to ~ sb** donner un coup de poing à qn; **to ~ sth** frapper qc d'un coup de poing; **she ~ed me in the nose/stomach** elle m'a donné un coup de poing sur le nez/dans le ventre; **to ~ sb unconscious** assommer qn **2.** (*press: key, button*) appuyer sur; (*a number*) composer **3.** AGR (*drive*) **to ~ cattle/a herd** conduire le bétail/un troupeau **II.** <-ches> *n* **1.** (*hit*) coup *m* de poing; **to give sb a ~** donner un coup de poing à qn; **she gave me a ~ on the nose/in the stomach** elle m'a donné un coup de poing sur le nez/dans le ventre **2.** *inf* (*strong effect*) punch *m;* **with ~** avec du punch
punch² [pʌn(t)ʃ] **I.** *vt* **1.** (*pierce*) percer; (*paper*) perforer; **to ~ holes in sth** faire des trous dans qc **2.** (*stamp*) poinçonner; (*a ticket*) composter **II.** <-ches> *n* (*tool for puncturing*) poinçonneuse *f;* (*for paper*) perforeuse *f*
◆**punch in** *vi* pointer (en entrant)
◆**punch out** *vi* pointer (en sortant)
punch³ [pʌn(t)ʃ] *n* (*drink*) punch *m*
Punch and Judy *n* Guignol *m*
punch card *n* carte *f* perforée
punch-drunk *adj a. fig* sonné(e)
punching bag *n* SPORTS punching-ball *m*
punch line *n* chute *f* (*d'une histoire drôle*)
punch tape *n* COMPUT ruban *m* perforé
punctilious [pʌŋk·'tɪl·i·əs] *adj form* pointilleux(-euse)
punctual ['pʌŋk·tʃu·əl] *adj* à l'heure; (*person*) ponctuel(le)
punctuality *n* ponctualité *f*
punctuate ['pʌŋk·tʃu·eɪt] *vt a.* LING ponctuer
punctuation *n* ponctuation *f*
punctuation mark *n* signe *m* de ponctuation
puncture ['pʌŋk·tʃər] **I.** *vt* **1.** (*pierce*) perforer; (*tire*) crever; **to ~ a hole in sth** percer un trou

dans qc **2.** MED ponctionner; **a ~d lung** un poumon perforé **3.** *fig* (*deflate*) **to ~ sb's arrogance** clouer le bec à qn **II.** *vi* (*burst: tire*) crever **III.** *n* **1.** (*hole*) perforation *f;* (*in a tire*) crevaison *f;* **to have a ~** crever **2.** MED ponction *f;* (*of bite, injection*) piqûre *f;* **a ~ wound** une marque de piqûre

pundit ['pʌn·dɪt] *n* POL *a. pej* expert(e) *m(f)*

pungent ['pʌn·dʒ^ənt] *adj* **1.** (*strong, unpleasant*) fort(e) **2.** (*critical*) mordant(e)

punish ['pʌn·ɪʃ] *vt* **1.** (*penalize*) punir; **to ~ sb with a fine** frapper qn d'une amende; **to ~ sb with imprisonment** punir qn d'une peine d'emprisonnement **2.** (*treat badly*) malmener; **to ~ oneself** se malmener

punishable *adj* punissable

punishing I. *adj* **1.** (*difficult*) dur(e) **2.** (*trying*) épuisant(e) **II.** *n* punition *f*

punishment *n* **1.** (*punishing*) punition *f* **2.** (*penalty*) sanction *f;* LAW peine *f* **3.** *inf* (*severe treatment*) **to take a lot of ~** *inf* (*person*) encaisser; (*furniture*) en voir de toutes les couleurs

punitive ['pju·nə·t̬ɪv] *adj form* **1.** (*penalizing*) punitif(-ive) **2.** (*severe*) sévère

punitive damages *n pl* dommages et intérêts *mpl* exemplaires

punk [pʌŋk] **I.** *n* **1.** *inf* (*worthless person*) vaurien *m* **2.** (*anarchist*) punk *mf* **3.** MUS **~ rock** punk *m* **II.** *adj* MUS punk *inv*

punt[1] [pʌnt] SPORTS **I.** *vt* **to ~ the ball** envoyer la balle d'un coup de volée **II.** *vi* envoyer un coup de volée **III.** *n* coup *m* de volée

punt[2] [pʌnt] *n* NAUT (*flat-bottomed boat*) bachot *m*

punt[3] [pʊnt] *n* HIST (*Irish currency*) livre *f* irlandaise

puny ['pju·ni] <-nier, -niest> *adj* **1.** (*thin and weak: person*) chétif(-ive); (*hand, arm*) frêle **2.** (*with little power*) *a. fig* faible

pup [pʌp] **I.** *n* (*baby animal: dog*) chiot *m* **II.** *vi* <-pp-> mettre bas

pupa ['pju·pə] <pupas *o* pupae> *n* ZOOL chrysalide *f*

pupil[1] ['pju·p^əl] *n* (*school child*) élève *mf*

pupil[2] ['pju·p^əl] *n* ANAT pupille *f*

puppet ['pʌp·ɪt] *n* **1.** (*doll*) poupée *f;* (*on strings*) marionnette *f* **2.** *pej* (*one controlled by another*) marionnette *f*

puppeteer [pʌp·ə·'tɪr] *n* **1.** THEAT marionnettiste *mf* **2.** *pej* manipulateur, -trice *m, f*

puppet government *n* gouvernement *m* fantoche

puppet show *n* spectacle *m* de marionnettes

puppy ['pʌp·i] <-ppies> *n* chiot *m*

purchase ['pɜr·tʃəs] **I.** *vt* **1.** *form* (*buy*) acheter **2.** *form* FIN (*acquire*) acquérir **II.** *n form* **1.** (*item*) achat *m* **2.** (*act of buying*) achat *m* **3.** FIN (*acquiring*) acquisition *f* **4.** (*hold, grip*) prise *f*

purchase invoice *n* facture *f* d'achat

purchase order *n* bon *m* de commande

purchase price *n* prix *m* d'achat

purchaser *n* **1.** (*buyer*) acheteur, -euse *m, f* **2.** (*purchasing agent*) acquéreur *m*

purchasing I. *n form* achat *m* **II.** *adj* d'achat

purchasing department *n* service *m* des achats

purchasing power *n* pouvoir *m* d'achat

pure [pjʊr] *adj* pur(e)

purebred ['pjʊr·bred] **I.** *n* animal *m* de race **II.** *adj* de race

purée [pjʊ·'reɪ] **I.** *vt* **to ~ sth** réduire qc en purée **II.** *n* purée *f*

purely *adv* purement; **~ by chance** tout à fait par hasard

purgative ['pɜr·gə·t̬ɪv] **I.** *n* purgatif *m* **II.** *adj* purgatif(-ive)

purgatory ['pɜr·gə·tɔr·i] *n* **1.** REL purgatoire *m* **2.** *fig* (*unpleasant experience*) supplice *m*

purge [pɜrdʒ] **I.** *vt a. fig* purger; **to ~ (one's) opponents** éliminer ses adversaires **II.** *n a. fig* purge *f*

purification [ˌpjʊr·ə·fɪ·'keɪ·ʃ^ən] *n* purification *f*

purify ['pjʊr·ə·faɪ] *vt a. fig* purifier

purism *n* purisme *m*

purist *n* puriste *mf*

puritan ['pjʊr·ɪ·t^ən] **I.** *n* puritain(e) *m(f)* **II.** *adj* puritain(e)

puritanical *adj pej* puritain(e)

Puritanism *n* puritanisme *m*

purity ['pjʊr·ɪ·t̬i] *n* pureté *f*

purl [pɜrl] **I.** *n* maille *f* à l'envers **II.** *adj* **~ stitch** maille *f* à l'envers **III.** *vt, vi* tricoter à l'envers

purloin [pər·'lɔɪn] *vt iron, form* dérober

purple ['pɜr·pl] **I.** *adj* **1.** (*blue and red mix*) violet(te) **2.** (*red*) pourpre; **to become ~ (in the face)** rougir ▶ **to be ~ with rage** être rouge de colère **II.** *n* **1.** (*blue and red mix*) violet *m* **2.** (*crimson*) pourpre *m; s.a.* **blue**

purplish *adj* violacé(e)

purport [pɜr·'pɔrt] **I.** *vi form* **to ~ to** +*infin* prétendre +*infin;* **to ~ to be sth** prétendre être qc; (*thing*) être censé être qc **II.** *n* **1.** (*substance: of document, speech*) teneur *f* **2.** (*purpose*) but *m*

purpose ['pɜr·pəs] **I.** *n* (*reason*) but *m;* **for financial/humanitarian ~s** dans un but financier/humanitaire; **to have a strength of ~** être très résolu; **to serve a ~** faire l'affaire; **for that very ~** à cette fin; (*for this reason*) pour cette raison; **for all practical ~s** en fait ▶ **for all intents and ~s** pratiquement, au fond; **on ~** exprès **II.** *vi form* **to ~ to** +*infin* se proposer de +*infin*

purpose-built *adj* construit(e) spécialement

purposeful *adj* (*determined*) résolu(e)

purposeless *adj* **1.** (*pointless: act*) inutile; (*crime, violence*) gratuit(e) **2.** (*having no aim: life*) sans but **3.** (*without determination: person*) sans conviction

purposely *adv* exprès

purr [pɜr] **I.** *vi* ronronner **II.** *n* ronronnement *m*

purse [pɜrs] **I.** *n* **1.** (*handbag*) sac *m* (à main) **2.** SPORTS (*prize money*) prix *m* **3.** (*money: of a*

P

person) moyens *mpl;* **public ~** trésor *m* public ▶ **to hold the ~ strings** tenir les cordons de la bourse **II.** *vt* **to ~ one's lips** pincer les lèvres **III.** *vi* (*lips*) se pincer

pursuance [pər·ˈsu·ən(t)s] *n form* exécution *f*

pursuant *adv form* LAW **~ to sth** conformément à qc

pursue [pər·ˈsu] *vt* **1.** (*follow*) *a. fig* poursuivre **2.** (*seek to find: dreams, happiness*) rechercher; (*one's aims*) poursuivre **3.** (*continue*) *a. fig* poursuivre; (*course, direction*) suivre; **we won't ~ the matter any further** nous n'allons pas nous étendre sur ce sujet **4.** (*engage in: career, studies*) poursuivre

pursuer *n* poursuivant(e) *m(f)*

pursuit [pər·ˈsut] *n* **1.** (*action of pursuing*) poursuite *f;* **to be in (hot) ~ of sb/sth** être aux trousses de qn/qc; **in ~ of happiness** à la recherche du bonheur **2.** (*activity*) activité *f*

purulent [ˈpjʊr·ə·lənt] *adj* purulent(e)

purvey [pər·ˈveɪ] *vt form* ECON fournir; (*a service*) offrir

purveyance *n form* approvisionnement *m*

purveyor *n form* ECON fournisseur, -euse *m, f*

pus [pʌs] *n* pus *m*

push [pʊʃ] **I.** *vt* **1.** (*shove, give a push, forcefully move*) *a. fig* pousser; **to ~ a door open** ouvrir une porte en la poussant; **to ~ sth into sth** fourrer qc dans qc; **to ~ sb down the stairs** pousser qn dans les escaliers; **to ~ sb into/out of sth** pousser qn à l'intérieur/hors de qc; **to ~ one's head through the window** passer sa tête par la fenêtre; **to ~ sth to the back of one's mind** *fig* refouler qc; **to ~ one's way through sth** se frayer un chemin à travers qc; **to ~ sb out of the way** écarter qn du chemin; **to be ~ed** être bousculé **2.** (*persuade*) pousser; **to ~ sb into doing sth** pousser qn à faire qc; **don't ~ me too far** ne me pousse pas à bout **3.** (*force, be demanding: students, workers*) pousser; **to ~ oneself** se forcer; **to ~ sb for an answer/a date** pousser qn à donner une réponse/une date; **to ~ one's luck** y aller un peu fort; **to ~ sb too hard** exiger trop de qn; **that's ~ing it a bit** c'est un peu fort **4.** (*press: button, bell*) appuyer sur; **to ~ sth into sth** enfoncer qc dans qc **5.** *inf* (*promote*) faire la pub de; (*plan, system*) préconiser; (*candidate, idea*) soutenir; **to ~ oneself** se mettre en avant **6.** (*approach age*) **to be ~ing 30** approcher de la trentaine **7.** *inf* (*sell: drugs*) revendre **II.** *vi* **1.** (*force movement*) pousser; **~** (*on door*) poussez; **to ~ past sb** bousculer qn **2.** (*apply pressure*) *a. fig* faire pression; **~** (*on bell*) appuyez **3.** (*pass through*) *a.* MIL avancer; **to ~ into/out of sth** entrer/sortir de qc en se frayant un chemin **III.** <-shes> *n* **1.** (*shove*) *a. fig* poussée *f;* **to give sb/sth a ~** *a. fig* pousser qn/qc; **sth needs a ~** il faut pousser qc; **I need a ~** il faut me pousser **2.** (*act of pressing*) pression *f;* **at the ~ of a button** à la pression du bouton **3.** (*strong action*) effort *m;* **to make a ~ for sth** faire un effort pour qc; **the final ~ for victory** le dernier effort avant la victoire **4.** (*help, persuasion*) encouragement *m;* **he needs a bit of a ~** il a besoin d'un petit coup de pouce ▶ **when ~ comes to shove** s'il le faut

◆**push ahead** *vi* persévérer; **to ~ with sth** aller de l'avant avec qc

◆**push along I.** *vi inf* s'en aller **II.** *vt* **to push sth along** pousser qc

◆**push around** *vt inf* **to push sb around** marcher sur les pieds de qn

◆**push away** *vt* repousser

◆**push back** *vt a. fig* **to ~ sb/sth** repousser qn/qc

◆**push down** *vt* **1.** (*knock down*) renverser **2.** (*press down*) appuyer sur; **to push sth down sth** enfoncer qc dans qc **3.** (*lower down*) *a.* ECON faire baisser

◆**push for** *vt* faire pression pour

◆**push forward I.** *vt* **1.** (*advance*) pousser en avant **2.** (*promote*) **to push sth forward** faire avancer qc **3.** (*call attention to oneself*) **to push oneself forward** se mettre en avant **II.** *vi* avancer

◆**push in** *vt* **1.** (*insert, break*) enfoncer; **to push one's way in** se frayer un passage **2.** (*force in*) **to push sb in** pousser qn dedans

◆**push off** NAUT **I.** *vi* pousser au large **II.** *vt* **to push sth off** pousser qc au large

◆**push on I.** *vi* continuer; **to ~ with sth** continuer qc **II.** *vt* pousser

◆**push out** *vt* **1.** (*force out*) **to push sb/sth out** pousser qn/qc dehors; **to push sb/sth out of sth** faire sortir qn/qc de qc en le poussant **2.** (*get rid of*) **to push sb out** exclure qn

◆**push over** *vt* **to push sb/sth over** faire tomber qn/qc

◆**push through I.** *vt* **1.** (*have accepted: proposal, measure*) faire passer **2.** (*help to pass through*) **to push sb through sth** faire passer qn à travers qc **3.** (*go through*) se frayer un chemin à travers **II.** *vi* se frayer un chemin

◆**push up** *vt* **1.** (*move higher*) **to push sb/sth up** relever qn/qc **2.** ECON (*cause increase*) augmenter ▶ **to ~ (the) daisies** *iron* manger les pissenlits par la racine

push button *n* bouton *m*

push-button *adj* (*telephone*) à touches; (*controls*) à boutons

pushcart *n* charrette (à bras) *f*

pusher *n pej* **1.** (*drug pusher*) dealer *m* **2.** (*pushy person*) arriviste *mf*

pushing *n* poussée *f*

pushover *n inf* **1.** (*easy success*) **to be a ~** être du gâteau **2.** (*easily influenced person*) **to be a ~** être facile à convaincre **3.** (*weak person*) **to be a ~ for sth** craquer pour qc

pushpin [ˈpʊʃ·pɪn] *n* punaise *f*

push-start *vt* **to ~ sth** faire démarrer qc en le/la poussant

pushup I. *n* traction *f;* **to do ~s** faire des pompes **II.** *adj* (*bra*) rembourré(e)

pushy [ˈpʊʃ·i] *adj pej* **1.** (*domineering*) autoritaire **2.** (*ambitious*) ambitieux(-euse)

puss [pʊs] <-sses> *n inf* **1.** (*cat*) minou *m* **2.** (*girl*) minette *f*

pussy ['pʊs·i] *n* <-ssies> **1.** *inf* (*cat*) minou *m* **2.** *vulg* chatte *f*

pussyfoot ['pʊs·i·fʊt] *vi* **to ~ (around)** tergiverser

pussy willow *n* saule *m*

pustule ['pʌs·tʃul] *n* MED pustule *f*

put [pʊt] <-tt-, put, put> *vt* **1.** (*place*) mettre; **to ~ sth on/in/around sth** mettre qc sur/dans/autour de qc; **to ~ sth into sth** mettre qc dans qc; (*thrust*) enfoncer qc dans qc; **to ~ some more milk in one's coffee** rajouter du lait dans son café; **to ~ one's head through the window** passer la tête par la fenêtre **2.** (*direct*) mettre; **to ~ the blame for sth on sb** rejeter la responsabilité de qc sur qn; **to ~ the emphasis on sth** mettre l'accent sur qc; **to ~ faith in sth** croire en qc; **to ~ a spell on sb** jeter un sort sur qn; **to ~ a tax on sth** taxer qc; **to ~ sb in his place** remettre qn à sa place; **to ~ oneself in sb's place** se mettre à la place de qn; **to ~ an idea in sb's head** mettre une idée dans la tête de qn; **to ~ pressure on sb** mettre qn sous pression **3.** (*invest*) placer; **to ~ sth in an account** déposer qc sur un compte; **to ~ money on sth** placer de l'argent sur qc; **to ~ energy/time/money into sth** investir de l'énergie/du temps/de l'argent dans qc; **I put $500 towards the cost** j'ai contribué de 500 dollars; **I've put $500 towards a new computer** j'ai mis de côté 500 dollars pour un nouvel ordinateur **4.** CULIN (*add*) **to ~ sth in sth** ajouter qc à qc **5.** (*cause to be*) mettre; **to ~ sb in a good mood/at ease** mettre qn de bonne humeur/à l'aise; **to ~ sb in prison/in a taxi** mettre qn en prison/dans un taxi; **to ~ sb to bed/to death** mettre qn au lit/à mort; **to ~ sb in a rage** mettre qn en colère; **to ~ sb to shame** faire honte à qn; **to ~ sb on trial** faire passer qn en jugement; **to ~ sb to work** faire travailler qn; **to ~ sb under pressure** mettre qn sous pression; **to ~ sb under oath** faire prêter serment à qn; **to ~ sb at risk** faire courir un danger à qn; **to ~ one's affairs in order** mettre ses affaires en ordre; **to ~ one's ideas into practice** mettre ses idées en pratique; **to ~ one's hope in sb/sth** miser ses espoirs sur qn/qc **6.** (*present: point of view*) présenter; (*case, problem*) exposer; (*question*) poser; (*arguments*) proposer; (*proposition*) faire; **to ~ sth to a vote** soumettre qc à un vote; **to ~ it to sb that** suggérer à qn que +*subj* **7.** (*express*) dire; **to ~ it bluntly** pour parler franc; **to ~ sth on paper** coucher qc sur le papier; **I couldn't have ~ it better** on ne saurait mieux le formuler; **could you ~ that a bit more tactfully?** pourrais-tu dire cela avec un peu plus de tact?; **as sb ~ it** comme qn dit; **how to ~ it** comment dire; **to ~ one's feelings into words** mettre des mots sur ses sentiments **8.** (*value*) **to ~ efficiency before appearance** placer l'efficacité avant l'apparence; **I ~ value for money first** pour moi ce qui compte d'abord c'est le rapport qualité prix; **I'd ~ her right at the top** pour moi, c'est la meilleure **9.** (*estimate*) estimer; **to ~ sb/sth at sth** estimer qn/qc à qc **10.** SPORTS **to ~ the shot** lancer le poids

◆**put about** <-tt-> *irr* **I.** *vt* (*spread rumor*) **to put sth about** faire circuler qc; **to put it about that ...** faire circuler le bruit que ... **II.** *vi* NAUT virer de bord

◆**put across** <-tt-> *vt irr* **to put sth across** faire comprendre qc; (*idea, message*) faire passer qc; **she puts herself across well** elle sait comment se présenter

◆**put aside** <-tt-> *vt irr* **1.** (*save*) mettre de côté; **to put some money aside** mettre de l'argent de côté; **to ~ some time** se réserver du temps **2.** (*leave ignore: work, problem, differences*) mettre de côté

◆**put away** <-tt-> *vt irr* **1.** (*save, set aside*) mettre de côté **2.** *inf* (*eat*) engloutir **3.** (*clean up*) ranger **4.** *inf* (*have institutionalized*) **to be ~** (*in an old people's home*) être mis en maison de retraite; (*in prison*) être emprisonné; (*in a hospital*) être interné **5.** *inf* (*kill*) **to put sb away** éliminer **6.** *fig* (*ignore, remove: worries, idea*) écarter **7.** SPORTS (*defeat*) battre

◆**put back** <-tt-> *vt irr* **1.** (*return to its place*) **to put sth back** remettre qc (à sa place) **2.** (*postpone*) remettre **3.** (*invest*) remettre **4.** (*delay*) retarder **5.** *inf* (*drink*) siffler

◆**put by** <-tt-> *vt irr* mettre de côté

◆**put down** <-tt-> *irr* **I.** *vt* **1.** (*set down*) poser; **I couldn't put the book down** je ne pouvais pas lâcher le livre **2.** (*put to bed*) **to put a baby down** coucher un bébé **3.** (*lower, decrease*) baisser **4.** (*pay, give as deposit*) verser **5.** (*write*) inscrire; **to put sth down on paper** coucher qc sur papier; **to put sb down for sth** inscrire qn sur la liste pour qc; **to put one's name down for sth** s'inscrire pour qc; **I put my name down for the camping trip** je me suis inscrit pour la sortie camping; **put me down for $20** je donnerai 20 dollars; **they put it down on the bill** ils l'ont mis sur la facture; **I'll put it down in my diary** je vais le noter dans mon agenda **6.** (*attribute*) **to put sth down to sb/sth** mettre qc sur le compte de qn/qc **7.** (*consider*) **to ~ sb as sth** prendre qn pour qc **8.** MIL (*suppress: a rebellion*) réprimer **9.** *inf* (*deride*) humilier **10.** (*have killed*) abattre; (*a dog*) faire piquer **11.** AVIAT poser **II.** *vi* AVIAT se poser

◆**put forward** <-tt-> *vt irr* **1.** (*submit, offer*) avancer; (*a candidate, plan*) proposer; **to put oneself forward for promotion** demander une promotion **2.** (*advance*) avancer

◆**put in** <-tt-> *irr* **I.** *vt* **1.** (*place inside*) mettre (dedans); (*from outside*) rentrer **2.** (*add, insert: ingredient, paragraph*) ajouter **3.** (*plant*) planter **4.** (*install*) (faire) installer

P

5. (*appoint*) désigner; (*at election*) élire **6.** FIN (*deposit*) déposer **7.** (*invest, devote*) investir; **to ~ 8 hours' work** faire 8 heures de travail **8.** (*present*) présenter; (*claim*) déposer; (*protest*) formuler; **to ~ a plea** plaider; **to put one's name in for sth** poser sa candidature pour qc; **to put sb in for sth** inscrire qn à qc; (*for exam*) présenter qn à qc **9.** (*make*) **to ~ a (phone) call to sb** passer un coup de fil à qn **II.** *vi* **1.** (*dock*) faire escale **2.** (*apply for*) **to ~ for sth** faire une demande de qc; **to ~ for a job** poser sa candidature pour un travail; **to put sb in for sth** inscrire qn à qc

◆**put off** <-tt-> *vt irr* **1.** (*postpone, delay*) repousser; **to put sth off for a week** remettre qc à une semaine; **to put sb off** décommander qn **2.** (*dissuade*) dissuader; **to put sb off doing sth** dissuader qn de faire qc **3.** (*repel*) dégoûter; **to put sb off his dinner** couper l'appétit à qn; **her voice puts a lot of people off** sa voix rebute pas mal de gens ▶**never ~ until tomorrow what you can do today** *prov* il ne faut jamais remettre à demain ce que l'on peut faire le jour même *prov*

◆**put on** <-tt-> *vt irr* **1.** (*wear*) porter; **to ~ some make-up** se maquiller; **to put clean things on** mettre des vêtements propres, se rapproprier *Belgique, Nord* **2.** (*turn on*) allumer; **I'll put the kettle on** je vais faire bouillir de l'eau; **to ~ the brakes** freiner **3.** (*play: CD, movie*) passer; (*play, concert*) monter **4.** (*assume, pretend*) affecter; (*an air, accent*) prendre; **to put it on** faire semblant; (*show off*) crâner; **to ~ an act** jouer la comédie; **to put sb on** faire marcher qn **5.** (*indicate, inform*) **to put sb on to sth** indiquer qc à qn; **to put sb on to** (*dentist, shop*) indiquer qn à qn; (*culprit*) mettre qn sur la piste de **6.** (*increase, add*) augmenter; **to ~ weight/10 pounds** prendre du poids/5 kilos; **to ~ speed** prendre de la vitesse; **to put 10% on the price of sth** majorer de 10% le prix de qc **7.** (*provide: extra trains, flights*) mettre en service; (*dinner party*) offrir; (*TV program*) passer **8.** (*begin cooking*) **to put the dinner on** se mettre à cuisiner **9.** (*bet*) **to put sth on sth** miser qc sur qc **10.** (*hand over to*) **to put sb on the (tele)phone** passer qn; **I'll put you on to your mother** je te passe ta mère **11.** (*prescribe*) **to put sb on steroids** prescrire des stéroïdes à qn

◆**put out** <-tt-> *irr* **I.** *vt* **1.** (*extinguish, turn off*) éteindre; (*gas, water*) fermer **2.** (*take outside*) sortir; **to ~ the trash** sortir les poubelles **3.** (*issue: announcement, warning*) faire passer **4.** (*broadcast*) diffuser **5.** (*produce*) produire **6.** (*extend*) étendre; (*new shoots*) déployer; **to ~ one's hand** tendre la main **7.** (*disconcert*) contrarier; **to be ~ by sth** être déconcerté par qc **8.** (*lay out for ready use: uniform, tools*) préparer; (*silverware, plates*) placer; **to put sth out for sb/sth** sortir qc à qn/qc **9.** (*make unconscious*) endormir **II.** *vi* **1.** NAUT (*set sail*) quitter le port **2.** *inf* (*offer sex*) **to ~ for sb** coucher avec qn

◆**put over** <-tt-> *vt irr* **1.** (*make understood*) **to put sth over** faire comprendre qc **2.** (*postpone*) remettre à plus tard **3.** *inf* **to put one over on sb** avoir qn

◆**put through** <-tt-> *vt irr* **1.** TEL (*connect*) **to put sb through** mettre qn en ligne; **to put sb through to sb** passer qn à qn **2.** (*implement*) **to put sth through** mener qc à bien; (*proposal*) faire accepter qc; (*deal*) conclure qc; **to put a bill through Congress** faire accepter un projet de loi par le Congrès **3.** (*make endure*) **to put sb through sth** faire subir qc à qn; **to put sb through hell** faire souffrir le martyre à qn; **he really put me through it** il m'en a fait baver **4.** (*support financially*) **to put sb through college** payer l'université à qn; **to put oneself through college** se payer l'université

◆**put together** <-tt-> *vt irr* **1.** (*assemble: pieces*) assembler; (*radio, band, model*) monter; (*facts*) reconstituer **2.** (*place near*) **to put two things together** mettre deux choses côte à côte; *fig* rapprocher deux choses **3.** (*connect*) **to put clues/facts together** rapprocher des indices/des faits; **to put two sets of figures together** comparer deux séries de chiffres **4.** MATH (*add*) **to put 10 and 15 together** additionner 10 et 15 **5.** CULIN (*mix*) mélanger **6.** (*prepare, organize: plan, strategy*) élaborer; (*book, program*) faire; (*team*) rassembler; (*legal case*) constituer **7.** (*create: dinner*) improviser ▶**to put two and two together** *prov* tirer ses conclusions

◆**put up** <-tt-> *irr* **I.** *vt* **1.** (*raise*) lever; **to ~ one's hand** lever la main; (*satellite*) placer en orbite **2.** (*build, install*) ériger; (*tent*) dresser; (*shelves*) poser; (*wallpaper*) poser **3.** (*give shelter*) **to put sb up (for the night)** héberger qn (pour la nuit) **4.** (*submit, present*) présenter; **to ~ a struggle** opposer une résistance; **to put sb up as sth** proposer qn comme qc; **to put sb up for election** proposer qn à une élection; **to put sth up for sale/rent** mettre qc en vente/location; **to be ~ for sale/auction** être en vente/aux enchères; **to put sb up to doing sth** *inf* pousser qn à faire qc **5.** (*provide: money*) fournir **6.** (*display: poster*) accrocher; (*notice*) afficher; (*sign*) mettre **II.** *vi* (*lodge*) **to ~ at sb's place/in a hotel** loger chez qn/à l'hôtel; **to ~ at sb's place/in a hotel for the night** passer la nuit chez qn/à l'hôtel

◆**put up with** <-tt-> *vt irr, inf* **to ~ with sb/sth** supporter qn/qc

putative ['pju·t̬ə·t̬ɪv] *adj form* putatif(-ive)

putdown *n inf* réplique *f* bien envoyée

putoff *n inf* excuse *f*

put-on *n inf* **it's a ~** c'est du cinéma

put option *n* ECON option *f* de vente

putrefaction [ˌpju·trə·'fæk·ʃᵊn] *n form* (*decay*) putréfaction *f*

putrefy ['pju·trə·faɪ] <-ie-> *vi form* se putréfier
putrid ['pju·trɪd] *adj form* **1.** (*decayed*) putride **2.** (*worthless*) infâme
putsch [pʊtʃ] <-tsches> *n* putsch *m*
putt [pʌt] SPORTS **I.** *vt, vi* putter **II.** *n* putt *m*
putter[1] *n* **1.** (*golf club*) putter *m* **2.** (*golf player*) putter *m;* **to be a good ~** bien putter
putter[2] *vi* **1.** (*go along in an unhurried manner*) suivre tranquillement sa route; **to ~ around town** faire le tour de la ville sans se presser **2.** (*pass time*) traîner
putting *n* SPORTS putting *m*
putting green *n* SPORTS green *m*
putty *n* mastic *m* ►**to be (like) ~ in sb's hands** se laisser mener par le bout du nez
put-up *adj inf* **~ job** coup *m* monté
put-upon *adj inf* **to feel ~** se sentir exploité
puzzle ['pʌz·l] **I.** *vt* intriguer **II.** *vi* **to ~ about** [*o* **over**] **sth** chercher à comprendre qc **III.** *n* **1.** (*analytical game*) devinette *f* **2.** (*mechanical game*) casse-tête *m* **3.** (*jigsaw puzzle*) puzzle *m,* casse-tête *m Québec* **4.** (*mystery*) mystère *m*
◆**puzzle out** *vt* deviner
puzzled *adj* **1.** (*worried*) perplexe; **we are ~ about what to do now** nous ne savons que faire maintenant **2.** (*surprised*) surpris(e)
puzzler *n* mystère *m;* **that question was a real ~** cette question était une sacrée colle
puzzling *adj* déroutant(e)
PVC [ˌpi·vi·'si] CHEM *abbr of* **polyvinyl chloride I.** *n* PVC *m* **II.** *adj* en PVC
PX *n abbr of* **Post Exchange** coopérative *f* militaire
pygmy ['pɪg·mi] **I.** *n pej* pygmée *m* **II.** *adj* ZOOL pygmée
pylon ['paɪ·lan] *n* pylône *m*
pyramid ['pɪr·ə·mɪd] *n* pyramide *f*
pyramid scheme *n* ECON, FIN système *m* pyramidale
pyramid selling *n* ECON, LAW vente *f* pyramidale
pyre [paɪər] *n* bûcher *m* funéraire
Pyrex® ['paɪ·reks] **I.** *n* pyrex® *m* **II.** *adj* en pyrex
pyrites [paɪ·'raɪ·tiz] <-tae> *n* pyrite *f*
pyromania [ˌpaɪ·roʊ·'meɪ·ni·ə] *n* pyromanie *f*
pyromaniac *n* pyromane *mf*
pyrotechnic(al) *adj* **1.** (*relating to fireworks*) pyrotechnique **2.** (*brilliant: wit*) époustouflant(e)
pyrotechnics *n* **1.** + *sing vb* (*science*) pyrotechnie *f* **2.** *pl* (*fireworks, brilliance*) feu *m* d'artifice
python ['paɪ·θan] <-(ons)> *n* python *m*

Q

Q, q [kju] <-'s> *n* Q *m,* q *m;* **~ as in Quebec** (*on telephone*) q comme Quintal
Q *n abbr of* **Queen** reine *f*
Qatar ['ka·tar] *n* le Qatar
Qatari [kə·'ta·rɪ] **I.** *adj* qatari(e) **II.** *n* qatari(e) *m(f)*
QED [ˌkju·i·'di] *abbr of* **quod erat demonstrandum** CQFD
qtr. *n abbr of* **quarter** quart *m*
qua [kwa] *prep form* en tant que
quack[1] [kwæk] **I.** *n* (*duck's sound*) coin-coin *m sans pl* **II.** *interj childspeak* **~-~** coin-coin **III.** *vi* cancaner
quack[2] [kwæk] *pej* **I.** *n* **1.** (*fake doctor*) charlatan *m* **2.** (*fraud*) faux guérisseur *m* **II.** *adj* (*doctor, medicine*) de charlatan
quad[1] [kwad] *n s.* **quadrangle**
quad[2] [kwad] *n inf s.* **quadruplet**
quad[3] [kwad] *n inf* ANAT *s.* **quadriceps**
quadrangle ['kwa·dræŋ·gl] *n* cour *f* intérieure
quadrant ['kwa·drənt] *n* **1.** (*quarter of circle*) quart *m* de cercle **2.** (*quarter of plane surface*) quart *m*
quadraphonic [ˌkwa·drə·'fa·nɪk] *adj* quadriphonique
quadratic [kwa·'dræt̬·ɪk] *adj* de second degré
quadriceps [ˌkwa·drɪ·'seps] *n* ANAT quadriceps *m*
quadrilateral [ˌkwa·drɪ·'læt̬·ər·əl] *n* quadrilatère *m*
quadruped ['kwa·drʊ·ped] *n* quadrupède *m*
quadruple ['kwa·dru·pl] **I.** *vt, vi* quadrupler **II.** *adj* quadruple
quadruplet [kwa·'dru·plɪt] *n* quadruplé(e) *m(f)*
quaff [kwɔf] *vt* lamper
quagmire ['kwæg·maɪər] *n* bourbier *m*
quail[1] [kweɪl] <-(s)> *n* (*small bird*) caille *f*
quail[2] [kweɪl] *vi* (*feel fear*) trembler; **to ~ with fear** trembler de peur; **to ~ before sb/sth** trembler devant qn/qc
quaint [kweɪnt] *adj* **1.** (*charming: village, landscape*) pittoresque **2.** *pej* (*old-fashioned*) vieillot(te)
quake [kweɪk] **I.** *n* tremblement *m* de terre **II.** *vi* (*earth, person*) trembler; **to ~ with sth** trembler de qc; **to ~ with laughter** se tordre de rire; **to ~ in one's boots** trembler de peur
Quaker ['kweɪ·kər] *n* quaker, quakeresse *m, f*
qualification [ˌkwa·lɪ·fɪ·'keɪ·ʃən] *n* **1.** (*credentials, skills*) qualification *f* **2.** (*document, exam*) diplôme *m* **3.** (*the act of qualifying*) obtention *f* d'un diplôme **4.** (*limiting criteria*) réserve *f* **5.** (*condition*) condition *f* **6.** SPORTS, LING qualification *f*
qualified *adj* **1.** (*competent*) qualifié(e) **2.** (*trained*) diplômé(e); **I'm not ~ to answer this question** je ne suis pas compétent pour répondre à cette question **3.** (*limited*) mitigé(e)

Q

qualify ['kwa·lɪ·faɪ] <-ie-> **I.** *vt* **1.** (*give credentials, make eligible*) qualifier **2.** (*add reservations to*) nuancer **3.** LING qualifier **4.** (*give the right*) donner droit à **5.** (*describe*) **to ~ sb/sth as sth** qualifier qn/qc de qc **II.** *vi* **1.** SPORTS se qualifier **2.** (*meet standards*) **to ~ for sth** remplir les conditions requises pour qc; **it hardly qualifies as sth** on ne peut pas appeler ça qc **3.** (*be eligible*) **to ~ for sth** avoir droit à qc **4.** (*have qualifications*) être qualifié **5.** (*complete training*) obtenir son diplôme; **to ~ as an engineer** obtenir son diplôme d'ingénieur
qualifying **I.** *n* **1.** (*meeting of standards*) accréditation *f* **2.** SPORTS qualification *f* **II.** *adj* **1.** SPORTS, UNIV, SCHOOL (*round, exam*) éliminatoire; (*candidates*) sélectionné(e) **2.** LING qualificatif(-ive)
qualitative ['kwa·lɪ·teɪ·t̬ɪv] *adj* qualitatif(-ive)
quality ['kwa·lə·t̬i] **I.** <-ies> *n* qualité *f;* **high/low ~** très bonne/mauvaise qualité; **she has managerial qualities** c'est une bonne gestionnaire **II.** *adj* de qualité
quality control *n* contrôle *m* qualité
quality time *n moments privilégiés passés avec quelqu'un*
qualm [kwam] *n* **1.** (*scruple*) scrupule *m;* **to have no ~s about doing sth** ne pas avoir de scrupules à faire qc **2.** (*worry*) réticences *fpl*
quandary ['kwan·dər·i] *n* dilemme *m;* **to be in a real ~** ne pas savoir du tout quoi faire
quantifiable *adj* quantifiable
quantification [ˌkwan·t̬ə·fɪ·'keɪ·ʃən] *n* quantification *f*
quantify [ˌkwan·t̬ə·faɪ] *vt* quantifier
quantitative ['kwan·t̬ə·teɪ·t̬ɪv] *adj* quantitatif(-ive)
quantity ['kwan·t̬ə·t̬i] <-ies> *n* quantité *f;* **to double the ~ of a recipe** doubler les quantités d'une recette; **a ~ of cotton wool** du coton; **in ~** en grande quantité
quantity discount *n* réduction *f* pour achat en gros
quantity theory *n* théorie *f* quantitative
quantum ['kwan·t̬əm] <quanta> *n* PHYS quantum *m*
quantum leap *n fig* pas *m* de géant
quantum mechanics *n* mécanique *f* quantique
quarantine ['kwɔr·ən·tin] **I.** *n* quarantaine *f* **II.** *vt* **to ~ sb/an animal** mettre qn/un animal en quarantaine
quark [kwɔrk] *n* PHYS quark *m*
quarrel ['kwɔr·əl] **I.** *n* dispute *f;* **a ~ over sth** une dispute à propos de qc; **to have a ~** se disputer **II.** <-ll-> *vi* se disputer; **to ~ about sth** se disputer à propos de qc
quarrelsome ['kwɔr·əl·səm] *adj* querelleur(-euse)
quarry ['kwɔr·i] **I.** *n* **1.** (*mine*) carrière *f* **2.** *fig* proie *f* **II.** <-ie-> *vt* **1.** (*extract: mineral*) extraire **2.** (*cut into: hillside*) creuser
quart [kwɔrt] *n 0,946 litres*
quarter ['kwɔr·t̬ər] **I.** *n* **1.** (*one fourth*) quart *m;* **three ~s** trois quarts; **a ~ of an hour** un quart d'heure **2.** (*25-cent coin*) pièce *f* de 25 cents; (*sum*) 25 cents *mpl* **3.** (*15 minutes*) **a ~ to three** trois heures moins le quart; **a ~ past** [*o* **after**] **three** trois heures et quart **4.** (*1/4 of year, school term*) trimestre *m* **5.** SPORTS (*period*) quart-temps *m* **6.** (*neighborhood*) quartier *m;* **the French Quarter** le quartier français **7.** *pl* (*unspecified group or person*) milieu *m;* **there have been protests from some ~s** il y a eu des protestations de la part de certains **8.** (*area of compass*) quart *m;* **from the northeast ~** du quart nord-est **II.** *vt* **1.** (*cut into four*) **to ~ sth** couper qc en quatre **2.** *passive* (*give housing*) **to be ~ed** être cantonné **III.** *adj* quart de; **a ~ hour** un quart d'heure; **a ~ pound** ≈ 100 grammes
quarterdeck *n* NAUT pont *m* arrière
quarterfinal *n* quart *m* de finale; **in the ~s** aux quarts de finale
quarterly ['kwɔr·t̬ər·li] **I.** *adv* par trimestre **II.** *adj* (*magazine*) trimestriel(le)
quartermaster *n* MIL intendant(e) *m(f)*
quartertone *n* MUS quart *m* de ton
quartet, quartette [kwɔr·'tet] *n* MUS quatuor *m*
quartz [kwɔrts] *n* quartz *m*
quartz clock *n* pendule *f* à quartz
quartz lamp *n* lampe *f* à quartz
quartz watch *n* montre *f* à quartz
quasar ['kweɪ·zar] *n* ASTR quasar *m*
quash [kwɔʃ] *vt* **1.** (*suppress: rebellion*) écraser; (*suggestion, objection*) balayer; (*rumors*) faire taire; (*dreams, hopes, plans*) anéantir **2.** LAW (*conviction, verdict, sentence*) casser; (*law, bill, writ*) annuler
quasi- ['kweɪ·saɪ] *in compounds* quasi
quatrain ['kwa·treɪn] *n* LIT quatrain *m*
quaver ['kweɪ·vər] **I.** *vi* chevroter **II.** *n* tremblement *m;* **a ~ in one's voice** un tremblement dans la voix
quay [ki] *n* quai *m*
queasy ['kwi·zi] *adj* **1.** (*nauseous*) **to feel ~** avoir mal au cœur; **to have a ~ stomach** avoir des haut-le-cœur **2.** (*unsettled*) mal à l'aise; (*conscience*) mauvais(e); **to feel ~ about sth** être mal à l'aise à propos de qc
Quebec [kwi·'bek] *n* **1.** (*province*) le Québec **2.** (*town*) Québec
queen [kwin] **I.** *n* **1.** (*female monarch*) *a. fig* reine *f* **2.** GAMES dame *f;* **~ of hearts** dame de cœur **3.** *pej* (*gay man*) folle *f* **II.** *vt* GAMES damer ►**to ~ it over sb** faire la grande dame avec qn
queen bee *n* **1.** ZOOL reine *f* des abeilles **2.** *pej* (*bossy woman*) femme *f* autoritaire
queenly <-ier, iest> *adj* de reine
Queen's English *n* anglais *m* standard; **to speak ~** parler un anglais soigné
queer [kwɪr] **I.** <-er, -est> *adj* **1.** (*strange: ideas*) bizarre; **to be a ~ fish** être un drôle de numéro; **to be ~ in the head** être toqué **2.** *pej* (*homosexual*) pédé **II.** *n pej* (*a homosexual*) pédé *m*

quell [kwel] *vt* **1.** (*put an end: unrest, rebellion*) réprimer; (*emotions*) apaiser **2.** (*silence, subdue*) faire taire; **to ~ sb with a look** faire taire qn du regard

quench [kwen(t)ʃ] *vt* **1.** (*satisfy*) **to ~ sb's thirst** étancher la soif de qn **2.** (*put out: fire*) éteindre **3.** (*suppress: anger, desire, enthusiasm*) réprimer

querulous ['kwer·jə·ləs] *adj* geignard(e); **in a ~ voice** d'un ton geignard

query ['kwɪr·i] **I.** <-ies> *n* **1.** (*question*) question *f* **2.** COMPUT requête *f* **II.** <-ie-> *vt* (*ask*) demander; **to ~ whether ...** (se) demander si ...

quest [kwest] *n* recherche *f;* **in ~ of sb/sth** à la recherche de qn/qc; **~ for truth** quête *f* de la vérité; **our ~ to save lives** notre mission de sauver des vies

question ['kwes·tʃən] **I.** *n* **1.** (*inquiry*) *a.* SCHOOL, UNIV question *f;* **to ask sb a ~** poser une question à qn; **frequently asked ~s** COMPUT questions *fpl* fréquemment posées, foire *f* aux questions **2.** LING interrogation *f* **3.** (*doubt*) **without ~** sans aucun doute; **to be beyond ~** ne pas faire de doute; **to come into ~** être mis en doute; **it's open to ~** cela se discute; **to call sth into ~** mettre qc en doute **4.** (*issue*) question *f;* **to be a ~ of time/money** être une question de temps/d'argent; **to be out of the ~** être hors de question; **there's no ~ of sb doing sth** il est hors de question que qn fasse qc (*subj*); **the time/place in ~** le moment/lieu en question **II.** *vt* **1.** (*ask*) questionner **2.** (*interrogate*) *a.* SCHOOL interroger **3.** (*doubt: ability, facts, findings*) mettre en doute; **I'd ~ whether that's true** je me pose la question de savoir si c'est vrai

questionable *adj* discutable

questioner *n* interrogateur, -trice *m, f*

questioning I. *n* interrogatoire *m;* **to be taken in for ~** être conduit à un interrogatoire **II.** *adj* (*look*) interrogateur(-trice); (*mind*) curieux(-euse)

question mark *n* point *m* d'interrogation

questionnaire [,kwes·tʃə·'ner] *n* questionnaire *m*

queue [kju] **I.** *n* COMPUT file *f* d'attente **II.** *vi* COMPUT être en file d'attente

◆**queue up** *vi s.* **queue**

quibble ['kwɪb·l] **I.** *n* chicane *f* **II.** *vi* chicaner

quibbler ['kwɪb·lər] *n pej* chicanier, -ère *m, f*

quibbling ['kwɪb·lɪŋ] **I.** *n* chicaneries *fpl* **II.** *adj* chicanier(-ère)

quiche [kiʃ] *n* quiche *f*

quick [kwɪk] **I.** <-er, -est> *adj* **1.** (*fast*) rapide; **~ as lightning** rapide comme l'éclair; **in ~ succession** en succession rapide, coup sur coup; **to grab a ~ drink** s'en jeter un petit; **to grab a ~ sandwich** manger un sandwich sur le pouce; **to give sb a ~ call** passer un petit coup de fil à qn; **to give sb a ~ kiss** donner un petit bisou à qn; **the ~est way** le chemin le plus rapide; **to have a ~ temper** s'emporter facilement; **to be a ~ learner** apprendre vite; **he's ~ to point out problems** il est rapide quand il s'agit de voir un problème **2.** (*bright*) vif(vive); **to have a ~ mind** être vif d'esprit; **~ thinking** rapidité *f* d'esprit **II.** <-er, -est> *adv inf* vite; **as ~ as possible** aussi vite que possible; **to get rich ~** s'enrichir rapidement **III.** *interj* vite! **IV.** *n* (*edge of digit*) **to bite/cut nails to the ~** se ronger/se couper les ongles jusqu'au sang

quick-acting *adj* **to be ~** agir vite

quicken ['kwɪk·ᵊn] **I.** *vt* **1.** (*make faster: pace*) accélérer **2.** (*awaken: imagination*) exciter; (*curiosity, interest*) aiguiser **II.** *vi* **1.** (*increase speed*) accélérer **2.** (*become alive*) s'éveiller

quick-frozen *adj* surgelé(e)

quickie ['kwɪk·i] *n inf* **to have a ~** (*fast sex*) tirer un coup; (*fast drink*) s'en jeter un petit

quicklime *n* chaux *f* vive

quickly *adv* vite; **the report was ~ written** le rapport a été écrit rapidement

quickness *n* rapidité *f*

quicksand ['kwɪk·sænd] *n* sables *mpl* mouvants

quicksilver ['kwɪk·sɪl·vər] *n s.* **mercury** vif-argent *m*

quickstep ['kwɪk·step] *n* **1.** DANCE fox-trot *m* **2.** MUS musique *f* rapide

quick-tempered *adj* **to be ~** s'emporter facilement

quick-witted *adj* vif(vive)

quid pro quo ['kwɪd·proʊ·'kwoʊ] *n* compensation *f*

quiescent [kwaɪ·'es·ᵊnt] *adj form* tranquille

quiet [kwaɪət] **I.** *n* **1.** (*silence*) silence *m* **2.** (*piece*) calme *m* ▸ **on the ~** en cachette; **to get married on the ~** se marier en douce **II.** *adj* **1.** (*not loud*) doux(douce); (*voice*) bas(se) **2.** (*silent*) tranquille; **be ~** tais-toi; **to keep ~** se tenir tranquille; **to keep sb ~** (*with activity*) tenir qn tranquille; (*with bribe*) faire taire qn **3.** (*secret: arrangement*) caché(e); **to keep sth ~, keep ~ about sth** garder qc pour soi; **to have a ~ word with sb** glisser discrètement un mot à l'oreille de qn **4.** (*not showy*) simple; (*wedding*) intime; (*clothes*) sobre **5.** (*calm*) calme; **they're a ~ couple** c'est un couple discret; **to have a ~ night in** passer une soirée tranquille à la maison

◆**quiet down I.** *vi* **1.** (*become quiet*) se taire **2.** (*become calm*) se calmer **II.** *vt* **1.** (*make quiet*) calmer **2.** (*make calm* (*down*)) apaiser

quietly *adv* **1.** (*silently*) silencieusement **2.** (*behaving well: play*) sagement **3.** (*speaking*) doucement **4.** (*peacefully*) paisiblement **5.** (*discreetly*) discrètement; **to be ~ confident** être calme et sûr de soi

quietness *n* (*calm*) tranquillité *f*

quill [kwɪl] *n* **1.** (*feather*) penne *f* **2.** (*on porcupine*) piquant *m* **3.** (*pen*) plume *f* d'oie

quilt [kwɪlt] **I.** *n* édredon *m;* **continental ~** couette *f* **II.** *vt* piquer

quince [kwɪn(t)s] *n* coing *m*

quinine ['kwaɪ·naɪn] *n* quinine *f*
quintessential [,kwɪn·te·'sen·(t)ʃəl] *adj* (*typical*) **the ~ sth** l'archétype *m* de qc
quintet(te) [kwɪn·'tet] *n* MUS quintette *m*
quintuple [kwɪn·'tu·pl] **I.** *adj* quintuple **II.** *vt* quintupler **III.** *vi* se quintupler
quintuplet [kwɪn·'tʌp·lɪt] *n* quintuplé(e) *m(f)*
quip [kwɪp] *n* bon mot *m*
quirk [kwɜrk] *n* **1.** (*habit*) excentricité *f* **2.** (*oddity*) bizarrerie *f*
quit [kwɪt] **I.** *vt* **1.** (*leave*) **a.** COMPUT quitter; **to ~ one's job** démissionner **2.** (*stop*) abandonner; **~ bothering me** arrête de m'embêter **II.** *vi* **1.** (*give up*) abandonner **2.** (*resign*) démissionner
quite [kwaɪt] *adv* **1.** (*fairly*) assez; **~ a distance** assez loin; **~ a lot of money/letters** vraiment beaucoup d'argent/de lettres **2.** (*completely*) complètement; (*different*) tout à fait; **it's ~ simple** c'est très simple **3.** (*exactly*) tout à fait; **that's not ~ right** ce n'est pas tout à fait exact; **he didn't ~ succeed** il n'a pas vraiment réussi; **I don't ~ understand** je n'ai pas tout à fait compris; **~ the wrong way to do it** vraiment la mauvaise manière de s'y prendre; **~ the opposite** plutôt le contraire **4.** (*really*) véritable; **it was ~ a struggle** c'était vraiment difficile; **it's been ~ a day!** quelle journée!; **he's ~ the hero, isn't he?** *iron* c'est tout à fait un héros, n'est-ce pas?
quits [kwɪts] *adj* **to be ~ with sb** être quitte envers qn; **to call it ~** en rester là
quiver¹ ['kwɪv·ər] **I.** *n* (*shiver*) tremblement *m;* (*excitement, fear*) frisson *m* **II.** *vi* frémir; **to ~ with rage** trembler de colère
quiver² ['kwɪv·ər] *n* carquois *m*
quiz [kwɪz] **I.** <-es> *n* **1.** (*short test*) contrôle-surprise *m* **2.** (*contest*) jeu-concours *m* **II.** *vt* questionner
quizmaster *n* animateur, -trice *m, f* de jeu
quiz show *n* jeu-concours *m*
quiz-show host *n* animateur, -trice *m, f* de jeu
quizzical ['kwɪz·ɪ·kəl] *adj* **1.** (*questioning*) perplexe **2.** (*teasing*) moqueur(-euse)
quorum ['kwɔr·əm] *n* quorum *m*
quota ['kwoʊ·t̬ə] *n* **1.** (*allowance*) quota *m;* (*export, import*) contingent *m* **2.** (*allotment*) dose *f*
quotable *adj* digne d'être cité
quotation [kwoʊ·'teɪ·ʃən] *n* **1.** (*passage*) citation *f* **2.** FIN cotation *f*
quotation marks *npl* guillemets *mpl*
quote [kwoʊt] **I.** *n* **1.** *inf* (*quotation*) citation *f* **2.** *pl, inf* (*punctuation marks*) guillemets *mpl* **3.** *inf* (*estimate*) devis *m* ►**~ ... unquote** je cite ... fin de citation **II.** *vt* **1.** (*repeat verbatim*) citer; **the press ~d him as saying sth** selon les journaux, il aurait dit qc **2.** (*give: price*) établir; **we were ~d $650** on nous a établi un devis de 650 dollars **3.** FIN **to be ~d on the Stock Exchange** être coté en Bourse **III.** *vi* citer
quotidian [kwoʊ·'tɪd·i·ən] *adj form* quotidien(ne)
quotient ['kwoʊ·ʃənt] *n* quotient *m*
qwerty keyboard [,kwɜr·t̬ɪ·'ki·bɔrd] *n* clavier *m* qwerty

R

R, r [ar] <-'s *o* -s> *n* R *m,* r *m;* **~ as in Romeo** r comme Raoul
r [ar] ELEC *abbr of* **resistance** résistance *f*
R [ar] **I.** *n* SPORTS *abbr of* **run** point *m* **II.** *adj* CINE *abbr of* **restricted** interdit(e) aux moins de dix-sept ans
R. [ar] *n abbr of* **River** rivière *f*
rabbi ['ræb·aɪ] *n* rabbin *m*
rabbit ['ræb·ɪt] *n* lapin *m;* **wild ~** lapin de garenne
rabbit food *n fig, iron, inf* crudités *fpl*
rabbit hole *n* terrier *m* (de lapin)
rabbit hutch *n* clapier *m*
rabbit punch <-es> *n* coup *m* du lapin
rabbit skin *n* peau *f* de lapin
rabble ['ræb·l] *n* **1.** (*mob*) cohue *f* **2.** *pej* SOCIOL **the ~** la populace
rabble-rouser *n* agitateur, -trice *m, f*
rabble-rousing **I.** *n* incitation *f* à la révolte **II.** *adj* qui incite à la révolte
rabid ['ræb·ɪd] *adj* **1.** (*suffering from rabies*) enragé(e) **2.** *fig, pej* (*fervent*) mordu(e); (*fanatical*) fanatique
rabies ['reɪ·biz] *n + sing vb* la rage
raccoon [ræ·'kun] *n* raton *m* laveur
race¹ [reɪs] **I.** *n* **1.** SPORTS **a 100-meter ~** un cent mètres **2.** (*contest*) course *f;* **the ~ for the presidency** la course à la présidence ►**a ~ against time** une course contre la montre **II.** *vi* **1.** (*compete*) courir; **to ~ against sb** faire la course avec qn **2.** (*rush*) aller à toute allure; (*heart, engine*) s'emballer; **to ~ along/past** aller/passer à toute vitesse **3.** (*hurry*) se dépêcher; **to ~ for a bus** se dépêcher pour attraper un bus **III.** *vt* **1.** (*compete with*) faire la course avec; **to ~ each other** se faire la course **2.** (*enter for races: horse, dog*) faire courir **3.** (*rev up: engine*) emballer **4.** (*transport*) emmener à toute vitesse
race² [reɪs] *n* (*ethnicity*) race *f*
race³ [reɪs] *n* GEO canal *m*
race car *n* voiture *f* de course
race car driver *n* pilote *mf* automobile
racecourse *n* champ *m* de courses
racehorse *n* cheval *m* de course
race meet *n* courses *fpl*
racer *n* coureur, -euse *m, f*
race relations *npl* relations *fpl* interraciales
race riot *n* émeute *f* raciale
racial ['reɪ·ʃəl] *adj* racial(e)
racial conflict *n* conflit *m* racial

racial profiling *n* contrôle *m* au faciès
raciness ['reɪ·sɪn·ɪs] *n* **1.** (*excitement*) verve *f* **2.** (*lewdness*) grivoiserie *f*
racing *n* **1.** (*act of racing*) course *f* **2.** (*races: horses*) les courses *fpl;* (*cars, cycles*) la course *f*
racing bicycle, racing bike *n inf* vélo *m* de course
racing pigeon *n* pigeon *m* voyageur de compétition
racing stable *n* écurie *f* de course
racing yacht *n* yacht *m* de course
racism ['reɪ·sɪ·zᵊm] *n* racisme *m*
racist I. *n* raciste *mf* **II.** *adj* raciste
rack [ræk] **I.** *n* **1.** (*frame, shelf*) étagère *f;* (*for the oven*) grille *f;* (*for dishes*) égouttoir *m;* (*in dishwasher*) panier *m;* (*for billiard balls*) triangle *m* **2.** (*joint*) **~ of (spare) ribs** carré *m* de côtes de porc; **~ of lamb** carré *m* d'agneau **3.** (*for torture*) chevalet *m* de torture; **to be on the ~** *fig* être au supplice **4.** *sl* (*bed*) pieu *m* **II.** *vt* (*hurt*) torturer; **to be ~ed with doubts** être tiraillé par le doute ▶ **to ~ one's brains** se creuser la tête
racket ['ræk·ɪt] *n* **1.** SPORTS raquette *f* **2.** *inf* (*noise*) vacarme *m* **3.** (*dishonest practice*) racket *m*
racketeer [ˌræk·ə·'tɪr] *n* racketteur, -euse *m, f*
racking *adj* épouvantable; (*pain*) atroce
rack-rent *n* loyer *m* exorbitant
racoon *n s.* **raccoon**
racquetball *n* jeu *m* de paume
racy ['reɪ·si] <-ier, -iest> *adj* **1.** (*lively*) piquant(e); (*person*) plein(e) de vie **2.** (*risqué*) émoustillant(e)
radar ['reɪ·dar] *n* radar *m*
radar gun *n* pistolet-radar *m*
radar station *n* station *f* radar
radar trap *n* contrôle *m* radar
radial ['reɪ·di·əl] *adj* radial(e)
radiant ['reɪ·di·ənt] *adj* **1.** (*shining*) rayonnant(e); (*heat*) radiant(e) **2.** *fig* (*happy*) radieux(-euse); (*beautiful*) éblouissant(e)
radiate ['reɪ·di·eɪt] **I.** *vi* **1.** (*emit rays*) rayonner **2.** *fig* (*emotion*) émaner; (*paths*) diverger **II.** *vt* **1.** (*emit*) émettre; **to ~ energy/light** émettre de la lumière/de l'énergie; **to ~ heat** dégager de la chaleur **2.** (*display*) répandre
radiation *n* (*light*) irradiation *f;* (*heat*) rayonnement *m;* (*waves*) radiation *f;* **~ levels** niveaux *mpl* de radiation
radiation therapy *n* radiothérapie *f*
radiator ['reɪ·di·eɪ·t̬ər] *n* radiateur *m*
radiator cap *n* bouchon *m* de radiateur
radiator grill(e) *n* AUTO calandre *f*
radical ['ræd·ɪ·kᵊl] **I.** *n* **1.** (*person*) radical(e) *m(f)* **2.** CHEM radical *m* **II.** *adj* radical(e)
radicalism ['ræd·ɪ·kᵊl·ɪ·zᵊm] *n* radicalisme *m*
radio ['reɪ·di·oʊ] **I.** *n* **1.** (*broadcasting*) radio *f;* **on the ~** à la radio; **over the ~** sur les ondes radio **2.** (*device*) (poste *m* de) radio *f* **II.** *vt* (*call*) contacter par radio; (*send*) envoyer par radio **III.** *vi* envoyer un message par radio
radioactive [ˌreɪ·di·oʊ·'æk·tɪv] *adj* radioactif(-ive)
radioactivity *n* radioactivité *f*
radio alarm clock *n* radio-réveil *m*
radio beacon *n* radiophare *m*
radiobroadcast *n* émission *f* radiophonique
radiocarbon dating [ˌreɪ·di·oʊ·kar·bᵊn'deɪt̬·ɪŋ] *n* datation *f* au carbone 14
radio cassette recorder *n* radiocassette *m*
radio communication *n* contact *m* radio
radio contact *n* contact *m* radio
radio-controlled *adj* télécommandé(e)
radiographer *n* radiologue *mf*
radiography [ˌreɪ·di·'a·grə·fi] *n* radiographie *f*
radiologist *n* radiologue *mf*
radiology [ˌreɪ·di·'a·lə·dʒi] *n* radiologie *f*
radio message *n* message *m* radio
radio operator *n* opérateur-radio, opératrice-radio *m, f*
radio program *n* **1.** (*broadcast*) émission *f* de radio **2.** (*schedule*) programme *m* radio
radioscopy [ˌreɪ·di·'a·skə·pi] *n* MED radioscopie *f*
radio set *n* poste *m* radio
radio station *n* station *f* de radio; **local ~** radio *f* locale
radiotelephone *n* radiotéléphone *m*
radio telescope *n* radiotélescope *m*
radiotherapy *n* radiothérapie *f*
radio transmitter *n* poste *m* émetteur
radio wave *n* onde *f* hertzienne
radish ['ræd·ɪʃ] <-es> *n* radis *m*
radium ['reɪ·di·əm] *n* radium *m*
radium therapy *n* radiumthérapie *f*
radius ['reɪ·di·əs] <-dii *o* -es> *n* **1.** (*half of diameter*) rayon *m;* **everything within a ~ of 5 miles** [*o* **within a five mile ~**] tout dans un rayon de 5 miles **2.** ANAT radius *m*
raffia ['ræf·i·ə] *n* raphia *m*
raffle ['ræf·l] **I.** *n* tombola *f* **II.** *vt* mettre en tombola
raft [ræft] **I.** *n* **1.** (*flat vessel*) radeau *m* **2.** *inf* (*a lot*) **a ~ of sth** une montagne de qc **II.** *vi* **to ~ across/down the river** traverser/descendre la rivière en radeau
rafter *n* **1.** ARCHIT chevron *m* **2.** (*raft user*) personne *f* qui fait du radeau
rafting *n* rafting *m*
rag [ræg] **I.** *n* **1.** (*cloth*) lambeau *m;* (*for dusting*) chiffon *m* à épousseter **2.** *pl* (*old clothes*) guenilles *fpl* **3.** *pej, sl* (*newspaper*) torchon *m* **4.** (*ragtime music*) ragtime *m* ▶ **to be on the ~** *sl* avoir ses ragnagnas **II.** <-gg-> *vt inf* (*tease*) taquiner
ragbag ['ræg·bæg] **I.** *n* sac *m* à chiffons **II.** *adj* varié(e)
rage [reɪdʒ] **I.** *n* (*anger*) colère *f;* **to be in a ~** être furieux ▶ **to be all the ~** faire fureur **II.** *vi* **1.** (*express fury*) **to ~ at sb/sth** fulminer contre qn/qc **2.** (*continue: battle*) faire rage; (*epidemic*) sévir **3.** (*wind*) souffler en tempête; (*sea*) être démonté(e)
ragged *adj* **1.** (*torn*) en lambeaux; (*clothes*) en

R

haillons **2.** (*wearing rags: children*) en guenilles; (*appearance*) négligé(e) **3.** (*disorderly*) désordonné(e) **4.** (*rough*) dentelé(e); (*coastline*) découpé(e) **5.** (*irregular*) irrégulier(-ère)
raging *adj* **1.** (*angry*) furieux(-euse) **2.** METEO violent(e); (*sea*) démonté(e) **3.** (*burning fiercely*) ardent(e); **a ~ inferno** un véritable brasier **4.** (*severe*) fort(e)
ragout [ræ·'gu] *n* ragoût *m*
ragtag I. *n* ~ (**and bobtail**) racaille *f inf* **II.** *adj* hétéroclite
ragtime *n* ragtime *m*
rag trade *n sl* confection *f* de fringues
rai [reɪ] *n* MUS raï *m*
raid [reɪd] **I.** *n* **1.** (*attack*) raid *m* **2.** (*robbery*) hold-up *m inv* **3.** (*search*) descente *f* **II.** *vt* **1.** (*attack*) lancer un raid contre **2.** (*search*) faire une descente dans **3.** (*rob*) attaquer; **to ~ the fridge** *fig, inf* faire une razzia dans le frigo; **to ~ sb's handbag** vider le sac de qn
rail[1] [reɪl] **I.** *n* **1.** (*for trains*) rail *m;* **by ~** en train; **to go off the ~s** sortir des rails; *fig* s'écarter du droit chemin **2.** (*fence*) barre *f;* (*on track*) corde *f;* (*for protection*) garde-fou *m* **3.** (*to hang things*) tringle *f* **II.** *vt* **to ~ sth off** clôturer qc
rail[2] [reɪl] *vi* (*criticize*) **to ~ at sb** râler sur qn; **to ~ against sb/sth** râler contre qn/qc
railcar *n* autorail *m*
railhead *n* tête *f* de ligne
railing *n pl* grille *f;* **a wooden ~** une palissade
railroad I. *n* **1.** (*track*) voie *f* ferrée **2.** (*system*) chemin *m* de fer; **the French ~** les chemins *mpl* de fer français **II.** *vt inf* **1.** (*force to do*) imposer; **to ~ sb into doing sth** forcer qn à faire qc **2.** (*convict unfairly*) déclarer coupable à tort
railroad car *n* voiture *f* wagon
railroad crossing *n* passage *m* à niveau
railroad embankment *n* remblai *m*
railroad man <-men> *n* cheminot *m*
railroad network *n* réseau *m* ferroviaire
railroad strike *n* grève *f* des employés des chemins de fer
railroad track *n* voie *f* ferrée
railway *n* service *m* des trains
rain [reɪn] **I.** *n* **1.** (*precipitation*) pluie *f;* **heavy/light ~** pluie battante/fine; **in the ~** sous la pluie; **to be caught in the ~** être surpris par la pluie **2.** *pl* (*season*) saison *f* des pluies ▶**come ~ or shine** qu'il pleuve ou qu'il vente **II.** *vi* pleuvoir **III.** *vt fig* **to ~ blows/questions on sb** faire pleuvoir les coups/les questions sur qn ▶**it's ~ing cats and dogs** il pleut des cordes
◆**rain out** *vt* **to be rained out** être annulé à cause de la pluie
rainbow ['reɪn·boʊ] *n a. fig* arc-en-ciel *m*
rainbow coalition *n* POL coalition *f* hétéroclite
rain check *n bon de réduction différé pour l'achat d'un article qui n'est plus disponible;* **I'll take a ~** ça sera pour une autre fois
rain cloud *n* nuage *m* de pluie
raincoat *n* imperméable *m*
raindrop *n* goutte *f* de pluie
rainfall *n* **1.** (*period*) chute *f* de pluie **2.** (*quantity*) pluviosité *f*
rain forest *n* forêt *m* tropicale
rain ga(u)ge *n* pluviomètre *m*
rainproof *adj* imperméable
rainwater *n* eau *f* de pluie
rainy <-ier, -iest> *adj* pluvieux(-euse); (*season*) des pluies
raise [reɪz] **I.** *n* augmentation *f;* (**pay**) **~** augmentation *f* de salaire **II.** *vt* **1.** (*lift up*) lever; (*flag*) hisser; (*one's eyebrows*) froncer **2.** (*cause to rise*) soulever **3.** (*rouse*) réveiller; **to ~ sb from the dead** relever qn d'entre les morts **4.** (*stir up: dust*) soulever **5.** (*increase*) augmenter; **to ~ one's voice** hausser le ton **6.** (*in gambling*) **to ~ sb $10** faire une relance de 10 dollars à qn **7.** MATH élever **8.** (*improve*) améliorer; (*standard of living*) augmenter **9.** (*promote*) promouvoir **10.** (*arouse: laugh, murmur, cheer*) provoquer; (*doubts*) semer; (*fears*) engendrer; (*havoc*) causer; (*hopes*) faire naître; (*suspicions*) éveiller; **to ~ a smile** (*joke*) faire sourire **11.** (*introduce: issue, question*) soulever; **I'll ~ this with him** je lui en parlerai **12.** (*collect: funds*) rassembler; (*money*) se procurer **13.** *form* (*build: monument*) ériger **14.** (*bring up: children, family*) élever **15.** (*cultivate*) cultiver; (*cattle*) élever **16.** (*end: siege*) lever **17.** (*contact*) joindre ▶**to ~ eyebrows** (*decision*) faire grincer des dents; **to ~ the roof** faire un bruit de tonnerre
raisin ['reɪ·zᵊn] *n* raisin *m* sec
rake[1] [reɪk] *n* (*immoral man*) débauché *m*
rake[2] [reɪk] *n* (*slope*) inclinaison *f*
rake[3] [reɪk] **I.** *n* (*tool*) râteau *m* **II.** *vt* ratisser
◆**rake in** *vt* **1.** (*mix*) remuer à la pelle **2.** *inf* (*gain: money, profits, awards*) rafler; **to rake it in** remuer le fric à la pelle
◆**rake up** *vt* **1.** (*gather: leaves*) ramasser **2.** (*refer to: memories*) remuer
rake-off *n inf* pourcentage *m*
rakish ['reɪk·ɪʃ] *adj* **1.** (*jaunty*) désinvolte **2.** (*immoral*) débauché(e)
rally[1] ['ræl·i] <-ies> *n* (*in racing*) rallye *m*
rally[2] ['ræl·i] **I.** <-ies> *n* **1.** (*improvement*) amélioration *f;* FIN remontée *f* **2.** (*in tennis*) échange *m* **II.** <-ie-> *vi* (*improve*) aller mieux; **stocks rallied** les cours ont remonté
rally[3] ['ræl·i] **I.** <-ies> *n* (*gathering*) rassemblement *m* **II.** <-ie-> *vt* **to ~ sb against/in favor of sth** rallier qn contre/à la cause de qc
◆**rally around I.** *vt* venir à l'aide de **II.** *vi* se rallier
RAM [ræm] *n* COMPUT *abbr of* **random access memory** RAM *f*
ram [ræm] **I.** *n* (*male sheep*) bélier *m* **II.** <-mm-> *vt* (*door*) défoncer; (*car*) emboutir
Ramadan [ˌræm·ə·'dan] *n* ramadan *m*
ramble ['ræm·bl] **I.** *n* randonnée *f* **II.** *vi* **1.** (*hike*) se balader **2.** (*meander*) déambuler **3.** (*talk with digressions*) divaguer

rambler *n* **1.** (*walker*) randonneur, -euse *m, f* **2.** BOT rosier *m* grimpant
rambling **I.** *n pl* divagations *fpl* **II.** *adj* **1.** (*spreading: building, town*) plein(e) de dédales; (*plant*) grimpant(e); (*path*) sinueux(-euse) **2.** (*incoherent*) incohérent(e); (*speech*) décousu(e) **3.** (*wandering*) vagabond(e)
ramekin ['ræm·ə·kɪn] *n* ramequin *m*
ramification [ˌræm·ə·fɪ·'keɪ·ʃən] *n* ramification *f*
ramify ['ræm·ə·faɪ] <-ie-> *vi* ramifier
ramp [ræmp] *n* **1.** (*incline*) rampe *f* **2.** AVIAT passerelle *f*
rampage ['ræm·peɪdʒ] **I.** *n* **to go on a ~** tout saccager **II.** <-ging> *vi* se déchaîner
rampant ['ræm·pənt] *adj* endémique
rampart ['ræm·part] *n* rempart *m*
ramshackle ['ræm·ʃæk·l] *adj* **1.** (*dilapidated*) délabré(e) **2.** (*disorganized*) branlant(e)
ran [ræn] *pt of* **run**
ranch [ræntʃ] <-es> *n* ranch *m*
rancher *n* propriétaire *mf* de ranch
rancid ['ræn(t)·sɪd] *adj* rance; **to go ~** rancir
rancor ['ræŋ·kər] *n* **1.** (*bitterness*) rancœur *f* **2.** (*hate*) rancune *f*
R & B [ˌar·ən(d)·'bi] *n abbr of* **rhythm and blues** R & B *m*
random ['ræn·dəm] **I.** *n* **at ~** au hasard **II.** *adj* fait(e) au hasard; (*sample*) prélevé(e) au hasard; (*attack, crime*) aveugle; (*error*) aléatoire
random access *n* COMPUT accès *m* aléatoire
random access memory *n* COMPUT mémoire *f* vive
randy ['ræn·di] <-ier, -iest> *adj* en chaleur
rang [ræŋ] *pt of* **ring**
range [reɪndʒ] **I.** *n* **1.** (*distance covered: of a weapon*) portée *f;* (*of a plane*) rayon *m* d'action; (*of action*) champ *m;* **at a ~ of** à une distance de; **at long ~** à longue portée; **at close ~** à bout portant; **within one's ~** à sa portée; **out of ~** hors de portée **2.** (*length of time*) **in the long/short ~** à long/court terme **3.** (*scope: of vision, hearing*) champ *m;* (*of voice*) étendue *f;* (*of ability*) répertoire *m;* **to be out of ~** être hors d'atteinte **4.** (*spread, selection: of products, colors*) gamme *f;* (*products, sizes, patterns*) choix *m;* (*of temperatures*) écart *m;* (*of prices, jobs, possibilities*) éventail *m;* (*of fashion*) collection *f;* **a wide/narrow ~ of products** une grande gamme/une gamme limitée de produits; **a full ~ of sth** un assortiment complet de qc; **that is beyond my price ~** cela dépasse ma gamme de prix; **a car at the top of the ~** une voiture haut de gamme **5.** (*sphere, domain: of activity*) champ *m;* (*of knowledge*) étendue *f;* (*of influence, research*) domaine *m;* **beyond sb's ~ of competence** au-delà de la compétence de qn **6.** (*row: of buildings*) rangée *f;* (*of mountains*) chaîne *f* **7.** SPORTS (**shooting**) **~** champ *m* de tir; **driving ~** (*in golf*) practice *m* **8.** (*stove*) fourneau *m* **9.** (*feeding land*) prairie *f* **II.** *vi* **1.** (*vary*) varier; **to ~ between sth and sth** varier entre qc et qc; **to ~ from sth to sth** aller de qc à qc **2.** (*wander*) errer **3.** (*travel*) parcourir **4.** (*be placed in row*) s'aligner **5.** (*deal with*) **to ~ over sth** couvrir qc **6.** (*cover distance*) **to ~ over sth** avoir une portée de qc; (*eyes*) parcourir qc **III.** *vt* aligner; **to ~ oneself against sb/sth** s'aligner contre qn/qc
range finder *n* télémètre *m*
ranger *n* garde *m* forestier; **park ~** gardien(ne) *m(f)* de parc national
rangy <-ier, -iest> *adj* longiligne
rank[1] [ræŋk] **I.** *n* **1.** (*position*) rang *m;* **the top ~s of government** les hautes sphères *fpl* du pouvoir; **to pull ~** profiter de son statut **2.** MIL rang *m;* **to close ~s** *a. fig* serrer les rangs; **the ~s** les hommes *mpl* du rang; **to rise from the ~s** sortir du rang; **to join the ~s** rejoindre les rangs de l'armée **3.** (*members of group*) rang *m;* **the ~s of race car drivers** les rangs *mpl* de coureurs automobiles **4.** (*row or line*) rangée *f* **II.** *vi* se classer; **to ~ above sb** être supérieur à qn; **to ~ as sb/sth** être reconnu comme qn/qc **III.** *vt* classer; **to ~ sb among sb/sth** compter qn parmi qn/qc; **to ~ sth among sth** classer qc comme qc
rank[2] [ræŋk] *adj* **1.** (*absolute*) parfait(e) **2.** (*growing thickly: plant*) luxuriant(e) **3.** (*overgrown*) envahi(e) **4.** (*smelling unpleasant*) nauséabond(e)
rank-and-file *adj* **1.** MIL de l'infanterie **2.** (*belonging to majority*) de la base
ranking officer *n* officier *m* responsable
rankle ['ræŋ·kl] *vi* rester sur le cœur; **it ~s with me** ça me reste sur le cœur
ransack ['ræn·sæk] *vt* **1.** (*search*) fouiller **2.** (*plunder*) mettre à sac **3.** (*rob*) piller
ransom ['ræn(t)·səm] **I.** *n* rançon *f;* **to hold sb/sth to ~** mettre qn/qc à rançon; *fig* exercer un chantage sur qn/qc; **to be held to ~** *fig* avoir le couteau sous la gorge ▶**a king's ~** une somme fabuleuse **II.** *vt* racheter
rant [rænt] **I.** *n* vitupération *f* **II.** *vi* déblatérer; **to ~ and rave** tempêter
rap [ræp] **I.** *n* **1.** (*sharp knock*) coup *m* sec **2.** (*music style*) rap *m* **3.** *sl* (*talk*) causette *f* ▶**to get a ~ on the knuckles** se faire taper sur les doigts; **to beat the ~** échapper à une condamnation; **to take the ~** payer, (pour le crime d'un autre) **II.** *adj* MUS (de) rap; **a ~ artist** un(e) rappeur(-euse) **III.** <-pp-> *vt* **1.** (*hit sharply*) frapper à **2.** *sl* (*criticize*) réprouver ▶**to get one's knuckles ~ped** [*o* **to be ~ped on the knuckles**] se faire taper sur les doigts **IV.** <-pp-> *vi* **1.** (*knock, hit*) frapper **2.** (*sing*) rapper **3.** *sl* (*talk*) tchatcher
rapacious [rə·'peɪ·ʃəs] *adj form* rapace
rapacity [rə·'pæs·ə·ţi] *n* rapacité *f*
rape [reɪp] **I.** *n* **1.** (*sexual attack*) viol *m* **2.** BOT colza *m* **II.** *vt* violer
rapid ['ræp·ɪd] **I.** *adj* rapide **II.** *n pl* rapides *mpl*
rapidity [rə·'pɪd·ə·ţi] *n* rapidité *f*
rapid transit *n* réseau *m* de transport rapide

R

rapier ['reɪ·pi·ər] *n* rapière *f*

rapist ['reɪp·ɪst] *n* violeur *m*

rapper ['ræp·ər] *n* rappeur, -euse *m, f*

rapport [ræ·'pɔr] *n* relation *f*

rapprochement [,ræp·rɔʃ·'mɑ̃ŋ] *n form* rapprochement *m*

rap session *n sl* **to have a ~** tailler une bavette

rap sheet *n sl* casier *m* judiciaire

rapt [ræpt] *adj* (*attention*) profond(e); (*look, person*) captivé(e)

rapture ['ræp·tʃər] *n* **1.** (*great pleasure*) ravissement *m* **2.** *pl* (*ecstasy*) extase *f;* **to be in ~s about sth** être ravi de qc; **to go into ~s** s'extasier

rapturous *adj* frénétique; (*reception*) délirant(e)

rare [rer] *adj* **1.** (*uncommon*) rare **2.** (*undercooked*) saignant(e) **3.** (*thin*) raréfié(e) ▶**to be a ~ bird** être un oiseau rare

rarefied ['rer·ə·faɪd] *adj* pauvre en oxygène; *fig* loin des réalités

rarely ['rer·li] *adv* rarement

rarity ['rer·ə·ţi] <-ies> *n* rareté *f;* **to be something of a ~** ne pas être fréquent

rascal ['ræs·kᵊl] *n* polisson(ne) *m(f)*

rash [ræʃ] **I.** *n* irritation *f;* **heat ~** irritation due à la chaleur **II.** *adj* irréfléchi(e); **in a ~ moment** dans un moment d'égarement; **that was ~ of you** c'était risqué de ta part

rasher *n* tranche *f* de bacon

rashness *n* imprudence *f*

rasp [ræsp] **I.** *n* **1.** (*scraping sound*) grincement *m* **2.** (*coarse file*) râpe *f* **II.** *vi* **1.** (*make scraping sound*) grincer **2.** (*talk roughly*) crier d'une voix grinçante **III.** *vt* râper

raspberry ['ræz·,ber·i] <-ies> *n* **1.** (*fruit*) framboise *f* **2.** (*plant*) framboisier *m*

rasping *adj* râpeux(-euse)

Rasta [,ra·stə] **I.** *n inf* rasta *mf* **II.** *adj inf* rasta *inv*

Rastafarian [,ra·stə'fer·i·ən] **I.** *n* rastafari *mf* **II.** *adj* rastafari *inv*

rat [ræt] **I.** *n* **1.** (*rodent*) rat *m* **2.** *inf* (*bad person*) ordure *f* **II.** <-tt-> *vt inf* **to ~ on sb** balancer qn

ratable ['reɪ·ţə·bl] **I.** *adj* imposable **II.** *n pl* impôts *mpl* locaux

ratchet ['rætʃ·ɪt] *n* TECH rochet *m*

rate [reɪt] **I.** *n* **1.** (*ratio*) taux *m* **2.** (*speed*) **~ (of speed)** vitesse *f;* **at a fast ~** à toute vitesse; **at a slow ~** doucement **3.** (*charge*) taux *m;* **the going ~** le taux courant; **mortgage ~s** les taux *mpl* d'emprunt **4.** (*proportion*) taux *m;* **birth/death/unemployment ~** taux de natalité/mortalité/chômage ▶**at this ~** à ce compte-là; **at any ~** en tout cas **II.** *vt* **1.** (*consider*) considérer; **to ~ sb/sth as sth** considérer qn/qc comme qc; **a highly ~d journalist** un journaliste très estimé **2.** (*evaluate*) évaluer **3.** (*rank, classify*) classer **4.** FIN évaluer **5.** *inf* (*deserve*) mériter **III.** *vi* se classer; **to ~ as sth** être considéré comme qc

rather ['ræð·ər] *adv* **1.** (*preferably*) plutôt; **~ than** +*infin* plutôt que de +*infin;* **I would ~ do sth/that you did sth** je préférerais faire qc/que tu fasses qc (*subj*); **I'd ~ not** je ne préfère pas **2.** (*more exactly*) plus exactement; **~ ... than ...** plutôt ... que ... **3.** (*very*) assez; **he answered the telephone ~ sleepily** il a répondu au téléphone quelque peu endormi; **to be ~ more expensive than ...** être nettement plus cher que ...

ratification [,ræţ·ə·fɪ'keɪ·ʃᵊn] *n* ratification *f*

ratify ['ræţ·ə·faɪ] <-ie-> *vt* ratifier

rating *n* **1.** (*evaluation*) estimation *f* **2.** (*performance class*) cote *f* de qualité **3.** *pl* (*number of viewers*) audimat® *m*

ratio ['reɪ·ʃɪ·oʊ] <-os> *n* proportion *f;* **the ~ of nurses to patients** le nombre d'infirmières par malade

ration ['ræʃ·ᵊn] **I.** *n* ration *f* **II.** *vt* rationner

rational *adj* logique; (*explanation*) rationnel(le)

rationale [,ræʃ·ə·'næl] *n* raisonnement *m*

rationalism ['ræʃ·ᵊn·ᵊl·ɪ·zᵊm] *n* PHILOS rationalisme *m*

rationalist PHILOS **I.** *n* rationaliste *mf* **II.** *adj* rationaliste

rationalistic *adj* PHILOS rationaliste

rationality [,ræʃ·ᵊn·'æl·ə·ţi] *n* rationalité *f*

rationalization *n* rationalisation *f*

rationalize ['ræʃ·ᵊn·ᵊ·laɪz] *vt, vi* rationaliser

rationing ['ræʃ·ᵊn·ɪŋ] *n* rationnement *m*

rat poison *n* mort-aux-rats *f*

rat race *n inf* foire *f* d'empoigne

rattle ['ræţ·l] **I.** *n* **1.** (*noise*) bruit *m;* (*of keys, coins*) cliquetis *m* **2.** (*toy*) hochet *m* **3.** (*of rattlesnake*) sonnettes *fpl* **II.** <-ling, -led> *vi* (*make noises*) faire du bruit; **to ~ along** rouler dans un bruit de ferraille **III.** <-ling, -led> *vt* **1.** (*bang together*) agiter **2.** (*make nervous*) déranger; **to get ~d** paniquer

◆**rattle away** *vi* jacasser

◆**rattle off** *vt* débiter

◆**rattle on** *vi* jacasser

rattlebrain ['ræţ·l·breɪn] *n inf* écervelé(e) *m(f)*

rattlesnake ['ræţ·l·sneɪk] *n* serpent *m* à sonnette

rattletrap ['ræţ·l·træp] *n inf* tacot *m*

rattling **I.** *adj* **1.** (*making noise*) bruyant(e) **2.** *inf* (*fast*) à toute allure **II.** *adv* drôlement

rattrap *n* piège *m* à rats

ratty ['ræţ·i] <-ier, -iest> *adj inf* grincheux(-euse)

raucous ['rɔ·kəs] *adj* **1.** (*hoarse*) rauque **2.** (*noisy: laughter*) bruyant(e) **3.** (*disorderly*) agité(e)

raunchy ['rɔn·tʃi] <-ier, -iest> *adj* torride

ravage ['ræv·ɪdʒ] *vt* saccager

rave [reɪv] **I.** *n* **1.** *pl* (*praise*) éloges *mpl* **2.** *inf* (*party*) rave *f* **3.** (*music*) **~ (music)** rave *f* **II.** *adj inf* élogieux(-euse) **III.** *vi* **1.** (*talk wildly*) délirer; **to ~ about sb/sth** divaguer à propos de qn/qc **2.** (*address angrily*) tempêter; **to ~ against sb/sth** s'emporter contre qn/qc **3.** (*praise*) s'extasier; **to ~ about sb/sth** faire l'éloge de qn/qc **4.** (*attend rave party*) aller à une rave

raven ['reɪ·vᵊn] *n* corbeau *m*

ravenous *adj* vorace

ravine [rə·'vin] *n* ravin *m*

raving ['reɪv·ɪŋ] **I.** *n* délire *m* **II.** *adj* **1.** (*acting wildly*) furieux(-euse) **2.** (*extreme*) délirant(e); (*success*) fou(folle); **to be a ~ beauty** être d'une grande beauté

ravioli [ˌræv·i·'oʊ·li] *n* raviolis *mpl*

ravish ['ræv·ɪʃ] *vt* **1.** (*please greatly*) ravir **2.** (*rape*) violer

ravishing *adj* ravissant(e)

raw [rɔ] **I.** *n* **in the ~** (*unrefined*) tel qu'il/telle qu'elle est; (*naked*) dans le plus simple appareil **II.** *adj* **1.** (*unprocessed*) brut(e); **~ material** *a. fig* matière *f* première **2.** (*uncooked*) cru(e) **3.** (*inexperienced: beginner*) total(e); **a ~ recruit** un bleu **4.** (*unrestrained*) sans frein; (*energy*) sans retenue **5.** MED (*sore*) à vif **6.** (*chilly: weather*) âpre **7.** (*brutal*) cru(e) ▶ **to get a ~ deal** se faire avoir; **to touch a ~ nerve** piquer au vif

raw bar *n* CULIN *comptoir d'un bar ou d'un restaurant où l'on sert des fruits de mer*

rawboned [ˌrɔ·'boʊnd] *adj* maigre

rawhide ['rɔ·haɪd] *n* fouet *m* à lanières

ray [reɪ] *n* **1.** (*of light*) rayon *m*; **~ of sunlight** rayon de soleil **2.** (*radiation*) radiation *f* **3.** (*in science fiction*) rayon *m* laser; **~ gun** fusil *m* à rayons laser **4.** (*trace: of hope, optimism*) lueur *f* **5.** (*fish*) raie *f*

rayon® ['reɪ·an] *n* rayonne *f*

raze [reɪz] *vt* raser

razor ['reɪ·zər] **I.** *n* rasoir *m* **II.** *vt* raser

razor blade *n* lame *f* de rasoir

razor cut *n* coupe *f* de cheveux au rasoir

razor sharp, razor-sharp *adj* **1.** (*very sharp*) tranchant(e) comme un rasoir **2.** (*clear: mind*) acéré(e)

RC [ˌar·'si] **I.** *n abbr of* **Red Cross** Croix-Rouge *f* **II.** *adj abbr of* **Roman Catholic** catholique

RCMP *n abbr of* **Royal Canadian Mounted Police** *police montée canadienne*

Rd. *n abbr of* **road** r. *f*

re [reɪ] *prep* concernant

RE [ˌar·'i] *n abbr of* **real estate** immobilier *m*

reach [ritʃ] **I.** <-es> *n* **1.** (*accessibility*) portée *f*; **within arm's ~** à portée de main; **within easy ~ of schools and stores** avec écoles et boutiques à proximité; **to be beyond sb's ~** être hors de portée de qn; **to be out of ~** (*too far*) être hors de portée; (*too expensive*) être inabordable; (*impossible*) être du domaine du rêve **2.** (*arm length*) rayon *m* d'action; SPORTS allonge *f* **3.** *pl* (*area, expanse*) étendue *f*; **the upper/lower ~es of the Amazon** la haute/basse Amazone; **the farthest ~es of the universe** le fin fond de l'univers; **the upper ~es of government/society** les hautes sphères *fpl* du gouvernement/de la société **4.** (*sphere of action*) champ *m* d'action **II.** *vt* **1.** (*arrive at*) atteindre; (*Italy, New York*) arriver à; (*destination*) arriver à; (*person*) parvenir à **2.** (*come to: agreement*) aboutir à; (*conclusion*) arriver à; (*decision*) prendre; (*level, point, situation, stage*) atteindre; **I'd ~ed a state of exhaustion** j'étais maintenant dans un état d'épuisement **3.** (*stretch for*) atteindre; **to ~ one's hand out** tendre sa main; **to ~ sb (down/over/up) sth** passer qc à qn; **to ~ sth down** descendre qc **4.** (*contact: colleague*) joindre; (*market, public*) toucher **5.** (*understand*) comprendre **6.** (*pass*) passer **III.** *vi* s'étendre; **I can't ~** je n'y arrive pas; **to ~ to sth** s'étendre jusqu'à qc; **to ~ for sth** (étendre le bras pour) saisir qc; **to ~ over for sth** tendre le bras pour prendre qc ▶ **to ~ for the stars** essayer d'attraper la lune

◆**reach out** *vi* **1.** (*with arm*) tendre le bras; **to ~ for sth** tendre le bras pour prendre qc **2.** (*communicate*) communiquer; **to ~ to sb** aller vers qn

react [ri·'ækt] *vi a.* MED, CHEM réagir; **to be slow to ~** être long à réagir

reaction [ri·'æk·ʃᵊn] *n* **1.** (*response*) *a.* MED, PHYS, CHEM réaction *f*; **a ~ to sb/sth** une réaction à qn/qc; **a ~ against sth** une réaction contre qc; **a chain ~** une réaction en chaîne **2.** *pl* (*physical reflexes*) réflexes *mpl* **3.** *form* POL réaction *f*

reactionary [ri·'æk·ʃᵊn·er·i] POL **I.** *adj* réactionnaire **II.** <-ies> *n* réactionnaire *mf*

reactivate [ri·'æk·tə·veɪt] **I.** *vt* réactiver; (*file*) rouvrir; (*memories*) réveiller **II.** *vi* se réactiver

reactive [ri·'æk·tɪv] *adj* réactif(-ive)

reactor [ri·'æk·tər] *n* PHYS réacteur *m*

reactor core *n* cœur *m* du réacteur

read[1] [red] *adj* lu(e); **little/widely ~** (*magazine*) peu/très lu; (*student*) peu/très cultivé(e)

read[2] [rid] **I.** *n* lecture *f*; **it's a good ~** ça se laisse lire **II.** <read, read> *vt* **1.** (*book, magazine, newspaper*) lire; **to ~ sth voraciously** dévorer qc **2.** (*music*) lire; **to ~ sb's lips** lire sur les lèvres de qn **3.** (*recite*) lire à voix haute; **to ~ sb to sleep** faire la lecture à qn jusqu'à ce qu'il s'endorme; **to ~ sth back to sb** relire qc à qn **4.** (*interpret: situation*) analyser; **to ~ too much into sth** aller trop loin dans l'interprétation de qc; **to ~ sth in sb's face** lire qc sur le visage de qn; **to ~ sb's mind, to ~ sb like a book** *inf* lire dans les pensées de qn **5.** (*note information*) relever **6.** *inf* (*hear and understand*) recevoir **7.** PUBL corriger **8.** (*show information*) indiquer ▶ **~ my lips!** écoute bien ce que je te dis!; **to ~ sb the riot act** faire une sommation à qn **III.** <read, read> *vi* **1.** (*in books, magazines*) lire; **to ~ about sb/sth** lire des choses sur qn/qc **2.** (*recite*) lire à voix haute **3.** (*have effect*) **to ~ well** se lire bien ▶ **to ~ between the lines** lire entre les lignes

◆**read out** *vt* **1.** (*read aloud*) lire à voix haute **2.** COMPUT afficher

◆**read over, read through** *vt* parcourir

◆**read up** *vi* **to ~ on sb/sth** lire sur qn/qc

R

readability [ˌri·də·ˈbɪl·ə·ṭi] *n* lisibilité *f*
readable *adj* **1.** (*able to be read*) lisible **2.** (*worth reading*) qui mérite d'être lu(e) **3.** (*easy to read*) facile à lire
reader *n* **1.** (*person who reads*) lecteur, -trice *m, f* **2.** (*book of excerpts: at school*) livre *m* de lecture; (*at college*) recueil *m* de textes **3.** (*device*) lecteur *m*
readership *n* lectorat *m*
readily [ˈred·ɪ·li] *adv* **1.** (*willingly*) volontiers **2.** (*easily*) facilement
readiness *n* **1.** (*willingness*) bonne volonté *f*; **sb's ~ to** *+infin* le désir de qn de *+infin* **2.** (*quickness*) empressement *m* **3.** (*preparedness*) **to be in ~ for sth** être prêt pour qc
reading I. *n* **1.** (*activity*) lecture *f* **2.** (*material*) lecture *f*; **a little light ~** un peu de lecture légère; **to make good bedtime ~** être un bon livre de chevet **3.** (*recital*) lecture *f*; **poetry ~** lecture de poésie **4.** (*interpretation*) interprétation *f* **5.** TECH relevé *m* **II.** *adj* (*speed*) de lecture; **to have a ~ knowledge of English** savoir lire l'anglais
reading list *n* liste *f* de lecture
reading material *n* lecture *f*
reading room *n* salle *f* de lecture
readjust [ˌri·ə·ˈdʒʌst] **I.** *vt a.* TECH régler; (*tie, glasses*) réajuster **II.** *vi* **to ~ to sth** se réadapter à qc
readjustment *n* réajustement *m;* POL réadaptation *f*
read-only memory *n* COMPUT mémoire *f* morte
read-write head *n* COMPUT tête *f* de lecture-écriture
ready [ˈred·i] **I.** <-ier, -iest> *adj* **1.** (*prepared*) prêt(e); **to be ~ for sth** être prêt pour qc; **to get ~ for sth** se préparer pour qc; **to get sb/sth ~ for sth** préparer qn/qc pour qc; **to be ~ and waiting, to be ~, willing and able** être fin prêt; **to be ~ to** *+infin* être disposé à *+infin;* **to be ~ with an excuse** avoir une excuse toute prête **2.** (*quick*) prêt(e); (*mind*) vif(vive); **~ cash** argent *m* liquide; **to have a ~ reply to every question** avoir réponse à tout; **to have a ~ tongue** avoir la langue déliée **3.** SPORTS **~, set, go!** à vos marques, prêts, partez! **II.** <-ies> *n* **at the ~** (*prepared*) prêt(e) **III.** <-ie-> *vt* préparer
ready-made *adj* **1.** (*in finished form*) prêt(e) à l'emploi; (*meal*) préparé(e); (*clothing*) de prêt-à-porter **2.** (*on hand*) tout(e) prêt(e); (*excuse*) tout(e) fait(e)
ready-to-wear FASHION **I.** *adj* de prêt-à-porter **II.** *n* prêt-à-porter *m*
reaffirm [ˌri·ə·ˈfɜrm] *vt* réaffirmer
real [ril] **I.** *adj* **1.** (*actual*) vrai(e); (*threat*) véritable; (*costs*) réel(le); **in ~ life** dans la (vraie) vie; **in ~ terms** FIN en valeur absolue **2.** (*genuine, considerable*) véritable; (*gentleman, problem*) vrai(e); (*food*) traditionnel(le); **a ~ man** *iron* un (vrai) homme **3.** (*main*) vrai(e) ▶ **to be the ~ McCoy** [*o* **thing**] *inf* être du vrai de vrai **II.** *adv inf* (*very, really*) vachement
real estate *n* biens *mpl* immobiliers
real estate agent *n* agent *m* immobilier
realignment [ˌri·ə·ˈlaɪn·mənt] *n* réalignement *m;* AUTO équilibrage *m*
realism [ˈri·ə·lɪ·zᵊm] *n a.* ART, LIT réalisme *m*
realist I. *n a.* ART, LIT réaliste *mf* **II.** *adj* ART, LIT réaliste
realistic *adj a.* ART, LIT réaliste
reality [ri·ˈæl·ə·ṭi] *n* **1.** (*state*) réalité *f*; **in ~** en réalité; **to come back to ~** revenir à la réalité; **to be out of touch with ~** être déconnecté de la réalité **2.** (*real thing*) réalité *f*; **to make one's ambitions/plan a ~** réaliser son ambition/plan; **to become a ~** se réaliser
reality show *n* reality show *m*
reality television *n*, **reality TV** télé-réalité *f*
realizable *adj* réalisable
realization *n* **1.** (*perception*) prise *f* de conscience **2.** (*fulfillment, acquisition of profit*) réalisation *f*
realize [ˈri·ə·laɪz] *vt* **1.** (*know: fact, situation*) réaliser; **sorry, I never ~d** désolé, je ne me rendais pas compte; **I ~ you're in a hurry** je me rends compte que vous êtes pressé; **do you ~ what this means?** tu te rends compte de ce que ça veut dire? **2.** (*achieve: hopes, dreams*) réaliser **3.** FIN (*assets*) réaliser; (*price*) rapporter
really [ˈri·li] **I.** *adv* vraiment; **did you ~ say that?** tu as vraiment dit ça?; **~ it's easy** en fait c'est facile **II.** *interj* **1.** (*surprise*) c'est vrai? **2.** (*annoyance*) vraiment!
realm [relm] *n* **1.** (*kingdom*) *a. fig* royaume *m* **2.** (*area of interest*) domaine *m;* **within the ~(s) of possibility** dans le domaine du possible
realtor [ˈri·əl·tər] *n* agent *m* immobilier
realty [ˈri·əl·ti] *n* biens *mpl* immobiliers
reanimate [ri·ˈæn·ɪ·meɪt] *vt a. fig* ranimer
reap [rip] **I.** *vt* **1.** (*harvest*) moissonner **2.** (*get as reward*) récolter; **to ~ the benefit/profits from sth** tirer profit/des profits de qc; **to ~ what one has sown** récolter ce qu'on a semé **II.** *vi* (*harvest*) moissonner
reaper *n* **1.** (*person*) moissonneur, -euse *m, f* **2.** (*machine*) moissonneuse *f*
reappear [ˌri·ə·ˈpɪr] *vi* réapparaître; **to ~ from somewhere** ressurgir de quelque part
rear¹ [rɪr] **I.** *adj* arrière; **the ~ door/entrance** la porte/l'entrée *f* de derrière **II.** *n* **1.** (*back part*) **the ~** l'arrière *m;* **to bring up the ~** fermer la marche **2.** *inf* (*buttocks*) derrière *m;* **to be a pain in the ~** être un enquiquineur
rear² [rɪr] **I.** *vt* **1.** (*bring up*) élever **2.** (*raise*) lever; **this issue/inflation is ~ing its ugly head again** ce problème/cette inflation point de nouveau à l'horizon **3.** *form* (*build*) dresser **II.** *vi* **1.** (*raise: horse*) se dresser **2.** (*extend high*) s'élever
rear admiral *n* contre-amiral *m*
rear end *n* **1.** (*back part*) train *m* arrière **2.** *inf* (*buttocks*) derrière *m*
rear guard *n* MIL arrière-garde *f*

rearm [ˌri·ˈarm] *vt, vi* réarmer
rearmament [ri·ˈar·mə·mənt] *n* réarmement *m*
rearmost [ˈrɪr·moʊst] *adj* **the ~ ...** le(la) tout(e) dernière
rearrange [ˌri·ə·ˈreɪndʒ] *vt* réarranger; (*skirt*) réajuster; (*schedule*) modifier; **to ~ the order of sth** remettre de l'ordre dans qc
rearview mirror *n* rétroviseur *m*
rear-wheel drive *n* roues *fpl* arrières motrices; (*in car*) traction *f* arrière
reason [ˈri·zᵊn] **I.** *n* **1.** (*ground*) raison *f;* **the ~ why ...** la raison pour laquelle ...; **the ~ for sth** la raison de qc; **sb's ~ for doing sth** la raison pour laquelle qn fait qc; **for no particular ~** sans aucune raison particulière; **to have good/no ~ to** *+infin* avoir de bonnes raisons/ n'avoir aucune raison de *+infin;* **to have every ~ to** *+infin* avoir toutes les raisons de *+infin;* **by ~ of sth** pour cause de qc **2.** (*judgment*) raison *f;* **within ~** tout en restant raisonnable; **to see ~** entendre raison; **to be beyond all ~** dépasser la raison; **it stands to ~ that ...** il va sans dire que ... **3.** (*sanity*) raison *f;* **to lose one's ~** perdre la raison **II.** *vt* **to ~ that ...** calculer que ...; **to ~ sth out** résoudre qc; **to ~ out that ...** déduire que ... **III.** *vi* raisonner; **to ~ with** discuter avec
reasonable *adj* raisonnable; **beyond a ~ doubt** sans l'ombre d'un doute
reasonably *adv* **1.** (*with reason*) raisonnablement **2.** (*acceptably*) assez; **~ priced** à un prix raisonnable
reasoned *adj* raisonné(e)
reasoning *n* raisonnement *m*
reassurance [ˌri·ə·ˈʃʊr·ᵊn(t)s] *n* **1.** (*relieving of worry*) assurance *f* **2.** (*giving reassurance*) réconfort *m*
reassure [ˌri·ə·ˈʃʊr] *vt* rassurer
reassuring *adj* rassurant(e)
rebate [ˈri·beɪt] *n* **1.** (*refund*) remboursement *m* **2.** (*discount*) rabais *m*
rebel [ˈreb·ᵊl, *vb:* rɪ·ˈbel] **I.** *n a. fig* rebelle *mf* **II.** <-ll-> *vi a. fig* se rebeller
rebellion [rɪ·ˈbel·jən] *n* rébellion *f*
rebellious *adj* rebelle
rebirth [ˌri·ˈbɜrθ] *n a.* REL renaissance *f*
reboot [ˌri·ˈbut] COMPUT **I.** *vt, vi* redémarrer **II.** *n* redémarrage *m*
rebound [ri·ˈbaʊnd] **I.** *vi* rebondir; **to ~ off sth** rebondir contre qc; **to ~ against sb** *fig* se retourner contre qn **II.** *n* **1.** SPORTS rebond *m;* **to hit a ball on the ~** frapper une balle au rebond **2.** *fig* **to be on the ~** (*from failed relationship*) sortir d'une relation difficile; (*make a comeback*) rebondir
rebuff [rɪ·ˈbʌf] **I.** *vt* rebuter **II.** *n* refus *m;* **to meet with a ~** essuyer une rebuffade
rebuild [ˌri·ˈbɪld] *vt irr, a. fig* reconstruire; (*engine*) remonter
rebuke [rɪ·ˈbjuk] **I.** *vt* réprimander **II.** *n* réprimande *f*
rebut [rɪ·ˈbʌt] <-tt-> *vt* réfuter
rebuttal [rɪ·ˈbʌt̬·ᵊl] *n* réfutation *f*
recalcitrant [rɪ·ˈkæl·sɪ·trənt] *adj* récalcitrant(e)
recall [ri·ˈkɔl] **I.** *vt* **1.** (*remember*) se rappeler; **I don't ~ seeing anyone** je ne me souviens pas avoir vu qui que ce soit (*subj*) **2.** (*call back*) rappeler **3.** (*withdraw*) retirer **II.** *vi* se souvenir **III.** *n* **1.** (*memory*) mémoire *f* **2.** (*summoning back*) *a.* POL rappel *m* **3.** (*withdrawal*) retrait *m* ▶ **to be lost beyond ~** être perdu à jamais
recant [rɪ·ˈkænt] **I.** *vt* rétracter; REL abjurer **II.** *vi* se rétracter; REL abjurer
recap[1] [ˈri·kæp] **I.** <-pp-> *vt, vi inf abbr of* **recapitulate** récapituler **II.** *n inf abbr of* **recapitulation** récapitulation *f*
recap[2] [ˌri·ˈkæp] *vt* AUTO rechaper
recapitulate [ˌri·kə·ˈpɪtʃ·ə·leɪt] *vt, vi* récapituler
recapitulation *n* récapitulation *f;* MUS reprise *f*
recapture [ˌri·ˈkæp·tʃər] *vt* **1.** (*capture again*) reprendre **2.** (*reexperience*) retrouver **3.** (*recreate*) recréer
recast [ˌri·ˈkæst] *vt* **1.** THEAT, CINE (*cast again*) **to ~ a play** redistribuer les rôles d'une pièce **2.** (*put into new form*) remanier
recede [rɪ·ˈsid] *vi* **1.** (*move backward: tide*) s'éloigner; (*fog*) s'estomper; **to ~ into the distance** disparaître au lointain **2.** (*diminish*) s'estomper; (*memories*) s'évanouir; (*prices, hopes*) baisser
receding *adj* (*chin*) fuyant(e); **~ hairline** front *m* dégarni
receipt [rɪ·ˈsit] *n* **1.** (*document*) reçu *m;* (*for rent*) quittance *f* de loyer; (*at checkout*) ticket *m* de caisse **2.** *pl* (*income*) recettes *fpl* **3.** (*act of receiving*) réception *f;* **payable on** [*o* **upon**] **~** payable à la réception; **I am in ~ of your letter** *form* j'accuse réception de votre lettre
receive [rɪ·ˈsiv] *vt* **1.** (*get, hear, see*) *a.* TECH recevoir; **to ~ recognition** être reconnu; **to ~ sb loud and clear** recevoir qn cinq sur cinq **2.** (*endure*) subir; (*a rebuke*) essuyer; **to ~ a long sentence** être condamné à une peine de longue durée **3.** (*greet*) accueillir **4.** *form* (*accommodate*) recevoir **5.** (*admit to membership*) admettre **6.** LAW (*stolen goods*) receler; **guilty of receiving** coupable de recel ▶ **it is more blessed to give than to ~** *prov* donner est plus doux que recevoir
received *adj* reçu(e)
receiver *n* **1.** TECH récepteur *m;* (*on telephone*) combiné *m* **2.** (*bankruptcy official*) administrateur *m* judiciaire **3.** LAW (*of stolen goods*) receleur, -euse *m, f*
recent [ˈri·sᵊnt] *adj* récent(e); **in ~ times** ces derniers temps
recently *adv* récemment
receptacle [rɪ·ˈsep·tə·kl] *n* **1.** (*container*) récipient *m* **2.** *fig* réceptacle *m*
reception [rɪ·ˈsep·ʃᵊn] *n* **1.** (*welcome*) accueil *m;* **the idea got a chilly/warm ~** l'idée a été mal/bien accueillie **2.** RADIO, TV réception *f* **3.** (*social event*) réception *f* **4.** (*area in hotel,*

building) réception *f*
reception area *n* réception *f*
reception desk *n* réception *f*
receptionist *n* réceptionniste *mf*
reception room *n* salle *f* de réception; (*in a house*) séjour *m*
receptive *adj* réceptif(-ive); **to be ~ to an idea** être ouvert à une idée
receptiveness, receptivity *n* réceptivité *f*
recess ['ri·ses] <-es> *n* **1.** POL vacances *fpl* parlementaires **2.** SCHOOL récréation *f* **3.** (*alcove*) renfoncement *m* **4.** (*in trial*) suspension *f* de séance **5.** *pl* (*secret places*) recoins *mpl*
recessed *adj* (*lighting*) encastré(e)
recession [rɪ·'seʃ·ᵊn] *n* ECON récession *f*; **to be in/go into ~** être en/entrer en récession
recessive [rɪ·'ses·ɪv] *adj* BIO récessif(-ive)
recharge [ˌri·'tʃardʒ] **I.** *vt* recharger ▶**to ~ one's batteries** recharger ses accus **II.** *vi* se recharger
rechargeable *adj* rechargeable
rechristen [ˌri·'krɪs·ᵊn] *vt* rebaptiser
recidivism [rɪ·'sɪd·ə·vɪ·zᵊm] *n* récidive *f*
recidivist *n* récidiviste *mf*
recipe ['res·ə·pi] *n* recette *f*; **the ~ for success** la meilleure formule pour réussir ▶**to be a ~ for disaster** mener (tout) droit à la catastrophe
recipient [rɪ·'sɪp·i·ənt] *n* (*of welfare, money*) bénéficiaire *mf*; (*of mail, gift*) destinataire *mf*; (*of an award*) lauréat(e) *m(f)*; (*of a transplant*) receveur, -euse *m, f*
reciprocal **I.** *adj* **1.** (*mutual*) réciproque **2.** (*reverse*) opposé(e) **3.** MATH (*number*) inverse **II.** *n* MATH réciproque *f*
reciprocate [rɪ·'sɪp·rə·keɪt] **I.** *vt* (*love*) retourner; (*trust, admiration*) rendre; **to be ~d** être réciproque **II.** *vi* **1.** (*respond*) en faire autant; **to ~ with sth** répliquer avec qc **2.** TECH effectuer un mouvement alternatif
reciprocity [ˌres·ɪ·'pra·sə·t̬i] *n* réciprocité *f*
recital [rɪ·'saɪ·t̬ᵊl] *n* **1.** MUS récital *m* **2.** (*description*) énoncé *m*
recitation [ˌres·ɪ·'teɪ·ʃᵊn] *n* LIT récitation *f*
recitative [ˌres·ɪ·tə·'tiv] *n* MUS récitatif *m*
recite [rɪ·'saɪt] **I.** *vt* **1.** (*repeat*) réciter **2.** (*list*) énoncer **II.** *vi* réciter
reckless ['rek·ləs] *adj* **1.** (*careless*) imprudent(e) **2.** (*rash*) inconscient(e)
recklessness *n* **1.** (*carelessness*) imprudence *f* **2.** (*rashness*) inconscience *f*
reckon ['rek·ᵊn] **I.** *vt* **1.** (*calculate*) calculer **2.** (*consider*) penser; **to be ~ed (to be) sth** être considéré comme (étant) qc **II.** *vi inf* (*presume*) **could you help me with this? – I ~ not!** pourrais-tu m'aider pour cela? – je ne crois pas!
◆**reckon in** *vt* tenir compte de
◆**reckon on** *vt insep* **1.** (*count on*) compter sur **2.** (*expect*) s'attendre à; **to ~ doing sth** compter faire qc
◆**reckon up** *vt* calculer
◆**reckon with** *vt insep* **1.** (*take account of*) compter avec; **to be sth to be reckoned with** être qc avec lequel il faut compter **2.** (*expect*) s'attendre à
◆**reckon without** *vt insep* ne pas prévoir
reckoner *n* MATH barème *m*
reckoning *n* **1.** (*calculating, estimating*) calculs *mpl*; **to be off in one's ~** se tromper dans ses calculs **2.** (*avenging, punishing*) règlement *m* de compte
reclaim [rɪ·'kleɪm] *vt* **1.** (*claim back*) récupérer **2.** (*make usable: land*) assainir **3.** *form* (*reform*) guérir
reclamation [ˌrek·lə·'meɪ·ʃᵊn] *n* **1.** (*reclaiming*) récupération *f* **2.** (*getting back*) retour *m*; (*of expenses*) remboursement *m* **3.** (*making usable*) bonification *f*; (*of land*) amendement *m*; (*from the sea*) assèchement *m* **4.** *form* (*reformation*) amendement *m*
recline [rɪ·'klaɪn] **I.** *vi* **1.** (*lean back*) s'allonger **2.** (*be horizontal*) être étendu(e) **II.** *vt* (*head, arm*) appuyer; (*seat*) incliner
recliner *n* chaise *f* longue
reclining chair *n* siège *m* inclinable
recluse ['rek·lus] *n* reclus(e) *m(f)*
recognition [ˌrek·əg·'nɪʃ·ᵊn] *n* reconnaissance *f*; **to change beyond ~** devenir méconnaissable; **to achieve ~** être (publiquement) reconnu; **in ~ of sth** en reconnaissance de qc; **there's a growing ~ that ...** il est de plus en plus reconnu que ...
recognizable *adj* reconnaissable
recognize ['rek·əg·naɪz] *vt* **1.** (*know again*) reconnaître **2.** (*appreciate*) être reconnaissant(e) pour **3.** (*acknowledge*) reconnaître
recognized *adj* reconnu(e)
recoil [rɪ·'kɔɪl] **I.** *vi* **1.** (*spring back*) reculer; **to ~ in horror/in disgust** reculer d'horreur/de dégoût; **to ~ from sth** se rétracter devant qc **2.** (*rebound: muscle, spring*) se détendre **3.** *fig* **to ~ on sb/sth** se retourner contre qn/qc **II.** *n* recul *m*
recollect [ˌrek·ə·'lekt] **I.** *vt* se rappeler **II.** *vi* se souvenir
recollection [ˌrek·ə·'lek·ʃᵊn] *n* souvenir *m*; **to the best of my ~** (d')aussi loin que je me rappelle (*subj*)
recommend [ˌrek·ə·'mend] *vt* recommander; **it is not ~ed** ce n'est pas conseillé
recommendable *adj* recommandable
recommendation [ˌrek·ə·mən·'deɪ·ʃᵊn] *n* **1.** (*suggestion*) recommandation *f* **2.** (*advice*) conseil *m* **3.** (*letter of reference*) recommandation *f*; **to write sb a ~** écrire une lettre de recommandation à qn
recompense ['rek·əm·pen(t)s] **I.** *n* **1.** (*reward*) récompense *f* **2.** (*compensation*) indemnité *f* **II.** *vt* **1.** (*reward*) récompenser **2.** (*make amends*) dédommager
reconcile ['rek·ᵊn·saɪl] *vt* **1.** (*make friends again*) réconcilier; **to be ~d** être réconcilié(e) **2.** (*make compatible*) concilier; **to ~ sth with sth** réconcilier qc avec qc **3.** (*accept*) **to ~ oneself to sth** se faire à l'idée de qc
reconciliation [ˌrek·ᵊn·ˌsɪl·i·'eɪ·ʃᵊn] *n* **1.** (*of*

good relations) réconciliation *f* **2.** (*making compatible*) conciliation *f*

recondition [ˌri·kᵊn·ˈdɪʃ·ᵊn] *vt* rénover; (*machines*) reconstruire; (*buildings*) réhabiliter

reconnaissance [rɪ·ˈka·nə·sᵊn(t)s] **I.** *n* MIL reconnaissance *f* **II.** *adj* MIL de reconnaissance

reconnoiter [ˌri·kə·ˈnɔɪ·t̬ər] **I.** *vt* MIL reconnaître **II.** *vi* MIL effectuer une reconnaissance

reconsider [ˌri·kᵊn·ˈsɪd·ər] *vt, vi* reconsidérer; **I think you should ~** je crois que vous devriez y repenser

reconstruct [ˌri·kᵊn·ˈstrʌkt] *vt* **1.** (*rebuild*) reconstruire **2.** (*re-create*) recréer **3.** (*reorganize*) restructurer **4.** (*assemble evidence*) reconstituer **5.** (*simulate crime*) procéder à une reconstitution de

reconstruction [ˌri·kᵊn·ˈstrʌk·ʃᵊn] *n* **1.** (*rebuilding*) reconstruction *f;* (*of a country*) relèvement *m;* (*of economy*) redressement *m* **2.** (*of past event*) reconstitution *f*

record[1] [ˈrek·ərd] **I.** *n* **1.** (*account*) rapport *m;* LAW enregistrement *m;* (*of proceedings*) procès-verbal *m;* **to be on ~** (*statement*) être enregistré; **to be on (the) ~ as saying ...** avoir dit en public que ...; **to set the ~ straight** mettre les choses au clair; **to say sth on/off the ~** dire qc officiellement/officieusement; **strictly off the ~** en toute confidentialité **2.** (*note*) note *f;* **to keep a ~ of sth** noter qc; **to leave a ~ of sth** laisser une trace de qc; **there is no ~ of your complaint** il n'y a pas de trace de votre réclamation **3.** (*file*) dossier *m;* **medical ~s** dossiers *mpl* médicaux; **public ~s** archives *fpl* **4.** (*personal history*) antécédents *mpl;* **to have a good/bad ~** avoir (une) bonne/mauvaise réputation; **criminal ~** casier *m* (judiciaire); **to have a clean ~** avoir un passé sans tache **5.** (*achievements*) résultats *mpl;* **safety ~** résultats *mpl* en matière de sécurité **6.** (*recording*) enregistrement *m* **7.** (*music album*) disque *m* **8.** (*achievement*) *a.* SPORTS record *m* **9.** COMPUT article *m* **II.** *adj* (*unbeaten*) record *inv;* **in ~ time** en un temps record; **to reach a ~ high/low** atteindre son record le plus haut/bas

record[2] [rɪ·ˈkɔrd] **I.** *vt* **1.** (*music, voice*) enregistrer **2.** (*write about: event*) rapporter; LAW prendre acte de **3.** (*register*) indiquer **II.** *vi* (*person, machine*) enregistrer; (*sound*) s'enregistrer

record-breaker *n* SPORTS champion(ne) *m(f)*

record-breaking *adj* record *inv;* **a ~ $1000** un montant record de 1000 dollars; **a ~ 1000 visitors** un nombre record de mille visiteurs

record changer *n* chargeur *m* de disques; (*for CDs*) chargeur *m* de CD

record company *n* maison *f* de disques

recorded *adj* enregistré(e); (*computer file*) sauvegardé(e)

recorder *n* **1.** (*tape*) magnétophone *m* **2.** (*video*) magnétoscope *m* **3.** (*instrument*) flûte *f* à bec

record holder *n* détenteur, -trice *m, f* de record

recording *n* (*material, process*) enregistrement *m*

recording session *n* séance *f* d'enregistrement

recording studio *n* studio *m* d'enregistrement

record label *n* label *m*

record library *n* discothèque *f*

record player *n* tourne-disque *m*

recount [rɪ·ˈkaʊnt] **I.** *vt* **1.** (*count again*) recompter **2.** (*narrate*) raconter **II.** *vi* POL recompter **III.** *n* recomptage *m;* POL nouveau dépouillement *m* du scrutin

recoup [rɪ·ˈkup] *vt* (*losses*) compenser; (*strength*) récupérer; **to ~ one's costs** rentrer dans ses frais

recourse [ˈri·kɔrs] *n* recours *m;* **to have ~ to sb/sth** avoir recours à qn/qc

recover [ri·ˈkʌv·ər] **I.** *vt* **1.** (*get back: property*) récupérer; (*balance, composure*) retrouver; (*consciousness*) reprendre; (*health*) recouvrer; (*strength*) récupérer; **to ~ one's costs** rentrer dans ses frais **2.** LAW se faire attribuer; (*damages, compensation*) obtenir **II.** *vi* **1.** (*regain health*) récupérer **2.** (*return to normal*) se rétablir

re-cover [ˌri·ˈkʌv·ər] *vt* recouvrir

recoverable *adj* **1.** FIN recouvrable; (*costs*) récupérable; (*damage, loss*) indemnisable **2.** COMPUT récupérable

recovery [rɪ·ˈkʌv·ər·i] <-ies> *n* **1.** MED rétablissement *m;* **the rate of ~** le taux de guérison; **to make a full/quick/slow ~ from sth** guérir complètement/rapidement/lentement de qc **2.** ECON (*of a company, market*) reprise *f;* (*of stock, prices*) remontée *f* **3.** (*getting back*) récupération *f;* (*of cost*) récupération *f;* (*of damages*) indemnisation *f;* (*of debts*) recouvrement *m*

recovery room *n* salle *f* de réveil

recovery ship *n* bateau *m* de sauvetage

recovery vehicle *n* MIL véhicule *m* de dépannage

re-create [ˈre·kri·eɪt] *vt* recréer

recreation *n* **1.** (*activity*) récréation *f* **2.** (*process*) divertissement *m*

recreational *adj* de loisir

recreational drug *n* drogue *f* récréative

recreational vehicle *n* camping-car *m*

recreation area *n* terrain *m* de jeux

recreation center *n* salle *f* polyvalente

recreation room *n* salle *f* de jeux

recriminate [rɪ·ˈkrɪm·ə·neɪt] *vi* récriminer

recrimination *n pl* récrimination *f*

recruit [rɪ·ˈkrut] **I.** *vt* (*persuade to join: soldiers*) enrôler; (*members*) recruter; (*employees*) embaucher **II.** *vi* recruter **III.** *n a.* MIL recrue *f*

recruiting **I.** *n* **1.** MIL recrutement *m* **2.** ECON embauche *f* **II.** *adj* ECON d'embauche

recruiting center, recruiting office *n* bureau *m* du personnel

recruitment *n* recrutement *m;* (*of employees*) embauche *f*
recruitment drive *n* campagne *f* de recrutement
rectangle ['rek·tæŋ·gl] *n* rectangle *m*
rectangular [rek·'tæŋ·gjə·lər] *adj* rectangulaire
rectification [ˌrek·tə·fɪ·'keɪ·ʃən] *n* **1.** (*remedying*) rectification *f* **2.** ELEC redressement *m*
rectify ['rek·tə·faɪ] <-ie-> *vt* **1.** (*make right*) rectifier **2.** ELEC (*current*) redresser **3.** CHEM rectifier
rectilinear [ˌrek·tə·'lɪn·i·ər] *adj* rectiligne
rectitude ['rek·tə·tud] *n form* rectitude *f*
rector ['rek·tər] *n* **1.** REL (*of parish*) recteur *m* **2.** (*of primary school*) directeur, -trice *m, f;* (*of secondary school*) proviseur *mf;* (*of college*) président(e) *m(f)*
rectory ['rek·tər·i] <-ies> *n* presbytère *m*
rectum ['rek·təm] *n* MED rectum *m*
recuperate [rɪ·'ku·pə·reɪt] *vi* se remettre
recuperation *n* rétablissement *m*
recur [rɪ·'kɜr] <-rr-> *vi* (*words*) revenir; (*symptoms*) réapparaître; (*event*) se reproduire; (*occasion*) se représenter; (*number*) être récurrent(e)
recurrence [rɪ·'kɜr·ən(t)s] *n* (*of symptoms*) réapparition *f;* (*of event*) récurrence *f;* **if there is any ~** si cela se reproduit
recurrent *adj* récurrent(e)
recurring *adj* récurrent(e)
recycle [ri·'saɪ·kl] *vt* recycler
recycling **I.** *n* recyclage *m* **II.** *adj* de recyclage
red [red] **I.** *adj* rouge; (*hair*) roux(rousse) ▶ **not a ~ cent** *sl* pas un sou; **~ as a beet** rouge comme un coquelicot **II.** *n* **1.** (*color*) rouge *m;* (*hair*) roux *m;* **to turn ~** (*from dye*) devenir rouge; (*with embarrassment*) rougir **2.** POL rouge *mf* ▶ **in the ~** à découvert; *s.a.* **blue**
Red Army *n* POL Armée *f* rouge
red blood cell *n* globule *m* rouge
red-blooded *adj* ardent(e)
red cabbage *n* chou *m* rouge
redcap *n* RAIL porteur *m*
red card *n* carton *m* rouge
red carpet **I.** *n* tapis *m* rouge **II.** *adj* **to be given the ~ treatment** être traité en prince
Red China *n a. pej, sl* Chine *f* communiste
Red Crescent *n* **the ~** le Croissant-Rouge
Red Cross *n* **the ~** la Croix-Rouge
red currant *n* groseille *f*
red deer *n inv* cerf *m* (commun)
redden ['red·ən] *vt, vi* rougir
reddish ['red·ɪʃ] *adj* rougeâtre; (*hair*) tirant sur le roux
redecorate [ˌri·'dek·ər·eɪt] **I.** *vt* redécorer **II.** *vi* refaire la décoration
redeem [rɪ·'dim] *vt* **1.** (*compensate for*) compenser **2.** REL racheter **3.** (*save: reputation*) sauver; **to ~ oneself** se racheter **4.** (*convert into money, goods: coupon*) échanger; (*wealth*) réaliser **5.** (*buy back*) racheter **6.** (*pay off*) solder; (*debts*) régler **7.** (*fulfill*) satisfaire à; (*promise*) tenir
redeemable *adj* **1.** (*able to be redeemed*) rachetable; (*mortgage, loan*) amortissable; (*bill*) remboursable **2.** (*convertible: stock, securities*) convertible
Redeemer *n* REL **the ~** le Rédempteur
redeeming *adj* **the only ~ feature of sb/sth** la seule chose qui rattrape qn/qc
redefine [ˌri·dɪ·'faɪn] *vt* redéfinir
redemption [rɪ·'dem(p)·ʃən] *n* **1.** (*release from blame*) rachat *m* **2.** REL rédemption *f* **3.** (*rescue*) **to be beyond ~** être irrécupérable **4.** FIN (*of a coupon, voucher*) compensation *f;* (*of a debt, mortgage*) remboursement *m*
redeploy [ˌri·dɪ·'plɔɪ] *vt* redéployer
redeployment *n* redéploiement *m*
redesign [ˌri·dɪ·'zaɪn] *vt* reconcevoir
redevelop [ˌri·dɪ·'vel·əp] *vt* réaménager
redevelopment *n* réaménagement *m*
red-faced *adj* embarrassé(e)
red-haired *adj* roux(rousse)
red-handed *adj* **to catch sb ~** (sur)prendre qn la main dans le sac
redhead *n* roux, rousse *m, f*
redheaded *adj* **1.** (*with red hair*) roux(rousse) **2.** ZOOL à tête rouge
red herring *n* faux problème *m*
red-hot *adj* **1.** (*heated*) chauffé(e) au rouge; (*extremely hot*) brûlant(e) **2.** *fig* ardent(e); (*exciting*) chaud(e) **3.** *inf* (*fresh*) de dernière minute
redirect [ˌri·dɪ·'rekt] *vt* (*visitor*) réorienter; (*energy*) canaliser; (*letter*) réexpédier; (*mail*) faire suivre; (*on internet*) rediriger
redistribute [ˌri·dɪ·'strɪb·jut] *vt* redistribuer
redistribution *n* redistribution *f*
red-letter day *n fig* jour *m* à marquer d'une pierre blanche
red light *n* feu *m* rouge; **to run a ~** brûler un feu rouge
red-light district *n* quartier *m* chaud
red meat *n* viande *f* rouge
redneck ['red·nek] *n pej, inf* péquenaud(e) *m(f)*
redness ['red·nəs] *n* rougeur *f*
redo [ˌri·'du] *vt irr* refaire
redolent ['red·ə·lənt] *adj form* **1.** (*smelling*) **to be ~ with sth** sentir qc; **to be ~ of sth** dégager un parfum de qc; (*smelling bad*) avoir des relents de qc **2.** (*suggestive*) évocateur(-trice); **sth is ~ of sth** qc qui évoque qc
redouble [ri·'dʌb·l] *vt* redoubler
redoubtable [rɪ·'daʊ·t̬ə·bl] *adj* redoutable
red pepper *n* **1.** (*vegetable*) poivron *m* rouge **2.** (*spice*) paprika *m*
redraft [ˌri·'dræft] **I.** *vt* remanier **II.** *n* remaniement *m*
redress [rɪ·'dres] **I.** *vt* régulariser; (*imbalance*) redresser **II.** *n* **1.** (*remedy*) régularisation *f;* (*of imbalance*) redressement *m;* (*of grievance*) satisfaction *f* **2.** LAW réparation *f*
Red Sea *n* **the ~** la Mer Rouge
redskin *n pej* Peau-Rouge *mf*

red tape *n fig* paperasserie *f*
reduce [rɪ·ˈdus] **I.** *vt* **1.** (*make less*) réduire; (*speed*) modérer; (*taxes*) diminuer; **to ~ a backlog** rattraper un retard **2.** (*make cheaper*) solder; (*price*) baisser **3.** MIL dégrader **4.** (*cook down*) réduire **5.** (*force*) réduire; **to ~ sb/sth to sth** réduire qc/qn à qc; **~d to tears** en larmes; **to be ~d to doing sth** (en) être réduit à faire qc **II.** *vi* **1.** (*diet*) maigrir; **to be reducing** être au régime **2.** (*cook down: sauce*) réduire
reduced *adj* **1.** (*made cheaper*) soldé(e); (*fare, wage*) réduit(e) **2.** (*diminished*) réduit(e)
reduced-sugar *adj inv* à teneur en sucre réduite
reducer *n* réducteur *m*
reduction [rɪ·ˈdʌk·ʃən] *n* réduction *f;* (*in traffic*) diminution *f;* (*in wages*) baisse *f*
redundancy [rɪ·ˈdʌn·dən(t)·si] *n* LING redondance *f*
redundant [rɪ·ˈdʌn·dənt] *adj* **1.** (*superfluous*) excessif(-ive) **2.** LING redondant(e)
reduplication [rɪ·ˌdu·plə·ˈkeɪ·ʃən] *n* LING réduplication *f*
redwood *n* séquoia *m*
reed [rid] *n* **1.** BOT roseau *m* **2.** MUS anche *f*
re-educate [ˌri·ˈedʒ·ʊ·keɪt] *vt* rééduquer
reedy [ˈri·di] *adj* **1.** (*full of reeds*) couvert(e) de roseaux **2.** (*sounding thin: voice*) suraigu(ë)
reef[1] [rif] *n* GEO récif *m*
reef[2] [rif] **I.** *n* NAUT ris *m* **II.** *vt* **to ~ the sails** ar(r)iser les voiles
reefer[1] *n sl* **1.** (*cannabis*) hasch *m* **2.** (*rolled into cigarette*) joint *m*
reefer[2] *n* (*jacket*) caban *m*
reef knot *n* nœud *m* plat
reek [rik] **I.** *vi* puer; **to ~ of sth** puer qc **II.** *n* relent *m*
reel [ril] **I.** *n* **1.** (*spool*) rouleau *m;* (*for film*) pellicule *f;* (*bobbin*) bobine *f* **2.** (*for winding*) dévidoir *m;* (*for fishing line*) moulinet *m* **3.** (*dance*) contredanse *f* **II.** *vi* **1.** (*move unsteadily*) tituber; **to ~ back** s'écarter en titubant; **to send sb ~ing** envoyer qn valser **2.** (*become dizzy*) être pris(e) de vertige; **the news left me ~ing** *fig* la nouvelle m'a abasourdi **3.** (*recoil*) être éjecté(e) **4.** (*whirl around*) tourbillonner **5.** (*dance*) danser un quadrille
◆**reel in** *vt* remonter
◆**reel off** *vt* débiter
reelect [ˌri·ɪ·ˈlekt] *vt* réélire
reelection *n* réélection *f*
reel-to-reel tape recorder *n* magnétophone *m* à bandes magnétiques
reenter [ˌri·ˈen·t̬ər] **I.** *vt* **1.** (*go in again*) rentrer dans **2.** (*begin again with: politics*) revenir à; (*college*) réintégrer **3.** COMPUT retaper; (*data*) saisir de nouveau **II.** *vi* rentrer
reentry [ˌri·ˈen·tri] <-ies> *n* **1.** (*entering again*) rentrée *f* **2.** (*new enrollment*) réinscription *f*
ref [ref] *n inf abbr of* **referee** arbitre *mf*
ref. [ref] *n abbr of* **reference** (*code*) réf. *f*
refectory [rɪ·ˈfek·tər·i] <-ies> *n* (*at institution*) cantine *f;* (*at college*) restaurant *m* universitaire
refer [rɪ·ˈfɜr] <-rr-> *vt* **1.** (*direct*) renvoyer; (*to a hospital, doctor*) envoyer; **to ~ sb (back) to sb/sth** (r)envoyer qn à qc/qn **2.** (*pass, send on: a problem, matter*) soumettre; **to ~ sb/sth to sb/sth** soumettre qn/qc à qn/qc; **to ~ sth back to sth** (*a decision, dispute*) remettre qc à qc; **please ~ your notes** consultez vos notes s'il vous plaît
◆**refer to** *vt* **1.** (*allude*) faire allusion à; **to ~ sb as sth** appeler qn qc **2.** (*mention*) se référer à; **referring to your letter/phone call** suite à votre lettre/appel téléphonique **3.** (*speak of*) parler de; **to never ~ sth** ne jamais parler de qc **4.** (*concern*) concerner **5.** (*apply to*) s'appliquer à **6.** (*consult, turn to*) consulter; **to refer (back) to sb/sth** consulter qn/qc
referee [ˌref·ə·ˈri] **I.** *n* **1.** SPORTS arbitre *mf* **2.** (*for employment*) référence *f* **II.** <-d> *vt, vi* SPORTS arbitrer
reference [ˈref·ər·ən(t)s] **I.** *n* **1.** (*allusion*) référence *f;* **with ~ to ...** à propos de ce que ...; **in ~ to sb/sth** à propos de qn/qc **2.** (*responsibilities*) **terms of ~** mandat *m* **3.** (*consultation*) **without ~ to sb** sans passer par qn **4.** (*in text*) renvoi *m* **5.** (*recommendation*) référence *f;* **to write sb a ~** écrire une lettre de référence à qn **II.** *vt* (*book, article, study*) faire référence à
reference book *n* ouvrage *m* de référence
reference mark *n* renvoi *m*
reference number *n* numéro *m* de référence
referendum [ˌref·ə·ˈren·dəm] <-s *o* -da> *n* POL référendum *m*
referral *n* envoi *m;* **she is a ~ from Dr Jones** elle est envoyée par le Docteur Jones
refill [ˈri·fɪl, *vb:* ˌri·ˈfɪl] **I.** *n* recharge *f;* **do you want a ~?** tu en veux un autre? **II.** *vt* recharger
refine [rɪ·ˈfaɪn] *vt* **1.** (*purify*) raffiner **2.** (*polish*) affiner
refined *adj* **1.** (*purified*) raffiné(e); (*metal*) purifié(e) **2.** (*taste, palate*) sophistiqué(e) **3.** (*manners*) raffiné(e)
refinement *n* **1.** (*improvement*) raffinement *m* **2.** (*purification*) raffinage *m;* (*of metals*) affinage *m* **3.** (*polishing of ideas*) peaufinage *m* **4.** (*good manners*) raffinement *m*
refinery [rɪ·ˈfaɪ·nər·i] <-ies> *n* raffinerie *f*
reflect [rɪ·ˈflekt] **I.** *vt* **1.** (*throw back: heat*) renvoyer; (*light*) réfléchir **2.** (*mirror, reveal*) refléter; (*image*) renvoyer **II.** *vi* **1.** (*contemplate*) réfléchir **2.** (*show quality*) **the results ~ well on him** les résultats sont tout à son honneur; **to ~ badly on sb/sth** jeter le discrédit sur qn/qc
reflecting *adj* réfléchissant(e)
reflecting telescope *n* télescope *m* à miroirs
reflection [rɪ·ˈflek·ʃən] *n* **1.** (*reflecting*) réflexion *f;* **sound ~** retour *m* du son **2.** (*mirror image*) reflet *m* **3.** (*thought*) réflexion *f;* **on ~** à la réflexion **4.** (*criticism*) atteinte *f;* **to**

R

be no ~ on sth ne pas porter atteinte à qc; **it's a ~ on all of us** ça se répercute sur nous tous
reflective *adj* **1.** (*reflecting*) réfléchissant(e) **2.** (*thoughtful*) songeur(-euse)
reflector *n* réflecteur *m*
reflex ['ri·fleks] <-es> **I.** *n* réflexe *m* **II.** *adj* réflexe
reflex camera *n* appareil *m* reflex
reflexive [rɪ·'flek·sɪv] **I.** *adj* **1.** (*independent of will*) réflexe **2.** LING réfléchi(e) **II.** *n* LING **1.** (*pronoun*) pronom *m* réfléchi **2.** (*verb*) verbe *m* pronominal réfléchi
refloat [ˌri·'floʊt] *vt* renflouer
reflux [ˌri·'flʌks] *n* reflux *m*
reforest [ˌri·'fɔr·ɪst] *vt* reboiser
reform [rɪ·'fɔrm] **I.** *n* réforme *f* **II.** *adj* de réforme **III.** *vt* réformer **IV.** *vi* se corriger
re-form [ˌri·'fɔrm] **I.** *vt* reformer **II.** *vi* MIL reformer les rangs
reformation [ˌref·ər·'meɪ·ʃᵊn] *n* réforme *f*
Reformation *n* REL **the ~** la Réforme
reformatory [rɪ·'fɔr·mə·tɔr·i] <-ies> *n* centre *m* de d'éducation surveillée
reformer *n* réformateur *m*
reform school *n* centre *m* éducatif fermé
refract [rɪ·'frækt] *vt* PHYS réfracter
refraction *n* réfraction *f*
refractory [rɪ·'fræk·tᵊr·i] *adj* réfractaire
refrain[1] [rɪ·'freɪn] *vi* s'abstenir; **please ~ from smoking** prière de s'abstenir de fumer
refrain[2] [rɪ·'freɪn] *n a.* MUS refrain *m*
refresh [rɪ·'freʃ] *vt* **1.** (*enliven*) se détendre; (*memory*) rafraîchir **2.** (*cool*) rafraîchir **3.** (*refill*) **to ~ sb's drink** remplir à nouveau le verre de qn **4.** COMPUT (*screen*) réactualiser
refresher (**course**) [rɪ·'freʃ·ər (kɔrs)] *n* cours *m* de révision
refreshing *adj* **1.** (*cooling*) rafraîchissant(e) **2.** (*unusual: idea*) vivifiant(e); **it's ~ to** *+infin* ça fait du bien de *+infin;* **it makes a ~ change** ça change
refreshment *n* **1.** *form* (*rest*) repos *m* **2.** *form* (*eating and drinking*) une collation **3.** *pl* (*food and drink*) un buffet
refrigerant [rɪ·'frɪdʒ·ə·rənt] *n* réfrigérant *m*
refrigerate [rɪ·'frɪdʒ·ə·reɪt] *vt* réfrigérer
refrigeration *n* réfrigération *f*
refrigerator *n* réfrigérateur *m*
refuel [ˌri·'fjuəl] <-l- *o* -ll-> **I.** *vi* se ravitailler en carburant **II.** *vt* **1.** (*fill again*) ravitailler en carburant **2.** *fig* (*debate, controversy*) alimenter; (*hopes, desire*) ranimer
refuge ['ref·judʒ] *n a. fig* refuge *m;* **to take ~ in sth** chercher refuge dans qc; **to take ~ in drink/drugs** se réfugier dans l'alcool/la drogue
refugee [ˌref·jʊ'dʒi] *n* réfugié(e) *m(f)*
refugee camp *n* camp *m* de réfugiés
refund ['ri·fʌnd, *vb:* ri'·fʌnd] **I.** *n* remboursement *m;* **to get a ~** se faire rembourser **II.** *vt* rembourser
refurbish [ˌri·'fɜr·bɪʃ] *vt* rénover
refusal [rɪ·'fju·zᵊl] *n* (*rejection*) refus *m;* (*of an application*) rejet *m*
refuse[1] [rɪ·'fjuz] **I.** *vi* refuser **II.** *vt* refuser; (*consent*) ne pas accorder; (*offer*) rejeter; **to ~ to** *+infin* refuser de *+infin*
refuse[2] ['ref·jus] *n* déchets *mpl;* **kitchen ~** ordures *fpl* ménagères
refutable *adj* réfutable
refutation [ˌref·ju·'teɪ·ʃᵊn] *n* réfutation *f*
refute [rɪ·'fjut] *vt* réfuter
regain [rɪ·'geɪn] *vt* recouvrer; (*consciousness, control*) reprendre; (*lost ground, territory*) regagner
regal ['ri·gᵊl] *adj* royal(e); (*bearing*) altier(-ère)
regale [rɪ·'geɪl] *vt* régaler
regalia [rɪ·'geɪl·jə] *n + sing/pl vb* **1.** (*clothes*) tenue *f;* **in full ~** en grande tenue **2.** (*insignia*) insignes *mpl*
regard [rɪ·'gard] **I.** *n* **1.** (*consideration*) considération *f;* **without ~ for sth** sans tenir compte de qc **2.** (*esteem*) estime *f;* **out of ~ for sb/sth** par estime pour qn/qc; **to hold sb/sth in low ~** ne pas porter qn/qc très haut dans son estime; **to hold sb/sth in high ~** avoir beaucoup d'estime pour qn/qc; (**give my**) **~s to your sister** transmettez mes amitiés à votre sœur **3.** (*gaze*) regard *m* **4.** (*aspect*) **in this ~** à cet égard **5.** (*concerning*) **with ~ to sb/sth** en tenant compte de qc **II.** *vt* **1.** (*consider*) considérer; **to be ~ed as the best/a pioneer** être considéré comme le meilleur/un pionnier; **to ~ sb/sth with admiration/mistrust** considérer qn/qc avec admiration/méfiance; **a highly ~ed doctor** un docteur hautement estimé **2.** (*concern*) regarder; **as ~s the house/your son** en ce qui concerne la maison/votre fils
regardful *adj* **to be ~ of sth** être attentif à qc
regarding *prep* concernant
regardless *adv* tout de même
regardless of *prep* (*sex, class*) sans distinction de; (*difficulty, expense*) sans se soucier de
regatta [rɪ·'ga·ţə] *n* NAUT régate *f*
regency ['ri·dʒᵊn(t)·si] *n* régence *f*
regenerate [rɪ·'dʒen·ər·eɪt] **I.** *vt* **1.** BIO, ANAT régénérer **2.** (*revive: cities*) revitaliser **II.** *vi* BIO se régénérer
regeneration *n* **1.** BIO régénération *f* **2.** (*improvement*) renaissance *f;* (*of a city*) revitalisation *f*
regenerative cream *n* crème *f* régénératrice
regent ['ri·dʒᵊnt] *n* régent(e) *m(f)*
reggae ['reg·eɪ] *n* reggae *m*
regicide ['redʒ·ɪ·saɪd] *n* régicide *mf*
regime, régime [rə·'ʒim] *n* régime *m*
regimen ['redʒ·ə·men] *n form* régime *m*
regiment ['redʒ·ə·mənt] **I.** *n + sing/pl vb* régiment *m* **II.** *vt* réglementer
regimentation [ˌredʒ·ə·mən·'teɪ·ʃᵊn] *n* discipline *f* de fer
region ['ri·dʒᵊn] *n* région *f;* **the Hudson Valley ~** la région de la vallée de l'Hudson ►**in the ~ of** aux environs de
regional *adj* **1.** (*of regions*) régional(e)

2. (*local*) local(e)
regionalism ['ri·dʒᵊn·ᵊl·ˌɪ·zᵊm] *n* régionalisme *m*
register ['redʒ·ɪ·stər] **I.** *n* **1.** (*list*) registre *m* **2.** (*cash drawer*) caisse *f* enregistreuse **3.** LING registre *m* **II.** *vt* **1.** (*record*) inscrire; (*birth, death*) déclarer; (*car*) immatriculer; (*trademark, invention*) déposer **2.** TECH enregistrer **III.** *vi* **1.** (*record officially*) **to ~ as sth** s'inscrire comme qc; **to ~ as unemployed** s'inscrire au chômage; **to ~ for a course** s'inscrire à un cours; **to ~ with sb/sth** s'inscrire auprès de qn/qc **2. to ~ with the police** (*suspect, criminal*) se déclarer auprès des services de police **3.** TECH s'enregistrer
registered *adj* **1.** (*recorded*) enregistré(e); (*patent*) déposé(e) **2.** (*qualified: practioner, nurse*) agréé(e); (*official*) diplômé(e) d'état; (*voter*) inscrit(e) sur les listes
registered letter *n* lettre *f* recommandée
registered mail *n* envoi *m* (en) recommandé
registered nurse *n* infirmière *f* diplômée d'État
registered trademark *n* marque *f* déposée
registrar ['redʒ·ɪ·strar] *n* **1.** (*official record-keeper*) officier *m* d'état civil **2.** (*at college*) responsable *mf* (du service) des inscriptions
registration [ˌredʒ·ɪ·'streɪ·ʃᵊn] *n* **1.** (*action of registering*) *a.* SCHOOL, UNIV inscription *f;* (*of births, deaths*) déclaration *f;* (*at hotel*) enregistrement *m* **2.** (*for vehicles*) immatriculation *f*
registration fee *n* cotisation *f;* (*for club*) droits *mpl* d'inscription
registration number *n* numéro *m* d'immatriculation
registry ['redʒ·ɪ·stri] <-ies> *n* enregistrement *m;* **bridal ~** liste *f* de mariage
regress [rɪ·'gres] *vi* MED régresser
regression [rɪ·'greʃ·ᵊn] *n* MED régression *f*
regressive *adj* MED régressif(-ive); (*tax*) dégressif(-ive)
regret [rɪ·'gret] **I.** <-tt-> *vt* regretter **II.** <-tt-> *vi* regretter; **I ~ to inform you that ...** *form* je suis désolé de devoir vous annoncer que ...; **to ~ having done sth** regretter d'avoir fait qc **III.** *n* regret *m;* **a pang of ~** une crise de remords
regretful *adj* désolé(e); (*feeling*) de regret; (*smile*) navré(e); **to be ~ about sth** avoir des regrets à propos de qc
regretfully *adv* avec regret
regrettable *adj* regrettable
regroup [ˌri·'grup] **I.** *vt* regrouper **II.** *vi* se regrouper
regular ['reg·jə·lər] **I.** *adj* **1.** (*steady, periodic*) régulier(-ère); (*reader*) fidèle; **on a ~ basis** régulièrement; **a ~ customer** un(e) habitué(e) **2.** (*normal*) normal(e); (*procedure, doctor*) habituel(le); (*size*) standard *inv;* (*gas*) ordinaire **3.** MATH symétrique **4.** (*correct*) régulier(-ère) *inf* **5.** LING régulier(-ère) **6.** *inf* (*real*) vrai(e); **a ~ guy** un type sympa; **to be a ~ fool** être complètement stupide ►**as ~ as clockwork** réglé comme du papier à musique **II.** *n* **1.** (*visitor*) habitué(e) *m(f)* **2.** MIL **a ~ (soldier)** un soldat de l'armée régulière
regularity [ˌreg·jə·'ler·ə·t̬i] *n* régularité *f*
regularize ['reg·jə·lə·raɪz] *vt* régulariser
regularly *adv* régulièrement
regulate ['reg·jə·leɪt] *vt* **1.** (*administer*) réglementer **2.** (*adjust*) régler
regulation I. *n* **1.** (*rule*) règlement *m;* (*health, safety*) norme *f;* **the rules and ~s** le règlement; **in accordance with the ~s** conformément au règlement en vigueur **2.** ADMIN réglementation *f* **3.** (*action: of a machine*) réglage *m* **II.** *adj* réglementaire
regulator *n* régulateur, -trice *m, f;* ADMIN contrôleur, -euse *m, f*
regulatory ['reg·jə·lə·tɔr·i] *adj* régularisateur(-trice)
regulatory body *n* ADMIN organisme *m* de contrôle
regurgitate [ri·'gɜr·dʒə·teɪt] *vt* **1.** (*food*) régurgiter **2.** *pej* (*repeat*) recracher
rehab ['ri·hæb] *inf* **I.** *n abbr of* **rehabilitation** désintox *f inv;* **to go into ~** faire une cure de désintox **II.** <-bb-> *vt abbr of* **rehabilitate** **1.** (*socially*) réinsérer **2.** (*restore*) réhabiliter
rehabilitate [ˌri·hə·'bɪl·ə·teɪt] *vt* **1.** (*restore*) *a. fig* réhabiliter **2.** (*restore reputation*) réhabiliter **3.** (*restore to health*) rééduquer **4.** (*rehabilitate socially*) réinsérer
rehabilitation *n* **1.** (*restoring*) *a. fig* réhabilitation *f* **2.** (*of criminals*) réinsertion *f* **3.** (*return to health*) rééducation *f* **4.** (*detoxification*) désintoxication *f*
rehabilitation center *n* (*for criminals*) centre *m* de réinsertion; (*for addicts*) centre *m* de désintoxication
rehash ['ri·hæʃ, *vb:* ˌri·'hæʃ] **I.** *n inf* **to be a ~** être du réchauffé **II.** *vt* **1.** (*discuss after event*) ressasser **2.** *inf* (*recycle ideas*) resservir
rehearsal [rɪ·'hɜr·sᵊl] *n* **1.** THEAT répétition *f* **2.** MIL exercice *m*
rehearse [rɪ·'hɜrs] *vt* (*a play, scene*) répéter; (*lines*) réciter; (*arguments*) ressasser
reign [reɪn] **I.** *vi* régner; **to ~ supreme** régner en maître absolu **II.** *n* règne *m;* **a ~ of terror** un règne de terreur
reimburse [ˌri·ɪm·'bɜrs] *vt* rembourser; **to ~ sb for sth** rembourser qn de qc
reimbursement *n* remboursement *m*
rein [reɪn] *n* (*for horse riding*) rêne *f;* (*for horse driving*) guide *f* ►**to give sb a free ~** donner carte blanche à qn; **to keep a tight ~ on sb/sth** garder le contrôle sur qn/qc; **to hand over the ~s to sb** passer les rênes à qn
◆**rein in** *vt* (*horse*) tirer les reines de; (*child, ambition*) freiner
reincarnation [ˌri·ɪn·kar·'neɪ·ʃᵊn] *n* réincarnation *f*
reindeer ['reɪn·dɪr] *n inv* renne *m*
reinforce [ˌri·ɪn·'fɔrs] *vt* **1.** (*strengthen*) renforcer; (*argument, demand*) appuyer **2.** (*increase: troops*) renforcer

R

reinforced concrete *n* béton *m* armé
reinforcement *n* **1.** (*of building*) armature *f* **2.** *pl* (*fresh troops*) *a. fig* renforts *mpl*
reinstate [ˌri·ɪn·ˈsteɪt] *vt form* **1.** (*return someone to job*) réintégrer **2.** (*restore to former state*) rétablir
reinsure [ˌri·ɪn·ˈʃʊr] *vt* réassurer
reintegrate [ˌri·ˈɪn·tə·greɪt] *vt* réintégrer
reintegration *n* réintégration *f;* (*of criminal*) réinsertion *f;* (*of patient*) réadaptation *f*
reinvent [ˌri·ɪn·ˈvent] *vt* réinventer
reissue [ˌri·ˈɪʃ·ju] **I.** *vt* rééditer **II.** *n* réédition *f*
reiterate [ri·ˈɪt̬·ə·reɪt] *vt form* réitérer
reiteration *n form* réitération *f*
reject [ˈri·dʒekt, *vb:* rɪ·ˈdʒekt] **I.** *n* **1.** (*product*) rebut *m* **2.** (*person*) laissé(e)-pour-compte *m(f)* **II.** *vt* **1.** (*decline*) rejeter; (*application, article*) refuser; **to feel ~ed** se sentir rejeté **2.** LAW (*bill, complaint*) rejeter; (*claim, authority*) contester **3.** MED (*resist transplant*) rejeter **4.** TECH (*of products*) mettre au rebut
rejection [rɪ·ˈdʒek·ʃᵊn] *n a.* MED rejet *m;* **a fear of ~** une peur d'être rejeté; **a ~ letter** une lettre de refus
rejoice [rɪ·ˈdʒɔɪs] *vi* **to ~ at sth** se réjouir de qc; **to ~ in doing sth** se régaler à faire qc
rejoicing *n* réjouissance *f;* **~ at sth** réjouissance à propos de qc
rejoin [ˌri·ˈdʒɔɪn] **I.** *vt* (*friends*) rejoindre; (*club*) se réinscrire à; (*regiment*) rallier; (*highway*) rattraper **II.** *vi* se rejoindre
rejoinder *n form* réplique *f;* **witty/sharp ~** le mot pour rire/qui fait mouche
rejuvenate [ri·ˈdʒu·və·neɪt] *vt* **1.** (*restore youth*) rajeunir; **to feel ~d** se sentir rajeuni **2.** (*invigorate*) revigorer **3.** (*modernize*) rajeunir
rekindle [ri·ˈkɪn·dl] *vt* attiser; (*interest*) ranimer
relapse [rɪ·ˈlæps] **I.** *n* rechute *f* **II.** *vi* rechuter; **to ~ into alcoholism/drug abuse** retomber dans l'alcoolisme/la toxicomanie
relate [rɪ·ˈleɪt] **I.** *vt* **1.** (*establish connection*) relier; **I couldn't ~ the two cases** je n'arrivais pas à faire le rapprochement entre ces deux cas **2.** (*tell*) relater **II.** *vi* **1.** (*concern*) **to ~ to sb/sth** se rapporter à qn/qc **2. to ~ to sb** (*feel sympathy with*) communiquer avec qn; (*identify with*) s'identifier à qn
related *adj* **1.** (*physically linked*) relié(e) **2.** (*having common element*) lié(e); (*subjects*) connexe **3.** (*of same family*) parent(e); **to be ~ by marriage** être parent par alliance **4.** (*of same species*) apparenté(e)
relating to *prep* concernant
relation [rɪ·ˈleɪ·ʃᵊn] *n* **1.** (*link*) relation *f;* **in ~ to** en relation avec; **to bear no ~ to sb/sth** n'avoir aucun rapport avec qn/qc **2.** (*relative*) parent(e) *m(f);* **~ by marriage** parent par alliance; **to have ~s in a country** avoir de la famille dans un pays **3.** *pl* (*dealings between people*) relations *fpl;* **have sexual ~s with sb** avoir des rapports sexuels avec qn
relationship *n* **1.** (*link*) relation *f* **2.** (*family connection*) lien *m* de parenté **3.** (*between people*) relation *f;* **~ to sb** relation avec qn; **we have a business ~** nous sommes en relation d'affaires; **to be in a ~ with sb** être avec qn
relative [ˈrel·ə·t̬ɪv] **I.** *adj* **1.** (*connected to*) lié(e); **to be ~ to sth** être lié à qc **2.** (*in comparison*) relatif(-ive); **to be ~ to sth** être relatif à qc **II.** *n* parent(e) *m(f)*
relative clause *n* proposition *f* relative
relatively *adv* relativement; **~ speaking** comparativement
relative pronoun *n* pronom *m* relatif
relativity [ˌrel·ə·ˈtɪv·ə·t̬i] *n* relativité *f*
relax [rɪ·ˈlæks] **I.** *vi* se détendre; **~!** détends-toi! **II.** *vt* relâcher
relaxation [ˌri·læk·ˈseɪ·ʃᵊn] *n* **1.** (*recreation*) relaxation *f;* **for ~** pour se détendre **2.** (*of rules, standards*) assouplissement *m*
relaxed *adj* décontracté(e)
relaxing *adj* relaxant(e); (*day*) de détente
relay [ˈri·leɪ] **I.** *n* **1.** SPORTS (*race*) course *f* de relais **2.** (*group*) relais *m* **II.** *vt* relayer
re-lay [ˌri·ˈleɪ] *vt* (*carpet*) reposer; (*floor*) refaire
release [rɪ·ˈlis] **I.** *vt* **1.** (*free*) libérer **2.** LAW libérer; **to ~ sb on bail** relâcher qn sous caution; **to ~ sb on parole/probation** mettre qn en liberté conditionnelle/surveillée **3.** (*free from suffering*) délivrer **4.** (*move something*) dégager; (*brake*) lâcher **5.** PHOT (*shutter*) déclencher **6.** (*detonate*) lâcher **7.** (*allow to escape: gas, steam*) relâcher **8.** (*weaken: grip*) relâcher **9.** (*make public*) publier **10.** (*publish*) sortir **II.** *n* **1.** (*act of setting free*) libération *f;* (*from prison*) sortie *f;* (*from bad feeling*) délivrance *f* **2.** (*act of unfastening*) déblocage *m;* (*of handbrake*) desserrage *m* **3.** (*handle, knob*) manette *f* de déblocage; (*of brake, clutch*) desserrage *m* **4.** (*allowing use of: of funds, goods*) déblocage *m* **5.** (*relaxation*) relâchement *m;* (*of tension*) diminution *f* **6.** (*escape of gases*) échappement *m* **7.** (*making public*) publication *f* **8.** (*public relations info*) communiqué *m* **9.** (*new CD, film*) sortie *f;* **to be on ~** être sorti
relegate [ˈrel·ə·geɪt] *vt* reléguer
relent [rɪ·ˈlent] *vi* (*person*) se radoucir; (*wind, rain*) se calmer
relentless *adj* implacable; (*pressure, criticism*) incessant(e)
relevance [ˈrel·ə·vən(t)s], **relevancy** *n* **1.** (*appropriateness*) pertinence *f;* **to have ~ to sth** avoir un rapport avec qc **2.** (*importance*) importance *f*
relevant *adj* **1.** (*appropriate*) pertinent(e); (*documents*) d'intérêt; (*evidence*) approprié(e) **2.** (*important*) important(e)
reliability [rɪ·ˌlaɪ·ə·ˈbɪl·ə·t̬i] *n* **1.** (*dependability*) fiabilité *f* **2.** (*trustworthiness*) confiance *f*
reliable [rɪ·ˈlaɪ·ə·bl] *adj* **1.** (*dependable*) fiable **2.** (*credible*) sûr(e); (*evidence*) solide; (*figures,*

testimony) fiable **3.** (*trustworthy*) de confiance

reliance [rɪ·'laɪ·ən(t)s] *n* (*dependence*) **~ on sb/sth** dépendance *f* de qn/de qc

reliant *adj* **to be ~ on sb/sth to** +*infin* dépendre de qn/qc pour +*infin*

relic ['rel·ɪk] *n* **1.** (*from past*) vestige *m* **2.** REL *a. fig, pej* relique *f*

relief [rɪ·'lif] **I.** *n* **1.** (*after something bad*) soulagement *m;* **much to my ~, to my great ~** à mon grand soulagement; **to feel an incredible sense of ~** se sentir vraiment soulagé; **that's a ~!** quel soulagement! **2.** (*help*) aide *f;* **to be on ~** (*on welfare*) bénéficier d'aides sociales; **tax ~** dégrèvement *m* fiscal **3.** (*replacement*) substitut *m* **4.** MIL (*rescue*) libération *f* **5.** ART, GEO relief *m* **II.** *adj* (*substitute*) de remplacement

relief map *n* carte *f* topographique

relief worker *n* **1.** (*substitute*) suppléant(e) *m(f)* **2.** (*humanitarian*) travailleur, -euse *m, f* humanitaire

relieve [rɪ·'liv] *vt* **1.** (*take worries from*) soulager; **to be ~d about sth/that ...** être soulagé à propos de qc/que... **2.** (*substitute for*) remplacer **3.** MIL (*city*) libérer **4.** (*alleviate: famine*) lutter contre; (*symptoms*) soulager; (*boredom*) dissiper; (*anxiety*) calmer; (*pressure*) atténuer; (*tension*) diminuer **5.** (*take away*) **to ~ sb of sth** débarrasser qn de qc; *iron* délester qn de qc **6.** *inf* (*urinate, defecate*) **to ~ oneself** se soulager

relieved *adj* soulagé(e)

religion [rɪ·'lɪdʒ·ən] *n a. fig* religion *f*

religious [rɪ·'lɪdʒ·əs] *adj* **1.** (*of religion*) religieux(-euse) **2.** (*meticulous*) scrupuleux(-euse)

religiously *adv* **1.** religieusement **2.** *fig* (*faithfully*) fidèlement

relinquish [rɪ·'lɪŋ·kwɪʃ] *vt form* (*give up*) abandonner; (*post*) quitter; (*leadership*) abandonner

relish ['rel·ɪʃ] **I.** *n* **1.** (*enjoyment*) plaisir *m* **2.** (*sauce*) condiment *m* **II.** *vt* aimer; **to ~ the thought that ...** se réjouir à la pensée que ...

relive [ˌri·'lɪv] *vt* revivre

reload [ˌri·'loʊd] **I.** *vt* recharger **II.** *vi* se recharger

relocate [ˌri·'loʊ·keɪt] **I.** *vi* déménager **II.** *vt* (*person*) transférer; (*object*) déplacer; (*company, production*) délocaliser

relocation *n* (*of a company*) délocalisation *f;* (*of a person*) transfert *m*

reluctance [rɪ·'lʌk·tən(t)s] *n* réticence *f;* **with some ~** avec réticence

reluctant *adj* réticent(e); **a ~ hero** un héros malgré lui

rely [rɪ·'laɪ] <-ie-> *vi* **1.** (*trust*) **to ~ on sb/sth** compter sur qn/qc; **to ~ on sb for sth** compter sur qn pour qc **2.** (*depend on*) **to ~ (up)on sb/sth** dépendre de qn/qc

REM [ˌar·i·'em] *n abbr of* **rapid eye movement** *mouvement rapide des yeux pendant le sommeil*

remain [rɪ·'meɪn] *vi* rester; **to ~ in bed** rester au lit; **to ~ anonymous** garder l'anonymat; **to ~ silent** garder le silence; **to ~ sitting** rester assis; **to ~ waiting/running** continuer à attendre/courir; **that ~s to be seen** cela reste à voir; **the fact ~s that ...** il n'empêche que ...; **it (only) ~s for me to ...** il ne me reste plus qu'à ...

remainder **I.** *n* **1.** (*rest*) restant *m;* (*people*) reste *m* **2.** MATH reste *m* **II.** *vt* (*books*) solder

remaining *adj* qui reste; **our only ~ hope** notre dernier espoir *m*

remains *npl* **1.** (*leftovers*) restes *mpl* **2.** HIST vestiges *mpl* **3.** *form* (*corpse*) dépouille *f*

remake ['ri·meɪk, *vb:* ˌri·'meɪk] **I.** *n* (*new version*) remake *m* **II.** *vt irr* refaire

remand [rɪ·'mænd] **I.** *vt* renvoyer; **to ~ in custody** placer en détention provisoire **II.** *n* renvoi *m;* **to be on ~** être en détention préventive

remark [rɪ·'mark] **I.** *vt* faire remarquer **II.** *n* remarque *f*

remarkable *adj* remarquable

remarkably *adv* remarquablement

remarriage [ˌri·'mer·ɪdʒ] *n* remariage *m*

remarry [ˌri·'mer·i] <-ie-> **I.** *vt* se remarier avec **II.** *vi* se remarier

remedial [rɪ·'mi·di·əl] *adj form* (*action*) de correction; (*class*) de rattrapage; MED de rétablissement

remedy ['rem·ə·di] **I.** <-ies> *n* **1.** (*treatment*) remède *m;* **to be beyond ~** être incurable **2.** (*legal redress*) recours *m* (légal) **II.** *vt* remédier à

remember [rɪ·'mem·bər] **I.** *vt* se souvenir de; **I ~ed to see her** je me suis souvenu que je devais la voir; **I ~ed seeing her** je me suis souvenu de l'avoir vue; **a night to ~** une nuit inoubliable **II.** *vi* se souvenir ► **you ~** *inf* vous savez

remembrance [rɪ·'mem·brən(t)s] *n* souvenir *m;* **in ~ of sb** *form* en souvenir de qn

remind [rɪ·'maɪnd] *vt* rappeler; **~ me to call her** rappelle-moi de l'appeler; **to ~ sb of sb/sth** faire penser qn à qn/qc; **that ~s me!** je me souviens!

reminder *n* **1.** (*making someone remember*) aide-mémoire *m inv* **2.** (*something awakening memories*) rappel *m* **3.** (*collection notice*) rappel *m*

reminisce [ˌrem·ə·'nɪs] *vi* évoquer le passé; **to ~ about sth** évoquer qc

reminiscence [ˌrem·ə·'nɪs·ən(t)s] *n* **1.** (*reflection of past*) réminiscence *f* **2.** (*memory*) souvenir *m* **3.** *pl, form* mémoires *fpl*

reminiscent *adj* **1.** (*suggestive*) évocateur(-trice); **to be ~ of sth** rappeler qc **2.** (*recalling the past: mood*) nostalgique

remiss [rɪ·'mɪs] *adj form* négligent(e)

remission [rɪ·'mɪʃ·ən] *n* **1.** (*cancellation of debt*) remise *f* **2.** MED rémission *f*

remit [rɪ·'mɪt] **I.** <-tt-> *vt form* **1.** (*mail in: payment, tax*) envoyer **2.** (*pass on to different authority*) relayer **II.** *n* attributions *fpl*

remittance [rɪ·'mɪt·ən(t)s] *n form* verse-

ment *m*
remittent *adj form* MED rémittent(e)
remix ['ri·mɪks] MUS **I.** *vt* remixer **II.** <-es> *n* remix *m*
remnant ['rem·nənt] *n* **1.** (*remaining*) reste *m;* (*of cloth*) coupon *m* **2.** *fig* vestige *m*
remnant sale *n* soldes *mpl* de fin de série
remodel [ˌri·'ma·dᵊl] <-l- *o* -ll-> *vt* remodeler
remorse [rɪ·'mɔrs] *n* remords *m*
remorseful *adj* repentant(e)
remorseless *adj* **1.** (*relentless*) incessant(e) **2.** (*callous*) impitoyable; (*cruelty*) sans pitié **3.** (*severe*) implacable
remote [rɪ·'moʊt] <-er, -est *o* more ~, most ~> *adj* **1.** (*distant in place*) lointain(e) **2.** (*far from towns*) isolé(e) **3.** (*distant in time*) éloigné(e) **4.** (*standoffish*) distant(e) **5.** (*unlikely: likelihood*) infime ►**not to have the ~st idea about sth** ne pas avoir la moindre idée de qc
remote control *n* télécommande *f*
remote-controlled *adj* télécommandé(e); (*television*) avec télécommande
remotely *adv* d'aucune façon
remoteness *n* (*of things*) isolement *m;* (*of people*) distance *f*
remount [ˌri·'maʊnt] *vt* remonter sur
removable *adj* amovible
removal [rɪ·'mu·vᵊl] *n* **1.** (*dismissal*) éviction *f* **2.** (*act of removing: of people*) déplacement *m;* (*of objects*) enlèvement *m;* (*of words, entries*) retrait *m*
remove [rɪ·'muv] *vt* **1.** (*take away*) enlever; (*entry, name*) rayer; (*word, film, handcuffs*) retirer; (*troublemaker, spectators*) faire sortir; (*ban*) lever; (*difficulty*) écarter; (*makeup, stain*) ôter; (*stitches*) enlever **2.** (*take off: clothes*) retirer; (*tie*) enlever **3.** (*dismiss: from job*) renvoyer; (*from office*) destituer **4.** *fig* (*doubts, fears*) effacer
remover *n* **makeup** ~ démaquillant *m;* **stain** ~ détachant *m;* **nail-polish** ~ dissolvant *m*
remunerate [rɪ·'mju·nə·reɪt] *vt form* rémunérer
remuneration *n form* rémunération *f*
remunerative *adj form* rémunérateur(-trice)
renaissance [ˌren·ə·'san(t)s] *n* **1.** (*revival*) renaissance *f* **2.** HIST **the Renaissance** la Renaissance
renal ['ri·nᵊl] *adj* rénal(e); ~ **specialist** spécialiste *mf* des reins
rename [ˌri·'neɪm] *vt* renommer
rend [rend] <rent *o* -ed, rent *o* -ed> *vt form* **1.** (*tear*) déchirer **2.** (*split*) diviser
render *vt* **1.** (*make*) rendre **2.** (*perform music*) interpréter **3.** (*give*) donner; **to ~ services to** servir **4.** (*submit*) soumettre **5.** (*translate*) traduire
rendering ['ren·dᵊr·ɪŋ] *n* **1.** (*of artwork*) interprétation *f* **2.** (*translation*) traduction *f*
rendezvous ['ran·deɪ·vu] **I.** *n inv* **1.** (*meeting*) rendez-vous *m* **2.** (*meeting place*) lieu *m* de rendez-vous **II.** *vi* se rencontrer; **to ~ with sb** retrouver qn
rendition [ren·'dɪʃ·ᵊn] *n* interprétation *f*
renegade ['ren·ə·geɪd] **I.** *n* renégat(e) *m(f)* **II.** *adj* rebelle
renege [rɪ·'nɪg] *vi* **to ~ on** (*promise*) manquer à; (*deal*) ne pas honorer
renew [rɪ·'nu] *vt* **1.** (*begin again: promise, agreement*) renouveler; (*attack*) relancer; (*friendship, relationship*) renouer; (*subscription*) renouveler **2.** (*replace*) changer
renewable *adj* renouvelable
renewal *n* **1.** (*extension*) renouvellement *m* **2.** (*regeneration of area*) rénovation *f*
renewed *adj* renouvelé(e); (*relationship*) renoué(e); **to receive ~ support** avoir un regain de soutien
rennet ['ren·ɪt], **rennin** *n* présure *f*
renounce [rɪ·'naʊn(t)s] *vt* **1.** (*relinquish: arms, force, violence*) renoncer à **2.** (*deny: authority*) réfuter
renovate ['ren·ə·veɪt] *vt* rénover
renovation *n* rénovation *f;* **to be under ~** être en cours de rénovation; **~ work** travaux *mpl* de rénovation
renown [rɪ·'naʊn] *n* renommée *f;* **to win ~ as sth** se faire une réputation en tant que qc; **of ~** de renom
renowned *adj* réputé(e)
rent¹ [rent] **I.** *n* (*rip*) déchirure *f* **II.** *pt, pp of* **rend**
rent² [rent] **I.** *n* loyer *m;* **to raise the ~** augmenter les loyers; **to be behind in the ~** avoir des loyers de retard; **for ~** à louer **II.** *vt* louer
◆**rent out** *vt* louer
rent-a-car *n* (*car*) voiture *f* de location; (*agency*) agence *f* de location de véhicules
rental I. *n* location *f* **II.** *adj* de location
rent control *n* encadrement *m* des loyers
renter *n* locataire *mf*
rent-free *adj* gratuit(e)
rent strike *n* grève *f* du loyer
rent subsidy *n* allocation *f* logement
renunciation [rɪ·ˌnʌn(t)·si·'eɪ·ʃᵊn] *n* renonciation *f*
reopen [ri·'oʊ·pᵊn] **I.** *vt* rouvrir **II.** *vi* se rouvrir
reopening *n* réouverture *f*
reorder [ˌri·'ɔr·dər] **I.** *n* nouvelle commande *f* **II.** *vt* **1.** (*order again*) commander à nouveau **2.** (*rearrange*) réorganiser
reorganization *n* réorganisation *f*
reorganize [ri·'ɔr·gᵊn·aɪz] **I.** *vt* réorganiser **II.** *vi* se réorganiser
rep [rep] *n inf* **1.** (*salesperson*) *abbr of* **representative** VRP *mf* **2.** *abbr of* **repertory company** compagnie *f* théâtrale de répertoire **3.** *abbr of* **reputation** réput *f*
Rep. [rep] **I.** *n* **1.** *abbr of* **republic** République *f* **2.** POL *abbr of* **representative** député(e) *m(f)* **II.** *adj abbr of* **Republican** républicain(e)
repaint [ri·'peɪnt] *vt, vi* repeindre
repair [ri·'per] **I.** *vt* **1.** (*restore*) réparer; (*road*) rénover **2.** (*set right*) réparer **II.** *vi* **to ~ somewhere** se rendre quelque part **III.** *n* **1.** (*mend-

ing) réparation *f;* **to be in need of ~** avoir besoin d'une réparation; **beyond ~** irréparable; **to be under ~** être en cours de réparation **2.** (*state*) état *m;* **to be in good/bad ~** être en bon/mauvais état
repairable *adj* réparable
repair kit *n* kit *m* de réparation
repairman <-men> *n* **1.** (*for house*) réparateur *m* **2.** (*for cars*) garagiste *m*
repair shop *n* atelier *m* de réparation
repaper [ri·ˈpeɪ·pər] *vt* retapisser
reparable [ˈrep·ᵊr·ə·bl] *adj* réparable; (*loss*) compensable
reparation [ˌrep·ə·ˈreɪ·ʃᵊn] *n form* réparation *f;* **to make ~ for sth** réparer qc
repartee [ˌrep·ar·ˈti] *n* répartie *f*
repatriate [ri·ˈpeɪ·tri·eɪt] *vt* rapatrier
repatriation *n* rapatriement *m*
repay [rɪ·ˈpeɪ] *irr vt* **1.** (*pay back*) rembourser; (*debt, loan*) s'acquitter de **2.** (*reward for kindness*) récompenser
repayable *adj* remboursable
repayment *n* remboursement *m*
repeal [rɪ·ˈpil] **I.** *vt* (*decree, law*) abroger **II.** *n* abrogation *f*
repeat [rɪ·ˈpit] **I.** *vt* **1.** (*say again*) répéter; **~ after me!** répétez après moi!; **don't ~ this but ...** ne le répète pas mais ... **2.** (*recite*) réciter **3.** (*do again*) refaire **4.** SCHOOL (*class, year*) redoubler, doubler *Belgique* **5.** COM, ECON (*order*) renouveler **6. to ~ itself** (*incident*) se répéter; **to ~ oneself** se répéter **II.** *vi* **1.** (*reoccur*) se répéter **2.** *inf* (*give indigestion*) **to ~ on sb** donner des renvois à qn **III.** *n* **1.** (*recurrence*) répétition *f* **2.** TV rediffusion *f* **IV.** *adj* récurrent(e)
repeated *adj* répété(e); **despite ~ attempts** malgré des essais répétés
repeatedly *adv* à plusieurs reprises
repeater *n* fusil *m* à répétition
repeat mark *n* MUS barre *f* de reprise
repeat offender *n* récidiviste *mf*
repeat order *n* commande *f* renouvelée
repeat performance *n* **1.** (*of show*) deuxième représentation *f* **2.** *fig* (*same as before*) même prestation *f*
repel [rɪ·ˈpel] <-ll-> *vt* **1.** (*ward off*) parer **2.** MIL (*attack*) repousser **3.** (*force apart*) repousser **4.** (*disgust*) dégoûter
repellent [rɪ·ˈpel·ᵊnt] **I.** *n* **1.** (*for insects*) insecticide *m;* **mosquito ~** lotion *f* antimoustique **2.** (*impervious substance*) (**water**) **~** enduit *m* hydrofuge **II.** *adj* repoussant(e)
repent [rɪ·ˈpent] *a.* REL **I.** *vi* se repentir **II.** *vt* regretter
repentance [rɪ·ˈpen·tən(t)s] *n* repentir *m*
repentant *adj* repentant(e); **to feel ~** se repentir
repercussion [ˌri·pər·ˈkʌʃ·ᵊn] *n* répercussion *f*
repertoire [ˈrep·ər·twar] *n* répertoire *m*
repertory [ˈrep·ər·tɔr·i] *n* **1.** (*of plays etc*) répertoire *m* **2.** (*theater*) théâtre *m* de répertoire
repertory company *n* compagnie *f* théâtrale de répertoire
repertory theater *n* théâtre *m* de répertoire
repetition [ˌrep·ə·ˈtɪʃ·ᵊn] *n* répétition *f;* **this book is full of ~** ce livre se répète sans arrêt
repetitious, repetitive *adj* répétitif(-ive)
replace [rɪ·ˈpleɪs] *vt* **1.** (*take place of*) remplacer **2.** (*put back*) replacer; **to ~ the receiver** raccrocher **3.** (*substitute*) remplacer; **to ~ sth with sth** remplacer qc par qc
replaceable *adj* remplaçable
replacement **I.** *n* remplacement *m* **II.** *adj* de remplacement
replay [ˈri·pleɪ, *vb:* ˌri·ˈpleɪ] **I.** *n* **1.** SPORTS (*replayed match*) nouvelle rencontre *f* **2.** (*replaying recording*) répétition *f* **II.** *vt* (*melody, match*) rejouer; (*recording*) repasser
replenish [rɪ·ˈplen·ɪʃ] *vt* **1.** (*drink*) remplir **2.** (*restock*) réapprovisionner
replete [rɪ·ˈplit] *adj* rempli(e); (*person*) repu(e)
replica [ˈrep·lɪ·kə] *n* réplique *f;* (*of a car, ship*) copie *f;* (*of person*) sosie *m*
replicate [ˈrep·lɪ·keɪt] *vt* reproduire
reply [rɪ·ˈplaɪ] **I.** <-ie-> *vi* **1.** (*respond*) répondre **2.** (*react*) répliquer **II.** <-ies> *n* **1.** (*response*) réponse *f* **2.** (*reaction*) riposte *f*
report [rɪ·ˈpɔrt] **I.** *n* **1.** (*account*) rapport *m;* (*shorter*) compte rendu *m* **2.** TV, RADIO reportage *m;* **weather ~** bulletin *m* météo(rologique) **3.** LAW procès-verbal *m* **4.** SCHOOL (*evaluation*) bulletin *m* **5.** (*unproven claim*) rumeur *f;* **there have been ~s of fighting** on nous a rapporté qu'il y avait des batailles **6.** *form* (*explosion*) détonation *f* **II.** *vt* **1.** (*give account of: casualties, facts*) rapporter; TV, RADIO faire un reportage sur; **the way the press ~ed the incident** la façon dont la presse a rapporté l'incident; **he is ~ed to be living in Egypt** il paraît qu'il vit en Egypte; **he ~ed that everyone had left the building** il a annoncé que tout le monde avait quitté le bâtiment **2.** (*make public*) annoncer **3.** (*inform*) signaler; **to be ~ed missing** être porté disparu **4.** (*denounce*) dénoncer; **fault** signaler **5.** POL rapporter **III.** *vi* **1.** (*write report*) faire un rapport; **to ~ on sth to sb** faire un rapport à qn sur qc **2.** (*in journalism*) faire un reportage; **~ing from New York, our correspondent ...** de New York, notre correspondant ... **3.** (*present oneself formally*) se présenter; **to ~ to sb/to a place** se présenter à qn/à un endroit; **to ~ for duty** prendre son service
◆**report back** **I.** *vt* (*give results*) rapporter **II.** *vi* **1.** (*give report*) faire un rapport; **to ~ to sb on sth** rendre un rapport à qn sur qc **2.** (*be back*) être de retour
◆**report to** *vt* ADMIN **to ~ sb** travailler sous la direction de qn; **who do you ~?** qui est votre supérieur?
report card *n* bulletin *m* scolaire
reported *adj* **1.** (*so-called*) soi-disant(e) **2.** (*known*) connu(e)
reportedly *adv* à ce qu'on dit
reported speech *n* LING discours *m* indirect

reporter *n* journaliste *mf*
repose [rɪ·'poʊz] *form* **I.** *n* calme *m* **II.** *vi* se reposer **III.** *vt* remettre
repository [rɪ·'pa·zɪ·tɔr·i] <-ies> *n form* **1.** (*warehouse*) dépôt *m* **2.** (*store of something*) réserve *f* **3.** *fig* (*of information*) mine *f*
repossess [ˌri·pə·'zes] *vt* saisir
repossession *n* saisie *f*
reprehensible [ˌrep·rɪ·'hen(t)·sə·bl] *adj* répréhensible
represent [ˌrep·rɪ·'zent] *vt* **1.** (*show, symbolize, be spokesperson of*) représenter; **poorly ~ed** insuffisamment représenté(e) **2.** (*be: progress, loss*) représenter **3.** (*claim as*) **to ~ sth as sth** présenter qc comme qc; **to ~ oneself as sth** se faire passer pour qc
representation *n* représentation *f*
representative I. *adj a.* POL représentatif(-ive) **II.** *n* **1.** (*person representing another*) *a.* ECON, POL représentant(e) *m(f);* **elected ~** élu(e) *m(f)* **2.** (*Congressman*) député(e) *m(f)*
repress [rɪ·'pres] *vt* réprimer; (*one's tears*) retenir
repressed *adj a.* PSYCH refoulé(e)
repression *n* répression *f;* PSYCH refoulement *m*
repressive *adj* répressif(-ive)
reprieve [rɪ·'priv] **I.** *vt* LAW gracier; (*leave alone*) accorder un sursis à **II.** *n* **1.** LAW grâce *f* **2.** *fig* délai *m*
reprimand ['rep·rə·mænd] **I.** *vt* réprimander **II.** *n* réprimande *f*
reprint ['ri·prɪnt, *vb:* ˌri·'prɪnt] **I.** *n* réédition *f* **II.** *vt* rééditer
reprisal [rɪ·'praɪ·zᵊl] *n* représailles *fpl;* **to take ~(s) against sb** exercer des représailles contre qn; **as a ~ for sth** en représailles à qc
reproach [rɪ·'proʊtʃ] **I.** *vt* faire des reproches; **to ~ sb for doing sth** reprocher à qn d'avoir fait qc; **to ~ oneself** se faire des reproches **II.** *n* reproche *m;* **to be above ~** être au-dessus de tout reproche; **to be a ~ to sb/sth** être une honte pour qn/qc
reproachful *adj* réprobateur(-trice)
reprobate ['rep·rə·beɪt] *n a. iron, form* honte *f*
reprocess [ˌri·'pra·ses] *vt* ECOL, TECH retraiter
reprocessing *n* ECOL, TECH retraitement *m*
reprocessing plant *n* ECOL, TECH usine *f* de retraitement
reproduce [ˌri·prə·'dus] **I.** *vi* se reproduire **II.** *vt* reproduire; **to ~ oneself** se reproduire
reproduction [ˌri·prə·'dʌk·ʃᵊn] *n* reproduction *f*
reproductive [ˌri·prə·'dʌk·tɪv] *adj* reproducteur(-trice)
reproof [rɪ·'pruf] *n* réprimande *f*
reprove [rɪ·'pruv] *vt* réprimander
reproving *adj* réprobateur(-trice)
reptile ['rep·taɪl] *n* reptile *m*
republic [rɪ·'pʌb·lɪk] *n* république *f*
republican I. *n* républicain(e) *m(f)* **II.** *adj* républicain(e)
republication [ˌri·ˌpʌb·lɪ·'keɪ·ʃᵊn] *n* republication *f*
repudiate [rɪ·'pju·di·eɪt] *vt form* (*accusation, claim*) récuser; (*suggestion*) rejeter
repugnance [rɪ·'pʌg·nən(t)s] *n form* répugnance *f*
repugnant *adj form* répugnant(e)
repulse [rɪ·'pʌls] **I.** *vt a.* MIL repousser **II.** *n form* rejet *m*
repulsion *n a.* PHYS répulsion *f*
repulsive *adj* répulsif(-ive)
repurchase [ˌri·'pɜr·tʃəs] *vt* racheter
repurchase agreement *n* pension *f* livrée
reputable *adj* convenable
reputation [ˌrep·jə·'teɪ·ʃᵊn] *n* réputation *f;* **to have a ~ for sth** être connu pour qc; **to have a ~ as sth** avoir une réputation de qc; **to make a ~ for oneself as sth** se faire une réputation en tant que qc; **to know sb/sth by ~** connaître qn/qc de nom
repute [rɪ·'pjut] *n form* renom *m;* **of ill/good ~** de mauvaise/bonne renommée; **to be held in high ~ by sb** être très estimé par qn
reputed *adj* réputé(e)
reputedly *adv* notoirement
request [rɪ·'kwest] **I.** *n* **1.** (*act of asking*) demande *f;* **at sb's ~** à la demande de qn; **on ~** sur demande **2.** (*formally asking*) sollicitation *f* **3.** RADIO demande *f* **II.** *vt* **1.** (*ask for: help, information*) demander; **to ~ sb to** *+infin* prier qn de *+infin* **2.** RADIO demander
request show *n* RADIO programme *m* à la demande
requiem ['rek·wi·əm] *n a.* MUS requiem *m inv*
require [rɪ·'kwaɪər] *vt* **1.** (*need*) nécessiter; **to be ~d for sth** être nécessaire pour qc; **~d reading** ouvrage *m* incontournable **2.** (*demand*) demander; **to be ~d of sb** être requis de qn **3.** (*officially order*) **to be ~d to** *+infin* être prié de *+infin* **4.** *form* (*wish to have*) désirer
requirement *n* exigence *f;* **to meet the ~s of sb/sth** répondre aux besoins de qn/qc
requisite ['rek·wɪ·zɪt] **I.** *adj form* requis(e) **II.** *n* élément *m* indispensable
requisition I. *vt* **to ~ sth from sb** réquisitionner qc de qn **II.** *n* réquisition *f;* **a ~ order** une réquisition
reroute [ˌri·'rut] *vt* détourner
rerun ['ri·rʌn, *vb:* ˌri·'rʌn] **I.** *n* **1.** CINE, TV rediffusion *f* **2.** (*repeat*) répétition *f* **II.** <-nn-> *vt irr* CINE, TV (*series*) rediffuser **III.** <-nn-> *vi* (*in election*) se représenter
resale ['ri·seɪl] *n* ECON revente *f*
resale value *n* valeur *f* de rachat
reschedule [ˌri·'skedʒ·ul] *vt* (*meeting, program*) reprogrammer; (*date*) reporter; (*debt*) rééchelonner
rescind [rɪ·'sɪnd] *vt form* LAW abroger; (*contract*) annuler
rescue ['res·kju] **I.** *vt* sauver; (*hostage, prisoner*) libérer **II.** *n* sauvetage *m;* (*of a hostage, prisoner*) libération *f;* **to come to sb's ~** venir à la rescousse de qn
rescue operation *n* opération *f* de sauvetage

rescue party *n* équipe *f* de sauvetage
rescuer *n* sauveteur, -euse *m, f*
rescue worker *n* secouriste *mf*
research [rɪ·'sɜrtʃ] **I.** *n* **1.** (*investigation*) recherche *f*; **cancer ~** recherche contre le cancer; **~ into sth** recherche *f* en qc; **to do ~ on sth** faire de la recherche sur qc **2.** (*texts*) travaux *mpl* **II.** *vi* faire de la recherche; **to ~ into sth** faire une étude sur qc **III.** *vt* étudier
research and development *n* recherche *f* et développement *m*
research assistant *n* assistant(e) *m(f)* de recherche
researcher *n* UNIV chercheur *m*; (*for news shows*) documentaliste *mf*
research work *n* travail *m* de recherche
research worker *n* chercheur, -euse *m, f*
resemblance [rɪ·'zem·blən(t)s] *n* ressemblance *f*; **family ~** air *m* de famille; **to bear a ~ to sb/sth** avoir des ressemblances avec qn/qc
resemble [rɪ·'zem·bl] *vt* ressembler à, tirer sur *Belgique, Nord*; **there was nothing resembling a post office** il n'y avait pas un bureau de poste à l'horizon
resent [rɪ·'zent] *vt* (*person*) en vouloir à; (*situation, attitude*) avoir du ressentiment contre; **to ~ doing** [*o* **having to do**] **sth** être mécontent d'avoir à faire qc; **to ~ sb's doing sth** en vouloir à qn d'avoir fait qc
resentful *adj* mécontent(e)
resentment *n* rancoœur *f*; **to feel** (**a**) **~ against sb** être en colère après qn
reservation [ˌrez·ər·'veɪ·ʃᵊn] *n* **1.** (*hesitation, doubt*) réserve *f*; **~s about sth** des réserves *fpl* sur qc; **with/without ~(s)** sous/sans réserve **2.** (*booking*) réservation *f* **3.** (*area of land*) réserve *f*
reserve [rɪ·'zɜrv] **I.** *n* **1.** *a. form* réserve *f*; **with/without ~** sous/sans réserve; **to have/keep sth in ~** avoir/mettre qc en réserve; **to put sth on ~** mettre qc de côté **2.** SPORTS remplaçant(e) *m(f)* **3.** MIL (**army**) **~** réserve *f* **II.** *vt* **1.** (*keep: leftovers, rest*) garder **2.** (*save*) **to ~ sth for sb/sth** mettre qc de côté pour qn/qc; **to ~ the right to** +*infin* se réserver le droit de +*infin* **3.** (*make reservation: room, seat, ticket*) réserver
reserve currency *n* monnaie *f* de réserve
reserved *adj* réservé(e)
reserve price *n* prix *m* minimal
reservist [rɪ·'zɜr·vɪst] *n* MIL réserviste *m*
reservoir ['re·zərv·wɔr] *n a. fig* réservoir *m*
reset [ˌri·'set] *irr vt* **1.** (*set again: clock, timer*) remettre à l'heure; (*meter*) remettre à zéro **2.** MED (*broken bone*) remboîter **3.** COMPUT (*computer, system*) réinitialiser
reset button *n* COMPUT, ELEC touche *f* "reset"
resettle [ˌri·'set·l] **I.** *vi* aller s'installer **II.** *vt* (*people*) déplacer; (*land*) repeupler
reshuffle [ˌri·'ʃʌf·l] **I.** *n* POL remaniement *m* ministériel **II.** *vt* POL remanier
reside [rɪ·'zaɪd] *vi form* résider
residence ['rez·ɪ·dᵊn(t)s] *n a. form* résidence *f*; **to take up ~** emménager; **writer/scholar/scientist in ~** écrivain *m*/étudiant(e) *m(f)*/scientifique *mf* en résidence
residency permit *n* permis *m* de séjour
resident I. *n a.* POL résident(e) *m(f)*; **~ parking** stationnement *m* réservé aux riverains **II.** *adj* **1.** (*staying at*) domicilié(e) **2.** (*living on site*) sur place
resident alien *n* résident(e) *m(f)* étranger(-ère)
residential *adj* résidentiel(le); (*staff*) à demeure; **~ college** université *f* avec foyer pour étudiants
residential school *n* internat *m*
resident permit *n* permis *m* de séjour
residual [rɪ·'zɪdʒ·u·əl] **I.** *adj* restant(e); (*income*) net(te); PHYS résiduel(le) **II.** *n* résidu *m*; MATH reste *m*
residuary [rɪ·"zɪdʒ·u·er·i] *adj* restant(e)
residue ['rez·ə·du] *n* **1.** *a. form* résidu *m* **2.** (*of estate*) reste *m*
resign [rɪ·'zaɪn] **I.** *vi* démissionner **II.** *vt* **1.** (*leave: post, position*) abandonner **2.** (*accept unwillingly*) **to ~ oneself to sth/doing sth** se résigner à qc/à faire qc
resignation [ˌrez·ɪg·'neɪ·ʃᵊn] *n* **1.** (*official letter*) (lettre *f* de) démission *f*; **to hand in one's ~** remettre sa démission **2.** (*act of resigning*) démission *f* **3.** (*acceptance*) résignation *f*
resigned *adj* résigné(e); **to be ~ to sth/doing sth** s'être résigné à qc/à faire qc
resilience [rɪ·'zɪl·jən(t)s] *n* **1.** (*ability to recover quickly*) résistance *f* **2.** (*ability to regain shape*) élasticité *f*
resilient *adj* **1.** (*able to survive setbacks*) résistant(e) **2.** (*able to keep shape*) élastique
resin ['rez·ɪn] *n* résine *f*
resinous *adj* résineux(-euse)
resist [rɪ·'zɪst] **I.** *vt* **1.** (*withstand*) résister à **2.** (*refuse to accept*) s'opposer à **II.** *vi* résister
resistance [rɪ·'zɪs·tᵊn(t)s] *n* résistance *f*; **to offer no ~ to sb/sth** n'opposer aucune résistance à qn/qc; **to put up ~ to sth** opposer une résistance à qc ►**the path of least ~** la solution de facilité
resistance fighter *n* résistant(e) *m(f)*
resistant *adj* résistant(e); **to be ~ to sth** être résistant à qc
resistor [rɪ·'zɪs·tər] *n* ELEC rhéostat *m*
resolute ['rez·ə·lut] *adj* résolu(e); (*belief, character, stand*) décidé(e)
resolution *n* résolution *f*
resolvable *adj* résoluble
resolve [rɪ·'zalv] **I.** *n* résolution *f* **II.** *vt* **1.** (*decide*) **to ~ that ...** décider que ...; **to ~ to** +*infin* se résoudre à +*infin* **2.** (*settle*) régler; **to ~ one's differences** régler un différend **3.** (*solve*) résoudre; **the problem ~d itself** le problème s'est réglé tout seul **III.** *vi* **to ~ on sth/doing sth** prendre une décision à propos de qc/la décision de faire qc
resolved *adj* décidé(e); **to be ~ to** +*infin* avoir décidé de +*infin*

resonance ['rez·ən·ən(t)s] *n* (*of an instrument*) résonance *f;* (*of laughter*) retentissement *m;* (*of thunder*) grondement *m*
resonant *adj* résonant(e)
resonate ['rez·ən·eɪt] *vi* résonner
resort [rɪ·'zɔrt] **I.** *n* **1.** (*for vacation*) villégiature *f;* **ski ~** station *f* de ski; **holiday** [*o* **vacation**] **~** lieu *m* de vacances **2.** (*measure*) **without ~ to sth** sans recours à qc; **as a last ~** en dernier recours **II.** *vi* **to ~ to sth/doing sth** recourir à qc/finir par faire qc
resound [rɪ·'zaʊnd] *vi* résonner
resounding *adj a. fig* retentissant(e)
resource ['ri·sɔrs] *n* **1.** (*support, help*) aide *f* **2.** *pl* ressources *fpl;* **energy/natural ~s** les ressources d'énergie/naturelles
resource center *n* centre *m* de documentation
resourceful *adj* (*person*) ingénieux(-euse)
respect [rɪ·'spekt] **I.** *n* **1.** (*esteem, consideration*) respect *m;* **to have ~ for sb/sth** avoir du respect pour qn/qc; **to show ~ for sb/sth** montrer du respect à qn/qc; **to command ~** susciter le respect; **to earn the ~ of sb** gagner le respect de qn; **out of ~ for sb/sth** par respect pour qn/qc **2.** *pl, form* (*polite greetings*) **to pay one's ~s to sb** présenter ses hommages à qn; **to pay one's last ~s to sb** rendre un dernier hommage à qn ►**in many/some ~s** à beaucoup d'égards/à certains égards; **in all ~s** à tous égards; **with ~ to sth** *form* à l'égard de qc; **in this ~** à cet égard **II.** *vt* respecter; **to ~ oneself** s'estimer
respectable *adj* respectable; (*area, person, behavior*) décent(e); **to make oneself ~** se rendre présentable
respected *adj* respecté(e)
respectful *adj* respectueux(-euse); **to be ~ of sth** être respectueux de qc
respectfully *adv* respectueusement; **~ yours ...** respectueusement ...
respecting *prep form* concernant
respective *adj* respectif(-ive)
respectively *adv* respectivement
respiration [ˌres·pə·'reɪ·ʃən] *n* respiration *f*
respirator ['res·pə·reɪ·t̬ər] *n* MED respirateur *m*
respiratory ['res·pər·ə·tɔr·i] *adj* respiratoire
respiratory system *n* système *m* respiratoire
respite ['res·pɪt] *n form* **1.** (*pause*) répit *m;* **a short ~ from sth** un moment de répit dans qc **2.** (*delay*) délai *m*
resplendent [rɪ·'splen·dənt] *adj form* resplendissant(e)
respond [rɪ·'spand] **I.** *vt* répondre **II.** *vi* **1.** (*answer*) **to ~ to sth** répondre à qc **2.** (*react*) réagir
respondent [rɪ·'span·dənt] *n* **1.** (*in poll*) personne *f* sondée **2.** LAW (*defendant*) défendeur, défenderesse *m, f*
response [rɪ·'span(t)s] *n* réponse *f;* **to meet with a bad/good ~** être bien/mal accueilli; **in ~ to sth** en réponse à qc
response time *n* COMPUT temps *m* de réponse; (*on phone*) attente *f*
responsibility [rɪ·ˌspan(t)·sə·'bɪl·ə·t̬i] *n* responsabilité *f;* **whose ~ is this?** qui est le responsable de ceci?; **to claim ~ for sth** revendiquer la responsabilité de qc; **to take full ~ for sth** prendre l'entière responsabilité de qc; **to have a ~ to sb/sth** avoir une responsabilité envers qn/qc
responsible [rɪ·'span(t)·sə·bl] *adj* (*person*) responsable; (*job, task*) à responsabilité; **to be ~ for sth/sb** être responsable de qc/qn; **to be ~ for doing sth** avoir la responsabilité de faire qc; **to hold sb/sth ~ for sth** tenir qn/qc (pour)responsable de qc
responsibly *adv* de façon responsable
responsive [rɪ·'span(t)·sɪv] *adj a.* MED réceptif(-ive)
rest [rest] **I.** *vt* **1.** (*repose*) reposer; **to ~ one's feet** se reposer les pieds **2.** (*support*) reposer; **to ~ sth against/on sth** appuyer qc contre/sur qc **II.** *vi* **1.** (*cease activity*) se reposer **2.** *form* (*be responsibility of*) incomber; **the matter ~s with them** la question dépend d'eux **3.** (*be supported*) reposer; **to ~ on sth** s'appuyer sur qc **4.** (*depend*) **to ~ on sb/sth** s'appuyer sur qn/qc ►**to let sth ~** mettre qc de côté; **let it ~!** laisse faire!; **to ~ on one's laurels** se reposer sur ses lauriers; **~ in peace** reposer en paix; **you can ~ assured that ...** vous pouvez être assuré(s) que ... **III.** *n* **1.** (*repose*) repos *m;* (*at work*) pause *f;* **to have a ~** se reposer; **to set one's mind at ~** arrêter de se faire du souci; **give it a ~!** *inf* laisse tomber! **2.** MUS pause *f* **3.** (*support*) support *m* **4.** + *sing/pl verb* (*remainder*) **the ~** le reste; **the ~ of the cake** le reste du gâteau; **the ~ of the people/books** les autres personnes/livres; **and all the ~** *inf* et tout le reste ►**to come to ~** s'arrêter; **at ~** (*not moving*) au repos; (*dead*) mort
rest area *n* aire *f* de repos
restart [ˌri·'start] *vt* (*computer*) redémarrer; (*car*) remettre en marche; (*negotiations*) relancer
restate [ˌri·'steɪt] *vt* réaffirmer
restaurant ['res·tə·rant] *n* restaurant *m*
restaurateur [ˌres·tər·ə·'tɜr] *n* restaurateur, -trice *m, f*
restful *adj* tranquille; (*place*) de repos; (*atmosphere*) reposant(e); **to be ~ to the eyes** être reposant pour les yeux
rest home *n* maison *f* de repos
resting place *n* abri *m;* **sb's final** [*o* **last**] **~** la dernière demeure de qn
restitution [ˌres·tɪ·'tu·ʃən] *n* **1.** (*return*) restitution *f* **2.** (*compensation*) compensation *f*
restive ['res·tɪv] *adj* agité(e); (*horse*) rétif(-ive)
restless *adj* **1.** (*fidgety*) agité(e) **2.** (*impatient*) impatient(e); **to get ~** s'impatienter; (*start making trouble*) s'agiter **3.** (*wakeful*) troublé(e); (*night*) agité(e)
restock [ˌri·'stak] **I.** *vt* réapprovisionner; (*lake*)

remplir **II.** *vi* se réapprovisionner
restoration *n* **1.** (*act of restoring*) restauration *f* **2.** (*reestablishment*) rétablissement *m* **3.** (*return to owner*) remise *f*
restorative **I.** *n* fortifiant *m* **II.** *adj* reconstituant(e)
restore [rɪ·'stɔr] *vt* **1.** (*to original state*) restaurer **2.** (*to former state*) ramener; COMPUT réafficher; **to ~ sb to health** rendre la santé à qn **3.** (*reestablish*) rétablir **4.** (*return to owner*) restituer
restorer *n* ARCHIT, ART, CONSTR restaurateur, -trice *m, f*
restrain [rɪ·'streɪn] *vt* **1.** (*physically hold back: troublemaker*) retenir; **to ~ sb from doing sth** empêcher qn de faire qc; **to ~ oneself from doing sth** se retenir de faire qc **2.** (*keep under control: dog, horse*) maîtriser; (*inflation*) contenir
restrained *adj* **1.** (*calm*) contenu(e) **2.** (*not emotional*) sobre; (*policy*) mesuré(e)
restraint [rɪ·'streɪnt] *n* **1.** (*self-control*) mesure *f*; **to exercise ~** *form* faire preuve de mesure **2.** (*restriction*) contrainte *f*; (*on press*) limitation *f*; (*on imports*) restriction *f*
restrict [rɪ·'strɪkt] *vt* **1.** (*limit*) restreindre; **to ~ sth to sth** limiter qc à qc; **to ~ oneself to sth** se limiter à qc **2.** (*confine*) limiter à un endroit
restricted *adj* **1.** (*limited*) restreint(e); (*view*) limité(e) **2.** (*confined*) limité(e) **3.** (*secret: information*) confidentiel(le); (*zone*) secret(-ète); **~ area** zone *f* interdite; **~ document** document *m* secret
restricted entry *n* entrée *f* réservée
restricted parking *n* parking *m* réservé
restriction *n* **1.** (*limit*) restriction *f*; (*of speed*) limitation *f* **2.** (*limitation*) limitation *f*
restrictive *adj* restrictif(-ive)
restring [ˌri·'strɪŋ] *irr vt* (*beads*) enfiler de nouveau; (*instrument*) remonter; (*tennis racket*) recorder
restroom ['rest·rum] *n* toilettes *fpl*
restructure [ˌri·'strʌk·tʃər] *vt* restructurer
restructuring *n* restructuration *f*
rest stop *n* aire *f* de repos
result [rɪ·'zʌlt] **I.** *n* **1.** (*consequence*) résultat *m*; **end ~** résultat final; **the ~s of an accident** les conséquences *fpl* d'un accident; **as a ~ of sth** par suite de qc; **as a ~** en conséquence **2.** MATH résultat *m* ▶ **with no ~** sans résultat **II.** *vi* résulter; **to ~ in sth** avoir qc pour résultat; **to ~ in sb('s) doing sth** avoir pour résultat que qn fait qc
resultant [rɪ·'zʌl·tᵊnt] *adj form* qui en résulte
resume [rɪ·'zum] **I.** *vt* **1.** (*start again*) recommencer; (*work*) reprendre; (*journey*) poursuivre; **to ~ doing sth** se remettre à faire qc **2.** *form* (*reoccupy, go back to*) reprendre **II.** *vi* continuer
resumé ['rez·ʊ·meɪ] *n* **1.** (*work history*) curriculum (vitæ) *m*, CV *m* **2.** (*summary*) résumé *m*
resumption [rɪ·'zʌm(p)·ʃᵊn] *n* reprise *f*
resurface [ˌri·'sɜr·fɪs] **I.** *vi* **1.** (*rise to surface again*) revenir à la surface **2.** (*reappear: problem*) réapparaître; (*friend*) refaire surface **II.** *vt* (*cover anew: road, floor*) refaire
resurgence [rɪ·'sɜr·dʒən(t)s] *n* réapparition *f*
resurgent *adj* renaissant(e)
resurrect [ˌrez·ə·'rekt] *vt* **1.** *a.* REL (*bring back to life*) ressusciter **2.** (*revive*) ranimer; (*idea*) faire revivre
resurrection *n* résurrection *f*
resuscitate [rɪ·'sʌs·ə·teɪt] *vt* (*revive*) ranimer; (*from unconsciousness*) ressusciter
retail ['ri·teɪl] COM **I.** *n* détail *m* **II.** *adj* de détail **III.** *vt* vendre au détail **IV.** *vi* se vendre au détail; **to ~ at $4** être vendu à 4 dollars **V.** *adv* au détail
retailer *n* détaillant(e) *m(f)*; **book ~s** libraires *mpl*
retailing *n* vente *f* au détail
retail outlet *n* point *m* de vente
retail price *n* prix *m* de détail
retail price index *n* indice *m* des prix de détail
retain [rɪ·'teɪn] *vt* **1.** *form* (*keep*) retenir; (*independence, format*) garder; (*right, title*) conserver **2.** *form* (*remember*) retenir **3.** (*hold in place*) maintenir **4.** (*employ*) retenir; **to ~ sb's services** s'assurer les services de qn
retainer *n* **1.** (*fee*) avance *f* **2.** (*for teeth*) appareil *m* dentaire **3.** (*servant*) serviteur *m*
retaining wall *n* mur *m* de soutènement
retake ['ri·teɪk, *vb:* ˌri·'teɪk] **I.** *n* CINE reprise *f* **II.** *vt irr* **1.** (*take again: territory*) reprendre **2.** (*regain: title*) regagner **3.** (*film again*) refaire **4.** (*rewrite: test, exam*) repasser **5.** (*capture again: criminal*) rattraper
retaliate [rɪ·'tæl·i·eɪt] *vi* riposter; **to ~ against sb with sth** user de représailles contre qn avec qc
retaliation *n* riposte *f*; **in ~ for sth** en représailles de qc
retaliatory [rɪ·'tæl·i·ə·tɔr·i] *adj* de rétorsion
retard¹ [rɪ·'tard] *vt form* retarder; (*development*) ralentir
retard² ['ri·tard] *n pej, inf* (*retarded person, idiot*) demeuré(e) *m(f)*
retardation [ˌri·tar·'deɪ·ʃᵊn] *n form* (*slowing down*) retard *m*
retarded *adj* **1.** attardé(e) **2.** *pej* arriéré(e)
retch [retʃ] *vi* avoir la nausée
retention [rɪ·'ten·(t)ʃᵊn] *n* **1.** *form* (*keeping*) rétention *f*; (*of heat*) conservation *f* **2.** (*memory*) mémoire *f* **3.** (*of someone's services*) maintien *m*
retentive [rɪ·'ten·t̬ɪv] *adj* (*memory*) bon(ne)
rethink [ˌri·'θɪŋk] *irr* **I.** *vt* repenser **II.** *vi* reconsidérer
reticent ['ret̬·ə·sᵊnt] *adj* réticent(e); **to be ~ about doing sth** avoir des réticences à faire qc
retina ['ret·ᵊn·ə] <-s *o* -nae> *n* ANAT rétine *f*
retinue ['ret·ᵊn·u] *n* suite *f*
retire [rɪ·'taɪər] **I.** *vi* **1.** (*stop working*) prendre sa retraite; **to ~ from business** se retirer des affaires **2.** (*stop competing*) se retirer; **to ~**

R

from sth abandonner qc **3.** *form* (*withdraw*) se retirer **4.** *form* (*go to bed*) se coucher **II.** *vt* **1.** (*cause to stop working*) **to ~ sb from sth** mettre qn à la retraite de qc **2.** *a.* MIL (*pull back*) replier

retired *adj* retraité(e); **a ~ police officer** un officier de police à la retraite

retiree *n* retraité(e) *m(f)*

retirement *n* retraite *f;* **to go into ~** partir en retraite; **to come out of ~** reprendre sa carrière; **to be in ~** être à la retraite; **to take early ~** prendre une retraite anticipée; **~ benefits** allocation *f* de retraire

retirement age *n* âge *m* de la retraite

retirement home *n* maison *f* de retraite

retirement pay, retirement pension *n* pension *f* de retraite

retiring *adj* réservé(e)

retort [rɪ·'tɔrt] **I.** *n* réplique *f;* **to make a ~** lancer une réplique **II.** *vi* répliquer

retouch [ˌri·'tʌtʃ] *vt* PHOT retoucher

retouching *n* PHOT retouche *f*

retrace [ri·'treɪs] *vt* **1.** (*go back over*) retracer; **to ~ one's steps** revenir sur ses pas **2.** (*in one's mind*) reconstituer

retract [rɪ·'trækt] **I.** *vt* **1.** (*withdraw*) rétracter; (*statement*) revenir sur **2.** (*wheels, landing gear*) rentrer **II.** *vi* **1.** (*withdraw words*) se rétracter **2.** (*be drawn out of sight*) rentrer

retraction *n* rétraction *f*

retrain [ri·'treɪn] **I.** *vt* (*train anew*) recycler; **to ~ sb in sth** faire suivre une nouvelle formation en qc à qn **II.** *vi* se recycler; **to ~ as sth** suivre une nouvelle formation en qc

retread ['ri·tred, *vb:* ˌri·'tred] AUTO **I.** *n* pneu *m* rechapé **II.** *vt* (*tire*) rechaper

retreat [rɪ·'trit] **I.** *vi* **1.** MIL *a. fig* battre en retraite **2.** (*move backwards*) reculer **3.** (*withdraw*) se retirer **II.** *n* **1.** MIL retraite *f;* **to beat a (hasty) ~** *a. fig* battre (rapidement) en retraite **2.** (*from opinion, position*) revirement *m* **3.** (*safe place*) abri *m;* **country ~** maison *f* de campagne **4.** (*period of seclusion*) retraite *f;* **to go on a ~** faire une retraite

retrench [rɪ·'trentʃ] **I.** *vi form* se retrancher **II.** *vt* (*personnel*) restreindre

retrenchment *n* **1.** (*cutting down*) économies *fpl* **2.** *form* (*cut in spending*) réduction *f*

retrial ['ri·traɪ(ᵊ)l] *n* LAW nouveau procès *m*

retribution [ˌret·rə·'bju·ʃᵊn] *n form* châtiment *m*

retributive [rɪ·'trɪb·jə·tɪv] *adj form* de châtiment; (*justice*) punitif(-ive)

retrieval [rɪ·'tri·vᵊl] *n* **1.** (*regaining*) recouvrement *m;* (*of stolen goods*) récupération *f* **2.** COMPUT extraction *f*

retrieve [rɪ·'triv] *vt* **1.** (*get something back*) retrouver **2.** COMPUT extraire **3.** (*fetch*) rapporter ▶ **to ~ the situation** sauver la situation

retriever *n* chien *m* d'arrêt

retroactive [ˌret·roʊ·'æk·tɪv] *adj* rétroactif(-ive)

retrofit ['ret·roʊ·fɪt] *vt irr* TECH **to ~ sth with sth** moderniser qc avec qc

retrograde ['ret·roʊ·greɪd] *adj* rétrograde

retrogressive [ˌret·rə'gres·ɪv] *adj* rétrograde

retrorocket ['ret·roʊ·ˌra·kɪt] *n* TECH rétrofusée *f*

retrospect ['ret·rə·spekt] *n* **in ~** rétrospectivement

retrospective **I.** *adj* **1.** (*looking back*) rétrospectif(-ive) **2.** LAW *s.* **retroactive** **II.** *n* rétrospective *f*

retrovirus ['ret·roʊ·ˌvaɪ·rəs] *n* rétrovirus *m*

retry [ˌri·'traɪ] <-ie-> *vt* **1.** LAW rejuger **2.** COMPUT relancer

retune [ˌri·'tun] *vt* accorder

return [rɪ·'tɜrn] **I.** *n* **1.** (*coming, going back*) retour *m;* **on one's ~** dès son retour; **~ to work** reprise *f* du travail **2.** (*giving back*) retour *m;* (*of money*) remboursement *m;* (*of stolen items*) restitution *f* **3.** (*sending back*) renvoi *m* **4.** (*recompense*) récompense *f* **5.** (*profit*) bénéfice *m* **6.** (*ticket, fare*) aller-retour *m;* **~ trip** retour *m* **7.** (*in tennis, etc*) renvoi *m;* **~ of serve** retour *m* de service **8.** *pl* POL résultats *mpl* électoraux **9.** *pl* (*returned goods*) rendus *mpl* **10.** COMPUT touche *f* "retour" ▶ **many happy ~s!** bon anniversaire!; **to do sth by ~** faire qc en retour; **in ~ for sth** en retour de qc **II.** *vi* **1.** (*go back*) retourner **2.** (*come back: person, symptoms*) revenir; **to ~ from somewhere/sth** revenir de quelque part/qc; **to ~ home** rentrer **III.** *vt* **1.** (*give back*) rendre; **to ~ merchandise** retourner des marchandises; **to ~ sb's love** aimer qn en retour; **to ~ a call** rappeler **2.** (*place back*) remettre; **to ~ sth to its place** remettre qc à sa place **3.** FIN rapporter **4.** *form* LAW déclarer; (*judgment*) prononcer; **to ~ a verdict of guilty/not guilty** déclarer l'accusé coupable/non coupable **5.** SPORTS renvoyer

returnable *adj* consigné(e)

return address *n* adresse *f* de l'expéditeur

return flight *n* vol *m* retour

return match *n* match *m* retour

return ticket *n* billet *m* de retour

reunification [ri·ˌju·nə·fɪ·'keɪ·ʃᵊn] *n* réunification *f*

reunion [ˌri·'ju·njən] *n* **1.** (*meeting*) réunion *f* **2.** (*of group members*) assemblée *f* **3.** *form* (*bringing together*) retrouvailles *fpl*

reunite [ˌri·ju·'naɪt] *vt* réunir; (*after argument*) réconcilier; **to be ~d with sb** retrouver qn

reusable *adj* réutilisable

reuse [ˌri·'juz] *vt* réutiliser

rev [rev] *inf* **I.** *n pl abbr of* **revolution** tour *m* minute **II.** <-vv-> *vt* **to ~ sth (up)** faire gronder qc **III.** <-vv-> *vi* s'emballer

Rev. *adj abbr of* **Reverend** révérend *m*

revaluation [ri·ˌvæl·ju·'eɪ·ʃᵊn] *n* **1.** (*new estimation*) revalorisation *f* **2.** (*of currency*) réévaluation *f*

revalue [ri·'væl·ju] *vt* **1.** (*estimate again*) revaloriser **2.** (*change value of*) réestimer; **to ~ a currency** réévaluer une devise

revamp [ˌri·'væmp] *vt inf* **1.** (*reorgan-*

ize) remanier; (*department*) restructurer; (*method*) réorganiser; (*play*) modifier **2.** (*redecorate*) retaper

rev counter *n* compte-tours *m*

reveal [rɪ·'vil] *vt* révéler

revealing *adj* **1.** (*interesting*) révélateur(-trice) **2.** (*low-cut*) décolleté(e)

reveille ['rev·ᵊl·i] *n no art* MIL réveil *m*

revel ['rev·ᵊl] **I.** <-l- *o* -ll-> *vi* se réjouir; **to ~ in sth/doing sth** se réjouir à l'idée de qc/de faire qc **II.** *n pl* festivités *fpl*

revelation *n* **1.** (*revealing*) révélation *f* **2.** REL **Revelation** l'Apocalypse *f*

reveler *n* fêtard(e) *m(f) inf*

revelry ['rev·ᵊl·ri] <-ies> *n* festivités *fpl*

revenge [rɪ·'vendʒ] **I.** *n* vengeance *f;* **to take (one's) ~ on sb for sth** se venger sur qn pour qc; **to do sth in ~ for sth** faire qc pour se venger de qc ►**~ is sweet** *prov* la vengeance est douce **II.** *vt* (*avenge*) venger

revenue ['rev·ə·nu] *n* **1.** (*income*) revenu *m;* **tax ~** recettes *fpl* fiscales **2.** *pl* (*instances of income*) recettes *fpl*

revenue stamp *n* timbre *m* fiscal

reverberate [rɪ·'vɜr·bə·reɪt] *vi* **1.** (*echo*) résonner; **to ~ through(out) sth** retentir à travers qc; *fig* avoir des répercussions sur qc **2.** (*be heard*) faire du bruit

reverberation *n* **1.** (*echoing*) répercussion *f* **2.** (*echo*) réverbération *f*

revere [rɪ·'vɪr] *vt* révérer

reverence ['rev·ᵊr·ᵊn(t)s] *n* révérence *f;* **to have ~ for sb/sth** avoir du respect pour qn/qc

reverend ['rev·ᵊr·ᵊnd] **I.** *adj* vénérable **II.** *n* révérend *m*

reverent *adj* **1.** (*showing reverence*) respectueux(-euse) **2.** (*feeling reverence*) plein(e) de vénération

reverie ['rev·ə·ri] *n* rêverie *f*

reversal *n* **1.** (*change to opposite*) revirement *m* **2.** (*turning other way*) renversement *m;* (*of roles*) inversion *f* **3.** (*misfortune*) revers *m* **4.** LAW annulation *f*

reverse [rɪ·'vɜrs] **I.** *vt* **1.** (*change to opposite, exchange*) inverser; (*trend, situation*) renverser; **to ~ the charges** TEL demander une communication en PCV **2.** (*turn the other way*) retourner **3.** LAW (*judgment*) annuler **II.** *vi* faire marche arrière **III.** *n* **1.** (*opposite*) contraire *m;* **to do sth in ~** faire qc en sens inverse **2.** AUTO (*backwards gear*) marche *f* arrière; **to be in ~** être en marche arrière **3.** (*misfortune*) échec *m* **4.** (*back side*) revers *m;* (*of a coin*) envers *m;* (*of a document*) verso *m* **IV.** *adj* contraire; (*direction*) opposé(e); (*order*) inverse; **the ~ side** (*of paper*) le verso; (*of garment*) l'envers *m;* **to do sth in ~ order** faire qc dans l'ordre inverse

reverse discrimination *n* discrimination *f* positive

reverse gear *n* marche *f* arrière

reversible *adj* **1.** FASHION réversible **2.** (*not permanent: decision*) révocable; (*operation*) réversible

reversion [rɪ·'vɜr·ʒᵊn] *n* **1.** *form* (*return to earlier position*) retour *m* **2.** LAW réversion *f*

revert [rɪ·'vɜrt] *vi* **1.** (*return to former state*) **to ~ to sth** revenir à qc; **to ~ to the question** revenir sur une question; **to ~ to type** (*plant*) retourner à l'état sauvage; *fig* (*person*) reprendre ses mauvaises habitudes **2.** LAW (*money, property*) **to ~ to sb** revenir à qn

review [rɪ·'vju] **I.** *vt* **1.** (*consider*) revoir **2.** (*reconsider*) reconsidérer **3.** (*revise*) réviser; (*notes*) revoir **4.** (*study again*) réviser **5.** (*write about*) faire la critique de **6.** MIL passer en revue **II.** *n* **1.** (*examination*) examen *m;* (*of a situation*) bilan *m;* **to carry out a ~ of sth** revoir qc; **to be under ~** être en cours de révision **2.** (*reconsideration*) révision *f;* **to come up for ~** devoir être révisé; **to be subject to ~** faire l'objet d'une révision **3.** (*criticism*) critique *f;* **good/bad ~s** bonnes/mauvaises critiques *fpl* **4.** (*periodical*) revue *f* **5.** MIL revue *f* **6.** THEAT *s.* **revue 7.** SCHOOL, UNIV révision *f*

reviewer *n* critique *mf*

revise [rɪ·'vaɪz] *vt* **1.** (*rewrite: text*) réviser **2.** (*reconsider*) revoir; (*opinion*) changer; **to ~ sth downwards/upwards** revoir qc à la baisse/à la hausse

revision [rɪ·'vɪʒ·ᵊn] *n* révision *f;* **for ~** à revoir

revisionism [rɪ·'vɪʒ·ᵊn·ɪ·zᵊm] *n* révisionnisme *m*

revisionist **I.** *n* révisionniste *mf* **II.** *adj* révisionniste

revisit [ˌri·'vɪz·ɪt] *vt, vi* revisiter

revitalize [ri·'vaɪ·t̬ᵊl·aɪz] *vt* ranimer; (*trade*) relancer

revival *n* **1.** (*from unconsciousness*) retour *m* à la vie **2.** (*rebirth*) renaissance *f;* (*of a custom*) réapparition *f;* (*of a law*) remise en vigueur *f;* (*of interest*) réveil *m;* **an economic ~** une reprise économique **3.** (*religious meeting*) rassemblement *m* de croyants **4.** THEAT reprise *f*

revive [rɪ·'vaɪv] **I.** *vt* **1.** MED (*patient*) réanimer **2.** (*give life to: tired person*) ranimer; (*hopes, interest*) faire renaître; (*economy, custom, fashion*) relancer; **to ~ sb's spirits** remonter le moral de qn **3.** THEAT (*present again*) remonter **II.** *vi* **1.** MED reprendre connaissance **2.** (*be restored: tired person*) retrouver ses esprits; (*hopes, interest*) renaître; (*economy, business*) reprendre; (*custom, fashion*) revenir

revocation [ˌrev·ə·'keɪ·ʃᵊn] *n* (*of law, decision, order*) annulation *f;* (*of will*) révocation *f*

revoke [rɪ·'voʊk] *vt* LAW révoquer; (*order*) annuler; (*license*) retirer

revolt [rɪ·'voʊlt] POL **I.** *vi* se révolter; **to ~ against sb/sth** s'insurger contre qn/qc **II.** *vt* (*disgust*) révolter; **it ~s sb to +***infin* ça dégoûte qn de +*infin* **III.** *n* révolte *f;* **to be in ~** être en rébellion; **to rise in ~** se soulever

revolting *adj* révoltant(e); **to taste ~** avoir un

R

goût infâme
revolution [ˌrev·ə·ˈlu·ʃən] *n* **1.** (*revolt*) révolution *f* **2.** *a. fig* (*change*) révolution *f* **3.** (*rotation*) tour *m*
revolutionary [ˌrev·ə·ˈlu·ʃən·er·i] **I.** <-ies> *n* révolutionnaire *mf* **II.** *adj* révolutionnaire
Revolutionary War *n* HIST guerre *f* d'indépendance des États-Unis

> **i** *The shot heard 'round the world*, le premier coup tiré lors de la bataille de Lexington et Concord en 1775, marqua le début de la guerre d'indépendance des États-Unis, appelée **American Revolutionary War** en anglais, qui se termina en 1781 par la rémission de l'armée anglaise à la bataille de Yorktown. Les Américains, menés par le Général George Washington, furent finalement rejoints par la France, l'Espagne et les Pays-Bas dans la guerre contre les soldats anglais, appelés les *redcoasts*, et contre les mercenaires allemands engagés pour se battre aux côtés de ces derniers. Cette révolte contre le système économique et celui des libertés individuelles dans les colonies américaines s'est terminée par la reconnaissance de l'indépendance des États-Unis d'Amérique, consignée dans le Traité de Paris de 1783.

revolutionize [ˌrev·ə·ˈlu·ʃən·aɪz] *vt* révolutionner
revolve [rɪ·ˈvalv] **I.** *vi* **1.** (*turn*) tourner **2.** (*be concerned with*) **to ~ around sth** être axé sur qc **II.** *vt* faire tourner
revolver [rɪ·ˈval·vər] *n* revolver *m*
revolving *adj* en rotation
revolving chair *n* chaise *f* pivotante
revolving door *n* porte *f* à tambour
revolving fund *n* fonds *m* de roulement
revue [rɪ·ˈvju] *n* revue *f*
revulsion [rɪ·ˈvʌl·ʃən] *n* dégoût *m;* **~ at sth** dégoût de qc; **to fill sb with ~** remplir qn de dégoût
reward [rɪ·ˈwɔrd] **I.** *n* récompense *f;* **the ~(s) of sth** les fruits *mpl* de qc **II.** *vt* **1.** (*give a reward*) récompenser **2.** (*repay*) rémunérer
rewarding *adj* gratifiant(e)
rewind [ˌri·ˈwaɪnd] *irr* **I.** *vt* rembobiner; (*watch*) remonter **II.** *vi* (*wind back*) rembobiner **III.** *n* rembobinage *m;* **a ~ button** une touche de rembobinage
rewire [ˌri·ˈwaɪər] *vt* TECH réinstaller; (*a building*) refaire l'installation électrique de
reword [ˌri·ˈwɜrd] *vt* (*text*) recomposer; (*answer, treaty*) reformuler
rework [ˌri·ˈwɜk] *vt* retravailler
rewrite [ˈri·raɪt, *vb:* ˌri·ˈraɪt] **I.** *n* nouvelle version *f* **II.** *vt irr* LIT réécrire
Rh *n abbr of* **rhesus** Rh *m*
rhapsody [ˈræp·sə·di] <-ies> *n* rapsodie *f* ▶ **to go into rhapsodies about sth** s'extasier sur qc
Rhesus factor [ˈri·səs·ˌfæk·tər] *n* rhésus *m*
rhesus negative *adj* rhésus négatif *inv*
rhesus positive *adj* rhésus positif *inv*
rhetoric [ˈret̬·ər·ɪk] *n* rhétorique *f;* **the ~ of the far right** le discours de l'extrême droite
rhetorical [rə·ˈtɔr·ɪ·kl] *adj* rhétorique; (*style*) ampoulé(e); **a ~ question** une question de pure forme
rheumatic [ru·ˈmæt̬·ɪk] *adj* rhumatisant(e); (*pain*) rhumatismal(e)
rheumatics *npl + sing vb, inf* rhumatismes *mpl*
rheumatism [ˈru·mə·tɪ·zəm] *n* MED rhumatisme *m*
rheumatoid arthritis [ˌru·mə·tɔɪdˌar·ˈθraɪ·t̬ɪs] *n* MED polyarthrite *f* rhumatoïde
Rh factor *n* rhésus *m*
Rhine [raɪn] *n* **the ~** le Rhin
rhinestone *n* faux diamant *m*
rhino *inf,* **rhinoceros** [raɪ·ˈna·sər·əs] <-(es)> *n* rhinocéros *m*
Rhode Island [ˌroʊd·ˈaɪ·lənd] **I.** *n* le Rhode Island **II.** *n* du Rhode Island
rhododendron [ˌroʊ·də·ˈden·drən] *n* rhododendron *m*
rhombus [ˈram·bəs] <-es *o* -bi> *n* losange *m*
rhubarb [ˈru·barb] *n* rhubarbe *f*
rhyme [raɪm] **I.** *n* **1.** (*similar sound*) rime *f;* **in ~** en vers **2.** (*ode*) comptine *f* ▶ **without ~ or reason** sans rime ni raison **II.** *vt* faire rimer **III.** *vi* rimer
rhyming slang *n effet de l'argot qui substitue à un mot un autre mot qui rime, par exemple "mince pies" à la place de "eyes"*
rhythm [ˈrɪð·əm] *n* (*beat*) rythme *m*
rhythm and blues *n* MUS rhythm *m* and blues
rhythm guitar *n* guitare *f* rythmique
rhythmic(al) *adj* rythmique
RI [ˌar·ˈaɪ] *n abbr of* **Rhode Island**
rib [rɪb] **I.** *n* **1.** (*bone*) côte *f* **2.** (*cut of meat*) côte *f* **3.** (*in structure*) armature *f;* (*in umbrella*) baleine *f* **4.** (*stripe*) côtes *fpl* **II.** <-bb-> *vt inf* taquiner
ribald [ˈrɪb·əld] *adj* grivois(e)
ribaldry [ˈrɪb·əl·dri] *n* grivoiserie *f*
ribbon [ˈrɪb·ən] *n* **1.** (*long strip*) ruban *m* **2.** (*of medal*) galon *m* ▶ **to be cut** [*o* **torn**] **to ~s** mettre qc en lambeaux
ribcage *n* cage *f* thoracique
rib roast *n* côte *f* de bœuf
rice [raɪs] **I.** *n* riz *m* **II.** *vt* (*potatoes*) réduire en purée
rice field *n* rizière *f*
rice growing *n* riziculture *f*
rice paper *n* papier *m* de riz
rice pudding *n* gâteau *m* de riz
rich [rɪtʃ] **I.** <-er, -est> *adj* **1.** (*wealthy*) *a.* GEO riche; **to grow** [*o inf* **get**] **~** s'enrichir **2.** AGR (*harvest*) abondant(e) **3.** (*opulent*) somptueux(-euse) **4.** (*plenty*) **to be ~ in sth**

être riche en qc; **vitamin-~** vitaminé(e) **5.** (*intense*) riche; (*color*) onctueux(-euse) **6.** (*fatty: meal, dessert*) riche **7.** *sl* (*laughable*) un peu fort (de café) **II.** *n* **1. the ~** *pl* les riches *mpl* **2.** *pl* les richesses *fpl*
richly *adj* (*dressed, decorated*) richement; **that you so ~ deserve** que vous méritez largement
richness *n* **1.** (*affluence*) richesse *f* **2.** (*of a color, flavor*) intensité *f*
Richter scale ['rɪk·tər] *n* échelle *f* de Richter
rickets ['rɪk·ɪts] *n* rachitisme *m*
rickety ['rɪk·ə·ţi] *adj* branlant(e)
rickshaw ['rɪk·ʃɔ] *n* rickshaw *m*
ricochet ['rɪk·ə·ʃeɪ] **I.** *vi* ricocher **II.** *n* ricochet *m*
ricotta cheese *n* ricotta *f*
rid [rɪd] <rid *o* ridded, rid *o* ridded> *vt* **to ~ sb/sth of sth** débarrasser qn/qc de qc/; **to get ~ of sb/sth** se débarrasser de qn/qc
riddance ['rɪd·ᵊn(t)s] *n inf* **good ~!** bon débarras!
ridden ['rɪd·ᵊn] **I.** *pp of* **ride II.** *adj* **guilt-/crime-/debt-~** rongé par la culpabilité/le crime/le doute; **war-~** hanté par la guerre
riddle[1] ['rɪd·l] *n* (*puzzle*) énigme *f*
riddle[2] ['rɪd·l] **I.** *n* crible *m* **II.** *vt* **1.** (*perforate*) cribler; **to be ~d with** (*holes, mice, mistakes*) être infesté de **2.** (*put through sieve*) passer au crible
ride [raɪd] **I.** <rode, ridden> *vt* **1.** (*sit on*) **to ~ a bike/horse** monter à vélo/cheval; **to ~ a bike to a place** aller en vélo à un endroit; **to be riding a bike/motorcycle** être à vélo/en moto **2.** (*go in vehicle: a bike, Ferris wheel*) monter sur; (*a bus, train, car*) monter dans **3.** (*sail: rapids, canoe, raft*) prendre **4.** (*travel: distance*) faire **5.** (*surf: waves*) chevaucher **6.** *inf* (*pressure*) **to ~ sb** être sur le dos de qn **II.** <rode, ridden> *vi* **1.** (*ride a horse*) monter à cheval **2.** (*travel*) aller à dos d'animal; **he was riding on a donkey** il était sur un âne; **you can ~ across Paris on your bike** tu peux traverser Paris à bicyclette ► **to <u>let</u> sth ~** *sl* laisser faire les choses; **to ~ <u>roughshod</u> over sb** fouler qn aux pieds; **sth is riding <u>on</u> sth** qc dépend de qc **III.** *n* **1.** (*trip, journey*) trajet *m;* (*on a bike*) tour *m;* (*on horse*) promenade *f;* **to give sb a ~** emmener qn (en voiture) **2.** (*at amusement park*) tour *m;* **a ~ on the roller coaster** un tour sur les montagnes russes ► **to <u>take</u> sb for a ~** *inf* faire marcher qn; **sb has a <u>rough</u>/an <u>easy</u> ~** les choses sont difficiles/faciles pour qn; **to <u>give</u> sb a rough/an easy ~** rendre les choses difficiles/faciles pour qn
◆ **ride out** *vt a. fig* surmonter
◆ **ride up** *vi* remonter
rider *n* **1.** (*on horse*) cavalier, -ère *m, f;* (*on bike*) cycliste *mf;* (*on motorcycle*) motocycliste *mf* **2.** (*amendment*) annexe *f* **3.** (*addition to statement*) clause *f* additionnelle
ridge [rɪdʒ] *n* **1.** GEO crête *f* **2.** METEO (*of pressure*) ligne *f* **3.** (*of roof*) arête *f* **4.** (*on surface*) nervure *f*
ridgepole *n* faîtière *f*
ridicule ['rɪd·ɪ·kjul] **I.** *n* ridicule *m* **II.** *vt* ridiculiser
ridiculous *adj* ridicule; **don't be ~!** ne dis pas n'importe quoi!
riding ['raɪ·dɪŋ] *n* équitation *f*
riding crop *n* cravache *f*
riding habit *n* tenue *f* d'équitation
riding school *n* école *f* d'équitation
rife [raɪf] *adj* très répandu(e); **the economy is ~ with corruption** l'économie est dominée par la corruption
riffle ['rɪf·l] *vt* (*pages*) feuilleter
riffraff ['rɪf·ræf] *n pl, pej* racaille *f*
rifle[1] ['raɪ·fl] *n* (*weapon*) fusil *m*
rifle[2] ['raɪ·fl] *vt, vi* (*steal*) fouiller
rifle range *n* champ *m* de tir; (*at amusement park*) stand *m* de tir
rift [rɪft] *n* **1.** (*fissure*) fissure *f;* GEO rift *m* **2.** (*quarrel*) division *f;* **to heal the ~** régler le différend
rift valley *n* GEO rift *m*
rift zone *n* zone *f* de rift
rig [rɪg] **I.** <-gg-> *vt* **1.** (*falsify result: election*) truquer; (*market*) manipuler **2.** (*equip with mast: yacht*) gréer **II.** *n* **1.** (*in oil industry*) derrick *m* **2.** (*truck*) semi-remorque *m* **3.** (*sail assembly*) gréement *m* **4.** *inf* (*clothing*) tenue *f*
rigging *n* **1.** (*manipulation of results*) trucage *m* **2.** (*ropes on ships*) gréement *m*
right [raɪt] **I.** *adj* **1.** (*morally good, justified: policy, attitude*) bon(ne); (*distribution, punishment*) juste; **to do the ~ thing** bien agir; **you did the ~ thing under the circumstances** tu as fait ce qu'il fallait; **it's just not ~** ce n'est pas normal; **to stay on the ~ side of the law** rester dans la légalité **2.** (*true, correct: answer, method, suspicion*) bon(ne); **to be ~ about sth** avoir raison à propos de qc; **42, that can't be ~** 42, ce n'est pas possible; **that's ~, 42** c'est bien ça, 42; **the ~ way around** dans le bon sens; **to be on the ~ side of forty** ne pas encore avoir quarante ans **3.** (*best, appropriate*) bon(ne); **the ~ way to do things** la manière convenable de faire les choses; **is this the ~ way to the post office?** est-ce que c'est le bon chemin pour aller à la poste?; **to be in the ~ place at the ~ time** être là où il faut au bon moment **4.** (*direction*) droit(e); **to make a ~ turn** tourner à droite; **a ~ hook** SPORTS un crochet du droit **5.** (*well*) bien; **to be not (quite) ~ in the head** *inf* ne pas avoir toute sa tête; **to be as ~ as rain** *inf* se porter comme un charme **6.** (*in correct state*) **to set** [*o* **put**] **sth ~** redresser qc **II.** *n* **1.** (*civil privilege*) droit *m;* **to be within one's ~s to do sth** être dans son droit pour faire qc; **you have no ~ to do that** vous n'avez aucun droit de faire ça **2.** (*lawfulness*) bien *m;* **I'm in the ~** j'ai raison **3.** *pl* (*copyright*) droits *mpl;* **all ~s reserved**

R

tous droits réservés **4.** (*right side*) droite *f;* **on the ~** à droite; **to make a ~** tourner à droite; **take the next ~** prenez la prochaine à droite **5.** SPORTS droit *m* **III.** *adv* **1.** (*correctly: answer*) correctement **2.** (*well: work*) bien; **she doesn't dress/talk ~** elle ne sait pas s'habiller/parler **3.** (*in rightward direction*) à droite; **to turn ~** tourner à droite **4.** (*directly*) exactement; **to be ~ behind sb** être juste derrière qn; (*encourage*) soutenir qn **IV.** *vt* **1.** (*rectify: mistake*) rectifier; (*situation*) redresser **2.** (*set upright*) redresser **V.** *interj* **1.** (*in agreement*) d'accord! **2.** (*attracting attention*) bon! **3.** *inf* (*requesting confirmation*) n'est-ce pas? **4.** *inf* (*in warning*) **be on time, ~?** soyez à l'heure, compris?

Right [raɪt] *n* POL **the ~** la droite; **far ~** extrême droite *f;* **on the ~** à droite

right angle *n* angle *m* droit

right-angled *adj* à angle droit

righteous ['raɪ·tʃəs] **I.** *adj form* **1.** (*virtuous*) vertueux(-euse) **2.** (*justifiable*) justifié(e) **II.** *n* REL **the ~** *pl* les justes *mpl*

rightful *adj* (*share, owner*) légitime

right-hand *adj* droit(e); **on the ~ side** du côté droit

right-handed *adj* droitier(-ère)

right-hand man *n* bras droit *m*

rightist ['raɪ·tɪst] POL **I.** *n* personne *f* de droite **II.** *adj* (*views*) de droite

rightly *adv* correctement; **quite ~** à juste titre

right-minded *adj* sensé(e)

right of way <rights of way> *n* **1.** (*footpath*) passage *m* **2.** (*on road*) **to have ~** avoir la priorité; **to yield ~** céder le passage

right-wing *adj* POL (*attitudes, party*) de droite

right-winger *n* POL partisan(e) *m(f)* de la droite

rigid ['rɪdʒ·ɪd] *adj* **1.** (*inflexible: material*) rigide; **to be ~ with fear/pain** être paralysé par la peur/douleur **2.** (*unchangeable: censorship, rules*) strict(e) **3.** (*unwilling to compromise*) inflexible

rigidity [rɪ·'dʒɪ·də·t̬i] *n* **1.** (*hardness*) rigidité *f* **2.** (*inflexibility*) inflexibilité *f*

rigmarole ['rɪg·mə·roʊl] *n inf* comédie *f*

rigor ['rɪg·ər] *n* rigueur *f*

rigor mortis ['rɪg·ər·'mɔr·t̬ɪs] *n* MED rigidité *f* cadavérique

rigorous ['rɪg·ər·əs] *adj* rigoureux(-euse)

rile [raɪl] *vt inf* énerver

rim [rɪm] **I.** *n* **1.** (*brim*) bord *m;* (*of wheel*) jante *f* **2.** (*edge: of crater, lake*) bord *m;* **the Pacific Rim** la ceinture du Pacifique **II.** <-mm-> *vt* **1.** (*surround*) border **2.** (*frame*) cercler; **gold-~med glasses** des lunettes *fpl* cerclées d'or

rimless *adj* (*glasses*) non cerclé(e)

rind [raɪnd] *n* (*of lemon*) zeste *m;* (*of bacon*) couenne *f;* (*of cheese*) croûte *f,* couenne *f* *Suisse*

ring¹ [rɪŋ] **I.** *n* **1.** (*circle*) anneau *m;* (*drawn*) cercle *m* **2.** (*stain*) tache *f;* (*under eyes*) cerne *f* **3.** (*clique, group of people: of drugs, spies*) cercle *m;* (*of spies, criminals*) réseau *m* **4.** (*jewelry*) bague *f;* **diamond ~** bague de diamants; **wedding ~** alliance *f* **5.** (*arena: in boxing*) ring *m;* (*in circus*) arène *f* ▶ **to run ~s around sb** battre qn à plate(s) couture(s) **II.** *vt* **1.** (*encircle*) encercler **2.** (*mark: bird*) baguer

ring² [rɪŋ] **I.** *n* **1.** (*sound*) sonnerie *f* **2.** (*telephone call*) coup *m* de fil; **to give sb a ~** passer un coup de fil à qn **3.** (*quality*) accent *m;* **it had the ~ of truth about it** cela avait des accents de vérité **II.** <rang, rung> *vt* (*bell*) faire sonner; (*alarm*) déclencher; **to ~ the changes** *fig* varier ▶ **that ~s a bell** *inf* ça me dit quelque chose **III.** <rang, rung> *vi* **1.** (*telephone, bell*) sonner; (*ears*) tinter; **to ~ at the door** sonner à la porte **2.** (*resound*) **to ~ with laughter/applause** résonner de rires/d'applaudissements ▶ **to ~ true** sonner juste

◆**ring in** *vt* **to ~ the New Year** sonner la nouvelle année

◆**ring out** *vt* **to ~ the old Year** sonner la fin de l'année

◆**ring up** *vt* **1.** (*key in sale*) enregistrer **2.** *fig* (*achieve*) réaliser

ring binder *n* classeur *m* à anneaux, cartable *m* *Québec*

ringer *n* sonneur *m;* **to be a dead ~ for sb** *inf* être le sosie de qn

ring finger *n* annulaire *m*

ringing **I.** *n* sonnerie *f;* (*in ears*) tintement *m* **II.** *adj* (*cheer, crash*) retentissant(e)

ringleader *n* meneur, -euse *m, f*

ringlet ['rɪŋ·lɪt] *n pl* (*in hair*) boucle *f*

ringside **I.** *n* premier rang *m* **II.** *adj* **1.** (*seats*) du premier rang; **at the ~** au premier rang **2.** *fig* (*view*) de premier plan

ringtone *n* tonalité *f* de la sonnerie

rink [rɪŋk] *n* (*for ice skating*) patinoire *f;* (*for roller skating*) piste *f*

rinse [rɪn(t)s] **I.** *vt, vi* rincer **II.** *n* rinçage *m;* **to give sth a ~** rincer qc

riot [raɪət] **I.** *n* (*disturbances*) émeute *f* ▶ **to be a ~** *inf* être tordant; **the garden is a ~ of color** le jardin est une symphonie de couleurs **II.** *vi* se soulever; *fig* faire un scandale **III.** *adv* **to run ~** *fig* se déchaîner; (*imagination*) s'emballer

rioter *n* **1.** émeutier, -ère *m, f* **2.** *pej* casseur, -euse *m, f*

riot gear *n* tenue *f* anti-émeute

rioting *n* émeutes *fpl*

riotous *adj* **1.** (*rebellious: crowd*) violent(e) **2.** (*boisterous*) déchaîné(e); (*party*) délirant(e)

riot squad *n* ≈ CRS *mpl*

rip [rɪp] **I.** *n* accroc *m* **II.** <-pp-> *vi* **1.** se déchirer **2.** (*move quickly*) aller à toute allure ▶ **to let ~** se déchaîner **III.** <-pp-> *vt* déchirer; **to ~ sth apart** mettre qc en pièces; **to ~ sth open** ouvrir qc en le déchirant; **to ~ sth out** arracher qc

◆**rip off** *vt* **1.** (*remove quickly: cover*) déchirer; (*clothes*) enlever à toute vitesse **2.** *sl* (*overcharge*) arnaquer **3.** *sl* (*steal*) piquer

◆**rip up** *vt* (*pull apart fast*) déchirer
RIP [ˌar·aɪ·ˈpi] *abbr of* **rest in peace** qu'il/elle repose en paix
ripcord [ˈrɪp·kɔrd] *n* cordon *m* (de parachute)
ripe [raɪp] *adj* **1.** (*fully developed: fruit*) mûr(e); (*cheese*) fait(e) **2.** (*ready*) prêt(e); **a ~ old age** un âge avancé; **at the ~ old age of 16** *iron* au grand âge de 16 ans
ripen [ˈraɪ·pᵊn] **I.** *vt* faire mûrir **II.** *vi* mûrir
ripeness *n* maturité *f*
rip-off *n sl* arnaque *f*
riposte [rɪ·ˈpoʊst] *vi* riposter
ripple [ˈrɪp·l] **I.** *n* **1.** (*small wave*) ride *f* **2.** (*sound*) clapotis *m;* (*of applause*) vague *f* **3.** *fig* (*of interest*) frémissement *m* **II.** *vt* faire ondoyer **III.** *vi* ondoyer
rip-roaring [ˌrɪp·ˈrɔr·ɪŋ] *adj inf* détonant(e)
rise [raɪz] **I.** *n* **1.** (*in status, power*) montée *f* **2.** (*increase*) hausse *f;* **to be on the ~** être en hausse ▶ **to give ~ to sth** donner lieu à qc; **to give ~ to hopes** faire naître l'espoir; **to get** [*o* **take**] **a ~ out of sb** mettre qn en boîte **II.** <rose, risen> *vi* **1.** (*move upwards: person in chair or bed*) se lever; (*smoke*) s'élever; **to ~ from the table** se lever de table; **to ~ to the bait** mordre à l'hameçon **2.** (*in status*) s'élever; **to ~ to power** arriver au pouvoir; **to ~ to the challenge** relever le défi; **to ~ to the occasion** se montrer à la hauteur de la situation; **to ~ in sb's esteem** monter dans l'estime de qn; **to ~ to fame** devenir célèbre **3.** (*become higher: road, river*) monter; (*temperature, prices*) augmenter; (*hopes*) grandir; (*dough*) lever **4.** (*be higher: trees, buildings*) s'élever **5.** THEAT (*curtain*) se lever **6.** (*become visible: moon, sun*) se lever; (*river*) monter **7.** REL **to ~ from the dead** ressusciter d'entre les morts **8.** (*rebel*) se soulever
◆**rise above** *vt insep* **1.** (*overcome: difficulties*) surmonter **2.** (*be superior*) s'élever au-dessus de
◆**rise up** *vi* **1.** (*rebel*) se soulever **2.** (*go up*) se lever; (*smoke*) s'élever
risen [ˈrɪz·ᵊn] *pp of* **rise**
riser *n* **1.** (*from sleep*) **early ~** lève-tôt *mf;* **late ~** lève-tard *mf* **2.** (*part of stair*) contremarche *f* **3.** *pl* (*set of platforms*) tribune *f*
rising I. *n* soulèvement *m* **II.** *adj* **1.** (*in status: fame*) grandissant(e); (*politician*) qui monte **2.** (*in number: temperature, prices*) en hausse; (*floodwaters*) en crue
risk [rɪsk] **I.** *n* risque *m;* **fire/safety ~** risque d'incendie/pour la sécurité; **to run the ~ of doing sth** courir le risque de faire qc; **at the ~ of doing sth** au risque de faire qc; **to be worth the ~** valoir la peine de prendre le risque; **at one's own ~** à ses risques et périls; **to be at ~** être en danger **II.** *vt* risquer; **to ~ life and limb** *fig* risquer sa peau
risk capital *n s.* **venture capital**
risk factor *n* facteur *m* de risque
risk-free *adj* sans risque
risky [ˈrɪs·ki] <-ier, -iest> *adj* risqué(e)
risqué [rɪ·ˈskeɪ] *adj* (*joke*) risqué(e)
rissole [ˈrɪs·oʊl] *n* croquette *f*
rite [raɪt] *n* rite *m;* **last ~s** derniers sacrements *mpl;* **~s of passage** rites *mpl* de passage
ritual [ˈrɪtʃ·u·əl] **I.** *n* rituel *m* **II.** *adj* rituel(le)
ritzy [ˈrɪt·si] <-ier, -iest> *adj inf* sélect(e)
rival [ˈraɪ·vᵊl] **I.** *n* rival(e) *m(f)* **II.** *adj* rival(e) **III.** <-l- *o* -ll-> *vt* rivaliser avec; **to ~ sb in sth** rivaliser avec qn en qc
rivalry [ˈraɪ·vᵊl·ri] *n* rivalité *f*
river [ˈrɪv·ər] **I.** *n* **1.** (*stream*) rivière *f;* (*flowing to ocean*) fleuve *m;* **the Mississippi River** le Mississippi **2.** *fig* (*of tears*) flot *m* ▶ **down ~** en aval; **up ~** en amont **II.** *adj* fluvial(e)
riverbed *n* lit *m* de la rivière
riverside I. *n* rive *f* **II.** *adj* (*restaurant*) au bord de l'eau
rivet [ˈrɪv·ɪt] **I.** *n* rivet *m* **II.** *vt* **1.** (*join*) riveter **2.** (*interest*) fasciner; **to be ~ed by a film** être captivé par un film ▶ **to be ~ed to the spot** être cloué sur place
riveting [ˈrɪv·ɪṭ·ɪŋ] *adj inf* captivant(e)
RN [ˌar·ˈen] *n abbr of* **registered nurse** infirmière *f* diplômée d'État
RNA [ˌar·en·ˈeɪ] *n abbr of* **ribonucleic acid** ARN *m*
roach [roʊtʃ] *n* gardon *m*
road [roʊd] *n* **1.** (*linking places*) route *f;* **dirt ~** chemin *m* de terre; **by ~** par la route; **on the ~** (*when driving*) sur la route; (*traveling*) sur les routes, on tour, en tournée **2.** (*in residential area*) rue *f;* **down the ~** en bas de la rue ▶ **to come to the end of the ~** arriver en fin de parcours; **the ~ to hell is paved with good intentions** *prov* l'enfer est pavé de bonnes intentions *prov;* **all ~s lead to Rome** *prov* tous les chemins mènent à Rome *prov;* **some years down the ~** d'ici quelques années; **to get sth on the ~** *inf* commencer qc; **let's hit the ~!** *inf* en route!; **to be on the ~ to recovery** être sur la voie de la guérison
road accident *n* accident *m* de la route
roadblock *n* barrage *m* routier
road construction *n* construction *f* des routes
road hog *n pej, inf* chauffard *m*
roadhouse <-houses> *n* relais *m*
roadkill *n* animal *m* écrasé
road map *n* carte *f* routière
road race *n* course *f* cycliste
road rage *n* furie *f* au volant, agressivité *f* des automobilistes
road safety *n* sécurité *f* routière
road show *n* tournée *f*
roadside I. *n* bord *m* de la route **II.** *adj* au bord de la route
road sign *n* panneau *m* de signalisation
roadster [ˈroʊd·stər] *n* roadster *m*
road-test *vt* **to ~ a car** tester une voiture sur route
road traffic *n* circulation *f* (routière)
road transportation *n* transports *mpl* routiers
road user *n* usager *m* de la route
roadway *n* chaussée *f*

roadwork *n* **1.** (*maintenance*) travaux *mpl* d'entretien du réseau routier **2.** (*construction*) construction *f* des routes
roadworthy *adj* en bon état
roam [roʊm] **I.** *vi* errer **II.** *vt* errer dans
roar [rɔr] **I.** *vi* hurler; (*lion*) rugir; (*engine*) gronder; **to ~ with laughter** hurler de rire **II.** *n* **1.** (*growl*) rugissement *m* **2.** (*loud noise*) grondement *m*
roaring *adj* hurlant(e); (*lion*) rugissant(e); (*motorcycle*) vrombissant(e); (*thunder*) qui gronde; (*inferno, traffic*) important(e); **a ~ fire** une belle flambée; **to be a ~ success** *inf* avoir un succès fou
roast [roʊst] **I.** *vt* **1.** rôtir; (*coffee*) torréfier **2.** *inf* (*poke fun at*) ridiculiser **II.** *vi* griller **III.** *n* rôti *m* **IV.** *adj* rôti(e); (*coffee*) torréfié(e); (*potato*) rôti(e)
roast beef *n* rosbif *m*
roasting I. *n* **1.** (*action of cooking*) rôtissage *m;* (*coffee*) torréfaction *f* **2.** *inf* (*criticism*) savon *m;* **to give/get a ~** passer/recevoir un savon **II.** *adj* **1.** *inf* (*very hot and dry*) brûlant(e); **to be ~** (*person*) mijoter **2.** (*used to roast: pan*) à rôtir **III.** *adv* **~ hot** brûlant(e)
rob [rab] <-bb-> *vt* **1.** (*burglarize*) voler; (*a bank*) dévaliser **2.** (*defraud*) escroquer **3.** (*deprive*) priver; **~bed of my dignity** privé de ma dignité ► **to ~ Peter to pay Paul** *prov* déshabiller (saint) Pierre pour habiller (saint) Paul *prov*
robber ['ra·bər] *n* voleur, -euse *m, f*
robbery ['ra·bər·i] <-ies> *n* **1.** (*crime*) cambriolage *m* **2.** (*instance of burglary*) vol *m*
robe [roʊb] *n* **1.** (*formal*) robe *f* de soirée **2.** (*dressing gown*) robe *f* de chambre
robin ['ra·bɪn] *n* rouge-gorge *m*
robot ['roʊ·bat] *n* **1.** (*machine*) robot *m* **2.** *fig, pej* (*person*) automate *m*
robotics [roʊ·'ba·t̬ɪks] *n + sing/pl vb* robotique *f*
robust [roʊ·'bʌst] *adj* robuste; (*finances*) solide; (*defense*) ferme
robustness *n* **1.** (*vitality*) robustesse *f* **2.** (*strength*) solidité *f* **3.** (*frankness*) fermeté *f*
rock[1] [rak] *n* **1.** (*substance*) roche *f* **2.** (*stone*) rocher *m;* (*smaller*) pierre *f;* **to be solid as a ~** être solide comme un roc **3.** *fig, inf* (*diamond*) diam *m* ► **on the ~s** (*experiencing difficulties*) en pleine débâcle; (*with ice*) avec des glaçons
rock[2] [rak] **I.** *vt* **1.** (*swing*) balancer; (*a baby*) bercer; **to ~ sb to sleep** bercer qn pour l'endormir **2.** (*shake: person, house*) secouer ► **to ~ the boat** *sl* faire des vagues **II.** *vi* **1.** (*sway*) se balancer; **to ~ back and forth** se balancer d'avant en arrière **2.** (*dance*) danser le rock'n'roll **III.** *n* MUS rock *m*
rock-and-roll *s.* **rock'n'roll**
rock band *n* groupe *m* de rock
rock bottom *n* fond *m;* **to be at ~** tomber au plus bas; (*person*) avoir le moral à zéro; **to hit ~** toucher le fond
rock climber *n* varappeur, -euse *m, f*
rock climbing *n* varappe *f*
rock crystal *n* cristal *m* de roche
rocker ['rak·ər] *n* **1.** (*chair*) fauteuil *m* à bascule **2.** (*singer*) rocker, -euse *m, f* **3.** (*rock song*) rock *m* **4.** (*rock fan*) rocker, -euse *m, f* ► **to be off one's ~** *sl* être fou
rocket ['ra·kɪt] **I.** *n* (*vehicle, firework*) *a.* MIL fusée *f* **II.** *vi* **to ~ (up)** monter en flèche; **to ~ to sth** atteindre rapidement qc **III.** *vt* attaquer à la roquette
rocket launcher *n* MIL lance-fusées *m*
rocket science *n fig, inf* **it's not ~** ce n'est pas sorcier
rock face *n* paroi *f* rocheuse
rock festival *n* festival *m* de rock
rock formation *n* formation *f* rocheuse
rock garden *n* rocaille *f*
Rockies ['ra·kɪz] *n* **the ~** les Rocheuses *fpl*
rocking ['rak·ɪŋ] *n* balancement *m*
rocking chair *n* rocking-chair *m,* berçante *f Québec*
rocking horse *n* cheval *m* à bascule
rock music *n* musique *f* rock
rock'n'roll *n* rock and roll *m*
rock plant *n* BOT plante *f* alpestre
rock salt *n* sel *m* gemme
rock star *n* star *f* du rock
rocky[1] ['ra·ki] <-ier, -iest> *adj* rocheux(-euse)
rocky[2] ['ra·ki] <-ier, -iest> *adj* **1.** (*weak*) patraque **2.** *inf* (*doomed*) chancelant(e)
Rocky Mountains *n* les Montagnes *fpl* Rocheuses

> **i** Les **Rocky Mountains**, ou les Rocheuses, également connues sous le nom de *Rockies,* sont une large chaîne de montagnes dans l'ouest de l'Amérique du Nord, qui s'étendent sur plus de 3 000 miles (4 800 km) de la Colombie anglaise/Canada au Nouveau Mexique/États-Unis. Géologiquement jeunes, les sommets des Rocheuses sont aussi plus hauts et plus pointus que ceux des Appalaches dans l'est de l'Amérique du Nord. Le sommet le plus haut est celui du mont Ebert/Colorado qui culmine à 14 440 pieds (4 401 m). C'est dans les Rocheuses que se situe le *Continental Divide,* un col d'un côté duquel toutes les eaux se déversent dans l'Océan Atlantique et de l'autre dans l'Océan Pacifique.

rococo [rə·'koʊ·koʊ] **I.** *n* rococo *m* **II.** *adj* rococo *inv*
rod [rad] *n* **1.** (*thin bar: of wood*) baguette *f;* (*of metal*) tige *f;* (*for support*) tringle *f;* (*for punishment*) *a. fig* canne *f* **2.** (*fishing rod*) canne *f* à pêche
rode [roʊd] *pt of* **ride**
rodent ['roʊ·dᵊnt] *n* rongeur *m*

rodeo ['roʊ·di·oʊ] <-s> *n* rodéo *m*
roe[1] [roʊ] *n* (*fish eggs*) œufs *mpl* de poisson
roe[2] [roʊ] <-(s)> *n* (*deer*) chevreuil *m*
roebuck *n* brocard *m*
roger ['ra·dʒər] *interj* compris!
rogue [roʊg] **I.** *n* **1.** (*villain*) crapule *f* **2.** (*criminal, lively person*) voyou *m* **II.** *adj* (*animal*) solitaire; (*wave, tornado*) destructif(-ive); **a ~ state** un état voyou
roguish *adj* espiègle
role [roʊl] *n* rôle *m;* **the leading ~** le premier rôle; **to take on a ~** accepter un rôle; **he played a ~ in this decision** il a joué un rôle dans cette décision
role model *n* modèle *m*
role play(**ing**) *n* jeu *m* de rôle
role reversal *n* renversement *m* des rôles
roll [roʊl] **I.** *vt* **1.** (*push circular object*) faire rouler; (*dice*) jeter **2.** (*move in circles*) rouler; **to ~ one's eyes/one's r's** rouler les yeux/les r **3.** (*shape: into cylinder*) enrouler; (*into ball*) rouler en boule; **to ~ oneself into a ball** se mettre en boule; **to be many things all ~ed into one** être plusieurs choses à la fois **4.** (*make: cigarette*) rouler **5.** (*flatten, compress: grass*) passer au rouleau; (*metal*) laminer **II.** *vi* **1.** (*move around axis*) rouler; (*car*) faire un tonneau; **eyes** rouler **2.** (*sway*) onduler; (*ship*) tanguer **3.** (*be in operation*) tourner **4. make noise** (*thunder*) gronder ▶ **to be ~ing in the aisles** se tordre de rire; **to get the ball ~ing** mettre les choses en route; **heads will ~** (**for this**) des têtes vont tomber; **to ~ with the punches** *sl* encaisser les coups **III.** *n* **1.** (*movement*) roulement *m;* (*in gymnastics*) roulade *f;* (*by plane*) looping *m;* **to be on a ~** *fig* être bien parti **2.** (*cylinder*) rouleau *m;* (*of fat*) bourrelet *m;* **a ~ of film** une pellicule **3.** (*noise: of drum, thunder*) roulement *m* **4.** (*names*) liste *f;* **to call the ~** faire l'appel **5.** (*bread*) petit pain *m;* **cheese on a ~** sandwich *m* au fromage
◆**roll back I.** *vt* **1.** ECON (*costs, priced*) baisser **2.** (*return to last state*) faire reculer **II.** *vi* ECON reculer
◆**roll by** *vi* (*vehicle*) passer; (*time*) s'écouler
◆**roll down I.** *vt* (*sleeve*) baisser; (*window*) descendre **II.** *vi* (*tears*) couler; (*car*) débouler
◆**roll in** *vi* **1.** (*stagger into*) appliquer **2.** *inf* (*arrive: money, customers*) crouler sous l'argent ▶ **to be rolling in it** être plein aux as
◆**roll on I.** *vi* continuer; (*time*) s'écouler **II.** *vt* **1.** (*apply with roller*) appliquer au rouleau **2.** (*put on*) enfiler
◆**roll out I.** *vt* **1.** (*flatten*) aplatir à l'aide d'un rouleau; (*pastry*) étendre au rouleau **2.** (*make available: product*) sortir **3.** (*unroll*) *a. fig* (*red carpet*) dérouler **II.** *vi* sortir; **to ~ of bed** sortir du lit
◆**roll over** *vi* se retourner; (*car*) capoter
◆**roll up I.** *vi* *inf* se pointer **II.** *vt* **1.** (*coil: string*) enrouler **2.** (*fold up*) *a. fig* (*sleeves*) retrousser
roll bar *n* AUTO arceau *m* de sécurité
roll call *n* appel *m*
roll collar *n* FASHION col *m* roulé
roller ['roʊ·lər] *n* rouleau *m;* (*for roads*) rouleau *m* compresseur; (*for metal*) laminoir *m;* (*for hair*) bigoudi *m*
roller bearing *n* TECH roulement *m* à rouleaux
rollerblade ['roʊ·lər·bleɪd] *vi* faire du roller
Rollerblade® ['roʊ·lər·bleɪd] *n* roller *m*
roller coaster *n* montagnes *fpl* russes ▶ **to be on an emotional ~** passer par des hauts et des bas
roller skate *n* patin *m* à roulettes
roller-skate *vi* faire du patin à roulettes
roller-skating *n* patin *m* à roulettes
roller towel *n* essuie-main(s) *m*
rollicking ['ra·lɪ·kɪŋ] *adj* joyeux(-euse)
rolling mill *n* laminoir *m*
rolling pin *n* rouleau *m* (à pâtisserie)
rolling stock *n* matériel *m* roulant
rolling stone *n* **to be a ~** rouler sa bosse ▶ **a ~ gathers no moss** *prov* pierre qui roule n'amasse pas mousse *prov*
roll-neck ['roʊl·nek] *n* col *m* roulé
roll-on ['roʊl·an] **I.** *n* déodorant *m* **II.** *adj* (*deodorant*) à bille
roll-on roll-off *adj* de type roulier
roly-poly [ˌroʊ·li·'poʊ·li] *adj* *inf* grassouillet(te)
ROM [ram] *n* COMPUT *abbr of* **read only memory** ROM *m*
romaine [rə·'meɪn] *n* salade *f* romaine
Roman ['roʊ·mən] **I.** *adj* romain(e) **II.** *n* Romain(e) *m(f);* **the ~s** les Romains *mpl*
Roman Catholic I. *n* catholique *mf* **II.** *adj* catholique
romance [roʊ·'mæn(t)s] *n* **1.** (*love affair*) liaison *f* **2.** (*love story*) roman *m* d'amour; LIT roman *m* de chevalerie **3.** (*glamour*) charme *m*
Romanesque [ˌroʊ·mᵊn·'esk] **I.** *adj* roman(e) **II.** *n* ARCHIT **the ~** le Roman
Romania [roʊ·'meɪ·ni·ə] *n* la Roumanie
Romanian I. *adj* roumain(e) **II.** *n* **1.** (*person*) Roumain(e) *m(f)* **2.** LING roumain *m;* *s.a.* **English**
Roman numeral *n* chiffre *m* romain
romantic [roʊ·'mæn·t̬ɪk] **I.** *adj* **1.** (*concerning love*) *a.* LIT, ART romantique **2.** (*unrealistic*) romanesque **II.** *n* romantique *mf*
romanticism [roʊ·'mæn·t̬ə·sɪ·zᵊm] *n* romantisme *m*
Romany ['ra·mə·ni] **I.** *n* **1.** (*person*) tzigane *mf* **2.** LING tzigane *m;* *s.a.* **English II.** *adj* tzigane
Rome [roʊm] *n* Rome ▶ **~ was not built in a day** *prov* Paris ne s'est pas fait en un jour *prov;* **when in ~, do as the Romans do** *prov* à Rome, faites comme les Romains *prov*
romp [ramp] **I.** *n* **1.** (*lively play*) farce *f* **2.** (*erotic activity*) ébats *mpl* **II.** *vi* **1.** (*play*) s'ébattre **2.** *sl* (*win easily*) arriver dans un fauteuil
rompers ['ram·pərz] *npl* barboteuse *f*
roof [ruf] <-s> **I.** *n* toit *m;* (*of a cave, mouth*)

R

voûte *f* ► **to hit the ~** sortir de ses gonds **II.** *vt* couvrir; **to ~ sth in** recouvrir qc

roofer *n* couvreur, -euse *m, f*

roof garden *n* jardin *m* sur le toit

roofing *n* **1.**(*material*) toiture *f* **2.**(*activity*) pose *f* de la toiture

roof rack *n* galerie *f* (de voiture)

rooftop *n* toit *m* ► **to shout sth from the ~s** crier qc sur les toits

rook [rʊk] *n* **1.**(*chess piece*) tour *f* **2.**(*bird*) freux *m*

rookie ['rʊk·i] *n inf* **1.** MIL *a. fig* recrue *f;* (*cop*) flic *m* débutant **2.** SPORTS débutant(e) *m(f)*

room [rum] **I.** *n* **1.**(*in house*) pièce *f,* place *f* *Belgique, Nord;* (*bedroom*) chambre *f;* (*classroom, meeting room*) salle *f;* (*for work*) bureau *m;* **~ and board** pension *f* complète **2.**(*people in room*) assemblée *f* **3.**(*space*) place *f;* **to take up ~** prendre de la place **4.**(*possibility*) marge *f;* **to have ~ for sth** avoir une marge de qc; **to have ~ for improvement** pouvoir mieux faire **II.** *vi* **to ~ with sb** (*share room*) partager une chambre avec qn **III.** *adj* **two-~ apartment** deux-pièces *m*

roomie ['rum·i] *n inf s.* **roommate**

rooming house *n* (*boarding house*) maison *f* de rapport

roommate *n* (*person sharing room*) camarade *mf* de chambre; (*sharing apartment*) colocataire, -trice *m, f*

room service *n* service *m* de chambre

roomy ['rum·i] <-ier, -iest> *adj* spacieux(-euse)

roost [rust] **I.** *n* perchoir *m* **II.** *vi* se percher ► **if you do that, it will come home to ~** si tu fais ça, ça se retournera contre toi

rooster *n* coq *m*

root [rut] **I.** *n* **1.** *a. fig* racine *f;* **to take ~** *a. fig* prendre racine; **to put** [*o* **set**] **down ~s** *fig* s'enraciner; **the ~ of all evil** la source de tous les maux; **to lie at the ~ of a problem** être à l'origine d'un problème; **to get to the ~ of a problem** prendre un problème à la racine **2.** MATH racine *f* **3.** *pl* (*ancestry*) racines *fpl* **II.** *vt* enraciner **III.** *vi* (*establish roots*) s'enraciner

◆**root around** *vi* (*search*) fouiller; **to ~ for sth** fouiller à la recherche de qc

◆**root for** *vt inf* (*cheer on*) soutenir

◆**root out** *vt* éliminer

> ℹ La **root beer** est une sorte de limonade américaine à base d'extraits végétaux. Pour en faire une *root beer float,* on mélange la **root beer** avec de la glace à base de lait, puis on la boit avec une paille.

root cause *n* cause *f* première

rootless *adj* (*lacking base*) sans racines

root sign *n* MATH radical *m*

root vegetable *n* légume *m* à racine comestible

rope [roʊp] **I.** *n* **1.**(*solid cord*) corde *f* **2.**(*of garlic, onions*) tresse *f* **3.** *pl* (*in boxing ring*) corde *f* **4.** *pl, fig* (*method of working*) **to know the ~s** connaître son affaire sur le bout des doigts; **to learn the ~s** apprendre les ficelles; **to show sb the ~s** mettre qn au courant ► **to be at the end of one's ~** être au bout du rouleau **II.** *vt* **1.**(*fasten*) attacher **2.** SPORTS **to ~ sb** (**together**) encorder qn

◆**rope in** *vt inf* (*get help from*) forcer un peu

◆**rope off** *vt* séparer à l'aide d'une corde

◆**rope up** *vi* s'encorder

rope ladder *n* échelle *f* de corde

ropewalker *n* THEAT funambule *mf*

rop(e)y ['roʊ·pi] <-ier, -iest> *adj* **1.**(*stringy*) filamenteux(-euse) **2.** *sl* (*inferior*) minable

rosary ['roʊ·zᵊr·i] <-ies> *n* **1.**(*prayer beads*) chapelet *m* **2.**(*prayers*) rosaire *f*

rose[1] [roʊz] **I.** *n* **1.** BOT rose *f* **2.**(*color*) rose *m* **3.** ARCHIT rosace *f* **4.**(*on watering can*) pomme *f* **II.** *adj* rose; *s.a.* **blue**

rose[2] [roʊz] *pt of* **rise**

rosebud *n* bouton *m* de rose

rosebush *n* rosier *m*

rose garden *n* roseraie *f*

rose hip *n* églantine *f*

rosemary ['roʊz·mer·i] *n* romarin *m*

rosette [roʊ·'zet] *n* **1.**(*rose shape*) rosette *f* **2.**(*for winner*) cocarde *f* **3.**(*for allegiance*) décoration *f*

rose water *n* eau *f* de rose

rose window *n* ARCHIT rosace *f*

rosin ['ra·zən] *n* MUS colophane *f*

roster ['ra·stər] *n* rota *m*

rostrum ['ra·strəm] <-s *o* rostra> *n* **1.**(*for conductor*) estrade *f* **2.**(*for public speaker*) tribune *f*

rosy ['roʊ·zi] <-ier, -iest> *adj* **1.**(*colored*) rose **2.** *fig* **to look ~** être prometteur

rot [rat] **I.** *n* **1.**(*decay*) pourriture *f* **2.** *fig* (*something bad*) ineptie *f;* (*nonsense*) bêtises *fpl* **II.** <-tt-> *vi* **1.**(*decay*) pourrir **2.** *fig* **to leave sb to ~** laisser dépérir qn **III.** *vt* décomposer

◆**rot away** **I.** *vt* pourrir **II.** *vi* se décomposer

rotary ['roʊ·t̬ər·i] *adj* rotatif(-ive)

rotate ['roʊ·teɪt] **I.** *vt* **1.**(*turn around*) faire tourner **2.**(*alternate*) alterner; **to ~ duties** remplir des fonctions à tour de rôle **II.** *vi* **to ~ around sth** tourner autour de qc

rotating *adj* (*cylinder*) rotatif(-ive); (*post*) tournant(e)

rotation *n* **1.**(*action of rotating*) rotation *f;* **~s per minute** tours-minutes *mpl* **2.**(*taking turns*) roulement *m;* **in ~** à tour de rôle

rotatory ['roʊ·t̬ə·tɔr·i] *adj* rotatoire; (*motion*) de rotation

rote [roʊt] *n* **by ~** par cœur; **~ learning** apprentissage *m* par cœur

rotor ['roʊ·t̬ər] *n* rotor *m*

rotten ['ra·tᵊn] *adj* **1.**(*decaying*) pourri(e) **2.**(*mean, nasty*) méchant(e) **3.**(*not good*) infect(e); **to feel ~** (*ill*) se sentir mal en point; (*guilty*) se sentir mal

rotund [roʊ·'tʌnd] *adj a. iron* rond(e)

rotunda [roʊ·'tʌn·də] *n* ARCHIT rotonde *f*

rouge [ruʒ] *n* rouge *m* à joues

rough [rʌf] **I.** *adj* **1.** (*uneven: surface, material*) rugueux(-euse); (*ground, road*) raboteux(-euse) **2.** (*poorly made*) brut(e) **3.** (*unmelodic*) rauque; (*accent*) rude **4.** (*imprecise: guess, estimate*) approximatif(-ive); (*work*) gros(se); **a ~ drawing** une ébauche **5.** (*harsh*) brutal(e) **6.** (*stormy: sea*) agité(e); (*weather*) mauvais(e) **7.** (*difficult*) difficile; (*justice*) sommaire; **to be ~ on sb** *inf* être dur avec qn **II.** *n* **1.** (*in golf*) rough *m* **2.** (*unfinished*) **in ~** au brouillon; **a diamond in the ~** diamant *m* brut; (*person*) brute *f* au cœur tendre **3.** (*sketch*) ébauche *f* ▶ **to take the ~ with the smooth** prendre le bon avec le mauvais **III.** *vt* (*beat up*) **to ~ sb up** malmener qn ▶ **to ~ it** *inf* vivre à la dure **IV.** *adv* **1.** (*violently*) brutalement; **to cut up ~** devenir violent(e) **2.** (*in difficulty*) rudement; **to live ~** vivre à la dure

roughage ['rʌf·ɪdʒ] *n* fibres *fpl* alimentaires

rough-and-ready *adj* **1.** (*primitive*) grossier(-ère) **2.** (*made fast*) fait(e) à la hâte; (*plan*) vite préparé(e)

rough-and-tumble *n* bousculade *f*

roughcast *n* TECH crépi *m*

roughen ['rʌf·ᵊn] *vt* rendre rugueux

rough-hewn *adj* **1.** (*not smoothed off*) dégrossi(e) **2.** (*impolite*) grossier(-ère)

roughhouse **I.** *vi* se taquiner **II.** *vt* malmener **III.** *n inf* bagarre *f*

roughly *adv* **1.** (*approximately*) grossièrement; (*calculate*) approximativement; **~ speaking** en général **2.** (*aggressively*) rudement

roughneck ['rʌf·nek] *n* **1.** *inf* (*antisocial man*) voyou *m* **2.** *sl* (*oil rig worker*) *personne qui travaille sur une plate-forme pétrolière*

roughness *n* **1.** (*quality of surface*) rugosité *f;* (*of the ground*) inégalité *f* **2.** (*unfairness*) brutalité *f;* (*of a game*) violence *f*

roughshod ['rʌf·ʃad] *adj* brutal(e) ▶ **to ride ~ over sb** traiter qn avec le plus grand mépris

roulette [ru·'let] *n* roulette *f*

round [raʊnd] **I.** *n* **1.** (*shape*) rond *m* **2.** (*work: of a guard*) ronde *f;* (*of a postman*) tournée *f;* **the daily ~** la routine quotidienne; **to make the ~s** (*illness, story*) circuler **3.** SPORTS (*of golf*) partie *f;* (*in a championship*) manche *f;* (*in horse jumping*) parcours *m;* **a clear ~** un parcours sans faute **4.** (*unit: of bread*) tranche *f;* (*of ammunition*) cartouche *f;* **a ~ of applause** des applaudissements *mpl* **5.** (*series: of drinks*) tournée *f;* (*of voting*) tour *m;* (*of applications, interviews*) série *f* **6.** MUS canon *m* **II.** *adj* **1.** (*shape*) rond(e) **2.** *fig* (*vowel*) arrondi(e); (*number*) rond(e); **~ sum** somme *f* rondelette **III.** *adv* autour; **to go ~ and ~** tourner en rond; **the long way ~** le chemin le plus long; **come ~ tomorrow** passez demain; **all year ~** tout au long de l'année **IV.** *prep s.* **around** **V.** *vt* **1.** (*form into curve*) arrondir **2.** (*move*) contourner; (*bend*) prendre; (*cape*) doubler **3.** (*number*) arrondir

◆**round down** *vt* arrondir au chiffre inférieur

◆**round off** *vt* terminer

◆**round on** *vt* s'en prendre à

◆**round out** *vt* parfaire

◆**round up** *vt* **1.** (*increase: number*) arrondir au chiffre supérieur **2.** (*gather*) rassembler

roundabout *adj* indirect(e); **to take a ~ route** faire un détour; **to ask sb in a ~ way** demander à qn de manière détournée

rounded *adj* (*shape*) arrondi(e)

roundly *adv* sévèrement; **to defeat sb ~** infliger une sévère défaite à qn

round-shouldered *adj* voûté(e)

roundtable, roundtable conference, roundtable discussion *n* table *f* ronde

round-the-clock **I.** *adj* de jour et de nuit **II.** *adv* vingt-quatre heures sur vingt-quatre

roundup *n* **1.** (*of cattle*) regroupement *m;* (*of suspects*) rassemblement *m* **2.** (*of news*) résumé *m*

rouse [raʊz] *vt* **1.** (*waken*) réveiller; **to ~ oneself from one's reverie** sortir d'un rêve **2.** (*activate*) stimuler; (*crowd*) soulever; **to ~ sb to** *+infin* pousser qn à *+infin;* **to ~ to action** pousser à l'action **3.** (*cause*) provoquer; (*admiration, anger*) susciter

rousing *adj* (*cheer, welcome*) enthousiaste; (*speech, chant*) vibrant(e)

roustabout ['raʊst·ə·ˌbaʊt] *n* manœuvre *m*

rout [raʊt] **I.** *vt a. fig* mettre en déroute **II.** *n* déroute *f*

◆**rout out** *vt* débusquer

route [rut] **I.** *n* **1.** (*way*) itinéraire *m* **2.** (*delivery path*) tournée *f;* **to have a delivery ~** avoir un itinéraire de livraison; **to have a paper ~** distribuer les journaux **3.** (*road*) route *f* **4.** *fig* voie *f;* **the ~ to success** la voie du succès **II.** *vt* faire passer

> ℹ La célèbre **Route 66** part de Chicago et arrive à Los Angeles. Pendant la crise économique mondiale des années 30, beaucoup de personnes ont emprunté la **Route 66** pour déménager en Californie. La **Route 66** traverse huit États américains.

routine [ru·'tin] **I.** *n* **1.** (*habit*) routine *f;* **to do sth as a matter of ~** faire qc systématiquement; **daily ~** train-train *m* quotidien; **to go into a ~** ressortir la même rengaine; **to give sb a ~** faire son numéro habituel à qn; **cleaning ~** mode *m* de nettoyage **2.** THEAT numéro *m* **3.** COMPUT routine *f* **II.** *adj* **1.** (*regular*) ordinaire; (*medical case*) banal(e); (*check-up*) de routine; (*inquiry, inspection*) d'usage **2.** *pej* (*uninspiring*) routinier(-ère)

routinely *adv* systématiquement

routing code *n* FIN code *m* bancaire

R

rove [roʊv] **I.** *vi* errer **II.** *vt* (*world*) parcourir; (*the countryside*) errer dans

roving ['roʊv·ɪŋ] *adj* (*animal, thieves*) errant(e); (*ambassador, musician*) itinérant(e); **to have a ~ eye** ne pas avoir les yeux dans sa poche

row[1] [roʊ] *n* (*of trees, houses*) rangée *f;* (*of seats, people*) rang *m;* (*of cars*) file *f;* **to move up a few ~s** se déplacer de quelques rangs; **to stand in a ~** être en rang; **in ~s** en rang; **in a ~** d'affilée

row[2] [roʊ] **I.** *n* **1.** (*quarrel*) querelle *f,* bringue *f Suisse;* **to have a ~ with sb** se disputer avec qn **2.** (*noise*) vacarme *m;* **to make a ~** faire du vacarme **II.** *vi inf* **to ~ about sth** s'engueuler à cause de qc

row[3] [raʊ] **I.** *vi* ramer; SPORTS faire de l'aviron; **to ~ across the lake** traverser le lac à la rame; **to ~ back/away** revenir/partir à la rame **II.** *vt* **to ~ the boat to sth** ramer vers qc; **to ~ the boat back home** ramener le bateau à la rame; **to ~ sb/sth** transporter qn/qc en canot; **to ~ sb across the lake** ramener qn en canot sur le lac **III.** *n* rame *f;* **to go for a ~** faire un tour de canot

rowan [roʊən] *n* sorbier *m*

rowboat ['roʊ·boʊt] *n* canot *m* (à rames)

rowdy ['raʊ·di] <-ier, -iest> *adj* tapageur(-euse); **to be ~** faire du raffut

rower *n* rameur, -euse *m, f*

rowing *n* aviron *m*

royal ['rɔɪəl] **I.** *adj* **1.** (*of a monarch*) *a. fig* royal(e); **Your/His/Her ~ Highness** Votre/Son Altesse **2.** *inf* (*big*) gros(se); **he's a ~ pain in the ass** c'est un emmerdeur de première **II.** *n inf* membre *m* de la famille royale

royalist I. *n* royaliste *mf* **II.** *adj* royaliste

royalty ['rɔɪəl·t̬i] *n* **1.** (*sovereignty*) royauté *f;* **to treat sb like ~** traiter qn comme un roi(une reine) **2.** *pl* (*copyrights*) royalties *fpl*

RP [ˌar·'pi] *n abbr of* **received pronunciation** prononciation *f* standard

rpm [ˌar·pi·'em] *n abbr of* **revolutions per minute** tr/min *m*

RR *n abbr of* **Railroad** chemin *m* de fer

RSVP *abbr of* **répondez s'il vous plaît** RSVP

Rt. Hon. *n abbr of* **Right Honorable** très honorable

rub [rʌb] **I.** *n* frottement *m;* **to give sth a ~** frotter qc **II.** <-bb-> *vt* frotter; (*body*) frictionner; (*one's eyes, hands*) se frotter; **to ~ sth clean** nettoyer qc (en frottant); **to ~ oneself (up) against sth** se frotter contre qc; **to ~ up** astiquer ► **to ~ sb's nose in it** mettre le nez de qn dedans; **to ~ elbows** [*o* **shoulders**] **with sb** *inf* côtoyer qn; **to ~ sb the wrong way** prendre qn à rebrousse-poil **III.** <-bb-> *vi* se frotter; **the shoes ~ against my heel** mes chaussures frottent au talon

◆**rub down** *vt* **1.** (*prepare for decoration*) nettoyer; **to ~ with sandpaper** poncer avec du papier de verre **2.** (*dry*) essuyer (en frottant)

◆**rub in** *vt* **1.** (*spread on skin*) faire pénétrer **2.** *inf* (*keep reminding*) rappeler sans cesse

◆**rub off I.** *vi* **1.** (*become clean*) s'effacer; (*mark*) partir **2.** (*affect*) **to ~ on sb** déteindre sur qn **II.** *vt* effacer; **to rub dirt off** enlever les saletés

◆**rub out** *vt* **1.** (*erase*) effacer **2.** *sl* (*murder*) éliminer

rubber ['rʌb·ər] **I.** *n* **1.** (*elastic substance*) caoutchouc *m* **2.** *sl* (*condom*) capote *f* **3.** *pl* (*waterproof shoes*) bottes *fpl* en caoutchouc **4.** (*in bridge*) partie *f* **II.** *adj* en caoutchouc

rubber band *n* élastique *m*

rubber boat *n* bateau *m* pneumatique

rubbernecker ['rʊb·ərˌnek·ər] *n sl* badaud(e) *m(f)*

rubber plant *n* caoutchouc *m*

rubber stamp *n* tampon *m;* **to put one's ~ on sth** approuver qc

rubber-stamp *vt pej* approuver

rubber tree *n* arbre *m* à gomme

rubbery ['rʌb·ᵊr·i] <-ier, -iest> *adj* **1.** (*rubber-like*) caoutchouteux(-euse); **to taste ~** avoir une consistance caoutchouteuse **2.** *inf* (*weak*) mou(molle)

rubbing *n* frottement *m;* (**brass**) **~** frottage *m* (*sur bronze*)

rubbing alcohol *n* alcool *m* à 90°

rubbish ['rʌb·ɪʃ] *n* **1.** *inf* (*waste*) déchets *mpl* **2.** *inf* (*nonsense*) bêtises *fpl;* **a load of ~** un tas de bêtises **3.** *inf* (*junk, something worthless*) camelote *f*

rubbishy *adj inf* nul(le)

rubble ['rʌb·l] *n* **1.** (*smashed rock*) gravats *mpl* **2.** (*from demolished building*) décombres *mpl* **3.** *fig* **to reduce sth to ~** réduire qc en poussière

rubdown *n* friction *f;* **to give sb a ~** frictionner qn

rubella [ru·'bel·ə] *n* MED rubéole *f*

ruble ['ru·bl] *n* rouble *m*

rubric ['ru·brɪk] *n* rubrique *f*

ruby ['ru·bi] **I.** <-ies> *n* rubis *m* **II.** *adj* **1.** (*colored*) (couleur) rubis *inv* **2.** (*made of stones: necklace, bracelet*) de rubis

ruck [rʌk] **I.** *n* **1.** (*average crowd*) foule *f;* **to lift sb out of the ~** distinguer qn de la masse; **to rise above the ~** s'élever au-dessus de la foule **2.** (*in rugby*) mêlée *f* **3.** (*fold*) pli *m* **II.** *vt* froisser **III.** *vi* se froisser

rucksack ['rʌk·sæk] *n* sac *m* à dos

ruckus ['rʌk·əs] *n inf* grabuge *m* ► **to raise a ~** faire du boucan; (*complain*) faire (tout) un cirque

ruction ['rʌk·ʃᵊn] *n inf* grabuge *m*

rudder ['rʌd·ər] *n* gouvernail *m*

ruddy ['rʌd·i] <-ier, -iest> *adj* (*red*) rouge; (*complexion*) rougeaud(e)

rude [rud] *adj* **1.** (*impolite*) impoli(e); **to be ~ to sb** être impoli envers qn **2.** (*coarse*) grossier(-ère) **3.** (*sudden*) soudain(e); (*shock*) rude; **I had a ~ awakening** j'ai perdu mes illusions

rudimentary [ˌru·də·'men·tᵊr·i] *adj form* rudi-

mentaire
rudiments ['ru·də·mənts] *npl* rudiments *mpl*
rueful ['ru·fəl] *adj* attristé(e)
ruffian ['rʌf·i·ən] *n* voyou *m*
ruffle ['rʌf·l] **I.** *n* FASHION volant *m* **II.** *vt* **1.** (*make unsmooth*) agiter **2.** (*upset*) troubler ▶**to ~ sb's feathers** hérisser les poils de qn
rug [rʌg] *n* carpette *f* ▶**to pull the ~ (out) from under sb's feet** couper l'herbe sous les pieds de qn
rugby ['rʌg·bi] *n* rugby *m;* **a ~ team/ball** une équipe/balle de rugby
rugby shirt *n* maillot *m* de rugby
rugged ['rʌg·ɪd] *adj* **1.** (*uneven: cliff, mountains*) découpé(e); (*country, coast, bank*) accidenté(e); (*ground*) rocailleux(-euse) **2.** (*tough: individual, face*) rude **3.** (*solid: vehicle, constitution*) robuste
ruin ['ru·ɪn] **I.** *vt* **1.** (*destroy*) *a. fig* (*reputation, country*) ruiner; (*dress*) abîmer; **you'll ~ your health/skin** tu vas t'abîmer la santé/la peau **2.** (*spoil: day, plan, house*) gâcher; (*child*) gâter **3.** (*impoverish*) ruiner **II.** *n* ruine *f;* **to be in/fall into ~(s)** être/tomber en ruine; **to be on the edge of ~, to face ~** être au bord de la ruine; **to be on the road to ~** aller à la ruine
ruination [ˌru·ə·'neɪ·ʃən] *n* ruine *f*
ruinous ['ru·ə·nəs] *adj* **1.** (*destructive*) **in ~ condition** en ruine; **to be ~ to sth** ruiner qc; **a ~ war for the country** une guerre qui a ruiné le pays **2.** (*expensive*) ruineux(-euse)
rule [rul] **I.** *n* **1.** (*instruction*) règle *f;* **to play by the ~s** jouer d'après les règles; **the school ~s** le règlement scolaire; **to make it a ~ to** +*infin* avoir pour règle de +*infin* **2.** (*control*) autorité *f;* **under Conservative ~** sous les conservateurs **3.** (*ruler*) règle *f* ▶**as a ~ of thumb** en général; **as a general ~** en règle générale; **~s are made to be broken** *prov* les règles sont faites pour être violées; **to be the ~** être la règle **II.** *vt* **1.** (*govern*) gouverner **2.** (*control*) mener **3.** (*draw: line*) tirer; (*paper*) tracer des lignes sur **4.** (*decide*) décider; LAW déclarer ▶**to ~ the roost** faire la loi; **to be ~d by sb** écouter les conseils de qn **III.** *vi* **1.** (*control*) régner **2.** *sl* (*be great*) **skateboarding/rap ~s!** c'est trop cool le skate/rap!
◆**rule off** *vt* tirer
◆**rule out** *vt* exclure; **to ~ doing sth** décider de ne pas faire qc
rule book *n* **the ~** le règlement
ruler *n* **1.** (*person in power*) dirigeant(e) *m(f)* **2.** (*for measuring*) règle *f*
ruling **I.** *adj* **1.** (*governing*) dirigeant(e); (*party*) au pouvoir **2.** (*primary*) premier(-ère) **II.** *n* décision *f;* **to give a ~** rendre une décision
rum [rʌm] *n* rhum *m*
Rumania *n s.* **Romania**
Rumanian *n, adj s.* **Romanian**
rumba ['rʌm·bə] *n* rumba *f*
rumble ['rʌm·bl] **I.** *n* grondement *m* **II.** *vi* gronder; (*stomach*) gargouiller
rumbling **I.** *n* **1.** (*sound*) grondement *m;* (*of stomach*) gargouillis *m* **2.** *pl* (*indication*) signes *mpl* **II.** *adj* **a ~ noise** un grondement; **a ~ stomach** un estomac qui gargouille
ruminant ['ru·mə·nənt] **I.** *n* ruminant *m* **II.** *adj* ruminant(e)
ruminate ['ru·mə·neɪt] *vi* ruminer
rummage ['rʌm·ɪdʒ] **I.** *vi* fouiller **II.** *n* bric-a-brac *m;* **to have a ~ around in sth** farfouiller dans qc
rummy ['rʌm·i] *n* rami *m*
rumor ['ru·mər] **I.** *n* rumeur *f;* **to spread [o circulate] a ~ that ...** faire circuler la rumeur que ...; **~ has it that ...** le bruit court que ... **II.** *vt* **sb is ~ed to be sth/doing sth** la rumeur dit que qn serait qc/ferait qc; **it is ~ed that ...** la rumeur dit que ...
rump [rʌmp] *n* **1.** (*meat*) **~ (steak)** rumsteck *m* **2.** (*rear end: of animal, person*) croupe *f* **3.** (*faction*) minorité *f*
rumple ['rʌm·pl] *vt* froisser; (*hair*) ébouriffer
rumpus ['rʌm·pəs] *n inf* boucan *m*
run [rʌn] **I.** *n* **1.** (*jog*) course *f;* **at a ~** au pas de course; **to break into a ~** se mettre à courir; **to go for a ~** (aller) courir; **to make a ~ for it** foncer **2.** (*excursion*) tour *m;* **to go for a ~ in the car** (aller) faire un tour en voiture **3.** (*journey*) trajet *m;* **the school ~** le ramassage des enfants; **to be a one-hour ~ from sth** être à une heure de qc; (**bombing**) **~** MIL sortie *f* **4.** (*series*) série *f;* (*of cards*) suite *f;* **to have a ~ of good/bad luck** être en veine/dans la déveine **5.** (*period*) période *f;* (*of events*) cours *m;* **in the long ~** à la longue; **in the short ~** à court terme; **to have a long ~** THEAT tenir longtemps l'affiche; (*TV series*) passer pendant longtemps **6.** (*production*) lot *m;* **a (print) ~ of 5000** un tirage à 5000 exemplaires **7.** (*demand*) ruée *f;* **a ~ on sth** une forte demande de qc **8.** (*type*) genre *m;* **the common ~ of movies/students** les films/étudiants ordinaires **9.** (*trend*) *a. fig* tendance *f* **10.** (*enclosed area: for animals*) enclos *m;* (*for skiing*) piste *f* **11.** (*freedom*) **to have the ~ of sth** avoir qc à son entière disposition **12.** SPORTS point *m* **13.** (*hole*) maille *f* filée; **to have a ~ in one's stockings** avoir une échelle dans ses bas **14.** (*leak: of ink, paint*) bavure *f* ▶**to give sb/sth a ~ for their money** donner du fil à retordre à qn/qc; **to have a (good) ~ for one's money** en avoir pour son argent; **to have the ~s** *inf* avoir la courante; **to be on the ~** être en cavale; (*extremely busy*) être en train de cavaler **II.** <-nn-, ran, run> *vi* **1.** (*move fast using feet*) courir; **to ~ at sb** foncer sur qn; **to come ~ning towards sb** venir vers qn en courant; **to ~ in/out** entrer/sortir en courant; **to ~ up/down the street** monter/descendre la rue en courant; **to ~ across/into sth** traverser/entrer dans qc en courant; **to ~ along/around sth** passer le long/autour de qc en courant; **to ~ for help/the bus** courir pour chercher de l'aide/attraper le bus; **to ~ in place/for cover** courir

R

sur place/à l'abri; **don't come ~ning to me** *fig* ne viens pas pleurer chez moi **2.** (*operate*) fonctionner; (*wheel, engine*) tourner; **to keep the economy ~ning** faire tourner l'économie; **to ~ on diesel** rouler au diesel; **we're ~ning on time** nous sommes dans les temps; **is the Hartford train ~ning?** est-ce que le train de Hartford circule? **3.** (*go, leave*) filer; **I have to ~** je dois filer **4.** (*flee*) fuir **5.** (*last*) durer; **to ~ for two years** (*play*) être à l'affiche pendant deux ans; (*TV series*) passer pendant deux ans; (*contract*) être valable deux ans **6.** (*flow: water, nose*) couler; (*eyes*) pleurer; (*ink, paint*) baver; (*color*) déteindre; **to ~ into sth** se jeter dans qc; **emotions ran high** les émotions étaient fortes **7.** POL se porter candidat; **to ~ for president** être candidat à la présidence; **to ~ against sb** se présenter contre qn **8.** + *adj* (*become*) être; **to ~ dry** s'assécher; **to ~ short of sth** être à court de qc; **to ~ low on sth** ne bientôt plus avoir de qc **9.** (*stockings, tights*) filer **10.** (*follow route*) passer; **the river ~s through Burgundy/by the road** la rivière coule à travers la Bourgogne/le long de la route; **the bus ~s past the church to downtown** le bus va au centre-ville en passant devant l'église **11.** SPORTS faire du jogging ▶**to ~ around in circles** (*be busy*) se mettre en quatre; **to ~ in the family** être de famille; **to ~ through one's head** trotter dans la tête; **to ~ wild** (*animal*) être en liberté; (*person*) courir partout **III.** <-nn-, ran, run> *vt* **1.** (*by moving feet: race, distance*) courir **2.** (*enter in race*) courir; **to ~ a horse** faire courir un cheval; **to ~ a candidate** présenter un candidat **3.** (*drive*) conduire; **to ~ sb home/to the train station** conduire qn à la maison/à la gare; **to ~ a truck into a garage** rentrer un camion dans un garage **4.** (*pass*) faire passer; **to ~ one's hand through one's hair** se passer la main dans les cheveux; **to ~ a comb through one's hair** se passer un coup de peigne; **to ~ a vacuum cleaner over a rug** passer l'aspirateur sur un tapis **5.** (*operate*) faire fonctionner; (*a car*) entretenir; (*train*) faire circuler; (*motor, program*) faire tourner **6.** (*manage, govern*) gérer; (*company, government*) diriger; (*household, store, hotel*) tenir; **a well-/badly-~ school** une école bien/mal gérée; **to be too expensive to ~** être trop cher **7.** (*let flow: tap, water*) faire couler; **to ~ a bath** faire couler un bain **8.** (*tell*) **to ~ sth by sb** soumettre qc à qn **9.** (*issue: an article*) publier; (*series, a film*) passer **10.** (*smuggle*) faire passer **11.** (*not heed*) **to ~ a red light** passer au (feu) rouge **12.** (*incur: danger, risk*) courir **13.** (*have: temperature, a deficit*) avoir; (*test*) effectuer ▶**to ~ one's eye over sth** parcourir qc du regard; **to ~ oneself into the ground** s'épuiser; **to ~ the show** faire la loi; **to ~ sb ragged** éreinter qn

◆**run across** *vt, vi* traverser

◆**run after** *vt* poursuivre

◆**run along** *vi* (*leave*) partir; **~ now!** vas-y maintenant!

◆**run around** *vi* **1.** (*bustle*) courir dans tous les sens **2.** (*run freely*) **to ~ in the street** courir dans la rue **3.** *inf* (*have affair*) **to ~ with sb** sortir avec qn

◆**run away** *vi* s'enfuir; **to ~ with the idea that ...** aller s'imaginer que ...; **you let your imagination ~ with you** ton imagination s'emballe

◆**run down** **I.** *vt inf* **1.** (*criticize*) dénigrer **2.** (*reduce: production, inventory*) réduire (progressivement) **3.** (*hit: car, person*) renverser; (*boat*) heurter **4.** (*exhaust*) décharger; **to ~ oneself down** se vider **5.** (*find*) découvrir **II.** *vi* **1.** (*lose power: clock*) s'arrêter; (*battery*) se décharger **2.** (*deteriorate*) se détériorer

◆**run in** *vt sl* (*arrest*) arrêter

◆**run into** *vt* **1.** (*meet by chance*) rencontrer par hasard **2.** AUTO entrer en collision avec **3.** (*reach*) atteindre; **the cost will ~ many millions** les coûts s'élèveront à plusieurs millions; **to ~ debt** s'endetter

◆**run off** **I.** *vi* **1.** *inf* (*leave*) s'enfuir; **to ~ home** rentrer chez soi **2.** (*elope*) **to ~ with sb** s'enfuir avec qn **3.** *inf* (*steal*) **to ~ with sth** se tirer avec qc **4.** (*drain*) s'écouler **II.** *vt* **1.** (*reproduce*) tirer des exemplaires de; **to ~ a copy** faire une copie **2.** (*write quickly*) pondre **3.** (*chase away*) chasser **4.** (*drain*) laisser s'écouler

◆**run on** *vi* **1.** (*continue*) se poursuivre **2.** (*continue talking*) parler sans s'arrêter; **to ~ for another hour** ne plus s'arrêter de parler pendant une heure; **to ~ and on for three pages** continuer sur trois pages

◆**run out** *vi* **1.** (*contract*) expirer **2.** (*be short of*) **to ~ of sth** se trouver à court de qc; **to ~ of patience** perdre patience **3.** *inf* (*abandon*) **to ~ on sb** abandonner qn

◆**run over** **I.** *vt* **1.** (*injure: person*) renverser **2.** (*read again*) revoir **3.** (*exceed*) excéder **II.** *vi a. fig* déborder

◆**run through** **I.** *vt* **1.** (*rehearse: speech, act*) répéter **2.** (*read or repeat quickly*) repasser sur **3.** (*pervade*) traverser **4.** (*spend*) venir à bout de **II.** *vi* passer en courant

◆**run to** *vt* **1.** (*amount to*) s'élever à; (*include*) comprendre **2.** (*show tendency*) être enclin(e) à

◆**run up against** *vt* se heurter à

runabout *n* petite voiture *f*

runaround *n inf* **to give sb the ~** faire tourner qn en bourrique

runaway **I.** *adj* **1.** (*out of control: train, car*) fou(folle); (*horse*) emballé(e) **2.** (*escaping: from an institution*) en fuite; (*from home*) fugueur(-euse) **3.** (*enormous: success*) immense; (*inflation*) galopant(e) **II.** *n* fugueur, -euse *m, f;* (*from prison*) fugitif, -ive *m, f*

rundown **I.** *n* (*report, summary*) résumé *m*

II. *adj* **1.** (*dilapidated*) décrépit(e); (*facilities*) défectueux(-euse) **2.** (*worn out*) à bout
rune [run] *n* symbole *m*
rung [rʌŋ] **I.** *pp of* **ring II.** *n* **1.** (*ladder step*) échelon *m* **2.** *fig* (*level*) niveau *m*
run-in *n inf* dispute *f*
runner ['rʌn·ər] *n* **1.** (*person that runs*) coureur, -euse *m, f* **2.** (*racing horse*) cheval *m* partant **3.** (*messenger*) messager *m* **4.** (*smuggler*) trafiquant(e) *m(f)* **5.** (*blade of skate*) patin *m* **6.** (*rod to slide on*) glissière *f* **7.** BOT rejeton *m* **8.** (*long rug*) tapis *m*
runner-up <runners-up> *n* second(e) gagnant(e) *m(f)*
running I. *n* **1.** (*action of a runner*) course *f* **2.** (*operation*) fonctionnement *m;* **the day-to--day ~ of the business** l'organisation *f* quotidienne d'une compagnie ▶ **to be in/out of the ~** être/ne pas être dans la course **II.** *adj* **1.** (*consecutive*) de suite **2.** (*ongoing*) permanent(e); (*commentary*) simultané(e) **3.** (*operating*) en marche **4.** (*flowing*) courant(e)
running costs *npl* coûts *mpl* d'entretien
runny ['rʌn·i] <-ier, -iest> *adj* coulant(e); (*nose*) qui coule; (*sauce*) liquide
runoff *n* **1.** (*rainfall*) eaux *fpl* de ruissellement **2.** (*second election*) deuxième tour *m* **3.** (*extra competition*) *épreuve supplémentaire pour départager des ex-æquo*
run-of-the-mill *adj* courant(e)
runt [rʌnt] *n* avorton *m*
run-through *n* THEAT, MUS répétition *f*
run-up *n* **1.** (*running approach*) course *f* **2.** (*sudden increase: in price, demand, value*) flambée *f* **3.** (*prelude, final stage*) dernière étape *f;* **the ~ to sth** le compte à rebours avant qc
runway *n* piste *f*
rupee ['ru·pi] *n* roupie *f*
rupture ['rʌp·tʃər] **I.** *n* **1.** (*act of bursting*) rupture *f* **2.** (*hernia*) hernie *f* **II.** *vt* rompre **III.** *vi* se rompre; (*blood vessel*) éclater
rural ['rʊr·əl] *adj* rural(e)
ruse [ruz] *n* ruse *f*
rush[1] [rʌʃ] *n* BOT jonc *m*
rush[2] [rʌʃ] **I.** *n* **1.** (*hurry*) précipitation *f;* **to be in a ~** être pressé; **to leave in a ~** partir précipitamment; **in the ~ to finish on time** dans la hâte de finir à temps **2.** (*charge, attack*) ruée *f;* **there was a ~ to the stairs** il y a eu une ruée vers l'escalier **3.** (*surge*) afflux *m;* (*of air*) bouffée *f;* (*of dizziness*) soudaine vague *f;* **~ of excitement** montée *f* d'adrénaline **4.** (*mass migration*) ruée *f;* **gold ~** ruée vers l'or **5.** SPORTS course *f* **II.** *vi* **1.** (*hurry*) se précipiter; **to ~ in/out** se ruer dedans/dehors; **to ~ to talk to/help sb** se précipiter pour parler à/aider qn; **to ~ around** courir dans tous les sens; **to ~ up to sb** arriver en courant vers qn; **to ~ towards sb** se précipiter vers qn; **to ~ at sb/sth** se ruer sur qn/qc **2.** (*do prematurely*) **to ~ into sth** se lancer aveuglément dans qc; **to ~ to conclusions** tirer des conclusions trop vite **3.** SPORTS attaquer **III.** *vt* **1.** (*hurry*) faire à la hâte **2.** (*transport*) emmener d'urgence **3.** (*pressure: person*) bousculer; (*job*) faire très vite; **to ~ dinner** dîner à la hâte; **to ~ sb into doing sth** pousser qn à faire qc **4.** (*attack*) prendre d'assaut; (*person*) attaquer
◆ **rush through** *vt* (*book*) lire en vitesse; (*bill*) faire voter rapidement; (*order*) traiter d'urgence
rush hour *n* heure *f* de pointe
rush job *n* travail *m* urgent
rusk [rʌsk] *n* biscotte *f*
Russia ['rʌʃ·ə] *n* la Russie
Russian I. *adj* russe **II.** *n* **1.** (*person*) Russe *mf* **2.** LING russe *m; s.a.* **English**
Russian Federation *n* **the ~** la Fédération de Russie
Russian Revolution *n* **the ~** la Révolution Russe
rust [rʌst] **I.** *n* **1.** (*corrosion*) rouille *f* **2.** (*color*) couleur *f* rouille **II.** *vi* **to ~ (away/through)** se rouiller **III.** *vt* rouiller
rust-colored *adj* (de couleur) rouille *inv;* (*hair*) roux
rustic ['rʌs·tɪk] *adj* **1.** (*of the country*) rustique **2.** (*simple, plain*) simple
rustle ['rʌs·l] **I.** *vi* se froisser **II.** *vt* **1.** (*cause to move noisily*) froisser **2.** (*steal: cattle*) voler **III.** *n* froissement *m*
◆ **rustle up** *vt* faire rapidement
rustler *n* (*cattle thief*) voleur, -euse *m, f* de bétail
rusty ['rʌs·ti] <-ier, -iest> *adj* rouillé(e); **my ~ German** mon allemand rouillé
rut [rʌt] *n* **1.** (*track*) sillon *m* **2.** ZOOL rut *m* ▶ **to be (stuck) in/get out of a ~** s'enfoncer dans le/sortir du train-train
rutabaga [ˌru·t̬ə·'beɪ·gə] *n* rutabaga *m*
ruthless ['ruθ·ləs] *adj* sans pitié; (*ambition*) ravageur(-euse); (*behavior*) cruel(le); (*decision, dictator, plan*) impitoyable; **to be ~ in doing sth** (*cruel*) faire qc de manière cruelle; (*severe*) être sans pitié pour faire qc; **to be ~ in enforcing the law** appliquer implacablement la loi
ruthlessness *n* caractère *m* impitoyable
RV [ˌar·'vi] *n abbr of* **recreational vehicle** camping-car *m*
Rwanda [rʊ·'an·də] *n* le Ruanda [*o* Rwanda]
Rwandan I. *adj* rwandais(e) **II.** *n* Rwandais(e) *m(f)*
rye [raɪ] *n* seigle *m*
rye bread *n* pain *m* de seigle

S

S, s [es] <-'s> *n* s *m*, S *m inv;* **~ as in Sierra** s comme Suzanne
S I. *n* **1.** *abbr of* **south** S *m* **2.** *abbr of* **satisfactory II.** *adj* **1.** *abbr of* **south, southern** sud *inv* **2.** *abbr of* **small** S
s *inv abbr of* **second** s *f*
SA *n* **1.** *abbr of* **Salvation Army** Armée *f* du Salut **2.** *abbr of* **South Africa** l'Afrique *f* du Sud **3.** *abbr of* **South America** l'Amérique *f* du Sud
Sabbath ['sæb·əθ] *n* **1.** (*Jewish celebration*) sabbat *m* **2.** (*Christian Sunday*) dimanche *m*
sabbatical [sə·'bæt̬·ɪ·kəl] **I.** *n* congé *m* sabbatique; **to be on ~** être en congé sabbatique **II.** *adj* sabbatique
saber ['seɪ·bər] *n* sabre *m*
sable ['seɪ·bl] *n* zibeline *f*
sabotage ['sæb·ə·tɑʒ] **I.** *n* sabotage *m* **II.** *vt* saboter
saboteur [ˌsæb·ə·'tɜr] *n* saboteur, -euse *m, f*
sac [sæk] *n* BIO, ANAT sac *m*
saccharin ['sæk·ər·ɪn] *n* saccharine *f*
saccharine ['sæk·ər·ɪn] *adj pej* mielleux(-euse); **with a ~ smile** d'un sourire mielleux
sachet [sæ·'ʃeɪ] *n* sachet *m*
sack[1] [sæk] **I.** *n* **1.** (*bag*) sac *m;* **paper/plastic ~** sac en papier/plastique **2.** *inf* (*bed*) **to hit the ~** se pieuter **3.** *sl* (*dismissal from job*) **to get the ~** se faire virer; **to give sb the ~** virer qn **II.** *vt* virer
sack[2] [sæk] **I.** *n* (*pillaging*) pillage *m* **II.** *vt* mettre à sac
sackcloth ['sæk·klɑθ] *n* grosse toile *f* ► **to be in ~ and ashes** être contrit
sackful *n* plein sac *m;* **a ~ of apples** un plein sac de pommes
sacking *n* **1.** (*sackcloth*) grosse toile *f* **2.** (*dismissal*) licenciement *m* **3.** (*plundering and destruction*) pillage *m*
sack race *n* course *f* en sac
sacrament ['sæk·rə·mənt] *n* **1.** (*Christian ceremony*) sacrement *m* **2. the ~** (*consecrated bread, wine*) la communion; **to take** [*o* **receive**] **the ~** communier
sacramental *adj* sacramentel(le)
sacred ['seɪ·krɪd] *adj* sacré(e); **to be ~ to sb** être sacré pour qn
sacrifice ['sæk·rə·faɪs] **I.** *n a. fig* sacrifice *m* ► **to make the ultimate ~** faire le sacrifice suprême **II.** *vt a. fig* sacrifier; **to ~ sb to the gods** donner qn en sacrifice aux dieux **III.** *vi* **to ~ to sb** sacrifier à qn
sacrilege ['sæk·rə·lɪdʒ] *n* sacrilège *m*
sacrilegious *adj* sacrilège
sacristy ['sæk·rɪ·sti] *n* REL sacristie *f*
sacrosanct ['sæk·roʊ·sæŋ(k)t] *adj* <-dd-> *a. iron* sacro-saint(e)
sad [sæd] *adj* **1.** (*unhappy, sorrowful*) triste; **to look ~** avoir l'air triste; **to make sb ~** attrister qn **2.** (*deplorable, shameful*) navrant(e) ► **~ to say** malheureusement
sadden ['sæd·ən] *vt* attrister
saddle ['sæd·l] **I.** *n a.* CULIN selle *f* ► **to be in the ~** (*riding*) être en selle; (*in charge*) tenir les rênes **II.** *vt* **1.** (*put saddle on: horse*) seller **2.** *inf* (*burden*) **to ~ sb with sth** mettre qc sur les bras de qn; **to ~ oneself with debts** s'encombrer de dettes
saddlebag ['sæd·l·bæg] *n* sacoche *f*
saddler *n* sellier *m*
saddle sore *adj* **to be ~** avoir mal aux fesses
sadism ['seɪ·dɪ·zəm] *n* sadisme *m*
sadist *n* sadique *mf*
sadistic *adj* sadique
sadness *n* tristesse *f*
safari [sə·'fɑr·i] *n* safari *m;* **to go on a ~** faire un safari
safari park *n* réserve *f* d'animaux
safe [seɪf] **I.** *adj* **1.** (*out of danger*) en sécurité; **to be not ~** être en danger; **to be ~ from sb/sth** être protégé contre qn/qc **2.** (*not harmed: person*) hors de danger; (*object*) intact(e); **~ and sound** sain et sauf **3.** (*secure*) sûr(e); **to feel ~** se sentir en sécurité; **to keep sth in a ~ place** conserver qc dans un lieu sûr; **to put sth somewhere ~** mettre qc en lieu sûr **4.** (*not dangerous: streets*) sûr(e); (*roof, building*) solide; (*meat, product*) sans danger; **to be not ~** être dangereux **5.** (*not taking risks, not risky*) sûr(e); (*choice, driver*) prudent(e); (*method, contraceptive*) sans risque; **to be not ~** être dangereux; **it is ~ to say that ...** je peux dire sans prendre de risque que ...; **to be ~ with sb** ne rien risquer avec qn; **it is a ~ bet that ...** il y a fort à parier que ...; **to be in ~ hands** être entre de bonnes mains ► **to wish a ~ trip to sb** souhaiter un bon voyage à qn; **to be on the ~ side** par précaution; **it is better to be ~ than sorry** *prov* deux précautions valent mieux qu'une *prov;* **to play it ~** ne pas prendre de risques **II.** *n* coffre-fort *m*
safecracker *n* perceur *m* de coffres-forts
safe deposit *n* coffre *m*
safe deposit box *n* coffre *m*
safeguard I. *n* garantie *f* **II.** *vt* protéger
safe house *n* **1.** (*for spies, terrorists*) lieu *m* sûr **2.** (*for battered women*) foyer *m* pour femmes battues
safekeeping *n* sécurité *f;* **in ~** en lieu sûr; **to give sth to sb for ~** confier qc à la garde de qn; **to be in sb's ~** être sous la garde de qn
safe sex *n* rapports *mpl* sexuels protégés
safety ['seɪf·ti] *n* sécurité *f;* **in ~** en sécurité; **to be concerned for the ~ of sb** s'inquiéter du sort de qn; **to lead sb to a place of ~** mettre qn en lieu sûr ► **there's ~ in numbers** *prov* plus on est nombreux, moins on court de risques
safety belt *n* ceinture *f* de sécurité
safety catch *n* cran *m* d'arrêt
safety glass *n* verre *m* sécurit®

safety helmet *n* casque *m* de sécurité, chapeau *m* de sécurité *Québec*
safety lamp *n* lampe *f* de sûreté
safety lock *n* verrouillage *m* de sécurité
safety measures *npl* mesures *fpl* de sécurité
safety net *n* **1.** (*protective net*) filet *m* de sécurité **2.** *fig* (*means of help, protection*) mesure *f* de sûreté
safety pin *n* épingle *f* de nourrice
safety razor *n* rasoir *m* de sûreté
safety regulations *npl* réglementation *f* sur la sécurité
safety valve *n* **1.** TECH soupape *f* de sûreté **2.** *fig* soupape *f*
saffron ['sæf·rən] *n* safran *m*
sag [sæg] **I.** <-gg-> *vi* **1.** (*drop, sink, hang down*) s'affaisser **2.** *fig* (*decline*) baisser **II.** *n* **1.** (*sinking or drooping condition*) affaissement *m* **2.** (*decline*) baisse *f*
saga ['sa·gə] *n a. pej* saga *f*
sagacious [sə·'geɪ·ʃəs] *adj form* sagace
sagacity [sə·'gæs·ə·ţi] *n form* sagacité *f*
sage [seɪdʒ] *n* sauge *f*
Sagittarius [ˌsædʒ·ə·'ter·i·əs] *n no art* Sagittaire *m; s.a.* **Aquarius**
Sahara [sə·'her·ə] *n* **the ~** le Sahara
said [sed] **I.** *pp, pt of* **say II.** *adj inv* cité(e)
sail [seɪl] **I.** *n* **1.** (*fabric*) voile *f* **2.** (*voyage*) traversée *f* (en bateau); **to go for a ~** faire un tour en bateau; **to set ~** prendre la mer; **to set ~ for/from some place** partir en bateau pour/d'un endroit **3.** (*windmill blade*) aile *f* ▶ **to be <u>under</u> ~** être en mer **II.** *vi* **1.** (*travel on sailboat*) faire de la voile **2.** (*ship, tanker*) naviguer; **to ~ away** partir en bateau; **to ~ around the world** faire le tour du monde en voile **3.** (*start voyage*) prendre la mer **4.** (*move smoothly*) voler; **to ~ by** [*o* **past**] passer; **to ~ on to victory** voler vers la victoire **5.** *inf* (*attack*) **to ~ into sb** attaquer qn **6.** (*do easily*) **to ~ through sth** réussir qc sans problèmes ▶ **to ~ close to** [*o* **near**] **the <u>wind</u>** jouer avec le feu **III.** *vt* **1.** (*navigate*) manœuvrer; (*ship*) commander **2.** (*travel by ship: seas*) parcourir
sailboard *n* planche *f* à voile
sailboarding *n* planche *f* à voile
sailboat *n* voilier *m*
sailing *n* **1.** (*traveling on water*) navigation *f* **2.** (*sport*) voile *f* **3.** (*departure from port*) appareillage *m*
sailor *n* marin *m;* **to be a good ~** avoir le pied marin
sailor suit *n* costume *m* marin
sailplane *n* planeur *m*
saint [seɪnt] *n a. fig* saint(e) *m(f);* **Saint Peter** Saint-Pierre *m;* **to be no ~** ne pas être un saint
sainted *adj* saint(e)
Saint George's Day *n Can* (*at end of April*) Saint *f* George
Saint Jean Baptiste Day *n Can* Saint *f* Jean (Baptiste) (*fête nationale des Franco-canadiens célébrée le 24 juin*)
saintliness *n* sainteté *f*
saintly *adj* de saint

> **i** Le **Saint Patrick's Day**, le 17 mars, n'est pas un jour férié légal aux USA. Mais depuis 1737, la communauté irlandaise des États-Unis fête son saint patron ce jour-là. Le 17 mars commémore la mort de Saint Patrick, missionnaire irlandais qui consacra sa vie à la conversion de l'Irlande à la religion chrétienne. La tradition veut que, pour le **Saint Patrick's Day**, on porte la couleur verte et un trèfle, symboles du printemps et de l'Irlande. Des fêtes et des défilés sont organisés, dont le plus connu et le plus important est celui qui a lieu à New York.

sake[1] [seɪk] *n* **1.** (*purpose*) **for the ~ of sth** [*o* **for sth's ~**] pour qc; **for the ~ of art/one's family** pour l'amour de l'art/de sa famille; **for the ~ of peace** pour avoir la paix; **for the ~ of principle** pour le principe **2.** (*benefit*) **for the ~ of sb** [*o* **for sb's ~**] pour le bien de qn ▶ **for <u>God's</u>** [*o* **<u>goodness</u>**] [*o* **<u>heaven's</u>**] **~** *pej, inf* pour l'amour de Dieu
sake[2] ['sa·ki], **saki** *n* (*Japanese rice drink*) saké *m*
salable ['seɪ·lə·bl] *adj* vendable
salacious [sə·'leɪ·ʃəs] *adj* salace
salad ['sæl·əd] *n* salade *f*
salad bowl *n* saladier *m*
salad days *npl* années *fpl* de jeunesse
salad dressing *n* vinaigrette *f;* (*creamy*) sauce *f* pour salade
salami [sə·'la·mi] *n* salami *m*
salaried *adj* salarié(e); (*job*) rémunéré(e); **a ~ employee** un salarié; **~ staff** salariés *mpl*
salary ['sæl·ᵊr·i] *n* salaire *m*
salary cap *n* plafond *m* des salaires
salary cut *n* réduction *f* de salaire
salary deduction *n* retenue *f* sur salaire
salary earner *n* salarié(e) *m(f)*
salary increase *n* augmentation *f* de salaire
salary scale *n* échelle *f* des salaires
sale [seɪl] *n* **1.** (*act of selling*) vente *f;* **to put sth up for ~** mettre qc en vente; **for ~** à vendre, à remettre *Belgique;* **on ~** en vente **2.** *pl* (*amount sold*) chiffre *m* d'affaires **3.** (*special selling event*) soldes *mpl;* **back-to--school ~s** soldes de rentrée
saleable *adj s.* **salable**
sale price *n* prix *m* de vente
sales analysis *n* analyse *f* des ventes
sales associate *n* conseiller, -ère *m, f* clientèle
salesclerk *n* vendeur, -euse *m, f*
sales department *n* service *m* des ventes
sales director *n* directeur, -trice *m, f* des ventes
sales drive *n* campagne *f* de vente
sales executive *n* directeur, -trice *m, f* des

S

ventes
sales figures *npl* chiffres *mpl* de vente
sales forecast *n* prévision *f* des ventes
salesgirl *a. pej s.* **saleslady**
sales invoice *n* FIN facture *f*
saleslady *n* vendeuse *f*
sales ledger *n* FIN journal *m* des ventes
salesman *n* **1.** (*in shop*) vendeur *m* **2.** (*representative*) représentant *m*
sales manager *n* directeur *m* commercial
salesmanship *n* technique *f* de vente
salesperson *n* **1.** (*in shop*) vendeur, -euse *m, f* **2.** (*representative*) représentant(e) *m(f)*
sales pitch *n* **1.** ECON arguments *mpl* de vente **2.** *fig* boniments *mpl*
sales receipt *n* reçu *m*
sales rep *n inf,* **sales representative** *n* VRP *mf*
salesroom *n* salle *f* des ventes
sales tax *n* FIN taxe *f* sur le chiffre d'affaires
saleswoman *n* **1.** (*in shop*) vendeuse *f* **2.** (*representative*) représentante *f*
salient ['seɪl·jənt] *adj* saillant(e)
saline ['seɪ·lin] **I.** *adj* salin(e) **II.** *n* solution *f* saline; MED sérum *m* physiologique
saliva [sə·'laɪ·və] *n* salive *f*
salivary ['sæl·ə·ver·i] *adj* salivaire
salivate ['sæl·ə·veɪt] *vi* saliver
sallow ['sæl·oʊ] <-er, -est> *adj* jaunâtre
sally ['sæl·i] <-ies> *n* **1.** MIL (*sortie*) sortie *f* **2.** *fig* (*excursion, attempt*) excursion *f*
◆ **sally forth, sally out** <-ie-> *vi* **1.** (*go out*) *a. fig* sortir **2.** MIL faire une sortie
salmon ['sæm·ən] *n* saumon *m*
salmonella [,sæl·mə·'nel·ə] *n* salmonelle *f*
salmonella poisoning *n* salmonellose *f*
salmon trout *n* truite *f* saumonée
salon [se·'lan] *n* salon *m;* **hair/beauty ~** salon de coiffure/beauté; **literary ~** salon littéraire
saloon [sə·'lun] *n* **1.** (*bar*) bar *m* **2.** HIST saloon *m*
salsify ['sæl·sə·faɪ] *n* salsifis *m*
salt [sɔlt] **I.** *n a. fig* sel *m;* **a pinch of ~** une pincée de sel; **sea/celery ~** sel de mer/céleri; **bath ~s** sels *mpl* de bain ▶ **to take sth with a grain of ~** ne pas prendre qc au pied de la lettre; **to rub ~ in the/sb's wound** remuer le couteau dans la plaie; **worth one's ~** digne de ce nom **II.** *vt* saler **III.** *adj* (*air, water*) salé(e); (*cod, pork, beef*) salé(e)
SALT [sɔlt] *n abbr of* **Strategic Arms Limitation Talks** négociations *fpl* SALT
salt-and-pepper *adj* poivre et sel *inv*
salt cellar *n* salière *f*
salt lake *n* lac *m* salé
salt mine *n* mine *f* de sel
saltshaker *n* salière *f*
saltwater **I.** *n* **1.** (*seawater*) eau *f* de mer **2.** (*water with salt*) eau *f* salée **II.** *adj* **1.** (*consisting of saltwater: lake*) d'eau salée **2.** (*living in seawater: fish*) d'eau de mer
salty *adj a. fig* salé(e)
salubrious [sə·'lu·bri·əs] *adj form* salubre
salutary ['sæl·jə·ter·i] *adj* salutaire
salutation *n* **1.** (*expression of greeting*) salutations *fpl* **2.** (*gesture*) salut *m;* **in ~** en guise de salut
salute [sə·'lut] **I.** *vt a.* MIL saluer **II.** *vi* MIL faire le salut militaire **III.** *n* MIL salut *m;* **to take the ~** passer les troupes en revue
Salvadorian [,sæl·və·'dɔr·i·ən] **I.** *adj* salvadorien(ne) **II.** *n* Salvadorien(ne) *m(f)*
salvage ['sæl·vɪdʒ] **I.** *vt a. fig* sauver **II.** *n* **1.** (*retrieval from destruction*) récupération *f* **2.** (*something saved*) sauvetage *m*
salvage operation *n* opération *f* de sauvetage
salvation [sæl·'veɪ·ʃən] *n a.* REL salut *m*
Salvation Army *n* Armée *f* du Salut
salve [sæv] **I.** *n* baume *m* **II.** *vt* soulager
salver ['sæl·vər] *n* plateau *m* d'argent
salvo ['sæl·voʊ] <-s *o* -es> *n a. fig* salve *f*
SAM [sæm] *n abbr of* **surface-to-air missile** missile *m* sol-air
same [seɪm] **I.** *adj, pron* même; **the ~ as sb/sth** le(la) même que qn/qc; **the ~ way as sb** de la même manière que qn; **~ difference** c'est du pareil au même; **the ~ again** encore un(e) autre; **at the ~ time** au même moment; (**the**) **~ to you** vous de même ▶ **to be one and the ~** une seule et même chose; **by the ~ token** de même **II.** *adv* **to think/do the ~** penser/faire de même; **the ~ as** de la même façon que; **~ as usual** comme d'habitude
sameness *n* **1.** (*resemblance*) similitude *f* **2.** (*monotony*) monotonie *f*
Samoa Islands [sə·'moʊ·ə·'aɪ·ləndz] *npl* les îles *fpl* Samoa
Samoan **I.** *adj* samoan(ne) **II.** *n* Samoan(ne) *m(f)*
sample ['sæm·pl] **I.** *n* **1.** (*small representative unit*) échantillon *m;* MED prélèvement *m* **2.** (*music extract*) sample *m* **II.** *vt* **1.** (*try*) essayer; (*taste*) goûter **2.** (*survey*) sonder **3.** MED prélever **4.** MUS sampler
sampler *n* **1.** (*collection of items*) échantillonnage *m* **2.** (*person, device*) sondeur *m* **3.** MUS sampler *m*
sampling *n* **1.** (*taking survey*) prélèvement *m* d'échantillons **2.** (*in statistics*) échantillonnage *m* **3.** MUS échantillonnage *m*
sanatorium [,sæn·ə·'tɔ·i·əm] <-s *o* -ria> *n* sanatorium *m*
sanctify ['sæŋ(k)·tɪ·faɪ] <-ie-> *vt* **1.** REL sanctifier **2.** *form* consacrer
sanctimonious [,sæŋ(k)t·ɪ·'moʊ·ni·əs] *adj* moralisateur(-trice)
sanction ['sæŋ(k)·ʃən] **I.** *n* sanction *f* **II.** *vt* sanctionner
sanctity ['sæŋ(k)·tə·ţi] *n* REL **1.** (*sacredness*) caractère *m* sacré **2.** (*holiness*) sainteté *f*
sanctuary ['sæŋ(k)·tʃu·er·i] *n* <-ies> *a. fig* sanctuaire *m;* (*for animals*) réserve *f;* **to seek/find ~ in sth** chercher/trouver refuge dans qc
sand [sænd] **I.** *n* **1.** (*granular substance*) sable *m* **2.** *pl* (*large expanse of sand*) banc *m* de sable **II.** *vt* sabler **III.** *adj* de sable

sandal ['sæn·dᵊl] *n* sandale *f*
sandbag I. *n* sac *m* de sable **II.** <-gg-> *vt* renforcer avec des sacs de sable
sandbank, sandbar *n* banc *m* de sable
sandblast *vt* sabler
sandblasting *n* sablage *m*
sandbox *n* bac *m* à sable
sandcastle *n* château *m* de sable
sandman *n childspeak* **the ~** le marchand de sable
sandpaper I. *n* papier *m* de verre **II.** *vt* poncer
sandpit *n* sablière *f*
sandstone *n* grès *m*
sandstorm *n* tempête *f* de sable
sandwich ['sæn(d)·wɪtʃ] **I.** <-es> *n* sandwich *m;* **a hero/submarine ~** un sandwich baguette **II.** *adj* en sandwich; **a ~ cookie** un biscuit fourré **III.** *vt* coincer; **to be ~ed** être pris en sandwich
sandwich board *n panneau publicitaire porté en sandwich par une personne*
sandwich shop *n* sandwicherie *f*
sandy <-ier, -iest> *adj* **1.** (*containing sand*) sableux(-euse) **2.** (*in texture*) de sable **3.** (*in color*) sable
sane [seɪn] *adj* **1.** (*of sound mind*) sain(e) **2.** (*sensible*) raisonnable
sang [sæŋ] *pt of* **sing**
sanguine ['sæŋ·gwɪn] *adj form* **1.** (*optimistic*) optimiste **2.** (*blood-red*) rouge sanguin *inv;* (*complexion*) rubicond(e)
sanitarium [ˌsæn·ɪ·'ter·i·əm] <-s *o* -ria> *n* MED *s.* **sanatorium**
sanitary ['sæn·ɪ·ter·i] *adj* sanitaire; (*pad, towel*) hygiénique
sanitation [ˌsæn·ɪ·'teɪ·ʃᵊn] *n* hygiène *f*
sanity ['sæn·ə·t̬i] *n* **1.** (*mental health*) santé *f* mentale **2.** (*sensibleness*) bon sens *m*
sank [sæŋk] *pt of* **sink**
Santa Claus ['sæn·t̬ə·ˌklɔz] *n* le père Noël
Santo Domingo *n* Saint-Domingue
sap[1] [sæp] *n* BOT *a. fig* sève *f*
sap[2] [sæp] <-pp-> *vt* (*weaken*) miner
sapling ['sæp·lɪŋ] *n* jeune arbre *m*
sapphire ['sæf·aɪər] **I.** *n* saphir *m* **II.** *adj* (*bright blue*) saphir *inv*
sarcasm ['sar·kæz·ᵊm] *n* sarcasme *m*
sarcastic [sar·'kæs·tɪk] *adj* sarcastique
sarcophagus [sar·'ka·fə·gəs] <-es *o* -gi> *n* sarcophage *m*
sardine [sar·'din] *n* sardine *f* ▶ **to be <u>packed</u> (in) like ~s** être serrés comme des sardines
Sardinia [sar·'dɪn·i·ə] *n* la Sardaigne
sardonic [sar·'da·nɪk] *adj* sardonique
sari ['sar·i] *n* sari *m*
SARS [saz] *n no art* MED *abbr of* **severe acute respiratory syndrome** SARS *m*
sartorial [sar·'tɔr·i·əl] *adj form* vestimentaire
SASE *n abbr of* **self-addressed stamped envelope** enveloppe *f* (libellée) au nom et à l'adresse de l'expéditeur
sash[1] [sæʃ] <-es> *n* (*ribbon*) écharpe *f*
sash[2] [sæʃ] <-es> *n* ARCHIT châssis *m*
sash window *n* fenêtre *f* à guillotine
sassy *adj* effronté(e)
sat [sæt] *pt, pp of* **sit**
Satan ['seɪ·tᵊn] *n no art* Satan *m*
satanic [sə·'tæn·ɪk] *adj* satanique
satchel ['sætʃ·ᵊl] *n* sacoche *f*
sate [seɪt] *vt form* rassasier; (*hunger, desire*) assouvir
satellite ['sæt̬·ᵊl·aɪt] **I.** *n* satellite *m* **II.** *adj* satellite
satellite broadcasting *n* transmission *f* par satellite
satellite country *n* POL *s.* **satellite state**
satellite dish *n* parabole *f*
satellite picture *n* photo *f* satellite
satellite state *n* État *m* satellite
satellite television *n* télévision *f* par satellite
satiate ['seɪ·ʃi·eɪt] *vt* assouvir
satiety [sə·'taɪ·ə·t̬i] *n form* satiété *f*
satin ['sæ·tᵊn] **I.** *n* satin *m* **II.** *adj* à satiété
satire ['sæt·aɪər] *n* satire *f*
satirical [sə·'tɪr·ɪ·kᵊl] *adj* satirique
satirist *n* satiriste *mf*
satirize ['sæt̬·ə·raɪz] *vt* faire la satire de
satisfaction [ˌsæt̬·ɪs·'fæk·ʃᵊn] *n* **1.** (*state of being satisfied*) satisfaction *f;* **to give sb ~** donner satisfaction à qn; **to one's ~** à la grande satisfaction de qn; **to be ~ to sb** être une grande satisfaction pour qn **2.** (*of a debt*) acquittement *m* **3.** (*compensation*) réparation *f*
satisfactory [ˌsæt̬·ɪs·'fæk·tᵊr·i] *adj* satisfaisant(e)
satisfy ['sæt·əs·faɪ] <-ie-> **I.** *vt* **1.** (*meet desires: hunger, curiosity, need*) satisfaire; **to ~ oneself** se satisfaire **2.** (*fulfill: demand, requirement, condition*) satisfaire à **3.** (*convince*) convaincre; **to be satisfied as to sth** être convaincu de qc; **to ~ oneself of sth** s'assurer de qc **4.** (*pay off: debt*) s'acquitter de; **to ~ sb** s'acquitter auprès de qn **II.** *vi* donner satisfaction
satisfying *adj* satisfaisant(e)
saturate ['sætʃ·ər·eɪt] *vt* **1.** (*soak*) imprégner; **to be ~d with sth** être imprégné de qc **2.** (*fill to capacity*) saturer; **to be ~d with sth** être saturé de qc
saturation *n* CHEM, ECON saturation *f*
saturation point *n* point *m* de saturation
Saturday ['sæt̬·ər·deɪ] *n* samedi *m; s.a.* **Friday**
Saturn ['sæt̬·ərn] *n* Saturne *m*
satyr ['seɪ·t̬ər] *n* satire *f*
sauce [sɔs] *n* **1.** (*liquid*) sauce *f;* **mushroom/tomato ~** sauce tomate/aux champignons **2.** *inf* (*impudence, backtalk*) culot *m* ▶ **<u>hunger</u> is the best ~** *prov* tout est bon pour qui a faim
sauceboat *n* saucière *f*
saucepan *n* casserole *f*
saucer ['sɔ·sər] *n* soucoupe *f,* sous-tasse *f Belgique, Suisse*
saucily ['sɔ·sɪ·li] *adv* avec toupet

sauciness *n* (*impudence*) toupet *m*
saucy ['sɔ·si] <-ier, -iest> *adj inf* (*impudent*) culotté(e)
Saudi Arabia [ˌsaʊ·di·ə·'reɪ·bi·ə] *n* l'Arabie *f* saoudite
Saudi (**Arabian**) **I.** *adj* saoudien(ne) **II.** *n* Saoudien(ne) *m(f)*
sauerkraut ['saʊər·kraʊt] *n* choucroute *f*
sauna ['saʊ·nə] *n* sauna *m;* **to have** [*o* **take**] **a ~** faire un sauna
saunter ['sɔn·t̬ər] **I.** *vi* flâner **II.** *n sing* flânerie *f*
sausage ['sɔ·sɪdʒ] *n* saucisse *f;* (*dried*) saucisson *m*
sausage meat *n* chair *f* à saucisse
sausage roll *n* ≈ friand *m*
savage ['sæv·ɪdʒ] **I.** *adj* **1.** (*wild: animal, landscape*) sauvage **2.** (*fierce*) *a. fig* cruel(le); **to deal a ~ blow to sb/sth** s'attaquer violemment à qn/qc **3.** (*not civilized*) barbare **II.** *n pej* sauvage *mf* **III.** *vt* **1.** (*attack*) attaquer sauvagement **2.** *fig* attaquer violemment
savageness, savagery *n* férocité *f*
savanna(**h**) [sə·'væn·ə] *n* savane *f*
save[1] [seɪv] **I.** *vt* **1.** (*rescue*) sauver; **to ~ one's own skin** sauver sa peau; **to ~ sb from sth** protéger qn de qc; **to ~ sb from falling** empêcher qn de tomber **2.** (*reserve*) réserver; **to ~ sb a seat/spot** garder un siège/une place pour qn **3.** (*keep for future use*) mettre de côté; (*money*) épargner **4.** (*collect: coins, stamps*) collectionner **5.** (*not waste*) économiser; **to ~ one's strength** ménager ses forces; **to ~ time** gagner du temps **6.** (*prevent from doing*) épargner **7.** COMPUT sauvegarder; **to ~ sth as ...** enregistrer qc sous ... **8.** SPORTS (*a goal*) arrêter ▶ **to ~ one's breath** économiser sa salive; **to ~ sb's hide** sauver la peau de qn; **to ~ oneself the trouble** ne pas se donner la peine **II.** *vi* économiser **III.** *n* SPORTS arrêt *m*
save[2] [seɪv] **I.** *prep* excepté; **all ~ the youngest** tous à l'exception du plus jeune **II.** *conj form* **~ that ...** excepté que ...
saver *n* épargnant(e) *m(f)*
saving **I.** *n* **1.** (*economy*) économie *f* **2.** *pl* (*saved money*) économies *fpl;* **to live off one's ~s** vivre sur ses économies **3.** (*rescue*) sauvetage *m;* **to be the ~ of sb** être le salut de qn **II.** *prep* sauf
savings account *n* compte *m* (d')épargne
savings bank *n* caisse *f* d'épargne
savings book *n* livret *m* d'épargne, carnet *m* d'épargne *Suisse*
savior ['seɪ·vjər] *n* sauveur, -euse *m, f*
savor ['seɪ·vər] **I.** *n* saveur *f* **II.** *vt* savourer
savoriness *n* saveur *f*
savory **I.** *adj* **1.** (*appetizing*) savoureux(-euse) **2.** (*salty*) salé(e) **3.** (*spicy*) épicé(e) **4.** (*socially acceptable*) recommandable **II.** *n* canapé *m*
savvy ['sæv·i] <-ier, -iest> *inf* **I.** *adj* débrouillard(e) **II.** *n* jugeote *f* **III.** <-ie-> *vi* piger
saw[1] [sɔ] *pt of* **see**
saw[2] [sɔ] **I.** *n* scie *f* **II.** *vt, vi* <-ed, sawn *o* -ed> scier
saw[3] [sɔ] *n* (*trite saying*) dicton *m*
sawdust ['sɔ·dʌst] *n* sciure *f*
sawmill ['sɔ·mɪl] *n* scierie *f*
sawn [sɔn] *pp of* **saw**
Saxon **I.** *adj* saxon(ne) **II.** *n* **1.** (*person*) Saxon(ne) *m(f)* **2.** LING saxon *m; s.a.* **English**
Saxony ['sæk·sᵊ·ni] *n* la Saxe
saxophone ['sæk·sə·foʊn] *n* saxophone *m*
saxophonist *n* saxophoniste *mf*
say [seɪ] **I.** <said, said> *vt* **1.** (*express*) dire; **to ~ sth about sb/sth** dire qc à propos de qn/qc; **to have nothing to ~ to sb** n'avoir rien à dire à qn; **to ~ goodbye to sb** dire au revoir à qn; **to ~ goodbye to sth** *inf* dire adieu à qc; **it is said that ...** on dit que ...; **people ~ ...** on dit que ...; (**let's**) **~ ...** disons que ... **2.** (*show: watch, sign, instructions*) indiquer **3.** (*recite: poem, prayer*) réciter; **to ~ grace** dire ses grâces ▶ **to ~ amen to sth** dire amen à qc; **to ~ cheese** dire cheese; **before sb could ~ Jack Robinson** avant que qn ait eu le temps de dire ouf (*subj*); **to ~ the least** c'est le moins que l'on puisse dire (*subj*); **~ no more!** n'en dites pas davantage!; **to ~ nothing of sth** sans parler de qc; **you can ~ that again!** *sl* tu veux répéter!; **you don't ~!** c'est pas possible!; **you said it!** *inf* tu l'as dit!; **to go without ~ing** aller sans dire **II.** <said, said> *vi* dire; **I must ~** je dois avouer; **what do you ~ to a drink?** qu'est-ce que tu dirais d'un verre? ▶ **that is to ~** c'est-à-dire; **I can't ~** je ne sais pas; **I must ~!** ça alors!; **not to ~ ...** si ce n'est ...; **I'll ~!** *inf* et comment! **III.** *n* parole *f;* **to have one's ~** dire son mot; **to have a ~ in sth** avoir son mot à dire dans qc
saying *n* **1.** (*act of saying*) adage *m;* **there's no ~** il n'y a pas à dire; **it goes without ~** cela va sans dire **2.** (*proverb*) proverbe *m;* **as the ~ goes** comme dit le proverbe; (*what people say*) comme on dit
say-so *n inf* **1.** (*authority*) **to have the ~** faire autorité **2.** (*approval*) autorisation *f;* **to have sb's ~** avoir l'accord de qn **3.** (*unproved assertion*) assentiment *m*
SC *n abbr of* **South Carolina**
scab [skæb] *n* **1.** (*on a wound*) croûte *f* **2.** BOT teigne *f* **3.** ZOOL gale *f* **4.** *pej* (*strikebreaker*) jaune *mf*
scabbard ['skæb·ərd] *n* fourreau *m*
scabby ['skæb·i] <-ier, -iest> *adj* **1.** (*having scabs*) couvert(e) de croûtes **2.** ZOOL galeux(-euse) **3.** *inf* (*loathsome*) méprisable
scabies ['skeɪ·biz] *n* MED gale *f*
scaffold ['skæf·ᵊld] *n* **1.** (*for execution*) échafaud *m* **2.** (*scaffolding*) échafaudage *m*
scaffolding *n* échafaudage *m*
scalawag ['skæl·ə·wæg] *n inf* garnement *m*
scald [skɔld] **I.** *vt* **1.** (*burn*) ébouillanter **2.** (*heat*) faire chauffer (sans bouillir) **II.** *n* MED brûlure *f*
scalding *adj* bouillant(e); **~ hot** brûlant(e)
scale[1] [skeɪl] **I.** *n* **1.** ZOOL écaille *f* **2.** (*flake of

skin) squame *f* **3.** (*mineral coating*) calcaire *m;* (*of a boiler, coffee machine, iron*) tartre *m* **II.** *vt* détartrer

scale[2] [skeɪl] **I.** *n* **1.** (*system of gradations*) *a.* ECON échelle *f;* (*of thermometer*) graduation *f;* **to be in** ~ être à l'échelle; **a sliding** ~ une échelle mobile; **on a large/small** ~ à grande/petite échelle **2.** (*for weighing*) balance *f;* **a bathroom** ~ un pèse-personne **3.** (*great size*) étendue *f;* **advantages of** ~ les avantages *mpl* du commerce de grande envergure **4.** MUS gamme *f;* **practice ~s** faire des gammes ▶ **to tip the ~s** faire pencher la balance **II.** *vt* escalader **III.** *vi* ECON être en (phase d')expansion

◆**scale down I.** *vt* réduire **II.** *vi* ECON être en perte de vitesse

◆**scale up I.** *vt* augmenter **II.** *vi* être en augmentation

scale drawing *n* TECH, ARCHIT dessin *m* à l'échelle

scale model *n* modèle *m* réduit

Scales *n* (*Libra*) Balance *f; s.a.* **Aquarius**

scallion [ˈskæl·jən] *n* oignon *m* primeur

scallop [ˈskɑ·ləp] *n* **1.** (*shellfish*) coquille *f* Saint-Jacques **2.** (*escalope*) escalope *f*

scallywag *s.* **scalawag**

scalp [skælp] **I.** *n* **1.** (*on head*) cuir *m* chevelu **2.** HIST scalp *m* **3.** *fig* **to take a** ~ remporter une victoire écrasante **II.** *vt* **1.** HIST (*cut off scalp*) scalper **2.** *inf* (*resell at inflated price*) revendre au marché noir **3.** *iron, inf* (*defeat*) filer une déculottée

scalpel [ˈskæl·pᵊl] *n* MED scalpel *m*

scalper [ˈskælp·ər] *n* revendeur, -euse *m, f* au marché noir

scaly [ˈskeɪ·li] <-ier, -iest> *adj* écailleux(-euse)

scam [skæm] *n inf* arnaque *f*

scamp[1] [skæmp] *n inf* (*rogue*) coquin(e) *m(f)*

scamp[2] [skæmp] *vt* (*perform carelessly*) bâcler

scamper *vi* trottiner

scan [skæn] **I.** <-nn-> *vt* **1.** (*scrutinize*) scruter **2.** (*read quickly: newspaper, text*) parcourir; (*magazine*) feuilleter **3.** MED passer au scanner; **to ~ the brain** faire un scanner cérébral **4.** COMPUT scanner **5.** LIT (*verse*) scander **II.** <-nn-> *vi* **1.** (*read quickly*) parcourir **2.** LIT scander **III.** *n* **1.** (*act of scrutinizing*) scrutation *f* **2.** MED scanner *m;* **brain** ~ scanner *m* du cerveau **3.** COMPUT scannage *m*

scandal [ˈskæn·dᵊl] *n* **1.** (*shocking incident*) scandale *m* **2.** (*gossip*) ragot *m;* **to spread** ~ colporter une rumeur

scandalize [ˈskæn·dəl·aɪz] *vt* scandaliser

scandalmonger [ˈskæn·dᵊl·ˌmaŋ·gər] *n* langue *f* de vipère

scandalous *adv* **1.** (*shocking*) scandaleux(-euse) **2.** (*disgraceful*) honteux(-euse)

Scandinavia [ˌskæn·dɪ·ˈneɪ·vi·ə] *n* la Scandinavie

Scandinavian I. *adj* scandinave **II.** *n* Scandinave *mf*

scanner [ˈskæn·ər] *n* **1.** COMPUT scanneur *m;* **hand-held** ~ scanneur à main; **flat-bed** ~ scanneur à plat **2.** MED scanner *m* **3.** RADIO radio *f* à balayage

scanning *n* COMPUT exploration *f*

scant [skænt] **I.** *adj* maigre; **to pay ~ attention to sth** prêter peu d'attention à qc **II.** *vt form* répartir de façon inéquitable

scantily *adv* insuffisamment; **~ dressed** légèrement vêtu(e); **~ clad** peu habillé(e)

scanty *adj* **1.** (*very small*) menu(e); (*bathing suit*) minuscule **2.** (*barely sufficient*) à peine suffisant(e); (*information, proof*) maigre

scapegoat [ˈskeɪp·goʊt] *n* bouc *m* émissaire

scapula [ˈskæp·jə·lə] <-s *o* -lae> *pl n* ANAT omoplate *f*

scar [skar] **I.** *n* **1.** MED (*mark on skin*) cicatrice *f;* (*from a blade*) balafre *f;* **~ tissue** tissu *m* cicatriciel **2.** (*mark of damage*) stigmate *m* **3.** PSYCH (*emotional, psychological*) traumatisme *m* **4.** GEO écueil *m* **II.** <-rr-> *vt* MED **to be ~red by sth** garder les traces de qc; **to be ~red for life** être marqué à vie **III.** <-rr-> *vi* **to ~ (over)** se cicatriser

scarab [ˈsker·əb] *n* scarabée *m*

scarce [skers] *adj* rare; **to make oneself ~** s'éclipser

scarcely *adv* **1.** (*barely*) à peine **2.** (*certainly not*) pas du tout

scarcity [ˈsker·sə·ţi] *n* **1.** (*lack*) pénurie *f* **2.** (*rareness*) rareté *f;* **~ value** valeur *f* de rareté

scare [sker] **I.** *vt* effrayer; **to ~ sb into/out of doing sth** forcer qn à faire/à ne pas faire qc sous la menace; **to ~ sb stiff** faire une peur bleue à qn; **to ~ the life** [*o sl* **shit**] **out of sb** terroriser qn **II.** *vi* prendre peur **III.** *n* **1.** (*sudden fright*) frayeur *f;* **to give sb a ~** faire une frayeur à qn **2.** (*public panic*) panique *f;* **bomb ~** alerte *f* à la bombe

◆**scare away, scare off** *vt* **1.** (*frighten into leaving*) effrayer **2.** (*discourage*) décourager

scarecrow [ˈsker·kroʊ] *n* épouvantail *m*

scaremonger [ˈsker·ˌmaŋ·gər] *n pej* alarmiste *mf*

scarf[1] [skarf] <scarves *o* -s> *n* **1.** (*headscarf*) foulard *m* **2.** (*protecting from cold*) écharpe *f*

scarf[2] [skarf] *vt sl* bouffer; **to ~ sth (down/up)** (tout) bouffer qc

scarifying [ˈsker·ɪ·faɪ·ɪŋ] *adj* terrifiant(e)

scarlet [ˈskar·lət] **I.** *n* écarlate *f* **II.** *adj* écarlate

scarlet fever *n* MED scarlatine *f*

scarp [skarp] *n* **1.** MIL escarpe *f* **2.** (*double forewall*) glacis *m*

scary [ˈsker·i] <-ier, -iest> *adj* effrayant(e)

scat[1] [skæt] *interj inf* oust(e)

scat[2] [skæt] *n* (*animal dung*) fiente *f*

scathing [ˈskeɪð·ɪŋ] *adj* cinglant(e); **to be ~ about sb/sth** dénigrer qn/qc

scatter [ˈskæţ·ər] **I.** *vt* disperser; (*seeds*) semer ▶ **to ~ sth to the four winds** semer qc aux quatre vents **II.** *vi* **1.** (*disperse*) se disperser **2.** (*strew seeds*) semer ▶ **to ~ to the four winds** *form* semer aux quatre vents

S

scatterbrain *n pej* écervelé(e) *m(f)*
scatterbrained *adj* étourdi(e)
scattered *adj* **1.** (*strewn about*) éparpillé(e) **2.** (*widely separated*) dispersé(e) **3.** (*sporadic*) rare
scattering *n* **1.** (*dispersion*) dispersion *f* **2.** (*sowing*) semailles *fpl* **3.** TECH diffusion *f*
scavenge ['skæv·ɪndʒ] **I.** *vi* **1.** (*collect discarded things*) faire de la récupération **2.** ZOOL être un charognard **II.** *vt* **1.** (*collect*) récupérer **2.** *fig* glaner
scavenger *n* ZOOL charognard(e) *m(f)*
scenario [sə·'ner·i·oʊ] *n* scénario *m;* **nightmare ~** vision *f* de cauchemar
scene [sin] *n* **1.** THEAT, CINE *a. fig* scène *f;* **to appear on the ~** entrer en scène; **the ~ is set in France** l'action se déroule en France **2.** (*place*) lieu *m;* (*of operations*) théâtre *m;* **on the ~** sur les lieux; **at the ~ of the crash** sur les lieux de l'accident **3.** (*view*) vue *f* **4.** THEAT (*scenery set*) décor *m* **5.** (*milieu, area*) scène *f;* **to be/not be sb's ~** *inf* être/ne pas être le genre de qn **6.** (*fuss*) scène *f;* **to make a ~** faire une scène ►**to set the ~** planter le décor; **to be/do sth behind the ~s** être/faire qc dans les/en coulisses
scene change *n* changement *m* de décor
scene painter *n* THEAT décorateur, -trice *m, f*
scenery ['si·nᵊ·ri] *n* **1.** (*landscape*) paysage *m* **2.** THEAT, CINE décor *m* ►**a change of ~** un changement de décor; **to blend into the ~** se fondre dans le décor
scenic ['si·nɪk] *adj* **1.** (*picturesque: landscape*) pittoresque; (*route*) panoramique **2.** THEAT de scène
scent [sent] **I.** *n* **1.** (*aroma*) odeur *f* **2.** (*perfume*) parfum *m* **3.** (*animal's mark*) marque *f* olfactive ►**to throw sb off the ~** lancer qn sur une fausse piste; **to be on the ~ of sb/sth** être sur la piste de qn/qc **II.** *vt* **1.** (*smell*) flairer **2.** (*detect*) pressentir **3.** (*apply perfume*) parfumer
scent bottle *n* flacon *m* de parfum
scentless *adj* inodore
scepter ['sep·tər] *n* sceptre *m*
sceptic ['skep·tɪk] *n s.* **skeptic**
sceptical *adj s.* **skeptical**
scepticism ['skep·tɪ·sɪ·zᵊm] *n s.* **skeptisism**
schedule ['skedʒ·ul] **I.** *n* **1.** (*timetable*) emploi *m* du temps; **to draw up/to stick a ~** préparer/s'en tenir à un planning; (*of a bus, train*) horaire *m;* **flight ~** plan *m* de vol **2.** (*plan*) **according to ~** selon les prévisions *fpl* **3.** FIN programme *m* **II.** *vt* **1.** (*plan*) prévoir **2.** (*arrange*) programmer
scheduled *adj* prévu(e); (*flight, service*) régulier(-ère)
schematic [ski·'mæţ·ɪk] *adj* schématique; **~ drawing** croquis *m*
scheme [skim] **I.** *n* **1.** (*plan of action*) plan *m* **2.** (*deceitful plot*) complot *m* **II.** *vt, vi* comploter
schemer *n pej* intrigant(e) *m(f)*
scheming *adj pej* intrigant(e)
schilling ['ʃɪl·ɪŋ] *n* schilling *m*
schism ['skɪz·əm] *n* **1.** (*division into two*) scission *f* **2.** (*doctrinal division*) schisme *m*
schismatic [skɪz·'mæţ·ɪk] **I.** *adj* REL schismatique **II.** *n* **1.** REL hétérodoxe *mf* **2.** POL séparatiste *mf*
schist [ʃɪst] *n* GEO schiste *m*
schizophrenia [ˌskɪt·sə·'fri·ni·ə] *n* schizophrénie *f*
schizophrenic **I.** *adj* PSYCH, MED **1.** (*person*) schizophrène **2.** (*behavior*) schizoïde **II.** *n* PSYCH, MED schizophrène *mf*
scholar ['ska·lər] *n* UNIV **1.** (*academic*) universitaire *mf* **2.** (*educated person*) érudit(e) *m(f)* **3.** (*holder of scholarship*) boursier, -ère *m, f*
scholarly *adj* UNIV **1.** (*reflecting study: article*) savant(e) **2.** (*erudite*) érudit(e) **3.** (*learned*) instruit(e)
scholarship *n* **1.** (*academic achievement*) érudition *f* **2.** (*financial award*) bourse *f*
scholarship holder *n* SCHOOL, UNIV boursier, -ère *m, f*
scholastic [skə·'læs·tɪk] *adj* scolaire
scholasticism *n* scolastique *f*
school¹ [skul] **I.** *n* **1.** (*institution*) école *f;* **elementary ~** école primaire; **secondary ~** *école d'enseignement secondaire,* école *f* secondaire *Québec;* **public/private ~** école publique/privée; **to teach ~** faire la classe **2.** (*premises of school*) école *f* **3.** (*school session*) cours *m* **4.** + *sing/pl vb* (*all students and staff*) école *f;* **the whole ~** toute l'école **5.** (*college, academy*) école *f;* **state ~** *établissement d'enseignement supérieur public* **6.** (*division of university*) année *f* **7.** ART, SOCIOL, PHILOS école *f* **II.** *vt* dresser **III.** *adj* scolaire
school² [skul] *n* (*of fish*) banc *m*
school age *n* âge *m* scolaire
school attendance *n* fréquentation *f* scolaire
school bag *n* cartable *m*
school board *n* ADMIN conseil *m* de classe
schoolbook *n* livre *m* de classe
schoolboy *n* élève *m;* (*of elementary age*) écolier *m;* (*up to age 16*) collégien *m;* (*from grades 7 through 12*) lycéen *m*
school bus *n* car *m* de ramassage scolaire
schoolchild <-ren> *n* écolier, -ère *m, f*
school day *n* **1.** (*day*) jour *m* d'école **2.** (*part of day*) journée *f* d'école **3.** *pl* (*period in life*) période *f* scolaire
school district *n* secteur *m* scolaire
schoolgirl *n* élève *f;* (*of elementary age*) écolière *f;* (*up to age 16*) collégienne *f;* (*from grades 7 through 12*) lycéenne *f*
schoolhouse *n* école *f*
schooling *n* **1.** (*for people*) scolarité *f* **2.** (*for animals*) dressage *m*
school magazine *n* journal *m* de l'école
schoolmaster *n* maître *m* d'école
schoolmate *n* camarade *mf* de classe
school report *n* bulletin *m* scolaire

schoolroom *n* salle *f* de classe
school system *n* système *m* scolaire

> **i** Le **school system** américain commence avec l'*elementary school* (du CP jusqu'à la 6e ou 4e). Dans certaines régions, après le *sixth grade*, la classe de 6e, les élèves vont dans une autre école, la *junior high school* (de la classe de 5e à la 3e). Ensuite, les élèves fréquentent pendant trois ans la *high school*. Dans les régions qui ne possèdent pas de *junior high school*, les élèves vont après huit années de *elementary school* directement en *high school*, qui commence alors avec le *ninth grade*, c'est-à-dire l'équivalent de la classe de troisième. L'école finit uniformément avec le *twelfth grade*, l'équivalent de la classe de terminale.

schoolteacher *n* enseignant(e) *m(f)*
schooner ['sku·nər] *n* **1.** NAUT goélette *f* **2.** (*beer glass*) grand verre *m* à bière
sciatic [saɪ·'æţ·ɪk] *adj* sciatique
sciatica [saɪ·'æţ·ɪ·kə] *n* sciatique *f*
science [saɪən(t)s] **I.** *n* science *f* **II.** *adj* scientifique
science fiction I. *n* LIT, CINE science-fiction *f* **II.** *adj* de science-fiction
scientific [ˌsaɪən·'tɪ·fɪk] *adj* scientifique
scientist ['saɪən·ţɪst] *n* scientifique *mf*
sci-fi ['saɪ·ˌfaɪ] **I.** *n abbr of* **science fiction** science-fiction *f* **II.** *adj* de science-fiction
scintillating ['sɪn·ţə·leɪţ·ɪŋ] *adj a. fig* brillant(e)
scion [saɪən] *n* **1.** BOT greffon *m* **2.** (*descendant*) descendant(e) *m(f)*
scissors ['sɪz·ərz] *npl* **1.** (*tool*) ciseaux *mpl;* **a pair of ~** une paire de ciseaux *mpl* **2.** SPORTS **~ kick** ciseau *m*
sclerosis [sklɪ·'roʊ·sɪs] *n* MED sclérose *f*
scoff[1] [skaf] **I.** *vi* (*mock*) **to ~ at sb/sth** se moquer de qn/qc **II.** *n* dédain *m*
scoff[2] [skaf] *vt sl* (*eat greedily*) bouffer
scold [skoʊld] *vt* gronder
scolding *n* réprimande *f*
scone [skoʊn] *n petit pain sucré servi avec du beurre*
scoop [skup] **I.** *n* **1.** (*food utensil*) cuillère *f;* **ice-cream ~** cuillère à glace; **measuring ~** mesure *f* **2.** (*amount held by scoop*) mesure *f;* (*of ice-cream*) boule *f* **3.** *inf* (*piece of news*) exclusivité *f* **II.** *vt* **1.** (*pick up*) *a. fig* **to ~ (up) sth** ramasser qc (à la pelle/à la cuillère) **2.** (*make a hole*) enlever; **to ~ sth out** creuser **3.** (*measure*) doser **4.** PUBL, TV, RADIO présenter en exclusivité
scoot [skut] *vi inf* mettre les gaz
scooter ['sku·ţər] *n* **1.** (*child's toy*) trottinette *f* **2.** (*motorcycle*) scooter *m*
scope [skoʊp] *n* **1.** (*extent of area*) étendue *f;* (*of person*) compétences *fpl;* (*of undertaking, plan*) envergure *f* **2.** (*possibility*) possibilité *f;* **limited/considerable ~** champ *m* d'action limité/considérable; **to give ~ for sth** laisser le champ libre à qc; **to be beyond the ~ of sb** dépasser les compétences de qn
scorch [skɔrtʃ] **I.** *vt* **1.** (*burn*) brûler **2.** (*dry*) dessécher **II.** *vi* brûler
score [skɔr] **I.** *n* SPORTS score *m* **II.** *vt* **1.** SPORTS (*basket, goal*) mettre; (*points*) marquer; **to ~ points with sb** *fig* marquer des points auprès de qn **2.** *inf* (*get, buy*) dégoter **III.** *vi* SPORTS marquer un point
scorekeeper *n* marqueur, -euse *m, f*
scorer *n* **1.** (*in soccer*) tireur, -euse *m, f;* (*in basketball*) marqueur, -euse *m, f* **2.** *s.* **scorekeeper**
Scorpio ['skɔr·pi·oʊ] *n* Scorpion *m; s.a.* **Aquarius**
scorpion ['skɔr·pi·ən] *n* scorpion *m*
Scot [skat] **I.** *adj* écossais(e); **~s pine** pin *m* sylvestre **II.** *n* (*person*) Écossais *m*
scotch [skatʃ] *vt* mettre fin à
Scotch [skatʃ] **I.** *n* scotch *m* **II.** *adj* écossais(e)
Scotch tape® *n* Scotch® *m*
scot-free [ˌskat·'fri] *adv* impunément; **to get away ~** partir en toute impunité
Scotland ['skat·lənd] *n* l'Écosse *f*
Scotsman <-men> *n* Écossais *m*
Scotswoman <-women> *n* Écossaise *f*
Scottish ['ska·ţɪʃ] **I.** *adj* écossais(e) **II.** *n pl* **the ~** les Écossais *mpl*
scoundrel ['skaʊn·drəl] *n* crapule *f*
scour [skaʊər] **I.** *vt* **1.** (*scrape clean*) récurer **2.** (*search: fields*) ratisser; **to ~ sth for sb/sth** fouiller qc pour trouver qn/qc **II.** *n* récurage *m*
scourge [skɜrdʒ] **I.** *n* **1.** (*affliction*) fléau *m* **2.** (*whip*) fouet *m* **II.** *vt* **1.** (*afflict*) affliger **2.** (*whip*) flageller
scouring pad *n* éponge *f* métallique
Scout, scout [skaʊt] *n* **1.** (*boy*) scout *m* **2.** (*girl*) jeannette *f*
Scoutmaster, scoutmaster *n* guide *mf* des scouts
scowl [skaʊl] **I.** *n* mine *f* patibulaire **II.** *vi* avoir un air sinistre; **to ~ at sb** regarder qn de travers
scrabble ['skræb·l] *vi* trifouiller
scrag [skræg] <-gg-> *vt* (*strangle*) tordre le cou à
scraggy <-ier, -iest> *adj* maigre
scram [skræm] <-mm-> *vi inf* se casser
scramble ['skræm·bl] **I.** <-ling> *vi* **1.** (*climb*) grimper; **to ~ through the hedge** grimper par-dessus la haie; **to ~ down/up the hill** descendre/escalader la pente; **to ~ through** se frayer un passage **2.** (*rush*) se précipiter; **to ~ for sth** se ruer vers qc; **to ~ into jeans** enfiler son jean; **to ~ up a ladder** monter une échelle à toute vitesse **3.** (*struggle*) **to ~ for sth** se battre pour qc **II.** <-ling> *vt* (*eggs*) brouiller **III.** *n* **1.** (*climbing*) escalade *f* **2.** (*rush, struggle*) bousculade *f;* **the ~ for the door** la

S

ruée vers la porte; **the ~ for profits** la course aux profits

scrambled eggs *n* œufs *mpl* brouillés

scrap[1] [skræp] **I.** *n* **1.** (*small piece*) morceau *m;* (*of paper, cloth*) bout *m;* (*of information*) bribe *f;* **not a ~ of evidence** pas la moindre preuve **2.** *pl* (*leftovers*) restes *mpl* **3.** (*metal*) ferraille *f* **II.** <-pp-> *vt* **1.** (*get rid of*) se débarrasser de **2.** *fig* (*plan*) abandonner **3.** (*use for scrap metal*) apporter à la casse

scrap[2] [skræp] **I.** *n inf* (*fight*) empoignade *f* **II.** <-pp-> *vi* s'empoigner; **to ~ over sth with sb** s'empoigner pour qc avec qn

scrapbook *n* album *m* de collection

scrap dealer *n* ferrailleur, -euse *m, f*

scrape [skreɪp] **I.** *vt* gratter; (*one's shoes*) frotter; (*one's knee*) s'écorcher; (*car*) érafler ▶**to ~ (the bottom of) the barrel** racler les fonds de tiroir; **to ~ (together) a living** s'en sortir tout juste **II.** *vi* **1.** (*make scraping sound*) grincer **2.** (*scratch*) gratter **3.** (*rub against*) frotter **III.** *n* **1.** (*sound*) grincement *m* **2.** (*act of scraping*) grattement *m;* **to give one's boots a ~** donner un bon coup de brosse à ses bottes **3.** (*graze on skin*) égratignure *f* ▶**to be in a ~** *inf* être dans le pétrin

◆**scrape along** *vi s.* **scrape by**

◆**scrape away** *vt* gratter

◆**scrape by** *vi* s'en sortir

◆**scrape through** *vt, vi* réussir de justesse

scraper *n* racloir *m*

scrapheap *n* tas *m* de ferraille

scrapings *npl* restes *mpl;* (*of wood, metal*) copeaux *mpl;* (*of paint*) raclures *fpl*

scrap iron *n* ferraille *f*

scrappy <-ier, -iest> *adj* **1.** (*badly made: work*) inégal(e); (*film, novel, essay*) décousu(e); (*education*) insuffisant(e) **2.** *inf* (*prone to fighting*) bagarreur(-euse)

scratch [skrætʃ] **I.** *n* **1.** (*cut on skin*) égratignure *f,* griffe *f Belgique* **2.** (*acceptable standard*) bon état *m;* **to come up to ~** correspondre à une attente; **to bring sb/sth up to ~** remettre qn à sa place/qc en état **3.** (*beginning state*) début *m;* **to start (over) from ~** (tout) recommencer depuis le début **II.** *adj* improvisé(e) **III.** *vt* **1.** (*cut slightly*) égratigner **2.** (*relieve itch*) gratter; **to ~ one's arm/head** se gratter le bras/la tête **3.** (*erase, remove*) effacer; *inf* (*cancel*) annuler **4.** (*write hastily*) griffonner ▶**to ~ the surface of sth** effleurer qc **IV.** *vi* **1.** (*scrape surface*) gratter **2.** (*in billiards*) blouser une boule

◆**scratch around** *vi* essayer de dénicher; **to ~ for sth** fouiller du regard pour trouver qc

◆**scratch out** *vt* gratter; (*line, word*) rayer ▶**to scratch sb's eyes out** arracher les yeux à qn

scratch paper *n* (feuille *f* de) brouillon *m*

scratch ticket *n* carte *f* à gratter

scratchy <-ier, -iest> *adj* **1.** (*with scratches: record*) rayé(e) **2.** (*irritating to skin*) irritant(e)

scrawl [skrɔl] **I.** *vt, vi* gribouiller **II.** *n* gribouillage *m*

scrawny ['skrɔ·ni] <-ier, -iest> *adj* sec(sèche)

scream [skrim] **I.** *n* **1.** (*cry*) hurlement *m* **2.** (*of engine*) crissement *m* **3.** *inf* (*something funny*) grosse blague *f;* **to be a ~** être à mourir de rire **II.** *vi* hurler; **to ~ in terror** hurler de terreur; **to ~ for help** crier à l'aide; **to ~ with laughter** hurler de rire; **to ~ about sth** se mettre en rage à cause de qc **III.** *vt* hurler; **to ~ oneself hoarse** s'égosiller; **to ~ one's head off** *inf* s'époumoner

screaming **I.** *adj* hurlant(e) **II.** *n* hurlements *mpl*

scree [skri] *n* éboulis *m*

screech [skritʃ] **I.** *n* cri *m;* (*of brakes*) crissement *m;* **a ~ of laughter** un éclat de rire **II.** *vt, vi* **to ~ with delight/pain** crier de joie/douleur

screech owl *n* effraie *f*

screed *n* (long) discours *m*

screen [skrin] **I.** *n* **1.** TV, COMPUT écran *m;* **15-inch ~** écran 15 pouces; **split/touch ~** écran partagé/tactile; **on ~** à l'écran **2.** (*for privacy*) cloison *f;* (*decorative*) paravent *m;* (*for protection*) écran *m* **3.** *fig* (*of troops*) camouflage *m* **4.** (*for window*) moustiquaire *f* **5.** (*sieve*) passoire *f* **II.** *vt* **1.** (*hide*) cacher; **to ~ sth from view** dissimuler qc **2.** (*protect*) protéger; **to ~ sb/sth from sth** protéger qn/qc de qc **3.** (*examine*) examiner; **to ~ one's calls** filtrer les appels **4.** TV passer à l'écran; CINE projeter **5.** (*put through sieve*) passer à la passoire

◆**screen off** *vt* cloisonner

screening *n* **1.** CINE projection *f* **2.** TV diffusion *f* **3.** (*test*) *a.* MED examen *m*

screenplay *n* scénario *m*

screen refresh rate *n* fréquence *f* de rafraîchissement d'image

screen saver *n* économiseur *m* d'écran

screenshot *n* COMPUT saisie *f* d'écran

screen test *n* CINE essais *mpl*

screenwriter *n* scénariste *mf*

screw [skru] **I.** *n* **1.** (*pin*) vis *f* **2.** (*turn*) rotation *f;* **to give sth a ~** (*with fingers*) tourner qc; (*with screwdriver*) visser qc **3.** (*propeller*) hélice *f* ▶**to have a ~ loose** *inf* ne pas tourner rond; **to put the ~s on sb** *inf* mettre le couteau sous la gorge à qn **II.** *vt* **1.** (*fasten*) visser; (*by twisting*) serrer **2.** *inf* (*cheat*) entuber **3.** (*extort*) **to ~ sth out of sb** extorquer qc à qn **4.** *vulg* baiser ▶**to have one's head ~ed on right** *inf* avoir la tête bien sur les épaules **III.** *vi* **1.** (*move in curve*) se visser **2.** *vulg* baiser

◆**screw around** *vi* **1.** *sl* (*act stupidly*) glandouiller **2.** *vulg* (*be sexually promiscuous*) coucher à droite à gauche

◆**screw down** *vt* visser

◆**screw off** **I.** *vt* dévisser **II.** *vi* se dévisser

◆**screw up** **I.** *vt* **1.** (*fasten*) visser; **to ~ one's eyes** plisser les yeux **2.** *inf* (*mess up*) foutre en l'air **II.** *vi* se visser

screwball *n inf* drôle d'oiseau *m*

screwdriver *n* tournevis *m*

screw top *n* fermeture *f* à vis

screwy <-ier, iest> *adj inf* taré(e)

scribble ['skrɪb·l] **I.** *vt* griffonner **II.** *vi* **1.** (*write*) griffonner; (*on a wall*) faire des graffitis **2.** (*doodle*) gribouiller **III.** *n* gribouillage *m*

scribbler *n* écrivaillon *m*

scribbling pad *n* bloc-notes *m*

scrimmage ['skrɪm·ɪdʒ] *n a.* SPORTS mêlée *f*

scrimp [skrɪmp] *vi* économiser

scrip issue *n* FIN *émission d'actions gratuites*

script [skrɪpt] **I.** *n* **1.** (*written text: of film*) script *m;* (*of play*) texte *m* **2.** (*style of writing*) script *m* **3.** COMPUT script *m* **II.** *vt* écrire le script de

script girl *n* CINE scripte *f*

scriptural *adj* biblique

scripture ['skrɪp·tʃər] *n* **1.** (*Bible*) **Scripture**(**s**) Écritures *fpl* **2.** (*sacred writings*) livre *m* sacré

scriptwriter ['skrɪpt·raɪ·t̬ər] *n* CINE, TV scénariste *mf*

scroll [skroʊl] **I.** *n* **1.** (*roll of paper*) rouleau *m* **2.** (*as ornament*) volute *f* **II.** *vi* COMPUT dérouler; **to ~ up/down** faire défiler vers le haut/le bas

scroll bar *n* COMPUT barre *f* de défilement

scrooge [skrudʒ] *n pej* radin(e) *m(f)*

scrotum ['skroʊ·t̬əm] <-s *o* -ta> *n* scrotum *m*

scrounge [skraʊndʒ] *inf* **I.** *vt* **to ~ sth off sb** taper qc à qn **II.** *vi* **to ~ off sb** taxer qn **III.** *n pej* resquille *f*

scrounger ['skraʊndʒ·ər] *n pej, inf* tapeur, -euse *m, f*

scrub[1] [skrʌb] <-bb-> **I.** *vt* **1.** (*clean by rubbing*) frotter **2.** *sl* (*cancel*) rayer **II.** *vi* frotter **III.** *n* **to give sth a** (**good**) **~** astiquer qc

scrub[2] [skrʌb] *n* **1.** (*short trees, bushes*) buissons *mpl* **2.** (*area covered with bushes*) broussaille *f*

scrubbing brush, scrub brush *n* brosse *f*

scruff [skrʌf] *n* ANAT nuque *f*

scruffy <-ier, -iest> *adj* mal entretenu(e)

scrum [skrʌm], **scrummage** ['skrʌm·ɪdʒ] *n* SPORTS mêlée *f*

scrumptious ['skrʌm(p)·ʃəs] *adj* (*food, wine*) délicieux(-euse)

scrunch [skrʌn(t)ʃ] **I.** *vi* crisser **II.** *vt* écraser **III.** *n* crissement *m*

scruple ['skru·pl] **I.** *n* scrupule *m* **II.** *vi* avoir des scrupules

scrupulous ['skru·pjə·ləs] *adj* scrupuleux(-euse); **to be ~ about doing sth** avoir scrupule à faire qc

scrutinize ['skru·tᵊn·aɪz] *vt* (*examiner*) scruter; (*closely*) examiner

scrutiny ['skru·tᵊn·i] *n* examen *m* minutieux; **to come under** (**close**) **~** être passé au peigne fin

scuba ['sku·bə] *n* appareil *m* de plongée

scuba diving *n* plongée *f;* **to go ~** faire de la plongée

scud [skʌd] <-dd-> *vi* filer

scuff [skʌf] **I.** *vt* **1.** (*roughen surface of*) élimer **2.** (*drag along ground*) draguer; **to ~ one's feet** traîner des pieds **II.** *vi* marcher en traînant les pieds

scuffle ['skʌf·l] **I.** *n* bagarre *f,* margaille *f Belgique* **II.** *vi* se bagarrer

scull [skʌl] **I.** *n* aviron *m* **II.** *vi* ramer

scullery ['skʌl·ᵊr·i] <-ies> *n* buanderie *f*

sculpt [skʌlpt] *vt, vi* sculpter

sculptor *n* sculpteur, -euse *m, f*

sculptress *n* sculpteuse *f*

sculptural *adj* sculptural(e)

sculpture ['skʌlp·tʃər] **I.** *n* sculpture *f* **II.** *vt, vi s.* **sculpt**

scum [skʌm] *n* **1.** (*on liquid*) mousse *f* **2.** *fig, pej* (*worthless people*) rebut *m*

scurf [skɜrf] *n* pellicules *fpl*

scurrilous ['skɜr·ə·ləs] *adj* calomnieux(-euse)

scurry ['skɜr·i] <-ie-> **I.** *vi* trottiner **II.** *n* hâte *f*

scurvy ['skɜr·vi] **I.** *n* <-ier, -iest> scorbut *m* **II.** *adj* infâme

scut *n* moignon *m*

scuttle[1] ['skʌt̬·l] *vi* (*scurry*) courir

scuttle[2] ['skʌt̬·l] *vt* **1.** (*go down: ship*) couler **2.** (*put end to*) mettre un terme à

scuttle[3] ['skʌt̬·l] *n s.* **coal scuttle**

scythe [saɪð] **I.** *n* faux *f* **II.** *vt* faucher

SD *n abbr of* **South Dakota**

SDI [,es·di·'aɪ] *n abbr of* **Strategic Defense Initiative** IDS *f*

SE *n abbr of* **southeast** SE *m*

sea [si] *n a. fig* mer *f;* **to be at ~** être au large; **beyond the ~** outre-mer; **by ~** par voie maritime; **to put** (**out**) **to ~** appareiller; **the open ~** le large; **to go to ~** partir en mer

sea air *n* air *m* marin

sea anemone *n* anémone *f* de mer

sea animal *n* animal *m* marin

sea-based *adj* MIL basé(e) en mer

seabed *n* fond *m* marin

sea bird *n* oiseau *m* de mer

seaboard *n sing* côte *f*

seaborne *adj* transporté(e) par voie maritime

sea breeze *n* vent *m* du large

seacoast *n* côte *f*

sea cow *n* dugong *m*

sea dog *n fig* **an old ~** un vieux loup de mer

sea fish *n* poisson *m* de mer

seafood *n* fruits *mpl* de mer

seafront *n sing* front *m* de mer

seagoing *adj* en état de naviguer

seagull *n* mouette *f*

sea horse *n* hippocampe *m*

seal[1] [sil] *n* phoque *m*

seal[2] [sil] **I.** *n* **1.** (*wax mark*) sceau *m* **2.** (*stamp*) cachet *m* **3.** (*to prevent opening*) cachet *m;* (*on door*) fermoir *m* **4.** (*airtight or watertight joint*) joint *m* ▶ **sb's ~ of approval** l'approbation *f* de qn **II.** *vt* **1.** (*put seal on*) cacheter **2.** (*make airtight, watertight*) colmater **3.** (*close: border, port*) fermer **4.** (*finalize: deal, agreement*) conclure

◆**seal off** *vi* sceller

sea legs *npl* **to get one's ~** s'habituer à la mer

sea level *n* niveau *m* de la mer

sealing *n* cachetage *m*

sealing wax *n* cire *f* à cacheter

sea lion *n* otarie *f*

sealskin **I.** *adj* en peau de phoque **II.** *n* peau *f* de phoque

seam [sim] **I.** *n* **1.** (*in fabric*) couture *f;* (*hem*) ourlet *m* **2.** (*junction*) jointure *f;* (*welded*) soudure *f* **3.** NAUT joint *m* **4.** (*between rocks*) veine *f* ▶ **to be** **__bursting__** **at the ~s** être plein à craquer **II.** *vt* (*stitch together*) coudre

seaman ['si·mən] <-men> *n* **1.** (*sailor*) marin *m* **2.** (*rank*) matelot *m*

sea mile *n* mile *m* marin

seamless *adj* **1.** (*without seam*) sans coutures **2.** *fig* continu(e); (*transition*) sans accrocs

seamstress ['sim(p)·strɪs] *n* couturière *f*

seamy <-ier, -iest> *adj* sordide

seaplane *n* hydravion *m*

seaport *n* port *m* maritime

sea power *n* puissance *f* navale

sear [sɪr] *vt* **1.** (*scorch*) brûler **2.** (*cause pain: in memory*) graver **3.** (*fry quickly*) saisir **4.** (*cauterize*) cautériser

search [sɜrtʃ] **I.** <-es> *n* **1.** (*act of searching*) recherches *fpl;* **to go off in ~ of sth** partir à la recherche de qc **2.** (*by police: of a building*) perquisition *f;* (*of a person*) fouille *f* **3.** COMPUT recherche *f* **II.** *vi* **1.** (*make a search*) faire des recherches; **to ~ after sth** rechercher qc; **to ~ for sb/sth** chercher qn/qc; **to ~ through sth** fouiller qc **2.** COMPUT effectuer une recherche **III.** *vt* **1.** (*seek*) chercher **2.** (*look in*) fouiller; (*place, street*) ratisser **3.** COMPUT rechercher; (*directory, file*) rechercher dans **4.** (*examine carefully: conscience, heart*) examiner; (*face, memory*) scruter ▶ **~** **__me!__** *inf* (je n'en ai) pas la moindre idée!

◆**search out** *vt* chercher

search engine *n* COMPUT moteur *m* de recherche

searcher *n* chercheur, -euse *m, f*

search function *n* COMPUT fonction *f* de recherche

searching *adj* **1.** (*penetrating: look*) inquisiteur(-trice) **2.** (*exhaustive: question*) approfondi(e)

searchlight *n* projecteur *m*

search operation *n* recherches *fpl*

search party <-ies> *n* expédition *f* de secours

search warrant *n* mandat *m* de perquisition

searing *adj* **1.** (*scorching*) brûlant(e) **2.** (*painful: pain*) cuisant(e) **3.** (*severe: criticism*) virulent(e)

seascape *n* **1.** (*picture*) marine *f* **2.** (*view*) vue *f* sur la mer

seashell *n* coquillage *m*

seashore *n* **1.** (*beach*) plage *f* **2.** (*land near sea*) littoral *m*

seasick *adj* **to be ~** avoir le mal de mer

seasickness *n* mal *m* de mer

seaside *n* bord *m* de mer

season ['si·zᵊn] **I.** *n* **1.** (*period of year*) saison *f;* **the Christmas/Easter ~** la période de Noël/Pâques; **Season's Greetings** Joyeux Noël et Bonne Année; **the holiday ~** la période des vacances; **the high/low ~** la haute/morte saison; **in/out of ~** pendant/en dehors de la saison touristique **2.** (*period of plenty*) **asparagus/strawberry ~** saison *f* des asperges/fraises; **sth is in ~** c'est la saison de qc **3.** SPORTS saison *f* **II.** *vt* **1.** (*add salt, pepper*) assaisonner **2.** (*dry out: wood*) faire sécher **III.** *vi* (*wood*) sécher

seasonable *adj* de saison

seasonal *adj* **1.** (*of time of year*) saisonnier(-ère) **2.** (*grown in a season*) de saison

seasoned *adj* **1.** (*experienced*) expérimenté(e) **2.** (*dried: wood*) sec(sèche) **3.** (*spiced*) assaisonné(e)

seasoning *n* **1.** (*salt, pepper*) assaisonnement *m* **2.** (*herb, spice*) condiment *m* **3.** (*drying out*) séchage *m*

season ticket *n* **1.** THEAT, SPORTS abonnement *m* **2.** AUTO carte *f* d'abonnement

season ticket holder *n* **1.** THEAT, SPORTS abonné(e) *m(f)* **2.** AUTO détenteur, -trice *m, f* d'une carte d'abonnement

seat [sit] **I.** *n* **1.** (*furniture*) siège *m;* **back ~** siège arrière; **is this ~ free/taken?** est-ce que cette place est libre/prise?; **to keep a ~ for sb** garder une place à qn **2.** THEAT fauteuil *m* **3.** *sing* (*part: of a chair*) siège *m;* (*of slacks, pants*) fond *m* **4.** (*buttocks*) fesses *fpl* **5.** POL siège *m;* **to take one's ~** prendre ses fonctions **6.** (*location of government*) **county ~** chef-lieu *m* **7.** (*country residence*) résidence *f;* **a country ~** un château **8.** (*style of riding*) assiette *f* ▶ **by the ~ of one's** **__pants__** par intuition **II.** *vt* **1.** (*sit down*) asseoir **2.** (*offer a seat*) placer **3.** (*have enough seats for*) **the hall ~s 250 guests** le hall peut contenir 250 invités à table

seat belt *n* ceinture *f* de sécurité

seating *n* capacité *f* d'accueil; **a restaurant has ~ for 60** un restaurant peut servir 60 couverts

seating arrangements *npl* plan *m* de table

seating room *n* salon *m*

SEATO ['si·t̬oʊ] *n no art abbr of* **Southeast Asia Treaty Organization** OTASE *f*

sea urchin *n* oursin *m*

seaward **I.** *adv* vers la mer **II.** *adj* **1.** (*facing*) face à la mer **2.** (*moving*) vers le large; (*breeze*) du large

seawater *n* eau *f* de mer

seaway *n* chenal *m*

seaweed *n* algues *fpl*

seaworthy *adj* (*boat*) en état de naviguer

SEC [ˌes·i·'si] *n abbr of* **Securities and Exchange Commission** ≈ COB *f*

sec. [sek] *n abbr of* **second** seconde *f*

secede [sɪ·'sid] *vi* **to ~ from sth** faire sécession de qc

secession [sɪ·'seʃ·ᵊn] *n* sécession *f*

secluded [sɪ·'klud·ɪd] *adj* retiré(e)

seclusion [sɪ·'klu·ʒᵊn] *n* **1.** (*privacy: of person,* *place*) tranquillité *f* **2.** (*isolation*) isolement *m*

second[1] ['sek·ənd] **I.** *adj* **1.** (*after first*) deuxième; **every ~ week/year** tous les quinze jours/deux ans **2.** (*after winner*) second(e) **3.** (*in importance, size*) deuxième; **to be ~ only to sb/sth** être juste derrière qn/qc; **to be ~ to none** être le meilleur **4.** (*another: car, chance*) deuxième; **to be a ~ Mozart** être un nouveau Mozart; **to ask for a ~ opinion** demander un deuxième avis; **to have ~ thoughts about sth** ne plus être sûr de qc **II.** *n* **1.** *no art* (*second gear*) seconde *f;* **to shift down to ~** rétrograder en seconde **2.** *pl* (*extra helping*) supplément *m;* **anyone for ~s?** est-ce que qn en veut encore? **3.** (*flawed item*) article *m* de deuxième choix **4.** (*in a duel*) témoin *m* **5.** (*in boxing*) soigneur *m* **III.** *vt* (*support*) appuyer; **I'll ~ that** je suis d'accord **IV.** *adv* deuxième

second[2] ['sek·ənd] *n* seconde *f;* **just a ~ please!** une seconde s'il te/vous plaît!

secondary ['sek·ən·der·i] *adj* secondaire

secondary industry *n* industrie *f* secondaire

secondary school *n école d'enseignement secondaire,* école *f* secondaire *Québec*

second best *adj* **to feel ~** se sentir relégué au second plan; **to settle for ~** se rabattre sur un deuxième choix

second class **I.** *n* deuxième classe *f* **II.** *adv* **1.** (*in second class: travel*) en deuxième classe **2.** (*by second-class mail: send*) en courrier ordinaire

second-class *adj* **1.** (*in second class: ticket, train car*) de deuxième classe **2.** (*inferior: service, treatment*) de deuxième rang

second cousin *n* cousin(e) *m(f)* au second degré

second-degree burn *n* brûlure *f* au second degré

seconder *n* partisan(e) *m(f)* d'une motion

second floor *n* (*floor above ground*) premier étage *m*

second-hand **I.** *adj* **1.** (*clothes, shop*) d'occasion **2.** (*received indirectly: news*) de seconde main **II.** *adv* **1.** (*used: buy*) d'occasion **2.** (*from third party: hear*) d'un tiers

second hand *n* (*on clock*) aiguille *f* des secondes

second language *n* seconde langue *f*

second lieutenant *n* second lieutenant *m*

secondly *adv* deuxièmement

second nature *n* seconde nature *f*

second-rate *adj* de deuxième rang

second sight *n* double vue *f*

secrecy ['si·krə·si] *n* **1.** (*act*) secret *m;* **in ~** en secret; **to swear sb to ~** faire jurer le secret à qn **2.** (*characteristic*) discrétion *f*

secret ['si·krət] **I.** *n* secret *m;* **to let sb in on a/the ~** mettre qn dans le secret; **to make no ~ of sth** ne pas cacher qc **II.** *adj* **1.** (*known to few*) secret(-ète); **to keep sth ~ from sb** cacher qc à qn **2.** (*hidden: door*) dérobé(e)

secret agent *n* agent *m* secret

secretarial *adj* (*staff, course*) de secrétariat

secretariat [ˌsek·rə·'ter·i·ət] *n* secrétariat *m*

secretary ['sek·rə·ter·i] <-ies> *n* **1.** (*office assistant*) secrétaire *mf* **2. company ~** secrétaire *mf* général(e) **3.** (*head of government department*) **Secretary of State/of Commerce** secrétaire *mf* d'État/au commerce

secretary-general <secretaries-general> *n* secrétaire *mf* général(e)

secrete[1] [sɪ·'krit] *vt* (*gland*) secréter

secrete[2] [sɪ·'krit] *vt form* (*hide*) cacher

secretion *n* sécrétion *f*

secretive ['si·krə·t̬ɪv] *adj* (*behavior*) secret(-ète); (*person*) cachottier(-ère)

sect [sekt] *n* secte *f*

sectarian [sek·'ter·i·ən] **I.** *adj* sectaire **II.** *n* sectaire *mf*

section ['sek·ʃən] **I.** *n* **1.** (*part*) partie *f;* (*of a road, railroad*) tronçon *m;* (*of a document*) chapitre *m;* (*of an orange*) quartier *m;* (*of a newspaper*) pages *fpl;* **the sports ~** les pages *fpl* sportives **2.** (*department*) service *m* **3.** MUS **the brass ~** les cuivres *mpl* **4.** (*military unit*) groupe *m* **5.** (*surgical cut*) section *f* **II.** *vt* sectionner; **to be ~ed into subject areas** être divisé en domaines

◆ **section off** *vt* séparer

sectional **I.** *adj* **1.** (*limited to group*) particulier(-ère); (*championship, conflict*) interne **2.** (*done in sections: drawing*) en coupe **II.** *n* meuble *m* modulaire

sector ['sek·tər] *n* secteur *m*

secular ['sek·jə·lər] *adj* séculier(-ère); (*education*) laïque

secularize ['sek·jə·lə·raɪz] *vt* laïciser

secure [sɪ·'kjʊr] **I.** *adj* <-rer, -est *o* more ~, most ~> **1.** (*safe: base, ladder*) sûr(e); **financially ~** sans risques financiers **2.** (*unworried*) en sécurité; **~ in the knowledge that ...** sûr que ... **3.** (*guarded*) protégé(e) **II.** *vt* **1.** (*obtain: release, loan*) obtenir **2.** (*make safe: doors, windows*) bien fermer; (*position*) assurer; (*house*) protéger **3.** (*fasten: seatbelt*) attacher **4.** (*guarantee: loan*) garantir **5.** (*protect*) protéger

security [sɪ·'kjʊr·ə·t̬i] <-ies> *n* **1.** *no art* (*measures*) sécurité *f* **2.** *no art* (*personnel*) service *m* de sécurité **3.** (*safety*) sécurité *f* **4.** *sing* (*payment guarantee*) garantie *f* **5.** *pl* (*investments*) valeurs *fpl* (boursières)

security blanket *n* doudou *m*

Security Council *n* Conseil *m* de sécurité

security forces *npl* forces *fpl* de sécurité

security guard *n* gardien(ne) *m(f)*

sedan [sɪ·'dæn] *n* berline *f*

sedate [sɪ·'deɪt] **I.** *adj* (*pace, person*) calme **II.** *vt* donner un sédatif à

sedation *n* sédation *f*

sedative ['sed·ə·t̬ɪv] **I.** *adj* sédatif(-ive) **II.** *n* sédatif *m*

sedentary ['sed·ən·ter·i] *adj* (*person, lifestyle*) sédentaire

sediment ['sed·ə·mənt] *n* **1.** (*in liquid*)

sédiment *m* **2.** (*in geology*) dépôt *m*

sedimentary [ˌsed·ɪ·ˈmen·tᵊr·i] *adj* sédimentaire

sedition [sɪ·ˈdɪʃ·ᵊn] *n form* sédition *f*

seduce [sɪ·ˈdus] *vt* séduire; **to be ~d into doing sth** se laisser convaincre de faire qc

seducer *n* séducteur, -trice *m, f*

seduction [sɪ·ˈdʌk·ʃᵊn] *n* **1.** (*persuasion into sex*) séduction *f* **2.** (*something seductive*) **~(s)** charme *m*

seductive [sɪ·ˈdʌk·tɪv] *adj* **1.** (*sexy*) séducteur(-trice) **2.** (*attractive: argument*) séduisant(e)

see¹ [si] *n* diocèse *m;* **the Holy See** le Saint-Siège

see² [si] <saw, seen> **I.** *vt* **1.** (*perceive with eyes*) voir **2.** (*watch: play, page, sights*) voir **3.** (*view: house for sale*) voir **4.** (*meet socially*) voir; **to ~ little of sb** ne pas voir qn souvent; **~ you!** *inf* à bientôt **5.** (*accompany*) raccompagner; **I'll ~ you to the door** je t'accompagne jusqu'à la porte; **to ~ sb into bed** aider qn à se mettre au lit **6.** (*have relationship with*) sortir avec **7.** (*understand*) voir; **to ~ sth in a new light** voir qc sous un autre jour; **to ~ reason** entendre raison **8.** (*envision: chance, possibility*) voir; **I saw it coming** je m'y attendais **9.** (*ensure*) **to ~ (that)** ... s'assurer que ... ▶ **~ you around!** *inf* à bientôt!; **I will ~ him in hell first** plutôt mourir; **to ~ the last of sb/sth** se débarrasser de qn/qc; **to ~ the light** (*understand*) comprendre; (*be converted*) avoir une révélation; **to ~ stars** voir des étoiles; **to ~ one's way (clear) to doing sth** être d'accord pour faire qc; **to not ~ the forest for the trees** se perdre dans les détails; **he/she wouldn't be seen dead in sth** *inf* il/elle ne le ferait pour rien au monde **II.** *vi a. fig* voir; **to ~ into the future** lire dans l'avenir; **as far as the eye can ~** à perte de vue; **wait and ~** on verra; **let me ~** voyons voir; **we'll/I'll (have to) ~** nous verrons/je verrai; **as far as I can ~** d'après ce que je comprends ▶ **to not ~ eye to eye with sb** ne pas être d'accord avec qn; **~ing is believing** *prov* il faut le voir pour le croire *prov;* **you must do as you ~ fit** fais ce qu'il te semble le mieux

◆**see about** *vt inf* s'occuper de ▶ **we'll soon ~ that!** c'est ce qu'on verra!

◆**see in** **I.** *vi* voir à l'intérieur **II.** *vt* **1.** (*perceive*) trouver **2.** (*welcome*) faire entrer; **to see the New Year in** fêter le Nouvel An

◆**see off** *vt* **to see sb off** accompagner qn

◆**see out** *vt* **1.** (*escort to door*) accompagner; **to see sb out (of the house)** raccompagner qn à la porte; **I'll see myself out** inutile de me raccompagner **2.** (*last until end of*) **to see the winter out** passer l'hiver

◆**see through** *vt* **1.** (*look through*) voir à travers **2.** (*not be deceived by: lies*) déceler **3.** (*support*) aider **4.** (*continue to end*) faire jusqu'au bout

◆**see to** *vt* **1.** (*attend to*) s'occuper de **2.** *inf* (*repair*) réparer **3.** (*ensure*) **to ~ it that** faire en sorte que *+subj*

seed [sid] **I.** *n* **1.** AGR graine *f;* (*of fruit*) pépin *m;* **to sow ~s** semer des graines **2.** *fig* (*beginning*) germe *m;* **it sowed the ~s of doubt in her mind** ça a semé le doute dans son esprit **3.** SPORTS tête *f* de série **II.** *vt* **1.** (*sow with seeds*) ensemencer **2.** (*start*) germer **3.** (*remove seeds from*) épépiner **4.** SPORTS **to be ~ed** être classé

seedbed *n* **1.** (*area of ground*) semoir *m* **2.** *fig* (*of social change, scandal*) vivier *m*

seedling *n* plant *m*

seed money *n* capital *m* de départ

seedtime *n* AGR semailles *fpl*

seedy [ˈsi·di] <-ier, -iest> *adj* **1.** (*having many seeds*) plein(e) de grains **2.** (*dubious: district, hotel*) sordide **3.** (*unwell*) patraque

seeing *conj* **~ that ...** sachant que ...

seek [sik] <sought> **I.** *vt* **1.** (*look for*) chercher **2.** (*strive for: happiness, revenge*) rechercher; (*asylum, fortune*) chercher; (*justice, damages*) demander **3.** (*ask for: advice, permission*) demander **II.** *vi* **1.** (*search*) chercher; **~ and you shall find** quand on cherche on trouve **2.** *form* (*attempt*) **to ~ to** *+infin* essayer de *+infin*

seeker *n* chercheur, -euse *m, f;* **an asylum ~** un demandeur d'asile

seem [sim] *vi* **1.** (*appear to be*) sembler; **it ~s as if ...** il semble que ... **2.** (*appear*) **it ~s as if ...** on dirait que ...; **so it ~s** on dirait; **it ~s not** il semble que non; **it ~s like months since I started** j'ai l'impression que ça fait des mois que j'ai commencé

seeming *adj* apparent(e)

seemingly *adv* apparemment

seen [sin] *pp of* **see**

seep [sip] *vi* filtrer; **to ~ into sth** s'infiltrer dans qc

seepage [ˈsi·pɪdʒ] *n* infiltration *f*

seesaw **I.** *n* **1.** (*at playground*) bascule *f* **2.** *fig* va-et-vient *m inv* **II.** *vi* **1.** (*at playground*) jouer à la bascule **2.** (*move back and forth*) balancer **3.** (*rise and fall*) osciller **4.** *fig* être en dents de scie

seethe [sið] *vi* **1.** (*bubble up*) *a. fig* bouillonner; **to ~ with anger** bouillir de colère **2.** (*be crowded*) grouiller; **to be ~ing with sth** grouiller de qc

see-through *adj* transparent(e)

segment [ˈseg·mənt] **I.** *n* partie *f;* (*of orange, circle*) quartier *m;* (*of a worm*) segment *m* **II.** *vt* (*market, population*) segmenter **III.** *vi* se segmenter

segmentation [ˌseg·mən·ˈteɪ·ʃᵊn] *n* segmentation *f*

segregate [ˈseg·rə·geɪt] *vt* **1.** (*isolate*) isoler **2.** (*separate*) séparer; (*racially*) faire subir une ségrégation à

segregation *n* ségrégation *f*

seismic [ˈsaɪz·mɪk] *adj* **1.** GEO (*waves*) sismique **2.** *fig* (*important*) monumental(e)

seismograph ['saɪz·mə·græf] *n* sismographe *m*

seismologist *n* sismologue *mf*

seismology [saɪz·'ma·lə·dʒi] *n* sismologie *f*

seize [siz] *vt* **1.** (*grasp*) saisir; **to ~ hold of sth** saisir qc; **to ~ sb by the arm/throat/wrist** saisir qn par le bras/à la gorge/par le poignet **2.** (*capture*) capturer; (*hostage, power*) prendre; (*city, territory*) s'emparer de **3.** (*confiscate: drugs*) saisir
◆ **seize on** *vt* sauter sur
◆ **seize up** *vi* (*machine, program*) se bloquer; (*engine*) se gripper

seizure ['si·ʒər] *n* **1.** (*seizing: of power, territory*) prise *f;* (*of drugs, property*) saisie *f* **2.** MED crise *f*

seldom ['sel·dəm] *adv* rarement

select [sə·'lekt] **I.** *vt* **1.** (*choose*) choisir **2.** SPORTS, COMPUT sélectionner **II.** *vi* choisir **III.** *adj* **1.** (*exclusive*) sélect(e) **2.** (*chosen*) choisi(e)

selection *n* **1.** (*choosing*) choix *m* **2.** (*range*) sélection *f* **3.** (*extracts*) morceaux *mpl* choisis

selection committee *n* comité *m* de sélection

selective *adj* sélectif(-ive); **~ breeding** élevage *m* par sélection; **~ entry** sélection *f* à l'entrée

selective service *n* MIL service *m* militaire obligatoire

selector *n* **1.** (*of team members*) sélectionneur, -euse *m, f* **2.** (*switch*) sélecteur *m*

self [self] *n* **1.** <selves> **to find one's true ~** trouver sa véritable personnalité; **to be** (**like**) **one's old ~** être de nouveau soi-même **2.** *form* PSYCH **the ~** le moi

self-abasement *n* auto-avilissement *m*

self-abuse *n* **1.** (*harmful behavior*) automutilation *f* **2.** (*masturbation*) *a. fig* masturbation *f*

self-acting *adj* automatique

self-addressed *n* **~ stamped envelope** enveloppe *f* (libellée) au nom et à l'adresse de l'expéditeur

self-adhesive *adj* autocollant(e)

self-appointed *adj* autoproclamé(e)

self-assertion *n* autoritarisme *m*

self-assertive *adj* autoritaire

self-assurance *n* assurance *f*

self-assured *adj* sûr(e) de soi

self-aware *adj* conscient(e) de soi-même; **this child is already ~** cet enfant se connaît déjà bien

self-awareness *n* connaissance *f* de soi

self-centered *adj* égocentrique

self-colored *adj* uni(e)

self-composed *adj* calme; **to remain ~** garder son calme

self-confessed *adj* avoué(e)

self-confidence *n* confiance *f* en soi

self-conscious *adj* embarrassé(e)

self-contained *adj* **1.** (*independent: apartment*) indépendant(e) **2.** (*self-sufficient*) autosuffisant(e) **3.** (*reserved*) indépendant(e)

self-contradictory *adj form* qui se contredit

self-control *n* sang-froid *m*

self-critical *adj* critique à l'égard de soi-même

self-criticism *n* autocritique *f*

self-deception *n* illusion *f*

self-defeating *adj* qui va à l'encontre du but recherché; **~ attempt** tentative *f* vouée à l'échec

self-defense *n* **1.** (*protection*) légitime défense *f* **2.** (*skill*) autodéfense *f*

self-denial *n* sacrifice *m* de soi

self-destructive *adj* autodestructible; (*person, behavior*) autodestructif(-ive)

self-determination *n* POL autodétermination *f*

self-discipline *n* autodiscipline *f*

self-educated *adj* autodidacte

self-effacing *adj* discret(-ète)

self-employed **I.** *adj* indépendant(e) **II.** *n pl* **the ~** les libéraux *mpl*

self-esteem *n* estime *f* de soi

self-evident *adj* évident(e)

self-explanatory *adj* qui s'explique de soi-même

self-expression *n* expression *f* individuelle

self-fulfilling *adj* qui se réalise tout seul; **~ prophecy** prédiction *f* qui se réalise

self-fulfillment *n* épanouissement *m* de soi

self-governing *adj* autonome

self-government *n* POL autonomie *f*

self-help group *n* groupe *m* de discussion

self-importance *n* suffisance *f*

self-important *adj* suffisant(e)

self-imposed *adj* que l'on s'impose soi-même; (*exile*) volontaire; **this is my ~ deadline** je me suis fixé ce délai

self-indulgence *n* complaisance *f* envers soi-même

self-indulgent *adj* complaisant(e)

self-inflicted *adj* volontaire

self-interest *n* intérêt *m* personnel

selfish ['sel·fɪʃ] *adj* égoïste

selfishness *n* égoïsme *m*

selfless *adj* altruiste; **in a ~ way** de façon désintéressée

selflessness *n* altruisme *m*

self-made *adj* **a ~ man** un self-made-man; **he is a ~ millionaire** il est devenu millionnaire par ses propres moyens

self-opinionated *adj* borné(e)

self-pity *n* apitoiement *m* sur son (propre) sort

self-portrait *n* autoportrait *m*

self-possessed *adj* posé(e)

self-preservation *n* survie *f*

self-reliance *n* indépendance *f*

self-reliant *adj* indépendant(e)

self-respect *n* dignité *f;* **to take away sb's ~** avilir qn

self-respecting *adj* qui se respecte

self-righteous *adj* persuadé(e) d'avoir raison

self-rising flour *n* farine *f* avec levure

self-sacrifice *n* dévouement *m*

self-sacrificing *adj* **to be ~** avoir l'esprit de sacrifice

self-satisfaction *n* autosatisfaction *f*

self-satisfied *adj* content(e) de soi; **to look ~**

avoir l'air suffisant
self-seeking **I.** *n* égoïsme *m* **II.** *adj* égoïste
self-service **I.** *n* libre-service *m* **II.** *adj* en libre service; **a ~ Laundromat** une laverie automatique; **a ~ restaurant** un self-service
self-sufficiency *n* **1.** (*independence*) autosuffisance *f* **2.** (*feeling of pride*) suffisance *f*
self-sufficient *adj* autosuffisant(e); **to be a ~ type** être du genre indépendant
self-supporting *adj* financièrement autonome
self-tanning lotion *n* autobronzant *m*
self-taught *adj* **1.** (*self-educated*) autodidacte; **a ~ person** un autodidacte **2.** (*acquired by oneself*) appris(e) en autodidacte
self-willed *adj* volontaire
self-winding watch *n* montre *f* automatique
sell [sel] **I.** *n* vente *f*; **hard/soft ~** vente agressive/non agressive **II.** <sold, sold> *vt* vendre, remettre *Belgique;* **to ~ wholesale/retail** vendre en gros/au détail; **to ~ at a loss/profit** vendre à perte/en réalisant un bénéfice; **to ~ short** FIN vendre à découvert ►**to ~ one's body** vendre son corps; **to ~ one's soul to the devil** vendre son âme au diable; **to ~ sb down the river** lâcher qn; **he sold himself short** il n'a pas su se vendre à sa juste valeur **III.** *vi* <sold, sold> se vendre ►**to ~ like hotcakes** se vendre comme des petits pains
◆**sell off** *vt* liquider; **to sell sth off at half price** brader qc à moitié prix
◆**sell out** **I.** *vi* **1.** (*sell everything*) vendre jusqu'à épuisement des stocks; **to ~ of merchandise/a brand** liquider des marchandises/une marque **2.** (*betray cause*) **to ~ on sb** vendre qn **II.** *vt* **1.** (*have none left*) **to be sold out** être épuisé; **tickets are sold out for tonight** ce soir, on joue à guichets fermés **2.** *inf* (*betray*) vendre
seller *n* **1.** (*person selling*) vendeur, -euse *m, f* **2.** (*popular product*) produit *m* qui se vend bien; **~s of the year** meilleures ventes *fpl* de l'année
selling *n* vente *f*
selling point *n* atout *m*
selling price *n* prix *m* de vente
sell-out *n* **1.** (*no tickets left*) **this play was a total ~** cette pièce a été jouée à guichets fermés **2.** (*betrayal*) trahison *f*
selves [selvz] *n pl of* **self**
semantic [sə·'mæn·t̬ɪk] *adj* LING sémantique
semantics *n + sing/pl verb* LING sémantique *f*
semaphore ['sem·ə·fɔr] *n* sémaphore *m*
semblance ['sem·blən(t)s] *n* semblant *m*
semen ['si·mən] *n* semence *f*
semester [sə·'mes·tər] *n* semestre *m*
semi ['sem·i] *n inf* **1.** *s.* **semitrailer** **2.** *inf* SPORTS *s.* **semifinal**
semicircle *n* demi-cercle *m*
semicircular *adj* semi-circulaire
semicolon *n* point-virgule *m*
semiconductor *n* ELEC semi-conducteur *m*
semiconscious *adj* **to be ~** être à moitié conscient
semidetached *adj* (*house*) jumelé(e)
semifinal *n* SPORTS demi-finale *f*
semifinalist *n* SPORTS demi-finaliste *mf*
semifinished *adj* semi-fini(e)
seminal ['sem·ə·nəl] *adj* **1.** *form* (*work*) de fond; (*role*) décisif(-ive) **2.** (*of semen*) séminal(e)
seminar ['sem·ə·nar] *n* **1.** UNIV séminaire *m* **2.** (*workshop*) stage *m*
seminary ['sem·ɪ·ner·i] *n* séminaire *m*
semiprecious *adj* (*stone*) semi-précieux(-euse)
semiskilled *adj* spécialisé(e)
Semite ['sem·aɪt] *n* Sémite *mf*
Semitic *adj* sémitique
semitone *n* demi-ton *m*
semitrailer *n* semi-remorque *m*
semitropical *adj s.* **subtropical**
semolina [ˌsem·ə·'li·nə] *n* semoule *f*
Sen. *n abbr of* **Senator** sénateur, -trice *m, f*
senate ['sen·ɪt] **I.** *n* **1.** POL sénat *m;* **the Senate** le Sénat **2.** UNIV conseil *m* d'université **II.** *adj* POL sénatorial(e)
senator ['sen·ə·t̬ər] *n* sénateur, -trice *m, f*
senatorial [ˌsen·ə·'tɔr·i·əl] *adj* POL sénatorial(e); (*candidate*) au Sénat
send [send] <sent, sent> **I.** *vt* **1.** COM (*dispatch*) envoyer; **to ~ sth in the mail** envoyer qc par courrier; **to ~ sth airmail** envoyer qc par avion; **to ~ one's regards** envoyer ses amitiés; **to ~ sb to prison** LAW envoyer qn en prison; **to ~ sb after sb** envoyer qn à la recherche de qn **2.** (*cause to happen*) envoyer **3.** (*cause to feel*) **to ~ sb into a panic** faire paniquer qn ►**to ~ sb packing** *inf* envoyer qn promener **II.** *vi* (*transmit*) réaliser une transmission
◆**send away** **I.** *vi* **to ~ for sth** demander qc par courrier; **I sent away for a brochure** j'ai demandé (par courrier) qu'on m'envoie une brochure **II.** *vt* **1.** (*dismiss*) **to send sb away** renvoyer qn **2.** (*cause to go*) **to send sb away to some place** expédier qn quelque part
◆**send back** *vt* renvoyer
◆**send for** *vt* **1.** (*summon*) envoyer chercher; **to ~ help** envoyer chercher de l'aide **2.** (*request*) demander par courrier
◆**send forth** *vt* émettre
◆**send in** *vt* **1.** (*submit*) soumettre **2.** (*send*) envoyer **3.** COM (*order*) placer **4.** (*let enter*) faire entrer; **~ him/her in** faites-le/la entrer **5.** MIL (*reinforcements*) envoyer
◆**send off** **I.** *vt* **1.** (*post*) expédier; (*letter*) poster **2.** SPORTS expulser; **to get sent off** se faire expulser **II.** *vi s.* **send away**
◆**send on** *vt* renvoyer; (*a letter*) faire suivre
◆**send out** *vt* **1.** (*emit*) émettre **2.** (*mail*) expédier **3.** (*dispatch*) détacher
◆**send up** *vt* **1.** (*drive up*) faire monter; (*a rocket*) lancer **2.** *inf* (*put in prison*) incarcérer **3.** *inf* (*make parody of*) caricaturer
sender *n* expéditeur, -trice *m, f;* **'return to ~'** 'retour à l'envoyeur'

sendoff *n* **to give sb a ~** dire au revoir à qn

send-up *n inf* caricature *f*

Senegal [ˌsen·ɪ·ˈgɔl] *n* le Sénégal

Senegalese [ˌsen·ɪ·gə·ˈliz] **I.** *adj* sénégalais(e) **II.** *n* Sénégalais(e) *m(f)*

senile [ˈsi·naɪl] *adj* sénile; **to go ~** devenir sénile

senility [sə·ˈnɪl·ə·t̬i] *n* sénilité *f*

senior [ˈsi·njər] **I.** *adj* **1.** (*older*) aîné(e); **to be three years ~** avoir trois ans de plus que qn; **John B. O'Malley ~** John B. O'Malley père **2.** SCHOOL, UNIV (*student*) de dernière année; **the ~ boys/girls** les grand(e)s **3.** (*high-ranking*) supérieur(e); (*employee*) de grade supérieur; **to be ~ to sb** être au-dessus de qn; (*longer in service*) avoir plus d'ancienneté que qn **4.** (*related to the elderly*) du troisième âge **II.** *n* **1.** (*older person*) aîné(e) *m(f)*; **to be sb's ~** être l'aîné de qn; **to be two years sb's ~** avoir deux ans de plus que qn **2.** (*person of higher rank*) supérieur(e) *m(f)* **3.** (*student of graduating class*) SCHOOL élève *mf* de dernière année; UNIV étudiant(e) *m(f)* de dernière année **4.** (*elderly person*) personne *f* du troisième âge

senior citizen *n* personne *f* du troisième âge

senior high (school) *n* lycée *m*

seniority [si·ˈnjɔr·ə·t̬i] *n* **1.** (*in age*) âge *m* **2.** (*in rank*) ancienneté *f*

sensation [sen·ˈseɪ·ʃᵊn] *n* **1.** sensation *f* **2.** (*feeling*) impression *f*; **to have the ~ that ...** avoir l'impression que ... **3.** (*strong excitement*) sensation *f*

sensational *adj* **1.** (*causing excitement*) sensationnel(le) **2.** PUBL (*newspaper*) à sensation; (*disclosure*) qui fait sensation

sense [sen(t)s] **I.** *n* **1.** MED, BIO sens *m*; **the ~ of smell** l'odorat *m*; **the ~ of taste** le goût; **the ~ of touch** le toucher; **the ~ of hearing** l'ouïe *f*; **the ~ of sight** la vue **2.** (*common sense*) sens *m* **3.** *pl* (*good judgment*) raison *f*; **to bring sb to his/her ~s** ramener qn à la raison **4.** (*meaning*) sens *m* **5.** (*way*) sens *m*; **in every ~** dans tous les sens; **in a ~** dans un certain sens ▶ **there's no ~ in <u>doing</u> sth** ça n'a aucun sens de faire qc; **what's the ~ in <u>doing</u> sth?** à quoi cela sert-il de faire qc ?; **sth doesn't <u>make</u> (any) ~** qc ne rime à rien; **to <u>make</u> (good) ~** se tenir; **he <u>talks</u> ~** ce qu'il dit se tient **II.** *vt* sentir

senseless *adj* **1.** (*foolish, pointless*) insensé(e); (*killing*) gratuit(e); **it is ~ to** *+infin* ça n'a aucun sens de *+infin* **2.** MED (*unconscious*) inanimé(e)

sense organ *n* organe *m* sensitif

sensibility [ˌsen(t)·sə·ˈbɪl·ə·t̬i] *n* **1.** (*sensitiveness*) sensibilité *f* **2.** *pl* (*feelings*) susceptibilité *f*

sensible [ˈsen(t)·sə·bl] *adj* raisonnable

sensibly *adv* **1.** (*rationally*) raisonnablement **2.** (*suitably*) correctement

sensitive [ˈsen(t)·sə·t̬ɪv] *adj* **1.** (*understanding*) compréhensif(-ive); **to be ~ to sth** être sensible à qc **2.** (*touchy*) sensible

sensitiveness, sensitivity *n a. fig* sensibilité *f*

sensitize [ˈsen(t)·sə·taɪz] *vt* (*make aware of*) sensibiliser

sensor [ˈsen(t)·sər] *n* TECH, ELEC capteur *m*

sensory [ˈsen(t)·sᵊr·i] *adj* sensoriel(le)

sensual [ˈsen(t)·ʃu·əl] *adj* sensuel(le)

sensualist *n* personne *f* voluptueuse

sensuality [ˌsen(t)·ʃu·ˈæl·ə·t̬i] *n* sensualité *f*

sensuous [ˈsen(t)·ʃu·əs] *adj* sensuel(le)

sent [sent] *pp, pt of* **send**

sentence [ˈsen·t̬ən(t)s] **I.** *n* **1.** LING phrase *f* **2.** LAW condamnation *f*; **jail ~** condamnation à la prison; **life ~** condamnation à perpétuité; **to get a ~** être condamné; **to serve a ~** purger une peine **II.** *vt* **to ~ sb to sth** condamner qn à qc

sententious [sen·ˈten(t)·ʃəs] *adj form* sentencieux(-euse)

sentient [ˈsen(t)·ʃᵊnt] *adj form* sensible

sentiment [ˈsen·t̬ə·mənt] *n* **1.** (*feeling*) sentiment *m* **2.** (*opinion*) opinion *f*

sentimental *adj a. pej* sentimental(e)

sentimentalism *n* sentimentalisme *m*

sentimentality [ˌsen·t̬ə·men·ˈtæl·ə·t̬i] *n* sentimentalité *f*

sentimentalize [ˌsen·t̬ə·ˈmen·t̬ə·laɪz] *vt* romancer

sentry [ˈsen·tri] *n* sentinelle *f*; **to stand ~** être en faction

sentry box *n* guérite *f*

separable [ˈsep·ᵊr·ə·bl] *adj* séparable

separate [ˈsep·ə·rɪt, *vb:* ˈsep·ᵊr·eɪt] **I.** *adj* **1.** (*not joined physically*) séparé(e); **a ~ piece of paper** une feuille à part **2.** (*distinct*) distinct(e) **3.** (*different*) différent(e); **to go ~ ways** prendre des chemins différents **II.** *vt* séparer; **to ~ sb/sth from sb/sth else** séparer qn/qc de qn/qc **III.** *vi* se séparer; **to ~ from sb/sth** se séparer de qn/qc

separated *adj* séparé(e)

separates *n pl* coordonnés *mpl*

separation *n* séparation *f*

separatism [ˈsep·ᵊr·ə·tɪ·zᵊm] *n* séparatisme *m*

separatist I. *n* séparatiste *mf* **II.** *adj* séparatiste

separator *n* séparateur *m*

sepia [ˈsi·pi·ə] **I.** *adj* (couleur) sépia *inv* **II.** *n* sépia *f*

sepsis [ˈsep·sɪs] *n* infection *f*

September [sep·ˈtem·bər] *n* septembre *m*; *s.a.* **April**

septic [ˈsep·tɪk] *adj* infecté(e)

septic tank *n* fossé *f* septique

septuagenarian [ˌsep·tu·ə·dʒə·ˈner·i·ən] *n* septuagénaire *mf*

sepulcher [ˈsep·ᵊl·kər] *n* sépulcre *m*

sequel [ˈsi·kwᵊl] *n* **1.** (*continued story*) suite *f*; **the ~ to sth** la suite de qc **2.** (*consequence*) conséquence *f*

sequence [ˈsi·kwən(t)s] *n* **1.** (*order*) suite *f* **2.** (*part of film*) séquence *f*

sequential [sɪ·ˈkwen·(t)ʃᵊl] *adj* séquentiel(le)

sequester *vt* **1.** LAW (*confiscate*) saisir **2.** (*iso-*

late) isoler
sequestration *n* 1. LAW (*confiscation*) saisie *f* 2. (*isolation*) isolation *f*
sequin ['si·kwɪn] *n* paillette *f*
sequoia [sɪ·'kwɔɪə] *n* BOT séquoia *m*
Serb [sɜrb] **I.** *adj* serbe **II.** *n* Serbe *mf*
Serbia ['sɜr·bi·ə] *n* la Serbie
Serbian **I.** *adj* serbe **II.** *n* LING serbe *m*; *s.a.* **English**
Serbo-Croatian [ˌsɜr·boʊ·kroʊ·'eɪ·ʃᵊn] **I.** *n* LING serbo-croate *m*; *s.a.* **English** **II.** *adj* serbo-croate
serenade [ˌser·ə·'neɪd] **I.** *n* sérénade *f* **II.** *vt* chanter la sérénade
serene [sə·'rin] <-r, -st> *adj* serein(e)
serenity [sə·'ren·ə·ţi] *n* sérénité *f*
serf [sɜrf] *n* HIST serf, -ve *m, f*
serfdom *n* HIST servage *m*
sergeant ['sar·dʒᵊnt] *n* 1. MIL sergent *m* 2. (*policeman*) brigadier *m*
sergeant major *n* sergent-major *m*
serial ['sɪr·i·əl] **I.** *n* feuilleton *m* **II.** *adj* en série
serialize ['sɪr·i·ə·laɪz] *vt* 1. PUBL publier en feuilleton 2. RADIO, TV adapter en feuilleton
series ['sɪr·iz] *inv n* série *f*; **TV** ~ série télévisée; **in** ~ en série
serious ['sɪr·i·əs] *adj* 1. (*not funny, sincere*) sérieux(-euse); **to be ~ about sb/sth** être sérieux avec qn/qc; **to be ~ about doing sth** envisager sérieusement de faire qc 2. (*solemn*) grave 3. *inf* (*substantial*) important(e); **to have some ~ difficulty** avoir de grosses difficultés; **~ money** beaucoup d'argent 4. *inf* (*extremely good*) excellent(e)
seriously *adv* 1. (*sincerely*) sérieusement; (*wounded*) grièvement; **to take sb/sth ~** prendre qn/qc au sérieux 2. *inf* (*really*) vraiment 3. *inf* (*very, extremely*) très
seriousness *n* 1. (*truthfulness*) sérieux *m*; **in all ~** sérieusement 2. (*grave nature*) gravité *f*
sermon ['sɜr·mən] *n a. pej* sermon *m*
serpent ['sɜr·pᵊnt] *n* serpent *m*
serrated ['ser·eɪ·ţɪd] *adj* en dents de scie
serum ['sɪr·əm] <-s *o* sera> *n* sérum *m*
servant ['sɜr·vᵊnt] *n* 1. (*in household*) serviteur, servante *m, f* 2. (*government employee*) employé(e) *m(f)*; **a public ~** un(e) employé(e) de la fonction publique
serve [sɜrv] **I.** *vt* 1. (*help customer*) servir 2. (*provide for guests*) servir; **to ~ alcohol** servir de l'alcool 3. (*work for, give service to*) être au service de 4. (*complete time period*) servir; **to ~ one's time** purger sa peine; **to ~ 10 years** servir 10 ans dans l'armée; (*in jail*) faire 10 ans de prison; **to ~ one year as director** exercer sa fonction de directeur pendant un an 5. (*help achieve needs*) servir à; **to ~ the purpose** faire l'affaire 6. (*in public transportation: region, town*) desservir 7. (*in tennis*) servir 8. (*formally deliver*) **to ~ sb with sth** délivrer qc à qn ►**to ~ sb right** être bien fait pour qn **II.** *vi a.* SPORTS servir; **to ~ in the army** servir dans l'armée; **to ~ to** +*infin* servir à +*infin* **III.** *n* SPORTS service *m*
◆**serve out** *vt* 1. CULIN servir 2. (*complete time period*) finir; (*jail sentence*) purger
◆**serve up** *vt* servir
server ['sɜrv·ər] *n* 1. (*tableware*) service *m* 2. (*waiter*) serveur, -euse *m, f* 3. COMPUT serveur *m* 4. (*in tennis*) serveur, -euse *m, f*
service ['sɜr·vɪs] **I.** *n* 1. (*set*) service *m*; **tea ~** service à thé 2. (*assistance*) service *m*; **bus ~** service des bus; **out of ~** hors service; **to be of ~ to sb** être utile à qn; **to do sb a ~** rendre service à qn 3. REL service 4. TECH entretien *m*; AUTO révision *f* 5. MIL **the ~** le service (militaire) ►**to be <u>in</u> ~** être en service; **to be <u>at</u> sb's ~** être au service de qn **II.** *vt* entretenir; (*car*) réviser
serviceable *adj* utilisable
service area *n* 1. (*along highway*) aire *f* de services 2. TEL, RADIO zone *f* d'émission
service center *n* service *m* client(s)
service charge *n* service *m*
service contract *n* garantie *f*
service elevator *n* ascenseur *m* de service
service entrance *n* porte *f* de service
service industry *n* prestataire *m* de service
serviceman *n* militaire *m*
service road *n* voie *f* d'accès
service sector *n* secteur *m* tertiaire
service station *n* station-service *f*
servicewoman *n* femme *f* militaire
servile ['sɜr·vᵊl] *adj* servile
servility [sɜr·'vɪl·ə·ţi] *n form* servilité *f*
serving ['sɜr·vɪŋ] *n* portion *f*
servitude ['sɜr·və·tud] *n* servitude *f*
sesame ['ses·ə·mi] **I.** *adj* au sésame **II.** *n* sésame *m*
session ['seʃ·ᵊn] *n* 1. (*formal sitting, meeting*) *a.* COMPUT session *f*; **congressional ~** séance *f* de congrès 2. (*period for specific activity*) séance *f*; **training ~** séance d'entraînement; **a recording ~** une session d'enregistrement 3. (*period for classes*) cours *m* 4. UNIV année *f* universitaire
set [set] **I.** *n* 1. (*scenery on stage*) scène *f*; (*in film, on TV*) plateau *m*; **on ~** sur le plateau 2. ANAT **the ~ of sb's jaw** la dentition de qn 3. (*hair arrangement*) mise *f* en plis 4. (*group, collection: of keys, tools*) jeu *m*; (*of stamps, numbers, books*) série *f*; (*of gems, sheets*) parure *f*; **tea/china ~** service à thé/en porcelaine; **chess ~** jeu *m* d'échec 5. (*group of people*) groupe *m*; **literature ~** groupe *m* littéraire 6. MATH (*group*) ensemble *m* 7. (*television*) poste *m*; **a TV/radio ~** un poste de télévision/radio 8. SPORTS (*game*) set *m* 9. (*at concert, show*) partie *f* **II.** *adj* 1. (*ready, prepared*) prêt(e); **to be (all) ~ for sth** être prêt pour qc; **to get ~** se tenir prêt 2. (*fixed*) fixe; (*expression, face, smile*) figé(e); (*date, opinion, idea*) arrêté(e) 3. (*resolute*) résolu(e); **to be ~ on doing sth** être résolu à faire qc 4. (*assigned*) obligatoire; (*book, subject*) au programme; (*task*) assigné(e) ►**to be ~ in**

one's <u>ways</u> avoir ses petites habitudes **III.** <-tt-, set, set> *vt* **1.** (*place, put somewhere*) poser **2.** (*locate*) *a.* CINE, LIT, THEAT situer; **a house ~ on a cliff** une maison située sur une falaise; **the scene is ~ in sth** l'action se déroule dans qc **3.** (*cause to be*) mettre; **to ~ a boat afloat** mettre un bateau à l'eau; **to ~ sth on fire** mettre le feu à qc; **to ~ sth in motion** mettre qc en route; **to ~ sb loose/free** lâcher/libérer qn **4.** (*adjust: clock, timer*) régler; **to ~ the alarm for 7.00 A.M.** mettre le réveil à 7 heures **5.** (*prepare: stage*) préparer; (*trap*) tendre; **to ~ the table** mettre la table **6.** (*establish, fix: limit, price, date*) fixer; **to ~ a deadline** fixer une date limite; **to ~ an example to sb** donner un exemple à qn; **to ~ (oneself) a goal** se fixer un but; **to ~ a record** établir un record; **to ~ a price at $125,000** fixer un prix à 125 000 dollars **7.** (*place in normal position*) remettre; **to ~ a broken bone** réduire une fracture **8.** (*arrange*) **to ~ sb's hair** faire une mise en plis à qn **9.** (*adorn: jewel*) sertir; **to ~ sth with sth** sertir qc de qc **10.** TYP (*lay out*) composer **11.** (*cause to start*) **to ~ sb to** +*infin* mettre qn à +*infin;* **to ~ sb to work** mettre qn au travail **12.** (*provide with music*) **to ~ sth to music** mettre qc en musique ▶ **to ~ <u>course</u> for sth** mettre le cap sur qc; **to ~ one's <u>heart</u> on doing sth** avoir bon espoir de faire qc; **to ~ <u>foot</u> in sth** mettre les pieds dans qc; **to ~ one's <u>mind</u> at ease** rassurer qn; **to ~ one's <u>mind</u> to sth** (*concentrate on*) s'appliquer à qc; (*be determined*) s'attaquer à qc; **to ~ <u>sail</u> for some place** mettre les voiles pour un endroit; **to ~ the <u>stage</u> for sth** (*conditions are right*) réunir toutes les conditions pour qc; (*make likely to happen*) préparer le terrain pour qc; **to ~ the <u>world</u> afire** embraser le monde **IV.** <-tt-, set, set> *vi* **1.** (*go down, sink: sun*) se coucher **2.** (*become firm*) durcir; (*jelly, cement, dye*) prendre; (*bone*) se ressouder

◆**set about** *vt* **to ~ doing sth** se mettre à faire qc

◆**set against** *vt* **to set sth against sth 1.** (*offset*) déduire qc de qc **2.** (*compare*) comparer qc à qc **3.** (*use as compensation*) contrebalancer qc par qc **4.** (*make opposed*) dresser qn contre qn/qc; **to be dead ~ sb/sth** être résolument opposé à qn/qc

◆**set apart** *vt* **1.** (*distinguish*) distinguer **2.** (*reserve*) mettre de côté; **to ~ a day for doing sth** se réserver un jour pour faire qc

◆**set aside** *vt* **1.** (*reserve*) *a. fig* **to set sth aside** mettre qc de côté; (*time*) réserver qc **2.** (*declare invalid*) annuler **3.** (*reject*) rejeter

◆**set back** *vt* **1.** (*delay*) retarder **2.** (*place away from*) mettre en retrait de **3.** *inf* (*cost*) **to set sb back** coûter à qn

◆**set down** *vt* **1.** (*place on something*) déposer **2.** (*land*) poser; **to set a plane down** poser un avion **3.** (*drop off*) déposer **4.** (*write down*) inscrire; **to set sth down in sth** inscrire qc dans qc; **to ~ one's thoughts** coucher ses pensées par écrit

◆**set forth I.** *vt form* (*ideas, theory*) exposer; (*plan, guidelines*) exposer **II.** *vi* partir

◆**set in** *vi* survenir

◆**set off I.** *vi* se mettre en route; **to ~ on sth** partir pour qc; **to ~ on a journey** partir en voyage **II.** *vt* **1.** (*detonate*) déclencher **2.** (*cause to do, start*) **to set sb off doing sth** faire faire qc à qn **3.** (*enhance*) rehausser

◆**set on** *vt* **1.** (*attack*) se jeter sur **2.** (*cause to attack*) **to set sb/an animal on sb** lâcher qn/un animal sur qn

◆**set out I.** *vt a. fig* exposer **II.** *vi* **1.** (*begin journey*) se mettre en route; **to ~ for somewhere** partir pour quelque part **2.** (*have intention, aim*) **to ~ to** +*infin* avoir l'intention de +*infin*

◆**set to** *vi* **1.** (*start working, dealing with*) **to ~ work** se mettre au travail **2.** *inf* (*begin fighting*) **to ~ with sth** en venir aux mains avec qn

◆**set up** *vt* **1.** (*put in position or view*) dresser; (*camp*) établir; **to set sth up again** relever qc **2.** (*establish*) créer; **to ~ sb in business** lancer qn dans les affaires **3.** (*organize*) organiser **4. to set oneself up as sth** (*claim to be*) s'établir comme qc; (*pose as*) se poser en qc **5.** (*make healthy*) **to set sb up again** remettre qn sur pieds **6.** (*provide*) **to set sb up with sth** approvisionner qn en qc **7.** *inf* (*deceive, frame*) piéger

setback *n* revers *m*

set-in *adj* rapporté(e)

settee [se·'ti] *n* canapé *m*

setter ['seţ·ər] *n* setter *m*

setting *n* **1.** (*location, scenery*) cadre *m* **2.** (*position*) réglage *m* **3.** (*frame for jewel*) monture *f* **4.** TYP (*layout*) composition *f* **5.** MUS arrangement *m*

settle ['seţ·l] **I.** *vi* **1.** (*get comfortable*) s'installer **2.** (*calm down*) se calmer **3.** (*end dispute*) se régler **4.** (*pay*) régler; **to ~ with sb** régler qn **5.** (*live permanently*) s'établir **6.** (*accumulate*) se déposer **7.** (*land, alight*) se poser **8.** (*sink down*) s'affaisser **II.** *vt* **1.** (*calm down*) calmer; **this will ~ your stomach** cela va apaiser tes/vos nausées **2.** (*decide*) décider de **3.** (*resolve: details, crisis*) régler **4.** (*pay*) régler **5.** (*colonize*) coloniser ▶ **to ~ an <u>account</u> with sb** régler son compte à qn

◆**settle down I.** *vi* **1.** (*get comfortable*) s'installer **2.** (*adjust to new situation*) **to ~ in sth** s'adapter à qc **3.** (*calm down*) se calmer **4.** (*start quiet life*) se ranger **II.** *vt* **to settle oneself down with sth** s'installer dans qc

◆**settle for** *vt* accepter

◆**settle in** *vi* s'installer

◆**settle on** *vt* décider de; **to ~ a date** s'entendre sur une date

◆**settle up** *vi* régler

◆**settle upon** *vt form s.* **settle on**

settled *adj* **1.** (*comfortable*) installé(e)

S

2. (*calm*) stable 3. (*established*) rangé(e) 4. (*fixed: idea*) fixe

settlement *n* 1. (*agreement*) arrangement *m;* **to reach a ~** trouver un arrangement 2. FIN, ECON (*payment*) règlement *m* 3. LAW (*property arrangement*) constitution *f* 4. (*colony*) colonie *f* 5. (*colonization*) colonisation *f* 6. (*sinking*) affaissement *m*

settler *n* colon *m*

set-to *n inf* bagarre *f*

setup *n* 1. (*way things are arranged*) situation *f* 2. (*arrangement*) arrangement *m* 3. *inf* (*conspiracy*) coup *m* monté

seven ['sev·ᵊn] *adj* sept; *s.a.* **eight**

sevenfold ['sev·ᵊn·foʊld] I. *adj* septuple II. *adv* sept fois plus; **to increase ~** multiplier par sept

seventeen [ˌsev·ᵊn·'tin] *adj* dix-sept; *s.a.* **eight**

seventeenth *adj* dix-septième; *s.a.* **eighth**

seventh *adj* septième ▶ **to be in ~ heaven** être au septième ciel; *s.a.* **eighth**

seventieth *adj* soixante-dixième, septantième *Belgique, Suisse; s.a.* **eighth**

seventy ['sev·ᵊn·t̬i] *adj* soixante-dix, septante *Belgique, Suisse; s.a.* **eight**

sever ['sev·ər] *vt* 1. (*cut*) *a. fig* **to ~ sth from sth** sectionner qc de qc 2. (*put an end*) *a. fig* rompre

several ['sev·ᵊr·ᵊl] I. *adj* 1. (*some*) **~ times** plusieurs fois 2. (*separate*) différent(e); **the ~ interests of each** les divers intérêts *mpl* de chacun II. *pron* **we've got ~** nous en avons plusieurs; **~ of us** plusieurs d'entre nous

severance ['sev·ᵊr·ən(t)s] *n form* séparation *f*

severance pay *n* indemnité *f* de licenciement

severe [sə·'vɪr] <-r, -st> *adj* sévère; (*illness, wound*) grave; (*winter, weather, test*) rigoureux(-euse); (*headache, injury, pain*) violent(e)

severity [sə·'ver·ə·t̬i] *n* sévérité *f;* (*of illness, wound*) gravité *f;* (*of climate*) rigueur *f;* (*of pain*) violence *f*

sew [soʊ] <sewed, sewn *o* sewed> I. *vt* coudre; **hand/machine ~n** cousu main/machine II. *vi* coudre

◆ **sew up** *vt* 1. (*repair by sewing*) recoudre 2. (*stitch*) suturer 3. *fig, inf* (*arrange*) conclure

sewage ['su·ɪdʒ] *n* eaux *fpl* usées

sewer ['soʊ·ər] *n* égout *m*

sewerage ['su·ər·ɪdʒ] *n* égout *m*

sewing *n* couture *f*

sewing basket *n* boîte *f* à couture

sewing class *n* cours *m* de couture

sewing machine *n* machine *f* à coudre

sewn [soʊn] *pp of* **sew**

sex [seks] I. <-es> *n* 1. (*gender*) sexe *m;* **the weaker/opposite ~** le sexe faible/opposé; **members of the male/female ~** membres *mpl* de la gente masculine/féminine 2. (*erotic stimulation*) sexe *m;* **experience of ~** expérience *f* sexuelle; **~ before/outside marriage** rapports *mpl* sexuels hors mariage/extraconjugaux; **casual ~** rapports sexuels de rencontre; **group ~** partouze *f inf;* **to have ~** avoir des rapports sexuels 3. (*reproduction: people*) rapports *mpl* sexuels; (*animals*) accouplement *m* II. *vt* **to ~ sb/an animal** déterminer le sexe de qn/d'un animal

sexagenarian [ˌsek·sə·dʒɪ·'ner·i·ən] I. *n* sexagénaire *mf* II. *adj* sexagénaire

sex education *n* éducation *f* sexuelle

sexism ['sek·sɪ·zᵊm] *n* sexisme *m*

sexist I. *adj pej* sexiste II. *n* sexiste *mf*

sexless *adj* asexué(e)

sex life *n* vie *f* sexuelle

sex offender *n* délinquant(e) *m(f)* sexuel(le)

sextant ['sek·stənt] *n* sextant *m*

sextet [sek·'stet] *n* sextuor *m*

sexual ['sek·ʃu·əl] *adj* sexuel(le)

sexuality [ˌsek·ʃu·'æl·ə·t̬i] *n* sexualité *f*

sexually *adv* sexuellement

sexy ['sek·si] <-ier, -iest> *adj inf* (*person, dress*) sexy; (*book, film*) érotique

Seychelles [seɪ·'ʃelz] *n* les Seychelles *fpl*

shabby ['ʃæb·i] <-ier, -iest> *adj* miteux(-euse); (*excuse*) minable

shack [ʃæk] I. *n* cabane *f* II. *vi sl* **to ~ up together** vivre ensemble

shackle ['ʃæk·l] *vt* enchaîner; **to be ~d by sth** être prisonnier de qc

shade [ʃeɪd] I. *n* 1. (*area without sunlight*) *a. fig* ombre *f* 2. (*for lamp*) abat-jour *m* 3. *pl* (*blinds*) store *m* 4. (*variation*) *a. fig* nuance *f* 5. (*a little*) soupçon *m;* **a ~ under/over sth** un peu plus de/moins de qc 6. *pl, sl* (*sunglasses*) lunettes *fpl* noires II. *vt* 1. (*protect from sunlight*) ombrager; (*eyes*) protéger; **to be ~d by a tree** être à l'ombre d'un arbre 2. ART (*darken parts*) ombrer 3. (*decrease*) baisser progressivement III. *vi* 1. (*change color*) se dégrader 2. (*be indistinguishable*) **to ~ into sth** se confondre avec qc 3. (*decrease*) baisser

◆ **shade in** *vt* 1. (*darken*) ombrer 2. (*color*) colorer

shaded *adj* 1. (*under shade*) ombragé(e) 2. TYP en grisé

shading *n* 1. (*shade of color*) nuances *fpl* 2. (*darker area*) ombres *fpl*

shadow ['ʃæd·oʊ] I. *n* 1. (*darker space*) *a. fig* ombre *f;* **to be in ~** être à l'ombre; **to cast a ~ on sb/sth** projeter une ombre sur qn/qc; **to follow sb (around) like a ~** suivre qn comme son ombre 2. (*darkness*) obscurité *f* 3. *pl* (*under the eyes*) cernes *fpl* 4. (*trace*) ombre *f;* **the ~ of doubt** l'ombre d'un doute ▶ **to be a ~ of one's former self** n'être plus que l'ombre de soi-même; **to be afraid of one's own ~** avoir peur de son ombre; **to be under sb's ~** vivre dans l'ombre de qn II. *vt* 1. (*create shaded area*) assombrir 2. (*bring darkness*) ombrager 3. (*follow*) suivre; (*trail*) filer III. *adj* fantôme

shadowy <-ier, -iest> *adj* 1. (*in a shadow*) ombragé(e) 2. (*darker*) *a. fig* sombre 3. (*vague*) vague

shady ['ʃeɪ·di] <-ier, -iest> *adj* **1.** (*protected from light*) ombragé(e) **2.** *inf* (*dubious*) louche; **a ~ character** un drôle de caractère

shaft [ʃæft] **I.** *n* **1.** (*handle*) manche *m* **2.** (*piston*) essieu *m* **3.** (*ray: of light*) trait *m* **4.** MIN puits *m* **5.** (*extended passage*) **elevator ~** cage *f* d'ascenseur; **ventilation ~** cheminée *f* d'aération ▶**to give sb the ~** *sl* donner une raclée à qn **II.** *vt* arnaquer

shaggy ['ʃæg·i] <-ier, -iest> *adj* **1.** (*with rough hair*) touffu(e) **2.** (*unkempt*) ébouriffé(e) ▶**a ~ dog story** *inf* une histoire sans queue ni tête

shah [ʃa] *n* schah *m*

shake [ʃeɪk] **I.** *n* **1.** (*movement*) secousse *f;* **~ of one's head** hochement *m* de la tête **2.** *pl, inf* (*shivering*) tremblote *f;* **to get the ~s** avoir la tremblote **3.** *inf* (*milk shake*) milk-shake *m* **4.** *inf* (*chance*) chance *f;* **to give sb a fair ~** donner une vraie chance à qn ▶**in two ~s** *inf* en moins de deux; **to be no great ~s as sth** ne pas casser trois pattes à un canard comme qc **II.** <shook, shaken> *vt* **1.** (*move back and forth*) secouer; **to ~ oneself** se secouer; **to ~ one's head** secouer la tête; **to ~ sb awake** secouer qn pour le réveiller; **to ~ one's fist at sb** montrer le poing à qn; **to ~ hands with sb, to ~ sb by the hand** serrer la main à qn; **to ~ one's hips** bouger les hanches **2.** (*unsettle*) secouer ▶**to ~ a leg** *inf* se secouer; **more than you can ~ a stick at** *sl* plus que nécessaire **III.** <shook, shaken> *vi* trembler; **to ~ with fear** trembler de peur; **~ well before using** bien agiter avant emploi ▶**to ~ like a leaf** trembler comme une feuille

◆**shake down** *inf* **I.** *vt sl* racketter **II.** *vi* (*achieve harmony: person*) s'accommoder

◆**shake off** *vt* **1.** (*wiggle to remove*) secouer **2.** (*eliminate*) se débarrasser de; **to ~ one's shackles** *fig* se libérer de ses chaînes

◆**shake out** *vt* secouer

◆**shake up** *vt* **1.** (*agitate*) secouer **2.** (*upset*) bouleverser

shakedown **I.** *n inf* **1.** (*bringing into order*) rodage *m* **2.** *sl* (*extortion*) extorsion *f* **3.** *sl* (*search*) fouille *f* **II.** *adj* (*serving as test run*) d'essai

shaken **I.** *pp of* **shake** **II.** *adj* secoué(e)

shaker *n* **1.** (*for mixing*) shaker *m* **2.** (*for dispensing*) **a salt/pepper/sugar ~** une salière/poivrière/saupoudreuse **3.** (*for dice*) cornet *m* à dés

shakeup *n inf* bouleversement *m*

shakily ['ʃeɪk·ɪ·li] *adv* **1.** (*not stable*) branlant(e) **2.** (*uncertainly*) mal assuré(e); **to walk ~** marcher d'un pas mal assuré

shaking **I.** *n* (*shake*) secousse *f* **II.** *adj* (*disturbed*) tremblant(e)

shaky <-ier, -iest> *adj* **1.** (*trembling, not smooth: voice, writing, hand*) tremblotant(e); **to be ~ on one's feet** ne pas bien tenir sur ses jambes **2.** (*not clear: memory, knowledge*) vacillant(e) **3.** (*upset*) secoué(e) **4.** (*not stable: chair, building*) branlant(e); (*person*) faible; (*economy*) instable; **to be on ~ ground** être sur un terrain glissant

shall [ʃæl] *aux* **1.** (*future*) **I ~ do ...** je ferai ... **2.** (*ought to, must*) **you ~ obey** tu devras obéir **3.** (*be mandatory*) **it ~ be unlawful** il est interdit

shallot ['ʃæl·ət] *n* échalote *f*

shallow ['ʃæl·oʊ] *adj* **1.** (*not deep*) peu profond(e) **2.** (*superficial*) superficiel(le)

shallowness *n* manque *m* de profondeur

sham [ʃæm] **I.** *n* **1.** (*fake*) imitation *f* **2.** (*imposter*) imposteur *m* **3.** (*lie*) imposture *f* **4.** (*pretense*) comédie *f* **5.** (*hypocrisy*) hypocrisie *f* **II.** *adj* **1.** (*false*) faux(fausse); (*marriage*) blanc(he) **2.** (*pretending*) simulé(e) **III.** <-mm-> *vt* simuler **IV.** *vi* faire semblant

shamble ['ʃæm·bl] *vi* traîner les pieds

shambles *n + sing vb, inf* pagaille *f*

shame [ʃeɪm] **I.** *n* **1.** (*humiliation*) *a. iron* honte *f;* **to hang/bow one's head in ~** baisser la tête de honte; **to feel a deep sense of ~** éprouver un profond ressentiment; **to die of ~** mourir de honte; **to feel no ~** n'éprouver aucune honte; **to put sb to ~** faire honte à qn; **to my ~ ...** honte à moi ...; **it's a crying ~ that** c'est une honte que *+subj;* **to bring ~ on sb** être une honte pour qn **2.** (*disappointment*) dommage *m;* **what a ~ that** quel dommage que *+subj;* **it's really a ~ that** c'est vraiment dommage que *+subj* **II.** *vt* **1.** (*discredit*) discréditer **2.** (*force*) **to ~ sb/sth into doing sth** obliger qn/qc à faire qc

shamefaced *adj* honteux(-euse)

shameful *adj* honteux(-euse)

shameless *adj* **1.** (*unashamed*) éhonté(e) **2.** (*insolent*) effronté(e) **3.** (*without decency*) sans pudeur

shammy ['ʃæm·i] <-ies> *n inf s.* **chamois**

shampoo [ʃæm·'pu] **I.** *n* shampooing *m* **II.** *vt* shampooiner

shamrock ['ʃæm·rak] *n* trèfle *m*

shandy ['ʃæn·di] <-ies> *n* panaché *m*

shank [ʃæŋk] *n* **1.** (*leg*) jambe *f* **2.** (*shaft of tool*) manche *m*

shanty ['ʃæn·t̬i] <-ies> *n* baraque *f*

shanty town *n* bidonville *m*

shape [ʃeɪp] **I.** *n* **1.** (*outline*) forme *f;* **out of ~** déformé(e); **to lose ~** se déformer; **to take ~** prendre forme; **in the ~ of sth** dans la forme de qc; **in any way, ~ or form** de quelque façon que ce soit; **to be oval in ~** être de forme ovale; **to take the ~ of sb/sth** prendre la forme de qn/qc; **in all ~s and sizes** *fig* de toutes sortes **2.** (*condition*) forme *f;* **in bad/great ~** en mauvaise/super forme; **to get into ~** mettre en forme; **to get back into ~** retrouver la forme; **to be out of ~** ne pas avoir la forme; **to be in no ~ to** *+infin* ne pas avoir la forme pour *+infin;* **to whip sb/sth into ~** remettre qn/qc sur pied **II.** *vt* **1.** (*form*) modeler; (*wood, stone*) tailler; **to ~ sth out of sth** modeler qc à partir de qc **2.** *fig* former

SHAPE *n abbr of* **Supreme Headquarters**

Allied Powers Europe SHAPE *m* (*quartier général des forces alliées de l'OTAN en Europe*)

shapeless *adj* informe

shapely <-ier, -iest> *adj* bien fait(e)

shard [ʃard] *n* débris *m;* (*of metal, glass*) éclat *m;* (*of a bottle*) tesson *m*

share [ʃer] **I.** *n* **1.** (*part*) part *f;* **to go ~s on sth** partager les frais pour qc; **to have one's (fair) ~ of sth** avoir sa part de qc; **to have more than one's (fair) ~** avoir plus que sa part de qc **2.** (*partial ownership*) action *f* **II.** *vt* partager; **to ~ a birthday** avoir son anniversaire le même jour; **to ~ (common) characteristics** avoir des caractéristiques communes; **to want to ~ one's life with sb** vouloir partager la vie de qn **III.** *vi* partager ▶ **~ and ~ alike** à chacun sa part

◆**share out** *vt* partager; **to share sth out among people** répartir qc parmi des personnes; **to share sth out between people** partager qc entre des personnes

sharecropper ['ʃer·ˌkra·pər] *n* métayer, -ère *m, f*

sharecropping *n* métayage *m*

shareholder *n* actionnaire *mf*

shareware *n* COMPUT partagiciel *m*

shark [ʃark] <-(s)> *n* requin *m*

sharp [ʃarp] **I.** *adj* **1.** (*pointed*) tranchant(e); (*pencil*) bien taillé(e) **2.** (*angular: features, corner*) anguleux(-euse); (*nose, teeth*) pointu(e); (*edge, angle*) aigu(ë) **3.** (*stabbing: pain*) violent(e) **4.** *fig* (*biting: critic, word, attack*) cinglant(e); (*look, eyes*) perçant(e); (*rebuke, reprimand*) sévère; (*tongue*) acéré(e) **5.** (*piquant*) épicé(e) **6.** (*not honest*) **~ practice** pratique *f* malhonnête **7.** (*very cold*) pénétrant(e) **8.** (*sudden*) brusque; (*abrupt*) abrupt(e); (*deterioration, drop*) soudain(e) **9.** (*marked*) marqué(e); **~ left/right** virage *m* à gauche/droite; **to make a ~ left** tourner à gauche toute **10.** (*vivid*) net(te); **to bring into ~ focus** mettre au point **11.** (*perceptive: mind*) vif(vive); (*question*) perspicace; **to keep a ~ eye out for sth** avoir l'œil pour qc; **to keep a ~ watch on sb/sth** observer qn/qc d'un œil attentif **12.** *inf* (*trendy*) stylé(e) **13.** MUS **C ~** do *m* dièse **II.** *adv* **at twelve o'clock ~** à midi pile **III.** *n* MUS dièse *m*

sharpen *vt* **1.** (*knife*) aiguiser; (*pencil*) tailler **2.** (*strengthen*) aiguiser; (*debate, pain, fear*) aviver; (*skills*) affiner **3.** (*make vivid: picture, image*) rendre plus net(te) **4.** (*senses, eyes, ears*) affiner

sharpener *n* (*for pencil*) taille-crayon *m;* (*for knife*) aiguisoir *m*

sharper *n inf* tricheur, -euse *m, f*

sharp-eyed *adj* perspicace

sharpness *n* **1.** (*of knife*) tranchant *m;* (*of a pencil, needle*) caractère *m* pointu **2.** (*acuteness: of a pain*) violence *f* **3.** (*bitterness: of a comment*) âpreté *f* **4.** (*suddenness*) brusquerie *f;* **the ~ of a curve** un virage brusque **5.** (*steepness: of an incline*) escarpement *m* **6.** (*clarity: of picture*) netteté *f* **7.** (*perceptiveness*) acuité *f;* (*of mind*) finesse *f* **8.** *inf* (*chic*) stylé(e)

sharpshooter *n* tireur, -euse *m, f* d'élite

sharp-sighted *adj* perspicace

sharp-tempered *adj* coléreux(-euse)

sharp-tongued *adj* **to be ~** avoir la langue acérée

sharp-witted *adj* sagace

shat [ʃæt] *pt, pp of* **shit**

shatter I. *vt* briser en morceaux **II.** *vi* se briser en morceaux

shattering *adj* épuisant(e)

shatterproof ['ʃæṭ·ər·pruf] *adj* (*glass*) sécurit® *inv;* **~ windshield** pare-brise *m* en verre sécurit®

shave [ʃeɪv] **I.** *n* rasage *m;* **to have a ~** se raser ▶ **to be a close ~** être juste; **to have a close ~** l'échapper de justesse **II.** *vi* se raser **III.** *vt* **1.** (*remove body hair*) raser; **to ~ one's legs** se raser les jambes **2.** (*decrease price*) réduire

shaven *adj* rasé(e); **~ head** crâne *m* rasé

shaver *n* rasoir *m*

shaving I. *adj* **a ~ cream/foam** une crème/mousse à raser; **~ brush** blaireau *m* **II.** *n* rasage *m*

shawl [ʃɔl] *n* châle *m*

she [ʃi] **I.** *pers pron* (*female person, animal*) elle; **~'s my mother** c'est ma mère; **~ went away but ~'ll be back soon** elle est partie mais elle va revenir; **here ~ comes** la voilà; **there's a cow and ~'s hungry** voilà une vache et elle a faim; **her baby is a ~** son bébé est une fille; **~ who ...** *form* celle qui ... **II.** *prefix* **a ~-cat** une chatte; **a ~-devil** une diablesse

s/he *pers pron* (*he or she*) il/elle

sheaf [ʃif] <sheaves> *n* (*of corn, wheat*) gerbe *f;* (*of papers*) liasse *f*

shear [ʃɪr] <-ed, -ed *o* shorn> **I.** *vt* **1.** (*cut*) tondre; **to ~ sb's hair** raser la tête de qn **2.** *fig* **to be shorn of sth** être dépouillé de qc **II.** *vi* TECH tondre

◆**shear off I.** *vt* **1.** (*cut off*) tondre **2.** (*tear off*) arracher **II.** *vi* se détacher

shearer *n* **1.** (*person*) tondeur, -euse *m, f* **2.** TECH tondeuse *f*

shearing *n* tonte *f*

shears [ʃɪrz] *npl* cisailles *fpl;* (*for sheep*) tondeuse *f*

sheath [ʃiθ] *n* **1.** (*for blade*) étui *m* **2.** (*tightly fitting layer*) gaine *f* **3.** (*narrow dress*) fourreau *m* **4.** (*condom*) préservatif *m*

sheathe [ʃið] *vt* **1.** (*put in sheath*) rengainer **2.** (*overlay, cover*) recouvrir

sheathing *n* revêtement *m*

shebang [ʃɪ·'bæŋ] *n sl* **the whole ~** tout le fourbi

shed [ʃed] *n* abri *m*

sheep [ʃip] *n* mouton *m;* (*ewe*) brebis *f*

sheet [ʃit] *n a.* COMPUT feuille *f*

shelf [ʃelf] <-ves> *n* **1.** (*for storage*) étagère *f,* tablar(d) *m Suisse* **2.** (*rock*) rebord *m* **3.** ECON

off the ~ sous forme de stock ▶**to be on the ~** *inf* être laissé pour compte
shelf life *n* durée *f* de conservation avant vente
shelf space *n* rayonnage *m*
shell [ʃel] **I.** *n* **1.** (*exterior: of mollusk*) coquille *f;* (*of crab, turtle*) carapace *f;* (*of nut, egg*) coque *f* **2.** (*rigid exterior*) enveloppe *f* protectrice **3.** (*basic structure: of building, boat*) carcasse *f* **4.** (*gun explosives*) cartouche *f;* (*artillery*) obus *m* **5.** (*racing boat*) canot *m* de compétition ▶**to bring a child out of his/her ~** faire sortir un enfant de sa réserve; **to come out of one's ~** sortir de sa coquille; **to crawl into one's ~** se glisser à l'intérieur de sa coquille; *fig* se renfermer sur soi-même **II.** *vt* **1.** (*remove shell: nuts*) décortiquer; (*peas*) écosser **2.** (*fire*) bombarder **III.** *vi* **to ~ easily** bien se décortiquer
◆**shell out** *inf* **I.** *vt* casquer **II.** *vi* **to ~ for sb/sth** raquer pour qn/qc
shellac [ʃə·ˈlæk] *n* laque *f*
shellfish *n* crustacé *m*
shell hole *n* trou *m* d'obus
shelling *n* MIL bombardement *m*
shellproof *adj* blindé(e)
shell shock *n* troubles *mpl* nerveux
shell-shocked *adj* traumatisé(e)
shelter [ˈʃel·t̬ər] **I.** *n* **1.** (*building*) refuge *m;* (*from rain, bombs*) abri *m* **2.** protection, refuge *m;* **to find ~** trouver refuge **3.** *fig* **tax ~** échappatoire *f* fiscale **II.** *vi* **1.** (*find protection*) s'abriter; **to ~ from sth** s'abriter de qc **2.** (*be refugee*) se réfugier **III.** *vt* **1.** (*protect: from weather*) abriter; *fig* (*from truth*) protéger **2.** (*give refuge: fugitive*) accueillir
sheltered *adj* **1.** (*against weather*) abrité(e) **2.** *fig* (*overprotected*) **to be ~** vivre dans un cocon
shelve[1] [ʃelv] *vt* **1.** (*place on shelf*) mettre sur les rayons **2.** (*postpone: project*) mettre en suspens; (*elections, meeting*) ajourner
shelve[2] [ʃelv] *vi* GEO descendre en pente douce
shelving *n* rayonnage *m*
shenanigans [ʃɪ·ˈnæn·ɪ·gənz] *npl inf* manigances *fpl*
shepherd [ˈʃep·ərd] **I.** *n* **1.** (*for sheep*) berger *m* **2.** REL pasteur *m* **3.** (*dog*) berger *m* allemand **II.** *vt* **1.** (*look after: sheep*) garder **2.** (*drive: animal, herd*) mener; (*people*) guider **3.** (*usher*) conduire
shepherdess <-es> *n* bergère *f*
shepherd's pie *n* hachis *m* Parmentier
sherbet [ˈʃɜr·bət] *n* sorbet *m*
sheriff [ˈʃer·ɪf] *n* shérif *m*
sherry [ˈʃer·i] <-ies> *n* xérès *m*
Shetland Islands, Shetlands [ˈʃet·ləndz] *n* **the ~** les îles *fpl* Shetland
shield [ʃild] **I.** *n* **1.** (*defense*) bouclier *m;* **protective ~** plaque *f* de protection **2.** (*protective layer*) protection *f* **3.** (*coat of arms*) blason *m* **4.** (*with logo*) écusson *m* **5.** (*police badge*) plaque *f* **II.** *vt* protéger; **to ~ sb from sth** protéger qn de qc
shift [ʃɪft] **I.** *vt* **1.** (*rearrange*) changer de place; (*blame*) rejeter; **to ~ one's ground** changer d'avis **2.** AUTO (*gears, lanes*) changer de; **to ~ gears** *fig* passer à autre chose **II.** *vi* **1.** (*rearrange position*) changer de place; (*wind*) tourner **2.** AUTO **to ~ into reverse/first gear** passer en marche arrière/en première **3.** *inf* (*move over*) **to ~ (over)** se pousser **III.** *n* **1.** (*alteration*) modification *f* **2.** (*period of work*) poste *m,* durée *f* de travail d'une équipe; **to work in ~s** faire les postes; **night/day ~** poste de jour/de nuit **3.** (*people working a shift*) équipe *f;* **to be on the night/day ~** travailler dans l'équipe de jour/de nuit
shifting *adj* qui se déplace; (*values, belief*) changeant(e); **~ sands** sables *mpl* mouvants
shift key *n* touche *f* "majuscule"
shiftless *adj* (*lazy*) indolent(e)
shift work *n* travail *m* posté
shift worker *n* travailleur, -euse *m, f* posté(e)
shifty [ˈʃɪf·ti] <-ier, -iest> *adj* fourbe; (*look*) sournois(e); **~ eyes** regard *m* fuyant
Shiite [ˈʃi·aɪt] **I.** *adj* chiite **II.** *n* Chiite *mf*
shilling [ˈʃɪl·ɪŋ] *n* shilling *m; s.a.* **pound**
shilly-shally [ˈʃɪl·i·ʃæl·i] *vi inf* se tâter
shimmer [ˈʃɪm·ər] **I.** *n* scintillement *m* **II.** *vi* chatoyer
shin [ʃɪn] **I.** *n* **1.** ANAT tibia *m* **2.** (*of beef*) jarret *m* **II.** <-nn-> *vi* **to ~ down** dégringoler lestement; **to ~ up** grimper lestement
shindig [ˈʃɪn·dɪg] *n inf* (*loud party*) fête *f* joyeuse
shine [ʃaɪn] **I.** *n* éclat *m* ▶**rain or ~** par tous les temps; **to take a ~ to sb** s'amouracher de qn **II.** <-ed *o* shone, -ed *o* shone> *vi* **1.** (*emit, reflect light*) briller; (*brightly*) étinceler; (*light*) illuminer **2.** (*excel*) être une lumière; **to ~ at foreign languages** exceller en langues étrangères **3.** (*be obvious*) transparaître; **to ~ through many actions** se dévoiler par ses actions **III.** <-ed *o* shone, -ed *o* shone> *vt* **1.** (*point light*) braquer une lumière sur **2.** (*polish*) faire reluire; (*shoes*) faire briller
◆**shine out** *vi* (*easily seen*) **to ~ of sb** émaner de qn
shiner *n inf* œil *m* poché
shingle [ˈʃɪŋ·gl] *n* **1.** (*pebble*) caillou *m;* (*on beach*) plage *f* de galets **2.** (*tiles*) bardeau *m*
shingles *n + sing/pl verb* MED zona *m*
shining *adj* **1.** (*polished*) reluisant(e) **2.** (*bright: eyes*) brillant(e) **3.** (*outstanding*) resplendissant(e); (*example*) parfait
shin splints *npl* inflammation *f* du tibia
shiny <-ier, -iest> *adj* brillant(e); (*metal*) luisant(e)
ship [ʃɪp] **I.** *n* bateau *m;* (*merchant*) cargo *m;* (*passenger*) paquebot *m;* (*sailing*) voilier *m;* **a ~'s papers** papiers *mpl* de bord; **to board a ~** embarquer; **by ~** en/par bateau **II.** <-pp-> *vt* **1.** (*send by boat*) expédier par bateau; (*freight*) charger **2.** (*transport*) transporter
◆**ship off** *vt* expédier par bateau
◆**ship out** *vt* envoyer par bateau

S

shipboard *adj* à bord d'un navire
shipbuilder *n* constructeur, -trice *m, f* de navires
shipbuilding *n* construction *f* navale
ship chandler *n* fournisseur, -euse *m, f* d'équipement maritime
shipload *n* cargaison *f*
shipmate *n* camarade *mf* de bord
shipment *n* **1.** (*action*) fret *m* **2.** (*freight*) chargement *m*
shipowner *n* propriétaire *mf* de bateau
shipper *n* expéditeur, -trice *m, f*
shipping *n* **1.** (*ships*) navires *mpl* **2.** (*freight*) expédition *f* **3.** (*fees*) frais *mpl* d'expédition
shipping agency *n* agence *f* maritime
shipping agent *n* agent *m* maritime
shipping company *n* compagnie *f* de navigation
shipping department *n* service *m* des expéditions
shipping expenses *n* frais *mpl* d'expédition
shipping lane *n* voie *f* de navigation
shipping line *n* compagnie *f* de navigation
shipping note *n* note *f* de chargement
shipping routes *npl* routes *fpl* de navigation
shipshape ['ʃɪp·ʃeɪp] *adj inf* bien rangé(e); **to get ~** mettre en ordre
shipway *n* canal *m* maritime
shipwreck **I.** *n* **1.** (*accident*) naufrage *m* **2.** (*remains*) épave *f* **II.** *vt* **1.** (*sink*) faire couler; **to be ~ed** faire naufrage **2.** *fig* ruiner
shipwright *n* constructeur *m* de navires
shipyard *n* chantier *m* maritime
shire horse *n* cheval *m* de gros trait
shirk [ʃɜrk] **I.** *vt* (*duty, obligation*) manquer à; **to ~ doing sth** se défiler devant qc **II.** *vi* **to ~ from sth** se débiner devant qc
shirker *n pej* flemmard(e) *m(f)*
shirt [ʃɜrt] *n* chemise *f;* **short-/long-sleeved ~** chemise à manches courtes/longues ►**to give sb the ~ off one's back** *sl* donner à qn jusqu'à sa dernière chemise; **he lost his ~ at this game** *sl* il a tout perdu à ce jeu; **to bet one's ~ on sth** miser tout ce que l'on possède sur qc
shirt collar *n* col *m* de chemise
shirt front *n* plastron *m*
shirting *n* toile *f* pour chemise
shirtsleeve *n* manche *f* de chemise; **to be in ~s** être en bras de chemise ►**to roll up one's ~s** remonter ses manches
shit [ʃɪt] *vulg* **I.** *n inf* **1.** (*excrement*) merde *f;* **to take a ~** chier **2.** *fig* (*nonsense*) connerie *f* **3.** (*trouble*) **to get a lot of ~ about sth** être emmerdé à propos de qc; **don't take (any) ~ from him!** ne te laisse pas faire par lui!; **to be in deep ~** être dans la merde **4.** (*care*) **to not give a ~ about anything** se foutre de tout **5.** (*things*) saloperies *fpl* **6.** (*cannabis*) shit *m* **7.** (*as intensifier*) **to beat the ~ out of sb** taper qn comme un fou; **to scare the ~ out of sb** flanquer la frousse à qn ►**to have ~ for brains** être con comme un balai; **to be up ~(s) creek (without a paddle)** être dans la merde; **when the ~ hits the fan** quand la merde nous tombera dessus; **big ~!** quel merdier!; **no ~!** merde alors! **II.** *interj* merde! **III.** <-tt-, shit *o* shat, shit *o* shat> *vi* chier **IV.** <-tt-, shit *o* shat, shit *o* shat> *vt* **to ~ oneself** chier dans son froc; **to ~ bricks** se chier dessus
shitty ['ʃɪţ·i] <-ier, -iest> *adj vulg* **1.** (*bad, worthless*) merdique **2.** (*contemptible*) dégueulasse **3.** (*dirty*) dégueulasse **4.** (*sick*) **to feel ~** se sentir mal
shiver ['ʃɪv·ər] **I.** *n* **1.** (*tremble*) frisson *m;* **to feel a ~** frissonner; **a ~ goes (up and) down sb's spine** avoir froid dans le dos; **to send ~s (up and) down sb's spine** donner des sueurs froides à qn **2.** *pl* (*state*) tremblement *m;* **to give sb the ~s** *fig* faire peur à qn **II.** *vi* frissonner; **to ~ with cold/like a leaf** trembler de froid/comme une feuille
shivery <-ier, -iest> *adj* frissonnant(e); **to feel ~** se sentir fiévreux
shoal [ʃoʊl] *n* **1.** (*shallow water*) bas-fond *m* **2.** (*sandbank*) banc *m* de sable **3.** (*of fish*) banc *m* de poissons **4.** *fig* (*many*) multitude *f;* (*of people*) foule *f;* **in ~s** en bande; **they came in ~s** ils sont venus en masse
shock¹ [ʃak] **I.** *n* **1.** *inf* (*electric shock*) décharge *f* **2.** (*unpleasant surprise*) choc *m;* **it was a ~ to the system!** ça m'a secoué!; **to come as a ~ to sb** bouleverser qn; **to get a ~** être surpris **3.** (*health condition*) état *m* de choc; **to suffer from ~** souffrir d'un traumatisme **4.** (*jarring*) secousse *f* **II.** *vt* choquer
shock² [ʃak] *n* (*of hair*) tignasse *f*
shock absorber *n* amortisseur *m*
shocker *n inf* **1.** (*something shocking: film*) film *m* à sensations; (*novel*) roman *m* à sensations; **this song was made to be a ~** cette chanson devait faire sensation **2.** (*person*) **to be a ~** être impossible
shock-headed *adj* qui a une tignasse
shocking *adj* **1.** (*scandalous*) choquant(e) **2.** (*very bad*) atroce; (*accident*) terrible; (*crime*) odieux(-euse); (*weather, conditions*) épouvantable **3.** (*causing distress: news, scene*) bouleversant(e); (*truth*) terrible **4.** (*surprising*) étonnant(e)
shocking pink *n* rose *m* bonbon
shockproof *adj* **1.** (*not damageable*) résistant(e) aux chocs **2.** (*insulated*) isolé(e)
shock therapy, **shock treatment** *n* traitement *m* par électrochoc
shock troops *npl* troupes *fpl* d'assaut
shock wave *n* onde *f* de choc
shod [ʃad] **I.** *pt, pp of* **shoe** **II.** *adj* chaussé(e)
shoddy <-ier, -iest> *adj* **1.** (*poorly produced*) de mauvaise qualité **2.** (*disrespectful*) méprisable
shoe [ʃu] **I.** *n* **1.** (*for foot*) chaussure *f,* soulier *m Québec;* **to tie one's ~s** lacer ses chaussures; **flat/high-heeled ~s** chaussures plates/à talons hauts; **to put on/take off ~s** se chausser/se déchausser **2.** (*horseshoe*) fer *m* ►**if I were in your ~s** *inf* si j'étais à votre

place; **to fill sb's ~s** prendre la place de qn; **to shake in one's ~s** avoir une peur bleue **II.** <shod, shod *o* shodden> *vt* (*horse*) ferrer
shoehorn I. *n* chausse-pied *m* **II.** *vt* résumer
shoelace *n* lacet *m* de chaussure; **to tie one's ~s** lacer ses chaussures
shoemaker *n* cordonnier *m*
shoe polish *n* cirage *m*
shoe-repair shop *n* cordonnerie *f*
shoeshine *n* cirage *m* à chaussures
shoeshine man *n* cireur *m* de chaussures
shoe size *n* pointure *f*
shoe store *n* magasin *m* de chaussures
shoestring *n* (*shoelace*) lacet *m* de chaussures ▸**to do sth on a ~** *inf* faire qc avec très peu d'argent
shoe tree *n* forme *f*
shone [ʃoʊn] *pt, pp of* **shine**
shoo [ʃu] **I.** *interj inf* ouste! **II.** *vi inf* (*drive away*) chasser
shook [ʃʊk] *n pt of* **shake**
shoot [ʃut] **I.** *n* **1.** (*hunt*) partie *f* de chasse **2.** CINE tournage *m* **3.** PHOT séance *f* photo **4.** BOT pousse *f* **II.** <shot, shot> *vi* **1.** (*fire bullet*) tirer; **to ~ at sb/sth** tirer sur qn/qc; **to ~ on sight** tirer à vue **2.** CINE tourner **3.** PHOT prendre des photos **4.** (*move rapidly*) filer; **to ~ in/out of the house** se précipiter dans/hors de la maison; **to ~ ahead** prendre la tête; **to ~ ahead of sb** passer devant qn; **to ~ to fame** devenir célèbre du jour au lendemain; **to ~ (the) rapids** descendre des (les) rapides **5.** *inf* (*aim*) **to ~ for sth** viser qc **6.** BOT pousser **7.** SPORTS tirer ▸**to ~ from the hip** *sl* parler sans réfléchir; **to ~ for the moon** demander la lune **III.** <shot, shot> *vt* **1.** (*discharge weapon: person*) tirer sur; (*animal*) chasser; **to ~ sb dead** tuer qn; **he was shot** on lui a tiré dessus **2.** (*film*) tourner **3.** (*photograph*) photographier **4.** *fig* (*direct*) **to ~ questions at sb** mitrailler qn de questions **5.** SPORTS (*goal, basket*) marquer; **to ~ pool** faire une partie de billard **6.** *inf* (*inject: heroin*) se piquer à ▸**to ~ one's bolt** être épuisé; *fig* jouer sa dernière carte; **to ~ the breeze** *sl* parler de la pluie et du beau temps; **to ~ darts at sb** *inf* mitrailler qn du regard; **to ~ oneself in the foot** *inf* se causer du tort à soi même; **to ~ the works** *inf* tenter le tout pour le tout **IV.** *interj* mince alors!
◆**shoot away** *vi* **1.** (*fire*) continuer à tirer **2.** (*say*) **~!** allez, dis-le!
◆**shoot down** *vt* **1.** (*kill: person*) descendre **2.** (*bring down: airplane*) abattre **3.** *fig, inf* (*refute: suggestion, proposal*) descendre
◆**shoot off I.** *vt* (*gun*) décharger ▸**to shoot one's mouth off** *inf* ne pas s'empêcher d'ouvrir son bec **II.** *vi* partir en trombe
◆**shoot out I.** *vi* (*flame, water*) jaillir; (*person, car*) partir en trombe **II.** *vt* **to shoot it out** *inf* avoir un règlement de compte
◆**shoot past I.** *vi* passer en trombe **II.** *vt* passer en trombe devant; **to ~ the traffic light** griller le feu rouge
◆**shoot up I.** *vi* **1.** (*grow rapidly*) pousser vite **2.** (*increase rapidly*) monter en flèche; (*rocket, skyscraper*) s'élever **3.** *inf* (*inject*) se shooter **II.** *vt* (*person*) tirer sur; (*building*) mitrailler; **to be shot up** recevoir des balles
shooting I. *n* **1.** (*act, killing*) fusillade *f* **2.** (*gunfire*) tirs *mpl* **3.** (*hunting*) chasse *f* **4.** (*sport*) tir *m* **5.** CINE tournage *m* **6.** PHOT séance *f* photo **II.** *adj* (*pain*) lancinant(e)
shooting gallery *n* stand *m* de tir
shooting range *n* champ *m* de tir
shooting script *n* scénario *m*
shooting star *n a. fig* étoile *f* filante
shooting war *n* guerre *f* chaude
shop [ʃap] **I.** *n* **1.** (*store, boutique*) magasin *m;* **to set up ~** ouvrir un magasin; **to set up ~ as a baker** ouvrir une boulangerie **2.** (*manufacturing area*) atelier *m;* **repair/assembly ~** atelier de réparation/de montage ▸**to talk ~** parler travail **II.** <-pp-> *vi* faire ses courses; **to go ~ping** aller faire les courses; **to ~ for sth** aller acheter qc; **to ~ at the market/at Macy's** faire ses courses au marché/chez Macy's
shopaholic *n personne qui adore faire les magasins*
shop floor *n* (*factory*) atelier *m*
shopkeeper *n* commerçant(e) *m(f)*
shoplifter *n* voleur, -euse *m, f* à l'étalage
shoplifting *n* vol *m* à l'étalage
shopper *n* personne *f* qui fait ses courses
shopping *n* **1.** (*purchasing*) courses *fpl,* magasinage *m Québec;* (*Christmas*) achats *mpl;* **to do the (weekly) ~** faire les courses (de la semaine), magasiner *Québec;* **to go on a ~ spree** dévaliser les magasins **2.** (*items purchased*) achats *mpl*
shopping bag *n* sac *m* à provisions
shopping cart *n* chariot *m* de supermarché
shopping center *n* centre *m* commercial, centre *m* d'achats *Québec*
shopping gallery *n* galerie *f* marchande
shopping list *n* liste *f* des courses
shopping mall *n* (*indoor*) grand centre *m* commercial; (*outdoor*) rue *f* commerçante
shop steward *n* délégué(e) *m(f)* syndical(e)
shop talk *n* discussion *f* de travail
shop window *n* vitrine *f*
shopworn *adj* **1.** (*from use as display*) défraîchi(e) **2.** (*tedious*) rassis(rassie)
shore [ʃɔr] **I.** *n* **1.** (*coast*) côte *f* **2.** (*beach*) plage *f;* **from (the) ~** du bord de la mer; **on ~** sur le rivage **II.** *vt a. fig* **to ~ sth (up)** étayer qc
shore leave *n* permission *f* à terre
shoreline *n* littoral *m*
shorn [ʃɔrn] *pp of* **shear**
short [ʃɔrt] **I.** *adj* **1.** (*not long*) court(e); **to be ~ for sth** être à court de qc **2.** (*not tall*) petit(e) **3.** (*not far: distance*) pas très loin; **at ~ range** à courte portée **4.** (*brief*) bref(brève); (*memory*) court(e); **at ~ notice** dans un bref

S

délai; **in the ~ term** à court terme; **~ and sweet** aussi rapide qu'un éclair **5.** (*not enough*) **to be ~ on sth, to be in ~ supply of sth** manquer de qc; **to be ~ on brains** ne pas en avoir beaucoup dans la cervelle; **to be ~ of breath** être essoufflé; **to be ~ (of cash)** être sur la corde raide; **to be ~ of space** être à l'étroit; **to be ~ of time** ne pas avoir assez de temps **6.** (*rude*) **to be ~ with sb** manquer de patience avec qn; (*angry*); **to have a ~ temper** [*o* **fuse**] s'emporter facilement ▶**the ~ answer is 'no'** en un mot, c'est 'non'; **to get ~ shrift from sb** se faire envoyer sur les roses; **to make ~ shrift of sth** ne pas traîner avec qc; **to get the ~ end of the stick** en pâtir; **to make ~ work of sb** ne faire qu'une bouchée de qn; **to make ~ work of sth** se dépêcher de faire qc **II.** *n* **1.** CINE (*genre*) court métrage *m* **2.** *inf* ELEC court-circuit *m* **III.** *adv* (*stop*) net; **to stop ~ of doing sth** se retenir de faire qc; **to cut ~** abréger; **to cut sb ~** couper la parole à qn; **to go ~ of sth** manquer de qc; **to run ~ of sth** se trouver à court de qc; **to be caught ~** être pris d'un besoin urgent; (*need money*) être à court d'argent ▶**in ~** en bref; **for ~** pour faire court

shortage ['ʃɔr·t̬ɪdʒ] *n* pénurie *f*

shortbread *n* (*cookie*) sablé *m*

shortcake *n* (*biscuit*) gâteau *m* sablé; **strawberry ~** tarte *f* sablée aux fraises

shortchange *vt* **1.** (*not give enough change*) ne pas rendre assez de monnaie à **2.** *inf* (*treat unfairly*) **to be ~d** être dupé

short circuit *n* court-circuit *m*

short-circuit I. *vi* se mettre en court-circuit **II.** *vt* ELEC *a. fig* court-circuiter

shortcoming *n* défauts *mpl*

short cut *n* **1.** (*direct path*) *a.* COMPUT raccourci *m* **2.** *fig* solution *f* de facilité

short-dated *n* FIN à courte échéance

short dough *n* pâte *f* brisée

shorten ['ʃɔr·tᵊn] **I.** *vt* raccourcir; (*story*) abréger **II.** *vi* **1.** (*make shorter*) raccourcir **2.** (*reduce odds*) s'affaiblir

shortening *n* **1.** (*making shorter*) raccourcissement *m* **2.** CULIN matière *f* grasse

shortfall *n* FIN déficit *m*

short film *n* court-métrage *m*

shorthand *n* **1.** sténo(graphie) *f;* **to do ~** faire de la sténo; **in ~** en sténo **2.** *fig* **which is ~ for ...** ce qui, en gros, veut dire ...

short-handed *adj* **to be ~** être en sous-effectif

short-haul *adj* **1.** (*short distance: flight, route*) court-courrier *inv* **2.** (*short-term: effort*) à court terme

short-haul jet *n* avion *m* court-courrier

shortlist *vt* sélectionner

short-lived *adj* (*happiness*) de courte durée

shortly *adv* peu de temps

shortness *n* **1.** (*being short*) petite taille *f* **2.** (*brevity*) brièveté *f* **3.** (*insufficiency*) manque *m* **4.** MED (*of breath*) essoufflement *m*

short order *n* formule *f* rapide

short pastry *n* pâte *f* brisée

short-range *adj* (*missile*) de courte portée; (*estimate, weather forecast*) à court terme

shorts *npl* **1.** (*short pants*) short *m;* **a pair of ~** un short **2.** (*men's underwear*) caleçon *m*

short-sighted *adj* **1.** (*of eyesight*) myope **2.** (*not prudent*) imprévoyant(e)

short-sleeved *adj* à manches courtes

short-staffed *adj* **to be ~** être en sous-effectif

shortstop *n* **1.** (*position*) arrêt *m* court **2.** (*player*) bloqueur *m*

short story *n* nouvelle *f*

short-story writer *n* nouvelliste *mf*

short-tempered *adj* coléreux(-euse)

short-term *adj* (*loan, policy, memory*) à court terme

short-term parking *n* parking *m* de courte durée

short wave *n* ondes *fpl* courtes

short-wave *adj* **~ signal** signal *m* en ondes courtes; **~ radio/receiver** radio *f*/récepteur *m* à ondes courtes

short-winded *adj* essoufflé(e)

shot¹ [ʃat] **I.** *n* **1.** (*firing of weapon*) coup *m* (de feu) **2.** (*ammunition*) plomb *m* **3.** SPORTS (*attempt at scoring*) tir *m* **4.** (*throw*) lancement *m* **5.** (*photograph*) photo *f;* **to get a ~ of sth** prendre qc en photo **6.** CINE plan *m;* **to get a ~ of sth** filmer qc **7.** *inf* MED piqûre *f;* (*of heroin*) shoot *m;* **to give sb a ~** faire une piqûre à qn **8.** *inf* (*try*) essai *m;* **to get/have a ~ at sth** essayer qc; **to give sth one's best ~** faire de son mieux; **give it a ~!** essaie! **9.** (*of whiskey, vodka*) petit verre *m* ▶**~ in the arm** un coup de pouce; **to take a ~ in the dark** *inf* répondre au pif; **to be a good ~** être un joli coup; **to be a poor ~** être un coup médiocre; **like a ~** *inf* comme une flèche **II.** *pp, pt of* **shoot**

shot² [ʃat] *adj* **1.** (*woven to show colors: silk*) à reflets; **to be ~ with silver** avoir des reflets argentés **2.** *inf* (*worn out*) foutu(e) ▶**to be/get ~ of sb/sth** se débarrasser de qn/qc

shotgun *n* fusil *m* de chasse

shot put *n* SPORTS **the ~** le lancer du poids

shot-putter *n* lanceur, -euse *m, f* de poids

should [ʃʊd] *aux* **1.** (*showing obligation*) **I/you ~** je/tu devrais; **to insist that one ~ do sth** insister pour que qn fasse qc (*subj*) **2.** (*asking for advice*) **~ I ...?** est-ce que je dois ...? **3.** (*might*) **for fear that sb/sth ~ ...** si jamais qn/qc ...; **if I ~ fall** au cas où je tomberais **4.** *form* (*would*) **I ~ like ...** je voudrais ...

shoulder ['ʃoʊl·dər] **I.** *n* **1.** (*body part*) épaule *f* **2.** FASHION épaule *f;* **padded ~s** épaulettes *fpl* **3.** CULIN épaule *f* **4.** (*side of a road*) accotement *m;* **hard ~** bande *f* d'arrêt d'urgence **5.** (*shoulder-like part: of a mountain*) crête *f* ▶**a ~ to cry on** une épaule pour pleurer; **to rest on sb's ~s** se reposer sur qn; **~ to ~** côte à côte; **to fight ~ to ~ with sb** se battre ensemble **II.** *vt* **1.** (*place on shoulders*) porter sur ses épaules **2.** *fig* (*accept: responsibility*) endosser **3.** (*move one's shoulders*) pousser de l'épaule; **to ~ one's way** se frayer un chemin à coups d'épaules

shoulder bag *n* sac *m* à bandoulière

shoulder blade *n* omoplate *f*

shoulder pad *n* épaulette *f*

shoulder strap *n* (*of dress*) bretelle *f;* (*of bag*) bandoulière *f*

shout [ʃaʊt] **I.** *n* (*loud cry*) cri *m;* **~ of laughter** éclat *m* de rire ▶**to give sb a ~** *inf* engueuler qn; (*phone*) passer un coup de fil à qn **II.** *vi* **to ~ at sb** crier après qn; **to ~ for help** crier à l'aide ▶**to give sb sth to ~ about** donner à qn l'occasion de se réjouir; **there's nothing to ~ about** il n'y a pas de quoi en faire un plat **III.** *vt* (*slogan, warning*) crier; **to ~ abuse at sb** insulter qn

◆**shout down** *vt* faire taire qn en criant plus fort

◆**shout out** *vt* crier

shouting *n* cris *mpl;* **in ~ distance of sth** à portée de voix de qc; *fig* tout près de qc

shouting match *n* engueulade *f*

shove [ʃʌv] **I.** *n* poussée *f;* **to give sth a ~** pousser qc **II.** *vt* pousser; **to ~ sb/sth forward** pousser qn/qc en avant; **to ~ sb/sth aside** pousser qn/qc de côté; **to ~ sb around** bousculer qn; **to ~ sth in sth** fourrer qc dans qc; **to ~ one's way through sth** se frayer un chemin dans qc en poussant **III.** *vi* pousser; **to ~ along/over** se pousser

◆**shove off** *vi* **1.** *inf* (*go away*) se casser **2.** (*in boat*) pousser au large

shovel ['ʃʌv·əl] **I.** *n* **1.** (*tool*) pelle *f* **2.** (*quantity*) pelletée *f* **II.** <-l- *o* -ll-> *vt* pelleter; **to ~ food into one's mouth** enfourner de la nourriture dans sa bouche **III.** <-l- *o* -ll-> *vi* se goinfrer

show [ʃoʊ] **I.** *n* **1.** (*demonstration*) démonstration *f* **2.** (*false demonstration*) semblant *m;* **just for ~** pour impressionner **3.** (*exhibition: of fashion*) défilé *m;* (*of photographs*) exposition *f;* **dog ~** exposition canine; **to be on ~** être exposé **4.** (*play*) spectacle *m;* (*concert*) concert *m;* **puppet ~** spectacle de marionnettes **5.** TV émission *f;* **radio ~** émission de radio **6.** CINE séance *f;* **the movie ~ starts at 8:30** la séance de cinéma est à 20h30 **7.** *inf* (*business*) affaires *fpl* ▶**on a ~ of hands** à main levée; **let's get the ~ on the road** *inf* au boulot; **to put on a good ~** bien se défendre; **to make a ~ of doing sth** faire semblant de faire qc; **the ~ must go on** *prov* la vie continue **II.** <showed, shown> *vt* **1.** (*display: flag, way*) montrer; **to ~ signs of sth** donner des signes de qc; **to ~ one's work** ART exposer ses œuvres; **to ~ slides** faire une séance diapos; **to ~ sb around a place** faire visiter un endroit à qn; **to ~ sb how to** *+infin* montrer à qn comment *+infin* **2.** (*express: bias, enthusiasm*) montrer; (*courage, initiative*) faire preuve de; **to ~ sb respect** montrer du respect pour qn **3.** (*record*) enregistrer; (*statistics*) montrer; (*profit, loss*) faire apparaître **4.** (*escort*) raccompagner; **to ~ sb to the door** raccompagner qn jusqu'à la porte **5.** (*project: movie, TV drama*) passer; **it's ~ing at the Odeon** il passe à l'Odéon ▶**to ~ sb the door** virer qn; **to dare (to) ~ one's face** oser se montrer; **to ~ one's hand** montrer son jeu; **he has nothing to ~ for his efforts** il n'a pas été récompensé pour ses efforts; **that will ~ him/them** *inf* ça lui/leur apprendra **III.** <showed, shown> *vi* **1.** (*be visible*) se voir **2.** *sl* (*arrive*) arriver **3.** (*be shown: film*) passer

◆**show in** *vt* faire entrer

◆**show off I.** *vt* exhiber **II.** *vi* frimer

◆**show out** *vt* raccompagner

◆**show up I.** *vi* **1.** (*appear*) ressortir **2.** *inf* (*arrive*) venir **II.** *vt* **1.** (*expose*) **to show sb up as (being) sth** révéler qn comme qc **2.** (*embarrass*) faire honte à

show biz *n inf abbr of* **show business** showbiz *m*

showboat *n* bateau-théâtre *m*

show business *n* show-business *m*

showcase I. *n* vitrine *f* **II.** *vt* présenter; (*talent*) exposer

showdown *n* confrontation *f*

shower [ʃaʊər] **I.** *n* **1.** (*brief fall: of rain, snow, hail*) averse *f;* (*of stones*) volée *f;* (*of sparks*) pluie *f;* **heavy ~** grosse averse; **thunder ~** averse orageuse **2.** (*large amount*) **to bring a ~ of praise upon sb** encenser qn **3.** (*for washing*) douche *f;* **to be in the ~** être sous la douche; **to take a ~** prendre une douche **4.** (*party*) *enterrement de vie de jeune fille ou fête organisée pour la naissance d'un bébé* **II.** *vt* **1.** (*cover*) *a. fig* couvrir; **to ~ sb with sth** couvrir qn de qc **2.** (*spray*) verser; (*missiles*) pilonner **III.** *vi* **1.** (*take a shower*) prendre une douche **2.** *fig* **to ~ over sb/sth** pleuvoir sur qn/qc

◆**shower down** *vt* **1.** (*fall*) tomber **2.** *fig* pleuvoir

shower bath *n* douche *f*

shower cap *n* bonnet *m* de douche

shower curtain *n* rideau *m* de douche

shower gel *n* gel *m* douche

shower stall *n* cabine *f* de douche

showery ['ʃaʊər·i] *adj* pluvieux(-euse)

showgirl *n* girl *f*

showiness *n* ostentation *f*

showing *n* **1.** (*exhibition*) exposition *f* **2.** (*broadcasting*) diffusion *f* **3.** (*performance*) performance *f*

showing-off *n* épate *f*

show jumping *n* concours *m* de saut d'obstacles

showman *n* forain *m*

showmanship *n* sens *m* du spectacle

shown [ʃoʊn] *pp of* **show**

showoff *n* vantard(e) *m(f)*

showpiece I. *n* modèle *m* **II.** *adj* modèle

show room *n* salle *f* d'exposition

show trial *n* procès *m* pour la forme

showy ['ʃoʊ·i] <-ier, -iest> *adj* tape-à-l'œil *inv*

shrank [ʃræŋk] *pt of* **shrink**

shrapnel ['ʃræp·nᵊl] *n* éclat *m* d'obus

shred [ʃred] **I.** *n* **1.** (*thin strip: of paper, fabric*) lambeau *m;* (*of meat*) lamelle *f;* **to rip sth to ~s** déchiqueter qc **2.** (*tiny bit: of hope*) lueur *f;* **without a ~ of clothing on** nu comme un ver; **not a ~ of credibility** pas la moindre crédibilité **3.** *fig* **to tear sb to ~s** démolir qn; **to leave sb's reputation in ~s** détruire la réputation de qn **II.** <-dd-> *vt* (*document*) déchiqueter; (*meat*) couper en lamelles

shredder ['ʃred·ər] *n* déchiqueteuse *f*

shrew [ʃru] *n* **1.** (*animal*) musaraigne *f* **2.** *pej* (*irritable woman*) mégère *f*

shrewd *adj* (*person*) astucieux(-euse); (*comment*) fin(e); (*eye*) aiguisé(e); (*move*) habile; **to make a ~ guess** deviner juste

shrewish *adj* acariâtre

shriek [ʃrik] **I.** *n* cri *m* perçant; **~ of delight** cri de joie **II.** *vi* crier; **to ~ in pain** crier de douleur; **to ~ with laughter** éclater de rire **III.** *vt* crier

shrill [ʃrɪl] *adj* **1.** (*loud: sound*) suraigu(ë) **2.** *fig* (*attack*) virulent(e)

shrimp [ʃrɪmp] *n* **1.** <-(s)> (*crustacean*) crevette *f* **2.** *pej, sl* (*short person*) nabot(e) *m(f)*

shrimp cocktail *n* cocktail *m* de crevettes

shrine [ʃraɪn] *n* **1.** (*containing sacred relics*) reliquaire *m* **2.** (*site of worship*) lieu *m* de pèlerinage

shrink [ʃrɪŋk] **I.** *n sl* psy *mf* **II.** <shrank *o* shrunk, shrunk *o* shrunken> *vt* (*sweater*) faire rétrécir; (*costs*) réduire **III.** <shrank *o* shrunk, shrunk *o* shrunken> *vi* **1.** (*become smaller: sweater*) rétrécir; (*number, audience*) se réduire; (*profits*) chuter **2.** (*be reluctant to*) **to ~ from doing sth** être réticent à faire qc

shrinkage ['ʃrɪŋ·kɪdʒ] *n* (*of sweater*) rétrécissement *m;* (*of number*) réduction *f*

shrink-wrap ['ʃrɪŋk·ræp] **I.** *n* film *m* plastique (thermoformé) **II.** *vt* (*food, book*) emballer sous film plastique (thermoformé)

shrivel ['ʃrɪv·ᵊl] <-l- *o* -ll-> **I.** *vi* **1.** (*wrinkle: fruit, skin, plants*) se flétrir **2.** *fig* (*profits*) fondre **II.** *vt* (*crops, skin*) flétrir

◆**shrivel up** *vi* (*fruit*) se flétrir ▶ **to want to ~ and die** vouloir disparaître

shroud [ʃraʊd] **I.** *n* **1.** (*covering*) *a. fig* voile *m* **2.** (*burial wrapping*) linceul *m* **II.** *vt* **1.** (*wrap*) entourer; (*in darkness, fog*) envelopper **2.** *fig* (*in mystery*) entourer; (*in secrecy*) entourer

Shrove Tuesday [ʃroʊv·'tuz·deɪ] *n no art* mardi *m* gras

shrub [ʃrʌb] *n* arbuste *m*

shrubbery ['ʃrʌb·ᵊr·i] *n* massif *m* d'arbustes

shrug [ʃrʌg] **I.** *n* haussement *m* d'épaules; **~ of contempt** haussement d'épaules en signe de dédain **II.** <-gg-> *vt* **to ~ one's shoulders** hausser les épaules; *fig* s'en ficher **III.** <-gg-> *vi* hausser les épaules

◆**shrug off** *vt* **1.** (*dismiss*) ignorer **2.** (*get rid of*) faire fi de

shrunk [ʃrʌŋk] *pp, pt of* **shrink**

shrunken **I.** *adj* (*profits, figure*) diminué(e) **II.** *pp of* **shrink**

shuck [ʃʌk] *vt* **1.** (*remove from shell: beans*) écosser; (*oysters*) écailler **2.** (*remove: coat, clothes*) se déshabiller

shucks *interj inf* flûte!

shudder ['ʃʌ·dər] **I.** *n* frisson *m;* **to send a ~ down sb's spine** donner la chair de poule à qn; **to send a ~ through sb** faire trembler qn **II.** *vi* **1.** (*tremble*) frissonner; (*ground*) trembler; **to ~ to a halt** s'arrêter en tremblant **2.** *fig* **to ~ at the memory of sth** avoir des frissons en pensant à qc

shuffle ['ʃʌf·l] **I.** *n* **1.** (*of feet*) traînement *m* de pieds; **to walk with a ~** marcher en traînant des pieds **2.** (*of cards*) **to give the cards a ~** battre les cartes **3.** (*rearrangement*) **to give one's papers a ~** remettre de l'ordre dans ses papiers **4.** (*shakeup*) **cabinet ~** remaniement *m* ministériel; **management ~** changement *m* de directeurs **II.** *vt* **1.** (*drag*) **to ~ one's feet** traîner les pieds **2.** (*mix*) brasser; (*cards*) battre **3.** (*move around*) déplacer **III.** *vi* **1.** (*mix cards*) mélanger **2.** (*drag one's feet*) traîner les pieds **3.** *fig* **to ~ along** traîner

◆**shuffle off** *vt* (*evade*) **to ~ responsibility onto sb** rejeter la responsabilité sur qn; **to ~ a burden** se débarrasser d'un poids

shun [ʃʌn] <-nn-> *vt* (*person*) éviter; (*publicity*) fuir

shunt [ʃʌnt] **I.** *vt* **1.** (*maneuver: train*) aiguiller **2.** (*put aside: person, thing*) écarter; **to be ~ed to later times** être relégué à plus tard **II.** *n* RAIL manœuvre *f*

shunter *n* locomotive *f* de manœuvre

shunting *n* manœuvre *f*

shunting station, shunting yard *n* gare *f* de triage

shush [ʃʊʃ] **I.** *interj* chut! **II.** *vt inf* faire taire

shut [ʃʌt] **I.** *adj* (*door*) fermé(e); (*curtains*) tiré(e); **to slam a door ~** claquer une porte **II.** <-tt-, shut, shut> *vt* fermer; (*book*) refermer; **to ~ one's ears to sth** ne pas vouloir entendre qc **III.** <-tt-, shut, shut> *vi* **1.** (*close*) se fermer **2.** (*stop operating*) fermer

◆**shut away** *vt* enfermer

◆**shut down** **I.** *vt* fermer **II.** *vi* (*factory*) fermer; (*engine*) s'arrêter

◆**shut in** *vt* enfermer

◆**shut off** *vt* **1.** (*isolate*) couper **2.** (*turn off: engine*) couper **3.** (*stop sending: aid*) stopper; (*signals*) arrêter

◆**shut out** *vt* **1.** (*block out: light*) bloquer; (*memory*) effacer **2.** (*exclude*) exclure; (*of power*) évincer **3.** SPORTS écarter

◆**shut up** **I.** *vt* **1.** (*confine*) enfermer **2.** *inf* (*cause to stop talking*) faire taire; **to shut sb up for good** refroidir qn **II.** *vi inf* se taire

shutdown *n* fermeture *f*

shuteye *n sl* roupillon *m;* **to get some ~** faire un roupillon

shut-in *adj* **a ~ feeling** un sentiment d'enfermement; **to feel ~** se sentir prisonnier(-ère)

shutoff **I.** *n* coupure *f* **II.** *adj* **~ switch** interrupteur *m* d'arrêt

shutout *n* SPORTS éclatante victoire *f*

shutter *n* **1.** PHOT déclencheur *m* **2.** (*window cover*) volet *m*

shutter release *n* PHOT déclencheur *m*

shuttle ['ʃʌt̬·l] **I.** *n* **1.** (*transportation*) navette *f;* **air ~ service** service *m* de vol régulier **2.** (*space shuttle*) navette *f* spatiale **3.** (*on sewing machine*) canette *f* **II.** *vt* véhiculer **III.** *vi* faire la navette

shuttle bus *n* navette *f*

shuttlecock *n* SPORTS volant *m*

shuttle flight *n* vol *m* régulier

shuttle service *n* service *m* de navette

shy[1] [ʃaɪ] *inf* **I.** <-ie-> *vt* balancer **II.** *n* **to take a ~ at sth** s'en prendre à qc

shy[2] [ʃaɪ] **I.** <-er *o* -ier, -est *o* -iest> *adj* **1.** (*timid: person, smile*) timide; (*child, animal*) craintif(-ive); **to be ~ of people** craindre les gens **2.** (*lacking*) manquer de; **we are ~ of $50** il nous manque 50 dollars **II.** <-ie-> *vi* (*horse*) se cabrer

◆ **shy away** *vi* **to ~ from doing sth** éviter de faire qc

shyness *n* timidité *f;* (*of animals*) caractère *m* craintif

Siamese [ˌsaɪ·ə·'miz] **I.** *n* **1.** (*person*) Siamois(e) *m(f)* **2.** LING siamois *m; s.a.* **English** **II.** *adj* siamois(e)

Siamese twins *n* frères *mpl* siamois, sœurs *fpl* siamoises

Siberia [saɪ·'bɪr·i·ə] *n* la Sibérie

Sicilian **I.** *adj* sicilien(ne) **II.** *n* **1.** (*person*) Sicilien(ne) *m(f)* **2.** LING sicilien *m; s.a.* **English**

Sicily ['sɪs·ᵊl·i] *n* la Sicile

sick [sɪk] **I.** <-er, -est> *adj* **1.** (*ill*) *a. fig* malade; **to get** [*o form* **fall**] **~** tomber malade; **to feel ~** se sentir mal, to call in ~, se faire porter malade **2.** (*nauseous*) **to be** [*o* **get**] **~** vomir; **to feel ~** avoir mal au cœur; **to make oneself ~** se rendre malade **3.** *inf* (*disgusted*) écœuré(e); **to be ~ over sth** être écœuré par qc **4.** *inf* (*fed up*) **to be ~ of sb/sth** en avoir marre de qn/qc; **to be ~ and tired of sth** en avoir assez de qc **5.** *inf* (*cruel, tasteless*) malsain(e) ► **~ as a dog** malade comme un chien; **to be worried ~** *inf* être malade d'inquiétude **II.** *n pl* **the ~** les malades *mpl*

sickbed *n* MED lit *m* de malade

sicken ['sɪk·ᵊn] **I.** *vi* MED **1.** (*become sick*) tomber malade **2.** *fig* (*be fed up*) **to ~ of sth** se lasser de qc **II.** *vt* (*upset*) choquer; **to be ~ed at sth** être écœuré par qc

sickening *adj* **1.** (*disgusting*) écœurant(e) **2.** (*annoying*) insoutenable

sickle ['sɪk·l] *n* faucille *f*

sick leave ['sɪk·liv] *n* MED **to be on ~** être en congé de maladie

sickly <-ier, -iest> *adj* **1.** (*not healthy*) maladif(-ive) **2.** (*causing nausea*) écœurant(e)

sickness *n* **1.** (*illness*) maladie *f* **2.** (*vomiting*) vomissements *mpl* **3.** *fig* (*disgust*) écœurement *m*

sicko ['sɪk·oʊ] *n pej, sl* taré(e) *m(f)*

sick pay *n* ADMIN, MED indemnité *f* de maladie

sickroom *n* chambre *f* de malade

side [saɪd] *n* **1.** (*surface*) côté *m;* (*of record*) face *f;* (*of mountain*) flanc *m;* **the right ~** l'endroit *m;* **the wrong ~** l'envers *m;* **at the ~ of sth** à côté de qc; **at sb's ~** aux côtés de qn; **~ by ~** côte *f* à côte **2.** (*edge*) bord *m;* **on all ~s** de tous les côtés **3.** (*left or right half*) moitié *f* **4.** (*direction*) côté *m;* **from all ~(s)** de tous côtés; **from ~ to ~** d'un côté à l'autre **5.** (*opposing group*) côté *m;* **to take ~s** prendre parti; **to take sb's ~** prendre parti pour qn; **to be on the other ~** être dans l'autre camp; **the two ~s agreed** les deux partis sont tombés d'accord **6.** (*aspect*) aspect *m;* (*of story*) version *f* **7.** (*team*) équipe *f* **8.** (*of the family*) côté *m;* **on one's mother's/father's ~** du côté maternel/paternel ► **the other ~ of the coin** le revers de la médaille; **on the right/wrong ~ of certain age** ne pas avoir/avoir dépassé un certain âge; **on the ~** à côté; (*served separately*) en accompagnement

sideboard ['saɪd·bɔrd] *n* buffet *m*

sideburns ['saɪd·bɜrnz] *npl* favoris *mpl*

sidecar *n* AUTO side-car *m*

side dish *n* CULIN garniture *f*

side effect *n* MED effet *m* secondaire

sideline **I.** *n* **1.** SPORTS ligne *f* de touche; **on the ~s** *a. fig* sur la touche **2.** (*secondary activity*) activité *f* secondaire **II.** *vt inf* **1.** (*keep from playing*) remplacer **2.** (*ignore opinions of*) mettre sur la touche

sidelong **I.** *adj* oblique **II.** *adv* de côté

side road *n* route *f* secondaire

side show *n* attraction *f*

sideslip **I.** *n* dérapage *m* **II.** <-pp-> *vi* déraper

sidestep <-pp-> **I.** *vt* éviter **II.** *vi* faire un pas de côté

side street *n* petite rue *f*

sidetrack **I.** *vt* **to be ~ed** se laisser distraire **II.** *n* RAIL voie *f* d'évitement

side view *n* vue *f* de côté

sidewalk *n* trottoir *m*

sideward, sideways **I.** *adv* (*facing a side*) de côté **II.** *adj* (*lateral*) latéral(e)

side-whiskers *npl s.* **sideburns**

siding ['saɪ·dɪŋ] *n* RAIL voie *f* de garage

sidle ['saɪ·dl] *vi* se glisser

SIDS [sɪdz] *n* MED *abbr of* **sudden infant death syndrome** syndrome *m* de mort subite du nourrisson

siege [sidʒ] *n* MIL siège *m*

Sierra Leone [sɪ·ˌer·ə·li·'oʊn] *n* la Sierra Leone

Sierra Leonean **I.** *adj* sierra-léonais(e) **II.** *n* Sierra-Léonais(e) *m(f)*

sieve [sɪv] **I.** *n* tamis *m* **II.** *vt* tamiser

sift [sɪft] *vt* **1.** (*pass through sieve*) tamiser **2.** (*examine closely*) passer au crible

sigh [saɪ] **I.** *n* soupir *m* **II.** *vi* **1.** (*emit a breath*) soupirer; **to ~ with relief** pousser un soupir de soulagement **2.** *fig, form* (*long for*) **to ~ for sb** regretter qn

sight [saɪt] **I.** *n* **1.** (*faculty of seeing*) vue *f* **2.** (*act of seeing*) vue *f*; **at first ~** à première vue; **sb can't bear the ~ of sb/sth** qn ne peut sentir qn/supporter la vue de qc; **to catch ~ of sb/sth** apercevoir qn/qc; **get out of my ~!** *inf* hors de ma vue !; **to know sb by ~** connaître qn de vue **3.** (*view*) vue *f* **4.** (*range of vision*) **to be out of one's ~** être hors de vue de qn; *fig* être éloigné de qn; **within ~ of sth** en vue de qc **5.** *pl* (*attractions*) attractions *fpl* touristiques **6.** (*gun's aiming device*) mire *f* ►**to be a ~ for sore eyes** *inf* être un spectacle réjouissant; **out of ~, out of mind** *prov* loin des yeux, loin du cœur *prov*; **~ unseen** sans regarder; **to lower one's ~s** viser moins haut; **to set one's ~s on sb/sth** avoir l'œil sur qn/qc **II.** *vt* (*see*) apercevoir

sighted *adj* qui voit bien

sightless *adj* aveugle

sightseeing ['saɪt·ˌsi·ɪŋ] *n* tourisme *m*

sightseer ['saɪt·ˌsi·ər] *n* touriste *mf*

sign [saɪn] **I.** *n* **1.** (*signpost*) panneau *m* **2.** (*signboard*) enseigne *f* **3.** (*gesture*) geste *m*; **to make a ~ to sb** faire un signe à qn **4.** (*symbol*) signe *m* **5.** (*indication*) indication *f* **II.** *vt* **1.** (*write signature on*) signer **2.** (*gesticulate*) faire signe ►**to ~ one's own death warrant** *inf* signer son propre arrêt de mort **III.** *vi* **1.** (*write signature*) signer; **to ~ for** signer à réception de **2.** (*gesticulate*) faire un signe; **to ~ to sb that ...** indiquer à qn par un signe que ...

◆**sign in I.** *vi* signer en arrivant **II.** *vt* **to sign sb in** signer pour faire entrer qn

◆**sign off** *vi* **1.** (*end*) terminer **2.** (*end a letter*) finir une lettre

◆**sign on I.** *vi* **to ~ as sth** s'engager comme qc; **to ~ with a company** se faire embaucher dans une entreprise **II.** *vt* engager

◆**sign out I.** *vi* signer à la sortie **II.** *vt* (*record departure*) noter le départ de

◆**sign up I.** *vi a.* MIL s'engager; **to ~ for sth** s'inscrire à qc **II.** *vt* **to sign sb up for sth** inscrire qn à qc

signal ['sɪg·nᵊl] **I.** *n* **1.** (*particular gesture*) *a.* COMPUT signal *m*; **to give sb a ~ to +*infin*** faire signe à qn de +*infin* **2.** (*indication*) signe *m*; **to be a ~ that ...** indiquer que ... **3.** AUTO clignotant *m* **II.** <-l- *o* -ll-> *vt* **1.** (*indicate*) signaler; **to ~ that ...** indiquer que ... **2.** (*gesticulate*) faire signe **III.** <-l- *o* -ll-> *vi* faire des signaux

signal(l)er *n* RAIL aiguilleur, -euse *m, f*

signal light *n* lampe *f* témoin

signally *adv* remarquablement

signalman <-men> *n* RAIL aiguilleur *m*

signal tower *n* RAIL poste *m* d'aiguillage

signatory ['sɪg·nə·tɔr·i] *n* signataire *mf*

signature ['sɪg·nə·tʃər] *n* signature *f*

signboard ['saɪn·bɔrd] *n* enseigne *f*

signet ring ['sɪg·nɪt·ˌrɪŋ] *n* chevalière *f*

significance [sɪg·'nɪf·ə·kən(t)s] *n* **1.** (*importance*) importance *f* **2.** (*meaning*) signification *f*

significant *adj* **1.** (*considerable*) considérable **2.** (*important*) important(e) **3.** (*meaningful*) significatif(-ive)

signification *n* signification *f*

signify ['sɪg·nə·faɪ] <-ie-> **I.** *vt* signifier **II.** *vi* **1.** (*make known*) faire connaître **2.** *form* (*matter*) importer

signpost *n* **1.** (*post*) poteau *m* indicateur **2.** *fig* indication *f*

silence ['saɪ·lən(t)s] **I.** *n* silence *m* ►**~ is golden** *prov* le silence est d'or *prov* **II.** *vt* réduire au silence

silencer *n* silencieux *m*

silent ['saɪ·lənt] *adj* silencieux(-euse); **~ film** film *m* muet; **to be ~ on sth** garder le silence sur qc

silently *adv* silencieusement

silent partner *n* ECON associé(e) *m(f)* commanditaire

silhouette [ˌsɪl·u·'et] **I.** *n* silhouette *f* **II.** *vt* **to be ~d against sth** se profiler sur qc

silicon ['sɪl·ɪ·kən] *n* CHEM silicium *m*

silicone ['sɪl·ɪ·koʊn] *n* CHEM silicone *f*

silk [sɪlk] *n* soie *f*

silk dress *n* robe *f* en soie

silkworm *n* ZOOL ver *m* à soie

silky ['sɪl·ki] <-ier, -iest> *adj* soyeux(-euse)

sill [sɪl] *n* (*of window*) rebord *m*

silly ['sɪl·i] <-ier, -iest> **I.** *adj* bête; **it's ~** c'est bête, c'est bœuf *Suisse;* **to look ~** avoir l'air ridicule; **to be bored ~** être assommé; **to be worried ~** être malade d'inquiétude **II.** *n* bêta *m*

silo ['saɪ·loʊ] *n* silo *m*

silt [sɪlt] *n* limon *m*

silver ['sɪl·vər] **I.** *n* **1.** (*precious metal*) argent *m* **2.** (*coins*) pièces *fpl* d'argent **3.** (*cutlery*) **the ~** l'argenterie *f* **II.** *adj* **1.** (*made of silver*) en argent **2.** (*silver-colored*) argenté(e) **III.** *vt* argenter

silver plate *n* **1.** (*silver covering*) plaqué *m* argent **2.** (*silver-colored coating*) métal *m* argenté

silver screen *n* CINE **the ~** le grand écran

silversmith *n* orfèvre *m*

silverware *n* **1.** (*articles made of silver*) argenterie *f* **2.** (*utensils*) couverts *mpl*

silver wedding anniversary *n* noces *fpl* d'argent

similar ['sɪm·ə·lər] *adj* semblable

similarity [ˌsɪm·ə·'ler·ə·t̬i] *n* ressemblance *f*

simile ['sɪm·ə·li] *n* comparaison *f*

similitude [sə·'mɪl·ə·tud] *n* **1.** (*being similar*) ressemblance *f* **2.** (*comparison*) comparaison *f*

simmer ['sɪm·ər] **I.** *vi* CULIN mijoter **II.** *vt* faire mijoter **III.** *n* **to keep at a ~** faire cuire à petit feu

◆**simmer down** *vi inf* se calmer

simper ['sɪm·pər] **I.** *vi* minauder **II.** *n* sourire *m* affecté

simple ['sɪm·pl] <-r, -st *o* more ~, most ~> *adj* **1.** (*not complex*) simple **2.** (*foolish*) bête

simple-hearted *adj* ingénu(e)

simple-minded *adj inf* **1.** (*naive*) naïf(naïve) **2.** (*dumb*) simplet(-ète)

simplicity [sɪm·'plɪs·ə·t̬i] *n* simplicité *f*

simplification [ˌsɪm·plə·fɪ·'keɪ·ʃᵊn] *n* simplification *f*

simplify ['sɪm·plə·faɪ] *vt* simplifier

simplistic [sɪm·'plɪs·tɪk] *adj pej* simpliste

simply ['sɪm·pli] *adv* **1.** (*not complexly*) simplement **2.** (*absolutely*) absolument

simulate ['sɪm·jə·leɪt] *vt* simuler

simulation *n* simulation *f*

simultaneous [ˌsaɪ·mᵊl·'teɪ·njəs] *adj* simultané(e)

sin [sɪn] **I.** *n* péché *m* **II.** <-nn-> *vi* pécher

since [sɪn(t)s] **I.** *adv* **1.** (*from that point on*) depuis; **ever ~** depuis lors **2.** (*ago*) **long ~** il y a longtemps **II.** *prep* depuis; **how long is it ~ the crime?** à quand remonte le crime? **III.** *conj* **1.** (*from time that*) depuis que; **it's been a week now ~ I came back** cela fait maintenant une semaine que je suis revenu **2.** (*because*) puisque

sincere [sɪn·'sɪr] *adj* sincère

sincerely *adv* **1.** (*in sincere manner*) sincèrement **2.** (*closing letters*) ~ (**yours**) veuillez agréer, Madame/Monsieur, mes respectueuses salutations

sincerity [sɪn·'ser·ə·t̬i] *n* sincérité *f*

sine [saɪn] *n* MATH sinus *m*

sine die [ˌsaɪ·ni·'daɪ·i] *adv* LAW sine die

sine qua non ['sɪn·eɪ·kwa·'noʊn] *n form* condition *f* sine qua non

sinew ['sɪn·ju] *n* tendon *m*

sinewy *adj* **1.** (*muscular*) musclé(e) **2.** (*tough: meat*) tendineux(-euse)

sinful ['sɪn·fᵊl] *adj* **1.** (*immoral*) licencieux(-euse) **2.** (*deplorable*) déplorable **3.** *fig, inf* (*not healthy*) nuisible

sing <sang *o* sung, sung> **I.** *vi* **1.** (*make music: bird, person*) chanter **2.** (*make high-pitched noise: kettle*) siffler; (*wind*) hurler **3.** (*be filled with ringing*) bourdonner **II.** *vt* chanter; **to ~ alto/tenor/soprano** avoir une voix d'alto/de ténor/de soprano; **to ~ sb's praises** chanter les louanges de qn ▶**to ~ another** __**tune**__ chanter sur un autre ton; (*change what you think*) changer d'avis

◆**sing out I.** *vi* **1.** (*sing loudly*) chanter à tue-tête **2.** *inf* (*call out*) gueuler **II.** *vt inf* gueuler

sing. LING *abbr of* **singular**

Singapore ['sɪŋ·ə·pɔr] *n* Singapour

Singaporean I. *adj* singapourien(ne) **II.** *n* Singapourien(ne) *m(f)*

singe [sɪndʒ] **I.** *vt* (*burn*) roussir; (*slightly*) brûler légèrement **II.** *n* brûlure *f* légère

singer ['sɪŋ·ər] *n* chanteur, -euse *m, f*

singer-songwriter *n* compositeur, -trice *m, f* interprète

singing *n* chant *m*

singing bird *n* oiseau *m* chanteur

singing club *n* chorale *f*

singing lesson *n* leçon *f* de chant

singing teacher *n* professeur *mf* de chant

singing telegram *n* télégramme *m* chanté

singing voice *n* belle voix *f*

single ['sɪŋ·gl] **I.** *adj* **1.** (*one*) seul(e); **not a ~ word** pas un mot; **every ~ day** tous les jours; **every ~ thing** tout **2.** (*for one person: bed*) à une place; (*room*) simple **3.** ECON (*currency, price, market*) unique **4.** (*unmarried*) célibataire; (*parent*) isolé(e); **a ~-parent family** une famille monoparentale **II.** *n* **1.** (*one-dollar bill*) billet *m* d'un dollar; **in ~s** en petites coupures **2.** (*record*) single *m* **3.** (*single room*) chambre *f* individuelle **4.** *pl* SPORTS simple *m* **III.** *vi* SPORTS jouer en simple

◆**single out** *vt* identifier

single-breasted *adj* (*suit, jacket*) droit(e)

single currency *n* monnaie *f* unique

single-decker *n* autobus *m* sans impériale

single-entry bookkeeping *n* comptabilité *f* en partie simple

single-figure *adj* (*inflation rate*) à un chiffre

single file *n* **in ~** en file indienne

single-handed I. *adj* sans aide **II.** *adv* tout seul

single-lens reflex (**camera**) *n* PHOT appareil *m* photo reflex

single-minded *adj* tenace

single-mindedness, singleness of mind *n* (*persistence*) ténacité *f;* (*extreme*) obsession *f*

single-parent family <-ies> *n* famille *f* monoparentale

single-sex school *n* école *f* non mixte

single-stage *adj* qui ne comporte qu'une seule étape

singleton ['sɪŋ·gl·tən] *n* célibataire *mf*

single-track *adj* RAIL (*line*) à voie unique

singly ['sɪŋ·gli] *adv* individuellement

singsong I. *n* **to speak in a ~** parler d'une voix chantante **II.** *adj* chantant(e)

singular ['sɪŋ·gjə·lər] **I.** *adj* **1.** LING au singulier **2.** (*extraordinary*) singulier(-ère) **II.** *n* LING singulier *m*

singularity [ˌsɪŋ·gjə·'ler·ə·t̬i] *n* singularité *f*

singularly *adv form* **1.** (*extraordinarily*) singulièrement **2.** (*strangely*) étrangement

sinister ['sɪn·ɪ·stər] *adj* **1.** (*scary*) épouvantable **2.** *inf* (*ominous*) sinistre

sink [sɪŋk] <sank *o* sunk, sunk> **I.** *n* (*in kitchen*) évier *m;* (*in bathroom*) lavabo *m* **II.** *vi* **1.** (*not float*) couler **2.** (*go downward: to the bottom*) sombrer **3.** (*drop down*) s'effondrer; **to ~ to one's knees** tomber à genoux **4.** (*decrease: prices, interest rate*) diminuer **5.** (*become softer: voice*) s'adoucir **6.** (*become sadder: heart*) s'assombrir **7.** (*decline: in sb's estimation*) baisser **8.** (*deteriorate: health*) s'aggraver; **to ~ into a coma** tomber dans le coma; **to be ~ing** (*dying*) être en train de partir *fig* ▶**to ~ like a** __**stone**__ (*through water*) couler à pic; (*through air*) tomber comme une pierre; **"~ or** __**swim**__**"** "marche ou crève" **III.** *vt*

1. (*cause to submerge*) plonger 2. (*ruin*) ruiner 3. MIN (*well*) forer 4. SPORTS battre (à plate couture) 5. (*lower: voice*) réduire

◆**sink back** *vi* 1. (*lean back*) s'affaler 2. (*return to bad habits*) **to ~ into sth** replonger dans qc

◆**sink down** *vi* 1. (*descend: aircraft*) effectuer une descente 2. (*drop to ground*) s'effondrer 3. (*sit*) s'asseoir

◆**sink in** I. *vi* 1. (*go into surface*) s'enfoncer 2. (*be absorbed: liquid*) pénétrer 3. (*be understood*) rentrer (dans la tête de qn) II. *vt* 1. (*eat*) **to sink one's teeth in sth** planter ses crocs dans qc 2. (*invest*) **to sink one's money in sth** placer son argent dans qc

sinker *n* plomb *m* (de pêche)

sinkhole *n* gouffre *m*

sinking I. *adj* 1. (*not floating*) qui coule 2. (*sad: feeling*) angoissant(e) 3. (*declining*) en baisse II. *n* (*of ship*) naufrage *m;* (*by torpedoes*) torpillage *m*

sink unit *n* évier *m* encastré

sinner ['sɪn·ər] *n* pécheur, pécheresse *m, f*

sinuous ['sɪn·ju·əs] *adj* 1. (*twisting*) sinueux(-euse) 2. (*winding*) en spirale; (*stairs*) en colimaçon

sinus ['saɪ·nəs] *n* ANAT sinus *m*

sinusitis [ˌsaɪ·nə·'saɪ·t̬ɪs] *n* MED sinusite *f*

Sioux [su] I. *adj* sioux II. *n* 1. (*person*) Sioux *m* 2. LING sioux *m; s.a.* **English**

sip [sɪp] I. *n* petite gorgée *f;* **to have** [*o* **take**] **a ~** boire une gorgée II. <-pp-> *vt* boire à petites gorgées; (*alcohol*) siroter III. <-pp-> *vi* boire à petites gorgées

siphon ['saɪ·fᵊn] I. *n* siphon *m* II. *vt* siphonner

◆**siphon off** *vt* 1. (*remove with siphon*) siphonner 2. *fig* FIN (*money*) détourner

sir [sɜr] *n* Monsieur *m;* **yes ~** oui Monsieur; MIL oui mon commandant; **no ~** *inf* certainement pas

sire [saɪər] I. *n* (*horse's father*) géniteur *m* II. *vt* engendrer

siren ['saɪ·rən] *n* sirène *f*

sirloin ['sɜr·lɔɪn] *n* aloyau *m*

sirocco [sə·'ra·koʊ] *n* sirocco *m*

sis [sɪs] *n inf abbr of* **sister**

sisal ['saɪ·sᵊl] *n* sisal *m*

sissy ['sɪs·i] *pej* I. <-ies> *n* <-ier, -iest> *inf* poule *f* mouillée II. *adj inf* de nana

sister ['sɪs·tər] I. *n* 1. (*woman, girl*) sœur *f* 2. (*nun*) **Sister Catherine** sœur Catherine; **Sister!** ma sœur! II. *adj* (*city, university, school*) jumelé(e); **~ company** société *f* apparentée

sisterhood *n* 1. (*solidarity*) sororité *f* 2. REL congrégation *f* (religieuse) féminine 3. (*feminists*) **the ~** les féministes *mfpl*

sister-in-law <sisters-in-law> *n* belle-sœur *f*

sisterly *adj* sororal(e)

sister ship *n* navire *m* jumeau

sistership *n* sororité *f*

sit [sɪt] <-tt, sat, sat> I. *vi* 1. (*be seated*) être assis; (*for a portrait*) poser; (*bird*) être perché; **to be ~ting doing sth** être assis en train de faire qc 2. (*take sitting position*) s'asseoir; **"~"!** (*to a dog*) "assis!" 3. (*be in session: assembly, court*) siéger; **to ~ for sth** tenir séance pour qc 4. (*be placed, not moved*) se trouver; **to ~ still** se tenir tranquille; **to ~ at home** rester à la maison 5. *inf* (*baby-sit*) s'occuper de 6. (*on nest: bird*) couver 7. (*be agreeable*) plaire; **that doesn't ~ well with me** ça ne me convient pas ▶**to ~ on the fence** tergiverser; **to be ~ting pretty** être bien loti; **to ~ tight** (*not move*) rester sur place; (*not change opinion*) camper sur ses positions II. *vt* 1. (*put on seat*) asseoir 2. (*place*) placer

◆**sit around** *vi* ne rien faire

◆**sit back** *vi* 1. (*lean back*) se caler dans sa chaise 2. (*do nothing*) ne rien faire 3. (*relax*) se détendre

◆**sit down** I. *vi* s'asseoir; **to be sitting down** être assis; **to ~ at the table** s'attabler II. *vt* asseoir; **to sit oneself down** s'asseoir

◆**sit in** *vi* 1. (*attend*) **to ~ on sth** assister à qc 2. (*represent*) **to ~ for sb** remplacer qn 3. (*participate in sit-in*) occuper les locaux 4. (*feel heavy: sb's stomach*) rester sur

◆**sit on** *vt* 1. (*not deal with*) ne pas s'occuper de 2. (*keep secret*) garder secret 3. *inf* (*rebuke*) rembarrer 4. (*put end to: idea, scheme*) mettre un terme à

◆**sit out** I. *vi* 1. (*sit outside*) s'asseoir dehors 2. (*not dance*) faire tapisserie II. *vt* 1. (*not take part in*) ne pas prendre part à 2. (*sit until the end*) rester jusqu'à la fin de

◆**sit through** *vt* rester jusqu'au bout de

◆**sit up** I. *vi* 1. (*sit erect*) se redresser; **to ~ straight** se tenir droit; **to ~ and beg** faire le beau 2. (*not go to bed*) veiller; **to ~ for sb** attendre qn 3. *inf* (*pay attention*) faire attention II. *vt* redresser

sitcom ['sɪt·kam] *n inf abbr of* **situation comedy** sitcom *f*

sit-down strike *n* **to hold a ~** faire une grève sur le tas

site [saɪt] I. *n* 1. (*place*) site *m;* (*of building*) emplacement *m;* (*of a battle*) champ *m;* (*of recent events*) lieux *mpl* 2. (*building land*) chantier *m;* **archaeological ~** site *m* archéologique; **on ~** sur (le) site 3. COMPUT site II. *vt* construire

site development *n* aménagement *m* de site

site engineer *n* chef *mf* de chantier

site office *n* bureau *m* de chantier

site owner *n* maître *m* des lieux

site plan *n* plan *m* de chantier

sit-in ['sɪt̬·ɪn] *n* sit-in *m inv*

siting *n* mise *f* en chantier

sitter *n* 1. (*babysitter*) baby-sitter *mf* 2. (*model*) modèle *m*

sitting *n* (*meal session*) service *m* de repas

sitting duck *n fig, inf* cible *f* facile

sitting room *n* salon *m*

situate ['sɪtʃ·u·eɪt] *vt* 1. (*locate*) situer 2. *form* (*place in context*) localiser

situated *adj* **1.** (*located*) situé(e); **to be ~ near ...** se situer près de ... **2.** (*in a state*) **to be ~ for sth** bien convenir pour qc
situation [ˌsɪtʃ·u·ˈeɪ·ʃən] *n* situation *f*
situation comedy *n* sitcom *m*
six [sɪks] **I.** *adj* six ▶ **to be ~ feet under** *iron* être à six pieds sous terre; **~ of one and half a dozen of the other** c'est bonnet blanc et blanc bonnet **II.** <-es> *n* six *m* ▶ **to be at ~es and sevens** ne pas savoir sur quel pied danser; *s.a.* **eight**
six-footer *n personne mesurant au moins six pieds de haut;* **to be a ~** être une armoire à glace
six-pack *n* pack *m* de six (unités)
sixteen [sɪk·ˈstin] *adj* seize; *s.a.* **eight**
sixteenth *adj* seizième; *s.a.* **eighth**
sixth *adj* sixième; *s.a.* **eighth**
sixtieth *adj* soixantième; *s.a.* **eighth**
sixty [ˈsɪk·sti] *adj* soixante; *s.a.* **eight, eighty**
size[1] [saɪz] **I.** *n* **1.** TECH apprêt *m* **2.** (*glue*) colle *f* **II.** *vt* **1.** TECH apprêter **2.** (*glue*) encoller
size[2] [saɪz] **I.** *n* (*of person, clothes*) taille *f;* (*of building, room*) dimension *f;* (*of country, area*) étendue *f;* (*of paper, books*) format *m;* (*of an amount, bill, debt*) montant *m;* (*of problems*) importance *f;* **collar ~** encolure *f;* **six inches in ~** six pieds de haut; **to increase/decrease in ~** augmenter/diminuer en taille; **to double in ~** doubler de volume; **of a ~** de même(s) dimension(s); **to take** [*o* **wear**] **~ 10** (*of clothing*) faire du 42; **to take** [*o* **wear**] **~ 8½** (*of shoes*) chausser du 40 **II.** *vt* classer
◆**size up** *vt* évaluer; (*problem*) mesurer (l'ampleur de)
sizable, sizeable *adj* considérable
sizing *n* (*of wall paper*) encollage *m;* (*of textiles*) empesage *m*
sizzle [ˈsɪz·l] **I.** *vi* grésiller **II.** *n* grésillement *m*
sizzler *n inf* journée *f* torride
skate[1] [skeɪt] *n* (*fish*) raie *f*
skate[2] [skeɪt] **I.** *n* **1.** (*ice skate*) patin *m* à glace **2.** (*roller skate*) patin *m* à roulettes **3.** (*skateboard*) planche *f* à roulettes, skate-board *m* **II.** *vi* **1.** (*on ice*) patiner **2.** (*on roller skates*) faire du patin à roulettes; (*on Rollerblades®*) faire du roller; (*on skateboard*) faire du skate-board **3.** *inf* (*not act responsibly*) **to ~ over an issue** esquiver une question ▶ **to be skating on thin ice** s'aventurer sur un terrain glissant
skateboard [ˈskeɪt·bɔrd] *n* planche *f* à roulettes, skate-board *m*
skateboarder *n* skateur, -euse *m, f*
skater *n* **1.** (*on ice skates*) patineur, -euse *m, f;* **figure ~** patineur artistique; **speed ~** patineur de vitesse **2.** (*on a skateboard*) skater, -euse *m, f*
skating rink *n* **1.** (*for ice-skating*) patinoire *f* **2.** (*for roller-skating*) piste *f* de patin à roulettes
skedaddle [skɪ·ˈdæd·l] *vi inf* ficher le camp
skein [skeɪn] *n a. fig* écheveau *m*
skeleton [ˈskel·ə·tən] *n* **1.** (*bone system*) *a. fig* squelette *m;* **to be reduced to a ~** n'avoir plus que la peau et les os **2.** (*framework: of boat, plane*) carcasse *f;* (*of building*) charpente *f* **3.** (*sketch: of book, report*) ébauche *f* ▶ **to have ~s in the closet** cacher un cadavre dans son placard
skeleton key *n* passe-partout *m*
skeleton service *n* service *m* minimum
skeleton staff *n* équipe *f* de base
skeptic [ˈskep·tɪk] *n* sceptique *mf*
skeptical *adj* sceptique
skepticism [ˈskep·tɪ·sɪ·zəm] *n* scepticisme *m*
sketch [sketʃ] **I.** *n* **1.** (*drawing*) esquisse *f* **2.** (*outline*) croquis *m* **3.** (*first draft*) ébauche *f* **4.** (*summary*) résumé *m* **5.** (*comedy scene*) sketch *m* **II.** *vt* esquisser
◆**sketch in** *vt a. fig* esquisser
◆**sketch out** *vt* faire l'ébauche de
sketchbook, sketchpad *n* carnet *m* de croquis
sketchy [ˈsketʃ·i] <-ier, -iest> *adj* **1.** (*vague*) rapide; (*idea*) vague **2.** (*incomplete*) insuffisant(e) **3.** (*not realized*) ébauché(e)
skew [skju] **I.** *vt* **1.** (*give slant to*) incliner **2.** (*make angled cut*) biaiser **3.** (*distort*) fausser; (*wheel*) voiler **4.** (*twist in wrong shape*) tordre **II.** *vi* **1.** (*make biased*) biaiser **2.** (*change direction: horse*) faire un écart; (*vehicle*) faire une embardée **III.** *adj* en biais **IV.** *adv* de travers **V.** *n* **on the ~** de travers
skewbald [ˈskju·bɔld] *adj* pie *inv*
skewer [ˈskju·ər] **I.** *n* **1.** (*for cubed meat*) brochette *f* **2.** (*for roast*) broche *f* **II.** *vt* **1.** (*fasten: meat*) mettre à la broche **2.** (*pierce*) embrocher
skew gear *n* TECH engrenage *m* hyperboloïde
skew wheel *n* (*cone-shaped wheel*) roue *f* conique
ski [ski] **I.** *n* ski *m* **II.** *vi* skier; **to ~ down the slope** descendre la pente à skis
ski binding *n* fixation *f*
skibob *n* véloski *m*
ski boot *n* chaussure *f* de ski
skid [skɪd] **I.** <-dd-> *vi* **1.** (*slide while driving*) déraper; **to ~ to a halt** s'arrêter en dérapage; **to ~ off the road** faire une sortie de route **2.** (*slide*) **to ~ along/across sth** passer/traverser qc en glissant **II.** *n* **1.** (*slide while driving*) dérapage *m;* **to go into a ~** partir en dérapage **2.** (*spinning*) virage *m* en boucle **3.** AVIAT patin *m* (d'atterrissage)
skidding *n* dérapage *m*
skid mark *n* trace *f* de freinage
skid row *n no art* **to be on ~** vivre dans les bas-fonds
skier [ˈski·ər] *n* skieur, -euse *m, f*
skiff [skɪf] *n* petite embarcation *f*
ski goggles *npl* lunettes *fpl* de ski
skiing *n* de ski
ski instructor *n* moniteur, -trice *m, f* de ski
ski jump *n* **1.** (*event*) saut *m* à ski **2.** (*runway*) tremplin *m* pour le saut à ski
ski lift *n* remonte-pente *m*

skill [skɪl] *n* **1.** expertise *f* **2.** (*ability*) talent *m* **3.** (*technique*) technique *f*

skilled **I.** *adj* **1.** (*trained: work, labor*) qualifié(e); (*worker*) spécialisé(e) **2.** (*requiring skills*) habile; **to be ~ in doing sth** être habile à faire qc **II.** *npl* **the ~** les ouvriers *mpl* qualifiés

skillet ['skɪl·ɪt] *n* poêle *f* à frire

skillful ['skɪl·fəl] *adj* **1.** (*able*) adroit(e) **2.** (*showing skill*) doué(e)

skim [skɪm] <-mm-> **I.** *vt* **1.** (*move above*) frôler; (*over water*) raser **2.** (*make bounce off water: stones*) faire ricocher **3.** (*read quickly*) parcourir **4.** CULIN écumer; (*milk*) écrémer **II.** *vi* survoler

skimmer *n* CULIN écumoire *f*

skim milk *n* lait *m* écrémé

skimp [skɪmp] **I.** *vt* lésiner; (*work*) bâcler **II.** *vi* **to ~ on sth** lésiner sur qc

skimpy <-ier, -iest> *adj* minuscule; (*meal*) frugal(e)

skin [skɪn] **I.** *n* **1.** (*of person, fruit*) peau *f;* **to be soaked to the ~** être trempé jusqu'aux os **2.** (*animal hide*) cuir *m;* (*of lion, zebra*) peau **3.** (*covering: of aircraft, ship*) habillage *m* ▶ **it's no ~ off sb's <u>back</u>** cela ne fera pas de mal à qn; **to be all ~ and <u>bone</u>(s)** n'avoir que la peau et les os; **by the ~ of one's <u>teeth</u>** il s'en est fallu d'un cheveu; **to <u>get</u> under sb's ~** (*irritate, annoy*) taper sur les nerfs de qn **II.** <-nn-> *vt* **1.** (*remove skin: fruit, vegetables*) peler; (*animal*) dépouiller **2.** (*wound*) faire une écorchure à **3.** *fig* **to ~ sb alive** écorcher vif qn

skin cancer *n* cancer *m* de la peau

skin-deep *adj* superficiel(le)

skin disease *n* maladie *f* de peau

skin diving *n* nage *f* sous la surface (de l'eau)

skin flick *n inf* film *m* érotique

skinflint ['skɪn·flɪnt] *n pej* radin(e)

skin graft *n* MED **1.** (*transplant*) greffe *f* de peau **2.** (*section*) greffon *m* de peau

skinhead *n* skinhead *mf*

skinny ['skɪn·i] <-ier, -iest> *adj* maigrelet(te)

skinny-dip <-pp-> *vi inf* se baigner nu

skin rash *n* éruption *f* cutanée

skintight [skɪn·'taɪt] *adj* moulant(e)

skip [skɪp] **I.** *n* saut *m;* **to give a ~ of joy** sauter de joie **II.** <-pp-> *vt a. fig* sauter; (*stones*) faire ricocher; **to ~ rope** sauter à la corde ▶ **to ~ <u>it</u>** *inf* laisser tomber **III.** <-pp-> *vi* **1.** (*take light steps*) sautiller **2.** (*jump, leave out*) sauter **3.** *inf* (*go quickly*) faire un saut ▶ **to ~ from one <u>subject</u> to another** passer du coq à l'âne

ski pants *npl* fuseau *m* (de ski)

ski pass *n* forfait *m* de remontée mécanique

ski plane *n* avion *m* à skis

ski pole *n* bâton *m* de ski

skipper ['skɪp·ər] **I.** *n* **1.** NAUT, SPORTS capitaine *m* **2.** AVIAT commandant *m* **3.** (*form of address*) chef *m* **II.** *vt* avoir la responsabilité de; (*ship, aircraft*) commander; (*team*) diriger

skip rope *n* corde *f* à sauter

ski rack *n* porte-skis *m inv*

ski resort *n* station *f* de ski

skirmish ['skɜr·mɪʃ] **I.** *n* **1.** MIL altercation *f* **2.** (*argument*) prise *f* de bec **II.** *vi* **1.** MIL avoir une échauffourée **2.** (*argue*) avoir un accrochage

skirt [skɜrt] **I.** *n* **1.** (*garment*) jupe *f* **2.** *pej, sl* (*women*) minette *f* **II.** *vt* **1.** (*go around: path*) contourner **2.** (*avoid: issue, question*) esquiver

ski run *n* piste *f* de ski

ski school *n* école *f* de ski

ski suit *n* combinaison *f* de ski

skit [skɪt] *n* (*about person*) pastiche *m;* (*about thing*) parodie *f*

ski touring *n* randonnée *f* à ski

ski tow *n* téléski *m*

skitter *vi* se faufiler

skittish *adj* **1.** (*nervous: person*) agité(e); (*horse*) ombrageux(-euse) **2.** (*playful: person*) espiègle

skittle ['skɪt̬·l] *n* **1.** *pl* (*game*) jeu *m* de quilles **2.** (*pin*) quille *f*

ski vacation *n* vacances *fpl* au ski

Skivvies® ['skɪ·viz] *npl inf* (*men's underwear*) sous-vêtements *mpl* masculins

skulk [skʌlk] *vi* **1.** (*lurk*) se terrer **2.** (*move stealthily*) rôder

skull [skʌl] *n* crâne *m*

skullcap ['skʌl·kæp] *n a.* REL calotte *f*

skul(l)duggery *n* magouille *f*

skunk [skʌŋk] *n* **1.** (*animal*) mouffette *f* **2.** *fig, inf* (*bad person*) salaud, salope *m, f*

sky [skaɪ] <-ies> *n* **1.** (*expanse overhead*) ciel *m* **2.** *pl* (*the heavens*) les cieux *mpl* ▶ **the ~'s the <u>limit</u>** sans limites; **to <u>praise</u> sb/sth to the skies** porter qn/qc aux nues

sky-blue **I.** *adj* bleu ciel *inv* **II.** *n* bleu ciel *m*

skydiving *n* saut *m* en parachute

sky-high **I.** *adj* (*extremely high*) très haut(e) **II.** *adv* très haut; **to go ~** (*prices*) s'envoler

skyjack *vt* (*flight, plane*) détourner

skyjacker *n* pirate *m* de l'air

skyjacking *n* détournement *m* d'avion

skylark ['skaɪ·lark] **I.** *n* passereau *m* **II.** *vi* (*play around*) faire de mauvaises plaisanteries

skylight ['skaɪ·laɪt] *n* lucarne *f*

skyline ['skaɪ·laɪn] *n* **1.** (*of city rooftops*) silhouette *f* **2.** (*horizon*) horizon *m*

skyscraper *n* gratte-ciel *m*

skywriting *n* publicité *f* aérienne

slab [slæb] *n* (*of concrete, marble*) dalle *f;* (*of meat, cake, cheese*) morceau *m*

slack[1] [slæk] **I.** *adj* **1.** (*not taut*) *a. pej* lâche; **to get ~** se relâcher **2.** (*not busy: demand, business*) calme **II.** *n* mou *m;* **to take up the ~** tendre la corde; *fig* relancer le marché **III.** *vi* (*become loose*) *a. fig* se relâcher **IV.** *vt* **1.** (*loosen*) desserrer **2.** (*reduce*) ralentir

◆**slack off** *vi* **1.** (*become loose*) *a. fig* se relâcher **2.** (*reduce*) ralentir **3.** *pej* (*be lazy*) lambiner

◆**slack up** *vi* ralentir

slack² *n* (*coal dust*) poussier *m*
slacken I. *vt* 1. (*make less tight: reins, rope*) desserrer; **to ~ one's grip** se relâcher 2. (*reduce: one's pace, speed*) ralentir; (*vigilance*) relâcher II. *vi* se relâcher
◆**slacken off** I. *vi* se relâcher II. *vt* relâcher
slackening *n* relâchement *m*
slacker *n pej, inf* lambin *m*
slackness *n* 1. (*looseness*) mollesse *f* 2. (*lack of activity*) **~ in sth** période *f* creuse de qc 3. *pej* (*laziness*) laxisme *m*
slacks *npl* pantalon *m*
slag [slæg] *n* (*from coal*) scories *fpl*
slag heap *n* dépôt *m* de scories
slalom ['sla·ləm] *n* SPORTS slalom *m*
slam¹ [slæm] I. <-mm-> *vt* 1. (*close noisily*) claquer; **to ~ the door in sb's face** claquer la porte au nez de qn 2. *inf* (*criticize severely*) descendre en flamme 3. (*hit hard*) **to ~ sth into sth** cogner qc contre qc 4. (*put down violently*) **to ~ down sth, to ~ sth down** balancer qc II. <-mm-> *vi* 1. (*shut noisily*) claquer; **to ~ out of the house** partir en claquant la porte 2. (*hit hard*) **to ~ against sth** cogner contre qc; **to ~ into sth** cogner qc III. *n* bruit *m* de choc
slam² [slæm] *n* 1. SPORTS, GAMES chelem *m* 2. LIT slam *m*
slammer *n sl* **the ~** la taule
slander ['slæn·dər] I. *n* LAW diffamation *f* II. *vt* diffamer
slanderer *n* diffamateur, -trice *m, f*
slanderous ['slæn·dər·əs] *adj* diffamatoire
slander suit *n* procès *m* en diffamation
slang [slæŋ] I. *n* argot *m* II. *adj* argotique III. *vt inf* (*abuse*) engueuler
slangy <-ier, -iest> *adj inf* (*expression*) familier(-ère)
slant [slænt] I. *n* 1. (*slope*) inclinaison *f*; **to be on a ~** (*yard*) être en pente; (*picture*) être de travers 2. (*bias*) tendance *f* 3. (*perspective*) point *m* de vue II. *vt* 1. (*lean*) incliner 2. (*present in biased way*) fausser III. *vi* pencher
slanted *adj* (*roof*) incliné(e); (*writing*) penché(e)
slap [slæp] I. *n* 1. (*with open hand*) tape *f*; **a ~ in the face** donner une claque à qn; **to give sb a ~ on the back** taper qn dans le dos 2. (*noise*) coup *m* ▶ **a ~ on the back** une tape sur l'épaule; **a ~ on the wrist** un avertissement; **to be a ~ in the face for sb** faire l'effet d'une claque à qn II. <-pp-> *vt* 1. (*hit with open hand*) taper; **to ~ sb's face** donner une claque à qn; **to ~ sb on the back** taper qn dans le dos; (*in congratulation*) taper qn sur l'épaule 2. (*strike*) **to ~ sth against sth** cogner qc contre qc III. *vi* (*make slapping noise*) claquer; **to ~ against sth** taper contre qc IV. *adv inf* directement
◆**slap down** *vt* 1. (*put down with slap*) balancer 2. (*silence rudely*) engueuler
◆**slap on** *vt* 1. *inf* (*put on quickly*) tartiner 2. *inf* (*impose*) **to slap sth on sb** refiler qc à qn
slap bang *adv inf* directement
slapdash ['slæp·dæʃ] *adj pej, inf* bâclé(e)
slapjack ['slæp·ˌdʒæk] *n* galette *f*
slapstick ['slæp·stɪk] I. *n* comédie *f* II. *adj* comique
slapstick comedy *n* comédie *f*
slash [slæʃ] I. *n* 1. (*cut*) entaille *f* 2. (*swinging blow*) grand coup *m* 3. FASHION (*decorative opening*) fente *f* 4. (*punctuation mark*) barre *f* oblique II. *vt* 1. (*cut*) taillader; (*one's wrists*) s'entailler 2. (*reduce*) réduire 3. *fig* **to ~ one's way through sth** se tailler un chemin à travers qc III. *vi* (*with knife*) **to ~ at sth** frapper qc; **to ~ at the ball** frapper dans le ballon
slashing *adj* impitoyable
slat [slæt] *n* latte *f*
slate [sleɪt] I. *n* 1. (*rock, stone, blackboard*) ardoise *f* 2. POL liste *f* électorale ▶ **to have a clean ~** avoir les mains propres; **to wipe the ~ clean** faire table rase II. *vt* 1. (*cover with slate: a roof*) couvrir d'ardoises 2. POL **to be ~d for sth** être inscrit pour qc
slattern ['slæṭ·ərn] *n pej* traînée *f*
slatternly *adj* débauché(e); **a ~ woman** une débauchée
slaty <-ier, -iest> *adj* 1. (*in color*) ardoisé(e); (*color, grey*) ardoise 2. (*in texture*) ardoisier(-ère)
slaughter ['slɔ·ṭər] I. *vt a. fig* abattre II. *n* 1. (*killing for food*) abattage *m* 2. (*cruel killing*) *a. fig* massacre *m*
slaughterhouse *n* abattoir *m*
Slav [slav] I. *n* Slave *mf* II. *adj* slave
slave [sleɪv] I. *n a. fig* esclave *mf* II. <-ving> *vi* travailler comme un esclave; **to ~ at sth** s'échiner à qc
slave driver *n iron, inf* négrier *m*
slaver¹ ['slæv·ər] I. *n* (*saliva*) bave *f* II. *vi a. pej* baver
slaver² ['sleɪ·vər] *n* HIST 1. (*ship*) vaisseau *m* négrier 2. (*trader*) négrier *m*
slavery ['sleɪ·vᵊr·i] *n* esclavage *m*
slave trade *n* HIST commerce *m* des esclaves
Slavic ['sla·vɪk] *adj s.* **Slav**
slavish ['sleɪ·vɪʃ] *adj pej* servile
Slavonic [slə·'va·nɪk] *s.* **Slav**
sleazy ['sli·zi] <-ier, -iest> *adj* miteux(-euse)
sled [sled] I. *n* luge *f*, glisse *f Suisse* II. <-dd-> *vi* **to go ~ding** faire de la luge III. <-dd-> *vt* transporter en luge
sledge [sledʒ] *n* traîneau *m*, glisse *f Suisse*
sledgehammer ['sledʒ·ˌhæm·ər] *n* marteau *m*
sleek [slik] I. *adj* 1. (*with smooth, glossy surface*) lisse 2. (*smoothly shaped*) profilé(e) 3. (*prosperous-looking*) bien entretenu(e) II. *vt* prendre soin de
sleep [slip] I. *n* sommeil *m*; **to get to ~** [*o* **go**] s'endormir; **to put sb/an animal to ~** endormir qn/un animal; **to fall into a deep ~** tomber dans un sommeil profond II. <slept, slept> *vi* dormir; **~ tight!** dors/dormez bien!

S

▶ **to ~ like a log, rock** *inf* dormir comme une marmotte **III.** *vt* **to ~ four/ten** dormir à quatre/dix

◆ **sleep around** *vi inf* (*be promiscuous*) coucher

◆ **sleep in** *vi* **1.** (*stay in bed*) dormir tard **2.** (*sleep in employer's house*) être hébergé(e)

◆ **sleep off** *vt* faire la grasse matinée

◆ **sleep on** *vt* dormir d'une traite

◆ **sleep out** *vi* découcher

◆ **sleep through I.** *vt* **to ~ noise/storm** ne pas être réveillé par le bruit/la tempête; **to ~ a film/lecture** dormir pendant un film/un cours **II.** *vi* dormir comme une souche

◆ **sleep together** *vi* dormir ensemble

◆ **sleep with** *vt* coucher avec

sleeper *n* **1.** (*person*) dormeur, -euse *m, f;* **to be a heavy/light ~** avoir le sommeil profond/léger; **to be a late ~** dormir tard **2.** (*train*) wagon-lit *m*

sleeper cell *n* MIL, POL cellule *f* dormante

sleepiness *n* envie *f* de dormir

sleeping *adj* endormi(e)

sleeping accommodation(s) *n* hébergement *m*

sleeping bag *n* sac *m* de couchage

sleeping car *n* wagon-lit *m*

sleeping pill *n* somnifère *m*

sleeping sickness *n* maladie *f* du sommeil

sleeping tablet *s.* **sleeping pill**

sleepless *adj* insomniaque; **a ~ night** une nuit blanche

sleepwalk *vi* être somnambule

sleepwalker *n* somnambule *mf*

sleepy ['sli·pi] <-ier, -iest> *adj* **1.** (*drowsy*) somnolent(e) **2.** (*very quiet: town, afternoon*) tranquille

sleepyhead ['sli·pi·hed] *n inf* endormi(e) *m(f)*

sleet [slit] **I.** *n* neige *f* fondue **II.** *vi* **it is ~ing** il tombe de la neige fondue

sleeve [sliv] *n* **1.** (*of shirt, jacket*) *a. fig* manche *f;* **with short/long ~s** à manches courtes/longues; **to roll up one's ~s** remonter ses manches **2.** (*tube-shaped cover*) manchon *m* **3.** (*cover for record*) pochette *f* de disque

sleeveless *adj* sans manches

sleigh [sleɪ] *n* traîneau *m*

sleight of hand [ˌslaɪt·ʌf·'hænd] *n a. fig* tour *m* de passe-passe

slender ['slen·dər] *adj* mince

slenderize ['slen·də·raɪz] *inf* **I.** *vi* s'amincir **II.** *vt* amincir; **a slenderizing lunch** un repas amincissant

slept [slept] *pt, pp of* **sleep**

slew[1] *vt, vi s.* **slue**

slew[2] [slu] *n inf* **a ~ of sth** une flopée de qc

slice [slaɪs] **I.** *n* **1.** (*thin piece: of bread, meat, lemon*) tranche *f;* (*of cake, pizza*) morceau *m* **2.** (*part: of the profits, a market*) part *f* **3.** (*utensil*) pelle *f;* **a cake ~** une pelle à tarte **4.** SPORTS balle *f* coupée **II.** *vt* **1.** (*cut in slices*) couper en tranches **2.** SPORTS (*the ball*) couper **III.** *vi* **to ~ easily** se couper facilement

◆ **slice off** *vt* trancher

◆ **slice up** *vt* couper (en tranches)

sliced *adj* coupé(e); (*bread*) en tranches

slicer *n* CULIN couteau *m* à découper; **egg ~** découpe-œufs *m;* **bread ~** machine *f* à couper le pain

slick [slɪk] **I.** <-er, -est> *adj* **1.** (*slippery: surface, sidewalk, road*) glissant(e); (*smooth: hair, skin*) lisse **2.** (*skillfully executed*) habile **3.** (*smart: person, behavior*) adroit(e); **a ~ talker** un beau parleur **4.** (*superficial*) superficiel(le); (*excuse*) facile **II.** *n* **1.** (*oil slick*) nappe *f* de pétrole **2.** (*magazine*) magazine *m* sur papier glacé **III.** *vt* **to ~ one's hair down** se lisser les cheveux

slicker *n* **1.** (*raincoat*) ciré *m* **2.** *inf* (*stylish person*) citadin(e) *m(f)* sophistiqué(e)

slide [slaɪd] **I.** <slid, slid> *vi* **1.** (*glide smoothly*) glisser **2.** (*move quietly*) **to ~ somewhere** se glisser quelque part **3.** (*decline*) se dégrader; **to ~ back into one's old habits** reprendre ses mauvaises habitudes; **to let sth/things ~** laisser faire qc/les choses **II.** <slid, slid> *vt* pousser **III.** *n* **1.** (*act of sliding*) glissade *f* **2.** (*at playground*) toboggan *m* **3.** (*on ice*) patinoire *f* **4.** GEO glissement *m* **5.** PHOT diapositive *f* **6.** (*glass for microscope*) porte-objet *m* **7.** MUS mouvement *m*

slide control *n* régulateur *m*

slide projector *n* projecteur *m* de diapositives

slide rule *n* règle *f* à calcul

slide show *n* (*professional*) diaporama *m;* (*private*) séance *f* diapos

sliding *adj* coulissant(e)

slight [slaɪt] **I.** <-er, -est> *adj* **1.** (*small: chance, possibility*) infime; **the ~est thing/idea** la moindre chose/idée; (**not**) **the ~est bit ...** pas le(la) moindre .... **2.** (*not noticeable or serious*) insignifiant(e) **3.** (*slim, delicate*) frêle **4.** (*lightweight*) léger(-ère) **II.** *n* (*snub*) offense *f* **III.** *vt* offenser

slightly *adv* un peu

slim [slɪm] <-mm-> **I.** *adj* **1.** (*attractively thin*) mince **2.** (*not thick*) léger(-ère) **3.** (*slight: chance, possibility*) maigre **II.** *vi* **to ~ (down)** maigrir

slime [slaɪm] *n* substance *f* gluante; (*produced by slugs*) bave *f*

slimmer *n* compteur *m* de calories

slimming *adj* **1.** (*making thin: aids, pill*) amincissant(e) **2.** *inf* (*non-fattening: food, drinks*) allégé(e)

slimy ['slaɪ·mi] <-ier, -iest> *adj a. pej* visqueux(-euse)

sling [slɪŋ] **I.** *n* **1.** (*for broken arm*) écharpe *f* **2.** (*for baby*) écharpe *f* porte-bébé **3.** (*carrying strap*) bandoulière *f* **II.** <slung, slung> *vt* **1.** (*hang*) suspendre; **to ~ sth from sth** suspendre qc à qc; **to ~ sth over one's shoulder** mettre qc en bandoulière **2.** (*throw*) jeter **3.** *inf* (*put carelessly*) balancer

◆ **sling out** *vt inf* **1.** (*dismiss*) jeter **2.** (*throw* *away: old clothes*) balancer

slingshot ['slɪŋ·ʃat] *n* fronde *f*

slink [slɪŋk] <slunk *o* -ed, slunk *o* -ed> *vi* 1. (*guiltily*) se faufiler 2. *inf* (*sexily*) marcher comme un chat

slinky <-ier, iest> *adj* 1. (*moving sexily*) comme un chat; ~ **walk** démarche *f* de chat 2. (*dress, outfit*) moulant(e)

slip[1] [slɪp] *n* 1. (*piece: of paper*) bout *m;* (*official*) bordereau *f;* **a pay** ~ un bulletin de paie 2. (*small, slight person*) bout *m* de chou; **a ~ of a girl** une fille fluette 3. BOT bouture *f*

slip[2] I. <-pp-> *vi* 1. (*slide*) glisser; **to ~ through one's fingers** filer entre les doigts 2. (*move quietly*) se glisser; **to ~ in(to) sth** se glisser dans qc; **to ~ into one's jeans** enfiler son jean; **to ~ into bad habits** prendre de mauvaises habitudes; **to ~ into a coma** sombrer dans le coma 3. (*let out*) **to let sth ~** laisser échapper qc; (*concentration*) relâcher qc 4. (*decline*) baisser 5. (*make mistake*) faire une erreur II. <-pp-> *vt* 1. (*put smoothly*) glisser; **to ~ sb money** glisser de l'argent à qn; **to ~ a shirt on** enfiler une chemise 2. (*escape from*) s'échapper; **to ~ sb's attention** échapper à l'attention de qn; **to ~ sb's mind** échapper à qn III. *n* 1. (*act of sliding*) glissement *m* 2. (*fall*) *a. fig* chute *f* 3. (*stumble*) faux pas *m* 4. (*mistake*) erreur *f;* **a ~ of the tongue** un lapsus 5. (*petticoat*) combinaison *f*

◆**slip away** *vi* s'éclipser

◆**slip by** *vi* filer; (*time*) passer

◆**slip down** *vi* 1. (*fall down*) glisser 2. (*be swallowed easily*) descendre tout(e) seul(e)

◆**slip in** I. *vt* glisser II. *vi* se glisser

◆**slip off** I. *vi* 1. (*leave quietly*) s'éclipser 2. (*fall off*) reculer II. *vt* 1. (*fall from*) glisser de 2. (*take off*) enlever

◆**slip on** *vt* (*clothing*) passer

◆**slip out** *vi* 1. (*go out*) s'éclipser; **to ~ to a shop** faire un saut dans un magasin 2. (*escape*) s'échapper; **it slipped out** *fig* cela m'a échappé

◆**slip past** *vi* filer

◆**slip up** *vi inf* se tromper

slipcase *n* (*for book*) couverture *f*

slipcover *n* housse *f*

slipknot *n* 1. (*sliding knot*) nœud *m* coulant 2. (*easily untied*) nœud *m* simple

slip-on I. *adj* ~ **shoes** mocassins *mpl* II. *n* 1. (*sweater*) pull *m* 2. *pl* (*shoes*) mocassins *mpl*

slipover *n* débardeur *m*

slipper ['slɪp·ər] *n* chausson *m*

slippery ['slɪp·ᵊr·i] <-ier, -iest> *adj* 1. (*not giving firm hold*) glissant(e) 2. (*untrustworthy*) douteux(-euse)

slipshod ['slɪp·ʃad] *adj* sale; (*work*) bâclé(e)

slipstream *n* côté *m* abrité du vent

slip-up *n* gaffe *f*

slipway *n* NAUT cale *f*

slit [slɪt] I. <-tt-, slit, slit> *vt* couper en deux; **to ~ one's wrist** s'entailler les veines; **to ~ sb's throat** couper la gorge à qn; **to ~ an envelope open** décacheter une enveloppe II. *n* fente *f*

slit-eyed *adj pej, inf* aux yeux bridés; **to be ~** avoir les yeux bridés

slither ['slɪð·ər] *vi* 1. (*move like reptile*) ramper 2. (*slide*) glisser

slithery *adj* glissant(e)

sliver ['slɪv·ər] *n* 1. (*sharp thin fragment: of glass*) éclat *m;* (*of wood*) copeau *m* 2. (*very small piece*) petit morceau *m*

slob [slab] *n pej, inf* cochon(ne) *m(f)*

slobber I. *n* bave *f* II. *vi* baver

slobbery *adj* baveux(-euse)

sloe [sloʊ] *n* prunellier *m*

slog [slɔg] I. *n* 1. *inf* (*hard effort*) grand coup *m* 2. *inf* (*strenuous hike*) marathon *m* II. <-gg-> *vi inf* vadrouiller III. <-gg-> *vt inf* SPORTS smatcher

◆**slog away** *vi inf* trimer; **to ~ at sth** se crever à qc

slogan ['sloʊ·gən] *n* slogan *m*

sloop [slup] *n* NAUT chaloupe *f*

slop [slap] I. *n* 1. *pej* (*watery food*) lavasse *f* 2. *pl* (*food waste*) eaux *fpl* sales II. <-pp-> *vt inf* (*spill*) renverser III. <-pp-> *vi inf* (*spill out*) **to ~ out of sth** déborder de qc

slop bowl *n* filtre *m*

slope [sloʊp] I. *n* pente *f;* **ski ~** piste *f* de ski II. *vi* 1. (*be on slope*) **to ~ down** être en pente; **to ~ up** monter 2. (*lean*) pencher III. *vt* incliner

sloping *adj* (*roof, ground*) en pente; (*shoulders*) tombant(e)

sloppiness *n* négligence *f*

sloppy <-ier, -iest> *adj* 1. (*careless*) négligé(e) 2. *iron* (*overly sentimental*) à l'eau de rose 3. (*too wet*) trempé(e); (*food*) en bouillie

slosh [slaʃ] I. *vt inf* renverser II. *vi* 1. (*move in water*) patauger 2. (*make splashing sound*) clapoter

◆**slosh around** I. *vi* (*water*) clapoter; (*person*) barboter II. *vt* **to slosh sth around** répandre qc

sloshed *adj sl* bourré(e)

slot [slat] I. *n* 1. (*narrow opening*) fente *f* 2. COMPUT fenêtre *f* 3. TV tranche *f* horaire II. <-tt-> *vt* **to ~ sth in** insérer qc; **to ~ sth together** assembler III. <-tt-> *vi* **to ~ in** s'intégrer; **to ~ together** s'assembler

sloth [slɔθ] *n* 1. (*laziness*) paresse *f* 2. (*animal*) paresseux *m*

slothful *adj* paresseux(-euse)

slot machine *n* distributeur *m* automatique

slouch [slaʊtʃ] I. *vi* (*bend shoulders*) se tenir de travers II. *n* avachissement *m*

slough[1] [slu] *n* (*swamp, bog*) marécage *m*

slough[2] [slʌf] *vt* ZOOL muer

Slovak I. *adj* slovaque II. *n* 1. (*person*) Slovaque *mf* 2. LING slovaque *m; s.a.* **English**

Slovakia [sloʊ·'va·ki·ə] *n* la Slovaquie

Slovakian *s.* **Slovak**

Slovene I. *adj* slovène II. *n* 1. (*person*) Slovène *mf* **2.** LING slovène *m; s.a.* **English**

Slovenia [sloʊ·ˈvi·ni·ə] *n* la Slovénie

Slovenian *s.* **Slovene**

slovenly [ˈslʌv·ən·li] *adj* mal soigné(e); (*habits*) débraillé(e)

slow [sloʊ] **I.** *adj a. fig* lent(e); **to be ~ to** *+infin* être lent à *+infin;* **to be 10 minutes ~** (*clock, watch*) retarder de 10 minutes ▶ **~ and steady wins the race** *prov* rien ne sert de courir, il faut partir à point *prov* **II.** *vt, vi* ralentir ◆ **slow down** *vt, vi* ralentir

slowdown *n* ECON ralentissement *m*

slowly *adv* lentement; **~ but surely** lentement, mais sûrement

slow motion CINE **I.** *n* ralenti *m;* **in ~** au ralenti **II.** *adj* lent(e)

slow-moving *adj* qui se déplace lentement

slowness *n* **1.** (*lack of speed*) lenteur *f* **2.** (*lack of intelligence*) lourdeur *f*

slowpoke *n inf* lambin, -e *m, f*

slow train *n* omnibus *m*

slow-witted *adj* lent(e) d'esprit

slow worm *n* orvet *m*

SLR (camera) *n* PHOT *abbr of* **single-lens reflex (camera)** appareil *m* photo reflex

sludge [slʌdʒ] *n* **1.** (*sewage*) vidanges *fpl* **2.** (*oozy material*) vase *f*

slue [slu] **I.** *vt* faire pivoter **II.** *vi* pivoter

slug[1] [slʌg] *n* (*animal*) limace *f*

slug[2] [slʌg] **I.** *n* **1.** (*bullet*) balle *f* **2.** (*punch*) coup *m* violent **3.** *inf* (*large sip*) coup *m* **II.** <-gg-> *vt* (*hit*) tabasser; **to ~ it out** se tabasser

sluggard *n* paresseux(-euse)

sluggardly *adj* paresseusement

sluggish *adj* **1.** (*not active*) paresseux(-euse) **2.** FIN (*trading*) stagnant(e)

sluice [slus] **I.** *n* écluse *f* **II.** *vi* vanner; **to ~ out** laisser échapper **III.** *vt* **to ~ sth down** laver à grande eau

sluice gate *n* porte *f* d'écluse

sluiceway *n* canal *m* à vannes

slum [slʌm] **I.** *n* SOCIOL quartier *m* pauvre **II.** <-mm-> *vi inf* zoner **III.** <-mm-> *vt* **to ~ it** *iron* zoner

slumber [ˈslʌm·bər] **I.** *n* sommeil *m* **II.** *vi* dormir

slumlord *n* marchand(e) *m(f)* de sommeil

slump [slʌmp] **I.** *n* ECON **1.** (*sudden decline*) effondrement *m* **2.** (*recession*) crise *f;* **to be in a ~** être en crise **II.** *vi a.* FIN s'effondrer

slung [slʌŋ] *pt, pp of* **sling**

slunk [slʌŋk] *pt, pp of* **slink**

slur [slɜr] **I.** *n* insulte *f* **II.** <-rr-> *vt* (*pronounce unclearly*) mal articuler

slurp [slɜrp] **I.** *vt, vi* (*while drinking*) faire du bruit en buvant; (*while eating*) faire du bruit en mangeant **II.** *n* gorgée *f*

slush [slʌʃ] *n* **1.** (*melting snow*) neige *f* fondue **2.** *pej* LING sensiblerie *f*

slush fund *n* caisse *f* noire

slushy <-ier, -iest> *adj* **1.** (*melting*) détrempé(e) par la neige **2.** (*overly sentimental*) d'une sentimentalité excessive

slut [slʌt] *n pej* **1.** (*promiscuous*) salope *f* **2.** (*lazy*) cochonne *f*

sluttish, slutty *adj* <-ier, -iest> *pej* **1.** (*promiscuous*) de salope **2.** (*lazy*) de souillon

sly [slaɪ] *adj* <-ier *o* -er, -iest *o* -est> rusé(e); (*smile*) espiègle; (*humor*) coquin(e); **on the ~** en cachette

smack [smæk] **I.** *vt* **1.** (*slap*) frapper; **to ~ sb's bottom** donner une fessée à qn **2.** (*slap noisily*) claquer **II.** *n* **1.** *inf* (*slap*) claque *f;* **a ~ on the bottom** une fessée; **a ~ on the jaw of sb** une gifle sur la joue de qn **2.** *inf* (*noisy kiss*) smack *m;* **a ~ on the lips/cheek** un bisou sur la bouche/joue **3.** (*loud noise*) claquement *m* **III.** *adv* en plein; **~ in the middle** au beau milieu

smacker *n* **1.** (*loud kiss*) gros baiser *m* **2.** *sl* (*dollar*) dollar *m*

smacking *adj* vif(vive)

small [smɔl] **I.** *adj* **1.** (*not large*) petit(e); **to be too ~ for sb/sth** être trop petit pour qn/qc **2.** (*young*) petit(e) **3.** (*insignificant*) tout(e) petit(e); **to feel ~** se sentir tout petit; **to be no ~ matter** ne pas être une mince affaire; **~ wonder that ...** *iron* ce n'est guère étonnant que ... *+subj* **4.** (*on limited scale*) peu considérable; **in a ~ way** modestement **5.** TYP, LIT **a ~ letter** une minuscule; **with a ~ 'c'** avec un c minuscule ▶ **it's a ~ world!** *prov* le monde est petit *prov* **II.** *n* **the ~ of the back** la chute des reins

small ad *n* petite annonce *f*

small arms *npl* armes *fpl* portatives

small beer *n* **to be ~** avoir peu d'importance; **sth is ~ compared to sth** qc est insignifiant par rapport à qc

small business <-es> *n* petite entreprise *f*

small businessman *n* gérant, -e *m, f* d'une petite entreprise

small change *n* petite monnaie *f*

small fry *n inf* **1.** (*children*) gosses *mpl* **2.** *fig* (*unimportant person*) menu *m* fretin

small hours *npl* heures *fpl* matinales

small intestine *n* intestin *m* grêle

smallish [ˈsmɔ·lɪʃ] *adj* assez petit(e)

small-minded *adj* étroit(e) d'esprit

smallness *n* petitesse *f*

smallpox *n* variole *f*

small print *n* texte *m* en petits caractères; *s.a.* **fine print**

small-scale *adj* réduit(e)

small screen *n* petit écran *m*

small talk *n* bavardages *mpl* sans importance

smalltime *adj* insignifiant(e)

smarmy [ˈsmar·mi] <-ier, -iest> *adj pej* doucereux(-euse)

smart [smart] **I.** *adj* **1.** (*clever*) intelligent(e); **to make a ~ move** prendre une sage décision; **to be ~ with sb** *pej* faire le malin avec qn **2.** (*stylish*) élégant(e) **3.** (*quick*) vif(vive); **to do sth at a ~ pace** faire qc à un rythme soutenu **II.** *vi* (*graze*) brûler; (*eyes*) piquer **III.** *n*

1. (*pain*) douleur *f* cuisante **2.** *pl, sl* (*intelligence*) jugeote *f*

smart aleck *n inf*, **smart ass** *n pej, sl* petit(e) malin(e) *m(f)*

smart card *n* COMPUT carte *f* intelligente

smarten ['smar·tᵊn] **I.** *vt* **to ~ sth up** arranger qc; **to ~ oneself up** se faire beau **II.** *vi* **to ~ up** (*person*) se faire beau

smartness *n* habileté *f*

smart weapon *n* arme *f* intelligente

smash [smæʃ] **I.** *n* **1.** (*noise*) fracas *m* **2.** (*blow*) coup *m* **3.** (*collision*) accident *m* **4.** SPORTS smash *m* **5.** *inf* (*success*) gros succès *m* **II.** *vt* **1.** (*shatter*) briser; (*violently*) fracasser; **to ~ sth (in)to pieces** briser qc en morceaux, mettre qc en briques *Suisse* **2.** (*strike*) **to ~ sth against sth** heurter qc contre qc avec violence; **to ~ sb/sth through sth** lancer qn/qc au travers de qc avec violence; **to ~ the door open** enfoncer la porte **3.** (*destroy: opponent, army*) écraser **4.** SPORTS (*a record*) pulvériser; **to ~ the ball** faire un smash **5.** PHYS (*atom*) pulvériser **III.** *vi* **1.** (*shatter*) éclater; **to ~ into pieces** éclater en morceaux **2.** (*strike against*) se heurter violemment; **to ~ into/through sth** s'écraser violemment contre qc

◆**smash in** *vt* défoncer; **to smash sb's face in** casser la figure à qn

◆**smash up** *vt* démolir

smashed *adj inf* **1.** (*shattered*) défoncé(e) **2.** *sl* (*drunk*) bourré(e); **to get ~** se saouler

smash hit *n* gros succès *m*

smashing *adj inf* (*success*) énorme

smashup *n* destruction *f* complète

smattering ['smæţ·ᵊr·ɪŋ] *n* légère connaissance *f*

smear [smɪr] **I.** *vt* **1.** (*spread messily*) barbouiller; **to ~ sth with sth** enduire qc de qc **2.** (*destroy by criticizing: reputation, name*) salir **II.** *n* **1.** (*blotch*) tâche *f* **2.** (*public accusations*) diffamation *f*

smear campaign *n* campagne *f* calomnieuse

smear test *n* MED frottis *m*

smeary *adj* tâché(e)

smell [smel] <-ed *o* smelt, -ed *o* smelt> **I.** *n* **1.** (*sense of smell*) odorat *m* **2.** (*odor*) odeur *f*; **the ~ of roses** le parfum des roses **3.** (*bad odor*) puanteur *f* **4.** (*sniff*) **to take** [*o* **have**] **a ~ of sth** sentir qc ▶**the (sweet) ~ of <u>success</u>** la griserie du succès **II.** *vi* **1.** (*sniff*) sentir **2.** (*give off odor*) sentir; **sweet-~ing** qui sent bon; **to ~ of sth** sentir qc **3.** *pej* (*have bad smell*) sentir mauvais; **to ~ of money** *fig* puer le fric **III.** *vt a. fig* sentir ▶**to ~ sth a <u>mile</u> away** flairer qc à des kilomètres; **to ~ a <u>rat</u>** se douter de qc

◆**smell out** *vt a. fig* flairer

smelling salts *npl* MED sels *mpl* anglais

smelly ['smel·i] <-ier, -iest> *adj pej* malodorant(e)

smelt[1] [smelt] *pt, pp of* **smell**

smelt[2] [smelt] *vt* (*metal*) fondre

smelt[3] [smelt] <-(s)> *n* ZOOL éperlan *m*

smile [smaɪl] **I.** *n* sourire *m*; **to give sb a ~** adresser un sourire à qn; **to be all ~s** être tout sourire **II.** *vi* **1.** (*produce smile*) sourire; **to ~ at sb** sourire à qn; **to ~ in the face of adversity** garder le sourire **2.** (*approve*) **to ~ on sb/sth** sourire à qn/qc **III.** *vt* sourire; **to ~ a sad smile** avoir un sourire triste

smiley ['smaɪ·li] *n* COMPUT smiley *m*, frimousse *f Québec*

smiling *adj* souriant(e)

smirch [smɜrtʃ] *vt s.* **besmirch**

smirk [smɜrk] **I.** *n* petit sourire *m* de supériorité **II.** *vi* sourire d'un air moqueur

smite [smaɪt] <smote, smitten *o* smote> *vt form* frapper

smith [smɪθ] *n* forgeron *m*

smithereens [ˌsmɪð·ə·'rinz] *npl inf* **to smash sth to ~** réduire qc en éclats

smithy ['smɪθ·i] <-ies> *n* forgeron *m*

smitten ['smɪt·ᵊn] **I.** *adj* (*in love*) **to be ~ with sb/sth** être épris de qn/qc **II.** *pp of* **smite**

smock [smak] *n* blouse *f*

smocking *n* smocks *mpl*

smog [smɔg] *n* smog *m*

smoke [smoʊk] **I.** *n* **1.** (*dirty air*) fumée *f* **2.** *inf* (*cigarette*) cigarette *f* ▶**where there's ~, there's <u>fire</u>** *prov* il n'y a pas de fumée sans feu *prov*; **to vanish in a <u>puff</u> of ~** disparaître dans un nuage de fumée; **to <u>go</u> up in ~** partir en fumée **II.** *vt* **1.** (*use tobacco*) fumer **2.** (*cure: meat, sausage*) fumer **III.** *vi* fumer

◆**smoke out** *vt* enfumer

smoke bomb *n* bombe *f* fumigène

smoked *adj* fumé(e)

smoke detector *n* détecteur *m* de fumée

smoked salmon *n* saumon *m* fumé

smokeless *adj* sans fumée

smoker *n* **1.** (*person*) fumeur, -euse *m, f*; **heavy ~** gros fumeur **2.** (*in train*) compartiment *m* fumeur **3.** (*device*) fumeur *m*

smoke screen *n* **1.** MIL écran *m* de fumée **2.** (*concealment*) rideau *m* de fumée

smoke signal *n* signal *m* de fumée

smokestack *n* cheminée *f*

smoking *n* tabagisme *m*; **to quit ~** arrêter la cigarette

smoking car *n* RAIL compartiment *m* fumeur

smoking jacket *n* veste *f* d'intérieur

smoking room *n* fumoir *m*

smoky ['smoʊ·ki] <-ier, -iest> *adj* **1.** (*filled with smoke*) enfumé(e) **2.** (*producing smoke*) qui fume **3.** (*appearing smoke-like*) noirci(e) par la fumée **4.** (*tasting of smoke*) qui a un goût de fumée

smolder ['smoʊl·dər] *vi* **1.** (*burn slowly*) brûler lentement sans flamme **2.** *fig* (*be in repressed state*) consumer

smooch [smutʃ] **I.** *n* **to have a ~** se bécoter **II.** *vi* se bécoter

smooth [smuð] **I.** *adj* **1.** (*not rough*) lisse; (*skin*) doux(douce); **as ~ as silk** doux comme de la soie **2.** (*well-mixed, not lumpy*) homogène **3.** (*calm: sea, ride*) calme **4.** (*without problems*) sans problèmes; (*flight*) calme **5.** (*not harsh: wine, brandy*) moelleux(-euse) **6.** (*polished*) doux(douce); **to be a ~ talker** être un beau parleur **II.** *vt* **1.** (*make smooth*) lisser; (*sheet*) défroisser **2.** (*rub even*) égaliser **3.** (*make less difficult*) **to ~ the way for sb** faciliter les choses pour qn; **to ~ the path to sth** ouvrir la voie vers qc

◆**smooth down** *vt* lisser

◆**smooth out** *vt* **1.** (*give even surface to: paper*) défroisser **2.** *fig* faire disparaître

◆**smooth over** *vt* aplanir

smoothie *n* **1.** (*juice drink*) *cocktail non alcoolisé à base de fruits, de jus de fruit, de yaourt et servi avec des glaçons* **2.** *pej* charmeur, -euse *m, f*

smoothness *n* **1.** (*evenness*) égalité *f* **2.** (*lack of difficulty*) bon fonctionnement *m* **3.** (*pleasant taste, texture*) douceur *f*

smooth-tongued *adj pej* doucereux(-euse)

smoothy *n s.* **smoothie**

smother ['smʌð·ər] *vt* **1.** (*suffocate*) étouffer **2.** (*suppress*) réprimer; *fig* cacher **3.** CULIN (*cover with*) recouvrir de

smudge [smʌdʒ] **I.** *n* tâche *f* **II.** *vt* **1.** (*smear*) barbouiller **2.** (*make dirty*) souiller **III.** *vi* s'étaler

smudge pot *n appareil produisant de la fumée pour protéger les vergers du gel*

smudge-proof *adj* (*lipstick*) qui ne tâche pas

smudgy ['smʌdʒ·i] <-ier, -iest> *adj* sali(e)

smug [smʌg] <-gg-> *adj* suffisant(e)

smuggle ['smʌg·l] *vt* LAW faire passer

smuggler *n* contrebandier, -ère *m, f*

smuggling *n* contrebande *f*

smut [smʌt] *n* **1.** (*air-borne dirt*) parcelle *f* de suie **2.** (*stain from dirt*) tâche *f* de suie **3.** *pej* (*obscenity*) cochonneries *fpl*

smutty <-ier, -iest> *adj* grossier(-ère)

snack [snæk] **I.** *n* casse-croûte *m;* **to have a ~** casser la croûte **II.** *vi* grignoter

snack bar *n* snack-bar *m,* casse-croûte *m Québec*

snag [snæg] **I.** *n* **1.** (*damage to fabric*) accroc *m* **2.** *fig* (*problem*) obstacle *m* caché; **there's a ~** il y a un hic **II.** <-gg-> *vt* **1.** (*catch and pull*) faire un accroc **2.** (*cause problems*) causer des problèmes **3.** *inf* (*catch*) saisir; **to ~ sb doing sth** choper qn en train de faire qc **III.** <-gg-> *vi* **to ~ on sth** accrocher à qc

snail [sneɪl] *n* escargot *m;* **at a ~'s pace** à la vitesse d'un escargot

snail mail *n* COMPUT courrier *m* postal

snail shell *n* coquille *f* d'escargot

snake [sneɪk] **I.** *n* serpent *m* ▶**a ~ in the grass** *pej* un faux jeton **II.** *vi* serpenter

snake bite *n* morsure *f* de serpent

snake charmer *n* charmeur, -euse *m, f* de serpent

snake poison *n* venin *m* de serpent

snakeskin *n* peau *f* de serpent

snake venom *s.* **snake poison**

snaky <-ier, -iest> *adj* sinueux(-euse)

snap [snæp] **I.** *n* **1.** (*sound*) claquement *m;* **with a ~ of the fingers** en claquant des doigts **2.** (*photograph*) instantané *m* **3.** (*for fastening clothes*) bouton-pression *m* **4.** METEO **a cold ~** une vague de froid ▶**in a ~** en un clin d'œil **II.** <-pp-> *vt* **1.** (*break in two*) casser; (*a ruler*) briser; **to ~ sth off** [*o* **to ~ off sth**] arracher qc **2.** (*make snapping sound*) faire claquer; **to ~ one's fingers** faire claquer ses doigts; **to ~ sth shut** fermer qc brusquement **3.** (*photograph*) prendre; **to ~ sb doing sth** prendre qn en photo en train de faire qc **4.** (*say sharply*) dire sèchement ▶**to ~ one's fingers at sb** narguer qn; **to ~ sb's head off** rembarrer vivement qn **III.** <-pp-> *vi* **1.** (*make sound*) claquer **2.** (*break suddenly*) se casser **3.** (*spring into position*) **to ~ back** revenir brusquement; **to ~ shut** se fermer avec un bruit sec **4.** (*bite*) **to ~ at sb/sth** essayer de mordre qn/happer qc **5.** (*speak sharply*) parler sèchement; **to ~ at sb** s'adresser à qn d'un ton sec; **to ~ (back) that ...** répliquer sèchement que ... ▶**~ to it!** la ferme! **IV.** *adj* hâtif(-ive)

◆**snap out I.** *vt* (*order*) donner d'un ton sec **II.** *vi inf* **~ of it!** secoue-toi!

◆**snap up** *vt* **1.** (*seize*) saisir **2.** (*buy*) rafler

snapdragon ['snæp·ˌdræg·ən] *n* gueule-de-loup *f*

snappish *adj* hargneux(-euse)

snappy <-ier, -iest> *adj* **1.** *inf* FASHION (*smart*) chic *inv* **2.** (*quick*) vif(vive); **to make it ~** (*hurry up*) se dépêcher **3.** (*energetic*) dynamique

snare [sner] **I.** *n* **1.** (*animal trap*) lacet *m* **2.** (*pitfall*) collet *m* **II.** *vt* **1.** (*catch animal*) prendre au filet **2.** (*capture*) prendre au piège

snarl[1] [snarl] **I.** *n* **1.** (*growl*) grognement *m;* (*by person*) grondement *m* **2.** (*sound*) ronronnement *m* **II.** *vi* grogner; **to ~ at sb** gronder contre qn

snarl[2] [snarl] **I.** *n* **1.** (*in hair*) enchevêtrement *m* **2.** (*traffic jam*) embouteillage *m* **II.** *vi* (*become tangled*) s'emmêler

◆**snarl up** *vi* bouchonner

snarl-up *n* bouchon *m*

snatch [snætʃ] **I.** <-es> *n* **1.** (*sudden grab*) mouvement *m* vif **2.** (*theft*) vol *m* à l'arraché **3.** (*fragment*) fragment *m;* (*of conversation*) bribe *f;* (*of time*) courte période *f;* **a few ~es of music** quelques notes *fpl* de musique; **to do sth in ~es** faire qc par intervalles **4.** *vulg* (*vulva*) chatte *f* **II.** *vt* **1.** (*grab quickly*) saisir; **to ~ sth out of sb's hand** arracher qc de la main de qn **2.** (*steal*) voler **3.** (*kidnap*) kidnapper **4.** (*take advantage of*) saisir **5.** SPORTS arracher de justesse **III.** *vi* saisir brusquement; **to ~ at sth** essayer de saisir qc; **to ~ at an opportunity** saisir une occasion

◆**snatch away** *vt* arracher; **to snatch sth away from sb** arracher qc des mains de qn

◆**snatch up** *vt* ramasser vivement

snatchy *adj* spasmodique

snazzy ['snæz·i] <-ier, -iest> *adj inf* chouette

sneak [snik] **I.** <-ed *o* snuck, -ed *o* snuck> *vi* (*move stealthily*) se déplacer furtivement; **to ~ somewhere** se glisser quelque part; **to ~ in/out** entrer/sortir furtivement **II.** <-ed *o* snuck, -ed *o* snuck> *vt* **to ~ sb/sth in/out** faire entrer/sortir qn/qc furtivement; **to ~ a look at sb/sth** glisser un œil vers qn/qc **III.** *n* filou *m*

sneakers *n pl* baskets *fpl*, espadrilles *fpl Québec*

sneaking *adj* vague

sneak preview *n* avant-première *f*

sneak thief *n* chipeur, -euse *m, f*

sneaky <-ier, -iest> *adj* sournois(e)

sneer [snɪr] **I.** *n* sourire *m* de mépris **II.** *vi* **1.** (*make grimace*) sourire d'un air moqueur **2.** (*mock*) ricaner; **to ~ at sb** se moquer de qn

sneering *adj* sarcastique

sneeze [sniz] **I.** *n* éternuement *m* **II.** *vi* éternuer ▶ **not to be ~d at** ne pas être à dédaigner

snicker ['snɪk·ər] **I.** *n* ricanement *m* **II.** *vi* ricaner

snide [snaɪd] *adj* sarcastique

sniff [snɪf] **I.** *n* reniflement *m;* **a ~ of disgust** une grimace de dégoût; **to catch a ~ of sth** sentir qc **II.** *vi* **1.** (*inhale sharply*) renifler **2.** (*show disdain*) renifler avec dédain; **to ~ at sth** dédaigner qc **III.** *vt* renifler
◆ **sniff out** *vt* **1.** (*locate by smelling*) détecter **2.** *fig* (*discover*) déterrer

sniff dog *n* chien *m* renifleur

sniffle ['snɪf·l] **I.** *vi* pleurnicher **II.** *n* **1.** (*crying*) pleurnicherie *f* **2.** MED rhume *m;* **to have the ~s** avoir un rhume

snifter ['snɪf·tər] *n* **1.** (*brandy glass*) goutte *f* **2.** *sl* (*small drink of alcohol*) petit verre *m*

snigger ['snɪg·ər] *s.* **snicker**

snip [snɪp] **I.** *n* **1.** (*cut*) entaille *f;* **to give sth a ~** donner un coup de ciseaux à qc **2.** (*small piece: of cloth*) bout *m;* (*of information*) bribe *f* **II.** *vt* couper

snipe [snaɪp] **I.** *vi a. fig* MIL tirer; **to be ~d** être abattu **II.** <-(s)> *n* bécassine *f*

sniper *n* MIL tireur *m* embusqué, sniper *m;* **~ fire** tir *m* d'embuscade

snippet ['snɪp·ɪt] *n* **1.** (*small piece: of cloth, paper*) bout *m* **2.** *fig* (*of gossip, information, knowledge*) bribes *fpl* **3.** LIT (*extract*) extrait *m*

snitch [snɪtʃ] *sl* **I.** *vt* (*steal*) chaparder **II.** *vi* (*tell a secret*) moucharder **III.** <-es> *n* **1.** (*thief*) voleur, -euse *m, f* **2.** (*informer*) mouchard(e) *m(f)*

snivel ['snɪv·əl] **I.** <-l- *o* -ll-> *vi* **1.** (*have the sniffles*) renifler **2.** (*whine*) pleurnicher **II.** *n* pleurnicheries *fpl*

snivel(l)ing **I.** *n* pleurnicheries *fpl* **II.** *adj* pleurnicheur(-euse)

snob [snab] *n* snob *mf*

snobbery ['sna·bər·i] <-ies> *n* snobisme *m*

snobbish <more, most> *adj* snob

snooker ['snʊk·ər] **I.** *n* GAMES snooker *m* **II.** *vt sl* **1.** *fig* (*in difficulty*) **to be ~ed** être coincé **2.** (*trick*) avoir **3.** GAMES (*block*) faire un snooker à

snoop [snup] **I.** *n* **1.** (*investigative search*) coup *m* d'œil; **to have a ~ (around)** jeter un coup d'œil **2.** (*person*) fouineur, -euse *m, f* **II.** *vi* **1.** (*examine without permission*) fouiller **2.** (*look around*) **to ~ around** fouiner

snooper *n inf* fouineur, -euse *m, f*

snooty ['snu·t̬i] <-ier, -iest> *adj inf* snobinard(e)

snooze [snuz] *inf* **I.** *vi* faire un somme **II.** *n* petit somme *m;* **to have a ~** faire un (petit) somme

snooze button *n* bouton *m* de rappel

snore [snɔr] MED **I.** *vi* ronfler **II.** *n* ronflement *m*

snorer *n* ronfleur, -euse *m, f*

snorkel ['snɔr·kəl] SPORTS **I.** *n* tuba *m* **II.** <-l- *o* -ll-> *vi* faire de la plongée avec un tuba

snort [snɔrt] **I.** *vi* **1.** (*make sudden sound*) grogner; (*horse*) s'ébrouer; **to ~ with anger** grogner de colère; **to ~ with laughter** pouffer de rire **2.** *sl* (*sniff drugs*) sniffer **II.** *vt* **1.** *sl* (*drugs*) sniffer **2.** (*say with disapproval*) ronchonner **III.** *n* **1.** (*noise*) grognement *m;* **to give a ~** grogner **2.** *sl* (*small drink*) petit coup *m*

snot [snat] *n vulg* (*mucus*) morve *f*

snot rag *n vulg* tire-jus *m*

snotty <-ier, -iest> *adj vulg* **1.** (*full of mucus: person, face*) morveux(-euse); (*handkerchief, tissue*) sale; (*nose*) qui coule **2.** *sl* (*rude: kid, teenager*) morveux(-euse); (*answer, look, attitude*) arrogant(e)

snout [snaʊt] *n* **1.** BIO museau *m;* (*of a pig*) groin *m* **2.** *sl* ANAT pif *m*

snow [snoʊ] **I.** *n* **1.** METEO neige *f;* **in the ~** dans la neige; **as white as ~** blanc(he) comme neige **2.** TV (*static*) neige *f* **3.** *sl* (*cocaine*) neige *f* **II.** *vi* neiger **III.** *vt sl* embobiner; **to ~ sb into believing sth** faire croire qc à qn
◆ **snow in** *vt* **to be snowed in** être bloqué par la neige
◆ **snow under** *vt* **to be snowed under with sth** être submergé de qc

snowball **I.** *n* boule *f* de neige **II.** *vi* lancer des boules de neige; *fig* faire boule de neige

snowball effect *n* effet *m* boule de neige

snow-blind *adj* aveuglé(e) par la neige

snow blindness *n* cécité *f* des neiges

snowboard **I.** *n* snowboard *m* **II.** *vi* faire du snowboard

snowbound *adj* bloqué(e) par la neige

snow cannon *n* canon *m* à neige

snowcapped *adj* enneigé(e)

snowcat *n* autoneige *f*

snow chains *npl* AUTO chaînes *fpl* à neige

snowdrift *n* congère *f*, banc *m* de neige *Québec,* menée *f Suisse*

snowdrop *n* perce-neige *m*

snowfall *n* METEO chute *f* de neige

snowfield *n* GEO, METEO champ *m* de neige

snowflake *n* flocon *m* de neige

snow line *n* neiges *fpl* éternelles

S

snowman *n* bonhomme *m* de neige; **the abominable ~** l'abominable homme *m* des neiges
snowmobile *n* motoneige *m*
snowplow *n* chasse-neige *m*
snowshoe I. *n* raquette *f* II. *vi* se déplacer avec des raquettes
snowstorm *n* tempête *f* de neige
snowsuit *n* combinaison *f* de ski
snow tire *n* AUTO pneu *m* neige
Snow White *n* Blanche-Neige *f*
snow-white *adj* blanc(he) comme neige
snowy <-ier, -iest> *adj* 1. METEO (*typically with snow: region, country*) neigeux(-euse) 2. (*covered with snow: street, highway, field*) enneigé(e) 3. (*with much snow: day, winter*) de neige; (*month, season*) des neiges 4. ART (*pure white*) blanc(he) comme neige
snub [snʌb] I. <-bb-> *vt* snober II. *n* rebuffade *f*
snuff [snʌf] I. *n* tabac *m* à priser; **to take ~** priser II. *vt* **to ~ sth out** (*candle, fire, cigarette*) éteindre qc; (*life*) mettre fin à qc
snuff box *n* tabatière *f*
snuffle ['snʌf·l] I. *vi* 1. (*sniff*) renifler 2. (*speak nasally*) nasiller II. *n* 1. (*runny nose*) rhume *m;* **to have (a case of) the ~s** avoir un rhume 2. (*breathing through nose*) reniflement *m*
snug [snʌg] *adj* <-gg-> 1. (*cozy*) confortable 2. (*warm*) douillet(te) 3. FASHION (*tight*) ajusté(e) 4. (*adequate: income, wage*) confortable ►**to be** [*o* **feel**] **~ as a bug in a rug** être confortablement installé
snuggle ['snʌg·l] I. *vi* se blottir II. *vt* blottir
so [soʊ] I. *adv* 1. (*in same way*) ainsi; **~ to speak** pour ainsi dire 2. (*also*) **~ did/do/have/am I** moi aussi; **~ I did** c'est ce que j'ai fait 3. (*like that*) **~ they say** c'est ce qu'on dit; **is that ~?** vraiment?; **I hope/think ~** je l'espère/le pense 4. (*to such degree*) tellement; **I ~ love him** je l'aime tellement; **~ late** si tard; **~ many books** tant de livres; **not ~ ugly as that** pas aussi laid que cela; **to be ~ kind as to** +*infin* avoir la gentillesse de +*infin* 5. (*as a result*) **~ that he did sth** de sorte [*o* si bien] qu'il a fait qc ►**~ long!** à un de ces jours!; **~ long as** (*if*) dans la mesure où; **~ long as I'm there** tant que je suis là; **and ~ on** [*o* **forth**] et ainsi de suite; **or ~** à peu près; *s.a.* **far, much, many** II. *conj* 1. (*therefore*) donc 2. (*in order that*) **~ ...** pour ... +*infin;* **~ that ...** pour que ... +*subj;* **I bought the book ~ that I could/he would read it** j'ai acheté le livre pour le lire/afin qu'il le lise 3. (*summing up*) alors; **~ what?** et alors?; **~ now, ...** et maintenant,...; **~, I was saying ...** j'étais donc en train de dire ...; **~ (then) he told me ...** et alors il m'a dit ...; **~ that's why!** ah! c'est pour ça!
soak [soʊk] I. *n* 1. (*time under water*) immersion *f;* **to give sth a ~** faire tremper qc 2. *sl* (*heavy drinker*) poivrot(e) *m(f)* II. *vt* 1. CULIN (*set in water*) faire tremper 2. (*make wet*) tremper 3. *sl* (*overcharge*) faire casquer III. *vi* 1. (*let sit in water: beans, peas*) tremper; **to leave sth to ~** laisser qc tremper 2. *sl* (*drink heavily*) boire comme un trou
◆**soak in** I. *vi* 1. (*become absorbed*) pénétrer 2. (*become understood*) piger *inf* II. *vt a. fig* s'imprégner de qc
◆**soak off** *vt* faire partir en laissant tremper
◆**soak up** *vt a. fig* absorber; (*the atmosphere*) s'imprégner de
soaking I. *n* trempage *m;* **to give sth a ~** laisser tremper qc; **to get a ~** se faire tremper II. *adj* **~ (wet)** trempé(e)
so-and-so *n inf* type *m;* **Mr./Mrs. ~** M./Mme Untel
soap [soʊp] I. *n* 1. (*for washing*) savon *m;* **a bar/piece of ~** une savonnette 2. TV (*soap opera*) feuilleton *m* ►**soft ~** *inf* flatteries *fpl* II. *vt* savonner
soapbox *n a. fig* tribune *f*
soap bubble *n a. fig* bulle *f* de savon
soap dispenser *n* distributeur *m* de savon (liquide)
soap opera *n* TV soap-opéra *m*
soapy ['soʊp·i] <-ier, -iest> *adj* 1. (*full of lather*) savonneux(-euse) 2. (*like soap*) de savon; **to taste ~** avoir un goût de savon; **to smell ~** sentir le savon 3. *pej, sl* (*flattering: manner, smile*) mielleux(-euse)
soar [sɔr] *vi* 1. (*rise*) *a. fig* s'élever 2. (*increase drastically: temperature, prices*) monter en flèche 3. AVIAT, ZOOL (*glide: bird, glider*) planer
soaring *adj* 1. (*increasing: prices*) qui monte en flèche 2. (*gliding: flight*) plané(e)
sob [sab] I. *n* sanglot *m* II. <-bb-> *vi* sangloter III. <-bb-> *vt* dire en sanglotant; **to ~ oneself to sleep** s'endormir en sanglotant
sober ['soʊ·bər] I. *adj* 1. CULIN (*not drunk*) sobre 2. (*serious: mood*) sérieux(-euse) 3. (*calm*) calme 4. (*moderate: person*) posé(e) 5. (*plain: clothes, color*) sobre 6. (*simple: truth*) simple II. *vt* calmer III. *vi* se calmer
◆**sober up** I. *vi* 1. (*become less drunk*) se dégriser 2. (*become serious*) se calmer II. *vt* 1. (*make less drunk*) dégriser 2. (*make serious*) calmer
soberness *n* 1. (*not drunkenness*) sobriété *f* 2. (*seriousness*) sérieux *m* 3. FASHION (*plainness*) sobriété *f*
sobriety [sə·'braɪ·ə·t̬i] *n* sobriété *f*
sobriquet ['soʊ·brɪ·keɪ] *n* sobriquet *m*
sob story *n* histoire *f* à faire pleurer; **to tell sb a ~** chercher à faire pleurer qn
so-called *adj* soi-disant(e)
soccer ['sa·kər] *n* football *m*
soccer player *n* joueur, -euse *m, f* de football
sociability [ˌsoʊ·ʃə·'bɪl·ə·t̬i] *n* sociabilité *f*
sociable ['soʊ·ʃə·bl] *adj* 1. (*fond of mixing socially*) sociable; **to not feel very ~** ne pas être d'humeur à côtoyer du monde 2. (*friendly*) amical(e); **to do sth just to be ~** faire qc par politesse
social ['soʊ·ʃəl] SOCIOL I. *adj* social(e) II. *n* soirée *f*

social democrat *n* POL social-démocrate *mf*

socialism ['soʊ·ʃᵊl·ɪ·zᵊm] *n* socialisme *m*

socialist *n* POL socialiste *mf*

socialite ['soʊ·ʃə·laɪt] *n* mondain(e) *m(f)*

socialization *n* socialisation *f*

socialize ['soʊ·ʃə·laɪz] **I.** *vi* **1.** SOCIOL (*have human contact*) fréquenter des gens **2.** *fig* (*talk: student*) bavarder **II.** *vt* socialiser

social science *n* science *f* sociale

social security *n* **1.** (*government agency*) sécurité *f* sociale **2.** (*social security tax*) cotisations *fpl* sociales **3.** (*social security payment*) allocations *fpl* de retraite; ~ **card** carte *f* d'assuré social

social services *n* services *mpl* sociaux

social studies *n* sciences *fpl* sociales

social work *n* assistance *f* sociale

social worker *n* assistant(e) *m(f)* social(e)

society [sə·'saɪ·ə·ṭi] *n* société *f*

sociocultural [ˌsoʊ·si·oʊ·'kʌl·tʃᵊr·əl] *adj* socioculturel(le)

socio-economic [ˌsoʊ·si·oʊ·ˌek·ə·'na·mɪk] *adj* socioéconomique

sociological *adj* sociologique

sociologist *n* sociologue *mf*

sociology [ˌsoʊ·si·'a·lə·dʒi] *n* sociologie *f*

sociopath ['soʊ·si·ə·pæθ] *n* asocial(e) *m(f)*

sociopolitical *adj* sociopolitique

sock[1] [sak] <-s *o* sox> *n* (*for foot*) chaussette *f*; **ankle ~s** socquettes *fpl*; **a knee ~** un mi-bas ▶ **to knock sb's ~s off** *inf* épater qn; **put a ~ in it!** *inf* la ferme!

sock[2] [sak] *inf* **I.** *vt* **1.** (*hit*) mettre une beigne à; **to ~ sb in the jaw** mettre son poing dans la gueule de qn; **to ~ sb in the eye** mettre un coquard à qn **2.** *fig* **to be ~ed with sth** être sonné par qc **II.** *n* beigne *f*; **to give sb a ~** flanquer une beigne à qn

socket ['sa·kɪt] *n* **1.** (*energy source*) prise *f* de courant; (*for light bulb*) douille *f* **2.** (*cavity*) cavité *f*

sod [sad] *n* BOT, AGR gazon *m*

soda ['soʊ·də] *n* CULIN **1.** (*seltzer*) eau *f* de Seltz **2.** (*soft drink*) soda *m* **3.** (*sodium*) soude *f*

soda bread *n* pain *m* levé

soda water *n* eau *f* de Seltz

sodden ['sa·dᵊn] *adj* **1.** (*soaked*) trempé(e); (*field*) détrempé(e) **2.** (*drunk*) **to be ~ with alcohol** être imbibé d'alcool

sodium ['soʊ·di·əm] *n* sodium *m*

sodium bicarbonate *n* bicarbonate *m* de soude

sodomy ['sa·də·mi] *n* sodomie *f*

sofa ['soʊ·fə] *n* sofa *m*

sofa bed *n* canapé-lit *m*

soft [saft] *adj* **1.** (*not hard: ground, sand*) mou(molle); (*pillow, chair*) mœlleux(-euse); (*wood, rock*) tendre; (*contact lenses*) souple **2.** (*melted: ice cream, butter*) ramolli(e) **3.** (*smooth: cloth, skin, hair*) doux(douce); (*leather*) souple; **~ as silk** doux comme de la soie; **a ~ landing** un atterrissage en douceur; **~ to the touch** doux au toucher **4.** (*weak: muscles*) mou(molle) **5.** (*mild: climate, drug*) doux(douce) **6.** (*not glaring: color, light*) doux(douce); (*blue*) tendre **7.** (*quiet: music, sound, words*) doux(douce) **8.** (*lenient*) indulgent(e); (*heart*) tendre; **to be ~ on sb/sth** se montrer indulgent envers qn/qc **9.** (*easy*) facile **10.** (*not refined: outline, plan*) flou(e) ▶ **to be ~ in the <u>head</u>** *pej* être débile; **to have a ~ <u>spot</u> for sb** avoir un faible pour qn; **to be ~ <u>on</u> sb** être amouraché de qn; **to be a ~ <u>touch</u>** être bonne poire

soft-boiled *adj* CULIN (*egg*) mollet

soft drink *n* boisson *f* non alcoolisée

soften I. *vi* **1.** (*let get soft: butter, ice cream*) se ramollir; (*skin, color*) s'adoucir; (*leather*) s'assouplir **2.** (*become less severe*) s'attendrir **II.** *vt* **1.** (*make soft: butter, margarine*) ramollir; (*skin*) adoucir; (*leather*) assouplir **2.** (*make more pleasant: a sound, color*) adoucir **3.** (*make emotional*) attendrir **4.** (*make easier to bear: pain, effect, anger*) atténuer; (*blow*) amortir

◆ **soften up I.** *vt* **1.** (*make softer*) ramollir **2.** (*persuade*) amadouer **3.** MIL (*weaken*) amoindrir **II.** *vi* se ramollir

softener *n* **1.** (*softening agent*) adoucissant *m* **2.** (*mineral reducer*) adoucisseur *m*

softening I. *n* **1.** (*reduction of hardness*) ramollissement *m*; (*of person*) attendrissement *m*; (*of clothes, attitude, voice*) adoucissement *m*; (*of leather*) assouplissement *m* **2.** (*reduction of glare: color, light, contrast*) atténuation *f* **II.** *adj* adoucissant(e)

softheaded *adj* bête

softhearted *adj* au cœur tendre

softie *n s.* **softy**

softly *adv* doucement

softness *n* **1.** (*not hardness*) mollesse *f* **2.** (*smoothness: of skin, material, climate*) douceur *f*; (*of leather*) souplesse *f* **3.** (*not glare: of light, outline*) douceur *f* **4.** (*weakness: of character*) mollesse *f*

soft pedal *n* MUS pédale *f* douce

soft-pedal <-l- *o* -ll-> **I.** *vi* MUS mettre la pédale douce **II.** *vt fig* **to ~ sth** y aller doucement avec qc

soft porn *n* film *m* érotique

soft soap *inf* **I.** *n* lèche-botte *mf* **II.** *vt* lécher les bottes à

soft-spoken *adj* à la voix douce

software ['saf(t)·wer] *n* COMPUT logiciel *m*

softwood ['saf(t)·wʊd] *n* **1.** (*wood*) bois *m* résineux **2.** (*tree*) résineux *m*

softy ['saf·ti] <-ies> *n inf* cœur *m* d'artichaut

soggy ['sa·gi] <-ier, -iest> *adj* **1.** (*wet and soft*) trempé(e); (*field, ground*) détrempé(e) **2.** (*rainy: weather, atmosphere*) lourd(e) **3.** (*mushy*) ramolli(e); **to go ~** se ramollir

soil[1] [sɔɪl] **I.** *vt form* **1.** (*make dirty*) souiller; (*clothing*) salir **2.** *fig* (*ruin: reputation*) entacher **II.** *vi* se salir

soil[2] [sɔɪl] *n a. fig* AGR, BOT sol *m*

S

soirée, soiree [swa·ˈreɪ] *n a. iron* soirée *f*
solace [ˈsa·lɪs] **I.** *n* consolation *f* **II.** *vt* consoler
solar [ˈsoʊ·lər] *adj* solaire; (*car*) à énergie solaire; (*light*) du soleil
solar battery *n* ECOL, ELEC pile *f* solaire
solar cell *n* ECOL, ELEC pile *f* solaire
solar eclipse *n* ASTR éclipse *f* du soleil
solar energy *n* ECOL, ELEC énergie *f* solaire
solar heating *n* ECOL, ELEC chauffage *m* à l'énergie solaire
solarium [soʊ·ˈler·i·əm] <-ria *o* -s> *n* solarium *m*
solar panel *n* panneau *m* solaire
solar power *n* énergie *f* solaire
solar power station *n* centrale *f* électrique solaire
solar radiation *n* radiation *f* solaire
solar system *n* système *m* solaire
sold [soʊld] *pt, pp of* **sell**
solder [ˈsa·dər] **I.** *vt* souder **II.** *n* soudure *f*
soldering iron *n* fer *m* à souder
soldier [ˈsoʊl·dʒər] MIL **I.** *n a. fig* soldat *m* **II.** *vi* servir dans l'armée
sold-out *adj* (*book, products*) épuisé(e); (*concert*) complet(-ète)
sole[1] [soʊl] *adj* **1.** (*only*) unique **2.** (*exclusive: right*) exclusif(-ive)
sole[2] [soʊl] *n* (*of foot*) plante *f* du pied; (*of shoe*) semelle *f*
sole[3] [soʊl] *n* (*fish*) sole *f*
solecism [ˈsa·lə·sɪ·zᵊm] *n form* **1.** LING (*mistake*) solécisme *m* **2.** *fig* (*faux pas*) bévue *f*
solely [ˈsoʊ·li] *adv* uniquement
solemn [ˈsa·ləm] *adj* solennel(le)
solemnity [sə·ˈlem·nə·t̬i] *n* solennité *f*
solemnize [ˈsa·ləm·naɪz] *vt form* célébrer
sol-fa [ˌsoʊl·ˈfa] *n* MUS solfège *m*
solicit [sə·ˈlɪs·ɪt] *vt* **1.** (*ask for*) solliciter **2.** (*prostitute*) racoler
soliciting *n* LAW racolage *m*
solicitor *n* **1.** POL (*lawyer for city*) ≈ juriste *mf* **2.** *Can* LAW (*lawyer*) avocat(e) *m(f)*
solicitous *adj form* soucieux(-euse)
solicitude [sə·ˈlɪs·ɪ·tud] *n form* sollicitude *f*
solid [ˈsa·lɪd] **I.** *adj* **1.** (*strong, hard, stable*) solide; **to be ~ as a rock** solide comme un roc **2.** (*not hollow*) plein(e); (*silver, gold*) massif(-ive); (*crowd, mass*) compact(e) **3.** (*not liquid*) solide **4.** (*true: facts, reasons, meal*) solide **5.** (*without interruption*) sans interruption; (*wall, line*) continu(e); **four ~ hours** quatre heures d'affilée **6.** (*unanimous: approval*) unanime **7.** *fig* (*healthy, reliable: boy, democrat, relationship*) solide **II.** *adv* **1.** (*completely*) complètement **2.** (*continuously*) d'affilée **III.** *n* **1.** (*solid object, substance*) solide *m* **2.** *pl* CULIN aliments *mpl* solides
solidarity [ˌsa·lə·ˈder·ə·t̬i] *n* solidarité *f*
solidify [sə·ˈlɪd·ə·faɪ] <-ie-, -ying> **I.** *vi* **1.** (*become solid*) se solidifier; (*water*) se congeler **2.** *fig* se consolider **II.** *vt* **1.** (*make solid*) solidifier; (*water*) congeler **2.** *fig* consolider
solidity [sə·ˈlɪd·ə·t̬i] *n a. fig* solidité *f*
solidly *adv* **1.** (*soundly*) solidement **2.** (*without interruption*) sans interruption **3.** (*in strong manner: support*) en masse; **to be ~ behind sb** soutenir qn à l'unanimité
solid state *n* PHYS solide *m*
solid-state *adj* PHYS relatif(-ive) aux substances solides; (*conductor, device*) semi-conducteur(-trice); **~ physics** physique *f* des solides
soliloquize *vi* soliloquer
soliloquy [sə·ˈlɪl·ə·kwi] *n* soliloque *m*
solitaire [ˈsa·lə·ter] *n* **1.** (*single jewel*) solitaire *m* **2.** (*card game*) patience *f*
solitary [ˈsa·lə·ter·i] **I.** *adj* **1.** (*single*) seul(e); ZOOL solitaire **2.** (*isolated*) isolé(e); **to go for a ~ stroll/walk** se promener en solitaire **3.** (*secluded, remote*) retiré(e) **II.** *n* **1.** *inf* (*isolation in prison*) isolement *m* cellulaire **2.** (*hermit*) ermite *m*
solitary confinement *n* isolement *m* cellulaire
solitude [ˈsa·lə·tud] *n* solitude *f*
solo [ˈsoʊ·loʊ] **I.** *adj* (*unaccompanied*) solo; **~ flight** voyage *m* en avion non accompagné; **~ performance** interprétation *f* en solo **II.** *adv* (*single-handed*) solo; **to fly ~** voyager non accompagné en avion; **to go ~** partir en solitaire **III.** *n* MUS solo *m* **IV.** *vi* **1.** (*play*) jouer en solo **2.** (*sing*) chanter a cappella
soloist [ˈsoʊ·loʊ·ɪst] *n* soliste *mf*
Solomon Islander **I.** *adj* salomonais(e) **II.** *n* Salomonais(e) *m(f)*
Solomon Islands [ˈsal·ə·mən·ˌaɪ·ləndz] *n* les îles *fpl* Salomon
solstice [ˈsal·stɪs] *n* solstice *m*
soluble [ˈsal·jə·bl] *adj* soluble
solus [ˈsoʊ·ləs] *adj* THEAT annonce *f* unique
solution [sə·ˈlu·ʃᵊn] *n* solution *f*
solve [salv] *vt* résoudre
solvency [ˈsal·vᵊn(t)·si] FIN **I.** *n* solvabilité *f* **II.** *adj* de solvabilité
solvent **I.** *adj* **1.** FIN solvable **2.** *inf* (*have enough money*) aisé(e) **II.** *n* solvant *m*
Somali [soʊ·ˈma·li] **I.** *adj* somali(e) **II.** <-(s)> *n* **1.** (*person*) Somali(e) *m(f)* **2.** LING somali *m*; *s.a.* **English**
Somalia [soʊ·ˈma·li·ə] *n* la Somalie
Somalian **I.** *adj* somalien(ne) **II.** *n* Somalien(ne) *m(f)*
somber [ˈsam·bər] *adj* sombre
some [sʌm] **I.** *indef adj* **1.** *pl* (*several*) quelques; **~ people think ...** il y a des gens qui pensent ... **2.** (*imprecise*) (**at**) **~ place** quelque part; (**at**) **~ time** à un moment quelconque; **~ other time** une autre fois; **~ time ago** il y a quelques temps; **to have ~ idea of sth** avoir une vague idée de qc **3.** (*a little*) un peu; **to have ~ money** avoir un peu d'argent; **to ~ extent** dans une certaine mesure **II.** *indef pron* **1.** *pl* (*several*) quelques-un(e)s; **I would like ~** j'en voudrais quelques-uns; **~ like it, others don't** certains l'aiment, d'autres pas **2.** *sing* (*part of it*) en; **I would like ~** j'en voudrais un peu **III.** *adv* **1.** (*about*) environ; **~ more nuts/wine** encore quelques noix/un

peu de vin; ~ **two hundred pounds** quelques deux cents livres **2.** (*a little*) **to feel ~ better** se sentir un peu mieux
somebody ['sʌm·ˌba·di] *indef pron* (*some person*) quelqu'un; ~ **or other** je ne sais qui; **there is ~ English on the phone** il y a un Anglais au téléphone; *s.a.* **anybody, nobody**
someday *adv* un jour
somehow ['sʌm·haʊ] *adv* **1.** (*through unknown methods*) d'une façon ou d'une autre **2.** (*for unclear reason*) pour une raison ou une autre **3.** (*come what may*) coûte que coûte
someone ['sʌm·wʌn] *pron s.* **somebody**
someplace ['sʌm·pleɪs] *adv* quelque part
somersault ['sʌm·ər·sɔlt] **I.** *n* **1.** (*movement*) *a. fig* culbute *f* **2.** SPORTS saut *m* périlleux **II.** *vi* **1.** (*make movement*) faire des culbutes; (*vehicle, car*) faire des tonneaux **2.** SPORTS faire un saut périlleux
something ['sʌm(p)·θɪŋ] **I.** *indef pron, sing* **1.** (*some object, concept*) quelque chose; **~ or other** je ne sais quoi; **you can't have ~ for nothing** on n'a rien sans rien **2.** (*about*) **... or ~** *inf* ... ou quelque chose comme ça; **five foot ~** cinq pieds et quelques; **his name is Paul ~** il s'appelle Paul Machin-Chose **II.** *n* **a little ~** un petit quelque chose; **a certain ~** un je-ne-sais-quoi **III.** *adv* (*about*) un peu; **~ over $100** un peu plus de 100 dollars; **~ around $10** dans les 10 dollars; *s.a.* **anything, nothing**
sometime ['sʌm·taɪm] **I.** *adv* un jour ou l'autre **II.** *adj* ancien(ne)
sometimes *adv* quelquefois
somewhat ['sʌm·(h)wat] *adv* quelque peu
somewhere ['sʌm·(h)wer] *adv* **1.** (*non-specified place*) quelque part; ~ **else** autre part; (*to other place*) ailleurs; *fig* quelque part; **to get ~** aboutir; **or ~** *inf* quelque part **2.** (*roughly*) environ
somnolent ['sam·nᵊl·ənt] *adj* somnolent(e); (*day, village*) calme
son [sʌn] *n* **1.** (*male offspring*) *a. fig* fils *m* **2.** (*form of address to boy*) fiston *m* **3.** (*boy*) gars *m*
sonar ['soʊ·nar] *n abbr of* **sound navigation and ranging** sonar *m*
sonata [sə·'na·t̬ə] *n* sonate *f*
song [sɔŋ] *n* **1.** (*musical form*) chanson *f* **2.** (*action of singing*) chant *m;* **to burst into ~** se mettre à chanter **3.** (*of bird*) chant *m*
song and dance *n inf* **1.** THEAT spectacle *m* de chant et de danse **2.** (*untrue tale*) histoires *fpl;* **to give a ~ about sb/sth** faire toute une histoire de qc/à propos de qn
songbird *n* oiseau *m* chanteur
songbook *n* recueil *m* de chansons
songster *n* chanteur, -euse *m, f*
songstress *n* chanteuse *f*
songwriter *n* (*music*) compositeur, -trice *m, f;* (*lyrics*) parolier, -ère *m, f;* (*music and lyrics*) auteur-compositeur, -trice *m, f*
sonic ['sa·nɪk] *adj* sonique; (*wave*) sonore
sonic barrier *n* mur *m* du son
sonic boom *n* bang *m* supersonique
son-in-law <sons-in-law *o* -s> *n* beau-fils *m*
sonnet ['sa·nɪt] *n* sonnet *m*
sonny ['sʌn·i] *n inf* (*form of address to boy*) fiston *m;* (*to a man*) mon gars *m*
son of a bitch <sons of bitches> *n vulg* fils *m* de pute
sonority [sə·'nɔr·ə·t̬i] <-ies> *n* sonorité *f*
sonorous [sə·'nɔr·əs] *adj* sonore
soon [sun] *adv* **1.** (*shortly*) peu de temps; **~ after sth** peu après qc; **~ after doing sth** peu après avoir fait qc; **how ~** dans combien de temps; **as ~ as** dès que **2.** (*rapidly*) rapidement
sooner ['sun·ər] *adv comp of* **soon** plus tôt; **~ or later** tôt ou tard; **the ~ the better** le plus tôt sera le mieux; **no ~ said than done** c'est plus vite dit que fait
soot [sʊt] *n* suie *f*
soothe [suð] *vt* calmer
soothing *adj* **1.** (*calming*) reposant(e); (*comment, smile*) apaisant(e) **2.** (*relieving pain*) calmant(e) **3.** (*relaxing: ointment, balm, massage*) apaisant(e)
sooty ['sʊt̬·i] <-ier, -iest> *adj* couvert(e) de suie
sop [sap] **I.** *n* **1.** (*bread*) mouillette *f* **2.** (*placating action*) **to do sth to sb as a ~** faire qc pour amadouer qn; **my father calls me as a ~** mon père m'appelle pour m'amadouer **II.** <-pp-> *vt* **to ~ up sth** [*o* **to ~ sth up**] éponger qc
sophisticated [sə·'fɪs·tə·keɪ·t̬ɪd] *adj* sophistiqué(e); (*taste*) raffiné(e); (*style*) recherché(e)
sophistication [sə·ˌfɪs·tə·'keɪ·ʃᵊn] *n* sophistication *f;* (*of person*) raffinement *m*
sophomore ['sa·fə·mɔr] *n* **1.** SCHOOL lycéen(ne) *m(f)* (de deuxième année) **2.** UNIV étudiant(e) *m(f)* (de deuxième année); **to be a ~** être en deuxième année de fac
soporific [ˌsa·pə·'rɪf·ɪk] *adj* soporifique; **~ tablet** somnifère *m*
sopping ['sa·pɪŋ] *adj inf* trempé(e); **to be ~ wet** être tout trempé
soppy ['sa·pi] <-ier, -iest> *adj inf* fleur bleue *inv*
soprano [sə·'præn·oʊ] **I.** *n* soprano *f* **II.** *adj* de soprano **III.** *adv* **to sing ~** être soprano
sorbet ['sɔr·beɪ] *n* sorbet *m*
sordid ['sɔr·dɪd] *adj* sordide
sore [sɔr] **I.** *adj* **1.** (*painful*) douloureux(-euse); **to have a ~ throat** avoir mal à la gorge **2.** *fig* (*touchy*) **a ~ point** un sujet délicat **3.** *inf* (*angry*) en rogne; **~ loser** mauvais perdant *m;* **to be ~ at sb** être en colère contre qn **4.** (*severe, urgent*) **to be in ~ need of sth** avoir grand besoin de qc ► **to stand out like a ~ thumb** (*thing*) être criard; (*person*) se faire remarquer **II.** *n* **1.** MED plaie *f* **2.** *fig* blessure *f*
sorely ['sɔr·li] *adv form* grandement; **to be ~ missed** manquer terriblement
sorority [sə·'rɔr·ə·t̬i] *n* UNIV organisation *f*

d'étudiantes
sorrel ['sɔr·əl] *n* oseille *f*
sorrow ['sar·oʊ] *n* chagrin *m;* (*of a book, film, music*) tristesse *f;* **to feel ~ over sth** être chagriné par qc; **to my ~** *form* à mon grand chagrin
sorrowful *adj* triste
sorry ['sar·i] <-ier, -iest> **I.** *adj* **1.** (*apologizing*) désolé(e); **to be ~ that** être désolé que +*subj;* **to be** [*o* **feel**] **~ for oneself** s'apitoyer sur son sort **2.** (*regretful*) **to say ~** s'excuser **3.** (*said before refusing*) désolé(e) **4.** (*poor in quality*) piteux(-euse); (*choice*) malheureux(-euse); (*sight*) triste **II.** *interj* **1.** (*in apology*) **~!** désolé(e)! **2.** (*before refusing*) non, désolé(e) **3.** (*requesting repetition*) **~?** pardon?
sort [sɔrt] **I.** *n* **1.** (*type*) sorte *f;* **that ~ of thing** ce genre de chose; **some ~ of sth** un genre de qc; **chicken of ~s** un genre de poulet; **tea of a ~** une sorte de thé; **nothing of the ~** rien de la sorte; **something of the ~** quelque chose comme ça; **all ~s of people** des gens de tous les milieux; **I am that ~ of person** je suis comme ça; **that's my ~ of thing** c'est le genre de chose que j'aime **2.** *inf* (*type of person*) **I know his ~** je connais les gens de son espèce; **to be a friendly ~** être un brave type/une brave fille; **to be not the ~ to** +*infin* ne pas être du genre à +*infin* **3.** *inf* (*in a way*) **~ of** à peu près; **to be ~ of embarrassing** être plutôt gênant; **to ~ of want to** +*infin* vouloir un peu +*infin* **4.** COMPUT tri *m* ▶ **to be out of ~s** être mal en point; **it takes all ~s (to make a world)** *prov* il faut de tout pour faire un monde *prov* **II.** *vt* **1.** (*select*) *a.* COMPUT trier **2.** (*clean up*) ranger ▶ **to ~ the men from the boys** différencier les hommes des garçons **III.** *vi* trier; **to ~ through sth** faire le tri dans qc
◆ **sort out** *vt* **1.** (*select*) trier; **to sort sth out from sth** séparer qc de qc **2.** (*organize, clean up*) ranger; (*files*) classer; (*papers, desk*) mettre de l'ordre dans; **to sort oneself out** se reprendre **3.** (*fix*) arranger **4.** (*resolve: problem*) régler; (*difficulties*) aplanir; (*priorities*) établir; **to ~ whether/how/what/who ...** essayer de savoir si/combien/ce que/qui **5.** *inf* (*attack as warning*) **to sort sb out** régler son compte à qn
sorter *n* **1.** (*postal employee*) employé(e) *m(f)* au tri postal **2.** (*person*) trieur, -euse *m, f* **3.** (*device*) trieuse *f*
sortie ['sɔr·ti] *n* MIL sortie *f*
sorting office *n* centre *m* de tri
SOS [ˌes·oʊ·'es] *n* S.O.S *m*
so-so *inf* **I.** *adj* moyen(ne) **II.** *adv* comme ci, comme ça
sot [sat] *n pej* ivrogne *mf*
soubriquet *n s.* **sobriquet**
sought [sɔt] *pt, pp of* **seek**
sought-after *adj* recherché(e)
soul [soʊl] *n* **1.** (*spirit*) âme *f* **2.** (*profound feelings*) âme *f* **3.** (*person*) âme *f* **4.** MUS soul *f* **5.** (*essence*) cœur *m;* **to be the ~ of discretion/honesty** être la discrétion/l'honnêteté personnifiée ▶ **to throw oneself body and ~ into sth** se jeter corps et âme dans qc
soul brother *n* frère *m* de race
soul food *n nourriture traditionnelle afro-américaine originaire du Sud*
soulful *adj* sentimental(e)
soulless *adj pej* sans âme; (*building, town*) sans caractère; (*dull*) morne
soul mate *n* âme *f* sœur
soul music *n* soul *f*
soul-searching *n* introspection *f*
soul sister *n* sœur *f*
soul-stirring *adj* émouvant(e)
sound[1] [saʊnd] **I.** *n* **1.** (*tone*) son *m;* **to turn the ~ down/up** monter/baisser le son; **to like the ~ of one's own voice** aimer s'entendre parler **2.** (*noise*) bruit *m;* **knocking ~** cognement *m* **3.** PHYS son *m* **4.** MUS son *m* **5.** (*idea expressed in words*) **I don't like the ~ of it** cela ne me dit rien qui ne vaille **II.** *vi* **1.** (*resonate: bell*) sonner; (*alarm, siren*) retentir **2.** LING sonner; **it ~s better** cela sonne mieux **3.** (*appear*) sembler; **to ~ as though ...** on dirait que ...; **to ~ nice** avoir l'air bien; **it ~s like Bach** on dirait du Bach; **it doesn't ~ like him to do this** ça ne lui ressemble pas de faire ça **III.** *vt* **1.** (*make ring: bell*) sonner; (*alarm*) donner; (*buzzer*) déclencher; (*gong*) faire sonner; (*siren*) faire retentir; **to ~ the (car) horn** klaxonner **2.** (*pronounce*) prononcer **3.** *fig* (*give signal*) **to ~ the retreat** MIL sonner la retraite
sound[2] [saʊnd] **I.** *adj* **1.** (*healthy: person*) en bonne santé; (*body*) sain(e); **to be of ~ mind** être sain d'esprit **2.** (*in good condition*) en bon état; **as ~ as a bell** *inf* être en très bon état **3.** (*trustworthy*) solide; (*advice*) judicieux(-euse); (*investment, method*) sûr(e); (*reasoning*) valable; (*view*) sensé(e); **a man of ~ judgment** un homme de bons conseils; **environmentally ~** bon pour l'environnement **4.** (*thorough*) complet(-ète); (*defeat*) total(e); (*knowledge*) approfondi(e); (*sleep*) profond(e); **to give sb a ~ thrashing** donner une bonne correction à qn **II.** *adv* **to be ~ asleep** être profondément endormi
◆ **sound off** *vi inf* se vanter
sound[3] [saʊnd] *vt* **1.** NAUT sonder **2.** MED (*person*) ausculter
◆ **sound out** *vt* sonder
sound[4] *n* **1.** (*sea channel*) bras *m* de mer **2.** (*sea surrounded by land*) détroit *m*
sound archives *npl* archives *fpl* sonores
sound barrier *n* mur *m* du son; **to break the ~** franchir le mur du son
sound bite *n* extrait *m* d'une interview
soundboard *n* MUS table *f* d'harmonie
sound box *n* caisse *f* de résonance
sound card *n* COMPUT carte *f* son
sound effects *npl* effets *mpl* sonores
sound engineer *n* ingénieur *mf* du son

sound film *n* film *m* sonore
sounding *n* **1.** NAUT sondage *m* **2.** *pl* sondages *mpl;* **to take ~s** faire des sondages; **to make ~s** enquêter
sounding board *n* MUS table *f* d'harmonie
soundless *adj* silencieux(-euse)
soundly *adv* **1.** (*solidly*) solidement **2.** (*thoroughly: sleep*) profondément; (*beat, defeat*) à plate(s) couture(s) **3.** (*with reason*) sainement
soundness *n* santé *f*
soundproof I. *adj* insonorisé(e) **II.** *vt* insonoriser
sound recording *n* enregistrement *m* sonore
sound reproduction *n* reproduction *f* sonore
sound shift *n* LING mutation *f* sonore
sound system *n* sono *f*
soundtrack *n* **1.** (*recorded sound*) bande *f* sonore **2.** (*film music*) bande *f* originale
sound velocity *n* vitesse *f* du son
sound wave *n* vague *f* sonore
soup [sup] *n* soupe *f;* (*thinner soup*) potage *m;* **clear ~** bouillon *m* ▶**to be in the ~** *sl* être dans la mouise
soupçon [sup·'san] *n iron* soupçon *m*
souped-up *adj* AUTO gonflé(e)
soup kitchen *n* soupe *f* populaire
soup plate *n* assiette *f* creuse
soupspoon *n* cuillère *f* à soupe
soup tureen *n* soupière *f*
sour [saʊər] **I.** *adj* **1.** (*bitter*) aigre; **to go ~** devenir aigre; (*milk*) tourner **2.** *fig* aigri(e); **to go ~** mal tourner ▶**to be just ~ grapes** être déçu **II.** *n* **whiskey ~** whisky *m* citron **III.** *vt* **1.** CULIN (*give bitter taste*) faire tourner **2.** *fig* aigrir **IV.** *vi* **1.** CULIN (*become bitter*) tourner **2.** *fig* s'aigrir
source [sɔrs] **I.** *n a. fig* source *f;* **at the ~** à la source; **to have one's ~ in sth** avoir son origine dans qc; **to track down the ~ of sth** tracer la provenance de qc **II.** *vt* **1.** (*state origin*) **to be ~d from sth** provenir de qc **2.** (*obtain from other business*) se procurer
sourcing *n* approvisionnement *m*
sour cream *n* crème *f* aigre
sourpuss ['saʊər·pʊs] *n sl* grognon *mf*
souse [saʊs] *vt* mariner
south [saʊθ] **I.** *n* **1.** (*cardinal point*) sud *m;* **to lie 5 miles to the ~ of sth** être à 5 miles au sud de qc **2.** GEO sud *m;* **in the ~ of France** dans le midi de la France; **the South** les États *mpl* du Sud **II.** *adj* (*side, coast*) sud *inv;* **~ wind** vent *m* du sud; **a ~ wall** un mur exposé au sud; **in ~ Paris** dans le sud de Paris **III.** *adv* au sud; (*travel*) vers le sud; **a window facing ~** une fenêtre exposée au sud
South Africa *n* l'Afrique *f* du Sud
South African I. *adj* sud-africain(e) **II.** *n* Sud-africain(e) *m(f)*
South America *n* l'Amérique *f* du Sud
South American I. *adj* sud-américain(e) **II.** *n* Sud-américain(e) *m(f)*
southbound *adj* vers le sud; **~ passengers** passagers *mpl* allant vers le sud
South Carolina *n* la Caroline-du-Sud
South Dakota *n* le Dakota-du-Sud
south-east I. *n* sud-est *m* **II.** *adj* du sud-est **III.** *adv* au sud-est; (*travel*) vers le sud-est; *s.a.* **south**
Southeast Asia *n* l'Asie *f* du sud-est
southeaster *n* vent *m* du sud-est
southeasterly *adj* du sud-est
southeastern *adj* du sud-est
southeastward(s) *adv* vers le sud-est
southerly ['sʌð·ər·li] **I.** *adj* (*towards the south*) vers le sud; **the most ~ place** l'endroit *m* le plus au sud **II.** *adv* sud **III.** <-ies> *n* sud *m*
southern *adj* du sud; (*from south of France*) du midi; **~ California** le sud de la Californie
Southern Cross *n* ASTR la Croix-du-Sud
southerner *n* **1.** (*native, inhabitant*) habitant(e) *m(f)* du sud; (*of American South*) habitant(e) *m(f)* du sud des États-Unis **2.** HIST sudiste *mf*
Southern Hemisphere *n* hémisphère *m* sud
southern lights *npl* aurore *f* australe
southernmost *adj* le(la) plus méridional(e)
South Georgia *n* la Géorgie du Sud
South Korea *n* la Corée du Sud
South Korean I. *adj* sud-coréen(e) **II.** *n* Coréen(ne) *m(f)* du Sud
southpaw *n sl* SPORTS gaucher, -ère *m, f*
South Pole *n* le pôle Sud
South Sandwich Islands *n* les îles *fpl* Sandwich du Sud
southward I. *adj* au sud **II.** *adv* vers le sud
southwards *adv* vers le sud
southwest I. *n* sud-ouest *m* **II.** *adj* du sud-ouest **III.** *adv* au sud-ouest; (*travel*) vers le sud-ouest; *s.a.* **south**
southwester *n* vent *m* du sud-ouest
southwesterly I. *adj* du sud-ouest **II.** *adv* vers le sud-ouest
southwestern *adj* du sud-ouest
southwestward(s) *adv* vers le sud-ouest
souvenir [ˌsu·və·'nɪr] *n* souvenir *m*
sovereign ['sav·ᵊr·ən] **I.** *n* souverain(e) *m(f)* **II.** *adj* souverain(e)
sovereignty ['sav·rᵊn·ţi] *n* souveraineté *f*
Soviet ['soʊ·vi·et] **I.** *n* HIST soviet *m* **II.** *adj* soviétique
Soviet Union *n* HIST l'Union *f* soviétique
sow [soʊ] <sowed, sown *o* sowed> *vt, vi a. fig* semer
sown [soʊn] *pp of* **sow**
sox [saks] *npl* chaussettes *fpl*
soy [sɔɪ] *n,* **soya** ['sɔɪ·ə] *n* soja *m*
soybean *n* graine *f* de soja
soymilk *n* lait *m* de soja
soy sauce *n* sauce *f* soja
sozzled ['sa·zld] *adj sl* bourré(e); **to get ~** se bourrer
spa [spa] *n* station *f* thermale; **day ~** centre *m* de spa
space [speɪs] **I.** *n* **1.** (*area, gap*) *a.* COMPUT, TYP espace *m;* **to be a ~ saver** faire gagner de la

place; **a blank ~** un blanc; **empty ~** vide *m* **2.** (*room*) place *f;* **parking ~** place de parking; **open ~** espaces *mpl* verts; **wide open ~** grands espaces *mpl;* **to take up ~** prendre de la place; **to leave ~ for sb/sth** laisser de la place à qn/qc; **to make ~** faire de la place; **outside ~ and time** hors espace et temps; **to stare into ~** regarder dans le vide **3.** (*interval of time*) période *f;* **after a ~ of four months** après une période de quatre mois; **in a ~ of time** un espace de temps; **in the ~ of one hour** en l'espace d'une heure **4.** (*outer space*) espace *m;* **in ~** dans l'espace; **to go into ~** aller dans l'espace **II.** *vt* espacer

space age *n* ère *f* spatiale
space-age *adj* de l'ère spatiale
space agency *n* agence *f* spatiale
space bar *n* barre *f* d'espacement
space blanket *n* couverture *f* thermique
space capsule *n* capsule *f*
space center *n* centre *m* spatial
spacecraft <-> *n* vaisseau *m* spatial
space flight *n* voyage *m* spatial
space heater *n* chauffage *m* d'appoint
space lab, space laboratory *n* laboratoire *m* spatial
spaceman <-men> *n* astronaute *mf*
space probe *n* sonde *f* spatiale
space research *n* recherche *f* spatiale
space-saving *adj* peu encombrant(e)
spaceship *n* vaisseau *m* spatial
space shuttle *n* navette *f* spatiale
space station *n* station *f* spatiale
space suit *n* scaphandre *m*
space travel *n* voyage *m* dans l'espace
space traveler *n* astronaute *mf*
space walk *n* sortie *f* dans l'espace
spacing ['speɪs·ɪŋ] *n* espacement *m;* **single/double ~** simple/double interligne *m*
spacious ['speɪ·ʃəs] *adj* spacieux(-euse)
spaciousness *n* grandeur *f*
spade [speɪd] *n* **1.** (*garden tool*) bêche *f* **2.** (*playing card*) pique *m* ►**to call a ~ a ~** appeler un chat un chat; **in ~s** *inf* à fond
spadework *n* gros *m* du travail; **to do the ~** faire le gros du travail
spaghetti [spə·'geţ·i] *n* spaghettis *mpl*
spaghetti Western *n* western *m* spaghetti
Spain [speɪn] *n* l'Espagne *f*
spam [spæm] *n* spam *m,* pourriel *m Québec*
spambot ['spæm·bɔt] *n* COMPUT spambot *m*
span [spæn] **I.** *n* **1.** (*length of time*) durée *f;* (*interval of time*) laps *m* de temps; **life ~** durée *f* de vie; **over a ~ of two months** sur une durée de deux mois **2.** (*extent*) *a. fig* étendue *f;* (*of hand*) empan *m* **3.** (*wingspan*) envergure *f* **4.** (*between two points*) portée *f;* (*of bridge*) travée *f* **II.** <-nn-> *vt* **1.** (*extend*) enjamber **2.** (*cover, include*) couvrir
spangle ['spæŋ·gl] **I.** *n* paillette *f* **II.** *vt* pailleter; **to be ~ with sth** être pailleté de qc
Spanglish ['spæŋ·lɪʃ] *n* spanglish *m* (*langue hybride mêlant l'anglais et l'espagnol*); *s.a.* **English**
Spaniard ['spæn·jərd] *n* Espagnol(e) *m(f)*
spaniel ['spæn·jəl] *n* épagneul *m*
Spanish ['spæn·ɪʃ] **I.** *adj* espagnol(e); **~ speaker** hispanophone *mf* **II.** *n* **1.** (*people*) **the ~** les Espagnols *mpl* **2.** LING espagnol *m; s.a.* **English**
spank [spæŋk] **I.** *vt* fesser **II.** *n* fessée *f;* **to give sb a ~** donner la fessée à qn
spanking **I.** *n* fessée *f* **II.** *adj* **1.** *inf* (*impressive*) impressionnant(e) **2.** (*lively*) vif(vive); **at a ~ pace** d'un pas vif
spar [spar] **I.** *n* entraînement *m* **II.** <-rr-> *vi* **1.** (*in boxing*) s'entraîner **2.** *fig* (*argument*) se quereller
spare [sper] **I.** *vt* **1.** (*be merciful to*) épargner **2.** (*refrain from doing*) épargner; (*efforts, strength*) ménager; **to ~ no expense** ne pas regarder à la dépense; **to not ~ oneself** se donner du mal **3.** (*do without*) se passer de; **to ~ room for sth** faire de la place pour qc; **to ~ (the) time** avoir le temps; **to not have time to ~** ne pas avoir le temps; **to ~ sb a moment** accorder une minute à qn ►**to have sth to ~** avoir qc de réserve **II.** *adj* **1.** (*reserve: key, clothes*) de rechange **2.** (*available: seat, room, cash*) disponible; **to have a ~ minute** avoir une minute **3.** (*simple*) dépouillé(e) **III.** *n* **1.** (*reserve item*) pièce *f* de rechange; (*tire*) roue *f* de secours **2.** (*in bowling*) spare *m*
spareribs *npl* travers *mpl* de porc
spare time *n* temps *m* libre; **in my ~** à mes heures perdues
spare tire *n* **1.** AUTO roue *f* de secours **2.** *fig, iron* (*undesired fat at waist*) bouée *f*
sparing *adj* modéré(e)
sparingly *adv* en petite quantité
spark [spark] **I.** *n* **1.** (*from fire*) *a. fig* étincelle *f* **2.** (*small amount*) étincelle *f* ►**to make the ~s fly** mettre le feu aux poudres **II.** *vt a. fig* déclencher; **to ~ sth in sb** déclencher qc en qn; **to ~ sb into action** pousser qn à l'action **III.** *vi* jeter des étincelles
sparkle ['spar·kl] **I.** *n* **1.** (*flash of light*) étincelle *f; fig* lueur *f* **2.** (*vivacity*) éclat *m* **II.** *vi a. fig* étinceler; (*sea, fire*) scintiller; (*person, eyes*) briller
sparkler *n* **1.** (*firework*) bougie *f* magique **2.** *inf* (*diamond*) diam *m*
sparkling *adj a. fig* étincelant(e); (*drink*) pétillant(e), spitant(e) *Belgique*
spark plug *n* bougie *f*
sparring *n* entraînement *m*
sparrow ['spær·oʊ] *n* moineau *m*
sparrow hawk ['spær·oʊ·hɔk] *n* épervier *m*
sparse [spars] *adj* clairsemé(e)
Spartan ['spar·tᵊn] *adj* spartiate
spasm ['spæz·ᵊm] *n* spasme *m;* (*of anger, coughing*) accès *m;* **a ~ of pain** un élancement
spasmodic [spæz·'ma·dɪk] *adj* **1.** MED spasmodique **2.** (*occasional*) intermittent(e)
spastic ['spæs·tɪk] **I.** *n* handicapé (e) moteur *m*

II. *adj* **1.** (*having muscle spasms*) handicapé(e) moteur **2.** (*spasmodic*) spasmodique **3.** *pej, sl* (*bad*) nul(le)

spat[1] [spæt] *pt, pp of* **spit**

spat[2] [spæt] **I.** *n* (*brief argument*) prise *f* de bec **II.** <-tt-> *vi* avoir une prise de bec

spate [speɪt] *n* (*large number, amount*) avalanche *f;* **to have a ~ of work** *fig* être débordé de travail

spatial ['speɪ·ʃəl] *adj* spatial(e)

spatter ['spæt̬·ər] **I.** *vt* éclabousser; **to ~ sth on sb** éclabousser qn de qc **II.** *vi* gicler **III.** *n* éclaboussure *f*

spatula ['spætʃ·ə·lə] *n* spatule *f*

spawn [spɔn] **I.** *n* frai *m* **II.** *vt* **1.** (*lay*) pondre **2.** *fig* engendrer **III.** *vi* **1.** (*lay eggs*) frayer **2.** *fig* se multiplier

spay [speɪ] *vt* (*female animal*) faire stériliser

speak [spik] <spoke, spoken> **I.** *vi* **1.** (*articulate*) parler; **to ~ to each other** se parler; **to ~ to sb about sth** parler de qc à qn; **to ~ in jargon/dialect** parler en jargon/dialecte; **to ~ for/against sth** être en faveur/opposé à qc; **to ~ into sth** parler dans qc; **to ~ for oneself** parler pour soi; **~ing for oneself** pour sa part; **the facts ~ for themselves** les faits parlent d'eux-mêmes; **to ~ over a loudspeaker** parler dans un haut-parleur; **to ~ through a megaphone** parler dans un porte-voix; **to ~ in a whisper** chuchoter; **~ when you're spoken to!** tu réponds quand on te parle! **2.** (*from specified point of view*) **geographically ~ing** d'un point de vue géographique; **~ing of sth** à propos de qc; **so to ~** pour ainsi dire **3.** (*make formal speech*) faire un discours; **to ~ in public** parler en public **4.** (*communicate on phone*) être à l'appareil ▶ **actions ~ louder than words** *prov* les actes sont plus éloquents que les paroles **II.** *vt* **1.** (*say*) dire; (*language*) parler; **to ~ the truth** dire la vérité; **to ~ one's mind** donner son opinion; **to not ~ a word** ne pas dire un mot **2.** (*reveal*) révéler

◆**speak out** *vi* prendre la parole; **to ~ against sth** dénoncer qc

◆**speak up** *vi* parler fort; **to ~ for sth** parler en faveur de qn

speaker *n* **1.** (*of a specific language*) interlocuteur, -trice *m, f* **2.** (*orator*) orateur, -trice *m, f* **3.** (*chairperson of legislature*) **the Speaker** le(la) président(e) de la Chambre des représentants **4.** (*loudspeaker*) haut-parleur *m* **5.** COMPUT enceinte *f*

speaking **I.** *n* parler *m;* **public ~** art *m* oratoire **II.** *adj* **a.** *fig* parlant(e); **to be no longer on ~ terms with sb** ne plus adresser la parole à qn; **English-~** de langue anglaise

speaking part *n* THEAT, CINE rôle *m* parlant

spear [spɪr] **I.** *n* **1.** (*weapon*) lance *f* **2.** (*of asparagus*) pointe *f* **II.** *vt* **to ~ sb/sth** transpercer qn/qc d'un coup de lance

spearhead **I.** *n* **a.** *fig* fer *m* de lance; **to act as the ~ for a campaign** être le fer de lance d'une campagne **II.** *vt* (*program, effort*) être le fer de lance de

spearmint ['spɪr·mɪnt] **I.** *n* menthe *f* **II.** *adj* à la menthe

spec [spek] *n inf abbr of* **specifications** caractéristiques *fpl*

special ['speʃ·əl] **I.** *adj* spécial(e); (*attention, treatment, diet*) particulier(-ère); (*clinic, committee, school*) spécialisé(e); **to be ~ to sth** être particulier à qc; **to be ~ to sb** compter pour qn; **nothing ~** *inf* rien de spécial **II.** *n* **1.** (*TV program, show*) programme *m* spécial **2.** CULIN plat *m* du jour **3.** *pl* (*sale items*) offres *fpl* spéciales **4.** RAIL train *m* spécial

special delivery *n* envoi *m* en express; **by ~** en express

special edition *n* édition *f* spéciale

special education *n* éducation *f* spécialisée

special effects *npl* effets *mpl* spéciaux

specialism ['speʃ·əl·ɪ·zəm] *n* **1.** (*restriction of topics*) spécialisation *f* **2.** (*area of interest*) spécialité *f*

specialist **I.** *n* spécialiste *mf;* **~ in sth** spécialiste de qc; **a heart ~** un(e) cardiologue **II.** *adj* spécialisé(e)

specialization *n* spécialisation *f*

specialize ['speʃ·ə·laɪz] *vi* se spécialiser

specialized *adj* spécialisé(e)

specially *adv* **1.** (*specifically*) spécialement **2.** (*in particular*) particulièrement

special offer *n* offre *f* spéciale

specialty ['speʃ·əl·t̬i] <-ies> *n* spécialité *f*

species ['spi·ʃiz] *inv n* espèce *f;* **bird ~** espèce d'oiseau; **extinct ~** espèce en voie d'extinction; **to be a rare ~** *fig, iron, inf* être un drôle d'oiseau

specific [spə·'sɪf·ɪk] *adj* **1.** (*distinguishing*) spécifique; **to be ~ to sth** être spécifique à qc **2.** (*clearly defined: date, details, knowledge*) précis(e)

specifically *adv* **1.** (*expressly*) spécifiquement **2.** (*clearly*) expressément

specification [ˌspes·ə·fɪ·'keɪ·ʃən] *n* spécification *f;* **~s** caractéristiques *fpl*

specify ['spes·ə·faɪ] <-ie-> *vt* spécifier; (*time, date*) préciser

specimen ['spes·ə·mən] *n* **1.** (*example*) spécimen *m;* **a fine ~** *inf* un beau spécimen; **a poor ~** *inf* un sale type **2.** (*sample*) échantillon *m;* MED (*urine, blood*) prélèvement *m;* **to take a ~** faire un prélèvement

specious ['spi·ʃəs] *adj form* spécieux(-euse)

speck [spek] *n* **1.** (*small particle*) grain *m* **2.** (*spot*) petite *f* tache **3.** *fig* (*small amount*) once *f*

speckle ['spek·l] *n* tacheture *f*

speckled *adj* tacheté(e); **to be ~ with sth** être tacheté de qc

spectacle ['spek·tə·kl] *n* spectacle *m;* **mere** [*o* **a pure**] **~** un merveilleux spectacle; **to make a real ~ of oneself** se donner en spectacle

spectacled *adj* à lunettes

spectacles *n pl* lunettes *fpl*

spectacular [spek·'tæk·jə·lər] **I.** *adj* spectacu-

S

laire **II.** *n* grand spectacle *m*

spectator [spek·ˈteɪ·t̬ər] *n* spectateur, -trice *m, f;* ~ **at sth** spectateur de qc

specter *n* spectre *m*

spectral [ˈspek·trᵊl] *adj* spectral(e)

spectroscope [ˈspek·trə·skoʊp] *n* PHYS spectroscope *m*

spectrum [ˈspek·trəm] <-ra *o* -s> *n* **1.** PHYS spectre *m* **2.** (*span*) *a. fig* gamme *f;* **the political** ~ l'éventail *m* politique

speculate [ˈspek·jə·leɪt] *vi* **to** ~ **about sth** spéculer sur qc; **to** ~ **on the stock market** spéculer à la bourse

speculation *n a.* FIN spéculation *f*

speculative *adj a.* FIN spéculatif(-ive)

speculator *n* spéculateur, -trice *m, f*

sped [sped] *pt, pp of* **speed**

speech [spitʃ] <-es> *n* **1.** (*act of speaking*) parole *f;* **to lose the power of** ~ perdre l'usage de la parole; **in** ~ en parole; **to be slow in** ~ parler lentement **2.** (*lines spoken by actor*) texte *m* **3.** (*public talk*) discours *m*

speech act *n* LING acte *m* de parole

speech community *n* LING, SOCIOL communauté *f* linguistique

speechify [ˈspi·tʃə·faɪ] <-ie-, -ying> *vi pej* discourir; **to** ~ **about sth** discourir de qc

speechless *adj* muet(te); **to be** ~ **with indignation** rester muet d'indignation; **to leave sb** ~ laisser qn sans voix

speech recognition *n* COMPUT, LING reconnaissance *f* vocale

speech therapist *n* orthophoniste *mf*

speech therapy *n* orthophonie *f*

speechwriter *n* rédacteur, -trice *m, f* de discours

speed [spid] **I.** *n* **1.** (*velocity*) vitesse *f;* **at a** ~ **of ten miles per hour** à une vitesse de dix miles à l'heure; **at breakneck** ~ à une vitesse folle; **cruising** ~ vitesse de croisière; **(at) full** ~ à toute vitesse; **at lightning** ~ à la vitesse de l'éclair; **the** ~ **of light/sound** la vitesse de la lumière/du son; **with all possible** ~ le plus vite possible **2.** *fig* (*quickness*) rapidité *f* **3.** (*gear on bicycle*) vitesse *f* **4.** *sl* (*amphetamine*) amphète *f;* **to be on** ~ être sous amphètes ▶ **to be up to** ~ aller à toute vitesse; **to bring sb up to** ~ tenir qn au courant de qc **II.** <-ed *o* sped, -ed *o* sped> *vi* **1.** (*hasten*) se dépêcher **2.** (*exceed speed limit*) aller trop vite **III.** <-ed *o* sped, -ed *o* sped> *vt* accélérer; (*person*) presser

◆**speed up I.** *vt* accélérer; (*person*) presser **II.** *vi* **1.** (*gather momentum*) aller plus vite **2.** (*accelerate activity*) accélérer

speedboat *n* hors-bord *m*

speed bump *n* ralentisseur *m*

speed check *n* contrôle *m* de vitesse

speed dating *n no art* speed dating *m*

speeding *n* excès *m* de vitesse

speed limit *n* limite *f* de vitesse; **to be over the** ~ dépasser la limite de vitesse

speedometer [spɪ·ˈda·mə·t̬ər] *n* compteur *m* de vitesse

speed skating *n* SPORTS patinage *m* de vitesse

speed trap *n* contrôle *m* de vitesse

speedup *n* accélération *f*

speedy [ˈspi·di] <-ier, -iest> *adj* rapide

speleologist *n* spéléologue *mf*

speleology [ˌspi·li·ˈa·lə·dʒi] *n* spéléologie *f*

spell[1] [spel] *n* (*in magic*) formule *f* magique; **to cast** [*o* **put**] **a** ~ **on sb** jeter un sort à qn; **to be under a** ~ être envoûté; **to be under sb's** ~ *fig* être sous le charme de qn

spell[2] [spel] **I.** *n* **1.** (*short period*) période *f;* **to rest for a short** ~ se reposer un petit moment; **cold** ~ vague *f* de froid; **sunny** ~ éclaircie *f;* **to have dizzy** ~**s** avoir des étourdissements **2.** (*turn*) tour *m;* **to take** ~**s doing sth** faire qc à tour de rôle **II.** *vt* <-ed, -ed> (*take turns*) remplacer

spell[3] [spel] <-ed, -ed> **I.** *vt* **1.** (*form using letters*) épeler; **how do you** ~ **...** comment écrit-on ... **2.** (*signify*) signifier; **N O** ~**s no** N O fait no **II.** *vi* connaître l'orthographe; **I can't** ~ je suis nul en orthographe

◆**spell out** *vt* **1.** (*spell*) épeler **2.** (*explain*) expliquer clairement ▶ **do I have to spell it out for you?** *inf* tu veux que je te fasse un dessin? (*subj*)

spellbind *vt irr* fasciner

spellbound *adj* fasciné(e)

spell checker *n* COMPUT correcteur *m* orthographique

speller *n* **to be a good/poor** ~ être bon/mauvais en orthographe

spelling *n* orthographe *f*

spelling bee *n* concours *m* d'orthographe

spend [spend] <spent, spent> **I.** *vt* **1.** (*pay out: money*) dépenser; **the years of** ~, ~, ~ les années *fpl* de surconsommation **2.** (*pass: time, night*) passer; **to** ~ **the night with sb** passer la nuit avec qn (au lit); **the storm spent itself** l'orage s'est calmé **II.** *vi* dépenser de l'argent

spending *n* dépense *f*

spending cut *n* FIN réduction *f* des dépenses

spending money *n* argent *m* de poche

spending power *n* pouvoir *m* d'achat

spending spree *n* vague *f* de dépenses; **to go on a** ~ faire des folies

spendthrift [ˈspen(d)·θrɪft] **I.** *n pej, inf* dépensier, -ère *m, f* **II.** *adj pej, inf* dépensier(-ère)

spent [spent] **I.** *pp, pt of* **spend II.** *adj* (*used*) usagé(e); (*bullet*) perdu(e)

sperm [spɜrm] <-(s)> *n* **1.** (*male reproductive cell*) spermatozoïde *m* **2.** (*semen*) sperme *m*

sperm donor *n* donneur *m* de sperme

spermicide [ˈspɜr·mə·saɪd] *n* spermicide *m*

sperm whale *n* cachalot *m*

spew [spju] **I.** *vt* (*sewage*) déverser **II.** *vi* **1.** (*flow out*) jaillir **2.** (*vomit*) vomir

sphere [sfɪr] *n a. fig* sphère *f;* **private** ~ domaine *m* privé

spherical [ˈsfɪr·ɪk·ᵊl] *adj* sphérique

spice [spaɪs] **I.** *n* **1.** CULIN épice *f* **2.** (*excite-*

ment) piment *m* **II.** *vt* **1.** (*add flavor to*) épicer **2.** (*add excitement to*) pimenter

spick-and-span [ˌspɪk·ən·ˈspæn] *adj inf* impeccable; **to keep a kitchen ~** avoir une cuisine d'une propreté impeccable

spicy <-ier, -iest> *adj* **1.** (*seasoned*) épicé(e) **2.** (*sensational*) croustillant(e)

spider [ˈspaɪ·dər] *n* araignée *f*

spider web *n* toile *f* d'araignée

spidery *adj* (*writing*) en pattes de mouche

spiel [ʃpil] *n pej, inf* (*speech*) baratin *m*

spiffy [ˈspɪf·i] *adj inf* chic *inv*

spigot [ˈspɪg·ət] *n* **1.** (*tap*) robinet *m* **2.** (*stopper*) fausset *m*

spike [spaɪk] **I.** *n* **1.** (*pointed object*) pointe *f* **2.** (*cleat on shoes*) crampon *m* **3.** *pl* (*cleats*) pointes *fpl* **4.** *pl* (*high-heeled shoes*) talons *mpl* aiguilles **II.** *vt* **1.** (*pierce with spike*) percer avec une pointe **2.** *inf* (*put end to*) stopper **3.** *inf* (*add alcohol*) relever ▸**to ~ sb's guns** *inf* désarmer qn

spiky [ˈspaɪ·ki] <-ier, -iest> *adj* **1.** (*having sharp points*) piquant(e); (*hair*) en brosse **2.** (*irritable*) irritable

spill [spɪl] **I.** *n* **1.** (*act of spilling*) déversement *m;* **oil ~** déversement d'hydrocarbure; **to wipe up a ~** essuyer qc qui s'est renversé **2.** *inf* (*fall*) chute *f;* **to take a ~ on sth** tomber de qc **II.** <-ed *o* spilt, -ed *o* spilt> *vt* renverser ▸**to ~ the beans** vendre la mèche **III.** <-ed *o* spilt, -ed *o* spilt> *vi* **1.** (*flow*) couler **2.** (*spread*) **to ~ into sth** se déverser dans qc

spillway *n* déversoir *m*

spilt [spɪlt] *pp, pt of* **spill**

spin [spɪn] **I.** *n* **1.** (*rotation*) tournoiement *m;* (*of wheel*) tour *m;* (*of dancer*) pirouette *f;* **to go into a ~** descendre en vrille; **to send a car into a ~** faire faire un tonneau à une voiture; **to put ~ on a ball** donner de l'effet à une balle; **to throw sb into a ~** *inf* faire paniquer qn **2.** (*spin-dry*) essorage *m;* **to give sth a ~** essorer qc **3.** *inf* (*trip*) tour *m;* **to go for a ~** aller faire un tour **4.** (*method of considering*) perspective *f;* **to put a positive ~ on sth** montrer qc sous un jour positif **II.** <-nn-, spun, spun> *vi* **1.** (*rotate*) tourner; (*dancer, top*) tournoyer; **my head is ~ning** j'ai la tête qui tourne **2.** *inf* (*drive*) conduire; **to ~ out of control** faire un tête-à-queue **3.** (*make thread*) filer **III.** <-nn-, spun, spun> *vt* **1.** (*rotate*) faire tourner; **to ~ a ball** donner de l'effet à une balle; **to ~ a coin** jouer à pile ou face **2.** (*make thread out of*) filer **3.** (*spin-dry: clothes*) essorer ▸**it makes my head ~** ça me fait tourner la tête; **to ~ a story** raconter une histoire

◆**spin around I.** *vi* se retourner **II.** *vt* faire tourner

◆**spin out I.** *vi* faire un tête-à-queue **II.** *vt* faire durer

spinach [ˈspɪn·ɪtʃ] *n* épinards *mpl*

spinal [ˈspaɪ·nᵊl] *adj* vertébral(e); (*nerve*) spinal(e); (*injury*) de la colonne vertébrale

spinal column *n* colonne *f* vertébrale

spinal cord *n* moelle *f* épinière

spindle [ˈspɪn·dl] *n* fuseau *m*

spindly <-ier, -iest> *adj* maigrichon(ne)

spin doctor *n inf: conseiller en communication*

spindrift *n* embruns *mpl*

spin-dry *vt* essorer (à la machine)

spine [spaɪn] *n* **1.** (*spinal column*) colonne *f* vertébrale **2.** (*spike*) épine *f* **3.** (*part of book*) dos *m* ▸**to send shivers (up and) down one's ~** donner froid dans le dos

spine-chilling *adj* qui fait froid dans le dos

spineless *adj* faible

spinnaker [ˈspɪn·ə·kər] *n* spi *m*

spinner *n* **1.** (*one who spins*) fileur, -euse *m, f* **2.** (*for board games*) flèche *f* tournante

spinning *n* **1.** filature *f* **2.** SPORTS spinning *m*

spinning jenny *n* métier *m* à filer

spinning mill *n* filature *f*

spinning top *n* toupie *f*

spinning wheel *n* rouet *m*

spinoff *n* **1.** ECON scission *f* **2.** (*byproduct*) produit *m* **3.** (*derived work*) retombée *f*

spinster [ˈspɪn(t)·stər] *n a. pej* vieille fille *f*

spiny [ˈspaɪ·ni] <-ier, -iest> *adj* couvert(e) d'épines

spiral [ˈspaɪ·rᵊl] **I.** *n* spirale *f* **II.** *adj* en spirale **III.** <-l- *o* -ll-> *vi* **1.** (*move in spiral*) tourner en spirale; (*smoke*) faire des volutes; (*leaf, plane*) vriller; **to ~ downwards** descendre en spirale **2.** (*increase*) **to ~ upwards** monter en flèche **3.** (*decrease*) **to ~ downwards** chuter

spire [spaɪər] *n* (*of church*) flèche *f*

spirit [ˈspɪr·ɪt] **I.** *n* **1.** (*nature*) esprit *m;* **not to be in the ~ of sth** ne pas être conforme à l'esprit de qc **2.** (*mood*) esprit *m;* **to take sth in the right/wrong ~** bien/mal prendre qc; **to be in high/low ~s** être de bonne/mauvaise humeur; **to break sb's ~** casser le moral de qn **3.** (*courage*) courage *m* **4.** (*character*) caractère *m;* **to be young in ~** être jeune de caractère; **with great ~** avec beaucoup de caractère **5.** (*soul*) esprit *m;* **the Holy Spirit** le Saint-Esprit; **to be with sb in ~** être avec qn par la pensée **6.** (*ghost*) esprit *m* **7.** *pl* (*alcoholic drink*) spiritueux *m* ▸**the ~ is willing but the flesh is weak** *iron* l'esprit est fort mais la chair est faible **II.** *vt* **to ~ sth away** faire disparaître qc discrètement

spirited *adj* (*discussion*) animé(e); (*reply*) vif(vive)

spiritism *n s.* **spiritualism**

spiritless *adj* sans énergie

spirit level *n* niveau *m* (à bulle d'air)

spiritual [ˈspɪr·ɪ·tʃu·əl] **I.** *adj* spirituel(le) **II.** *n* MUS negro-spiritual *m*

spiritualism [ˈspɪr·ɪ·tʃu·ᵊl·ɪ·zᵊm] *n* **1.** (*communication with dead*) spiritisme *m* **2.** (*doctrine*) spiritualisme *m*

spit[1] [spɪt] *n* **1.** (*for roasting*) broche *f* **2.** (*point of land*) pointe *f* (de terre)

spit[2] [spɪt] **I.** *n inf* crachat *m;* **it needs ~ and**

polish ça a besoin d'être lustré **II.** <spat *o* spit, spat *o* spit> *vi* **1.** (*expel saliva*) cracher **2.** (*crackle*) crépiter **III.** <spat *o* spit, spat *o* spit> *vt* **to ~ nails** voir rouge

◆**spit out** *vt* cracher; **to spit it out** *inf* cracher ce qu'on a à dire

◆**spit up** *vi* (*baby*) faire son rot

spite [spaɪt] **I.** *n* **1.** (*desire to hurt*) méchanceté *f* **2.** (*despite*) **in ~ of sth** malgré qc; **in ~ of oneself** malgré soi **II.** *vt* contrarier

spiteful *adj* méchant(e)

spitfire *n fig* dragon *m*

spitting image *n* **to be the ~ of sb** être (tout) le portrait craché de qn

spittle [ˈspɪt̬·l] *n form* crachat *m*

spittoon [spɪ·ˈtun] *n* crachoir *m*

splash [splæʃ] **I.** *n* **1.** (*sound*) plouf *m* **2.** (*small amount*) touche *f* ▶**to make a ~** faire sensation **II.** *vt* **1.** (*scatter liquid*) éclabousser, gicler *Suisse;* **to ~ coffee on the carpet** faire éclabousser du café sur la moquette; **to ~ one's face with water** s'asperger le visage avec de l'eau **2.** (*print prominently*) être à la une de; **to be ~ed across the front page** s'étaler en première page **III.** *vi* (*spread via splashes*) **to ~ onto sth** éclabousser qc **IV.** *adv* **to fall ~ into sth** tomber dans qc en faisant plouf

◆**splash down** *vi* AVIAT amerrir

splashboard *n* **1.** (*on vehicle*) garde-boue *m* **2.** (*on boat*) pare-brise *m*

splashdown *n* AVIAT amerrissage *m*

splash-resistant *adj inv* anti-éclaboussure(s)

splat [splæt] **I.** *n* plaf *m* **II.** *adv* **to fall ~ on the tiles** tomber sur le carrelage en faisant plaf

splatter **I.** *vt* **1.** (*cover with drops*) éclabousser **2.** (*spread*) répandre **II.** *vi* se répandre

splay [spleɪ] **I.** *vt* écarter **II.** *vi* **to ~ out** s'écarter

splayfooted *adj* **to be ~** avoir les pieds plats

spleen [splin] *n* **1.** (*organ*) rate *f;* **to rupture one's ~** se faire éclater la rate **2.** (*anger*) mauvaise humeur *f;* **to vent one's ~ on sb** décharger sa mauvaise humeur sur qn

splendid [ˈsplen·dɪd] *adj* **1.** (*magnificent*) splendide **2.** (*fine*) fantastique

splendiferous [splen·ˈdɪf·ᵊr·əs] *adj a. iron* splendide

splendor [ˈsplen·dər] *n* **1.** (*grandness*) splendeur *f* **2.** *pl* (*beautiful things*) merveilles *fpl*

splice [splaɪs] **I.** *vt* (*film*) coller **II.** *n* raccord *m;* **to join two things with a ~** mettre un raccord entre deux choses

splicer *n* colleuse *f*

splint [splɪnt] **I.** *n* MED attelle *f* **II.** *vt* mettre une attelle à

splinter **I.** *n* (*of wood*) écharde *f;* (*of glass*) éclat *m* **II.** *vi* (*split*) faire éclater; **to ~ into small groups** éclater en petits groupes

splinter group, splinter party *n* POL groupe *m* de scission

split [splɪt] **I.** *n* **1.** (*crack*) fissure *f* **2.** (*tear*) déchirure *f* **3.** (*division*) scission *f;* **a ~ in sth** une scission au sein de qc **4.** (*end of relationship*) rupture *f* **5.** (*share*) part *f;* **I want my ~** je veux ma part du gâteau **6.** (*in gymnastics*) grand écart *m* **II.** <split, split> *vt* **1.** (*cut*) fendre; **to ~ one's head open** s'ouvrir le crâne **2.** (*tear*) déchirer **3.** (*divide*) diviser; (*money, shares*) partager; **to ~ sth in half/groups** diviser qc en deux/groupes **4.** (*cause division: party*) diviser ▶**to ~ the difference** couper la poire en deux; **to ~ hairs** couper les cheveux en quatre; **to ~ one's sides laughing** être plié en deux **III.** <split, split> *vi* **1.** (*crack*) se fendre; (*material, dress*) se déchirer; **to ~ down the middle** se fendre au milieu **2.** (*divide*) se scinder; **to ~ from sth** se désolidariser de qc **3.** *sl* (*leave*) filer

◆**split off** **I.** *vt* détacher **II.** *vi* **1.** (*become detached*) se détacher **2.** (*separate*) **to ~ from sth** se séparer de qc

◆**split up** **I.** *vt* partager; **to ~ the work** se répartir le travail **II.** *vi* se séparer; **to ~ with sb** se séparer de qn

split infinitive *n* LING *erreur de style consistant à intercaler un adverbe entre la particule 'to' et un verbe*

split-level *adj* (*house*) à plusieurs niveaux

split pea *n* pois *m* cassé

split personality *n* PSYCH dédoublement *m* de la personnalité

split pin *n* goupille *f* fendue

split second *n* fraction *f* de seconde

splitting headache *n inf* mal *m* de tête aigu

split-up *n* séparation *f*

splotch [splatʃ] *n inf* tache *f*

splotchy *adj* taché(e)

splurge [splɜrdʒ] *inf* **I.** *vt* claquer; **to ~ money on sth** claquer son argent dans qc **II.** *vi* **to ~ on sth** claquer son argent dans qc **III.** *n* **to have a ~** faire des folies

splutter [ˈsplʌt̬·ər] **I.** *vi* **1.** (*speak unclear noises*) bafouiller **2.** (*make crackling noise*) crachoter **II.** *n* (*sound*) crachotement *m;* **to give a ~** crachoter

spoil [spɔɪl] **I.** *n pl* **~s** butin *m;* **to divide the ~s** se répartir le butin **II.** <-ed *o* spoilt, -ed *o* spoilt> *vt* **1.** (*ruin: child*) gâter; (*landscape, party*) gâcher **2.** (*treat well*) gâter; **to be ~ed for choice** avoir l'embarras du choix; **~ yourself!** fais-toi plaisir! **III.** <-ed *o* spoilt, -ed *o* spoilt> *vi* s'abîmer

spoiled *adj* (*child*) gâté(e)

spoiler *n* AUTO spoiler *m*

spoilsport *n inf* rabat-joie *mf*

spoilt *pp, pt of* **spoil**

spoke[1] [spoʊk] *n* rayon *m* ▶**to put a ~ in sb's wheel** mettre des bâtons dans les roues de qn

spoke[2] [spoʊk] *pt of* **speak**

spoken *pp of* **speak**

spokesman *n* porte-parole *m inv*

spokesperson *n* porte-parole *m inv*

spokeswoman <-men> *n* porte-parole *m inv*

sponge [spʌndʒ] **I.** *n* **1.** (*for washing*) éponge *f;* **to give sth a ~** éponger qc **2.** (*cake*) gâteau

m mousseline **II.** *vt* **1.** (*clean by rubbing*) frotter à l'éponge **2.** (*absorb liquid*) **to ~ sth up** éponger qc
◆**sponge down, sponge off** *vt* nettoyer avec une éponge
◆**sponge on** *vt pej, inf* vivre aux crochets de
sponge cake *n* gâteau *m* mousseline
sponger *n pej* pique-assiette *mf*
spongy <-ier, -iest> *adj* (*surface*) spongieux(-euse); (*pastry*) mœlleux(-euse)
sponsor [ˈspan(t)·sər] **I.** *n* **1.** ECON, SPORTS sponsor *m* **2.** (*supporter*) parrain, marraine *m, f* **II.** *vt* parrainer; (*athlete, team, event*) sponsoriser
sponsoring group *n* groupe *m* de sponsors
sponsorship *n* **1.** (*financial support*) parrainage *m;* **to get ~** être parrainé **2.** SPORTS sponsoring *m;* **to get ~** être sponsorisé
spontaneity [ˌspan·tᵊn·ˈeɪ·ə·t̬i] *n* spontanéité *f*
spontaneous [span·ˈteɪ·ni·əs] *adj* spontané(e)
spoof [spuf] **I.** *n* parodie *f;* **to do a ~ on sth** faire une parodie de qc **II.** *vt* parodier **III.** *vi* déconner
spook [spuk] **I.** *n* **1.** *inf* (*ghost*) fantôme *m* **2.** *sl* (*spy*) espion(ne) *m(f)* **II.** *vt inf* faire peur à
spooky <-ier, -iest> *adj inf* sinistre
spool [spul] *n* bobine *f;* (*for sewing machine*) cannette *f*
spoon [spun] **I.** *n* **1.** (*utensil*) cuillère *f;* **wooden ~** cuillère en bois **2.** (*amount held in spoon*) cuillerée *f* **II.** *vt* **to ~ sth into sth** verser qc dans qc à la cuillère
spoon-feed *vt irr* **1.** (*feed using spoon*) nourrir à la cuillère **2.** *pej* (*supply abundantly*) **to ~ sb with sth** mâcher le travail à qn
spoonful <-s *o* spoonsful> *n* cuillerée *f*
sporadic [spə·ˈræd·ɪk] *adj* (*gunfire*) sporadique; (*showers*) épars(e)
spore [spɔr] *n* spore *m*
sport [spɔrt] **I.** *n* **1.** (*athletic activity*) sport *m;* **to do/play ~s** faire du sport **2.** (*fun*) amusement *m;* **to do sth for ~** faire qc pour s'amuser **3.** (*form of address*) **how are you doing, ~?** salut mon vieux, ça va? ▶**to be a bad ~** *inf* être mauvais perdant; **to be a real ~** être vraiment sympa **II.** *vt* (*wear*) arborer
sporting *adj* SPORTS sportif(-ive)
sportive *adj* joueur(-euse)
sports car *n* voiture *f* de sport
sportscast *n* émission *f* sportive
sportscaster *n* présentateur, -trice *m, f* sportif
sports coat *n* blouson *m*
sports field *n* terrain *m* de sport
sports jacket *n* blouson *m*
sportsman *n* sportif *m*
sportsmanlike *adj* sportif(-ive)
sportsmanship *n* esprit *m* sportif
sports page *n* pages *fpl* sportives
sportswear *n* vêtements *mpl* de sport
sportswoman *n* sportive *f*
sportswriter *n* chroniqueur, -euse *m, f* sportif
sporty <-ier, -iest> *adj* **1.** (*athletic*) sportif(-ive) **2.** (*flashy: car*) de sport
spot [spat] **I.** *n* **1.** (*mark: of blood, grease*) tache; (*on skin*) bouton *m* **2.** FASHION (*pattern*) pois *m* **3.** (*place*) endroit *m;* **on the ~** sur place **4.** (*part of show*) séquence *f;* (*commercial*) spot *m* (de publicité) **5.** *inf* (*spotlight*) rayon *m* lumineux ▶**to put sb on the ~** mettre qn sur la sellette; **on the ~** (*just now*) sur le champ; (*immediately after*) à chaud **II.** <-tt-> *vi* (*cause spots*) tacher **III.** <-tt-> *vt* (*see*) apercevoir; **to ~ why/what ...** entrevoir pourquoi/ce que ...
spot check *n* contrôle *m* surprise
spot-check *vt* contrôler à l'improviste
spotless *adj* **1.** (*clean*) impeccable **2.** (*unblemished*) immaculé(e)
spotlight **I.** *n* **1.** (*beam of light*) rayon *m* lumineux **2.** THEAT, CINE projecteur *m* ▶**to be in/out of the ~** être/ne pas être en vue; **to be under the ~** être sous les feux de la rampe **II.** <-ed *o* spotlit, -ed *o* spotlit> *vt* mettre en lumière
spot market *n* FIN (*without delay*) marché *m* au comptant
spot price *n* FIN (*cash paid*) prix *m* au comptant
spot remover *n* détachant *m*
spotted *adj* (*dog*) tacheté(e); **to be ~ with sth** être taché de qc
spotter *n* SPORTS sélectionneur, -euse *m, f*
spotty [ˈspa·t̬i] <-ier, -iest> *adj* (*sales*) frauduleux(-euse); (*progress*) malhonnête
spouse [spaʊs] *n* **1.** (*husband*) époux *m* **2.** (*wife*) épouse *f*
spout [spaʊt] **I.** *n* **1.** (*on teapot*) bec *m;* (*in bathtub*) brise-jet *m* **2.** (*stream of liquid*) jet *m* **II.** *vt* **1.** *pej* (*utter*) dégoiser **2.** (*release: liquid*) couler; (*gas*) émettre **III.** *vi* **1.** *pej, inf* (*speechify*) pérorer **2.** (*flow*) jaillir
sprain [spreɪn] **I.** *n* foulure *f* **II.** *vt* se fouler
sprang [spræŋ] *vt, vi pt of* **spring**
sprat [spræt] *n* sprat *m*
sprawl [sprɔl] **I.** *vi* **1.** (*spread limbs out*) s'affaler; **to send sb ~ing** envoyer qn au tapis **2.** (*expand*) s'étendre **II.** *n* **1.** (*sprawled position*) position *f* avachie; **to lie in a ~** être affalé **2.** (*expanse*) étendue *f*
sprawling *adj pej* **1.** (*expansive*) coûteux(-euse) **2.** (*irregular*) clairsemé(e)
spray[1] [spreɪ] **I.** *n* **1.** (*mist: of perfume, water*) pulvérisation *m;* (*of saltwater*) embruns *mpl;* (*of bullets*) salve *f* **2.** (*container: of perfume*) vaporisateur *m;* (*for hair, paint*) bombe *f* **II.** *vt* (*perfume, product*) vaporiser; (*water*) arroser; **to ~ oneself** s'asperger; **to ~ sb with sth** asperger qn de qc **III.** *vi* gicler
spray[2] [spreɪ] *n* inflorescence *f;* (*of flowers*) gerbe *f*
spread [spred] **I.** *n* **1.** (*act of spreading*) déploiement *m* **2.** (*range*) gamme *f;* (*of opinion*) diffusion *f* **3.** (*article*) publication *f* **4.** (*ranch*) ranch *m* **5.** *inf* (*meal*) banquet *m* **II.** <spread, spread> *vi* **1.** (*propagate*) se propager; **to ~ like wildfire** se répandre comme

une traînée de poudre **2.** (*stretch*) s'étirer **3.** (*cover surface*) s'étendre **III.** <spread, spread> *vt* **1.** (*cause to expand*) déployer; (*one's legs*) allonger; (*virus, disease*) répandre; (*panic*) semer; (*culture*) développer **2.** (*cover with*) étaler; **to ~ toast with jam** tartiner un toast avec de la confiture **3.** (*distribute*) distribuer **4.** (*tell others: rumor, lies*) répandre; (*the word*) faire passer ▶ **to ~ one's wings** faire ses premières armes

spreader *n* **1.** (*person*) dispatcheur *m* **2.** (*machine*) extenseur *m;* (*maintaining tension*) tendeur *m*

spreadsheet *n* COMPUT **1.** (*software*) tableur *m* **2.** (*work screen*) feuille *f* de calcul

spree [spri] *n* **killing ~** folie *f* meurtrière; **to go (out) on a shopping ~** aller dévaliser les boutiques; **to go on a ~** (*get drunk*) prendre une cuite *inf*

sprig [sprɪg] *n* **1.** (*of grass, herb*) brin *m* (d'herbe) **2.** (*twig*) brindille *f*

sprightly ['spraɪt·li] <-ier, -iest> *adj* alerte

spring [sprɪŋ] **I.** *n* **1.** (*season*) printemps *m;* **in (the) ~** au printemps **2.** (*curved device*) ressort *m* **3.** (*elasticity*) élasticité *f;* **to have a ~ in one's step** avoir le pas souple **4.** (*source of water*) source *f* **II.** <sprang *o* sprung, sprung> *vi* **1.** (*move quickly*) se précipiter; **to ~ to one's feet** bondir sur ses pieds **2.** (*appear: to mind*) surgir **III.** <sprang *o* sprung, sprung> *vt* (*produce*) **to ~ sth on sb** faire qc à qn par surprise **IV.** *adj* (*supported by springs*) à ressort(s)

◆ **spring back** *vi* reculer d'un bond

spring balance *n* peson *m*

spring binder *n* classeur *m* (à ressort)

springboard *n* tremplin *m*

spring break *n* UNIV vacances *fpl* de printemps

spring-cleaning *n* nettoyage *m* de printemps

spring roll *n* rouleau *m* de printemps

spring tide *n* (grande) marée *f* d'équinoxe (de printemps)

springtime *n* printemps *m*

spring water *n* eau *f* de source

springy ['sprɪŋ·i] <-ier, -iest> *adj* printanier(-ère)

sprinkle ['sprɪŋ·kl] **I.** *vt* arroser **II.** *n* (*of rain, snow*) averse *f;* (*of salt, flour*) pincée *f*

sprinkler *n* **1.** (*for lawn*) arroseur *m* **2.** (*for field*) canon *m* (à eau)

sprinkling *n* **1.** (*light covering*) fine couche *f* **2.** (*small amount*) pincée *f*

sprint [sprɪnt] SPORTS **I.** *n* course *f* de vitesse; **to break into a ~** partir en sprint **II.** *vi* pratiquer la course de vitesse

sprinter *n* SPORTS coureur, -euse *m, f* de vitesse

sprocket (wheel) ['sprak·ɪt·(wil)] *n* roue *f* dentée

sprout [spraʊt] **I.** *n* **1.** (*of plant*) pousse *f;* (*of seeds, bulb*) germe *m* **2.** *pl* (*Brussels sprouts*) choux *mpl* de Bruxelles; (*soybean sprouts*) pousses *fpl* de (graines de) soja; (*alfalfa sprouts*) pousses *fpl* de luzerne **II.** *vi* **1.** (*grow*) pousser; (*seed, bulb*) germer **2.** *fig* germer **III.** *vt* (*shoots, hair*) faire; (*moustache*) se laisser pousser

spruce[1] [sprus] *n* (*tree*) épicéa *m*, épinette *f Québec*

spruce[2] [sprus] *adj* (*neat*) soigné(e)

sprung [sprʌŋ] *pp, pt of* **spring**

spry [spraɪ] *adj* plein(e) d'allant; **~ footwork** adroit jeu *m* de jambes

spud [spʌd] *n inf* patate *f*

spume [spjum] *n* écume *f*

spun [spʌn] *pp, pt of* **spin**

spunk [spʌŋk] *n inf* cran *m*

spunky ['spʌŋk·i] *adj inf* plein(e) d'audace

spur [spɜr] **I.** <-rr-> *vt* encourager; (*the economy*) relancer **II.** *n* **1.** (*encouragement*) encouragement *m* **2.** (*spike*) éperon *m* **3.** (*formation: of rock*) éperon *m* rocheux ▶ **on the ~ of the moment** dans le feu de l'action

spurious ['spjʊr·i·əs] *adj* fallacieux(-euse)

spurn [spɜrn] *vt form* repousser; **~ed lover** amoureux *m* éconduit

spurt [spɜrt] **I.** *n* **1.** (*fast stream*) torrent *m* **2.** (*burst: of effort, money*) surcroît *m;* (*of speed*) pointe *f;* **growth ~** poussée *f* de croissance ▶ **in ~s** à flots; **to do sth in ~s** faire qc par à-coups **II.** *vt* faire jaillir **III.** *vi* jaillir

sputter ['spʌt̬·ər] **I.** *n* crépitement *m* **II.** *vi* crépiter **III.** *vt* cracher bruyamment

sputum ['spju·t̬əm] *n form* crachat *m*

spy [spaɪ] **I.** *n* espion(ne) *m(f)* **II.** *vi* **to ~ on sb/sth** espionner qn/qc **III.** *vt* remarquer

◆ **spy on** *vt* espionner

spyglass *n* longue-vue *f*

spy satellite *n* satellite *m* d'observation

spyware ['spaɪ·wer] *n* logiciel *m* espion

Sq. *n abbr of* **square** carré; **~ foot** pied *m* carré

squabble ['skwa·bl] **I.** *n* querelle *f* **II.** *vi* se disputer

squad [skwad] *n* **1.** (*group*) groupe *m* (d'élite) **2.** (*sports team*) équipe *f* sportive **3.** (*military unit*) escouade *f*

squad car *n* voiture *f* de patrouille (de police)

squadron ['skwa·drən] *n* **1.** MIL escadron *m* **2.** AVIAT, NAUT escadrille *f*

squalid ['skwa·lɪd] *adj* **1.** (*dirty*) crasseux(-euse) **2.** (*immoral*) crapuleux(-euse)

squall [skwɔl] **I.** *n* **1.** (*gust of wind*) bourrasque *f* **2.** (*shriek*) hurlement *m* **II.** *vi* hurler

squally <-ier, -iest> *adj* en bourrasque; (*rain*) violent(e)

squalor ['skwa·lər] *n* **1.** (*place*) taudis *m* **2.** (*immorality*) dépravation *f* **3.** (*poverty*) misère *f*

squander ['skwan·dər] *vt* gaspiller; (*opportunity*) perdre; (*chance*) manquer

square [skwer] **I.** *n* **1.** (*geometric shape*) carré *m* **2.** (*part of town*) square *m* **3.** (*marked space*) case *f;* **to go back to ~ one** *inf* revenir à la case départ **4.** (*tool*) équerre *f* **5.** *inf* (*boring person*) ringard(e) *m(f)* **6.** (*number times itself*) carré *m* **II.** *adj* **1.** <-r, -st> (*square-shaped*) carré(e) **2.** <-r, -st> (*short and solid*) carré(e) **3.** MATH carré(e); **5 ~ miles** 5 miles *mpl* carrés **4.** (*right angled: corner*) à angle droit **5.** (*owing nothing*) quitte **6.** SPORTS à égalité **7.** <-r, -st> *inf* (*on the same level*) équilibré(e) **8.** <-r, -st> (*straight*) droit(e); **to be ~ with sb** être honnête avec qn **9.** (*arranged, in order*) **to get sth ~** arranger qc **10.** <-r, -st> *inf* (*old-fashioned*) ringard(e) **III.** *vt* **1.** (*align*) aligner; (*one's shoulders*) redresser **2.** *inf* (*settle*) arranger; (*a matter*) régler **3.** (*multiply by itself*) élever au carré **4.** SPORTS égaliser; **to ~ a match** faire match nul **IV.** *adv* droit; **~ in the middle** en plein milieu

square bracket *n* crochet *m*

> **i** **Square dance** est le nom donné à une danse folklorique américaine. Des groupes de quatre couples dansent en formant un carré, un cercle ou deux rangs; ils exécutent des mouvements qui sont annoncés par un *caller*. Le *caller* peut donner ses ordres en chantant ou en parlant. Des musiciens country munis de violons, de banjos et de guitares accompagnent souvent le **square dancing.**

squarely *adv* carrément

square measure *n* mesure *f* de superficie

square number *n* carré *m* parfait

square-rigger *n* NAUT navire *m* à voiles carrées

square root *n* racine *f* carrée

squash[1] [skwaʃ] *n* (*vegetable*) courge *f*

squash[2] [skwaʃ] **I.** *n* **1.** (*dense pack*) entassement *m*; **it will be a bit of a ~** ça va être un peu serré **2.** (*racket game*) squash *m* **II.** *vt* **1.** (*crush*) écraser **2.** (*make feel stupid*) écraser **3.** *fig* (*rumor*) étouffer

squash court *n* (*indoors*) salle *f* de squash; (*outdoors*) court *m* de squash

squash racquet *n* raquette *f* de squash

squashy <-ier, -iest> *adj* mou(molle)

squat [skwat] **I.** <-tt-> *vi* **1.** (*crouch down*) **to ~ down** s'accroupir; **to be ~ting** être accroupi **2.** (*occupy without permission*) squatter **II.** *n* **1.** (*position*) position *f* accroupie **2.** (*shelter*) squat *m* **III.** <-tt-> *adj* trapu(e)

squatter ['skwaṭ·ər] *n* (*of house*) squatteur, -euse *m, f*; (*of land*) exploitant(e) *m(f)* illégitime

squaw [skwɔ] *n pej* squaw *f*

squawk [skwɔk] **I.** *vi* **1.** (*make noise: bird*) glousser; (*radio*) sortir des bruits **2.** *fig, inf* cancaner **II.** *n* **1.** (*sharp cry*) glapissement *m* **2.** *inf* (*complaint*) cri *m*

squeak [skwik] **I.** *n* grincement *m* **II.** *vi* (*mouse, door, hinge*) couiner

squeaky <-ier, -iest> *adj* **1.** (*tending to squeak*) braillard(e) **2.** (*very narrow*) de justesse ►**the ~ <u>wheel</u> gets the grease** *prov* quiconque demande reçoit *prov*

squeaky-clean *adj* irréprochable

squeal [skwil] **I.** *n* **1.** (*of brakes, tires*) crissement *m* **2.** (*cry*) cri *m*; **to let out a ~** pousser un cri perçant **II.** *vi* **1.** (*utter sharp cry: pig, brakes, car*) couiner **2.** *inf* (*person*) brailler; **to ~ with joy** hurler de joie

squeamish ['skwi·mɪʃ] **I.** *adj* sensible **II.** *npl* **the morally ~** les puritain(e)s

squeegee ['skwi·dʒi] **I.** *n* raclette *f* **II.** *vt* éponger

squeeze [skwiz] **I.** *n* **1.** (*pressing action*) compression *f* **2.** (*obtained by squeezing*) pression *f*; **to give sth a ~** presser qc **3.** ECON (*on spending*) restriction *f*; (*on jobs*) limitation *f* **4.** *fig, sl* amoureux, -euse *m, f* **II.** *vt* **1.** (*firmly press*) presser; (*cloth*) essorer; (*sb's hand*) serrer; (*trigger, doll*) appuyer sur; **to ~ the trigger** presser la détente; **freshly ~d orange juice** jus *m* d'orange fraîchement pressé **2.** (*force into*) entasser; **to ~ sth into sth** faire entrer qc dans qc; **to ~ one's way through** se frayer un passage **3.** (*extort*) soutirer; **to ~ money out of sb** extorquer de l'argent à qn **4.** *fig* (*put pressure on*) faire pression sur **5.** ECON (*wages*) bloquer

◆ **squeeze out** *vt* (*juice*) extraire

squeezer *n* presse-agrumes *m*

squelch [skweltʃ] **I.** *vi* glouglouter **II.** *vt* amortir; (*rumor*) étouffer **III.** *n* TECH éliminateur *m* de bruits (de fond)

squib [skwɪb] *n* **1.** (*firecracker*) pétard *m* **2.** (*short written piece*) entrefilet *m* **3.** (*written attack*) satire *f*

squid [skwɪd] <-(s)> *n* cal(a)mar *m*

squiggle ['skwɪg·l] *n* gribouillis *m*

squint [skwɪnt] **I.** *vi* **1.** MED loucher **2.** (*partly close eyes*) plisser les yeux **II.** *n* **1.** MED strabisme *m* **2.** *inf* (*quick look*) **to have a ~ at sth** donner un coup d'œil à qc

squint-eyed *adj* **to be ~** loucher

squire [skwaɪər] *n* **1.** (*landowner*) propriétaire *mf* terrien(ne) **2.** (*feudal landowner*) seigneur *m*

squirm [skwɜrm] **I.** *vi* se tortiller **II.** *n* embarras *m*; **to give a ~** se montrer embarrassé

squirrel ['skwɜr·əl] *n* écureuil *m*

squirt [skwɜrt] **I.** *vt* **1.** (*make flow out*) faire gicler; (*perfume, deodorant*) vaporiser **2.** (*shower off*) asperger **II.** *vi* jaillir **III.** *n* **1.** (*amount*) pulvérisation *f* **2.** *pej* (*young person*) salaud *m*

Sr. *n* Sr *m*

Sri Lanka [ˌsri·'laŋ·kə] *n* le Sri Lanka

Sri Lankan **I.** *adj* sri lankais(e) **II.** *n* Sri Lankais *m*

SSE *n abbr of* **south-southeast** SSE *m*

SSM *n abbr of* **surface-to-surface missile** MSS *m*

SSW *n abbr of* **south-southwest** SSW *m*

St. *n* **1.** *abbr of* **saint** St *m* **2.** *abbr of* **street** rue *f*

stab [stæb] **I.** <-bb-> *vt* poignarder; **to ~ sb to death** poignarder qn à mort; **to ~ sth with sth** donner un coup de qc dans qc **II.** <-bb-> *vi* **a.** *fig* **to ~ at sb/sth** porter un coup de couteau à qn/qc **III.** *n* **1.** (*with pointed object*) coup *m* de couteau; **to make a ~ at sth with sth** porter un coup de qc à qc **2.** (*sudden pain*) élancement *m;* (*of jealousy*) accès *m* **3.** *fig* (*attack*) coup *m;* **a ~ in the back** un coup de poignard dans le dos ►**to have a ~ at doing sth** s'essayer à faire qc

stabbing **I.** *n* coup *m* de couteau **II.** *adj* (*pain*) lancinant(e)

stability [stə·'bɪl·ə·t̬i] *n* stabilité *f*

stabilization *n* stabilisation *f*

stabilize ['steɪ·bə·laɪz] **I.** *vt* stabiliser **II.** *vi* se stabiliser

stabilizer *n* stabilisateur *m*

stable[1] ['steɪ·bl] <-r, -st *o* more stable, most stable> *adj* **1.** (*firm*) *a. fig* stable **2.** PSYCH (*well-balanced*) équilibré(e)

stable[2] ['steɪ·bl] **I.** *n* écurie *f* **II.** *vt* (*horse*) loger

stable boy *n* garçon *m* d'écurie

stable girl *n* fille *f* d'écurie

stack [stæk] **I.** *vt* **1.** (*arrange in pile*) empiler **2.** (*fill*) remplir **3.** AVIAT (*airplane*) mettre en attente **4.** *pej* (*preselect*) favoriser **II.** *n* **1.** (*pile*) pile *f* **2.** *inf* (*large amount*) tas *m;* **to have ~s of them** en avoir des tas **3. the ~s** *pl* (*in library*) rayons *mpl*

stadium ['steɪ·di·əm] <-s *o* -dia> *n* stade *m*

staff [stæf] **I.** *n* **1.** (*employees*) personnel *m;* **teaching/office ~** personnel enseignant/de bureau; **editorial ~** rédaction *f* **2.** MIL (*group of officers*) état-major *m* **3.** (*stick*) bâton *m* **4.** (*flagpole*) mât *m* **5.** MUS (*stave*) portée *f* **II.** *vt* (*provide personnel*) pourvoir en personnel; **to be ~ed by sb** être composé de qn **III.** *adj* du personnel

staffer *n inf* membre *m* du personnel; (*in newspaper*) journaliste *mf*

staffing *n* recrutement *m*

staff officer *n* officier *m* d'état-major

staffroom *n* SCHOOL salle *f* des professeurs

stag [stæg] **I.** *n* (*male deer*) cerf *m* **II.** *adv* en célibataire

stage [steɪdʒ] **I.** *n* **1.** (*period in process*) stade *m;* **to be at a ~ where ...** en être à un stade où ... **2.** (*section: of trip, race*) étape *f;* **to do sth in ~s** faire qc par étapes **3.** (*in theater*) scène *f;* **a ~ adaptation** une adaptation à la scène; **to be/go on ~** être/monter sur scène; **to set the ~** *fig* préparer le terrain; **to hold the ~** *fig* tenir la vedette **4. the ~** (*theatrical profession*) le théâtre **5.** (*scene of action*) scène *f;* **the political ~** la scène politique; **to be the ~ of violence** être le théâtre de violences **II.** *vt* **1.** (*produce on stage*) mettre en scène **2.** (*organize*) monter

stagecoach *n* HIST diligence *f*

stage direction *n* indications *fpl* scéniques

stage director *n* metteur *mf* en scène

stage door *n* entrée *f* des artistes

stage effect *n* effet *m* scénique

stage fright *n* trac *m*

stagehand *n* machiniste *m*

stage-manage *vt* **1.** (*act as stage manager*) mettre en scène **2.** (*organize desired effect*) *a. fig* orchestrer

stage manager *n* chef *m* de plateau

stage name *n* nom *m* de scène

stager ['steɪdʒ·ər] *n* **an old ~** un vieux routier

stage-struck *adj* passionné(e) de théâtre

stage whisper *n* THEAT aparté *m*

stagger ['stæg·ər] **I.** *vi* chanceler; **to ~ to bed** aller au lit d'un pas chancelant; **to ~ under the weight of sth** *fig* chanceler sous le poids de qc **II.** *vt* **1.** (*astonish*) stupéfier **2.** (*arrange at differing times*) échelonner **III.** *n* pas *m* chancelant

staggering *adj* renversant(e)

staging ['steɪ·dʒɪŋ] *n* mise *f* en scène

stagnant ['stæg·nənt] *adj a. fig* stagnant(e)

stagnate ['stæg·neɪt] *vi* stagner

stagnation *n* stagnation *f*

stag party *n* enterrement *m* de la vie de garçon

stagy ['steɪ·dʒi] *adj pej* théâtral(e)

staid [steɪd] *adj* sérieux(-euse)

stain [steɪn] **I.** *vt* **1.** (*discolor*) tacher **2.** (*dye*) teindre **3.** *fig* (*blemish*) ternir **II.** *vi* se tacher **III.** *n* **1.** (*discoloration*) tache *f;* **blood ~** tache de sang **2.** (*dyestuff*) teinture *f* **3.** *fig* (*blemish*) atteinte *f*

stained glass *n* vitraux *mpl*

stainless *adj a. fig* sans tache

stainless steel *n* acier *m* inoxydable

stain remover *n* détachant *m*

stair [ster] *n* **1.** (*step in staircase*) marche *f* **2.** *pl* (*set of steps*) escalier *m;* **a flight of ~s** un escalier

staircase *n* escalier *m;* **a spiral ~** un escalier en colimaçon; **a secret ~** un escalier dérobé

stairway *n* escalier *m*

stairwell *n* cage *f* d'escalier

stake[1] [steɪk] **I.** *n* **1.** (*sharpened stick*) piquet *m;* (*wooden*) pieu *m* **2.** (*execution by burning*) *a. fig* **the ~** le bûcher; **to be burned at the ~** mourir sur le bûcher ►**to pull up ~s** déménager **II.** *vt* **1.** (*fasten to stake*) fixer à l'aide de piquets; (*plants*) tuteurer **2.** LAW **to ~ a claim** faire valoir ses droits

stake[2] [steɪk] *n* **1.** (*share*) intérêt *m;* **to have a ~ in sth** avoir des intérêts dans qc **2.** (*amount at risk*) enjeu *m;* GAMES mise *f;* **to double one's ~s** doubler sa mise; **to play for high ~s** jouer gros jeu; **to be at ~** être en jeu **3.** SPORTS (*horserace*) course *f* **4.** *inf* (*competitive activity*) course *f*

stakeout *n inf* surveillance *f*

stalactite [stə·'læk·taɪt] *n* GEO stalactite *f*

stalagmite [stə·'læg·maɪt] *n* GEO stalagmite *f*

stale [steɪl] *adj* **1.** (*not fresh*) pas frais(fraîche); (*bread*) rassis(e); (*air*) vicié(e) **2.** (*old*) usé(e); **to get ~** s'user **3.** (*out of date*) périmé(e)

stalemate ['steɪl·meɪt] *n* impasse *f*

stalk[1] [stɔk] *n* (*stem*) tige *f;* (*supporting flower*) pédoncule *m*

stalk[2] [stɔk] **I.** *vt* traquer **II.** *vi* **to ~ in/out** entrer/sortir d'un air arrogant

stalker *n personne harcelante*

stalking-horse *n fig* prétexte *m*
stall [stɔl] **I.** *n* **1.** (*for animal*) stalle *f* **2.** (*compartment in room*) cabine *f;* **shower ~** cabine de douche **3.** (*seat in church*) (**choir**) **~s** stalle *f* **4.** (*vendor booth*) stand *m;* **a newspaper ~** un kiosque à journaux **5.** AUTO (*loss of power*) calage *m* **II.** *vi* **1.** (*stop running: motor, vehicle*) caler **2.** *inf* (*delay*) essayer de gagner du temps **III.** *vt* **1.** (*cause to stop running: car, motor*) caler **2.** *inf* (*keep waiting*) faire poireauter **3.** (*delay*) repousser
stallion ['stæl·jən] *n* étalon *m*
stalwart ['stɔl·wərt] **I.** *adj form* **1.** (*sturdy*) robuste **2.** (*loyal*) fidèle **II.** *n form* fidèle *mf*
stamen ['steɪ·men] <-s *o* -mina> *n* BOT étamine *f*
stamina ['stæm·ə·nə] *n* résistance *f*
stammer ['stæm·ər] **I.** *vt, vi* bégayer **II.** *n* bégaiement *m;* **to have a ~** bégayer
stammerer ['stæm·ər·ər] *n* bègue *mf*
stamp [stæmp] **I.** *n* **1.** (*postage stamp*) timbre *m* **2.** (*implement*) tampon *m;* **rubber ~** tampon **3.** (*official mark*) cachet *m;* (*on metal*) poinçon *m* **4.** (*characteristic*) marque *f;* **to leave one's ~ on sb/sth** laisser sa marque sur qn/qc **5.** COM (*coupon*) bon *m;* **food ~** bon alimentaire **6.** (*with foot*) battement *m* de pied **II.** *vt* **1.** (*place postage on*) timbrer **2.** (*mark with*) tamponner; (*on metal*) poinçonner **3.** *fig* **to ~ sth on sth** graver qc sur qc; **to ~ oneself on sth** laisser sa marque sur qc; **to ~ sb/sth as** (**being**) **sb/sth** étiqueter qn/qc comme qn/qc **4.** (*with foot*) trépigner **III.** *vi* trépigner
stamp collecting *n* philatélie *f*
stamp collection *n* collection *f* de timbres
stamp collector *n* philatéliste *mf*
stampede [stæm·'pid] **I.** *n* ruée *f* **II.** *vi* se ruer **III.** *vt* **1.** (*cause to flee*) jeter la panique **2.** (*force into action*) **to ~ sb into doing sth** pousser qn à faire qc
stamping ground *n* lieu *m* de prédilection
stance [stæn(t)s] *n a. fig* position *f;* **to take a ~ on sth** se mettre en position pour qc
stanch [stɔntʃ] *vt* **1.** étancher; **to ~ a wound** étancher le sang d'une plaie **2.** *fig* arrêter
stand [stænd] **I.** *n* **1.** (*position*) *a. fig* position *f;* **to take one's ~** prendre position; **to take a ~ on sth** prendre position sur qc; **to make a ~ against sth** s'opposer à qc **2.** (*standstill*) arrêt *m;* **to bring sb/sth to a ~** arrêter qn/qc **3.** (*for spectators*) tribune *f* **4.** (*support*) support *m* **5.** (*stall, booth*) stand *m;* **a news ~** un kiosque à journaux **6.** (*for vehicles*) station *f;* **taxi ~** station de taxi **7.** (*small table*) petite table *f* **8.** (*site of performance*) stand *m* **9.** (*sexual encounter*) **a one-night ~** une histoire sans lendemain **10. the ~** (*witness box*) barre *f* (des témoins) **11.** (*group of plants*) bouquet *m* **II.** <stood, stood> *vi* **1.** (*be upright*) se tenir debout; **to ~ tall** se tenir droit; **to ~** (**up**) se lever; **to ~ on one's hands** se tenir sur les mains; **to ~ at attention** MIL se mettre au garde-à-vous **2.** (*be located*) se trouver; **to ~ somewhere** (*mountain, church*) se dresser quelque part; **to ~ in sb's way** barrer le passage à qn **3.** (*have a position*) *a. fig* se tenir; **to ~ on an issue** avoir un point de vue sur un sujet; **to ~ on one's own two feet** ne dépendre que de soi; **to ~ or fall on sth** dépendre de qc; **to ~ alone** faire face seul; **to ~ still** se tenir immobile; **to ~ guard** se tenir sur ses gardes; **to ~ firm** tenir bon; **to ~ on ceremony** faire des manières; **to ~ on one's dignity** *pej* garder ses distances **4.** (*be in specified state*) être; **to ~ motionless/alone/empty** rester immobile/seul/vide; **to ~ accused of sth** être accusé de qc; **to ~ at sth** être de qc; **to ~ to lose sth** risquer de perdre qc; **to ~ to gain sth** avoir des chances de gagner qc; **to ~ five feet tall** faire un mètre cinquante (de haut) **5.** (*remain valid*) tenir; **it still ~s** cela tient encore; **to ~ to reason** aller sans dire **6.** (*remain motionless*) reposer; (*tea*) infuser; **to let sth ~** laisser reposer qc **III.** <stood, stood> *vt* **1.** (*place upright*) placer; **to ~ sth on its head** faire tenir qc sur sa tête; **to ~ sb on sth** mettre qn debout; **to ~ sth against sth** mettre qc contre qc **2.** (*bear*) supporter; **to not be able to ~ doing sth** ne pas supporter de faire qc; **to not be able to ~ sb doing sth** ne pas supporter que qn fasse qc (*subj*) **3.** (*pay for*) payer **4.** LAW (*undergo*) **to ~ trial for sth** passer en jugement pour qc ►**to ~ a <u>chance</u> of doing sth** *inf* avoir de bonnes chances de faire qc; **to ~ one's <u>ground</u>** tenir bon
◆**stand around** *vi* se tenir là
◆**stand aside** *vi a. fig* s'écarter
◆**stand back** *vi* **1.** (*stay back*) être en retrait **2.** (*move back*) reculer **3.** *fig* prendre du recul
◆**stand by** **I.** *vi* **1.** (*observe*) se tenir là **2.** (*be ready to take action*) se tenir prêt; **to ~ for sth** se parer à qc **3.** (*wait*) attendre **II.** *vt* soutenir; (*decision*) maintenir; (*one's word, promise*) tenir; **to ~ each other** se soutenir
◆**stand down** *vi* (*resign*) se retirer
◆**stand for** *vt* **1.** (*represent*) signifier **2.** (*tolerate*) supporter
◆**stand in** *vi* **to ~ for sb** remplacer qn
◆**stand off** **I.** *vt* tenir à l'écart; **to ~ the coast** être au large **II.** *vi* se tenir à l'écart
◆**stand out** *vi* **1.** (*project from*) ressortir **2.** (*be noticeable, better*) se détacher; **to ~ in a crowd** se détacher de la foule **3.** (*be opposed to*) **to ~ against sth** résister à qc
◆**stand up** **I.** *vi* **1.** (*assume upright position*) se lever; **to ~ straight** se tenir droit **2.** (*be standing*) se tenir debout **3.** (*be accepted as true*) se tenir **II.** *vt* **1.** (*put straight*) redresser **2.** *inf* poser un lapin à
standalone *n* COMPUT poste *m* autonome
standard ['stæn·dərd] **I.** *n* **1.** (*level of quality*) niveau *m;* **to be up to sb's ~** être au niveau de qn **2.** (*basis for evaluation*) norme *f;* **safety ~** norme de sécurité **3.** (*flag*) étendard *m* **4.** (*basis of currency: gold, silver*) étalon *m*

5. (*well-known piece of music*) standard *m* **II.** *adj* **1.** (*normal, not special: language, size, procedures*) standard *inv* **2.** (*classic: book, song*) classique **3.** (*average, acceptable: procedure, practice*) ordinaire
standard-bearer *n a. fig* porte-drapeau *m*
standardization *n* standardisation *f*
standardize ['stæn·dər·daɪz] *vt* standardiser
standby I. *n* **1.** (*reserve*) réserve *f;* **to be (put) on ~** être en attente **2.** (*substitute*) remplaçant(e) *m(f);* **to be (put) on ~** se tenir prêt **II.** *adj* de réserve **III.** *adv* en attente
stand-in *n* remplaçant(e) *m(f)*
standing I. *n* **1.** (*position*) rang *m* **2.** (*duration*) durée *f* **II.** *adj* **1.** (*upright*) debout *inv* **2.** (*permanent*) fixe **3.** (*stagnant*) stagnant(e) **4.** (*not reaped*) sur pied
standing ovation *n* standing ovation *f*
standoffish [ˌstænd·'af·ɪʃ] *adj inf* distant(e)
standpipe ['stæn(d)·paɪp] *n* colonne *f* d'alimentation
standpoint ['stæn(d)·pɔɪnt] *n* point *m* de vue
standstill ['stæn(d)·stɪl] *n* arrêt *m;* **to be at a ~** être immobile; **to come to a ~** s'immobiliser
standup *adj* **1.** (*eaten standing: meal*) pris(e) debout **2.** FASHION (*collar*) montant(e) **3.** (*courageous: guy*) vaillant(e)
standup comedy *n* stand up comedy *m* (*spectacle comique solo*)
stank [stæŋk] *pt of* **stink**
stanza ['stæn·zə] *n* strophe *f*
staple¹ ['steɪ·pl] **I.** *n* **1.** (*main product*) produit *m* de base **2.** (*basic food*) aliment *m* de base **3.** (*important component*) élément *m* principal **II.** *adj* de base
staple² ['steɪ·pl] **I.** *n* (*for attaching*) agrafe *f* **II.** *vt* agrafer
stapler *n* agrafeuse *f*
star [star] **I.** *n* **1.** (*heavenly body*) *a. fig* étoile *f;* **to reach for the ~s** essayer d'atteindre les étoiles; **to be born under a lucky ~** être né sous une bonne étoile **2.** (*famous performer*) star *f;* **a film/rock ~** une star du cinéma/de rock **3.** (*asterisk*) astérisque *m* ▶ **to <u>see</u> ~s** voir trente-six chandelles **II.** <-rr-> *vi* THEAT, CINE **to ~ in a film** être la vedette d'un film; **~ring Johnny Depp** avec Johnny Depp dans le rôle principal **III.** <-rr-> *vt* **1.** THEAT, CINE avoir en vedette **2.** (*mark with asterisk*) marquer d'un astérisque **IV.** *adj* **1.** (*outstanding*) de premier ordre **2.** (*in ratings*) **a four-~ hotel** un hôtel quatre étoiles **3.** THEAT, CINE, MUS vedette
starboard ['star·bərd] *n* tribord *m*
starch [startʃ] **I.** *n* **1.** (*stiffening agent*) amidon *m* **2.** CULIN (*carbohydrates*) fécule *f* **II.** *vt* amidonner
starchy <-ier, -iest> *adj* **1.** CULIN (*food*) riche en féculent **2.** FASHION (*cloth*) amidonné(e) **3.** *pej, inf* guindé(e)
stardom ['star·dəm] *n* célébrité *f*
stare [ster] **I.** *vi* regarder fixement; **to ~ at sb/sth** fixer qn/qc du regard **II.** *vt* **to ~ sb in the face/eyes** dévisager qn/regarder qn dans le blanc des yeux **III.** *n* regard *m*
starfish ['star·fɪʃ] <-(es)> *n* étoile *f* de mer
stargazer ['star·ˌgeɪz·ər] *n inf* astrologue *mf*
staring ['ster·ɪŋ] *adj* (*eyes*) fixe
stark [stark] **I.** *adj* **1.** (*bare, desolate: landscape*) désolé(e); (*room*) austère **2.** (*complete, extreme: contrast, reality*) brutal(e); (*madness*) absolu(e) **II.** *adv* complètement; **~ naked** à poil
starless *adj* sans étoiles
starlet ['star·lət] *n* starlette *f*
starlight ['star·laɪt] *n* lumière *f* des étoiles
starling ['star·lɪŋ] *n* étourneau *m*
starlit ['star·ˌlɪt] *adj* étoilé(e)
starry ['star·i] <-ier, -iest> *adj* étoilé(e)
starry-eyed *adj* naïf(naïve)

> **i** Le *U.S. flag* a différents noms, dont celui de: **The Stars and Stripes.** Les étoiles y symbolisent les 50 États américains actuels et les 13 rayures représentent les 13 États qui ont fondé les États-Unis. L'expression patriotique *Old Glory* a été inventée par le capitaine William Driver. Le titre de l'hymne national américain, *The Star-spangled Banner,* se rapporte également à ce drapeau.

star sign *n* signe *m* zodiacal
Star-Spangled Banner *n* **the ~ 1.** (*U.S. flag*) la bannière étoilée **2.** (*U.S. national anthem*) *hymne national américain*
star-studded *adj* **1.** (*full of stars*) étoilé(e) **2.** *fig* prestigieux(-euse)
start [start] **I.** *vi* **1.** (*begin*) commencer; **to ~ to do/doing sth** commencer à faire qc; **to ~ by doing sth** commencer par faire qc; **to ~ anew** [*o* **(all over) again**] recommencer à zéro; **to ~ at the beginning** commencer par le commencement; **... to ~ with** pour commencer ...; **to ~ with, ...** tout d'abord; **don't ~!** *inf* ne commence pas!; **don't you ~!** *inf* tu ne vas pas t'y mettre aussi! **2.** (*begin journey*) partir **3.** (*begin operating: vehicle, motor*) démarrer **4.** (*make sudden movement*) sursauter; **to ~ out of sleep** se réveiller en sursaut **5.** SPORTS prendre le départ **II.** *vt* **1.** (*begin*) commencer; (*a family*) fonder; **to ~ doing sth** commencer à faire qc; **to get ~ed** commencer **2.** (*set in motion: conversation, bottle*) entamer; (*fight, trouble, war*) déclencher; (*trend, fashion, rumor*) lancer; (*meeting*) débuter; (*fire*) allumer; **to ~ legal proceedings** engager une action en justice; **to ~ it** *inf* commencer **3.** TECH (*set in operation: machine*) mettre en marche; (*motor, car*) démarrer **4.** COM (*establish*) lancer; **to ~ sb in sth** lancer qn dans qc **5.** *inf* (*cause to do*) **to ~ sb/sth doing sth** faire faire qc à qn/qc **6.** COMPUT démarrer **III.** *n* **1.** (*begin-*

ning) commencement *m;* **to make a ~ on sth** commencer qc; **to get off to a good/bad ~** prendre un bon/mauvais départ; **to make a ~ on doing sth** commencer à faire qc; **to make a late/early ~** commencer tard/de bonne heure; **to make a fresh/good ~** recommencer/bien commencer; **to give sb a ~ in sth** lancer qn dans qc; **from ~ to finish** du début à la fin; **a false ~** un faux départ; **... for a ~** [*o* **for a ~, ...**] pour commencer **2.** SPORTS (*beginning place*) départ *m* **3.** (*beginning time*) départ *m;* **to make a ~** se mettre en route **4.** (*beginning advantage*) avance *f;* **to have a good ~ in life** avoir bien débuté dans la vie; **to have a ~ on sb** avoir de l'avance sur qn; **to give sb a ~** donner de l'avance à qn; **to give sb a one hour/mile ~** donner une heure/un mile d'avance à qn **5.** (*sudden movement*) sursaut *m;* **to give a ~** sursauter; **to give sb a ~** faire sursauter qn

◆**start back** *vi* **1.** (*be startled*) faire un bond en arrière **2.** (*begin return*) prendre le chemin du retour

◆**start in** *vi a. fig, a. inf* s'y mettre; **to ~ on sb/sth** s'attaquer à qn/qc

◆**start off I.** *vi* **1.** (*begin activity*) commencer; **to ~ by doing sth** commencer en faisant qc **2.** (*begin journey*) se mettre en route **II.** *vt* **to start sth off** commencer qc; **to start sb off on sth** lancer qn sur qc

◆**start on** *vt* **1.** (*begin*) commencer **2.** *inf* (*harass, attack*) s'en prendre à

◆**start out** *vi* **1.** (*begin journey*) se mettre en route **2.** (*begin process, career*) commencer; (*company, business*) se lancer; **to ~ as/doing sth** débuter comme/en faisant qc; **to ~ to** +*infin* envisager de +*infin*

◆**start over** *vi* recommencer

◆**start up I.** *vt* **1.** (*organize, implement: business, company*) lancer; (*restaurant, club*) ouvrir **2.** (*turn on: engine*) démarrer **II.** *vi* **1.** (*begin undertaking*) se lancer **2.** (*begin running: motor, vehicle*) démarrer

start button *n* COMPUT bouton *m* "démarrer"

starter *n* **1.** SPORTS (*in competition*) partant(e) *m(f)* **2.** SPORTS (*in race*) starter *m* **3.** *inf* CULIN (*appetizer*) entrée *f* ▶ **for ~s** *inf* tout d'abord

starting *adj* de départ

starting block *n* starting-block *m*

starting gate *n* starting-gate *m*

startle ['star·ţl] *vt* effrayer; **to ~ sb into doing sth** pousser qn à faire qc

startling *adj* effrayant(e)

start-up *n* **1.** (*setting*) lancement *m;* (*of motor*) démarrage *m;* (*of business*) création *f* d'entreprise **2.** (*new business*) start-up *f*

starvation [star·'veɪ·ʃᵊn] **I.** *n* famine *f* **II.** *adj* (*diet*) draconien(ne); (*wages*) de misère

starve [starv] **I.** *vi* **1.** (*die*) souffrir de la faim; **to ~** (**to death**) mourir de faim **2.** *fig* (*be deprived*) **to ~ of sth** manquer de qc **II.** *vt* **1.** (*let die*) faire mourir de faim; **to ~ oneself** (**to death**) se laisser mourir de faim **2.** *fig* (*deprive*) **to ~ sb of sth** priver qn de qc

starved *adj* affamé(e); **to be ~ of sth** être en mal de qc

starving *adj* **1.** (*suffering hunger*) **to be ~** mourir de faim **2.** *fig, inf* (*hungry*) affamé(e)

stash [stæʃ] **I.** *vt* planquer **II.** <-es> *n inf* planque *f*

state [steɪt] **I.** *n* **1.** (*condition*) *a. fig* état *m;* **~ of mind** état d'esprit; **to be in the right ~ to** +*infin* être en état de +*infin;* **to be in a** (**terrible**) **~** *inf* être dans tous ses états **2.** (*situation*) situation *f;* **single ~** célibat *m;* **married ~** mariage *m* **3.** (*nation*) état *m;* **the State** l'État; **affairs of ~** affaires *fpl* d'État **4.** (*dignified rank*) rang *m;* **to do sth in ~** faire qc en grande pompe; **to live in ~** mener grand train **II.** *adj* **1.** (*national*) *a. fig* d'État **2.** (*of American states*) de l'État; **the ~ line** la frontière (entre les États) **3.** (*owned by government*) national(e); (*industry*) du secteur public **4.** (*governmental*) public(-que); (*document*) officiel(le) **5.** (*showing ceremony*) officiel(le); (*funeral*) national(e) **III.** *vt* **1.** (*declare*) **to ~** (**that**) ... déclarer que ... **2.** (*express*) formuler; (*opinion, reference*) donner; (*problem, condition*) poser; **~ why ...** dites pourquoi ...; **as ~d in my letter** comme je l'ai mentionné plus haut **3.** (*specify*) spécifier; (*conditions*) fixer

state-controlled *adj* étatisé(e)

statecraft *n* habileté *f* politique

State Department *n* **the ~** le ministère des Affaires étrangères

stateless *adj* apatride

stateliness *n* majesté *f*

stately *adj* majestueux(-euse)

statement ['steɪt·mənt] *n* **1.** (*act of expressing*) *a. fig* déclaration *f;* **to make a ~** LAW faire une déposition **2.** (*description*) exposé *m* **3.** (*bank statement*) relevé *m* de compte

state of mind *n* état *m* d'esprit

state-of-the-art *adj* dernier cri *inv;* (*technology*) de pointe

state-owned *adj* nationalisé(e); (*industry*) du secteur public; (*utility*) public(-que)

stateroom *n* salle *f* de réception

States *n pl, inf* **the ~** les États-Unis *mpl*

stateside ['steɪt·saɪd] *inf* **I.** *adj* américain(e) **II.** *adv* aux États-Unis

statesman <-men> *n* homme *m* d'État

statesmanlike *adj* diplomatique

stateswoman <-women> *n* femme *f* d'État

state trooper *n* ≈ gendarme *m*

static ['stæţ·ɪk] *adj* statique

statics *npl + sing/pl vb* PHYS statique *f*

station ['steɪ·ʃᵊn] **I.** *n* **1.** (*train stop*) gare *f;* **subway** [*o* **metro**] **~** station *f* de métro **2.** (*building*) poste *m;* **police ~** poste de police; **power ~** centrale *f* électrique; **gas** [*o* **service**] **~** station service *f* **3.** RADIO, TV station *f* **4.** (*position*) poste *m;* **to take up** [*o* **man**] **one's ~** se rendre à son poste **5.** (*social position*) position *f;* **one's ~ in life** sa situation sociale **II.** *vt* MIL (*troops*) poster

S

stationary ['steɪ·ʃə·ner·i] *adj* immobile; (*prices*) stationnaire; **a ~ bicycle** un vélo d'appartement
stationery ['steɪ·ʃə·ner·i] *n* **1.** (*paper and envelopes*) fournitures *fpl* de bureau **2.** (*office supplies*) matériel *m* de bureau
stationery store *n* papeterie *f*
station house *n* poste *m* de police
stationmaster *n* chef *m* de gare
station wagon *n* break *m*
statistic I. *n* statistique *f* **II.** *adj* statistique
statistical *adj* statistique
statistician [ˌstæt̬·ɪ·'stɪʃ·ən] *n* statisticien(ne) *m(f)*
statistics [stə·'tɪs·tɪks] *npl* **1.** + *sing vb* (*science*) statistique *f* **2.** + *pl vb* (*numerical data*) statistiques *fpl*
statuary ['stætʃ·u·er·i] **I.** *n* **1.** (*statues*) statues *fpl* **2.** (*statue-making*) statuaire *f* **II.** *adj form* statuaire
statue ['stætʃ·u] *n* statue *f*
Statue of Liberty *n* **the ~** la Statue de la Liberté

> **i** La **Statue of Liberty** a été réalisée à Paris par le sculpteur Frédéric-Auguste Bartholdi et l'architecte Gustave Eiffel pour la charpente métallique. Elle mesure 46,50 m de haut (≈ 152,6 feet), 92,99 m (≈ 305,1 feet) avec le piédestal. La France a offert la **Statue of Liberty** aux États-Unis pour le centenaire de l'indépendance. Transportée démontée par la frégate Isère de Paris à New York, elle a été inaugurée le 28 octobre 1886 sur la petite île de *Liberty Island*, dans le port de New York. Cette statue qui représente la liberté éclairant le monde est aujourd'hui l'emblème national des États-Unis et le symbole international de la liberté et de la démocratie.

statuesque [ˌstætʃ·u·'esk] *adj* sculptural(e)
statuette [ˌstætʃ·u·'et] *n* statuette *f*
stature ['stætʃ·ər] *n* **1.** (*height*) *a. fig* stature *f;* **to reach one's full ~** atteindre sa taille d'adulte **2.** (*reputation*) réputation *f;* **a person of (any) ~** une personne d'une certaine renommée; **to be of great/small ~** être de grande/petite envergure
status [stæ·t̬əs] *n* statut *m*
status line *n* COMPUT ligne *f* d'état
status quo *n* statu quo *m*
status symbol *n* signe *m* extérieur de richesse
statute ['stætʃ·ut] *n* loi *f;* **by ~** selon la loi
statute book *n* code *m*
statute law *n* LAW droit *m* écrit
statutory ['stætʃ·ə·tɔr·i] *adj* statuaire
staunch [stɔntʃ] *adj* loyal(e); (*refusal*) ferme; (*Catholic, Democrat*) convaincu(e); (*ally, friend*) dévoué(e); (*supporter, defender*) fervent(e)
stave [steɪv] *n* portée *f*
stay[1] [steɪ] *n* NAUT étai *m*
stay[2] [steɪ] **I.** *vi* **1.** (*remain present*) rester; **to ~ for a time/six days** rester un temps/six jours; **to ~ put** *inf* ne pas bouger; **to be here to ~** être entré dans les mœurs **2.** (*remain temporarily*) séjourner; **to ~ overnight** passer la nuit; **to come to ~ with sb** venir rendre visite à qn **3.** (*remain*) rester; **~ tuned!** RADIO, TV restez avec nous!; **to ~ in touch** rester en contact; **to ~ within budget** COM ne pas dépasser le budget **II.** *vt* **1.** (*assuage*) arrêter; (*hunger, thirst*) apaiser; (*order, execution*) suspendre **2.** (*endure*) tenir; **to ~ the course** tenir bon **3.** (*remain temporarily*) **to ~ the night/week somewhere** passer la nuit/la semaine quelque part **III.** *n* **1.** (*visit*) séjour *m;* **an overnight ~** une nuit; **a ~ with one's family** un séjour dans sa famille **2.** LAW (*stop*) suspension *f*
◆**stay at** *vt inf* persévérer dans
◆**stay away** *vi* **to ~ from sth** ne pas s'approcher de qc; **to ~ in droves** ne pas venir en nombre
◆**stay behind** *vi* rester
◆**stay down** *vi* **1.** (*not be vomited*) **nothing I eat stays down** je rends tout ce que je mange **2.** (*remain underwater*) rester sous l'eau
◆**stay in** *vi* rester à la maison
◆**stay on** *vi* **1.** (*remain longer*) rester plus longtemps **2.** (*remain in place*) rester en place
◆**stay out** *vi* **1.** (*not come home*) rester dehors; **to ~ all night** sortir toute la nuit; **to ~ late/past midnight** rentrer tard/après minuit **2.** (*continue strike*) rester en grève
◆**stay up** *vi* rester debout
stay-at-home *n inf* pantouflard(e) *m(f)*
stayer *n* **1.** (*one who perseveres*) coureur, -euse *m, f* de fond **2.** (*visitor*) touriste *mf* de longue durée
staying power *n* endurance *f*
STD [ˌes·ti·'di] *n abbr of* **sexually transmitted disease** MST *f*
stead [sted] *n* **in sb's ~** à la place de qn; **to stand in good ~ with sb** être très utile à qn
steadfast ['sted·fæst] *adj* ferme; (*ally, friend*) fidèle; **to be ~ in sth** être déterminé dans qc
steady I. <-ier, -iest> *adj* **1.** (*stable*) stable **2.** (*regular*) régulier(-ère); (*temperature*) constant(e); (*breathing, pulse*) stable; **slow but ~** lent mais constant; **a ~ boyfriend/girlfriend** un(e) petit(e) ami(e) **3.** (*controlled*) posé(e); (*nerves*) solide; **a ~ hand** une main sûre **II.** <-ie-> *vt* (*things*) maintenir; (*people*) calmer; **to ~ oneself** se ressaisir; **to ~ one's nerves** calmer ses nerfs **III.** *adv* **to go ~ with sb** sortir avec qn **IV.** <-ies> *n inf* petit(e) ami(e) *m(f)*
steak [steɪk] *n* steak *m;* **~ tartare** steak tartare, toast *m* cannibale *Belgique*
steal [stil] **I.** *n inf* affaire *f;* **to be a ~** être donné **II.** <stole, stolen> *vt* **1.** (*take illegally*) *a. fig*

voler; (*sb's heart*) prendre **2.** (*do secretly*) **to ~ a glance at sb/sth** jeter un coup d'œil à qn/qc ►**to ~ attention** [*o* **the limelight**] voler la vedette; **to ~ a march on sb** devancer qn; **to ~ the show** ravir la vedette; **to ~ sb's thunder** couper l'herbe sous le pied à qn **III.** <stole, stolen> *vi* **1.** (*take illegally*) voler **2.** (*move secretly*) **to ~ in/out** entrer/sortir à pas feutrés

◆**steal away** *vi* s'en aller

stealth [stelθ] *n* ruse *f*

stealthy *adj* furtif(-ive); (*footsteps*) feutré(e)

steam [stim] **I.** *n* vapeur *f* ►**to let off ~** se défouler; **to pick up ~** s'y mettre; **to run out of ~** s'essouffler; **full ~ ahead!** en avant toute! **II.** *vi* **1.** (*produce steam*) fumer **2.** (*move using steam*) fonctionner à la vapeur **3.** (*become steamy*) s'embuer **III.** *vt* cuire à la vapeur; **to ~ open the letter** ouvrir une lettre à la vapeur; **to ~ a stamp off** décoller un timbre à la vapeur

◆**steam up** *vt* embuer ►**to get steamed up about sth** *inf* s'énerver à cause de qc

steam bath *n* sauna *m*

steamboat *n* bateau *m* à vapeur

steam engine *n* moteur *m* à vapeur

steamer ['stim·ər] *n* **1.** (*boat*) bateau *m* à vapeur **2.** (*for cooking*) cuit-vapeur *m*

steam iron *n* fer *m* à vapeur

steamroller I. *n* **1.** (*road machinery*) rouleau *m* compresseur **2.** (*forceful person*) dictateur *m* **II.** *vt* écraser; **to ~ sb into doing sth** imposer à qn de faire qc

steamship *n* bateau *m* à vapeur

steamy <-ier, -iest> *adj* **1.** (*full of steam*) plein(e) de vapeur **2.** (*very humid*) humide **3.** *inf* (*erotic*) torride

steel [stil] **I.** *n* **1.** (*metal*) acier *m* **2.** (*knife sharpener*) aiguisoir *m* **3.** *fig* **nerves of ~** nerfs *mpl* d'acier **II.** *vt* **to ~ oneself to** +*infin* s'armer de courage pour +*infin*

steel grey I. *adj* gris acier *inv* **II.** *n* gris *m* acier

steel industry *n* sidérurgie *f*

steel-plated *adj* revêtu(e) d'acier

steel producer *n* aciériste *m*

steelworker *n* sidérurgiste *m*

steelworks *n* + *sing/pl vb* aciérie *f*

steely ['sti·li] <-ier, -iest> *adj a. fig* d'acier; **~ determination** détermination *f* de fer

steep¹ [stip] *adj* **1.** (*sloping*) raide; (*hill*) escarpé(e); (*climb*) abrupt(e); (*dive*) à pic **2.** (*expensive*) élevé(e)

steep² [stip] **I.** *vt* **1.** (*soak*) faire tremper **2.** CULIN faire macérer **3.** *fig* **to be ~ed in sth** être imprégné de qc; **to have hands ~ed in blood** avoir les mains couvertes de sang **II.** *vi* **1.** (*let soak*) faire tremper **2.** CULIN macérer

steepen ['sti·pən] **I.** *vi* **1.** (*become steeper*) devenir plus raide **2.** *inf* (*become more expensive*) augmenter **II.** *vt* faire plus raide

steeple ['sti·pl] *n* clocher *m*

steer¹ [stɪr] **I.** *vt* **1.** (*direct*) conduire **2.** (*direct toward*) **to ~ a course to sth** faire route vers qc **3.** (*guide*) guider; (*discussion*) diriger **4.** *fig* **to ~ a middle course between sth** trouver un compromis entre qc **II.** *vi* **1.** (*direct vehicle*) conduire **2.** (*direct toward*) se diriger ►**to ~ clear of sb/sth** éviter qn/qc; (*stay away from*) se tenir à l'écart de qn/qc

steer² [stɪr] *n* (*ox*) bœuf *m*

steering *n* direction *f*

steering column *n* colonne *f* de direction

steering committee *n* comité *m* d'organisation

steering gear *n* TECH, AUTO boîte *f* de direction

steering wheel *n* volant *m*

steersman ['stɪrz·mən] <-men> *n* NAUT timonier *m*

stein [staɪn] *n* chope *f*

stellar ['stel·ər] *adj* **1.** ASTR stellaire **2.** *inf* (*good*) exceptionnel(le)

stem [stem] **I.** *n* **1.** (*of plant: flower*) tige *f;* (*leaf*) queue *f* **2.** (*of wineglass*) pied *m* **3.** (*of word*) radical *m* **4.** (*ship's prow*) proue *f;* **from ~ to stern** de bout en bout **5.** (*of watch*) remontoir *m* **II.** <-mm-> *vt* contenir **III.** <-mm-> *vi* **to ~ back to sth** provenir de qc

stench [sten(t)ʃ] *n* **1.** (*odor*) puanteur *f;* **~ of rotten fish** odeur *f* nauséabonde de poisson pourri **2.** *fig* (*of scandal*) parfum *m*

stencil ['sten(t)·səl] **I.** *n* pochoir *m* **II.** *vt* peindre au pochoir

stenographer *n* sténographe *mf*

stenography [stə·'na·grə·fi] *n* sténographie *f*

step [step] **I.** *n* **1.** (*movement of foot*) pas *m;* **with every ~** à chaque pas; **a spring in one's ~** d'un pas léger; **to take a ~ toward sb** faire un pas vers qn; **to retrace one's ~s** retourner sur ses pas; **to go a few ~s** faire quelques pas; **to be just a ~ from sth** n'être qu'à un pas de qc; **to watch one's ~** faire attention où l'on met ses pieds; *fig* faire attention à ce que l'on fait; **to be out of ~ with sb/sth** être déphasé par rapport à qn/qc; **to be in ~ with sb/sth** être en accord avec qn/qc; **to fall into ~** marcher au pas **2.** (*stair*) marche *f;* **wooden ~s** escaliers *mpl* en bois; **a flight of ~s** un escalier; **the front ~** pas *m* de porte; **watch the ~!** attention à la marche! **3.** (*stage in process*) pas *m;* **~ by ~** pas à pas; **one ~ at a time** calmement; **every ~ of the way** continuellement; **to be a ~ ahead of sb** devancer qn; **a ~ in the right/wrong direction** une bonne/mauvaise mesure; **to be a ~ up** être une promotion **4.** (*measure*) mesure *f;* **to take ~s to** +*infin* prendre des mesures pour +*infin* **5.** MUS ton *m* **II.** <-pp-> *vi* marcher; **to ~ somewhere** aller quelque part; **to ~ out of line** faire un faux pas

◆**step aside** *vi* s'écarter

◆**step back** *vi* **to ~ from sth** se retirer de qc

◆**step down I.** *vi* **to ~ from sth** se retirer de qc **II.** *vt* ELEC dévolter

◆**step in** *vi* intervenir

◆**step up** *vt* augmenter

S

stepbrother *n* beau-frère *m*
stepchild *n* beau-fils, belle-fille *m, f*
stepdaughter *n* belle-fille *f*
stepfather *n* beau-père *m*
stepladder *n* escabeau *m*
stepmother *n* belle-mère *f*
steppe *n* steppe *f*
stepsister *n* belle-sœur *f*
stepson *n* beau-fils *m*
stereo ['ster·i·oʊ] **I.** *n* **1.** (*type of transmission*) stéréo *f;* **in ~** en stéréo **2.** (*hi-fi unit*) chaîne *f;* **car ~** autoradio *m* **II.** *adj s.* **stereophonic** stéréo *inv*
stereophonic [ˌster·i·ə·'fa·nɪk] *adj form* stéréophonique
stereophony [ˌster·i·'a·fᵊn·i] *n* stéréophonie *f*
stereotype ['ster·i·ə·taɪp] **I.** *n* stéréotype *m* **II.** *vt* stéréotyper
sterile ['ster·ᵊl] *adj a. fig* stérile
sterility [stə·'rɪl·ə·t̬i] *n a. fig* stérilité *f*
sterilization *n* stérilisation *f*
sterilize *vt* MED stériliser
sterilizing *adj* de stérilisation
sterling ['stɜr·lɪŋ] **I.** *n* sterling *m* **II.** *adj* **1.** (*sterling silver*) d'argent fin(e); **~ cutlery** argenterie *f* **2.** (*of high quality*) fin(e); (*person*) admirable; **~ area** zone *f* sterling
stern[1] [stɜrn] *adj* (*harsh, grim*) sévère
stern[2] [stɜrn] *n* NAUT poupe *f*
sternness *n* sévérité *f*
sternum ['stɜr·nəm] <-s *o* -na> *n* sternum *m*
steroid ['stər·ɔɪd] *n* stéroïde *m*
stethoscope ['steθ·ə·skoʊp] *n* stéthoscope *m*
stew [stu] **I.** *n* **1.** CULIN ragoût *m* **2.** *inf* (*agitated state*) **to be in a ~ about sth** être dans tous ses états à propos de qc; **to get sb into a ~** mettre qn dans tous ses états **II.** *vt* faire mijoter **III.** *vi* **1.** (*simmer slowly*) mijoter **2.** *inf* (*be angry*) **to ~ about sth** être en pelote à propos de qc ▶ **to let sb ~ in one's own juice** laisser mariner qn
steward ['stu·ərd] *n* **1.** (*flight attendant*) steward *m* **2.** (*supervising official*) organisateur, -trice *m, f* **3.** (*property manager*) intendant(e) *m(f)*
stewardess ['stu·ər·dɪs] <-es> *n* hôtesse *f* de l'air
stick[1] [stɪk] *n* **1.** (*piece of wood*) bâton *m;* (*for walking*) canne *f* **2.** (*of cinnamon, chalk, dynamite*) bâton *m;* (*of butter*) morceau *m* **3.** CULIN tige *f;* (*of celery*) branche *f;* **a cocktail ~** un pique à apéritif; **a lollipop ~** une sucette **4.** MUS (*for conducting*) baguette *f* **5.** AUTO levier *m* de vitesses **6.** *inf* (*remote area*) **the ~s** la cambrousse; **to live out in the ~s** vivre dans un coin perdu ▶ **to get the wrong end of the ~** comprendre de travers
stick[2] [stɪk] <stuck, stuck> **I.** *vi* **1.** (*fix by adhesion*) coller **2.** (*endure*) rester; **to ~ in sb's mind** rester gravé dans la mémoire de qn; **to make sth ~** faire rentrer qc **3.** (*jam*) se coincer ▶ **to ~ in sb's throat** rester en travers de la gorge de qn **II.** *vt* **1.** (*affix*) coller **2.** (*put, insert*) mettre; **to ~ sth into sth** enfoncer qc dans qc; **to ~ a knife in sb** poignarder qn **3.** *inf* (*not be able to do*) **to be stuck** être coincé; **to be stuck on sth** ne pas arriver à faire qc; **to be stuck with sb** ne pas pouvoir se débarrasser de qn **4.** (*endure*) **to get stuck in sth** *inf* persévérer dans qc
◆**stick around** *vi inf* **1.** (*wait*) attendre **2.** (*stay*) rester; **~!** reste là!
◆**stick by** *vt* rester fidèle à
◆**stick in** *vt* **1.** (*put in*) mettre **2.** (*fix in*) coller **3.** (*pierce*) enfoncer
◆**stick on** *vt* **1.** (*affix*) *a. fig* coller; **to ~ a charge/accusation on sb** coller une accusation sur le dos de qn **2.** (*like very much*) **to be stuck on sb/sth** être fou de qn/qc
◆**stick out** **I.** *vt* tendre; **to stick one's tongue out** tirer la langue ▶ **to stick it out** *inf* tenir le coup **II.** *vi* **1.** (*protrude*) dépasser; (*ears*) être décollé **2.** (*be obvious*) se voir
◆**stick to** *vt* **1.** (*adhere*) coller à **2.** (*keep to*) s'en tenir à; (*promise*) tenir; (*version*) maintenir; (*a subject*) rester dans; **~ it!** persévère!; **I'll ~ water** je vais rester à l'eau **3.** (*remain loyal*) rester fidèle à
◆**stick together** **I.** *vt* coller **II.** *vi* **1.** (*adhere*) être collé **2.** (*not separate*) rester ensemble **3.** (*remain loyal*) se soutenir
◆**stick up** **I.** *vt inf* **1.** (*put higher*) lever **2.** (*commit armed robbery*) braquer; **stick 'em up!** les mains en l'air! **II.** *vi* se dresser; **to ~ out of sth** sortir de qc
◆**stick up for** *vt* défendre
◆**stick with** *vt* **1.** (*continue with*) continuer; (*tradition*) conserver; (*thought, idea, memory*) rester sur; **I'll ~ it** je vais persévérer **2.** (*be loyal*) rester fidèle à
stick deodorant *n* déodorant *m* en stick
sticker ['stɪk·ər] *n* **1.** (*adhesive label*) étiquette *f* adhésive; **price ~** étiquette de prix **2.** (*adhesive decoration*) autocollant *m* **3.** (*persistent person*) acharné(e) *m(f)*
sticker price *n* prix *m* affiché
stick insect *n* phasme *m*
stick-in-the-mud *inf* **I.** <sticks-in-the-mud> *n* réac *mf* **II.** *adj* réac
stickler ['stɪk·lər] *n* pinailleur, -euse *m, f;* **a ~ for sth** une personne à cheval sur qc; **to be a ~ about sth** être très à cheval sur qc
stick-on *adj* autocollant(e)
stickpin ['stɪk·ˌpɪn] *n* épingle *f* de cravate
stick shift *n* levier *m* de vitesses
stickup *n sl* braquage *m*
sticky ['stɪk·i] <-ier, -iest> *adj* **1.** (*adhesive*) collant(e) **2.** (*adhesive and wet*) gluant(e) **3.** (*sweaty*) poisseux(-euse) **4.** (*unpleasant*) difficile; **a ~ patch** une mauvaise passe
stiff[1] [stɪf] *n sl* (*dead body*) cadavre *m*
stiff[2] *adj* **1.** (*hard*) raide; (*dough*) dur(e); **to be ~** avoir des courbatures; **to be bored ~** *inf* s'ennuyer à cent sous de l'heure **2.** (*tense*) *a. fig* tendu(e) **3.** (*strong: alcohol, wind*) fort(e) **4.** (*severe: sentence, penalty*) sévère; (*wel-*

come) froid(e)

stiffen [ˈstɪf·ᵊn] **I.** *vi* **1.** (*become rigid*) *a. fig* se raidir **2.** (*become firm*) devenir ferme **II.** *vt* **1.** (*make rigid*) raidir; (*collar, cuff*) empeser **2.** (*strengthen*) renforcer **3.** (*make more difficult*) affermir **4.** (*make more severe: penalty*) alourdir

stiffening [ˈstɪf·ᵊn·ɪŋ] *n* **1.** (*becoming immobile*) raidissement *m* **2.** (*rigid material*) durcissement *m*

stiff-necked *adj* entêté(e)

stifle [ˈstaɪ·fl] *vt, vi* étouffer

stifling *adj* étouffant(e)

stigma [ˈstɪg·mə] *n* **1.** (*disgrace*) honte *f* **2.** <-ta> *pl* REL stigmates *mpl* **3.** MED stigmate *m*

stigmatize [ˈstɪg·mə·taɪz] *vt* stigmatiser

stile [staɪl] *n* échalier *m*

stiletto [stɪ·ˈleţ·oʊ] <-s> *n* **1.** (*dagger*) stylet *m* **2.** *pl* (*shoes*) talons *mpl* aiguilles

stiletto heels *n* talons *mpl* aiguilles

still[1] [stɪl] **I.** *n* calme *m* **II.** *adj* **1.** (*not moving*) immobile **2.** (*peaceful*) calme **3.** (*silent*) silencieux(-euse) **4.** (*not carbonated: drink*) non gazeux(-euse); **~ water** eau *f* plate ▶ **~ waters run deep** *prov* il faut se méfier de l'eau qui dort *prov* **III.** *adv* sans bouger; **to stand ~** ne pas bouger; (*to sit ~*) rester tranquille **IV.** *vt* calmer

still[2] [stɪl] *adv* **1.** (*continuing situation*) encore; **to be ~ alive** être encore vivant **2.** (*nevertheless*) **~ and all** malgré tout **3.** (*to greater degree*) encore; **to rise ~ higher** monter encore davantage; **~ more** encore plus; **better ~** encore mieux

still[3] [stɪl] *n* (*for distilling*) alambic *m*

stillbirth *n* mort-né *m*

stillborn *adj* **1.** (*born dead*) mort-né **2.** *fig* (*unsuccessful*) avorté(e)

still life <-lifes> *n* nature *f* morte

stillness *n inv* **1.** (*tranquillity*) calme *m* **2.** (*lack of movement*) immobilité *f*

stilt [stɪlt] *n* **1.** CONSTR (*supporting post*) pilotis *m;* **on ~s** sur pilotis **2.** (*for walking on*) échasse *f*

stilted *adj* coincé(e)

stimulant [ˈstɪm·jə·lənt] *n a.* MED, SPORTS stimulant *m*

stimulate [ˈstɪm·jə·leɪt] *vt a.* ECON, MED stimuler; (*conversation*) animer

stimulating *adj* stimulant(e)

stimulation *n* stimulation *f*

stimulus [ˈstɪm·jə·ləs] <-li> *n* **1.** (*boost: to industry*) coup *m* de fouet **2.** BIO, MED (*cause of reaction*) stimulus *m*

sting [stɪŋ] **I.** *n* BIO, ZOOL **1.** (*part of insect*) dard *m;* (*of scorpion*) aiguillon *m* **2.** (*injury by insect, plant*) piqûre *f* **3.** (*pain*) brûlure *f* **4.** *sl* (*cleverly organised theft*) escroquerie *f* **5.** *sl* (*police operation*) coup *m* monté **II.** <stung, stung> *vt, vi* piquer

stinginess [ˈstɪndʒ·ɪ·nəs] *n* radinerie *f*

stinging nettle [ˌstɪŋ·ɪŋ·ˈneţ·l] *n* ortie *f*

stingray [ˈstɪŋ·reɪ] *n* pastenague *f*

stingy [ˈstɪn·dʒi] <-ier, -iest> *adj inf* radin(e)

stink [stɪŋk] **I.** *n* **1.** (*unpleasant smell*) puanteur *f* **2.** *inf* (*trouble*) raffut *m;* **to cause a ~** faire du raffut **II.** <stank *o* stunk, stunk> *vi* **1.** *a. inf* (*smell*) **to ~ of sth** puer qc **2.** *sl* (*be bad*) être pourri(e) *vulg;* **to ~ at sth** entre nul(le) en qc

stinker *n pej, sl* saleté *f;* **you little ~!** espèce d'ordure!

stint [stɪnt] **I.** *n* **1.** (*period*) période *f;* **he did a two-year ~ as a mailman** il a été facteur pendant deux ans **2.** (*work*) tâche *f;* **I've done my ~ at the reception for this week** j'ai fait ma part de travail à l'accueil pour cette semaine **II.** *vt* économiser; **to ~ oneself** se priver

stipulate [ˈstɪp·jə·leɪt] *vt* stipuler

stipulation *n* stipulation *f*

stir [stɜr] **I.** *n* **1.** (*agitation*) **to give sth a ~** remuer qc **2.** (*excitement*) **to cause a ~** faire du bruit; **to cause a ~ of interest** susciter un regain d'intérêt **II.** <-rr-> *vt* **1.** (*agitate*) remuer; **to ~ oneself** se remuer **2.** (*arouse: person*) émouvoir; (*imagination*) stimuler; (*memory*) réveiller; (*fire*) attiser; **to be deeply ~red by sth** être très remué par qc; **to ~ (up) trouble** chercher des noises **III.** *vi* bouger

stir-fry [ˈstɜr·fraɪ] **I.** <-fries> *n* sauté *m* **II.** <-ie-> *vt* faire sauter

stirring I. *adj* (*appeal, song, speech*) émouvant(e) **II.** *n* pointe *f*

stirrup [ˈstɜr·əp] *n* étrier *m*

stitch [stɪtʃ] **I.** <-es> *n* FASHION, MED point *m* ▶ **to <u>be</u> in ~es** être plié de rire; **to not <u>have</u> a ~ on** *inf* être nu comme un ver **II.** *vt, vi* coudre

stock [stak] **I.** *n* **1.** (*reserves*) réserves *fpl* **2.** COM, ECON (*merchandise in shop*) stock *m;* **to have sth in ~** avoir qc en stock; **to be out of ~** être en rupture de stock; **to take ~** faire l'inventaire **3.** FIN (*share in company*) action *f* **4.** (*farm animals*) bétail *m* **5.** SOCIOL (*line of descent*) origine *f;* ZOOL, BIO (*breeding line*) souche *f* **6.** (*popularity*) réputation *f* **7.** (*broth, bouillon*) bouillon *m* **II.** *adj* (*standard: expression*) commun(e); (*character*) stéréotypé(e) **III.** *vt* COM, ECON **1.** (*keep in supply*) stocker **2.** (*supply with merchandise: store*) approvisionner **3.** (*fill: shelves*) remplir

stockade [sta·ˈkeɪd] *n* **1.** (*wooden fence*) palissade *f* **2.** (*prison*) trou *m*

stockbroker [ˈstak·ˌbroʊ·kər] *n* agent *m* de change

stockbroking *n* opérations *fpl* de change

stock car *n* stock-car *m*

stock-car racing *n* course *f* de stock-car

stock certificate *n* titre *m* d'action(s)

stock company *n* **1.** FIN société *f* par actions **2.** THEAT troupe *f* de théâtre de province

stock control *n* gestion *f* des stocks

stock exchange *n* Bourse *f*

stockfish [ˈstak·fɪʃ] *n* poisson *m* séché

stockholder *n* actionnaire *mf*
stocking ['sta·kɪŋ] *n* bas *m*
stock-in-trade *n* **1.** (*required for trade*) fonds *m* de commerce **2.** (*resources often used*) outils *mpl*
stock issue *n* émission *f* des actions
stock level *n* niveau *m* du stock
stock list *n* liste *f* des stocks
stock market *n* marché *m* boursier
stockpile ['stak·paɪl] **I.** *n* réserves *fpl* **II.** *vt* faire des réserves de
stockroom *n* COM réserve *f*
stock-still [ˌstak·'stɪl] *adv* **to stand ~** rester immobile
stocktaking *n* inventaire *m*
stocky ['sta·ki] <-ier, -iest> *adj* râblé(e)
stockyard ['stak·jard] *n* parc *m* à bestiaux
stodgy ['stadʒ·i] <-ier, -iest> *adj* **1.** (*dull*) barbant(e) **2.** (*heavy: food*) bourratif(-ive)
stoic ['stoʊ·ɪk] **I.** *n* PHILOS stoïque *mf;* **Stoic** stoïcien(ne) *m(f)* **II.** *adj form* stoïque
stoical *adj s.* **stoic**
stoicism ['stoʊ·ɪ·sɪ·zᵊm] *n a.* PHILOS stoïcisme *m*
stoke [stoʊk] *vt a. fig* entretenir
stoker ['stoʊk·ər] *n* chauffeur *m*
STOL *n abbr of* **short takeoff and landing** ADAC *m*
stole[1] [stoʊl] *pt of* **steal**
stole[2] [stoʊl] *n* FASHION, REL étole *f*
stolen **I.** *pp of* **steal** **II.** *adj* volé(e)
stolid ['sta·lɪd] *adj* **1.** (*person*) impassible **2.** (*building*) laid(e)
stomach ['stʌm·ək] **I.** *n* ANAT **1.** (*digestive organ*) estomac *m;* **to turn sb's ~** soulever le cœur de qn; **to have no ~ for sth** *fig* ne pas avoir le cœur de faire qc **2.** (*abdomen*) ventre *m;* **to lie on one's ~** être couché sur le ventre **II.** *vt inf* supporter; **to be hard to ~** être difficile à avaler
stomachache *n* maux *mpl* d'estomac
stomp [stamp] *vi* (*walk heavily*) marcher à pas lourds; (*intentionally*) marcher en tapant des pieds; **to ~ off** partir en tapant des pieds; **to ~ on sth** piétiner qc; **to ~ on sb** *fig* écraser qn
stomping ground *n* lieu *m* de prédilection
stone [stoʊn] **I.** *n* **1.** GEO pierre *f* **2.** (*piece of rock, jewel*) pierre *f;* (*smaller*) caillou *m;* **to be a ~'s throw (away)** être à deux pas **3.** MED (*in kidney, gallbladder*) calcul *m* **4.** (*seed of fruit*) noyau *m* ▶ **to cast the <u>first</u> ~** jeter la première pierre; **to leave no ~ <u>unturned</u>** faire absolument tout ce que l'on peut **II.** *adj* **1.** CONSTR (*made of stone: floor, wall, statue*) en pierre; GEO pierreux(-euse) **2.** (*stoneware: jug*) en grès **III.** *adv* **1.** (*like a stone*) **~ hard** dur(e) comme de la pierre **2.** *inf* (*completely*) complètement **IV.** *vt* **1.** (*throw stones at*) lancer des cailloux sur; **to ~ sb to death** lapider qn (à mort) **2.** (*remove the kernels*) dénoyauter
Stone Age *n* **the ~** l'âge *m* de pierre
stone-blind *adj* complètement aveugle
stone-broke *adj inf* fauché(e) comme les blés
stone-cold **I.** *adj* complètement froid(e) **II.** *adv* complètement
stoned *adj sl* défoncé(e)
stone-dead *adj* bien mort(e)
stone-deaf *adj* complètement sourd(e)
stone fruit *n* fruit *m* à noyau
stonemason *n* tailleur *m* de pierre
stonewall *vt* (*queries, discussion*) faire obstruction à
stoneware *n* grès *m*
stonework *n* maçonnerie *f*
stony ['stoʊ·ni] <-ier, -iest> *adj* **1.** (*with many stones*) *a. fig* rocailleux(-euse) **2.** (*unfeeling*) de pierre
stony-faced *adj* (au visage) impassible
stood [stʊd] *pt, pp of* **stand**
stooge [studʒ] *n* **1.** THEAT (*in comedy*) comparse *mf* **2.** *pej* (*assistant*) larbin *m* **3.** *inf* (*informer*) balance *f*
stool [stul] *n* **1.** (*seat*) tabouret *m* **2.** MED (*feces*) selles *fpl*
stool pigeon *n pej, sl* balance *f*
stoop [stup] **I.** *n* **1.** (*body position*) dos *m* rond **2.** (*porch*) perron *m* **II.** *vi* **1.** (*bend body*) **to ~ down** se baisser; **to ~ to doing sth** *pej* s'abaisser à faire qc **2.** (*have bad posture*) se voûter
stop [stap] **I.** *n* **1.** (*break in activity*) arrêt *m;* **there were a lot of ~s and starts** il y a eu beaucoup de faux départs; **to come to a ~** s'arrêter; **to put a ~ to sth** mettre fin à qc **2.** (*halting place*) arrêt *m;* **bus ~** arrêt de bus **3.** LING (*period*) point *m;* (*in telegram*) stop *m* **4.** MUS (*on organ*) jeu *m* **II.** <-pp-> *vt* **1.** (*put halt to: bleeding, leak*) arrêter; **to ~ sb from doing sth** empêcher qn de faire qc **2.** (*refuse payment: payment, production*) cesser; **to a ~ (payment on) a check** faire opposition sur un chèque **3.** (*turn off: mechanism, tape recorder*) arrêter **4.** (*block: ball, punch*) arrêter; (*gap, hole*) boucher; (*one's ears*) se boucher **III.** <-pp-> *vi* (*halt, cease*) s'arrêter; **to ~ doing sth** arrêter de faire qc; **to ~ at nothing** n'arrêter devant rien
◆ **stop by** *vi* passer
◆ **stop in** *vi* rester chez soi
◆ **stop off** *vi* s'arrêter
◆ **stop over** *vi* s'arrêter
◆ **stop up** *vt* (*hole, gap*) boucher
stop-and-go *adj* (*traffic*) qui avance mal
stopcock *n* robinet *m* d'arrêt
stopgap **I.** *n* bouche-trou *m* **II.** *adj* provisoire
stoplight *n* feu *m* rouge
stopover *n* (*by plane*) escale *f;* (*by car, train*) halte *f*
stoppage ['sta·pɪdʒ] *n* **1.** (*stop*) arrêt *m* **2.** (*of work*) interruption *f* de travail; (*of salary*) déductions *fpl* de salaire **3.** (*blockage in pipe*) engorgement *m*
stopper ['sta·pər] **I.** *n* bouchon *m* **II.** *vt* boucher
stop press *n* PUBL dépêche *f*
stop sign *n* stop *m*

stopwatch *n* chronomètre *m*
storage ['stɔr·ɪdʒ] *n a.* COMPUT stockage *m;* **to put sth into ~** entreposer qc; (*furniture*) mettre qc en garde-meubles
storage battery *n* ELEC accumulateur *m*
storage capacity *n* capacité *f* de rangement
storage space *n* rangement *m*
storage tank *n* citerne *f*
store [stɔr] **I.** *n* **1.** (*shop*) magasin *m;* **department ~** grand magasin; **liquor ~** magasin de vins et spiritueux; **record ~** magasin de disques **2.** (*supply*) provision *f;* **in ~** en réserve; **what is in ~ for sb** ce que réserve l'avenir à qn **3.** (*warehouse, storehouse*) entrepôt *m;* **in ~** en dépôt ▶**to set great ~ on/by sth** accorder beaucoup d'importance à qc **II.** *vt* COMPUT mémoriser
◆**store away** *vt* mettre en réserve; (*furniture, possessions*) mettre en dépôt
store card *n* carte *f* de paiement
store detective *n* vigile *m*
storefront *n* devanture *f* de magasin; (*window display*) vitrine *f* de magasin
storehouse *n* **1.** (*warehouse*) magasin *m* **2.** *fig* (*of knowledge, information*) mine *f*
storekeeper *n* commerçant(e) *m(f)*
storeroom *n* débarras *m*
storied *adj* à étage
stork [stɔrk] *n* cigogne *f*
storm [stɔrm] **I.** *n* **1.** METEO *a. fig* tempête *f* **2.** MIL assaut *m;* **to take sth by ~** *a. fig* prendre qc d'assaut **II.** *vi* **1.** METEO tempêter **2.** (*speak angrily*) fulminer **III.** *vt a.* MIL prendre d'assaut
◆**storm in** *vi* entrer comme un ouragan
◆**storm out** *vi* quitter comme un ouragan
storm cloud *n a. fig* nuage *m* menaçant
stormy ['stɔr·mi] <-ier, -iest> *adj a. fig* orageux(-euse)
story ['stɔr·i] <-ies> *n* **1.** (*tale*) histoire *f;* **to tell a bedtime ~** raconter une histoire avant d'aller au lit; **to have a ~ that ...** avoir entendu dire que ...; **sb's side of the ~** la version de qn; **or so the ~ goes** d'après ce que l'on raconte **2.** (*news report*) reportage *m* **3.** (*lie*) histoires *fpl* **4.** (*floor in building*) étage *m* ▶**it's the ~ of my life** c'est tout à fait moi; **that's my ~ and I'm sticking to it!** j'insiste et j'y tiens!; **it's the same old ~** c'est toujours la même histoire
storybook *adj* LIT romanesque; **to have a ~ ending** finir comme un conte de fée
story line *n* intrigue *f*
storyteller *n* conteur, -euse *m, f*
stout[1] [staʊt] *n* (*beer*) stout *f* (*bière brune et amère*)
stout[2] *adj* **1.** (*heavy*) corpulent(e) **2.** (*strong*) solide **3.** (*determined: person*) résolu(e); (*defender, resistance*) vaillant(e) **4.** (*staunch*) fervent(e)
stoutly ['staʊt·li] *adv* **1.** (*strongly*) solidement **2.** (*firmly*) catégoriquement; **to believe ~ in sth** croire dur comme fer à qc
stove [stoʊv] *n* **1.** (*heater*) poêle *m* **2.** (*for cooking*) cuisinière *f*
stow [stoʊ] *vt* ranger
◆**stow away I.** *vt* ranger **II.** *vi* **1.** (*can be stored*) se ranger **2.** (*travel without paying*) voyager clandestinement
stowage ['stoʊ·ɪdʒ] *n* espace *m*
stowaway *n* passager, -ère *m, f* clandestin(e)
straddle ['stræd·l] *vt* (*bike, horse*) enfourcher; (*river*) enjamber ▶**to ~ an issue** nager entre deux eaux
straggle ['stræg·l] *vi* **1.** (*fall behind group*) traîner **2.** (*hang untidily: hair*) être en désordre **3.** (*sprawl: houses*) se disséminer; (*plant*) pousser dans tous les sens
straggler *n* traînard(e) *m(f)*
straggly <-ier, -iest> *adj* en désordre
straight [streɪt] **I.** *n* **1.** SPORTS (*part of race track*) ligne *f* droite; **the finishing ~** la dernière ligne droite **2.** *inf* (*not homosexual*) hétéro *mf* **II.** *adj* **1.** (*without bend*) droit(e); (*hair*) raide; (*route*) direct(e); **as ~ as a pin** droit comme un piquet **2.** (*honest*) honnête; (*answer*) franc(he); **to be ~ with sb** être direct avec qn; **to go ~** *inf* marcher droit **3.** *inf* (*not homosexual*) hétéro *inv* **4.** (*plain*) simple; **a vodka ~** une vodka pure; **a ~ gin** un gin sec **5.** (*clear*) clair(e) **6.** (*serious*) sérieux(-euse) **7.** *sl* (*not drunk or high*) clean **III.** *adv* **1.** droit; **~ ahead** droit devant **2.** (*at once*) directement; **to get ~ to the point** aller droit au but **3.** *inf* (*honestly*) directement; **to tell sb ~ (out)** dire carrément à qn; **to play ~ with sb** jouer franc jeu avec qn **4.** (*clearly: see*) clairement; **to think ~** voir clair; **to put sb ~ on sth** éclairer qn sur qc **5.** (*neat, clean*) **to put sth ~** redresser qc
straightaway *adv* directement
straighten *vt* **1.** (*make straight*) redresser; **to ~ one's hair** se raidir les cheveux; **to ~ one's back/shoulders** se tenir droit **2.** (*make tidy: room*) ranger; (*tie*) ajuster; **to ~ one's hair** se recoiffer
◆**straighten out I.** *vi* (*become straight*) devenir droit **II.** *vt* **1.** (*make straight*) redresser **2.** (*make neat*) arranger **3.** *fig* arranger; (*problems*) résoudre
◆**straighten up I.** *vi* se redresser **II.** *vt* **1.** (*stand up straight*) redresser; **to ~ one's body** se redresser **2.** (*make neat*) mettre de l'ordre dans
straightforward *adj* **1.** (*honest*) franc(he) **2.** (*easy*) simple
straight-out *adj inf* direct(e)
strain[1] [streɪn] **I.** *n* **1.** (*pressure*) *a.* PHYS tension *f;* **to put a ~ on sb/sth** exercer une pression sur qn/qc; **to be under a lot of ~** être mis à rude épreuve **2.** (*pulled muscle*) entorse *f;* **back ~** tour *m* de reins **II.** *vi* **to ~ to** +*infin* peiner pour +*infin* **III.** *vt* **1.** MED, SPORTS se fouler; (*muscle, ligament*) se froisser; **to ~ one's back** se faire un tour de reins **2.** (*pressure*) mettre à rude épreuve; **to ~ oneself** se surmener; **to ~ one's ears** tendre l'oreille;

S

to ~ every nerve fournir un effort intense; **to ~ the truth** forcer la vérité **3.** (*filter liquid out: coffee*) faire passer; (*vegetables*) égoutter

strain^{2} [streɪn] *n* **1.** (*line of breed*) espèce *f* **2.** (*type*) sorte *f* **3.** (*inherited characteristic*) disposition *f;* (*of humor*) propension *f*

strained *adj* **1.** (*problematic: relations*) tendu(e) **2.** (*forced: smile*) forcé(e)

strainer *n* CULIN passoire *f*

strait [streɪt] *n* **1.** GEO détroit *m* **2.** *pl* (*bad situation*) situation *f* difficile; **to be in dire ~s** être en grande difficulté

straitened *adj* difficile

straitjacket ['streɪt·ˌdʒæk·ɪt] *n* camisole *f*

strait-laced ['streɪt·leɪst] *adj* collet monté *inv*

Strait of Dover *n* **the ~** le Pas de Calais

Strait of Gibraltar *n* **the ~** le Détroit de Gibraltar

strand [strænd] *n* **1.** (*thread: of wool, cloth, cable*) fil *m;* (*of pearls*) rang *m;* (*of hair*) mèche *f* **2.** (*line of development: story*) fil *m*

strange [streɪndʒ] *adj* **1.** (*odd, bizarre*) étrange; **it's ~ that ...** c'est bizarre que ... +*subj;* **~r things have happened** tout peut arriver; **a ~ look on one's face** une drôle d'expression sur son visage **2.** (*not known*) étranger(-ère); (*face*) inconnu(e)

strangely *adv* bizarrement; **~ enough** chose *f* étrange

stranger *n* **1.** (*unknown person*) inconnu(e) *m(f);* **to be complete ~s to sb** être complètement inconnus à qn **2.** (*from another place*) étranger, -ère *m, f;* **hello, ~!** salut, le revenant!; **to be a ~** ne pas être d'ici; **to be a ~ to sth** ne rien connaître à qc; **no ~ to sth, ...** habitué à qc, ...

strangle ['stræŋ·gl] *vt* **1.** (*squeeze neck: person*) étrangler; (*thing*) asphyxier **2.** *fig* (*scream*) étouffer

stranglehold ['stræŋ·gl·hoʊld] *n fig* mainmise *f;* **to have sb in a ~** [*o* **a ~ on sb**] tenir qn à la gorge

strangulation [ˌstræŋ·gjə·'leɪ·ʃən] *n* strangulation *f*

strap [stræp] **I.** *n* **1.** (*for fastening*) sangle *f;* (*of watch*) bracelet *m;* (*of shoe*) lanière *f;* (*of bra, top*) bretelle *f* **2.** (*loop for hanging*) poignée *f* **II.** <-pp-> *vt* **to ~ sb/sth to sth** attacher qn/qc à qc

◆ **strap in** *vt* attacher

◆ **strap up** *vt* bander

strapless *adj* sans bretelles

strapping *adj a. iron, inf* robuste; **a ~ man** un gaillard

stratagem ['stræţ·ə·dʒəm] *n* stratagème *m*

strategic [strə·'ti·dʒɪk] *adj* stratégique

strategist *n* stratège *m*

strategy ['stræţ·ə·dʒi] <-ies> *n* stratégie *f*

stratify ['stræţ·ə·faɪ] *vt a. fig* stratifier

stratosphere ['stræţ·ə·sfɪr] *n* stratosphère *f* ►**to go into the ~** monter en flèche

stratum ['streɪ·ţəm] <strata> *n* **1.** GEO strate *f* **2.** (*division*) couche *f*

straw [strɔ] *n* **1.** (*grain stalk*) paille *f;* **a ~ hat** un chapeau de paille; **to draw ~s** tirer à la courte paille **2.** (*for drinking*) paille *f* ►**a ~ in the wind** un signe; **to be the ~ that breaks the camel's back** [*o* **to be the last ~**] être la goutte d'eau qui fait déborder le vase; **to grasp at ~s** se raccrocher à de faux espoirs

strawberry ['strɔ·ˌberi] <-ies> *n* fraise *f*

straw-colored *adj* jaune paille

straw man *n* homme *m* de paille

straw poll, straw vote *n* sondage *m* d'opinion

stray [streɪ] **I.** *n* animal *m* errant **II.** *adj* **1.** (*homeless: animal*) errant(e) **2.** (*not expected: sentence, house, spot*) isolé(e) **III.** *vi* **1.** (*go far*) *a. fig* s'éloigner **2.** (*get lost*) s'égarer; **~ing hands** mains *fpl* baladeuses

streak [strik] **I.** *n* **1.** (*mark, smear*) trace *f;* **dirty ~s** traces *fpl* **2.** (*in hair*) mèche *f* **3.** (*strip*) filet *m;* (*of light*) trait *m;* **~ of lightning** éclair *m* **4.** (*tendency*) tendance *f* **5.** (*run of fortune*) **lucky** [*o* **winning**] **~** période *f* de chance; **to be on a winning ~** être dans une bonne passe **II.** *vt* strier; **to have one's hair ~ed** se faire des mèches; **to be ~ed with black** être veiné de noir **III.** *vi* **to ~ off/out/past** passer/sortir/passer à toute allure

streaker *n personne qui court nu lors d'événements publics*

streaky <-ier, -iest> *adj* strié(e)

stream [strim] **I.** *n* **1.** (*small river*) ruisseau *m* **2.** (*current*) *a. fig* courant *m;* **against the ~** à contre-courant; **to be/come on ~** être/être mis en service **3.** (*flow*) *a. fig* flot *m* **II.** *vi* **1.** (*flow*) *a. fig* ruisseler; (*nose, eyes*) couler; **to ~ (with) blood/tears** ruisseler de sang/larmes; **to ~ down one's face** dégouliner sur son visage **2.** (*move in numbers*) **people ~ in/out/away** des flots de gens entrent/sortent/partent **3.** (*shine, spread: light, sun*) entrer à flots **III.** *vt* (*blood, tears*) ruisseler de

streamer *n* banderole *f*

streamline ['strim·laɪn] *vt* **1.** (*make aerodynamic*) caréner **2.** (*improve efficiency*) rationaliser

street [strit] *n* rue *f;* **at 24 Oak Street** au 24 de la Oak Street; **on Oak Street** dans la Oak Street; **to take to the ~s** descendre dans les rues ►**the man on** [*o* **in**] **the ~** l'homme *m* de la rue; **to be on the ~** être sur le trottoir; **to dance in the ~(s) about sth** se réjouir de qc

street battle *n* affrontement *m*

streetcar *n* tramway *m*

street cred *n sl* **to have ~** être branché

streetlamp, streetlight *n* réverbère *m*

street lighting *n* éclairage *m* des rues

street people *n* sans-abri *mpl*

streetwise *adj* conscient(e) des dangers de la rue

strength [streŋ(k)θ] *n* **1.** (*effort, good quality*) *a. fig* force *f;* **to lose ~** perdre de la force; **to be back to full ~** retrouver ses forces; **(Lord,) give me ~!** mon Dieu!; **to gather ~** rassembler ses forces; **to draw ~ from sth** tirer sa force de qc; **on the ~ of sth** en vertu de qc; **to go from ~ to ~** aller de mieux en mieux **2.** (*number*) nombre *m;* **at full ~** au grand complet; **in ~** en nombre; **to be below ~** être en sous-effectif

strengthen ['streŋ(k)θ·ən] **I.** *vt* renforcer; (*wall*) fortifier; (*muscles*) développer ▶ **to ~ one's grip on sth** renforcer son emprise sur qc; **to ~ one's hand** renforcer sa position **II.** *vi* **1.** (*become strong: muscles*) se renforcer **2.** FIN (*stock market, prices*) se raffermir

strenuous ['stren·ju·əs] *adj* **1.** (*physically*) fatigant(e); **~ exercises** exercices *mpl* ardus **2.** (*mentally: person*) actif(-ive); (*opposition, protest, efforts*) acharné(e)

stress [stres] **I.** *n* **1.** (*mental strain*) tension *f;* **to be under ~** être tendu; **~(es) and strain(s) of modern life** les pressions et tensions de la vie moderne **2.** MED stress *m* **3.** (*emphasis*) insistance *f;* **to lay ~ on sth** insister sur qc **4.** LING accent *m* tonique **II.** *vt* **1.** (*emphasize*) insister **2.** (*pronounce forcibly*) accentuer **3.** *inf* (*cause distress*) **to ~ sb out** stresser qn

stressed *adj* **1.** (*not relaxed*) stressé(e) **2.** LING accentué(e)

stressful *adj* stressant(e)

stress mark *n* LING accent *m*

stretch [stretʃ] **I.** <-es> *n* **1.** (*elasticity*) élasticité *f* **2.** (*muscle extension*) étirement *m;* **to take a ~** s'étirer **3.** GEO étendue *f;* (*of land*) bande *f;* (*of road*) section *f* **4.** (*period*) période *f;* **at a ~** d'affilée; **to do a ten-year ~ behind bars** passer dix ans derrière les barreaux **5.** (*effort*) effort *m;* **by no ~ of imagination** même en faisant un gros effort d'imagination **6.** SPORTS ligne *f* droite; **to enter the final ~** entrer dans la dernière ligne droite **II.** *adj* (*fabric, jeans*) extensible; **a ~ limo** une limousine **III.** *vi* **1.** (*become longer, wider: rubber, elastic*) s'étendre; (*clothes*) se détendre **2.** (*extend muscles*) s'étirer **3.** (*need time*) se prolonger; **to ~ into June/next year** se prolonger jusqu'en juin/jusqu'à l'année prochaine; **to ~ back to last August/1987** remonter à août dernier/ 1987 **4.** (*cover area*) s'étendre; **to ~ across/along sth** s'étendre à travers/le long de qc; **to ~ for 25 miles** s'étendre sur 25 miles **5.** (*go beyond*) **to ~ to a sum** aller jusqu'à une somme; **to be fully ~ed** être à la limite de ses capacités **IV.** *vt* **1.** (*extend*) étirer; (*hand, arm*) tendre **2.** (*extend by pulling: elastic band*) tendre; (*clothes*) détendre **3.** (*demand a lot of*) *a. fig* mettre à rude épreuve; (*limits*) outrepasser; **to ~ oneself beyond one's means** vivre au-dessus de ses moyens **4.** SPORTS **to ~ one's lead** s'avancer en tête **5.** (*go beyond*) forcer; **to ~ a point** exagérer; **to ~ it a bit** y aller un peu fort

stretcher *n* brancard *m*

stretcher-bearer *n* brancardier, -ère *m, f*

stretch marks *npl* vergetures *fpl*

strew [stru] <strewed, strewn *o* strewed> *vt* **1.** (*scatter*) répandre **2.** *fig* joncher

striated ['stri·eɪ·t̬ɪd] *adj a. fig* strié(e)

strict [strɪkt] *adj* **1.** (*harsh*) strict(e); (*penalty, morals*) sévère **2.** (*requiring conformity*) strict(e); (*censorship, control*) rigoureux(-euse); (*deadline, time limit*) de rigueur; (*guideline*) astreignant(e); (*order*) formel(le) **3.** (*complete: secrecy*) absolu(e); (*sense*) précis(e); **in ~est confidence** en toute confidence **4.** (*conforming: vegetarian*) vrai(e)

strictly *adv* **1.** (*severely*) strictement **2.** (*exactly*) exactement; (*forbidden, defined*) strictement; **~ speaking** à proprement parler

stride [straɪd] **I.** *vi* **1.** (*walk*) marcher à grandes enjambées; **to ~ ahead** avancer à grands pas; **to ~ in/out** entrer/sortir à grands pas **2.** *fig* **to ~ forward** progresser à grands pas **II.** *n* **1.** (*long step*) enjambée *f;* **to break one's ~** casser la cadence **2.** *fig* (*progress*) **to make ~s in sth** faire d'énormes progrès en qc ▶ **to break sb's ~** faire perdre la cadence à qn; **to hit one's ~** prendre sa vitesse de croisière; **to take sth in ~** faire qc sans le moindre effort

strident ['straɪ·dənt] *adj* **1.** (*harsh*) strident(e) **2.** (*confrontational: tone*) véhément(e)

strife [straɪf] *n* conflit *m*

strike [straɪk] **I.** *n* **1.** (*protest action*) grève *f;* **a wave of ~s** une vague de grèves; **sit-down ~** grève sur le tas **2.** (*sudden attack*) attaque *f;* **air ~** raid *m* **3.** (*blow*) coup *m* **4.** (*discovery*) découverte *f;* **to make a gold ~** trouver de l'or **5.** (*in baseball*) strike *m* **6.** *fig* (*warning*) avertissement *m;* **a ~ against sb** un coup porté contre qn **II.** <struck, struck> *vt* **1.** (*hit hard*) frapper **2.** (*collide with*) tamponner **3.** (*ignite: a match*) craquer **4.** (*achieve: deal, bargain*) parvenir à; (*a balance*) trouver; **to ~ it rich** faire fortune **5.** (*generate harmony*) **to ~ a chord with sb** être sur la même longueur d'onde que qn **6.** (*coins, medallion*) frapper **7.** <struck, struck *o* stricken> (*cause feelings of*) **to ~ fear into sb** remplir qn d'effroi **8.** <struck, struck *o* stricken> (*cause memories*) **to ~ a chord** se rappeler de qc **9.** <struck, struck *o* stricken> (*create atmosphere*) **to ~ a note of warning** donner l'alerte **10.** (*discover deposit of*) découvrir; (*gold*) remporter; **to ~ oil** atteindre une nappe pétrolifère **11. to ~ a pose** poser; *fig* faire des manières **12.** <struck, struck *o* stricken> (*cause suffering*) frapper durement; **an earthquake struck Los Angeles** un tremblement de terre a sévi à Los Angeles **13.** (*clock*) sonner **14.** (*engender thought*) marquer **15.** (*remove*) démonter; (*name from list*) rayer ▶ **to ~ a blow against sb** infliger un coup à qn; **to ~ the right note** viser juste **III.** <struck, struck> *vi* **1.** (*hit hard*) frapper fort **2.** (*attack*) attaquer **3.** (*stop working as protest*) se mettre en grève **4.** (*clock*) sonner ▶ **to ~ home** frapper juste; **to ~ while the iron is hot** battre le fer pendant qu'il est chaud; **I was struck dumb with surprise** la surprise m'a rendu muet

S

◆**strike back** *vi* rendre un coup; **to ~ at sb** répliquer à qn
◆**strike down** *vt* abattre; **to be struck down by a disease** être terrassé par une maladie
◆**strike from** *vt* (*name*) rayer; **to strike sb from the register** rayer qn du registre
◆**strike out I.** *vt* (*in baseball*) éliminer sur trois prises **II.** *vi* **1.** (*start out*) recommencer **2.** (*attack*) **to ~ at sb** frapper qn; (*criticize*) attaquer qn **3.** (*fail to hit ball*) manquer la balle
◆**strike up I.** *vt* **1.** (*start*) commencer; (*conversation*) entamer; (*relationship*) se lancer dans **2.** (*start music*) se mettre à jouer; (*song*) entonner **II.** *vi* commencer

strike ballot *n* appel *m* à la grève

strikebound *adj* immobilisé(e) par une grève

strikebreaker *n* briseur, -euse *m, f* de grève

strike committee *n* comité *m* de grève

strike fund *n* fonds *m* de soutien aux grévistes

strike leader *n* dirigeant *m* des grévistes

strike pay *n* indemnité *f* de grève

striker *n* **1.** (*strike participant*) gréviste *mf* **2.** (*in soccer*) buteur *m*

striking *adj* **1.** (*noticeable*) saisissant(e); (*beauty, similarity*) frappant(e); (*feature, personality*) saillant(e); (*result*) étonnant(e) **2.** (*good-looking*) magnifique ▶**within ~ distance** à portée de la main; (*close to achieving results*) à deux doigts de qc

string [strɪŋ] **I.** *n* **1.** (*twine*) ficelle *f* **2.** (*on guitar, violin*) corde *f* **3.** *pl* (*orchestral section*) cordes *fpl* **4.** (*chain: of pearls*) collier *m* **5.** *fig* (*sequence*) série *f;* (*of names*) suite *f* **6.** COMPUT suite *f;* **search ~** chaîne *f* de recherche ▶**to pull ~s** tirer les ficelles **II.** <strung, strung> *vt* **1.** (*attach strings to: racket, guitar*) corder **2.** (*thread onto string*) enfiler
◆**string along** *inf* **I.** *vi* **to ~ with sb** accompagner qn **II.** *vt* **1.** (*keep uncertain*) faire poireauter **2.** (*trick*) faire marcher
◆**string out I.** *vi* s'espacer **II.** *vt* **1.** (*prolong*) faire traîner; **to be strung out over a distance** s'échelonner sur une distance **2.** *fig* **to be strung out** (*be nervous, tense*) être à plat; **to be strung out on sth** (*be addicted*) être accro à qc
◆**string up** *vt* **1.** (*hang*) suspendre **2.** *inf* (*execute*) pendre **3.** *inf* (*penalize*) punir

string bag *n* filet *m* à provisions

string band *n* orchestre *m* à cordes

string bean *n* haricot *m* vert

stringed instrument *n* instrument *m* à cordes

stringency ['strɪn·dʒən(t)·si] *n* **1.** (*strictness*) sévérité *f;* (*of tests*) rigueur *f* **2.** (*tightness: of finances*) resserrement *m*

stringent ['strɪn·dʒənt] *adj* **1.** (*rigorous*) rigoureux(-euse); (*condition*) strict(e); (*measure*) énergique **2.** (*tight*) sévère

stringer ['strɪŋ·ər] *n inf* journaliste *mf* local(e)

string quartet *n* quatuor *m* à cordes

stringy ['strɪŋ·i] *adj* **1.** CULIN filandreux(-euse) **2.** (*lean: person*) filiforme

strip [strɪp] **I.** *vt* **1.** (*lay bare*) enlever; (*a tree of fruit*) défruiter **2.** (*unclothe*) déshabiller **3.** (*dismantle*) défaire **II.** *vi* se déshabiller **III.** *n* **1.** (*long narrow piece*) bande *f;* (*of metal*) lame *f;* (*of land*) bande *f* **2.** (*striptease*) striptease *m* **3.** (*commercial road*) voie *f* **4.** (*comic strip*) bande *f* dessinée

stripe [straɪp] *n* **1.** (*colored band*) rayure *f* **2.** MIL galon *m* ▶**of every ~** de tout genre; **a man of that ~** un homme de ce type

striped *adj* à raies; (*shirt*) à rayures

strip mall *n* zone *f* commerçante

strip-mining *n* extraction *f* à ciel ouvert

stripper *n* **1.** (*female*) strip-teaseuse *f;* (*male*) strip-teaseur *m* **2.** (*solvent*) décapant *m*

strip search *n* fouille *f* d'une personne dévêtue

strip-search *vt* faire déshabiller qn pour le fouiller

strip show *n* spectacle *m* de striptease

striptease *n* striptease *m*

stripy *adj* rayé(e)

strive [straɪv] <strove, striven *o* strived> *vi* **to ~ to** +*infin* s'efforcer de +*infin;* **~ as we may** quels que soient nos efforts (*subj*); **to ~ for sth** essayer d'obtenir qc

strobe *n inf,* **stroboscope** ['stroʊ·bə·skoʊp] *n* stroboscope *m*

stroboscopic *adj* TECH stroboscopique

strode [stroʊd] *pt of* **stride**

stroke [stroʊk] **I.** *n* **1.** (*gentle caress*) caresse *f;* **to give sb a ~** *fig* encourager qn **2.** (*blow*) coup *m;* **at a (single) ~** [*o* **in one ~**] d'un seul coup **3.** MED attaque *f* **4.** (*bit, sign, sound: of luck, fate*) coup *m;* (*of a pen*) trait *m;* **a ~ of genius** un trait de génie; **on the ~ of three** sur le coup de trois heures; **she hasn't done a ~ of work today** elle n'a pas fait grand chose aujourd'hui **5.** *form* (*lash with whip*) coup *m* de fouet **6.** (*swimming method*) nage *f;* **breast ~** brasse *f* ▶**to put sb off one's ~** déconcentrer qn **II.** *vt* **1.** (*move hand over*) caresser **2.** (*hit smoothly: ball*) frapper

stroll [stroʊl] **I.** *n* petite promenade *f* **II.** *vi* flâner

stroller *n* **1.** (*for baby*) poussette *f* **2.** (*person walking*) promeneur, -euse *m, f*

strong [strɔŋ] **I.** *adj* **1.** (*powerful: person, wind, currency*) fort(e); (*defense, country, athlete*) puissant(e) **2.** (*concentrated: coffee, alcohol*) fort(e); (*medicine*) puissant(e); (*competition*) serré(e) **3.** (*sturdy, durable*) solide; **to be as ~ as a horse** être fort comme un bœuf **4.** (*healthy*) vigoureux(-euse); (*constitution*) robuste **5.** (*intense: desire*) fort(e); (*will, influence*) grand(e) **6.** (*deep-rooted*) tenace; (*antipathy*) grand(e); (*bias, fear, opinion*) fort(e); (*bond*) extraordinaire; **she is a ~ person** elle a du ressort **7.** (*very likely*) fort(e); (*chance*) grand(e) **8.** (*having number*) **they were 200 ~** ils/elles étaient au nombre de deux cents **9.** (*marked*) marqué(e); **to have a ~ accent** avoir un fort accent **10.** (*bright: color*) vif(vive) **11.** (*pungent*) fort(e); (*flavor*) relevé(e); (*language*) grossier(-ère) **II.** *adv* **to come on ~** draguer; **to be still going ~** se porter toujours bien

strong-arm *adj inf* **~ method** méthode *f* forte

strongbox *n* coffre-fort *m*

stronghold ['strɔŋ·hoʊld] *n* **1.** (*fortress*) bastion *m* **2.** (*refuge*) asile *m*

strongly *adv* **1.** (*solidly*) *a. fig* solidement; **~ built** de constitution robuste **2.** (*powerfully*) fortement; (*establish, believe*) fermement; (*advise*) vivement; (*condemn, criticize*) sévèrement; (*disapprove*) profondément; (*deny*) vigoureusement

strong-minded *adj* résolu(e)

strong room *n* chambre *f* forte

strong-willed *adj* **to be ~** avoir de la volonté

strop [strap] *n* cuir *m* (à rasoir)

strove [stroʊv] *pt of* **strive**

struck [strʌk] *pt, pp of* **strike**

structural *adj* **1.** (*of organization*) structurel(le) **2.** (*of buildings*) de construction

structure ['strʌk·tʃər] **I.** *n* **1.** (*something organized*) structure *f* **2.** (*building*) bâtiment *m* **3.** (*constructed form*) construction *f* **II.** *vt* structurer

struggle ['strʌg·l] **I.** *n* **1.** (*great effort*) lutte *f*; **without a ~** sans résistance **2.** (*skirmish*) conflit *m* **II.** *vi* **1.** (*exert oneself*) lutter; **to ~ to one's feet** se lever avec difficulté; **to ~ to** +*infin* avoir de la difficulté à +*infin* **2.** (*fight*) se débattre; **to ~ with sb/sth** être aux prises avec qn/qc; *fig* avoir des difficultés avec qn/qc **3.** (*resist*) résister

strum [strʌm] <-mm-> MUS **I.** *vt* gratter **II.** *vi* pincer les cordes **III.** *n* son *m*

strung [strʌŋ] *pt, pp of* **string**

strut [strʌt] **I.** <-tt-> *vi* parader **II.** <-tt-> *vt* **to ~ one's stuff** *inf* danser de façon provocante **III.** *n* support *m*

strychnine ['strɪk·naɪn] *n* strychnine *f*

stub [stʌb] **I.** *n* **1.** (*of ticket*) bout *m* **2.** (*of cigarette*) mégot *m* **3.** (*short pencil*) bout *m* de crayon **II.** <-bb-> *vt* **to ~ one's toes** se cogner le pied

stubble ['stʌb·l] *n* **1.** (*beard growth*) barbe *f* de plusieurs jours **2.** (*crop remains*) chaume *m*

stubbly *adj* **1.** (*bristly*) mal rasé(e) **2.** (*ground*) couvert(e) de chaume

stubborn ['stʌb·ərn] *adj* têtu(e); (*problem, stain*) tenace; **to be ~ as a mule** être têtu comme une mule

stubby ['stʌb·i] *adj* (*finger*) boudiné(e); (*leg*) gros(se); **~ tail** bout *m* de queue

stucco ['stʌk·oʊ] *n* stuc *m*

stuck [stʌk] *pt, pp of* **stick**

stuck-up *adj inf* prétentieux(-euse)

stud[1] [stʌd] *n* **1.** (*male horse*) étalon *m* **2.** (*stable*) haras *m* **3.** *inf* (*man*) tombeur *m*

stud[2] [stʌd] *n* **1.** CONSTR (*post*) montant *m* **2.** (*small metal item*) clou *m* pour ornement **3.** (*on dress shirt*) bouton *m* de chemise **4.** *pl* (*for driving in snow*) chaînes *fpl*

student ['stu·dᵊnt] *n* SCHOOL élève *mf*; UNIV étudiant(e) *m(f)*

student teacher *n* professeur *mf* stagiaire

student union *n* **1.** (*organization*) association *f* d'étudiants **2.** (*meeting place*) lieu *m* de rencontre des étudiants

stud farm *n* haras *m*

studhorse *n* étalon *m*

studied ['stʌd·id] *adj* étudié(e); (*answer, politeness*) calculé(e); (*elegance*) recherché(e); (*insult*) délibéré(e)

studio ['stu·di·oʊ] <-s> *n* **1.** (*atelier*) atelier *m* **2.** (*firm*) studio *m* **3.** (*room for recording*) studio *m* (d'enregistrement) **4.** (*one-room apartment*) studio *m*

studio apartment *n* studio *m*

studio audience *n* public *m* présent lors d'un enregistrement

studio couch *n* canapé-lit *m*

studious ['stu·di·əs] *adj* **1.** (*scholarly*) studieux(-euse) **2.** (*careful*) appliqué(e)

study ['stʌd·i] **I.** *vt* étudier **II.** *vi* faire des études **III.** <-ies> *n* **1.** (*investigation*) étude *f* **2.** (*academic investigation*) recherche *f* **3.** *pl* (*learning*) études *fpl* **4.** (*room*) bureau *m* (de travail) **5.** (*literary treatment*) étude *f* de texte

study group *n* groupe *m* d'étude

study hall *n* salle *f* d'étude

stuff [stʌf] **I.** *n* **1.** *inf* (*thing*) truc *m*; **it's boring ~** c'est ennuyeux **2.** (*things*) trucs *mpl*; **to write good ~** bien écrire **3.** (*belongings*) affaires *fpl* **4.** (*basic characteristics*) essence *f* **5.** (*one's knowledge*) **to know one's ~** s'y connaître **6.** (*material*) étoffe *f* **7.** *inf* (*drugs*) came *f* **II.** *vt* **1.** (*fill*) *a. fig* remplir; (*cushion*) rembourrer; (*animals*) empailler; **to ~ sth into sth** fourrer qc dans qc; **to ~ sb's head with sth** bourrer la tête de qn avec qc **2.** *inf* (*eat greedily*) **to ~ oneself** [*o sl* **one's face**] s'empiffrer; **to ~ sth down** engloutir qc **3.** CULIN farcir; **~ed tomatoes** tomates *fpl* farcies **III.** *vi* se goinfrer

stuffed animal *n* peluche *f*

stuffed shirt *n inf* prétentieux, -euse *m, f*

stuffing *n* **1.** (*padding*) rembourrage *m* **2.** CULIN farce *f*

stuffy *adj* **1.** (*stodgy*) collet monté *inv* **2.** (*unventilated: room*) mal ventilé(e) **3.** MED **~ nose** nez *m* bouché

stultify ['stʌl·ṭə·faɪ] <-ie-> *vt* abrutir

stultifying *adj* abrutissant(e)

stumble ['stʌm·bl] **I.** *n* faux pas *m* **II.** *vi* **1.** (*trip*) trébucher; **to ~ in/out** entrer/sortir en trébuchant **2.** (*falter during talking*) **to ~ over sth** buter sur qc

stumbling block *n* obstacle *m*

stump [stʌmp] **I.** *n* **1.** (*of tree*) souche *f* **2.** (*of arm, leg*) moignon *m* **II.** *vt* déconcerter; **to be ~ed by sth** être incapable de répondre à qc **III.** *vi* **1.** (*walk heavily*) **to ~ in/out** entrer/sortir à pas lourds; **to ~ into sth** entrer à pas lourds dans qc **2.** POL faire campagne

stumpy *adj pej, inf* (*person*) boulot(te); (*finger, legs*) boudiné(e)

stun [stʌn] <-nn> *vt* **1.** (*shock*) stupéfier; **~ned silence** silence *m* surprenant **2.** (*make unconscious*) assommer

stung [stʌŋ] *pp, pt of* **sting**

stun gun *n* pistolet *m* hypodermique

stunk [stʌŋk] *pt, pp of* **stink**

stunned *adj* surpris(e)

stunner *n inf* **1.** (*something surprising*) truc *m* incroyable **2.** (*attractive person*) canon *m*

stunning *adj* **1.** (*upsetting*) bouleversant(e) **2.** (*dazzling*) sensationnel(le); (*dress*) magnifique

stunt[1] [stʌnt] *n* **1.** (*for film*) cascade *f* **2.** *pej* (*for publicity*) **advertising/publicity ~** coup *m* de pub **3.** *fig, inf* **to pull a ~** faire un truc pareil

stunt[2] [stʌnt] *vt* (*slow growth*) ralentir

stunted *adj* rabougri(e); **to become ~** se rabougrir

stuntman <-men> *n* cascadeur *m*

stuntwoman <-men> *n* cascadeuse *f*

stupefaction [ˌstu·pə·'fæk·ʃ^{ə}n] *n form* stupéfaction *f*

stupefied *adj* stupéfait(e)

stupefy ['stu·pə·faɪ] <-ie-> *vt* stupéfier

stupendous [stu·'pen·dəs] *adj* prodigieux(-euse)

stupid ['stu·pɪd] *inf* **I.** <-er, -est *o* more ~, most ~> *adj* stupide **II.** *n* idiot(e) *m(f)*

stupidity [stu·'pɪd·ə·t̬i] *n* stupidité *f*

stupor ['stu·pər] *n sing* stupeur *f*

sturdy ['stɜr·di] *adj* robuste

sturgeon ['stɜr·dʒ^{ə}n] *n* esturgeon *m*

stutter ['stʌt̬·ər] **I.** *vt, vi* bégayer **II.** *n* bégaiement *m*

stutterer *n* bègue *mf*

sty[1] [staɪ] *n* (*for pigs*) porcherie *f*

sty[2], **stye** [staɪ] *n* MED orgelet *m*

style [staɪl] **I.** *n* **1.** (*way of expression*) style *m;* **~ of living** style de vie; **to have real ~** avoir du style; **in ~** en grande pompe; **to do things in ~** faire les choses bien; **to live in ~** mener grand train **2.** (*fashion*) mode *f;* **in ~** à la mode; **the latest ~** les dernières tendances *fpl;* **to go out of ~** passer de mode **3.** *fig, inf* genre *m;* **to not be sb's ~** ne pas être le genre de qn **II.** *vt* dessiner; **elegantly ~d jackets** vestes *fpl* élégamment coupées; **to ~ hair** se coiffer (les cheveux)

styling *n* façon *f* de s'habiller; **hair ~** coiffure *f;* **~ mousse** mousse *f* de coiffage

stylish *adj* qui a du style

stylist *n* styliste *mf;* **hair ~** coiffeur, -euse *m, f* visagiste

stylistic *adj* stylistique

stylize ['staɪ·laɪz] *vt* styliser

stylus ['staɪ·ləs] <-es> *n* saphir *m*

stymie ['staɪ·mi] *vt* coincer; (*sb's efforts*) stopper

suave [swav] *adj* mielleux(-euse)

sub [sʌb] **I.** *n* **1.** *inf abbr of* **substitute 2.** *inf abbr of* **submarine 3.** *inf abbr of* **submarine sandwich** ≈ sandwich *m* baguette **II.** <-bb-> *vi inf abbr of* **substitute** faire un remplacement; **to ~ for sb** remplacer qn

subclass *n* sous-classe *f*

subcommittee *n* sous-comité *m*

subconscious I. *n* subconscient *m* **II.** *adj* subconscient(e); **~ mind** subconscient *m*

subcontinent *n* sous-continent *m*

subcontract *vt* sous-traiter; **to ~ sth to sb/sth** sous-traiter qc à qn/qc

subcontractor *n* sous-traitant *m*

subculture *n* culture *f* parallèle

subcutaneous *adj* sous-cutané(e)

subdivide *vt* sous-diviser; **to ~ sth into sth** sous-diviser qc en qc

subdivision *n* **1.** (*second division*) subdivision *f* **2.** (*housing development*) résidence *f*

subdue [səb·'du] *vt* **1.** (*get under control*) maîtriser; (*person*) assujettir **2.** (*repress*) réprimer

subdued *adj* (*person*) calme; (*voice*) bas(se); (*color, light*) doux(douce)

subheading *n* sous-titre *m*

subject ['sʌb·dʒɪkt] **I.** *n* **1.** (*topic*) sujet *m;* **~ matter** sujet; **~ for discussion** sujet de discussion; **~ for debate** matière *f* à débat; **to be on the ~ of sb/sth** être à propos de qn/qc; **on the ~ of relationships** sur le thème des relations; **to take sth as one's ~** choisir qc comme sujet **2.** SCHOOL, UNIV matière *f* **II.** *adj* **1.** (*dominated*) soumis(e) **2.** (*exposed to negative factor*) sujet(te); **to be ~ to sth** être sujet à qc; **to be ~ to a danger** s'exposer à un danger; **~ to a law** LAW soumis à la loi ▶ **~ to sth** sous réserve de qc; **~ to payment** moyennant paiement **III.** *vt* assujettir

subjection [səb·'dʒek·ʃ^{ə}n] *n* POL soumission *f;* **to be in ~ to sb/sth** être assujetti à qn/qc

subjective [səb·'dʒek·tɪv] *adj* subjectif(-ive)

subjugate ['sʌb·dʒə·geɪt] *vt* assujettir; **to ~ oneself** s'assujettir

subjunctive [səb·'dʒʌŋ(k)·tɪv] *n* subjonctif *m*

sublease I. *vt* sous-louer **II.** *n* sous-location *f*

sublet I. *n* sous-location *f* **II.** <-tt-, sublet, sublet> *vt* sous-louer

sublimate ['sʌb·lɪ·meɪt] *vt form* sublimer

sublime [sə·'blaɪm] **I.** *adj* **1.** (*glorious*) sublime **2.** *a. iron* (*absolute*) sans pareil **II.** *n* sublime *m*

subliminal *adj* subliminal(e)

submarine I. *n* sous-marin *m* **II.** *adj* sous-marin(e)

submarine sandwich *n petit pain de forme allongée, généralement garni de fromage, de charcuterie en tranche, de tomates, de feuilles de salade, de moutarde et de rondelles d'oignon.*

submerge [səb·'mɜrdʒ] **I.** *vt* **1.** (*put under water*) *a. fig* immerger; **to ~ oneself in sth** se plonger dans qc **2.** (*inundate*) *a. fig* submerger; **to be ~d with work** être submergé de travail **II.** *vi* plonger

submersible [səb·'mɜr·sə·bl] **I.** *adj* submersible **II.** *n* submersible *m*

submersion [səb·ˈmɜr·ʒᵊn] *n* submersion *f*
submission [səb·ˈmɪʃ·ᵊn] *n* soumission *f;* **to force/frighten sb into ~** soumettre qn par la force/la terreur; **to starve sb into ~** réduire qn à la famine
submissive [səb·ˈmɪs·ɪv] *adj* soumis(e)
submit [səb·ˈmɪt] <-tt-> **I.** *vt* soumettre; **to ~ that ...** *form* alléguer que ... **II.** *vi* **to ~ to sb/sth** se soumettre à qn/qc
subnormal *adj* au-dessous de la normale; (*person*) arriéré(e)
subordinate [sə·ˈbɔr·dᵊn·ɪt, *vb:* sə·ˈbɔr·dᵊn·eɪt] **I.** *adj* **1.** (*secondary*) subordonné(e) **2.** (*lower in rank*) subalterne **II.** *n* subordonné(e) *m(f)* **III.** *vt* subordonner
subordination *n* subordination *f*
subpoena [sə·ˈpi·nə] LAW **I.** *vt* assigner à comparaître **II.** *n* assignation *f*
subregion *n* sous-région *f*
subscribe [səb·ˈskraɪb] **I.** *vt* verser **II.** *vi* **1. to ~ to sth** (*magazine, newspaper*) s'abonner à qc **2.** (*believe in*) **to ~ to sth** souscrire à qc
subscriber *n* abonné(e) *m(f)*
subscript [ˈsʌb·skrɪpt] *adj* TYP indice *m*
subscription *n* abonnement *m;* **~ to a magazine** abonnement à un magazine; **to buy a ~ to a club** offrir une adhésion à un club; **to take out a ~ to sth** s'abonner à qc
subsection *n* subdivision *f*
subsequent *adj* **1.** (*following*) ultérieur(e); **~ to sth** ultérieur à qc **2.** (*resulting*) consécutif(-ive); **~ to sth** suite à qc
subsequently *adv* par la suite
subservient *adj* servile; **to be ~ to sb/sth** être soumis à qn/qc
subset *n* sous-ensemble *m*
subside [səb·ˈsaɪd] *vi* **1.** (*abate*) diminuer **2.** (*cave in*) s'affaisser
subsidence [səb·ˈsaɪ·dᵊn(t)s] *n* affaissement *m*
subsidiary [səb·ˈsɪd·i·ər·i] **I.** *adj* subsidiaire; (*reason*) accessoires; **~ company** filiale *f* **II.** <-ies> *n* ECON filiale *f*
subsidize [ˈsʌb·sə·daɪz] *vt* subventionner
subsidy [ˈsʌb·sə·di] <-ies> *n* subvention *f*
subsist [səb·ˈsɪst] *vi form* subsister; **to ~ by doing sth** subsister en faisant qc; **to ~ on sth** vivre de qc
subsistence *n form* subsistance *f*
subsistence level *n* minimum *m* vital; **to live at ~ level** avoir tout juste de quoi vivre
subsoil *n* sous-sol *m*
substance [ˈsʌb·stᵊn(t)s] *n a. fig* substance *f*
substandard *adj* de qualité inférieure; **~ quality** qualité *f* médiocre
substantial [səb·ˈstæn(t)·ʃᵊl] *adj* **1.** (*important*) substantiel(le) **2.** (*real, general*) tangible; **to be in ~ agreement** être d'accord dans l'ensemble
substantially *adv* considérablement
substantiate [səb·ˈstæn(t)·ʃi·eɪt] *vt form* corroborer
substantive [ˈsʌb·stᵊn·t̬ɪv] **I.** *adj form* substantiel(le) **II.** *n* LING substantif *m*
substation [ˈsʌb·steɪ·ʃᵊn] *n* station *f;* **police ~** poste *m* de police
substitute [ˈsʌb·stə·tut] **I.** *n* **1.** (*equivalent*) produit *m* de substitution; **~ for sth** succédané *m* de qc; **a meat ~** un succédané de viande; **there's no ~ for sb/sth** rien ne peut remplacer qn/qc; **a poor ~ for sth** un ersatz de qc **2.** (*replacement worker*) remplaçant(e) *m(f);* **to come on as a ~** venir en remplacement **II.** *vt* remplacer; **~ black for white** [*o* **white with black**] remplacer le blanc par le noir **III.** *vi* **to ~ for sb/sth** remplacer qn/qc
substitute teacher *n* remplaçant(e) *m(f)*
substitution *n* **1.** (*replacing*) remplacement *m* **2.** LAW substitution *f*
subsume [səb·ˈsum] *vt form* incorporer; **to ~ sb/sth into sth** incorporer qn/qc à qc
subtenant *n* sous-locataire *mf*
subterfuge [ˈsʌb·tər·fju(d)ʒ] *n* subterfuge *m;* **to resort to ~** user d'un subterfuge
subterranean *adj a. fig* souterrain(e)
subtitle I. *n* sous-titre *m* **II.** *vt* sous-titrer
subtitling *n* sous-titrage *m*
subtle [ˈsʌt̬·l] *adj* subtil(e)
subtlety [ˈsʌt̬·l·t̬i] <-ies> *n* subtilité *f*
subtotal *n* sous-total *m*
subtract [səb·ˈtrækt] *vt* **to ~ sth from sth** soustraire qc de qc
subtraction *n* soustraction *f*
subtropical *adj* subtropical(e)
suburb [ˈsʌb·ɜrb] *n* banlieue *f,* quartier *m* périphérique *Suisse;* **the ~s** la banlieue; **to live in the ~s** vivre en banlieue
suburban [sə·ˈbɜr·bᵊn] *adj* de banlieue; **~ commuters** banlieusards *mpl*
suburbanite *n* banlieusard(e) *m(f)*
suburbia [sə·ˈbɜr·bi·ə] *n pej* banlieue *f*
subvention [səb·ˈven(t)·ʃᵊn] *n* subvention *f*
subversion [səb·ˈvɜr·ʒᵊn] *n* subversion *f*
subversive [səb·ˈvɜr·sɪv] **I.** *adj* subversif(-ive) **II.** *n* individu *m* subversif
subversively *adv* subversivement
subvert [sʌb·ˈvɜrt] *vt* **1.** (*overthrow*) renverser **2.** (*weaken: principles, democracy*) ébranler **3.** (*corrupt*) faire échouer; **to ~ the best intentions** contrecarrer les meilleures intentions
subway *n* RAIL métro *m*
subzero *adj* au-dessous de zéro
succeed [sək·ˈsid] **I.** *vi* **1.** (*achieve purpose*) réussir; **to ~ in doing sth** réussir à faire qc; **the plan ~ed** le plan a marché **2.** (*follow*) **to ~ to sth** succéder à qc ►**if at first you don't ~, then try, try again** *prov* il faut persévérer dans l'effort **II.** *vt* **to ~ sb as sth** succéder à qn en tant que qc; **to ~ sb in sth** succéder à qn à qc
success [sək·ˈses] *n* succès *m;* **without much ~** sans grand succès; **a ~ rate** un taux de réussite; **to be a big ~ with sb/sth** remporter un grand succès avec qn/qc; **to have ~**

S

in doing sth réussir à faire qc; **to make a ~ of sth** réussir qc; **to be a great ~** avoir beaucoup de succès; **to achieve ~** obtenir du succès; **to enjoy ~** remporter du succès; **box-office ~** succès au box-office
successful *adj* qui a du succès; (*book, film, artist*) à succès; (*business, season*) prospère; (*harvest, marriage, participant*) heureux(-euse); (*plan, career*) couronné(e) de succès; **to be ~** avoir du succès; **to be ~ in doing sth** réussir à faire qc; **commercially ~** lucratif(-ive)
successfully *adv* avec succès
succession [sək·'seʃ·ᵊn] *n* succession *f;* **~ to the throne** succession au trône; **in ~** successivement
successive [sək·'ses·ɪv] *adj* successif(-ive)
successively *adv* successivement
successor *n* successeur *mf;* **~ to sb** successeur de qn; **~ to the throne** héritier, -ère *m, f* du trône
success story *n* histoire *f* d'une réussite
succinct [sək·'sɪŋ(k)t] *adj* succinct(e)
succinctly *adv* succinctement
succinctness *n* concision *f*
succor ['sʌk·ər] *form* **I.** *n* secours *m;* **to bring ~ to sb** porter secours à qn **II.** *vt* secourir
succulence ['sʌk·jə·lən(t)s] *n* succulence *f*
succulent *adj* succulent(e)
succumb [sə·'kʌm] *vi form* succomber; **to ~ to sb/sth** succomber à qn/qc
such [sʌtʃ] **I.** *adj* tel(le); **~ an idiot** un tel idiot; **there is no ~ thing as this** cela n'existe pas; **in ~ a way that ...** d'une telle façon que ...; **in ~ a situation** dans une situation pareille; **or some ~ remark** ou une remarque dans le genre; **people ~ as him** des gens *mpl* comme lui **II.** *pron* **~ is life** ainsi va la vie; **~ as it is** tel(le) qu'il(elle) est; **as ~** en tant que tel(le); **to be recognized as ~** être reconnu comme tel; **... and ~** ... et d'autres choses de ce genre **III.** *adv* si; **~ great weather/a good book** un si beau temps/bon livre; **~ a lot of problems** tant de problèmes; **to have ~ a good time** si bien s'amuser
such and such *adj inf* tel(le); **to arrive at ~ a time** arriver à telle heure
suchlike *pron* de ce genre; **and ~** et des choses de ce genre
suck [sʌk] **I.** *vt* **1.** (*drink in: water, air*) aspirer; **to ~ a liquid through a straw** aspirer un liquide avec une paille **2.** (*draw into mouth: lollipop, thumb*) sucer; (*breast*) téter **3.** (*strongly move*) entraîner; **to be ~ed into sth** *fig* être entraîné dans qc ►**to ~ sb dry** sucer jusqu'à la moelle **II.** *vi* **1.** (*draw into mouth*) sucer; (*baby*) téter; **to ~ on sth** sucer qc; (*one's pipe*) tirer sur **2.** (*pump*) aspirer **3.** *sl* (*be bad*) faire chier; **this film ~s** ce film est chiant **III.** *n* tétée *f;* **to have a ~ at sth** sucer qc
◆**suck in** *vt* **1.** (*draw: air, liquid*) aspirer; (*cheeks*) creuser **2.** *fig* **to get sucked in** se laisser entraîner
◆**suck up I.** *vi inf* faire de la lèche; **to ~ to sb** cirer les pompes à qn **II.** *vt* aspirer; (*water*) pomper
sucker ['sʌk·ər] **I.** *n* **1.** (*sticking device*) ventouse *f* **2.** *pej, inf* (*gullible person*) nigaud(e) *m(f);* **to be a ~ for sth** ne pas pouvoir résister à qc **3.** *pej* (*nasty person*) connard, connasse *m, f* **4.** *sl* (*unspecified person, thing*) machin *m* **5.** (*lollipop*) sucette *f* **6.** BOT surgeon *m* **II.** *vt* avoir; **to ~ sb out of ten dollars** avoir qn de 10 dollars; **to ~ sb into doing sth** embobiner qn pour qu'il/elle fasse qc +*subj*
suckle ['sʌk·l] <-ling> **I.** *vt* allaiter **II.** *vi* téter
suckling pig *n* cochon *m* de lait
sucrose ['su·kroʊs] *n* saccharose *f*
suction ['sʌk·ʃᵊn] *n* **1.** (*act of sucking*) succion *f* **2.** (*forcing matter inwards*) aspiration *f*
Sudan [su·'dæn] *n* le Soudan
Sudanese [ˌsu·dᵊn·'iz] **I.** *adj* soudanais(e) **II.** *n* Soudanais(e) *m(f)*
sudden ['sʌd·ᵊn] *adj* soudain(e); **to put a ~ stop to sth** mettre brusquement un terme à qc; **all of a ~** *inf* tout d'un coup
suddenly *adv* soudainement
suds [sʌdz] *npl* mousse *f*
sue [su] <suing> **I.** *vt* **to ~ sb for sth** poursuivre qn (en justice) pour qc **II.** *vi* engager une procédure judiciaire; **to ~ for sth** engager des poursuites pour qc; **to ~ for divorce** entamer une procédure de divorce
suede [sweɪd] *n* daim *m*
suet ['su·ɪt] *n* graisse *f* de rognon
suffer ['sʌf·ər] **I.** *vi* **1.** (*feel pain*) souffrir; **to ~ from sth** souffrir de qc **2.** (*experience*) subir; **to ~ from sth** subir les conséquences de qc; **the economy ~ed from the strike** l'économie a souffert des conséquences de la grève **3.** (*be punished*) **to ~ for sth** payer pour qc **II.** *vt* **1.** (*experience*) subir; (*a defeat, setback*) essuyer; **to not ~ fools gladly** perdre patience avec les imbéciles **2.** MED souffrir de **3.** (*tolerate*) souffrir
sufferance ['sʌf·ᵊr·ᵊn(t)s] *n* tolérance *f;* **to be on ~** être toléré
sufferer ['sʌf·ər·ər] *n* malade *mf;* **to be an AIDS ~** être malade du sida; **to be an asthma ~** souffrir d'asthme
suffering *n* souffrance *f*
suffice [sə·'faɪs] *vi* suffire; **~ it to say that ...** il suffit de dire que ...
sufficiency [sə·'fɪʃ·ᵊn(t)·si] *n* suffisance *f*
sufficient *adj* suffisant(e); **to be ~ for sb/sth** suffire pour qn/qc; **~ money/evidence/food to** +*infin* suffisamment d'argent/de preuves/de nourriture pour +*infin*
suffix ['sʌf·ɪks] *n* LING suffixe *m*
suffocate ['sʌf·ə·keɪt] *a. fig* **I.** *vi* suffoquer **II.** *vt a. fig* étouffer; **to feel ~d** étouffer
suffocating *adj a. fig* étouffant(e)
suffrage ['sʌf·rɪdʒ] *n no indef art* droit *m* de vote; **female ~** droit de vote des femmes; **uni-**

versal ~ suffrage *m* universel
sugar ['ʃʊg·ər] **I.** *n* **1.** (*sweetener*) sucre *m;* **powdered** ~ sucre en poudre; **granulated** ~ sucre cristallisé; **icing** ~ sucre glace; **brown** ~ sucre roux; **light brown** ~ cassonade *f* **2.** *inf* (*term of affection*) mon chéri, ma chérie *m, f* **3.** (*showing annoyance*) zut ▶ **to be all ~ and spice** être tout sucre et tout miel **II.** *vt* sucrer
sugar beet *n* betterave *f* à sucre
sugar bowl *n* sucrier *m*
sugar cane *n* canne *f* à sucre
sugarcoat *vt* dragéifier
sugarcoated *adj* **1.** (*with layer of sweetener*) dragéifié(e); **a ~ almond** une dragée **2.** *fig, pej* (*pleasant*) mielleux(-euse)
sugar cube *n* morceau *m* de sucre
sugar daddy *n sl* vieux protecteur *m*
sugar-free *adj* sans sucre
sugar tongs *npl* pince *f* à sucre
sugary ['ʃʊg·ər·i] <-ier, -iest> *adj* **1.** (*made of sugar*) sucré(e) **2.** *fig, pej* (*insincerely kind*) mielleux(-euse)
suggest [səg·'dʒest] *vt* **1.** (*propose*) suggérer; **to ~ (that) sb does sth** suggérer que qn fasse qc (*subj*); **to ~ doing sth** suggérer de faire qc **2.** (*show*) laisser supposer **3.** (*come to mind*) **to ~ itself** (*idea, inspiration*) venir à l'esprit
suggestible *adj* influençable
suggestion [səg·'dʒes·tʃən] *n* **1.** (*proposal*) suggestion *f;* **at sb's ~** sur le conseil de qn **2.** (*small amount*) soupçon *m* **3.** PSYCH (*insinuation*) suggestion *f*
suggestion box *n* boîte *f* à idées
suggestive [səg·'dʒes·tɪv] *adj* (*lewd*) suggestif(-ive)
suicidal [ˌsu·ə·'saɪ·dəl] *adj a. fig* suicidaire; **to feel** ~ avoir des envies suicidaires
suicide ['su·ə·saɪd] **I.** *n* **1.** (*act*) *a. fig* suicide *m;* **to commit** ~ se suicider; **to attempt** ~ faire une tentative de suicide; **it would be ~ to** +*infin* ce serait suicidaire de +*infin* **2.** (*person*) suicidé(e) *m(f)* **II.** *vi* se suicider
suit [sut] **I.** *vt* **1.** (*be convenient*) convenir à; **~ yourself** comme tu voudras **2.** (*be appropriate*) **to ~ sb** convenir (parfaitement) à qn **3.** (*look nice*) aller (bien) à **II.** *vi* convenir; **if it ~s** si cela te(vous) convient **III.** *n* **1.** (*formal clothing*) costume *m;* (*for women*) tailleur *m;* **three-piece** ~ costume trois pièces **2.** (*sports garment*) combinaison *f;* **bathing** ~ maillot *m* de bain **3.** LAW poursuite *f;* **to file** [*o* **bring**] **a ~** engager des poursuites **4.** (*in cards*) couleur *f;* **to follow ~** *fig* faire de même
suitable ['su·t̬ə·bl] *adj* adéquat(e); (*clothes, answer*) approprié(e); **to be ~ for sb** convenir à qn; **not ~ for children under 14** déconseillé(e) aux enfants de moins de 14 ans
suitcase ['sut·keɪs] *n* valise *f*
suite [swit] *n* **1.** (*set of rooms*) suite *f* **2.** (*set of furniture*) mobilier *m* **3.** MUS suite *f*
suitor ['su·t̬ər] *n* **1.** (*man in love*) soupirant *m* **2.** ECON acquéreur *m* potentiel
sulfate ['sʌl·feɪt] *n* CHEM sulfate *m*
sulfide ['sʌl·faɪd] *n* CHEM sulfure *m*
sulfur ['sʌl·fər] *n* CHEM soufre *m*
sulfuric [sʌl·'fjʊr·ɪk] *adj* CHEM sulfurique
sulfurous *adj* CHEM sulfureux(-euse)
sulk [sʌlk] **I.** *vi* bouder **II.** *n* bouderie *f;* **to be in a ~** bouder
sulky ['sʌlk·i] <-ier, -iest> *adj* boudeur(-euse); **to have a ~ face** faire la tête
sullen ['sʌl·ən] *adj* **1.** (*person*) renfrogné(e) **2.** *fig* (*sky, clouds*) maussade
sully ['sʌl·i] <-ie-> *vt form* souiller
sultan ['sʌl·tən] *n* sultan *m*
sultana [sʌl·'tæn·ə] *n* **1.** (*grape, raisin*) raisins *mpl* de Smyrne **2.** (*wife of sultan*) sultane *f*
sultanate *n* sultanat *m*
sultry ['sʌl·tri] <-ier, -iest> *adj* **1.** (*humid: weather*) lourd **2.** (*sexy*) sensuel(le)
sum [sʌm] **I.** *n* **1.** (*amount*) somme *f;* **a five--figure ~** une somme à cinq chiffres **2.** MATH (*after adding*) somme *f* **3.** *no indef art* MATH (*total*) montant *m;* **in ~** en somme **II.** <-mm-> *vt* **1.** (*add*) additionner **2.** (*summarize*) **to ~ sth up** [*o* **up sth**] faire le résumé de qc; **to ~ sth up as sth** résumer qc comme étant qc
summarize ['sʌm·ə·raɪz] **I.** *vi* faire un résumé **II.** *vt* résumer
summary ['sʌm·ər·i] **I.** *n* résumé *m;* **in ~** en résumé **II.** *adj* sommaire
summation [sə·'meɪ·ʃən] *n form* sommation *f*
summer ['sʌm·ər] **I.** *n* été *m;* **in (the) ~** en été **II.** *adj* d'été **III.** *vi* (*person*) passer l'été; (*animals, plants*) estiver
summer camp *n* colonie *f* de vacances
summerhouse *n* abri *m* de jardin
summer school *n* SCHOOL cours *mpl* d'été; UNIV université *f* d'été
summertime *n* été *m*
summer vacation *n* vacances *fpl* d'été; SCHOOL, UNIV grandes vacances *fpl*

> i Les **summer vacation** (vacances d'été) durent trois mois aux États-Unis, de la mi-juin à la mi-septembre. À l'origine, les vacances duraient aussi longtemps pour que les enfants puissent travailler dans une ferme ou dans un ranch. Vers les années 1900, alors que de plus en plus de personnes venaient s'installer dans les villes, les *summer camps* (centres de vacances) ont commencé à se développer. On y envoyait les enfants de la ville pour qu'ils découvrent la nature. Aujourd'hui, les enfants peuvent y aller pour jouer de la musique, faire de l'équitation, jouer au baseball, etc.

summery ['sʌm·ər·i] *adj* estival(e)
summing-up [ˌsʌm·ɪŋ·'ʌp] <summings-up> *n* LAW résumé *m*
summit ['sʌm·ɪt] *n a. fig* sommet *m;* **~ meeting** rencontre *f* au sommet

summon ['sʌm·ən] *vt* **1.** (*call*) appeler **2.** (*call to attend: council, person*) convoquer **3.** LAW citer à comparaître
◆ **summon up** *vt* rassembler
summons <-es> *n* **1.** (*call*) sommation *f* **2.** LAW citation *f* à comparaître
sump [sʌmp] *n* **1.** (*pit*) fosse *f* **2.** AUTO carter *m;* **to drain the ~** faire la vidange
sumptuous ['sʌm(p)·tʃʊ·əs] *adj* somptueux(-euse)
sun [sʌn] **I.** *n* soleil *m;* **to sit in the ~** s'asseoir au soleil; **to have the ~ in one's eyes** avoir le soleil dans les yeux ▶ **to have a place in the ~** avoir une place au soleil; **to do/try everything under the ~** faire/essayer tout ce qui est possible d'imaginer; **nothing new under the ~** rien de nouveau sous le soleil **II.** <-nn-> *vt* **to ~ oneself** prendre un bain de soleil
sunbaked *adj* brûlé(e) par le soleil
sunbath *n* bain *m* de soleil
sunbathe *vi* prendre un bain de soleil
sunbeam *n* rayon *m* de soleil
sunbed *n s.* **tanning bed**
sunblock *n* protection *f* solaire
sunburn *n* coup *m* de soleil
sunburned, sunburnt *adj* **1.** (*with reddened skin*) **to be/get ~** avoir/attraper un coup de soleil **2.** (*with tanned skin*) **to be ~** être bronzé; **to get ~** bronzer
sundae ['sʌn·di] *n* sundae *m*
Sunday ['sʌn·dəɪ] *n* dimanche *m;* **Palm/Easter ~** le dimanche des Rameaux/de Pâques; *s.a.* **Friday**
Sunday best, Sunday clothes *npl* habits *mpl* du dimanche ▶ **to wear one's ~** être sur son trente et un; **to put on one's ~** mettre ses habits du dimanche
Sunday school *n* REL catéchisme *m*
sun deck *n* **1.** (*on boat*) pont *m* supérieur **2.** (*balcony*) terrasse *f*
sundial *n* cadran *m* solaire
sundown *n* coucher *m* du soleil
sun-dried *adj* séché(e) au soleil; **~ tomatoes** tomates *fpl* confites
sundry ['sʌn·dri] *adj* divers(e)
sunfast *adj* (*colors, textiles*) résistant(e) à la lumière
sun filter *n* filtre *m* solaire
sunflower *n* tournesol *m*
sung [sʌŋ] *pp of* **sing**
sunglasses ['sʌn·ˌglæs·ɪs] *npl* lunettes *fpl* de soleil
sun hat *n* chapeau *m* de soleil
sun helmet *n* HIST casque *m* colonial
sunk [sʌŋk] *pp of* **sink**
sunken ['sʌŋ·kən] *adj* **1.** (*submerged*) immergé(e); (*vessel, wreck*) englouti(e); **~ treasure** trésors *mpl* cachés **2.** (*down one level: garden*) en contrebas; (*bath*) encastré(e) **3.** (*hollow: cheeks, eyes*) creux(-euse)
sun lamp *n* lampe *f* à rayons ultraviolets; **to lay under the ~** faire des UV
sunlight *n no indef art* soleil *m*
sunlit ['sʌn·lɪt] *adj* ensoleillé(e)
sunny ['sʌn·i] <-ier, -iest> *adj* **1.** (*not overcast*) ensoleillé(e); **~ intervals** éclaircies *fpl;* **the ~ side of sth** *a. fig* le bon côté de qc **2.** (*happy*) radieux(-euse); **to have a ~ disposition** être d'un naturel enjoué **3. eggs ~ side up** œufs *mpl* sur le plat
sun porch *n* véranda *f*
sun protection factor *n* indice *m* de protection solaire
sunrise ['sʌn·raɪz] *n* lever *m* du soleil
sunroof *n* toit *m* ouvrant
sunroom *n* véranda *f*
sunscreen *n* écran *m* solaire
sunset ['sʌn·set] *n* coucher *m* du soleil; **at ~** au soleil couchant; **~ of sb's life** *fig* crépuscule *m* de la vie de qn
sunshade *n* **1.** (*beach umbrella*) ombrelle *f* **2.** (*awning*) parasol *m*
sunshine *n* **1.** *no indef art* (*light, heat of sun*) *a. fig* soleil *m;* **in the ~** au soleil; **to bring ~ into sb's life** être un rayon de soleil dans la vie de qn **2.** *inf* (*cheerfulness*) brin *m* de soleil
sunspace *n* véranda *f*
sunstroke *n* insolation *f*
suntan *n* bronzage *m;* **to get a ~** bronzer
suntan cream, suntan lotion *n* crème *f* à bronzer
suntanned *adj* bronzé(e)
suntan oil *n* huile *f* solaire
sunup *n* lever *m* du soleil
sun visor *n* visière *f*
sup [sʌp] <-pp-> **I.** *vt* avaler à petites gorgées **II.** *vi* souper
super[1] ['su·pər] *adj, adv inf* super *inv*
super[2] ['su·pər] *n abbr of* **superintendent**
superabundant *adj* surabondant(e)
superannuate *vt* mettre à la retraite
superannuated *adj* **1.** (*retired*) mis(e) à la retraite **2.** (*obsolete*) obsolète
superb [sə·'pɜrb] *adj* superbe
Super Bowl *n championnat de football américain*

> **i** Dans le football américain professionnel, le **Super Bowl** est la finale qui détermine chaque année les champions de la *U.S. National Football League* (la ligue nationale de football - la *NFL*). Depuis 1967, la finale se joue entre les deux meilleures équipes de la *NFL* le dimanche du **Super Bowl**, le *Super Bowl Sunday,* à la fin du calendrier de la saison. Elle représente aujourd'hui l'un des événements les plus regardés à la télévision américaine.

supercharged *adj a. fig* suralimenté(e)
supercharger *n* TECH compresseur *m*
supercilious [ˌsu·pər·'sɪl·i·əs] *adj* hautain(e)
superduper *adj sl* génial(e)
superficial [ˌsu·pər·'fɪʃ·əl] *adj a. fig* superfi-

ciel(le)
superficiality [ˌsu·pər·ˌfɪʃ·i·ˈæl·ə·t̬i] *n a. fig* superficialité(e)
superfluous [su·ˈpɜr·flu·əs] *adj* superflu(e)
superglue *n* superglu *f*
superhero <-heroes> *n* super-héros *m*
superhighway *n* autoroute *f* à plus de quatre voies
superhuman *adj* surhumain(e)
superimpose *vt* PHOT surexposer
superintend *vt* diriger
superintendence *n* direction *f*
superintendent *n* **1.** (*person in charge*) responsable *mf;* (*in a department*) chef *mf* de service; (*in a shop*) chef *mf* de rayon **2.** (*janitor*) intendant(e) *m(f);* (*of building*) concierge *mf*
superior [sə·ˈpɪr·i·ər] **I.** *adj a. pej* supérieur(e); **to be ~ in number** être supérieur en nombre **II.** *n* supérieur(e) *m(f)*
superiority [sə·ˌpɪr·i·ˈɔr·ə·t̬i] *n* supériorité *f*
superiority complex *n* PSYCH complexe *m* de supériorité
superlative [sə·ˈpɜr·lə·t̬ɪv] **I.** *adj* **1.** (*of highest quality*) sans pareil **2.** LING superlatif(-ive) **II.** *n* LING superlatif *m*
superman *n* **1.** PSYCH (*superior man*) surhomme *m* **2.** (*Hollywood character*) **Superman** Superman *m*
supermarket *n* supermarché *m*
supermarket cart *n* chariot *m* de supermarché
supermodel *n* top model *m*
supernatural I. *adj* surnaturel(e) **II.** *n* **the ~** le surnaturel
supernumerary *form* **I.** *adj* en surnombre **II.** <-ies> *n* extra *m*
superpower *n* POL superpuissance *f*
superscript [ˈsu·pər·skrɪpt] **I.** *n no indef art* TYP exposant *m;* **in ~** en exposant **II.** *adj* en exposant
supersede [ˌsu·pər·ˈsid] *vt* remplacer
supersonic [ˌsu·pər·ˈsa·nɪk] *adj* AVIAT supersonique
superstar *n* superstar *f*
superstition [ˌsu·pər·ˈstɪʃ·ən] *n* superstition *f*
superstitious *adj* superstitieux(-euse)
superstore *n* hypermarché *m*
superstructure *n* superstructure *f*
supertanker *n* pétrolier *m* géant
supervene [ˌsu·pər'vin] *vi form* survenir
supervise [ˈsu·pər·vaɪz] *vt* surveiller
supervision *n* surveillance *f*
supervisor *n* **1.** (*person in charge*) chef *mf;* (*in department*) chef *mf* de service; (*in shop*) chef *mf* de rayon **2.** (*teacher*) directeur, -trice *m, f*
supervisory *adj* de surveillance
supine [su·ˈpaɪn] *adj* **1.** (*lying on back*) allongé(e) sur le dos **2.** *fig, pej* (*of weak character*) impassible
supper [ˈsʌp·ər] *n* souper *m;* **to have ~** souper
suppertime *n no indef art* heure *f* du souper
supplant [sə·ˈplænt] *vt* supplanter
supple [ˈsʌp·l] <-r, -st> *adj a. fig* souple
supplement [ˈsʌp·lə·mənt] **I.** *n* **1.** supplément *m;* **a ~ to one's income** une augmentation de ses revenus; **sports ~** supplément sport; **the Sunday ~** le supplément du dimanche **2.** (*complement*) complément *m* **II.** *vt* **1.** (*increase*) augmenter **2.** (*add to*) compléter
supplemental, supplementary *adj* **1.** (*in addition to*) supplémentaire; **to be ~ to sth** être en plus de qc **2.** (*complementary*) complémentaire
suppleness [ˈsʌp·l·nɪs] *n a. fig* souplesse *f*
suppliant, supplicant I. *n form* suppliant(e) *m(f)* **II.** *adj form* suppliant(e); **to be ~** supplier
supplier [sə·ˈplaɪ·ər] *n* fournisseur *m;* **a ~ of services** un prestataire de services
supply [sə·ˈplaɪ] **I.** <-ie-, ying> *vt* fournir; (*answer*) donner; **to ~ sb/sth with food** approvisionner qn/qc en nourriture; **to ~ oneself with sth** s'approvisionner en qc; **to ~ sb's needs** subvenir aux besoins de qn **II.** *n* **1.** (*provision*) provision *f;* **electricity/water ~** alimentation *f* en électricité/eau; **food supplies** vivres *mpl* **2.** *pl* (*equipment*) matériel *m;* (*of office*) fournitures *fpl* **3.** *no indef art* ECON (*availability*) offre *f;* **~ and demand** l'offre et la demande; **oil ~** offre en pétrole **4.** (*action of providing*) approvisionnement *m*
support [sə·ˈpɔrt] **I.** *vt* **1.** (*hold up*) *a. fig* maintenir; **to ~ oneself** se maintenir **2.** (*bear: load, roof*) supporter **3.** (*provide with money*) entretenir; **to ~ a family** subvenir aux besoins d'une famille; **a family to ~** une famille à charge; **to ~ oneself** gagner sa vie **4.** (*help*) soutenir; **to ~ a friend** apporter son soutien à un ami; **to ~ cancer research** soutenir financièrement la recherche contre le cancer **5.** (*encourage: political party*) soutenir **6.** SPORTS supporter **7.** (*show to be true: theory*) appuyer **II.** *n* **1.** (*act of supporting*) appui *m* **2.** (*supporting object*) support *m* **3.** (*garment*) maintien *m;* **knee ~** genouillère *f* **4.** (*help*) soutien *m;* **a letter of ~** une lettre de soutien; **to give sb moral ~** apporter son soutien moral à qn **5.** *no indef art* (*provision of necessities*) subvention *f* **6.** (*proof of truth*) appui *m;* **to lend ~ to sth** prêter son appui à qc; **in ~ of sth** à l'appui de qc
supporter *n* **1.** (*encouraging person: of an idea, right*) défenseur *mf;* (*of a campaign, party*) partisan(e) *m(f)* **2.** (*of building, structure*) support *m* **3.** SPORTS (*fan*) supporter *m;* (*athletic supporter*) coquille *f*
support hose *n* bas *mpl* de maintien
supporting *adj* CINE **a ~ role** un second rôle; **best ~ actor** meilleur second rôle; **a ~ film** un film en première partie; **a ~ act** une première partie
supportive *adj* (*person*) **to be ~** être d'un grand soutien; **to be ~ of sb/sth** soutenir qn/qc
support stocking *n s.* **support hose**

suppose [sə·'poʊz] *vt* **1.** (*think*) croire **2.** (*introduce hypothesis*) supposer; **I ~ so** je suppose que oui; **~ (that) we do sth** et si on faisait qc
supposed *adj* **1.** (*regarded as something*) présumé(e) **2.** (*so-called*) soi-disant *inv* **3.** (*required*) **to be ~ to do sth** être supposé faire qc; (*not allowed*); **to not be supposed to do sth** ne pas être censé faire qc
supposedly *adv* soi-disant
supposing *conj* à supposer que +*subj*
supposition [ˌsʌp·ə·'zɪʃ·ᵊn] *n* supposition *f;* **to be pure ~** n'être qu'une pure hypothèse; **on the ~ that** à supposer que +*subj;* **on this ~** dans cette hypothèse
suppository [sə·'pa·zə·tɔr·i] <-ies> *n* MED suppositoire *m*
suppress [sə·'pres] *vt* **1.** (*put down: terrorism, revolution*) réprimer **2.** (*make disappear: report, effect*) supprimer **3.** (*prevent from showing, spreading: grin, information*) étouffer; (*emotions*) réprimer
suppression [sə·'preʃ·ᵊn] *n no indef art* **1.** (*of uprising, revolution*) répression *f* **2.** (*disappearing: of news story*) étouffement *m* **3.** (*preventing: of anger, emotion*) refoulement *m;* (*of evidence*) dissimulation *f* **4.** MED (*restraining*) suspension *f* **5.** PSYCH (*restraint in subconscious*) refoulement *m*
suppurate ['sʌp·jə·reɪt] *vi* MED suppurer
supremacy [sə·'prem·ə·si] *n* suprématie *f*
supreme [sə·'prim] **I.** *adj* suprême **II.** *adv a. fig* **to reign ~** régner en maître absolu
supreme court *n* cour *f* suprême, ≈ tribunal *m* fédéral *Suisse;* **the Supreme Court** la Cour suprême
surcharge ['sɜr·tʃardʒ] **I.** *n* supplément *m;* (*on tax bill*) surtaxe *f;* **there is a ~** il y a un supplément (à payer) **II.** *vt* surtaxer; **to be ~d for sth** payer un supplément pour qc
sure [ʃʊr] **I.** *adj* sûr(e); **to be/feel ~ (that) ...** être certain que ...; **to make ~ (that) ...** s'assurer que ...; **to be ~ about sth** être sûr de qc; **to be ~ to** +*infin* être certain de +*infin;* **to be ~ about sb** avoir confiance en qn; **to be ~ of oneself** être sûr de soi; **a ~ sign of sth** un signe certain de qc; **that's a ~ success** c'est un succès assuré; **to be ~** *form* être certain; **~ thing!** *inf* bien sûr! **II.** <-r, -st> *adv inf* vraiment; **~ I will!** bien sûr!; **for ~** à coup sûr; **~ enough** en effet; **to know for ~ that ...** être certain que ...; **oh ~!** bien sûr! ► **as ~ as I'm standing/sitting here** aussi sûr que deux et deux font quatre
sure-footed *adj* **1.** (*confident in walking*) au pied sûr; **to be ~** avoir le pied sûr **2.** *fig* (*confident*) de confiance; **in a ~ way** d'une manière assurée
surely ['ʃʊr·li] *adv* **1.** (*certainly*) sûrement **2.** (*showing astonishment*) tout de même **3.** (*confidently*) avec assurance **4.** (*yes, certainly*) bien sûr
surety ['ʃʊr·ə·t̬i] <-ies> *n* garantie *f;* **to stand ~ for sb** se porter garant pour qn
surf [sɜrf] **I.** *n* surf *m* **II.** *vi* **1.** SPORTS (*ride waves*) faire du surf; (*windsurf*) faire de la planche à voile **2.** COMPUT surfer **III.** *vt* COMPUT naviguer sur
surface ['sɜr·fɪs] **I.** *n* **1.** (*part, top*) surface *f;* **to bring sth to the ~** (*above ground*) déterrer qc; (*above water level*) faire remonter qc **2.** (*appearance*) apparence *f;* **on the ~** en apparence; **beneath the ~ he's very gentle** au fond il est très doux; **to scratch the ~ of sth** creuser qc **3.** SPORTS surface *f* **II.** *vi* **1.** (*come to top*) faire surface **2.** *fig* (*become obvious*) apparaître **3.** *fig* (*get out of bed*) faire surface **III.** *vt* revêtir **IV.** *adj* **1.** (*above the ground: worker*) de surface **2.** (*on top of water: fleet*) de surface **3.** (*superficial*) superficiel(le)
surface area *n* MATH surface *f*
surface mail *n* courrier *m* de surface
surface tension *n* PHYS tension *f* de surface
surface-to-air missile *n* MIL missile *m* sol-air
surfboard *n* SPORTS **1.** (*for riding waves*) planche *f* de surf **2.** (*windsurfboard*) planche *f* à voile
surfboarder *n* SPORTS surfeur, -euse *m, f*
surfeit ['sɜr·fɪt] **I.** *n form* excès *m;* **a ~ of information** une surinformation **II.** *vt form* **to ~ oneself on sth** se saturer de qc
surfer *n* **1.** (*person*) *a.* COMPUT surfeur, -euse *m, f* **2.** (*windsurfer*) véliplanchiste *mf*
surfing *n no indef art* **1.** SPORTS (*riding the waves*) surf *m* **2.** SPORTS (*windsurfing*) planche *f* à voile
surge [sɜrdʒ] **I.** *vi* **1.** (*move strongly forward*) se précipiter; **to ~ into the lead** être propulsé en tête **2.** (*increase: water*) monter **3.** (*well up: anger*) monter **II.** *n* **1.** (*sudden increase*) montée *f* **2.** (*forward movement*) poussée *f* **3.** *fig* (*upward movement*) élan *m*
surgeon ['sɜr·dʒᵊn] *n* MED chirurgien(ne) *m(f)*
surgery ['sɜr·dʒᵊr·i] *n* MED **1.** *no indef art* (*medical speciality*) chirurgie *f;* **eye ~** chirurgie oculaire **2.** (*operation*) opération *f;* **you'll need ~** il faudra t'opérer **3.** (*operating room*) bloc *m* opératoire
surgical ['sɜr·dʒɪ·kᵊl] *adj* **1.** MED chirurgical(e) **2.** *fig* (*precise*) scientifique
surgical equipment *n* équipement *m* chirurgical
surgical tape *n* sparadrap *m*
Surinam(e) [ˌsʊr·ɪ·'nam] *n* le Surinam
Surinamese [ˌsʊə·rɪ·næm·'iz] **I.** *adj* surinamien(ne) **II.** *n* Surinamien(ne) *m(f)*
surly ['sɜr·li] <-ier, -iest> *adj* bourru(e)
surmise [sər·'maɪz] *form* **I.** *vt* supposer **II.** *n* (*guess*) supposition *f*
surmount [sər·'maʊnt] *vt* (*challenge*) surmonter; **to be ~ed by** être surmonté de
surname ['sɜr·neɪm] *n* nom *m* de famille
surpass [sər·'pæs] *vt* surpasser; **to ~ oneself** se surpasser
surplus ['sɜr·pləs] **I.** *adj* **1.** (*extra*) en trop **2.** ECON excédentaire **II.** *n* **1.** (*extra amount*)

surplus *m* **2.** (*in production*) excédent *m*
surplus value *n* plus-value *f*
surprise [sər·'praɪz] **I.** *n* surprise *f;* **to come as a ~ to sb** surprendre qn; **to spring a ~ on sb** faire une surprise à qn; **~! ~!** *inf* ô surprise; *iron, inf* évidemment; **to my ~** à ma grande surprise **II.** *vt* surprendre **III.** *adj* surprise
surprised *adj* surpris(e)
surprising *adj* surprenant(e)
surprisingly *adv* étonnamment; **~, no one complained** chose surprenante, personne ne s'est plaint
surreal [sə·'ri·əl] *adj* surréaliste
surrealism [sə·'ri·ə·lɪ·zᵊm] *n* ART surréalisme *m*
surrealist ART **I.** *adj* surréaliste **II.** *n* surréaliste *mf*
surrealistic *adj* surréaliste
surrender [sə·'ren·dər] **I.** *vi* **to ~ to sb/sth** se rendre à qn/qc; *fig* se livrer à qn/qc **II.** *vt form* **to ~ sth to sb** remettre qc à qn **III.** *n* **1.** (*act of admitting defeat*) reddition *f;* MIL capitulation *f* **2.** *form* (*giving up*) remise *f*
surreptitious [ˌsɜr·əp·'tɪʃ·əs] *adj* subreptice
surrogacy ['sʌr·ə·gə·si] *n* maternité *f* de substitution
surrogate ['sɜr·ə·gɪt] **I.** *adj* de substitution **II.** *n* **1.** (*substitute*) substitut *m;* **to be (a) ~ for sth** être un substitut de qc **2.** (*mother*) mère *f* porteuse
surrogate mother *n* mère *f* porteuse
surround [sə·'raʊnd] **I.** *vt* **1.** (*enclose*) entourer **2.** (*encircle*) encercler **II.** *n* **1.** (*border*) encadrement *m;* (*of fireplace, window, door*) chambranle *m* **2.** *pl, fig* (*of an area*) environs *mpl*
surrounding *adj* (*area*) environnant(e)
surroundings *npl* **1.** (*environment*) environnement *m;* **in sb's natural ~** dans le milieu naturel de qn **2.** (*surrounding area: of city*) environs *mpl*
surtax ['sɜr·tæks] *n* surtaxe *f*
surveillance [sər·'veɪl·jən(t)s] *n no indef art* surveillance *f*
survey ['sɜr·veɪ, *vb:* sər·'veɪ] **I.** *n* **1.** (*study*) étude *f;* (*for market research*) enquête *f;* (*of opinions*) sondage *m* **2.** (*inspection*) inspection *f* **3.** (*description*) tour *m* d'horizon **4.** GEO (*measuring and mapping*) relevé *m* **II.** *vt* **1.** (*study*) étudier **2.** (*investigate: person*) sonder; (*needs*) enquêter sur **3.** (*look at*) scruter **4.** (*examine*) inspecter; (*house*) faire l'expertise de **5.** GEO relever
surveyor *n* GEO (*measurer and mapper*) géomètre *mf*
survival [sər·'vaɪ·vᵊl] *n* **1.** *no indef art* (*not dying*) survie *f* **2.** *no indef art* (*continuing*) vestige *m* ►**the ~ of the <u>fittest</u>** la survie du plus apte; *fig* les gros poissons mangent les petits
survival kit *n* trousse *f* de survie
survive [sər·'vaɪv] **I.** *vi a. fig* survivre; **to ~ on sth** vivre de qc; **I'm surviving** *inf* je m'en sors **II.** *vt a. fig* survivre à; (*accident, illness*) réchapper à
surviving *adj* survivant(e)
survivor *n* survivant(e) *m(f)*
susceptibility *n* **1.** (*touchiness*) susceptibilité *f* **2.** (*sensitivity*) sensibilité *f* **3.** MED (*to a disease*) prédisposition *f*
susceptible [sə·'sep·tə·bl] *adj* **1.** (*touchy*) susceptible **2.** (*sensitive*) sensible; **to be ~ to sth** être sensible à qc **3.** (*influenced by*) influençable **4.** MED (*likely to catch*) **to be ~ to sth** être prédisposé à qc
sushi ['su·ʃi] *n* sushi *m*
suspect ['sʌs·pekt, *vb:* sə·'spekt] **I.** *adj* suspect(e) **II.** *n* suspect(e) *m(f)* **III.** *vt* **1.** (*think likely*) soupçonner; **I ~ so** j'imagine que oui; **I ~ not** je ne pense pas **2.** (*consider guilty*) soupçonner **3.** (*doubt*) douter de
suspend [sə·'spend] *vt* **1.** (*stop temporarily*) suspendre; **to ~ disbelief** jouer le jeu **2.** LAW (*defer: a sentence*) surseoir à **3.** (*not allow to work*) suspendre; SCHOOL, UNIV renvoyer **4.** SPORTS (*not allow to play*) suspendre **5.** (*hang*) suspendre **6.** CHEM (*float*) **to be ~ed in sth** être en suspension dans qc
suspenders *npl* bretelles *fpl*
suspense [sə·'spen(t)s] *n* suspense *m;* **to keep sb in ~** faire languir qn
suspension [sə·'spen·(t)ʃᵊn] *n* **1.** *no indef art* (*temporary stopping*) *a.* SPORTS suspension *f;* **the ~ of sb** la mise à pied de qn; **to be under ~** être suspendu **2.** CHEM suspension *f* **3.** AUTO, TECH (*part of vehicle*) suspension *f*
suspension bridge *n* CONSTR pont *m* suspendu
suspension points *npl* points *mpl* de suspension
suspicion [sə·'spɪʃ·ᵊn] *n* **1.** (*belief*) soupçon *m* **2.** *no indef art* (*believing to be guilty*) soupçon *m;* **to be above ~** être au-dessus de tout soupçon; **to be under ~** être soupçonné; **I arrest you on ~ of murder** je vous arrête, vous êtes soupçonné d'homicide **3.** *no indef art* (*mistrust*) méfiance *f* **4.** (*small amount*) soupçon *m*
suspicious [sə·'spɪʃ·əs] *adj* **1.** (*causing suspicion: death, circumstances*) suspect(e) **2.** (*having suspicions*) soupçonneux(-euse); **to be ~ about sth** avoir des soupçons sur qc **3.** (*having doubts*) **to be ~ about sth** avoir des doutes sur qc **4.** (*lacking trust*) méfiant(e); **to be ~** se méfier
suss [sʌs] *vt sl* **to ~ sth out** piger qc
sustain [sə·'steɪn] *vt* **1.** *form* (*suffer: defeat, loss*) subir; **she ~ed severe injuries** elle a été grièvement blessée **2.** (*maintain: life*) maintenir **3.** (*support*) soutenir **4.** LAW (*uphold: objection*) retenir **5.** MUS (*note*) faire durer
sustainability *n* **1.** (*ability to be maintained*) capacité *f* de maintien **2.** ECOL, ECON, POL viabilité *f*
sustainable *adj* **1.** (*maintainable*) viable; (*development*) durable; (*argument*) valable **2.** ECOL (*resources*) renouvelable; **~ develop-**

S

ment développement *m* durable
sustained *adj* (*work, applause*) soutenu(e)
sustaining *adj* **1.** CULIN (*nourishing*) nourrissant(e) **2.** MUS **~ pedal** pédale *f* de soutien
sustenance ['sʌs·tən·ən(t)s] *n no indef art* **1.** *form* (*food*) nourriture *f* **2.** *form* (*nutritious value*) valeur *f* nutritive **3.** (*support*) soutien *m* affectif
suture ['su·tʃər] MED **I.** *n* suture *f* **II.** *vt* suturer
svelte [svelt] *adj* svelte
SW [ˌes·'dʌb·l·ju] *n abbr of* **southwest** SO *m*
swab [swab] **I.** *n* **1.** MED (*pad for cleaning wound*) compresse *f* **2.** MED (*specimen, sample*) prélèvement *m* **II.** <-bb-> *vt* **1.** MED (*clean*) nettoyer **2.** NAUT (*mop*) lessiver
swaddle ['swa·dl] *vt* (*baby*) emmailloter
swaddling clothes *npl* langes *mpl*
swagger ['swæg·ər] **I.** *n no indef art* démarche *f* arrogante; **to walk with a ~** marcher en se pavanant **II.** *vi* **1.** (*walk*) se pavaner **2.** (*boast*) fanfaronner
swallow[1] ['swa·loʊ] **I.** *n* **1.** (*with throat*) déglutition *f* **2.** (*amount swallowed: of drink*) gorgée *f*; (*of food*) cuillerée *f* **II.** *vt* **1.** (*food, drink*) avaler **2.** (*engulf*) engloutir **3.** *fig, inf* (*believe unquestioningly*) avaler; **to ~ the bait** mordre à l'hameçon; **to ~ a story** (**hook, line and sinker**) gober une histoire; **to ~ one's words** avaler ses mots; **I find it hard to ~** j'ai du mal à l'avaler; **it's a bitter pill to ~** la pilule est dure à avaler **4.** (*leave unsaid: disappointment, anger, pride*) ravaler **III.** *vi* avaler
◆**swallow down** *vt* **1.** (*swallow*) avaler **2.** (*gulp down*) engloutir
◆**swallow up** *vt* engloutir; **I wish the ground would just open and swallow me up** je voudrais pouvoir disparaître dans un trou
swallow[2] ['swa·loʊ] *n* ZOOL hirondelle *f* ►**one ~ doesn't make a summer** *prov* une hirondelle ne fait pas le printemps *prov*
swam [swæm] *pt of* **swim**
swamp [swɔmp] **I.** *n* **1.** (*area of wet ground*) marécage *m*, savane *f Québec* **2.** *no indef art* (*wetlands*) marais *m* **II.** *vt a. fig* inonder; **we've been ~ed with complaints** nous avons été inondés de réclamations
swamp fever *n no indef art* ZOOL fièvre *f* des marais
swampland(s) *n no indef art* marais *m*
swampy <-ier, -iest> *adj* marécageux(-euse)
swan [swan] *n* ZOOL cygne *m*
swan dive *n* SPORTS saut *m* de l'ange
swank [swæŋk] **I.** *vi* frimer **II.** *n no indef art* frime *f*
swanky <-ier, -iest> *adj* **1.** (*luxurious*) super chic *inv* **2.** (*ostentatious*) rupin(e)
swan song *n* chant *m* du cygne
swap [swap] **I.** <-pp-> *vt* échanger **II.** <-pp-> *vi* échanger **III.** *n* **1.** (*exchange*) échange *m*; **to do a ~** faire un échange **2.** (*thing to be exchanged*) objet *m* de l'échange
swap meet *n* bourse *f* pour objets usagés
swarm [swɔrm] **I.** *n* **1.** ZOOL, BIO (*of flying insects*) essaim *m* **2.** *fig* (*of people*) nuée *f* **II.** *vi* **1.** ZOOL, BIO (*form large group*) essaimer **2.** *fig* (*move in large group*) envahir; **to be ~ing with sth** *fig* grouiller de qc
swarthy ['swɔr·ði] <-ier, -iest> *adj* basané(e)
swashbuckling ['swaʃ·ˌbʌk·l·ɪŋ] *adj* (*film, story*) de cape et d'épée
swastika ['swa·stɪ·kə] *n* croix *f* gammée
swat [swat] <-tt-> *vt* **1.** (*crush*) écraser **2.** (*hit*) frapper
swatch [swatʃ] *n* échantillon *m*
swath(e) [sweɪð] **I.** *vt* envelopper **II.** *n* **1.** (*long strip*) andain *m* **2.** *fig* **a large ~ of time** une longue période
sway [sweɪ] **I.** *vi* se balancer **II.** *vt* (*persuade*) influencer
Swazi **I.** *adj* swazi(e) **II.** *n* Swazi(e) *m(f)*
Swaziland ['swa·zi·lænd] *n* le Swaziland
swear [swer] <swore, sworn> **I.** *vi* **1.** (*curse*) dire des jurons **2.** (*state as truth*) jurer **3.** (*take oath*) prêter serment; **to ~ on the Bible** jurer sur la Bible; **I wouldn't/couldn't ~ to it** *inf* je ne le jurerais pas **II.** *vt* **1.** (*curse*) jurer **2.** (*promise*) jurer; **to ~ sb to secrecy** faire jurer le secret à qn; **to ~ up and down that ...** *inf* jurer ses grands dieux que ...
◆**swear by** *vt inf* jurer par
◆**swear in** *vt* faire prêter serment à
◆**swear off** *vt* jurer de renoncer à
swearing *n* jurons *mpl*
swear word *n* gros mot *m*, sacre *m Québec*
sweat [swet] **I.** *n* **1.** *no indef art* (*perspiration*) transpiration *f*; **to be dripping with ~** être ruisselant de sueur **2.** *pl* FASHION survêtement *m* ►**to break out into a ~** avoir des sueurs froides; **to be in a cold ~** avoir des sueurs froides; **no ~!** *sl* pas de problème!; **it was a real ~** c'était tuant; **to work oneself into a ~ about sth** se faire du souci à propos de qc **II.** *vi* **1.** (*perspire*) transpirer **2.** *fig* (*work hard*) suer ►**to ~ blood** suer sang et eau; **to ~ like a pig** *inf* transpirer comme une vache; **to let sb ~** *inf* laisser qn mariner **III.** *vt* **1.** (*overwork: person*) faire trimer **2.** (*cook gently: onions*) faire revenir ►**to ~ blood** *inf* suer sang et eau; **to ~ buckets** être en nage; **don't ~ it!** *sl* ne t'embête pas avec ça!
◆**sweat out** *vt* **to sweat it out** **1.** (*do physical exercise*) se défouler **2.** (*suffer while waiting*) prendre son mal en patience
sweatband *n* bandeau *m* en éponge
sweater *n* pull *m*
sweatpants *npl* bas *m* de survêtement
sweatshirt ['swet·ʃɜrt] *n* sweat(-shirt) *m*
sweatshop ['swet·ʃap] *n* atelier *m* de misère; **~ conditions** conditions *fpl* d'esclavage
sweatsuit *n*, **sweat suit** *n* survêtement *m*
sweaty ['swet̬·i] <-ier, -iest> *adj* **1.** (*covered in perspiration*) en sueur; (*palms, hands*) moite **2.** (*causing perspiration: afternoon*) moite
Swede [swid] *n* Suédois(e) *m(f)*
Sweden ['swi·dən] *n* la Suède

Swedish **I.** *adj* suédois(e) **II.** *n* LING suédois *m; s.a.* **English**

sweep [swip] **I.** *n* **1.** (*clean with broom*) coup *m* de balai **2.** (*chimney sweep*) ramoneur *m* **3.** (*movement*) large mouvement *m;* **with a ~ of the hand** d'un geste large; **with a ~ of his sword** d'un grand coup d'épée **4.** (*area*) étendue *f* **5.** (*curve*) courbe *f* **6.** (*range*) *a. fig* étendue *f* **7.** (*search*) recherche *f* ►**to make a clean ~** (*start afresh*) faire table rase; (*win everything*) tout rafler **II.** <swept, swept> *vt* **1.** (*clean: floor, chimney*) balayer **2.** (*take in powerful manner*) emporter **3.** *inf* (*win*) remporter ►**to ~ the board** tout rafler; **to ~ sth under the carpet** [*o* **rug**] faire comme si qc n'existait pas **III.** <swept, swept> *vi* **1.** (*clean*) balayer **2.** (*move*) **to ~ past sb** passer fièrement devant qn; **to ~ into power** être propulsé au pouvoir; **rumors swept through the village** des rumeurs ont parcouru tout le village **3.** (*look around*) scruter ►**a new broom ~s clean** *prov* un nouveau dirigeant impose de nouvelles méthodes

◆**sweep aside** *vt* **1.** (*cause to move*) repousser **2.** *fig* (*dismiss*) rejeter

◆**sweep away** *vt* **1.** (*remove*) repousser; (*objections*) rejeter **2.** (*carry away*) *a. fig* emporter

◆**sweep out** **I.** *vt* balayer **II.** *vi* sortir fièrement

◆**sweep up** *vt* **1.** (*clean up with broom*) balayer **2.** (*gather*) ramasser; **to ~ a baby** prendre un bébé dans ses bras

sweeper *n* **1.** (*for streets*) balayeuse *f;* (*for carpet*) balai *m* **2.** (*person*) balayeur, -euse *m, f*

sweeping **I.** *adj* **1.** (*large: changes, plans, cuts*) radical(e) **2.** (*moving quickly: movement, gesture*) large **3.** (*complete: power*) plein(e) **4.** (*too general*) généralisé(e); **a ~ generalization** une généralisation abusive **II.** *n pl* **1.** (*refuse*) ordures *fpl* **2.** *fig* rebut *m*

sweepstake ['swip·steɪk] *n* sweepstake *m*

sweet [swit] **I.** <-er, -est> *adj* **1.** (*containing sugar*) sucré(e) **2.** (*having nice taste, smell*) doux(douce); (*perfume*) suave **3.** (*not dry: wine*) doux(douce) **4.** *fig* (*pleasant: sound, temper*) doux(douce); **short and ~** bref(brève) **5.** *fig* (*endearing*) mignon(ne); (*kind*) gentil(le); **that is so ~!** comme c'est gentil!; **~ dreams!** fais de beaux rêves! ►**in my own ~ time** quand j'en aurai envie; **in my own ~ way** comme je le veux **II.** *n* **1.** (*piece of candy*) bonbon *m,* boule *f Belgique* **2.** *inf* (*term of endearment*) **my ~** mon chou

sweet-and-sour *adj* CULIN aigre-doux(douce)

sweetbread *n pl* CULIN ris *m* (de veau)

sweet corn *n* CULIN maïs *m*

sweeten ['swi·t^{ə}n] *vt* **1.** (*make sweet*) sucrer; *fig* adoucir **2.** (*make more acceptable*) édulcorer

sweetener *n* **1.** (*artificial sweet substance*) sucrette® *f* **2.** *fig* pot-de-vin *m*

sweetheart *n* **1.** (*kind person*) amour *m* **2.** (*term of endearment*) mon cœur

sweetie *n inf* (*term of endearment*) **~ (pie)** mon chou

sweetly *adv* gentiment; (*sing*) d'une voix douce

sweetness *n a. fig* douceur *f;* **to be all ~ and light** être tout sucre tout miel

sweet pea *n* pois *m* de senteur

sweet potato *n* patate *f* douce

sweet spot *n fig, inf* SPORTS centre *m* du cordage (*zone de frappe optimale pour une raquette*)

sweet talk *n inf* baratin *m*

sweet-talk *vt inf* baratiner; **to ~ sb** faire du baratin à qn; **to ~ sb into doing sth** baratiner qn pour lui faire faire qc

sweet tooth *n fig, inf* **to have a ~** adorer les sucreries

sweet William *n* œillet *m* de poète

swell [swel] **I.** <swelled, swollen *o* swelled> *vt a. fig* gonfler; **to ~ the ranks** gonfler les rangs **II.** <swelled, swollen *o* swelled> *vi* **1.** (*get bigger*) se gonfler; (*wood*) gonfler; (*ankle, arm*) enfler; (*sea*) se soulever **2.** (*get louder*) monter **III.** *n no indef art* **1.** (*increase in sound*) crescendo *m* **2.** (*movement of sea*) houle *f*

swell box *n* MUS boîte *f* expressive

swellhead ['swel·hed] *n inf* **to be a ~** avoir la grosse tête

swelling *n* **1.** MED (*lump*) grosseur *f* **2.** *no indef art* (*inflammation*) inflammation *f*

swelter ['swel·ţər] *vi* étouffer

sweltering *adj* (*heat*) écrasant(e)

swept [swept] *pt, pp of* **sweep**

swerve [swɜrv] **I.** *vi* **1.** AUTO (*change direction suddenly*) faire un écart **2.** *fig* (*not uphold*) départir **II.** *n* (*change of direction*) écart *m*

swift[1] [swɪft] *adj* (*fast*) rapide

swift[2] [swɪft] *n* (*bird*) martinet *m*

swiftly *adv* rapidement

swiftness *n* rapidité *f*

swig [swɪg] *inf* **I.** <-gg-> *vt* descendre **II.** *n* coup *m;* **to take a ~** descendre

swill [swɪl] **I.** *n* **1.** (*pig feed*) *a. fig* pâtée *f* **2.** (*rinsing*) lavage *m* à grande eau **II.** *vt* **1.** (*rinse*) **to ~ (out)** laver à grande eau **2.** *inf* (*drink fast*) boire d'un trait; **to ~ (down) one's beer** descendre sa bière

swim [swɪm] **I.** <-mm-, swam, swum> *vi* **1.** (*in water*) nager; **to go ~ming** aller nager; **to ~ across sth** traverser qc à la nage; **to ~ under sth** nager sous qc **2.** (*float in liquid*) baigner **3.** (*be full of water*) baigner; **to ~ with tears** baigner de larmes **4.** (*whirl*) sembler tourbillonner; **to make sb's head ~** faire tourner la tête de qn **II.** <-mm-, swam, swum> *vt* **1.** (*cross*) traverser à la nage; **to ~ a river/channel** traverser une rivière/le canal à la nage **2.** (*do*) **to ~ a few strokes** faire quelques brasses; **to ~ the butterfly stroke** faire la nage papillon **III.** *n* baignade *f;* **to go for a ~, to have a ~** aller nager ►**to be in the**

~ être dans le coup

swimmer *n* nageur, -euse *m, f;* **to be a strong** [*o* **good**] ~ être un bon nageur

swimming *n* **1.** (*act*) nage *f* **2.** SPORTS natation *f*

swimmingly *adv inf* sans embrouille; **to go** ~ marcher comme sur des roulettes

swimming match *n* compétition *f* de natation

swimming pool *n* piscine *f*

swimming suit *n* maillot *m* de bain

swimming trunks *n* caleçon *m* de bain

swimsuit *n* maillot *m* de bain

swindle ['swɪn·dl] **I.** *n* escroquerie *f* **II.** *vt* escroquer; **to ~ sb out of sth** escroquer qc à qn

swindler *n* escroc *m*

swine [swaɪn] <-> *n a. pej* porc *m*

swing [swɪŋ] **I.** *n* **1.** (*movement*) balancement *m* **2.** (*punch*) volée *f;* **to take a ~ at sb** envoyer une volée à qn **3.** (*hanging seat*) balançoire *f;* **porch ~** balancelle *f* **4.** (*sharp change*) revirement *m;* **mood ~** saute *f* d'humeur **5.** (*quick trip*) voyage *m* éclair; **to take a ~ through sth** faire un voyage éclair à travers qc **6.** (*music*) swing *m* **7.** (*of baseball bat, golf club*) swing *m* ►**to get** (**back**) **into the ~ of things** *inf* se remettre dans le bain; **to be in full ~** battre son plein **II.** <swung, swung> *vi* **1.** (*move back and forth*) se balancer; **~ back and forth** se balancer d'avant en arrière **2.** (*move circularly*) **to ~** (**around**) se retourner **3.** (*attempt to hit*) **to ~ at sb with sth** essayer de frapper qn avec qc **4.** (*alter, change loyalty*) virer; **to ~ between sth and sth** balancer entre qc et qc; **to ~ to sth** passer à qc **5.** (*stop by shortly*) **to ~ by somewhere** passer quelque part **6.** *sl* MUS (*be exciting*) balancer ►**to ~ into action** se mettre au boulot **III.** <swung, swung> *vt* **1.** (*move back and forth*) balancer **2.** (*turn around*) tourner; (*lift*) envoyer **3.** *inf* (*influence successfully*) arranger; **to ~ it** arranger les choses ►**to ~ the balance** faire pencher la balance

swing bridge *n* pont *m* tournant

swinger *n* (*partner-swapper*) échangiste *mf*

swinging door *n* porte *f* battante

swipe [swaɪp] *inf* **I.** *vi* **to ~ at sb/sth** envoyer une volée à qn/qc **II.** *vt* **1.** (*hit with sweeping motion*) envoyer une volée à **2.** *inf* (*steal*) braquer **3.** (*magnetic card*) passer **III.** *n* volée *f;* **to take a ~ at sb/sth** envoyer une volée à qn/qc

swipe card *n* carte *f* à bande magnétique

swirl [swɜrl] **I.** *n* tourbillon *m* **II.** *vi* tourbillonner **III.** *vt* faire tourbillonner

swish [swɪʃ] **I.** *vi* **1.** (*make hissing noise*) siffler **2.** (*make rustling noise*) bruisser **II.** *vt* **1.** (*move with hissing noise*) faire siffler **2.** (*move with rustling noise*) faire bruisser **III.** <-er, -est> *adj inf* chic *inv* **IV.** *n* **1.** (*hissing sound*) sifflement *m* **2.** (*rustling sound*) bruissement *m;* **with a ~ of sth** d'un bruissement de qc

Swiss [swɪs] **I.** *adj* suisse; **~ German/French** suisse allemand/romand **II.** *n* Suisse *mf*

Swiss army knife *n* couteau *m* suisse

Swiss cheese *n* gruyère *m*

switch [swɪtʃ] **I.** <-es> *n* **1.** (*control button*) interrupteur *m* **2.** (*substitution*) remplacement *m* **3.** (*change*) revirement *m* **4.** RAIL aiguillage *m* **II.** *vi* changer; **to ~** (**over**) **to sth** passer à qc; **to ~ from sth to sth** passer de qc à qc **III.** *vt* **1.** (*change*) changer de; **to ~ one's attention to sth** reporter son attention sur qc **2.** (*adjust settings*) régler; (*current*) commuter; (*train*) aiguiller; **to ~ a device to sth** mettre un appareil sur (la position) qc **3.** (*exchange*) échanger

◆**switch off** **I.** *vt* éteindre **II.** *vi* **1.** (*turn off*) éteindre **2.** *inf* (*lose attention*) décrocher

◆**switch on** **I.** *vt* **1.** (*turn on: light, TV, appliance*) allumer; (*water, gas, tap*) ouvrir **2.** (*use*) **to ~ the charm** faire du charme **3.** (*be up-to-date*) **to be switched on** être branché **II.** *vi* s'allumer

switchback ['swɪtʃ·bæk] *n* route *f* en zigzag

switchblade ['swɪtʃ·bleɪd] *n* couteau *m* à cran d'arrêt

switchboard ['swɪtʃ·bɔrd] *n* **1.** ELEC tableau *m* de distribution **2.** TEL standard *m*

switchboard operator *n* standardiste *mf*

switch knife *n* couteau *m* à cran d'arrêt

switchman <-men> *n* aiguilleur *m*

switchyard *n* RAIL gare *f* de triage

Switzerland ['swɪt·sər·lənd] *n* la Suisse

swivel ['swɪv·ᵊl] **I.** *n* pivot *m* **II.** *adj inv* pivotant(e) **III.** <-l- *o* -ll-> *vt* faire pivoter **IV.** <-l- *o* -ll-> *vi* pivoter

swivel chair *n* chaise *f* pivotante

swizzle stick *n* fouet *m*

swollen ['swoʊ·lən] **I.** *pp of* **swell** **II.** *adj* **1.** (*puffy*) enflé(e); **a ~ head** *pej* une grosse tête **2.** (*fuller than usual: river*) en crue

swoon [swun] *vi* (*adore*) se pâmer; **to ~ over sb/sth** se pâmer d'admiration devant qn/qc

swoop [swup] **I.** *n* **1.** (*dive in air*) piqué *m;* **to make a ~** (**down**) plonger en piqué **2.** *inf* (*surprise attack*) descente *f* **II.** *vi* **1.** (*dive through air*) plonger en piqué **2.** *inf* (*make sudden attack: police*) faire une descente; **to ~ on sth** faire une descente dans qc

swop [swap] <-pp-> *vt, vi Can s.* **swap I., II.**

sword [sɔrd] *n* épée *f;* **to put sb to the ~** passer qn au fil de l'épée

swordfish <-(es)> *n* espadon *m*

swordsman <-men> *n* HIST **a** (**skilled**) **~** une fine lame

swordsmanship *n* habileté *f* à manier l'épée

swore [swɔr] *pt of* **swear**

sworn [swɔrn] **I.** *pp of* **swear** **II.** *adj inv* sous serment; **~ enemy** ennemi *m* juré

swum [swʌm] *pp of* **swim**

swung [swʌŋ] *pt, pp of* **swing**

sycamore ['sɪk·ə·mɔr] *n* sycomore *m*

sycophant ['sɪk·ə·fᵊnt] *n* lèche-bottes *mf inf*

sycophantic *adj* flagorneur(-euse)

syllabic *adj* syllabique

syllable ['sɪl·ə·bl] *n a. fig* syllabe *f*
syllabus ['sɪl·ə·bəs] <-es *o form* syllabi> *n* programme *m;* **to be on the ~** être au programme
sylphlike ['sɪlf·laɪk] *adj* (*waist*) de sylphide; (*person*) à la taille de sylphide; **a ~ girl** une sylphide
symbiosis [ˌsɪm·bɪ·'oʊ·sɪs] *n* symbiose *f*
symbiotic *adj* symbiotique
symbol ['sɪm·bᵊl] *n* symbole *m*
symbolic(al) *adj* symbolique
symbolism ['sɪm·bᵊl·ɪ·zᵊm] *n* symbolisme *m*
symbolize ['sɪm·bə·laɪz] *vt* symboliser
symmetrical [sɪ·'met·rɪk·ᵊl] *adj* symétrique
symmetry ['sɪm·ə·tri] *n* symétrie *f*
sympathetic [ˌsɪm·pə·'θeṭ·ɪk] *adj* **1.** (*understanding*) compatissant(e); **to be ~ about sth** avoir de la compassion pour qc; **to lend a ~ ear to sb** prêter une oreille attentive à qn **2.** POL (*supporting*) solidaire; **to be ~ towards sb/sth** être solidaire de qn/qc
sympathize ['sɪm·pə·θaɪz] *vi* **1.** (*show understanding*) compatir; **to ~ with sb over sth** avoir de la compassion pour qn concernant qc **2.** (*agree with*) être d'accord
sympathizer *n* sympathisant(e) *m(f)*
sympathy ['sɪm·pə·θi] <-ies> *n* **1.** (*compassion*) compassion *f;* **to have ~ for sb** avoir de la compassion pour qn; **vote of ~** témoignage *m* de sympathie; **accept my sympathies** croyez à toute ma sympathie **2.** (*feeling of agreement*) solidarité *f;* **to be in ~ with sb/sth** être solidaire de qn/qc; **to do sth in ~ with sb/sth** faire qc par solidarité avec qn/qc; **to have ~ with sb/sth** être en accord avec qn/qc
symphonic [sɪm·'fa·nɪk] *adj* symphonique
symphony ['sɪm(p)·fə·ni] *n* symphonie *f*
symphony orchestra *n* orchestre *m* symphonique
symposium [sɪm·'poʊ·zi·əm] <-s *o* -sia> *n* symposium *m*
symptom ['sɪm(p)·təm] *n* **1.** (*sign of disease*) symptôme *m* **2.** (*indicator, sign*) indice *m*
symptomatic [ˌsɪm(p)·tə·'mæṭ·ɪk] *adj* symptomatique
synagogue ['sɪn·ə·gɔg] *n* synagogue *f*
sync(h) [sɪŋk] *inf* **I.** *n* synchro *f* **II.** *vt* synchroniser
synchronize ['sɪŋ·krə·naɪz] **I.** *vt* synchroniser; **to ~ watches** régler nos montres sur la même heure; **to ~ holidays** [*o* **vacation**] partir en vacances en même temps **II.** *vi* être synchrone; **to ~ with sth** être synchrone avec qc
synchronous ['sɪŋ·krən·əs] *adj* synchrone
syncopate ['sɪŋ·kə·peɪt] *vt* MUS syncoper
syncope *n* syncope *f*
syndicate ['sɪn·də·kɪt, *vb:* 'sɪn·də·keɪt] **I.** *n* **1.** (*group*) syndicat *m* **2.** (*organization*) organisation *f;* (*of drugs, crime*) cartel *m* **3.** PUBL (*organization selling articles*) agence *f* de presse **II.** *vt* **1.** (*sell to many newspapers*) publier (dans différents journaux) **2.** (*organize, manage*) gérer; **~d credits** crédits *mpl* consortiaux
syndication *n* **1.** PUBL publication *f* d'articles (dans divers journaux) **2.** (*management by group*) gestion *f* consortiale
syndrome ['sɪn·droʊm] *n a. fig* syndrome *m*
synergism, **synergy** ['sɪn·ər·dʒi] *n* synergie *f*
synod ['sɪn·əd] *n* synode *m*
synonym ['sɪn·ə·nɪm] *n* synonyme *m*
synonymous [sɪ·'na·nə·məs] *adj* (*meaning the same*) synonyme; **to be ~ with sth** être un synonyme de qc; *fig* être synonyme de qc
synopsis [sɪ·'nap·sɪs] <-ses> *n* synopsis *m*
syntactic *adj* syntaxique
syntax ['sɪn·tæks] *n* syntaxe *f*
synthesis ['sɪn(t)·θə·sɪs] <-theses> *n* synthèse *f*
synthesize ['sɪn(t)·θə·saɪz] *vt* synthétiser
synthesizer *n* synthétiseur *m*
synthetic [sɪn·'θeṭ·ɪk] *adj* **1.** (*man-made*) synthétique; (*product, sweeteners*) de synthèse; (*flavorings*) artificiel(le) **2.** (*fake*) artificiel(le)
syphilis ['sɪf·ᵊl·ɪs] *n* syphilis *f*
syphilitic *adj* syphilitique
syphon ['saɪ·fᵊn] *n s.* **siphon**
Syria ['sɪr·i·ə] *n* la Syrie
Syrian I. *adj* syrien(ne) **II.** *n* Syrien(ne) *m(f)*
syringe [sə·'rɪndʒ] *n* **1.** (*sucking out liquid*) seringue *f* **2.** (*spraying in liquid*) poire *f*
syrup ['sɪr·əp] *n* sirop *m*
syrupy ['sɪr·əp·i] *adj a. pej* sirupeux(-euse)
system ['sɪs·təm] *n a.* COMPUT, MATH système *m;* **computer ~** système informatique; **operating ~** système d'exploitation; **a ~ error/analysis** une erreur/analyse de système ▶ **to get sth out of one's ~** *inf* se débarrasser de qc
systematic [ˌsɪs·tə·'mæṭ·ɪk] *adj* systématique
systematize ['sɪs·tə·mə·taɪz] *vt* systématiser
system operator *n* COMPUT opérateur *m* du système

T

T, t [ti] <-'s *o* -s> *n* **1.** T *m,* t *m;* **~ as in Tango** (*on telephone*) t comme Thérèse **2.** *inf* **it fits him to a ~** ça lui va comme un gant; **that's him to a ~** c'est tout lui
t *n abbr of* **ton** t
TA *n abbr of* **teaching assistant** étudiant(e) *m(f)* chargé(e) de cours
tab [tæb] *n* **1.** (*flap, strip*) étiquette *f* **2.** (*strip for recording device*) languette *f* **3.** *inf* (*bill*) douloureuse *f;* **to pick up the ~** payer la note **4.** COMPUT (*system*) tabulation *f;* (*key*) touche *f* de tabulation **5.** (*ring pull*) languette *f* **6.** *sl* (*of acid*) ticket *m* ▶ **to keep ~s on sb/sth** garder un œil sur qn/qc
tabby ['tæb·i] **I.** *adj* **~ cat** (*with streaks*) chat *m*

tigré; (*with spots*) chat *m* moucheté **II.** *n* **1.** (*striped*) chat(te) *m(f)* tigré(e) **2.** (*spotted*) chat(te) *m(f)* moucheté(e)

tabernacle ['tæb·ər·ˌnæk·l] *n form* tabernacle *m*

table ['teɪ·bl] **I.** *n* **1.** (*piece of furniture*) table *f;* **to set the ~** mettre la table **2.** (*group of people*) tablée *f* **3.** (*collection of information*) *a.* COMPUT tableau *m;* **the two-times ~** MATH la table (de multiplication) de deux ▶**to do sth under the ~** (*illegally*) faire qc sous le manteau; **to be under the ~** *inf* (*be drunk*) rouler sous la table; **to put sth on the ~** (*submit*) présenter qc; (*postpone*) ajourner qc; **to turn the ~s on sb** prendre sa revanche sur qn **II.** *vt* (*postpone*) ajourner

tablecloth *n* nappe *f*

table linen *n* linge *m* de table

table manners *n* bonnes manières *fpl*

table mat *n* **1.** (*for plates*) set *m* de table **2.** (*for hot dishes*) dessous-de-plat *m inv*

tablespoon *n* cuiller *f* à soupe, cuiller *f* à table *Québec;* **~ of sugar** cuiller à soupe de sucre

tablet ['tæb·lɪt] *n* **1.** (*pill*) comprimé *m* **2.** (*with inscription*) plaque *f* commémorative **3.** (*pad of paper*) bloc *m*

table tennis *n* tennis *m* de table

tableware *n form* vaisselle *f*

table wine *n* vin *m* de table

tabloid ['tæb·lɔɪd] *n* tabloïd *m;* **the ~ press, the ~s** la presse à scandale

taboo, tabu [tə·'bu] **I.** *n* tabou *m* **II.** *adj* tabou(e)

tabulate ['tæb·jə·leɪt] *vt form* mettre sous la forme d'un tableau

tabulation *n* **1.** (*using tables*) disposition *f* en tableau **2.** COMPUT (*using tab keys*) tabulation *f*

tabulator *n form* tabulateur *m*

tachograph ['tæk·ə·græf] *n* tachygraphe *m*

tachycardia [ˌtæk·ɪ·'kar·di·ə] *n* tachycardie *f*

tacit ['tæs·ɪt] *adj* tacite

taciturn ['tæs·ə·tɜrn] *adj* taciturne

tack [tæk] **I.** *n* **1.** (*thumbtack*) punaise *f* **2.** (*short nail*) clou *m* **3.** (*riding gear*) sellerie *f* **4.** NAUT bordée *f* **5.** (*approach*) tactique *f* **6.** (*loose stitch*) point *m* de bâti **II.** *vt* **1.** (*nail down*) clouer; (*with a thumbtack*) punaiser **2.** (*sew loosely*) faufiler **III.** *vi* NAUT tirer une bordée

tackle ['tæk·l] **I.** *vt* **1.** (*to get ball*) intercepter **2.** (*deal with: person*) aborder; (*job*) s'attaquer à; (*problem*) aborder; **to ~ sb about sth** aborder qn au sujet de qc **II.** *n* **1.** SPORTS interception *f;* (*by bringing player down*) plaquage *m* **2.** (*gear*) équipement *m;* **fishing ~** articles *mpl* de pêche

tacky ['tæk·i] <-ier, -iest> *adj* **1.** (*sticky*) collant(e) **2.** *pej, inf* (*in bad taste*) plouc

tact [tækt] *n* tact *m*

tactful *adj* plein(e) de tact; **be ~!** sois délicat!

tactic ['tæk·tɪk] *n* **1.** (*approach*) stratégie *f* **2.** *pl* MIL tactique *f*

tactical *adj* **1.** (*with a plan*) tactique **2.** MIL stratégique

tactician [tæk·'tɪʃ·ᵊn] *n* tacticien(ne) *m(f)*

tactile ['tæk·tᵊl] *adj form* tactile

tactless *adj* **to be ~** être dépourvu de tact

tactlessness *n* manque *m* de tact

tadpole ['tæd·poʊl] *n* têtard *m*

taffeta ['tæf·ɪ·t̬ə] *n* taffetas *m*

tag [tæg] **I.** *n* **1.** (*label*) étiquette *f;* (*of metal*) plaque *f* **2.** (*children's game*) jeu *m* du chat perché **3.** (*phrase*) citation *f* **4.** COMPUT balise *f* **5.** (*electronic device*) bracelet *m* électronique **II.** <-gg-> *vt* **1.** (*label*) *a. fig* étiqueter **2.** (*touch*) toucher **3.** (*fine*) mettre une contravention à **4.** (*as punishment*) mettre un bracelet électronique à

◆**tag along** *vi inf* suivre

◆**tag on** *vt* rajouter

taiga ['taɪ·gə] *n* taïga *f*

tail [teɪl] **I.** *n* **1.** (*on animal*) queue *f* **2.** (*rear*) postérieur *m* **3.** AVIAT queue *f* **4.** (*side of a coin*) face *f;* **heads or ~s? – ~s** pile ou face? – pile **5.** *inf* (*buttocks*) derrière *m* **6.** *inf* (*spy*) fileur *m* ▶**it's a case of the ~ wagging the dog** c'est le monde à l'envers; **I can't make head or ~ of it** je n'y comprends rien; **heads I win, ~s you lose** face je gagne, pile tu perds **II.** *vt* pister; **to be ~ed** être suivi

◆**tail off** *vt* diminuer; (*sound*) baisser

tailback *n* SPORTS demi-arrière *m*

tail end *n* bout *m*

tailgate **I.** *n* (*of a car*) hayon *m;* (*of a truck*) porte *f* arrière **II.** *vt, vi inf* coller au train

taillight *n* AUTO feu *m* arrière

tailor ['teɪ·lər] **I.** *n* tailleur *m* **II.** *vt* **1.** (*make clothes*) confectionner **2.** (*adapt*) adapter **3.** (*design*) **to ~ sth to sb's needs** faire qc sur mesure pour qn

tailor-made *adj* **1.** (*custom-made*) fait(e) sur mesure **2.** (*perfect*) parfait(e)

tailpiece *n* appendice *m*

tailpipe *n* tuyau *m* d'échappement

tailspin *n* AVIAT vrille *f*

tail wind *n* vent *m* arrière

taint [teɪnt] **I.** *vt* infecter; (*reputation*) souiller **II.** *n* (*bad taste*) mauvais goût *m;* (*of immorality, scandal*) tache *f*

Taiwan [ˌtaɪ·'wan] *n* Taïwan *f sans art*

take [teɪk] **I.** *n* **1.** (*receipts*) recette *f* **2.** (*filming*) prise *f* de vue **3.** (*view*) position *f;* **what's your ~ on this?** quel est ton/votre avis là-dessus? ▶**to be on the ~** *inf* se faire graisser la patte **II.** <took, taken> *vt* **1.** (*hold and move*) prendre; **to take sth from a shelf/the kitchen** prendre qc sur une étagère/dans la cuisine; **she took everything out of her bag** elle a tout sorti de son sac; **he took me in his arms** il m'a pris dans ses bras; **to take sb's hand** prendre la main de qn; **~ six from ten** MATH dix moins six **2.** (*so as to have with one*) prendre; (*to a different place: person*) emmener; (*things*) emporter; **she always ~s her camera** elle prend toujours son appareil photo; **she always ~s her secre-**

tary elle emmène toujours sa secrétaire; **she's taken my paper** elle a pris [*o* emporté] mon journal; **can you ~ me to the station?** tu peux m'emmener à la gare?; **my job often took me to Paris** j'allais souvent à Paris pour le travail **3.** (*bring: guest, friend*) prendre; (*present, letter*) apporter; **~ them some chocolates** apporte-leur [*o* prends-leur] des chocolats **4.** (*accept: job, responsibility, payment*) prendre; (*cash, applicant*) accepter; (*advice*) suivre; **do you ~ this woman ...?** consentez-vous à prendre cette femme ...?; **to ~ things as they come** prendre les choses comme elles viennent; **I can't ~ the pressure/the boredom** je ne supporte pas le stress/l'ennui; **how did she ~ the news?** comment a-t-elle pris la nouvelle?; **I can ~ a joke** j'ai le sens de la plaisanterie **5.** (*use for travel: train, bus, route*) prendre **6.** (*eat or drink: medicine, sugar*) prendre **7.** (*hold: people*) (pouvoir) contenir; (*traffic*) recevoir **8.** (*require: skills, patience, effort*) demander; (*time*) prendre; **it ~s 10 minutes/ages** ça prend 10 minutes/des siècles; **it took me all day to clean the house** ça m'a pris toute la journée de faire le ménage; **it took courage to admit it** il fallait du courage pour l'admettre **9.** (*win, capture: city, position*) s'emparer de; (*prisoners*) capturer; GAMES gagner; (*award*) remporter **10.** (*as a record: letter, notes, photos*) prendre **11.** (*expressing thoughts, understanding*) **to ~ the view that** dire qu'à son avis; **to ~ a serious view of sth** désapprouver fortement qc; **to ~ a relaxed attitude to sth** être souple au sujet de qc; **I ~ it you're coming** vous venez, n'est-ce pas?; **I took him to mean tomorrow** j'avais compris qu'il voulait dire demain; **~ my children, for example** regardez mes enfants, par exemple **12.** (*use*) **to take the chance** [*o* **opportunity**] **to** +*infin* saisir l'occasion de +*infin;* **~ the time to think about it** prendre le temps d'y penser; **to ~ a size 14** faire du 42; **to ~ a size 10 shoe** chausser du 44 **13.** (*conduct: religious service*) célébrer; **to ~ sb's class** prendre la classe de qn **14.** (*study: subject*) faire **15.** (*with specific objects*) **to ~ a rest** se reposer; **to ~ a walk** se promener; **to ~ office** entrer en fonction; **to ~ an interest in sb/sth** s'intéresser à qn/qc; **to ~ an exam** passer un examen ▶ **not to ~ no for an <u>answer</u>** ne pas se contenter d'un non; **<u>point</u> ~n** très juste; **~ my <u>word</u> for it** croyez-moi; **to ~ sb <u>unaware</u>** prendre qn au dépourvu; **what <u>do</u> you ~ me for?** pour qui tu me prends?; **~ it <u>from</u> me** croyez-moi sur parole **III.** <took, taken> *vi* (*have effect*) prendre

◆**take aback** *vt* surprendre

◆**take after** *vi* ressembler à

◆**take along** *vt* emmener

◆**take apart I.** *vt* **1.** (*disassemble*) défaire; (*machine*) démonter **2.** (*analyze*) disséquer **3.** (*destroy: person, team, book*) démolir **II.** *vi* se démonter

◆**take away I.** *vt* **1.** (*remove*) prendre; **two coffees to ~** deux cafés à emporter **2.** (*deprive of*) retirer **3.** (*bring away with*) éloigner **4.** (*make leave: death*) enlever; (*business*) éloigner de chez soi **5.** (*lessen: pain*) diminuer **6.** (*subtract from*) soustraire ▶ **to take sb's <u>breath</u> away** couper le souffle de qn **II.** *vi* (*detract from*) **to ~ from the beauty of sth** rendre qc moins beau

◆**take back** *vt* **1.** (*return to original place: borrowed book, faulty goods*) rapporter **2.** (*accept back*) reprendre **3.** (*accompany a person*) raccompagner **4.** (*let return: spouse*) se remettre avec; (*employee*) reprendre **5.** (*retract*) rétracter **6.** (*carry to a past time*) remonter à; **it takes you back, doesn't it?** ça te ramène dans le passé, n'est-ce pas?

◆**take down** *vt* **1.** (*bring lower*) descendre **2.** (*remove from high place*) déchoir **3.** (*remove*) enlever **4.** (*disassemble*) désassembler; (*scaffolding*) démonter **5.** (*write*) noter **6.** *inf* (*depress*) démoraliser

◆**take hold** *vi* **1.** (*become established: disease*) s'installer; (*belief*) se répandre **2.** (*grasp*) **to ~ of sb/sth** prendre qn/qc; **to ~ of sb** *fig* (*obsession, fury*) s'emparer de qn

◆**take in** *vt* **1.** (*bring inside: visitor*) faire entrer; (*washing, shopping*) rentrer **2.** (*accommodate*) héberger; (*for rent*) prendre **3.** (*admit: orphan, stray cat*) recueillir; (*student*) recevoir **4.** (*bring to police: lost property*) rapporter; (*criminal*) se faire emmener **5.** (*deceive*) tromper; **to be taken in by sb/sth** être trompé par qn/qc **6.** (*go to see*) **to ~ a movie** aller au cinéma **7.** (*mentally: details*) absorber; (*sb's death*) accepter; **to ~ the scenery** se remplir du paysage **8.** (*include*) inclure **9.** (*narrow: trousers, skirt*) rétrécir **10.** (*do at home*) **to ~ typing/sewing** faire de la saisie/de la couture à domicile

◆**take off I.** *vt* **1.** (*undress: clothes*) enlever; (*hat, glasses*) retirer **2.** (*withdraw: product from market*) retirer; (*player from field*) faire sortir; (*program, film*) retirer; **to take sb off drugs** faire décrocher qn de la drogue; **to take sb off a list** éliminer qn d'une liste; **to take a detective off a case** retirer une enquête à un détective; **to take sb off a diet** ne plus faire suivre de régime à qn **3.** (*leave*) **to take oneself off** partir à toute hâte **4.** (*not work*) **to take a day/a week off** (**work**) prendre un jour/une semaine (de congé) **5.** (*subtract*) déduire; **I'll take 10% off for you** je vous fais une réduction de 10% **II.** *vi* **1.** (*leave the ground: plane*) décoller; (*bird*) s'envoler **2.** *inf* (*leave*) déguerpir **3.** *inf* (*flee*) filer **4.** (*have success: project*) se développer; (*idea*) prendre; (*style, new product*) se répandre; **his business is really taking off in Japan** son affaire est en plein essor au Japon

◆**take on I.** *vt* **1.** (*start on: job, challenge*) prendre **2.** (*acquire: quality, appearance*)

prendre **3.** (*put to work*) recruter **4.** (*oppose: enemy, rival*) s'attaquer à; SPORTS (*team*) jouer contre; (*boxer*) boxer contre **5.** (*stop for loading: fuel*) faire le plein de; (*goods*) charger; (*passengers*) embarquer **II.** *vi* s'en faire

◆**take out** *vt* **1.** (*remove*) enlever; (*teeth*) extraire; (*item from drawer, bag*) sortir **2.** (*bring outside: chairs, washing*) sortir **3.** CULIN emporter; **pizzas to ~** pizzas à emporter **4.** (*entertain: children, friend*) sortir; (*client*) inviter; **to take sb out to dinner** inviter qn à dîner **5.** *inf* (*kill*) éliminer **6.** (*destroy*) anéantir **7.** (*arrange to get*) se procurer; (*license*) obtenir **8.** (*borrow*) emprunter **9.** (*vent*) **to take one's anger/frustration out on sb** se défouler de sa colère/frustration sur qn; **to take it out on sb** se défouler sur qn

◆**take over I.** *vt* **1.** (*buy out: company*) racheter **2.** (*take charge of: country*) prendre le contrôle; (*ministry, post, responsibility*) reprendre; **her job's taken over her life** son travail envahit sa vie **3.** (*assume: debts*) reconnaître **II.** *vi* (*as government*) prendre le pouvoir; (*as leader, manager*) prendre les rênes; **I'm tired of driving, you ~** je suis fatigué de conduire, tu me remplaces; **to ~ as captain** devenir capitaine; **to ~ from sb** remplacer qn

◆**take to** *vi* **1.** (*start to like: person*) se mettre à aimer; (*hobby, activity*) prendre goût à **2.** (*begin as a habit*) **to ~ doing sth** se mettre à faire qc **3.** (*go to: forest, hills*) se réfugier dans ▶**to ~ one's bed** s'aliter; **to ~ sth like a duck to water** mordre à qc

◆**take up** *vt* **1.** (*bring up*) faire monter **2.** (*pick up*) ramasser; (*arms*) prendre **3.** (*start doing: post*) commencer; (*hobby, language*) se mettre à **4.** (*keep busy*) **to be taken up with sb/sth** être absorbé par qn/qc **5.** (*discuss*) discuter; (*matter, question*) aborder; **to take a problem up with sb** parler d'un problème avec qn **6.** (*accept: challenge*) relever; (*offer*) accepter; (*opportunity*) saisir; (*case*) se charger de; **to take sb up on an invitation** accepter l'invitation de qn **7.** (*adopt: attitude*) adopter; (*habit*) prendre **8.** (*continue: anecdote, explanation*) reprendre **9.** (*join in: song, slogan*) reprendre (en chœur) **10.** (*occupy: time, energy*) prendre **11.** (*shorten: coat, dress, pants*) raccourcir **12.** (*ask for*) **to ~ a collection** faire une collecte **13.** (*query*) **to take sb up on sth** reprendre qn sur qc

◆**take up with** *vi* se mettre à fréquenter

taken I. *pp of* **take II.** *adj* **to be ~ with an idea/painting** être séduit par une idée/un tableau

takeoff *n* AVIAT décollage *m*

takeout *n* **1.** (*restaurant*) *restaurant ou snack qui propose des plats à emporter* **2.** (*meal*) plat *m* à emporter; **~ pizza** pizza *f* à emporter

takeover *n* rachat *m*

takeover bid *n* offre *f* publique d'achat

takeover target *n* ECON, FIN rachat *m* cible

taker ['teɪ·kər] *n* preneur *m;* **there were no ~s** il n'y avait pas de preneur; **drug-~** consommateur, -trice *m, f* de drogues; **risk-~** personne *f* qui prend des risques

take-up *n* demande *f*

taking *n* **1.** (*action of taking*) prise *f;* **it's yours for the ~** c'est à toi **2.** *pl* (*receipts*) recette *f*

taking-over *n* prise *f* de contrôle

talc [tælk], **talcum** (**powder**) **I.** *n* talc *m* **II.** *vt* talquer

tale [teɪl] *n* **1.** (*story*) histoire *f* **2.** LIT conte *m* **3.** (*true story*) récit *m;* **to tell ~s** *pej* raconter des histoires ▶**dead men tell no ~s** les morts ne parlent pas

talent ['tæl·ənt] *n* talent *m;* **a ~ for writing/annoying people** le don d'écrire/d'embêter tout le monde

talented *adj* talentueux(-euse)

Taliban ['tæl·ə·bæn] *n* Taliban *m*

talisman ['tæl·ɪz·mən] *n* talisman *m*

talk [tɔk] **I.** *n* **1.** (*discussion*) discussion *f;* **there's ~ of a new school** on parle d'une nouvelle école; **~s about peace** pourparlers *mpl* de paix **2.** (*conversation*) conversation *f;* **to have a ~ with sb** avoir une conversation avec qn **3.** (*private*) entretien *m* **4.** (*lecture*) exposé *m* **5.** (*things said*) paroles *fpl;* **too much ~ and no action** trop de parlotte et pas d'action; **you're all ~** *pej* tout ce que tu fais c'est parler; **to make small ~** parler de choses et d'autres **II.** *vi* **1.** (*speak*) parler; **everybody's ~ing** tout le monde fait des commentaires; **to talk to oneself** se parler à soi-même; **to ~ about a job** parler d'un travail; **we're ~ing about six million** il s'agit de six millions; **~ing about** [*o* **of**] **cats** puisqu'on parle de chats **2.** (*speak privately*) s'entretenir ▶**to ~ dirty to sb** parler crûment à qn **III.** *vt* **1.** (*speak: English, Arabic*) parler; **to ~ sb into/out of doing sth** convaincre qn de faire qc/de ne pas faire qc **2.** *inf* (*discuss*) discuter; **we're ~ing big changes** il s'agit de grands changements ▶**to ~ nonsense** *pej* dire n'importe quoi; **to ~ some sense into sb's head** faire entendre raison à qn; **to ~ a blue streak** être un moulin à paroles; **to ~ turkey** *inf* mettre cartes sur table

◆**talk around** *vt* **1.** (*convince*) convaincre **2.** (*avoid*) **to ~ sth** éviter de mentionner qc

◆**talk back** *vi* **to ~ to sb** répondre à qn

◆**talk down to** *vt* parler avec condescendance à

◆**talk over** *vt* parler de

◆**talk through** *vt* **1.** (*discuss*) débattre de **2.** (*reassure*) rassurer

talkative ['tɔ·kə·t̬ɪv] *adj* loquace

talker *n* **1.** (*speaker*) causeur, -euse *m, f* **2.** (*talkative person*) bavard(e)

talking I. *adj* **1.** (*that can talk*) qui parle **2.** (*expressive*) expressif(-ive) **II.** *n* bavardage *m*

talking book *n* livre *m* enregistré

talking film *n*, **talking picture** *n* film *m* parlant

talking point *n* sujet *m* de discussion

talking-to *n inf* **to give sb a ~** passer un savon à qn

talk show *n* talk-show *m*

talk time *n* TEL temps *m* de parole

tall [tɔl] *adj* grand(e); (*grass, building*) haut(e); **to grow ~(er)** grandir; **to stand ~** se tenir droit; **to be over six feet ~** faire plus de 1,80 m ►**that's a ~ order** c'est beaucoup demander; **a ~ tale** une histoire incroyable

tallness *n* (*of a person*) grande taille *f;* (*of a building*) hauteur *f*

tallow ['tæl·oʊ] *n* suif *m*

tally ['tæl·i] <-ie-> **I.** *vi* (*correspond: figures*) faire le compte; (*facts, statements*) concorder; **to ~ with sth** correspondre à qc **II.** *vt* (*count, add up*) compter **III.** <-ies> *n sing* compte *m;* **to keep a ~ of sth** tenir le compte de qc

tally-ho [ˌtæl·i·'hoʊ] *interj* taïaut!

talon ['tæl·ən] *n* **1.** (*claw*) serre *f* **2.** *fig* griffe *f*

tamarind ['tæm·ᵊr·ɪnd] *n* **1.** (*tree*) tamarinier *m* **2.** (*fruit*) tamarin *m*

tamarisk ['tæm·ᵊr·ɪsk] *n* tamaris *m*

tambourine [ˌtæm·bə·'rin] *n* tambourin *m*

tame [teɪm] **I.** *adj* **1.** (*domesticated: animals*) apprivoisé(e); *fig* docile **2.** (*unexciting, dull*) plat(e) **3.** (*cultivated*) cultivé(e) **II.** *vt* apprivoiser, dompter

tamer *n* dompteur, -euse *m, f*

tam-o'-shanter *n* béret *m* écossais

tamp [tæmp] *vt* bourrer; **to ~ sth down** [*o* **to ~ down sth**] tasser qc

◆**tamper with** *vt* **1.** (*rig, manipulate*) toucher à **2.** (*meddle with, adjust: balance-sheet, documents*) falsifier; **her drink had been tampered with** on avait mis quelque chose dans son verre

tamper-proof, tamper-resistant *adj* (*top*) scellé(e)

tampon ['tæm·pan] *n* tampon *m*

tan[1] [tæn] **I.** <-nn-> *vi* bronzer **II.** <-nn-> *vt* **1.** (*by sunlight*) bronzer; **to be ~ned** être bronzé **2.** (*to make into leather*) tanner **III.** *n* bronzage *m;* **to get a ~** bronzer **IV.** *adj* fauve

tan[2] [tæn] *n* MATH *abbr of* **tangent** tg *f*

tandem ['tæn·dəm] **I.** *n* tandem *m* **II.** *adv* **to ride ~** faire du tandem

tang [tæŋ] *n* goût *m* fort

tangent ['tæn·dʒᵊnt] *n* MATH *a. fig* tangente *f;* **to go off on a ~** partir sur un autre sujet

tangential [tæn·'dʒen(t)·ʃᵊl] *adj form* tangentiel(le)

tangerine [ˌtæn·dʒə·'rin] **I.** *n* mandarine *f* **II.** *adj* mandarine *inv*

tangible ['tæn·dʒə·bl] *adj* tangible

tangible assets *n* valeurs *fpl* matérielles

Tangier [tæn·'dʒɪr] *n* Tanger

tangle ['tæŋ·gl] **I.** *n* **1.** (*mass of entwined threads*) enchevêtrement *m* **2.** *pej* (*confusion, muddle*) embrouille *f;* **to get in a ~ with lies** s'embrouiller dans des mensonges; **in a ~** embrouillé **II.** *vt* emmêler; **~d wires** fils *mpl* emmêlés; **I got ~d (up) in the ropes** je me suis pris dans les cordes; **a ~d plot** *fig* une intrigue compliquée **III.** *vi* **1.** (*knot up*) s'emmêler **2.** (*quarrel*) s'accrocher; **don't ~ with her** ne te frotte pas à elle

tango ['tæŋ·goʊ] **I.** *n* tango *m;* **to do the ~** danser le tango **II.** *vi* danser le tango

tangy ['tæŋ·i] <-ier, -iest> *adj* **to be ~** avoir un goût fort

tank [tæŋk] *n* **1.** (*container for storage*) *a.* AUTO réservoir *m;* **fish ~** aquarium *m* **2.** (*container for fluid, gas*) citerne *f* **3.** MIL tank *m*

◆**tank up** **I.** *vi* faire le plein **II.** *vt inf* **to be tanked up** être bourré, avoir une caisse *Suisse;* **to get tanked up** se bourrer, prendre une caisse *Suisse*

tankard ['tæŋ·kərd] *n* chope *f*

tanker ['tæŋ·kər] *n* **1.** (*boat*) navire-citerne *m* **2.** (*lorry*) camion-citerne *m*

tank top *n* débardeur *m*

tanned *adj* bronzé(e)

tanner *n* tanneur *m*

tannery *n* tannerie *f*

tannic acid [ˌtæn·ɪk'æs·ɪd] *n* acide *m* tannique

tannin ['tæn·ɪn] *n* tannin *m*

tanning *n* **1.** (*by sun*) bronzage *m* **2.** (*of hides*) tannage *m*

tanning bed *n* solarium *m*

tantalize ['tæn·t̬ə·laɪz] *vt* **1.** (*torment*) tourmenter **2.** (*tease*) taquiner

tantalizing *adj* tentant(e); (*smell*) alléchant(e); (*smile*) énigmatique

tantamount ['tæn·t̬ə·maʊnt] *adj* **to be ~ to sth** revenir à qc

tantrum ['tæn·trəm] *n* caprice *m;* **temper ~** colère *f;* **to have** [*o* **throw**] **a ~** faire un caprice

Tanzania [ˌtæn·zə·'ni·ə] *n* la Tanzanie

Tanzanian **I.** *adj* tanzanien(ne) **II.** *n* Tanzanien(ne) *m(f)*

tap[1] [tæp] **I.** *n* **1.** (*for water*) robinet *m;* **to turn the ~ on/off** ouvrir/fermer le robinet; **beer on ~** bière *f* à la pression **2.** (*directly available*) **on ~** disponible **3.** (*overhearing device*) écoute *f* téléphonique **II.** <-pp-> *vt* **1.** TEL **to ~ sb/sth** mettre qn/qc sur écoute téléphonique; **to ~ a conversation** intercepter une conversation; **to ~ a phone/line** placer un téléphone/une ligne sur écoute **2.** (*make use of, utilize*) exploiter **3.** (*let out via tap*) faire couler **4.** *fig, inf* **to ~ sb for money** taper de l'argent à qn **III.** *vi* **to ~ into sth** exploiter qc; **to ~ into the market** tirer profit du marché

tap[2] [tæp] **I.** *n* **1.** (*light knock*) tape *f* **2.** (*tap-dancing*) claquettes *fpl* **II.** *adj* de claquettes **III.** <-pp-> *vt* (*strike lightly*) tapoter; **to ~ sb on the shoulder** taper sur l'épaule de qn **IV.** <-pp-> *vi* **to ~ at the door** frapper à la porte; **to ~ one's foot on the floor** taper du pied sur le sol

tap dance ['tæp·ˌdæn(t)s] *n* claquettes *fpl*

tape [teɪp] **I.** *n* **1.** (*strip*) ruban *m* **2.** (*adhesive strip*) ruban *m* adhésif; **Scotch ~®** scotch® *m* **3.** (*material for fastening*) courroie *f* **4.** (*tape measure*) mètre *m* ruban **5.** (*finishing tape*) fil

T

m d'arrivée **6.** (*for recording*) bande *f* magnétique; **video/audio ~** cassette *f* vidéo/audio **II.** *vt* **1.** (*fasten with tape*) **to ~ sth (up)** scotcher qc **2.** (*record*) enregistrer
tape deck *n* platine *f* audio
tape measure *n* mètre *m* ruban
taper I. *n* **1.** (*candle*) cierge *m* **2.** (*for lighting candle*) allume-feu *m* **II.** *vt* tailler en pointe; (*shape, trousers*) fuseler; (*hair*) effiler **III.** *vi* s'effiler; (*hair*) être effilé(e); **to ~ off** diminuer; **to ~ into sth** s'effiler en qc
tape-record *vt* enregistrer
tape recorder *n* magnétophone *m*
tape recording *n* enregistrement *m*
tapered *adj* FASHION (*trousers, skirt*) en fuseau; (*skirt*) près du corps; AVIAT (*wing*) fuselé(e)
tapestry ['tæp·ə·stri] *n* **1.** (*fabric*) tapisserie *f* **2.** (*sth containing variety*) fresque *f*
tapeworm ['teɪp·wɜrm] *n* ténia *m*
tapioca [ˌtæ·i·'oʊ·kə] *n* tapioca *m*
tapir ['teɪ·pər] *n* tapir *m*
tap water *n* eau *f* du robinet
tar [tar] **I.** *n* goudron *m* ▶ **to beat the ~ out of sb** *inf* tabasser qn **II.** <-rr-> *vt* goudronner ▶ **to be ~red with the same brush** être mis dans le même panier
tarantula [tə·'ræn·tʃə·lə] *n* tarentule *f*
tare [ter] *n* ECON tare *f*
target ['tar·gɪt] **I.** *n* **1.** (*mark aimed at*) *a. fig* cible *f*; **to become a ~ for sb** devenir la cible de qn **2.** (*objective*) objectif *m*; **to be on ~** être en train d'atteindre son objectif; **to set oneself a ~** se fixer un objectif (à atteindre) **II.** *vt* **1.** (*aim at*) viser; (*market, group*) cibler **2.** (*direct*) diriger **III.** *adj* (*market, audience*) visé(e); **~ date** date *f* ciblée
target language *n* langue *f* cible
target practice *n* exercices *mpl* de tir
tariff ['ter·ɪf] *n* droit *m* de douane; **import ~s** droits à l'importation
tariff barrier *n* barrière *f* douanière
tarmac ['tar·mæk] *n* AVIAT piste *f*
tarnish I. *vi* se ternir **II.** *vt a. fig* ternir **III.** *n* ternissure *f*
tarp, tarpaulin [tar·'pɔ·lɪn] *n* bâche *f*
tarragon ['ter·ə·gan] *n* estragon *m*
tart [tart] **I.** *n* (*type of pastry*) tarte *f*; **fruit/jam ~** tarte aux fruits/à la confiture **II.** *adj* **1.** (*sharp, acid in taste*) acide **2.** *fig* acerbe; (*wit*) caustique
tartan ['tar·tᵊn] **I.** *n* tartan *m* **II.** *adj* écossais(e)
tartar ['tar·t̬ər] *n* tartre *m*
tartar(e) sauce *n* sauce *f* tartare
tartaric [tar·'tær·ɪk] *adj inv* tartrique
task [tæsk] **I.** *n* tâche *f*; **to take sb to ~** réprimander qn **II.** *vt passive* **to be ~ed with sth** être chargé de qc
task bar *n* COMPUT barre *f* des tâches
task force *n* **1.** (*unit for special operation*) corps *m* expéditionnaire **2.** (*group for particular purpose*) groupe *m* de travail
taskmaster *n* **to be a hard/stern ~** être un tyran au travail
Tasmania [tæz·'meɪ·ni·ə] *n* la Tasmanie
Tasmanian I. *adj* tasmanien(ne) **II.** *n* Tasmanien(ne) *m(f)*
tassel ['tæs·ᵊl] *n* gland *m*
taste [teɪst] **I.** *n* **1.** (*sensation*) goût *m*; **sense of ~** goût *m*; **to acquire a ~ for sth** prendre goût à qc; **to lose the ~ for sth** perdre le goût de qc **2.** (*small portion of food*) bouchée *f* **3.** (*liking, fondness*) goût *m*; **to have expensive ~s** avoir des goûts de luxe; **to get a ~ for sth** prendre goût à qc **4.** (*aesthetic quality, discernment*) goût *m*; **to have (good) ~** avoir bon goût; **it's a matter of (personal) ~** c'est une question de goût; **to be in excellent ~** être d'un goût exquis; **to be in terrible ~** être de très mauvais goût **5.** (*short encounter, experience*) aperçu *m*; **to have a ~ of victory/freedom** goûter à la victoire/à la liberté; **to give sb a ~ of army life** faire goûter la vie militaire à qn; **to give sb a ~ of the whip** faire tâter du fouet à qn **6.** *fig* **to have a ~ of sth** avoir un avant-goût de qc **II.** *vt a. fig* goûter à **III.** *vi* + *adj* **to ~ bitter/salty/sweet** avoir un goût amer/salé/sucré; **to ~ of sth** avoir un goût de qc, goûter qc *Belgique, Québec*; **to ~ like sth** avoir le même goût que qc
taste bud ['teɪs(t)·bʌd] *n* papille *f* (gustative)
tasteful *adj* de bon goût
tasteless *adj* **1.** (*without flavor*) fade **2.** *pej* (*showing bad taste, unstylish*) de mauvais goût
taster *n* **1.** (*food, drink professional*) dégustateur, -trice *m, f* **2.** (*sample to arouse enthusiasm*) avant-goût *m*
tasty *adj* appétissant(e); **to be ~** être appétissant, goûter *Belgique, Québec*
tatter *n pl* **to be in ~s** être en lambeaux
tattered *adj* **1.** (*clothes*) en lambeaux **2.** *fig* (*reputation*) ruiné(e)
tattletale ['tæt̬·l·teɪl] *n* concierge *mf péj*
tattoo [tæt·'u] **I.** *n* **1.** (*marking on skin*) tatouage *m* **2.** MIL retraite *f* **II.** *vt* tatouer
tatty ['tæt̬·i] <-ier, -iest> *adj pej* minable
taught [tɔt] *pt, pp of* **teach**
taunt [tɔnt] **I.** *vt* railler **II.** *n* raillerie *f*
Taurean *adj* (*in astrology*) (du signe du) Taureau
Taurus ['tɔr·əs] *n* Taureau *m*; *s.a.* **Aquarius**
taut [tɔt] *adj* **1.** (*pulled tight*) tendu(e) **2.** (*concise*) concis(e)
tautological *adj* tautologique
tautologous *adj* tautologique
tautology [tɔ·'ta·lə·dʒi] <-ies> *n* tautologie *f*
tavern ['tæv·ərn] *n* taverne *f*
tawdry ['tɔ·dri] <-ier, -iest> *adj pej* vulgaire
tawny ['tɔ·ni] <-ier, -iest> *adj* fauve
tax [tæks] **I.** <-es> *n* **1.** (*levy by government: direct*) impôt *m*; (*indirect*) taxe *f*; **~ on income** impôt sur le revenu; **to put a ~ on cigarettes** imposer une taxe sur les cigarettes; **~ problem/advice** problème *m*/conseil *m* fiscal; **after/before ~** après/avant imposition **2.** *fig* (*nerves, patience, resources*) charge *f*;

to be a ~ on sb/sth être une épreuve pour qn/qc **II.** *vt* **1.** (*levy a tax on*) taxer; (*person*) imposer; **to be ~ed lightly/heavily** être légèrement/lourdement taxé [*o* imposé] **2.** (*make demands on, strain*) **to ~ sb/sb's patience** mettre qn/la patience de qn à l'épreuve; **to ~ sb's memory** faire appel à la mémoire de qn **3.** (*accuse*) **to ~ sb with sth** taxer qn de qc; **to ~ sb with doing sth** accuser qn de faire qc

taxable *adj* imposable

tax allowance *n* abattement *m* fiscal

tax arrears *n* arriérés *mpl* d'impôts

tax assessment *n* facture *f* d'impôts

taxation [tæk·ˈseɪ·ʃᵊn] *n* **1.** (*levying*) imposition *f* **2.** (*money*) impôts *mpl*

tax bracket *n* tranche *f* d'imposition

tax collector *n* percepteur, -trice *m, f*

tax consultant *n* conseiller, -ère *m, f* fiscal(e)

tax-deductible *adj* déductible des impôts

tax evader *n* fraudeur, -euse *m, f* fiscal(e)

tax evasion *n* fraude *f* fiscale

tax-exempt *adj* exonéré(e) d'impôts

tax exemption *n* exemption *f* d'impôts

tax haven *n* paradis *m* fiscal

taxi [ˈtæk·si] **I.** *n* taxi *m* **II.** *vi* rouler

taxicab [ˈtæk·si·kæb] *n s.* **taxi**

taxidermist *n* taxidermiste *mf*

taxidermy [ˈtæk·sɪˌdɜr·mi] *n* taxidermie *f*

taxi driver *n* chauffeur *m* de taxi

taximeter [ˈtæk·si·mi·t̬ər] *n* compteur *m* (de taxi)

taxing [ˈtæks·ɪŋ] *adj* pénible

taxi stand *n* station *f* de taxis

taxman [ˈtæks·mæn] *n* percepteur *m*; **the ~** le fisc

taxonomy [tækˈtæks·ˈsa·nə·mi] *n* taxinomie *f*

taxpayer *n* contribuable *mf*

tax rebate *n* dégrèvement *m* fiscal

tax relief *n* dégrèvement *m* fiscal

tax return *n* déclaration *f* d'impôts; **to do one's ~** remplir sa feuille d'impôts

tax shelter *n* abri *m* fiscal

tax year *n* année *f* fiscale

TB [ˌti·ˈbi] *n abbr of* **tuberculosis** tuberculose *f*

T-bar [ˈti·bar], **T-bar lift** *n* remonte-pente *m*

tbs., tbsp. *n* **1.** *abbr of* **tablespoon 2.** *abbr of* **tablespoonful** cuillerée *f* à soupe

tea [ti] *n* **1.** (*plant*) thé *m* **2.** (*drink*) thé *m*; **mint ~** thé à la menthe **3.** (*cup of tea*) thé *m*

tea bag *n* sachet *m* de thé, poche *f* de thé *Québec*

tea caddy *n* boîte *f* à thé

teach [titʃ] <taught, taught> **I.** *vt* SCHOOL (*subject, students*) enseigner; **to ~ history to children** enseigner l'histoire aux enfants; **to ~ sb to fish** apprendre à pêcher à qn; **to ~ sb how to tie one's shoes** apprendre à qn à faire ses lacets; **to ~ school** enseigner; **to ~ oneself sth** apprendre qc tout seul; **to ~ sb that ...** apprendre à qn que ... ▶ **that'll ~ you a <u>lesson</u>** ça t'apprendra **II.** *vi* enseigner; **I'm ~ing in five minutes** je fais cours dans cinq minutes

teacher [ˈti·tʃər] *n* (*in elementary education*) instituteur, -trice *m, f*; (*in secondary education*) professeur *mf*; **the ~s** les enseignants *mpl*; **substitute ~** remplaçant(e) *m(f)*

teacher's pet *n* chouchou(te) *m(f)* (du professeur)

teacher training *n* formation *f* pédagogique

tea chest *n* caisse *f* (à thé)

teach-in *n* séminaire *m*

teaching *n* **1.** (*instruction, profession*) l'enseignement *m* **2.** *pl* (*doctrine, precept*) enseignements *mpl*

teaching assistant *n* étudiant(e) *m(f)* chargé(e) de cours

teaching hospital *n* CHU *m*

teaching job *n* poste *m* d'enseignant

teaching method *n* méthode *f* pédagogique

teaching staff *n* corps *m* enseignant

teacup *n* tasse *f* à thé

teak [tik] *n* teck *m*; **~ chair** chaise *f* en teck

teakettle *n* bouilloire *f*

tea leaf *n* feuille *f* de thé

team [tim] **I.** *n + sing/pl vb* **1.** (*group*) équipe *f* **2.** (*set of working animals*) attelage *m* **II.** *vt* (*combine*) associer; **to ~ sth with sth** assortir qc à qc

◆**team up with** *vt* faire équipe avec

team captain *n* chef *m* d'équipe

team effort *n* effort *m* d'équipe

teammate *n* coéquipier, -ère *m, f*

team play *n* jeu *m* d'équipe

team spirit *n* esprit *m* d'équipe

teamwork *n* travail *m* d'équipe

teapot *n* théière *f*

tear¹ [tɪr] *n* larme *f*; **to be in ~s** être en larmes; **to burst into ~s** éclater en sanglots; **to have ~s in one's eyes** avoir les larmes aux yeux; **to reduce sb to ~s** faire pleurer qn; **to not shed (any) ~s over sth** ne pas verser la moindre larme sur qc

tear² [ter] **I.** *n* déchirure *f*; **there's a ~ in your shirt** ta chemise est déchirée **II.** <tore, torn> *vt* **1.** (*rip, pull apart*) *a. fig* déchirer; **to ~ a hole in sth** faire un trou dans qc (en le déchirant); **to ~ sth into shreds** mettre qc en lambeaux; **to ~ a muscle** se déchirer un muscle; **to ~ sb/sth to shreds** *fig* mettre qn/qc en pièces **2.** *fig* **to be torn between X and Y** être déchiré entre X et Y **III.** <tore, torn> *vi* **1.** (*rip, come asunder*) se déchirer **2.** (*rush wildly*) foncer; **to ~ along** foncer; **to ~ down the stairs** dévaler l'escalier; **to ~ in** entrer à toute allure; **to ~ off** partir à toute allure

◆**tear apart** *vt* **1.** (*rip wildly: package, machine*) mettre en pièces **2.** (*divide: party, family*) déchirer **3.** (*criticize, attack: physically*) démolir; (*in writing*) descendre en flammes **4.** (*search thoroughly, ransack*) mettre sens dessus dessous en cherchant

◆**tear at** *vt* **1.** (*rip: wrapping*) déchirer **2.** (*attack: prey*) s'attaquer à; (*person*) griffer; **to ~ each other's throats** (*physically*) se

prendre à la gorge; (*in writing, speech*) s'agresser
◆**tear away** *vt* arracher; **to tear sb away from sb/sth** arracher qn à qn/qc; **to tear oneself away** s'arracher
◆**tear down** *vt* (*poster*) arracher; (*building*) détruire; **to ~ the barriers between communities** *fig* faire tomber les barrières qui séparent les communautés
◆**tear into** *vt inf* **1.** (*attack*) foncer dans **2.** (*criticize: employee*) s'en prendre à; (*film, book*) attaquer
◆**tear off** *vt* détacher; (*roughly*) arracher; **to ~ one's clothes** se déshabiller prestement
◆**tear open** *vt* déchirer
◆**tear out** *vt* **1.** (*rip*) arracher **2.** *fig* **to tear one's hair out over sth** s'arracher les cheveux pour qc
◆**tear up** *vt* **1.** (*rip into small pieces*) *a. fig* déchirer; (*agreement*) jeter à la poubelle **2.** (*damage, destroy*) détruire; **to ~ a flowerbed** arracher les fleurs d'une plate-bande
teardrop *n* larme *f*
tearful *adj* (*parent*) en larmes; **~ letters/reunions** lettres *fpl*/retrouvailles *fpl* pleines de larmes
tear gas *n* gaz *m* lacrymogène
tearjerker *n inf* mélo *m*
tear-off *adj* détachable
tease [tiz] **I.** *vt* **1.** (*make fun of*) taquiner **2.** (*provoke sexually*) allumer **3.** (*back-comb: hair*) crêper **II.** *vi* plaisanter **III.** *n* **1.** *inf* (*playful person*) taquin(e) *m(f)* **2.** *pej* (*flirt*) allumeur, -euse *m, f*
teaser *n* **1.** (*playful person*) taquin(e) *m(f)* **2.** *pej* (*flirt*) allumeur, -euse *m, f* **3.** (*introductory advertisement*) pilote *m* **4.** *inf* (*difficult question, task*) colle *f*
tea set *n* service *m* à thé
teaspoon *n* cuillère *f* à café, cuillère *f* à thé *Québec*
teaspoonful *n* cuillerée *f* à café
teat [tit] *n* (*nipple of animal*) mamelon *m*
technical ['tek·nɪ·kəl] *adj* technique
technical college *n* ≈ établissement *m* d'enseignement technique
technicality [ˌtek·nə·'kæl·ə·t̬i] <-ies> *n* **1.** (*technical aspect*) technicité *f* **2.** *pej* (*trivial matter*) détail *m* technique; **acquitted on a ~** LAW acquitté sur un vice de forme
technician [tek·'nɪʃ·ən] *n* technicien(ne) *m(f)*
technique [tek·'nik] *n* technique *f*
technocracy <-ies> *n* technocratie *f*
technocrat ['tek·nə·kræt] *n* technocrate *mf*
technological *adj* technologique
technology [tek·'na·lə·dʒi] *n* technologie *f*
teddy ['ted·i] <-ies> *n* body *m*
teddy bear *n* ours *m* en peluche
tedious ['ti·di·əs] *adj* ennuyeux(-euse)
tediousness, tedium *n* ennui *m*
tee [ti] *n* tee *m*
◆**tee off** **I.** *vi* **1.** SPORTS commencer le jeu **2.** *fig, inf* (*start*) démarrer **II.** *vt inf* énerver
teem [tim] *vi* **to be ~ing with** (*shoppers, insects, birds*) grouiller de
teeming *adj* grouillant(e)
teen [tin] *n* adolescent(e) *m(f)*; **to be in one's ~** être un adolescent
teenage, teenaged *adj* adolescent(e); (*style, interest*) (d')adolescent
teenager ['tin·eɪ·dʒər] *n* adolescent(e) *m(f)*
teensy ['tin·zi], **teeny** ['ti·ni] *adj inf* minuscule
teenybopper ['ti·ni·ˌba·pər] *n inf* minette *f*
teensy-weensy, **teeny-weeny** [ˌti·ni·'wi·ni] *adj inf* minuscule
tee shirt ['ti·ʃɜrt] *n* tee-shirt *m*
teeter ['ti·t̬ər] *vi* **1.** (*sway back and forth*) chanceler **2.** *fig* **to ~ between sth and sth** hésiter entre qc et qc; **to ~ on the brink of sth** être à deux doigts de qc
teeth [tiθ] *n pl of* **tooth**
teethe [tið] *vi* faire ses dents
teething *adj* dentition *f*
teething problems *n fig* ratés *mpl* de départ
teetotal [ˌti·'toʊ·t̬əl] *adj* **to be ~** ne jamais boire une goutte d'alcool
teetotaler *n personne qui ne boit jamais d'alcool*
tel. *n abbr of* **telephone** tél. *m*
telecast ['tel·ɪ·kæst] *n* émission *f* de télévision
telecommunications ['tel·ɪ·kə·ˌmju·nɪ·'keɪ·ʃənz] *npl* télécommunications *fpl*
telecommuting ['tel·ɪ·kə·ˌmju·t̬ɪŋ] *n* COMPUT télétravail *m*
teleconference ['tel·ɪ·ˌkan·fər·ən(t)s] *n* téléconférence *f*
telegenic [ˌtel·ə·'dʒe·nɪk] *adj* télégénique
telegram ['tel·ɪ·græm] *n* HIST télégramme *m*
telegraph ['tel·ɪ·græf] **I.** *n* télégraphe *m*; **by ~** par télégraphe **II.** *vt* **to ~ sth to sb** télégraphier qc à qn
telegraphic *adj* HIST télégraphique
telegraphy [tə·'leg·rə·fi] *n* télégraphie *f*
telepathic *adj* télépathique; **to be ~** être médium
telepathy [tə·'lep·ə·θi] *n* télépathie *f*
telephone ['tel·ə·foʊn] **I.** *n* téléphone *m*; **by ~** par téléphone; **on the ~** au téléphone; **to pick up the ~** prendre le téléphone; **~ bill** facture *f* de téléphone **II.** *vt* appeler **III.** *vi* téléphoner; **to ~ long-distance** faire un appel longue distance
telephone book *n* annuaire *m*
telephone booth *n* cabine *f* téléphonique
telephone call *n* appel *m* téléphonique; **to make a ~** passer un appel
telephone conversation *n* conversation *f* téléphonique
telephone directory *n s.* **telephone book**
telephone number *n* numéro *m* de téléphone
telephone operator *n* standardiste *mf*
telephony [tə·'lef·ən·i] *n* téléphonie *f*
telephoto lens ['tel·ə·foʊ·t̬oʊ 'lens] *n* téléobjectif *m*
teleprocessing ['tel·ɪ·proʊ·ˌses·ɪŋ] *n* COMPUT

télétraitement *m*

telesales ['tel·ɪ·seɪlz] *n* télévente *f*

telescope ['tel·ə·skoʊp] **I.** *n* télescope *m* **II.** *vt* **1.** (*make shorter*) télescoper **2.** *fig* condenser **III.** *vi* se télescoper

telescopic *adj* télescopique; ~ **observation** observation *f* au télescope

telescopic lens *n* téléobjectif *m*

telescopic sight *n* lunette *f*

teleshopping ['tel·ə·ʃa·pɪŋ] *n* COMPUT téléachat *m*

Teletype® ['tel·ə·taɪp] *n* télétype® *m*

televise ['tel·ə·vaɪz] *vt* téléviser; **to ~ live** retransmettre en direct

television ['tel·ə·vɪʒ·ᵊn] *n* télévision *f;* **on ~** à la télévision

television advertising *n* publicité *f* télévisée

television camera *n* caméra *f* de télévision

television journalist *n* journaliste *mf* de télévision

television network *n* réseau *m* de télévision

television program *n* programme *m* de télévision

television screen *n* écran *m* de télévision

television station *n* chaîne *f* de télévision

television studio *n* studio *m* de télévision

television transmitter *n* émetteur *m* de télévision

television viewer *n* téléspectateur, -trice *m, f*

teleworking ['tel·ɪ·ˌwɜr·kɪŋ] *n* télétravail *m*

telex ['tel·eks] **I.** *n* télex *m;* **by ~** par télex **II.** *vt* envoyer par télex **III.** *vi* envoyer un télex

telex machine *n* télex *m inv*

tell [tel] **I.** <told, told> *vt* **1.** (*giving information*) dire; **to ~ sb about** [*o* **of**] **sth** parler de qc à qn; **to ~ sb (that) ...** dire à qn que ...; **we were told that ...** on nous a dit que ...; **we were told by the police that ...** la police nous a dit que ...; **to ~ sb what happened/where sth is** dire à qn ce qui s'est passé/où se trouve qc; **nobody was told why he left** personne n'a su pourquoi il était parti; **to ~ sb about a change/a meeting** informer qn d'un changement/d'une réunion; **don't ~ anyone** ne le dis à personne; **I wasn't told** on ne m'a rien dit; **your house ~s people a lot about you** ta/votre maison en dit long sur toi/vous; **to ~ sb the time** donner l'heure à qn; **he can ~ the time** il sait lire l'heure; **to ~ sb's fortune** dire la bonne aventure à qn; **to ~ the future** prédire l'avenir **2.** (*narrate: story*) raconter; **to ~ sb (about) what happened** raconter à qn ce qui s'est passé **3.** (*command*) **to ~ sb to** +*infin* dire à qn de +*infin;* **do as you're told** *inf* fais ce qu'on te dit **4.** (*make out*) discerner; **I can ~ if it's good** je sais tout de suite si c'est bon; **to ~ the difference** faire la différence; **you can never ~** on ne peut jamais savoir **5.** (*count*) compter; **all told** en tout ▶ **I'll ~ you what** tu sais quoi; **there's no ~ling** Dieu seul sait; **that would be ~ing** *inf* ça c'est mon affaire; **I told you so** je te l'avais bien dit; **didn't I ~ you?** je ne te l'avais pas dit?; **what did I ~ you?** *inf* je te l'avais bien dit; **you're ~ing me!** *inf* à qui le dis-tu? **II.** <told, told> *vi* dire; **will she ~?** est-ce qu'elle va rapporter?

◆**tell apart** *vt* différencier

◆**tell off** *vt* (*child*) gronder; (*employee*) faire des reproches à; **to tell sb off about sth** faire une remarque à qn à propos de qc

◆**tell on** *vt* (*inform on sb*) dénoncer

teller ['tel·ər] *n* **1.** (*bank employee*) guichetier, -ère *m, f* **2.** (*story teller*) conteur, -euse *m, f*

telling **I.** *adj* **1.** (*revealing the truth*) révélateur(-trice) **2.** *form* (*significant*) efficace **II.** *n* récit *m*

telltale ['tel·teɪl] *adj* révélateur(-trice)

temerity [tə·'mer·ə·ţi] *n pej, form* témérité *f;* **to have the ~ to** +*infin* avoir l'audace de +*infin*

temp [temp] *inf* **I.** *n* intérimaire *mf;* **to do ~ work** faire de l'intérim **II.** *vi* travailler en intérim; **a week's ~ing** une semaine d'intérim

temp. **I.** *n abbr of* **temperature** température *f* **II.** *adj abbr of* **temporary** temporaire

temper ['tem·pər] **I.** *n* **1.** (*angry state*) colère *f;* **fit of ~** accès *m* de colère; **to lose one's ~** se mettre en colère **2.** (*characteristic mood*) humeur *f;* **to have a very bad ~** avoir très mauvais caractère **3.** (*hardness of steel*) trempe *f* **II.** *vt* **1.** *form* (*moderate*) tempérer; **to ~ with sth** tempérer par qc **2.** (*make malleable*) tremper

temperament ['tem·pᵊr·ə·mənt] *n* **1.** (*characteristic disposition*) tempérament *m* **2.** *pej* (*moodiness*) humeur *f*

temperamental *adj* **1.** *pej* (*easily irritated*) capricieux(-euse) **2.** (*characteristic*) inné(e)

temperance ['tem·pᵊr·ᵊn(t)s] *n form* tempérance *f*

temperate ['tem·pᵊr·ət] *adj* METEO tempéré(e); (*in character*) modéré(e)

temperature ['tem·pər·ə·tʃər] *n a. fig* température *f;* **to have a ~** avoir de la température; **to take sb's ~** prendre la température de qn; **a rise/fall in ~** une augmentation/baisse de température

template ['tem·plɪt] *n* COMPUT modèle *m*

temple¹ ['tem·pl] *n* (*monument*) temple *m*

temple² ['tem·pl] *n* BIO tempe *f*

tempo ['tem·poʊ] <-s *o* -pi> *n* tempo *m*

temporal ['tem·pᵊr·ᵊl] *adj form* temporel(le)

temporarily ['tem·pər·er·ᵊl·i] *adv* temporairement

temporary ['tem·pər·er·i] *adj* temporaire; (*job, worker*) intérimaire; (*solution, building*) provisoire

temporize ['tem·pə·raɪz] *vi pej, form* temporiser

tempt [tempt] *vt* tenter; **to ~ fate** tenter le sort; **to let oneself be ~ed** se laisser tenter; **to ~ sb into doing sth** inciter qn à faire qc

temptation [temp·'teɪ·ʃᵊn] *n* tentation *f;* **to resist the ~ to** +*infin* résister à la tentation de +*infin*

tempting *adj* tentant(e)

ten [ten] *adj* dix *inv; s.a.* **eight**

tenable [ˈten·ə·bl] *adj* défendable

tenacious [tə·ˈneɪ·ʃəs] *adj* tenace

tenacity [tə·ˈnæs·ə·t̬i] *n* ténacité *f*

tenancy [ˈten·ən(t)·si] *n* **1.** (*tenant's legal status*) location *f* **2.** <-ies> (*legal right of possession*) période *f* d'occupation

tenant [ˈten·ənt] *n* locataire *mf*

tenant farmer *n* métayer *m*

tend[1] [tend] *vi* (*be likely*) **to ~ to** *+infin* avoir tendance à *+infin;* **to ~ to**(**ward**) **sth** tendre vers qc; **it ~s to happen that** il arrive souvent que *+subj*

tend[2] [tend] **I.** *vt* (*care for*) s'occuper de **II.** *vi* **to ~ to sth** s'occuper de qc

tendency [ˈten·dən(t)·si] <-ies> *n* tendance *f*

tendentious *adj pej, form* tendancieux(-euse)

tender[1] [ˈten·dər] *adj* **1.** (*not tough*) *a. fig* (*kiss, heart, material*) tendre **2.** (*easily damaged by cold*) délicat(e) **3.** (*painful*) sensible

tender[2] [ˈten·dər] **I.** *n* **1.** (*bid*) offre *f* **2.** FIN **legal ~** monnaie *f* légale **II.** *vt form* offrir; (*resignation, apologies*) présenter **III.** *vi* faire une soumission

tender[3] [ˈten·dər] *n* **1.** (*train car*) tender *m* **2.** (*in fire engine*) ravitailleur *m*

tenderfoot <-s *o* -feet> *n* novice *mf*

tender-hearted *adj* au cœur tendre

tenderize [ˈten·də·raɪz] *vt* attendrir

tenderizer *n* attendrisseur *m*

tenderloin [ˈten·dər·lɔɪn] *n* filet *m*

tenderness *n* **1.** (*feeling*) tendresse *f* **2.** (*pain*) sensibilité *f*

tendon [ˈten·dən] *n* tendon *m*

tendril [ˈten·drəl] *n* vrille *f*

tenement [ˈten·ə·mənt] *n* taudis *m*

tenfold [ˈten·foʊld] **I.** *adj* décuple **II.** *adv* au décuple

Tennessee *n* le Tennessee

tennis [ˈten·ɪs] *n* tennis *m*

tennis court *n* court *m* de tennis

tennis elbow *n* synovite *f* du coude

tennis player *n* joueur, -euse *m, f* de tennis

tennis racket *n* raquette *f* de tennis

tennis shoe *n* tennis *f,* espadrille *f* de tennis *Québec*

tenor[1] [ˈten·ər] *n* ténor *m*

tenor[2] [ˈten·ər] *n form* (*gist*) teneur *f*

tense[1] [ten(t)s] **I.** *adj a. fig* tendu(e); (*muscles*) contracté(e) **II.** *vt* tendre **III.** *vi* se tendre

tense[2] [ten(t)s] *n* LING temps *m*

tension [ˈten(t)·ʃən] *n a. fig* tension *f*

tent [tent] *n* tente *f*

tentacle [ˈten·t̬ə·kl] *n a. fig, pej* tentacule *f*

tentative [ˈten·t̬ə·t̬ɪv] *adj* **1.** (*provisional*) provisoire **2.** (*hesitant*) timide

tentatively *adv* **1.** (*provisionally*) provisoirement **2.** (*hesitatingly*) timidement

tenterhooks [ˈten·t̬ər·hʊks] *npl* **to be on ~** être sur des charbons ardents; **to keep sb on ~** faire languir qn

tenth [ten(t)θ] *adj* dixième; *s.a.* **eighth**

tent peg *n* piquet *m* de tente

tent pole *n* mât *m* de tente

tenuous [ˈten·ju·əs] *adj* ténu(e)

tenure [ˈten·jər] *n form* **1.** (*official occupancy*) bail *m;* (*period*) période *f* d'occupation **2.** (*in post*) **to have ~** être titulaire; (*security of tenure*) sécurité *f* de l'emploi

tepee [ˈti·pi] *n* tipi *m*

tepid [ˈtep·ɪd] *adj a. fig* tiède

tepidity, tepidness *n* tiédeur *f*

terabyte [ˈter·ə·baɪt] *n* COMPUT téraoctet *m*

tercentenary [tər·ˈsen·tən·er·i] **I.** *n* tricentenaire *m* **II.** *adj* tricentenaire

term [tɜrm] **I.** *n* **1.** (*word*) terme *m* **2.** (*period*) terme *m;* UNIV, SCHOOL trimestre *m;* **~ of office** mandat *m;* **~ of imprisonment** durée *f* d'emprisonnement; **to carry a baby to ~** MED porter un bébé à terme; **in the long/short ~** à long/court terme **3.** *pl* (*conditions*) conditions *fpl;* **to be on good ~s** être en bons termes; **in ~s of sth** en termes de qc ▶ **to come to ~s with** (arriver à) accepter **II.** *vt* désigner

terminal [ˈtɜr·mɪ·nəl] **I.** *adj* **1.** (*at the end*) terminal(e); (*patient, illness*) incurable **2.** *fig, inf* (*boredom*) mortel(le) **II.** *n* **1.** (*end of route, station*) terminal *m;* (*of railway line*) terminus *m;* (*at airport*) aérogare *f* **2.** ELEC borne *f* **3.** COMPUT terminal *m*

terminate [ˈtɜr·mɪ·neɪt] *form* **I.** *vt* terminer; (*project, contract*) mettre un terme à; (*pregnancy*) interrompre **II.** *vi* se terminer

termination *n* **1.** (*ending*) fin *f* **2.** *form* (*of pregnancy*) interruption *f*

terminological *adj* terminologique

terminology [ˌtɜr·mɪ·ˈna·lə·dʒi] *n* terminologie *f*

terminus [ˈtɜr·mɪ·nəs] <-es *o* -i> *n* terminus *m*

termite [ˈtɜr·maɪt] *n* termite *m*

terrace [ˈter·əs] **I.** *n* (*level, patio, porch*) terrasse *f* **II.** *vt* disposer en terrasses

terraced *adj* (*in levels*) en terrasse(s)

terracotta [ˌter·ə·ˈka·t̬ə] *n* terre *f* cuite

terrain [te·ˈreɪn] *n* terrain *m*

terrapin [ˈter·ə·pɪn] <-(s)> *n* tortue *f* d'eau douce

terrestrial [tə·ˈres·tri·əl] **I.** *adj form* terrestre **II.** *n* terrien(ne) *m(f)*

terrible [ˈter·ə·bl] *adj* (*crime, struggle, experience*) horrible; (*weather, film*) affreux(-euse); **a ~ mistake** une terrible erreur; **she looked ~** (*ill*) elle avait une mine affreuse; (*badly dressed*) elle était très mal habillée

terribly *adv* **1.** (*badly: hurt, bleed*) terriblement **2.** *inf* (*extremely*) extrêmement; **it didn't go ~ well** ça ne s'est pas vraiment bien passé

terrier [ˈter·i·ər] *n* terrier *m*

terrific [tə·ˈrɪf·ɪk] *adj inf* **1.** (*excellent: party*) génial(e); **to feel ~** se sentir en pleine forme; **you look ~ in that dress** tu es superbe dans cette robe **2.** (*astounding*) incroyable

terrified *adj* terrifié(e)

terrify [ˈter·ə·faɪ] <-ie-> *vt* terrifier

terrifying *adj* terrifiant(e)
territorial I. *n* territorial *m* **II.** *adj* territorial(e)
territory ['ter·ə·tɔr·i] <-ies> *n* **1.** (*land*) *a. fig* territoire *m;* **forbidden ~** zone *f* interdite **2.** (*field of activity, knowledge*) *a. fig* domaine *m*
terror ['ter·ər] *n a. inf* terreur *f;* **to have a ~ of sth** avoir la terreur de qc; **to strike ~ into the hearts of** frapper de terreur; **to have no ~s for sb** ne pas terrifier qn
terrorism ['ter·ᵊr·ɪ·zᵊm] *n* terrorisme *m*
terrorist I. *n* terroriste *mf* **II.** *adj* terroriste
terrorize ['ter·ə·raɪz] *vt* terroriser
terror-stricken, terror-struck *adj* frappé(e) de terreur
terry ['ter·i], **terry cloth** *n* (tissu *m*) éponge *f;* **~ diaper** lange *m* en éponge
terse [tɜrs] *adj* sec(sèche)
tertiary ['tɜr·ʃi·er·i] **I.** *adj* tertiaire; **the Tertiary period** le tertiaire **II.** <-ies> *n* tertiaire *m*
tessellated ['tes·əl·eɪ·t̬ɪd] *adj* en mosaïque
test [test] **I.** *n* **1.** (*examination*) test *m;* SCHOOL examen *m;* **aptitude/IQ ~** test d'aptitude/de QI; **~ of skill** épreuve *f* d'adresse; **safety ~** test de sécurité; **I am taking my driving ~ tomorrow** je passe mon permis (de conduire) demain **2.** (*scientific examination*) examen *m;* **blood ~** analyse *f* de sang; **pregnancy ~** test *m* de grossesse; **urine ~** analyse *f* d'urine; **a ~ for Alzheimer's** un examen pour diagnostiquer la maladie d'Alzheimer; **to do/run a ~** faire une analyse **3.** (*challenge*) épreuve *f;* **to put sth to the ~** mettre qc à l'épreuve **II.** *vt* **1.** (*examine knowledge of*) tester **2.** (*examine for efficiency: machine*) essayer; (*system*) tester; **to ~ (out) a theory/an idea** mettre une théorie/une idée à l'essai **3.** (*examine*) analyser; **to ~ sb's blood** faire une analyse de sang à qn; **to ~ sb's hearing** examiner l'ouïe de qn; **to ~ sb/sth for sth** faire subir à qn/qc un examen de qc; **to ~ sb for AIDS** faire un test de dépistage du sida à qn **4.** (*measure*) mesurer; **to ~ the presence of sth** analyser la présence de qc **5.** (*try with senses: by touching*) toucher; (*by tasting*) goûter **6.** (*try to the limit*) **to ~ sb/sth** mettre qn/qc à l'épreuve ▸**to ~ the water(s)** prendre la température **III.** *vi* (*to ~ positive/negative*) avoir des analyses positives/négatives; **to ~ for** (*disease, antibodies*) faire des examens pour détecter; (*chemical*) faire des analyses à la recherche de
testament ['tes·tə·mənt] *n form, a. fig* testament *m;* **to be (a) ~ to sth** être le témoignage de qc; **the New/Old Testament** l'Ancien/le Nouveau Testament
testamentary *adj* testamentaire
testator *n form* testateur, -trice *m, f*
test bench *n* banc *m* d'essai
test case *n* LAW cas *m* qui fait jurisprudence
test drive *n* essai *m* sur route
test-drive *vt* essayer un véhicule
tester *n* **1.** (*person*) contrôleur, -euse *m, f* **2.** (*sample*) échantillon *m*
test flight *n* vol *m* d'essai
testicle ['tes·tɪ·kl] *n* testicule *m*
testify ['tes·tɪ·faɪ] <-ie-> **I.** *vi* témoigner; **to ~ to having done sth** déclarer avoir fait qc; **to ~ to sth** attester qc **II.** *vt* témoigner
testimonial *n form* recommandation *f*
testimony ['tes·tɪ·moʊ·ni] <-ies> *n a. fig* témoignage *m;* **to be ~ to [o of] sth** être le témoignage de qc
testing I. *n* essai *m;* **animal ~** expériences *fpl* sur les animaux **II.** *adj* difficile
testing ground *n fig* terrain *m* d'essai
test pilot *n* pilote *m* d'essai
test tube *n* éprouvette *f*
test-tube baby *n* bébé *m* éprouvette
testy ['tes·ti] <-ier, -iest> *adj* irritable
tetanus ['tet·ᵊn·əs] *n* tétanos *m*
tetchy ['tetʃ·i] <-ier, -iest> *adj* irritable
tether ['teð·ər] **I.** *n* longe *f* ▸**to be at the end of one's ~** être au bout du rouleau **II.** *vt* **1.** (*tie*) attacher **2.** *fig* **to be ~ed to sth** être cloué à qc
Teutonic [tu·'ta·nɪk] *adj* teuton(ne)
Texan I. *n* Texan(ne) *m(f)* **II.** *adj* texan(ne)
Texas ['tek·səs] *n* le Texas
text [tekst] *n* **1.** texte *m* **2.** (*textbook*) manuel *m*
textbook I. *n* manuel *m* **II.** *adj* **1.** (*demonstration*) exemplaire **2.** (*usual*) typique
textile ['tek·staɪl] *n pl* textile *m*
text processing *n* COMPUT traitement *m* de texte
textual ['teks·tʃu·əl] *adj* textuel(le); (*analysis*) de texte
texture ['teks·tʃər] *n* **1.** (*feel*) texture *f* **2.** (*impression given*) velouté *m*
Thai I. *adj* **1.** (*of Thailand*) thaïlandais(e) **2.** LING thaï(e) **II.** *n* **1.** (*person*) Thaïlandais(e) *m(f)* **2.** LING thaï *m; s.a.* **English**
Thailand ['taɪ·lənd] *n* la Thaïlande
Thames [temz] *n* **the ~ (River)** la Tamise
than [ðæn] *conj* que; **she is taller ~ he (is)** [*o inf* **him**] elle est plus grande que lui; **no sooner sb has done sth, ~...** à peine qn a-t-il fait qc que ...; *s.a.* **more, less, other**
thank [θæŋk] *vt* remercier; **to ~ sb for doing sth** remercier qn d'avoir fait qc; **I'll ~ you to** +*infin* je vous prierai de +*infin* ▸**~ goodness!** Dieu merci!; **to ~ one's lucky stars** remercier le bon Dieu
thankful *adj* **1.** (*pleased*) ravi(e) **2.** (*grateful*) reconnaissant(e); **I'm just ~ it's over** je suis surtout content que ce soit fini *subj*
thankless *adj* ingrat(e)
thanks I. *n pl* remerciements *mpl;* **to give ~ to sb** remercier qn; **thanks to sb** grâce à qn **II.** *interj* merci!; **~ a lot/bunch** *a. iron* je te remercie

> **i** **Thanksgiving** est fêté le deuxième lundi d'octobre au Canada et le quatrième jeudi de novembre aux États-Unis. C'est l'un des jours fériés les plus importants aux USA.

Le premier *Thanksgiving Day* fut célébré en 1621 par les *Pilgrims* dans la *Plymouth Colony.* Ils avaient traversé des temps très difficiles et voulaient remercier Dieu de s'en être sortis. Traditionnellement, la plupart des gens se retrouvent autour d'un repas de famille pour lequel on prépare une *stuffed turkey* (dinde farcie), un *cranberry sauce* (coulis d'airelles), des *yams* (patates douces) et du *corn* (maïs).

thank you *n* merci *m;* ~ **very much** merci beaucoup; ~ **letter** lettre *f* de remerciement

that [ðæt] **I.** *dem pron, pl: those* **1.** (*sth shown*) cela, ça, ce; **read** ~ lis/lisez ça; **what's ~?** qu'est-ce que c'est (que ça)?; **~'s why ...** c'est pourquoi ...; **~'s Paul over there** c'est Paul là-bas; **~'s what I want** c'est ce que je veux; **after ~, he retired** après ça, il est parti à la retraite; **~'s a shame** c'est dommage; **those are two good ideas** ce sont (là) deux bonnes idées; **those who want to go** ceux qui veulent partir **2.** (*countable*) celui-là, celle-là; **those** ceux-là, celles-là ▶ **well, ~'s ~** et voilà; **no, and ~'s ~** non, point final; **he said he was sorry and all ~** il a dit qu'il était désolé et tout ça; **~'s it** (*good idea*) voilà; (*I've had enough*) ça suffit comme ça **II.** *dem adj, pl: those* ce, cette *m, f,* cet + *vowel m;* ~ **dog/child/man** ce chien/cet enfant/cet homme; ~ **bottle/road/letter** cette bouteille/route/lettre; **those people** ces gens(-là) *mpl;* ~ **car of yours** ta/votre voiture *f;* ~ **car you saw** la voiture que tu as/vous avez vue; **(on) ~ Monday** ce lundi-là; **to agree on ~ point** être d'accord là-dessus **III.** *adv* **1.** (*showing an amount or degree*) **it's ~ big/high** c'est grand/haut comme ça; **why does it cost ~ much?** pourquoi est-ce que ça coûte autant? **2.** (*so*) tellement; **I was ~ pleased** j'ai été si heureux; **it's not ~ far/warm** ce n'est pas si loin/chaud que ça; *s.a.* **this IV.** *rel pron* **1.** *subject* qui; **the man ~ told me ...** l'homme qui m'a dit ...; **the day ~ he arrived** le jour où il est arrivé **2.** *object* que, qu' + *vowel;* **the package ~ I sent** le paquet que j'ai envoyé; **the box ~ he told me about** la boîte dont il m'a parlé; **the day ~ I met you** le jour où je t'ai rencontré; **the hole ~ I fell in** le trou dans lequel je suis tombé **V.** *conj* que, qu' + *vowel;* **I said ~ I'd come** j'ai dit que je viendrais; **supposing ~ he would come** supposons qu'il vienne; **oh ~ I could!** si seulement je pouvais!; **so ~ I can go** de façon à ce que je puisse partir *subj;* **in order ~ I can go** de façon à ce que je puisse partir (*subj*); **given ~ he's gone** étant donné qu'il est parti

thatch [θætʃ] **I.** *n* **1.** (*straw, roof*) chaume *m* **2.** *fig* (*of hair*) touffe *f* **II.** *vt* **to ~ sth** couvrir qc de chaume

thaw [θɔ] **I.** *n a. fig* amélioration *f* **II.** *vi* **1.** (*unfreeze: snow, ice*) fondre; (*food*) se décongeler **2.** (*become friendlier*) se dérider **III.** *vt* (*snow, ice*) faire fondre; (*food*) décongeler

◆ **thaw out I.** *vi* (*soil*) dégeler; (*cold person*) se réchauffer **II.** *vt* (*food*) décongeler; (*cold person*) se réchauffer

the [ðə, *stressed, before vowel* ði] *def art* le, la *m, f,* l' *m o f* + *vowel,* les *pl;* **of** [*o* **from**] ~ **garden** du jardin; **of** [*o* **from**] ~ **window** de la fenêtre; **of** [*o* **from**] ~ **rooms** des chambres; **at** [*o* **to**] ~ **office** au bureau; **at** [*o* **to**] ~ **window** à la fenêtre; **at** [*o* **to**] ~ **hotel** à l'hôtel; **at** [*o* **to**] ~ **doors** aux portes; **to play ~ flute** jouer de la flûte; **Charles ~ Seventh** Charles sept; **I'll do it in ~ winter** je le ferai cet hiver; **the Martins** les Martin *mpl;* **THE James Martin** le fameux James Martin; **~ more one tries, ~ less one succeeds** plus on essaie, moins on réussit; **~ sooner ~ better** le plus tôt sera le mieux; **all ~ better** tant mieux; **the hottest day** le jour le plus chaud

theater ['θi·ə·ţər] *n* **1.** (*building*) théâtre *m* **2.** (*place where movies are shown*) salle *f* de cinéma; **at the ~** au cinéma **3.** (*lecture theater*) amphithéâtre *m* **4.** (*dramatic art*) théâtre *m*

theatergoer *n* amateur, -trice *m, f* de théâtre

theatre *n s.* **theater**

theatrical [θi·'æt·rɪ·kəl] *adj* **1.** (*relating to the theater*) de théâtre **2.** (*over-acted*) théâtral(e)

thee [ði] *pers pron* te, t' + *vowel*

theft [θeft] *n* vol *m*

The Hague [ði·heɪg] *n* la Haye

their [ðer] *poss adj* leur(s); *s.a.* **my**

theirs [ðerz] *poss pron* (*belonging to them*) le leur, la leur; **they aren't our bags, they are ~** ce ne sont pas nos sacs, ce sont les leurs; **this house is ~** cette maison est la leur; **a book of ~** (l')un de leurs livres; **this table is ~** cette table est à eux/elles

them [ðem] *pers pron pl* **1.** (*they*) eux, elles; **older than ~** plus âgé qu'eux/elles; **if I were ~** si j'étais eux/elles **2.** *objective pron* les *direct,* leur *indirect,* eux, elles *after prep;* **look at ~** regarde/regardez-les; **I saw ~** je les ai vus; **he told ~ that ...** il leur a dit que ...; **he'll give sth to ~** il va leur donner qc; **it's for ~** c'est pour eux; **I ate all of ~** je les ai tous mangés; **all of ~ went** (*people*) ils y sont tous allés; (*objects on sale*) tout est parti; **I ate some of ~** j'en ai mangé quelques uns; **some of ~ went** il y en a qui y sont allés

thematic [θi·'mæţ·ɪk] *adj* thématique

theme [θim] *n a.* MUS thème *m*

theme music *n* générique *m*

themselves [ðəm·'selvz] *reflex pron* **1.** *after verbs* se, s' + *vowel;* **the girls hurt ~** les filles se sont blessées **2.** (*they or them*) eux-mêmes *mpl,* elles-mêmes *fpl; s.a.* **myself**

then [ðen] **I.** *adv* **1.** (*afterward*) puis, ensuite; **what ~?** et après?; **~ the door opened** et puis la porte s'est ouverte; **there and ~** ici et maintenant **2.** (*at that time*) alors; **I was younger ~** j'étais plus jeune en ce temps là; **why did you leave ~?** pourquoi est-ce que tu es parti à ce moment-là?; **I'll do it by ~** je l'aurai fait d'ici là; **before ~** auparavant; **until ~** jusqu'alors; **since ~** depuis (ce moment-là); **from ~ onward** dès lors; **(every) now and ~** de temps à autre **3.** (*logical link*) alors; **but ~ she's a painter** mais bon bien sûr, elle est peintre; **~ I'll leave** dans ce cas je m'en vais; **~ why did you leave?** alors pourquoi est-ce que tu es/vous êtes parti(s)?; **~ he must be there** alors il doit être là; **OK ~, let's go** c'est bon, on y va **II.** *adj* d'alors; **the ~ king** le roi de l'époque

thence [ðen(t)s] *adv form* **1.** (*from here*) de là **2.** (*for that reason*) par conséquent

thenceforth [ˌðen(t)s·ˈfɔrθ] *adv form,* **thenceforward** *adv form* dès lors

theocracy [θi·ˈa·krə·si] <-ies> *n* théocratie *f*

theologian *n* théologien(ne) *m(f)*

theological *adj* théologique

theology [θi·ˈa·lə·dʒi] <-ies> *n* théologie *f*

theorem [ˈθi·ər·əm] *n* MATH théorème *m;* **the Pythagorean ~** le théorème de Pythagore

theoretical [ˌθi·ə·ˈreṭ·ɪ·kəl] *adj* théorique

theoretically *adv* théoriquement; **~ he'll have finished** en principe, il aura terminé

theorist [ˈθi·ə·rɪst] *n* théoricien(ne) *m(f)*

theorize [ˈθi·ə·raɪz] *vi* élaborer une théorie

theory [ˈθi·ə·ri] <-ies> *n* théorie *f*

therapeutic [ˌθer·ə·ˈpju·ṭɪk] *adj* thérapeutique

therapeutics *n + sing vb* thérapeutique *f*

therapist *n* thérapeute *mf*

therapy [ˈθer·ə·pi] <-ies> *n* thérapie *f*

there [ðer] **I.** *adv* **1.** (*in, at, to place/position*) *a. fig* là; **in ~** là-dedans; **over ~** là-bas; **up ~** là-haut; **we went ~** nous sommes allés là-bas; **to get ~** *a. fig* y arriver; **to go ~ and back** faire l'aller retour; **~ you are!** te/vous voilà!; (*giving sth*) voilà; **I don't agree with you ~** je ne suis pas d'accord avec toi/vous sur ce point-là **2.** (*indicating existence*) **~ is/are ...** il y a ... ▶ **to be all ~** être malin; **to be not all ~** avoir un grain; **~ and then** directement; **~ again** d'un autre côté; **~ you go again** ça recommence; **I've been ~** je sais ce que c'est **II.** *interj* **1.** (*expressing sympathy*) **~ ~** allez, allez! **2.** (*expressing satisfaction, annoyance*) voilà!

thereabouts *adv* **1.** (*place*) par là **2.** (*time, amount*) à peu près

thereafter *adv* par la suite; **shortly ~** peu de temps après

thereby *adv form* de cette façon

therefore *adv* par conséquent

therein *adv form* (*inside*) à l'intérieur; (*in document*) ci-inclus

thereupon *adv form* sur ce

therm [θɜrm] *n* thermie *f*

thermal [ˈθɜrm·əl] **I.** *n* (*air current*) courant *m* ascendant **II.** *adj* thermique; (*bath, springs*) thermal(e); (*underwear*) en Thermolactyl®

thermodynamic [ˌθɜr·moʊ·daɪ·ˈnæm·ɪk] *adj* thermodynamique

thermoelectric [ˌθɜr·moʊ·ɪ·ˈlek·trɪk] *adj* thermoélectrique

thermometer [θər·ˈma·mə·ṭər] *n* thermomètre *m*

thermonuclear [ˌθɜr·moʊ·ˈnu·kli·ər] *adj* thermonucléaire

Thermos® bottle [ˈθər·məs-] *n* thermos *m o f*

thermostat [ˈθɜr·mə·stæt] *n* thermostat *m*

thermostatic *adj* thermostatique

thesaurus [θɪ·ˈsɔr·əs] <-es *o form* -ri> *n* dictionnaire *m* des synonymes

these [ðiz] *pl of* **this**

thesis [ˈθi·sɪs] <-ses> *n* thèse *f*

they [ðeɪ] *pers pron* **1.** (*3rd person pl*) ils *mpl,* elles *fpl;* **~'re** [*o* **~ are**] **my parents/sisters** ce sont mes parents/sœurs; **your shoes? ~ are here** tes chaussures? elles sont ici; **to be as rich as ~ are** être aussi riche qu'eux/elles **2.** *inf* (*he or she*) **somebody just rang: what do ~ want?** on a sonné: qu'est-ce qu'elle/il veut? **3.** (*people in general*) on; **~ say that ...** ils disent que ...

they'll [ðeɪl] = **they will** *s.* **will**

they're [ðer] = **they are** *s.* **be**

they've [ðeɪv] = **they have** *s.* **have**

thick [θɪk] **I.** *n inf* **to be in the ~ of sth** être en plein qc ▶ **through ~ and thin** contre vents et marées **II.** *adj* **1.** (*not thin*) épais(se); **sth 2 inches ~** qc d'une épaisseur de 2 pouces **2.** (*dense*) épais(se); **it was ~ with dust/fog** il y avait une poussière/un brouillard à couper au couteau; **it was ~ with people/insects** *fig* ça grouillait de monde/d'insectes **3.** (*extreme: accent*) fort(e) **4.** *pej, inf* (*mentally slow*) bête; **get it into your ~ head that ...** fais bien rentrer dans ta petite tête que ... **5.** *inf* (*close*) copain(copine); **to be as ~ as thieves** s'entendre comme larrons en foire

thicken [ˈθɪk·ən] **I.** *vt* épaissir **II.** *vi* **1.** (*become denser*) *a. fig* s'épaissir; **the plot ~s** *fig* les choses se compliquent **2.** (*become more numerous*) grossir **3.** (*become wider*) grossir

thickener, thickening *n* épaississant *m*

thicket [ˈθɪk·ɪt] *n* taillis *m*

thickhead *n inf* andouille *f*

thickness *n* épaisseur *f*

thickset *adj* trapu(e)

thick-skinned *adj* dur(e)

thief [θif, *pl:* θivz] <thieves> *n* voleur, -euse *m, f*

thigh [θaɪ] *n* cuisse *f*

thigh bone *n* fémur *m*

thimble [ˈθɪm·bl] *n* dé *m* à coudre

thin [θɪn] <-nn-> **I.** *adj* **1.** (*lean*) *a. fig* mince **2.** (*narrow: layer*) fin(e); (*slice, line*) mince **3.** (*sparse: population*) clairsemé(e); (*crowd*) épars(e); **to be ~ on top** se dégarnir **4.** (*not dense*) fin(e); (*mist*) léger(-ère) **5.** (*very fluid*) peu épais(se) **6.** (*feeble*) faible; (*smile*) léger(-ère) **7.** (*lacking oxygen: air*) pauvre en oxygène ▶ **out of ~ air** comme par magie; **to**

disappear into ~ air disparaître comme par magie; to be ~-skinned être susceptible; to wear ~ s'épuiser II. <-nn-> *vt* 1. (*make more liquid*) délayer 2. (*remove some*) éclaircir III. *vi* (*crowd*) se disperser; (*hair*) se raréfier

thine [ðaɪn] *form* I. *poss pron* le tien, la tienne II. *poss det* ton, ta

thing [θɪŋ] *n* 1. (*object*) chose *f*; *inf* machin *m*; **what kind of ~ do you want?** qu'est-ce que tu veux/vous voulez exactement?; **my swimming ~s** mes affaires *fpl* de bain; **the ~s on the table are dirty** les affaires sur la table sont sales; **sweet ~s** sucreries *fpl* 2. (*abstract use*) chose *f*; *inf* truc *m*; **to do a lot of ~s** faire beaucoup de choses; **to be a good ~** être une bonne chose; **it's a good ~ I had the car** heureusement que j'avais la voiture; **it was a dangerous ~ to do** c'était dangereux; **the ~ to remember is ...** ce qu'il faut se rappeler c'est; **to do sth first ~ in the morning** faire qc de bon matin; **to do sth last ~ at night** faire qc en fin de journée; **it's been one ~ after another** les choses se sont enchaînées les unes derrière les autres; **to be seeing ~s** avoir des hallucinations; **to forget the whole ~** tout oublier; **and another ~** et en plus; **the only ~ is (that)...** le seul problème est que ...; **~s are going well** tout va bien; **how are ~s going?** comment ça va?; **that's a ~ of the past** c'est du passé; **there isn't a ~ left** il n'y a plus rien; **all ~s considered** quoi qu'il en soit; **there's one ~ to do** il y a une chose à faire; **for one ~** tout d'abord; **to know a ~ or two** s'y connaître 3. (*the best*) **it was the real ~** c'était pour de vrai; **that's the real ~** *inf* c'est du vrai de vrai; **the very ~!** exactement ce qu'il faut!; **to be the (latest) ~** être le dernier cri 4. (*person, animal*) créature *f*; **the poor ~** le pauvre; **you lucky ~** petit chanceux; **a stupid ~** un idiot ▶**all ~s being equal** toutes choses égales par ailleurs; **it's just one of those ~s** il y a des jours comme ça; **to be onto a good ~** *inf* faire une affaire; **to do one's own ~** *inf* faire ses trucs; **to have a ~ about sth** *inf* avoir un problème avec qc; **to make a (big) ~ out of sth** *inf* faire tout un plat de qc

thingamabob ['θɪŋ·ə·mə·ˌbab], **thingamajig** ['θɪŋ·ə·mə·ˌdʒɪg] *n inf* machin *m*

think [θɪŋk] <thought, thought> I. *vi* 1. (*use one's mind*) penser; **to ~ aloud** [*o* **out loud**] penser tout haut; **to ~ to oneself** se dire; **to ~ for oneself** penser indépendamment; **just ~!** imagine! 2. (*consider a question*) réfléchir; **to ~ about sth/how to** +*infin* réfléchir à qc/à comment +*infin*; **~ about it** penses-y/pensez-y 3. (*believe, imagine*) croire; **I think so** oui, je crois bien; **I ~ not, I don't ~ so** je ne crois pas; **it can happen sooner than you ~** ça peut se produire plus tôt que tu ne penses/vous ne pensez ▶**(you can) ~ again!** tu te trompes lourdement!; **to ~ big** voir grand II. *vt* 1. (*use one's mind, have ideas*) penser; **I'll ~ what I can do** je penserai à ce que je peux faire; **I can't ~ how to do it** je ne vois pas comment faire; **I was ~ing green for the kitchen** je pensais à du vert pour la cuisine; **we're ~ing millions** nous pensons en termes de millions 2. (*believe*) croire; **I ~ he's Irish** je crois qu'il est irlandais; **I ~ she's coming** je pense qu'elle viendra; **I ~ she's a genius** je pense que c'est un génie; **I ~ she should come** je pense qu'elle devrait venir; **who would have thought (that) she'd win** qui aurait dit qu'elle gagnerait; **who does she ~ she is?** elle se prend pour qui? 3. (*consider*) juger; **I thought him a good player** je pensais que c'était un bon joueur; **to not ~ much of sb/sth** ne pas avoir une bonne opinion de qn/qc; **to ~ nothing of sth** ne pas être impressionné par qc 4. (*remember*) **to ~ to** +*infin* penser à +*infin*; **can you ~ where you saw it last?** pouvez-vous vous rappeler quand vous l'avez vu pour la dernière fois?

◆**think ahead** *vi* réfléchir à deux fois

◆**think back** *vi* se souvenir; **to ~ to sth** repenser à qc

◆**think of** *vt* 1. (*consider, find: solution, date, suitable candidate*) penser à; **~ a number!** pensez à un nombre; **we were thinking of moving** on pensait peut-être déménager; **I simply wouldn't ~ inviting them** ça ne me viendrait pas à l'idée de les inviter; **don't even ~ it!** ne va même pas l'imaginer!; **can you ~ his name?** tu te souviens de son nom?; **we've thought of a name for him** on a trouvé un nom pour lui 2. (*value, regard*) **to ~ highly of sb/sth** penser le plus grand bien de qn/qc 3. (*bear in mind: factor, reputation*) **~ of the cost!** pense/pensez à ce que ça va coûter!; **I was ~ing of my family** je pensais à ma famille

◆**think out** *vt* 1. (*consider: problem, situation*) réfléchir sérieusement à 2. (*plan*) préparer avec soin

◆**think over** *vt* réfléchir à; **I've been thinking things over** j'ai pensé et repensé

◆**think through** *vt* bien réfléchir à

◆**think up** *vt inf* inventer

thinkable *adj* imaginable

thinker *n* penseur, -euse *m, f*

thinking I. *n* 1. (*using thought, reasoning*) réflexion *f*; **to do some ~ about sth** réfléchir sérieusement à qc 2. (*opinions*) opinion *f* II. *adj* (*person*) qui réfléchit

think tank *n fig* groupe *m* d'experts

thinner *n* diluant *m*

thin-skinned *adj* 1. (*with thin skin*) à la peau fine 2. *fig* susceptible

third [θɜrd] I. *n* 1. (*3rd day of month*) trois *m* 2. (*after second*) troisième *mf* 3. (*fraction*) tiers *m* 4. (*gear*) troisième *f* 5. MUS tierce *f* II. *adj* troisième; *s.a.* **eighth**

third-class mail *n* prospectus *mpl*

thirdly *adv* troisièmement

third party *n* tiers *m*; LAW tierce partie *f*

third-rate *adj* de très mauvaise qualité

Third World *n* **the ~** le Tiers-Monde
thirst [θɜrst] *n* soif *f*; **a ~ for adventure** *fig* une soif d'aventure
thirsty <-ier, -iest> *adj* **to be ~** avoir soif; **to be ~ for sth** *fig* avoir soif de qc
thirteen [θɜr·ˈtin] *adj* treize *inv; s.a.* **eight**
thirteenth [θɜr·ˈtinθ] *adj* treizième; *s.a.* **eighth**
thirtieth [ˈθɜr·t̬i·əθ] *adj* trentième; *s.a.* **eighth**
thirty [ˈθɜr·t̬i] *adj* trente *inv; s.a.* **eight**
this [ðɪs] **I.** *dem pron* **1.** (*sth shown*) ceci, ce; **what is ~?** qu'est-ce (que c'est)?; **~ is Paul** voilà Paul; **~ is difficult** c'est difficile; **~ is another reason for changing** voilà une raison de plus pour changer; **~ is where I live** voilà où j'habite **2.** (*countable*) **~ (one)** celui-ci *m*, celle-ci *f*; **these (ones)** ceux-ci *mpl*, celles-ci *fpl* **II.** *dem adj* ce *m*, cette *f*, cet *m* + *vowel*; **~ time** cette fois(-ci); **I have ~ pain in my leg** *inf* j'ai une douleur dans la jambe **III.** *adv* **to be ~ high** être haut comme ça; **~ far** jusque là; **to be ~ bad** être si mauvais; **is it always ~ loud?** est-ce que c'est toujours aussi fort?; *s.a.* **that**
thistle [ˈθɪs·l] *n* chardon *m*
tho [ðoʊ] *conj inf abbr of* **though**
thong [θɔŋ] *n* **1.** *pl* (*sandal*) tongs *fpl* **2.** (*G-string*) string *m* **3.** (*strip*) lanière *f* de cuir **4.** (*part of a whip*) longe *f* de cuir
thorax [ˈθɔr·æks] <-es *o* -aces> *n* thorax *m*
thorn [θɔrn] *n* épine *f* ▶ **to be a ~ in sb's <u>side</u>** être une épine dans le pied de qn
thorny <-ier, -iest> *adj* épineux(-euse)
thorough [ˈθɜr·oʊ] *adj* **1.** (*complete*) complet(-ète) **2.** (*detailed*) détaillé(e) **3.** (*careful*) minutieux(-euse)
thoroughbred I. *n* animal *m* de race **II.** *adj* de race; **a ~ horse** un pur-sang
thoroughfare *n form* voie *f* publique
thoroughgoing *adj form* (*reform*) profond(e); (*attack*) systématique; (*idiot, supporter*) absolu(e)
thoroughly *adv* **1.** (*in detail*) en détail **2.** (*completely*) complètement; **~ miserable** très malheureux
thoroughness *n* minutie *f*
those [ðoʊz] *pl of* **that**
thou [ðaʊ] *pers pron* tu; **~ art** tu es; **~ and I** toi et moi
though [ðoʊ] **I.** *conj* bien que +*subj*; **even ~ I'm tired, tired ~ I am** même si je suis fatigué ▶ **<u>as</u> ~** comme si; **it looks as ~ it's raining** il semble qu'il pleuve; **it's dry ~ cloudy** il ne pleut pas même si le temps est couvert; *s.a.* **although II.** *adv* pourtant; **it's still delicious, ~** c'est quand même délicieux
thought [θɔt] **I.** *pp, pt of* **think II.** *n* **1.** (*thinking*) pensée *f*; **to give food for ~** donner matière à réflexion; **with no ~ for sb/sth** sans penser à qn/qc; **current economic ~** tendance *f* actuelle en économie **2.** (*idea*) idée *f*; **I've had a ~** une idée me traverse l'esprit; **it was a nice ~** c'était gentil; **at the ~ of it, ...** rien qu'à l'idée ...; **~s of my children** des pensées *fpl* au sujet de mes enfants; **I have no ~(s) of retiring** je n'ai aucune intention de partir à la retraite; **what are your ~s on this?** qu'en pensez-vous? ▶ **a <u>penny</u> for your ~s** *prov* à quoi penses-tu/pensez-vous?
thoughtful *adj* **1.** (*mentally occupied*) pensif(-ive) **2.** (*sensible: approach*) réfléchi(e); (*article*) bien pensé(e) **3.** (*considerate*) prévenant
thoughtless *adj* **1.** (*without thinking*) irréfléchi(e) **2.** (*inconsiderate*) indifférent(e)
thought-out *adj* **well/badly ~** bien/mal conçu(e)
thought-provoking *adj* qui donne matière à réflexion
thousand [ˈθaʊ·zᵊnd] **I.** *n* **1.** (*1000*) mille *m inv* **2.** (*quantity*) millier *m*; **~s of sth** des milliers *mpl* de qc **II.** *adj* mille *inv; s.a.* **eight**
thousandth *adj* millième; *s.a.* **eighth**
thrash [θræʃ] **I.** *vt* **1.** (*beat*) battre **2.** *inf* (*defeat*) **to ~ sb** battre qn à plate(s) couture(s) **II.** *vi* battre
thrashing *n a. fig* raclée *f*
thread [θred] **I.** *n* **1.** (*for sewing*) fil *m*; **I've lost the ~ of my argument** *fig* j'ai perdu le fil de ma pensée **2.** (*groove of screw*) filet *m* **II.** *vt* **1.** (*pass a thread: needle*) passer un fil dans **2.** (*string: beads*) enfiler **3.** (*insert: tape, film*) introduire
threadbare [ˈθred·ber] *adj a. fig* usé(e)
threat [θret] *n a. fig* menace *f*; **to pose a ~ to sth** menacer qc
threaten [ˈθret·ᵊn] **I.** *vt* **1.** (*take hostile action*) menacer **2.** (*be a danger*) constituer une menace pour **II.** *vi* menacer; **to ~ to** +*infin* menacer de +*infin*
threatening *adj* (*behavior*) menaçant(e); **a ~ letter** une lettre de menaces
three [θri] *adj* trois *inv; s.a.* **eight**
three-cornered *adj* **1.** (*with three corners*) triangulaire **2.** (*between 3 people*) à trois
three-D *adj inf* en 3D
three-dimensional *adj* en trois dimensions
threefold I. *adj* triple **II.** *adv* trois fois autant
three-piece I. *adj* **1.** (*three items*) en trois morceaux; **~ suit** (costume *m*) trois-pièces *m* **2.** (*three people*) à trois; **~ band** trio *m* **II.** *n* trois-pièces *m*
three-ply *adj* **1.** (*of three layers*) à trois épaisseurs **2.** (*of three strands*) à trois fils
three-quarter *adj* trois-quarts
threesome *n* **1.** (*three people*) groupe *m* de trois **2.** *inf* (*sexual act*) partie *f* à trois **3.** SPORTS partie *f* à trois
three-wheeler *n* AUTO voiture *f* à trois roues; (*cycle*) tricycle *m*
Three Wise Men *n* REL **the ~** les Rois *mpl* mages
thresh [θreʃ] *vt* battre
threshing machine [ˈθreʃ·ɪŋ mə·ˈʃin] *n* batteuse *f*
threshold [ˈθreʃ·(h)oʊld] *n* **1.** (*doorway*) pas *m* de la porte **2.** (*beginning: of life*) début *m*;

T

(*of a century*) aube *f* **3.** (*limit*) seuil *m;* **pain ~** seuil de tolérance à la douleur; **tax ~** plafond *m* imposable

threshold agreement *n* ECON accord *m* d'indexation des salaires

threw [θru] *pt of* **throw**

thrice [θraɪs] *adv* trois fois

thrift [θrɪft] *n* épargne *f*

thrifty ['θrɪf·ti] <-ier, -iest> *adj* économe

thrill [θrɪl] **I.** *n* **1.** (*feeling*) sensation *f;* (*of emotion*) tressaillement *m* **2.** (*exciting experience*) sensation *f* forte; **it'a real ~ to meet her** c'est vraiment bien de la rencontrer **II.** *vt* (*crowd*) électriser; **to be ~ed to do sth/with sth** être ravi de faire qc/de qc; **I'm ~ed with my present** je suis enchanté de mon cadeau **III.** *vi form* **to ~ to sth** vibrer à qc

thriller ['θrɪl·ər] *n* **1.** (*novel*) roman *m* à suspens **2.** (*film*) thriller *m*

thrilling *adj* (*experience*) palpitant(e); (*story*) passionnant(e); (*sight*) saisissant(e)

thrive [θraɪv] <thrived *o* throve, thrived *o* thriven> *vi* **1.** (*develop: business*) se développer; (*child, garden*) pousser **2.** *fig* **to ~ on sth** s'épanouir dans qc

thriving *adj* florissant(e); (*company*) qui prospère; (*children*) bien portant(e)

throat [θroʊt] *n* gorge *f;* **to clear one's ~** s'éclaircir la voix; **to grab sb by the ~** saisir qn à la gorge ►**to <u>be</u> at each other's ~s** s'étriper; **to <u>force</u> sth down sb's ~** imposer qc à qn

throaty <-ier, -iest> *adj* **1.** (*harsh sounding*) guttural(e) **2.** (*hoarse*) rauque **3.** (*from the throat*) de gorge

throb [θrab] **I.** *n* (*of a heart*) pulsation *f;* (*of a bass*) rythme *m;* (*of engine*) vibration *f;* (*of pain*) élancement *m* **II.** <-bb-> *vi* battre fort; (*pulse, heart*) battre à grands coups; **~bing pain** douleur *f* lancinante

throes [θroʊz] *npl* **1.** (*pain*) douleurs *fpl;* **death ~** les affres *fpl* de la mort; *fig* l'agonie *f* **2.** *fig* **to be in the ~ of war** être en pleine guerre

thrombosis [θram·'boʊ·sɪs] <-boses> *n* thrombose *f*

throne [θroʊn] *n* trône *m*

throng [θrɔŋ] **I.** *n* foule *f* **II.** *vt* emplir; **to be ~ed with people** être noir de monde **III.** *vi* affluer

throttle ['θra·t̬l] **I.** *n* **1.** (*speed pedal*) accélérateur *m* **2.** (*speed*) **at full/half ~** à plein gaz/au ralenti ►**at <u>full</u> ~** à fond **II.** <-ll-> *vt* **1.** (*in engine: engine*) réduire **2.** (*strangle*) étrangler **3.** (*stop or hinder*) étouffer

through [θru] **I.** *prep* **1.** (*across*) à travers; **to go ~ sth** traverser qc; **to look ~ the hole** regarder par le trou **2.** (*spatial*) à travers; **to walk/drive ~ a town** traverser une ville (à pied/en voiture); **she came ~ the door** elle est entrée par la porte; **to go ~ customs** passer la douane **3.** (*temporal*) **~ the week** pendant la semaine; **all ~ my life** toute ma vie **4.** (*up until*) jusqu'à; **open Monday ~ Friday** ouvert du lundi au vendredi **5.** (*divided by*) à travers; **~ the noise** par-dessus le bruit **6.** (*in two pieces*) **to cut ~ the rope** couper la corde **7.** (*by means of*) par; **~ the post** par la poste; **~ hard work** grâce à un dur travail; **I heard about it ~ a friend** j'en ai entendu parler par un ami **II.** *adv* **1.** (*to a destination*) à travers; **to swim/run ~** traverser à la nage/en courant; **to let sb/get ~** laisser passer qn/passer; **to get ~ to the finals** arriver en finale **2.** TEL **to get ~** contacter son correspondant; **I'm putting you ~** je vous passe votre correspondant **3.** (*from beginning to end*) d'un bout à l'autre; **halfway ~** en plein milieu **4.** (*completely*) **frozen/cooked ~** complètement gelé/cuit ►**~ <u>and</u> ~** complètement; **<u>wet</u> ~** trempé jusqu'aux os **III.** *adj inv* **1.** (*finished*) terminé(e); **we are ~** c'est fini entre nous; **I'm ~ with the scissors** je n'ai plus besoin des ciseaux **2.** (*direct*) direct(e) **3.** (*from one side to another*) de transit; **~ traffic** circulation *f* dans la ville

throughout [θru·'aʊt] **I.** *prep* **1.** (*spatial*) à travers; **~ the town** dans toute la ville **2.** (*temporal*) **~ his stay** pendant tout son séjour **II.** *adv* **1.** (*spatial*) partout **2.** (*temporal*) tout le temps

throughput ['θru·pʊt] *n* **1.** (*amount of material*) consommation *f* de matières premières **2.** COMPUT débit *m*

through ticket *n* billet *m* direct

through train *n* train *m* direct

throughway *n* autoroute *f*

throve [θroʊv] *pt of* **thrive**

throw [θroʊ] **I.** *n* **1.** (*act of throwing*) jet *m;* **a ~ of the dice** un jet de dés **2.** SPORTS lancer *m;* (*in wrestling, martial arts*) mise *f* à terre **3.** (*cover*) jeté *m* de lit/de canapé **4.** (*fall from a horse*) chute *f* (de cheval) **II.** <threw, thrown> *vi* lancer **III.** <threw, thrown> *vt* **1.** (*propel*) jeter; (*carefully*) lancer; (*violently*) projeter; (*kiss*) envoyer; (*punch*) donner; **~ your coats on the bed** jetez vos manteaux sur le lit; **I threw the book across the room** j'ai lancé le livre à travers la pièce; **I threw a plate at him** je lui ai jeté une assiette à la figure; **~ me a towel** passe-moi une serviette; **she was ~n overboard** elle a été jetée par dessus bord; **she was ~n into prison** elle a été jetée en prison; **to ~ oneself on sb/sth** se jeter sur qn/qc; **to ~ oneself on sb's mercy** *fig* s'abandonner à la merci de qn; **she threw herself at him** *fig* elle s'est pendue à lui; **the difficulties life ~s at us** les difficultés que la vie met sur notre chemin **2.** (*cause to fall: horse rider*) faire tomber; (*wrestler*) mettre à terre; **~n from his horse** jeté à terre par son cheval **3.** (*dedicate*) **to ~ oneself into sth** se lancer à corps perdu dans qc **4.** (*form on a wheel*) tourner; (*pottery*) façonner **5.** (*turn on: switch*) appuyer sur **6.** (*have*) **to ~ a tantrum** faire un caprice; **to ~ a fit** piquer une crise de nerfs **7.** (*give: party*) organiser **8.** (*confuse*) déconcerter **9.** (*cast*) **to ~ light on sth** *a. fig* éclairer qc; **to ~ a shadow across sth** faire passer une ombre sur qc; **to ~ suspicion on sb** *fig* faire peser des soupçons sur qn **10.** (*put in a particular state*) **to ~ everything into chaos/confusion** tout faire basculer dans le chaos/la confusion; **to ~ a window/door open** ouvrir une fenêtre/une porte d'un grand coup ▶ **to ~ the book at sb** accuser qn de tous les crimes; **to ~ caution to the wind** oublier toute prudence

◆**throw away** *vt* **1.** (*discard*) jeter **2.** (*discard temporarily*) se débarrasser de **3.** (*waste*) gaspiller **4.** (*speak casually*) laisser tomber

◆**throw back** *vt* **1.** (*return: ball*) renvoyer; (*fish*) remettre à l'eau; (*one's head, veil*) rejeter en arrière **2.** (*open: curtains*) retirer **3.** (*drink quickly*) boire cul sec **4.** (*reflect: light*) réfléchir **5.** (*delay: schedule*) retarder **6.** (*in retort: words*) relancer à la figure; **she threw his failure back at him** elle lui a renvoyé ses échecs à la figure

◆**throw down** *vt* **1.** (*throw from above*) jeter **2.** (*deposit*) déposer **3.** (*eat or drink quickly*) ingurgiter ▶ **to ~ the gauntlet** jeter le gant

◆**throw in** *vt* **1.** (*put into*) jeter dans **2.** (*include in price*) donner en plus **3.** (*add: quotation, remark*) ajouter **4.** SPORTS (*ball*) remettre en touche ▶ **to ~ the towel** jeter l'éponge

◆**throw off** *vt* **1.** (*remove*) enlever; (*coat*) ôter **2.** (*make loose*) déséquilibrer **3.** (*escape*) semer **4.** (*rid oneself of*) se débarrasser de; (*idea*) se défaire de; (*cold*) se sortir de; (*bad mood*) quitter **5.** (*write quickly*) écrire au pied levé **6.** (*radiate: energy*) évacuer ▶ **to ~ one's shackles** jeter ses chaînes

◆**throw on** *vt* **1.** (*place on*) ajouter **2.** (*put on: clothes*) enfiler

◆**throw out** *vt* **1.** (*fling outside*) mettre à la porte **2.** (*get rid of*) jeter **3.** (*reject: case, proposal*) rejeter

◆**throw together** *vt* **1.** *inf* (*make quickly: ideas, elements*) rassembler; (*meal*) préparer rapidement **2.** (*cause to meet*) **misfortune had thrown them together** le malheur les a fait se rencontrer

◆**throw up I.** *vt* **1.** (*project upward*) jeter en l'air; (*cloud of dust, smoke, lava*) projeter; **to ~ one's hands in despair** lever les bras en l'air de désespoir **2.** (*vomit*) vomir **3.** (*build quickly*) construire à la hâte **4.** (*reveal: question, discoveries*) dégager **II.** *vi inf* vomir

throwaway *adj* **1.** (*disposable*) jetable **2.** (*spoken as if unimportant*) dit(e) en passant

throwback *n pej* retour *m* en arrière; **he's a ~ to the Victorian age** c'est un survivant de l'époque victorienne

thrower *n* SPORTS lanceur, -euse *m, f*

throw-in *n* SPORTS mise *f* en jeu

thrown *pp of* **throw**

thru [θru] *inf s.* **through**

thrush[1] [θrʌʃ] *n* ZOOL grive *f*

thrush[2] [θrʌʃ] *n* MED (*in babies*) muguet *m*

thrust [θrʌst] **I.** <-, -> *vi* **1.** (*shove*) **to ~ through sth** se frayer un passage dans qc; **to ~ in/out** entrer/sortir en se frayant un passage **2.** (*throw*) **~ at sb/sth with sth** porter un coup à qn/qc avec qc **II.** <-, -> *vt* **1.** (*shove*) pousser; **to ~ sth into sth** enfoncer qc dans qc; **to ~ sth back** repousser qc; **to ~ one's way** se frayer un passage; **to ~ a letter under sb's nose** brandir une lettre sous le nez de qn; **to ~ sb/sth aside** pousser qn/qc sur le côté **2.** (*impel*) **to ~ sth on sb** imposer qc à qn **III.** *n* **1.** (*lunge*) *a. fig* coup *m* **2.** (*gist*) idée *f* principale; **the main ~ of sth** l'idée directrice de qc **3.** TECH poussée *f*

thrusting *adj* énergique

thruway ['θru·weɪ] *n inf s.* **throughway**

thud [θʌd] **I.** <-dd-> *vi* s'écraser lourdement; **my heart started ~ding** mon cœur s'est mis à battre à grands coups **II.** *n* bruit *m* sourd

thug [θʌg] *n* casseur *m*

thumb [θʌm] **I.** *n* pouce *m* ▶ **to be all ~s** être bien maladroit; **to have a green ~** avoir la main verte; **to give the ~s up/down to sth** accepter/rejeter qc; **to twiddle one's ~** se tourner les pouces; **to be under sb's ~** être sous la coupe de qn; **~s up!** *inf* bravo! **II.** *vt* **1.** (*press*) appuyer sur **2.** (*hitchhike*) **to ~ a lift/a ride** faire de l'auto-stop; **to ~ one's way across Europe** traverser l'Europe en stop **3.** (*turn over: book*) feuilleter; **to be ~ed** être écorné ▶ **to ~ one's nose at sb** *inf* faire un pied de nez à qn **III.** *vi* **1.** (*hitchhike*) faire du stop **2.** (*turn over*) **to ~ through sth** feuilleter qc

thumb index *n* index *m* à encoches

thumbnail ['θʌm·neɪl] *n* ongle *m* du pouce

thumbnail sketch *n* (*description*) portrait *m* rapide

thumbprint *n* **1.** (*impression*) empreinte *f* du pouce **2.** *fig* empreinte *f*

thumbscrew ['θʌm·skru] *n* TECH papillon *m*

thumbtack *n* punaise *f*

thump [θʌmp] **I.** *vt* cogner; (*door*) cogner à; (*table*) cogner sur **II.** *vi* cogner; (*heart*) battre très fort **III.** *n* **1.** (*blow*) coup *m* de poing; **to give sb a ~** donner un coup à qn **2.** (*deadened sound*) bruit *m* sourd

thumping *inf* **I.** *adj* terrible **II.** *adv* vachement

thunder ['θʌn·dər] **I.** *n* **1.** METEO tonnerre *m*; **clap of ~** coup *m* de tonnerre **2.** (*booming sound*) grondement *m* **3.** (*aggressive voice or sound*) rugissement *m* **4.** (*criticism*) foudres *fpl* **II.** *vi* **1.** (*make loud rumbling noise*) tonner **2.** (*declaim*) hurler; **to ~ against sth** fulminer contre qc **III.** *vt* hurler

thunderbolt *n fig* coup *m* de tonnerre

thunderclap *n* coup *m* de tonnerre

thundercloud *n pl* nuage *m* orageux

thunderhead *n* METEO sommet *m* de cumulonimbus

thundering *adj* **1.** (*extremely loud*) retentis-

T

sant(e) **2.** (*enormous*) sacré(e)

thunderous ['θʌn·dᵊr·əs] *adj* (*applause*) frénétique

thunderstorm *n* orage *m*

thunderstruck *adj* sidéré(e)

Thursday ['θɜrz·deɪ] *n* jeudi *m; s.a.* **Friday**

thus [ðʌs] *adv* ainsi; ~ **far** jusque-là

thwart [θwɔrt] *vt* (*attack, plotters*) déjouer; (*decision*) faire échouer; ~**ed ambition** ambition *f* déçue

thy [ðaɪ] *adj* LIT ton, ta

thyme [taɪm] *n* thym *m*

thyroid ['θaɪ·rɔɪd] *adj, n* thyroïde *f*

tiara [tɪ·'er·ə] *n* tiare *f*

Tibet [tɪ·'bet] *n* le Tibet

Tibetan I. *adj* tibétain(e) **II.** *n* **1.** (*person*) Tibétain(e) *m(f)* **2.** LING tibétain *m; s.a.* **English**

tibia ['tɪ·bɪ·ə] <-iae> *n* tibia *m*

tic [tɪk] *n* tic *m*

tick¹ [tɪk] *n* ZOOL tique *f*

tick² I. *n* **1.** (*quick clicking sound*) cliquetis *m* **2.** (*small amount*) chouïa *m* **II.** *vi* (*make a clicking sound: clock*) faire tic tac; **hours ~ed away** les heures *fpl* se sont écoulées ▶ **what makes sb ~** ce qui se passe dans la tête de qn **III.** *vt* cocher

◆**tick off** *vt inf* (*exasperate*) emmerder

ticker *n* **1.** *inf* (*watch*) montre *f* **2.** *inf* (*heart*) palpitant *m*

ticker-tape parade *n défilé avec lancer de confettis*

ticket ['tɪk·ɪt] *n* **1.** (*paper, card*) billet *m;* (*of subway, bus*) ticket *m* **2.** (*receipt*) ticket *m* **3.** (*price tag*) étiquette *f* **4.** AUTO contravention *f* **5.** POL programme *m* électoral; **to run on a Democratic ~** se présenter sur une liste démocrate

ticket collector *n* contrôleur, -euse *m, f*

ticket machine *n* distributeur *m* automatique de tickets

ticket number *n* numéro *m* de billet

ticket office *n* RAIL, THEAT guichet *m*

tickle ['tɪk·l] **I.** *vi* chatouiller; (*itchy clothes*) gratter **II.** *vt* **1.** (*touch lightly*) *a. fig* chatouiller **2.** (*amuse*) amuser; **to ~ sb's fancy** amuser qn **III.** *n* **1.** (*sensation of tingling*) chatouillement *m* **2.** (*light touch*) chatouille *f;* **to give sb a ~** chatouiller qn

ticklish *adj* **1.** (*sensitive to tickling*) chatouilleux(-euse) **2.** (*awkward*) délicat(e)

tidal ['taɪ·dᵊl] *adj* (*system*) des marées; (*river*) sujet(te) aux marées

tidal energy *n* énergie *f* marémotrice

tidal wave *n a. fig* raz *m* de marée

tidbit ['tɪd·bɪt] *n* **1.** (*delicacy*) morceau *m* de choix **2.** *pl* (*piece of news*) potin *m*

tiddlywinks *n pl* jeu *m* de puce

tide [taɪd] *n* **1.** (*fall and rise of sea*) marée *f;* **the ~ is out/in** la marée est basse/haute; **the ~ goes out/comes in** la mer se retire/monte **2.** (*main trend of opinion*) courant *m* (de pensée); **to go against the ~** aller à contre-courant; **to go with the ~** suivre le mouvement **3.** (*powerful trend*) mode *f*

tide over *vt always sep* **to tide sb/sth over** permettre à qn/qc de tenir

tidy ['taɪ·di] **I.** <-ier, -iest> *adj* **1.** (*in order: room, desk*) bien rangé(e); (*person*) net(te); **to keep everything neat and ~** garder tout bien propre et bien rangé **2.** *inf* (*considerable*) coquet(te) **II.** *vt* (*room*) ranger; **~ up this mess!** fais disparaître ce chantier! **III.** *vi* ranger; **to ~ up before guests arrive** mettre de l'ordre avant que les invités n'arrivent

tie [taɪ] **I.** *n* **1.** (*necktie*) cravate *f* **2.** (*cord*) lien *m* **3.** (*relation*) lien *m;* **family ~s** liens familiaux **4.** (*equal ranking: after game*) **there was a ~** il y a eu match nul; (*after race*) ils sont arrivés en même temps; **there was a ~ for third place** il y a eu deux troisièmes ex æquo **II.** <-y-, -d, -d> *vi* **1.** (*fasten*) faire un nœud **2.** (*come equal in ranking*) être à égalité; **to ~ with sb/sth** être à égalité avec qn/qc **III.** <-y-, -d, -d> *vt* **1.** (*fasten together*) lier; (*hair, horse*) attacher; (*knot*) faire; (*laces, tie*) nouer; **to ~ a ribbon in a bow** nouer un ruban **2.** (*restrict, limit, link*) **to ~ sb by/to sth** lier qn par/à qc; **salaries are ~d to performance** les salaires sont liés aux résultats; **to be ~d to a supplier** dépendre d'un fournisseur

◆**tie back** *vt* (*hair*) nouer en arrière

◆**tie down** *vt* **1.** (*tie*) attacher **2.** *fig* **to be tied down** être coincé; **to tie sb down to sth** *inf* coincer qn sur qc

◆**tie in with I.** *vt* **to tie sth in with sb/sth** faire concorder qc avec qn/qc **II.** *vi* concorder

◆**tie up** *vt* **1.** (*bind*) attacher; (*package*) faire **2.** (*delay*) **to be tied up by sth** être retenu par qc **3. to be tied up** (*be busy*) être occupé **4.** FIN, ECON (*money*) immobiliser; **to be tied up in sth** être placé dans qc **5.** (*conclude: piece of business, details*) boucler

tiebreaker *n* SPORTS tie-break *m*

tie clip *n* pince *f* à cravate

tier [tɪr] **I.** *n* (*row*) rang *m;* (*level*) échelon *m* **II.** *vt* échelonner; **~ed seating** gradins *mpl*

tie tack *n* épingle *f* de cravate

tiff [tɪf] *n inf* prise *f* de bec

tiger ['taɪ·gər] *n* ZOOL tigre *m*

tight [taɪt] **I.** *adj* **1.** (*firm: knot, trousers*) serré(e); (*grip*) ferme; (*shoes*) étroit(e) **2.** (*close: formation, groups*) serré(e) **3.** (*stretched tautly*) tendu(e); **a ~ blouse** un chemisier serré **4.** (*closely integrated: circle*) fermé(e) **5.** (*difficult: bend*) étroit(e); (*budget*) restreint(e); (*credit*) serré(e); **it was a ~ finish** c'était une victoire serrée au finish; **money is ~** le budget est juste **6.** *inf* (*drunk*) bourré(e) **7.** *inf* (*mean*) radin(e) ▶ **in a ~ corner** dans une situation difficile **II.** *adv* (*firmly*) fermement; **hold (on) ~** tiens-toi bien ▶ **sleep ~** dors bien

tighten I. *vt* **1.** (*make tighter*) serrer; (*rope*) tendre **2.** *fig* (*one's control*) renforcer; (*credit*) resserrer; (*security, regulations*) renforcer;

to ~ **one's grip on power** s'accrocher au pouvoir ▶**to ~ one's belt** se serrer la ceinture; **to ~ the screw** serrer la vis **II.** *vi* se resserrer; (*rope*) se tendre

◆**tighten up I.** *vt* (*regulations, security*) renforcer; (*performance, defense*) rendre plus vif(vive) **II.** *vi* **to ~ on** (*offenders*) être plus dur avec; (*discipline, efficiency*) être plus dur sur

tight-fisted *adj pej, inf* radin(e)

tight-fitting *adj* moulant(e)

tight-lipped *adj* **1.** (*squeezing the lips together*) aux lèvres pincées **2.** (*discreet*) **to be ~ about sth** ne rien laisser filtrer sur qc

tightness *n* (*of grip*) fermeté *f;* (*of clothes*) étroitesse *f;* (*of rules*) sévérité *f;* MED (*in chest*) serrement *m*

tightrope ['taɪt·roʊp] *n* câble *m;* **to walk a ~** faire un numéro d'équilibre

tightrope walker *n* funambule *mf*

tights [taɪts] *npl* **1.** (*opaque pantyhose*) collant *m* opaque **2.** (*for dancing*) justaucorps *m*

tightwad ['taɪt·wad] *n pej, inf* radin(e) *m(f)*

tigress ['taɪ·grɪs] *n* ZOOL *a. fig* tigresse *f*

tile [taɪl] **I.** *n* **1.** (*for walls, floors*) carreau *m;* **the ~s** le carrelage **2.** (*roof tile*) tuile *f* **II.** *vt* carreler

tiler *n* (*for floors, walls*) carreleur, -euse *m, f;* (*for roofs*) couvreur, -euse *m, f,* ardoisier *m* *Belgique*

till[1] [tɪl] **I.** *prep* jusqu'à **II.** *conj* jusqu'à ce que +*subj*

till[2] [tɪl] *n* tiroir-caisse *m*

till[3] [tɪl] *vt* travailler

tiller ['tɪl·ər] *n* NAUT barre *f*

tilt [tɪlt] **I.** *n* **1.** (*position*) inclinaison *f* **2.** (*movement of opinion*) inclination *f* ▶**at full ~** à toute vitesse **II.** *vt* incliner; **to ~ sth back** pencher qc vers l'arrière; **to ~ sth over** pencher qc ▶**to ~ the balance in favor of sb/sth** faire pencher la balance en faveur de qn/qc **III.** *vi* **1.** s'incliner; *fig* pencher; **to ~ toward sb/sth** s'incliner vers qn/qc; *fig* pencher pour qn/qc; **to ~ back** être penché en arrière; **to ~ over** être penché **2. to ~ at sth** s'en prendre à qc

timber ['tɪm·bər] *n* **1.** (*trees*) arbres *mpl* **2.** (*lumber*) bois *m* de construction **3.** (*large beam*) poutre *f*

timbered *adj* boisé(e)

timberline ['tɪm·bər·laɪn] *n* limite *f* des arbres

timber wolf *n* loup *m* gris

time [taɪm] **I.** *n* **1.** (*chronological dimension*) temps *m;* **in the course of ~** avec le temps; **for a short/long period of ~** pour une courte/longue période; **to kill ~** tuer le temps **2.** (*period of time*) temps *m;* **travel ~** durée *f* du voyage; **cooking ~** temps de cuisson; **most of the ~** la plupart du temps; **all the ~** tout le temps; **a long ~ ago** il y a longtemps; **it takes a long/short ~** ça prend beaucoup/peu de temps; **some ~ ago** il y a quelque temps; **for the ~ being** pour le moment; **in no ~ (at all)** en moins de rien **3.** (*point in time: in schedule, day*) moment *m;* (*on clock*) heure *f;* **what ~ is it?** quelle heure est-il?; **arrival/departure ~** heure *f* d'arrivée/de départ; **the best ~ of day** le meilleur moment de la journée; **this ~ tomorrow/next month** demain/le mois prochain à la même heure; **at all ~s** toujours; **at the ~ I didn't understand** sur le moment je n'ai pas compris; **the right/wrong ~** (*for doing sth*) le bon/mauvais moment (pour faire qc); **at sb's ~ of life** du vivant de qn; **at any ~** à n'importe quelle heure; **at the present** [*o* **at this**] **~** à cette heure; **at the same ~** *a. fig* en même temps; **from ~ to ~** de temps en temps; **it's (about) ~** il est l'heure; **it's about ~, too!** il est grand temps!; **ahead of ~** en avance; **by the ~ she finds them** d'ici à ce qu'elle les trouve; **by the ~ she'd found them** le temps qu'elle les trouve **4.** (*experience*) **my ~ in Alaska/with the Bedouins** la période de ma vie en Alaska/avec les bédouins; **my ~ as a teacher** la période où j'ai été enseignant; **to have a good ~** passer un bon moment; **we had a terrible ~ on vacation** on a passé des vacances horribles; **I had a hard ~ finding them** j'ai eu du mal à les trouver; **to give sb a hard ~** *inf* en faire voir à qn (de toutes les couleurs) **5.** (*opportunity, leisure*) temps *m;* **to have the ~** avoir le temps; **to have ~ for sth/to** +*infin* avoir du temps pour qc/le temps de +*infin;* **he took the ~ to talk to me** il a pris le temps de me parler; **to take ~ out from sth to do sth** prendre du temps sur qc pour qc; **to take one's ~** prendre son temps **6.** (*incident*) fois *f;* **each ~** chaque fois; **three-~ champion** trois fois champion *m;* **for the hundredth ~** pour la centième fois; **to hit the target the first ~** atteindre la cible du premier coup; **~ after ~** à de nombreuses reprises **7.** (*epoch*) temps *m;* **at that ~, I lived in Miami** en ce temps-là, je vivais à Miami; **at the ~ of sth** à l'époque de qc; **in my ~** de mon temps; **from** [*o* **since**] **~ immemorial** depuis des temps immémoriaux; **in medieval ~s** au Moyen Âge; **in modern ~s** dans les temps modernes; **to change with the ~s** changer avec le temps; **in ~s past** à des temps révolus; **the old ~s** le bon vieux temps; **to be ahead of one's ~** être en avance sur son temps **8.** *pl* MATH (*when measuring*) **three ~s six** trois fois six; **the three ~s table** la table de multiplication de trois; **three ~s faster** trois fois plus vite **9.** SPORTS temps *m* **10.** MUS mesure *f* **11.** ECON **double ~** double salaire *m* ▶**to do/serve ~** *inf* faire de la taule; **to have ~ on one's hands** avoir du temps à perdre **II.** *vt* **1.** (*measure time of: runner*) chronométrer; (*trip*) mesurer la durée de **2.** (*choose best moment for: wedding, meeting, comment*) choisir le meilleur moment pour; **to be ~d to embarrass the president** arriver au meilleur moment pour embarrasser le président; **a well-~d remark** une remarque qui tombe à point nommé

T

time bomb *n a. fig* bombe *f* à retardement
time capsule *n* capsule *f* témoin
time clock *n* pointeuse *f*
time-consuming *adj* long(ue)
time difference *n* décalage *m* horaire
timekeeper *n* **1.** (*device*) chronomètre *m* **2.** (*person*) **to be a good/bad ~** être/ne pas être ponctuel
time-lapse *adj* **~ photography** chronophotographie *f*
time limit *n* (*for applications*) date *f* limite; (*for test, visit*) heure *f* limite
time lock *n* serrure *f* actionnée par une minuterie
timely *adj* <-ier, -iest> (*arrival*) à temps; (*remark*) opportun(e)
time machine *n* machine *f* à remonter le temps
time-out *n* **1.** (*during game*) temps *m* mort **2.** (*break*) pause *f*
timepiece *n* montre *f;* (*clock*) horloge *f*
timer ['taɪm·ər] *n* minuterie *f*
timesaving *adj* (*device*) qui fait gagner du temps
time scale *n* (*of events*) calendrier *m;* (*of a novel*) période *f*
time share *n* multipropriété *f*
time-sharing *n* multipropriété *f*
time sheet *n* feuille *f* de présence
time span *n* durée *f*
timetable I. *n* (*schedule*) emploi *m* du temps; (*of transportation*) horaire *m;* (*for negotiations*) calendrier *m* **II.** *vt* fixer l'heure de
timeworn *adj* (*excuse*) éculé(e)
time zone *n* fuseau *m* horaire
timid ['tɪm·ɪd] *adj* **1.** (*easily frightened*) farouche **2.** (*shy*) timide
timidity [tɪ·'mɪd·ə·t̬i] *n* timidité *f*
timing ['taɪm·ɪŋ] *n* **1.** (*time control*) timing *m;* **the ~ of the strike/visit** le moment choisi pour la grève/la visite; **he showed bad ~** il a mal choisi son moment **2.** (*rhythm*) sens *m* du rythme
timpani ['tɪm·pə·ni] *npl* MUS timbales *fpl*
tin [tɪn] **I.** *n* **1.** (*metal*) étain *m* **2.** (*tinplate*) fer-blanc *m* **3.** (*container*) boîte *f* **4.** (*pan for baking*) moule *m;* **cake ~** moule à gâteau **II.** *vt* mettre en conserve
tin can *n* boîte *f* de conserve
tincture ['tɪŋk·tʃər] *n* **1.** MED teinture *f* **2.** (*slight trace*) teinte *f*
tinder ['tɪn·dər] *n* petit bois *m*
tinfoil *n* papier *m* d'aluminium
ting [tɪŋ] *n* tintement *m*
tinge [tɪndʒ] **I.** *n a. fig* teinte *f* **II.** *vt a. fig* teinter; **to be ~d with sth** être teinté de qc
tingle ['tɪŋ·gl] **I.** *vi* picoter; (*with excitement*) avoir des frissons; **to ~ with cold** avoir des picotements de froid **II.** *n* picotement *m;* (*with excitement*) frisson *m*
tinker ['tɪŋ·kər] **I.** *n* (*repairer*) rétameur *m* **II.** *vi* **to ~ with sth** bricoler qc; **don't ~ with my computer** ne touche pas à mon ordinateur

tinkle ['tɪŋ·kl] **I.** *vi* **1.** (*make a high sound*) tinter **2.** *inf* (*urinate*) faire pipi **II.** *vt* faire tinter **III.** *n* tintement *m;* **to have a ~** *inf* faire pipi
tinnitus *n* acouphène *m*
tinny ['tɪn·i] *adj* <-ier, -iest> métallique
tinsel ['tɪn(t)·səl] *n* **1.** (*decoration*) guirlandes *fpl* **2.** (*something showy*) clinquant *m*
tint [tɪnt] **I.** *n* **1.** (*hue*) teinte *f* **2.** (*dye*) colorant *m;* **~s** (*in hair*) couleur *f* **II.** *vt* teinter; **~ed glass** verre *m* fumé
tiny ['taɪ·ni] *adj* <-ier, -iest> tout(e) petit(e); **a ~ bit hard** un petit peu dur
tip¹ [tɪp] **I.** *n* (*end part: of sth pointed*) pointe *f;* (*of sth rounded*) bout *m* ▶ **on the ~ of one's tongue** sur le bout de la langue; **the ~ of the iceberg** la partie visible de l'iceberg **II.** <-pp-> *vt* **to be ~ped with sth** avoir un embout de qc
tip² [tɪp] **I.** <-pp-> *vt* **1.** (*cause to tilt*) incliner; **to ~ the scales** *fig* faire pencher la balance **2.** (*touch*) effleurer; **to ~ the ball into the hole** faire glisser la balle dans le trou **II.** <-pp-> *vi* s'incliner; **to ~ to one side** s'incliner sur le côté
◆**tip over I.** *vt* renverser **II.** *vi* se renverser
◆**tip up I.** *vt* incliner **II.** *vi* s'incliner
tip³ I. *n* **1.** (*money*) pourboire *m* **2.** (*hint*) tuyau *m* **II.** <-pp-> *vt* (*give money*) donner un pourboire à
◆**tip off** *vt inf* donner des tuyaux à; (*police*) donner des informations à
tip-off *n inf* tuyau *m*
tipple ['tɪp·l] **I.** *vi* (*drink alcohol*) picoler **II.** *n inf* coup *m* (à boire)
tipster ['tɪp·stər] *n* SPORTS pronostiqueur, -euse *m, f*
tipsy ['tɪp·si] *adj* <-ier, -iest> pompette *inf*
tiptoe ['tɪp·toʊ] **I.** *n* **on ~(s)** sur la pointe des pieds **II.** *vi* marcher sur la pointe des pieds
tip-top *adj inf* excellent(e)
tirade ['taɪ·reɪd] *n* tirade *f*
tire¹ [taɪər] *n* AUTO pneu *m;* **front/winter ~** pneu avant/d'hiver; **spare ~** roue *f* de secours
tire² [taɪər] **I.** *vt* fatiguer; **to ~ sb out** mettre qn à plat **II.** *vi* se fatiguer; **to ~ of sth** se lasser de qc
tired *adj* **1.** (*weary*) fatigué(e); **to be ~ of sth** en avoir assez de qc; **to get ~ of sth** se lasser de qc; **to be sick and ~ of sth** en avoir par-dessus la tête de qc **2.** (*unoriginal: excuse*) rebattu(e)
tiredness *n* fatigue *f*
tired out *adj* épuisé(e)
tire gauge *n* AUTO manomètre *m*
tireless *adj* infatigable
tire pressure *n* AUTO pression *f* des pneus
tiresome ['taɪər·səm] *adj pej* pénible
tiring ['taɪr·ɪŋ] *adj* fatigant(e)
'tis [tɪz] = **it is** *s.* **be**
tissue ['tɪʃ·u] *n* **1.** (*soft paper*) papier *m* de soie **2.** (*for wiping noses*) mouchoir *m* en papier **3.** (*cells*) tissu *m* **4.** (*complex layer*) tissu *m* ▶ **a ~ of lies** un tissu de mensonges

tit[1] [tɪt] *n* mésange *f*
tit[2] [tɪt] *n vulg* nichon *m*
tit[3] *n* ~ **for tat** un prêté pour un rendu
titanic [taɪ·ˈtæn·ɪk] *adj* titanesque
titanium [taɪ·ˈteɪ·ni·əm] *n* titane *m*
titillate [ˈtɪt·əl·eɪt] *vt* titiller
titillating *adj* excitant(e)
title [ˈtaɪ·t̬l] **I.** *n* **1.** (*name, position, right*) titre *m;* **job** ~ intitulé *m* du poste; ~ **fight** combat *m* comptant pour le titre **2.** *pl* (*credits of a film*) générique *m* **II.** *vt* intituler
title deed *n* LAW acte *m* de propriété
titleholder *n* tenant(e) *m(f)* du titre
title page *n* page *f* de titre
title role *n* rôle-titre *m*
title track *n morceau éponyme d'un album*
titter [ˈtɪt̬·ər] **I.** *vi* glousser **II.** *n* gloussement *m*
tittle-tattle [ˈtɪt̬·l·ˌtæt̬·l] *n inf* potins *mpl*
tizzy [ˈtɪz·i] *n inf* **in a** ~ dans tous ses états
TN *n abbr of* **Tennessee**
TNT [ˌti·en·ˈti] *n abbr of* **trinitrotoluene** TNT *m*
to [tu] **I.** *prep* **1.** à **2.** (*direction, location*) ~ **France/Alaska** en France/Alaska; ~ **Japan/Peru** au Japon/Pérou; ~ **Boston/Oslo** à Boston/Oslo; ~ **town** en ville; ~ **the dentist/my parents'** chez le dentiste/mes parents; **the flight** ~ **New York** le vol à destination de New York; ~ **the left/right** à gauche/droite; ~ **the north/south** au nord/sud; **I go** ~ **school/church** je vais à l'école/l'église; **close** ~ **sth** près de qc; **he had his back** ~ **me** il me tournait le dos; **to fasten sth** ~ **the wall** fixer qc au mur; **come** ~ **dinner** venez dîner **3.** (*before*) **a quarter** ~ **five** cinq heures moins le quart; **still four days** ~ **Christmas** encore quatre jours avant Noël **4.** (*until*) **I count** ~ **10** je compte jusqu'à 10; ~ **date** jusqu'à ce jour **5.** (*between*) **from 10** ~ **25** de 10 à 25 **6.** (*with indirect objects*) **I'm talking** ~ **sb** je parle à qn; **it belongs** ~ **me** cela m'appartient; **listen** ~ **your mother** écoute ta mère **7.** (*toward*) **he is kind/mean** ~ **sb** il est gentil/méchant avec qn **8.** (*expressing a relation*) **it's important** ~ **me** c'est important pour moi; ~ **them it's vital/silly** pour eux c'est crucial/idiot; **it's a lot of money** ~ **us** ça représente beaucoup d'argent pour nous; **what's it** ~ **them?** *inf* qu'est-ce que ça peut leur faire?; **how many euros** ~ **the dollar?** combien d'euros pour un dollar?; **3 goals** ~ **1** 3 buts à 1; **the odds are 3** ~ **1** la cote est à 3 contre 1 **9.** (*expressing a reaction*) **much** ~ **my surprise** à ma grande surprise; ~ **my disgust, he accepted** à mon grand dégoût, il a accepté; **to sway** ~ **the rhythm** onduler au rythme de la musique; **sb/sth changes** ~ **sth** qn/qc se change en qc **10.** (*by*) **known** ~ **sb** connu de qn **11.** (*expressing a connection*) **the top** ~ **this jar** le couvercle de ce bocal; **secretary** ~ **the boss** secrétaire *mf* du patron; **I had the house** ~ **myself** j'ai eu la maison à moi tout seul ▶ **that's <u>all</u> there is** ~ **it** ce n'est pas plus compliqué que ça; **there's <u>nothing</u>** ~ **it** ce n'est pas difficile; *s.a.* **at, from II.** *infinitive particle* **1.** *not translated* (*infinitive*) ~ **do/walk/put** faire/marcher/mettre **2.** (*in commands, wishes*) **I told/asked him** ~ **eat** je lui ai dit/demandé de manger; **he wants** ~ **listen/go there** il veut écouter/y aller; **he wants me** ~ **tell him a story** il veut que je lui raconte une histoire **3.** (*after interrog. words*) **I know what** ~ **do/where** ~ **go/how** ~ **say it** je sais quoi faire/où aller/comment le dire **4.** (*expressing purpose*) ~ **do sth** pour faire qc; **I write books** ~ **make money** j'écris des livres pour gagner de l'argent; **he comes** ~ **see me** il vient me voir **5.** (*in consecutive acts*) **I came only** ~ **see the door lying open** en arrivant j'ai vu la porte ouverte **6.** (*introducing a complement*) **too tired/rich enough** ~ *+infin* trop fatigué/assez riche pour *+infin;* **the last** ~ **leave** le dernier à partir **7.** (*in impersonal statements*) **it is easy** ~ *+infin* il est facile de *+infin;* **sth is easy** ~ **do** qc est facile à faire **8.** (*in ellipsis*) **he doesn't want** ~ **drink, but I want** ~ il ne veut pas boire, mais moi oui; **I shouldn't, but I want** ~ je ne devrais pas, mais je voudrais bien; **it's hard to explain, but I'll try** ~ c'est difficile à expliquer mais je vais essayer **III.** *adv* **I push the door** ~ je ferme la porte ▶ ~ **and <u>fro</u>** ça et là; **to go** ~ **and fro** aller et venir
toad [toʊd] *n* **1.** ZOOL crapaud *m* **2.** *fig* crapule *f*
toadstool *n* champignon *m* vénéneux
toady *pej* **I.** <-ies> *n* lèche-botte *mf* **II.** *vi* **to** ~ **to sb** faire du lèche-botte à qn
to and fro I. *adj* (*movement*) de va-et-vient **II.** *adv* **to walk** ~ faire les cent pas
toast [toʊst] **I.** *n* **1.** (*bread*) pain *m* grillé; **a piece of** ~ un toast **2.** (*act of drinking*) toast *m;* **to drink a** ~ **to sb/sth** porter un toast à qn/qc ▶ **to <u>be</u>** ~ *sl* être foutu **II.** *vt* **1.** (*cook over heat*) faire griller **2.** (*warm up: feet*) se chauffer **3.** (*drink to health*) porter un toast à
toaster *n* grille-pain *m*
toastmaster *n* maître *m* de cérémonie
tobacco [tə·ˈbæk·oʊ] *n* tabac *m*
tobacconist [tə·ˈbæk·ən·ɪst] *n* bureau *m* de tabac, tabagie *f Québec*
to-be [tə·ˈbi] *adj* futur(e); **bride-**~ future mariée *f;* **mother-**~ future maman *f*
toboggan [tə·ˈba·gən] **I.** *n* luge *f* **II.** *vi* faire de la luge
today [tə·ˈdeɪ] *adv* **1.** (*present day*) aujourd'hui; **early** ~ ce matin de bonne heure; **a week from** ~ aujourd'hui en huit **2.** (*nowadays*) de nos jours
toddle [ˈtad·l] *vi* marcher à petits pas
toddler *n* enfant *m* en âge de marcher
toddy [ˈta·di] <-ies> *n* grog *m*
to-do [tə·ˈdu] *n sing, inf* (*fuss*) histoire *f*
to-do list *n* liste *f* de ce qui est à faire
toe [toʊ] **I.** *n* **1.** (*part of foot*) orteil *m;* **on one's** ~**s** sur la pointe des pieds **2.** (*part of shoe, sock*) bout *m* ▶ **to <u>keep</u> sb on his/her** ~**s** maintenir qn en alerte **II.** *vt* **to** ~ **the**

T

line se mettre au pas
toe cap *n* bout *m* renforcé
toehold *n* **1.** (*ridge*) prise *f* (de pied) **2.** *fig* prise *f*
toenail *n* ongle *m* de pied
toffee ['ta·fi] *n* caramel *m*
together [tə·'geð·ər] **I.** *adv* ensemble; **she's richer than all of us put ~** elle est plus riche que nous tous réunis; **to bring people closer ~** *a. fig* rapprocher les gens ▶ **to get it ~** *inf* être tout à fait prêt **II.** *adj inf* équilibré(e)
togetherness *n* unité *f*
together with *prep* ainsi que
toggle ['ta·gl] **I.** *n* **1.** (*computer key*) touche *f* à bascule **2.** (*coat fastener*) olive *f* **II.** *vt* COMPUT faire basculer **III.** *vi* COMPUT basculer
Togo ['toʊ·goʊ] *n* le Togo
Togolese **I.** *adj* togolais(e) **II.** *n* Togolais(e) *m(f)*
toil [tɔɪl] **I.** *n* labeur *m* **II.** *vi* **1.** (*work hard*) travailler dur **2.** (*go with difficulty*) aller tout doucement
toilet ['tɔɪ·lət] *n* toilettes *fpl,* cour *f Belgique;* **to flush the ~** tirer la chasse d'eau; **to go to the ~** aller aux toilettes
toilet paper *n* papier *m* hygiénique
toiletries ['tɔɪ·lɪ·triz] *npl* articles *mpl* de toilette
toilet soap *n* savon *m* de toilette
toilet water *n* eau *f* de toilette
to-ing and fro-ing [ˌtu·ɪŋ·ən(d)·'froʊ·ɪŋ] *n a. fig* allées *fpl* et venues *fpl*
token ['toʊ·kᵊn] **I.** *n* **1.** (*sign*) signe *m* **2.** (*money substitute*) jeton *m* ▶ **by the same ~** pareillement **II.** *adj* symbolique; **to make a ~ gesture** faire un geste pour la forme; **the ~ man** l'homme *m* de service
told [toʊld] *pt, pp of* **tell** ▶ **all ~** en tout
tolerable *adj* **1.** (*endurable*) tolérable **2.** *form* (*fairly good*) acceptable
tolerably ['tal·ər·ə·bli] *adv form* relativement
tolerance ['tal·ər·ᵊn(t)s] *n a. fig* tolérance *f*
tolerant *adj* tolérant(e)
tolerate ['tal·ər·eɪt] *vt a. fig* tolérer
toleration *n* tolérance *f*
toll[1] [toʊl] *n* **1.** (*road charge*) péage *m* **2.** (*phone charge*) tarification *f* interurbaine **3.** (*damage*) bilan *m* ▶ **to take its toll on sb** laisser une empreinte sur qn
toll[2] [toʊl] *vt, vi* sonner
tollbooth *n* cabine *f* de péage
toll bridge *n* pont *m* à péage
toll-free *adj* (*call*) gratuit(e)
toll road <-roads> route *f* à péage
tom [tam] *n* **1.** (*animal*) mâle *m* **2.** (*cat*) matou *m*
tomato [tə·'meɪ·t̬oʊ] <-oes> *n* tomate *f*
tomato juice *n* jus *m* de tomate
tomato ketchup *n* ketchup *m*
tomato soup *n* soupe *f* à la tomate
tomb [tum] *n* **1.** (*stone memorial*) tombe *f* **2.** (*burial chamber*) tombeau *m*
tomboy ['tam·bɔɪ] *n* garçon *m* manqué
tombstone ['tum·stoʊn] *n* pierre *f* tombale
tomcat ['tam·kæt] *n* matou *m*
tome [toʊm] *n a. iron* tome *m*
Tommy gun ['tam·i·gʌn] *n* mitraillette *f*
tomorrow [tə·'mar·oʊ] **I.** *adv* demain; **see you ~!** à demain! **II.** *n* demain *m;* **the day after ~** après-demain; **a week from ~** demain en huit
tom-tom ['tam·tam] *n* tam-tam *m*
ton [tʌn] <-(s)> *n* tonne *f;* **~s of sth** *inf* des tonnes de qc ▶ **to come down on sb like a ~ of bricks** tomber sur qn à bras raccourcis
tone [toʊn] **I.** *n* **1.** (*sound*) ton *m;* (*of instrument*) timbre *m;* **in a resigned ~ of voice** avec un ton de voix résigné **2.** (*style*) ton *m;* **to lower the ~ of the neighborhood** faire baisser le standing du quartier **3.** (*shade of color*) ton *m* **4.** (*healthy condition*) tonicité *f;* **muscle ~** tonus *m* musculaire **5.** (*difference in pitch*) ton *m;* **half ~** demi-ton *m* **6.** (*telephone noise*) tonalité *f;* **dial ~** tonalité **II.** *vt* (*firm muscles*) tonifier
◆**tone down** *vt a. fig* adoucir
◆**tone in** *vi* s'harmoniser
◆**tone up** *vt* raffermir
tone control *n* touche *f* de tonalité
tone-deaf *adj* **to be ~** ne pas avoir d'oreille
tone poem *n* poème *m* symphonique
toner ['toʊ·nər] *n* **1.** (*cosmetic*) tonique *m* **2.** COMPUT, PHOT toner *m*
toner cartridge *n* cartouche *f* d'encre
Tonga ['tɔŋ·ə] *n* les Tonga *fpl*
tongs [tɔŋz] *n* pince *f;* **a pair of ~** une pince
tongue [tʌŋ] *n* **1.** (*mouth part*) *a. fig* langue *f;* **to bite one's ~** se mordre la langue; **to stick one's ~ out at sb** tirer la langue à qn; **to have a sharp ~** avoir une langue acérée **2.** (*tongue-shaped object: of a land*) langue *f;* (*of a shoe*) languette *f* **3.** (*language*) langue *f* ▶ **to be on the tip of one's ~** être sur le bout de la langue; **to say sth ~ in cheek** dire qc ironiquement
tongue-tied *adj* muet(te)
tongue twister *n* mot *m*/phrase *f* difficile à dire
tonic[1] ['ta·nɪk] *n* tonique *m*
tonic[2] ['ta·nɪk] *n* MUS tonique *f*
tonic[3] ['ta·nɪk], **tonic water** *n* tonique *m*
tonight [tə·'naɪt] *adv* **1.** (*evening*) ce soir **2.** (*night*) cette nuit
tonnage ['tʌn·ɪdʒ] *n* tonnage *m*
tonsillitis [ˌtan(t)·sə·'laɪ·t̬ɪs] *n* angine *f*
tonsils ['tan(t)·sᵊlz] *npl* MED amygdales *fpl;* **to have one's ~ out** se faire enlever les amygdales
too [tu] *adv* **1.** (*overly*) trop; **to be ~ good to be true** être trop beau pour être vrai; **to be ~ good an opportunity to miss** être une chance à saisir; **~ much water** trop d'eau; **~ many children** trop d'enfants **2.** (*very*) très; **I'm not ~ happy about it** je n'en suis pas vraiment content; **not to be ~ sure** ne pas être très sûr **3.** (*also*) aussi; **me ~!** *inf* moi aussi! **4.** (*moreover*) de plus ▶ **to have ~ much of a**

good thing abuser d'une bonne chose
took [tʊk] *pt of* **take**
tool [tul] **I.** *n* **1.** (*implement*) *a. fig* outil *m* **2.** (*instrument*) instrument *m* **3.** COMPUT outil *m* **II.** *vt* ciseler **III.** *vi inf* rouler pépère
toolbox, tool chest *n* caisse *f* à outils
tool kit *n* trousse *f* à outils
toolmaker *n* outilleur, -euse *m, f*
toot [tut] **I.** *n* coup *m* de klaxon **II.** *vt* **to ~ a horn** donner un coup de klaxon **III.** *vi* klaxonner
tooth [tuθ] <teeth> *n* **1.** ANAT dent *f;* **to bare one's teeth** montrer les dents; **to grind/grit one's teeth** grincer/serrer les dents; **to have a ~ out** [*o* **pulled**] se faire arracher une dent **2.** *pl* (*tooth-like projection*) dent *f;* **~ of a comb/saw** dent de peigne/scie ▶ **armed to the teeth** armé jusqu'aux dents; **to do sth in the teeth of sb/sth** faire qc malgré qn/qc; **to set sb's teeth on edge** faire grincer les dents de qn; **to fight ~ and nail** se défendre bec et ongles; **to sink one's teeth into sth** se mettre à fond dans qc; **to go through sth with a fine-~ comb** passer qc au peigne fin
toothache *n* mal *m* de dent; **to have a ~** avoir mal aux dents
toothbrush *n* brosse *f* à dents
tooth decay *n* carie *f* dentaire
toothed *adj* denté(e)
toothless *adj* (*mouth*) édenté(e); (*watchdog*) impuissant(e)
toothpaste *n* dentifrice *m*
toothpick *n* cure-dent *m*
toothsome *adj* succulent(e)
toothy <-ier, -iest> *adj* aux dents saillantes
top¹ [tap] *n s.* **spinning top**
top² [tap] **I.** *n* **1.** (*highest part*) haut *m;* (*of a tree, mountain*) sommet *m;* **from ~ to bottom** de haut en bas; **at the ~ of the picture** en haut de l'image; **at the ~ of my list** au sommet de ma liste **2.** (*upper surface*) dessus *m;* **on ~ of sth** au-dessus de qc **3.** (*highest rank*) sommet *m;* **to be at the ~** être au sommet; **to be at the ~ of the class** être le premier de la classe **4.** (*clothing*) haut *m;* **from ~ to toe** de la tête aux pieds **5.** (*head end*) bout *m;* **at the ~ of a street** au bout d'une rue **6.** (*lid*) couvercle *m;* (*of pen*) capuchon *m* **7.** (*in addition to*) **on ~ of sth** en plus de qc ▶ **to say sth off the ~ of one's head** *inf* dire qc au pied levé; **to be over the ~** être exagéré; **to feel on ~ of the world** être aux anges; **to be on ~ of things** bien gérer la situation; **to let things get on ~ of one** se laisser dépasser par les événements **II.** *adj* **1.** (*highest, upper*) du haut; (*floor, layer*) dernier(-ère); **in the ~ right-hand corner** dans l'angle en haut à droite **2.** (*best, most important: scientists, executives*) de pointe; (*hotels*) meilleur(e); (*prize*) premier(-ère); (*company*) coté(e); **the ~ scorer** celui/celle qui a marqué le plus de points; **to give ~ priority to sth** donner absolue priorité à qc; **she wants the ~ job** elle veut le poste de chef **3.** (*maximum*) maximal(e); **at ~ speed** à vitesse maximale **III.** <-pp-> *vt* **1.** (*be at the highest place: list, ratings*) être en tête de **2.** (*place on top of*) couvrir; **a fence ~ped with barbed wire** une clôture surmontée de barbelés; **to ~ a dessert with whipped cream** garnir un dessert de crème fouettée **3.** (*surpass: record, performance*) surpasser **4.** (*exceed, be taller*) dépasser
◆**top off** *vt* **1.** CULIN garnir **2.** (*conclude satisfactorily*) couronner **3.** (*fill up again*) remplir
topaz ['toʊ·pæz] *n* topaze *f*
topcoat ['tap·koʊt] *n* **1.** (*outer layer of paint*) couche *f* de finition **2.** (*coat*) pardessus *m*
top dog *n inf* boss *m*
top hat *n* chapeau *m* haut-de-forme
top-heavy *adj pej* (*too heavy at the top*) mal équilibré(e)
topic ['ta·pɪk] *n* sujet *m*
topical *adj* d'actualité; **to be highly ~** être d'une actualité brûlante
topicality *n* actualité *f*
topless I. *adj* (*person*) aux seins nus; (*beach*) seins nus **II.** *adv* seins nus; **to go ~** faire du seins nus
top-level *adj* au plus haut niveau
top-notch *adj inf* classe
top-of-the-range *adj* haut de gamme *inv*
topographer *n* topographe *mf*
topographical *adj* topographique
topography [tə·'pa·grə·fi] *n* topographie *f*
topping ['ta·pɪŋ] *n* garniture *f*
topple ['ta·pl] **I.** *vt* **1.** (*knock over*) faire tomber **2.** POL renverser **II.** *vi a. fig* basculer
◆**topple over I.** *vt* **1.** (*let fall down*) faire tomber **2.** (*fall over*) culbuter sur; **to ~ a cliff** tomber d'une falaise **II.** *vi* tomber
top-quality *adj* de qualité supérieure
top-secret *adj* top secret(-ète)
topsoil *n* terre *f* arable
topsy-turvy [ˌtap·sɪ·'tɜr·vi] *inf* **I.** *adj* sens dessus dessous **II.** *adv* à l'envers; **to turn ~** tourner à l'envers
torch [tɔrtʃ] <-es> **I.** *n* **1.** (*burning stick*) flambeau *m* **2.** *s.* **blowtorch II.** *vt inf* mettre le feu à
torchlight I. *n* **by ~** à la lumière d'une torche **II.** *adj* (*procession*) aux flambeaux
tore [tɔr] *pt of* **tear**
torment ['tɔr·ment] **I.** *n* **1.** (*mental suffering*) tourment *m;* **to be in ~** être tourmenté **2.** (*physical pain*) supplice *m;* **to be in ~** être au supplice **II.** *vt* **1.** (*torture physically*) torturer **2.** (*torture mentally*) tourmenter **3.** (*harass*) harceler
torn [tɔrn] *pp of* **tear**
tornado [tɔr·'neɪ·doʊ] *n* <-s *o* -es> tornade *f*
torpedo [tɔr·'pi·doʊ] MIL, NAUT **I.** <-es> *n* torpille *f* **II.** *vt* torpiller
torpid ['tɔr·pɪd] *adj form* torpide
torpor ['tɔr·pər] *n form* torpeur *f*
torrent ['tɔr·ᵊnt] *n a. fig* torrent *m;* **a ~ of abuse** un flot d'injures

T

torrential *adj* torrentiel(le)

torrid ['tɔr·ɪd] *adj* torride

torsion ['tɔr·ʃᵊn] *n* torsion *f*

torso ['tɔr·soʊ] *n* torse *m*

tortoise ['tɔr·ţəs] *n* tortue *f*

tortoiseshell *n* écaille *f* de tortue

tortuous ['tɔr·tʃu·əs] *adj a. fig* tortueux(-euse)

torture ['tɔr·tʃər] **I.** *n a. fig* torture *f* **II.** *vt a. fig* torturer

torturer *n* tortionnaire *mf*

toss [tas] **I.** *n* **1.** (*throw*) lancer *m;* **to win/lose the ~** gagner/perdre à pile ou face **2.** (*movement*) **with a ~ of his/her head** d'un mouvement de la tête **II.** *vt* **1.** (*throw*) lancer; (*pancake*) faire sauter; (*salad*) mélanger; **to ~ one's head** faire un mouvement de la tête **2.** (*flip in air*) jeter en l'air; **to ~ a coin** jouer à pile ou face **3.** (*disturb: boat*) ballotter; (*branches*) agiter **III.** *vi* (*decide via a coin toss*) **to ~ for sth** jouer qc à pile ou face ▶ **to ~ and turn** se remuer dans tous les sens

◆**toss around** *vt* (*throw around*) lancer; **to toss ideas around** *fig* lancer des idées en l'air

◆**toss off** *vt* (*letter*) expédier

◆**toss out** *vt* (*trash*) jeter; (*idea, question*) proposer

toss-up *n inf* coup *m* à pile ou face; **it's a ~ between sth and sth** entre qc et qc, ça revient au même

tot [tat] **I.** *n* **1.** *inf* (*small child*) bambin *m* **2.** (*drink*) dose *f* **II.** *vt* **to ~ up** *inf* additionner **III.** *vi* **to ~ up to $5** faire un total de 5 dollars

total ['toʊ·ţᵊl] **I.** *n* total *m;* **in ~** au total **II.** *adj* **1.** (*complete*) total(e) **2.** (*absolute*) complet(-ète); (*stranger*) parfait(e) **III.** *vt* <-l- *o* -ll-> **1.** (*add up*) faire la somme de **2.** (*add up to*) totaliser un montant de **3.** *inf* (*damage, kill: car*) démolir; (*person*) bousiller

totalitarian [toʊ·ˌtæl·ə·'ter·i·ən] *adj* totalitaire

totalitarianism *n pej* POL totalitarisme *m*

totality [toʊ·'tæl·ə·ţi] *n* totalité *f,* entièreté *f Belgique*

totally *adv* totalement

tote [toʊt] *vt inf* trimballer

tote bag *n* fourre-tout *m inv*

totem ['toʊ·ţəm] *n* totem *m*

totem pole *n* mât *m* totémique

totter ['ta·ţər] *vi a. fig* chanceler; **he ~ed toward me** il tituba vers moi

toucan ['tu·kæn] *n* toucan *m*

touch [tʌtʃ] **I.** *n* **1.** (*ability to feel, sense*) toucher *m;* **to do sth by ~** faire qc au toucher; **to the ~** au toucher; **I felt a ~ on my hand** j'ai senti qu'on touchait ma main; **with a ~ of the button** à la pression du bouton **2.** (*communication*) **to lose ~ with sb** perdre qn de vue; **to be/keep in ~ with sb** être/rester en contact avec qn; **to be in/out of ~ with sth** être/ne pas être au courant de qc; **to be out of ~ with reality/the modern world** n'avoir aucune conscience de la réalité/du monde moderne **3.** (*skill*) style *m;* **to lose one's ~** perdre la main; **personal ~** touche *f* personnelle **4.** (*small amount*) pointe *f;* (*of garlic*) pointe *f;* **there was a ~ of irony in his voice** il y avait une pointe d'ironie dans sa voix; **a ~ of the flu** une petite grippe **5.** SPORTS touche *f* ▶ **to be a soft ~** *inf* être une bonne poire **II.** *vt* **1.** (*feel with fingers*) toucher; **I ~ed him on the arm** j'ai touché son bras; **her feet never ~ed the ground** elle n'a jamais posé un pied à terre **2.** (*come in contact with*) *a. fig* toucher à; **I never ~ed your wife/camera** je n'ai jamais touché à votre femme/votre appareil photo; **they can't ~ the drug barons** ils ne peuvent pas toucher aux barons de la drogue **3.** (*eat, drink*) toucher à; **she won't ~ meat** elle ne mange jamais de viande **4.** (*move emotionally*) toucher **5.** (*rival in quality*) égaler; **you can't ~ real coffee** rien ne vaut le vrai café **6.** (*concern*) toucher ▶ **to ~ base with sb** prendre des nouvelles de qn; **to not ~ sb/sth with a ten-foot pole** ne pas toucher à qn/qc pour tout l'or du monde; **to ~ bottom** toucher le fond **III.** *vi* **1.** (*feel with fingers*) toucher **2.** (*come in contact*) se toucher

◆**touch down** *vi* AVIAT atterrir; SPORTS marquer un essai

◆**touch off** *vt a. fig* déclencher

◆**touch on** *vt* aborder

◆**touch up** *vt* (*improve*) retoucher

touch-and-go *adj* hasardeux(-euse); **it was ~ whether** il n'était pas certain que +*subj*

touchdown *n* **1.** (*landing*) atterrissage *m* **2.** SPORTS essai *m*

touched *adj* **1.** (*emotionally moved*) touché(e) **2.** *inf* (*crazy*) timbré(e)

touchiness *n inf* susceptibilité *f*

touching *adj* touchant(e)

touchscreen *n* COMPUT écran *m* tactile

touch-tone *adj* (*telephone*) à touches

touch-type *vi* taper sans regarder le clavier

touchy ['tʌtʃ·i] <-ier, -iest> *adj inf* (*person*) susceptible; (*problem, situation*) délicat(e)

tough [tʌf] **I.** *adj* **1.** (*hard-wearing: material, covering*) solide **2.** (*hard to eat*) dur(e) **3.** (*hard to deal with: exam, examiner, game, conditions*) dur(e); **a ~ area to grow up in** une zone où il est difficile de grandir; **she had a pretty ~ time** elle a eu un moment difficile **4.** (*resilient: soldiers, players, plants*) costaud(e) **5.** *inf* (*unfortunate*) dur(e); **to be ~ on sb** être dur avec qn; **~ (luck)!** (*aggressively*) bien fait! **II.** *n inf* dur(e) *m(f)* **III.** *vt inf* **to ~ it out** tenir bon

toughen ['tʌf·ᵊn] *vt* **1.** (*make stronger*) endurcir; (*sanctions, laws*) renforcer **2.** (*make hard to cut*) durcir

◆**toughen up I.** *vi* s'endurcir **II.** *vt* endurcir

toughness *n* **1.** (*strength*) *a. fig* solidité *f* **2.** (*hardness*) *a. fig* dureté *f* **3.** (*determination*) ténacité *f* **4.** (*strictness*) sévérité *f* **5.** (*difficulty*) difficulté *f*

toupee [tu·'peɪ] *n* postiche *m*

tour [tʊr] **I.** *n* **1.** (*long trip*) voyage *m* **2.** (*short trip*) visite *f;* **guided ~** visite guidée **3.** (*trip for* *performance*) tournée *f;* **to be on ~** être en tournée **4.** (*spell of duty*) tournée *f;* **to be/go on ~** faire sa tournée **II.** *vt* **1.** (*visit*) visiter **2.** (*perform in*) **to ~ Canada** être en tournée au Canada **III.** *vi* **1.** (*travel*) voyager **2.** (*perform*) être en tournée

touring company *n* troupe *f* en tournée

tourism ['tʊr·ɪ·zəm] *n* tourisme *m*

tourist *n* touriste *mf*

tourist bureau *n* office *m* de tourisme

tourist class *n* classe *f* touriste

tourist guide *n* **1.** (*book*) guide *m* touristique **2.** (*person*) guide *mf* touristique

tourist industry *n* industrie *f* du tourisme

tourist (information) office *n* office *m* de tourisme

tourist trap *n inf* piège *m* à touristes

tourist visa *n* visa *m* de tourisme

tournament ['tɜr·nə·mənt] *n* tournoi *m*

tousle ['taʊ·zl] *vt* ébouriffer

tout [taʊt] *vt* (*promote*) promouvoir; **to ~ sth as sth** présenter qc comme étant qc

tow [toʊ] **I.** *n* remorquage *m;* **to take sth in ~** prendre qc en remorque; **to be in ~** être remorqué **II.** *vt* remorquer; **to ~ a car away** (*for illegal parking*) emmener une voiture à la fourrière

toward(s) [tɔrd(z)] *prep* **1.** (*in direction of*) vers; **moves ~ democracy** *fig* des changements *mpl* vers la démocratie **2.** (*directed at*) envers; **to feel sympathy ~ sb** ressentir de la compassion pour qn **3.** (*for*) pour **4.** (*around: time, stage*) vers

towel [taʊəl] **I.** *n* serviette *f,* drap *m Belgique* **II.** *vt* <-ll-> essuyer

towel rack *n* porte-serviettes *m*

tower [taʊər] **I.** *n* tour *f* ►**a ~ of strength** un roc **II.** *vi* s'élever

◆**tower above, tower over** *vi* s'élever au-dessus de

◆**tower up** *vi* s'élever

towering *adj* imposant(e)

town [taʊn] *n* ville *f;* **to be in ~** être en ville; **to be out of ~** (*person*) être en déplacement ►**to have a night on the ~** s'éclater en ville; **to go to ~ on sth** *inf* mettre le paquet pour qc

town clerk *n* secrétaire *mf* de mairie

town hall *n* POL mairie *f,* maison *f* communale *Belgique*

townhouse *n* **1.** (*residence*) maison *f* de ville **2.** (*row house*) maison *f* mitoyenne

townie *n inf* citadin(e) *m(f)*

town planning *n no indef art* urbanisme *m*

townsfolk *npl s.* **townspeople**

township *n* (*unit of local government*) commune *f*

townspeople *npl* citadins *mpl*

tow truck *n* remorqueuse *f*

toxic ['tak·sɪk] *adj* toxique

toxicology [ˌtak·sɪ·'ka·lə·dʒi] *n* toxicologie *f*

toxin ['tak·sɪn] *n* toxine *f*

toy [tɔɪ] **I.** *n* jouet *m* **II.** *vt* **to ~ with 1.** (*play with*) *a. fig* jouer avec **2.** (*consider: idea*) caresser

toy car *n* voiturette *f*

trace [treɪs] **I.** *n* **1.** (*sign*) trace *f;* **to disappear without a ~** disparaître sans laisser de traces **2.** (*search*) enregistrement *m;* **to put a ~ on sth** enregistrer qc **3.** (*slight amount: of drugs*) trace *f;* (*of emotion*) signe *m;* **a ~ of a smile** un sourire esquissé **II.** *vt* **1.** (*locate*) retrouver; **to ~ sb to somewhere** remonter la piste de qn jusqu'à quelque part **2.** (*track back*) rechercher; (*call*) établir l'origine de; **we've ~d the problem to the modem** on a trouvé que la cause du problème était le modem; **to ~ sth to sth** établir le lien entre qc et qc **3.** (*describe*) retracer **4.** (*copy*) décalquer **5.** (*draw outlines*) tracer

trace element *n* oligo-élément *m*

tracer *n* traceur *m;* **~ fire** tir *m* traçant

tracery *n* treillis *m*

trachea ['treɪ·ki·ə] <-s *o* -chae> *pl n* trachée *f*

tracing *n* calque *m*

tracing paper *n* papier *m* calque

track [træk] **I.** *n* **1.** (*path*) chemin *m* **2.** (*rails*) voie *f* ferrée **3.** *pl* (*mark*) traces *fpl* **4.** (*path followed*) *a. fig* piste *f;* **on sb's ~** sur la piste de qn **5.** (*path taken by sth*) trajectoire *f* **6.** (*career path*) voie *f* **7.** SPORTS (*for running*) piste *f;* (*horseracing venue*) champ *m* de course; (*car racing venue*) circuit *m* automobile **8.** (*on record*) piste *f;* (*song*) morceau *m* ►**to cover one's ~s** brouiller les pistes; **to keep ~ of changes/the situation** suivre les changements/la situation; **to lose ~ of sb** perdre qn de vue; **I've lost ~ of my accounts** je ne sais plus où j'en suis dans mes comptes; **to make ~s** *inf* filer; **to be on the wrong ~** faire fausse route; **to be on the wrong side of the ~s** *inf* être du mauvais côté de la barrière **II.** *vt* **1.** (*pursue: animal*) pister; (*fugitive*) traquer **2.** (*follow the path: airplane, missile*) suivre la trajectoire de **3.** (*trace*) rechercher **III.** *vi* **1.** CINE faire un traveling **2.** (*follow a course*) **to ~ across sth** se déplacer à travers qc

◆**track down** *vt* (*relative*) retrouver; (*article*) dénicher

track and field *n* SPORTS épreuves *fpl* d'athlétisme

trackball *n* COMPUT boule *f* de commande

track event *n* SPORTS épreuve *f* d'athlétisme

tracking station *n* AVIAT, TECH station *f* d'observation

trackless *adj* sans chemins

track meet *n* SPORTS compétition *f* sportive

track record *n* résultats *mpl;* **she has a good ~ in sales** elle a de bons résultats dans les ventes

track shoes *n pl* chaussures *fpl* d'athlétisme

tract[1] [trækt] *n* tract *m*

tract[2] [trækt] *n* **1.** (*big piece of land*) étendue *f* **2.** (*measured piece of land*) terrain *m* **3.** (*housing lot*) lot *m* **4.** ANAT, MED appareil *m* **5.** (*booklet*) tract *m*

tractable *adj form* maniable; **a ~ problem** un problème facile à gérer

traction ['træk·ʃᵊn] *n* traction *f*; **to be in ~** être en extension

tractor *n* tracteur *m*

trade [treɪd] **I.** *n* **1.** (*buying and selling*) commerce *m*; **balance of ~** balance *f* commerciale; **~ is picking up** les affaires *fpl* reprennent **2.** (*type of business*) commerce *m*; **fur ~** commerce *m* des peaux **3.** (*handicraft*) métier *m*; **to be a dentist by ~** être dentiste de métier **4.** (*swap*) échange *m* **II.** *vi* **1.** (*do business*) faire du commerce; **to ~ in sth** faire le commerce de qc **2.** (*be bought and sold*) s'échanger **III.** *vt* **1.** (*swap*) échanger; (*places*) changer de; **to ~ sth for sth** échanger qc contre qc **2.** (*buy and sell*) faire le commerce de

◆**trade in** *vt* échanger; **I traded my car in for a Peugeot** j'ai acheté une Peugeot avec reprise de mon ancienne voiture

◆**trade on** *vt* exploiter

trade agreement *n* accord *m* commercial

trade association *n* groupement *m* commercial

trade balance *n s.* **balance of trade**

trade barrier *n* barrière *f* douanière

trade directory *n* annuaire *m* commercial

trade fair *n* COM foire *f*

trade gap *n* déficit *m* commercial

trade-in *n* COM reprise *f*

trade-in value *n* valeur *f* de reprise

trademark *n* **1.** (*identification*) marque *f*; **registered ~** marque déposée **2.** *fig* (*feature*) **sth is sb's ~** qc est la signature de qn

trade name *n s.* **brand name**

tradeoff *n* **1.** (*offsetting balance*) marché *m* **2.** (*compromise*) compromis *m*

trade policy *n* politique *f* commerciale

trade press *n* presse *f* professionnelle

trader ['treɪd·ər] *n* **1.** (*person who buys and sells: small business*) commerçant(e) *m(f)*; (*bigger business*) négociant(e) *m(f)* **2.** FIN intermédiaire *mf*

trade secret *n* secret *m* de fabrication; *fig* truc *m* de professionnel

tradesman <tradesmen> *n* (*small business*) commerçant *m*; (*bigger business*) négociant *m*

trade surplus *n* excédent *m* commercial

trade war *n* guerre *f* commerciale

trade wind *n* alizé *m*

trading *n* commerce *m*; FIN transactions *fpl*

tradition [trə·'dɪʃ·ᵊn] *n* tradition *f*

traditional *adj* traditionnel(le)

traditionalism [trə·'dɪʃ·ᵊn·ᵊl·ɪ·zᵊm] *n* traditionalisme *m*

traditionalist **I.** *n* traditionaliste *mf* **II.** *adj* traditionaliste

traffic ['træf·ɪk] **I.** *n* **1.** (*vehicle movement*) trafic *m*; (*for cars*) circulation *f*; **~ fatalities** victimes *fpl* de la route; **heavy ~** circulation dense; (*of trucks*) circulation des poids lourds; **to get stuck in ~** être bloqué par la circulation; **sea ~** navigation *f*; **passenger/commercial ~** transport *m* des passagers/marchandises **2.** *pej* (*trade, dealings*) trafic *m* **II.** <trafficked, trafficked> *vi pej* (*trade illegally*) **to ~ in sth** faire du trafic de qc

traffic accident *n* accident *m* de la route

traffic circle *n* rond-point *m*

traffic jam *n* embouteillage *m*

trafficker ['træf·ɪk·ər] *n pej* trafiquant(e) *m(f)*

traffic lights *n pl* feu *m* (de circulation)

traffic patrol *n* (*in town*) patrouille *f* de policiers; (*outside town*) patrouille *f* de gendarmes

traffic signal *n s.* **traffic lights**

tragedy ['trædʒ·ə·di] *n* **1.** (*literary genre*) tragédie *f* **2.** <-ies> (*event*) drame *m*

tragic ['trædʒ·ɪk] *adj* tragique

trail [treɪl] **I.** *n* **1.** (*path*) chemin *m* **2.** (*track*) piste *f* **3.** (*trace*) traînée *f*; **to leave a ~** laisser une trace; **to leave a ~ of destruction** tout détruire sur son passage **II.** *vt* **1.** (*follow*) suivre **2.** (*drag*) traîner; (*car*) remorquer **III.** *vi* **1.** (*be dragged*) traîner **2.** SPORTS **to ~ behind sb/sth** être à la traîne derrière qn/qc **3.** (*move sluggishly*) traînasser

◆**trail away, trail off** *vi* s'estomper

trail bike *n* moto *f* tout terrain

trailblazer *n* pionnier, -ère *m, f*

trailblazing *adj* innovateur(-trice), d'avant-garde

trailer *n* **1.** (*wheeled container*) remorque *f* **2.** (*for vacationing*) caravane *f* **3.** (*advertisement*) bande *f* annonce

trailer park *n* village *m* de mobile homes

train [treɪn] **I.** *n* **1.** (*railroad*) train *m*; (*in subway*) métro *m*; **to come by ~** venir en train; **to be on a ~** être dans un train **2.** (*series*) série *f*; **my ~ of thought** le fil de ma pensée **3.** (*procession*) file *f*; (*of barges*) train *m* **4.** (*part of dress*) traîne *f* ▶**to set sth in ~** mettre qc en train **II.** *vi* **1.** MIL, SPORTS s'entraîner **2.** (*for a job*) être formé; **I'm ~ing to be a teacher** je suis une formation pour devenir professeur **III.** *vt* **1.** (*teach*) former; (*animal*) dresser; **to ~ sb to +infin** former qn à +*infin* **2.** MIL, SPORTS entraîner **3.** BOT (*plant*) faire pousser

train crash *n* accident *m* ferroviaire

trained *adj* **1.** (*educated: staff*) formé(e); (*animal*) dressé(e) **2.** (*expert*) diplômé(e); (*dancer*) professionnel(le)

trainee [treɪ·'ni] *n* (*in office jobs*) stagiaire *mf*; (*in handicraft, mechanics*) apprenti(e) *m(f)*

trainer *n* **1.** (*sb who trains others*) formateur, -trice *m, f* **2.** SPORTS entraîneur, -euse *m, f*

training *n* **1.** (*education*) formation *f*; **on-the-job ~** formation sur le tas; **you will be given ~** vous recevrez une formation **2.** SPORTS, MIL entraînement *m*; **to be in ~ for a competition** se préparer à une compétition

training camp *n* **1.** SPORTS stage *m* d'entraînement **2.** MIL camp *m* d'entraînement

traipse [treɪps] *vi inf* se trimballer

trait [treɪt] *n* trait *m*; **genetic ~** caractéristique

f génétique
traitor *n* traître, -esse *m, f;* **to be a ~ to sb/sth** trahir qn/qc
trajectory [trə·ˈdʒek·tər·i] *n* trajectoire *f*
tram [træm] *n* tramway *m*
tramp [træmp] **I.** *vi* **1.** (*walk heavily*) marcher lourdement **2.** (*go on foot*) marcher **II.** *vt* parcourir à pied **III.** *n* **1.** (*stomping sound*) bruit *m* sourd **2.** (*poor person*) clochard(e) *m(f)* **3.** *pej* (*promiscuous woman*) traînée *f*
trample [ˈtræm·pl] **I.** *vt* piétiner; **to be ~d to death** mourir piétiné; **to ~ sth underfoot** fouler qc aux pieds; **to ~ sb's feet** marcher sur les pieds de qn **II.** *vi* **to ~ on** [*o* **over**] **sth** **1.** (*walk on*) piétiner qc **2.** (*despise*) bafouer qc
trampoline [ˈtræm·pᵊ·lin] *n* trampoline *m*
trance [træn(t)s] *n* transe *f*
tranquil [ˈtræŋ·kwɪl] *adj form* **1.** (*calm*) tranquille **2.** (*serene*) serein(e)
tranquility *n form* tranquillité *f*
tranquilize [ˈtræŋ·kwɪ·laɪz] *vt* MED **to ~ sb** placer qn sous calmants
tranquilizer *n* tranquillisant *m;* **to be on ~s** être sous calmants
transact [træn·ˈzækt] *vt* régler
transaction [træn·ˈzæk·ʃᵊn] *n* COM transaction *f*
transatlantic, trans-Atlantic [ˌtræn(t)·sæt·ˈlæn·tɪk] *adj* transatlantique
transceiver [træn·ˈsiv·ər] *n* émetteur-récepteur *m*
transcend [træn·ˈsend] *vt* transcender
transcendent [træn·ˈsen·dənt] *adj* transcendant(e)
transcendental *adj form* transcendantal(e)
transcontinental [ˌtræn(t)s·ˌkan·tᵊn·ˈen·tᵊl] *adj* transcontinental(e)
transcribe [træn·ˈskraɪb] *vt* **1.** (*make written copy*) transcrire **2.** MUS, LING transposer
transcript [ˈtræn(t)·skrɪpt] *n* **1.** (*transcription*) transcription *f* **2.** (*record of classes taken*) dossier *m* de scolarité
transcription *n* transcription *f*
transducer [træn(t)s·ˈdu·sər] *n* ELEC transducteur *m*
transept [ˈtræn(t)·sept] *n* ARCHIT transept *m*
transfer [træn(t)s·ˈfɜr] **I.** <-rr-> *vt* **1.** (*move, sell*) transférer **2.** (*change ownership of: house, property*) céder; (*power*) transmettre **3.** (*relocate: employee*) muter; (*factory, office*) transférer; (*work*) relocaliser **4.** TEL mettre en ligne; **I'm ~ring you now** je vous passe votre correspondant **II.** *vi* changer; (*when traveling*) faire la correspondance; (*to new job*) être muté; SPORTS (*to new club*) être transféré **III.** *n* **1.** (*process of moving*) transfert *m;* **bank ~** virement *m* **2.** LAW (*of house, property*) cession *f;* FIN (*of a title*) transmission *f;* (*of power*) passation *f* **3.** (*to new job*) mutation *f;* SPORTS transfert *m* **4.** (*distributing*) transmission *f* **5.** (*when traveling*) correspondance *f;* (*ticket*) billet *m* avec correspondance **6.** (*pattern: on skin*) décalcomanie *f;* (*on a t-shirt*) transfert *m*
transferable *adj* transférable
transference [ˈtræn(t)s·fɜr·ᵊn(t)s] *n form* (*act of changing*) *a.* PSYCH transfert *m;* (*of power*) passation *f*
transfigure [træn(t)s·ˈfɪg·jər] *vt* transfigurer
transfix [træn(t)s·ˈfɪks] *vt* (*with fear*) pétrifier; (*with amazement*) stupéfier; **with gaze** subjuguer
transform [træn(t)s·ˈfɔrm] *vt* transformer
transformation *n* transformation *f*
transformer *n* ELEC transformateur *m*
transfuse [træn(t)s·ˈfjuz] *vt* MED transfuser; **to ~ blood** faire une transfusion sanguine
transfusion *n* transfusion *f*
transgress [træn(t)s·ˈgres] *vt* transgresser
transgression *n form* transgression *f*
transgressor *n* **1.** (*sb who breaks rule*) transgresseur *m* **2.** (*sinner*) pécheur, -eresse *m, f*
transient [ˈtræn(t)·ʃᵊnt] *adj form* **1.** (*lasting a short time*) éphémère **2.** (*staying for short time*) transitoire; (*population*) de passage; (*feeling*) passager(-ère)
transistor [træn·ˈzɪs·tər] *n* transistor *m*
transistor radio *n* transistor *m*
transit [ˈtræn(t)·sɪt] *n* transit *m*
transit desk *n* AVIAT comptoir *m* des correspondances
transition [træn·ˈzɪʃ·ᵊn] *n* transition *f*
transitional *adj* transitoire; (*government*) de transition
transitive [ˈtræn(t)·sə·ṭɪv] LING **I.** *adj* transitif(-ive) **II.** *n* verbe *m* transitif
transit lounge *n* salle *f* des correspondances
transitory [ˈtræn(t)·sə·tɔr·i] *adj form s.* **transient**
transit passenger *n* passager, -ère *m, f* en transit
transit visa *n* visa *m* de transit
translatable *adj* traduisible
translate [træn·ˈsleɪt] **I.** *vt* **1.** (*adapt into other language: written*) traduire; (*oral*) interpréter **2.** (*adapt*) adapter **3.** (*decipher to mean*) interpréter; **I ~d it as an agreement** je l'ai interprété comme un accord **II.** *vi* se traduire
translation *n* traduction *f*
translator *n* traducteur, -trice *m, f*
transliterate [træn·ˈslɪṭ·ə·reɪt] *vt* translittérer
transliteration *n* LING translittération *f*
translucent [træn·ˈslu·sᵊnt] *adj* translucide
transmigration [ˌtræn(t)·smaɪ·ˈgreɪ·ʃᵊn] *n* transmigration *f*
transmissible [træn·ˈsmɪs·ə·bl] *adj* transmissible; (*disease*) contagieux(-euse); **sexually ~ disease** maladie *f* sexuellement transmissible
transmission [træn·ˈsmɪʃ·ᵊn] *n* **1.** (*act of broadcasting*) *a.* COMPUT transmission *f* **2.** MED contagion *f;* (*of a disease*) transmission *f*
transmit [træ·ˈsmɪt] <-tt-> **I.** *vt* transmettre **II.** *vi* émettre
transmitter *n* émetteur *m*
transmitting *adj* émetteur(-trice)
transmogrify [træn·ˈsma·grə·faɪ] *vt* métamorphoser

T

transmutation *n form* transmutation *f*

transmute [træn(t)s·ˈmjut] *form* **I.** *vt* **1.** PHYS transmuer **2.** (*transform*) **to ~ sth into sth** transformer qc en qc **II.** *vi* se transformer

transoceanic [ˌtræn(t)·soʊ·ʃi·ˈæn·ɪk] *adj* transocéanique

transom [ˈtræn(t)·səm] *n* **1.** (*horizontal bar*) traverse *f* **2.** (*window*) imposte *f*

transparency [træn·ˈsper·ən(t)·si] *n* **1.** (*see-through quality*) *a. fig* transparence *f* **2.** <-ies> (*slide: of photos*) diapositive *f;* (*of documents for OHP*) transparent *m*

transparent *adj* transparent(e)

transpire [træn·ˈspaɪər] *vi* **1.** (*happen*) se passer; **it ~d that ...** il est apparu que ... **2.** (*emit water vapor*) *a. fig* transpirer

transplant [træn·ˈsplænt] **I.** *vt* transplanter **II.** *n* **1.** (*act of transplanting*) transplantation *f;* **kidney ~** greffe *f* de rein **2.** (*transplanted organ*) organe *m* greffé

transplantation *n* transplantation *f*

transport¹ [træn·ˈspɔrt] *vt* transporter

transport² [ˈtræn(t)·spɔrt] *n* **1.** (*act of conveyance*) transport *m* **2.** (*vehicle*) moyen *m* de transport; **troop ~** transport *m* de troupes **3.** *pl, form* (*strong emotion*) transport *m*

transportable *adj* transportable

transportation *n* **1.** (*act of transporting*) transport *m;* **public ~** transports *mpl* en commun **2.** (*means of transport*) moyen *m* de transport

transporter *n* transporteur *m*

transpose [træn·ˈspoʊz] *vt* transposer

transposition *n* transposition *f*

transsexual [træn·ˈsek·ʃu·əl] **I.** *n* transsexuel(le) *m(f)* **II.** *adj* transsexuel(le)

transverse [ˈtræn(t)s·vɜrs] *adj* transversal(e)

transvestite [træn(t)s·ˈves·taɪt] *n* PSYCH travesti(e) *m(f)*

trap [træp] **I.** *n* **1.** (*device for catching*) piège *m;* **to fall into the ~** tomber dans le piège **2.** *inf* (*mouth*) gueule *f* **3.** (*curve in a pipe*) siphon *m* **4.** (*light carriage*) cabriolet *m* **II.** *vt* <-pp-> **1.** (*catch in a trap*) prendre au piège **2.** (*not permit to escape: water, heat*) retenir

trapdoor [ˈtræp·dɔr] *n* THEAT trappe *f*

trapeze [træp·ˈiz] *n* trapèze *m;* **~ artist** trapéziste *mf*

trapezoid [ˈtræp·ɪ·zɔɪd] *n* MATH trapèze *m*

trapper [ˈtræp·ər] *n* trappeur *m*

trappings [ˈtræp·ɪŋz] *npl* signes *mpl* extérieurs

trapshooting *n* ball-trap *m*

trash [træʃ] **I.** *n* **1.** (*rubbish*) ordures *fpl;* **to take the ~ out** sortir les poubelles **2.** *pej, inf* (*worthless people*) racaille *f* **3.** *pej, inf* (*low-quality goods*) pacotille *f;* (*nonsense*) connerie *f* **II.** *vt inf* **1.** (*wreck*) saccager **2.** (*criticize excessively*) dénigrer

trash can [ˈtræʃ·kæn] *n* poubelle *f*

trashy [ˈtræʃ·i] *adj pej, inf* minable

trauma [ˈtrɔ·mə] *n* traumatisme *m*

traumatic [trɔ·ˈmæt̬·ɪk] *adj* traumatisant(e)

traumatize [ˈtrɔ·mə·taɪz] *vt* traumatiser

travel [ˈtræv·əl] **I.** *vi* **1.** (*make a trip*) voyager; **to ~ to Europe** partir en voyage pour l'Europe; **he's ~ing on business** il est en voyage d'affaires; **the wine doesn't ~** le vin ne supporte pas le voyage **2.** (*move: driver, vehicle*) rouler; (*light, sound*) se déplacer **II.** *vt* parcourir **III.** *n* **1.** (*act of traveling*) voyages *mpl;* **a ~ book** un récit de voyage **2.** *pl* (*trips*) les voyages *mpl;* **have you seen Robert on your ~s?** as-tu vu Robert au cours de tes déplacements?

travel agency *n* agence *f* de voyages

travel agent *n* agent *mf* de voyages

traveled *adj* **well-/little-traveled** (*person*) qui a beaucoup/peu voyagé; (*road*) très/peu fréquenté(e)

traveler *n* voyageur, -euse *m, f*

traveler's check *n* chèque *m* de voyage

travel expenses *n pl* frais *mpl* de déplacement

traveling **I.** *adj* (*mobile*) ambulant(e) **II.** *n* (*as a tourist*) les voyages *mpl;* (*for business*) déplacement *m*

traveling salesman *n* VRP *m*

travel insurance *n* assurance *f* voyage

travelog(ue) *n* **1.** (*written report*) compte *m* rendu de voyage **2.** (*film*) documentaire *m*

travel sickness *n* mal *m* des transports

traverse [ˈtræv·ərs] *vt* traverser

travesty [ˈtræv·ɪ·sti] <-ies> *n* parodie *f*

trawl [trɔl] **I.** *vi* **1.** (*fish*) pêcher au chalut; **to ~ for sth** pêcher qc au chalut **2.** (*search*) **to ~ through sth** (*files*) éplucher qc **II.** *vt* **1.** (*fish*) pêcher au chalut **2.** (*search: place*) ratisser; (*files*) éplucher; (*memory*) fouiller dans **3.** (*drag*) traîner **III.** *n* **1.** (*trawl net*) chalut *m* **2.** (*act of trawling*) chalutage *m*

trawler *n* chalutier *m*

tray [treɪ] *n* **1.** (*for carrying*) plateau *m,* cabaret *m Québec* **2.** (*container for papers*) corbeille *f* **3.** (*drawer*) tiroir *m*

treacherous [ˈtretʃ·ər·əs] *adj* traître

treachery [ˈtretʃ·ər·i] *n a. pej* traîtrise *f*

treacly *adj* sirupeux(-euse)

tread [tred] **I.** <trod, trodden *o* trod> *vi* marcher; **to ~ carefully** *fig* avancer prudemment **II.** *vt* (*set one's foot on*) marcher sur; (*streets*) marcher dans; (*path*) parcourir; (*floor, grapes*) fouler; **to ~ sth down** écraser qc **III.** *n* **1.** (*manner of walking*) pas *m* **2.** (*step*) giron *m* **3.** (*part of tire*) chape *f*

treadle [ˈtred·l] *n* pédale *f*

treadmill [ˈtred·mɪl] *n* **1.** (*wheel for producing power*) trépigneuse *f* **2.** *pej* (*anything repetitive*) train-train *m inv*

treason [ˈtri·zən] *n* trahison *f*

treasonable, treasonous *adj* qui constitue une trahison

treasure [ˈtreʒ·ər] **I.** *n a. fig* trésor *m* **II.** *vt* chérir; (*memory, moment*) chérir; (*gift*) tenir beaucoup à

treasure hunt *n* chasse *f* au trésor

treasurer *n* trésorier, -ère *m, f*

treasure trove *n* **1.** (*treasure*) trésor *m* **2.** (*col-*

lection) mine *f* de trésors
treasury ['treʒ·ər·i] <-ies> *n* **1.** (*place, funds*) trésorerie *f* **2.** (*government department*) **the Treasury** le ministère des Finances
treasury bill *n* bon *m* du Trésor
treasury bond *n* bon *m* du Trésor
treasury note *n* obligation *f* du Trésor
Treasury Secretary *n* ministre *m* des Finances
treat [trit] **I.** *vt* **1.** (*behave toward*) traiter; **to ~ badly** maltraiter; **to ~ sb with courtesy/respect** traiter qn avec courtoisie/respect; **to ~ sb like a child/an adult** traiter qn comme un enfant/un adulte; **they ~ it as a joke** ils le prennent comme une plaisanterie; **they're ~ing the case as murder** ils traitent l'affaire comme un meurtre **2.** (*cure, deal with*) traiter; **to be ~ed for shock/depression** être soigné pour choc/dépression **3.** (*pay for*) inviter; **to ~ sb to sth** offrir qc à qn; **to ~ sb for lunch** inviter qn à déjeuner; **to ~ oneself to sth** s'offrir qc **II.** *vi* traiter **III.** *n* (*indulgence*) plaisir *m;* (*to eat or drink*) gourmandise *f;* **to give sb a ~** offrir une gâterie à qn; **it was a special ~** c'était une gâterie particulière; **it's my ~** c'est moi qui offre
treatise ['tri·ṭɪs] *n* traité *m;* **a ~ on sth** un traité de qc
treatment *n a. fig* traitement *m;* **the inhuman ~ of refugees** le traitement inhumain des réfugiés; **hospital/laser ~** traitement hospitalier/laser
treaty ['tri·ṭi] <-ies> *n* traité *m*
treble ['treb·l] **I.** *adj* soprano *inv;* **a ~ voice** une voix de soprano **II.** *n* **1.** MUS soprano *m* **2.** (*sound range*) aigus *mpl*
treble clef *n* clé *f* de sol
tree [tri] **I.** *n* arbre *m;* **sth doesn't grow on ~s** qc ne tombe pas du ciel **II.** *vt* **to ~ an animal** forcer un animal à se réfugier dans un arbre
tree frog *n* rainette *f*
tree house *n* maison *f* dans les arbres
treeless *adj* sans arbres
tree line *n s.* **timberline**
tree-lined *adj* bordé(e) d'arbres
tree surgeon *n* arboriculteur, -trice *m, f*
treetop *n pl* cime *f*
tree trunk *n* tronc *m* d'arbre
trefoil ['tri·fɔɪl] *n* trèfle *m*
trek [trek] **I.** <-kk-> *vi* faire de la randonnée; **to ~ in to the office** *fig* se traîner au bureau **II.** *n* randonnée *f;* **a ~ into town** *fig* une expédition en ville
trekking ['trek·ɪŋ] *n* randonnée *f*
trellis ['trel·ɪs] <-es> *n* treillis *m*
tremble ['trem·bl] **I.** *vi* trembler; **to ~ with sth** trembler de qc **II.** *n* tremblement *m*
tremendous [trɪ·'men·dəs] *adj* **1.** (*enormous*) énorme **2.** *inf* (*extremely good*) génial(e)
tremolo ['trem·ə·loʊ] *n* MUS trémolo *m*
tremor ['trem·ər] *n* tremblement *m*
tremulous ['trem·jə·ləs] *adj* **1.** (*shivering*) tremblant(e) **2.** (*shy*) timide
trench [tren(t)ʃ] <-es> *n* tranchée *f*
trenchant ['tren·(t)ʃənt] *adj* tranchant(e); (*criticism, remark, wit*) incisif(-ive)
trench coat *n* trench-coat *m*
trend [trend] *n* **1.** (*tendency*) tendance *f;* **there's a ~ toward/away from sth** il y a une tendance vers/contre qc **2.** (*popular style*) mode *f;* **to set a new ~** lancer une nouvelle mode
trendsetter ['trend·ˌseṭ·ər] *n* lanceur, -euse *m, f* de mode
trendsetting *adj* qui lance la mode
trendy ['tren·di] **I.** <-ier, -iest> *adj* à la mode **II.** <-ies> *n* branché(e) *m(f)*
trepidation [ˌtrep·ɪ·'deɪ·ʃən] *n* trépidation *f*
trespass ['tres·pəs] <-es> **I.** *n* violation *f* de propriété **II.** *vi* **to ~ on sb's land** s'introduire sans autorisation sur les terres de qn; **to ~ upon sb's time** *fig* empiéter sur le temps de qn
trespasser *n* intrus(e) *m(f);* **~s will be prosecuted** défense *f* d'entrer sous peine de poursuites
trestle ['tres·l] *n* tréteau *m*
triad ['traɪ·æd] *n* triade *f*
trial [traɪəl] *n* **1.** (*judicial process*) procès *m;* **to go on ~** passer en jugement; **to put sb on ~** faire passer qn devant les tribunaux; **to get a fair ~** *fig* avoir un procès équitable; **~ by the media** procès médiatique **2.** (*experimental test*) essai *m;* **by ~ and error** par expériences successives **3.** (*source of problems*) épreuve *f;* **~s and tribulations** tribulations *fpl* **4.** (*competition*) épreuve *f*
trial marriage *n* mariage *m* à l'essai
trial period *n* période *f* d'essai
trial run *n* essai *m*
triangle ['traɪ·æŋ·gl] *n* MATH, MUS triangle *m*
triangular [traɪ·'æŋ·gjə·lər] *adj* triangulaire
tribal ['traɪ·bəl] *adj* tribal(e)
tribalism ['traɪ·bəl·ɪ·zəm] *n* tribalisme *m*
tribe [traɪb] *n a. pej* tribu *f*
tribespeople *n pl* populations *fpl* tribales
tribulation [ˌtrɪb·jə·'leɪ·ʃən] *n form* tribulation *f*
tribunal [traɪ·'bju·nəl] *n* tribunal *m*
tribune ['trɪ·bjun] *n* tribune *f*
tributary ['trɪb·jə·ter·i] <-ies> *n* GEO affluent *m*
tribute ['trɪb·jut] *n* **1.** (*token of respect*) hommage *m;* **to pay ~ to sb/sth** rendre hommage à qn/qc **2.** (*money, goods paid*) tribut *m*
tricentennial [ˌtraɪ·sen·'ten·i·əl] **I.** *n s.* **tercentenary II.** *adj s.* **tercentenary**
trick [trɪk] **I.** *n* **1.** (*ruse, joke*) tour *m;* **magic ~** tour *m* de magie; **to play a ~ on sb** jouer un tour à qn; **a dirty ~** *pej* un sale tour; **~ of the light** illusion *f* d'optique **2.** (*technique for doing sth*) truc *m;* **to get the ~ to doing sth** prendre le coup pour faire qc; **that will do the ~** ça fera l'affaire; **the ~s of the trade** les ficelles *fpl* du métier; **to use every ~ in the book** ne reculer devant rien **3.** (*characteristic mannerism*) manie *f* **4.** (*round of cards played*) pli *m;* **to take a ~** faire un pli ▶ **to be**

T

up to one's (**old**) **~s again** faire de nouveau des siennes **II.** *adj* (*question*) piège **III.** *vt* **1.** (*deceive*) duper; **to ~ sb into doing sth** ruser pour amener qn à faire qc **2.** (*swindle*) rouler

trickery ['trɪk·ᵊr·i] *n* ruse *f*

trickle ['trɪk·l] **I.** *vi* **1.** (*flow slowly*) couler lentement **2.** (*come in small amounts*) **to ~ in/out** (*people*) entrer/sortir petit à petit; **information ~d through** l'information a filtré **II.** *vt* faire couler goutte à goutte **III.** *n* (*slow flow*) filet *m;* **a ~ of information/requests** *fig* une petite quantité d'informations/de demandes

trickster ['trɪk·stər] *n pej* filou *m*

tricky ['trɪk·i] <-ier, -iest> *adj* **1.** (*awkward: question, problem*) compliqué(e); (*task*) difficile; **it's a bit ~** c'est un peu compliqué; **to be ~ to do** ne pas être facile à faire **2.** *pej* (*deceitful*) malin(-igne) **3.** (*adroit*) qui demande de l'habileté

tricycle ['traɪ·sɪ·kl] *n* tricycle *m*

tried [traɪd] *pt, pp of* **try**

triennial [traɪ·'en·i·əl] *adj* triennal(e)

trier ['traɪ·ər] *n inf* **to be a ~** être persévérant

trifle ['traɪ·fl] *n* **1.** (*insignificant thing*) broutille *f* **2.** (*small amount*) bagatelle *f* **3.** (*slightly*) **a ~ big** un peu gros

trifle with *vt* **1. to ~** (*treat as insignificant*) traiter à la légère **2.** (*flirt heartlessly*) se jouer de; **to ~ sb's affections** *form* jouer avec les sentiments de qn

trifling *adj* insignifiant(e); (*matter*) sans importance

trigger ['trɪg·ər] **I.** *n* **1.** (*gun part*) gâchette *f;* **to pull the ~** appuyer sur la gâchette **2.** (*precipitating incident*) **to be a ~ for sth** être le déclencheur de qc **II.** *vt* **to ~ sth** (**off**) [*o* **to ~** (**off**) **sth**] déclencher qc

trigger finger *n* index *m*

trigger-happy *adj* **to be ~** avoir la gâchette facile

trigonometry [ˌtrɪg·ə·'na·mə·tri] *n* trigonométrie *f*

trike [traɪk] *n inf abbr of* **tricycle** tricycle *m*

trilateral [traɪ·'læṭ·ər·ᵊl] *adj* trilatéral(e)

trilingual [ˌtraɪ·'lɪŋ·gwᵊl] *adj* trilingue

trill [trɪl] **I.** *n* trille *m* **II.** *vi* triller **III.** *vt* triller; **to ~ one's r's** rouler les r

trillion ['trɪl·jən] *n* **1.** (*1,000,000,000,000*) billion *m* **2.** (*any very large number*) **~s of sth** des millions *mpl* de qc

trilogy ['trɪl·ə·dʒi] <-ies> *n* trilogie *f*

trim [trɪm] **I.** *n* **1.** (*cut: at salon*) coupe *f* d'entretien; (*for hedge*) taille *f;* **to give sth a ~** tailler qc **2.** (*state of readiness*) **to be in ~** être en ordre; (*person*) être en forme **3.** (*decorative edge*) garniture *f* **4.** (*on car: inside*) revêtement *m;* (*outside*) finitions *fpl* **II.** *adj* **1.** (*neat*) soigné(e); (*lawn*) net(te) **2.** (*attractively thin*) mince **III.** <-mm-> *vt* **1.** (*cut*) tailler; **to ~ one's beard** se tailler la barbe; **my hair needs ~ming** mes cheveux ont besoin d'une coupe d'entretien **2.** (*decorate*) orner; (*tree*) décorer **3.** (*reduce*) réduire

◆**trim away** *vt* élaguer

◆**trim down** *vt* réduire

◆**trim off** *vt* tailler aux ciseaux; **we managed to trim $50 off the cost** *fig* on a réussi à faire baisser le coût de 50 dollars

trimmings *n pl* (*of pastry*) chutes *fpl;* (*on dress*) finitions *fpl;* **turkey with all the ~** de la dinde avec toutes les garnitures traditionnelles

Trinidad ['trɪn·ɪ·dæd] *n* (l'île *f* de) la Trinité; **~ and Tobago** Trinité-et-Tobago

Trinidadian I. *adj* trinidadien(ne) **II.** *n* Trinidadien(ne) *m(f)*

Trinity ['trɪn·ə·ṭi] *n* **the Holy ~** la sainte Trinité

trinket ['trɪŋ·kɪt] *n* babiole *f*

trio ['tri·oʊ] *n a.* MUS trio *m*

trip [trɪp] **I.** *n* **1.** (*journey*) voyage *m;* **business ~** voyage d'affaires; **round ~** aller-retour *m* **2.** (*shorter*) excursion *f;* **to go on a ~** faire une excursion **3.** *inf* (*hallucination*) trip *m* **II.** <-pp-> *vi* **1.** (*stumble*) trébucher **2.** (*move lightly*) **to ~ along** aller d'un pas léger **3.** (*be on drug*) faire un trip ▶ **to ~ off the tongue** (*name*) se dire aisément; (*cliché*) couler aisément **III.** <-pp-> *vt* **1.** (*activate*) déclencher **2.** *s.a.* **trip up**

◆**trip over** *vi* trébucher; **to ~ sth** trébucher sur qc

◆**trip up I.** *vt* **1.** (*cause to stumble*) faire trébucher **2.** (*cause to fail*) jouer un mauvais tour à **II.** *vi* **1.** (*fall*) trébucher **2.** (*make a mistake*) **to ~ on sth** buter sur qc

tripartite [ˌtraɪ·'par·taɪt] *adj* tripartite

tripe [traɪp] *n* **1.** CULIN tripes *fpl* **2.** *pej, inf* (*nonsense*) conneries *fpl*

triple ['trɪp·l] **I.** *adj* triple **II.** *adv* trois fois **III.** *vt, vi* tripler

triplet ['trɪp·lət] *n* triplé(e) *m(f)*

triplicate ['trɪp·lɪ·kɪt] *n* **in ~** en trois exemplaires

tripod ['traɪ·pad] *n* tripode *m*

triptych ['trɪp·tɪk] *n* triptyque *m*

trite [traɪt] *adj pej* banal(e)

triumph ['traɪ·ʌm(p)f] **I.** *n* (*great success*) triomphe *m;* **to return in ~** faire un retour triomphal **II.** *vi* **to ~ over sb/sth** triompher de qn/qc

triumphal *adj* triomphal(e)

triumphant *adj* triomphant(e); (*success*) retentissant(e)

trivia ['trɪv·i·ə] *npl* futilités *fpl*

trivial *adj* **1.** (*unimportant*) insignifiant(e) **2.** (*petty*) banal(e) **3.** (*easy*) simple

triviality [ˌtrɪv·i·'æl·ə·ṭi] *n* banalité *f*

trivialize ['trɪv·i·ᵊl·aɪz] *vt* banaliser; **to ~ sb's suffering** banaliser les souffrances de qn

trod [trad] *pt, pp of* **tread**

trodden ['trad·ᵊn] *pp of* **tread**

troglodyte ['tra·glə·daɪt] *n* troglodyte *m*

trolley ['tra·li] *n* tramway *m* ▶ **to be off one's**

~ (*be crazy*) débloquer
trolley bus *n* trolleybus *m*
trolley car *n* tramway *m*
trombone [tram·'boʊn], **trombonist** *n* trombone *m*
troop [trup] **I.** *n* troupe *f;* **to withdraw one's ~s** retirer ses troupes **II.** *vi* (*move in large numbers*) **to ~ down the road** descendre la rue en groupe
troop carrier *n* transport *m* de troupes
trooper *n* **1.** MIL cavalier *m* **2.** (*state police officer*) ≈ gendarme *m* ►**to swear like a ~** jurer comme un charretier
trophy ['troʊ·fi] <-ies> *n* trophée *m*
tropic ['tra·pɪk] *n* tropique *m;* **~ of Cancer** Tropique du Cancer
tropical *adj* tropical(e)
trot [trat] **I.** *n* **1.** (*horse's gait*) trot *m* **2.** *pl, inf* (*diarrhea*) courante *f* ►**on the ~** d'affilée **II.** <-tt-> *vi* **1.** (*move at a trot*) trotter; (*horse*) aller au trot **2.** (*go busily*) filer; **to ~ around the town** parcourir la ville **3.** *fig* **to ~ through a speech** débiter un discours
◆**trot off** *vi* s'éloigner (au trot)
◆**trot out** *vt* (*examples, excuses*) ressortir
trotters *n pl* CULIN pieds *mpl* de porc
trouble ['trʌb·l] **I.** *n* **1.** (*difficulty*) ennui *m;* **without too much ~** sans grosse difficulté; **to have ~ doing sth** avoir du mal à faire qc; **to be in ~** avoir des ennuis; **to be in ~ with sb/sth** avoir des ennuis avec qn/qc; **the ~ with sb/sth is that ...** l'ennui avec qn/qc, c'est que ...; **to cause sb ~** causer des ennuis à qn; **to be no ~ at all** ne poser aucun problème; **to take the ~ to** *+infin* se donner la peine de *+infin;* **to go to the ~ of doing sth** se donner la peine de faire qc; **to go to a lot of ~ for sb/sth** se donner beaucoup de mal pour qn/qc; **to be not worth the ~ of doing sth** ne pas valoir la peine de faire qc **2.** (*problem*) problèmes *mpl;* **to tell sb one's ~s** confier ses problèmes à qn; **to be the least of sb's ~s** être le moindre des soucis de qn **3.** (*malfunction*) ennuis *mpl;* **knee ~** problème *m* de genou; **to have back ~** avoir mal au dos; **stomach ~** troubles *mpl* digestifs; **engine ~** ennuis *mpl* de moteur; **car ~** problèmes *mpl* de voiture **4.** (*conflicts, arguments*) troubles *mpl;* **at the first sign of ~** aux premiers signes de troubles; **to look for ~** chercher les ennuis; **to stay out of ~** éviter les ennuis **II.** *vt* **1.** *form* (*cause inconvenience*) déranger; **can I ~ you to stand up?** puis-je vous demander de vous lever? **2.** (*cause worry to*) inquiéter **3.** (*cause problems to*) ennuyer; **my back's troubling me** j'ai des problèmes de dos **III.** *vi* (*make an effort*) se déranger; **to ~ to** *+infin* se donner la peine de *+infin*
troubled *adj* **1.** (*suffering troubles: marriage, relationship*) orageux(-euse); (*situation, times*) agité(e) **2.** (*feeling worried*) inquiet(-ète)
troublemaker *n* fauteur, -trice *m, f* de troubles
troubleshooter *n* médiateur, -trice *m, f*
troublesome *adj* **1.** (*difficult*) pénible **2.** (*embarrassing*) gênant(e)
trough [trɔf] *n* **1.** (*receptacle*) auge *f;* **drinking ~** abreuvoir *m* **2.** (*low point between two crests*) creux *m* **3.** (*low pressure area*) dépression *f*
troupe [trup] *n* THEAT troupe *f*
trouper *n* **an old ~** un vieux de la vieille; **a real ~** une personne de confiance
trousers ['traʊ·zərz] *npl* **(pair of) ~** pantalon *m*
trousseau ['tru·soʊ] *n* trousseau *m*
trout [traʊt] *n* <-(s)> truite *f*
trowel [traʊəl] *n* **1.** (*for masonry*) truelle *f* **2.** (*for gardening*) déplantoir *m*
truancy ['tru·ən(t)·si] *n* absentéisme *m* scolaire
truant ['tru·ənt] *n* élève *mf* absentéiste
truce [trus] *n* trêve *f*
truck[1] [trʌk] **I.** *n* camion *m;* (*long-distance*) poids *m* lourd **II.** *vt* acheminer par camion
truck[2] [trʌk] *n inf* (*dealings*) **to have no ~ with sb/sth** refuser d'avoir quoi que ce soit à faire avec qn/qc
truckage *n* camionnage *m*
truck driver, trucker *n* camionneur *m;* (*long-distance*) routier *m*
truck farm *n* jardin *m* maraîcher
trucking *n* transport *m* routier; **~ company** entreprise *f* de transports routiers
truculence ['trʌk·jə·lən(t)s] *n* agressivité *f*
truculent *adj* agressif(-ive)
trudge [trʌdʒ] **I.** *vi* (*walk laboriously*) se traîner **II.** *vt* **to ~ the streets** se traîner dans les rues **III.** *n* (*laborious walk*) marche *f* pénible
true [tru] **I.** *adj* **1.** (*not false*) vrai(e); **to ring ~** sonner vrai; **to be ~ of sb/sth** être vrai pour qn/qc; **to turn out to be ~** se révéler vrai; **to hold ~ for sb/sth** être de même pour qn/qc **2.** (*genuine*) véritable; **to come ~** se réaliser; **a ~ artist** un véritable artiste; **to discover sb's ~ colors** découvrir le véritable visage de qn; **in the ~ sense of a word** dans le vrai sens du terme **3.** (*faithful*) fidèle; **to be/remain ~ to sb/sth** être/rester fidèle à qn/qc; **~ to form, he ...** fidèle à lui-même, ... **4.** (*positioned accurately*) exact(e) **II.** *adv* droit **III.** *n* **to be out of ~** ne pas être d'aplomb
true-blue *adj* véritable
true-life *adj* vrai(e); **~ adventure** aventure *f* vécue
truffle ['trʌf·l] *n* truffe *f*
truism ['tru·ɪ·zəm] *n* truisme *m*
truly ['tru·li] *adv* **1.** (*accurately*) vraiment **2.** (*genuinely*) véritablement **3.** (*sincerely*) sincèrement; **yours ~** avec toutes mes salutations; **yours ~ had to pay** *inf* c'est moi qui ai dû payer
trump [trʌmp] **I.** *n* **~(s)** atout *m;* **to play a ~/~s** jouer un atout/l'atout **II.** *vt* **to ~ sb/sth** couper qn/qc avec l'atout; *fig* l'emporter sur qn/qc

T

trumpet ['trʌm·pət] **I.** *n* trompette *f* ►**to blow** **one's own** ~ se lancer des fleurs **II.** *vi* (*elephants*) barrir **III.** *vt pej* claironner
trumpeter *n* trompettiste *mf*
truncate [trʌŋ·'keɪt] *vt* tronquer
trundle ['trʌn·dl] **I.** *vi a. fig, pej* **to** ~ (**on**) avancer lentement **II.** *vt* pousser lentement
trundle bed *n* lit *m* gigogne
trunk [trʌŋk] *n* **1.** (*stem, part of body*) tronc *m* **2.** (*elephant's nose*) trompe *f* **3.** (*large strong case*) malle *f* **4.** (*in car*) coffre *m*
trunks *n pl* caleçon *m* de bain
truss [trʌs] *n* **1.** (*framework*) armature *f* **2.** (*surgical appliance for hernia*) bandage *m* herniaire
trust [trʌst] **I.** *n* **1.** (*belief in reliability*) confiance *f;* **to place one's ~ in sb/sth** faire confiance à qn/qc; **to take sth on** ~ croire qc sur parole; **to betray sb's** ~ trahir la confiance de qn **2.** (*responsibility*) charge *f;* **to have sth in** ~ avoir la charge de qc; **position of** ~ poste *m* à responsabilité **3.** (*organization*) fondation *f* **4.** ECON trust *m* **II.** *vt* **1.** (*place trust in*) faire confiance à; **to ~ sb to** +*infin* faire confiance à qn pour +*infin* **2.** (*place reliance on*) se fier à; **to ~ sth to sb, to ~ sb with sth** confier qc à qn; ~ **them to win/get lost** *iron* évidemment, ils allaient gagner/se perdre **3.** (*hope*) **to ~ that ...** espérer que ... **III.** *vi* **to ~ in sb/sth** se fier à qn/qc; **to ~ to luck** s'en remettre à la chance
trusted *adj* de confiance
trustee [trʌs·'ti] *n* administrateur, -trice *m, f;* **board of ~s** conseil *m* d'administration
trust fund *n* fonds *m* en fidéicommis
trusting *s.* **trustful**
trustworthy ['trʌst·ˌwɜr·ði] *adj* (*person*) digne de confiance; (*data, information*) fiable
trusty <-ier, -iest> *adj* fidèle
truth [truθ] *n* vérité *f;* **the ~ about sb/sth** la vérité sur qn/qc; **in** ~ en vérité; **to tell you the** ~ pour ne rien te/vous cacher; **there is no ~ in these accusations** il n'y a rien de vrai dans ces accusations
truthful *adj* sincère
truthfully *adv* sincèrement
truthfulness *n* sincérité *f*
try [traɪ] **I.** *n a.* SPORTS essai *m;* **to have a ~ at sth, to give sth a** ~ essayer qc **II.** <-ie-> *vi* **1.** (*attempt*) essayer; **to ~ and** +*infin inf* essayer de +*infin;* **to ~ for sth** essayer d'obtenir qc **2.** (*make an effort*) faire un effort **III.** <-ie-> *vt* **1.** (*attempt to do sth*) essayer; **to ~ to** +*infin* essayer de +*infin;* **to ~ doing sth** faire qc pour voir; **to ~ one's luck** tenter sa chance; **I tried my best** j'ai fait de mon mieux **2.** (*test*) essayer; ~ **this sauce** goûte cette sauce; ~ **the supermarket** va voir au supermarché **3.** (*judge*) juger **4.** (*cause annoyance*) mettre à l'épreuve **5.** (*put on trial*) juger
◆**try on** *vt* (*clothes*) essayer; **to try sth on for size** essayer qc pour voir si c'est la bonne taille
◆**try out I.** *vt* (*computer, idea, person*) essayer **II.** *vi* SPORTS **to ~ for a team** se présenter à une équipe
trying *adj* pénible
tryout *n* essai *m*
tsar [zar] *n s.* **czar**
tsarina [za·'ri·nə] *n* tsarine *f*
tsetse fly ['tset·si·ˌflaɪ] *n* mouche *f* tsé-tsé
T-shirt ['ti·ʃɜrt] *n* t-shirt *m*
tub [tʌb] *n* **1.** (*container: large*) bac *m;* (*small*) pot *m* **2.** (*bathtub*) baignoire *f*
tuba ['tu·bə] *n* tuba *m*
tubby ['tʌb·i] <-ier, -iest> *adj inf* rondelet(te)
tube [tub] *n* **1.** (*cylinder*) tube *m;* (*bigger diameter*) tuyau *m* **2.** (*container*) tube *m* **3.** (*bodily structure*) tube *m;* **bronchial ~s** bronches *fpl;* **to have one's ~s tied** se faire ligaturer les trompes **4.** *inf* (*television*) **the** ~ la télé ►**to go down the** ~(**s**) *inf* se casser la gueule
tuber *n* tubercule *m*
tuberculosis [tu·ˌbɜr·kjə·'loʊ·sɪs] *n* tuberculose *f*
tuck [tʌk] **I.** *n* **1.** (*narrow fold*) pli *m* **2.** *inf* (*surgery: to reduce fat*) liposuccion *f;* (*to reduce flesh*) lifting *m;* **to have a tummy** ~ *inf* se faire liposucer le ventre **II.** *vt* ranger; **to be ~ed away** être mis de côté; **to ~ sth in** rentrer qc; **to ~ sth into sth** rentrer qc dans qc
◆**tuck in I.** *vt* (*sheet, child*) border **II.** *vi inf* (*eat*) bouffer
◆**tuck up** *vt* border
Tuesday ['tuz·dəɪ] *n* mardi *m;* **Shrove** ~ mardi gras; *s.a.* **Friday**
tuft [tʌft] *n* touffe *f*
tug [tʌg] **I.** *n* **1.** (*pull*) petit coup *m;* **to give sth a** ~ tirer sur qc; **to feel a ~ at one's sleeve** sentir que quelqu'un vous tire par la manche **2.** (*boat*) remorqueur *m* **II.** <-gg-> *vt* tirer sur **III.** <-gg-> *vi* **to ~ at sth** tirer qc
tugboat *n s.* **tug**
tuition [tu·'ɪʃ·ᵊn] *n* **1.** (*school/college fee*) frais *mpl* de scolarité **2.** *form* (*teaching*) enseignement *m;* **private** ~ cours *mpl* privés
tulip ['tu·lɪp] *n* tulipe *f*
tumble ['tʌm·bl] **I.** *n a. fig* chute *f* **II.** *vi* **1.** (*fall*) tomber (par terre) **2.** (*move*) **the ball ~d down the path** le ballon a roulé le long de l'allée **3.** (*decrease: price*) chuter
◆**tumble down** *vi* s'écrouler; **the rain came tumbling down** un déluge de pluie est tombé
◆**tumble out** *vi* (*fall*) rouler par terre; (*contents of bag*) se déverser; (*story, words*) se déverser; **to ~ of bed** émerger du lit
tumbledown *adj* en ruine
tumbler ['tʌm·blər] *n* gobelet *m*
tumescent [tu·'mes·ᵊnt] *adj* tumescent(e)
tummy ['tʌm·i] <-ies> *n childspeak, inf* ventre *m*
tumor ['tu·mər] *n* tumeur *f;* **brain** ~ tumeur au cerveau
tumult ['tu·mʌlt] *n* tumulte *m*
tumultuous *adj* tumultueux(-euse); **to appear to ~ applause** être accueilli sous un tumulte d'applaudissements

tuna ['tu·nə] *n* thon *m*

tundra ['tʌn·drə] *n* toundra *f*

tune [tun] **I.** *n* **1.** (*melody*) air *m* **2.** (*pitch*) accord *m;* **to be in ~** être accordé; **to be out of ~** être désaccordé ▶**to change one's ~** changer de ton; **to the ~ of sth** d'un montant de qc; **to be in/out of ~ with sth** être en accord/désaccord avec qc **II.** *vt* **1.** MUS accorder **2.** TECH régler; **to be ~d to the local news** être branché sur la chaîne d'informations locales

◆**tune in, tune into** *vt* **1.** RADIO, TV **to ~ to sth** se brancher sur qc; **~ again next week** à la semaine prochaine sur la même longueur d'ondes **2.** *fig, inf* se brancher sur

◆**tune up** **I.** *vi* MUS s'accorder **II.** *vt* **1.** AUTO, TECH mettre au point; (*engine*) régler **2.** MUS accorder

tuneful *adj* MUS mélodieux(-euse)

tuneless *adj* MUS discordant(e)

tuner *n* **1.** (*radio*) tuner *m* **2.** MUS accordeur, -euse *m, f*

tune-up *n* AUTO, TECH réglage *m*

tungsten ['tʌŋ(k)·stən] *n* tungstène *m*

tunic ['tu·nɪk] *n* FASHION tunique *f*

tuning *n* **1.** MUS accord *m* **2.** (*adjustment*) réglage *m*

tuning fork *n* MUS diapason *m*

Tunisia [tu·'ni·ʒə] *n* la Tunisie

Tunisian **I.** *adj* tunisien(ne) **II.** *n* Tunisien(ne) *m(f)*

tunnel ['tʌn·əl] **I.** *n* **1.** (*passage*) tunnel *m* **2.** ZOOL, BIO galerie *f* ▶**the light at the end of the ~** la lumière au bout du tunnel **II.** *vi* **to ~ through/under sth** creuser un tunnel dans/sous qc **III.** *vt* creuser un tunnel dans; **to ~ one's way out of a prison** s'évader de prison en creusant un tunnel

turban ['tɜr·bən] *n* turban *m*

turbine ['tɜr·bɪn] *n* turbine *f*

turbo ['tɜr·boʊ] *n* turbo *m*

turbocharged *adj* turbo *inv*

turbocharger *n* turbocompresseur *m*

turbo engine *n* moteur *m* turbo

turbojet *n* turboréacteur *m*

turboprop *n* turbopropulseur *m*

turbot ['tɜr·bət] *n* <-(s)> turbot *m*

turbulence ['tɜr·bjə·lən(t)s] *n a. fig* turbulence *f*

turbulent *adj* turbulent(e)

tureen [tʊ·'rin] *n* ART, CULIN soupière *f*

turf [tɜrf] **I.** *n* **1.** (*grassy earth*) gazon *m* **2.** SPORTS (*ground*) terrain *m* **3.** (*territory*) territoire *m* **II.** *vt* BOT gazonner

turgid ['tɜr·dʒɪd] *adj* **1.** (*swollen*) gonflé(e) **2.** *pej* (*pompous*) ampoulé(e)

Turk [tɜrk] *n* (*person*) Turc, Turque *m, f*

turkey ['tɜr·ki] *n* **1.** ZOOL, CULIN dinde *f* **2.** *pej, inf* (*failure*) bide *m* **3.** *inf* (*silly person*) con(ne) *m(f)*

Turkey ['tɜr·ki] *n* la Turquie

Turkish ['tɜr·kɪʃ] **I.** *adj* turc(que) **II.** *n* turc *m; s.a.* **English**

Turkish baths *n pl* bains *mpl* turcs

turmoil ['tɜr·mɔɪl] *n* **1.** (*chaos*) agitation *f;* **to be in ~** être en ébullition **2.** (*stress*) trouble *m;* **to be in a ~** être agité; **one's mind is in a ~** la confusion règne dans son esprit

turn [tɜrn] **I.** *n* **1.** (*change of direction: road*) tournant *m;* **to take a ~** tourner; **a left/right ~** un tournant à gauche/à droite; **take the next ~ left** prenez le prochain tournant à gauche; **to give sth a ~** tourner qc **2.** (*rotation*) tour *m* **3.** (*walk*) tour *m* **4.** (*changing point*) tournant *m;* **the ~ of the tide** le renversement de la marée; *fig* le renversement des tendances; **a ~ of fate** un caprice du destin **5.** (*changing condition*) tournure *f;* **to take a ~ for the worse** s'aggraver; **to take a ~ for the better** s'améliorer **6.** (*allotted time*) tour *m;* **to be sb's ~ to** *+infin* être le tour de qn de *+infin;* **to take ~s doing sth** faire qc à tour de rôle; **to wait one's ~** attendre son tour; **in ~** à tour de rôle; **he paid each of us in ~** il nous a payés l'un après l'autre; **to speak out of ~** parler mal à propos **7.** (*shape*) tournure *f* **8.** (*service*) tour *m* **9.** (*odd sensation*) choc *m;* **to give sb a funny ~** donner un choc à qn **10.** MED crise *f* **11.** (*stage performance*) numéro *m* ▶**at every ~** à tout bout de champ; **to be cooked to a ~** être cuit à point **II.** *vi* **1.** (*rotate*) tourner **2.** (*turn around*) se retourner; AUTO faire demi-tour; **to ~ to(ward) sb/sth** se tourner vers qn/qc **3.** (*switch direction*) tourner; (*tide*) changer; **to ~ left** tourner à gauche; **to ~ around the corner** tourner au coin de la rue; **my mind ~ed to food** *fig* je me suis mis à penser au repas; **talk ~ed to politics** la conversation est passée à la politique; **to ~ to religion/drugs** se tourner vers la religion/la drogue; **who can I ~ to?** vers qui puis-je me tourner? **4.** (*become*) devenir; **to ~ cold** commencer à faire froid; **to ~ green** verdir; **to ~ seven** (*child*) venir d'avoir sept ans; (*time*) être sept heures passées **5.** BOT, BIO (*leaves*) jaunir ▶**to ~ (over) in one's grave** se retourner dans sa tombe; **to ~ on one's heel** tourner les talons **III.** *vt* **1.** (*rotate: page, handle*) tourner; **to ~ somersaults** faire des sauts périlleux **2.** (*cause to rotate*) faire tourner **3.** (*turn round*) retourner; **to ~ sth upside down** retourner qc **4.** (*switch direction*) tourner; **to ~ the corner** tourner au coin de la rue; *fig* passer le cap **5.** (*direct*) *a. fig* diriger; **to ~ a gun on sb** braquer une arme sur qn; **to ~ one's anger on sb** reporter sa colère sur qn **6.** (*transform*) **to ~ sb/sth into sth** transformer qn/qc en qc; **to ~ water blue** donner à l'eau une couleur bleue **7.** (*sprain*) tordre; **to ~ one's ankle** se fouler la cheville **8.** (*feel nauseated*) **to ~ one's stomach** soulever le cœur **9.** (*shape*) tourner ▶**to ~ one's back on sb** tourner le dos à qn; **to ~ the other cheek** tendre l'autre joue; **to ~ a deaf ear to sth** rester sourd à qc; **to ~ a blind eye to sth**

fermer les yeux sur qc; **to ~ sb's head** faire tourner la tête à qn; **to ~ the tables** inverser les rôles; **to ~ sth upside down** mettre qc sens dessus dessous

◆**turn against** *vt* se retourner contre

◆**turn around** **I.** *vt* **1.** (*twist*) retourner **2.** (*turn back: ship, plane*) faire faire demi-tour à **3.** (*reverse: situation*) renverser **4.** (*improve: business*) remettre sur pied **II.** *vi* **1.** (*twist*) tourner; (*person*) se retourner; **you can't just ~ and cancel the wedding** tu/vous ne peux/pouvez pas changer d'avis comme ça et annuler le mariage **2.** (*turn back: ship, plane*) faire demi-tour **3.** (*reverse*) se renverser **4.** (*improve*) se remettre sur pied

◆**turn aside** **I.** *vi* se détourner **II.** *vt* détourner

◆**turn away** **I.** *vi* se détourner **II.** *vt* **1.** (*to face the opposite way*) détourner **2.** (*refuse entry*) refuser

◆**turn back** **I.** *vi* **1.** (*return*) faire demi-tour **2.** (*change plans*) tourner bride; **you can't ~ now** tu/vous ne peux/pouvez pas faire marche arrière maintenant **II.** *vt* **1.** (*send back*) renvoyer **2.** (*fold*) replier ►**to ~ the clock** revenir en arrière

◆**turn down** *vt* **1.** (*reject*) refuser **2.** (*reduce*) baisser **3.** (*fold*) rabattre

◆**turn in** **I.** *vt* **1.** (*submit: assignment*) remettre; **to ~ a superb performance** produire une performance exceptionnelle **2.** *inf* (*hand to the police*) livrer **3.** (*give up*) remettre; (*weapons*) rendre **II.** *vi inf* aller se pieuter

◆**turn into** **I.** *vi* (*change*) se transformer en; **it turned into a fiasco** ça s'est transformé en fiasco **II.** *vt* **to turn sb/sth into sth** (*by magic, work*) transformer qn/qc en qc

◆**turn off** **I.** *vt* **1.** ELEC, TECH (*electric device*) éteindre; (*car engine*) arrêter **2.** (*stop the flow: gas, water, tap*) fermer **3.** (*leave your path: road*) quitter **4.** *inf* (*sexually unappealing*) rebuter **II.** *vi* **1.** (*leave your path*) **to ~ at sth** tourner à qc **2.** (*no longer pay attention*) décrocher

◆**turn on** **I.** *vt* **1.** ELEC, TECH (*electric device*) allumer **2.** (*start the flow: gas, tap, water*) ouvrir **3.** *inf* (*excite sexually*) exciter **4.** *inf* (*attract*) brancher **5.** (*attack*) s'attaquer à **6.** (*be dependent on*) reposer sur **II.** *vi* s'allumer

◆**turn out** **I.** *vi* **1.** (*end up*) finir; **it'll ~ all right** ça va bien se passer; **as things turned out, I was right** en l'occurrence, j'avais raison **2.** (*prove to be*) se révéler; **she turned out to be a great dancer** elle s'est révélée être une grande danseuse; **she turned out to be my aunt** il s'est avéré qu'elle était ma tante **3.** (*go to*) **to ~ for sth** se rendre à qc; **to ~ to vote** se rendre aux urnes **II.** *vt* **1.** (*switch off: electric device*) éteindre **2.** (*stop the flow: gas*) fermer **3.** (*empty: pockets*) vider **4.** (*produce: product*) produire; (*graduates, linguists*) former

◆**turn over** **I.** *vi* **1.** (*face different direction*) se retourner **2.** (*turn page*) tourner la page **3.** (*start: engine*) tourner **II.** *vt* **1.** (*change the side*) *a. fig* retourner; (*page*) tourner **2.** (*cause to operate: car engine*) faire tourner **3.** (*give in*) remettre **4.** (*hand over: control*) remettre **5.** (*consider: idea*) réfléchir à; **I've been turning things over** j'ai bien réfléchi **6.** (*be lucrative: business*) rapporter **7.** (*cheat*) rouler **8.** (*change function*) **to turn sth over to sth** transformer qc en qc ►**to ~ a new leaf** tourner la page

◆**turn up** **I.** *vi* **1.** (*arrive*) arriver; **when the job turned up, I took it** quand le job s'est présenté, je l'ai pris **2.** (*be found*) resurgir **3.** (*face upward*) pointer vers le haut **II.** *vt* **1.** (*increase: volume, gas*) augmenter; (*radio*) mettre plus fort **2.** (*shorten clothing*) relever **3.** (*reveal*) révéler **4.** (*find*) trouver

turnabout *n* COM retournement *m*

turnaround *n* **1.** (*sudden change*) volte-face *f inv;* (*for business, economy*) redressement *m* **2.** (*waiting time*) rotation *f*

turnaround time *n* délai *m* d'exécution

turncoat *n* renégat(e) *m(f)*

turndown **I.** *n* **1.** (*refusal*) refus *m* **2.** (*decline*) fléchissement *m* **II.** *adj* (*collar*) rabattu(e)

turner ['tɜr·nər] *n inf s.* **spatula**

turning *n* **1.** (*road leading off*) embranchement *m* **2.** TECH (*using a lathe*) tournage *m*

turning point *n* tournant *m*

turnip ['tɜr·nɪp] *n* navet *m*

turnoff *n* **1.** (*in road*) embranchement *m* **2.** *inf* (*sexually unappealing*) **to be a real ~** être vraiment repoussant

turn-on *n inf* (*sexually appealing*) **to be a real ~** être excitant

turnout *n* **1.** (*amount of people*) assistance *f* **2.** (*amount of people who vote*) nombre *m* de votants

turnover *n* **1.** (*rate of employee renewal*) rotation *f* du personnel **2.** (*total earnings*) chiffre *m* d'affaires **3.** (*rate of stock renewal*) écoulement *m* des marchandises **4.** CULIN chausson *m*, gosette *f Belgique*

turnpike ['tɜrn·paɪk] *n* AUTO autoroute *f* à péage

turnstile ['tɜrn·staɪl] *n* SPORTS tourniquet *m*

turntable ['tɜrn·ˌteɪbl] *n* **1.** (*for records*) platine *f* **2.** (*for trains*) plaque *f* tournante

turpentine ['tɜr·pən·taɪn] *n* térébenthine *f*

turquoise ['tɜr·kwɔɪz] **I.** *n* **1.** (*stone*) turquoise *f* **2.** (*color*) turquoise *m* **II.** *adj* **1.** (*made of this stone*) en turquoise(s) **2.** (*colored*) turquoise *inv*

turret ['tɜr·ɪt] *n* tourelle *f*

turtle ['tɜr·t̬l] <-(s)> *n* tortue *f*

turtledove *n* tourterelle *f*

turtleneck *n* col *m* roulé

tusk [tʌsk] *n* ZOOL défense *f*

tussle ['tʌs·l] **I.** *vi* **1.** (*scuffle*) se battre **2.** (*quarrel*) se disputer **II.** *n a. fig* lutte *f*

tut [tʌt] **I.** *interj* ~ voyons **II.** *vi* <-tt-> **to ~ at sth** désapprouver qc

tutor ['tu·t̬ər] **I.** *n* **1.** (*person helping students*) directeur, trice *m, f* d'études **2.** (*private teacher*) professeur *m* particulier **3.** (*assistant lecturer*) assistant(e) *m(f)* **II.** *vt* donner des cours à **III.** *vi* donner des cours

tutorial [tu·'tɔr·i·əl] *n* SCHOOL, UNIV travaux *mpl* dirigés

tuxedo [tʌk·'si·doʊ] *n* smoking *m*

TV [ˌti·'vi] *n* TV, ELEC *abbr of* **television** télé *f*

TV guide *n* programme *m* télé

TV star *n* star *f* de la télé

twang [twæŋ] **I.** *n* **1.** (*jarring sound*) son *m* vibrant **2.** (*nasal accent*) nasillement *m;* **to speak with a ~** nasiller **II.** *vt* **1.** MUS, PHYS faire vibrer; (*strings*) pincer **2.** *fig* **to ~ someone's nerves** taper sur les nerfs de qn **III.** *vi* MUS, PHYS vibrer

tweak [twik] *vt* **1.** (*pull*) tirer **2.** (*twist*) tordre **3.** (*pinch*) pincer **4.** (*adjust*) régler

tweed [twid] *n* FASHION tweed *m*

tweezers ['twi·zərz] *npl* pince *f* à épiler; **a pair of ~** une pince à épiler

twelfth [twelfθ] *adj* douzième; *s.a.* **eighth**

Twelfth Night *n* fête *f* des Rois

twelve [twelv] *adj* douze *inv; s.a.* **eight**

twentieth ['twen·t̬i·əθ] *adj* vingtième; *s.a.* **eighth**

twenty ['twen·t̬i] *adj* vingt *inv; s.a.* **eight, eighty**

24/7 *n expression américaine* (*prononcée "twenty-four, seven"*) *à la mode qui signifie 24 heures sur 24 et 7 jours sur 7, c.-à-d. en permanence, constamment*

twerp [twɜrp] *n pej, inf* andouille *f*

twice [twaɪs] *adv* deux fois; **~ as often/fast** deux fois plus souvent/plus vite

twice-yearly *adj* semestriel(le)

twiddle ['twɪd·l] **I.** *vt* tripoter ▶ **to ~ one's thumbs** se tourner les pouces **II.** *vi* **to ~ with sth** tripoter qc

twig [twɪg] *n a. pej* brindille *f*

twilight ['twaɪ·laɪt] *n* (*opp: dawn*) *a. fig* crépuscule *m; s.a.* **dusk**

twin [twɪn] **I.** *n a. fig* jumeau, jumelle *m, f* **II.** *adj a. fig* MED, BIO jumeau(jumelle); **a ~ brother** un frère jumeau **III.** *vt* <-nn-> jumeler

twin beds *n pl* lits *mpl* jumeaux

twine [twaɪn] **I.** *vi* **to ~ around sth** s'enrouler autour de qc **II.** *vt* **1.** (*twist around*) enrouler **2.** (*weave*) *a. fig* entrelacer **III.** *n* ficelle *f*

twin-engined *adj* bimoteur(-trice)

twinge [twɪndʒ] *n* **1.** MED (*stab*) élancement *m* **2.** *fig* **a ~ of conscience** un remords; **to feel a ~ of guilt/sadness** éprouver une certaine culpabilité/tristesse

twinkle ['twɪŋ·kl] **I.** *vi* scintiller; (*eyes*) pétiller **II.** *n* scintillement *m;* (*eyes*) pétillement *m;* **to have a ~ in one's eye** avoir une étincelle dans le regard

twinkling ['twɪŋ·klɪŋ] *n* scintillement *m;* (*eyes*) pétillement *m* ▶ **to do sth in the ~ of an eye** faire qc en un clin d'œil

twirl [twɜrl] **I.** *vi* DANCE, ART tournoyer **II.** *vt* **1.** (*spin*) faire tournoyer **2.** (*twist*) tortiller **III.** *n* **1.** (*spin*) pirouette *f* **2.** (*shape*) *a. fig* volute *f*

twist [twɪst] **I.** *vt* **1.** (*turn: metal, cloth*) tordre; (*handle, lid*) tourner; **to ~ one's ankle** se fouler la cheville; **I ~ed the top off the jar** j'ai dévissé le couvercle du pot; **to ~ sth out of shape** déformer qc en le tordant; **to ~ sth into a knot** former un nœud en tordant qc; **he ~ed his face into an ugly smile** *fig* son visage se déforma en un vilain sourire **2.** (*wind around*) enrouler; **to ~ sth together** (*strands, hands*) entrelacer qc **3.** (*manipulate: words*) déformer; **to ~ sth into sth** transformer qc en qc **4.** *inf* (*cheat*) rouler ▶ **to ~ sb's arm** forcer la main à qn; **to ~ sb round one's (little) finger** mener qn par le bout du nez **II.** *vi* **1.** (*turn around*) se (re)tourner **2.** (*squirm around*) s'enrouler; **to ~ and turn** s'agiter dans tous les sens **3.** (*contort*) *a.* MED se tordre **4.** (*curve: path*) serpenter; **to ~ and turn** faire des zigzags **5.** (*change*) se transformer **6.** (*dance*) twister ▶ **to be left ~ing in the wind** être laissé dans l'incertitude **III.** *n* **1.** (*turn*) tour *m;* **with a ~ of sth** d'un tour de qc **2.** (*rotation*) rotation *f;* MED entorse *f* **3.** (*action*) torsion *f* **4.** (*sharp curve*) tournant *m;* **~s and turns** tours *mpl* et détours *mpl* **5.** (*changing point*) tournant *m;* **to take a new ~** prendre un nouveau tournant **6.** (*change*) tournure *f;* **to give sth a ~** donner une nouvelle tournure à qc; **a surprise ~ to the story** une tournure surprenante dans l'histoire **7.** (*curl: hair*) torsade *f;* (*lemon*) zeste *m;* (*ribbon*) tortillon *m;* (*thread*) torsade *f* **8.** (*dance*) twist *m;* **to do the ~** danser le twist ▶ **to be in a ~** être à bout

twisted *adj a. fig* tordu(e); (*ankle*) foulé(e); (*path, river*) tortueux(-euse)

twister *n* **1.** METEO *s.* **tornado** **2.** *pej, inf* (*swindler*) escroc *mf*

twit [twɪt] *n pej, inf* andouille *f*

twitch [twɪtʃ] **I.** *vi* **1.** (*nervous movement: muscle*) se contracter; (*person*) avoir un tic **2.** (*move nervously*) s'agiter **II.** *vt* **1.** (*jerk*) contracter; (*nose, tail*) remuer **2.** (*tug quickly*) tirer d'un coup sec; **to ~ sth out of sth** arracher qc de qc **III.** <-es> *n* **1.** (*small spasm*) tic *m* **2.** (*quick pull*) coup *m* sec

twitter ['twɪt̬·ər] **I.** *vi* **1.** ZOOL, BIO gazouiller **2.** (*talk*) jacasser **II.** *n* ZOOL, BIO gazouillis *mpl*

two [tu] **I.** *adj* deux; **to be ~ of a kind** être de la même espèce; **to have ~ of sth** avoir qc en double ▶ **that makes ~ of us** *inf* on est deux **II.** *n* deux *m* ▶ **~'s company, three's a crowd** *prov* nous serions mieux seuls plutôt qu'à trois; **to put ~ and ~ together** *inf* tirer ses conclusions; **it takes ~ to tango** *prov* chacun a sa part de responsabilité; *s.a.* **eight**

two-bit *adj pej, inf* de pacotille

two-dimensional *adj* **1.** (*flat*) bidimensionnel(le) **2.** *fig, pej* superficiel(le)

two-edged *adj a. fig* à double tranchant
two-faced *adj* hypocrite
twofold I. *adv* doublement **II.** *adj* double
two-part *adj* en deux parties
two-party system *n* système *m* bipartite
two-phase *adj* ELEC diphasé(e)
two-piece I. *n* FASHION **1.** (*jacket and pants*) (costume *m*) deux-pièces *m* **2.** (*bikini*) (maillot *m*) deux-pièces *m* **II.** *adj* deux pièces
two-seater *n* AUTO voiture *f* à deux places
twosome *n* couple *m*
two-stroke AUTO, TECH **I.** *n* moteur *m* à deux temps **II.** *adj* à deux temps
two-tier(ed) *adj* **1.** (*with two levels*) à deux niveaux **2.** *pej* (*two-class*) à deux vitesses
two-time *vt inf* tromper
two-timing *adj pej, inf* infidèle; **a ~ bastard** un gros salaud
two-way *adj* à double sens; (*exchange*) bilatéral(e); **~ radio** poste *m* émetteur-récepteur
TX *n abbr of* **Texas**
tycoon [taɪ·'kun] *n* FIN magnat *m*
tyke [taɪk] *n* **1.** *inf* (*mischievous*) môme *mf* **2.** (*small*) gamin(e) *m(f)*
type [taɪp] **I.** *n* **1.** (*sort*) type *m*; **people of every ~** gens *mpl* de toutes sortes; **do you like that ~ of thing?** tu aimes/vous aimez ce genre de choses? **2.** BIO espèce *f*; **blood ~** groupe *m* sanguin **3.** (*sort of person*) genre *m*; **he's not the ~ to forget** il n'est pas du genre à oublier; **he's not my ~** il n'est pas mon genre; **he's a sporty ~** *inf* c'est le genre sportif **4.** TYP, PUBL caractère *m*; **in large/small ~** en gros/petits caractères **II.** *vt* **1.** (*write: typewriter*) taper; (*computer*) saisir **2.** (*categorize*) classifier; **to ~ blood** déterminer le groupe sanguin **3.** (*typecast*) **to be ~d** être cantonné dans un rôle **III.** *vi* (*typewriter*) taper (à la machine)
◆**type out, type up** *vt* (*typewriter*) taper (à la machine); (*computer*) saisir
typecast ['taɪp·kæst] <typecast, typecast> *vt* CINE, THEAT **to be ~ as sth** être enfermé dans le rôle de qc
typeface ['taɪp·feɪs] *n* TYP, PUBL police *f* de caractère
typesetter *n* TYP, PUBL **1.** (*machine*) composeuse *f* **2.** (*printer*) compositeur, -trice *m, f*
typesetting ['taɪp·ˌseţ·ɪŋ] *n* TYP, PUBL composition *f*
typewriter ['taɪp·ˌraɪ·ţər] *n* machine *f* à écrire, dactylographe *m Québec*
typewritten *adj* dactylographié(e)
typhoid ['taɪ·fɔɪd], **typhoid fever** *n* (fièvre *f*) typhoïde *f*
typhoon [taɪ·'fun] *n* METEO typhon *m*
typhus ['taɪ·fəs] *n* typhus *m*
typical ['tɪp·ɪ·kəl] **I.** *adj* typique; **the ~ American** l'Américain *m* type; **it is ~ of him/her** c'est bien lui/elle **II.** *interj inf* **~!** ça ne m'étonne pas!
typically *adv* **1.** (*characteristically*) typiquement **2.** (*usually*) généralement
typify ['tɪp·ɪ·faɪ] <-ie-> *vt* **1.** (*be characteristic of*) être caractéristique de **2.** (*embody*) être le type même de
typing *n* dactylographie *f*; **~ speed/error** vitesse *f*/erreur *f* de frappe
typist *n* dactylo *mf*
typo *n* (*error*) coquille *f*
typographer [taɪ·'pa·grə·fər] *n* typographe *mf*
typographic(al) *adj* typographique; **~ error** erreur *f* de typographie
typography [taɪ·'pa·grə·fi] *n* typographie *f*
tyrannical *adj* tyrannique
tyrannize ['tɪr·ən·aɪz] *vt* tyranniser
tyranny ['tɪr·ən·i] *n a. fig* tyrannie *f*
tyrant ['taɪ·rənt] *n a. fig* tyran *m*
tzar [zar] *n s.* **czar**

U

U, u [ju] <-'s> *n* U *m*, u *m*; **~ as in Uniform** (*on telephone*) u comme Ursule
U [ju] *n inf abbr of* **university** université *f*
UAE [ju·eɪ·'i] *n* GEO *abbr of* **United Arab Emirates** EAU *mpl*
ubiquitous [ju·'bɪk·wə·ţəs] *adj* omniprésent(e)
ubiquity [ju·'bɪk·wə·ţi] *n form* ubiquité *f*
udder ['ʌd·ər] *n* mamelle *f*
UFO [ˌju·ef·'oʊ] <(')s> *n abbr of* **unidentified flying object** ovni *m*
Uganda [ju·'gæn·də] *n* l'Ouganda *m*
Ugandan I. *adj* ougandais(e) **II.** *n* Ougandais(e) *m(f)*
ugh [ɜh] *interj inf* pouah!
ugliness *n* laideur *f*
ugly ['ʌg·lɪ] <-ier, iest> *adj* **1.** *pej* (*not attractive*) laid(e); **to be ~ as sin** être laid comme un pou; **~ duckling** vilain petit canard *m* **2.** (*angry: look, word, wound*) vilain(e) **3.** (*violent*) terrible; (*incident*) regrettable; **to turn ~** mal tourner **4.** (*unpleasant*) déplaisant(e) **5.** (*threatening*) menaçant(e) **6.** (*repelling*) répugnant(e); **an ~ customer** un sale type
UHF *n abbr of* **ultrahigh frequency** UHF *f*
UK [ju·'keɪ] *n abbr of* **United Kingdom the ~** le Royaume-Uni
Ukraine [ju·'kreɪn] *n* l'Ukraine *f*
Ukrainian I. *adj* ukrainien(ne) **II.** *n* **1.** (*person*) Ukrainien(ne) *m(f)* **2.** LING ukrainien *m*; *s.a.* **English**
ukulele [ˌju·kə·'leɪ·li] *n* guitare *f* hawaïenne
ulcer ['ʌl·sər] *n* **1.** MED ulcère *m* **2.** (*blemish*) plaie *f*
ulcerate ['ʌl·sər·eɪt] *vi* s'ulcérer
ulcerous ['ʌl·sər·əs] *adj* ulcéreux(-euse)
Ulster ['ʌl·stər] *n* Ulster *m*
ulterior [ʌl·'tɪr·i·ər] *adj* ultérieur(e); **~ motive** arrière-pensée *f*
ultimate ['ʌl·ţə·mɪt] **I.** *adj* **1.** (*best*) suprême **2.** (*final*) final(e); **the ~ purpose** le but ultime

3. (*fundamental*) fondamental(e) 4. (*furthest*) le(la) plus éloigné(e) **II.** *n* summum *m;* **the ~ in sth** le summum de qc

ultimately *adv* finalement

ultimatum [ˌʌl·t̬ə·ˈmeɪ·t̬əm] <ultimata *o* -tums> *n* ultimatum *m*

ultra- [ˌʌl·trə-] *in compounds* ultra-

ultrahigh frequency *n* RADIO très haute fréquence *f*

ultralight *adj* ultraléger(-ère)

ultramarine I. *adj* outremer *inv;* **~ blue** bleu *m* d'outremer **II.** *n* (bleu *m* d')outremer *m*

ultramodern *adj* ultramoderne

ultra-short *adj* RADIO ultracourt(e)

ultrasonic *adj* RADIO ultrasonique

ultrasound *n* **1.** (*sound, vibrations*) ultrasons *mpl* **2.** (*scan*) échographie *f*

ultrasound scan *n* MED échographie *f*

ultraviolet I. *n* ASTR, PHYS ultraviolet *m* **II.** *adj* ultraviolet(te); (*treatment*) aux ultraviolets

ultraviolet rays *n* rayons *mpl* ultraviolets

Ulysses [ju·ˈlɪs·iz] *n* Ulysse *m*

umber [ˈʌm·bər] ART, FASHION, TYP **I.** *adj* terre d'ombre *inv* **II.** *n* terre *f* d'ombre

umbilical cord [ʌm·ˈbɪl·ɪ·kl kɔrd] *n* cordon *m* ombilical

umbrage [ˈʌm·brɪdʒ] *n form* ombrage *m;* **to take ~ at sth** s'offenser de qc

umbrella [ʌm·ˈbrel·ə] *n* **1.** (*covering*) *a. fig* parapluie *m;* (*for sun*) ombrelle *f;* (*on the beach*) parasol *m* **2.** (*protection*) protection *f;* **under the ~ of sth** sous les auspices de qc

umbrella pine *n* pin *m* parasol

umbrella stand *n* porte-parapluies *m inv*

umpire [ˈʌm·paɪər] SPORTS **I.** *n* arbitre *mf* **II.** *vt* arbitrer

umpteen [ˈʌm(p)·tin] *adj, pron inf* des tas de

umpteenth *adj* énième

UN [ju·ˈen] *n abbr of* **United Nations the ~** l'ONU *f*

unabashed [ˌʌn·ə·ˈbæʃt] *adj* nullement décontenancé(e)

unabated [ˌʌn·ə·ˈbeɪ·t̬ɪd] *form* **I.** *adj* inchangé(e) **II.** *adv* (*without weakening*) sans faiblir

unable [ʌn·ˈeɪ·bl] *adj* **to be ~ to do sth** (*attend, reach*) ne pas pouvoir faire qc; (*swim, read*) ne pas savoir faire qc; (*incapable*) être incapable de faire qc

unabridged [ˌʌn·ə·ˈbrɪdʒd] *adj* intégral(e)

unacceptable [ˌʌn·ək·ˈsep·tə·bl] *adj* **1.** (*not good enough*) inacceptable; **sth is ~ to sb** qn ne peut pas accepter qc **2.** (*intolerable*) inadmissible

unaccompanied [ˌʌn·ə·ˈkʌm·pə·nid] *adj* (*passenger*) non accompagné(e); (*voice, violin*) sans accompagnement

unaccountable [ˌʌn·ə·ˈkaʊn·t̬ə·bl] *adj* **1.** (*inexplicable*) inexplicable **2.** (*not responsible*) **to be ~ for sth to sb** ne pas avoir à répondre de qc devant qn

unaccounted for [ˌʌn·ə·ˈkaʊn·t̬ɪd·ˌfɔr] *adj* manquant(e); **to be ~** manquer

unaccustomed [ˌʌn·ə·ˈkʌs·təmd] *adj* inhabituel(le); **to be ~ to doing sth** ne pas être habitué à faire qc

unacknowledged [ˌʌn·ək·ˈna·lɪdʒd] *adj* **1.** (*not recognized*) non reconnu(e) **2.** (*unanswered*) sans réponse

unadopted [ˌʌn·ə·ˈdap·tɪd] *adj* non adopté(e)

unadorned [ˌʌn·ə·ˈdɔrnd] *adj* sans fioriture; (*truth*) simple

unadulterated [ˌʌn·ə·ˈdʌl·t̬ə·reɪ·t̬ɪd] *adj* **1.** (*not changed*) simple **2.** (*pure*) *a. fig* (*substance*) pur(e); (*nonsense*) pur(e)

unadventurous [ˌʌn·əd·ˈven·tʃər·əs] *adj* peu audacieux(-euse)

unadvisable [ˌʌn·əd·ˈvaɪ·zə·bl] *adj* peu recommandé(e); **to be ~ to** +*infin* ne pas être recommandé de +*infin;* **to be ~ for sb** être à déconseiller pour qn

unaesthetic *adj* peu esthétique

unaffected [ˌʌn·ə·ˈfek·tɪd] *adj* **1.** (*not changed*) **to be ~ by sth** ne pas être affecté par qc **2.** (*sincere*) simple

unafraid [ˌʌn·ə·ˈfreɪd] *adj* sans peur; **to be ~ of sb/sth** ne pas avoir peur de qn/qc

unaided [ʌn·ˈeɪ·dɪd] *adj* sans aide; **to do sth ~** faire qc tout seul

unalike [ˌʌn·ə·ˈlaɪk] *adj* différent(e); **to be ~** ne pas se ressembler

unalloyed [ˌʌn·ə·ˈlɔɪd] *adj* **1.** (*pure: metal*) pur(e) **2.** *fig* parfait(e)

unaltered [ˌʌn·ˈɔl·t̬ərd] *adj* inchangé(e)

unambiguous [ˌʌn·æm·ˈbɪg·ju·əs] *adj* sans ambiguïté; (*language, terms*) clair(e)

un-American [ˌʌn·ə·ˈmer·ɪ·kən] *adj pej* **1.** (*against American principles*) peu américain(e) **2.** (*against the U.S.A.*) anti-américain(e)

unanimity [ˌju·nə·ˈnɪm·ə·t̬i] *n form* unanimité *f*

unanimous [ju·ˈnæn·ə·məs] *adj* unanime

unanimously *adv* à l'unanimité

unannounced [ˌʌn·ə·ˈnaʊn(t)st] **I.** *adj* imprévu(e) **II.** *adv* sans prévenir

unanswerable *adj* incontestable; (*question*) resté(e) sans réponse

unanswered [ˌʌn·ˈæn(t)·sərd] *adj* sans réponse

unappealing [ˌʌn·ə·ˈpilɪŋ] *adj* peu attrayant(e)

unappetizing [ˌʌn·ˈæp·ə·taɪ·zɪŋ] *adj* CULIN peu appétissant(e)

unappreciated [ˌʌn·ə·ˈpri·ʃi·eɪ·t̬ɪd] *adj* peu apprécié(e)

unappreciative [ˌʌn·ə·ˈpri·ʃi·ə·t̬ɪv] *adj* indifférent(e)

unapproachable [ˌʌn·ə·ˈproʊ·tʃə·bl] *adj* **1.** (*protected from entering*) inaccessible **2.** (*not friendly*) inabordable

unarguable [ʌn·ˈar·gju·ə·bl] *adj* incontestable

unarmed [ˌʌn·ˈarmd] *adj* (*person*) non armé(e); (*combat*) sans armes

unashamed [ˌʌn·ə·ˈʃeɪmd] *adj* (*joy, relief*) non dissimulé(e); (*nationalism*) éhonté(e); **to be ~ about sth** ne pas avoir honte de qc

U

unasked [ˌʌn·ˈæskt] **I.** *adj* **1.** (*not questioned: question*) non formulé(e) **2.** (*spontaneous*) spontané(e) **II.** *adv* spontanément; **he came in ~** il est entré sans y avoir été invité

unassuming [ˌʌn·ə·ˈsu·mɪŋ] *adj* modeste

unattached [ˌʌn·ə·ˈtætʃt] *adj* libre; (*journalist, worker*) indépendant(e)

unattainable [ˌʌn·ə·ˈteɪ·nə·bl] *adj* inaccessible

unattended [ˌʌn·ə·ˈten·dɪd] *adj* sans surveillance

unattractive [ˌʌn·ə·ˈtræk·tɪv] *adj* **1.** (*quite ugly*) peu attrayant(e) **2.** (*unpleasant*) déplaisant(e)

unaudited [ˌʌn·ˈɔ·dɪt·ɪd] *adj* FIN non vérifié(e)

unauthorized [ˌʌn·ˈa·θə·raɪzd] *adj* non autorisé(e)

unavailable [ˌʌn·ə·ˈveɪ·lə·bl] *adj* indisponible; **she's ~** elle n'est pas libre

unavoidable [ˌʌn·ə·ˈvɔɪ·də·bl] *adj* inévitable

unavoidably *adv* inévitablement; **to be ~ detained** avoir un empêchement

unaware [ˌʌn·ə·ˈwer] *adj* **to be ~ of sth** ne pas être conscient de qc; (*not informed*) ignorer qc; **to be not ~ of sth** avoir conscience de qc

unawares *adv* inconsciemment; (*to take, catch*) au dépourvu

unbalanced [ˌʌn·ˈbæl·ən(t)st] *adj* **1.** (*uneven*) mal équilibré(e); FIN (*account*) non soldé(e); (*attitude, report*) partial(e) **2.** PSYCH déséquilibré(e)

unbearable [ˌʌn·ˈber·ə·bl] *adj* insupportable

unbearably *adv* incroyablement

unbeatable [ˌʌn·ˈbi·ţə·bl] *adj* imbattable

unbeaten [ˌʌn·ˈbi·t^{ə}n] *adj* SPORTS (*team, person*) invaincu(e); (*record*) qui n'a pas encore été battu(e)

unbecoming [ˌʌn·bɪ·ˈkʌm·ɪŋ] *adj* **1.** (*not flattering: clothes*) peu seyant(e) **2.** (*unpleasant: attitude, conduct*) malséant(e)

unbeknown(st) [ˌʌn·bɪ·ˈnoʊn(st)] *adv form* **~ to me/her** à mon/son insu

unbelievable [ˌʌn·bɪ·ˈli·və·bl] *adj* incroyable

unbeliever *n* REL non-croyant(e) *m(f)*

unbelieving *adj* incrédule

unbend [ʌn·ˈbend] **I.** *vt* redresser; (*arm, leg*) déplier **II.** *vi irr* **1.** (*straighten out*) se redresser **2.** (*relax*) se détendre

unbending *adj form* inflexible

unbias(s)ed [ʌn·ˈbaɪəst] *adj* impartial(e)

unbind [ʌn·ˈbaɪnd] *irr vt* délier

unbleached [ʌn·ˈblitʃt] *adj* écru(e); (*paper, cloth*) sans chlore; (*flour*) non-traité(e)

unblinking [ʌn·ˈblɪn·kɪŋ] *adj* (*person*) impassible; (*gaze, stare, look*) fixe

unbolt [ʌn·ˈboʊlt] *vt* déverrouiller

unborn [ʌn·ˈbɔrn] *adj* **1.** (*not born*) à naître **2.** (*future*) à venir

unbounded [ʌn·ˈbaʊn·dɪd] *adj* sans borne(s)

unbowed [ʌn·ˈbaʊd] *adj* invaincu(e)

unbreakable [ʌn·ˈbreɪ·kə·bl] *adj* **1.** (*unable to be broken*) incassable **2.** (*that must be kept: rule*) inviolable; (*promise*) sacré(e) **3.** SPORTS (*record*) imbattable

unbridled [ʌn·ˈbraɪ·dld] *adj a. fig* débridé(e)

unbroken [ʌn·ˈbroʊ·k^{ə}n] *adj* **1.** (*not broken or damaged*) intact(e) **2.** (*continuous*) ininterrompu(e) **3.** (*not surpassed: record*) qui n'a pas été battu(e) **4.** (*uncultivated: land*) vierge

unbuckle [ʌn·ˈbʌk·l] *vt* déboucler

unburden [ʌn·ˈbɜr·d^{ə}n] *vt* soulager; **to ~ oneself of sth** se soulager de qc; **to ~ oneself to sb** ouvrir son cœur à qn

unbusinesslike [ʌn·ˈbɪz·nɪs·laɪk] *adj* peu professionnel(le)

unbutton [ʌn·ˈbʌt·^{ə}n] *vt* déboutonner

uncalled-for [ʌn·ˈkɔld·fɔr] *adj pej* déplacé(e)

uncanny [ʌn·ˈkæn·ɪ] *adj* <-ier, -iest> étrange; (*likeness*) troublant(e)

uncared for [ʌn·ˈkerd·fɔr] *adj* négligé(e); (*garden*) laissé(e) à l'abandon

unceasing [ʌn·ˈsi·sɪŋ] *adj form* incessant(e)

unceremonious [ʌn·ˌser·ɪ·ˈmoʊ·ni·əs] *adj* **1.** *pej* (*abrupt*) brusque **2.** (*informal*) informel(le)

uncertain [ʌn·ˈsɜr·t^{ə}n] *adj* **1.** (*unsure*) incertain(e); **to be ~ of sth** n'être pas sûr de qc; **to be ~ whether ...** ne pas être certain si ... **2.** (*unknown, not defined: future*) incertain(e); **in no ~ terms** en des termes clairs **3.** (*volatile*) changeant(e); (*temper*) versatile; (*weather*) variable; (*person*) inconstant(e)

uncertainty <-ies> *n* incertitude *f*

unchallenged [ʌn·ˈtʃæl·ɪndʒd] *adj* incontesté(e); **to allow sth to go ~** laisser passer qc sans contester

unchanged [ʌn·ˈtʃeɪndʒd] *adj* inchangé(e)

uncharacteristic [ʌn·ˌker·ɪk·tə·ˈrɪs·tɪk] *adj* inhabituel(le)

uncharitable [ʌn·ˈtʃer·ə·ţə·bl] *adj* peu charitable; **it is ~ of you to say so** ce n'est pas gentil de ta part de le dire

unchecked [ʌn·ˈtʃekt] *adj* **1.** (*unrestrained*) incontrôlé(e); (*enthusiasm, anger*) non contenu(e); **to be ~ by sth** ne pas être contenu par qc **2.** (*not examined*) non vérifié(e)

unchristian [ʌn·ˈkrɪs·tʃən] *adj pej* peu chrétien(ne)

uncivil [ʌn·ˈsɪv·^{ə}l] *adj pej, form* grossier(-ère); **to be ~ to sb** être grossier envers qn

uncivilized [ʌn·ˈsɪv·^{ə}l·aɪzd] *adj* **1.** (*not civilized*) barbare **2.** (*not polite: behavior, argument*) incorrect(e); (*hour*) indu(e)

unclaimed [ʌn·ˈkleɪmd] *adj* non réclamé(e)

uncle [ˈʌŋ·kl] *n* oncle *m*

unclean [ˌʌn·ˈklin] *adj* **1.** (*unhygienic*) sale **2.** REL impur(e)

unclear [ʌn·ˈklɪr] *adj* incertain(e); **to be ~ about sth** ne pas être sûr de qc; **it is ~ (as to) whether/what ...** on ne sait pas encore si/ce que ...

uncomfortable [ʌn·ˈkʌm(p)·fər·ţə·bl] *adj* (*shoes, chair*) inconfortable; (*silence, situation*) gênant(e); **to feel ~ about sth** être mal à l'aise à propos de qc; (*embarrassed*) se sentir gêné par qc; **to be ~ on a chair** être mal assis sur une chaise

uncomfortably *adv* inconfortablement
uncommitted [ˌʌn·kə·ˈmɪt̬·ɪd] *adj* (*person*) non engagé(e); (*funds*) non affecté(e); **to remain ~** ne pas s'engager
uncommon [ʌn·ˈkam·ən] *adj* rare
uncommunicative [ˌʌn·kə·ˈmju·nɪ·kə·t̬ɪv] *adj* peu communicatif(-ive); **to be ~ about sb/sth** être peu expansif à propos de qn/qc
uncomplaining [ˌʌn·kəm·ˈpleɪ·nɪŋ] *adj* **to be ~** ne pas se plaindre
uncomplimentary [ʌn·ˌkam·plə·ˈmen·t̬ər·i] *adj* peu flatteur(-euse)
uncompromising [ʌn·ˈkam·prə·maɪ·zɪŋ] *adj* intransigeant(e)
unconcerned [ˌʌn·kən·ˈsɜrnd] *adj* indifférent(e); **to be ~ about/with/by sth** être indifférent à qc; **to be ~ that ...** ne pas se soucier de savoir si ...
unconditional [ˌʌn·kən·ˈdɪʃ·ᵊn·ᵊl] *adj* sans condition(s)
unconfirmed [ˌʌn·kən·ˈfɜrmd] *adj* non confirmé(e)
unconnected [ˌʌn·kə·ˈnek·tɪd] *adj* sans rapport
unconscionable [ʌn·ˈkan·(t)ʃᵊn·ə·bl] *adj pej, form* déraisonnable
unconscious [ʌn·ˈkan·(t)ʃəs] **I.** *adj a. fig* inconscient(e); **to knock sb ~** assommer qn; **the ~ mind** l'inconscient *m;* **to be ~ of sth** *form* ne pas avoir conscience de qc **II.** *n* PSYCH **the ~** l'inconscient *m*
unconsciously *adv* inconsciemment
unconsciousness *n* MED inconscience *f*
unconsidered [ˌʌn·kən·ˈsɪd·ərd] *adj form* inconsidéré(e)
unconstitutional [ʌn·ˌkan(t)·stə·ˈtu·ʃᵊn·ᵊl] *adj* inconstitutionnel(le)
unconsummated [ˌʌn·ˈkan(t)·sə·meɪ·t̬ɪd] *adj* non consommé(e)
uncontested [ˌʌn·kən·ˈtes·tɪd] *adj* incontesté(e)
uncontrollable *adj* incontrôlable
uncontrolled [ˌʌn·kən·ˈtroʊld] *adj* incontrôlé(e)
unconventional [ˌʌn·kən·ˈvən·(t)ʃᵊn·ᵊl] *adj* peu conventionnel(le)
unconvincing [ˌʌn·kən·ˈvɪn(t)·sɪŋ] *adj* peu convaincant(e)
uncooked [ʌn·ˈkʊkt] *adj* pas cuit(e)
uncooperative [ˌʌn·koʊ·ˈa·pər·ə·t̬ɪv] *adj pej* peu coopératif(-ive)
uncoordinated [ˌʌn·koʊ·ˈɔr·dᵊn·eɪ·t̬ɪd] *adj pej* non coordonné(e); **to be ~** (*person*) manquer de coordination
uncork [ʌn·ˈkɔrk] *vt* déboucher
uncorroborated [ˌʌn·kə·ˈra·bər·eɪ·t̬ɪd] *adj* non corroboré(e)
uncountable [ʌn·ˈkaʊn·t̬ə·bl] *adj* LING non dénombrable
uncouple [ʌn·ˈkʌpl] *vt* **1.** (*detach*) détacher **2.** (*separate*) séparer
uncouth [ʌn·ˈkuθ] *adj pej* grossier(-ère)
uncover [ʌn·ˈkʌv·ər] *vt* **1.** (*lay bare*) découvrir **2.** (*expose*) dévoiler
uncritical [ˌʌn·ˈkrɪt̬·ɪ·kᵊl] *adj pej* peu critique; **to be ~ of sb/sth** manquer d'esprit critique à l'égard de qn/qc
uncrowned [ʌn·ˈkraʊnd] *adj* sans couronne
UNCTAD *n abbr of* **United Nations Commissions for Trade and Development** CNUCED *f*
unctuous [ˈʌŋk·tʃu·əs] *adj form* mielleux(-euse)
uncut [ʌn·ˈkʌt] *adj* non coupé(e); (*film*) en version intégrale; (*diamond*) brut(e)
undamaged [ʌn·ˈdæm·ɪdʒd] *adj* intact(e)
undated [ʌn·ˈdeɪ·t̬ɪd] *adj* non daté(e)
undaunted [ʌn·ˈdɔn·t̬ɪd] *adj* inébranlable; **to be ~ by sth** ne pas être découragé par qc; **to remain ~** ne pas se laisser démonter
undecided [ˌʌn·dɪ·ˈsaɪ·dɪd] *adj* indécis(e); **to be ~ whether/when ...** ne pas savoir encore si/quand ...
undemocratic [ˌʌn·dem·ə·ˈkræt·ɪk] *adj pej* peu démocratique
undemonstrative [ˌʌn·dɪ·ˈman(t)·strə·t̬ɪv] *adj form* peu démonstratif(-ive)
undeniable [ˌʌn·dɪ·ˈnaɪ·ə·bl] *adj* indéniable
undeniably *adv* incontestablement
under [ˈʌn·dər] **I.** *prep* **1.** (*below*) sous; **~ the table/water** sous la table/l'eau; **~ it** dessous; **~ there** là-dessous **2.** (*supporting*) sous; **to break ~ the weight** céder sous le poids **3.** (*less than*) moins de; **~ $10/the age of 30** moins de 10 dollars/30 ans **4.** (*governed by*) sous; **~ the communists** sous le régime des communistes; **I am ~ orders to say nothing** j'ai reçu l'ordre de ne rien dire **5.** (*in state of*) **~ these conditions** dans ces conditions; **~ the circumstances** vu les circonstances; **~ repair/observation** en réparation/observation **6.** (*in category of*) par; **to classify the books ~ author** classer les livres par auteur **7.** (*according to*) d'après; **~ the treaty** conformément au traité ▶ **to be ~ sb's <u>influence</u>** subir l'influence de qn; **to put sth ~ the <u>microscope</u>** regarder qc à la loupe; **to be ~ <u>way</u>** être en route; *s.a.* **over II.** *adv* **1.** au-dessous, en dessous; **as ~** comme ci-dessous; **to get out from ~** *a. fig* remonter à la surface **2.** *inf* (*unconscious*) **to go ~** tomber dans les pommes
underachiever [ˌʌn·dər·ə·ˈtʃiv] *n* SCHOOL élève *mf* aux résultats décevants
underage [ˌʌn·dər·ˈeɪdʒ] *adj* mineur(e)
underage drinking *n* consommation *f* d'alcool chez les mineurs
underarm [ˌʌn·dər·ˈarm] **I.** *n* aisselles *fpl* **II.** *adj* **1.** (*related to armpit: hair*) des aisselles; (*deodorant*) pour les aisselles **2.** SPORTS par en dessous **III.** *adv* par en dessous
underbelly [ˈʌn·dər·ˌbel·i] *n* **1.** (*abdomen*) bas-ventre *m* **2.** (*vulnerable area*) point *m* faible
undercharge [ˈʌn·dər·tʃardʒ] **I.** *vt* ne pas faire payer assez à; **to ~ sb by ten dollars** faire

payer dix dollars de moins à qn **II.** *vi* demander trop peu
underclass [ˈʌn·dər·klæs] *n* quart-monde *m*
underclothes [ˈʌn·dər·kloʊðz] *npl form* sous-vêtements *mpl*
undercover [ˌʌn·dər·ˈkʌv·ər] **I.** *adj* secret(-ète) **II.** *adv* clandestinement
undercurrent [ˈʌn·dər·kɜr·ᵊnt] *n* **1.** (*current in sea*) courant *m* sous-marin **2.** *fig* relent *m*
undercut [ˌʌn·dər·ˈkʌt] *irr vt* **1.** (*charge less: competitor*) vendre moins que; (*prices*) casser **2.** (*undermine*) saper
underdeveloped [ˌʌn·dər·dɪ·ˈvel·əpt] *adj* sous-développé(e)
underdog [ˈʌn·dər·dɔg] *n* opprimé(e) *m(f)*
underdone [ˌʌn·dər·ˈdʌn] *adj* pas assez cuit(e); (*steak*) saignant(e)
underemployed [ˌʌn·dər·ɪm·ˈplɔɪd] *adj* sous-employé(e)
underestimate [ˌʌn·dər·ˈes·tə·meɪt] **I.** *vt* sous-estimer **II.** *n* sous-estimation *f*
underexpose [ˌʌn·dər·ɪk·ˈspoʊz] *vt* PHOT sous-exposer
underexposure [ˌʌn·dər·ɪk·ˈspoʊ·ʒər] *n* PHOT sous-exposition *f*
underfed [ˌʌn·dər·ˈfed] *adj* sous-alimenté(e)
underfoot [ˌʌn·dər·ˈfʊt] *adv* sous les pieds; **to trample sb/sth ~** *a. fig* piétiner qn/qc
underfunded [ˌʌn·dər·ˈfʌnd·ɪd] *adj* **to be ~** manquer de fonds
undergarment [ˈʌn·dər·gar·mənt] *n form* sous-vêtement *m*
undergo [ˌʌn·dər·ˈgoʊ] *irr vt* subir; (*treatment*) suivre
undergrad [ˈʌn·dər·græd] *n inf* étudiant(e) *m(f)* (de premier cycle)
undergraduate [ˌʌn·dər·ˈgrædʒ·u·ət] *n* étudiant(e) *m(f)* (de premier cycle); **~ program** programme *m* de premier cycle
underground [ˈʌn·dər·graʊnd] **I.** *adj* **1.** (*below earth surface*) souterrain(e) **2.** (*clandestine*) clandestin(e) **3.** ART, MUS underground *inv* **II.** *adv* **1.** (*beneath the ground*) sous terre **2.** (*secretly*) clandestinement; **to go ~** entrer dans la clandestinité **III.** *n* **1.** (*clandestine movement*) **the ~** le mouvement clandestin **2.** (*alternative group*) mouvement underground
underground passage *n* passage *m* souterrain
undergrowth [ˈʌn·dər·groʊθ] *n* sous-bois *m inv*
underhand [ˌʌn·dər·ˈhænd], **underhanded** **I.** *adj* **1.** (*secret*) sournois(e) **2.** (*with arm below shoulder*) par-dessous **II.** *adv* **1.** (*secretly*) sournoisement **2.** (*below shoulder*) par-dessous
underlie [ˌʌn·dər·ˈlaɪ] *irr vt* sous-tendre
underline [ˌʌn·dər·ˈlaɪn] *vt a. fig* souligner
underling [ˈʌn·dər·lɪŋ] *n pej* sous-fifre *m*
underlying [ˌʌn·dər·ˈlaɪ·ɪŋ] *adj* sous-jacent(e)
undermanned [ˌʌn·dər·ˈmænd] *adj* à court de personnel
undermine [ˌʌn·dər·ˈmaɪn] *vt a. fig* saper
underneath [ˌʌn·dər·ˈniθ] **I.** *prep* sous, au-dessous de **II.** *adv* (en) dessous; *s.a.* **under III.** *adj* d'en dessous **IV.** *n* dessous *m*
undernourished [ˌʌn·dər·ˈnɜr·ɪʃt] *adj* sous-alimenté(e)
underpaid [ˌʌn·dər·ˈpeɪd] *adj* sous-payé(e)
underpants [ˈʌn·dər·pænts] *npl* slip *m*
underpass [ˈʌn·dər·pæs] <-es> *n* passage *m* souterrain
underpay [ˌʌn·dər·ˈpeɪ] *irr vt* sous-payer
underpin [ˌʌn·dər·ˈpɪn] *vi a. fig* étayer
underpinning *n a. fig* étayage *m*
underplay [ˌʌn·dər·ˈpleɪ] *vt* minimiser
underpopulated [ˌʌn·dər·ˈpa·pjə·leɪ·tɪd] *adj* sous-peuplé(e)
underprivileged [ˌʌn·dər·ˈprɪv·ᵊl·ɪdʒd] **I.** *adj* défavorisé(e) **II.** *n pl* **the ~** les défavorisés *mpl*
underrate [ˌʌn·dər·ˈreɪt] *vt* sous-estimer
underscore [ˌʌn·dər·ˈskɔr] *vt a. fig* souligner
undersea [ˈʌn·dər·si] *adj* sous-marin(e)
undersecretary [ˈʌn·dər·sek·rə·ter·i] *n* sous-secrétaire *mf*
undersell [ˌʌn·dər·ˈsel] *irr vt* **1.** (*offer goods cheaper*) **to ~ sb** vendre moins cher que qn **2.** (*undervalue*) sous-estimer; **to ~ oneself** se sous-estimer
undershirt [ˈʌn·dər·ʃɜrt] *n* maillot *m* de corps
underside [ˈʌn·dər·saɪd] *n* dessous *m*
undersigned [ˈʌn·dər·saɪnd] *n form* **I, the ~ ...** je soussigné(e) ...
undersize(d) [ˈʌn·dər·saɪz(d)] *adj* trop petit(e)
understaffed [ˌʌn·dər·ˈstæft] *adj* à court de personnel
understand [ˌʌn·dər·ˈstænd] *irr* **I.** *vt* **1.** (*perceive meaning*) comprendre; **to make oneself understood** se faire comprendre; **to ~ one another** se comprendre; **the problem as I ~ it** si je comprends bien le problème **2.** (*believe, infer*) **it is understood that ...** il est entendu que ...; **I ~ that you're leaving** j'ai cru comprendre que tu partais/vous partiez **II.** *vi* comprendre; **to ~ about sb/sth** comprendre qn/qc; **am I to ~ from this that ...?** dois-je comprendre par là que ...?; **I ~ from the letter that ...** j'ai cru comprendre en lisant la lettre que ...
understandable *adj* compréhensible
understanding **I.** *n* **1.** (*comprehension*) compréhension *f;* **to be beyond all ~** être incompréhensible; **my ~ was that ...** j'ai compris que ...; **to have no ~ of sth** ne rien comprendre à qc; **to show great ~** être très compréhensif **2.** (*interpretation*) interprétation *f;* **my limited ~ of Islam does not allow me to judge** ma connaissance limitée de l'Islam ne me permet pas de juger **3.** (*agreement*) entente *f;* **to come to an ~** s'entendre; **to do sth on the ~ that** faire qc à la condition que +*subj* **II.** *adj* compréhensif(-ive)
understate [ˌʌn·dər·ˈsteɪt] *vt* minimiser
understated *adj* discret(-ète)

understatement *n* litote *f;* **it's the ~ of the year** c'est le moins qu'on puisse dire

understood [ˌʌn·dər·ˈstʊd] *pt, pp of* **understand**

understudy [ˈʌn·dər·stʌd·i] THEAT **I.** <-ies> *n* doublure *f;* **to be the ~ for sb/sth** être la doublure de qn/qc **II.** <-ie-> *vt* doubler; **to ~ a part** doubler un acteur dans un rôle

undertake [ˌʌn·dər·ˈteɪk] *vt irr* **1.** (*set about, take on*) entreprendre; (*mission*) se charger de; (*a role*) assumer **2.** *form* (*commit oneself to, guarantee*) **to ~ to** *+infin* s'engager à *+infin;* **to ~ (that)** ... promettre que ...

undertaker *n* (*funeral director*) entrepreneur, -euse *m, f* des pompes funèbres

undertaking *n* **1.** (*professional project*) entreprise *f* **2.** (*pledge, formal promise*) promesse *f;* **an ~ to** *+infin* une promesse de *+infin;* **to give an ~ that ...** donner sa promesse que ...

undertone [ˈʌn·dər·toʊn] *n* **1.** (*low voice*) voix *f* basse **2.** (*undercurrent, insinuation*) note *f*

underused [ˌʌn·dər·ˈjuzd], **underutilized** [ˌʌn·dər·ˈju·t̬ᵊl·aɪzd] *adj* sous-utilisé(e)

undervalue [ˌʌn·dər·ˈvæl·ju] *vt* sous-estimer

underwater [ˈʌn·dər·ˈwɔ·t̬ər] **I.** *adj* sous-marin(e) **II.** *adv* sous l'eau

underwear [ˈʌn·dər·wer] *n* sous-vêtements *mpl*

underweight [ˌʌn·dər·ˈweɪt] *adj* **to be ~** avoir un poids insuffisant

underwhelming *adj inf* peu emballant(e); (*disappointing*) décevant(e)

underworld [ˈʌn·dər·wɜrld] *n* **1.** (*criminal world*) **the ~** la pègre **2.** (*world of the dead*) **the ~** les enfers *mpl*

underwrite [ˈʌn·dər·raɪt] *vt irr* **1.** (*sign*) souscrire à **2.** (*subsidize*) subventionner **3.** (*provide insurance*) garantir

underwriter *n* **the ~** les assureurs *mpl*

undesirable [ˌʌn·dɪ·ˈzaɪ·rə·bl] **I.** *adj pej* indésirable **II.** *n pl, pej* indésirable *mf*

undetected [ˌʌn·dɪ·ˈtek·tɪd] *adj* non décelé(e); **to go ~** passer inaperçu(e)

undeveloped [ˌʌn·dɪ·ˈvel·əpt] *adj* non exploité(e)

undid [ʌn·ˈdɪd] *pt of* **undo**

undies [ˈʌn·dɪz] *npl inf* lingerie *f*

undisclosed [ˌʌn·dɪs·ˈkloʊzd] *adj* non divulgué(e)

undiscovered [ˌʌn·dɪ·ˈskʌv·ərd] *adj* inconnu(e)

undisputed [ˌʌn·dɪ·ˈspju·t̬ɪd] *adj* incontesté(e)

undistinguished [ˌʌn·dɪ·ˈstɪŋ·gwɪʃt] *adj pej* peu distingué(e)

undisturbed [ˌʌn·dɪ·ˈstɜrbd] *adj* paisible; **to leave sth ~** ne pas toucher à qc

undivided [ˌʌn·dɪ·ˈvaɪ·dɪd] *adj a. fig* entier(-ère)

undo [ʌn·ˈdu] *irr vt* **1.** (*unfasten: buttons, laces*) défaire **2.** (*cancel, wipe out*) annuler; (*legislation*) révoquer; (*damage*) réparer

undoing *n form* perte *f;* **drink was his ~** l'alcool a causé sa perte

undone [ˌʌn·ˈdʌn] **I.** *pp of* **undo II.** *adj* **1.** (*not fastened*) défait(e); **to come ~** se défaire **2.** (*uncompleted*) inachevé(e)

undoubted [ʌn·ˈdaʊ·t̬ɪd] *adj* incontestable

undoubtedly *adv* indubitablement

undreamed of [ʌn·ˈdrimd·av], **undreamt of** *adj* insoupçonné(e)

undress [ʌn·ˈdres] **I.** *vt a. fig* déshabiller; **to ~ sb with one's eyes** déshabiller qn du regard **II.** *vi* se déshabiller **III.** *n* **in a <u>state</u> of ~** en petite tenue

undressed *adj* déshabillé(e); **to get ~** se déshabiller

undrinkable [ʌn·ˈdrɪŋ·kə·bl] *adj* (*bad*) imbuvable

undue [ˌʌn·ˈdu] *adj form* excessif(-ive)

undulate [ˈʌn·djə·leɪt] *vi form* onduler

undulating *adj form* ondulant(e); (*landscape*) vallonné(e)

unduly [ˌʌn·ˈdu·li] *adv* excessivement

undying [ˌʌn·ˈdaɪ·ɪŋ] *adj* immortel(le); (*love, gratitude*) éternel(le)

unearned [ˌʌn·ˈɜrnd] *adj* **1.** (*undeserved*) immérité(e) **2.** (*not worked for*) **~ income** rentes *fpl*

unearth [ʌn·ˈɜrθ] *vt* **1.** (*dig up*) déterrer **2.** *fig* (*truth*) découvrir; (*person*) dénicher

unearthly *adj* <-ier, -iest> **1.** (*unsettling: noise, scream*) inhumain(e) **2.** *pej, inf* **at an ~ hour** à une heure indue **3.** (*not from the earth*) surnaturel(le)

unease [ʌn·ˈiz] *n* malaise *m*

uneasy *adj* <-ier, -iest> **1.** (*ill at ease*) mal à l'aise; (*silence*) gêné(e); **to feel ~ about sb/sth** se sentir gêné par rapport à qn/qc **2.** (*apprehensive*) inquiet(-ète) **3.** (*difficult: relationship, compromise*) difficile

uneconomic(al) [ˈʌn·ˌek·ə·ˈna·mɪk·(ᵊl)] *adj* non rentable

uneducated [ʌn·ˈedʒ·ʊ·keɪ·t̬ɪd] *adj* **1.** (*having not studied*) **to be ~** ne pas avoir fait d'études **2.** *pej* inculte

unemotional [ˌʌn·ɪ·ˈmoʊ·ʃᵊ·nᵊl] *adj* impassible

unemployable *adj* inemployable

unemployed [ˌʌn·ɪm·ˈplɔɪd] **I.** *n* **the ~** *pl* les chômeurs *mpl* **II.** *adj* au chômage

unemployment [ˌʌn·ɪm·ˈplɔɪ·mənt] *n* chômage *m*

unemployment benefits *n pl* allocation *f* (de) chômage

unemployment insurance *n* assurance *f* chômage

unencumbered [ˌʌn·ɪn·ˈkʌm·bərd] *adj* **~ by sth** non encombré(e) par qc

unending [ʌn·ˈen·dɪŋ] *adj* interminable

unenforceable [ˌʌn·ɪn·ˈfɔr·sə·bl] *adj* inapplicable

unengaged [ˌʌn·ɪn·ˈgeɪdʒd] *adj* libre

unenlightened [ˌʌn·ɪn·ˈlaɪ·tᵊnd] *adj* peu éclairé(e)

unenviable [ˌʌn·ˈen·vi·ə·bl] *adj pej* peu en-

U

viable

unequal [ˌʌn·ˈi·kwəl] *adj* **1.** (*different*) inégal(e) **2.** (*unjust, inequitable*) inégalitaire ►**to be ~ to a <u>task</u>** ne pas être à la hauteur d'une tâche

unequaled *adj* inégalé(e)

unequivocal [ˌʌn·ɪ·ˈkwɪv·ə·kəl] *adj* sans équivoque; (*success*) incontestable

unerring [ʌn·ˈɜr·ɪŋ] *adj* infaillible

UNESCO [ju·ˈnes·koʊ] *n abbr of* **United Nations Educational, Scientific and Cultural Organization** UNESCO *f*

unethical [ʌn·ˈeθ·ɪ·kəl] *adj* contraire à l'éthique

uneven [ˌʌn·ˈi·vən] *adj* **1.** (*not flat or level*) *a.* MED irrégulier(-ère) **2.** (*unequal*) inégal(e)

uneventful *adj a. pej* calme

unexceptionable *adj form* irréprochable

unexceptional [ˌʌn·ɪk·ˈsep·ʃən·əl] *adj* ordinaire

unexciting [ˌʌn·ɪk·ˈsaɪ·tɪŋ] *adj* peu passionnant(e)

unexpected [ˌʌn·ɪk·ˈspek·tɪd] **I.** *adj* inattendu(e) **II.** *n* **the ~** l'inattendu *m*

unexplained [ˌʌn·ɪk·ˈspleɪnd] *adj* inexpliqué(e)

unexploded [ˌʌn·ɪk·ˈsploʊ·dɪd] *adj* qui n'a pas explosé

unexploited [ˌʌn·ɪk·ˈsplɔɪ·tɪd] *adj* inexploité(e)

unexplored [ˌʌn·ɪk·ˈsplɔrd] *adj* inexploré(e)

unexpressed [ˌʌn·ɪk·ˈsprest] *adj* inexprimé(e)

unexpressive [ˌʌn·ɪk·ˈspres·ɪv] *adj* inexpressif(-ive)

unexpurgated [ˌʌn·ˈek·spər·geɪ·t̬ɪd] *adj* (*edition*) intégral(e)

unfailing [ʌn·ˈfeɪ·lɪŋ] *adj* infaillible

unfair [ˌʌn·ˈfer] *adj* injuste

unfaithful [ˌʌn·ˈfeɪθ·fəl] *adj* infidèle

unfaltering [ʌn·ˈfɔl·t̬ər·ɪŋ] *adj* assuré(e)

unfamiliar [ˌʌn·fə·ˈmɪl·jər] *adj* **1.** (*new: sound, face, place*) peu familier(-ère); (*ideas, situation*) inhabituel(le); (*author*) peu connu(e) **2.** (*unacquainted*) **to be ~ with sth** mal connaître qc

unfashionable [ʌn·ˈfæʃ·ə·n·ə·bl] *adj* démodé(e)

unfasten [ˌʌn·ˈfæ·sən] **I.** *vt* défaire **II.** *vi* se défaire

unfathomable [ʌn·ˈfæð·ə·mə·bl] *adj a. fig* insondable; **for some ~ reason...** pour on ne sait trop quelle raison...

unfavorable [ˌʌn·ˈfeɪ·vər·ə·bl] *adj* **1.** (*not favorable*) défavorable **2.** ECON (*balance of trade*) déficitaire

unfeeling [ʌn·ˈfi·lɪŋ] *adj pej* insensible

unfeigned [ʌn·ˈfeɪnd] *adj* non feint(e)

unfettered [ʌn·ˈfet̬·ərd] *adj* sans entrave; (*emotion*) non refoulé(e); **to be ~ by sth** être libre de qc

unfinished [ˌʌn·ˈfɪn·ɪʃt] *adj* **1.** (*unexecuted*) inachevé(e) **2.** (*without finish*) mal fini(e)

unfit [ˌʌn·ˈfɪt] *adj* <-tt-> **1.** (*unhealthy*) **to be ~** ne pas être en forme; **to be ~ to travel/work** ne pas être en état de voyager/travailler **2.** *pej* (*without requisite qualities*) inapte; **to be ~ for work** être inapte au travail **3.** (*unsuitable*) impropre; **to be ~ for consumption** être impropre à la consommation; **~ for publication/habitation** impubliable/inhabitable

unflagging [ʌn·ˈflæg·ɪŋ] *adj* inlassable

unflappable [ʌn·ˈflæp·ə·bl] *adj inf* imperturbable

unflinching [ʌn·ˈflɪn·(t)ʃɪŋ] *adj* résolu(e); (*bravery, resolve*) inébranlable

unfold [ʌn·ˈfoʊld] **I.** *vt* **1.** (*open out*) ouvrir **2.** *form* (*make known*) dévoiler **II.** *vi* **1.** (*develop*) se dérouler **2.** (*become revealed*) se révéler **3.** (*become unfolded*) s'ouvrir

unforeseeable [ˌʌn·fɔr·ˈsi·ə·bl] *adj* imprévisible

unforeseen [ˌʌn·fɔr·ˈsin] *adj* imprévu(e)

unforgettable [ˌʌn·fər·ˈget̬·ə·bl] *adj* inoubliable

unforgivable [ˌʌn·fər·ˈgɪv·ə·bl] *adj pej* impardonnable

unfortunate [ʌn·ˈfɔr·tʃən·ət] **I.** *adj* **1.** (*luckless*) malchanceux(-euse); **the ~ man** le pauvre homme; **to be ~ enough to fall** avoir la malchance de tomber **2.** *pej, form* (*regrettable*) fâcheux(-euse) **II.** *n* pauvre *mf*

unfortunately *adv* malheureusement

unfounded [ʌn·ˈfaʊn·dɪd] *adj* infondé(e)

unfreeze [ˌʌn·ˈfriz] *irr* **I.** *vt* dégeler; (*credits, account*) débloquer **II.** *vi* dégeler

unfrequented [ʌn·ˈfri·kwen·t̬ɪd] *adj* peu fréquenté(e)

unfriendly [ʌn·ˈfrend·li] *adj* <-ier, -iest> (*person*) peu sympathique; (*tone, attitude*) peu amical(e); (*action, climate*) hostile; (*glance, reception*) froid(e); **user ~** peu convivial; **environmentally ~** nuisible à l'environnement

unfulfilled [ˌʌn·fʊl·ˈfɪld] *adj* **1.** (*not carried out: condition*) non rempli(e); (*promise*) non tenu(e) **2.** (*unsatisfied*) frustré(e)

unfurl [ʌn·ˈfɜrl] **I.** *vt* déployer **II.** *vi* se déployer

unfurnished [ˌʌn·ˈfɜr·nɪʃt] *adj* non meublé(e)

ungainly [ʌn·ˈgeɪn·li] *adj* disgracieux(-euse)

ungenerous [ʌn·ˈdʒen·ər·əs] *adj pej* malveillant(e)

ungentlemanly [ʌn·ˈdʒent·l·mən·li] *adj pej* grossier(-ère)

ungodly [ʌn·ˈgad·li] *adj* <-ier, -iest> (*impious*) impie ►**at this ~ <u>hour</u>** *inf* à cette heure impossible

ungovernable [ʌn·ˈgʌv·ər·nə·bl] *adj* incontrôlable

ungraceful [ʌn·ˈgreɪs·fəl] *adj* gauche

ungrateful [ʌn·ˈgreɪt·fəl] *adj* ingrat(e)

unguarded [ʌn·ˈgar·dɪd] *adj* **1.** (*not defended*) non surveillé(e) **2.** (*unwary: remark*) irréfléchi(e); **in an ~ moment** dans un moment d'inattention

unhappiness [ʌn·ˈhæp·ɪ·nɪs] *n* **1.** (*sorrow*) tristesse *f* **2.** (*displeasure*) mécontentement *m*

unhappy [ʌn·ˈhæp·i] *adj* <-ier, -iest> **1.** (*sad,*

unfortunate) malheureux(-euse); (*face*) triste; **to make sb ~** rendre qn malheureux **2.** (*worried*) inquiet(-ète); **to be ~ about doing sth** ne pas aimer faire qc

unharmed [ʌn·ˈharmd] *adj* indemne

UNHCR [ju·en·eɪtʃ·si·ˈar] *n abbr of* **United Nations High Commission for Refugees** HCR *m*

unhealthy [ʌn·ˈhel·θi] *adj* <-ier, -iest> malsain(e)

unheard [ʌn·ˈhɜrd] *adj* **1.** (*not heard*) non entendu(e) **2.** (*ignored*) **to go ~** passer inaperçu(e)

unheard-of *adj* **1.** (*incredible*) inouï(e) **2.** (*ignored*) **to go ~** passer inaperçu; **to be ~** être inconnu

unhelpful [ʌn·ˈhelp·fəl] *adj* peu utile; (*person*) peu serviable

unhinge [ʌn·ˈhɪndʒ] *vt* **1.** (*take off hinges: door*) démonter **2.** (*disturb mentally*) déranger

unholy [ʌn·ˈhoʊ·li] *adj pej* **1.** (*sinful: alliance*) contre nature **2.** *inf* (*awful*) épouvantable

unhook [ʌn·ˈhʊk] *vt* (*take off*) enlever

unhoped-for [ʌn·ˈhoʊpt·ˌfɔr] *adj* inespéré(e)

unhurt [ʌn·ˈhɜrt] *adj* indemne

unhygienic *adj* peu hygiénique

UNICEF [ˈju·nɪ·sef] *n abbr of* **United Nations International Children Fund** UNICEF *m*

unicorn [ˈju·nɪ·kɔrn] *n* licorne *f*

unidentified [ˌʌn·aɪ·ˈden·t̬ə·faɪd] *adj* (*unknown*) non identifié(e)

unification [ˌju·nə·fɪ·ˈkeɪ·ʃən] *n* unification *f*

uniform [ˈju·nə·fɔrm] **I.** *n* uniforme *m* **II.** *adj* uniforme

uniformed *adj* en uniforme

uniformity [ˌju·nə·ˈfɔr·mə·t̬i] *n a. pej* uniformité *f*

uniformly *adv* uniformément

unify [ˈju·nə·faɪ] *vt* unifier

unilateral [ˌju·nə·ˈlæt̬·ər·əl] *adj* unilatéral(e)

unilaterally *adv* unilatéralement

unimaginable [ˌʌn·ɪ·ˈmædʒ·ən·ə·bl] *adj* inimaginable

unimaginative *adj* (*person*) qui manque d'imagination; (*food, color, show*) peu original(e)

unimpeachable [ˌʌn·ɪm·ˈpi·tʃə·l] *adj form* inattaquable

unimportant [ˌʌn·ɪm·ˈpɔr·tənt] *adj* sans importance

uninformed [ˌʌn·ɪn·ˈfɔrmd] *adj* mal informé(e); **to be ~ about sth** ne pas être au courant de qc

uninhabitable *adj* inhabitable

uninhabited [ˌʌn·ɪn·ˈhæb·ɪ·t̬ɪd] *adj* inhabité(e)

uninhibited [ˌʌn·ɪn·ˈhɪb·ɪ·t̬ɪd] *adj* **1.** (*unselfconscious*) sans inhibitions; (*feeling*) non refréné(e) **2.** (*unrestricted*) déchaîné(e)

uninitiated [ˌʌn·ɪ·ˈnɪ·ʃi·eɪ·t̬ɪd] **I.** *adj* non initié(e) **II.** *npl* **the ~** les non-initiés *mpl*

uninjured [ʌn·ˈɪn·dʒərd] *adj* indemne

uninstall [ˌʌn·ɪn·ˈstɔl] *vt* COMPUT (*program, software*) désinstaller

uninsured [ˌʌn·ɪn·ˈʃʊrd] *adj* non assuré(e); **to be ~** ne pas être assuré

unintelligent [ˌʌn·ɪn·ˈtel·ɪ·dʒənt] *adj* inintelligent(e)

unintelligible [ˌʌn·ɪn·ˈtel·ɪ·dʒə·bl] *adj* inintelligible

unintended [ˌʌn·ɪn·ˈten·dɪd] *adj* non prévu(e) à cet effet

unintentional [ˌʌn·ɪn·ˈten·(t)ʃən·əl] *adj* involontaire

unintentionally *adv* involontairement; **to be ~ funny** être drôle malgré soi

uninterested [ʌn·ˈɪn·trɪs·tɪd] *adj* indifférent(e); **to be ~ in sb/sth** être indifférent à qn/qc

uninteresting *adj* inintéressant(e)

uninterrupted [ˌʌn·ɪn·tə·ˈrʌp·tɪd] *adj* ininterrompu(e)

union [ˈju·njən] *n* **1.** (*act of becoming united*) union *f* **2.** (*labor union*) syndicat *m;* **to be in the ~** être syndiqué **3.** *form* (*marriage*) union *f* **4.** (*harmony*) harmonie *f;* **in perfect ~** en parfaite harmonie

union dues *n pl* cotisations *fpl* syndicales

unionize [ˈju·njən·aɪz] **I.** *vt* syndiquer **II.** *vi* se syndiquer

Union Jack *n* **the ~** l'Union Jack *m*

union member *n* syndiqué(e) *m(f)*

union official *n* dirigeant(e) *m(f)* syndical(e)

union representative *n* représentant(e) *m(f)* syndical(e)

unique [ju·ˈnik] *adj* unique

uniqueness *n* unicité *f*

unisex [ˈju·nə·seks] *adj* unisexe

unison [ˈju·nə·sən] *n* unisson *m;* **in ~** à l'unisson

unit [ˈju·nɪt] *n* **1.** (*fixed measuring quantity*) *a.* COM unité *f;* **~ of measurement** unité de mesure **2.** (*organized group*) unité *f;* **the family ~** le noyau familial **3.** (*part of larger entity*) section *f* **4.** (*element of furniture*) élément *m* **5.** (*mechanical device*) unité *f* **6.** (*chapter*) unité *f* **7.** (*apartment*) logement *m*

unit cost *n* COM coût *m* unitaire

unite [ju·ˈnaɪt] **I.** *vt* unir **II.** *vi a.* POL, SOCIOL s'unir

united *adj* uni(e); **to be ~ against sth** être uni face à qc ► **~ we stand, divided we <u>fall</u>** l'union fait la force

United Arab Emirates *npl* **the ~** les Émirats *mpl* arabes unis

United Kingdom *n* **the ~** le Royaume-Uni

United Nations *n pl* **the ~** les Nations *fpl* Unies

United States *n* **the ~ of America** les États-Unis *mpl* d'Amérique

unit price *n* prix *m* unitaire

unity [ˈju·nə·t̬i] *n* unité *f*

Univ. *n abbr of* **University** université *f*

universal [ju·nə·ˈvɜr·səl] **I.** *adj* universel(le) **II.** *n* **the ~** l'universel *m*

universe [ˈju·nə·vɜrs] *n* **the ~** l'Univers *m*

university [ˌju·nə·ˈvɜr·sə·t̬i] <-ies> *n* université *f*

unjust [ʌn·ˈdʒʌst] *adj* injuste

unjustifiable [ʌn·ˌdʒʌs·tɪ·ˈfaɪ·ə·bl] *adj* injustifiable

unjustifiably *adv* sans justification

unjustified [ʌn·ˈdʒʌs·tɪ·faɪd] *adj pej* injustifié(e)

unjustly *adv pej* **1.** (*in an unjust manner*) injustement **2.** (*wrongfully*) à tort

unkempt [ˌʌn·ˈkem(p)t] *adj* négligé(e); (*hair*) en bataille; (*lawn*) mal entretenu(e)

unkind [ʌn·ˈkaɪnd] *adj* **1.** (*not kind*) peu aimable; (*critic*) mauvais(e); **to be ~ to animals** être cruel envers les animaux **2.** (*not gentle*) rude

unkindly *adv* de façon peu aimable; **to take ~ to sth** *form* accepter qc difficilement

unknowing *adj* (*unwitting*) innocent(e)

unknown [ˌʌn·ˈnoʊn] **I.** *adj* inconnu(e); **to be ~ to sb/sth** être inconnu de qn/qc **II.** *n* **1.** (*sth not known*) **the ~** l'inconnu *m* **2.** (*undetermined element*) *a.* MATH inconnue *f* **3.** (*little-known person*) inconnu(e) *m(f)*

unlawful [ʌn·ˈlɔ·fᵊl] *adj* illégal(e)

unleaded [ʌn·ˈled·ɪd] *adj* sans plomb

unlearn [ʌn·ˈlɜrn] *vt* désapprendre

unleash [ʌn·ˈliʃ] *vt* **1.** (*dog*) lâcher **2.** *fig* (*passion*) déchaîner; (*war*) déclencher

unleavened [ˌʌn·ˈlev·ᵊnd] *adj* (*bread*) sans levain

unless [ən·ˈles] *conj* à moins que +*subj;* **I don't say anything ~ I'm sure** je ne dis rien sans en être sûr; **he won't come ~ he has time** il ne viendra que s'il a le temps; **~ I'm mistaken** si je ne m'abuse; **don't ring me ~ there's a problem** ne m'appelez qu'en cas de problème

unlicensed [ʌn·ˈlaɪ·sᵊn(t)st] *adj* (*gun*) non autorisé(e)

unlike [ʌn·ˈlaɪk] **I.** *prep* **1.** (*different from*) différent(e) de **2.** (*in contrast to*) contrairement à **3.** (*not characteristic of*) **to be ~ sb/sth** ne pas ressembler à qn/qc **II.** *adj* différent(e)

unlikely <-ier, -iest> *adj* **1.** (*improbable*) peu probable; **it's ~ that** c'est peu probable que +*subj* **2.** (*unconvincing*) invraisemblable

unlimited [ʌn·ˈlɪm·ɪ·t̬ɪd] *adj* illimité(e); (*coffee, food*) à volonté

unlisted [ʌn·ˈlɪs·tɪd] *adj* **1.** (*not on stock market*) non coté(e) **2.** (*not in phone book*) sur liste rouge

unload [ʌn·ˈloʊd] **I.** *vt* **1.** (*remove the contents*) décharger **2.** *inf* (*get rid of: goods*) refourguer **3.** *fig* (*release: one's heart*) vider; **to ~ responsibility/one's problems on(to) sb** se décharger de toute responsabilité/ses problèmes sur qn **II.** *vi* **1.** AUTO (*discharge contents*) décharger **2.** (*be emptied*) être déchargé(e) **3.** *inf* (*relieve stress*) décompresser **4.** (*hit*) **to ~ on sb/sth** se défouler sur qn/qc

unlock [ʌn·ˈlak] *vt* **1.** (*release a lock*) déverrouiller **2.** (*release*) libérer **3.** (*solve*) résoudre

unlocked *adj* **to be ~** ne pas être fermé à clef

unlucky [ʌn·ˈlʌk·i] *adj* **1.** (*unfortunate*) malchanceux(-euse); (*day*) de malchance; (*event*) malencontreux(-euse); **he was ~** il n'a pas eu de chance; **you were ~ enough to fall ill** tu as/vous avez eu la malchance de tomber malade **2.** (*bringing bad luck*) qui porte malheur; **it is ~ to** +*infin* ça porte malheur de +*infin*

unmanned *adj* sans équipage; (*spacecraft, flight*) inhabité(e)

unmannerly [ʌn·ˈmæn·ər·li] *adj form* (*behavior*) impoli(e)

unmarked [ʌn·ˈmarkt] *adj* **1.** (*not identified*) non identifié(e); (*police car*) banalisé(e); **$10,000 in ~ bills** 10 000 dollars en billets non numérotés **2.** (*without mark, stain*) impeccable; **fortunately, his face is ~** heureusement, son visage est intact

unmarried [ˌʌn·ˈmer·ɪd] *adj* (*person*) célibataire; (*couple*) non marié(e)

unmask [ʌn·ˈmæsk] *vt* démasquer

unmatched [ʌn·ˈmætʃt] *adj* sans égal(e)

unmentionable *adj* qu'il vaut mieux taire

unmentioned [ʌn·ˈmen(t)·ʃnᵊd] *adj* **to be ~** ne pas être mentionné

unmindful [ʌn·ˈmaɪn(d)·fᵊl] *adj* **to be ~ of sth** être peu soucieux de qc

unmistakable [ˌʌn·mɪ·ˈsteɪ·kə·bl] *adj* caractéristique

unmitigated [ʌn·ˈmɪt̬·ə·geɪ·t̬ɪd] *adj* (*total*) total(e)

unmoved [ʌn·ˈmuvd] *adj* indifférent(e)

unnatural [ʌn·ˈnætʃ·ər·əl] *adj* **1.** *pej* (*contrary to nature*) contre nature **2.** (*not normal*) anormal(e); **it's ~ that ...** ce n'est pas normal que +*subj* **3.** (*artificial*) artificiel(le) **4.** (*affected*) affecté(e)

unnecessarily [ʌn·ˌnes·ə·ˈser·ᵊl·i] *adv* (*worry*) inutilement; (*die*) pour rien

unnecessary [ʌn·ˈnes·ə·ser·i] *adj* **1.** (*not necessary*) inutile **2.** (*uncalled for*) injustifié(e)

unnerve [ʌn·ˈnɜrv] *vt* troubler

unnerving *adj* troublant(e)

unnoticed [ʌn·ˈnoʊ·t̬ɪst] *adj* inaperçu(e); **to do sth ~** faire qc sans se faire remarquer

unnumbered [ʌn·ˈnʌm·bərd] *adj* (*not marked with a number*) non numéroté(e)

UNO [ˈju·noʊ] *n abbr of* **United Nations Organization** ONU *f*

unobstructed [ˌʌn·əb·ˈstrʌk·tɪd] *adj* (*view*) dégagé(e)

unobtainable [ˌʌn·əb·ˈteɪ·nə·bl] *adj* (*number*) impossible à obtenir; (*goods, information*) introuvable

unobtrusive [ˌʌn·əb·ˈtru·sɪv] *adj* discret(-ète)

unoccupied [ʌn·ˈa·kjə·paɪd] *adj* **1.** (*uninhabited*) inhabité(e) **2.** (*not under military control: territory*) non occupé(e) **3.** (*not taken: chair*) libre

unofficial [ˌʌn·ə·ˈfɪʃ·ᵊl] *adj* non officiel(le); (*information*) officieux(-euse); (*strike*) sauvage

unorganized [ˌʌn·ˈɔr·gᵊn·aɪzd] *adj* qui

manque d'organisation
unoriginal *adj* qui manque d'originalité
unorthodox [ʌn·ˈɔr·θə·daks] *adj* peu orthodoxe; (*theory*) peu conventionnel(le)
unpack [ʌn·ˈpæk] **I.** *vt* déballer; (*suitcase*) défaire **II.** *vi* défaire ses valises
unpaid [ʌn·ˈpeɪd] *adj* **1.** (*not remunerated*) bénévole **2.** (*not paid: job*) non payé(e); (*debt*) impayé(e)
unpalatable [ʌn·ˈpæl·ə·t̬ə·bl] *adj* **1.** (*not tasty*) mauvais(e) **2.** (*unpleasant*) désagréable; (*truth*) désagréable à entendre
unparalleled [ʌn·ˈper·ᵊl·eld] *adj form* inégalé(e)
unperturbed [ˌʌn·pər·ˈtɜr·bd] *adj* imperturbable; **to be ~ by sth** ne pas se laisser perturber par qc
unpick [ʌn·ˈpɪk] *vt* défaire
unplaced [ʌn·ˈpleɪst] *adj* SPORTS non placé(e)
unplanned [ʌn·ˈplænd] *adj* imprévu(e)
unpleasant [ʌn·ˈplez·ᵊnt] *adj* **1.** (*not pleasing*) désagréable **2.** (*unfriendly*) antipathique
unpleasantness *n* **1.** (*quality*) caractère *m* déplaisant **2.** (*argument*) différend *m*
unplug [ʌn·ˈplʌg] <-gg-> *vt* **1.** (*disconnect*) débrancher **2.** (*unstop*) déboucher
unplugged [ʌn·ˈplʌgd] **I.** *adj* (*performance*) acoustique **II.** *adv* en acoustique
unplumbed [ʌn·ˈplʌmd] *adj* insondé(e)
unpolished [ˌʌn·ˈpa·lɪʃt] *adj* **1.** (*not polished*) non poli(e); (*furniture, floor*) non ciré(e); (*glass*) dépoli(e) **2.** (*not refined*) peu raffiné(e)
unpolluted [ˌʌn·pə·ˈlu·t̬ɪd] *adj* non pollué(e)
unpopular [ʌn·ˈpa·pjə·lər] *adj* impopulaire; **she was ~ with her pupils** ses élèves ne l'aimaient pas
unpopularity [ʌn·ˌpa·pjə·ˈler·ə·t̬i] *n* impopularité *f*
unpractical [ʌn·ˈpræk·tɪ·kᵊl] *adj* **1.** (*impractical*) peu pratique **2.** (*impossible to implement*) irréalisable
unpracticed [ʌn·ˈpræk·tɪst] *adj form* inexpérimenté(e)
unprecedented [ʌn·ˈpres·ə·den·t̬ɪd] *adj* sans précédent
unpredictable [ˌʌn·prɪ·ˈdɪk·tə·bl] *adj* imprévisible
unprejudiced [ʌn·ˈpredʒ·ə·dɪst] *adj* **1.** (*not prejudiced*) impartial(e) **2.** (*not racist*) sans préjugés
unpremeditated [ˌʌn·pri·ˈmed·ɪ·teɪ·t̬ɪd] *adj* **1.** (*not planned*) spontané(e) **2.** LAW non prémédité(e)
unprepared [ˌʌn·prɪ·ˈperd] *adj* **1.** (*not ready*) non préparé(e); (*speech*) improvisé(e); **to be ~ for sth** (*not prepared*) ne pas être préparé à qc; (*not expect*) ne pas s'attendre à qc; **to catch sb ~** prendre qn au dépourvu **2.** (*unwilling*) **to be ~ to** +*infin* ne pas être disposé à +*infin*
unpretentious [ˌʌn·prɪ·ˈten·(t)ʃəs] *adj* sans prétention
unprincipled [ʌn·ˈprɪn(t)·sə·pld] *adj* sans scrupules
unproductive [ˌʌn·prə·ˈdʌk·tɪv] *adj* (*soil, method, capital*) improductif(-ive); (*land, discussion*) stérile
unprofessional [ˌʌn·prə·ˈfeʃ·ᵊn·ᵊl] *adj* **to be ~** ne pas être professionnel
unprofitable [ʌn·ˈpraf·ɪ·t̬ə·bl] *adj* **1.** (*not making a profit*) peu rentable **2.** (*unproductive*) infructueux(-euse)
unprompted [ʌn·ˈpram(p)·tɪd] *adj* spontané(e)
unprovoked [ˌʌn·prə·ˈvoʊkt] *adj* gratuit(e)
unpublished [ʌn·ˈpʌb·lɪʃt] *adj* non publié(e)
unpunished [ʌn·ˈpʌn·ɪʃt] *adj* impuni(e); **to go ~** rester impuni
unqualified [ʌn·ˈkwal·ə·faɪd] *adj* **1.** *pej* (*without qualifications*) non qualifié(e) **2.** (*unlimited*) total(e); (*love*) sans réserve
unquestionable [ʌn·ˈkwes·tʃə·nə·bl] *adj* indiscutable; (*evidence*) incontestable
unquestionably *adv* incontestablement
unquestioning [ʌn·ˈkwes·tʃə·nɪŋ] *adj* inconditionnel(le); (*obedience, faith*) aveugle; (*trust*) absolu(e)
unquote [ʌn·ˈkwoʊt] *adv* fermez les guillemets
unquoted *adj* FIN non coté(e)
unravel [ʌn·ˈræv·ᵊl] <-l- *o* -ll-> **I.** *vt* **1.** (*unknit*) défaire **2.** (*untangle*) démêler; (*knot*) défaire **3.** (*solve*) résoudre **II.** *vi* se défaire
unreadable [ʌn·ˈri·də·bl] *adj* **1.** (*illegible, badly written*) illisible **2.** (*hard to interpret: expression, face*) impassible
unreal [ʌn·ˈril] *adj* **1.** (*not real*) irréel(le) **2.** *inf* (*good*) incroyable
unrealistic [ˌʌn·ˌri·ə·ˈlɪs·tɪk] *adj* **1.** (*not realistic*) irréaliste **2.** LIT, THEAT, CINE peu réaliste
unrealizable *adj* irréalisable
unrealized [ʌn·ˈrɪ·ə·laɪzd] *adj* irréalisé(e); (*assets*) non réalisé(e)
unreasonable [ʌn·ˈriz·nᵊ·bl] *adj* **1.** (*not showing reason*) déraisonnable **2.** *pej* (*unfair*) irréaliste; (*price*) exorbitant(e)
unreasoning [ʌn·ˈri·zᵊn·ɪŋ] *adj* irraisonné(e)
unrecognized *adj* méconnu(e); **to go ~** passer inaperçu
unredeemed [ˌʌn·rɪ·ˈdimd] *adj* **1.** (*not redeemed*) non racheté(e) **2.** REL non absout(e)
unrefined [ˌʌn·rɪ·ˈfaɪnd] *adj* **1.** (*not refined: sugar*) non raffiné(e); (*oil*) brut(e) **2.** (*not socially polished*) peu raffiné(e)
unreflecting [ˌʌn·rɪ·ˈflek·tɪŋ] *adj form* irréfléchi(e)
unregistered [ʌn·ˈredʒ·ɪ·stərd] *adj* non enregistré(e); (*for voting*) non inscrit(e); (*birth*) non déclaré(e)
unrelated [ˌʌn·rɪ·ˈleɪ·t̬ɪd] *adj* sans rapport; (*people*) sans lien de parenté; **to be ~** n'avoir aucun rapport; (*people*) n'avoir aucun lieu de parenté
unrelenting [ˌʌn·rɪ·ˈlen·t̬ɪŋ] *adj* **1.** (*not yielding*) tenace **2.** (*incessant*) incessant(e) **3.** *form* (*unmerciful*) implacable
unreliability *n* manque *m* de fiabilité

unreliable [ˌʌn·rɪ·ˈlaɪ·ə·bl] *adj* peu fiable
unrelieved [ˌʌn·rɪ·ˈlivd] *adj* constant(e)
unremarkable *adj* quelconque
unremitting [ˌʌn·rɪ·ˈmɪt̬·ɪŋ] *adj* constant(e)
unrepeatable [ˌʌn·rɪ·ˈpi·t̬ə·bl] *adj* **1.** (*done only once: offer, experiment*) unique **2.** (*offensive*) qu'on ne peut répéter; **his jokes are ~** on ne peut pas répéter ses histoires
unrepentant [ˌʌn·rɪ·ˈpen·tənt] *adj* impénitent(e)
unrequited [ˌʌn·rɪ·ˈkwaɪ·t̬ɪd] *adj* (*love*) non partagé(e)
unreserved [ˌʌn·rɪ·ˈzɜrvd] *adj* **1.** (*absolute*) absolu(e) **2.** (*not reserved: tickets, seats*) non réservé(e)
unreservedly *adv* sans réserve
unresolved [ˌʌn·rɪ·ˈzalvd] *adj* (*person*) irrésolu(e); (*problem*) non résolu(e)
unresponsive [ˌʌn·rɪ·ˈspan(t)·sɪv] *adj* **1.** (*not conscious: person*) qui ne réagit pas **2.** (*not changing: illness, infection*) réfractaire; **~ to treatment** insensible au traitement **3.** (*not sympathetic: person, group*) indifférent(e)
unrest [ʌn·ˈrest] *n* troubles *mpl;* **social ~** agitation *f* sociale
unrestrained [ˌʌn·rɪ·ˈstreɪnd] *adj* sans retenue; (*consumerism*) à outrance
unrestricted [ˌʌn·rɪ·ˈstrɪk·tɪd] *adj* non restreint(e); (*access*) libre
unripe [ʌn·ˈraɪp] *adj* (*not ripe*) pas mûr(e)
unrivaled [ʌn·ˈraɪ·vəld] *adj* inégalé(e)
unroll [ʌn·ˈroʊl] **I.** *vt* dérouler **II.** *vi* (*become open*) se dérouler
unromantic [ˌʌn·roʊ·ˈmæn·t̬ɪk] *adj* peu romantique
unruffled [ʌn·ˈrʌf·ld] *adj* (*not nervous*) imperturbable
unruly [ʌn·ˈru·li] *adj* (*children*) indiscipliné(e); (*crowd*) incontrôlé(e); (*hair*) en bataille
unsafe [ʌn·ˈseɪf] *adj* **1.** (*dangerous*) dangereux(-euse) **2.** (*in danger*) en danger
unsaid [ʌn·ˈsed] **I.** *pt, pp of* **unsay II.** *adj form* **to leave sth ~** passer qc sous silence
unsalable [ʌn·ˈseɪ·lə·bl] *adj* invendable
unsalaried [ˌʌn·ˈsæl·ər·ɪd] *adj* bénévole
unsatisfactory [ʌn·ˌsæt̬·ɪs·ˈfæk·tər·i] *adj* peu satisfaisant(e); **to be ~** ne pas être satisfaisant; (*item*) ne pas donner satisfaction
unsatisfied [ʌn·ˈsæt̬·ɪs·faɪd] *adj* **1.** (*not content*) mécontent(e) **2.** (*not convinced*) insatisfait(e) **3.** (*not sated*) non rassasié(e)
unsatisfying [ʌn·ˈsæt̬·ɪs·faɪ·ɪŋ] *adj* peu satisfaisant(e)
unsaturated [ʌn·ˈsætʃ·ə·rei·t̬ɪd] *adj* CULIN non saturé(e)
unsavory [ʌn·ˈseɪ·vər·i] *adj* **1.** (*unpleasant*) déplaisant(e) **2.** (*disgusting*) dégoûtant(e) **3.** (*socially offensive*) louche
unsay [ʌn·ˈseɪ] *vt irr* reprendre ▶ **what's <u>said</u> cannot be unsaid** *prov* ce qui est dit ne peut être repris
unscathed [ʌn·ˈskeɪðd] *adj* indemne; **to escape ~** s'en sortir indemne
unscheduled [ʌn·ˈskedʒ·ʊld] *adj* imprévu(e); (*train*) supplémentaire
unscientific [ˌʌn·saɪən·ˈtɪf·ɪk] *adj* **to be ~** ne pas être très scientifique
unscramble [ʌn·ˈskræm·bl] *vt* décoder
unscrew [ʌn·ˈskru] **I.** *vt* dévisser **II.** *vi* se dévisser
unscripted [ʌn·ˈskrɪp·tɪd] *adj* improvisé(e)
unscrupulous [ʌn·ˈskru·pjə·ləs] *adj pej* peu scrupuleux(-euse)
unseal [ˌʌn·ˈsil] *vt* (*letter*) décacheter; (*packaging*) ouvrir
unsealed *adj* **1.** (*not sealed*) non scellé(e) **2.** (*open*) ouvert(e)
unseat [ʌn·ˈsit] *vt* **1.** POL faire tomber **2.** (*unsaddle*) désarçonner
unsecured [ˌʌn·sɪ·ˈkjʊrd] *adj* **1.** FIN (*loan*) sans garantie **2.** (*unfastened: load*) non attaché(e)
unseeing [ʌn·ˈsi·ɪŋ] *adj form* **with ~ eyes** les yeux dans le vague
unseemly [ˌʌn·ˈsim·li] *adj form* peu convenable
unseen [ʌn·ˈsin] **I.** *adj* invisible; **to do sth ~** faire qc sans être vu **II.** *n* (*translation*) version *f*
unselfish [ʌn·ˈsel·fɪʃ] *adj* généreux(-euse)
unserviceable [ʌn·ˈsɜr·vɪ·sə·bl] *adj* inutilisable
unsettle [ʌn·ˈset̬·l] *vt* **1.** (*make nervous*) troubler **2.** (*make unstable*) déstabiliser
unsettled *adj* **1.** (*changeable*) instable **2.** (*troubled*) troublé(e) **3.** (*unresolved: issue*) en suspens **4.** (*queasy: stomach*) perturbé(e)
unsettling *adj* **1.** (*causing nervousness*) troublant(e) **2.** (*causing disruption*) perturbant(e) **3.** COM déstabilisant(e)
unshakable [ʌn·ˈʃeɪ·kə·bl] *adj* inébranlable
unshaved, **unshaven** [ʌn·ˈʃeɪ·vən] *adj* pas rasé(e)
unshrinkable *adj* (*clothes*) irrétrécissable
unshrinking [ʌn·ˈʃrɪŋ·kɪŋ] *adj* ferme
unsightly [ʌn·ˈsaɪt·li] <-ier, -iest *o* more ~, most ~> *adj* disgracieux(-euse)
unsigned [ʌn·ˈsaɪnd] *adj* non signé(e)
unsinkable *adj* insubmersible
unskilled [ʌn·ˈskɪld] *adj* non qualifié(e)
unsociable [ʌn·ˈsoʊ·ʃə·bl] *adj* peu sociable
unsocial [ʌn·ˈsoʊ·ʃəl] *adj* (*unsociable*) peu sociable
unsold [ʌn·ˈsoʊld] *adj* invendu(e)
unsolicited [ˌʌn·sə·ˈlɪs·ɪ·t̬ɪd] *adj* non sollicité(e); (*application*) spontané(e)
unsolved [ʌn·ˈsalvd] *adj* non résolu(e)
unsophisticated [ˌʌn·sə·ˈfɪs·tə·keɪ·t̬ɪd] *adj* simple
unsound [ʌn·ˈsaʊnd] *adj* **1.** (*not robust*) *a. fig* peu solide **2.** (*unreliable*) peu fiable; (*investment*) peu sûr(e) **3.** (*not valid*) mal fondé(e); (*argument*) discutable; (*decision, opinion*) peu judicieux(-euse) **4.** (*not competent*) incompétent(e) **5.** (*unhealthy*) **to be of ~ mind** ne pas avoir toute sa raison
unsparing [ʌn·ˈsper·ɪŋ] *adj* **1.** (*merciless*) impitoyable **2.** (*lavish*) généreux(-euse)

unspeakable [ʌn·ˈspi·kə·bl] *adj* **1.** (*not able to be expressed*) indicible **2.** (*too awful: atrocity*) indescriptible

unspecified [ʌn·ˈspes·ɪ·faɪd] *adj* (*not specified*) non spécifié(e)

unspoiled [ʌn·ˈspɔɪld] *adj* préservé(e)

unspoken [ʌn·ˈspoʊ·kᵊn] *adj* tacite

unstable [ˌʌn·ˈsteɪ·bl] *adj a. fig* instable

unsteady [ʌn·ˈsted·i] *adj* **1.** (*not steady*) instable; (*steps*) chancelant(e); (*hand, voice*) mal assuré(e) **2.** (*not irregular*) irrégulier(-ère)

unstressed [ˌʌn·ˈstrest] *adj* LING inaccentué(e)

unstuck [ʌn·ˈstʌk] *adj* **1.** (*not stuck*) décollé(e) **2.** *inf* (*fail*) **to come ~** échouer

unstudied [ʌn·ˈstʌd·ɪd] *adj form* non affecté(e); (*naturalness*) spontané(e); (*reaction*) instinctif(-ive)

unsubscribe [ˌʌn·səb·ˈskraɪb] *vi* se désabonner

unsubstantiated [ˌʌn·səb·ˈstæn(t)·ʃi·eɪ·t̬ɪd] *adj* sans fondement

unsuccessful [ˌʌn·sək·ˈses·fᵊl] *adj* (*attempt, campaign*) infructueux(-euse); (*candidate, affair*) malheureux(-euse); (*film, business*) sans succès; **to be ~** (*person, plan*) ne pas réussir; (*attempt*) échouer

unsuitable [ʌn·ˈsu·t̬ə·bl] *adj* inapproprié(e); (*moment*) inopportun(e); **to be ~** ne pas convenir

unsuited *adj* (*person*) inapte; (*equipment*) inadapté(e)

unsullied [ʌn·ˈsʌl·ɪd] *adj form* sans tache; **to be ~ by sth** ne pas être entaché par qc

unsung [ʌn·ˈsʌŋ] *adj* méconnu(e)

unsure [ʌn·ˈʃʊr] *adj* peu sûr(e); **to be ~ about sth** ne pas être (très) sûr de qc

unsuspecting [ˌʌn·sə·ˈspek·tɪŋ] *adj* **1.** (*naïve*) naïf(naïve) **2.** (*unaware*) qui ne se doute de rien

unsweetened [ʌn·ˈswi·tᵊnd] *adj* non sucré(e)

unswerving [ʌn·ˈswɜr·vɪŋ] *adj* **1.** (*unshakable*) inaltérable; (*commitment*) irrévocable **2.** (*not turning*) sans détour

unsympathetic [ˌʌn·sɪm·pə·ˈθet̬·ɪk] *adj* **1.** (*without sympathy*) peu compréhensif(-ive); **to be ~ toward sth** (*cause*) être insensible à qc **2.** (*not friendly*) antipathique

untamable [ʌn·ˈteɪ·mə·bl] *adj a. fig* indomptable

untangle [ʌn·ˈtæŋ·gl] *vt* **1.** (*string, hair*) démêler **2.** *fig* dénouer

untapped [ʌn·ˈtæpt] *adj* inexploité(e)

untaxed [ʌn·ˈtækst] *adj* non taxé(e); (*income*) non imposable

untenable [ʌn·ˈten·ə·bl] *adj* **1.** (*indefensible*) indéfendable **2.** (*unbearable*) insoutenable

untested *adj* non testé(e); (*method, system*) inéprouvé(e)

unthinkable [ʌn·ˈθɪŋ·kə·bl] **I.** *adj* **1.** (*unimaginable*) inimaginable **2.** (*shocking*) impensable **II.** *n* **the ~** l'impensable *m*

unthinking [ʌn·ˈθɪŋ·kɪŋ] *adj* **1.** (*thoughtless*) irréfléchi(e) **2.** (*unintentional*) sans faire exprès

unthought-of [ʌn·ˈθɔt·av] *adj* inédit(e); (*detail*) original(e)

untidiness [ʌn·ˈtaɪ·dɪ·nəs] *n* **1.** (*being untidy*) désorganisation *f* **2.** (*state*) désordre *m*

untidy [ʌn·ˈtaɪ·di] <-ier, -iest> *adj* **1.** (*not neat*) peu soigné(e); (*room*) en désordre **2.** (*not orderly*) désordonné(e)

untie [ʌn·ˈtaɪ] <-y-> *vt* défaire; (*boat*) démarrer

until [ᵊn·ˈtɪl] **I.** *prep* jusqu'à; **~ then** jusque-là; **~ such time as** jusqu'à ce que *+subj;* **not ~** pas avant **II.** *conj* jusqu'à ce que *+subj;* **to not do sth ~** ne pas faire qc avant que *+subj;* **he waited ~ the rain stopped** il a attendu que la pluie cesse *subj;* **we'll wait ~ you've finished** nous attendrons que tu aies/vous ayez fini *subj*

untimely [ʌn·ˈtaɪm·li] *adj* **1.** (*premature*) prématuré(e) **2.** (*inopportune*) inopportun(e)

unto [ˈʌn·tu] *prep s.* **to, until**

untold [ʌn·ˈtoʊld] *adj* **1.** (*immense*) immense; (*misery, joy*) indicible; (*wealth*) incommensurable **2.** (*not told*) indicible

untouched [ʌn·ˈtʌtʃt] *adj* **1.** (*not touched*) **to be ~** ne pas avoir été touché; **to leave a meal ~** ne pas toucher à un repas **2.** (*unaffected: thing*) intact(e); (*person*) indemne **3.** (*unmentioned: subject*) non traité(e); **to be left ~** ne pas avoir été traité **4.** (*not emotionally moved*) insensible

untoward [ˌʌn·ˈtɔrd] *adj form* fâcheux(-euse)

untrained [ʌn·ˈtreɪnd] *adj* (*person*) sans formation; (*mind, worker*) non formé(e); (*dog*) non dressé(e); **to be ~ in sth** ne pas être formé à qc; **to the ~ eye** pour une oreille inexercée

untransferable [ˌʌn·træn(t)s·ˈfɜr·ə·bl] *adj* LAW (*succession*) incessible

untranslatable [ˌʌn·træn·ˈsleɪ·t̬ə·bl] *adj* intraduisible

untreated [ʌn·ˈtri·tɪd] *adj* **1.** (*not treated*) non traité(e) **2.** MED non soigné(e); **to remain ~** (*person*) rester sans soins

untried *adj* **1.** (*inexperienced*) qui n'a pas fait ses preuves **2.** (*untested*) non testé(e) **3.** LAW qui n'a pas encore été jugé

untroubled *adj* tranquille; **to be ~ by sth** ne pas être perturbé par qc

untrue [ʌn·ˈtru] *adj* **1.** (*wrong*) faux(fausse) **2.** (*not faithful*) **to be ~** ne pas être fidèle **3.** (*not reliable*) peu fiable

untrustworthy [ˌʌn·ˈtrʌst·ˌwɜr·ði] *adj* (*person*) indigne de confiance; (*report, information*) douteux(-euse)

untruth [ʌn·ˈtruθ] *n* (*lie*) mensonge *m*

untruthful *adj* **1.** (*untrue*) mensonger(-ère) **2.** (*telling lies*) menteur(-euse)

unturned [ʌn·ˈtɜrnd] *adj* **to leave no <u>stone</u> ~** remuer ciel et terre

untutored [ʌn·ˈtu·t̬ərd] *adj* (*person*) peu instruit(e); (*mind, eye*) non formé(e)

unused[1] [ʌn·ˈjuzd] *adj* **1.** (*not in use*) inutilisé(e); (*property*) inoccupé(e); (*talent*) inexploité(e) **2.** (*never used: clothes*) neuf(neuve)

unused[2] [ʌn·ˈjust] *adj* (*not accustomed*) peu habitué(e); **to be ~ to doing sth** ne pas être habitué à faire qc

unusual [ʌn·ˈju·ʒu·əl] *adj* **1.** (*uncommon: noise, event*) inhabituel(le); (*case, job*) peu commun(e); **to be ~/not ~ for sb to do sth** être/ne pas être rare que qn fasse qc (*subj*) **2.** (*interesting: ring, costume, car*) original(e) **3.** (*strange: friends, habit*) bizarre

unusually *adv* exceptionnellement; **~ for her, she took the train** elle a exceptionnellement pris le train

unutterable [ʌn·ˈʌt̬·ᵊr·ə·bl] *adj form* indicible; (*suffering*) indescriptible

unvarnished [ʌn·ˈvar·nɪʃt] *adj* **1.** (*wood*) non-verni(e) **2.** *fig* **the ~ truth** la vérité toute nue

unveil [ˌʌn·ˈveɪl] *vt a. fig* dévoiler

unwanted *adj* (*goods, clothes, hair*) superflu(e); (*child*) non désiré(e); (*visitor*) indésirable; **to feel ~** se sentir de trop

unwarranted [ʌn·ˈwɔr·ən·t̬ɪd] *adj* injustifié(e)

unwavering [ʌn·ˈweɪ·vᵊr·ɪŋ] *adj* (*determination*) inébranlable

unwed *adj* **to be ~** ne pas être marié

unwelcome *adj* (*guests, visit*) importun(e); (*news*) fâcheux(-euse); **to feel ~** ne pas se sentir le bienvenu

unwell [ʌn·ˈwel] *adj* souffrant(e)

unwieldy [ʌn·ˈwil·di] *adj* **1.** (*cumbersome*) encombrant(e) **2.** (*difficult to manage*) peu maniable

unwilling [ʌn·ˈwɪl·ɪŋ] *adj* **to be ~ to** *+infin* ne pas être disposé à *+infin*

unwillingly *adv* à contrecœur

unwind [ʌn·ˈwaɪnd] *irr* **I.** *vt* dérouler **II.** *vi* **1.** (*unroll*) se dérouler **2.** (*relax*) se détendre

unwise [ʌn·ˈwaɪz] *adj* (*decision, investment*) peu judicieux(-euse); (*person*) imprudent(e)

unwitting [ʌn·ˈwɪt̬·ɪŋ] *adj* **1.** (*unaware*) inconscient(e); (*accomplice*) involontaire; (*victim*) innocent(e) **2.** (*unintentional*) involontaire

unwittingly *adv* **1.** (*without realizing*) sans le savoir **2.** (*unintentionally*) involontairement

unworkable [ʌn·ˈwɜr·kə·bl] *adj* impraticable

unworldly [ʌn·ˈwɜrld·li] *adj* **1.** (*spiritually-minded*) détaché(e) du monde **2.** (*naive*) naïf(naïve) **3.** (*unearthly*) surnaturel(le)

unworthy [ʌn·ˈwɜr·ði] *adj* indigne

unwrap [ʌn·ˈræp] <-pp-> *vt* **1.** (*remove wrapping*) déballer **2.** (*open: secret*) étaler

unwritten [ʌn·ˈrɪt·ᵊn] *adj* **1.** (*not official: rule*) tacite; (*agreement*) verbal(e) **2.** (*not written*) non écrit(e); (*tradition*) oral(e)

unyielding [ʌn·ˈjil·dɪŋ] *adj* **1.** (*stubborn*) borné(e); (*refusal*) catégorique; (*opposition*) impitoyable **2.** (*physically hard*) coriace; (*ground*) dur(e)

unzip [ʌn·ˈzɪp] <-pp-> *vt* ouvrir la fermeture éclair de

up [ʌp] **I.** *adv* **1.** (*movement: to be*) en haut; (*to go*) vers le haut; **on the way ~** en montant; **to look ~** lever les yeux **2.** (*to another point*) **~ North** dans le nord **3.** (*more intensity*) **to be ~** (*river, temperature*) être monté; (*price*) avoir augmenté **4.** (*position: tent*) planté(e); (*flag*) hissé(e); (*curtains, picture*) accroché(e); (*notice*) affiché(e); (*person*) debout *inv* **5.** (*state*) **to be ~ at the top of sth** être en tête de qc; **to feel ~ to sth** se sentir capable de qc **6.** (*limit*) **from the age of 18 ~** à partir de 18 ans; **~ to here** jusqu'ici; **time's ~!** c'est fini! **7.** COMPUT, TECH en service **8.** (*wrong*) **something is ~** quelque chose ne va pas; **what's ~ with him?** qu'est-ce qu'il a? ▶ **things are looking ~** ça va mieux; **~ with sb/sth!** vive qn/qc!; **to walk ~ and down** faire des va-et--vient **II.** *prep* **1.** (*higher*) **to go ~ the stairs** monter l'escalier **2.** (*at top of*) **to be/climb ~ a tree** être/grimper dans un arbre **3.** (*along*) **to go/drive ~ the street** remonter la rue (à pied/en voiture) **4.** (*increase*) **to turn the sound/heat ~ a notch** monter le son/chauffage d'un cran **5.** (*to point of*) **~ until** [*o* **till**] **midnight/yesterday** [*o* **to**] jusqu'à minuit/hier ▶ **~ and down sth** aux quatre coins de qc; *s.a.* **down III.** *n* **to be on the ~ and ~** *inf* être tout à fait honnête **IV.** *vi inf* se lever brusquement; **to ~ and go** se tirer **V.** *vt inf* augmenter **VI.** *adj* **1.** (*toward a higher place*) qui monte **2.** (*under repair*) en travaux **3.** (*healthy*) en forme; **to be ~ and about** [*o* **around**] être sur pied **4.** (*ready*) **to be ~ for doing sth** être partant pour faire qc

up-and-coming [ˈʌp·ᵊn(d)·ˈkʌm·ɪŋ] *adj* prometteur(-euse)

upbeat [ˈʌp·bit] *adj inf* optimiste

upbraid [ʌp·ˈbreɪd] *vt form* blâmer

upbringing [ˈʌp·ˌbrɪŋ·ɪŋ] *n* éducation *f*

upcoming [ˈʌp·ˌkʌm·ɪŋ] *adj* prochain(e)

update [ˈʌp·deɪt, *vb:* ʌp·ˈdeɪt] **I.** *n a.* COMPUT mise *f* à jour **II.** *vt* **1.** (*bring up to date*) *a.* COMPUT mettre à jour **2.** (*give latest information*) **to ~ sb on sth** mettre qn au courant de qc

updating *n* mise *f* à jour

upend [ʌp·ˈend] *vt* retourner

upfront [ʌp·ˈfrʌnt] **I.** *adj inf* **1.** (*open*) franc(he) **2.** (*in advance*) payé(e) d'avance; **~ money** avance *f* **II.** *adv* (*to pay*) d'avance

upgrade[1] [ʌp·ˈgreɪd] *vt* **1.** (*improve quality*) améliorer **2.** COMPUT (*expand: computer, system*) optimiser; (*software*) installer la nouvelle version de **3.** (*raise in rank: worker*) promouvoir; (*job*) revaloriser; (*passenger*) surclasser

upgrade[2] [ˈʌp·greɪd] *n* **1.** (*slope*) montée *f*; **to be on the ~** (*prices*) augmenter; (*business*) reprendre **2.** COMPUT, TECH (*expansion*) extension *f* **3.** COMPUT, TECH (*updated version*) nouvelle version *f* **4.** (*raise in class: passenger*) surclassement *m*

upgrading *n* **1.** (*act of improvement*) amélioration *f* **2.** COMPUT optimisation *f* **3.** (*raising of rank*) promotion *f*

upheaval [ʌp·ˈhi·vᵊl] *n* **1.** (*change*) bouleversement *m* **2.** GEO soulèvement *m*

uphill [ʌp·ˈhɪl] **I.** *adv* **to go ~** monter **II.** *adj* **1.** (*sloping upward*) qui monte **2.** (*difficult*)

difficile; (*struggle*) ardu(e)
uphold [ʌp·ˈhoʊld] *vt irr* **1.** (*support*) soutenir; (*law*) faire respecter **2.** LAW (*verdict*) confirmer
upholster [ʌp·ˈhoʊl·stər] *vt* **1.** (*pad*) rembourrer **2.** (*cover*) tapisser
upholsterer *n* tapissier *m* (d'ameublement)
upholstery [ʌp·ˈhoʊl·stᵊr·i] *n* **1.** (*padding*) rembourrage *m* **2.** (*covering*) revêtement *m* **3.** (*art of upholstering*) tapisserie *f*
upkeep [ˈʌp·kip] *n* **1.** (*maintain*) entretien *m* **2.** (*cost of maintaining*) frais *mpl* d'entretien **3.** (*of people*) charge *f*
upland(s) [ˈʌp·ləndz] *n* hautes terres *fpl*
uplift¹ [ʌp·ˈlɪft] *vt* élever
uplift² [ˈʌp·lɪft] *n* **1.** GEO soulèvement *m* **2.** (*inspiration*) élévation *f* spirituelle
uplifted *adj* (*arm, face*) levé(e); (*soul, person*) élevé(e)
uplifting *adj* édifiant(e)
upload *vt* COMPUT télécharger vers un serveur
upon [ə·ˈpan] *prep form* **1.** (*on top of*) sur; **~ this** là-dessus **2.** (*around*) **a ring ~ his finger** une bague à son doigt **3.** (*hanging on*) **to hang ~ the wall** être accroché au mur **4.** (*at time of*) **~ sb's arrival** dès l'arrivée de qn ▶ **once ~ a time** il était une fois; *s.a.* **on**
upper [ˈʌp·ər] **I.** *adj* **1.** (*further up*) supérieur(e) **2.** GEO (*northern*) **the ~ Midwest** le Middle West du Nord **II.** *n* **1.** (*part of shoe*) empeigne *f* **2.** *inf* (*drugs*) amphète *f*
upper case **I.** *n* TYP majuscule *f* **II.** *adj* TYP **upper-case** majuscule
upper class *n* aristocratie *f*
upper-class *adj* aristocratique
uppercut [ˈʌp·ər·kʌt] *n* SPORTS uppercut *m*
upper deck *n* pont *m* supérieur
Upper Egypt *n* la Haute-Égypte
upper house *n* POL chambre *f* haute
uppermost [ˈʌp·ər·moʊst] **I.** *adj* **1.** (*furthest up*) le(la) plus haut(e) **2.** (*most important*) le(la) plus important(e); **to be ~ in one's mind** être au premier rang de ses pensées **II.** *adv* en dessus
uppity [ˈʌp·ɪ·t̬i] *adj inf* arrogant(e)
upright [ˈʌp·raɪt] **I.** *adj, adv a. fig* droit(e) **II.** *n* **1.** (*piano*) piano *m* droit **2.** (*perpendicular*) montant *m*
uprising [ˈʌp·ˌraɪ·zɪŋ] *n* soulèvement *m*
uproar [ˈʌp·rɔr] *n* **1.** (*reaction*) tumulte *m*; **the room was in a ~** le tumulte régnait dans la pièce **2.** (*protest*) indignation *f*
uproarious [ʌp·ˈrɔr·i·əs] *adj* tumultueux(-euse)
uproot [ʌp·ˈrut] *vt a. fig* déraciner
upscale [ˌʌp·ˈskeɪl] *adj* haut de gamme
upset¹ [ʌp·ˈset] **I.** *vt irr* **1.** (*make unhappy: remark, friend*) faire de la peine à; (*event, scene*) bouleverser **2.** (*overturn*) renverser; (*boat, canoe*) faire chavirer **3.** (*throw into disorder: plans, schedule*) bouleverser; (*balance*) rompre **4.** (*cause pain: stomach*) déranger **II.** *adj* **1.** (*unhappy*) bouleversé(e); **to be/feel ~ about sth** être/se sentir bouleversé par qc; **don't be ~** ne t'en fais/vous en faites pas **2.** *inf* (*bilious*) dérangé(e); **to have an ~ stomach** être dérangé
upset² [ˈʌp·set] *n* **1.** (*upheaval*) bouleversement *m* **2.** (*unhappy feeling*) peine *f*; **to cause sb ~(s)** faire de la peine à qn **3.** SPORTS revers *m* **4.** MED **to have a stomach ~** avoir l'estomac dérangé
upset price *n* mise *f* à prix
upsetting *adj* bouleversant(e)
upshot [ˈʌp·ʃat] *n* résultat *m*
upside down [ˌʌp·saɪd·ˈdaʊn] **I.** *adj* **1.** (*reversed*) à l'envers **2.** (*chaotic: room, plans*) sens dessus dessous **II.** *adv* **1.** (*in inverted position*) à l'envers; **to turn sth ~** retourner qc **2.** (*in disorder*) *a. fig* **to turn sth ~** mettre qc sens dessus dessous; **to turn sb ~** bouleverser la vie qn
upside-down cake *n* gâteau *m* renversé
upstage [ˌʌp·ˈsteɪdʒ, *vb:* ˈʌp·steɪdʒ] **I.** *adj* THEAT en fond de scène *f* **II.** *adv* au fond de la scène **III.** *vt* reléguer au second plan; **to ~ sb** piquer la vedette à qn
upstairs [ʌp·ˈsterz] **I.** *adj* d'en haut; (*room*) à l'étage **II.** *adv* en haut; (*room*) à l'étage; **to live ~ from sb** vivre au-dessus de chez qn **III.** *n* **the ~** l'étage *m*
upstanding [ˌʌp·ˈstæn·dɪŋ] *adj form* droit(e)
upstart [ˈʌp·start] *n pej* parvenu(e) *m(f)*
upstate [ˈʌp·steɪt] **I.** *adj* du nord; **~ New York** nord *m* de l'État de New York **II.** *adv* (*to go*) vers le nord; (*to live*) dans le nord
upstream [ʌp·ˈstrim] **I.** *adj* amont *inv* **II.** *adv* en amont
upsurge [ˈʌp·sɜrdʒ] *n* recrudescence *f*; **an ~ in sth** une recrudescence de qc
upswing [ˈʌp·swɪŋ] *n* amélioration *f*; ECON redressement *m*; **to be on the ~** connaître une amélioration; (*economy*) être en train de reprendre; (*crime, violence*) être en recrudescence
uptake [ˈʌp·teɪk] *n* (*level of absorption*) assimilation *f* ▶ **to be quick on the ~** *inf* saisir vite; **to be slow on the ~** *inf* être long à la détente
uptight [ʌp·ˈtaɪt] *adj inf* tendu(e); **to get ~ about sth** s'énerver à propos de qc
up to [ʌp·tə] *prep* **1.** (*as far as*) jusqu'à; **to drive at speeds of ~ 90 mph** atteindre les 140 km/h; **to come ~ one's knees** arriver (jusqu')aux genoux; **I'm ~ chapter 5** je suis au chapitre 5; **I've had it ~ here with sth** j'en ai par-dessus la tête de qc **2.** (*capable*) **to be ~ (doing) sth** être capable de (faire) qc **3.** (*depending*) **it's ~ you** comme tu veux/vous voulez; **it's ~ sb** ça dépend de qn **4.** (*secretly doing*) **to be ~ sth** manigancer qc; **what is he ~?** qu'est-ce qu'il fabrique? **5.** (*be responsible*) **to be ~ sb to** +*infin* être à qn de +*infin*
up-to-date *adj* **1.** (*contemporary*) actuel(le) **2.** (*latest*) récent(e); **~ news on sth** dernières nouvelles *fpl* de qc **3.** (*updated*) à jour **4.** (*informed*) au courant; **to be ~ on sth** être

au courant de qc; **to bring sth ~** mettre qc à jour

up-to-the-minute *adj* dernier cri *inv*

uptown ['ʌp·taʊn] **I.** *adj* des beaux quartiers; **in ~ Manhattan** dans le Manhattan des beaux quartiers **II.** *adv* dans les beaux quartiers **III.** *n* beaux quartiers *mpl*

upturn ['ʌp·tɜrn] *n* amélioration *f;* ECON reprise *f*

upturned *adj* **1.** (*directed upwards*) levé(e); (*nose*) retroussé(e) **2.** (*inverted 180 degrees*) renversé(e)

upward ['ʌp·wərd] **I.** *adj* qui monte; (*movement, mobility*) ascendant(e); (*trend*) à la hausse **II.** *adv* **1.** (*to a higher position*) vers le haut; **to put sth face ~** mettre qc à l'endroit; **to lie face ~** être couché sur le dos **2.** (*more than*) au-dessus; **$100 and ~** cent dollars et plus; **~ of 100 persons** plus de cent personnes; **from $1/eight ~** à partir d'un dollar/de huit ans

upwardly *adv* vers le haut; **to be ~ mobile** avoir une possibilité d'ascension sociale

upwards *adv s.* **upward**

uranium [jʊ·'reɪ·ni·əm] *n* CHEM uranium *m*

Uranus [jʊr·'ᵊn·əs] *n* ASTR Uranus *m*

urban ['ɜr·bən] *adj* urbain(e); **~ areas** zones *fpl* urbaines; **~ decay** dégradation *f* urbaine

urbane [ɜr·'beɪn] *adj* courtois(e)

urbanity [ɜr·'bæn·ə·t̬i] *n* **1.** (*courteousness*) courtoisie *f* **2.** (*urban style*) urbanité *f*

urbanization *n* urbanisation *f*

urbanize ['ɜr·bᵊn·aɪz] *vt* urbaniser

urban myth *n* légende *f* urbaine

urban regeneration *n* rénovations *fpl* urbaines

urchin ['ɜr·tʃɪn] *n* garnement *m*

uremia [ju·'ri·mi·ə] *n* MED urémie *f*

urethra [jʊ·'ri·θrə] <-s *o* -e> *n* ANAT urètre *m*

urge [ɜrdʒ] **I.** *n* **1.** (*strong desire*) forte envie *f;* **to have an ~ to** *+infin* avoir très envie de *+infin;* **to feel an irresistible ~** avoir un besoin irrésistible **2.** (*compulsion*) impulsion *f* **II.** *vt* **1.** (*push*) pousser **2.** (*encourage*) encourager; **to ~ sb to** *+infin* presser qn de *+infin* **3.** (*seriously recommend*) conseiller vivement; (*caution*) recommander; (*peace*) appeler à; **to urge self-discipline on** [*o* **upon**] **sb** inciter qn à la discipline

◆**urge on** *vt* (*friend*) encourager; **to urge sb on to** *+infin* pousser qn à *+infin*

urgency ['ɜr·dʒᵊn(t)·si] *n* **1.** (*top priority*) urgence *f;* **a matter of ~** une affaire urgente **2.** (*insistence*) insistance *f*

urgent ['ɜr·dʒᵊnt] *adj* **1.** (*imperative: appeal, plea*) urgent(e); (*need*) pressant(e) **2.** (*insistent*) insistant(e)

urgently *adv* **1.** (*very necessarily*) d'urgence **2.** (*insistently*) avec insistance

urinal ['jʊr·ᵊn·ᵊl] *n* urinoir *m*

urinary ['jʊr·ə·ner·i] *adj* urinaire

urinate ['jʊr·ə·neɪt] *vi* uriner

urine ['jʊr·ɪn] *n* urine *f*

URL *n abbr of* **Uniform Resource Locator** COMPUT URL *f*

urn [ɜrn] *n* **1.** (*vase*) urne *f* **2.** (*drink container*) fontaine *f;* **tea/coffee ~** fontaine à thé/café

Ursa Major [ˌɜr·sə'·meɪ·dʒər] *n* ASTR la Grande Ourse

Uruguay ['jʊr·ə·gweɪ] *n* l'Uruguay *m*

Uruguayan **I.** *adj* uruguayen(ne) **II.** *n* Uruguayen(ne) *m(f)*

us [ʌs] *pers pron* (*1st person pl*) nous; **it's ~** c'est nous; **older than ~** plus vieux que nous; **look at ~** regarde/regardez-nous; **he saw ~** il nous a vus; **he gave it to ~** il nous l'a donné; **all/both of ~** nous tous/tous les deux

US *n,* **U.S.** [ˌju·'es] *n abbr of* **United States** USA *mpl*

USA [ˌju·es·'eɪ] *n* **1.** *abbr of* **United States of America** USA *mpl* **2.** *abbr of* **United States Army** *armée des États-Unis*

usable ['ju·zə·bl] *adj* utilisable

USAF *n abbr of* **United States Air Force** *armée de l'air des États-Unis*

usage ['ju·zɪdʒ] *n* **1.** (*use*) utilisation *f* **2.** (*habitual practice*) usage *m* **3.** LING usage *m;* **in common ~** d'usage courant

use[1] [jus] *n* **1.** (*using*) emploi *m;* **in/not in ~** en/hors service; **out of ~** hors service; **directions for ~** mode *m* d'emploi; **to make ~ of sth** se servir de qc **2.** (*possibility of applying*) usage *m;* **external ~ only** à usage externe; **to have the ~ of sth** pouvoir se servir de qc; **to lose the ~ of an arm** perdre l'usage d'un bras **3.** (*usefulness*) utilité *f;* **to be of ~ to sb** être utile à qn; **to be no ~ doing sth** être inutile de faire qc; **I'm no ~ at history** *inf* je suis nul en histoire; **can I be of any ~ to you?** puis-je vous être utile?; **what's the ~ of that/doing sth?** à quoi bon tout ça/faire qc? **4.** (*consumption*) usage *m;* (*of drugs*) consommation *f;* **ready for ~** prêt(e) à l'emploi **5.** LING usage *m* **6.** (*custom*) coutume *f*

use[2] [juz] **I.** *vt* **1.** (*make use of*) utiliser; (*tool, machine*) se servir de; (*blackmail, violence*) faire usage de; **I could ~ some help** *inf* j'ai besoin d'aide **2.** (*consume*) consommer **3.** *form* (*treat in stated way*) traiter; **to ~ sb badly** maltraiter qn **4.** *pej* (*exploit: people*) utiliser **II.** *vt aux* **I ~d to do sth** je faisais qc; **it ~d to be calm** c'était calme; **there ~d to be a market here** il y avait un marché ici

◆**use up** *vt* **1.** (*use*) consommer; (*money*) dépenser **2.** (*tire*) épuiser; **to be used up** être épuisé

used[1] [juzd] *adj* **1.** (*already been used*) usé(e) **2.** (*second-hand*) d'occasion; **~ car** voiture *f* d'occasion

used[2] [just] *adj* (*familiar with*) habitué(e); **to be ~ to sth** être habitué à qc; **to be ~ to doing sth** avoir l'habitude de faire qc; **to become ~ to sth** s'habituer à qc; **I'm not ~ to big cities/living alone** je n'ai pas l'habitude des grandes villes/de vivre seul

useful *adj* utile; **to be ~ to sb/sth** être utile à

qn/qc; **to be ~ with sth** *inf* savoir se servir de qc
usefulness *n* utilité *f*
useless *adj* **1.** (*futile*) inutile **2.** (*unusable*) inutilisable **3.** *inf* (*incompetent*) nul(le); **~ at sth** être nul en qc
user ['ju·zər] *n* **1.** (*person who uses sth*) utilisateur, -trice *m, f;* (*of gas, electricity*) usager, -ère *m, f* **2.** COMPUT utilisateur, -trice *m, f* **3.** *inf* (*addict*) consommateur, -trice *m, f;* **drug ~s** consommateurs *mpl* de drogue
user-friendly *adj* COMPUT convivial(e)
user identification *n* COMPUT identifiant *m* d'utilisateur
user interface *n* COMPUT interface *f* (utilisateur)
user name *n* COMPUT nom *m* d'utilisateur
user program *n* COMPUT programme *m* utilisateur
usher ['ʌʃ·ər] **I.** *n* placeur, -euse *m, f;* LAW huissier, -ère *m, f* **II.** *vt* **1.** (*guide, show*) **to ~ sb into the hall/room** faire entrer qn dans le hall/la pièce; **to ~ sb to his/her table/seat** conduire qn à sa table/à son siège **2.** (*mark the start*) **to ~ sth in** introduire qc
USMC [ju·es·'em·si] *n abbr of* **United States Marine Corps** corps *m* des marines des États-Unis
USN [ju·es·'en] *n abbr of* **United States Navy** marine *f* des États-Unis
USO [ju·es·'oʊ] *n abbr of* **United Service Organizations** *organisme d'aide pour les militaires américains, en particulier lors de leurs missions à l'étranger*
USP [ju·es·'pi] *n* ECON *abbr of* **unique selling proposition** proposition *f* unique de vente
USPS [ju·es·'pi·es] *n abbr of* **United States Postal Service** services *mpl* postaux américains
USS *n* **1.** *abbr of* **United States Ship** *navire américain* **2.** *abbr of* **United States Senate** *sénat américain*
usual ['ju·ʒu·əl] **I.** *adj* habituel(le); **as ~** comme d'habitude; **to be ~ to** +*infin* être d'usage de +*infin* **II.** *n* **the ~** *inf* comme d'habitude
usually ['ju·ʒu·əl·i] *adv* d'habitude; **more than ~** plus que d'habitude
usufruct ['ju·zʊ·frʌkt] *n form* LAW usufruit *m*
usurer ['ju·ʒər·ər] *n pej* LAW usurier, -ère *m, f*
usurious [ju·'ʒʊr·i·əs] *adj* LAW usuraire
usurp [ju·'zɜrp] *vt* usurper
usurper *n* usurpateur, -trice *m, f*
usury ['ju·ʒər·i] *n pej* LAW usure *f*
UT *n abbr of* **Utah**
Utah ['ju·tɔ] **I.** *n* l'Utah *m* **II.** *adj* de l'Utah
utensil [ju·'ten(t)·səl] *n* ustensile *m*
uterine ['ju·t̬ər·ɪn] *adj* ANAT utérin(e)
uterus ['ju·t̬ər·əs] <-ri *o* -es> *n* utérus *m*
utilitarian [ju·ˌtɪl·ə·'ter·i·ən] *adj* PHILOS utilitaire
utility [ju·'tɪl·ə·t̬ɪ] <-ies> **I.** *n* **1.** *form* (*usefulness*) utilité *f* **2.** (*public service*) (**public**) **~** service *m* public **3.** COMPUT utilitaire *m* **II.** *adj* **1.** (*useful*) utilitaire **2.** (*functional*) fonctionnel(le)
utility expenses *npl* dépenses *fpl* publiques
utility program *n* COMPUT (programme *m*) utilitaire *m*
utility room *n* buanderie *f*
utility vehicle *n* véhicule *m* utilitaire
utilization *n form* utilisation *f*
utilize ['ju·t̬ə·laɪz] *vt* utiliser
utmost ['ʌt·moʊst] **I.** *adj* extrême; **of the ~ brilliance** (*person, mind*) de la plus grande intelligence; **with the ~ caution** avec la plus grande précaution; **a matter of ~ importance** une affaire de première importance **II.** *n* **the ~** l'extrême *m;* **to the ~** au maximum; **to offer the ~ in performance** offrir le maximum en matière de performance; **to live life to the ~** vivre sa vie à l'extrême; **to try one's ~** essayer tout son possible
utopia [ju·'toʊ·pi·ə] *n* utopie *f*
utopian *adj* utopique
utter[1] ['ʌt̬·ər] *adj* complet(-ète); **to be ~ nonsense** être complètement absurde; **~ madness** pure folie *f;* **an ~ fool** un idiot fini; **an ~ waste of time** une pure perte de temps
utter[2] ['ʌt̬·ər] *vt* (*make a sound: word, name*) prononcer; (*sound*) émettre; (*cry, grunt*) pousser; (*insult, threat*) proférer
utterance ['ʌt̬·ə·rən(t)s] *n* **1.** (*comment*) paroles *fpl* **2.** (*expressing*) énonciation *f* **3.** LING énoncé *m*
utterly *adv* **1.** (*completely*) complètement; **to be ~ convinced that ...** être tout à fait convaincu que ... **2.** (*absolutely*) absolument
uttermost ['ʌt̬·ər·moʊst] **I.** *n s.* **utmost** **II.** *adj s.* **utmost**
U-turn ['ju·tɜrn] *n* **1.** AUTO demi-tour *m* **2.** *fig* volte-face *f*
UV *n abbr of* **ultraviolet** UV *m*
uvula ['ju·vjʊ·lə] *n* ANAT luette *f*
uxorious [ˌʌk·'sɔr·i·əs] *adj form* soumis à sa femme
Uzbek ['ʌz·ˌbək] **I.** *adj* ouzbek **II.** *n* Ouzbek *mf*
Uzbekistan [ʊz·ˌbek·ɪ·'stæn] *n* l'Ouzbékistan *m*

V

V, v [vi] <-'s *o* -s> *n* V *m,* v *m;* **~ as in Victor** (*on telephone*) v comme Victor
V *n* **1.** *abbr of* **volume** v **2.** *abbr of* **volt** V *m*
VA *n abbr of* **Virginia**
vac [væk] *n inf abbr of* **vacuum cleaner** aspirateur *m*
vacancy ['veɪ·kən(t)·si] <-ies> *n* **1.** (*available room*) chambre *f* à louer; **'vacancies'** chambres *fpl* disponibles; **'no vacancies'** (hôtel) complet **2.** (*employment opportunity*) poste *m* vacant; **to fill a ~** pourvoir un poste

vacant **3.** (*lack of expression*) vide *m*

vacant ['veɪ·kənt] *adj* **1.** (*empty*) vide **2.** (*unoccupied: room*) inoccupé(e); (*seat, chair*) libre; (*position*) vacant(e) **3.** (*expressionless*) vide **4.** (*unfilled: hours*) disponible

vacate ['veɪ·keɪt] *vt form* quitter

vacation [veɪ·'keɪ·ʃən] **I.** *n* **1.** vacances *fpl;* **to take a ~** prendre des vacances; **on ~** en vacances, vacances *fpl;* **summer ~ starts tomorrow** les vacances d'été commencent demain **2.** (*paid time off work*) congés *mpl* payés; **I get three weeks' ~ a year** j'ai trois semaines de congés payés par an **II.** *vi* passer des vacances

vacationer *n* vacancier, -ère *m, f*

vaccinate ['væk·sə·neɪt] *vt* MED vacciner; **to ~ sb against sth** vacciner qn contre qc

vaccination [ˌvæk·sə·'neɪ·ʃən] *n* MED vaccination *f;* **to get a ~** se faire vacciner

vaccine [væk·'sin] *n* MED vaccin *m*

vacuous ['væk·ju·əs] *adj pej, form* vide

vacuum ['væk·jum] **I.** *n* **1.** (*space*) *a. fig* vide *m;* **to fill/leave a ~** remplir/laisser un vide **2.** (*vacuum cleaner*) aspirateur *m* **II.** *vt* (*carpet*) passer l'aspirateur sur; (*room*) passer l'aspirateur dans

vacuum bottle *n* thermos® *m o f*

vacuum cleaner *n* aspirateur *m*

vacuum-packed *adj* emballé(e) sous vide

vagabond ['væg·ə·band] *n* vagabond(e) *m(f)*

vagary ['veɪ·gər·i] <-ies> *n* caprice *m*

vagina [və·'dʒaɪ·nə] *n* ANAT vagin *m*

vaginal ['vædʒ·ən·əl] *adj* ANAT vaginal(e)

vagrancy ['veɪ·grən(t)·si] *n* vagabondage *m*

vagrant ['veɪ·grənt] *n* vagabond(e) *m(f)*

vague [veɪg] *adj* **1.** (*imprecise*) vague **2.** (*absent-minded*) distrait(e) **3.** (*uncertain, unsure*) confus(e); **to be ~ about sth** rester vague sur qc

vaguely *adv* **1.** (*faintly: remember*) vaguement **2.** (*distractedly: say, smile*) d'un air distrait; (*move*) distraitement

vagueness *n* **1.** (*lack of clarity: memories, story*) imprécision *f;* (*photograph*) flou *m* **2.** (*sensation, feeling*) caractère *m* vague

vain [veɪn] *adj* **1.** *pej* (*conceited*) vaniteux(-euse) **2.** (*futile*) vain(e); **in ~** en vain

vainly *adv* **1.** (*in vain*) vainement **2.** *pej* (*behave*) avec vanité

valance ['væl·ən(t)s] *n* **1.** (*cloth for curtain rail*) galon *m* **2.** (*ruffle around a bed*) tour *m* de lit

vale [veɪl] *n* (*valley*) vallée *f*

valedictorian [ˌvæl·ə·dɪk·'tɔ·ri·ən] *n* SCHOOL major *mf* de la promotion (*qui prononce le discours de fin d'année*)

valence ['veɪ·lən(t)s], **valency** *n* CHEM, PHYS valence *f*

valentine ['væl·ən·taɪn] *n* **1.** (*card*) *carte de vœux pour la Saint-Valentin* **2.** (*sweetheart*) Valentin(e) *m(f);* **be my ~!** sois mon Valentin!

Valentine's Day *n* (*Feb. 14*) la Saint-Valentin

valet ['væl·ɪt] *n* **1.** HIST valet *m* de chambre **2.** (*employee who parks cars*) *portier chargé de garer les voitures des clients*

valet parking *n* voiturier *m*

Valetta [va·'le·ta] *n* La Valette

valiant ['væl·jənt] *adj* vaillant(e); (*attempt*) courageux(-euse)

valiantly *adv* vaillamment

valid ['væl·ɪd] *adj* **1.** (*acceptable*) valable; (*license*) en règle; (*passport, ticket*) valide **2.** (*worthwhile*) pertinent(e); (*precaution*) judicieux(-euse)

validate ['væl·ə·deɪt] *vt* **1.** (*ratify: document*) valider **2.** (*verify: theory, claim*) confirmer; **to be ~d in one's feelings** être conforté dans ses sentiments

validity [və·'lɪd·ə·ṭi] *n* **1.** (*acceptability*) validité *f* **2.** (*accuracy*) justesse *f*

valley ['væl·i] *n* vallée *f*

valor ['væl·ər] *n form* bravoure *f*

valuable **I.** *adj a. fig* précieux(-euse) **II.** *n pl* objets *mpl* de valeur

valuation [ˌvæl·ju·'eɪ·ʃən] *n* **1.** (*estimation*) estimation *f* **2.** (*financial value*) valeur *f* estimée

valuator *n* FIN expert(e) *m(f)*

value ['væl·ju] **I.** *n* **1.** (*importance, worth*) valeur *f;* **to be of little ~** être de peu de valeur; **to place a high ~ on sth** attacher une grande importance à qc; **to be good/poor ~ (for money)** être une bonne/mauvaise affaire **2.** (*possible price*) valeur *f;* **to assess the ~ of sth** estimer qc; **the ~ of sth falls/rises** qc perd/prend de la valeur **3.** (*ethical standard*) valeur *f;* **basic ~s** les grandes valeurs **II.** *vt* estimer

valued *adj* estimé(e)

valueless *adj* sans valeur

valve [vælv] *n* **1.** (*intake, outflow control*) soupape *f;* (*on tire*) valve *f* **2.** (*part of organs*) valvule *f* **3.** (*instrument part*) piston *m*

vamp [væmp] *n* vamp *f*

vampire ['væm·paɪər] *n* vampire *m*

van¹ [væn] *n* **1.** (*passenger vehicle*) camionnette *f* **2.** (*commercial vehicle*) véhicule *m* de fonction

van² [væn] *n abbr of* **vanguard** *a. fig* **in the ~** à l'avant-garde

vandal ['væn·dəl] *n* vandale *mf*

vandalism ['væn·dəl·ɪ·zəm] *n* vandalisme *m*

vandalize ['væn·dəl·aɪz] *vt* saccager

vane [veɪn] *n* pale *f*

vanguard ['væn·gard] *n a. fig, form* avant-garde *f;* **to be in the ~ of sth** être à l'avant-garde de qc

vanilla [və·'nɪl·ə] **I.** *n* BOT vanille *f* **II.** *adj* (*ice cream, yogurt*) à la vanille

vanilla pod *n* gousse *f* de vanille

vanillin *n* vanilline *f*

vanish ['væn·ɪʃ] *vi* disparaître; **to ~ into thin air** se volatiliser; **to ~ from sight** disparaître de la vue; **a ~ed era** une époque révolue; **to see one's hopes ~ing** voir ses espoirs s'envoler

vanishing point *n* **1.** (*point at horizon*) point *m* de l'horizon **2.** (*smaller point*) point *m* zéro
vanity ['væn·ə·t̬i] *n* vanité *f*
vanity bag, vanity case *n* vanity-case *m*
vanity plate *n inf* plaque *f* d'immatriculation personnalisée
vantage ['væn·t̬ɪdʒ] *n* avantage *m*
vantage point *n* point *m* de vue; **from the ~ of sb/sth** du point de vue de qn/qc
Vanuatu [væn·'wa·tu] *n* le Vanuatu
Vanuatuan **I.** *adj* vanuatuan(ne) **II.** *n* Vanuatuan(ne) *m(f)*
vapid ['væp·ɪd] *adj pej* insipide
vapor ['veɪ·pər] *n* vapeur *f;* **water ~** vapeur d'eau
vaporization [ˌveɪ·pər·aɪ·'zeɪ·ʃən] *n* vaporisation *f*
vaporize ['veɪ·pə·raɪz] **I.** *vt* vaporiser **II.** *vi* s'évaporer
vaporizer *n* vaporisateur *m*
vapor pressure *n* pression *f* de la vapeur
vapor trail *n* traînée *f* blanche
variability [ˌver·i·ə·'bɪl·ə·t̬i] *n* variabilité *f*
variable ['ver·i·ə·bl] *adj, n* variable *f*
variance ['ver·i·ən(t)s] *n* **1.** divergence *f;* **to be at ~ with sth** *form* (*in disagreement*) être en désaccord avec qc **2.** (*permission*) autorisation *f* spéciale
variant ['ver·i·ənt] **I.** *n* variante *f* **II.** *adj* de différentes sortes; (*spelling*) différent(e)
variation [ˌver·i·'eɪ·ʃən] *n a.* MUS variation *f;* **seasonal/temperature ~s** variations *fpl* saisonnières/de température; **wide ~s** de fortes fluctuations *fpl;* **~s on a theme** variations sur un thème
varicose ['ver·ə·koʊs] *adj* MED variqueux(-euse); **~ veins** varices *fpl*
varied *adj* varié(e); (*career*) mouvementé(e); (*group*) hétérogène
variegated ['ver·i·ə·geɪ·t̬ɪd] *adj* bigarré(e); BOT panaché(e)
variety [və·'raɪə·t̬i] *n* **1.** (*diversity*) variété *f;* **a ~ of styles** divers styles *mpl;* **in a ~ of ways** de plusieurs manières; **for a ~ of reasons** pour diverses raisons; **genetic ~** diversité *f* génétique; **to lend ~** apporter de la variété; **a new ~ of tulip** une nouvelle variété de tulipe **2.** THEAT variétés *fpl*
variety act *n* numéro *m* de variétés
variety show *n* spectacle *m* de variétés
various ['ver·i·əs] *adj* divers(e)
variously *adv* diversement
varmint ['var·mɪnt] *n inf* fripouille *f*
varnish ['var·nɪʃ] **I.** *n* vernis *m* **II.** *vt* vernir
varsity ['var·sə·t̬i] *n* SPORTS, UNIV, SCHOOL *meilleure équipe représentant un établissement;* **~ baseball team** meilleure équipe *f* de baseball
vary ['ver·i] <-ie-> **I.** *vi* varier; (*opinions*) diverger; **to ~ from sth** différer de qc; **to ~ from sth to sth** varier de qc à qc **II.** *vt* varier; **to ~ one's route** changer de route
varying *adj* variable
vascular ['væs·kjə·lər] *adj* MED, BOT vasculaire
vase [veɪs] *n* vase *m*
vasectomy [və·'sek·tə·mi] *n* vasectomie *f*
vassal ['væs·əl] *n a. fig, pej* HIST vassal *m*
vast [væst] *adj* (*country, fortune, majority*) vaste; **a ~ difference/amount of money** une énorme différence/somme d'argent
vastly *adv* énormément; (*different*) extrêmement
vastness *n* étendue *f*
vat [væt] *n* bac *m*
Vatican ['væt̬·ɪ·kən] *n* **the ~** le Vatican
vaudeville ['vɔd·vɪl] *n* vaudeville *m*
vault [vɔlt] **I.** *n* **1.** (*type of arch*) voûte *f* **2.** (*secure room*) salle *f* des coffres **3.** (*safe*) coffre-fort *m* **4.** (*chamber*) caveau *m;* **family ~** caveau familial **5.** (*jump*) saut *m* **II.** *vt* **1.** (*jump*) sauter **2.** (*promote very fast*) propulser **III.** *vi* sauter
vaulted *adj* ARCHIT voûté(e)
vaulting **I.** *n* ARCHIT voûte *f* **II.** *adj pej* (*ambition, costs*) démesuré(e)
vaulting horse *n* SPORTS cheval *m* d'arçons
vaunt [vɔnt] *vt* vanter; **her much-~ed dynamism** son dynamisme tant vanté
VCR [ˌvi·si·'ar] *n abbr of* **video cassette recorder** magnétoscope *m*
VD [ˌvi·'di] *n inf abbr of* **venereal disease** MST *f*
VDT [ˌvi·di·'ti] *n abbr of* **video display terminal** COMPUT écran *m* de visualisation
veal [vil] *n* (viande *f* de) veau *m*
veal cutlet *n* escalope *f* de veau
vector ['vek·tər] *n* **1.** MATH vecteur *m* **2.** BIO porteur *m*
VE day [ˌvi·'i·deɪ] *n abbr of* **day of Victory in Europe** *le 8 mai 1945*
veer [vɪr] *vi* **1.** (*alter course unexpectedly*) tourner **2.** (*alter attitude*) changer; **to ~ away from sth** se détourner de qc; **to ~ back and forth** tourner comme une girouette; **to ~ toward sth** se tourner vers qc
veg [vedʒ] *vi inf* **to ~ (out)** glander
vegan ['vi·gən] **I.** *n* végétalien(ne) *m(f)* **II.** *adj* végétalien(ne)
vegetable ['vedʒ·tə·bl] **I.** *n a. pej* légume *m;* **~ soup** soupe *f* de légumes; **root ~** racine *f* comestible; **seasonal ~** légume de saison; **early ~s** primeurs *fpl* **II.** *adj* végétal(e); (*soup, dish*) de légumes
vegetable garden *n* potager *m*
vegetable kingdom *n* règne *m* végétal
vegetable oil *n* huile *f* végétale
vegetarian [ˌvedʒ·ə·'ter·i·ən] **I.** *n* végétarien(ne) *m(f)* **II.** *adj* végétarien(ne); **~ diet** régime *m* végétarien
vegetate ['vedʒ·ə·teɪt] *vi* végéter
vegetation [ˌvedʒ·ə·'teɪ·ʃən] *n* végétation *f*
veggie ['vedʒ·i] **I.** *n inf* **1.** (*vegetarian*) végétarien(ne) *m(f)* **2.** (*vegetables*) légume *m* **II.** *adj inf* végétarien(ne)
veggie burger *n* hamburger *m* végétarien
vehemence ['vi·ə·mən(t)s] *n* véhémence *f*

vehement ['vi·ə·mənt] *adj* véhément(e)
vehicle ['vi·ə·kl] *n form, a. fig* véhicule *m*
vehicular [vi·'hɪk·jə·lər] *adj form* véhiculaire; ~ **traffic** circulation *f* routière; ~ **manslaughter** *le fait de tuer qn avec une voiture*
veil [veɪl] **I.** *n a. fig* voile *m;* **bridal** ~ voile de mariée; ~ **of secrecy** *fig* voile de mystère; **under the ~ of sth** *fig* sous le voile de qc; **to draw a ~ over sth** *fig* mettre un voile sur qc **II.** *vt* **1.** *passive* (*cover by veil*) **to be ~ed** être voilé **2.** (*cover*) voiler
veiled *adj a. fig* voilé(e)
vein [veɪn] *n* **1.** (*blood vessel*) *a.* MIN veine *f* **2.** (*for plant sap*) nervure *f* **3.** (*style*) veine *f* **4.** (*frame of mind*) humeur *f*
veined *adj* veiné(e)
velar ['vi·lər] **I.** *adj* LING vélaire **II.** *n* LING vélaire *f*
Velcro® ['vel·kroʊ] *n* velcro *m*
veldt [velt] *n* veld *m*
velocity [və·'la·sə·t̬i] *n form* vitesse *f*
velvet ['vel·vɪt] *n* velours *m;* ~ **glove** gant *m* de velours
velveteen [ˌvel·vɪ·'tin] *n* velours *m*
velvety ['vel·və·t̬i] *adj* velouté(e); (*eyes*) de velours
venal ['vi·nᵊl] *adj pej, form* vénal(e)
venality [vi·'næl·ə·t̬i] *n pej, form* vénalité *f*
vend [vend] *vt* vendre
vendetta [ven·'det̬·ə] *n* vendetta *f*
vending machine *n* distributeur *m* automatique
vendor ['ven·dər] *n* marchand(e) *m(f);* (*on the street*) marchand(e) *m(f)* ambulant(e)
veneer [və·'nɪr] *n* **1.** (*layer covering surface*) placage *m* **2.** (*facade*) façade *f* **3.** (*artificial covering for tooth*) vernis *m*
venerable ['ven·ᵊr·ə·bl] *adj* vénérable
Venerable *adj* **1.** (*Catholic rank below saint*) vénérable **2.** (*Episcopalian archdeacon's title*) révérend(e)
venerate ['ven·ə·reɪt] *vt form* vénérer
veneration [ˌven·ə·'reɪ·ʃᵊn] *n* vénération *f*
venereal [və·'nɪr·i·əl] *adj* MED vénérien(ne)
venetian blind *n* store *m* vénitien
Venezuela [ˌven·ə·'zweɪ·lə] *n* le Venezuela
Venezuelan I. *adj* vénézuélien(ne) **II.** *n* Vénézuélien(ne) *m(f)*
vengeance ['ven·dʒᵊn(t)s] *n* vengeance *f;* **with a** ~ de plus belle
vengeful *adj* vengeur(-eresse)
venial ['vi·ni·əl] *adj form* pardonnable
Venice ['ven·ɪs] *n* Venise *f*
venison ['ven·ɪ·sᵊn] *n* chevreuil *m*
venom ['ven·əm] *n a. fig* venin *m*
venomous ['ven·ə·məs] *adj fig, pej* venimeux(-euse); **a ~ tongue** une langue de serpent
venous ['vi·nəs] *adj* ANAT, MED veineux(-euse)
vent [vent] **I.** *n* **1.** (*opening*) conduit *m* **2.** FASHION fente *f* ►**to give ~ to sth** donner libre cours à qc; **to give ~ to anger** laisser exploser sa colère **II.** *vt a. fig* décharger; **to ~ one's anger on sb** laisser éclater sa colère sur qn
ventilate ['ven·t̬ə·leɪt] *vt* (*oxygenate*) aérer
ventilation [ˌven·t̬ə·'leɪ·ʃᵊn] *n* aération *f;* **I opened the window for ~** j'ai ouvert la fenêtre pour aérer
ventilation duct *n* conduit *m* d'aération
ventilator ['ven·t̬ə·leɪ·t̬ər] *n* ventilateur *m*
ventricle ['ven·trɪ·kl] *n* ventricule *m*
ventriloquist [ven·'trɪl·ə·kwɪst] *n* ventriloque *mf*
venture ['ven·tʃər] **I.** *n* entreprise *f;* **my first ~ into journalism** ma première incursion *f* dans le journalisme **II.** *vt* **1.** (*dare to express: explanation*) hasarder; **to ~ an opinion** se hasarder à donner une opinion **2.** (*put at risk*) risquer; **to ~ to** +*infin* se risquer à +*infin* ►**nothing ~d, nothing gained** *prov* qui ne risque rien n'a rien *prov* **III.** *vi* s'aventurer; **to ~ into sth** s'aventurer dans qc; **to ~ on sth** se risquer à qc; **to ~ out in sth** se risquer à sortir dans qc
venture capital *n* capital-risque *m*
venturesome ['ven·tʃər·səm] *adj form* **1.** (*adventurous: person*) aventureux(-euse) **2.** (*risky, not safe*) risqué(e)
venue ['ven·ju] *n* **1.** (*place*) lieu *m* de rencontre; (*in hall*) salle *f;* (*for match*) terrain *m* **2.** LAW prétoire *m*
Venus ['vi·nəs] *n* Vénus *f*
veracity [və·'ræs·ə·t̬i] *n form* véracité *f*
veranda, verandah [və·'ræn·də] *n* véranda *f*
verb [vɜrb] *n* verbe *m*
verbal ['vɜr·bᵊl] *adj a.* LING verbal(e)
verbalize ['vɜr·bə·laɪz] **I.** *vt* exprimer **II.** *vi* s'exprimer
verbally *adv* verbalement
verbatim [vər·'beɪ·t̬ɪm] **I.** *adj* textuel(le) **II.** *adv* textuellement
verbiage ['vɜr·bi·ɪdʒ] *n pej, form* verbiage *m*
verbose [vər·'boʊs] *adj pej, form* verbeux(-euse)
verbosity [vər·'ba·sə·t̬i] *n pej, form* verbosité *f*
verdict ['vɜr·dɪkt] *n* verdict *m;* **guilty** ~ verdict de culpabilité; **to deliver a** ~ rendre un verdict; **what's your ~?** quel est ton verdict?
verdigris ['vɜr·dɪ·gris] *n* vert-de-gris *m inv*
verge [vɜrdʒ] *n* **1.** (*brink*) **to be on the ~ of tears** être au bord des larmes; **to be on the ~ of childhood** être au seuil de l'enfance; **to be on the ~ of resigning/leaving sb** être sur le point de démissionner/quitter qn **2.** (*physical edge*) bord *m;* **on the ~ of the road** sur le bord de la route
verge on *vt* friser; **to ~ the ridiculous** friser le ridicule
verger *n* sacristain(e) *m(f)*
verifiable *adj* vérifiable
verification [ˌver·ə·fɪ·'keɪ·ʃᵊn] *n* vérification *f*
verify ['ver·ə·faɪ] <-ie-> *vt* vérifier
verisimilitude [ˌver·ə·sə·'mɪl·ə·tud] *n form* vraisemblance *f*
veritable ['ver·ə·t̬ə·bl] *adj* véritable
vermicelli [ˌvɜr·mə·'tʃel·i] *n* vermicelle *m*

vermicide [ˈvɜr·mə·saɪd] *n* vermifuge *m*
vermilion, vermillion [vər·ˈmɪl·jən] **I.** *n* vermillon *m* **II.** *adj* vermillon *inv*
vermin [ˈvɜr·mɪn] *npl pej, a. fig* vermine *f*
verminous *adj pej* pourri(e)
Vermont [vər·ˈmant] **I.** *n* le Vermont **II.** *adj* du Vermont
vermouth [vər·ˈmuθ] *n* vermouth *m*
vernacular [vər·ˈnæk·jə·lər] **I.** *n* langue *f* vernaculaire **II.** *adj* vernaculaire
vernal equinox *n* équinoxe *m* vernal
versatile [ˈvɜr·sə·t̬ᵊl] *adj* (*tool, actor*) polyvalent(e); (*mind*) souple
versatility [ˌvɜr·sə·ˈtɪl·ə·t̬i] *n* polyvalence *f*
verse [vɜrs] *n* **1.** (*poetry*) vers *m;* (*of song*) couplet *m;* **in ~** en vers **2.** REL verset *m*
versed *adj form* **to be (well) ~ in sth** être versé dans qc
versifier *n* versificateur *m*
versify [ˈvɜr·sə·faɪ] **I.** *vi* faire des vers **II.** *vt* versifier
version [ˈvɜr·ʒᵊn] *n* version *f;* **official ~** version *f* officielle
verso [ˈvɜr·soʊ] *n form* **1.** (*back of page*) verso *m* **2.** (*reverse side: of a coin*) revers *m*
versus [ˈvɜr·səs] *prep* **1.** (*in comparison*) par opposition [*o* rapport] à **2.** SPORTS, LAW contre
vertebra [ˈvɜr·t̬ə·brə] <-brae> *n* vertèbre *f*
vertebral [ˈvɜr·t̬ə·brᵊl] *adj* ANAT, MED vertébral(e)
vertebrate [ˈvɜr·tə·brɪt] **I.** *n* vertébré *m* **II.** *adj* vertébré(e)
vertex [ˈvɜr·teks] <-es *o* -tices> *n* MATH sommet *m*
vertical [ˈvɜr·t̬ə·kᵊl] *adj* vertical(e)
vertiginous [vər·ˈtɪdʒ·ə·nəs] *adj form* (*dizzying*) vertigineux(-euse)
vertigo [ˈvɜr·t̬ə·goʊ] *n* vertige *m*
verve [vɜrv] *n* **1.** verve *f;* **with ~** avec brio **2.** *fig* **to give sth (added) ~** donner du brillant à qc
very [ˈver·i] **I.** *adv* **1.** (*extremely*) très; **to be ~ hungry** avoir très faim **2.** (*to a great degree*) **~ much** beaucoup; **to feel ~ much at home** se sentir vraiment chez soi; **we're ~ much in love** nous sommes très amoureux; **things are still ~ much the same** les choses *fpl* n'ont que très peu changé **3.** (*expression of emphasis*) **the ~ best** tout ce qu'il y a de mieux; **the ~ best of friends** le meilleur des amis; **~ best quality** toute première qualité *f;* **the ~ first/last** le tout premier/dernier; **to do the ~ best one can** vraiment faire tout son possible; **at the ~ most/least** tout au plus/au moins; **the ~ same** exactement le même; **it's my ~ own** c'est le mien ►**~ well** très bien **II.** *adj* même; **this ~ house** cette maison *f* même; **this ~ day** aujourd'hui même; **to the ~ end** jusqu'au bout; **from the ~ beginning** depuis le tout début; **the ~ thought of sth** la seule pensée de qc; **this is the ~ thing to do** c'est exactement la chose à faire ►**the ~ idea!** quelle idée!
vesicle [ˈves·ɪ·kl] *n* vésicule *f*
vespers [ˈves·pərz] *npl* vêpres *fpl*
vessel [ˈves·ᵊl] *n* **1.** *form* (*boat*) vaisseau *m* **2.** *form* (*container*) récipient *m* **3.** ANAT, BOT vaisseau *m*
vest[1] [vest] *n* **1.** (*sleeveless garment*) gilet *m* **2.** SPORTS maillot *m*
vest[2] [vest] *vt form* investir; **to ~ sb with sth** investir qn de qc; **to ~ sth in sb** assigner qn de qc; **to ~ one's hopes in sb/sth** placer ses espoirs en qn/qc; **by the authority ~ed in me** en vertu de l'autorité dont je suis investi
vestal virgin *n* vestale *f*
vested interest *n* intérêts *mpl* personnels
vestibule [ˈves·tə·bjul] *n form* **1.** (*foyer*) vestibule *m* **2.** (*porch*) antichambre *f*
vestige [ˈves·tɪdʒ] *n a. fig* vestige *m;* **to remove the last ~ of doubt** enlever le dernier vestige de doute
vestment [ˈves(t)·mənt] *n* vêtement *m* sacerdotal
vest-pocket *adj* **1.** (*pocket-size*) de poche **2.** (*very small*) miniature
vestry [ˈves·tri] *n* sacristie *f*
vet[1] [vet] *n inf* (*animal doctor*) vétérinaire *mf*
vet[2] [vet] *n inf* (*veteran*) vétéran *m*
vet[3] [vet] *vt* <-tt-> examiner; **to be ~ted by sb/sth** recevoir l'approbation de qn/qc
veteran [ˈvet̬·ər·ᵊn] **I.** *n* **1.** (*person with experience*) vétéran *m* **2.** MIL ancien combattant *m* **II.** *adj* (*very experienced*) aguerri(e)

> **i** Le **Veterans Day**, le 11 novembre, fut instauré à l'origine en souvenir de l'armistice de 1918 conclu entre l'Allemagne et les Alliés. Ce jour férié rend honneur à tous les vétérans des guerres américaines.

veterinarian [ˌvet·ᵊr·ɪ·ˈner·i·ən] *n* vétérinaire *mf*
veterinary [ˈvet·ᵊr·ɪ·ner·i] **I.** *adj* vétérinaire **II.** *n* vétérinaire *mf*
veto [ˈvi·t̬oʊ] **I.** <-es> *n* veto *m;* **to have the power of ~** avoir le droit de veto; **to have a ~ over sth** avoir le droit de veto sur qc **II.** *vt* <vetoed> **1.** (*exercise a veto against*) opposer son veto à **2.** (*forbid*) interdire
vex [veks] *vt* **1.** (*cause trouble*) contrarier **2.** (*upset*) fâcher
vexation [vek·ˈseɪ·ʃᵊn] *n* vexation *f;* **it's a ~ to him that ...** c'est humiliant pour lui que ...
vexatious [vek·ˈseɪ·ʃəs] *adj* contrariant(e); (*problem*) fâcheux(-euse)
vexed *adj* **1.** (*problematic: question*) controversé(e) **2.** (*frustrated*) vexé(e); **to be ~ with sb** être fâché avec qn
VFW [ˌvi·ef·ˈdʌb·l·ju] *abbr of* **Veterans of Foreign Wars** vétérans *mpl* ayant combattu à l'étranger
VHF [ˌvi·eɪtʃ·ˈef] *adj abbr of* **very high frequency** RADIO, TV VHF *inv*
VHS® *adj abbr of* **Video Home System** RADIO, TV VHS *inv*

V

VI *n abbr of* **Virgin Islands**

via [vaɪə] *prep* **1.** (*through*) par; **~ New York** via New York **2.** (*using*) **~ the bridge** en empruntant le pont; **~ a courier** par courrier

viability [ˌvaɪ·ə·ˈbɪl·ə·t̬i] *n* viabilité *f*

viable [ˈvaɪ·ə·bl] *adj* viable

viaduct [ˈvaɪə·dʌkt] *n* viaduc *m*

vibe [vaɪb] *npl inf* **1.** (*general atmosphere*) ambiance *f;* **I'm getting good/bad ~s about sth** je sens/je ne sens pas qc **2.** *pl* MUS *s.* **vibraphone**

vibrant [ˈvaɪ·brənt] *adj* **1.** (*lively: person*) vibrant(e) **2.** (*bustling*) animé(e); **there is a ~ life in the center** il y a une vie trépidante dans ce centre **3.** (*bright: color, light*) vif(vive) **4.** (*strong: voice, sound*) sonore

vibraphone [ˈvaɪ·brə·foʊn] *n* MUS vibraphone *m*

vibrate [ˈvaɪ·breɪt] **I.** *vi* **1.** (*shake quickly*) vibrer **2.** (*continue to be heard: sound*) retentir **3.** *fig* **to ~ with enthusiasm** frémir d'enthousiasme **II.** *vt* faire vibrer

vibration [vaɪ·ˈbreɪ·ʃᵊn] *n* vibration *f*

vibrator [ˈvaɪ·breɪ·t̬ər] *n* vibrateur *m;* **electric ~** vibromasseur *m*

vicar [ˈvɪk·ər] *n* pasteur *m*

vicarious [vɪ·ˈker·i·əs] *adj* indirect(e); (*authority, power*) délégué(e); **to take ~ pleasure from sth** retirer indirectement du plaisir de qc

vice¹ [vaɪs] *n* vice *m*

vice² [vaɪs] *n* (*tool*) étau *m*

vice president *n* vice-président(e) *m(f)*

vice squad *n* brigade *f* mondaine

vice versa [ˌvaɪ·sə·ˈvɜr·sə] *adv* vice versa

vicinity [və·ˈsɪn·ə·t̬i] *n* voisinage *m;* **in the ~ of sth** dans les alentours de qc; **in the immediate ~** à proximité; **in the ~ of $400** à peu près 400 dollars

vicious [ˈvɪʃ·əs] *adj* **1.** (*malicious*) malveillant(e); (*fighting*) haineux(-euse); (*gossip*) méchant(e) **2.** (*cruel*) violent(e) **3.** (*able to cause pain*) pervers(e); (*animal*) méchant(e)

vicious circle *n* cercle *m* vicieux

vicissitudes [vɪ·ˈsɪs·ə·tudz] *n form pl* vicissitudes *fpl;* **the ~ of the weather** les aléas *mpl* du climat

victim [ˈvɪk·tɪm] *n* (*of crime, illness*) victime *f;* (*of disaster*) sinistré(e) *m(f)* ▶ **to fall ~ to sb/sth** devenir la victime de qn/qc

victimization *n* représailles *fpl*

victimize [ˈvɪk·tə·maɪz] *vt* persécuter; **to be ~d** être victime de persécutions

victor [ˈvɪk·tər] *n* vainqueur *mf*

Victoria Day *n Can: le lundi précédant le 25 mai, les banques et les administrations sont fermées*

Victorian [vɪk·ˈtɔr·i·ən] **I.** *adj* victorien(ne); **the ~ stage** le théâtre de l'époque victorienne **II.** *n* Victorien(ne) *m(f)*

victorious [vɪk·ˈtɔr·i·əs] *adj* victorieux(-euse); (*team*) vainqueur

victory [ˈvɪk·tᵊr·i] *n* victoire *f;* **to achieve a ~ against sb** remporter une victoire sur qn; **to lead sb to ~** mener qn à la victoire; **to win a ~ in sth** sortir victorieux de qc

victuals [ˈvɪt̬·ᵊlz] *n pl* victuailles *fpl*

video [ˈvɪd·i·oʊ] **I.** *n* **1.** (*movie*) vidéo *f;* **to come out on ~** sortir en vidéo **2.** (*tape*) cassette vidéo *f* **3.** (*recorded footage*) film *m* vidéo **4.** (*of song*) clip vidéo *m* **II.** *vt* enregistrer sur cassette vidéo

video camera *n* caméra *f* vidéo

video card *n* COMPUT carte *f* vidéo

videocassette *n* cassette *f* vidéo

video clip *n* clip *m* vidéo

videoconference *n* visioconférence *f*

videoconferencing *n* vidéoconférence *f*

video game *n* jeu *m* vidéo

video library *n* vidéothèque *f*

videophile *n* vidéophile *mf*

videophone *n* visiophone *m*

video recorder *n* magnétoscope *m*

video surveillance *n* vidéosurveillance *f*

videotape **I.** *n* bande *f* vidéo **II.** *vt* enregistrer sur une cassette vidéo

video tape recorder *n* magnétoscope *m*

vie [vaɪ] *vi* rivaliser; **to ~ for sth** se disputer qc

Vienna [vi·ˈen·ə] *n* Vienne

Viennese [ˌvi·ə·ˈniz] **I.** *n* Viennois(e) *m(f)* **II.** *adj* viennois(e)

Vietcong [ˌviet·ˈkɔŋ] *n inv* Viêt-cong *mf*

Vietnam, Viet Nam [ˌviet·ˈnam] *n* le Viêt-nam [*o* Vietnam]

Vietnamese [vi·ˌet·nə·ˈmiz] **I.** *adj* vietnamien(ne) **II.** *n* **1.** (*person*) Vietnamien(ne) *m(f)* **2.** LING vietnamien *m; s.a.* **English**

Vietnam War *n* guerre *f* du Viêt-nam

view [vju] **I.** *n* **1.** (*opinion, idea*) opinion *f;* **conflicting ~s** avis *mpl* divergents; **to share sb's ~** partager l'avis de qn; **to take a dim ~ of sth** ne pas trop apprécier qc; **to have ~s about sb/sth** avoir des opinions sur qn/qc; **to hold strong ~s about sth** avoir des idées arrêtées sur qc; **in sb's ~** d'après qn **2.** (*sight*) vue *f;* **to block sb's ~** gêner le champ de vision de qn **3.** (*ability to see*) vue *f;* **in full ~ of sb** sous les yeux *mpl* de qn; **to come into ~** s'approcher; **to disappear from ~** disparaître de vue; **to hide sth from ~** cacher qc ▶ **to <u>have</u> sth in ~** avoir qc en vue; **in ~ <u>of</u>** étant donné; **to be <u>on</u> ~** être exposé; **<u>with</u> a ~ to doing sth** dans le but de faire qc **II.** *vt* **1.** (*consider*) considérer; **to be ~ed as dangerous/a threat** être considéré comme dangereux/une menace **2.** (*envisage*) envisager; **to ~ sth with delight** envisager qc avec ravissement **3.** (*see, watch: works of art*) voir; (*house*) visiter; (*slide*) visionner

viewer *n* **1.** TV téléspectateur, -trice *m, f* **2.** (*device for slides*) *a.* COMPUT visionneuse *f*

viewfinder *n* PHOT viseur *m*

viewing *n* **1.** (*inspection*) examen *m;* (*of exhibition, house*) visite *f;* **~ by appointment** visite sur rendez-vous **2.** TV **four hours' ~ a night** quatre heures de télévision par nuit; **to be essential ~** être à voir impérativement; **a**

family's ~ le programme télé d'une famille **3.** (*act of seeing*) visionnage *m*

viewing figures *npl* indice *m* d'écoute

viewpoint *n* point *m* de vue

vigil ['vɪdʒ·ᵊl] *n* **1.** (*eve*) veille *f* **2.** (*ceremony*) veillée *f;* **to keep ~** veiller **3.** (*protest*) manifestation *f* silencieuse

vigilance ['vɪdʒ·ɪ·ləns] *n* vigilance *f*

vigilant ['vɪdʒ·ɪ·lənt] *adj* vigilant(e); **a ~ eye** un œil attentif

vigilante *n membre d'un groupe d'autodéfense*

vignette [vɪ·'njet] *n* vignette *f*

vigor *n* **1.** (*intensity*) vigueur *f* **2.** (*forcefulness*) fermeté *f*

vigorous ['vɪg·ᵊr·əs] *adj* **1.** (*energetic*) vigoureux(-euse); (*protest*) ferme **2.** SPORTS (*exercise*) intensif(-ive) **3.** (*flourishing: growth*) fort(e)

Viking ['vaɪ·kɪŋ] **I.** *adj* viking **II.** *n* Viking *m*

vile [vaɪl] <-r, -st> *adj* **1.** (*very bad*) exécrable; (*smell, taste*) infect(e) **2.** (*morally bad*) vil(e)

vilify ['vɪl·ə·faɪ] *vt form* diffamer

villa ['vɪl·ə] *n* villa *f,* camp *m Québec*

village ['vɪl·ɪdʒ] **I.** *n* **1.** (*settlement*) village *m* **2.** + *sing/pl vb* (*populace*) village *m* **II.** *adj* de/du village

village idiot *n* idiot *m* du village

villager *n* villageois(e) *m(f)*

villain ['vɪl·ən] *n* **1.** (*evil person*) scélérat(e) *m(f)* **2.** (*bad guy*) voyou *m;* **a small-time ~** un petit voyou; **to cast sb as a ~** qualifier qn de voyou **3.** *inf* (*child*) coquin(e) *m(f)*

villainous [vɪl·ə·nəs] *adj* vil(e)

villainy ['vɪl·ə·ni] *n* infamie *f*

vim [vɪm] *n* vigueur *f*

VIN [ˌvi·aɪ·'en] *n abbr of* **vehicle identification number** plaque *f* d'immatriculation du véhicule

vinaigrette [ˌvɪn·ə·'gret] *n* vinaigrette *f*

vindicate ['vɪn·də·keɪt] *vt* **1.** (*justify*) justifier; (*rights*) faire valoir; **to ~ sb** donner raison à qn; **I was ~d by sth** qc m'a donné raison **2.** (*clear of blame: person*) disculper

vindication [ˌvɪn·də·'keɪ·ʃᵊn] *n* justification *f*

vindictive [vɪn·'dɪk·tɪv] *adj* vindicatif(-ive)

vine [vaɪn] *n* **1.** (*grape plant*) vigne *f* **2.** (*climbing plant*) plante *f* grimpante

vinegar ['vɪn·ə·gər] *n* vinaigre *m*

vinegary *adj* **1.** (*tasting of vinegar*) qui a le goût du vinaigre **2.** (*full of vinegar*) **the salad is too ~** il y a trop de vinaigre dans la salade

vineyard ['vɪn·jərd] *n* vignoble *m*

vintage ['vɪn·t̬ɪdʒ] **I.** *n* **1.** (*wine*) cru *m;* **the 1983 ~** le cru de 1983 **2.** (*year*) millésime *m* **II.** *adj* **1.** CULIN de grand cru; **a ~ year** une grande année **2.** (*classic quality*) classique **3.** (*old: car, clothes*) d'époque

vintner ['vɪnt·nər] *n* négociant(e) *m(f)* en vins

vinyl ['vaɪ·nᵊl] *n* vinyle *m*

viola[1] [vi·'oʊ·lə] *n* MUS alto *m*

viola[2] ['vi·ə·lə] *n* BOT violacée *f*

violate ['vaɪə·leɪt] *vt* **1.** (*break*) désobéir à **2.** (*enter illegally*) transgresser; (*a tomb*) profaner **3.** (*disturb*) déranger; **to ~ sb's privacy** faire intrusion chez qn **4.** *form* (*rape*) violer

violation [ˌvaɪə·'leɪ·ʃᵊn] *n* **1.** (*act of not respecting*) violation *f;* **in ~ of sth** en violation de qc **2.** (*act of breaking law*) infraction *f*

violence ['vaɪə·lᵊn(t)s] *n* violence *f*

violent ['vaɪə·lᵊnt] *adj* **1.** (*cruel*) violent(e); (*argument*) virulent(e) **2.** (*very powerful*) fort(e); **to have a ~ temper** être colérique **3.** *fig, pej* (*clothes*) criard(e)

violet ['vaɪə·lɪt] **I.** *n* **1.** BOT violette *f* **2.** (*color*) violet *m* **II.** *adj* violet(te); *s.a.* **blue**

violin [ˌvaɪə·'lɪn] *n* violon *m*

violinist *n* violoniste *mf*

VIP [ˌvi·aɪ·'pi] **I.** *n abbr of* **very important person** VIP *mf* **II.** *adj* VIP *inv;* **a ~ lounge** un salon VIP; **to be given ~ treatment** être traité comme une personnalité de marque

viper ['vaɪ·pər] *n* vipère *f*

virago [və·'ra·goʊ] <-s *o* -es> *n pej* virago *f*

viral ['vaɪ·rᵊl] *adj* viral(e)

virgin ['vɜr·dʒɪn] **I.** *n* vierge *f;* (*man*) puceau *m inf;* **to be a ~** être vierge **II.** *adj* vierge; **pure ~ wool** pure laine *f* vierge

virginal *n* virginal *m*

virgin forest *n* forêt *f* vierge

Virginia [vər·'dʒɪn·jə] **I.** *n* la Virginie **II.** *adj* de Virginie

Virgin Islands *n* les îles *fpl* Vierges

virginity [vər·'dʒɪn·ə·t̬i] *n* virginité *f*

Virgo ['vɜr·goʊ] *n* Vierge *f; s.a.* **Aquarius**

virile ['vɪr·ᵊl] *adj* viril(e)

virility [və·'rɪl·ə·t̬i] *n* **1.** virilité *f* **2.** *fig* **economic ~** puissance *f* économique

virologist *n* virologue *mf*

virology [vaɪ·'ra·lə·dʒi] *n* virologie *f*

virtual ['vɜr·tʃu·əl] *adj* **1.** (*as described*) quasi-; **the ~ totality** la quasi-totalité; **it's a ~ impossibility** c'est quasiment impossible; **to look like a ~ certainty** paraître comme une certitude **2.** COMPUT virtuel(le)

virtually *adv* **1.** (*nearly*) pratiquement; **~ unknown** quasiment inconnu; **~ the whole town** la quasi-totalité de la ville **2.** COMPUT virtuellement

virtue ['vɜr·tʃu] *n* **1.** (*good moral quality*) vertu *f* **2.** (*advantage*) mérite *m;* **the ~ of having sth** l'avantage *m* d'avoir qc; **to extol the ~s of sth** vanter les vertus de qc ▶ **to make a ~ (out) of sth** faire de qc une vertu; **to make a ~ of necessity** faire de la nécessité une vertu; **by ~ of** *form* en vertu de

virtuosity [ˌvɜr·tʃu·'a·sə·t̬i] *n form* virtuosité *f*

virtuoso [ˌvɜr·tʃu·'oʊ·soʊ] <-s *o* -osi> **I.** *n* virtuose *mf* **II.** *adj* **~ performance** représentation *f* de virtuose

virtuous ['vɜr·tʃu·əs] *adj* **1.** (*morally good*) vertueux(-euse) **2.** *pej* (*hypocritical*) supérieur(e)

virulence ['vɪr·jə·lᵊn(t)s] *n* virulence *f*

virulent ['vɪr·jə·lᵊnt] *adj* virulent(e)

virus ['vaɪ·rəs] *n a.* COMPUT virus *m*

visa ['vi·zə] *n* visa *m*

vis-à-vis [ˌviz·ə·ˈvi] **I.** *prep form* par rapport à **II.** *n* (*person*) homologue *mf*
viscera [ˈvɪs·ᵊr·ə] *npl* viscères *mpl*
visceral *adj a. fig* viscéral(e)
viscose [ˈvɪs·koʊs] *n* viscose *f*
viscosity [vɪ·ˈska·sə·t̬i] *n* viscosité *f*
viscount [ˈvaɪ·kaʊnt] *n* vicomte *m*
viscountess *n* vicomtesse *f*
viscous [ˈvɪs·kəs] *adj* visqueux(-euse)
vise [vaɪs] *n* étau *m*
visibility [ˌvɪz·ə·ˈbɪl·ə·t̬i] *n* visibilité *f*
visible [ˈvɪz·ə·bl] *adj* visible
vision [ˈvɪʒ·ᵊn] *n* **1.** (*sight*) vue *f* **2.** (*dream, hope*) vision *f;* **to have ~s of doing sth** se voir faire qc; **my ~ for the school/company** mes espoirs *mpl* pour l'école/l'entreprise **3.** (*imagination*) perspicacité *f;* **a man of great ~** un homme qui voit loin
visionary [ˈvɪʒ·ᵊn·eri] **I.** *n* visionnaire *mf* **II.** *adj* **1.** (*hallucinatory*) hallucinatoire **2.** (*future-oriented*) visionnaire
visit [ˈvɪz·ɪt] **I.** *n* visite *f;* **to pay a ~ to sb** rendre visite à qn; **to have a ~ from sb** recevoir la visite de qn; **a ~ to the library** un tour chez le libraire; **during our ~ to Miami** au cours de notre séjour à Miami **II.** *vt* (*town, museum*) visiter; (*person*) aller voir; **to ~ sb in the hospital** se rendre auprès de qn à l'hôpital **III.** *vi* être en visite; **to ~ with sb** aller voir qn
visitation [ˌvɪz·ə·ˈteɪ·ʃᵊn] *n* **1.** (*visit*) visite *f;* **~ from a ghost** apparition *f* d'un fantôme **2.** (*time to see child*) droit *m* de visite **3.** (*calamity*) châtiment *m*
visiting card *n* carte *f* de visite
visiting hours *npl* heures *fpl* de visite
visiting professor *n* professeur *mf* invité(e)
visitor [ˈvɪz·ɪ·t̬ər] *n* **1.** (*guest*) invité(e) *m(f);* **to have ~s** avoir de la visite **2.** (*tourist*) visiteur, -euse *m, f;* **to be a frequent ~ to sth** visiter régulièrement qc
visitor center *n* centre *m* d'accueil
visor [ˈvaɪ·zər] *n* visière *f*
vista [ˈvɪs·tə] *n* **1.** (*view*) panorama *m* **2.** (*view of future*) **to open up a ~** ouvrir un horizon; **to raise a new ~** faire naître une nouvelle perspective
visual [ˈvɪʒ·u·əl] **I.** *adj* visuel(le); **~ nerve** nerf *m* optique **II.** *n pl* **~s** images *fpl*
visual aid *n* support *m* visuel
visualize [ˈvɪʒ·u·ə·laɪz] *vt* visualiser
visually *adv* visuellement; **the ~ impaired** les malvoyants *mpl*
vital [ˈvaɪ·t̬ᵊl] *adj* **1.** (*necessary: food, medicine*) vital(e); (*information, clue, measure*) capital(e); (*ingredient*) indispensable; **to be ~ to sth** être indispensable à qc; **it is ~ that** il est capital que *+subj;* **it is ~ to** *+infin* il est crucial de *+infin* **2.** *form* (*energetic*) énergique
vitality [vaɪ·ˈtæl·ə·t̬i] *n* vitalité *f*
vitalize [ˈvaɪ·t̬əl·aɪz] *vt* **1.** (*give life to*) vivifier **2.** (*animate*) animer
vitally *adv* extrêmement; (*necessary*) absolument
vital statistics *n pl* mensurations *fpl*
vitamin [ˈvaɪ·t̬ə·mɪn] *n* vitamine *f*
vitamin deficiency *n* carence *f* en vitamines
vitamin tablets *n* vitamines *fpl* en comprimé
vitreous [ˈvɪt·ri·əs] *adj* vitreux(-euse); (*enamel*) vitrifié(e)
vitrify [ˈvɪt·rə·faɪ] **I.** *vt* vitrifier **II.** *vi* se vitrifier
vitriol [ˈvɪt·ri·əl] *n* vitriol *m*
vitriolic [ˌvɪt·ri·ˈa·lɪk] *adj* au vitriol
vituperate [vaɪ·ˈtu·pə·reɪt] *vt, vi form* vitupérer
vituperation [vaɪ·ˌtu·pə·reɪ·ʃᵊn] *n form* vitupération *f*
vivacious [vɪ·ˈveɪ·ʃəs] *adj* enjoué(e)
vivacity [vɪ·ˈvæs·ə·t̬i] *n* vivacité *f*
vivid [ˈvɪv·ɪd] *adj a. fig* vif(vive); (*example, description*) frappant(e); (*memory, picture*) net(te); (*language*) vivant(e)
vividly *adv* (*describe*) de façon très vivante; (*recall*) de façon très nette; (*glow*) avec éclat
vivisect [ˈvɪv·ə·sekt] *vt* pratiquer la vivisection sur
vivisection [ˌvɪv·ə·ˈsek·ʃᵊn] *n* vivisection *f*
vixen [ˈvɪk·sᵊn] *n* **1.** (*female fox*) renarde *f* **2.** *pej* mégère *f*
viz. *adv form abbr of* **videlicet** (**namely**) c.-à-d.
vocabulary [voʊ·ˈkæb·jə·ler·i] *n* **1.** (*words*) vocabulaire *m;* **to widen one's ~** enrichir son vocabulaire **2.** (*glossary*) lexique *m*
vocal [ˈvoʊ·kᵊl] **I.** *adj* **1.** (*related to the voice*) vocal(e) **2.** (*outspoken*) qui se fait entendre; **to be/become ~** se faire entendre **3.** (*articulate*) **to be ~** parler beaucoup **II.** *n* **~(s)** chant *m;* **on ~s** au chant; **the lead ~** le chanteur/la chanteuse leader
vocal cords *n pl* cordes *fpl* vocales
vocalist *n* chanteur, -euse *m, f*
vocalize [ˈvoʊ·kə·laɪz] **I.** *vi* faire des vocalises **II.** *vt* exprimer
vocally *adv* vocalement; (*to say*) à haute voix
vocation [voʊ·ˈkeɪ·ʃᵊn] *n* vocation *f*
vocational *adj* professionnel(le)
vociferate [voʊ·ˈsɪf·ə·reɪt] *vt, vi* vociférer
vociferation [voʊ·ˌsɪf·ə·ˈreɪ·ʃᵊn] *n* vocifération *f*
vociferous [voʊ·ˈsɪf·ᵊr·əs] *adj* véhément(e)
vodka [ˈvad·kə] *n* vodka *f*
vogue [voʊg] *n* vogue *f;* **a ~ for sth** une mode de qc; **the ~ for doing sth** la mode de faire qc; **in ~** en vogue; **to be back in ~** revenir à la mode; **out of ~** démodé
voice [vɔɪs] **I.** *n a. fig* voix *f;* **tenor ~** voix de ténor; **his ~ is breaking** sa voix mue; **to keep one's ~ down** parler à voix basse; **to lower/raise one's ~** baisser/hausser le ton; **to lose one's ~** avoir une extinction de voix; **to make one's ~ heard** se faire entendre; **to give sb a ~** laisser qn s'exprimer ▶ **with one ~** d'une voix; **to give ~ to sth** exprimer qc; **to listen to the ~ of reason** écouter la voix de la raison **II.** *vt* exprimer
voice box *n inf s.* **larynx**

voiced *adj* LING sonore
voiceless *adj* LING sourd(e)
voicemail *n* boîte *f* vocale
voiceover *n* TV, CINE voix *f* off
voice vote *n* vote *m* par acclamation
void [vɔɪd] **I.** *n a. fig* vide *m;* **to fill the ~** combler le vide **II.** *adj* **1.** (*invalid*) nul(le); **to declare sth ~** annuler qc **2.** (*empty*) vide; **~ of sth** dépourvu(e) de qc **III.** *vt* **1.** (*declare not valid*) annuler **2.** (*drain away*) évacuer
vol. *n abbr of* **volume** vol *m*
volatile ['va·lə·t̬ᵊl] *adj* **1.** (*changeable*) versatile **2.** (*explosive*) explosif(-ive) **3.** (*easily vaporized*) volatile
volcanic [val·'kæn·ɪk] *adj* volcanique
volcano [val·'keɪ·noʊ] <-es *o* -s> *n* volcan *m*
volition [voʊ·'lɪʃ·ᵊn] *n form* volonté *f;* **to do sth (out) of one's own ~** faire qc de son propre gré
volley ['va·li] **I.** *n* **1.** (*salvo*) volée *f;* (*gunfire*) salve *f;* **to discharge a ~** tirer une salve **2.** (*onslaught*) torrent *m* **3.** SPORTS volée *f* **II.** *vi* SPORTS effectuer une volée **III.** *vt* SPORTS **to ~ a ball** effectuer une volée
volleyball ['va·li·bɔl] *n* volley-ball *m*
volt [voʊlt] *n* volt *m*
voltage ['voʊl·t̬ɪdʒ] *n* voltage *m*
voluble ['val·jə·bl] *adj form* volubile
volume ['val·jum] *n* **1.** (*sound, measurement*) volume *m;* **to turn the ~ up/down** augmenter/baisser le volume **2.** (*book*) volume *m;* **in ten ~s** en dix volumes ▶**to <u>speak</u> ~s about sth** en dire long sur qc
volume control *n* réglage *m* du volume
voluminous [və·'lu·mə·nəs] *adj form* volumineux(-euse); (*clothes*) ample
voluntary ['va·lᵊn·ter·i] *adj* **1.** (*of one's free will*) volontaire **2.** (*without payment*) bénévole
voluntary organization *n* organisation *f* de bénévoles
volunteer [ˌva·lən·'tɪr] **I.** *n* **1.** (*unpaid worker*) bénévole *mf* **2.** (*person willing to do*) volontaire *mf;* **~ helpers** bénévoles *mfpl* **II.** *vt* **to ~ oneself for sth** se proposer pour qc; **to ~ sb to** +*infin* proposer à qn de +*infin;* **to ~ help** offrir son aide **III.** *vi* se porter volontaire; **to ~ to** +*infin* offrir volontairement ses services pour +*infin;* **to ~ for sth** se proposer pour qc
voluptuous [və·'lʌp·tʃu·əs] *adj* **1.** (*sexually appealing*) sensuel(le) **2.** (*epicurean*) voluptueux(-euse)
vomit ['va·mɪt] **I.** *vt, vi* vomir; **to ~ blood** cracher du sang **II.** *n* vomi *m*
voodoo ['vu·du] **I.** *n* vaudou *m* **II.** *vt* envoûter
voracious [vɔ·'reɪ·ʃəs] *adj* vorace; (*reader*) avide
voracity [vɔ·'ræs·ə·t̬i] *n* voracité *f*
vortex ['vɔr·teks] <-es *o* vortices> *n a. fig* tourbillon *m*
vote [voʊt] **I.** *n* **1.** *a.* POL vote *m,* votation *f Suisse;* **10% of the ~** 10% des voix; **the youth ~** le vote des jeunes; **to cast one's ~** voter; **to put sth to the ~** soumettre qc au vote; **they get my ~** je vote pour eux; **sth gets sb's ~** (*approve*) qn est d'accord avec qc **2.** (*right to elect*) droit *m* de vote **II.** *vi* (*elect*) voter; **to ~ in an election** voter à une élection; **to ~ on sth** soumettre qc au vote; **to ~ for/against sb/sth** voter pour/contre qn/qc; **to ~ to strike** choisir de se mettre en grève; **to ~ on who/how/when...** voter pour décider qui/comment/quand... ▶**to ~ with one's <u>feet</u>** quitter le navire **III.** *vt* **1.** (*elect*) voter; **to ~ sb into office** faire élire qn à un poste; **to be ~d Miss France** être élue Miss France **2.** (*propose*) proposer; **to ~ that** proposer que +*subj* **3.** (*decide to give*) **to ~ sb/sth sth** décider d'accorder qc à qn/qc
◆**vote down** *vt* rejeter
◆**vote in** *vt* (*person*) élire; (*law*) adopter
◆**vote out** *vt* (*person*) ne pas réélire; (*bill*) rejeter
vote-getter *n* argument *m* électoral
voter *n* électeur, -trice *m, f;* **Democrat ~s** électorat *m* démocrate
voting I. *adj* votant(e) **II.** *n* vote *m*
voting booth *n* isoloir *m*
voting machine *n* machine *f* à voter
vouch [vaʊtʃ] *vt* **to ~ that ...** garantir que ...
◆**vouch for** *vt* se porter garant de
voucher ['vaʊ·tʃər] *n* **1.** (*coupon*) bon *m* **2.** (*receipt*) reçu *m*
vouchsafe *vt form* accorder
vow [vaʊ] **I.** *vt* jurer; **to ~ revenge** jurer de se venger; **to ~ to** +*infin* jurer de +*infin;* **to ~ that ...** jurer que ... **II.** *n* vœu *m;* **to take a ~** faire un vœu
vowel [vaʊəl] *n* voyelle *f;* **~ sound** son *m* vocalique
voyage ['vɔɪ·ɪdʒ] **I.** *n a. fig* voyage *m* **II.** *vi* voyager; **to ~ across sth** traverser qc
voyager *n* voyageur, -euse *m, f*
voyeur [vɔɪ·'jɜr] *n* voyeur *m*
vroom *inf* **I.** *vi* foncer **II.** *interj* vroum
vs. ['vɜr·səs] *abbr of* **versus** contre
V sign *n* (*for victory*) V *m* de la victoire
VT *n abbr of* **Vermont**
VTR [ˌvi·ti·'ar] *n abbr of* **videotape recorder** magnétoscope *m*
vulcanization [ˌvʌl·kə·nɪ·'zeɪ·ʃᵊn] *n* vulcanisation *f*
vulcanize ['vʌl·kə·naɪz] *vt* vulcaniser
vulgar ['vʌl·gər] *adj a. pej* vulgaire
vulgarity [vʌl·'ger·ə·t̬i] *n* **1.** (*crudeness*) vulgarité *f* **2.** (*ordinariness*) trivialité *f*
vulgarize ['vʌl·gər·aɪz] *vt* **1.** (*make vulgar*) rendre vulgaire **2.** (*make too commonplace*) vulgariser
vulnerable ['vʌl·nər·ə·bl] *adj* vulnérable; (*spot*) faible; **to be ~ to sth** être sensible à qc
vulture ['vʌl·tʃər] *n a. fig* vautour *m*
vulva ['vʌl·və] <-s *o* -e> *n* ANAT vulve *f*
vying ['vaɪ·ɪŋ] *present participle of* **vie**

W

W, w ['dʌb·l·ju] <-'s> *n* W *m,* w *m;* **~ as in Whisky** (*on telephone*) w comme William
w *n abbr of* **watt** W
W *n s.* **west, western**
WA *n abbr of* **Washington**
WAC *n abbr of* **Women's Army Corps** corps *f* féminin de l'armée américaine
wack [wæk] *adj sl* bizarroïde
wacky ['wæk·i] <-ier, -iest> *adj inf* farfelu(e)
wad [wad] *n* **1.** (*ball*) tampon *m;* (*of gum*) boule *f* **2.** (*bundle: of paper, banknotes*) liasse *f*
wadding ['wa·dɪŋ] *n* rembourrage *m*
waddle ['wa·dl] **I.** *vi* se dandiner **II.** *n* dandinement *m*
wade [weɪd] **I.** *vi* **1.** (*cross water*) passer à gué; **to ~ across** traverser à gué **2.** (*walk in water*) marcher dans l'eau **II.** *vt* passer à gué
◆**wade in** *vi* **1.** (*meddle*) s'en mêler **2.** (*start*) s'y mettre
◆**wade into** *vt* s'attaquer à
◆**wade through** *vt* venir à bout de
wader ['weɪ·dər] *n* **1.** (*bird*) échassier *m* **2.** *pl* (*rubber boots*) bottes *fpl* de pêcheur
wafer ['weɪ·fər] *n* **1.** (*sweet cookie*) gaufrette *f* **2.** REL hostie *f*
wafer-thin *adj* mince comme du papier à cigarette
waffle[1] ['wa·fl] *inf* **I.** *vi* parler par circonlocutions **II.** *n* ambages *fpl*
waffle[2] ['wa·fl] *n* (*thin cake*) gaufre *f*
waffle iron *n* gaufrier *m*
wag[1] [wæg] **I.** <-gg-> *vt, vi* remuer **II.** *n* (*to and fro movement*) **with a ~ of his tail** en remuant la queue
wag[2] [wæg] *n* (*person*) plaisantin *m*
wage[1] [weɪdʒ] *vt form* (*campaign*) mener; **to ~ war** faire la guerre
wage[2] [weɪdʒ] *n* ~(**s**) salaire *m;* **to earn a ~** toucher un salaire
wage earner *n* salarié(e) *m(f)*
wage freeze *n* gel *m* des salaires
wage increase *n* augmentation *f* de salaire
wager ['weɪ·dʒər] **I.** *n* pari *m;* **to do sth for a ~** faire qc pour tenir un pari **II.** *vt* **1.** parier; **to ~ sb sth that ...** parier qc à qn que ...; **to ~ $100 on sb** parier 100 dollars sur qn **2.** *fig* **to ~ one's reputation/life** mettre sa main au feu
wage scale ['weɪdʒ·skeɪl] *n* échelle *f* des salaires
wage slave *n* pauvre salarié(e) *m(f)*
waggle ['wæg·l] *vt, vi* remuer
wagon ['wæg·ən] *n* (*four-wheeled cart*) chariot *m* ▶**to be on the ~** *inf* ne plus boire une goutte d'alcool; **to fall off the ~** *inf* se remettre à boire
wagonload ['wæg·ən·loʊd] *n* wagon *m*
wagon train *n convoi de chariots dans le far west*
wail [weɪl] **I.** *vi* gémir; (*siren*) hurler; **to ~ over sth** se lamenter sur qc **II.** *n* gémissement *m;* (*siren*) hurlement *m*
wailing ['weɪl·ɪŋ] *adj* plaintif(-ive); (*siren*) hurlant(e)
Wailing Wall *n* mur *m* des Lamentations
waist [weɪst] *n* taille *f*
waistband ['weɪs(t)·bænd] *n* ceinture *f*
waistcoat ['wesk·ət] *n form* gilet *m*
waist-deep *adj* à hauteur de la taille
waisted ['weɪst·ɪd] *adj* cintré(e)
waistline ['weɪs(t)·laɪn] *n* taille *f*
wait [weɪt] **I.** *n* attente *f* ▶**to lie in ~ for sb** guetter qn **II.** *vi* **1.** (*stay*) attendre; **to ~ for sb/sth** attendre qn/qc; **~ and see** attends de voir **2.** (*help*) servir ▶**~ a little** un instant; **I can't ~ to do sth** j'ai hâte de faire qc; **to keep sb ~ing** faire attendre qn; **~ and see!** attends voir! **III.** *vt* **1.** (*await*) attendre **2.** (*help*) servir; **to ~ table**(**s**) faire le service ▶**to ~ one's turn** attendre son tour
◆**wait around** *vi* attendre
◆**wait behind** *vi* rester
◆**wait in** *vi* rester à la maison; **to ~ for sb** rester à la maison pour attendre qn
◆**wait on** *vt* **1.** (*serve*) servir **2.** *form* (*expect*) attendre ▶**to ~ sb hand and foot** être aux petits soins avec qn
◆**wait up** *vi* **1.** (*not go to bed*) ne pas aller se coucher; **to ~ for sb** attendre qn **2.** (*wait for me*) attendre; **~!** attends-moi!
waiter ['weɪ·t̬ər] *n* serveur *m*
waiting ['weɪt̬·ɪŋ] *n* (*time spent waiting*) attente *f*
waiting list *n* liste *f* d'attente
waiting room *n* salle *f* d'attente
waitress ['weɪ·trɪs] *n* serveuse *f*
waive [weɪv] *vt form* renoncer à
waiver ['weɪ·vər] *n* renonciation *f*
wake[1] [weɪk] *n* NAUT *a. fig* sillage *m* ▶**to follow in sb's ~** marcher dans le sillage de qn; **in the ~ of sth** dans le sillage de qc
wake[2] [weɪk] *n* (*vigil beside a corpse*) veillée *f* mortuaire
wake[3] [weɪk] <woke *o* waked, woken *o* waked> **I.** *vi* se réveiller **II.** *vt a. fig* réveiller; **to ~ the dead** réveiller les morts
◆**wake up** **I.** *vi* **1.** (*stop sleeping*) *a. fig* se réveiller **2.** (*become aware of*) **to ~ to sth** prendre conscience de qc **II.** *vt* réveiller; **to wake oneself up** se réveiller
wakeful ['weɪk·fəl] *adj form* **1.** (*sleepless*) éveillé(e); **~ night** nuit *f* blanche **2.** (*vigilant*) vigilant(e)
waken ['weɪ·kən] *vi form* se réveiller
Wales [weɪlz] *n* le pays de Galles
walk [wɔk] **I.** *n* **1.** (*going on foot*) marche *f;* **a five-minute ~** une marche de cinq minutes; **to be ten minutes' ~ from here** être à dix minutes à pied d'ici **2.** (*gait*) démarche *f* **3.** (*walking speed*) pas *m;* **to go at a slow/fast ~** aller d'un pas lent/rapide **4.** (*stroll*)

promenade *f;* **to go for a ~** aller se promener; **to take sb out for a ~** emmener qn en promenade; **to take a ~** faire une promenade **5.** (*promenade*) promenade *f* ▶ **~ of life** milieu *m;* **from all ~s of life** de tous les milieux **II.** *vt* **1.** (*go on foot*) parcourir (à pied); **you can ~ it in half an hour** tu peux faire le chemin à pied en une demi-heure **2.** (*accompany*) **to ~ sb somewhere** emmener qn quelque part; **to ~ sb home** raccompagner qn à la maison **3.** (*take for a walk: dog*) sortir **4.** (*make move*) faire marcher **III.** *vi* **1.** (*go on foot*) marcher; **it takes ten minutes to ~** cela prend dix minutes à pied; **to ~ into/out of a room** entrer dans/quitter une pièce; **to ~ up/down a road** monter/descendre une route; **to ~ along** marcher **2.** (*stroll*) se promener ▶ **to ~ on air** être sur un nuage; **to ~ on eggs** marcher sur des œufs; **to ~ the streets** (*wander*) errer dans les rues; (*be a prostitute*) faire le trottoir

◆**walk away** *vi* **1.** (*leave*) s'en aller; **to ~ from sth** (*house, group*) quitter qc; (*car*) sortir de qc **2.** (*ignore*) **to ~ from sth** éviter qc; **to ~ from sb** s'éloigner de qn **3.** (*escape unhurt*) **to ~ from an accident** sortir indemne d'un accident **4.** *inf* (*win*) **to ~ with sth** (*prize*) remporter qc **5.** *inf* (*steal*) **to ~ with sth** faucher qc

◆**walk in on** *vt* **to ~ sb** entrer sans prévenir

◆**walk off I.** *vi* partir **II.** *vt* **to ~ a meal** prendre l'air pour digérer

◆**walk off with** *vt inf* **1.** (*take*) prendre **2.** (*steal*) faucher **3.** (*win*) remporter

◆**walk on** *vi* THEAT être figurant

◆**walk out** *vi* **1.** (*leave room*) sortir **2.** (*leave to express dissatisfaction*) partir; **her husband walked out** son mari l'a quittée; **the delegation walked out of the meeting** la délégation a quitté la réunion **3.** (*go on strike*) se mettre en grève

◆**walk over I.** *vi* s'approcher; **to ~ to sb** s'approcher de qn **II.** *vt* **to walk (all) over sb** marcher sur les pieds de qn; **don't let him walk (all) over you** *fig* ne te laisse pas marcher sur les pieds

walker ['wɔ·kər] *n* **1.** (*person who walks*) marcheur, -euse *m, f;* **to be a fast/slow ~** marcher vite/lentement **2.** (*person walking for pleasure*) promeneur, -euse *m, f* **3.** (*support while walking*) déambulateur *m* **4.** (*support for baby*) trotteur *m*

walkie-talkie [ˌwɔ·ki·'tɔ·ki] *n* talkie-walkie *m*

walk-in ['wɔk·ɪn] *adj* (*clinic*) sans rendez-vous; (*hotel*) sans réservation; (*apartment*) de plain-pied; **~ closet** débarras *m*

walking ['wɔk·ɪŋ] **I.** *n* **1.** (*act of walking*) marche *f* **2.** (*stroll*) promenade *f* **II.** *adj* ambulant(e); (*encyclopedia*) vivant(e); **to be within ~ distance of sth** être à quelques pas de qc

walking shoes *n* chaussures *fpl* de marche

walking stick *n* canne *f*

walking tour *n* **1.** (*through countryside*) randonnée *f* **2.** (*around town*) visite *f* à pied

walking wounded *npl* **the ~** les blessés *mpl* légers

Walkman® ['wɔk·mən] <Walkmans> *n* baladeur *m*

> i C'est à Hollywood, la capitale mondiale du cinéma, que se trouve le fameux **Walk of Fame**, trottoir où de nombreuses célébrités de l'industrie du spectacle sont immortalisées par une étoile.

walk-on I. *adj* **a ~ part** [*o* **role**] un rôle de figurant **II.** *n* figurant(e) *m(f)*

walkout ['wɔk·aʊt] *n* **1.** (*strike*) grève *f* surprise; **to stage a ~** faire la grève **2.** (*sudden departure*) départ *m* en signe de protestation; **to stage a ~** partir en signe de protestation

walkover ['wɔk·oʊ·vər] *n* victoire *f* facile

walk-through *n* répétition *f*

walkway ['wɔk·weɪ] *n* passage *m* (pour piétons)

wall [wɔl] **I.** *n* **1.** (*division structure*) *a. fig* mur *m;* **the city ~(s)** les remparts de la ville; **the Great Wall of China** la Grande Muraille de Chine **2.** (*climbing wall, natural structure*) paroi *f* **3.** AUTO flanc *m* **4.** ANAT paroi *f* ▶ **to have one's back to the ~** être dos au mur; **to hit a brick ~** se heurter au mur; **to talk to a brick ~** parler à un mur; **~s have ears** *prov* les murs ont des oreilles *prov;* **to be a fly on the ~** être une petite souris; **to be like beating/hitting one's head against a brick ~** être à se taper la tête contre les murs; **this must not go beyond these four ~s** cela doit rester entre nous; **to drive sb up the ~** rendre qn fou; **to go up the ~** devenir fou; **to go to the ~** (*go out of business*) faire faillite; **off the ~** *inf* dingue **II.** *vt* **to ~ in** *a. fig* murer; **to ~ off** séparer par un mur; **to wall oneself off** *fig* se murer; **to ~ up** murer

wallaby ['wa·lə·bi] *npl* wallaby *m*

wall chart ['wɔl·tʃart] *n* panneau *m* mural

wallet ['wa·lɪt] *n* portefeuille *m*

wallflower ['wɔl·ˌflaʊər] *n* **1.** (*plant*) giroflée *f* **2.** *inf* (*shy woman*) **to be a ~** faire tapisserie

wall hanging *n* tenture *f*

Wallis and Futuna ['wa·lɪs-] *n* **~ Islands** (les îles *fpl*) Wallis-et-Futuna

wall map *n* carte *f* murale

Wallonia [wa·'loʊ·ni·ə] *n* la Wallonie

Walloon [wa·'lun] **I.** *adj* wallon(ne) **II.** *n* **1.** (*person*) Wallon(ne) *m(f)* **2.** LING wallon *m; s.a.* **English**

wallop ['wa·ləp] **I.** *vt* **1.** *inf* (*hit hard*) rosser; **to ~ sb across the head** flanquer une beigne à qn **2.** *fig, inf* (*beat in competition*) infliger une raclée; **to be ~ed** prendre une raclée **II.** *n inf* **1.** beigne *f* **2.** (*power*) **to pack a ~** avoir du punch

walloping *n inf* fessée *f;* **to give sb a ~** flanquer une fessée à qn

wallow ['wa·loʊ] **I.** *n* bauge *f* **II.** *vi* **1.** (*lie in earth, water*) patauger **2.** *pej* (*remain in negative state*) se complaire; **to ~ in self-pity** s'apitoyer sur son propre sort **3.** (*revel*) **to ~ in luxury** baigner dans le luxe

wallpaper ['wɔl·peɪ·pər] **I.** *n* papier *m* peint; **to hang ~** poser du papier peint **II.** *vt* tapisser

wallpaper paste *n* colle *f* à papier peint

Wall Street *n* Wall Street *m* (*Bourse et centre financier de New York*)

wall-to-wall [ˌwɔl·t̬ə·'wɔl] *adj* **1. ~ carpet** moquette *f* **2.** *fig* **~ coverage** couverture *f* (médiatique) complète

walnut ['wɔl·nʌt] *n* **1.** (*nut*) noix *f* **2.** (*tree*) noyer *m*

walrus ['wɔl·rəs] <- *o* walruses> *n* morse *m*

walrus mustache <- mustaches> *n* moustache *f* à la gauloise

waltz [wɔlts] <watzes> **I.** *n* valse *f* **II.** *vi* valser; **to ~ into a room** faire irruption dans une pièce

wand [wand] *n* **1.** (*magician's stick*) baguette *f*; **to wave one's magic ~** donner un coup de baguette magique **2.** (*mascara applicator*) brosse *f* à cils

wander ['wan·dər] **I.** *vt* **1.** (*walk through*) se balader dans **2.** (*roam: the streets*) traîner dans; (*world*) courir **II.** *vi* **1.** (*walk*) **to ~ (around)** se promener au hasard; **to ~ off** partir **2.** (*roam*) errer; **to ~ through the streets** traîner dans les rues **3.** (*not concentrate*) s'égarer; **to ~ off the point** s'écarter du sujet; **my mind ~s back to my childhood** je repense à mon enfance; **his mind is ~ing** il divague **III.** *n inf* balade *f*; **to go for a ~ around the city** aller se balader dans la ville

wanderer ['wan·dər·ər] *n* vagabond(e) *m(f)*

wandering ['wan·dᵊr·ɪŋ] *adj* **1.** (*nomadic*) errant(e); **~ minstrel** ménestrel *m* ambulant; **~ tribe** tribu *f* nomade **2.** (*not concentrating*) vagabond(e); **~ eyes** regard *m* distrait

wanderings ['wan·dᵊr·ɪŋz] *npl* **1.** (*movements*) pérégrinations *fpl* **2.** (*confused speech*) divagations *fpl*

wane [weɪn] **I.** *vi* décroître **II.** *n no indef art* **to be on the ~** décroître

wangle ['wæŋ·gl] *vt inf* se débrouiller pour obtenir

want [wɔnt] **I.** *n* **1.** (*need*) besoin *m*; **to live in ~** vivre dans le besoin; **to be in ~ of sth** avoir besoin de qc **2.** *no indef art* (*lack*) manque *m*; **for ~ of sth** faute de qc; **for ~ of anything better** faute de mieux **II.** *vt* **1.** (*wish*) vouloir; **to ~ to do sth** vouloir faire qc; **to ~ sb to do sth** vouloir que qn fasse qc +*subj*; **to ~ sth done** vouloir que qc soit fait; **I don't ~ your sympathy** je n'ai pas besoin de votre compassion; **I just don't ~ to know!** je ne veux pas savoir!; **you're not ~ed here** tu n'es pas le bienvenu ici **2.** (*feel like*) avoir envie; **to ~ (to do) sth** avoir envie de (faire) qc **3.** (*wish to speak to*) demander; **to be ~ed for murder/by the police** être recherché pour meurtre/par la police **4.** (*desire sexually*) désirer **5.** (*need*) avoir besoin de; **your car ~s cleaning** ta voiture a besoin d'être lavée; **~ed, a cook** recherche cuisinier; **sth ~s patience** qc exige de la patience; **to ~ $200** demander 200 dollars **6.** *inf* (*should*) **you ~ to get up earlier** tu dois te lever plus tôt

◆**want in** *vi inf* vouloir entrer; **to ~ (on a deal)** vouloir être sur un coup

◆**want out** *vi inf* (*from a room*) vouloir sortir; (*from an arrangement*) vouloir retirer ses cartes du jeu

want ad ['wɔnt·ˌæd] *n inf* petite annonce *f*

wanting ['wan·t̬ɪŋ] *adj* **to be ~ in sth** manquer de qc; **to be found ~** laisser à désirer

wanton ['wan·tᵊn] *adj* **1.** *form* (*mindless: violence*) gratuit(e); (*destruction, disregard, waste*) injustifié(e) **2.** (*behaving in sexual way*) impudique

WAP [wap] *n* WAP *m*

war [wɔr] *n no indef art* guerre *f*; **to be at ~** être en guerre; **state of ~** état *m* de guerre; **the horrors of ~** les horreurs *fpl* de la guerre; **~ hero** héros *m* de guerre; **~ breaks out between sb/sth and sb/sth** la guerre éclate entre qn/qc et qn/qc; **to declare ~ on sb/sth** *a. fig* déclarer la guerre à qn/qc; **to go to ~** aller en guerre; **to wage ~ against sb/sth** faire la guerre contre qn/qc; *fig* être en guerre contre qn/qc; **~ of attrition** guerre d'usure; **price/trade ~** guerre des prix/commerciale ▶**to have <u>been</u> in the ~s** revenir du front

warble ['wɔr·bl] **I.** *vi* gazouiller **II.** *n* gazouillement *m*

warbler ['wɔr·blər] *n* fauvette *f*

war chest *n* fonds *m* spécial

war correspondent *n* correspondant(e) *m(f)* de guerre

war crime *n* crime *m* de guerre

war criminal *n* criminel(le) *m(f)* de guerre

war cry *n a. fig* cri *m* de guerre

ward [wɔrd] *n* **1.** (*part of hospital*) salle *f* (d'hôpital); **emergency/maternity ~** salle d'urgence/de maternité **2.** (*political area*) circonscription *f* électorale **3.** (*child*) pupille *mf* **4.** (*part of prison*) quartier *m*

◆**ward off** *vt* écarter

warden ['wɔr·dᵊn] *n* **1.** (*supervisor*) gardien(ne) *m(f)*; **traffic ~** contractuel(le) *m(f)* **2.** (*prison head*) directeur, -trice *m, f*

warder ['wɔr·dər] *n* gardien(ne) *m(f)*

wardrobe ['wɔr·droʊb] *n* **1.** (*armoire*) armoire *f* **2.** *no indef art* (*collection*) garde-robe *f* **3.** (*department*) costumes *mpl*

wardrobe malfunction *n sl* incident *m* vestimentaire

warehouse ['wer·haʊs] *n* entrepôt *m*

wares [werz] *npl* **1.** (*small products*) articles *mpl* **2.** *inf* (*company's products*) marchandise *f*

warfare ['wɔr·fer] *n no indef art* guerre *f*

war game *n* **1.** MIL manœuvre *f* **2.** COMPUT wargame *m* (*jeu vidéo simulant un conflit*)

war grave *n* sépulture *f* militaire

warhead ['wɔr·hed] *n* ogive *f*

warily ['wer·ɪ·li] *adv* avec prudence

warlike ['wɔr·laɪk] *adj* **1.** (*military*) guerrier(-ère) **2.** (*belligerent*) belliqueux(-euse)

warlord ['wɔr·lɔrd] *n* chef *m* militaire

warm [wɔrm] **I.** *adj* **1.** (*quite hot*) chaud(e); **I'm ~** j'ai chaud; **it's ~** il fait chaud; **to get ~** se réchauffer; **to keep (oneself) ~** ne pas prendre froid; **to keep sth ~** garder qc au chaud **2.** (*not hot enough*) tiède **3.** (*showing feeling: greeting, welcome*) chaleureux(-euse); (*support*) enthousiaste **4.** (*causing heat*) chaud(e); **it's ~ work** c'est un travail qui donne chaud **5.** (*suggesting heat: colors, atmosphere*) chaud(e) **6.** (*close in guessing*) **to be ~** être chaud ►**cold hands, ~ heart** mains froides, cœur chaud *prov;* **to keep sb's seat ~ (for sb)** *inf* garder la place de qn au chaud **II.** *n* **to have a ~** se réchauffer; **to stay in the ~** rester au chaud **III.** *vt a. fig* réchauffer **IV.** *vi* chauffer

◆**warm to, warm toward** *vt* **to ~ sb** ressentir de la sympathie pour qn; **to ~ sth** se laisser séduire par qc

◆**warm up** **I.** *vi* **1.** (*become hot*) se réchauffer **2.** (*begin to function properly: engine, machine*) chauffer **3.** (*limber up*) s'échauffer **4.** (*animate: party, atmosphere*) chauffer; (*debate*) s'échauffer **II.** *vt* **1.** (*make hot*) réchauffer **2.** (*start: engine*) faire chauffer **3.** (*animate*) faire chauffer

warm-blooded [ˌwɔrm·'blʌd·ɪd] *adj* à sang chaud

warm front *n* front *m* chaud

warm-hearted [ˌwɔrm·'har·t̬ɪd] *adj* chaleureux(-euse)

warmly *adv* (*to recommend, be dressed*) chaudement; (*to welcome*) chaleureusement

warmonger ['wɔr·mʌŋ·gər] *n* belliciste *mf*

warmth [wɔrm(p)θ] *n no indef art, a. fig* chaleur *f*

warm-up *n* échauffement *m*

warn [wɔrn] *vt* avertir; **I'm ~ing you!** je te/vous préviens!; **to ~ sb against/about sth** mettre qn en garde contre qc; **to ~ sb of a danger** avertir qn d'un danger; **to ~ sb to do sth** conseiller à qn de faire qc; **to have been ~ed** avoir été prévenu

◆**warn off** *vt* **to warn sb off sth** mettre qn en garde contre qc; **to warn sb off doing sth** déconseiller à qn de faire qc

warning ['wɔrn·ɪŋ] *n* **1.** *no indef art* (*notifying*) avertissement *m;* **without ~** sans prévenir **2.** (*written notification*) avis *m* **3.** (*threat*) alerte *f;* **storm ~** avis *m* de tempête **4.** AUTO **~ lights** feux *mpl* de détresse; **~ sign** panneau *m* avertisseur **5.** *no indef art* (*advice*) conseil *m;* **a word of ~** un conseil **6.** (*caution*) avertissement *m;* **let that be a ~ to you!** que cela te/vous serve d'avertissement! **7.** *fig* signe *m* annonciateur

War of Independence *n* guerre *f* d'Indépendance américaine

warp [wɔrp] **I.** *vi* se gondoler **II.** *vt* **1.** (*bend, twist*) gondoler **2.** (*damage psychologically*) pervertir **III.** *n* **1.** (*twist*) voilure *f;* **time ~** brèche *f* **2.** *no indef art* (*threads*) chaîne *f*

war paint ['wɔr·peɪnt] *n* peinture *f* de guerre; **to put on the ~** *inf* se peinturlurer

warpath ['wɔr·pæθ] *n no indef art, fig, inf* **to be on the ~** (*aggressive*) être sur le sentier de la guerre; (*bad-tempered*) être d'humeur massacrante

warped [wɔrpt] *adj a. fig* tordu(e)

warrant ['wɔr·ᵊnt] **I.** *n* (*official document*) mandat *m;* **search ~** mandat de perquisition **II.** *vt* **1.** (*justify*) justifier **2.** (*guarantee*) garantir

warrant officer *n* adjudant(e) *m(f)*

warranty ['wɔr·ᵊn·t̬i] *n* garantie *f*

warren ['wɔr·ᵊn] *n* **1.** (*rabbit passages*) garenne *f* **2.** (*confusing place*) dédale *m*

warring ['wɔr·ɪŋ] *adj* **1.** (*in conflict*) en conflit **2.** (*at war*) en guerre

warrior ['wɔr·jər] *n* guerrier, -ère *m, f*

Warsaw ['wɔr·sɔ] *n* Varsovie

Warsaw Pact, Warsaw Treaty *n* HIST pacte *m* de Varsovie

warship ['wɔr·ʃɪp] *n* navire *m* de guerre

wart [wɔrt] *n* (*growth*) verrue *f* ►**~s and all** *inf* avec ses défauts

warthog ['wɔrt·hɔg] *n* phacochère *m*

wartime ['wɔr·taɪm] *n no indef art* temps *m* de guerre; **in ~** en temps de guerre

war-torn *adj* dévasté(e) par la guerre

wary ['wer·i] <-ier, -iest> *adj* prudent(e); **to be ~ of sb/sth** se méfier de qn/qc

was [waz] *pt of* **be**

wash [wɔʃ] **I.** *n* **1.** (*cleaning with water*) **to have a ~** se laver; **to have a quick ~** avoir un brin de toilette **2.** (*laundering*) lessive *f;* **to do a ~** faire une lessive **3. the ~** (*clothes for cleaning*) le linge sale; **to be in the ~** être au sale **4.** (*thin paint layer*) lavis *m* **5.** (*boat's wake*) remous *m* ►**it'll all come out in the ~** *inf* ça finira par s'arranger **II.** *vt* **1.** (*clean with water*) laver; **to ~ a car** nettoyer une voiture; **to ~ one's hair/hands** se laver les cheveux/les mains **2.** (*clean*) nettoyer **3.** (*dilute*) laver **4.** (*carry away*) **to be ~ed downstream** être emporté par le courant ►**to ~ one's hands of sth** se laver les mains de qc; **to ~ one's dirty linen in public** laver son linge sale en public **III.** *vi* **1.** (*clean oneself*) se laver **2.** (*bathe*) baigner; **to ~ along the rocks** (*sea, wave*) balayer les falaises; **to ~ against the boat** se briser contre le bateau ►**that won't ~ with me** ça ne marche pas avec moi

◆**wash away** **I.** *vi* partir au lavage **II.** *vt* **1.** (*remove by flow of water*) faire partir au lavage **2.** (*carry away*) emporter **3.** (*remove*) laver; **to wash one's sins away** se laver de ses péchés

◆**wash down** *vt* **1.** (*swallow with liquid*) faire

descendre **2.** (*clean with water*) laver à grande eau

◆**wash off I.** *vi* partir au lavage **II.** *vt* faire partir au lavage

◆**wash out I.** *vi* partir au lavage **II.** *vt* **1.** (*clean inside*) rincer **2.** (*wash quickly*) **to wash sth out** passer qc sous l'eau **3.** (*postpone*) **to be washed out** être annulé à cause de la pluie **4.** (*erode*) éroder

◆**wash up I.** *vi* **1.** *s.* **wash 2.** (*clean face and hands*) se débarbouiller **3.** (*be deposited by sea*) échouer **II.** *vt* **1.** (*deposit on beach*) rejeter **2.** (*to clean*) **to ~ the dishes** laver la vaisselle **3.** *fig* **to be all washed up** être fini

washable ['wɔʃ·ə·bl] *adj* lavable

wash-and-wear *adj* facile d'entretien

washbasin ['wɔʃ·ˌbeɪ·sᵊn] *n* lavabo *m*

washcloth ['wɔʃ·klaθ] *n* ≈ gant *m* de toilette

washday ['wɔʃ·deɪ] *n* jour *m* de lessive

washed-out [ˌwɔʃt·'aʊt] *adj* **1.** (*bleached*) délavé(e) **2.** (*tired*) lessivé(e)

washer ['wɔʃ·ər] *n* **1.** *s.* **washing machine 2.** (*plastic ring*) joint *m*

wash house ['wɔʃ·haʊs] *n* laverie *f*

washing ['wɔ·ʃɪŋ] *n no indef art* **1.** (*act of cleaning clothes*) lessive *f;* **to do the ~** faire la lessive **2.** (*clothes*) linge *m;* **to hang out the ~** étendre le linge

washing line *n* corde *f* à linge

washing machine *n* machine *f* à laver

Washington ['wɔ·ʃɪŋ·tən] **I.** *n* (*state*) l'Etat *m* de Washington **II.** *adj* du Washington

Washington (**D.C.**) ['wɔ·ʃɪŋ·tən] *n* Washington

> **i** **Washington's Birthday** est un jour férié légal aux USA. Bien que George Washington soit né en fait le 22 février 1732, on a pris l'habitude depuis quelques années de fêter son anniversaire le troisième lundi de février, afin d'avoir un week-end prolongé.

washout ['wɔʃ·aʊt] *n inf* catastrophe *f*

washrag ['wɔʃ·ræg] *n s.* **washcloth**

washroom ['wɔʃ·rum] *n* toilettes *fpl*

wasn't [wa·zᵊnt] = **was not** *s.* **be**

wasp [wasp] *n* guêpe *f*

WASP [wasp] *n pej abbr of* **White Anglo-Saxon Protestant** Wasp *mf* (*Américain blanc protestant d'origine anglo-saxonne*)

waspish ['wa·spɪʃ] *adj pej* acerbe

wasp's nest *n* nid *m* de guêpes

wasp waist *n* taille *f* de guêpe

wasp-waisted *adj* **to be ~** avoir une taille de guêpe

wastage ['weɪst·ɪdʒ] *n no indef art* **1.** (*misuse*) gaspillage *m* **2.** (*byproduct of process*) déchets *mpl* **3.** (*deterioration of body*) dépérissement *m*

waste [weɪst] **I.** *n* **1.** (*misuse*) gaspillage *m;* **it's a ~ of money** c'est de l'argent gaspillé; **it's a ~ of time** c'est une perte de temps; **it's a ~ of time doing sth** on perd son temps à faire qc; **it was a ~ of energy/food** c'était un gaspillage d'énergie/de nourriture; **to lay ~ the land** dévaster le pays; **what a ~!** quel gâchis! **2.** *no indef art* (*unwanted matter*) déchets *mpl;* **to go to ~** être gaspillé **3.** (*desert*) ~(**s**) désert *m* **II.** *vt* **1.** gaspiller; (*time*) perdre; **to ~ one's breath/words** perdre sa salive; **to ~ no time in doing sth** ne pas perdre son temps à faire qc; **the meal was ~d on him** il n'a pas su apprécier le repas; **the irony was ~d on him** il n'a pas compris l'ironie; **a ~d afternoon/chance** un après-midi gâché/une opportunité gâchée **2.** *inf* (*kill*) tuer **3.** (*destroy: muscles, body*) atrophier **III.** *vi* **~ not, want not** *prov* qui épargne gagne

◆**waste away** *vi* dépérir

wastebasket ['weɪs(t)·bæs·kət] *n* poubelle *f*

waste disposal *n* **~** (**unit**) broyeur *m* à ordures

wasteful ['weɪs(t)·fᵊl] *adj* **to be ~ of sth** être du gaspillage de qc; **~ expenditure** dépenses *fpl* inutiles

wasteland ['weɪs(t)·lænd] *n* terre *f* en friche; *fig* désert *m*

wastepaper basket *n s.* **wastebasket**

waste pipe *n* tuyau *m* d'évacuation

waste product *n* déchet *m*

waste water *n* eaux *fpl* usées

wasting ['weɪst·ɪŋ] *adj* qui ronge

watch [wɔtʃ] **I.** *n* **1.** (*clock*) montre *f* **2.** (*act of observation*) surveillance *f;* **to be under** (**close**) **~** être sous (haute) surveillance; **to keep** (**a**) **close ~ on/over sb/sth** surveiller qn/qc de près; **to keep ~** faire le guet; **to put a ~ on sb** faire surveiller qn **3.** (*guard(s)*) garde *f;* **to keep ~** monter la garde **4.** HIST guet *m* **5.** METEO (*alert*) **hurricane/tornado ~** alerte *f* ouragan/de tornade **II.** *vt* **1.** (*look at*) regarder; **to ~ a movie/TV** regarder un film/la télé **2.** (*observe*) observer; (*suspects*) surveiller; **to ~ sb do sth** regarder qn faire qc; **to ~ sb/sth like a hawk** surveiller qn/qc de près **3.** (*take care of: children*) surveiller **4.** (*be careful about*) faire attention à; (*one's weight*) surveiller; **to ~ every penny** compter chaque sou; **~ it!** (fais/faites) attention!; **to ~ it with sb** prendre garde à qn; **~ yourself!** fais gaffe! *inf* ▸ **~ your back!** fais/faites attention à toi/vous!; **~ your language!** surveille/surveillez ton/votre langage!; **to ~ one's step** faire attention où l'on met les pieds; *inf* faire attention à ce que l'on fait; **to ~ the world go by** regarder passer la foule **III.** *vi* **1.** (*look at*) regarder; **to ~ as sb/sth does sth** regarder comment qn/qc fait qc **2.** (*be on alert*) guetter

◆**watch out** *vi* faire attention; **~!** (fais/faites) attention!; **to ~ for sb/sth** prendre garde à qn/qc; (*watch the approach of*) guetter qn/qc

watchband ['wɔtʃ·bænd] *n* bracelet *m* de montre

watchdog ['wɔtʃ·dɔg] *n* **1.** (*guard dog*) chien *m* de garde **2.** (*keeper of standards: person*)

contrôleur, -euse *m, f;* (*organization*) organisme *m* de contrôle
watcher ['wɔtʃ·ər] *n* observateur, -trice *m, f*
watchful ['wɔtʃ·fᵊl] *adj* vigilant(e); **to keep a ~ eye on sb/sth** garder un œil attentif sur qn/qc; **under the ~ eye of sb** sous l'œil vigilant de qn
watchmaker ['wɔtʃ·ˌmeɪ·kər] *n* horloger, -ère *m, f*
watchman ['wɔtʃ·mən] <-men> *n* gardien(ne) *m(f);* **night ~** gardien *m* de nuit
watchtower ['wɔtʃ·taʊ·ər] *n* tour *f* d'observation
watchword ['wɔtʃ·wɜrd] *n* (*symbolic of action*) mot *m* d'ordre
water ['wɔ·t̬ər] **I.** *n* (*liquid*) eau *f;* **bottled ~** eau en bouteille; **a bottle/glass of ~** une bouteille/un verre d'eau; **under ~** sous l'eau; (*flooded*) inondé(e); **running ~** eau courante; **to keep one's head above ~** *a. fig* maintenir la tête hors de l'eau; **low/high ~** marée *f* basse/haute; **to tread ~** *a. fig* faire du surplace; **to pass ~** uriner ▶ **to throw out the baby with the bath ~** jeter le bébé avec l'eau du bain; **to be ~ under the bridge** être du passé; **to be like a fish out of ~** être complètement dépaysé; **through hell and high ~** contre vents et marées; **to spend money like ~** jeter l'argent par les fenêtres; **to pour cold ~ on sth** se montrer réticent à l'égard de qc; **to get into hot ~** se mettre dans le pétrin; **to be in deep ~** être dans le pétrin; **still ~s run deep** il n'est pire eau que l'eau qui dort *prov;* **to hold ~** tenir debout **II.** *vt* **1.** (*give water to: plants*) arroser; (*cows, horses*) faire boire **2.** (*dilute*) diluer **III.** *vi* **1.** (*produce tears*) pleurer **2.** (*salivate*) saliver
◆ **water down** *vt* **1.** (*dilute: beer, milk*) diluer **2.** (*weaken*) atténuer; **a watered-down version** une version édulcorée
waterbed *n* lit *m* à eau
water bird *n* oiseau *m* aquatique
water biscuit *n* craquelin *m*
water-bomber *n Can* canadair® *m*
waterborne ['wɔ·t̬ər·bɔrn] *adj* par voie d'eau; **~ goods/soldiers** biens/soldats transportés par voie d'eau; MED par voie hydrique
water bottle *n* bouteille *f* d'eau; (*for soldiers, travelers*) gourde *f*
water cannon *inv n* canon *m* à eau
water closet *n* cabinets *mpl*
watercolor *n* aquarelle *f*
water cooler *n* distributeur *m* d'eau
watercourse ['wɔ·t̬ər·kɔrs] *n* cours *m* d'eau
watercress ['wɔ·t̬ər·kres] *n* cresson *m* de fontaine
waterfall ['wɔ·t̬ər·fɔl] *n* cascade *f*
water filter *n* filtre *m* à eau
waterfront ['wɔ·t̬ər·frʌnt] *n* bord *m* de l'eau
water heater *n* chauffe-eau *m*
water hole *n* point *m* d'eau
watering ['wɔ·t̬ər·ɪŋ] *n* (*plants*) arrosage *m;* (*region*) irrigation *f*
watering can *n* arrosoir *m*
watering hole *n* **1.** (*waterhole*) point *m* d'eau **2.** *inf* (*bar*) bar *m*
waterless ['wɔ·t̬ər·ləs] *adj* sans eau
water level *n* niveau *m* de l'eau
water lily *n* nénuphar *m*
waterlogged *adj* détrempé(e)
water main *n* conduite *f* principale d'eau
watermark ['wɔ·t̬ər·mark] *n* (*on paper*) filigrane *m*
watermelon ['wɔ·t̬ər·mel·ən] *n* pastèque *f*
water meter *n* compteur *m* d'eau
water mill *n* moulin *m* à eau
water pipe *n* **1.** (*pipe to transport water*) conduite *f* d'eau **2.** (*hookah*) pipe *f* à eau
water pistol *n* pistolet *m* à eau
water pollution *n* pollution *f* de l'eau
water polo *n* water-polo *m*
water power *n no indef art* énergie *f* hydraulique
water pressure *n* pression *f* de l'eau
waterproof **I.** *adj* étanche; (*clothes*) imperméable **II.** *vt* imperméabiliser
water-repellent *adj* imperméable
water retention *n* MED rétention *f* d'eau
watershed *n* **1.** GEO ligne *f* de partage des eaux **2.** *fig* tournant *m* décisif
water shortage *n* pénurie *f* en eau
waterside ['wɔ·t̬ər·saɪd] *n no indef art* bord *m* de l'eau; **a ~ café** un café au bord de l'eau
water-ski **I.** *vi* faire du ski nautique **II.** <-s> *n* ski *m* nautique
water skiing *n* ski *m* nautique
water softener *n* adoucisseur *m*
water-soluble *adj* soluble dans l'eau
water sports *n pl* sports *mpl* nautiques
water supply *n* **1.** (*amount of water*) approvisionnement *m* en eau **2.** (*system*) alimentation *f* en eau
water tank *n* citerne *f*
watertight ['wɔ·t̬ər·taɪt] *adj* **1.** (*sealed*) étanche **2.** (*unquestionable*) inattaquable
water tower *n* château *m* d'eau
waterway ['wɔ·t̬ər·weɪ] *n* voie *f* navigable
water wings ['wɔ·t̬ər·wɪŋz] *n pl* bracelets *mpl* (de natation)
waterworks ['wɔ·t̬ər·wɜrks] *n pl* **1.** (*water storage*) station *f* hydraulique **2.** *inf* (*organs*) vessie *f* ▶ **to turn on the ~** *pej* se mettre à pleurer comme une Madeleine
watery ['wɔ·t̬ər·i] <more, most *o* -ier, -iest> *adj* **1.** (*bland*) fade; (*coffee*) dilué(e); (*soup*) trop clair(e) **2.** (*weak, pale*) délavé(e) **3.** (*full of tears*) mouillé(e) **4.** (*threatening: sky*) menaçant(e)
watt [wat] *n* watt *m*
wattage ['wa·t̬ɪdʒ] *n* ELEC puissance *f* en watts
wave [weɪv] **I.** *n* **1.** (*surge of water*) *a. fig* vague *f;* **~ of strikes/enthusiasm** vague de grèves/d'enthousiasme; **to make ~s** créer des remous **2.** (*hand movement*) signe *m* (de la main); **with a ~ of sb's hand** d'un signe de la main; **to give sb a ~** saluer qn de la main

3. PHYS onde *f;* **long/medium/short ~** onde longue/moyenne/courte **4.** (*hairstyle*) cran *m;* **to have a natural ~** avoir les cheveux qui ondulent naturellement **II.** *vi* **1.** (*make hand movement*) faire un signe (de la main); **to ~ at/to sb/sth** faire un signe de la main à qn/qc **2.** (*move from side to side*) ondoyer; (*flag*) flotter **3.** (*have curves in hair*) onduler **III.** *vt* **1.** (*move to signal*) faire un signe (de la main); **to ~ hello to sb** saluer qn d'un geste; **to ~ goodbye to sb** dire au revoir à qn d'un geste; **to ~ one's hand** faire un signe de la main; **he ~d me forward** il m'a fait signe d'avancer; **to ~ goodbye to sth** *fig* dire adieu à qc **2.** (*move side to side: wand, flag*) agiter **3.** (*make curves in hair*) onduler; **to ~ one's hair** se faire onduler les cheveux

◆**wave aside** *vt fig* écarter

◆**wave down** *vt* faire signe de s'arrêter à

◆**wave off** *vt* faire au revoir à

◆**wave on** *vt* faire signe de continuer à

waveband ['weɪv·bænd] *n* bande *f* de fréquence

wavelength *n a. fig* longueur *f* d'ondes; **to be on the same ~** être sur la même longueur d'ondes

waver ['weɪ·vər] *vi* vaciller; *fig* hésiter

waverer ['weɪv·ər·ər] *n* indécis(e) *m(f)*

wavering ['weɪv·ᵊr·ɪŋ] *adj* vacillant(e)

wavy ['weɪ·vi] <-ier, -iest> *adj* onduleux(-euse); (*hair*) ondulé(e)

wax [wæks] **I.** *n* cire *f;* (*in ears*) cérumen *m* **II.** *vt* **1.** (*polish*) cirer **2.** (*remove hair from*) épiler ▶ **to ~ and wane** croître et décroître

waxed *adj* ciré(e)

wax paper ['wæks·peɪ·pər] *n* papier *m* sulfurisé

waxwork ['wæks·wɜrk] *n* figure *f* en cire

waxy ['wæk·si] <-ier, -iest> *adj* cireux(-euse); (*potato*) ferme

way [weɪ] **I.** *n* **1.** (*route, path*) chemin *m;* **the ~ to the station** le chemin de la gare; **the ~ to success** *fig* le chemin de la gloire; **to ask sb the ~** demander son chemin à qn; **to make one's ~ somewhere** se rendre quelque part; **to make one's ~ through the crowd** se frayer un chemin dans la foule; **to go the wrong ~** faire fausse route; **to be on the ~** être sur le chemin; **the ~ back** le retour; **on the ~ to sth** sur le chemin de qc; **to be on the ~ back** être sur le chemin du retour; **on the ~ home** en rentrant; **a baby is on the ~** un bébé est en route; **to find one's ~ to the house** trouver le chemin de la maison; **to lose one's ~** se perdre; **to find one's ~ into/out of sth** trouver l'entrée/la sortie de qc; **to find one's ~ through sth** se frayer un chemin à travers qc; **to find a ~ around a problem** trouver une solution à un problème; **to be out of the ~** être isolé; *fig* être exceptionnel; **to be under ~** être en route; **to lead the ~** *a. fig* montrer le chemin; **by ~ of sth** via qc; **by the ~** chemin faisant; *fig* à propos; **to be under ~** être en route; **to give ~** (*agree*) céder; (*fall down*) céder; **to give ~ to temptation** céder à la tentation **2.** (*facing direction*) direction *f;* **it's the other ~ around** c'est dans l'autre sens; *fig* c'est le contraire; **both ~s** dans les deux sens; **the wrong ~ round** sens dessus dessous; **to put sth the right ~ up** mettre qc dans le bon sens; **this ~** par ici **3.** (*respect*) égard *m;* **in that ~** à cet égard; **in many ~s** à bien des égards; **in a ~** dans une certaine mesure; **in a big/small ~** sur une grande/petite échelle **4.** (*state*) état *m;* **to be in a good/bad ~** (*person*) aller bien/mal; (*thing*) être en bon/mauvais état **5.** (*distance*) distance *f;* **all the ~** (*the whole distance*) tout le long du chemin; (*completely*) jusqu'au bout; **all the ~ here** jusqu'ici; **to go all the ~ with sb** *inf* aller jusqu'au bout avec qn; **to be a long ~ off** (*remote*) être loin; (*event*) être assez loin; **to be a long ~ to a place** être bien loin d'un endroit; **to have a ~ to go** avoir du chemin à parcourir **6.** (*manner*) façon *f;* **this ~** de cette façon; **in no ~** en aucune façon; **in a friendly ~** de façon amicale; **~ of life** mode *m* de vie; **in one's own ~** à sa façon; **sb's ~s** les habitudes *fpl* de qn; **the ~ to do sth** la manière de faire qc; **her ~ of doing sth** sa façon de faire qc; **the ~s and means of doing/to do sth** les différentes manières de faire qc; **by ~ of sth** en guise de qc; **to get one's own ~** arriver à ses fins; **to my ~ of thinking** à mon avis; **to have a ~ with sb** savoir s'y prendre avec qn; **either ~** quoiqu'il arrive; **to be in the family ~** être enceinte; **no ~!** *inf* (*impossible*) impossible!; (*definitely no!*) pas question!; **in no ~** en aucun cas; **there's no ~ we can finish on time** on ne finira jamais à temps **7.** (*space for movement*) **to be in sb's ~** barrer le passage à qn; **to be in the ~** gêner le passage; *fig* gêner; **to get out of the/sb's ~** s'écarter du chemin/du chemin de qn ▶ **that's the ~ the cookie crumbles** *prov* c'est la vie; **to go the ~ of all flesh** payer sa dette à la nature; **where there's a will, there's a ~** *prov* vouloir c'est pouvoir *prov;* **to see/find out which ~ the wind blows** voir d'où vient le vent; **to have come a long ~** revenir de loin; **to go a long ~** faciliter les choses; **to go one's own ~** faire à sa guise; **to go out of one's/the ~** se donner du mal; **you can't have it both ~s** tu/vous dois/devez choisir; **to be (well) on the ~ to doing sth** être en passe de faire qc **II.** *adv inf* bien; **to be ~ ahead of sb/sth** *inf* être bien en avance sur qn/qc

waybill ['weɪ·bɪl] *n* récépissé *m*

waylay ['weɪ·leɪ] <waylaid, waylaid> *vt* **1.** (*detain*) retenir **2.** (*attack*) **to ~ sb** attaquer qn par surprise

way out [ˌweɪ·'aʊt] *n* sortie *f*

way-out [ˌweɪ·'aʊt] *adj inf* excentrique

wayside ['weɪ·saɪd] *n* **1.** (*roadside*) bord *m* de la route **2.** (*of path*) bord *m* du chemin ▶ **to**

fall **by the ~** abandonner en route
wayward ['weɪ·wərd] *adj* capricieux(-euse)
wazoo [wa·'zu] *n sl* **up** [*o* **out**] **the ~** à revendre
we [wi] *pers pron* nous; **as ~ say** comme on dit
weak [wik] *adj* **1.** (*not strong*) *a. fig* faible; (*chin*) fuyant(e); **a ~ link** [*o* **spot**] *fig* un point faible; **the film is ~ on plot** le film manque d'action; **to have a ~ heart** avoir le cœur fragile; **to be/go ~ at the knees** avoir les jambes comme du coton **2.** (*light: drink, coffee*) léger(-ère)
weaken ['wi·kən] **I.** *vi* **1.** (*become less strong*) s'affaiblir **2.** (*become less resolute*) faiblir **II.** *vt* affaiblir
weakling ['wi·klɪŋ] *n pej* personne *f* chétive
weakly *adv* **1.** (*without strength*) faiblement **2.** (*unconvincingly*) mollement
weak-minded [ˌwik·'maɪn·dɪd] *adj pej* **1.** (*lacking determination*) indécis(e) **2.** (*mentally deficient*) faible d'esprit
weakness ['wik·nəs] <-es> *n* **1.** (*being irresolute*) faiblesse *f* **2.** (*area of vulnerability*) faiblesse *f* **3.** (*strong liking*) faible *m;* **to have a ~ for sth** avoir un faible pour qc
weal [wil] *n* (*mark*) marque *f*
wealth [welθ] *n* **1.** (*money*) richesse *f* **2.** (*large amount*) abondance *f*
wealthy ['wel·θi] **I.** <-ier, -iest> *adj* riche **II.** *n* **the ~** les riches *mpl*
wean [win] *vt a. fig* sevrer; **to ~ sb off sth** sevrer qn de qc; **to be ~ed on sth** être nourri de qc
weapon ['wep·ən] *n a. fig* arme *f*
weaponry ['wep·ən·ri] *n* armement *m*
wear [wer] <wore, worn> **I.** *n* **1.** (*clothing*) vêtements *mpl;* **men's ~** vêtements pour hommes **2.** (*amount of use*) usure *f;* **there's some ~ left in sth** on peut encore utiliser qc; **to show signs of ~** commencer à s'user; **~ and tear** usure *f;* **to be the worse for ~** être ivre **II.** *vt* **1.** (*have on body*) *a. fig* porter **2.** (*make a hole*) user; **to ~ holes in sth** trouer qc ►**to ~ one's heart on one's sleeve** laisser transparaître ses sentiments; **to ~ the pants** porter la culotte **III.** *vi* s'user; **to ~ thin** être usé; *fig* être à bout
◆**wear away** **I.** *vi irr* s'user **II.** *vt* user
◆**wear down** *vt irr; a. fig* user; **to ~ sb's resistance** épuiser la résistance de qn
◆**wear off** **I.** *vi irr* s'effacer; (*pain*) disparaître; (*effect*) cesser; (*anesthetic*) cesser de faire effet **II.** *vt* effacer
◆**wear on** *vi irr* (*day, night*) s'avancer
◆**wear out** **I.** *vi irr* s'user; *fig* s'épuiser **II.** *vt* user; *fig* épuiser
wearable ['wer·ə·bl] *adj* mettable
wearing ['wer·ɪŋ] *adj* fatigant(e)
wearisome ['wɪr·ɪ·səm] *adj form* **1.** (*causing boredom*) ennuyeux(-euse) **2.** (*causing tiredness*) fatigant(e)
weary ['wɪr·i] <-ier, -iest> *adj* **1.** (*very tired*) fatigué(e) **2.** (*bored*) las(se); **to be/grow ~ of sth** se lasser de qc **3.** (*tiring*) fatigant(e)
weasel ['wi·zəl] *n* belette *f*
weather ['weð·ər] **I.** *n* temps *m;* **~ permitting** si le temps le permet; **what's the ~ like?** quel temps fait-il? ►**to be under the ~** être patraque **II.** *vi* s'altérer; (*rocks*) s'éroder; (*with patina*) se patiner **III.** *vt* altérer; (*rock*) éroder ►**to ~ the storm** surmonter la crise
weather-beaten *adj* érodé(e) par les intempéries; (*face*) tanné(e)
weather conditions *n pl* conditions *fpl* météorologiques
weather forecast *n* météo *f*
weatherman ['weð·ər·mæn] *n* présentateur, -trice *m, f* météo
weatherproof ['weð·ər·pruf] *adj* imperméable
weave [wiv] **I.** <wove *o* weaved, woven> *vt* **1.** (*produce cloth*) tisser; **to ~ sth into sth** tisser qc en qc **2.** (*intertwine things*) tresser; **to ~ sth from sth** tresser qc à partir de qc **3.** (*make a whole*) tramer **4.** (*move in twisting*) **to ~ one's way through sth** se faufiler à travers qc **II.** <wove *o* weaved, woven> *vi* **1.** (*produce cloth*) tisser **2.** (*intertwine*) tresser **3.** (*move by twisting*) **to ~ between sth** se faufiler entre qc **III.** *n* **1.** (*way of making cloth*) tissage *m* **2.** (*way of intertwining*) tressage *m*
weaver ['wi·vər] *n* tisserand(e) *m(f)*
web [web] *n* **1.** (*trap*) toile *f;* **spider ~** toile d'araignée; **to spin a ~** tisser une toile **2.** (*network*) tissu *m* **3.** (*tissue for birds*) palmure *f*
Web, WEB [web] **I.** *n* COMPUT Web *m;* **the** (**World Wide**) **~** la Toile, le Web **II.** *adj inv* COMPUT Web
Web browser *n* COMPUT explorateur *m* Web
webcam *n* COMPUT webcam *f*
web-footed ['web·ˌfʊ·tɪd] *adj* **to be ~** avoir les pieds palmés
webmaster *n* COMPUT webmestre *m,* administrateur *m* de site
webpage *n* COMPUT page *f* Web [*o* sur la toile]
website *n* COMPUT site *m* (sur) Internet
webzine ['web·zin] *n* COMPUT webzine *m*
wed [wed] <wedded, wedded *o* wed, wed> *form* **I.** *vt* épouser **II.** *vi* se marier
we'd [wid] **1.** = **we had** *s.* **have** **2.** = **we would** *s.* **will**
wedded ['wed·ɪd] **I.** *pt, pp of* **wed** **II.** *adj* marié(e); **~ life** vie *f* conjugale; **lawful ~ wife** *form* légitime épouse *f*
wedding ['wed·ɪŋ] *n* mariage *m*
wedding anniversary *n* anniversaire *m* de mariage
wedding cake *n* gâteau *m* de mariage
wedding day *n* jour *m* du mariage
wedding night *n* nuit *f* de noces
wedding present *n* cadeau *m* de mariage
wedge [wedʒ] **I.** *n* **1.** (*for door*) cale *f;* **to drive a ~ between people** mettre une distance entre des gens **2.** (*piece*) morceau *m* **II.** *vt* (*jam into*) caler; **to ~ the door open** maintenir la porte ouverte en la calant
Wednesday ['wenz·deɪ] *n* mercredi *m;* **Ash ~**

mercredi des Cendres; *s.a.* **Friday**

wee [wi] **I.** *adj inf* minuscule; **a ~ bit** un tout petit peu ▶ **in the ~ hours of the morning** aux premières heures du matin **II.** *n inf* pipi *m;* **to have a ~** faire pipi **III.** *vi inf* faire pipi

weed [wid] **I.** *n* **1.** (*wild plant*) mauvaise herbe *f* **2.** *inf* (*marijuana*) herbe *f* ▶ **to grow like a ~** pousser comme de la mauvaise herbe **II.** *vt, vi* désherber

weed killer ['wid·kɪl·ər] *n* désherbant *m*

weedy ['wi·di] <-ier, iest> *adj* **1.** (*full of weeds*) envahi(e) par les mauvaises herbes **2.** (*underdeveloped*) dépourvu(e) d'intérêt

week [wik] *n* semaine *f;* **a few ~s ago** il y a quelques semaines; **last ~** la semaine dernière; **once a ~** une fois par semaine; **during the ~** pendant la semaine; **to work a five-day ~** travailler cinq jours par semaine ▶ **for ~s on end** pendant des semaines; **a ~ ago this** [*o* **a ~ last** ...] **Friday** il y a une semaine vendredi ...; **~ in, ~ out**, **~ after ~** semaine après semaine; **~ by ~**, **from ~ to ~** d'une semaine à l'autre; **a ~ (on) ...** dans une semaine ...

weekday ['wik·deɪ] *n* jour *m* de la semaine; **on ~s** les jours de la semaine

weekend *n* week-end *m;* **on the ~(s)** le week-end

weekly I. *adj* hebdomadaire **II.** *adv* une fois par semaine **III.** *n* hebdomadaire *m*

weeknight *n* soir *m* de la semaine

weenie ['wi·ni] *n* **1.** *inf* (*hot dog*) saucisse *f* de Francfort **2.** *sl* (*penis*) zizi *m*

weep [wip] **I.** *vi* <wept, wept> **to ~ over sb/sth** pleurer sur qn/qc **II.** *vt* <wept, wept> **to ~ tears of joy** verser des larmes de joie

weeping willow *n* saule *m* pleureur

weigh [weɪ] **I.** *vi* peser **II.** *vt* **1.** (*measure weight*) peser; **to ~ oneself** se peser; **to be weighed down by sth** plier sous le poids de qc; *fig* être accablé de qc **2.** (*consider carefully*) **to ~ one's words** peser ses mots **3.** NAUT **to ~ anchor** lever l'ancre

◆ **weigh in** *vi* **1.** (*be weighed*) se faire peser **2.** *inf* (*intervene*) intervenir

◆ **weigh out** *vt* peser

◆ **weigh up** *vt* **1.** (*calculate and compare*) évaluer **2.** (*judge, assess*) juger

weigh-in *n* pesée *f*

weight [weɪt] **I.** *n* **1.** (*heaviness*) poids *m;* **to put on** [*o* **gain**] **~** prendre du poids **2.** (*metal piece*) poids *m;* **to lift ~s** lever des poids **3.** (*value*) poids *m;* **to attach ~ to sth** attacher de l'importance à qc; **to carry ~** avoir du poids ▶ **to take the ~ off one's feet** se reposer; **to be a ~ off sb's mind** être un soulagement pour qn **II.** *vt* **1.** (*hold*) lester; **to ~ sth down** maintenir qc avec un poids **2.** *fig* pondérer; **to be ~ed in favor of sb/sth** peser en faveur de qn/qc; **to be ~ed in one's favor** être favorable à qn; **to be ~ed against sb** être défavorable à qn

weighting ['weɪṭ·ɪŋ] *n* **1.** (*additional amount*) indemnité *f* **2.** MATH coefficient *m*

weightless ['weɪt·lɪs] *adj* en état d'apesanteur

weightlessness *n* apesanteur *f*

weightlifter ['weɪt·lɪf·tər] *n* haltérophile *mf*

weightlifting ['weɪt·lɪf·tɪŋ] *n* haltérophilie *f*

weighty ['weɪ·ṭi] <-ier, -iest> *adj* **1.** (*heavy*) lourd(e) **2.** (*important*) important(e); (*issue*) sérieux(-euse)

weir [wɪr] *n* barrage *m*

weird [wɪrd] *adj* bizarre

welcome ['wel·kəm] **I.** *vt* accueillir **II.** *n a. fig* accueil *m;* **to give sth a warm ~** réserver un accueil chaleureux à qn; **to outstay one's ~** abuser de l'hospitalité de qn **III.** *adj* bienvenu(e); **to make sb ~** faire bon accueil à qn ▶ **you're ~!** de rien!, bienvenue! *Québec;* **to be ~ to (do) sth** pouvoir faire qc **IV.** *interj* bienvenue!; **~ home!** bienvenue à la maison!; **~ back!** heureux de te/vous revoir!

welcoming *adj* (*smile*) accueillant(e); **a ~ speech** un discours de bienvenue

weld [weld] **I.** *vt a. fig* souder; **to ~ sth together** souder qc **II.** *n* soudure *f*

welder ['weld·ər] *n* soudeur *m*

welding *n* soudure *f*

welfare ['wel·fer] *n* **1.** (*state of wellness*) bien-être *m* **2.** (*state aid or relief*) aide *f* sociale; **~ system** système *m* d'aides sociales; **to be on ~** toucher l'aide sociale

welfare state *n* **1.** (*state*) état *m* providence **2.** (*institution*) sécurité *f* sociale

we'll [wil] = **we will** *s.* **will**

well[1] [wel] **I.** <better, best> *adj* **to be/feel/get ~** aller bien; **all is ~** tout va bien; **to look ~** avoir l'air d'aller bien **II.** <better, best> *adv* **1.** (*in a good manner*) bien; **~ done!** bravo!; **~ put** bien dit **2.** (*thoroughly*) bien; **to be pretty ~** aller plutôt bien; **to be pretty ~ paid** être plutôt bien payé; **~ and truly** complètement; **~ below (sth)** bien en dessous (de qc) **3.** (*justifiably*) **I can't very ~ ask him** je ne peux pas raisonnablement lui demander ▶ **as ~** aussi; **as ~ as** ainsi que; **it is just as ~ that** heureusement que; **to be in ~ with sb/sth** *inf* être en bons termes avec qn/qc **III.** *interj* (*exclamation*) eh bien!; **~, ~!** eh bien!; **oh ~!** oh!; **very ~!** très bien!

well[2] [wel] **I.** *n* puits *m;* **oil ~** puits de pétrole **II.** *vi* **1. to ~ (up) out of sth** (*water*) remonter de qc **2.** *fig* **to ~ up in sb/sth** monter en qn/à qc

well-advised *adj form* **to be ~ to do sth** avoir tout intérêt à faire qc

well-balanced *adj* bien équilibré(e)

well-behaved *adj* sage

well-being *n* bien-être *m*

well-bred *adj* bien élevé(e)

well-chosen *adj* bien choisi(e)

well-connected *adj* **to be ~** avoir de bonnes relations

well-deserved *adj* bien mérité(e)

well-developed *adj* bien développé(e)

well-disposed *adj* bien disposé(e)

well-done *adj* (*meat*) à point

well-dressed *adj* bien habillé(e)
well-earned *adj* bien mérité(e)
well-educated *adj* cultivé(e)
well-fed *adj* bien nourri(e)
well-founded *adj* légitime
well-heeled **I.** *adj inf* riche **II.** *npl* **the ~** les richards *mpl*
well-informed *adj* bien informé(e)
well-intentioned *adj* bien intentionné(e)
well kept *adj* bien entretenu(e)
well-known *adj* connu(e)
well-made *adj* bien fait(e)
well-mannered *adj* bien élevé(e)
well-meaning, well-meant *adj* bien intentionné(e)
well-nigh *adv* presque
well-off **I.** *adj* (*wealthy*) riche **II.** *npl* **the ~** les nantis *mpl*
well-oiled *adj* **1.** (*functioning smoothly*) bien huilé(e) **2.** *inf* (*drunk*) bourré(e)
well-organized *adj* bien organisé(e)
well-paid *adj* bien payé(e)
well-placed *adj* bien placé(e)
well-proportioned *adj* bien proportionné(e)
well-read *adj* **1.** (*knowledgeable*) cultivé(e) **2.** (*read frequently*) très lu(e)
well-thought-of *adj* bien conçu(e)
well-timed *adj* opportun(e)
well-to-do *adj inf* riche
well-turned *adj* bien tourné(e)
well-wisher *n* supporter *m*
well-worn *adj a. fig* usagé(e)
Welsh [welʃ] **I.** *adj* gallois(e) **II.** *n* **1.** (*people*) **the ~** les Gallois *mpl* **2.** LING gallois *m; s.a.* **English**
Welshman ['welʃ·mən] <-men> *n* gallois *m*
Welshwoman ['welʃ·wʊ·mən] <-women> *n* galloise *f*
welt [welt] *n* trépointe *f*
went [went] *pt of* **go**
wept [wept] *pt, pp of* **weep**
were [wɜr] *pt of* **be**
we're [wɪr] = **we are** *s.* **be**
weren't [wɜrnt] = **were not** *s.* **be**
werewolf ['wer·wʊlf] <-wolves> *n* loup-garou *m*
west [west] **I.** *n* **1.** (*cardinal point*) ouest *m;* **in the ~ of France** dans l'ouest de la France; **to lie 5 miles to the ~ of sth** être à 5 miles à l'ouest de qc; **to go/drive to the ~** aller/rouler vers l'ouest; **further ~** plus à l'ouest **2.** POL occident *m* ►**to <u>go</u> ~** (*thing*) être fichu [*o* perdu]; (*person*) passer l'arme à gauche **II.** *adj* GEO ouest *inv;* **~ wind** vent *m* d'ouest; **~ coast** côte *f* ouest
West African *adj* ouest-africain(e)
West Bank *n* **the ~** (**of the Jordan**) la Cisjordanie
West Berlin *n* HIST Berlin-Ouest
westbound ['wes(t)·baʊnd] *adj, adv* en direction de l'ouest
westerly ['wes·tər·li] *adj* **1.** (*of western part*) à l'ouest; **~ part** partie *f* ouest **2.** (*toward the west*) vers l'ouest; **~ direction** direction *f* ouest **3.** (*from the west*) d'ouest
western ['wes·tərn] **I.** *adj* **1.** GEO de l'ouest; **~ Canada** l'ouest *m* du Canada **2.** POL occidental(e) **II.** *n* CINE western *m*
westerner ['wes·tərn·ər] *n* occidental(e) *m(f)*
westernize ['wes·tər·naɪz] *vt* occidentaliser
Western Samoa *n* les Samoa *fpl* occidentales
west-facing *adj* (*window*) exposé(e) à l'ouest
West Germany *n* HIST l'Allemagne *f* de l'Ouest
West Indian **I.** *n* Antillais(e) *m(f)* **II.** *adj* antillais(e)
West Indies *n* les Antilles *fpl*
Westminster [wes(t)·'mɪn(t)·stər] *n* Westminster
Westminster Abbey *n* l'abbaye *f* de Westminster
West Virginia *n* la Virginie-Occidentale
westward ['west·wərd] **I.** *adj* à l'ouest **II.** *adv* vers l'ouest
westwards ['wes(t)·wərdz] *adv s.* **westward II.**
wet [wet] **I.** <wetter, wettest> *adj* **1.** (*soaked*) mouillé(e); **to be ~ through** être trempé; **to get ~** se mouiller; **to get sth ~** mouiller qc; **to get one's hands ~** se mouiller les mains **2.** (*damp*) *a.* METEO humide; (*weather*) pluvieux(-euse); (*day*) de pluie; (*season*) des pluies; **it's ~** il pleut ►**to be ~ behind the <u>ears</u>** être encore jeune **II.** <-tt-, wet, wet *o* -tt-, wetted, wetted> *vt* **1.** (*make damp*) mouiller **2.** (*urinate on*) **to ~ the bed** mouiller le lit; **to ~ oneself** [*o* **one's pants**] mouiller sa culotte **III.** *n* **1.** (*rain*) pluie *f* **2.** (*damp area*) humidité *f* **3.** (*unassertive person*) lavette *f*
wetback ['wet·bæk] *n pej, inf: Mexicain vivant souvent illégalement aux États-Unis*
wet bar *n* bar *m*
wet blanket *n inf* trouble-fête *mf*
wet dream *n* pollution *f* nocturne
wet suit *n* combinaison *f* de plongée
we've [wiv] = **we have** *s.* **have**
whack [(h)wæk] **I.** *vt* donner un grand coup à **II.** *n* **1.** (*sharp hit*) grand coup *m* **2.** (*share, part*) part *f;* **to pay full ~** payer plein pot *inf* ►**to <u>have</u> a ~ at sth** *inf* tenter qc; **to be <u>out</u> of ~** être déglingué
whale [(h)weɪl] **I.** *n* baleine *f* ►**to have a ~ of a <u>time</u>** drôlement bien s'amuser; **a ~ <u>of</u> a ...** un sacré ... **II.** *vi* pêcher la baleine
whale oil *n* blanc *m* de baleine
whale shark *n* requin *m* baleine
whaling *n* chasse *f* à la baleine
wham [(h)wæm] *interj inf* vlan!
wharf [(h)wɔrf] <-ves> *n* quai *m*
what [(h)wʌt] **I.** *interrog adj* quel(le); **~ kind of book?** quel genre de livre?; **~ time is it?** quelle heure est-il?; **~ schools is he talking about?** de quelles écoles parle-t-il?; **~ one does he like?** lequel, laquelle aime-t-il?; **~ ones does he like?** lesquels, lesquelles aime-t-il? **II.** *pron* **1.** *interrog* que, qu' + *vowel,* quoi *tonic form;* **~ can I do?** que puis-je faire?;

~ **does it matter?** qu'est-ce que ça fait?; ~**'s up?** *inf* qu'est-ce qui se passe?; ~ **for?** pourquoi?; ~ **does he look like?** à quoi ressemble-t-il?; ~**'s his name?** comment s'appelle-t-il?; ~**'s it called?** comment ça s'appelle?; ~ **about Paul?** et Paul?; ~ **about a walk?** et si on faisait une balade?; ~ **if it snows?** *inf* et s'il neige? **2.** *rel use* ce + *rel pron;* ~ **I like is** ~ **he says/ is talking about** ce qui me plaît, c'est ce qu'il dit/ce dont il parle; ~**'s more** qui plus est; **he knows** ~**'s** ~**!** il s'y connaît! **III.** (*exclamation*) ~ **an idiot!** quel idiot!; ~ **a fool I am!** que suis-je bête! **IV.** *interj* ~**!** quoi!; **so** ~**?** et alors?; **is he coming, or** ~**?** il arrive ou quoi?

whatever [(h)wʌt·ˈev·ər] **I.** *pron* ~ **you do** quoi que tu fasses *subj;* **take** ~ **you want** prends ce que tu veux **II.** *adj, adv* quel que soit; **give me** ~ **money you have** donne-moi tout ce que tu as comme argent **III.** *interj sl* ça m'est bien égal!

what's-his-name [ˈ(h)wʌt·sɪz·neɪm] *n* machin *m*

whatsoever [ˌ(h)wʌt·soʊ·ˈev·ər] *adv* **nothing** ~ absolument rien; **no reason** ~ pas la moindre raison

wheat [(h)wit] *n* blé *m*

wheat germ *n* germes *mpl* de blé

wheel [(h)wil] **I.** *n* **1.** (*circular object*) roue *f;* **on** ~**s** sur des roues **2.** AUTO volant *m;* **to be at the** ~ être au volant **3.** NAUT gouvernail *m* **4.** *pl, inf* (*car*) bagnole *f* ►**to set the** ~**s in motion** mettre les choses en route; **to be a big** ~ *inf* être un gros bonnet; **to feel like a fifth** ~ se sentir de trop **II.** *vt* pousser ►**to** ~ **sb/sth out** faire sortir qn/ressortir qc **III.** *vi* **to** ~ **and deal** *inf* brasser des affaires

◆**wheel around** *vi* se retourner

wheelbarrow [ˈ(h)wil·ˌber·oʊ] *n* brouette *f*

wheelchair [ˈ(h)wil·ˌtʃer] *n* fauteuil *m* roulant

wheeler-dealer *n pej, inf* brasseur *m* d'affaires

wheeling [ˈ(h)wil·ɪŋ] *n* tournoiement *m* ►~ **and dealing** *inf* brassage *m* d'affaires

wheeze [(h)wiz] **I.** <-zing> *vi* respirer avec peine **II.** *n* (*rasping breath*) respiration *f* difficile

wheezy [ˈ(h)wiz·i] <-ier, -iest> *adj* asthmatique

whelp [(h)welp] *n* **1.** (*puppy*) chiot *m* **2.** (*cub*) petit *m*

when [(h)wen] **I.** *adv* quand; **since** ~**?** depuis quand? **II.** *conj* **1.** (*at which time*) quand; ~ **you arrive, call me** appelle-moi quand tu arrives; **in the days** ~ **...** à l'époque où ... **2.** (*during the time*) lorsque; ~ **singing that song** en chantant cette chanson **3.** (*every time*) chaque fois que **4.** (*considering that*) **how can I listen** ~ **I can't hear?** comment écouter si je n'entends rien? **5.** (*although*) **he's buying it** ~ **he could borrow it** il l'achète alors qu'il pourrait l'emprunter

whence [(h)wen(t)s] *adv form* d'où

whenever [(h)wen·ˈev·ər] **I.** *adv* **I can do it tomorrow or** ~ je peux le faire demain ou n'importe quand; ~ **did I say that?** (mais) quand donc ai-je dit cela? **II.** *conj* **1.** (*every time*) quand; ~ **I can** chaque fois que je peux **2.** (*at any time*) **he can come** ~ **he wants** il peut venir quand il veut

where [(h)wer] **I.** *adv* où; ~ **is he going?** où va-t-il?; ~ **did you get that idea?** d'où te/vous vient cette idée? **II.** *conj* (là) où; **from** ~ d'où; **I'll tell him** ~ **to go** je lui dirai où il faut aller; **the box** ~ **he puts his things** la boîte dans laquelle il met ses affaires; **this is** ~ **my pen was found** c'est là qu'on a trouvé mon stylo

whereabouts [ˈ(h)wer·ə·baʊts] **I.** *adv inf* où **II.** *n* **sb/sth's exact** ~ le lieu exact où se trouve qn/qc

whereas [(h)wer·ˈæz] *conj* **1.** (*while*) alors que **2.** LAW attendu que

whereby [(h)wer·ˈbaɪ] *adv* par quoi

whereupon [ˈ(h)wer·ə·ˌpan] *conj* (*directly after which*) après quoi

wherever [ˌ(h)wer·ˈev·ər] **I.** *adv* **...** **or** ~ ... ou Dieu sait où; ~ **did she find that?** mais où donc a-t-elle trouvé ça? **II.** *conj* **1.** (*in every place*) ~ **there is sth** partout où il y a qc **2.** (*in any place*) ~ **he likes** où il veut

wherewithal [ˈ(h)wer·wɪ·ðɔl] *n* **the** ~ l'argent *m*

whet [(h)wet] <-tt-> *vt* **1.** (*increase*) stimuler **2.** (*sharpen*) aiguiser

whether [ˈ(h)weð·ər] *conj* **1.** (*if*) si **2.** (*all the same*) que +*subj;* ~ **it rains or not** qu'il pleuve ou non

whew [fju] *interj inf s.* **phew**

whey [(h)weɪ] *n* petit-lait *m*

which [(h)wɪtʃ] **I.** *interrog adj* quel(le); ~ **one?** lequel, laquelle?; ~ **ones?** lesquel(le)s?; ~ **games do you play?** à quels jeux joues-tu? **II.** *pron* **1.** *interrog* ~ **is his?** lequel, laquelle est à lui? **2.** *rel use* **the book** ~ **I read** le livre que j'ai lu; **the book of** ~ **I'm speaking** le livre dont je parle; **she agreed,** ~ **surprised me** elle était d'accord, ce qui m'a surpris

whichever [(h)wɪtʃ·ˈev·ər] **I.** *pron* celui (celle) qui; **take** ~ **you like best** prends celui que tu préfères; **at 3 or 4 o'clock,** ~ **works for you** à 3 ou 4 heures, suivant ce qui t'/vous arrange **II.** *adj* **1.** (*any*) n'importe quel(le); **take** ~ **book you want** choisis le livre que tu veux **2.** (*no matter which*) quel(le) que soit; ~ **way I take** quel que soit le chemin que je prenne; ~ **you choose, I'll take it** quel que soit celui que tu choisisses, je le prendrai

whiff [(h)wɪf] *n* **1.** (*quick scent*) odeur *f* **2.** (*hint*) parfum *m*

while [(h)waɪl] **I.** *n* moment *m;* **a short** ~ un instant; **quite a** ~ assez longtemps; **once in a** ~ de temps en temps; **I'm staying in Boston for a** ~ je reste à Boston pour quelque temps **II.** *conj* **1.** (*during which time*) pendant que; **I was dreaming** ~ **I was doing sth** je rêvais en faisant qc **2.** (*although*) ~ **I agree with you** bien que je sois d'accord avec toi **3.** (*however*) **my wife's a vegetarian,** ~ **I eat meat** ma femme est végétarienne alors que je mange de la viande

while away *vt* **to ~ the time** tuer le temps

whilst [(h)waɪlst] *conj s.* **while**

whim [wɪm] *n* caprice *m;* **to do sth on a ~** faire qc sur un coup de tête

whimper ['(h)wɪm·pər] **I.** *vi* gémir; (*child*) geindre **II.** *n* gémissement *m;* **without a ~** sans broncher

whimsical ['(h)wɪm·zɪ·kəl] *adj* **1.** (*fanciful*) curieux(-euse); (*choice, story*) saugrenu(e); (*air*) étrange **2.** (*capricious*) capricieux(-euse)

whimsy ['(h)wɪm·zi] <-ies> *n* **1.** (*fancifulness*) fantaisie *f* **2.** (*whim*) caprice *m*

whine [(h)waɪn] **I.** <-ning> *vi* **1.** (*make noise: animal*) gémir **2.** (*cry, complain*) pleurnicher **II.** *n* plainte *f*

whinny ['(h)wɪn·i] **I.** <-ied, -ing> *vi* hennir **II.** <-ies> *n* hennissement *m*

whip [(h)wɪp] **I.** *n* **1.** (*lash*) fouet *m;* **to crack a ~** faire claquer le fouet **2.** POL chef *mf* de file **II.** <-pp-> *vt* **1.** (*lash with a whip*) fouetter **2.** (*force fiercely*) forcer **3.** (*beat into a froth*) fouetter **4.** *inf* (*defeat*) battre à plate(s) couture(s) **III.** <-pp-> *vi fig* **to ~ across sth** traverser qc à toute allure

◆**whip out** *vt* (*take out quickly*) sortir rapidement

◆**whip up** *vt* **1.** (*encourage: enthusiasm*) susciter; *pej* stimuler **2.** *inf* (*make quickly*) préparer en quatrième vitesse **3.** (*beat into a froth*) battre

whiplash ['(h)wɪp·læʃ] *n* MED lésion *f* des cervicales

whipped cream *n* crème *f* fouettée

whippet ['(h)wɪp·ɪt] *n* whippet *m*

whipping ['(h)wɪp·ɪŋ] *n* **1.** (*lashing*) coup *m* de fouet **2.** (*hard beating*) correction *f* **3.** *inf* (*defeat*) correction *f*

whipping-boy *n* bouc *m* émissaire

whipping cream *n* crème *f* fraîche

whipping top *n* toupie *f*

whirl [(h)wɜrl] **I.** *vi* tournoyer **II.** *vt* faire tournoyer; **to ~ sb around** faire tourner qn **III.** *n* tourbillonnement *m;* (*of dust*) tourbillon *m* ►**to give sth a ~** essayer qc

whirlpool ['(h)wɜrl·pul] *n* **1.** (*in sea*) remous *m* **2.** (*Jacuzzi®*) baignoire *f* à remous

whirlwind ['(h)wɜrl·wɪnd] **I.** *n* tourbillon *m* de vent **II.** *adj* enivrant(e); **a ~ tour** une visite éclair

whirr [(h)wɜr] **I.** *vi* (*engine*) ronfler; (*wings*) bruire **II.** *n* ronflement *m;* (*of wings*) bruissement *m*

whisk [(h)wɪsk] **I.** *vt* **1.** (*flick*) effleurer **2.** (*whip rapidly: cream*) fouetter; (*eggs*) battre **3.** (*take*) **to ~ sth away/off the table** enlever rapidement qc de la table **II.** *n* CULIN fouet *m*

whisker ['(h)wɪs·kər] *n pl* (*on people*) favoris *mpl;* (*on cat*) moustaches *fpl* ►**by a ~** d'un poil

whiskey ['(h)wɪs·ki] *n* whisky *m*

whisper ['(h)wɪs·pər] **I.** *vi* chuchoter **II.** *vt* **1.** (*speak softly*) chuchoter **2.** (*gossip*) **to ~ that ...** faire courir le bruit que ... **III.** *n* **1.** (*soft speech*) murmure *m;* **to say sth in a ~** dire qc tout bas **2.** (*rumor*) rumeur *f*

whispering ['(h)wɪs·pər·ɪŋ] **I.** *n* **1.** (*talking softly*) chuchotement *m* **2.** (*gossiping*) chuchoteries *fpl* **II.** *adj* (*rustling*) qui murmure

whispering campaign *n* campagne *f* diffamatoire

whist [(h)wɪst] *n* whist *m*

whistle ['(h)wɪs·l] **I.** <-ling> *vt, vi* siffler **II.** *n* **1.** (*sound*) sifflement *m* **2.** (*device*) sifflet *m;* **to blow a ~** donner un coup de sifflet ►**to blow the ~ on sb/sth** dénoncer qn/qc

whistleblower ['(h)wɪs·l·ˌbloʊ·ər] *n* dénonciateur, -trice *m, f*

white [(h)waɪt] **I.** *adj* blanc(he) ►**~r than ~** plus blanc que neige; **to turn ~ with fear** pâlir de peur **II.** *n* **1.** (*color, of egg, eye*) blanc *m* **2.** (*person*) Blanc, Blanche *m, f; s.a.* **blue**

whiteboard *n* tableau *m* blanc

white-collar *adj* **a ~ worker** un col blanc

white corpuscle *n* MED globule *m* blanc

white elephant *n* chose *f* sans utilité

white flag *n* drapeau *m* blanc

white hat *n* COMPUT chapeau *m* blanc (*qui explore les systèmes informatiques sans intentions malhonnêtes*)

White House *n* **the ~** la Maison-Blanche

> **i** La **White House**, ou la Maison Blanche, située au 1600 de la *Pennsylvania Avenue* à Washington D.C., est la résidence officielle du président des États-Unis et le bureau ovale, le principal lieu de travail de celui-ci. Le site a été choisi par George Washington, premier président des États-Unis. Les plans ont été réalisés par l'architecte James Hoban. C'est cependant George Washington qui imposa la forme de l'*Oval Office* (bureau ovale). John Adams fut le premier président à s'y installer en 1800. La **White House**, demeure de 55 000 pieds carrés (5 100 m^2) avec ses 6 étages et ses 132 pièces, tire son nom de la pierre blanche de Brač avec laquelle elle a été construite.

white lead *n* blanc *m* de céruse

white lie *n* pieux mensonge *m*

white man *n* blanc *m*

white meat *n* viande *f* blanche

whiten ['(h)waɪ·tən] *vt, vi* blanchir

whitener ['(h)waɪt·nər] *n* **1.** agent *m* blanchissant **2.** (*for coffee*) lait *m* en poudre

whiteness *n* blancheur *f*

whitening *n s.* **whitener**

white-out *n* **1.** (*blizzard*) blizzard *m* **2.** (*liquid to cover mistakes*) blanc *m* correcteur

white sale *n* vente *f* de blanc

white sauce *n* sauce *f* béchamel

white tie *adj* habit *m*
whitewash ['(h)waɪt·wɑʃ] **I.** *n* **1.** (*solution*) blanc *m* de chaux **2.** (*cover-up*) blanchiment *m* **3.** *inf* (*victory*) raclée *f* **II.** *vt* **1.** (*cover in white solution*) blanchir à la chaux **2.** *pej* (*conceal negative side*) blanchir **3.** *inf* SPORTS écraser
whitewater ['(h)waɪt·wɔ·t̬ər] *n* eau *f* vive
white-water rafting *n* descente *f* en eau vive
white wedding *n* mariage *m* en blanc
whither ['(h)wɪð·ər] *adv form* où
whiting ['(h)waɪ·t̬ɪŋ] *n inv* merlan *m*
Whit Monday [ˌ(h)wɪt·'mʌn·deɪ] *n* lundi *m* de Pentecôte
Whitsun ['(h)wɪt·sᵊn] **I.** *n* les fêtes *fpl* de Pentecôte **II.** *adj* de Pentecôte
Whit Sunday [ˌ(h)wɪt·'sʌn·deɪ] *n* dimanche *m* de Pentecôte
whittle ['(h)wɪt̬·l] <-ling> *vt* parer
◆**whittle away at** *vt* **1.** (*take little bits off*) tailler en petits morceaux **2.** (*gradually decrease*) rogner petit à petit
◆**whittle down** *vt* réduire petit à petit
whiz [(h)wɪz] *inf* **I.** *n* **1.** (*expert*) as *m*; **a ~ at sth** un as de qc **2.** (*noise*) sifflement *m* **3.** *sl* (*act of urinating*) **to take a ~** pisser **II.** *vi* **to ~ along/past** passer à toute allure; **to ~ through sth** (*list, newspaper*) survoler qc
whiz kid *n* jeune prodige *mf*
who [hu] *interrog or rel pron* qui; *s.a.* **whom, whose**
WHO ['dʌb·l·ju·eɪtʃ·ˌoʊ] *n abbr of* **World Health Organization** OMS *f*
whoa [(h)woʊ] *interj* **1.** (*command to stop a horse*) ho! **2.** *fig, inf* (*used to stop something*) doucement! **3.** *inf* (*expression of surprise or disbelief*) pas possible!
whodun(n)it [ˌhu·'dʌn·ɪt] *n inf: film ou roman policier*
whoever [hu·'ev·ər] *pron* quiconque
whole [hoʊl] **I.** *adj* **1.** (*entire*) entier(-ère); **~ milk** lait *m* entier; **the ~ thing** le tout **2.** (*intact*) entier(-ère) **3.** *inf* **it's a ~ lot better** c'est vraiment beaucoup mieux ▶**the ~ kit and caboodle** *inf* tout le bazar; **the ~ enchilada** *inf* toute la panoplie; **the ~ shebang** *inf* tout le bataclan; **to go (the) ~ hog, to go the ~ nine yards** *inf* aller jusqu'au bout **II.** *n* **1.** (*complete thing*) totalité *f*; **as a ~** dans sa totalité; **on the ~** dans l'ensemble **2. the ~** le tout; **the ~ of Charleston** toute la ville de Charleston **III.** *adv* **~ new** tout(e) neuf(neuve)
whole-hearted [ˌhoʊl·'har·t̬ɪd] *adj* (*completely sincere*) sans réserve; (*thanks*) qui viennent du cœur
wholesale ['hoʊl·seɪl] **I.** *n* vente *f* en gros **II.** *adj* **1.** (*sales in bulk*) de gros **2.** (*on a large scale: slaughter*) en série; (*reform*) en masse **III.** *adv* **1.** (*by bulk*) en gros **2.** (*in bulk*) en bloc
wholesaler ['hoʊl·seɪ·lər] *n* grossiste *mf*
wholesome ['hoʊl·sᵊm] *adj* salubre; (*life*) sain(e); (*advice*) salutaire
whole-tone scale *n* échelle *f* des fréquences musicales
wholewheat *n* blé *m* entier; **~ bread** pain *m* complet
who'll [hul] = **who will** *s.* **will**
wholly ['hoʊ·li] *adv* tout à fait; (*convinced*) entièrement; (*different*) complètement
whom [hum] *form interrog or rel pron* **~ did he see?** qui a-t-il vu?; **those ~ I love** ceux que j'aime; **the person of ~ I spoke** la personne dont j'ai parlé
whoop [(h)wup] **I.** *vi* pousser des cris de joie **II.** *vt* **to ~ it up** faire la noce **III.** *n* cri *m*; **war ~** cri *m* de guerre
whoopee ['(h)wu·pi] **I.** *interj* hourra!; **oh, ~** oh, youpi! **II.** *n inf* **to make ~** (*have sex*) faire l'amour; (*have a lot of fun*) faire la bringue
whooping cough ['hu·pɪŋ·kɔf] *n* coqueluche *f*
whoops [(h)wʊps] *interj inf* houp-là!; **~-a-daisy** *childspeak* houp-là!
whop [(h)wap] <-pp-> *vt inf* (*hit*) battre
whopper [(h)'wa·pər] *n iron* **1.** (*huge thing*) monstre *m* **2.** (*blatant lie*) énormité *f*
whopping [(h)'wa·pɪŋ] *adj inf* énorme; **a ~ lie** un mensonge monumental
whore [hɔr] *n inf* putain *f*
whortleberry ['(h)wɜr·t̬l·ber·i] *n* airelle *f*
who's [huz] **1.** = **who is** *s.* **is 2.** = **who has** *s.* **has**
whose [huz] **I.** *poss adj* **~ book is this?** à qui est ce livre?; **~ son is he?** de qui est-il le fils?; **~ car did you take?** tu/vous as/avez pris la voiture de qui?; **the girl ~ brother I saw** la fille dont j'ai vu le frère **II.** *poss pron* **~ is this pen?** à qui est ce stylo?; **~ can I borrow?** lequel est-ce que je peux emprunter?
whup [(h)wʌp] *vt sl s.* **whip II.**
why [(h)waɪ] **I.** *conj* pourquoi; **~ not?** pourquoi pas?; **~ not ring her?** pourquoi ne pas l'appeler? **II.** *n* **the ~s and wherefores (of sth)** le pourquoi et comment (de qc) **III.** *interj* tiens!
WI *n abbr of* **Wisconsin**
wick [wɪk] *n* mèche *f*
wicked ['wɪk·ɪd] **I.** *adj* **1.** (*evil, cruel: person*) méchant(e); (*action, plan*) mauvais(e); (*lie*) affreux(-euse) **2.** (*unpleasant: wind*) affreux(-euse) **3.** (*playfully malicious: smile, sense of humor*) malicieux(-euse) **4.** *sl* (*fun*) super *inv* **II.** *n* (*evil people*) **the ~** les méchants *mpl* ▶**there's no peace for the ~** *prov* pas de répit pour les braves
wicker ['wɪk·ər] **I.** *n* osier *m* **II.** *adj* en osier
wicker basket *n* panier *m* en osier
wicker chair *n* chaise *f* en osier
wicker furniture *n* meuble *m* en osier
wickerwork ['wɪk·ər·wɜrk] *n s.* **wicker**
wide [waɪd] **I.** <-r, -st> *adj* **1.** (*broad*) large; **to be two feet ~** faire deux pieds de large **2.** (*very big*) immense; (*gap*) considérable **3.** (*very open*) grand(e) ouvert(e); (*eyes*) écarquillé(e) **4.** (*varied*) ample; (*experience, range*) étendu(e) **5.** (*extensive*) vaste; (*support*) considérable ▶**to give sb/sth a ~ berth**

se tenir à une très grande distance de qn/qc **II.** <-r, -st> *adv* très; **to open ~** ouvrir en grand; **to be ~ open** être grand ouvert; **to be ~ to criticism** prêter le flanc à la critique

wide-angle lens *n* PHOT objectif *m* grand-angulaire

wide awake *adj* bien éveillé(e)

wide-eyed *adj* **1.** (*with wide-open eyes*) **to be ~** avoir les yeux grands ouverts **2.** (*innocent: child*) innocent(e)

widely *adv* **1.** (*broadly*) largement; **to gesture ~** faire de grands gestes; **~ spaced** très espacé **2.** (*extensively: known, admired, used*) très; (*thought, believed*) communément; (*accepted*) généralement; **~-read** (*newspaper*) très lu **3.** (*considerably: vary*) énormément

widen ['waɪ·dᵊn] **I.** *vt* élargir; (*discussion*) étendre **II.** *vi* s'élargir

wide-ranging *adj* (*investigation, survey*) de grande portée; (*subject*) vaste

widescreen *adj* TV grand écran *inv*

widespread ['waɪd·spred] *adj* répandu(e); (*rioting, support*) général(e)

widow ['wɪd·oʊ] **I.** *n* **1.** (*dead man's wife*) veuve *f* **2.** *fig* **she's a football ~** son mari la délaisse pour aller jouer au football **II.** *vt* laisser veuf(veuve); **to be ~ed** être veuf

widowed ['wɪd·oʊd] *adj* veuf(veuve)

widower ['wɪd·oʊ·ər] *n* veuf *m*

width [wɪdθ] *n* largeur *f*; **20 feet in ~** 20 pieds de large

wield [wild] *vt* **1.** (*hold*) manier **2.** (*use: influence, power*) exercer

wife [waɪf] <wives> *n* épouse *f*; **to live together as man and ~** vivre maritalement

wig [wɪg] *n* perruque *f*

wiggle ['wɪg·l] **I.** *vt* remuer **II.** *vi* se déhancher **III.** *n* **1.** (*movement*) déhanchement *m* **2.** (*line*) trait *m* ondulé

wigwam ['wɪg·wam] *n* wigwam *m*

wild [waɪld] **I.** *adj* **1.** (*untamed: animal, flower*) sauvage **2.** (*unrestrained: person*) dissipé(e); (*country*) sauvage; (*life*) dissolu(e); (*party, talk*) délirant(e); (*weather, conditions*) très mauvais(e); (*wind*) violent(e); (*sea*) agité(e) **3.** (*enthusiastic*) fou(folle); **to be ~ about sth** être un fana de qc; **he's not ~ about the idea** il n'est pas emballé par l'idée **4.** (*not accurate: punch, shot*) au hasard **5.** *inf* (*angry*) fou(folle); **to go ~** devenir fou de rage; **to drive sb ~** rendre qn fou **6.** (*messy: hair*) en bataille **7.** *inf* (*wonderful*) génial(e) ▸ **beyond sb's ~est dreams** au-delà des rêves les plus fous de qn; **~ horses couldn't make sb do sth** rien au monde ne pourra faire faire qc à qn **II.** *adv* sauvage; **to grow/live ~** pousser/vivre à l'état sauvage ▸ **to run ~** se déchaîner **III.** *n* **1.** (*natural environment*) nature *f*; **in the ~** à l'état sauvage **2.** *pl* (*remote places*) régions *fpl* reculées; **in the ~s of Africa** au fin fond de l'Afrique

wild boar *n* ZOOL sanglier *m*

wildcard *n* **1.** *a.* COMPUT joker *m* **2.** SPORTS (*extra team or player*) athlète *mf* invité(e) à jouer

wildcat ['waɪld·kæt] **I.** *n* **1.** ZOOL chat *m* sauvage **2.** (*fierce person*) sauvageon(ne) *m(f)* **II.** *adj* **1.** (*risky*) insensé(e) **2.** (*unofficial: strike*) sauvage

wilderness ['wɪl·dər·nəs] *n* **1.** (*unpopulated*) désert *m* **2.** (*overgrown area*) jungle *f* ▸ **a voice in the ~** une voix venant du désert

wildfire ['waɪld·ˌfaɪər] *n* feu *m* de forêt ▸ **to spread like ~** se répandre comme une traînée de poudre

wildfowl ['waɪld·faʊl] *n inv* oiseau *m* sauvage

wild goose <- geese> *n* oie *f* sauvage

wild goose chase *n* (*hopeless search*) fausse piste *f*

wildlife ['waɪld·laɪf] *n* faune *f* et flore *f*; **~ conservation** préservation *f* de la faune et de la flore

wildly *adv* **1.** (*in uncontrolled way*) frénétiquement; (*vary*) sensiblement **2.** (*haphazardly*) au hasard; (*to guess*) à tout hasard **3.** *inf* (*very*) extrêmement

wildness *n* **1.** (*natural state*) état *m* sauvage **2.** (*uncontrolled behavior*) frénésie *f*; (*of waves, storm*) violence *f*

Wild West *n* **the ~** l'Ouest *m* américain

wiles [waɪlz] *npl form* artifices *mpl*; **to use all one's ~** utiliser toutes ses astuces

will[1] [wɪl] <would, would> *aux* **1.** (*expressing future*) **I/we ~** [*o* **I'll/we'll**] **do sth** je ferai/nous ferons qc; **you won't be late, ~ you?** tu/vous ne seras/serez pas en retard, n'est-ce pas?; **she won't pay – yes, she ~!** elle ne paiera pas – si, elle paiera! **2.** (*polite form*) **~ you please follow me?** voulez-vous me suivre, s'il vous plaît?; **~ you be so kind as to sit down?** auriez-vous la gentillesse de vous asseoir? **3.** (*wish, agree*) vouloir; **say what you ~** dis/dites ce que tu/vous veux/voulez; **~ you wait?** veux-tu/voulez-vous attendre?; **the engine won't start** le moteur ne veut pas démarrer **4.** (*emphatic*) **a drama ~ happen** on ne pourra éviter un drame; **I ~ succeed despite you** je réussirai malgré toi/vous **5.** (*explaining a procedure*) **they'll give you an anesthetic** on vous fera une anesthésie **6.** (*conjecture*) devoir; **that ~ be the doctor** cela doit être le médecin

will[2] [wɪl] **I.** *n* **1.** (*faculty*) volonté *f*; **strength of ~** force *f* de caractère; **against sb's ~** contre la volonté de qn; **to lose the ~ to live** perdre la raison de vivre **2.** LAW testament *m* ▸ **where there's a ~, there's a way** *prov* quand on veut on peut; **with the best ~ in the world** avec la meilleure volonté du monde **II.** *vt* **1.** (*make happen*) **to ~ sb to do sth** faire faire qc à qn; **to ~ sb to win/live** souhaiter de toutes ses forces que qn gagne/vive +*subj* **2.** *form* (*ordain*) décréter **3.** (*bequeath*) léguer

willful ['wɪl·fᵊl] *adj* **1.** (*deliberate*) intentionnel(le); (*disobedience*) volontaire **2.** *pej* (*strong-willed*) têtu(e)

William ['wɪl·jəm] *n* HIST ~ **Tell** Guillaume Tell; ~ **the Conqueror** Guillaume le Conquérant
willies ['wɪl·iz] *npl inf* chocottes *fpl*
willing ['wɪl·ɪŋ] *adj* **1.** (*not opposed*) disposé(e); **to be ~ to do sth** être prêt à faire qc; **to be ~ for sb to do sth** être disposé à ce que qn fasse qc *+subj;* **to be ready and ~** être volontiers disponible **2.** (*enthusiastic*) enthousiaste
willingly *adv* **1.** (*gladly*) volontiers **2.** (*voluntarily*) volontairement
willingness *n* **1.** (*readiness*) bonne volonté *f;* ~ **to do sth** désir *m* de faire qc **2.** (*enthusiasm*) empressement *m*
will-o'-the-wisp [ˌwɪl·ə·ðə·'wɪsp] *n a. fig* feu *m* follet
willow ['wɪl·oʊ], **willow tree** *n* BOT saule *m*
willowy ['wɪl·oʊ·i] *adj* élancé(e)
willpower ['wɪl·paʊər] *n* volonté *f;* **by sheer ~** par pure force de caractère
willy-nilly [ˌwɪl·i·'nɪl·i] *adv inf* **1.** (*like it or not*) bon gré mal gré **2.** (*in disorder*) en fouillis
wilt [wɪlt] *vi* **1.** (*droop: plants*) se faner **2.** (*feel weak: person*) se sentir faible **3.** (*lose confidence*) se dégonfler
wily ['waɪ·li] <-ier, -iest> *adj* rusé(e)
wimp [wɪmp] *n inf* lavette *f*
◆**wimp out** *vi inf* se dégonfler
win [wɪn] **I.** *n* **1.** POL, SPORTS victoire *f* **2.** (*bet*) pari *m* gagnant **II.** <won, won> *vt* gagner; (*contract, scholarship*) décrocher; (*popularity*) acquérir; (*reputation*) se faire; (*sb's heart*) conquérir; **to ~ sb's love** se faire aimer de qn **III.** <won, won> *vi* gagner; **to ~ by two lengths** l'emporter de deux longueurs ▶**to ~ hands down** gagner les doigts dans le nez; ~ **or lose** quoi qu'il arrive; **you ~!** soit! tu as gagné!
◆**win back** *vt* (*territory, love*) reconquérir; (*voters*) récupérer; (*esteem*) regagner
◆**win over** *vt* **1.** (*change mind of*) convaincre **2.** (*gain support of*) gagner à sa cause
wince [wɪn(t)s] **I.** *vi* grimacer **II.** *n* grimace *f*
winch [wɪn(t)ʃ] **I.** *n* treuil *m* **II.** *vt* **to ~ sth up/down** monter/descendre qc au treuil
wind¹ [wɪnd] **I.** *n* **1.** (*current of air*) vent *m;* **breath of ~** courant *m* d'air; **gust of ~** rafale *f* de vent **2.** (*breath*) souffle *m;* **to knock the ~ out of sb** couper le souffle à qn **3.** MUS **the ~** les instruments *mpl* à vent **4.** (*meaningless words*) n'importe quoi **5.** (*gas*) **to break ~** lâcher un vent ▶**to get ~ of sth** avoir vent de qc; **to go/run like the ~** aller/filer comme le vent; **there's sth in the ~** il y a qc dans l'air **II.** *vt* (*hurt*) couper le souffle à
wind² [waɪnd] <wound, wound> **I.** *vt* **1.** (*wrap around: film*) rembobiner; (*wool*) enrouler **2.** (*tension a spring*) remonter **3.** (*turn: handle*) tourner **II.** *vi* serpenter
◆**wind back I.** *vt* (*film, tape*) rembobiner **II.** *vi* rembobiner
◆**wind down I.** *vt* **1.** (*lower*) baisser **2.** (*reduce*) réduire **II.** *vi* **1.** (*become less active*) être en perte de vitesse; (*party, meeting*) tirer à sa fin **2.** (*relax*) se détendre
◆**wind forward** *vt, vi* avancer
◆**wind up I.** *vt* **1.** (*bring to an end*) terminer; (*debate, meeting*) clore; (*affairs*) conclure **2.** (*raise*) monter **3.** (*tension a spring*) remonter **II.** *vi* **1.** (*end*) se terminer **2.** *inf* (*end up*) se retrouver; **to ~ doing sth** finir par faire qc
windbag ['wɪn(d)·bæg] *n pej, inf* moulin *m* à paroles
windbreak ['wɪn(d)·breɪk] *n* brise-vent *m inv*
Windbreaker® ['wɪn(d)·breɪk·ər] *n* coupe-vent *m*
wind chimes *npl* carillon *m* éolien
wind energy *n* énergie *f* éolienne
windfall ['wɪn(d)·fɔl] *n* **1.** (*fruit*) fruit *m* tombé **2.** *fig* aubaine *f*
wind farm *n* centrale *f* éolienne
wind generator *n* aérogénérateur *m*
winding ['waɪn·dɪŋ] *adj* sinueux(-euse)
wind instrument ['wɪnd 'ɪn·strə·mənt] *n* instrument *m* à vent
windjammer ['wɪn(d)·ˌdʒæm·ər] *n* NAUT grand voilier *m* (de la marine marchande)
windlass ['wɪnd·ləs] *n s.* **winch**
windmill ['wɪn(d)·mɪl] *n* moulin *m* à vent
window ['wɪn·doʊ] *n* **1.** (*glass*) fenêtre *f;* (*of shop*) vitrine *f;* (*of vehicle*) vitre *f;* **at the ~** à la fenêtre; **in the ~** par la fenêtre; (*in shop*) en vitrine **2.** (*stained glass*) vitrail *m* **3.** COMPUT fenêtre *f;* ~ **separator** barre *f* de fractionnement **4.** (*time period*) créneau *m* ▶**to go out (of) the ~** *inf* s'envoler
window box *n* jardinière *f*
window cleaner *n* **1.** (*person*) laveur, -euse *m, f* de carreaux **2.** (*product*) produit *m* à nettoyer les vitres
window display *n* devanture *f*
window dresser *n* étalagiste *mf*
window dressing *n* **1.** (*in shop*) étalage *m* **2.** *pej* (*show*) façade *f*
window envelope *n* enveloppe *f* à fenêtre
window frame *n* châssis *m*
windowpane *n* vitre *f*
window shopping *n* lèche-vitrines *m;* **to go ~** faire du lèche-vitrines
windowsill ['wɪn·doʊ·sɪl] *n* appui *m* de fenêtre; (*outside*) rebord *m* de fenêtre
windpipe ['wɪn(d)·paɪp] *n* trachée *f*
wind power *n* énergie *f* éolienne
windshield ['wɪn(d)·ʃild] *n* pare-brise *m*
windshield wiper *n* essuie-glace *m*
windsock ['wɪn(d)·sak] *n* manche *f* à air
windsurfer ['wɪn(d)·sɜrf·ər] *n* véliplanchiste *mf*
windsurfing ['wɪn(d)·sɜrf·ɪŋ] *n* planche *f* à voile
windswept ['wɪn(d)·swept] *adj* **1.** (*exposed to wind*) venteux(-euse) **2.** (*wind-blown*) balayé(e) par les vents
wind tunnel *n* TECH tunnel *m* aérodynamique
windward ['wɪn(d)·wərd] *adj, adv* NAUT au

vent

windy ['wɪn·di] <-ier, -iest> *adj* venteux(-euse); **it was a ~ day** [*o* **it was ~**] il y avait beaucoup de vent

wine [waɪn] CULIN **I.** *n* vin *m* **II.** *vt* **to ~ and dine** faire un dîner bien arrosé

wine bar *n* bar *m* à vin(s)

wine bottle *n* bouteille *f* de vin

wine cellar *n* cave *f* à vins

wine cooler *n* **1.** (*drink*) *consommation préparée à base de vin, de jus de fruit et parfois d'eau gazeuse* **2.** (*container*) seau *m* à glace

wine glass <-es> *n* verre *m* à vin

wine-growing I. *n* viticulture *f* **II.** *adj* viticole

wine list *n* carte *f* des vins

wine merchant *n* négociant(e) *m(f)* en vins

wine press *n* pressoir *m* à vin

wine rack *n* porte-bouteilles *m*

winery ['waɪ·nᵊr·i] <-ies> *n* établissement *m* vinicole

wine taster *n* dégustateur, -trice *m, f* de vins

wine tasting *n* dégustation *f* de vins

wing [wɪŋ] **I.** *n* **1.** ZOOL aile *f;* **on the ~** en vol **2.** AVIAT aile *f* **3.** POL aile *f;* **the left/right ~** le parti de gauche/droite **4.** SPORTS aile *f;* (*player*) ailier *m;* **to play (on the) left/right ~** être ailier gauche/droit **5.** ARCHIT aile *f;* **the west ~ of the house** l'aile ouest de la maison **6.** *pl* THEAT coulisses *fpl* **7.** *pl* (*pilot's badge*) insigne *m;* **to earn one's ~s** devenir pilote *m* (dans l'armée de l'air) ►**to take sb under one's ~** prendre qn sous son aile **II.** *vt* **1.** (*wound: bird*) blesser à l'aile; (*person*) blesser au bras **2.** (*travel fast*) **to ~ one's way** voler ►**to ~ it** *inf* improviser

wing chair *n* bergère *f* à oreilles

winged [wɪŋd] *adj* ailé(e)

winger ['wɪŋ·ər] *n* SPORTS ailier *m*

wing nut *n* TECH écrou *m* à ailettes

wingspan ['wɪŋ·spæn], **wingspread** *n* envergure *f*

wink [wɪŋk] **I.** *n* clin *m* d'œil ►**not to sleep a ~** ne pas fermer l'œil (de la nuit); **in a ~** en un clin d'œil **II.** *vi* **1.** (*close one eye*) faire un clin d'œil **2.** (*flash: light*) clignoter

winner ['wɪn·ər] *n* **1.** (*person who wins*) gagnant(e) *m(f);* **to back a ~** *a. fig* miser sur un gagnant; **everyone's a ~!** tout le monde gagne! **2.** *inf* SPORTS but *m* de la victoire **3.** *inf* **to be onto a ~** avoir tiré le bon numéro

winning ['wɪn·ɪŋ] **I.** *adj* **1.** (*that wins*) gagnant(e); **to be on a ~ streak** (*team*) accumuler les victoires **2.** (*charming*) adorable; **with his/her ~ ways** avec sa grâce irrésistible **II.** *n* **1.** (*achieving victory*) victoire *f;* **~ isn't everything** la réussite n'est pas tout **2.** *pl* (*money*) gains *mpl*

winnow ['wɪn·oʊ] *vt* AGR vanner

winter ['wɪn·t̬ər] **I.** *n* hiver *m;* **in (the) ~** en hiver **II.** *vi* hiberner

winter coat *n* **1.** (*for person*) manteau *m* d'hiver **2.** (*of an animal*) pelage *m* d'hiver

winter season *n* saison *f* d'hiver

winter solstice *n* solstice *m* d'hiver

winter sports *npl* sports *mpl* d'hiver

wintertime ['wɪn·t̬ər·taɪm] *n s.* **winter**

wintry ['wɪn·tri] *adj* **1.** (*typical of winter*) hivernal(e) **2.** (*unfriendly*) froid(e)

wipe [waɪp] **I.** *n* **1.** (*act of wiping*) coup *m* de torchon; **to give sth a ~** essuyer qc **2.** (*tissue*) lingette *f* **II.** *vt* **1.** (*remove dirt by rubbing*) essuyer; **to ~ one's nose** se moucher; **to ~ one's bottom** s'essuyer; **to ~ sth clean** nettoyer qc; **to ~ sth away/off** faire partir qc **2.** (*erase: disk, tape*) effacer ►**to ~ the floor with sb** réduire qn en miettes; **to ~ the slate clean** passer l'éponge; **to ~ sth off the map** rayer qc de la carte; **to ~ the smile off sb's face** faire perdre le sourire à qn **III.** *vi* essuyer

◆**wipe down** *vt* essuyer

◆**wipe off** *vt* (*erase*) effacer

◆**wipe out I.** *vt* **1.** (*clean inside of*) essuyer **2.** (*destroy: population*) exterminer **3.** (*cancel*) effacer **4.** *inf* (*tire out*) pomper **5.** *inf* (*economically*) ruiner **II.** *vi inf* AUTO déraper

◆**wipe up** *vt, vi* essuyer

wire [waɪər] **I.** *n* **1.** (*metal thread*) fil *m* métallique **2.** ELEC fil *m* **3.** (*telegram*) télégramme *m* ►**to get one's ~s crossed** s'embrouiller; **to get in under the ~** *inf* arriver de justesse; **down to the ~** *inf* jusqu'à la dernière minute **II.** *vt* **1.** (*fasten with wire*) attacher **2.** ELEC (*building*) faire l'installation électrique de **3.** (*equip with microphone*) **to be ~d** (*person, room*) être équipé de micros cachés; **to be ~d for sound** avoir un micro sur soi **4.** (*send telegram*) envoyer un télégramme à

wire cutters *npl* cisailles *fpl*

wire fence *n* grillage *m*

wire-haired terrier *n* terrier *m* à poils durs

wireless ['waɪər·ləs] **I.** *n* (*radio*) TSF *f* **II.** *adj a.* TEL sans fil

wiretapping ['waɪər·,tæp·ɪŋ] *n* écoute *f* téléphonique

wiring ['waɪər·ɪŋ] *n* ELEC **1.** (*system*) circuit *m* électrique **2.** (*installation*) installation *f* électrique

wiring diagram *n* ELEC circuit *m* électrique

wiry ['waɪər·i] <-ier, -iest> *adj* **1.** (*rough-textured*) rêche **2.** (*lean*) élancé(e) et musclé(e)

Wisconsin [wɪ·'skan(t)·sən] **I.** *n* le Wisconsin **II.** *adj* du Wisconsin

wisdom ['wɪz·dəm] *n no indef art* sagesse *f*

wisdom tooth <- teeth> *n* dent *f* de sagesse

wise [waɪz] **I.** *adj* **1.** (*having knowledge*) sage; (*advice, choice*) judicieux(-euse); (*words*) de sagesse; **is that ~?** est-ce bien raisonnable?; **to be none the ~r** ne pas être plus avancé; **to be older and ~r** s'être assagi avec le temps **2.** *inf* (*aware*) **to be/get ~ to sb/sb's game** voir clair en qn/dans le jeu de qn; **nobody will be the ~r** personne n'en saura rien; **I'm none the ~r** je ne suis pas plus avancé **II.** *vi* **to ~ up to sth** réaliser qc **III.** *vt* **to ~ sb up about sb/sth** mettre qn au parfum sur qn/qc

wisecrack ['waɪz·kræk] *n* vanne *f*

wise guy *n pej, inf* petit malin *m*
wisely *adv* sagement
wish [wɪʃ] **I.** <-es> *n* **1.** (*desire*) souhait *m;* **against my ~es** contre ma volonté; **to have no ~ to do sth** n'avoir aucune envie de faire qc **2.** (*magic wish*) vœu *m;* **to make a ~ that** faire le vœu que *+subj* **3.** *pl* (*greetings, at end of letter*) amitiés *fpl;* **good/best ~es** mes amitiés **II.** *vt* **1.** (*feel a desire*) **I ~ she knew/I had a camera** si seulement elle savait/j'avais un appareil photo; **I only ~ I could** si seulement je pouvais le faire; **I ~ I hadn't told you** j'aurais mieux fait de ne rien te/vous dire **2.** *form* (*want*) vouloir **3.** (*make a wish*) **to ~ (that)** faire le vœu que *+subj;* **to ~ oneself anywhere but there** vouloir être n'importe où mais pas ici **4.** (*express good wishes*) souhaiter; **to ~ sb well** souhaiter à qn que tout aille bien; **I ~ you long life/the best of luck** je te/vous souhaite une longue vie/bonne chance **III.** *vi* vouloir; **as you ~** comme vous voulez; **if you ~** si tu/vous veux/voulez; **to ~ for sth** souhaiter qc; **I could have ~ed for greater enthusiasm** j'attendais un peu plus d'enthousiasme; **you couldn't ~ for better weather** on ne pouvait pas espérer meilleur temps
wishbone ['wɪʃ·boʊn] *n* ZOOL bréchet *m*
wishful ['wɪʃ·fᵊl] *adj* **it is ~ thinking** c'est prendre ses désirs pour des réalités
wishy-washy *adj pej* (*taste, style*) fadasse; (*liberalism, liberals*) mou(molle)
wisp [wɪsp] *n* **1.** (*of hair*) mèche *f;* (*of straw*) brin *m;* (*of smoke*) filet *m* **2.** *fig* **a little ~ of a boy** un garçon menu
wispy ['wɪs·pi] <-ier, -iest> *adj* fin(e)
wisteria [wɪ·'ster·i·ə] *n* BOT glycine *f*
wistful ['wɪs(t)·fᵊl] *adj* nostalgique
wit [wɪt] **I.** *n* **1.** (*humor*) esprit *m;* **to have a ready ~** avoir une vivacité d'esprit **2.** (*person*) personne *f* vive d'esprit **3.** *pl* (*intelligence*) esprit *m;* **battle of ~s** joute *f* d'esprit; **to have one's ~s about one** avoir toute sa présence d'esprit **II.** *adv form* **to ~** à savoir
witch [wɪtʃ] <-es> *n a. pej* sorcière *f*
witchcraft ['wɪtʃ·kræft] *n* sorcellerie *f*
witch doctor ['wɪtʃ·dak·tər] *n* guérisseur, -euse *m, f*
witch-hunt *n* chasse *f* aux sorcières
witching hour *n* **the ~** minuit *m*
with [wɪð] *prep* **1.** (*accompanied by*) avec; **he'll be ~ you in a second** il est à vous dans une seconde; **fries ~ ketchup** CULIN des frites *fpl* au ketchup **2.** (*by means of*) **to take sth ~ the fingers/both hands** prendre qc avec les doigts/à deux mains **3.** (*having*) **the man ~ the hat/the loud voice** l'homme *m* au chapeau/qui parle fort; **a computer ~ an external modem** un ordinateur avec un modem externe; **children ~ eczema** les enfants *mpl* qui ont de l'eczéma; **~ nothing** sans rien; **~ no hesitation at all** sans la moindre hésitation **4.** (*dealing with*) **to be ~ Fiat** travailler chez Fiat; **we're ~ the same bank** nous travaillons avec la même banque **5.** (*on one's person*) **to have sth ~ one** avoir qc sur soi; **he took the key ~ him** il a emporté les clés **6.** (*manner*) **to welcome sb ~ open arms** accueillir qn à bras ouverts; **~ a smile** en souriant; **~ one's whole heart** de tout son cœur; **~ one's own eyes** de ses propres yeux; **~ tears in one's eyes** les larmes *fpl* aux yeux; **to sleep ~ the window open** dormir la fenêtre ouverte **7.** (*in addition to*) **and ~ that, he went out** et là-dessus [*o* sur ce] il sortit **8.** (*despite*) **~ all his faults** malgré tous ses défauts **9.** (*caused by*) **to cry ~ rage** pleurer de rage; **to turn red ~ anger** devenir rouge de colère; **to be infected ~ a virus** être contaminé par un virus; **burning ~ fever** brûlant de fièvre **10.** (*full of*) **black ~ flies** noir de mouches; **to fill up ~ fuel** faire le plein de carburant **11.** (*presenting a situation*) **it's the same ~ me** c'est pareil pour moi; **~ the situation being what it is** la situation étant ce qu'elle est; **~ all this rain we can't go out** nous ne pouvons pas sortir à cause de la pluie; **~ five minutes to go** les cinq dernières minutes **12.** (*opposing*) **a war ~ Italy** une guerre contre l'Italie; **to be angry ~ sb** être en colère contre qn **13.** (*supporting*) **to be ~ sb** être avec qn; **he's ~ us** il est des nôtres **14.** (*concerning*) **to be pleased ~ sth** être content de qc; **it's a vice ~ him** c'est un vice chez lui; **what's up** [*o* **the matter**] **~ him?** qu'est-ce qu'il a? **15.** (*understanding*) **I'm not ~ you** *inf* je ne te/vous suis pas; **to be ~ it** *inf* être dans le coup ▶ **away ~ you!** va-t'en/allez-vous-en!
withdraw [wɪð·'drɔ] *irr* **I.** *vt* retirer **II.** *vi* se retirer; **to ~ from sth** se retirer de qc; **to ~ from college** abandonner ses études; **to ~ in favor of sb** se désister en faveur de qn; **to ~ into oneself/a fantasy world** se replier sur soi-même/dans un monde imaginaire
withdrawal [wɪð·'drɔ·ᵊl] *n* **1.** (*removal*) *a.* FIN retrait *m;* **~ symptoms** état *m* de manque; **to suffer (from) ~** être en (état de) manque **2.** PSYCH repli *m* sur soi
wither ['wɪð·ər] **I.** *vi* **1.** (*become dry: plant*) se dessécher; (*flower*) se faner **2.** (*lose vitality*) dépérir; (*beauty*) se faner **3.** *fig* **to ~ (away)** (*hope*) s'évanouir **4.** MED (*limb*) s'atrophier **II.** *vt* **1.** (*make dry*) dessécher; (*flower*) faner **2.** *fig* (*hope*) détruire; **to ~ sb (with a look)** foudroyer qn du regard **3.** MED (*limb*) atrophier
withering ['wɪð·ᵊr·ɪŋ] *adj* **1.** (*dry*) desséchant(e); (*heat*) accablant(e) **2.** (*contemptuous: look, remark*) méprisant(e); (*scorn*) cinglant(e)
withhold [wɪð·'hoʊld] *vt irr* **1.** (*not give: help, permission*) refuser; (*evidence, information*) cacher **2.** (*not pay: benefits, rent*) suspendre
within [wɪ·'ðɪn] **I.** *prep* **1.** (*inside of*) à l'intérieur de; **~ the country** à l'intérieur des frontières du pays; **~ the party** au sein du parti **2.** (*in limit of*) **~ sight** en vue; **~ hearing/easy reach** à portée de voix/de main **3.** (*in*

less than) ~ **one hour** en l'espace d'une heure; ~ **3 days** sous 3 jours; ~ **2 miles of sth** à moins de 2 miles de qc **4.** (*not exceeding*) ~ **the law** dans le cadre de la loi; **to be** ~ **budget** être dans le budget **II.** *adv* dedans, à l'intérieur; **from** ~ de l'intérieur **III.** *adj* LAW ci-inclus(e)

without [wɪ·'ðaʊt] *prep* sans; ~ **a warning** sans crier gare; **to be** ~ **a job** ne pas avoir de travail; **to do** ~ **sth** se passer de qc; ~ **saying a word/explaining** sans dire mot/explications

withstand [wɪð·'stænd] *irr vt* résister à

witness ['wɪt·nəs] **I.** *n* **1.** (*person who sees*) témoin *mf;* **to be** (**a**) ~ **to sth** témoigner de qc; **to appear as a** ~ comparaître en tant que témoin; ~ **for the defense/prosecution** témoin à décharge/charge; **to take the** ~ **stand** aller à la barre (des témoins) **2.** *form* (*testimony*) témoignage *m;* **to bear** ~ **to sth** porter témoignage de qc **II.** *vt* **1.** (*see*) *a. fig* être témoin de; **it's dangerous,** ~ **the number of accidents** c'est dangereux, regarde le nombre d'accidents **2.** (*countersign: document, signature*) certifier

witticism ['wɪt̬·ə·sɪ·zᵊm] *n* mot *m* d'esprit

witty ['wɪt̬·i] <-ier, -iest> *adj* plein(e) d'esprit

wizard ['wɪz·ərd] *n* **1.** (*magician*) magicien(ne) *m(f)* **2.** (*expert*) génie *m;* **computer/financial** ~ génie de l'informatique/des finances; **to be a** ~ **at doing sth** savoir faire qc avec génie **3.** COMPUT assistant *m*

wizardry ['wɪz·ərd·ri] *n* **1.** (*expertise*) génie *m* **2.** (*equipment*) magie *f;* **technical** ~ magie de la technique

wizened ['wɪz·ᵊnd] *adj* fripé(e)

WNW [ˌwest·nɔrθ·'west] *n abbr of* **west-northwest** ouest-nord-ouest *m*

w/o *prep abbr of* **without** sans

wobble ['wa·bl] **I.** *vi* vaciller; (*chair, table*) branler; (*person*) être chancelant(e); (*voice, building*) trembler; (*tooth*) bouger **II.** *vt* faire trembler **III.** *n* **1.** (*movement*) vacillement *m;* **to have a** ~ être branlant **2.** (*sound*) tremblement *m*

wobbly ['wa·bli] <-ier, -iest> *adj* **1.** (*unsteady*) *a. fig* branlant(e); (*tooth*) qui bouge; **to feel** ~ se sentir faible **2.** (*sound: note, voice*) tremblant(e)

woe [woʊ] *n* LIT malheur *m;* ~ **is me!** pauvre de moi!

woeful ['woʊ·fᵊl] *adj* affligeant(e)

wok [wak] *n* wok *m*

woke [woʊk] *pt of* **wake**

woken ['woʊ·kᵊn] *pp of* **wake**

wolf [wʊlf] **I.** <wolves> *n* loup *m;* **a she-**~ une louve; ~ **cub** louveteau *m* ▶ **a** ~ **in sheep's clothing** un loup déguisé en brebis; **to cry** ~ crier au loup; **to throw sb to the wolves** jeter qn dans la fosse aux lions **II.** *vt inf* **to** ~ **sth** (**down**) engloutir qc

wolfhound ['wʊlf·haʊnd] *n* chien-loup *m*

wolf-whistle ['wʊlf·ˌ(h)wɪs·l] **I.** *n* sifflement *m* **II.** *vi* siffler

woman ['wʊm·ən] <women> *n* (*female*) femme *f;* **a** ~ **candidate** une candidate; **a** ~ **president** une présidente; **a** ~ **driver** une conductrice; **the women's movement** le mouvement des femmes; **women's studies** études *fpl* féminines ▶ **a** ~**'s place is in the home** la place de la femme est derrière les fourneaux

womanhood ['wʊm·ən·hʊd] *n* **1.** (*female adulthood*) féminité *f* **2.** (*women as a group*) femmes *fpl*

womanish ['wʊm·ə·nɪʃ] *adj pej* de femme

womanize ['wʊm·ə·naɪz] *vi inf* courir les femmes

womanizer *n* coureur *m* (de jupons)

womanly ['wʊm·ən·li] *adj* féminin(e)

womb [wum] *n* utérus *m*

womenfolk ['wɪm·ɪn·foʊk] *npl* **the** ~ les femmes *fpl*

won[1] [wʌn] *pt, pp of* **win**

won[2] [wʌn] *n* won *m*

wonder ['wʌn·dər] **I.** *vt* **1.** (*ask oneself*) se demander; **to** ~ **who/when/if** se demander qui/quand/si; **it makes you** ~ cela donne à réfléchir; **I** ~ **if I could ask you a favor?** est-ce que je peux te/vous demander une faveur? **2.** (*feel surprise*) **to** ~ **that** s'étonner que +*subj* **II.** *vi* **1.** (*ask oneself*) se demander; **to** ~ **about sb/sth** se poser des questions sur qn/qc; **to** ~ **about doing sth** songer à faire qc **2.** (*feel surprise*) **to** ~ **at sb/sth** s'étonner de qn/qc **III.** *n* **1.** (*feeling*) étonnement *m;* **to fill sb with** ~ émerveiller qn; **in** ~ avec émerveillement; **little** ~ **that she left** pas étonnant qu'elle soit partie **2.** (*marvel*) merveille *f;* ~ **drug** remède *m* miracle ▶ **to do** ~**s** faire des miracles

wonderful ['wʌn·dər·fᵊl] *adj* merveilleux(-euse); **to feel** ~ se sentir en pleine forme

wonderland ['wʌn·dər·lænd] *n* pays *m* des merveilles

wonderment ['wʌn·dər·mənt] *n* émerveillement *m*

wonk [waŋk] *n inf* **1.** (*hard-working person*) bête *f* de travail **2.** (*person who like details*) pinailleur, -euse *m, f;* **policy** ~**s** conseillers *mpl* politiques

wont [wɔnt] **I.** *adj form* **to be** ~ **to** +*infin* avoir coutume de +*infin* **II.** *n form* coutume *f;* **as is/was her/his** ~ comme de coutume

won't [woʊnt] = **will not** *s.* **will**

woo [wu] *vt* courtiser; **to** ~ **sb away from sb/sth** éloigner qn de qn/qc

wood [wʊd] *n* **1.** (*material*) bois *m;* **plank of** ~ planche *f* de bois; **olive** ~ (bois d')olivier *m;* **oak** ~ (bois de) chêne *m* **2.** *pl* (*group of trees*) bois *m;* **in the** ~**s** dans les bois **3.** (*golf club*) bois *m* ▶ **he can't see the** ~ **for the trees** les arbres lui cachent la forêt; **to knock on** ~ toucher du bois; **not to be out of the** ~**s** ne pas être tiré d'affaire

woodcarving ['wʊd·kar·vɪŋ] *n* sculpture *f* sur bois

W

woodcut ['wʊd·kʌt] *n* gravure *f* sur bois

wooded ['wʊd·ɪd] *adj* boisé(e)

wooden ['wʊd·ᵊn] *adj* **1.** (*made of wood*) en bois; (*leg*) de bois **2.** (*awkward*) gauche; (*smile*) forcé(e)

woodland ['wʊd·lənd] *n* région *f* boisée; **~ plant/animal** plante *f*/animal *m* des bois

woodpecker ['wʊd·ˌpek·ər] *n* ZOOL pivert *m*

woodwind ['wʊd·wɪnd] MUS **I.** *n* **the ~s** les bois *mpl* **II.** *adj* **~ instrument** instrument *m* à vent

woodwork ['wʊd·wɜrk] *n* (*parts of building*) charpente *f* ▶ **to come out of the ~** ressortir d'on ne sait où

woodworm ['wʊd·wɜrm] *inv n* **1.** (*larva*) ver *m* à bois **2.** (*damage*) piqûres *fpl* de ver

woody ['wʊd·i] <-ier, -iest> *adj* **1.** (*texture*) ligneux(-euse) **2.** (*taste*) boisé(e)

woof [wuf] **I.** *n* (*dog*) aboiement *m;* **~, ~** ouaf, ouaf **II.** *vi* aboyer

wool [wʊl] *n* laine *f* ▶ **to pull the ~ over sb's eyes** voiler la face de qn

woolen ['wʊl·ən] *adj* en laine; **~ textiles** lainages *mpl*

wooly ['wʊl·i] <-ier, -iest> *adj* **1.** (*made of wool*) en laine **2.** (*vague*) flou(e); (*notion*) vague

woozy ['wu·zi] <-ier, -iest> *adj inf* dans les vapes

wop [wap] *n pej, inf* Rital(e) *m(f)*

word [wɜrd] **I.** *n* **1.** LING mot *m;* **rude ~s** gros mots; **a ~ wrap** un retour à la ligne; **in a ~** en un mot; **in other ~s** en d'autres termes; **to explain in ~s of one syllable** expliquer dans des termes clairs; **to not breathe a ~ of sth** ne rien dire à propos de qc; **not to know a ~ of French** ne pas connaître un mot de français; **a man of few ~s** un homme qui parle peu; **~ for ~** mot pour mot; **to be too ridiculous for ~s** être d'un ridicule sans nom **2.** (*speech, conversation*) **to have a ~ with sb** parler un instant à qn; **to have a few ~s with sb** échanger quelques mots avec qn; **to say a few ~s about sth** dire quelques mots à propos de qc **3.** *no art* (*news*) nouvelles *fpl;* **to have ~ from sb/sth** avoir des nouvelles de qn/qc; **to get ~ of sth** apprendre qc; **the good ~** *inf* la bonne nouvelle; **~ gets around** les nouvelles vont vite; **(the) ~ is out (that)** ... on a appris que ... **4.** (*order*) ordre *m;* **to give the ~** donner l'ordre; **a ~ of advice** un conseil **5.** (*promise*) promesse *f;* **to keep/give one's ~** tenir/donner sa parole; **a man of his ~** un homme de parole **6.** *pl* MUS paroles *fpl* ▶ **to have a quick ~ in sb's ear** toucher deux mots à qn; **by ~ of mouth** de vive voix; **to put ~s in(to) sb's mouth** faire dire à qn ce que qn ne veut pas dire; **to take the ~s out of sb's mouth** enlever les mots de la bouche à qn; **to put in a good ~ for sb/sth (with sb)** glisser (à qn) un mot en faveur de qn/qc; **sb cannot get a ~ in edgewise** *inf* qn ne peut pas en placer une; **from the ~ go** depuis le début; **to take sb's ~ for it** croire qn sur parole; **my ~!** ma parole! **II.** *vt* formuler

word count *n* nombre *m* de mots

wording *n* formulation *f*

wordless ['wɜrd·ləs] *adj* muet(te)

word-perfect [ˌwɜrd·'pɜr·fɪkt] *adj* **to have sth ~** connaître qc sur le bout des doigts

wordplay ['wɜrd·pleɪ] *n* jeu *m* de mots

word processing *n* COMPUT traitement *m* de texte

word processor *n* COMPUT logiciel *m* de traitement de texte

wordy ['wɜr·di] <-ier, iest> *adj* verbeux(-euse)

wore [wɔr] *pt of* **wear**

work [wɜrk] **I.** *n* **1.** (*useful activity*) travail *m;* **to be at ~** être au travail; **it's hard ~ doing sth** c'est dur de faire qc; **to put a lot of ~ into sth** beaucoup travailler sur qc; **it needs more ~** (*essay*) il faut retravailler ça; **to do some ~ on the car/house** faire quelques réparations sur la voiture/dans la maison; **she's at ~ on a novel** elle travaille sur un roman **2.** (*employment*) emploi *m;* **to be in ~** travailler; **to be out of ~** être sans emploi; **to get ~ as a translator** trouver un emploi en tant que traducteur **3.** (*place*) travail *m;* **to be at ~** être au travail; **to leave for ~** partir travailler **4.** (*sth produced by sb*) travail *m;* **~ in leather** travail sur cuir; **to be sb's ~** être l'œuvre *f* de qn; **the ~ of professional thieves/a craftsman** l'œuvre de voleurs professionnels/d'un artisan; **a ~ by Picasso** une œuvre de Picasso; **~s of art in bronze** œuvres *fpl* d'art en bronze **5.** *pl,* + *sing/pl vb* (*factory*) usine *f* **6.** *pl* (*working parts*) *a. fig* rouages *mpl* **7.** *pl, inf* (*everything*) **the ~s** la totale ▶ **to have one's ~ cut out for oneself** peiner à faire qc **II.** *vi* **1.** (*be busy, do job*) travailler; **to ~ for peace** œuvrer pour la paix **2.** (*function*) marcher; **to get sth to ~** faire marcher qc; **to ~ on batteries** fonctionner avec des piles **3.** (*have effect*) faire effet; **to ~ against sb/sth** agir contre qn/qc; **to ~ for sb** agir en faveur de qn; **to ~ both ways** agir dans les deux sens **4.** (*make progress toward sth*) **to ~ round to doing sth** réussir à faire qc; **to ~ free** se libérer; **to ~ loose** se desserrer ▶ **to ~ like a charm** fonctionner comme un charme; **to ~ till you drop** travailler comme un forçat **III.** *vt* **1.** (*make sb work*) faire travailler; **to ~ oneself to death** se tuer au travail **2.** (*do work*) travailler; **to ~ long hours** travailler de longues heures; **to ~ overtime** faire des heures supplémentaires **3.** (*operate*) faire fonctionner; **to be ~ed by sth** être actionné par qc **4.** (*achieve*) **to ~ sth free** parvenir à dégager qc; **to ~ sth loose** desserrer qc; **to ~ one's way through the crowd** se frayer un chemin à travers la foule; **to ~ one's way up through a company** gravir les échelons dans une entreprise **5.** (*bring about*) opérer; **to ~ it/things (out) so that ...** faire de sorte que ... **6.** (*shape*) travailler **7.** (*exploit*) exploiter ▶ **to ~ one's**

fingers to the bone se saigner aux quatre veines

◆**work in** *vt* **1.** (*mix in*) incorporer **2.** (*include*) introduire

◆**work off** *vt* évacuer; (*one's anger*) passer; **to ~ some fat** perdre du poids

◆**work on I.** *vt* (*book, project*) travailler sur; (*answer*) préparer; (*person*) travailler **II.** *vi* continuer à travailler

◆**work out I.** *vt* **1.** (*calculate*) calculer; **to ~ the total** faire le total **2.** (*reason*) résoudre; (*solution, answer*) trouver; **we can work things out** on peut arranger les choses **3.** (*decide*) décider **4.** (*understand*) comprendre **II.** *vi* **1.** (*give a result*) **to ~ to $10** revenir à 10 dollars **2.** (*be a success*) marcher; **to ~ well/badly** bien/mal se passer; **how are things working out?** comment ça va? **3.** (*do exercise*) s'entraîner

◆**work up** *vt* **1.** (*upset*) **to work sb up into a rage** mettre qn en rage; **to get worked up** se mettre dans tous ses états **2.** (*develop*) développer; **to ~ an appetite** s'ouvrir l'appétit; **to ~ enthusiasm/interest for sth** s'enthousiasmer pour/s'intéresser à qc

workable ['wɜr·kə·bl] *adj* **1.** (*feasible*) réalisable; (*compromise*) possible **2.** (*able to be manipulated*) maniable **3.** AGR (*ground, land*) exploitable

workaday ['wɜr·kə·deɪ] *adj* banal(e)

workaholic [ˌwɜr·kə·'hal·ɪk] *n* bourreau *m* de travail

workaround *n* solution *f* de rechange; (*temporary*) solution *f* intermédiaire

workbench *n* établi *m*

workbook *n* livre *m* d'exercices

workday *n* journée *f* de travail

worker ['wɜr·kər] *n* **1.** (*employee*) travailleur, -euse *m, f;* **office ~** employé *m* de bureau **2.** (*manual worker*) ouvrier, -ère *m, f;* **construction ~** ouvrier du bâtiment **3.** (*person who works hard*) travailleur, -euse *m, f* **4.** ZOOL ouvrière *f;* **~ bee** abeille *f* ouvrière

workforce ['wɜrk·fɔrs] *n* + *sing/pl vb* **1.** (*industry*) **the ~** la main-d'œuvre **2.** (*company*) personnel *m*

workhorse *n* bête *f* de somme

working *adj* **1.** (*employed*) qui travaille; (*population*) actif(-ive); **~ people** ouvriers *mpl* **2.** (*pertaining to work*) de travail; (*lunch*) d'affaires **3.** (*functioning*) qui fonctionne; **to be in good ~ order** être en bon état de fonctionnement; **to have a ~ knowledge of English** avoir des bases d'anglais

working class *n* classe *f* ouvrière

working-class *adj* ouvrier(-ère)

working day *n* **1.** (*day of work*) journée *f* de travail **2.** ADMIN jour *m* ouvrable

workings *n pl* **1.** (*mine*) chantier *m* d'exploitation **2.** (*mechanism*) rouages *mpl*

workload ['wɜrk·loʊd] *n* charge *f* de travail; **to have a heavy ~** avoir beaucoup de travail

workman ['wɜrk·mən] <-men> *n* ouvrier *m*

workmanlike *adj* professionnel(le)

workmanship *n* travail *m;* **fine ~** beau travail

workout ['wɜrk·aʊt] *n* séance *f* d'entraînement

work permit *n* permis *m* de travail

workplace ['wɜrk·pleɪs] *n* lieu *m* de travail; **in the ~** sur le lieu de travail

worksheet *n* **1.** SCHOOL questionnaire *m* **2.** (*list*) liste *f* des taches à effectuer **3.** COMPUT feuille *f* de programmation

workshop ['wɜrk·ʃap] *n* atelier *m;* **painting ~** atelier de peinture

workstation *n* COMPUT poste *m* de travail

work-study program *n* UNIV études *fpl* en alternance

world [wɜrld] *n* **1.** GEO monde *m;* **the ~'s population** la population mondiale; **~ Cup** Coupe *f* du monde; **~ record** record *m* mondial; **to come into the ~** venir au monde **2.** (*defined group*) monde *m;* **the Muslim/English-speaking ~** le monde musulman/anglophone; **the ~ of fashion** le monde de la mode ▶**to have the ~ at one's feet** avoir le monde à ses pieds; **to be a man/woman of the ~** être un homme/une femme d'expérience; **the ~ is sb's oyster** le monde appartient à qn; **to be ~s apart** être complètement opposés; **to live in a ~ of one's own** vivre dans son monde; **to mean the ~ to sb** être tout pour qn; **to be out of this ~** *inf* être super; **to think the ~ of sb** adorer qn

World Bank [ˌwɜrld·'bæŋk] *n* Banque *f* mondiale

world-class *adj* de niveau mondial

world-famous *adj* de renommée internationale

worldly ['wɜrld·li] *adj* **1.** (*of practical matters: success, goods*) matériel(le) **2.** (*materialistic*) matérialiste **3.** (*having experience*) avisé(e)

> **i** Les Séries Mondiales, ou **World Series,** sont la dernière de sept séries de *play-offs* (jeux de phase finale) entre les champions de la Ligue américaine *(American League)* et ceux de la Ligue Nationale *(National League).* Elles permettent de déterminer les *World Champions,* c'est-à-dire les champions du monde, de la Ligue majeure de baseball *(Major League Baseball)* aux États-Unis et au Canada. Cette rencontre, qui est disputée tous les ans depuis 1903, a lieu en octobre et est très largement suivie par les amateurs de baseball aux USA et au Canada.

World War *n* **~ I/II, First/Second ~** Première/Seconde Guerre *f* mondiale

world-weary *adj* **to be ~** être las

worldwide I. *adj* mondial(e) **II.** *adv* (*all over the world*) à travers le monde

World Wide Web *n* COMPUT World Wide Web *m,* Toile *f* d'araignée mondiale

W

worm [wɜrm] **I.** *n a.* COMPUT ver *m* **II.** *vt* **1.** (*treat for worms*) **to ~ a cat** traiter un chat contre les vers **2.** (*squeeze through*) **to ~ one's way through sth** se faufiler à travers qc **3.** (*gain trust slowly*) **to ~ oneself into sth** s'insinuer dans qc **III.** *vi* **to ~ through sth** se faufiler à travers qc

◆**worm out** *vt* **to worm sth out of sb** arracher qc à qn

worm-eaten *adj* vermoulu(e)

wormhole ['wɜrm·hoʊl] *n* piqûre *f* de ver

wormy ['wɜr·mi] <-ier, -iest> *adj* infesté(e) de vers

worn [wɔrn] **I.** *pp of* **wear** **II.** *adj* usé(e); (*stone, statue*) abîmé(e); (*person*) las(se)

worn-out [ˌwɔrn·'aʊt] *adj* **1.** (*exhausted*) épuisé(e) **2.** (*used up*) complètement usé(e)

worried ['wɜr·id] *adj* inquiet(-ète); **to be ~ about sb/sth** s'inquiéter de qn/qc; **I'm ~ he'll leave** j'ai peur qu'il ne parte; **to be ~ to death about sb/sth** être mort d'inquiétude pour qn/qc; **to have sb ~** inquiéter qn; **to be ~ sick** être fou d'inquiétude

worrier *n* anxieux, -euse *m, f*

worrisome ['wɜr·i·səm] *adj form* inquiétant(e)

worry ['wɜr·i] **I.** *n* <-ies> (*concern*) souci *m;* **he's a big ~** il me cause des soucis ▶**not to have a ~ in the world** ne pas avoir le moindre souci **II.** *vt* <-ie-, -ing> **1.** (*preoccupy, concern*) inquiéter; **it worries me that she can't sleep** cela m'inquiète qu'elle ne puisse pas dormir **2.** (*pursue and scare*) attaquer ▶**don't you ~ your pretty little head** *iron, inf* ne te tracasse pas la tête **III.** <-ie-, -ing> *vi* (*be concerned*) **to ~ about sth** s'inquiéter pour qc; **there's nothing to ~ about** il n'y a pas de quoi s'inquiéter; **not to ~** *inf* ce n'est pas grave

worrying *adj* inquiétant(e)

worse [wɜrs] **I.** *adj comp of* **bad** **1.** (*not as good*) pire; **to be ~ at English than sb (else)** être plus mauvais en anglais que qn (d'autre); **to be even ~ than ...** être encore pire que ...; **to be a lot ~** être bien pire; **there's nothing ~ than sth** il n'y a rien de pire que qc; **to make sth ~** empirer qc; **to get ~ and ~** *iron* empirer; **to make matters ~, he ...** pour envenimer la situation, il ...; **~ luck** *inf* la poisse **2.** (*sicker*) **to be ~** aller plus mal ▶**~ things happen at sea!** il y a pire!; **to be none the ~ for sth** ne pas être trop affecté par qc **II.** *adv comp of* **badly** plus mal; **you could do ~ than do sth** ce ne serait pas si mal si tu faisais qc **III.** *n* pire *m;* **to change for the ~** changer en mal; **to have seen ~** avoir vu pire

worsen ['wɜr·sᵊn] *vt, vi* empirer

worship ['wɜr·ʃɪp] **I.** *vt* <-p- *o* -pp-> REL vouer un culte à **II.** *vi* <-p- *o* -pp-> pratiquer (sa religion); **to ~ in a church/mosque** aller à l'église/la mosquée **III.** *n a. fig* culte *m;* **place of ~** lieu *m* de culte; **money ~** culte de l'argent; **act of ~** acte *m* de dévotion

worshiper, worshipper *n* **1.** REL fidèle *mf* **2.** *fig* adorateur, -trice *m, f*

worst [wɜrst] **I.** *adj superl of* **bad** (*least good*) **the ~ ...** le pire ...; **my ~ mistake** ma plus grave erreur; **the ~ thing** la pire des choses; **my ~ enemy** mon pire ennemi; **the ~ student** le plus mauvais étudiant; **the ~ possible place** le pire endroit **II.** *adv superl of* **badly** le plus mal; **to be the ~ affected** être le plus touché **III.** *n* (*most terrible thing*) **the ~** le pire; **at ~** au pire; **~ of all** pire que tout; **to fear the ~** craindre le pire; **the ~ is over** le pire est passé; **the ~ that could happen** le pire qui puisse arriver ▶**if worse comes to ~** dans le pire des cas

worsted ['wʊs·tɪd] *n* laine *f* peignée

worth [wɜrθ] **I.** *n* valeur *f;* **two dollars' ~ of apples** pour deux dollars de pommes; **I got my money's ~** j'en ai eu pour mon argent; **to know one's true ~** savoir ce dont on est capable **II.** *adj* **to be ~ $2** valoir 2 dollars; **sth is ~ a lot to me** j'attache un grand prix à qc; **it's ~ seeing** ça vaut la peine d'être vu; **it's not ~ changing** ça ne vaut pas la peine de changer; **it's ~ a try** ça vaut la peine d'essayer ▶**to be ~ one's weight in gold** valoir son pesant d'or; **for all one is ~** de toutes ses forces

worthless ['wɜrθ·ləs] *adj* qui ne vaut rien; **to feel ~** se sentir bon à rien

worthwhile [ˌwɜrθ·'(h)waɪl] *adj* (*activity, talks*) qui en vaut la peine; **to be (very) ~** en valoir vraiment la peine

worthy ['wɜr·ði] **I.** <-ier, -iest> *adj* digne; (*cause*) noble; **to be ~ of sb/sth** être digne de qn/qc **II.** <-ies> *n iron* notable *m*

would [wʊd] *aux* **1.** *pt of* **will** **2.** (*in indirect speech*) **he said he ~ come** il a dit qu'il viendrait; **I thought I ~ have arrived on time** j'ai cru que j'arriverais à l'heure **3.** (*conditional*) **I ~ come if I had time** je viendrais si j'avais du temps; **it ~ have been hard to drive** cela aurait été difficile de rouler; **I ~ travel if I were rich** je voyagerais si j'étais riche **4.** (*implied condition*) **it ~ be a pleasure** ce serait avec plaisir; **my mother ~ know** ma mère le saurait **5.** (*desires and preferences*) **I'd like some water** j'aimerais un peu d'eau; **~ you mind ...?** auriez-vous l'obligeance ...?; **I wish they'd go** j'aimerais qu'ils partent; **I ~ have preferred** j'aurais préféré; **I ~ rather do sth** je préférerais faire qc; **~ I were there** si seulement j'étais là **6.** (*regularity in past*) **as a child, I ~ work from 6 to 6** enfant, je travaillais de 6 heures à 18 heures **7.** (*characteristic behavior*) **she ~ say that, ~n't she?** c'est ce qu'elle dirait, non?; **she ~ never do that** elle ne ferait jamais une telle chose **8.** (*offering polite advice*) **I ~ come early if I were you** j'arriverais tôt si j'étais vous; **I wouldn't go on Thursday** je ne partirais pas jeudi (à ta/votre place) **9.** (*asking motives*) **why ~ he do that?** pourquoi ferait-il une telle chose?

would-be ['wʊd·bi] *adj* soi-disant(e)

wouldn't [wʊdᵊnt] = **would not** *s.* **would**

wound[1] [waʊnd] *pt, pp of* **wind**

wound[2] [wund] **I.** *n a. fig* blessure *f;* **to reopen old ~s** raviver de vieilles blessures **II.** *vt a. fig* blesser

wounded ['wund·ɪd] **I.** *adj a. fig* blessé(e) **II.** *npl* MED **the ~** les blessés *mpl;* **the walking ~** les blessés *mpl* légers

woven ['woʊv·ᵊn] **I.** *pp of* **weave** **II.** *adj* tissé(e)

wow [waʊ] **I.** *interj inf* ouah! **II.** *vt inf* (*impress*) emballer

wpm *n abbr of* **words per minute** mots/min.

wrack [ræk] **I.** *n* **~ and ruin** ruine *f* **II.** *vt* (*hurt*) torturer; **to be ~ed with doubts** être tiraillé par les doutes ▶**to ~ one's brains** se creuser la tête

wrangle ['ræŋ·gl] **I.** <-ling> *vi* **1.** (*argue, debate angrily*) se quereller; **to ~ (with sb) about sth** se disputer (avec qn) au sujet de qc **2.** (*round up cattle*) mener un troupeau **II.** *vt* (*round up: horses, cattle*) mener en troupeau **III.** *n* querelle *f*

wrangling *n* querelles *fpl*

wrap [ræp] **I.** *n* **1.** (*piece of clothing*) châle *m* **2.** (*wrapping*) emballage *m;* **plastic ~** emballage en plastique ▶**to keep sth under ~s** garder qc secret; **to take the ~s off sth** dévoiler qc au public; **it's a ~** ça y est, c'est fini **II.** *vt* <-pp-> emballer

◆**wrap up** **I.** *vt* **1.** (*completely cover*) envelopper **2.** (*dress warmly: child*) emballer; **to wrap oneself up** s'emmitoufler **3.** (*involve*) **to be wrapped up in sth** être absorbé par qc **4.** *inf* (*finish well*) conclure **II.** *vi* (*dress heavily*) s'emmitoufler

wraparound ['ræp·ə·raʊnd] *adj* **~ skirt** jupe *f* portefeuille

wrapper ['ræp·ər] *n* emballage *m*

wrapping *n* emballage *m*

wrapping paper *n* papier *m* d'emballage

wrath [ræθ] *n form* courroux *m*

wreak [rik] <-ed, -ed *o* wrought, wrought> *vt form* (*damage*) entraîner; (*vengeance*) assouvir; **to ~ havoc** faire des ravages

wreath [riθ] <-s> *n* couronne *f;* **Christmas ~** couronne de Noël

wreck [rek] **I.** *vt* **1.** (*damage*) démolir **2.** (*cause to be ruined: chances, hopes*) ruiner; (*lives, career, friendship*) briser **II.** *n* **1.** (*crashed vehicle*) épave *f* **2.** (*sinking*) naufrage *m* **3.** *inf* (*sick person*) loque *f* **4.** (*car, machine*) tas *m* de ferraille

wreckage ['rek·ɪdʒ] *n* **1.** (*damaged pieces*) débris *mpl* **2.** (*wreck*) épave *f*

wrecker ['rek·ər] *n* **1.** (*tow truck*) dépanneuse *f* **2.** (*worker who demolishes houses*) démolisseur, -euse *m, f*

wren [ren] *n* troglodyte *m*

wrench [ren(t)ʃ] **I.** *vt* **1.** (*twist out*) arracher; **to ~ sth from/out of sth** arracher qc de qc; **to ~ sth from sb** arracher qc à qn; **to ~ sth free** libérer qc d'un mouvement brusque **2.** (*injure*) se tordre; **to ~ one's foot** se faire une entorse au pied **3.** (*take*) **to ~ sth from sb** arracher qc à qn **II.** *n* **1.** (*tool*) clef *f* **2.** (*twisting jerk*) torsion *f;* **with a ~** d'un mouvement brusque **3.** (*painful departure*) déchirement *m*

wrestle ['res·l] SPORTS **I.** <-ling> *vt* (*fight*) lutter; **to ~ sb to the ground** jeter qn au sol **II.** <-ling> *vi* **1.** (*fight*) lutter **2.** (*deal with: problem, computer*) se débattre avec

wrestler ['res·l·ər] *n* **1.** (*athlete*) lutteur, -euse *m, f* **2.** (*show performer*) catcheur, -euse *m, f*

wrestling ['res·l·ɪŋ] *n* **1.** (*sport*) lutte *f* **2.** (*show*) catch *m*

wretch [retʃ] <-es> *n* **1.** (*unfortunate person*) **a poor ~** un malheureux **2.** *inf* (*nasty person*) **a miserable ~** un salaud

wretched ['retʃ·ɪd] *adj* **1.** (*unhappy, depressed*) **to feel/look ~** se sentir/avoir l'air mal **2.** (*of poor quality, miserable*) lamentable **3.** (*to express annoyance*) maudit(e)

wriggle ['rɪg·l] **I.** *n* trémoussement *m* **II.** <-ling> *vi* **1.** (*squirm*) se tortiller; (*person*) s'agiter **2.** (*move by twisting*) **to ~ through/under sth** se faufiler à travers/sous qc **III.** <-ling> *vt* (*toes, shoulders*) remuer

◆**wriggle out of** *vi* échapper à

wring [rɪŋ] <wrung, wrung> *vt* **1.** (*twist to squeeze out*) tordre; (*shirt*) essorer; **to ~ sb's/sth's neck** *a. fig* tordre le cou à qn/qc; **to ~ the water out of sth** tordre qc pour l'essorer **2.** (*obtain*) **to ~ information from sb** arracher des renseignements à qn

wringing *adv* **to be ~ (wet)** être trempé(e)

wrinkle ['rɪŋ·kl] **I.** *n* (*material*) pli *m;* (*face*) ride *f* ▶**to iron out the ~s** aplanir les difficultés **II.** <-ling> *vi* (*form folds: material*) se froisser; (*face, skin*) se rider **III.** <-ling> *vt* (*put folds in: material*) froisser; (*face*) rider ▶**to ~ one's brow** froncer les sourcils

wrinkled ['rɪŋ·kld], **wrinkly** ['rɪŋ·kli] *adj* (*clothes*) froissé(e); (*skin*) ridé(e)

wrist [rɪst] *n* poignet *m*

wristwatch ['rɪs(t)·watʃ] *n* montre-bracelet *f*

writ [rɪt] *n* LAW acte *m* judiciaire

write [raɪt] <wrote, written, writing> **I.** *vt* **1.** (*mark*) écrire; (*check*) remplir; (*essay, commentary*) rédiger **2.** (*write to*) écrire à ▶**to be nothing to ~ home about** n'être rien de bouleversant **II.** *vi* (*mark letters*) écrire; **to learn (how) to read and ~** apprendre à lire et à écrire; **to ~ for a living** vivre de sa plume

◆**write back** **I.** *vt* répondre **II.** *vi* répondre

◆**write down** *vt* noter; **to ~ ideas** mettre ses idées par écrit

◆**write in** **I.** *vi* écrire **II.** *vt* (*insert*) insérer

◆**write off** **I.** *vt* **1.** (*give up*) faire une croix sur **2.** (*lose interest*) se désintéresser de **3.** (*damage*) démolir **4.** FIN amortir **II.** *vi* **~ for sth** demander qc par courrier

◆**write out** *vt* **1.** (*put into writing*) écrire **2.** (*fill out*) **to write a check (out) to sb** faire un chèque à qn **3.** (*remove: character*) rayer; **to write sb out of one's will** rayer qn de son

W

testament

◆**write up** *vt* **1.** (*put in written form*) écrire **2.** (*critique*) **to ~ a film** écrire un article sur un film; **to be written up favorably** faire l'objet de critiques élogieuses **3.** LAW faire un rapport sur

write-protected *adj* COMPUT protégé(e) contre l'écriture

write-protect tab *n* COMPUT volet *m* de protection contre l'écriture

writer ['raɪ·t̬ər] *n* **1.** (*professional who writes*) écrivain *m;* **she is a ~** elle est écrivain **2.** COMPUT (*of CD-ROM, DVD*) graveur *m*

write-up ['raɪt·ʌp] *n* critique *f*

writhe [raɪð] <writhing> *vi* **1.** (*squirm around*) se tordre; **to ~ (around) in pain** se tordre de douleur **2.** (*be uncomfortable*) être mal à l'aise

writing ['raɪ·t̬ɪŋ] *n* **1.** (*handwriting*) écriture *f* **2.** (*anything written*) écrit *m;* **in ~** par écrit **3.** *pl* LIT, THEAT, PUBL œuvre *f;* **women's ~ in the 19th century** la littérature féminine au 19e siècle **4.** (*creation of a written work*) écriture *f*

writing desk *n* secrétaire *m*

writing pad *n* bloc-notes *m*

writing paper *n* papier *m* à lettres

written ['rɪt·ən] **I.** *pp of* **write II.** *adj* écrit(e); **~ exam** examen *m* écrit ►**to be ~ all over one's face** se lire sur le visage de qn; **to be ~ in the stars** être écrit; **the ~ word** l'écrit *m*

wrong [rɔŋ] **I.** *adj* **1.** (*not right*) faux(fausse); **to be ~ (about sb/sth)** avoir tort (à propos de qn/qc); **to be plainly ~** avoir complètement tort; **to prove sb ~** prouver le contraire à qn **2.** (*not appropriate*) mauvais(e); **he's the ~ person for the job** ce n'est pas la bonne personne pour le travail; **to go ~** aller mal; **there's something ~** il y a quelque chose qui ne tourne pas rond; **what is ~ with him?** qu'est-ce qui ne va pas avec lui?; **what's ~ with doing this?** quel mal y a-t-il à faire cela? **3.** (*morally reprehensible*) mal; **it is ~ of sb to so sth** c'est mal de sa part de qn de faire qc; **to do sth ~** faire qc de mal **4.** (*not functioning correctly*) **to be ~** (*watch*) ne pas être à l'heure ►**to get up out of the ~ side of the bed** se lever du mauvais pied; **to catch sb on the ~ foot** être pris au dépourvu; **to fall into the ~ hands** tomber dans de mauvaises mains; **to go down the ~ way** être avalé de travers; **to have sth on the ~ way around** avoir qc à l'envers **II.** *adv* mal; **to get sb/sth ~** mal comprendre qn/qc; **to go ~** (*plan*) ne pas marcher **III.** *n* **1.** (*moral reprehensibility*) mal *m;* **to do sb ~** faire du mal à qn; **to do sb no ~** ne faire aucun mal à qn; **to know right from ~** distinguer le bien du mal **2.** (*unfair actions*) tort *m;* **to do sb ~** faire du tort à qn **3.** (*unjust action*) injustice *f;* **to suffer a ~** être victime d'une injustice ►**to be in the ~** (*not right*) avoir tort; LAW être dans son tort **IV.** *vt form* **1.** (*treat unjustly*) léser **2.** (*judge character unjustly*) être injuste envers

wrongdoer ['rɔŋ·ˌdu·ər] <-s> *n* LAW, REL malfaiteur *m*

wrongdoing ['rɔŋ·ˌdu·ɪŋ] *n* LAW, REL infraction *f*

wrongful ['rɔŋ·fəl] *adj* injustifié(e)

wrong-headed *adj pej* **1.** (*having poor judgment: person*) buté(e) **2.** (*not suitable: concept, idea*) inadapté(e)

wrongly ['rɔŋ·li] *adv* **1.** (*unfairly*) à tort; **to be ~ convicted** être accusé à tort **2.** (*incorrectly*) mal

wrote [roʊt] *pt of* **write**

wrought [rɔt] **I.** *pt, pp of* **work II.** *adj form* élaboré(e); (*metal*) forgé(e)

wrought iron *n* fer *m* forgé

wrung [rʌŋ] *pt, pp of* **wring**

wry [raɪ] <wrier, wriest *o* wryer, wryest> *adj* ironique

WSW [ˌwest·saʊθ·'west] *n abbr of* **west-southwest** ouest-sud-ouest *m*

wt. [weɪt] *n abbr of* **weight** p. *m*

WV *n abbr of* **West Virginia**

WWW *n abbr of* **World Wide Web** COMPUT TAM *f*

WY *n abbr of* **Wyoming**

Wyoming [waɪ·'oʊ·mɪŋ] **I.** *n* le Wyoming **II.** *adj* du Wyoming

WYSIWYG ['wɪz·i·wɪg] COMPUT *abbr of* **what you see is what you get** Wysiwyg *m*

X

X, x [eks] <-'s> **I.** *n* **1.** *a.* MATH X *m*, x *m;* **~ as in X-ray** (*on telephone*) x comme Xavier **2.** (*used in place of name*) **Mr. ~** M. X **3.** (*symbol for kiss*) bisou *m* **4.** (*cross symbol*) croix *f* **II.** *vt* (*delete*) **to ~ sth out** rayer qc

xenophobia [ˌzen·ə·'foʊ·bi·ə] *n* xénophobie *f*

xenophobic [ˌzen·ə·'foʊ·bɪk] *adj* xénophobe

Xerox® ['zɪr·aks] **I.** *n* (*photocopy*) photocopie *f* **II.** *vt* (*photocopy*) photocopier; **a ~ed copy of the document** une photocopie du document

XL *adj abbr of* **extra large** XL

Xmas ['krɪs·məs] *inf abbr of* **Christmas** Noël *m*

X-rated ['eks·ˌreɪ·t̬ɪd] *adj* (*film*) classé(e) X

X-ray I. *n* **1.** PHYS rayon *m* X **2.** MED radio(graphie) *f;* **to have an ~** passer une radio(graphie); **to give sb an ~** faire passer une radio(graphie) à qn; **~ department** service *m* de radiologie **3.** (*picture*) radio *f* **II.** *vt* MED radiographier

xylophone ['zaɪ·lə·foʊn] *n* xylophone *m*

Y

Y, y [waɪ] <-'s> *n a.* MATH Y *m,* y *m;* ~ **as in Yankee** (*on telephone*) y comme Yvonne
y. *n abbr of* **year** année *f*
yacht [jat] *n* yacht *m*
yachting *n* (*sailing*) navigation *f* de plaisance; **to go** ~ naviguer
yak [jæk] **I.** *n* ZOOL, BIO ya(c)k *m* **II.** *vi inf* papoter
yam [jæm] *n* igname *f*
yank [jæŋk] **I.** *vt inf* **1.** (*pull hard*) tirer d'un coup sec **2.** (*remove forcefully*) *a. fig* arracher; (*tooth*) arracher d'un coup sec **II.** *n inf* (*hard pull*) coup *m* sec; **to give sth a** ~ donner un coup sec à qc
Yankee ['jæŋ·ki] **I.** *n inf* **1.** (*American*) Ricain(e) *m(f)* **2.** HIST (*person from northern US*) nordiste *mf* **3.** (*person from New England*) Yankee *mf* **II.** *adj inf* ricain(e)
yap [jæp] **I.** <-pp-> *vi a. pej* japper **II.** *n* jappement *m*
yard[1] [jard] *n* (*3 feet*) yard *m* (*0,914 m*)
yard[2] [jard] *n* **1.** (*lawn*) jardin *m* **2.** (*work area*) chantier *m*
yardstick ['jard·stɪk] *n* **1.** (*measuring stick*) étalon *m* **2.** (*standard for comparison*) critère *m*
yarn [jarn] *n* **1.** (*thread*) fil *m* **2.** (*story*) longue histoire *f;* **an adventure** ~ une longue histoire d'aventures
yawn [jɔn] **I.** *vi* (*show tiredness: person*) bâiller **II.** *n* **1.** (*sign of tiredness*) bâillement *m* **2.** *inf* (*boring thing*) **to be a** ~ être ennuyeux à mourir
yd. [jard] *n abbr of* **yard(s)** yard *m*
yea [jeɪ] *adv form* (*yes*) oui
yeah [jeə] *adv inf* (*yes*) ouais; **oh ~?** ah ouais?
year [jɪr] *n* **1.** (*twelve months*) année *f;* **the** ~ **(that)** ... [*o* **when ...**] l'année où ...; **all (the)** ~ **round** toute l'année; **the thing/person of the** ~ la chose/personne de l'année; **I'm six ~s old** j'ai six ans; **it lasted six ~s** ça a duré six ans **2.** (*a long time*) année *f;* **for ~s** depuis des années; **in all the ~s ...** pendant toutes ces années ...; **over the ~s** à travers les années; ~ **in,** ~ **out** année après année **3.** (*of a wine*) millésime *m* **4.** SCHOOL classe *f;* **academic** ~ année *f* universitaire, année *f* académique *Belgique, Québec, Suisse;* **school** ~ année scolaire ▶ **to take ~s off sb** rajeunir qn
yearbook ['jɪr·bʊk] *n* PUBL annuaire *m*
yearling ['jɪr·lɪŋ] *n* (*year-old animal*) petit *m*
year-long ['jɪr·lɔŋ] *adj* d'une année
yearly **I.** *adj* (*happening every year*) annuel(le) **II.** *adv* (*every year*) annuellement
yearn [jɜrn] *vi* **to ~ for sth** désirer qc ardemment; **to ~ to do sth** brûler de faire qc
yearning *n* désir *m;* **a ~ for sth** un désir de qc
yeast [jist] *n* levure *f*
yeasty ['jist·i] <-ier, -iest> *adj* de levure
yell [jel] **I.** *n* hurlement *m;* **to give a** ~ pousser un hurlement **II.** *vi* hurler; **to ~ at sb** hurler après qn; **to ~ for sb/sth** appeler qn/qc en hurlant; **to ~ for help** appeler au secours en hurlant; **to ~ with laughter/pain** hurler de rire/douleur **III.** *vt* hurler; **to ~ sth at sb** hurler qc à qn
yellow ['jel·oʊ] **I.** *adj* **1.** (*color*) jaune; **golden** ~ jaune d'or; **to turn** ~ jaunir **2.** *pej* (*cowardly*) lâche **II.** *n* jaune *m;* ~ **of an egg** jaune d'œuf **III.** *vt, vi* jaunir; *s.a.* **blue**
yellow card *n* SPORTS carton *m* jaune
yellow fever *n* fièvre *f* jaune
yellowish ['jel·oʊ·ɪʃ] *adj* tirant sur le jaune; *pej* jaunâtre
yellow line *n ligne parallèle au trottoir interdisant le stationnement*
yellowness ['jel·oʊ·nəs] *n* couleur *f* jaune
Yellow Pages® *n* pages *fpl* jaunes
yellowy *adj s.* **yellowish**
yelp [jelp] **I.** *vt, vi* glapir **II.** *n* (*high-pitched cry*) glapissement *m*
Yemen ['jem·ən] *n* le Yémen
Yemeni ['jem·ən·i] **I.** *adj* yéménite **II.** *n* Yéménite *mf*
yen[1] [jen] *n* (*currency*) yen *m; s.a.* **pound**
yen[2] [jen] *n inf* (*desire*) grosse envie *f;* **to have a ~ for travel** avoir très envie de voyager
yep [jep] *adv inf* (*yes*) ouais
Yerevan [jer·ə'van] *n* Erevan
yes [jes] **I.** *adv* **1.** (*affirmative*) oui; **~, ma'am** oui, madame **2.** (*contradicting a negative*) si **II.** <yeses> *n* (*statement in favor*) oui *m*
yes man ['jes·mæn] <-men> *n pej* béni-oui-oui *m inv*
yesterday ['jes·tər·deɪ] *adv* hier; **the day before** ~ avant-hier; **all (day)** ~ toute la journée d'hier; **late** ~ hier dans la soirée; ~ **morning/evening** [*o* **night**] hier matin/(au) soir ▶ **I wasn't born ~!** je ne suis pas né de la dernière pluie!
yet [jet] **I.** *adv* **1.** (*till now*) **(as)** ~ jusqu'à présent; **to have not (as) ~ done sth** n'avoir toujours pas fait qc; **the fastest** ~ le plus rapide jusqu'à présent **2.** (*already*) **not** ~ pas encore; **don't go (just)** ~ ne pars pas déjà **3.** (*still*) **she's young** ~ elle est encore jeune **4.** (*even*) ~ **more beautiful/wine** encore plus beau/de vin **II.** *conj* pourtant, néanmoins; **incredible,** ~ **it's true** c'est incroyable mais vrai
yew [ju] *n* if *m*
Yiddish ['jɪd·ɪʃ] **I.** *adj* yiddish *inv* **II.** *n* yiddish *m; s.a.* **English**
yield [jild] **I.** *n* rendement *m* **II.** *vt* **1.** (*provide*) *a. fig* rapporter; (*results*) donner **2.** (*give up*) céder **III.** *vi* **1.** (*bend: material*) céder **2.** (*let other cars go first*) céder la priorité **3.** (*surrender*) se rendre **4.** (*give way*) céder; **to ~ to pressure** céder à la pression
yielding *adj a. fig* souple
yippee ['jɪp·i] *interj inf* (*shout of joy*) youpi!
YMCA [ˌwaɪ·em·si·'eɪ] *n abbr of* **Young Men's Christian Association** **1.** (*movement*) Union

f chrétienne des jeunes gens **2.** (*hostel*) foyer *m* pour jeunes gens

yodel ['joʊ·dəl] MUS **I.** *vt, vi* (*sing*) iodler **II.** *n* (*yodeled song*) tyrolienne *f*

yoga ['joʊ·gə] *n* (*exercises*) yoga *m;* **to do ~** faire du yoga

yog(h)urt ['joʊ·gərt] *n* yaourt *m*

yoke [joʊk] **I.** *n* **1.** AGR *a. fig* joug *m* **2.** FASHION empiècement *m* **II.** *vt* **1.** (*fit with yoke: animal*) atteler **2.** (*combine*) **to ~ sb/sth together** unir qn/qc

yokel ['joʊ·kəl] *n iron, pej* paysan(ne) *m(f)*

yolk [joʊk] *n* jaune *m*

you [ju] *pers pron* **1.** (*2nd person sing*) tu *subject pron,* te *objective pron,* t' + *vowel,* toi *tonic form;* **I see ~** je te vois; **do ~ see me?** me vois-tu?; **I love ~** je t'aime; **it's for ~** c'est pour toi; **older than ~** plus âgé que toi; **if I were ~** si j'étais toi **2.** (*2nd person pl or polite form*) vous; **older than ~** plus âgé que vous; **all of ~** vous tous; **~ men** vous, les hommes **3.** (*indefinite person*) **~ never know** on ne sait jamais; **it makes ~ mad** ça rend fou

you'll [jul] = **you will** *s.* **will**

young [jʌŋ] **I.** *adj* jeune; **~ people** les jeunes *mpl;* **sb's ~er brother** le frère cadet de qn; **sb's ~est** le cadet de qn; **in sb's ~(er) days** dans la jeunesse de qn; **you're only ~ once!** on n'est jeune qu'une fois!; **to be ~ at heart** être jeune de cœur **II.** *n pl* **the ~ 1.** (*young people*) les jeunes *mpl* **2.** ZOOL, BIO les petits *mpl*

youngster ['jʌŋ(k)·stər] *n* jeune *mf*

your [jʊr] *poss adj* **1.** (*one owner*) ton *m,* ta *f,* tes *pl* **2.** (*several owners or polite form*) votre *mf,* vos *pl* **3.** (*indefinite owner*) **it depends on ~ age** ça dépend de l'âge qu'on a; *s.a.* **my**

you're [jʊr] = **you are** *s.* **be**

yours [jʊrz] *poss pron* **1.** (*belonging to you*) le tien, la tienne; **this glass is ~** ce verre est à toi **2.** *pl or sing polite form* (*belonging to you*) le vôtre, la vôtre; **this glass is ~** ce verre est à vous; *s.a.* **hers, ours**

yourself [jʊr·'self] *reflex pron* **1.** *after verbs* (*one person*) te, t' + *vowel;* (*polite form*) vous **2.** (*you*) toi-même; (*polite form*) vous-même; *s.* **myself**

yourselves *reflex pron* **1.** *after verbs* (*several persons*) vous; **you hurt ~** vous vous êtes blessés **2.** (*you*) vous-mêmes; *s.a.* **myself**

youth [juθ] *n* **1.** (*period when young*) jeunesse *f* **2.** (*young man*) jeune homme *m* **3.** (*young people*) **the ~** les jeunes *mpl*

youthful ['juθ·fəl] *adj* **1.** (*young*) jeune **2.** (*young-looking*) jeune; **to look ~** avoir l'air jeune **3.** (*typical of the young*) de jeunesse; (*enthusiasm*) juvénile

youth hostel *n* auberge *f* de jeunesse

you've [juv] = **you have** *s.* **have**

yowl [jaʊl] **I.** *vi* hurler; (*cat*) miauler **II.** *n* hurlement *m;* (*of a cat*) miaulement *m*

yo-yo® ['joʊ·joʊ] **I.** *n* (*toy*) yo-yo *m inv* **II.** *vi* fluctuer

yr.[1] *pron abbr of* **your** ton, ta

yr.[2] *n abbr of* **year** année *f*

yuan *n* yuan *m*

yuck [jʌk] *interj inf* berk!

yucky ['jʌk·i] <-ier, -iest> *adj* dégoûtant(e)

Yugoslav ['ju·goʊ·slav] *adj, n* HIST Yougoslave *mf*

Yugoslavia ['ju·goʊ·'slav·i·ə] *n* HIST la Yougoslavie; **Federal Republic of ~** République *f* fédérale de Yougoslavie

Yugoslavian ['ju·goʊ·'sla·vi·ən] *adj* HIST yougoslave

Yukon Territory *n* le Territoire du Yukon

yum [jʌm] *interj inf* miam-miam!

yummy ['jʌm·i] <-ier, -iest> *adj inf* **1.** (*delicious*) délicieux(-euse) **2.** (*sexy*) sexy *inv*

yuppie ['jʌp·i] *n* yuppie *mf*

YWCA [ˌwaɪ·ˌdʌb·l·ju·si·'eɪ] *n abbr of* **Young Women's Christian Association 1.** (*movement*) Union *f* chrétienne de jeunes femmes **2.** (*hostel*) foyer *m* pour jeunes femmes

Z

Z, z [zi] <-'s> *n* Z *m,* z *m;* **~ as in Zulu** (*on telephone*) z comme Zoé ▶ **to know sth from a to ~** connaître qc de A à Z; **to catch/get some ~'s** *inf* se pieuter

Zaire [za·'ɪr] *n* HIST le Zaïre

Zairean [za·'ɪr·i·ən] HIST **I.** *adj* zaïrois(e) **II.** *n* Zaïrois(e) *m(f)*

Zambia ['zæm·bi·ə] *n* la Zambie

Zambian ['zæm·bi·ən] **I.** *adj* zambien(ne) **II.** *n* Zambien(ne) *m(f)*

zany ['zeɪ·ni] <-ier, -iest> *adj inf* loufoque

zap [zæp] **I.** <-pp-> *vt inf* **1.** (*destroy: object*) détruire; (*person*) éliminer **2.** (*send fast*) expédier **3.** CULIN (*in the microwave*) passer au micro-ondes **II.** <-pp-> *vi* **1.** *inf* (*go*) foncer; **to ~ through sth** se dépêcher de faire qc **2.** *inf* TV **to ~ between channels** zapper d'une chaîne à l'autre **III.** *n inf* (*energy*) punch *m;* **to put ~ into sth** mettre du punch dans qc

zapping [zæp·ɪŋ] *n inf* zapping *m*

zeal [zil] *n* zèle *m*

zealot ['zel·ət] *n pej* fanatique *mf*

zealous ['zel·əs] *adj* zélé(e); **to be ~ in doing sth** faire qc avec ferveur

zebra ['zi·brə] <-(bras)> *n* zèbre *m*

zenith ['zi·nɪθ] *n a. fig* zénith *m*

zero ['zɪr·oʊ] **I.** *adj* **1.** (*number*) zéro **2.** (*nil*) nul(le); **~ hour** MIL heure *f* H; **~ growth** croissance *f* nulle; **at ~ extra cost** sans dépenses supplémentaires **II.** *vi* **1.** MIL **to ~ in on** régler le tir sur **2.** (*focus on*) **to ~ in on** cibler

zero tolerance *n* tolérance *f* zéro

zest [zest] *n* **1.** *no indef art* (*enthusiastic*

energy) entrain *m* **2.** CULIN zeste *m*
zigzag ['zɪg·zæg] **I.** *n* (*crooked line*) zigzag *m* **II.** *adj* (*crooked*) en zigzag **III.** <-gg-> *vi* zigzaguer
zilch [zɪltʃ] *n inf* zéro *m*
zillionaire *n inf* multimilliardaire *mf*
Zimbabwe [zɪm·'bab·weɪ] *n* le Zimbabwe
Zimbabwean [zɪm·'bab·wi·ən] **I.** *adj* zimbabwéen(ne) **II.** *n* Zimbabwéen(ne) *m(f)*
zinc [zɪŋk] *n no indef art* zinc *m*
zip [zɪp] *inf* **I.** *n* **1.** (*vigor*) punch *m* **2.** (*ZIP code*) code *m* postal **II.** *pron* (*nothing*) que dalle; **to know ~ about sth** ne rien savoir de qc **III.** <-pp-> *vt* **to ~ a bag** fermer un sac **IV.** <-pp-> *vi* (*go quickly*) **to ~ somewhere** passer quelque part; **to ~ past** passer devant
◆**zip up** **I.** *vt* **1.** (*close*) fermer **2.** COMPUT zipper **II.** *vi* (*close with a zip*) se fermer avec une fermeture éclair
zip code, ZIP code *n* ≈ code *m* postal
zip file *n* COMPUT dossier *m* zip
zipper *n* fermeture *f* éclair®
zippy ['zɪp·i] <-ier, -iest> *adj inf* plein(e) de punch; (*car*) nerveux(-euse)
zither ['zɪð·ər] *n* cithare *f*
zloty ['zlɔ·t̬i] *n* zloty *m*
zodiac ['zoʊ·di·æk] *n* zodiaque *m*
zombie ['zam·bi] *n a. pej* zombie *m*
zonal ['zoʊ·nəl] *adj* zonal(e)
zone [zoʊn] **I.** *n* zone *f;* **combat ~** zone de combat; **time ~** fuseau *m* horaire; **no-parking ~** stationnement *m* interdit **II.** *vt* réserver
zoning *n* zonage *m*
zoo [zu] *n* zoo *m*
zoological [ˌzoʊ·ə·'la·dʒɪ·kəl] *adj* zoologique
zoologist [zoʊ·'al·ə·dʒɪst] *n* zoologiste *mf*
zoology [zoʊ·'al·ə·dʒi] *n* zoologie *f*
zoom [zum] **I.** *n* PHOT zoom *m;* **~ lens** zoom *m* **II.** *vi inf* **1.** *inf* (*move very fast*) passer à toute vitesse; **to ~ past** passer très vite **2.** (*increase dramatically*) monter en flèche **3.** PHOT, CINE zoomer
◆**zoom in** *vi* CINE, PHOT faire un zoom avant; **to ~ on sth** *fig* faire un zoom avant sur qc
◆**zoom off** *vi* partir en trombe
zucchini [zu·'ki·ni] <-(s)> *n* CULIN courgette *f*

Z

A brief French grammar
Précis de grammaire française

1 Articles

1.1 The definite article

Forms of the definite article

		before a consonant	before a silent h	before a vowel
masculine forms	**singular**	**le** train	**l'** hôtel	**l'** arbre
	plural	**les** trains	**les** hôtels	**les** arbres
feminine forms	**singular**	**la** ville	**l'** heure	**l'** autoroute
	plural	**les** villes	**les** heures	**les** autoroutes

The prepositions *à* and *de* and the definite article

à + le	=	au	de + le	=	du
à + les	=	aux	de + les	=	des

Use of the definite article

The definite article is used with:

nouns used in a general sense:	J'aime **les** livres.
personal names:	**Les** Noblet habitent à Paris.
titles:	**Le** docteur Lacroix est parti en vacances.
parts of the body:	Géraldine a **les** yeux verts.
fixed expressions:	J'apprends **le** français.

1.2 The indefinite article

	masculine		feminine	
singular	**un**	livre	**une**	voiture
plural	**des**	livres	**des**	voitures

1.3 The partitive article

Forms of the partitive article

The partitive article consists of the preposition **de** and the definite article.

Use of the partitive article

1. The partitive article is used to denote an **indefinite quantity**, i.e. uncountable things. It indicates a part of a whole.
2. There is no partitive article after **sans** and **de**. If, however, a particular quantity is meant, the definite article is used after ***de***:

Jean a besoin **de l'**argent **qu'il a gagné**.

3. The partitive article is used after **avec**: Jean prend son pain **avec de la** confiture.
4. The partitive article is also used in some fixed expressions, e.g.:

faire **du** volley/**du** sport	to play volleyball/sports
jouer **du** piano	to play the piano
avoir **de** la chance	to be lucky

5. The negative form of expressions with the partitive article is formed with **ne … pas de.**

Expressions of quantity with *de*

In expressions of quantity, the noun is preceded by only the preposition **de:**

Il faut acheter un litre **de** vin, un kilo **de** tomates, une bouteille **d'**eau minérale, beaucoup **de** fruits, un peu **de** fromage, assez **de** limonade.

2 Nouns

2.1 Noun gender

2.1.1 Gender of living things

1. For people and animals, there is generally a different form for each gender.

masculine	→	feminine	pattern		
un ami	→	une ami**e**	-	→	**-e**
un employ**é**	→	une employ**ée**	**-é**	→	**-ée**
un ac**teur**	→	une ac**trice**	**-teur**	→	**-trice**
			Exception:		
			un chant**eur**	→	une chant**euse**
un vend**eur**	→	une vend**euse**	**-eur**	→	**-euse**
			Exception:		
			un pêch**eur**	→	une pêch**eresse**
un boulan**ger**	→	une boulang**ère**	**-er**	→	**-ère**
un vois**in**	→	une vois**ine**	**-in**	→	**-ine**
			Exception:		
			un cop**ain**	→	une cop**ine**
masculine		**feminine**			
un pays**an**	→	une pays**anne**	**-an**	→	**-anne**
un espi**on**	→	une espi**onne**	**-on**	→	**-onne**
un Ital**ien**	→	une Ital**ienne**	**-ien**	→	**-ienne**
un veu**f**	→	une veu**ve**	**-f**	→	**-ve**
un tigr**e**	→	une tigr**esse**	**-e**	→	**-esse**

2. With some nouns, it is only possible to determine the gender from the **article** because the **masculine** and **feminine** forms are **identical:**

un/une élève, **un/une** enfant, **un/une** journaliste, **un/une** secrétaire

3. There are, however, some items for which the **masculine** and **feminine** forms are completely different nouns:

un homme – **une** femme, **un** frère – **une** sœur, **un** coq – **une** poule

2.1.2 Gender of things

Genders of lexical groups

masculine:	days of the week:	**le** lundi, **le** vendredi;	
	points of the compass:	**le** sud, **le** nord;	
	languages:	**le** portugais, **l'**italien;	
	trees:	**le** chêne, **le** sapin;	
	metals:	**l'**or, **le** platine;	
	chemical elements:	**le** mercure, **le** soufre, **l'**uranium;	
	vehicles:	**le** bus, **le** train, **l'**avion.	
feminine:	countries:	**la** France, **la** Pologne,	*but:* **le** Portugal, **le** Danemark, **le** Luxembourg,
	rivers:	**la** Saône, **la** Moselle,	*but:* **le** Rhône, **le** Danube;
	sciences:	**la** géographie, **la** médecine,	*but:* **le** droit;
	makes of cars:	**la** BMW, **la** Citroën.	

2.2 Noun plurals

singular		**plural**	**exceptions**		
la voiture	➔	les voiture**s**			
le pri**x**	➔	les pri**x**			
le ne**z**	➔	les ne**z**			
le Françai**s**	➔	les Françai**s**			
le gât**eau**	➔	les gâteau**x**			
le **jeu**	➔	les jeu**x**	le pneu	➔	les pneus
le bij**ou**	➔	les bijou**x**	le cou	➔	les cous
le journ**al**	➔	les journ**aux**	le bal	➔	les bals
le trav**ail**	➔	les trav**aux**	le détail	➔	les détails

3 Adjectives

3.1 Position of adjectives

Adjectives as attributes

1. Most adjectives, particularly those with more than one syllable, normally come **after** the noun they modify.
2. Short, frequently used adjectives come **before** the noun, e.g. *grand, gros, petit, jeune, vieux, bon, mauvais, beau,* and *joli.*

The meaning of some adjectives changes depending on whether they are used **before** or **after** the noun, e.g.: un pauvre homme (a ***pitiable*** man) – un homme pauvre (*a **poor man, i.e. one with little money)***

3.2 Singular and plural adjectives

	masculine	feminine
singular	le petit jardin	la petit**e** maison
	le jardin est petit	la maison est petit**e**
plural	les petit**s** jardins	les petit**es** maisons
	les jardins sont petit**s**	les maisons sont petit**es**

The feminine form of an adjective is made by adding ***-e*** to the end of the masculine form. If the masculine form already ends in ***-e,*** the feminine form remains unchanged, e.g.:

le livre roug**e** – la voiture roug**e**.

The plural form is made by adding ***-s*** to the end of the relevant singular form.
There are a few adjectives that remain **unchanged**, such as ***bon marché, orange,*** and ***chic.***

3.3 Feminine forms: special cases

pattern		masculine		feminine	exception
-er	➔ **-ère**	cher	➔	chère	
-et	➔ **-ète**	complet	➔	complète	muet ➔ muette
-c	➔ **-que**	turc	➔	turque	blanc ➔ blanche, sec ➔ sèche
					grec ➔ grecque
-f	➔ **-ve**	actif	➔	active	
-g	➔ **-gue**	long	➔	longue	
-eux	➔ **-euse**	heureux	➔	heureuse	
-el	➔ **-elle**	naturel	➔	naturelle	
-il	➔ **-ille**	gentil	➔	gentille	
-en	➔ **-enne**	européen	➔	européenne	
-on	➔ **-onne**	bon	➔	bonne	
-os	➔ **-osse**	gros	➔	grosse	
-teur	➔ **-teuse**	menteur	➔	menteuse	
	➔ **-trice**	conservateur	➔	conservatrice	
-eur	➔ **-eure**	meilleur	➔	meilleure	
	➔ **-euse**	rieur	➔	rieuse	

3.4 Plurals: special cases

masculine			feminine		
singular	un homme	brut**al**	une femme	brut**ale**	
plural	des hommes	brut**aux**	des femmes	brut**ales**	
singular	un beau	jour	une	belle	surprise
	un gros	sac	une	grosse	valise
plural	de(s) beau**x**	jours	de(s)	belle**s**	surprises
	de(s) gro**s**	sacs	de(s)	grosse**s**	valises

3.5 The adjectives beau, nouveau, and vieux

beau, nouveau, vieux	before masculine nouns beginning with a **consonant.**
bel, nouvel, vieil	before masculine nouns beginning with a **vowel** or **silent h.**

In predicative position with masculine singular nouns, only the forms ***beau, nouveau,*** and ***vieux*** may be used, e.g.:

L'hôtel est **beau.** L'ordinateur est **nouveau.** L'ordinateur est **vieux.**

3.6 Adjective declension

Positive and comparative

positive:	Pierre est **grand.** *(Pierre is tall.)*
comparative:	Pierre est **plus grand que** moi. *(Pierre is taller than I am.)*
	Pierre est **moins grand que** moi. (*Pierre is smaller than I am.)*
	Pierre est **aussi grand que** moi. (*Pierre is as tall as I am.)*

Superlative

Quel est le fleuve **le plus long d'**Europe ?

Quelle est la ville **la plus grande du** monde ?

Quels sont les trains **les moins rapides de la** France ?

Irregular declined forms:

bon, bonne (*good)* – meilleur, e (*better)* – le/la meilleur, e (*the best);*
mauvais, e (*bad)* – pire (*worse)* – le/la pire (*the worst).*

4 Adverbs

4.1 Forms

Derived adverbs

Adjective		**Adverb**
masculine	**feminine**	
fort	fort**e**	fort**ement**
sérieux	séri**euse**	séri**eusement**
terribl**e**	terrible	terribl**ement**
pratiqu**e**	pratiqu**e**	pratiqu**ement**

Adjectives that end in a **voiced vowel**, but do not end in **-e**, form adverbs by adding ***-ment*** to the end of the masculine form, e.g.:

Adjective		**Adverb**
masculine	**feminine**	
vra**i**	vraie	vra**iment**
absol**u**	absolue	absol**ument**

Exceptions include: gai, gai**e** ➔gai**ement,** nouveau, nouv**elle** ➔nou**vellement,** fou, **folle** ➔fo**llement**

Adjectives that end in ***-ant*** or ***-ent*** form adverbs with the endings ***-amment*** and ***-emment.***

Adjective		**Adverb**
masculine	**feminine**	
élég**ant**	élégante	élég**amment**
évid**ent**	évidente	évid**emment**

There are also irregular adverb forms, e.g.:

précis – précise – **précisément**, gentil – gentille – **gentiment**, bref – brève – **brièvement**, bon – bonne – **bien**,meilleur – meilleure – **mieux,** mauvais – mauvaise – **mal.**

4.2 Position of adverbs

Adverbs of place and time are placed at the **beginning** or **end of the sentence.**

Aujourd'hui il fait beau. *or:* Il fait beau **aujourd'hui.**

Most other adverbs go directly **after** the conjugated verb.

Philippe regarde **toujours** la télé. Hier, il a **beaucoup** travaillé. Aujourd'hui, il ne fait **pratiquement** rien.

With compound verb tenses, ***tôt, tard,*** and ***ensemble*** always come **after** the *participe passé* or **after** the infinitive in sentences with infinitive constructions.

Nous sommes arrivés **tôt**. Nous voulons manger **ensemble**.

Adverbs that modify an entire sentence are normally placed at the **beginning** or **end** of the sentence. They are separated from the rest of the sentence by a comma.

Malheureusement, je n'ai pas trouvé l'hôtel.

4.3 Adverb declension

Positive	Elle court	**vite.**	(*She runs fast.*)
Comparative	Elle court	**plus vite que**	son mari. (*She runs faster than her husband.*)
	Elle court	**moins vite que**	son mari. (*She runs more slowly than her husband.*)
	Elle court	**aussi vite que**	son mari. (*She runs as fast as her husband.*)
Superlative	Elle court	**le plus vite de**	tous. (*She runs [the] fastest of all.*)
	Elle court	**le moins vite de**	tous. (*She runs [the] most slowly of all.*)

Irregular declined forms:

bien (well) – mieux (better) – le mieux (the best), beaucoup (a lot) – plus (more) – le plus (the most), peu (little) – moins (less) – le moins (the least)

5 Pronouns

5.1 Personal pronouns – subject forms

singular	1st person	**je/j'** (before a vowel or silent h)	
	2nd person	**tu**	*you*
	3rd person	**il/elle**	*he/she*
plural	1st person	**nous**	*we*
	2nd person	**vous**	*you*
	3rd person	**ils** (masculine)**/elles** (feminine)	*they*

Use of the subject personal pronouns *il(s), elle(s)*

masculine	feminine
Monsieur Pasquali est d'où ?	**Madame Pasquali** est d'où ?
Il est de Montpellier.	**Elle** est aussi de Montpellier.
Le livre est où ?	**La clé** est où ?
Il est sur la table.	**Elle** est sur la table.
Les garçons sont d'où ?	**Les filles** sont d'où ?
Ils sont de Lyon.	**Elles** sont de Paris.
Les livres sont où ?	**Les clés** sont où ?
Ils sont sur la table.	**Elles** sont sur la table.
Les filles et les garçons sont où?	**Ils** sont dans le jardin.

The polite form *vous*

Monsieur Noblet, **vous** êtes fatigué ?	*Are you tired, Mr. Noblet?*
Voulez-**vous** entrer, Madame ?	*Would you like to come in, ma'am?*
Mesdames et Messieurs, voulez-**vous** entrer?	*Ladies and gentlemen, would you like to come in?*

5.2 Disjunctive pronouns

Forms of the disjunctive pronouns

singular	1st person	**moi**	*me*
	2nd person	**toi**	*you*
	3rd person	**lui/elle**	*him/her*
plural	1st person	**nous**	*us*
	2nd person	**vous**	*you*
	3rd person	**eux** (masculine)**/elles** (feminine)	*them*

Uses of the disjunctive pronouns

Disjunctive pronouns are used

after a preposition:	Est-ce que tu sors **avec moi**, ce soir?	Non, je préfère sortir **sans toi**.
to emphasize the subject:	Qu'est-ce-que vous faites dans la vie?	**Moi**, je suis pharmacienne.
on their own:	Qui veut apprendre le français?	**Moi**!
after ***c'est*** and ***ce sont***:	Qui est-ce qui a pris les photos?	**C'est lui** qui a pris les photos.
with an affirmative imperative:	Donnez-**moi** le livre, s'il vous plaît.	

5.3 Direct object pronouns

Forms of the direct object pronouns

singular	1st person	**me/m'** (before a vowel or silent h)	*me*
	2nd person	**te/t'** (before a vowel or silent h)	*you*
	3rd person	**le/l'** (before a vowel or silent h) **la/l'** (before a vowel or silent h)	*him/it* *her/it*
plural	1st person	**nous**	*us*
	2nd person	**vous**	*you*
	3rd person	**les**	*them*

Use of direct object pronouns

The direct object pronouns replace a **direct object** and agree with it in gender and number, e.g.:

masculine	**feminine**
Est-ce que tu as vu **Jean**?	Est-ce que tu as vu **Brigitte**?
Oui, je **l'**ai vu.	Oui, je **l'**ai vue.
Est-ce que tu as vu **les garçons**?	Est-ce que tu as vu **les filles**?
Oui, je **les** ai vus.	Oui, je **les** ai vues.
Est-ce qu'Eric lit **ce livre**?	Est-ce que vous lisez **cette revue**?
Oui, il **le** lit.	Non, nous ne **la** lisons pas.
Est-ce qu'Eric lit **ces livres**?	Est-ce que vous lisez **ces revues**?
Oui, il **les** lit.	Non, nous ne **les** lisons pas.

Position of direct object pronouns

1. Direct object pronouns come **before the conjugated verb**. If the sentence is in the negative, the negation surrounds the object pronoun and the conjugated verb. If the sentence is in the *passé composé* or the pluperfect, then the object pronouns come before the conjugated auxiliary verb:

La télé t'intéresse ?	Oui, elle **m'**intéresse.
	Non, elle ne **m'**intéresse pas.
Est-ce que vous avez acheté les journaux ?	Oui, nous **les** avons achetés.
	Non, nous ne **les** avons pas achetés.

2. With verbs that include an infinitive, the direct object pronoun comes **before the infinitive**:

Est-ce que tu vas écouter la radio ?	Oui, je vais **l'**écouter.
	Non, je ne vais pas **l'**écouter.
Est-ce que tu peux ranger ta chambre ?	Oui, je peux **la** ranger.
	Non, je ne peux pas **la** ranger.

3. With imperatives, the object pronoun is **attached to the affirmative imperative** with a hyphen:

Maman, est-ce que je peux inviter mes amis?	Oui, invite-**les**.

5.4 Indirect object pronouns

Forms of the indirect object pronouns

singular	1st person	**me/m'** (before a vowel or silent h)	*me*
	2nd person	**te/t'** (before a vowel or silent h)	*you*
	3rd person	**lui**	*him/her*
plural	1st person	**nous**	*us*
	2nd person	**vous**	*you*
	3rd person	**leur**	*them*

Use of indirect object pronouns

Indirect object pronouns replace indirect objects and agree with the indirect object in number.

masculine	**feminine**
Tu donnes ton adresse **à Jean**?	Tu vas répondre **à Sandra**?
Oui, je **lui** donne mon adresse.	Non, je ne vais pas **lui répondre.**
Vous écrivez **à vos amis**?	Vous pouvez téléphoner **à mes amies**?
Oui, nous **leur** écrivons.	Oui, nous pouvons **leur** téléphoner.

Position of indirect object pronouns

1. Indirect object pronouns come **before the conjugated verb.** If the sentence is in the negative, the negation surrounds the object pronoun and the conjugated verb. If the sentence is in the *passé composé* or the pluperfect, then the object pronoun comes before the conjugated auxiliary verb:

Brigitte, tu téléphones à tes amies ?	Oui, je **leur** téléphone.
	Non, je ne **leur** téléphone pas.
Est-ce que tu as montré les photos à ton copain ?	Oui, je **lui** ai montré les photos.
	Non, je ne **lui** ai pas montré les photos.

2. With verbs that include an infinitive, the indirect object pronoun comes **before the infinitive**:

Est-ce que tu vas écrire à ta grand-mère ?	Oui, je vais **lui** écrire.
	Non, je ne vais pas **lui** écrire.

5.5 Reflexive pronouns

Je	**m'**	appelle Annie.
Tu	**t'**	appelles Jean.
Il/Elle	**se**	promène en ville.
Nous	**nous**	lavons les mains.
Vous	**vous**	douchez ce soir.
Ils/Elles	**s'**	habillent.

5.6 The adverbial pronoun en

Use of *en*

En is a pronoun that replaces certain constructions, mainly quantities, and in these contexts is often translated as *some*, *by it*, or *of it*. It replaces

des + noun:	Est-ce que tu achètes **des fruits**?	Oui, j'**en** achète.
partitive article + noun:	Est-ce que tu prends **de la limonade** ?	Oui, j'**en** prends.
expression of quantity + noun:	Tu veux **une bouteille de coca** ?	Oui, j'**en** veux **une.**
number + noun:	Tu prends **dix pommes**?	Non, j'**en** prends seulement **six.**
un/une + noun:	Est-ce que tu prends **une pomme**?	Oui, j'**en** prends **une.**

2. ***En*** also replaces other expressions containing ***de***. In such cases, ***en*** is often translated as *from there*, *from it*, or *about it*:

Tu es déjà rentré **du Portugal** ?	Oui, j'**en** suis rentré hier, mais j'**en** rêve encore.

If, however, the preposition ***de*** is followed by a proper noun referring to a person, then a personal object will be used instead, e.g.:

Tu te souviens **d'Annette** ?	Non, je ne me souviens pas **d'elle.**

Position of *en*

1. The pronoun ***en*** comes **before the conjugated verb.** If the sentence is in the negative, then the negation surrounds ***en*** and the conjugated verb. If the sentence is in the *passé composé* or the pluperfect, then ***en*** comes before the conjugated auxiliary verb:

Est-ce que tu prends du beurre ?	Oui, j'**en** prends.
Est-ce que Martin a acheté du beurre hier ?	Oui, il **en** a acheté./- Non, il n'**en** a pas acheté.

2. With verbs that include an infinitive, ***en*** comes **before the infinitive**:

Il me manque du café. Alors je vais **en** acheter tout de suite.

3. With imperatives, ***en*** is **attached to the affirmative imperative** with a hyphen:

Est-ce que je peux prendre du fromage?	Oui, prends-**en.**

5.7 The adverbial pronoun y

Use of *y*

The pronoun ***y*** replaces
– locations introduced by prepositions such as *à, dans, en, chez, sur* and *sous*:

Est-ce que vous habitez **à Paris**?	Oui, nous **y** habitons.

– expressions with à + nouns:

Est-ce que tu penses **à Noël**?	Oui, j'**y** pense toujours.

Position of *y*

1. The pronoun ***y*** comes **before the conjugated verb.** If the sentence is in the negative, then the negation surrounds ***y*** and the conjugated verb. If the sentence is in the *passé composé* or the pluperfect, then ***y*** comes before the conjugated auxiliary verb:

Est-ce que vous allez en France ?	Oui, nous **y** allons./Non, nous n'**y** allons pas.

2. With verbs that include an infinitive, ***y*** comes **before the infinitive**:

J'ai oublié mon porte-monnaie à la boulangerie. Alors je vais **y** aller tout de suite.

3. With imperatives, ***y*** is **attached to the affirmative imperative** with a hyphen. With *-er* verbs and the irregular verb *aller*, however, an *-s* is added to the end of the singular imperative:

Vas-y !

5.8 Positions of multiple pronouns in the sentence

me					
	le				
te		**lui**			
	la		**y**	**en**	+ conjugated verb form or infinitive
se		**leur**			
	les				
nous					
vous					

There can be up to two pronouns before the conjugated verb or infinitive, as follows:

Maman, est-ce que tu me racontes l'histoire?	Oui, je **te la** raconte tout de suite.
Est-ce que vous lui avez donné le livre?	Non, je ne **le lui** ai pas encore donné.
Est-ce que tu peux nous parler des vacances?	Oui, je vais **vous en** parler tout de suite.
Il y a encore du café?	Oui, il **y en** a encore.

5.9 Demonstrative pronouns

Forms of the demonstrative pronouns

	before a consonant		**before a vowel**		**before a silent h**	
masculine						
singular	**ce**	train	**cet**	arbre	**cet**	hôtel
plural	**ces**	trains	**ces**	arbres	**ces**	hôtels
feminine						
singular	**cette**	ville	**cette**	information	**cette**	histoire
plural	**ces**	villes	**ces**	informations	**ces**	histoires

Use of the demonstrative pronouns

Demonstrative pronouns are used to refer to particular things or people:

Il faut lire **ce** livre.	*You must read this book.*

Demonstrative pronouns are also used in the following expressions:

ce matin	***this morning***
cet après-midi	***this afternoon***
ce soir	***this evening***

5.10 Possessive pronouns

Forms of the possessive pronouns

	singular		**plural**
	masculine	**feminine**	**masculine + feminine**
One "owner"			
1st person	**mon** frère	**ma** sœur	**mes** frères/amis
	mon ami	**mon** amie	**mes** sœurs/amies
2nd person	**ton** frère	**ta** sœur	**tes** frères/amis
	ton ami	**ton** amie	**tes** sœurs/amies
3rd person	**son** frère	**sa** sœur	**ses** frères/amis
	son ami	**son** amie	**ses** sœurs/amies
Several "owners"			
1st person	**notre** frère	**notre** sœur	**nos** frères/sœurs
2nd person	**votre** frère	**votre** sœur	**vos** frères/sœurs
3rd person	**leur** frère	**leur** sœur	**leurs** frères/sœurs

Use of possessive pronouns

Possessive pronouns are used to indicate ownership or a relationship of belonging:

Sur la table, il y a **mon** livre.	*My book is on the table.*
Je vais passer les vacances avec **mes** parents.	*I will spend vacation with my parents.*

5.11 Indefinite pronouns

5.11.1 *aucun*

Aucun agrees in gender with its antecedent. It is accompanied in negative sentences by ***ne*** and is translated as **no** or **not any**:

Est-ce qu'il y a un problème?	*Is there a problem?*
Non, nous n'avons **aucun** problème.	*No, we have no problem.*

5.11.2 *certain*

***certain* as accompaniment to a noun**

		masculine		feminine	
singular	Il y a	**un certain**	problème avec	**une certaine**	personne.
plural	Il y a	**certains**	problèmes avec	**certaines**	personnes.

When ***certain*** is used in conjunction with a noun, it agrees in number and gender with the noun it accompanies. In the singular, *certain/certaine* is preceded by the indefinite article ***un*** or ***une***, which disappears in the plural.

***certains* as placeholder for a noun**

When ***certains*** is used to represent a noun, it is invariable. The verb is then conjugated in the 3rd person plural:

Tous mes amis veulent faire une fête, mais **certains** ne veulent pas m'aider à la préparer.

5.11.3 *chaque, chacun*

Chaque is an invariable noun accompaniment:
Le chef du supermarché parle aux employés:

On a besoin de **chaque** client et de **chaque** cliente.	*We need **every customer**.*

Chacun and ***chacune*** are used to replace a noun. They are used only in the singular. **Chacun** is used for masculine nouns. ***Chacune*** is used for feminine nouns:

Il dit bonjour à **chacun** et à **chacune**.	*He says hello to every man and every woman.*

5.11.4 The impersonal *on*

On is used frequently in colloquial language for ***nous*** and is translated as **we**:

Vous êtes où ? **Nous** sommes ici.	***We are here.***
On est ici.	***We are here.***

On can also stand for **people**, **they**, or **you** (to refer to people in general):

On dit que …	***They/People say that …***

5.11.5 *plusieurs*

Plusieurs, in the sense of **several,** is invariable and is used as

a noun modifier:	On a vendu **plusieurs** jupes et pantalons.
a placeholder for a noun:	**Plusieurs** sont bon marché.

5.11.6 *quelqu'un/quelque chose – personne/rien*

Quelqu'un est venu. ***(Someone came.)***	**Personne n'**est venu. ***(No one came.)***
Quelque chose me fait plaisir. ***(Something is fun.)***	**Rien** ne me fait plaisir. ***(Nothing is fun.)***
J'ai vu **quelqu'un.** *(I saw **someone.)***	Je **n'**ai vu **personne.** *(I did**n't see anyone.)***
J'ai trouvé **quelque chose.** *(I found **something.)***	Je **n'**ai **rien** trouvé. *(I did**n't find anything.)***

5.11.7 *quelque(s)*

Il me faut **quelque** temps pour terminer le livre.	*I need **some time to finish the book.***
Je vais acheter **quelques** livres.	*I'm going to buy **some books.***
Plus tard, je vais acheter aussi **quelques** pommes.	*Later, I will also buy **some apples.***

5.11.8 *tout*

Forms of *tout* as a noun modifier

	masculine		**feminine**	
(singular)	**tout**	le monde	**toute**	ma famille
(plural)	**tous**	ces quartiers	**toutes**	les capitales

Use of *tout* as a noun modifier

***Tout* + definite article** is used to emphasize **the whole** or **all.**

Invariable *tout*

Tout is invariable in form when it is used with the meaning of **everything:**

Est-ce que tu as **tout** mangé?	*Did you eat **everything?***

6 Verbs

6.1 Present-tense conjugation of -er verbs

Regular verbs ending in *-er*

parler	je	parl**e**	nous	parl**ons**
	tu	parl**es**	vous	parl**ez**
	il/elle	parl**e**	ils/elles	parl**ent**

Verbs ending in *-er* with special spellings

commencer				**manger**			
je	commence	nous	commen**ç**ons	je	mange	nous	man**ge**ons
tu	commences	vous	commencez	tu	manges	vous	mangez
il/elle	commence	ils/elles	commencent	il/elle	mange	ils/elles	mangent

In order to preserve the pronunciation of the verb stem, the following spelling rules apply:
– in verbs whose infinitives end in ***-cer***, ***-c-*** changes to ***-ç-*** in the 1st person plural.
– in verbs whose infinitives end in ***-ger***, ***-g-*** changes to ***-ge-*** in the 1st person plural.

Verbs ending in *-ayer*, *-oyer*, and *-uyer*

payer	je	pa**i**e/pa**y**e	nous	pa**y**ons
	tu	pa**i**es/pa**y**es	vous	pa**y**ez
	il/elle	pa**i**e/pa**y**er	ils/elles	pa**i**ent/pa**y**ent

nettoyer				**essuyer**			
je	netto**i**e	nous	netto**y**ons	j'	essu**i**e	nous	essu**y**ons
tu	netto**i**es	vous	netto**y**ez	tu	essu**i**es	vous	essu**y**ez
il/elle	netto**i**e	ils/elles	netto**i**ent	il/elle	essu**i**e	ils/elles	essu**i**ent

Stem-changing *-er* verbs with accents

Verbs such as ***acheter*** and ***jeter*** place a grave accent over the **e** in the stem in the 1st, 2nd, and 3rd person singular as well as the 3rd person plural – that is, when the ending contains a mute **e**.

acheter	j'	ach**è**te	nous	ach**e**tons	**jeter**	je	je**tt**e	nous	je **t** ons
	tu	ach**è**tes	vous	ach**e**tez		tu	je**tt**es	vous	je **t** ez
	il/elle	ach**è**te	ils/elles	ach**è**tent		il/elle	je**tt**e	ils/elles	je**tt**ent

préférer	je	préf**è**re	nous	préf**é**rons
	tu	préf**è**res	vous	préf**é**rez
	il/elle	préf**è**re	ils/elles	préf**è**rent

6.2 Present-tense conjugation of -ir verbs

without stem additions					**with stem additions**				
partir	je	par**s**	nous	part**ons**	**finir**	je	fini**s**	nous	fini**ssons**
	tu	par**s**	vous	part**ez**		tu	fini**s**	vous	fini**ssez**
	il/elle	par**t**	ils/elles	part**ent**		il/elle	fini**t**	ils/elles	fini**ssent**

6.3 Present-tense conjugation of -re verbs

lire	je	lis	nous	lis**ons**
	tu	lis	vous	lis**ez**
	il/elle	li**t**	ils/elles	lis**ent**

Present-tense conjugation of verbs ending in *-dre*

attendre	j'	attend**s**	nous	attend**ons**
	tu	attend**s**	vous	attend**ez**
	il/elle	attend	ils/elles	attend**ent**

6.4 Conjugation of reflexive verbs

s'habiller	je	**m'**	habille	**se laver**	je	**me**	lave
	tu	**t'**	habilles		tu	**te**	laves
	il/elle	**s'**	habille		il/elle	**se**	lave
	nous	**nous**	habillons		nous	**nous**	lavons
	vous	**vous**	habillez		vous	**vous**	lavez
	ils/elles	**s'**	habillent		ils/elles	**se**	lavent

6.5 Conjugation of the imperfect *(l'imparfait)*

regarder	je	regard**ais**	nous	regard**ions**
	tu	regard**ais**	vous	regard**iez**
	il/elle	regard**ait**	ils/elles	regard**aient**

The imperfect forms are conjugated by adding the imperfect endings ***-ais, -ais, -ait, -ions, -iez,*** and -***aient*** to the 1st person present tense stem.
Only the verb ***être*** is irregular in the imperfect.
In order to preserve the pronunciation of the verb stem, the following spelling rules apply:
– in verbs whose infinitives end in ***-cer***, ***-c-*** changes to ***-ç-*** for the *je, tu, il, elle, on, ils,* and *elles* forms.
– in verbs whose infinitives end in ***-ger***, ***-g-*** changes to ***-ge-*** for the *je, tu, il, elle, on, ils,* and *elles* forms.

6.6 Conjugation of the *passé composé*

6.6.1 Forms of the *passé composé* with *avoir* and *être*

parler	j'	**ai**	**parlé**	nous	**avons**	**parlé**
	tu	**as**	**parlé**	vous	**avez**	**parlé**
	il/elle	**a**	**parlé**	ils/elles	**ont**	**parlé**

arriver	je	**suis**	**arrivé(e)**	nous	**sommes**	**arrivé(e)s**
	tu	**es**	**arrivé(e)**	vous	**êtes**	**arrivé(e)s**
	il	**est**	**arrivé**	ils	**sont**	**arrivés**
	elle	**est**	**arrivée**	elles	**sont**	**arrivées**
	on	**est**	**arrivé(e)(s)**			

In conjugations of the *passé composé* with ***avoir***, the past participle normally remains invariable.

If, however, the *passé composé* is formed with ***être***, the past participle agrees in gender and number with the subject of the sentence. If the past participle refers to a subject with more than one gender, the participle agrees with the masculine, e.g.:

Marc et Marie sont all**és** à la piscine.

6.6.2 Formation of the *passé* composé with *avoir* or *être*

Most verbs form the *passé composé* with ***avoir***.

Hier, Pierre **a** préparé le repas. Puis, il **a** mangé.

There are a few verbs that form the p*assé composé* with ***être***: these include some verbs of movement or position, e.g. ***aller, arriver, entrer, partir, rester, rentrer, tomber, venir,*** and ***revenir***.

Hier, je **suis** allé(e) à Paris. Je **suis** arrivé(e) vers dix heures.

The verbs ***naître, devenir, mourir,*** and ***décéder*** form the *passé composé* with ***être***.

Il **est** né en 1960.

The **reflexive verbs** always form the *passé composé* with **être***:*

Elle s'**est** réveillée. Puis, elle s'**est** levée.

6.6.3 Special notes on the past participle in the *passé* composé with *avoir*

If there is a **direct object** preceding the *passé composé,* the past participle agrees in gender and number with the direct object. The direct object can be a **direct object pronoun**, e.g. ***me, te, le, la, nous, vous,*** or ***les***. The direct object can also be represented by the relative pronoun ***que***:

Est-ce que vous avez **vu Julie** ?	Oui, nous **l'**avons **vue.**	C'est **Julie que** nous avons **vue.**
J'ai acheté **les** livres.	Je **les** ai acheté**s**.	Ce sont **les** livres **que** j'ai acheté**s**.

6.7 Conjugation of the pluperfect *(le plus-que-parfait)*

lire	j'	**avais**	**lu**	**rester**	j'	**étais**	**resté/restée**
	tu	**avais**	**lu**		tu	**étais**	**resté/restée**
	il elle on	**avait**	**lu**		il	**était**	**resté**
					elle	**était**	**restée**
					on	**était**	**resté(s)/restée(s)**
	nous	**avions**	**lu**		nous	**étions**	**restés/restées**
	vous	**aviez**	**lu**		vous	**étiez**	**restés/restées**
	ils elles	**avaient**	**lu**		ils	**étaient**	**restés**
					elles	**étaient**	**restées**

6.8 Conjugation of the *passé simple*

	parler	**attendre**	**choisir**	**croire**
je/j'	parl**ai**	attend**is**	chois**is**	cr**us**
tu	parl**as**	attend**is**	chois**is**	cr**us**
il/elle/on	parl**a**	attend**it**	chois**it**	cr**ut**
nous	parl**âmes**	attend**îmes**	chois**îmes**	cr**ûmes**
vous	parl**âtes**	attend**îtes**	chois**îtes**	cr**ûtes**
ils/elles	parl**èrent**	attend**irent**	chois**irent**	cr**urent**

6.9 Conjugation of the *futur composé*

je	**vais**	**aller**	**nous**	**allons**	**rester**
tu	**vas**	**chercher**	**vous**	**allez**	**boire**
il/elle	**va**	**prendre**	**ils/elles**	**vont**	**faire**

6.10 Conjugation of the *futur simple*

regarder		**attendre**		**écrire**	
je	regarde**rai**	j'	attend**rai**	j'	écri**rai**
tu	regarde**ras**	tu	attend**ras**	tu	écri**ras**
il/elle/on	regarde**ra**	il/elle/on	attend**ra**	il/elle/on	écri**ra**
nous	regarde**rons**	nous	attend**rons**	nous	écri**rons**
vous	regarde**rez**	vous	attend**rez**	vous	écri**rez**
ils/elles	regarde**ront**	ils/elles	attend**ront**	ils/elles	écri**ront**

6.11 Conjugation of the future perfect *(futur antérieur)*

parler				**arriver**			
	j'	**aurai**	**parlé**		je	**serai**	**arrivé/arrivée**
	tu	**auras**	**parlé**		tu	**seras**	**arrivé/arrivée**
	il elle on	**aura**	**parlé**		il	**sera**	**arrivé**
					elle	**sera**	**arrivée**
					on	**sera**	**arrivé(s)/arrivée(s)**
	nous	**aurons**	**parlé**		nous	**serons**	**arrivés/arrivées**
	vous	**aurez**	**parlé**		vous	**serez**	**arrivés/arrivées**
	ils elles	**auront**	**parlé**		ils	**seront**	**arrivés**
					elles	**seront**	**arrivées**

6.12 Conjugation of the conditional *(conditionnel présent)*

regarder		**attendre**		**écrire**	
je	regarder**rais**	j'	attend**rais**	j'	écri**rais**
tu	regarder**rais**	tu	attend**rais**	tu	écri**rais**
il/elle/on	regarde**rait**	il/elle/on	attend**rait**	il/elle/on	écri**rait**
nous	regarde**rions**	nous	attend**rions**	nous	écri**rions**
vous	regarde**riez**	vous	attend**riez**	vous	écri**riez**
ils/elles	regarde**raient**	ils/elles	attend**raient**	ils/elles	écri**raient**

6.13 Conjugation of the conditional perfect *(conditionnel passé)*

parler	j'	**aurais**	**parlé**	**arriver**	je	**serais**	**arrivé/arrivée**
	tu	**aurais**	**parlé**		tu	**serais**	**arrivé/arrivée**
	il				il	**serait**	**arrivé**
	elle	**aurait**	**parlé**		elle	**serait**	**arrivée**
	on				on	**serait**	**arrivé(s)/arrivée(s)**
	nous	**aurions**	**parlé**		nous	**serions**	**arrivés/arrivées**
	vous	**auriez**	**parlé**		vous	**seriez**	**arrivés/arrivées**
	ils				ils	**seraient**	**arrivés**
	elles	**auraient**	**parlé**		elles	**seraient**	**arrivées**

6.14 Formation of the past participle *(participe passé)*

The past participle of *-**er*** verbs is formed by replacing the infinitive ending *-**er*** with *-**é***:

parl**er** – parl**é**

The past participle of *-**ir*** verbs is formed by replacing the infinitive ending *-**ir*** with *-**i***:

dorm**ir** – dorm**i**, chois**ir** – chois**i**

The past participle of *-**re*** verbs is formed by replacing the infinitive ending *-**re*** with *-**u***:

attend**re** – attend**u**

6.15 Formation of the present participle *(participe présent)*

Infinitive	**1st person plural present**			**present participle**
parler	nous	**parl**	ons	**parlant**
dormir	nous	**dorm**	ons	**dormant**
choisir	nous	**choisiss**	ons	**choisissan**t
attendre	nous	**attend**	ons	**attendant**
There are only a few irregular forms: avoir – **ayant,** être – **étant,** savoir – **sachant**				

6.16 Formation of the gerund *(le gérondif)*

Infinitive	Gerund	Infinitive	Gerund	Infinitive	Gerund
être	**en étant**	attendre	**en attendant**	finir	**en finissant**
avoir	**en ayant**	dormir	**en dormant**	regarder	**en regardant**

6.17 Formation of the imperative *(l'impératif)*

Infinitive	*tu* form	*nous* form	*vous* form
parler	parle	parlons	parlez
descendre	descends	descendons	descendez
dormir	dors	dormons	dormez
choisir	choisis	choisissons	choisissez
faire	fais	faisons	faites

The infinitive has only a few irregular forms:

Infinitive	*tu* form	*nous* form	*vous* form
avoir	aie	ayons	ayez
être	sois	soyons	soyez
savoir	sache	sachons	sachez

6.18 Conjugation of the *subjonctif*

The *subjonctif* endings

Il veut que j'	attend**e.**	Il veut que nous	attend**ions.**
Il veut que tu	attend**es.**	Il veut que vous	attend**iez.**
Il veut qu'il/elle/on	attend**e.**	Il veut qu'ils/elles	attend**ent.**

Formation of the *subjonctif*

Infinitive	3rd person plural present			*subjonctif*		
parler	ils	**parl**	ent	que je	**parl**	e
mettre	ils	**mett**	ent	que tu	**mett**	es
partir	ils	**part**	ent	qu'il/elle/on	**part**	e
connaître	ils	**connaiss**	ent	que nous	**connaiss**	ions
plaire	ils	**plais**	ent	que vous	**plais**	iez
vivre	ils	**viv**	ent	qu'ils/elles	**viv**	ent

6.19 Conjugation of the *subjonctif passé*

		travailler		sortir	
Il faut	que j'/je	**aie**	**travaillé.**	**sois**	**sorti/sortie.**
	que tu	**aies**	**travaillé.**	**sois**	**sorti/sortie.**
	qu'il			**soit**	**sorti.**
	qu'elle	**ait**	**travaillé.**	**soit**	**sortie.**
	qu'on			**soit**	**sorti(s)/sortie(s).**
	que nous	**ayons**	**travaillé.**	**soyons**	**sortis/sorties.**
	que vous	**ayez**	**travaillé.**	**soyez**	**sortis/sorties.**
	qu'ils/qu'elles	**aient**	**travaillé.**	**soient**	**sortis/sorties.**

6.20 Conjugation of the passive *(le passif)*

Passive forms in the present tense

je	**suis**	**interrogé/interrogée**	nous	**sommes**	**interrogé(e)s**
tu	**es**	**interrogé/interrogée**	vous	**êtes**	**interrogé(e)s**
il	**est**	**interrogé**	ils	**sont**	**interrogés**
elle	**est**	**interrogée**	elles	**sont**	**interrogées**
on	**est**	**interrogé(s)/interrogée(s)**			

The passive in other tenses and moods

Il	**a été**	interrogé.	*passé composé*	Il	**sera**	interrogé.	future
Il	**était**	interrogé.	imperfect	Il	**serait**	interrogé.	conditional
Il	**fut**	interrogé.	*passé simple*	Il faut qu'il	**soit**	interrogé.	*subjonctif*

Mentioning the agent in the passive

The **agent** of the action is introduced by the preposition ***par***.

Il sera interrogé **par** la police.	*He is being questioned by the police.*

7 Sentence types

7.1 Declarative sentences

adverbial expression time/place	**subject**	**predicate**	**direct object**	**indirect object**	**adverbial expression** time/place
	J'	achète	un livre.		
	Je	donne	un livre	à Jean.	
Hier,	j'	ai donné	un livre	à Jean.	
Hier, à l'école,	j'	ai donné	un livre	à Jean.	
	Il	habite			en France.

7.2 Questions

7.2.1 Intonation questions

Intonation questions are frequently used in spoken French. They retain the word order of declarative sentences but are said with rising intonation, e.g.:

Luc va au bureau ?	*Is Luc going to the office?*

7.2.2 Questions with *est-ce que*

Est-ce que	**declarative sentence**	
Est-ce que	tu vas au bureau ?	*Are you going to the office?*
Est-ce qu'	on va au cinéma ce soir ?	*Are we going to the movies this evening?*

7.2.3 Questions with question words

Questions with *est-ce que* + question word

Question word	**est-ce que**	**subject**	**predicate**	**objects**	**adverbial expressions**
Quand	**est-ce que**	tu	ranges	ta chambre ?	
Où	**est-ce que**	tu	as trouvé	ton sac ?	
Pourqoi	**est-ce que**	vous	étudiez	le français ?	
Qu'	**est-ce qu'**	il	fait		demain ?

Questions with question word at the end

Declarative sentence	**question word**
Tu t'appelles	**comment ?**
Tu pars	**quand ?**
Tu arrives	**d'où ?**

7.2.4 Questions with *qui*

Asking about the subject

Qui habite à Paris ?	*Who lives in Paris?*
Qui est-ce qui habite à Paris ?	*Who lives in Paris?*

Asking about the object

If ***qui*** is used with a **preposition**, ***est-ce que*** is always required, e.g.:

À qui est-ce que tu donnes le livre ?	*To whom are you giving the book?*

Questions	about the direct object take the form:	**Qui est-ce que** vous cherchez ?
	about the indirect object take the form:	**À qui est-ce que** tu penses ?

7.2.5 Questions with que

Asking about the object

Que fait Paul?	*What is Paul doing?*

Que can be used to ask questions about things. If the question is asking about the direct object, ***que*** or ***qu'est-ce que*** is used, e.g.:

Qu'est-ce que tu cherches?	*What are you looking for?*
Que cherches-tu?	*What are you looking for?*

If the question is asking about the indirect object, ***à quoi*** is used, e.g.:

À quoi est-ce qu'il pense?	*What is he thinking about?*

7.2.6 Inversion questions

Inversion questions are not used very often in spoken French. They are used mainly in written text, e.g. letters etc.

Question word	verb + subject pronoun	additional information
Quand	**pars-tu**	en vacances?
Comment	**vas-tu**	en vacances?
Comment	**va-t-il?**	
Où	**habite-t-elle?**	
	Veux-tu	prendre le train?

In inversion questions, the **subject pronoun comes after the verb**. A **hyphen** is inserted between the verb and the subject. In the 3rd person singular with ***il, elle,*** or ***on***, a ***-t-*** is inserted between the verb and subject pronoun if the verb form ends in ***-e*** or ***-a***. **Question words** come **before the verb** in inversion questions.

7.3 Relative clauses

7.3.1 Relative clauses with qui

The relative pronoun ***qui*** introduces a relative clause and also serves as the **subject** of the relative clause. ***Qui*** is invariable and can refer to

people:	J'ai **une amie**	**qui** m'aide toujours.
or things:	J'ai reçu **un livre**	**qui** me plaît beaucoup.

in either singular or plural.

7.3.2 Relative clauses with que

The relative pronoun ***que*** introduces a relative clause and also serves as the **direct object** of the relative clause. ***Que*** changes to ***qu'*** before a vowel or a silent h and can refer to

people:	J'ai **une amie**	**que** j'aime beaucoup.
or things:	J'ai reçu **un livre**	**que** j'aime beaucoup.

in either singular or plural.

7.3.3 Relative clauses with dont

The relative pronoun ***dont*** replaces **constructions with *de*** in relative clauses. ***Dont*** can refer to

people:	C'est Paul	**dont** Marie est amoureuse.
or things:	Il cherche la maison	**dont** il a besoin.

in either singular or plural.

7.3.4 Relative clauses with *lequel, laquelle, lesquels, lesquelles*

	masculine	**feminine**
singular	**lequel**	**laquelle**
plural	**lesquels**	**lesquelles**

Use of *lequel* in relative clauses

The relative pronouns ***lequel, laquelle, lesquels,*** and ***lesquelles*** normally replace **things** or **people** in relative clauses that

come after prepositions:			
C'était un hiver	**pendant**	**lequel**	il neigeait.
C'était la raison	**pour**	**laquelle**	il y avait beaucoup d'accidents.

come after prepositional constructions:			
Il a une maison	**à côté de**	**laquelle**	se trouve la gare.

à + lequel	= **auquel**	de + lequel	= **duquel**
à + laquelle	= **à laquelle**	de + laquelle	= **de laquelle**
à + lesquels	= **auxquels**	de + lesquels	= **desquels**
à + lesquelles	= **auxquelles**	de + lesquelles	= **desquelles**

The forms ***duquel, de laquelle,*** etc. are only used following a **preposition**, e.g. *près de.* Simple **expressions with *de*** are replaced by ***dont*** in relative clauses.

7.3.5 Relative clauses with où

The relative pronoun ***où*** replaces **expressions of place** in relative clauses:

Montpellier est la ville **où** Jean fait ses études.

7.3.6 Relative clauses with ce qui, ce que

The relative pronouns ***ce qui*** and ***ce que*** have no exact antecedent:

Ce qui is the subject:	Je sais bien	**ce qui**	m'intéresse.
Ce que is the object:	Je sais bien	**ce que**	Julien a dit.

7.4 Conditional sentences

7.4.1 Real conditional sentences

Use of real conditional sentences

Real conditional sentences are used to talk about a **condition** that can **actually** be fulfilled, e.g.:

Si j'ai le temps, je lirai un livre.	*If I have time, I'll read a book.*

Formation of real conditional sentences

si **clause in the present**	**main clause in the future/present**
Si tu **as** le temps,	nous **ferons** les courses.
S'il **fait** beau,	je **vais** à la piscine.

7.4.2 Unreal conditional sentences

Use of unreal conditional sentences

Unreal conditional sentences are used when a condition does not exist in reality and is unlikely or impossible to be fulfilled, e.g.:

Si j'étais riche, je ferais le tour du monde.	*If I were rich, I would travel around the world.*

Formation of unreal conditional sentences

In the ***si*** **clause** the **conditional** must **never** be used – only the **imperfect.**

si **clause in the imperfect**	**main clause in the conditional**
S'il **avait** plus d'argent,	il **achèterait** une maison.
Si je **faisais** le tour du monde,	je **ferais** beaucoup de connaissances.

7.5 Indirect speech

7.5.1 Formation of indirect speech/questions

Indirect speech

Indirect speech is introduced by ***que***;	Elle dit	**que**	la jupe est bon marché.
que changes to ***qu'*** before a vowel:	Elle dit	**qu'**	il a raison.

Indirect questions

Indirect questions are introduced by			
si:	Elle demande	**si**	Luc veut aller au cinéma.
s' before a vowel:	Elle demande	**s'**	il veut aller au cinéma.

the relevant **question word**:	Paul veut savoir	**où**	son copain travaille.
	Elle veut savoir	**pourquoi**	Nicole habite à Lyon.
	Il me demande	**quand**	j'ai commencé à travailler.

7.5.2 Tenses in indirect speech/questions

Tenses in the present

If the verb introducting the speech is in the **present**, then the verb in the dependent clause, i.e. in the indirect speech/question is in the same tense as that in the direct speech/question.

Direct speech:	Marie dit : «Je **vais partir** en vacances.»
Indirect speech:	Marie dit qu'elle **va partir** en vacances.

Tenses in the past

For indirect speech in the **past**, there are some special rules regarding the use of tenses.

1. Time in the	**direct speech:**	**present**	Il a dit: «Elle **va** au cinéma.»
	indirect speech:	**imperfect**	Il a dit qu'elle **allait** au cinéma.
2. Time in the	**direct speech:**	**perfect**	Il avait dit: «Elle **est allée** au cinéma.»
	indirect speech:	**pluperfect**	Il avait dit qu'elle **était allée** au cinéma.
3. Time in the	**direct speech:**	**imperfect**	Il disait: «Elle **allait** au cinéma.»
	indirect speech:	**imperfect**	Il disait qu'elle **allait** au cinéma.
4. Time in the	**direct speech:**	**pluperfect**	Il a dit: «Elle **était allée** au cinéma.»
	indirect speech:	**pluperfect**	Il a dit qu'elle **était allée** au cinéma.
5. Time in the	**direct speech:**	**future**	Il disait: «Elle **ira** au cinéma.»
	indirect speech:	**conditional**	Il disait qu'elle **irait** au cinéma.
6. Time in the	**direct speech:**	**future perfect**	Il a dit: «Elle **sera allée** au cinéma.»
	indirect speech:	**conditional perfect**	Il a dit qu'elle **serait allée** au cinéma.
7. Time in the	**direct speech:**	**conditional**	Il disait: «Elle **irait** au cinéma.»
	indirect speech:	**conditional**	Il disait qu'elle **irait** au cinéma.
8. Time in the	**direct speech:**	**conditional perfect**	Il a dit: «Elle **serait allée** au cinéma.»
	indirect speech:	**conditional perfect**	Il a dit qu'elle **serait allée** au cinéma.

This time shift applies not only to the indirect speech/question, but also to other clauses, e.g.:

Je crois	que tu	**es**	en vacances.	present
Je croyais	que tu	**étais**	en vacances.	imperfect

Verbes français
French verbs

Pour des raisons d'économie de place dans la partie dictionnaire, certains verbes sont suivis d'un chiffre entre chevrons qui renvoie à un des 14 tableaux de conjugaison à utiliser comme modèle. Le symbole *irr* renvoie à la liste alphabétique des verbes présentant de nombreuses irrégularités. Cette liste se trouve à la suite des tableaux.

To save space in the main part of the dictionary, some verbs are followed by angle brackets which contain a number referring to one of the fourteen model verbs, others are followed by *irr*, indicating one of the irregular verbs listed alphabetically after the model verbs.

1 chanter

présent	imparfait	futur simple	passé simple
je chante tu chantes il/elle chante nous chantons vous chantez ils/elles chantent	je chantais tu chantais il/elle chantait nous chantions vous chantiez ils/elles chantaient	je chanterai tu chanteras il/elle chantera nous chanterons vous chanterez ils/elles chanteront	je chantai tu chantas il/elle chanta nous chantâmes vous chantâtes il/elles chantèrent

conditionnel présent	subjonctif présent	subjonctif imparfait
je chanterais tu chanterais il/elle chanterait nous chanterions vous chanteriez ils/elles chanteraient	que je chante que tu chantes qu'il/elle chante que nous chantions que vous chantiez qu'ils/elles chantent	que je chantasse que tu chantasses qu'il/elle chantât que nous chantassions que vous chantassiez qu'ils/elles chantassent

participe présent	participe passé	impératif présent	impératif passé
chantant	chanté	chante chantons chantez	aie chanté ayons chanté ayez chanté

2 commencer

présent	imparfait	futur simple	passé simple
je commence tu commences il/elle commence nous commençons vous commencez ils/elles commencent	je commençais tu commençais il/elle commençait nous commencions vous commenciez ils/elles commençaient	je commencerai …	je commençai tu commenças il/elle commença nous commençâmes vous commençâtes ils/elles commencèrent

conditionnel présent	subjonctif présent	subjonctif imparfait
je commencerais ...	que je commence que tu commences qu'il/elle commence que nous commen- cions que vous commenciez qu'ils/elles com- mencent	que je commençasse que tu commençasses qu'il/elle commençât que nous commenças- sions que vous commenças- siez qu'ils/elles commen- çassent

participe présent	participe passé	impératif présent	impératif passé
commençant	commencé	commence commençons commencez	aie commencé ayons commencé ayez commencé

2a changer

présent	imparfait	futur simple	passé simple
je change tu changes il/elle change nous changeons vous changez ils/elles changent	je changeais tu changeais il/elle changeait nous changions vous changiez ils/elles changeaient	je changerai ...	je changeai tu changeas il/elle changea nous changeâmes vous changeâtes ils/elles changèrent

conditionnel présent	subjonctif présent	subjonctif imparfait
je changerais ...	que je change que tu changes qu'il/elle change que nous changions que vous changiez qu'ils/elles changent	que je changeasse que tu changeasses qu'il/elle changeât que nous changeas- sions que vous changeassiez qu'ils/elles changeas- sent

participe présent	participe passé	impératif présent	impératif passé
changeant	changé	change changeons changez	aie changé ayons changé ayez changé

3 rejeter

présent	imparfait	futur simple	passé simple
je rejette tu rejettes il/elle rejette nous rejetons vous rejetez ils/elles rejettent	je rejetais ...	je rejetterai ...	je rejetai ...

conditionnel présent	subjonctif présent	subjonctif imparfait
je rejetterais …	que je rejette que tu rejettes qu'il/elle rejette que nous rejetions que vous rejetiez qu'ils/elles rejettent	que je rejetasse …

participe présent	participe passé	impératif présent	impératif passé
rejetant	rejeté	rejette rejetons rejetez	aie rejeté ayons rejeté ayez rejeté

4 peler

présent	imparfait	futur simple	passé simple
je pèle tu pèles il/elle pèle nous pelons vous pelez ils/elles pèlent	je pelais …	je pèlerai tu pèleras il/elle pèlera nous pèlerons vous pèlerez ils/elles pèleront	je pelai …

conditionnel présent	subjonctif présent	subjonctif imparfait
je pèlerais tu pèlerais il/elle pèlerait nous pèlerions vous pèleriez ils/elles pèleraient	que je pèle que tu pèles qu'il/elle pèle que nous pelions que vous peliez qu'ils/elles pèlent	que je pelasse …

participe présent	participe passé	impératif présent	impératif passé
pelant	pelé	pèle pelons pelez	aie pelé ayons pelé ayez pelé

5 préférer

présent	imparfait	futur simple	passé simple
je préfère tu préfères il/elle préfère nous préférons vous préférez ils/elles préfèrent	je préférais …	je préférerai …	je préférai …

conditionnel présent	subjonctif présent	subjonctif imparfait
je préférerais …	que je préfère que tu préfères qu'il/elle préfère que nous préférions que vous préfériez qu'ils/elles préfèrent	que je préférasse …

participe présent	participe passé	impératif présent	impératif passé
préférant	préféré	préfère préférons préférez	aie préféré ayons préféré ayez préféré

6 appuyer

présent	imparfait	futur simple	passé simple
j'appuie tu appuies il/elle appuie nous appuyons vous appuyez ils/elles appuient	j'appuyais …	j'appuierai …	j'appuyai …

conditionnel présent	subjonctif présent	subjonctif imparfait
j'appuierais …	que j'appuie que tu appuies qu'il/elle appuie que nous appuyions que vous appuyiez qu'ils/elles appuient	que j'appuyasse …

participe présent	participe passé	impératif présent	impératif passé
appuyant	appuyé	appuie appuyons appuyez	aie appuyé ayons appuyé ayez appuyé

7 essayer

présent	imparfait	futur simple	passé simple
j'essaie/essaye tu essaies/essayes il/elle essaie/essaye nous essayons vous essayez ils/elles essaient/ essayent	j'essayais …	j'essaierai/essayerai …	j'essayai …

conditionnel présent	subjonctif présent	subjonctif imparfait
j'essaierais/essayerais …	que j'essaie/essaye que tu essaies/essayes qu'il/elle essaie/essaye que nous essayions que vous essayiez qu'ils/elles essaient/ essayent	que j'essayasse …

participe présent	participe passé	impératif présent	impératif passé
essayant	essayé	essaie/essaye essayons essayez	aie essayé ayons essayé ayez essayé

8 agir

présent	imparfait	futur simple	passé simple
j'agis tu agis il/elle agit nous agissons vous agissez ils/elles agissent	j'agissais tu agissais il/elle agissait nous agissions vous agissiez ils/elles agissaient	j'agirai tu agiras il/elle agira nous agirons vous agirez ils/elles agiront	j'agis tu agis il/elle agit nous agîmes vous agîtes ils/elles agirent
conditionnel présent	**subjonctif présent**	**subjonctif imparfait**	
j'agirais …	que j'agisse que tu agisses qu'il/elle agisse que nous agissions que vous agissiez qu'ils/elles agissent	que j'agisse que tu agisses qu'il/elle agît que nous agissions que vous agissiez qu'ils/elles agissent	
participe présent	**participe passé**	**impératif présent**	**impératif passé**
agissant	agi	agis agissons agissez	aie agi ayons agi ayez agi

9 devenir

présent	imparfait	futur simple	passé simple
je deviens tu deviens il/elle devient nous devenons vous devenez ils/elles deviennent	je devenais …	je deviendrai tu deviendras il/elle deviendra nous deviendrons vous deviendrez ils/elles deviendront	je devins tu devins il/elle devint nous devînmes vous devîntes ils/elles devinrent
conditionnel présent	**subjonctif présent**	**subjonctif imparfait**	
je deviendrais …	que je devienne que tu deviennes qu'il/elle devienne que nous devenions que vous deveniez qu'ils/elles deviennent	que je devinsse que tu devinsses qu'il/elle devînt que nous devinssions que vous devinssiez qu'ils/elles devinssent	
participe présent	**participe passé**	**impératif présent**	**impératif passé**
devenant	devenu	deviens devenons devenez	sois devenu soyons devenus soyez devenus

10 sortir

présent	imparfait	futur simple	passé simple
je sors tu sors il/elle sort nous sortons vous sortez ils/elles sortent	je sortais …	je sortirai …	je sortis…

conditionnel présent	subjonctif présent	subjonctif imparfait
je sortirais …	que je sorte que tu sortes qu'il/elle sorte que nous sortions que vous sortiez qu'ils/elles sortent	que je sortisse …

participe présent	participe passé	impératif présent	impératif passé
sortant	sorti	sors sortons sortez	sois sorti soyons sortis soyez sortis

11 ouvrir

présent	imparfait	futur simple	passé simple
j'ouvre tu ouvres il/elle ouvre nous ouvrons vous ouvrez ils/elles ouvrent	j'ouvrais …	j'ouvrirai …	j'ouvris …

conditionnel présent	subjonctif présent	subjonctif imparfait
j'ouvrirais …	que j'ouvre que tu ouvres qu'il/elle ouvre que nous ouvrions que vous ouvriez qu'ils/elles ouvrent	que j'ouvrisse …

participe présent	participe passé	impératif présent	impératif passé
ouvrant	ouvert	ouvre ouvrons ouvrez	aie ouvert ayons ouvert ayez ouvert

12 apercevoir

présent	imparfait	futur simple	passé simple
j'aperçois tu aperçois il/elle aperçoit nous apercevons vous apercevez ils/elles aperçoivent	j'apercevais …	j'apercevrai …	j'aperçus tu aperçus il/elle aperçut nous aperçûmes vous aperçûtes ils/elles aperçurent

conditionnel présent	subjonctif présent	subjonctif imparfait
j'apercevrais …	que j'aperçoive que tu aperçoives qu'il/elle aperçoive que nous apercevions que vous aperceviez qu'ils/elles aperçoivent	que j'aperçusse que tu aperçusses qu'il/elle aperçût que nous aperçussions que vous aperçussiez qu'ils/elles aperçussent

participe présent	participe passé	impératif présent	impératif passé
apercevant	aperçu	aperçois apercevons apercevez	aie aperçu ayons aperçu ayez aperçu

13 comprendre

présent	imparfait	futur simple	passé simple
je comprends tu comprends il/elle comprend nous comprenons vous comprenez ils/elles comprennent	je comprenais tu comprenais il/elle comprenait nous comprenions vous compreniez ils/elles comprenaient	je comprendrai tu comprendras il/elle comprendra nous comprendrons vous comprendrez ils/elles comprendront	je compris tu compris il/elle comprit nous comprîmes vous comprîtes ils/elles comprirent

conditionnel présent	subjonctif présent	subjonctif imparfait
je comprendrais …	que je comprenne que tu comprennes qu'il/elle comprenne que nous comprenions que vous compreniez qu'ils/elles com- prennent	que je comprisse que tu comprisses qu'il/elle comprît que nous comprissions que vous comprissiez qu'ils/elles com- prissent

participe présent	participe passé	impératif présent	impératif passé
comprenant	compris	comprends comprenons comprenez	aie compris ayons compris ayez compris

14 vendre

présent	imparfait	futur simple	passé simple
je vends tu vends il/elle vend nous vendons vous vendez ils/elles vendent	je vendais tu vendais il/elle vendait nous vendions vous vendiez ils/elles vendaient	je vendrai …	je vendis tu vendis il/elle vendit nous vendîmes vous vendîtes ils/elles vendirent

conditionnel présent	subjonctif présent	subjonctif imparfait
je vendrais …	que je vende que tu vendes qu'il/elle vende que nous vendions que vous vendiez qu'ils/elles vendent	que je vendisse …

participe présent	participe passé	impératif présent	impératif passé
vendant	vendu	vends vendons vendez	aie vendu ayons vendu ayez vendu

Verbes français irréguliers
French irregular verbs

Infinitif	Présent	Imparfait	Futur	Passé simple	Subjonctif présent	Subjonctif imparfait	Part. présent	Part. passé
abattre *see battre*								
absoudre	j'absous	j'absolvais	j'absoudrai	j'absolus	que j'absolve	que j'absolusse	absolvant	absous, -oute
	nous absolvons	nous absolvions	nous absoudrons	nous absolûmes	que nous absolvions	que nous absolussions		
	ils absolvent	ils absolvaient	ils absoudront	ils absolurent	qu'ils absolvent	qu'ils absolussent		
abstraire *see extraire*		**accourir** *see courir*						
accroître	j'accrois	j'accroissais	j'accroîtrai	j'accrus	que j'accroisse	que j'accrusse	accroissant	accru, e
	nous accroissons	nous accroissions	nous accroîtrons	nous accrûmes	que nous accroissions	que nous accrussions		
	ils accroissent	ils accroissaient	ils accroîtront	ils accrurent	qu'ils accroissent	qu'ils accrussent		
accueillir *see cueillir*								
acquérir	j'acquiers	j'acquérais	j'acquerrai	j'acquis	que j'acquière	que j'acquisse	acquérant	acquis, e
	il acquiert	il acquérait	il acquerra	il acquit	qu'il acquière	qu'il acquît		
	nous acquérons	nous acquérions	nous acquerrons	nous acquîmes	que nous acquérions	que nous acquissions		
	ils acquièrent	ils acquéraient	ils acquerront	ils acquirent	qu'ils acquièrent	qu'ils acquissent		
admettre *see mettre*		**apparaître** *see paraître*		**assaillir** *see défaillir*				
aller	je vais	j'allais	j'irai	j'allai	que j'aille	que j'allasse	allant	allé, e
	tu vas	tu allais	tu iras	tu allas	que tu ailles	que tu allasses		
	il va	il allait	il ira	il alla	qu'il aille	qu'il allât		
	nous allons	nous allions	nous irons	nous allâmes	que nous allions	que nous allassions		
	vous allez	vous alliez	vous irez	vous allâtes	que vous alliez	que vous allassiez		
	ils vont	ils allaient	ils iront	ils allèrent	qu'ils aillent	qu'ils allassent		
asseoir	j'assieds	j'asseyais	j'assiérai	j'assis	que j'asseye	que j'assisse	asseyant	assis, e
	il assied	il asseyait	il assiéra	il assit	qu'il asseye	qu'il assît	*o* assoyant	
	nous asseyons	nous asseyions	nous assiérons	nous assîmes	que nous asseyions	que nous assissions		
	ils asseyent	ils asseyaient	ils assiéront	ils assirent	qu'ils asseyent	qu'ils assissent		
	o j'assois	*o* j'assoyais	*o* j'assoirai		*o* que j'assoie			
	il assoit	il assoyait	il assoira		qu'il assoie			
	nous assoyons	nous assoyions	nous assoirons		que nous assoyions			
	ils assoient	ils assoyaient	ils assoiront		qu'ils assoient			
astreindre *see peindre*		**atteindre** *see peindre*						

Infinitif	Présent	Imparfait	Futur	Passé simple	Subjonctif présent	Subjonctif imparfait	Part. présent	Part. passé
avoir	j'ai	j'avais	j'aurai	j'eus	que j'aie	que j'eusse	ayant	eu, e
	tu as	tu avais	tu auras	tu eus	que tu aies	que tu eusses		
	il a	il avait	il aura	il eut	qu' il ait	qu'il eût		
	nous avons	nous avions	nous aurons	nous eûmes	que nous ayons	que nous eussions		
	vous avez	vous aviez	vous aurez	vous eûtes	que vous ayez	que vous eussiez		
	ils ont	ils avaient	ils auront	ils eurent	qu' ils aient	qu'ils eussent		
battre	je bats	je battais	je battrai	je battis	que je batte	que je battisse	battant	battu, e
	il bat	il battait	il battra	il battit	qu'il batte	qu'il battît		
	nous battons	nous battions	nous battrons	nous battîmes	que nous battions	que nous battissions		
	ils battent	ils battaient	ils battront	ils battirent	qu'ils battent	qu'ils battissent		
boire	je bois	je buvais	je boirai	je bus	que je boive	que je busse	buvant	bu, e
	il boit	il buvait	il boira	il but	qu'il boive	qu'il bût		
	nous buvons	nous buvions	nous boirons	nous bûmes	que nous buvions	que nous bussions		
	ils boivent	ils buvaient	ils boiront	ils burent	qu'ils boivent	qu'ils bussent		
bouillir	je bous	je bouillais	je bouillirai	je bouillis	que je bouille	que je bouillisse	bouillant	bouilli, e
	nous bouillons	nous bouillions	nous bouillirons	nous bouillîmes	que nous bouillions	que nous bouillissions		
	ils bouillent	ils bouillaient	ils bouilliront	ils bouillirent	qu'ils bouillent	qu'ils bouillissent		
braire *see extraire*								
bruire	il bruit	il bruissait	–	–	qu'il bruisse	–	bruissant	–
	nous/vous –							
	ils bruissent							
ceindre *see peindre*								
choir	je chois	–	je choirai *o* cherrai	je chus	–	*only:* qu'il chût	–	chu, e
	il choit			il chut				
	nous/vous –			nous chûmes				
	ils choient		ils choiront *o* cherront	ils churent				
circonscrire *see écrire*								
clore	je clos	–	je clorai	–	que je close	–	closant	clos, e
	il clôt		il clora		qu'il close			
	nous closons		nous clorons		que nous closions			
	ils closent		ils cloront		qu'ils closent			
comparaître *see paraître*		**complaire** *see plaire*		**compromettre** *see mettre*				
conclure	je conclus	je concluais	je conclurai	je conclus	que je conclue	que je conclusse	concluant	conclu, e
concourir *see courir*								

Infinitif	Présent	Imparfait	Futur	Passé simple	Subjonctif présent	Subjonctif imparfait	Part. présent	Part. passé
conduire	je conduis	je conduisais	je conduirai	je conduisis	que je conduise	que je conduisisse	conduisant	conduit, e
connaître *see paraître*		**conquérir** *see acquérir*		**construire** *see conduire*		**contraindre** *see craindre*		
contredire *see dire*		**contrefaire** *see faire*		**convaincre** *see vaincre*				
corrompre *see rompre*								
coudre	je couds	je cousais	je coudrai	je cousis	que je couse	que je cousisse	cousant	cousu, e
	il coud	il cousait	il coudra	il cousit	qu'il couse	qu'il cousît		
	nous cousons	nous cousions	nous coudrons	nous cousîmes	que nous cousions	que nous cousissions		
	ils cousent	ils cousaient	ils coudront	ils cousirent	qu'ils cousent	qu'ils cousissent		
courir	je cours	je courais	je courrai	je courus	que je coure	que je courusse	courant	couru, e
	il court	il courait	il courra	il courut	qu'il coure	qu'il courût		
	nous courons	nous courions	nous courrons	nous courûmes	que nous courions	que nous courussions		
	ils courent	ils couraient	ils courront	ils coururent	qu'ils courent	qu'ils courussent		
craindre	je crains	je craignais	je craindrai	je craignis	que je craigne	que je craignisse	craignant	craint, e
	nous craignons	nous craignions	nous craindrons	nous craignîmes	que nous craignions	que nous craignissions		
	ils craignent	ils craignaient	ils craindront	ils craignirent	qu'ils craignent	qu'ils craignissent		
croire	je crois	je croyais	je croirai	je crus	que je croie	que je crusse	croyant	cru, e
	il croit	il croyait	il croira	il crut	qu'il croie	qu'il crût		
	nous croyons	nous croyions	nous croirons	nous crûmes	que nous croyions	que nous crussions		
	ils croient	ils croyaient	ils croiront	ils crurent	qu'ils croient	qu'ils crussent		
croître	je croîs	je croissais	je croîtrai	je crûs	que je croisse	que je crûsse	croissant	crû, crue, cru(e)s
	nous croissons	nous croissions	nous croîtrons	nous crûmes	que nous croissions	que nous crûssions		
	ils croissent	ils croissaient	ils croîtront	ils crûrent	qu'ils croissent	qu'ils crûssent		
cueillir	je cueille	je cueillais	je cueillerai	je cueillis	que je cueille	que je cueillisse	cueillant	cueilli, e
	il cueille	il cueillait	il cueillera	il cueillit	qu'il cueille	qu'il cueillît		
	nous cueillons	nous cueillions	nous cueillerons	nous cueillîmes	que nous cueillions	que nous cueillissions		
	ils cueillent	ils cueillaient	ils cueilleront	ils cueillirent	qu'ils cueillent	qu'ils cueillissent		
cuire *see conduire*		**débattre** *see battre*						
déchoir	je déchois	–	je déchoirai	je déchus	que je déchoie	que je déchusse	–	déchu, e
	nous déchoyons		nous déchoirons	nous déchûmes	que nous déchoyions	que nous déchussions		
	ils déchoient		ils déchoiront	ils déchurent	qu'ils déchoient	qu'ils déchussent		
découdre *see coudre*		**décrire** *see écrire*		**décroître** *see accroître*		**dédire** *see contredire*	**déduire** *see conduire*	
défaillir	je défaille	je défaillais	je défaillirai	je défaillis	que je défaille	que je défaillisse	défaillant	défailli

Infinitif	Présent	Imparfait	Futur	Passé simple	Subjonctif présent	Subjonctif imparfait	Part. présent	Part. passé
défaire *see faire*		**démettre** *see mettre*		**dépeindre** *see peindre*		**déplaire** *see plaire*		
desservir *see servir*		**déteindre** *see peindre*		**détruire** *see conduire*		**dévêtir** *see vêtir*		
devoir	je dois il doit nous devons ils doivent	je devais il devait nous devions ils devaient	je devrai il devra nous devrons ils devront	je dus il dut nous dûmes ils durent	que je doive qu'il doive que nous devions qu'ils doivent	que je dusse qu'il dût que nous dussions qu'ils dussent	devant	dû, due, du(e)s
dire	je dis nous disons vous dites ils disent	je disais nous disions vous disiez ils disaient	je dirai nous dirons vous direz ils diront	je dis nous dîmes vous dîtes ils dirent	que je dise que nous disions que vous disiez qu'ils disent	que je disse que nous dissions que vous dissiez qu'ils dissent	disant	dit, e
discourir *see courir*		**disjoindre** *see joindre*		**disparaître** *see paraître*		**dissoudre** *see absoudre*	**distraire** *see extraire*	
dormir	je dors nous dormons ils dorment	je dormais nous dormions ils dormaient	je dormirai nous dormirons ils dormiront	je dormis nous dormîmes ils dormirent	que je dorme que nous dormions qu'ils dorment	que je dormisse que nous dormissions qu'ils dormissent	dormant	dormi
ébattre *see battre*								
échoir	il échoit ils échoient	il échoyait ils échoyaient	il échoira *o* écherra ils échoiront *o* écherront	il échut ils échurent	qu'il échoit qu'ils échoient	qu'il échût qu'ils échussent	échéant	échu, e
éclore *see clore*								
écrire	j'écris il écrit nous écrivons ils écrivent	j'écrivais il écrivait nous écrivions ils écrivaient	j'écrirai il écrira nous écrirons ils écriront	j'écrivis il écrivit nous écrivîmes ils écrivirent	que j'écrive qu'il écrive que nous écrivions qu'ils écrivent	que j'écrivisse qu'il écrivît que nous écrivissions qu'ils écrivissent	écrivant	écrit, e
élire *see lire*		**émettre** *see mettre*						
émouvoir *see mouvoir, exception:*								ému, e
empreindre *see peindre*		**enclore** *see clore*		**encourir** *see courir*		**endormir** *see dormir*	**enduire** *see conduire*	
enfreindre *see peindre*		**enfuir** *see fuir*		**enjoindre** *see joindre*		**enquérir** *see acquérir*	**ensuivre** *see suivre*	
entremettre *see mettre*		**entrevoir** *see voir*						
envoyer	j'envoie nous envoyons ils envoient	j'envoyais nous envoyions ils envoyaient	j'enverrai nous enverrons ils enverront	j'envoyai nous envoyâmes ils envoyèrent	que j'envoie que nous envoyions qu'ils envoient	que j'envoyasse que nous envoyassions qu'ils envoyassent	envoyant	envoyé, e

Infinitif	Présent	Imparfait	Futur	Passé simple	Subjonctif présent	Subjonctif imparfait	Part. présent	Part. passé
équivaloir *see valoir*								
éteindre *see peindre*								
être	je suis	j'étais	je serai	je fus	que je sois	que je fusse	étant	été
	tu es	tu étais	tu seras	tu fus	que tu sois	que tu fusses		
	il est	il était	il sera	il fut	qu'il soit	qu'il fût		
	nous sommes	nous étions	nous serons	nous fûmes	que nous soyons	que nous fussions		
	vous êtes	vous étiez	vous serez	vous fûtes	que vous soyez	que vous fussiez		
	ils sont	ils étaient	ils seront	ils furent	qu'ils soient	qu'ils fussent		
étreindre *see peindre*								
exclure	j'exclus	j'excluais	j'exclurai	j'exclus	que j'exclue	que j'exclusse	excluant	exclu, e
	il exclut	il excluait	il exclura	il exclut	qu'il exclue	qu'il exclût		
	nous excluons	nous excluions	nous exclurons	nous exclûmes	que nous excluions	que nous exclussions		
	ils excluent	ils excluaient	ils excluront	ils exclurent	qu'ils excluent	qu'ils exclussent		
extraire	j'extrais	j'extrayais	j'extrairai	–	que j'extraie	–	extrayant	extrait, e
	nous extrayons	nous extrayions	nous extrairons		que nous extrayions			
	ils extraient	ils extrayaient	ils extrairont		qu'ils extraient			
faillir	je faillis	je faillissais	je faillirai	je faillis	que je faillisse	que je faillisse	faillissant	failli
	nous faillissons	nous faillissions	nous faillirons	nous faillîmes	que nous faillissions	que nous faillissions	*o* faillant	
	ils faillissent	ils faillissaient	ils failliront	ils faillirent	qu'ils faillissent	qu'ils faillissent		
		o je faillais	*o* je faudrai		*o* que je faille			
		nous faillions	nous faudrons		que nous faillions			
		ils faillaient	ils faudront		qu'ils faillent			
faire	je fais	je faisais	je ferai	je fis	que je fasse	que je fisse	faisant	fait, e
	tu fais	tu faisais	tu feras	tu fis	que tu fasses	que tu fisses		
	il fait	il faisait	il fera	il fit	qu'il fasse	qu'il fît		
	nous faisons	nous faisions	nous ferons	nous fîmes	que nous fassions	que nous fissions		
	vous faites	vous faisiez	vous ferez	vous fîtes	que vous fassiez	que vous fissiez		
	ils font	ils faisaient	ils feront	ils firent	qu'ils fassent	qu'ils fissent		
falloir	il faut	il fallait	il faudra	il fallut	qu'il faille	qu'il fallût	–	fallu
feindre *see peindre*								
frire	je fris	–	je frirai	–	–	–	–	frit, e
	nous/vous/ils –		nous frirons					
			ils friront					

Infinitif	Présent	Imparfait	Futur	Passé simple	Subjonctif présent	Subjonctif imparfait	Part. présent	Part. passé
fuir	je fuis	je fuyais	je fuirai	je fuis	que je fuie	que je fuisse	fuyant	fui, e
	il fuit	il fuyait	il fuira	il fuit	qu'il fuie	qu'il fuît		
	nous fuyons	nous fuyions	nous fuirons	nous fuîmes	que nous fuyions	que nous fuissions		
	ils fuient	ils fuyaient	ils fuiront	ils fuirent	qu'ils fuient	qu'ils fuissent		
geindre *see peindre*								
gésir	je gis	je gisais						
	tu gis	tu gisais						
	il gît	il gisait						
	nous gisons	nous gisions						
	vous gisez	vous gisiez						
	ils gisent	ils gisaient						
haïr	je hais	je haïssais	je haïrai	je haïs	que je haïsse	que je haïsse	haïssant	haï, e
	il hait	il haïssait	il haïra	il haït	qu'il haïsse	qu'il haït		
	nous haïssons	nous haïssions	nous haïrons	nous haïmes	que nous haïssions	que nous haïssions		
	ils haïssent	ils haïssaient	ils haïront	ils haïront	qu'ils haïssent	qu'ils haïssent		
inclure *see conclure*		**induire** *see conduire*		**inscrire** *see écrire*	**instruire** *see conduire*			
interdire *see contredire*		**interrompre** *see rompre*		**introduire** *see conduire*				
joindre	je joins	je joignais	je joindrai	je joignis	que je joigne	que je joignisse	joignant	joint, e
	il joint	il joignait	il joindra	il joignit	qu'il joigne	qu'il joignît		
	nous joignons	nous joignions	nous joindrons	nous joignîmes	que nous joignions	que nous joignissions		
	ils joignent	ils joignaient	ils joindront	ils joignirent	qu'ils joignent	qu'ils joignissent		
lire	je lis	je lisais	je lirai	je lus	que je lise	que je lusse	lisant	lu, e
	il lit	il lisait	il lira	il lut	qu'il lise	qu'il lût		
	nous lisons	nous lisions	nous lirons	nous lûmes	que nous lisions	que nous lussions		
	ils lisent	ils lisaient	ils liront	ils lurent	qu'ils lisent	qu'ils lussent		
luire *see nuire*		**méconnaître** *see paraître*		**médire** *see contredire*				
mettre	je mets	je mettais	je mettrai	je mis	que je mette	que je misse	mettant	mis, e
	il met	il mettait	il mettra	il mit	qu'il mette	qu'il mît		
	nous mettons	nous mettions	nous mettrons	nous mîmes	que nous mettions	que nous missions		
	ils mettent	ils mettaient	ils mettront	ils mirent	qu'ils mettent	qu'ils missent		
moudre	je mouds	je moulais	je moudrai	je moulus	que je moule	que je moulusse	moulant	moulu, e
	il moud	il moulait	il moudra	il moulut	qu'il moule	qu'il moulût		
	nous moulons	nous moulions	nous moudrons	nous moulûmes	que nous moulions	que nous moulussions		
	ils moulent	ils moulaient	ils moudront	ils moulurent	qu'ils moulent	qu'ils moulussent		

Infinitif	Présent	Imparfait	Futur	Passé simple	Subjonctif présent	Subjonctif imparfait	Part. présent	Part. passé
mourir	je meurs	je mourais	je mourrai	je mourus	que je meure	que je mourusse	mourant	mort, e
	il meurt	il mourait	il mourra	il mourut	qu'il meure	qu'il mourût		
	nous mourons	nous mourions	nous mourrons	nous mourûmes	que nous mourions	que nous mourussions		
	ils meurent	ils mouraient	ils mourront	ils moururent	qu'ils meurent	qu'ils mourussent		
mouvoir	je meus	je mouvais	je mouvrai	je mus	que je meuve	que je musse	mouvant	mû, mue, mu(e)s
	il meut	il mouvait	il mouvra	il mut	qu'il meuve	qu'il mût		
	nous mouvons	nous mouvions	nous mouvrons	nous mûmes	que nous mouvions	que nous mussions		
	ils meuvent	ils mouvaient	ils mouvront	ils murent	qu'ils meuvent	qu'ils mussent		
naître	je nais	je naissais	je naîtrai	je naquis	que je naisse	que je naquisse	naissant	né, e
	il naît	il naissait	il naîtra	il naquit	qu'il naisse	qu'il naquît		
	nous naissons	nous naissions	nous naîtrons	nous naquîmes	que nous naissions	que nous naquissions		
	ils naissent	ils naissaient	ils naîtront	ils naquirent	qu'ils naissent	qu'ils naquissent		
nuire	je nuis	je nuisais	je nuirai	je nuisis	que je nuise	que je nuisisse	nuisant	nui
	nous nuisons	nous nuisions	nous nuirons	nous nuisîmes	que nous nuisions	que nous nuisissions		
	ils nuisent	ils nuisaient	ils nuiront	ils nuisirent	qu'ils nuisent	qu'ils nuisissent		
occire *only infinitive, past participle and compound tenses*								occis, e
oindre *see joindre*								
omettre *see mettre*								
ouïr	j'ouïs	j'ouïssais	j'ouïrai	j'ouïs	que j'ouïsse	que j'ouïsse	oyant	ouï, e
	nous ouïssons	nous ouïssions	nous ouïrons	nous ouïmes	que nous ouïssions	que nous ouïssions		
	ils ouïssent	ils ouïssaient	ils ouïront	ils ouïrent	qu'ils ouïssent	qu'ils ouïssent		
	o j'ois	*o* j'oyais	*o* j'orrai		o que j'oie			
	nous oyons	nous oyions	nous orrons		que nous oyions			
	ils oient	ils oyaient	ils orront		qu'ils oient			
paître *see paraître*								
paraître	je parais	je paraissais	je paraîtrai	je parus	que je paraisse	que je parusse	paraissant	paru, e
	il paraît	il paraissait	il paraîtra	il parut	qu'il paraisse	qu'il parût		
	nous paraissons	nous paraissions	nous paraîtrons	nous parûmes	que nous paraissions	que nous parussions		
	ils paraissent	ils paraissaient	ils paraîtront	ils parurent	qu'ils paraissent	qu'ils parussent		
parcourir *see courir*								
parfaire *see faire*								
peindre	je peins	je peignais	je peindrai	je peignis	que je peigne	que je peignisse	peignant	peint, e
	nous peignons	nous peignions	nous peindrons	nous peignîmes	que nous peignions	que nous peignissions		
	ils peignent	ils peignaient	ils peindront	ils peignirent	qu'ils peignent	qu'ils peignissent		
permettre *see mettre*								

Infinitif	Présent	Imparfait	Futur	Passé simple	Subjonctif présent	Subjonctif imparfait	Part. présent	Part. passé
plaindre	je plains	je plaignais	je plaindrai	je plaignis	que je plaigne	que je plaignisse	plaignant	plaint, e
	il plaint	il plaignait	il plaindra	il plaignit	qu'il plaigne	qu'il plaignît		
	nous plaignons	nous plaignions	nous plaindrons	nous plaignîmes	que nous plaignions	que nous plaignissions		
	ils plaignent	ils plaignaient	ils plaindront	ils plaignirent	qu'ils plaignent	qu'ils plaignissent		
plaire	je plais	je plaisais	je plairai	je plus	que je plaise	que je plusse	plaisant	plu
	il plaît	il plaisait	il plaira	il plut	qu'il plaise	qu'il plût		
pleuvoir	il pleut	il pleuvait	il pleuvra	il plut	qu'il pleuve	qu'il plût	pleuvant	plu
fig	ils pleuvent	ils pleuvaient	ils pleuvront	ils plurent	qu'ils pleuvent	qu'ils plussent		
poursuivre *see suivre*								
pourvoir	je pourvois	je pourvoyais	je pourvoirai	je pourvus	que je pourvoie	que je pourvusse	pourvoyant	pourvu, e
	il pourvoit	il pourvoyait	il pourvoira	il pourvut	qu'il pourvoie	qu'il pourvût		
	nous pourvoyons	nous pourvoyions	nous pourvoirons	nous pourvûmes	que nous pourvoyions	que nous pourvussions		
	ils pourvoient	ils pourvoyaient	ils pourvoiront	ils pourvurent	qu'ils pourvoient	qu'ils pourvussent		
pouvoir	je peux	je pouvais	je pourrai	je pus	que je puisse	que je pusse	pouvant	pu
	il peut	il pouvait	il pourra	il put	qu'il puisse	qu'il pût		
	nous pouvons	nous pouvions	nous pourrons	nous pûmes	que nous puissions	que nous pussions		
	ils peuvent	ils pouvaient	ils pourront	ils purent	qu'ils puissent	qu'ils pussent		
prédire	je prédis	je prédisais	je prédirai	je prédis	que je prédise	que je prédisse	prédisant	prédit, e
	il prédit	il prédisait	il prédira	il prédit	qu'il prédise	qu'il prédît		
	nous prédisons	nous prédisions	nous prédirons	nous prédîmes	que nous prédisions	que nous prédissions		
prescrire *see écrire*								
prévaloir *see valoir, exception:*					que je prévale			
prévoir *see voir, exception:*			je prévoirai					
produire *see conduire*								
promouvoir *see mouvoir, exception:*								promu, e

proscrire *see écrire*
réapparaître *see paraître*
reconquérir *see acquérir*
récrire *see écrire*
redire *see dire*
réélire *see lire*
promettre *see mettre*
rabattre *see battre*
recomparaître *see paraître*
reconstruire *see conduire*
recueillir *see cueillir*
redormir *see dormir*
réinscrire *see écrire*
rasseoir *see asseoir*
reconduire *see conduire*
recoudre *see coudre*
recuire *see conduire*
réduire *see conduire*
réintroduire *see conduire*
réadmettre *see mettre*
reconnaître *see paraître*
recourir *see courir*
redéfaire *see faire*
réécrire *see écrire*
rejoindre *see joindre*

Infinitif	Présent	Imparfait	Futur	Passé simple	Subjonctif présent	Subjonctif imparfait	Part. présent	Part. passé
relire *see lire*		**reluire** *see nuire*		**remettre** *see mettre*		**renaître** *see naître*		
rendormir *see dormir*		**reparaître** *see paraître*		**repeindre** *see peindre*		**reproduire** *see conduire*		
requérir *see acquérir*								
résoudre	je résous	je résolvais	je résoudrai	je résolus	que je résolve	que je résolusse	résolvant	résolu, e
	il résout	il résolvait	il résoudra	il résolut	qu'il résolve	qu'il résolût		
	nous résolvons	nous résolvions	nous résoudrons	nous résolûmes	que nous résolvions	que nous résolussions		
	ils résolvent	ils résolvaient	ils résoudront	ils résolurent	qu'ils résolvent	qu'ils résolussent		
restreindre *see peindre*		**retraduire** *see traduire*		**retranscrire** *see écrire*		**retransmettre** *see mettre*		
revaloir *see valoir*		**revêtir** *see vêtir*		**revivre** *see vivre*		**revoir** *see voir*		
revouloir *see vouloir*								
rire	je ris	je riais	je rirai	je ris	que je rie	que je risse	riant	ri
	il rit	il riait	il rira	il rit	qu'il rie	qu'il rît		
	nous rions	nous riions	nous rirons	nous rîmes	que nous riions	que nous rissions		
	ils rient	ils riaient	ils riront	ils rirent	qu'ils rient	qu'ils rissent		
rompre	je romps	je rompais	je romprai	je rompis	que je rompe	que je rompisse	rompant	rompu, e
	il rompt	il rompait	il rompra	il rompit	qu'il rompe	qu'il rompît		
	nous rompons	nous rompions	nous romprons	nous rompîmes	que nous rompions	que nous rompissions		
	ils rompent	ils rompaient	ils rompront	ils rompirent	qu'ils rompent	qu'ils rompissent		
saillir	il saille	il saillait	il saillera	il saillit	qu'il saille	qu'il saillît	saillant	sailli, e
= être en saillie	ils saillent	ils saillaient	ils sailleront	ils saillirent	qu'ils saillent	qu'ils saillissent		
satisfaire *see faire*								
savoir	je sais	je savais	je saurai	je sus	que je sache	que je susse	sachant	su, e
	il sait	il savait	il saura	il sut	qu'il sache	qu'il sût		
	nous savons	nous savions	nous saurons	nous sûmes	que nous sachions	que nous sussions		
	ils savent	ils savaient	ils sauront	ils surent	qu'ils sachent	qu'ils sussent		
secourir *see courir*		**séduire** *see conduire*						
seoir	il sied	il seyait	il siéra	–	qu'il siée	–	seyant	–
	ils siéent	ils seyaient	ils siéront		qu'ils siéent			
servir	je sers	je servais	je servirai	je servis	que je serve	que je servisse	servant	servi, e
	il sert	il servait	il servira	il servit	qu'il serve	qu'il servît		
	nous servons	nous servions	nous servirons	nous servîmes	que nous servions	que nous servissions		
	ils servent	ils servaient	ils serviront	ils servirent	qu'ils servent	qu'ils servissent		

Infinitif	Présent	Imparfait	Futur	Passé simple	Subjonctif présent	Subjonctif imparfait	Part. présent	Part. passé
sourire *see rire*		**souscrire** *see écrire*		**soustraire** *see extraire*				
suffire	je suffis	je suffisais	je suffirai	je suffis	que je suffise	que je suffisse	suffisant	suffi
	nous suffisons	nous suffisions	nous suffirons	nous suffîmes	que nous suffisions	que nous suffissions		
	ils suffisent	ils suffisaient	ils suffiront	ils suffirent	qu'ils suffisent	qu'ils suffissent		
suivre	je suis	je suivais	je suivrai	je suivis	que je suive	que je suivisse	suivant	suivi, e
	il suit	il suivait	il suivra	il suivit	qu'il suive	qu'il suivît		
	nous suivons	nous suivions	nous suivrons	nous suivîmes	que nous suivions	que nous suivissions		
	ils suivent	ils suivaient	ils suivront	ils suivirent	qu'ils suivent	qu'ils suivissent		
surseoir	je sursois	je sursoyais	je surseoirai	je sursis	que je sursoie	que je sursisse	sursoyant	sursis, e
	nous sursoyons	nous sursoyions	nous surseoirons	nous sursîmes	que nous sursoyions	que nous sursissions		
	ils sursoient	ils sursoyaient	ils surseoiront	ils sursirent	qu'ils sursoient	qu'ils sursissent		
survivre *see vivre*								
taire	je tais	je taisais	je tairai	je tus	que je taise	que je tusse	taisant	tu, e
	il tait	il taisait	il taira	il tut	qu'il taise	qu'il tût		
	nous taisons	nous taisions	nous tairons	nous tûmes	que nous taisions	que nous tussions		
	ils taisent	ils taisaient	ils tairont	ils turent	qu'ils taisent	qu'ils tussent		
teindre	je teins	je teignais	je teindrai	je teignis	que je teigne	que je teignisse	teignant	teint, e
	il teint	il teignait	il teindra	il teignit	qu'il teigne	qu'il teignît		
	nous teignons	nous teignions	nous teindrons	nous teignîmes	que nous teignions	que nous teignissions		
	ils teignent	ils teignaient	ils teindront	ils teignirent	qu'ils teignent	qu'ils teignissent		
traduire	je traduis	je traduisais	je traduirai	je traduisis	que je traduise	que je traduisisse	traduisant	traduit, e
	il traduit	il traduisait	il traduira	il traduisit	qu'il traduise	qu'il traduisît		
	nous traduisons	nous traduisions	nous traduirons	nous traduisîmes	que nous traduisions	que nous traduisissions		
	ils traduisent	ils traduisaient	ils traduiront	ils traduisirent	qu'ils traduisent	qu'ils traduisissent		
traire	je trais	je trayais	je trairai	–	que je traie	–	trayant	trait, e
	il trait	il trayait	il traira		qu'il traie			
	nous trayons	nous trayions	nous trairons		que nous trayions			
	ils traient	ils trayaient	ils trairont		qu'ils traient			
transcrire *see écrire*		**transmettre** *see mettre*		**transparaître** *see paraître*		**tressaillir** *see défaillir*		
vaincre	je vaincs	je vainquais	je vaincrai	je vainquis	que je vainque	que je vainquisse	vaincant	vaincu, e
	il vainc	il vainquait	il vaincra	il vainquit	qu'il vainque	qu'il vainquît		
	nous vainquons	nous vainquions	nous vaincrons	nous vainquîmes	que nous vainquions	que nous vainquissions		
	ils vainquent	ils vainquaient	ils vaincront	ils vainquirent	qu'ils vainquent	qu'ils vainquissent		

Infinitif	Présent	Imparfait	Futur	Passé simple	Subjonctif présent	Subjonctif imparfait	Part. présent	Part. passé
valoir	je vaux	je valais	je vaudrai	je valus	que je vaille	que je valusse	valant	valu, e
	il vaut	il valait	il vaudra	il valut	qu'il vaille	qu'il valût		
	nous valons	nous valions	nous vaudrons	nous valûmes	que nous valions	que nous valussions		
	ils valent	ils valaient	ils vaudront	ils valurent	qu'ils vaillent	qu'ils valussent		
vêtir	je vêts	je vêtais	je vêtirai	je vêtis	que je vête	que je vêtisse	vêtant	vêtu, e
	il vêt	il vêtait	il vêtira	il vêtit	qu'il vête	qu'il vêtît		
	nous vêtons	nous vêtions	nous vêtirons	nous vêtîmes	que nous vêtions	que nous vêtissions		
	ils vêtent	ils vêtaient	ils vêtiront	ils vêtirent	qu'ils vêtent	qu'ils vêtissent		
vivre	je vis	je vivais	je vivrai	je vécus	que je vive	que je vécusse	vivant	vécu, e
	il vit	il vivait	il vivra	il vécut	qu'il vive	qu'il vécût		
	nous vivons	nous vivions	nous vivrons	nous vécûmes	que nous vivions	que nous vécussions		
	ils vivent	ils vivaient	ils vivront	ils vécurent	qu'ils vivent	qu'ils vécussent		
voir	je vois	je voyais	je verrai	je vis	que je voie	que je visse	voyant	vu, e
	il voit	il voyait	il verra	il vit	qu'il voie	qu'il vît		
	nous voyons	nous voyions	nous verrons	nous vîmes	que nous voyions	que nous vissions		
	ils voient	ils voyaient	ils verront	ils virent	qu'ils voient	qu'ils vissent		
vouloir	je veux	je voulais	je voudrai	je voulus	que je veuille	que je voulusse	voulant	voulu, e
	il veut	il voulait	il voudra	il voulut	qu'il veuille	qu'il voulût		
	nous voulons	nous voulions	nous voudrons	nous voulûmes	que nous voulions	que nous voulussions		
	ils veulent	ils voulaient	ils voudront	ils voulurent	qu'ils veuillent	qu'ils voulussent		

Précis de grammaire française
Brief English grammar

Le substantif – Nouns

En anglais, on ne reconnaît le **genre** d'un substantif non pas à son article, qui est toujours le même quelque soit le genre du substantif, mais au pronom qui peut le remplacer:

a/the boy	**he**	il
a/the girl	**she**	elle
a/the book	**it**	il

Les noms de bateaux sont en général féminins.

On personnifie aussi souvent les pays et les avions en utilisant un pronom féminin.

Pour parler des bébés et des animaux, on emploie normalement **it**, sauf si l'on connaît leur sexe:

A dog came into the garden and I chased it out.	Un chien est entré dans le jardin et je l'en ai chassé.
I called my **dog, Rex,** and he came running.	J'appelé mon chien, Rex, et il est arrivé en courant.
I made a funny face at **a baby** and **it** smiles at me.	J'ai fait une grimace à un bébé et il m'a souri.
We have **a** new **baby** – **she**'s called Karen.	Nous avons un nouveau bébé – elle s'appelle Karen

En général, les noms d'animaux gardent la même forme au singulier et au pluriel:

a bison – two **bison**	un bison – deux bisons
a sheep – two **sheep**	un mouton – deux moutons

Pour la formation du **pluriel** on ajoute en général un **-s** à la fin du mot. Ce **s** se prononce [z] après les voyelles et après les consonnes sonores:

days	jours
dogs	chiens
boys	garçons

et [s] après toutes les consonnes sourdes:

books	livres
hats	chapeaux

Dans les mots se terminant par -**ce**, -**ge**, -**se**, -**ze**, le -**e** du singulier se prononce [I] au pluriel:

pie**ces**	morceaux
si**zes**	tailles

Les mots se terminant par une chuintante comme -**s**, -**ss**, -**sh**, -**ch**, -**x**, -**z**, prennent -**es** au pluriel, prononcé [ɪz]:

bo**xes**	boîtes
bo**sses**	chefs

Un **y** final précédé d'une consonne se transforme en -**ies** [Iz] au pluriel:

lad**y**	lad**ies**	dames
bod**y**	bod**ies**	corps

Les mots qui se terminent par un -**o** précédé d'une consonne, prennent aussi souvent -**es** au pluriel :

tomat**oes**	tomates
her**oes**	héros

Quelques mots se terminant par un -**f** ou par -**fe** prennent la terminaison -**ves** au pluriel :

Singulier	**Pluriel**	
hal**f**	hal**ves**	moitiés
kni**fe**	kni**ves**	couteaux
lea**f**	lea**ves**	feuilles
wi**fe**	wi**ves**	épouses

D'autres mots changent de voyelle(s) :

Singulier	**Pluriel**	
f**oo**t	f**ee**t	pieds
m**a**n	m**e**n	hommes
wom**a**n	wom**e**n	femmes

Les formes irrégulières de pluriel ainsi que celles en -**ves**, -**oes** ou -**os** sont indiquées dans la partie anglais-français du dictionnaire.

Le complément du nom – Noun complement

Le complément du nom qui exprime une idée d'appartenance ou de possession peut être exprimé avec ***of*** (en général pour des choses) ou avec ***'s*** (en général pour des personnes ou des objets personnifiés – il s'agit alors du génitif saxon)

- Avec ***of:***

the name **of** the hotel	le nom **de** l'hôtel
the leg **of** the table	le pied de la table

- Pour la construction avec le génitif saxon, le possesseur est placé devant le substantif qu'il détermine et est signalé par une apostrophe et par un **s** lorsque le substantif est au singulier :

my sister'**s** room	la chambre de ma sœur

et au **pluriel** avec une **apostrophe** seulement :

my sisters' room	la chambre de mes sœurs

Les mots comme **shop**, **church**, **cathedral** n'apparaissent généralement pas après le génitif saxon :

at the butcher'**s**	*au lieu de:* at the butcher's shop	chez le boucher
St. Paul'**s**	*au lieu de:* St. Paul's Cathedral	la cathédrale St. Paul

L'adjectif – Adjectives

L'adjectif donne des informations sur le substantif auquel il se rapporte. Il le qualifie ou le classifie (par ex. : a *sunny* day, *financial* problems), il donne des informations sur sa couleur (a *blue* shirt) ou souligne une qualité (an *utter* flop).

La forme de l'adjectif ne varie ni en genre ni en nombre :

a **nice** postman	un gentil facteur
three **nice** postmen	trois gentils facteurs

a **good** song	une bonne chanson
two **good** songs	deux bonnes chansons

L'adjectif démonstratif (appelé aussi déterminant démonstratif) réfère à des substantifs d'une certaine manière. Pour les substantifs référant à des éléments localement ou temporairement proches de lui, le locuteur utilise *this* et *these.*

this hat	**this** year	ce chapeau(-ci)	cette année(-ci)
these pants	**these** days	ce pantalon(-ci)	ces jours(-ci)

Pour les substantifs référant à des éléments plus éloignés dans le temps ou dans l'espace, on utilise *that* et *those.*

that man	**that** party	cet homme(-là)	cette fête(-là)
those children	**those** celebrations	ces enfants(-là)	ces célébrations(-là)

Il existe aussi des adjectifs possessifs (appelés également déterminants possessifs) qui indiquent la possession ou la relation que le substantif a avec quelqu'un.

my	friend	mon ami
your	friend	ton ami
his, her	friend	son ami
its	applications	ses applications
our	friend	notre ami
your	friend	votre ami
their	friend	leur ami

La comparaison (formes régulières)

Pour la comparaison (formes régulières), les adjectifs monosyllabiques prennent -**er** au comparatif et -**est** au superlatif :

great	great**er** (than)	great**est**
grand	plus grand (que)	le plus grand

- Les adjectifs qui se terminent par un -**e** perdent un **e** : fine, fin**er**, fin**est**.
- Le -**y** final des adjectifs de deux syllabes se transforme en -**ier** et -**iest** : happ**y**, happ**ier**, happ**iest**.
- Les lettres finales **d**, **g**, **n** et **t** sont doublées lors de la construction de la comparaison avec -**er**, -**est** quand elles viennent après un **a**, **e**, **i** ou un **o** court et accentué : bi**g**, bi**gg**er, bi**gg**est.

La comparaison d'autres adjectifs de deux syllabes ou plus se fait avec ***more*** (plus) au comparatif et avec ***most*** (le plus) au superlatif.

difficult	**more** difficult (than)	**most** difficult
difficile	plus difficile (que)	le plus difficile

La comparaison (formes irrégulières)

good	**better**	**best**
bon	meilleur	le meilleur

bad	**worse**	**worst**
mauvais	pire	le pire

much/many	**more**	**most**
beaucoup	plus	le plus

Les formes irrégulières de la comparaison sont indiquées dans la partie anglais-français du dictionnaire.

L'adverbe – Adverbs

On forme en général les adverbes en ajoutant **-ly** aux adjectifs.

slow	slow**ly**	He speaks slowly.	Il parle lentement.
quick	quick**ly**	He runs quickly.	Il marche vite.

- ***well*** représente un cas particulier, c'est l'adverbe qui correspond à l'adjectif ***good*** (bon).

He speaks English **well.**	Il parle bien anglais.

- et certains autres adverbes ne se terminent pas en **-ly**:

You're doing **fine.**	Tu fais ça bien.
You've arrived too **late.**	Tu es arrivé trop tard.
See you **soon**!	À bientôt!

La comparaison avec les adverbes se terminant par **-ly** se fait avec ***more*** et ***most:***

slow**ly**	**more** slowly	**most** slowly
lentement	plus lentement	le plus lentement

Celle de ceux qui ne se terminent pas en **-ly** se fait avec **-er** et **-est:**

fast	fast**er**	fast**est**
rapide	plus rapidement	le plus rapidement

Le verbe – Verbs

Le présent

Infinitif:		to knock (frapper)	to call (appeler)	to go (aller)	to wash (laver)	to study (étudier)
I	(je)	knock	call	go	wash	study
you	(tu)	knock	call	go	wash	study
he	(il)					
she	(elle)	knocks	calls	goes	washes	studies
it	(il, elle)					
we	(nous)	knock	call	go	wash	study
you	(vous)	knock	call	go	wash	study
they	(ils, elles)	knock	call	go	wash	study

Seule la forme de la 3ᵉ personne du singulier change.
Les **-s** est sourd après les consonnes (*he knocks*) et sonore après les voyelles (*he goes*) et les consonnes sonores (*he calls*).
Le présent est employé pour exprimer:
– des faits

The earth **goes** around the sun.	La terre tourne autour du soleil.

– des habitudes

I **brush** my teeth after breakfast.	Je me lave les dents après le petit déjeuner.

– des intentions dans le futur proche

We **leave** for London next Friday.	Nous partons pour Londres vendredi prochain.

Le prétérit et le participe passé

Pour construire les formes du passé, on ajoute **-ed** à l'infinitif du verbe sans **to**.

Infinitif:	to open (ouvrir)	to arrive (arriver)	to stop (arrêter)	to carry (porter)
I, you, he, she, it, we, you, they	opened	arrived	stopped	carried

- Les verbes se terminant par un **-e**, perdent un **e**: agr**ee**d, arriv**e**d.
- Un **-y** final se transforme en **-ied**.
- Les lettres **b**, **d**, **g**, **m**, **n**, **p**, **s**, **t** en finale sont doublées, lorsqu'elles viennent après une voyelle courte accentuée.
- Les consonnes finales de nombreux verbes de plusieurs syllabes sont la plupart du temps doublées en anglais américain: sto**p**, sto**pp**ed, mais il y a des exceptions: trave**l**, trave**l**ed. Trave**ll**ed constitue une variante à la forme régulière trave**l**ed.
- Le participe passé a la même forme que le prétérit:

open**ed**	arriv**ed**	stopp**ed**	carri**ed**
ouvert	arrivé	arrêté	porté

Les formes des **verbes irréguliers** sont rassemblées dans une liste séparée.

On emploie le prétérit pour :

• des évènements du passé :

They **arrived** yesterday.	Ils sont arrivés hier.
We **moved** last week.	Nous avons déménagé la semaine dernière.
Who **invented** the telephone?	Qui a inventé le téléphone?

• des récits :

Then he **planted** the magic beans.	Puis il a planté les haricots magiques.

Les auxiliaires – Auxiliary verbs

Le présent et le participe présent

Infinitif:	**to be** être	**to have** avoir	**to do** faire
I	**am**	**have**	**do**
	je suis	j'ai	je fais
you	**are**	**have**	**do**
	tu es	tu as	tu fais
he, she, it	**is**	**has**	**does**
	il, elle est	il, elle a	il, elle fait
we	**are**	**have**	**do**
	nous sommes	nous avons	nous faisons
you	**are**	**have**	**do**
	vous êtes	vous avez	vous faites
they	**are**	**have**	**do**
	ils, elles sont	ils, elles ont	ils, elles font
Participe:	**being**	**having**	**doing**
	étant	ayant	faisant

En anglais parlé, on utilise souvent des **contractions** :

am	→	**'m**	**I'm**
are	→	**'re**	**you're**
is	→	**'s**	**he's**
have	→	**'ve**	**I've**
has	→	**'s**	**he's**

Négation		**Contraction**
are not	→	are**n't**
is not	→	is**n't**
have not	→	have**n't**
has not	→	has**n't**
do not	→	do**n't**
does not	→	does**n't**

Le prétérit et le participe passé

Infinitif:	**to be** être	**to have** avoir	**to do** faire
I	**was**	**had**	**did**
	j'étais	j'avais	je faisais
you	**were**	**had**	**did**
	tu étais	tu avais	tu faisais
he, she, it	**was**	**had**	**did**
	il, elle était	il, elle avait	il, elle faisait
we	**were**	**had**	**did**
	nous étions	nous avions	nous faisions
you	**were**	**had**	**did**
	vous étiez	vous aviez	vous faisiez
they	**were**	**had**	**did**
	ils, elles étaient	ils, elles avaient	ils, elles faisaient
Participe:	**been**	**had**	**done**
	été	eu	fait
Contraction:		**'d**	
Négation:	**wasn't**	**hadn't**	**didn't**
	weren't		

Le «present perfect»

À la différence du français, le "present perfect" est toujours formé avec ***have*** (avoir) + participe passé.

I **have** had	j'ai eu
I **have** been	j'ai été
I **have** done	j'ai fait
I **have** called	j'ai appelé
I **have** arrived	je suis arrivé(e)
I **have** gone	je suis allé(e)

Il est employé:

- pour donner des explications:

I can't pay – I**'ve lost** my purse.	Je ne peux pas payer, j'ai perdu mon porte-monnaie.

- pour exprimer la conséquence:

Jack **has arrived**, so we can begin.	Jack est arrivé, on peut donc commencer.

- avec certains adverbes comme **already, just, never**:

I've already collected the mail.	Je suis déjà allé chercher le courrier.

Le plus-que-parfait

Le plus-que-parfait est toujours construit avec ***had*** (avoir) + participe passé.

I **had** had	j'avais eu
I **had** been	j'avais été
I **had** done	j'avais fait
I **had** called	j'avais appelé
I **had** arrived	j'étais arrivé(e)
I **had** gone	j'étais allé(e)

Il est employé pour parler d'évènements qui se sont déroulés antérieurement à un moment du passé :

'When I arrived at the bus stop the bus **had** already **gone.**' – 'Had it? Bad luck!'
«Quand je suis arrivé à l'arrêt de bus, le bus était déjà parti.» – «Vraiment? Pas de chance!»

I broke my new CD player yesterday because I **hadn't read** the instructions.
J'ai cassé mon lecteur de CD hier parce que je n'avais pas lu la notice d'emploi.

Les auxiliaires modaux

Les auxiliaires modaux ne peuvent pas être employés seuls et sont toujours accompagnés d'autres verbes (à l'infinitif sans ***to***).

I, you, he, she, it, we, you, they	**can**	**may**	**shall**	**will**	**must**
	pouvoir	pouvoir	devoir	vouloir	devoir
Négation :	**cannot**	**must not**	**shall not**	**will not**	**need not**
Contraction :	**can't**	**mustn't**	**shan't**	**won't**	**needn't**

Ces verbes ont la même forme à toutes les personnes; ils n'ont pas de **-s** à la troisième personne du singulier.

Prétérit		**Paraphrase**	
could	pourrait	to be able (to)	pouvoir, être en mesure (de)
might	pourrait	to be allowed (to)	pouvoir, avoir le droit (de), avoir la permission (de)
would	voudrait	to want, to wish (to)	vouloir, souhaiter
should	devrait	to be obliged (to)	être obligé (de)

Négation :	**could not**	**might not**	**would not**	**should not**
Contraction :	**couldn't**	**mightn't**	**wouldn't**	**shouldn't**

- On trouve souvent les formes du prétérit, qui sont les mêmes que celles du conditionnel, dans les formes de politesse :

Could you give me …?	Pouvez-vous/Pourriez-vous me donner …?
Would you …, please.	Pourriez-vous s'il vous plaît …
Would you like …?	Voulez-vous/Aimeriez-vous …?

Emploi des différents auxiliaires modaux:

• On emploie ***can***:

– pour exprimer des aptitudes

'**Can** you **ride** a horse?' – 'No, I can't.'	«Vous savez faire du cheval?» – «Non, je ne sais pas.»

– pour faire demander un service ou une autorisation

Can you **help** me, please?	Tu peux m'aider s'il te plaît?
'**Can** I **borrow** your bike?' – 'Yes, of course you can.'	«Je peux t'emprunter ton vélo?» – «Bien sûr (que tu peux).»

– pour exprimer une proposition

Can you **ask** your mum for the money?	Tu ne pourrais pas demander l'argent à ta mère?
Can't you **find out** on the Internet?	Tu ne peux pas trouver ça sur Internet?

• On emploie ***could***:

– pour la forme passée de ***can***

I asked if he **could ride** a horse, but he said he **couldn't**.	Je lui ai demandé s'il savait faire du cheval mais il m'a dit (que) non.
I **couldn't believe** it.	Je ne pouvais pas le croire.

– pour faire une proposition

We **could go** for a swim this afternoon.	Nous pourrions aller nous baigner cet après-midi.

– pour faire une demande polie

Please **could** I **open** a window?	Est-ce que je peux ouvrir une fenêtre s'il vous plaît?
Could we **take** a break?	Pourrions-nous faire une pause?

– pour exprimer la condition

We **could fly** if we had wings.	Nous pourrions voler si nous avions des ailes.

• On emploie ***would***:

– pour la forme passée de ***will***

He promised he **would come** early.	Il a promis qu'il arriverait tôt.
I asked him to lend me his bike, but he **wouldn't**.	Je lui ai demandé s'il pouvait me prêter son vélo mais il n'a pas voulu.

– pour faire une demande polie

Please **would** you **move** your car?	Vous pourriez déplacer votre voiture s'il vous plaît?

– avec ***like*** dans l'expression d'une proposition ou d'un souhait

Would you **like** something to eat?	Tu veux manger quelque chose?
I bet you **would like** to see the concert.	Je suis sûr que tu aimerais voir le concert.

– pour exprimer la condition

I **would buy** a helicopter if I had plenty of money.	J'achèterais un hélicoptère si j'avais beaucoup d'argent.

• On emploie ***should*** pour exprimer :
– un comportement correct

You **shouldn't tell** lies, **should** you?	Tu ne dois pas dire de mensonges, tu sais.

– ce qui devrait être

Kids **should have** supportive teachers and parents.	Les enfants devraient avoir des professeurs et des parents qui les soutiennent.

– des propositions et des conseils

Shouldn't we **book** tickets?	Tu ne penses pas qu'on devrait acheter des billets?
You really **should check** out this new CD.	Tu devrais vraiment écouter ce nouveau CD.

– ce qui est probable

The program **should work** OK.	Le programme devrait fonctionner normalement.

• On emploie ***may*** pour exprimer :
– une possibilité, une éventualité

Bring a swimsuit – we **may go** swimming.	Prends un maillot de bain – il y a des chances pour qu'on aille se baigner

– une demande de service ou une autorisation

'**May** I **use** your mobile?' – 'Yes, of course you **may**.'	Puis-je utiliser votre téléphone portable? – «Bien sûr (que vous pouvez).»
You **may not take** calculators into the exam.	Vous n'êtes pas autorisés à utiliser une calculatrice pendant l'examen.

• On emploie ***might:***
– pour exprimer une possibilité, une éventualité

Take an umbrella – it **might** rain.	Prends un parapluie – il risque de pleuvoir.

– pour la forme passée de ***may***

We thought we **might go** swimming.	Nous pensions que nous irions nous baigner.

• On emploie ***must*** pour exprimer :
– une interdiction ou une directive

You **mustn't move forward** till the light goes green.	Tu n'as pas le droit d'avancer tant que le feu n'est pas vert.
The doctor told her that she **must lose** weight.	Le médecin lui a dit qu'elle devait perdre du poids.

– une décision désagréable

We **must** get up early tomorrow.	On doit se lever tôt demain matin.

– une nécessité

We **must try** to be fair, **mustn't** we?	Il faut que nous soyons justes.

– une proposition ou une invitation

You **must** read this book!	Il faut absolument que tu lises ce livre!
You **must** come round one evening.	Passez donc nous voir un de ces soirs.

– des propositions ou des certitudes

Their children **must be** grown up by now.	Leurs enfants doivent être grands maintenant.
It **must be** nice to live in the country.	Cela doit être agréable de vivre à la campagne.

• On emploie ***need not*** pour exprimer ce qu'il n'est pas nécessaire de faire:

We **needn't get up** yet – it's only 6 o'clock.	On n'est pas encore obligés de se lever – il est seulement 6 heures.

Le futur et le conditionnel

Le futur est formé avec ***shall/ will*** (1ère personne du singulier et 1ère personne du pluriel) et avec ***will*** pour les autres personnes. Le conditionnel est formé avec ***should/ would*** (1ère personne du singulier et 1ère personne du pluriel) et avec ***would*** pour les autres personnes. De nos jours ***shall*** n'est cependant presque plus utilisé et ***will*** est la forme la plus courante pour toutes les personnes. En anglais parlé, on utilise presque toujours la contraction.

Futur		**Conditionnel**	
I **will**(/**shall**) go	j'irai	I **should/would** go	j'irais
you **will** go	tu iras	you **would** go	tu irais
he, she, it **will** go	il, elle ira	he, she, it **would** go	il, elle irait
we **will** (/**shall**) go	nous irons	we **should/would** go	nous irions
you **will** go	vous irez	you **would** go	vous iriez
they **will** go	ils, elles iront	they **would** go	ils, elles iraient
Contraction:	I'**ll** go, you'**ll** go, he'**ll** go etc.		
	I'**d** go, you'**d** go, he'**d** go etc.		

shall et ***will*** sont employés pour exprimer:

• une intention:

Ok, we **shall** (or we'**ll**) see you tomorrow.	Ok, on se voit demain alors.

• une promesse:

I **will remember** to buy milk.	Je vais penser à acheter du lait.

• une suggestion, une proposition:

Shall we **tell** her or **shan't** we?	On le lui dit ou on ne le lui dit pas?

• une conséquence:

You'**ll be** late if you don't hurry.	Tu vas être en retard si tu ne te dépêches pas.

• une décision :

No, I **won't go** mountain climbing.	Non, je n'irai pas faire de l'escalade.

• une prévision :

You'**ll love** France.	Tu vas adorer la France.

• un rappel :

You will water the flowers, **won't** you?	Tu arroseras les fleurs, n'est-ce pas?

• un refus :

He **won't** eat his dinner.	Il ne veut absolument pas manger.
The car **won't** start.	La voiture ne veut pas démarrer.

L'interrogation et la négation avec *do*

L'auxiliaire ***do*** est utilisé pour l'interrogation et pour la négation des verbes avec ***not.***

Do you speak German?	Parlez-vous allemand?
Does he know?	Le sait-il?
Did you call?	Avez-vous appelé?
I **do not** (**don't**) speak German.	Je ne parle pas allemand.
He **does not** (**doesn't**) know.	Il ne (le) sait pas.
I **did not** (**didn't**) call.	Je n'ai pas appelé.
Didn't he come?	Il n'est pas venu?
Didn't she call?	Elle n'a pas appelé?

• ***do*** n'est pas employé dans les phrases interrogatives dans lesquelles le pronom interrogatif est lui-même sujet :

Who wrote the letter?	Qui a écrit la lettre?
Which of these trains goes to London?	Lequel de ces trains va à Londres?

• et il n'est pas non plus employé avec les auxiliaires

am, are, is, was, were, can, could, may, might, must, shall, should, will, would

La forme progressive

La forme progressive est construite avec l'auxiliaire ***be*** et le participe présent (-**ing**). Elle sert à exprimer une action qui est en train de se dérouler, qui est en cours ou qui n'est pas achevée, que ce soit à un moment du présent, du passé ou du futur.

I **am** work**ing**.	Je travaille./Je suis en train de travailler.
I **was** work**ing**.	Je travaillais./J'étais en train de travailler.
I **will** be work**ing**.	Je travaillerai./Je serai en train de travailler.
It **is** rain**ing**.	Il pleut.

• Les verbes qui se terminent par un -**e** perdent ce *e*: arrive, arriv**ing**.
• La terminaison des verbes en -**ie** se transforme en **y** : lie, **lying**.
• Ici, comme pour la construction du prétérit, la consonne finale de nombreux verbes est doublée : sto**p**, sto**pping** ou peut être doublée : trave**l**, trave**l(l)ing** en anglais américain.

- La forme ***be going to*** est utilisée pour exprimer une action du futur proche qui est prévue avec certitude au moment où elle est énoncée.

I **am going to** go to London next week.	Je vais (aller) à Londres la semaine prochaine.
I **am going to** buy a new dress.	Je vais m'acheter une nouvelle robe.

Le gérondif

Le gérondif (verbe + -**ing**) est la forme substantivée de l'infinitif.

Smoking is dangerous	Fumer est dangereux./Il est dangeruex de fumer.

Le passif

Il est formé avec l'auxiliaire ***be*** et le participe passé.

The doctor examines Peter.	Peter **is examined** (by the doctor).
Le médecin examine Peter.	Peter est examiné (par le médecin).

Somebody stole my bike.	My bike **was stolen.**
Quelqu'un a volé mon vélo.	Mon vélo a été volé.

Les pronoms personnels – Personal pronouns

Sujet		**Objet**	
I	je	**me**	me/me
you	tu	**you**	te/te
he	il	**him**	lui/le
she	elle	**her**	lui/la
it	il, elle	**it**	lui/le, la
we	nous	**us**	nous/nous
you	vous	**you**	vous/vous
they	ils, elles	**them**	leur/les

- Lorsque l'accent doit être mis sur le pronom, on utilise ***to*** (objet indirect) :

I gave the book **to** him.	C'est à lui que j'ai donné le livre.
au lieu de: I gave him the book.	Je lui ai donné le livre.

Les possessifs – Possessive pronouns

La forme des possessifs est la même pour le singulier et pour le pluriel. Il peut s'agir d'un adjectif possessif ou d'un pronom possessif.

L'adjectif possessif (qui accompagne un substantif)

my	book	mon livre	**my**	books	mes livres
your	book	ton livre	**your**	books	tes livres
his	book	son livre	**his**	books	ses livres
her	book	son livre	**her**	books	ses livres
its	book	son livre	**its**	books	ses livres
our	car	notre voiture	**our**	cars	nos voitures
your	car	votre voiture	**your**	cars	vos voitures
their	car	leur voiture	**their**	cars	leurs voi-tures

Le pronom possessif (employé seul)

mine	le mien, la mienne/les miens, les miennes
yours	le tien, la tienne/les tiens, les tiennes
his	le sien, la sienne/les siens, les siennes
hers	le sien, la sienne/les siens, les siennes
ours	le nôtre, la nôtre/les nôtres
yours	le vôtre, la vôtre/les vôtres
theirs	le leur, la leur/les leurs

It's not my book. It's **yours.**	Ce n'est pas mon livre. C'est le tien.

Les démonstratifs – Demonstrative pronouns

La forme des démonstratifs varie en fonction du nombre. Il peut s'agir d'un adjectif démonstratif ou d'un pronom démonstratif. Dans les deux cas, une différence est faite entre ce qui exprime la proximité et l'éloignement (dans l'espace ou dans le temps).

L'adjectif démonstratif (qui accompagne un substantif)

Singulier:	**this**	ce …-ci, cette …-ci	**Pluriel:**	**these**	ces …-ci
	that	ce …-là, cette …-là		**those**	ces… -là

Do you prefer **this** book or **that** book?
Tu préfères ce livre-ci ou ce livre-là?

These pictures are nicer than **those** (pictures).
Ces peintures-ci sont plus belles que ces peintures-là.

Le pronom démonstratif (employé seul)

Singulier:	**this**	ceci/celui-ci, celle-ci	**Pluriel:**	**these**	ceux-ci, celles-ci
	that	cela/celui-là, celle-là		**those**	ceux-ci, celles-là

This is an English book and **that** is a French book.
Celui-ci est un livre en anglais et celui-là est un livre en français.
Ceci est un livre en anglais et cela est un livre en français.

These are wild flowers and **those** are garden flowers.
Celles-ci sont des fleurs sauvages et celles-là sont du jardin.

Les pronoms réfléchis – Reflexive pronouns

myself	me	**ourselves**	nous
yourself	te	**yourselves**	vous
himself	se	**themselves**	se
herself	se		
itself	se		

I enjoy **myself.**	Je m'amuse.
You enjoy **yourself.**	Tu t'amuses.
He enjoys **himself.**	Il s'amuse.
She enjoys **herself.**	Elle s'amuse.
We enjoy **ourselves.**	Nous nous amusons.
You enjoy **yourselves.**	Vous vous amusez.
They enjoy **themselves.**	Ils, elles s'amusent.

Les pronoms relatifs – Relative pronouns

	Personnes	**Choses**	**Personnes et choses**
Sujet (Qui? Quoi?)	**who**	**which**	**that**
Complément du nom (De qui? De quoi?)	**whose**	**of which**	
Objet indirect (A qui? A quoi?)	**to whom**	**to which**	
Objet direct (Qui? Quoi?)	**whom/who**	**which**	**that**

Le pronom relatif a la même forme au singulier et au pluriel.

- Lorsque ***that*** est objet direct, il peut être supprimé:

This is the strangest book (**that**) I've ever read.	C'est le livre le plus bizarre que j'aie jamais lu.

Les interrogatifs – Interrogative pronouns

Le pronom interrogatif (employé seul)

who?	qui?	**Who** are you?	Qui êtes-vous?
whose?	de qui?	**Whose** car is this?	C'est la voiture de qui?
whom?/who?	qui?	**Who(m)** did you help? **Who(m)** did you see?	Qui as-tu aidé? Qui as-tu vu?
what?	que?, quoi?	**What** is that?	Qu'est-ce que c'est?
which?	quel?, quelle?/ quels? quelles?	**Which** is the quickest way?	Quel est le chemin le plus court?

who/ whose/ whom servent à poser des questions sur des personnes, ***what*** sur des choses et ***which*** sur des personnes et des choses (à l'intérieur d'un ensemble).

• Dans les phrases interrogatives, les prépositions sont postposées:

Where do you come **from**?	d'où?
What are you looking **for**?	que?
What do you want this **for**?	pour quoi?
What are you laughing **at**?	de quoi?
Who are you speaking **to**?	avec qui?

• De nos jours et aussi bien à l'oral qu'à l'écrit, on utilise presqu'exclusivement ***who*** plutôt que ***whom*** pour le complément d'objet direct et le complément d'objet indirect. ***Who*** ne peut figurer juste après une préposition. Dans ces cas-là, la préposition est souvent postposée:

The man (**who**) he sold his car to.	L'homme à qui il a vendu sa voiture.
au lieu de: The man to **whom** he sold his car.	

Who did you buy the flowers for?	Pour qui as-tu acheté les fleurs?
au lieu de: For **whom** did you buy the flowers?	

L'adjectif interrogatif (qui accompagne un substantif)

What book?	Quel livre?
What English songs?	Quelles chansons anglaises?
Which book?	Quel livre? (parmi plusieurs livres)

Les pronoms indéfinis: some et any

1. some/somebody/someone/something

some et ses composés sont utilisés:

– dans les phrases affirmatives

I'd like **some** strawberry jam.	Je voudrais de la confiture de fraises.
Give me **some** stamps, please.	Donnez-moi quelques timbres s'il vous plaît.
Somebody/Someone has stolen my purse.	Quelqu'un m'a volé mon porte-monnaie.
I'd like **something** to drink.	J'aimerais boire quelque chose.

– dans les phrases interrogatives, pour lesquelles on s'attend à une réponse affirmative.

May I have **some** more tea, please? – Yes, of course.	Je pourrais avoir encore un peu de thé s'il vous plaît? – Mais bien sûr.

2. any/anybody/anyone/anything

any et ses composés sont utilisés:

– dans les phrases négatives

I haven't got **any** friends in Paris.	Je n'ai pas d'amis à Paris.

– dans les phrases interrogatives dont la réponse est incertaine

Is there **anybody/anyone** who speaks French?	Est-ce que quelqu'un parle français ici?
Have you got **any** stamps?	Auriez-vous des timbres?
Can I do **anything** for you?	Puis-je faire quelque chose pour vous?

– dans les phrases exprimant une condition

If I had **any** stamps I would post the letter.	Si j'avais des timbres, je posterais la lettre.

Les pronoms indéfinis **somebody/someone**, **anybody/anyone**, **nobody/no one** et **everybody/everyone** sont certes singuliers mais on utilise le pluriel lorsque l'on s'y réfère:

Phone **everybody** and tell **them** about the change of the plan.	Appelle tout le monde et dis-leur qu'il y a eu un changement de plan.

Verbes anglais irréguliers
English irregular verbs

Infinitive	Past	Past Participle
abide	abode, abided	abode, abided
arise	arose	arisen
awake	awoke	awaked, awoken
be	was *sing*, were *pl*	been
bear	bore	borne, born
beat	beat	beaten
become	became	become
beget	begot	begotten
begin	began	begun
behold	beheld	beheld
bend	bent	bent
beseech	besought, beseeched	besought
beset	beset	beset
bet	bet, betted	bet, betted
bid	bade, bid	bid, bidden
bind	bound	bound
bite	bit	bitten
bleed	bled	bled
blow	blew	blown
break	broke	broken
breed	bred	bred
bring	brought	brought
build	built	built
burn	burned, burnt	burned, burnt
burst	burst	burst
buy	bought	bought
can	could	-
cast	cast	cast
catch	caught	caught
choose	chose	chosen
cleave *(cut)*	cleft, cleaved, clove	cleft, cleaved, cloven
cling	clung	clung
come	came	come
cost	cost, costed	cost, costed
creep	crept	crept
cut	cut	cut
deal	dealt	dealt
dig	dug	dug
dive	dived, dove	dived

Infinitive	Past	Past Participle
do	did	done
draw	drew	drawn
dream	dreamed, dreamt	dreamed, dreamt
drink	drank	drunk
drive	drove	driven
dwell	dwelt, dwelled	dwelt, dwelled
eat	ate	eaten
fall	fell	fallen
feed	fed	fed
feel	felt	felt
fight	fought	fought
find	found	found
flee	fled	fled
fling	flung	flung
fly	flew	flown
forbid	forbade, forbad	forbidden, forbid
forget	forgot	forgotten
forsake	forsook	forsaken
freeze	froze	frozen
get	got	gotten, got
gild	gilded, gilt	gilded, gilt
gird	girded, girt	girded, girt
give	gave	given
go	went	gone
grind	ground	ground
grow	grew	grown
hang	hung, LAW hanged	hung, LAW hanged
have	had	had
hear	heard	heard
heave	heaved, hove	heaved, hove
hew	hewed	hewn, hewed
hide	hid	hidden
hit	hit	hit
hold	held	held
hurt	hurt	hurt
keep	kept	kept
kneel	knelt, kneeled	knelt, kneeled
know	knew	known
lade	laded	laden, laded
lay	laid	laid
lead	led	led
leap	leaped, leapt	leaped, leapt

Infinitive	Past	Past Participle
learn	learned, learnt	learned, learnt
leave	left	left
lend	lent	lent
let	let	let
lie	lay	lain
light	lighted, lit	lighted, lit
lose	lost	lost
make	made	made
may	might	-
mean	meant	meant
meet	met	met
mistake	mistook	mistaken
mow	mowed	mown, mowed
pay	paid	paid
put	put	put
quit	quit, quitted	quit, quitted
read [rid]	read [red]	read [red]
rend	rent, rended	rent, rended
rid	rid, ridded	rid, ridded
ride	rode	ridden
ring	rang	rung
rise	rose	risen
run	ran	run
saw	sawed	sawed, sawn
say	said	said
see	saw	seen
seek	sought	sought
sell	sold	sold
send	sent	sent
set	set	set
sew	sewed	sewn, sewed
shake	shook	shaken
shave	shaved	shaved, shaven
shear	sheared	sheared, shorn
shed	shed	shed
shine	shone, shined	shone, shined
shit	shit, *iron* shat	shit, *iron* shat
shoe	shod	shod, shodden
shoot	shot	shot
show	showed	shown, showed
shrink	shrank, shrunk	shrunk, shrunken
shut	shut	shut

Infinitive	Past	Past Participle
sing	sang, sung	sung
sink	sank, sunk	sunk
sit	sat	sat
sleep	slept	slept
slide	slid	slid
sling	slung	slung
slink	slunk	slunk
slit	slit	slit
smell	smelled, smelt	smelled, smelt
smite	smote	smitten, smote
sow	sowed	sown, sowed
speak	spoke	spoken
speed	sped, speeded	sped, speeded
spell	spelled, spelt	spelled, spelt
spend	spent	spent
spill	spilled, spilt	spilled, spilt
spin	spun	spun
spit	spat, spit	spat, spit
split	split	split
spoil	spoiled, spoilt	spoiled, spoilt
spread	spread	spread
spring	sprang, sprung	sprung
stand	stood	stood
steal	stole	stolen
stick	stuck	stuck
sting	stung	stung
stink	stank, stunk	stunk
strew	strewed	strewn, strewed
stride	strode	stridden
strike	struck	struck
string	strung	strung
strive	strove	striven, strived
swear	swore	sworn
sweep	swept	swept
swell	swelled	swollen, swelled
swim	swam	swum
swing	swung	swung
take	took	taken
teach	taught	taught
tear	tore	torn
tell	told	told
think	thought	thought

Infinitive	Past	Past Participle
thrive	thrived, throve	thrived, thriven
throw	threw	thrown
thrust	thrust	thrust
tread	trod	trodden, trod
wake	woke, waked	waked, woken
wear	wore	worn
weave	wove	woven
weep	wept	wept
win	won	won
wind	wound	wound
wring	wrung	wrung
write	wrote	written

Prefixes and suffixes: French-English – Préfixes et suffixes : Français-Anglais

Prefix	English Equivalents	Meanings and Uses	Examples	English Equivalents
a-	a-, de-, en-	negation, lack to, toward direction, intention aim, transformation	apesanteur amener acclamer affamer	weightlessness convey cheer starve
ab-	ab-	distance, separation	ablation	removal
abs-		see ab-	s'abstenir	refrain, abstain
ad-	ad-	see a-	admirer	admire
aér(o)-	aero-, air-	relating to the air, air travel	aéroport	airport
af-		see a-	affluer	flood in
ag-		see a-	aggraver	aggravate
agri-	agri-	relating to fields	agriculture	agriculture
agro-		variant of agri-	agronomie	agronomy
al-		see a-	allonger	lengthen
ambi-	ambi-	both	ambivalent	ambivalent
an-	an-, ab-	negation variant of a- before a vowel see a-	anormal annoter	abnormal annotate
andro-	andro-	relating to men	androgyne	androgynous
ant(é)-/ ant(i)-	ante-, pre-	preceding something else	antédiluvien antichambre	antediluvian antechamber
ant(i)-/ ant(é)-	ant(i)-	opposition in location opposition in action	antarctique antigel antéchrist	Antarctic antifreeze Antichrist
anthropo-	anthropo-	relating to human beings	anthropologie	anthropology
ap-		see a-	apporter	bring
après-	post-	following something else	après-demain	the day after tomorrow
aqua-	aqua-	water	aquarelle	watercolor
ar-		see a-	arranger	arrange
arch(i)-	arch-	superior; chief	archevêque	archbishop
arché(o)-	arch(a)e(o)-	old; ancient	archéologie	archeology
astro-	astro-	relating to stars or outer space	astronaute	astronaut
audi(o)-	audi(o)-	relating to sounds or hearing	audiovisuel	audiovisual
auto-	auto-, self-	oneself	autodéfense	self-defense
balné(o)-	hydro-	relating to bathing	balnéothérapie	hydrotherapy
bi-	bi-	two; twice	bicentenaire	bicentennial
biblio-	biblio-	relating to books	bibliothèque	library
bio-	bio-	relating to life	biographie	biography

Prefix	English Equivalents	Meanings and Uses	Examples	English Equivalents
bis-	bi-	see bi-	bisannuel	biennial
chrom(o)-	chrom(o)-	relating to color	chromatique	chromatic
chron(o)-	chron(o)-	relating to time	chronologie	chronology
circon-	circum-	around	circonférence	circumference
circum-	circum-	variant of circon-	circumpolaire	circumpolar
co-	co-	with; together	coauteur	co-author
col-	col-	variant of co- before an l	collatéral	collateral
com-	com-	variant of co- before m or p	combattre	combat
con-	con-	see co-	concentrer	concentrate
contra-	contra-	see contre-	contradiction	contradiction
contre-	counter-	opposite verification reciprocity	contrechamp contre-expertise contrebalancer	reverse shot second opinion counterbalance
cycl(o)-	cycl(o)-	circle cycle	cyclone cyclotourisme	cyclone bicycle touring
dé-	de-	distance, separation lack intensifier	déplacer décalcifier déambuler	move, shift decalcify stroll
demi-	demi-	half	demi-heure	half-hour
dés-	de-, un-	variant of dé- before a vowel or before h	désagréable se déshabiller	unpleasant undress
di-	di-	two	diphasé	two-phase
dia-	dia-	across	diapositive	slide (film)
dis-	di-	two variant of di-, de dé(s)-	dissyllabique	disyllabic
dys-	dys-, mis-	bad, badly	dysfonctionnement	dysfunction
é-		lack; opposite outside; toward the outside transformation	énorme éclore édulcorer	huge appear water down
éco-	eco-	relating to the environment	écologie	ecology
ef-		transformation variant of é- before f	effeuiller	thin out
électr(o)-	electr(o)-	electrical	électrostatique	electrostatic
em-	em-	action variant of en- before b, m, p	embarquer	load
en-	en-	in, inside completion and strengthening of an action distancing	encadrer s'endormir s'enfuir	surround go to sleep run away
endo-	endo-	into; toward the inside	endocrinologie	endocrinology

Prefix	English Equivalents	Meanings and Uses	Examples	English Equivalents
entr(e)-	inter-	reciprocity alleviation interval, middle	s'entraider entrebâiller entracte	help each other open halfway intermission
équ(i)-	equ(i)-	equality horse	équivalent équestre	equivalent equestrian
es-		completion and reinforcement of an action variant of é- before s	essouffler	leave out of breath
ex-	ex-	outside; toward the outside removal former	exporter exfolier ex-ministre	export exfoliate ex-minister
exo-	exo-	outside; toward the outside	exotique	exotic
extra-	extra-	beyond; further more than; better than	extraordinaire extra-fin	extraordinary superfine
gastr(o)-	gastr(o)-	relating to the stomach or abdomen	gastrique	gastric
géo-	geo-	relating to the Earth	géographie	geography
gluc(o)-	gluco-	relating to sugar variant of glyc(o)-	glucomètre	saccharometer
glyc(o)-	glyc(o)-	relating to sugar	glycérine	glycerin
hémi-	hemi-, semi-	half	hémiplégique	paralyzed on one side
hémo-	hemo-	blood	hémophilie	hemophilia
hétéro-	hetero-	other; different	hétéroclite	heterogenous
hexa-	hexa-	six	hexagone	hexagon
homo-	homo-	similar; same	homogène	homogenous
hydr(o)-	hydro-	water	hydravion	hydroplane
hyper-	hyper-	above normal; excessive	hypermarché hypersensible	hypermarket hypersensitive
hypo-	hypo-	below normal; insufficient	hypocalorique hypotension	low-calorie hypotension
il-	il-	negation variant of in- before l	illisible	illegible
im-	im-	negation variant of in- before b, m, p	imbattable	unbeatable
in-	in-, ir-	negation in; into	inattention incliner	inattention lean
infra-	infra-	below	infrarouge	infrared
inter-	inter-	see entre-	interaction	interaction
intra-	intra-	in; inside	intracellulaire	intracellular
intro-	intro-	in; into	introduction	introduction
ir-	in-, ir-	negation variant of in- before r	irréductible	invincible
iso-	iso-	equivalence	isocèle	isosceles
kilo-	kilo-	one thousand	kilogramme	kilogram

Prefix	English Equivalents	Meanings and Uses	Examples	English Equivalents
kiné(si)-	kine(si)-	relating to movement	kinésithérapie	physical therapy
lact(o)-	lact(o)-	relating to milk	lactose	lactose
mal-	mal-, mis-	bad; badly	malmener	manhandle
mau-	mal-	bad; badly variant of mal-	maudire	curse
maxi-	maxi-	very large; very long	maxi-spectacle	spectacular
mé-	mal-	bad; badly variant of mal-	mécontent	displeased
méga-	mega-	very large; huge variant of mégalo- one million	mégalomane mégahertz	megalomaniac megahertz
mégalo-	megalo-	very large; huge	mégalopole	megalopolis
més-	mis-	bad; badly variant of mé- before a vowel	mésaventure	mishap
méta-	meta-	beyond change	métalangage métamorphose	metalanguage metamorphosis
métr(o)-	metr(o)-	measurement mother	métronome métropole	metronome metropolis
mi-	mid-	half; an intermediate stage	mi-long	mid-length
milli-	milli-	one thousandth	milligramme	milligram
min(i)-	min(i)-	small	minibus	minibus
mon(o)-	mon(o)-	single; only	monogamie	monogamy
morph(o)-	morph(o)-	relating to shape or form	morphologie	morphology
moto-	moto-	relating to an engine or motor	motoculteur	rototiller
multi-	multi-	several; many	multiculturel	multicultural
né-	in-, non-	negation	néfaste	harmful
nécro-	necro-	relating to death	nécropole	necropolis
néo-	neo-	new	néocolonialisme	neocolonialism
neur(o)-	neur(o)-	relating to nerves	neurologie	neurology
névr-	neur(o)-	variant of neur(o)-	névralgique	neuralgic
non-	non-	negation	non-agression	nonaggression
oct(o)-	oct(o)-	eight	octogone	octagon
paléo-	paleo-	old; ancient	paléontologie	paleontology
par-	per-, par-	intensive; thorough; complete	parfaire	perfect
para-	para-	near protecting against	paramédical parachute	paramedical parachute
péd(i)-	ped(i)-	relating to feet	pédicure	podiatrist
per-	per-	across completely; entirely	perméable perfection	permeable perfection
pér-	per-	variant of per-	pérennité	endurance
péri-	peri-	around	périscolaire	extracurricular

Prefix	English Equivalents	Meanings and Uses	Examples	English Equivalents
phono-	phono-	relating to voice or sound	phonétique	phonetic
pluri-	multi-, poly-	more than one	pluricellulaire	multicellular
pod(o)-	pod(o)-	relating to feet see péd-	podologue	podiatrist
poly-	poly-	many; much	polycopier	duplicate
post-	post-	after	postface postdater	postscript postdate
postér-		variant of post-	postériorité	posteriority
pour-	pur-	completely; thoroughly	pourchasser	pursue
pré-	pre-	preceding	prénom	first name
pro-	pro-	for; in favor of forward publicly	pro-chinois propulser proclamer	pro-Chinese propel proclaim
pseud(o)-	pseud(o)-	false; pretend	pseudo-savant	pseudoscientist
quadr-	quadr-	four	quadrangulaire	quadrangular
quint-	quint-	five	quintuplés	quintuplets
r-		more; completely variant of re- before a vowel	ramollir	soften
radi(o)-	radi(o)-	rays	radiateur	radiator
re-	re-	again change of direction more; completely	reformuler rebondir refroidir	reformulate bounce cool down
ré-	re-	variant of re-	réunir	put together
rétro-	retro-	back; backward	rétroactif	retroactive
semi-	semi-	half	semi-conducteur	semiconductor
sol(i)-	sol(i)-, solo-	alone	solitaire	solitary
sou-	sub-	action that is not done openly	soutirer	get out of
sous-	sub-	variant of sou- lower position lack	sous-entendre sous-sol sous-alimenté	imply basement undernourished
sub-	sub-	below; to a lower level dependence closeness in time or space	subdivision subordonner suburbain	subdivision subordinate suburban
suc-	sub-	closeness in time or space variant of sub- before c	succession	succession
suf-	suf-	closeness in time or space variant of sub- before f	suffixe	suffix
sup-	sup-	below variant of sub- before p	supporter	support

Prefix	English Equivalents	Meanings and Uses	Examples	English Equivalents
super-	super-	above the highest level	superposer supermarché	superimpose supermarket
supér-	super-	above variant of super-	supérieur	superior
supra-	supra-, hyper-	above; beyond	suprasensible	hypersensitive
sur-	sur-	higher; above a higher degree or extent excess	surélever surclasser surproduction	raise outclass overproduction
sus-	sus-	above	susmentionné	aforementioned
télé-	tele-	far	télécommande	remote control
tr-		variant of tri-	trente	thirty
trans-	trans-	beyond; across across change; transformation	transalpin transpercer transformation	transalpine skewer transformation
tré-	tres- tri-	beyond; complete three variant of tri-	trépasser trépied	pass away tripod
tres-	tres-	beyond; complete variant of tré-	tressaillir	flinch
tri-	tri-	three	triangle	triangle
trin-	tri-	variant of tri-	trinité	trinity
tris-	tri-	variant of tri-	trisaïeul	great-great-grandfather
ultra-	ultra-	beyond extreme or excessive	ultra-mondain ultramoderne	ultra-refined ultramodern
uni-	uni-	alone; one	uniforme	uniform
vic-	vic- vice-	substitution see vice-	vicaire vicomte	curate viscount
vice-	vice-	in place of	vice-président	vice president
vidéo-	video-	see	vidéocassette	videocassette
zoo-	zoo-	relating to animals	zoologie	zoology

Suffix	English Equivalents	Resulting grammatical category	Meanings and Uses	Examples	English Equivalents
-able	-able, -ible	adj.	possibility, ability	buvable	drinkable
-acé(e)	-ate	adj.	similar in quality or form	rosacé	rosaceous
-ade	-ing, -ade	n.	action result of an action thing made up of sth	baignade bousculade citronnade	swimming crush lemonade
-age		n.	action, result of an action condition thing made up of sth	bavardage concubinage laitage	gossip cohabitation dairy product
-aie	-ery	n.	place planted with sth	cerisaie	cherry orchard
-ail/ -aille		n.	instrument collection derogatory	éventail tenaille ferraille fiançailles marmaille	fan pliers scrap (iron) engagement (bunch of) kids
-ailler		v.	diminutive or derogatory	tirailler	haul
-ain/ -aine	-an	adj. - n.	member of a group	quatrain quinzaine Cubain cubaine	quatrain around fifteen Cuban Cuban *f*
-aire		adj. - n.	having containing or enclosing relating to	actionnaire questionnaire universitaire	shareholder questionnaire university
-ais, -aise	-ese	adj. - n.	inhabitant, language	Japonais français	Japanese French
-aison	-ation	n.	action time of an action	combinaison pendaison	combination hanging
-al(e)		adj.	relating or belonging to	matinal	morning
-amment	-ently, -antly	adv.	forms adverbs from adjectives ending in -ant(e)	indépendamment	independently
-an/-ane	-(i)an	adj. - n.	belonging inhabitant, language	paysan Castillan mosellan	peasant Castilian from the Moselle
-ance	-ance, -ence	n.	action result of an action quality of	naissance nuisance arrogance	birth pollution arrogance
-ant/ -ante	-ant, -er	adj. - n.	doing	assistant amant	assistant lover
-ard/ -arde		adj. - n.	belonging intensifier decreasing	montagnard veinard vantard	highlander lucky boastful
-ariat	-ariat	n.	see -at	secrétariat	secretariat
-asse		adj. - n.	pejorative	paperasse	(useless) papers
-asser		v.	pejorative	rêvasser	daydream

Suffix	English Equivalents	Resulting grammatical category	Meanings and Uses	Examples	English Equivalents
-at		n.	thing produced	plagiat	plagiarism
-at/-ate		adj. - n.	origin	auvergnat	from the Auvergne
-at, -ariat, -orat		n.	condition function honor	patronat volontariat professorat	employers voluntary service teaching profession
-ataire		adj. - n.	sb/sth on which/whom an action is performed performer of an action	locataire protestataire	tenant protesting
-ateur/-atrice	-ator	adj. - n.	performer of an action device machine	créateur ventilateur perforatrice	creator fan card punch
-ateux/-ateuse	-atose	adj. - n.	relating to, in a particular condition see -eux/-euse	comateux	comatose
-atif/-ative	-ative	adj. - n.	doing; appropriate see -if/-ive	rectificatif tentative	corrective attempt
-ation	-ation	n.	action, result of an action see -tion	agitation observation	agitation observation
-atique	-atic	adj.	pertaining to see -ique/-tique	idiomatique	idiomatic
-atoire	-atory	adj. - n.	doing; to be done; appropriate place see -oir/-oire	éliminatoire interrogatoire observatoire	preliminary questioning observatory
-âtre	-ish	adj. - n.	approximation pejorative	rougeâtre bellâtre	reddish pretty-boy
-ature	-ature	n.	see -ure	littérature	literature
-aud/-aude	-y, -ish	adj. - n.	pejorative	salaud lourdaud	bastard oafish
-auté	-acy, -ity	n.	formed from an adj. or n. not ending in -al/-ale	papauté communauté	papacy community
-ayer		v.	way of doing	bégayer	stutter
-ceau/-celle		n.	diminutive typical relationship	lionceau ficelle	lion cub string
-cule		n.	see -ule	groupuscule	small group
-é/-ée	-ed	adj. - n.	possessing or supplied with having a quality action quantity (content, length)	corseté ensoleillé envolée cuillerée matinée	corseted sunlit flight spoonful morning
-eau/-elle		n.	small thing young of an animal nature, appearance, function	ruelle éléphanteau plumeau femelle	alley elephant calf feather duster female

Suffix	English Equivalents	Resulting grammatical category	Meanings and Uses	Examples	English Equivalents
-éen/ -éenne	-er, -ean	adj. - n.	membership ownership origin	lycéen herculéen européen	high school student Herculean European
-el(le)	-al	adj.	appearance quality	naturel accidentel	natural accidental
-elé(e)	-ed	adj.	appearance	côtelé	ribbed
-eler		v.	repetition of an action	craqueler	crackle
-elet/ -elette	-let	adj. - n.	diminutive	tartelette rondelet	tartlet tubby
-elle			see -eau/-elle	poutrelle	beam
-ement	-ment, -ing	n.	action result of an action made up of sth	groupement remerciement ossements	grouping thanking bones
-ément	-ly	adv.	see -ment	posément	calmly
-emment	-ly	adv.	forms adverbs from adjectives ending in -ent(e)	prudemment	cautiously
-en/ -enne	-(i)an	adj. - n.	see -éen/-éenne ou -ien/-ienne	vendéen collégien	from the Vendée pupil
-ence	-ency	n.	action, result of an action quality	présidence exigence	presidency demand
-ent/ -ente	-ent	adj. -n.	performing an action able to do sth	présidente fluorescent	president fluorescent
-er		v.	forms verbs	feuilleter	leaf through
-er/-ère		adj. -n.	activity see -ier/-ière	horloger	watchmaker
-eraie		n.	see -aie	châtaigneraie	chestnut grove
-ereau/ -erelle		n.	see -eau/-elle	bordereau passerelle	slip gangplank
-eresse		adj.	see -eur(-eresse)	pécheresse	sinner *f*
-eret/ -erette		n.	see -et/-ette	collerette	collar
-erie	-ing	n.	quality action or result of an action location of an action	pitrerie moquerie brasserie	clowning jeer brasserie
-erole/ -erolle		n.	diminutive nature, ownership see -ol/-ole	banderole casserole	banner saucepan
-eron/ -eronne	-er	adj. - n.	containing; holding native of a kind of, diminutive, pejorative doing	vigneron percheron puceron biberon	vintner from the Perche aphid baby bottle
-escence	-escence	n.	see -ence	fluorescence	fluorescence
-escent(e)	-escent	adj.	see -ent/-ente	fluorescent	fluorescent

Suffix	English Equivalents	Resulting grammatical category	Meanings and Uses	Examples	English Equivalents
-escible		adj.	see -ible	imputrescible	rot-proof
-esque	-ish, -ean	adj.	membership appearance pejorative	mauresque dantesque romanesque	Moorish Dantean romantic
-esse	-ess	n.	female forms quality	princesse tigresse gentillesse	princess tigress kindness
-et/-ette		adj. - n.	object used for doing sth diminutive a little, a little too much	jouet sifflet jardinet pincette jeunet	toy whistle small garden tongs (rather) young
-eté(e)	-ed	adj.	repetition	tacheté moucheté	flecked stippled
-eter		v.	diminutive repeated	voleter becqueter	flutter peck
-etier/-etière		n.	see -ier/-ière	cafetière	coffeepot
-eton	-ling, -let	n.	diminutive	caneton clocheton	duckling small steeple
-eur	-or	n.	quality action result of an action	noirceur ardeur erreur	darkness ardor error
-eur/-eresse	-er, -ess	adj. - n.	doing an action; containing	chasseur enchanteresse	hunter enchantress
-eur/-euse	-er, -or	adj. - n.	doing an action containing machine, device	buveur parfumeuse couveuse	drinker perfumer *f* incubator
-eux/-euse		adj. - n.	quality ownership doing an action filled with	coléreux ferreux rebouteux matheuse	irascible ferrous bonesetter mathematician
-eyer		v.	manner	grasseyer	have a guttural pronunciation
-fier	-fy	v.	action	liquéfier	liquefy
-iaire	-iary	adj.	see -aire	judiciaire	judiciary
-ial/-iale	-ial	adj. - n.	see -al/-ale	facial cérémonial	facial ceremonial
-iasse		n.	see -asse	pouffiasse	tart
-ible	-able, -ible	adj.	possibility, ability having or producing	prévisible paisible pénible	foreseeable tranquil painful
-iche		n.	type of	barbiche	goatee
-iche		adj. - n.	pejorative and informal intensifying and informal	boniche fortiche	slave terrific

Suffix	English Equivalents	Resulting grammatical category	Meanings and Uses	Examples	English Equivalents
-ichon/ -ichonne		adj. - n.	diminutive enough; a little too much	cornichon folichon	gherkin be a lot of fun
-icule		n.	see -ule	monticule	mound
-ie	-y	n.	quality of; action of activity, art, science collective quality	folie acrobatie joaillerie bourgeoisie	insanity acrobatics jewelry bourgeoisie
-iel(le)	-ial	adj.	see -el(le)	présidentiel	presidential
-ième	-th, -rd, -st, -nd	adj. - n.	having a particular position; fraction	cinquième dixième	fifth tenth
-ien/ -ienne	-ian	adj. - n.	specializing in; containing inhabitant of; member of relating to	grammairien Canadien freudien collégien	grammarian Canadian Freudian pupil
-ier		v.	see -er	étudier	study
-ier/ -ière		adj. - n.	activity tree quality	cuisinier pommier dépensier	cook apple tree extravagant
-ieux (-ieuse)	-ious, -ful	adj.	see -eux/-euse	studieux oublieux	studious forgetful
-if/-ive	-ive	adj. - n.	doing sth; sth that is appropriate quality	explosif sportif	explosive athletic
-ifier	-ify	v.	see -fier	codifier simplifier	codify simplify
-ille		n.	diminutive	brindille	twig
-iller		v.	diminutive and frequentative	grappiller mordiller	glean nibble
-illon		n.	diminutive nature, quality, appearance	portillon tourbillon durillon	gate whirl callus
-in/-ine		adj. - n.	diminutive appearance origin	langoustine enfantin alpin	langoustine childlike Alpine
-iner		v.	diminutive and frequentative	tambouriner	drum
-ing		n.	borrowing from English	jogging	jogging
-ingue		adj.	informal and pejorative	sourdingue	deaf
-iole		n.	see -ol/-ole	carriole	cart
-iole/ -erole/ -erolle		n.	see -ol/-ole	bestiole variole	bug pox
-ion		adj. - n.	see -on/-onne	réunion	meeting

Suffix	English Equivalents	Resulting grammatical category	Meanings and Uses	Examples	English Equivalents
-iot/ -iotte/ -iote		adj. - n.	see -ot/-otte/-ote	loupiotte	kid *f*
-ique		adj. - n.	belonging to; relating to art, science	énergique mathématique	forceful mathematical
-ique		adj. - n.	see -tique	phrastique	phrasal
-ir		v.	forms verbs	finir	finish
-is/-isse		n.	action or its result collective nature, origin	roulis ramassis jaunisse	rolling jumble jaundice
-isant/ -isante		adj. - n.	tending or able to do sth	communisant	communistic
-ise	-ise	n.	action of, quality of	expertise hantise	valuation dread
-iser	-ize	v.	change, be changed	caraméliser	caramelize
-isme	-ism	n.	a state; the fact of being doctrine linguistic expression	snobisme mutisme capitalisme anglicisme	snobbery silence capitalism Anglicism
-isse		n.	see -is/-isse	bâtisse	building
-issime		adj.	very high degree or great extent, superlative	rarissime	extremely rare
-iste	-ist, -er	adj. - n.	doing; containing expert in or admirer of follower of	garagiste linguiste gaulliste défaitiste	garage owner linguist Gaullist defeatist
-ite	-ite, -itis	adj. - n.	native of inflammation of illness of	moscovite bronchite réunionite	Muscovite bronchitis mania for meetings
-ité	-ity, -acy	n.	quality, state collective quality	intimité maturité natalité	intimacy maturity birthrate
-iteur/ -itrice	-er	n.	doing	expéditeur compositrice	shipper composer *f*
-itude	-itude, -ness	n.	quality, state	platitude	dullness
-ment		adv.- n.	action result of an action performer of an action forms adverbs	blanchiment assortiment sentiment joliment	bleaching assortment feeling nicely
-o¹		adj. - n.	(very) informal	proprio réglo	owner legit
-o²		adv.	informal, approving	primo rapido	firstly pronto
-oche		n.	appearance (very) informal	pioche cinoche taloche	pick the movies smack

Suffix	English Equivalents	Resulting grammatical category	Meanings and Uses	Examples	English Equivalents
-ocher		v.	frequentative and pejorative	filocher	shadow
-oir/ -oire	-or	adj. - n.	location instrument performing or contributing to an action	boudoir parloir écumoire miroir divinatoire	boudoir parlor slotted spoon mirror divinatory
-ois/ -oise	-ish, -(i)an	n.	origin	Suédois villageois	Swede villager
-ol/-ole		adj. - n.	origin, belonging diminutive illness	Espagnol artériole rougeole rubéole	Spaniard arteriole measles rubella
-on/ -onne	-et	adj. - n.	diminutive young of an animal action, result of an action	sauvageonne aiglon plongeon	wild child *f* eaglet dive
-onner		v.	diminutive and frequentative	chantonner griffonner	hum scribble
-ons		loc. adv.	forms loc. advn.	à reculons	backward
-orat		n.	see -at	professorat	teaching profession
-os		adj. - n.	informal	matos rapidos	equipment pronto
-ose	-osis	n.	action, result of an action state, situation (excess) illness (non-inflammatory)	apothéose hypnose tuberculose	apotheosis hypnosis tuberculosis
-ot/ -otte/ -ote		adj. - n.	diminutive informal	îlot frérot	small island little brother
-oter/ -otter		v.	diminutive and frequentative	clignoter vivoter	blink struggle along
-ouiller		v.	frequentative	patrouiller	patrol
-ouse/ -ouze		n.	informal or very informal	bagouse tantouze	ring queer
-oyer		v.	implementation, production	foudroyer festoyer	blast feast
-son	-ing	n.	action, result of an action (very) informal	guérison chanson pacson	healing song packet
-tion	-tion	n.	action, result of an action	parution évolution	publication evolution
-tique/ -ique	-tic, -ic(s)	adj. - n.	sciences -ique before t belonging to	robotique médiatique	robotics media
-ton		n.	informal or diminutive	fiston	kid
-ture		n.	see -ure	clôture	fence

Suffix	English Equivalents	Resulting grammatical category	Meanings and Uses	Examples	English Equivalents
-u/-ue	-ed, -y	adj. - n.	having; with	feuillu barbu	leafy bearded
-uchon		n.	see -ichon	balluchon	bundle
-ude		n.	state, quality of	décrépitude	decay
-ueux (-ueuse)		adj.	see -eux/-euse	affectueux luxueux	affectionate luxurious
-ule		n.	diminutive appearance, nature	ridule ovule	wrinkle ovum
-ure		n.	action, result of an action quality, state of collective	piqûre brûlure droiture chevelure	prick scald honesty head of hair

Préfixes et suffixes: Anglais-Français
Prefixes and suffixes: English-French

Préfixe	Équivalents français	Sens et usage	Examples	Équivalents français
a-[1]		de	anew	de nouveau
a-[2]		sur	ashore	sur terre, à terre
a-[3]	a-	variante de ab-	aversion	aversion
a-[4]	a-	variante de ad-	aspect	aspect
a-[5]	a-	variante de an-	asexual	asexuel
ab-	ab-	loin de	abdicate	abdiquer
ac-	a(c)-	variante de ad-	acquire	acquérir
acro-	acro-	hauteur	acrobat	acrobate
ad-	a(d)-	indique une direction	adapt	adapter
af-	a(f)-	variante de ad-	affable	affable
Afro-	afro-	relatif à l'Afrique	Afro-Caribbean	afro-caribéen
after-	après-	qui vient après, qui résulte de	afterbirth	placenta
ag-	a(g)-	variante de ad-	aggravate	aggraver
agora-	agora-	foule ou grand espace public	agoraphobia	agoraphobie
agri-	agri-, agro-	agriculture	agribusiness	agroalimentaire
al-	a(l)-	variante de ad-	alloy	alliage
all-		1. entier 2. complètement	all-night all-around	toute la nuit complet
alti-	alti-	haut; hauteur	altimeter	altimètre
ambi-	ambi-	1. les deux 2. autour	ambidextrous ambient	ambidextre ambiant
amphi-	amphi-	1. des deux côtés 2. autour	amphibian amphitheater	amphibie amphithéâtre
an-[1]	an-	variante de ad-	annotate	annoter
an-[2]	an-	sans	anarchy	anarchie
andro-	andro-	masculin	androgynous	androgyne
Anglo-	anglo-	anglais	Anglophile	anglophile
ante-	anté-, anti-	avant	antecedent	antécédent
anthropo-	anthropo-	être humain	anthropology	anthropologie
anti-	anti-, anté-	1. opposé à 2. négation 3. opposition 4. contre	antiabortion antisocial antithesis antifreeze	anti-avortement antisocial antithèse antigel
ap-	a(p)-	variante de ad-	appear	apparaître
aqua-	aqua-	sur l'eau ou dans l'eau	aquaplaning	aquaplaning
aqui-	aqui-	variante de aqua-	aquifer	nappe aquifère
ar-	a(r)	variante de ad-	arrogant	arrogant
arch-	archi-	1. autorité supérieure 2. degré extrême	archbishop archenemy	archevêque ennemi suprême

Préfixe	Équivalents français	Sens et usage	Examples	Équivalents français
as-	a-	variante de ad-	assail	assaillir
astro-[1]	astro-	relatif aux astres, à l'espace	astronaut	astronaute
astro-[2]	astro-	au delà de l'atmosphère terrestre	astronomy	astronomie
at-	a-	variante de ad-	attorney	avocat
audio-	audio-	relatif aux sons, à l'écoute	audit	audit
auto-	auto-	(de) soi-même	autobiography	autobiographie
avi-	avi-	1. relatif à l'oiseau 2. relatif au vol aérien	aviary aviation	volière aviation
be-		1. pour former des verbes transitifs: *become* (devenir) 2. enlever	befriend behead	traiter en ami décapiter
bene-	béné-	bon; bien	beneficial	bénéfique
bi-	bi-	1. deux fois 2. deux	bimonthly bilingual	bimensuel bilingue
biblio-	biblio-	relatif aux livres	bibliophile	bibliophile
bin-	bin-	par deux	binary	binaire
bio-	bio-	vie	biography	biographie
brevi-		court	brevity	brièveté
cardi(o)-	cardi(o)-	cœur	cardiogram	cardiogramme
centi-	centi-	1. cent 2. centième	centipede centimeter	centipède centimètre
chiro-	chiro-	main	chiropractor	chiropraticien
chrom-	chromo-	couleur	chromatic	chromatique
chrono-	chrono-	temps	chronology	chronologie
circum-	circum-	autour	circumference circumnavigate	circonférence circuler autour de
co-	co-	avec ou ensemble	coalesce	fusionner
col-	col-	variante de co-	collaborate	collaborer
com-	com-	variante de co-	combat	combat
con-	con-	variante de co-	concave	concave
contra-	contra-, contre-	contre	contradict contraception	contredire contraception
cor-	co-	variante de co-	correct	correct
cosmo-	cosmo-	1. dans l'espace 2. dans le monde	cosmonaut cosmopolitan	cosmonaute cosmopolite
counter-	contre-	1. contre ou à l'opposé de 2. parallèle 3. duplicata	counteractive counterbalance counterfeit	agir contre compenser contrefaçon
cross-	cruci-	de l'autre côté, croisé	crossfire	feux croisés
crypto-	crypto-	caché	cryptic	caché, secret
custom-		spécial, particulier	custom-built	fait sur commande

Préfixe	Équivalents français	Sens et usage	Examples	Équivalents français
cyber-	cyber-	informatique, numérique	cybercafé	cybercafé
de-	dé-	1. éloignement, séparation 2. négation 3. dégradation	deforest decriminalize decrepit	déforester dépénaliser décrépit
deca-	déca-	dix	decade	décennie
deci-	déci-	un dixième	decibel	décibel
demi-	demi-	demi	demigod	demi-dieu
derm(ato)-	derm(ato)-	peau	dermatology	dermatologie
di(a)-	di(a)-	1. à travers 2. complètement	diabetes diaper	diabète couche-culotte
di-[1]	di-	double	dilemma	dilemme
di-[2]	di-	variante de dis-	digress	faire une digression
dif-	dis-	variante de dis-	difficult	difficile
dis-	dis-	1. négation 2. séparation, éloignement 3. complètement	disadvantage disappear disgruntle	inconvénient disparaître mécontenter
down-		plus bas, moins élevé	downcast	abattu
duo-	duo-	deux	duodenum	duodénum
dyna-	dyna-	force	dynamic	dynamique
dys-	dys-	mal, mauvais	dysfunctional	dysfonctionnel
e-[1]	e-	électronique	e-commerce	e-commerce
e-[2]	é-	variante de ex-[1]	ebullient	bouillant
eco-	éco-	environnement, nature	ecology	écologie
ef-	é-	variante de ex-[2]	effusion	effusion
electro-	électro-	électricité	electromagnet	électro-aimant
em-[1]	em-, en-	variante de en-[1]	emboss	embosser
em-[2]	em-, en-	variante de en-[2]	embryo	embryon
en-[1]	en-	(du français) 1. mettre dans/sur 2. passage à un état	 encode enact	 coder décréter
en-[2]	en-	(du grec) dans, à l'intérieur de	 energy	 énergie
entomo-	entomo-	insecte	entomology	entomologie
ep-	épi-	variante de epi-	epoch	époque
eph-	épi-	variante de epi-	ephemeral	éphémère
epi-	épi-	1. sur, au-dessus de 2. à côté de 3. avant 4. après	epicenter epitome episode epithet	épicentre épitomé épisode épithète
equi-	équi-	égalité	equinox	équinoxe
eso-	éso-	caché, secret	esoteric	ésotérique
ethno-	ethno-	peuple, race	ethnology	éthnologie

Préfixe	Équivalents français	Sens et usage	Examples	Équivalents français
eu-	eu-	bon	eulogy	éloge
Euro	euro-	d'Europe (de l'ouest)	Eurocrat	eurocrate
ever-		toujours	evergreen	à feuillage persistant
ex-[1]	ex-	ancien	ex-girlfriend	ex-petite amie
ex-[2]	ex-	hors de, de	excavate	excaver
exo-	exo-	au dehors, à l'extérieur de	exodus	exode
extra-	extra-	au delà de	extraordinary	extraordinaire
extro-	ext(é)r-	variante de extra-	extrovert	extroverti
fore-	pré-, avant-	1. avant (temporel) 2. avant (spatial)	forecast forearm	prévision avant-bras
Franco-	franco-	français	Francophone	francophone
fresh-		nouveau, récent	freshman	étudiant de première année
gastr(o)-	gastr(o)-	estomac	gastroscopy	gastroscopie
gen-	gén-	génération	genealogy gender	généalogie genre
geno-	géno-	peuple, race	genocide	génocide
geo-	géo-	la Terre	geography	géographie
giga-	giga-	milliard	gigabyte	gigaoctet
grand-	grand-	génération précédente	grandmother grandfather	grand-mère grand-père
graph(o)-	graph(o)-	écriture	graphology	graphologie
great-	petit-	génération suivante	great-nephew	petit-neveu
gynec(o)-	gynéc(o)-	féminin	gynecologist	gynécologue
gyr-	gyro-	cercle, tour	gyrocompass gyroscope	compas gyroscopique gyroscope
hect(o)-	hect(o)-	cent	hectare	hectare
heli-	héli-	relatif aux hélicoptères	helipad heliport	héliport
hemat(o)-	hémat(o)-	sang	hematite	hématite
hemi-	hémi-	demi, moitié	hemisphere	hémisphère
hepta-	hepta-	sept	heptathlon	heptathlon
heter(o)-	hétér(o)-	différent	heterosexual	hétérosexuel
hex(a)-	hex(a)-	six	hexagon	hexagone
hist(o)-	hist(o)-	relatif aux tissus organiques	histology	histologie
holo-	holo-	entier, complet	holocaust	holocauste
homeo-	homéo-	semblable	homeopathy	homéopathie
homo-	homo-	identique	homograph	homographe
hydro-	hydro-	eau	hydrophobia	hydrophobie
hyper-	hyper-	au-dessus de	hyperbole	hyperbole
hypno-	hypno-	sommeil	hypnotherapy	hypnothérapie

Préfixe	Équivalents français	Sens et usage	Examples	Équivalents français
hypo-	hypo-	1. en dessous de 2. en dessous de la normale	hypodermic hypothermia	hypodermique hypothermie
hyster(o)-	hystér(o)-	utérus	hysteria	hystérie
il-[1]	il-, in-	variante de in-[1]	illuminate	illuminer
il-[2]	il-, in-	variante de in-[2]	illiterate	illettré
im-[1]	im-, in-	variante de in-[1]	immense	immense
im-[2]	im-, in-	variante de in-[2]	immobile	immobile
in-[1]	in-	dans	inaugurate	inaugurer
in-[2]	in-	négation	inapt	inapte
Indo-	indo-	indien	Indonesia	l'Indonésie
infra-	infra-	en dessous de	infrastructure	infrastructure
inter-	inter-	entre, parmi	international	international
intra-	intra-	à l'intérieur de	intravenous	intraveineux
intro-	intro-	vers l'intérieur	introvert	introverti
ir-[1]	ir-, in-	variante de in-[1]	irradiate	irradier
ir-[2]	ir-, in-	variante de in-[2]	irregular	irrégulier
iso-	iso-	égalité	isotope	isotope
kilo-	kilo-	mille	kilometer	kilomètre
lacto-	lacto-	lait	lactose	lactose
litho-	litho-	pierre	lithography	lithographie
macro-	macro-	grand	macroeconomic	macro-économique
magn(i)-	magn(i)-	grand, excessif	magnificent	magnifique
mal-	mau-, mé-	mal; mauvais	malice	méchanceté
mani-	man(u)-	main	manicure	manucure
mega-	méga-	grand	megaphone	porte-voix
meta-	méta-	1. changement 2. derrière, après 3. à propos de – relatif à un ordre supérieur, à l'abstrait	metamorphosis metacarpal metaphysics metaphor	métamorphose métacarpien métaphysique métaphore
metro-	métro-	mesure	metronome	métronome
micro-	micro-	très petit	microorganism	micro-organisme
mid-	mi-	moyen, à la moitié	midnight	minuit
milli-	milli-	1. mille 2. millième	millipede millibar	mille-pattes millibar
mini-	mini-	petit	miniskirt	minijupe
mis-	mé-	erreur, mal, mauvais	miscalculate	mal calculer
mono-	mono-	simple, unique	monopoly	monopole
morph(o)-	morph(o)-	forme	morphology	morphologie
multi-	multi-	plusieurs	multilingual	multilingue
must-		caractère obligatoire	must-see	qu'il faut voir
near-		proximité	nearsighted	myope

Préfixe	Équivalents français	Sens et usage	Examples	Équivalents français
neo-	néo-	nouveau, renaissance	neoconservative	néo-conservateur
nephr-	néphr-	reins	nephritis	néphrite
neur(o)-	neur(o)-, névr-	nerfs	neurosis	névrose
new-		récemment	new-found	récemment découvert
non-	non-	négation	nonaggression	non-agression
octa-	octa-, octo-	huit	octagon octave	octogone octave
octo-	octo-	huit	octogenarian octopus	octogénaire pieuvre
omni-	omni-	tout	omnipotent	omnipotent
ornitho-	ornitho-	oiseau	ornithology	ornithologie
ortho-	ortho-	1. correct 2. droit	orthography orthodontist	orthographe orthodontiste
osteo-	ostéo-	os	osteoporosis	ostéoporose
out-	hors(-)	en dehors de	outlaw	hors-la-loi
ov-	ov(i)-	œuf	ovary	ovaire
over-		trop	overachiever	héros
pale(o)-	palé(o)-	ancien	paleontology	paléontologie
pan-	pan-	tout	pantheon	panthéon
para-	para-	1. à côté de 2. parallèlement à	paragraph paralegal	paragraphe auxiliaire juridique
patho-	patho-	maladie	pathology	pathologie
patri-	patri-	1. père 2. pays natal	patriarchy patriotism	société patriarcale patriotisme
ped(i)-	péd(i)-	pied	pedicure	pédicurie
ped(o)-	péd(o)-	enfant	pediatrics	pédiatrie
penta-	penta-	cinq	pentagon pentathlon	pentagone pentathlon
per-	per-, pér-	1. à travers 2. très; complètement	perennial perfect	perpétuel parfait
peri-	péri-	autour	periphery	périphérie
phil-	phil-	amour de; affinité avec	philanthropy philharmonic	philanthropie philharmonique
phleb-	phléb-	veine	phlebitis	phlébite
phon(o)-	phon(o)-	son	phonology	phonologie
photo-	photo-	lumière	photosensitive	photosensible
physio-	physio-	corps	physiognomy	physionomie
plur-	pluri(i)-	plusieurs, varié	pluralistic	pluraliste
pneum-	pneum-	air	pneumatic	pneumatique
pneumo-	pneumo-	respiration, poumons	pneumonia	pneumonie
poly-	poly-	plusieurs	polytheism	polythéisme
post-	post(ér)-	après	postwar	d'après-guerre
pre-	pré-	avant	prewar	d'avant-guerre

Préfixe	Équivalents français	Sens et usage	Examples	Équivalents français
preter-		au delà de	preternatural	surnaturel
pro-	pro-	pour, en faveur de	proactive	proactif
prot(o)-	prot(o)-	premier	prototype	prototype
pseud(o)-	pseud(o)-	faux, prétendu	pseudonym	pseudonyme
psych(o)-	psych(o)-	âme ou esprit	psychosis	psychose
pyro-	pyro-	feu	pyrotechnic	pyrotechnique
quadri-, quadru-	quadri-, quadru-	quatre	quadrilateral quadruped	quadrilatère quadrupède
quasi-	quasi(-)	presque	quasigovernmental	quasi gouvernemental
radio-	radio-	1. communication par les ondes 2. radioactif	radiotelegraphy radiotherapy	radiotélégraphie radiothérapie
re-	re-	répétition	rearrange	réarranger
rect(i)-	rect(i)-	rendre droit	rectify	rectifier
rent-a-		de location	rent-a-car	voiture de location
retro-	rétro-	en arrière	retroactive	rétroactif
rhino-	rhino-	nez	rhinoplasty	rhinoplastie
sclero-	scléro-	dur	sclerosis	sclérose
seismo-	sismo-	tremblement de terre	seismograph	sismographe
self-		indépendamment, tout seul	self-help	débrouillardise
semi-	semi-	à moitié, partiellement	semifinal	demi-finale
septi-	sept, hepta-	sept	September	septembre
sex(t)-	sex(t)-	six	sextet	sextuor
short-		pas long; trop faible	shortfall	déficit
soli-	soli-	seul	soliloquy solitaire	soliloque solitaire
step-		liens familiaux par remariage	stepmother	belle-mère
stereo-	stéréo-	solide	stereophonic	stéréophonique
strato-	strato-	couche, strate	stratosphere	stratosphère
sub-	sub-	en dessous de	submarine	sous-marin
suc-	sub-, suc-	variante de sub-	succumb	succomber
suf-	sub-, suf-	variante de sub-	suffix	suffixe
sup-	sub-, sup-	variante de sub-	suppress	supprimer
super-	super-	au-dessus de	superimpose	superposer
sur-	sub-, sur-	variante de sub-	surreptitious	subreptice
sus-	sub-, sus-	variante de sub-	susceptible	susceptible
syl-	syl-, syn-	variante de syn-	syllable	syllabe
sym-	sym-, syn-	variante de syn-	symbiosis	symbiose
syn-	syn-	ensemble	synergy	synergie
tele-	télé-	à distance	television	télévision

Préfixe	Équivalents français	Sens et usage	Examples	Équivalents français
tetra-	tétra-	quatre	tetrahedron	tétraèdre
theo-	théo-	relatif à un dieu	theology	théologie
therm(o)-	therm(o)-	chaleur, chaud	thermostat	thermostat
top(o)-	top(o)-	endroit, lieu	topical	topique
trans-	trans-	au delà de, à travers	transaction	transaction
tri-	tri-	trois	triangle	triangle
tropo-	tropo-	changement de sens	troposphere	troposphère
typo-	typo-	empreinte, caractère	typography	typographie
ultra-	ultra-	au delà, degré extrême	ultrasound	ultrason
un-	in-	1. négation 2. inversion	unlike undo	différent défaire
under-	sou(s)-	en dessous de	underscore	souligner
uni-	uni-	un (seul)	unilateral	unilatéral
up-		vers le haut	uptown	sur les hauteurs de la ville
vermi-	vermi-	relatif à un vers	vermicide	vermicide
vice-	vice-	assistant ou remplaçant	vice-chairman	vice-président
with-		1. contre 2. en arrière	withstand withdraw	résister retirer
xeno-	xéno-	étranger	xenophobia	xénophobie
xylo-	xylo-	bois	xylophone	xylophone
zoo-	zoo-	animal	zoology	zoologie

Suffixe	Équivalents français	Sens et usage	Examples	Équivalents français
-a	-a	1. pour former le pluriel de substantifs issus du grec et du latin 2. forme du féminin	criteria Roberta	critères Roberta
-ability	-abilité	pour former des substantifs issus d'adjectifs en -able ou -ible	reliability, stability	fiabilité, stabilité
-able, -ble, -ible	-able, -ble, -ible	pour former des adjectifs issus de verbes, sens = qui peut être	reliable, acceptable, edible	fiable, acceptable, comestible
-ably	-ment	pour former des adverbes sens = d'une certaine manière	reliably, remarkably	sûrement, remarquablement
-ac	-aque	caractéristique; variante de -ic	maniac, aphrodisiac, cardiac	maniaque, aphrodisiaque, cardiaque
-aceous	-acé(e)	pour former des adjectifs sens = caractéristique de	sebaceous, herbaceous	sébacé, herbacé
-acious	-ace	variante de -aceous	efficacious, loquacious	efficace, loquace
-acity	-acité	pour former des substantifs sens = plein de, de la qualité de	veracity, capacity, sagacity	véracité, capacité, sagacité
-acy	-té, -tie	pour former des substantifs sens = 1. qualité de 2. fonction de	 accuracy, intimacy aristocracy, bureaucracy	 exactitude, intimité aristocratie, bureaucratie
-ade	-ade	indique le résultat d'une action	lemonade, barricade, crusade	limonade, barricade, croisade
-age	-age	pour former des substantifs sens = 1. action de, résultat de 2. état 3. endroit	 blockage, coverage, dosage, drainage, espionage marriage, shortage orphanage	 embouteillage, couverture, dosage, drainage, espionnage mariage, manque orphelinat
-agog, -agogue	-agogue	leader	pedagogue, demagogue	pédagogue démagogue
-aholic, -oholic	-olique	dépendant de	alcoholic, workaholic, chocoholic	alcoolique, bourreau de travail, fou de chocolat
-aire	-aire	personne ayant une certaine qualité	millionaire, doctrinaire	millionnaire, dogmatique
-al	-al/-ale, -el/-elle	pour former des adjectifs abstraits sens = relatif à	causal, functional, cultural, national, racial	causal, fonctionnel, culturel, national, racial

Suffixe	Équivalents français	Sens et usage	Examples	Équivalents français
-algia, -algy	-algie	peine, douleur	nostalgia, neuralgia	nostalgie, névralgie
-ally	-ment	pour former des adverbes	theoretically, occasionally, officially	théoriquement, occasionnellement, officiellement
-an, -ian	-ain, -ien	1. natif de 2. engagé dans ou relatif à	American Canadian optician, politician, geriatrician	Américain, Canadien opticien, homme/ femme politique, gériatre
-ana		collection de	Americana	culture et histoire de l'Amérique
-ance, -ancy -ence, -ency	-ance	pour former des adjectifs et des substantifs sens = 1. action de 2. processus	intolerance, guidance, ignorance, importance, infancy, assistance resistance	intolérance, conseils, ignorance, importance, enfance, aide résistance
-ant	-ant	agent	informant, inhabitant, accountant, disinfectant	informateur, habitant, comptable, désinfectant
-ar		1. variante de -al 2. agent	jocular, linear beggar, liar	blagueur, linéaire mendiant, menteur
-arch	-arque	dirigeant	monarch	monarque
-archy	-archie	gouvernement	monarchy	monarchie
-arian	-aire	pour former des adjectifs qui réfèrent à des personnes 1. âge 2. doctrine, croyance 3. d'un signe du zodiaque	octogenarian totalitarian, vegetarian Aquarian	octogénaire totalitaire, végétarien Verseau
-arium	-arium	endroit protégé d'où l'on peut faire des observations	aquarium, vivarium, planetarium, solarium	aquarium, vivarium, planétarium, solarium
-armed		qui un certain nombre de bras	one-armed	à un bras, qui n'a qu'un bras
-ary, -ery	-age, -erie	1. action de 2. lieu d'une action 3. qualité	burglary bakery bravery	cambriolage boulangerie courage
-ast		personne qui a certaines aptitudes	enthusiast, gymnast	enthousiaste, gymnaste
-ate	-er	pour former des verbes sens = provoquer, faire	gyrate, habituate, hallucinate, humiliate	tourner, habituer, avoir des hallucinations, humilier
-athon	-athon	1. événement qui relève du marathon 2. activité qui dure longtemps	walkathon talkathon, phonathon	walkathon séance marathon, marathon téléphonique

Suffixe	Équivalents français	Sens et usage	Examples	Équivalents français
-atic	-atique	état, relation	problematic, rheumatic, schematic, symptomatic	problématique, rhumatismal, schématique, symptomatique
-ation	-ation	variante de -ion	celebration	célébration
-atious		pour former des adjectifs à partir de substantifs en -ation	flirtatious, ostentatious	galant, ostentatoire
-backed		supporté, appuyé par	US-backed	supporté par le gouvernement des USA
-based		1. dont le siège se trouve à 2. à base de	community-based, US-based wine-based punch	à l'échelon d'une communauté, basé aux USA punch à base de vin
-bedroom		qui a un certain nombre de chambres	a three-bedroom house	une maison à trois chambres
-behaved		pour décrire le comportement de qn	well-/badly-behaved	qui se comporte bien/mal
-bodied		qui réfère à un certain type de physique	strong-bodied, weak-bodied	qui est physiquement fort, qui est physiquement fragile
-born		lieu de naissance	newborn, first-born, American-born	nouveau-né, aîné, né aux USA
-borne		porté par	airborne	aéroporté
-bound		1. pour former des adverbes sens = qui va quelque part 2. retenu 3. pour former des adjectifs qui réfèrent au matériau dans lequel les livres sont reliés	westbound, inbound, outbound housebound, wheelchair-bound leather-bound	vers l'ouest, arrivant, sortant retenu chez soi, cloué à un fauteuil roulant relié cuir
-brained		qui réfère aux aptitudes intellectuelles et aux qualités d'organisation d'une personne	bird-brained, scatter-brained	qui a une cervelle d'oiseau, écervelé
-burger		pour parler d'un sandwich qui ressemble à un hamburger	veggieburger	hamburger végétarien
-centric	-centrique	qui a qc en son centre	geocentric, egocentric	géocentrique, égocentrique
-chrome	-chrome	couleur	monochrome	monochrome
-cian	-cien	qui a des compétences	electrician, magician, mathematician	électricien, magicien, mathématicien
-cidal	-cide	pour former des adjectifs à partir de substantifs en -cide	homicidal	meurtrier
-cide	-cide	tuer	fratricide, homicide	fratricide, homicide

Suffixe	Équivalents français	Sens et usage	Examples	Équivalents français
-cle	-cule	variante de -cule	particle	particule
-conscious		qui fait attention à qc	fashion-conscious, health-conscious	qui respecte la mode, qui fait attention à sa santé
-corn		corne	unicorn	unicorne
-cosm	-cosme	qui réfère au cosmos, à l'espace	microcosm	microcosme
-cracy	-cratie	1. gouvernement, autorité 2. classe gouvernante	democracy, meritocracy aristocracy	démocratie, méritocratie aristocratie
-crat	-crate	membre d'une entité politique	democrat, aristocrat	démocrate, aristocrate
-cule, -cle	-cule	très petit	miniscule, molecule, particle	minuscule, molécule, particule
-cy	-esse, -ence	1. état 2. fonction 3. qualité	pregnancy presidency proficiency, secrecy	grossesse présidence compétences, secret
-cyte	-cyte	cellule	leukocyte	leucocyte
-derm, -dermis	-derme	peau	pachyderm, epidermis	pachyderme, épiderme
-dimensional	-dimensionnel	qui réfère à un nombre de dimensions	two-dimensional, three-dimensional	bidimensionnel, tridimensionnel
-dom		1. état 2. royaume, domaine	boredom kingdom	ennui royaume
-driven		1. qui fonctionne avec 2. stimulé, poussé par	menu-driven software export-driven economy	logiciel piloté par menu économie d'exportation
-drome	-drome	courses	hippodrome	hippodrome
-dyne		force, intensité	anodyne	anodin
-ean	-ien/-ienne, -in/-ine	natif de, relatif à	Belizean, Andean	bélizien, andin
-ectomy	-ectomie	suppression par chirurgie	appendectomy	appendicectomie
-ed	-é	1. pour former le passé de verbes 2. pour former des adjectifs exprimant une qualité 3. possession	talked midpriced moneyed, bearded	parlé, dit de prix moyen aisé, barbu
-ee	-é	1. destinataire d'une action 2. condition	devotee, employee refugee	passionné, employé réfugié
-eer		1. agent 2. pour former des verbes	auctioneer electioneer	commissaire-priseur militer
-ella		maladie	rubella, salmonella	rubéole, salmonelle
-eme	-ème	unité	morpheme, phoneme, lexeme	morphème, phonème, lexème

Suffixe	Équivalents français	Sens et usage	Examples	Équivalents français
-emia	-émie	relatif au sang	leukemia, anemia	leucémie, anémie
-en		1. qui est fait de, en 2. pour former des verbes à partir d'adjectifs sens = faire	woolen toughen, soften	en laine durcir, ramollir
-enabled		1. équipé d'une certaine technologie 2. qui fonctionne grâce à qc	WAP-enabled (cell phone) voice-enabled (software)	téléphone WAP (logiciel) avec reconnaissance vocale
-ence, -ency	-ence	pour former des substantifs à partir d'adjectifs en -ent	turbulence, vehemence, clemency	turbulence, véhémence, clémence
-enne	-enne	pour former des formes du féminin	comedienne	comédienne
-ent		1. substantifs abstraits 2. substantifs qui désignent un agent 3. adjectifs provoquant une certaine action ou désignant un état	alignment, agreement, nourishment opponent absorbent, obedient	alignement, accord, alimentation adversaire absorbant, obéissant
-eous	-eux/-euse	pour former des adjectifs à partir de substantifs	courageous, courteous, advantageous	courageux, courtois, avantageux
-er	-er/-ère, -eur/-euse	1. agent: professions et actions 2. origine	baker, teacher, driver foreigner, New Yorker	boulanger, professeur, chauffeur étranger, de New York
-ern			northern, southern	du nord, du sud
-ery, -ry	-erie, -ie -age	1. groupe de choses 2. activité 3. endroit où est fait qc 4. état, condition	jewelry, pottery cookery bakery slavery	bijoux, poterie cuisine boulangerie esclavage
-es	-s, -x	1. pour former le pluriel de substantifs 2. pour former la 3e personne du singulier de verbes	churches (he) waits	églises (il) attend
-escence	-escence	pour former des substantifs à partir de verbes en -esce	convalescence	convalescence
-escent	-escent	pour former des substantifs et des adjectifs à partir de verbes in -esce	convalescent	convalescent
-ese	-ais	origine, langue	Japanese, officialese,	japonais, jargon administratif
-esque	-esque	qui réfère à l'apparence, au style	picturesque, picaresque	pittoresque, picaresque
-ess	-esse	pour former le féminin de substantifs	princess	princesse

Suffixe	Équivalents français	Sens et usage	Examples	Équivalents français
-est		pour former le superlatif d'adjectifs	softest	le plus doux
-et	-et, -ette	pour former des diminutifs	wristlet, cutlet, anklet	bracelet, côtelette, chaîne de cheville
-eth	-(i)ème	pour former des nombres ordinaux	thirtieth	trentième
-etic	-thique	pour former des adjectifs à partir de verbes et de substantifs	sympathetic, apathetic, apologetic	sympathique, apathique, d'excuse
-ette	-ette	1. pour former des diminutifs 2. imitation 3. pour former le féminin	kitchenette, launderette, novelette, statuette leatherette usherette	kitchenette, laverie, novelette, statuette imitation cuir ouvreuse
-eur	-eur/-euse	profession	masseur, restaurateur, entrepreneur	masseur, restaurateur, entrepreneur
-euse	-euse	forme féminine de -eur	masseuse	masseuse
-ey		variante de -y	New-Agey	adepte du new-age
-ferous	-fère	qui contient, qui produit	coniferous, pestiferous	conifère, pestiféré
-fest		occasion spéciale	music fest	fête de la musique
-fic	-fique	qui provoque qc	soporific	soporifique
-fication	-fication	pour former des substantifs à partir de verbes en -fy	specification	spécification
-filled		plein de	fun-filled, smoke-filled	très amusant, enfumé
-flavored		d'un goût particulier	lemon-flavored	au goût de citron
-fold		en un certain nombre de parties/pièces	threefold, fourfold	en trois, en quatre parties
-footed			bare-footed, four-footed	nu-pieds, quadrupède
-footer		qui réfère à la longueur de qc en pieds	a fifty-footer	qui mesure 50 pieds
-form	-forme	de la forme de	vermiform	vermiforme
-free		1. exempt de, 2. sans qc	interest-free, lead-free, trouble-free	sans intérêts, sans plomb, sans problème
-friendly		1. inoffensif pour 2. qui convient à	environmentally-friendly family-friendly	écologique pour les familles
-fugal	-fuge	pour former des adjectifs à partir de substantifs en -fuge	centrifugal	centrifuge
-fuge	-fuge	vers l'extérieur	subterfuge, centrifuge	subterfuge, centrifugeuse

Suffixe	Équivalents français	Sens et usage	Examples	Équivalents français
-ful	-eux/-euse, -ée	1. plein de 2. caractéristique 3. contenant	doubtful, spiteful careful cupful, spoonful, mouthful	douteux, rancunier soigneux tasse, cuillérée, bouchée
-fy	-fier	faire	fortify, intensify	fortifier, intensifier
-gamous	-game	pour former des adjectifs désignant une union	monogamous	monogame
-gamy	-gamie	pour former des substantifs désignant une union	monogamy	monogamie
-genic	-génique, -gène	1. qui convient pour qc 2. qui provoque, qui génère	photogenic, telegenic hallucinogenic, allergenic	photogénique, télégénique hallucinogène, allergénique
-gnosis	-(g)nostic	connaissances	prognosis, diagnosis	pronostic, diagnostic
-gnostic	-gnostique	pour former des adjectifs à partir de substantifs en -gnosis	diagnostic	diagnostique
-goer		qui réfère à qn qui fréquente qc/certains endroits	moviegoer	cinéphile
-gon	-gone	angulaire, à angles	hexagon	hexagone
-grade	-grade	qui évolue, qui change	retrograde, upgrade	rétrograde, mise à niveau
-grader		qui réfère à une personne d'un certain niveau scolaire	second-grader	qui est en deuxième année
-gram	-gramme	1. écriture 2. poids du système métrique	diagram kilogram	diagramme kilogramme
-graph	-graphier, -graphe, -graphie	pour former des verbes sens = écrire pour former des substantifs sens = écrit, enregistré	choreograph autograph, photograph	chorégraphier autographe, photographie
-graphy	-graphie	1. la science de, l'art de 2. relatif à l'écriture 3. écriture, enregistrement de	oceanography, lexicography stenography orthography	océanographie, lexicographie sténographie orthographe
-gynous	-gyne	relatif à la femme, à une femelle	androgynous	androgyne
-haired		qui réfère aux cheveux	long-haired, dark-haired	aux cheveux longs, aux cheveux foncés
-hater			woman-hater	misogyne

Suffixe	Équivalents français	Sens et usage	Examples	Équivalents français
-head		1. relatif à la tête 2. qui réfère à la stupidité, à la bêtise 3. la tête, le haut de qc	redhead knucklehead, fathead hammerhead, letterhead	roux crétin, imbécile tête de marteau, en-tête
-hearted		pour former des adjectifs qui réfèrent à certaines caractéristiques	wholehearted, broken-hearted	sincère, au cœur brisé
-hood	-té	état ou condition groupe de personnes	falsehood, fatherhood, childhood brotherhood	mensonge, paternité, enfance fraternité
-hungry		qui désire fortement qc	power-hungry	avide de pouvoir
-hunter		qn qui cherche qc	job-hunter, house-hunter	qui cherche activement du travail, chasseur immobilier
-ia	-ie	1. pays et régions 2. pour former le pluriel de mots d'origine latine	Australia, Andalusia bacteria	l'Australie, l'Andalousie bactéries
-ial	-iel, -ial	pour former des adjectifs sens = relatif à	ministerial, industrial, managerial	ministériel, industriel, managérial
-ian	-ien	variante de -an	Canadian, optician	Canadien, opticien
-iana		variante de -ana	Canadiana	culture et histoire du Canada
-iasis	-iasis, -iase	maladie, condition	elephantiasis, amebiasis	éléphantiasis, amibiase
-iatrics, -iatry	-iatrie	qui réfère à une spécialisation de la médecine	geriatrics, psychiatry	gériatrie, psychiatrie
-ibility	-ibilité	variante de -ability	compatibility	compatibilité
-ible	-ible	variante de -able	edible	comestible
-ibly		variante de -ably	audibly	de façon audible
-ic, -ical	-ique	qui ressemble à, qui est comme relatif à	acidic, heroic, poetic, mathematic	acide, héroïque, poétique, mathématique
-ically	-iquement	pour former des adverbes à partir d'adjectifs en -ic, -ical	alphabetically, heroically	alphabétiquement, héroïquement
-ice	-ice, -té	état, condition	cowardice, service	lâcheté, service
-ics	-ique	pour former des substantifs qui dénotent un domaine d'activité	ceramics, classics, cybernetics, economics	céramique, classique, cybernétique, sciences économiques
-id	-ide	désigne un membre d'une famille zoologique	arachnid	arachnide
-ie		*inf* variante de -y (diminutif)	birdie	petit oiseau

Suffixe	Équivalents français	Sens et usage	Examples	Équivalents français
-ier	-ier/-ière	1 pour former des substantifs qui réfèrent à des professions 2. pour former le comparatif d'adjectifs en -y	cashier happier	caissier plus heureux
-ify	-ifier	pour former des verbes à partir d'adjectifs sens = faire	clarify, glorify	clarifier, glorifier
-ile	-ile	1. relatif à 2. capable de	infantile mobile	infantile mobile
-ility	-ilité	pour former des adjectifs qui réfèrent à la capacité à être ou à faire qc	versatility, visibility	polyvalence, visibilité
-in	-ine	qui réfère à des substances chimiques	vitamin, gelatin, lanolin, toxin	vitamine, gélatine, lanoline, toxine
-ina	-ine	pour former le féminin	tsarina, ballerina	tsarine, ballerine
-induced			self-induced, work-induced	auto-infligé, dû au travail
-ine	-in/-ine, -ine	1. de la nature de 2. pour former des substantifs abstraits 3. originaire de, natif de 4. substances chimiques	crystalline, feminine medicine Argentine antihistamine, caffeine	cristallin, féminin médecine argentin antihistaminique, caféine
-ing		1. pour former le gérondif 2. pour former le participe présent qui peut aussi être utilisé comme adjectif	playing they are playing, playing children	jouant ils jouent, enfants qui jouent
-ious	-ieux/-ieuse	pour former des adjectifs sens = qui a une certaine qualité	capricious, cautious	capricieux, prudent
-ish	-in, -ique, -ais/-aise	1. nature 2. origine, langue 3. qui ressemble à 4. sorte de, espèce de	childish British, English piggish, nightmarish newish	enfantin britannique, anglais comme un cochon, cauchemardesque assez nouveau
-ism	-isme	pour former des substantifs qui réfèrent à un système, à une doctrine, à une manière/façon ou à une condition	totalitarianism, cynicism, tourism	totalitarisme, cynisme, tourisme

Suffixe	Équivalents français	Sens et usage	Examples	Équivalents français
-ist	-iste	agent, qn qui fait une activité ou exerce une profession	artist, dentist, plagiarist, realist, tourist	artiste, dentiste, plagiaire, réaliste, touriste
-istic	-iste	pour former des adjectifs à partir de substantifs en -ist	realistic	réaliste
-istics	-istique	science de, pratique de	linguistics, statistics, logistics	linguistique, statistique, logistique
-ite	-ite	1. natif de 2. qui croit en, adepte de	Israelite Shiite, socialite	israélite chiite, socialiste
-itis	-ite	qui réfère à une infection	conjunctivitis, cystitis	conjonctivite, cystite
-itive	-itif/-itive	qui a une tendance à, qui provoque qc	inquisitive, repetitive	investigateur, répétitif
-ity	-ité	état de, qualité	absurdity, captivity, clarity, complexity	absurdité, captivité, clarté, complexité
-ive	-if/-ive	tendance à qui provoque qc	appreciative digestive	élogieux digestif
-ization	-isation	pour former des substantifs à partir de verbes en -ize	familiarization, centralization	familiarisation, centralisation
-ize	-iser	faire une action	familiarize, centralize, categorize, computerize	se familiariser, centraliser, catégoriser, informatiser
-ject	-je(c)ter	jeter	eject, inject, reject	éjecter, injecter, rejeter
-kin		diminutif	bumpkin, manikin, napkin	rustre, mannequin, serviette
-land		pour former des noms de pays, de régions et de certains types de zones de campagne	Switzerland, Newfoundland, swampland	la Suisse, Terre-Neuve, marais
-legged			eight-legged (insect)	qui a huit pattes
-length			knee-length, shoulder-length	qui arrive au genou, qui arrive aux épaules
-lepsy	-lepsie	saisie, prise	epilepsy, narcolepsy	épilepsie, narcolepsie
-less		sans	effortless, careless, homeless	sans effort, négligent, sans abri
-let	-(l)et/-(l)ette	diminutif	leaflet, piglet, quintuplet, rivulet	feuillet, porcelet, quintuplé, ruisseau
-like		qui est comme qc, qui ressemble à	sportsmanlike, businesslike, childlike	sportif, sérieux, enfantin
-ling		1. diminutif 2. exprime le dédain	duckling, fledgling underling, hireling	caneton, débutant subordonné, laquais
-lite	-lite	1. qui dénote un minéral 2. variante de -it, qui réfère à une condition	cryolite cellulite	cryolit(h)e cellulite

Suffixe	Équivalents français	Sens et usage	Examples	Équivalents français
-lith	-lithe	pierre	monolith	monolithe
-lithic	-lithique	périodes de l'archéologie	Paleolithic	paléolithique
-load			busloads, truckloads	nombre de voyageur du bus, chargement d'un camion
-log, -logue	-logue	qui réfère à des mots	monolog, epilog	monologue, épilogue
-logic, -logy	-logie	l'étude de	anthropology, dermatology	anthropologie, dermatologie
-ly	-ment	1. pour former des adverbes qui dénotent une manière, une façon de 2. pour former des adjectifs et des adverbes qui dénotent des intervalles de temps	madly, carelessly, earthly weekly, monthly	follement, négligemment, terrestre hebdomadaire, mensuel
-maker	-(i)er/-(i)ère	personne ou machine qui fait qc	dressmaker, watchmaker, coffeemaker, icemaker	couturière, horloger, cafetière, glacier
-man		1. qui dénote un homme qui a certaines caractéristiques, qui fait une activité particulière ou exerce une certaine profession 2. indique le nombre de personnes dans un groupe	linesman, madman, mailman four-man team	juge de ligne, fou, facteur équipe de quatre (personnes)
-mania	-manie	dénote une obsession	pyromania, megalomania, kleptomania	pyromanie, mégalomanie, cleptomanie
-mannered			ill-mannered, mild-mannered	mal élevé, doux
-manship		dénote des compétences	swordsmanship, workmanship, marksmanship	aptitude à magner les armes blanches, travail, habilité au tir
-meister		dénote une personne considérée comme compétente dans une matière	spinmeister	spin doctor
-ment	-ment	pour former des substantifs sens = 1. état de 2. résultat de	contentment, excitement alignment	contentement, excitation alignement
-meter	-mètre	mesure	chronometer, speedometer	chronomètre, tachymètre
-minded		dénote un état d'esprit	narrow-minded, strong-minded	borné, résolu

Suffixe	Équivalents français	Sens et usage	Examples	Équivalents français
-morphous	-morphe	dénote une forme, un aspect	amorphous, polymorphous	amorphe, polymorphe
-most		pour former le superlatif	outermost, rearmost, southernmost	le plus à l'extérieur, le dernier, le plus au sud
-motive		mouvement, propulsion	automotive, locomotive	véhicule à moteur, locomotive
-mouthed		qui réfère à la manière dont parle qn	loud-mouthed, foul-mouthed	qui parle fort, grossier
-natured			good-natured	d'un bon naturel
-ness, -iness		état ou qualité de	hopelessness, carelessness, bitterness, sleepiness	désespoir, inattention, amertume, somnolence
-nik		qn associé à qc	beatnik, peacenik	beatnik, peacenik
-nomy	-nomie	1. loi ou structure de; 2. étude de	taxonomy, economy, autonomy astronomy	taxonomie, économie, autonomie astronomie
-o		pour former des mots familiers désignant des personnes qui ont certaines habitudes ou caractéristiques	wino, weirdo, dumbo	ivrogne, allumé, débilo
-ock		diminutif	bullock, hillock	taureau, bosse
-oholic	-olique	dépendant de	alcoholic	alcoolique
-oid	-oïde	qui ressemble à	spheroid	sphéroïde
-ology	-ologie	étude de	biology, geology	biologie, géologie
-oma	-ome	tumeur	carcinoma, melanoma	tumeur cancéreuse, mélanome
-onym	-onyme	qui réfère à un nom	synonym, pseudonym	synonyme, pseudonyme
-onymous	-onyme	pour former des adjectifs à partir de substantifs en -onym	synonymous	synonyme
-onymy	-onymie	pour former des substantifs à partir d'adjectifs en -onymous	synonymy	synonymie
-opia	-opie	qui réfère à l'œil	myopia	myopie
-or	-eur/-euse	agent	actor, exhibitor, agitator, processor	acteur, exposant, agitateur, processeur
-orial	-orial/e	pour former des adjectifs à partir de substantifs en -or, -ory	senatorial, dictatorial, territorial	sénatorial, dictatorial, territorial
-oriented		qui réfère au but, à la visée de qc	profit-oriented	axé sur le profit
-orium	-orium	qui désigne un endroit	crematorium, emporium, sanatorium	crématorium, centre commercial, sanatorium
-ory	-oire	relatif à qc, d'une certaine nature	circulatory, transitory, contradictory, contributory	circulatoire, transitoire, contradictoire, accessoire

Suffixe	Équivalents français	Sens et usage	Examples	Équivalents français
-ose		plein de, qui se caractérise par	verbose	bavard
-osis	-ose	1. maladie 2. processus	psychosis, neurosis hypnosis, narcosis	psychose, névrose hypnose, narcose
-ous	-eux/-euse	1. plein de 2. qui a qc	mysterious, nervous, acrimonious voluminous, cancerous	mystérieux, nerveux, hargneux volumineux, cancéreux
-owned			family-owned, state-owned	détenu par la famille, par l'État
-packed		plein de	action-packed	animé, plein d'action
-path	-pathe	1. qui réfère à une personne qui pratique certains soins 2. qui réfère à qn qui a certains travers ou une maladie particulière	homeopath, naturopath psychopath	homéopathe, naturopathe psychopathe
-pathic	-pathique	pour former des adjectifs à partir de noms en -pathy	homeopathic, telepathic	homéopathique, télépathique
-pathy	-pathie	1. sentiment 2. relatif à un traitement médical	empathy, sympathy telepathy homeopathy	empathie, sympathie télépathie homéopathie
-ped	-pède	qui a un certain nombre de pieds, de pattes	biped, quadruped	bipède, quadrupède
-pepsia	-pepsie	relatif à la digestion	dyspepsia	dyspepsie
-person		pour former le genre neutre (féminin/masculin) de mots en -man et désigner une profession, un poste, une autorité	spokesperson, chairperson	porte-parole, président
-phile	-phile	qui aime qc	technophile, bibliophile, Anglophile	qui aime la technique, bibliophile, anglophile
-phobe	-phobe	qui réfère à qn n'aime pas qn/qc	technophobe, Anglophobe	qui déteste la technique, anglophobe
-phobia	-phobie	le fait de ne pas aimer qc	claustrophobia, xenophobia, hydrophobia	claustrophobie, xénophobie, hydrophobie
-phobic	-phobe	pour former des adjectifs à partir de substantifs en -phobia	xenophobic, claustrophobic	xénophobe, claustrophobe
-phone	-phone	1.instruments, appareils qui se servent du son ou qui produisent des sons 2. qui parle une langue	saxophone, gramophone, megaphone, microphone, telephone, xylophone Anglophone, Francophone	saxophone, phonographe, mégaphone, microphone, téléphone, xylophone anglophone, francophone
-phony	-phonie	un son	cacophony, euphony	cacophonie, euphonie
-plane		un avion	seaplane, biplane	hydravion, biplan

Suffixe	Équivalents français	Sens et usage	Examples	Équivalents français
-plex	-plex	composé d'un certain nombre d'unités	duplex, multiplex	duplex, multiplex
-pod		le pied	tripod	trépied
-polis		la ville	metropolis	métropole
-powered		qui réfère à l'alimentation d'une machine	battery-powered, nuclear-powered	à piles, à l'énergie nucléaire
-proof		qui résiste à	ovenproof, rustproof, shatterproof, soundproof, bombproof, bulletproof	qui va au four, antirouille, incassable, insonorisé, blindé, pare-balles
-prone		qui est souvent sujet à qc	accident-prone	enclin à des accidents
-red		condition de	hatred, sacred	haine, sacré
-ria	-rie	1. noms de maladies ou noms scientifiques 2. noms de lieux, de pays	diphtheria, malaria, wisteria Bulgaria	diphtérie, malaria, glycine la Bulgarie
-ridden		plein de	guilt-ridden	qui se sent coupable
-rrhage	-rragie	flux anormal de qc	hemorrhage	hémorragie
-ry	-ie	variante de -ery	chemistry	chimie
-scape		pour désigner un certain type de paysage	landscape, seascape, townscape,	paysage, paysage marin, paysage urbain
-scope	-scope	instrument qui permet de voir qc	microscope, stethoscope, stroboscope, gyroscope, hygroscope, horoscope	microscope, stéthoscope, stroboscope, gyroscope, hygroscope, horoscope
-scopy	-scopie	le fait d'examiner qc/qn avec un instrument	gastroscopy	gastroscopie
-sect		une coupe	dissect	disséquer
-ship		1. état 2. fonction 3. compétences	friendship championship, dictatorship horsemanship, marksmanship	amitié championnat, dictature équitation, habilité au tir
-sion	-sion	1. action 2. résultat 3. condition	emission, inclusion emulsion, explosion tension	émission, inclusion émulsion, explosion tension
-some		1. enclin à 2. un groupe de (en association avec un nombre)	quarrelsome, tiresome, troublesome twosome, foursome	querelleur, fatiguant, ennuyeux une paire, un groupe de quatre
-speak		pour désigner la langue, le jargon d'un certain groupe de personnes	doublespeak, netspeak	double langage, cyberjargon
-sphere	-sphère	une sphère	hemisphere	hémisphère

Suffixe	Équivalents français	Sens et usage	Examples	Équivalents français
-ster		pour désigner une personne qui a certaines qualités ou fait une certaine action	youngster, mobster, pollster, tipster, trickster	jeune, truand, sondeur, pronostiqueur, filou
-stress	-(i)ère	pour former le féminin	seamstress	couturière
-sy		pour former des adjectifs et des substantifs à connotation négative	tipsy, tricksy, whimsy, artsy	pompette, délicat, fantaisiste, artistique
-teen		1. pour former les nombres allant de 13 à 19 2. qui ressemble à	nineteen velveteen	dix-neuf velvet
-th	-ième	1. état de, action 2. nombres ordinaux	youth, death; growth thirteenth	jeunesse, la mort; croissance treizième
-tion	-tion	1. résultat 2. état	inflation, reflection, infection inhibition	inflation, réflexion, infection inhibition
-tious	-tieux/ -tieuse	pour former des adjectifs à partir de substantifs en -tion	ambitious, cautious,	ambitieux, prudent,
-tomy	-tomie	opération, coupe	appendectomy	appendicectomie
-tor	-teur/-trice	agent	arbitrator, collaborator, calculator	arbitre, collaborateur, calculatrice
-tory	-teur/-trice, -toire		anticipatory, accusatory	anticipé, accusateur
-tude	-tude	état de	gratitude, solitude	gratitude, solitude
-ty	-té	1. qualité, état 2. pour former les dizaines dans les nombres	royalty, safety seventy	redevance, sûreté soixante-dix
-ule	-ule	diminutif	granule	granule
-ulent		qui a beaucoup de	fraudulent	frauduleux
-ulous	-uleux/ -uleuse	apte à qc, qui a tendance à être	miraculous, nebulous,	miraculeux, nébuleux,
-ure		1. résultat 2. condition	mixture, exposure moisture, pleasure	mélange, exposition humidité, plaisir
-ville		1. pour désigner un endroit; 2. *sl* pour désigner un endroit, une chose ou une condition qui ont certaines qualités	Jacksonville dullsville	Jacksonville (au) pays de la bêtise
-vore	-vore	qui mange qc	carnivore, herbivore	carnivore, herbivore
-vorous	-vore	pour former des adjectifs à partir de substantifs en -vore	carnivorous, herbivorous, omnivorous	carnivore, herbivore, omnivore

Suffixe	Équivalents français	Sens et usage	Examples	Équivalents français
-ward(s)		dans la direction de	backward(s), inwards, outwards, upwards	en arrière, vers l'intérieur, à l'extérieur, vers le haut
-ways		direction	lengthways	dans le sens de la longueur
-wide		à travers, dans tout qc	worldwide, nationwide	dans le monde entier, dans tout le pays
-wise		pour former des adverbes indiquant une direction	clockwise	dans le sens des aiguilles d'une montre
-woman		équivalent féminin de -man	chairwoman	présidente
-worthy		1. qui mérite qc 2. approprié à	trustworthy, newsworthy roadworthy	digne de confiance, intéressant en état de marche
-y, -ey	-té	1. pour former des substantifs qui désignent un état ou une action 2. diminutif *inf* (voir -ie) 3. pour former des adjectifs sens = qui abonde de, qui a tendance à être	captivity puppy bumpy, faulty, bubbly, creamy, clingy	captivité chiot inégal, défectueux, pétillant, crémeux, collant
-yer		variante de -er	lawyer	avocat

Faux amis

False friends

Cette liste reprend les sens principaux qui prêtent à confusion. Il est conseillé de se reporter aux articles dans le dictionnaire pour plus ample information sur les traductions. L'ordre alphabétique respecte l'orthographe française.

This list shows the main confusable meanings of the words. Readers should consult the main section of the dictionary for more complete translation information.

Meaning of the French word:	**Faux amis False friends** français French	English anglais	**Signification de l'expression anglaise:**
1. abuse 2. injustice	**abus**	**abuse**	1. comportement abusif 2. injures 3. abus 4. violation
1. to overindulge 2. to go too far	**abuser**	**to abuse**	1. abuser 2. violer 3. maltraiter 4. injurier
1. to accept (a gift etc.) 2. to agree (to sth/to do sth)	**accepter**	**to accept**	1. accepter (un don etc.) 2. admettre
current, present	**actuel**	**actual**	réel
at present	**actuellement**	**actually**	en fait, vraiment
1. MATH addition 2. check	**addition**	**addition**	1. MATH addition 2. ajout
appropriate, suitable	**adéquat**	**adequate**	1. suffisant (en quantité), convenable 2. compétent
1. business 2. matter 3. affair (in news, politics) 4. JUR case 5. transaction 6. concern 7. *pl* POL affairs	**affaire**	**affair**	1. affaire (politique, actualité) 2. liaison (amoureuse)
diary	**agenda**	**agenda**	ordre du jour
1. corner 2. a. MATH, PHOT angle	**angle**	**angle**	1. MATH angle 2. angle (perspective)
1. birthday 2. anniversary	**anniversaire**	**anniversary**	anniversaire (de mariage etc.)
1. to be present 2. to watch 3. to be a witness 4. to take part 5. to help 6. to assist (professionally) 7. to comfort 8. JUR to aid	**assister**	**to assist**	aider
1. audience (meeting) 2. JUR hearing 3. audience (public), TV viewership	**audience**	**audience**	1. public, (télé)spectateurs, RADIO auditeurs, LIT lecteurs 2. audience (réunion)

Meaning of the French word:	Faux amis False friends français French	 English anglais	Signification de l'expression anglaise:
1. scales 2. POL, ECON balance	**balance**	**balance**	1. balance 2. équilibre 3. FIN solde
1. to swing, to rock 2. to throw 3. to toss (object), to fire (person)	**balancer**	**to balance**	1. se tenir en équilibre 2. s'équilibrer 3. maintenir en équilibre 4. FIN régler, équilibrer
1. a. AUTO battery 2. MUS percussion	**batterie**	**battery**	1. pile (électrique) 2. a. AUTO batterie
1. white 2. blank (check) 3. clean 4. pure 5. unconsummated, practice	**blanc**	**blank**	1.(en) blanc, vierge 2. absent 3. total
1. brave 2. decent 3. naive	**brave**	**brave**	courageux
1. toilet 2. office (of doctor, lawyer) 3. POL cabinet	**cabinet**	**cabinet**	1. meuble 2. vitrine (meuble) 3. POL cabinet
CINE camera	**caméra**	**camera**	1. appareil-photo 2. caméra
bus	**car**	**car**	voiture
1. FIN guarantee 2. JUR bail 3. support	**caution**	**caution**	1. prudence 2. avertissement
1. cellar 2. club	**cave**	**cave**	1. grotte 2. affaissement
1. luck 2. chance (likelihood)	**chance**	**chance**	1. hasard 2. chance (probabilité) 3. occasion (pour faire qc) 4. risque
1. circulation (of blood, of currency) 2. traffic	**circulation**	**circulation**	1. circulation (du sang, d'une monnaie) 2. tirage (d'un journal)
understanding	**compréhensif**	**comprehensive**	intégral, total, complet
1. lecture 2. .conference	**conférence**	**conference**	conférence
1. vague 2. confused (noise, explanation) 3. ashamed	**confus**	**confused**	1. embrouillé 2. confus (bruits, explications)
1. to check, to audit 2. to supervise, monitor 3. to control (an area, an industry)	**contrôler**	**to control**	1. maîtriser 2. contrôler (un secteur)
1. suit 2. costume (for film etc.)	**costume**	**costume**	costume (de film, etc.)

Meaning of the French word:	Faux amis False friends français French	English anglais	Signification de l'expression anglaise:
to disappoint	**décevoir**	**deceive**	tromper
1. a. ADMIN request 2. PSYCH need 3. ECON demand 4. claim form	**demande**	**demand**	1. a. ECON demande 2. exigence 3. LAW réclamation
1. to ask (for) 2. to call (for) 3. to require (patience, work)	**demander**	**to demand**	1. demander 2. exiger, réclamer
director, ECOLE head	**directeur**	**director**	1. ECON directeur 2. CINE, THEAT metteur en scène 3. administrateur
1. to amuse 2. to distract	**distraire**	**to distract**	distraire (déconcentrer), détourner
to publish	**éditer**	**to edit**	1. réviser 2. diriger 3. CINE monter 4. COMPUT éditer
1.publisher 2. INFORM editor	**éditeur**	**editor**	1. rédacteur en chef 2. éditeur, assistant de rédaction 3. CINE monteur 4. COMPUT éditeur
real, effective (in force), actual	**effectif**	**effective**	1. efficace, compétent 2. en vigueur 3. impressionnant 4. véritable, effectif
1. thingamajig 2. machine 3. MIL weaponry, engine 4. contraption 5. heavy vehicle	**engin**	**engine**	1. moteur 2. AVIAT réacteur 3. RAIL locomotive
possible	**éventuel**	**eventual**	final
possibly	**éventuellement**	**eventually**	1. finalement 2. un de ces jour
1. experience (at job, with people) 2. experience (occurrence) 3. experiment	**expérience**	**experience**	1. expérience (de la vie, d'un métier) 2. expérience (événement)
1. definite, clear, positive 2. formal 3. outward	**formel**	**formal**	1. formel 2. soutenu (langage) 3. officiel (dîner, visite)
1. terrific 2. remarkable, tremendous	**formidable**	**formidable**	redoutable

Meaning of the French word:	Faux amis False friends français French	English anglais	Signification de l'expression anglaise:
1. cool 2. fresh (bread, fruit, tracks) 3. fresh, bright 4. lively, refreshed 5. wet (paintwork), fresh (news) 6. pure, untainted	**frais**	**fresh**	1. frais (pain, fruit, traces) 2. nouveau, propre 3. (récent) frais 4. frais, pur 5. frais et net 6. effronté
1. kind 2. pretty 3. good	**gentil**	**gentle**	1. doux (personne, savon) 2. discret
exhausted	**harassé**	**harassed**	harcelé
1. BOT grass 2. MED, CULIN herb	**herbe**	**herb**	herbe
1. not to know 2. to ignore (a friend, advice)	**ignorer**	**to ignore**	ignorer (un ami, conseil)
to impress, to upset	**impressionner**	**to impress**	1. impressionner (faire admirer) 2. imprimer (un dessin) 3. faire impression
1. piece of information 2. *pl* news 3. information 4. information media	**information**	**information**	information
insult	**injure**	**injury**	blessure
interview	**interview**	**interview**	1. entretien (pour un emploi) 2. interview
1. to show in, to insert 2. to introduce (a fashion, a species)	**introduire**	**to introduce**	1. présenter 2. introduire (une mode, espèce), établir, lancer
1. exit 2. outcome 3. end	**issue**	**issue**	1. question (d'actualité) 2. PUBL numéro 3. FIN, ECON émission
1. newspaper 2. newspaper office 3. journal (diary)	**journal**	**journal**	1. revue (savante) 2. journal
1. wide, large 2. loose (garment) 3. big, wide 4. broad	**large**	**large**	1. grand, nombreux 2. gros
1. reading 2. reading out loud 3. reading (matter)	**lecture**	**lecture**	1. discours 2. conférence 3. UNIV cours magistral 4. sermon 5. conseil
liberal (broad-minded)	**libéral**	**liberal**	1. libéral (large d'esprit) 2. généreux 3. libre

Meaning of the French word:	Faux amis False friends français French	English anglais	Signification de l'expression anglaise:
bookstore	**librairie**	**library**	1. bibliothèque 2. collection
1. POL demonstration 2. event 3. expression, show	**manifestation**	**manifestation**	manifestation (d'un phénomène)
society	**mondain**	**mundane**	1. banal 2. terrestre
1. money 2. currency 3. change 4. coin	**monnaie**	**money**	argent
1. note (annotation) 2. ECOLE, MUS note 3. bill	**note**	**note**	1. mot 2. note (aide-mémoire) 3. LIT commentaire 4. MUS note 5. billet
1. instructions 2. note	**notice**	**notice**	1. annonce, avis, affiche 2. attention 3. a. LAW avis (warning)
1. piece of news, piece of information 2. *pl* news 3. LIT short story	**nouvelle**	**novel**	roman
1. opportunity 2. COM bargain 3. cause	**occasion**	**occasion**	occasion (moment, circonstance)
1. to give 2. to offer 3. to have, to present	**offrir**	**to offer**	1. offrir 2. proposer 3. donner 4. faire une offre
to take an exam	**passer un examen**	**to pass an exam**	réussir à un examen
1. MED plague 2. pain	**peste**	**pest**	1. animal/insecte nuisible 2. casse-pieds
sentence	**phrase**	**phrase**	1. locution, syntagme 2. expression 3. MUS phrase
1. room 2. coin 3. THEAT play 4. MUS piece 5. paper (document) 6. part, piece 7. patch	**pièce**	**piece**	1. morceau, parcelle, fragment 2. pièce (d'un jeu, d'une collection) 3. LIT, MUS morceau, ART pièce 4. pièce (de monnaie)
1. pile 2. battery	**pile**	**pile**	1. pile, tas 2. fric 3. édifice
1. punctual 2. occasional, one-time	**ponctuel**	**punctual**	à l'heure, ponctuel
condom	**préservatif**	**preservative**	conservateur

Meaning of the French word:	Faux amis False friends français French	English anglais	Signification de l'expression anglaise:
1. teacher 2. UNIV professor	**professeur**	**professor**	professeur (titulaire d'une chaire)
gradual, progressive	**progressif**	**progressive**	1. progressif 2. progressiste
1. promotion (in job, etc.) 2. ECOLE class 3. special offer	**promotion**	**promotion**	promotion (avancement)
1. clean 2. neat 3. potty-trained, house-broken 4. honest 5. environmentally-friendly 6. (one's) own 7. proper, literal 8. separate	**propre**	**proper**	1. vrai 2. convenable 3. respectable
1. cleanly, properly 2. honestly	**proprement**	**properly**	1. correctement, comme il faut 2. convenablement
1. advert 2. advertising 3. publicity	**publicité**	**publicity**	publicité (toute forme d'attention médiatique, payée ou non)
jigsaw puzzle	**puzzle**	**puzzle**	1. devinette 2. casse-tête 3. puzzle 4. mystère
grape	**raisin**	**raisin**	raisin sec
1. link 2. relationship 3. *pl* (sexual) relations 4. report	**rapport**	**report**	1. rapport (sur un sujet), compte-rendu 2. reportage 3. LAW procès-verbal 4. SCHOOL bulletin 5. rumeur 6. détonation
1. lettuce, salad 2. muddle 3. *pl* fairy tales	**salade**	**salad**	salade (crudités)
1. sensitive 2. noticeable 3. PHILOS sensory, physical	**sensible**	**sensible**	raisonnable
briefs	**slip**	**slip**	1. bout (de papier) 2. BOT bouture 3. glissement 4. chute 5. faux pas 6. erreur 7. combinaison
1. to follow (in space) 2. to succeed (a predecessor, sth that precedes)	**succéder**	**succeed**	1. réussir 2. succéder à (être le successeur)

Meaning of the French word:	Faux amis False friends français French	English anglais	Signification de l'expression anglaise:
1. terrible (accident, illness, etc.), dreadful, awful, fearsome 2. tremendous 3. terrific	**terrible**	**terrible**	horrible, affreux
1. shy 2. timid (indecisive), bashful	**timide**	**timid**	1. farouche 2. timide (indécis)
1. crude 2. mundane 3. trite	**trivial**	**trivial**	1. insignifiant 2. banal 3. simple
1. jacket 2. cardigan	**veste**	**vest**	1. gilet 2. SPORTS maillot
1. lecherous 2. devious 3. vicious 4. SPORT nasty	**vicieux**	**vicious**	1. haineux, méchant 2. violent 3. pervers

Les nombres — Numerals

Les nombres cardinaux — Cardinal numbers

zéro	0	zero
un, une	1	one
deux	2	two
trois	3	three
quatre	4	four
cinq	5	five
six	6	six
sept	7	seven
huit	8	eight
neuf	9	nine
dix	10	ten
onze	11	eleven
douze	12	twelve
treize	13	thirteen
quatorze	14	fourteen
quinze	15	fifteen
seize	16	sixteen
dix-sept	17	seventeen
dix-huit	18	eighteen
dix-neuf	19	nineteen
vingt	20	twenty
vingt et un	21	twenty-one
vingt-deux	22	twenty-two
vingt-trois	23	twenty-three
vingt-quatre	24	twenty-four
vingt-cinq	25	twenty-five
trente	30	thirty
trente et un	31	thirty-one
trente-deux	32	thirty-two
trente-trois	33	thirty-three
quarante	40	forty
quarante et un	41	forty-one
quarante-deux	42	forty-two
cinquante	50	fifty
cinquante et un	51	fifty-one
cinquante-deux	52	fifty-two
soixante	60	sixty
soixante et un	61	sixty-one
soixante-deux	62	sixty-two
soixante-dix	70	seventy

soixante et onze	71	seventy-one
soixante-douze	72	seventy-two
soixante-quinze	75	seventy-five
soixante-dix-neuf	79	seventy-nine
quatre-vingt(s)	80	eighty
quatre-vingt-un	81	eighty-one
quatre-vingt-deux	82	eighty-two
quatre-vingt-cinq	85	eighty-five
quatre-vingt-dix	90	ninety
quatre-vingt-onze	91	ninety-one
quatre-vingt-douze	92	ninety-two
quatre-vingt-dix-neuf	99	ninety-nine
cent	100	one hundred
cent un	101	one hundred and one
cent deux	102	one hundred and two
cent dix	110	one hundred and ten
cent vingt	120	one hundred and twenty
cent quatre-vingt-dix-neuf	199	one hundred and ninety-nine
deux cents	200	two hundred
deux cent un	201	two hundred and one
deux cent vingt-deux	222	two hundred and twenty-two
trois cents	300	three hundred
quatre cents	400	four hundred
cinq cents	500	five hundred
six cents	600	six hundred
sept cents	700	seven hundred
huit cents	800	eight hundred
neuf cents	900	nine hundred
mille	1 000	one thousand
mille un	1 001	one thousand and one
mille dix	1 010	one thousand and ten
mille cent	1 100	one thousand one hundred
deux mille	2 000	two thousand
dix mille	10 000	ten thousand
cent mille	100 000	one hundred thousand
un million	1 000 000	one million
deux millions	2 000 000	two million
deux millions cinq cent mille	2 500 000	two million, five hundred thousand
un milliard	1 000 000 000	one billion
mille milliard	1 000 000 000 000	one thousand billion

Les nombres ordinaux — Ordinal numbers

premier, ère	1er, 1ère	1st	first
second, e deuxième	2nd, 2nde, 2^{e}	2nd	second
troisième	3^{e}	3rd	third
quatrième	4^{e}	4th	fourth
cinquième	5^{e}	5th	fifth
sixième	6^{e}	6th	sixth
septième	7^{e}	7th	seventh
huitième	8^{e}	8th	eighth
neuvième	9^{e}	9th	ninth
dixième	10^{e}	10th	tenth
onzième	11^{e}	11th	eleventh
douzième	12^{e}	12th	twelfth
treizième	13^{e}	13th	thirteenth
quatorzième	14^{e}	14th	fourteenth
quinzième	15^{e}	15th	fifteenth
seizième	16^{e}	16th	sixteenth
dix-septième	17^{e}	17th	seventeenth
dix-huitième	18^{e}	18th	eighteenth
dix-neuvième	19^{e}	19th	nineteenth
vingtième	20^{e}	20th	twentieth
vingt et unième	21^{e}	21st	twenty-first
vingt-deuxième	22^{e}	22nd	twenty-second
vingt-troisième	23^{e}	23rd	twenty-third
trentième	30^{e}	30th	thirtieth
trente et unième	31^{e}	31st	thirty-first
trente-deuxième	32^{e}	32nd	thirty-second
quarantième	40^{e}	40th	fortieth
cinquantième	50^{e}	50th	fiftieth
soixantième	60^{e}	60th	sixtieth
soixante-dixième	70^{e}	70th	seventieth
soixante et onzième	71^{e}	71st	seventy-first
soixante-douzième	72^{e}	72nd	seventy-second
soixante-dix-neuvième	79^{e}	79th	seventy-ninth
quatre-vingtième	80^{e}	80th	eightieth
quatre-vingt-unième	81^{e}	81st	eighty-first
quatre-vingt-deuxième	82^{e}	82nd	eighty-second
quatre-vingt-dixième	90^{e}	90th	ninetieth
quatre-vingt-onzième	91^{e}	91st	ninety-first
quatre-vingt-dix-neuvième	99^{e}	99th	ninety-ninth
centième	100^{e}	100th	one hundredth
cent unième	101^{e}	101st	one hundred and first

cent dixième	110e	110th	one hundred and tenth
cent quatre-vingt-quinzième	195e	195th	one hundred and ninety-fifth
deux(-)centième	200e	200th	two hundredth
trois(-)centième	300e	300th	three hundredth
cinq(-)centième	500e	500th	five hundredth
millième	1 000e	1 000th	one thousandth
deux(-)millième	2 000e	2 000th	two thousandth
millionième	1 000 000e	1 000 000th	one millionth
dix(-)millionième	10 000 000e	10 000 000th	ten millionth

Les fractions

Fractional numbers

un demi	$^1/_2$	one half
un tiers	$^1/_3$	one third
un quart	$^1/_4$	one quarter
un cinquième	$^1/_5$	one fifth
un dixième	$^1/_{10}$	one tenth
un centième	$^1/_{100}$	one hundredth
un millième	$^1/_{1000}$	one thousandth
un millionième	$^1/_{1\,000\,000}$	one millionth
deux tiers	$^2/_3$	two thirds
trois quarts	$^3/_4$	three quarters
deux cinquièmes	$^2/_5$	two fifths
trois dixièmes	$^3/_{10}$	three tenths
un et demi	$1\ ^1/_2$	one and a half
deux et demi	$2\ ^1/_2$	two and a half
cinq trois huitièmes	$5\ ^3/_8$	five and three eighths
un virgule un	1,1	one point one

Poids, mesures et températures

Weights, measures and temperatures

Système décimal

Decimal system

giga	1 000 000 000	G	giga
méga	1 000 000	M	mega
hectokilo	100 000	hk	hectokilo
myria	10 000	ma	myria
kilo	1 000	k	kilo
hecto	100	h	hecto
déca	10	da	deca
déci	0,1	d	deci
centi	0,01	c	centi
milli	0,001	m	milli
décimilli	0,000 1	dm	decimilli
centimilli	0,000 01	cm	centimilli
micro	0,000 001	µ	micro

Tableaux de conversion

Le système impérial de mesures existe encore aux États-Unis; en Grande Bretagne, le système métrique est officiellement adopté, mais l'ancien système demeure la référence pour beaucoup de personnes. Il en est de même pour l'échelle Fahrenheit des températures. Seules les mesures impériales encore en usage courant figurent dans ces tableaux. En multipliant une mesure métrique par le facteur de conversion en **gras**, on obtient la mesure impériale correspondante; inversement une mesure impériale divisée par le même facteur donnera la mesure métrique.

Conversion tables

Only U.S. Customary units still in common use are given here. To convert a metric measurement to U.S. Customary measures, multiply by the conversion factor in **bold**. Likewise dividing a U.S. Customary measurement by the same factor will give the metric equivalent. Note that the decimal comma is used throughout rather than the decimal point.

Mesures métriques
Metric measurement

Mesures impériales
U.S. Customary Measures

mille marin	1 852 m	–	nautical mile			
kilomètre	1 000 m	km	kilometer	**0,62**	mile (=1760 yards)	m, mi
hectomètre	100 m	hm	hectometer			
décamètre	10 m	dam	decameter			
mètre	1 m	m	meter	**1,09** **3,28**	yard (= 3 feet) foot (= 12 inches)	yd ft
décimètre	0,1 m	dm	decimeter			
centimètre	0,01 m	cm	centimeter	**0,39**	inch	in
millimètre	0,001 m	mm	millimeter			
micron	0,000 001 m	µ	micron			
millimicron	0,000 000 001 m	mµ	millimicron			
Angstrœm	0,000 000 000 1 m	Å	angstrom			

Mesures de surface | Surface measure

kilomètre carré	1 000 000 m²	km²	square kilometer	**0,386**	square mile (= 640 acres)	sq. m., sq. mi.
hectomètre carré hectare	10 000 m²	hm² ha	square hectometer hectare	**2,47**	acre (= 4840 square yards)	a.
décamètre carré are	100 m²	dam² a	square decameter are			
mètre carré	1 m²	m²	square meter	**1.196** **10,76**	square yard (9 square feet) square feet (= 144 square inches)	sq. yd sq. ft
décimètre carré	0,01 m²	dm²	square decimeter			
centimètre carré	0,000 1 m²	cm²	square centimeter	**0,155**	square inch	sq. in.
millimètre carré	0,000 001 m²	mm²	square millimeter			

Mesures de volume | Volume and capacity

kilomètre cube	1 000 000 000 m³	km³	cubic kilometer			
mètre cube stère	1 m³	m³ st	cubic meter stere	**1,308** **35,32**	cubic yard (= 27 cubic feet) cubic foot (= 1728 cubic inches)	cu. yd cu. ft
hectolitre	0,1 m³	hl	hectoliter			
décalitre	0,01 m³	dal	decaliter			
décimètre cube litre	0,001 m³	dm³ l	cubic decimeter liter	**0,26** **2,1**	gallon pint	gal. Pt
décilitre	0,000 1 m³	dl	deciliter			
centilitre	0,000 01 m³	cl	centiliter	**0,352** **0,338**	fluid ounce	fl. Oz
centimètre cube	0,000 001 m³	cm³	cubic centimeter	**0,061**	cubic inch	cu. in.
millilitre	0,000 001 m³	ml	milliliter			
millimètre cube	0,000 000 001 m³	mm³	cubic millimeter			

Poids

Weight

tonne	1 000 kg	t	tonne	**1,1**	[short] ton (= 2000 pounds)	t.
quintal	100 kg	q	quintal			
kilogramme	1 000 g	kg	kilogram	**2,2**	pound (= 16 ounces)	lb
hectogramme	100 g	hg	hectogram			
décagramme	10 g	dag	decagram			
gramme	1 g	g	gram	**0,035**	ounce	oz
carat	0,2 g	–	carat			
décigramme	0,1 g	dg	decigram			
centigramme	0,01 g	cg	centigram			
milligramme	0,001 g	mg	milligram			
microgramme	0,000 001 g	μg, g	microgram			

Température

Pour convertir une température exprimée en degrés Fahrenheit en degrés Celsius, il faut déduire 32 et multiplier par 5/9. À l'inverse, pour convertir une température exprimée en degrés Celsius en degrés Fahrenheit, il faut la multiplier par 9/5 et ajouter 32.

Temperature

To convert a temperature in degrees Fahrenheit to Celsius, deduct 32 and multiply by 5/9. To convert Celsius to Fahrenheit, multiply by 9/5 and add 32.

Noms géographiques: Français-Anglais
Geographical names: French-English

Pays, Dérivés, Capitales, Monnaies – Countries, Derivatives, Capitals, Currencies

Les noms des pays sont classés par ordre alphabétique, sous leur orthographe française.
Countries are arranged in alphabetical order by their French names.

Pays *Country*	Dérivés *Derivates*	Capitale *Capital*	Monnaie *Currency*
L'Afghanistan *m* *Afghanistan*	afghan(e) *Afghan*	Kaboul *Kabul*	afghani *afghani*
L'Afrique du Sud *f* *South Africa*	sud-africain(e) *South African*	Pretoria *Pretoria*	rand *rand*
L'Albanie *f* *Albania*	albanais(e) *Albanian*	Tirana *Tiranë*	lek *lek*
L'Algérie *f* *Algeria*	algérien(ne) *Algerian*	Alger *Algiers*	dinar *Algerian dinar*
L'Allemagne *f* *Germany*	allemand(e) *German*	Berlin *Berlin*	euro (en remplacement du mark) *euro (formerly deutschmark)*
Andorre *f* *Andorra*	andorran(e) *Andorran*	*Andorre-la-Vieille* *Andorra la Vella*	euro (en remplacement du franc français et de la peseta espagnole) *euro (formerly French franc and peseta)*
L'Angleterre *f* *England (UK)*	anglais(e) *English*	Londres *London*	livre sterling *pound sterling*
L'Angola *m* *Angola*	angolais(e) *Angolan*	Luanda *Luanda*	kwanza reajustado *new kwanza*
Antigua et Barbuda *f* *Antigua and Barbuda*	antiguais(e) et barbudien(ne) *Antiguan, Barbudan*	St John's *St. John's*	dollar des Caraïbes de l'Est *East Caribbean dollar*
L'Arabie Saoudite *f* *Saudi Arabia*	saoudien(ne) *Saudi Arabian*	Riyad *Riyadh*	riyal saoudien *Saudi riyal*
L'Argentine *f* *Argentina*	argentin(e) *Argentine, Argentinean*	Buenos Aires *Buenos Aires*	peso argentin *Argentine peso*
L'Arménie *f* *Armenia*	arménien(ne) *Armenian*	Erevan *Yerevan*	dram arménien *dram*
L'Australie *f* *Australia*	australien(ne) *Australian*	Canberra *Canberra*	dollar australien *Australian dollar*
L'Autriche *f* *Austria*	autrichien(ne) *Austrian*	Vienne *Vienna*	euro (en remplacement du schilling) *euro (formerly schilling)*
L'Azerbaïdjan *m* *Azerbaijan*	azerbaïdjanais(e), azéri(e) *Azerbaijani*	Bakou *Baku*	manat azerbaïdjanais *manat*
Les Bahamas *fpl* *Bahamas*	bahamien(ne) *Bahamian*	Nassau *Nassau*	dollar des Bahamas *Bahamian dollar*

Pays ***Country***	**Dérivés** ***Derivates***	**Capitale** ***Capital***	**Monnaie** ***Currency***
Bahreïn *m* *Bahrain*	Bahreïni *inv* *Bahraini*	Manama *Al Manama*	dinar bahreïni *Bahrainian dinar*
Le Bangladesh *Bangladesh*	bangladais(e) *Bangladeshi*	Dacca *Dhaka*	taka *taka*
La Barbade *Barbados*	barbadien(ne) *Barbadian*	Bridgetown *Bridgetown*	dollar de la Barbade *Barbadian dollar*
La Belgique *Belgium*	belge *Belgian*	Bruxelles *Brussels*	euro (en remplacement du franc belge) *euro (formerly Belgian franc)*
Le Belize *Belize*	bélizien(ne) *Belizean*	Belmopan *Belmopan*	dollar de Belize *Belizean dollar*
Le Bénin *Benin*	béninois(e) *Beninese*	Porto-Novo *Porto Novo*	franc CFA *CFA franc*
Le Bhoutan *Bhutan*	bhoutanais(e) *Bhutanese*	Timphu *Thimphu*	ngultrum *ngultrum*
La Biélorussie *Belarus*	biélorusse *Belarusian*	Minsk *Minsk*	rouble biélorusse *Belarusian ruble*
La Birmanie/Myanmar *Burma/Myanmar*	birman(e) *Burmese*	Rangoon *Rangoon/Yangon*	kyat *kyat*
La Bolivie *Bolivia*	bolivien(ne) *Bolivian*	Sucre *Sucre*	boliviano *Boliviano*
La Bosnie-Herzégovine *Bosnia-Herzegovina*	bosnien(ne), bosniaque *Bosnian*	Sarajevo *Sarajevo*	mark convertible *Convertible Mark*
Le Botswana *Botswana*	botswanais(e) *Botswanan*	Gaborone *Gaborone*	pula *pula*
Le Brésil *Brazil*	brésilien(ne) *Brazilian*	Brasilia *Brasilia*	real *real*
Brunei *m* *Brunei*	brunéien(ne) *Bruneian*	Bandar Seri Begawan *Bandar Seri Begawan*	dollar de Brunei *Brunei dollar*
La Bulgarie *Bulgaria*	bulgare *Bulgarian*	Sofia *Sofia*	lev bulgare *lev*
Le Burkina Faso *Burkina Faso*	burkinabé(e) *Burkinese*	Ouagadougou *Ouagadougou*	franc CFA *CFA franc*
Le Burundi *Burundi*	burundais(e) *Burundian*	Bujumbura *Bujumbura*	franc du Burundi *Burundi franc*
Le Cambodge *Cambodia*	cambodgien(ne) *Cambodian*	Phnom Penh *Phnom Penh*	riel *riel*
Le Cameroun *Cameroon*	camerounais(e) *Cameroonian*	Yaoundé *Yaoundé*	franc CFA *CFA franc*
Le Canada *Canada*	canadien(ne) *Canadian*	Ottawa *Ottawa*	dollar canadien *Canadian dollar*
Le Cap-Vert *Cape Verde*	cap-verdien(ne) *Cape Verdean*	Praia *Praia*	escudo du Cap-Vert *Cape Verde escudo*
La République centrafricaine *Central African Republic*	centrafricain(e) *Central African*	Bangui *Bangui*	franc CFA *CFA franc*

Pays ***Country***	**Dérivés** ***Derivates***	**Capitale** ***Capital***	**Monnaie** ***Currency***
Le Chili *Chile*	chilien(ne) *Chilean*	Santiago *Santiago de Chile*	peso chilien *Chilean peso*
La Chine *China*	chinois(e) *Chinese*	Pékin *Beijing/Peking*	yuan *yuan*
Chypre *f* *Cyprus*	chypriote, cypriote *Cypriot*	Nicosie *Nicosia*	livre chypriote *Cypriot pound*
La Colombie *Colombia*	colombien(ne) *Colombian*	Bogotá *Bogota*	peso colombien *Colombian peso*
Les Comores *fpl* *Comoros*	comorien(ne) *Comoran*	Moroni *Moroni*	franc comorien *Comoran franc*
Le Congo *Congo (Republic of the Congo)*	congolais(e) *Congolese*	Brazzaville *Brazzaville*	franc CFA *CFA franc*
La République démocratique du Congo *Congo (Democratic Republic of the Congo)*	congolais(e) *Congolese*	Kinshasa *Kinshasa*	franc congolais *Congolese franc*
Les îles *fpl* Cook *Cook Islands*	cookien(ne) *Cook Islander*	Avarua *Avarua*	dollar néo-zélandais *New Zealand dollar*
La Corée du Nord *North Korea*	nord-coréen(ne) *North Korean*	Pyongyang *Pyongyang*	won *won*
La Corée du Sud *South Korea*	sud-coréen(ne) *South Korean*	Séoul *Seoul*	won *won*
Le Costa Rica *Costa Rica*	costaricain(e) *Costa Rican*	San José *San José*	colón costaricain *Costa Rican colón*
La Croatie *Croatia*	croate *Croatian*	Zagreb *Zagreb*	kuna *kuna*
Cuba *f* *Cuba*	cubain(e) *Cuban*	La Havane *Havana*	peso cubain *Cuban peso*
Le Danemark *Denmark*	danois(e) *Danish*	Copenhague *Kopenhagen*	couronne danoise *Danish krone*
La République de Djibouti *Djibouti*	djiboutien(ne) *Djiboutian*	Djibouti *Djibouti*	franc de Djibouti *Djiboutian franc*
La République dominicaine *Dominican Republic*	dominicain(e) *Dominican*	Saint-Domingue *Santo Domingo*	peso dominicain *Dominican peso*
La Dominique *Dominica*	dominiquais(e) *Dominican*	Roseau *Roseau*	dollar des Caraïbes de l'Est *East Caribbean dollar*
L'Écosse (GB) *f* *Scotland (GB)*	écossais(e) *Scottish*	Édimbourg *Edinburgh*	livre sterling *pound sterling*
L'Égypte *f* *Egypt*	égyptien(ne) *Egyptian*	Le Caire *Cairo*	livre égyptienne *Egyptian pound*
Les Émirats Arabes Unis *mpl* *United Arab Emirates*	*émirien(ne)*	Abou Dhabi *Abu Dhabi*	dirham *dirham*
L'Équateur *m* *Ecuador*	équatorien(ne) *Ecuadorian*	Quito *Quito*	dollar américain *US dollar*

Pays ***Country***	**Dérivés** ***Derivates***	**Capitale** ***Capital***	**Monnaie** ***Currency***
L'Érythrée *f* *Eritrea*	érythréen(ne) *Eritrean*	Asmara *Asmara*	nakfa *nafka*
L'Espagne *f* *Spain*	espagnol(e) *Spanish*	Madrid *Madrid*	euro (en remplacement de la peseta) *euro (formerly peseta)*
L'Estonie *f* *Estonia*	estonien(ne), este *Estonian*	Tallinn *Tallinn*	couronne estonienne *Estonian kroon*
Les Etats-Unis *mpl/* les USA *mpl* *United States of America/USA*	américain(e) *American*	Washington *Washington D. C.*	dollar américain *US dollar*
L'Éthiopie *f* *Ethiopia*	éthiopien(ne) *Ethiopian*	Addis-Abeba *Addis Abeba*	birr éthiopien *birr*
Les Fidji *fpl* *Fiji*	fidjien(ne) *Fijian*	Suva *Suva*	dollar fidjien *Fijian dollar*
La Finlande *Finland*	finlandais(e), finnois(e) *Finnish*	Helsinki *Helsinki*	euro (en remplacement du mark finlandais) *euro (formerly Finnish markka)*
La France *France*	français(e) *French*	Paris *Paris*	euro (en remplacement du franc français) *euro (formerly French franc)*
Le Gabon *Gabon*	gabonais(e) *Gabonese*	Libreville *Libreville*	franc CFA *CFA franc*
Le pays de Galles *Wales (GB)*	gallois(e) *Welsh*	Cardiff *Cardiff*	livre sterling *pound sterling*
La Gambie *Gambia*	gambien(ne) *Gambian*	Banjul *Banjul*	dalasi *dalasi*
La Géorgie *Georgia*	géorgien(ne) *Georgian*	Tbilissi *Tbilisi/Tiflis*	lari *lari*
Le Ghana *Ghana*	ghanéen(ne) *Ghanaian*	Accra *Accra*	cedi *cedi*
La Grande-Bretagne *Great Britain*	britannique *British*	Londres *London*	livre sterling *pound sterling*
La Grèce *Greece*	grec(grecque) *Greek*	Athènes *Athens*	euro (en remplacement de la drachme) *euro (formerly drachma)*
Grenade *f* *Grenada*	grenadien(ne) *Grenadian*	St George's *St. George's*	dollar des Caraïbes de l'Est *East Caribbean dollar*
Le Guatemala *Guatemala*	guatémaltèque *Guatemalan*	Guatemala *Guatemala*	quetzal *quetzal*
La Guinée *Guinea*	guinéen(ne) *Guinean*	Conakry *Conakry*	franc guinéen *Guinean franc*
La Guinée-Bissau *Guinea-Bissau*	bissau-guinéen(ne) *Guinean*	Bissau *Bissau*	franc CFA *CFA franc*

Pays ***Country***	**Dérivés** ***Derivates***	**Capitale** ***Capital***	**Monnaie** ***Currency***
La Guinée équatoriale *Equatorial Guinea*	équato-guinéen(ne) *Equatorial Guinean*	Malabo *Malab*	franc CFA *CFA franc*
La Guyana *Guyana*	guyanais(e), guya-nien(ne) *Guyanese*	Georgetown *Georgetown*	dollar de Guyana *Guyanese dollar*
Haïti *m* *Haiti*	haïtien(ne) *Haitian*	Port-au-Prince *Port-au-Prince*	gourde *gourde*
Le Honduras *Honduras*	hondurien(ne) *Honduran*	Tegucigalpa *Tegucigalpa*	lempira *lempira*
La Hongrie *Hungary*	hongrois(e) *Hungarian*	Budapest *Budapest*	forint *forint*
L'Inde *f* *India*	indien(ne) *Indian*	New Delhi *New Delhi*	roupie indienne *rupee*
L'Indonésie *f* *Indonesia*	indonésien(ne) *Indonesian*	Jakarta *Jakarta*	rupiah *rupiah*
L'Irak *m* *Iraq*	irakien(ne), ira-quien(ne) *Iraqi*	Bagdad *Baghdad*	dinar irakien *Iraqi dinar*
L'Iran *m* *Iran*	iranien(ne) *Iranian*	Téhéran *Tehran*	rial iranien *rial*
L'Irlande *f* *Ireland*	irlandais(e) *Irish*	Dublin *Dublin*	euro (en remplacement de la livre irlandaise) *euro (formerly Irish pound)*
L'Irlande *f* du Nord *Northern Ireland (UK)*	irlandais(e) du Nord *Northern Irish*	Belfast *Belfast*	livre sterling *pound sterling*
L'Islande *f* *Iceland*	islandais(e) *Icelandic*	*Reykjavík Reykjavik*	couronne islandaise *Icelandic krona*
Israël *m* *Israel*	israélien(ne) *Israeli*	Jérusalem *Jerusalem*	shekel *new shekel*
L'Italie *f* *Italy*	italien(ne) *Italian*	Rome *Rome*	euro (en remplacement de la lire) *euro (formerly lira)*
La Côte d'Ivoire *Ivory Coast/Côte d'Ivoire*	ivoirien(ne) *Ivoirian*	Yamoussoukro *Yamoussoukro*	franc CFA *CFA franc*
La Jamaïque *Jamaica*	jamaïquain(e) *Jamaican*	Kingston *Kingston*	dollar de la Jamaïque *Jamaican dollar*
Le Japon *Japan*	japonais(e) *Japanese*	Tokyo *Tokyo*	yen *yen*
La Jordanie *Jordan*	jordanien(ne) *Jordanian*	Amman *Amman*	dinar jordanien *Jordanian dinar*
Le Kazakhstan *Kazakhstan*	kazakh(e) *Kazakh*	Astana *Astana*	tenge *tenge*
Le Kenya *Kenya*	kényan(e) *Kenyan*	Nairobi *Nairobi*	shilling du Kenya *Kenyan shilling*
Le Kirghizstan *Kyrgyzstan*	kirghiz(e) *Kyrgyz*	Bichkek *Bishkek*	som *Kyrgystani som*
Kiribati *f* *Kiribati*	kiribatien(ne)	Tarawa *Bairiki*	dollar australien *Australian dollar*

Pays *Country*	**Dérivés** *Derivates*	**Capitale** *Capital*	**Monnaie** *Currency*
Le Koweït *Kuwait*	koweïtien(ne) *Kuwaiti*	Koweït *Kuwait City*	dinar koweïtien *Kuwaiti dinar*
Le Laos *Laos*	laotien(ne) *Laotian*	Vientiane *Vientiane*	kip *kip*
Le Lesotho *Lesotho*	lesothan(e) *Sotho*	Maseru *Maseru*	loti *loti*
La Lettonie *Latvia*	letton(e), latvien(ne), lette *Latvian*	Riga *Riga*	lats *Lats*
Le Liban *Lebanon*	libanais(e) *Lebanese*	Beyrouth *Beirut*	livre libanaise *Lebanese pound*
Le Liberia *Liberia*	libérien(ne) *Liberian*	Monrovia *Monrovia*	dollar libérien *Liberian dollar*
La Libye *Libya*	libyen(ne) *Libyan*	Tripoli *Tripoli*	dinar libyen *Libyan dinar*
Le Liechtenstein *Liechtenstein*	liechtensteinois(e) *Liechtensteiner*	Vaduz *Vaduz*	franc suisse *Swiss franc*
La Lituanie *Lithuania*	lituanien(ne) *Lithuanian*	Vilnius *Vilnius*	litas *litas*
Le Luxembourg *Luxembourg*	luxembourgeois(e) *Luxembourg*	Luxembourg *Luxembourg*	euro (en remplacement du franc luxembour-geois) *euro (formerly Luxem-bourg franc)*
La Macédoine *Macedonia (Former Yugoslav Republic of Macedonia)*	macédonien(ne) *Macedonian*	Skopje *Skopje*	denar *Macedonian denar*
Madagascar *f* *Madagascar*	malgache *Madagascan*	Antananarivo *Antananarivo*	franc malgache *Madagascan franc*
La Malaisie *Malaysia*	malais(e), malay-sien(ne) *Malaysian*	Kuala Lumpur *Kuala Lumpur*	ringgit *Malaysian ringgit*
Le Malawi *Malawi*	malawite, mala-wien(ne) *Malawian*	Lilongwe *Lilongwe*	kwacha *Malawian kwacha*
Les Maldives *fpl* *Maldives*	maldivien(ne) *Maldivian*	Malé *Malé*	rufiyaa *rufiyaa*
Le Mali *Mali*	malien(ne) *Malian*	Bamako *Bamako*	franc CFA *CFA franc*
Malte *f* *Malta*	maltais(e) *Maltese*	La Valette *Valletta*	livre maltaise *Maltese lira*
Le Maroc *Morocco*	marocain(e) *Moroccan*	Rabat *Rabat*	dirham marocain *dirham*
Les îles *fpl* Marshall *Marshall Islands*	marshallais(e) *Marshall Islander*	Majuro *Majuro*	dollar américain *US dollar*
Maurice *f* *Mauritius*	mauricien(ne) *Mauritian*	Port Louis *Port Louis*	roupie mauricienne *Mauritian rupee*
La Mauritanie *Mauritania*	mauritanien(ne) *Mauritanian*	Nouakchott *Nouakchott*	ouguiya *ouguiya*

Pays *Country*	Dérivés *Derivates*	Capitale *Capital*	Monnaie *Currency*
Le Mexique *Mexico*	mexicain(e) *Mexican*	Mexico *Mexico City*	peso mexicain *Mexican peso*
La Micronésie *Micronesia (Federated States of Micronesia)*	micronésien(ne) *Micronesian*	Palikir *Palikir*	dollar américain *US dollar*
La Moldavie *Moldavia*	moldave *Moldavian*	Chisinau *Chişinău*	leu moldave *Moldavian leu*
Monaco *m* *Monaco*	monégasque *Monegasque*	Monaco *Monaco-Ville*	euro (en remplacement du franc français) *euro (formerly French franc)*
La Mongolie *Mongolia*	mongol(e) *Mongolian*	Oulan-Bator *Ulaanbaatar*	tugrik *tugrik*
Le Mozambique *Mozambique*	mozambicain(e) *Mozambican*	Maputo *Maputo*	metical *metical*
Myanmar/La Birmanie *Myanmar/Burma*	birman(e)	Rangoon *Rangoon/Yangon*	kyat *kyat*
La Namibie *Namibia*	namibien(ne) *Namibian*	Windhoek *Windhoek*	dollar namibien *Namibian dollar*
Nauru *f* *Nauru*	nauruan(e) *Nauruan*	Yaren *Yaren*	dollar australien *Australian dollar*
Le Népal *Nepal*	népalais(e) *Nepalese*	Katmandou *Kathmandu*	roupie népalaise *Nepalese rupee*
Le Nicaragua *Nicaragua*	nicaraguayen(ne) *Nicaraguan*	Managua *Managua*	córdoba *córdoba*
Le Niger *Niger*	nigérien(ne) *Nigerois*	Niamey *Niamey*	franc CFA *CFA franc*
Le Nigeria *Nigeria*	nigérian(e) *Nigerian*	Abuja *Abuja*	naira *naira*
La Norvège *Norway*	norvégien(ne) *Norwegian*	Oslo *Oslo*	couronne norvégienne *Norwegian krone*
La Nouvelle-Zélande *New Zealand*	néo-zélandais(e) *New Zealander*	Wellington *Wellington*	dollar néo-zélandais *New Zealand dollar*
Oman *m* *Oman*	omanais(e) *Omani*	Mascate *Muscat*	rial omanais *Omani rial*
L'Ouganda *m* *Uganda*	ougandais(e) *Ugandan*	Kampala *Kampala*	shilling ougandais *Ugandan shilling*
L'Ouzbékistan *m* *Uzbekistan*	ouzbek(ouzbèke) *Uzbek*	Tachkent *Tashkent*	soum *Uzbek sum*
Le Pakistan *Pakistan*	pakistanais(e) *Pakistani*	Islamabad *Islamabad*	roupie pakistanaise *Pakistani rupee*
Les Palaos *fpl* *Palau*	palauan(e) *Palauan*	Koror *Koror*	dollar américain *US dollar*
Le Panamá *Panama*	panaméen(ne) *Panamanian*	Panamá *Panama City*	balboa *balboa*
La Papouasie-Nouvelle-Guinée *Papua New Guinea*	papouan(e)-néo-guinéen(ne) *Papuan*	Port Moresby *Port Moresby*	kina *kina*
Le Paraguay *Paraguay*	paraguayen(ne) *Paraguayan*	Asunción *Asunción*	guarani *guaraní*

Pays ***Country***	**Dérivés** ***Derivates***	**Capitale** ***Capital***	**Monnaie** ***Currency***
Les Pays-Bas *mpl* *Netherlands*	néerlandais(e) *Dutch*	Amsterdam *Amsterdam*	euro (en remplacement du florin néerlandais) *euro (formerly gulden)*
Le Pérou *Peru*	péruvien(ne) *Peruvian*	Lima *Lima*	nouveau sol *nuevo sol*
Les Philippines *fpl* *Philippines*	philippin(e) *Philippine, Filipino*	Manille *Manila*	peso philippin *Philippines peso*
La Pologne *Poland*	polonais(e) *Polish*	Varsovie *Warsaw*	zloty *zloty*
Porto Rico (USA) *Puerto Rico (USA)*	portoricain(e) *Puerto Rican*	San Juan *San Juan*	dollar américain *US dollar*
Le Portugal *Portugal*	portugais(e) *Portuguese*	Lisbonne *Lisbon*	euro (en remplacement de l'escudo) *euro (formerly escudo)*
Le Qatar *Qatar*	qatarien(ne) *Qatari*	Doha *Doha*	riyal du Qatar *Qatari riyal*
La Roumanie *Romania*	roumain(e) *Romanian*	Bucarest *Bucharest*	leu roumain *leu (pl. lei)*
Le Royaume-Uni *United Kingdom*	britannique *UK/British*	Londres *London*	livre sterling *pound sterling*
La Russie *Russia (Russian Federation)*	russe *Russian*	Moscou *Moscow*	rouble *ruble*
Le Rwanda *Rwanda*	rwandais(e) *Rwandan*	Kigali *Kigali*	franc rwandais *Rwandan franc*
Sainte-Lucie *f* *St. Lucia*	saint-lucien(ne) *St. Lucian*	Castries *Castries*	dollar des Caraïbes de l'Est *East Caribbean dollar*
Saint-Kitts-et-Nevis *m* *St. Kitts and Nevis*	kitticien(ne) et névicien(ne)	Basseterre *Basseterre*	dollar des Caraïbes de l'Est *East Caribbean dollar*
Saint-Marin *m* *San Marino*	saint-marinais(e) *San Marinese*	Saint-Marin *San Marino*	euro (en remplacement de la lire) *euro (formerly lira)*
Saint-Vincent-et-les-Grenadines *m* *St. Vincent and the Grenadines*	saint-vincentais(e)-et-grenadin(e) *Saint Vincentian*	Kingstown *Kingstown*	dollar des Caraïbes de l'Est *East Caribbean dollar*
Les îles *fpl* Salomon *Solomon Islands*	salomonais(e) *Solomon Islander*	Honiara *Honiara*	dollar des îles Salomon *Salomon dollar*
Le Salvador *El Salvador*	salvadorien(ne) *Salvadoran*	San Salvador *San Salvador*	dollar américain *US dollar*
Les Samoa *fpl* *Samoa*	samoan(e) *Samoan*	Apia *Apia*	tala *tala*
São Tomé-et-Príncipe *Sao Tomé and Príncipe*	santoméen(ne) *Sao Tomean*	São Tomé *São Tomé*	dobra *dobra*
Le Sénégal *Senegal*	sénégalais(e) *Senegalese*	Dakar *Dakar*	franc CFA *CFA franc*

Pays ***Country***	**Dérivés** ***Derivates***	**Capitale** ***Capital***	**Monnaie** ***Currency***
La Serbie et le Monténégro *Serbia and Monte-negro*	serbo-monténégrin(e) *Serbian Montenegran*	Belgrade *Belgrade*	dinar serbe, euro *Serbian dinar, euro*
Les Seychelles *fpl* *Seychelles*	seychellois(e) *Seychellois*	Victoria *Victoria*	roupie des Seychelles *Seychelles rupee*
La Sierra Leone *Sierra Leone*	sierra-léonais(e) *Sierra Leonean*	Freetown *Freetown*	leone *leone*
Singapour *f* *Singapore*	singapourien(ne) *Singaporean*	Singapour *Singapore*	dollar de Singapour *Singapore dollar*
La République slovaque/La Slovaquie *Slovakia/Slovak Republic*	slovaque *Slovak*	Bratislava *Bratislava*	couronne slovaque *Slovak koruna*
La Slovénie *Slovenia*	slovène *Slovene, Slovenian*	Ljubljana *Ljubljana*	tolar *tolar*
La Somalie *Somalia*	somalien(ne) *Somali*	Mogadiscio *Mogadishu*	shilling somalien *Somalian shilling*
Le Soudan *Sudan*	soudanais(e) *Sudanese*	Khartoum *Khartoum*	dinar soudanais *Sudanese pound*
Le Sri Lanka *Sri Lanka*	sri lankais(e) *Sri Lankan*	Colombo *Colombo*	roupie de Sri Lanka *Sri Lankan rupee*
La Suède *Sweden*	suédois(e) *Swedish*	Stockholm *Stockholm*	couronne suédoise *Swedish krone*
La Suisse *Switzerland*	suisse *Swiss*	Berne *Berne*	franc suisse *Swiss franc*
Le Suriname *Suriname*	surinamien(ne) *Surinamese*	Paramaribo *Paramaribo*	guinée du Suriname *Surinamese gulden*
Le Swaziland *Swaziland*	swazi(e) *Swazi*	Mbabane *Mbabane*	lilangeni *lilangeni*
La Syrie *Syria*	syrien(ne) *Syrian*	Damas *Damaskus*	livre syrienne *Syrian pound*
Le Tadjikistan *Tajikistan*	tadjik(e) *Tajik*	Douchanbe *Dushanbe*	rouble tadjik *ruble*
Taïwan *f* *Taiwan*	taïwanais(e) *Taiwanese*	Taipei *Taipei*	dollar taïwanais *Taiwanese dollar*
La Tanzanie *Tanzania*	tanzanien(ne) *Tanzanian*	Dodoma, Dar es-Salaam *Dodoma,* *Dar es-Salam*	shilling tanzanien *Tanzanian shilling*
Le Tchad *Chad*	tchadien(ne) *Chadian*	N'Djamena *N'Djamena*	franc CFA *CFA franc*
La République tchèque *Czech Republic*	tchèque Czech	Prague *Prague*	couronne tchèque *Czech koruna*
La Thaïlande *Thailand*	thaïlandais(e) *Thai*	Bangkok *Bangkok*	baht *baht*
Le Togo *Togo*	togolais(e) *Togolese*	Lomé *Lomé*	franc CFA *CFA franc*
Les Tonga *fpl* *Tonga*	tonguien(ne) *Tongan*	Nukualofa *Nuku'alofa*	pa'anga *pa'anga*

Pays *Country*	**Dérivés** *Derivates*	**Capitale** *Capital*	**Monnaie** *Currency*
Trinité-et-Tobago *f* *Trinidad and Tobago*	trinidadien *Trinidadian, Tobagan*	Port of Spain *Port of Spain*	dollar de Trinité-et-Tobago *Trinidad and Tobago dollar*
La Tunisie *Tunisia*	tunisien(ne) *Tunisian*	Tunis *Tunis*	dinar tunisien *Tunisian dinar*
Le Turkménistan *Turkmenistan*	turkmène *Turkmen*	Achgabat *Ashgabat*	manat *manat*
La Turquie *Turkey*	turc(turque) *Turkish*	Ankara *Ankara*	livre turque *Turkish lira*
Tuvalu *m* *Tuvalu*	tuvaluan(e) *Tuvaluan*	Funafuti *Funafuti*	dollar australien *Australian dollar*
L'Ukraine *f* *Ukraine*	ukrainien(ne) *Ukrainian*	Kiev *Kiev*	hrivna *hryvnia*
L'Uruguay *m* *Uruguay*	uruguayen(ne) *Uruguayan*	Montevideo *Montevideo*	peso uruguayen *Uruguayan peso*
Les USA *mpl* *USA*	américain(e) *American*	Washington *Washington D. C.*	dollar américain *US dollar*
Le Vanuatu *Vanuatu*	*vanuatuan(e)*	Port-Vila *Port Vila*	vatu *vatu*
Le Vatican *Vatican City*	vatican(e) *Vatican*		euro (en remplacement de la lire italienne) *euro (formerly lira)*
Le Venezuela *Venezuela*	vénézuelien(ne) *Venezuelan*	Caracas *Caracas*	bolívar *bolivar*
Le Vietnam *Vietnam*	vietnamien(ne) *Vietnamese*	Hanoi *Hanoi*	dông *dong*
Le Yémen *Yemen*	yéménite *Yemeni*	Sanaa *Sanaa*	rial yéménite *Yemeni rial*
La Yougoslavie (*voir* La Serbie et le Monténégro) *Yugoslavia*	yougoslave *Yugoslavian*	Belgrade *Belgrade*	dinar yougoslave *Yugoslavian dinar*
La Zambie *Zambia*	zambien(ne) *Zambian*	Lusaka *Lusaka*	kwacha *kwacha*
Le Zimbabwe *Zimbabwe*	zimbabwéen(ne) *Zimbabwean*	Harare *Harare*	dollar du Zimbabwe *Zimbabwean dollar*

* CFA franc = Franc **C**ommunauté **F**inancière **A**fricaine

Continents, Îles, Océans, Mers, Lacs, Fleuves, Golfes et Montagnes – Continents, Islands, Oceans, Seas, Lakes, Rivers, Gulfs, and Mountains

Continents
Continents

L'Afrique *f*
Africa

L'Amérique *f*
America

L'Antarctique *m*
Antarctica

L'Asie *f*
Asia

L'Amérique *f* centrale
Central America

L'Amérique *f* du Nord
North America

L'Amérique *f* du Sud
South America

L'Eurasie *f*
Eurasia

L'Europe *f*
Europe

Îles
Islands

Les Açores *fpl*
Azores

Les (îles *fpl*) Aléoutiennes *fpl*
Aleutian Islands

Les îles *fpl* anglo-normandes
Channel Islands

Antigua *f*
Antigua

Les Antilles *fpl*
Antilles

Les Antilles *fpl* britanniques
West Indies

Aruba *f*
Aruba

L'île *f* de Baffin
Baffin Island

Les îles *fpl* Baléares
Balearic Islands

Bali *f*
Bali

Les Bermudes *fpl*
Bermuda

Bornéo
Borneo

Les (îles *fpl*) Canaries *fpl*
Canary Islands

Les îles *fpl* du Cap-Vert
Cape Verde Islands

Les îles *fpl* Carolines
Caroline Islands

Célèbes *f*
Celebes

Les Comores *fpl*
Comoros

Corfou *f*
Corfu

La Crète
Crete

Curaçao
Curaçao

Les îles *fpl* Féroé
Faroe Islands

Les îles *fpl* Galapagos
Galapagos Islands

Les Grandes Antilles *fpl*
Greater Antilles

Le Groenland
Greenland

Guadalcanal *f*
Guadalcanal

La Guadeloupe
Guadeloupe

Guam *f*
Guam

Les îles *fpl* Hébrides
Hebrides

Hispaniola *f*
Hispaniola

Hokkaido
Hokkaido

Honshu *m*
Honshu

Les Indes *fpl* orientales
East Indies

L'Islande *f* *Iceland*	L'île *f* de Pâques *Easter Island*
Iwo Jima *Iwo Jima*	Les Petites Antilles *fpl* *Lesser Antilles*
Java *f* *Java*	L'île *f* du Prince-Édouard *Prince Edward Island*
Kyushu *Kyushu*	La Réunion *Réunion*
Leyte *Leyte*	Rhodes *f* *Rhodes*
Long Island *Long Island*	L'archipel *m* de Ryukyu *Ryukyu Islands*
Luçon *Luzon*	L'île *f* Sakhaline *Sakhalin*
Madagascar *f* *Madagascar*	Les îles *fpl* Salomon *Solomon Islands*
(L'île *f* de) Madère *f* *Madeira Islands*	Les îles *fpl* Shettland *Shetland Islands*
Majorque *f* *Majorca*	Shikoku *Shikoku*
Les Maldives *fpl* *Maldive Islands*	Les îles *fpl* Sous-le-Vent *Leeward Islands*
Les îles *fpl* Malouines *Falkland Islands*	Sumatra *f* *Sumatra*
L'île *f* de Man *Isle of Man*	Tahiti *f* *Tahiti*
Les îles *fpl* Mariannes *Mariana Islands*	La Tasmanie *Tasmania*
Les îles *fpl* Marquises *Marquesas Islands*	La Terre de Feu *Tierra del Fuego*
Les îles *fpl* Marshall *Marshall Islands*	Timor *f* *Timor*
La Martinique *Martinique*	L'île *f* de Vancouver *Vancouver Island*
Mindanao *Mindanao*	Les îles *fpl* du Vent *Windward Islands*
Minorque *f* *Minorca*	L'île *f* Victoria *Victoria Island*
Okinawa *Okinawa*	Les îles *fpl* Vierges *Virgin Islands*
Les Orcades *fpl* *Orkney Islands*	Zanzibar *Zanzibar*

Océans
Oceans

L'océan *m* Antarctique *Southern Ocean*	L'océan *m* Indien *Indian Ocean*
L'océan *m* Arctique *Arctic Ocean*	L'océan *m* Pacifique *Pacific Ocean*
L'océan *m* Atlantique *Atlantic Ocean*	

Seas
Mers

La mer Adriatique
Adriatic Sea

La mer d'Aral
Aral Sea

La mer d'Azov
Sea of Azov

La mer Baltique
Baltic Sea

La mer de Béring
Bering Sea

La mer Blanche
White Sea

La mer des Caraïbes
Caribbean Sea

La mer Caspienne
Caspian Sea

La mer de Chine méridionale
South China Sea

La mer de Chine orientale
East China Sea

La mer Égée
Aegean Sea

La mer d'Irlande
Irish Sea

La mer du Japon
Sea of Japan

La mer Jaune
Yellow Sea

La mer Méditerranée
Mediterranean Sea

La mer Morte
Dead Sea

La mer Noire
Black Sea

La mer du Nord
North Sea

La mer d'Okhotsk
Sea of Okhotsk

La mer d'Oman
Arabian Sea

La mer Rouge
Red Sea

La mer des Sargasses
Sargasso Sea

La mer de Tasman
Tasman Sea

Lacs
Lakes

Le lac Albert
Albert (Nyanza)

Le lac Baïkal
Baikal

Le lac Érié
Erie

Le Grand Lac des Esclaves
Great Slave

Le Grand Lac de l'Ours
Great Bear

Le Grand Lac Salé
Great Salt

Les Grands Lacs
Great Lakes

Le lac Huron
Huron

Le lac Ladoga
Ladoga

Le lac Léman
Geneva

Le lac Michigan
Michigan

Le lac Nyassa/Le lac Malawi
Nyasa/Lake Malawi

Le lac Onega
Onega

Le lac Ontario
Ontario

Le lac Supérieur
Superior

Le lac Tanganyika
Tanganyika

Le lac Tchad
Chad

Le lac Titicaca
Titicaca

Le lac Victoria
Victoria

Fleuves
Rivers

L'Amazone *f*
Amazon

L'Amour *m*
Amur

La Colombia
Columbia

Le Congo
Congo

Le Danube
Danube

Le Delaware
Delaware

Le Dniepr
Dnieper

Le Dniestr
Dniester

Le Don
Don

L'Elbe *f*
Elbe

L'Euphrate *m*
Euphrates

Le Gange
Ganges

Le Huang He/Le fleuve Jaune
Huang Ho/Yellow River

L'Hudson *m*
Hudson

L'Ienisseï *m*
Yenisei

L'Indus *m*
Indus

L'Irrawaddy *m*
Irrawaddy

L'Irtych *m*
Irtysh

Le fleuve Jaune
Yellow

Le Jourdain
Jordan

La Lena
Lena

La Loire
Loire

Le Mackenzie
Mackenzie

Le Mékong
Mekong

Le Mississippi
Mississippi

Le Missouri
Missouri

Le Niger
Niger

Le Nil
Nile

L'Ob *m*
Ob

L'Oder *m*
Oder

L'Ohio *m*
Ohio

L'Orénoque *m*
Orinoco

L'Oural *m*
Ural

Le Paraná
Paraná

Le Pô
Po

Le Potomac
Potomac

Le Rhin
Rhine

Le Rhône
Rhône

Le Rio Grande
Rio Grande

Le Saint-Laurent
St. Lawrence

La Seine
Seine

La Susquehanna
Susquehanna

La Tamise
Thames

Le Tigre
Tigris

La Vistule
Vistula

La Volga
Volga

La Volta
Volta

Le Yang Tsé Kiang
Yangtze

Le Yukon
Yukon

Le Zambèze
Zambezi

Golfes, Baies, Détroits, Canals
Gulfs, Bays, Straits, Canaux

Le golfe d'Aden	*Gulf of Aden*
Le golfe du Bengale	*Bay of Bengal*
Le détroit de Béring	*Bering Strait*
Le Bosphore	*Bosporus*
Le golfe de Californie	*Gulf of California*
Le détroit de Floride	*Straits of Florida*
Le golfe de Gascogne	*Bay of Biscay*
Le détroit de Gibraltar	*Strait of Gibraltar*
La baie d'Hudson	*Hudson Bay*
Le détroit de Magellan	*Strait of Magellan*
La Manche	*English Channel*
Le golfe du Mexique	*Gulf of Mexico*
Le canal de Panamá	*Panama Canal*
Le golfe persique	*Persian Gulf*
Le golfe du Saint-Laurent	*Gulf of St. Lawrence*
La voie maritime du Saint-Laurent	*St. Lawrence Seaway*
Le canal de Suez	*Suez Canal*

Montagnes
Mountain Ranges

Les Adirondacks *mpl*	*Adirondack Mountains*
L'Allegheny *m*	*Allegheny Mountains*
Les Alpes *fpl*	*Alps*
Les Andes *fpl*	*Andes*
Les Appalaches *fpl*	*Appalachian Mountains*
Le mont Balkan	*Balkans*
Les Carpates *fpl*	*Carpathian Mountains*
La chaîne des Cascades *fpl*	*Cascade Range*
Les monts *mpl* Catskill	*Catskill Mountains*
Le Caucase	*Caucasus*
L'Himalaya *m*	*Himalaya Mountains/Himalayas*
L'Oural *m*	*Ural Mountains*
Les Pyrénées *fpl*	*Pyrenees*
Les (montagnes *fpl*) Rocheuses *fpl*	*Rocky Mountains*
Le massif du Saint Elias *m*	*St. Elias Mountains*
La Sierra Nevada	*Sierra Nevada*

Mountain Peaks
Pics

L'Aconcagua *m* (Andes)	*Aconcagua (Andes)*
Le mont Blanc	*Mont Blanc*
Le Cervin	*Matterhorn*
Le mont Elbert	*Pike's Peak*
L'Elbrouz *m*	*Elbrus*
L'Etna *m*	*Etna*
L'Everest *m*	*Everest*
Le Fuji Yama	*Fujiyama*

Le Kilimandjaro *Kilimanjaro*	Le pic d'Orizaba *Orizaba*
Le (mont) Logan *Logan*	Le Popocatépetl *Popocatepetl*
Le Mauna Loa *Mauna Loa*	Le mont Rose *Monte Rosa*
Le (mont) McKinley *McKinley*	

Geographical names: English-French
Noms géographiques : Anglais-Français

Countries, Derivatives, Capitals, Currencies – Pays, Dérivés, Capitales, Monnaies

Countries are arranged in alphabetical order by their English names.
Les noms des pays sont classés par ordre alphabétique, sous leur orthographe anglaise.

Country ***Pays***	**Derivates** ***Dérivés***	**Capital** ***Capitale***	**Currency** ***Monnaie***
Afghanistan *L'Afghanistan m*	Afghan *afghan(e)*	Kabul *Kaboul*	afghani *afghani*
Albania *L'Albanie f*	Albanian *albanais(e)*	Tiranë *Tirana*	lek *lek*
Algeria *L'Algérie f*	Algerian *algérien(ne)*	Algiers *Alger*	Algerian dinar *dinar*
Andorra *Andorre f*	Andorran *andorran(e)*	Andorra la Vella *Andorre-la-Vieille*	euro (formerly French franc and peseta) *euro (en remplacement du franc français et de la peseta espagnole)*
Angola *L'Angola m*	Angolan *angolais(e)*	Luanda *Luanda*	new kwanza *kwanza reajustado*
Antigua and Barbuda *Antigua et Barbuda f*	Antiguan, Barbudan *antiguais(e) et barbudien(ne)*	St. John's *St John's*	East Caribbean dollar *dollar des Caraïbes de l'Est*
Argentina *L'Argentine f*	Argentine, Argentinean *argentin(e)*	Buenos Aires *Buenos Aires*	Argentine peso *peso argentin*
Armenia *L'Arménie f*	Armenian *arménien(ne)*	Yerevan *Erevan*	dram *dram arménien*
Australia *L'Australie f*	Australian *australien(ne)*	Canberra *Canberra*	Australian dollar *dollar australien*
Austria *L'Autriche f*	Austrian *autrichien(ne)*	Vienna *Vienne*	euro (formerly schilling) *euro (en remplacement du schilling)*
Azerbaijan *L'Azerbaïdjan m*	Azerbaijani *azerbaïdjanais(e), azéri(e)*	Baku *Bakou*	manat *manat azerbaïdjanais*

Country ***Pays***	**Derivates** ***Dérivés***	**Capital** ***Capitale***	**Currency** ***Monnaie***
Bahamas *Les Bahamas fpl*	Bahamian *bahamien(ne)*	Nassau *Nassau*	Bahamian dollar *dollar des Bahamas*
Bahrain *Bahreïn m*	Bahraini *Bahreïni inv*	Al Manama *Manama*	Bahrainian dinar *dinar bahreïni*
Bangladesh *Le Bangladesh*	Bangladeshi *bangladais(e)*	Dhaka *Dacca*	taka *taka*
Barbados *La Barbade*	Barbadian *barbadien(ne)*	Bridgetown *Bridgetown*	Barbadian dollar *dollar de la Barbade*
Belarus *La Biélorussie*	Belarusian *biélorusse*	Minsk *Minsk*	Belarusian ruble *rouble biélorusse*
Belgium *La Belgique*	Belgian *belge*	Brussels *Bruxelles*	euro (formerly Belgian franc) *euro (en remplace-ment du franc belge)*
Belize *Le Belize*	Belizean *bélizien(ne)*	Belmopan *Belmopan*	Belizean dollar *dollar de Belize*
Benin *Le Bénin*	Beninese *béninois(e)*	Porto Novo *Porto-Novo*	CFA franc *franc CFA*
Bhutan *Le Bhoutan*	Bhutanese *bhoutanais(e)*	Thimphu *Timphu*	ngultrum *ngultrum*
Bolivia *La Bolivie*	Bolivian *bolivien(ne)*	Sucre *Sucre*	Boliviano *boliviano*
Bosnia-Herzegovina *La Bosnie-Herzégovine*	Bosnian *bosnien(ne), bos-niaque*	Sarajevo *Sarajevo*	Convertible Mark *mark convertible*
Botswana *Le Botswana*	Botswanan *botswanais(e)*	Gaborone *Gaborone*	pula *pula*
Brazil *Le Brésil*	Brazilian *brésilien(ne)*	Brasilia *Brasilia*	real *real*
Brunei *Brunei m*	Bruneian *brunéien(ne)*	Bandar Seri Begawan *Bandar Seri Begawan*	Brunei dollar *dollar de Brunei*
Bulgaria *La Bulgarie*	Bulgarian *bulgare*	Sofia *Sofia*	lev *lev bulgare*
Burkina Faso *Le Burkina Faso*	Burkinese *burkinabé(e)*	Ouagadougou *Ouagadougou*	CFA franc *franc CFA*
Burma/Myanmar *La Birmanie/Myanmar*	Burmese *birman(e)*	Rangoon/Yangon *Rangoon*	kyat *kyat*
Burundi *Le Burundi*	Burundian *burundais(e)*	Bujumbura *Bujumbura*	Burundi franc *franc du Burundi*
Cambodia *Le Cambodge*	Cambodian *cambodgien(ne)*	Phnom Penh *Phnom Penh*	riel *riel*
Cameroon *Le Cameroun*	Cameroonian *camerounais(e)*	Yaoundé *Yaoundé*	CFA franc *franc CFA*
Canada *Le Canada*	Canadian *canadien(ne)*	Ottawa *Ottawa*	Canadian dollar *dollar canadien*
Cape Verde *Le Cap-Vert*	Cape Verdean *cap-verdien(ne)*	Praia *Praia*	Cape Verde escudo *escudo du Cap-Vert*
Central African Republic *La République centrafricaine*	Central African *centrafricain(e)*	Bangui *Bangui*	CFA franc *franc CFA*

Country *Pays*	**Derivates** *Dérivés*	**Capital** *Capitale*	**Currency** *Monnaie*
Chad *Le Tchad*	Chadian *tchadien(ne)*	N'Djamena *N'Djamena*	CFA franc *franc CFA*
Chile *Le Chili*	Chilean *chilien(ne)*	Santiago de Chile *Santiago*	Chilean peso *peso chilien*
China *La Chine*	Chinese *chinois(e)*	Beijing/Peking *Pékin*	yuan *yuan*
Colombia *La Colombie*	Colombian *colombien(ne)*	Bogota *Bogotá*	Colombian peso *peso colombien*
Comoros *Les Comores fpl*	Comoran *comorien(ne)*	Moroni *Moroni*	Comoran franc *franc comorien*
Congo (Democratic Republic of the Congo) *La République démocratique du Congo*	Congolese *congolais(e)*	Kinshasa *Kinshasa*	Congolese franc *franc congolais*
Congo (Republic of the Congo) *Le Congo*	Congolese *congolais(e)*	Brazzaville *Brazzaville*	CFA franc *franc CFA*
Cook Islands *Les îles fpl Cook*	Cook Islander *cookien(ne)*	Avarua *Avarua*	New Zealand dollar *dollar néo-zélandais*
Costa Rica *Le Costa Rica*	Costa Rican *costaricain(e)*	San José *San José*	Costa Rican colón *colón costaricain*
Croatia *La Croatie*	Croatian *croate*	Zagreb *Zagreb*	kuna *kuna*
Cuba *Cuba f*	Cuban *cubain(e)*	Havana *La Havane*	Cuban peso *peso cubain*
Cyprus *Chypre f*	Cypriot *chypriote, cypriote*	Nicosia *Nicosie*	Cypriot pound *livre chypriote*
Czech Republic *La République tchèque*	Czech *tchèque*	Prague *Prague*	Czech koruna *couronne tchèque*
Denmark *Le Danemark*	Danish *danois(e)*	Kopenhagen *Copenhague*	Danish krone *couronne danoise*
Djibouti *La République de Djibouti*	Djiboutian *djiboutien(ne)*	Djibouti *Djibouti*	Djiboutian franc *franc de Djibouti*
Dominica *La Dominique*	Dominican *dominiquais(e)*	Roseau *Roseau*	East Caribbean dollar *dollar des Caraïbes de l'Est*
Dominican Republic *La République dominicaine*	Dominican *dominicain(e)*	Santo Domingo *Saint-Domingue*	Dominican peso *peso dominicain*
Ecuador *L'Équateur m*	Ecuadorian *équatorien(ne)*	Quito *Quito*	US dollar *dollar américain*
Egypt *L'Égypte f*	Egyptian *égyptien(ne)*	Cairo *Le Caire*	Egyptian pound *livre égyptienne*
El Salvador *Le Salvador*	Salvadoran *salvadorien(ne)*	San Salvador *San Salvador*	US dollar *dollar américain*
England (UK) *L'Angleterre f*	English *anglais(e)*	London *Londres*	pound sterling *livre sterling*
Equatorial Guinea *La Guinée équatoriale*	Equatorial Guinean *équato-guinéen(ne)*	Malab *Malabo*	CFA franc *franc CFA*

Country *Pays*	Derivates *Dérivés*	Capital *Capitale*	Currency *Monnaie*
Eritrea *L'Érythrée f*	Eritrean *érythréen(ne)*	Asmara *Asmara*	nafka *nakfa*
Estonia *L'Estonie f*	Estonian *estonien(ne), este*	Tallinn *Tallinn*	Estonian kroon *couronne estonienne*
Ethiopia *L'Éthiopie f*	Ethiopian *éthiopien(ne)*	Addis Abeba *Addis-Abeba*	birr *birr éthiopien*
Fiji *Les Fidji fpl*	Fijian *fidjien(ne)*	Suva *Suva*	Fijian dollar *dollar fidjien*
Finland *La Finlande*	Finnish *finlandais(e), finnois(e)*	Helsinki *Helsinki*	euro (formerly Finnish markka) *euro (en remplacement du mark finlandais)*
France *La France*	French *français(e)*	Paris *Paris*	euro (formerly French franc) *euro (en remplacement du franc français)*
Gabon *Le Gabon*	Gabonese *gabonais(e)*	Libreville *Libreville*	CFA franc *franc CFA*
Gambia *La Gambie*	Gambian *gambien(ne)*	Banjul *Banjul*	dalasi *dalasi*
Georgia *La Géorgie*	Georgian *géorgien(ne)*	Tbilisi/Tiflis *Tbilissi*	lari *lari*
Germany *L'Allemagne f*	German *allemand(e)*	Berlin *Berlin*	euro (formerly deutschmark) *euro (en remplacement du mark)*
Ghana *Le Ghana*	Ghanaian *ghanéen(ne)*	Accra *Accra*	cedi *cedi*
Great Britain *La Grande-Bretagne*	British *britannique*	London *Londres*	pound sterling *livre sterling*
Greece *La Grèce*	Greek *grec(grecque)*	Athens *Athènes*	euro (formerly drachma) *euro (en remplacement de la drachme)*
Grenada *Grenade f*	Grenadian *grenadien(ne)*	St. George's *St George's*	East Caribbean dollar *dollar des Caraïbes de l'Est*
Guatemala *Le Guatemala*	Guatemalan *guatémaltèque*	Guatemala *Guatemala*	quetzal *quetzal*
Guinea *La Guinée*	Guinean *guinéen(ne)*	Conakry *Conakry*	Guinean franc *franc guinéen*
Guinea-Bissau *La Guinée-Bissau*	Guinean *bissau-guinéen(ne)*	Bissau *Bissau*	CFA franc *franc CFA*
Guyana *La Guyana*	Guyanese *guyanais(e), guyanien(ne)*	Georgetown *Georgetown*	Guyanese dollar *dollar de Guyana*
Haiti *Haïti m*	Haitian *haïtien(ne)*	Port-au-Prince *Port-au-Prince*	gourde *gourde*
Honduras *Le Honduras*	Honduran *hondurien(ne)*	Tegucigalpa *Tegucigalpa*	lempira *lempira*

Country ***Pays***	Derivates ***Dérivés***	Capital ***Capitale***	Currency ***Monnaie***
Hungary *La Hongrie*	Hungarian *hongrois(e)*	Budapest *Budapest*	forint *forint*
Iceland *L'Islande f*	Icelandic *islandais(e)*	Reykjavik *Reykjavík*	Icelandic krona *couronne islandaise*
India *L'Inde f*	Indian *indien(ne)*	New Delhi *New Delhi*	rupee *roupie indienne*
Indonesia *L'Indonésie f*	Indonesian *indonésien(ne)*	Jakarta *Jakarta*	rupiah *rupiah*
Iran *L'Iran m*	Iranian *iranien(ne)*	Tehran *Téhéran*	rial *rial iranien*
Iraq *L'Irak m*	Iraqi *irakien(ne), ira-quien(ne)*	Baghdad *Bagdad*	Iraqi dinar *dinar irakien*
Ireland *L'Irlande f*	Irish *irlandais(e)*	Dublin *Dublin*	euro (formerly Irish pound) *euro (en remplacement de la livre irlandaise)*
Israel *Israël m*	Israeli *israélien(ne)*	Jerusalem *Jérusalem*	new shekel *shekel*
Italy *L'Italie f*	Italian *italien(ne)*	Rome *Rome*	euro (formerly lira) *euro (en remplacement de la lire)*
Ivory Coast/Côte d'Ivoire *La Côte d'Ivoire*	Ivoirian *ivoirien(ne)*	Yamoussoukro *Yamoussoukro*	CFA franc *franc CFA*
Jamaica *La Jamaïque*	Jamaican *jamaïquain(e)*	Kingston *Kingston*	Jamaican dollar *dollar de la Jamaïque*
Japan *Le Japon*	Japanese *japonais(e)*	Tokyo *Tokyo*	yen *yen*
Jordan *La Jordanie*	Jordanian *jordanien(ne)*	Amman *Amman*	Jordanian dinar *dinar jordanien*
Kazakhstan *Le Kazakhstan*	Kazakh *kazakh(e)*	Astana *Astana*	tenge *tenge*
Kenya *Le Kenya*	Kenyan *kényan(e)*	Nairobi *Nairobi*	Kenyan shilling *shilling du Kenya*
Kiribati *Kiribati f*	*kiribatien(ne)*	Bairiki *Tarawa*	Australian dollar *dollar australien*
Kuwait *Le Koweït*	Kuwaiti *koweïtien(ne)*	Kuwait City *Koweït*	Kuwaiti dinar *dinar koweïtien*
Kyrgyzstan *Le Kirghizstan*	Kyrgyz *kirghiz(e)*	Bishkek *Bichkek*	Kyrgystani som *som*
Laos *Le Laos*	Laotian *laotien(ne)*	Vientiane *Vientiane*	kip *kip*
Latvia *La Lettonie*	Latvian *letton(e), latvien(ne), lette*	Riga *Riga*	Lats *lats*
Lebanon *Le Liban*	Lebanese *libanais(e)*	Beirut *Beyrouth*	Lebanese pound *livre libanaise*
Lesotho *Le Lesotho*	Sotho *lesothan(e)*	Maseru *Maseru*	loti *loti*

Country *Pays*	**Derivates** *Dérivés*	**Capital** *Capitale*	**Currency** *Monnaie*
Liberia *Le Liberia*	Liberian *libérien(ne)*	Monrovia *Monrovia*	Liberian dollar *dollar libérien*
Libya *La Libye*	Libyan *libyen(ne)*	Tripoli *Tripoli*	Libyan dinar *dinar libyen*
Liechtenstein *Le Liechtenstein*	Liechtensteiner *liechtensteinois(e)*	Vaduz *Vaduz*	Swiss franc *franc suisse*
Lithuania *La Lituanie*	Lithuanian *lituanien(ne)*	Vilnius *Vilnius*	litas *litas*
Luxembourg *Le Luxembourg*	Luxembourg *luxembourgeois(e)*	Luxembourg *Luxembourg*	euro (formerly Luxembourg franc) *euro (en remplacement du franc luxembourgeois)*
Macedonia (Former Yugoslav Republic of Macedonia) *La Macédoine*	Macedonian *macédonien(ne)*	Skopje *Skopje*	Macedonian denar *denar*
Madagascar *Madagascar f*	Madagascan *malgache*	Antananarivo *Antananarivo*	Madagascan franc *franc malgache*
Malawi *Le Malawi*	Malawian *malawite, malawien(ne)*	Lilongwe *Lilongwe*	Malawian kwacha *kwacha*
Malaysia *La Malaisie*	Malaysian *malais(e), malaysien(ne)*	Kuala Lumpur *Kuala Lumpur*	Malaysian ringgit *ringgit*
Maldives *Les Maldives fpl*	Maldivian *maldivien(ne)*	Malé *Malé*	rufiyaa *rufiyaa*
Mali *Le Mali*	Malian *malien(ne)*	Bamako *Bamako*	CFA franc *franc CFA*
Malta *Malte f*	Maltese *maltais(e)*	Valletta *La Valette*	Maltese lira *livre maltaise*
Marshall Islands *Les îles fpl Marshall*	Marshall Islander *marshallais(e)*	Majuro *Majuro*	US dollar *dollar américain*
Mauritania *La Mauritanie*	Mauritanian *mauritanien(ne)*	Nouakchott *Nouakchott*	ouguiya *ouguiya*
Mauritius *Maurice f*	Mauritian *mauricien(ne)*	Port Louis *Port Louis*	Mauritian rupee *roupie mauricienne*
Mexico *Le Mexique*	Mexican *mexicain(e)*	Mexico City *Mexico*	Mexican peso *peso mexicain*
Micronesia (Federated States of Micronesia) *La Micronésie*	Micronesian *micronésien(ne)*	Palikir *Palikir*	US dollar *dollar américain*
Moldavia *La Moldavie*	Moldavian *moldave*	Chişinău *Chisinau*	Moldavian leu *leu moldave*
Monaco *Monaco m*	Monegasque *monégasque*	Monaco-Ville *Monaco*	euro (formerly French franc) *euro (en remplacement du franc français)*
Mongolia *La Mongolie*	Mongolian *mongol(e)*	Ulaanbaatar *Oulan-Bator*	tugrik *tugrik*

Country ***Pays***	**Derivates** ***Dérivés***	**Capital** ***Capitale***	**Currency** ***Monnaie***
Morocco *Le Maroc*	Moroccan *marocain(e)*	Rabat *Rabat*	dirham *dirham marocain*
Mozambique *Le Mozambique*	Mozambican *mozambicain(e)*	Maputo *Maputo*	metical *metical*
Myanmar/Burma *Myanmar/La Birmanie*	*birman(e)*	Rangoon/Yangon *Rangoon*	kyat *kyat*
Namibia *La Namibie*	Namibian *namibien(ne)*	Windhoek *Windhoek*	Namibian dollar *dollar namibien*
Nauru *Nauru f*	Nauruan *nauruan(e)*	Yaren *Yaren*	Australian dollar *dollar australien*
Nepal *Le Népal*	Nepalese *népalais(e)*	Kathmandu *Katmandou*	Nepalese rupee *roupie népalaise*
Netherlands *Les Pays-Bas mpl*	Dutch *néerlandais(e)*	Amsterdam *Amsterdam*	euro (formerly gulden) *euro (en remplacement du florin néerlandais)*
New Zealand *La Nouvelle-Zélande*	New Zealander *néo-zélandais(e)*	Wellington *Wellington*	New Zealand dollar *dollar néo-zélandais*
Nicaragua *Le Nicaragua*	Nicaraguan *nicaraguayen(ne)*	Managua *Managua*	córdoba *córdoba*
Niger *Le Niger*	Nigerois *nigérien(ne)*	Niamey *Niamey*	CFA franc *franc CFA*
Nigeria *Le Nigeria*	Nigerian *nigérian(e)*	Abuja *Abuja*	naira *naira*
North Korea *La Corée du Nord*	North Korean *nord-coréen(ne)*	Pyongyang *Pyongyang*	won *won*
Northern Ireland (UK) *L'Irlande f du Nord*	Northern Irish *irlandais(e) du Nord*	Belfast *Belfast*	pound sterling *livre sterling*
Norway *La Norvège*	Norwegian *norvégien(ne)*	Oslo *Oslo*	Norwegian krone *couronne norvégienne*
Oman *Oman m*	Omani *omanais(e)*	Muscat *Mascate*	Omani rial *rial omanais*
Pakistan *Le Pakistan*	Pakistani *pakistanais(e)*	Islamabad *Islamabad*	Pakistani rupee *roupie pakistanaise*
Palau *Les Palaos fpl*	Palauan *palauan(e)*	Koror *Koror*	US dollar *dollar américain*
Panama *Le Panamá*	Panamanian *panaméen(ne)*	Panama City *Panamá*	balboa *balboa*
Papua New Guinea *La Papouasie-Nouvelle-Guinée*	Papuan *papouan(e)-néo-guinéen(ne)*	Port Moresby *Port Moresby*	kina *kina*
Paraguay *Le Paraguay*	Paraguayan *paraguayen(ne)*	Asunción *Asunción*	guaraní *guarani*
Peru *Le Pérou*	Peruvian *péruvien(ne)*	Lima *Lima*	nuevo sol *nouveau sol*
Philippines *Les Philippines fpl*	Philippine, Filipino *philippin(e)*	Manila *Manille*	Philippines peso *peso philippin*
Poland *La Pologne*	Polish *polonais(e)*	Warsaw *Varsovie*	zloty *zloty*

Country *Pays*	Derivates *Dérivés*	Capital *Capitale*	Currency *Monnaie*
Portugal *Le Portugal*	Portuguese *portugais(e)*	Lisbon *Lisbonne*	euro (formerly escudo) *euro (en remplace-ment de l'escudo)*
Puerto Rico (USA) *Porto Rico (USA)*	Puerto Rican *portoricain(e)*	San Juan *San Juan*	US dollar *dollar américain*
Qatar *Le Qatar*	Qatari *qatarien(ne)*	Doha *Doha*	Qatari riyal *riyal du Qatar*
Romania *La Roumanie*	Romanian *roumain(e)*	Bucharest *Bucarest*	leu (pl. lei) *leu roumain*
Russia (Russian Feder-ation) *La Russie*	Russian *russe*	Moscow *Moscou*	ruble *rouble*
Rwanda *Le Rwanda*	Rwandan *rwandais(e)*	Kigali *Kigali*	Rwandan franc *franc rwandais*
Samoa *Les Samoa fpl*	Samoan *samoan(e)*	Apia *Apia*	tala *tala*
San Marino *Saint-Marin m*	San Marinese *saint-marinais(e)*	San Marino *Saint-Marin*	euro (formerly lira) *euro (en remplace-ment de la lire)*
Sao Tomé and Príncipe *São Tomé-et-Príncipe*	Soa Tomean *santoméen(ne)*	São Tomé *São Tomé*	dobra *dobra*
Saudi Arabia *L'Arabie Saoudite f*	Saudi Arabian *saoudien(ne)*	Riyadh *Riyad*	Saudi riyal *riyal saoudien*
Scotland (GB) *L'Écosse (GB) f*	Scottish *écossais(e)*	Edinburgh *Édimbourg*	pound sterling *livre sterling*
Senegal *Le Sénégal*	Senegalese *sénégalais(e)*	Dakar *Dakar*	CFA franc *franc CFA*
Serbia and Montenegro *La Serbie et le Monténégro*	Serbian Montenegran *serbo-monténégrin(e)*	Belgrade *Belgrade*	Serbian dinar, euro *dinar serbe, euro*
Seychelles *Les Seychelles fpl*	Seychellois *seychellois(e)*	Victoria *Victoria*	Seychelles rupee *roupie des Seychelles*
Sierra Leone *La Sierra Leone*	Sierra Leonean *sierra-léonais(e)*	Freetown *Freetown*	leone *leone*
Singapore *Singapour f*	Singaporean *singapourien(ne)*	Singapore *Singapour*	Singapore dollar *dollar de Singapour*
Slovakia/Slovak Republic *La République slo-vaque/La Slovaquie*	Slovak *slovaque*	Bratislava *Bratislava*	Slovak koruna *couronne slovaque*
Slovenia *La Slovénie*	Slovene, Slovenian *slovène*	Ljubljana *Ljubljana*	tolar *tolar*
Solomon Islands *Les îles fpl Salomon*	Solomon Islander *salomonais(e)*	Honiara *Honiara*	Salomon dollar *dollar des îles Salomon*
Somalia *La Somalie*	Somali *somalien(ne)*	Mogadishu *Mogadiscio*	Somalian shilling *shilling somalien*
South Africa *L'Afrique du Sud f*	South African *sud-africain(e)*	Pretoria *Pretoria*	rand *rand*
South Korea *La Corée du Sud*	South Korean *sud-coréen(ne)*	Seoul *Séoul*	won *won*

Country ***Pays***	**Derivates** ***Dérivés***	**Capital** ***Capitale***	**Currency** ***Monnaie***
Spain *L'Espagne f*	Spanish *espagnol(e)*	Madrid *Madrid*	euro (formerly peseta) *euro (en remplace-ment de la peseta)*
Sri Lanka *Le Sri Lanka*	Sri Lankan *sri lankais(e)*	Colombo *Colombo*	Sri Lankan rupee *roupie de Sri Lanka*
St. Kitts and Nevis *Saint-Kitts-et-Nevis m*	*kitticien(ne) et névicien(ne)*	Basseterre *Basseterre*	East Caribbean dollar *dollar des Caraïbes de l'Est*
St. Lucia *Sainte-Lucie f*	St. Lucian *saint-lucien(ne)*	Castries *Castries*	East Caribbean dollar *dollar des Caraïbes de l'Est*
St. Vincent and the Grenadines *Saint-Vincent-et-les-Grenadines m*	Saint Vincentian *saint-vincentais(e)-et-grenadin(e)*	Kingstown *Kingstown*	East Caribbean dollar *dollar des Caraïbes de l'Est*
Sudan *Le Soudan*	Sudanese *soudanais(e)*	Khartoum *Khartoum*	Sudanese pound *dinar soudanais*
Suriname *Le Suriname*	Surinamese *surinamien(ne)*	Paramaribo *Paramaribo*	Surinamese gulden *guinée du Suriname*
Swaziland *Le Swaziland*	Swazi *swazi(e)*	Mbabane *Mbabane*	lilangeni *lilangeni*
Sweden *La Suède*	Swedish *suédois(e)*	Stockholm *Stockholm*	Swedish krone *couronne suédoise*
Switzerland *La Suisse*	Swiss *suisse*	Berne *Berne*	Swiss franc *franc suisse*
Syria *La Syrie*	Syrian *syrien(ne)*	Damaskus *Damas*	Syrian pound *livre syrienne*
Taiwan *Taïwan f*	Taiwanese *taïwanais(e)*	Taipei *Taipei*	Taiwanese dollar *dollar taïwanais*
Tajikistan *Le Tadjikistan*	Tajik *tadjik(e)*	Dushanbe *Douchanbe*	ruble *rouble tadjik*
Tanzania *La Tanzanie*	Tanzanian *tanzanien(ne)*	Dodoma (Dar es-Salam) *Dodoma* *(Dar es-Salaam)*	Tanzanian shilling *shilling tanzanien*
Thailand *La Thaïlande*	Thai *thaïlandais(e)*	Bangkok *Bangkok*	baht *baht*
Togo *Le Togo*	Togolese *togolais(e)*	Lomé *Lomé*	CFA franc *franc CFA*
Tonga *Les Tonga fpl*	Tongan *tonguien(ne)*	Nuku'alofa *Nukualofa*	pa'anga *pa'anga*
Trinidad and Tobago *Trinité-et-Tobago f*	Trinidadian, Tobagan *trinidadien*	Port of Spain *Port of Spain*	Trinidad and Tobago dollar *dollar de Trinité-et-Tobago*
Tunisia *La Tunisie*	Tunisian *tunisien(ne)*	Tunis *Tunis*	Tunisian dinar *dinar tunisien*
Turkey *La Turquie*	Turkish *turc(turque)*	Ankara *Ankara*	Turkish lira *livre turque*

Country ***Pays***	**Derivates** ***Dérivés***	**Capital** ***Capitale***	**Currency** ***Monnaie***
Turkmenistan *Le Turkménistan*	Turkmen *turkmène*	Ashgabat *Achgabat*	manat *manat*
Tuvalu *Tuvalu m*	Tuvaluan *tuvaluan(e)*	Funafuti *Funafuti*	Australian dollar *dollar australien*
Uganda *L'Ouganda m*	Ugandan *ougandais(e)*	Kampala *Kampala*	Ugandan shilling *shilling ougandais*
Ukraine *L'Ukraine f*	Ukrainian *ukrainien(ne)*	Kiev *Kiev*	hryvnia *hrivna*
United Arab Emirates *Les Émirats Arabes Unis mpl*	*émirien(ne)*	Abu Dhabi *Abou Dhabi*	dirham *dirham*
United Kingdom *Le Royaume-Uni*	UK/British *britannique*	London *Londres*	pound sterling *livre sterling*
United States of America/USA *Les Etats-Unis mpl/ les USA mpl*	American *américain(e)*	Washington D. C. *Washington*	US dollar *dollar américain*
Uruguay *L'Uruguay m*	Uruguayan *uruguayen(ne)*	Montevideo *Montevideo*	Uruguayan peso *peso uruguayen*
USA *Les USA mpl*	American *américain(e)*	Washington D. C. *Washington*	US dollar *dollar américain*
Uzbekistan *L'Ouzbékistan m*	Uzbek *ouzbek(ouzbèke)*	Tashkent *Tachkent*	Uzbek sum *soum*
Vanuatu *Le Vanuatu*	*vanuatuan(e)*	Port Vila *Port-Vila*	vatu *vatu*
Vatican City *Le Vatican*	Vatican *vatican(e)*		euro (formerly lira) *euro (en remplacement de la lire italienne)*
Venezuela *Le Venezuela*	Venezuelan *vénézuelien(ne)*	Caracas *Caracas*	bolivar *bolívar*
Vietnam *Le Vietnam*	Vietnamese *vietnamien(ne)*	Hanoi *Hanoi*	dong *dông*
Wales (GB) *Le pays de Galles*	Welsh *gallois(e)*	Cardiff *Cardiff*	pound sterling *livre sterling*
Yemen *Le Yémen*	Yemeni *yéménite*	Sanaa *Sanaa*	Yemeni rial *rial yéménite*
Yugoslavia *see* Serbia and Montenegro *La Yougoslavie*	Yugoslavian *yougoslave*	Belgrade *Belgrade*	Yugoslavian dinar *dinar yougoslave*
Zambia *La Zambie*	Zambian *zambien(ne)*	Lusaka *Lusaka*	kwacha *kwacha*
Zimbabwe *Le Zimbabwe*	Zimbabwean *zimbabwéen(ne)*	Harare *Harare*	Zimbabwean dollar *dollar du Zimbabwe*

* CFA franc = Franc **C**ommunauté **F**inancière **A**fricaine

Continents, Islands, Oceans, Seas, Lakes, Rivers, Gulfs, and Mountains – Continents, Îles, Océans, Mers, Lacs, Fleuves, Golfes et Montagnes

Continents
Continents

Africa
L'Afrique f

America
L'Amérique f

Antarctica
L'Antarctique m

Asia
L'Asie f

Central America
L'Amérique f centrale

Eurasia
L'Eurasie f

Europe
L'Europe f

North America
L'Amérique f du Nord

South America
L'Amérique f du Sud

Islands
Îles

Aleutian Islands
Les (îles fpl) Aléoutiennes fpl

Antigua
Antigua f

Antilles
Les Antilles fpl

Aruba
Aruba f

Azores
Les Açores fpl

Baffin Island
L'île f de Baffin

Balearic Islands
Les îles fpl Baléares

Bali
Bali f

Bermuda
Les Bermudes fpl

Borneo
Bornéo

Canary Islands
Les (îles fpl) Canaries fpl

Cape Verde Islands
Les îles fpl du Cap-Vert

Caroline Islands
Les îles fpl Carolines

Celebes
Célèbes f

Channel Islands
Les îles fpl anglo-normandes

Comoros
Les Comores fpl

Corfu
Corfou f

Crete
La Crète

Curaçao
Curaçao

East Indies
Les Indes fpl orientales

Easter Island
L'île f de Pâques

Falkland Islands
Les îles fpl Malouines

Faroe Islands
Les îles fpl Féroé

Galapagos Islands
Les îles fpl Galapagos

Greater Antilles
Les Grandes Antilles fpl

Greenland
Le Groenland

Guadalcanal
Guadalcanal f

Guadeloupe
La Guadeloupe

Guam
Guam f

Hebrides
Les îles fpl Hébrides

Hispaniola
Hispaniola f

Hokkaido
Hokkaido

Honshu *Honshu m*	Okinawa *Okinawa*
Iceland *L'Islande f*	Orkney Islands *Les Orcades fpl*
Iwo Jima *Iwo Jima*	Prince Edward Island *L'île f du Prince- Édouard*
Java *Java f*	Réunion *La Réunion*
Kyushu *Kyushu*	Rhodes *Rhodes f*
Leeward Islands *Les îles fpl Sous-le -Vent*	Ryukyu Islands *L'archipel m de Ryukyu*
Lesser Antilles *Les Petites Antilles fpl*	Sakhalin *L'île f Sakhaline*
Leyte *Leyte*	Shetland Islands *Les îles fpl Shettland*
Long Island *Long Island*	Shikoku *Shikoku*
Luzon *Luçon*	Solomon Islands *Les îles fpl Salomon*
Madagascar *Madagascar f*	Sumatra *Sumatra f*
Madeira Islands *(L'île f de) Madère f*	Tahiti *Tahiti f*
Majorca *Majorque f*	Tasmania *La Tasmanie*
Maldive Islands *Les Maldives fpl*	Tierra del Fuego *La Terre de Feu*
Isle of Man *L'île f de Man*	Timor *Timor f*
Mariana Islands *Les îles fpl Mariannes*	Vancouver Island *L'île f de Vancouver*
Marquesas Islands *Les îles fpl Marquises*	Victoria Island *L'île f Victoria*
Marshall Islands *Les îles fpl Marshall*	Virgin Islands *Les îles fpl Vierges*
Martinique *La Martinique*	West Indies *Les Antilles fpl britanniques*
Mindanao *Mindanao*	Windward Islands *Les îles fpl du Vent*
Minorca *Minorque f*	Zanzibar *Zanzibar*

Oceans
Océans

Arctic Ocean *L'océan m Arctique*	Pacific Ocean *L'océan m Pacifique*
Atlantic Ocean *L'océan m Atlantique*	Southern Ocean *L'océan m Antarctique*
Indian Ocean *L'océan m Indien*	

Seas
Mers

Adriatic Sea
La mer Adriatique

Aegean Sea
La mer Égée

Arabian Sea
La mer d'Oman

Aral Sea
La mer d'Aral

Sea of Azov
La mer d'Azov

Baltic Sea
La mer Baltique

Bering Sea
La mer de Béring

Black Sea
La mer Noire

Caribbean Sea
La mer des Caraïbes

Caspian Sea
La mer Caspienne

Dead Sea
La mer Morte

East China Sea
La mer de Chine orientale

Irish Sea
La mer d'Irlande

Sea of Japan
La mer du Japon

Mediterranean Sea
La mer Méditerranée

North Sea
La mer du Nord

Sea of Okhotsk
La mer d'Okhotsk

Red Sea
La mer Rouge

Sargasso Sea
La mer des Sargasses

South China Sea
La mer de Chine méridionale

Tasman Sea
La mer de Tasman

White Sea
La mer Blanche

Yellow Sea
La mer Jaune

Lakes
Lacs

Albert (Nyanza)
Le lac Albert

Baikal
Le lac Baïkal

Chad
Le lac Tchad

Erie
Le lac Érié

Geneva
Le lac Léman

Great Bear
Le Grand Lac de l'Ours

Great Lakes
Les Grands Lacs

Great Salt
Le Grand Lac Salé

Great Slave
Le Grand Lac des Esclaves

Huron
Le lac Huron

Ladoga
Le lac Ladoga

Michigan
Le lac Michigan

Lake Nyasa/Lake Malawi
Le lac Nyassa/Le lac Malawi

Onega
Le lac Onega

Ontario
Le lac Ontario

Superior
Le lac Supérieur

Tanganyika
Le lac Tanganyika

Titicaca
Le lac Titicaca

Victoria
Le lac Victoria

Rivers
Fleuves

Amazon
L'Amazone f

Amur
L'Amour m

Columbia
La Colombia

Congo
Le Congo

Danube
Le Danube

Delaware
Le Delaware

Dnieper
Le Dniepr

Dniester
Le Dniestr

Don
Le Don

Elbe
L'Elbe f

Euphrates
L'Euphrate m

Ganges
Le Gange

Huang Ho/Yellow River
Le Huang He/Le fleuve Jaune

Hudson
L'Hudson m

Indus
L'Indus m

Irrawaddy
L'Irrawaddy m

Irtysh
L'Irtych m

Jordan
Le Jourdain

Lena
La Lena

Loire
La Loire

Mackenzie
Le Mackenzie

Mekong
Le Mékong

Mississippi
Le Mississippi

Missouri
Le Missouri

Niger
Le Niger

Nile
Le Nil

Ob
L'Ob m

Oder
L'Oder m

Ohio
L'Ohio m

Orinoco
L'Orénoque m

Paraná
Le Paraná

Po
Le Pô

Potomac
Le Potomac

Rhine
Le Rhin

Rhône
Le Rhône

Rio Grande
Le Rio Grande

St. Lawrence
Le Saint-Laurent

Seine
La Seine

Susquehanna
La Susquehanna

Thames
La Tamise

Tigris
Le Tigre

Ural
L'Oural m

Vistula
La Vistule

Volga
La Volga

Volta
La Volta

Yangtze
Le Yang Tsé Kiang

Yellow
Le fleuve Jaune

Yenisei
L'Ienisseï m

Yukon
Le Yukon

Zambezi
Le Zambèze

Gulfs, Bays, Straits, Canals
Golfes, Baies, Détroits, Canaux

Gulf of Aden
Le golfe d'Aden

Bay of Bengal
Le golfe du Bengale

Bering Strait
Le détroit de Béring

Bay of Biscay
Le golfe de Gascogne

Bosporus
Le Bosphore

Gulf of California
Le golfe de Californie

English Channel
La Manche

Straits of Florida
Le détroit de Floride

Strait of Gibraltar
Le détroit de Gibraltar

Hudson Bay
La baie d'Hudson

Strait of Magellan
Le détroit de Magellan

Gulf of Mexico
Le golfe du Mexique

Panama Canal
Le canal de Panamá

Persian Gulf
Le golfe persique

Gulf of St. Lawrence
Le golfe du Saint-Laurent

St. Lawrence Seaway
La voie maritime du Saint-Laurent

Suez Canal
Le canal de Suez

Mountain Ranges
Montagnes

Adirondack Mountains
Les Adirondacks mpl

Allegheny Mountains
L'Allegheny m

Alps
Les Alpes fpl

Andes
Les Andes fpl

Appalachian Mountains
Les Appalaches fpl

Balkans
Le mont Balkan

Carpathian Mountains
Les Carpates fpl

Cascade Range
La chaîne des Cascades fpl

Catskill Mountains
Les monts mpl Catskill

Caucasus
Le Caucase

Himalaya Mountains/Himalayas
L'Himalaya m

Pyrenees
Les Pyrénées fpl

Rocky Mountains
Les (montagnes fpl) Rocheuses fpl

Sierra Nevada
La Sierra Nevada

St. Elias Mountains
Le massif du Saint Elias m

Ural Mountains
L'Oural m

Mountain Peaks
Pics

Aconcagua (Andes)
L'Aconcagua m (Andes)

Elbrus
L'Elbrouz m

Etna
L'Etna m

Everest
L'Everest m

Fujiyama
Le Fuji Yama

Kilimanjaro
Le Kilimandjaro

Logan
Le (mont) Logan

Matterhorn
Le Cervin

Mauna Loa
Le Mauna Loa

McKinley
Le (mont) McKinley

Mont Blanc
Le mont Blanc

Monte Rosa
Le mont Rose

Orizaba
Le pic d'Orizaba

Pike's Peak
Le mont Elbert

Popocatepetl
Le Popocatépetl

La France – régions et préfectures
France – regions and prefectures

Région ***Region***	**Préfecture** ***Prefecture***
l'Alsace *Alsace*	Strasbourg
l'Aquitaine *Aquitaine*	Bordeaux
l'Auvergne *the Auvergne*	Clermont-Ferrand
la Bourgogne *Burgundy*	Dijon
la Bretagne *Brittany*	Rennes
le Centre *Central France*	Orléans
la Champagne-Ardenne *Champagne-Ardenne*	Châlons-en-Champagne
la Corse *Corsica*	Ajaccio
la Franche-Comté *Franche-Comté*	Besançon
l'Île-de-France *Ile de France*	**Paris**
le Languedoc-Roussillon *Languedoc Roussillon*	Montpellier
le Limousin *the Limousin*	Limoges
la Lorraine *Lorraine*	Metz
le Midi-Pyrénées *the Midi-Pyrénées*	Toulouse
le Nord-Pas-de-Calais *the Nord-Pas-de-Calais*	Lille
la Basse-Normandie *Basse Normandie*	Caen
la Haute-Normandie *Haute Normandie*	Rouen
les Pays-de-la-Loire *the Loire region*	Nantes
la Picardie *Picardy*	Amiens
le Poitou-Charentes *Poitou-Charentes*	Poitiers
(la région) Provence-Alpes-Côte d'Azur *Provence-Alpes-Cote d'Azur region*	Marseille *Marseilles*
(la région) Rhône-Alpes *the Rhone-Alpes region*	Lyon *Lyons*

La Belgique – provinces et chefs-lieux
Belgium – provinces and main towns

Provinces en Flandre ***Provinces in Flanders***	**Chef-lieu** ***Main town***
(la province d') Anvers *Antwerp Province*	Anvers *Antwerp*
le Brabant flamand *Flemish Brabant*	**Bruxelles** ***Brussels***
la Flandre occidentale *Western Flanders*	Bruges
la Flandre orientale *Eastern Flanders*	Gand *Ghent*
le Limbourg *Limbourg*	Hasselt

Provinces en Wallonie **Provinces in Wallonia**	**Chef-lieu** **Main town**
le Brabant wallon *Brabant*	**Bruxelles** ***Brussels***
le Hainaut *Hainaut*	Mons
(la province de) Liège *Liège*	Liège
(la province de) Luxembourg *Luxembourg*	Arlon
(la province de) Namur *Namur*	Namur

La Suisse – cantons et chefs-lieux
Switzerland – cantons and administrative centers

Canton	**Chef-lieu** ***Administrative centre***
l'Argovie *Aargau*	Aarau
le demi-canton d'Appenzell Rhodes-Extérieures *the half-canton of Appenzell Outer-Rhodes*	Herisau
le demi-canton d'Appenzell Rhodes-Intérieures *the half-canton of Appenzell Inner-Rhodes*	Appenzell
le demi-canton de Bâle-Campagne *the half-canton of Basel-Country*	Liestal
le demi-canton de Bâle-Ville *the half-canton of Basel-City*	Bâle *Basel*
le canton de Berne *Canton Bern*	**Berne** ***Bern***

Canton	**Chef-lieu** ***Administrative centre***
le canton de Fribourg *Canton Fribourg*	Fribourg
le canton de Genève *Canton Geneva*	Genève *Geneva*
le canton de Glaris *Canton Glaris*	Glaris
le canton des Grisons *Canton Grisons*	Coire
le canton du Jura *Canton Jura*	Delémont
le canton de Lucerne *Canton Lucerne*	Lucerne
le canton de Neuchâtel *Canton Neuchâtel*	Neuchâtel
le canton de Saint-Gall *Canton Saint-Gall*	Saint-Gall
le canton de Schaffhouse *Canton Schaffhouse*	Schaffhouse
le canton de Schwyz *Canton Schwyz*	Schwyz
le canton de Soleure *Canton Solothurn*	Soleure *Solothurn*
le Tessin *Ticino*	Bellinzona
la Thurgovie *Thurgau*	Frauenfeld
le demi-canton de Nidwald Unterwald *the half-canton of Nidwald*	Stans
le demi-canton d'Obwald Unterwald *the half-canton of Unterwald*	Sarnen
le canton d'Uri *Canton Uri*	Altdorf
le canton de Vaud *Canton Vaud*	Lausanne
le Valais *the Valais*	Sion
le canton de Zoug *Canton Zug*	Zoug *Zug*
le canton de Zurich *Canton Zurich*	Zurich

Canada – provinces, territories and capital cities
Le Canada – provinces, territoires et capitales

Capital (Capitale): Ottawa

Province	**Abbreviation** *Abréviation*	**Capital** *Capitale*
Alberta	Alta., AB	Edmonton
British Columbia *la Colombie-Britannique*	B.C., BC	Victoria
Manitoba *le Manitoba*	Man., MB	Winnipeg
New Brunswick *le Nouveau-Brunswick*	N.B., NB	Fredericton
Newfoundland *Terre-Neuve*	Nfld., NF	Saint John's
Nova Scotia *la Nouvelle-Écosse*	N.S:, NS	Halifax
Ontario *l'Ontario (m)*	Ont., ON	Toronto
Prince Edward Island *l'île du Prince-Édouard*	P.E.I., PE	Charlottetown
Quebec *le Québec*	Que. or PQ, QC	Quebec
Saskatchewan *le Saskatchewan*	Sask, SK	Regina

Territory *Territoire*	**Abbreviation** *Abréviation*	**Capital** *Capitale*
Northwest Territories *les Territoires du Nord-Ouest*	N.W.T., NT	Yellowknife
Nunavut Territory *(since 1st April 1999)*	NU	Iqaluit
Yukon Territory *le Territoire du Yukon*	Y.T., YT	Whitehorse

The United States of America – federal states, abbreviations, nicknames, inhabitants and capital cities
Les États Unis d'Amérique – États fédéraux, abréviations, surnoms habitants et capitales

Capital (capitale): Washington, D.C.

Federal state *État fédéral*	**Abbreviation** *Abréviation*	**Nickname** *Surnom*	**Inhabitant** *Habitant*	**Capital** *Capitale*
Alabama *l'Alabama (m)*	Ala., AL	Yellow Hammer State Heart of Dixie	Alabamian *Alabamain(e)*	Montgomery
Alaska *l'Alaska (m)*	Alas., AK	The Last Frontier	Alaskan *Alaskain(e)*	Juneau
Arizona *l'Arizona (m)*	Ariz., AZ	Grand Canyon State	Arizonan *Arizonais(e)*	Phoenix
Arkansas *l'Arkansas (m)*	Ark., AR	Land of Opportunity	Arkansan *Arkansasais(e)*	Little Rock
California *la Californie*	Calif., CA	Golden State	Californian *Californien(ne)*	Sacramento
Colorado *le Colorado*	Colo., CO	Centennial State	Colorad(o)an *Coloradoain(e)*	Denver
Connecticut *le Connecticut*	Conn., CT	Constitution State Nutmeg State	Nutmegger; (Connecticut) Yankee *Connecticutais(e)*	Hartford
Delaware *le Delaware*	Del., DE	First State Diamond State	Delawarean *Delawarien(ne)*	Dover
Florida *la Floride*	Fla., FL	Sunshine State	Floridian *Floridien(ne)*	Tallahassee
Georgia *la Géorgie*	Ga., GA	Empire State of the South Peach State	Georgian *Géorgien(ne)*	Atlanta
Hawaii	HI	Aloha State Paradise of the Pacific	Hawaiian *Hawaiien(ne)*	Honolulu
Idaho *l'Idaho (m)*	Id., ID	Gem State	Idahoan *Idahoain(e)*	Boise
Illinois *l'Illinois (m)*	Ill., IL	Prairie State	Illinoisan *Illinoisais(e)*	Springfield
Indiana *l'Indiana (m)*	Ind., IN	Hoosier State	Indianan, Hoosier *Indianien(ne)*	Indianapolis
Iowa *l'Iowa (m)*	Ia., IA	Hawkeye State	Iowan *Iowien(ne)*	Des Moines
Kansas *le Kansas*	Kans., KS	Sunflower State	Kansan *Kansasais(e)*	Topeka
Kentucky *le Kentucky*	Ky., KY	Bluegrass State	Kentuckian *Kentuckien(ne)*	Frankfort *Francfort*
Louisiana *La Louisiane*	La., LA	Pelican State	Louisianan *Louisianais(e)*	Baton Rouge
Maine *le Maine*	Me., ME	Pine Tree State	Mainer *Mainais(e)*	Augusta

Federal state *État fédéral*	Abbreviation *Abréviation*	Nickname *Surnom*	Inhabitant *Habitant*	Capital *Capitale*
Maryland *le Maryland*	Md., MD	Old Line State	Marylander *Marylandais(e)*	Annapolis
Massachusetts *le Massachusetts*	Mass., MA	Bay State	New Englander, Bay Stater *Massachusettais(e)*	Boston
Michigan *le Michigan*	Mich., MI	Wolverine State Lake State	Michiganian, Michigander *Michiganais(e)*	Lansing
Minnesota *le Minnesota*	Minn., MN	Gopher State North Star State	Minnesotan *Minnesotain(e)*	Saint Paul
Mississippi *le Mississippi*	Miss., MS	Magnolia State	Mississippian *Mississippien(ne)*	Jackson
Missouri *le Missouri*	Mo., MO	Show Me State	Missourian *Missourien(ne)*	Jefferson City
Montana *le Montana*	Mont., MT	Treasure State Big Sky Country	Montanan *Montanien(ne)*	Helena
Nebraska *le Nebraska*	Nebr., NE	Corn Husker State	Nebraskan *Nebraskain(e)*	Lincoln
Nevada *le Nevada*	Nev., NV	Sagebrush State Silver State	Nevadan *Nevadain(e)*	Carson City
New Hampshire *le New Hamp-shire*	N.H., NH	Granite State	New Hampshirite *New-Hampshi-rois(e)*	Concord
New Jersey *le New Jersey*	N.J., NJ	Garden State	New Jerseyite, New Jersian *New-Jerseyen(ne),* *New-Jersiais(e)*	Trenton
New Mexico *le Nouveau-Mexique*	N.M., NM	Land of Enchant-ment	New Mexican *Néo-Mexicain(e)*	Santa Fe
New York	N.Y., NY	Empire State	New Yorker *New-Yorkais(e)*	Albany
North Carolina *la Caroline-du-Nord*	N.C., NC	Tarheel State Old North State	North Carolinian *Nord-Caroli-nien(ne)*	Raleigh
North Dakota *le Dakota-du-Nord*	N.D., ND	Sioux State Peace Garden State Flickertail State	North Dakotan *Nord-Dakotain(e)*	Bismarck
Ohio *l'Ohio (m)*	O., OH	Buckeye State	Ohioan *Ohioain(e)*	Columbus
Oklahoma *l'Oklahoma (m)*	Okla., OK	Sooner State	Oklahoman *Oklahomain(e)*	Oklahoma City
Oregon *l'Oregon (m)*	Ore., OR	Beaver State	Oregonian *Oregonais(e)*	Salem
Pennsylvania *la Pennsylvanie*	Pa., PA	Keystone State	Pennsylvanian *Pennsylvanien(ne)*	Harrisburg
Rhode Island *le Rhode Island*	R.I., RI	Ocean State Little Rhody	Rhode Islanders *Rhode-Islandais(e)*	Providence

Federal state *État fédéral*	**Abbreviation** *Abréviation*	**Nickname** *Surnom*	**Inhabitant** *Habitant*	**Capital** *Capitale*
South Carolina *la Caroline-du-Sud*	S.C., SC	Palmetto State	South Carolinian *Sud-Carolinien(ne)*	Columbia
South Dakota *le Dakota-du-Sud*	S.D., SD	Coyote State Sunshine State	South Dakotan *Sud-Dakotain(e)*	Pierre
Tennessee *le Tennessee*	Tenn., TN	Volunteer State	Tennessean *Tennesséen(ne)*	Nashville
Texas *le Texas*	Tex., TX	Lone Star State	Texan *Texan(e)*	Austin
Utah *l'Utah (m)*	Ut., UT	Beehive State Mormon State	Utahan *Utahain(e)*	Salt Lake City
Vermont *le Vermont*	Vt., VT	Green Mountain State	Vermonter *Vermontais(e)*	Montpelier
Virginia *la Virginie*	Va., VA	Old Dominion Mother of Presidents Mother of States	Virginian *Virginien(ne)*	Richmond
Washington *le Washington*	Wash., WA	Evergreen State	Washingtonian *Washingtonien(ne)*	Olympia
West Virginia *la Virginie-Occidentale*	W.V., WV	Mountain State	West Virginian *Virginien(ne)*	Charleston
Wisconsin *le Wisconsin*	Wis., WI	Badger State	Wisconsinite *Wisconsinois(e)*	Madison
Wyoming *le Wyoming*	Wyo., WY	Equality State	Wyomingite *Wyomingais(e)*	Cheyenne

Territories and Districts
Territoires et Districts

Territory or District *Régions administratives associées*	**Abbreviation** *Abréviation*
American Samoa *Samoa américaines*	AS
District of Columbia *Washington, DC*	DC
Guam *Guam*	GU
Northern Mariana Islands *Îles Mariannes du Nord*	MP
Puerto Rico *Porto Rico*	PR
United States Virgin Islands *Îles Vierges américaines*	VI

Nicknames of some of the cities in the US
Surnoms de quelques villes américaines

City *Ville*	**Nickname** *Surnom*
Chicago, Ill.	The Windy City
Denver, Colo.	The Mile-High City
Detroit, Mich.	Motor City
New York, NY	The Big Apple, Gotham
Los Angeles, Calif.	The City of the Angels, The Big Orange
Minneapolis and St. Paul, Minn.	Twin Cities
New Orleans, La.	The Big Easy
Philadelphia, Pa.	The City of Brotherly Love

Notes

Notes

Notes

Notes

Notes

Symboles et abréviations

Symbols and abbreviations

bloc phraséologique	►	idiom block
contraction	=	contraction
correspond à	≈	equivalent to
changement d'interlocuteur	–	change of speaker
marque déposée	®	trademark
verbe à particule	◆	phrasal verb
première personne	1st *pers*	first person
troisième personne	3rd *pers*	third person
aussi	*a.*	also
abréviation de	*abr de, abbr of*	abbreviation of
adjectif	*adj*	adjective
administration	ADMIN	administration
adverbe	*adv*	adverb
agriculture	AGR	agriculture
anatomie	ANAT	anatomy
apposition	*app*	apposition
architecture	ARCHIT	architecture
article	*art*	article
beaux-arts	ART	art
astronomie, astrologie	ASTR	astronomy, astrology
automobile, moyens de transport	AUTO	automobile, transport
auxiliaire	*aux*	auxiliary verb
aviation, espace	AVIAT	aviation, aerospace, space technology
belgicisme	*Belgique*	Belgian-French word
biologie	BIO	biology
botanique	BOT	botany
anglais canadien	*Can*	Canadian English
chimie	CHEM	chemistry
chemin de fer	CHEMDFER	railways
langage enfantin	*childspeak*	children's language
chimie	CHIM	chemistry
cinéma	CINE	cinema, film
commerce	COM	commerce
comparatif	*comp*	comparative
complément	*compl*	complement
informatique	COMPUT	computing
conditionnel	*cond*	conditional
conjonction	*conj*	conjunction

construction	CONSTR	construction
couture	COUT	sewing
art culinaire	CULIN	culinary, art of cooking
danse	DANCE	dance
défini	*déf, def*	definite
verbe défectif	*défec*	defective verb
démonstratif	*dém*	demonstrative
déterminant	*dét, det*	determiner
diminutif	*dim*	diminutive
écologie	ECOL	ecology
école	ECOLE	school
économie, industrie	ECON	economics
électricité, électronique	ELEC	electricity, electronics
langage enfantin	*enfantin*	children's language
féminin	*f*	feminine
mode, couture	FASHION	fashion, sewing
féminin	*fém*	feminine
figuré	*fig*	figurative
finances, bourse, impôts	FIN	finance, banking, stock exchange
langage formel	*form*	formal language
féminin pluriel	*fpl*	feminine plural
futur	*fut*	future
jeux	GAMES	games
généralement	*gén*	generally
géographie, géologie	GEO	geography, geology
histoire, historique	HIST	history, historical
imparfait	*imparf*	imperfect
impératif	*imper*	imperative
impersonnel	*impers*	impersonal
indéfini	*indéf, indef*	indefinite
indicatif	*indic*	indicative
langage informel	*inf*	informal language
infinitif	*infin*	infinitive
informatique	INFORM	computing
inséparable	*insep*	inseparable
interjection	*interj*	interjection
interrogatif	*interrog*	interrogative
invariable	*inv*	invariable
ironique, humoristique	*iron*	ironic, humorous
irrégulier	*irr*	irregular
jeux	JEUX	games